LE NOUVEAU
LITTRÉ

ISBN : 2-35184-000-3

LE NOUVEAU
LITTRÉ

Édition augmentée et mise à jour

ÉDITIONS
GARNIER

12, rue de la Montagne-Sainte-Geneviève, 75005 Paris.

Le Nouveau Littré
Histoire d'un dictionnaire entre continuité et mutations

Un dictionnaire s'inscrit dans une histoire

Quoi que l'on écrive ou publie, et ce plus particulièrement en matière de dictionnaires, on ne peut échapper à la période dans laquelle on se situe. C'est inéluctablement en effet que les lexicographes et les éditeurs de dictionnaires s'inscrivent dans la dynamique linguistique et technologique d'un moment donné : ils suivent le courant général ou s'y opposent à divers degrés, mais restent toujours concernés.

Ainsi, on ne peut faire abstraction, d'une part, des mouvements de pensée et des courants linguistiques qui orientent le regard porté sur la langue française, d'autre part, de la vie même de la langue qui, en fonction des événements, de l'histoire sociale, technologique, etc., se présente avec différentes caractéristiques et des évolutions plus ou moins marquantes. En somme, le développement inévitable de la langue et celui, tout aussi incontestable, de l'analyse et du regard portés sur la vie de celle-ci font partie intégrante du genre de dictionnaire que l'on publie et du type de description du lexique qui y est offert.

Modernité du Littré

Il n'est pas inutile, pour bien situer l'édition 2006 du *Nouveau Littré*, de revenir tout d'abord sur ce qui a fait le succès mérité du premier *Littré*, celui du XIXᵉ siècle, le *Dictionnaire de la langue française* en quatre volumes (1863-1873) et son *Supplément* (1878). Ce dictionnaire qui a longtemps fait autorité venait en effet à point nommé, au terme d'une évolution dans les courants de pensée, et cela en tant qu'aboutissement de l'expérience et de la réflexion de l'érudit Émile Littré.

Il est essentiel de rappeler que Littré symbolisait plus que tout autre l'alliance dynamique, d'une part, de la science et de la philosophie à la pointe de son siècle, et d'autre part d'une longue tradition humaniste et érudite. Littré incarnait une figure éloquente et très représentative du XIXᵉ siècle, en conjuguant la grande érudition, c'est-à-dire le respect du passé, et le modernisme, à travers non seulement son intérêt pour la médecine mais aussi des conceptions philosophiques modernes pour l'époque,

notamment le positivisme qu'il a grandement contribué à faire connaître.

N'oublions pas, du côté de l'homme de sciences et de progrès, que bien avant la rédaction du *Dictionnaire de la langue française*, après une formation médicale et de nombreux articles au *Journal de médecine*, Littré avait d'abord collaboré, dès 1832, au *Dictionnaire de médecine* d'Adelon, puis, en 1851, avait été l'auteur avec Charles Robin de la complète refonte du *Dictionnaire de médecine et de chirurgie* de Nysten, un dictionnaire qui portera d'ailleurs leurs noms. L'homme de progrès se manifeste aussi dans son engagement républicain, qui le conduira à être député actif, notamment au moment où, en 1871, la République est à faire naître malgré le siège de Paris par les Prussiens.

Pour autant, au même homme tourné vers l'avenir, soucieux de mettre à jour les connaissances médicales et de s'investir dans la vie politique avec un esprit républicain, on doit un regard de véritable chercheur attentif au passé de nos civilisations. On rappellera effectivement qu'Émile Littré, toujours avant la rédaction du grand dictionnaire de langue, fut l'auteur d'une traduction savante de l'œuvre d'Hippocrate, et que ce travail d'érudit remarqué conduira le gouvernement à lui proposer une chaire de médecine. Il la refusera : aux honneurs et aux responsabilités publiques, Littré préfère la recherche libre. C'est qu'il y a en lui un esprit indépendant et, d'une certaine manière et en bien des domaines, un autodidacte, à la façon de tous les grands lexicographes, de Pierre Larousse à Aristide Quillet et Paul Robert, en passant par Adolphe Hatzfeld et Arsène Darmesteter.

En illustrant d'un côté les sciences et le progrès, de l'autre une passion active pour des langues anciennes et l'histoire de notre langue, Littré incarne de fait un chercheur complet en la matière et, à nos yeux, moderne. Lier harmonieusement hier et aujourd'hui pour être prêt à penser et à agir efficacement demain, telle est bien effectivement la démarche permanente d'Émile Littré. On comprend mieux ainsi la formule à laquelle il tenait par-dessus tout, et qui nous paraît rester de pleine actualité dans le domaine de la lexicographie : associer « l'usage présent de la langue et son usage passé, afin de donner à l'usage présent toute la plénitude et la sûreté qu'il comporte ».

Le retour vers la diachronie

Avant Littré

Dès le début du XIX⁰ siècle, la comparaison fructueuse entre le sanscrit – que Littré apprit dès la sortie du Lycée – et les langues européennes, c'est-à-dire entre une des plus anciennes langues de l'Inde et presque toutes les langues mortes et vivantes du continent européen, renouvelait en profondeur la pensée linguistique. L'hypothèse de l'existence d'une famille de langues indo-européennes se vérifiait en même temps que les savoirs sur les langues et leurs filiations s'accroissaient. Cependant, en termes de lexicographie, la première moitié du XIX⁰ siècle n'intégrera pas immédiatement cette avancée exceptionnelle de la linguistique. Dans le droit fil de la Révolution française et du romantisme, pullulaient au contraire des ouvrages que l'on a pu appeler des « dictionnaires de la réduction », c'est-à-dire des ouvrages de format portatif, caractérisés par des nomenclatures presque identiques à celles de grands aînés et des informations définitoires très réduites (les dictionnaires de De Wailly, Noël et Chapsal, par exemple). Pullulaient également des « dictionnaires de l'accumulation », se distinguant par une volonté cumulative d'informations, qu'il s'agisse de la nomenclature ou des articles de nature variée, parfois engagés (les dictionnaires de Napoléon Landais, de Lachâtre, etc.).

Ainsi, ce n'est qu'à partir de 1835 que se ressent en lexicographie l'élan historique et comparatiste de la linguistique nouvelle, avec en particulier la mise en chantier au sein de l'Académie française d'un dictionnaire qui n'aboutira pas – mais qu'importe, l'idée était lancée –, le *Dictionnaire historique de la langue française*. Celui-ci s'achèvera en 1894 avec la seule lettre *A* traitée : en vérité, Littré était entre temps entré à l'Académie française (1871) et son *Dictionnaire de la langue française* occupait justement toute l'attention par sa dimension historique.

D'autres signes avant-coureurs sont également à rappeler. Tout d'abord, la publication du *Complément du Dictionnaire de l'Académie* (1842) de Louis Barré, qui insiste sur la nécessité de renouveler la lexicographie par l'étude critique des textes et une bonne connaissance, historique et comparative, des langues anciennes. Ensuite, la parution de deux dictionnaires novateurs dans le classement sémantique, le *Dictionnaire des synonymes de la langue française* (1858) de Pierre Lafaye et le *Dictionnaire analogique de la langue française* (1862) de Prudence Boissière : tous deux font œuvre de linguistes modernes. De la même période date le *Dictionnaire de la langue française contenant la définition de tous les mots en usage, leur étymologie…* (1859) de Louis Dochez, très apprécié par Littré, d'une part pour sa présentation ordonnée des étymologies et, d'autre part, pour l'illustration des

emplois avec des exemples littéraires offerts dans l'ordre chronologique.

Ces différents ouvrages préfiguraient donc l'œuvre d'Émile Littré, qu'il s'agisse du « grand » Littré ou du « petit ». Il convient au passage de souligner qu'en dehors de la différence de taille, les deux dictionnaires obéissaient exactement à la même méthode. Ainsi, au moment où Littré préfaçait le dictionnaire en un volume, il n'hésitait pas à rappeler combien « le petit Dictionnaire et le grand marchent côte à côte, se soutenant l'un l'autre, porteurs de la même doctrine, et propageant dans l'étude et la connaissance de notre langue la méthode d'observation et d'expérience que le succès montre ne pas déplaire au public ».

La parution presque simultanée des deux ouvrages, 1873 pour le « grand », 1874 pour le « petit », marque une nouvelle étape en illustrant magistralement le fait que, pour Littré, la description de la langue doit passer par la description des faits et refléter leur enchaînement historique. D'où l'énorme corpus d'exemples tirés des textes de notre patrimoine auquel fait appel Littré dans le « grand » *Dictionnaire de la langue française*, avec environ 250 000 citations. Le point de vue et la méthode allaient faire souche.

Pareille opulence, jamais rencontrée auparavant, ne pouvait que marquer l'histoire des dictionnaires : après Littré, il n'était plus possible pour un dictionnaire de ne pas s'appuyer sur une abondante documentation textuelle. Quant au point de vue historique, issu du positivisme et de la linguistique historique, il se démarquait grâce à Littré par une telle cohérence qu'il semblait impossible qu'il ne resurgisse pas. C'est bien ce qui allait se produire à la frontière des XX⁰ et XXI⁰ siècles.

Au XX⁰ siècle, les premiers éléments avant-coureurs de la parution du Nouveau Littré

On aurait trop vite tendance à l'oublier mais, tout au long de la période structuraliste, Benveniste (1902-1976) n'avait pas manqué de se démarquer par une attitude qui ne vouait aux gémonies l'histoire, se trouvant lui-même auteur de travaux importants consacrés à l'indo-européen et à la linguistique générale. Au reste, de manière symptomatique, ses différents articles de linguistique regroupés dans *Problèmes de linguistique générale* (1966) bénéficiaient d'un écho grandissant à la fin du XX⁰ siècle : il s'agissait par exemple, dès les années 1980, de l'un des ouvrages sur la langue choisi comme objet d'études privilégié dans les classes préparatoires où, pourtant, la linguistique n'a jamais fait partie nommément du programme.

Il faut cependant attendre la dernière décennie du siècle pour repérer un signal fort du retour de l'intérêt pour l'histoire de la langue. Sans doute cet intérêt n'avait-il jamais cessé d'exister auprès de la majorité des Français, mais la plupart de celles et de ceux ayant pignon sur édition, engagés souvent utilement dans les voies structuralistes qu'ils souhaitaient explorer jusqu'à leur terme, n'avaient offert sur le marché que très peu d'ouvrages se rattachant à l'histoire de la langue. Dans un cadre plus large, les historiens eux-mêmes s'inquiétaient d'ailleurs quant au traitement de leur discipline dans le système scolaire. Pour autant, malgré l'omniprésence du structuralisme en linguistique, c'est significativement que dans le domaine de la lexicologie et donc de l'étude scientifique des mots, les rares ouvrages se référant à l'histoire du lexique gardaient tout leur suc auprès des étudiants. On pense par exemple aux recueils de chroniques langagières, *Les Mots français dans l'histoire et dans la vie* (trois tomes, 1968-1975) de Georges Gougenheim. Pour que l'histoire reprenne sa place légitime, il ne manquait plus qu'une étincelle, un coup éditorial qui pût satisfaire le désir latent du public et dans le même temps le faire éclater au grand jour.

En la circonstance, on ne s'étonnera pas que ce soit Alain Rey, auteur d'un ouvrage sur *Littré, l'humaniste et les mots* (Gallimard, 1970), qui ait été le premier à faire renaître médiatiquement cet engouement pour l'histoire de la langue, et cela non seulement auprès du grand public mais aussi, peu à peu, auprès des enseignants, peut-être lassés par le structuralisme dont on avait tiré les leçons essentielles.

Certes, avec constance, mais sans avoir pu encore toucher le grand public, le *Trésor de la langue française* (TLF) dirigé d'abord par Paul Imbs, puis par Bernard Quemada, avec la précision scientifique et l'érudition propres aux CNRS, avait, depuis la parution du premier de ses seize volumes (1971-1994), redonné à la lexicographie toutes ses bases philologiques. Le *Trésor de la langue française* assurait en effet non seulement la continuité historique des savoirs sur les mots, mais aussi le renouvellement de la recherche étymologique. Cependant, le seizième volume de cette œuvre immense ne s'achevait qu'en 1994 et, au moment où les premiers cédéroms faisaient leur apparition, de fait, seize volumes de papier n'étaient guère aisés à vendre. Aussi l'impact de cette grande œuvre ne pouvait-il toucher un large public qu'à travers d'autres ouvrages y puisant de solides informations. C'est dans ce contexte que naissait en 1992 le remarquable *Dictionnaire historique de la langue française*, dirigé par Alain Rey aux éditions Le Robert. Cet ouvrage reçut un excellent accueil de la part du grand public lettré : ce beau succès marquait manifestement le retour de l'histoire de la langue et la réhabilitation de la démarche diachronique. Ce mouvement se confirmait en 1995 par la publication du *Dictionnaire historique de l'orthographe*, chez Larousse, par Nina Catach et son équipe du CNRS. Dans le même temps, paraissait en 1994 le premier volume de la neuvième édition du *Dictionnaire de l'Académie* qui, pour la première fois depuis trois siècles, offrait l'étymologie des mots retenus, signe éloquent de ce regain d'intérêt pour l'histoire des mots. Illustrant également cette nouvelle dynamique, paraissait en 1998, au Québec, où l'intérêt pour l'histoire ne s'était jamais démenti, le *Dictionnaire historique du français québécois*, sous la direction de Claude Poirier. Comment ne pas percevoir, dans cette récurrence de l'adjectif « historique » dans les intitulés des dictionnaires de la fin du siècle, le retour manifeste d'un intérêt pour la diachronie ?

Le contexte immédiat de la naissance du Nouveau Littré 2005

Dès lors que ces analyses sont faites, on ne peut plus croire au hasard dans l'émergence presque concomitante d'ouvrages de même dynamique. Ainsi, à la manière d'une nappe souterraine qui ferait d'un seul coup surface en plusieurs points du paysage éditorial, en moins de six mois quatre ouvrages incarnaient la dimension historique du vocabulaire.

L'auteur du premier, sans prétention philologique mais avec panache, rappelle que « c'est ennuyeux et regrettable qu'une langue s'appauvrisse, qu'elle perde du goût, des couleurs, du sens, de l'exactitude », et qu'il faut travailler « à sauver des mots en péril ». Il s'agit de Bernard Pivot et de son ouvrage, *100 mots à sauver*, paru chez Albin Michel en mars 2004, avec pour mission de rappeler aux lexicographes qu'il ne faut pas faire disparaître « des mots magnifiques, victimes du jeunisme, de leur grand âge, de leur singularité littéraire, de leur résonance classique ou un peu précieuse, et même, pour quelques-uns, de leur longueur ». Un tel livre avait valeur d'avertissement : il eut un très beau succès auprès du grand public. Les linguistes auraient tort de considérer que le caractère modeste de l'ouvrage dans l'information apportée sur chaque mot n'en faisait pas un ouvrage de poids, car c'est le message passé auprès du grand public qu'il faut ici interpréter. Bernard Pivot, avec son franc-parler, exprimait tout simplement la volonté des Français : ne rien perdre de leur patrimoine.

Quelques mois plus tard, paraissait le *Petit Larousse illustré 2005*, centième millésime et pour la circonstance bénéficiaire d'une refonte riche en documents annexes, avec en particulier un cahier consacré à « Il y a un siècle le *Petit Larousse* ». Dans ce cahier inédit figurait entre autres une dizaine de pages consacrées aux « mots retrouvés » extraits du *Petit Larousse 1905*, « aujourd'hui rares ou disparus », n'ayant « rien perdu de leur saveur ». Ainsi répondait-on partiellement à la curiosité du public quant à l'évolution de la langue sur plus d'un siècle.

Enfin, en décembre de la même année, paraissait en cédérom le *Trésor de la langue française*, fort de ses informations étymologiques, offrant au lecteur les seize volumes parus de 1971 à 1994, sans complément, se livrant ainsi au public en tant que dictionnaire du XXᵉ siècle, grande figure emblématique du siècle passé.

C'est dans cet environnement symboliquement fort que paraissait le *Nouveau Littré 2005*, en novembre 2004. L'historien des dictionnaires ne pouvait alors qu'être heureusement surpris de constater que le contenu même du dictionnaire, élaboré évidemment sans aucune concertation avec les autres éditeurs, se trouvait en pleine harmonie avec son temps et répondait aux attentes des lecteurs. Aussi, le projet ayant consisté à ajouter le lexique du XXᵉ et celui du XXIᵉ siècle commençant au lexique recueilli par Littré, pour la langue de la fin du XVIᵉ et des XVIIᵉ, XVIIIᵉ et XIXᵉ siècles, était-il très bien reçu. En respectant la filiation des sens pour les nouveaux articles, en ajoutant dans le même esprit les sens nouveaux de mots installés depuis longtemps dans la langue (en fonction de leur potentiel de départ), le dictionnaire s'inscrivait efficacement dans le respect du patrimoine lexical, conformément aux attentes des lecteurs.

Cette volonté historique était par ailleurs manifeste à travers les annexes du dictionnaire, représentant une sorte de message éloquent adressé aux lecteurs. En feuilletant l'ouvrage ou en consultant le *Sommaire*, d'emblée les lecteurs en percevaient la tonalité. Les seuls intitulés de ses annexes, la *Chronologie de l'histoire de la langue française et des dictionnaires*, l'appendice historique consacré à *D'où vient le français ?* ou le *Dictionnaire du français oublié* avec quelques milliers de mots, expressions et proverbes tirés de nos dictionnaires fondateurs, révélaient à eux seuls la volonté délibérée de publier un dictionnaire qui, toujours selon le vœu de Littré, « embrasse et combine l'usage présent de la langue et son usage passé » en offrant aux lecteurs plus de cinq siècles de lexique.

Le Nouveau Littré, dictionnaire panchronique

Le mot *panchronique* peut avoir quelque chose d'effrayant si l'on ne le rattache pas à la racine grecque *pan* qui traduit l'idée de totalité et à la racine *chron(o)* désignant le temps qui s'écoule. Deux sens sont de fait issus de l'association de ces deux racines, la *panchronie* s'appliquant tantôt au domaine biologique tantôt au domaine de la linguistique. S'agissant de biologie, la panchronie signale telle ou telle espèce végétale ou animale n'ayant pas subi de changement notable au cours du temps. En linguistique, on évoque la panchronie lorsque des faits linguistiques traversent une longue période sans subir de changements particuliers. À dire vrai, Littré ne pouvait utiliser ni le mot ni le concept : il semble en effet, d'après les travaux du CNRS, que ce soit en 1833 que soit apparu ce vocable dans le domaine de la biologie ; c'est seulement ensuite, par analogie, qu'il fut employé en linguistique.

Saussure, à qui l'on doit l'opposition opératoire entre l'étude en diachronie, donc à travers l'histoire, et l'étude en synchronie, c'est-à-dire dans le cadre d'une période donnée et dans un état de langue précis, a sans doute été le premier à appliquer l'adjectif *panchronique* à la linguistique. Il affirme effectivement dans le *Cours de linguistique générale* que la langue peut aussi être étudiée « au point de vue panchronique », et il donne alors pour exemple les changements phonétiques évolutifs qui restent une caractéristique permanente des langues vivantes tout au long de leur histoire. « On peut considérer ce phénomène en général comme un des aspects constants du langage », précise-t-il, en ajoutant qu'il s'agit donc d'une étude « panchronique ».

Comme on le sait, Saussure donnait sans hésiter la primauté à l'étude en synchronie sur l'étude diachronique ou panchronique, et il avait probablement raison au moment où, pour mieux explorer le système de la langue, il était préférable d'en situer momentanément l'étude en dehors de l'histoire. Mais aujourd'hui que ce système, grâce entre autres au structuralisme, semble relativement bien cerné, il importe de revenir sur cette notion de panchronie et peut-être d'en infléchir le sens pour dépasser le débat instauré entre les partisans de l'étude diachronique et ceux de l'étude synchronique.

Les propos liminaires de Littré peuvent alors reprendre vigueur et être examinés sous un nouveau jour. « Je fus si frappé des liens qui unissent le français moderne au français ancien, j'aperçus tant de cas où les sens et les locutions du jour ne s'expliquent que par les sens et les locutions d'autrefois, tant d'exemples où la forme des mots n'est pas intelligible sans les formes qui ont précédé », déclarait-il dès les premières pages de sa préface, « qu'il me sembla que la doctrine et même l'usage de la langue restent mal assis s'ils ne reposent sur leur base antique. » Une telle pensée ne peut plus aujourd'hui être rejetée, maintenant que le structuralisme, ayant donné ses fruits, ne se trouve plus en mesure de l'exclure des démarches d'analyse. La filiation sémantique et historique des sens des mots, leur richesse cumulative résultant de leur suivi en diachronie, restent bien en effet de pleine utilité quand il s'agit d'un dictionnaire de la langue offrant la langue dans toute sa richesse.

On a pu faire le procès de la description du lexique entreprise par Littré, en affirmant qu'il s'intéressait davantage au passé de la langue qu'à son présent. Ce n'est pas totalement inexact, mais cette attitude très respectueuse du passé a permis de rendre compte des mots de la période classique, ceux-là mêmes qui fondent une grande partie de notre littérature et qui constituent un vivier lexical et stylistique dans lequel on puise toujours. Il était assurément nécessaire d'ajouter une suite à cette description, et c'est ce qui a été fait avec *Le Nouveau Littré*, qui englobe d'une part la description donnée par le grand lexicographe respectueux du passé, description qui s'étale de la fin du XVIᵉ siècle jusqu'au XIXᵉ siècle et, d'autre part, le vocabulaire des XXᵉ et XXIᵉ siècles. C'est à ce moment-là que l'on ressent toute l'utilité du concept de « panchronie » tel que nous l'interprétons. D'un côté, en effet, ne doit pas être négligée la conception diachronique qui garde toute sa force pour la filiation des sens, qu'il s'agisse de Littré, de Gustave Guillaume ou, en dehors de toute école de pensée linguistique, du public lettré qui perçoit la nécessité de prendre en compte la dynamique historique des mots. De l'autre côté, il faut admettre que l'on a le droit de vouloir lire encore Ronsard et Racine, dans le texte, si l'on peut dire, leur vocabulaire devant rester disponible et à portée de dictionnaire pour qui veut le préciser et, pourquoi pas, pour qui veut enrichir son lexique en l'ouvrant aux mots les plus récents comme les plus classiques. Offrir le lexique français, ce n'est pas en découper une seule tranche mais l'offrir le plus largement possible, si possible dans sa totalité pour laisser au lecteur, en l'informant explicitement des richesses d'hier, toute sa liberté dans l'usage.

Lexicographie et dictionnairique

Une première étape : la recherche lexicographique

Rédiger un dictionnaire suppose deux étapes. La première consiste à relever les mots que l'on a décidé de décrire (3 000, 30 000, 60 000 ?), rechercher les informations permettant de mieux les analyser, essayer d'en comprendre la nature sémantique et le fonctionnement précis dans la langue à travers des témoignages écrits et oraux. Cette étape première est affaire d'approche scientifique, elle suppose des choix méthodologiques mais aussi des options théoriques. D'emblée se pose ainsi le problème du « corpus » : se contentera-t-on de la langue et des témoignages de la période dans laquelle on vit ? ou bien puisera-t-on plus largement dans les siècles précédents ? Considérera-t-on Molière comme un écrivain au langage dépassé, ou bien dont il nous faut encore connaître ou reconnaître la langue ? Portera-t-on d'abord l'accent sur la distribution du mot au sein des phrases ? Recherchera-t-on ainsi prioritairement ses emplois divers, courants, rares, en essayant de les classer ou de les hiérarchiser toujours plus finement en fonction de la syntaxe ? ou bien essaiera-t-on en tout premier lieu de retrouver ce qui donne son unité sémantique au mot et à ses différents sens, en tentant de comprendre la filiation de ces derniers ?

A priori, l'usager a envie de répondre que tout l'intéresse et qu'il ne faut rien négliger pour toujours mieux décrire un mot dans son entière richesse. Cependant, le lexicographe reste comme chacun confronté au temps qui

s'écoule : le sien, c'est-à-dire celui qu'il consacrera à chaque mot, mais aussi celui du lecteur, c'est-à-dire le temps de consultation raisonnable. Un très grand linguiste et sémanticien a par exemple consacré une thèse remarquable de presque un millier de pages au mot « rien », tout comme une autre thèse récente a été dévolue au mot « ethnie », une autre encore a porté sur les mots décrivant les « bosses » et les « creux ». On comprend bien que, si ces travaux remarquables éclairent le lexicographe, il n'est évidemment pas question d'offrir des articles de six à sept cents pages sur chacun des soixante mille mots du dictionnaire, ni même de consacrer cinq ans d'études à l'un ou à l'autre. La recherche est assurément infinie, mais le lexicographe doit rendre compte de manière accessible d'un ensemble de plusieurs milliers de mots en un temps raisonnable et savoir les offrir au lecteur de manière cohérente. La recherche lexicographique porte sur un lexique à décrire dans son ensemble, avec pour chaque unité une information proportionnée à l'ensemble : le dictionnaire ne peut se réduire à une collection d'articles indépendants s'assimilant à des réceptacles inégaux de savoirs isolément glanés sur chaque mot.

Il n'est sans doute pas inutile de rappeler aussi qu'au cours de la phase de recherche qui précède la mise en forme de l'ouvrage, les options possibles sont assez nombreuses et ne peuvent pas toutes être conduites sur le même plan et dans le même temps. Ainsi, la perspective d'étude préalable peut être par exemple plutôt diachronique ou plutôt synchronique, plutôt tournée vers les usages syntaxiques ou plutôt vers la profondeur sémantique, plutôt du côté de l'usage des mots ou plutôt du côté de la description des référents. À ces choix de départ s'ajoute le fait que si les mots sont à offrir dans leur ensemble, ils peuvent, de par leur personnalité propre, entraîner le lexicographe vers des traitements adaptés.

Il sera par exemple difficile de traiter le mot *hypoténuse*, qui relève des connaissances mathématiques, de la même manière que le verbe *nantir*, appelant plutôt des informations stylistiques sur son emploi. De même, l'expression *tancer vertement* entraînera le chercheur dans d'autres directions que celles correspondant au type d'appareil aérien qu'est l'*hydravion*. C'est la raison pour laquelle un dictionnaire dont la perspective serait de décrire l'usage des mots davantage que leurs référents, ne peut échapper çà et là aux recherches sur les références encyclopédiques en fonction des mots traités. De la même façon, un dictionnaire dont la recherche lexicographique serait encyclopédique se doit de décrire parfois très précisément l'usage du mot dans la langue. S'il y a donc un cortège cohérent de perspectives de recherche préalablement choisi, la recherche n'échappe pas au caractère propre de chaque mot.

On en déduira qu'un dictionnaire qui serait fondé sur

l'application stricte et systématique d'une théorie risquerait fort de ne pas bien traiter tous les mots. La recherche est aussi faite pour être adaptée à la matière qu'elle traite, sans obéissance aveugle à des principes. En matière de dictionnaire, la recherche n'est pas expérimentale, elle n'a pas pour but de vérifier une théorie mais de comprendre le mieux possible les mots. C'est la démarche qui a été adoptée dans *Le Nouveau Littré*.

Avant même donc que ne commence la réflexion des auteurs et des éditeurs sur la présentation des informations ainsi acquises, préexiste une phase de recherche très importante. C'est ce que Bernard Quemada désigne sous le nom de « lexicographie », qu'il distingue de la phase suivante, la « dictionnairique » selon un mot imaginé par Charles Nodier au XIXᵉ siècle.

La seconde étape : la présentation la plus efficace possible des faits retenus

Il n'est guère utile de rappeler que ce que l'on appelle la *lemmatisation* dans un dictionnaire, c'est-à-dire le fait d'entrer les noms et les adjectifs au masculin singulier, les verbes à l'infinitif, relève de l'identité lexicale systématiquement offerte dans tous les dictionnaires français. Cependant, il existe une autre identité lexicale que l'on peut appeler *aléatoire* : elle dépend en effet de la difficulté propre à chaque mot et n'est pas toujours régulièrement présentée dans nos dictionnaires. Il s'agit en l'occurrence de la prononciation et de l'étymologie, sans oublier les remarques qui peuvent être formulées sur une particularité du mot. S'y ajoute l'orthographe qui peut se présenter avec des variantes.

Pour *Le Nouveau Littré*, nous avons décidé que cette identité lexicale – en principe aléatoire parce que de nombreux mots paraissent si transparents ou si faciles d'accès qu'on néglige de les décrire – serait systématique. Aussi la prononciation et l'origine étymologique sont-elles systématiquement données. On renoue par là avec un principe auquel étaient attachés les auteurs des tout premiers dictionnaires monolingues, les dictionnaires de Richelet (1680), de Furetière (1690) ou de l'Académie française (1694) destinés à des lecteurs pouvant être francophones ou bien, et c'est important, soit étrangers, soit dominant mal la langue, et donc très soucieux d'une description formelle la plus précise possible.

La prononciation

Il est par exemple indispensable de donner la prononciation du mot *août*, avec ses variables, ce qu'aucun lexicographe n'oublie. Mais en donnant la prononciation de tous les mots, on signale donc aussi celle du mot *juillet*, ce qui peut paraître inutile. Si l'on souhaite entrer dans l'usage courant, que l'on soit francophone ou bien en train d'apprendre le français, on constate ainsi qu'en principe le *t* final ne se prononce pas, même si certains parlers régionaux le font entendre. Loin de nous, bien entendu, l'idée de vouloir normaliser la langue à l'échelle individuelle : les accents régionaux font partie de la vie d'une langue, mais un dictionnaire général doit d'abord donner l'usage considéré comme le plus courant, les variantes relevant du charme ajouté.

L'étymologie

Il existe d'excellents dictionnaires étymologiques et il va de soi qu'à volume égal, un dictionnaire général de la langue française ne peut les remplacer. Il est donc de coutume que bien des dictionnaires ne donnent l'étymologie que lorsqu'elle s'impose pour mieux comprendre le mot. Il faut rappeler cependant que *Le Nouveau Littré* offre dans ses articles une information lexicale très riche, « panchronique », d'abord rassemblée par Littré. On se souvient qu'il avait dans l'esprit la perspective d'un dictionnaire historique de la langue française, d'où le vocabulaire engrangé depuis la fin du XVIᵉ siècle, avec pour chaque mot une filiation historique entre les sens. Aussi avons-nous choisi de donner systématiquement l'origine du mot, avec un commentaire s'il y a lieu.

L'orthographe

Elle a plus qu'on ne le croit fait l'objet de transformations importantes au cours des siècles et ce en grande partie grâce aux dictionnaires et à l'Académie française. « L'Académie s'est attachée à l'ancienne Orthographe *receuë* parmi tous les gens de lettres, parce qu'elle *ayde* à faire *connoistre* l'Origine des mots. C'est pourquoi elle a *creu* ne devoir pas *authoriser* le retranchement que des Particuliers, et principalement les Imprimeurs ont fait de quelques lettres. » Cet extrait de la préface de la première édition du *Dictionnaire de l'Académie* est significatif à plusieurs égards. Tout d'abord quant au choix qui fut fait en France de s'orienter vers une orthographe dite étymologique (qui s'écrivait d'ailleurs *éthymologique* naguère). On peut le regretter ou s'en réjouir, peu importe aux yeux du lexicographe : c'est un fait dont il doit tenir compte. Ensuite, il suffit de lire ces quelques lignes pour repérer à travers les mots que nous avons mis en italiques une évolution certaine de l'orthographe. Au-delà de l'usage des majuscules – qui démarquaient les concepts essentiels, ce qui explique encore sans doute notre tendance à vouloir en ajouter là où elles n'ont plus lieu d'être – on perçoit combien l'évolution a été somme toute rapide, puisqu'à peine un peu plus de trois siècles nous séparent d'un tel texte.

Ainsi, malgré la proximité dans le temps, l'orthographe des années 1870, propre à Littré et à ses contemporains cultivés, n'est plus celle des années 1970, pas plus qu'elle n'est exactement celle de la première décennie du XXIᵉ siècle. Cela peut surprendre celles et ceux qui, dominant la langue, sont habitués à l'écrire avec aisance et sans faute, une certaine norme restant en effet pérenne. Mais, peu à peu, la marge des tolérances admises officiellement et le jeu imparable de la fréquence des usages constatés auprès de celles et ceux qui représentent cette norme, font inéluctablement évoluer la langue. Depuis la célèbre *Lettre à l'Académie* par Fénelon (1714), on sait en effet que personne ne peut arrêter la marche d'une langue, tant dans l'évolution des sens de ses mots que dans l'évolution de leur forme, et donc notamment de leur orthographe.

Si l'on voulait en avoir un exemple, il suffirait de rappeler à grandes lignes que *farfelu* s'écrivait encore au début du XVIIᵉ siècle sans *r*, *fafelu*, et que le mot ayant d'abord signifié longtemps « dodu » (une *andouille fafelue*, écrit Rabelais, c'est-à-dire une *andouille grasse, rebondie*) est pourtant déjà défini par Bescherelle, au milieu du XIXᵉ siècle, comme un synonyme de « farouche, rébarbatif ». On ajouterait alors que dans la seconde moitié du XIXᵉ siècle, Littré ne mentionne pas même le mot, son usage étant devenu très rare. Et au XXᵉ siècle, probablement grâce à André Malraux qui l'a relancé dès 1944, le mot *farfelu*, avec donc un *r*, redevient connu de tous, mais avec un sens et une forme modernes. Rappelons en outre que l'on doit ce nouveau sens et cette forme attestée depuis longtemps en partie à une attraction paronymique (l'attraction d'un mot proche de forme), s'exerçant de longue date, avec le mot *farfadet*, un esprit follet.

Tout aussi bien, il faudrait rappeler, comme nous l'avions fait pour la première édition, de nombreuses petites différences orthographiques qui, depuis la fin du XIXᵉ siècle, sont à prendre en compte : par exemple, le trait d'union qui suivait le plus souvent l'adverbe *très*, des accents différents de ceux retenus aujourd'hui pour la bonne orthographe (*manége, collége, algébre*, aujourd'hui avec un accent grave) ou ajoutés (*rédondance*, désormais sans accent aigu), sans oublier les lettres surnuméraires (*rhythme* pour *rythme*) ou modifiées (*vagon* pour *wagon*), etc. Ce sont là autant de phénomènes orthographiques que nous signalons dans *Le Nouveau Littré 2005*, pour bien faire comprendre que l'orthographe, depuis la première édition du *Dictionnaire de l'Académie*, comme depuis la parution du *Dictionnaire de la langue française* de Littré, n'avait cessé d'évoluer.

Or, l'histoire de l'orthographe a connu une nouvelle étape à la fin du XXᵉ siècle, lorsque dans le *Journal officiel* du 6 décembre 1990 a été publié le rapport de la Commission dirigée par Bernard Quemada, élaboré au sein du Conseil supérieur de la langue française, rapport intitulé *Les rectifications de l'orthographe*. Cette commission avait été chargée par le gouvernement de chercher des « aménagements » destinés à « éliminer un certain nombre d'anomalies et d'absurdités » de l'orthographe française. Les propositions faites, avec comme règle le respect des deux orthographes, celle critiquée et celle suggérée, avaient alors été acceptées par l'Académie française sous la forme d'une liste à soumettre à l'épreuve de l'usage. Ces propositions portaient sur huit cents mots environ et ont été jugées par tous très modérées. Comme les dictionnaires ont eu, dès 1991, la liberté de proposer les deux orthographes, on a pu constater dans la dernière décennie du XXᵉ siècle et dans les premières années du XXIᵉ siècle que tous progressivement signalaient les deux orthographes, avec petit à petit un problème d'organisation dans l'article.

Pour donner un exemple canonique, le mot *événement*, que le *Journal officiel* a donc autorisé à écrire conformément à la prononciation d'aujourd'hui *évènement*, est désormais présenté dans la nomenclature par tous les dictionnaires avec sa double orthographe possible, chacun ayant le choix de proposer telle ou telle orthographe en premier. Il en va de même des pluriels des mots composés (des *abat-jours*) et autres subtilités. Viendra sans doute un moment où l'usage le plus courant dans l'écriture de bon aloi sera le premier proposé. On sait d'ailleurs à cet égard que la formule latine *a priori* était présentée par Littré avec un « à », *à priori*, ce qui montre qu'il n'y a pas à chercher dans le domaine de l'orthographe une quelconque valorisation fondée sur une « culture » qui se perdrait ou serait à maintenir. Il se pourrait qu'*évènement* devienne la première orthographe proposée avant *événement*, si l'usage s'en répand par exemple dans la presse et chez les écrivains.

Ainsi, fidèles à la fois à l'esprit historique de la langue et à la description objective des faits linguistiques, nous proposons bien entendu toutes les orthographes en vigueur, en n'omettant jamais celles proposées en 1990, sans hésiter à ajouter des remarques en fin d'article sur l'orthographe du XIXᵉ siècle ou du XXIᵉ siècle pour éclairer le lecteur. Si pour la première édition du *Nouveau Littré*, par respect pour la reprise de l'œuvre d'Émile Littré, l'entrée était donnée dans l'orthographe du grand lexicographe, dès cette deuxième édition, nous la proposons, pour plus de commodité notamment pour les jeunes générations lycéennes qui portent déjà la langue de demain, dans l'orthographe des XXᵉ et XXIᵉ siècles.

La présentation de chaque article

La nature originale du *Nouveau Littré* imposait une présentation de chaque article qui reflète cette originalité. Le projet du *Nouveau Littré* se situe, on l'a vu, dans une perspective historique longue. Il ne s'agissait pas de republier le *Dictionnaire* d'Émile Littré en le « rafraîchissant » à l'aide d'on ne sait quels ajouts, mais de poursuivre le travail du grand lexicographe en le reprenant là où il l'avait laissé, à cent trente ans de distance. Ce dictionnaire offrait à la lexicographie et à la dictionnairique une voie que la disparition de Littré avait interrompue et que nous avons appelée *panchronique*, clairement située entre la diachronie et la synchronie. La reprise de la rédaction du *Dictionnaire de la langue française* d'Émile Littré dans sa version abrégée se confondait ainsi avec la renaissance de la perspective panchronique en lexicographie illustrée par *Le Nouveau Littré*.

Dans un premier temps, celui des deux premières éditions du *Nouveau Littré*, il convenait de conserver la rédaction d'Émile Littré tout en en poursuivant l'écriture. Cette démarche sous-tend les décisions éditoriales qui guident la rédaction du *Nouveau Littré* ainsi que la structure des articles. On peut résumer ainsi les éléments essentiels de notre démarche :

– une règle absolue a été celle de clarté historique : le texte des articles du dictionnaire d'Émile Littré est conservé dans son état original ;

– les déterminants des entrées ont été modernisés afin de rendre lisible et utilisable aujourd'hui la nomenclature d'origine (on ne lira plus *subst.* mais *n.m.* ou *n.f.* selon le cas) ;

– l'étymologie et la prononciation ont été corrigées là où il était nécessaire à la lumière de la science et de l'état de langue modernes ;

– des compléments rédactionnels, considérables, ont été apportés : des compléments de sens aux articles d'origine de Littré (aujourd'hui, un volant représente aussi la « pièce circulaire d'un véhicule qui oriente les roues ») ; mais aussi de nouveaux articles qui portent la nomenclature du Littré de 42 000 à 66 000 entrées. Dans les deux cas, ce travail de rédaction contemporain a été clairement distingué du dictionnaire d'origine par un symbole.

Le lecteur bénéficie ainsi d'une prise en compte précise et complète de chaque mot dans l'ensemble de ses dimensions, du XVIe siècle aux derniers mois de 2005.

Le dictionnaire du XXIe siècle, l'œuvre d'une équipe

« Émile Littré fut le plus grand des *lexicographes* français du XIXe siècle », tel est l'exemple qui a été forgé pour illustrer le mot *lexicographe* dans la dernière édition du *Dictionnaire de l'Académie française*. Malgré la très vive estime éprouvée pour la qualité de ce dictionnaire, on a compris que, soucieux de rappeler combien tous les lexicographes ont apporté leur formidable contribution à la connaissance de la langue française, nous infléchirions volontiers cet exemple en y associant d'autres lexicographes. Pour souligner par exemple, qu'à sa façon aussi, Pierre Larousse a tout autant représenté un très grand lexicographe.

L'exemple choisi par l'Académie a cependant la vertu de montrer que la lexicographie pouvait encore au XIXe siècle s'assimiler à une personne en particulier. Deux siècles plus tard, ce n'est plus guère possible : les dictionnaires sont devenus affaire d'équipe. Qu'un dictionnaire soit éponyme du vivant d'un lexicographe, comme ce fut le cas pour le Littré et le Robert, ne semble plus être de mise : le *Trésor de la langue française*, grand dictionnaire du XXe siècle s'il en est, ne porte ni le nom de Paul Imbs ni celui de Bernard Quemada, bien qu'ils l'aient dirigé. La notion d'équipe l'a emporté sur celle de créateur.

De son côté, *Le Nouveau Littré* bénéficie assurément de l'aura du grand lexicographe et relève de sa filiation, parce qu'il s'inscrit à la fois dans la perspective historique tout en étant pleinement de son époque. Mais *Le Nouveau Littré* n'échappe pas à la règle des nouveaux dictionnaires, il résulte d'abord du travail d'une équipe et ne portera pas le nom des directeurs de cette aventure. Pour autant, notre dictionnaire n'est pas sans être marqué par les personnalités diverses qui l'ont fait aboutir, celles-là même qu'on trouve dans la page réservée à la présentation de « L'équipe du Nouveau Littré ».

Les auteurs

L'équipe du Nouveau Littré

Direction générale

Claude Blum, Professeur à la Sorbonne.

Direction éditoriale

- **Lexicographie :** Jean Pruvost, Directeur du laboratoire CNRS Métadif (Métalexicographie et Dictionnairique francophones), Professeur à l'Université Cergy-Pontoise.
- **Orthographe :** Camille Martinez, avec la collaboration de Bénédicte Gaillard.
- **Étymologie :** Michel Clément ; Xavier Leroux, Professeur à l'Université de Toulon et du Var.
- **Phonétique :** Camille Martinez.
- **Néologie :** Jean-François Sablayrolles, Maître de conférences à l'Université de Paris 7 - Denis Diderot, CNRS/LLI (Laboratoire de Linguistique Informatique).
- **Coordination :** Bénédicte Gaillard.

Rédaction

- **Compléments de sens et nouvelles entrées**

Khalid Alaoui, Nicole Cholewka, Bénédicte Gaillard, Sébastien Gautier, Magalie Gobet, Virginie Hababou, Anne-Marie Hetzel, Nathalie Lanckriet, Sophie Lavignasse-Rouleux, Valérie Lecœur, Camille Martinez, Aïssata Michel, Caroline Moulart, Jean Pruvost, Pascale Tardivel-Pouzadoux.

- **La Grammaire française. Dire et écrire en compagnie des grands écrivains,** Roland Eluerd.

- **Néologie, néologismes et archaïsmes,** Jean-François Sablayrolles.

- **Les Mille Mots les plus anciens de la langue française,** Gilles Roussineau (Professeur à la Sorbonne).

Lecture-correction

Sandra Bosc, Michèle Aguignier, Diane Berthier, Ariane Charton, Nathalie Dégardin, France Ficheux Garcia, Sophie Fournier, Jean-Michel Fraulini, Isabelle Grandrieux, Sandrine Henry, Jean-Pierre Leblan, Marine Lesprit, Caroline Mathivet, Carine Merlin.

Informatique éditoriale et suivi de publication

Perrine Cras, Fatiha Djiaba, Élodie Dronne, Paul Fustier, Sandrine Girard, Véronique Hennion, Valérie Lachaize, Patrick Pierre, Caroline Raymond, Clément Rodriguez, Éric Wahl.

Diffusion, promotion

Benoît Rouillard et l'équipe de Magnard Vuibert Diffusion.

Administration

Anne Steve.

Alphabet phonétique international (API)

On a indiqué dans le tableau ci-dessous la valeur de chaque signe phonétique.
Le son est représenté en gras dans les mots donnés à titre d'exemple.

Voyelles		Consonnes	
[a]	**a**ppel	[p]	**p**as
[ɑ]	f**â**ché	[b]	**b**as
[ɛ]	**ê**tre	[t]	**t**as
[e]	**é**teint	[d]	**d**ans
[i]	**i**dée	[k]	**c**adeau
[ɔ]	**o**rdre	[g]	**g**ai
[o]	**o**céan	[m]	**m**ais
[u]	**ou**blier	[n]	**n**ouer
[y]	**u**rgence	[ɲ]	a**gn**eau
[œ]	p**eur**	[f]	**f**ou
[ø]	f**eu**	[v]	**v**aleur
[ə]	l**e**	[s]	**s**ou
[ɑ̃]	**am**bigu	[z]	**z**èbre
[ɛ̃]	**in**trigue	[ʃ]	**ch**emin
[ɔ̃]	**om**bre	[ʒ]	**g**enou
[œ̃]	br**un**	[l]	**l**ait
		[ʀ]	**r**ose
Semi-voyelles		**Phonèmes empruntés à d'autres langues**	
[j]	pa**ill**e	[h]	**h**op
[w]	**ou**i	[x]	**j**ota
[ɥ]	n**ui**t	[ŋ]	parki**ng**

L'apostrophe ['] marque le fait que, bien que le mot commence par un son voyelle ou semi-voyelle, ni l'élision ni la liaison ne sont possibles : ['eʀo] *le héros, les héros* ; ['jauʀt] *le yaourt, les yaourts.*

Symboles utilisés

♦	Utilisé pour séparer deux sens du texte original du Petit Littré publié en 1874.
■	Signale toutes les mises à jour de l'édition de 1874 : nouveaux sens, nouveaux articles et remarques. Les sens nouveaux sont placés à la fin des articles de l'édition originale.
▷◁	Signalent les expressions et sens qui ne sont plus employés aujourd'hui.
▬	Signale des mots de la même famille que l'entrée. Il s'agit le plus souvent de dérivés.
Rᴇᴍ.	Signale une remarque.

Table des abréviations

Abréviation	Développement	Abréviation	Développement	Abréviation	Développement
abrév.	abréviation	art.	article	chorégr.	chorégraphie
absol.	absolu ou absolument (c'est-à-dire sans complément)	artific.	artificier	chrét.	chrétien
		artill.	artillerie	cin.	cinéma
		arts mécan.	arts mécaniques	cinghal.	cinghalais
		ascét.	ascétisme	civ.	civil
abusiv.	abusivement	assyr.	assyrien	class.	classique
acoust.	acoustique	astrol.	astrologie	collect.	collectif ou collectivement
activ.	activement	astron.	astronomie		
adj.	adjectif ou adjectival	astronaut.	astronautique	comm.	commerce
adjudic.	adjudication	audiov.	audiovisuel	comptab.	comptabilité
admin.	administration	auj.	aujourd'hui	confis.	confiserie
adv.	adverbe ou adverbial	austral.	australien	congol.	congolais
aéronaut.	aéronautique	autom.	automobile	conj.	conjonction ou conjonctif
Afr. noire	Afrique noire	auvergn.	auvergnat		
afrik.	afrikaans	aviat.	aviation	constit.	constitutionnel
Afriq.	Afrique	aztèq.	aztèque	constr.	construction
agric.	agriculture	b.	bas	cordonn.	cordonnerie
agron.	agronomie	bât.	bâtiment	corn.	cornouaillais
alchim.	alchimie	béarn.	béarnais	corroy.	corroyage
aléman.	alémanique	Belg.	Belgique	cour.	courant
alg.	algèbre	berb.	berbère	cout.	couture
algonq.	algonquin	berrich.	berrichon	crimin.	criminel
all.	allemand	bijout.	bijouterie	cuis.	cuisine
allus.	allusion	biol.	biologie	dan.	danois
alpin.	alpinisme	bot.	botanique	dauph.	dauphinois
alsac.	alsacien	bouch.	boucherie	défect.	défectif
amér.	américain	brésil.	brésilien	dém.	démonstratif
ameubl.	ameublement	bret.	breton	dess.	dessin
amhariq.	amharique	Bretag.	Bretagne	dévot.	dévotion
anal.	analogie	bulg.	bulgare	dial.	dialecte
angev.	angevin	bx-arts	beaux-arts	didact.	didactique
angl.	anglais	c.-à-d.	c'est-à-dire	dimin.	diminutif
anglo-amér.	anglo-américain	Camarg.	Camargue	diplomat.	diplomatie
anglo-norm.	anglo-normand	card.	cardinal	dogmatiq.	dogmatique ou dogmatiquement
anglo-sax.	anglo-saxon	carthag.	carthaginois		
anthrop.	anthropologie	castill.	castillan	dr.	droit
antill.	antillais	catal.	catalan	ébénist.	ébénisterie
Antiq.	Antiquité	cathol.	catholique	ecclés.	ecclésiastique
apic.	apiculture	celt.	celtique	écol.	écologie
appos.	apposition	ch. de fer.	chemin de fer	écon.	économie
ar.	arabe	chald.	chaldéen	écoss.	écossais
arabo-pers.	arabo-persan	champen.	champenois	égypt.	égyptien ou égyptologie
aram.	araméen	chancell.	chancellerie		
arboric.	arboriculture	chapell.	chapellerie	électr.	électricité
archéol.	archéologie	charpent.	charpenterie	électron.	électronique
archit.	architecture ou architectural	chim.	chimie	ellipt.	elliptiquement
		chin.	chinois	enseign.	enseignement
arg.	argot ou argotique	chir.	chirurgie	entomol.	entomologie
arithm.	arithmétique	chir. dent.	chirurgie dentaire	épingl.	épinglerie

Abréviation	Développement	Abréviation	Développement	Abréviation	Développement
équit.	équitation	hérald.	héraldique	lat.	latin
esp.	espagnol	hindoust.	hindoustani	libr.	librairie
éthiop.	éthiopien	hippol.	hippologie	liég.	liégeois
ethnol.	ethnologie	hisp.-amér.	hispano-américain	limous.	limousin
éthol.	éthologie	hisp.-ar.	hispano-arabe	ling.	linguistique
étrusq.	étrusque	hist.	histoire	litt.	littéraire
étym. pop.	étymologie populaire	hist. nat.	histoire naturelle	littér.	littérature
		holl.	hollandais	lituan.	lituanien
exclam.	exclamatif	hongr.	hongrois	liturg.	liturgie ou liturgique
extens.	extension	horlog.	horlogerie	loc.	locution
f.	féminin	hortic.	horticulture	log.	logique
fam.	familier ou familièrement	hott.	hottentot	lorr.	lorrain
		hydraul.	hydraulique	m.	masculin
fauconn.	fauconnerie	hydrol.	hydrologie	maçon.	maçonnerie
féod.	féodal ou féodalité	hyg.	hygiène	malaya.	malayalam
fig.	figuré	impér.	impératif	malg.	malgache
fin.	finnois	impers.	impersonnel	manuf.	manufacture
financ.	finance	impr.	imprimerie	mar.	marine
finl.	finlandais	indéf.	indéfini	marq. dépos.	marque déposée
flam.	flamand	indo-eur.	indo-européen	marseill.	marseillais
forest.	forestier	indon.	indonésien	Mass. centr.	Massif Central
fortif.	fortification	indo-port.	indo-portugais	math.	mathématique
franco-provenç.	franco-provençal	industr.	industrie	méc.	mécanique
fris.	frison	inform.	informatique	méd.	médecine ou médical
frq.	francique	injur.	injurieux	méd. lég.	médecine légale
gaél.	gaélique	insult.	insultant	médiév.	médiéval
gall.	gallois	interj.	interjection	mélanés.	mélanésien
gallo-lat.	gallo-latin	interr.	interrogatif	menuis.	menuiserie
gallo-rom.	gallo-roman	interrogativ.	interrogativement	métall.	métallurgie
gasc.	gascon	inus.	inusité	métaphys.	métaphysique
gaul.	gaulois	inv.	invariable	météorol.	météorologie
généal.	généalogie	iran.	iranien	méton.	métonymie
génét.	génétique	irl.	irlandais	métrol.	métrologie
genev.	genevois	ironiq.	ironique ou ironiquement	mex.	mexicain
géogr.	géographie			milit.	militaire
géol.	géologie	iroq.	iroquois	minér.	minéralogie
géom.	géométrie	isl.	islandais	mod.	moderne
germ.	germanique	islam.	islamique	moy.	moyen
gest.	gestion	ital.	italien	mus.	musique
goth.	gothique	ital. mérid.	italien méridional	myst.	mystique
gr.	grec	jap.	japonais	mythol.	mythologie
gr. attiq.	grec attique	jard.	jardinage	n.	nom
gr. byz.	grec byzantin	javan.	javanais	n. f.	nom féminin
gr. macéd.	grec macédonien	joaill.	joaillerie	n. m.	nom masculin
gramm.	grammaire ou grammatical	judéo-fr.	judéo-français	napol.	napolitain
		jurid.	juridique	navig.	navigation
grav.	gravure	juridict.	juridiction	néerl.	néerlandais
grecq.	grecque	jurispr.	jurisprudence	nom pr.	nom propre
h. all.	haut allemand	khmer	khmer	nord.	nordique
hébr.	hébreu	kymri	kymri	norm.	normand
hébr. bibl.	hébreu biblique	Langued.	Languedoc	Normand.	Normandie
hébr. mod.	hébreu moderne	langued.	languedocien	normanno-pic.	normanno-picard

Abréviation	Développement	Abréviation	Développement	Abréviation	Développement
norv.	norvégien	pop.	populaire	sp.	sport
Nouv.-Calédon.	Nouvelle-Calédonie		ou populairement	spécialt	spécialement
nucl.	nucléaire	port.	portugais	spéléo.	spéléologie
num.	numéral	poss.	possessif	stat.	statistique
numism.	numismatique	pratiq.	pratique	subst.	substantif
occid.	occidental	préhist.	préhistorique		ou substantivement
occit.	occitan	préindo-eur.	préindo-européen	suéd.	suédois
océanogr.	océanographie	pré-lat.	pré-latin	Suisse rom.	Suisse romande
œnol.	œnologie	prép.	préposition	sylvic.	sylviculture
onomat.	onomatopée		ou prépositionnel	syn.	synonme
opht.	ophtalmologie	procéd.	procédure	syriaq.	syriaque
opt.	optique	pron.	pronom	t.	terme
ord.	ordinal	prosod.	prosodie	tahit.	tahitien
orfèvr.	orfèvrerie	prov.	proverbe	tard.	tardif
orig. incert.	origine incertaine		ou proverbial	tauromach.	tauromachie
orig. inconn.	origine inconnue	Proven.	Provence	techn.	technique
ostréic.	ostréiculture	provenç.	provençal	teint.	teinturerie
p. p.	participe passé	psych.	psychologie,	télécomm.	télécommunications
p. prés.	participe présent		psychiatrie	télév.	télévision
paléogr.	paléographie		ou psychanalyse	text.	textile
paléont.	paléontologie	québéc.	québécois	théât.	théâtre
parapsych.	parapsychologie	radio.	radiophonie	théol.	théologie
paris.	parisien	réfl.	réfléchi		ou théologique
partic.	particulier	région.	régionalisme	tibét.	tibétain
pathol.	pathologie	rel.	relatif	topogr.	topographie
peint.	peinture	relig.	religion	tourang.	tourangeau
péj.	péjoratif	Réun.	Réunion	trav. publ.	travaux publics
pers.	Persan	rhét.	rhétorique	typogr.	typographie
pers.	personnel	rom.	romain	ukrain.	ukrainien
péruv.	péruvien	romd	romand	urban.	urbanisme
pharm.	pharmacie	roum.	roumain	v.	verbe
phénic.	phénicien	sansc.	sanscrit	v. impers.	verbe impersonnel
philol.	philologie	sav.	savant	v. intr.	verbe intransitif
philos.	philosophie	sc.	sciences	v. pr.	verbe pronominal
phonét.	phonétique	sc.-fict.	science-fiction	v. tr.	verbe transitif
phot.	photographie	sc. hum.	sciences humaines	vén.	vénerie
phrénol.	phrénologie	sc. nat.	sciences naturelles	vénit.	vénitien
phys.	physique	sc. occ.	sciences occultes	versif.	versification
physiol.	physiologie	scand.	scandinave	vétér.	vétérinaire
pic.	picard	scient.	scientifique	viet.	vietnamien
piémont.	piémontais	scol.	scolaire	vitic.	viticulture
pl.	pluriel	scolast.	scolastique	vitr.	vitrerie
plais.	plaisanterie	sculpt.	sculpture	vulg.	vulgaire
poétiq.	poétique	sémitiq.	sémitique		ou vulgairement
	ou poétiquement	Sénég.	Sénégal	vx	vieux
poitev.	poitevin	serbo-cr.	serbo-croate	wall.	wallon
pol.	polonais	sicil.	sicilien	yidd.	yiddish
polit.	politique	sing.	singulier	zool.	zoologie
polynés.	polynésien	sociol.	sociologie	zoul.	zoulou

Sommaire

a

A, n. m. [a] ou [ɑ] Voyelle et première lettre de l'alphabet. *Une panse d'a*, la première partie d'un petit *a* dans l'écriture. ♦ *N'avoir pas fait une panse d'a*, c'est-à-dire n'avoir rien écrit. ■ *Prouver par A + B*, avec précision et rigueur. ■ *De A à Z*, du début à la fin. ■ *A4*, format d'une feuille de papier de 21 × 29,7 cm. A3, format 29,7 × 42 cm. ■ **Mus.** La.

À, prép. [a] (lat. *ad*, mouvement, direction, proximité, *ab*, séparation, origine, et *apud*, relation, accompagnement) Marque direction, tendance : *aller à Rome ; aimer à lire.* ♦ S'emploie devant le régime indirect des verbes actifs : *donner de l'argent à un pauvre.* ♦ Sert à déterminer le lieu où est quelque chose, où s'exécute une action : *résider à Paris ; être à sa place.* ♦ Sert à indiquer le temps, le moment, etc. : *à la fin du mois.* ♦ Marque appartenance, possession : *rendez à César ce qui est à César ; il a un style à lui.* ♦ Avec un complément indique l'espèce : *vache à lait ;* la qualité : *or à vingt-deux carats ;* la forme ou la structure : *clou à crochet, table à tiroir ;* la destination : *marché à la volaille ;* la conformité, la convenance : *à mon avis ;* l'instrument : *pêcher à la ligne ;* la mesure, le poids, la quantité : *vendre à la livre, à la douzaine ;* le prix, la valeur : *pain à vingt centimes la livre, dîner à trois francs ;* l'intention : *à regret ;* la cause : *se ruiner à jouer ;* l'effet, le résultat : *blesser à mort.* ♦ À précédé et suivi du même mot marque succession, gradation, ordre : *deux à deux ;* jonction : *bout à bout ;* opposition : *face à face.* ♦ À se place après certains adjectifs pour en déterminer le sens : *facile à dire ; prêt à combattre.* ♦ À suivi d'un infinitif équivaut souvent au participe précédé de *en : à vrai dire.* ♦ À devant un infinitif peut quelquefois s'expliquer par *de quoi : verser à boire.* ♦ À indique ce qu'on doit faire : *c'est un avis à suivre ;* ce qui doit être la suite d'un événement : *c'est une affaire à vous perdre.* ♦ À s'emploie dans certaines phrases elliptiques : *à moi ! au feu ! à ta santé !*

AA, ■ n. m. inv. [aa] (mot hawaïen) **Géol.** Lave rugueuse à progression lente, qui se caractérise par une surface chaotique et scoriacée.

ABACA, ■ n. m. [abaka] (mot esp., du tagal *abaka*) Bananier des Philippines. Les feuilles d'abaca servent à la fabrication du chanvre de Manille.

ABAISSANT, ANTE, adj. [abɛsɑ̃, ɑ̃t] (*abaisser*) Qui abaisse. *Conduite abaissante.*

ABAISSE, n. f. [abɛs] (*abaisser*) Pièce de pâte mince.

ABAISSÉ, ÉE, p. p. d'abaisser et adj. [abɛse] S'emploie au propre et au fig. *Des regards abaissés. Une autorité abaissée.* ♦ **Hérald.** Se dit de toutes les pièces de l'écu qui se trouvent au-dessous de leur situation ordinaire.

ABAISSE-LANGUE, ■ n. m. [abɛslɑ̃g] (*abaisser* et *langue*) Petit instrument de forme plate et allongée destiné à abaisser la langue en vue de pratiquer un examen de la bouche et de la gorge. *Des abaisse-langues* ou *des abaisse-langue.*

ABAISSEMENT, n. m. [abɛs(ə)mɑ̃] (*abaisser*) Action d'abaisser ou de s'abaisser ; état de ce qui est abaissé. ♦ **Fig.** *Abaissement de la voix.* ♦ Diminution. *Abaissement du prix des denrées.* ♦ Au moral, l'abaissement des caractères. ♦ Action de faire déchoir ; état de déchéance. ♦ **Chir.** Abaissement de la cataracte. ♦ **Hérald.** Abaissement, addition dans un écu de quelque pièce qui en abaisse la valeur.

ABAISSER, v. tr. [abɛse] (a- et *baisser*) Rendre moins haut, faire descendre. ♦ **Fig.** Rendre moins élevé, faire décroître, diminuer. ♦ Déprimer, humilier, ravaler. ♦ Abaisser pris absol. « *Le Seigneur élève et abaisse* », BOURDALOUE. ♦ **Chir.** Abaisser la cataracte. ♦ **Math.** Abaisser une équation, en diminuer le degré. ♦ S'abaisser, v. pr. Devenir plus bas. ♦ **Fig.** S'abaisser, se proportionner à, condescendre. ♦ S'humilier, en bonne et en mauvaise part. *S'abaisser devant Dieu. S'abaisser à la prière.* ■ ABAISSABLE, adj. [abɛsabl].

ABAISSEUR, adj. m. et n. m. [abɛsœr] (*abaisser*) Nom des muscles qui abaissent certaines parties du corps. *L'abaisseur de l'œil.* ♦ Instrument de chir. *Abaisseur de la langue.*

ABAJOUE, n. f. [abaʒu] (prob. agglutination de *la bajoue*) Poche située de chaque côté de la bouche, entre les joues et les mâchoires, chez certains animaux.

ABALOURDIR, v. tr. [abalurdir] (a- et *balourd*) Rendre balourd, hébété. *Enfant abalourdi par les coups.*

ABANDON, n. m. [abɑ̃dɔ̃] (anc. fr. *[mettre] à bandon*, à disposition, de l'anc. b. frq. *bannjan*, bannir, croisé avec *bandjan*, faire signe et *bandon*, permission) Remise entre les mains de... ♦ Cession, acte par lequel un débiteur délaisse ses biens à ses créanciers. ♦ Facilité, négligence heureuse. ♦ Confiance entière. ♦ Action d'abandonner. ♦ État d'une personne ou d'une chose abandonnée. ♦ À L'ABANDON, loc. adv. Sans soins, sans réserve.

ABANDONNATAIRE, n. m. et n. f. [abɑ̃dɔnatɛr] (*abandonner*, sur le modèle de *donataire*) Personne au profit de qui est fait un abandon de biens.

ABANDONNÉ, ÉE, p. p. d'abandonner. [abɑ̃dɔne] *Abandonné par ses parents. Abandonné de ses amis.* ♦ Adj. ou n. m. et n. f. Qui est sans frein, et par suite sans mœurs.

ABANDONNEMENT, n. m. [abɑ̃dɔn(ə)mɑ̃] (*abandonner*) Remise à... ♦ Cession : *L'abandonnement de ses biens à ses créanciers.* ♦ Action d'abandonner ; état d'une personne abandonnée. ♦ Action de se laisser aller avec trop de facilité. ♦ **Absol.** Dérèglement excessif dans la conduite, dans les mœurs.

ABANDONNÉMENT, adv. [abɑ̃dɔnemɑ̃] (*abandonné*) D'une manière abandonnée, sans réserve.

ABANDONNER, v. tr. [abɑ̃dɔne] (*abandon*) Remettre à la discrétion de..., au soin de..., céder, faire cession. ♦ Livrer à. *Abandonner une ville au pillage.* ♦ Renoncer à. *Abandonner une entreprise.* ♦ Délaisser, déserter, laisser sans secours. *Abandonner son général, son poste. Les médecins ont abandonné ce malade.* ♦ Quitter, lâcher. *Abandonner Paris. Abandonner ses armes.* ♦ Négliger, ne pas cultiver. ♦ S'abandonner, v. pr. Se remettre à, se laisser aller à, se livrer à. *S'abandonner au plaisir, à la fortune, au vainqueur, au gré de la tempête.* ♦ Perdre courage, se manquer à soi-même. *Vous êtes perdu si vous vous abandonnez.* ♦ Se négliger dans le maintien, dans l'habillement. ♦ Se lancer sans ménagement. *L'épée à la main, il s'abandonna sur son adversaire.* ♦ Avoir de l'abandon. *Cet enfant s'abandonne déjà, il commence à faire quelques pas.*

ABANDONNIQUE, ■ adj. [abɑ̃dɔnik] (*abandonner*) **Psych.** Qui vit dans la peur constante, obsessionnelle, d'être rejeté. *Un enfant abandonnique.* ■ N. m. et n. f. *Un, une abandonnique.*

ABAQUE, n. m. [abak] (lat. *abacus*, buffet, du gr. *abax*, planche, tablette) Tailloir, partie supérieure du chapiteau des colonnes, sur laquelle porte l'architrave. ■ Planchette munie de boules coulissant sur des tiges, utilisée pour compter. ■ **Math.** Graphique permettant de retrouver par simple lecture les valeurs approchées de solutions d'équations.

ABAS, ■ n. m. [aba] Voy. ABAT.

ABASOURDI, IE, p. p. d'abasourdir. [abazurdi] *Abasourdi par un coup de tonnerre, par un malheur imprévu.* ■ Hébété, stupéfait. *Une expression abasourdie.*

ABASOURDIR, v. tr. [abazurdir] (arg. *basourdir*, tuer, de *basir*, avec infl. de *assourdir* ou de *abalourdir* ; orig. celt. ou got.) Assourdir par un grand bruit. ♦ Consterner.

ABASOURDISSANT, ANTE, ■ adj. [abazurdisɑ̃, ɑ̃t] (*abasourdir*) Qui abasourdit. *Un vacarme abasourdissant.* ■ **Fig.** Qui stupéfait. *Une nouvelle abasourdissante.*

ABASOURDISSEMENT, ■ n. m. [abazurdis(ə)mɑ̃] (radic. du p. prés. de *abasourdir*) État de stupéfaction, d'étourdissement.

ABASSIDE, ■ adj. ou n. m. et n. f. [abasid] Voy. ABBASSIDE.

ABAT, n. m. [aba] (*abattre*) Averse, pluie abondante. « *Un vent d'abas* », DESCARTES. ■ ▷ Action d'abattre. *L'abat des arbres*, ◁ ■ Au pl. *Les abats d'animaux*, morceaux comestibles qui ne sont pas de la chair ou du muscle. ■ REM. Graphie ancienne : *abas.*

ABÂTARDI, IE, p. p. d'abâtardir. [abɑtardi] *Plantes abâtardies.*

ABÂTARDIR, v. tr. [abɑtardir] (a- et *bâtard*) Faire dégénérer, au propre et au figuré. ♦ S'abâtardir, v. pr. Dégénérer.

ABÂTARDISSEMENT, n. m. [abɑtardis(ə)mɑ̃] (radic. du p. prés. de *abâtardir*) Dégénération au propre et au figuré.

ABATELLEMENT, n. m. [abatɛl(ə)mɑ̃] ▷ Sentence dans le Levant, portant interdiction contre ceux qui désavouent leurs marchés, ou qui refusent de payer leurs dettes. ■ REM. La pratique de l'abatellement n'existe plus aujourd'hui. ◁

ABAT-JOUR, n. m. [abaʒur] (*abattre* et *jour*) Sorte de fenêtre disposée de manière que le jour qui vient d'en haut se communique plus verticalement dans le lieu où elle est pratiquée. ♦ Réflecteur que l'on place sur les lampes pour en rabattre la lumière. *Des abat-jour* ou *des abat-jours.*

ABATS, ■ n. m. pl. [aba] (*abattre*) Organes et viscères de volailles et d'animaux de boucherie destinés à la consommation. *Le cœur, la langue et la cervelle sont des abats.*

ABAT-SON ou **ABAT-SONS**, n. m. [abasõ] (*abattre* et *son*) Lames de bois qui dans les clochers renvoient le son vers le sol. *Des abat-sons.*

ABATTAGE, n. m. [abataʒ] (*abattre*) Action d'abattre. *L'abattage des bois.* ◆ L'abattage d'un bâtiment est l'opération par laquelle on l'incline sur le côté pour l'abattre en carène. ◆ *Abattage des bestiaux,* mise à mort. ■ Action de détacher le charbon dans une mine. ■ *Avoir de l'abattage,* être d'une haute stature, fort et vigoureux. ■ Avoir du brio, de l'entrain. ■ *Vente à l'abattage,* vente de produits en grande quantité et à prix réduit. ■ Rem. Graphie ancienne : *abatage.*

ABATTANT, ■ n. m. [abatã] (*abattre*) Partie d'un meuble que l'on peut baisser ou relever. *L'abattant des toilettes.*

ABATTÉE, n. f. [abate] (*abattre*) **Mar.** Mouvement par lequel un navire, obéissant au vent, à la lame, à la marée, écarte la proue de la ligne du vent. ■ **Aviat.** Chute verticale brusque d'un appareil volant. ■ Rem. Graphie ancienne : *abatée.*

ABATTEMENT, n. m. [abat(ə)mã] (*abattre*) Action d'abattre ; état de ce qui est abattu. *L'abattement du désespoir. Des langueurs et des abattements.* ■ Déduction sur un montant à payer. ■ Disposition fiscale consistant à soustraire une fraction du montant des revenus lors du calcul de l'impôt. *Un abattement de vingt pour cent.*

ABATTEUR, n. m. [abatœr] (*abattre*) Personne qui abat. ◆ *Un grand abatteur de besogne,* un grand travailleur. ■ Ouvrier mineur abattant le charbon.

ABATTIS, n. m. [abati] (*abattre*) Amas de choses abattues. *Abattis d'arbres.* ◆ Abattis de gibier. ◆ Les pattes et la tête, le cou et les ailerons d'une volaille. ◆ Peau, graisse et tripes des bêtes tuées par les bouchers. ◆ **Fam.** Bras et jambes d'une personne. ◆ *Numérote tes abattis* ou *tu peux numéroter tes abattis,* menace proférée à l'encontre d'une personne avec laquelle on va se battre. ■ **Canada** Terrain déboisé où sont brûlés les troncs, branchages et souches. ■ Rem. Graphie ancienne : *abatis.*

ABATTOIR, n. m. [abatwar] (*abattre*) Lieu destiné à l'abattage des animaux, tels que bœufs, veaux, moutons, etc. ■ **Fig.** Envoyer une troupe à l'abattoir.

ABATTRE, v. tr. [abatr] (lat. pop. *abbattere*) Jeter à terre d'une façon quelconque. ◆ **Fig.** *Dieu abat les puissants.* ◆ Laisser tomber, abaisser. *Abattre sa robe.* ◆ Aux cartes, *abattre son jeu,* le mettre sur table pour le montrer. ◆ Faire retomber. *Abattre la poussière.* ◆ Ôter les forces du corps ou de l'âme : *La peur nous abat.* ◆ **Prov.** *Petite pluie abat grand vent,* c.-à-d. peu de chose suffit pour calmer une grande querelle. ◆ Mettre à mort, en parlant d'animaux. ◆ *Abattre de la besogne,* faire beaucoup d'ouvrage. ◆ *Abattre un navire,* le mettre sur le côté pour le réparer. ◆ Abattre, v. intr. Se dit d'un bâtiment qui tourne sur lui-même autour de son axe vertical. ◆ S'abattre, v. pr. Se jeter à terre, et aussi tomber, descendre en volant. ◆ S'apaiser. *Le vent s'abat.* ■ ABATTABLE, adj. [abatabl]

ABATTU, UE, p. p. d'abattre. [abaty] Jeté à terre. ◆ Affaibli, privé de son pouvoir, de ses forces, de son courage. ■ Détruit, tué. *Un avion abattu en plein vol. Une bête abattue à bout portant.* ■ N. m. *L'abattu,* position abattue du chien de fusil.

ABATTURE, n. f. [abatyr] (*abattre*) Action d'abattre, particulièrement des glands. ◆ Trace qu'un cerf laisse dans les broussailles où il a passé.

ABAT-VENT, n. m. [abavã] (*abattre* et *vent*) Appentis, claie, paillasson, mur, pièce de toile, bois, etc., placés au-dessus des ouvertures des habitations, et au-devant des plantes, pour les abriter contre le vent et la pluie. *Des abat-vent* ou *des abat-vents.*

ABAT-VOIX, n. m. inv. [abavwa] (*abattre* et *voix*) Le dessus d'une chaire à prêcher, qui sert à rabattre la voix.

ABBASSIDE ou **ABASSIDE**, ■ adj. [abasid] (Abu-al-'*Abbass*, mort en 754, descendant de Mahomet, premier calife de la dynastie) Qui appartient ou qui est relatif à la dynastie des Abbassides. *L'empire abbasside.* ■ N. m. et rare n. f. *Les Abbassides.*

ABBATIAL, ALE, adj. [abasjal] Qui appartient à l'abbé, à l'abbesse ou à l'abbaye. *Droits abbatiaux. Fonctions abbatiales.* ◆ ABBATIALE, n. f. *La maison abbatiale.*

ABBAYE, n. f. [abei] (lat. médiév. *abbatialis,* de *abbatia,* abbaye) Monastère d'hommes ou de filles. ◆ Le bénéfice attaché au titre d'abbé. ◆ Les bâtiments du monastère.

ABBÉ, n. m. [abe] (lat. chrét. *abbas,* du gr. chrét. *abba,* père, Seigneur, de l'araméen) Religieux qui gouverne ou possède une abbaye. ◆ Tout homme qui porte un habit ecclésiastique. ■ **Midi** Au Moyen Âge, chef de certaines confréries d'artisans.

ABBESSE, n. f. [abɛs] (lat. ecclés. *abbatissa*) Supérieure d'un monastère de filles.

A B C, n. m. [abese] (*a, b, c,* trois premières lettres de l'alphabet) Petit livre contenant l'alphabet et la combinaison des lettres pour apprendre à lire aux enfants. ◆ **Fig.** Le commencement, le rudiment d'un art, d'une science.

ABCÉDÉ, ÉE, p. p. d'abcéder. [apsede] *Tumeur abcédée.*

ABCÉDER, v. intr. [apsede] (lat. *abcedere,* s'éloigner, puis se former en abcès) Se conjugue avec *être* ou *avoir,* suivant le sens. Se terminer par un abcès. ■ V. intr. **Méd.** Se muer en abcès. *Une tumeur qui abcède.*

ABCÈS, n. m. [apsɛ] (lat. *abscessus,* départ, abcès, de *abcedere.*) Amas de pus dans une cavité accidentelle au milieu des tissus. ■ **Fig.** *Crever, vider l'abcès,* mettre à plat un problème sous-jacent. ■ **Fig.** *Abcès de fixation,* point sur lequel on cherche à fixer le mécontentement afin d'éviter qu'il ne se propage sur d'autres points plus délicats à maîtriser.

ABCISSE, n. f. [apsis] Voy. ABSCISSE.

ABDALAS, n. m. pl. [abdala] (ar. *abdallah,* de *abd,* serviteur, *Allah,* Dieu) Nom que les Persans donnent aux religieux.

ABDICATAIRE, ■ n. m. et n. f. [abdikatɛr] (radic. du lat. *abdicatum,* supin de *abdicare*) Qui a renoncé à son pouvoir, à sa fonction. ■ Adj. *Les prêtres abdicataires.*

ABDICATION, n. f. [abdikasjõ] (lat. *abdicatio,* action de déposer, exhérédation) Action d'abdiquer.

ABDIQUÉ, ÉE, p. p. d'abdiquer. [abdike] *Pouvoir abdiqué.*

ABDIQUER, v. tr. [abdike] (lat. *abdicare,* renier, se démettre) Abandonner le pouvoir suprême, de hautes fonctions. ◆ **Fig.** Renoncer à. *Abdiquer sa liberté.* ◆ V. intr. *Charles-Quint abdiqua.*

ABDOMEN, n. m. [abdomɛn] (lat. *abdomen*) Le ventre. ■ **Zool.** Partie postérieure du corps chez certains invertébrés (arthropodes), les insectes notamment.

ABDOMINAL, ALE, adj. [abdominal] (*abdomen*) Qui appartient ou se rapporte à l'abdomen. ■ N. m. pl. Muscles de l'abdomen. ■ Exercices physiques faisant travailler ces muscles. *Faire des abdominaux tous les matins.* ■ **Abrév.** Des abdos.

ABDUCTEUR, adj. m. [abdyktœr] (radic. du lat. *abductum,* supin de *abducere*) Qui produit l'abduction. ◆ N. m. *L'abducteur de l'œil.*

ABDUCTION, n. f. [abdyksjõ] (b. lat. *abductio,* action d'emmener, expulsion) Mouvement qui écarte un membre ou une partie quelconque du plan mitoyen qu'on suppose partager le corps longitudinalement en deux moitiés semblables ou symétriques.

ABÉCÉDAIRE, adj. [abesedɛr] (b. lat. *abecedarium,* alphabet) Qui est rangé suivant les lettres de l'alphabet. ◆ Qui en est à l'a b c. ◆ N. m. Petit livre où s'apprend l'a b c.

ABECQUER ou **ABÉQUER**, v. tr. [abeke] (*a-* et *bec*) Donner la becquée.

ABÉE, n. f. [abe] (agglutination de l'anc. fr. *la bee,* p. p. fém. substantivé de *baër,* ouvrir) Ouverture par laquelle coule l'eau qui fait aller un moulin.

ABEILLE, n. f. [abɛj] (lat. *apicula,* petite abeille, de *apis*) Insecte qui produit le miel et la cire, et appartient au genre des hyménoptères.

ABÉLIEN, IENNE, ■ adj. [abeljɛ̃, jɛn] (suivant le sens, H. N. Abel, 1802-1829, mathématicien norvégien, ou *Abel,* frère de Caïn) **Math.** *Groupe abélien,* groupe commutatif créé par un nombre fini d'éléments. ■ *Équation abélienne,* équation algébrique à coefficients entiers et aux racines complexes, s'exprimant comme une fonction rationnelle de l'une de ces racines. ■ Relatif à Abel, symbole de la bonté et de la pureté, frère de Caïn. *Il est d'une nature abélienne.*

ABÉQUER, ■ v. tr. [abeke] Voy. ABECQUER.

ABER, ■ n. m. [abɛr] (mot bret., de *havre*) Dans la Basse-Bretagne, partie d'une vallée fluviale envahie par la mer et constituant un estuaire en forme de petite baie. *Des abers profonds et sinueux.*

ABERDEEN-ANGUS, ■ n. m. inv. et adj. inv. [abɛrdinãgys] (Aberdeen et Angus, comtés d'Écosse) Bovin de boucherie, à robe unie noire ou rouge et sans cornes, d'origine écossaise.

ABERRANCE, ■ n. f. [abɛrãs] (*aberrant*) Caractère aberrant de quelque chose. ■ **Stat.** Dans une série d'observations, particularité d'une grandeur qui s'éloigne largement de la valeur moyenne.

ABERRANT, ANTE, ■ adj. [abɛrã, ãt] (lat. *aberrans,* p. prés. de *aberrare,* errer, s'écarter) Qui s'écarte de la norme, de la logique. *Un discours aberrant.*

ABERRATION, n. f. [abɛrasjõ] (lat. *aberratio,* diversion) **Astron.** Mouvement apparent observé dans les étoiles et qui résulte du mouvement annuel de la Terre. ◆ **Opt.** *Aberration de la lumière,* dispersion des rayons lumineux. ◆ **Fig.** Erreur de jugement, égarement.

ABÊTIR, v. tr. [abetiʀ] (*a*- et *bête*) Rendre bête. *Esprits abêtis par la superstition.* ♦ V. intr. Devenir bête. ♦ S'abêtir, v. pr.

ABÊTISSANT, ANTE, ▪ adj. [abɛtisɑ̃, ɑ̃t] (radic. du p. prés. de *abêtir*) Qui rend bête. *Une émission abêtissante.*

ABÊTISSEMENT, n. m. [abɛtis(ə)mɑ̃] (radic. du p. prés. de *abêtir*) Action d'abêtir ; état de celui qui est abêti.

AB HOC ET AB HAC, loc. adv. [abɔkɛtabak] (mots lat., prép. *ab*, à partir de, ablat. masc. et fém. du démonstr. *hic*, celui-ci, et conj. *et*) Confusément, sans raison.

ABHORRÉ, ÉE, p. p. d'abhorrer. [abɔʀe] *Abhorré de tous. Néron abhorré par Rome.*

ABHORRER, v. tr. [abɔʀe] (lat. *abhorrere*, s'éloigner avec effroi de) Éprouver de l'horreur pour, repousser avec horreur. ♦ S'abhorrer, v. pr. Se haïr réciproquement. ♦ Se haïr soi-même.

ABIGÉAT, n. m. [abiʒea] (b. lat. *abigeatus*, enlèvement de bestiaux, de *abigere*, enlever) Dr. anc. Délit de celui qui détourne des troupeaux pour se les approprier.

ABIGOTI, IE, adj. [abigoti] (p. p. seul usité de *abigotir*, de *a*- et *bigot* ; on trouve aussi *s'abigoter*) Devenu bigot, rendu bigot.

ABÎME, n. m. [abim] (lat. chrét. *abyssus*) Cavité profonde ou sans fond. ♦ *L'abîme*, les flots, l'océan. ♦ L'enfer, dans le langage de l'Écriture. ♦ Ce qui est extrême, le dernier degré ; précipice, ruine, perte. ♦ Dans un sens favorable. *Cet homme est un abîme de science, il est très savant.* ♦ Lieu, chose impénétrable, mystère. *La nature a caché la vérité au fond d'un abîme.* ♦ Prov. *L'abîme appelle l'abîme*, un malheur en appelle un autre. ▪ *Mise en abîme* ou *abyme*, procédé par lequel un artiste intègre à son œuvre un élément de même nature que l'œuvre elle-même (théâtre dans le théâtre, etc.). ▪ Fig. Fossé. *Il y a un abîme entre elle et lui.* ▪ Fig. *Au bord de l'abîme*, sur le point de chuter. ▪ *Course à l'abîme*, situation de catastrophe vers laquelle s'achemine une personne, un pays. ▪ Rem. Graphie ancienne : *abyme*.

ABÎMÉ, ÉE, p. p. d'abîmer. [abime] Jeté dans l'abîme. *Le vaisseau abîmé dans les flots.* ♦ Fig. « *Le Messie abîmé dans la douleur* », Bossuet. ♦ Ruiné, abattu, endommagé, en parlant des personnes et des choses.

ABÎMER, v. tr. [abime] (*abîme*) Précipiter dans un abîme. ♦ Fig. *Abîmer dans la douleur.* ♦ Ruiner, endommager, gâter, tacher. ♦ Dans une discussion, *abîmer son adversaire*, ne lui laisser rien de bon à répondre. ♦ S'abîmer, v. pr. Tomber dans un abîme. ♦ Fig. *S'abîmer dans l'étude. S'abîmer dans le désespoir.* ♦ Être gâté ou endommagé. ♦ Abîmer, v. intr. Tomber dans un gouffre, se perdre. *Sodome abîma en une nuit.* Peu usité. ▪ Rem. Graphie ancienne : *abymer.*

AB INTESTAT, loc. adv. [abɛ̃tɛsta] (a-bin-tès-ta ; lat. *ab intestato*, prép. *ab*, de, et ablat. de *intestatus*, qui n'a pas testé) À la suite d'une mort sans testament.

ABIOTIQUE, ▪ adj. [abjotik] (*a*- et gr. *biôtikos*, qui sert à l'entretien de la vie) Écol. Se dit d'un milieu où la vie est impossible (par oppos. à *biotique*).

AB IRATO, loc. adv. [abiʀato] (mots lat., prép. *ab*, de, et ablat. de *iratus*, irrité) Sous l'influence de la colère.

ABJECT, ECTE, adj. [abʒɛkt] (lat. *abjectus*, p. p. de *abjicere*, rejeter) Qui est rejeté et digne de l'être ; vil, méprisable. ▪ ABJECTEMENT, adv. [abʒɛktəmɑ̃]

ABJECTION, n. f. [abʒɛksjɔ̃] (lat. *abjectio*, découragement ; b. lat., action de rejeter) État abject. ♦ Relig. Humiliation profonde devant Dieu. ♦ En style de l'Écriture, rebut.

ABJURATION, n. f. [abʒyʀasjɔ̃] (b. lat. *abjuratio*, négation d'un dépôt) Action d'abjurer ; se dit de celui qui abjure et de la chose abjurée. *L'abjuration de Henri IV. L'abjuration du calvinisme.*

ABJURATOIRE, adj. [abʒyʀatwaʀ] (*abjurer*) Qui concerne l'abjuration.

ABJURÉ, ÉE, p. p. d'abjurer. [abʒyʀe] *Religion abjurée.*

ABJURER, v. tr. [abʒyʀe] (lat. *abjurare*, nier par un faux serment) Renoncer solennellement à. ♦ Absol. *Des calvinistes abjurèrent lors de la révocation de l'édit de Nantes.* ♦ Fig. *Abjurer ses principes.* ♦ S'abjurer, v. pr. Être abjuré.

ABLACTATION, n. f. [ablaktasjɔ̃] (b. lat. *ablactatio*, de *ablactare*, sevrer) Méd. Action de cesser d'allaiter.

ABLAIS, n. m. pl. [ablɛ] (pic. *ablaie*, du b. lat. *bladum*, récolte, blé) Blés coupés qui sont encore dans le champ.

ABLATIF, n. m. [ablatif] (lat. impér. gramm. *ablativus*) Le sixième cas de la déclinaison latine. ▪ Qui retire, retranche. *Une technique ablative d'opération chirurgicale.*

ABLATION, n. f. [ablasjɔ̃] (b. lat. *ablatio*) Chir. Action d'enlever, de retrancher. ♦ Gramm. Retranchement d'une lettre au commencement d'un mot. ▪ Géol. Perte du relief par érosion. ▪ Astronaut. Altération progressive d'un matériau soumis à une chaleur intense. *Un cône d'ablation, les processus d'ablation des fragments injectés dans l'atmosphère.*

ABLATIVO, loc. adv. [ablativo] (ablat. du lat. *ablativus*, prob. arg. scolast., à cause de la surcharge des fonctions dévolues à ce cas en latin) *Ablativo*, tout en un tas, c.-à-d. tout ensemble, avec confusion et désordre.

ABLE n. m. ou **ABLETTE**, n. f. [abl, ablɛt] (lat. *albula*, de *albus*, blanc) Petit poisson blanc bon à manger et dont les écailles servent à la fabrication des perles fausses.

ABLÉGAT, n. m. [ablega] (lat. *ab*, de, et *légat*, envoyé du pape) Vicaire d'un légat.

ABLERET ou **ABLIER**, n. m. [abləʀɛ, ablije] (*able*) Filet pour la pêche des petits poissons.

ABLETTE, n. f. [ablɛt] Voy. ABLE.

ABLUANT, ANTE, adj. [ablyɑ̃, ɑ̃t] ou [ablɥɑ̃, ɑ̃t] (*abluer*) Qui lave, qui déterge.

ABLUER, v. tr. [ablye] ou [ablɥe] (lat. *abluere*, enlever en lavant, laver) Passer légèrement une liqueur préparée avec de la noix de galle sur du parchemin ou du papier, pour faire revivre l'écriture.

ABLUTION, n. f. [ablysjɔ̃] (lat. *ablutio*, lavage) Pratique religieuse qui consiste à se laver diverses parties du corps. ♦ Dans la messe, l'ablution désigne le vin que le prêtre prend après la communion, ainsi que le vin et l'eau qu'on verse sur ses doigts dans le calice après qu'il a communié. ▪ *Faire ses ablutions*, faire sa toilette.

ABNÉGATION, n. f. [abnegasjɔ̃] (lat. *abnegatio*, dénégation) Renoncement. *Faire abnégation de ses intérêts. L'abnégation chrétienne.*

ABOI, n. m. [abwa] (*aboyer*) Cri du chien. ♦ N. m. pl. Moment où le cerf, serré par des chiens qui aboient après lui, est à l'extrémité. ♦ Fig. Dernière extrémité. *Être aux abois.* ♦ *Tenir quelqu'un en aboi*, le repaître de vaines espérances.

ABOIEMENT, n. m. [abwamɑ̃] (*aboyer*) Cri du chien. ♦ Fig. *Les aboiements de l'Envie.* ▪ Fam. Paroles fortes et dures. *Les aboiements du chef de troupe.* ▪ Rem. Graphie ancienne : *aboîment.*

ABOLI, IE, p. p. d'abolir. [aboli] *Usage aboli.*

ABOLIR, v. tr. [aboliʀ] (lat. *abolere*) Mettre à néant. *Abolir une loi.* ♦ Dr. anc. *Abolir une créance*, en interdire les poursuites. ♦ S'abolir, v. pr. Être aboli.

ABOLISSABLE, adj. [abolisabl] (*abolir*) Qui mérite d'être aboli, qui peut être aboli.

ABOLISSEMENT, n. m. [abolis(ə)mɑ̃] (*abolir*) Action d'abolir.

ABOLITION, n. f. [abolisjɔ̃] (lat. *abolitio*) Action d'abolir. ♦ Dr. anc. Pardon que le prince accordait d'autorité absolue pour un crime. ♦ Dans un sens qui n'est plus de la langue du droit, effacement, remise.

ABOLITIONNISME, ▪ n. m. [abolisjɔnism] (angl. *abolitionnism*) Doctrine visant à abolir une pratique, une loi ou un usage (de l'esclavage et de la peine de mort notamment).

ABOLITIONNISTE, n. m. et n. f. [abolisjɔnist] (angl. *abolitionnist*) Se dit, aux États-Unis, des partisans de l'abolition de l'esclavage. ▪ Adj. *Les pays abolitionnistes.*

ABOMINABLE, adj. [abominabl] (b. lat. *abominabilis*) Qui mérite répulsion, aversion. ♦ Par exagération, se dit de tout ce qui est très mauvais.

ABOMINABLEMENT, adv. [abominabləmɑ̃] (*abominable*) D'une manière abominable.

ABOMINATION, n. f. [abominasjɔ̃] (b. lat. *abominatio*) Aversion, répulsion. « *Ce sacrement qu'elles auraient en abomination* », Pascal. ♦ Chose abominable. « *Les désordres et les abominations de toute sa vie* », Massillon. ♦ Dans les sermonnaires *abomination* signifie particulièrement le culte des idoles, et même toute fausse religion. ♦ En style de l'Écriture, *l'abomination de la désolation*, c.-à-d. les plus grandes profanations.

ABOMINER, v. tr. [abomine] (lat. *abominari*, écarter un mauvais présage, repousser avec horreur, de *omen*, mauvais présage) Avoir en abomination.

ABONDAMMENT, adv. [abɔ̃damɑ̃] (*abondant*) Avec abondance.

ABONDANCE, n. f. [abɔ̃dɑ̃s] (lat. *abundantia*) Grande quantité. ♦ Absol. *Abondance de choses bonnes, utiles, nécessaires. Vivre, nager dans l'abondance.* ♦ *Abondance de cœur*, épanchement. *Abondance de cœur* et *abondance du cœur* se disent également et ont le même sens ; seulement, quand abondance est sans article, il faut de cœur et non du cœur. ♦ *Parler d'abondance*, parler sans avoir préparé son discours, ou sans réciter de mémoire. ♦ Fig. En parlant du discours, du style. *Parler avec abondance. L'abondance* *des pensées.* ✦ *Corne d'abondance,* corne remplie de fleurs et de fruits et qui est le symbole de l'abondance. ✦ *Abondance,* mélange d'un peu de vin et de beaucoup d'eau. ■ EN ABONDANCE, loc. adv. En grande quantité. ■ **Prov.** *Abondance de biens ne nuit pas,* il n'est jamais inutile de prendre en plus ce dont on est déjà pourvu. ■ Bovin de race laitière de la région alpine, à la robe pie rouge acajou. *Il y a vingt-deux races bovines : abondance, aubrac, etc.*

ABONDANT, ANTE, adj. [abɔ̃dɑ̃, ɑ̃t] (lat. *abundans,* p. prés. de *abundare*) Qui est en abondance. *Récolte abondante.* ✦ Qui a en abondance. *Pays abondant en blé.* ✦ **Absol.** *Source abondante.* ✦ **Fig.** En parlant du discours ou de l'orateur. *Style abondant. Orateur abondant.* ✦ D'ABONDANT, loc. adv. De plus, outre cela.

ABONDEMENT, ■ n. m. [abɔ̃d(ə)mɑ̃] (*abonder*) Contribution complémentaire versée par l'employeur aux salariés de l'entreprise dans le cadre de leur plan d'épargne.

ABONDER, v. intr. [abɔ̃de] (lat. *abundare,* couler en abondance, déborder) Affluer, venir en grande quantité. ✦ Avoir en quantité. *La vigne abonde en raisin.* ✦ Présenter un grand volume, tenir de la place. « *Cent hommes de cette espèce [des bavards] abondent plus que deux mille citoyens* », MONTAIGNE. ✦ « *Je suis loin d'abonder dans mon sens* », MME DE SÉVIGNÉ. ✦ **Dr.** *Ce qui abonde ne vicie pas* ou *ne nuit pas,* c'est-à-dire ce qui est de trop, formalité non prescrite, raison surabondante, etc., n'empêche pas la validité d'un acte, d'une procédure, etc. ■ *Abonder dans le sens de quelqu'un,* partager son opinion et apporter éventuellement des arguments supplémentaires.

ABONNÉ, ÉE, p. p. d'abonner. [abɔne] *Abonné à un journal.* ✦ N. m. Personne qui a un abonnement à ou avec. ■ **Fig.** et **fam.** Qui se retrouve souvent dans la même situation (généralement fâcheuse). *Une entreprise abonnée aux catastrophes.* ■ **Fam.** *Être inscrit aux abonnés absents,* ne pas être là quand on a besoin de vous.

ABONNEMENT, ■ n. m. [abɔn(ə)mɑ̃] (*abonner*) Convention à un prix déterminé, au-dessous du prix ordinaire, pour l'acquit d'une taxe, d'un impôt, d'un service, pour le droit d'assister à des spectacles, de recevoir un journal, de voyager sur un chemin de fer, etc. ■ **Fig.** et **fam.** Habitude régulière et excessive. *Il vient souvent chez toi, il a pris un abonnement ?*

ABONNER, v. tr. [abɔne] (*a-* et *bonne,* limite) Faire au nom de quelqu'un un abonnement. ✦ S'abonner, v. pr. Prendre un abonnement.

ABONNIR, v. tr. [abɔniʀ] (*a-* et *bon*) Rendre bon. *Vin abonni dans la cave.* ✦ V. intr. Devenir bon. ✦ S'abonnir, v. pr. Devenir bon. ■ ABONNISSEMENT, n. m. [abɔnis(ə)mɑ̃]

ABORD, n. m. [abɔʀ] (*aborder*) Venue à bord. *L'abord de cette côte est difficile.* ✦ Arrivée, venue en général, accès. *Du premier abord,* c.-à-d. à l'arrivée. ✦ Approche de deux personnes et accueil qu'on se fait réciproquement. En ce sens, *abord* n'a pas de pluriel. ✦ N. m. pl. Ce qui entoure un monument, une localité, une place de guerre. ✦ Affluence de personnes ou de choses. *L'abord des marchands était jadis considérable dans les foires.* ✦ À L'ABORD, loc. adv. Au premier abord, à la première rencontre. « *Aux traits dont à l'abord vous savez les frapper* », MOLIÈRE. ✦ D'ABORD, TOUT À L'ABORD, AU PREMIER ABORD, DE PRIME ABORD OU DÈS L'ABORD, loc. adv. En premier lieu, au premier instant, avant tout. ✦ DANS L'ABORD, loc. adv. Au commencement. « *Dans l'abord il se met au large* », LA FONTAINE. ✦ D'ABORD APRÈS, loc. adv. Aussitôt après. ✦ D'ABORD QUE, loc. conj. Dès que. ■ EN ABORD, loc. adv. Sur le côté, le long de. *La vergue arrimée en abord.* ✦ Au pl. Dépôt graisseux situé à la base de la queue des bovins, permettant d'évaluer leur degré d'engraissement.

ABORDABLE, adj. [abɔʀdabl] (*aborder*) Qu'on peut aborder. *Côte abordable.* ✦ **Fig.** Qui est de facile abord. *Homme abordable.* ■ *Prix abordable,* pas trop élevé.

ABORDAGE, n. m. [abɔʀdaʒ] (*aborder*) Action d'aborder un vaisseau ; se dit des combats de mer. ✦ Rencontre fortuite et choc de deux vaisseaux.

ABORDÉ, ÉE, p. p. d'aborder. [abɔʀde] *Des vaisseaux abordés.* ✦ Qui est abordé en un lieu.

ABORDÉE, n. f. [abɔʀde] (substantivation du p. p. fém. de *aborder*) À L'ABORDÉE, D'ABORDÉE, loc. adv. En abordant.

ABORDER, v. intr. [abɔʀde] (*a-* et *bord*) Se conjugue avec *avoir* ou *être,* suivant le sens. Venir à bord. « *Enfin l'esquif aborde* », P. CORNEILLE. ✦ Arriver en général, affluer. ✦ *Aborder de,* s'approcher de. Cet emploi, maintenant hors d'usage, se trouve dans de bons auteurs du XVIIᵉ siècle. ✦ V. tr. Arriver à. *Aborder un rivage.* ✦ Joindre quelqu'un. « *Il m'aborda avec amitié* », FÉNELON. ✦ **Fig.** En venir à un sujet. *Aborder une cause.* ✦ *Aborder l'ennemi,* marcher à l'ennemi pour l'attaquer. ✦ *Aborder un vaisseau,* l'accrocher pour que l'assaillant passe dessus et cherche à le prendre de vive force ; et aussi le heurter par accident. ✦ S'aborder, v. pr. S'approcher pour se parler.

Se heurter. ✦ À L'ABORDER, loc. adv. Aborder est pris ici substantivement. ■ Négocier et s'engager dans. *Aborder un virage.*

ABORIGÈNE, adj. [abɔʀiʒɛn] (lat. *Aborigines,* premiers habitants du Latium, prob. altération d'un ethnique d'après *ab origine,* depuis l'origine) Originaire du sol où il vit. ✦ N. m. pl. Les habitants primitifs d'un pays.

ABORNEMENT, n. m. [abɔʀnəmɑ̃] (*aborner*) Action d'aborner ou résultat de cette action.

ABORNER, v. tr. [abɔʀne] (*a-* et *borne*) Mettre des bornes à un terrain. *Champs abornés.*

ABORTIF, IVE, adj. [abɔʀtif, iv] (lat. *abortivus,* né avant terme, qui fait avorter) Qui avorte. *Fœtus abortif. Étamine abortive.* ✦ N. m. Substance à laquelle on attribue la propriété de provoquer l'avortement.

ABOUCHÉ, ÉE, p. p. d'aboucher. [abuʃe] *Deux tuyaux abouchés.*

ABOUCHEMENT, n. m. [abuʃ(ə)mɑ̃] (*aboucher*) Mise face à face, entrevue, conférence. ✦ **Biol.** *L'abouchement de deux vaisseaux.* ■ **Techn.** Jonction de deux conduits ou tuyaux.

ABOUCHER, v. tr. [abuʃe] (*a-* et *bouche*) Mettre face à face, en conférence. ✦ S'aboucher, v. pr. Conférer avec quelqu'un. ✦ **Biol.** Se dit de deux vaisseaux qui communiquent.

ABOULER, ■ v. tr. [abule] (*a-* et *bouler*) **Fam.** Apporter, donner. *Aboule la monnaie !* ■ S'abouler, v. pr. **Fam.** S'écraser. *Le tas de paille va s'abouler !* ✦ S'amener, arriver rapidement. *Il s'aboule enfin !* ■ REM. S'emploie aussi, plus rarement, sous forme intransitive.

ABOULIE, ■ n. f. [abuli] (gr. *aboulia,* irréflexion, de *a-* privatif et *boulê,* volonté) **Méd.** Trouble psychique caractérisé par une diminution ou une perte de la volonté, une incapacité à choisir et à décider. ■ ABOULIQUE, adj. [abulik] *Une dépression aboulique.*

ABOUT, n. m. [abu] (*abouter*) L'extrémité par laquelle un morceau de bois de charpente ou de menuiserie est assemblé avec un autre.

ABOUTEMENT, ■ n. m. [abut(ə)mɑ̃] (*abouter*) Action de mettre bout à bout. ■ **Télécomm.** Mise en communication de deux personnes au moyen d'un serveur vocal.

ABOUTER, v. tr. [abute] (*a-* et *bout*) Joindre deux choses bout à bout. ✦ **Hérald.** Se dit des pièces d'armoiries qui se répondent par les pointes.

ABOUTI, IE, p. p. d'aboutir. [abuti] *Tumeur aboutie.*

ABOUTIR, v. intr. [abutiʀ] (*a-* et *bout*) Se conjugue avec *avoir* ou *être,* suivant le sens. *Toucher par un bout,* se terminer dans. ✦ **Fig.** Avoir pour résultat. ✦ Venir à suppuration. ■ Se conclure par un succès. *Les négociations ont enfin abouti.*

ABOUTISSANT, ANTE, adj. [abutisɑ̃, ɑ̃t] (*aboutir*) Qui aboutit. « *Par une porte aboutissante aux champs* », LA FONTAINE. ✦ Au m. pl. *Les tenants et aboutissants d'une pièce de terre,* les pièces qui y sont adjacentes. ✦ **Fig.** *Savoir les tenants et aboutissants d'une affaire,* en connaître les détails.

ABOUTISSEMENT, n. m. [abutismɑ̃] (*aboutir*) Action d'aboutir. ✦ Suppuration.

AB OVO, loc. adv. [abovo] (mots lat., prép. *ab,* depuis, et ablat. de *ovus,* œuf) Dès le commencement.

ABOYANT, ANTE, adj. [abwajɑ̃, ɑ̃t] (*aboyer*) Qui aboie. *Meute aboyante.* ✦ **Fig.** Qui postule, qui ambitionne.

ABOYÉ, ÉE, p. p. d'aboyer. [abwaje] *Un sanglier aboyé par les chiens.* ✦ **Fig.** « *Le prince de Conti aboyé de tous* », SAINT-SIMON. ✦ Recherché ardemment, postulé.

ABOYER, v. intr. [abwaje] (anc. fr. *abaüer,* de *a-* et radic. onomat. *bau-, bai-,* aboiement du chien ; cf. lat. *baubari*) Se dit du cri du chien et de quelques autres animaux du même genre. ✦ **Fig.** *Crier contre quelqu'un,* invectiver. ✦ *Aboyer après,* poursuivre ardemment. *Aboyer après une place.* ✦ V. tr. *Les chiens aboyaient le renard.* ✦ *Aboyer quelqu'un,* invectiver contre lui. ✦ *Aboyer une place,* la poursuivre avec passion. ✦ S'aboyer, v. pr. « *Si vous voyez deux chiens qui s'aboient...* », LA BRUYÈRE. ✦ **Prov.** *Tous les chiens qui aboient ne mordent pas,* c.-à-d. tous les gens qui menacent ne sont pas à craindre. ✦ *Aboyer à la lune,* crier inutilement. ✦ **Prov.** *Les chiens aboient et la caravane passe,* il faut poursuivre son entreprise sans prêter attention aux critiques médisantes.

ABOYEUR, n. m. [abwajœʀ] (*aboyer*) Sorte de chiens qui aboient à la vue du sanglier sans en approcher. ✦ **Fig.** Personne qui poursuit ardemment une chose. ✦ Personne qui fatigue par des criailleries, par des importunités pressantes. ✦ Crieur qui se tient à la porte des théâtres pour appeler les voitures. ✦ Adj. *Des dogues aboyeurs.*

ABRACADABRA, n. m. [abʀakadabʀa] (hébr., prob. inversion de l'hébr. *arba dak arba,* que le quatre anéantisse le quatre, où le premier *arba* vaut pour Dieu Tout-Puissant et le second pour les quatre éléments) Mot hébreu auquel on attribuait des vertus magiques.

ABRACADABRANT, ANTE, ■ adj. [abʀakadabʀɑ̃, ɑ̃t] (abracadabra) Qui est invraisemblable, extraordinaire. *Une aventure abracadabrante. « Une lettre de quatre pages d'un style abracadabrant »,* Nerval.

ABRASER, ■ v. tr. [abʀaze] (lat. *abradere,* enlever en rasant) User, polir par frottement ou grattage. *La surface de cette pièce a été abrasée.*

ABRASIF, IVE, ■ adj. [abʀazif, iv] (radic. de *abrasion*) Qui use, nettoie par frottement. *Le verre est un produit abrasif.* ■ N. m. Matière abrasive.

ABRASION, n. m. [abʀazjɔ̃] (b. lat. *abrasio*) Méd. Séparation ; action d'enlever en grattant. ■ Techn. Usure due à un frottement. *Revêtement résistant à l'abrasion.*

ABRAXAS, n. m. [abʀaksas] (gr. *Abraxas,* nom du dieu Archon des gnostiques basilidiens, prob. d'un cryptogramme hébraïque) Pierre précieuse qu'on portait en amulette.

ABRÉACTION, ■ n. f. [abʀeaksjɔ̃] (lat. *ab-,* éloignement, et *réaction*) Psych. Libération d'un refoulement, d'un traumatisme par une forte décharge émotionnelle. *Une abréaction rapide, spontanée.*

1 **ABRÉGÉ,** n. m. [abʀeʒe] (substantivation du p. p. de *abréger*) Réduction d'un plus grand ouvrage en un plus petit. ♦ Par analogie, image en raccourci. *« Ce cœur est l'abrégé de tous les mystères »,* Bossuet. ♦ *En abrégé,* en peu de paroles. ♦ *En abrégé,* par abrégé, par abréviation. *Écrivez en abrégé.*

2 **ABRÉGÉ, ÉE,** p. p. d'abréger. [abʀeʒe]

ABRÉGÉMENT, adv. [abʀeʒemɑ̃] (*abréger*) ▷ D'une manière abrégée. ◁

ABRÈGEMENT, n. m. [abʀɛʒ(ə)mɑ̃] (*abréger*) Action d'abréger ; état de ce qui est abrégé. ■ Rem. Graphie ancienne : *abrégement.*

ABRÉGER, v. tr. [abʀeʒe] (b. lat. *abbreviare,* de *brevis,* court) Rendre bref, réduire à une moindre étendue, à une moindre longueur. ♦ Faire un abrégé. ♦ Faire paraître moins long. ♦ Faire brève une syllabe. ♦ V. intr. *Chemin qui abrège.* ♦ Faire court, s'exprimer en peu de mots. *Abrégeons.* ♦ S'abréger, v. pr. Devenir plus court.

ABREUVAGE, n. m. [abʀøvaʒ] (*abreuver*) Action d'abreuver.

ABREUVÉ, ÉE, p. p. d'abreuver [abʀøve] (lat. vulg. *abbiberare,* de *biber,* boisson) Au propre et au figuré. *Troupeaux abreuvés. Abreuvé d'amertume.*

ABREUVEMENT, n. m. [abʀœv(ə)mɑ̃] (*abreuver*) Action d'abreuver les animaux domestiques.

ABREUVER, v. tr. [abʀøve] (b. lat. *abeverare, abebrare,* de *ad* et *bibere*) Faire boire des animaux. ♦ Faire boire abondamment quelqu'un. ♦ Mouiller, pénétrer d'eau, arroser. ♦ Fig. Remplir, saturer. ♦ *Abreuver des tonneaux,* les emplir d'eau pour s'assurer s'ils ne fuient point. ♦ S'abreuver, v. pr. *Les chevaux s'abreuvent ici.* ♦ Être humecté. *La terre s'abreuve des pluies.* ♦ Fig. *S'abreuver de larmes.*

ABREUVOIR, n. m. [abʀøvwaʀ] (*abreuver*) Lieu où l'on mène les animaux boire et se baigner. ♦ Lieu où les oiseaux vont se désaltérer. ♦ Fig. *Abreuvoir à mouches,* large balafre.

ABRÉVIATEUR, n. m. [abʀevjatœʀ] (b. lat. *abbreviator*) Auteur qui abrège l'ouvrage d'un autre.

ABRÉVIATIF, IVE, adj. [abʀevjatif, iv] (*abréviation*) Qui abrège ; qui indique une abréviation.

ABRÉVIATION, n. f. [abʀevjasjɔ̃] (b. lat. *abbreviatio*) Retranchement de lettres, ou emploi de signes pour écrire plus vite ou pour tenir moins de place.

ABRÉVIATIVEMENT, adv. [abʀevjativ(ə)mɑ̃] (*abréviatif*) Par abréviation.

ABRI, n. m. [abʀi] (anc. fr. *abrier*) Ce qui protège contre. ♦ Fig. Ce qui préserve. *Abri contre le malheur.* ■ À L'ABRI, loc. adv. Se tenir à l'abri. ■ À L'ABRI DE, loc. prép. En sûreté contre. En sûreté sous. *À l'abri d'une cabane.* ■ Petite habitation, refuge pour se protéger des éléments naturels. ■ Refuge souterrain conçu pour se protéger des agressions extérieures. *Un abri antiatomique.* ■ *Abri météorologique,* petite enceinte aux parois à lames vénitiennes, renfermant et protégeant les instruments de mesures météorologiques. ■ *Abri fiscal,* placement bénéficiant d'avantages fiscaux, proposé aux investisseurs par les pouvoirs publics.

ABRIBUS ou **ABRI-BUS,** ■ n. m. [abʀibys] (nom déposé, *abri* et *bus*) Abri installé aux arrêts d'autobus.

ABRICOT, n. m. [abʀiko] (port. *albricoque* ou esp. *albaricoque*) Fruit de l'abricotier. ■ Adj. inv. De couleur jaune orangé.

ABRICOTÉ, n. m. [abʀikote] (*abricot*) Bonbon fait d'un morceau d'abricot entouré de sucre.

ABRICOTIER, n. m. [abʀikotje] (*abricot*) Arbre de la famille des rosacées qui porte des abricots (*prunus armeniaca*).

ABRICOTINE, ■ n. f. [abʀikotin] (*abricot*) Suisse Liqueur d'abricot.

ABRIER, ■ v. tr. [abʀije] (mot a. fr.) ▷ Québec Abriter. ■ V. pr. Se mettre à couvert. ◁

ABRI-SOUS-ROCHE, ■ n. m. [abʀisuʀɔʃ] (*abri, sous* et *roche*) Espace situé généralement au flanc d'une falaise, d'une montagne, et constitué d'un surplomb rocheux. *Les abris-sous-roche ont servi d'habitations aux hommes préhistoriques.*

ABRITÉ, ÉE, p. p. d'abriter. [abʀite] *Navire abrité dans le port.*

ABRITER, v. tr. [abʀite] (*abri*) Mettre à l'abri. ♦ S'abriter, v. pr. Se mettre à l'abri. ♦ Héberger. *Une maison qui abrite deux familles. L'annexe abrite tout le service administratif.* ■ *S'abriter derrière quelqu'un, la loi,* l'invoquer en tant que responsable d'une décision prise.

ABRIVENT, n. m. [abʀivɑ̃] (*abri* et *vent*) Petite hutte de bivouac. ♦ Paillasson servant à protéger contre le vent.

ABROGATIF, IVE ou **ABROGATOIRE,** ■ adj. [abʀogatif, iv, abʀogatwaʀ] (*abroger*) Qui abroge. *Une loi abrogative, une clause abrogatoire.*

ABROGATION, n. f. [abʀogasjɔ̃] (lat. *abrogatio*) Action d'abroger.

ABROGÉ, ÉE, p. p. d'abroger. [abʀoʒe] *Lois abrogées.*

ABROGEABLE, adj. [abʀoʒabl] (*abroger*) Qui peut être abrogé.

ABROGER, v. tr. [abʀoʒe] (lat. *abrogare*) Mettre hors d'usage. ♦ S'abroger, v. pr. Être abrogé.

ABROUTI, IE, adj. [abʀuti] (p. p. de *abroutir,* se mettre à brouter, de *a* et *brout,* jeune pousse) Bois dont les premières pousses ont été mangées par le bétail.

ABROUTISSEMENT, n. m. [abʀutis(ə)mɑ̃] (radic. du p prés. de *abroutir*) État d'un bois qui a été brouté par les bestiaux ou le gibier.

ABRUPT, TE, adj. [abʀypt] (lat. *abruptus,* de *abrumpere,* détacher en rompant) Qui est en pente rapide et comme rompu. ♦ Fig. *Style abrupt,* style coupé.

ABRUPTEMENT, adv. [abʀyptəmɑ̃] (*abrupt*) D'une façon abrupte.

ABRUPTO (EX), loc. adv. [ɛksabʀypto] (mots lat., prép. *ex,* de, et ablat. de *abruptus*) Brusquement, sans préambule. *Exorde ex abrupto.* ■ Graphie ancienne : *ex-abrupto.*

ABRUTI, IE, p. p. d'abrutir. [abʀyti] *Homme abruti par le vin.*

ABRUTIR, v. tr. [abʀytiʀ] (*a-* et *brute,* animal) Rendre brute. ♦ S'abrutir, v. pr. Devenir brute. ♦ Fig. Épuiser intellectuellement. *Ce travail m'abrutit.* ■ Rendre bête, stupide. *Ce programme de télévision abrutit les gens.*

ABRUTISSANT, ANTE, adj. [abʀytisɑ̃, ɑ̃t] (*abrutir*) Qui abrutit.

ABRUTISSEMENT, n. m. [abʀytis(ə)mɑ̃] (radic. du p. prés. de *abrutir*) Action d'abrutir ; état d'une personne abrutie.

ABRUTISSEUR, n. m. [abʀytisœʀ] (radic. du p. prés. de *abrutir*) Qui abrutit.

ABS, ■ n. m. [abeɛs] (sigle de l'all. *AntiBlockierSystem*) Système de freinage qui équipe les véhicules et empêche le blocage des roues.

ABSCISSE, n. f. [apsis] (lat. sav. [Newton] *abscissa [linea],* du lat. *abscidere,* couper) Math. L'une des coordonnées (l'autre s'appelle *ordonnée*) par lesquelles on définit la position d'une ligne ou d'une courbe plane. ■ Rem. Graphie ancienne : *abcisse.*

ABSCONS, ONSE, ■ adj. [apskɔ̃, ɔ̃s] (lat. *absconsus,* p. de *abscondere,* cacher) Litt. Obscur, difficile à saisir intellectuellement. *« Il murmurait propos abscons, mots sans signification, radotis confus »,* Perec.

ABSENCE, n. f. [apsɑ̃s] (lat. *absentia*) Non-présence. ♦ *Absence* se prend absolument. *Les regrets de l'absence.* ♦ Manque. *L'absence des défauts.* ♦ Fig. *Absence d'esprit,* et absol. *Absence,* distraction, perte de connaissance. ■ Dr. Absence d'une personne dont on n'a point reçu de nouvelles depuis une certaine époque, et dont la résidence actuelle n'est pas connue ; et encore, défaut de présence à une assignation. ♦ EN L'ABSENCE DE, loc. adv. *En l'absence du maître.*

ABSENT, ENTE, adj. [apsɑ̃, ɑ̃t] (lat. *absens*) Qui n'est pas présent. ♦ Avec *de* et un nom de lieu. *Absent de Paris.* ♦ Avec *de* et un nom de personne. *« Absent de vous, je vous vois, vous entends »,* Fontenelle. ♦ En parlant des choses. *Les choses absentes sortent de la mémoire.* ♦ Distrait, inattentif. ♦ N. m. et n. f. *Souvenez-vous d'un absent.* ♦ Dr. Se dit des personnes absentes dont on n'a point reçu de nouvelles depuis un certain temps et dont on ne connaît pas la résidence actuelle. ♦ Prov. *Les absents ont toujours tort.*

ABSENTÉISME, ■ n. m. [apsɑ̃teism] (angl. *absenteeism,* de *absentee,* propriétaire qui vit à l'étranger, sur *s'absenter*) Absence répétée dans le cadre professionnel ou scolaire. *Le taux d'absentéisme.* ■ ▷ Habitude prise par les nobles et, par ext., les propriétaires terriens, de vivre en dehors de leurs terres. ◁ ■ ABSENTÉISTE, n. m. et n. f. [apsɑ̃teist]

ABSENTER (S'), v. pr. [apsɑ̃te] (*absent*) Se rendre absent.

ABSIDAL, ALE ou **ABSIDIAL, ALE**, ▪ adj. [apsidal, apsidjal] (*abside*) De l'abside. *Une salle absidiale.*

ABSIDE, n. f. [apsid] (lat. *absida*, du gr. *hapsis*, génit. *hapsidos*, nœud, courbure, voûte) Le sanctuaire d'une église, cette partie du chœur où le clergé se rangeait autrefois en cercle, à droite et à gauche de l'évêque. ◆ La partie d'une église située derrière le maître-autel.

ABSIDIOLE, ▪ n. f. [apsidjɔl] (*abside*) Petite chapelle secondaire en hémicycle d'une abside ou d'un transept.

ABSINTHE, n. f. [apsɛ̃t] (lat. *absinthium*, gr. *apsinthion*) Plante aromatique et très amère (*artemisia absinthium*). ◆ Liqueur faite avec l'absinthe et de l'eau-de-vie. ◆ **Fig.** Amertume.

ABSOLU, UE, adj. [apsoly] (lat. *absolutus*, de *absolvere*, détacher, acquitter, achever) Qui n'est lié, borné, retenu par rien. *Une impossibilité absolue. Pouvoir absolu.* ◆ **Gramm.** *Absolu* se dit par opposition à *relatif.* ◆ Grammaire latine et grecque, *ablatif absolu, génitif absolu*, ablatif, génitif qui n'est régi par aucun mot exprimé. ◆ Qui a pouvoir, autorité sans restriction. *Un roi absolu.* ◆ *Pouvoir absolu* se dit en politique du pouvoir royal, quand il n'est pas limité. ◆ Qui commande, qui veut être obéi. ◆ **Chim.** Pur, sans mélange. ◆ Le *jeudi absolu* se disait autrefois pour le jeudi saint. ◆ En métaphysique, qui n'est pas relatif, qui n'a rien de contingent. ◆ **N. m.** *L'absolu,* ce qui existe indépendamment de toute condition. ▪ DANS L'ABSOLU, loc. adv. Indépendamment de tout, sans tenir compte des restrictions.

ABSOLUITÉ, ▪ n. f. [apsolyite] ou [apsolɥite] (*absolu*) Caractère de ce qui est absolu. *L'absoluité d'une religion.*

ABSOLUMENT, adv. [apsolymɑ̃] (*absolu*) D'une manière absolue, complètement, tout à fait. ◆ En maître. *Il dispose absolument de tout dans sa maison.* ◆ Déterminément, malgré toute remontrance. *Il voulut absolument partir.* ◆ Sans restriction. ◆ *Absolument parlant,* à parler de la chose en général. ◆ **Gramm.** *Prendre, employer un mot absolument,* ne pas lui donner de complément. ▪ Oui. *Tu as fini? Absolument.*

ABSOLUTION, n. f. [apsolysjɔ̃] (lat. *absolutio*, acquittement) Action d'absoudre en général. ◆ **Dr.** Jugement qui renvoie de l'accusation un accusé déclaré coupable, il est vrai, mais dont le crime ou le délit n'est puni par aucune loi. ◆ Action par laquelle le prêtre remet les péchés.

ABSOLUTISME, n. m. [apsolytism] (angl. *absolutism*) Système de gouvernement où le pouvoir est absolu.

ABSOLUTISTE, n. m. et n. f. et adj. [apsolytist] (*absolutiste*) Partisan de l'absolutisme.

ABSOLUTOIRE, adj. [apsolytwaʀ] (radic. du lat. *absolutus : absolu*) Qui porte absolution.

ABSORBABLE, ▪ adj. [apsɔʀbabl] (*absorber*) Qui peut être absorbé. *Des aliments absorbables.*

ABSORBANT, ANTE, adj. [apsɔʀbɑ̃, ɑ̃t] (*absorber*) Qui absorbe l'humidité. *Des terres absorbantes.* ◆ **Fig.** Qui absorbe l'esprit, qui l'occupe tout entier. ◆ **Pharm.** Se dit des substances qui ont la propriété d'absorber les acides dans l'estomac. ▪ N. m. *La magnésie est un absorbant.*

ABSORBÉ, ÉE, p. p. d'absorber. [apsɔʀbe] *Poison absorbé.* ◆ *Biens absorbés par les procès.* ◆ *Absorbé par les affaires. Absorbé dans ses réflexions.* ◆ **Absol.** Qui ne prête pas attention aux choses du dehors.

ABSORBER, v. tr. [apsɔʀbe] (lat. *absorbere*) Faire entrer en soi. *Ce que la terre absorbe.* ◆ Faire disparaître, épuiser, consumer. ◆ Appliquer l'esprit, l'occuper entièrement. *Absorber l'attention.* ◆ *S'absorber*, v. pr. Être absorbé, au propre et au figuré. ◆ Ingérer une substance liquide ou solide. *Produit à ne pas absorber.* ◆ Se rendre majoritaire dans le capital d'une entreprise afin de l'intégrer dans son groupe.

ABSORBEUR, EUSE, ▪ adj. [apsɔʀbœʀ, øz] (*absorber*) Qui absorbe. *Une machine absorbeuse d'énergie.* ▪ N. m. **Techn.** Appareil, élément d'installation ou matière ayant pour fonction d'absorber des gaz, des ondes, des particules. *L'absorbeur est utilisé pour le raffinage du pétrole.*

ABSORPTIOMÉTRIE, ▪ n. f. [apsɔʀpsjometri] (lat. *absorptio* et -*métrie*) Technique de radiologie permettant d'analyser, au moyen des rayons X, la qualité d'un tissu. *L'absorptiométrie permet de dépister l'ostéoporose.*

ABSORPTION, n. f. [apsɔʀpsjɔ̃] (b. lat. *absorptio*) Action d'absorber. ◆ **Phys.** Phénomène qui consiste en ce qu'un gaz est absorbé par un liquide ou un solide, un liquide par un solide. ◆ **Physiol.** Action des tissus organiques par laquelle des molécules extérieures pénètrent dans leur substance. ▪ Action d'ingérer. *En cas d'absorption, prévenir un médecin.* ▪ Rachat d'une entreprise par une autre.

ABSORPTIVITÉ, ▪ n. f. [apsɔʀptivite] (*absorptif*, de *absorption*) **Phys.** Pouvoir absorbant d'un corps.

ABSOUDRE, v. tr. [apsudʀ] (lat. *absolvere*, libérer, acquitter) Renvoyer de l'accusation. ◆ **Dr.** *Absoudre* se dit d'une personne qui est reconnue coupable du délit à elle imputé, mais dont le délit n'est pas qualifié punissable par la loi. ◆ Remettre les péchés dans le tribunal de la pénitence. ◆ **Fig.** Pardonner. ◆ **Absol.** « *Votre voix absout ou condamne* », VOLTAIRE. ◆ *S'absoudre*, v. pr. *Il ne put s'absoudre lui-même de la faute qu'on lui avait pardonnée.*

ABSOUS, ABSOUTE, p. p. d'absoudre. [apsu, apsut]

ABSOUTE, n. f. [apsut] (fém. substantivé de *absolz*, anc. p. p. de *absoudre*) Absolution publique et solennelle qui se donne en général au peuple et dont la cérémonie se fait le jeudi saint au matin ou le mercredi au soir dans les cathédrales. ◆ Cérémonie qui se fait autour du cercueil, dans l'office des morts.

ABSTÈME, n. m. et n. f. [apstɛm] (lat. *abstemius*, de *ab[s]*, à l'écart de, et radic. de *temetum*, vin) Qui ne boit pas de vin.

ABSTENANT, ANTE, n. m. et n. f. [apstənɑ̃, ɑ̃t] (*s'abstenir*) Personne qui s'abstient.

ABSTENIR (S'), v. pr. [apstəniʀ] (lat. *abstinere*, se tenir à l'écart) Se priver de, ne pas se laisser aller à. *S'abstenir de vin. S'abstenir de manger.* ◆ **Absol.** *Dans le doute abstiens-toi.* ◆ *S'abstenir*, garder l'abstinence, ne pas manger. ◆ **Dr.** *Ce juge s'abstient*, il se récuse. *Cet héritier s'est abstenu de la succession, il n'a point fait acte d'héritier.*

ABSTENTION, n. f. [apstɑ̃sjɔ̃] (b. lat. *abstentio*) Action de s'abstenir dans l'exercice d'une fonction, d'un droit. ▪ **Spécialt** Fait de ne pas voter. *Un fort taux d'abstention.*

ABSTENTIONNISME, ▪ n. m. [apstɑ̃sjɔnism] (*abstention*) Attitude consistant à ne pas voter, par refus ou par négligence. *Une campagne de publicité contre l'abstentionnisme* ▪ ABSTENTIONNISTE, adj. ou n. m. et n. f. [apstɑ̃sjɔnist]

ABSTERGENT, ENTE, adj. [apstɛʀʒɑ̃, ɑ̃t] (lat. *abstergens*, p. prés. de *abstergere*) Qui absterge. ◆ **N. m. pl.** Médicaments abstergents. *Les abstergents.*

ABSTERGER, v. tr. [apstɛʀʒe] (lat. *abstergere*, essuyer, dissiper) **Méd.** Nettoyer. *Absterger une plaie.*

ABSTERSIF, IVE, adj. [apstɛʀsif, iv] (lat. médiév. *abstersivus*) **Chir.** Propre à nettoyer.

ABSTERSION, n. f. [apstɛʀsjɔ̃] (b. lat. *abstersio*, action d'essuyer) Action d'absterger.

ABSTINENCE, n. f. [apstinɑ̃s] (lat. *abstinentia*) Action de s'abstenir. *L'abstinence du vin. L'abstinence des plaisirs.* ◆ **Absol.** Action de s'abstenir du manger et du boire. ◆ Au pl. Action de s'abstenir de certains aliments. *Les abstinences et les jeûnes.* ◆ *Jours d'abstinence,* jours où l'on doit s'abstenir de manger de la viande, sans être obligé de jeûner.

ABSTINENT, ENTE, adj. [apstinɑ̃, ɑ̃t] (lat. *abstinens*, p. prés. de *abstinere*, se tenir à l'écart) Modéré dans le boire et le manger.

ABSTRACT, ▪ n. m. [apstrakt] (mot angl., abrégé) Analyse concise d'un livre, d'un article. *Consulter des recueils d'abstracts.*

ABSTRACTEUR, n. m. [apstraktœʀ] (radic. de *abstraction*) Qui se plaît aux abstractions. ▪ Adj. Rare *Un philosophe abstracteur. Une pensée abstractrice.* ▪ *Abstracteur de quintessence,* alchimiste qui extrayait la partie pure, essentielle d'un corps.

ABSTRACTIF, IVE, adj. [apstraktif, iv] (lat. médiév. *abstractivus*, qui pratique l'abstraction) Qui abstrait, qui sert à former, à exprimer des abstractions.

ABSTRACTION, n. f. [apstraksjɔ̃] (b. lat. *abstractio*, enlèvement, abstraction, de *abstractum*, supin de *abstrahere*) Action d'abstraire ; résultat de cette action. ◆ *Faire abstraction de,* écarter, ne pas faire entrer en compte ◆ Au pl. Dans un sens défavorable, idées trop métaphysiques, mal soutenues par les faits. ◆ Rêveries, préoccupation.

ABSTRACTIVEMENT, adv. [apstraktiv(ə)mɑ̃] (*abstractif*) D'une manière abstractive, d'une manière qui abstrait.

ABSTRAIRE, v. tr. [apstrɛʀ] (lat. *abstrahere*, tirer, détacher de) Considérer isolément, dans un objet, un de ses caractères. ◆ **Absol.** *Le pouvoir d'abstraire.* ◆ *Abstraire son esprit,* le séparer de tout autre objet que celui qu'on considère. ▪ *S'abstraire,* v. pr. S'isoler par la pensée de son milieu environnant pour se concentrer sur un sujet.

ABSTRAIT, AITE, p. p. d'abstraire [apstrɛ, ɛt] (lat. *abstractus*, p. p. de *abstrahere*) Séparé. ◆ « *Ils [les grands hommes] ne sont pas abstraits de notre société* », PASCAL. ◆ **Adj.** Qui a le caractère d'une abstraction. ◆ *Terme abstrait,* terme qui exprime une qualité considérée indépendamment du sujet. *Nombre abstrait,* nombre énoncé sans désignation d'aucun objet particulier, sept, neuf, etc. ◆ *Idée abstraite,* idée qui ne s'applique pas à un objet particulier.

◆ **N. m.** *L'abstrait,* par opposition au concret. ◆ *Science abstraite,* celle qui s'applique aux lois des phénomènes, et non à un corps particulier. ◆ Difficile à saisir, à pénétrer. ◆ Qui n'a d'attention que pour l'objet intérieur qui le préoccupe ; qui rêve. ■ Art abstrait, dans lequel l'auteur de l'œuvre ne cherche pas à représenter des éléments de la réalité concrète.

ABSTRAITEMENT, adv. [apstʀɛt(ə)mɑ̃] (*abstrait*) Par abstraction.

ABSTRUS, USE, adj. [apstʀy, yz] (lat. *abstrusus,* p. p. de *abstrudere,* dérober à la vue) Difficilement accessible à l'entendement. ◆ En un sens défavorable, *philosophe abstrus.*

ABSURDE, adj. [apsyʀd] (lat. *absurdus,* qui a un son faux, saugrenu) Qui est contre le sens commun. ◆ En parlant des personnes, qui parle ou agit contre le sens commun. ◆ **N. m.** Absurdité. *Tomber dans l'absurde.* ◆ *Absurde à,* avec un verbe à l'infinitif. « *Ce dogme absurde à croire* », Voltaire. ■ *Démonstration par l'absurde,* en montrant que la négation de ce qui est à démontrer conduirait à une absurdité.

ABSURDEMENT, adv. [apsyʀdəmɑ̃] (*absurde*) D'une manière absurde.

ABSURDITÉ, n. f. [apsyʀdite] (b. lat. *absurditas*) Vice de ce qui est absurde ; la chose même qui est absurde. ◆ En parlant des personnes, *l'absurdité de cet homme est choquante.*

ABUS, n. m. [aby] (lat. *abusus,* consommation complète, de *abuti,* épuiser) Usage mauvais qu'on fait de quelque chose. ◆ Coutume, usage mauvais qui s'introduit. ◆ *Appel comme d'abus,* appel interjeté d'une sentence rendue par un juge ou supérieur ecclésiastique, qu'on prétend avoir excédé ses pouvoirs ou contrevenu aux lois. ◆ *Abus de pouvoir,* se dit quand un fonctionnaire outrepasse le pouvoir qui lui est confié et fait des actes qui ne lui sont pas permis. ◆ *Abus de confiance,* délit dont on se rend coupable en abusant de la confiance qui avait été accordée. ◆ **Gramm.** *Abus de mots,* sens détourné et forcé qu'on donne aux mots. ◆ Erreur. *C'est un abus de croire.*

ABUSÉ, ÉE, p. p. d'abuser. [abyze] Trompé, séduit.

ABUSER, v. intr. [abyze] (*abus*) User mal, se prévaloir de. *Abuser de sa victoire.* ◆ **Absol.** *Usez, n'abusez pas.* ◆ *Abuser de quelqu'un,* ne pas se comporter avec lui comme il conviendrait. ◆ **V. tr.** Tromper, séduire. *Abuser quelqu'un d'un vain espoir.* ◆ S'abuser, v. pr. Se faire illusion. ■ Faire usage de quelque chose avec excès. *Abuser de somnifères. Vous abusez de ma patience.* ■ *Abuser d'une personne,* se livrer à des violences sexuelles à son encontre. ■ **Fam.** *Tu abuses,* tu exagères.

ABUSEUR, n. m. [abyzœʀ] (lat. médiév. *abusor,* qui use mal) Personne qui abuse, qui trompe.

ABUSIF, IVE, adj. [abyzif, iv] (b. lat. *abusivus,* employé de façon abusive) Qui tient de l'abus. ◆ **Gramm.** *Emploi abusif d'un mot.*

ABUSIVEMENT, adv. [abyziv(ə)mɑ̃] (*abusif*) D'une manière abusive.

ABUTER, v. tr. et v. intr. [abyte] (*a-* et *but*) **Mar.** Mettre bout à bout, ou toucher par un bout. ◆ Au jeu de boule ou de palet, lancer la boule ou le palet vers un but pour savoir qui jouera le premier.

ABUTILON, n. m. [abytilɔ̃] (ar. *abutilun*) Plante d'agrément des Antilles, de la famille des malvacées.

ABYME, ABYMER, [abim, abime] Voy. abîme, abîmer.

ABYSSAL, ALE, ■ adj. [abisal] (lat. chrét. *abyssus*) **Géogr.** Des régions marines les plus profondes. *La faune abyssale.* ■ **Fig.** D'une profondeur insondable. *Il est d'une bêtise abyssale.*

ABYSSE, ■ n. m. [abis] (lat. chrét. *abyssus,* abîme, gr. *abussos,* de *a-* priv. et *bussos,* fond) Région sous-marine d'une grande profondeur.

ABYSSIN, INE ou **ABYSSINIEN, IENNE,** ■ adj. [abisɛ̃, in, abisinjɛ̃, jɛn] (*Abyssinie*) De l'Abyssinie. *L'art abyssin.* ■ **N. m. et n. f.** *Un Abyssin, une Abyssine.* ■ **N. m.** Chat aux poils courts et fins, à robe rousse ou brune et au corps svelte, allongé.

ABZYME, ■ n. f. [abzim] (mot angl., de *anti body enzyme*) **Chim.** Anticorps capable de catalyser une réaction.

ACABIT, n. m. [akabi] (orig. obsc. p.ê. de l'a. provenç. *acabir,* mener à bonne fin) Qualité bonne ou mauvaise des personnes ou des choses. ■ *Du même acabit,* dans le même genre. *Ces voyous sont tous du même acabit.* ■ *De cet acabit,* de cette nature.

ACACIA, n. m. [akasja] (lat. *acacia,* gr. *akakia,* prob. d'orig. orient.) Nom d'un genre de la famille des légumineuses, dont deux espèces fournissent la gomme arabique et la gomme du Sénégal. ◆ Dans le langage ordinaire, l'acacia est le faux acacia ou acacia blanc, espèce de robinier.

ACADÉMICIEN, IENNE, n. m. et n. f. [akademisjɛ̃, jɛn] (lat. *academicus*) Philosophe de la secte de l'Académie[1]. ◆ Personne qui fait partie d'une société de gens de lettres portant le nom d'Académie. ■ Rem. 1 : *Secte* est à prendre ici au sens de *école.*

ACADÉMIE, n. f. [akademi] (lat. *academia,* gr. *Akadêmeia,* jardin d'Akadêmos, héros athénien) Jardin près d'Athènes où Platon enseignait. ◆ La doctrine même de Platon et de ses successeurs. ◆ **Par extens.** Compagnie de gens de lettres, de savants ou d'artistes. ◆ **Absol.** *L'Académie française. Discours de réception à l'Académie.* ◆ Lieu où les jeunes gens apprennent l'équitation et d'autres exercices du corps. ◆ Les écoliers mêmes qui fréquentaient une académie. ◆ Lieu où l'on donne à jouer en public. « *Ma maison n'est point une académie* », Picard. On dit maintenant *maison de jeu.* ◆ Division de l'Université de France dirigée par un recteur. ◆ **Peint.** Une figure entière qui est peinte ou dessinée d'après un modèle, et qui n'est pas destinée à entrer dans la composition d'un tableau.

ACADÉMIQUE, adj. [akademik] (selon le sens, lat. *academicus,* relatif à l'Académie de Platon, ou *académie*) Qui appartient à la doctrine de Platon. ◆ Qui appartient ou qui convient à des académiciens, à une académie. ◆ Plus particulièrement, qui appartient à l'Académie française. ◆ Se dit du style, des compositions littéraires et aussi des peintures correctes, élégantes, mais où la correction et l'élégance font tort à la vérité et à la simplicité. ◆ Dans les beaux-arts, *figure académique,* figure d'étude. ■ Belgique, Suisse et Québec. Relatif à l'université. *Une année académique.*

ACADÉMIQUEMENT, adv. [akademik(ə)mɑ̃] (*académique*) D'une manière académique.

ACADÉMISME, ■ n. m. [akademism] (*académie*) Attachement rigoureux aux règles et traditions conventionnelles. *L'académisme d'un peintre.*

ACADÉMISTE, n. m. [akademist] (*académie*) Personne qui, dans une académie, se forme à certains exercices. ◆ Personne qui tient une académie et enseigne les exercices.

ACADIEN, IENNE, ■ adj. [akadjɛ̃, jɛn] (*Acadie,* région du Canada correspondant aux provinces de la Nouvelle-Écosse et du Nouveau-Brunswick) De l'Acadie. *Le français acadien.* ■ N. m. Dialecte du français parlé dans les provinces de l'est du Canada. ■ **N. m. et n. f.** *Un Acadien, une Acadienne.*

ACAGNARDER, v. tr. [akaɲaʀde] ou [akanjaʀde] (*a-* et *cagnard,* indolent, paresseux) Rendre cagnard. ◆ S'acagnarder, v. pr. Devenir cagnard.

ACAJOU, n. m. [akaʒu] (tupi *acaiou*) Bois d'acajou ou simplement *acajou,* bois rougeâtre et susceptible d'un beau poli, employé dans l'ébénisterie, la tabletterie, etc. ◆ *Noix d'acajou,* fruit employé dans la teinture. ■ **Adj. inv.** De couleur brun rougeâtre.

ACALCULIE, ■ n. f. [akalkyli] (*a-* et *calcul*) **Méd.** Incapacité d'un individu à reconnaître des chiffres ou des symboles arithmétiques et à effectuer des opérations de base. *L'acalculie peut être un trouble de l'apprentissage.*

ACALÈPHE, ■ n. m. [akalɛf] (gr. *akalêphê,* ortie, ortie de mer) **Zool.** Ortie de mer. ■ N. m. pl. Classe d'invertébrés aquatiques, à laquelle appartiennent les grandes méduses.

ACALORIQUE, ■ adj. [akalɔʀik] (*a-* et *calorique*) Dépourvu de calories. *Une boisson acalorique.*

ACANTHACÉE, ■ n. f. [akɑ̃tase] (*acanthe*) **Bot.** Famille de plantes herbacées ou d'arbustes, à feuilles très découpées, localisée dans les régions méditerranéennes et tropicales.

ACANTHE, n. f. [akɑ̃t] (lat. *acanthus,* gr. *akantha,* épine, acanthe, rac. indo-eur. *ak-,* aigu, pointu) Plante dite vulgairement *branche-ursine.* ◆ Ornement d'architecture imité de la feuille d'acanthe.

ACANTHOCÉPHALE, ■ n. m. [akɑ̃tosefal] (gr. *akantha,* épine, et *-céphale*) **Zool.** Ver parasite de l'intestin des vertébrés, dont la tête est munie de nombreux crochets.

A CAPPELLA ou **A CAPELLA,** [akapela] ou [akapɛllɑ] (ital. *a capella,* [comme] à la chapelle) Musique d'église signifiant que les instruments marchent à l'unisson ou à l'octave avec les parties chantantes. ■ Dans lequel il n'y a aucun accompagnement instrumental. *Chant, musique a cappella. Chanter a cappella.* ■ Rem. Graphie ancienne : *à capella.*

ACARE, n. m. [akaʀ] (lat. *acarus,* gr. *akari,* ciron) Animal articulé de la classe des arachnides, qu'on trouve dans les vésicules de la gale.

ACARIÂTRE, adj. [akaʀjɑtʀ] (lat. *Acharius,* VIIe s., évêque sanctifié de Noyon et de Tournai qui passait pour guérir la folie, le mal saint Acaire ; infl. du latin *acer,* aigre) Qui est d'une humeur fâcheuse et aigre.

ACARICIDE, ■ adj. [akaʀisid] (*acari*[en] et *-cide*) Qui élimine les acariens. *Un produit acaricide.* ■ N. m. Un acaricide.

ACARIEN, ■ n. m. [akaʀjɛ̃] (lat. *acarus*) **Zool.** Très petit arachnide qui peut être parasite et vecteur de maladies. *Une allergie aux acariens.*

ACATALEPSIE, n. f. [akatalɛpsi] (gr. *akatalêpsia,* de *a-* priv. et *katalêpsis,* compréhension) D'après Pyrrhon et les philosophes sceptiques, impossibilité de connaître.

ACATALEPTIQUE, adj. [akataleptik] (gr. *akatalêptos,* incompréhensible) Qui a rapport à l'acatalepsie.

ACAULE, adj. [akol] (gr. *akaulos*, de *a-* priv. et *kaulos*, tige) **Bot.** Qui n'a pas de tige apparente.

ACCABLANT, ANTE, adj. [akablɑ̃, ɑ̃t] (*accabler*) Qui accable, au propre et au figuré. ♦ Importun, incommode. *Un homme accablant.*

ACCABLÉ, ÉE, p. p. d'accabler. [akable] Cédant, succombant sous le poids. ♦ *Fig. Accablé de maux.*

ACCABLEMENT, n. m. [akabləmɑ̃] (*accabler*) État d'une personne, d'un corps, d'un esprit, d'un peuple accablés. ♦ Action d'accabler. ♦ Surcharge. *Accablement d'affaires.*

ACCABLER, v. tr. [akable] (*a-* et anc. fr. *chabler, cabler*, renverser, de *cadable*, catapulte) Faire succomber sous. ♦ Vaincre, ruiner. ♦ *Fig. Il est accablé de maladies.* ♦ Absol. « *Cette nouvelle accable* », FÉNELON. ♦ Être à charge. ♦ Charger, en bonne part. *Accabler de biens, de louanges.* ♦ Absol. *Vous m'accablez, vous êtes trop bon.* ♦ S'accabler, v. pr. *S'accabler de travail.* ■ Rendre coupable. *Ces preuves l'accablent.*

ACCALMIE, ■ n. f. [akalmi] (*a-* et *calmir*, se calmer, sur le modèle de *embellie*) Calme provisoire de la mer, du vent ou, par ext., d'une intempérie. ■ Apaisement momentané survenant après un état de forte agitation, une grande activité.

ACCAPARANT, ANTE, ■ adj. [akaparɑ̃, ɑ̃t] (*accaparer*) Qui veut avoir pour soi exclusivement. *Un garçon accaparant.* ■ Qui absorbe, mobilise beaucoup de temps. *Un emploi accaparant.*

ACCAPARÉ, ÉE, p. p. d'accaparer. [akapaʀe] *Les blés accaparés.*

ACCAPAREMENT, n. m. [akapaʀ(ə)mɑ̃] (*accaparer*) Action d'accaparer ou résultat de cette action.

ACCAPARER, v. tr. [akapaʀe] (ital. *accaparrare*, de *caparra*, arrhes) Acheter tout ce qu'il y a sur le marché de denrées, de marchandises. ♦ *Fig.* Prendre tout pour soi. ■ *Accaparer quelqu'un*, l'occuper entièrement. *Son travail l'accapare.*

ACCAPAREUR, EUSE, n. m. et n. f. [akapaʀœʀ, øz] (*accaparer*) Personne qui accapare.

ACCASTILLAGE, n. m. [akastijaʒ] (*accastiller*) Partie de l'œuvre morte d'un grand bâtiment qui reçoit des sculptures et des ornements. ♦ Dans l'ancienne marine, le château de l'avant et le château de l'arrière d'un vaisseau.

ACCASTILLER, v. tr. [akastije] (esp. *accastillar*, de *castillo*, château ; cf. anc. fr. *achasteler*) Garnir un vaisseau de son accastillage.

ACCÉDANT, ANTE, ■ n. m. et n. f. [aksedɑ̃, ɑ̃t] (*accéder*) Personne qui accède à. *Des accédants à la propriété.*

ACCÉDER, v. intr. [aksede] (lat. *accedere*, s'approcher) Entrer dans des engagements déjà contractés par d'autres, donner son assentiment. ■ Pouvoir parvenir à un lieu, y entrer. *Une rue si étroite que les voitures ne peuvent y accéder. On accède au parking par l'ascenseur.* ■ Parvenir à une situation plus élevée. *Accéder au trône.* ■ *Accéder à la propriété*, devenir propriétaire.

ACCELERANDO ou **ACCELERANDO**, ■ adv. [akselerɑ̃do] (mot ital., de *accelerare*) **Mus.** En accélérant le tempo. ■ N. m. *Des accélérandos.*

ACCÉLÉRATEUR, TRICE, adj. [akseleratœʀ, tʀis] (*accélérer*) **Phys.** *Force accélératrice*, celle qui, continuant d'agir sur un corps mobile après son départ, lui communique à chaque instant une nouvelle vitesse. ♦ **Anat.** *Muscle accélérateur*, muscle qui accélère une évacuation. ■ N. m. Élément d'un moteur qui régule l'arrivée du carburant permettant ainsi d'augmenter la vitesse de rotation. *Commande d'accélérateur.* ♦ *Pédale d'accélérateur* ou *accélérateur*, cette commande dans une automobile. *Appuyer à fond sur l'accélérateur.* ■ **Chim.** Substance qui accélère la vitesse d'une réaction. ■ **Phys.** *Accélérateur de particules*, appareil utilisant les forces électro-magnétiques pour communiquer des énergies élevées à des particules chargées. ■ Adjuvant ajouté au béton afin d'en accélérer la prise ou le durcissement.

ACCÉLÉRATION, n. f. [akselerasjɔ̃] (b. lat. *acceleratio*) Augmentation de vitesse. ♦ Prompte exécution, prompte expédition. ■ **Écon.** *Principe d'accélération*, principe selon lequel la variation de la demande en biens induit une variation très importante de l'investissement en biens de production.

ACCÉLÉRÉ, ÉE, p. p. d'accélérer. [akselere] *Pas accéléré*, sorte de pas plus rapide que le pas ordinaire. ♦ *Voiture accélérée*, ou simplement, *accélérée*, n. f. et n. m. Voiture qui fait un trajet avec une grande vitesse. ■ *En accéléré*, en augmentant la vitesse de défilement d'une bande. *Passer un film en accéléré.*

ACCÉLÉRER, v. tr. [akselere] (lat. *accelerare*, de *celer*, rapide) Augmenter la célérité ; rendre plus rapide, plus prompt. ■ **Spécialt** Augmenter la vitesse d'un véhicule. *Accélérer pour doubler une voiture.*

ACCÉLÉROMÈTRE, ■ n. m. [akselerɔmɛtʀ] (*accélérer* et *-mètre*) **Techn.** Appareil mesurant les accélérations.

ACCENSE, n. m. [aksɑ̃s] (lat. *accensus*, appariteur, de *accensere*, rattacher à) **Antiq.** Officier subalterne attaché à quelque fonctionnaire dans l'ordre civil ou militaire, sorte d'appariteur.

ACCENT, n. m. [aksɑ̃] (lat. *accentus*) Élévation de la voix sur une syllabe dans un mot, *accent tonique*. ♦ Inflexions particulières à une nation, aux habitants de certaines provinces. ♦ **Absol.** Prononciation des personnes de province par rapport au parler de la capitale. *Il a perdu son accent.* ♦ *Accent oratoire* ou *pathétique*, inflexion de la voix par rapport aux sentiments ou aux pensées. ♦ Langage, chant, dans le style élevé et la poésie. *Les accents de la passion, de la colère.* ♦ Petite marque qui se met sur une syllabe, soit pour en indiquer la prononciation, soit pour la caractériser grammaticalement. *Il y a trois espèces d'accents : l'accent aigu, l'accent grave, l'accent circonflexe.* ■ *Mettre l'accent sur*, insister pour faire ressortir.

ACCENTEUR, ■ n. m. [aksɑ̃tœʀ] (b. lat. *accentor*, celui qui chante en accompagnement) **Zool.** Petit oiseau passereau insectivore d'Europe, très discret, au bec fin et à tête grise, ressemblant au moineau.

ACCENTUATION, n. f. [aksɑ̃tɥasjɔ̃] (*accentuer*) Manière d'accentuer, c'est-à-dire d'élever la voix sur une syllabe. ♦ Manière de marquer les accents sur les mots. ■ Développement plus intense. *Une accentuation de la hausse du chômage.*

ACCENTUÉ, ÉE, p. p. d'accentuer. [aksɑ̃tɥe] *Syllabe accentuée.*

ACCENTUEL, ELLE, ■ adj. [aksɑ̃tɥɛl] (radic. du lat. *accentus*) **Ling.** Qui est relatif à l'accent, porte un accent. *Le système accentuel d'une langue.*

ACCENTUER, v. tr. [aksɑ̃tɥe] (lat. médiév. *accentuare*) Prononcer suivant les règles de l'accent tonique. ♦ Donner l'accent oratoire, et aussi appuyer sur une phrase pour la faire remarquer ou sentir. ♦ Poser convenablement les accents dans l'écriture. ■ Rendre plus intense. *Cela risque d'accentuer nos difficultés.* ■ S'accentuer, v. pr. *Le déséquilibre social s'accentue.*

ACCEPTABILITÉ, ■ n. f. [akseptabilite] (*acceptable*) Qualité de ce qui est acceptable. *L'acceptabilité d'une réforme.* ♦ **Ling.** Caractère d'un énoncé naturellement émis, conforme aux règles de grammaire et ne présentant pas de difficulté de compréhension. *Le degré d'acceptabilité d'une phrase.*

ACCEPTABLE, adj. [akseptabl] (lat. chrét. *acceptabilis*) Qui peut être accepté.

ACCEPTANT, ANTE, n. m. et n. f. [akseptɑ̃, ɑ̃t] (*accepter*) Personne qui accepte un legs.

ACCEPTATION, n. f. [akseptasjɔ̃] (lat. chrét. *acceptatio*) Action d'accepter. ♦ **Financ.** Acceptation d'une lettre de change, promesse de la payer à son échéance. ♦ **Dr.** Consentement légal de celui à qui on fait une offre.

ACCEPTÉ, ÉE, p. p. d'accepter. [aksepte] *Accepté* invariable se met sur un papier de commerce pour indiquer acceptation. *Accepté pour la somme de...*

ACCEPTER, v. tr. [aksepte] (lat. *acceptare*, avoir l'habitude de recevoir) Agréer, consentir à, prendre ce qui est offert ou ce qui se présente. ♦ *Accepter un défi*, promettre de faire ce dont on a été défié, et, plus particulièrement, accepter un duel. ♦ *Accepter le combat.* ♦ *J'en accepte l'augure*, je souhaite qu'il en soit comme on me le fait espérer. ♦ **Financ.** *Accepter une lettre de change*, s'engager à la payer à l'échéance. ♦ **Absol.** *On tira parole de cet homme qu'il accepterait.* ■ S'accepter, v. pr. Être accepté. ■ Pouvoir fonctionner avec. *Un distributeur automatique qui accepte les billets.* ■ *Accepter de, accepter que*, bien vouloir. ■ *Accepter quelqu'un*, l'admettre parmi les siens.

ACCEPTEUR, n. m. [akseptœʀ] (lat. *acceptor*, celui qui reçoit) Personne qui accepte une lettre de change. ■ Adj. m. **Chim.** *Atome accepteur*, atome qui va capter les électrons (par oppos. à *donneur*).

ACCEPTION, n. f. [aksepsjɔ̃] (lat. *acceptio*, action de recevoir, puis approbation d'une proposition) Action d'admettre par préférence. *Ne faire acception de personne.* ♦ Manière de prendre un mot, sens qu'on lui donne. ■ *Sans acception de*, sans tenir compte de, sans donner de préférence à. *Il s'intéressait à tout le monde sans acception d'âge ni de sexe.*

ACCÈS, n. m. [aksɛ] (lat. *accessus*, de *accedere*, s'approcher) Arrivée en, entrée dans. *Port d'un accès facile.* ♦ Entrée auprès de quelqu'un pour le voir, pour l'entretenir. ♦ *Fig. Donner accès à l'amitié.* ♦ Invasion périodique ou non d'accidents morbides. *Accès de folie. Accès de goutte.* ♦ *Fig.* Invasion passagère de certains mouvements de l'âme. *Accès de fureur.* ■ **Inform.** Obtention d'informations contenues dans un système informatique. *Accès à un site Internet réservé aux abonnés.*

ACCESSIBILITÉ, n. f. [aksesibilite] (lat. chrét. *accessibilitas*) Qualité de ce qui est accessible.

ACCESSIBLE, adj. [aksesibl] (lat. chrét. *accessibilis*) Où l'on peut arriver, pénétrer. ♦ *Fig. La vertu est accessible à tous.* ♦ En parlant d'une personne, qui se laisse approcher et reçoit avec bienveillance. ♦ Ouvert à. *Accessible à la compassion.*

ACCESSION, n. f. [aksesjɔ̃] (lat. *accessio*, approche, arrivée) Action d'adhérer à, de donner son consentement. *Accession à un traité.* ♦ **Dr.** Droit d'un propriétaire sur ce que produit sa propriété ou sur ce qui s'y unit et s'y incorpore ; la chose même sur laquelle ce droit est exercé. ♦ *Accession au trône,* action d'y monter.

ACCESSIT, n. m. [aksesit] (lat. *accessit*, il s'est approché) Nomination décernée, dans les écoles ou dans les académies, à ceux qui ont le plus approché du prix. ♦ Au pl. *Les accessit* ou mieux *les accessits.*

ACCESSOIRE, adj. [akseswaʀ] (lat. médiév. jurid. *accessorius*) Qui est regardé comme la dépendance de quelque chose de principal. ♦ **N. m.** Ce qui dépend du principal. ♦ Au pl. *Les accessoires dans un tableau.* ♦ Au théâtre, certains objets qui peuvent être nécessaires à la représentation, tels que bourse, écritoire, etc. ♦ Malencontre. « *Dans un tel accessoire* », MOLIÈRE. ■ REM. S'emploie aussi auj. dans le domaine du cinéma.

ACCESSOIREMENT, adv. [akseswaʀ(ə)mɑ̃] (*accessoire*) D'une manière accessoire.

ACCESSOIRISER, ■ v. tr. [akseswaʀize] (*accessoire*) Joindre des accessoires. « *Les clientes amènent parfois leur tenue à accessoiriser et passent de longs moments à choisir une à une les perles pour créer leurs propres bijoux* », ENTREPRISE 80, 2003.

ACCESSOIRISTE, ■ n. m. et n. f. [akseswaʀist] (*accessoire*) Personne chargée des accessoires sur un plateau de théâtre, de cinéma ou de télévision.

ACCIDENT, n. m. [aksidɑ̃] (lat. *accidens*, p. prés. de *accidere*, arriver) Ce qui advient fortuitement. *Des accidents bons ou mauvais.* ♦ **Absol.** Événement malheureux. *Les accidents de la vie humaine.* ♦ **Méd.** Phénomène inattendu qui survient dans une maladie et qui l'aggrave. ♦ **Philos.** Ce qui est accidentel, par opposition à la substance. ♦ **Gramm.** Tous les changements que les mots peuvent éprouver. ♦ Disposition variée du terrain, de la lumière. ♦ **Mus.** Se dit des bémols, dièses ou bécarres qui, n'étant point à la clé, se trouvent dans le courant du morceau. ♦ D'ACCIDENT, loc. adv. Qui n'est pas essentiel par soi-même. ♦ PAR ACCIDENT, loc. adv. Fortuitement. ■ **Spécialt** Accident que subissent un véhicule et ses passagers. *Ils ont eu un accident.*

ACCIDENTÉ, ÉE, adj. [aksidɑ̃te] (*accident*) Qui présente des accidents, des dispositions variées. *Pays accidenté.* ■ Qui a subi un accident de la route. *Une voiture accidentée.*

ACCIDENTEL, ELLE, adj. [aksidɑ̃tɛl] (b. lat. *accidentalis*, au sens philo. ; lat. médiév., sens matériel) Qui advient par accident. ♦ **Mus.** *Signes accidentels,* dièse ou bémol non indiqués à la clé. ♦ **Log.** Qui est dans un sujet par accident. ♦ **Gramm.** Ce qui n'est pas essentiel à une chose. ♦ **Méd.** Se dit des symptômes qui surviennent dans le cours d'une maladie sans connexion nécessaire avec elle.

ACCIDENTELLEMENT, adv. [aksidɑ̃tɛl(ə)mɑ̃] (*accidentel*) D'une manière accidentelle.

ACCIDENTER, ■ v. tr. [aksidɑ̃te] (*accident*) Provoquer un dommage matériel ou corporel. *Le camion a accidenté ma voiture.*

ACCIDENTOLOGIE, ■ n. f. [aksidɑ̃tɔlɔʒi] (*accident* et *-logie*) Étude des accidents, de leurs causes et de leurs conséquences.

ACCISE, n. f. [aksiz] (néerl. *accijs*, impôt de consommation, du lat. médiév. *accisia*, de *accidere*, entailler [cf. *taille*] ; a pris en charge le sens de l'angl. *excise*, impôt sur les marchandises comestibles) Taxe levée en Angleterre sur les boissons et autres objets de consommation.

ACCLAMATEUR, n. m. [aklamatœʀ] (*acclamer*) Personne qui concourt à des acclamations. *Des acclamateurs à gages.*

ACCLAMATION, n. f. [aklamasjɔ̃] (lat. *acclamatio*, cris d'acclamation ou de huée) Action d'acclamer. ♦ PAR ACCLAMATION, loc. adv. Tout d'une voix et sans qu'il soit besoin de voter.

ACCLAMÉ, ÉE, p. p. d'acclamer. [aklame] *Proposition acclamée.*

ACCLAMER, v. intr. [aklame] (lat. *acclamare*, pousser des cris à l'adresse de qqn) Pousser des cris marquant la joie ou l'approbation. ♦ V. tr. *La foule acclame le triomphateur.*

ACCLAMPER, v. tr. [aklɑ̃pe] (*a-* et *clamp*, pièce de bois, du néerl. *klamp*, taquet) Fortifier un mât, une vergue, en y attachant des pièces de bois par les côtés.

ACCLIMATABLE, ■ adj. [aklimatabl] (*acclimater*) Qui peut être acclimaté. *Un palmier acclimatable en France.*

ACCLIMATATION, n. f. [aklimatasjɔ̃] (*acclimater*) Action d'acclimater. ■ *Jardin d'acclimatation,* jardin abritant des espèces végétales et animales tropicales, exotiques.

ACCLIMATÉ, ÉE, p. p. d'acclimater. [aklimate] *Plantes acclimatées.*

ACCLIMATEMENT, n. m. [aklimat(ə)mɑ̃] (*acclimater*) Résultat de l'acclimatation ; état de ce qui est acclimaté.

ACCLIMATER, v. tr. [aklimate] (*a-* et *climat*) Habituer à un nouveau climat. ♦ S'acclimater, v. pr. Fig. Familiariser quelqu'un à un nouveau milieu.

ACCOINTANCES, n. f. pl. [akwɛ̃tɑ̃s] (anc. fr. *acointier*, faire connaissance) Fréquentation et familiarité.

ACCOINTÉ, ÉE, p. p. de s'accointer. [akwɛ̃te] *Accointé avec des gens de mauvaise vie.*

ACCOINTER (S'), v. pr. [akwɛ̃te] (lat. vulg. *acognitare*, du lat. *acognitus*, reconnu, ami) Faire accointance. *S'accointer de* ou *avec quelqu'un.*

ACCOISÉ, ÉE, p. p. d'accoiser. [akwaze] Apaisé.

ACCOISEMENT, n. m. [akwaz(ə)mɑ̃] (*accoiser*) Apaisement.

ACCOISER, v. tr. [akwaze] (*a-* et anc. fr. *coisier*, du lat. vulg. *quietiare*, du lat. *quietus*, calme) Rendre coi, calme, tranquille. « *Accoisez tous les mouvements de votre intérieur pour écouter cette parole* », BOSSUET. ♦ S'accoiser, v. pr. Ce verbe, en usage au XVIIᵉ s., est tombé en désuétude.

ACCOLADE, n. f. [akolad] (réfection par chang. de suff. de l'anc. fr. *acolée*) Embrassade en jetant les bras autour du cou. ♦ Coup du plat de l'épée donné sur le cou d'un chevalier, lors de sa réception. ♦ Sorte de trait de cette forme ⌣ servant dans l'écriture à embrasser plusieurs objets. ♦ **Archit.** Certaines courbes qui couronnent les linteaux de portes et de fenêtres.

ACCOLADER, v. tr. [akolade] (*accolade*) Joindre en imprimerie ou dans l'écriture par une accolade.

ACCOLAGE, n. m. [akolaʒ] (*accoler*) Action de fixer à des échalas ou à des espaliers les sarments de la vigne ou les branches des arbres fruitiers.

ACCOLÉ, ÉE, p. p. d'accoler. [akole] Qui reçoit une embrassade. ♦ Adj. Joint, réuni, mis ensemble. ♦ **Hérald.** Se dit des animaux qui ont des colliers ou des couronnes passés au cou ; de deux écus qui sont joints ensemble. ♦ **Hortic.** Attaché à l'espalier, aux échalas.

ACCOLEMENT, n. m. [akɔl(ə)mɑ̃] (*accoler*) Action d'accoler ; état de ce qui est accolé.

ACCOLER, v. tr. [akole] (*a-* et *col*, cou) Embrasser en jetant les bras autour du cou. ♦ *Accoler la vigne,* l'échalasser ♦ Réunir par une accolade. ♦ **Fig.** Faire figurer ensemble. ♦ S'accoler, v. pr. Se donner l'accolade. ♦ S'embrasser, s'unir, en parlant de la vigne, du houblon, etc. ■ Adjoindre, mettre à côté de.

ACCOLURE, n. f. [akolyʀ] (*accoler*) Lien, ligature.

ACCOMMODABLE, adj. [akomodabl] (*accommoder*) Qui se peut accommoder, concilier.

ACCOMMODAGE, n. m. [akomodaʒ] (*accommoder*) Apprêt que l'on donne aux aliments.

ACCOMMODANT, ANTE, adj. [akomodɑ̃, ɑ̃t] (*accommoder*) Qui s'accommode, s'arrange avec ; se dit des personnes et des choses.

ACCOMMODAT, ■ n. m. [akomoda] (*accommoder*) Biol. Capacité d'adaptation non héréditaire d'un être vivant dans un nouveau milieu naturel.

ACCOMMODATION, n. f. [akomodasjɔ̃] (lat. *accommodatio*) Action d'accommoder ou de s'accommoder.

ACCOMMODÉ, ÉE, p. p. d'accommoder. [akomode] Ajusté, arrangé. ♦ Apprêté, en parlant d'un mets. ♦ Terminé à l'amiable. ♦ Conformé à. « *Une religion accommodée est propre à durer* », PASCAL. « *Pensées accommodées au simple peuple* », LA BRUYÈRE. ♦ Pourvu de. *Un homme accommodé des biens de la fortune.* ♦ **Absol.** Qui est à l'aise, riche. « *Un gentilhomme fort accommodé* », MOLIÈRE.

ACCOMMODEMENT, n. m. [akomɔd(ə)mɑ̃] (*accommoder*) Arrangement, restauration. ♦ Action de mettre d'accord des hommes, d'arranger une affaire, une querelle. ♦ Expédients pour concilier, arranger. *Il est des accommodements avec le ciel.* ♦ **Peint.** Manière dont les draperies, les ajustements sont disposés.

ACCOMMODER, v. tr. [akomode] (lat. *accommodare*, adapter) Donner de la commodité, de l'aisance, convenir. *Cela m'accommode.* ♦ Arranger, agencer, ajuster. *Accommoder sa maison.* ♦ Apprêter, en parlant d'un mets. ♦ Coiffer, arranger des cheveux. ♦ *Bien accommoder,* bien traiter ♦ **Ironiq.** *Bien accommoder,* maltraiter. ♦ *Il est étrangement accommodé,* il a ses habillements en mauvais état ou en désordre. ♦ Concilier, terminer à l'amiable. ♦ Céder par vente ou autrement à quelqu'un un objet qui lui convient. *Accommodez-moi de cela.* ♦ Conformer, approprier. *Accommoder son discours aux circonstances.* ♦ S'accommoder, v. pr. Se donner des commodités, des aises. ♦ *Bien s'accommoder,* devenir riche. ♦ Se concilier. ♦ *S'accommoder à,* se conformer à. ♦ *S'accommoder de,* accepter avec facilité et sans humeur. ♦ *S'accommoder d'une chose,* l'acheter, l'acquérir. ■ V. intr. **Opt.** Adapter la distance focale afin de percevoir nettement malgré les différences de distance. *Un œil faible accommode mal.*

ACCOMPAGNATEUR, TRICE, n. m. et n. f. [akɔ̃paɲatœr, tris] ou [akɔ̃paɲjatœr, tris] (*accompagner*) **Mus.** Personne qui accompagne. ■ **Par extens.** Personne qui guide un groupe, une autre personne non autonome. *Les accompagnateurs d'une sortie scolaire.*

ACCOMPAGNÉ, ÉE, p. p. d'accompagner. [akɔ̃paɲe] ou [akɔ̃paɲje] *Le roi accompagné de ses gardes. Télémaque accompagné par Minerve.* ◆ **Fig.** *Un présent accompagné d'une lettre polie.* ◆ **Mus.** Soutenu par un ou plusieurs instruments, une ou plusieurs voix. ◆ **Hérald.** Se dit des pièces réparties auprès d'une pièce principale.

ACCOMPAGNEMENT, n. m. [akɔ̃paɲ(ə)mã] ou [akɔ̃paɲj(ə)mã] (*accompagner*) Action d'accompagner, ce qui accompagne. ◆ **Fig.** Ce qui accompagne, ce qui est accessoire. ◆ **Hérald.** Tout ce qui est hors de l'écu. ◆ Union des instruments avec la voix. ■ Action de soutien psychologique et physique. *L'accompagnement d'une malade.*

ACCOMPAGNER, v. tr. [akɔ̃paɲe] ou [akɔ̃paɲje] (*a-* et *compain*, du b. lat. *companio*) Aller de compagnie. ◆ **Fig.** *La fortune l'accompagne.* ◆ Suivre par honneur, conduire en cérémonie, reconduire par honneur. ◆ Escorter. *Il se fait toujours accompagner, à cause de ses ennemis.* ◆ Convenir à, aller avec. ◆ *Accompagner de*, joindre à, ajouter. *Il accompagne ses remontrances de menaces.* ◆ **Mus.** Faire un accompagnement. ◆ *Accompagner* se dit aussi absolument. ◆ S'accompagner, v. pr. *Il s'accompagna de gens de main pour faire le coup.* ◆ **Mus.** Se faire à soi-même l'accompagnement. ◆ Être accompagné.

ACCOMPLI, IE, p. p. d'accomplir. [akɔ̃pli] Effectué, achevé. ◆ Révolu. ◆ Adj. Pourvu de tout ce qui complète. *Un ouvrage accompli.* ■ *Être devant le fait accompli*, se retrouver à son insu face à une situation pour laquelle il n'y a plus rien à faire. ■ N. m. **Ling.** Aspect du verbe exprimant une action achevée. ■ Qui est abouti, enrichi par l'expérience. *Une femme accomplie.*

ACCOMPLIR, v. tr. [akɔ̃plir] (*a-* et anc. fr. *complir*, du lat. *complere*, remplir) Mener à complément, à terme, à exécution. ◆ S'accomplir, v. pr. S'effectuer.

ACCOMPLISSEMENT, n. m. [akɔ̃plis(ə)mã] (radic. du p. prés. de *accomplir*) Action d'accomplir, état de ce qui est accompli.

ACCON, n. m. [akɔ̃] (mot poitev., prob. du saxon *naca* ; un naca devient un aca, puis un ac[c]on) Bateau à fond plat qui cale fort peu d'eau.

ACCONAGE ou **ACONAGE**, n. m. [akonaʒ] (*ac[c]on*) **Mar.** Service de manutention portuaire affecté au chargement, à l'arrimage et au déchargement des marchandises des navires. *Entreprises, sociétés d'acconage.*

ACCONIER ou **ACONIER**, ■ n. m. [akonje] (*ac[c]on*) **Mar.** Entrepreneur ou entreprise spécialisée dans le chargement et le déchargement des marchandises.

ACCOQUINER, ACCOQUINANT, [akokine, akokinã] Voy. acoquiner, etc.

ACCORAGE, n. m. [akoraʒ] (*accorer*) **Mar.** Action d'accorer.

ACCORD, n. m. [akɔr] (*a-* et lat. *cor*, génit. *cordis*) Réunion des cœurs sur un même point, assentiment. ◆ *Être d'accord*, s'entendre, être du même avis. ◆ *Être d'accord de*, consentir à. ◆ *Être d'accord de*, confesser, reconnaître. ◆ *Être d'accord*, être conclu, arrangé. *Tout est d'accord.* ◆ *Être d'accord avec*, s'accorder avec, être concordant. ◆ *Tomber d'accord*, s'accorder, consentir à, reconnaître. ◆ *Demeurer d'accord de* ou *que*, avouer, reconnaître. ◆ d'accord, loc. adv. J'en conviens. ◆ *Mettre d'accord*, accorder. ◆ Convention, accommodement. ◆ Au pl. *Accords*, convention préliminaire d'un mariage. ◆ Union, association. ◆ Convenance, juste rapport, ensemble. ◆ Union de plusieurs sons entendus à la fois et formant harmonie. ◆ État d'un instrument dont les cordes sont montées juste au ton où elles doivent être. ◆ Chants, vers, poésies, surtout poésie lyrique. ◆ **Peint.** Bon effet résultant de l'harmonie des couleurs, des lumières, des ombres. ◆ **Gramm.** Convenance d'après laquelle deux ou plusieurs mots qui se rapportent à un seul et même objet prennent les mêmes formes accidentelles. ■ Action d'accorder des instruments de musique. *Le piano a besoin d'un accord.* ■ *Être en accord (avec)*, être en conformité, en entente avec. ■ *Donner son accord*, donner son autorisation. ■ **Abrév. fam.** D'ac !

ACCORDABLE, adj. [akɔrdabl] (*accorder*) Qui peut s'accorder ; se dit dans toutes les acceptions d'*accorder*.

ACCORDAILLES, n. f. pl. [akɔrdaj] (*accorder*, sur le modèle de *fiançailles*) Réunion pour signer un contrat de mariage.

ACCORDANT, ANTE, adj. [akɔrdã, ãt] (*accorder*) **Mus.** Qui s'accorde, consonnant. ◆ Qui consent, qui concorde.

ACCORD-CADRE, ■ n. m. [akɔrkadr] (*accord* et *cadre*) Accord servant de modèle à de futures négociations. *Des accords-cadres.*

1 **ACCORDÉ, ÉE**, n. m. et n. f. [akɔrde] (substantivation du p. p. de *accorder*) Homme, femme liés réciproquement par un engagement de mariage.

2 **ACCORDÉ, ÉE**, p. p. d'accorder. [akɔrde] Mis d'accord. ◆ Concédé. ◆ **Absol.** *Accordé*, je vous l'accorde. ◆ **Mus.** Mis d'accord.

ACCORDEMENT, n. m. [akɔrdəmã] (*accorder*) Action d'accorder.

ACCORDÉON, n. m. [akɔrdeɔ̃] (all. *akkordion*, sur le modèle de *orphéon*) Instrument de musique à soufflet et à touches qu'on tient et manœuvre avec les mains. ■ EN ACCORDÉON, loc. adv. En forme de plis ; avec des hauts et des bas. *Papier plié en accordéon. Une politique en accordéon.* ■ ACCORDÉONISTE, n. m. et n. f. [akɔrdeɔnist]

ACCORDER, v. tr. [akɔrde] (*accord*) Mettre en bonne intelligence, arranger. ◆ Effacer les contrariétés, les désaccords, concilier. « *Accordez ces discours que j'ai peine à comprendre* », P. Corneille. « *Il a accordé une piété solide avec une profonde érudition* », Fontenelle. ◆ Demeurer d'accord, avouer. ◆ Concéder. *Accorder une demande.* ◆ *Accorder une fille*, la promettre en mariage. ◆ **Mus.** Mettre d'accord. ◆ **Gramm.** Mettre l'accord entre les mots. ◆ S'accorder, v. pr. S'arranger, être arrangé à l'amiable. ◆ *S'accorder, s'accorder avec*, être d'accord, en bonne intelligence. ◆ *S'accorder à* ou *de*, demeurer d'accord, consentir à. « *Galba s'accorde à nos souhaits* », P. Corneille. ◆ *S'accorder à* ou *avec*, être en accord, en conformité, en rapport. ◆ Être concédé. ◆ **Gramm.** Prendre les mêmes formes accidentelles. ■ *Accorder de l'importance à*, attribuer de l'importance à.

ACCORDEUR, EUSE, n. m. et n. f. [akɔrdœr, øz] (*accorder*) Personne qui accorde certains instruments, particulièrement les pianos.

ACCORDOIR, n. m. [akɔrdwar] (*accorder*) Outil pour accorder.

ACCORE, n. m. [akɔr] (néerl. *schore*, rivage escarpé, étai ; adj. *schor*, escarpé) **Mar.** Contour d'un banc, d'un écueil. ◆ Pièce de bois qu'on dresse pour étayer. ◆ Adj. *Côte accore*, côte coupée verticalement à la surface de la mer ou fortement inclinée.

ACCORER, v. tr. [akore] (*accore*) **Mar.** Étayer avec des accores.

ACCORNÉ, ÉE, adj. [akɔrne] (*a-* et *corne*) **Hérald.** Qui a des cornes d'une autre couleur que l'animal.

ACCORT, ORTE, adj. [akɔr, ɔrt] (ital. *accorto*) Qui est de gentil esprit, qui est à la fois avisé et gracieux. ◆ Insinuant et quelquefois flatteur. *Humeur accorte.*

ACCORTEMENT, adv. [akɔrtəmã] (*accort*) D'une manière accorte.

ACCORTISE, n. f. [akɔrtiz] (*accortesse*, de l'ital. *accortezza*) Humeur accorte.

ACCOSTABLE, adj. [akɔstabl] (*accoster*) Qui est facile à aborder.

ACCOSTAGE, ■ n. m. [akɔstaʒ] (*accoster*) Action, fait d'accoster. *L'accostage d'un bateau.* ■ **Fam.** Fait d'aborder quelqu'un.

ACCOSTANT, ANTE, adj. [akɔstã, ãt] (*accoster*) Qui accoste avec facilité.

ACCOSTE, n. m. [akɔst] (impér. d'*accoster*) **Mar.** Commandement d'approcher. ◆ *Commander l'accoste.*

ACCOSTÉ, ÉE, p. p. d'accoster. [akɔste] *Accosté par un individu de mauvaise mine.* ◆ **Hérald.** Se dit de toutes les pièces de longueur, mises en pal ou en bande, quand elles en ont d'autres à leur côté.

ACCOSTER, v. tr. [akɔste] (*a-* et anc. fr. *coste*, côte) Aborder quelqu'un qu'on rencontre. ◆ S'accoster de, v. pr. Prendre pour compagnon, hanter, fréquenter. ◆ **Mar.** En parlant d'un bâtiment, venir se placer le long et à côté de.

ACCOT, ■ n. m. [ako] (*accoter*, appuyer) Adossement de paille, de terreau, de vieux fumier, etc., pour protéger les jeunes pousses ou les plantes contre le froid.

ACCOTÉ, ÉE, p. p. d'accoter. [akote] **Hérald.** Se dit des pièces qui sont posées à côté d'une autre pièce de l'écu.

ACCOTEMENT, n. m. [akɔt(ə)mã] (*accoter*) En horlogerie, rencontre vicieuse d'une roue et d'un pignon. ■ Espace compris entre la chaussée et le fossé, entre le ruisseau et la maison. ■ Partie de la voie ferrée située entre le rail et la bordure.

ACCOTER, v. tr. [akote] (b. lat. *accubitare*, être étendu sur le lit de table, l'appui sur le coude ayant infléchi le sens) Soutenir à l'aide d'une cale ; appuyer par côté. ◆ S'accoter, v. pr. S'appuyer. ◆ V. intr. Être couché sur le côté par la force du vent, en parlant d'un navire. ◆ **Horlog.** Frotter l'une contre l'autre, en parlant des pièces.

ACCOTOIR, n. m. [akotwar] (*accoter*) Ce qui sert à s'appuyer par côté.

ACCOUARDI, IE, p. p. d'accouardir. [akwardi] Devenu couard.

ACCOUARDIR, v. tr. [akwardir] (*a-* et *couard*) Rendre couard.

ACCOUCHÉE, n. f. [akuʃe] (substantivation du p. p. fém. de *accoucher*) Femme qui vient d'accoucher.

ACCOUCHEMENT, n. m. [akuʃ(ə)mã] (*accoucher*) Action d'accoucher. ◆ Action d'aider une femme à accoucher. *Faire un accouchement.* ◆ **Fig.** et **fam.** Difficulté qu'on éprouve à dire une chose, à prendre un parti.

ACCOUCHER, v. intr. [akuʃe] (*a-* et *coucher*) Se conjugue avec *être* ou *avoir*, suivant le sens. Mettre au monde. ♦ Fig. « *Monsieur avait accouché de projets toute la nuit* », RETZ. « *Il savait faire accoucher heureusement ses auditeurs des vérités cachées qui étaient en eux* », DESFONTAINES. ♦ S'expliquer. *Parlez, accouchez enfin.* ♦ V. tr. Aider une femme à accoucher. *Accoucher une femme.*

ACCOUCHEUR, EUSE, n. m. et n. f. [akuʃœʀ, øz] (*accoucher*) Personne qui pratique les accouchements.

ACCOUDÉ, ÉE, p. p. d'accouder. [akude] *Accoudé à la fenêtre.*

ACCOUDEMENT, n. m. [akud(ə)mɑ̃] (*s'accouder*) Action de s'accouder.

ACCOUDER (S'), v. pr. [akude] (*a-* et *coude*) S'appuyer du coude.

ACCOUDOIR, n. m. [akudwaʀ] (*s'accouder*) Ce qui sert à s'accouder. ♦ Archit. Balustrade ou mur à hauteur d'appui.

ACCOUÉ, ÉE, p. p. d'accouer. [akwe] Attaché par la queue.

ACCOUER, v. tr. [akwe] (*à* et anc. fr. *coue*, queue) Attacher des chevaux ensemble, de manière que le licou de celui qui suit soit lié à la queue de celui qui précède.

ACCOUPLE, n. f. [akupl] (*accoupler*) Lien avec lequel on attache les chiens ensemble.

ACCOUPLÉ, ÉE, p. p. d'accoupler. [akuple] *Bœufs accouplés.* ♦ Archit. *Colonnes accouplées*, celles qui, étant deux à deux, s'entretouchent par leurs bases et leurs chapiteaux.

ACCOUPLEMENT, n. m. [akupləmɑ̃] (*accoupler*) Assemblage par couple. ♦ Conjonction du mâle et de la femelle, en parlant des animaux.

ACCOUPLER, v. tr. [akuple] (*a-* et *couple*) Disposer par couples. ♦ En parlant des animaux, apparier le mâle et la femelle. ♦ S'accoupler, v. pr. S'unir pour la reproduction, en parlant des animaux.

ACCOURCI, IE, p. p. d'accourcir. [akuʀsi] *Chemin accourci.*

ACCOURCIR, v. tr. [akuʀsiʀ] (*a-* et *court*) Rendre plus court. ♦ *Accourcir son chemin*, prendre un chemin de traverse. ♦ Absol. *Prenez le bois, et vous accourcirez.* ♦ Rendre brève une syllabe qui est longue. ♦ S'accourcir, v. pr. Devenir plus court. *Les jours s'accourcissent. Accourcir* n'étant pas un verbe neutre, ne dites pas : *Les jours accourcissent.*

ACCOURCISSEMENT, n. m. [akuʀsis(ə)mɑ̃] (radic. du p. prés. de *accourcir*) Diminution d'étendue ou de durée.

ACCOURIR, v. intr. [akuʀiʀ] (lat. *accurrere*) Se conjugue avec *avoir* ou *être*, suivant le sens. Courir vers.

ACCOURSE, n. f. [akuʀs] (*accourser*, de *a-* et anc. fr. *corse*, poursuivre à la course) Archit. Galerie extérieure par laquelle on communique dans les appartements.

ACCOURU, UE, p. p. d'accourir. [akuʀy] *La foule accourue.*

ACCOUTRÉ, ÉE, p. p. d'accoutrer. [akutʀe] *Femme simplement accoutrée.*

ACCOUTREMENT, n. m. [akutʀəmɑ̃] (*accoutrer*) Le vêtement considéré dans son ensemble. ♦ En mauvaise part, vêtement arrangé bizarrement.

ACCOUTRER, v. tr. [akutʀe] (lat. vulg. *acconsuturare*, rapprocher en cousant, raccommoder, de *consutura*, couture) Mettre des habits sur le corps de quelqu'un. ♦ Fig. Maltraiter en paroles ou en actes. ♦ S'accoutrer, v. pr. *S'accoutrer ridiculement.*

ACCOUTUMANCE, n. f. [akutymɑ̃s] (*accoutumer*) Action de s'accoutumer. « *L'accoutumance ainsi nous rend tout familier* », LA FONTAINE.

ACCOUTUMÉ, ÉE, p. p. d'accoutumer et adj. [akutyme] Qui a pris une habitude. *Accoutumé à la guerre. Peu accoutumé à entendre la vérité.* ♦ Passé en habitude, habituel, ordinaire. ♦ À L'ACCOUTUMÉE, loc. adv. À l'ordinaire, comme de coutume.

ACCOUTUMER, v. tr. [akutyme] (*a-* et *coutume*) Faire prendre une coutume. *Accoutumer les enfants à l'obéissance.* « *On est accoutumé de se laisser aller au péché* », PASCAL. ♦ V. intr. *Avoir accoutumé*, usité seulement aux temps composés, veut, avec un infinitif, la préposition *de*. Avoir coutume. *Comme il avait accoutumé.* « *Mes lettres n'avaient pas accoutumé de se suivre de si près* », PASCAL. En ce sens, *accoutumé* est pris substantivement et invariable. ♦ S'accoutumer, v. pr. Contracter une habitude. *S'accoutumer aux armes.* S'accoutumer veut d'ordinaire à avec l'infinitif ; mais on dit aussi *de.* « *On s'accoutume de donner à toutes les passions des noms adoucis* », MASSILLON. ♦ S'accoutumer avec. *S'accoutumer avec son voisin.*

ACCOUVAGE, ■ n. m. [akuvaʒ] (*accouver*, de *a-* et *couver*) Technique d'incubation des œufs en couveuse artificielle, jusqu'à éclosion.

ACCOUVEUR, EUSE, ■ n. m. et n. f. [akuvœʀ, øz] (*accouver*) Personne spécialisée dans l'accouvage.

ACCRÉDITATION, ■ n. f. [akʀeditasjɔ̃] (*accréditer*) Fait de garantir une qualité en faveur de quelqu'un.

ACCRÉDITÉ, ÉE, ■ p. p. d'accréditer. [akʀedite] Se dit des personnes et des choses. *Gens peu accrédités. Opinion accréditée.*

ACCRÉDITER, v. tr. [akʀedite] (esp. *acreditar*, obtenir la confiance, puis mettre en crédit, de *credito*, crédit) Mettre en crédit, en réputation. ♦ *Accréditer un ministre auprès d'un gouvernement étranger*, l'en faire reconnaître. ♦ Donner cours, autoriser. *Accréditer une opinion.* ♦ S'accréditer, v. pr. Se mettre en crédit. ♦ Prendre cours ou faveur. *La chose s'accrédite.*

ACCRÉDITIF, IVE, ■ adj. [akʀeditif, iv] (*accréditer*) Qui accrédite. *Une lettre accréditive.* ■ Financ. Lettre d'une banque à une ou plusieurs de ses succursales ou à une autre banque, permettant à un client d'effectuer diverses opérations.

ACCRÉMENTITION, n. f. [akʀemɑ̃tisjɔ̃] (b. lat. *accrementum*, accroissement) *Génération par accrémentition*, phénomène caractérisé par la naissance d'éléments anatomiques entre ceux qui existent déjà et semblables à eux.

ACCRESCENT, ENTE, ■ adj. [akʀesɑ̃, ɑ̃t] (lat. *accrescens*, p. prés. de *accrescere*, aller en s'accroissant) Bot. Se dit d'une partie florale dont la croissance se poursuit après la floraison. *Le calice est une enveloppe accrescente de la fleur.* ■ Rare Qui devient âcre. *Une saveur accrescente.*

ACCRÉTER, ■ v. tr. [akʀete] (radic. du lat. *accretum*, supin de *accrescere*) Accumuler par accrétion. *Une étoile peut accréter de la matière.* ■ V. pr. S'agglomérer.

ACCRÉTION, ■ n. f. [akʀesjɔ̃] (lat. *accretio*, accroissement) Astron. Accroissement de masse d'un astre par accumulation de matières interstellaires, causée par la force de gravitation. *Les étoiles sont formées à partir de disques d'accrétion de gaz et de poussières froides.* ■ Géol. Expansion océanique ou continentale résultant de processus tectoniques et magnétiques.

ACCRO, ■ adj. [akʀo] (apocope de *accroché*) Fam. Qui dépend d'une drogue. *Il est accro à la cocaïne.* ■ Fig. Passionné par quelque chose ou quelqu'un. *C'est un accro du foot.* ■ N. m. *Un, une accro.*

ACCROC, n. m. [akʀo] (*accrocher*) Déchirure faite par ce qui accroche. ♦ Ce qui accroche. ♦ Fig. Ce qui retarde ou empêche la conclusion d'une affaire, d'une entreprise, etc.

ACCROCHAGE, ■ n. m. [akʀoʃaʒ] (*accrocher*) Action de suspendre. ■ Légère collision entre deux véhicules. *Avoir un accrochage.* ■ Fam. Brève dispute. ■ Fait de capter. *L'accrochage d'une station, d'une fréquence.* ■ Engagement, combat bref entre deux forces armées.

ACCROCHE, ■ n. f. [akʀoʃ] (*accrocher*) Texte court, publicitaire ou commercial, utilisé pour attirer l'attention. *L'accroche d'une affiche.*

ACCROCHÉ, ÉE, p. p. d'accrocher. [akʀoʃe] S'emploie au propre et au fig.

ACCROCHE-CŒUR, n. m. [akʀoʃkœʀ] (*accrocher* et *cœur*) Petite mèche de cheveux en boucle plate sur la tempe des femmes. ■ *Des accroche-cœurs* ou *des accroche-cœur.*

ACCROCHEMENT, n. m. [akʀoʃ(ə)mɑ̃] (*accrocher*) Action d'accrocher. *L'accrochement de deux voitures.* ♦ Fig. Difficulté, embarras.

ACCROCHE-PLAT, ■ n. m. [akʀoʃpla] (*accrocher* et *plat*) Support permettant de fixer au mur un plat. *Des accroche-plats.*

ACCROCHER, v. tr. [akʀoʃe] (*a-* et *croc*) Attacher, suspendre à un crochet. ♦ Arrêter en perçant, en déchirant. ♦ Arrêter, heurter une voiture avec le moyeu d'une autre. ■ Absol. *Ce cocher accroche souvent.* ♦ Fig. Embarrasser, retarder. ♦ Attirer à soi une personne, obtenir quelque chose. ♦ S'accrocher, v. pr. *Votre habit s'accroche.* ♦ Fig. *S'accrocher à tout*, faire tout ce qu'on peut pour se soutenir. ■ Fig. *Être accroché*, être dépendant d'une drogue. ■ Fam. *Accro.* ■ Capter, obtenir l'attention de quelqu'un. *Une affiche qui accroche le regard.* ■ Accrocher une station de radio. ■ V. pr. Fig. *Il s'accroche à des chimères.* ♦ *S'accrocher à quelqu'un*, s'attacher passionnément à quelqu'un. ♦ *S'accrocher avec quelqu'un*, se disputer. ■ V. intr. Fam. Buter sur un point difficile ou délicat. *La discussion a accroché sur quelques sujets précis.* ■ Fam. Plaire, intéresser. *Il a du mal à accrocher sur cette musique.*

ACCROCHEUR, EUSE, ■ adj. [akʀoʃœʀ, øz] (*accrocher*) Qui accroche. *Une plante accrocheuse.* ■ Fig. Qui capte le regard, l'attention. *Un slogan accrocheur.* ■ Qui est tenace, obstiné.

ACCROIRE, v. tr. [akʀwaʀ] (lat. *accredere*, ajouter foi à quelque chose) Usité seulement à l'infinitif et avec *faire*. Faire croire ce qui n'est pas vrai. ♦ *En faire accroire*, conter des sornettes à quelqu'un, le tromper. ♦ *S'en faire accroire*, présumer trop de soi-même.

ACCROISSEMENT, n. m. [akʀwas(ə)mɑ̃] (radic. du p. prés. de *accroître*) Action de croître, de pousser. ♦ Augmentation, agrandissement, extension. ♦ En parlant d'une chose, d'une valeur, d'un fonds territorial, action par laquelle cela accroît au profit du possesseur. *Les terres que l'atterrissement ajoute à un rivage appartiennent au propriétaire par droit d'accroissement.* ■ **Sociol.** *Accroissement naturel,* différence entre le taux de natalité et le taux de mortalité. ■ **Math.** *Taux d'accroissement,* rapport de l'accroissement de la valeur d'une fonction numérique sur l'accroissement de la variable.

ACCROIT, n. m. [akʀwa] (*accroître*) En parlant d'une plante, facilité à croître.

ACCROÎTRE, v. tr. [akʀwatʀ] (lat. *accrescere,* croître ; lat. médiév. développer, augmenter) Donner de la croissance, de l'agrandissement, de l'extension. ♦ *Accroître quelqu'un,* lui donner plus de pouvoir, d'honneur. ♦ **V. intr.** Se conj. avec *avoir* ou *être,* suivant le sens. Devenir plus grand. *Son avidité accroît avec sa richesse.* ♦ **Dr.** Revenir au profit de quelqu'un. ♦ S'accroître, v. pr. Prendre de l'accroissement.

ACCROUPI, IE, p. p. d'accroupir. [akʀupi] *Accroupi auprès du feu.* ♦ **Hérald.** Se dit des animaux assis.

ACCROUPIR (S'), v. pr. [akʀupiʀ] (*a-* et *croupe*) S'asseoir sur les talons.

ACCROUPISSEMENT, n. m. [akʀupis(ə)mã] (radic. du p. prés. de *s'accroupir*) État d'une personne accroupie.

ACCRU, UE, p. p. d'accroître. [akʀy] N. m. Augmentation. *Un accru des dépenses.* ■ Espace intermédiaire entre la forêt et les friches, issues notamment de terres cultivées. *Les accrus forestiers.*

ACCRUE, n. f. [akʀy] (substantivation du p. p. fém. de *accroître*) Agrandissement d'un terrain par le retrait des eaux, par l'extension des bois, etc.

ACCU, ■ n. m. [aky] (apocope de *accumulateur*) **Fam.** Accumulateur. ■ *Recharger ses accus,* reprendre des forces. ■ **Rem.** S'emploie presque toujours au plur.

ACCUEIL, n. m. [akœj] (*accueillir*) Action d'accueillir, réception que l'on fait à quelqu'un. ♦ *Faire accueil* se dit toujours en bonne part. ■ Endroit où l'on reçoit les personnes dans un lieu public, une entreprise. *Se renseigner à l'accueil.* ■ **D'ACCUEIL**, loc. adj. Chargé de recevoir les personnes qui ont besoin d'aide. *Un centre d'accueil pour les sinistrés.* ■ *Comité d'accueil,* accueillant officiellement une personnalité, un groupe.

ACCUEILLANT, ANTE, adj. [akœjã, ãt] (*accueillir*) Qui fait bon accueil. ■ N. m. et n. f. *Accueillant familial,* individu rémunéré pour accueillir et héberger une personne âgée et/ou handicapée.

ACCUEILLI, IE, p. p. d'accueillir. [akœji]

ACCUEILLIR, v. tr. [akœjiʀ] (lat. vulg. *accolligere,* du lat. *colligere,* rassembler, b. lat. accueillir) Recevoir bien ou mal une personne ou une chose. ♦ *Accueillir,* sans adverbe ou locution adverbiale qui le modifie, signifie toujours *bien accueillir.* ♦ *Accueillir,* en parlant d'événements fâcheux qui surviennent. *Un feu meurtrier accueillit le régiment.* ■ Héberger et, par extension, contenir. *Une salle de concert qui peut accueillir trois cents personnes.*

ACCUL, n. m. [aky] (*acculer*) Lieu où l'on est acculé sans issue.

ACCULÉ, ÉE, p. p. d'acculer. [akyle] Mis dans un accul, au propre et au fig. ♦ **Héral.** Se dit du cheval, du lion, quand ils sont cabrés, de deux canons dont les culasses sont opposées l'une à l'autre. ■ N. f. **Mar.** Mouvement en arrière d'un navire.

ACCULEMENT, n. m. [akyl(ə)mã] (*acculer*) Action d'acculer, au propre et au figuré.

ACCULER, v. tr. [akyle] (*a-* et *cul*) Pousser dans un accul. ♦ **Fig.** *Acculer quelqu'un,* le mettre dans l'impossibilité de répondre, d'agir. ♦ S'acculer, v. pr. S'adosser.

ACCULTURATION, ■ n. f. [akyltyʀasjɔ̃] (mot anglo-amér.) **Ethnol.** Processus par lequel un groupe humain acquiert de nouvelles valeurs culturelles au contact direct et prolongé d'un autre groupe humain.

ACCULTURÉ, ÉE, ■ adj. [akyltyʀe] (radic. de *acculturation*) Qui adopte ou imite une culture autre que la sienne. *Une famille d'immigrants acculturée.* ■ N. m. et n. f. *Un acculturé, une acculturée.*

ACCUMULATEUR, TRICE, n. m. et n. f. [akymylatœʀ, tʀis] (lat. impér. *accumulator*) Personne qui accumule. ■ N. m. Dispositif permettant de stocker de l'énergie électrique et de la restituer. ■ **Inform.** Registre d'une unité centrale où le processeur stocke le résultat des opérations. ■ **Fam.** Accu.

ACCUMULATION, n. f. [akymylasjɔ̃] (b. lat. *accumulatio*) Action d'accumuler ; résultat de cette action.

ACCUMULÉ, ÉE, p. p. d'accumuler. [akymyle] S'emploie au propre et au fig.

ACCUMULER, v. tr. [akymyle] (lat. *accumulare*) Mettre ensemble, entasser. ♦ **Absol.** Amasser des richesses. ♦ **Fig.** *Accumuler faute sur faute.* ♦ S'accumuler, v. pr. Devenir accumulé.

ACCUSABLE, adj. [akyzabl] (lat. *accusabilis*) Qui mérite d'être accusé, qui peut être accusé.

ACCUSATEUR, TRICE, n. m. et n. f. et adj. [akyzatœʀ, tʀis] (lat. *accusator*) Personne qui accuse en justice.

ACCUSATIF, n. m. [akyzatif] (lat. *accusativus [casus]*) **Ling.** Cas, dans les langues où les noms se déclinent, qui sert principalement à indiquer le régime direct des verbes actifs, et celui de certaines prépositions.

ACCUSATION, n. f. [akyzasjɔ̃] (lat. *accusatio*) Action en justice par laquelle on accuse quelqu'un. ♦ Toute espèce de reproche, d'imputation. ♦ Au sens passif, *l'accusation de quelqu'un,* l'accusation dont il est l'objet. ♦ Action de révéler, de confesser. *L'accusation de ses péchés.* ■ *L'accusation,* le ministère public.

ACCUSATOIRE, ■ adj. [akyzatwaʀ] (lat. *accusatorius,* d'accusateur) **Dr.** Qui est relatif à l'accusation. ■ *Système accusatoire,* système dans lequel les parties de la défense et de l'accusation s'affrontent, et où l'accusé est présumé innocent jusqu'à preuve de sa culpabilité (par oppos. au *système inquisitoire*).

ACCUSÉ, ÉE, p. p. d'accuser. [akyze] *Accusé d'un crime.* ♦ N. m. et n. f. Personne qui est accusée en justice. *Un accusé, une accusée.* ♦ *Accusé de réception,* mot d'écrit par lequel on reconnaît avoir reçu une lettre, un paquet.

ACCUSER, v. tr. [akyze] (lat. *accusare*) Imputer un crime à quelqu'un. ♦ **Dr.** Poursuivre devant un tribunal. ♦ En général, imputer, reprocher. ♦ Gourmander, blâmer. *N'accuse point le sort.* ♦ En parlant des choses, servir de preuve, d'indice. *Le fait même l'accuse.* ♦ À certains jeux de cartes, *accuser son jeu,* en faire connaître ce que les règles veulent qu'on déclare. ♦ *Accuser juste, accuser faux,* être exact, inexact dans son récit. ♦ *Accuser une douleur, accuser son âge,* dire qu'on sent une douleur, qu'on a tel âge. ♦ *Accuser la réception* ou *accuser réception d'une lettre.* ♦ **Peint.** Faire sortir certaines parties qui sont recouvertes par quelque enveloppe. *Accuser les muscles.* ♦ S'accuser, v. pr. Se dire coupable. ♦ *S'accuser,* déclarer ses péchés au prêtre dans la confession. ♦ **Fam.** *Accuser le coup,* être physiquement ou moralement affecté par un événement.

ACE, ■ n. m. [ɛs] ou [ɛjs] (mot angl., as) Au tennis, balle de service que l'adversaire ne parvient pas à toucher. *Elle a réussi deux aces successifs dans ce set.*

ACENS, n. m. [asã] (*a-* et *cens*) ▷ Terre ou héritage quelconque tenu à cens. ◁

ACENSEMENT, n. m. [asãs(ə)mã] (*acenser*) ▷ Action de donner à cens. ◁

ACENSER, v. tr. [asãse] (*a-* et *cens*) ▷ Donner à cens, c.-à-d. sous la redevance d'une rente. ◁

ACÉPHALE, adj. et n. m. [asefal] (gr. *akephalos,* de *a-* privatif et *kephalê,* tête) Qui n'a point de tête.

ACÉRACÉE, ■ n. f. [aseʀase] (lat. *acer,* érable) **Bot.** Arbre ou arbuste dicotylédone des régions tempérées et montagneuses tropicales. *L'érable appartient à la famille des acéracées.*

ACÉRAIN, AINE, adj. [aseʀɛ̃, ɛn] (anc. fr. *acer,* var. de *acier*) Qui tient de la nature de l'acier.

ACERBE, adj. [asɛʀb] (lat. *acerbus*) D'un goût âpre. ♦ **Fig.** Sévère et dur. *Des paroles acerbes.*

ACERBITÉ, n. f. [asɛʀbite] (lat. *acerbitas*) Qualité de ce qui est acerbe.

ACÉRÉ, ÉE, p. p. d'acérer. [aseʀe] Rendu tranchant par l'acier, affilé, aigu. ♦ **Fig.** Qui blesse profondément.

ACÈRE, adj. m. [asɛʀ] (*a-* et gr. *keras,* corne) Se dit d'insectes qui n'ont point d'antennes et de mollusques dont la tête est dépourvue de tentacules.

ACÉRER, v. tr. [aseʀe] (*acier*) Garnir d'acier un instrument pour le rendre tranchant. ♦ **Fig.** *Acérer les calomnies et les haines.*

ACÉRICOLE, ■ adj. [aseʀikɔl] (lat. *acer,* érable, et *-cole*) **Québec** Relatif à l'acériculture. *La production acéricole.*

ACÉRICULTEUR, TRICE, ■ n. m. et n. f. [aseʀikyltœʀ, tʀis] (*acériculture*) **Québec** Personne qui assure l'exploitation et la gestion d'une érablière, en vue de la fabrication et de la commercialisation des produits de l'érable.

ACÉRICULTURE, ■ n. f. [aseʀikyltyʀ] (lat. *acer,* érable, et *culture*) **Québec** Culture et exploitation d'une érablière.

ACESCENCE, n. f. [asesãs] (*acescent*) Disposition à s'aigrir.

ACESCENT, ENTE, adj. [asesã, ãt] (lat. *acescens,* de *acescere,* devenir acide) Qui commence à devenir acide.

ACÉTABULAIRE, ■ n. f. [asetabylɛʀ] (*acétabule*) Algue verte unicellulaire, au thalle calcifié ou au pédicelle fin surmonté d'un chapeau, vivant en Méditerranée ou dans l'Atlantique. ■ **Adj.** Relatif à l'acétabulum. *Protrusion acétabulaire.*

ACÉTABULE, n. m. [asetabyl] (lat. *acetabulum*) **Antiq.** Sorte de vase destiné au vinaigre. ♦ Mesure. ♦ Cavités articulaires, cavités cotyloïdes.

ACETABULUM ou **ACÉTABULUM**, ■ n. m. [asetabylm] (mot lat.) ▷ Coupe, récipient. ◁ ■ **Anat.** Cavité du bassin où vient s'articuler la tête du fémur.

ACÉTAL, ■ n. m. [asetal] (all. *acetal*) **Chim.** Corps organique issu de la combinaison d'alcools et d'aldéhydes ou de cétone. *Des acétals.*

ACÉTATE, n. m. [asetat] (lat. *acetum*, vinaigre) Sel produit par les combinaisons de l'acide acétique avec une base.

ACÉTEUX, EUSE, adj. [asetø, øz] (lat. *acetosus*) Qui a le goût du vinaigre.

ACÉTIFICATION, n. f. [asetifikasjɔ̃] (*acétifier*) Réaction chimique qui transforme le vin en vinaigre.

ACÉTIFIER, ■ v. tr. [asetifje] (lat. *acetum*, vinaigre) Transformer en vinaigre, en acide acétique. *Eau acétifiée.*

ACÉTIQUE, adj. [asetik] (lat. *acetum*, vinaigre) *Acide acétique*, acide qui fait la base du vinaigre. ■ Relatif à l'acide acétique. *Fermentation acétique.*

ACÉTOBACTER, ■ n. m. [asetobaktɛʀ] (lat. *acetum*, vinaigre, et *bacterium*, bactérie) **Biol.** Bactérie qui fixe l'oxygène de l'air sur l'alcool et le transforme en acide acétique.

ACÉTONE, ■ n. f. [asetɔn] (lat. *acetum*, vinaigre) **Chim.** Liquide incolore, volatil, inflammable, d'odeur agréable, utilisé comme solvant. *Un dissolvant sans acétone.*

ACÉTONÉMIE, ■ n. f. [asetonemi] (*acétone* et *-émie*) **Méd.** Élévation de la présence de corps cétoniques dans le sang, provoquant notamment des vomissements et des douleurs abdominales. ■ ACÉTONÉMIQUE, adj. [asetonemik]

ACÉTONURIE, ■ n. f. [asetonyʀi] (*acétone* et gr. *ourêsis*, action d'uriner) **Méd.** Élévation du taux d'acétone dans les urines.

ACÉTYLÈNE, ■ n. m. [asetilɛn] (mot angl., du lat. *acetum*, vinaigre, et *ulê*, bois) **Chim.** Gaz incolore, inflammable, explosif, dont la combustion dégage une très haute température. *Un chalumeau à acétylène.* ■ ACÉTYLÉNIQUE, adj. [asetilenik]

ACHAINE, ■ n. m. [akɛn] Voy. AKÈNE.

ACHALANDAGE, n. m. [aʃalɑ̃daʒ] (*achalander*) L'ensemble des chalands.

ACHALANDÉ, ÉE, p. p. d'achalander. [aʃalɑ̃de] Qui a beaucoup de chalands. ■ *Bien, mal achalandé*, qui offre beaucoup, peu de choix dans ses marchandises.

ACHALANDER, v. tr. [aʃalɑ̃de] (*a-* et *chaland*) Achalander une boutique, y faire venir des chalands. ◆ Fig. Procurer la vogue. ◆ S'achalander, v. pr. Devenir achalandé.

ACHALASIE, ■ n. f. [akalazi] (*a-* et gr. *khalasis*, relâchement) **Méd.** Dysfonctionnement digestif dû à l'absence de péristaltisme et au relâchement incomplet du sphincter, entraînant une stagnation des aliments dans l'œsophage ou le côlon et une dilatation intestinale.

ACHALER, ■ v. tr. [aʃale] (anc. fr. *achaillir*, échauffer) ▷ Donner chaud. ◁ ■ **Québec** Ennuyer, importuner quelqu'un.

ACHARD ou **ACHAR**, ■ n. m. [aʃaʀ] (mot malais d'orig. persane) Assaisonnement de légumes, de fruits, de bourgeons de bambou ou de chou palmiste, confits et marinés généralement dans du vinaigre. ■ REM. S'emploie le plus souvent au pl.

ACHARISME, ■ n. m. [aʃaʀism] (*Achari*) **Relig.** Doctrine religieuse développée par le théologien mulsuman Al Achari (873-963), stipulant la thèse que l'homme est à la fois acteur de ses actes et déterminé par Dieu, et permettant notamment l'ajout de la notion de Raison dans le Coran et la Sunna, ainsi que l'application des méthodes rationnelles dans les sciences et technologies. ■ ACHARITE, adj., n. m. et rare n. f. [aʃaʀit] *École acharite. Un, une acharite.*

ACHARNÉ, ÉE, p. p. d'acharner. [aʃaʀne] Attaché furieusement à sa proie, au propre et au figuré. ◆ Où il y a de l'acharnement. *Un combat acharné.*

ACHARNEMENT, n. m. [aʃaʀnəmɑ̃] (*acharner*) Action d'un animal qui s'attache opiniâtrement à la chair qu'il dévore. ◆ Fureur avec laquelle se battent des animaux ou des hommes. ◆ **Fig.** Animosité opiniâtre. ■ **Péj.** *Acharnement thérapeutique*, ensemble des pratiques mises en œuvre pour prolonger la vie d'un malade en phase finale.

ACHARNER, v. tr. [aʃaʀne] (*a-* et *chair*) Donner aux chiens, aux oiseaux de proie le goût de la chair. ◆ Irriter des hommes, des animaux les uns contre les autres. ◆ S'acharner, v. pr. Mettre fureur et opiniâtreté dans la lutte. *S'acharner au combat, sur le vaincu, sur sa proie.* ◆ S'attacher avec opiniâtreté. *S'acharner au jeu.*

ACHAT, n. m. [aʃa] (*acheter*) Action d'acheter. ◆ La chose achetée.

ACHE, n. f. [aʃ] (lat. *apium*) Plante ombellifère qui ressemble au persil.

ACHEB, ■ n. m. [akɛb] (mot ar.) Pâturage touffu éphémère du Sahara, survenant après une averse.

ACHÉEN, ENNE, ■ adj. [akeɛ̃, ɛn] (lat. *achaeus*) De l'Achaïe, région de l'ancienne Grèce. ■ N. m. et n. f. *Les Achéens.*

ACHEMINÉ, ÉE, p. p. d'acheminer. [aʃ(ə)mine] Mis en chemin, au propre et fig.

ACHEMINEMENT, n. m. [aʃ(ə)min(ə)mɑ̃] (*acheminer*) Ce qui est voie, chemin d'une chose. *Un acheminement vers la mort.*

ACHEMINER, v. tr. [aʃ(ə)mine] (*a-* et *chemin*) Mettre dans le chemin, au propre et au fig. ◆ S'acheminer, v. pr. Se mettre en chemin, partir pour. ◆ **Fig.** Arriver à son but, à ses fins. *S'acheminer à l'empire.*

ACHÈNE, ■ n. m. [akɛn] Voy. AKÈNE.

ACHÉRON, n. m. [akeʀɔ̃] (gr. *Akheron*) Fleuve des enfers. Les poètes le prennent pour l'enfer ou pour la mort. ■ REM. *ch* se prononce *k*. On prononçait autrefois [aʃeʀɔ̃].

ACHETABLE, ■ adj. [aʃ(ə)tabl] (*acheter*) Que l'on peut acheter.

ACHETÉ, ÉE, p. p. d'acheter. [aʃ(ə)te] Acquis à prix d'argent. ◆ Gagné par corruption. ◆ Obtenu avec peine.

ACHETER, v. tr. [aʃ(ə)te] (lat. tard. *adcaptare*, chercher à prendre) Acquérir une chose à prix d'argent. ◆ **Absol.** *La manie d'acheter.* ◆ *Acheter un homme*, lui donner une somme pour qu'il serve en place d'un autre à l'armée. ◆ Se procurer à prix d'argent une chose qui n'est pas vénale, corrompre à prix d'argent. ◆ **Fig.** Obtenir avec peine et difficulté. ◆ S'acheter, v. pr. Être vénal. *C'est un bien qui ne s'achète pas.*

ACHETEUR, EUSE, ■ n. m. et n. f. [aʃ(ə)tœʀ, øz] (*acheter*) Personne qui achète, qui a la manie d'acheter.

ACHEULÉEN, ÉENNE, ■ adj. [aʃøleɛ̃, ɛn] (*Saint-Acheul*) Relatif à la période du paléolithique inférieur, se caractérisant par l'industrie d'outils bifaces, taillés dans le silex. *Les vestiges acheuléens.* ■ N. m. *L'acheuléen.*

ACHEVANT, ANTE, adj. [aʃ(ə)vɑ̃, ɑ̃t] (*achever*) Qui achève.

ACHEVÉ, ÉE, p. p. d'achever. [aʃ(ə)ve] Mené à terme. ◆ **Adj.** Accompli en bien ou en mal. *Orateur achevé.* ◆ Réduit à l'extrémité, excédé. ■ N. m. *Achevé d'imprimer*, mention située à la fin d'un livre, indiquant la date d'impression et le nom de l'imprimeur.

ACHÈVEMENT, n. m. [aʃɛv(ə)mɑ̃] (*achever*) Action d'achever. ◆ **Fig.** La perfection dont un ouvrage est susceptible.

ACHEVER, v. tr. [aʃ(ə)ve] (anc. fr. *a chief*, au bout, à terme) Mener à terme. ◆ Rendre complet. ◆ **Absol.** « *Parle, achève* », VOLTAIRE. ◆ Venir au terme de. « *Œdipe en achevant sa triste destinée* », RACINE. ◆ Porter le dernier coup, le coup mortel à quelqu'un qui est déjà blessé. ◆ **Fig. et fam.** Consommer la ruine, le désappointement, les contrariétés de quelqu'un. S'achever, v. pr. Devenir achevé, terminé. ■ **Fam.** Exténuer. *Ce voyage m'a achevé.*

ACHILLÉE, n. f. [aʃile] (gr. *Akhilleios*, l'herbe d'Achille) Genre de plantes à fleurs radiées et disposées en corymbe.

ACHIT, n. m. [aʃi] (prob. d'orig. malgache) Espèce de vigne sauvage qui croît dans l'île de Madagascar.

ACHOLIE, ■ n. f. [akoli] (*a-* et *kholê*, bile) **Méd.** Arrêt de la sécrétion biliaire dû à un dysfonctionnement du foie et entraînant une coloration jaune de la peau. ■ REM. *ch* se prononce *k*.

ACHONDROPLASIE, ■ n. f. [akɔ̃dʀoplazi] (gr. *akhondros*, sans cartilage, et *-plasie*) **Méd.** Maladie génétique héréditaire se caractérisant par un arrêt de la croissance de certains os, principalement des membres. *Le nanisme est un symptôme de l'achondroplasie.* ■ REM. *ch* se prononce *k*.

ACHOPPEMENT, n. m. [aʃop(ə)mɑ̃] (*achopper*) Ce qui fait achopper. ◆ *Pierre d'achoppement*, occasion de faillir, obstacle imprévu.

ACHOPPER, v. intr. [aʃope] (*a-* et *chopper*) Heurter du pied, en marchant, trébucher. ◆ **Fig.** Faillir. ■ V. pr. Se heurter à. *Il s'achoppe à des obstacles inattendus.*

ACHORES, n. m. pl. [akoʀ] (gr. *akhôr*, gourme des enfants) Teigne muqueuse. ■ REM. *ch* se prononce *k*.

ACHROMAT, ■ n. m. [akʀoma] (abrév. de *achromatique*) **Opt.** Objectif, lentille achromatique.

ACHROMATIQUE, adj. [akʀomatik] (*a-* et gr. *khrôma*, couleur) Qui fait disparaître les irisations produites par certains verres. ■ **Adj.** Qui ne fixe pas les colorants. *Les fuseaux achromatiques.*

ACHROMATISATION, n. f. [akʀomatizasjɔ̃] (*achromatiser*) Action d'achromatiser.

ACHROMATISÉ, ÉE, p. p. d'achromatiser. [akʀomatize] *Verre achromatisé.*

ACHROMATISER, ■ v. tr. [akʀomatize] (*achromatique*) Détruire les couleurs irisées que l'on aperçoit dans l'image d'un objet.

ACHROMATISME, n. m. [akʀomatism] (*achromatique*) Qualité des lunettes achromatiques.

ACHROMATOPSIE, ▪ n. f. [akʀomatɔpsi] (gr. *akhrômatos*, sans couleur, et *opsis*, vue) Méd. Incapacité à percevoir les couleurs.

ACHROME, ▪ adj. [akʀom] (*achromie*) Dépourvu de couleur. *Un document achrome.* ▪ Phot. Qui est en noir et blanc.

ACHROMIE, ▪ n. f. [akʀomi] (*a-* et gr. *khrôma*, couleur) Méd. Diminution, disparition ou absence de la pigmentation normale de la peau. ▪ ACHROMIQUE, adj. [akʀomik]

1 **ACHRONIQUE**, ▪ adj. [akʀonik] Fausse orthographe de *acronyque*.

2 **ACHRONIQUE**, ▪ adj. [akʀonik] (*a-* et gr. *khronos*, temps) Qui se situe hors du temps. *La dimension achronique des contes populaires.*

ACHYLIE, ▪ n. f. [aʃili] (gr. *akhulos*, sans saveur) Méd. Absence d'acide chlorhydrique et de pepsine dans le suc gastrique, entraînant des troubles gastriques, intestinaux et nerveux. ▪ ACHYLIQUE, adj. [aʃilik]

ACICULAIRE, adj. [asikylɛʀ] (lat. *acicula*) Qui est mince et en forme d'aiguille.

1 **ACIDE**, adj. [asid] (lat. *acidus*) Qui a la saveur du vinaigre. ♦ Chim. Qui jouit des propriétés des acides. ♦ Pris substantivement. *Tourner à l'acide.* ▪ Fig. Qui est acrimonieux, blessant. *Des remarques acides.*

2 **ACIDE**, n. m. [asid] (lat. *acidus*) Substance qui produit sur la langue une saveur analogue à celle du vinaigre, et qui fait passer au rouge les couleurs bleues végétales. ♦ Chim. Composé apte à céder un proton à un autre composé appelé base. *Acide chlorhydrique.* ▪ *Acide gras,* acide de nature organique, composant des graisses naturelles.

ACIDE-ALCOOL, ▪ n. m. [asidalkɔl] (*acide* et *alcool*) Chim. Nom générique attribué aux corps organiques composés d'acide et d'alcool. *Des acides-alcools.*

ACIDIFIABLE, adj. [asidifjabl] (*acidifier*) Qui peut se convertir en acide.

ACIDIFIANT, ANTE, adj. [asidifjɑ̃, ɑ̃t] (*acidifier*) Qui acidifie. ▪ N. m. *Un acidifiant.*

ACIDIFICATION, n. f. [asidifikasjɔ̃] (*acidifier*) Conversion en acide.

ACIDIFIER, v. tr. [asidifje] (*acide*) Convertir un corps liquide, solide ou gazeux en acide. ♦ S'acidifier, v. pr. Devenir acide.

ACIDIMÈTRE, ▪ n. m. [asidimɛtʀ] (*acide* et *-mètre*) Appareil permettant de mesurer la concentration d'acide.

ACIDIMÉTRIE, ▪ n. f. [asidimetʀi] (*acide* et *-métrie*) Technique de mesure de la concentration d'acide. ▪ ACIDIMÉTRIQUE, adj. [asidimetʀik]

ACIDIPHILE ou **ACIDOPHILE**, ▪ adj. [asidifil, asidɔfil] (*acide* et *-phile*) Bot. Se dit d'une plante ou d'un arbre se développant en milieu acide. *Une chênaie acidiphile.* ▪ Qui retient les colorants acides. *L'éosine est un colorant acidiphile.*

ACIDITÉ, n. f. [asidite] (lat. *aciditas*) Qualité de ce qui est acide.

ACID JAZZ, ▪ n. m. [asidʒaz] (angl. *acid* et *jazz*) Musique née au Royaume-Uni dans les années 1980, mélangeant le jazz à la soul, au rap ou au funk. *Des acid jazz.*

ACIDOALCALIMÉTRIE, ▪ n. f. [asidoalkalimetʀi] (*acide* et *alcalimétrie*) Méthode d'analyse permettant d'évaluer l'acidité ou la basicité d'un milieu, par mesure de son PH.

ACIDOBASIQUE, ▪ adj. [asidobazik] (*acide* et *basique*) Chim. *Équilibre acidobasique,* équilibre entre les substances acides et basiques maintenu par l'organisme.

ACIDOCÉTOSE, ▪ n. f. [asidosetoz] (*acide* et *cétone,* abrév. de *acétone*) Méd. Accroissement du taux d'acidité dans le sang, associé à une accumulation de corps cétoniques, résultant d'une carence sévère d'insuline et entraînant une hyperglycémie. *L'acidocétose diabétique.*

ACIDOPHILE, ▪ adj. [asidɔfil] Voy. ACIDIPHILE.

ACIDOSE, ▪ n. f. [asidoz] (*acide*) Méd. Accumulation d'acide dans le sang. *Acidose rénale, acidose lactique.*

ACIDULANT, ANTE, p. prés. [asidylɑ̃, ɑ̃t] (*aciduler*) *Des substances acidulantes.*

ACIDULE, adj. [asidyl] (lat. *acidulæ*) Légèrement acide.

ACIDULÉ, ÉE, ▪ adj. [asidyle] (*aciduler*) D'un goût légèrement acide. *Des bonbons acidulés.*

ACIDULER, v. tr. [asidyle] (*acidule*) Rendre acidule. *Boisson acidulée.*

ACIER, n. m. [asje] (b. lat. *aciarium*) Fer combiné avec le carbone et pouvant acquérir par la trempe un degré plus ou moins grand de dureté. ♦

Par extens. Arme blanche, glaive, poignard. ♦ Fig. *Cœur d'acier.* ▪ Adj. inv. De la couleur métallique de l'acier. *Bleu acier.*

ACIÉRATION, n. f. [asjeʀasjɔ̃] (*aciérer*) Opération par laquelle l'acier se produit.

ACIÉRÉ, ÉE, ▪ adj. [asjeʀe] (*aciérer*) Qui contient de l'acier ou en est recouvert. *Un coffre en métal aciéré.*

ACIÉRER, v. tr. [asjeʀe] (*acier*) Convertir en acier ; couvrir d'acier. ♦ S'aciérer, v. pr. Se transformer en acier.

ACIÉREUX, EUSE, adj. [asjeʀø, øz] (*acier*) Qui peut se convertir en acier.

ACIÉRIE, n. f. [asjeʀi] (*acier*) Usine où l'on fabrique l'acier.

ACIÉRISTE, ▪ n. m. et n. f. [asjeʀist] (*acier*) Personne ou entreprise spécialisée dans la fabrication de l'acier.

ACINÉSIE, ▪ n. f. [asinezi] Voy. AKINÉSIE.

ACINÉTIQUE, ▪ adj. [asinetik] Voy. AKINÉTIQUE.

ACINEUX, EUSE, ▪ adj. [asinø, øz] (lat. *acinosus*) Méd. Constitué, en forme d'acinus. *Les glandes acineuses.*

ACINUS, ▪ n. m. [asinys] (mot lat., grain de raisin) Anat. Petite cavité arrondie constituée de cellules sécrétrices, regroupées autour du canal excréteur d'une glande. *Acinus pulmonaire.* ▪ Au pl. *Des acinus* ou *des acini* (pluriel latin).

ACMÉ, ▪ n. m. ou n. f. [akme] (gr. *akmê*, partie aiguë d'un objet) Apogée. *L'acmé d'un philosophe.* ▪ Méd. Phase la plus aiguë d'une maladie.

ACMÉISME, ▪ n. m. [akmeism] (gr. *akmê,* le plus haut degré) Courant littéraire russe fondé en 1912 par O. E. Mandelstam, A. Akhmatova et N. Goumilev, s'inscrivant contre le symbolisme et présentant le mot comme une unité insécable, autonome et suffisante de l'acte poétique. ▪ ACMÉISTE, n. m. et n. f. ou adj. [akmeist]

ACNÉ, ▪ n. f. [akne] (gr. *akhnê,* efflorescence) Affection de la peau fréquente lors de la puberté, principalement localisée au visage, se traduisant par une éruption de boutons. *L'acné juvénile.* ▪ ACNÉIQUE, adj. [akneik]

ACŒLOMATE, ▪ n. m. [aselomat] (*a-* et *cœlome,* gr. *koilôma,* partie creuse) Zool. Animal qui ne possède pas de cavité interne. *Le ver de terre est un acœlomate.*

ACOLYTAT, ▪ n. m. [akolita] (*acolyte*) Relig. Rang hiérarchique le plus élevé des quatre ordres mineurs.

ACOLYTE, n. m. [akolit] (lat. chrét. *acolythus*) Clerc promu à l'un des quatre ordres mineurs, et dont l'office est de servir à l'autel le prêtre, le diacre et le sous-diacre. ♦ Fam. et plais. Celui qui accompagne quelqu'un.

ACOMAS ou **ACOMAT**, ▪ n. m. [akoma] (orig. incert., prob. des Caraïbes) Arbre des Antilles.

ACOMPTE, n. m. [ak)t] (*a-* et *compte*) Paiement partiel que l'on fait sur une dette. *Des acomptes.* L'Académie écrit *à-compte,* n. inv. ♦ *À compte,* employé adverbialement, s'écrit en deux mots. *Voilà mille francs à compte sur ce que je vous dois.*

ACON, ▪ n. m. [akɔ̃] Voy. ACCON.

ACONAGE, ▪ n. m. [akonaʒ] Voy. ACCONAGE.

ACONIER, ▪ n. m. [akonje] Voy. ACCONIER.

ACONIT, ▪ n. m. [akonit] (gr. *akoniton*) Plante fort vénéneuse, de la famille des renonculacées. ▪ REM. On prononce le *t.*

ACONITINE, ▪ n. f. [akonitin] (*aconit*) Alcaloïde très toxique, contenu dans la racine de l'aconit.

A CONTRARIO, ▪ adv. et adj. inv. [akɔ̃tʀaʀjo] (mots lat., par la raison des contraires) Se dit d'un raisonnement qui conclut d'une opposition dans les hypothèses à une opposition dans les conséquences.

ACOQUINANT, ANTE, adj. [akokinɑ̃, ɑ̃t] (*acoquiner*) Qui acoquine, qui attache. ▪ REM. Graphie ancienne : *accoquinant, ante.*

ACOQUINEMENT, ▪ n. m. [akokin(ə)mɑ̃] (*acoquiner*) Péj. Liaison douteuse. « *Cet acoquinement à la peine, à la mort me faisait horreur* », GUÉHENNO.

ACOQUINER, v. tr. [akokine] (*a-* et *coquin*) Faire contracter des habitudes, des attachements. ♦ S'acoquiner à, v. pr. S'attacher trop, s'adonner trop. « *On s'acoquine à servir ces gredins-là* », RÉGNIER. ▪ REM. Graphie ancienne : *accoquiner.*

ACORE, ▪ n. m. [akɔʀ] (lat. *acorum*) Bot. Plante herbacée originaire d'Asie, au feuillage souple et tranchant de couleur jaune verdâtre, utilisée notamment pour ses propriétés digestives et la fabrication de parfums, liqueurs, huiles essentielles, etc. *L'acore est appelé aussi roseau aromatique.*

À-CÔTÉ, ▪ n. m. [akote] (loc. adv. *à côté,* de *à* et *côté*) Question secondaire. *Les à-côtés d'un problème.* ▪ Revenu d'appoint. *Se faire des à-côtés en donnant des cours.*

ACOTYLÉDONE, adj. [akotiledɔn] (*a-* et *cotylédon*) Se dit des plantes dont les semences sont dépourvues de cotylédons. ♦ N. f. pl. *Les acotylédones.*

ACOTYLÉDONÉ, ÉE, adj. et n. f. [akotiledone] (*acotylédone*) Syn. d'acotylédone.

ACOTYLÉDONIE, n. f. [akotiledoni] (*acotylédone*) Classe des acotylédones.

À-COUP, n. m. [aku] (*à* et *coup*) Mouvement saccadé, arrêt brusque. *Des à-coups.* ■ PAR À-COUPS, loc. adv. et loc. adj. De façon irrégulière. *Travailler par à-coups. Une gestion par à-coups.*

ACOUPHÈNE, ■ n. m. [akufɛn] (gr. *akouein*, entendre, et *phainesthai*, paraître) Trouble auditif se traduisant par une sensation de bourdonnement ou de sifflement, qui n'est pas provoquée par un son extérieur.

ACOUSTIQUE, adj. [akustik] (gr. *akoustikos*) Qui sert à produire ou à modifier les sons. ♦ Qui sert à l'ouïe. *Nerf acoustique.* ♦ N. f. Partie de la physique qui traite du son. ■ Qualité qu'offre un endroit à rendre les sons, notamment au point de vue musical. *Cette salle a une bonne acoustique.* ■ ACOUSTICIEN, IENNE, n. m. et n. f. [akustisjɛ̃, jɛn]

ACQUÉREUR, EUSE, n. m. et n. f. [akerœr, øz] (*acquérir*) Personne qui acquiert.

ACQUÉRIR, v. tr. [akerir] (lat. class. *acquirere*) Devenir propriétaire par achat ou échange. ♦ En général, se procurer, venir à posséder. *Acquérir des richesses.* ♦ Avec une personne pour sujet, attirer sur soi, appeler sur soi, en bonne ou mauvaise part. *Acquérir des amis.* ♦ Procurer, faire avoir, en bonne ou mauvaise part. *Acquérir l'estime, la haine publique.* ♦ Gagner. *Ce terrain acquiert de la valeur.* ♦ Absol. Devenir meilleur, en parlant des personnes et des choses. *Ce vin acquiert en vieillissant.* ♦ Acquérir quelqu'un, acquérir sa foi, son cœur, gagner son affection, ses services. ♦ Obtenir. *J'ai acquis la preuve de ce que je vous dis.* ♦ S'acquérir, v. pr. Être acquis.

ACQUÊT, n. m. [akɛ] (lat. vulg. *acquæsitum*) Dr. Chose acquise par donation ou testament. ♦ Au pl. Biens acquis pendant le mariage par l'un ou l'autre des époux et qui tombent dans la communauté; par opposition à *propres.* ♦ Profit, gain. ■ *Communauté réduite aux acquêts,* régime matrimonial dans lequel chacun des époux reste seul propriétaire des biens qu'il avait avant le mariage.

ACQUÊTER, v. tr. [akɛte] (*acquêt*) ▷ Acquérir un immeuble par un acte quelconque. ◁

ACQUIESCEMENT, n. m. [akjɛs(ə)mɑ̃] (*acquiescer*) Action d'acquiescer.

ACQUIESCER, v. intr. [akjese] (lat. *acquiescere*, se reposer) Se soumettre à, donner son assentiment. *Acquiescer à un jugement.* ■ Absol. Manifester son accord. *Acquiescer d'un signe de la tête.*

1 **ACQUIS, ISE**, p. p. d'acquérir. [aki, iz] *Terre acquise à prix d'argent.* ♦ Dévoué. *Cet homme vous est acquis.* ♦ Obtenu par l'étude, le travail, par opposition à naturel. *Qualités acquises.*

2 **ACQUIS**, n. m. [aki] (1 *acquis*) Instruction acquise, connaissances acquises. *Homme qui a beaucoup d'acquis.* ■ *Acquis sociaux,* droits sociaux obtenus de façon plus ou moins définitive.

ACQUISITIF, IVE, ■ adj. [akizitif, iv] (lat. *acquisitivus*) Dr. Qui est relatif, équivalent à l'acquisition. ■ *Prescription acquisitive,* fait de devenir propriétaire d'un bien immobilier d'autrui, après une possession prolongée de celui-ci.

ACQUISITION, n. f. [akizisjɔ̃] (lat. *acquisitio*, action d'ajouter) Action d'acquérir. ♦ Chose acquise. ♦ *Le peuple d'acquisition,* les chrétiens.

ACQUISIVITÉ, n. f. [akizivite] (dér. de *acquisitif*) Nom donné par les phrénologues à l'instinct qui porte l'homme à acquérir.

ACQUIT, n. m. [aki] (*acquitter*) Quittance, décharge. ♦ *Payer une chose à l'acquit* ou *en l'acquit d'un autre,* la payer à la décharge d'un autre. ♦ *Faire quelque chose à l'acquit de sa conscience, pour l'acquit de sa conscience,* pour n'en avoir pas la conscience chargée. ♦ *Faire quelque chose par manière d'acquit,* négligemment. ♦ *Acquit au jeu de billard,* premier coup par lequel on ne fait que placer sa bille, sur laquelle l'adversaire doit jouer. ■ REM. On dit auj. *par acquit de conscience.*

ACQUIT-À-CAUTION, n. m. [akitakosjɔ̃] (*acquit,* à et *caution*) Autorisation pour qu'une marchandise qui n'a point encore payé les droits puisse librement circuler d'un entrepôt à un autre. *Des acquits-à-caution.*

ACQUIT-PATENT, n. m. [akipatɑ̃] (*acquit* et *patent*) Voy. PATENT.

ACQUITTÉ, ÉE, p. p. d'acquitter. [akite] *Acquitté de ses dettes. Dettes acquittées.* ♦ Déclaré non coupable.

ACQUITTEMENT, n. m. [akit(ə)mɑ̃] (*acquitter*) Action d'acquitter une obligation pécuniaire. ♦ Renvoi d'un individu déclaré non coupable.

ACQUITTER, v. tr. [akite] (*a-* et *quitte*) Rendre quitte, libérer une personne ou une propriété. ♦ *Acquitter une lettre de change, un billet, un mémoire,* en constater le paiement en mettant au bas *pour acquit* et signant. ♦ Fig. *Acquitter un vœu, une promesse, etc.* ♦ *Acquitter sa conscience,* faire ce à quoi la conscience oblige. ♦ *Acquitter,* déclarer non coupable. ♦ S'acquitter, v. pr. Se libérer de ce qu'on doit ♦ *S'acquitter envers* ou plus rarement *vers quelqu'un.* ♦ *S'acquitter de,* satisfaire à un devoir, à une obligation. ♦ *S'acquitter d'une chose,* la faire, l'exécuter. *Il veut danser, mais il s'en acquitte mal.* ♦ Au jeu, *s'acquitter,* regagner ce qu'on avait perdu. ♦ Au jeu de billard, *s'acquitter* ou, plus ordinairement, donner l'acquit.

ACRA, ■ n. m. [akra] (yoruba *akara,* beignet de haricot) Beignet en forme de boulette, d'origine créole, à base de légumes ou de poisson et de farine, servi avec une sauce pimentée. *Des acras de morue.*

ACRE, n. f. [akr] (lat. médiév. *accrum,* mesure agraire) Mesure de terre différente suivant les localités.

ÂCRE, adj. [ɑkr] (lat. *acer,* aigre) Qui a quelque chose de piquant et de corrosif au goût. ♦ Qui exerce une action piquante et corrosive. ♦ Fig. *Humeur âcre.*

ÂCRETÉ, n. f. [ɑkrəte] (*âcre*) Qualité de ce qui est âcre.

ACRIDIDÉ ou **ACRIDIEN**, ■ n. m. [akridide, akridjɛ̃] (gr. *akridos,* sauterelle) Zool. Insecte sauteur de forme allongée et aux antennes courtes, tel que le criquet ou la sauterelle. ■ Adj. *Le péril acridien en Afrique.*

ACRIMONIE, n. f. [akrimoni] (lat. *acrimonia*) Qualité de ce qui exerce une action piquante et corrosive. *L'acrimonie des humeurs.* ♦ Fig. *Acrimonie des paroles.*

ACRIMONIEUX, EUSE, adj. [akrimonjø, øz] (*acrimonie*) Qui a de l'acrimonie, au propre et au figuré.

ACROAMATIQUE, adj. [akroamatik] (gr. *akroamatikos*) Qui est reçu par l'oreille. *L'enseignement acroamatique est l'enseignement oral, réservé à des élèves choisis.*

ACROBATE, n. m. et n. f. [akrobat] (gr. *akrobatos,* qui marche sur la pointe des pieds) Danseur ou danseuse de corde. ■ Par extens. Personne qui accomplit des prouesses d'équilibre ou de voltige. ■ N. m. Zool. *Acrobate pygmée,* marsupial voltigeur d'Australie, de la taille d'une souris et à fourrure marron grisâtre.

ACROBATIE, ■ n. f. [akrobasi] (*acrobate*) Exercice d'équilibre effectué par un acrobate. *Un spectacle d'acrobaties.* ■ Fig. Procédé ingénieux permettant d'esquiver ou de résoudre une difficulté. *Les acrobaties oratoires des politiciens.* ■ *Acrobatie aérienne,* manœuvre périlleuse exécutée en vol par un pilote. ■ ACROBATIQUE, adj. [akrobatik]

ACROCÉPHALIE, ■ n. f. [akrosefali] (*acrocéphale,* de acro- et -céphale) Méd. Malformation du crâne, qui se caractérise par un fort développement en hauteur, des côtés aplatis et une bosse frontale. ■ ACROCÉPHALIQUE, adj. [akrosefalik]

ACROCYANOSE, ■ n. f. [akrosjanoz] (*acro-* et *cyanose*) Méd. Trouble circulatoire passager ou permanent des extrémités du corps (doigts, orteils, etc.), caractérisé par une coloration bleue ou noire de la peau.

ACRODYNIE, ■ n. f. [akrodini] Méd. Maladie infantile due à une intoxication au mercure, qui se caractérise par des extrémités enflées, douloureuses et cyanosées et un état de grande fatigue. ■ ACRODYNIQUE, adj. [akrodinik]

ACROMÉGALIE, ■ n. f. [akromegali] (*acro-* et gr. *megalos,* grand) Méd. Affection due à une hypersécrétion de l'hormone de croissance, se traduisant par une hypertrophie des extrémités et de la tête, ainsi que par divers troubles morphologiques. *L'acromégalie entraîne un phénomène de gigantisme.* ■ ACROMÉGALIQUE, adj. [akromegalik]

ACROMION, ■ n. m. [akromjɔ̃] (gr. *akrômion,* pointe de l'épaule) Apophyse située à l'extrémité de l'épine de l'omoplate et s'articulant avec la clavicule.

ACRONYME, ■ n. m. [akronim] (*acro-* et -onyme) Ling. Sigle qui se prononce comme un mot ordinaire, sans épeler chaque initiale. *OTAN est l'acronyme de l'Organisation du traité de l'Atlantique Nord.*

ACRONYQUE ou **ACHRONIQUE**, adj. [akronik] (gr. *akronukhos,* au commencement de la nuit; orth. fautive d'apr. *khronos,* le temps) Se dit quand un astre se lève au coucher, ou quand il se couche au lever du soleil.

ACROPOLE ou **ACROPOLIS**, n. f. [akropol, akropolis] (gr. *akropolis,* ville haute) Nom de la ville élevée ou citadelle dans les cités grecques.

ACROSPORT, ■ n. m. [akrospor] (*acrobatie* et *sport*) Discipline sportive pratiquée en groupe associant la gymnastique et l'acrobatie à une chorégraphie sur un fond musical.

ACROSTICHE, n. m. [akrostiʃ] (gr. *akrostikhis,* de *akros,* extrême, et *stikhos,* vers) Ouvrage composé d'autant de vers qu'il y a de lettres dans le nom pris pour sujet, chaque vers commençant par une des lettres de ce nom prises de suite. ♦ Adj. *Vers acrostiches.*

ACROTÈRE, n. m. [akʀotɛʀ] (gr. *akrôtêrion*) Piédestaux des figures que les anciens plaçaient sur les extrémités rampantes et aux sommets des frontons des temples. ◆ Espèce de piédestaux d'espace en espace dans les balustrades.

ACRYLIQUE, ■ n. m. [akʀilik] (*acryle*, de *acr-*, pour *acroléine*, et *-yle*, du gr. *ulê*, bois) Fibre textile à base de résine synthétique. *Une fourrure en acrylique.* ■ Adj. *Acide acrylique*, dont les esters donnent par polymérisation les résines acryliques. *Une peinture acrylique.*

ACRYLONITRILE, ■ n. m. [akʀilonitʀil] (*acrylique* et *nitrile*) **Chim.** Composé organique obtenu par oxydation du propylène, et servant à la fabrication de polymères et de fibres textiles. ■ Adj. *Des molécules acrylonitriles.* ■ Rem. L'acrylonitrile est appelé aussi *nitrile acrylique.*

ACTANT, ■ n. m. [aktɑ̃] (rad. de *action*) **Ling.** Celui qui fait l'action exprimée par le verbe ou le groupe verbal. ■ Litt. Personnage, objet ou principe abstrait d'une œuvre ayant un rôle et une fonction précises dans le récit.

ACTANTIEL, ELLE ■ adj. [aktɑ̃sjɛl] (*actant*) Litt. *Schéma actantiel*, schéma narratif exposant le rapport existant entre les différents actants d'un récit et leur fonction. *Destinateur, sujet, adjuvant(s), destinataire, objet et opposant(s) sont les éléments constitutifs du schéma actantiel.*

ACTE, n. m. [akt] (lat. *actum*, de *agere*, faire) Tout ce qu'on fait ou peut faire. *Acte glorieux. Acte criminel.* ◆ **Relig.** Mouvement vertueux que l'âme produit au-dedans d'elle-même. ◆ **Log.** *Acte*, ce qui est réalisé, opposé à *puissance*, ce qui peut être réalisé. ◆ *Acte d'hostilité*, agression. ◆ *Acte de présence. Faire acte de présence.* ◆ **Dr.** Tout ce qui se fait entre particuliers, avec ou sans le ministère d'un officier de justice, soit en jugement, soit hors de jugement. ◆ Déclaration faite devant un tribunal soit spontanément, soit d'après l'ordre de la justice, et dont on a constaté la réalité. *Demander, prendre acte.* ◆ Dans le langage ordinaire, *prendre acte de...* déclarer qu'on se prévaudra de... ◆ *Actes de l'état civil*, actes par lesquels les officiers civils constatent les naissances, les décès, les mariages. ◆ *Acte d'accusation*, exposé des faits imputés à un accusé. ◆ Décision de l'autorité publique. *Les actes du gouvernement.* ◆ Au pl. Recueils, registres où sont réunies les décisions de l'autorité. ◆ Journaux, mémoires faits par certaines sociétés savantes. ◆ **Hist.** Récits consacrés. *Les actes du martyre de saint Justin. Les actes des apôtres.* ◆ **École** Dispute publique où l'on soutient des thèses. ◆ *Acte dans l'art dramatique*, chacune des parties principales dont une pièce de théâtre est composée. ◆ *Un acte*, une pièce en un acte. ■ **Psych.** *Passer à l'acte*, réaliser une intention réprimée ou refoulée. ■ **Par extens.** Réaliser ce que l'on avait l'intention de faire.

ACTÉE, ■ n. f. [akte] (lat. *actæa*) **Bot.** Plante forestière aux fleurs blanches et aux fruits rouges, noirs ou blancs, vénéneux pour certaines espèces. *Actée en épi, actée à grappes noires.*

ACTER, v. tr. [akte] (*acte*) Constater officiellement, oralement ou par écrit. *Acter les déclarations au procès-verbal.*

ACTEUR, TRICE, n. m. et n. f. [aktœʀ, tʀis] (lat. *actor*, celui qui agit) Personne qui joue un rôle, prend une part dans une affaire, dans un événement. ◆ Personne qui représente un personnage dans une pièce de théâtre. ◆ Personne qui exerce la profession de comédien, de comédienne.

ACTIF, IVE, adj. [aktif, iv] (lat. *activus*) Qui est agissant, diligent, laborieux. ◆ **Par extens.** En parlant des choses qui agissent avec promptitude, avec énergie. *Remède actif.* ◆ *Part active*, rôle qu'on joue dans une affaire. ◆ En dévotion, *vie active*, celle qui consiste dans les actes extérieurs de piété, par opposition à *vie contemplative.* ◆ En affaires, *dettes actives*, sommes dont on est créancier, par opposition à *dettes passives.* ◆ **Philos.** Qui agit ou qui a la vertu d'agir, par opposition à *passif.* ◆ *Citoyen actif*, celui qui jouit des droits politiques. ◆ En parlant de l'armée, *service actif*, temps durant lequel un soldat est sous les drapeaux. ◆ **Gramm.** Se dit des verbes exprimant une action faite par le sujet, comme *je frappe* ; et des verbes qui prennent un complément immédiat, c.-à-d. sans préposition, et que des grammairiens appellent transitifs directs, comme *il aime son fils.* Se dit aussi de ce qui est propre à ces verbes. *Voix active.* ◆ N. m. *L'actif d'un verbe*, la voix active. ◆ N. m. Somme dont on est créancier. ◆ *Population active*, ensemble des personnes exerçant une activité professionnelle ou à la recherche d'un emploi. ■ *Vie active*, période de la vie au cours de laquelle on exerce une activité professionnelle. ■ N. m. Personne appartenant à la population active. ■ **Fig.** *Avoir à son actif*, compter comme élément favorable. *Il a une expérience de dix ans à son actif.*

ACTING-OUT, ■ n. m. inv. [aktiŋawt] (angl. *to act*, agir, et *out*, jusqu'au bout) **Psych.** Acte impulsif, pouvant être agressif ou violent. *Des acting-out.*

ACTINIDE, ■ n. m. [aktinid] (gr. *aktinos*, rayon) **Phys.** Métal radioactif naturel ou artificiel, constituant une famille de quatre éléments (l'actinium, le thorium, le proctanium et l'uranium) dont les numéros atomiques sont compris entre 89 et 103.

ACTINIDIA, ■ n. m. [aktinidja] (gr. *aktinos*, rayon) **Bot.** Arbuste grimpant ligneux, originaire d'Extrême-Orient, aux feuilles caduques cordiformes, dont certaines espèces produisent des baies ou des kiwis.

ACTINIE, ■ n. f. [aktini] (gr. *aktinos*, rayon) **Zool.** Polype solitaire au corps mou et à petits tentacules, se fixant sur les rochers des littoraux. ■ Rem. Couramment appelée *anémone* ou *tomate de mer.*

ACTINIQUE, ■ adj. [aktinik] (gr. *aktinos*, rayon) **Phys.** Se dit de radiations produisant une action chimique sur certaines substances. ■ **Méd.** Se dit d'une réaction provoquée par une exposition prolongée aux rayons du Soleil. *Érythème actinique* ou *coup de soleil.*

ACTINISME, ■ n. m. [aktinism] (gr. *aktinos*, rayon) **Phys.** Propriétés actiniques de certaines substances ou certains rayons.

ACTINITE, ■ n. f. [aktinit] (gr. *aktinos*, rayon) **Méd.** Affection de la peau due aux rayons du Soleil.

ACTINIUM, ■ n. m. [aktinjɔm] (gr. *aktinos*, rayon) Élément chimique radioactif de la famille des actinides, noté Ac et de numéro atomique 89.

1 **ACTINOMÉTRIE**, ■ n. f. [aktinometʀi] (gr. *aktinos*, rayon, et *-métrie*) **Météorol.** Appareil de mesure de l'intensité des rayonnements électromagnétiques.

2 **ACTINOMÉTRIE**, ■ n. f. [aktinometʀi] (gr. *aktinos*, rayon, et *-métrie*) **Phys.** Méthode de mesure de l'intensité des radiations, en particulier les radiations solaires.

ACTINOMYCÈTE, ■ n. m. [aktinomisɛt] (gr. *aktinos*, rayon, et *mycète*, de *mukos*, champignon) **Biol.** Microorganisme filamenteux et ramifié, présent dans les poussières de l'air, le sol, la moisissure, l'eau, etc. *Certains actinomycètes servent à produire des antibiotiques.*

ACTION, n. f. [aksjɔ̃] (lat. *actio*) Opération, œuvre. *Le conseil et l'action. L'action d'un remède.* ◆ **Gramm.** L'action exprimée par le verbe. *L'action de penser.* ◆ Chose faite par l'homme. *Une méchante action.* ◆ **Relig.** *Actions de piété.* ◆ *Action de grâces*, remerciement, témoignage de reconnaissance. ◆ Activité. « *Sa vieillesse n'a pas été sans action* », Bossuet. *Être en action*, se donner du mouvement. *Tenir en action*, donner du mouvement. ◆ Véhémence. *Parler avec action.* ◆ Engagement entre des troupes. ◆ *L'action oratoire* ou *théâtrale*, le débit et les gestes. ◆ Discours public, tel qu'un sermon, une harangue, un plaidoyer. Vieux en ce sens. ◆ Demande, poursuite en justice. ◆ Principal événement qui fait le sujet d'une pièce de théâtre, d'un poème ou d'un roman. ◆ Part qu'on a dans les bénéfices d'une compagnie de commerce ou de quelque autre société ; titre qui constitue cette part. ◆ **Fig.** *Ses actions haussent, baissent*, se dit de quelqu'un dont le crédit, dont la réputation croît ou diminue. ◆ **Math.** *Quantité d'action*, le produit de la masse par la vitesse.

ACTIONNAIRE, n. m. et n. f. [aksjɔnɛʀ] (*action*) Personne qui a une ou plusieurs actions dans une entreprise de finance ou de commerce.

ACTIONNARIAT, ■ n. m. [aksjɔnaʀja] (*actionnaire*) Fait d'être actionnaire d'une entreprise. ■ Ensemble des actionnaires. ■ *Actionnariat salarié*, ensemble des procédures collectives permettant au salarié d'acquérir des actions de son entreprise. ■ ACTIONNARIAL, ALE, adj. [aksjɔnaʀjal] *Des dividendes actionnariaux.*

ACTIONNÉ, ÉE, p. p. d'actionner. [aksjɔne] *Actionné par ses créanciers.* ■ Adj. Occupé, affairé.

ACTIONNER, v. tr. [aksjɔne] (*action*) Citer quelqu'un devant la justice. ■ Intervenir sur un dispositif pour mettre en action, en mouvement. *Actionner le bouton de commande.*

ACTIONNEUR, ■ n. m. [aksjɔnœʀ] (*actionner*) **Techn.** Dispositif permettant la mise en action d'une machine ou agissant sur celle-ci afin d'en modifier l'état ou le comportement.

ACTIONNISME, ■ n. m. [aksjɔnism] (*action*) **Sociol.** Courant de pensée, prôné notamment par Max Weber, définissant les faits sociaux comme des interactions entre des comportements individuels et comme le résultat d'actions motivées et rationnelles.

ACTIVANT, ANTE, adj. [aktivɑ̃, ɑ̃t] (*activer*) Qui active.

ACTIVATEUR, TRICE, ■ adj. [aktivatœʀ, tʀis] (*activer*) Qui active une substance, un processus. *Une force activatrice.* ■ N. m. Appareil activant un mécanisme, un processus. ■ **Méd.** Appareil orthopédique dirigeant la croissance osseuse de l'enfant. ■ *Activateur de croissance*, produit, substance ou molécule accélérant la croissance des plantes ou des animaux d'élevage. ■ **Biol.** Substance capable d'augmenter l'activité enzymatique. ■ Séquence de l'ADN qui augmente le niveau de transcription de gènes en cis. ■ **Chim.** Substance, molécule qui accroît une réaction chimique et modifie la structure du produit obtenu. *L'activateur est utilisé dans l'industrie pour accélérer la vulcanisation d'élastomères.* ■ **Phys.** Corps tel que le cuivre ou le manganèse, ayant pour effet d'augmenter la luminescence d'une substance, d'un matériau.

ACTIVATION, ▪ n. f. [aktivasjɔ̃] (*activer*) Action d'activer. *L'activation d'un mécanisme d'alarme*. ▪ **Chim.** *Activation nucléaire,* exposition d'un élément chimique à des radiations, afin de lui conférer des propriétés radioactives. ▪ **Phys.** *Énergie d'activation,* apport d'énergie (flamme, étincelle, frottement, etc.) nécessaire au déclenchement d'une réaction chimique, d'un phénomène de combustion.

ACTIVÉ, ÉE, p. p. d'activer. [aktive] *Travaux activés.*

ACTIVEMENT, adv. [aktiv(ə)mɑ̃] (*actif*) D'une manière active. ◆ **Gramm.** À la façon d'un verbe actif, dans le sens actif.

ACTIVER, v. tr. [aktive] (*actif*) Donner de l'activité, hâter, pousser. ▪ Mettre en mouvement, en état de fonctionnement. *Activer une fenêtre sur un écran d'ordinateur.* ▪ V. pr. Se mettre en action, s'affairer.

ACTIVISME, ▪ n. m. [aktivism] (*actif*) **Polit.** Doctrine qui prône l'action violente et directe. *L'activisme des terroristes.* ▪ **Philos.** Attitude morale fondée sur l'action, le pragmatisme plus que sur les principes. ▪ ACTIVISTE, n. m. et f. et adj. [aktivist]

ACTIVITÉ, n. f. [aktivite] (lat. *activitas*) Puissance d'agir. ◆ **Phys.** *Sphère d'activité,* espace dans lequel un agent exerce son action. Fig. Le cercle, l'étendue des travaux, des idées, des entreprises d'un homme. ◆ **Par extens.** Diligence. *Plein d'activité.* ◆ Passivement, la diligence avec laquelle une chose est faite. *L'activité des travaux.* ◆ EN ACTIVITÉ, loc. adv. Au sens actif : *Les tribunaux sont en grande activité ;* au sens passif : *Les travaux sont en activité.* ▪ EN ACTIVITÉ, loc. adj. Qui exerce une profession, occupe un emploi.

ACTUAIRE, ▪ n. m. et n. f. [aktɥɛʀ] (lat. *actuarius*) **Financ.** Spécialiste qui applique les méthodes de la statistique et du calcul de probabilités aux opérations relatives aux finances, aux assurances et à la prévoyance des risques.

ACTUALISATION, ▪ n. f. [aktɥalizasjɔ̃] (*actualiser*) Mise à jour. *L'actualisation des données.* ▪ **Financ.** Calcul de la valeur actuelle d'une somme, d'un bien par rapport à sa valeur à une date ultérieure. *Le taux d'actualisation.* ▪ **Philos.** Passage de la virtualité à la réalité, de la puissance à l'acte. ▪ **Ling.** Action par laquelle les unités linguistiques passent dans la parole.

ACTUALISER, ▪ v. tr. [aktɥalize] (*actuel*) Procéder à une actualisation. « *Aussi bien le cerveau peut-il n'être considéré que comme appareil d'actualisation des images* », DELAY.

ACTUALISME, ▪ n. m. [aktɥalism] (*actuel*) **Géol.** Pratique consistant à expliquer les phénomènes géologiques du passé par l'étude des phénomènes récemment ou actuellement observés. ▪ **REM.** On dit aussi *uniformitarisme.*

ACTUALITÉ, n. f. [aktɥalite] (lat. *actualitas*) État de ce qui est actuel ; chose actuelle. ▪ Au pl. Les informations données par les médias.

ACTUARIAT, ▪ n. m. [aktɥaʀja] (*actuaire*) Technique des actuaires. ▪ Emploi, fonction d'actuaire.

ACTUARIEL, IELLE, ▪ adj. [aktɥaʀjɛl] (*actuaire*) Qui est relatif à l'actuariat, aux actuaires. *Technique actuarielle.* ▪ Qui est effectué par un actuaire. *Des travaux actuariels.* ▪ *Taux actuariel,* taux réel d'une somme versée ou reçue (obligations, emprunts, etc.), calculé en tenant compte, lors du remboursement, de leur valeur future.

ACTUEL, ELLE, adj. [aktɥɛl] (lat. *actualis*) Effectif, réel. « *Une résolution actuelle et véritable de s'éloigner du péché* », BOURDALOUE. ◆ Présent, qui a lieu présentement. ◆ En parlant des personnes, en activité de service. ◆ **Théol.** et philos. Grâce, volonté, intention actuelle, par opposition à grâce habituelle, volonté potentielle, intention virtuelle. ◆ **Chir.** *Cautère actuel,* le fer rouge, par opposition à *cautère potentiel,* les caustiques chimiques.

ACTUELLEMENT, adv. [aktɥɛl(ə)mɑ̃] (*actuel*) Au moment dont il s'agit, présentement.

ACUITÉ, n. f. [akɥite] (b. lat. *acuitas*) Qualité de ce qui est aigu. ▪ Pouvoir de finesse discriminative d'un organe sensoriel. *L'acuité auditive, visuelle.* ▪ Grande perspicacité. *Une acuité d'esprit.*

ACULÉATE, ▪ n. m. [akyleat] (lat. *aculeatus,* de *aculeus,* aiguillon) **Zool.** Hyménoptère tel que l'abeille, la guêpe ou la fourmi, vivant en société et possédant un aiguillon.

ACULÉIFORME, adj. [akyleifɔʀm] (lat. *aculeus,* aiguillon, et *-forme*) Qui est en forme d'aiguillon.

ACUMINÉ, ÉE, adj. [akymine] (lat. *acuminatus,* en pointe) **Bot.** Se dit des feuilles, des bractées, etc., dont l'extrémité offre une pointe allongée et aiguë.

ACUPONCTURE ou **ACUPUNCTURE**, n. f. [akypɔ̃ktyʀ] (lat. médiév. *acupunctura,* de *acu* aiguille, et *punctura,* piqûre) Opération qui consiste à enfoncer dans une partie du corps une aiguille métallique. ▪ ACUPONCTEUR, TRICE ou ACUPUNCTEUR, TRICE, n. m. et n. f. [akypɔ̃ktœʀ, tʀis]

ACUTANGLE, adj. [akytɑ̃gl] (lat. *acutus,* aigu, et *angle*) Dont les angles sont aigus.

ACYCLIQUE, ▪ adj. [asiklik] (*a-* et *cyclique*) Qui se produit de manière irrégulière, sans effet de cycle. ▪ *Graphe acyclique,* graphe dans lequel il n'existe aucun cycle. ▪ **Chim.** *Série acyclique,* série composée de corps organiques à chaîne linéaire ouverte ramifiée ou non.

ADA, ▪ n. m. [ada] (nom propre) **Inform.** Langage de programmation, issu de la synthèse d'autres langages de programmation, facilitant la création de gros logiciels, grâce à une approche modulaire de la programmation. *Le langage Ada, du nom d'Ada Byron, à l'origine des premiers programmes, remonte à 1974 au moment où l'on a souhaité simplifier les applications destinées aux systèmes embarqués, c'est-à-dire intégrés à une machine.*

ADAC, ▪ n. m. [adak] (acronyme de *avion à décollage et atterrissage courts*) Avion capable de décoller et d'atterrir sur une piste très courte, inférieure à 600 m.

ADAGE, n. m. [adaʒ] (lat. *adagium*) Sentence, dire populaire. ▪ En danse, enchaînement de mouvements lents. ▪ Partie lente d'un pas de deux.

ADAGIO, loc. adv. [adaʒjo] ou [adadʒjo] (ital. *adagio,* de *ad agio,* à l'aise) **Mus.** Sans se presser, lentement. ◆ N. m. L'air même qui se joue lentement. ◆ Au pl. *Des adagios.*

ADAMANTIN, INE, adj. [adamɑ̃tɛ̃, in] (lat. *adamantinus*) Qui a la dureté ou l'éclat du diamant.

ADAMIQUE, adj. [adamik] (*Adam*) *Race adamique,* race humaine primitive [1]. ▪ Relatif à Adam, à ce qu'il symbolise. *La famille adamique. Le péché adamique.* ▪ **REM. 1 :** La notion de race ne repose sur aucun fondement scientifique et a une connotation raciste.

ADAMISME, ▪ n. m. [adamism] (*Adam*) Doctrine suivie par des hérétiques chrétiens du IIᵉ au IIIᵉ siècle, proscrivant le mariage, prescrivant la chasteté et rétablissant l'état d'innocence par une nudité symbolique lors des assemblées.

ADAPTABILITÉ, ▪ n. f. [adaptabilite] (*adaptable*) Qualité, capacité d'adaptation de ou à. *L'adaptabilité d'une culture tropicale.*

ADAPTABLE, ▪ adj. [adaptabl] (*adapter*) Que l'on peut adapter.

1 **ADAPTATEUR**, ▪ n. m. [adaptatœʀ] (rad. de *adaptation*) Dispositif électrique permettant de modifier les conditions d'utilisation d'un appareil. *Un adaptateur pour prise de courant.*

2 **ADAPTATEUR, TRICE**, ▪ n. m. et n. f. [adaptatœʀ, tʀis] (rad. de *adaptation*) Auteur d'une adaptation à la scène ou à l'écran.

ADAPTATIF, IVE, ▪ adj. [adaptatif, iv] (rad. de *adaptation*) Qui commande ou réalise une adaptation. *Un environnement adaptatif.*

ADAPTATION, n. f. [adaptasjɔ̃] (lat. *adaptatio*) Action d'adapter. ▪ **Biol.** Processus par lequel un être vivant se transforme pour s'acclimater au milieu qui lui est imposé. ▪ Pièce de théâtre, film tiré d'un roman.

ADAPTÉ, ÉE, p. p. d'adapter. [adapte] *Style adapté au sujet.*

ADAPTER, v. tr. [adapte] (lat. *adaptare,* ajuster, appliquer) Ajuster une chose à une autre. ◆ au propre et au figuré. *Ce couvercle s'adapte bien au vase.* ▪ S'adapter, v. pr. **Biol.** Procéder à son adaptation. ▪ Transposer dans un autre genre. *Adapter un roman à l'écran.*

ADATIS, n. m. [adati] (mot angl.) Mousseline des Indes.

ADAV, ▪ n. m. [adav] (acronyme de *avion à décollage et atterrissage verticaux*) Avion capable de décoller et d'atterrir verticalement, grâce à un moteur à réaction à poussée verticale.

ADDAX, ▪ n. m. [adaks] (mot lat.) **Zool.** Antilope d'Afrique, à robe beige gris clair et aux cornes en forme de spirales.

ADDENDA, ▪ n. m. [adɛ̃da] (mot lat., de *addere,* ajouter) Note, explication complémentaire ajoutée à la fin d'un ouvrage ou d'un document. *Des addendas.*

ADDICTIF, IVE, ▪ adj. [adiktif, iv] (rad. de *addiction*) Qui est relatif à l'addiction. *Un jeu addictif.*

ADDICTION, ▪ n. f. [adiksjɔ̃] (mot angl., du lat. *addictio,* adjudication, vente) État de dépendance à une substance ou à une activité nocive pour la santé. *L'addiction à l'héroïne.*

ADDITIF, IVE, adj. [aditif, iv] (lat. *additivus*) Qui s'ajoute. ▪ N. m. Produit ajouté à un autre pour en modifier certaines propriétés. *Un aliment sans additif ni colorant.* ▪ Ajout à un texte. *Un additif à la résolution générale.* ▪ ADDITIVE, ÉE, adj. [aditive] *Essence additivée.*

ADDITION, n. f. [aditisjɔ̃] (lat. *additio*) Ce qui est ajouté à quelque chose. ◆ La première règle d'arithmétique, enseignant à ajouter plusieurs nombres les uns aux autres. ▪ Note dans un restaurant, un café.

ADDITIONNÉ, ÉE, p. p. d'additionner. [adisjɔne] *Sommes additionnées.* ◆ **Chim.** À quoi on a ajouté. *Un liquide additionné de quelques gouttes d'alcool.*

ADDITIONNEL, ELLE, adj. [adisjɔnɛl] (*addition*) Qui est en sus, qui s'ajoute. ◆ En matière d'imposition, *centimes additionnels,* partie aliquote d'un impôt, qui s'y ajoute et se paye en sus.

ADDITIONNER, v. tr. [adisjɔne] (*addition*) Ajouter plusieurs nombres l'un à l'autre. ◆ **Chim.** *Additionner de sucre un sirop,* y ajouter un peu de sucre.

ADDITIONNEUR, ■ n. m. [adisjɔnœʁ] (*additionner*) **Inform.** Circuit électronique effectuant des additions de nombres analogiques ou binaires.

ADDUCTEUR, adj. m. [adyktœʁ] (lat. *adductor,* qui amène) Qui rapproche de l'axe du corps. *Muscle adducteur.* ◆ **N. m.** *Les adducteurs de la jambe.* ■ *Un adducteur, canal adducteur,* conduit acheminant les eaux d'un lieu à un autre.

ADDUCTION, n. f. [adyksjɔ̃] (lat. *adductio,* de *adducere,* amener) Action des muscles adducteurs. ■ Acheminement d'un fluide (gaz, eau) d'un lieu à un autre.

ADDUIT, ■ n. m. [adɥi] (anc. fr. *adduire,* amener, conduire) **Chim.** Résultat obtenu d'une réaction de produits additionnés.

ADEMPTION, n. f. [adɑ̃psjɔ̃] (lat. *ademptio*) Révocation d'un legs, d'une donation.

ADÉNINE, ■ n. f. [adenin] (gr. *adên,* glande) **Biol.** Base de purine présente dans l'ADN, de code A, constituant une unité fondamentale dans la structure des acides nucléiques.

ADÉNITE, ■ n. f. [adenit] (gr. *adên,* glande) **Méd.** Inflammation et augmentation importante du volume des ganglions lymphatiques. ■ *Adénite sébacée,* maladie de peau génétique et héréditaire, détruisant les glandes sébacées du chien, du caniche notamment.

ADÉNOCARCINOME, ■ n. m. [adenokaʁsinom] (*adéno-* et *carcinome*) **Méd.** Tumeur maligne se développant à partir et aux dépens des tissus glandulaires.

ADÉNOGRAMME, ■ n. m. [adenogʁam] (*adéno-* et *-gramme*) **Méd.** Ponction et analyse au microscope des cellules d'un ganglion.

ADÉNOÏDE, ■ adj. [adenoid] (*adéno-* et *-oïde*) **Méd.** Qui est relatif au tissu ganglionnaire. *Végétations adénoïdes.*

ADÉNOÏDECTOMIE, ■ n. f. [adenoidɛktomi] (*adénoïde* et *-ectomie*) **Méd.** Ablation des végétations adénoïdes.

ADÉNOME, ■ n. m. [adenom] (gr. *adên,* glande) **Méd.** Tumeur bénigne développée aux dépens d'une glande.

ADÉNOPATHIE, ■ n. f. [adenopati] (*adéno-* et *-pathie*) **Méd.** Inflammation des ganglions lymphatiques. ■ **ADÉNOPATHIQUE**, adj. [adenopatik] *Hémorragie adénopathique.*

ADÉNOSINE, ■ n. f. [adenozin] (*adénine*) **Biol.** Nucléoside endogène neurotransmetteur, constitué d'adénine et de ribose, composant de l'ADN et de l'ARN.

ADÉNOVIRUS, ■ n. m. [adenoviʁys] (*adéno-* et *virus*) **Biol.** Virus à ADN de forme cubique, non enveloppé et très résistant, affectant l'appareil respiratoire, l'œil et le tube digestif.

ADENS ou **ADENT**, adv. [adɑ̃] (*à* et *dent*) À plat ventre.

ADENT, ■ n. m. [adɑ̃] (*a-* et *dent*) Entaille sur une pièce de bois permettant de l'assembler parfaitement avec une autre. *Enchâsser un tenon dans un adent.*

ADEPTE, n. m. et n. f. [adɛpt] (lat. *adeptus*) En alchimie, celui qui croyait être parvenu au grand œuvre. ◆ Personne qui est initiée aux mystères d'une doctrine, d'une secte, d'une science. ■ **Par extens.** *Un adepte de l'alpinisme.*

ADÉQUAT, ATE, adj. [adekwa, at] (lat. *adæquatus,* de *adæquare,* rendre égal à) **Philos.** Entier, total ; d'une étendue, d'une compréhension égale à son objet. ■ Parfaitement approprié à la situation. *Ce n'est pas le mot adéquat.*

ADÉQUATEMENT, ■ adv. [adekwat(ə)mɑ̃] (*adéquat*) De façon adéquate.

ADÉQUATION, ■ n. f. [adekwasjɔ̃] (lat. *adæquatio*) Concordance entre deux éléments. *L'adéquation entre le mot et l'idée.*

ADEXTRÉ, ÉE, adj. [adɛkstʁe] (*a-* et *dextre*) **Hérald.** Se dit des pièces qui en ont une autre à leur droite.

ADHÉRENCE, n. f. [adeʁɑ̃s] (lat. *adhærentia*) État d'une chose qui tient, qui est collée à une autre. ◆ Fig. « *La foi est une adhérence de cœur à la vérité éternelle* », BOSSUET. ■ **Méd.** Accolement accidentel de deux tissus ou segments d'organe normalement indépendants, séparés.

ADHÉRENT, ENTE, adj. [adeʁɑ̃, ɑ̃t] (lat. médiév. *adherens*) Qui tient à une chose, qui y est collé. ◆ **Bot.** Adhérent se dit du calice ou de l'ovaire quand ces organes sont soudés. ◆ **N. m. et n. f.** Personne qui est du sentiment, du parti de. *Un adhérent, une adhérente.* ◆ **N. m.**, n. f. Membre d'une organisation. *Réduction accordée aux adhérents du club.*

ADHÉRER, v. intr. [adeʁe] (lat. *adhærere*) Être attaché, collé à quelque chose. ◆ Fig. « *C'est trop adhérer à vos peines* », BOSSUET. ◆ Être du parti de, du sentiment de. ◆ **Dr.** Confirmer ou approuver un premier acte par un acte subséquent. ■ Se déclarer membre d'une organisation. *Adhérer à un parti politique.*

ADHÉSIF, IVE, adj. [adezif, iv] (lat. médiév. *adhæsivus*) **Pharm.** Qui adhère, qui colle. ■ **N. m.** Matériau enduit d'un produit ayant la propriété de coller par simple pression.

ADHÉSION, n. f. [adezjɔ̃] (lat. *adhæsio*) Union, accolement. ◆ **Fig.** Action d'adhérer, de donner son assentiment.

ADHÉSIVITÉ, ■ n. f. [adezivite] (*adhésif*) Aptitude d'une substance, d'une matière à se fixer sur une autre.

AD HOC, loc. adv. [adɔk] (lat. *ad hoc,* pour cela) Expressément, pour l'objet même.

AD HOMINEM, loc. adv. [adɔminɛm] (lat. *ad hominem,* contre l'homme) *Argument ad hominem,* argument où l'on combat l'adversaire par ce qu'il a dit ou fait.

AD HONORES, loc. adv. [adɔnoʁɛs] (lat. *ad honores,* pour l'honneur) Pour l'honneur, sans fonction ni émolument.

ADIABATIQUE, ■ adj. [adjabatik] (gr. *adiabatos,* de *a-* privatif et *diabainein,* traverser) **Phys.** Se dit d'un phénomène subissant une transformation sans échange de chaleur avec l'extérieur. ■ **Météorol.** *Gradient adiabatique,* baisse légère de la température d'une particule d'air ascendante, sans échange de chaleur avec le milieu extérieur. ■ **N. f.** *L'adiabatique,* courbe représentative du phénomène adiabatique.

ADIANTE ou **ADIANTUM**, n. m. [adjɑ̃t, adjɑ̃tɔm] (gr. *adiantum*) **Bot.** Genre de plantes de la famille des fougères, employées en médecine sous le nom de capillaires. ■ **Rem.** On l'appelle aussi *capillaire* ou *cheveu-de-Vénus.*

ADIEU, loc. adv. [adjø] (*à* et *Dieu*) dont on se sert par civilité en prenant congé. ◆ *Dire adieu,* prendre congé. ◆ **Fig.** *Dire adieu à quelque chose,* y renoncer. ◆ **Fig.** et absol. *Adieu* exprime la disparition, la perte. « *Adieu repos ; plaisirs adieu !* », BÉRANGER. ◆ **N. m.** *Un dernier adieu. Faire ses adieux.* ◆ Fig. *Dire un adieu,* faire ses adieux à, renoncer à. ◆ **Prov.** *Adieu paniers, vendanges sont faites,* se dit d'une affaire manquée.

ADIPEUX, EUSE, adj. [adipø, øz] (lat. *adeps,* graisse) **Anat.** Graisseux.

ADIPOCIRE, n. f. [adiposiʁ] (lat. *adeps,* graisse, et *cire*) **Chim.** Nom du gras des cadavres.

ADIPOSITÉ, ■ n. f. [adipozite] (*adipeux*) Accumulation de graisse localisée dans le tissu sous-cutané de certaines régions du corps.

ADIPOSOGÉNITAL, ALE, ■ adj. [adipozoʒenital] (*adipeux* et *génital*) **Méd.** *Syndrome adiposogénital,* syndrome qui associe une obésité prédominant au tronc et à la racine des membres, et des troubles sexuels. *Des syndromes adiposogénitaux.*

ADIRÉ, ÉE, p. p. d'adirer. [adiʁe] Égaré, perdu. *Pièces adirées.*

ADIRER, v. tr. [adiʁe] (anc. fr. *a dire,* qui manque) **Dr.** Perdre, égarer. *Adirer une pièce.*

ADITION, n. f. [adisjɔ̃] (lat. *aditio,* action d'aborder qqn) *Adition d'hérédité,* acceptation d'une succession.

ADJACENT, ENTE, adj. [adʒasɑ̃, ɑ̃t] (lat. *adjacens,* de *adjacere,* être situé auprès) Situé auprès. *Lieux adjacents. Acquérir des terres adjacentes aux siennes.* ◆ **Géom.** *Angles adjacents,* angles contigus l'un à l'autre, qui ont un côté commun.

1 **ADJECTIF**, ■ n. m. [adʒɛktif] (b. lat. *adjectivus*) Mot que l'on joint à un substantif pour le qualifier ou le déterminer.

2 **ADJECTIF, IVE** ou **ADJECTIVAL, ALE**, ■ adj. [adʒɛktif, iv, adʒɛktival] (1 *adjectif*) Qui tient de l'adjectif, qui est relatif à l'adjectif. *Une forme adjective, une base adjectivale. Des syntagmes adjectivaux.*

ADJECTIVEMENT, adv. [adʒɛktiv(ə)mɑ̃] (2 *adjectif*) En manière d'adjectif.

ADJECTIVER ou **ADJECTIVISER**, ■ v. tr. [adʒɛktive, adʒɛktivize] (1 *adjectif*) Convertir en adjectif, utiliser comme un adjectif.

ADJOINDRE, v. tr. [adʒwɛ̃dʁ] (lat. *adjungere*) Joindre une ou plusieurs personnes à une ou plusieurs autres pour faire une chose. *On lui adjoignit un collègue.* ◆ S'adjoindre à, v. pr. Se faire associé de. ■ Ajouter une chose à une autre. *Adjoindre une photo à un document.*

1 **ADJOINT, OINTE**, n. m. et n. f. [adʒwɛ̃, ɛ̃t] (1 *adjoint*) Personne qui est associée à une autre. ◆ Officier municipal qui remplace le maire.

2 **ADJOINT, TE**, p. p. d'adjoindre et adj. [adʒwɛ̃, ɛ̃t]

ADJONCTION, n. f. [adʒɔ̃ksjɔ̃] (lat. *adjunctio*) Jonction d'une personne ou d'une chose à une autre.

ADJUDANT, n. m. [adʒydɑ̃] (esp. *ayudante,* du lat. *adjutare,* aider) Officier ou sous-officier d'état-major destiné à seconder les chefs dans le commandement. *Adjudant-major. Adjudant sous-officier.*

ADJUDANT-CHEF, ▪ n. m. [adʒydɑ̃ʃɛf] (*adjudant* et *chef*) Sous-officier de grade supérieur à celui d'adjudant et inférieur à celui de major. *Des adjudants-chefs.*

ADJUDICATAIRE, n. m. et n. f. [adʒydikatɛʀ] (rad. de *adjudication*) Personne à qui on adjuge quelque chose dans une vente publique.

ADJUDICATEUR, TRICE, n. m. et n. f. [adʒydikatœʀ, tʀis] (rad. de *adjudication*) Personne qui adjuge.

ADJUDICATIF, IVE, adj. [adʒydikatif, iv] (rad. de *adjudication*) Qui adjuge. *Jugement adjudicatif.*

ADJUDICATION, n. f. [adʒydikasjɔ̃] (lat. *adjudicatio*) Acte par lequel on adjuge une chose.

ADJUGÉ, ÉE, p. p. d'adjuger. [adʒyʒe] *Biens adjugés.* ◆ *Adjugé*, se dit, dans les encans, par ellipse, pour la chose est adjugée.

ADJUGER, v. tr. [adʒyʒe] (lat. *adjudicare*, attribuer par jugement) Déclarer en jugement qu'une chose contestée entre deux parties appartient de droit à l'une d'elles. ◆ Déclarer par autorité de justice qu'une personne devient propriétaire d'un bien meuble ou immeuble mis à l'enchère. ◆ Se dit de même des fournitures, des travaux proposés au rabais. ◆ Dans le langage général, attribuer, décerner. ▪ S'adjuger, v. pr. S'approprier, se donner. *S'adjuger la victoire.*

ADJURATION, n. f. [adʒyʀasjɔ̃] (lat. *adjuratio*) Formule dont l'Église catholique se sert dans les exorcismes. ◆ En langage général, prière instante, sommation avec prière.

ADJURÉ, ÉE, p. p. d'adjurer. [adʒyʀe]

ADJURER, v. tr. [adʒyʀe] (lat. *adjurare*) Recommander ou demander, au nom de Dieu, de faire ou de dire quelque chose. ◆ Dans le style oratoire, sommer en faisant appel à la conscience.

ADJUVANT, ANTE, adj. [adʒyvɑ̃, ɑ̃t] (lat. *adjuvans*, de *adjuvare*, aider) Qui aide, auxiliaire. ◆ **Pharm.** Médicament adjuvant, ou n. m. *Un adjuvant.*

AD LIBITUM, loc. adv. [adlibitɔm] (expression lat., de *ad*, selon, et *libitum*, de *libere*, plaire) À volonté. ▪ REM. *um* se prononce *om*.

AD LITEM, ▪ loc. adj. inv. [adlitɛm] (lat. *ad litem*, pour un procès) **Dr.** En vue d'un procès. *Un mandat ad litem.*

ADMETTRE, v. tr. [admɛtʀ] (lat. *admittere*) Laisser entrer, recevoir. *Admettre dans sa maison. Admettre aux honneurs.* ◆ **Fig.** *Admettre quelqu'un parmi ses amis.* ◆ *Admettre à*, permettre de. *Admettre quelqu'un à se justifier.* ◆ Reconnaître pour véritable. ◆ Tenir pour bon, pour valable. *J'admets vos raisons.* ◆ Supposer. *Admettons cela.* ◆ En parlant des choses, comporter, souffrir. *Cette affaire n'admet point de retard.*

ADMINICULE, n. m. [adminikyl] (lat. *adminiculum*, étai, appui) Ce qui contribue à faire preuve. ◆ Dans le langage général, secours. ◆ N. m. pl. Ornements qui entourent la figure sur une médaille.

ADMINISTRANT, ANTE, adj. [administʀɑ̃, ɑ̃t] (*administrer*) Qui administre.

ADMINISTRATEUR, TRICE, n. m. et n. f. [administʀatœʀ, tʀis] (lat. *administrator*) Personne qui régit les biens, les affaires d'un grand établissement. ◆ Qui est chargé de quelque partie du gouvernement. ◆ **Absol.** Qui sait bien administrer. *Ce préfet n'est point administrateur.* ▪ Membre du conseil d'administration d'une société anonyme.

ADMINISTRATIF, IVE, adj. [administʀatif, iv] (rad. de *administration*) Qui appartient, qui a rapport à l'administration.

ADMINISTRATION, n. f. [administʀasjɔ̃] (lat. *administratio*) Gestion, conduite des affaires publiques ou privées. ◆ *L'administration de la justice*, l'exercice de la justice avec autorité publique. ◆ Au sens actif, en parlant de celui qui administre. *Sous l'administration de Colbert.* ◆ **Absol.** *L'administration*, la gestion des affaires publiques. *La science de l'administration.* ◆ Corps d'administrateurs et d'employés chargés collectivement de quelque partie de l'administration publique. *L'administration des contributions indirectes.* ◆ *L'administration*, le gouvernement, considéré surtout dans son action administrative. ◆ *Administration des sacrements*, action de conférer les sacrements. ◆ Au pl. Secours spirituels. « *Les administrations du Saint-Esprit* », FLÉCHIER. ▪ Action de donner quelque chose à quelqu'un. *L'administration d'un remède.*

ADMINISTRATIVEMENT, adv. [administʀativ(ə)mɑ̃] (*administratif*) Suivant les formes, les règlements administratifs.

ADMINISTRÉ, ÉE, p. p. d'administrer. [administʀe] *États bien administrés.* ◆ Qui a reçu l'extrême-onction. ◆ Donné en remède. ◆ N. m. et n. f. Se dit du citoyen par rapport à l'administration.

ADMINISTRER, v. tr. [administʀe] (lat. *administrare*) Gérer les affaires publiques ou privées. ◆ *Administrer la justice*, rendre la justice. ◆ *Administrer*

les sacrements, conférer les sacrements. ◆ *Administrer un malade*, administrer à un malade les derniers sacrements. ◆ Donner. *Administrer un remède.* ◆ S'administrer, v. pr. Être administré.

ADMIRABLE, adj. [admiʀabl] (lat. *admirabilis*) Qui mérite ou attire l'admiration. ◆ Ironiquement, singulier, étonnant, et, par suite, qui est mal venu à. « *Ils sont admirables de vouloir prendre le parlement pour dupe* », PASCAL. ◆ **Chim.** Sel admirable, sel de Glauber.

ADMIRABLEMENT, adv. [admiʀabləmɑ̃] (*admirable*) D'une manière admirable.

ADMIRANT, ANTE, adj. [admiʀɑ̃, ɑ̃t] (*admirer*) Qui admire.

ADMIRATEUR, TRICE, n. m. et n. f. [admiʀatœʀ, tʀis] (lat. *admirator*) Personne qui admire. ◆ Adj. *Un peuple admirateur.*

ADMIRATIF, IVE, adj. [admiʀatif, iv] (lat. *admirativus*) Porté à admirer. ◆ **Gramm.** *Point admiratif* ou *d'admiration* (!), point qui sert à indiquer qu'il y a admiration ou exclamation dans la phrase. ◆ Qui exprime l'admiration. *Ton admiratif.*

ADMIRATION, n. f. [admiʀasjɔ̃] (lat. *admiratio*) Sentiment excité par ce qui est agréable ou beau à un point qui étonne. ◆ L'objet même qu'on admire. *On tient à ses vieilles admirations.*

ADMIRATIVEMENT, ▪ adv. [admiʀativ(ə)mɑ̃] (*admiratif*) Avec admiration.

ADMIRÉ, ÉE, p. p. d'admirer. [admiʀe] *Chose admirée du peuple. Général admiré même par ses ennemis.*

ADMIRER, v. tr. [admiʀe] (lat. *admirari*) Considérer avec admiration. ◆ *Admirer* se dit aussi absolument. *Assis sur le bord de la mer, il admirait.* ◆ Voir avec étonnement. « *J'admirais les coups du sort* », FÉNELON. ◆ *Admirer* avec *de* et l'infinitif ou *que* et le subjonctif. Voir avec étonnement. « *Pourquoi admirez-vous que nous nous soyons trompés, nous qui sommes des hommes ?* », PASCAL. « *L'homme admire de s'y voir placé [dans l'univers], sans savoir comment il y a été mis* », FÉNELON. ◆ Par critique ou ironie, en parlant de ce qui paraît excessif, étrange. « *J'admire ma simplicité et la faiblesse de mon cœur* », MOLIÈRE. ◆ S'admirer, v. pr. « *L'ignorance toujours est prête à s'admirer* », BOILEAU.

ADMIS, ISE, p. p. d'admettre. [admi, iz] Reçu, en parlant des personnes et des choses. *Une coutume admise. Candidat admis.* ◆ Reconnu pour vrai.

ADMISSIBILITÉ, n. f. [admisibilite] (*admissible*) Qualité d'une chose ou d'une personne admissible.

ADMISSIBLE, adj. [admisibl] (lat. médiév. *admissibilis*, qui est recevable) Qui peut être admis.

ADMISSION, n. f. [admisjɔ̃] (lat. *admissio*) Action par laquelle on est admis. ▪ **Techn.** Entrée d'un gaz dans un moteur. *Soupape d'admission.* ▪ **Douanes** Admission temporaire, permission d'importation temporaire, en exonération partielle ou totale des taxes et droits de douane, de marchandises destinées à être réexportées en l'état.

ADMITTANCE, ▪ n. f. [admitɑ̃s] (mot angl.) **Phys.** Inverse de l'impédance, exprimée en siemens (S).

ADMIXTION, n. f. [admikstjɔ̃] (lat. *admixtio*, mélange, addition) Action d'ajouter en mélangeant.

ADMONESTATION, n. f. [admɔnɛstasjɔ̃] (*admonester*) Action d'admonester. ▪ REM. On disait et écrivait autrefois *admonétation*.

ADMONESTÉ, ÉE, p. p. d'admonester. [admɔnɛste] N. m. En justice, acte par lequel on admonestait. ▪ REM. On disait et écrivait autrefois *admonété, ée.*

ADMONESTER, v. tr. [admɔnɛste] (lat. *admonitus*, de *admonere*, avertir, prob. avec influ. de *molestus*, pénible) **Dr.** Terme dont on se servait autrefois, lorsqu'un particulier ayant commis une faute qui ne méritait pas une grande punition, le juge le mandait pour lui faire une remontrance. ◆ En général, faire une remontrance. ▪ REM. On disait et écrivait autrefois *admonéter.*

ADMONITEUR, TRICE, n. m. et n. f. [admɔnitœʀ, tʀis] (*admonester*) Personne qui fait des admonitions. ◆ Au noviciat des jésuites, titre d'un des plus fervents novices chargé d'avertir les autres de ce qu'ils ont à faire. ▪ Adj. *Une parole admonitrice.*

ADMONITION, n. f. [admɔnisjɔ̃] (lat. *admonitio*) Action d'admonester. ◆ Avertissement.

ADN, ▪ n. m. [adeɛn] (sigle de *acide désoxyribonucléique*) **Biol.** Molécule caractéristique des chromosomes, porteuse du code génétique. *Une séquence d'ADN.*

AD NUTUM, ▪ loc. adv. [adnytɔm] (expression latine, de *ad*, à, et *nutus*, signe de tête) **Dr.** À tout moment, sans le moindre motif. *Une révocation ad nutum.*

ADO, ▪ n. m. et n. f. ou adj. [ado] (abrév.) *Des ados.* Voy. ADOLESCENT.

ADOBE, ■ n. m. [adɔb] (mot esp., brique d'argile crue) Brique d'argile et de paille séchée au soleil, utilisée comme matériau de construction.

ADOLESCENCE, n. f. [adolesɑ̃s] (lat. *adolescentia*) Âge qui succède à l'enfance.

ADOLESCENT, ENTE, n. m. et n. f. [adolesɑ̃, ɑ̃t] (lat. *adolescens*, de *adolescere*, grandir) Personne qui est dans l'âge de l'adolescence. ◆ **Adj**. « *Encore adolescent il avait quitté Rome* », ARNAULT. ■ **Fam**. Un, une ado.

ADOMESTIQUÉ, ÉE, p. p. d'adomestiquer. [adɔmɛstike] *Gens adomestiqués.*

ADOMESTIQUER, v. tr. [adɔmɛstike] (*a-* et *domestiquer*) Faire de sa maison. ◆ S'adomestiquer, v. pr. Se faire de la maison.

ADONC, adv. [adɔ̃k] (*à* et *donc*) ▷ En ce moment, alors. ◁

ADONIEN ou **ADONIQUE**, adj. et n. m. [adɔnjɛ̃, adonik] (lat. *adonius*) Vers composé d'un dactyle et d'un spondée.

ADONIS, n. m. [adonis] (gr. *Adônis*, divinité connue pour sa beauté) Jeune homme qui fait le beau et qui est très soigneux de sa parure. ◆ Plante à fleurs rouges ou citrines, qui approche de la renoncule. ■ **Par extens**. Jeune homme très beau. ■ **Zool**. Papillon bleu majestueux.

ADONISÉ, ÉE, p. p. d'adoniser. [adonize] Paré.

ADONISER, v. tr. [adonize] (*Adonis*) Parer avec une grande recherche. ◆ S'adoniser, v. pr. S'ajuster avec un trop grand soin.

ADONNÉ, ÉE, p. p. de s'adonner. [adɔne] Qui se livre, s'applique à. *Adonné à l'étude, au vin.*

ADONNER (S'), v. pr. [adɔne] (lat. vulg. *addonare*) Se livrer, s'appliquer à quelque chose avec ardeur, habituellement. *S'adonner à l'étude.* ◆ Fréquenter habituellement. *S'adonner à une société.* ◆ Se diriger, en parlant d'un chemin, d'une chasse, etc. ■ **Québec** *S'adonner avec quelqu'un*, bien s'entendre avec quelqu'un. ■ V. intr. **Mar**. Tourner dans un sens favorable à la marche du navire, en parlant du vent.

ADOPTABLE, ■ adj. [adɔptabl] (*adopter*) Que l'on peut adopter.

ADOPTANT, ANTE, n. m. et n. f. [adɔptɑ̃, ɑ̃t] (*adopter*) **Dr**. Personne qui adopte. ■ **Adj**. *Une famille adoptante.*

ADOPTÉ, ÉE, p. p. d'adopter. [adɔpte] *Octave adopté par César.* ◆ N. m. et n. f. *L'adoptant et l'adopté.* ◆ **Fig**. *Proposition adoptée.* ◆ *Adopté*, formule de vote elliptique qui indique que la proposition est reçue.

ADOPTER, v. tr. [adɔpte] (lat. *adoptare*) Choisir quelqu'un pour fils ou pour fille et lui en donner les droits civils, en remplissant certaines formalités légales. ◆ **Par extens**. Prendre un enfant et le traiter comme sien. ◆ En général, se porter vers, s'attacher à. *Adopter un parti.*

ADOPTIANISME, ■ n. m. [adɔpsjanism] (lat. *adoptiani*, nom donné aux adeptes de cette hérésie) **Relig**. Doctrine religieuse hérétique du IIᵉ siècle, selon laquelle Jésus serait devenu le fils adoptif de Dieu à la suite de son baptême dans le Jourdain. ■ ADOPTIANISTE, n. m. et n. f., adj. [adɔpsjanist]

ADOPTIF, IVE, adj. [adɔptif, iv] (lat. *adoptivus*) Qui a été adopté. *Fils adoptif.* ◆ Qui a adopté. *Père adoptif.* ◆ Qui a rapport à l'adoption.

ADOPTION, n. f. [adɔpsjɔ̃] (lat. *adoptio*) Action d'adopter. ◆ **Par extens**. *La France est sa patrie d'adoption.* ◆ **Fig**. Adoption, dans une langue, de mots étrangers. Adoption d'une loi.

ADORABLE, adj. [adɔrabl] (lat. *adorabilis*) Digne d'être adoré. ◆ Par exagération, se dit de tout ce que l'on estime ou l'on aime extrêmement. ■ ADORABLEMENT, adv. [adɔrabləmɑ̃]

ADORATEUR, TRICE, n. m. et n. f. [adɔratœr, tris] (lat. chrét. *adorator*) Personne qui adore ; qui a amour et respect pour. *Les Guèbres sont adorateurs du feu.* « *Un peuple adorateur* », RACINE.

ADORATION, n. f. [adɔrasjɔ̃] (lat. *adoratio*) Action par laquelle on adore. ◆ Cérémonie dans laquelle les cardinaux vont rendre honneur au pape mis sur l'autel après son élection. ◆ **Par extens**. Amour, attachement extrême. ◆ Au pl. Démonstration de tendresse et de respect. ◆ Nom des tableaux et estampes qui représentent les mages aux pieds de Jésus enfant.

ADORÉ, ÉE, p. p. d'adorer. [adɔre] *Roi adoré de son peuple. Alexandre adoré par les Perses.*

ADORER, v. tr. [adɔre] (lat. *adorare*, de *ad* et *orare*, prier) Rendre à la divinité le culte qui lui est dû. ◆ *Adorer la croix*, se dit en parlant d'une des cérémonies du culte catholique. ◆ *Adorer* se dit aussi absol. « *La profonde religion d'une âme qui adore* », MASSILLON. ◆ Se prosterner devant. « *D'où vient, dit Alexandre, que tu ne m'adores pas ?* », MONTESQUIEU. ◆ **Fig**. « *Je ne vais pas au Louvre adorer la fortune* », BOILEAU. ◆ En t. de spiritualité, se soumettre avec adoration. « *Ils adorent les jugements de Dieu* », BOSSUET. ◆ En général, dans le même sens. « *Ils adorent la main qui les tient enchaînés* », RACINE. ◆ Aimer avec passion. *Adorer ses enfants.* ◆ Adorer le veau

d'or, faire la cour à un homme de peu de mérite, à cause de ses richesses. ◆ S'adorer, v. pr. S'adorer l'un l'autre. ◆ Être en adoration de soi. ■ V. tr. **Par extens**. Avoir un goût prononcé pour. *J'adore le chocolat.*

ADOS, n. m. [ado] (*adosser*) Terre en pente inclinée vers le midi et favorable aux primeurs.

ADOSSÉ, ÉE, p. p. d'adosser. [adose] *Adossé à* ou *contre un mur.* ◆ **Héral**. Se dit de deux pièces d'armoiries placées dos à dos.

ADOSSEMENT, n. m. [adɔs(ə)mɑ̃] (*adosser*) État de ce qui est adossé.

ADOSSER, v. tr. [adose] (*a-* et *dos*) Mettre le dos contre quelque chose. *Adosser à* ou *contre un mur.* ◆ Placer une chose contre une autre qui lui sert d'appui. ◆ S'adosser, v. pr. *Il s'adossa contre un arbre.*

ADOUBER, v. intr. [adube] (anc. b. frq. *dubban*, frapper) Au trictrac et aux échecs, toucher un pion sans le jouer. ◆ **Mar**. Réparer. ■ **Hist**. Armer chevalier. ■ ADOUBEMENT, n. m. [adub(ə)mɑ̃]

ADOUCI, IE, p. p. d'adoucir. [adusi]

ADOUCIR, v. tr. [adusiʀ] (*a-* et *doux*) Rendre doux. *Adoucir l'âpreté des fruits.* ◆ **Par extens**. Ôter les qualités qui blessent. *Adoucir sa voix.* ◆ Au moral, rendre plus supportable. *Adoucir les souffrances.* ◆ Calmer, apaiser. *Adoucir la colère.* ◆ Polir, ôter les aspérités. *On adoucit les glaces avec l'émeri.* ◆ **Peint**. et **sculpt**. *Adoucir*, rendre moins saillant. ◆ Mitiger, atténuer, présenter d'une façon plus excusable, plus acceptable. *Adoucir des reproches.* ◆ S'adoucir, v. pr. Devenir plus doux, au propre et au figuré.

ADOUCISSANT, ANTE, adj. [adusisɑ̃, ɑ̃t] (*adoucir*) Qui adoucit, calme. ◆ N. m. *Les principaux adoucissants sont les liquides émulsifs.*

ADOUCISSEMENT, n. m. [adusis(ə)mɑ̃] (*adoucir*) Action d'adoucir, état de ce qui est adouci, au propre et au fig. ◆ Atténuation, tempérament. « *Pour préparer des adoucissements à sa doctrine* », BOSSUET.

ADOUCISSEUR ou **ADOUCISSANT**, ■ n. m. [adusisœr, adusisɑ̃] (*adoucir*) Appareil utilisé pour filtrer l'eau et la rendre plus douce en éliminant le calcaire et les impuretés. *Un robinet équipé d'un adoucisseur.* ■ Produit textile ayant pour effet de rendre une étoffe plus douce. ■ Ouvrier spécialisé dans le polissage. *Un adoucisseur de métaux.*

ADOUÉ, ÉE, adj. [adwe] (anc. fr. *a dou*, à deux) Accouplé. *Perdrix adouées.*

AD PATRES, loc. adv. [adpatʀɛs] ou [atpatʀɛs] (lat. *ad patres*, de *ad*, vers, et *patres*, les ancêtres) *Aller ad patres*, mourir. *Envoyer ad patres*, faire mourir.

ADRAGANT ou **ADRAGANTE**, adj. [adʀagɑ̃, adʀagɑ̃t] (corrupt. de *tragacanthe*) *Gomme adragant* ou *adragante* ou *d'adragant*, gomme qui sort d'arbrisseaux du genre des astragales. ◆ N. f. *L'adragante.*

AD REM, loc. adv. [adʀɛm] (lat. *ad rem*, de *ad*, vers, et *rem*, chose) D'une manière catégorique, qui va à la chose. *Raisonnement ad rem.*

ADRÉNALINE, ■ n. f. [adrenalin] (anglo-amér. *adrenalin*) Hormone sécrétée essentiellement par la glande surrénale, qui stimule l'organisme, notamment en accélérant le rythme cardiaque et en dilatant les bronches. *Une décharge d'adrénaline.*

ADRÉNERGIQUE, ■ adj. [adrenɛrʒik] (*adrénaline* et gr. *ergon*, travail) **Méd**. Se dit d'une substance qui agit comme l'adrénaline et la noradrénaline (par oppos. à *adrénolytique*). *Urticaire adrénergique, décharge adrénergique.* ■ N. m. *Un adrénergique.*

ADRÉNOLYTIQUE, ■ adj. [adrenolitik] (*adrénaline* et gr. *lusis*, solution) **Méd**. Se dit d'une substance qui inhibe l'action de l'adrénaline et de la noradrénaline (par oppos. à *adrénergique*). ■ N. m. *Un adrénolytique.*

ADRESSAGE, ■ n. m. [adʀesaʒ] (*adresser*) **Inform**. Assignation d'une adresse électronique. ◆ Mécanisme de calcul d'une adresse. *L'adressage d'un registre, d'un périphérique.* ◆ Base de données ou serveur regroupant l'ensemble des noms de domaine ou des sites Internet. *L'adressage par domaines est appelé aussi annuaire des domaines.*

ADRESSANT, ANTE, adj. [adʀesɑ̃, ɑ̃t] (*adresser*) Qui s'adresse, qui est adressé à. *Une lettre adressante à.*

ADRESSE, n. f. [adʀɛs] (*adresser*) Indication de la personne à qui il faut s'adresser, de la maison, du lieu où il faut aller, envoyer. ◆ **Fig**. et **fam**. *Cela va à l'adresse, est à l'adresse d'un tel*, c'est-à-dire ce trait malin est dirigé contre lui. ◆ *Bureau d'adresse*, établissement où l'on s'adresse pour obtenir des renseignements. ◆ **Fig**. *Bureau d'adresse*, se dit d'une maison où l'on débite beaucoup de nouvelles, ou d'une personne qui aime à savoir et à répandre les nouvelles. ◆ Écrit ayant pour objet une demande, une adhésion, une félicitation, etc., présenté par un corps constitué, par une réunion de citoyens, etc. ◆ Habilité à s'y prendre, soit dans les exercices du corps, soit dans les choses de l'intelligence. ◆ *Adresse de style*, certaines tournures fines et délicates. ■ *Adresse électronique* ou *adresse e-mail*, identifiant personnel permettant à un usager d'envoyer et de recevoir des messages via Internet. ■ **Inform**. *Adresse IP* (*internet protocol adress*), numéro constitué de quatre nombres séparés par un point, attribué à un ordinateur connecté sur Internet, permettant son identification et sa localisation.

ADRESSÉ, ÉE, p. p. d'adresser. [adʀese]

ADRESSER, v. tr. [adʀese] (*a-* et *dresser*) Envoyer avec une indication. *Il leur adressa son ami.* ♦ *Par extens. Adresser la parole à quelqu'un,* lui parler directement. ♦ **Fig.** *Adresser,* envoyer à l'adresse de quelqu'un, dire quelque chose qui est à son adresse. ♦ Diriger, tourner. *Adresser ses pas, ses coups.* ♦ S'adresser, v. pr. Aller trouver, avoir recours. *S'adresser à quelqu'un.* ♦ Se diriger, aller. « *Quelqu'un vers nous s'adresse* », ROTROU. ♦ *S'adresser à quelqu'un,* adresser la parole à quelqu'un. ♦ *Cette lettre s'adresse à lui,* la suscription fait voir qu'elle lui doit être rendue. ♦ Être dirigé. « *Vos yeux au ciel s'adressent* », RACINE. ♦ Adresser, v. intr. Toucher droit où l'on vise. « *Bien adresser n'est pas petite affaire* », LA FONTAINE. ■ V. tr. **Inform.** Attribuer une adresse à une donnée ou à un groupe de données.

ADRET, ■ n. m. [adʀɛ] (anc. provenç. *adreg,* var. de *adroit*) Sud-Est Pente d'une montagne exposée au soleil. *L'adret s'oppose à l'ubac.*

ADROIT, OITE, adj. [adʀwa, wat] (*a-* et *droit*) Qui a de l'adresse, soit de corps, soit d'esprit. ♦ En parlant des choses, où il y a de l'adresse. « *Adroit mensonge* », RACINE.

ADROITEMENT, adv. [adʀwat(ə)mɑ̃] (*adroit*) D'une manière adroite.

ADSL, ■ n. m. [adeɛsɛl] (sigle de l'angl., *asymmetric digital subscriber line,* ligne d'abonné numérique à débit asymétrique) Réseau numérique utilisant les lignes téléphoniques traditionnelles et permettant de transmettre très rapidement des données. *Un ordinateur équipé d'une connexion* ADSL.

ADSORBANT, ANTE, ■ adj. [atsɔʀbɑ̃, ɑ̃t] (*adsorber*) Qui adsorbe. *Une substance adsorbante.* ■ N. m. *Un adsorbant.*

ADSORBER, ■ v. tr. [atsɔʀbe] (lat. *ad* et *sorbere,* avaler, absorber) **Chim.** Adhérer, concentrer par un phénomène d'adsorption.

ADSORPTION, ■ n. f. [atsɔʀpsjɔ̃] (*adsorber*) **Chim.** Processus par lequel une substance liquide ou gazeuse adhère à la surface d'un solide ou d'une solution.

ADSTRAT, ■ n. m. [atstʀa] (d'apr. *substrat,* à partir du préf. *ad*) **Ling.** Ensemble de faits linguistiques présents dans une langue résultant de l'influence du parler d'un pays géographiquement, culturellement ou politiquement proche. *Le germanique par rapport au latin de Gaule est un adstrat.*

ADULAIRE, ■ n. f. [adylɛʀ] (ital. *adularia*) Pierre dure et légère, à l'éclat nacré, d'aspect incolore et translucide, appelée couramment *pierre de lune.*

ADULATEUR, TRICE, n. m. et n. f. [adylatœʀ, tʀis] (lat. *adulator*) Personne qui donne des louanges excessives. ♦ **Adj.** *Langage adulateur.*

ADULATION, n. f. [adylasjɔ̃] (lat. *adulatio*) Flatterie.

ADULÉ, ÉE, p. p. d'aduler. [adyle] *Louis XIV adulé par sa cour.*

ADULER, v. tr. [adyle] (lat. *adulari*) Flatter.

ADULTE, adj. [adylt] (lat. *adultus,* p. p. de *adolescere,* grandir) Qui est parvenu à la période de la vie comprise entre l'adolescence et la vieillesse. ♦ N. m. et n. f. *Un, une adulte.*

ADULTÉRATION, n. f. [adyltəʀasjɔ̃] (lat. *adulteratio*) **Dr.** Action de gâter, de fausser. *L'adultération des monnaies.* Peu usité en ce sens. ♦ **Pharm.** Action d'adultérer les médicaments ou résultat de cette action.

ADULTÉRÉ, ÉE, p. p. d'adultérer. [adyltere] *Médicaments adultérés.*

1 **ADULTÈRE,** n. m. [adyltɛʀ] (lat. *adulterium*) Viol de la foi conjugale.

2 **ADULTÈRE,** n. m. et n. f. [adyltɛʀ] (lat. *adulter*) Personne qui viole la foi conjugale. ♦ Adj. Qui viole la foi conjugale. *Époux adultère.* ♦ *Par extens.* Ce qui offre un mélange vicieux, coupable.

ADULTÉRER, v. tr. [adyltere] (lat. *adulterare*) **Pharm.** Falsifier. ♦ **Dr.** *Adultérer les monnaies.* ♦ **Fig.** Fausser, vicier.

ADULTÉRIN, INE, adj. et n. m. et n. f. [adyltėʀɛ̇, in] (lat. *adulterinus*) Qui est né d'adultère.

ADURENT, ENTE, adj. [adyʀɑ̃, ɑ̃t] (lat. *adurens,* de *adurere,* brûler) **Méd.** Brûlant.

ADUSTE, adj. [adyst] (lat. *adustus,* de *adurere,* brûler) **Méd.** Qui est brûlé. « *Un sang aigri et aduste* », VOLTAIRE.

ADUSTION, n. f. [adystjɔ̃] (lat. *adustio,* de *adurere,* brûler) **Méd.** Cautérisation à l'aide du feu.

AD VALOREM, ■ loc. adj. inv. [advalɔʀɛm] (lat. *valorem,* de *ad,* selon, et *valorem,* valeur) **Financ.** *Impôts, droits, taxes ad valorem,* prélevés en fonction d'une valeur de référence.

ADVECTION, ■ n. f. [advɛksjɔ̃] (lat. *advectio,* transport) **Météorol.** Transport horizontal des propriétés d'une masse d'air sous l'action du vent (par oppos. à *convection*). *Vitesse d'advection.*

ADVENIR, v. intr. [advəniʀ] Voy. AVENIR.

ADVENTICE, adj. [advɑ̃tis] (lat. *adventicius*) Qui survient de dehors. *Idées adventices,* par opposition à *idées innées.* ♦ *Plante adventice,* plante qui n'a pas été semée. ■ N. f. **Biol.** Tunique externe de la paroi des vaisseaux.

ADVENTIF, IVE, adj. [advɑ̃tif, iv] (*adventice*) Se dit d'un bourgeon, d'une racine qui naissent artificiellement et ailleurs que dans les points où l'on a coutume de les voir. ■ **Géol.** *Cône adventif,* cône situé sur le flanc d'un volcan, formé par le dépôt et l'accumulation de produits émis.

ADVENTISTE, ■ n. m. et n. f. [advɑ̃tist] (anglo-amér. *adventist,* de *advent,* avènement) Membre d'une Église protestante d'origine américaine qui prophétise le retour imminent du Christ sur Terre. *Les adventistes du septième jour.* ■ Adj. *L'Église adventiste.*

ADVERBE, n. m. [advɛʀb] (lat. *adverbium,* de *ad,* à côté de, et *verbum,* verbe) Partie invariable du discours qui modifie les verbes ou les adjectifs.

ADVERBIAL, ALE, adj. [advɛʀbjal] (lat. *adverbialis*) Qui a le caractère de l'adverbe. *Syntagmes adverbiaux.*

ADVERBIALEMENT, adv. [advɛʀbjal(ə)mɑ̃] (*adverbial*) D'une manière adverbiale.

ADVERBIALISER, v. tr. [advɛʀbjalize] (*adverbial*) Donner à un mot une désinence adverbiale, ou l'employer comme adverbe.

ADVERBIALITÉ, n. f. [advɛʀbjalite] (*adverbial*) **Gramm.** Qualité d'un mot considéré comme adverbe.

ADVERSAIRE, n. m. et n. f. [advɛʀsɛʀ] (lat. *adversarius*) Personne qui s'oppose à, qui lutte contre.

ADVERSATIF, IVE, adj. [advɛʀsatif, iv] (lat. *adversativus*) **Gramm.** Qui marque quelque différence entre ce qui précède et ce qui suit. *Conjonctions adversatives. Proposition adversative.*

ADVERSE, adj. [advɛʀs] (lat. *adversus,* situé en face) Contraire, opposé. *Fortune adverse. Partie adverse.* ♦ **Hist. nat.** Qui est placé à l'opposite d'une chose ou tourné vers elle.

ADVERSITÉ, n. f. [advɛʀsite] (lat. *adversitas*) Fortune adverse. *Être dans l'adversité. Souffrir héroïquement les grandes adversités.*

ADYNAMIE, n. f. [adinami] (gr. *adunamia,* faiblesse physique) **Méd.** Profonde prostration des forces.

ADYNAMIQUE, adj. [adinamik] (*adynamie*) Qui a le caractère de l'adynamie.

AÈDE, ■ n. m. [aɛd] (gr. *aoidos,* chanteur) **Antiq.** Poète grec qui déclamait ou chantait des vers, accompagné de sa lyre. *L'aède glorifiait les dieux.*

ÆGAGROPILE ou **ÉGAGROPILE,** ■ n. m. [egagʀopil] (gr. *aigagros,* chèvre sauvage, et *pilos,* boule) Bézoard constitué de poils et de fibres enchevêtrés non digérés dans l'estomac de certains animaux.

ÆPYORNIS ou **ÉPYORNIS,** ■ n. m. [epjɔʀnis] (gr. *aipus,* escarpé, et *ornis,* oiseau) Oiseau fossile de taille gigantesque dont on a retrouvé quelques œufs et quelques os à Madagascar. *Les œufs des æpyornis avaient une capacité d'environ dix litres.*

AÉRAGE, n. m. [aeʀaʒ] (*aérer*) Action de renouveler l'air dans un espace clos.

AÉRATEUR, ■ n. m. [aeʀatœʀ] (rad. de *aération*) Dispositif assurant l'aération d'un local. *Aérateur électrique, mécanique.* ■ Outil de jardinage permettant d'aérer une terre.

AÉRATION, ■ n. f. [aeʀasjɔ̃] (*aérer*) Action d'exposer à l'air une substance, pour qu'elle en reçoive quelque modification. ♦ Se prend aussi pour *aérage.*

AÉRAULIQUE, ■ n. f. [aeʀolik] (lat. *aer,* air, et gr. *aulos,* tuyau) **Phys.** Science qui étudie le mouvement de l'air dans les conduits et conçoit des systèmes de traitement et de diffusion adaptés. ■ Adj. *Un réseau aéraulique.*

AÉRÉ, ÉE, p. p. d'aérer. [aeʀe] *Chambre aérée par un ventilateur.* ♦ Adj. Qui est en grand air, en bel air.

AÉRER, v. tr. [aeʀe] (lat. *aer,* air) Renouveler l'air dans un espace clos. *Il faut aérer les salles des hôpitaux.* ♦ Exposer une substance à l'air. *Aérer du blé.* ■ Introduire des espaces vides pour rendre plus léger, moins compact. *Aérer un texte.* ■ S'aérer, v. pr. *Fam.* Après une journée de bureau, j'ai besoin d'aller m'aérer.

AÉRICOLE, adj. [aeʀikɔl] (lat. *aer,* air, et *-cole*) Se dit d'une plante ou d'un animal qui vit dans l'air.

AÉRIEN, IENNE, adj. [aeʀjɛ̃, jɛn] (lat. *aer,* air) Qui est d'air, qui est comme l'air, qui vit dans l'air. ♦ **Anat.** *Voies aériennes, conduits aériens,* l'ensemble des canaux qui conduisent l'air. ♦ **Peint.** Perspective aérienne, perspective dont les effets résultent de l'interposition de l'air entre l'objet et l'œil du spectateur. ■ Qui concerne la navigation des avions. *Trafic aérien. Une attaque aérienne.* ■ N. m. **Télécomm.** Antenne d'émetteur ou de récepteur radioélectrique.

AÉRIFÈRE, adj. [aeʀifɛʀ] (*aéri-* et *-fère*) **Anat.** Qui porte l'air. *Voies aérifères.*

AÉRIFICATION, n. f. [aerifikasjɔ̃] (*aéri-* et lat. *fieri*, devenir) Opération par laquelle on fait passer à l'état gazeux une matière solide ou liquide.

AÉRIFORME, adj. [aerifɔrm] (*aéri-* et *-forme*) Qui ressemble à l'air.

AÉRISER, v. tr. [aerize] (lat. *aer*, air) Réduire à l'état d'air ou de gaz.

AÉROBIC, ■ n. f. [aerobik] (angl. *aerobics*, de *aéro-* et gr. *bios*, vie) Gymnastique sportive exécutée sur une musique rapide, qui stimule l'activité cardiaque et l'oxygénation des tissus. *Faire de l'aérobic.*

AÉROBIE, ■ adj. [aerobi] (*aéro-* et gr. *bios*, vie) **Biol.** Se dit d'un microorganisme ayant besoin d'air ou d'oxygène pour vivre (par oppos. à *anaérobie*). ■ **Par extens.** Relatif à une activité, un mécanisme consommant de l'oxygène. *Un entraînement aérobie, un propulseur aérobie.* ■ N.f. *L'aérobie*, tout principe, toute espèce ayant besoin d'oxygène. ■ **Rem.** On trouve parfois l'adj. *aérobique.*

AÉROBIOSE, ■ n. f. [aerobjoz] (*aérobie*) **Biol.** Condition de vie d'un milieu riche en oxygène ou en air, permettant la dégradation de la matière organique dégageant du gaz carbonique et de l'eau (par oppos. à *anaérobiose*). *L'aérobiose permet de réduire la pollution.* ■ Mode de vie et fonctionnement en aérobie de microorganismes.

AÉROCLUB ou **AÉRO-CLUB**, ■ n.m. [aeroklœb] (*aéro-* et *club*) Structure d'accueil et de formation d'amateurs au pilotage de petits engins aériens. ■ Au pl. *Des aéroclubs* ou *des aéro-clubs.*

AÉROCOLIE, ■ n.f. [aerokoli] (*aéro-* et rad. de *côlon*) **Méd.** Présence excessive de gaz dans le côlon.

AÉROCONDENSEUR, ■ n.m. [aerokɔ̃dɑ̃sœr] (*aéro-* et *condenseur*) Appareil de condensation de la vapeur refroidie par air.

AÉRODROME, ■ n.m. [aerodrom] (*aéro-* et *-drome*) Terrain aménagé pour le décollage et l'atterrissage des avions, et équipé des installations nécessaires à leur entretien. *Les hangars de l'aérodrome.*

AÉRODYNAMIQUE, n. f. [aerodinamik] (*aéro-* et *dynamique*) Partie de la physique qui traite des lois présidant aux mouvements des fluides élastiques, ou de celles qui règlent la pression qu'exerce l'air extérieur. ■ Adj. Dont la forme facilite la pénétration dans l'air. *Une voiture aérodynamique.* ■ AÉRODYNAMISME, n.m. [aerodinamism]

AÉRODYNE, ■ n.m. [aerodin] (*aéro-* et gr. *dunamis*, force) Tout engin volant plus lourd que l'air (par oppos. à *aérostat*).

AÉROFREIN, ■ n.m. [aerofrɛ̃] (*aéro-* et *frein*) Dispositif de freinage activant la décélération d'un engin aérien. *Les aérofreins d'un avion.*

AÉROGARE, ■ n. f. [aerogar] (*aéro-* et *gare*) Complexe constitué par les bâtiments d'un aéroport réservés aux voyageurs et au fret des marchandises. ■ Gare urbaine assurant le transport aller-retour des voyageurs d'un ou de plusieurs aéroports.

AÉROGASTRIE, ■ n. f. [aerogastri] (*aéro-* et gr. *gastros*, ventre) **Méd.** Présence excessive d'air dans l'estomac.

AÉROGEL, ■ n.m. [aeroʒɛl] (*aéro-* et *gel*) Substance très légère ayant l'aspect de fumée solidifiée, constituée à 99 % d'air et de particules de silice et exploitée pour ses propriétés d'isolant thermique.

AÉROGÉNÉRATEUR, TRICE, ■ adj. [aeroʒeneratœr, tris] (*aéro-* et *générateur*) Qui produit du courant électrique grâce à l'énergie du vent. *Une installation aérogénératrice.* ■ N.m. *Un aérogénérateur.*

AÉROGLISSEUR, ■ n.m. [aeroglisœr] (*aéro-* et *glisseur*) Véhicule terrestre ou marin qui se déplace sur coussin d'air.

AÉROGRAMME, ■ n.m. [aerogram] (*aéro-* et *-gramme*) Papier à lettre très fin préaffranchi, plié et expédié par avion.

AÉROGRAPHE, ■ n.m. [aerograf] (*aéro-* et *-graphe*) Appareil pulvérisateur à air comprimé, projetant un jet de peinture ou d'encre colorée.

AÉROGRAPHIE, n. f. [aerografi] (*aéro-* et *-graphie*) Description de l'air.

AÉROLITHE, n.m. [aerolit] (*aéro-* et gr. *lithos*, pierre) Pierre tombée du ciel.

AÉROLOGIE, n.f. [aeroloʒi] (*aéro-* et *-logie*) Traité sur l'air, théorie de l'air. ■ Science qui a pour objet l'étude des couches inférieures et moyennes de l'atmosphère. ■ AÉROLOGIQUE, adj. [aeroloʒik]

AÉROMANCIE, n. f. [aeromɑ̃si] (*aéro-* et *-mancie*) Art prétendu de deviner par l'air et par les phénomènes aériens.

AÉROMANCIEN, n.m. [aeromɑ̃sjɛ̃] (*aéromancie*) Qui pratique l'aéromancie.

AÉROMÈTRE, n.m. [aerometr] (*aéro-* et *-mètre*) **Phys.** Instrument qui sert à mesurer la condensation ou la raréfaction de l'air.

AÉROMÉTRIE, n.f. [aerometri] (*aéro-* et *-métrie*) Science qui a pour objet la constitution physique de l'air, et qui en mesure les effets mécaniques.

AÉROMOBILE, ■ adj. [aeromobil] (*aéro-* et *mobile*) **Milit.** Qui utilise la voie aérienne pour se déplacer. *Une brigade aéromobile.*

AÉROMOBILITÉ, ■ n. f. [aeromobilite] (*aéro-* et *mobilité*) **Milit.** Capacité d'une formation militaire à renforcer le degré de mobilité de ses troupes en exploitant l'espace aérien, notamment au moyen de l'héliportage.

AÉROMODÉLISME, ■ n.m. [aeromodelism] (*aéro-* et *modélisme*) Technique de reproduction d'engins volants à échelle réduite, le plus souvent motorisés pour le vol radiocommandé.

AÉRONAUTE, ■ n.m. et n.f. [aeronot] (*aéro-* et gr. *nautēs*, marin) Personne qui parcourt les airs dans un aérostat.

AÉRONAUTIQUE, adj. [aeronotik] (*aéronautique*) Qui a rapport à l'aéronaute. ◆ N.f. L'art de l'aéronaute. ■ Adj. Relatif à la navigation aérienne. ■ N.f. Science ou technique de la navigation aérienne.

AÉRONAVAL, ALE, ■ adj. [aeronaval] (*aéro-* et *naval*) Qui relève à la fois de l'armée de l'air et de la marine. *Des opérations aéronavales. Des conflits aéronavals.* ■ N.f. *L'aéronavale.*

AÉRONEF, ■ n.m. [aeronɛf] (*aéro-* et *nef*) Appareil capable de se déplacer dans les airs.

AÉROPHAGIE, ■ n. f. [aerofaʒi] (*aéro-* et *-phagie*) Présence anormale d'air dans le système digestif. *Faire de l'aérophagie.*

AÉROPHOBE, n.m. [aerofɔb] (*aéro-* et *-phobe*) **Méd.** Celui qui craint l'air.

AÉROPHOBIE, n. f. [aerofobi] (*aéro-* et *-phobie*) **Méd.** Crainte de l'air.

AÉROPLANE, ■ n.m. [aeroplan] (*aéro-* et *plane*, prob. de 2 *plan*) Anc. Avion. *C'est en 1855 que Joseph Pline faisait breveter l'aéroplane, fondé sur un système très différent de l'aérostat, puisqu'il se déplaçait à l'horizontale.* « *Cet aéroplane que j'avais vu à Balbec changer son énergie en élévation, planer au-dessus des flots, et se perdre dans le ciel* », Proust.

AÉROPORT, ■ n.m. [aeropɔr] (*aéro-* et *port*) Ensemble des installations techniques et commerciales nécessaires au trafic aérien.

AÉROPORTÉ, ÉE ou **AÉROTRANSPORTÉ, ÉE**, ■ adj. [aeropɔrte, aerotrɑ̃spɔrte] (*aéro-* et *[trans]porter*) **Milit.** Transporté par voie aérienne. *Une division aéroportée.*

AÉROPORTUAIRE, ■ adj. [aeropɔrtɥer] (*aéroport*) Qui est relatif à un aéroport. *Une zone aéroportuaire.*

AÉROPOSTAL, ALE, ■ adj. [aeropostal] (*aéro-* et *postal*) Qui concerne le transport du courrier par avion. *Le service aéropostal de nuit. Vols aéropostaux.* ■ N.f. *L'Aéropostale*, compagnie de transport aérien en activité entre 1927 et 1933.

AÉROSCOPE, ■ n.m. [aeroskɔp] (*aéro-* et *-scope*) Appareil de mesure permettant de déterminer la quantité de poussières contenue dans l'air.

AÉROSOL, ■ n.m. [aerosol] (*aéro-* et angl. *sol*, abrév. de *solution*) **Chim.** Suspension dans l'air, dans un gaz, de fines particules solides ou liquides. ■ Dispositif permettant cette suspension. *De la peinture en aérosol.*

AÉROSPATIAL, ALE, ■ adj. [aerospasjal] (*aéro-* et *spatial*) Qui concerne à la fois la navigation aérienne et la navigation dans l'espace. *Les engins aérospatiaux.* ■ N.f. *L'aérospatiale*, sciences, techniques aéronautiques et aérospatiales.

AÉROSTAT, n.m. [aerosta] (*aéro-* et gr. *statos*, soutenu) Grand ballon rempli d'un air échauffé ou d'un gaz plus léger que l'air, et qui par ce moyen se soutient dans l'air.

AÉROSTATION, n. f. [aerostasjɔ̃] (*aérostat*) Art d'employer les aérostats.

AÉROSTATIQUE, adj. [aerostatik] (*aérostat*) Qui a rapport à l'aérostation. ◆ N.f. Partie de la physique recherchant les lois de l'équilibre de l'air.

AÉROSTIER, IÈRE, n.m. et n.f. [aerostje, jer] (contraction de *aérostatier*, de *aérostat*) Personne qui dirige un aérostat. S'est dit d'un corps d'ingénieurs qui fut créé pendant la Révolution pour observer en aérostat les armées ennemies.

AÉROTECHNIQUE, ■ n. f. [aeroteknik] (*aéro-* et *technique*) Ensemble des techniques mises en application pour l'étude, la conception et la construction d'aéronefs et d'engins spatiaux. ■ Adj. *L'étude aérotechnique d'un engin aérien.*

AÉROTERRESTRE, ■ adj. [aeroterɛstr] (*aéro-* et *terrestre*) **Milit.** Se dit d'une force militaire qui conjugue les dispositifs aériens aux structures terrestres pour des opérations conjointes. *Une manœuvre aéroterrestre.*

AÉROTHERMIQUE, ■ n. f. [aerotɛrmik] (*aéro-* et *thermique*) **Phys.** Science qui étudie les phénomènes thermiques relatifs à la dynamique des gaz et dont le domaine d'application concerne principalement le transport aérien et spatial. ■ Adj. *Un flux aérothermique.*

AÉROTRAIN, ■ n.m. [aerotrɛ̃] (*aéro-* et *train*) Train expérimental conçu dans les années 1960, glissant à grande vitesse sur un rail et utilisant un système de coussin d'air et de lévitation magnétique.

AÉROTRANSPORTÉ, ÉE, ■ adj. [aeʀotʀɑ̃spɔʀte] Voy. AÉROPORTÉ.

ÆSCHNE, ■ n. f. [ɛskn] (lat. scient. *æschna*) **Zool.** Grande libellule au vol rapide et au corps long, strié de jaune ou de bleu.

ÆSTHÉTIQUE, n. f. [ɛstetik] Voy. ESTHÉTIQUE.

ÆTHRIOSCOPE, n. m. [etʀijoskɔp] (gr. *aithria,* air pur et *-scope*) **Phys.** Instrument propre à mesurer la chaleur qui rayonne de la surface de la Terre vers les espaces célestes.

ÆTHUSE ou **ÉTHUSE**, ■ n. f. [etyz] (lat. scient. *æthusa*) **Bot.** Plante sauvage très toxique, appelée aussi *petite ciguë.*

AÉTITE, n. f. [aetit] (gr. *aetitês*) Pierre d'aigle ; tritoxyde de fer.

AFAT, ■ n. f. [afat] (acronyme de *auxiliaire féminine de l'armée de Terre*) Corps féminin de l'armée de Terre, créé en 1944.

AFFABILITÉ, n. f. [afabilite] (lat. *affabilitas*) Qualité de celui qui reçoit, écoute et entretient avec bienveillance ceux qui s'adressent à lui.

AFFABLE, adj. [afabl] (lat. *affabilis*) Qui a de l'affabilité.

AFFABLEMENT, adv. [afabləmɑ̃] (*affable*) D'une manière affable.

AFFABULATION, n. f. [afabylasjɔ̃] (b. lat. *affabulatio*) Partie d'une fable qui en explique le sens moral, la moralité. ■ **Péj.** Histoire imaginaire trompeuse. ■ **Rem.** S'emploie le plus souvent au plur. « *Dans un monde de rêves insensés, d'affabulations, de raisons déraisonnantes* », CENDRARS.

AFFABULER, ■ v. intr. [afabyle] (rad. de *affabulation*) Présenter la réalité en l'arrangeant à sa façon.

AFFACTURAGE, ■ n. m. [afaktyʀaʒ] (2 *facture*) **Financ.** Service de gestion des créances, des comptes clients et des opérations de recouvrement et de solvabilité, proposé aux entreprises par une société spécialisée.

AFFADI, IE, p. p. d'affadir. [afadi] *Estomac affadi.*

AFFADIR, v. tr. [afadiʀ] (*a*- et *fade*) Rendre fade. ♦ **Fig.** Ôter le sel, le piquant. *Affadir une épigramme.* ♦ Causer une sensation désagréable au palais, à l'estomac, par quelque chose de fade. *Le miel affadit le cœur.* ♦ **Fig.** *Ces gens...* « *l'affadissaient, L'endormaient en contant leur flamme* », LA FONTAINE. ♦ S'affadir, v. pr. Devenir fade.

AFFADISSANT, ANTE, adj. [afadisɑ̃, ɑ̃t] (*affadir*) Qui affadit.

AFFADISSEMENT, n. m. [afadis(ə)mɑ̃] (*affadir*) Effet que produit la fadeur. ♦ **Fig.** *Louer jusqu'à l'affadissement.*

AFFAIBLI, IE, p. p. d'affaiblir. [afebli]

AFFAIBLIR, v. tr. [afebliʀ] (*a*- et *faible*) Rendre faible, au propre et au fig. ♦ *Affaiblir les monnaies,* en diminuer le poids ou le titre. ♦ S'affaiblir, v. pr. Devenir faible, au propre et au fig. ♦ **Peint. et grav.** *Affaiblir* marque l'exagération de l'adoucissement. ■ **Archit.** Diminuer l'épaisseur d'un mur ou la grosseur d'une pièce de charpente.

AFFAIBLISSANT, ANTE, adj. [afeblisɑ̃, ɑ̃t] (*affaiblir*) Qui affaiblit.

AFFAIBLISSEMENT, n. m. [afeblis(ə)mɑ̃] (*affaiblir*) Diminution de forces, au propre et au figuré. ♦ *Affaiblissement des monnaies,* abaissement de leur titre. ■ Atténuation, diminution d'un son, d'une lumière.

AFFAINÉANTI, IE, p. p. de s'affainéantir et adj. [afeneɑ̃ti] Devenu fainéant.

AFFAINÉANTIR (S'), v. pr. [afeneɑ̃tiʀ] (*a*- et *fainéant*) Devenir fainéant.

AFFAIRE, n. f. [afɛʀ] (*a*- et *faire*) Ce qui est l'objet de quelque travail, occupation, soin, devoir, fonction. ♦ *Faire son affaire d'une chose,* s'en charger, en répondre ; savoir la mettre à profit. ♦ Tout ce qui est l'objet d'un intérêt. *Il faut tenter l'affaire.* « *On parle du salut comme d'une affaire souverainement importante* », BOURDALOUE. ♦ *Affaire d'honneur,* ou **absol.** *affaire,* un combat singulier. ♦ *C'est une affaire de,* une question de. « *La foi de beaucoup d'hommes est une affaire de géographie* », J.-J. ROUSSEAU. ♦ *C'est une affaire,* la chose est difficile. ♦ Ce qu'il faut, ce qui convient. « *Ce choix était mieux votre affaire* », MOLIÈRE. ♦ *Faire son affaire* (à soi-même), se mettre à l'abri, s'arranger, réussir. ♦ *Faire son affaire* (à un autre), le châtier, lui donner une leçon, même le tuer. ♦ *Avoir son affaire,* en bonne part, avoir ce qui convient ; en mauvaise part, recevoir correction, châtiment, leçon. ♦ *Point d'affaire,* en aucune façon. « *Point d'affaire, marquis* », MOLIÈRE. ♦ *Point d'affaire* signifie encore *c'est en vain.* ♦ **N. f. pl.** *Les affaires de quelqu'un,* ce qui l'intéresse particulièrement, ce qui constitue sa situation. *Être bien dans ses affaires.* ♦ *Transaction, marché. J'ai affaire avec lui.* ♦ **Absol.** *Les affaires,* le commerce, l'industrie, la banque. *Il est dans les affaires.* ♦ **Au sing.** *Organiser, lancer une affaire.* ♦ En mauvaise part, *faiseur d'affaires.* ♦ **N. f. pl.** Tout ce qui concerne la fortune et les intérêts de l'État. *Les affaires d'État. Les affaires publiques. Ce ministre est depuis longtemps aux affaires.* ♦ *Affaires spirituelles,* affaires qui concernent la religion ; *affaires temporelles,* celles qui concernent le monde. ♦ Embarras, peines, querelles. « *Pourquoi chercher à lui faire des affaires ?* », MOLIÈRE. ♦ *Se tirer, sortir d'affaire,* se tirer, sortir d'embarras. ♦ *Une mauvaise affaire,* une affaire où l'honneur, la fortune, la vie sont engagés ; *une bonne affaire,* une affaire où il y a beaucoup d'argent à gagner. ♦ Procès, contestation, démêlé. *Affaire civile. Plaider une affaire.* ♦ Dans un sens très vague, chose, circonstance, conjoncture. ♦ **Milit.** Combat. ♦ *Avoir affaire de,* avoir besoin de. ♦ *Avoir affaire à quelqu'un,* avoir à lui parler, à débattre avec lui. ♦ Par menace. *Si vous tenez ce langage, vous aurez affaire à lui,* il vous en fera repentir. ♦ *Avoir affaire à quelqu'un,* avoir à traiter d'affaires avec lui. ♦ **Absol.** « *Il a affaire, il ne peut quitter.* », BOSSUET. ♦ *Faire ses affaires, aller à ses affaires,* satisfaire ses besoins naturels. ■ *Faire l'affaire,* convenir. ■ *Tirer quelqu'un d'affaire,* le sortir de l'embarras.

AFFAIRÉ, ÉE, adj. [afeʀe] (*affaire*) Qui a beaucoup d'affaires.

AFFAIREMENT, ■ n. m. [afeʀ(ə)mɑ̃] (*affaire*) Attitude d'une personne très occupée, très affairée. « *Pas moins de quatorze lettres aujourd'hui... je ne puis appeler travail cet affairement, que je compare à l'effort du nageur pour écarter des algues* », GIDE.

AFFAIRER (S'), ■ v. pr. [afeʀe] (*affairé*) S'occuper de façon active, et souvent avec empressement. *S'affairer dans sa cuisine.*

AFFAIRISME, ■ n. m. [afeʀism] (*affaire*) **Péj.** Comportement visant à subordonner ses activités aux affaires lucratives, de nature spéculatives et parfois malhonnêtes. ■ **AFFAIRISTE**, ■ n. m. et n. f. [afeʀist]

AFFAISSÉ, ÉE, p. p. d'affaisser. [afese] *Terres affaissées.*

AFFAISSEMENT, ■ n. m. [afɛs(ə)mɑ̃] (*affaisser*) État de ce qui est affaissé. ♦ **Géol.** *Système des affaissements,* celui qui explique la formation des montagnes par l'abaissement des terres environnantes.

AFFAISSER, v. tr. [afese] (*a*- et *faix*) Faire ployer sous le faix. ♦ Faire baisser, tasser des choses posées les unes sur les autres. ♦ **Fig.** Accabler, affaiblir. ♦ S'affaisser, v. pr. Baisser, s'affaiblir, succomber.

AFFAITAGE ou **AFFAITEMENT**, ■ n. m. [afetaʒ, afet(ə)mɑ̃] (*affaiter*) Dressage de rapaces, d'oiseaux de proie, notamment de faucons. ■ Façonnage des cuirs dans une tannerie.

AFFAITER, v. tr. [afete] (lat. pop. *adfactare,* mettre en état) **Techn.** Apprivoiser un oiseau de proie. *Faucon bien affaité.*

AFFALÉ, ÉE, p. p. d'affaler. [afale] Arrêté sur la côte. ■ Négligemment étendu. *Affalé sur le canapé.*

AFFALEMENT, ■ n. m. [afal(ə)mɑ̃] (*s'affaler*) Action de s'affaler, fait d'être affalé. « *Ça tombe dans l'affalement au bout d'une nuit de noce* », BRUANT.

AFFALER, v. tr. [afale] (néerl. *afhalen,* abaisser) Pousser vers la côte, en parlant du vent. ♦ S'affaler, v. pr. En parlant d'un navire, s'échouer. ■ **Mar.** *Affaler une voile,* la faire descendre. ■ S'affaler, v. pr. Se laisser tomber lourdement. ■ *S'affaler sur le lit.*

AFFAMÉ, ÉE, p. p. d'affamer [afame] (*affamer*) Pressé par la faim. ♦ **N. m.** et n. f. *Un affamé, une affamée.* ♦ **Fig.** Avide. *Affamé de gloire.* ♦ **Prov.** *Ventre affamé n'a point d'oreilles,* c.-à-d. quand on a faim, on n'écoute rien.

AFFAMER, v. tr. [afame] (ital. *affamare,* du lat. pop. *ad* et *fames*) Priver de vivres, faire souffrir de la faim.

AFFAMEUR, EUSE, ■ n. m. et n. f. [afamœʀ, øz] (*affamer*) Personne ou organisation qui crée une situation de famine, de disette. *Les affameurs du peuple.* ■ Adj. Au propre et au fig. *Une politique affameuse.*

AFFANGISSEMENTS, ■ n. m. pl. [afɑ̃ʒis(ə)mɑ̃] (*a*- et *fange*) Amas de vase dans le lit des cours d'eau.

AFFÉAGEMENT, n. m. [afea(ə)mɑ̃] (*afféager*) ▷ Action d'afféager. ◁

AFFÉAGER, v. tr. [afeaʒe] (*a*- et *féage*) ▷ Aliéner une partie de son fief à tenir en arrière-fief ou en roture. ◁

AFFECT, ■ n. m. [afɛkt] (all. *affekt*) **Psych.** Phénomène constitutif de l'affectivité, pénible ou agréable, vague ou défini. *Des affects.*

AFFECTANT, ANTE, adj. [afɛktɑ̃, ɑ̃t] (*affecter*) Qui affecte, qui touche.

AFFECTATION, n. f. [afɛktasjɔ̃] (lat. *affectatio*) Manière qui s'éloigne du naturel. *Affectation dans la parure, dans le langage.* ♦ Imitation, faux-semblant. *Affectation de douleur, de vertu.* ♦ Attribution, imputation. *L'affectation de cette somme aux dépenses courantes.* ■ Action d'assigner un fonctionnaire à un poste. ■ Anc. Désir ardent.

AFFECTÉ, ÉE, p. p. d'affecter et adj. [afɛkte] Qui a de l'affectation, où il y a de l'affectation. ♦ Simulé. *Douleur affectée.* ♦ Attribué, assigné, imputé. *Les fonds affectés à cette dépense.* ♦ En t. de spiritualité, tombant sous le coup de. « *Vous êtes des blasphémateurs affectés du Dieu véritable* », MASSILLON. ♦ Ému, touché. ♦ **Méd.** Affligé. *Affecté d'un catarrhe.*

AFFECTER, v. tr. [afɛkte] (lat. *affectare*) Rechercher avec ambition, avec soin, avec trop de soin ; avoir une sorte de prédilection pour. ♦ Faire un usage fréquent de. « *Ils* [les vieillards] *affectent quelques mots du premier langage qu'ils ont parlé* », LA BRUYÈRE. ♦ Faire ostentation de. *Certaines qualités dont ils affectent de se parer.* ♦ Feindre, simuler. *Affecter la douleur.*

♦ En parlant des choses, avoir disposition à. *Le sel marin affecte la forme cubique.* ♦ Exercer une impression et aussi rendre souffrant, malade. ♦ Faire impression sur l'âme, émouvoir, affliger. ♦ S'affecter, v. pr. Être simulé. ♦ *S'affecter*, contracter une lésion. ♦ *S'affecter*, être affligé. ■ Qui touche, agit sur. *Des pluies qui affectent les régions du Sud.* ■ Destiné à un usage précis. *Le budget a été affecté à la recherche.* ■ Assigner quelqu'un à un poste, attribuer à quelqu'un une nouvelle fonction.

AFFECTIF, IVE, adj. [afɛktif, iv] (lat. *affectivus*) Qui inspire de l'affection, qui émeut, qui touche l'âme. « *Style affectif* », FLÉCHIER. ♦ **Philos.** Qui se rapporte, dans l'âme, aux besoins et aux passions.

AFFECTION, n. f. [afɛksjɔ̃] (lat. *affectio*) Ce que le corps éprouve, surtout en fait de maladie. ♦ Manière d'être de l'âme considérée comme touchée de quelque objet. ♦ En un sens philosophique plus restreint, toute situation passive de l'âme. ♦ Sentiment d'amitié, d'amour, d'attachement pour une personne ou une chose. *Les affections de la famille.* ♦ D'AFFECTION, loc. adv. Avec intérêt de cœur. ♦ *Affection à*, désir de. « *Pour des choses où il a plus d'affection* », PASCAL. ♦ État maladif. *Affection nerveuse.*

AFFECTIONNÉ, ÉE, p. p. d'affectionner. [afɛksjɔne] Aimé. ♦ Adj. Attaché de cœur à, dévoué. *Affectionnée à ses amis.* « *Affectionné pour mon service* », HAMILTON. ♦ N. m. et n. f. *Ses sujets et affectionnés.* ♦ En style épistolaire : *Votre très humble et très affectionné serviteur.*

AFFECTIONNER, v. tr. [afɛksjɔne] (*affection*) Avoir de l'affection pour. ♦ Produire l'affection, attacher, intéresser. « *Ces usages auront l'avantage d'affectionner les Polonais à leur pays* », J.-J. ROUSSEAU. ♦ S'affectionner, v. pr. S'attacher à, se passionner pour. « *Les citoyens s'affectionnaient à leur pays* », BOSSUET.

AFFECTIVITÉ, ■ n. f. [afɛktivite] (*affectif*) Aptitude à éprouver des émotions, des sentiments. ■ **Psych.** Ensemble des manifestations affectives, des réactions de la sensibilité.

AFFECTUEUSEMENT, adv. [afɛktɥøz(ə)mɑ̃] (*affectueux*) D'une manière affectueuse.

AFFECTUEUX, EUSE, adj. [afɛktɥø, øz] (lat. *affectuosus*) Qui montre beaucoup d'affection.

AFFENER, v. tr. [af(ə)ne] (*a*- et anc. fr. *fener*, faucher) Donner la pâture aux bestiaux.

1 **AFFÉRENT, ENTE**, adj. [aferɑ̃, ɑ̃t] (anc. fr. *afferir*, convenir, du lat. class. *afferre*, apporter) **Dr.** Se dit de la part qui revient à chaque intéressé dans un objet indivis. ■ Par extens. Qui est relatif à. *Une taxe afférente à un impôt.*

2 **AFFÉRENT, ENTE**, adj. [aferɑ̃, ɑ̃t] (lat. *afferens*, de *afferre*, apporter) **Anat.** Qui apporte. *Vaisseaux afférents.*

AFFERMAGE, n. m. [afɛrmaʒ] (*affermer*) Action d'affermer.

AFFERMÉ, ÉE, p. p. d'affermer. [afɛrme] Donné à ferme. ♦ Pris à ferme.

AFFERMER, v. tr. [afɛrme] (*a*- et 2 *ferme*) Donner à ferme ou à bail. ♦ Prendre à ferme ou à bail.

AFFERMI, IE, p. p. d'affermir. [afɛrmi] Rendu ferme.

AFFERMIR, v. tr. [afɛrmir] (*a*- et 1 *ferme*) Rendre ferme, au propre et au figuré. ♦ S'affermir, v. pr. Devenir ferme.

AFFERMISSEMENT, n. m. [afɛrmis(ə)mɑ̃] (*affermir*) Action d'affermir, de consolider ; résultat de cette action. ♦ **Fig.** *L'affermissement de la santé. L'affermissement des empires.*

AFFÉTÉ, ÉE, adj. [afete] (*affaiter* et *affecter*) Qui a de l'afféterie ; qui marque de l'afféterie.

AFFÈTERIE, n. f. [afɛt(ə)ri] (*affété*) Recherche mignarde dans les manières ou dans le langage. ■ REM. Graphie ancienne : *afféterie.*

AFFETTUOSO, adv. [afetɥozo] (mot it., imprégné de douceur) **Mus.** Indique qu'un morceau doit être rendu avec une expression tendre.

AFFICHAGE, n. m. [afiʃaʒ] (*afficher*) Action de poser un certain nombre d'affiches. ■ Dispositif permettant la publication d'informations sur écran. *Affichage lumineux.*

AFFICHE, n. f. [afiʃ] (*afficher*) Feuille imprimée ou manuscrite que l'on applique sur les murs, pour donner connaissance au public de quelque chose.

AFFICHÉ, ÉE, p. p. d'afficher. [afiʃe] *Ordonnance affichée. Honte affichée*, rendue publique par celui-là même qui a commis l'action honteuse. *Homme affiché*, perdu de réputation.

AFFICHER, v. tr. [afiʃe] (*a*- et *ficher*) Appliquer au mur des affiches. ♦ Faire étalage de. *Afficher la douleur.* ♦ S'afficher, v. pr. Ne se prend qu'en mauvaise part. ■ Porter à la connaissance du public. *Afficher les résultats d'un concours.* ■ S'afficher, v. pr. Apparaître sur un écran. *Un message d'erreur qui s'affiche.*

AFFICHETTE, ■ n. f. [afiʃɛt] (dimin. de *affiche*) Petite affiche.

AFFICHEUR, EUSE, n. m. et n. f. [afiʃœr, øz] (*afficher*) Personne qui pose les affiches. ■ N. m. Écran d'affichage à diodes ou à cristaux liquides.

AFFICHISTE, ■ n. m. et n. f. [afiʃist] (*affiche*) Personne spécialisée dans l'art de la conception et de la création d'affiches publicitaires.

AFFIDAVIT, ■ n. m. [afidavit] (mot angl., du lat. médiév. *affidare*, déclarer sous serment) **Dr.** Serment solennel proféré devant une autorité compétente par un étranger détenteur de valeurs mobilières, afin de s'affranchir de l'impôt touchant ces valeurs et éviter la double imposition. *Des affidavits.*

AFFIDÉ, ÉE, adj. [afide] (lat. *affidare*, déclarer sous serment) En qui on a confiance. ♦ N. m. et n. f. *C'est un de ses affidés.*

AFFILAGE, ■ n. m. [afilaʒ] (*affiler*) Action d'affiler.

AFFILÉ, ÉE, p. p. d'affiler. [afile] *Couteau mal affilé.* ♦ **Fig.** et **fam.** *Avoir la langue affilée*, parler beaucoup.

AFFILÉE (D'), ■ adv. [afile] (*affiler*) En se suivant sans interruption dans le temps. *Il a plu trois jours d'affilée.*

AFFILER, v. tr. [afile] (lat. pop. *affilare*) Donner le fil à un tranchant. Fig. « *Les uns affilent leurs langues de serpent* », FLÉCHIER.

AFFILEUR, n. m. [afilœr] (*affiler*) Celui qui affile les outils.

AFFILIATION, n. f. [afiljasjɔ̃] (lat. *affiliatio*, adoption) Association à une compagnie, à une corporation, à des sociétés secrètes, à un complot.

AFFILIÉ, ÉE, p. p. d'affilier. [afilje] *Affilié à une corporation.* ♦ N. m. et n. f. *Les sociétés secrètes ont des affiliés.*

AFFILIER, v. tr. [afilje] (lat. *affiliare*, adopter, de *ad* et *filius*, fils) Associer à une corporation, à une société. ♦ S'affilier, v. pr.

AFFILOIR, n. m. [afilwar] (*affiler*) Instrument d'acier qui sert à affiler.

AFFINAGE, n. m. [afinaʒ] (*affiner*) Action d'affiner. ♦ *Affinage du sucre, du salpêtre* ; on dit maintenant *raffinage*. ■ **Spécialt** Période de maturation du fromage, généralement en cave.

AFFINE, ■ adj. [afin] (lat. *affinis*, parent par alliance) Qui présente un lien de parenté, des affinités. ■ **Math.** *Fonction affine*, fonction notée *f* qui, dans un repère orthonormé, associe à un nombre *x* de l'axe des abscisses une image *y* de l'axe des ordonnées, tel que $f(x) = ax + b$, où *a* représente le coefficient directeur de la fonction et *b* le point de l'ordonnée qu'elle coupe.

AFFINÉ, ÉE, p. p. d'affiner. [afine] *De l'or affiné.* ♦ **Fig.** « *Un pur quiétisme, délié, affiné* », SAINT-SIMON.

AFFINEMENT, n. m. [afin(ə)mɑ̃] (*affiner*) Action d'affiner.

AFFINER, v. tr. [afine] (*a*- et 2 *fin*) Purifier. ♦ Donner un goût plus fin. *Le temps, la cave affine le fromage.* ♦ Tromper. ♦ S'affiner, v. pr. *L'or s'affine.* ♦ **Fig.** *L'esprit s'affine par la conversation.* ■ **Spécialt** Amener le fromage à maturation.

AFFINERIE, n. f. [afin(ə)ri] (*affiner*) Lieu où l'on affine.

AFFINEUR, EUSE, n. m. et n. f. [afinœr, øz] (*affiner*) Ouvrier, ouvrière qui affine.

AFFINITÉ, n. f. [afinite] (lat. *affinitas*, parenté par alliance) Degré de proximité avec la famille de celui ou de celle qu'on a épousée. ♦ *Affinité spirituelle*, liaison établie par la cérémonie du baptême entre les parrains et les marraines. ♦ Conformité, convenance, rapport entre plusieurs choses. *Affinité de goûts.* ♦ **Chim.** Force en vertu de laquelle des molécules de différente nature se combinent ou tendent à se combiner. ♦ **Mus.** *Affinité des tons.* ■ **Math.** Application qui, à un point M d'un plan, fait correspondre un point M', transformant, au moyen d'une droite axiale D et d'un coefficient multiplicateur, une droite directrice D' en une droite qui lui est parallèle.

AFFINOIR, n. m. [afinwar] (*affiner*) Instrument au travers duquel on passe le chanvre ou le lin pour l'affiner.

AFFINS, ■ n. m. pl. [afɛ̃] (lat. *affinis*, parent par alliance) Parents par alliance.

AFFIQUET, n. m. [afikɛ] (anc. fr. *affique*, attache, boucle) Petit objet d'ajustement. S'emploie presque toujours au pluriel.

AFFIRMATIF, IVE, adj. [afirmatif, iv] (lat. *adfirmativus*) Qui affirme. ♦ *Proposition affirmative*, toute proposition exprimée sans négation. ♦ AFFIRMATIVE, n. f. Toute proposition par laquelle on affirme. ■ Adv. *Affirmatif !*

AFFIRMATION, n. f. [afirmasjɔ̃] (lat. *adfirmatio*) Action d'affirmer.

AFFIRMATIVE, n. f. [afirmativ] Voy. AFFIRMATIF.

AFFIRMATIVEMENT, adv. [afirmativ(ə)mɑ̃] (*affirmatif*) D'une manière affirmative.

AFFIRMÉ, ÉE, p. p. d'affirmer. [afirme] *Des faits affirmés.*

AFFIRMER, v. tr. [afiʀme] (lat. *adfirmare*, affermir, affirmer) Assurer qu'une chose est vraie. ♦ **Log.** Exprimer l'affirmation. ■ Manifester clairement. *Affirmer ses convictions.* ■ S'affirmer, v. pr. Devenir sûr. *Une personnalité qui s'affirme.*

AFFIXAL, ALE, ■ adj. [afiksal] (*affixe*) **Ling.** Qui est relatif à un affixe. *Dérivation affixale. Éléments affixaux.*

AFFIXE, adj. [afiks] (lat. *affixus*, de *affigere*, attacher) **Gramm.** Se dit des particules ou des lettres qui s'ajoutent aux mots pour en modifier le sens. ♦ N. m. *Un affixe.* ■ N. f. **Math.** Nombre complexe auquel correspond un point déterminé dans un repère orthonormé. ■ AFFIXÉ, ÉE, adj. [afikse]

AFFLEURÉ, ÉE, p. p. d'affleurer. [aflœʀe] Mis de niveau.

AFFLEUREMENT, n. m. [aflœʀ(ə)mɑ̃] (*affleurer*) Action d'affleurer ; état de ce qui est affleuré.

AFFLEURER, v. tr. [aflœʀe] (*a-* et *fleur*) Mettre de niveau deux corps contigus, de manière que l'un ne fasse pas saillie sur l'autre. ♦ **Phys.** Enfoncer dans un liquide jusqu'à une marque précise. *Affleurer un aréomètre.* ♦ Arriver jusqu'à être de niveau. ♦ V. intr. *Ces pièces de bois affleurent bien,* elles sont bien de niveau.

AFFLICTIF, IVE, adj. [afliktif, iv] (rad. lat. *afflictum*, de *affligere*) Qui frappe directement la personne. *Peine afflictive.*

AFFLICTION, n. f. [afliksjɔ̃] (lat. chrét. *afflictio*) Peine morale. *Être plongé dans l'affliction.* ♦ Malheur, tribulation. ♦ En t. de spiritualité, *le pain de l'affliction.*

AFFLIGÉ, ÉE, p. p. d'affliger. [afliʒe] Atteint d'un malheur. *Affligé d'une peste terrible. Affligé par tant de maux.* ♦ Qui a de la tristesse. *Un cœur affligé.* ♦ N. m. et n. f. « *Il est bon de consoler les affligés* », BOURDALOUE. ♦ On dit *affligé de* avec un infinitif, ou *que* avec le subjonctif : *Je suis affligé de voir les choses en cet état ; Je suis affligé que vous ayez perdu votre procès.*

AFFLIGEANT, ANTE, adj. [afliʒɑ̃, ɑ̃t] (*affliger*) Qui afflige, qui cause de l'affliction. ♦ *Il est affligeant de,* il est fâcheux, triste de. ■ Qui est lamentable. *Une publicité affligeante.*

AFFLIGER, v. tr. [afliʒe] (lat. *affligere*) Causer un grand dommage, désoler, tourmenter. *Un grand malheur affligea l'État.* ♦ Causer de l'affliction. *Cette mort nous afflige.* ♦ Mortifier. « *Vous pouvez réparer, en affligeant votre chair, vos voluptés criminelles* », MASSILLON. ■ S'affliger, v. pr. Éprouver de l'affliction.

AFFLOUAGE, n. m. [afluaʒ] (*afflouer*) Action d'afflouer un navire.

AFFLOUER, v. tr. [aflue] (*a-* et anc. fr. *flouée*, marée) Ramener un bâtiment échoué à un endroit où il y a assez d'eau pour qu'il flotte.

AFFLUENCE, n. f. [aflyɑ̃s] (lat. *affluentia*, abondance) Écoulement abondant d'eau, de liquides. ♦ **Fig.** Grande abondance de choses. ♦ Grand concours de monde.

AFFLUENT, ENTE, adj. [aflyɑ̃, ɑ̃t] (lat. *affluens*, de *affluere*) Se dit d'un cours d'eau qui a son embouchure dans un fleuve ou dans une autre rivière. ♦ N. m. *La Seine a de nombreux affluents.* ♦ Se dit aussi des fleuves qui se jettent à la mer. ♦ Adj. **Méd.** Se dit des humeurs qui se portent dans quelque partie.

AFFLUER, v. intr. [aflye] (lat. *affluere*, de *ad*, vers, et *fluere*, couler) Couler vers. ♦ **Fig.** Abonder, survenir en grande quantité.

AFFLUX, n. m. [afly] (lat. médiév. *affluxus*, de *affluere*, couler vers) **Méd.** Action d'affluer, en parlant des liquides du corps. ■ Arrivée en grand nombre.

AFFOLANT, ANTE, ■ adj. [afɔlɑ̃, ɑ̃t] (*affoler*) Qui provoque une vive émotion. *Une vision affolante.* ■ **Fam.** Qui inquiète par son caractère démesuré. *Dans des proportions affolantes.*

AFFOLÉ, ÉE, p. p. d'affoler. [afɔle] Rendu fou, et par extension, qui aime d'une manière folle. ♦ **Mar.** *Aiguille affolée* se dit de l'aiguille d'une boussole qui est dérangée soit par le voisinage du fer, soit par un orage.

AFFOLEMENT, n. m. [afɔl(ə)mɑ̃] (*affoler*) Action de devenir fou et surtout fou par amour. ■ Agitation due à une perte de la maîtrise de soi. *Dans l'affolement du départ.*

AFFOLER, v. tr. [afɔle] (*a-* et *fou*) Rendre fou, et particulièrement rendre fou d'amour. ♦ Déranger l'aiguille aimantée. ■ S'affoler, v. pr. *S'affoler de quelqu'un, de quelque chose.* ■ Perdre son sang froid. ■ Inquiéter. *Cette situation m'affole.*

AFFORAGE, n. m. [afɔʀaʒ] (anc. fr. *aforer*, estimer, de *fuer*, prix) Droit qui se payait à un seigneur pour la vente du vin.

AFFOUAGE, n. m. [afwaʒ] (lat. médiév. *affuagium*, droit de ramasser du bois) Droit de prendre dans une forêt le bois nécessaire pour se chauffer, ou répartition, entre les habitants d'une commune, du bois dont ils ont la propriété en commun.

AFFOUAGER, ■ v. tr. [afwaʒe] (*affouage*) Établir la liste des habitants d'une commune possédant le droit d'affouage. ■ Définir dans une forêt les coupes destinées à l'affouage.

AFFOUAGISTE, ■ n. m. et n. f. [afwaʒist] (*affouage*) Habitant d'une commune bénéficiant du droit d'affouage.

AFFOUILLEMENT, n. m. [afuj(ə)mɑ̃] (*affouiller*) Action produite par les eaux dont le courant a fouillé, dégradé une pile de pont, etc.

AFFOUILLER, ■ v. tr. [afuje] (*a-* et *fouiller*) Entraîner le creusement d'un fond, d'un littoral. *Les courants forts ont affouillé la berge.*

AFFOURAGEMENT, n. m. [afuʀaʒ(ə)mɑ̃] Voy. AFFOURRAGEMENT.

AFFOURAGER, ■ v. tr. [afuʀaʒe] Voy. AFFOURRAGER.

AFFOURCHE, n. f. [afuʀʃ] (*affourcher*) **Mar.** Ce qui sert à affourcher un bâtiment. *Ancre d'affourche.*

AFFOURCHER, v. tr. [afuʀʃe] (*a-* et *fourche*) Mettre à califourchon. *Un enfant affourché sur un âne.* ♦ S'affourcher, v. pr. **Menuis.** Joindre ensemble deux pièces de bois, dont l'une est à languette et l'autre à rainure. ♦ **Mar.** Disposer les câbles de deux ancres à fourche. ♦ V. intr. *Le vaisseau affourche.* ■ S'affourcher, v. pr. *On s'affourche pour mieux tenir contre le vent.*

AFFOURRAGEMENT ou **AFFOURAGEMENT**, ■ n. m. [afuʀaʒ(ə)mɑ̃] (*affourrager*) Action d'affourrager. *L'affouragement des bovins.*

AFFOURRAGER ou **AFFOURAGER**, v. tr. [afuʀaʒe] (*a-* et *fourrage*) Donner du fourrage sec aux bestiaux à l'écurie.

AFFRANCHI, IE, p. p. d'affranchir. [afʀɑ̃ʃi] *Esclaves affranchis par leur maître.* ♦ N. m. et n. f. Esclave à qui on a donné la liberté.

AFFRANCHIR, v. tr. [afʀɑ̃ʃiʀ] (*a-* et *franc*) Rendre franc, exempt d'impôt. ♦ *Affranchir une lettre,* un paquet, en payer le port, en expédiant la lettre, le paquet. ♦ Rendre libre. *Affranchir un esclave.* ♦ Délivrer en général de ce qui gêne. *Affranchir de la crainte.* ♦ **Équit.** *Affranchir un fossé,* sauter par-delà. ♦ *Affranchir un animal,* le châtrer. ♦ S'affranchir, v. pr. Être affranchi, se rendre franc. ■ **Fam.** Informer quelqu'un.

AFFRANCHISSABLE, ■ adj. [afʀɑ̃ʃisabl] (*affranchir*) Que l'on peut affranchir. *Les enveloppes T sont des enveloppes non affranchissables.*

AFFRANCHISSEMENT, n. m. [afʀɑ̃ʃis(ə)mɑ̃] (*affranchir*) Action d'affranchir. ♦ Exemption de charges, d'impôts. ♦ Acquittement préalable des frais de port soit d'une lettre, soit d'un paquet. ♦ *Affranchissement de l'esprit, de la pensée.*

AFFRANCHISSEUR, EUSE, n. m. et n. f. [afʀɑ̃ʃisœʀ, øz] Personne qui affranchit.

AFFRE, n. f. [afʀ] ou [ɑfʀ] (a. prov., effroi, épouvante, prob. du goth. *aifrs*, horrible) Grand effroi. « *Après les affres de la mort, elle ressentit les horreurs de l'enfer* », BOSSUET.

AFFRÉTÉ, ÉE, p. p. d'affréter. [afʀete] Pris à louage.

AFFRÈTEMENT, n. m. [afʀɛt(ə)mɑ̃] (*affréter*) Action d'affréter. ■ REM. Graphie ancienne : *affrétement.*

AFFRÉTER, v. tr. [afʀete] (*a-* et *fret*) Prendre un bâtiment à louage. ■ Par extens. Louer un moyen de transport pour des marchandises ou un groupe de personnes.

AFFRÉTEUR, EUSE, n. m. et n. f. [afʀetœʀ, øz] (*affréter*) Personne qui affrète un bâtiment.

AFFREUSEMENT, adv. [afʀøz(ə)mɑ̃] (*affreux*) D'une manière affreuse.

AFFREUX, EUSE, adj. [afʀø, øz] (*affre*) Qui excite une sorte de terreur, au sens physique et au sens moral. ♦ Extrêmement désagréable, mauvais, détestable, laid. ■ N. m. et n. f. **Fam.** *L'affreux, l'affreuse.*

AFFRIANDÉ, ÉE, p. p. d'affriander. [afʀijɑ̃de] Rendu friand. ♦ **Fig.** Affriandé par des promesses. ♦ Affriandé de ou à, qui est friand de.

AFFRIANDER, v. tr. [afʀijɑ̃de] (*a-* et *friand*) Rendre friand. ♦ Attirer par l'appât de quelque chose d'agréable au goût, et fig. de quelque chose d'agréable, d'avantageux.

AFFRIOLANT, ANTE, ■ adj. [afʀijɔlɑ̃, ɑ̃t] (*affrioler*) Qui excite le désir physique. *Des dessous affriolants.* ■ **Fam.** Qui présente un certain intérêt. *Un quotidien pas très affriolant.*

AFFRIOLÉ, ÉE, p. p. d'affrioler. [afʀijɔle]

AFFRIOLER, v. tr. [afʀijɔle] (*a-* et moy. fr. *friolet*, friand) Attirer par des friandises, et fig. par des promesses.

AFFRIQUÉE, ■ n. f. [afʀike] (lat. *adfricare*, frotter contre) **Phonét.** Consonne combinant simultanément une occlusive et une fricative, produisant le son [t].

AFFRONT, n. m. [afʀɔ̃] (*affronter*) Acte ou parole de mépris jeté en face. ♦ *Boire, avaler, dévorer un affront,* le souffrir. ♦ *Essuyer un affront,* le subir.

♦ Déshonneur, honte. *Il fait affront à toute sa famille.* ♦ *Sa mémoire lui a fait un affront,* la mémoire lui a manqué. ♦ *Faire l'affront de quelque chose à quelqu'un,* le lui reprocher. ♦ *En avoir l'affront,* ne pas réussir.

AFFRONTÉ, ÉE, p. p. d'affronter. [afʀɔ̃te] Bravé. ♦ Trompé. ♦ **Hérald.** Se dit de deux animaux qui se regardent et sont figurés front contre front. ♦ Mis de niveau.

AFFRONTEMENT, n. m. [afʀɔ̃t(ə)mɑ̃] (*affronter*) Action d'affronter, de mettre de niveau.

AFFRONTER, v. tr. [afʀɔ̃te] (*a-* et *front*) Se mettre avec intrépidité en face de. ♦ **Fig.** *Affronter la mort, les tempêtes.* ♦ **Art** Mettre front à front, de niveau. ♦ Tromper effrontément quelqu'un. ♦ **S'affronter,** v. pr. « *Si vous voyez deux chiens qui s'aboient, qui s'affrontent* », La Bruyère.

AFFRONTERIE, n. f. [afʀɔ̃t(ə)ʀi] (*affronter*) Action d'affronter.

AFFRONTEUR, EUSE, n. m. et n. f. [afʀɔ̃tœʀ, øz] (*affronter*) Qui trompe.

AFFRUITER (S'), v. pr. [afʀɥite] (*a-* et *fruit*) Se mettre à fruit, en parlant d'un arbre. ■ V. intr. Produire des fruits.

AFFUBLÉ, ÉE, p. p. d'affubler. [afyble] *Affublé d'une robe.* ♦ *Affublé de ridicules,* couvert de ridicules.

AFFUBLEMENT, n. m. [afyblømɑ̃] (*affubler*) Action d'affubler ; ajustement singulier, ridicule.

AFFUBLER, v. tr. [afyble] (b. lat. *affibulare,* de *ad* et *fibula,* agrafe) Habiller d'une manière irrégulière, bizarre, ridicule. ♦ **S'affubler,** v. pr. *S'affubler d'un manteau.*

AFFUSION, n. f. [afyzjɔ̃] (lat. *affusio,* action de verser) Moyen thérapeutique qui consiste à verser en nappe et de quelques centimètres de hauteur une certaine quantité d'eau sur une partie du corps.

AFFÛT ou **AFFUT,** n. m. [afy] (*affûter*) Endroit où l'on se poste pour attendre le gibier. ♦ **Fig.** *Être à l'affût,* épier le moment pour faire une chose. ♦ Pièce ou assemblage de diverses pièces de bois qui supporte le canon d'une arme à feu.

AFFÛTAGE ou **AFFUTAGE,** n. m. [afytaʒ] (*affûter*) Action d'affûter, d'aiguiser des outils. ♦ Assortiment d'outils nécessaires à un ouvrier.

AFFÛTÉ, ÉE ou **AFFUTÉ, ÉE,** p. p. d'affûter. [afyte]

AFFÛTER ou **AFFUTER,** v. tr. [afyte] (*a-* et *fût,* pièce de bois) Aiguiser un outil. ■ **Fig.** Préparer quelque chose de façon à le rendre plus pertinent, plus efficace. *Affûter ses arguments.* ■ AFFÛTEUR, EUSE ou AFFUTEUR, EUSE, n. m. et n. f. [afytœʀ, øz]

AFFÛTEUSE ou **AFFUTEUSE,** ■ n. f. [afytøz] (*affûter*) Machine à aiguiser les outils tranchants.

AFFÛTIAU ou **AFFUTIAU,** n. m. [afytjo] (*affûter*) Bagatelle, brimborion. ♦ Mot pop. *Des affûtiaux.*

AFGHAN, ANE, ■ adj. [afgɑ̃, an] (prob. de l'iran. *afghan,* gorge de montagne) De l'Afghanistan. *La communauté afghane.* ■ N. m. et n. f. *Un Afghan, une Afghane.*

AFIBRINOGÉNÉMIE, ■ n. f. [afibʀinoʒenemi] (*a-, fibrinogène* et *-émie*) **Méd.** Absence ou diminution importante du fibrinogène dans le plasma sanguin. ■ AFIBRINOGÉNÉMIQUE, adj. [afibʀinoʒenemik]

AFICIONADO, ■ n. m. et n. f. [afisjonado] (mot esp., du lat. *affectio*) Amateur de tauromachie. « *Quand chacun fait assaut de références tauromachiques, le véritable aficionado est souvent celui qui ne dit rien* », Libération, 2004. ■ Par extens. Amateur éclairé et passionné. *Les aficionados de la BD.*

AFIN, conj. [afɛ̃] (*à* et 1*fin*) Marque la fin pour laquelle on agit, le but qu'on se propose. *Afin* se joint à la préposition *de,* suivie d'un infinitif, ou à la conjonction *que,* suivie du subjonctif.

AFOCAL, ALE, ■ adj. [afokal] (*a-* et *focal*) **Opt.** Dont le plan focal correspondant à l'image de l'objectif coïncide avec le plan focal objet de l'oculaire, ce qui fait que les foyers sont rejetés à l'infini. *Une lunette afocale permet de distinguer nettement des objets situés à l'infini.*

À-FONDS, ■ n. m. pl. [afɔ̃] (*à* et *fonds*) **Suisse** Nettoyage complet d'une maison. *Une bonne ménagère vaudoise fait les à-fonds tous les printemps.*

AFRICAIN, AINE, ■ adj. [afʀikɛ̃, ɛn] (lat. *africanum*) De l'Afrique, et spécialt. de l'Afrique noire. *Des chants africains.* ■ N. m. et n. f. *Un Africain, une Africaine.*

AFRICANISATION, ■ n. f. [afʀikanizazjɔ̃] (*africaniser*) Action d'africaniser.

AFRICANISER, ■ v. tr. [afʀikanize] (*africain*) Installer des personnes et des structures africaines en Afrique noire en place des anciennes, européennes. ■ Donner un style, un caractère africain à quelque chose.

AFRICANISME, ■ n. m. [afʀikanism] (*africain*) **Ling.** Tournure propre au français parlé en Afrique. *Gagner le bébé,* qui veut dire être enceinte, est un *africanisme.* ■ Ensemble des sciences qui étudient les cultures et les civilisations de l'Afrique.

AFRICANISTE, ■ n. m. et n. f. [afʀikanist] (*africain*) Personne compétente en ce qui concerne les langues et les cultures africaines.

AFRIKANDER ou **AFRIKANER,** ■ adj. [afʀikɑ̃dɛʀ, afʀikanɛʀ] (mot néerl.) Qui se rapporte à la population blanche vivant en Afrique du Sud. ■ N. m. et n. f. *Les Afrikanders.* ■ Rem. On trouve aussi *afrikaander.*

AFRIKANS ou **AFRIKAANS,** ■ n. m. [afʀikɑ̃s] (mot néerl.) Langue d'origine néerlandaise parlée en Afrique du Sud.

AFRO, ■ adj. inv. [afʀo] (mot angl., abrév. de *Afro-American*) De style africain, spécialt. dans l'expression *coiffure afro,* masse volumineuse, en boule, de cheveux crépus, frisés. *Le célèbre poster d'Angela Davis avec sa coupe afro. Des coiffures afro.*

AFRO-AMÉRICAIN, AINE, ■ n. m. et n. f. [afʀoameʀikɛ̃, ɛn] (*afro-* et *américain*) Homme ou femme de couleur d'Amérique du Nord dont les ancêtres sont originaires d'Afrique. *Les Afro-Américains représentent plus de 10 % de la population américaine.* ■ Adj. *Musiques afro-américaines.*

AFRO-ASIATIQUE, ■ adj. ou n. m. et n. f. [afʀoazjatik] (*afro-* et *asiatique*) Qui tient à la fois de l'Afrique et de l'Asie. *Forum afro-asiatique. Les Afro-Asiatiques.* ■ Adj. Relatif à l'afro-asiatisme. *Le courant afro-asiatique aida à la décolonisation.* ■ Adj. et n. m. Relatif à la langue chamito-sémitique. *Langue afro-asiatique. L'afro-asiatique.*

AFRO-ASIATISME, ■ n. m. [afʀoazjatism] (*afro-* et *asiatisme*) Mouvement politique de solidarité des anciens pays colonisés d'Afrique et d'Asie. *L'afro-asiatisme montra l'importance du tiers-monde.*

AFRO-BRÉSILIEN, IENNE, ■ n. m. et n. f. [afʀobʀeziljɛ̃, jɛn] (*afro-* et *brésilien*) Homme ou femme de couleur du Brésil dont les ancêtres sont originaires d'Afrique. *Les Afro-Brésiliens de Salvador de Bahia.* ■ Adj. *Danses afro-brésiliennes.*

AFRO-CUBAIN, AINE, ■ n. m. et n. f. [afʀokybɛ̃, ɛn] (*afro-* et *cubain*) Homme ou femme de couleur de Cuba dont les ancêtres sont originaires d'Afrique. *Les Afro-Cubains.* ■ Adj. *Percussions afro-cubaines.*

AFRO-ROCK, ■ n. m. [afʀoʀɔk] (*afro-* et *rock*) Style de musique faisant intervenir le rock dans les traditions africaines. *Groupe qui joue de l'afro-rock. Des afro-rocks.* ■ Adj. inv. *Musiques afro-rock.*

AFTER-SHAVE ou **AFTERSHAVE,** ■ n. m. [aftœʀʃɛv] (mot angl., *after,* après, et *shave,* raser) Lotion apaisante que l'on se passe sur le visage après s'être rasé. *Des after-shave ou des aftershaves.* ■ Adj. inv. *Lotions after-shave.* ■ Rem. On recommande l'emploi de *après-rasage.* ■ Voy. après-rasage.

AGA ou **AGHA,** n. m. [aga] (mot turc, vieillard) ▷ Chef militaire chez les Turcs et les Algériens. ◁

AGAÇANT, ANTE, adj. [agasɑ̃, ɑ̃t] (*agacer*) Qui agace, qui fait mal aux nerfs. ♦ **Fig.** Qui excite, qui attire. *Propos agaçants.*

AGACE ou **AGASSE,** n. f. [agas] (anc. h. all. *agaza*) Oiseau appelé ordinairement pie.

AGACÉ, ÉE, p. p. d'agacer. [agase] Qui éprouve de l'agacement. ♦ Qui reçoit des agaceries.

AGACEMENT, n. m. [agas(ə)mɑ̃] (*agacer*) Sensation désagréable produite par le contact des substances acides, ou l'action de la lime et des sons aigus sur les dents. ♦ Irritation légère. *Agacement des nerfs.* ■ **Fig.** Mécontentement mêlé d'impatience.

AGACER, v. tr. [agase] (anc. fr. *aacier,* harceler, agacer, du lat. *adaciare,* rendre acide, prob. par contamination de *agacier,* crier en parlant de la pie) Causer de l'agacement. ♦ *Agacer les nerfs,* causer une irritation intérieure. ♦ **Fig.** Faire des agaceries. ♦ **S'agacer,** v. pr. Devenir agacé. ♦ *S'agacer l'un l'autre.* ♦ Provoquer un mécontentement mêlé d'impatience.

AGACERIE, n. f. [agas(ə)ʀi] (*agacer*) Mines, manières, paroles par lesquelles on cherche à attirer l'attention. ■ Rem. Auj. litt.

AGALACTIE ou **AGALAXIE,** ■ n. f. [agalaksi] (gr. *agalaktia,* manque de lait) Absence de sécrétion lactée chez un mammifère femelle. *Agalactie d'une jeune mère. Agalaxie contagieuse des ovins et des caprins.*

AGAME, adj. [agam] (gr. *agamos,* non marié, célibataire ou veuf) **Bot.** Se dit des plantes auxquelles on ne connaît point d'organes sexuels, telles que certains champignons et des algues.

AGAMI, ■ n. m. [agami] (mot galibi) Oiseau de l'Amérique méridionale, de l'espèce des gallinacés.

AGAMIDÉ, ■ n. m. [agamide] (*agame,* genre de reptile saurien) **Zool.** Type de lézard. *La salamandre appelée margouillat appartient à la famille des agamidés.*

AGAMIE, n. f. [agami] (*agame*) État des plantes agames.

AGAMMAGLOBULINÉMIE, ■ n. f. [agamaglobylinemi] (*a-* et *gammaglobulinémie*) **Méd.** Absence ou insuffisance de gammaglobulines dans le plasma. *L'agammaglobulinémie peut être génétique ou acquise, dans certaines maladies qui touchent le système immunitaire.*

AGAPANTHE, ▪ n. f. [agapɑ̃t] (gr. *agapan*, aimer, et *anthos*, fleur) **Bot.** Tubéreuse à gros paquets de fleurs bleues ou blanches, originaire d'Afrique et d'Australie. *La tige de l'agapanthe peut atteindre un mètre.*

AGAPANTHIE, ▪ n. f. [agapɑ̃ti] (lat. *agapanthia*) **Zool.** Coléoptère se développant dans la tige de diverses plantes herbacées ou sur des plantes particulières. *L'agapanthie du chardon appartient à la famille des capricornes.*

AGAPE, n. f. [agap] (gr. chrét. *agapê*, affection, amour divin) Repas que les premiers chrétiens faisaient en commun. ▪ Au pl. Repas de fête.

AGAPÈTES, n. f. pl. [agapɛt] (gr. *agapêtos*, chéri) Dans la primitive Église, filles qui vivaient en communauté sans faire de vœux.

AGAR-AGAR, ▪ n. m. [agaʁagaʁ] (mot malais) Gélose issue d'algues, élaborée comme composant et équivalent végétal de la gélatine. *L'agar-agar est utilisé dans la pharmacopée et les produits alimentaires. Des agars-agars.*

AGARIC, n. m. [agaʁik] (gr. *agarikon*) Nom de plusieurs champignons, dont quelques-uns appartiennent au genre bolet. *Le champignon de Paris est un agaric.*

AGARICALE, ▪ n. f. [agaʁikal] (*agaric*) **Bot.** Type de famille de champignons ayant un chapeau et des lamelles en rayons sur sa face inférieure. *Le bolet, l'amanite phalloïde sont des agaricales.*

AGASSE, ▪ n. f. [agas] Voy. AGACE.

AGASSIN, n. m. [agasɛ̃] (*agace*, issu par ellipse de *œil agassin*, œil d'agace) Bouton de vigne qui est placé le plus bas et d'où il ne sort jamais de grappe.

AGATE, n. f. [agat] (gr. *akhatês*) Variété de quartz ou cristal de roche, de couleurs variées. ♦ Tout ouvrage en agate.

AGAVACÉE, ▪ n. f. [agavase] (*agave*) **Bot.** Type de plante. *Les agavacées comprennent l'agave ou le yucca.*

AGAVE, n. m. [agav] (gr. *agauê*, admirable, de *Agavê*, fille de Cadmos et d'Harmonie dans la mythol.) Genre de la famille des amaryllidées, qui a le port des aloès, propre à l'Amérique du Sud. ▪ REM. Graphie ancienne : *agavé*.

AGE, n. m. [aʒ] (forme dial. anc. fr. *haie*, du frq. *hagja*, haie, clôture) Partie de la charrue destinée à transmettre le mouvement au corps de l'instrument.

ÂGE, n. m. [ɑʒ] (b. lat. *ætaticum*, du lat. class. *ætatis*, temps, vie) Durée ordinaire de la vie. *L'âge de l'homme ne passe pas communément quatre-vingts ans.* ♦ *Âge d'homme*, l'âge viril. ♦ *Âge*, la durée commune de la vie. ♦ Temps qu'il y a qu'on est en vie. « *Eh ! quel âge avez-vous ?* », RACINE. ♦ *Il ne paraît pas son âge*, il ne paraît pas avoir l'âge qu'il a réellement. ♦ Carrière de la vie que l'on a à parcourir avec un commencement, un milieu et une fin. *Être à la fleur de l'âge.* ♦ La durée d'une génération. « *Ce vieillard qui a vécu trois âges d'homme* », FÉNELON. ♦ Les diverses époques de la vie. « *Chaque âge a ses plaisirs* », BOILEAU. ♦ *Bas âge*, jeune âge. ♦ *Le bel âge*, la jeunesse. ♦ ▷ *Moyen âge*, âge intermédiaire de la vie. « *Un homme de moyen âge, Et tirant sur le grison* », LA FONTAINE. ◁ ♦ *Sur l'âge*, sur le retour. *L'âge*, en particulier, l'âge requis par les lois pour certains actes, certaines fonctions. ♦ *Président d'âge*, celui qui, provisoirement, préside une assemblée, parce qu'il en est le plus âgé. ♦ *Être d'âge à, en âge de*, avoir un âge qui permet de. ♦ *Être entre deux âges*, n'être ni jeune ni vieux. ♦ **Fam.** *Être d'un certain âge*, n'être plus jeune. ♦ Il se dit du nombre d'années qu'a un cheval, un chien, un arbre, un bois. ♦ **Astron.** *L'âge de la lune*, le temps qui s'est écoulé depuis le renouvellement de la lune. ♦ N. m. pl. Les siècles dans leur succession indéfinie. *Les différents âges de la nature.* ▪ Au sing. Un temps déterminé, une époque. *Il est le héros de notre âge.* ♦ *Les quatre âges du monde*, le temps qui s'est écoulé depuis la création. ♦ *Les quatre âges du monde*, les quatre périodes imaginées par les poètes, et désignées sous les noms d'*âge d'or*, d'*âge d'argent*, d'*âge d'airain*, d'*âge de fer*. On dit fig. *un âge d'or* pour une époque de prospérité, et *un âge de fer* pour un temps de guerre et de calamités. ♦ *Le Moyen Âge*, le temps qui s'est écoulé depuis la chute de l'Empire romain jusqu'à la prise de Constantinople par Mahomet II. ♦ **Géol.** *Âge des terrains*, âge des diverses formations de roches ; ordre de succession des substances minérales stratifiées. ♦ D'ÂGE EN ÂGE, loc. adv. De siècle en siècle, de génération en génération. ▪ *Le troisième âge*, ensemble des personnes ayant atteint l'âge de la retraite. ▪ *Le quatrième âge*, ensemble des personnes âgées ne pouvant plus vivre de façon autonome. ▪ *Âge mental*, niveau de développement intellectuel. ▪ *Âge légal*, âge fixé pour certains droits citoyens. ▪ *Retour d'âge*, ménopause. ▪ **Mod.** *Âge moyen*, âge intermédiaire de la vie.

ÂGÉ, ÉE, adj. [ɑʒe] (*âge*) Qui a un certain nombre d'années. ♦ **Absol.** *Il paraît plus âgé qu'il n'est.*

AGENCE, n. f. [aʒɑ̃s] (ital. *agenzia*) Emploi, charge d'agent. ♦ Ancienne fonction d'agent du clergé. ▪ Organisme prenant en charge certaines opérations pour le compte de ses clients, d'autres personnes. *Agence de voyages, Agence nationale pour l'emploi.* ▪ Succursale d'un établissement commercial. *Les agences d'une compagnie d'assurance.*

AGENCÉ, ÉE, p. p. d'agencer. [aʒɑ̃se] Arrangé. ♦ **Fam.** Ajusté, paré.

AGENCEMENT, n. m. [aʒɑ̃s(ə)mɑ̃] (*agencer*) Action d'agencer. ♦ En peinture, arrangement des groupes, des figures, ajustement des draperies, disposition des accessoires.

AGENCER, v. tr. [aʒɑ̃se] (anc. fr. *agencier*, embellir, arranger, du lat. *adgentiare*, de *genitus*, bien né) Ajuster, arranger. ♦ En peinture, arranger des groupes, des figures, ajuster les draperies, disposer les accessoires. ♦ S'agencer, v. pr. « *On a beau s'agencer et faire les doux yeux* », RÉGNIER.

AGENDA, n. m. [aʒɛ̃da] (b. lat. *agenda*, de *agere*, faire) Petit livret destiné à noter les choses qu'on doit faire. *Des agendas.*

AGENDER, ▪ v. tr. [aʒɛ̃de] (*agenda*) **Suisse** Noter sur un agenda. *Avez-vous bien agendé notre prochaine réunion ?*

AGÉNÉSIE, ▪ n. f. [aʒenezi] (*a-* et *-génésie*) Absence de développement, au stade embryonnaire, de tout ou partie d'un organe, le plus souvent un membre. *L'agénésie dentaire dans de nombreuses races canines.*

AGÉNÉSIQUE, ▪ adj. [aʒenezik] (*agénésie*) Relatif à l'agénésie. ▪ Atteint, atteinte d'agénésie.

AGENOUILLÉ, ÉE, p. p. d'agenouiller. [aʒ(ə)nuje]

AGENOUILLEMENT, n. m. [aʒ(ə)nuj(ə)mɑ̃] (*s'agenouiller*) Action de s'agenouiller.

AGENOUILLER (S'), v. pr. [aʒ(ə)nuje] (*a-* et *genou*) Se mettre à genoux.

AGENOUILLOIR, n. m. [aʒ(ə)nujwaʁ] (*s'agenouiller*) Petit escabeau sur lequel on s'agenouille.

AGENT, AGENTE, n. m. et n. f. [aʒɑ̃, aʒɑ̃t] (lat. *agens*, de *agere*, faire) Tout ce qui agit, opère. *Agent naturel. Agent chimique. Dans ce phénomène la nature est la principale agente.* ♦ Personne qui fait les affaires d'autrui, qui est chargée d'une fonction, d'une mission publique ou privée. *Les agents du roi.* ♦ En mauvaise part. *Dans cette intrigue, elle était la principale agente.* ♦ *Agent d'une compagnie.* ♦ *Agent diplomatique*, homme chargé de fonctions diplomatiques. ♦ *Agent de change*, autrefois changeur, entremetteur autorisé pour la négociation des effets publics. ♦ *Agent de police*, employé subalterne attaché à la police d'une ville. ♦ *Agent d'affaires*, personne qui se charge de diriger et de régler des affaires d'intérêt. ♦ *Agent du clergé* se disait autrefois d'ecclésiastiques choisis pour avoir soin des affaires du clergé. ▪ *Agent secret*, travaillant pour le service des renseignements. ▪ **Gramm.** *Complément d'agent*, qui représente celui qui fait l'action à la forme passive.

AGÉRATUM ou **AGÉRATE**, ▪ n. m. [aʒeratɔm, aʒerat] (lat. *ageratum*) **Bot.** Plante herbacée dont les fleurs sont à dominante bleue. *Les agératums sont souvent utilisés pour fleurir les bordures de jardins.* ▪ REM. On écrit aussi *ageratum*.

AGGIORNAMENTO, n. m. [adʒjɔrnamɛnto] (mot it., mise à jour) **Relig.** Évolution de l'Église catholique en fonction des modifications du monde. ▪ Par extens. Adaptation à la réalité contemporaine, au progrès. *Des aggiornamentos. L'aggiornamento des politiques monétaires.*

AGGLO, ▪ n. m. [aglo] Voy. AGGLOMÉRÉ.

AGGLOMÉRAT, n. m. [aglomera] (*agglomérer*) Masse de plusieurs substances d'époques géologiques diverses réunies par un ciment.

AGGLOMÉRATION, n. f. [aglomerasjɔ̃] (lat. médiév. *agglomeratio*, accumulation) Action d'agglomérer ; état de ce qui est aggloméré. ▪ Groupement d'habitations, et par extension ville et sa banlieue. *L'agglomération nantaise.* ▪ REM. Graphie ancienne : *aglomération*.

AGGLOMÉRÉ, ÉE, p. p. d'agglomérer. [aglomere] Réuni en tas. ▪ N. m. Matériau composé de copeaux compressés. *Un plateau de table en aggloméré.* ▪ **Abrév.** Agglo. ▪ REM. Graphie ancienne : *aglomére, ée*.

AGGLOMÉRER, v. tr. [aglomere] (lat. *agglomerare*, rattacher, réunir) Assembler, réunir, entasser. ♦ S'agglomérer, v. pr. S'entasser. ▪ REM. Graphie ancienne : *aglomérer*.

AGGLUTINANT, ANTE, adj. [aglytinɑ̃, ɑ̃t] (*agglutiner*) Qui est propre à recoller, rejoindre. ♦ N. m. Un agglutinant. ♦ **Ling.** *Langues agglutinantes*, celles dans lesquelles prédomine le procédé de l'agglutination. ▪ REM. Graphie ancienne : *aglutinant, ante*.

AGGLUTINATIF, IVE, adj. [aglytinatif, iv] (*agglutiner*) Se dit des emplâtres qui ont la propriété de s'attacher promptement et d'adhérer fortement à la peau. ♦ N. m. *Un bon agglutinatif.* ▪ REM. Graphie ancienne : *aglutinatif, ive.*

AGGLUTINATION, n. f. [aglytinasjɔ̃] (b. lat. *agglutinatio*) Action d'agglutiner. ♦ ▷ **Méd.** Recollement des parties contiguës accidentellement divisées. ◁ ♦ **Ling.** Procédé par lequel un ou plusieurs mots, étant dans un rapport de dépendance avec un autre mot, s'introduisent à l'aide de certaines modifications dans le corps du mot dont ils dépendent et se joignent à lui de manière à composer un mot unique. ■ Rem. Graphie ancienne : *aglutination*.

AGGLUTINÉ, ÉE, p. p. d'agglutiner. [aglytine] Recollé, rejoint. ♦ **Ling.** Se dit d'un mot réuni à un autre et fondu en lui. ■ Assemblé en masse. ■ Rem. Graphie ancienne : *aglutiné, ée*.

AGGLUTINER, v. tr. [aglytine] (lat. *agglutinare*, coller à) ▷ **Méd.** Recoller, réunir les chairs, la peau. ◁ ♦ S'agglutiner, v. pr. Être réuni, recollé. ♦ S'agglutiner, v. pr. S'assembler en masse. ■ Rem. Graphie ancienne : *aglutiner*.

AGGLUTININE, ■ n. f. [aglytinin] (*agglutiner*) **Méd.** Anticorps caractérisé par la reconnaissance spécifique de certaines parois cellulaires, notamment de certains globules rouges.

AGGLUTINOGÈNE, ■ n. m. [aglytinoʒɛn] (*agglutiner* et -*gène*) **Méd.** Antigène particulier qui provoque l'apparition des agglutinines.

AGGRAVANT, ANTE, adj. [agravɑ̃, ɑ̃t] (*aggraver*) Qui rend plus grave, plus grief. ■ **Dr.** *Circonstances aggravantes*, contexte d'un délit susceptible d'alourdir la peine. ■ Rem. Graphie ancienne : *agravant, ante*.

AGGRAVATION, n. f. [agravasjɔ̃] (b. lat. *aggravatio*) Augmentation de peine ; ce qu'on ajoute à une condamnation. ♦ **Méd.** Augmentation. ■ Rem. Graphie ancienne : *agravation*.

AGGRAVE, n. f. [agrav] (*aggraver*) Seconde fulmination d'un monitoire avec menace des dernières censures de l'Église.

AGGRAVÉ, ÉE, p. p. d'aggraver. [agrave] Au propre, appesanti. Vieux en ce sens. ♦ Augmenté. ■ Rem. Graphie ancienne : *agravé, ée*.

AGGRAVÉE, n. f. [agrave] (adj. fém. moy. fr. *aggravé*, dont le pied est endolori par la marche, dér. de *gravier*) ▷ Maladie du pied du chien. ◁

AGGRAVER, v. tr. [agrave] (lat. *adgravare*, rendre plus lourd) Rendre plus lourd. ♦ **Fig.** Rendre plus grief. *Aggraver une peine*. ♦ S'aggraver, v. pr. Devenir plus lourd, plus grief. ■ Rem. Graphie ancienne : *agraver*.

AGGRÉGAT, AGGRÉGATION, AGGRÉGER, [agrega, agregasjɔ̃, agreʒe] Voy. AGRÉGAT, AGRÉGATION, AGRÉGER.

AGHA, ■ n. m. [aga] Voy. AGA.

AGILE, adj. [aʒil] (lat. *agilis*) Qui a facilité à agir, à se mouvoir, dispos, léger, souple. ■ **Fig.** *Un esprit agile*.

AGILEMENT, adv. [aʒil(ə)mɑ̃] (*agile*) Avec agilité.

AGILITÉ, n. f. [aʒilite] (lat. *agilitas*) Légèreté dans les mouvements. ♦ **Mus.** *Agilité des voix*, exécution rapide d'une mélodie. ■ **Fig.** *Agilité d'esprit*.

AGIO, n. m. [aʒjo] (ital. *aggio*, prob. de *agio*, aise) Bénéfice qui résulte du change de la monnaie et de l'échange des effets de commerce contre l'argent. ♦ Spéculation sur la hausse et la baisse des effets publics. ♦ Retenue faite au client lors de certaines opérations bancaires. *Frais d'agios en cas de découvert bancaire*.

AGIOTAGE, n. m. [aʒjɔtaʒ] (*agioter*) Trafic sur les effets publics, jeu sur la hausse ou la baisse, ou sur le prix de certaines marchandises.

AGIOTER, v. intr. [aʒjɔte] (*agio*) Faire l'agiotage.

AGIOTEUR, EUSE, n. m. et n. f. [aʒjɔtœr, øz] (*agioter*) Personne qui fait l'agiotage.

AGIR, v. intr. [aʒiʀ] (lat. *agere*) Faire quelque chose. *Le moment d'agir est venu.* ♦ Opérer un effet, produire une impression. *Les remèdes agissent moins vite que les maux.* ♦ Négocier, s'employer en quelque affaire. « *L'intérêt va faire agir le sénat* », Bossuet. ♦ Se comporter de telle ou telle manière. *Agir en citoyen.* ♦ *Agir contre*, lutter contre. ♦ Agir, poursuivre en justice. *Agir contre quelqu'un.* ♦ S'agir, v. pr. Ne s'emploie que sous la forme impersonnelle : *il s'agit*, etc. ♦ Avec *de* et un infinitif : *Il s'agit de savoir, il ne s'agit pas seulement de parler.* ♦ Avec *que* et le subjonctif. *Il ne s'agit pas que vous écriviez, il faut que vous alliez vous-même.* ♦ ▷ Avec *si* : *Il ne s'agit point s'il viendra ou ne viendra pas*. ◁ ▷ S'AGISSANT, loc. conj. Vu qu'il s'agit, puisqu'il s'agit. « *S'agissant d'accusations énormes portées contre lui* », Saint-Simon. ♦ Ne dites pas : *Votre frère en a mal agi envers moi*, dites : *Votre frère a mal agi envers moi*.

ÂGISME, n. m. [ɑʒism] (*âge*) Discrimination à l'égard de personnes considérées comme ayant un âge trop élevé pour être dignes d'intérêt dans tel ou tel contexte. *L'âgisme fait peu de cas des gens dits âgés par opposition au jeunisme, qui concerne des personnes dites jeunes.*

AGISSANT, ANTE, adj. [aʒisɑ̃, ɑ̃t] (*agir*) Qui agit, qui est actif. *Un général agissant*. « *Une foi vive et agissante* », Bourdaloue. ♦ Qui opère avec force. *Remède agissant*.

AGISSEMENTS, ■ n. m. pl. [aʒis(ə)mɑ̃] (*agir*) Façons d'agir ou de se comporter qui sont condamnables. *Des agissements répétés de harcèlement.*

AGITANT, ANTE, adj. [aʒitɑ̃, ɑ̃t] (*agiter*) Qui agite.

AGITATEUR, n. m. [aʒitatœr] (angl. *agitator*, officier anglais au XVIIᵉ s., du lat. *agitator*, conducteur de chars) Celui qui cherche à troubler, à soulever le peuple. ♦ Nom donné dans les laboratoires de chimie à une baguette en verre qui sert à remuer les réactifs.

AGITATION, n. f. [aʒitasjɔ̃] (lat. *agitatio*) Ébranlement, mouvement irrégulier et répété. *Les agitations de l'air.* ♦ **Fig.** Les agitations populaires. ♦ Trouble de l'âme ; trouble intérieur. *Une grande agitation d'esprit.* ♦ **Méd.** Mouvement irrégulier et continuel.

AGITATO, adv. [aʒitato] (ital. *agitato*, agité) **Mus.** Indique dans l'exécution une expression vague et agitée.

AGITÉ, ÉE, p. p. d'agiter. [aʒite] *Mer agitée. Agité de soucis.*

AGITER, v. tr. [aʒite] (lat. *agitare*) Ébranler, remuer en différents sens. ♦ **Fig.** *La Grèce fut violemment agitée.* ♦ Exciter divers mouvements dans l'âme. *Les passions qui agitent les hommes.* ♦ Examiner, discuter. ♦ S'agiter, v. pr. Être en mouvement, se tourmenter. ♦ Être discuté. ♦ ▷ Impersonnellement : « *Il fut agité dans Versailles si le roi se retirerait à Chambord sur la Loire* », Voltaire. ◁

AGIT-PROP, ■ n. f. inv. [aʒitpʀɔp] (abrév. de *agitation* et *propagande*) Activité visant à la diffusion d'idées socialistes à travers des manifestations et actions diverses liées à la prise de conscience. *Les agit-prop ont été utilisées en Russie après la révolution d'Octobre.* ■ Par extens. *Faire de l'agit-prop.*

AGLOMÉRATION, AGLOMÉRER, [aglomerasjɔ̃, aglomere] Voy. AGGLOMÉRATION, AGGLOMÉRER.

AGLOSSE ou **AGLOSSA**, ■ n. f. ou rare n. m. [aglɔs, aglosa] (gr. *aglôssa*, sans langue) **Zool.** Insecte lépidoptère.

AGLUTINANT, AGLUTINATIF, AGLUTINATION, AGLUTINER, [aglytinɑ̃, aglytinatif, aglytinasjɔ̃, aglytine] Voy. AGGLUTINANT, AGGLUTINATIF, AGGLUTINATION, AGGLUTINER.

AGNAT, n. m. [agna] (lat. *agnatus*, de *agnascor*, naître) **Dr. rom.** Membre d'une famille. ♦ N. m. pl. **Dr.** Collatéraux descendant par mâles d'une même souche masculine. ■ Rem. On prononce le *g*.

AGNATHE, ■ n. m. [agnat] (gr. *agnathos*, sans mâchoire) **Zool.** Vertébré aquatique dépourvu de mâchoire. *La lamproie appartient à la famille des agnathes.* ■ Adj. *Les poissons agnathes.*

AGNATION, n. f. [agnasjɔ̃] (lat. *agnatio*) Qualité des agnats.

AGNATIQUE, adj. [agnatik] (*agnat*) Qui appartient aux agnats.

AGNEAU n. m. ou **AGNELLE**, n. f. [aɲo, aɲɛl] ou [anjo, anjɛl] (lat. *agnellus*, dimin. de *agnus*) Petit d'une brebis. ♦ *Agneau*. Chair d'un agneau. *Côtelette d'agneau.* ♦ *Agneau pascal*, l'agneau que les Juifs mangeaient à la fête de Pâques. ♦ **Fig.** « *Et lions au combat, ils meurent en agneaux* », P. Corneille. ♦ **Prov.** *Être doux comme un agneau*, être d'une humeur, d'une nature fort douce. ♦ **Relig.** *L'Agneau sans tache*, l'Agneau qui efface les péchés du monde, Jésus-Christ. ♦ **Hérald.** Symbole de la douceur et de la franchise. ♦ *Agneau pascal*, celui qui est peint tenant une banderole.

AGNEL, n. m. [aɲɛl] ou [anjɛl] (forme a. fr. de *agneau*) Ancienne monnaie d'or française dont le type était un agneau pascal.

AGNELAGE, n. m. [aɲəlaʒ] ou [anjəlaʒ] (*agneler*) Mise bas de la brebis.

AGNELER, v. intr. [aɲəle] ou [anjəle] (*agnel*) Mettre bas, en parlant de la brebis.

AGNELET, n. m. [aɲəlɛ] ou [anjəlɛ] (*agnel*) Petit agneau.

AGNELIN, n. m. [aɲəlɛ̃] ou [anjəlɛ̃] (*agnel*) Peau d'agneau mégissée à laquelle on a laissé la laine.

AGNELINE, adj. f. [aɲəlin] ou [anjəlin] (*agnelin*) *Laine agneline*, laine des agneaux tondus pour la première fois.

AGNELLE, ■ n. f. [aɲɛl] ou [anjɛl] Voy. AGNEAU.

AGNELLEMENT ou **AGNÈLEMENT**, n. m. [aɲɛl(ə)mɑ̃] ou [anjɛl(ə)mɑ̃] (*agneler*) Action d'agneler.

AGNÈS, n. f. [aɲɛs] ou [anjɛs] (nom propre, d'après le pers. de *l'École des femmes* de Molière) Jeune fille très innocente et très timide.

AGNOSIE, ■ n. f. [agnozi] (gr. *agnôsia*, ignorance) **Méd.** Trouble neurologique induisant une difficulté ou une incapacité à reconnaître des sons, des odeurs, des visions, des touchers. *Un traumatisme crânien peut provoquer une agnosie.*

AGNOSIQUE, ■ adj. [agnozik] (*agnosie*) Relatif à l'agnosie. ■ Atteint, atteinte d'agnosie.

AGNOSTICISME, ■ n. m. [agnɔstisism] (*agnostique*) **Philos**. Doctrine selon laquelle l'homme ne peut appréhender tout ce qui est au-delà des données de l'expérience. ■ **Par extens**. Scepticisme en matière de religion.

AGNOSTIQUE, ■ n. m. et n. f. [agnɔstik] (angl. *agnostic*, du gr. *agnôstos*, inconnaissable) Personne qui adhère aux idées prônées par l'agnosticisme. ■ **Adj**. *Une personne agnostique*.

AGNUS ou **AGNUS DEI**, n. m. [agnys, agnysdei] (lat. *agnus*) Cire bénite par le pape, sur laquelle est imprimée la figure d'un agneau. ♦ Nom d'une prière qui commence par les mots *Agnus Dei* ; composition musicale sur cette prière.

AGNUS-CASTUS, n. m. [agnyskastys] (gr. *hagnos*, chaste, et lat. *castus*, chaste) Arbrisseau dit aussi *vitex*, gattilier commun. ■ **Au pl**. *Des agnus-castus*.

AGONALES, n. f. pl. [agonal] (lat. *agonalia*, du gr. *agôn*, lutte dans les jeux publics) Fêtes en l'honneur de Janus, à Rome.

AGONIE, n. f. [agoni] (gr. *agônia*, lutte, angoisse) État dans lequel le malade lutte contre la mort. ♦ *Il a été à l'agonie*, il a été dans un extrême danger de mort. ♦ **Fig**. *L'Empire romain étant à l'agonie*. ♦ Extrême angoisse, grande peine d'esprit. « *Jésus sera en agonie jusqu'à la fin du monde* », Pascal.

AGONIR, v. tr. [agoniʀ] (prob. de l'anc. fr. *ahonnir*, insulter, déshonorer, refait d'après *agonie*) Accabler d'injures. ♦ Mot populaire. ■ **Rem**. Auj. ce mot n'est plus populaire.

AGONISANT, ANTE, adj. [agonizɑ̃, ɑ̃t] (*agoniser*) Qui est à l'agonie. ♦ N. m. *Les agonisants*.

AGONISER, v. intr. [agonize] (lat. chrét. *agonizare*, lutter) Être à l'agonie.

AGONISTE, ■ adj. [agonist] (lat. chrét. *agonista*, qui combat dans les jeux) **Méd**. Qui produit le mouvement attendu, en parlant d'un muscle. ■ N. m. Muscle agoniste.

AGONISTIQUE, n. f. [agonistik] (lat. chrét. *agonisticus*, qui lutte) Partie de la gymnastique chez les Anciens qui avait rapport aux combats des athlètes.

AGONOTHÈTE, n. m. [agonotɛt] (gr. *agônothetês*) Président des jeux sacrés chez les Grecs.

AGORA, n. f. [agoʀa] (gr. *agora*, lieu où l'on se réunit, place publique) Le marché, la place publique dans les villes grecques. ■ Espace piétonnier dans un ensemble urbain.

AGORAPHOBE, ■ adj. [agoʀafɔb] (*agoraphobie*) Atteint, atteinte d'agoraphobie. ■ N. m. et n. f. Personne agoraphobe.

AGORAPHOBIE, ■ n. f. [agoʀafobi] (*agora* et *-phobie*) **Méd**. Angoisse incontrôlable ressentie par une personne amenée à traverser un espace public vide ou amenée à être en contact direct avec la foule.

AGOUTI, n. m. [aguti] (empr. aux tupi et guarani) Quadrupède de l'ordre des rongeurs, qui a l'apparence du lapin.

AGRAFAGE, ■ n. m. [agʀafaʒ] (*agrafer*) Action d'agrafer.

AGRAFE, n. f. [agʀaf] (prob. dér. d'*agrafer*) Crochet qui s'attache à un anneau. ♦ **Archit**. Crampon de fer qui sert à empêcher que les pierres ne se désunissent. ■ Fil de métal que l'on place dans une agrafeuse pour relier plusieurs feuilles de papier entre elles. ■ **Méd**. Petit crochet de fil métallisé utilisé dans les sutures cutanées.

AGRAFÉ, ÉE, p. p. d'agrafer. [agʀafe]

AGRAFER, v. tr. [agʀafe] (anc. fr. *agraper*, accrocher, empoigner, avec contamination de *grafe*, crochet) Attacher avec une agrafe. ■ **Fam**. Attraper.

AGRAFEUSE, ■ n. f. [agʀaføz] (*agrafer*) Petit instrument de bureau servant à agrafer plusieurs pages entre elles.

AGRAINER, ■ v. intr. [agʀene] (*a-* et *grain*) **Pêche** et **chasse** Attirer le poisson ou le gibier en lançant des graines pour les attirer dans un périmètre délimité.

AGRAIRE, adj. [agʀɛʀ] (lat. *agrarius*) Qui a rapport aux terres. *Mesure agraire*. ♦ Chez les Romains, *loi agraire*, loi qui avait pour objet la distribution des terres conquises entre les citoyens. ♦ Chez les modernes, *loi agraire* se dit des lois qui tendent à changer soit le mode de distribution, soit le mode de possession de la terre.

AGRAMMATICAL, ALE, ■ adj. [agʀamatikal] (*a-* et *grammatical*) Qui ne répond pas aux règles syntaxiques. *Une phrase agrammaticale*. ■ AGRAMMATICALITÉ, n. f. [agʀamatikalite]

AGRAMMATIQUE, ■ adj. [agʀamatik] (*agrammatisme*) Atteint, atteinte d'agrammatisme.

AGRAMMATISME, ■ n. m. [agʀamatism] (gr. *agrammatos*, illettré) **Méd**. Trouble linguistique observé dans certaines aphasies et se manifestant par des termes tronqués.

AGRANDI, IE, p. p. d'agrandir. [agʀɑ̃di]

AGRANDIR, v. tr. [agʀɑ̃diʀ] (*a* et *grandir*) Rendre plus grand. *Agrandir une maison, une ville*. ♦ Rendre plus puissant. *Agrandir la puissance de l'État*. ♦ **Fig**. *Agrandir les idées, les vues*. « *L'aspect du péril agrandit le courage* », M.-J. Chénier. ♦ Donner un caractère de grandeur. *Agrandir un sujet*. ♦ Faire paraître plus grand. *Ce vêtement agrandit la taille*. ♦ ▷ Exagérer. *Cet homme agrandit tout ce qu'il raconte*. ◁ ♦ *S'agrandir*, v. pr. Devenir plus grand, au propre et au figuré. ♦ Accroître ses propriétés. *Il emploie tout son argent à s'agrandir*.

AGRANDISSEMENT, n. m. [agʀɑ̃dis(ə)mɑ̃] (*agrandir*) Action d'agrandir, résultat de cette action.

AGRANDISSEUR, ■ n. m. [agʀɑ̃disœʀ] (*agrandir*) Appareil permettant de procéder à un agrandissement photographique en projetant l'image d'un négatif sur une surface photosensible pour en faire un tirage papier. *Utiliser un agrandisseur professionnel*.

AGRANULOCYTOSE, ■ n. f. [agʀanylositoz] (*a-* et *granulocytose*) **Méd**. Disparition des globules blancs granulocytes du sang, entraînant un manque d'immunité aux infections. *En cas de prise de certains médicaments, aujourd'hui interdits, il était spécifié qu'ils pouvaient causer une agranulocytose mortelle*.

AGRAPHIE, ■ n. f. [agʀafi] (*a-* et *graphie*) **Méd**. Impossibilité de s'exprimer par des mots ou des signes écrits, consécutive à une lésion cérébrale.

AGRARIEN, IENNE, ■ n. m. et n. f. [agʀaʀjɛ̃, jɛn] (*agraire*) Défenseur de l'idée de partage des terres entre les personnes qui les cultivent. ■ Défenseur des propriétaires terriens en Allemagne. ■ Mouvement instauré en 1920 par des écrivains des États-Unis préconisant pour le Sud une économie agraire spécifique en même temps qu'une culture locale traditionnelle.

AGRAVANT, AGRAVATION, AGRAVER, [agʀavɑ̃, agʀavasjɔ̃, agʀave] Voy. aggravant, aggravation, aggraver.

AGRÉABLE, adj. [agʀeabl] (*agréer*) Qui plaît, qui est agréé. *Lieu agréable. Jeune fille d'une figure très agréable*. ♦ *Il est agréable de... Il est agréable de voir...* ♦ ▷ *Avoir pour agréable* ou *avoir agréable*, trouver bon. ◁ ♦ N. m. *Il ne faut pas sacrifier l'utile à l'agréable*. ♦ ▷ N. m. et n. f. *Un agréable, une agréable*, un homme, une femme qui cherche à plaire par des manières affectées et un langage de galanterie. ◁ ♦ *Faire l'agréable*, mettre beaucoup d'empressement à plaire. ♦ Cet adjectif veut la préposition *à* : *Agréable à son maître, agréable à voir*.

AGRÉABLEMENT, adv. [agʀeabləmɑ̃] (*agréable*) D'une manière agréable.

AGRÉATION, ■ n. f. [agʀeasjɔ̃] (1 *agréer*) **Belg**. Fait d'être agréé. *Critères d'agréation*.

1 AGRÉÉ, n. m. [agʀee] (1 *agréer*) Défenseur admis à plaider devant un tribunal de commerce.

2 AGRÉÉ, ÉE, p. p. de 1 agréer. [agʀee] Reçu, admis, accueilli.

3 AGRÉÉ, ÉE, p. p. de 2 agréer. [agʀee] **Mar**. Pourvu d'agrès.

1 AGRÉER, v. tr. [agʀee] (*a-* et *gré*) Recevoir favorablement, trouver bon. *Il agréa mes bons offices. Ses propositions ont été agréées*. ♦ *Agréez mes civilités, mes hommages, mes respects*, formules de politesse. ♦ *Agréer que*, suivi du subjonctif, trouver bon, approuver que. ♦ V. intr. Plaire. *Cet homme m'agrée infiniment*.

2 AGRÉER, v. tr. [agʀee] (anglo-norm. *agreier*, équiper, de l'anc. nord. *greida*, préparer) **Mar**. Mettre les agrès. On dit aujourd'hui plutôt *gréer*.

AGRÉEUR, n. m. [agʀeœʀ] (2 *agréer*) Celui qui prépare et fournit les agrès d'un bâtiment. On dit aujourd'hui *gréeur*.

AGRÉGAT, n. m. [agʀega] (lat. *agregatum*) Masse produite par la réunion de substances diverses qui ont été unies ensemble à l'époque de leur formation. ■ **Rem**. Graphie ancienne : *aggrégat*.

AGRÉGATIF, IVE, ■ n. m. et n. f. [agʀegatif, iv] (*agréger*) Personne préparant l'agrégation universitaire.

AGRÉGATION, n. f. [agʀegasjɔ̃] (lat. *aggregatio*) Association, admission dans un corps, une compagnie. ♦ Dans l'université, admission, après concours ou examen, au titre d'agrégé. ♦ **Phys**. Assemblage de parties sans liaison propre. ■ Association de particules solides formant un tout. ■ **Rem**. Graphie ancienne : *aggrégation*.

1 AGRÉGÉ, ÉE, n. m. et n. f. [agʀeʒe] (*agréger*) Celui, celle qui dans l'enseignement supérieur a été admis, après un concours, au rang de professeur supplémentaire. *Un agrégé à la faculté de médecine*. ♦ Dans l'enseignement secondaire, celui, celle qui, ayant subi heureusement l'épreuve de l'agrégation, est apte à recevoir le titre de professeur dans un lycée.

2 AGRÉGÉ, ÉE, p.p. d'agréger. [agreʒe] « *Les Gentils agrégés aux Juifs* », Bossuet. ◆ **Bot.** Se dit des parties de plante qui naissent plusieurs ensemble d'un même point. ◆ **Géol.** Se dit des roches composées de matériaux divers. ▪ Rem. Graphie ancienne : *aggrégé, ée.*

AGRÉGER, v. tr. [agreʒe] (lat. *aggregare*, réunir) Associer à un corps, à une compagnie. ◆ **Phys.** Réunir. ◆ S'agréger, v. pr. S'unir à. ▪ Rassembler en un tout. *Agréger des données de sources diverses.* ▪ Rem. Graphie ancienne : *aggréger.*

AGRÉMENT, n.m. [agremɑ̃] (1*agréer*) Consentement, approbation. ◆ Qualité de ce qui plaît. *L'agrément des lieux. Les agréments de l'esprit, de la figure.* ◆ Plaisir, sujet de contentement. *Les fables ont beaucoup d'agrément. Une propriété d'agrément.* ◆ ▷ Ornement que l'on met aux vêtements et aux meubles. ◁ ◆ Sons accessoires qui donnent au chant plus d'élégance et de grâce. ◆ *Notes d'agrément*, dans la musique écrite, notes plus petites. ◆ ▷ *Arts d'agrément*, la musique, la danse. ◁

AGRÉMENTER, ▪ v. tr. [agremɑ̃te] (*agrément*) Rendre plus agréable par l'ajout d'un élément. *Une chambre spacieuse agrémentée d'une terrasse.*

AGRÈS, n.m. pl. [agrɛ] (2 *agréer*) Tous les objets qui tiennent à la mâture d'un bâtiment, tels que vergues, voiles, cordages, et en outre gouvernail, ancres, avirons, etc. ▪ Appareils de gymnastique sur un portique, et par extension dans une salle de sport.

AGRESSER, ▪ v. tr. [agrese] (dér. du lat. *agressus*, de *aggredior*, attaquer) Attaquer physiquement avec préméditation, de façon violente et soudaine sans avoir été provoqué. *Un convoyeur qui se fait agresser.* ▪ Provoquer par la parole. ▪ **Fig.** Provoquer une nuisance, une gêne. *Une couleur criarde qui vous agresse.*

AGRESSEUR, n.m. [agresœr] (b. lat. *aggressor*) Celui qui attaque le premier.

AGRESSIF, IVE, adj. [agresif, iv] (dér. du lat. *agressus*) Qui tient de l'agression.

AGRESSION, n.f. [agresjɔ̃] (b. lat. *aggressio*, attaque) Action de celui qui attaque. *Acte d'agression.* ▪ Action violente portant atteinte à la santé physique ou psychique d'une personne, à l'intégrité de l'environnement. *Agressions sonores.*

AGRESSIVEMENT, ▪ adv. [agresiv(ə)mɑ̃] (*agressif*) De façon agressive. *Répondre agressivement à une question.*

AGRESSIVITÉ, ▪ n.f. [agresivite] (*agressif*) Comportement belliqueux, irascible. *Montrer de l'agressivité dans les paroles, les gestes.*

AGRESTE, adj. [agrɛst] (lat. *agrestis*, de *ager*, champ) Qui a un caractère de rusticité sauvage. ◆ Il se dit aussi quelquefois en parlant des personnes. *Homme agreste. Manières agrestes.*

AGRICOLE, adj. [agrikɔl] (lat. *agricola*) Adonné à l'agriculture. *Peuple agricole.* ◆ Qui a rapport à l'agriculture. *Produits agricoles.* ◆ N. m. Agriculteur. Ce sens est tombé en désuétude ; on dit maintenant *agriculteur*.

AGRICULTEUR, TRICE, n.m. et n.f. [agrikyltœr, tris] (lat. *agricultor*) Personne qui cultive la terre. ◆ Adj. « *Le soc agriculteur* », M.-J. Chénier.

AGRICULTURE, n.f. [agrikyltyr] (lat. *agricultura*) Art de cultiver la terre.

AGRIE, n.f. [agri] (gr. *agrios*, sauvage, cruel) Nom donné par quelques auteurs à la dartre rongeante.

AGRIFFÉ, ÉE, p.p. d'agriffer. [agrife] *Un chat agriffé à un arbre.* ▪ Rem. Litt.

AGRIFFER (S'), v. pr. [agrife] (*a-* et *griffe*) S'attacher avec ses griffes. ▪ Rem. Litt.

AGRILE, ▪ n.m. [agril] (lat. *agrilus*, de *ager*, champ) **Entomol.** Insecte coléoptère vert métallique, dont la larve niche dans les arbres. *Une espèce d'agrile s'attaque aux poiriers, aux pommiers et aux framboisiers.*

AGRION, ▪ n.m. [agrijɔ̃] (gr. *agrion*, sauvage) **Entomol.** Insecte aquatique du type de la demoiselle.

AGRIOTE, ▪ n.m. [agrijɔt] (gr. *agrios*, sauvage) **Entomol.** Insecte coléoptère à larve nuisible pour les cultures.

AGRIPAUME, n.f. [agripom] (*agria*, sauvage, et *palma*) Plante labiée à fleurs pourpres ou blanches.

AGRIPPER, v. tr. [agripe] (*a-* et *gripper*) Prendre, saisir avidement. ▪ S'agripper, v. pr.

AGRITOURISME ou **AGROTOURISME**, ▪ n.m. [agriturism, agroturism] (*agri-, agro-* et *tourisme*) Tourisme rural.

AGROALIMENTAIRE, ▪ adj. [agroalimɑ̃ter] (*agro-* et *alimentaire*) Qui relève de la transformation des produits agricoles en produits alimentaires. *L'industrie agroalimentaire.* ▪ N. m. Ensemble des activités liées à cette transformation. *Travailler dans l'agroalimentaire.*

AGROCHIMIE, ▪ n.f. [agroʃimi] (*agro-* et *chimie*) Branche de la chimie appliquée à l'agriculture. ▪ AGROCHIMIQUE, adj. [agroʃimik]

AGROCHIMISTE, ▪ n.m. et n.f. [agroʃimist] (*agrochimie*) Personne dont la profession ou la spécialité est l'agrochimie.

AGROCLIMATOLOGIE, ▪ n.f. [agroklimatoloʒi] (*agro-* et *climatologie*) Science de l'activité climatique dans ses rapports avec l'activité agricole. ▪ AGROCLIMATOLOGIQUE, adj. [agroklimatoloʒik]

AGRO-INDUSTRIE, ▪ n.f. [agroɛ̃dystri] (*agro-* et *industrie*) Secteur industriel de transformation de l'agroalimentaire, et de fournitures en machines et produits servant à l'agriculture. *La grande distribution est cliente des agro-industries.* ▪ Rem. On peut aussi écrire *agroïndustrie*.

AGRO-INDUSTRIEL, ELLE, ▪ adj. [agroɛ̃dystrijɛl] (*agro-industrie*) Relatif à l'agro-industrie. *Filières agro-industrielles.* ▪ Rem. On peut aussi écrire *agroïndustriel, elle.*

AGROLOGIE, ▪ n.f. [agroloʒi] (*agro-* et *-logie*) Science traitant de l'étude des terres cultivables. *L'agrologie tient compte de tous les éléments intervenant dans le travail agricole : le sol, mais aussi les végétaux, les animaux, et l'homme.*

AGROLOGIQUE, ▪ adj. [agroloʒik] (*agrologie*) Relatif à l'agrologie. *Ressources agrologiques.*

AGRONOME, n.m. et n.f. [agronɔm] (gr. *agronomos*) Personne versée dans l'agriculture.

AGRONOMIE, n.f. [agronomi] (*agronome*) Théorie de l'agriculture.

AGRONOMIQUE, adj. [agronomik] (*agronomie*) Qui a rapport à l'agronomie.

AGROPASTORAL, ALE, ▪ adj. [agropastoral] (*agro-* et *pastoral*) Qui à la fois pratique ou relève de l'agriculture et de l'élevage des troupeaux. *Terroirs agropastoraux.* ▪ N.m. Travailler dans l'agropastoral.

AGROSTIDE n.f. ou **AGROSTIS**, n.m. [agrostid, agrostis] (gr. *agrôstis*, chiendent) Genre de plantes annuelles ou vivaces de la famille des graminées.

AGROSTIS, ▪ n.m. [agrostis] Voy. AGROSTIDE.

AGROTIS, ▪ n.m. [agroti] (gr. *agrotês*, campagnard) **Entomol.** Papillon lépidoptère dont la chenille est nuisible aux cultures betteravières.

AGROTOURISME, ▪ n.m. [agroturism] Voy. AGRITOURISME.

AGROUPÉ, ÉE, adj. [agrupe] (*agrouper*) ▷ Disposé en groupes, ajusté. « *Les contrastes savants des membres agroupés* », Molière. ◁

AGROUPER, v. tr. [agrupe] (*a-* et *grouper*) ▷ Mettre en groupe. ◁

AGRUME, ▪ n.m. [agrym] (ital. *agrume*, du lat. médiév. *acrumen*, substance de saveur aigre) Genre de fruits à saveur acide, tels que l'orange et le citron. *La vitamine C contenue dans les agrumes.*

AGRUMICULTURE, ▪ n.f. [agrymikyltyr] (*agrume* et *culture*) Culture des agrumes. *L'agrumiculture comprend la culture des citronniers, orangers, pamplemoussiers, clémentiniers ou mandariniers, tangeriniers.*

AGUARDIENTE, ▪ n.f. [agwardjɑ̃t] ou [agwardjɛnte] (mot esp.) Eau-de-vie d'origine espagnole, à base d'alcool de canne à sucre. *Les aguardientes, qu'on boit en Amérique du Sud, servent aussi à l'élaboration du rhum.*

AGUERRI, IE, p.p. d'aguerrir et adj. [ageri] Accoutumé à la guerre ou fig. à tout ce qui peut être considéré comme une sorte de guerre. *Soldats aguerris. Aguerri contre les larmes.*

AGUERRIR, v. tr. [agerir] (*a-* et *guerre*) Accoutumer à la guerre. ◆ **Fig.** Accoutumer à une chose pénible. *Aguerrir à la douleur.* ◆ S'aguerrir, v. pr. *S'aguerrir contre les voluptés.*

AGUETS, n.m. pl. [agɛ] (anc. fr. *agaitier*, épier, guetter) Embuscade. *Être aux aguets.* ◆ Au sing. « *L'aguet d'un pirate* », Malherbe. ◆ D'AGUET, loc. adv. « *Je me tapis d'aguet derrière une muraille* », Régnier.

AGUEUSIE, ▪ n.f. [agøzi] (gr. *ageusia*) **Méd.** Perte partielle ou totale de la sensation gustative. *L'agueusie est souvent associée à la perte de l'odorat.*

AGUEUSIQUE, ▪ adj. [agøzik] (*agueusie*) Relatif à l'agueusie. *Troubles agueusiques.* ▪ Atteint, atteinte d'agueusie. *Être agueusique.* ▪ N.m. et n.f. *Être un, une agueusique.*

AGUICHAGE, ▪ n.m. [agiʃaʒ] (*aguicher*) Action d'aguicher.

AGUICHANT, ANTE, ▪ adj. [agiʃɑ̃, ɑ̃t] (*aguicher*) Qui aguiche.

AGUICHER, ▪ v. tr. [agiʃe] (anc. fr. *aguichier*, mettre la guiche à un écu, de l'anc. b. frq. *withthja*, lien d'osier) Chercher à exciter sexuellement par un comportement provocant.

AGUICHEUR, EUSE, ▪ n.m. et n.f. [agiʃœr, øz] (*aguicher*) Personne qui aguiche. ▪ Adj. *Personnes aguicheuses.*

AH !, interj. [a] (lat. *ah*) Sert à marquer la joie, la douleur et les affections vives de l'âme. ◆ Ne sert souvent qu'à donner plus de force à la phrase.

Ah! gardez-vous de le croire! ♦ Il se redouble quelquefois ; alors il exprime la surprise ou l'ironie. *Ah! ah! vous en convenez enfin.* ♦ Employé comme nom, il est invar. au pl. *Il poussait des ah!*

AHAN, n. m. [aɑ̃] (lat. *afannare*) ▷ Grand effort, tel que celui que fait un homme qui fend du bois ou soulève un fardeau pesant. *Suer d'ahan,* faire une chose très pénible. ■ Au pl. *Des ahans.* ◁

AHANER, v. intr. [aane] (*ahan*) ▷ Éprouver une grande fatigue en faisant quelque chose. ■ Faire entendre sa respiration lors d'un effort physique. ◁

AHEURTÉ, ÉE, p. p. de s'aheurter et adj. [aœrte] Qui se heurte à, qui ne veut pas aller outre. « *De tout temps elle a été aheurtée à cela* », MOLIÈRE.

AHEURTEMENT, n. m. [aœrtəmɑ̃] (*aheurter*) Attachement opiniâtre à un sentiment, à une opinion.

AHEURTER (S'), v. pr. [aœrte] (*a-* et *heurter*) Se heurter à quelque chose, s'opiniâtrer, s'obstiner.

AHI!, interj. [ai] (onomat.) ▷ Cri qui exprime le sentiment d'une vive douleur. ◁

AHURI, IE, p. p. d'ahurir et adj. [ayʀi] Troublé. ♦ N. m. et n. f. *Il a l'air d'un ahuri.*

AHURIR, v. tr. [ayʀiʀ] (*a-* et anc. fr. *hure,* chevelure hérissée) Étonner, interdire, troubler. ♦ S'ahurir, v. pr. Se troubler.

AHURISSANT, ANTE, adj. [ayʀisɑ̃, ɑ̃t] (*ahurir*) Qui trouble par son côté extraordinaire. *Se retrouver dans une situation ahurissante.* ■ **Par extens.** Qui dépasse les limites raisonnables. *Un prix ahurissant.*

AHURISSEMENT, ■ n. m. [ayʀis(ə)mɑ̃] (*ahurir*) Action d'ahurir. Résultat de cette action. « *Ils considèrent avec ahurissement cette voiture installée au bord du gouffre, et ce monsieur en pyjama qui se promène avec son chien* », T'SERSTEVENS.

AÏ, n. m. [ai] (mot tupi) Quadrupède muni d'une queue et se mouvant avec une extrême lenteur. ■ Au pl. *Des aïs.*

AICHE ou **ÈCHE,** n. m. [ɛʃ] (lat. *esca,* nourriture) Nom que les pêcheurs donnent aux vers de terre employés comme appât. ■ REM. On trouve aussi la graphie *esche.*

AICHER, ■ v. tr. [eʃe] Voy. ECHER, ESCHER.

AIDANT, ANTE, adj. [edɑ̃, ɑ̃t] (*aider*) Qui aide. ♦ N. m. pl. *Lui et tous ses aidants.*

1 AIDE, n. f. [ɛd] (*aider*) Secours, protection. ♦ *Donner aide,* assister. ♦ *Être, venir en aide,* seconder, secourir. ♦ *Dieu vous soit en aide!* locution dont on se sert quand quelqu'un éternue. ♦ *Ainsi Dieu me soit en aide!* espèce de serment pour affirmer solennellement. ♦ À L'AIDE!, loc. adv. Venez au secours, à l'aide! ♦ À L'AIDE DE, loc. prép. Par le moyen de. *À l'aide d'un temps favorable.* ♦ Église, chapelle, succursale d'une église paroissiale dont les habitants sont trop éloignés. ♦ N. f. pl. Se disait des subsides, des levées de deniers qui se faisaient sur le peuple, pour aider à soutenir les dépenses de l'État. *Les contributions indirectes ont remplacé les aides.* ♦ Cour des aides, compagnie supérieure qui jugeait des affaires concernant ces sortes de subsides. ♦ **Équit.** *Aide* s'entend des moyens par lesquels le cavalier agit sur son cheval. ♦ Prov. *Un peu d'aide fait grand bien.* ■ Action sociale ou économique de soutien aux plus défavorisés. *Aide sociale, au développement.*

2 AIDE, n. m. et n. f. [ɛd] ▷ Se dit des personnes qui prêtent leur concours à une autre. ♦ *Aide-maçon* ou *aide à maçon* ▷ , ◁ manœuvre qui aide le maçon. ♦ *Aide de cuisine,* celui qui sert sous le chef de cuisine. ♦ ▷ *Aide des cérémonies,* officier qui sert sous le grand maître des cérémonies. ◁ ♦ *Aide de camp,* officier attaché à un général. ♦ *Aide-major* ou *aide-chirurgien,* chirurgien adjoint au chirurgien-major. ♦ ▷ *Aide,* domestique du bourreau. *L'exécuteur et ses aides.*

AIDÉ, ÉE, p. p. d'aider. [ɛde] *Aidé par* ou *de ses amis.* ♦ Ce qui n'est pas spontané, naturel. *Une vocation aidée.*

AIDE-ÉDUCATEUR, TRICE, ■ n. m. et n. f. [ɛdedykatœr, tʀis] (*aide* et *éducateur*) Personne dont le métier consiste à encadrer des jeunes dans une structure scolaire ou non et dans un but le plus souvent culturel. *Des aides-éducateurs.*

AÏD-EL-ADHA, ■ [aidɛlada] Voy. AÏD-EL-KÉBIR.

AÏD-EL-FITR ou **AÏD-EL-SÉGHIR,** ■ [aidɛlfitʀ, aidɛlsegiʀ] (mot ar., *aïd,* fête, et *fitr,* rupture) **Relig. islam.** Fête de la rupture du jeûne du ramadan.

AÏD-EL-KÉBIR ou **AÏD-EL-ADHA,** ■ [aidɛlkebiʀ, aidɛlada] (mot ar., la grande fête) **Relig. islam.** Fête du mouton, qui commémore le sacrifice d'Abraham.

AÏD-EL-SÉGHIR, ■ [aidɛlsegiʀ] Voy. AÏD-EL-FITR.

AIDE-MÉMOIRE, ■ n. m. [ɛd(ə)memwaʀ] (*aider* et *mémoire*) Petit ouvrage rassemblant l'essentiel des connaissances à mémoriser sur un sujet. *Des aide-mémoire* ou *des aide-mémoires.*

AIDER, v. tr. [ede] (lat. *adjutare*) Donner de l'aide. *Aider quelqu'un de ses conseils.* ♦ V. intr. « *Télémaque, voyant Mentor qui lui tendait la main pour lui aider à nager* », FÉNELON. ♦ En parlant des choses. « *Découvrir quels sont en nous les penchants qui ont aidé aux occasions et facilité nos chutes* », MASSILLON. « *Votre mémoire aidera peut-être à la mienne* », FÉNELON. ♦ ▷ *Aider à la lettre,* pénétrer un sens qui n'est pas manifeste, soit entrer dans l'intention de celui qui écrit, qui parle, ou bien altérer la vérité soit pour tromper, soit pour amuser. ◁ ♦ *Dieu aidant,* avec l'aide de Dieu. ♦ Prov. *Aide-toi, le ciel t'aidera.* ♦ S'aider, v. pr. *Chacun s'aide soi-même.* ♦ *S'aider de,* se servir. *Il s'aide de toutes ses armes.* ♦ *S'aider,* s'assister réciproquement.

AIDE-SOIGNANT, ANTE, ■ n. m. et n. f. [ɛd(ə)swaɲɑ̃, ɑ̃t] ou [ɛd(ə)swɑ̃jɑ̃, ɑ̃t] (*aide* et *soigner*) Personne dont la profession est d'assister les infirmiers et infirmières dans les soins à apporter aux hospitalisés. *Des aides-soignantes.*

AÏE, interj. [aj] (var. graphique de *ahi*) Cri de souffrance, de douleur. ■ REM. Graphie ancienne : *aye.*

AÏEUL, n. m. [ajœl] (lat. *aviolus,* dimin. de *avus*) Grand-père. *Aïeul paternel. Aïeul maternel.* ♦ Au pl. *Aïeuls,* le grand-père paternel et le grand-père maternel, et aussi le grand-père et la grand-mère. ♦ AÏEUX, n. m. pl. Tous ceux de qui l'on descend, ou ceux qui ont vécu dans les siècles passés. « *Qui sert bien son pays n'a pas besoin d'aïeux* », VOLTAIRE. ■ MES AÏEUX!, interj. marquant l'étonnement.

AÏEULE, n. f. [ajœl] (lat. *aviola*) Grand-mère, la mère du père ou de la mère.

AIGLE, n. m. [ɛgl] (lat. *aquila*) Un des plus grands et le plus puissant de tous les oiseaux de proie. ♦ *Aigle* est féminin toutes les fois qu'il s'agit précisément de la femelle. *Cette belle aigle pondit deux œufs.* ♦ *Crier comme un aigle,* crier d'une voix aiguë et perçante. ♦ *Avoir des yeux d'aigle,* avoir des regards perçants. ♦ Fig. *Avoir un œil d'aigle,* avoir une grande pénétration. ♦ *C'est un aigle,* se dit d'un homme de talent, d'un esprit supérieur. ♦ *C'est l'aigle de cette société,* se dit d'un homme qui se distingue des autres par le bon sens, l'esprit, etc. « *L'aigle d'une maison n'est qu'un sot dans une autre* », GRESSET. ♦ Fig. « *On fit entendre à l'aigle enfin qu'elle avait tort* », LA FONTAINE. « *L'aigle altière et rapide aux ailes étendues* », VOLTAIRE. ♦ *Aigle* est féminin en termes d'armoiries et de devises. ♦ *L'aigle romaine,* l'étendard de la république et de l'empire. ♦ *L'aigle impériale,* les armes de l'empire d'Autriche, qui sont une aigle à deux têtes. ♦ N. m. Décoration. *L'Aigle noir de Prusse.* ♦ *Papier grand aigle* ou *du grand aigle,* papier d'un grand format. ♦ AIGLE, n. m. Nom d'une monnaie d'or aux États-Unis. ♦ *Pierre d'aigle,* Voy. AÉTITE.

AIGLEFIN, ■ n. m. [ɛgləfɛ̃] Voy. ÉGLEFIN.

AIGLETTE, n. f. [ɛglɛt] (*aigle*) Hérald. Le même qu'alérion.

AIGLON n. m. ou **AIGLONNE,** n. f. [ɛglɔ̃, ɛglɔn] (*aigle*) Le petit de l'aigle. ♦ Hérald. Alérion. ♦ Adj. D'aigle ou des aigles. « *De la gent marcassine et de la gent aiglonne* », LA FONTAINE.

AIGRE, adj. [ɛgʀ] (lat. *acer*) Qui a une acidité déplaisante. ♦ Qui a l'odeur du vinaigre gâté. *Une odeur aigre.* ♦ Perçant, désagréable, en parlant des sons, de la voix. ♦ Fig. *L'air est aigre,* il n'est pas doux. ♦ **Art** *Couleurs aigres,* couleurs mal accordées ; *tons aigres,* tons qui ne sont pas fondus. ♦ *Fer, cuivre aigre,* fer, cuivre non ductile, non malléable. ♦ Au moral, fâcheux, désagréable. ■ N. m. *Cela sent l'aigre.*

AIGRE-DOUX, DOUCE, adj. [ɛgʀədu, dus] (*aigre* et *doux*) Qui a un goût mêlé d'aigre et de doux. ♦ Fig. Il se dit de la voix, des paroles, des manières, du style. ■ N. m. *Un air qui tient de l'aigre-doux.* ♦ Au pl. *Aigres-doux, aigres-douces.*

AIGREFIN, n. m. [ɛgʀəfɛ̃] (p.-ê. *églefin, aigrefin*) Homme rusé et qui vit d'industrie. ♦ *Aigrefin* ou *ègrefin,* poisson du genre gade. On dit aussi *ânon* ou *aiglefin.*

AIGRELET, ETTE, adj. [ɛgʀəlɛ, ɛt] (*aigre*) Un peu aigre. ♦ Fig. Il se dit de la voix et des manières.

AIGREMENT, adv. [ɛgʀəmɑ̃] (*aigre*) D'une manière aigre, avec aigreur.

AIGREMOINE, n. f. [ɛgʀəmwan] (gr. *argemône,* sorte de pavot, altér. d'après *aigre*) Nom d'un genre de la famille des rosacées, dont le type, *aigremoine eupatoire,* est appelé *aigremoine.*

AIGREMORE, n. m. [ɛgʀəmɔʀ] (orig. inconnue) Charbon pulvérisé, préparé pour les feux d'artifice.

AIGRET, ETTE, adj. [ɛgʀɛ, ɛt] (*aigre*) Un peu aigre.

AIGRETTE, n. f. [ɛgʀɛt] (anc. provenç. *aigron,* héron) Sorte de héron blanc qui porte une aigrette. ♦ Bouquet de plumes effilées et droites, qui orne la tête de quelques oiseaux. ♦ Plumes en faisceau, qui servent à la coiffure des femmes, à l'ornement des dais et des casques, et que, dans les grandes cérémonies, on place sur la tête des chevaux. ♦ Pompon en forme d'aigrette. *Les colonels portent une aigrette.* ♦ Bouquets de diamants, de perles en forme d'aigrette. ♦ **Phys.** Rayons lumineux qu'on aperçoit aux extrémités des corps électrisés. ♦ **Bot.** Filets déliés qui surmontent les graines de certaines plantes. ♦ **Hérald.** L'oiseau de ce nom qui paraît dans l'écu de profil et passant.

AIGRETTÉ, ÉE, adj. [εgrete] (*aigrette*) Pourvu d'une aigrette.

AIGREUR, n. f. [εgrœr] (*aigre*) Qualité de ce qui est aigre. ♦ Rapports que causent certains aliments ou des aliments mal digérés. ♦ **Fig.** Disposition d'esprit qui se traduit en paroles piquantes. ♦ Sentiment pénible. *Il y a de l'aigreur entre eux*, il y a un commencement de brouillerie. ♦ Qualité aigre, en parlant d'un métal. ♦ ▷ Au pl. **Grav.** Tailles trop profondes. ◁

AIGRI, IE, p. p. d'aigrir. [εgri] Devenu aigre, au propre et au fig.

AIGRIÈRE, n. f. [εgrijεr] (*aigre*) ▷ Petit-lait aigri. ◁

AIGRIN, n. m. [εgrε̃] (lat. *acrumen*) Nom donné aux jeunes pommiers et poiriers, sans doute parce que le fruit en est aigre.

AIGRIR, v. tr. [εgrir] (*aigre*) Rendre aigre. ♦ **Fig.** Irriter. ♦ En parlant des choses. *Aigrir les soupçons de quelqu'un.* ♦ **V. intr.** Devenir aigre. ♦ S'aigrir, v. pr. Devenir aigre. ♦ S'irriter. « *Il s'aigrit et s'irrite contre la vertu* », FÉNELON.

AIGRISSEMENT, n. m. [εgris(ə)mɑ̃] (*aigrir*) Action de devenir aigre. ♦ **Fig.** *L'aigrissement des esprits.* ■ REM. Auj. litt.

AIGU, UË ou **AIGU, ÜE**, adj. [εgy] (lat. *acutus*) Terminé en pointe ou en tranchant. ♦ En parlant de la voix et des sons, clair, perçant. ♦ **N. m.** « *Le désordre est dans ses chants, il [le rossignol] saute du grave à l'aigu* », CHATEAUBRIAND. ♦ **Fig.** Violent, excessif. *Souffrance aiguë.* ♦ **Fig.** Qui pique. *Épigramme aiguë.* ♦ **Méd.** *Affection, maladie aiguë*, maladie rapide dans sa marche et son développement. ♦ **Gramm. fr.** *Accent aigu (')*, accent qui se met sur l'*é* fermé. ♦ **Gramm. grecq. et lat.** *Accent aigu*, accent qui indique l'intensité de la voix sur une syllabe. ♦ **Géom.** *Angle aigu*, angle moins ouvert que l'angle droit.

AIGUADE, n. f. [εgad] (provenç. *aigada*, provision d'eau) ▷ Provision d'eau douce pour les vaisseaux. ♦ Endroit où l'on fait de l'eau. ◁

AIGUAIL, n. m. [εgaj] (*aigue*) **Chasse** Rosée, petites gouttes d'eau qui demeurent sur les feuilles. ■ REM. Auj. litt.

AIGUAYÉ, ÉE, p. p. d'aiguayer. [εgeje] ▷ *Cheval, linge aiguayé.* ◁

AIGUAYER, v. tr. [εgeje] (*aigue*) ▷ Baigner, laver. ◁

AIGUE, n. f. [εg] (lat. *aqua*) Ancien nom de l'eau.

AIGUE-MARINE, n. f. [εg(ə)marin] (*aigue* et *marin*) Pierre précieuse d'une couleur bleuâtre, et semblable à l'eau de la mer. *Des aigues-marines.*

AIGUIÈRE, n. f. [εgjεr] (anc. provenç. *aiguiera*) Vase où l'on met de l'eau pour le service de la table.

AIGUIÉRÉE, n. f. [εgjere] (*aiguière*) ▷ Ce que contient une aiguière pleine. ◁

AIGUILLADE, n. f. [εgɥijad] (*aiguille*) Gaule armée d'une pointe pour piquer les bœufs.

AIGUILLAGE, ■ n. m. [εgɥijaʒ] (*aiguiller*) Dispositif à la croisée de deux ou plusieurs voies, permettant d'orienter un convoi ferroviaire sur celle qu'il doit emprunter. ■ Orientation dans une direction précise. *Information et aiguillage des consommateurs.* ■ *Erreur d'aiguillage*, au sens propre et figuré.

AIGUILLAT, n. m. [εgɥija] (*aiguille*) Espèce de chien de mer, qui a une pointe cornée au-devant des nageoires dorsales.

AIGUILLE, n. f. [εgɥij] (b. lat. *acucula*, du lat. class. *acus*, aigu) Petite verge de métal, pointue par un bout et percée par l'autre pour y passer un fil. ♦ *Aiguille à passer*, grande aiguille pour passer un lacet. ♦ ▷ *Disputer sur la pointe d'une aiguille*, élever une contestation sur un sujet sans importance. ◁ ♦ *De fil en aiguille*, en passant d'une chose à une autre. ♦ *Chercher une aiguille dans une botte de foin*, chercher au milieu d'une foule d'objets quelque chose que sa petitesse rend très difficile à trouver. ♦ *Passer par le trou d'une aiguille*, vouloir faire une chose impossible. ♦ *Aiguille à tricoter*, petite verge de fer ou de bois avec laquelle on tricote. ♦ *Aiguille d'horloge, de pendule, de montre, de boussole, de balance.* ♦ Clocher en pyramide très pointu. On dit plus ordinairement *flèche*. ♦ Obélisque antique. ♦ Se dit de plusieurs espèces de poissons de mer. ♦ Feuilles des arbres résineux. ♦ **Minér.** Cristaux de forme allongée et déliée. ♦ Se dit des portions de rails qui servent à opérer les changements de voie sur un chemin de fer. ■ Embout d'une seringue. ■ Sommet en pointe d'une montagne. ■ REM. On prononçait autrefois [εgɥij].

AIGUILLÉE, n. f. [εgɥije] (*aiguille*) Longueur de fil, de soie, etc., convenable pour le travail à l'aiguille.

AIGUILLER, v. tr. [εgɥije] (*aiguille*) Faire l'opération de la cataracte par abaissement, avec une aiguille à cataracte. ■ Orienter dans une direction précise.

AIGUILLETAGE, n. m. [εgɥij(ə)taʒ] (*aiguilleter*) **Mar.** Action d'aiguilleter ou résultat de cette action.

AIGUILLETÉ, ÉE, p. p. d'aiguilleter. [εgɥij(ə)te] Orné d'aiguillettes.

AIGUILLETER, v. tr. [εgɥij(ə)te] (*aiguillette*) ▷ Attacher ses chausses à son pourpoint avec des aiguillettes. ◁ ♦ ▷ *Aiguilleter des lacets*, les ferrer. ◁ ♦ **Mar.** Lier avec un cordage deux objets qui ne se croisent pas et qui même ne se touchent pas.

AIGUILLETIER, n. m. [εgɥij(ə)tje] (*aiguillette*) Ouvrier qui fait les aiguillettes, les lacets. ■ REM. Graphie ancienne : *aiguillettier.*

AIGUILLETTE, n. f. [εgɥijεt] (dimin. de *aiguille*) ▷ Cordon ferré par les deux bouts qui servait à attacher le haut-de-chausses au pourpoint. ◁ ♦ ▷ *Serrer les vieilles aiguillettes*, être avare. ◁ ♦ Cordon employé simplement comme ornement. ♦ **Milit.** Ornement aux bouts duquel sont suspendus des ferrets. ♦ Morceau de peau et de chair coupé en longueur. *Découper un canard par aiguillettes.* ♦ **Mar.** Petit cordage pour aiguilleter.

AIGUILLEUR, EUSE, n. m. et n. f. [εgɥijœr, øz] (*aiguiller*) Personne préposée à la garde d'une aiguille, c.-à-d. qui est chargée de faire passer les trains d'une voie sur une autre dans les chemins de fer. ♦ *Aiguilleur, aiguilleuse du ciel*, contrôleur, contrôleuse de la navigation aérienne.

1 **AIGUILLIER**, n. m. [εgɥije] (*aiguille*) Petit étui où l'on met les aiguilles.

2 **AIGUILLIER, IÈRE**, n. m. et n. f. [εgɥije, jεr] (*aiguille*) ▷ Ouvrier, ouvrière qui fait des aiguilles. ◁

AIGUILLON, n. m. [εgɥijɔ̃] (lat. vulg. *aculeonem*) Pointe de fer fixée à un long bâton, dont on se sert pour piquer les bœufs. ♦ Espèce de dard rétractile, par lequel se termine le dernier anneau de l'abdomen chez quelques insectes. ♦ **Fig.** *L'aiguillon de la douleur.* ♦ Tout ce qui excite à faire quelque chose. « *Cet aiguillon d'envie et de gloire* », PASCAL. ♦ **Bot.** Piquant qui adhère à l'écorce. ■ REM. On prononçait autrefois [εgɥijɔ̃].

AIGUILLONNANT, ANTE, p. prés. [εgɥijɔnɑ̃, ɑ̃t] (*aiguillon*) *Des passions aiguillonnantes.*

AIGUILLONNÉ, ÉE, p. p. d'aiguillonner. [εgɥijɔne] *Des bœufs aiguillonnés.* ♦ *Un homme aiguillonné par la faim.*

AIGUILLONNEMENT, n. m. [εgɥijɔn(ə)mɑ̃] (*aiguillonner*) Action d'aiguillonner ; résultat de cette action.

AIGUILLONNER, v. tr. [εgɥijɔne] (*aiguillon*) Piquer avec l'aiguillon. ♦ **Fig.** « *Une ardente faim l'aiguillonne* », A. CHÉNIER. ♦ Inciter, animer. *Aiguillonner le courage.*

AIGUILLOT, ■ n. m. [εgɥijo] (*aiguille*) Ustensile d'accastillage.

AIGUISAGE, n. m. [egizaʒ] (*aiguiser*) Action d'aiguiser un instrument.

AIGUISÉ, ÉE, p. p. d'aiguiser. [egize] Couteau aiguisé. *Épigramme aiguisée.*

AIGUISE-CRAYON, ■ n. m. [egiz(ə)krejɔ̃] (*aiguiser* et *crayon*) **Québec** Taille-crayon. *Des aiguise-crayons.*

AIGUISEMENT, n. m. [egiz(ə)mɑ̃] (*aiguiser*) Action d'aiguiser.

AIGUISER, v. tr. [egize] (lat. pop. *acutiare*) Rendre pointu ou tranchant. ♦ **Fig.** Rendre plus vif. *Une promenade vous aiguisera l'appétit.* « *Ils ont aiguisé leurs langues comme celle du serpent* », BOURDALOUE. ♦ S'aiguiser, v. pr. *Le fer s'aiguise par le fer. Des esprits se sont aiguisés par l'exercice.* ■ REM. On prononçait autrefois [εgize].

AIGUISEUR, n. m. [egizœr] (*aiguiser*) Celui qui aiguise.

AIGUISOIR, ■ n. m. [egizwar] (*aiguiser*) Tout ustensile servant à aiguiser quelque chose. *Aiguisoir à hameçons.*

AIGUMENT, adv. [egymɑ̃] (*aigu*) D'une manière aiguë. ■ REM. Graphie ancienne : *aigûment.*

AÏKIDO, ■ n. m. [ajkido] (mot jap., voie de l'harmonie par l'énergie intérieure) Art martial japonais consistant à canaliser le mouvement, la vitesse et la force de l'adversaire tout en les utilisant sans rentrer en opposition avec eux. *Des aïkidos.*

AIL, n. m. [aj] (lat. *allium*) Espèce d'oignon d'une odeur très forte, composé de plusieurs petites gousses réunies sous une seule enveloppe. ♦ Au pl. *Aulx.* ♦ **Bot.** Considéré comme plante, il fait *ails* au pluriel. *Il cultive des ails de plusieurs espèces.* ■ REM. Auj. les deux pluriels sont employés.

AILANTE, n. m. [εlɑ̃t] (indonésien, arbre du ciel) Arbre dit vulgairement vernis du Japon, dont les feuilles servent à la nourriture du bombyx.

1 **AILE**, n. f. [εl] (lat. *ala*) Membre qui sert aux oiseaux à voler, ainsi qu'à des insectes et quelques mammifères qui se soutiennent dans l'air. ♦ **Fig.** et

poétiq. *Les ailes des zéphyrs, du temps.* ✦ *Le mal a des ailes,* il arrive promptement. ✦ *La peur donne des ailes,* elle précipite la marche du plus lent. ✦ *Battre de l'aile,* être mal à son aise. ✦ *Ne battre que d'une aile,* être déchu de son premier état, ne plus jouir de la même considération. ◁ ▷ *En avoir dans l'aile,* être atteint d'une maladie grave, d'une disgrâce imprévue. ◁ ▷ *Tirer une plume de l'aile à quelqu'un,* lui arracher une concession, en obtenir un sacrifice. ✦ *Rogner les ailes à quelqu'un,* retrancher ses profits, son autorité, ses moyens d'action. ✦ *Voler de ses propres ailes,* être en état de se passer d'aide. ✦ *Tirer pied* ou *aile d'une chose,* en tirer un profit, un avantage, si médiocre qu'il soit. ✦ **Fig.** Protection. *Être sous l'aile de sa mère.* Dans le langage de l'Écriture, *l'aile, les ailes du Seigneur,* la protection de Dieu. ✦ Partie charnue d'une volaille, depuis le haut de l'estomac jusque sous les cuisses. ✦ **Fig. et par extens.** *Les ailes d'un moulin,* les châssis garnis de toile que le vent met en mouvement et qui font tourner la meule. ✦ *Les ailes d'un édifice,* les deux parties qui de chaque côté sont jointes au corps principal. ✦ *Les ailes d'une armée, d'une flotte,* les deux extrémités d'une armée rangée en bataille. ✦ En horlogerie, *les ailes d'un pignon,* les dents d'un pignon. ✦ **Anat.** *Les ailes du nez,* côtés extérieurs des narines. ■ *Les ailes d'un avion.* ■ Partie de la carrosserie qui recouvre les roues. ✦ Tendance au sein d'un groupe. *L'aile gauche du parti.* ■ **Sp.** Chacune des extrémités d'une ligne d'attaque. ■ **Fam.** *Avoir un coup dans l'aile,* être ivre. ■ **Fig.** *Battre de l'aile,* aller mal. ■

2 AILE, n. f. [ɛl] Mauvaise orthographe d'un mot anglais qu'il faut écrire *ale* et prononcer *é-l'.* Voy. ALE.

AILÉ, ÉE, adj. [ele] (lat. *alatus*) Qui a des ailes.

AILERON, n. m. [ɛl(ə)ʀɔ̃] (*aile*) Extrémité de l'aile d'un oiseau, à laquelle tiennent les grandes plumes. ✦ Nageoires de quelques poissons. ✦ Petites planches qui garnissent les roues d'un moulin à eau, et servent à le faire tourner.

AILETTE, ■ n. f. [ɛlɛt] (*aile*) Pièce dont la forme rappelle celle d'une petite aile. ■ Écrou à ailettes, que l'on peut serrer ou desserrer à la main grâce à ses deux petites ailes.

AILIER, IÈRE, ■ n. m. et n. f. [elje, jɛʀ] (*aile*) Joueur, joueuse placé sur le côté du terrain dans certains sports d'équipe.

AILLADE, n. f. [ajad] (*ail*) Sauce faite avec de l'ail.

AILLER, ■ v. tr. [aje] (*ail*) Garnir ou frotter d'ail. *Ailler le ventre d'une volaille. Croûtons aillés.*

AILLEURS, adv. [ajœʀ] (lat. pop. *aliore,* abrév. de *in aliore loco*) Dans un lieu autre que celui où l'on est. ✦ *Partout ailleurs,* en tout autre lieu. ✦ *Ailleurs,* dans un autre passage, en parlant d'un livre. ✦ Chez une autre personne. ✦ *D'ailleurs,* d'un autre endroit, d'un autre côté, au propre et au fig. ✦ De plus, outre cela. ✦ Pour le reste, du reste. *Homme d'ailleurs plein de savoir.* ✦ *Par ailleurs,* par une autre voie. ■ N. m. *Rêver d'un ailleurs.*

AILLOLI ou **AÏOLI,** n. m. [ajoli] (mot provenç. *ai,* ail, et *oli,* huile) Coulis d'ail finement pilé avec de l'huile d'olive. ■ Au pl. *Des aillolis, des aïolis.*

AIMABLE, adj. [ɛmabl] (lat. *amabilis*) Qui est digne d'être aimé. *Pour être aimé soyez aimable.* ✦ Qu'on aime, qui plaît, en parlant des choses. *Caractère aimable.* ✦ *Aimable de,* suivi d'un infinitif. « *Vous êtes un aimable homme d'être revenu si ponctuellement* », FÉNELON. ✦ Aimable à. « *Jamais prince ne fut plus capable de rendre le royauté aimable et chère à ses peuples* », BOSSUET. ✦ N. m. et n. f. *Faire l'aimable,* se donner de la peine pour paraître aimable. ■ Qui se montre courtois, agréable. *Un serveur peu aimable.* ■ **Fam.** *Être aimable comme une porte de prison,* être désagréable.

AIMABLEMENT, adv. [ɛmabləmɑ̃] (*aimable*) D'une manière aimable.

1 AIMANT, n. m. [ɛmɑ̃] (lat. class. *adamas*) Mine de fer oxydulé qui a la propriété d'attirer le fer. ✦ **Fig.** Qualité de ce qui attire. *La douceur est un aimant qui attire les cœurs.*

2 AIMANT, ANTE, adj. [ɛmɑ̃, ɑ̃t] (*aimer*) Porté à aimer.

AIMANTATION, n. f. [ɛmɑ̃tasjɔ̃] (*aimanter*) Action d'aimanter.

AIMANTÉ, ÉE, p. p. d'aimanter. [ɛmɑ̃te] *Aiguille aimantée.*

AIMANTER, v. tr. [ɛmɑ̃te] (*aimant*) Communiquer la propriété de l'aimant à un autre corps. ✦ S'aimanter, v. pr. Prendre la propriété de l'aimant.

1 AIMANTIN, INE, adj. [ɛmɑ̃tɛ̃, in] (*aimant*) Qui appartient à l'aimant. On dit aujourd'hui *magnétique.*

2 AIMANTIN, ■ n. m. [ɛmɑ̃tɛ̃] Voy. MAGNET.

AIMÉ, ÉE, p. p. d'aimer. [ɛme] Aimé de ou par ses concitoyens. ✦ N. m. et n. f. *L'aimé.*

AIMER, v. tr. [ɛme] (lat. *amare*) Avoir un sentiment d'affection, de tendresse pour. *Aimer Dieu.* ✦ **Absol.** « *Ô âme, vous connaissez et vous aimez* », BOSSUET. ✦ Éprouver la passion de l'amour. ✦ Dans le même sens, absol. « *Et même en n'aimant plus il est doux d'être aimé* », P. CORNEILLE. ✦ *Aimer*

quelqu'un de, l'aimer à cause de. *Je vous aime d'avoir ainsi pris sa défense.* ✦ Avoir du goût pour, se plaire à. *Il aime les animaux.* ✦ En parlant des choses. *La violette aime l'ombre.* ✦ *Aimer à,* suivi d'un infinitif, avoir du plaisir à. « *L'homme n'aime point à s'occuper de son néant et de sa bassesse* », MASSILLON. ✦ *Aimer de,* même sens. « *Monseigneur aimait les peuples, et il aimait d'en être aimé* », MASSILLON. ✦ *Aimer que,* suivi du subjonctif, savoir gré, être content. « *Aimez qu'on vous conseille et non pas qu'on vous loue* », BOILEAU. ✦ *Aimer mieux,* préférer. ✦ S'aimer, v. pr. Aimer soi. ✦ *Il s'aime beaucoup,* ▷ il a beaucoup d'amour-propre, il est uniquement préoccupé de sa personne. ◁ ✦ ▷ *S'aimer dans un lieu,* s'y plaire, en parlant des oiseaux, des plantes. *Les pigeons s'aiment où il y a de l'eau.* ◁ ✦ S'aimer l'un l'autre. *Ils s'aiment comme frères.* ✦ **Prov.** *Qui bien aime bien châtie.* ✦ *Qui m'aime me suive.*

AINE, n. f. [ɛn] (lat. class. *inguen*) Le pli de la cuisse au bas du ventre.

AÎNÉ, ÉE ou **AINÉ, ÉE,** adj. [ene] (anc. fr. *ainz,* avant, et *né*) Celui des enfants qui est né le premier. ✦ *Le fils aîné de l'Église,* qualification donnée autrefois au roi de France. ✦ *La fille aînée des rois de France,* titre que prenait autrefois l'Université. ✦ N. m. *Aîné, fils aîné. L'aîné de mes fils.* ✦ N. f. *Aînée, fille aînée.* ✦ *Aîné,* frère aîné. ✦ Qui est plus âgé qu'un autre.

AÎNESSE ou **AINESSE,** n. f. [ɛnɛs] (*aîné*) Priorité d'âge entre frères et sœurs. ■ *Droit d'aînesse,* privilège qui résultait de la priorité d'âge dans une succession.

AINS, conj. [ɛ̃] (lat. *antius,* comparatif de *ante*) hors d'usage. Mais.

AINSI, adv. [ɛ̃si] (lat. *sic* précédé de *antius* ou *in*) De cette manière. *Les choses étant ainsi.* ✦ Elliptiquement. *Ainsi du reste,* c.-à-d. il en est ainsi du reste. ✦ En forme de souhait : *Ainsi le ciel vous soit propice! ✦ Ainsi soit-il!* Formule elliptique qui sert d'expression à un vœu, qui termine certaines prières. ✦ *Ainsi donc,* c'est donc ainsi que. « *Ainsi donc mon amour était récompensé* », RACINE. ✦ *Est-ce ainsi que...* Formule de reproche. ✦ De la même façon. ✦ conj. Par conséquent, par telle raison. ✦ AINSI DONC, conj. redoublée qui a le sens de *donc.* ✦ AINSI QUE, loc. conj. Comme. *Ainsi que je l'espère.* ✦ *Comme ainsi soit que... Puisque ainsi est que... Puisque ainsi va que...,* locutions qui signifient vu que, attendu que. ✦ *Par ainsi,* en conséquence. Cette locution a vieilli. ✦ *S'il est ainsi que...* Cette locution a vieilli un peu. ✦ ▷ *Quand ainsi serait que...* c.-à-d. quand il serait vrai que... ◁ ✦ ▷ *Qu'ainsi ne soit,* c.-à-d. n'en doutons pas, voyons, voyez. ◁

AÏOLI, ■ n. m. [ajoli] Voy. AILLOLI.

1 AIR, n. m. [ɛʀ] (lat. *aer,* air atmosphérique) Fluide invisible, transparent, sans odeur ni saveur, pesant, compressible, élastique, qui forme autour de la Terre une couche nommée atmosphère, et qui est composé de 0,79 d'azote et de 0,21 d'oxygène. ✦ *Les habitants de l'air,* les oiseaux. ✦ Au pluriel, *les airs,* l'espace au-dessus de nos têtes. ✦ Dans un sens général, air signifie gaz. *L'oxygène, l'azote et l'hydrogène sont des airs différents.* L'ancienne chimie donnait le nom d'airs à tous les fluides aériformes qu'on appelle gaz aujourd'hui ; de là le nom d'air atmosphérique attribué à l'air. ✦ *Air libre,* l'espace ouvert. On dit dans le même sens *le plein air.* ✦ **Théol.** *Le prince de l'air,* Satan ; *les puissances de l'air,* les démons. ✦ *Mettre, exposer à l'air,* soumettre une chose à l'influence, à l'action de l'air. ✦ *Prendre l'air,* respirer le frais, se promener. ✦ **Fig.** *Prendre l'air,* prendre la fuite. ✦ *Fendre l'air,* en parlant d'un oiseau, voler ; et fig. traverser l'espace avec rapidité. ✦ *Donner de l'air à une chambre,* en ouvrir les fenêtres et en renouveler l'air. ✦ **Fig.** *Donner de l'air à un tableau,* en détacher les différents plans, de sorte que l'air semble circuler entre eux. ✦ *Air natal,* le pays où l'on est né. ✦ Vent. *Il fait beaucoup d'air.* ✦ *Courant d'air,* air en mouvement qui pénètre par les ouvertures d'un appartement. ✦ ▷ *Coup d'air,* fluxion ou douleur qui survient à la face, au cou, aux mâchoires, et qui est souvent causée par l'impression d'un air froid. ◁ ▷ *Prendre l'air du feu, un air de feu,* se chauffer un moment, en passant. ◁ ▷ *Cela est dans l'air,* se dit de certaines conditions physiques ou morales qu'on croit provenir de la nature d'un pays, d'une société, etc. ✦ ▷ *Porter le mauvais air en quelque endroit,* y porter la contagion ; *prendre le mauvais air,* gagner la contagion. ◁ ✦ **Fig. et fam.** *L'air du bureau,* ce qui paraît en bien ou en mal des dispositions de ceux qui ont la décision d'une affaire. ✦ *Être libre comme l'air,* n'avoir aucune sujétion. ✦ *Vivre de l'air du temps,* vivre dans la plus profonde misère. ■ **Fam.** *Ne pas manquer d'air,* avoir de l'audace. ✦ EN L'AIR, loc. adv. *Au milieu de l'air,* dans les airs. *Tirer en l'air, un coup en l'air,* tirer sans viser de but ; et fig. faire une démarche sans résultat. ✦ *Paroles, projets en l'air,* paroles, projets sans fondement. ✦ *Contes en l'air. ✦ Être, mettre en l'air,* en mouvement, dans l'agitation. ✦ ▷ En parlant des choses, *être en l'air,* en désordre. *Dans son cabinet tout en l'air.* ◁ ✦ **Mar.** *Air de vent,* chacune des trente-deux divisions du cercle des vents. L'expression correcte est *aire de vent.* Voy. AIRE.

2 AIR, n. m. [ɛʀ] (1 *air,* influencé par l'anc. fr. *aire,* sorte, espèce) Apparence extérieure. ✦ *Avoir l'air,* paraître. ✦ *Un air de famille,* une sorte de ressemblance. ✦ ▷ Manière, façon. « *Traitent du même air l'honnête homme et le* *fat* », Molière. ◁ ✦ Accueil. « *Elle nous fit un air honnête* », Mme de Sévigné. ✦ **Art** *Un air de tête,* l'attitude d'une tête. ✦ ▷ *Le bel air,* les manières élégantes. ◁ ✦ ▷ *Le grand air,* le ton du grand monde. ◁ ✦ ▷ *Grand air, un grand air,* une belle et noble apparence. ◁ ✦ En mauvaise part, *de grands airs,* des manières hautaines et fastueuses. ◁ ▷ *Bon air,* manières élégantes, distinguées ; *mauvais air,* les manières de la mauvaise compagnie. ◁ ✦ **Absol.** « *Elle n'avait point de taille, encore moins d'air* », Hamilton. ✦ Bon air, en parlant des choses. « *Un château qui a le meilleur air du monde* », Mme de Sévigné. ✦ Sorte de manière affectée qui consiste à faire entendre ce qu'on ne témoigne pas. « *Tout cela était un air pour me faire savoir que...* », Mme de Sévigné. ✦ *Prendre, se donner des airs, de grands airs,* affecter un ton, des manières au-dessus de son état. ✦ *Se donner l'air de, prendre l'air de,* se montrer comme... ✦ En parlant des choses, *avoir l'air, avoir un air de,* paraître. ✦ **Équit.** Allure du cheval. ✦ Suite de tons et de notes qui composent un chant. Se dit aussi du chant et des paroles. *Chanter un air à boire.* ✦ **Fig.** *Je connais des paroles sur cet air-là,* j'ai déjà entendu les mêmes choses, les mêmes opinions, les mêmes excuses, etc. ✦ ▷ **Fig.** *Avoir l'air à la danse,* être disposé à faire ce dont il s'agit, être vif et dispos. ◁

AIRAIN, n. m. [ɛRɛ̃] (b. lat. *æramen*) Alliage de cuivre et d'étain, plus sonore, plus fusible et plus dur que le cuivre. ✦ *Un ciel d'airain,* sécheresse excessive. « *Le ciel est d'airain sur sa tête* », Bossuet. ✦ *Un front d'airain,* un front sans pudeur, qui ne rougit jamais. ✦ *Un front d'airain* signifie aussi une attitude inébranlable. ✦ *Avoir un cœur d'airain,* être impitoyable. ✦ **Mythol.** *Le siècle d'airain,* le siècle intermédiaire entre le siècle d'argent et le siècle de fer. ✦ *Un siècle d'airain,* un temps de calamités. ✦ *Un mur d'airain,* une barrière infranchissable. ✦ **Fig.** et **poétiq.** Canon. « *J'entends l'airain tonnant de ce peuple barbare* », Voltaire. ✦ Cloche. « *Écoutez... l'airain sonne* », Delavigne. ✦ Dans le langage de l'Écriture, *l'airain sonnant,* un vain bruit.

AIRBAG, ■ n. m. [ɛRbag] (nom déposé, angl. *air* et *bag,* sac) Coussin d'air qui se gonfle automatiquement en cas de choc afin de protéger les passagers d'un véhicule. *Des airbags latéraux, frontaux.*

AIRE, n. f. [ɛR] (lat. *area*) Surface unie et dure où l'on bat les blés. ✦ Toute surface plane. *L'aire d'un plancher.* ✦ **Géom.** Surface terminée par des lignes, eu égard surtout à l'évaluation de sa superficie. ✦ **Astron.** L'espace parcouru dans un temps donné par le rayon vecteur d'un astre. ✦ **Mar.** *Aire de vent,* direction du vent. ✦ Nid, c'est-à-dire surface plane de rocher où l'aigle fait son nid, et par extens. nid des grands oiseaux de proie. ✦ ▷ Eaux et forêts. *Couper les bois à tire et à aire,* les couper entre les lisières marquées, en ne laissant que les arbres de réserve et sans choisir çà et là. ◁ ✦ On trouve, en marine, *aire* pour vitesse d'un vaisseau ; *ce navire a de l'aire* Voy. ERRE. ■ Terrain aménagé pour un usage spécial. *Aire de jeux.*

AIREDALE ou **AIREDALE-TERRIER,** ■ n. m. [ɛRdɛl, ɛRdɛlteRje] (mot angl. *airedale* et *terrier*) Chien de chasse et d'agrément d'origine anglaise, musclé, vigoureux, à poil dur, de couleur noire et feu. *Des airedales, des airedales-terriers.*

AIRÉE, n. f. [eRe] (*aire*) ▷ Quantité de gerbes qu'on met en une fois sur l'air d'une grange. ◁

AIRELLE, n. f. [ɛRɛl] (provenç. mod. *aire,* du lat. *ater,* noir) Sous-arbrisseau (*vaccinium*) portant des baies dites aussi *airelles,* grosses comme la merise, noires, violacées, aigrelettes.

AIRER, v. intr. [eRe] (*aire*) Faire son nid, en parlant des oiseaux de proie.

AIS, n. m. [ɛ] (lat. *assis*) Planche de bois.

AISANCE, n. f. [ezɑ̃s] (lat. *adjacentia,* environs) Absence de peine ; facilité. ✦ Liberté de corps ou d'esprit. *Il fait toute chose avec aisance.* ✦ État de fortune qui permet de se procurer les commodités de la vie. ✦ ▷ **Au pl.** *Lieux, cabinet, fosse d'aisances,* latrines. ✦ Servitude, commodité, service qu'un voisin retire d'un autre en vertu de convention ou de prescription.

AISCEAU ou **AISSEAU,** n. m. [ɛso] (lat. *ascia,* hachette) Instrument recourbé qui sert aux tonneliers pour polir le bois.

1 AISE, n. f. [ɛz] (lat. *adjacens,* qui est à proximité) Sentiment de bien-être et de contentement. *Tressaillir d'aise.* ✦ État commode et agréable, liberté. *Il est à son aise partout,* comme s'il était chez lui. ✦ *À votre aise,* elliptiquement, à votre commodité, quand vous voudrez. ✦ *Être mal à son aise,* être indisposé. ✦ *Être mal à son aise,* être embarrassé. ✦ *Mettre quelqu'un à son aise,* l'encourager, dissiper sa timidité. ✦ *Se mettre à son aise,* pousser la familiarité jusqu'à l'oubli des convenances. ✦ **Fam.** *N'en prendre qu'à son aise,* travailler en son temps, ne faire que ce qui plaît. ✦ *En parler à son aise,* discourir de sang-froid des choses au succès desquelles on n'est pas intéressé. ✦ ▷ *Être, vivre à son aise,* être dans une situation de fortune modeste, mais heureuse. ◁ ✦ **N. f. pl.** Les commodités de la vie. « *Dieu se contente de vous priver d'une partie de vos aises* », Fléchier. ✦ **À L'AISE,** loc. adv. Commodément, librement. ✦ *Mettre à l'aise,* donner de l'espace. ■ *Être, vivre à l'aise,* ne pas avoir de problèmes d'argent.

2 AISE, adj. [ɛz] (1 *aise*) Qui a de l'aise, qui est content. « *Cette joie d'un père toujours aise de voir ses enfants* », Massillon.

AISÉ, ÉE, adj. [eze] (anc. fr. *aisier,* mettre à l'aise) Qui se fait ou qui est sans peine. *Il est aisé de prouver. Vie aisée.* ✦ *Il est aisé* (impersonnel) prend *de* avec l'infinitif : *Il est aisé de voir.* Mais aisé prend *à* devant un infinitif sans les autres cas, c.-à-d. quand il n'est pas employé impersonnellement : *Cela est aisé à faire.* ✦ *Cela est aisé à dire,* se dit quand quelqu'un donne un conseil difficile à pratiquer et qu'il n'est pas obligé de suivre. ✦ *Où l'on est à l'aise. Route aisée. Un habit aisé.* ✦ **Fig.** Libre, dégagé. *Une taille aisée.* ✦ Peu sévère, relâché. *Une morale aisée.* ✦ Facile, agréable. *Des vers naturels et aisés.* ✦ Qui jouit de quelque fortune. ✦ **Fam.** *Cet homme n'est pas aisé,* il est d'un caractère difficile. ✦ *Cet homme est aisé à vivre,* il est d'un commerce facile. ✦ **N. m. pl.** *Les aisés,* les gens à leur aise, qui ont quelque fortune. ■ Facile. *La critique est aisée.*

AISEMENT, n. m. [ɛz(ə)mɑ̃] (*aisé*) ▷ Commodité. ◁

AISÉMENT, adv. [ezemɑ̃] (*aisé*) Sans peine. ✦ Commodément. *Ce cheval va aisément. Le discours marche plus aisément.*

1 AISSEAU, n. m. [ɛso] (*ais*) Petit aïs ou planche très mince qui sert à couvrir comme la tuile.

2 AISSEAU, ■ n. m. [ɛso] Voy. AISCEAU.

AISSELLE, n. f. [ɛsɛl] (lat. *axilla*) Cavité qui se trouve au-dessous de la jonction du bras avec l'épaule. ✦ Intérieur de l'angle formé par une feuille avec un rameau, par un rameau avec une branche, par une branche avec une tige.

AISSIEU, n. m. [esjø] Voy. ESSIEU.

AISY, ■ n. m. [ezi] (forme dial. du Jura de l'anc. fr. *aisil,* vinaigre, du lat. *acetum*) Fromage de Bourgogne au lait cru de vache, à pâte molle. *Des aisys cendrés.*

AITIOLOGIE, n. f. [etjoloʒi] Voy. ÉTIOLOGIE.

AIXOIS, OISE, ■ n. m. et n. f. [ɛkswa, waz] (*Aix*) Originaire ou habitant, habitante de villes commençant par Aix, comme Aix-en-Provence, Aix-les-Bains ou Aix-la-Chapelle. ■ **Adj.** *Les habitudes aixoises.*

AJOINTER, v. tr. [aʒwɛ̃te] (*a-* et *jointer*) Joindre des tuyaux bout à bout ; joindre deux planches ensemble.

AJONC, n. m. [aʒɔ̃] (p.-ê. du préroman *ajaugone*) Arbuste fort épineux, à fleurs légumineuses, dit aussi *genêt épineux.*

AJOUPA, ■ n. m. [aʒupa] (mot tupi) Espèce de hutte portée sur des pieux et qu'on recouvre promptement de feuilles et de ramée. ■ **Au pl.** *Des ajoupas.*

AJOUR, ■ n. m. [aʒuR] (*à* et *jour*) **Art** Ouverture, ornementation sous forme de trou, de jour. *Ajours d'une église, d'une dentelle, d'un vitrail.*

AJOURÉ, ÉE, adj. [aʒuRe] (*ajourer*) **Hérald.** Se dit de pièces percées à jour.

AJOURER, ■ v. tr. [aʒuRe] (*à* et *jour*) **Art** Faire un trou, une ouverture dans un but ornemental, artistique. *Nappes ajourées.*

AJOURNÉ, ÉE, p. p. d'ajourner. [aʒuRne] *Ajourné à comparaître.* ✦ Différé.

AJOURNEMENT, n. m. [aʒuRnəmɑ̃] (*ajourner*) Assignation, sommation de comparaître en justice à un jour désigné. ✦ Remise d'une affaire. ✦ En général, retard. ■ *Ajournement à un examen,* échec.

AJOURNER, v. tr. [aʒuRne] (*à* et *jour*) (1 *a-* et *jour*) Assigner quelqu'un en justice à un jour marqué. ✦ Renvoyer une affaire à un autre jour. ✦ Remettre à un temps indéterminé. ■ *Être ajourné à un examen,* le rater.

AJOUT, ■ n. m. [aʒu] (*ajouter*) Élément qui vient en complément. *Faire quelques ajouts à un texte. Sans ajout de sucre.*

AJOUTAGE, n. m. [aʒutaʒ] (*ajouter*) ▷ **Arts mécan.** Chose ajoutée à une autre. ◁

AJOUTE, ■ n. f. [aʒut] (*ajouter*) **Belg.** Ajout. *Faire des ajoutes, des modifications à un article.*

AJOUTÉ, ÉE, p. p. d'ajouter. [aʒute] Passage ajouté à un livre. ✦ **N. m.** Addition faite à un manuscrit. *Il y a des ajoutés à toutes les pages.*

AJOUTER, v. tr. [aʒute] (*a-* et anc. fr. *joster,* réunir, du lat. *juxta*) Mettre en plus. *Ajouter une aile à une maison.* « *Ce je ne sais quoi d'achevé que les malheurs ajoutent aux grandes vertus* », Bossuet. ✦ *Ajouter foi à quelqu'un,* le croire. *Ajouter foi à quelque chose,* y croire. ✦ **Absol.** *Votre départ a ajouté à mon affliction.* ✦ ▷ *Ajouter au conte, ajouter à la lettre,* amplifier, exagérer. ◁ ✦ *Ajoutez, ajoutons,* de plus, en outre. ✦ Dire, écrire en sus. ✦ *S'ajouter,* v. pr. Être ajouté. ■ Dire en plus. *J'ajouterais volontiers un mot.*

AJOUTOIR, n. m. [aʒutwaR] Voy. AJUTAGE.

AJUSTAGE, n. m. [aʒystaʒ] (*ajuster*) **Monnaie** Action d'ajuster, de donner à une pièce le poids légal. ✦ En général, action d'ajuster ensemble les différentes pièces d'un instrument, d'une machine.

AJUSTÉ, ÉE, p. p. d'ajuster. [aʒyste] Rendu juste. ♦ Accommodé. ♦ Orné, paré. ♦ **Ironiq.** *Vous voilà bien ajusté*, en parlant d'un homme dont les vêtements sont en désordre ou qu'une voiture a éclaboussé. ♦ Maltraité en paroles ou en actions. ♦ Visé. *Un lièvre ajusté.*

AJUSTEMENT, n. m. [aʒystəmã] (*ajuster*) Action par laquelle on ajuste quelque chose. ♦ Accommodement, conciliation. ♦ Disposition, arrangement. *L'ajustement d'une maison, d'un jardin.* ♦ Parure. ♦ Action de réduire les flans de monnaies au poids qu'ils doivent avoir avant d'être frappés sous le balancier.

AJUSTER, v. tr. [aʒyste] (*a-* et *juste*) Rendre conforme à, rendre juste. *Il ajuste la balance.* ♦ Accommoder une chose en sorte qu'elle s'adapte à une autre. ♦ **Mus.** Rendre juste. *Ajuster un tuyau d'orgue.* ♦ Familièrement. *Ajustez vos flûtes*, se dit à un homme qui n'est pas d'accord avec lui-même ; à plusieurs personnes qui ne peuvent s'entendre ; ♦ *Ajuster deux personnes*, les concilier. ♦ *Ajuster un différend*, le terminer à l'amiable. ♦ Mettre une chose en état. *Ajuster une machine.* ♦ Embellir, disposer. « *Il se divertit fort à faire ajuster cette maison* », Mme de Sévigné. ♦ Disposer avec soin, avec goût les choses de toilette. ♦ **Fig.** *On l'a ajusté de toutes pièces*, on l'a maltraité en paroles ou en actions. ♦ Viser. *Ajuster un lièvre.* ♦ **Absol.** *Il ajuste bien.* ♦ *S'ajuster*, v. pr. Être unies, adaptées, en parlant de plusieurs choses. ♦ Être d'accord. ♦ S'accommoder. « *Tâchez de vous ajuster aux mœurs* », Mme de Sévigné. ♦ Se parer. *Chacun s'ajuste au mieux qu'il peut.*

AJUSTEUR, EUSE, n. m. et n. f. [aʒystœr, øz] (*ajuster*) Personne qui ajuste les monnaies. ♦ Ouvrier, ouvrière qui, dans un art quelconque, assemble les pièces exécutées par d'autres ouvriers.

AJUSTOIR, n. m. [aʒystwar] (*ajuster*) Petite balance où l'on pèse et l'on ajuste les monnaies. On dit présentement *trébuchet*.

AJUTAGE ou **AJUTOIR** ou **AJOUTOIR**, n. m. [aʒytaʒ, aʒytwar, aʒutwar] (*ajuster*) Tuyau court qu'on adapte à un orifice d'écoulement pour en augmenter la dépense.

AKÈNE ou **ACHÈNE**, ■ n. m. [aken] (lat. *achena*, du gr. *a-* et *khainein*, s'ouvrir) Fruit à une seule graine, qui reste clos et dont la chair n'adhère pas à l'enveloppe. *La noisette, la châtaigne sont des akènes.* ■ Rem. On écrit aussi *achaine*.

AKINÉSIE ou, plus rare, **ACINÉSIE**, ■ n. f. [akinezi, asinezi] (gr. *akinesia*, immobilité) **Méd.** Absence de mouvements réflexes. *Akinésie fœtale. Acinésie faciale.* ■ Difficulté, lenteur à effectuer des mouvements. *L'akinésie de la maladie de Parkinson.*

AKINÉTIQUE ou **ACINÉTIQUE**, ■ adj. [akinetik, asinetik] (*akinésie*) *Épilepsie akinétique*, épilepsie sans convulsions.

AKKADIEN, IENNE, ■ adj. [akadjɛ̃, jɛn] (*Akkad*, région septentr. de la Mésopotamie) **Ling.** Relatif à la langue sémitique opposée au sumérien en Mésopotamie et qui le supplanta en 2000 av. J.-C. *Alphabet akkadien, textes akkadiens. Langue akkadienne, inscriptions akkadiennes.* ■ N. m. Cette langue. *L'akkadien s'inscrit en écriture cunéiforme.*

AKVAVIT, ■ n. m. [akwavit] Voy. AQUAVIT.

AL, ■ [ael] Abréviation de *année de lumière* ou de *année-lumière*.

ALABASTRITE, n. m. [alabastrit] (lat. *alabastrum*) Variété saccharoïde de sulfate de chaux, avec laquelle on sculpte des vases et des statuettes.

ALACRITÉ, ■ n. f. [alakrite] (lat. *alacritas*) **Litt.** Entrain mêlé de bonne humeur. *Le retour du printemps m'emplit d'alacrité.*

ALAIRE, ■ adj. [alɛr] (lat. *ala*, aile d'oiseau) Relatif à l'aile. *Mue alaire.*

ALAISE, n. f. [alɛz] Voy. ALÈSE.

ALAISÉ, ÉE, ■ [aleze] Voy. ALÉSÉ, ÉE.

ALAMBIC, n. m. [alãbik] (ar. *al anbiq*) Appareil qui sert à distiller. ♦ ▷ **Fig.** *Passer une affaire à l'alambic*, l'examiner avec soin. ◁ ♦ ▷ *Mettre à l'alambic*, subtiliser sur, rendre subtil. ◁

ALAMBIQUÉ, ÉE, p. p. d'alambiquer. [alãbike] ▷ *Passé à l'alambic.* ◁ ♦ **Fig.** Trop subtil, trop raffiné. ■ Compliqué, tordu. *Tenir des propos alambiqués.*

ALAMBIQUER, v. tr. [alãbike] (*alambic*) Fatiguer à des choses subtiles. « *Il faut donc alambiquer son esprit dans ces questions* », Bossuet. ♦ ▷ **Absol.** Subtiliser, rendre subtil. ◁ ♦ *S'alambiquer*, v. pr. Même sens.

ALAMBIQUEUR, n. m. [alãbikœr] (*alambiquer*) ▷ Celui qui subtilise, qui rend subtil. ◁

ALANDIER, ■ n. m. [alãdje] (*a-* et *landier*) Foyer par lequel on alimente un four. *La forme des alandiers est variable en fonction des combustibles utilisés.*

ALANGUI, IE, p. p. d'alanguir. [alãgi]

ALANGUIR, v. tr. [alãgir] (*a-* et *languir*) Rendre languissant. ♦ *S'alanguir*, v. pr. Devenir languissant.

ALANGUISSEMENT, n. m. [alãgis(ə)mã] (*alanguir*) État de langueur.

ALANINE, ■ n. m. [alanin] (*al[déhyde]* et *-ine*) **Chim.** Acide aminé.

ALARGUER, v. intr. [alarge] (ital. *allargare*, du lat. *largus*) Gagner le large, s'éloigner de la terre ou d'un autre vaisseau. ♦ Porter plus largue, c.-à-d. manœuvrer de telle sorte que le vent devienne plus largue.

ALARMANT, ANTE, adj. [alarmã, ãt] (*alarmer*) Qui alarme.

ALARME, n. f. [alarm] (ital. *all'arme*, aux armes !) Cri, signal pour faire courir aux armes. ♦ **Fig.** *Le chien donne l'alarme par des aboiements réitérés.* ♦ Émotion causée par l'approche réelle ou supposée de l'ennemi. *L'alarme est au quartier, au camp.* ♦ **Fig.** *L'alarme est au camp*, se dit d'une société, d'un parti qui a des appréhensions communes. ♦ **Milit.** *Donner des alarmes à une place assiégée*, l'inquiéter par de fausses attaques. ♦ Frayeur, épouvante subite. *À la première alarme.* ♦ Vive inquiétude, souci ; dans ce sens il s'emploie le plus souvent au pl. « *Ce qu'on aime, on craint de le perdre ; et plus on l'aime, plus les alarmes sont fréquentes* », Bourdaloue. ♦ ▷ *Vivre, être nourri dans les alarmes*, être accoutumé à la guerre et à ses dangers. ◁ ■ Dispositif permettant de donner l'alarme. *Voiture équipée d'une alarme.*

ALARMÉ, ÉE, p. p. d'alarmer. [alarme] *Alarmés sur leur situation. Alarmé par un bruit. Alarmé de ce qu'il entendait.*

ALARMER, v. tr. [alarme] (*alarme*) Donner l'alarme. ♦ *S'alarmer*, v. pr. Prendre l'alarme, s'effrayer, être ému.

ALARMISME, ■ n. m. [alarmism] (*alarme*) Tendance à s'inquiéter et à alarmer à outrance.

ALARMISTE, n. m. et n. f. [alarmist] (*alarme*) Celui, celle qui se plaît à répandre des bruits alarmants.

ALATERNE, n. m. [alatɛrn] (lat. *alaternus*) Espèce de nerprun, arbrisseau toujours vert.

ALBACORE, ■ n. m. [albakɔr] (hisp.-amér. *albacora*, de l'ar. marocain *bakûra*, jeune bonite) Thon blanc.

ALBANAIS, AISE, ■ n. m. et n. f. [albanɛ, ɛz] (*Albanie*) Originaire ou habitant, habitante d'Albanie. ■ N. m. Langue indo-européenne parlée par les Albanais. ■ Adj. D'Albanie ou des Albanais. *Recettes albanaises.*

ALBANOPHONE, ■ n. m. et n. f. [albanofɔn] (*Albanie* et *-phone*) Personne parlant l'albanais. ■ Adj. *Populations albanophones.*

ALBARELLE, n. f. [albarɛl] (ital. *albarella*, de *albero*, arbre) Champignon bon à manger qui croît sur le châtaignier et le peuplier blanc.

ALBÂTRE, n. m. [albɑtr] (lat. *alabastrum*, albâtre, vase d'albâtre) Espèce de marbre tendre et fort blanc. ♦ *Blanc comme l'albâtre*, très blanc. ♦ **Par extens.** Blancheur éclatante.

ALBATROS, n. m. [albatros] (angl. *albitross*, altér. de *alcatras*, pélican d'Amérique, d'après lat. *albus*, blanc) Oiseau palmipède très vorace.

ALBÉDO, ■ n. m. [albedo] (lat. *albedo*, blancheur) **Phys.** et **astron.** Pouvoir réfléchissant d'un corps appartenant au système solaire. *Plus une surface est réfléchissante, plus son albédo est élevé. L'albédo permet de caractériser la composition de la surface ou de l'atmosphère d'un astre.*

ALBERGE, n. f. [albɛrʒ] (catal. *alberge*, variété de pêche précoce, de l'ar. *al* et du lat. *persicum*, pêche) Sorte de pêche dont la chair est si adhérente au noyau qu'on ne peut la partager. ♦ On disait aussi *auberge*.

ALBERGIER, n. m. [albɛrʒje] (*alberge*) Arbre qui produit des alberges.

ALBIGEOIS, OISE, ■ n. m. et n. f. [albiʒwa, waz] (lat. médiév. *Albiga*, Albi) Nom donné aux cathares ■ Originaire de la ville d'Albi ou y habitant. ■ Adj. *Monuments albigeois.*

ALBINISME, n. m. [albinism] (*albinos*) **Méd.** Anomalie congénitale d'organisation qui consiste dans la diminution ou même l'absence totale du pigment destiné à colorer la peau d'une race quelconque, humaine ou animale [1] ♦ *Albinisme des plantes*, état maladif d'une plante dont les parties, ordinairement vertes, sont blanchies par suite de la résorption de la matière colorante. ■ Rem. 1 : La notion de race ne repose sur aucun fondement scientifique et a une connotation raciste.

ALBINOS, n. m. et n. f. [albinos] (esp. *albino*) Individu qui est affecté d'albinisme.

ALBRAN, n. m. [albrã] Voy. HALBRAN.

ALBRAQUE, ■ n. f. [albrak] (p.-ê. d'orig. flam.) Ensemble de galeries creusées pour recevoir toutes les eaux circulant dans une mine.

ALBRENÉ, adj. [albrəne] Voy. HALBRENÉ.

ALBUGINÉ, ÉE, adj. [albyʒine] (*albugo*) **Anat.** Se dit des membranes, des tissus dont la couleur est blanche.

ALBUGINEUX, EUSE, adj. [albyʒinø, øz] (*albugo*) **Anat.** Blanchâtre.

ALBUGO, n. m. [albygo] (lat. médiév. *albugo*, substance blanche) Tache blanche qui se forme à l'œil. L'Académie fait ce mot féminin ; mais les livres médicaux le font masculin. ■ Rem. Il est masculin auj.

ALBUM, n. m. [albɔm] (lat. *album*, tableau et *albus*, blanc) Livre sur lequel les voyageurs consignent leurs observations. ♦ Cahier sur lequel on prie d'inscrire quelques lignes de prose, quelques vers, un dessin. *Des albums.* ■ Cahier contenant des photos, une collection. *Un album photo.* ■ Livre abondamment illustré. ■ Disque. *Le nouvel album d'un chanteur.* ■ *Album à colorier.*

ALBUMEN, n. m. [albymɛn] (b. lat. *albumen*) Nom donné par quelques botanistes à la substance qui environne l'embryon dans quelques graines. ♦ Mot quelquefois employé pour désigner le blanc d'œuf. ■ Au pl. *Des albumens.*

ALBUMINE, n. f. [albymin] (*albumen*) Principe immédiat des animaux et des végétaux qui compose le blanc de l'œuf et se coagule par la chaleur.

ALBUMINÉ, ÉE, adj. [albymine] (*albumen*) Se dit d'une graine qui est pourvue d'albumine.

ALBUMINEUX, EUSE, adj. [albyminø, øz] (*albumen*) Qui contient de l'albumine.

ALCADE, n. m. [alkad] (esp. *alcade*, de l'ar. *al kadi*, le juge) Nom de certains magistrats en Espagne.

ALCAÏQUE, adj. [alkaik] (gr. *alkaïkos*, d'Alcée, poète grec) *Vers alcaïque*, sorte de vers grec inventé par Alcée, et adopté par les Latins.

ALCALESCENCE, n. f. [alkalesɑ̃s] (*alcalescent*) Chim. Mouvement par lequel une substance devient alcaline.

ALCALESCENT, ENTE, adj. [alkalesɑ̃, ɑ̃t] (*alcali*) Chim. Qui prend ou qui a déjà les propriétés alcalines.

ALCALI, n. m. [alkali] (ar. *al qate*, la soude) Plante marine qui produit la soude du commerce. ♦ Toute substance qui a des propriétés analogues à celles de la soude. ♦ *Alcali volatil*, l'ammoniaque. ■ Au pl. *Des alcalis.* ■ Rem. Graphie ancienne : *alkali.*

ALCALIFIANT, ANTE, adj. [alkalifjɑ̃, ɑ̃t] (*alcali* et *-fiant*, du lat. *facere*, faire) Qui produit les alcalis.

ALCALIMÈTRE, ■ n. m. [alkalimɛtʀ] (*alcali* et *-mètre*) Appareil qui mesurait la masse d'anhydride carbonique.

ALCALIMÉTRIE, ■ n. f. [alkalimetʀi] (*alcali* et *-métrie*) Mesure effectuée par un alcalimètre.

ALCALIN, INE, adj. [alkalɛ̃, in] (*alcali*) Qui a rapport aux alcalis.

ALCALINISER, ■ v. tr. [alkalinize] (*alcalin*) Rendre une substance alcaline.

ALCALINITÉ, n. f. [alkalinite] (*alcalin*) État ou caractère d'une substance qui possède les propriétés des alcalis.

ALCALINOTERREUX, EUSE, ■ adj. [alkalinoterø, øz] (*alcalin* et *terreux*) Dont les oxydes ont des propriétés chimiques semblables à celles des alcalis. *Substances alcalinoterreuses.* ■ N. m. *Le radium et le calcium sont des alcalinoterreux.*

ALCALISATION, n. f. [alkalizasjɔ̃] (*alcaliser*) Action d'alcaliser.

ALCALISÉ, ÉE, p. p. d'alcaliser. [alkalize]

ALCALISER, v. tr. [alkalize] (*alcali*) Dégager d'un sel neutre, par l'action du feu, la partie acide qui y était contenue, de manière qu'il ne reste plus que la partie alcaline.

ALCALOÏDE, n. m. [alkaloid] (*alcali* et *-oïde*) On nomme ainsi certains corps qu'on extrait des végétaux et qu'on regarde comme des alcalis. ♦ Il y a aussi des *alcaloïdes azotés* ou *animaux.*

ALCALOSE, ■ n. f. [alkaloz] (*alcali*) Méd. Maladie du plasma.

ALCANE, ■ n. m. [alkan] (*alcool*) Phys. Hydrocarbure. *L'éthane est un alcane.*

ALCANTARA, n. m. [alkɑ̃taʀa] (esp. *Alcantara*, ville espagnole) Ordre militaire d'Espagne. ■ Tissu.

ALCARAZAS, n. m. [alkaʀazas] (esp. *alcarraza*, de l'ar. *al karraz*, jarre à goulot étroit) Vase d'une terre très poreuse pour rafraîchir l'eau. ♦ L'Académie écrit à tort *alcarazas.* ■ Rem. Cet usage est devenu la norme. ■ Rem. Graphie ancienne : *alcarraza.*

ALCAZAR, ■ n. m. [alkazaʀ] (mot esp. de l'ar. *al qasr*, forteresse, palais, du lat. *castrum*, forteresse) Enceinte fortifiée en Espagne. *L'alcazar de Tolède.* ■ Palais royal. *Des alcazars.*

ALCÉE, n. f. [alse] (lat. *alcea*, espèce de mauve) Belle plante bisannuelle, nommée aussi passe-rose ou rose trémière.

ALCHÉMILLE, n. f. [alkemij] (lat. médiév. *alchimilla*) Plante de la famille des rosacées, dite aussi pied-de-lion. ■ Rem. On disait autrefois *alchimille.*

ALCHIMIE, n. f. [alʃimi] (ar. *al kimiya*, pierre philosophale, alchimie) Chimie du Moyen Âge, qui, au lieu d'avoir pour but l'étude de la composition des corps, cherchait la panacée universelle et la transmutation des métaux.

ALCHIMILLE, ■ n. f. [alʃimij] Voy. ALCHÉMILLE.

ALCHIMIQUE, adj. [alʃimik] (*alchimie*) Qui a rapport à l'alchimie.

ALCHIMISTE, n. m. et n. f. [alʃimist] (*alchimie*) Personne qui s'occupe d'alchimie.

ALCIDE, n. m. [alsid] (gr. *Alkeidês*, surnom d'Hercule, de *alkê*, force) Nom d'Hercule dont on se sert pour désigner un homme très fort ou très courageux.

ALCOMÉTRIE, ■ n. f. [alkometri] (*alcool* et *-métrie*) Mesure de la teneur en alcool des boissons.

ALCOOL, n. m. [alkɔl] (esp. *alcohol*, essence obtenue par distillation, de l'ar. *al kuhl*, poudre d'antimoine très fine) Esprit-de-vin, liquide obtenu par la distillation du vin. ♦ En général, liqueur obtenue, par distillation de toutes les matières qui sont susceptibles de fermenter. ♦ *Alcool absolu*, alcool qui ne contient pas d'eau. ■ Chim. Dérivé d'un hydrocarbure par substitution d'un groupement hydroxyle à un atome d'hydrogène. *Alcool à brûler.* ■ Rem. On prononçait autrefois [alkoɔl].

ALCOOLAT, n. m. [alkola] (*alcool*) Tout médicament liquide qui résulte de la distillation de l'alcool sur une ou plusieurs substances aromatiques, végétales ou animales.

ALCOOLATE, n. m. [alkolat] (*alcool*) Combinaison de l'alcool avec un sel.

ALCOOLATURE, ■ n. f. [alkolatyʀ] (*alcoolat*) Produit qu'on obtenait en dissolvant des plantes fraîches dans l'alcool afin de récupérer leurs principes actifs. *L'alcoolature est obsolète.*

ALCOOLÉMIE, ■ n. f. [alkolemi] (*alcool* et *-émie*) Présence d'alcool éthylique dans le sang. *Mesurer le taux d'alcoolémie d'un conducteur.*

ALCOOLIFICATION, ■ n. f. [alkolifikasjɔ̃] (*alcool*) Action de faire fermenter un produit dans l'alcool.

ALCOOLIQUE, adj. [alkolik] (*alcool*) Qui contient de l'alcool. ■ N. m. et n. f. Personne atteinte d'alcoolisme.

ALCOOLISABLE, ■ adj. [alkolizabl] (*alcooliser*) Qu'on peut imprégner d'alcool. *Une substance alcoolisable.*

ALCOOLISATION, n. f. [alkolizasjɔ̃] (*alcooliser*) Développement dans les liquides des propriétés qui caractérisent l'alcool.

ALCOOLISÉ, ÉE, p. p. d'alcooliser [alkolize] (*alcooliser*) Se dit d'un liquide qui contient de l'alcool ou dans lequel il s'en est développé. ■ Par extens. En parlant d'une personne, qui a bu de l'alcool en quantité non négligeable.

ALCOOLISER, v. tr. [alkolize] (*alcool*) Mêler de l'alcool avec un liquide.

ALCOOLISME, ■ n. m. [alkolism] (*alcool*) Dépendance aux boissons alcoolisées.

ALCOOLO, ■ n. m. et n. f. [alkolo] (abrév. fam. de *alcoolique*) Fam. Alcoolique. *Des alcoolos. Une alcoolo.* ■ Adj. *Être alcoolo.*

ALCOOLOGIE, ■ n. f. [alkoloʒi] (*alcool* et *-logie*) Science étudiant l'alcoolisme y compris dans sa dimension sociologique et économique, en vue d'une prévention.

ALCOOLOGUE, ■ n. m. et n. f. [alkolog] (*alcool* et *-logue*) Spécialiste en alcoologie.

ALCOOLOMÈTRE ou **ALCOOMÈTRE**, n. m. [alkolomɛtʀ, alkomɛtʀ] (*alcool* et *-mètre*) Pèse-liqueur employé pour déterminer ce qu'un liquide contient d'alcool absolu.

ALCOOTEST, ■ n. m. [alkotɛst] (nom déposé, de *alcool* et *test*) Dispositif portatif permettant d'évaluer approximativement le taux d'alcool dans l'organisme d'un conducteur, en mesurant la teneur en alcool de l'air expiré. ■ *Alcootest positif*, qui révèle un taux d'alcool supérieur à celui autorisé. *Des alcootests.*

ALCORAN, n. m. [alkorɑ̃] (ar. *al quran*, le Coran, de *qara'a*, lire, réciter) Le livre qui contient la loi de Mahomet. ♦ On dit mieux *le Coran.*

ALCÔVE, n. f. [alkov] (esp. *alcoba*, de l'ar. *al qubba*, coupole, petite chambre contiguë) Enfoncement pratiqué dans une chambre pour y placer un lit. ♦ Lieu des rapports amoureux. *Secrets d'alcôve.*

ALCYON, n. m. [alsjɔ̃] (gr. *alkuôn*) Oiseau de mer assez semblable à l'hirondelle, dit aussi martin-pêcheur.

ALCYONAIRE ou **ALCYONNAIRE**, ■ n. m. [alsjonɛʀ] (*alcyon*) Zool. Variété de corail, dit corail mou. *Les huit tentacules des alcyonaires ou doigts de mort.*

ALCYONIEN, adj. m. [alsjonjɛ̃] (*alcyon*) *Jours alcyoniens*, les sept jours qui précèdent et les sept jours qui suivent le solstice d'hiver.

ALDÉBARAN, n. m. [aldebaʀɑ̃] (ar. *al dabaran*, la suivante) Nom arabe d'une étoile de première grandeur qui est dans l'œil du Taureau.

ALDÉE, n. f. [alde] (port. *aldeia*, village, de l'ar. *al dai'a*) ▷ Bourg ou village des possessions européennes en Afrique et dans les Indes. ◁

ALDÉHYDE, ■ n. m. [aldeid] (abrév. de *alcool déshydrogéné*) **Chim.** Composé organique carboné mono-insaturé. *Le formol est un aldéhyde.* ■ Adj. *Fonction aldéhyde.* ■ ALDÉHYDIQUE, adj. [aldeidik]

AL DENTE, ■ adj. inv. [aldɛnte] (ital. *al dente*, à la dent) Dont la cuisson fait que cela reste croquant sous la dent. *Des pâtes al dente.* ■ Adv. *Cuire des carottes al dente.*

ALDERMAN, n. m. [aldɛrman] (angl. *alderman*) Officier municipal en Angleterre.

ALDIN, INE ■ adj. [aldɛ̃, in] (*Alde Manuce*, imprimeur vénitien) *Caractères aldins*, signes d'imprimerie dus à Alde Manuce. *Lettres aldines.*

ALDOSTÉRONE, ■ n. f. [aldosterɔn] (*aldo-* et *-stérone*) **Méd.** Hormone sécrétée par les glandes surrénales. *L'aldostérone intervient dans la régulation de l'eau et des sels minéraux, et celle de la pression artérielle.*

ALE, n. f. [ɛl] (angl. *ale*) Sorte de bière anglaise. ■ Rem. On écrivait aussi *aile*.

ALÉA, ■ n. m. [alea] (lat. *alea*, jeu de dés, de hasard) Risque difficilement mesurable compte tenu des incertitudes dues au hasard. *La météo, un aléa majeur de la fréquentation touristique des stations de ski. Les aléas de la Bourse.*

ALÉATOIRE, adj. [aleatwar] (lat. *aleatorius*, qui concerne le jeu de hasard) **Dr.** Dépendant d'un événement incertain quant au gain ou à la perte. *Contrat aléatoire.* ◆ Dans le langage général, soumis aux chances du hasard. ■ ALÉATOIREMENT, adv. [aleatwar(ə)mɑ̃]

ALÈGRE, ALÉGREMENT, ALÉGRESSE, ALÉGRETTO, ALÉGRO, [alɛgr, alɛgrəmɑ̃, alegrɛs, alegreto, alegro] Voy. ALLÈGRE, ALLÈGREMENT, ETC.

ALÉMANIQUE, ■ adj. [alemanik] (lat. *alemanicus*, d'Alémanie) Qui se rapporte à la Suisse de langue allemande. *Les cantons alémaniques.* ■ N. m. Dialecte allemand parlé en Souabe et dans une partie de l'Alsace et de la Suisse.

ALÉNÉ, ÉE, adj. [alene] (*alène*) **Bot.** Qui est en forme d'alène. *Feuille alénée.* ◆ On dit plus communément *subulé.*

ALÈNE, n. f. [alɛn] (anc. h. all. *alisno*) Poinçon de fer dont on se sert pour percer et coudre le cuir.

ALÉNIER, n. m. [alenje] (*alène*) Celui qui fait et vend des alènes.

ALÉNOIS, adj. m. [alenwa] (corruption d'*orlénois*, d'Orléans, du lat. *Aurelianensis*) *Cresson alénois*, le cresson des jardins.

ALENTI, IE, p. p. d'alentir. [alɑ̃ti] Qui est devenu plus lent.

ALENTIR, v. tr. [alɑ̃tir] (*a-* et *lent*) ▷ Rendre plus lent. ◆ V. intr. « *Et laissant alentir les flammes légitimes* », Quinault. ◆ S'alentir, v. pr. « *La fureur s'alentit par le retardement* », Rotrou. ◁

ALENTISSEMENT, n. m. [alɑ̃tis(ə)mɑ̃] (*alentir*) ▷ Action d'alentir. ◁

ALENTOUR ou **À L'ALENTOUR**, adv. [alɑ̃tur] (*à l'entour*) Aux environs. *Tourner alentour.* ◆ D'alentour, des environs. « *Le temple et les bâtiments d'alentour* », Bossuet. ◆ Alentour, à l'entour de, prép. « *Les voilà tous à l'entour de lui* », Molière.

ALENTOURS, n. m. pl. [alɑ̃tur] (*alentour*) Lieux circonvoisins. ◆ En parlant des personnes, ceux avec lesquels on est en commerce suivi. « *Cependant Louis XVI l'aurait fait s'il avait été moins dominé par ses alentours* », Mignet.

ALEPH, ■ n. m. [alɛf] (hébr. *éleph*, bœuf, l'idéogramme représentant à l'origine une tête de bœuf) Première lettre de l'alphabet hébraïque. ■ Math. Nombre cardinal représentant la puissance d'un ensemble infini. *Des alephs.*

ALÉPINE, n. f. [alepin] (*Alep*, ville de Syrie) Sorte d'étoffe de soie et de laine.

ALÉRION, n. m. [alerjɔ̃] (anc. b. frq. *adalaro*, aigle) **Hérald.** Petit aigle aux ailes étendues, sans pieds ni bec.

1 **ALERTE**, loc. interj. [alɛrt] (ital. *all'erta*, sur ses gardes, de *erta*, côte, hauteur, du lat. *erigere*, dresser) Debout, garde à vous.

2 **ALERTE**, n. f. [alɛrt] (1 *alerte*) Appel à la vigilance ; inquiétude subite. *Donner une alerte. Avoir une alerte.*

3 **ALERTE**, adj. [alɛrt] (1 *alerte*) Qui est vigilant, qui se tient sur ses gardes. ◆ Prompt à voir et à saisir. *Les fripons sont toujours alertes.* ◆ Vif, agile.

ALERTER, ■ v. tr. [alɛrte] (1 *alerte*) Avertir. *Alerter les pompiers en cas d'incendie.* ■ Attirer l'attention à propos d'un danger potentiel. *Les résultats de sa prise de sang m'ont alertée sur son état de santé.*

ALÉSAGE, n. m. [alezaʒ] (*aléser*) Action d'aléser.

ALÉSÉ, ÉE ou **ALAISÉ, ÉE**, p. p. d'aléser. [aleze]

ALÈSE ou **ALÈZE**, n. f. [alɛz] (anc. fr. *laise*, largeur, étendue, du lat. pop. *allatiare*, agrandir, altér. de la séquence *la laise* lue *l'alaise*) Linge dont on se sert pour garnir le lit des malades, afin de le garantir du sang, du pus. ■ Tissu dont on recouvre un matelas pour le protéger. ■ Rem. On écrit aussi *alaise.*

ALÉSER, v. tr. [aleze] (anc. fr. *alaisier*, élargir, étendre, du lat. vulg. *allatiare*, agrandir, de *latus*, large) Unir la surface intérieure d'un objet qui a été foré. ◆ Aléser les monnaies, en redresser les bords.

ALÉSEUR, EUSE, ■ n. m. et n. f. [alezœr, øz] (*aléser*) Ouvrier, ouvrière travaillant sur une aléseuse.

ALÉSEUSE, ■ n. f. [alezøz] (*aléseur*) **Techn.** Machine-outil servant à aléser, composée d'un outil tournant et d'une table qui fixe la pièce à travailler.

ALÉSOIR, n. m. [alezwar] (*aléser*) Instrument qui sert à aléser.

ALÉTHIQUE, ■ n. f. [aletik] (gr. *alêthês*, vrai) **Philos.** Vérité logique et scientifique, ce qui est nécessairement vrai. ■ Adj. *Logique aléthique.*

ALEURITE, ■ n. m. [alørit] (gr. *aleuritês*, pain de farine de froment) **Bot.** Arbre tropical oléagineux.

ALEURODE, ■ n. m. [alørɔd] (gr. *aleurodês*, semblable à de la farine) **Entomol.** Mouche blanche à l'origine des dégâts sur les cultures en serre.

ALEURONE, ■ n. f. [alørɔn] (gr. *aleuron*, farine de froment) **Bot.** Une des couches de composition de certaines graines.

ALEVIN, n. m. [al(ə)vɛ̃] (lat. vulg. *adlevimen*, de *allevare*, alléger, soulever, puis prob. élever, par contamination du lat. *elevare*, élever, éduquer) Menu poisson qui sert à peupler les étangs.

ALEVINAGE, n. m. [al(ə)vinaʒ] (*aleviner*) Art de conserver et de propager l'alevin. ◆ Petit poisson que les pêcheurs rejettent dans l'eau.

ALEVINER, v. tr. [al(ə)vine] (*alevin*) Jeter de l'alevin dans un étang pour le peupler. *Étang aleviné.*

ALEVINIER n. m. ou **ALEVINIÈRE**, ■ n. f. [al(ə)vinje, al(ə)vinjɛr] (*alevin*) Étang à élevage d'alevins.

ALEXANDRA, ■ n. m. [alɛksɑ̃dra] (nom propre) Cocktail composé de cognac, crème fraîche et cacao.

1 **ALEXANDRIN**, adj. m. [alɛksɑ̃drɛ̃] (d'après *li romans d'Alexandre*, poème du XIIe siècle en dodécasyllabes) Se dit du vers français de douze syllabes. ◆ N. m. *Un alexandrin.*

2 **ALEXANDRIN, INE**, ■ n. m. et n. f. [alɛksɑ̃drɛ̃, in] (lat. *alexandrinus*, d'Alexandrie) Originaire de la ville d'Alexandrie ou personne y habitant. ■ Adj. *Les maisons alexandrines.*

ALEXANDRITE, ■ n. f. [alɛksɑ̃drit] (du nom d'Alexandre Ier, tsar de Russie, cette roche se trouvant en quantité dans les monts Oural) **Minér.** Pierre semi-précieuse aux tons verts à la lumière naturelle et rouge à la lumière artificielle.

ALEXIE, ■ n. f. [alɛksi] (*a-* et du gr. *lexis*, parole) **Méd.** Lésion neurologique entraînant des troubles de lecture.

ALEXIPHARMAQUE, adj. [alɛksifarmak] (lat. *alexipharmakon*) Se dit des remèdes qui expulsent du corps les principes morbifiques, ou qui préviennent l'effet des poisons pris à l'intérieur. ◆ N. m. *Un alexipharmaque.*

ALEXITÈRE, adj. [alɛksiter] (gr. *alexêtêrion*, remède) Qui prévient l'effet des poisons et des venins. ◆ N. m. *Un alexitère.*

ALEXITHYMIE, ■ n. f. [alɛksitimi] (*alexie* et *-thymie*) Incapacité de faire correspondre des mots à des émotions.

ALEZAN, ANE, adj. [al(ə)zɑ̃, an] (esp. *alazan*, de l'ar. *az'ar*, brun rougeâtre) En parlant du cheval, qui est d'un rouge ou brun plus ou moins foncé. ◆ N. m. *Un alezan.* ■ Rem. Graphie ancienne : *alzan, ane.*

ALÉZÉ, ÉE, adj. [aleze] (*aléser*) **Hérald.** Raccourci. *Sautoir alézé.* ◆ On dit aussi *alisé.*

ALÈZE, ■ n. f. [alɛz] Voy. ALÈSE.

ALFA, ■ n. m. [alfa] (ar. *halfa*, plante de sparte) **Bot.** Plante herbacée de steppe servant à la fabrication d'articles de vannerie et de certains papiers. *Des alfas.*

ALFANGE, n. f. [alfɑ̃ʒ] (esp. *alfange*, ar. *al handjar*, le sabre) Sorte de cimeterre.

ALFATIER, IÈRE, ■ adj. [alfatje, jɛr] (*alfa*) Qui concerne l'alfa, sa culture, sa transformation.

ALGALIE, n. f. [algali] (b. lat. *algalia*, gr. *ergaleion*) Sonde creuse.

ALGANON, n. m. [alganɔ̃] (b. lat. *arganum*, lat. class. *organum*, outil, instrument) ▷ Chaîne qu'on met aux galériens qui ont la permission de circuler hors du bagne. ◆ On dit aussi *arganeau.* ◁

ALGARADE, n. f. [algaʀad] (esp. *algarada*, de l'ar. *al gara*, tumulte, cri) Incursion militaire. Vieilli en ce sens. ◆ Vive sortie contre quelqu'un, insulte brusque, inattendue.

ALGAROTH ou **ALGEROTH (POUDRE D')**, n. f. [algaʀɔt, alʒeʀɔt] (du nom de Vittorio Algarotto, médecin de Vérone qui en fut l'inventeur) Oxychlorure d'antimoine, poudre émétique, purgative et diaphorétique.

ALGAZELLE n. f. ou **ORYX-ALGAZELLE**, ■ n. m. [algazel, ɔʀiksalgazel] (ar. *al ghazâl* et lat. *oryx*, gazelle) **Zool**. Grande antilope blanche d'Afrique dont l'espèce est menacée.

ALGÈBRE, n. f. [alʒɛbʀ] (esp. *algebra*, de l'ar. *al gabr*, réduction) Science des grandeurs considérées d'une manière absolument générale et sous des signes généraux. ◆ *C'est de l'algèbre pour moi*, se dit d'une chose à laquelle on ne comprend rien. ◆ Traité d'algèbre. *L'Algèbre de Bezout*.

ALGÉBRIQUE, adj. [alʒebʀik] (*algèbre*) Qui appartient à l'algèbre.

ALGÉBRIQUEMENT, adv. [alʒebʀik(ə)mã] (*algébrique*) D'une manière algébrique, selon les règles de l'algèbre.

ALGÉBRISTE, ■ n. m. et n. f. [alʒebʀist] (*algèbre*) Personne qui est versée dans l'algèbre.

ALGÉROIS, OISE, ■ n. m. et n. f. [alʒeʀwa, waz] (*Alger*) Personne native d'Alger ou y habitant. ■ Adj. *Avoir des origines algéroises*.

ALGEROTH (POUDRE D'), ■ n. f. [alʒeʀɔt] Voy. algaroth.

ALGIDE, adj. [alʒid] (lat. *algidus*, froid) **Méd**. Qui fait éprouver une vive sensation de froid. *Période algide du choléra*, période dans laquelle le malade est glacé.

ALGIDITÉ, ■ n. f. [alʒidite] (*algide*) **Méd**. Refroidissement de la peau, des extrémités. *Algidité due au choléra*.

ALGIE, ■ n. f. [alʒi] (gr. *algos*, douleur) **Méd**. Douleur. *Algies de la face*.

...ALGIE, ■ [alʒi] suffixe tiré du grec *algos*, qui signifie *douleur* en composition dans certains termes médicaux comme *névralgie*.

ALGINATE, ■ n. m. [alʒinat] (*algine*) **Chim**. Sel d'acide alginique. *Les alginates sont utilisés comme gélifiants et épaississants.*

ALGINE, ■ n. m. [alʒin] (*algue*) **Chim**. Acide issu de végétaux comme les algues, et dont les sels sont utilisés dans les industries pharmaceutiques et alimentaires. ■ **ALGINIQUE**, adj. [alʒinik] *Acide alginique*.

ALGIQUE, ■ adj. [alʒik] (*algie*) Qui concerne la douleur. ■ Rem. En composition dans certains mots comme *antalgique*.

ALGOCULTURE, ■ n. f. [algokyltyʀ] (*algo-* et *-culture*) Culture des algues.

ALGOL, ■ n. m. [algɔl] (mot-valise angl. de *algorithme oriented language*) Langage conçu pour des calculs numériques.

ALGONQUIN ou **ALGONKIN**, ■ n. m. [algɔ̃kɛ̃] (contraction de l'indien *algumakin*, lieu où on pêche au harpon) Famille de langues indiennes parlées dans la partie la plus septentrionale de l'Amérique du Nord. ■ *Les Algonquins, les Algonkins*, ethnie indienne du nord-est du Canada. ■ Rem. On dit aussi *algonquien, ienne*.

ALGORITHME, n. m. [algɔʀitm] (esp. *alguarismo*, de l'ar. *al huvarizmi*, d'après le surnom du mathématicien du IXᵉ siècle Abdallah Muhammad ibn Musa) En algèbre, procédé de calcul. ◆ Genre particulier de notations. *Algorithme différentiel*. ■ **ALGORITHMIQUE**, adj. et n. f. [algɔʀitmik]

ALGOTHÉRAPIE, ■ n. f. [algoteʀapi] (*algo-* et *thérapie*) Thérapeutique fondée sur la phytothérapie à base d'algues.

ALGUAZIL, n. m. [algwazil] (esp. *alguacil*, gouverneur d'une ville, de l'ar. *al vazir*, le ministre) ▷ Officier de police en Espagne. ◁ ◆ **Par extens**. Tout agent de la justice ou de la police. ■ En tauromachie, cavalier dans une corrida.

ALGUE, n. f. [alg] (lat. *alga*) Sorte d'herbe qui croît dans l'eau, soit douce, soit salée. ◆ **Bot**. Classe de plantes acotylédones, composée de végétaux d'une structure très simple et vivant pour la plupart dans l'eau.

ALIAIRE, n. f. [aljɛʀ] Voy. alliaire.

ALIAS, ■ adv. [aljas] (mot lat. autrement) Connu sous le nom de. *Jean-Baptiste Poquelin, alias Molière*. N. m. **Inform**. Icône servant de lien pour une application ou un fichier placé à un endroit différent et permettant d'y accéder directement. *Créer un alias sur le bureau.*

ALIBI, n. m. [alibi] (mot lat., ailleurs) Présence d'une personne dans un autre lieu que celui où a été accompli le crime ou le délit dont on l'accuse. *Plaider l'alibi*. ◆ Au pl. *Des alibis*. ◆ **Fig**. Ce que l'on invoque pour s'excuser, se disculper.

ALIBIFORAIN, n. m. [alibifɔʀɛ̃] (lat. *alibi* et *forain*) Propos sans rapport avec la chose en question ; défaite.

ALIBILE, adj. [alibil] (lat. *alibilis*, nourrissant) **Méd**. Qui est propre à nourrir.

ALIBILITÉ, n. f. [alibilite] (*alibile*) Qualité qu'a un aliment de renfermer plus ou moins de substances alibiles.

ALIBORON, ■ n. m. [alibɔʀɔ̃] (prob. lat. *helleborus*, plante utilisée comme remède universel, par association aux médecins, puis aux hommes savants et habiles qui se mêlent de tout sans rien faire d'utile) *Maître aliboron*, l'âne. ◆ Homme ignorant et stupide.

ALIBOUFIER, ■ n. m. [alibufje] (prov.) **Bot**. Arbre à propriétés officinales.

ALICAMENT, ■ n. m. [alikamã] (mot-valise, de *aliment* et *médicament*) Aliment présenté comme détenant des vertus thérapeutiques non spécifiques et qui échappe au contrôle des autorités de la santé publique.

ALICANTE, ■ n. m. [alikãt] (esp. *Alicante*, ville de la province de Valence) Vin liquoreux originaire de la province espagnole éponyme.

ALIDADE, n. f. [alidad] (ar. *al idad*, règle de l'astrolabe) Règle mobile terminée par deux pinnules, qui sert à trouver ou à marquer des directions ; appliquée au graphomètre, elle sert à mesurer les angles.

ALIÉNABILITÉ, n. f. [aljenabilite] (*aliénable*) Qualité de ce qui est aliénable.

ALIÉNABLE, adj. [aljenabl] (*aliéner*) Qui peut être aliéné.

ALIÉNANT, ANTE, ■ adj. [aljenã, ãt] (*aliéner*) Qui ôte la liberté, suppose de lourdes contraintes de vie. *Des immigrés clandestins qui travaillent dans des conditions aliénantes.*

ALIÉNATAIRE, n. m. et n. f. [aljenatɛʀ] (*aliéner*) Celui, celle en faveur de qui on aliène.

ALIÉNATEUR, TRICE, n. m. et n. f. [aljenatœʀ, tʀis] (*aliéner*) Celui ou celle qui aliène.

ALIÉNATION, n. f. [aljenasjɔ̃] (lat. *alienatio*) Vente, transport d'une propriété, d'un fonds. ◆ **Fig**. *Aliénation des esprits*, aversion que des personnes ont les unes pour les autres. ◆ *Aliénation d'esprit, aliénation mentale*, égarement d'esprit, folie. ◆ **Absol**. Folie.

ALIÉNÉ, ÉE, p. p. d'aliéner. [aljene] Dont la propriété a été transférée. *Bien aliéné*. ◆ Séparé. « *C'est déjà un scandale qu'un pasteur soit aliéné de ses brebis* », Massillon. ◆ Éloigné, en parlant des esprits. *Cœurs aliénés*. ◆ Rendu fou. *Il est aliéné d'esprit. Il est aliéné*. ◆ N. m. et n. f. *Un aliéné, une aliénée*, un fou, une folle.

ALIÉNER, v. tr. [aljene] (lat. *alienare*) Transférer à un autre une propriété. *Aliéner son bien*. ◆ **Fig**. Rendre hostile. « *Par là il aliéna les esprits des peuples* », Bossuet. ◆ S'aliéner, v. pr. *Être aliéné*, vendu. ◆ *S'aliéner de*, se séparer de. ◆ Tourner à la folie. *Son esprit s'aliène.*

ALIÉNISTE, n. m. [aljenist] (*aliéner*) ▷ Médecin de fous. ◁

ALIFÈRE, adj. [alifɛʀ] (lat. *ala* et *-fère*) **Hist. nat**. Qui porte des ailes.

ALIFORME, adj. [alifɔʀm] (lat. *ala* et *-forme*) Qui est en forme d'aile.

ALIGNÉ, ÉE, p. p. d'aligner. [aliɲe] ou [alinje] *Arbres alignés*.

ALIGNEMENT, n. m. [aliɲəmã] ou [alinjəmã] (*aligner*) Arrangement sur une ligne droite. ◆ Direction donnée pour une rue par la voirie. ◆ Action d'aligner, en parlant de soldats. ◆ Fait d'adopter la même ligne de conduite. *L'alignement sur les normes européennes.*

ALIGNER, v. tr. [aliɲe] ou [alinje] (*a-* et ligne) Ranger sur une ligne droite. *Aligner des maisons*. ◆ Disposer en ligne droite. *Aligner les troupes*. ◆ **Fig**. *Aligner ses phrases, ses mots*, écrire, parler avec recherche et prétention. ◆ S'aligner, v. pr. Se ranger sur une même ligne. ◆ V. tr. Prononcer, écrire à la suite. *Je n'arrive pas à aligner deux phrases*. ◆ Adapter en fonction d'une situation. *Aligner ses prix sur la concurrence*. ◆ V. pr. *S'aligner sur la politique d'une puissance internationale.*

ALIGOT, ■ n. m. [aligo] (région. *oligot*) Spécialité du Rouergue à base de purée de pomme de terre dans laquelle on fait fondre de la tomme, en faisant filer le tout.

ALIGOTÉ, ■ n. m. [aligote] (anc. fr. *haligoter*, taillader) Cépage à raisins blancs. ■ Adj. m. *Bourgogne aligoté*.

ALIMENT, n. m. [alimã] (lat. *alimentum*) Ce qui nourrit. ◆ Au pl. Les frais de nourriture et d'entretien d'une personne. ◆ **Fig**. *Le bois est l'aliment du feu*.

ALIMENTAIRE, adj. [alimãtɛʀ] (lat. *alimentarius*) Qui a rapport aux aliments. *Principes alimentaires*. ◆ **Physiol**. *Régime alimentaire*, régime que l'on suit quant à la nourriture. *Canal* ou *conduit alimentaire*, le canal digestif. ◆ *Pension alimentaire*, somme fixée par autorité de justice pour frais de nourriture et d'entretien. ■ Par nécessité financière. *Un travail alimentaire.*

ALIMENTATION, n. f. [alimãtasjɔ̃] (*alimenter*) Action de nourrir, de se nourrir. ♦ *Alimentation des chaudières à vapeur,* renouvellement de l'eau. ■ Approvisionnement nécessaire au fonctionnement. *Alimentation électrique.*

ALIMENTÉ, ÉE, p. p. d'alimenter. [alimãte]

ALIMENTER, v. tr. [alimãte] (*aliment*) Nourrir, fournir des aliments. ♦ **Fig.** *Ces matières alimentaient l'incendie.* ■ Pourvoir, approvisionner. *Alimenter une chaudière.* ♦ S'alimenter, v. pr. Se nourrir.

ALIMENTEUX, EUSE, adj. [alimãto, øz] (*aliment*) ▷ **Méd.** Qui a des propriétés nutritives. ◁

ALIMENTIVITÉ, n. f. [alimãtivite] (*aliment*) ▷ Nom donné par les phrénologues à l'instinct qui porte l'animal à prendre de la nourriture. ◁

ALINÉA, loc. adv. [alinea] (lat. *a linea,* en s'éloignant de la ligne) À la ligne. En ce sens, l'Académie aurait dû écrire *à linéa.* ♦ **N. m.** Ligne nouvelle dont le premier mot rentre sur les autres lignes. ♦ **Par extens.** Passage compris entre deux alinéas. ♦ **Au pl.** *Les alinéas,* ou, selon l'Académie, *les alinéa* (ce pluriel est ancien).

ALIOS, ■ n. m. [aljos] (mot gascon, de *lie,* dépôt limoneux d'une rivière) **Géol.** Pierre ferrugineuse landaise relevant du grès, formée dans le sol sableux.

ALIOTIQUE, ■ adj. [aljotik] (*alios*) Relatif à l'alios. *Sables aliotiques.*

ALIPHATIQUE, ■ adj. [alifatik] (gr. *aleiphatos,* graisse) **Chim.** Qui, dans un corps gras, présente une chaîne ouverte. *La chaîne aliphatique est composée de carbone et d'hydrogène.*

ALIPTIQUE, n. f. [aliptik] (gr. *aleiptikê*) ▷ Art d'appliquer des onctions pour l'entretien de la santé et le traitement des maladies. ◁

ALIQUANTE, adj. [alikãt] (lat. *aliquantus,* assez grand) **Math.** Usité seulement dans : *Partie aliquante,* partie qui n'est pas exactement contenue dans un tout.

ALIQUOTE, adj. [alikɔt] (lat. *aliquot,* un certain nombre de) **Math.** Se dit des parties contenues un certain nombre de fois et exactement dans un tout. ♦ **N. f.** « *À des aliquotes précises, il substitue des aliquotes par appréciation* », J.-J. ROUSSEAU.

ALISE, n. f. [aliz] (prob. gaul. *alisa,* aulne) Fruit de l'alisier. ♦ Les botanistes écrivent *alise* ; l'Académie écrit *alize.*

ALISÉ, ÉE, ■ adj. [alize] Voy. ALÉZÉ.

ALISIER, n. m. [alizje] (*alise*) Arbre de la famille des rosacées, qui porte les alises. ♦ Les botanistes écrivent *alisier* ; l'Académie écrit *alizier.*

ALISMA ou **ALISME,** ■ n. m. [alisma, alism] (gr. *alisma*) **Bot.** Plante herbacée aquatique, dont la fleur blanche a trois pétales. *L'alisma, ou plantain d'eau, pousse au bord des étangs.*

ALISMATACÉE, ■ n. f. [alismatase] (*alisma*) **Bot.** Type de plante herbacée vivace, d'eau douce. *Le plaintain d'eau, la sagittaire appartiennent à la famille des alismatacées.*

ALISME, ■ n. m. [alism] Voy. ALISMA.

ALITÉ, ÉE, p. p. d'aliter. [alite] Couché dans le lit.

ALITEMENT, ■ n. m. [alit(ə)mã] (*aliter*) Action d'aliter ou d'être alité, et spécialement séjour au lit dans un hôpital. *L'alitement prolongé intervient dans la formation d'escarres.*

ALITER, v. tr. [alite] (*a-* et *lit*) Forcer à se mettre au lit. ♦ S'aliter, v. pr. Se mettre au lit.

ALITRONC, n. m. [alitrɔ̃] (lat. *ala,* aile, et *tronc*) ▷ La partie postérieure du tronc des insectes sur laquelle les ailes sont placées. ◁

ALITURGIQUE, adj. [alityrʒik] (*a-* et *liturgique*) ▷ Se dit des jours qui n'ont point d'office particulier. ◁

ALIVRER, v. tr. [alivʀe] (2 *livre*) ▷ Diviser par poids d'une livre. ◁

ALIZARI, n. m. [alizaʀi] (ar. *al asara,* le jus) Nom commercial de la racine de garance.

ALIZARINE, n. f. [alizaʀism] (*alizari*) Principe colorant de la garance.

ALIZE, n. f. [aliz] Voy. ALISE.

ALIZÉ, adj. m. [alize] (orig. incert. p.-ê. du lat. *lixare,* lisser) *Vents alizés,* vents qui soufflent régulièrement entre les tropiques, de l'est à l'ouest. ■ **N. m.** *L'alizé.*

ALIZIER, n. m. [alizje] Voy. ALISIER.

ALKALI, [alkali] (et dérivés) Voy. ALCALI, etc.

ALKÉKENGE, n. m. [alkekãʒ] (ar. *al kakendj*) Plante vivace dont les baies, d'un rouge orange, sont acidules. On l'appelle aussi alkékengère, coqueret, coquerelle ou amour-en-cage.

ALKERMÈS, adj. [alkɛrmɛs] (ar. *al qirmiz,* cochenille) ▷ *Confection alkermès, élixir alkermès,* médicaments composés avec le suc du kermès animal. ♦ **N. m.** Se dit pour la confection et pour l'élixir. ◁

ALLAH, n. m. [ala] (mot ar.) Nom que les Musulmans donnent à Dieu.

ALLAITANT, ANTE, adj. [aletã, ãt] (*allaiter*) Qui allaite.

ALLAITÉ, ÉE, p. p. d'allaiter. [alete] Nourri de lait. ♦ **Fig.** « *Dans l'ivresse, l'orgueil et le luxe allaité* », VOLTAIRE.

ALLAITEMENT, n. m. [alɛt(ə)mã] (*allaiter*) Action d'allaiter ; alimentation d'un enfant par le lait.

ALLAITER, v. tr. [alete] (b. lat. *allactare*) Nourrir de son lait.

ALLANT, ANTE, adj. [alã, ãt] (*aller*) Qui aime à aller, à courir. « *C'était une grande et grosse créature, fort allante* », SAINT-SIMON. ♦ **N. m.** Celui qui va. Usité seulement dans cette expression : *Les allants et les venants.*

ALLANTOÏDE, n. f. [alãtoid] (gr. *allantoeidês,* de *allantos,* saucisse, boyau) L'une des membranes qui appartiennent au fœtus de certains animaux.

ALLANTOÏDIEN, IENNE, ■ adj. [alãtoidjɛ̃, jɛn] (*allantoïde*) Relatif, relative à l'allantoïde. *Éléments allantoïdiens, membranes allantoïdiennes.*

ALLANTOÏNE, ■ n. f. [alãtoin] (rad. de *allantoïde*) **Chim.** Substance provenant de l'oxydation de l'acide urique, intervenant dans l'élimination des déchets azotés des vertébrés supérieurs. *L'allantoïne est utilisée dans les médicaments et les cosmétiques.*

ALLÉ, ÉE, p. p. d'aller. [ale] « *Monti allé à Madrid pour le plaisir de le voir* », SAINT-SIMON. ♦ Peu usité sans auxiliaire. ■ REM. L'emploi sans auxiliaire est poétique. « *C'est la mer allée avec le soleil* », RIMBAUD.

ALLÉCHANT, ANTE, adj. [aleʃã, ãt] (*allécher*) Qui allèche.

ALLÉCHÉ, ÉE, p. p. d'allécher. [aleʃe] Attiré.

ALLÈCHEMENT, n. m. [alɛʃ(ə)mã] (*allécher*) Moyen par lequel on allèche. ■ REM. Litt.

ALLÉCHER, v. tr. [aleʃe] (lat. pop. *allecticare,* du lat. class. *allectare,* attirer, engager) Attirer par quelque appât. ♦ **Fig.** Attirer, séduire.

ALLÉE, n. f. [ale] (p. p. fém. de *aller*) Action d'aller. *L'allée est très rude, le retour est facile.* ♦ **Au pl.** *Allées et venues,* courses, démarches. ♦ Passage étroit entre deux murs, conduisant du dehors dans l'intérieur d'une maison. ♦ Voie entre deux rangs d'arbres.

ALLÉGATION, n. f. [alegasjɔ̃] (lat. *allegatio,* fait porté devant les juges) Citation d'une autorité, d'un passage, d'un fait. ♦ Proposition avancée, assertion.

ALLÉGÉ, ÉE, p. p. d'alléger. [aleʒe] *L'homme allégé de son fardeau. Une douleur allégée.* ■ Dont l'apport calorique est plus faible que la normale. *Crème, confiture allégée.*

ALLÈGE, n. f. [alɛʒ] (*alléger*) Embarcation qui suit un bâtiment pour le décharger ou le charger. ♦ **Archit.** Mur d'appui d'une fenêtre, moins épais que l'embrasure. ♦ Chemins de fer, chariot d'approvisionnement qui porte l'eau et le charbon. ■ REM. Graphie ancienne : *allège.*

ALLÉGEABLE, adj. [aleʒabl] (*alléger*) Qui peut être allégé.

1 **ALLÉGEANCE,** n. f. [aleʒãs] (*alléger*) Faculté de consoler, d'alléger ; adoucissement, consolation.

2 **ALLÉGEANCE,** n. f. [aleʒãs] (angl. *allegiance,* de l'anc. fr. *ligence,* état de l'homme lige) Serment d'allégeance en Angleterre, acte d'obéissance au roi, qui regardait uniquement la souveraineté temporelle du monarque.

ALLÉGEMENT, n. m. [alɛʒ(ə)mã] (*alléger*) Diminution d'un poids supporté. ♦ Soulagement, adoucissement. ■ REM. Graphie ancienne : *allégement.*

ALLÉGER, v. tr. [aleʒe] (lat. chrét. *alleviare*) Soulager d'une partie d'un fardeau, d'une charge. ♦ Diminuer le poids d'une chose. ♦ **Fig.** *Alléger les contribuables, les charges publiques.* ♦ **Fig.** Calmer, rendre moins vif. *Alléger la douleur.* ♦ S'alléger, v. pr. *S'alléger d'une partie de son fardeau.* ♦ Devenir plus léger, moindre. *Son ennui s'allège.*

ALLÉGI, IE, p. p. d'allégir. [aleʒi]

ALLÉGIR, v. tr. [aleʒir] (*alléger*) Diminuer en tous sens le volume d'un corps. *Allégir une poutre.*

ALLÉGORIE, n. f. [alegoʀi] (lat. *allegoria*) Sorte de métaphore continuée, espèce de discours qui est d'abord présenté sous un sens propre, et qui ne sert que de comparaison pour donner l'intelligence d'un autre sens qu'on n'exprime point. ♦ Ouvrage dans lequel on représente un objet pour donner l'idée d'un autre. *L'apologue et la parabole sont des espèces d'allégories.*

ALLÉGORIQUE, adj. [alegoʀik] (*allégorie*) Qui appartient à l'allégorie ; qui tient de l'allégorie.

ALLÉGORIQUEMENT, adv. [alegoʀik(ə)mã] (*allégorique*) D'une manière allégorique.

ALLÉGORISÉ, ÉE, p. p. d'allégoriser. [alegoʀize] Rᴇᴍ. Litt.

ALLÉGORISER, v. tr. [alegoʀize] (*allégorie*) Expliquer selon le sens allégorique. ■ Rᴇᴍ. Litt.

ALLÉGORISEUR, n. m. [alegoʀizœʀ] (*allégoriser*) ▷ Celui qui subtilise pour chercher des allégories. ◁

ALLÉGORISTE, n. m. [alegoʀist] (*allégorie*) Celui qui explique les auteurs dans un sens allégorique.

ALLÈGRE, adj. [alegʀ] (lat. *alacer*) Dispos, prompt à faire. *Esprit, caractère allègre.* « *Pour s'échapper de nous Dieu sait s'il est allègre* », Racine. ■ Rᴇᴍ. Graphie ancienne : *alègre.*

ALLÈGREMENT, adv. [alegʀəmã] (*allègre*) D'une manière allègre. ■ Rᴇᴍ. Graphies anciennes : *allégrement, alégrement.*

ALLÉGRESSE, n. f. [alegʀɛs] (*allègre*) Joie qui éclate. Des cris, des transports d'allégresse. *L'allégresse publique.* ■ Rᴇᴍ. Graphie ancienne : *alégresse.*

ALLÉGRETTO, n. m. [alegʀeto] (ital. *allegretto*, dimin. d'*allegro*) **Mus.** Air d'un mouvement gracieux et léger. ◆ Au pl. *Des allégrettos.* ◆ Adv. D'un mouvement vif et léger. ■ Rᴇᴍ. Graphie ancienne : *alégretto.*

ALLÉGRO, n. m. [alegʀo] (ital. *allegro*) Air vif. *Jouer un allégro.* ◆ Celle des parties d'une sonate ou d'une symphonie dont le mouvement est vif. ◆ Au pl. *Des allégros.* ◆ Adv. D'un mouvement vif. ■ Rᴇᴍ. Graphie ancienne : *alégro.*

ALLÉGUÉ, ÉE, p. p. d'alléguer. [alege] Cité, mis en avant. ◆ N. m. Chose qu'on allègue.

ALLÉGUER, v. tr. [alege] (lat. *adlegare*, déléguer, envoyer qqn) Citer une autorité, un passage, un fait. ◆ Mettre en avant, s'appuyer de. *Alléguer des excuses.*

ALLÈLE, ■ n. m. [alɛl] (gr. *allêlôn*, marque la réciprocité) **Génét.** Une des multiples formes que peut prendre un gène ou une séquence d'ADN à un endroit précis d'un chromosome.

ALLÉLUIA, n. m. [aleluja] (hébr. *halelou*, louez, et *iah*, Dieu) Mot de réjouissance que l'Église chante au temps de Pâques, à la fin de traits et versets. *Des alléluias.* ◆ **Fig.** « *Un alléluia éternel dont on entend retentir Jérusalem* », Bossuet. ◆ Petite plante qui fournit la substance nommée *sel d'oseille.* On dit aussi surelle, pain de coucou, oseille de bûcheron. ■ Rᴇᴍ. Graphie ancienne : *alleluia.*

1 ALLEMAND, n. m. [al(ə)mã] (2 *allemand*) Mot employé dans quelques phrases proverbiales : *Une querelle d'Allemand*, une querelle sans sujet. ◆ *C'est de l'allemand pour moi*, c.-à-d. je n'y comprends rien. ■ Rᴇᴍ. Auj., on évoque d'autres langues, comme le chinois.

2 ALLEMAND, ANDE, ■ n. m. et n. f. [al(ə)mã, ãd] (b. lat. *alemannus*, des Alamans) Personne originaire d'Allemagne ou y habitant. ■ Adj. De l'Allemagne. *Une bière allemande.*

ALLEMANDE, n. f. [al(ə)mãd] (2 *allemand*) Danse vive à deux temps. ◆ Air sur lequel on exécute cette danse.

ALLEMANDERIE, n. f. [al(ə)mãd(ə)ʀi] (2 *allemand*) ▷ Atelier où l'on forge le fer pour le calibrer. ◁

ALLÈNE, ■ n. m. [alɛn] (*allylène*, du lat. *alium*, ail) **Chim.** Hydrocarbure.

1 ALLER, v. intr. [ale] (lat. *ambulare*, marcher) Marcher, s'avancer. *Aller et revenir promptement.* ◆ *Fig. Aller bien, mal*, être dans la bonne, la mauvaise voie. ◆ *Aller de bon cœur*, se porter volontiers à une chose. ◆ *Aller aux voix, aux opinions*, les recueillir. ◆ *Aller aux informations, aux renseignements*, se renseigner. ◆ *Aller au plus pressé*, s'occuper de l'affaire qui admet le moins de retard. ◆ *Aller de pair avec quelqu'un.* ◆ *Aller vite, aller lentement*, faire une chose vite, lentement. ◆ Se diriger vers, en parlant des personnes. *Aller à la campagne, en Italie, en Angleterre.* ◆ *Fig. Les hommes vont à la gloire par la vertu.* ◆ En parlant des choses, marcher, avoir un mouvement, se diriger vers, s'étendre jusqu'à, aboutir, s'élever à un prix de. *Le système du monde va d'un mouvement uniforme. Les cours d'eau qui vont à la mer. Cette région va jusqu'au Rhin. L'eau lui allait aux genoux. Ce domaine ira à cent mille francs.* ◆ Avancer, faire des progrès en bien ou en mal, s'avancer jusqu'à un certain point. *Aller bien dans une étude*, y faire des progrès. *Maladie qui va de mal en pis.* ◆ *Aller jusqu'au bout*, pousser les choses à l'extrême. *Il irait jusqu'à cent mille francs.* « *Arts pernicieux qui ne vont qu'à amollir et qu'à corrompre les mœurs* », Fénelon. ◆ ▷ *Aller à bien*, réussir ; *aller à mal*, avoir un mauvais succès. ◁ ◆ *Aller à l'âme*, toucher. ◆ *Aller*, être configuré de telle ou telle manière. *Le terrain allait en pente.* ◆ Être dans tel ou tel état, se trouver bien ou mal. *La chose commence à bien aller. Le commerce va bien*, ou simplement *le commerce va.* ◆ *Aller bien, aller mal*, être en bonne, en mauvaise santé. ◆ *Aller mieux*, se rétablir de maladie. ◆ Impersonnellement. *Il en va...* la chose se fait, se passe... *Il ne doit pas en aller ainsi. Il en alla tout autrement.* ◆ Marcher, fonctionner, en parlant d'un mécanisme. *Cette*

machine va mal. Ma montre n'allait plus. ◆ S'adapter, convenir, résister. *Ce manteau va mal. Cette clé va à la serrure. Ces couleurs vont bien ensemble. Ce vase va au feu.* ◆ Durer, vivre. *Cet habit n'ira pas jusqu'à l'hiver prochain. Ce vieillard va toujours.* ◆ *Aller contre*, s'opposer. « *Je ne veux pas aller contre le jugement du public* », P. Corneille. ◆ *Ne pas aller sans*, être nécessairement accompagné de, au propre et au figuré. *Cet aveugle ne va pas dans les rues sans un chien. Ce malheur ne va pas sans quelque consolation.* ◆ *Aller au-devant*, aller à la rencontre, et au fig. prévenir. *Allez au-devant de votre père. Il alla au-devant des objections.* ◆ ▷ *Aller bon pas*, marcher d'un bon pas. *Aller grand train*, marcher très vite. ◁ ◆ **Fig.** *Aller grand train*, ▷ faire beaucoup de dépenses. ◁ ◆ *Aller le droit chemin*, agir franchement. ◆ *Aller à la selle ou à la garde-robe*, ou simplement *aller*, suivi d'un infinitif, évacuer par bas. *Faire aller*, procurer une selle, faire déféquer. ◆ *Aller*, être sur le point de, se disposer à. *Les Perses allaient livrer bataille. La paix va refleurir.* ◆ *N'aller pas*, suivi d'un infinitif, s'abstenir de. *Ne va pas t'exposer au froid et à l'humidité.* ◆ *Aller*, suivi d'un participe présent, exprime la continuité. *Il allait criant par la ville.* ◆ *Va, allons, allez*, s'emploient comme locutions interjectives. « *Va, je ne te hais point* », P. Corneille. ◆ *Y aller*, faire une chose d'une certaine manière. *Allez-y doucement.* ◆ *Y aller*, mettre au jeu une certaine somme. *J'y vais de vingt francs.* ◆ Impersonnellement. *Il y va*, il s'agit de, on court le risque de. *Il y va de votre fortune.* ◆ *Laisser aller*, ne pas retenir, ne pas empêcher. *Je le laisse aller où il veut.* « *Laisse aller tes soupirs* », P. Corneille. ◆ **Fam.** *Laisser tout aller*, abandonner le soin de toutes choses. ◆ *Laisser aller sous soi, laisser tout aller sous soi*, se dit d'un malade qui rend involontairement l'urine et les excréments. ◆ *Se laisser aller à*, s'abandonner à, se livrer à. « *On se laisse aller aux appas d'une passion* », Fénelon. ◆ **Absol.** Se décourager. *Pourquoi vous laisser aller ainsi ?* ◆ *Faire aller*, attraper. ◆ *S'en aller*, s'éloigner, partir pour. *Ils s'en vont. Je m'en irai en Amérique.* ◆ **Fig.** Mourir. *Ce malade s'en va.* ◆ *S'en aller*, s'écouler, se dissiper, se flétrir, disparaître, en parlant des choses. *Ce tonneau s'en va. Son argent s'en va. Tout s'en est allé en fumée.* ◆ *S'en aller* avec un participe passé exprime que la chose va être faite prochainement. *La chose s'en va faire.* ◆ *S'en aller*, suivi d'un participe présent, marque progrès, continuité. *Le fleuve s'en allait grossissant.* ◆ Gallicismes. *Il s'en va midi* ▷ , il est à peu près midi. ◁ *Il s'en va temps*, il est bien temps. ◆ Aux jeux de cartes, *s'en aller d'une carte*, se défaire, la jouer. ◆ *S'en aller*, suivi d'un infinitif, indique les motifs, la fin, le prochain accomplissement d'une action. *Ils s'en vont chercher des nouvelles. Ce malade s'en va mourir.* ◆ ▷ *C'est un las d'aller*, c'est un paresseux. ◁ ◆ *Aller son petit bonhomme de chemin*, vaquer tout doucement à ses affaires. ◆ *Aller son grand chemin*, n'entendre point de finesse à ce qu'on fait, à ce qu'on dit. ◁ ◆ *Il ne faut pas aller par quatre chemins*, il faut s'expliquer franchement. ◆ *Tous chemins vont à Rome* ; il y a différents moyens pour atteindre un but. ◆ *Il s'en est allé comme il est venu*, c'est-à-dire il sort d'une affaire comme il y était entré. ◆ ▷ *Aller à tout vent*, se laisser influencer par le premier venu. ◁ ◆ **Équit.** Se dit du cheval : *aller le pas, le trot, le galop.* ◆ **Escrime** *Aller à l'épée*, se dit d'un tireur qui s'ébranle et fait de trop grands mouvements avec son épée. ■ **Litt.** *S'en aller chez. Je m'en vais chez les Dupond.*

2 ALLER, n. m. [ale] (1 *aller*) Action d'aller. *Au long aller petit fardeau pèse.* ◆ *Le pisaller*, le pis qu'il puisse arriver. ◆ *Au pis aller*, avec le plus grand mal qui puisse arriver.

ALLERGÈNE ou **ALLERGOGÈNE**, ■ n. m. [alɛʀʒɛn, alɛʀgɔʒɛn] (*allergie* et *-gène*) Substance pouvant provoquer une allergie. ■ Adj. *Substances allergènes.* ■ **ALLERGÉNIQUE** ou **ALLERGOGÉNIQUE**, adj. [alɛʀʒenik, alɛʀgoʒenik]

ALLERGIE, ■ n. f. [alɛʀʒi] (all. *allergie*, du gr. *allos*, autre, et *ergein*, agir) Réaction anormale de l'organisme à une substance avec laquelle il a déjà été en contact. *Allergie alimentaire.* « *Sans doute une allergie provoquée par le pollen qui flotte dans l'air en cette saison* », Tournier. ■ **Fig.** Dégoût. « *Le mode flexible, l'allergie profonde envers la violence et la cruauté* », Lipovetsky.

ALLERGIQUE, ■ adj. [alɛʀʒik] (*allergie*) Qui présente une allergie à l'égard de. *Il est allergique à l'arachide.* ■ **Fig.** *Être allergique à quelqu'un*, ne pas le supporter.

ALLERGISANT, ANTE, ■ adj. [alɛʀʒizã, ãt] (*allergie*) Susceptible de provoquer une allergie. ■ **N. m.** *Nombre de produits chimiques sont potentiellement des allergisants.*

ALLERGOGÈNE, ■ n. m. et n. f. [alɛʀgoʒɛn] Voy. ᴀʟʟᴇʀɢÈɴᴇ.

ALLERGOGÉNIQUE, ■ adj. [alɛʀgoʒenik] Voy. ᴀʟʟᴇʀɢÈɴᴇ.

ALLERGOLOGIE, ■ n. f. [alɛʀgoloʒi] (*allergie* et *-logie*) Science de l'étude des allergies et de la façon de les traiter.

ALLERGOLOGISTE ou **ALLERGOLOGUE**, ■ n. m. et n. f. [alɛʀgoloʒist, alɛʀgolɔg] (*allergie* et *-logiste* ou *-logue*) Médecin spécialiste des allergies.

ALLER-RETOUR, ■ n. m. [aleʀ(ə)tuʀ] (*aller* et *retour*) Trajet qui ramène au point de départ, le parcours étant le même dans les deux sens. *Faire l'aller-*

retour dans la journée. ■ Billet permettant d'effectuer un tel trajet. ■ **Fig.** et **fam.** Paire de gifles. *Il s'est pris un de ces allers-retours.*

ALLÉSER, v. tr. [aleze] (*aléser*) Agrandir le calibre d'un canon. *Canon allésé.*

ALLEU, n. m. [alø] (lat. médiév. *allodium*, anc. b. frq. *alôd*, pleine propriété) **Dr.** Bien héréditaire. ♦ Au pl. *Des alleux.* ♦ *Franc-alleu,* bien héréditaire exempt de tout droit seigneurial.

ALLEUTIER, ■ n. m. [aløtje] (*alleu*) Propriétaire d'un alleu. *Au Moyen Âge, les alleutiers se sentent de condition infiniment supérieure à celle des serfs.* ■ Adj. *Paysans alleutiers. Familles alleutières.*

ALLIABLE, adj. [aljabl] (1 *allier*) Qui peut être allié.

ALLIACÉ, ÉE, adj. [aljase] (lat. *allium*, ail) Qui tient de l'ail. ♦ N. f. pl. Nom donné à un groupe de la famille des liliacées, qui a pour type le genre *allium.*

ALLIAGE, n. m. [aljaʒ] (1 *allier*) Combinaison de deux ou plusieurs métaux. ♦ ▷ **Fig.** Mélange impur. ◁

ALLIAIRE, n. f. [aljɛʀ] (lat. *allium*, ail) Plante bisannuelle, qui tire son nom de l'odeur d'ail qui la distingue. ■ REM. Graphie ancienne : *aliaire.*

ALLIANCE, n. f. [aljɑ̃s] (1 *allier*) Acte par lequel on s'allie. ♦ Union, confédération entre des États. *Traité d'alliance. Alliance offensive et défensive.* ♦ *Ancienne alliance,* alliance que Dieu contracta avec Abraham. *Nouvelle alliance,* alliance de Dieu avec tous ceux qui croient en Jésus-Christ. ♦ Union par mariage. ♦ Bague de mariage. ♦ **Fig.** Union, mélange. ♦ *Alliance de mots,* toute réunion de mots formant une expression remarquable.

ALLIÉ, ÉE, p. p. d'allier. [alje] Joint avec. *Cuivre allié avec de l'or. La douceur alliée au courage.* ♦ Uni par des traités. *Ces deux nations sont alliées.* ♦ Uni par ce genre de parenté qu'on nomme affinité. ♦ N. m. et n. f. Celui, celle qui est jointe à un autre par affinité. ♦ Confédéré.

1 ALLIER, v. tr. [alje] (lat. *alligare*, attacher, unir) Combiner. *Allier l'or avec l'argent.* ♦ Réunir dans un intérêt commun, dans une action commune, en parlant des États, des peuples. ♦ **Fig.** Réunir, joindre ensemble. ♦ *Allier la vérité au* ou *avec le mensonge.* ♦ Joindre par mariage. ♦ S'allier, v. pr. *Ces deux métaux ne peuvent s'allier.* « *Que l'Orient contre elle à l'Occident s'allie* », P. CORNEILLE. ♦ On dit *s'allier avec,* ou *s'allier à.*

2 ALLIER, n. m. [alje] (lat. *alarium*, de *ala*, aile) ▷ Sorte de filet à prendre des perdrix, qui est tendu sur deux bâtons. ◁

ALLIGATOR, n. m. [aligatɔʀ] (angl. *alligator*) Nom scientifique d'un genre de reptiles sauriens dont les espèces sont appelées vulgairement caïmans et crocodiles.

ALLITÉRATION, n. f. [aliteʀasjɔ̃] (lat. *ad* et *littera*) Figure de diction qui consiste à répéter ou opposer plusieurs fois la même ou les mêmes lettres. ■ REM. Le vers de Racine, *Pour qui sont ces serpents qui sifflent sur vos têtes,* reste un exemple fréquent d'allitération.

ALLIVRÉ, ÉE, p. p. d'allivrer. [alivʀe] Taxé, imposé. ■ REM. Dr.

ALLIVREMENT, n. m. [alivʀəmɑ̃] (*allivrer*) La quote-part des impositions que supporte chaque commune. ■ REM. Dr.

ALLIVRER, v. tr. [alivʀe] (*alivrer*) Taxer, imposer, répartir les contributions foncières en proportion du revenu. ■ REM. Dr.

ALLO..., ■ [alo] Préfixe signifiant autre.

ALLÔ ! ou **ALLO**, ■ interj. [alo] (angl. *hello*) Mot employé pour s'assurer de la présence de son interlocuteur dans une communication téléphonique. *Allô ! qui est à l'appareil ?*

ALLOBROGE, n. m. [alɔbʀɔʒ] (lat. *allobrogicus*) ▷ Nom d'un peuple de l'ancienne Gaule ; se dit d'un homme grossier qui manque de sens. ◁

ALLOC, ■ n. f. [alɔk] Fam. Abréviation du mot *allocation.* ■ Au pl. *Les allocs,* les allocations familiales.

ALLOCATAIRE, ■ n. m. et n. f. [alokatɛʀ] (*allocation*) Personne qui bénéficie d'une prestation en argent. *Les allocataires de la* CAF.

ALLOCATION, n. f. [alokasjɔ̃] (lat. médiév. *allocatio*) Action d'allouer une somme pour dépense ; gratification. ♦ Dr. Approbation donnée aux articles d'un compte ; rang où sont placés les créanciers à titres divers ; attribution même des biens du débiteur. ■ *Les allocations familiales,* allocations versées aux familles à partir du deuxième enfant par la Caisse d'allocations familiales, organisme d'État.

ALLOCENTRISME, ■ n. m. [alosɑ̃tʀism] (*allo-* et centre, d'apr. *égocentrisme*) **Psych.** Attitude, attention portée vers autrui. *L'allocentrisme est le contraire de l'égocentrisme.*

ALLOCHTONE, ■ adj. [alokton] (*allo-* et gr. *khthôn*, terre, d'apr. *autochtone*) **Géol.** Dont la base constitutive a subi un important déplacement horizontal. *Un terrain est rendu allochtone quand la formation de nappes de* *charriage entraîne sa déformation.* ■ N. m. et n. f. Personne étrangère dans un pays ou d'origine étrangère et née dans ce pays. *Enfants d'allochtones.* ■ Adj. *Personnes allochtones.*

ALLOCUTAIRE, ■ n. m. et n. f. [alokytɛʀ] (*allocution*) **Ling.** Destinataire du discours parlé. *Le locuteur s'adresse à un allocutaire.*

ALLOCUTION, n. f. [alokysjɔ̃] (lat. *adlocutio*, harangue) **Antiq.** Harangue que les empereurs ou généraux adressaient aux soldats. ♦ En général, discours d'une personne qui est en droit de parler. ♦ Médaille romaine qui représente un chef haranguant ses soldats.

ALLODIAL, ALE, adj. [alodjal] (lat. médiév. *allodialis*, voir *alleu*) **Dr.** Qui est tenu en franc-alleu. *Biens allodiaux.* ♦ N. m. pl. *Des allodiaux.*

ALLODIALITÉ, n. f. [alodjalite] (*allodial*) Qualité d'un bien tenu en franc-alleu.

ALLOGAMIE, ■ n. f. [alogami] (*allo-* et *-gamie*) **Bot.** Pollinisation d'une fleur par le pollen d'une autre de même espèce, du même pied ou non.

ALLOGÈNE, ■ n. m. et n. f. [alozɛn] (*allo-* et *-gène*) Personne s'installant dans un pays et née ailleurs. ■ Adj. *Populations allogènes.*

ALLOGÉNIQUE, ■ adj. [alozenik] (*allogène*) Provenant d'une autre personne. *Greffe allogénique,* Voy. ALLOGREFFE.

ALLOGREFFE, ■ n. f. [alogʀɛf] (*allo-* et *greffe*) **Méd.** Greffe provenant de deux personnes différentes, ou de deux origines génétiques différentes. *Le contraire de l'allogreffe est l'autogreffe.*

ALLOMORPHIE, n. f. [alomɔʀfi] (*allo-* et *-morphie*) **Phys.** et physiol. Métamorphose, passage d'une forme à une autre toute différente.

ALLONGE, n. f. [alɔ̃ʒ] (*allonger*) Pièce ajoutée à une chose pour l'allonger. On dit aussi rallonge. ♦ **Fig.** *C'est une petite allonge à mon voyage.* ■ REM. Graphie ancienne : *alonge.*

ALLONGÉ, ÉE, p. p. d'allonger. [alɔ̃ʒe] Rendu plus long. ♦ Ce qui a une forme longue. *Ce poisson a une tête allongée.* ♦ **Fig.** *Un visage allongé, une figure allongée,* qui exprime le déplaisir, le désenchantement. ■ REM. Graphie ancienne : *alongé, ée.*

ALLONGEMENT, n. m. [alɔ̃ʒ(ə)mɑ̃] (*allonger*) Augmentation de longueur. ♦ **Fig.** Retard calculé, lenteur affectée. ■ REM. Graphie ancienne : *alongement.*

ALLONGER, v. tr. [alɔ̃ʒe] (*a-* et *long*) Rendre plus long. *Allonger une table, une robe.* ♦ **Fig.** *Allonger le chemin.* ♦ *Allonger le visage,* rendre triste ou penaud. ♦ *Allonger le pas,* presser sa marche. ♦ ▷ **Fig.** *Allonger la courroie,* traîner en longueur une affaire, ou tirer parti de ressources médiocres. ◁ ♦ Déployer, étendre, en parlant de certaines parties du corps. ♦ **Absol.** Retarder, apporter des longueurs. ♦ *Allonger un coup d'épée, de poing, de pied,* le donner. ♦ S'allonger, v. pr. Devenir plus long. ♦ S'étendre. *Un serpent s'allonge sur l'herbe.* ■ REM. Graphie ancienne : *alonger.*

ALLONYME, adj. [alonim] (*allo-* et *-onyme*) Se dit d'un ouvrage publié sous le nom d'un autre. ♦ N. m. *Un allonyme,* un homme qui publie son livre sous le nom d'un autre.

ALLOPATHE, ■ n. m. [alopat] (*allo-* et *-pathe*) Médecin qui traite par l'allopathie.

ALLOPATHIE, n. f. [alopati] (*allo-* et *-pathie*) Nom de la médecine traditionnelle, dans le langage des homéopathes.

ALLOPATHIQUE, adj. [alopatik] (*allopathie*) Qui a rapport à l'allopathie.

ALLOPATHIQUEMENT, adv. [alopatik(ə)mɑ̃] (*allopathique*) D'une façon allopathique.

ALLOPHONE, ■ n. m. et n. f. [alofɔn] (*allo-* et *-phone*) Personne dont la langue maternelle n'est pas celle du pays où elle vit. ■ Adj. *Le locuteur allophone est le contraire du locuteur natif.*

ALLOSAURE, ■ n. m. [alozɔʀ] (*allo-* et *-saure*) **Zool.** et paléont. Dinosaure, animal préhistorique carnivore de la taille d'une girafe, vivant à l'époque du Jurassique. *Les allosaures pesaient trois tonnes.*

ALLOSOME, ■ n. m. [alozom] (*allo-* et gr. *sôma*, corps) **Génét.** Chromosome contenant les gènes qui déterminent le sexe de l'organisme. *Les chromosomes sont de deux sortes, les allosomes et les autosomes.*

ALLOTIR, ■ v. tr. [alotiʀ] (*a-* et *lotir*) Répartir en lots des biens en vue de partages ou de ventes.

ALLOTROPIE, ■ n. f. [alotʀopi] (*allo-* et *-tropie*) **Sc.** Propriété pour un corps simple, comme le soufre, de prendre plusieurs formes, des structures différentes, cristallines ou non.

ALLOTROPIQUE, ■ adj. [alotʀopik] (*allotropie*) Qui relève de l'allotropie. *Le carbone, le soufre, le phosphore présentent des variétés allotropiques.*

ALLOUABLE, adj. [alwabl] (*allouer*) Qui peut être alloué, accordé.

ALLOUÉ, ÉE, p. p. d'allouer. [alwe] *Dépense allouée.*

ALLOUER, v. tr. [alwe] (lat. médiév. *allocare*, placer en location) Approuver, accorder une dépense portée dans un compte ; accorder une somme comme indemnité.

ALLUCHON, n. m. [alyʃɔ̃] (lat. *ala*, aile, avec influ. de *aileron*) Dent placée à la circonférence d'une roue, qui sert à communiquer le mouvement à une autre roue.

ALLUMAGE, n. m. [alymaʒ] (*allumer*) Action d'allumer ; résultat de cette action.

ALLUMÉ, ÉE, p. p. d'allumer et adj. [alyme] *Mis en feu. Feux allumés.* ♦ **Fig.** *La guerre est allumée.* ♦ Rouge, échauffé, en parlant du visage, de la peau. ■ **Fam.** Plutôt original dans son comportement.

ALLUME-CIGARE, ■ n. m. [alym(ə)sigaʀ] (*allumer* et *cigare*) Petit dispositif permettant d'allumer les cigares ou cigarettes, et dont sont équipés les véhicules automobiles. *Des allume-cigares.*

ALLUME-FEU, ■ n. m. [alym(ə)fø] (*allumer* et *feu*) Produit destiné à mettre facilement le feu. *Allume-feux à barbecues. Les allume-feux ne doivent pas être utilisés pour réactiver une flamme.* ■ Adj. *Liquides, cubes allume-feux.*

ALLUME-GAZ, ■ n. m. [alym(ə)gaz] (*allumer* et *gaz*) Ustensile servant à activer le brûleur d'une cuisinière. *Des allume-gaz.*

ALLUMELLE, n. f. [alymɛl] (*allumer*) ▷ Fourneau de charbon. ◁

ALLUMER, v. tr. [alyme] (lat. pop. *adluminare*, de *lumen*, lumière) Mettre le feu à. *Allumer un bûcher.* ♦ **Par extens.** *Allumer du feu, le feu, allumer du bois dans un foyer. Allumer un flambeau.* ♦ **Fig.** « *Quelle guerre intestine avons-nous allumée ?* », RACINE. « *Ce qui avait allumé dans son cœur tant de haine contre Ulysse* », FÉNELON. ♦ ▷ Mettre en mouvement, agiter. *Allumer le sang, la bile, les humeurs.* ◁ ♦ ■ **Pop.** *Allumer quelqu'un*, l'entraîner par des espérances trompeuses à donner son argent. ◁ ♦ *S'allumer*, v. pr. Prendre feu, s'enflammer. ♦ Devenir brillant. *Ses yeux s'allument*, PASCAL. ♦ **Fig.** « *Une nouvelle guerre s'allume* », BOSSUET. ■ V. tr. Éclairer. *Allumer une pièce.* ■ Faire fonctionner. *Allumer la radio.* ■ **Fam.** Chercher à séduire. ■ **Fam.** Critiquer vivement. *Se faire allumer.*

ALLUMETTE, n. f. [alymɛt] (*allumer*) Brin de bois ou de chanvre soufré à un bout ou aux deux bouts. ♦ *Allumette phosphorique, chimique*, allumette préparée avec du phosphore, du chlorate de potasse, qui prend feu par le frottement.

ALLUMETTIER, IÈRE ou **ALLUMETIER, IÈRE**, n. m. et n. f. [alym(ə)tje, jɛʀ] ou [alymetje, jɛʀ] (*allumette*) Personne qui fabrique des allumettes.

ALLUMEUR, n. m. [alymœʀ] (*allumer*) ▷ Celui qui est chargé d'allumer régulièrement les réverbères, les becs de gaz. ◁ ■ N. f. **Fam.** et **péj.** *Une allumeuse*, femme aux manières provocantes.

ALLUMIÈRE, n. f. [alymjɛʀ] (*allumer*) ▷ Fabrique d'allumettes. ◁

ALLURE, n. f. [alyʀ] (anc. fr. *aleüre*, de *aller*) Façon de marcher. ♦ Se dit du cheval. *Les trois allures naturelles du cheval sont le pas, le trot, le galop.* ♦ ▷ **Fig.** Marche habituelle des choses. « *La monarchie avait son allure par des espérances qu'il fallait toujours remonter* », MONTAIGNE. ◁ Tournure que prend une affaire. *Cela prend une mauvaise allure.* ♦ Conduite d'une personne dans une affaire. ■ *Avoir de l'allure*, de la distinction, de l'élégance. ■ **Fam.** *À toute allure*, très vite.

ALLUSIF, IVE, adj. [alyzif, iv] (*allusion*) Qui contient une allusion. ■ **ALLUSIVEMENT**, adv. [alyziv(ə)mã]

ALLUSION, n. f. [alyzjɔ̃] (b. lat. *allusio*, jeu) Figure de rhétorique consistant à dire une chose qui fait penser à une autre. ♦ Application d'un trait de satire ou d'éloge. *Le public est prompt à saisir les allusions.*

ALLUVIAL, ALE, adj. [alyvjal] (*alluvion*) Qui a les caractères d'une, ou qui est le produit d'une alluvion. *Terrains alluviaux.*

ALLUVIEN, IENNE, adj. [alyvjɛ̃, jɛn] (*alluvion*) Se dit des terrains produits par l'action des eaux actuelles ; se dit aussi des dépôts meubles dus aux eaux dans les vallées et les plaines.

ALLUVION, n. f. [alyvjɔ̃] (lat. *alluvio*, de *adluere*, venir baigner, mouiller) Accroissement de terrain résultant des dépôts qu'abandonne une rivière.

ALLUVIONNAIRE, adj. [alyvjɔnɛʀ] (*alluvion*) Qui tient de l'alluvion.

ALLUVIONNEMENT, ■ n. m. [alyvjɔn(ə)mã] (*alluvion*) Géol. Dépôt d'alluvions.

ALLYLE, ■ n. m. [alil] (*allylène*, du lat. *alium*, ail) Chim. Composant chimique. *L'ail contient du sulfure d'allyle.*

ALLYLIQUE, ■ adj. [alilik] (*allyle*) Relatif à l'allyle. *Alcool allylique.*

ALMAGESTE, n. m. [almaʒɛst] (ar. *al magisti*, le grand œuvre, de l'*al*, article, et du gr. *megistê*, très grand) Collection d'observations astronomiques faites par d'anciens astronomes.

ALMA MATER, ■ n. f. [almamatɛʀ] (mots lat., mère nourricière) L'université. ■ REM. Ce nom est toujours singulier.

ALMANACH, n. m. [almana] (lat. médiév. *almanach*, de l'ar. *al manâh*, calendrier) Calendrier qui contient tous les jours de l'année, les fêtes, les lunaisons, etc. ♦ Il se dit de certains livres publiés annuellement, et contenant, outre l'almanach, des anecdotes, des renseignements divers sur les lieux, sur les personnes, etc. ♦ *Faire des almanachs*, faire des pronostics. ♦ *Un faiseur d'almanachs*, un homme qui a la prétention de prévoir et de prédire l'avenir. ♦ **Fam.** *C'est un almanach de l'an passé*, c'est une chose accomplie, passée.

ALMANDIN ou **ALMANDITE**, ■ n. m. [almãdɛ̃, almãdit] (*alabandine*, de *Alabanda*, anc. ville d'Asie Mineure) Minér. Type de grenat.

ALMÉE, n. f. [alme] (ar. *âlima*, femme cultivée) Danseuse indienne.

ALMICANTARAT, ■ n. m. [almikãtaʀa] (ar. *al mousquantarat*, de *quantar*, cambrer, arquer) Astron. Cercle de la sphère céleste parallèle à l'horizon.

ALOÈS, n. m. [alɔɛs] (gr. *alon*) Plante grasse de la familles des asphodèles. ♦ Substance résineuse que l'on retire des feuilles de plusieurs aloès. ♦ *Bois d'aloès*, bois qui n'ont aucun rapport avec l'aloès ; ils sont odorants et originaires de l'Asie orientale.

ALOÉTIQUE, adj. [aloetik] (*aloès*) Qui contient de l'aloès.

ALOGIQUE, ■ adj. [aloʒik] (*a-* et *logique*) Philos. Sans logique. « *La société n'est nullement l'être illogique ou alogique... qu'on se plaît souvent à voir en elle* », DURKHEIM.

ALOI, n. m. [alwa] (*aloyer*) Titre légal de l'or et de l'argent. ♦ **Par extens.** *Cette marchandise est de bon aloi.* ♦ **Fig.** « *Sa tendresse n'est pas d'un bon aloi* », MME DE SÉVIGNÉ.

ALONGE, ALONGEMENT, ALONGER, [alɔ̃ʒ, alɔ̃ʒ(ə)mã, alɔ̃ʒe] Voy. ALLONGE, ALLONGEMENT, ALLONGER.

ALOPÉCIE, n. f. [alopesi] (gr. *alôpekia*, de *alôpêx*, renard) Méd. Chute des cheveux, des sourcils, de la barbe, accidentelle et prématurée ou sénile, partielle ou totale. ■ REM. Le terme est plus généralement utilisé pour les cheveux.

ALOPÉCIQUE, ■ adj. [alopesik] (*alopécie*) Méd. Atteint, atteinte d'alopécie. *Les femmes aussi peuvent être alopéciques. Zones alopéciques.* ■ N. m. et n. f. *Un, une alopécique.*

ALORS, adv. [alɔʀ] (*à* et *lors*) En, à ce moment-là. *Alors il me dit.* ♦ Dans ce temps-là, dans le passé ou dans l'avenir. *Me souviendrai-je alors de ce qu'il faudra faire ?* « *Des témoignages rendus par des milliers de personnes les plus sages qui fussent alors* », LA BRUYÈRE. ♦ ALORS QUE, loc. conj. S'emploie pour lorsque, surtout dans le style élevé. ♦ *Jusqu'alors*, jusqu'à ce temps-là, jusqu'à ce moment-là. ♦ **Prov.** *Alors comme alors*, c.-à-d. quand les choses arriveront, on s'y conformera. ■ Dans ce cas. *Il faut alors le prévenir.* ■ Renforce l'étonnement, l'indignation. *Ça alors !*

ALOSE, n. f. [aloz] (b. lat. *alausa*) Poisson du genre des clupées.

ALOUATE, ■ n. m. [alwat] (empr. au caraïbe) Zool. Singe d'Amérique latine, dit hurleur, à cause de son squelette à chambre de résonance.

ALOUETTE, n. f. [alwɛt] (dimin. de l'anc. fr. *aloue*, du lat. *alauda*) Oiseau de l'ordre des passereaux. ♦ *S'éveiller, se lever au chant de l'alouette*, se lever de très grand matin.

ALOURDI, IE, p. p. d'alourdir. [aluʀdi] *Les gens alourdis par le vin.*

ALOURDIR, v. tr. [aluʀdiʀ] (*a* et *lourd*) Rendre lourd. ♦ *S'alourdir*, v. pr. Devenir lourd.

ALOURDISSEMENT, n. m. [aluʀdis(ə)mã] (*alourdir*) État de celui qui est alourdi, de ce qui est alourdi.

ALOYAU, n. m. [alwajo] (anc. fr. *aloe*, alouette) Bouch. Région du bœuf aussi nommée le travers ou le râble. *Des aloyaux.*

ALOYER, v. tr. [alwaje] (anc. fr. *allier*, fondre, mélanger, voir 1 *allier*) Donner à l'or ou à l'argent l'aloi ou le titre voulu par la loi.

ALPAGA, n. m. [alpaga] (esp. *alpaca*, prob. de l'aymara) Étoffe de laine, faite avec le poil de l'alpaga, ruminant sans cornes de l'Amérique du Sud.

ALPAGE, ■ n. m. [alpaʒ] (*Alpes*) Pâturage en altitude. ■ Période pendant laquelle les troupeaux sont dans ces pâturages.

ALPAGUER, ■ v. tr. [alpage] (prob. de *alpaga*) Fam. Appréhender. *Alpaguer des voleurs. Se faire alpaguer par les gendarmes.*

ALPAX, n. m. [alpaks] (*al*, symbole de l'aluminium, et lat. *pax*, paix) Alliage d'aluminium et de silicium. *L'alpax est un matériau léger et bon conducteur de la chaleur.*

ALPESTRE, adj. [alpɛstʀ] (lat. médiév. *alpestris*) Qui est propre, qui a rapport aux Alpes.

ALPHA, n. m. [alfa] (gr. *alpha*) Nom de la première lettre de l'alphabet des Grecs. ♦ *L'alpha et l'oméga*, le commencement et la fin. *Des alphas.*

ALPHABET, n. m. [alfabɛ] (lat. *alphabetum*, du gr. *alpha* et *bêta*) Ensemble des lettres d'une langue rangées suivant un ordre convenu. ♦ **Fig.** *N'en être qu'à l'alphabet*, n'en être qu'aux premiers éléments d'une science, d'un art. ♦ Petit livre qui contient les lettres de l'alphabet et les éléments de la lecture. ♦ **Par extens.** Ordre alphabétique. « *De ses revenus écrits par alphabet* », BOILEAU. ▪ *Alphabet latin*, ensemble des lettres utilisées pour écrire les langues latines. *De nombreuses langues, autres que les langues latines, utilisent l'alphabet latin.*

ALPHABÉTIQUE, adj. [alfabetik] (*alphabet*) Qui appartient à l'alphabet ; qui est selon l'ordre des lettres de l'alphabet.

ALPHABÉTIQUEMENT, adv. [alfabetik(ə)mã] (*alphabétique*) Dans l'ordre de l'alphabet.

ALPHABÉTISATION, ▪ n. f. [alfabetizasjɔ̃] (*alphabétiser*) Action d'alphabétiser.

ALPHABÉTISER, ▪ v. tr. [alfabetize] (*alphabet*) Enseigner les bases de la lecture et de l'écriture à une personne ou à un groupe.

ALPHABÉTISME, ▪ n. m. [alfabetism] (*alphabet*) Utilisation d'un alphabet pour transcrire la parole. *Dans le cadre de l'alphabétisme, on utilise un alphabet de signes, de lettres pendant que d'autres civilisations utilisent des idéogrammes.* ▪ Terme utilisé comme contraire de l'analphabétisme.

ALPHANUMÉRIQUE, ▪ adj. [alfanymerik] (contraction de *alphabétique* et de *numérique*) Qui peut comprendre à la fois des lettres, des chiffres, des symboles. *Un clavier alphanumérique.*

ALPICOLE, adj. [alpikɔl] (*Alpes* et -*cole*) Qui vit sur les Alpes.

ALPIN, INE, adj. [alpɛ̃, in] (*Alpes*) Qui croît ou habite ou se trouve sur les Alpes, et par extens. sur les hautes montagnes.

ALPINISME, ▪ n. m. [alpinism] (*alpin*) Sport qui consiste à gravir les Alpes. ▪ **Par extens.** Ensemble des ascensions de n'importe quelle haute montagne. ▪ ALPINISTE, n. m. et n. f. [alpinist]

ALSACE, ▪ n. m. [alzas] (*Alsace*) Vin d'Alsace. *Le sylvaner, le riesling sont de très bons alsaces.*

ALSACIEN, IENNE, ▪ n. m. et n. f. [alzasjɛ̃, jɛn] (*Alsace*) Personne née en Alsace ou y habitant. *Une Alsacienne.* ▪ **Adj.** *Le kouglof est une spécialité alsacienne.* ▪ N. m. Dialecte allemand parlé en Alsace.

ALSINE, n. f. [alsin] (gr. *alsinê*) Voy. MORGELINE.

ALTAÏQUE, ▪ n. m. [altaik] (*Altaï*, nom du massif d'Asie centrale) **Ling.** Ensemble que constituent les langues turques et mongoles.

ALTE, n. f. [alt] Voy. HALTE.

ALTÉRABILITÉ, n. f. [alterabilite] (*altérable*) Qualité de ce qui est altérable.

ALTÉRABLE, adj. [alterabl] (lat. médiév. *alterabilis*) Qui peut être altéré.

ALTÉRANT, ANTE, adj. [alterã, ãt] (*altérer*) **Méd.** Qui modifie profondément et graduellement la constitution. ▪ N. m. *Un altérant*, un médicament altérant. ♦ Adj. Qui cause la soif. ▪ REM. Litt.

ALTÉRATION, n. f. [alterasjɔ̃] (b. lat. *alteratio*, changement) **Phys.** Changement dans l'état d'une chose. ♦ Dans l'usage ordinaire, changement de bien en mal. ♦ Falsification des monnaies. ♦ Émotion pénible qui se manifeste par le changement des traits, de la voix. ♦ Grand besoin de boire. ♦ **Mus.** Changement qu'on fait subir à certaines notes d'une gamme ou d'un accord.

ALTERCAS, n. m. [alterka] (*alterquer*) ▷ Altercation, débat. ◁

ALTERCATION, n. f. [alterkasjɔ̃] (lat. *altercatio*) Débat ou contestation.

ALTÉRÉ, ÉE, p. p. d'altérer. [altere] Changé de bien en mal. ♦ Peiné, affecté. ♦ Qui a soif. ♦ **Fig.** « *Ils sont altérés de sang* », FÉNELON. ♦ **Mus.** Se dit des notes naturelles ou diatoniques modifiées par les dièses et les bémols.

ALTER EGO, n. m. inv. [alterego] (lat. *alter*, autre, et *ego*, moi) *C'est mon alter ego*, c'est un autre moi-même. *Des alter ego.*

ALTÉRER, v. tr. [altere] (lat. *alterare*, changer, de *alter*, autre) **Phys.** Changer l'état d'une chose. ♦ Changer une chose de bien en mal. ♦ Agiter, émouvoir péniblement, en parlant des personnes. ♦ *Altérer la vérité*, ne pas s'y conformer. ♦ *Altérer un discours*, le rapporter autrement qu'il n'a été prononcé. ♦ Exciter la soif. ♦ **Absol.** *Les salaisons altèrent.* ♦ S'altérer, v. pr. Se changer en mal.

ALTÉRITE, ▪ n. f. [alterit] (*altérer*) **Géol.** Formation superficielle d'une roche par l'altération de celle déjà en place.

ALTÉRITÉ, ▪ n. f. [alterite] (b. lat. *alteritas*) **Philos.** Caractère de ce qui est autre, distinct de soi. *Respecter l'autre dans son altérité.*

ALTERMONDIALISATION, ▪ n. f. [altermɔ̃djalizasjɔ̃] (abrév. de *alternative* et *mondialisation*) Alternative politique défendue par les opposants à la mondialisation et au type de système économique qu'elle engendre, en particulier sur le plan humain.

ALTERMONDIALISME, ▪ n. m. [altermɔ̃djalism] (rad. de *altermondialisation*) Ensemble des idées défendues par les altermondialistes.

ALTERMONDIALISTE, ▪ adj. [altermɔ̃djalist] (rad. de *altermondialisation*) Relatif à l'altermondialisme. *Idées altermondialistes.* ▪ Qui défend les idées altermondialistes. *Partisans altermondialistes.* ▪ N. m. et n. f. *Les altermondialistes.*

ALTERNANCE, n. f. [alternãs] (*alterner*) Action d'alterner.

ALTERNANT, ANTE, adj. [alternã, ãt] (*alterner*) Qui alterne.

ALTERNAT, n. m. [alterna] (*alterner*) Action ou droit d'alterner.

ALTERNATEUR, TRICE, adj. [alternatœr, tris] (de *alternatif*) Qui fait alterner. ▪ N. m. Appareil générant du courant alternatif.

ALTERNATIF, IVE, adj. [alternatif, iv] (rad. lat. *alternum*, de *alternare*) Qui vient tour à tour. *Un mouvement alternatif.* ♦ *Proposition alternative*, proposition contenant deux parties opposées dont l'une doit nécessairement être admise, comme par exemple : *Il faut ou payer ou rendre.* ♦ **Bot.** *Pétales alternatifs*, pétales qui sont insérés aux points qui séparent les lobes du calice. ♦ **Dr.** *Obligation alternative*, obligation par laquelle le débiteur a le choix de se libérer par la délivrance d'une des choses spécifiées. ▪ **Électr.** *Courant alternatif*, qui change de sens par période. ▪ Qui choisit un autre mode de vie que celui imposé par les sociétés industrielles et de consommation.

ALTERNATIVE, n. f. [alternativ] (*alternatif*) Succession de deux choses qui reviennent tour à tour. ♦ Option entre deux choses, entre deux propositions. ▪ Solution proposée. *Il n'y a pas d'alternative.*

ALTERNATIVEMENT, adv. [alternativ(ə)mã] (*alternatif*) Tour à tour.

ALTERNE, adj. [altern] (lat. *alternus*) Se dit des angles formés par deux droites parallèles avec les côtés opposés d'une même sécante. ♦ **Bot.** *Feuilles alternes*, feuilles disposées les unes au-dessus des autres des deux côtés opposés de la tige.

ALTERNÉ, ÉE, adj. [alterne] **Hérald.** Se dit des pièces qui se correspondent.

ALTERNER, v. intr. [alterne] (lat. *alternare*) Faire une chose à deux et tour à tour. ♦ Se succéder régulièrement. ♦ **Agric.** Varier la culture. ♦ V. tr. *Alterner une culture.*

ALTERQUER, v. intr. [alterke] (lat. *altercari*, disputer, prendre à partie) Avoir des altercations. ♦ Peu usité.

ALTESSE, n. f. [altɛs] (esp. *alteza*, du b. lat. *altitia*) Titre d'honneur donné ordinairement aux princes et aux princesses du sang. ♦ La personne même qui porte ce titre. « *Je vais au palais d'une Altesse* », BÉRANGER.

ALTHÆA ou **ALTHÉA**, n. m. ou n. f. [altea] (mot lat.) Plante, espèce de guimauve.

ALTIER, IÈRE, adj. [altje, jɛr] (ital. *altero*, du lat. *altus*, haut) Qui a de l'orgueil, de la hauteur, ou qui marque l'orgueil, la hauteur.

ALTIÈREMENT, adv. [altjɛr(ə)mã] (*altier*) D'une manière altière.

ALTIMÈTRE, ▪ n. m. [altimɛtr] (lat. *altus*, haut, et -*mètre*) Appareil mesurant l'altitude par radar ou par mesure barométrique.

ALTIMÉTRIE, ▪ n. f. [altimetri] (*altimètre*) Mesure de l'altitude. ▪ ALTIMÉTRIQUE, adj. [altimetrik]

ALTIPORT, ▪ n. m. [altipɔr] (*altitude* et *aéroport*) Aérodrome de haute montagne.

ALTISE, ▪ n. f. [altiz] (gr. *altikos*, habile à sauter) **Entomol.** Insecte sauteur nuisible à la vigne et aux plantes potagères.

ALTISTE, ▪ n. m. et n. f. [altist] (*alto*) Personne qui joue de l'alto.

ALTITUDE, n. f. [altityd] (lat. *altitudo*, hauteur) Hauteur par rapport au niveau de la mer.

ALTO, n. m. [alto] (ital. *alto*, du lat. *altus*, haut) Instrument à quatre cordes, de même forme, mais un peu plus grand que le violon. On le nomme aussi viole, et plus souvent quinte parce qu'il est d'une quinte plus bas que le violon. ♦ Nom donné autrefois au genre de voix intermédiaire entre le dessus ou soprano et la taille ou ténor. ▪ REM. Ce deuxième sens est auj. courant. ▪ *Des altos.*

ALTOCUMULUS, ▪ n. m. [altokymylys] (lat. *altus*, haut, et *cumulus*) **Météorol.** Nuage à l'apparence de boule de coton et groupé à d'autres. *Les altocumulus ne donnent normalement pas de précipitations.*

ALTOSTRATUS, ▪ n. m. [altostratys] (lat. *altus*, haut, et *stratus*) **Météorol.** Nuage à l'apparence de voile grisâtre, donnant un ciel laiteux et rendant le soleil à peine visible. *Les altostratus sont annonciateurs de violentes précipitations.*

ALTRUISME, ▪ n. m. [altʀɥism] (rad. de *autrui*, du lat. *alter*, autre, d'apr. *égoïsme*) Propension à s'occuper avec désintéressement d'autrui. « *Chez l'homme, voyez-vous, le bon et le mauvais s'équilibrent, égoïsme d'une part, altruisme de l'autre… Chez les sujets d'élite, plus d'altruisme que d'égoïsme* », CÉLINE. ▪ **Philos.** Doctrine qui place le dévouement à autrui comme valeur suprême.

ALTRUISTE, ▪ adj. [altʀɥist] (*altruisme*) Qui a une tendance naturelle à s'occuper des autres pour les aider. *Être altruiste.* ▪ N. m. et n. f. *C'est une véritable altruiste.*

ALTUGLAS, ▪ n. m. [altyglas] (nom déposé, de *Alsthom Ugilor* et de l'all. *glass*, verre) Matériau à base de matière plastique, résistant, lisse et brillant, transparent ou coloré. *Tabourets en altuglas.* ▪ EMPLOYÉ COMME, adj. *Tabourets altuglas.*

ALU, ▪ n. m. [aly] Abréviation d'*aluminium. Du papier alu. De l'alu.* ▪ Employé comme adj., *jantes alus en option sur une voiture. Une structure alu.*

ALUCITE, ▪ n. f. [alysit] (lat. *alucita*, moucheron) **Entomol.** Type de papillons. ▪ Teigne des céréales. *L'alucite est nuisible au blé.*

ALUDE, n. f. [alyd] (lat. *aluta*, cuir souple) Basane colorée dont on se sert dans la reliure.

ALUDEL, n. m. [alydɛl] (ar. *al utal*) **Chim.** Assemblage de pots ou chapiteaux qui s'emboîtent les uns dans les autres, de manière à former un tuyau.

ALUETTE, ▪ n. f. [alɥɛt] (orig. incert.) Jeu de cartes d'origine espagnole, de 48 cartes.

ALUINE, n. f. [alɥin] (p.-ê. du gr. *aloxinê*) Syn. d'absinthe. Voy. ALOÈS.

ALULE, ▪ n. f. [alyl] (lat. *ala*, aile) **Zool.** Diverticule de l'aile des oiseaux jouant un rôle dans l'équilibre.

ALUMELLE, n. f. [alymɛl] (lat. *lamella*, petite lame, avec influ. de *allumelle* et altér. de la séquence *la lumelle* lue *l'alumelle*) Lame de couteau ou d'épée. ♦ Vieux.

ALUMINAIRE, adj. [alyminɛʀ] (*alumine*) Qui contient de l'alun.

ALUMINATE, ▪ n. m. [alyminat] (*alumine*) Sel dans lequel l'alumine joue le rôle d'acide.

ALUMINE, n. f. [alymin] (lat. *alumen*, alun) Base salifiable qui existe dans l'alun et dans les diverses argiles.

ALUMINÉ, ÉE, adj. [alymine] Où on a mis de l'alumine.

ALUMINER, v. tr. [alymine] (*alumine*) Mettre de l'alumine.

ALUMINERIE, ▪ n. f. [alymin(ə)ʀi] (*aluminer*) Usine de fabrication de l'aluminium. *Les alumineries peuvent polluer les sédiments des fleuves.*

ALUMINEUX, EUSE, adj. [alyminø, øz] (lat. *aluminosus*) Qui contient de l'alun.

ALUMINIAGE, ▪ n. m. [alyminjaʒ] (*aluminium*) Procédé consistant à déposer une mince couche d'aluminium sur la fonte ou l'acier.

ALUMINISATION ou **ALUMINURE**, ▪ n. f. [alyminizasjɔ̃, alyminyʀ] (*aluminium* ou *alumine*) Procédé consistant à déposer une mince couche d'aluminium sur le verre des miroirs.

ALUMINIUM, n. m. [alyminjɔm] (mot angl. du lat. *alumen*, alun) Métal qui est le radical de l'alumine.

ALUMINOSILICATE, ▪ n. m. [alyminosilikat] (*aluminium* et *silicate*) **Chim.** et **minér.** Composé d'aluminium et de silicium. *Le kaolin est un aluminosilicate.*

ALUMINOTHERMIE, ▪ n. f. [alyminotɛʀmi] (*aluminium* et *-thermie*) Procédé consistant à produire de hautes températures par réaction exothermique entre l'aluminium et divers oxydes. *L'aluminothermie est utilisée dans le soudage des rails.*

ALUMINURE, ▪ n. m. [alyminyʀ] Voy. ALUMINISATION.

ALUN, n. m. [alœ̃] ou [alɛ̃] (lat. *alumen*) Sulfate acide d'alumine et de potasse ou d'ammoniaque, sel d'une saveur astringente. ▪ *Pierre d'alun,* petit cube utilisé pour les coupures superficielles comme celles dues au rasage mécanique.

ALUNAGE, n. m. [alynaʒ] (*aluner*) Action de plonger les étoffes dans une dissolution d'alun pour les préparer à la teinture.

ALUNATION, n. f. [alynasjɔ̃] (*alun*) Formation de l'alun, soit naturelle, soit artificielle.

ALUNÉ, ÉE, p. p. d'aluner. [alyne] *Étoffe alunée.*

ALUNER, v. tr. [alyne] (*alun*) Tremper une étoffe dans une dissolution d'alun pour que la couleur y adhère.

ALUNERIE, n. f. [alyn(ə)ʀi] (*aluner*) Fabrique d'alun.

ALUNEUX, EUSE, adj. [alynø, øz] (*alun*) Qui contient de l'alun.

ALUNIÈRE, n. f. [alynjɛʀ] (*alun*) Lieu d'où l'on tire de l'alun.

ALUNIFÈRE, adj. [alynifɛʀ] (*alun* et *-fère*) Qui porte de l'alun.

ALUNIR, ▪ v. intr. [alyniʀ] (*a-* et *lune*, d'apr. *atterrir*) Se poser sur la Lune. *Neil Armstrong a été le premier homme à alunir en 1969.*

ALUNISSAGE, ▪ n. m. [alynisaʒ] (*alunir*) Action d'alunir. *Jeux vidéo simulateur d'alunissage de fusée.*

ALVÉOLAIRE, adj. [alveolɛʀ] (*alvéole*) **Anat.** Qui appartient aux alvéoles.

ALVÉOLE, n. f. ou rare n. m. [alveɔl] (lat. *alveolus*, petit baquet) Petite cellule où l'abeille dépose ses œufs et son miel. ♦ Cavité dans laquelle les dents sont enchâssées. ▪ Petite cavité. *Les alvéoles d'une boîte à œufs.*

ALVÉOLÉ, ÉE, adj. [alveole] (*alvéole*) Qui est pourvu d'alvéoles.

ALVÉOLITE, ▪ n. f. [alveolit] (*alvéole*) **Méd.** Inflammation de l'alvéole de la dent. ▪ Maladie des alvéoles des poumons. *Alvéolites allergiques.*

ALVIER ou **ALVINIER**, n. m. [alvje, alvinje] (*alevin*) Petit étang destiné à élever de l'alevin.

ALVIN, INE, adj. [alvɛ̃, in] (lat. *alvinus*, de *alvus*, ventre) **Méd.** Qui a rapport au bas-ventre.

ALYSSE n. f. ou **ALYSSON**, n. m. [alis, alisɔ̃] (gr. *alusson*, plante réputée contre la rage, de *lussa*, la rage) Plante d'agrément. *Alysse jaune,* corbeille d'or.

ALYTE, ▪ n. m. [alit] (gr. *alutos*, qui ne peut être délié) **Zool.** Crapaud dit accoucheur, car il aide sa femelle pendant l'expulsion et intervient quand les œufs sont là.

ALZAN, ANE, adj. [alzɑ̃, an] Voy. ALEZAN.

ALZHEIMER (MALADIE D'), ▪ n. f. [alzajmœʀ] (du nom du docteur Alois Alzheimer qui a découvert cette maladie) Maladie neurologique évolutive d'origine inconnue, se manifestant en principe à l'âge mûr et caractérisée surtout par des perturbations spatiotemporelles.

AMABILITÉ, n. f. [amabilite] (lat. *amabilitas*) Qualité de ce qui est aimable.

AMADIS, n. m. [amadis] (*Amadis*, héros de roman) Manche de robe qui s'applique exactement sur le bras et se boutonne sur le poignet.

AMADOU, n. m. [amadu] (p.-ê. de l'anc. provenç. *amador*, celui qui aime) Substance provenant d'une espèce de champignon, qui s'embrase aisément.

AMADOUÉ, ÉE, p. p. d'amadouer. [amadue] *Amadoué par de belles paroles.*

AMADOUEMENT, n. m. [amadumɑ̃] (*amadouer*) Action d'amadouer.

AMADOUER, v. tr. [amadwe] (*amadou*) Flatter quelqu'un, le caresser de manière à le rendre favorable.

AMADOUEUR, EUSE, n. m. et n. f. [amadwœʀ, øz] (*amadouer*) Celui, celle qui amadoue.

AMADOUVIER, n. m. [amaduvje] (*amadou*) Nom donné particulièrement à l'agaric amadouvier, sorte de champignon.

AMAIGRI, IE, p. p. d'amaigrir. [amegʀi] Rendu maigre.

AMAIGRIR, v. tr. [amegʀiʀ] (*a-* et *maigrir*) Rendre maigre. ♦ Absol. *On prétend que l'usage du vinaigre amaigrit.* ♦ *Amaigrir un terrain,* le rendre stérile. ♦ **Archit.** Diminuer l'épaisseur. *Amaigrir une pierre.* ♦ S'amaigrir, v. pr. Se rendre maigre.

AMAIGRISSANT, ANTE, ▪ adj. [amegʀisɑ̃, ɑ̃t] (*amaigrir*) Qui amaigrit, fait maigrir. *Régimes amaigrissants. Les pilules amaigrissantes sont dangereuses.* ▪ N. m. *Un amaigrissant.*

AMAIGRISSEMENT, n. m. [amegʀis(ə)mɑ̃] (*amaigrir*) Diminution d'embonpoint.

AMALGAMATION, n. f. [amalgamasjɔ̃] (lat. médiév. *amalgamatio*) Procédé métallurgique au moyen duquel on sépare l'or et l'argent de leur minerai, à l'aide du mercure.

AMALGAME, n. m. [amalgam] (lat. médiév. *amalgamare*, fondre du métal avec du mercure) Alliage du mercure avec un autre métal. ♦ Fig. Mélange de personnes ou de choses de nature, d'espèce différente.

AMALGAMÉ, ÉE, p. p. d'amalgamer. [amalgame]

AMALGAMER, v. tr. [amalgame] (*amalgame*) Combiner le mercure avec un autre métal. ♦ Fig. Unir des choses différentes. ♦ S'amalgamer, v. pr. S'unir.

AMALGAMEUR, EUSE, n. m. et n. m. [amalgamœʀ, øz] (*amalgamer*) ▷ Celui qui est chargé de vérifier l'amalgame, le minerai. ◁ REM. Auj. la profession existe dans plusieurs branches d'activités.

AMAN, ▪ n. m. [amɑ̃] (ar. *aman*, sécurité) **Relig. islam.** Droit de protection.

AMANDAIE, n. f. [amɑ̃dɛ] (*amande*) Lieu planté d'amandiers.

AMANDE, n. f. [amãd] (b. lat. *amandula*, altér. du lat. *amygdala*) Fruit de l'amandier. ♦ *En amande*, en forme d'amande. *Yeux en amande.* ♦ Toute graine contenue dans un noyau. *Amande d'abricot.*

AMANDÉ, n. m. [amãde] (*amande*) ▷ Boisson faite avec du lait et des amandes broyées et passées. ◁

AMANDIER, n. m. [amãdje] (*amande*) Arbre de la famille des rosacées, qui produit les amandes.

AMANDINE, ■ n. f. [amãdin] (*amande*) Tarte à la pâte brisée ou sablée, faite à base d'amandes pilées, le plus souvent au chocolat ou aux fruits. ■ *Liqueur d'amandes.*

AMANITE, ■ n. f. [amanit] (gr. *amanitês*) Sorte de champignon que l'on trouve dans les bois et dont le chapeau est garni de nombreuses lamelles. *L'amanite tue-mouches, l'amanite phalloïde, l'amanite citrine sont mortelles.*

AMANT, ANTE, n. m. et n. f. [amã, ãt] (lat. *amans*, de amare, aimer) ▷ Celui, celle qui a de l'amour pour une personne d'un autre sexe. ◁ ♦ ▷ Fig. Celui qui aime une chose avec passion. *Amant de la vérité.* ◁ ♦ N. m. pl. En parlant de deux personnes de sexe différent qui s'aiment. « *Tout doit être commun entre de vrais amants* », P. Corneille. ■ N. m. Homme qui entretient des relations sexuelles avec une femme en dehors des liens du mariage. ■ N. m. pl. Couple formé par un amant et sa maîtresse. ■ Rem. Auj. ce sens est réducteur.

AMARANTACÉE, ■ n. m. [amarãtase] (*amarante*) Type de plante herbacée. *L'amarante appartient à la famille des amarantacées.*

AMARANTE, n. f. [amarãt] (lat. *amarantus*) Fleur d'automne d'un rouge pourpre et velouté. ♦ Adj. inv. De couleur amarante. *Étoffes amarante.*

AMARESCENT, ENTE, adj. [amaresã, ãt] (lat. *amarescens* de amarescere, devenir amer) Légèrement amer.

AMAREYEUR, EUSE, ■ n. m. et n. f. [amarejœr, øz] (*a-* et *mareyeur*) Personne qui travaille sur les parcs à huîtres.

AMARIL, ILE, ■ adj. [amaril] (esp. *amarillo*, jaune) Qui concerne la fièvre jaune. *Fièvre amarile. Virus amaril.*

AMARINAGE, n. m. [amarinaʒ] (*amariner*) Action d'amariner un bâtiment capturé sur l'ennemi.

AMARINÉ, ÉE, p. p. d'amariner. [amarine]

AMARINER, v. tr. [amarine] (anc. provenç. *amarinar*, équiper un navire) Envoyer du monde à bord d'un vaisseau pris sur l'ennemi pour y tenir garnison. ♦ Habituer à la mer.

AMARNIEN, IENNE, ■ adj. [amarnjẽ, jɛn] (*Armana*) De la ville d'Amarna, consacrée dans l'ancienne Égypte. *Arts amarnien. Tombes amarniennes.*

AMARRAGE, n. m. [amaraʒ] (*amarrer*) Action d'amarrer. ♦ Union de deux cordages par un autre plus petit qui fait plusieurs tours symétriques.

AMARRE, n. f. [amar] (*amarrer*) Câble servant à retenir un vaisseau ; tout cordage employé au service d'un navire. ■ *Larguer les amarres*, quitter le port, et fig. s'en aller.

AMARRÉ, ÉE, p. p. d'amarrer. [amare] *Le bâtiment amarré.*

AMARRER, v. tr. [amare] (m. néerl. *aenmarren*, attacher) Attacher, lier avec une amarre. ♦ S'amarrer, v. pr. Se fixer avec une amarre.

AMARYLLIDACÉE, ■ n. f. [amarilidase] (*amaryllis*) Type de plante herbacée. *L'amaryllis appartient à la famille des amaryllidacées.*

AMARYLLIS, n. f. [amarilis] (du nom d'une bergère chantée par Virgile, du gr. *Amarullis*) Plante d'agrément de la famille des narcisses.

AMAS, n. m. [ama] (*amasser*) Ensemble de choses accumulées ou réunies. *Un amas de ruines.* ♦ **Par extens.** *Amas d'armes et de troupes.* ♦ Action d'amasser. « *Biens dont l'amas ne lui a coûté aucunes peines* », Bossuet. ♦ **Fig.** « *Amas monstrueux de crimes* », Massillon. « *Amas de puissance et de gloire* », P. Corneille.

AMASSÉ, ÉE, p. p. d'amasser. [amase] Mis en amas. *Décombres amassés. Colère amassée depuis longtemps.*

AMASSER, v. tr. [amase] (*a-* et *masse*) Faire un amas. *Amasser des provisions, des matériaux.* ♦ **Absol.** Thésauriser. « *La vieillesse chagrine incessamment amasse* », Boileau. ♦ **Fig.** Amasser des preuves. ♦ S'amasser, v. pr. *La foule s'amassait autour de lui.*

AMASSETTE, n. f. [amasɛt] (*amasser*) Palette, lame dont les peintres se servent pour amasser les couleurs broyées.

AMASSEUR, n. m. [amasœr] (*amasser*) Celui qui amasse.

AMATELOTAGE, n. m. [amat(ə)lotaʒ] (*amateloter*) Action d'amateloter.

AMATELOTÉ, ÉE, p. p. d'amateloter. [amat(ə)lote]

AMATELOTER, v. tr. [amat(ə)lote] (*a-* et *matelot*) Classer deux à deux les matelots d'un équipage pour qu'ils s'aident ou se remplacent dans un même service.

AMATEUR, TRICE, n. m. et n. f. [amatœr, tris] (lat. *amator*, de amare, aimer) Celui, celle qui a un goût vif pour une chose. *Un amateur de peinture, de musique.* ♦ **Absol.** Celui, celle qui cultive les beaux-arts sans en faire sa profession. *Un amateur distingué.* ♦ En mauvaise part. *C'est un amateur, c'est un homme d'un talent médiocre.*

AMATEURISME, ■ n. m. [amatørism] (*amateur*) Pratique non professionnelle d'un sport ou d'un art. ■ Dilettantisme dans une activité professionnelle.

AMATI, IE, p. p. d'amatir. [amati] *Or amati.*

AMATIR, v. tr. [amatir] (*a-* et *mat*) Rendre mat, ôter le poli. ♦ Dans les monnaies, blanchir les flancs, les rendre mats.

AMAUROSE, n. f. [amoroz] (gr. *amaurôsis*) Cécité causée par la paralysie de la rétine ou du nerf optique.

AMAUROTIQUE, adj. [amorotik] (*amaurose*) Qui a rapport à l'amaurose. ♦ N. m. et n. f. *Un amaurotique*, une personne atteinte d'amaurose.

AMAZONE, n. f. [amazon] (lat. *Amazones*) Nom, en mythologie, de femmes guerrières. ♦ Dans le langage général, femme d'un courage mâle et guerrier. ♦ *Habit d'amazone* ou amazone, longue robe de drap que portent les femmes pour monter à cheval. ♦ *En amazone*, avec les deux jambes du côté gauche de la selle. ♦ **Fam.** Prostituée à bord d'une voiture.

AMAZONIEN, IENNE, ■ adj. [amazɔnjẽ, jɛn] (*Amazonie*) Originaire d'Amazonie ou s'y trouvant. *Tribus amazoniennes. Paysages amazoniens.* ■ N. m. et n. f. *Les Amazoniens.*

AMAZONITE, ■ n. f. [amazonit] (*Amazone*, fleuve d'Amérique du Sud) **Minér.** Variété verte de feldspath taillé en pierre. *Des amazonites du Brésil.*

AMBAGES, n. f. pl. [ãbaʒ] (lat. *ambages*, détours) Circuit de paroles. ■ *Sans ambages*, sans détours.

AMBASSADE, n. f. [ãbasad] (ital. *ambasciata*) Fonction, charge d'ambassadeur. ♦ Députation à un souverain. *Envoyer une ambassade.* ♦ La suite d'un ambassadeur. *Il fait partie de l'ambassade.* ♦ Hôtel d'un ambassadeur. *Je loge à l'ambassade.* ♦ Commission, message entre particuliers.

AMBASSADEUR, DRICE, n. m. et n. f. [ãbasadœr, dris] (ital. *ambasciatore*) Représentant, représentante d'un souverain, d'une république, près d'une cour étrangère. ♦ Toute personne chargée d'un message. ■ N. f. La femme d'un ambassadeur.

AMBATTAGE, n. m. [ãbataʒ] (*embattre*) ▷ Opération par laquelle on garnit une roue de son bandage ou d'un cercle qui en tient lieu. ◁

AMBE, n. m. [ãb] (lat. *ambo*, tous les deux) Deux numéros qu'on a pris ou qui sont sortis ensemble à une loterie. ♦ Au loto, deux numéros placés sur la même ligne horizontale.

AMBESAS, n. m. [ãbəzas] (anc. fr. *ambes*, voir ambe, et *as*) Au jeu de trictrac, deux as. On dit plus souvent *bezet*.

AMBIANCE, ■ n. f. [ãbjãs] (*ambiant*) Environnement intellectuel, physique ou moral qui entoure un individu. *Travailler dans une bonne ambiance. Musique d'ambiance. Éclairage d'ambiance.* ■ Atmosphère joyeuse et gaie. *Quelle ambiance, ici ! Mettre de l'ambiance.* ■ **Afriq.** Fête.

AMBIANCER, ■ v. tr. [ãbjãse] (*ambiance*) **Afriq.** Mettre de l'animation festive. *Ambiancer une soirée.* ■ S'ambiancer, v. pr.

AMBIANCEUR, EUSE, ■ n. m. et n. f. [ãbjãsœr, øz] (*ambiance*) **Afriq.** Personne qui s'occupe de l'ambiance festive d'une fête, notamment sur le plan musical.

AMBIANT, ANTE, adj. [ãbjã, ãt] (lat. *ambiens*, de ambire, aller autour) Qui va autour. *Air ambiant*, air dans lequel un corps est plongé.

AMBIDEXTRE, adj. [ãbidɛkstr] (b. lat. *ambidexter*) Qui se sert également des deux mains. ♦ N. m. et n. f. *Un ambidextre.*

AMBIGU, UË ou **AMBIGU, ÜE**, adj. [ãbigy] (lat. *ambiguus*) Qui est à plusieurs sens, et par conséquent d'un sens incertain. *Langage ambigu.* ♦ **Par extens.** « *Aristote a dit que le phoque était d'une nature ambiguë et moyenne entre les animaux aquatiques et terrestres* », Buffon. ♦ N. m. Repas où l'on sert à la fois les viandes et le dessert. ♦ **Fig.** Mélange de choses contraires. « *C'est un ambigu de précieuse et de coquette* », Molière.

AMBIGUÏTÉ ou **AMBIGÜITÉ**, n. f. [ãbigɥite] (lat. *ambiguitas*) Défaut d'un discours, d'un terme équivoque à plusieurs sens.

AMBIGUMENT, adv. [ãbigymã] (*ambigu*) D'une manière ambiguë. ■ Rem. Rare.

AMBIOPHONIE, ■ n. f. [ãbjofoni] (lat. *ambo*, tous les deux, et -*phonie*) Procédé consistant en une démultiplication des points de restitution phonique afin de reproduire l'ambiance sonore. *L'ambiophonie utilise aujourd'hui jusqu'à sept enceintes pour reproduire l'ambiance musicale.*

AMBISEXUÉ, ÉE, ▪ adj. [ãbisɛksɥe] (lat. *ambo,* tous les deux, et *sexué*) Voy. BISEXUÉ.

AMBITIEUSEMENT, adv. [ãbisjøz(ə)mã] (*ambitieux*) Avec ambition. ♦ En parlant du style, avec recherche. *Écrire ambitieusement.*

AMBITIEUX, EUSE, adj. [ãbisjø, øz] (lat. *ambitiosus*) Qui a de l'ambition, et aussi qui a l'ambition de. *Un homme ambitieux. Ambitieux d'honneurs.* ♦ Se dit de tout ce qui annonce de l'ambition. *Une politique cruelle et ambitieuse.* ♦ **Fig.** Prétentieux, recherché. *Style ambitieux.* ♦ **N. m.** et n. f. Celui, celle qui a de l'ambition. *Un ambitieux.*

AMBITION, n. f. [ãbisjɔ̃] (lat. *ambitio,* démarche pour obtenir des suffrages, de *ambire,* aller autour) Désir ardent de gloire, d'honneurs, de fortune. ♦ En un sens général, désir, recherche. « *Toute mon ambition est de rendre service aux gens de nom et de mérite* », MOLIÈRE.

AMBITIONNÉ, ÉE, p. p. d'ambitionner. [ãbisjɔne]

AMBITIONNER, v. tr. [ãbisjɔne] (*ambition*) Rechercher avec ardeur. *Ambitionner les dignités, les places.* ♦ Ambitionner de, suivi d'un infinitif, désirer vivement. *J'ambitionne de vous plaire.*

AMBIVALENCE, n. f. [ãbivalãs] (lat. *ambo,* tous les deux, et *valentia,* valeur) Caractère de ce qui propose deux formes différentes ou contradictoires. *L'ambivalence de son attitude m'a déconcertée. L'ambivalence de ses sentiments.*

AMBIVALENT, ENTE, ▪ adj. [ãbivalã, ãt] (lat. *ambo,* tous les deux, et *valens,* de *valere,* valoir) Présentant deux appréciations contradictoires. *Avoir un sentiment ambivalent sur une question.* ▪ Qui a deux sens, souvent contradictoires.

AMBLE, n. m. [ãbl] (*ambler*) Allure dans laquelle le cheval lève ensemble les deux jambes du même côté, alternativement avec celles du côté opposé. ▪ REM. Cette allure, qui n'est pas naturelle au cheval, l'est chez certains chiens comme le bobtail. ▪ REM. Graphie ancienne : *emble.*

AMBLER, v. intr. [ãble] (lat. *ambulare,* aller et venir) Aller l'amble. ▪ REM. Auj. on dit généralement *aller l'amble.*

AMBLEUR, adj. [ãblœr] (*ambler*) Dont l'amble est l'allure naturelle ou acquise. *Cheval ambleur.*

AMBLYOPE, n. m. [ãblijɔp] (gr. *ambluôpos,* de *amblus,* affaibli, et *ôps,* vue) Celui qui est affecté d'amblyopie.

AMBLYOPIE, n. f. [ãblijɔpi] (gr. *ambluôpia*) **Méd.** Affaiblissement de la vue.

AMBLYOSCOPE, ▪ n. m. [ãbliɔskɔp] (*amblyopie* et *-scope*) **Opht.** Appareil servant à mesurer le degré d'amblyopie de l'œil et permettant sa rééducation par le biais d'un travail de mouvements adaptés.

AMBLYSTOME ou **AMBYSTOME,** ▪ n. m. [ãblistɔm, ãbistɔm] (gr. *amblus,* affaibli, et *stoma,* bouche) **Zool.** Amphibien urodèle capable de se reproduire à l'état larvaire. *La larve de l'amblystome est l'axolotl.*

AMBOINE, ▪ n. m. [ãbwan] (nom propre) Bois précieux provenant de l'île d'Amboine et utilisé en ébénisterie.

AMBON, ▪ n. m. [ãbɔ̃] (gr. byz. *ambôn,* chaire) **Archit.** Tribune surélevée, antérieure à la chaire, placée à l'entrée du chœur des basiliques, et où avaient lieu la lecture et les sermons.

AMBRE, n. m. [ãbr] (ar. *anbar*) Nom donné à deux substances différentes : l'ambre proprement dit ou ambre gris ; l'ambre jaune ou succin. ♦ **Prov.** *Il est fin comme l'ambre,* se dit d'un homme d'une grande pénétration.

AMBRÉ, ÉE, p. p. d'ambrer et adj. [ãbre] Qui a la teinte de l'ambre jaune ou le parfum de l'ambre gris.

AMBRÉINE, n. f. [ãbrein] (*ambre*) Matière particulière formant les 85 centièmes de l'ambre gris.

AMBRER, v. tr. [ãbre] (*ambre*) Parfumer avec de l'ambre.

AMBRETTE, n. f. [ãbrɛt] (dimin. de *ambre*) Semence provenant d'une plante appelée herbe à la poudre de Chypre, et ayant l'odeur de l'ambre. ♦ *Poire d'ambrette,* espèce de poire.

AMBROISIE et quelquefois **AMBROSIE,** n. f. [ãbrwazi, ãbrozi] (lat. *ambrosia,* nourriture des immortels, du gr. *ambrosia,* immortelle) Mets des divinités de l'Olympe. *L'ambroisie donnait l'immortalité à ceux qui en goûtaient.* ♦ **Fig.** et **poétiq.** *L'abeille et son ambroisie.* « *Destins trempés d'ambroisie et de miel* », A. CHÉNIER. ♦ *C'est de l'ambroisie,* se dit familièrement d'un mets délicieux.

AMBROSIAQUE, adj. [ãbrozjak] (*ambroise*) Qui a une odeur d'ambroisie, une odeur agréable. ▪ REM. On dit aussi *ambrosien* aujourd'hui.

AMBROSIEN, IENNE, adj. [ãbrozjɛ̃, jɛn] (*Ambroise*) Attribué à saint Ambroise, évêque de Milan. *Chant ambrosien.* ♦ Qui est selon le rite de l'église de Milan. ▪ Voy. AMBROSIAQUE.

AMBULACRAIRE, ▪ adj. [ãbylakrɛr] (*ambulacre*) Relatif, relative à un ambulacre.

AMBULACRE, n. m. [ãbylakr] (lat. *ambulacrum,* promenade, avenue) **Hortic.** Lieu planté d'arbres en rangées régulières. ▪ Galerie de circulation pédestre dans un édifice. ▪ **Zool.** Système de ventouses chez certains animaux marins. *Les oursins sont pourvus d'ambulacres.*

AMBULANCE, n. f. [ãbylãs] (*ambulant*) Établissement hospitalier temporaire, formé près des corps d'armée, pour donner les premiers secours aux blessés et autres malades. ♦ Emploi d'un commis des contributions indirectes. ▪ Véhicule considéré comme prioritaire aménagé pour le transport des malades et des blessés.

AMBULANCIER, IÈRE, ▪ n. m. et n. f. [ãbulãsje, jɛr] (*ambulance*) Personne habilitée à transporter des gens en ambulance, dans un contexte médical.

AMBULANT, ANTE, ▪ adj. [ãbylã, ãt] (lat. *ambulans,* de *ambulare,* aller et venir, circuler) Qui n'est pas fixe, qui ne demeure pas au même lieu. ♦ *Hôpitaux ambulants,* petits hôpitaux provisoires que l'on établit à la suite d'une armée pour recevoir immédiatement tous les militaires blessés ou malades. ♦ *Comédiens ambulants, troupe ambulante,* comédiens, troupe sans résidence fixe. ♦ *Receveur ambulant, contrôleur ambulant,* receveur, contrôleur des contributions indirectes qui parcourt un certain district.

AMBULATOIRE, adj. [ãbylatwar] (lat. *ambulatorius*) **Dr.** Qui n'a pas de siège fixe. ♦ Variable. « *La volonté de l'homme est bien ambulatoire* », REGNARD. ♦ Qui se fait sans hospitalisation. *Chirurgie, traitement ambulatoire.*

AMBUSTION, n. f. [ãbystjɔ̃] (lat. *ambustio,* action de brûler) **Chir.** Syn. de cautérisation.

AMBYSTOME, ▪ n. m. [ãbistɔm] Voy. AMBLYSTOME.

AMÉ, ÉE, adj. [ame] (lat. *amatus,* de *amare,* aimer) **Anc. chancell.** Aimé. *Nos amés et féaux conseillers.*

ÂME, n. f. [ɑm] (lat. *anima,* souffle) Principe de vie. *L'âme du monde,* principe qui, suivant quelques philosophes anciens, vivifie le monde. ♦ Le principe immatériel de la vie. *L'immortalité de l'âme.* ♦ *Dieu veuille avoir son âme !* sorte de prière pour le repos d'une personne trépassée. ♦ *Donner son âme au diable,* faire un pacte avec le diable. ♦ *Une âme en peine,* une âme livrée aux peines de l'enfer ou du purgatoire. ♦ *Corps et âme,* tout entier. ♦ *C'est un corps sans âme,* se dit d'une armée, d'un parti sans chef. ♦ *Être comme un corps sans âme,* être abattu, sans volonté, sans résolution. ♦ L'ensemble des facultés morales et intellectuelles. *Âme bien née,* noble, élevée. ♦ *Grande âme,* homme d'un esprit étendu, homme d'un grand caractère. ♦ *Avoir de l'âme,* avoir un cœur noble, sensible et généreux. ♦ ▷ *Être tout âme,* être doué d'une excessive sensibilité. ◁ ♦ Particulièrement, en parlant des affections du cœur. « *Chacun peut à son choix disposer de son âme* », RACINE. ♦ Une personne, homme, femme ou enfant. *Vous n'y trouverez pas une âme. Il y a cent mille âmes dans cette ville.* ♦ La vie, l'existence. « *Essuyez des pleurs qui m'arrachent l'âme* », J.-J. ROUSSEAU. ♦ **Fam.** *Il a l'âme sur les lèvres,* il est près d'expirer. ◁ ♦ *Il a rendu l'âme,* il est mort, il vient de trépasser. ♦ ▷ **Fam.** *Sur mon âme,* expression affirmative, c.-à-d. sur ma vie, mon honneur. ◁ ♦ *Âme,* imitation de la vie, expression de vie, chaleur, mouvement. *Phidias avait donné de l'âme à l'ivoire. Chanter avec âme.* ♦ **Fig.** Agent, moteur principal. *C'est l'âme de l'entreprise. L'âme d'un parti.* « *Âme de mes conseils* », RACINE. ♦ En parlant des choses. « *L'ambition, qui est l'âme de notre conduite* », MASSILLON. ♦ On dit qu'*une étoffe n'a que l'âme,* quand elle n'a ni force ni consistance. ♦ *L'âme d'une devise,* les paroles qui l'expliquent. ♦ *L'âme d'un violon, d'une basse,* le petit morceau de bois placé dans le corps de l'instrument pour mettre en communication les deux tables de l'instrument. ♦ *L'âme d'un soufflet,* la soupape de cuir par laquelle l'air pénètre. ♦ *L'âme d'un canon,* le creux où l'on introduit la charge. ▪ *Avoir des états d'âme,* des scrupules de conscience. ▪ *L'âme sœur,* personne avec laquelle on a beaucoup d'affinités. ▪ *Une âme en peine,* se dit auj. par extens. d'une personne qui se sent perdue. ▪ REM. On dit aussi auj. *vendre son âme au diable.* ▪ L'expr. selon laquelle on dit qu' *une étoffe n'a que l'âme* s'explique sans doute par le fait que dans le textile, l'âme est un fil spécial qu'on incorpore aux fibres.

AMÉLIORABLE, ▪ adj. [ameljɔrabl] (*améliorer*) Qui peut être amélioré. *Un score difficilement améliorable.*

AMÉLIORANT, ANTE, adj. [ameljɔrã, ãt] (*améliorer*) Qui améliore.

AMÉLIORATION, n. f. [ameljɔrasjɔ̃] (*améliorer*) Changement en mieux, meilleur état.

AMÉLIORÉ, ÉE, p. p. d'améliorer. [ameljɔre]

AMÉLIORER, v. tr. [ameljɔre] (*a-* et anc. fr. *meillor,* meilleur, du lat. *melior*) Rendre meilleur. ♦ S'améliorer, v. pr. Devenir meilleur.

AMEN, n. m. inv. [amɛn] (hébr. *amen,* vraiment, assurément) Mot hébraïque usité dans les prières de l'Église et signifiant : Ainsi soit-il. ♦ Il sert à exprimer le consentement. *Il dit amen à tout.* ♦ *De pater à amen,* du commencement à la fin. ▪ *Des amen.*

AMÉNAGÉ, ÉE, p. p. d'aménager. [amenaʒe] *Forêts aménagées.*

AMÉNAGEABLE, ■ adj. [amenaʒabl] (*aménager*) Qui peut être aménagé. *Combles aménageables.*

AMÉNAGEMENT, n. m. [amenaʒ(ə)mã] (*aménager*) Action de régler les coupes d'une forêt ; résultat de cette action. ■ Transformation visant à rendre utilisable. ■ Modification visant à assouplir. *Aménagement fiscal. Aménagement du territoire,* mise en valeur des ressources naturelles assurant le développement équilibré des régions et satisfaisant les besoins des populations.

AMÉNAGER, v. tr. [amenaʒe] (*a-* et *ménager*) Régler les coupes d'une forêt, d'un pré. ♦ S'aménager, v. pr. Être aménagé. ♦ Débiter en bois de charpente. *Aménager un arbre.* ■ Transformer pour rendre utilisable. *Aménager les combles d'une maison.* ■ Modifier pour rendre plus efficace. *Aménager un emploi du temps.*

AMÉNAGEUR, EUSE, ■ adj. [amenaʒœr, øz] (*aménager*) Qui aménage. ■ N. m. et n. f. *Des aménageurs urbanistes, de cuisine, du territoire.*

AMÉNAGISTE, ■ n. m. et n. f. [amenaʒist] (*aménager*) Personne dont le métier consiste à aménager la forêt. *Des aménagistes forestiers.* ■ Adj. *Des forestiers aménagistes.*

AMENDABLE, adj. [amãdabl] (*amender*) Qui peut être amendé, corrigé. ♦ Sujet à l'amende. *Cas amendable.* ♦ Vieux en ce sens.

AMENDE, n. f. [amãd] (*amender*) Peine pécuniaire. ♦ ▷ *Amende honorable,* peine infamante qui consistait en un aveu public d'un crime. ◁ ♦ Fig. *Faire amende honorable,* demander publiquement pardon. ♦ **Prov.** *Les battus payent l'amende,* c.-à-d. celui à qui une réparation serait due souffre un nouveau dommage.

AMENDÉ, ÉE, p. p. d'amender. [amãde] *Sol amendé. Projet de loi amendé.*

AMENDEMENT, n. m. [amãd(ə)mã] (*amender*) Changement en mieux. ♦ **Agric.** Moyens par lesquels on améliore ou on modifie le sol. ♦ Modification d'un projet de loi.

AMENDER, v. tr. [amãde] (lat. *emendare*) Rendre meilleur. *Les labours amendent les terres. Les bons exemples ont amendé ce jeune homme.* ♦ Modifier un projet de loi. ♦ Autrefois, *amender* signifiait aussi condamner à l'amende. ♦ V. intr. Faire des progrès en mieux. *Ce malade n'a point amendé depuis sa saignée.* ♦ S'amender, v. pr. « *Mal vit qui ne s'amende* », Régnier.

AMENÉ, ÉE, p. p. d'amener. [am(ə)ne] *Un cheval amené par la bride.* ■ N. m. **Dr.** *Un amené sans scandale,* ordre d'amener quelqu'un devant le juge, sans bruit, sans lui faire affront.

AMÈNE, ■ adj. [amɛn] (lat. *amœnus*, agréable) **Litt.** Plaisant, agréable, empreint de douceur et de politesse.

AMENER, v. tr. [am(ə)ne] (*a-* et *mener*) Mener vers. ♦ *Mandat d'amener,* ordre de comparaître devant un juge. ♦ Fig. Amener quelqu'un à une opinion, à un sentiment, faire qu'il l'adopte. ♦ Tirer à soi. *Il amène à lui tout le tapis.* ♦ **Mar.** Abaisser, faire descendre. *Amener la voile. Amener pavillon,* et **absol.** *amener,* se rendre. ♦ Introduire, donner occasion à. *Ce sont les jeunes gens et les femmes qui amènent les modes.* ♦ Amener un incident, une reconnaissance, un dénouement, les préparer avec art. ♦ Au jeu de dés, de trictrac, *amener double-deux, sonnez, trois et quatre.* ■ S'amener, v. pr. Fam. Arriver.

AMÉNITÉ, n. f. [amenite] (lat. *amœnitas*) Agrément accompagné de douceur. *Aménité d'un lieu.* ♦ Douceur accompagnée de grâce et de politesse. *L'aménité des mœurs.*

AMÉNORRHÉE, ■ n. f. [amenɔre] (*a-*, gr. *mèn*, mois, et *rhoia*, de *rhein*, couler) **Méd.** Absence de règles.

AMENTACÉES, n. f. pl. [amãtase] (lat. *amentum*, courroie adaptée au javelot) Nom donné à la famille des plantes à chatons.

AMENTIFÈRE, adj. [amãtifɛr] (lat. *amentum*, courroie, et *-fère*) **Bot.** Qui porte des chatons.

AMENTIFORME, adj. [amãtifɔrm] (lat. *amentum*, courroie, et *-forme*) ▷ **Bot.** Qui est en forme de chaton. ◁

AMENUISÉ, ÉE, p. p. d'amenuiser. [amənɥize] Rendu menu.

AMENUISER, v. tr. [amənɥize] (*a-* et anc. fr. *menuiser*, du lat. *minutiare*, diminuer) Rendre plus menu. ♦ S'amenuiser, v. pr. Devenir plus menu. ■ AMENUISEMENT, n. m. [amənɥiz(ə)mã]

AMER, ÈRE, ■ adj. [amɛr] (lat. *amarus*) Qui a une certaine saveur désagréable telle que l'absinthe ou le quinquina. ♦ Poésie. *L'onde amère,* l'eau de la mer. ♦ Fig. Triste, pénible. *Une douleur amère.* « *Les dégoûts de la vertu ne sont pas si amers que ceux du monde* », Massillon. ♦ *Larmes amères,* celles qu'une profonde douleur fait répandre. ♦ Dur, offensant. *Une raillerie amère.* ♦ ▷ **Fam.** *Il est d'une bêtise amère,* il est extrêmement sot. ◁ ♦ N. m. Ce

qui est amer. *L'amer et le doux sont deux qualités contraires.* ♦ ▷ Fiel de quelques poissons. *L'amer d'une carpe. L'amer du bœuf.* ◁ ♦ N. m. pl. *Les amers,* groupe de médicaments remarquables par leur amertume plus ou moins prononcée.

AMÈREMENT, adv. [amɛr(ə)mã] (*amer*) Avec amertume.

AMÉRICAIN, AINE, ■ n. m. et n. f. [ameikɛ̃, ɛn] (*Amérique*) Personne originaire d'Amérique ou y habitant. *Les Américains du Nord. Les Américains du Sud.* ■ Adj. *Le drapeau américain.* « *C'est au bras de la noblesse de France que la démocratie américaine a fait son entrée dans le monde* », Claudel. ■ **Sp.** *Football américain,* Sport violent ayant des ressemblances avec le rugby. ■ **Rem.** Le terme américain, quand il n'est pas précisé à quelle Amérique il est fait allusion, fait implicitement référence aux États-Unis.

AMÉRICANISATION, ■ n. f. [amerikanizasjɔ̃] (*américaniser*) Action d'américaniser.

AMÉRICANISER, ■ v. tr. [amerikanize] (*américain*) Donner à quelque chose ou quelqu'un un caractère, une apparence influencés par la façon d'être et de vivre en Amérique du Nord. *Américaniser les prénoms, le langage.* ■ Laisser s'installer les idées, la façon de vivre, de penser américaines. ■ S'américaniser, v. pr. *Cette chaîne de télévision qui ne passe que des feuilletons américains s'américanise.*

AMÉRICANISME, ■ n. m. [amerikanism] (angl. *americanism*) Terme créé aux États-Unis, et non en Grande-Bretagne ■ Influence de la culture américaine sur les autres. ■ Étude de tout ce qui touche au continent américain.

AMÉRICANISTE, ■ n. m. et n. f. [amerikanist] (*américain*) Personne possédant des connaissances relatives à l'Amérique.

AMÉRICIUM, ■ n. m. [amerisjɔm] (*America*, d'apr. *europium*) **Chim.** Un des principaux déchets nucléaires.

AMÉRINDIANISME, ■ n. m. [amerɛ̃djanism] (anglo-amér. *améridian*) Terme propre aux amérindiens.

AMÉRINDIEN, IENNE, ■ n. m. et n. f. [amerɛ̃djɛ̃, jɛn] (anglo-amér. *améridian*) Personne appartenant à la communauté indienne d'Amérique. ■ Adj. *Traditions amérindiennes.*

AMERLO ou **AMERLOQUE**, ■ n. m. et n. f. [amɛrlo, amɛrlɔk] (altér. de *américain*) **Péj.** Américain, Américaine. *Les Amerlos, les Amerloques.*

AMERRIR, ■ v. intr. [ameir] (*a-* et *mer*, d'apr. *atterrir*) Se poser à la surface de la mer ou par ext. de l'eau. *L'hydravion a amerri en douceur.* ■ AMERRISSAGE, n. m. [amerisaʒ]

AMERS, n. m. pl. [amɛr] (*a-* et norm. *merc*, borne, limite, de l'anc. nord. *merki*, signe distinctif) Marques apparentes sur les côtes, telles que clochers, tours, rochers, propres à guider les navigateurs qui sont à vue de terre.

AMERTUME, n. f. [amɛrtym] (lat. *amaritudo*) Saveur amère. *L'amertume de l'absinthe.* ♦ Fig. Peine, déplaisir, tristesse. ♦ Ce qu'il y a d'amer, d'offensant, de mordant dans des paroles, des écrits, etc.

AMÉTABOLE, ■ adj. [ametabɔl] (*a-* et *métabole*) **Zool.** Dont les caractères extérieurs ne changent pas de l'éclosion à l'âge adulte.

AMÉTHYSTE, n. f. [ametist] (gr. *amethustos*) Pierre précieuse, de couleur violette, quartz hyalin violet.

AMÉTROPE, ■ n. m. et n. f. [ametrɔp] (*a-*, gr. *metron*, mesure, et *ôps,* vue) Personne atteinte d'amétropie. *Les myopes sont des amétropes.* ■ Adj. *Les personnes uniquement presbytes ne sont pas amétropes.*

AMÉTROPIE, ■ n. f. [ametrɔpi] (*amétrope*) **Opt.** Anomalie de la réfraction oculaire. *La myopie, l'hypermétropie et l'astigmatisme sont des amétropies.*

AMEUBLEMENT, n. m. [amœbləmã] (*a-* et *meuble*) Tous les meubles qui garnissent un appartement, une pièce.

AMEUBLI, IE, p. p. d'ameublir. [amœbli] *Biens ameublis.*

AMEUBLIR, v. tr. [amœblir] (*a-* et *meuble,* adj.) **Dr.** Faire entrer ses immeubles dans la communauté. ♦ **Agric.** Rendre meuble, léger. *Ameublir un sol.*

AMEUBLISSEMENT, n. m. [amœblis(ə)mã] (*ameublir*) Action d'ameublir ; état de ce qui est ameubli. *Par l'ameublissement, les époux font entrer dans la communauté tout ou partie de leurs immeubles présents ou à venir.* ♦ **Agric.** Action d'ameublir un sol.

AMEUTÉ, ÉE, p. p. d'ameuter. [amøte] *La foule ameutée.*

AMEUTEMENT, n. m. [amøt(ə)mã] (*ameuter*) Assemblage de chiens dans une meute. ♦ Fig. Action d'ameuter.

AMEUTER, v. tr. [amøte] (*a-* et *meute*) Mettre les chiens en meute pour chasser. ♦ Fig. Attrouper pour un but de désordre ou de sédition. ♦ S'ameuter, v. pr. *Le peuple s'ameuta contre les patriciens.*

AMHARIQUE, ■ n. m. [amarik] (lat. *amharicus,* de *Amhara,* province d'Éthiopie) Langue sémitique parlée en Éthiopie. ■ Adj. *Alphabet, écriture amharique.*

AMI, IE, n. m. et n. f. [ami] (lat. *amicus*) Celui, celle qui nous aime et que nous aimons. *Ami de cœur. Un ami d'enfance.* « *Qu'un ami véritable est une douce chose !* », La Fontaine. ◆ *Ami de table, de jeu, etc.*, compagnon de plaisir. ◆ *Ami de tout le monde, du genre humain*, homme qui accorde indistinctement son amitié à tout le monde. ◆ *Ami de cour*, celui qui n'a que de fausses apparences d'amitié. ◆ *Mon ami, mes amis*, termes d'affection avec des égaux, de familiarité avec des inférieurs. ◆ *L'ami*, se dit à l'égard d'inférieurs. ◆ *Mon petit ami*, est quelquefois aussi un terme de hauteur. ◆ *M'amie*, abréviation de ma amie, expression familière. ◆ *Amie*, en langage de chevalerie, dame des pensées. ◆ Allié, en parlant des États. *La France tira peu de secours de ses amis.* ◆ *Ami*, qui a de l'attachement pour. *Ami de son pays.* ◆ Qui a du goût pour. *Les amis des lettres.* ◆ Personnes liées par un intérêt de parti, de coterie ; fauteurs. *Les amis de Catilina.* ◆ Qui a de la sympathie pour, en parlant des animaux et des végétaux. *Le chien est ami de l'homme.* ◆ Adj. Qui appartient à un ami, favorable. *Sentiments amis. Une divinité amie.* ◆ Allié. *Peuples amis.* ◆ **Prov.** *Les bons comptes font les bons amis*, c.-à-d. il faut régler les intérêts réciproques et se bien entendre, si l'on veut rester amis. ■ **Prov.** *Les amis de mes amis sont mes amis.* ■ **Prov.** *Ami de tout le monde, ami de personne.* ■ **Ling.** *Faux ami*, mot ressemblant phonétiquement ou graphiquement à celui d'une autre langue, mais d'un sens différent. *Les faux amis anglais.* ■ *Petit ami, petite amie*, compagnon, compagne d'amour. ■ Rem. *M'amie* est littéraire auj.

AMIABLE, adj. [amjabl] (b. lat. *amicabilis*) Doux, gracieux. *Paroles amiables.* « *Le ciel amiable* », Malherbe. ◆ Peu usité en ce sens hors de la poésie. ◆ *Amiable compositeur*, celui qui est chargé d'accommoder un différend. ◆ *Convention* ou *partage amiable.* ◆ À L'AMIABLE, loc. adv. Par voie de conciliation, sans procès. ◆ *Vente à l'amiable*, vente de gré à gré. ■ *Constat à l'amiable* ou *constat amiable*, formulaire rempli par les conducteurs de véhicules lors d'un accident sans dommage corporel, afin d'être dédommagés par les assurances.

AMIABLEMENT, adv. [amjabləmɑ̃] (*amiable*) D'une manière amiable.

AMIANTE, n. m. [amjɑ̃t] (gr. *amiantos*, sans souillure) Substance minérale filamenteuse, incombustible et infusible.

AMIBE, ■ n. f. [amib] (lat. *amiba*, gr. *ameibein*, changer) Protozoaire vivant dans les eaux stagnantes, ou parasitant les intestins des hommes et des animaux. *Avoir des amibes.* ■ AMIBICIDE, n. m. et adj. [amibisid] Qui détruit les amibes.

AMIBIASE, ■ n. f. [amibjaz] (*amibien*) **Méd.** Parasitose causée par des amibes.

AMIBIEN, IENNE, ■ adj. [amibjɛ̃, jɛn] (*amibe*) Relatif, relative aux amibes. *Dysenterie amibienne.* ■ N. m. *Les amibiens*, famille de protozoaires.

AMIBOÏDE, ■ adj. [amiboid] (*amibe* et *-oïde*) D'apparence amibienne. *Structures amiboïdes.* ■ Qui se déplace de la même façon qu'une amibe.

AMICAL, ALE, adj. [amikal] (lat. *amicalis*) Inspiré par l'amitié ; qui annonce l'amitié. *Des conseils amicaux.* ■ N. f. Association regroupant des personnes ayant un même centre d'intérêt.

AMICALEMENT, adv. [amikal(ə)mɑ̃] (*amical*) D'une manière amicale.

AMICT, n. m. [ami] (lat. chrét. *amictus*) Linge bénit que le prêtre met sur ses épaules pour dire la messe.

AMIDE, n. m. [amid] (rad. de *ammoniac*) Radical organique admis hypothétiquement par les chimistes et représentant un sel d'ammoniaque moins un atome d'eau. ■ Rem. Ce nom était autrefois féminin.

AMIDINE ou **AMIDONE**, n. f. [amidin, amidɔn] (*amide* ou *amidon*) Substance blanche ou d'un blanc jaunâtre, insipide, inodore, qui se forme lorsqu'on abandonne à lui-même l'empois d'amidon, à la température de l'atmosphère.

AMIDON, n. m. [amidɔ̃] (lat. médiév. *amidum*) Fécule tirée des végétaux, sous forme de poudre blanche grenue, ou formée de petites masses amorphes. ◆ **Chim.** Principe immédiat neutre des végétaux, très abondamment répandu dans leurs organes.

AMIDONNAGE, ■ n. m. [amidɔnaʒ] (*amidonner*) Action d'amidonner. *Amidonnage des cols, des nappes.*

AMIDONNÉ, ÉE, adj. [amidɔne] Enduit d'amidon.

AMIDONNER, v. tr. [amidɔne] (*amidon*) Enduire d'amidon.

AMIDONNERIE, n. f. [amidɔn(ə)ri] (*amidon*) Fabrique d'amidon.

AMIDONNIER, IÈRE, n. m. et n. f. [amidɔnje, jɛr] (*amidon*) Fabricant, marchand d'amidon. ■ Adj. *L'industrie amidonnière.*

A-MI-LA, n. m. [amila] (lettre *a*, suivie des notes *mi* et *la*) **Mus.** Qui servait à désigner la note *la*, et surtout le ton de *la.*

AMIMIE, ■ n. f. [amimi] (*a-* et gr. *mimos*, mime) **Méd.** Perte partielle ou totale de la mimique à la suite d'une lésion neurologique. *La paralysie du nerf facial provoque une amimie.*

AMIMIQUE, ■ adj. [amimik] (*amimie*) Atteint, atteinte d'amimie. *Devenir amimique. Visage amimique.*

AMINCI, IE, p. p. d'amincir. [amɛ̃si] Devenu, rendu mince.

AMINCIR, v. tr. [amɛ̃sir] (*a-* et *mincir*) Rendre plus mince. ◆ S'amincir, v. pr. Être aminci.

AMINCISSANT, ANTE, ■ adj. [amɛ̃sisɑ̃, ɑ̃t] (*amincir*) Qui amincit. *Crèmes amincissantes.* ■ N. m. *Amincissants locaux.*

AMINCISSEMENT, n. m. [amɛ̃sis(ə)mɑ̃] (*amincir*) Action d'amincir, de diminuer d'épaisseur ; état de ce qui est aminci.

AMINE, ■ n. f. [amin] (rad. de *ammoniac*) **Chim.** Élément d'une famille de composés organiques qui dérive de l'ammoniac par substitution de chaînes hydrocarbonées aux atomes d'hydrogènes. ■ Adj. *Fonction amine.*

AMINÉ, ÉE, ■ adj. [amine] (*amine*) **Chim.** Qui possède une fonction amine. ■ *Acides aminés*, corps organique possédant et une fonction amine et une fonction acide. *Les acides aminés sont les constituants des protéines.* ■ *Hormones aminées*, dérivées d'un acide aminé.

AMIRAL, ALE, n. m. et n. f. [amiral] (ar. *amir al-'ali*, très grand chef) Chef suprême des forces navales. ◆ S'est dit de l'officier qui commandait une flotte, quoiqu'il n'eût pas la charge d'amiral. ◆ Aujourd'hui, titre du grade le plus élevé dans la marine militaire. ◆ Adj. *Le vaisseau amiral*, le vaisseau d'une flotte monté par un amiral. ◆ Dans un port, *le vaisseau amiral* ou simplement *l'amiral*, le vaisseau sur lequel se font les inspections, siègent les conseils de guerre, et s'exécutent les jugements qu'ils prononcent. ■ *Des amiraux.* ■ N. f. Épouse de l'amiral.

AMIRALAT, n. m. [amirala] (*amiral*) Dignité d'amiral.

AMIRALE, n. f. [amiral] (*amiral*) Galère que montait l'amiral des galères.

AMIRAUTÉ, n. f. [amirote] (*amiral*) Anciennement, office de grand amiral. ◆ Tribunal qui connaissait toutes les affaires relatives à la marine. ◆ Administration supérieure de la marine ; conseil d'amirauté.

AMISH, ■ n. m. [amiʃ] (du nom de son initiateur Jacob Amman) Communauté religieuse chrétienne très conservatrice qui vit en relative autarcie en refusant tout le confort que peut apporter le modernisme. ■ N. m. et n. f. Membre de cette communauté. ■ Adj. *La communauté amish. Les mœurs amish* ou *amishs.*

AMISSIBILITÉ, n. f. [amisibilite] (*amissible*) **Relig.** et **dr.** Qualité de ce qui est amissible.

AMISSIBLE, adj. [amisibl] (lat. chrét. *amissibilis*) **Relig.** et **dr.** Qui peut être perdu. *La grâce amissible.*

AMISSION, n. f. [amisjɔ̃] (lat. chrét. *amissio*, perte) **Relig.** et **dr.** Perte. *L'amission de la grâce.*

AMITIÉ, n. f. [amitje] (lat. *amicitia*) Sentiment qui attache une personne à une autre. *Mon amitié pour vous* ou *avec vous.* ◆ *Par bonne amitié*, de bonne amitié, tendresse, amour. « *Je voue à votre fils une amitié de père* », Racine. ◆ La liaison, l'union des amis. « *Les unions et les amitiés humaines* », Massillon. ◆ Objet de l'affection. « *On voudrait être l'amitié et, pour ainsi dire, l'idole de tout le monde* », Fléchier. ◆ Accord, relations entre nations. *Il y a paix et amitié entre les deux puissances.* ◆ Bienveillance. « *Ménélas me reçut avec amitié* », Fénelon. ◆ *Faire amitié à quelqu'un*, lui témoigner de la bienveillance. ◆ ▷ Bon office, service de bienveillance, don. « *La vieille Juisy fit une amitié de 40 000 livres au cardinal d'Estrées* », Saint-Simon. ◁ ◆ *Faire l'amitié de*, terme de politesse amicale, avoir la bonté de, la complaisance de. ◆ Affection de certains animaux pour les hommes. *Le chien a de l'amitié pour son maître.* ◆ ▷ Fig. Attraction, sympathie. *Il y a de l'amitié entre le fer et l'aimant.* ◁ ◆ N. f. pl. Paroles obligeantes, caresses. *Il m'a fait beaucoup d'amitiés.* ◆ **Prov.** *Les petits présents entretiennent l'amitié.* ◆ ▷ *Amitié particulière*, relation homosexuelle. ◁

AMITIEUX, EUSE, ■ adj. [amitjø, øz] (*amitié*) **Belg.** Affectueux, câlin. *Enfants, animaux amitieux.*

AMMAN, n. m. [aman] (moy. néerl. *amptman*, homme chargé de gouverner) Titre de dignité qu'on donne en Suisse aux chefs de quelques cantons.

AMMEISTRE, n. m. [amɛstr] (moyen haut allemand *ambahtmeister*, maire) ▷ Titre que l'on donne aux échevins de plusieurs villes d'Allemagne. ◁

AMMI, n. m. [ami] (gr. *ammi*) Plante annuelle de la famille des ombellifères, dont les semences comptent parmi les espèces carminatives.

AMMOCÈTE, ■ n. f. [amosɛt] (gr. *ammos*, sable, et *koitè*, gîte d'animal) **Zool.** Larve de la lamproie.

AMMODYTE, ■ n. f. [amodit] (gr. *ammos*, sable, et *duein*, entrer dans) **Zool.** Vipère de grande taille, à museau retroussé et tête triangulaire. *Les ammodytes sont venimeuses.* ■ Adj. *Vipère ammodyte.*

AMMON (CORNE D'), n. f. [amɔ̃] Voy. ammonite.

AMMONÉEN, ÉENNE, adj. [amoneɛ̃, ɛɛn] (*ammon*) **Géol.** Terrain dans lequel on trouve des cornes d'Ammon.

AMMONIAC, AQUE, adj. [amɔnjak] (gr. *ammôniakon*, de *Ammon*, ce produit étant recueilli près du temple de Zeus Ammon en Libye) *Sel ammoniac*, chlorure ammoniac ou chlorhydrate d'ammoniaque. ♦ *Gaz ammoniac*, Voy. AMMONIAQUE.

AMMONIACAL, ALE, adj. [amɔnjakal] (*ammoniac*) Qui contient de l'ammoniaque. *Sel ammoniacal.* ♦ N. m. pl. **Méd.** *Les ammoniacaux*, médicaments formés par l'ammoniaque et ses principales combinaisons salines, telles que le carbonate, le chlorhydrate, le sulfate, l'acétate.

AMMONIACÉ, ÉE, adj. [amɔnjase] (*ammoniac*) Qui contient de l'ammoniaque.

AMMONIAQUE, n. f. [amɔnjak] (*ammoniac*) Alcali ainsi appelé parce qu'on le retire du sel ammoniac. ♦ On appelle ordinairement *ammoniaque*, l'ammoniaque liquide, c'est-à-dire le gaz ammoniac dissous dans l'eau.

AMMONIATE, n. m. [amɔnjat] (*ammoniac*) ▷ Ammoniure. ◁

AMMONIQUE, adj. [amɔnik] (*ammoniac*) Tenant de l'ammoniaque.

AMMONITE, n. f. [amɔnit] (gr. *Ammon*, nom de Zeus en Libye) Nom d'un genre de mollusques céphalopodes fossiles, appelés *cornes d'Ammon*.

AMMONIUM, n. m. [amɔnjɔm] (rad. de *ammoniaque*) Nom d'un radical hypothétique composé que quelques chimistes considèrent comme formant la base de l'ammoniaque.

AMMONIURE, n. m. [amɔnjyʀ] (*ammoniac*) Combinaison de l'ammoniaque avec un oxyde métallique, dite aussi ammoniate.

AMMOPHILE, ■ n. f. [amɔfil] (gr. *ammos*, sable, et -*phile*) **Bot.** Plante poussant en terrain sableux. *Ammophile des sables.* ■ Adj. *Plantes ammophiles.* ■ **Zool.** Type de guêpe. *Les ammophiles nourrissent leurs larves de chenilles qu'elles paralysent.*

AMNÉSIE, ■ n. f. [amnezi] (gr. *amnêsia*, de *a-* et *mnêsis*, mémoire) Perte partielle ou totale, temporaire ou définitive de la mémoire. *À la suite de son accident, il a été frappé d'amnésie partielle.* ■ AMNÉSIQUE, n. m. et n. f. et adj. [amnezik]

AMNICOLE, adj. [amnikɔl] (lat. *amnis*, rivière, et -*cole*) **Zool.** Qui vit sur le bord des rivières.

AMNIOCENTÈSE, ■ n. f. [amnjosɛtɛz] (*amnios* et gr. *kentêsis*, action de piquer) **Méd.** Examen de l'amnios permettant de déterminer la présence de maladies chromosomiques et génétiques spécifiques. *L'amniocentèse est prise en charge par la Sécurité sociale à partir de 38 ans, âge à partir duquel les grossesses sont statistiquement un peu plus à risques.*

AMNIOS, n. m. [amnjos] (gr. *amneios*) La plus interne des membranes qui enveloppent le fœtus.

AMNIOSCOPIE, ■ n. f. [amnjoskɔpi] (*amnios* et -*scopie*) **Méd.** Examen du liquide amniotique effectué à travers le col de l'utérus par un procédé spécial.

AMNIOTE, ■ n. m. [amnjɔt] (*amnios*) **Zool.** Vertébré possédant à la fois amnios et allantoïde. *Les amniotes comprennent les mammifères, les oiseaux et les reptiles.*

AMNIOTIQUE, ■ adj. [amnjotik] (*amnios*) Relatif à l'amnios, spécialt. dans l'expr. *liquide amniotique*, liquide qui contient l'amnios et où se trouve le fœtus.

AMNISTIE, n. f. [amnisti] (gr. *amnêstia*, de *amnêstos*, oublié) Oubli, pardon collectif accordé par le souverain. ♦ Par extens. Pardon des punitions, des fautes. ■ AMNISTIABLE, adj. [amnistjabl] ■ AMNISTIANT, ANTE, adj. [amnistjɑ̃, ɑ̃t]

AMNISTIÉ, ÉE, p. p. d'amnistier. [amnistje] N. m. et n. f. *Les amnistiés.*

AMNISTIER, v. tr. [amnistje] (*amnistie*) Accorder une amnistie.

AMOCHER, ■ v. tr. [amɔʃe] (*a-* et *moche*) **Fam.** Abîmer. *J'ai amoché sa moto.* ■ Blesser. *Il a salement amoché son frère.*

AMODIATAIRE, ■ n. m. et n. f. [amodjatɛʀ] (*amodiateur*) **Dr.** Personne prenant une exploitation à ferme moyennant une redevance. ■ Personne à laquelle la concession d'une mine est amodiée.

AMODIATEUR, n. m. [amodjatœʀ] (*amodier*) Celui qui prend une terre à ferme.

AMODIATION, n. f. [amodjasjɔ̃] (*amodier*) Bail à ferme d'une terre.

AMODIÉ, ÉE, p. p. d'amodier. [amodje] *Terre amodiée en argent.*

AMODIER, v. tr. [amodje] (lat. médiév. *admodiare*) Donner à ferme.

AMOINDRI, IE, p. p. d'amoindrir. [amwɛ̃dʀi] *Revenus amoindris. Autorité amoindrie.*

AMOINDRIR, v. tr. [amwɛ̃dʀiʀ] (*a-* et *moindre*) Rendre moindre, au propre et au figuré. ♦ Absol. « *Les lunettes qui amoindrissent* », PASCAL. ♦ V. intr. Devenir moindre. ♦ S'amoindrir, v. pr. *Son revenu s'amoindrit.*

AMOINDRISSEMENT, n. m. [amwɛ̃dʀis(ə)mɑ̃] (*amoindrir*) Action de rendre moindre.

AMOK, ■ n. m. [amɔk] (angl. *amock*, empr. au malais *amuk*, furie) Sorte de transe, de folie meurtrière constatée particulièrement chez les Malais. *Des amoks.* ■ Par extens. Individu se trouvant dans ce même état, en transe. S. Zweig a écrit une nouvelle, *Amok*, illustrant cet état.

AMOLLI, IE, p. p. d'amollir. [amɔli] Rendu mou. ♦ Énervé.

AMOLLIR, v. tr. [amɔliʀ] (*a-* et *mol*) Rendre mou. *La chaleur amollit la cire.* ♦ Fig. Énerver, adoucir. ♦ S'amollir, v. pr. Devenir mou. ♦ Devenir efféminé. ♦ S'adoucir. *Son cœur s'amollissait par degrés.* ♦ *Le vent s'amollit*, devient moins violent.

AMOLLISSANT, ANTE, adj. [amɔlisɑ̃, ɑ̃t] (*amollir*) *Voluptés amollissantes.*

AMOLLISSEMENT, n. m. [amɔlis(ə)mɑ̃] (*amollir*) Action d'amollir ; état de ce qui est amolli. ♦ Fig. *L'amollissement du courage.*

AMOME, n. m. [amɔm] (gr. *amômon*) Genre de plantes presque toutes exotiques, et douées en général d'une saveur piquante et aromatique.

AMONCELÉ, ÉE, p. p. d'amonceler. [amɔ̃s(ə)le]

AMONCELER, v. tr. [amɔ̃s(ə)le] (*a-* et *moncel*, anc. forme de *monceau*) Mettre en monceau. ♦ Fig. *Amonceler des richesses, des preuves.* ♦ S'amonceler, v. pr. Être mis en tas.

AMONCELLEMENT, n. m. [amɔ̃sɛl(ə)mɑ̃] (*amonceler*) Action d'amonceler ; état de ce qui est amoncelé.

AMONT, n. m. [amɔ̃] (*à* et *mont*) Le haut d'où descend un fleuve, une rivière, par opposition au bas qui est dit aval. *Pays d'amont, pays en amont.* ♦ *En amont de*, au-dessus de. ■ *En amont*, qui précède une phase dans un processus.

AMONTILLADO, ■ n. m. [amɔ̃tijado] (mot esp.) Variété de xérès. La Barrique d'amontillado *est une nouvelle fantastique d'Edgar Poe. Des amontillados.*

AMORAL, ALE, ■ adj. [amɔʀal] (*a-* et *moral*) Qui ne se place pas sur le plan de la morale, de ses jugements. *Adopter un point de vue amoral.* ■ Dont la pensée, les actes, ne sont pas guidés par des critères moraux. *Un auteur amoral. Des films amoraux.*

AMORALISME, ■ n. m. [amɔʀalism] (*amoral*) **Philos.** Doctrine niant la notion de morale universelle. ■ Conduite d'une personne n'ayant pas de morale.

AMORALITÉ, ■ n. f. [amɔʀalite] (*amoral*) Absence de morale.

AMORÇAGE, ■ n. m. [amɔʀsaʒ] (*amorcer*) Action d'amorcer. *L'amorçage d'une pompe.*

AMORCE, n. f. [amɔʀs] (*amors*, p. p. de l'anc. fr. *amordre*, mordre, puis amorcer, du lat. pop. *admordere*) Appât pour prendre certains animaux. ♦ Fig. Tout ce qui fait mordre à, tout ce qui attire. *L'amorce des voluptés.* ♦ Poudre avec laquelle on enflamme la charge d'un fusil, d'un canon, d'une mine. ♦ Petite quantité d'eau qu'on verse dans une pompe, pour qu'elle fonctionne. ♦ Phase initiale. *L'amorce d'un projet.*

AMORCÉ, ÉE, p. p. d'amorcer. [amɔʀse] Garni d'une amorce. *Une ligne amorcée.* ♦ Fig. Attiré.

AMORCEMENT, n. m. [amɔʀsəmɑ̃] (*amorcer*) Action d'amorcer. ■ REM. Ce terme, devenu rare, tend à être remplacé par celui d'amorçage.

AMORCER, v. tr. [amɔʀse] (*amorce*) Garnir d'amorce. *Amorcez vos lignes.* ♦ Absol. *Vous n'aurez pas le temps d'amorcer.* ♦ Attirer avec de l'amorce. ♦ Fig. Attirer par des choses qui flattent les sens ou l'esprit. ♦ *Amorcer une pompe*, y verser un peu d'eau, afin qu'elle puisse fonctionner.

AMORCEUR, n. m. [amɔʀsœʀ] (*amorcer*) Celui qui amorce.

AMORÇOIR, n. m. [amɔʀswaʀ] (*amorcer*) Outil dont l'artisan qui travaille en bois se sert pour commencer les trous. Syn. d'ébauchoir, qui est plus usité.

AMOROSO, adv. [amoʀozo] (ital. *amoroso*, amoureux) **Mus.** Amoureusement, avec une expression tendre et gracieuse.

AMORPHE, adj. [amɔʀf] (gr. *amorphos*, sans forme) **Didact.** Qui n'a pas de forme déterminée. *Phosphore amorphe.* ■ Dépourvu de vitalité, d'énergie.

AMORPHIE, n. f. [amɔʀfi] (*amorphe*) **Didact.** Absence de forme déterminée, difformité, désordre dans la conformation.

AMORTI, IE, p. p. d'amortir. [amɔʀti] *Balle amortie. Haines amorties par le temps.*

AMORTIR, v. tr. [amɔʀtiʀ] (lat. vulg. *admortire*, tuer, mourir) Rendre comme mort, c'est-à-dire rendre plus faible, moins vif, moins violent, moins dur. *Amortir un choc, une chute, des haines.* ♦ En parlant des herbes, leur faire perdre leur âcreté. ♦ Rendre la viande plus tendre. ♦ **Financ.** Racheter une dette, une rente, une redevance. ♦ S'amortir, v. pr. Devenir amorti. ■ Rentabiliser.

AMORTISSABLE, adj. [amɔrtisabl] (*amortir*) **Financ.** Qui peut être amorti.

AMORTISSEMENT, n. m. [amɔrtis(ə)mɑ̃] (*amortir*) Action d'amortir, d'affaiblir. *Amortissement d'un coup, des haines.* ♦ Rachat d'une rente, d'une pension, d'une redevance, etc. *Amortissement de la dette publique.* ♦ *Caisse d'amortissement,* caisse établie pour l'extinction graduelle de la dette publique. ♦ *Fonds d'amortissement,* fonds destiné à l'amortissement d'une rente. ♦ **Archit.** Ce qui termine, ce qui finit le comble d'un bâtiment.

AMORTISSEUR, ■ n. m. [amɔrtisœr] (*amortir*) Système mécanique qui atténue les chocs, les vibrations. *Les amortisseurs d'une voiture. Un amortisseur hydraulique.*

AMOUILLANTE, ■ adj. f. [amujɑ̃t] (p.-ê. de a- et *mouiller*) Qui doit prochainement vêler, en parlant d'une vache. ■ REM. Ce terme est encore utilisé par les ruraux nés au début du xxᵉ siècle mais se transmet de moins en moins.

AMOUR, n. m. [amur] (lat. *amor*) Sentiment d'affection d'un sexe pour l'autre. *Brûler d'amour.* ♦ Amour, qui a été masculin et féminin dans les deux siècles derniers, peut encore aujourd'hui recevoir les deux genres en ce premier sens : au singulier, il n'est féminin qu'en poésie ; au pluriel, il est féminin non seulement en poésie, mais dans le parler ordinaire et dans certaines locutions. « *Vous ne pouvez aimer que d'une amour grossière* », MOLIÈRE. *De mutuelles amours. Nos premiers amours.* ♦ En général, affection profonde. *L'amour des parents pour leurs enfants.* ♦ *Pour l'amour de quelqu'un,* par affection, par considération pour lui. ♦ *Amour de Dieu,* amour que la créature doit porter à son créateur. ♦ *Pour l'amour de Dieu,* dans la seule vue de plaire à Dieu, sans aucune vue d'intérêt ; et aussi, ironiquement, sans soin, mal. ♦ ▷ Ironiq. *Comme pour l'amour de Dieu,* se dit pour exprimer une chose faite à contrecœur, avec lésinerie. ◁ ■ En parlant des choses, sentiment vif, attachement qu'on éprouve pour une chose. *Amour du plaisir, du jeu.* ♦ Absol. « *La nature a mis en nous des haines et des amours* », MASSILLON. ♦ Dans le langage des arts. *Cet ouvrage est fait avec amour,* l'artiste s'est complu à le faire. ♦ Objet aimé. « *Les rois qui avaient été l'amour de leurs peuples* », FÉNELON. ♦ ▷ *M'amour* pour ma amour, au féminin. « *Allez, m'amour, et passez chez votre notaire* », MOLIÈRE. ◁ ♦ *L'amour, les amours,* divinités de la Fable. ♦ **Fig.** et **fam.** *C'est un amour,* se dit d'une personne, d'un enfant très joli, et aussi de quelque objet très joli. ♦ *Amour de soi,* sentiment naturel qui attache chaque homme à ce qui lui est personnel. ♦ *Amour-propre,* amour de soi, considéré comme un sentiment excessif pour soi et de préférence sur les autres ; opinion avantageuse de soi-même. *Il faut ménager les amours-propres.* « *L'amour-propre est le plus grand de tous les flatteurs* », LA ROCHEFOUCAULD. ♦ *Pomme d'amour,* tomate. ■ *Faire l'amour,* avoir des rapports sexuels. ♦ *Amour en cage,* plante vivace aux baies rouge orangé. Voy. ALKÉKENGE. ♦ *C'est un amour,* se dit aussi auj. d'une personne, d'un enfant gentil. ■ Art *Amour,* enfant symbolisant l'amour ou le dieu Cupidon, qui le représente. *Des amours joufflus.* ■ Amour en rapport avec les liens du sang. *Amour maternel, filial, paternel.*

AMOURACHÉ, ÉE, p. p. d'amouracher. [amuraʃe] *Amouraché des sciences occultes.*

AMOURACHER, v. tr. [amuraʃe] (ital. *amoracciare*) Engager dans un amour peu justifié. ♦ S'amouracher, v. pr. S'éprendre d'un amour peu justifié.

AMOURETTE, n. f. [amurɛt] (dimin. de *amour*) Amour sans passion, par amusement. ♦ Au pl. *Amourettes,* la moelle qui se trouve dans les vertèbres du veau ou du mouton, quand elle est cuite. ♦ **Bot.** Nom vulgaire du *Briza melia,* dit aussi herbe d'amour. ♦ *Amourette des prés,* nom vulgaire de la lychnide. ♦ *Petite amourette,* nom vulgaire de la Poa éragrostide. ♦ **Entomol.** Nom vulgaire de l'anthrène des musées.

AMOUREUSEMENT, adv. [amurøz(ə)mɑ̃] (*amoureux*) Avec amour. ♦ **Art** Avec grâce et délicatesse. *Tableau peint amoureusement.*

AMOUREUX, EUSE, adj. [amurø, øz] (lat. *amorosus*) Qui aime par amour. ♦ Enclin à l'amour. ♦ Qui est passionné pour quelque chose. « *J'estimais fort l'éloquence, et j'étais amoureux de la poésie* », DESCARTES. ■ N. m. et n. f. « *Tout ce que peuvent faire ces misérables amoureux des grandeurs humaines, c'est de goûter tellement la vie qu'ils ne songent point à la mort* », BOSSUET. ♦ En parlant des choses, qui tient de l'amour. *Transports amoureux. Langage amoureux.* ♦ **Peint.** *Pinceau amoureux,* pinceau dont la touche est moelleuse et douce. ■ N. m. et n. f. Dans le style familier, amant, amante. *Un amoureux transi.* ♦ **Théâtre,** emploi de la comédie. *Jouer les amoureux, les amoureuses.* On dit plus souvent aujourd'hui *les jeunes premiers, les jeunes premières.*

AMOVIBILITÉ, n. f. [amɔvibilite] (*amovible*) Qualité de ce qui est amovible.

AMOVIBLE, adj. [amɔvibl] (rad. lat. *amovere,* écarter) Qui peut être déplacé. *Fonctionnaire amovible. Emploi amovible.*

AMPÉLIDACÉE, ■ n. f. [ɑ̃pelidase] (lat. *ampelide,æ* du gr. *ampelos,* vigne) **Bot.** Type de plante en arbrisseau. *La vigne fait partie des ampélidacées.*

AMPÉLOGRAPHIE, n. f. [ɑ̃pelɔɡrafi] (gr. *ampelos,* vigne, et *-graphie*) Description de la vigne ; traité sur la vigne.

AMPÉLOPSIS, ■ n. m. [ɑ̃pelɔpsis] (gr. *ampelos,* vigne, et *opsis,* vision) **Bot.** Arbuste grimpant. *Des ampélopsis qui garnissent les murs d'une propriété.*

AMPÉRAGE, ■ n. m. [ɑ̃peraʒ] (*ampère*) Intensité d'un courant électrique.

AMPÈRE, ■ n. m. [ɑ̃per] (*Ampère,* physicien) Unité d'intensité des courants électriques (symbole Ω).

AMPÈREMÈTRE, ■ n. m. [ɑ̃per(ə)mɛtr] (*ampère* et *-mètre*) Appareil gradué en ampères et servant à déterminer l'intensité électrique.

AMPÉRIEN, IENNE, ■ adj. [ɑ̃perjɛ̃, jɛn] (*Ampère*) Relatif, relative au théorème d'Ampère sur l'électromagnétisme. *Courants fictifs ampériens. Masses magnétiques ampériennes.*

AMPHÉTAMINE, ■ n. f. [ɑ̃fetamin] Médicament stimulant du système nerveux central, réservé aujourd'hui au traitement de la narcolepsie. ■ Drogue. ♦ Abrév. Amphé, amphète. *Prendre des amphés.*

AMPHÉTAMINIQUE, ■ adj. [ɑ̃fetaminik] (1 *amphi-, éthyle* et *amine*) Relatif, relative aux amphétamines ; contenant des amphétamines. *Coupe-faim amphétaminique.* ■ N. m. *Les anorexigènes et les amphétaminiques.*

1 **AMPHI...** ou **AMPHO...,** ■ [ɑ̃fi] Préfixe grec qui veut dire autour ■ Il signifie aussi double ou des deux côtés.

2 **AMPHI**, ■ n. m. [ɑ̃fi] Abréviation d'*amphithéâtre,* dans un contexte éducatif. *Avoir cours en amphi. Les amphis de la fac.*

AMPHIARTHROSE, ■ n. f. [ɑ̃fiartroz] (1 *amphi-* et *arthrose*) Articulation dans laquelle les ligaments réunissent les surfaces articulaires.

AMPHIBIE, adj. [ɑ̃fibi] (gr. *amphibios*) Qui vit sur la terre et dans l'eau. *Animaux amphibies. Un amphibie.* ♦ *Plantes amphibies,* celles qui croissent indifféremment dans l'eau ou hors de l'eau. ♦ **Fig.** « *Ils sont amphibies ; ils vivent de l'Église et de l'épée* », LA BRUYÈRE. ♦ ▷ *C'est un amphibie,* se dit familièrement d'un homme qui professe tour à tour des sentiments contraires. ◁ ■ Adj. Qui peut être utilisé sur terre ou dans l'eau. *Véhicule amphibie.*

AMPHIBIEN, ■ n. m. [ɑ̃fibjɛ̃] (*amphibie*) Animal appartenant à la classe des vertébrés amphibies qui se caractérise par la présence de branchies au commencement de leur vie, et de poumons à l'âge adulte. ■ Adj. Qui respire aussi bien dans l'eau que sur terre pendant toute ou partie de sa vie. *La grenouille est un batracien amphibien.*

AMPHIBOLE, n. f. [ɑ̃fibɔl] (gr. *amphibolos,* équivoque, incertain) Substance terreuse qui se présente sous un très grand nombre d'aspects.

AMPHIBOLITE, ■ n. f. [ɑ̃fibɔlit] (*amphibole*) **Géol.** Roche métamorphique composée d'amphibole.

AMPHIBOLOGIE, n. f. [ɑ̃fibɔlɔʒi] (lat. *amphibologia*) Arrangement des mots d'où résulte un sens douteux. ■ REM. *Je vais donner une pièce à mon fils qui est au fond de ma poche,* est un exemple d'amphibologie.

AMPHIBOLOGIQUE, adj. [ɑ̃fibɔlɔʒik] (*amphibologie*) Qui est affecté d'amphibologie. *Discours amphibologique.*

AMPHIBOLOGIQUEMENT, adv. [ɑ̃fibɔlɔʒik(ə)mɑ̃] (*amphibologique*) D'une manière amphibologique.

AMPHIBRAQUE, n. m. [ɑ̃fibrak] (gr. *amphibrakhus*) Dans la poésie grecque et latine, pied composé d'une longue entre deux brèves.

AMPHICTYONIDE, adj. f. [ɑ̃fiktjɔnid] (*amphictyonie*) Qui avait droit d'amphictyonie, en parlant des villes de la Grèce.

AMPHICTYONIE, n. f. [ɑ̃fiktjɔni] (gr. *amphictuonia*) La fédération, le conseil des amphictyons.

AMPHICTYONIQUE, adj. [ɑ̃fiktjɔnik] (*amphictyonie*) Qui a rapport au conseil des amphictyons.

AMPHICTYONS, n. m. pl. [ɑ̃fiktjɔ̃] (gr. *Amphictuones*) Députés des États grecs, qui se réunissaient aux Thermopyles pour délibérer sur les affaires générales. ■ REM. On prononçait autrefois [ɑ̃fiksjɔ̃].

AMPHIGOURI, n. m. [ɑ̃figuri] (p.-ê. et de 1 *amphi-* et du gr. *agoreuein,* parler en public) Écrit burlesque, rempli de galimatias. ♦ Discours dépourvu d'ordre et de sens.

AMPHIGOURIQUE, adj. [ɑ̃figurik] (*amphigouri*) Qui n'a ni ordre ni sens.

AMPHIGOURIQUEMENT, adv. [ɑ̃figurik(ə)mɑ̃] (*amphigourique*) D'une manière amphigourique.

AMPHINEURE, ■ n. m. [ɑ̃finœʀ] (1 *amphi-* et gr. *neura*, corde) **Zool.** Type de mollusque ayant la forme d'un ver, sans coquille. *Les amphineures raclent les rochers sur lesquels ils se nourrissent d'algues.*

AMPHIOXUS, ■ n. m. [ɑ̃fjɔksys] (1 *amphi-* et gr. *oxus*, pointu) **Zool.** Petit animal marin translucide à nageoire. *Les amphioxus se trouvent à la charnière de l'embranchement des vertébrés et des invertébrés.*

AMPHIPODE, ■ adj. [ɑ̃fipɔd] (1 *amphi-* et *podos*, pied) **Zool.** Type de crustacé sans carapace, de la taille d'une crevette. *Les amphipodes sont carnivores, nécrophages et opèrent ainsi un nettoyage de la mer.*

AMPHISBÈNE, ■ n. m. [ɑ̃fisbɛn] (lat. *amphisbæna*, serpent à deux têtes) **Zool.** Reptile à l'apparence de gros ver de terre, et qui a pour particularité d'avoir une tête et une queue présentant le même aspect. *Les amphisbènes vivent enfouis et ne sont pas venimeux.*

AMPHISCIENS, n. m. pl. [ɑ̃fisjɛ̃] (1 *amphi-* et *skia*, ombre) Nom qu'on donne aux habitants de la zone torride, parce que, selon que le Soleil s'avance vers l'un ou vers l'autre tropique, leur ombre se porte ou au midi ou au nord.

AMPHITHÉÂTRAL, ALE, adj. [ɑ̃fiteatʀal] (*amphithéâtre*) Qui appartient à l'amphithéâtre. *Des décors amphithéâtraux.*

AMPHITHÉÂTRE, n. m. [ɑ̃fiteatʀ] (lat. *amphitheatrum*) Chez les Anciens, édifice de forme ovale ou ronde, ayant plusieurs rangs de gradins pour les spectateurs et un espace central pour les luttes et les combats. ♦ **Fig.** Les spectateurs. *Tout l'amphithéâtre se leva.* ♦ Aujourd'hui, la partie d'une salle de spectacle placée vis-à-vis de la scène. ♦ Lieu garni de gradins où un professeur fait son cours. ♦ **Fig.** *Ce terrain s'élève en amphithéâtre.*

AMPHITRITE, n. f. [ɑ̃fitʀit] (gr. *Amphitritè*) Déesse de la mer, et poétiquement la mer elle-même.

AMPHITRYON, n. m. [ɑ̃fitʀijɔ̃] (gr. *Amphitruôn*) Général thébain qui dans une pièce de Molière donne un grand dîner ; de là celui chez lequel ou aux frais duquel on dîne.

AMPHOLYTE, ■ n. m. [ɑ̃folit] (1 *amphi-* et *lutos*, qui peut être dissous) **Chim.** Composé capable de se comporter en acide ou en base selon le groupement chimique qu'il reçoit.

AMPHORE, n. f. [ɑ̃fɔʀ] (gr. *amphoreus*, de *amphiphoreus*, qu'on porte par deux côtés) Vase à deux anses où les Anciens mettaient le vin et l'huile. ♦ Mesure de capacité.

AMPHORIQUE, adj. [ɑ̃fɔʀik] (*amphore*) *Résonance amphorique*, son stéthoscopique, ainsi dit parce que l'oreille, appliquée sur la poitrine, perçoit un bruit semblable à celui qui s'entend dans une cruche.

AMPHOTÈRE, ■ n. m. [ɑ̃fotɛʀ] (gr. *amphoteros*) Composé chimique en même temps acide ou basique, en fonction du milieu dans lequel il se trouve. ■ **Adj.** *Shampoing amphotère.*

AMPLE, adj. [ɑ̃pl] (lat. *amplus*) Très long et très large. *Un manteau ample et flottant.* ♦ Considérable, étendu, copieux. *Un ample repas.* ♦ **Dr.** Ordonner *un plus ample informé*, un informé plus complet.

AMPLEMENT, adv. [ɑ̃pləmɑ̃] (*ample*) D'une manière ample.

AMPLEUR, n. f. [ɑ̃plœʀ] (*ample*) Étendue de ce qui est long et large. ♦ **Fig.** *Ce style a de l'ampleur.*

AMPLI, ■ n. m. [ɑ̃pli] **Fam.** Abréviation d'*amplificateur*. *Les amplis étaient bien réglés.*

AMPLIATIF, IVE, adj. [ɑ̃pliatif, iv] (rad. de *ampliation*) Qui augmente, qui ajoute. ♦ **Gramm.** *Mot ampliatif.*

AMPLIATION, n. f. [ɑ̃pliasjɔ̃] (lat. *ampliatio*, requête d'un supplément d'enquête) Le double, la copie d'un acte. ♦ Augmentation de capacité d'une cavité dilatable quelconque. *L'ampliation de la poitrine pendant l'inspiration.*

AMPLIÉ, ÉE, p. p. d'amplier. [ɑ̃plije]

AMPLIER, v. tr. [ɑ̃plije] (lat. *ampliare*, augmenter) T. de droit qui tombe en désuétude. *Amplier un terme*, le prolonger. ♦ **Hist. nat.** Rendre plus ample.

AMPLIFIANT, ANTE, adj. [ɑ̃plifjɑ̃, ɑ̃t] (*amplifier*) **Opt.** Qui grossit.

AMPLIFICATEUR, n. m. [ɑ̃plifikatœʀ] (lat. *amplificator*) Celui qui amplifie. ♦ Se prend en mauvaise part. ■ Appareil qui amplifie un signal. *L'amplificateur d'une chaîne hi-fi.* ■ **Abrév.** Ampli.

AMPLIFICATIF, IVE, adj. [ɑ̃plifikatif, iv] (rad. de *amplification*) **Opt.** Qui sert à amplifier. *Le pouvoir amplificatif d'une lunette.*

AMPLIFICATION, n. f. [ɑ̃plifikasjɔ̃] **Rhét.** Figure qui consiste à amplifier ce que l'on dit, par l'énumération des détails. ♦ Le plus souvent, développement d'un texte, d'un sujet. ♦ ▷ Devoir où un élève développe un texte, un sujet donné. *Amplification française. Amplification latine.* ◁ ♦ Augmentation du volume apparent des objets, à l'aide des verres et des lunettes. ■ Action d'amplifier un signal.

AMPLIFIÉ, ÉE, p. p. d'amplifier. [ɑ̃plifje] *Récit amplifié.*

AMPLIFIER, v. tr. [ɑ̃plifje] (lat. *amplificare*, agrandir) Développer par le discours. ♦ Exagérer. *Amplifier une nouvelle.* ♦ **Opt.** Grossir, en parlant des verres et des lunettes. ■ Augmenter l'intensité. *Amplifier un son.* ■ Augmenter la taille, l'importance de quelque chose, au propre comme au figuré. *Amplifier un projet.* ■ S'amplifier, v. pr. Prendre de l'ampleur. *Une crise qui s'amplifie.*

AMPLIFORME, ■ adj. [ɑ̃plifɔʀm] (*amplifier* et *forme*) Dont le tissu est garni de molleton pour amplifier la forme, spécialement en parlant de soutiens-gorge. *Maillots de bain ampliformes. Soutien-gorge à bonnets moulés ampliformes.* ■ **N. m.** *Certaines jeunes filles mettent des ampliformes pour que leur poitrine paraisse plus importante.*

AMPLISSIME, adj. [ɑ̃plisim] (lat. *amplissimus*, superl. de *amplus*) Ancien titre donné au recteur de l'université de Paris.

AMPLITUDE, n. f. [ɑ̃plityd] (lat. *amplitudo*, ampleur, largeur) Étendue en largeur et en longueur. ♦ **Géom.** Ligne comprise entre les deux extrémités de l'arc d'une parabole. ♦ **Milit.** *L'amplitude du jet*, ligne qui sous-tend l'arc parabolique décrit par un projectile sorti d'une bouche à feu. ♦ **Astron.** Courbe décrite par un astre depuis le point où il se lève jusqu'à celui où il se couche, et dont le milieu indique le méridien.

AMPOULE, n. f. [ɑ̃pul] (lat. *ampulla*) Fiole, petite bouteille. N'est usité que dans la locution, *la sainte ampoule*, fiole qui contenait l'huile consacrée à l'onction des rois de France. ♦ Petite tumeur formée par la sérosité épanchée entre le derme et l'épiderme. ■ Petit tube de verre contenant un médicament. ■ Enveloppe de verre contenant un filament qui, porté à l'incandescence, sert à l'éclairage. *Ampoule à vis. Ampoule grillée.*

AMPOULÉ, ÉE, adj. [ɑ̃pule] (anc. verbe *ampouler*, enfler, gonfler) Enflé, en parlant du style. *Discours ampoulé.*

AMPOULÉMENT, adv. [ɑ̃pulemɑ̃] (*ampoulé*) D'une manière ampoulée.

AMPULLACÉ, ÉE, adj. [ɑ̃pylase] (lat. *ampullaceus*) **Hist. nat.** Qui a la forme d'une ampoule, d'une vessie ou d'une bouteille.

AMPUTATION, n. f. [ɑ̃putasjɔ̃] (lat. *amputatio*) **Méd.** Opération par laquelle on sépare du corps, avec un instrument tranchant, un membre. ■ **Fig.** Retranchement excessif. *Amputation de subventions.*

AMPUTÉ, ÉE, p. p. d'amputer. [ɑ̃pyte] *Un membre amputé.* ♦ **N. m.** et n. f. *Un amputé, une amputée*, celui, celle qui a un membre coupé.

AMPUTER, v. tr. [ɑ̃pyte] (lat. *amputare*) Faire une amputation. ■ **Fig.** *Nous avons amputé notre budget de moitié.*

AMULETTE, n. f. [amylɛt] (lat. *amuletum*) Objet qu'on porte sur soi par superstition, dans l'idée qu'il préserve des maladies ou des maléfices.

AMUNITIONNER, v. tr. [amynisjɔne] (*a-* et *munition*) ▷ Pourvoir une place des munitions nécessaires. ◁

AMURE, n. f. [amyʀ] (*amurer*) Cordage fixant le point d'en bas, nommé point d'amure, d'une basse voile qui se trouve au vent.

AMURÉ, ÉE, p. p. d'amurer. [amyʀe] *Un navire amuré.*

AMURER, v. tr. [amyʀe] (esp. *amurar*, prob. de *muro*, paroi du bateau) Fixer l'amure d'une voile selon l'angle qui lui fera recevoir le vent.

AMUSABLE, adj. [amyzabl] (*amuser*) Qui peut être amusé, distrait.

AMUSANT, ANTE, adj. [amyzɑ̃, ɑ̃t] (*amuser*) Qui amuse.

AMUSÉ, ÉE, p. p. d'amuser. [amyze] *Amusé par des promesses. Amusé à des bagatelles.*

AMUSE-BOUCHE, ■ n. m. [amyzbuʃ] (*amuser* et *bouche*) Syn. employé par euphémisme pour amuse-gueule. *Les amuse-bouches d'un buffet, avant le début d'un repas au restaurant.*

AMUSE-GUEULE, ■ n. m. [amyzgœl] (*amuser* et *gueule*) Petit encas principalement salé, servi à l'apéritif ou au cours d'un cocktail. *Des amuse-gueules.* « *Ils m'avaient offert l'apéro dans leur living... un scotch avec des glaçons... les amuse-gueules du supermarché* », BOUDARD.

AMUSEMENT, n. m. [amyz(ə)mɑ̃] (*amuser*) Ce qui amuse, divertissement. ♦ ▷ Perte de temps, retardement. « *Je t'attends ici pour moins d'amusement* », MOLIÈRE. ◁ ♦ ▷ Tromperie, prétexte. « *La haine entre les grands se calme rarement ; La paix souvent n'y sert que d'un amusement* », P. CORNEILLE. ◁

AMUSER, v. tr. [amyze] (*a-* et *muser*) Procurer de l'amusement. *Cela amuse.* ♦ ▷ Faire perdre le temps en choses qui amusent. *Quand il s'aperçut qu'on l'amusait.* ◁ ♦ ▷ *Amuser l'ennemi*, le tromper par des lenteurs, par des feintes ou de toute autre manière. ◁ ♦ ▷ En parlant des choses. *Amuser* *la tristesse, la douleur.* ◁ ◆ ▷ Repaître de vaines espérances, abuser, tromper. *Il les amusait par des espérances.* ◁ ◆ ▷ **Fam.** *Amuser le tapis,* dire des choses vaines, des paroles inutiles. ◁ ◆ S'amuser, **v. pr.** Se divertir. *Les enfants aiment à s'amuser.* ◆ Perdre le temps, perdre son temps. « *Il broute, il se repose. Il s'amuse à toute autre chose* », LA FONTAINE. ◆ S'amuser de, se moquer de. *S'amuser de quelqu'un.* ◆ ▷ **Fig.** *S'amuser à la moutarde,* s'arrêter à des bagatelles. ◁

AMUSETTE, n. f. [amyzɛt] (*amuser*) Petit amusement ; chose qui amuse.

AMUSEUR, EUSE, n. m. et n. f. [amyzœr, øz] (*amuser*) Personne qui amuse par ses contes, par sa conversation, ou de toute autre manière.

AMUSIE, ■ n. f. [amyzi] (*a-* et rad. de *musique*) **Méd.** Pathologie caractérisée par une incapacité à percevoir ou à reproduire des sons musicaux, indépendamment de toute lésion auditive. ■ AMUSIQUE, adj. ou n. m. et n. f. [amyzik]

AMUSOIRE, n. f. [amyzwar] (*amuser*) ▷ Moyen d'amuser, de distraire. *Cela n'est pas sérieux ; ce n'est qu'une amusoire.* ◁

AMYGDALE, n. f. [amidal] (lat. *amygdala,* amande) Chacune des deux glandes placées, l'une à droite, l'autre à gauche, à l'entrée de la gorge.

AMYGDALECTOMIE, ■ n. f. [amidalɛktɔmi] (*amygdale* et *-ectomie*) **Méd.** Opération chirurgicale consistant en l'ablation des amygdales.

AMYGDALIN, INE, adj. [amidalɛ̃, in] (*amygdale*) Qui est fait avec des amandes. *Savon amygdalin.*

AMYGDALINE, n. f. [amidalin] (*amygdale*) Substance qui est dans les amandes amères.

AMYGDALITE, n. f. [amidalit] (*amygdale*) Inflammation des amygdales, esquinancie.

AMYGDALOÏDE, n. f. [amidaloid] (*amygdale* et *-oïde*) Pierre qui renferme, au milieu de sa pâte propre, d'autres parties ayant la forme d'une amande.

AMYLACÉ, ÉE, adj. [amilase] (*amyle*) **Chim.** Qui ressemble à l'amidon.

AMYLASE, ■ n. f. [amilaz] (*amyle*) **Chim.** Enzyme qui forme le maltose par l'hydrolyse de l'amidon. *L'amylase est présente dans la salive.*

AMYLE, n. m. [amil] (lat. *amylum,* amidon, empois) **Chim.** Radical hypothétique d'une série de composés, dont l'oxyde hydraté est l'huile de pomme de terre ou alcool amylique.

AMYLÈNE, n. m. [amilɛn] (*amyle*) **Chim.** Produit qui se présente sous l'aspect d'un liquide incolore ; il est volatil et d'un poids spécifique très peu considérable ; il est anesthésique comme l'éther, mais d'un emploi dangereux.

AMYLIQUE, adj. [amilik] (*amyle*) *Alcool amylique,* huile de pomme de terre. ■ **Œnol.** Se dit d'un vin dont la saveur rappelle la banane et le bonbon anglais et qui est due à un excès d'alcool amylique. *Les vins amyliques ont généralement subi une vinification à une température trop basse.*

AMYLOÏDOSE, ■ n. f. [amiloidoz] Voy. AMYLOSE.

AMYLOSE, ■ n. f. [amiloz] (*amyle*) **Méd.** Affection grave caractérisée par l'accumulation dans les tissus d'une substance qui présente des ressemblances avec l'amidon. *Amylose cardiaque, cutanée, rénale.* ■ **Rem.** On dit aussi *amyloïdose.*

AMYOTROPHIE, ■ n. f. [amjotrofi] (*a-, myo-* et *-trophie*) **Méd.** Amaigrissement d'un muscle. *Une immobilisation prolongée peut conduire à une amyotrophie.* ■ AMYOTROPHIQUE, adj. [amjotrofik]

AN, n. m. [ɑ̃] (lat. *annus*) Le temps que met la Terre à faire sa révolution autour du Soleil. ◆ ▷ *Le premier jour de l'an* ◁ ou *le Premier de l'an,* le premier jour de l'année. ◆ *La fleur des ans,* la première jeunesse. ◆ *Les jeunes ans,* le temps de la jeunesse. ◆ *Les vieux ans,* le temps de la vieillesse. ◆ *Les ans,* la vieillesse. ◆ *Bon an mal an,* compensation faite des bonnes et des mauvaises années. ◆ *Par an,* chaque année. ◆ ▷ *Service du bout de l'an,* ou simplement *bout de l'an,* service qu'on fait dans une église pour une personne, un an après sa mort. ◁ ■ **Fam.** *S'en moquer comme de l'an quarante,* ne pas accorder d'intérêt à quelque chose.

ANA..., [ana] (suff. lat.) Affixe qui se joint à certains noms propres pour indiquer un recueil de pensées détachées, de bons mots, etc. *Le Ménagiana.* ◆ **N. m.** Recueil de bons mots. *Tous nos livres en ana. Les ana* ou *les anas.*

ANABAPTISME, ■ n. m. [anabatism] (gr. *anabaptismos,* nouveau baptême) Doctrine religieuse qui refuse le baptême des enfants avant qu'ils aient atteint l'âge de raison. ■ **Rem.** Le *p* ne se prononce pas.

ANABAPTISTE, n. m. et n. f. [anabatist] (rad. de *anabaptisme*) Sectaire qui ne croit pas que les enfants puissent être baptisés, et qui les rebaptise quand ils ont atteint l'âge de raison. ■ **Adj.** Qui prône l'anabaptisme. *Le mouvement anabaptiste. Une famille anabaptiste.* ■ **Rem.** Le *p* ne se prononce pas.

ANABLEPS, ■ n. m. [anablɛps] (gr. *ana-,* de bas en haut, et *blepein,* voir) Poisson vivant dans les estuaires des grands fleuves d'Amérique centrale et du Sud et dont chacun des yeux est divisé par une cloison horizontale lui permettant de voir à la fois sous l'eau et à la surface. *L'anableps est également appelé quatre-yeux.*

ANABOLISANT, ANTE, ■ adj. [anabɔlizɑ̃, ɑ̃t] (*anabolisme*) Qui stimule le système musculaire. ■ **N. m.** *La prise d'anabolisants par les sportifs de haut niveau est interdite pendant les compétitions.*

ANABOLISME, ■ n. m. [anabɔlism] (gr. *ana-,* en haut, et *bolos,* jet) Phase du métabolisme qui consiste en la transformation des matériaux nutritifs en tissu vivant.

ANABOLITE, ■ n. f. [anabɔlit] (rad. de *anabolisme*) **Biol.** Substance produite lors de l'anabolisme.

ANACARDE, n. m. [anakard] (lat. médiév. *anacardus,* du gr. *kardia,* cœur) Fruit en forme de cœur dont l'amande est bonne à manger.

ANACARDIACÉE, ■ n. f. [anakardjase] (*anacarde*) **Bot.** Plante dicotylédone des régions méditerranéennes et tropicales, dont la famille comprend l'anacardier, le pistachier, le manguier, etc.

ANACARDIER, ■ n. m. [anakardje] (*anacarde*) Arbre des Indes orientales qui produit l'anacarde.

ANACHORÈTE, n. m. [anakɔrɛt] (*ch* se prononce *k,* gr. *anakhôrêtês,* de *anakorein,* se retirer) Religieux qui vit dans la solitude, par opposition à cénobite. ◆ Homme qui vit loin du monde. ■ ANACHORÉTIQUE, adj. [anakoretik]

ANACHRONIQUE, ■ adj. [anakronik] (*ch* se prononce *k,* rad. de *anachronisme*) Qui constitue une erreur d'ordre chronologique. *Certains éléments du décor de ce film sont anachroniques.* ◆ Qui n'est pas adapté à son époque, et en particulier qui semble vieux, désuet. *Des méthodes de travail tout à fait anachroniques.*

ANACHRONISME, n. m. [anakronism] (*ch* se prononce *k,* gr. *ana-,* en arrière, et *khronos,* temps) Faute contre la chronologie. ■ Caractère de ce qui semble vieux, désuet. *L'anachronisme de leurs méthodes de travail.*

ANACLASTIQUE, adj. [anaklastik] (*anaclase,* du gr. *anaklasis,* réflexion) ▷ **Phys.** Se dit du point où un rayon lumineux se réfracte ou se réfléchit. ◆ **N. f.** Partie de l'optique qui traite des réfractions. On ne dit plus que *dioptrique.* ◁

ANACLINAL, ALE, ■ adj. [anaklinal] (gr. *ana-,* à rebours, et rad. de *incliner*) **Géogr.** Dont la direction d'écoulement ou la pente est contraire au pendage. *Des cours d'eau, des versants anaclinaux.*

ANACOLUTHE, n. f. [anakolyt] (gr. *anakolouthos* ou plus rarement *anakolouthia,* sans suite) Ellipse qui consiste à employer un relatif sans son antécédent. ◆ Tournure dans laquelle commençant par une construction, on finit par une autre. ■ **Rem.** On disait aussi *anacoluthie.*

ANACONDA, ■ n. m. [anakɔ̃da] (prob. mot cingalais) Grand serpent de la famille des boas vivant dans les zones marécageuses d'Amérique du Sud, appelé également *eunecte. Les anacondas peuvent atteindre dix mètres de long.*

ANACOSTE, n. f. [anakɔst] (esp. *anascote* avec métathèse, du flam. *Hondschoote,* ville du département du Nord) Sorte de serge.

ANACRÉONTIQUE, adj. [anakreɔ̃tik] (lat. *anacreonticus,* du nom latinisé du poète gr. *Anacreon*) Qui est écrit dans le goût d'Anacréon ; qui écrit dans le genre d'Anacréon.

ANACROISÉ, ■ n. m. [anakrwaze] (*ana-* et *croiser*) Mot-croisé dans lequel les définitions sont remplacées par les lettres du mot à trouver données dans l'ordre alphabétique.

ANACROUSE, ■ n. f. [anakruz] (gr. *anakrousis,* prélude) **Mus.** Note ou groupe de notes qui précèdent le premier temps fort. *L'anacrouse n'est jamais accentuée.*

ANACYCLIQUE, ■ n. m. [anasiklik] (*ana-* et *cycle*) Mot qui, lorsqu'il est lu de droite à gauche, donne un autre mot. Écart *est un anacyclique (tracé). Les anacycliques et les palindromes.* ■ **Adj.** *Un mot anacyclique.*

ANAÉROBIE, ■ adj. [anaerɔbi] (*a-* et *aérobie*) **Biol.** Qui peut vivre et se développer dans un milieu dépourvu d'oxygène. *Les organismes anaérobies sont unicellulaires. Une fermentation anaérobie.* ■ **Par extens.** Qui peut fonctionner sans l'oxygène de l'air. *Un sous-marin anaérobie.*

ANAÉROBIOSE, ■ n. f. [anaerɔbjoz] (*anaérobie*) **Biol.** Mode de vie des micro-organismes qui vivent et se développent dans un milieu dépourvu d'oxygène. *Lorsqu'elle est placée en anaérobiose, la levure utilise le glucose.*

ANAGALLIS, ■ n. m. [anagalis] (gr. *anagallis*) Voy. MOURON.

ANAGLYPHE, n. m. [anaglif] (lat. chrét. *anaglyphus,* ciselé, en relief, du gr. *gluphein,* sculpter) Bas-relief antique ou vase orné de bas-reliefs. ■ **Rem.** On disait aussi *anaglypte*. ■ Image donnant l'impression de relief, réalisée par la superposition légèrement décalée d'une même image dans des couleurs complémentaires.

ANAGLYPTIQUE, ■ adj. [anagliptik] (b. lat. *anaglypticus*, rad. de *anaglyphe*) Imprimé en relief pour pouvoir être lu par des aveugles. *Louis Braille est l'inventeur d'un alphabet anaglyptique.*

ANAGNOSTE, n. m. [anagnɔst] (gr. *anagnôstês*, lecteur) Esclave qui, chez les riches Romains, faisait la lecture pendant le repas.

ANAGOGIE, n. f. [anagoʒi] (gr. *anagôgia*) **Théol.** Ravissement de l'âme dans la contemplation des choses divines.

ANAGOGIQUE, adj. [anagoʒik] (gr. *anagôgikos*) **Théol.** *Interprétation anagogique,* interprétation qui s'élève du sens littéral à un sens spirituel.

ANAGRAMMATIQUE, adj. [anagʀamatik] (*anagramme*) Qui a rapport à l'anagramme.

ANAGRAMMATISER, v. intr. [anagʀamatize] (*anagramme*) Faire des anagrammes.

ANAGRAMMATISME, ■ n. m. [anagʀamatism] (*anagramme*) Divination du destin d'une personne par l'anagramme de son nom ou de son surnom.

ANAGRAMMATISTE, n. m. et n. f. [anagʀamatist] (*anagramme*) Personne qui fait des anagrammes.

ANAGRAMME, n. f. [anagʀam] (gr. *anagramma*) Transposition de lettres, qui d'un mot ou d'une phrase fait un autre mot ou une autre phrase. *Nacre, rance et ancre sont des anagrammes les uns des autres.*

ANAGYRE ou **ANAGYRIS**, n. m. [anaʒiʀ, anaʒiʀis] (gr. *anaguris*) Arbrisseau de la famille des légumineuses, dont les feuilles sont purgatives, et dont le bois et l'écorce sont fétides ; dit vulgairement *bois puant.*

ANAL, ALE, adj. [anal] (*anus*) **Anat.** Qui a rapport à l'anus. ■ *Les rapports sexuels anaux.* ■ **Psych.** *Stade anal,* dans la théorie freudienne, étape de l'évolution psychoaffective de l'enfant caractérisée par une fixation sur la zone anale en tant que zone érogène. *Le stade anal s'observe chez l'enfant de deux ans.*

ANALECTES, n. m. pl. [analɛkt] (gr. *analekta*, choses recueillies) Morceaux, fragments choisis d'un auteur ou de plusieurs auteurs.

ANALÈME, n. m. [analɛm] (gr. *analêmma*, support) Représentation des cercles de la sphère sur une surface plane, comme on le voit dans les cadrans solaires.

ANALEPSIE, n. f. [analɛpsi] (gr. *analêpsia*) Rétablissement des forces après une maladie.

ANALEPTIQUE, adj. [analɛptik] (gr. *analêptikos*) Qui restaure, qui rétablit les forces épuisées. ♦ **N. m.** *Un analeptique.*

ANALGÉSIE, n. f. [analʒezi] (gr. *analgêsia*) Absence de douleur ; insensibilité à la piqûre, au pincement, etc. ■ Rᴇᴍ. On disait aussi *analgie.*

ANALGÉSIQUE, ■ n. m. [analʒezik] (*analgésie*) Médicament qui soulage la douleur. *Prendre un analgésique.* ■ Adj. Qui soulage ou supprime la douleur.

ANALITÉ, ■ n. f. [analite] (*anal*) **Psych.** Comportement caractérisé par une recherche du plaisir sexuel anal.

ANALOGIE, n. f. [analoʒi] (gr. *analogia*, proportion mathématique, puis correspondance) Rapport, similitude entre plusieurs choses différentes. *Raisonner par analogie.* ♦ **Math.** Rapport, proportion. Vieux en ce sens. ♦ **Philos.** Procédé de l'esprit qui s'élève, par l'observation des rapports, à la raison de ces rapports. ■ **Ling.** Phénomène par lequel on crée une forme ou un sens sous l'influence d'une autre forme ou d'un autre sens. *Les enfants disent parfois* J'ai prendu *par analogie avec* j'ai vendu. ■ **Ling.** Relation entre mots appartenant au même champ lexical.

ANALOGIQUE, adj. [analoʒik] (*analogie*) Qui est conforme à l'analogie, qui est appuyé sur l'analogie. ■ **Techn.** Qui varie de façon continue. *Transformer des données analogiques en données numériques.*

ANALOGIQUEMENT, adv. [analoʒik(ə)mã] (*analogique*) D'une manière analogique.

ANALOGUE, adj. [analɔg] (gr. *analogos*, proportionnel, qui est en rapport avec) Qui a de la ressemblance, de l'analogie. ♦ **N. m.** *Les ailes des oiseaux sont les analogues des membres antérieurs des quadrupèdes.*

ANALPHABÈTE, ■ n. m. et n. f. [analfabɛt] (gr. *analphabêtos*) Personne qui n'a pas appris à lire et à écrire sa langue maternelle ou la langue de son pays d'adoption. *Les analphabètes et les illettrés.* ■ **Par extens., fam.** et péj. Personne d'une grande ignorance. ■ Adj. *Une population analphabète.*

ANALPHABÉTISME, ■ n. m. [analfabetism] (*analphabète*) Situation d'une personne, d'un groupe de personnes analphabètes. *Le taux d'analphabétisme d'une population.*

ANALYCITÉ, ■ n. f. [analisite] (*analytique*) **Log.** Caractère de ce qui est vrai. ■ Rᴇᴍ. On dit aussi *analyticité.*

ANALYSANT, ANTE, ■ n. m. et n. f. [analizã, ãt] (*analyser*) **Psych.** Personne qui suit une analyse.

ANALYSE, n. f. [analiz] (gr. *analusis*, dissolution) Résolution d'un tout en ses parties. ♦ *Analyse chimique,* décomposition d'un composé au moyen de réactifs appropriés, et séparation de ses principes constituants. ♦ **Gramm.** *Analyse,* exposé où le maître fait faire les accidents et les propriétés des mots ou des phrases. ♦ *L'analyse logique* consiste à expliquer le nombre, la nature et la composition des propositions, et à en distinguer et déterminer les différents termes. ♦ *L'analyse grammaticale* est l'analyse syntaxique et l'analyse spécifique réunies et faites toutes deux à la fois de la même phrase. ♦ **Log.** Méthode par laquelle on remonte des effets aux causes, ou des conséquences aux principes, du particulier au général, du composé au simple. ♦ **Littér.** Extrait, précis, examen d'un ouvrage. ♦ Au moral, examen, recherche. *L'analyse de nos facultés.* ♦ **Math.** *L'analyse est l'algèbre.* ♦ ᴇɴ ᴅᴇʀɴɪÈʀᴇ ᴀɴᴀʟʏsᴇ, loc. adv. En dernier résultat. ■ N. f. *Analyse médicale,* détermination de la présence ou de la quantité d'une substance dans le sang, les urines. ■ **Gramm.** Découpage d'une phrase en ses différents constituants. ■ Psychanalyse. *Être en analyse.*

ANALYSÉ, ÉE, p. p. d'analyser. [analize]

ANALYSER, v. tr. [analize] (*analyse*) Faire l'analyse. ■ ANALYSABLE, adj. [analizabl]

ANALYSEUR, n. m. [analizœʀ] (*analyser*) ▷ Personne qui analyse. ◁ ■ **Techn.** Appareil, logiciel utilisé pour effectuer des analyses. *Un analyseur de textes.*

ANALYSTE, n. m. [analist] (*analyse*) Personne qui est versée dans l'analyse mathématique. ■ N. m. et n. f. Personne spécialisée dans l'analyse d'un programme informatique. ■ Psychanalyste. *Elle est en rendez-vous chez son analyste.*

ANALYSTE-PROGRAMMEUR, EUSE, ■ n. m. et n. f. [analist(ə)pʀogʀamœʀ, øz] (*analyste* et *programmeur*) Personne spécialisée dans l'analyse et dans la programmation informatiques. *Des analystes-programmeurs.*

ANALYTICITÉ, ■ n. f. [analitisite] Voy. ᴀɴᴀʟʏᴄɪᴛÉ.

ANALYTIQUE, adj. [analitik] (*analyse*) Qui tient de l'analyse, qui procède par analyse. ♦ *Géométrie, mécanique analytique,* traités qui reposent sur l'emploi de l'algèbre ou du calcul infinitésimal. ■ **Ling.** *Langue analytique,* qui exprime les différences syntaxiques par des mots et non pas par des marques sur les mots. *Les langues analytiques et les langues synthétiques.*

ANALYTIQUEMENT, adv. [analitik(ə)mã] (*analytique*) D'une manière analytique ; par voie d'analyse.

ANAMNÈSE, ■ n. f. [anamnɛz] (gr. *anamnêsis*, commémoration) **Relig.** Prière qui dans la messe suit la consécration. ■ **Psych.** Reconstitution du passé d'un malade au moyen de ses souvenirs et de ceux de son entourage afin de pouvoir formuler un diagnostic. ■ ANAMNESTIQUE, adj. [anamnɛstik] *Les données anamnestiques ont orienté son diagnostic.*

ANAMORPHOSE, n. f. [anamɔʀfoz] (gr. *ana-* et *morphé*, forme) Image déformée dessinée sur une surface plane, qui, vue par réflexion dans un miroir cylindrique ou conique, présente une figure régulière. ♦ **Bot.** Nom donné à l'ensemble des changements qui se manifestent chez certains lichens et autres cryptogames.

ANANAS, n. m. [anana] ou [ananas] (empr. au tupi et guarani, *nana*) Plante de l'Inde et de l'Amérique méridionale, qui produit le fruit appelé aussi ananas. ♦ ▷ Espèce de grosse fraise très parfumée. ◁

ANANDRE, adj. [anãdʀ] (gr. *a-* et *andros*, mâle) ▷ mâle) Se dit d'une plante dont les fleurs sont privées d'organes mâles. ◁

ANANTHE, adj. [anãt] (*a-* et *anthos*, fleur) ▷ Qui ne porte pas de fleurs. ◁

ANAPESTE, n. m. [anapɛst] (gr. *anapaistos*, frappé en retour) En poésie grecque et latine, pied composé de deux brèves et d'une longue.

ANAPESTIQUE, adj. [anapɛstik] (*anapeste*) Dans lequel entre l'anapeste.

ANAPHASE, ■ n. f. [anafaz] (*ana-* et *phase*) **Biol.** Troisième phase de la division cellulaire, caractérisée par la migration des chromatides ou des chromosomes vers les pôles du fuseau achromatique.

ANAPHORE, n. f. [anafɔʀ] (gr. *anaphora*) **Rhét.** Répétition du même mot en tête des phrases ou de membres de phrase. ■ **Ling.** Reprise d'un mot ou d'un groupe de mot par un autre mot. *Anaphore par un démonstratif.*

ANAPHORÈSE, ■ n. f. [anafoʀɛz] (*ana-* et *phorêsis*, action de porter) **Phys.** Déplacement des particules en suspension vers l'anode au cours de l'électrophorèse. *Les procédés d'anaphorèse employés dans la peinture anticorrosive des carrosseries sont remplacés aujourd'hui par des procédés de cataphorèse.*

ANAPHORIQUE, ▪ adj. [anafɔʀik] (*anaphore*) Qui procède de l'anaphore. *L'emploi anaphorique d'un mot.* ▪ N. m. **Ling.** Mot qui reprend un mot ou un groupe de mots déjà énoncés. *Ces démonstratifs sont des anaphoriques.*

ANAPHRODISIAQUE, ▪ adj. [anafʀodizjak] (*anaphrodisie*) Apte à réduire les ardeurs sexuelles. *Les vertus anaphrodisiaques de la valériane.* ▪ N. m. *La ciguë était considérée au Moyen Âge comme un anaphrodisiaque.*

ANAPHRODISIE, ▪ n. f. [anafʀodizi] (gr. *anaphrodisia*, insensibilité pour l'amour) **Méd.** Absence ou diminution du désir sexuel. *L'anaphrodisie n'implique pas l'absence d'orgasme.*

ANAPHYLACTIQUE, ▪ adj. [anafilaktik] (*anaphylaxie*) **Méd.** Relatif à l'anaphylaxie. ▪ *Choc anaphylactique,* réaction allergique de l'organisme qui se trouve en présence d'un antigène auquel il a été préalablement sensibilisé, pouvant entraîner un coma, voire la mort. *Les venins animaux sont susceptibles de provoquer un choc anaphylactique.*

ANAPHYLAXIE, ▪ adj. [anafilaksi] (gr. *ana-* et *phulaxis*, protection) **Méd.** Hypersensibilité de l'organisme à l'égard d'une substance déterminée, par la pénétration préalable dans le corps d'une dose de cette substance.

ANAPLASIE, ▪ n. f. [anaplazi] (*ana-* et *-plasie*) **Biol.** Caractère d'une cellule qui perd ses caractères propres et change anormalement de structure. ▪ ANAPLASIQUE, adj. [anaplazik] *Tumeur anaplasique.*

ANAPLASTIE, n. f. [anaplasti] (*ana-* et *-plastie*) **Chir.** Art de rétablir la forme normale des parties mutilées. On emploie plus généralement *autoplastie.*

ANAR, ▪ n. m. et n. f. [anaʀ] Voy. ANARCHISTE.

ANARCHIE, n. f. [anaʀʃi] (gr. *anarkhia*) Absence de gouvernement et par suite désordre et confusion. ▪ Anarchisme.

ANARCHIQUE, adj. [anaʀʃik] (*anarchie*) Qui tient de l'anarchie. ♦ Favorable à l'anarchie. *Opinion anarchique.*

ANARCHIQUEMENT, ▪ adv. [anaʀʃik(ə)mɑ̃] (*anarchique*) De façon désordonnée. *Les véhicules garés anarchiquement gênent la circulation.*

ANARCHISANT, ANTE, ▪ adj. [anaʀʃizɑ̃, ɑ̃t] (*anarchiser,* de *anarchie*) Empreint d'anarchisme. *Des propos anarchisants.* ▪ Qui éprouve une certaine sympathie pour l'anarchisme.

ANARCHISME, ▪ n. m. [anaʀʃism] (*anarchie*) Doctrine prônant la suppression de toute forme de gouvernement.

ANARCHISTE, n. m. et n. f. [anaʀʃist] (*anarchie*) Personne qui provoque l'anarchie, perturbateur, perturbatrice. ▪ Adepte de l'anarchie. ▪ **Abrév. fam.** Anar. ▪ Adj. *Un tract anarchiste.*

ANARCHOSYNDICALISME, ▪ n. m. [anaʀkosɛ̃dikalism] (*anarchie* et *syndicalisme*) **Hist.** Présence de l'idéologie anarchiste dans le syndicalisme. *La CGT a emprunté la voie de l'anarchosyndicalisme au début du XXe siècle.* ▪ ANARCHOSYNDICALISTE, adj. ou n. m. et n. f. [anaʀkosɛ̃dikalist]

ANARTHRIE, ▪ n. f. [anaʀtʀi] (gr. *anarthros,* faiblesse d'articulation) **Méd.** Trouble du langage se traduisant par une perte de la capacité à articuler les mots. « *On fut amené à distinguer au-dessus de l'anarthrie [...] l'aphasie vraie qui ne va jamais sans trouble de l'intelligence* », MERLEAU-PONTY.

ANASARQUE, ▪ n. f. [anazaʀk] (gr. *ana-* et *sarkos,* chair) **Méd.** Gonflement du corps produit par de la sérosité infiltrée dans le tissu cellulaire, œdème.

ANASTOMOSE, n. f. [anastomoz] (gr. *anastomôsis,* ouverture) **Anat.** Abouchement de deux vaisseaux.

ANASTOMOSÉ, ÉE, p. p. de s'anastomoser. [anastomoze] *Des veines anastomosées entre elles.*

ANASTOMOSER (S'), v. pr. [anastomoze] (*anastomose*) Se joindre par anastomose. ▪ V. tr. **Méd.** Procéder à une intervention chirurgicale pour créer une anastomose.

ANASTOMOTIQUE, adj. [anastomotik] (*anastomose*) Qui a rapport à l'anastomose.

ANASTROPHE, n. f. [anastʀɔf] (gr. *anastrophê*) **Gramm.** Renversement de construction ; par exemple, en latin, *mecum* au lieu de *cum me.*

ANASTYLOSE, ▪ n. f. [anastiloz] (gr. *ana-* et *stulos,* colonne) **Archéol.** Technique de reconstruction d'un édifice en ruine ou de l'une de ses parties, fondée sur l'analyse méthodique des éléments d'origine retrouvés sur place.

ANATEXIE, ▪ n. f. [anatɛksi] (gr. *anatêxis*) **Géol.** Processus par lequel des roches, soumises à une forte élévation de la température, subissent une fusion partielle, puis une fusion totale formant ainsi un magma.

ANATHÉMATISÉ, ÉE, p. p. d'anathématiser. [anatematize] *Opinions anathématisées.*

ANATHÉMATISER, v. tr. [anatematize] (gr. *anathematizein,* maudire) Frapper d'anathème, excommunier. ♦ Blâmer avec force, vouer à l'exécration. « *Nous anathématisons cette opinion* », PASCAL.

ANATHÈME, n. m. et n. f. [anatɛm] (gr. *anathema,* offrande expiatoire, puis objet de malédiction) Personne exposée publiquement à la malédiction par l'autorité ecclésiastique. ♦ Adj. *Qu'il soit anathème.* ▪ N. m. **Par extens.** Retranchement de la communion de l'Église. ♦ Malédiction. « *Je ne viens pas ici prononcer des anathèmes contre les grandeurs humaines* », MASSILLON. ♦ En parlant des personnes, opprobre, exécration. « *Vous n'êtes que l'anathème du ciel et le scandale de la terre* », MASSILLON. ▪ **Fig.** Réprobation, blâme solennel. « *Cette proposition est frappée d'anathème* », PASCAL.

ANATIDÉ, ▪ n. m. [anatide] (lat. *anas,* canard) **Zool.** Oiseau aquatique aux pattes courtes et palmées, au plumage dense et au bec aplati. *La famille des anatidés comprend les canards, les oies, les cygnes, etc.*

ANATIFE, n. m. [anatif] (lat. *anas,* canard, et *-fère,* ce coquillage servant de nid aux canards sauvages selon une croyance nordique) Genre de cirripèdes, dont les valves sont soutenues sur un pédoncule tubuleux susceptible de s'allonger et de se contracter, d'où le nom de *pousse-pied.*

ANATOCISME, n. m. [anatosism] (gr. *anatokismos*) Capitalisation des intérêts d'une somme prêtée.

ANATOLIEN, IENNE, ▪ adj. [anatoljɛ̃, jɛn] (*Anatolie*) De l'Anatolie. *La steppe anatolienne.* ▪ Langues anatoliennes, groupe de langues anciennes parlées en Asie Mineure. *Le hittite est l'une des principales langues anatoliennes.*

ANATOMIE, n. f. [anatomi] (b. lat. *anatomia*) Art de disséquer les différentes parties des corps organisés. ♦ Science qui a pour objet les corps organisés considérés à l'état de repos, et pour but la connaissance de leur organisation ou constitution. ♦ Corps disséqué, imitation d'un corps disséqué. *Une pièce d'anatomie.* ▪ **Fig.** Analyse, examen. « *Il s'appesantit sur les détails ; il fait une anatomie* », LA BRUYÈRE.

ANATOMIQUE, adj. [anatomik] (*anatomie*) Qui appartient à l'anatomie. ▪ Spécialement conçu pour s'adapter à l'anatomie humaine. *Coussin anatomique.*

ANATOMIQUEMENT, adv. [anatomik(ə)mɑ̃] (*anatomique*) D'une manière anatomique.

ANATOMISÉ, ÉE, p. p. d'anatomiser. [anatomize]

ANATOMISER, v. tr. [anatomize] (*anatomie*) Faire l'anatomie, disséquer. ♦ **Fig.** « *Il est inutile de tant anatomiser les sons* », D'OLIVET. ♦ *Anatomiser un livre, un discours,* l'examiner en détail, en analyser les différentes parties.

ANATOMISTE, n. m. et n. f. [anatomist] (*anatomie*) Personne qui s'occupe d'anatomie, qui est versée dans l'anatomie.

ANATOXINE, ▪ n. f. [anatɔksin] (*ana-* et *toxine*) **Biol.** Toxine modifiée ayant perdu sa toxicité, mais non ses propriétés antigéniques. *Utilisation des anatoxines dans les vaccins.*

ANATOXIQUE, ▪ adj. [anatɔksik] (*ana-* et *toxique*) **Biol.** Rendu non toxique après l'avoir été. *Vaccination anatoxique.*

ANATROPE, adj. [anatʀɔp] (gr. *anatropê,* renversement) **Bot.** Se dit de l'ovule végétal qui est réfléchi.

ANCESTRAL, ALE, ▪ adj. [ɑ̃sɛstral] (*ancêtre*) Qui tient des ancêtres. *La sagesse ancestrale.* ▪ **Par extens.** Très ancien. *Une maison ancestrale. Des concepts ancestraux.*

ANCÊTRES, n. m. pl. [ɑ̃sɛtʀ] (b. lat. *antecessor,* éclaireur, puis prédécesseur) Dans le style noble, les ascendants qui ont précédé le grand-père. *Homme qui compte une longue suite d'ancêtres.* ♦ Les hommes qui ont vécu avant nous, sans être de notre famille. *Suivant la coutume de nos ancêtres.* ♦ N. m. et n. f. « *Un ancêtre important de ce prince, le grand Henri IV* », VOLTAIRE.

ANCHE, n. f. [ɑ̃ʃ] (anc. h. all. *ancha,* jambe) Languette mobile qui ouvre et ferme alternativement le passage de l'air dans un tuyau, et que l'on fait vibrer. *Une anche de clarinette.* ♦ *Jeu d'anches,* série des tuyaux de l'orgue embouchés comme des instruments à anche.

ANCHILOPS, n. m. [ɑ̃kilɔps] (gr. *agkhilôps*) ▷ Petite tumeur située vers le grand angle de l'œil, devant ou à côté du sac lacrymal. ▪ REM. *ch* se prononce *k.* ◁

ANCHOÏADE, ▪ n. f. [ɑ̃ʃɔjad] (*anchois*) Préparation culinaire à base d'anchois pilés dans de l'huile d'olive que l'on sert pour accompagner des viandes ou des poissons.

ANCHOIS, n. m. [ɑ̃ʃwa] (anc. provenç. *anchoia*) Petit poisson de mer que l'on sale pour le conserver, et qui se mange d'ordinaire en hors-d'œuvre.

ANCIEN, IENNE, adj. [ɑ̃sjɛ̃, jɛn] (lat. vulg. *antianus,* de *ante,* avant) Qui existe depuis longtemps. *Une invention ancienne. Notre ancienne amitié.* ♦ ▷ **Admin. forest.** *Arbres anciens,* arbres réservés, qui ont plus de trois fois l'âge du taillis, c'est-à-dire qui ont atteint ou passé cent ans. ◁ ♦ Qui a existé autrefois. *Les peuples anciens.* ♦ ▷ En langage mystique, *l'ancien homme,* l'homme non renouvelé, qui n'a pas été régénéré par la grâce. ◁ ♦ Il s'emploie par opposition à nouveau, moderne. *L'Ancien et le Nouveau Testament.* ♦ Qui n'exerce plus une charge, une profession. *Un ancien préfet.* ♦ Par analogie, *mon ancien patron, mon ancien propriétaire.* ■ N. m. et n. f. Ancien se dit de celui qui a été avant un autre dans une charge, dans un corps. « *Villars avait avec lui le maréchal de Boufflers, son ancien* », VOLTAIRE. ♦ N. m. et n. f. Il se dit de ceux qui ont vécu avant nous. *Un ancien a dit.* ♦ Il se dit encore de ceux qui ont existé avant nous et nous ont transmis des œuvres. *On ne fait que glaner après les anciens.* ♦ *Ancien,* homme âgé. *Nous devons du respect à nos anciens.* ♦ ▷ Dans l'Écriture, *l'Ancien des jours,* Dieu. ◁ ♦ Titre de dignité. *Les anciens du peuple d'Israël,* parce que d'abord on choisissait des vieillards pour remplir les fonctions les plus importantes. ♦ *Conseil des Anciens,* une des deux sections du corps législatif, dans la Constitution de l'an III. ■ *À l'ancienne,* selon les méthodes d'autrefois.

ANCIENNEMENT, adv. [ɑ̃sjɛn(ə)mɑ̃] (*ancien*) Autrefois, dans les siècles passés.

ANCIENNETÉ, n. f. [ɑ̃sjɛn(ə)te] (*ancien*) Qualité de ce qui est ancien. *L'ancienneté d'une loi.* ♦ Priorité de réception dans un corps. *Ils ont rang selon leur ancienneté.* ♦ *De toute ancienneté,* depuis un temps immémorial, de tout temps. ■ *À l'ancienneté,* en fonction du temps pendant lequel on a exercé une activité professionnelle. *Dans certains corps de la fonction publique, les augmentations de salaire se font à l'ancienneté.*

ANCILE, n.m. [ɑ̃sil] (lat. *ancile*) Bouclier sacré que les Romains croyaient tombé du ciel, et à la possession duquel ils supposaient attachée la durée de leur empire.

ANCILLAIRE, ■ adj. [ɑ̃silɛʁ] (lat. *ancillaris,* de *ancilla,* servante) Qui se rapporte aux domestiques, et plus particulièrement aux servantes. *Des amours ancillaires.*

ANCIPITÉ, ÉE, adj. [ɑ̃sipite] (lat. *anceps,* à deux têtes) **Bot.** Se dit de toute partie de plante qui est comprimée sur ses deux faces, et qui a deux tranchants.

ANCOLIE, n. f. [ɑ̃kɔli] (b. lat. *aquileia,* p.-ê. de *aquilegus,* qui rassemble l'eau, ou de *aquila,* aigle, la feuille d'ancolie rappelant par sa forme l'éperon de l'aigle) Nom de l'aquilégie vulgaire, dite aussi herbe de lion, ancolie des jardins.

ANCRAGE, n. m. [ɑ̃kʁaʒ] (*ancrer*) Lieu propre pour ancrer. ■ Fixation. *Point d'ancrage.* ■ Fig. *L'ancrage des connaissances.*

ANCRE, n. f. [ɑ̃kʁ] (lat. *ancora*) Instrument de fer à deux dents qu'on laisse tomber au fond de l'eau pour fixer les bâtiments. ♦ *Mouiller l'ancre* ou simplement *mouiller,* jeter l'ancre. ♦ *Ancre de miséricorde* ou *ancre sacrée,* se disait autrefois de la maîtresse ancre. ◁ ♦ Fig. *C'est mon ancre de salut,* c'est ma dernière ressource. ◁ ♦ *L'ancre est le symbole religieux de l'espérance.* ♦ Zool. Poisson du genre des spares. ■ Fig. *Lever l'ancre,* quitter un lieu.

ANCRÉ, ÉE, p. p. d'ancrer. [ɑ̃kʁe] *Vaisseau bien ancré.* ♦ Fig. Établi fortement, affermi. *Ce soupçon ancré dans votre esprit.* ♦ Héral. Se dit des croix et des sautoirs dont les bouts sont divisés et tournés comme les pattes d'une ancre.

ANCRER, v. intr. [ɑ̃kʁe] (*ancre*) Jeter l'ancre. ♦ V. tr. Fig. Affermir. *Son mérite l'a ancré dans la faveur du roi.* ♦ S'ancrer, v. pr. Fig. S'établir, s'affermir dans une situation, dans un poste.

ANDABATE, n.m. [ɑ̃dabat] (lat. *andabata*) Gladiateur qui combattait à cheval avec un bandeau sur les yeux.

ANDAIN, n.m. [ɑ̃dɛ̃] (prob. lat. *ambitanus,* de *ambitus,* mouvement circulaire) Étendue que le faucheur peut faucher de pas en pas. ■ Ligne de plantation sur toute la longueur d'un champ.

ANDALOU, OUSE, ■ adj. [ɑ̃dalu, uz] (*Andalousie*) Relatif à l'Andalousie. *Chant andalou, musique andalouse.* ♦ *Cheval andalou* ou n. m. *un andalou,* cheval de pure race espagnole. ■ Rem. Dans ce sens, on écrivait autrefois *un andalous.* ■ N. m. et n. f. *Un Andalou, une Andalouse.*

ANDANTE, adv. [ɑ̃dɑ̃t] ou [ɑ̃dɑ̃te] (ital. *andante,* de *andare,* aller) **Mus.** Ni trop vite, ni trop lentement. ♦ N. m. Air qui doit être joué dans un mouvement un peu lent. ♦ Au pl. *Des andantes.* ■ Rem. Graphie ancienne : *andanté.*

ANDANTINO, adv. [ɑ̃dɑ̃tino] ou [ɑ̃dɑ̃tino] (ital. *andantino,* dimin. de *andante*) **Mus.** D'un mouvement un peu moins lent que l'andante. ♦ N. m. Morceau de musique qui doit être joué de ce mouvement. ♦ Au pl. *Des andantinos.*

ANDELLE, n. m. [ɑ̃dɛl] (nom propre) ▷ *Du bois d'Andelle* ou elliptiquement *de l'andelle,* bois qui vient d'auprès d'une rivière de Normandie nommée Andelle, et qui est le meilleur à brûler qu'on apporte à Paris. ◁

ANDÉSITE, ■ n. f. [ɑ̃dezit] Géol. Roche magmatique de couleur gris violacé qui s'associe souvent au basalte lorsqu'elle est en fusion. ◁

ANDIN, INE, ■ adj. [ɑ̃dɛ̃, in] (*Andes*) Relatif aux Andes. *Les pays andins.* ■ N. m. et n. f. *Un Andin, une Andine.*

ANDORRAN, ANE, ■ adj. [ɑ̃dɔʁɑ̃, an] (*Andorre*) Relatif à la principauté d'Andorre ou à la ville d'Andorre-la-Vieille. *Le versant andorran des Pyrénées.* ■ N. m. et n. f. *Un Andorran, une Andorrane.*

ANDOUILLE, n. f. [ɑ̃duj] (prob. b. lat. *inductilia,* de *inducere,* introduire, faire entrer dans) Boyau de porc rempli de tripes ou de chair hachée du même animal. ■ Fam. Personne stupide.

ANDOUILLER, n. m. [ɑ̃duje] (prob. lat. *ante oculare,* devant les yeux) Petite corne qui vient au bois du cerf, du chevreuil et du daim.

ANDOUILLETTE, n. f. [ɑ̃dujɛt] (dimin. d'*andouille*) Petite andouille faite avec la chair de veau.

ANDROCÉE, ■ n. m. [ɑ̃dʁose] (gr. *andros,* mâle) **Bot.** Ensemble des étamines constituant la partie mâle d'une fleur.

ANDROCÉPHALE, ■ adj. [ɑ̃dʁosefal] (*andro-* et *-céphale*) Se dit d'animaux fantastiques à tête d'homme. *Taureau, cheval androcéphale.*

ANDROGÈNE, ■ n. m. [ɑ̃dʁoʒɛn] (*andro-* et *-gène*) Biol. Hormone intervenant dans le développement des caractères sexuels masculins. *Les androgènes sont produits par les testicules et la glande surrénale.* ■ Adj. Relatif aux hormones mâles.

ANDROGENÈSE, ■ n. f. [ɑ̃dʁoʒɛnɛz] (*andro-* et *-genèse*) Biol. Formation des hormones mâles dans l'organisme. ■ Rem. Dans ce sens, on dit aussi *androgénie.* ■ Génét. Reproduction artificielle d'un individu au cours de laquelle seul le matériel génétique du spermatozoïde est conservé.

ANDROGÉNIE, ■ n. f. [ɑ̃dʁoʒeni] Voy. ANDROGENÈSE.

ANDROGYNE, n. m. [ɑ̃dʁoʒin] (gr. *androgunos,* qui participe des deux sexes) Syn. d'hermaphrodite. ■ Adj. *Un être androgyne.* ♦ Bot. *Plantes androgynes,* celles qui, étant monoïques, portent des fleurs mâles et des fleurs femelles sur un même pédoncule.

ANDROGYNIE, ■ n. f. [ɑ̃dʁoʒini] (*androgyne*) Caractère d'une personne qui se présente sous les aspects propres au sexe opposé.

ANDROÏDE, n. m. [ɑ̃dʁoid] (gr. *andros,* mâle) Automate à figure d'homme.

ANDROLOGIE, ■ n. f. [ɑ̃dʁoloʒi] (*andro-* et *-logie*) Branche de la médecine spécialisée dans l'étude de l'organisme de l'être humain masculin et des maladies propres à l'appareil génital masculin. ■ ANDROLOGIQUE, adj. [ɑ̃dʁoloʒik]

ANDROLOGUE, ■ n. m. et n. f. [ɑ̃dʁolɔg] (*andro-* et *-logue*) Spécialiste d'andrologie.

ANDROMÈDE, n. f. [ɑ̃dʁomɛd] (gr. *Andromedê,* femme de Persée) Nom propre d'une femme dans la mythologie grecque, donné à une constellation de l'hémisphère septentrional.

ANDROPAUSE, ■ n. f. [ɑ̃dʁopoz] (*andro-* et *pausis,* arrêt) Baisse importante du taux de testostérone chez l'homme qui apparaît généralement entre 40 et 55 ans et qui peut se traduire par des troubles sexuels, du sommeil, de l'humeur et de la mémoire.

ÂNE, n. m. [ɑn] (lat. *asinus*) Bête de somme du genre cheval, à longues oreilles. ♦ *En dos d'âne,* en forme de dos d'âne, c'est-à-dire ayant deux parties réunies au sommet, et présentant un talus de chaque côté. ♦ *Têtu comme un âne,* très opiniâtre. ♦ ▷ *Sérieux comme un âne qu'on étrille,* d'une gravité affectée. ◁ ♦ *Méchant comme un âne rouge,* difficile, méchant, d'un naturel difficile. ♦ *C'est un âne bâté,* c'est un homme fort ignorant. ♦ *Le pont aux ânes,* ce que personne ne doit ni ne peut ignorer ; ce qui est si facile que tout le monde doit y réussir. ♦ *Bonnet d'âne,* bonnet de papier garni de deux cornes qu'on met à la tête des enfants en guise de punition. ♦ *Oreilles d'âne,* cornets de papier imitant la forme d'une oreille d'âne, qu'on met à un enfant, pour le punir d'une faute d'ignorance. ♦ *Contes de Peau d'âne,* petits contes inventés pour l'amusement des enfants. ♦ Fig. Homme sans intelligence, esprit fermé. ♦ Adj. « *Je n'y suis pas âne* », MOLIÈRE. ♦ *Pas d'âne,* espèce de plante médicinale. ♦ ▷ Prov. *L'âne du commun est toujours le plus mal bâté,* c'est-à-dire les affaires d'une communauté sont plus mal faites que celles d'un particulier. ◁ ♦ *Il cherche son âne et il est dessus,* il cherche ce qu'il a entre les mains. ◁ ♦ *Pour un point, faute d'un point, Martin perdit son âne,* c'est-à-dire peu de chose a manqué pour que l'affaire réussît.

ANÉANTI, IE, p. p. d'anéantir. [aneɑ̃ti] *La discipline militaire anéantie.* ♦ *Âme anéantie devant Dieu,* âme qui s'humilie profondément. ♦ Fig. Confondu, stupéfait, exténué.

ANÉANTIR, v. tr. [aneɑ̃tiʁ] (*a-* et *néant*) Faire rentrer dans le néant. *Dieu peut anéantir l'univers.* ♦ Détruire. ♦ Fig. Jeter dans un accablement profond. ♦ Fig. *Anéantir un acte. Anéantir une coutume.* ♦ S'anéantir, v. pr.

Devenir à rien, être réduit à néant. ◆ **Relig.** S'abaisser, s'humilier devant Dieu.

ANÉANTISSEMENT, n. m. [aneɑ̃tis(ə)mɑ̃] (*anéantir*) Action d'anéantir ; résultat de cette action. ◆ **Relig.** Abaissement devant Dieu. ◆ Abattement allant jusqu'à la privation momentanée de toute force et de l'exercice des facultés.

ANECDOTE, adj. [anɛkdɔt] ou [anɛgdɔt] (gr. *anekdotos*, non publié, inédit) ▷ Inédit, non donné jusqu'ici (vieilli en ce sens). « *L'histoire anecdote des sciences* », FONTENELLE. ◁ ◆ N. f. Chose inédite (sens vieilli), et presque toujours particularité historique.

ANECDOTIER, IÈRE, n. m. et n. f. [anɛkdɔtje, jɛʀ] ou [anɛgdɔtje, jɛʀ] (*anecdote*) Personne qui a l'habitude de raconter des anecdotes, le plus souvent fausses.

ANECDOTIQUE, adj. [anɛkdɔtik] ou [anɛgdɔtik] (*anecdote*) Qui tient de l'anecdote ; qui contient des anecdotes. *Histoire anecdotique.*

ÂNÉE, n. f. [ɑne] (*âne*) La charge d'un âne.

ANÉLASTICITÉ, ■ n. f. [anelastisite] (*a-* et *élasticité*) **Phys.** Propriété d'un corps dont la déformation ne disparaît pas quand cesse la cause qui en avait changé la forme ou le volume. ■ **ANÉLASTIQUE**, adj. [anelastik]

ANÉMIE, n. f. [anemi] (gr. *anaimia*, manque de sang) État opposé à la pléthore, qui consiste non en une diminution absolue de la masse du sang, mais en un abaissement des globules de ce liquide à un nombre proportionnel plus ou moins au-dessous de leur nombre normal. ■ **Fig.** État de faiblesse. *L'anémie de l'économie.*

ANÉMIÉ, ÉE, ■ adj. [anemje] (*anémier*) Affaibli, sans être toutefois anémique.

ANÉMIER, ■ v. tr. [anemje] (*anémie*) Rendre anémique. *Sa grossesse l'a anémiée.* ■ **Fig.** Épuiser, affaiblir. ■ S'anémier, v. pr. *Il s'est anémié durant sa maladie.*

ANÉMIQUE, ■ n. m. et n. f. [anemik] (*anémie*) Personne atteinte d'anémie. ■ Adj. Qui est anémié. ■ **Fig.** Sans force.

ANÉMOGRAPHE, ■ n. m. [anemɔgʀaf] (*anémo-* et *-graphe*) Appareil servant à enregistrer la vitesse du vent de façon continue.

ANÉMOMÈTRE, n. m. [anemɔmɛtʀ] (*anémo-* et *-mètre*) Instrument qui sert à mesurer la force du vent.

ANÉMONE, n. f. [anemɔn] (gr. *anemônê*, p.-ê. de *Naaman*, surnom d'Adonis, refait sur *anemos*, le vent, du fait de la mythol. ou dir. de *anemos*, la fleur s'ouvrant facilement au vent) Espèce de renoncule, présentant des fleurs de couleur vive. ◆ ▷ *Griffe* ou *patte d'anémone*, racine de l'anémone. ◁ ◆ *Anémone de mer*, nom vulgaire des actinies.

ANÉMOPHILE, ■ adj. [anemɔfil] (*anémo-* et *-phile*) **Bot.** Se dit des plantes dont la pollinisation se fait grâce au vent. ■ **ANÉMOPHILIE**, n. f. [anemɔfili]

ANÉMOSCOPE, n. m. [anemɔskɔp] (*anémo-* et *-scope*) Instrument qui fait connaître la direction du vent. C'est la même chose que la girouette.

ANENCÉPHALE, ■ adj. [anɑ̃sefal] (*a-* et *encéphale*) **Méd.** Atteint d'anencéphalie. ■ N. m. et n. f. *Un, une anencéphale.*

ANENCÉPHALIE, ■ n. f. [anɑ̃sefali] (*a-* et *encéphale*) **Méd.** Absence congénitale de l'encéphale antérieur et parfois de la voûte crânienne. *L'anencéphalie entraîne la mort de l'embryon ou du nouveau-né.*

ANÉPIGRAPHE, ■ adj. [anepigʀaf] (*a-* et *épigraphe*) **Didact.** Qui ne porte pas d'inscription, de titre. *Un livre, une médaille anépigraphe.*

ANÉRECTION, ■ n. f. [aneʀɛksjɔ̃] (*a-* et *érection*) **Méd.** Absence d'érection. *Anérection et dysérection.*

ANERGIE, ■ n. f. [anɛʀʒi] (*a-* et *allergie*) **Méd.** Disparition de la réaction de l'organisme envers un antigène qui jusque-là provoquait une allergie. *Certaines tumeurs provoquent l'anergie.*

ANERGIQUE, ■ adj. [anɛʀʒik] (*anergie*) **Méd.** Atteint d'anergie.

ANERGISANT, ANTE, ■ adj. [anɛʀʒizɑ̃, ɑ̃t] (*anergie*) **Méd.** Qui provoque l'anergie. *Une substance anergisante.*

ÂNERIE, n. f. [ɑn(ə)ʀi] (*âne*) Stupidité grossière. ◆ Erreur, sottise. « *Eh bien, voilà encore de vos âneries !* », MOLIÈRE.

ANÉROÏDE, ■ adj. [aneʀɔid] (*a-* et gr. *aêr*, air) ▷ *Baromètre anéroïde*, nom donné à un appareil qui remplit l'office de baromètre, et dont un tube vidé d'air et recourbé sur lui-même est la pièce principale. ◁ ■ **Météorol.** *Capsules anéroïdes*, capsules étanches dans lesquelles le vide a été fait servant à mesurer la pression atmosphérique.

ÂNESSE, n. f. [ɑnɛs] (*âne*) La femelle de l'âne.

ANESTHÉSIANT, ANTE, ■ adj. [anɛstezjɑ̃, ɑ̃t] (*anesthésier*) Qui a le pouvoir d'anesthésier.

ANESTHÉSIE, n. f. [anɛstezi] (angl. *anaesthesia*, du gr. *anaisthêsos*, qui ne sent pas) Privation générale ou particulière de la faculté de sentir, produite soit par une maladie, soit par des agents anesthésiques.

ANESTHÉSIER, ■ v. tr. [anɛstezje] (*anesthésie*) Procéder à une anesthésie. *Anesthésier la gencive. Anesthésier un patient avant de l'opérer.* ■ **Fig.** Rendre insensible, incapable de réagir.

ANESTHÉSIOLOGIE, ■ n. f. [anɛstezjolɔʒi] (*anesthésie* et *-logie*) Branche de la médecine qui étudie l'anesthésie et la réanimation qui suit toute anesthésie générale.

ANESTHÉSIQUE, adj. [anɛstezik] (*anesthésie*) Qui appartient à l'anesthésie ; qui produit l'anesthésie. ■ N. m. Produit anesthésiant.

ANESTHÉSISTE, ■ n. m. et n. f. [anɛstezist] (*anesthésie*) Médecin spécialiste qui endort les patients pour une opération chirurgicale. *Un médecin-anesthésiste.*

ANESTHÉSISTE-RÉANIMATEUR, TRICE, ■ n. m. et n. f. [anɛstezist(ə)ʀeanimatœʀ, tʀis] (*anesthésiste* et *réanimateur*) Médecin spécialisé d'une part dans l'anesthésie des personnes subissant une intervention chirurgicale et d'autre part dans les conditions de leur réveil. *Des anesthésistes-réanimateurs.*

ANETH, n. m. [anɛt] (lat. *anethum*) Plante ombellifère dont la semence est tonique et carminative ■ et que l'on utilise en cuisine pour ses vertus aromatiques. ■ REM. On prononçait autrefois [anɛ].

ANÉVRISMAL ou **ANÉVRYSMAL, ALE**, adj. [anevʀismal] (*anévrisme*) Qui tient de l'anévrisme ou qui a rapport à l'anévrisme. ■ *Des kystes anévrismaux.*

ANÉVRISMATIQUE, adj. [anevʀismatik] (*anévrisme*) ▷ Qui a rapport à l'anévrisme ; qui est affecté d'anévrisme, anévrismal. ■ REM. Graphie ancienne : *anévrysmatique.* ◁

ANÉVRISME ou **ANÉVRYSME**, n. m. [anevʀism] (gr. *aneurusma*, dilatation) Tumeur produite sur le trajet d'une artère par la dilatation des membranes (*anévrisme vrai*), et aussi tumeur formée par le sang épanché hors d'une artère (*anévrisme faux*). ◆ *Anévrisme du cœur*, dilatation des cavités du cœur. ◆ *Rupture d'anévrisme*, éclatement de cette dilatation pouvant entraîner la mort.

ANFRACTUEUX, EUSE, adj. [ɑ̃fʀaktɥø, øz] ou [ɑ̃fʀaktyø, øz] (b. lat. *anfractuosus*) Qui a des anfractuosités. *Chemin anfractueux.*

ANFRACTUOSITÉ, n. f. [ɑ̃fʀaktɥozite] ou [ɑ̃fʀaktyozite] (*anfractueux*) S'emploie surtout au pluriel. Détours et enfoncements. *Les anfractuosités d'une route.* ◆ ▷ **Anat.** Enfoncements sinueux qui séparent les circonvolutions du cerveau. ◁

ANGAR, n. m. [ɑ̃gaʀ] Voy. HANGAR.

ANGARIE, ■ n. f. [ɑ̃gaʀi] (lat. *angaria*, corvée de transport) Droit de réquisition exercé par un État belligérant sur le navire d'un pays neutre et se trouvant dans les eaux territoriales de cet État. ■ **ANGARIÉ**, p. p. [ɑ̃gaʀje] Soumis à l'angarie. *En juin 1940, le paquebot Roussel fut angarié par les Britanniques au moment où il passait le canal de Suez.*

ANGE, n. m. [ɑ̃ʒ] (lat. ecclés. *angelus*, du gr. *aggelos*, messager) Être créé, mais d'une nature purement spirituelle. ◆ *Les neuf chœurs des anges*, les esprits bienheureux qui composent la cour céleste. ◆ *Les anges*, pris dans un sens spécial, ceux qui sont du dernier chœur. *Les anges sont au-dessous des archanges.* ◆ *Les anges déchus*, les anges des ténèbres, les démons. ◆ *Bon ange, mauvais ange*, anges qu'une croyance populaire assigne à chaque homme pour présider à sa destinée. ◆ Personne d'une grande piété, d'une grande vertu, d'une extrême douceur. *C'est un ange de douceur.* ◆ *Comme un ange*, fort bien, parfaitement. *Belle comme un ange.* ◆ *Être aux anges*, être dans le ravissement. ◆ *Rire aux anges*, être transporté de joie. ◆ **Zool.** *Ange de mer* et plus communément *ange*, poisson du genre des squales. ◆ *Lit d'ange* ▷ ou ◁ *lit à l'ange*, lit sans colonnes et à rideaux relevés. ◆ ▷ *Manches d'anges*, manches de robe de femme très larges et n'allant qu'à la moitié du bras. ◁ ◆ ▷ *Ange de grève*, crocheteur. ◁ ◆ *Ange gardien*, personne qui protège une autre personne des événements malheureux. ■ *Un ange passe*, se dit lors d'un silence prolongé dans une conversation. ■ *Une patience d'ange*, une grande patience. ■ *Mon ange*, terme d'affection à l'égard d'un conjoint, d'un enfant.

ANGÉIOLOGIE, ■ n. f. [ɑ̃ʒejolɔʒi] Voy. ANGIOLOGIE.

ANGÉITE, ■ n. f. [ɑ̃ʒeit] (gr. *angeion*, vaisseau) **Méd.** Lésion des vaisseaux sanguins, le plus souvent inflammatoire.

1 **ANGÉLIQUE**, adj. [ɑ̃ʒelik] (lat. *angelicus*) Qui est propre à l'ange. ◆ *Salutation angélique*, l'*Ave Maria*, prière à la Vierge. ◆ Aussi parfait qu'un ange, ou digne d'un ange. *Bonté, résignation angélique.* ◆ **Mus.** *Voix angéliques*, sorte de jeu d'orgue composé de tuyaux à anche. ■ *Voix angéliques*, voix pures. *Un chœur d'enfants aux voix angéliques.*

2 ANGÉLIQUE, n. f. [ãʒelik] (1 *angélique*) Plante dont la racine nous est apportée sèche de la Bohême, des Alpes et des Pyrénées. ♦ Bonbon fait avec les tiges encore vertes de la plante.

ANGÉLIQUEMENT, adv. [ãʒelik(ə)mã] (*angélique*) D'une manière angélique.

ANGÉLISME, ▪ n. m. [ãʒelism] (*ange*) Refus volontaire ou non de prendre conscience des aspects négatifs d'une situation. « *Il stigmatise l'angélisme résultant de Mai 68. Préfèrent-ils les cathédrales de la douleur dont parle Joyce ?* », L'HUMANITÉ, 2001.

1 ANGELOT, n. m. [ãʒ(ə)lo] (dimin. de *ange*) Monnaie française, du règne de Saint Louis, qui portait l'image de saint Michel avec un serpent sous ses pieds. ▪ Petit ange. *Les angelots dans l'art pictural.*

2 ANGELOT, n. m. [ãʒ(ə)lo] (1 *angelot*) ▷ Petit fromage qui se fait en Normandie, et qui portait la figure d'un angelot. ◁

3 ANGELOT, n. m. [ãʒ(ə)lo] (1 *angelot*) ▷ Poisson du genre des squales. ◁

ANGÉLUS, n. m. [ãʒelys] (lat *angelus*, ange, premier mot des quatre versets composant cette prière et entre lesquels est récité l'*Ave Maria*) Prière en l'honneur du mystère de l'Incarnation, qui se fait le matin, à midi et le soir. ♦ Signal donné par la cloche d'une église au moment où l'on doit faire cette prière. *Sonner l'angélus.* ▪ REM. Graphie ancienne : *angelus.*

ANGEVIN, INE, ▪ n. m. et n. f. [ãʒ(ə)vɛ̃, in] (b. lat. *andecavinus*, du lat. *Andecavi*, les Andégaves) Personne résidant à ou originaire d'Angers, de l'Anjou. « *Il est lavé d'eau claire, doux comme un Angevin* », ARAGON. ▪ Adj. Relatif à cette région et à ses habitants. *Une spécialité angevine. La douceur angevine.*

ANGIECTASIE, ▪ n. f. [ãʒjɛktazi] (*angi-* et *-ectasie*) Méd. Dilatation pathologique des vaisseaux due à une dégradation de la qualité des tuniques.

ANGINE, n. f. [ãʒin] (lat. *angina*) Inflammation de la gorge. ▪ *Angine de poitrine*, syndrome se traduisant par une douleur thoracique caractéristique d'une insuffisance cardiaque.

ANGINEUX, EUSE, adj. [ãʒinø, øz] (*angine*) Qui a rapport à l'angine ; qui est accompagné d'angine.

ANGI(O)..., ▪ [ãʒjo] (gr. *aggeion*, vaisseau) Préfixe tiré du grec, qui signifie vaisseau.

ANGIOCHOLITE, ▪ n. f. [ãʒjokolit] (*angio-* et *-cholite*) Méd. Inflammation aiguë des voies biliaires.

ANGIOGENÈSE, ▪ n. f. [ãʒjogənɛz] (*angio-* et *-genèse*) Anat. Processus de formation de nouveaux vaisseaux sanguins.

ANGIOGRAPHIE, n. f. [ãʒjoɡʀafi] (*angio-* et *-graphie*) Description des vaisseaux des corps vivants.

ANGIOLOGIE ou **ANGÉIOLOGIE**, n. f. [ãʒjoloʒi, ãʒejoloʒi] (*angio-* et *-logie*) Partie de l'anatomie qui traite des vaisseaux. ▪ ANGIOLOGIQUE, adj. [ãʒjoloʒik]

ANGIOLOGUE, ▪ n. m. et n. f. [ãʒjolɔɡ] (*angio-* et *-logue*) Médecin spécialiste des vaisseaux sanguins et de leurs affections.

ANGIOMATOSE, ▪ n. f. [ãʒjomatoz] (*angiome*) Méd. Affection souvent congénitale ou héréditaire, caractérisée par l'accumulation d'angiomes.

ANGIOME, ▪ n. m. [ãʒjom] (*angio-* et *-ome*) Tuméfaction des vaisseaux sanguins ou lymphatiques au niveau de la peau.

ANGIOPLASTIE, ▪ n. f. [ãʒjoplasti] (*angio-* et *-plastie*) Méd. Technique visant à rétablir le bon fonctionnement d'un vaisseau sanguin.

ANGIOSPERME, adj. [ãʒjospɛʀm] (*angio-* et *-sperme*) Bot. Qui appartient à l'angiospermie. ▪ N. f. pl. *Les angiospermes*, sous-embranchement comprenant les plantes à fleurs.

ANGIOSPERMIE, ▪ n. f. [ãʒjospɛʀmi] (*angiosperme*) ▷ Nom donné, dans le système de Linné, à un ordre de plantes didynames qui ont leurs graines revêtues d'un péricarpe distinct. ◁

ANGIOTENSINE, ▪ n. f. [ãʒjotãsin] (*angio-* et rad. du lat. *tensio*, tension) Biol. Hormone sécrétée par les reins et jouant un rôle important dans la régulation de la pression artérielle.

ANGLAIS, n. m. [ãɡlɛ] (b. lat. *Angli*, les Angles) Cheval anglais. « *Il montait un anglais fort vite* », HAMILTON. ▪ Langue parlée principalement en Grande-Bretagne et en Amérique du Nord. *Les emprunts à l'anglais.* ▪ Adj. De l'Angleterre, de ses habitants. *La livre anglaise.* ▪ N. m. et n. f. *Un Anglais, une Anglaise.*

ANGLAISE, n. f. [ãɡlɛz] (*anglais*) Espèce de danse d'un mouvement très vif. ♦ Musique faite pour cette danse. ♦ Boucles de cheveux allongées que les femmes laissent retomber le long des tempes. ♦ *Écriture anglaise* ou simplement *anglaise*, nom d'une sorte d'écriture nommée aussi cursive. ♦

À L'ANGLAISE, loc. adv. À la manière des Anglais. *Ce cavalier trotte à l'anglaise.* ▪ Fam. *Partir, filer à l'anglaise*, sans prévenir.

ANGLAISÉ, ÉE, p. p. d'anglaiser. [ãɡleze] ou [ãɡlɛze] *Cheval anglaisé.*

ANGLAISER, v. tr. [ãɡleze] ou [ãɡlɛze] (*anglais*) Enlever les muscles abaisseurs de la queue d'un cheval, afin que la queue se tienne relevée.

ANGLE, n. m. [ãɡl] (lat. *angulus*) L'espace indéfini compris entre des lignes ou des plans qui se rencontrent. ♦ *Angle de fortification*, rencontre de lignes géométriques dans un ouvrage d'architecture militaire. ♦ *Les angles d'un bataillon*, les coins d'un bataillon formé en carré. ♦ *Angle facial*, angle formé par deux lignes droites, partant de la base des dents incisives supérieures et se portant, l'une au trou auditif, l'autre à la partie la plus saillante du front. ▪ Façon d'envisager quelque chose. *Vu sous cet angle.* ▪ *Arrondir les angles*, faire preuve de diplomatie en tentant d'aplanir les difficultés.

ANGLÉ, ÉE, adj. [ãɡle] (anc. fr. *s'angler*, se retirer) Hérald. Se dit d'une croix en sautoir, quand il y a des figures mouvantes qui sortent des angles.

ANGLET, n. m. [ãɡlɛ] (dimin. de *angle*) Archit. Cavité à angle droit qui sépare les bossages.

ANGLEUX, EUSE, adj. [ãɡlø, øz] (*angle*) ▷ *Noix angleuse*, noix dont la substance est renfermée dans des espèces de petits angles. ◁

ANGLICAN, ANE, adj. [ãɡlikã, an] (lat. médiév. *anglicanus*, des Angles) Qui a rapport à la religion dominante en Angleterre. *Église anglicane.* ♦ N. m. et n. f. Personne qui est de la religion anglicane.

ANGLICANISME, n. m. [ãɡlikanism] (*anglican*) Religion des anglicans.

ANGLICISATION, ▪ n. f. [ãɡlisizasjõ] (*angliciser*) Phénomène par lequel l'anglais s'introduit de façon massive dans une langue. *L'anglicisation de la langue commerciale.*

ANGLICISER, ▪ v. tr. [ãɡlisize] (angl. *to anglicize*, du lat. médiév. *anglicus*) Imprégner des caractères propres à la langue ou à la culture anglaises. *Angliciser la prononciation d'un mot.* ▪ V. pr. *Certaines chansons de variétés se sont anglicisées.*

ANGLICISME, n. m. [ãɡlisism] (angl. *anglicism*) Façon de parler propre à la langue anglaise.

ANGLICISTE, ▪ n. m. et n. f. [ãɡlisist] (angl. *anglicist*) Spécialiste de la langue et de la culture anglaises.

ANGLO-AMÉRICAIN, AINE, ▪ adj. [ãɡloameʀikɛ̃, ɛn] (*anglo-* et *américain*) Relatif à l'Angleterre et aux États-Unis. *Des origines anglo-américaines.* ▪ N. m. Langue anglaise parlée aux États-Unis.

ANGLO-ARABE, ▪ n. m. [ãɡloaʀab] (*anglo-* et *arabe*) Cheval issu du croisement d'un pur-sang anglais et d'un pur-sang arabe ou issu de parents eux-mêmes anglo-arabes. *Une course réservée aux anglo-arabes.*

ANGLOMANE, adj. et n. m. et n. f. [ãɡloman] (*anglo-* et *-mane*) Qui imite les Anglais.

ANGLOMANIE, n. f. [ãɡlomani] (*anglo-* et *-manie*) Passion, avec imitation, pour ce qui est anglais.

ANGLO-NORMAND, ANDE, ▪ adj. [ãɡlonɔʀmã] (*anglo-* et *normand*) Qui tient à la fois d'éléments anglais et normands. *Les guerres anglo-normandes.* ▪ N. m. Dialecte de la langue d'oïl en cours au Moyen Âge et parlé en France et en Angleterre.

ANGLOPHILE, ▪ adj. [ãɡlofil] (*anglo-* et *-phile*) Qui éprouve de la sympathie pour les Anglais, leur culture, leur civilisation. ▪ N. m. et n. f. *Un, une anglophile.* ▪ ANGLOPHILIE, n. f. [ãɡlofili]

ANGLOPHOBE, adj. et n. m. et n. f. [ãɡlofɔb] (*anglo-* et *-phobe*) Qui a horreur des Anglais. ▪ ANGLOPHOBIE, n. f. [ãɡlofobi]

ANGLOPHONE, ▪ adj. et n. [ãɡlofɔn] (*anglo-* et *-phone*) De langue anglaise. *Les pays anglophones.*

ANGLO-SAXON, ONNE, ▪ n. m. et n. f. [ãɡlosaksõ, ɔn] (*anglo-* et *saxon*) Personne issue de la civilisation britannique. *Les Anglo-Saxons.* ▪ Adj. Qui concerne les Anglo-Saxons. ▪ Par extens. Qui concerne tous les Anglais. *La culture anglo-saxonne.*

ANGOISSANT, ANTE, ▪ adj. [ãɡwasã, ãt] (*angoisser*) Qui engendre l'angoisse. *Une situation angoissante.*

ANGOISSE, n. f. [ãɡwas] (lat. *angustia*, défilé, passage resserré) Sentiment de resserrement à la région épigastrique, avec difficulté de respirer et grande tristesse. ♦ ▷ *Poire d'angoisse*, poire d'un goût très âpre. ◁ Fam. *Avaler des poires d'angoisse*, subir des mortifications, de vifs déplaisirs. ♦ *Poire d'angoisse*, bâillon de fer dont se servaient les voleurs pour étouffer les cris. ▪ Par extens. Ce qui torture, inquiète au plus haut point.

ANGOISSÉ, ÉE, p. p. d'angoisser. [ãɡwase] « *Ils seront agités et angoissés* », BOSSUET. ▪ N. m. et n. f. *Un angoissé, une angoissée.*

ANGOISSER, v. tr. [ɑ̃gwase] (lat. chrét. *angustiare*, embarrasser, puis oppresser) Faire souffrir l'angoisse. ■ S'angoisser, v. pr. Éprouver une vive inquiétude. *Ses parents se sont angoissés pour son avenir.*

ANGOLAIS, AISE, ■ adj. [ɑ̃gɔlɛ, ɛz] (*Angola*) De l'Angola. *L'économie angolaise.* ■ N. m. et n. f. *Un Angolais, une Angolaise.*

ANGON, n. m. [ɑ̃gɔ̃] (lat. *angon*, arme des anciens Francs, p.-ê. du a. h. all. *ango*, crochet) Demi-pique, javelot à l'usage des Francs. ♦ Crochet pour la pêche des crustacés.

ANGOR, n. m. [ɑ̃gɔʁ] (mot lat. oppression physique) Angine de poitrine.

ANGORA, adj. [ɑ̃gɔʁa] (*Angora*, auj. Ankara) *Chèvre angora, chat angora,* animaux originaires d'Angora et remarquables par leurs poils soyeux. ♦ N. m. *Un angora,* un chat angora. ■ Poil de chèvre angora utilisé dans l'industrie textile. *Un pull en angora.*

ANGROIS, ■ n. m. [ɑ̃gʁwa] Voy. ENGROIS.

ANGSTRÖM, ■ n. m. [ɑ̃gstʁøm] (*Angström*, physicien suédois) Phys. Unité de mesure des longueurs d'onde et des dimensions des molécules et des atomes, valant un dix-millionième de millimètre.

ANGUICHURE, n. f. [ɑ̃giʃyʁ] Voy. ENGUICHURE.

ANGUIFORME, ■ adj. [ɑ̃gifɔʁm] (lat. *anguis*, serpent, et *-forme*) En forme de serpent. *Un poisson anguiforme.*

ANGUILLADE, n. f. [ɑ̃gijad] (*anguille*) ▷ Coup cinglé avec une peau d'anguille, avec un mouchoir tortillé comme une anguille ou avec un fouet, et aussi une suite de ces coups. ◁

ANGUILLE, n. f. [ɑ̃gij] (lat. *anguilla*, dimin. de *anguis*, serpent) Poisson d'eau douce de la forme d'un serpent. ♦ ▷ *Échapper comme une anguille,* glisser entre les mains, et au fig. n'être pas sûr. ◁ ♦ ▷ *Écorcher l'anguille par la queue,* commencer par où l'on eût dû finir. ◁ ♦ *Anguille de mer,* un des noms vulgaires du congre. ♦ ▷ *Anguille de haie,* serpent ou couleuvre. ◁ ♦ ▷ Jeu d'écoliers, dans lequel on cache un mouchoir roulé : celui qui le cherche en frappe les autres s'il le trouve. ◁ ♦ **Prov.** *Il y a quelque anguille sous roche,* il se trame quelque intrigue. ♦ ▷ *Il ressemble aux anguilles de Melun,* il crie avant qu'on l'écorche, se dit de quelqu'un qui se plaint avant de sentir le mal. ◁

ANGUILLÈRE, n. f. [ɑ̃gijɛʁ] (*anguille*) Lieu ombrageux et bourbeux où l'on conserve des anguilles. ■ REM. Graphie ancienne : *anguillière.*

ANGUILLULE, ■ n. f. [ɑ̃gijyl] (lat. *anguillula*, dimin. de *anguilla*, anguille) Zool. Ver parasite des végétaux, des animaux ou de l'homme. *Anguillule du blé.*

ANGULAIRE, adj. [ɑ̃gylɛʁ] (lat. *angularis*) Qui a un ou plusieurs angles. ♦ Archit. Qui est à l'encoignure d'un édifice. *Pierres angulaires.* ♦ Fig. Jésus-Christ est appelé dans l'Écriture la pierre angulaire, parce qu'il soutient l'Église, comme la pierre angulaire soutient l'édifice. ■ Ce qui sert de fondement. *La pierre angulaire d'une théorie.*

ANGULAIREMENT, adv. [ɑ̃gylɛʁ(ə)mɑ̃] (*angulaire*) En forme d'angle.

ANGULÉ, ÉE, adj. [ɑ̃gyle] (rad. du lat. *angulus*, angle) ▷ Bot. Qui offre des angles en nombre déterminé. ◁

ANGULEUX, EUSE, adj. [ɑ̃gylø, øz] (lat. *angulosus*) Qui présente des angles. *Un rocher anguleux.* ♦ Par extens. *Visage anguleux,* visage dont les traits ont une forte saillie. ♦ Fig. Rude. *Caractère anguleux.*

ANGUSTICLAVE, n. m. [ɑ̃gystiklav] (lat. *angustus clavus*, bande étroite, par oppos. à *latus clavus*, bande large) Tunique des chevaliers romains ; elle était ornée de bandes de pourpre étroites, par opposition au laticlave des sénateurs, orné de bandes fort larges.

ANGUSTIÉ, ÉE, adj. [ɑ̃gystje] (lat. *angustia*, étroitesse) ▷ Étroit, serré, en parlant d'un chemin. ♦ Il est vieux. ◁

ANGUSTIFOLIÉ, ÉE, adj. [ɑ̃gystifɔlje] (lat. *angustus*, étroit, et *folium*, feuille) Se dit des plantes qui ont les feuilles étroites. *Le sapin, le mélèze sont des plantes angustifoliées.*

ANGUSTURA ou **ANGUSTURE**, ■ n. f. [ɑ̃gystyʁa, ɑ̃gystyʁ] (*Angustura*, auj. Ciudad Bolivar, Venezuela) Écorce d'un rutacée originaire d'Amérique du Sud dont on tire une liqueur apéritive ● Cette liqueur. *Un cocktail à base d'angustura.*

ANHARMONIQUE, ■ adj. [ɑ̃aʁmonik] (*a-* et *harmonique*) Math. *Rapport anharmonique,* syn. de birapport.

ANHÉLATION, n. f. [anelasjɔ̃] (lat. *anhelatio*) Méd. Respiration courte et fréquente, essoufflement.

ANHÉLER, ■ v. intr. [anele] (lat. *anhelare*, haleter) Respirer péniblement, de façon courte et fréquente.

ANHÉLEUX, EUSE, adj. [anelø, øz] (b. lat. *anhelosus*) Méd. *Respiration anhéleuse,* respiration fréquente et laborieuse.

ANHIDROSE ou **ANIDROSE**, ■ n. f. [anidʁoz] (*a-* et gr. *hidrôs*, sueur) Méd. Absence partielle ou totale de la transpiration.

ANHYDRE, adj. [anidʁ] (gr. *anudros*, sans eau, sec) Chim. Qui ne contient pas d'eau. *Alcool anhydre.*

ANHYDRIDE, ■ n. m. [anidʁid] (*anhydre*) Chim. Corps composé d'un acide duquel a été éliminée l'eau. *L'anhydride acétique est utilisé pour transformer de la cellulose en acétate de cellulose.*

ANHYDRITE, ■ n. f. [anidʁit] (*anhydre*) Minér. Sulfate de formule $CaSO_4$ à l'éclat vitreux ou nacré utilisé pour la fabrication de pierreries ornementales et dans l'industrie chimique. *Une chape liquide à l'anhydrite.*

ANHYDROBIOSE, ■ n. f. [anidʁobjoz] (*hydro-* et *-biose*) Biol. Vie ralentie par privation d'eau. *La levure peut survivre à l'état d'anhydrobiose.*

ANHYPOTHÉTIQUE, ■ adj. [anipotetik] (*a-* et *hypothétique*) Qui va au-delà des hypothèses. « *Ce que Platon appelle le principe anhypothétique, ce qui est sans condition est atteint au terme d'un long parcours* », PHILOCOURS.COM.

ANICROCHE, n. f. [anikʁɔʃ] (*croche*, crochet, et *ani-* p.-ê. du lat. *anas*, canard) Ce qui accroche, arrête, empêche. « *Il s'est trouvé une anicroche à son mariage* », MME DE SÉVIGNÉ.

ANIDROSE, ■ n. f. [anidʁoz] Voy. ANHIDROSE.

ÂNIER, IÈRE, n. m. et n. f. [ɑnje, jɛʁ] (lat. *asinarius*) ▷ Personne qui conduit un âne. ◁

ANIL, n. m. [anil] (port. *anil*, de l'ar. *an-nîl*, du pers. *nîl*, indigo) ▷ Plante dont on tire l'indigo. ◁

ANILLE, ■ n. f. [anij] Voy. ANNILLE.

ANIMADVERSION, n. f. [animadvɛʁsjɔ̃] (lat. *animadversio*, blâme, châtiment, de *anima*, esprit, et *versio*, tourner ; prob. confusion avec *adversus*, contre) Improbation, désapprobation. *L'animadversion publique.*

1 ANIMAL, ALE, adj. [animal] (lat. *animalis*, animé, vivant) Au pl. *Animaux.* ♦ Qui est propre à l'animal, qui concerne l'animal. *Vie animale.* ♦ Propre à l'animal, en tant qu'opposé à l'homme. *Instinct purement animal.* ♦ *Règne animal,* l'ensemble de tous les animaux. ♦ *Substance, nourriture animale,* celle qui provient des animaux. ♦ *Chimie animale,* partie de la chimie qui a pour objet l'étude des matières animales. ♦ Charnel, opposé à spirituel. *La vie animale.*

2 ANIMAL, n. m. [animal] (lat. *animal*, être vivant, de *anima*, principe vital, âme) Au pl. *Animaux.* ♦ Être vivant, doué de la faculté de sentir et de mouvoir tout ou partie de son corps. *L'homme est un animal raisonnable.* ♦ Fam. et fig. Personne stupide et grossière. ♦ ▷ Fam. *Être animal d'habitude,* tenir à ses habitudes. ◁ ■ *Animal de compagnie,* animal domestique tel que le chien, le chat, le hamster, etc., vivant aux côtés de l'homme pour le seul plaisir de celui-ci. *Les animaux de compagnie se distinguent des animaux d'élevage.*

ANIMALCULE, n. m. [animalkyl] (dimin. de *animal*) Animal si petit qu'on ne peut le voir qu'à l'aide du microscope.

ANIMALERIE, ■ n. f. [animal(ə)ʁi] (2 *animal*) Lieu d'élevage d'animaux destinés aux expériences scientifiques. ■ Point de vente d'animaux de compagnie.

ANIMALIER, IÈRE, n. m. et n. f. [animalje, jɛʁ] (2 *animal*) Personne qui peint ou sculpte des animaux. ■ Adj. Relatif aux animaux. *Peinture animalière.* ■ *Parc animalier,* espace aménagé pour accueillir dans des conditions de vie naturelles les animaux, tout en permettant au public de les observer. ■ N. m. et n. f. Personne travaillant dans une animalerie.

ANIMALISATION, n. f. [animalizasjɔ̃] (anc. fr.) ▷ Changement de nature qu'éprouvent les aliments végétaux, et qui les rend propres à concourir à l'entretien et à la réparation des corps animaux. ◁ ■ Fait d'attribuer des caractères animaux à l'être humain.

ANIMALISÉ, ÉE, p. p. d'animaliser. [animalize] ▷ *Aliment animalisé.* ◁

ANIMALISER, v. tr. [animalize] (angl. *to animalize*) ▷ Convertir une substance en la propre substance d'un animal. ♦ ▷ S'animaliser, v. pr. S'assimiler à la substance d'un animal. ■ Attribuer à quelqu'un des caractères propres à l'animal. ◁ ◁

ANIMALITÉ, n. f. [animalite] (lat. *animalitas*) Ensemble des qualités ou facultés qui sont les attributs des êtres composant le règne animal. ♦ Les caractères de l'animal, par opposition à l'homme. ♦ ▷ Ensemble des animaux, par opposition à l'ensemble des végétaux. ◁

ANIMATEUR, TRICE, adj. [animatœʁ, tʁis] (*animer*) Qui donne la vie. ■ N. m. et n. f. Personne spécialisée dans l'animation. *Un animateur de télévision, de centre de vacances.*

ANIMATION, n. f. [animasjɔ̃] (lat. *animatio*, de *anima*, principe vital, âme) Action d'animer, de donner de la vie. ♦ Fig. Vivacité, chaleur. ■ Action visant à faire participer les membres d'un groupe. *Le journaliste est chargé de* *l'animation du débat.* ■ *Film d'animation,* réalisé à partir de prises de vue de dessins donnant l'impression de mouvement.

ANIMÉ, ÉE, p. p. d'animer. [anime] Doué de vie. ♦ **Fig.** Qui est dans telle ou telle disposition d'esprit. *Animé de sentiments bienveillants.* ♦ Excité, encouragé. *Animé par le succès.* ♦ ▷ Irrité. « *Il était fort animé contre les Tyriens* », Fénelon. ◁ ♦ ▷ **Absol.** *Il était animé et parlait avec chaleur.* ◁ ♦ Qui a de l'animation. *Lutte animée.* ♦ *Teint animé,* teint qui devient plus vif par la chaleur, par une émotion. ♦ **Phys.** Poussé. *Projectile animé d'une très grande force.* ♦ **N. m.** « *Le vivant et l'animé* », Buffon. ■ *Dessin animé,* film réalisé à partir de dessins.

ANIMELLES, ■ n. f. pl. [animɛl] (ital. *animelle,* parties comestibles des abats des animaux, dimin. de *anima*) Plat composé de testicules d'animaux de boucherie, et plus spécialement de bovins. *Animelles à la crème.*

ANIMER, v. tr. [anime] (lat. *animare,* de *anima,* principe vital, âme) Donner l'âme, la vie. ♦ **Fig.** « *Jadis une multitude vivante animait cette enceinte* », Volney. ♦ Remplir d'ardeur, échauffer. « *Son exemple doit animer toute l'armée* », Fénelon. ♦ **Phys.** Pousser, mouvoir. *La force qui anime le boulet.* ♦ Irriter, mettre en colère. ♦ Donner de la force, de la chaleur à un écrit, à un discours. ♦ Donner de l'éclat, de la vivacité. « *Quel courroux animait ses regards !* », Racine. ♦ Communiquer un air de vie à une œuvre d'art. *Ce peintre anime toutes ses figures.* ♦ *S'animer,* v. pr. Prendre de la vie, de la vivacité. *Son teint s'anime.* ♦ S'exciter, s'encourager. « *Tout le monde s'animera au travail* », Fénelon. ♦ S'irriter. ♦ Devenir comme vivant, en parlant d'une œuvre d'art. ■ **V. tr.** Conduire un groupe en faisant en sorte que chacun participe. *Animer une veillée.*

ANIMISME, n. m. [animism] (rad. du lat. *anima,* principe vital, âme) Doctrine qui, pour expliquer chaque phénomène de la vie et chaque maladie, fait intervenir dans les corps organisés, considérés comme inertes, l'âme pour principe d'action, pour cause première. ■ Fait d'attribuer une âme humaine aux animaux, aux objets. *L'univers de la petite enfance est empreint d'animisme.*

ANIMISTE, n. m. et n. f. [animist] (rad. du lat. *anima,* principe vital, âme) Partisan de l'animisme. ■ **Adj.** Qui relève de l'animisme. *Théorie animiste.*

ANIMOSITÉ, n. f. [animozite] (lat. chrét. *animositas,* inimitié) Sentiment permanent de haine qui porte à nuire. *Avoir de l'animosité contre quelqu'un.* ♦ Violence et acharnement dans une discussion, un débat.

ANION, ■ n. m. [anjɔ̃] (gr. *anion,* ce qui s'élève) **Phys.** Ion négatif. *L'anion se déplace vers la cathode.*

ANIONIQUE, ■ adj. [anjonik] (*anion*) Relatif à l'anion. *Un radical anionique.*

ANIS, n. m. [anis] ou [ani] (gr. *anison*) Plante odoriférante de la famille des ombellifères. ♦ Fruit de l'anis. *L'anis sert à aromatiser.* ♦ Espèce de dragées faites avec de l'anis. ◁ ♦ ▷ *Pomme d'anis,* nom du fenouillet, sorte de pomme. ◁ ♦ *Anis étoilé,* badiane. ♦ *Faux anis,* aneth.

ANISÉ, ÉE, p. p. d'aniser. [anize] *Une liqueur anisée.*

ANISER, v. tr. [anize] (*anis*) Donner à une chose le goût de l'anis.

ANISETTE, n. f. [anizɛt] (*anis*) Liqueur composée de semences d'anis macérées dans l'eau-de-vie filtrée et sucrée.

ANISOGAMIE, ■ n. f. [anizogami] (*a-, iso-* et *-gamie*) **Biol.** Reproduction sexuelle dans laquelle apparaît une différence morphologique et comportementale entre le gamète mâle et le gamète femelle.

ANISOLE ou **ANISOL,** ■ n. m. [anizɔl] (gr. *anison,* anis, et lat. *oleum,* huile) **Chim.** Éther méthylique du phénol utilisé comme solvant des composés organiques.

ANKYLOSAURE, ■ n. m. [ãkilozɔʀ] (*ankylo-* et *-saure*) Dinosaure herbivore du crétacé supérieur revêtu d'une puissante carapace. *L'ankylosaure pouvait mesurer entre cinq et dix mètres de long.*

ANKYLOSE, n. f. [ãkiloz] (gr. *agkhulôsis*) Diminution ou impossibilité absolue des mouvements d'une articulation naturellement mobile.

ANKYLOSÉ, ÉE, p. p. d'ankyloser. [ãkiloze] *Genou ankylosé.*

ANKYLOSER, v. tr. [ãkiloze] (*ankylose*) Causer une ankylose. ♦ *S'ankyloser,* v. pr. Contracter une ankylose.

ANKYLOSTOME, ■ n. m. [ãkilostom] (*ankylo-* et *-stome*) **Méd.** Ver parasite de l'intestin grêle de l'homme pouvant provoquer des hémorragies responsables d'anémie.

ANNAL, ALE, adj. [anal] (lat. *annalis*) Au pl. *Annaux.* ♦ **Dr.** Qui ne dure qu'un an ; qui est valable seulement une année. ■ **ANNALITÉ,** n. f. [analite]

ANNALES, n. f. pl. [anal] (lat. *annales,* masc. pl. de *annalis*) Récit des événements année par année. ■ *Dans les annales,* dans l'histoire. *Une nouvelle page noire dans les annales de la justice.* ■ Ouvrage présentant les sujets d'examen donnés dans l'année. *Les annales du baccalauréat.*

ANNALISTE, n. m. et n. f. [analist] (*annales*) Personne qui écrit des annales.

ANNAMITE, ■ adj. [anamit] (*Annam*) Relatif à l'Annam, région centrale du Vietnam. ■ **N. m.** et n. f. *Un, une Annamite.*

ANNATE, n. f. [anat] (lat. médiév. *annata,* taxe annuelle) Droit ancien du pape sur les bénéfices consistoriaux, qui consistait ordinairement dans une année du revenu.

ANNEAU, n. m. [ano] (anc. fr. *anel, annel,* du lat. *anellus,* dimin. de *anulus,* anneau) Cercle régulier ou non, fait de métal ou de matière dure et servant à attacher. ♦ **Fig.** « *Ici se forge le premier anneau de cette longue chaîne dont l'ordre social est formé* », J.-J. Rousseau. ♦ Bague. ♦ *Anneau nuptial,* bague de mariage. ♦ *Anneau pastoral, épiscopal,* gros anneau que portent les cardinaux et les évêques. ♦ *L'anneau du pêcheur,* le sceau qui est apposé à certaines expéditions de la cour de Rome. ♦ Boucle de cheveux frisés. « *Ses beaux cheveux tombant par gros anneaux* », Fénelon. ♦ **Fig.** *Le serpent se traîne en longs anneaux.* ♦ **Anat.** Saillie, marque, rangée circulaire. « *Les cornes du bélier croissent tous les ans d'un anneau* », Buffon. ■ **Hortic.** *Greffe en anneau, en flûte* ou *en sifflet,* celle qui se fait par l'application d'une portion d'écorce annulaire. ♦ *Anneau d'une clé,* la partie qu'on tient à la main pour tourner la clé dans la serrure. ♦ **Astron.** Cercle qui entoure la planète Saturne. ♦ *Anneau solaire* ou *horaire,* espèce de petit cadran portatif. ■ **Math.** Ensemble muni d'une structure algébrique particulière. ■ **N. m. pl.** Agrès en forme d'anneau.

ANNÉE, n. f. [ane] (*an* ou p.-ê. lat. pop. *annata*) Temps d'une révolution complète de la Terre dans son orbite autour du Soleil. ♦ *Année civile,* année de trois cent soixante-cinq jours commençant au 1er janvier. ♦ *Année bissextile,* année de trois cent soixante-six jours. ♦ Durée de douze mois. *Il y a bien des années que nous ne nous sommes vus.* ♦ *Année d'exercice,* ▷ celle où l'on exerce actuellement une charge que plusieurs ont droit d'exercer l'un après l'autre. ◁ *Être en année, d'année.* ♦ Année, par rapport à la température. *Année pluvieuse, chaude, sèche.* ♦ Par rapport aux productions de la terre. *Bonne, mauvaise année,* année où la récolte est bonne, mauvaise. ♦ ▷ *Somme à payer ou à recevoir par année. Je suis d'une année en retard.* ◁ ♦ Les différents âges de la vie. *Perdre les plus belles années de sa vie.* ♦ *Année scolaire,* année comprise entre deux périodes de grandes vacances. ■ *Bonne année,* vœux adressés en début d'année civile.

ANNÉE-LUMIÈRE, ■ n. f. [anelymjɛʀ] (*année* et *lumière*) Unité de distance parcourue par la lumière en une année, soit environ 10 000 milliards de kilomètres. *Sirius se trouve à 8,65 années-lumière de la Terre.* ■ Au pl. **Fig.** et **fam.** Un temps très long. *Il lui faudra des années-lumière pour atteindre ce résultat.* ■ Rem. On peut aussi écrire *des années-lumières.*

ANNELÉ, ÉE, p. p. d'anneler. [an(ə)le] Arrangé en anneaux. ♦ **Archit.** Se dit d'une colonne coupée par des espèces d'anneaux. ♦ **Hist. nat.** Se dit des parties de plantes qui ont un anneau au collet ; de reptiles dont le corps présente des raies circulaires d'une couleur différente de celle des parties voisines. ♦ ▷ **ANNELÉS,** n. m. pl. Animaux invertébrés pairs, et articulés ou annelés extérieurement. ■ **Zool.** *Vers annelés,* Voy. ANNÉLIDE. ◁

ANNELER, v. tr. [an(ə)le] (*annel,* forme a. fr. de *anneau*) ▷ Arranger en anneaux, en parlant des cheveux. ◁ ■ Rem. Il se conjugue *il annelle, il annellera.*

ANNELET, n. m. [an(ə)lɛ] (dimin. de *annel,* forme a. fr. de *anneau*) Hérald. Petit anneau. ♦ **Archit.** Petites pièces carrées qui se placent aux chapiteaux de l'ordre dorique, et qu'on nomme aussi filets ou listeaux.

ANNÉLIDES, n. m. pl. [anelid] (*annelé*) Vers à sang rouge formant la première classe de la subdivision des vers. ■ **Zool.** Invertébré dont le corps est formé des segments placés dans le prolongement les uns des autres. *L'embranchement des annélides comprend les sangsues, les vers de terre et les néréis. Les annélides sont également appelés vers annelés.* ■ Au sing. *Un annélide.*

ANNELURE, n. f. [an(ə)lyʀ] (*anneler*) Frisure des cheveux par anneaux. ♦ Peu usité. ■ **Techn.** Marque d'un segment dans un corps annelé. *Le creux d'une annelure de gaine électrique.*

ANNEXATION, n. f. [anɛksasjɔ̃] (*annexer*) ▷ Action d'annexer. ◁ ■ Action d'annexer un territoire. ■ Rem. Bien que *annexation* soit attesté, on dit plus couramment *annexion.*

ANNEXE, n. f. [anɛks] (lat. *annexus,* de *annectere,* attacher à) Succursale d'une église paroissiale. ♦ Tout ce qui est uni à une chose principale. ♦ Pièces jointes à l'appui d'un rapport, d'un procès-verbal, etc. ■ EN ANNEXE, loc. adv. Dans les documents joints. *Vous trouverez l'analyse financière du projet en annexe.* ■ **Adj.** Que l'on joint à une chose principale. *Un document annexe.* ■ **N. f.** Local détaché d'un lieu principal. *La mairie dispose de plusieurs annexes dans les différents quartiers de la ville.* ■ **Adj.** *Un local annexe.* ■ **N. f.** Canot rattaché à une embarcation principale. *Une annexe pneumatique.*

ANNEXÉ, ÉE, p. p. d'annexer. [anɛkse] Joint à, attaché à.

ANNEXER, v. tr. [anɛkse] (*annexe*) Joindre à. ◆ S'annexer, v. pr. Être annexé. ■ Soumettre à la dépendance d'un État. *Annexer un territoire.*

ANNEXION, n. f. [anɛksjɔ̃] (b. lat. *adnexio*, jonction) Action d'annexer.

ANNEXIONNISTE, adj. [anɛksjɔnist] (*annexion*) Qui a pour objet l'annexion d'un pays à un autre. ◆ n. Partisan de l'annexion. ■ ANNEXIONNISME, n. m. [anɛksjɔnism]

ANNEXITE, ■ n. f. [anɛksit] (*annexe*) **Méd.** Inflammation des parties annexes de l'utérus.

ANNIHILATION, n. f. [aniilasjɔ̃] (*annihiler*) Action d'annihiler.

ANNIHILÉ, ÉE, p. p. d'annihiler. [aniile] *Acte annihilé.*

ANNIHILER, v. tr. [aniile] (b. lat. *annihilare*, réduire à rien, de *ad-* et *nihil*) Mettre à néant. ◆ S'annihiler, v. pr. Devenir à néant.

ANNILLE ou **ANILLE**, n. f. [anij] (lat. *anaticula*, petit canard) **Hérald.** Sorte de croix ancrée ou figure en forme de deux crochets adossés.

ANNIVERSAIRE, adj. [anivɛʀsɛʀ] (lat. *anniversarius*, qui revient chaque année, de *annus*, année, et *versus*, de *vertere*, tourner) Qui ramène le souvenir d'un événement arrivé à pareil jour, une ou plusieurs années auparavant. ◆ N. m. *Un glorieux anniversaire.* ■ Service qu'on fait pour un mort au retour annuel du jour de son décès. ■ Jour de la naissance de quelqu'un, qui revient chaque année. *C'est son anniversaire aujourd'hui. Gâteau d'anniversaire.*

ANNONACÉE, ■ n. f. [anonase] Voy. ANONACÉE.

ANNONAIRE, adj. [anonɛʀ] (lat. *annonarius*) *Loi annonaire*, loi qui chez les Romains pourvoyait à ce que les vivres n'enchérissent pas.

ANNONCE, n. f. [anɔ̃s] (*annoncer*) Avis par lequel on fait parvenir une chose à la connaissance du public. ◆ **Fig.** « Cette apparente stupidité qui est l'annonce des âmes fortes », J.-J. ROUSSEAU. ■ *Petite annonce*, texte court publié afin de rendre public. *Les petites annonces immobilières.*

ANNONCÉ, ÉE, p. p. d'annoncer. [anɔ̃se] *Un spectacle annoncé. Annoncé par le domestique.*

ANNONCER, v. tr. [anɔ̃se] (lat. *annunciare*, de *ad-* et *nuntiare*, annoncer) Rendre connu, faire savoir. *Annoncer une bonne nouvelle.* ◆ Dire le nom de quelqu'un qui va entrer ; faire savoir l'arrivée de quelqu'un. ◆ Publier, faire connaître au public. *Annoncer une vente, un spectacle.* ◆ ▷ Prêcher, expliquer la parole de Dieu. *Annoncer l'Évangile.* ◁ ◆ Dire d'avance, prédire. *Les prophètes ont annoncé la venue du Messie.* ■ Indiquer, présager, être un pronostic, un signe. *Prodiges qui annonçaient le courroux du ciel.* ◆ ▷ Montrer, faire preuve. *Ceux qui annoncent de l'instruction.* ◁ ◆ S'annoncer, v. pr. Se faire connaître, se manifester. *La colère s'annonce par la violence.*

ANNONCEUR, EUSE, n. m. et n. f. [anɔ̃sœʀ, øz] (*annoncer*) ▷ Personne qui annonce. Se disait du comédien qui venait, vers la fin du spectacle, faire l'annonce des pièces qu'on devait jouer le lendemain. ◁ ■ Personne, société qui achète un espace publicitaire. *Les annonceurs d'un journal.*

ANNONCIADE, n. f. [anɔ̃sjad] (ital. *annunziata*, p. de *anunziare*, pour désigner la Vierge à qui a été annoncée l'Incarnation) Ordre de religieuses fondé par Jeanne, reine de France, fille de Louis XI. ◆ **N. f.** *Une annonciade*, une religieuse d'un couvent de l'Annonciade.

ANNONCIATEUR, TRICE, ■ adj. [anɔ̃sjatœʀ, tʀis] (lat. ecclés. *adnunciator*, celui qui annonce) Qui est le signe avant-coureur d'un événement. « *La sirène annonciatrice des bombes* », PROUST.

ANNONCIATION, n. f. [anɔ̃sjasjɔ̃] (lat. chrét. *adnunciatio*) Action d'annoncer. ■ Message de l'ange Gabriel à la Vierge pour lui annoncer le mystère de l'Incarnation. ◆ *L'Annonciation*, jour où l'Église célèbre ce mystère.

ANNONCIER, IÈRE, ■ n. m. et n. f. [anɔ̃sje, jɛʀ] (*annonce*) Personne chargée de l'élaboration des annonces dans une rédaction.

ANNONE, ■ n. f. [anɔn] (lat. *annona*, production, récolte de l'année) **Hist.** Impôt prélevé en nature par les Romains.

ANNOTATEUR, TRICE, n. m. et n. f. [anotatœʀ, tʀis] (lat. *adnotator*) Personne qui fait des notes sur un texte.

ANNOTATION, n. f. [anotasjɔ̃] (lat. *adnotatio*) Notes explicatives faites sur un texte.

ANNOTÉ, ÉE, p. p. d'annoter. [anote] *Texte annoté.*

ANNOTER, v. tr. [anote] (lat. *adnotare*) Faire des notes sur un texte.

ANNUAIRE, n. m. [anɥɛʀ] (lat. *annuus*, qui revient chaque année) Ouvrage qui, paraissant chaque année, consigne ce qui est relatif à cette année, en fait de statistique, de commerce, d'événements.

ANNUALISER, ■ v. tr. [anɥalize] (rad. du b. lat. *annualis*) Considérer la fréquence annuelle comme référence. *Annualiser les congés.* ■ ANNUALISATION,

n. f. [anɥalizasjɔ̃] *L'annualisation du paiement de la* TVA *pour les petites entreprises.*

ANNUALITÉ, n. f. [anɥalite] (rad. du b. lat. *annualis*) Qualité de ce qui est annuel.

1 **ANNUEL, ELLE**, adj. [anɥɛl] (b. lat. *annualis*) Qui dure un an. ◆ Qui a lieu tous les ans. ◆ Qui est perçu ou payé par année. ◆ *Plantes annuelles*, celles qui ne vivent qu'un an. ◆ **Relig.** Se dit des principales fêtes, telles que Pâques, la Pentecôte, etc. ◆ ▷ N. m. *Annuel majeur*, fête du premier ordre. *Annuel mineur*, fête du second ordre. ◁

2 **ANNUEL**, n. m. [anɥɛl] (1 *annuel*) Messe que l'on fait dire tous les jours, pendant une année, pour un mort, à compter du jour de la mort. ■ Publication paraissant tous les ans. *L'encyclopédie est accompagnée d'annuels retraçant les événements marquants de l'année.*

ANNUELLEMENT, adv. [anɥɛl(ə)mɑ̃] (1 *annuel*) Par chaque année.

ANNUITÉ, n. f. [anɥite] (lat. médiév. *annuitas*) Somme payée pendant un certain nombre d'années, et qui libère le débiteur des intérêts et du principal de sa dette. ■ Équivalence d'une année de service. *Il faudra quarante annuités pour prétendre à une retraite à taux plein.*

ANNULABLE, adj. [anylabl] (*annuler*) Qui peut, qui doit être annulé.

ANNULAIRE, adj. [anylɛʀ] (lat. *annularius*, de *anulus*, anneau) Qui ressemble à un anneau. *Forme annulaire.* ◆ Qui est propre à recevoir un anneau. *Doigt annulaire* ▷ ou substantivement ◁ *l'annulaire*, le quatrième doigt, où l'on met l'anneau. ◆ **Astron.** *Éclipse annulaire*, éclipse du Soleil pendant laquelle il ne reste de son disque qu'un anneau lumineux.

ANNULATIF, IVE, adj. [anylatif, iv] (*annuler*) Qui annule. *Sentence annulative.*

ANNULATION, n. f. [anylasjɔ̃] (*annuler*) Action d'annuler.

ANNULÉ, ÉE, p. p. d'annuler. [anyle] *Lois annulées par la violence.*

ANNULEMENT, n. m. [anyl(ə)mɑ̃] (*annuler*) ▷ **Mar.** Action d'annuler par un signal le signal précédent. ◁

ANNULER, v. tr. [anyle] (lat. *adnullare*, mépriser, considérer comme nul, de *ad-* et *nullus*) Rendre nul. ◆ *Annuler quelqu'un*, lui ôter toute action, toute influence. ◆ S'annuler, v. pr. Devenir nul. ■ Décommander. *Annuler un rendez-vous.*

ANNULIFÈRE ou **ANNULIGÈRE**, adj. [anylifɛʀ, anyliʒɛʀ] (*annuli-* et -*fère* ou -*gère*) ▷ **Hist. nat.** Qui porte des anneaux colorés. ◁

ANOBLI, IE, p. p. d'anoblir. [anobli] Qui a été fait noble. ◆ N. m. Personne qui a été faite noble.

ANOBLIR, v. tr. [anobliʀ] (*a-* et *noble*) Faire noble, donner un titre de noblesse. ◆ Anoblir signifie donner, conférer la noblesse ; ennoblir signifie donner de l'éclat, de la considération, de l'importance. Cette distinction toute récente était inconnue aux écrivains des siècles précédents. ◆ S'anoblir, v. pr. Acheter des titres de noblesse.

ANOBLISSEMENT, n. m. [anoblis(ə)mɑ̃] (*anoblir*) Action d'anoblir. *Lettres d'anoblissement.*

ANODE, ■ n. f. [anɔd] (angl. *anode*, du gr. *anodos*, chemin d'accès à une hauteur, *ana-*, en haut, et *odos*, chemin) **Phys.** Électrode chargée positivement.

ANODIN, INE, adj. [anodɛ̃, in] (gr. *anôdunos*) ▷ **Méd.** Qui calme la douleur. ◁ ▷ **N. m.** *Un anodin.* ◁ ◆ ▷ **Fig.** *Remède anodin*, moyen, ressource peu efficace, à cause que, en médecine, les remèdes anodins adoucissent plutôt le mal qu'ils ne le guérissent. ◁ ◆ ▷ *Vers anodins, couplets anodins*, méchants vers, couplets sans esprit. *Personnage anodin.* ◁ ■ De peu d'importance. *Détails anodins.* ■ Qui est sans conséquence fâcheuse. *Une égratignure anodine.*

ANODIQUE, ■ adj. [anodik] (*anode*) **Phys.** Qui se rapporte à l'anode. *Un circuit anodique.* ■ *Oxydation anodique*, oxydation qui se réalise sur l'anode au cours d'une électrolyse.

ANODISER, ■ v. tr. [anodize] (*anode*) Traiter un métal par oxydation anodique afin de lui donner une surface plus résistante. *Aluminium anodisé.* ■ ANODISATION, n. f. [anodizasjɔ̃]

ANODONTE, ■ n. m. [anodɔ̃t] (*anodontos*, sans dents) Moule d'eau douce, non comestible, présentant une coquille dont la charnière est sans dents. ■ N. m. et n. f. **Méd.** Personne atteinte d'anodontie.

ANODONTIE, ■ n. f. [anodɔ̃si] (*anodonte*) **Méd.** Anomalie caractérisée par l'absence congénitale totale ou partielle de dents.

ANOMAL, ALE, adj. [anomal] (gr. *anômalos*) Au pl. *Anomaux.* Qui présente des inégalités, des irrégularités. ◆ **Gramm.** Irrégulier. *Aller est un verbe anomal.*

ANOMALE, ■ n. m. [anomal] (*anomal*) Insecte de la famille des scarabées dont une espèce, le hanneton vert, s'attaque aux feuilles de la vigne et aux jeunes sarments.

ANOMALIE, n. f. [anomali] (gr. *anômalia*) État de ce qui est anomal ; irrégularité. ♦ **Astron.** La distance angulaire du lieu vrai ou moyen d'une planète à l'aphélie ou à l'apogée.

ANOMALISTIQUE, adj. [anomalistik] (*anomalie*) *Année anomalistique*, temps que la Terre, étant aphélie, met à redevenir aphélie, 365 jours 6 heures 13 minutes 59 secondes.

ANOMALURE, ■ n. m. [anomalyʀ] (*anomal* et gr. *oura*, queue) Mammifère rongeur des forêts équatoriales d'Afrique centrale et occidentale à queue écailleuse, se déplaçant par grands bonds, appelé également *écureuil volant*.

1 **ANOMIE**, n. f. [anomi] (rad. du gr. *anomos*, sans lois, puis irrégulier) Genre de coquilles créé par Linné. ♦ Coquillage de couleur claire, dont la valve gauche plus épaisse et écailleuse est souvent revêtue d'incrustations.

2 **ANOMIE**, ■ n. f. [anomi] (gr. *anomia*, absence de lois, désordre) Absence de référence à des normes sociales mettant en cause la cohésion d'une société.

ANOMIQUE, ■ adj. [anomik] (2 *anomie*) Caractérisé par l'anomie. *Une société anomique.*

ÂNON, n. m. [ɑnɔ̃] (dimin. de *âne*) Petit d'un âne et d'une ânesse.

ANONACÉE ou **ANNONACÉE**, ■ n. f. [anonase] (*anone*) Arbre, arbuste ou liane des régions tropicales dont la famille comprend quelques espèces comestibles.

ANONE, ■ n. f. [anɔn] (esp. *anona*, empr. à l'arawak de Haïti) Fruit exotique, de forme ovale, constitué de carpelles soudées les unes aux autres et contenant chacune des graines noirâtres, à la pulpe molle, juteuse et parfumée.

ÂNONNÉ, ÉE, p. p. d'ânonner. [ɑnɔne] *Une leçon ânonnée.*

ÂNONNEMENT, n. m. [ɑnɔn(ə)mɑ̃] (*ânonner*) Action d'ânonner.

ÂNONNER, v. intr. [ɑnɔne] (*ânon*) Lire ou réciter d'une manière pénible et hésitante. ♦ V. tr. *Il ânonna sa leçon.*

ANONYMAT, ■ n. m. [anonima] (*anonyme*) État de ce qui est anonyme, dont on ignore l'identité. *Sortir de l'anonymat.*

ANONYME, adj. [anonim] (gr. *anônumos*) Qui est sans nom. *Pamphlet anonyme.* ♦ *Société anonyme*, société dont la raison n'est pas connue du public. ■ **N. m.** *Ce libellé est d'un anonyme.* ♦ ▷ *Garder l'anonyme*, faire un secret de son nom.

ANONYMEMENT, ■ adv. [anonim(ə)mɑ̃] (*anonyme*) En gardant l'anonymat. *Il m'a dit qu'on peut naviguer anonymement sur Internet grâce à certains logiciels.*

ANONYMIE, n. f. [anonimi] (*anonyme*) Qualité d'anonyme.

ANONYMOGRAPHE, ■ n. m. et n. f. [anonimograf] (*anonyme* et *-graphie*) Auteur d'un écrit anonyme. *L'identification de l'anonymographe.*

ANOPHÈLE, ■ n. m. [anofɛl] (gr. *anôphelês*, nuisible) Insecte diptère de la famille du moustique, dont la femelle transmet le paludisme par piqûre.

ANORAK, ■ n. m. [anoʀak] (mot inuit) Blouson chaud et imperméable muni d'une capuche.

ANOREXIE, n. f. [anoʀɛksi] (gr. *anorexia*) **Méd.** Absence d'appétit. ■ *Anorexie mentale*, refus de s'alimenter.

ANOREXIGÈNE, ■ adj. [anoʀɛksiʒɛn] (*anorexie* et *-gène*) Qui provoque l'anorexie, diminue l'appétit. *Des substances anorexigènes. Certaines amphétamines ont des effets anorexigènes.* ■ **N. m.** Médicament à effet anorexigène, coupe-faim.

ANOREXIQUE, ■ adj. [anoʀɛksik] (*anorexie*) Caractéristique de l'anorexie. *Un comportement anorexique.* ■ Qui souffre d'anorexie, et plus spécialement d'anorexie mentale consistant à refuser de s'alimenter. *Une jeune fille anorexique.* ■ **N. m. et n. f.** *Un, une anorexique.*

ANORGANIQUE, ■ adj. [anoʀganik] (*a-* et *organique*) Qui est indépendant de toute lésion organique. *Un souffle cardiaque anorganique.* ■ D'origine ni animale ni végétale, inorganique. *La chimie anorganique.*

ANORGASMIE, ■ n. f. [anoʀgasmi] (*a-* et *orgasme*) Trouble caractérisé par l'absence de plaisir au cours de l'acte sexuel. ■ ANORGASMIQUE, adj. [anoʀgasmik]

ANORMAL, ALE, adj. [anoʀmal] (lat. médiév. *anormalis*, contraire à la règle, à la norme) Contraire aux règles. ♦ Au pl. Anormaux. ■ ANORMALEMENT, adv. [anoʀmal(ə)mɑ̃]

ANORMALITÉ, ■ n. f. [anoʀmalite] (*anormal*) Caractère de ce qui n'est pas normal ; ce qui est anormal.

ANOSMIE, n. f. [anɔsmi] (gr. *anosmos*, inodore) Diminution ou perte complète de l'odorat. ■ REM. On disait aussi *anosphrésie*. ■ ANOSMIQUE, adj. ou n. m. et n. f. [anɔsmik]

ANOSTÉOZOAIRES, adj. [anosteozoɛʀ] (*a-*, gr. *ostéon*, os, et *-zoaire*) ▷ Animaux qui n'ont point d'os, invertébrés. ◁

ANOURE, adj. et n. m. [anuʀ] (*a-* et *oura*, queue) Se dit des animaux qui n'ont point de queue. ■ **N. m.** Amphibien dépourvu de queue et dont les membres postérieurs d'une longueur pouvant dépasser celle de leur corps sont particulièrement adaptés au saut. *Le superordre des anoures comprend les crapauds et les grenouilles.*

ANOVULATION, ■ n. f. [anovulasjɔ̃] (*a-* et *ovulation*) **Méd.** Absence d'ovulation. *La ménopause se caractérise par l'anovulation.*

ANOVULATOIRE, ■ adj. [anovylatwaʀ] (*anovulation*) **Méd.** Caractérisé par l'anovulation. *Un cycle menstruel anovulatoire.* ■ Qui empêche l'ovulation. *Des substances anovulatoires.*

ANOXÉMIE, ■ n. f. [anɔksemi] (*anoxie* et *-émie*) **Méd.** Diminution du taux d'oxygène contenu dans le sang artériel.

ANOXIE, ■ n. f. [anɔksi] (*a-* et abrév. de *oxygène*) **Méd.** Insuffisance de l'apport d'oxygène aux tissus vivants due à l'anoxémie.

1 **ANSE**, n. f. [ɑ̃s] (lat. *ansa*) Partie saillante de certains ustensiles, qui sert à les saisir et à les porter. ♦ **Fig.** *Faire danser l'anse du panier*, se dit d'une cuisinière qui gagne sur les denrées qu'elle achète. ♦ Par comparaison, tout ce qui est recourbé comme l'anse d'un vase. *Une anse d'intestin.* ♦ Petite baie peu profonde.

2 **ANSE, ANSÉATIQUE**, [ɑ̃s, ɑ̃seatik] Voy. HANSE, HANSÉATIQUE.

ANSÉ, ÉE, adj. [ɑ̃se] (*anser*) Qui porte une anse, qui a la forme d'une anse. *Croix ansée*, croix environnée d'un cercle et suspendue à une anse ; symbole usité chez les anciens Égyptiens.

ANSER, v. tr. [ɑ̃se] (*anse*) Garnir d'une anse.

ANSÉRIFORME, ■ adj. [ɑ̃seʀifɔʀm] (rad. du lat. *anser*, oie, et *-forme*) Qui est apparenté à l'oie par sa morphologie. ■ **N. m.** Oiseau herbivore à pattes palmées, vivant principalement près des points d'eau douce. *L'ordre des ansériformes comprend les cygnes, les canards, les oies, etc.*

1 **ANSÉRINE**, adj. f. [ɑ̃seʀin] (lat. *anserinus*, de *anser*, oie) ▷ *Peau ansérine*, ce qu'on appelle vulgairement chair de poule. ◁

2 **ANSÉRINE**, n. f. [ɑ̃seʀin] (rad. du lat. *anser*, oie, les feuilles de cette plante ayant la forme des pattes palmées de l'oie) Genre de plantes de la famille des chénopodées, où l'on remarque l'ansérine vermifuge et le bon-henri.

ANSPECT, n. m. [ɑ̃spɛk] ou [ɑ̃spɛkt] (néerl. mod. *handtspeecke*, bâton que l'on tient à la main) **Mar.** Levier dont l'extrémité est garnie d'une armature de fer.

ANSPESSADE, n. m. [ɑ̃spɛsad] (ital. *lancia spezzata*, lance brisée, forme obtenue par déglutination, *lanspessade* étant lue *l'anspessade*) Dans l'ancienne armée française, bas officier d'infanterie subordonné au caporal.

ANTABUSE, ■ n. m. [ɑ̃tabyz] (prob. 1 *anti-* et *abuser*) Produit que l'on absorbe pour provoquer une intolérance à l'alcool. ■ Adj. *Effet antabuse*, dégoût à l'encontre de l'alcool provoqué par la prise d'un tel produit.

ANTAGONIQUE, ■ adj. [ɑ̃tagonik] (*antagonisme*) Qui se trouve en antagonisme, en opposition. *Une relation antagonique entre libéraux et conservateurs.*

ANTAGONISME, n. m. [ɑ̃tagonism] (gr. *antagônisma*, émulation) Résistance que s'opposent deux forces, deux puissances contraires. ♦ **Fig.** Opposition d'idées, de doctrines.

ANTAGONISTE, n. m. et n. f. [ɑ̃tagonist] (gr. *antagônistès*, adversaire, rival) Personne qui lutte contre. *Un redoutable antagoniste.* ♦ Adj. *Des versions antagonistes.*

ANTALGIE, ■ n. f. [ɑ̃talʒi] (1 *anti-* et *-algie*) **Méd.** Suppression ou diminution de la douleur. ■ Branche de la médecine spécialisée dans la recherche de la suppression de la douleur. *L'antalgie pédiatrique.*

ANTALGIQUE, ■ adj. [ɑ̃talʒik] (*antalgie*) Qui calme la douleur. ■ N. m. *Prendre un antalgique.*

ANTAN, n. m. [ɑ̃tɑ̃] (lat. vulg. *ante anu*, du lat. *ante annum*, il y a un an) L'année qui précède celle qui court. Il n'est plus usité que dans la locution : *Je ne m'en soucie non plus que des neiges d'antan.* ■ *D'antan*, d'autrefois.

ANTANACLASE, n. f. [ɑ̃tanaklaz] (gr. *antanaklasis*) **Rhét.** Répétition d'un même mot en des sens différents.

ANTARCTIQUE, adj. [ɑ̃taʀ(k)tik] (gr. *antarktikos*, de *anta*, opposé, et *arktikos*, de *arktos*, ours, pour désigner ici la Grande Ourse) Qui est opposé au pôle Arctique, c.-à-d. qui est au sud. ♦ ▷ **Hist. nat.** Se dit d'animaux et de plantes qui habitent les contrées froides de l'hémisphère méridional. ◁

ANTARÈS, n. m. [ɑ̃taʀɛs] (gr. *antarès*, la rivale de Mars, de 1 *anti-* et *Arès*, nom grec de Mars, la couleur rouge de cette étoile concurrençant celle de la planète Mars) Nom d'une étoile fixe de la première grandeur, qui est dans le corps du Scorpion.

ANTE, n. f. [ãt] (lat. *anta*, pilastre) ▷ Avance en bois qu'on met aux ailes d'un moulin. ♦ *Antes,* pilastres carrés qui accompagnent les jambages des portes, ou forment les angles d'un édifice. Se dit aussi de tous les ordres de pilastres d'encoignure. ◁

ANTÉBOIS ou **ANTE-BOIS**, n. m. [ãtebwa] Voy. ANTIBOIS.

ANTÉCÉDEMMENT, adv. [ãtesedamã] (1 *antécédent*) Antérieurement.

ANTÉCÉDENCE, n. f. [ãtesedãs] (lat. *antecedentia*, de *antecedens*, antécédent) État de ce qui est antécédent. ♦ **Astron.** Se dit de la marche en apparence rétrograde des planètes de l'est à l'ouest. ■ **Géol.** Phénomène par lequel le tracé d'un cours d'eau est antérieur aux déformations tectoniques du terrain sur lequel il se trouve.

1 **ANTÉCÉDENT, ENTE**, adj. [ãtesedã, ãt] (lat. *antecedens*, de *antecedere*, antécéder) Qui précède dans l'ordre des temps.

2 **ANTÉCÉDENT**, n. m. [ãtesedã] (1 *antécédent*) Fait antérieur par rapport à un autre fait. ♦ *Les antécédents d'une personne,* les faits principaux de sa vie passée. ♦ **Gramm.** Tout mot auquel le pronom relatif ou adjectif conjonctif *qui, lequel,* etc., se rapporte. ♦ **Log.** La première proposition d'un enthymème, dont la seconde est appelée conséquent. ♦ **Math.** Le premier des deux termes d'un rapport ; le second terme est appelé conséquent.

ANTÉCESSEUR, n. m. [ãtesesœʀ] (lat. *antecessor*, prédécesseur, maître) ▷ Titre donné autrefois au professeur de droit dans une université. ◁

ANTÉCHRIST, n. m. [ãtekʀist] (lat. chrét. *Antichristus*, de 1 *anti-* et *Christus*) Imposteur qui, venant avant la fin des temps, voudra établir une religion opposée à celle de Jésus-Christ. ♦ Ennemi du Christ. « *Je ne suis pas du tout l'Antéchrist de service, J'ai même pour Jésus et pour son sacrifice Un brin d'admiration* », GEORGES BRASSENS. ■ REM. *Des antéchrists.* ■ REM. On prononçait autrefois [ãtekʀi]. Graphie ancienne : *antechrist.*

ANTÉDILUVIEN, IENNE, adj. [ãtedilyvjɛ̃, jɛn] (*anté-* et *diluvien*) Qui a existé avant le déluge. ■ **Ironiq.** Très ancien. *Une technologie antédiluvienne.*

ANTÉFIXE, n. f. [ãtefiks] (lat. *antefixum*) **Archit. anc.** Ornement qui s'appliquait au bord des toits couverts de tuiles creuses pour en masquer les vides.

ANTÉHYPOPHYSE, ■ n. f. [ãteipofiz] (*anté-* et *hypophyse*) **Anat.** Lobe qui se situe sur le devant de l'hypophyse, de nature glandulaire, produisant de nombreuses hormones dont la plupart sont sous le contrôle de l'hypothalamus. ■ **ANTÉHYPOPHYSAIRE**, adj. [ãteipofizɛʀ]

ANTENAIS, AISE, ■ n. m. et n. f. [ãt(ə)nɛ, ɛz] (*antan*) Jeune bovin âgé de un à deux ans, qui n'est pas encore apte à la reproduction.

ANTÉNATAL, ALE, ■ adj. [ãtenatal] (*anté-* et *natal*) Qui concerne la période précédant la naissance. *Médecine anténatale. Des examens anténatals.*

ANTENNAIRE, adj. [ãtɛnɛʀ] (*antenne*) Qui a rapport aux antennes des insectes.

ANTENNATE, ■ n. m. [ãtɛnat] (*antenne*) **Zool.** Arthropode muni d'antennes. *Le sous-embranchement des antennates comprend les crustacés, les insectes et les mille-pattes.*

ANTENNE, n. f. [ãtɛn] (lat. *antenna*) Vergue très inclinée et fixée au mât par le tiers de sa longueur, dont les deux tiers s'élèvent ainsi au-dessus du mât. ♦ **Hist. nat.** Appendice articulé et mobile que les insectes portent à la partie antérieure et supérieure de la tête. ■ Dispositif permettant de capter les ondes hertziennes. *Une antenne de télévision.* ■ **Par méton.** Radiodiffusion. *Passer à l'antenne.* ■ Local annexe. *L'antenne d'une mairie dans un quartier.* ■ **Fig.** *Avoir des antennes,* avoir des sources d'informations plus ou moins officielles ; avoir une certaine intuition.

ANTENNISTE, ■ n. m. et n. f. [ãtɛnist] (*antenne*) Spécialiste de la pose des antennes hertziennes et de la réception satellite.

ANTÉPÉNULTIÈME, adj. [ãtepenyltjɛm] (*anté-* et *pénultième*) Qui précède le pénultième, c'est-à-dire qui est le troisième à partir du dernier. ♦ N. F. Syllabe qui précède l'avant-dernière syllabe d'un mot.

ANTÉPOSER, ■ v. tr. [ãtepoze] (*anté-* et *poser*) **Ling.** Placer devant. *La langue littéraire antépose volontiers l'adjectif.* ■ **ANTÉPOSITION**, n. f. [ãtepozisjɔ̃] *L'antéposition de l'adjectif.*

ANTÉPRÉDICATIF, IVE, ■ adj. [ãtepʀedikatif, iv] (*anté-* et *prédicatif*) **Philos.** Qui vient avant tout prédicat ou détermination concrète.

ANTÉRIEUR, EURE, adj. [ãteʀjœʀ] (lat. *anterior*, plus en avant, comparatif de *ante*) Qui précède dans l'ordre des temps. *Corneille est antérieur à Racine.* ♦ Placé en avant. *Les poteaux antérieurs.* ♦ **Gramm.** *Passé antérieur, futur antérieur,* temps qui exprime une action passée antérieurement à une autre action. ♦ Qui précède dans l'espace. *Les membres antérieurs.* ■ **Phonét.** *Voyelle antérieure,* dont l'articulation se réalise dans la partie antérieure de la bouche. *Le [a] antérieur et le [a] postérieur.*

ANTÉRIEUREMENT, adv. [ãteʀjœʀ(ə)mã] (*antérieur*) Précédemment.

ANTÉRIORITÉ, n. f. [ãteʀjɔʀite] (*antérieur*, d'après lat. *anterior*) Priorité de temps, caractère de ce qui précède dans le temps.

ANTÉROGRADE, ■ adj. [ãteʀogʀad] (*antéro-* et *-grade*) **Méd.** *Amnésie antérograde,* dans laquelle les faits survenus après un point de repère sont systématiquement oubliés.

ANTÉVERSION, ■ n. f. [ãteveʀsjɔ̃] (*anté-* et *version*) **Anat.** Déviation de l'utérus caractérisée par une inclinaison du corps utérin en avant, le col étant dirigé vers l'arrière.

ANTHÉMIS, n. f. ou n. m. [ãtemis] (gr. *anthemis*) Nom scientifique de la camomille. ♦ Plante herbacée de la famille des composées utilisée comme plante ornementale pour ses fleurs étoilées.

ANTHÈRE, n. f. [ãtɛʀ] (gr. *anthêros*, fleuri, de *anthos*, fleur) Partie de l'étamine qui renferme le pollen ou poussière fécondante.

ANTHÉRIDIE, ■ n. f. [ãteʀidi] (*anthère*) **Bot.** Organe sexuel mâle des mousses et des fougères.

ANTHÉROZOÏDE, ■ n. m. [ãteʀozoid] (*anthéro-* et *-zoïde*) **Bot.** Cellule reproductrice mâle des végétaux.

ANTHOLOGIE, n. f. [ãtɔloʒi] (gr. *anthologia*, de *anthos*, fleur, et *-logie*) Recueil de petites pièces de vers choisies. *L'Anthologie grecque. L'Anthologie française.* ♦ ▷ **Hist. nat.** Traité des fleurs. ◁

ANTHONOME, ■ n. m. [ãtonɔm] (*antho-* et gr. *nomos*, nourriture) Charançon dont les larves sont particulièrement nuisibles aux arbres fruitiers et aux cotonniers.

ANTHOZOAIRE, adj. [ãtozoɛʀ] (*antho-* et *-zoaire*) Se dit d'animaux qui ressemblent plus ou moins à des fleurs. ■ **Zool.** Cœlentéré se présentant sous forme de polypes. *La classe des anthozoaires comprend les coraux.*

ANTHRACÈNE, ■ n. m. [ãtʀasɛn] (*anthrax*) **Chim.** Dérivé du goudron de houille utilisé comme matériau scintillant ou comme colorant.

ANTHRACIFÈRE, adj. [ãtʀasifɛʀ] (gr. *anthrax*, charbon, et *-fère*) Qui contient du charbon ou de la houille.

ANTHRACITE, n. m. [ãtʀasit] (lat. *anthracitis*, escarboucle, du gr. *anthrax*, charbon) Carbone presque entièrement privé de principes volatils pyrogénés, d'origine végétale, comme la houille. ■ **Adj. inv.** De la couleur grise de l'anthracite.

ANTHRACITEUX, EUSE, ■ adj. [ãtʀasitø, øz] (*anthracite*) De la nature de l'anthracite. *Charbon anthraciteux.*

ANTHRACNOSE, ■ n. f. [ãtʀaknoz] (gr. *anthrax*, charbon, et *nosos*, maladie, fléau) **Bot.** Maladie attaquant les plants de vigne, de tomates, de haricots, etc., provoquée par un champignon.

ANTHRACOSE, ■ n. f. [ãtʀakoz] (gr. *anthrax*, charbon) **Méd.** Maladie professionnelle des mineurs provoquée par l'infiltration dans les poumons de poussières de charbon inhalées. *L'anthracose devient grave lorsqu'elle se combine à la silicose.*

ANTHRAQUINONE, ■ n. f. [ãtʀakinɔn] (abrév. de *anthracène* et *quinone*) **Chim.** Dérivé de l'anthracène entrant dans la composition de laxatifs ou de colorants.

1 **ANTHRAX**, n. m. [ãtʀaks] (gr. *anthrax*, charbon, ulcère) **Méd.** Tumeur inflammatoire affectant le tissu cellulaire sous-cutané et se terminant toujours par la gangrène.

2 **ANTHRAX**, ■ n. m. [ãtʀaks] (*anthrax*, charbon) Maladie infectieuse frappant les herbivores et l'homme, appelée également *maladie du charbon.*

ANTHRÈNE, ■ n. m. [ãtʀɛn] (gr. *anthrên*, frelon, guêpe) Anthrène des musées, dit aussi amourette, insecte qui dévaste les collections.

ANTHROPIQUE, ■ adj. [ãtʀopik] (gr. *anthrôpos*, homme) **Géogr.** Qui est fait par l'homme, qui est dû à la présence de l'homme. *La pollution est le plus souvent d'origine anthropique.*

ANTHROPOBIOLOGIE, ■ n. f. [ãtʀopobjɔloʒi] (*anthropo-* et *biologie*) Branche de l'anthropologie mettant l'accent sur les composantes biologiques de l'être humain. ■ **ANTHROPOBIOLOGISTE**, n. m. et n. f. [ãtʀopobjɔloʒist]

ANTHROPOCENTRIQUE, ■ adj. [ãtʀoposãtʀik] (*anthropo-* et *centre*) Qui relève de l'anthropocentrisme. *Théories anthropocentriques.*

ANTHROPOCENTRISME, ■ n. m. [ãtʀoposãtʀism] (*anthropocentrique*) Doctrine qui place l'homme au centre de l'Univers.

ANTHROPOCENTRISTE, ■ n. m. et n. f. [ãtʀoposãtʀist] (*anthropocentrique*) Adepte de l'anthropocentrisme. ■ **Adj.** Qui relève de l'anthropocentrisme. ■ REM. Est moins courant que *anthropocentrique* dans son emploi adjectival.

ANTHROPOÏDE, ■ n. m. [ãtʀopoid] (*anthropo-* et *-oïde*) **Zool.** Grand singe à la morphologie proche de celle de l'homme. *L'orang-outang est un anthropoïde.*

ANTHROPOLOGIE, n. f. [ɑ̃tʀopoloʒi] (*anthropo-* et *-logie*) ▷ Histoire naturelle de l'homme. ◁ ◆ ▷ Figure de style par laquelle on attribue à Dieu des affections, des actions humaines. ◁ ■ Science qui a pour objet l'étude de l'homme dans ses caractéristiques anatomiques, biologiques, culturelles et sociales. *Anthropologie sociale. Anthropologie physique.* ■ ANTHROPOLOGUE, n. m. et n. f. [ɑ̃tʀopolɔg]

ANTHROPOLOGIQUE, adj. [ɑ̃tʀopoloʒik] (*anthropologie*) Qui a rapport à l'anthropologie. ◆ Qui a rapport à la figure dite anthropologie.

ANTHROPOMÉTRIE, ■ n. f. [ɑ̃tʀopometʀi] (*anthropo-* et *-métrie*) Branche de l'anthropologie physique spécialisée dans l'étude des mensurations du corps humain. ■ *Anthropologie judiciaire,* méthode consistant à relever de façon scientifique les mensurations d'un suspect afin de l'identifier en cas de récidive. *L'anthropologie judiciaire est aujourd'hui remplacée par la méthode des empreintes digitales et celle des empreintes génétiques.* ■ ANTHROPOMÉTRIQUE, adj. [ɑ̃tʀopometʀik]

ANTHROPOMORPHE, adj. [ɑ̃tʀopomɔʀf] (*anthropo-* et *-morphe*) Qui a la forme d'un homme.

ANTHROPOMORPHISME, n. m. [ɑ̃tʀopomɔʀfism] (*anthropocentrite*) Doctrine de ceux qui attribuent à Dieu une forme humaine. ■ Fait d'attribuer des caractères humains à d'autres êtres vivants. ■ ANTHROPOMORPHIQUE, adj. [ɑ̃tʀopomɔʀfik]

ANTHROPOMORPHITE, n. m. [ɑ̃tʀopomɔʀfit] (gr. *anthrôpomorphitês,* de *anthropos,* homme, et *morphê,* forme) ▷ Sectaire qui attribue à Dieu une forme humaine. ◁

ANTHROPONYME, ■ n. m. [ɑ̃tʀoponim] (*anthropo-* et *-onyme*) **Ling.** Nom donné à une personne, qu'il s'agisse de son nom de famille, de son prénom ou d'un surnom.

ANTHROPONYMIE, ■ n. f. [ɑ̃tʀoponimi] (*anthropo-* et *-onymie*) **Ling.** Branche de la linguistique spécialisée dans l'étude des noms propres de personnes.

ANTHROPOPHAGE, adj. [ɑ̃tʀopofaʒ] (*anthropo-* et *-phage*) Qui mange de la chair humaine. ◆ N. m. Les anthropophages sont aussi appelés cannibales.

ANTHROPOPHAGIE, n. f. [ɑ̃tʀopofaʒi] (*anthropo-* et *-phagie*) Habitude de manger de la chair humaine.

ANTHROPOPHILE, ■ adj. [ɑ̃tʀopofil] (*anthropo-* et *-phile*) **Biol.** Se dit d'animaux ou de végétaux parasites qui se nourrissent essentiellement aux dépens de l'être humain. ■ **Par extens.** Se dit des animaux sauvages qui peuvent vivre dans des lieux fréquentés par l'être humain. *Le renard est un animal anthropophile.*

ANTHROPOSOPHIE, ■ n. f. [ɑ̃tʀopozofi] (*anthropo-* et *-sophie*) **Philos.** Doctrine philosophique établie par Rudolf Steiner au début du XXᵉ siècle prônant un monde spirituel accessible à toute forme d'intellect. ■ ANTHROPOSOPHE, n. m. et n. f. [ɑ̃tʀopozɔf]

ANTHURIUM, ■ n. m. [ɑ̃tyʀjɔm] (lat. *anthurium,* du gr. *anthos,* fleur, et *oura,* queue) Plante ornementale d'intérieur, d'origine tropicale, dont les bractées de couleur rouge, blanc ou rose sont à la base d'une fleur jaune en forme de tige.

ANTHYLLIDE, ■ n. f. [ɑ̃tilid] Voy. ANTHYLLIS.

ANTHYLLIS ou **ANTHYLLIDE**, ■ n. f. [ɑ̃tilis, ɑ̃tilid] (lat. *anthyllis,* sorte d'ivette, du gr. *anthullion,* petite fleur) Plante vivace au feuillage caduc et aux fleurs roses, rouges ou jaunes, utilisée comme plante ornementale dans les rocailles.

1 ANTI..., [ɑ̃ti] Préfixe qui exprime l'opposition comme dans *antiscorbutique :* dans ce cas il vient du gr. *anti.* ■ **Rem.** Les mots formés avec ce préfixe ne portent de trait d'union que dans le cas d'une rencontre entre deux *i : anti-inflammatoire,* mais *antiunioniste.* Les adjectifs formés avec ce préfixe, suivi d'un nom et signifiant *Qui combat le [Nom],* sont invariables en nombre quand le nom en question est pris au singulier, dans un sens général : *des murs antibruit* (qui combattent le *bruit), des mesures antipollution* (qui combattent la *pollution) ;* et ils sont variables en nombre quand le nom exprime une pluralité : *des produits antimites* (qui combattent les *mites), des crèmes antirides* (qui combattent les *rides).*

2 ANTI..., [ɑ̃ti] Préfixe qui exprime la situation antérieure, comme dans *antidate, antichambre :* dans ce cas il représente le latin *ante.*

ANTIACARIEN, IENNE, ■ adj. [ɑ̃tiakaʀjɛ̃, jɛn] (1 *anti-* et *acarien*) Qui empêche la présence et la prolifération des acariens. *Un matelas antiacarien.* ■ N. m. Produit antiacarien.

ANTIACIDE, ■ adj. [ɑ̃tiasid] (1 *anti-* et *acide*) **Méd.** Qui neutralise l'acidité présente dans le système digestif. ■ N. m. Médicament aux vertus antiacides.

ANTIACNÉIQUE, ■ adj. [ɑ̃tiakneik] (1 *anti-* et *acné*) Qui combat l'acné. ■ N. m. Produit antiacnéique.

ANTIACRIDIEN, ■ adj. [ɑ̃tiakʀidjɛ̃] (1 *anti-* et *acridien*) Qui empêche la présence et la prolifération des acridiens.

ANTIADHÉSIF, IVE, ■ adj. [ɑ̃tiadezif, iv] (1 *anti-* et *adhésif*) Qui empêche les aliments d'adhérer au fond du récipient lors de la cuisson. *Un revêtement antiadhésif.* ■ **Par extens.** *Poêle antiadhésive.*

ANTIAÉRIEN, IENNE, ■ adj. [ɑ̃tiaeʀjɛ̃, jɛn] (1 *anti-* et *aérien*) Qui se défend face à une attaque par avion. *Tir, abri antiaérien.*

ANTIÂGE, ■ adj. inv. [ɑ̃tiɑʒ] (1 *anti-* et *âge*) Qui ralentit le vieillissement de la peau. *Une crème de nuit antiâge.*

ANTIAGRÉGANT, ANTE, adj. [ɑ̃tiagʀegɑ̃, ɑ̃t] (1 *anti-* et *agréger*) **Méd.** Qui empêche la formation de bouchon plaquettaire en fluidifiant le sang. ■ N. m. *L'aspirine est un antiagrégant.*

ANTIALCOOLIQUE, ■ adj. [ɑ̃tialkolik] (1 *anti-* et *alcoolique*) Qui lutte contre l'alcoolisme. *Un répulsif antialcoolique. Une ligue antialcoolique.*

ANTIALLERGIQUE, ■ adj. [ɑ̃tialɛʀʒik] (1 *anti-* et *allergique*) Qui relève du traitement des allergies. ■ N. m. Médicament à base de substances antiallergiques.

ANTIAMÉRICANISME, ■ n. m. [ɑ̃tiamerikanism] (1 *anti-* et *américanisme*) Attitude hostile vis-à-vis des États-Unis, de leur politique, de leur mode de vie.

ANTIANGINEUX, EUSE, ■ adj. [ɑ̃tiɑ̃ʒinø, øz] (1 *anti-* et *angine*) Propre à combattre les angines. ■ Propre à combattre les angines de poitrine. ■ **Rem.** Dans ce sens, on dit aussi *antiangoreux.* ■ N. m. Médicament antiangineux.

ANTIANGOREUX, EUSE, ■ adj. [ɑ̃tiɑ̃goʀø, øz] Voy. ANTIANGINEUX.

ANTIAPOPLECTIQUE, adj. [ɑ̃tiapoplɛktik] (1 *anti-* et *apoplectique*) **Méd.** Bon contre l'apoplexie.

ANTIASTHMATIQUE, ■ adj. [ɑ̃tias(t)matik] (1 *anti-* et *asthmatique*) Qui permet de lutter contre l'asthme. ■ N. m. *Les anti-inflammatoires à base de cortisone sont utilisés comme antiasthmatiques.*

ANTIATOME, ■ n. m. [ɑ̃tiatom] (1 *anti-* et *atome*) **Phys.** Atome présent dans l'antimatière. *Les antiatomes se déplacent à une vitesse voisine de celle de la lumière.*

ANTIATOMIQUE, ■ adj. [ɑ̃tiatomik] (1 *anti-* et *atomique*) Qui protège les êtres vivants des nuisances immédiates qu'entraînerait une explosion atomique nucléaire. *Abri antiatomique.*

ANTIBÉLIER, ■ n. m. [ɑ̃tibelje] (1 *anti-* et *bélier*) Dispositif utilisé en plomberie pour éviter les coups de bélier, les ondes de choc dans les tuyauteries.

ANTIBIOGRAMME, ■ n. m. [ɑ̃tibjogʀam] (abrév. de *antibiotique* et *-gramme*) **Méd.** Méthode d'analyses médicales se fondant sur la mise en culture des germes éventuellement présents dans un liquide biologique (sang, urine, etc.) afin de déterminer quels antibiotiques peuvent entraver leur développement.

ANTIBIORÉSISTANCE, ■ n. f. [ɑ̃tibjoʀezistɑ̃s] (abrév. de *antibiotique* et *résistance*) **Méd.** Résistance d'une bactérie à un traitement antibiotique.

ANTIBIOTHÉRAPIE, ■ n. f. [ɑ̃tibjoteʀapi] (abrév. de *antibiotique* et *thérapie*) **Méd.** Thérapeutique utilisant l'action d'un ou de plusieurs antibiotiques pour soigner une maladie ou prévenir une éventuelle infection.

ANTIBIOTIQUE, ■ n. m. [ɑ̃tibjotik] (1 *anti-* et *biôtikos,* qui concerne la vie) Substance naturelle ou synthétique permettant de combattre les bactéries. *Abuser des antibiotiques.* ■ **Adj.** *Un médicament antibiotique.*

ANTIBLOCAGE, ■ adj. inv. [ɑ̃tiblokaʒ] (1 *anti-* et *blocage*) Qui permet d'éviter le blocage des roues en cas de freinage brusque. *Système antiblocage.*

ANTIBOIS ou **ANTÉBOIS**, ■ n. m. [ɑ̃tibwa, ɑ̃tebwa] (orig. incert.) Tringle mise sur le parquet d'une chambre, le long du mur, afin d'empêcher le frottement des meubles contre la paroi. ■ **Rem.** On écrit aussi anti-bois. ■ On disait autrefois *antebois* (écrit également *ante-bois*).

ANTIBROUILLAGE, ■ n. m. [ɑ̃tibʀujaʒ] (1 *anti-* et *brouillage*) Dispositif visant à limiter ou à anéantir le brouillage des émissions d'ondes.

ANTIBROUILLARD, ■ adj. inv. [ɑ̃tibʀujaʀ] (1 *anti-* et *brouillard*) Dont le type de luminosité peut traverser le brouillard. *Phares antibrouillard.* ■ N. m. *Allumer ses antibrouillards.*

ANTIBRUIT, ■ adj. inv. [ɑ̃tibʀɥi] (1 *anti-* et *bruit*) Qui réduit les nuisances sonores. *Construire un mur antibruit le long d'une autoroute en milieu urbain.*

ANTICABREUR, ■ adj. [ɑ̃tikabʀœʀ] (1 *anti-* et *se cabrer*) Qui réduit l'effet de tangage en cas de démarrage brusque ou de freinage violent. ■ **Équit.** Qui empêche le cheval de se cabrer. *Un mors anticabreur.*

ANTICALCAIRE, ■ adj. inv. [ɑ̃tikalkɛʀ] (1 *anti-* et *calcaire*) Qui réduit les dépôts calcaires. *Installer un filtre anticalcaire sur une alimentation en eau.* ■ **Par extens.** *Une lessive anticalcaire.*

ANTICANCÉREUX, EUSE, ▪ adj. [ãtikãseʀø, øz] (1 anti- et cancéreux) Qui permet de lutter contre la prolifération des cellules cancéreuses. *Traitement, médicament anticancéreux.* ▪ N. m. Produit aux effets anticancéreux.

ANTICAPITALISTE, ▪ adj. [ãtikapitalist] (1 anti- et capitaliste) Qui fait preuve d'hostilité à l'égard du capitalisme. ▪ N. m. et n. f. *Un, une anticapitaliste.*

ANTICATHODE, ▪ n. f. [ãtikatɔd] (1 anti- et cathode) **Phys.** Composante d'un tube à rayons X qui attire les électrons dont l'absorption produit l'émission de rayons X.

ANTICHAMBRE, n. f. [ãtiʃãbʀ] (ital. *anticamera*, de 2 anti- et camera, chambre) Pièce d'entrée d'un appartement. ◆ ▷ *Propos d'antichambre*, propos de valets. ◁ ◆ *Faire antichambre*, attendre le moment d'être introduit. ◆ *Faire faire antichambre*, faire longtemps attendre quelqu'un avant de le recevoir.

ANTICHAR, ▪ adj. [ãtiʃaʀ] (1 anti- et char) Qui neutralise l'action des chars, des blindés. *Des mines antichars.* ▪ N. m. Engin servant à la destruction des chars, des blindés.

ANTICHOC, ▪ adj. [ãtiʃɔk] (1 anti- et choc) Qui diminue les dégâts occasionnés par les chocs. *Un dispositif antichoc.*

ANTICHÔMAGE, ▪ adj. inv. [ãtiʃomaʒ] (1 anti- et chômage) Qui lutte contre le chômage. *Des mesures antichômage.*

ANTICHRÈSE, n. f. [ãtikʀɛz] (gr. *antikhrêsis*, de 1 anti- et khrêsis, usage) **Dr.** Abandon des revenus d'une propriété pour les intérêts d'un emprunt.

ANTICHRÉTIEN, IENNE, adj. [ãtikʀetjɛ̃, jɛn] (1 anti- et chrétien) Qui est opposé à la religion chrétienne. ▪ N. m. et n. f. *Un antichrétien, une antichrétienne.*

ANTICHRISTIANISME, n. m. [ãtikʀistjanism] (1 anti- et christianisme) Caractère de ce qui est antichrétien. « *Encore qu'ils n'aient cessé d'animer le peuple par ces idées d'antichristianisme* », BOSSUET.

ANTICIPANT, ANTE, adj. [ãtisipã, ãt] (*anticiper*) **Méd.** Se dit des phénomènes périodiques qui se reproduisent à des intervalles progressivement plus courts. ▪ Qui procède par anticipation. *Une vision claire, ouverte et anticipante qui permet de construire un projet.*

ANTICIPATION, n. f. [ãtisipasjõ] (lat. *anticipatio*, connaissance anticipée) Action d'anticiper, de faire une chose avant l'époque déterminée. ◆ ▷ **Financ.** Sorte d'emprunt remboursable sur les perceptions à faire. ◁ ◆ Usurpation faite sur un droit, un bien. ◆ ▷ Antidate. « *Ces savants se fondent sur des anticipations* », VOLTAIRE. ◁ ◆ **PAR ANTICIPATION**, loc. adv. Avant le temps. ◆ Figure de rhétorique, prolepse, réfutation anticipée d'objections prévues. ◆ **Mus.** Se dit d'un accord ou d'une note qu'on entend avant le temps. ◆ *Roman, film d'anticipation*, dont l'action se passe dans un futur imaginaire.

ANTICIPATOIRE, ▪ adj. [ãtisipatwaʀ] (*anticipation*) Qui est déclenché par souci de vouloir anticiper une action. *Un mouvement anticipatoire.*

ANTICIPÉ, ÉE, p. p. d'anticiper. [ãtisipe] Fait, pris d'avance.

ANTICIPER, v. tr. [ãtisipe] (lat. *anticipare*, prendre par avance, de 2 anti- et capere prendre) Prévenir, devancer. ▪ V. intr. *Anticiper sur*, usurper, empiéter. ◆ ▷ *Anticiper sur les temps*, sur les faits, donner à un fait une date antérieure à la véritable. ◁ ◆ Absol. Prévoir les différents cas de figure qui peuvent se poser et y apporter une solution. *En matière de gestion de projets, il faut savoir anticiper.*

ANTICLÉRICAL, ALE, ▪ n. m. et n. f. [ãtikleʀikal] (1 anti- et clérical) Personne hostile à un pouvoir du clergé dans les affaires publiques. *Être un anticlérical notoire. Les anticléricaux.* ▪ Adj. *Afficher ses opinions anticléricales.*

ANTICLÉRICALISME, ▪ n. m. [ãtikleʀikalism] (1 anti- et cléricalisme) Position, attitude d'une personne anticléricale.

ANTICLINAL, ALE, ▪ adj. et n. m. [ãtiklinal] (gr. *antiklinein*, faire pencher en sens contraire) **Géol.** Dont la convexité se relève vers le haut. *Un pli anticlinal* ou *un anticlinal. Des failles anticlinales. Des plis anticlinaux.*

ANTICOAGULANT, ANTE, ▪ adj. [ãtikoagylã, ãt] (1 anti- et coagulant) Qui empêche la coagulation du sang.

ANTICOLONIALISME, ▪ n. m. [ãtikolonjalism] (1 anti- et colonialisme) Mouvement d'opposition aux idées colonialistes. ▪ ANTICOLONIALISTE, adj. ou n. m. et n. f. [ãtikolonjalist]

ANTICOMMUNISME, ▪ n. m. [ãtikomynism] (1 anti- et communisme) Attitude hostile à l'égard du communisme. ▪ ANTICOMMUNISTE, adj. ou n. m. et n. f. [ãtikomynist]

ANTICONCEPTIONNEL, ELLE, ▪ adj. [ãtikõsɛpsjɔnɛl] (1 anti- et conception) Qui a vocation à empêcher la fécondation à la suite d'un rapport sexuel. *L'usage du stérilet est une méthode anticonceptionnelle.*

ANTICONCURRENTIEL, ELLE, ▪ adj. [ãtikõkyʀãsjɛl] (1 anti- et concurrentiel) Qui ne permet pas le libre jeu de la concurrence. *Les comportements anticoncurrentiels sont réprimés par la loi.*

ANTICONFORMISME, ▪ n. m. [ãtikõfɔʀmism] (1 anti- et conformisme) Mode de pensée et de comportement qui se démarque d'un groupe majoritaire et de ses usages. ▪ ANTICONFORMISTE, adj. ou n. m. et n. f. [ãtikõfɔʀmist]

ANTICONJONCTUREL, ELLE, ▪ adj. [ãtikõʒõktyʀɛl] (1 anti- et conjoncturel) **Écon.** Qui a pour objectif de lutter contre les effets néfastes d'une conjoncture économique défavorable.

ANTICONSTITUTIONNEL, ELLE, adj. [ãtikõstitysjɔnɛl] (1 anti- et constitutionnel) Qui est opposé à la constitution d'un pays. ▪ ANTICONSTITUTIONNELLEMENT, adv. [ãtikõstitysjɔnɛl(ə)mã]

ANTICORPS, ▪ n. m. [ãtikɔʀ] (1 anti- et corps) Protéine de défense de l'organisme. *Les anticorps apparaissent lorsqu'ils rencontrent des substances nocives et agissent pour renforcer ou immuniser le corps contre elles.*

ANTICORROSION, ▪ adj. inv. [ãtikoʀozjõ] (1 anti- et corrosion) Qui empêche l'apparition de corrosion sur les métaux. *Une peinture anticorrosion.*

ANTICRYPTOGAMIQUE, ▪ adj. [ãtikʀiptogamik] (1 anti- et cryptogamique) Qui détruit les champignons parasites ou bloque leur activité. ▪ N. m. Fongicide. *L'utilisation des anticryptogamiques en viticulture.*

ANTICYCLONAL, ALE, ou **ANTICYCLONIQUE**, ▪ adj. [ãtisiklonal, ãtisiklonik] (*anticyclone*) Relatif à un anticyclone. *Systèmes anticyclonaux.*

ANTICYCLONE, ▪ n. m. [ãtisiklon] (1 anti- et cyclone) **Météorol.** Centre de hautes pressions atmosphériques. *Beau temps dû à l'anticyclone des Açores.*

ANTICYCLONIQUE, ▪ adj. [ãtisiklonik] Voy. ANTICYCLONAL.

ANTIDARTREUX, EUSE, adj. [ãtidaʀtʀø, øz] (1 anti- et dartreux) **Méd.** Bon contre les dartres.

ANTIDATE, n. f. [ãtidat] (1 anti- et date, date mise pour une autre, puis date antérieure volontairement fausse, avec infl. de 2 anti-) Date fausse et antérieure à la date véritable.

ANTIDATÉ, ÉE, p. p. d'antidater. [ãtidate] *Des pièces antidatées.*

ANTIDATER, v. tr. [ãtidate] (*antidate*) Mettre une date antérieure à celle du jour où l'on écrit.

ANTIDÉFLAGRANT, ANTE, ▪ adj. [ãtideflagʀã, ãt] (1 anti- et rad. de *déflagration*) Conçu pour fonctionner dans un milieu inflammable, notamment dans les mines lorsqu'il y a du grisou.

ANTIDÉMARRAGE, ▪ adj. inv. [ãtidemaʀaʒ] (1 anti- et démarrage) Se dit d'un dispositif antivol qui empêche le démarrage d'un moteur. ▪ N. m. Automobile équipée d'un antidémarrage.

ANTIDÉMOCRATIQUE, ▪ adj. [ãtidemokratik] (1 anti- et démocratique) Qui est contraire aux principes de la démocratie. *Une décision unilatérale antidémocratique.*

ANTIDÉPLACEMENT, ▪ n. m. [ãtideplas(ə)mã] (1 anti- et déplacement) **Math.** Isométrie qui transforme un angle orienté en son opposé.

ANTIDÉPRESSEUR, ▪ n. m. [ãtidepʀesœʀ] (1 anti- et dépresseur) Médicament destiné à combattre la dépression. *Administrer facilement des antidépresseurs.*

ANTIDÉRAPANT, ANTE, ▪ adj. [ãtideʀapã, ãt] (1 anti- et dérapant, de *déraper*) Spécialement conçu pour minimiser les risques de dérapage. *Semelles antidérapantes.* ▪ N. m. *Poser des antidérapants au fond d'une baignoire.*

ANTIDÉTONANT, ANTE, ▪ adj. [ãtidetonã, ãt] (1 anti- et détonant) Qui retarde l'explosion du mélange air-carburant, augmentant ainsi la compression dans le cylindre d'un moteur à explosion. *L'utilisation du plomb comme additif antidétonant est aujourd'hui interdite.*

ANTIDIABÉTIQUE, ▪ adj. [ãtidjabetik] (1 anti- et diabétique) Qui lutte contre les effets du diabète. ▪ N. m. *L'insuline est un antidiabétique.*

ANTIDIPHTÉRIQUE, ▪ adj. [ãtidifteʀik] (1 anti- et diphtérique) Qui combat la diphtérie. *Vaccination antidiphtérique.*

ANTIDIURÉTIQUE, ▪ adj. [ãtidjyʀetik] (1 anti- et diurétique) **Méd.** Qui empêche ou diminue la sécrétion de l'urine.

ANTIDOPAGE, ▪ adj. inv. [ãtidopaʒ] (1 anti- et dopage) Qui s'oppose aux pratiques de dopage, notamment dans le sport. *Lutte antidopage.*

ANTIDOTE, n. m. [ãtidɔt] (lat. *antidotum*, remède, ce qui sert à résister contre) Contrepoison. ◆ **Fig.** « *D'excellents antidotes contre la mélancolie* », MONTESQUIEU.

ANTIDOTÉ, ÉE, adj. [ãtidote] (*antidote*) Pourvu d'antidote.

ANTIDOULEUR, ▪ adj. inv. [ãtidulœʀ] (1 anti- et douleur) Qui combat la douleur corporelle. *Les effets antidouleur de l'aspirine.* ▪ N. m. Médicament antidouleur, antalgique. ■ Qui est spécialisé dans le traitement de la douleur corporelle. *Un centre antidouleur.*

ANTIDROGUE, ■ adj. inv. [ãtidʀɔg] (1 *anti*- et *drogue*) Qui combat l'usage de la drogue, des stupéfiants. *La lutte antidrogue. Des campagnes antidrogue.*

ANTIÉCONOMIQUE, ■ adj. [ãtiekonomik] (1 *anti*- et *économique*) Qui est contraire aux principes régissant une économie saine.

ANTIÉMÉTIQUE, ■ adj. [ãtiemetik] (1 *anti*- et *émétique*) **Méd.** Qui prévient des vomissements et des nausées. ■ N. m. Antivomitif.

ANTIÉMEUTE, ■ adj. [ãtiemøt] (1 *anti*- et *émeute*) Qui vise à réduire les risques de soulèvements populaires ou à les réprimer. *Des lois antiémeutes.*

ANTIENNE, n. f. [ãtjɛn] (lat. chrét. *antiphona*, chant alternatif) Passage de l'Écriture qu'on chante en tout ou en partie, avant un psaume, et qu'on répète en entier après. ♦ **Fig.** *Chanter toujours la même antienne,* répéter toujours la même chose. ♦ ▷ **Fig.** *Annoncer une triste antienne,* annoncer une triste nouvelle. ◁

ANTIESCLAVAGISTE, ■ adj. [ãtiɛsklavaʒist] (1 *anti*- et *esclavagiste*) Qui dénonce l'esclavage. ■ N. m. et n. f. *Un, une antiesclavagiste.*

ANTIÉTATIQUE, ■ adj. [ãtietatik] (1 *anti*- et *étatique*) Qui dénonce le pouvoir de l'État dans les domaines économique et social.

ANTIFADING, ■ adj. inv. [ãtifediŋ] ou [ãtifadiŋ] (1 *anti*- et *fading*) Qui réduit les inconvénients dus à la diminution momentanée de la puissance d'un signal radioélectrique.

ANTIFASCISTE, ■ adj. [ãtifaʃist] (1 *anti*- et *fasciste*) Qui dénonce le fascisme. *Manifeste antifasciste.* ■ N. m. et n. f. *Les antifascistes.*

ANTIFÉBRILE, adj. [ãtifebʀil] (1 *anti*- et *fébrile*) Qui est bon contre la fièvre.

ANTIFERROMAGNÉTISME, ■ n. m. [ãtifeʀomaɲetism] ou [ãtifeʀomanjetism] (1 *anti*- et *ferromagnétisme*) **Phys.** Phénomène propre à certains cristaux se démarquant par des moments magnétiques d'atomes ou d'ions orientés en alternance dans un sens, puis dans l'autre et s'annulant.

ANTIFONGIQUE, ■ adj. [ãtifɔ̃ʒik] (1 *anti*- et lat. *fongus*, champignon) **Méd.** Qui combat les champignons et les levures parasites de l'homme ou des animaux. ■ N. m. *Prescrire un antifongique en cas de mycose.*

ANTIFRICTION, ■ adj. inv. [ãtifʀiksjɔ̃] (1 *anti*- et *friction*) **Techn.** Se dit d'un alliage destiné à réduire le frottement dans les pièces en mouvement dans un organe.

ANTIFUMÉE, ■ adj. inv. [ãtifyme] (1 *anti*- et *fumée*) Qui préserve des effets nocifs de la fumée en cas d'incendie. *Une cagoule antifumée.*

ANTI-G, ■ adj. inv. [ãtiʒe] (abrév. de *antigravitationnel*) Qui vise à maintenir une pression artérielle adéquate et l'irrigation sanguine du cerveau au moment où les astronautes entrent dans l'atmosphère. *Des combinaisons anti-g.*

ANTIGANG, ■ adj. [ãtigãg] (1 *anti*- et *gang*) Spécialisé dans la lutte contre le banditisme. *La brigade antigang.* ■ N. f. Fam. Brigade de répression et d'intervention.

ANTIGEL, ■ n. m. [ãtiʒɛl] (1 *anti*- et *gel*) Produit ajouté à certains liquides de droguerie pour empêcher leur congélation. *Des antigels pour lave-glaces.* ■ Adj. inv. *Des nettoyants antigel.*

ANTIGÉLIF, ■ n. m. [ãtiʒelif] (1 *anti*- et *gélif*) **Constr.** Produit ajouté au béton permettant d'éviter sa désagrégation en cas de gel.

ANTIGÈNE, ■ n. m. [ãtiʒɛn] (abrév. de *anticorps* et *-gène*) **Biol.** Substance dont l'introduction dans un organisme vivant entraîne une réponse immunitaire spécifique. ■ **ANTIGÉNIQUE**, adj. [ãtiʒenik]

ANTIGIVRANT, ANTE, ■ adj. [ãtiʒivʀã, ãt] (1 *anti*- et *givrant*) Qui empêche ou réduit la formation de givre.

ANTIGLISSE, ■ adj. inv. [ãtiglis] (1 *anti*- et *glisser*) Muni d'un dispositif qui empêche de glisser. *Un marchepied antiglisse.*

ANTIGOUTTEUX, EUSE, adj. [ãtigutø, øz] (1 *anti*- et *goutteux*) Bon contre la goutte.

ANTIGOUVERNEMENTAL, ALE, ■ adj. [ãtiguvɛʀnəmãtal] (1 *anti*- et *gouvernemental*) Opposé au gouvernement en place. *Un vote antigouvernemental. Des propos antigouvernementaux.*

ANTIHALO, ■ n. m. [ãtialo] (1 *anti*- et *halo*) **Phot.** Couche d'un film qui en absorbant les rayons lumineux prévient la formation éventuelle de halos qui pourrait être causée par la réflexion de la lumière sur le support.

ANTIHÉROS, ■ n. m. [ãtieʀo] (1 *anti*- et *héros*) Personnage fictif archétypal ne possédant pas les caractéristiques habituelles du héros et occupant pourtant cette fonction au sein de la fiction. *Le lieutenant Colombo est un antihéros.*

ANTIHISTAMINIQUE, ■ adj. [ãtiistaminik] (1 *anti*- et *histaminique*) **Méd.** Qui combat les effets toxiques de l'histamine dans l'organisme. ■ N. m. *L'utilisation des antihistaminiques dans le traitement des allergies.*

ANTIHYGIÉNIQUE, ■ adj. [ãtiiʒjenik] (1 *anti*- et *hygiénique*) Qui est contraire aux règles de l'hygiène.

ANTI-IMPÉRIALISME, ■ n. m. [ãtiẽpeʀjalism] (1 *anti*- et *impérialisme*) Attitude hostile à l'égard de l'impérialisme. ■ **ANTI-IMPÉRIALISTE**, adj. ou n. m. et n. f. [ãtiẽpeʀjalist]

ANTI-INFECTIEUX, EUSE, ■ adj. [ãtiẽfɛksjø, øz] (1 *anti*- et *infectieux*) Propre à combattre l'infection. *Un traitement anti-infectieux.*

ANTI-INFLAMMATOIRE, ■ n. m. [ãtiẽflamatwaʀ] (1 *anti*- et *inflammatoire*) Substance luttant contre l'inflammation des tissus ou des muscles de l'organisme. *Anti-inflammatoires qui provoquent des douleurs à l'estomac.* ■ Adj. *Médicaments anti-inflammatoires.*

ANTI-INFLATIONNISTE, ■ adj. [ãtiẽflasjɔnist] (1 *anti*- et *inflationniste*) Qui vise à réduire l'inflation. *Des mesures anti-inflationnistes.*

ANTIJEU, ■ n. m. [ãtiʒø] (1 *anti*- et *jeu*) Manière de jouer contraire à l'esprit de jeu ou aux règles du jeu. *À force de mettre tout le temps le ballon en touche, ils font de l'antijeu.*

ANTILAITEUX, EUSE, adj. et n. m. [ãtiletø, øz] (1 *anti*- et *laiteux*) ▷ *Les médicaments antilaiteux* ou simplement *les antilaiteux,* médicaments auxquels on supposait la propriété de diminuer la sécrétion du lait, et qu'on employait contre les maladies dites laiteuses, c.-à-d. causées par la rétrocession du lait. ◁ ■ Qui réduit ou supprime la sécrétion de lait par les glandes mammaires.

ANTILLAIS, AISE, ■ adj. [ãtijɛ, ɛz] (*Antilles*) Des Antilles. *Boudin antillais.* ■ N. m. et n. f. *Un Antillais, une Antillaise.*

ANTILOGIE, n. f. [ãtiloʒi] (gr. *antilogia*, réponse, contradiction) **Didact.** Contradiction de langage, d'idées.

ANTILOPE, n. f. [ãtilɔp] (lat. médiév. *antalopus*) Genre de mammifères de la famille des ruminants à cornes creuses non caduques, tels que la gazelle, le chamois. ■ **Rem.** Aujourd'hui *antilope* est réservé à ce type de ruminants vivant dans les déserts ou les steppes d'Afrique et d'Asie.

ANTIMATIÈRE, ■ n. f. [ãtimatjɛʀ] (1 *anti*- et *matière*) Configuration spécifique de la matière constituée de particules élémentaires aux propriétés électromagnétiques inverses à celles des particules ordinaires.

ANTIMÉRIDIEN, ■ n. m. [ãtimeʀidjẽ] (1 *anti*- et *méridien*) **Géogr.** Méridien situé à 180° de longitude d'un méridien donné.

ANTIMIGRAINEUX, EUSE, ■ adj. [ãtimigʀɛnø, øz] (1 *anti*- et *migraineux*) Propre à soulager la migraine. ■ N. m. *Des antimigraineux administrés par voie orale.*

ANTIMILITAIRE, adj. [ãtimilitɛʀ] (1 *anti*- et *militaire*) Contraire à l'esprit militaire.

ANTIMILITARISME, ■ n. m. [ãtimilitaʀism] (1 *anti*- et *militarisme*) Attitude hostile à l'égard de l'armée, de l'esprit militaire.

ANTIMILITARISTE, ■ adj. [ãtimilitaʀist] (1 *anti*- et *militariste*) Qui réprouve le recours à la force militaire. *Un mouvement pacifiste et antimilitariste.* ■ N. m. et n. f. Personne hostile à l'emploi de la force militaire. *Des antimilitaristes manifestaient dans les rues.*

ANTIMISSILE, ■ adj. [ãtimisil] (1 *anti*- et *missile*) Dont l'action neutralise les missiles. *Des chars antimissiles.*

ANTIMITE, ■ adj. [ãtimit] (1 *anti*- et *mite*) Qui empêche les mites et leurs larves de s'attaquer aux lainages, aux soieries, aux fourrures, etc. *Des boules antimites.* ■ N. m. Produit antimite.

ANTIMITOTIQUE, ■ adj. [ãtimitotik] (1 *anti*- et *mitotique*) **Méd.** Qui empêche la division cellulaire pour bloquer la mitose en métaphase. ■ N. m. Médicament antimitotique. *Prescription d'antimitotiques dans le traitement des cancers.*

ANTIMOINE, n. m. [ãtimwan] (lat. médiév. *antimonium*, p.-ê. de l'ar. *itmid*) Métal d'un blanc bleuâtre avec lequel on prépare l'émétique.

ANTIMONACAL, ALE, adj. [ãtimonakal] (1 *anti*- et *monacal*) ▷ Qui est opposé aux moines, aux couvents de moines. ◁

ANTIMONARCHIQUE, adj. [ãtimonaʀʃik] (1 *anti*- et *monarchique*) Qui est opposé au gouvernement monarchique.

ANTIMONARCHISTE, ■ adj. et n. [ãtimonaʀʃist] (1 *anti*- et *monarchiste*) Qui est hostile à la monarchie, ou à ceux qu'elle plombe.

ANTIMONDIALISATION n. f. ou **ANTIMONDIALISME**, ■ n. m. [ãtimɔ̃djalizasjɔ̃, ãtimɔ̃djalism] (1 *anti*- et *mondialisation* ou *mondialisme*) Hostilité à l'égard d'une organisation mondiale de l'économie. ■ **ANTIMONDIALISTE**, adj. ou n. m. et n. f. [ãtimɔ̃djalist]

ANTIMONIAL, ALE ou **ANTIMONIÉ, ÉE**, adj. [ɑ̃timɔnjal, ɑ̃timɔnje] (rad. du lat. *antimonium*, antimoine) Qui est fait avec l'antimoine, qui en contient. ◆ ▷ N. m. pl. *Les antimoniaux,* médicament dont le principe actif est l'antimoine. ◁

ANTIMONIURE, ■ n. m. [ɑ̃timɔnjyʀ] (rad. du lat. *antimonium*, antimoine) **Chim.** Combinaison de l'antimoine avec un autre métal ou métalloïde. *Antimoniure d'indium, de gallium.*

ANTIMYCOSIQUE, ■ adj. [ɑ̃timikozik] (1 *anti-* et *mycosique*) Qui combat les champignons et les levures parasites de l'homme ou de l'animal. ■ N. m. Médicament antimycosique.

ANTINATALISTE, ■ adj. [ɑ̃tinatalist] (1 *anti-* et *nataliste*) Qui vise à réduire le nombre de naissances au sein d'une population. *Mise en place de la politique antinataliste en Chine.*

ANTINATIONAL, ALE, adj. [ɑ̃tinasjɔnal] (1 *anti-* et *national*) Contraire à la nation, à ses intérêts. *Actes, partis antinationaux.*

ANTINAZI, IE, ■ adj. [ɑ̃tinazi] (1 *anti-* et *nazi*) Qui s'oppose au nazisme, aux idées qu'il défend. *Des mouvements antinazis.* ■ N. m. et n. f. *Un antinazi, une antinazie.*

ANTINEUTRON, ■ n. m. [ɑ̃tinøtʀɔ̃] (1 *anti-* et *neutron*) **Phys.** Antiparticule du neutron que l'on observe dans le rayonnement cosmique.

ANTINÉVRALGIQUE, ■ adj. [ɑ̃tinevʀalʒik] (1 *anti-* et *névralgique*) Qui combat les névralgies. ■ N. m. Médicament antinévralgique.

ANTINOMIE, n. f. [ɑ̃tinɔmi] (gr. *antinomia*, contradiction entre des lois différentes) Contradiction réelle ou apparente entre deux lois. *Concilier des antinomies.* ■ ANTINOMIQUE, adj. [ɑ̃tinɔmik]

ANTINUCLÉAIRE, ■ adj. inv. [ɑ̃tinykleɛʀ] (1 *anti-* et *nucléaire*) Qui manifeste le refus de l'emploi de l'énergie nucléaire. *Des slogans antinucléaire.* ■ N. m. et n. f. *Une manifestation des antinucléaires.*

ANTIONCOGÈNE, ■ n. m. [ɑ̃tiɔ̃kɔʒɛn] (1 *anti-*, gr. *onkos*, masse, volume, et *-gène*) **Biol.** Gène dont le rôle est de réduire la division cellulaire.

ANTIOXYDANT, ANTE, ■ adj. [ɑ̃tiɔksidɑ̃, ɑ̃t] (1 *anti-* et *oxydant*) Qui diminue ou empêche l'oxydation. *L'utilisation des antioxydants dans l'industrie alimentaire.* ■ N. m. Produit antioxydant.

ANTIPALUDÉEN, ÉENNE ou **ANTIPALUDIQUE**, ■ adj. [ɑ̃tipalydeɛ̃, eɛn, ɑ̃tipalydik] (1 *anti-* et *paludéen* ou *paludique*) Qui combat le paludisme. ■ N. m. Médicament antipaludéen.

ANTIPAPE, n. m. [ɑ̃tipap] (lat. médiév. *antipapa*) Personne qui prétend passer pour pape au préjudice du pape choisi légitimement, et qui cause par cette prétention un schisme dans l'Église.

ANTIPAPISME, ■ n. m. [ɑ̃tipapism] (*antipape*) État de celui qui est antipape. ◆ Opinion religieuse qui ne reconnaît pas la suprématie du pape.

ANTIPAPISTE, ■ n. m. et n. f. [ɑ̃tipapist] (1 *anti-* et *papiste*) Personne opposée au papisme. ■ Adj. *Une position antipapiste.*

ANTIPARASITE, ■ n. m. et adj. [ɑ̃tipaʀazit] (1 *anti-* et *parasite*) Dispositif repoussant les parasites électromagnétiques en permettant une bonne transmission des émissions radiophoniques et télévisuelles.

ANTIPARASITER, ■ v. tr. [ɑ̃tipaʀazite] (1 *anti-* et *parasiter*) Équiper d'un dispositif antiparasite.

ANTIPARLEMENTAIRE, ■ adj. [ɑ̃tipaʀləmɑ̃tɛʀ] Qui est hostile au régime parlementaire. ■ N. m. et n. f. *Les antiparlementaires.*

ANTIPARLEMENTARISME, ■ n. m. [ɑ̃tipaʀləmɑ̃taʀism] (1 *anti-* et *parlementarisme*) Doctrine, attitude de ceux qui s'opposent au régime parlementaire.

ANTIPARTICULE, ■ n. f. [ɑ̃tipaʀtikyl] (1 *anti-* et *particule*) **Phys.** Particule de même masse, mais ayant une charge et un moment magnétique opposés à ceux d'une autre particule de matière. *La particule et son antiparticule se sont annihilées.*

ANTIPATHIE, n. f. [ɑ̃tipati] (gr. *antipatheia*, de 1 *anti-* et *pathos*, ce que l'on éprouve) Aversion naturelle et non raisonnée. ◆ ▷ Défaut d'affinité entre les choses. *L'eau et l'huile ont de l'antipathie.* ◁ ◆ Vieilli en ce sens.

ANTIPATHIQUE, adj. [ɑ̃tipatik] (*antipathie*) Se dit des personnes et des choses qui se repoussent l'une l'autre. ◆ Fam. *Cet homme m'est antipathique,* j'ai de l'aversion pour lui. ■ Rem. N'est plus fam. auj. en ce sens.

ANTIPATRIOTIQUE, adj. [ɑ̃tipatʀijɔtik] (1 *anti-* et *patriotique*) Opposé au patriotisme.

ANTIPELLICULAIRE, ■ adj. [ɑ̃tipelikylɛʀ] (1 *anti-* et *pelliculaire*) Qui réduit l'apparition de pellicules dermiques. *Shampoing antipelliculaire.*

ANTIPÉRISTALTIQUE, adj. [ɑ̃tipeʀistaltik] (1 *anti-* et *péristaltique*) *Mouvement antipéristaltique de l'estomac et des intestins,* mouvement de contraction de ces organes de bas en haut, de manière que les matières qu'ils contiennent se trouvent reportées en sens inverse de leur cours habituel.

ANTIPÉRISTASE, n. f. [ɑ̃tipeʀistaz] (gr. *antiperistasis*, de 1 *anti-*, *peri*, autour, et *stasis*, arrêt) **Didact.** Action de deux qualités contraires dont l'une sert à rendre l'autre plus vive et plus puissante, comme quand on dit que le feu est plus ardent l'hiver que l'été.

ANTIPERSONNEL, ■ adj. inv. [ɑ̃tipɛʀsɔnɛl] (1 *anti-* et *personnel*) Qui détruit physiquement les personnes. *Mines antipersonnel.*

ANTIPERSPIRANT, ANTE, ■ adj. [ɑ̃tipɛʀspiʀɑ̃, ɑ̃t] (1 *anti-* et *perspirer*, du lat. class. *perspirare*, respirer partout) Qui neutralise les odeurs de la transpiration tout en en réduisant l'écoulement. ■ N. m. Produit antiperspirant.

ANTIPESTILENTIEL, ELLE, adj. [ɑ̃tipɛstilɑ̃sjɛl] (1 *anti-* et *pestilentiel*) Qui est propre à combattre la peste, à en préserver.

ANTIPHERNAUX, adj. m. pl. [ɑ̃tifɛʀno] (lat. *antipherna*, avantage accordé par un mari à sa femme comme don) ▷ **Dr.** *Biens antiphernaux,* biens que le mari donne à la femme par contrat de mariage. ◁

ANTIPHILOSOPHIQUE, adj. [ɑ̃tifilozofik] (1 *anti-* et *philosophique*) Qui est contraire aux principes de la philosophie.

ANTIPHLOGISTIQUE, adj. [ɑ̃tiflɔʒistik] (1 *anti-* et *phlogistique*) ▷ **Chim.** Qui combat la théorie du phlogistique. ◁ ◆ **Méd.** Qui combat l'inflammation. ◆ N. m. pl. *Les antiphlogistiques.*

ANTIPHONAIRE, n. m. [ɑ̃tifonɛʀ] (lat. médiév. liturg. *antiphonarium*, de *antiphona*, voir antienne) Livre d'église où se trouvent notés les antiennes et tous les chants de l'office. ■ Rem. On disait aussi *antiphonier.*

ANTIPHRASE, n. f. [ɑ̃tifʀaz] (gr. *antiphrasis*, désignation par le contraire) Emploi d'un mot ou d'une proposition dans un sens contraire à son véritable sens ; ainsi le mot *Euménides,* qui signifie étymologiquement « bienveillantes » et qui s'applique aux Furies, est formé par antiphrase.

ANTIPHYSIQUE, adj. [ɑ̃tifizik] (1 *anti-* et *physique*) ▷ Qui est contre la nature. ■ Rem. Terme employé au XVIIIᵉ siècle pour qualifier l'homosexualité. ◁

ANTIPIED, n. m. [ɑ̃tipje] (*anti-* et *pied*) ▷ Pied ou patte de devant d'un mammifère. ◁

ANTIPODE, n. m. [ɑ̃tipɔd] (gr. *antipodos*, qui a les pieds à l'opposé, de 1 *anti-* et *podos*, pied) Personne qui habite à l'extrémité d'un diamètre de la Terre en opposition à celui qui habite à l'autre extrémité. ◆ **Fig.** *Cet homme est l'antipode du bons sens,* ses raisonnements, ses actions n'ont pas le sens commun. ◆ Il se dit des lieux. *Les antipodes de Paris sont au sud-est de la Nouvelle-Zélande.* ◆ *Je voudrais que cet homme fût aux antipodes,* bien loin, le plus loin possible. ■ *À l'antipode* ou aux *antipodes de,* totalement différent de.

ANTIPODISTE, ■ n. m. et n. f. [ɑ̃tipɔdist] (*antipode*) Acrobate qui, en étant couché sur le dos, peut exécuter des tours d'adresse avec les pieds.

ANTIPOÉTIQUE, adj. [ɑ̃tipoetik] (1 *anti-* et *poétique*) Contraire à la poésie.

ANTIPOISON, ■ adj. inv. [ɑ̃tipwazɔ̃] (1 *anti-* et *poison*) *Centre antipoison,* structure spécialisée dans la prévention et le traitement de l'empoisonnement.

ANTIPOLITIQUE, adj. [ɑ̃tipolitik] (1 *anti-* et *politique*) Opposé à la saine politique.

ANTIPOLLUTION, ■ adj. inv. [ɑ̃tipɔlysjɔ̃] (1 *anti-* et *pollution*) Conçu pour réduire ou éliminer les effets nocifs de la pollution.

ANTIPROTÉASE, ■ n. f. [ɑ̃tipʀoteaz] (1 *anti-* et *protéase*) **Méd.** Médicament antiviral, utilisé dans le traitement du sida, qui empêche la formation de nouveaux virus par blocage de la protéase.

ANTIPROTECTIONNISTE, ■ adj. [ɑ̃tipʀotɛksjɔnist] (1 *anti-* et *protectionniste*) Qui s'oppose au protectionnisme. ■ ANTIPROTECTIONNISME, n. m. [ɑ̃tipʀotɛksjɔnism]

ANTIPROTON, ■ n. m. [ɑ̃tipʀotɔ̃] (1 *anti-* et *proton*) **Phys.** Proton de charge négative.

ANTIPRURIGINEUX, EUSE, ■ adj. [ɑ̃tipʀyʀiʒinø, øz] (1 *anti-* et *prurigineux*) Qui soulage les démangeaisons. ■ N. m. *Un antiprurigineux.*

ANTIPSORIQUE, adj. et n. m. [ɑ̃tipsoʀik] (1 *anti-* et *psorique*) Qui convient contre la gale. *Eau antipsorique. Des antipsoriques.*

ANTIPSYCHIATRIE, ■ n. f. [ɑ̃tipsikjatʀi] (1 *anti-* et *psychiatrique*) Théorie en réaction contre la psychiatrie et ses traitements, mettant l'environnement et le contexte sociofamilial en cause en cas d'affections psychologiques et/ou psychiatriques.

ANTIPSYCHOTIQUE, ■ adj. [ɑ̃tipsikotik] (1 *anti-* et *psychotique*) Qui combat les psychoses. ■ N. m. *Un antipsychotique.*

ANTIPUTRIDE, adj. et n. m. [ɑ̃tipytʀid] (1 *anti-* et *putride*) Qui s'oppose à la putridité.

ANTIPYRÉTIQUE, ■ adj. [ɑ̃tipiʀetik] (1 *anti-* et gr. *puretikos*, fébrile, de fièvre) Qui combat la fièvre, fébrifuge. ■ N. m. *Un antipyrétique.*

ANTIQUAILLE, n. f. [ɑ̃tikaj] (ital. *anticaglia*, ruines, puis objets anciens, de *antico*, ancien) Chose antique de peu de valeur.

ANTIQUAIRE, n. m. et n. f. [ɑ̃tikɛʀ] (lat. *antiquarius*, relatif à l'antiquité) ▷ Personne qui s'applique à l'étude de l'antiquité, en expliquant les anciennes médailles, les inscriptions, en restituant les vieux manuscrits, etc., archéologue. ◁ ■ Personne qui fait commerce d'objets, de meubles anciens.

ANTIQUARK, ■ n. m. [ɑ̃tikwaʀk] (1 *anti-* et *quark*) **Phys.** Antiparticule du quark.

ANTIQUE, adj. [ɑ̃tik] (lat. *antiquus*, très ancien, d'autrefois) ▷ Se dit de ce qui est d'une époque très reculée. *Monument antique.* ◁ ♦ ▷ Qui était auparavant. « *Dieu de Sion rappelle, Rappelle en sa faveur tes antiques bontés* », RACINE. ◁ ♦ ▷ **Fig.** *Homme d'une vertu antique, de mœurs antiques*, homme d'une grande vertu, de mœurs très pures. ◁ ♦ ▷ En t. d'arts, ayant le caractère des productions de l'Antiquité. ♦ Qui est hors de mode. ♦ Par raillerie, en parlant de personnes avancées en âge. *Une antique beauté.* ♦ N. m. L'ensemble des ouvrages des artistes de l'ancienne Grèce et de l'ancienne Italie. *Étudier, copier l'antique.* ♦ N. f. Ce qui nous reste de l'Antiquité, armes, médailles, statues, vases, etc. *Une belle antique.* ♦ ▷ À L'ANTIQUE, loc. adv. D'une façon antique, à l'ancienne mode. *S'habiller à l'antique.* ◁

ANTIQUEMENT, adv. [ɑ̃tik(ə)mɑ̃] (*antique*) D'une façon antique.

ANTIQUER, v. tr. [ɑ̃tike] (*antique*) ▷ Enjoliver la tranche d'un livre de figures de diverses couleurs ; relier à la manière antique. ◁

ANTIQUISANT, ANTE, ■ adj. [ɑ̃tikizɑ̃, ɑ̃t] (*antique*) Qui imite l'antique. *Une frise antiquisante.*

ANTIQUITÉ, n. f. [ɑ̃tikite] (lat. *antiquitas*, les temps anciens) Ancienneté très reculée. ♦ DE TOUTE ANTIQUITÉ, loc. adv. De temps immémorial. ♦ Collectivement, les hommes qui ont vécu dans les siècles éloignés du nôtre. *L'antiquité raconte.* ♦ Au pl. Monuments, œuvres d'art qui nous restent de l'Antiquité. *Des antiquités romaines.* ♦ Il s'emploie en ce sens, mais plus rarement, au singulier. *Une belle antiquité.* ♦ L'Antiquité, époque de l'histoire au cours de laquelle sont nées et se sont développées les plus anciennes civilisations. *L'Antiquité grecque, égyptienne.*

ANTIRABIQUE, ■ adj. [ɑ̃tiʀabik] (1 *anti-* et *rabique,* voir *rabiéique*) Qui protège de la rage, maladie transmise par la morsure d'un renard contaminé, à d'autres animaux et aux humains. *Des vaccins antirabiques.*

ANTIRACISME, ■ n. m. [ɑ̃tiʀasism] (1 *anti-* et *racisme*) Lutte contre le racisme. ■ ANTIRACISTE, adj. ou n. m. et n. f. [ɑ̃tiʀasist]

ANTIRADAR, ■ adj. [ɑ̃tiʀadaʀ] (1 *anti-* et *radar*) Conçu pour repérer ou combattre les radars. *Des missiles antiradars. Logiciel antiradar* GPS.

ANTIRADIATION, ■ adj. [ɑ̃tiʀadjasjɔ̃] (1 *anti-* et *radiation*) Qui protège des radiations. *Un filtre antiradiation.*

ANTIRAISONNABLE, adj. [ɑ̃tiʀɛzɔnabl] (1 *anti-* et *raisonnable*) ▷ Opposé à la raison. ◁

ANTIRATIONALISME, n. m. [ɑ̃tiʀasjonalism] (1 *anti-* et *rationalisme*) Doctrine opposée au rationalisme.

ANTIRÉALISME, n. m. [ɑ̃tiʀealism] (1 *anti-* et *réalisme*) Doctrine opposée au réalisme.

ANTIREFLET, ■ adj. [ɑ̃tiʀəflɛ] (1 *anti-* et *reflet*) Qui empêche la réflexion de la lumière. *Un écran antireflet. Des verres antireflets.*

ANTIRÈGLEMENTAIRE ou **ANTIRÉGLEMENTAIRE**, ■ adj. [ɑ̃tiʀɛɡləmɑ̃tɛʀ] (1 *anti-* et *réglementaire*) Contraire au règlement.

ANTIREJET, ■ adj. inv. [ɑ̃tiʀəʒɛ] (1 *anti-* et *rejet*) **Méd.** Qui empêche le rejet d'une greffe.

ANTIRELIGIEUX, EUSE, adj. [ɑ̃tiʀəliʒjø, øz] (1 *anti-* et *religieux*) Contraire à la religion.

ANTIRÉPUBLICAIN, AINE, adj. [ɑ̃tiʀepyblikɛ̃, ɛn] (1 *anti-* et *républicain*) Ennemi de la république ; qui est contraire, hostile à la république.

ANTIRÉVOLUTIONNAIRE, adj. et n. m. [ɑ̃tiʀevolysjɔnɛʀ] (1 *anti-* et *révolutionnaire*) Ennemi des révolutions, des mouvements et de l'esprit révolutionnaires.

ANTIRIDE ou **ANTIRIDES**, ■ adj. [ɑ̃tiʀid] (1 *anti-* et *ride*) Se dit d'un produit cosmétique qui ralentit l'apparition des rides ou les atténue. *Une crème antiride.*

ANTIROUILLE, ■ adj. inv. [ɑ̃tiʀuj] (1 *anti-* et *rouille*) Qui protège de l'apparition de la rouille et de la corrosion qu'elle provoque. *Des peintures antirouille.* ■ N. m. *Passer de l'antirouille sur une barrière métallique.*

ANTIROULIS, ■ adj. [ɑ̃tiʀuli] (1 *anti-* et *roulis*) **Techn.** Qui diminue les effets de roulis à bord d'un bateau, d'un avion ou d'un véhicule terrestre.

ANTISALISSURE, ■ adj. inv. [ɑ̃tisalisyʀ] (1 *anti-* et *salissure*) Qui a subi un traitement afin de ne pas retenir les saletés. *Un revêtement antisalissure pour façades.*

ANTISATELLITE, ■ adj. [ɑ̃tisatelit] (1 *anti-* et *satellite*) Conçu pour repérer ou combattre les satellites ennemis.

ANTISCIENS, n. m. pl. [ɑ̃tisjɛ̃] (1 *anti-* et gr. *skia*, ombre) ▷ Peuples qui habitent, sur le même méridien, les uns en deçà, les autres au-delà de l'équateur, et dont à midi les ombres sont opposées. ◁

ANTISCIENTIFIQUE, ■ adj. [ɑ̃tisjɑ̃tifik] (1 *anti-* et *scientifique*) Contraire à l'esprit scientifique.

ANTISCORBUTIQUE, adj. et n. m. [ɑ̃tiskɔʀbytik] (1 *anti-* et *scorbutique*) Qui sert contre le scorbut. *Sirop antiscorbutique.* ■ Un antiscorbutique.

ANTISCROFULEUX, EUSE, adj. [ɑ̃tiskʀofylø, øz] (1 *anti-* et *scrofuleux*) Qui sert contre les scrofules. ♦ N. m. *Les antiscrofuleux.*

ANTISÈCHE, ■ n. f. [ɑ̃tisɛʃ] (1 *anti-* et *sécher*, ignorer) **Fam.** Feuille cachée sur laquelle sont inscrites des notes pour pallier le manque de connaissances et tricher à un examen. *Se fabriquer des antisèches.*

ANTISÉGRÉGATIONNISTE, ■ adj. [ɑ̃tisegʀegasjɔnist] (1 *anti-* et *ségrégationniste*) Qui s'oppose à la ségrégation raciale. ■ N. m. et n. f.

ANTISÉMITE, ■ n. m. et n. f. [ɑ̃tisemit] (1 *anti-* et *sémite*) Personne hostile aux Juifs et manifestant des préjugés à leur égard. *Des antisémites ont profané le cimetière juif.* ■ Adj. *Des paroles antisémites.*

ANTISÉMITISME, ■ n. m. [ɑ̃tisemitism] (*antisémite*) Attitude hostile à l'égard des Juifs.

ANTISEPSIE, n. f. [ɑ̃tisɛpsi] (1 *anti-* et gr. *sêpsis*, putréfaction) **Méd.** Ensemble des moyens mis en œuvre pour détruire ou arrêter le développement de germes pathogènes.

ANTISEPTIQUE, adj. et n. m. [ɑ̃tisɛptik] (1 *anti-* et *septique*) Qui prévient la putréfaction.

ANTISÉRUM, ■ n. m. [ɑ̃tiseʀɔm] (abrév. de *anticorps* et *sérum*) **Méd.** Sérum sanguin contenant des anticorps spécifiques agissant contre un antigène.

ANTISIGMA, n. m. [ɑ̃tisigma] (gr. *antisigma*) ▷ Sigle indiquant qu'il faut changer l'ordre des vers devant lesquels il est placé. ◁

ANTISISMIQUE, ■ adj. [ɑ̃tisismik] (1 *anti-* et *sismique*) Qui permet de lutter contre les effets destructeurs d'un tremblement de terre, que ce soit en aidant à le prévoir ou en réduisant les dommages causés lorsqu'il se produit. *La structure antisismique d'un bâtiment.*

ANTISOCIAL, ALE, adj. [ɑ̃tisosjal] (1 *anti-* et *social*) Contraire à la société, qui tend à la dissoudre. ♦ Contraire aux intérêts des personnes les plus défavorisées socialement. *Des plans antisociaux.*

ANTISOPHISTE, n. m. [ɑ̃tisofist] (1 *anti-* et *sophiste*) Ennemi des sophistes.

ANTI-SOUS-MARIN, INE, ■ adj. [ɑ̃tisumaʀɛ̃, in] (1 *anti-* et *sous-marin*) Conçu pour repérer ou combattre les sous-marins ennemis. *Des mines anti-sous-marines.*

ANTISOVIÉTIQUE, ■ adj. [ɑ̃tisovjetik] (1 *anti-* et *soviétique*) Qui est hostile au régime soviétique. *Une propagande antisoviétique.*

ANTISPASMODIQUE, adj. [ɑ̃tispasmodik] (1 *anti-* et *spasmodique*) Qui sert contre les spasmes. ♦ N. m. *Les antispasmodiques.*

ANTISPIRITUALISME, n. m. [ɑ̃tispiʀitɥalism] (1 *anti-* et *spiritualisme*) Doctrine opposée au spiritualisme ; matérialisme.

ANTISPORTIF, IVE, ■ adj. [ɑ̃tispɔʀtif, iv] (1 *anti-* et *sportif*) Qui est contraire à l'esprit sportif.

ANTISTATIQUE, ■ adj. [ɑ̃tistatik] (1 *anti-* et *statique*) Qui réduit ou empêche l'apparition d'électricité statique. *Un écran antistatique.* ■ N. m. *Un antistatique.*

ANTISTRESS, ■ adj. [ɑ̃tistʀɛs] (1 *anti-* et *stress*) Qui combat les effets nocifs du stress. ■ N. m. *Un antistress.*

ANTISTROPHE, n. f. [ɑ̃tistʀɔf] (gr. *antistrophê*) Division particulière dans la poésie lyrique des Grecs et la contrepartie de la strophe.

ANTISUDORAL, ALE, ■ adj. [ɑ̃tisydoʀal] (1 *anti-* et lat. *sudor*, sueur) **Méd.** Qui combat l'excès de transpiration. *Des produits antisudoraux.*

ANTISYMÉTRIQUE, ■ adj. [ɑ̃tisimetʀik] (1 *anti-* et *symétrique*) **Math.** *Relation binaire antisymétrique*, relation binaire dans un ensemble E telle que pour tout x et y de E, si x est relié à y et y à x, alors x est égal à y.

ANTISYNDICAL, ALE, ■ adj. [ãtisɛ̃dikal] (1 *anti-* et *syndical*) Qui s'oppose à l'action des syndicats. *Des licenciements pour motifs antisyndicaux.*

ANTISYPHILITIQUE, ■ adj. [ãtisifilitik] (1 *anti-* et *syphilitique*) **Méd.** Qui combat l'agent de la syphilis. ■ N. m. *Les antisyphilitiques.*

ANTITABAC, ■ adj. inv. [ãtitaba] (1 *anti-* et *tabac*) Qui vise à faire diminuer la consommation de tabac. *Une campagne antitabac. Des médicaments antitabac.* ■ Qui réduit les odeurs de tabac. *Des bougies antitabac.*

ANTITACHE, ■ adj. [ãtitaʃ] (1 *anti-* et *tache*) Qui a subi un traitement visant à éviter la formation de taches. *Des nappes traitées avec des produits antitaches.*

ANTITERRORISTE, ■ adj. [ãtiteʁɔʁist] (1 *anti-* et *terroriste*) Dont l'action est destinée à combattre des actes terroristes. *Brigade antiterroriste.*

ANTITÉTANIQUE, ■ adj. [ãtitetanik] (1 *anti-* et *tétanique*) Qui empêche d'attraper le tétanos. *Vaccins antitétaniques.*

ANTITHÉNAR, n. m. [ãtitenaʁ] (1 *anti-* et *thénar*, paume de la main) ▷ Portion de la main qui s'étend depuis la base du petit doigt jusqu'au poignet. ◁

ANTITHÈSE, n. f. [ãtitɛz] (gr. *antithesis*, opposition) Figure de rhétorique qui exprime une opposition de pensées ou de mots. ◆ **Philos.** Proposition opposée à une thèse. ■ Ce qui s'oppose à autre chose, à quelqu'un. *Elle est l'antithèse de sa sœur.*

ANTITHÉTIQUE, adj. [ãtitetik] (*antithèse*) Qui tient de l'antithèse.

ANTITHYROÏDIEN, IENNE, ■ adj. [ãtitiʁɔidjɛ̃, jɛn] (1 *anti-* et *thyroïdien*) **Méd.** Qui permet d'inhiber la synthèse de l'hormone thyroïdienne ou de bloquer son action sur les tissus vivants. ■ N. m. *Prescription d'antithyroïdiens dans le traitement de l'hyperthyroïdie.*

ANTITOUT, ■ adj. inv. [ãtitu] (1 *anti-* et *tout*) **Fam.** Qui s'oppose systématiquement à tout.

ANTITOXINE, ■ n. f. [ãtitɔksin] (1 *anti-* et *toxine*) **Méd.** Anticorps élaboré par un organisme au contact d'une toxine et capable de neutraliser ses effets. ■ ANTITOXIQUE, adj. [ãtitɔksik]

ANTITRUST, ■ adj. [ãtitʁœst] (1 *anti-* et *trust*) Qui vise à empêcher la formation de trusts. *Des lois antitrusts.*

ANTITUBERCULEUX, EUSE, ■ adj. [ãtitybɛʁkylø, øz] (1 *anti-* et *tuberculeux*) Qui combat l'agent de la tuberculose. ■ N. m. *Un antituberculeux.*

ANTITUSSIF, IVE, ■ adj. [ãtitysif, iv] (1 *anti-* et lat. *tussis*, toux) **Méd.** Qui calme, atténue la toux. ■ N. m. *Un antitussif.*

ANTIULCÉREUX, EUSE, ■ adj. [ãtiylseʁø, øz] (1 *anti-* et *ulcéreux*) **Méd.** Qui diminue l'acidité gastrique ou protège les zones ulcérées de l'acidité. ■ N. m. *Les antiulcéreux.*

ANTIUNIONISTE, ■ n. m. et n. f. [ãtiynjɔnist] (1 *anti-* et *union*) Personne qui est opposée à la réunion de deux sectes religieuses, de deux peuples.

ANTIVARIOLIQUE, ■ adj. [ãtivaʁjolik] (1 *anti-* et *variolique*) Qui combat la variole. *Vaccination antivariolique.* ■ N. m. *Un antivariolique.*

ANTIVÉNÉRIEN, IENNE, ■ adj. [ãtiveneʁjɛ̃, jɛn] (1 *anti-* et *vénérien*) Qui permet de lutter contre les maladies vénériennes et leur propagation. *Un dispensaire antivénérien.*

ANTIVENIMEUX, EUSE, ■ adj. [ãtivənimø, øz] (1 *anti-* et *venimeux*) Capable de neutraliser les effets nocifs d'un venin.

ANTIVERMINEUX, EUSE, adj. [ãtivɛʁminø, øz] (1 *anti-* et *vermineux*) ▷ Qui est propre à détruire les vers. On dit plus ordinairement vermifuge. ◁

ANTIVIRAL, ALE, ■ adj. [ãtiviʁal] (1 *anti-* et *viral*) **Méd.** Qui combat la reproduction des virus ou les détruit. ■ N. m. *Les antiviraux.*

ANTIVIRUS, ■ n. m. [ãtiviʁys] (1 *anti-* et *virus*) Logiciel utilitaire analysant les fichiers et la mémoire d'un ordinateur afin de détecter et d'éradiquer tout virus dans un système informatique ou afin d'empêcher toute introduction parasite.

ANTIVITAMINE, ■ n. f. [ãtivitamin] (1 *anti-* et *vitamine*) **Méd.** Médicament de synthèse s'opposant à l'action des vitamines. *Les antivitamines K fluidifient le sang et réduisent la formation de caillots.*

ANTIVOL, ■ n. m. [ãtivɔl] (1 *anti-* et *vol*) Dispositif de verrouillage d'un objet ou d'un système, pour empêcher qu'on ne le dérobe. *Poser deux antivols sur sa moto.* ■ Adj. inv. *Des chaînes antivol.*

ANTIVOMITIF, IVE, ■ adj. [ãtivɔmitif, iv] (1 *anti-* et *vomitif*) **Méd.** Qui prévient les vomissements et les nausées. ■ N. m. *Un antivomitif.*

ANTONOMASE, n. f. [ãtɔnɔmaz] (gr. *antonomasia*) Sorte de synecdoque qui consiste à prendre un nom commun pour un nom propre, ou un nom propre pour un nom commun : l'Orateur romain pour Cicéron ; un Néron pour un tyran.

ANTONYME, ■ n. m. [ãtɔnim] (1 *anti-* et *-onyme*) **Gramm.** Mot de sens contraire. *Riche est l'antonyme de pauvre. Exercice consistant à chercher les synonymes et les antonymes d'un mot.*

ANTONYMIE, n. f. [ãtɔnimi] (1 *anti-* et *-onymie*) Opposition de mots ou de noms qui offrent un sens contraire.

ANTRE, n. m. [ãtʁ] (lat. *antrum*) Caverne, grotte naturelle, profonde et obscure. ◆ **Fig.** *Les antres de la police, de l'Inquisition.* ◆ **Anat.** Noms donnés à certaines cavités des os.

ANTRUSTION, n. m. [ãtʁystjɔ̃] (b. lat. *antrustio*) Volontaire qui, chez les Germains, suivait les princes dans leurs entreprises.

ANUITÉ, ÉE, p. p. de s'anuiter. [anɥite] ▷ Surpris par la nuit. ◁

ANUITER (S'), v. pr. [anɥite] (*a-* et *nuit*) ▷ Être surpris en chemin par la nuit. ◁

ANURIE, n. f. [anyʁi] (*a-* et *-urie*) **Méd.** Suppression de la sécrétion urinaire.

ANUS, n. m. [anys] (lat. *anus*) Orifice du rectum.

ANUSCOPIE, ■ n. f. [anyskɔpi] (*anus* et *-scopie*) **Méd.** Examen de l'intérieur de l'anus.

ANXIÉTÉ, n. f. [ãksjete] (lat. *anxietas*) Angoisse d'esprit. ◆ **Méd.** État de trouble et d'agitation, avec sentiment de gêne et de resserrement à la région précordiale.

ANXIEUX, EUSE, adj. [ãksjø, øz] (lat. *anxius*) Qui a le caractère de l'anxiété, qui exprime l'anxiété. *Un regard anxieux.* ■ N. m. et n. f. *Un anxieux, une anxieuse.* ■ ANXIEUSEMENT, adv. [ãksjøz(ə)mã]

ANXIOGÈNE, ■ n. m. [ãksjɔʒɛn] (*anxieux* et *-gène*) Créateur d'anxiété. *Le chômage est un anxiogène.* ■ Adj. *Facteurs anxiogènes.*

ANXIOLYTIQUE, ■ adj. [ãksjolitik] (*anxieux* et *-lytique*) **Méd.** Qui réduit les manifestations psychologiques et somatiques de l'anxiété. ■ N. m. *Être sous anxiolytiques.*

AOC, ■ adj. [aose] (sigle de *Appellation d'origine contrôlée*) Dont la provenance d'un certain terroir et les procédés de production qui y sont liés sont attestés. *Un vin AOC.*

AORISTE, n. m. [aɔʁist] (gr. *aoristos*, indéfini) Temps de la conjugaison grecque qui répond à notre prétérit simple. ■ **Rem.** On prononçait autrefois [ɔʁist].

AORTE, n. f. [aɔʁt] (gr. *aortê*) Artère qui sort du ventricule gauche du cœur.

AORTIQUE, adj. [aɔʁtik] (*aorte*) Qui tient à l'aorte ; qui a rapport à l'aorte.

AORTITE, n. f. [aɔʁtit] (*aorte*) Inflammation qui affecte la tunique externe de l'aorte, la seule qui soit vasculaire.

AOÛT ou **AOUT,** n. m. [u] ou [ut] (le *t* se prononce ou non ; lat. *augustus* (*mensis*), mois ainsi appelé en l'honneur de l'empereur Auguste) Le huitième mois de l'année grégorienne. ◆ *La mi-août,* le quinze du mois d'août, l'Assomption de la Vierge. ◆ ▷ *L'août,* la moisson. « *Remuez votre champ dès qu'on aura fait l'août »,* LA FONTAINE. *On a promis telle somme à ce valet pour son août,* pour son travail pendant la moisson. ◁ *Le 15 août,* jour férié en France, et dans d'autres pays, pour célébrer l'Assomption. *Faire le pont du 15 août.*

AOÛTAT ou **AOUTAT,** ■ n. m. [auta] (*août,* parce que ces insectes sont plus nombreux à cette époque de l'année) Petit insecte larvaire rouge estival de campagne dont la piqûre provoque des démangeaisons.

AOÛTÉ, ÉE ou **AOUTÉ, ÉE,** p. p. d'aoûter [ute] ou [aute] (*août*) Mûri par la chaleur. *Melons aoûtés.* ◆ **Hortic.** Se dit des jeunes branches dont le bois s'est endurci avant l'hiver.

AOÛTEMENT ou **AOUTEMENT,** n. m. [ut(ə)mã] ou [aut(ə)mã] (*aoûter*) Action de s'aoûter.

AOÛTER ou **AOUTER,** v. tr. [ute] ou [aute] (*août*) Rendre mûr. ◆ Peu usité, excepté au participe. ◆ V. intr. ou v. pr. Devenir mûr. *Les bourgeons aoûtent,* ou mieux *s'aoûtent,* se fortifient.

AOÛTERON ou **AOUTERON,** n. m. [ut(ə)ʁɔ̃] (*aoûter*) ▷ Ouvrier loué pour les travaux de la campagne dans le mois d'août. ◁

AOÛTIEN, IENNE ou **AOUTIEN, IENNE,** ■ n. m. et n. f. [ausjɛ̃, jɛn] (*août*) Vacancier, vacancière du mois d'août. *Juillettistes et aoûtiens qui se croisent sur les autoroutes.*

AP... ou **APO...,** [ap, apo] Préfixe qui indique écartement, séparation, distinction, intervalle, et se lit *ap-* ou *apo.*

APACHE, ■ adj. [apaʃ] (mot anglo-américain, de *apachu* qui désignait à l'origine les Indiens navajos dans la langue zuni) Relatif aux Indiens du sud-ouest des États-Unis. *Les coutumes apaches.* ■ N. m. et n. f. *Un Apache, une Apache.* ■ *Une ruse d'apache,* ruse parfaitement menée, pouvant être empreinte de cruauté.

APAGOGIE, ■ n. f. [apagoʒi] (gr. *apagoge* (*eis to adunaton*), réduction à l'impossible) **Philos**. Raisonnement par lequel une proposition est démontrée en établissant que la proposition contraire est impossible ou absurde. ■ APAGOGIQUE, adj. [apagoʒik] *Un raisonnement apagogique*.

APAISANT, ANTE, ■ adj. [apezɑ̃, ɑ̃t] (*apaiser*) Qui apaise une douleur physique ou morale. *Des paroles apaisantes. Une crème apaisante.*

APAISÉ, ÉE, p. p. d'apaiser. [apeze] Où la paix a été mise. *La sédition apaisée.*

APAISEMENT, n. m. [apez(ə)mɑ̃] (*apaiser*) Action d'apaiser, état de ce qui est apaisé. « *Apaisement des troubles du cœur* », CHATEAUBRIAND.

APAISER, v. tr. [apeze] (*a*- et *paix*) Mettre la paix, faire cesser l'émotion, la colère, en parlant des personnes ou des choses personnifiées. ◆ Faire cesser ; rendre moins violent, moins agité, en parlant des choses. *Apaiser une sédition, des querelles, des souffrances*, etc. ◆ S'apaiser, v. pr. Être en paix, n'être plus en colère, en parlant des personnes ou des choses personnifiées. ◆ Devenir moins violent. *La douleur physique s'apaise. Le vent s'apaise.*

APALACHINE, n. f. [apalaʃin] (*Appalaches*, appalachien) Arbrisseau qui croît particulièrement aux monts Appalaches, en Amérique, et dont les feuilles se prennent en infusion comme le thé.

APANAGE, n. m. [apanaʒ] (anc. fr. *apaner*, pourvoir d'une dotation, du lat. *panis*, pain) Terres ou certaines portions du domaine royal qu'on donne aux princes pour leur subsistance, mais qui reviennent à la couronne après l'extinction de leurs descendants mâles. ◆ Le droit ou le pouvoir exercé. Dans ce sens on disait *avoir apanage sur une contrée*. ◆ **Fig**. Ce qui est le propre de quelqu'un, de quelque chose. « *Le présent seul est de notre apanage* », VOLTAIRE.

APANAGÉ, ÉE, p. p. d'apanager. [apanaʒe] « *Monsieur si prodigieusement apanagé* », SAINT-SIMON.

APANAGER, v. tr. [apanaʒe] (*apanage*) Donner un apanage.

APANAGISTE, adj. [apanaʒist] (*apanage*) Qui possède un apanage. *Prince apanagiste*. ◆ N. m. et n. f. *Un, une apanagiste*.

APAPELARDIR (S'), v. pr. [apap(ə)lardir] (*a*- et *papelard*) ▷ Devenir papelard. ◁

APARTÉ, adv. [aparte] (ital. *a parte*) *Ce vers doit être dit aparté par l'acteur*, c'est-à-dire à part, de manière que les autres personnages ne l'entendent pas. ◆ N. m. *Un aparté, des aparté*, ce qu'un acteur dit apart. ■ Conversation particulière au sein d'une assemblée. ■ EN APARTÉ, loc. adv. De sorte que les autres n'entendent pas. ■ REM. Aujourd'hui le pluriel du nom est *des apartés*.

APARTHEID, ■ n. m. [apartɛd] (mot afrikaans, séparation, de *apart*, à part, et suff. *-heid* ; sens premier, originalité) Régime politique ségrégatif à l'égard des Noirs en Afrique du Sud qui prit fin officiellement en 1991. *Après le régime de l'apartheid, la nouvelle Constitution entra en vigueur en 1996.*

APATHIE, n. f. [apati] (gr. *apatheia* de *a*- privatif et *paskhein*, être affecté) **Philos**. État d'une âme qui ne se laisse émouvoir à aucune passion. *L'apathie du sage des stoïciens*. ◆ Indolence à agir, à sentir.

APATHIQUE, adj. [apatik] (*apathie*) Qui est insensible à tout. ■ N. m. et n. f. *Un, une apathique*. ■ APATHIQUEMENT, adv. [apatik(ə)mɑ̃]

APATITE, ■ n. f. [apatit] (gr. *apatan*, tromper, en raison de l'apparence trompeuse d'une pierre précieuse que lui donne sa transparence) **Minér**. Phosphate de chaux naturel renfermant du fluor et du chlore. *Engrais à base d'apatite.*

APATOSAURE, ■ n. m. [apatozɔr] (gr. *apatan*, tromper et *sauros*, lézard, parce que malgré son allure imposante, il devait s'agir d'un animal inoffensif) Dinosaure herbivore pouvant atteindre vingt mètres de long.

APATRIDE, ■ n. m. et n. f. [apatrid] (*a*- et gr. *patris* (*gê*), terre des ancêtres) Personne qui a quitté sa patrie et se retrouve sans nationalité légale. *Les exilés clandestins sont des apatrides.*

APEPSIE, n. f. [apepsi] (gr. *apepsia*, de *a*- privatif et *pessein*, faire cuire, digérer) **Méd**. Mauvaise digestion ; défaut de digestion.

APERCEPTIBILITÉ, n. f. [apɛrsɛptibilite] (*aperceptible*) Qualité de ce qui est aperceptible. ◆ Faculté de percevoir les impressions.

APERCEPTIBLE, adj. [apɛrsɛptibl] (radic. de *aperception*) Susceptible d'être aperçu, perçu.

APERCEPTIF, IVE, adj. [apɛrsɛptif, iv] (*apercevoir*) Qui a la faculté d'apercevoir, de percevoir.

APERCEPTION, n. f. [apɛrsɛpsjɔ̃] (radic. de *aperception*) Opération de l'esprit quand il se considère comme le sujet qui perçoit ou sent une impression quelconque.

APERCEVABLE, adj. [apɛrsəvabl] (*apercevoir*) Qui peut être aperçu.

APERCEVANCE, n. f. [apɛrsəvɑ̃s] (*apercevoir*) ▷ Faculté d'apercevoir. ◁

APERCEVOIR, v. tr. [apɛrsəvwar] (*a*- et *percevoir*) Commencer à voir, découvrir. *Les objets qu'on peut apercevoir*. ◆ **Fig**. Saisir par l'esprit, remarquer. *Apercevoir ce qu'il y a de vrai dans chaque chose*. « *Si vous apercevez que j'y manque d'un mot* », MOLIÈRE. ◆ Suivi d'un infinitif, voir. « *Mais j'aperçois venir sa mortelle ennemie* », RACINE. ◆ **Absol**. En métaphysique, recevoir des perceptions. *Apercevoir est un des degrés de la connaissance*. ◆ S'apercevoir, v. pr. Se voir imparfaitement. *Je me suis aperçu dans la glace*. ◆ S'apercevoir de, remarquer, connaître. *L'ennemi s'aperçut du départ*. ◆ Être aperçu. « *Il ne se passe nuit que les morts ne s'aperçoivent avec des formes étranges* », BALZAC. ■ Se rendre compte de, prendre conscience de. *Elle s'est aperçue de son erreur.*

APERÇU, UE, p. p. d'apercevoir. [apɛrsy] *Aperçu de loin*. ◆ APERÇU, n. m. Une première vue, une vue rapide sur un objet. ◆ Estimation au premier coup d'œil. *Un aperçu de la dépense*. ◆ Exposé sommaire. *Un aperçu de la cause*. ■ *Aperçu avant impression*, reproduction fidèle à l'écran de la page imprimée.

APÉRIODIQUE, ■ adj. [apɛrjodik] (*a* et *périodique*) Qui se produit à intervalles irréguliers. *Les courants apériodiques de la mer.*

APÉRITEUR, TRICE, ■ adj. [aperitœr, tris] (lat. *aperire*, ouvrir) Qui s'occupe de la gestion d'un dossier au nom de l'ensemble des coassureurs. *Une compagnie apéritrice. Un assureur apériteur*. ■ N. m. Société qui assure cette gestion.

APÉRITIF, IVE, adj. [aperitif, iv] (b. lat. *aperitivus*) ▷ **Méd**. Qui ouvre les pores, qui rend les humeurs plus fluides et facilite le mouvement des liquides. ◁ ◆ ■ N. m. *Les apéritifs*. ◁ ■ Boisson, le plus souvent alcoolisée, prise avant un repas. *Prendre l'apéritif*. ■ Moment consacré à la prise d'un apéritif. *Il nous a invités à un apéritif*. ■ **Abrév. fam**. Apéro.

APÉRO, ■ n. m. [apero] (apocope de *apéritif* et suff. *-o*) Voy. APÉRITIF.

APERTEMENT, adv. [apɛrtəmɑ̃] (anc. fr. *apert*, apertise) D'une façon ouverte.

APERTISE, n. f. [apɛrtiz] (anc. fr. *apert*, manifeste, éclatant) ▷ Preuve d'adresse, de force, de courage. ◁

APERTURE, ■ n. f. [apɛrtyr] (lat. archit. *apertura*, ouverture) **Phonét**. Façon dont le canal buccal s'ouvre au point d'articulation durant l'émission d'un phonème. *Les voyelles se prononcent selon des degrés d'aperture différents.*

APESANTEUR, ■ n. f. [apəzɑ̃tœr] (*a* et *pesanteur*) **Astron**. Absence de pesanteur due à un manque d'attraction de la gravité terrestre. *Être en état d'apesanteur dans une cabine spatiale.*

APÉTALE, adj. [apetal] (*a* et *pétale*) Qui n'a point de pétales et par conséquent point de corolle. ◆ N. f. pl. Nom donné à un groupe de plantes dicotylédones qui manquent de pétales. ■ REM. On disait autrefois *apétalé, ée* ■ REM. Les apétales ne constituent plus une sous-classe aujourd'hui.

APÉTALIE, n. f. [apetali] (*apétale*) Absence de pétales.

APETISSÉ, ÉE, p. p. d'apetisser. [ap(ə)tise] ▷ Rendu plus petit. ◁

APETISSEMENT, n. m. [ap(ə)tis(ə)mɑ̃] (*apetisser*) ▷ Diminution. ◁

APETISSER, v. tr. [ap(ə)tise] (*a*- et *petit*) ▷ Rendre plus petit. *Apetisser un manteau*. On dit plus ordinairement rapetisser. ◁ ◆ V. intr. Devenir plus petit. *Ce tas apetisse tous les jours*. ◁ ◆ S'apetisser, v. pr. Devenir plus petit, se raccourcir.

À-PEU-PRÈS, ■ n. m. inv. [apøprɛ] (loc. *à peu près*) Ce qui ne constitue qu'une approximation de peu de valeur. *Je ne saurai me contenter des ces à-peu-près*. ■ Expression issue de la déformation d'une autre expression proche par la forme, soit par ignorance, soit par humour. Ingénieur à Grenoble *est un à-peu-près formé sur ingénieur agronome*.

APEURÉ, ÉE, ■ adj. [apøre] (p. p. de *apeurer*) Craintif. *Enfant apeuré en toutes circonstances.*

APEURER, ■ v. tr. [apøre] (*a*- et *peur*) Faire peur à quelqu'un. ■ Rendre craintif. « *Elle allait, vaguement émue, et timide, au milieu d'une agitation qui l'apeurait* », VAN DER MEERSCH.

APEX, ■ n. m. [apɛks] (mot lat., sommet, pointe) **Biol**. Sommet, extrémité en forme de pointe, de cône. *Des dents qui ont des apex du côté du palais*. ■ Sorte d'accent ressemblant à l'accent aigu qui, sur les inscriptions des monuments latins, signalent la quantité longue d'une voyelle. ■ Point du ciel indiquant la direction apparente du mouvement du système solaire.

APHASIE, ■ n. f. [afazi] (gr. *aphasia*, impuissance à parler, de *a*- privatif et *phanai*, parler) **Méd**. Perte partielle ou totale de la compréhension du langage oral ou écrit à la suite d'une affection neurologique. ■ APHASIQUE, adj. ou n. m. et n. f. [afazik]

APHÉLANDRE n. f. ou **APHÉLANDRA**, ▪ n. m. [afelɑ̃dʀ, afelɑ̃dʀa] (gr. *aphelès*, uni, simple) Plante ornementale d'origine tropicale ou subtropicale, de la même famille que les acanthes et dont les longues feuilles simples possèdent des nervures fortement marquées. *L'aphélandre est également appelée plante zèbre.*

APHÉLIE, n. f. [afeli] (gr. *apo*, loin, et *hêlios*, soleil) Point de l'orbite d'une planète où elle est le plus éloignée du Soleil. *L'aphélie est l'opposé du périhélie.* ◆ Adj. *La Terre est aphélie,* au point de son orbite le plus éloigné du Soleil.

APHÉRÈSE, n. f. [afeʀɛz] (gr. *aphairesis*, action d'enlever) Figure de gram. par laquelle on retranche une syllabe ou une lettre au commencement d'un mot. ◆ Action de retrancher ; partie de la chirurgie qui traite des opérations dans lesquelles on retranche du corps une partie quelconque.

APHIDÉ ou **APHIDIEN**, ▪ n. m. [afide, afidjɛ̃] (lat. sav. *aphis*, puceron) Zool. Puceron nuisible aux végétaux. *Le puceron vert de l'épicéa est un aphidien mesurant de 1,5 à 2 millimètres.*

APHLOGISTIQUE, adj. [afloʒistik] (*a-* et *phlogistique*) ▷ *Lampe aphlogistique,* lampe qui brûle sans flamme, inventée par Davy. ◁

APHONE, adj. [afɔn] ou [afon] (gr. *aphônos*, de *a* priv. et *phônê*, voix) Qui n'a pas de son ; qui n'a pas de voix.

APHONIE, n. f. [afoni] (gr. *aphônia*, de *aphônos*) Perte plus ou moins complète de la voix.

APHORISME, n. m. [aforism] (gr. *aphorismos*, de *apo-* priv. et *horos*, limite) Sentence renfermant un grand sens en peu de mots.

APHORISTIQUE, adj. [aforistik] (*aphorisme*) Qui tient de l'aphorisme.

APHRODISIAQUE, ▪ n. m. [afrodizjak] (gr. *aphrodisiakos*, de *Aphroditê*, déesse de l'amour dans l'Antiquité grecque) Excitant du désir et de l'acte sexuels. *Le ginseng, la cantharide seraient des aphrodisiaques.* ▪ Adj. Substances, visions aphrodisiaques.

APHRODITE, n. f. [afrodit] (*Aphrodite*) Zool. Ver annélide vivant sur les fonds de vase marins et dont le dos est recouvert de soies épaisses. *Les aphrodites sont aussi appelées souris ou taupes de mer.*

APHTE, n. m. [aft] (lat. *aphta*, gr. *aphtha*, de *haptein*, allumer) Petite ulcération qu'on observe sur les membranes muqueuses, et qui affecte particulièrement l'intérieur de la bouche. ▪ Rem. Graphie ancienne : *aphthe.*

APHTEUX, EUSE, adj. [aftø, øz] (*aphte*) Qui tient des aphtes. ◆ *Maladie* ou *fièvre aphteuse,* chez les animaux, maladie éruptive et contagieuse. ▪ Rem. Graphie ancienne : *aphtheux, euse.*

APHYLLE, adj. [afil] (*a* et *-phylle*) Qui n'a pas de feuilles.

API, n. m. [api] (*Appius* Claudius qui aurait importé à Rome cette pomme du Péloponnèse, appelée *Mala appiana*) Petite pomme d'un vert tendre, ordinairement colorée d'un côté d'un rouge très vif. *Une pomme d'api.*

À-PIC, ▪ n. m. [apik] (*à* et 2 *pic*) Paroi verticale naturelle. *L'à-pic d'une falaise. Des à-pics.*

APICAL, ALE, ▪ adj. [apikal] (lat. *apex*, génit. *apicis*, sommet, pointe) Biol. Qui est à la pointe d'un organe, d'une cellule, etc. *Le dépassement apical, le tiers apical d'une dent.* ▪ Phonét. Dont l'articulation nécessite l'appui du bout de la langue contre les dents, la voûte palatale ou les alvéoles. *Les phonèmes apicaux.* ▪ N. f. Consonne apicale. *Le [t] est une apicale.*

APICOLE, ▪ adj. [apikɔl] (lat. *apis*, abeille et *-cole*) Concernant l'élevage des abeilles et la culture de leurs productions. *Une ferme apicole.*

APICULTEUR, TRICE, n. m. et n. f. [apikyltœʀ, tʀis] (lat. *apis*, sur le modèle de *agriculteur*) Personne qui élève des abeilles.

APICULTURE, n. f. [apikyltyʀ] (lat. *apis*, et *culture*) Art d'élever des abeilles.

APIDÉ, ▪ n. m. [apide] (lat. *apis* et *-idé*) Zool. Insecte hyménoptère dont les pattes postérieures sont munies d'un dispositif en forme de corbeille pour le transport du pollen. *La famille des apidés comprend les bourdons et les abeilles.* ▪ Rem. On a dit parfois *apide.*

APIÉCEUR, ▪ n. m. [apjesœʀ] (*a-* et *pièce*, unité de travail) Personne chargée dans un atelier de couture d'assembler les différentes pièces d'un vêtement. ▪ Rem. Le féminin *apiéceuse* est rare.

APIGEONNER, ▪ v. tr. [apiʒɔne] (*a-* et *pigeon*, celui qui s'est laissé prendre) Suisse Appâter pour tromper. *Il s'est fait apigeonner.*

APION, ▪ n. m. [apjɔ̃] (gr. *apion*, poire, pour la forme en poire de ces insectes) Coléoptère voisin des charançons qui s'attaque surtout aux légumineuses. *Le rostre allongé de la femelle des apions. L'apion des artichauts.*

APIQUER, ▪ v. tr. [apike] (*à pic*) Mar. Incliner dans le plan vertical. *Apiquer une vergue.* ▪ APIQUAGE, n. m. [apikaʒ]

APITOIEMENT, n. m. [apitwamɑ̃] (*apitoyer*) Action de s'apitoyer.

APITOYÉ, ÉE, p. p. d'apitoyer. [apitwaje] *Apitoyé par les souffrances de ces pauvres gens.*

APITOYER, v. tr. [apitwaje] (*a-* et *pitié*) Toucher de pitié. ◆ S'apitoyer, v. pr. Être ému de pitié, compatir.

APIVORE, ▪ adj. [apivɔʀ] (lat. *apis*, abeille et *-vore*) Qui se nourrit d'abeilles. *La bondrée apivore est un rapace qui se délecte notamment de larves de guêpes.*

APLANAT, ▪ n. m. [aplana] (mot all., du gr. *a-* privatif et *planan*, égarer, détourner) Phot. Objectif dont l'aberration sphérique a été corrigée. *L'aplanat a permis vers 1860 d'offrir des images non déformées propices à la reproduction de documents.* ▪ Adj. m. *Objectif aplanat.*

APLANÉTIQUE, ▪ adj. [aplanetik] (angl. *aplanatic*, du gr. *aplanêtos*, qui n'erre pas) Opt. Dont l'aberration sphérique a été corrigée. *Un objectif aplanétique* ou *un aplanat.*

APLANÉTISME, ▪ n. m. [aplanetism] (*aplanétique*) Opt. Qualité d'un dispositif optique aplanétique.

APLANI, IE, p. p. d'aplanir. [aplani] Rendu plan, uni. *Terrain aplani.* ◆ Fig. *Difficulté aplanie.*

APLANIR, v. tr. [aplaniʀ] (*a-* et 2 *plan*) Rendre plan ou uni ce qui ne l'était pas. *Aplanir un terrain.* ◆ Fig. « *Et leur osent du crime aplanir le chemin* », Racine. ◆ S'aplanir, v. pr. Devenir uni, facile.

APLANISSEMENT, n. m. [aplanis(ə)mɑ̃] (*aplanir*) Action d'aplanir ; résultat de cette action.

APLASIE, ▪ n. f. [aplazi] (*a-* et *plasie*) Méd. Absence congénitale de formation ou arrêt du développement d'un organe, d'un fragment d'organe, d'un tissu. *Aplasie du péricarde.*

APLAT ou **À-PLAT**, ▪ n. m. [apla] (*à* et *plat*) Bx-arts Teinte uniforme. *Des à-plats de couleurs.* ▪ Impr. Surface de papier dont l'impression donne une teinte uniforme provenant de son absence de trame, de trait, de relief.

APLATI, IE, p. p. d'aplatir. [aplati] Rendu plat. ◆ Fig. Abaissé. *Des caractères aplatis.*

APLATIR, v. tr. [aplatiʀ] (*a-* et 2 *plat*) Rendre plat. ◆ S'aplatir, v. pr. Devenir plat. ▪ Fam. Se soumettre servilement. *S'aplatir devant son supérieur.* ▪ Fam. Tomber de tout son long.

APLATISSEMENT, n. m. [aplatis(ə)mɑ̃] (*aplatir*) Action d'aplatir, état de ce qui est aplati. *L'aplatissement de la terre aux pôles.* ▪ Fig. *Son aplatissement devant son supérieur l'oblige à tout accepter.*

APLATISSEUR, ▪ n. m. [aplatisœʀ] (*aplatir*) Machine servant à aplatir, à compacter des matériaux, des produits. *On se sert d'un aplatisseur de grains pour l'alimentation animale.*

APLITE, ▪ n. f. [aplit] (gr. *(h)aplos*, simple) Minér. Roche granitique à grain très fin, de couleur généralement claire, utilisée en verrerie. *Un filon d'aplite.*

APLOMB, n. m. [aplɔ̃] (*à* et *plomb*) Verticalité. *Ce mur a perdu son aplomb.* ◆ Fig. Assurance dans la manière de se présenter, d'agir. ◆ Physiol. Répartition régulière du poids du corps sur les membres. ◆ Peint. Juste pondération des figures. ▪ D'APLOMB, loc. adv. Verticalement. ◆ Être d'aplomb, être ferme sur ses jambes. ◆ *Retomber d'aplomb,* retomber droit, en équilibre. ▪ Fam. En bonne santé physique et morale. *Ça te remettra d'aplomb.* ▪ N. m. pl. Hippol. *Les aplombs d'un cheval,* ligne de direction que doivent suivre ses membres.

APNÉE, ▪ n. f. [apne] (*a-* et *-pnée*) Retenue de la respiration sous l'eau. *Nager longtemps en apnée.* ▪ Retenue de la respiration en général. *Boire un médicament amer en apnée.* ▪ *Apnée du sommeil,* pathologie caractérisée par des arrêts momentanés involontaires et répétés de la respiration au cours du sommeil.

APNÉISTE, ▪ n. m. et n. f. [apneist] (*apnée*) Personne qui pratique la plongée sous-marine en apnée. *Sans bouteille de plongée bien sûr, l'apnéiste tente de battre le record du monde en descendant le plus bas possible le long d'un câble avec une gueuse munie d'un système de frein.*

APOASTRE, ▪ n. m. [apoastʀ] (gr. *apo*, loin, et *astre*) Astron. Position d'une planète ou d'un satellite lorsque, gravitant autour d'un astre, cette planète ou ce satellite s'en trouve à la distance la plus éloignée. *L'apoastre s'oppose au périastre.*

APOCALYPSE, n. f. [apokalips] (gr. *apokalupsis*, action de découvrir, de *apo* priv. et *kaluptein*, couvrir) Livre canonique qui contient les révélations faites à saint Jean dans l'île de Patmos. ◆ *Style d'Apocalypse,* style obscur. ▪ Toute catastrophe de l'ampleur de la fin du monde. *Une vision d'apocalypse.*

APOCALYPTIQUE, adj. [apokaliptik] (*apocalypse*) Qui est dans le genre de l'Apocalypse ; difficile à comprendre. ▪ Terrifiant comme la fin du monde.

APOCO, n. m. [apoko] (ital. *da poco*, de peu) ▷ De peu de valeur. *Traiter quelqu'un d'apoco,* le traiter avec mépris. ◆ Peu usité. ◁

A POCO, adv. [apoko] (mot ital., peu) **Mus.** Joint aux mots *crescendo* et *decrescendo,* il indique qu'on doit successivement renforcer ou diminuer le son petit à petit. ▪ REM. On disait et on écrivait autrefois *à poco à poco.*

APOCOPE, n. f. [apokɔp] (gr. *apokopê,* de *apo,* séparation, et *koptein,* couper) **Gramm.** Retranchement d'une lettre ou d'une syllabe à la fin d'un mot ; par exemple : *encor* pour *encore.*

APOCOPÉ, ÉE, adj. [apokope] (de *apocope*) Qui a subi une apocope.

APOCRISIAIRE, n. m. [apokʀizjɛʀ] (b. gr. *apokrisiarios,* légat, de *apokrisis,* réponse) Chez les Grecs du Bas-Empire, officier primitivement chargé de porter les réponses des empereurs, et plus tard dignitaire chargé de l'expédition des édits et des actes. ◆ Titre d'anciennes fonctions ecclésiastiques. Député d'une Église pour quelque commission.

APOCRYPHE, adj. [apokrif] (gr. *apokruphos,* soustrait aux regards, de *apokruptein,* cacher) Dont l'authenticité n'est pas établie. *Auteur, histoire apocryphe.* ◆ *Nouvelle apocryphe,* fausse nouvelle. ◆ N. m. *Un apocryphe.* ◆ Certains livres de l'Ancien Testament que l'Église ne reçoit pas pour canoniques.

APOCYN, n. m. [apɔsɛ̃] (gr. *apokunon,* plante fatale aux chiens, de *apo,* cessation, et *kuôn,* chien) Genre de plantes de la famille des apocynées, qui vient de l'Amérique et de l'Asie boréales.

APOCYNACÉE, n. f. [aposinase] (*apocyn* et *-acée*) Plante de la classe des dicotylédones monopétales hypogynes. ▪ REM. On employait autrefois le terme *apocynée.*

APODE, adj. [apɔd] (gr. *apous,* de *a* priv. et *pous,* génit. *podos,* pied) **Didact.** Qui est sans pieds. ◆ N. m. Poisson dépourvu de nageoires ventrales, tel que l'anguille. ▪ **Zool.** Amphibien sans pattes vivant dans les régions tropicales. *Les apodes forment un ordre.*

APODICTIQUE, adj. [apodiktik] (gr. *apodeiktikos,* de *apodeiknunai,* faire voir) **Log.** Démonstratif, évident. *Un argument apodictique.*

APODIE, n. f. [apodi] (*apode*) **Didact.** Absence de pieds.

APODOSE, n. f. [apodoz] (gr. *apodosis,* de *apodidonai,* rendre) **Rhét.** Le second membre de la période, par rapport au premier, qu'on nomme protase.

APOENZYME, ▪ n. m. et n. f. [apoɑ̃zim] (gr. *apo,* loin et *enzyme*) **Biol.** Partie protéique de l'enzyme qui constitue le support spécifique de l'activité enzymatique. *L'apoenzyme, partie protéique de la molécule d'enzyme.*

APOGAMIE, ▪ n. f. [apogami] (gr. *apo* priv., et *gamos,* mariage) **Biol.** Mode de reproduction des végétaux ne faisant intervenir ni les gamètes ni la fécondation. *L'apogamie est un clonage naturel. L'apogamie chez les fougères.*

APOGÉE, n. m. [apoʒe] (gr. *apogaios,* de *apo,* loin et *gê,* Terre) Point de l'orbite de la Lune où elle se trouve à sa plus grande distance de la Terre. ◆ Adj. *La Lune est apogée.* ◆ **Fig.** Le degré le plus élevé. *Sa puissance est à son apogée. Être à l'apogée de la gloire.*

APOGRAPHE, ▪ n. m. [apograf] (gr. *apographon,* de *apographein,* copier, traduire) Copie d'un écrit original, par opposition à autographe. ◆ Nom d'un nouvel instrument dont on se sert pour copier les dessins.

APOLITIQUE, ▪ n. m. et n. f. [apolitik] (*a* et *politique*) Personne se déclarant libre de toute attache à une ligne politique définie. ▪ Adj. *Liste apolitique.*

APOLITISME, n. m. [apolitism] (*apolitique*) Caractère de ce qui est apolitique. *L'apolitisme d'une organisation humanitaire.* « *Notre grand péché..., c'était notre apolitisme : syndiqués et militants nous n'aurions pas trébuché* », BOUDARD.

APOLLINIEN, IENNE, ▪ adj. [apolinjɛ̃, jɛn] (*Apollon*) Relatif à Apollon, au mythe du dieu, au type statuaire qu'il représentait. *Les chants apolliniens. Une beauté apollinienne.* ▪ **Philos.** Caractérisé par la mesure et la sérénité. *Les forces apolliniennes et dionysiaques tirent l'homme dans deux directions totalement opposées.*

APOLLON, n. m. [apolɔ̃] (gr. *Apollôn*) Le dieu des beaux-arts et de la poésie. *Les favoris d'Apollon,* les poètes. ▪ Bel homme.

APOLOGÉTIQUE, adj. [apoloʒetik] (gr. *apologêtikos,* de *apologeisthai,* plaider) Qui contient une apologie. ◆ N. m. *L'Apologétique,* la défense des chrétiens par Tertullien. ◆ N. f. *L'apologétique,* la partie de la théologie qui a pour but de défendre la religion chrétienne contre les attaques.

APOLOGIE, n. f. [apoloʒi] (gr. *apologia,* défense, justification) Discours, paroles pour défendre ou justifier. ◆ **Par extens.** Tout ce qui justifie. *Sa conduite depuis quelque temps fait son apologie.*

APOLOGIQUE, adj. [apoloʒik] (*apologie*) Qui a le caractère de l'apologie. *Discours apologique.*

APOLOGISTE, n. m. et n. f. [apoloʒist] (*apologie*) Celui qui fait l'apologie de quelqu'un, de quelque chose. ◆ **Absol.** *Les apologistes,* ceux qui se livrent à l'apologétique, qui défendent le christianisme.

APOLOGUE, n. m. [apolɔg] (lat. *apologus,* fable, du gr. *apologos,* récit détaillé) Exposé d'une vérité morale sous une forme allégorique.

APOMIXIE, ▪ n. f. [apomiksi] (gr. *apo* priv., et *mixis,* mélange) **Biol.** Chez les végétaux, mode de reproduction s'effectuant à partir de la cellule de la lignée germinale femelle, sans méiose ni fécondation. *L'apomixie, technique asexuée de reproduction des végétaux, a été maîtrisée en laboratoire.*

APOMORPHE, ▪ adj. [apomɔrf] (gr. *apo,* loin et -*morphe*) **Génét.** Se dit d'un caractère génétique dérivé par rapport à son état ancestral. *En biologie comparative, on peut étudier les relations de parenté par la distinction entre un caractère à l'état primitif, plésiomorphe, ou à l'état dérivé, apomorphe.* ▪ APOMORPHIE. n. f. [apomɔrfi]

APONÉVROSE, n. f. [aponevroz] (gr. *aponeurôsis*) Membrane blanche, luisante, très résistante, servant ou de terminaison ou d'intersection aux muscles ou d'enveloppe aux membres.

APONÉVROTIQUE, adj. [aponevrotik] (*aponévrose*) Qui appartient, a rapport aux aponévroses.

APOPHANTIQUE, ▪ adj. [apofɑ̃tik] (gr. *apophantikos,* affirmatif, de *apophainein,* faire paraître) **Log.** Théorie des énoncés qui peuvent être dits vrais ou faux. ▪ Adj. *Une assertion apophantique.*

APOPHATIQUE, ▪ adj. [apofatik] (gr. *apophatikos,* négatif, de *apophanai,* dire le contraire) **Didact.** Qui procède par négation pour appréhender un objet ne pouvant l'être autrement. *La philosophie négative ou apophatique. La théologie apophatique qui repose sur la connaissance négative de Dieu.*

APOPHTEGME, n. m. [apoftɛgm] (gr. *apophthegma,* de *apophtheggesthai,* déclarer hautement) Dit notable de quelque personnage illustre. ◆ *Ne parler que par apophtegmes,* parler d'une manière sentencieuse. ▪ REM. Graphie ancienne : *apophthegme.*

APOPHYSE, n. f. [apofiz] (gr. *apophusis*) **Anat.** Partie saillante d'un organe et particulièrement d'un os. ▪ APOPHYSAIRE, adj. [apofizɛr]

APOPLECTIQUE, adj. [apoplɛktik] (gr. *apoplêktikos,* de *apoplêssein,* renverser en frappant) Qui appartient à l'apoplexie. *Symptôme apoplectique.* ◆ Disposé à l'apoplexie. *Complexion apoplectique.* ◆ N. m. et n. f. *Un apoplectique.*

APOPLEXIE, n. f. [apoplɛksi] (gr. *apoplêxia*) Maladie qui cause une perte subite et plus ou moins complète des sensations et du mouvement, sans que la respiration et la circulation soient suspendues. *Être frappé d'apoplexie.* ◆ Épanchement de sang. *L'apoplexie du poumon, de la rate.*

APOPTOSE, ▪ n. f. [apoptoz] (gr. *apoptôsis,* chute, de *apopiptein,* tomber) **Biol.** Processus génétiquement programmé conduisant à l'autodestruction de certaines cellules. *La mort cellulaire programmée ou l'apoptose constitue un des domaines de recherche récents.*

APORIE, ▪ n. f. [apori] (gr. *aporia,* embarras, de *a-* privatif, et *poros,* passage) **Philos.** Contradiction insoluble dans un raisonnement. « *Constante aporie des écritures savantes, alors même que l'expérience élémentaire impose si fort sa banale réalité* », HAGÈGE. ▪ APORÉTIQUE, adj. [aporetik]

APOSIOPÈSE, ▪ n. f. [apozjopɛz] (gr. *aposiôpêsis,* silence brusque) **Rhét.** Interruption dans la construction d'une phrase destinée à feindre l'hésitation pour exprimer une menace, une émotion, faire diversion, etc. *Son discours saccadé résulte d'aposiopèses.*

APOSTASIE, n. f. [apostazi] (gr. *apostasia,* défection, de *apo,* loin et *histanai,* se placer) Changement de religion, et particulièrement abandon de la foi chrétienne. ◆ Action d'un religieux qui renonce à ses vœux. ◆ **Par extens.** Désertion d'un parti, abandon d'une doctrine, d'une opinion.

APOSTASIER, v. intr. [apostazje] (*apostasie*) Tomber dans l'apostasie, renoncer à sa foi religieuse, à ses principes.

APOSTAT, adj. m. [aposta] (gr. *apostatês,* esclave fugitif, traître) Qui a apostasié, c.-à-d. abandonné sa religion, renié ses vœux monastiques ou ses opinions. ◆ N. m. et n. f. *Un apostat, une apostate.* ◆ **Fig.** « *Des sophistes pesants, Apostats effrontés du goût et du bon sens* », GILBERT.

APOSTÉ, ÉE, p. p. d'aposter. [aposte] *Des gens apostés tout exprès par un ennemi.*

APOSTÈME, n. m. [apostɛm] (gr. *apostêma,* éloignement, abcès, de *aphistanai,* s'écarter, méd. se désagréger) ▷ Abcès, apostume. ◁

APOSTEMENT, n. m. [apostəmɑ̃] (*aposter*) Action d'aposter.

APOSTER, v. tr. [aposte] (*a-* et *poste*) Placer quelqu'un dans un poste pour guetter ou exécuter quelque chose, le plus souvent quelque chose de mal.

A POSTERIORI, [aposterjori] Voy. POSTERIORI.

APOSTILLE, n. f. [apɔstij] (*apostiller*) Annotation en marge ou au bas d'un écrit. ◆ Recommandation ajoutée à une pétition, à un mémoire.

APOSTILLÉ, ÉE, p. p. d'apostiller. [apɔstije] *À quoi une apostille a été mise.*

APOSTILLER, v. tr. [apɔstije] (*a-* et anc. fr. *postille*, glose, explication) Mettre une apostille, des apostilles.

APOSTOLAT, n. m. [apɔstola] (lat. ecclés. *apostolatus*) Le ministère d'apôtre. ◆ **Par extens.** Propagation de doctrinc. *L'apostolat des nouvelles idées.* ■ Tâche à laquelle on se consacre entièrement.

APOSTOLICITÉ, ■ n. f. [apɔstolisite] (rad. du lat. *apostolicus*) **Théol.** Caractère de ce qui remonte aux apôtres, à leur temps. *L'apostolicité de l'Eucharistie.* ■ Caractéristique de l'Église dont la doctrine et l'autorité sont transmises de façon ininterrompue depuis les apôtres. *L'apostolicité de l'Église catholique.*

APOSTOLIQUE, adj. [apɔstolik] (lat. *apostolicus*) Qui procède des apôtres. *Doctrine apostolique.* ◆ Qui tient des apôtres. *Vie, zèle apostolique.* ◆ Qui dépend ou émane du Saint-Siège. *Bref apostolique.* ◆ *Notaire apostolique*, notaire qui dans chaque diocèse était autorisé à rédiger les actes en matière ecclésiastique.

APOSTOLIQUEMENT, adv. [apɔstolik(ə)mã] (*apostolique*) À la manière des apôtres.

APOSTROPHE, n. f. [apɔstrof] (gr. *apostrophê*, action de se détourner) Figure de rhétorique par laquelle l'orateur, s'interrompant tout à coup, adresse la parole à quelqu'un ou à quelque chose. ◆ Trait mordant lancé à quelqu'un. ◆ ▷ **Fam.** Coup. ◁ ◆ **Gramm.** Petit signe (') qui marque la suppression d'une lettre. ■ **Gramm.** Mot qui désigne celui auquel on s'adresse. *Dans Émile, viens ici, Émile est mis en apostrophe.*

APOSTROPHÉ, ÉE, p. p. d'apostropher. [apɔstrofe] *Durement apostrophé par son adversaire.*

APOSTROPHER, v. tr. [apɔstrofe] (*apostrophe*) Adresser directement la parole. ◆ Adresser à quelqu'un quelque parole désagréable, mortifiante. ◆ ▷ **Fam.** *Apostropher quelqu'un d'un soufflet*, lui appliquer un soufflet. ◁

APOSTUME, n. f. [apɔstym] (lat. *apostema*, avec chang. vocalique sous l'infl. des anc. fr. *reume*, rhume et *fleume*, flegme) ▷ Abcès. ◆ **Fig.** *Il faut que l'apostume crève*, se dit de quelque chose qui doit éclater. ◁

APOSTUMÉ, ÉE, p. p. d'apostumer. [apɔstyme] ▷ *Une tumeur apostumée.* On dit aujourd'hui *abcédée.* ◁

APOSTUMER, v. intr. [apɔstyme] (*apostume*) ▷ Venir à suppuration. On dit aujourd'hui *abcéder.* ◁

APOTHÉCIE, ■ n. f. [apotesi] (gr. *apothêkê*, lieu de dépôt) **Bot.** Organe reproducteur des champignons ascomycètes en forme de coupe. *Certaines espèces de lichen ont des apothécies ressemblant à des cicatrices.*

APOTHÈME, n. m. [apotɛm] (gr. *apo*, séparation, et *tithenai*, poser) **Géom.** Perpendiculaire menée du centre sur le côté d'un polygone régulier. ◆ ▷ **Chim.** Précipité brun qui se forme peu à peu dans les dissolutions des extraits végétaux. ◁ ■ **Géom.** Perpendiculaire menée du sommet d'une pyramide régulière à l'un quelconque des côtés de sa base. ■ **Géom.** Distance du sommet d'un cône régulier à sa base.

APOTHÉOSE, n. f. [apoteoz] (gr. *apotheôsis*) Mise au rang des dieux ; réception parmi les dieux. ◆ Honneurs, éloges extraordinaires dispensés par l'opinion publique. « *Les sages feront votre apothéose de votre vivant* », VOLTAIRE. ◆ Au théâtre, dans les féeries, décor final où plusieurs personnages sont représentés dans une sorte de gloire céleste. ■ Moment de gloire. *L'apothéose de sa carrière.*

APOTHICAIRE, n. m. [apotikɛr] (b. lat. *apothecarius*, du lat. *apotheca*, lieu où l'on serre les provisions) Celui qui prépare et vend des médicaments. *Pharmacien* est présentement plus usité. ◆ *Mémoire d'apothicaire*, compte sur lequel il y a beaucoup à rabattre. ◆ ▷ *Faire de son corps une boutique d'apothicaire*, faire abus de médicaments. ◁ ◆ *Compte d'apothicaire*, d'une minutie très compliquée.

APOTHICAIRERIE, n. f. [apotikɛr(ə)ri] (*apothicaire*) ▷ Officine ou magasin de drogues pour médicaments. ◆ Art de l'apothicaire. On dit aujourd'hui *pharmacie.* ◁

APÔTRE, n. m. [apotr] (lat. chrét. *apostolus*) Nom donné aux douze disciples que Jésus-Christ chargea de prêcher l'Évangile. ◆ **Par extens.** Celui qui le premier a prêché la foi dans un pays. *Saint Denis est l'apôtre de Paris.* ◆ *Prêcher en apôtre, comme un apôtre*, prêcher avec onction, avec dévotion. ◆ Nom qu'on donne aux douze pauvres à qui on lave les pieds le jeudi saint. ◆ **Fig.** Celui qui par ses paroles ou ses exemples propage une doctrine, une opinion. ■ **Ironiq.** et **par antiphrase** *Bon apôtre*, homme fin et de mauvaise foi. ◆ *Faire le bon apôtre*, contrefaire l'homme de bien, prendre de faux airs d'homme vertueux.

APOZÈME, n. m. [apozɛm] (gr. *apozema*, de *apozein*, faire bouillir) Décoction ou infusion d'une ou de plusieurs substances végétales, à laquelle on ajoute divers autres médicaments simples ou composés.

APPALACHIEN, IENNE, ■ adj. [apalaʃjɛ̃, jɛn] (*Appalaches*, massif montagneux de l'est des États-Unis) **Géogr.** Relatif aux Appalaches. *Les sommets appalachiens.* ■ *Relief appalachien*, caractérisé par une alternance de crêtes rocheuses et de sillons parallèles. *Le Jura occidental offre un relief appalachien.*

APPARAÎTRE ou **APPARAITRE**, v. intr. [aparɛtr] (b. lat. *apparescere*, du lat. *apparere*) Se conjugue avec *avoir* ou *être*, suivant le sens. Devenir visible, se montrer. *Une voile apparaît à l'horizon.* ◆ **Fig.** *La mort lui apparaissait glorieuse.* ◆ Être clair, évident. *Cela apparaît.* ■ Sembler. *Il m'apparaît que...* ◆ **Dr.** *S'il vous apparaît que cela soit*, c'est-à-dire si, examen fait, vous trouvez que cela soit ainsi. ■ Commencer à se manifester, à être présent. *Ce mot est apparu au début du siècle.*

APPARAT, n. m. [apara] (lat. *apparatus*, préparation, pompe) Pompe et solennité. *Discours, festin d'apparat.* ◆ Livre rédigé en forme de dictionnaire pour faciliter l'étude d'une langue et surtout d'un auteur classique. *L'Apparat de Cicéron.* On dit aussi *Apparatus.* ◆ ▷ Petit dictionnaire français-latin à l'usage des commençants. ◁ ■ *Apparat critique*, Voy. APPAREIL.

APPARATCHIK, ■ n. m. et n. f. [aparatʃik] (russe) Membre influent au sein du parti communiste russe. ■ **Par extens.** Membre a du pouvoir au sein d'un organe politique. *Les apparatchiks d'un parti, d'un syndicat.*

APPARAUX, n. m. pl. [aparo] (anc. plur. d'*appareil*) La réunion de diverses machines funiculaires ou autres, nécessaires pour une grande opération. ■ **Mar.** Ensemble des machines et dispositifs équipant un navire.

APPAREIL, n. m. [aparɛj] (*appareiller*) Disposition de ce qui a grandeur ou pompe. *Appareil de guerre. Appareil de fête.* ◆ Pompe, magnificence. « *Je fuis des cours le pompeux appareil* », BÉRANGER. ■ **Techn.** Assemblage de pièces, d'instruments propres à une opération. ◆ L'ensemble des pièces de pansement qu'on applique pour une lésion. « *Nous lui avons mis le premier appareil que nous lèverons demain* », MME DE SÉVIGNÉ. ◆ **Fig.** *Mettre un appareil sur les blessures du cœur.* ◆ *Haut* ou *grand appareil, bas appareil*, diverses méthodes de pratiquer la lithotomie. ■ **Anat.** Assemblage d'organes divers. *L'appareil digestif.* ◆ **Archit.** L'art de tracer, de disposer la pose des pierres dans les constructions suspendues, comme voûtes, arcades, dômes. ◆ Les maçons nomment *appareil* l'épaisseur d'une pierre. ■ **Fig.** et **ironiq.** *Dans le plus simple appareil*, tout nu. ■ *Appareil critique*, ensemble des notes et des variantes d'un texte. ■ Ensemble des organismes qui régissent par une même fonction la vie d'un groupe. *L'appareil politique d'un pays.* ■ **Cuis.** Mélange des différents ingrédients destiné à la préparation d'un plat. *Versez l'appareil dans un moule beurré.* ■ *Être à l'appareil*, au téléphone. *Qui est à l'appareil ?* ■ **Avion.** *Le commandant est monté à bord de l'appareil.*

APPAREILLAGE, n. m. [aparɛjaʒ] (*appareiller*) Préparatifs pour mettre à la voile. ◆ En économie rurale, choix de deux ou plusieurs animaux pour les faire travailler au même joug, à un service commun. ■ Action de munir d'appareils. *Appareillage auditif.* ■ Ensemble d'appareils. *Appareillage électrique.*

APPAREILLÉ, ÉE, p. p. d'appareiller. [aparɛje] *Chevaux appareillés.*

APPAREILLEMENT, n. m. [aparɛj(ə)mã] (*appareiller*) Action d'appareiller deux objets. ◆ En économie rurale, choix raisonné, selon le but qu'on se propose, de deux animaux domestiques.

APPAREILLER, v. tr. [aparɛje] (*à* et *pareil*) Trouver un pareil à quelque chose. *Il faut appareiller ces gants.* ■ **Archit.** Marquer les pierres selon qu'elles doivent être taillées. ◆ En parlant des animaux domestiques, choisir deux individus pour les faire concourir simultanément à un but commun. ◆ Joindre ensemble des planches de même longueur et de même épaisseur. ◆ **V. intr.** Se conjugue avec *avoir*. Mettre à la voile. ◆ S'appareiller, v. pr. Se joindre à un de ses pareils. ◆ S'accoupler, en parlant des oiseaux. ■ **V. tr.** Munir d'appareils de prothèse. *Appareiller un malentendant.*

APPAREILLEUR, n. m. [aparɛjœr] (*appareiller*) Chef ouvrier qui trace la coupe de la pierre à ceux qui la doivent tailler.

APPAREILLEUSE, n. f. [aparɛjøz] (*appareiller*) Femme qui s'entremet dans de mauvaises intrigues. ■ **REM.** Terme injurieux et vieilli aujourd'hui.

APPAREMMENT, adv. [aparamã] (*apparent*) ▷ Manifestement. Ce sens a vieilli. « *Un psaume qui apparemment est de Salomon* », BOSSUET. ◁ ◆ Selon les apparences, vraisemblablement. ◆ En apparence. « *Une puissance apparemment assurée* », SAINT-ÉVREMOND.

APPARENCE, n. f. [aparãs] (b. lat. *apparentia*) Ce qui apparaît d'une chose. « *Il ne faut pas toujours juger sur les apparences* », MME DE SÉVIGNÉ. ◆ **Absol.** Belle apparence, belles apparences. « *Dans le hameau, cette maison a quelque apparence* », J.-J. ROUSSEAU. ◆ *Sauver les apparences*, ne laisser rien apercevoir de blâmable. ◆ Forme, figure. *Sous une apparence mortelle.*

◆ Marque, vestige. *Il ne reste à cette femme aucune apparence de beauté.* ◆ Vraisemblance, probabilité. *Selon toute apparence. Il y a apparence que...* ◆ Elliptiquement. « *Quelle apparence de pouvoir remplir tous les goûts ?* », La Bruyère. ◆ Faux-semblant. « *Ils couvrent leurs passions sous une apparence de piété* », Fléchier. ◆ **en apparence,** loc. adv. D'après ce qui paraît, ce qu'on voit. *La condition la plus heureuse en apparence a ses amertumes.*

APPARENT, ENTE, adj. [aparã, ãt] (lat. *apparens,* p. prés. de *apparere*) Visible, évident, manifeste. ◆ ▷ Remarquable entre les autres. *Il a la maison la plus apparente de la ville.* ◁ ◆ **N.** m. et n. f. *Les plus apparents,* ceux qui occupent le principal rang. ◆ Spécieux. « *Voilà ce qu'on pourrait dire de plus apparent pour soutenir cet état* », Bossuet. ◆ Qui n'est qu'en apparence. *Un prétexte apparent.* ◆ Astron. Le *diamètre apparent d'un astre,* l'angle sous lequel le diamètre en est vu. *Hauteur apparente,* hauteur au-dessus de l'horizon. ◆ Dr. *Servitudes apparentes,* celles qui s'annoncent par des ouvrages extérieurs, tels qu'une porte, une fenêtre, un aqueduc. ■ *Mouvement apparent du Soleil,* son déplacement dans le ciel dû à la rotation de la Terre autour de l'astre.

APPARENTÉ, ÉE, p. p. d'apparenter. [aparãte] Qui a une parenté. *Bien apparenté, mal apparenté,* qui a une parenté en bonne, en mauvaise position. ■ *Listes apparentées,* listes qui ont conclu un apparentement électoral. *Chaque groupe de listes apparentées est considéré d'abord comme liste unique pour la répartition des mandats.*

APPARENTEMENT, ■ n. m. [aparãt(ə)mã] (*apparenter*) Fait de s'apparenter. *L'apparentement à une grande famille. L'apparentement de la tendre amitié à l'amour, l'apparentement avec l'amour.* ■ Accord conclu entre plusieurs partis pour ne former qu'une seule liste électorale afin d'obtenir davantage de voix et battre un adversaire commun.

APPARENTER, v. tr. [aparãte] (*a-* et *parent*) Donner parenté par alliance. *Bien, mal apparenter ses enfants.* ◆ S'apparenter, v. pr. Prendre parenté. *S'apparenter à la bourgeoisie.* ◆ Avoir une ressemblance, ressembler. *Un exercice qui s'apparente à un jeu.*

APPARIATION, n. f. [aparjasjõ] (*apparier*) ▷ Action d'apparier, de mettre en comparaison. ◁

APPARIÉ, ÉE, p. p. d'apparier. [aparje] Mis par paire.

APPARIEMENT, n. m. [aparimã] (*apparier*) Action d'apparier, d'unir par couple, d'assortir par paire. ■ Rem. Graphie ancienne : *apparîment.*

APPARIER, v. tr. [aparje] (*à* et *paire*) Assortir par paire ou couple. *Apparier des chevaux de carrosse, des gants, des bas.* ◆ Mettre ensemble le mâle et la femelle ; ne se dit que des oiseaux. ◆ S'apparier, v. pr. Se mettre par couple de mâle et de femelle.

APPARITEUR, TRICE, n. m. et plus rare n. f. [aparitœr, tris] (lat. *apparitor*) Huissier attaché à une faculté. ◆ ▷ En général, huissier. ◁

APPARITION, n. f. [aparisjõ] (lat. ecclés. *apparitio*) Manifestation d'un phénomène. *Apparition du soleil.* ◆ Action de se produire, arrivée, séjour. *Alors notre ami fit son apparition.* ◆ Fig. Naissance, commencement. *Dès l'apparition de la maladie.* ◆ Manifestation d'un objet qui se rend visible. *Les apparitions des dieux.* ◆ Fig. *Ne faire qu'une apparition, qu'une brève apparition,* rester très peu de temps dans un endroit.

APPAROIR, v. impers. [aparwar] (lat. *apparere,* apparaître) usité seulement à l'infin. et à la 3ᵉ pers. du sing. du prés. de l'indicatif : *il appert.* Dr. Être constaté. *Comme il appert par jugement du tribunal. Il a fait apparoir de son bon droit.*

APPARTEMENT, n. m. [apartəmã] (ital. *appartamento,* de l'esp. *apartamiento,* lieu écarté, domicile) Logement composé de plusieurs pièces. ◆ ▷ Autrefois, cercle qui se tenait chez le roi. ◁ ◆ On disait aussi *tenir appartement,* pour recevoir compagnie chez soi. ■ Rem. Contrairement à une maison, un appartement est un logement qui appartient à un immeuble et qui ne comporte généralement qu'un seul niveau.

APPARTENANCE, n. f. [apartənãs] (de *appartenir*) Ce qui appartient à une chose, en dépend. « *Faire les lois, donner les dispenses sont des appartenances de l'autorité souveraine* », Bossuet. ◆ « *Il fallait [à Marly] des cuisines aux princesses, et d'autres appartenances* », Saint-Simon. ■ Fait d'appartenir à un groupe social, une collectivité. *Son appartenance au parti socialiste.*

APPARTENANT, ANTE, adj. [apartənã, ãt] (*appartenir*) ▷ Qui appartient de droit. *Maison à lui appartenante.* ◆ Qui dépend de. *La philosophie et les questions appartenantes.* ◁

APPARTENIR, v. intr. [apartənir] (b. lat. *appertinere, ad* et *pertinere,* appartenir) Être la propriété de. *Rendre à chacun ce qui lui appartient.* ◆ Fig. *Il faut que l'âme s'appartienne à elle-même.* ◆ Être le droit ou le privilège de, être le propre, le caractère particulier. *L'inconstance appartient à la fortune.* ◆ Être au service de quelqu'un ; être attaché ou dévoué à quelqu'un. *Cet homme vous appartient.* ◆ Faire partie de. *Il appartenait à d'honnêtes*

bourgeois. ◆ Avoir rapport à, concerner. *Choses qui appartiennent à la philosophie.* ◆ V. impers. *Il appartient,* il est de convenance, de devoir. *Il m'appartient de... Il appartient à un bon juge de...* ◆ Par antiphrase. *Il vous appartient bien de parler de générosité,* il ne vous convient pas, il vous sied mal. ◆ Dr. *Ainsi qu'il appartiendra,* c'est-à-dire selon qu'il sera convenable. ◆ *À tous ceux qu'il appartiendra,* à tous ceux qui y auront intérêt ou qui voudront en prendre connaissance.

APPARTENU, p. p. inv. d'appartenir. [apartəny]

APPARU, UE, p. p. d'apparaître. [apary] *Le spectre apparu.*

APPAS ou **APPÂTS,** n. m. pl. [apɑ] (plur. de *appast,* anc. forme de *appât*) Attraits, charmes dans une femme. ◆ En parlant des choses, attraits. *Les appas de la vertu, de la gloire.*

APPÂT, n. m. [apɑ] (*appâter*) Pâture pour attirer et prendre le gibier ou le poisson. ◆ Fig. Ce qui attire. « *Quand une fois on a trouvé le moyen de prendre la multitude par l'appât de la liberté* », Bossuet.

APPÂTÉ, ÉE, p. p. d'appâter. [apɑte] À qui on a présenté un appât. *Des poissons appâtés.* ◆ Fig. « *Un peuple appâté de sang* », Bossuet.

APPÂTER, v. tr. [apɑte] (*a-* et anc. fr. *past,* nourriture) Attirer avec un appât. ◆ ▷ Mettre le manger dans le bec des petits oiseaux. ◁

APPATRONNEMENT, n. m. [apatrɔn(ə)mã] (*de appatronner*) ▷ Syn. d'appareillement. ◁

APPATRONNER, v. tr. [apatrɔne] (*a-* et *patron,* modèle) ▷ Syn. d'appareiller. ◁

APPÂTS, ■ n. m. pl. [apɑ] Voy. appas.

APPAUMÉ, ÉE, adj. [apome] (*à* et *paume*) Hérald. Ouverte, dont on voit la paume, en parlant d'une main. ■ Par méton. Se dit d'un écu qui porte une main appaumée.

APPAUVRI, IE, p. p. d'appauvrir. [apovri] Rendu pauvre. ◆ Le sang est appauvri quand il est pâle et sans consistance, qu'il contient moins de globules et d'albumine.

APPAUVRIR, v. tr. [apovrir] (*a-* et *pauvre*) Rendre pauvre. ◆ Fig. « *Souvent trop d'abondance appauvrit la matière* », Boileau. ◆ *Appauvrir une langue,* la rendre moins abondante. ◆ *Appauvrir un terrain,* l'épuiser, en diminuer la fertilité. ◆ S'appauvrir, v. pr. Devenir pauvre. ◆ Fig. *Cette terre s'appauvrit d'année en année.* ◆ *Un filon s'appauvrit* lorsqu'il devient moins épais ou moins riche en parties métalliques.

APPAUVRISSEMENT, n. m. [apovris(ə)mã] (*appauvrir*) Réduction à l'état de pauvreté. ◆ Par extens. *Appauvrissement du sol, d'une langue, du sang, d'une race, etc* [1]. ■ Rem. 1 : Appliquée aux humains, la notion de race ne repose sur aucun fondement scientifique et a une connotation raciste.

APPEAU, n. m. [apo] (doublet de *appel* en a. fr.) Engin imitant le cri des oiseaux et servant à les appeler et à les attirer dans un piège. ◆ Oiseau dressé à attirer les autres.

APPEL, n. m. [apɛl] (*appeler*) Action d'appeler. ◆ *Faire un appel à la charité publique,* l'invoquer. ◆ Vérification de présence obligée des membres d'une assemblée, d'un corps. ◆ *Appel nominal,* appel des membres d'une assemblée délibérante, pour que chacun donne son vote. ◆ Signal donné par la trompette ou le tambour pour assembler les soldats. ◆ Escrime Attaque faite par un simple battement du pied. ◆ Provocation en duel. ◆ Manière de sonner le cor pour animer les chiens. ◆ En matière de recrutement, action d'appeler sous les drapeaux. ◆ Financ. *Appel de fonds,* demande du versement de nouveaux fonds à des actionnaires ou à des associés. ◆ Dr. Recours à un juge supérieur. *Cour d'appel.* ■ Communication téléphonique. *Recevoir un appel.* ◆ Incitation à une action précise. *L'appel du 18 Juin.* ■ *Faire appel à quelqu'un,* lui demander son aide. ■ *Produit d'appel,* vendu dans un but promotionnel pour d'autres produits.

APPELANT, ANTE, adj. [ap(ə)lã, ãt] (*appeler*) Dr. Qui appelle d'un jugement. *Elle se rend appelante.* ◆ **N.** m. et n. f. *L'appelant et l'intimé.* ◆ Oiseau qui sert à appeler les autres et à les attirer dans le piège. On dit aussi *appeleur.*

APPELÉ, ÉE, p. p. d'appeler. [ap(ə)le] Qu'on fait venir. ◆ En parlant de la prédestination, *beaucoup d'appelés et peu d'élus.* ◆ Qui a tel nom. *Octave appelé ensuite Auguste.*

APPELER, v. tr. [ap(ə)le] (lat. *appellare,* pousser vers, adresser la parole à quelqu'un) Crier pour faire venir quelqu'un ; prononcer à haute voix une suite de noms ; faire signe de venir. *Appeler quelqu'un à haute voix. Appeler chacun par son nom.* ◆ ▷ *Appeler les lettres de l'alphabet,* les nommer successivement l'une après l'autre. ◁ ◆ Dr. *Appeler une cause,* dire à haute voix le nom des parties. ◆ *Appeler son chien,* l'appeler de la voix ou en sifflant. ◆ Absol. *Il appelle, et personne ne vient.* ◆ Fig. *Appeler à son aide au secours.* ▷ *Appeler des oiseaux,* les attirer en se servant d'un appeau. ◁ ◆ Mander, inviter, au propre et au figuré ; admettre, attirer. *Louis XIV appela Colbert dans ses conseils. Si tu appelles le médecin.* ◆ Par extens. *Dieu vient de l'appeler à lui,* il vient de mourir. ◆ Provoquer, défier. *Appeler un adversaire au* *combat.* ♦ *Appeler en duel* ou simplement *appeler*, provoquer à un combat singulier. ♦ Appeler, citer quelqu'un en justice. *Appeler quelqu'un en témoignage* ou *comme témoin.* ♦ *Appeler des soldats sous les drapeaux.* ♦ Invoquer. *Appeler sur quelqu'un les bénédictions du ciel.* ♦ Choisir pour une fonction, désigner. *Appeler quelqu'un à une charge.* ♦ Réclamer, exiger, nécessiter. ♦ Donner un nom, nommer. « *J'appelle un chat un chat et Rollet un fripon* », Boileau. ♦ **Fam.** *Appeler les choses par leur nom*, ne pas affaiblir par des mots ce que certaines vérités peuvent avoir de dur. ♦ Appeler de, v. intr. Recourir à un tribunal supérieur. *Appeler d'un jugement.* ♦ *Appeler comme d'abus*, appeler d'un tribunal ecclésiastique à l'autorité laïque. ♦ **Fig.** *Appeler de*, ne pas se soumettre. *J'appelle de votre décision.* ♦ *En appeler de*, ne pas se soumettre. ♦ *En appeler à*, s'en référer à, recourir. ♦ ▷ *Il en a appelé*, se dit d'un homme qui a échappé à une maladie dangereuse. ◁ ♦ S'appeler, v. pr. Avoir pour nom. *Comment t'appelles-tu?* ♦ *Voilà qui s'appelle parler*, voilà un langage ferme et franc. On dit aujourd'hui de préférence : *Voilà ce qui s'appelle.* ♦ Se donner un titre. ♦ *S'appeler*, s'inviter l'un l'autre à venir. ♦ **Prov.** *Il est comme le chien de Jean de Nivelle*, il s'enfuit quand on l'appelle, se dit en parlant d'un homme qui ne fait rien de ce que l'on souhaite. ♦ Téléphoner. *Il m'a appelé hier.* ■ Rem. Aujourd'hui, on dit bien encore *Voilà ce qui s'appelle parler* plutôt que *Voilà ce qui s'appelle.*

APPELETTE, ■ n. f. [ap(ə)lɛt] (francisation de l'acronyme angl. *applet*, applet) **Inform.** Programme s'exécutant au sein d'une autre application, destiné à une tâche précise. *Une appelette* ou *une appliquette.* Voy. APPLET, Voy. APPLIQUETTE.

APPELEUR, n. m. [ap(ə)lœʀ] (*appeler*) Oiseau qui sert d'appeau.

APPELLATIF, IVE, adj. [apelatif, iv] (b. lat. *appellativus*) **Gramm.** *Nom appellatif*, nom qui convient à toute une espèce. On dit plus ordinairement nom commun. ■ Mot qui sert à appeler. *Monsieur, madame sont des appellatifs.*

APPELLATION, n. f. [apelasjɔ̃] (lat. *appellatio*, action d'adresser la parole) ▷ Appel à haute voix. *Appellation des lettres de l'alphabet*, action d'appeler les lettres de l'alphabet. ◁ ♦ **Dr.** Appel d'un jugement. *La cour a mis l'appellation au néant.* ♦ Nom donné à une chose. ■ *Appellation d'origine contrôlée*, nom donné à un produit commercialisé garantissant son origine.

APPENDICE, n. m. [apɛ̃dis] (*en* se prononce *in* ; lat. *appendix*, ce qui est suspendu à, addition) ▷ Partie qui semble appendue, ajoutée à une autre plus grande. ◁ ♦ Supplément qui se joint à la fin d'un ouvrage. ♦ Partie dépendante d'une autre. ♦ Ce mot, qui est aujourd'hui masculin, a varié, et on le trouve souvent féminin. ■ **Méd.** *Appendice vermiculaire*, prolongement du cæcum. ■ Rem. Aujourd'hui, *appendice* ne se trouve plus qu'au masculin.

APPENDICECTOMIE, ■ n. f. [apɛ̃disɛktomi] (*appendice* et *-ectomie*) **Méd.** Ablation de l'appendice vermiculaire en cas d'inflammation. *L'appendicectomie ou la résection de l'appendice. Une simple appendicectomie. Elle a subi une appendicectomie d'urgence.*

APPENDICITE, ■ n. f. [apɛ̃disit] (anglo-amér. *appendicitis*) Inflammation de l'appendice vermiculaire devant être traitée en urgence. *Crise d'appendicite aiguë.*

APPENDICULAIRE, ■ adj. [apɛ̃dikylɛʀ] (*appendicule*) Relatif à un appendice, et spécialt à l'appendice vermiculaire. *Un abcès appendiculaire.* ■ N. m. **Zool.** Animal du groupe des tuniciers qui ne mesure que quelques millimètres et dont l'adulte ressemble à l'état larvaire des ascidies. *Les appendiculaires constituent un composant essentiel du plancton.*

APPENDICULE, n. m. [apɛ̃dikyl] (*appendice*) ▷ Diminutif d'appendice. ◁

APPENDRE, v. tr. [apɑ̃dʀ] (lat. *appendere*, peser, b. lat., suspendre) ▷ Suspendre quelque chose, ordinairement avec une idée de solennité. *Appendre des étendards à la voûte d'une église.* ◁

APPENDU, UE, p. p. d'appendre. [apɑ̃dy]

APPENTIS, n. m. [apɑ̃ti] (*apent*, p. p. anc. de *appendre*) Demi-comble en auvent, à un seul égout, appuyé à une muraille et porté par des piliers. ■ Cabane de jardin.

APPENZELL, ■ n. m. [apɛnzɛl] (*Appenzell*, canton de Suisse où l'on fabrique ce fromage) Fromage à pâte pressée cuite, au lait de vache, au goût particulièrement fruité, que l'on fabrique en Suisse.

APPERT, v. impers. [apɛʀ] Voy. APPAROIR.

APPERTISATION, ■ n. f. [apɛʀtizasjɔ̃] (Nicolas *Appert*, 1749-1841, inventeur du procédé) Procédé utilisant la stérilisation à la chaleur en vase clos des denrées alimentaires pour en assurer la conservation. ■ APPERTISÉ, ÉE, adj. [apɛʀtize]

APPESANTI, IE, p. p. d'appesantir. [apəzɑ̃ti] ▷ Rendu pesant. ◁ ♦ **Fig.** *Esprit appesanti.*

APPESANTIR, v. tr. [apəzɑ̃tiʀ] (*a-* et *pesant*) ▷ Rendre plus pesant. ◁ ♦ Par extens. « *Le sommeil n'avait pu appesantir ses paupières* », Fénelon. ♦ **Fig.** *Dieu a appesanti son bras sur ce peuple*, il l'a frappé de châtiments terribles. ♦ Rendre moins agile, moins actif. *La vieillesse appesantit le corps.* ♦ S'appesantir, v. pr. Devenir pesant. ♦ *S'appesantir sur*, insister sur une chose, en parler longuement.

APPESANTISSEMENT, n. m. [apəzɑ̃tis(ə)mɑ̃] (*appesantir*) État d'une personne appesantie, soit de corps, soit d'esprit. ♦ Action d'appesantir. « *C'est un appesantissement de la main de Dieu* », Pascal.

APPÉTÉ, ÉE, p. p. d'appéter. [apete] ▷ Désiré. ◁

APPÉTENCE, n. f. [apetɑ̃s] (lat. *appetentia*, recherche, désir) Sentiment particulier qui porte l'animal à rechercher ce qui peut satisfaire les besoins de son organisme.

APPÉTER, v. tr. [apete] (lat. *appetere*, chercher à atteindre) ▷ Rechercher ce qui est nécessaire à l'existence. ♦ **Absol.** Avoir des appétences. « *L'homme doit plus connaître qu'appéter* », Buffon. ◁

APPÉTIBILITÉ, n. f. [apetibilite] (*appétible*) ▷ Faculté d'appéter. ◁

APPÉTIBLE, adj. [apetibl] (*appéter*) ▷ Qui peut être appété. ◁

APPÉTISSANT, ANTE, adj. [apetisɑ̃, ɑ̃t] (*appétit*) Qui excite l'appétit, en parlant des mets. ♦ **Fam.** Se dit d'une personne qui a de la fraîcheur.

APPÉTIT, n. m. [apeti] (lat. *appetitus*, penchant naturel, désir) Désir d'un objet en vue de la satisfaction des sens. « *J'ai tâché de mortifier mes appétits sensuels* », Bossuet. ♦ Goût, inclination. ♦ Passion, vif désir. *L'appétit de la richesse, des conquêtes. Notre esprit dont l'appétit est de savoir.* ♦ Désir de manger. *Donner de l'appétit. Mettre en appétit.* ♦ **Fig.** « *Où de tout leur pouvoir, de tout leur appétit Dormaient les deux pauvres servantes* », La Fontaine. ♦ *Bon appétit*, formule dont on se sert en parlant à quelqu'un qui va manger. ♦ ▷ **Fig.** *C'est un homme de bon appétit*, se dit de quelqu'un qui prend places, argent, et à tout semble bon. ◁ ♦ ▷ *Avoir l'appétit ouvert de bon matin*, désirer prématurément une chose. ◁ ♦ ▷ *Demeurer sur son appétit*, limiter ses désirs, ses prétentions. ◁ ♦ ▷ *Appétits*, nom qu'on donne vulgairement au hareng fumé, à la ciboule, et autres substances qui aiguisent l'appétit. ♦ À L'APPÉTIT DE, loc. adv. Par désir d'avoir. ♦ **Prov.** *L'appétit vient en mangeant*, c'est-à-dire plus on a, plus on veut avoir. ■ Rem. Aujourd'hui, *appétits* ne s'emploie que pour désigner la ciboulette. *Une botte d'appétits.*

APPÉTITIF, IVE, adj. [apetitif, iv] (radic. de *appétition*) ▷ Qui fait appéter. ◁ ■ **Didact.** Qui apporte un sentiment de satisfaction donnant l'envie de recommencer. *Un stimulus appétitif.*

APPÉTITION, n. f. [apetisjɔ̃] (lat. *appetitio*) Action d'appéter, d'avoir envie de quelque chose.

APPIÈCEMENT, n. m. [apjɛs(ə)mɑ̃] (*apiécer*) ▷ Action de rapiécer. ■ Rem. Graphie ancienne : *apiécement.* ◁

APPLAUDI, IE, p. p. d'applaudir. [aplodi] *Applaudi de ou par ses amis.*

APPLAUDIMÈTRE, ■ n. m. [aplodimɛtʀ] (*applaudir* et *-mètre*) Mesure de l'intensité des applaudissements du public lors d'une prestation scénique pour déterminer une victoire.

APPLAUDIR, v. intr. [aplodiʀ] (lat. *applaudere*) Battre des mains en signe d'approbation. ♦ *Applaudir à*, donner approbation. « *Pourvu qu'on n'applaudisse pas à leurs crimes* », Massillon. ♦ V. tr. Accueillir par des applaudissements et fig. féliciter de. *Applaudir un orateur.* « *Ce sénat [...] Qui vient vous applaudir de votre cruauté* », Racine. ♦ S'applaudir, v. pr. Se vanter, se glorifier. *Il est seul à s'estimer et à s'applaudir.* ♦ Se féliciter. *Je m'applaudis du parti que j'ai pris. Ils se sont applaudis de cette action.*

APPLAUDISSEMENT, n. m. [aplodis(ə)mɑ̃] (radic. du p. prés. de *applaudir*) Manifestation d'approbation par des battements de mains. ♦ Approbation, louange accordée avec éclat. « *Opinions reçues avec applaudissement* », Pascal. ■ Rem. S'emploie aujourd'hui le plus souvent au pluriel.

APPLAUDISSEUR, EUSE, n. m. [aplodisœʀ, øz] (radic. du p. prés. de *applaudir*) Personne qui applaudit. *Des applaudisseurs à gages.*

APPLET, ■ n. f. ou n. m. [aplɛt] (acronyme angl. de *application light weight*, application de petite taille) **Inform.** Programme s'exécutant au sein d'une autre application, destiné à une tâche précise. *Utiliser une applet pour faire une animation dans une page Web. Une applet écrite en java.* ■ Recomm. offic. *appliquette.*

APPLICABILITÉ, ■ n. f. [aplikabilite] (*applicable*) Caractère de ce qui est applicable. *L'applicabilité d'une loi.*

APPLICABLE, adj. [aplikabl] (*appliquer*) Qui doit ou qui peut être appliqué. *Cet édit est applicable. Argent applicable à cette dépense.* ♦ Susceptible d'être mis en pratique.

APPLICAGE, n. m. [aplikaʒ] (*appliquer*) **Techn.** Action d'appliquer quelque chose pour l'ornement ou la solidité.

APPLICATEUR, ■ n.m. [aplikatœʀ] (*appliquer*) Dispositif permettant d'appliquer un produit sur une surface. *Tube de cirage muni d'un applicateur.* ■ Adj. *Le bouchon applicateur d'un tube de cirage.*

APPLICATION, n.f. [aplikasjɔ̃] (lat. *applicatio*) Action d'appliquer une chose sur une autre ; superposition. ♦ **Archit.** Action d'appliquer des matières d'ornement sur la pierre, la brique, le moellon ou le bois. ♦ Dentelle dont les ornements ont été appliqués sur le fond. *Application de Bruxelles.* ♦ Chose appliquée. ♦ ▷ Fig. Action d'appliquer à quelqu'un ou à quelque chose un apologue, une parole, un vers, etc. ◁ ♦ Mise en pratique, mise en usage, mise à exécution. *L'application de la loi. L'application opposée à la théorie.* ♦ Attribution d'une somme à telle dépense. ♦ **Math.** *L'application de l'algèbre à la géométrie*, cette branche des mathématiques qui est due à Descartes, et dans laquelle on exprime les quantités géométriques par des équations algébriques. ♦ Action d'appliquer l'esprit à. *Mettre son application à une chose.* ■ Soin apporté à l'exécution d'une tâche. *Un élève qui manque d'application dans son travail.* ■ Programme informatique permettant la réalisation de certaines tâches. *Les applications de bureautique. Ouvrir, fermer une application.*

APPLIQUE, n.f. [aplik] (*appliquer*) En t. d'arts, accessoire qu'on ajoute à une pièce pour l'orner ou le rendre solide. ♦ En orfèvrerie, pièce d'applique, toute pièce qui s'assemble ou qui s'enchâsse avec une autre. ♦ Sorte de candélabre. ■ Dispositif d'éclairage fixé sur un mur.

APPLIQUÉ, ÉE, p.p. d'appliquer et adj. [aplike] Mis sur. ♦ **Par extens.** *Soufflet bien appliqué.* ♦ Dont on a fait l'application, comme d'un apologue. ♦ Employé à. *Argent appliqué à des dépenses.* ♦ **Par extens.** *Science appliquée aux arts*, science dont les principes éclairent et dirigent les procédés de l'industrie. ♦ *Appliqué à*, attentif, désireux de servir. ♦ **Absol.** Studieux, qui fait sa besogne avec soin. ■ REM. On dit aujourd'hui *sciences appliquées.*

APPLIQUER, v.tr. [aplike] (lat. *applicare*) Mettre une chose sur ou contre une autre. ♦ Quand *appliquer* signifie mettre une chose sur une autre, il régit la préposition *sur* : *Appliquer un emplâtre sur un mal.* Quand il signifie faire toucher une chose à une autre, il régit la préposition *à* : *Il appliqua la coupe à ses lèvres.* ♦ **Par extens.** *Appliquer un coup de bâton sur la tête*, frapper la tête avec un bâton. ♦ *Appliquer un homme à la question*, le soumettre aux tortures qu'on nommait la question. ♦ Se servir de... pour un objet déterminé. *Appliquer un traitement à une maladie.* ♦ *Appliquer un système, une science*, introduire dans la pratique les principes d'un système, d'une science. ♦ *Appliquer une science à une autre*, faire usage des principes d'une science pour en développer une autre. ♦ Transporter, attribuer à quelqu'un ce qui est dit d'un autre. *Appliquer un vers à quelqu'un.* ♦ Attribuer, imputer. *S'appliquer le nom de sage.* ♦ Mettre sous le coup de, infliger. *Le maximum de la peine lui fut appliqué.* ♦ Occuper fortement quelqu'un à quelque chose. « *Un bon roi applique ses sujets à l'agriculture* », FÉNELON. ♦ ▷ **Absol.** Exiger une grande attention. *Les échecs appliquent beaucoup.* ◁ ♦ *Appliquer son esprit*, son attention à. *Appliquer son esprit à la recherche de la vérité.* ♦ *S'appliquer*, v.pr. Être appliqué, apposé sur. ♦ Apporter une attention soutenue. ♦ S'adapter, convenir à. ♦ S'adjoindre, se subordonner. « *Un citoyen se fût moins appliqué à un autre* », SAINT-ÉVREMOND. ■ Mettre en pratique. *Appliquer les règles de l'accord du participe passé.*

APPLIQUETTE, ■ n.f. [aplikɛt] (*appliquer*) **Inform.** Programme s'exécutant au sein d'une autre application, destiné à une tâche précise. ■ REM. Recommandation officielle pour *applet*. Voy. ce mot.

APPOGGIATURE, n.f. [apodʒjatyʀ] (*gg* sc prononce *dj* ; ital. *appoggiatura*, de *appoggiare*, appuyer) **Mus.** Petite note sur laquelle on appuie avant d'attaquer la note principale.

APPOINT, n.m. [apwɛ̃] (de *appointer*) Somme qui fait le solde d'un compte. ♦ Complément d'une somme en petite monnaie. ■ *D'appoint*, en supplément. *Chauffage, salaire d'appoint.*

APPOINTAGE, ■ n.m. [apwɛ̃taʒ] (*appointer*) **Techn.** Dernier foulage du cuir humidifié pour en assouplir les fibres et pouvoir le graisser. ■ Action de tailler en pointe. *L'écorçage et l'appointage de bois.*

APPOINTÉ, ÉE, p.p. d'appointer. [apwɛ̃te] *Procès appointé*, procès sur lequel un appointement avait été prononcé. ♦ *Ils sont appointés contraires*, façon de parler proverbiale tirée du palais, et signifiant ils sont brouillés ensemble. ♦ N.m. *Appointé en droit*, syn. d'appointement en droit. ♦ Qui a des appointements. *Commis appointé.* ♦ **Hérald.** *Appointé*, qui se touche par les pointes.

APPOINTEMENT, n.m. [apwɛ̃t(ə)mɑ̃] (*appointer*) ▷ **Dr.** Règlement en justice par lequel, avant de faire droit aux parties, le juge ordonnait de produire par écrit ou de déposer les pièces sur le bureau, ou encore de prouver par témoins les faits articulés. ◁ ♦ N.m. pl. Salaire annuel d'une place, d'une fonction, d'un grade.

APPOINTER, v.tr. [apwɛ̃te] (*a-* et *appoint*) ▷ **Dr.** Régler un appointement en justice. ◁ ♦ Donner des appointements. ♦ ▷ *Appointer d'une corvée, d'une garde*, l'imposer par punition. ◁ ♦ *Appointer un procès*, un différend, l'arranger.

APPOINTEUR, ■ n.m. [apwɛ̃tœʀ] (*appointeur*) ▷ Celui qui arrange. *Un appointeur de procès.* ■ REM. Quoique possible, le féminin *appointeuse* ne se rencontre pas. ◁

APPONDRE, ■ v.tr. [apɔ̃dʀ] (lat. *apponere*, ajouter) **Suisse** et **Dauphiné** Ajouter quelque chose qui permet de rallonger. *Appondre une table.*

APPONSE, ■ n.f. [apɔ̃s] (*appondre*) Ce qui est ajouté pour rallonger. *Mettre une apponse à une table.*

APPONTAGE, ■ n.m. [apɔ̃taʒ] (*apponter*) Manœuvre exécutée par un aéronef lorsqu'il se pose sur un porte-avions.

APPONTEMENT, ■ n.m. [apɔ̃t(ə)mɑ̃] (*a-* et *pont*) Échafaudage formant une espèce de pont.

APPONTER, ■ v.tr. [apɔ̃te] (*a-* et *pont*) Exécuter les manœuvres qui permettent à un aéronef de se poser sur un porte-avions. *Ils ont réussi à faire décoller puis apponter cet avion de 30 tonnes.*

APPORT, n.m. [apɔʀ] (*apporter*) ▷ Lieu d'une ville où l'on apporte les denrées. ◁ ♦ Biens qu'un époux apporte dans la communauté. ♦ Mise de fonds de chaque associé. ■ Fig. Ce qui contribue au développement de quelque chose. *L'apport de la science à la médecine. L'apport de ce chanteur à la musique.*

APPORTÉ, ÉE, p.p. d'apporter. [apɔʀte]

APPORTER, v.tr. [apɔʀte] (lat. *apportare*) Porter au lieu où est une personne. ♦ **Par extens.** *Les vices que nous apportons en naissant.* ♦ Fournir pour sa part. ♦ Employer, mettre. *Il a apporté beaucoup de soin dans cette affaire.* ♦ *Apporter remède*, remédier à une chose. ♦ *Apporter des obstacles à une chose*, en rendre l'exécution, le succès difficile. ♦ *Apporter des facilités*, rendre facile. ♦ Causer, produire. *Apporter du profit.* ♦ Alléguer, citer. « *Saint Cyprien en apporte la raison* », BOURDALOUE.

APPORTEUR, EUSE, ■ n.m. et n.f. [apɔʀtœʀ, øz] (*apporter*) **Financ.** Personne qui apporte une part dans le capital d'une société. ■ *Apporteur, apporteuse d'affaires*, personne physique ou morale rémunérée pour mettre en contact un client et un fournisseur. *Un apporteur d'affaires immobilières.*

APPOSÉ, ÉE, p.p. d'apposer. [apoze]

APPOSER, v.tr. [apoze] (*à* et *poser*) Mettre sur. ♦ **Dr.** *Apposer les scellés*, appliquer juridiquement un sceau sur une porte, sur un meuble, pour empêcher de l'ouvrir. ♦ *Apposer sa signature*, signer. ♦ *Apposer une clause à un contrat*, l'y introduire.

APPOSITIF, IVE, adj. [apozitif, iv] (radic. de *apposition*) *Construction appositive*, Construction par apposition.

APPOSITION, n.f. [apozisjɔ̃] (b. lat. *appositio*) Action d'apposer. *L'apposition d'un sceau.* ♦ Adjonction de corps de même nature. *Les minéraux croissent par apposition.* ♦ **Gramm.** *Apposition ou prosthèse*, adjonction de quelque lettre au commencement d'un mot. ◁ ♦ On appelle aussi *apposition* l'état de deux substantifs se rapportant l'un à l'autre et se suivant immédiatement, comme : Pierre apôtre. ■ **Gramm.** Adjectif épithète détaché. *Dans la phrase* Pierre, prudent, a préféré ne rien dire, *l'adjectif prudent est mis en apposition.*

APPRÉCIABILITÉ, n.f. [apʀesjabilite] (*appréciable*) Qualité de ce qui est appréciable.

APPRÉCIABLE, adj. [apʀesjabl] (*apprécier*) Qui peut être apprécié.

APPRÉCIATEUR, TRICE, n.m. et n.f. [apʀesjatœʀ, tʀis] (*apprécier*) Celui, celle qui apprécie. *Juste appréciateur du mérite.* ■ Adj. *Il lut avec bonheur cette lettre encourageante et appréciatrice.*

APPRÉCIATIF, IVE, adj. [apʀesjatif, iv] (*apprécier*) Qui marque l'appréciation. *État appréciatif des marchandises.*

APPRÉCIATION, n.f. [apʀesjasjɔ̃] (*apprécier*) Action de déterminer le prix d'une chose. ♦ Fig. *L'appréciation du mérite d'un homme.* ■ Commentaire accompagnant l'évaluation d'un travail, en particulier d'un travail scolaire. *Avoir de bonnes appréciations.*

APPRÉCIÉ, ÉE, p.p. d'apprécier. [apʀesje]

APPRÉCIER, v.tr. [apʀesje] (lat. chrét. *appretiare*) Déterminer le prix. ♦ Fig. *Apprécier sainement les choses.* ♦ Faire cas de. *On apprécie dignement sa libéralité.* ♦ **Par extens.** Déterminer de façon plus ou moins approximative une mesure. *La nuit, il est plus difficile d'apprécier les distances.* ■ Avoir de l'estime pour quelqu'un. *C'est un collègue que j'apprécie beaucoup.*

APPRÉHENDÉ, ÉE, p.p. d'appréhender. [apʀeɑ̃de] ▷ Saisi. *Appréhendé au corps.* ◁ ♦ Craint. *Des malheurs appréhendés.*

APPRÉHENDER, v. tr. [apreɑ̃de] (lat. *apprehendere*, s'emparer de) **Dr.** Saisir au corps. ♦ Craindre. *J'appréhende au conflit.* Quand *appréhender* est suivi d'un verbe, on met ce verbe au subjonctif avec *ne... pas*, quand on désire que la chose arrive : *J'appréhende qu'il ne vienne pas.* On met le second au subjonctif avec *ne* seulement, quand au contraire on craint que la chose n'arrive : *J'appréhende qu'il ne vienne.* ♦ *Appréhender* ne se construit pas avec un infinitif sans la préposition *de*. ▪ Comprendre par l'esprit. *Notion difficile à appréhender.* ▪ REM. Se construit auj. sans préposition. *Appréhender le conflit.*

APPRÉHENSIBLE, adj. [apreɑ̃sibl] (radic. de *appréhension*) Qui peut être saisi par l'esprit.

APPRÉHENSIF, IVE, adj. [apreɑ̃sif, iv] (radic. de *appréhension*) Timide, craintif.

APPRÉHENSION, n. f. [apreɑ̃sjɔ̃] (b. lat. *apprehensio*, compréhension) ▷ Facilité à comprendre. « *Il avait l'appréhension vive* », SAINT-SIMON. ◁ ♦ **Log.** Première idée qu'on prend d'une chose. ♦ Crainte. ▪ Le sens réservé à la logique autrefois est employé couramment aujourd'hui. *Une meilleure appréhension de la diversité des cultures.*

APPRENANT, ANTE, ▪ n. m. et n. f. [aprənɑ̃, ɑ̃t] (*apprendre*) Personne suivant un enseignement.

APPRENDRE, v. tr. [aprɑ̃dr] (lat. *apprehendere*, saisir) Acquérir une connaissance, retenir dans sa mémoire. *Apprendre des vers. Apprendre par cœur. Apprendre une langue, une science.* ♦ **Absol.** *Il apprend continuellement.* ♦ *Apprendre à*, contracter une disposition, une habitude. *J'appris à supporter le malheur.* ♦ S'apercevoir, reconnaître. *Il apprendra qui je suis.* ♦ Être informé. *J'ai appris par votre lettre...* ♦ Enseigner. *Apprendre à quelqu'un les belles-lettres.* ♦ *S'apprendre*, enseigner à soi. *Cette dame s'est appris à filer.* ◁ ♦ Faire savoir. *On m'a appris la mort de votre oncle.* ♦ **Fam.** *Apprendre à vivre à quelqu'un*, l'obliger à se conduire autrement. ♦ *Apprendre à parler à quelqu'un*, le corriger de son peu de retenue dans ses discours. ♦ *S'apprendre*, être appris. ▪ **Fam.** *Ça t'apprendra !* se dit à quelqu'un qui se voit infliger une peine, qui subit des désagréments résultant de son mauvais comportement.

APPRENTI, IE, n. m. et n. f. [aprɑ̃ti] (lat. pop. *apprenditicius*, du p. p. de *apprehendere*) Celui, celle qui est en apprentissage. ♦ ▷ **Fig.** Personne peu habile. ◁ ♦ **Adj.** « *Ils n'étaient plus apprentis à manier les armes* », VAUGELAS. ◁ ♦ L'orthographe ancienne était *apprentif*, et le féminin *apprentive*, l'un et l'autre inusités aujourd'hui. ▪ *Apprenti sorcier*, personne qui par son inexpérience déclenche des événements dont il n'a pas la maîtrise.

APPRENTISSAGE, n. m. [aprɑ̃tisaʒ] (*apprenti*) Action d'apprendre un métier. ♦ **Fig.** « *Vous n'en êtes pas à votre apprentissage* », P. CORNEILLE. ♦ Le temps qu'on met à apprendre un métier. ♦ **Fig.** *Faire son apprentissage, en être à son apprentissage*, se dit des premiers essais que l'on fait. ♦ *Faire l'apprentissage de*, s'instruire à, s'habituer à.

APPRÊT, n. m. [apʀɛ] (*apprêter*) ▷ Action d'apprêter, d'arranger. *L'apprêt de tout ce qui est nécessaire pour un voyage.* ◁ ♦ **Fig.** *Préparation des mets. L'apprêt des viandes.* ♦ **N. m. pl.** Préparatifs. *Faire les apprêts de la noce.* ♦ *L'apprêt*, manière d'apprêter les étoffes, les toiles, les cuirs. ♦ La matière même qui sert à l'apprêt. ♦ **Peint.** Préparation, enduit que l'on étend sur la toile, le bois, la muraille avant de peindre. ♦ **Fig.** *Sans apprêt*, de façon naturelle, sans manières. *Un écrivain à l'écriture rapide et sans apprêt.*

APPRÊTAGE, n. m. [apʀɛtaʒ] (*apprêt*) Emploi de l'apprêt, en parlant des étoffes.

APPRÊTE, n. f. [apʀɛt] (*apprêter*) ▷ Mouillette. ♦ Il vieillit. ◁

APPRÊTÉ, ÉE, p. p. d'*apprêter*. [apʀɛte] ▷ Rendu prêt. ◁ ♦ Accommodé. *Voilà un ragoût bien apprêté.* ◁ ♦ ▷ *Cartes apprêtées*, arrangées pour tromper au jeu. ◁ ♦ **Fig.** Dépourvu de naturel. *Grâces apprêtées.*

APPRÊTER, v. tr. [apʀɛte] (lat. pop. *apprestare*, du lat. *praesto*, sous la main, à la portée de) ▷ Rendre prêt. *Il apprêtait ses armes.* ◁ ♦ Accommoder des mets. ♦ Fabriquer, façonner, travailler. *Apprêter des drogues.* ♦ ▷ *S'apprêter*, apprêter à soi-même, s'attirer. *Vous vous apprêtez de grands embarras.* ◁ ♦ **V. intr.** *Apprêter à manger*, faire la cuisine, préparer les mets. ◁ ♦ ▷ **Absol.** *Ce cuisinier apprête bien.* ◁ ♦ Dans les arts, donner de l'apprêt, du lustre, de l'apparence, limer. ♦ ▷ *Apprêter à rire*, donner occasion de rire à ses dépens. ◁ ♦ *S'apprêter*, v. pr. Se préparer, se mettre en état de faire une chose. *Il s'apprêtait à partir.* ♦ Être préparé. *Le temple où leur hymen s'apprête.*

APPRÊTEUR, EUSE, n. m. et n. f. [apʀɛtœr, øz] (*apprêter*) Personne qui donne l'apprêt, qui fait les préparations.

APPRIS, ISE, p. p. d'*apprendre*. [apri, iz] Qu'on a étudié et retenu. *Leçon apprise par cœur.* ♦ Dont on est informé. *Nouvelle apprise.* ♦ Instruit. « *Dès l'enfance appris à mendier* », P.-L. COURIER. ♦ **Fam.** *Homme mal appris*, homme sans éducation, sans usage.

APPRIVOISABLE, adj. [aprivwazabl] (*apprivoiser*) Que l'on peut apprivoiser.

APPRIVOISÉ, ÉE, p. p. d'*apprivoiser*. [aprivwaze] Rendu privé, domestique.

APPRIVOISEMENT, n. m. [aprivwaz(ə)mɑ̃] (*apprivoiser*) Action par laquelle on apprivoise.

APPRIVOISER, v. tr. [aprivwaze] (lat. pop. *apprivatiare*, du lat. *privatus*, privé, domestique) Rendre privé, domestique. ♦ **Fig.** « *Si les tigres les plus sauvages Enfin apprivoisent leurs cages* », MALHERBE. ♦ *S'apprivoiser*, v. pr. Devenir apprivoisé. ♦ S'accoutumer, se familiariser avec. *S'apprivoiser avec le danger.*

APPROBATEUR, TRICE, n. m. et n. f. [aprobatœr, tris] (lat. *approbator*) Celui, celle qui approuve une chose. ♦ **Adj.** *Geste, regard approbateur.*

APPROBATIF, IVE, adj. [aprobatif, iv] (b. lat. *approbativus*) Qui exprime l'approbation.

APPROBATION, n. f. [aprobasjɔ̃] (lat. *approbatio*) Agrément, consentement. *Donner son approbation à un projet.* ♦ Jugement ou témoignage favorable. *Ce discours eut l'approbation générale.* ♦ ▷ Autorisation donnée par un censeur pour l'impression et la publication d'un livre. ◁

APPROBATIVEMENT, adv. [aprobativ(ə)mɑ̃] (*approbatif*) D'une manière approbative.

APPROCHABLE, adj. [aprɔʃabl] (*approcher*) Dont on peut approcher.

APPROCHANT, ANTE, adj. [aprɔʃɑ̃, ɑ̃t] (*approcher*) Qui approche de. « *Homme égalant les rois, homme approchant des dieux* », LA FONTAINE. « *Il y a peu de pensées synonymes, mais beaucoup d'approchantes* », VAUVENARGUES. ♦ Approximatif. « *Les calculs astronomiques, qui ne roulent que sur des à-peu-près, quoique extrêmement approchants* », FONTENELLE. ♦ Proche. « *La nuit de plus était fort approchante* », LA FONTAINE. ♦ ▷ **Adv.** À peu près. *Il a vingt ans approchant.* ◁ ♦ ♦ **Prép.** Aux environs de, en parlant d'époques. Ne se construit pas avec *de* : *Nous partîmes approchant six heures.* ◁

APPROCHE, n. f. [aprɔʃ] (*approcher*) Action de s'approcher ou d'être approché. *L'approche des ennemis. L'approche du doigt fait cligner l'œil.* ♦ Proximité. *À l'approche de la nuit. Aux approches de l'hiver.* ♦ **Milit.** Accès d'une place forte. *L'approche, les approches de la ville.* ♦ Travaux pour approcher, à couvert, d'une place assiégée. « *Déjà de tous côtés s'avançaient les approches* », MALHERBE. ♦ *Lunette d'approche*, lunette qui agrandit l'angle visuel et fait paraître plus proches les objets. ♦ **Agric.** *Greffe en approche*, greffe par le contact de deux branches voisines. ♦ **Impr.** Espace, distance entre les lettres. ♦ ▷ Réunion fautive de deux mots. ◁ ▪ Façon d'aborder un sujet. *Une nouvelle approche de la pédagogie.*

APPROCHÉ, ÉE, p. p. d'*approcher*. [aprɔʃe] Mis, amené auprès. ▪ **Math.** *Valeur approchée*, expression arrondie d'un nombre. *La valeur approchée au dixième près de 82,58 est 82,6. Donner la valeur approchée par défaut d'une fraction.*

APPROCHEMENT, n. m. [aprɔʃ(ə)mɑ̃] (*approcher*) Action d'approcher.

APPROCHER, v. tr. [aprɔʃe] (b. lat. *appropiare*, de *prope*, près de) Mettre auprès, faire avancer vers. *Approcher une chaise.* ♦ ▷ *Cette lunette approche les objets*, elle les fait paraître plus proches. On dit plus souvent *rapprocher*. ◁ ♦ **Fig.** « *Elle est belle cette religion ! elle approche le cœur de la justice* », CHATEAUBRIAND. ♦ *Approcher quelqu'un*, être admis dans sa familiarité. ♦ **Sculpt.** Amener successivement un ouvrage à fin par le travail qu'on fait avec divers outils sur le bloc dégrossi. ♦ Se placer auprès de. *Ne nous approchez pas.* ♦ Aborder, avoir accès. *C'est un homme qu'on ne peut approcher.* ♦ **V. intr.** Venir près, s'avancer, arriver. *Approcher de la porte. La nuit approche.* ♦ *Approcher du but*, mettre près du but, et fig. deviner à peu près, n'être pas loin d'atteindre le résultat qu'on poursuit. ♦ **Fig.** « *J'approchais de quinze ans* », P. CORNEILLE. ♦ Devenir proche, être près de se faire. *Le printemps approchait.* ♦ Avoir du rapport, de la ressemblance avec, rivaliser. *Approcher des dieux, de la vérité. Parfois le faux approche tant du vrai.* ♦ *S'approcher*, v. pr. S'avancer, venir près de quelqu'un ou de quelque chose. *Approchez-vous de moi.* ♦ Être proche, être sur le point d'arriver. *L'éternité s'approche.*

APPROFONDI, IE, p. p. d'*approfondir*. [aprofɔ̃di] Rendu plus profond. ♦ Examiné à fond.

APPROFONDIR, v. tr. [aprofɔ̃dir] (*a-* et *profond*) Rendre plus profond, creuser plus avant. *Approfondir un puits.* ♦ **Fig.** « *Approfondir l'abîme de leurs maux* », P. CORNEILLE. ♦ **Fig.** Pénétrer dans la connaissance de quelque chose. « *Peu approfondissent leur conscience* », PASCAL. ♦ *S'approfondir*, v. pr. Devenir plus profond. *L'abîme s'approfondit.* ♦ S'examiner. « *Que l'homme s'examine, s'analyse et s'approfondisse, il reconnaîtra bientôt la noblesse de son être* », BUFFON.

APPROFONDISSEMENT, n. m. [aprofɔ̃dis(ə)mɑ̃] (*approfondir*) Action d'approfondir ; résultat de cette action. *L'approfondissement des fossés.* ♦ **Fig.**

« *Saint Bernard ne chercha pas à se faire honneur de certains approfondissements qui flattent par leur singularité* », MASSILLON.

APPROPRIATION, n. f. [apʀopʀijasjɔ̃] (b. lat. *appropriatio*) Action d'approprier, de rendre propre à. ♦ Action de s'approprier une chose. *Se faire l'appropriation d'un dépôt.*

APPROPRIÉ, ÉE, p. p. d'approprier. [apʀopʀije] Rendu propre à. *Un marais approprié à la culture.* ♦ Convenable à, adapté à. *Mesure appropriée aux circonstances.* ♦ ▷ Mis dans un état de propreté. *Une maison appropriée.* ◁ ▪ REM. Ce dernier sens est encore en usage en Belgique.

APPROPRIER, v. tr. [apʀopʀije] (lat. médiév. *appropriare*, attribuer en propre) Rendre propre à, convenable à. *Approprier son discours aux circonstances.* ♦ ▷ Mettre en état de propreté, disposer convenablement. *Approprier une maison.* ◁ ♦ Fig. Faire qu'une chose devienne comme la propriété d'un autre. ♦ *S'approprier*, approprier à soi, usurper la propriété et fig. faire sien. *Ils se sont approprié un dépôt.* ♦ S'approprier, v. pr. Se conformer à, se mettre à la portée de. *Les maîtres se sont appropriés à leurs élèves.*

APPROUVÉ, ÉE, p. p. d'approuver. [apʀuve] *Son avis fut fort approuvé.* « *Les hommes les plus sages et les plus approuvés dans le monde* », MASSILLON. ♦ *Approuvé*, forme elliptique, invariable, se met au bas d'un acte, d'un compte, etc., qu'on approuve après lecture et examen. *Approuvé l'écriture ci-dessus.* ▪ REM. Aujourd'hui, on écrit plus souvent *Lu et approuvé.*

APPROUVER, v. tr. [apʀuve] (lat. *approbare*) Agréer, consentir à. *Approuver un avis.* ♦ Juger louable, trouver digne d'estime, louer. ♦ Autoriser par un acte authentique. *Le conseil de l'université a approuvé cet ouvrage.* ♦ S'approuver, v. pr. Se donner à soi-même un témoignage d'approbation. ▪ APPROUVABLE, adj. [apʀuvabl]

APPROVISIONNÉ, ÉE, p. p. d'approvisionner. [apʀovizjɔne]

APPROVISIONNEMENT, n. m. [apovizjɔn(ə)mɑ̃] (*approvisionner*) Action d'approvisionner. ♦ Provisions rassemblées.

APPROVISIONNER, v. tr. [apʀovizjɔne] (*a-* et *provision*) Garnir de provisions. ♦ S'approvisionner, v. pr. Se munir de provisions. ▪ Par extens. Fournir ce qui est nécessaire au bon fonctionnement. *Approvisionner un compte bancaire, une chaudière.*

APPROVISIONNEUR, EUSE, n. m. et n. f. [apʀovizjɔnœʀ, øz] (*approvisionner*) Personne qui approvisionne.

APPROXIMATIF, IVE, adj. [apʀoksimatif, iv] (radical de *approximation*) Qui est fait par approximation. *Estimation approximative.* ▪ Qui manque de rigueur. *Travail approximatif.*

APPROXIMATION, n. f. [apʀoksimasjɔ̃] (lat. médiév. *approximatio*, action d'approcher) Opération par laquelle on s'approche de plus en plus de la valeur d'une quantité. ♦ En général, estimation faite à peu près.

APPROXIMATIVEMENT, adv. [apʀoksimativ(ə)mɑ̃] (*approximatif*) D'une manière approximative. *Évaluer approximativement.*

APPUI, n. m. [apɥi] (*appuyer*) Ce qui supporte, soutient. *Mur d'appui.* ♦ Fig. Aide, secours. *L'argent est un puissant appui.* ♦ La partie d'une fenêtre, d'une balustrade, etc., sur laquelle on peut s'appuyer. ♦ *À hauteur d'appui*, à la hauteur ordinaire du coude d'un homme qui se penche. ♦ Méc. *Point d'appui* ou simplement *appui*, le point sur lequel le levier s'appuie. ♦ Gramm. *Appui de la voix sur une syllabe*, élévation ou plutôt intensité de la voix sur cette syllabe. ♦ À L'APPUI DE, loc. prép. *Pièces à l'appui d'un compte*, ou *simplement pièces à l'appui.* ♦ Au jeu de boule, *aller à l'appui de la boule*, jeter sa boule de manière à avancer celle du joueur avec qui l'on est de moitié, et fig. appuyer, favoriser. ▪ *D'appui*, qui permet de prendre appui. *Une barre d'appui.*

APPUIE-BRAS ou **APPUI-BRAS**, ▪ n. m. [apɥibʀa] (*appuyer* et *bras*) Dispositif équipant un siège, une banquette permettant de poser son bras à plat. *L'appuie-bras repliable de la banquette arrière. Des appuie-bras* ou *des appuis-bras.*

APPUIE-MAIN ou **APPUI-MAIN**, ▪ n. m. [apɥimɛ̃] (*appuyer* et *main*) Baguette sur laquelle les peintres appuient la main qui tient le pinceau. ▪ Au pl. *Des appuie-mains* ou *des appuis-mains.*

APPUIE-TÊTE ou **APPUI-TÊTE**, ▪ n. m. [apɥitɛt] (*appuyer* et *tête*) Dispositif équipant un siège, une banquette, sur lequel on peut reposer sa tête. *Des appuie-têtes* ou *des appuis-têtes. Sièges d'une automobile munis d'un appuie-tête réglable en hauteur.* ♦ Pièce de tissu recouvrant le haut d'un siège pour protéger l'endroit où repose la tête.

APPUYÉ, ÉE, p. p. d'appuyer. [apɥije] Qui pèse sur. *Appuyé sur le coude.* ♦ Qui porte contre. *Appuyé contre un mur.* ♦ Fig. Qui se repose sur, secondé. *Appuyé sur la faveur populaire.* ♦ Marqué, significatif. « *D'un ton grave et d'un accent appuyé* », J.-J. ROUSSEAU. ♦ ▷ Absol. *Appuyé*, formule d'assentiment à une proposition, etc. ◁

APPUYER, v. tr. [apɥije] (lat. médiév. *appodiare*, soutenir, de *podium*, plateforme, console) Donner un appui. *Appuyer une muraille par des piliers.* ♦ *Appuyer contre*, faire porter une chose contre une autre. ♦ *Appuyer sur*, poser sur ce qui peut soutenir. ♦ Fig. « *Vous n'appuyez votre bonheur que sur le mensonge* », PASCAL. ♦ Faire peser. *Il lui appuya le genou sur la poitrine.* ♦ Tenir tout contre. *Il m'appuya son pistolet contre la poitrine.* ♦ Escrime *Appuyer la botte*, appuyer le fleuret sur le corps de son adversaire après l'avoir touché, et fig. presser, embarrasser quelqu'un. ♦ Milit. *Appuyer la droite d'un corps de troupes à un bois*, la disposer de manière qu'un bois la protège. ♦ Mar. Soutenir les vergues du bord du vent contre un vent qui souffle grand frais. ♦ Soutenir, aider. *Appuyer un ami, la demande d'un ami.* ♦ ▷ Absol. « *Personne à la cour ne veut entamer ; on s'offre d'appuyer* », LA BRUYÈRE. ◁ ♦ V. intr. Peser fortement sur une chose. ♦ Fig. Insister avec force. ♦ Mus. *Appuyer sur une note*, lui donner plus de force. ♦ *Appuyer sur un mot*, le prononcer avec plus d'intensité. ♦ Milit. *Appuyer sur la droite* ou *à droite*, se porter du côté droit. ♦ S'appuyer, v. pr. S'aider, se servir comme d'un appui, d'un soutien. *S'appuyer contre un mur, sur une canne.* ♦ Fig. *S'appuyant sur la faveur du ministre.*

APRAGMATIQUE, ▪ adj. [apʀagmatik] (*apragmatisme*) Qui relève de l'apragmatisme. « *Ces divers traits ont amené à parler d'attitudes schizophréniques, toutes signalées par leur caractère abstrait et apragmatique* », MOUNIER. ▪ N. m. et n. f. *Un, une apragmatique.*

APRAGMATISME, ▪ n. m. [apʀagmatism] (*a-* et *pragmatisme*) Incapacité pathologique à exécuter des actes pratiques, quand bien même leur réalisation est souhaitée par le patient.

APRAXIE, ▪ n. f. [apʀaksi] (gr. *apraxia*, inaction, inertie) Méd. Perte de capacité d'exécution de certains gestes de coordination à la suite d'une lésion cérébrale. ▪ APRAXIQUE, adj. ou n. m. et n. f. [apʀaksik]

ÂPRE, adj. [ɑpʀ] (lat. *asper*) Qui cause une impression désagréable, soit sur le goût, soit sur l'ouïe, soit sur le toucher, par la rudesse de son action ou par des inégalités de surface. *Corps âpre au toucher.* ♦ Fig. Sévère, dur, violent. « *Âpre vertu* », P. CORNEILLE. ♦ Difficile. « *Quelques grandes difficultés qu'il y ait à se placer à la cour, il est encore plus difficile et plus âpre de se rendre digne d'y être placé* », LA BRUYÈRE. ♦ Cupide, avide. *Homme âpre. Âpre au gain.* ♦ ▷ *Âpre à la curée*, se dit d'un chien avide, vorace, et fig. d'un homme avide d'argent et de places. ◁ ▪ REM. Aujourd'hui, *âpre* avec le sens de *cupide* ne s'emploie plus que dans la locution *âpre au gain.*

APRÈM, ▪ n. m. [apʀɛm] (apocope de *après-midi*) Voy. APRÈS-MIDI.

ÂPREMENT, adv. [ɑpʀəmɑ̃] (*âpre*) Avec âpreté, d'une manière dure. *Réprimander âprement.* « *Courir âprement après les honneurs* », FLÉCHIER.

APRÈS, prép. [apʀɛ] (b. lat. *adpressum*, près de, de *ad* et *pressum*, serré, empl. adverb.) Marquant la postériorité, c'est-à-dire qu'une chose en a suivi ou en suivra une autre dans l'espace ou dans le temps. *Marcher après quelqu'un. Après le départ.* ♦ *Après cela*, les choses étant ainsi, cela étant puisqu'il en est ainsi. ♦ *Après* se met devant le parfait, le passé de l'infinitif. *Après avoir dîné.* ♦ *Après* se met aussi devant le présent de l'infinitif de certains verbes. *Après boire.* ♦ *Après*, marquant l'ordre, le rang, c'est-à-dire qu'une personne ou une chose n'a que le second rang. *Le premier après le roi.* ♦ *Après*, marquant le lieu, c'est-à-dire signifiant plus loin, derrière. *Fuir sans regarder après soi. Les maux que la guerre traîne après soi.* ♦ ▷ Fam. *Après lui il faut tirer l'échelle*, c.-à-d. il est l'homme par excellence, on ne peut faire mieux que lui. ◁ ♦ *Après*, marquant la tendance vers, contre. *Soupirer après quelque chose. Être après sa toilette. Ce n'était qu'un cri après lui.* « *Qu'on se mette après lui* », RACINE. ♦ Elliptiquement, dans le même sens. « *Il a couru après d'une course précipitée* », BOSSUET. ♦ ▷ *Après à*, suivi d'un infinitif, être occupé à. « *Je suis après à conclure avec Mme Guyon* », BOSSUET. ◁ ♦ *Après*, expression interrogative dont on se sert pour engager à continuer. *Ce n'est pas là tout* ? ♦ Adv. *Cinquante ans après.* « *Les raisons me viennent après* », PASCAL. ♦ *D'après*, en conséquence de, conformément à. *D'après le testament. Peindre d'après nature.* ♦ D'APRÈS, loc. adv. qui se met après un nom de temps et signifie d'ensuite. *Ils s'enfuirent l'instant d'après.* ♦ APRÈS QUOI, loc. adv. Après cela, ensuite. ♦ APRÈS TOUT, loc. adv. Tout bien considéré, quoi qu'il en soit. ♦ APRÈS COUP, loc. adv. Après qu'une chose est faite, trop tard. ♦ CI-APRÈS, loc. adv. Un peu plus loin, dans la suite du discours. ♦ APRÈS QUE, loc. conj. Qui veut l'indicatif. *Après que je fus venu.* ▪ REM. On accompagne généralement aujourd'hui l'expression interrogative de *et. Ce n'est pas là tout, et après* ? ▪ REM. Aujourd'hui *d'après* n'est plus analysé comme une locution adverbiale, mais comme une locution adjective. ▪ REM. Quoique très fréquent aujourd'hui, l'emploi du subjonctif suivant *après que* reste condamné par les puristes.

APRÈS-COUP, ▪ n. m. [apʀɛku] (*après* et *coup*) Psych. Comportement qui traduit une réaction à une expérience vécue antérieurement. *Les après-coups d'un traumatisme sexuel.*

APRÈS-DEMAIN, adv. [apʀɛd(ə)mɛ̃] (*après* et *demain*) Le second jour après celui où l'on est. ▪ N. m. inv. *Quand cet après-demain sera passé.*

APRÈS-DÎNER ou **APRÈS-DINER**, n. m. [apʀɛdine] (*après* et *dîner*) Temps depuis le dîner jusqu'au soir. ◆ Au pl. *Des après-dîners.* ▪ Rᴇᴍ. Graphie ancienne *après-dîné.* On disait également *une après-dînée.*

APRÈS-GUERRE, ▪ n. m. et n. f. [apʀeɡɛʀ] (*après* et *guerre*) Époque qui suit une période de guerre. *L'enthousiasme de reconstruction sociale caractérise souvent les après-guerres.* ▪ Rᴇᴍ. Dans l'usage courant *après-guerre* est le plus souvent du masculin.

APRÈS-MIDI, n. f. ou n. m. [apʀɛmidi] (*après* et *midi*) Partie du jour, de midi jusqu'au soir. ◆ Plusieurs le font masculin, dit l'Académie. ▪ Aujourd'hui, *après-midi* s'emploie indifféremment aux deux genres. ▪ Abrév. fam. Aprèm.

APRÈS-RASAGE, ▪ n. m. [apʀeʀazaʒ] (*après* et *rasage*, d'après l'angl. *after-shave*) Produit destiné à traiter la peau pour la calmer ou l'hydrater après le passage du rasoir. *Des après-rasages à la mauve.* ▪ Adj. inv. *Des lotions après-rasage.*

APRÈS-SKI, ▪ n. m. [apʀɛski] (*après* et *ski*) Souliers étanches et fourrés que l'on porte en montagne lorsqu'il y a beaucoup de neige. *Chausser ses après-skis.*

APRÈS-SOLEIL, ▪ adj. inv. [apʀɛsɔlɛj] (*après* et *soleil*) Qui réhydrate la peau après une exposition au soleil. *Une crème après-soleil.* ▪ N. m. Produit après-soleil. *Des après-soleils.*

APRÈS-SOUPÉE n. f. ou **APRÈS-SOUPER, APRÈS-SOUPÉ**, n. m. [apʀɛsupe] (*après* et *souper*) ▷ Temps depuis le souper jusqu'au coucher. ◆ Au pl. *Des après-soupées, des après-soupers, des après-soupés.* ◁

APRÈS-VENTE, ▪ adj. inv. [apʀɛvɑ̃t] (*après* et *vente*) Service après-vente, secteur d'un magasin assurant le suivi en cas de dysfonctionnement après l'achat d'un appareil. ▪ N. m. *Travailler dans l'après-vente.*

ÂPRETÉ, n. f. [ɑpʀəte] (lat. *asperitas*) Qualité de ce qui est âpre, au propre et au figuré. *L'âpreté des chemins. L'âpreté des fruits. L'âpreté du style. L'âpreté de la saison.*

A PRIORI ou **APRIORI**, [apʀijɔʀi] Voy. PRIORI.

APRIORIQUE, ▪ adj. [apʀijɔʀik] (*a priori*) Qui repose sur un a priori. *Une connaissance, une certitude, une signification apriorique.*

À-PROPOS, n. m. [apʀopo] Voy. PROPOS.

APS, ▪ n. m. [apeɛs] (sigle de l'angl. *advanced photographic system*) Système de photographie argentique offrant le choix entre trois formats différents pour les prises de vue. ▪ Adj. *Une pellicule, un appareil* APS.

APSARA, ▪ n. f. [apsaʀa] (anc. indien *apsarâh*, qui se meut dans les eaux) Génie de la mythologie hindoue généralement représenté en musicienne ou en danseuse d'une grande beauté. *Les apsaras sont les nymphes qui charment les dieux du paradis d'Indra en dansant voluptueusement.*

1 APSIDE, n. f. [apsid] (gr. ionien *apsis*, génit. *apsidos*, voûte) Point de l'orbite d'une planète ou d'un satellite où cette planète se trouve le plus près ou le plus loin du Soleil, où ce satellite se trouve le plus près ou le plus loin de sa planète.

2 APSIDE, n. f. [apsid] Voy. ABSIDE.

APTE, adj. [apt] (lat. *aptus*) Dr. Qui a les qualités requises. *Apte à succéder.* ◆ Qui a de l'aptitude, de la disposition à. *Il est apte à tout.*

APTÈRE, adj. et n. m. [aptɛʀ] (gr. *apteros*, de *a* priv. et *pteron*, aile) Qui est sans ailes.

APTÉRYGOTE, ▪ adj. [apteʀiɡɔt] (gr. *apterugos*, de *a* priv. et *pterux*, aile) Hexapode primitivement dépourvu d'ailes. *Les aptérygotes sont répartis aujourd'hui entre la sous-classe des entognathes et les représentants les moins évolués de celle des insectes.*

APTÉRYX, ▪ n. m. [apteʀiks] (*a-* et gr. *pterux*, aile) Nom scientifique du kiwi, gros oiseau sans ailes de Nouvelle-Zélande.

APTITUDE, n. f. [aptityd] (*apte*) Dr. Capacité, habileté à posséder un emploi, à recevoir un don, un legs. ◆ Disposition naturelle à. *Il a de l'aptitude aux mathématiques.* ▪ Compétence acquise par la formation ou par l'expérience professionnelle. *Le certificat d'aptitude professionnelle.*

APURÉ, ÉE, p. p. d'apurer. [apyʀe] Vérifié définitivement.

APUREMENT, n. m. [apyʀ(ə)mɑ̃] (*apurer*) Vérification définitive d'un compte, d'après laquelle le comptable est reconnu quitte.

APURER, v. tr. [apyʀe] (*a-* et *pur*) Opérer l'apurement d'un compte. ◆ Laver l'or moulu dans plusieurs eaux, après avoir amalgamé au feu.

APYRE, adj. [apiʀ] (gr. *apuros* de *a* priv. et *pur*, feu) Minér. et chim. Qui résiste à l'action du feu ; infusible.

APYRÉTIQUE, ▪ adj. [apiʀetik] (gr. *apuretos*, de *a* priv. et *puretos*, fièvre) Méd. Qui se manifeste sans fièvre. *Une cystite bactérienne apyrétique.* ▪ Méd. Qui n'a pas de fièvre. *La patiente est apyrétique.*

APYREXIE, n. f. [apiʀɛksi] (gr. *apurexia*, de *apurektos*, sans fièvre) Méd. Absence de fièvre, état dans lequel se trouve le malade dans l'intervalle des accès de fièvres intermittentes.

APYROGÈNE, ▪ adj. [apiʀoʒɛn] (*a-* et *pyrogène*, de *pyro-* et *gène*) Qui n'entraîne pas de fièvre. *Le matériel utilisé pour l'implant doit être apyrogène.*

AQUACOLE ou **AQUICOLE**, ▪ adj. [akwakɔl, akɥikɔl] (*aqua-* et lat. *-cole*) Qui vit et se développe dans l'eau. *Les espèces aquacoles, poissons, mollusques, crustacés, etc.* Biologie aquacole ▪ Relatif à l'aquaculture. *La production aquacole du Canada. Une ferme aquacole.*

AQUACULTURE ou **AQUICULTURE**, ▪ n. f. [akwakyltyʀ, akɥikyltyʀ] (on prononce *acwa-, acui-,* et non *aca-, aki-* ; *aqua-* et *-culture*) Culture et élevage à des fins commerciales d'animaux et de plantes aquatiques. ▪ AQUACULTEUR, TRICE ou AQUICULTEUR, TRICE, n. m. et n. f. [akwakyltœʀ, tʀis, akɥikyltœʀ, tʀis]

AQUAFORTISTE, ▪ n. m. et n. f. [akwafɔʀtist] (ital. *acquafortista*, de *acqua forte*, eau-forte) Artiste qui réalise des gravures à l'eau-forte. *L'aquafortiste travaille sur des plaques de cuivre recouvertes de cire.*

AQUAGYM, ▪ n. f. [akwaʒim] (*aqua-* et *gym*, nom déposé) Pratique de la gymnastique en milieu aquatique, généralement en piscine. *Un club d'aquagym. Différentes aquagyms.*

AQUAMANILE, ▪ n. f. [akwamanil] (b. lat. *aquæmanile*, de *aqua* et *manus*, main) Pièce d'un service de table mise à la disposition des convives pour qu'ils puissent se laver les mains. *L'usage de l'aquamanile s'est raréfié avec l'apparition de la fourchette et du couteau.*

AQUANAUTE, ▪ n. m. et n. f. [akwanot] (*aqua-* et *-naute*) Personne qui explore en spécialiste les fonds sous-marins en plongée.

AQUA... OU AQUI..., ▪ préfixe [akwa, akɥi] Mot tiré du latin *aqua,* qui signifie eau.

AQUAPLANAGE, ▪ n. m. [akwaplanaʒ] Voy. AQUAPLANING.

AQUAPLANE, ▪ n. m. [akwaplan] (*aqua-* et *2 plan,* sur le modèle de *aéroplane*) Sport aquatique consistant à tenir debout en équilibre sur une planche tractée par un canot. ▪ La planche sur laquelle on pratique ce sport.

AQUAPLANING ou **AQUAPLANAGE**, ▪ n. m. [akwaplaniŋ, akwaplanaʒ] (mot angl., de *aquaplane*) Dysfonctionnement de la tenue de route d'un véhicule, dû à la présence d'une pellicule d'eau stagnant entre les pneus et le sol plat.

AQUARELLE, n. f. [akwaʀɛl] (ital. *acquarella*, de *acqua*, eau) Dessin au lavis et de plusieurs couleurs, dans lequel on emploie des couleurs transparentes et ayant le moins possible d'épaisseur.

AQUARELLÉ, ÉE, ▪ adj. [akwaʀele] (*aquarelle*) Traité à l'aquarelle. *Une gravure aquarellée.*

AQUARELLISTE, n. m. et n. f. [akwaʀelist] (*aquarelle*) Peintre d'aquarelles.

AQUARIOPHILE, ▪ n. m. et n. f. [akwaʀjofil] (*aquarium* et *-phile*) Personne qui s'occupe de l'élevage des poissons en aquarium. *L'aquariophile élevait des poissons d'ornement.*

AQUARIOPHILIE, ▪ n. f. [akwaʀjofili] (*aquariophile*) Pratique de l'élevage de poissons d'ornement en aquarium. *Acheter des accessoires d'aquariophilie dans une animalerie.*

AQUARIUM, n. m. [akwaʀjɔm] (lat. *aquarium*, abreuvoir) Petit réservoir ou même vase dans lequel on entretient des plantes ou des animaux d'eau douce ou d'eau de mer. ▪ Établissement présentant des animaux aquatiques au public.

AQUATINTE, n. f. [akwatɛ̃t] (on prononce *acwa-* et non *aca-* ; ital. *acqua tinta*) Gravure à l'eau-forte imitant le dessin au lavis. ▪ Rᴇᴍ. Graphie ancienne : *aqua-tinte.* On disait également *aqua-tinta.* ▪ AQUATINTISTE, ▪ n. m. et n. f. [akwatɛ̃tist]

AQUATIQUE, adj. [akwatik] (lat. *aquaticus*) Plein d'eau. *Terrain aquatique.* ◆ Qui croît ou qui vit dans l'eau. *Plantes, animaux aquatiques.* ▪ Relatif aux activités ludiques et sportives pratiquées dans l'eau, et en particulier en piscine. *Un centre aquatique.*

AQUATUBULAIRE, ▪ adj. [akwatybylɛʀ] (*aqua-* et *tubulaire*) Se dit d'un type de chaudière où l'eau circule sous forme de vapeur dans des tubes.

AQUAVIT ou **AKVAVIT**, ▪ n. m. [akwavit] (mot suédois) Eau-de-vie scandinave élaborée par distillation de pommes de terre et souvent aromatisée. *L'aquavit se sert rafraîchi au freezer.*

AQUEDUC, n. m. [ak(ə)dyk] (lat. *aquæ ductus,* de *aqua,* eau, et *ductus,* conduite) Canal en maçonnerie pour conduire les eaux d'un lieu à un autre. ◆ Anat. Conduit qui fait communiquer entre eux différents organes. ▪ Rᴇᴍ. On disait autrefois *aquéduc.*

AQUEUX, EUSE, adj. [akø, øz] (lat. *aquosus*) Qui est de la nature de l'eau. ◆ Qui contient de l'eau. *Fruits aqueux.*

AQUI..., ■ [akɥi] Voy. AQUA.

AQUICOLE, ■ adj. [akɥikɔl] Voy. AQUACOLE.

AQUICULTEUR, TRICE, ■ n. m. et n. f. [akɥikyltœʀ, tʀis] Voy. AQUACULTEUR, TRICE.

AQUICULTURE, ■ n. f. [akɥikyltyʀ] Voy. AQUACULTURE.

AQUIFÈRE, ■ adj. [akɥifɛʀ] (*aqui-* et *-fère*) Géol. Qui contient ou qui est susceptible de contenir de l'eau. *Des sous-sols aquifères.* ■ ▷ Zool. Qui peut contenir de l'eau. *La trachée aquifère d'un poisson.* ◁

AQUIFOLIACÉES, n. f. pl. [akɥifɔljase] (on prononce *acui-* et non *aki-*; lat. *aquifolium,* houx) Famille de plantes à laquelle le houx a donné son nom.

AQUILANT ou **AQUILAIN,** adj. et n. m. [akilɑ̃, akilɛ̃] (on prononce *aki-* et non *acui-*; lat. *aquilus,* brun) ▷ De couleur fauve ou brune, en parlant du cheval. *Un cheval aquilant. Un aquilain.* ◁

AQUILIN, adj. m. [akilɛ̃] (on prononce *aki-* et non *acui-*; lat. *aquilinus,* de *aquila,* aigle) Usité seulement dans *nez aquilin,* nez recourbé en bec d'aigle.

AQUILON, n. m. [akilɔ̃] (on prononce *aki-* et non *acui-*; lat. *aquilo,* de *aquila,* aigle en raison de la rapidité avec laquelle souffle le vent du nord) Le vent du nord. ♦ **Poétiq.** Tout vent violent et froid. « *Tout vous est aquilon* », LA FONTAINE. ♦ Le nord. ♦ **Fig.** « *Mais ces hivers ont eu leurs jours de fête ; Tout ne fut pas aquilons et frimas* », BÉRANGER. ♦ **Hérald.** Têtes d'enfants joufflues, qui paraissent souffler avec violence.

AQUITAIN, AINE, ■ adj. [akitɛ̃, ɛn] (*Aquitaine,* région du sud-ouest de la France) De l'Aquitaine. *Les coopératives vinicoles aquitaines.* ■ N. m. et n. f. *Un Aquitain, une Aquitaine.*

AQUOSITÉ, n. f. [akozite] (on prononce *aco-* et non *acwo-*; b. lat. *aquositas*) Didact. Qualité de ce qui est aqueux.

ARA, n. m. [aʀa] (apocope du tupi *arara,* du guarani *araraca*) Gros perroquet à longue queue, d'un fort beau plumage.

ARABE, n. m. [aʀab] (lat. *Arabs,* génit. *Arabis* ar. *Arab*) Qui est originaire d'Arabie. ♦ ▷ **Fig.** Usurier, homme avide [1]. « *Sois arabe, corsaire* », BOILEAU. ◁ ♦ Adj. *Les chiffres arabes,* les dix signes de la numération, 1, 2, 3, 4, 5, 6, 7, 8, 9, 0, dont on attribue à tort l'invention aux Arabes. ♦ *Cheval arabe* ou simplement *un arabe.* ■ **Par extens.** Des pays où l'on parle l'arabe (Proche-Orient et Afrique du Nord). ■ N. m. Langue du groupe sémitique parlée dans le pourtour méditerranéen. ■ REM. Les chiffres arabes employés en Inde dès le IIIᵉ siècle av. J.-C. furent introduits en Occident par les Arabes. ■ REM. 1 : Terme raciste dans ce sens.

ARABESQUE, adj. [aʀabɛsk] (ital. *arabesco,* qui est propre aux Arabes) Se dit d'un genre d'architecture qui n'admet dans les ornements que des imitations de plantes et de feuillages. ♦ N. m. *L'arabesque. Il excelle à composer l'arabesque.*

ARABESQUES, n. f. pl. [aʀabɛsk] (*arabesque*) Ornements qui consistent en des entrelacements de feuillages, de fleurs, d'animaux, etc. ■ Sinuosité. *Les arabesques de la fumée.* ■ Mus. Mélodie dont les phrases figurent, par la manière dont elles sont menées ou leur élégance, les volutes et les courbes propres aux arabesques. *Les arabesques de Debussy, de Schumann.*

ARABICA, ■ n. m. [aʀabika] (fém. du lat. *arabicus*) Caféier originaire d'Arabie. ■ Par méton. Variété de café qui en est produite.

ARABIQUE, adj. [aʀabik] (lat. *arabicus*) Qui est d'Arabie. *Gomme arabique.*

ARABISANT, ANTE, n. m. et n. f. [aʀabizɑ̃, ɑ̃t] (*arabe*) Personne qui fait une étude particulière de l'arabe.

ARABISER, ■ v. tr. [aʀabize] (*arabe*) Conférer un aspect, un caractère arabe, dans les domaines culturel, social, etc. *Arabiser un pays, un mot.* ■ S'arabiser, v. pr. *Il souhaitait que, dans son pays, l'enseignement s'arabise.* ■ ARABISATION, n. f. [aʀabizasjɔ̃]

ARABISME, n. m. [aʀabism] (de *arabe*) Locution, construction particulière à la langue arabe.

ARABLE, adj. [aʀabl] (lat. *arabilis,* de *arare,* labourer) Labourable.

ARABO-ISLAMIQUE, ■ adj. [aʀaboislamik] (*arabe* et *islamique*) Relatif au monde arabe de religion islamique. *Le monde arabo-islamique médiéval.*

ARABOPHONE, ■ adj. [aʀabofɔn] (*arabe* et *-phone*) Qui parle l'arabe. ■ N. m. et n. f. *Un, une arabophone.*

ARAC, ■ n. m. [aʀak] Voy. ARACK.

ARACÉE, ■ n. f. [aʀase] (lat. *arum,* gr. *aron,* gouet, colocase) Bot. Plante originaire des régions tropicales possédant de grandes feuilles et dont les très petites fleurs sont réunies autour d'une tige qu'enveloppe une spathe colorée en forme de cornet. *L'arum et le philodendron appartiennent à la famille des aracées.*

ARACHIDE, n. f. [aʀaʃid] (*ch* se prononce *ch* et non *k*; lat. *arachidna,* gesse, du gr. *arakhidna,* sorte de pois chiche) Plante légumineuse dont les fruits contiennent des graines rougeâtres, vulgairement nommées pistaches de terre, et fournissant une huile blanche, limpide, agréable. ■ REM. On disait également autrefois *arachis.*

ARACHNÉEN, ENNE, ■ adj. [aʀakneɛ̃, ɛn] (*ch* se prononce *k* et non *ch*; gr. *arakhnê,* araignée) Qui a l'aspect fin, léger, transparent, d'une toile d'araignée. *Étoffe arachnéenne.* « *Le langage articulé, tissu arachnéen de mes rapports avec les autres, me dépasse, poussant de tous côtés ses antennes mystérieuses* », LEIRIS.

ARACHNIDE, n. m. [aʀaknid] (*ch* se prononce *k* et non *ch*; gr. *arakhnê,* araignée) Deuxième classe des annelés articulés, comprenant tous les animaux qui ont huit pattes à l'état adulte, dépourvus d'ailes et d'antennes, et renfermant les araignées, les faucheurs, les scorpions, les acares, etc.

ARACHNOÏDE, n. f. [aʀaknoid] (gr. *arakhnoeidês,* semblable à une toile d'araignée) Membrane mince et transparente, qui est entre la dure-mère et la pie-mère, et enveloppe le cerveau et la moelle épinière.

ARACHNOÏDIEN, IENNE, adj. [aʀaknoidjɛ̃, jɛn] (*arachnoïde*) Qui a rapport à l'arachnoïde.

ARACK ou **ARAK,** n. m. [aʀak] (ar. *araq at tamar,* sueur de palmier, vin de palme) Liqueur alcoolique tirée par la distillation du riz fermenté. ■ REM. Selon les régions et les pays, l'arack est également tiré de la canne à sucre, de l'orge, des dattes, etc. ■ REM. On employait autrefois aussi *rack.* ■ REM. On écrit aussi *arac.*

ARAGNE ou **ARAIGNE,** n. f. [aʀaɲ, aʀɛɲ] ou [aʀanj, aʀɛnj] (lat. *aranea,* toile d'araignée, araignée) ▷ Forme archaïque d'araignée. « *La pauvre aragne* », LA FONTAINE. ◁

ARAGONITE, n. f. [aʀagonit] (*Aragon,* région d'Espagne où fut découvert ce minerai) Chaux carbonatée.

ARAIGNÉE, n. f. [aʀɛɲe] ou [aʀɛnje] (*araigne*) Articulé aptère à huit pattes, qui à l'aide d'une substance tirée de son corps des fils d'une toile fort minces. ♦ ▷ Toile d'araignée. *Ôtez les araignées.* ◁ ♦ *Pattes d'araignée,* doigts longs et maigres. ♦ **Milit.** Travail par branches ou par rameaux qu'on fait sous terre, lorsqu'on rencontre quelque chose qui empêche de faire la chambre de la mine. ♦ **Mar.** Réseau en petit cordage. ♦ **Vén.** Sorte de filet dont on se sert principalement pour prendre les merles. ♦ Sorte de filet pour la pêche. ♦ *Araignée de mer,* petit poisson des ports de la Manche, sorte de jeune vive. ■ Extenseur à plusieurs branches. ■ Morceau de bœuf. ■ Crustacé proche du crabe à la carapace couverte de pointes. ■ **Fam.** *Avoir une araignée au plafond,* avoir l'esprit dérangé.

ARAIRE, n. m. [aʀɛʀ] (lat. *aratrum,* de *arare,* labourer) Charrue simple, dans laquelle la puissance motrice est appliquée à l'age ou au régulateur, sans l'intermédiaire d'un avant-train.

ARAK, ■ n. m. [aʀak] Voy. ARACK.

ARALDITE, ■ n. f. [aʀaldit] (nom déposé) Matière plastique contenant de la résine époxy utilisée principalement comme colle. *De l'araldite en tube avec un durcisseur progressif.*

ARALIA, ■ n. m. [aʀalja] (étym. inc.) Arbuste originaire d'Asie caractérisé par de grandes feuilles palmées, et cultivé comme plante d'ornement.

ARALIACÉE, ■ n. f. [aʀaljase] (*aralia*) Bot. Autre nom de la famille des hédéracées.

ARAMÉEN, ENNE, ■ adj. [aʀameɛ̃, ɛn] (*Aram,* nom hébreu de la Syrie) Relatif aux Araméens. ■ N. m. Relatif au groupe sémitique parlé par une petite communauté en Syrie. ■ Langue ancienne utilisée dans tout le Moyen-Orient avant d'être supplantée par l'arabe. *Textes bibliques écrits en araméen.*

ARAMIDE, ■ n. m. [aʀamid] (*aromatique* et *amide*) Chim. Dérivé d'un polyamide aromatique et qui possède une structure fibreuse. *Les aramides offrent une grande résistance à la chaleur.* ■ Adj. *L'utilisation des fibres aramides dans l'industrie aéronautique.*

ARAMON, ■ n. m. [aʀamɔ̃] (*Aramon,* ville du Gard) Cépage rouge du sud-est de la France servant essentiellement à l'élaboration de vin de table. *De bons aramons.*

ARANÉEUX, EUSE, adj. [aʀaneø, øz] (rad. du lat. *aranea,* araignée) Qui imite une araignée ou une toile d'araignée.

ARANÉIDE, ■ n. m. [aʀaneid] (rad. du lat. *aranea,* araignée) Sous-classe des arachnides qui comporte les araignées et les mygales, caractérisée notamment par des glandes venimeuses et des appendices qui, situés à l'extrémité de l'abdomen, permettent de tisser une toile. ■ Adj. Qui présente des ressemblances avec l'araignée ou sa toile. *Une herbe aranéide.* ■ REM. On dit plutôt dans ce cas *aranoïde.*

ARANÉIFORME, adj. [aʀaneifɔʀm] (lat. *aranea,* araignée, et *-forme*) Qui a forme d'araignée.

ARANÉOLE, n. f. [aranɛɔl] (rad. du lat. *aranea*, araignée) Nom donné sur les côtes de France à la petite vive ou à la vive commune.

ARASÉ, ÉE, p. p. d'araser. [araze] *Mur arasé.*

ARASEMENT, n. m. [araz(ə)mã] (*araser*) Action d'araser ; résultat de cette action.

ARASER, v. tr. [araze] (*a-* et *raser*) Mettre de niveau les parties d'un mur ou d'un bâtiment.

ARASES, n. f. pl. [araz] (*araser*) Pierres plus hautes ou plus basses que celles dont le mur est formé, pour mettre l'arasement de niveau.

ARATOIRE, adj. [aratwar] (b. lat. *aratorius*) Qui sert ou qui se rapporte au labourage.

ARAUCARIA, ■ n. m. [arokarja] (*Arauco*, province du Chili) Conifère des forêts d'Océanie et d'Amérique du Sud.

ARAWAK, ■ adj. [arawak] (*Arawaks*, peuple d'Amérindiens des Antilles) Relatif aux Arawaks. ■ N. m. Langue indigène du groupe des langues amérindiennes parlée en Guyane.

ARBALÈTE, n. f. [arbalɛt] (b. lat. *arcubalista*, de *arcus*, arc, et *ballista*, baliste) Arme de trait, composée d'un arc d'acier bandé avec un ressort et monté sur un fût qui reçoit le trait ou la balle. ♦ *Un cheval en arbalète*, attelé seul en avant des deux du timon de la voiture. ♦ Sorte de piège dont on se sert principalement pour prendre les loirs. ♦ Sorte de grappin ou de porte-amarre.

ARBALÉTÉE ou **ARBALÉTRÉE**, n. f. [arbalete, arbaletre] (*arbalète*) Portée d'une arbalète.

ARBALÉTIÈRE, n. f. [arbaletjɛr] Voy. ARBALÉTRIÈRE.

ARBALÉTRIER, n. m. [arbaletrije] (*arbalestre*, var. de *arbaleste*) Soldat armé d'une arbalète. ♦ **Zool.** Nom vulgaire du martinet noir. ♦ En charpenterie, pièces de bois qui servent à soutenir le toit d'un bâtiment.

ARBALÉTRIÈRE, n. f. [arbaletrijɛr] (*arbalestre*, var. de *arbaleste*) Ouverture pour tirer avec l'arbalète. ■ **Rem.** On employait également *arbalétière*.

ARBITRAGE, n. m. [arbitraʒ] (*arbitrer*) Jugement par arbitre. ♦ Opération par laquelle on choisit la voie la plus avantageuse pour remettre des lettres de change sur une place étrangère ; et aussi trafic qui consiste à acheter des effets sur une place où ils sont dépréciés, pour les revendre sur d'autres places où ils sont recherchés. ♦ Opération par laquelle on échange une valeur de bourse contre une autre, en vendant l'une et achetant l'autre. ■ Action d'arbitrer un match.

ARBITRAGISTE, ■ n. m. et n. f. [arbitraʒist] (*arbitrage*) Personne qui réalise des arbitrages en Bourse.

ARBITRAIRE, adj. [arbitrɛr] (lat. *arbitrarius*) Qui est produit par la seule volonté. *La plupart des noms donnés aux choses ne sont pas des signes arbitraires.* ♦ Qui est laissé à l'appréciation, à la décision du juge. *Peine arbitraire.* ♦ Despotique, qui n'a de règle que la volonté du prince et de ses ministres. ♦ N. m. *Substituer l'arbitraire aux lois.* ■ **Ling.** *L'arbitraire du signe*, caractère conventionnel qui existe entre la forme d'un mot (le signifiant) et le sens qu'il a (le signifié).

ARBITRAIREMENT, adv. [arbitrɛr(ə)mã] (*arbitraire*) D'une façon arbitraire.

ARBITRAL, ALE, adj. [arbitral] (b. lat. *arbitralis*) Prononcé par arbitres. *Jugements arbitraux.*

ARBITRALEMENT, adv. [arbitral(ə)mã] (*arbitral*) Par arbitres.

ARBITRATION, n. f. [arbitrasjõ] (b. lat. *arbitratio*) ▷ **Jurid.** Estimation faite en gros. ◁

1 **ARBITRE**, n. m. [arbitr] (lat. *arbitrium*, jugement) **Métaphys.** Volonté. *Libre arbitre*, pouvoir de se déterminer sans aucune cause que la volonté elle-même. ♦ On dit, dans le même sens, mais plus rarement, *franc arbitre*. ♦ Dans le langage ordinaire, *libre arbitre* signifie seulement une volonté qui n'est pas contrainte.

2 **ARBITRE**, ■ n. m. et n. f. [arbitr] (lat. *arbiter*, témoin oculaire, juge) Celui qui, agréé ou désigné par les parties, juge un différend. ♦ *Tiers arbitre*, l'arbitre chargé de décider entre deux autres. ♦ N. m., n. f. Maître absolu, maîtresse absolue. *Arbitre de la vie et de la mort.* ■ Personne qui veille au respect des règles du jeu et qui valide les scores.

ARBITRÉ, ÉE, p. p. d'arbitrer. [arbitre] Décidé par arbitre.

ARBITRER, v. tr. [arbitre] (2 *arbitre*) Estimer, régler, juger comme arbitre. *Arbitrer une dépense, des frais, des dommages.* ■ Assurer l'arbitrage d'un match, d'une épreuve.

ARBORÉ, ÉE, p. p. d'arborer. [arbore]

ARBORER, v. tr. [arbore] (lat. *arbor*) Élever droit comme un arbre. *Arborer la croix.* ♦ **Mar.** *Arborer un pavillon, une flamme*, les hisser, les déployer. ♦ **Fig.** *Arborer l'étendard de la révolte*, se révolter contre l'autorité établie. ■ Montrer de façon ostentatoire. *Arborer une décoration, un sourire.*

ARBORESCENCE, n. f. [arboresãs] (*arborescent*) Qualité, état de ce qui est arborescent.

ARBORESCENT, ENTE, adj. [arboresã, ãt] (lat. *arborescens*, p. prés. de *arborescere*, devenir arbre) Se dit des plantes herbacées dont les tiges ou rameaux prennent la consistance de ceux des arbres. ♦ Se dit d'une plante à tige ligneuse dont la hauteur approche de celle d'un arbre. ■ Qui présente une structure en arbre.

ARBORETUM ou **ARBORÉTUM**, ■ n. m. [arboretɔm] (mot lat., verger) Pépinière plantée d'arbres d'essences diverses, exploitée dans un but d'étude et d'expérimentation.

ARBORICOLE, adj. [arborikɔl] (lat. *arbor* et *-cole*) **Zool.** Qui habite les arbres. ■ Qui concerne l'arboriculture. *Un ouvrier arboricole.*

ARBORICULTURE, n. f. [arborikyltyr] (lat. *arbor* et *-culture*) Culture des arbres. ■ ARBORICULTEUR, TRICE, n. m. et n. f. [arborikytœr, tris]

ARBORISATION, n. f. [arborizasjõ] (*arborisé*) Dessin naturel imitant des arbres ou des bruyères très ramifiées sur certains minéraux, sur les vitres en hiver.

ARBORISÉ, ÉE, adj. [arborize] (radic. du lat. *arbor*) Se dit des minéraux qui présentent des arborisations. « *On appelle ces pierres herborisées ou arborisées* », VOLTAIRE.

ARBORISTE, n. m. [arborist] (radic. du lat. *arbor*) Celui qui s'occupe spécialement de l'étude des arbres. *Vespasien Robin, arboriste du roi Louis XIII, planta le premier acacia.* ■ *Arboriste-grimpeur*, professionnel spécialisé dans l'élagage ou l'abattage des arbres.

ARBOUSE, n. f. [arbuz] (lat. *arbutum*) Fruit de l'arbousier.

ARBOUSIER, n. m. [arbuzje] (*arbouse*) Arbrisseau du midi de l'Europe, qui produit des fruits doux assez semblables à la fraise pour l'apparence. ♦ Arbrisseau traînant et toujours vert, qui porte des baies aigrelettes ressemblant à des cerises ; autrement, raisin d'ours.

ARBOVIROSE, ■ n. f. [arboviroz] (*arbovirus*) **Méd.** Maladie infectieuse due à un arbovirus, telle que la fièvre jaune.

ARBOVIRUS, ■ n. m. [arbovirys] (mot angl., de *arthropod-born virus*, virus transmis par les arthropodes) **Méd.** Virus transmis par piqûre de moustiques ou de tiques pouvant provoquer la fièvre jaune, des encéphalites, etc.

ARBRE, n. m. [arbr] (lat. *arbor*) Grand végétal ligneux, et dans le langage spécial de la botanique, végétal dont le tronc ligneux s'élève à plus de six mètres. ♦ *Arbres verts*, ceux qui conservent leurs feuilles en hiver, tels que le sapin, l'yeuse, le houx. ♦ ▷ **Fig.** *Se tenir au gros de l'arbre*, s'attacher au parti le plus fort. ◁ *L'arbre de la croix*, la croix où fut attaché Jésus. ♦ *Arbre de la science du bien et du mal*, arbre qui était au milieu du paradis terrestre, et auquel Dieu avait défendu de toucher sous peine de mort. ♦ *Arbre de vie*, arbre qui était au milieu du paradis terrestre, et dont le fruit avait la vertu de conserver la vie à l'homme, si l'homme eût conservé son innocence. ♦ Axe ou principale pièce d'une roue ou d'une machine. ♦ **Mar.** Mât. ♦ *Arbre de généalogie*, grande ligne, au milieu de la table généalogique, qui se divise en d'autres petites lignes qu'on nomme branches, et qui marquent tous les descendants de quelque famille. ♦ *Arbre encyclopédique*, tableau de l'enchaînement systématique des sciences. ♦ **Hérald.** Meuble d'armoiries dont l'émail le plus fréquent est le sinople. ♦ *Arbre de Diane*, amalgame d'argent qui forme des ramifications. ♦ **Hortic.** *Arbre en buisson* ou *cépée, en cordon, en palmette, à quenouille, en plein vent* ou *haute tige* ou *de plein vent* ou *de haut vent, etc.* ♦ Nom de différents végétaux. *Arbre de Judée*, le gainier commun. ♦ *Arbre de Sainte-Lucie*, le cerisier Mahaleb, etc. ♦ **Prov.** *Entre l'arbre et l'écorce il ne faut pas mettre le doigt*, il ne faut pas se mêler des débats de famille. ■ **Prov.** *Les arbres cachent la forêt*, le fait de se cantonner à des détails interdit toute vision d'ensemble d'un problème. ■ *Arbre de Noël*, sapin que l'on décore au moment des fêtes de Noël. ■ Graphique présentant des nœuds et des branches. *Présentation d'une analyse grammaticale en arbre.* ■ *Arbre à came*, Voy. CAME. ■ **Rem.** On dit auj. *arbre généalogique*.

ARBRE-DE-NOËL, ■ n. m. [arb(rə)dənɔɛl] (*arbre de Noël*, en raison de l'apparence qu'offrent ces dispositifs lorsqu'ils sont recouverts de givre) Dispositif de contrôle muni de vannes et de robinets équipant la tête d'un puits de pétrole. *Les arbres-de-Noël se multipliaient sur ce terrain pétrolifère.*

ARBRISSEAU, n. m. [arbriso] (*arbre*) Petit arbre.

ARBUSTE, n. m. [arbyst] (lat. *arbustum*) Petit arbrisseau, et, dans le langage spécial de la botanique, végétal ligneux ne s'élevant que de 35 centimètres à 1 mètre.

ARBUSTIF, IVE, adj. [arbystif, iv] (*arbuste*) Relatif aux arbustes. *Culture arbustive.*

ARC, n. m. [aʁk] (lat. *arcus*) Arme formée d'une pièce en bois ou en acier, et d'une corde qui, attachée aux deux extrémités, sert à la tendre et à lancer des flèches. ♦ ▷ **Fig.** *Détendre l'arc*, donner du relâche à l'esprit. ◁ ♦ **Fig.** *Avoir plusieurs cordes à son arc*, avoir plusieurs moyens de réussir, d'arriver à ses fins. ♦ **Archit.** Courbure de voûte. *Arc de plein cintre.* ♦ *Arc de triomphe*, monument en forme de porte voûtée, orné de bas-reliefs et d'inscriptions. ♦ **Géom.** Toute portion d'une ligne courbe. ■ **Astron.** *Arc diurne*, portion de cercle qu'un astre parcourt au-dessus de l'horizon. *Arc nocturne*, portion de cercle qu'un astre parcourt au-dessous de l'horizon. ■ *Arc électrique*, décharge électrique entre deux électrodes, en forme d'arc. ■ *En arc de cercle*, en épousant une forme courbe. *Une inscription en arc de cercle sur une pièce de monnaie.*

ARCADE, n. f. [aʁkad] (b. lat. *arcata*) **Archit.** Ouverture en forme d'arc. ♦ **Anat.** Courbes que décrivent certaines parties osseuses, aponévrotiques et artérielles. *Arcade dentaire.* ■ **N. f. pl.** Allée couverte bordée d'ouvertures en arc. *Les arcades de la rue de Rivoli.*

ARCADIEN, IENNE, ■ adj. [aʁkadjɛ̃, jɛn] (*Arcadie*, région du Péloponnèse en Grèce) De l'Arcadie. *Les cités arcadiennes.* ■ Qui rappelle les mœurs pastorales de l'Arcadie antique. *Des idylles arcadiennes.* ■ **N. m. et n. f.** Habitant de l'Arcadie. *Un Arcadien, une Arcadienne.* ■ **N. m.** Dialecte grec parlé en Arcadie.

ARCANE, n. m. [aʁkan] (lat. *arcanus*, discret, secret, de *arca*, coffre) **Alchim.** Opération mystérieuse. ♦ Remède dont la composition est secrète. ■ **N. m. pl.** Ce que l'on ne peut comprendre du fait de son aspect mystérieux. *Les arcanes de l'administration.*

ARCASSE, n. f. [aʁkas] (provenç. *arcassa*, du lat. *arca*, coffre) Nom des deux pièces de bois qui enferment la roue d'une poulie. ♦ Charpente horizontale qui lie les estains à l'étambot.

ARCATURE, n. f. [aʁkatyʁ] (*arc*) **Archit.** Série de petites arcades décoratives sous les appuis des fenêtres ou sous les corniches.

ARC-BOUTANT ou **ARCBOUTANT**, n. m. [aʁkbutɑ̃] (on prononce le *c*; *arc* et p. prés. de *bouter*) **Archit.** Construction extérieure qui se termine en forme de demi-arc, et qui sert à soutenir un mur. ♦ En charpenterie, pièces de bois qui servent de soutien. ♦ **Fig.** Principal soutien. ■ *Des arcs-boutants* ou *des arcboutants.* ■ **Rem.** On prononçait autrefois [aʁbutɑ̃] ■ **Rem.** On disait aussi *arc-butant* autrefois.

ARC-BOUTÉ, TÉE ou **ARCBOUTÉ, ÉE**, p. p. d'arc-bouter. [aʁkbute] **Rem.** On prononçait autrefois [aʁbute]

ARC-BOUTEMENT ou **ARCBOUTEMENT**, ■ n. m. [aʁkbut(ə)mɑ̃] (*arcbouter*) Action d'arc-bouter; fait de s'arc-bouter. *Un pièce qui tient par arcboutement. Un risque d'arc-boutement pour une poutre. L'arc-boutement du contorsionniste.*

ARC-BOUTER ou **ARCBOUTER**, v. tr. [aʁkbute] (on prononce le *c*; *arcboutant*) Fortifier par un arc-boutant. ■ **S'arc-bouter**, v. pr. Prendre solidement appui sur ses pieds et sur ses mains pour exercer une force contraire à une autre. *Il s'arc-bouta contre la porte pour les empêcher d'entrer.* ■ Être soumis à une force contraire. *Un câble tendu qui s'arc-boute.* ■ **Rem.** On prononçait autrefois [aʁbute]

ARC-DOUBLEAU, n. m. [aʁkdublo] (on prononce le *c*; *arc* et *doubleau*) **Archit.** Sorte d'arcade formant saillie sous la courbure d'un voûte, qu'elle soutient et fortifie. ♦ Au pl. *Des arcs-doubleaux.* ■ **Rem.** On disait aussi *doubleau* autrefois. ■ **Rem.** On prononçait autrefois [aʁdublo] sans faire entre le *c*.

ARCEAU, n. m. [aʁso] (*arc*) **Archit.** Courbure d'une voûte; toute ouverture en arc ou cintre. ♦ **Sculpt.** Ornement en forme de trèfle. ♦ **Chir.** Châssis en arc fait pour garantir un membre fracturé. ■ Par anal. Tige recourbée formant un demi-cercle. *Les arceaux d'un jeu de criquet. Un arceau de parking.*

ARC-EN-CIEL, n. m. [aʁkɑ̃sjɛl] (*arc* et *ciel*) Météore en forme d'arc, offrant les couleurs du prisme, et toujours placé à l'opposite du soleil. ♦ Au pl. *Des arcs-en-ciel.*

ARCHAÏQUE, adj. [aʁkaik] (gr. *arkhaïkos*, de *arkhê*, commencement) **Gramm.** Qui tient de l'archaïsme. ♦ **Art** Qui appartient à la haute Antiquité. ■ Par extens. et péj. Qui n'est plus en usage, très ancien. *Il serait temps de changer ces méthodes de travail archaïques.*

ARCHAÏSANT, ANTE, ■ adj. [aʁkaizɑ̃, ɑ̃t] (*ch* se prononce *k* et non *ch*; p. prés. de *archaïser*) Qui traduit, affecte un goût prononcé pour l'archaïsme, en littérature, arts plastiques notamment. *Écrivain archaïsant, tournure archaïsante.*

ARCHAÏSME, n. m. [aʁkaism] (*ch* se prononce *k* et non *ch*; gr. *arkhaïsmos*, imitation des anciens, de *arkhaios*, antique) Façon de parler ancienne, inusitée aujourd'hui. ♦ Affectation d'un écrivain à faire usage d'expressions et de tours vieillis. ■ Caractère de ce qui est archaïque.

ARCHAL, n. m. [aʁkal] (lat. *aurichalcum*, altération, par infl. de *aurum*, or, du gr. *oreikhalkos*, bronze de montagne (*oros*), laiton) Laiton. Usité seulement dans cette locution : *fil d'archal.*

ARCHANGE, n. m. [aʁkɑ̃ʒ] (gr. *arkhaggelos*, ange chef) Ange d'un ordre supérieur.

ARCHANGÉLIQUE, adj. [aʁkɑ̃ʒelik] (*archange*) Qui tient de l'archange. ♦ **N. f.** *Archangélique officinale*, plante ombellifère que l'on cultive pour en confire les tiges.

1 **ARCHE**, n. f. [aʁʃ] (b. lat. *archa*, du lat. *arcus*, arc) La partie d'un pont sous laquelle l'eau passe. ■ Monument rappelant un arc de triomphe par sa forme. *L'arche de la Défense.*

2 **ARCHE**, n. f. [aʁʃ] (lat. *arca*, coffre, armoire) *Arche de Noé* ou simplement *l'arche*, sorte de grand vaisseau où Noé se sauva du déluge. ♦ *C'est l'arche de Noé*, se dit d'une maison où sont logés des gens de toute sorte. ♦ ▷ *L'arche d'alliance, l'arche du Seigneur, l'arche sainte*, le coffre qui renfermait les tables de la loi. ◁ ♦ **Fig.** *C'est l'arche sainte*, se dit d'une chose dont il est dangereux de s'occuper.

1 **ARCHÉE**, n. f. [aʁʃe] (gr. *arkhaios*, qui est à l'origine) ▷ Principe, commencement, dans le langage des anciens physiologistes et alchimistes. ◁

2 **ARCHÉE**, n. f. [aʁʃe] (lat. *arcata*) ▷ Portée d'un arc. ◁

ARCHÉEN, ENNE, ■ adj. [aʁkeɛ̃, ɛn] (1 *archée*) Qui se rapporte à l'ère la plus ancienne du précambrien. ■ **N. m.** Cette période.

ARCHÉGONE, ■ n. m. [aʁkegon] (gr. *arkhê*, principe, et *gonos*, génération) **Bot.** Organe reproducteur femelle en forme de bouteille, qui comprend le gamète femelle appelé l'oosphère, caractéristique des fougères, des mousses, des gymnospermes, etc.

ARCHELET, n. m. [aʁʃəle] (dimin. de *arc*, rad. de *archet*) Petit archet à l'usage des horlogers. ■ **Pêche** Branche de saule arrondie qu'on attache au bout du verveux, un filet de pêche, pour maintenir son ouverture.

ARCHELLE, ■ n. f. [aʁʃɛl] (altér. du pic. *achèle*, dimin. du lat. *axis*, planche) **Belg.** Étagère rustique équipée de crochets sur lesquels on peut suspendre des ustensiles à anse. *Il accroche ses ustensiles de cuisine dans son archelle.*

ARCHÉOBACTÉRIE, ■ n. f. [aʁkeobakteʁi] (*archéo-* et *bactérie*) Bactérie qui se développe dans des milieux souvent hostiles et qui se distingue par ses caractères biochimiques particuliers.

ARCHÉOLOGIE, n. f. [aʁkeoloʒi] (gr. *arkhaiologia*) ▷ Connaissance, étude de l'Antiquité. ◁ ■ Science qui appréhende les civilisations humaines les plus lointaines en analysant les monuments, les vestiges ou les objets du passé qui en témoignent. *L'archéologie préhistorique.*

ARCHÉOLOGIQUE, adj. [aʁkeoloʒik] (*archéologie*) Qui a rapport à l'archéologie. ♦ Qui concerne les époques analysées par cette science. ■ AR-CHÉOLOGIQUEMENT, adv. [aʁkeoloʒik(ə)mɑ̃]

ARCHÉOLOGUE, n. m. et n. f. [aʁjeolɔg] (*archéologie*) Personne qui est versée dans l'archéologie.

ARCHÉOMAGNÉTISME, ■ n. m. [aʁkeomaɲetism] ou [aʁkeomanʒe-tism] (*archéo-* et *magnétisme*) Science en rapport avec l'archéologie qui a pour objet d'étude les variations dans le temps du magnétisme terrestre.

ARCHÉOPTÉRYX, ■ n. m. [aʁkeopteʁiks] (*archéo-* et *ptérux*, aile) Animal fossile du Jurassique, possédant des plumes, des dents et une longue queue, capable de voler et présentant simultanément les caractères de l'oiseau et du reptile.

ARCHER, n. m. [aʁʃe] (*arc*) ▷ Soldat ou chasseur armé de l'arc. ♦ Autrefois, officier subalterne de justice et de police. *Francs archers*, nom d'une milice qui avait été créée par Charles VII. ■ Personne qui pratique le tir à l'arc. ◁

ARCHÈRE, ■ n. f. [aʁʃɛʁ] Voy. **archière.**

ARCHERIE, ■ n. f. [aʁʃəʁi] (*archer*) Art du tireur à l'arc, entraînement de tir à l'arc. *L'archerie anglaise.* ■ Matériel de l'archer. *Il prend soin de son archerie.*

ARCHEROT, n. m. [aʁʃəʁo] (*archer*) ▷ Petit archer, nom donné par nos vieux poètes à l'Amour. ◁

ARCHET, n. m. [aʁʃe] (dimin. de *arc*) Sorte de baguette garnie de crins tendus, qui sert à jouer du violon, de la basse, de l'alto, etc. ♦ Châssis courbé en arc pour empêcher que les couvertures du lit ne pèsent sur le corps des malades. ♦ Arc de baleine ou d'acier dont les ouvriers se servent pour tourner ou faire tourner.

ARCHÈTERIE, ■ n. f. [aʁʃɛt(ə)ʁi] (*archet*) Fabrication et vente d'archets.

ARCHETIER, IÈRE, ■ n. m. et n. f. [aʁʃətje, jɛʁ] (*archet*) Personne qui fabrique des archets. *Un archetier minutieux.*

ARCHÉTYPAL, ALE, ■ adj. [aʁketipal] (*archétype*) Qui se rapporte à un archétype. *Des modèles archétypaux.*

ARCHÉTYPE, n. m. [aʀketip] (gr. *arkhetupon*, type original, modèle) Modèle sur lequel se fait un ouvrage. ◆ Adj. *Les idées archétypes de Platon,* idées qui, étant de toute éternité dans le sein de Dieu, ont déterminé toutes les conditions de l'univers. ◆ Étalon primitif des poids et des mesures. ■ **N. m. Philos.** Chez les empiristes, idée primitive et idéale servant de point de départ et de modèle à l'élaboration d'une autre. ■ **Psych.** Chez Jung, symbole ancré universellement dans l'inconscient collectif qui se manifeste à travers les créations culturelles des peuples, notamment dans les mythes, les contes, la publicité, etc., et qui influence le comportement et les actes d'un individu. ■ **ARCHÉTYPIQUE**, adj. [aʀketipik] *Des modèles archétypiques* ou *archétypaux.*

ARCHEVÊCHÉ, n. m. [aʀʃəveʃe] (dér. de *archevêque,* d'apr. *évêché*) Territoire sous la juridiction d'un archevêque. ◆ **Par extens.** Ville où réside un archevêque. ◆ L'habitation de l'archevêque. ◆ La dignité d'archevêque. On dit aujourd'hui dans ce dernier sens : *archiépiscopat.*

ARCHEVÊQUE, n. m. [aʀʃəvɛk] (gr. *arkhiepiskopos*) Prélat ayant un certain nombre d'évêques pour suffragants. ■ Titre honorifique que le pape attribue à un évêque.

ARCHI..., [aʀʃi] (gr. *arki,* le chef de) Préfixe que l'on construit avec des noms et des adjectifs pour marquer un très haut degré : *archifou, archipédant ;* ou qui appartient à quelques mots dérivés du grec et signifie *en chef.*

ARCHICHANCELIER, n. m. [aʀʃiʃɑ̃səlje] (lat. médiév. *archicancellarius,* chef de chancellerie) Le grand chancelier, titre de dignité sous le premier empire français.

ARCHICHAPELAIN, n. m. [aʀʃiʃap(ə)lɛ̃] (*archi-* et *chapelain*) Dignitaire ecclésiastique placé auprès des rois de France et des empereurs d'Allemagne.

ARCHICONFRÉRIE, ■ n. f. [aʀʃikɔ̃freri] (*archi-* et *confrérie*) Confrérie qui réunit plusieurs confréries identiques. ■ **Relig.** Association pieuse à laquelle sont affiliées d'autres confréries plus modestes.

ARCHICUBE, ■ n. m. [aʀʃikyb] (*archi-* et *cube,* élève de 3ᵉ année en classe préparatoire) **Arg. scol.** Élève qui a fréquenté l'École normale supérieure.

ARCHIDIACONAT, n. m. [aʀʃidjakona] (lat. médiév. *archidiaconatus*) Dignité d'archidiacre.

ARCHIDIACONÉ, n. m. [aʀʃidjakone] (lat. médiév. *archidiaconatus*) Étendue de la juridiction d'un archidiacre.

ARCHIDIACRE, n. m. [aʀʃidjakʀ] (lat. chrét. *archidiaconus*) Ecclésiastique investi par l'évêque de ses pouvoirs sur les curés de son diocèse.

ARCHIDIOCÉSAIN, AINE, adj. [aʀʃidjosezɛ̃, ɛn] (*archi-* et *diocésain*) Qui dépend d'un archevêché, qui appartient à un archevêché.

ARCHIDIOCÈSE, ■ n. m. [aʀʃidjosɛz] (*archi-* et *diocèse*) Diocèse détenu par un archevêque.

ARCHIDUC, n. m. [aʀʃidyk] (*archi-* et *duc*) Titre des princes de la maison d'Autriche.

ARCHIDUCAL, ALE, adj. [aʀʃidykal] (*archiduc*) Qui appartient aux archiducs.

ARCHIDUCHÉ, n. m. [aʀʃidyʃe] (*archiduc*) Seigneurie d'un archiduc.

ARCHIDUCHESSE, n. f. [aʀʃidyʃɛs] (*archi-* et *duchesse*) Femme d'un archiduc. ◆ Titre donné aux filles ou aux sœurs de l'empereur d'Autriche.

ARCHIÉPISCOPAL, ALE, adj. [aʀʃiepiskɔpal] (lat. médiév. *archiepiscopalis*) Qui appartient à l'archevêque. ■ **Rem.** On prononçait autrefois [aʀkiepiskɔpal]. ■ **Au pl.** *Archiépiscopaux.*

ARCHIÉPISCOPAT, n. m. [aʀʃiepiskɔpa] (lat. médiév. *archiepiscopatus*) Dignité d'archevêque. ◆ Temps pendant lequel un archevêque a occupé son siège. ■ **Rem.** On prononçait autrefois [aʀkiepiskɔpa].

ARCHIÈRE ou **ARCHÈRE**, n. f. [aʀʃjɛʀ, aʀʃɛʀ] (*arc*) Ouverture pratiquée dans les murailles et par laquelle on tirait de l'arc. ◆ Lucarne ou trou donnant du jour sur une cour ou un jardin.

ARCHIMAGIE, n. f. [aʀʃimaʒi] (*archi-* et *magie*) La partie de l'alchimie qui traite de l'art de faire de l'or.

ARCHIMANDRITAT, n. m. [aʀʃimɑ̃drita] (*archimandrite*) Le bénéfice d'un archimandrite ; sa dignité.

ARCHIMANDRITE, n. m. [aʀʃimɑ̃drit] (gr. *arkhimandritês,* de *archi-* et *mandra,* enclos, par ext. monastère) Nom du supérieur de certains couvents.

ARCHIMÉDIEN, IENNE, ■ adj. [aʀʃimedjɛ̃, jɛn] (*Archimède*) Qui correspond à l'axiome mathématique du savant Archimède.

ARCHIPEL, n. m. [aʀʃipɛl] (ital. *arcipelago,* du gr. *archipelagos,* mer principale) Étendue de mer parsemée de groupes d'îles. ◆ Particulièrement, la partie de la Méditerranée située entre la Grèce, la Macédoine et l'Asie.

ARCHIPHONÈME, ■ n. m. [aʀʃifonɛm] (*archi-* et *phonème*) **Phonét.** Phonème qui regroupe les traits distinctifs communs à deux phonèmes dont l'opposition est neutralisée dans certains contextes. *L'archiphonème [P] neutralise l'opposition de [p] et de [b] dans (ap-surd) (absurde).*

ARCHIPRESBYTÉRAL, ALE, adj. [aʀʃipʀɛsbiteʀal] (b. lat. *archipresbyteralis*) ▷ Qui concerne l'archiprêtre. ◁

ARCHIPRESBYTÉRAT, n. m. [aʀʃipʀɛsbiteʀa] (rad. lat. *archipresbyter,* voir archiprêtre) ▷ Dignité d'archiprêtre, bénéfice de l'archiprêtre. ◁

ARCHIPRÊTRE, n. m. [aʀʃipʀɛtʀ] (lat. chrét. *archipresbyter,* gr. *archipresbuteros,* premier des prêtres) ▷ Titre de dignité qui donne aux curés de certaines églises la prééminence sur les autres curés. ◁

ARCHIPRÊTRÉ, n. m. [aʀʃipʀɛtʀe] (*archiprêtre*) ▷ Juridiction d'un archiprêtre. ◁

ARCHIRABBIN, n. m. [aʀʃiʀabɛ̃] (*archi-* et *rabbin*) ▷ Chef des rabbins. ◁

ARCHITECTE, n. m. et n. f. [aʀʃitɛkt] (lat. *architectus,* du gr. *arkhitektôn,* de *archi-* et *tektôn,* charpentier) Personne qui exerce, en qualité de maître, l'art de bâtir, traçant les plans et surveillant l'exécution des constructions. ◆ **Fig.** « *Cette réformation dont Luther était l'architecte* », Bossuet. ◆ *L'architecte de l'univers,* Dieu.

ARCHITECTONIQUE, adj. [aʀʃitɛktonik] (gr. *arkhitektonikos*) Qui a rapport à l'architecture. ◆ **N. f.** L'art de la construction. ◆ **Philos.** Méthode qui coordonne les diverses parties d'un système. ■ **Par extens.** Organisation, composition. *L'architectonique d'un livre.*

ARCHITECTONOGRAPHE, n. m. [aʀʃitɛktonograf] (*architectonique* et -*graphe*) ▷ Personne qui s'occupe d'architectonographie. ◁

ARCHITECTONOGRAPHIE, n. f. [aʀʃitɛktonografi] (*architectonique* et -*graphie*) ▷ Description des bâtiments, des édifices. ◁

ARCHITECTURAL, ALE, adj. [aʀʃitɛktyʀal] (*architecture*) Qui appartient à l'architecture. ■ **Au pl.** *Architecturaux.*

ARCHITECTURE, n. f. [aʀʃitɛktyʀ] (lat. *architectura*) L'art de construire les édifices. *L'architecture grecque, gothique.* ◆ La disposition d'un bâtiment. « *Les temples sont d'une architecture simple, mais majestueuse* », Fénelon. ◆ *L'architecture militaire,* l'art de fortifier les places. ◆ *L'architecture navale,* l'art de construire les vaisseaux. ◆ *L'architecture hydraulique,* l'art d'établir des machines pour diriger les eaux. ◆ **Fig.** *L'architecture du corps humain.*

ARCHITECTURER, ■ v. tr. [aʀʃitɛktyʀe] (*architecture*) Construire, structurer une œuvre rigoureusement et de manière architecturale. *Architecturer un roman.*

ARCHITRAVE, n. f. [aʀʃitʀav] (mot it. de *archi-* et lat. *trabs,* travée) Partie principale de l'entablement entre la frise et le chapiteau. ◆ Menuiserie, partie lisse qui est en contrebas d'une corniche, et qui est terminée par un astragale ou autre moulure.

ARCHITRAVÉ, ÉE, adj. [aʀʃitʀave] (*architrave*) *Une corniche architravée,* ou simplement *une architravée,* corniche à laquelle on a ajouté une architrave.

ARCHITRÉSORIER, n. m. [aʀʃitʀezɔʀje] (*archi-* et *trésorier*) Grand trésorier, nom d'une haute dignité sous le règne de Napoléon Iᵉʳ.

ARCHITRICLIN, n. m. [aʀʃitʀiklɛ̃] (gr. *arkhitriklinos,* de *archi-* et *triklinos,* salle à manger) **Antiq.** Personne qui présidait à l'ordonnance d'un festin. ■ **Fam.** Personne qui organise un repas.

ARCHIVAGE, ■ n. m. [aʀʃivaʒ] (*archiver*) Action de regrouper, d'enregistrer, de classer et de conserver des documents. *Un archivage bien ordonné.*

ARCHIVER, ■ v. tr. [aʀʃive] (*archives*) Déposer, classer, enregistrer dans une collection d'archives. *Archiver des dossiers, des factures.*

ARCHIVES, n. f. pl. [aʀʃiv] (lat. *archium* puis *archivum*) Anciens titres et documents. *Archives publiques.* ◆ Lieu où les archives sont déposées. ◆ **Fig.** *Les archives du génie.* ■ **Inform.** Fichiers sauvegardés et stockés sur un support.

ARCHIVISTE, n. m. et n. f. [aʀʃivist] (*archives*) Préposé à la garde des archives. ◆ *Archiviste paléographe,* élève de l'École des chartes qui, après examen, a droit aux places d'archiviste et de bibliothécaire. ■ Personne spécialisée dans le classement, l'analyse et la conservation d'archives, de supports historiques.

ARCHIVISTE-PALÉOGRAPHE, ■ n. m. et n. f. [aʀʃivist(ə)paleograf] Voy. ARCHIVISTE.

ARCHIVISTIQUE, ■ n. f. [aʀʃivistik] (*archiviste*) Science qui a pour objet d'étude les archives. *L'archivistique des manuscrits.* ■ **Adj.** Qui concerne la science des archives. *Une étude archivistique.*

ARCHIVOLTE, n. f. [aʁʃivɔlt] (ital. *archivolto*, du lat. *arcus volutus*, arc voûté) Bande ornée de moulures régnant sur les vousseaux du cintre d'une arcade.

ARCHONTAT, n. m. [aʁkɔ̃ta] (*archonte*) ▷ Dignité d'archonte. ♦ Temps d'exercice de cette magistrature. ◁

ARCHONTE, n. m. [aʁkɔ̃t] (gr. *arkhôn*, de *arkhein*, commander) ▷ Titre qu'on donnait en Grèce, et particulièrement à Athènes, aux magistrats qui dirigeaient la république. ◁

ARÇON, n. m. [aʁsɔ̃] (lat. vulg. *arcionem*, dimin. de *arcus*, arc) Pièce de bois cintrée qui fait partie de la selle. ♦ *Être ferme sur les arçons*, au propre, se tenir bien en selle ; au figuré, défendre ses principes, ses opinions avec vigueur. ♦ *Perdre, vider les arçons*, au propre, tomber, être renversé de cheval ; au figuré, être déconcerté, embarrassé. ♦ Instrument en forme d'arc, qui sert aux chapeliers. ■ *Cheval d'arçons*, appareil de gymnastique muni de deux poignées aux extrémités sur lesquelles on prend appui.

ARÇONNER, v. tr. [aʁsɔne] (*arçon*) **Chapell.** Battre la laine, la bourre et la soie avec l'arçon.

ARÇONNEUR, EUSE, n. m. et n. f. [aʁsɔnœʁ, øz] (*arçonner*) Personne qui arçonne.

ARCTATION, n. f. [aʁktatasjɔ̃] (lat. *arctatio*, de *artare*, serrer fortement, étroitement) **Méd.** Rétrécissement d'une ouverture naturelle ou d'un canal.

ARCTIQUE, adj. [aʁ(k)tik] (lat. *arcticus*, du gr. *arktikos*, de *arktos*, ours, la Grande et Petite Ourse permettant de situer l'étoile polaire) Situé au nord. *Pôle arctique.*

ARCTURUS ou en poésie **ARCTURE**, n. m. [aʁktyʁys, aʁktyʁ] (lat. *arcturus*, du gr. *arktos ouros*, gardien de l'Ourse) Étoile fixe de la première grandeur, située dans la constellation du Bouvier, à la queue de la Grande Ourse.

ARCURE, n. f. [aʁkyʁ] (*arc*) **Agric.** Courbure. ■ Opération consistant à courber les branches d'un arbre en vue d'augmenter sa production de fruits. *L'arcure des branches.*

ARDÉLION, n. m. [aʁdeljɔ̃] (lat. *ardelio*) Homme qui fait l'empressé et se mêle de tout. ■ **Rem.** Auj., son usage est fam. et peu usité.

ARDEMMENT, adv. [aʁdamɑ̃] (*ardent*) Avec ardeur.

ARDENNAIS, AISE, ■ adj. [aʁdenɛ, ɛz] (*Ardenne*) Qui se rapporte aux Ardennes à ses habitants. *La forêt ardennaise.* ■ **N. m.** et n. f. Personne qui est née ou qui vit dans la région des Ardennes.

ARDENT, ENTE, adj. [aʁdɑ̃, ɑ̃t] (lat. *ardens*, de *ardere*, brûler) Qui est en feu, flamboyant ; qui brûle. *Charbon ardent.* ♦ **Fig.** Soif ardente. ♦ *Miroir ardent*, miroir construit de manière que, recevant les rayons du soleil, il brûle et enflamme les objets placés au foyer. *Verre ardent.* ♦ **Hérald.** Se dit des charbons allumés. ♦ *Chapelle ardente*, luminaire nombreux qui brûle autour d'un cercueil. ♦ ▷ *Chambre ardente*, tribunal chargé de juger certains grands crimes, qui faisait brûler les coupables. ◁ **Fig.** En parlant des choses, violent, vif. *Passion ardente.* ♦ **Fig.** En parlant des personnes ou des animaux, plein d'ardeur, actif, véhément, violent. *Cheval ardent. Ardent à l'ouvrage.* ♦ En parlant des couleurs, roux. *Cheveux d'un blond ardent.* ♦ **N. m.** Exhalaison enflammée qui paraît sur le sol dans les grandes chaleurs. « *Ces ardents ou feux follets qui s'y jouent* », DESCARTES. ♦ *Le mal des ardents* ou *le feu Saint-Antoine*, sorte d'érysipèle gangréneux.

ARDER, ARDRE ou **ARDOIR**, v. tr. [aʁde, aʁdʁ, aʁdwaʁ] (lat. *ardere*) ▷ Brûler. ♦ **V. intr.** Être brûlant. « *Haro ! la gorge m'ard* », LA FONTAINE. ♦ Il est vieux. ◁

ARDEUR, n. f. [aʁdœʁ] (lat. *ardor*) Chaleur vive. *L'ardeur du feu. Ardeur de la fièvre.* ♦ Désir violent. « *Il n'est rien qui ne cède à l'ardeur de régner* », P. CORNEILLE. ♦ Grande activité, passion vive, chaleur, vivacité. *L'ardeur de son zèle. Ardeur au jeu. Travailler avec ardeur.* ♦ Amour, passion. ♦ Mystique, une classe d'anges dans la hiérarchie céleste. « *Parmi tant de séraphins, de trônes, d'ardeurs* », CHATEAUBRIAND. ♦ Vivacité, en parlant de certains animaux. *Ce cheval a de l'ardeur.* ♦ **Méd.** Chaleur âcre piquante qu'on éprouve dans certaines maladies. ♦ *Ardeur d'estomac*, sentiments de brûlure qu'on éprouve dans ce viscère.

ARDEZ, v. tr. [aʁde] (corruption de l'anc. fr. *aregardez*) ▷ Regardez. « *Ardez le beau museau* », MOLIÈRE. ◁

ARDILLON, n. m. [aʁdijɔ̃] (dimin. de l'anc. b. frq. *hard*, fils tordus) Pointe qui dans une boucle sert à l'arrêter. ■ **Pêche** Partie située à l'extrémité de l'hameçon.

ARDITIS ou **ARDITI**, ■ n. m. pl. [aʁditi] (ital. *ardito*, hardi) Corps francs qui appartenait à l'armée italienne et qui se battirent au cours de la Première Guerre mondiale.

ARDOIR, v. tr. [aʁdwaʁ] Voy. ARDER.

ARDOISE, n. f. [aʁdwaz] (lat. vulg. *ardesia*) Pierre d'un gris noir ou bleuâtre, qui se partage en feuilles et sert à couvrir les maisons. *On écrit sur l'ardoise.* ♦ Dans la peinture en bâtiments, *couleur d'ardoise*, composée avec du blanc et du noir. ■ Tablette sur laquelle on peut écrire et effacer. ■ **Fam.** Total des sommes dues chez un commerçant.

ARDOISÉ, ÉE, p. p. d'ardoiser. [aʁdwaze] Couvert d'ardoises. ♦ **Adj.** Qui est de la couleur de l'ardoise.

ARDOISER, v. tr. [aʁdwaze] (*ardoise*) Couvrir d'ardoises. ♦ Donner la couleur de l'ardoise.

ARDOISEUX, EUSE, adj. [aʁdwazø, øz] (*ardoise*) Qui est de la nature de l'ardoise. ■ **Rem.** Auj., son usage est rare.

1 **ARDOISIER**, n. m. [aʁdwazje] (*ardoise*) Personne qui exploite une ardoisière, personne qui y travaille. ■ **Belg.** Couvreur.

2 **ARDOISIER, IÈRE**, adj. [aʁdwazje, jɛʁ] (*ardoise*) **Minér.** Qui a de la tendance à se partager en feuillets comme l'ardoise. ■ Qui a rapport à l'ardoise. *Une production ardoisière.*

ARDOISIÈRE, n. f. [aʁdwazjɛʁ] (*ardoise*) Carrière d'ardoises.

ARDRE, v. tr. [aʁdʁ] Voy. ARDER.

ARDS ou **ARS, ARSE**, p. p. d'ardoir. [aʁ, aʁs] ▷ Tombé en désuétude comme le verbe. ◁

ARDU, UE, adj. [aʁdy] (lat. *arduus*, celt. *ardu-*, haut, élevé) Au propre, de difficile accès. ♦ Plus ordinairement au figuré. *Matière ardue.*

ARDUITÉ, n. f. [aʁdɥite] ou [aʁdyite] (*ardu*) ▷ Qualité de ce qui est ardu. ◁

ARE, n. m. [aʁ] (lat. *area*, aire) Mesure agraire de superficie, qui vaut cent mètres carrés.

AREC ou **ARÉQUIER**, n. m. [aʁɛk, aʁekje] (ital. *areca*) Genre de plantes de la famille des palmiers.

ARÉCACÉE, ■ n. f. [aʁekase] (*arec*) Plante tropicale à tige non ramifiée, composée de feuilles palmées et découpées, correspondant à la famille des palmiers.

ARÉFLEXIE, ■ n. f. [aʁeflɛksi] (*a-* et *réflexe*) **Méd.** Manque de réflexes total ou partiel.

ARÉIQUE, ■ adj. [aʁeik] (*a-* et gr. *rhein*, couler) Qui ne bénéficie pas de l'écoulement des eaux, aride. *Une région aréique.*

ARÉISME, ■ n. m. [aʁeism] (*aréique*) Absence d'écoulement régulier des eaux. *L'aréisme d'un sol.*

ARELIGIEUX, EUSE, ■ adj. [aʁeliʒjø, øz] (*a-* et *religieux*) Qui n'a aucune religion, aucune préoccupation religieuse. *Une éducation areligieuse.*

ARÉNA, ■ n. m. [aʁena] (angl. *skating arena*, du lat ; *arena*, voir *arène*) **Québec** Patinoire artificielle couverte qui comprend des gradins, des chambres pour les joueurs et un restaurant, où l'on pratique principalement le hockey et plus récemment, le patinage artistique.

ARÉNACÉ, ÉE, adj. [aʁenase] (lat. *arenaceus*, sablonneux) **Hist. nat.** Qui a la forme ou les propriétés du sable.

ARÉNAIRE, adj. [aʁenɛʁ] (lat. *arenarius*, de sable) ▷ Qui croît dans les terrains sablonneux. ◁

ARÉNATION, n. f. [aʁenasjɔ̃] (lat. *arenatio*, crépissage, mélange de chaux et de sable) **Méd.** Opération qui consiste à couvrir de sable chaud une partie du corps ou tout le corps d'un malade. ■ Action d'étaler du sable sur une surface.

ARÈNE, n. f. [aʁɛn] (lat. *arena*, sable) Sable, gravier. ♦ Dans un amphithéâtre, la partie sablée pour les jeux et les combats. ♦ *Descendre dans l'arène*, accepter un défi ; et au figuré, s'engager dans une dispute. ♦ **Fig.** *Notre pays fut l'arène de la guerre civile.* ♦ Espèce de sable argileux ayant la propriété de former, par son mélange avec la chaux grasse, un mortier hydraulique. ♦ **N. f. pl.** Anciens amphithéâtres romains. *Les arènes de Nîmes.* ■ Surface sablée du lieu où sont organisées les courses de taureaux. *Le taureau est entré dans l'arène.* ■ Espace de discussions, d'affrontement, de disputes. *L'arène littéraire.*

ARÉNEUX, EUSE, adj. [aʁenø, øz] (lat. *arenosus*, sablonneux) Couvert de sable. ♦ Il est vieux.

ARÉNICOLE, adj. [aʁenikɔl] (*arène* et *-cole*) **Hist. nat.** Qui vit dans les endroits sablonneux. ■ **N. f.** Ver vivant dans les sables marins et pouvant servir d'appât aux pêcheurs. *L'arénicole des pêcheurs est l'espèce la plus connue.*

ARÉNIFÈRE, adj. [aʁenifɛʁ] (*arène* et *-fère*) ▷ Qui contient du sable. ◁

ARÉNIFORME, adj. [aʁenifɔʁm] (*arène* et *-forme*) ▷ Semblable au sable. ◁

ARÉNISATION, ■ n. f. [aʁenizasjɔ̃] (*arène*) **Géol.** Désagrégation de roches cristallines sous la forme de sable, due à l'action de certains éléments tels que le gel ou les changements de température.

ARÉNITE, ■ n. f. [aʀenit] (*arène*) Roche sédimentaire qui contient du sable.

ARÉNULEUX, EUSE, adj. [aʀenylø, øz] (lat. *arenula*, sable fin) ▷ Plein de menu sable ; semblable à du menu sable. ◁

ARÉOGRAPHIE, ■ n. f. [aʀeoɡʀafi] (lat. *aera*, aire, et *-graphie*) **Astron.** Géographie qui décrit l'aspect physique de la planète Mars.

ARÉOLAIRE, adj. [aʀeolɛʀ] (*aréole*) Qui est rempli d'aréoles. ■ Qui se rapporte à l'aréole. *Un aspect aréolaire.* ■ **Phys.** *Vitesse aréolaire*, vitesse algébrique de balayage qui correspond à la dérivée de l'aire d'un arc de cercle par rapport au temps.

ARÉOLATION, ■ n. f. [aʀeolasjɔ̃] (*aréole*) Disposition en aréoles.

ARÉOLE, n. f. [aʀeɔl] (lat. *areola*, dimin. de *area*, petite surface) Petite aire. ◆ **Anat.** Petits espaces que les faisceaux de fibres, les lamelles ou les vaisseaux, dans certains tissus et organes, laissent entre eux. ◆ Cercle qui se forme autour des boutons de la petite vérole, de la vaccine. ■ Surface pigmentée qui se situe autour du mamelon du sein chez la femme.

ARÉOLÉ, ÉE, adj. [aʀeole] (*aréole*) Qui offre des aréoles.

ARÉOMÈTRE, n. m. [aʀeomɛtʀ] (gr. *araios*, peu dense, et *-mètre*) Instrument qui sert à déterminer la pesanteur relative des liquides ; pèse-liqueur.

ARÉOMÉTRIQUE, adj. [aʀeometʀik] (*aréomètre*) Qui a rapport à l'aréomètre.

ARÉOPAGE, n. m. [aʀeopaʒ] (gr. *areios pagos*, la colline d'Arès) Tribunal d'Athènes qui siégeait dans un lieu consacré à Mars. ◆ **Par extens.** Assemblée de sages, de savants, de magistrats, etc. « *Vous êtes mon aréopage* », Voltaire.

ARÉOPAGITE, n. m. [aʀeopaʒit] (gr. *areopagitês*) Membre de l'aréopage.

ARÉOPAGITIQUE, adj. [aʀeopaʒitik] (gr. *areopagitikos*, qui concerne l'Aéropage) Qui se rapporte à l'aréopage.

ARÉOSTYLE, n. m. [aʀeostil] (gr. *araiostulos*) Édifice dont les colonnes sont à une grande distance les unes des autres. ■ Adj. *Un temple aréostyle.*

ARÉOTECTONIQUE, n. f. [aʀeotɛktonik] (gr. *areios*, qui concerne la guerre, et *tektonitê*, art du charpentier) ▷ **Art** Qui concerne l'attaque et la défense des places fortes. ◁

ARÉQUIER, ■ n. m. [aʀekje] Voy. AREC.

ARÊTE, n. f. [aʀɛt] (lat. *arista*) Parties osseuses qui composent le squelette des poissons. ◆ **Bot.** *Arête*, le filet grêle, sec et plus ou moins raide, qui naît des paillettes florales des graminées. ◆ **Archit.** Angle saillant formé par deux faces. ◆ **Géom.** La ligne d'intersection des deux plans qui forment un angle dièdre. ◆ **Géogr.** Ligne courbe ou brisée séparant ordinairement les deux versants principaux d'une chaîne de montagnes. ■ Par anal. *L'arête du nez.*

ARÊTIER, n. m. [aʀɛtje] (*arête*) L'une des pièces de bois qui partent des angles d'un édifice, pour donner au toit la forme d'un pavillon. ■ Tube qui regroupe les nervures des ailes d'un avion.

ARÊTIÈRE, ■ n. f. [aʀɛtjɛʀ] (*arêtier*) Tuile qui recouvre l'angle de l'arêtier. ■ Adj. *Une tuile arêtière.*

AREUH ou **AREU**, interj. [aʀø] Onomatopée qui transcrit les premiers sons émis par un bébé, souvent employée par les adultes pour communiquer avec lui. *Areuh areuh.* « *Des bambins barbotant dans leurs bains bleus Babillent par bribes et bredouillent des areu !* », Site Poésie universelle.

ARGANEAU, n. m. [aʀɡano] Voy. ORGANEAU.

ARGANIER, ■ n. m. [aʀɡanje] (*argan*, fruit de cet arbre, de l'ar. *arqan*) Arbre épineux très répandu au Maroc, dont le bois très dur peut servir à la fabrication d'outils agricoles et le fruit à l'élaboration d'une huile comestible.

ARGÉMON, n. m. [aʀʒemɔ̃] (gr. *argemon*) Ulcère de la cornée arrondi et superficiel.

ARGÉMONE, n. f. [aʀʒemɔn] (gr. *argemônê*) Pavot épineux (*argemone mexicana*, Linné).

ARGENT, n. m. [aʀʒɑ̃] (lat. *argentum*, monnaie) Métal précieux de couleur blanche. ◆ *Argent vierge ou natif*, argent trouvé dans la mine à l'état pur. ◆ Monnaie faite de ce métal. ◆ Toute espèce de valeur en argent, en cuivre, en or ou en papier, et fig. richesse, biens, fortune. ◆ ▷ *Argent mignon*, argent destiné à des dépenses de fantaisie. ◁ ◆ ▷ *Argent courant*, espèces ayant cours. ◁ ◆ *Argent mort*, argent qui dort, argent qui ne rapporte point d'intérêts. ◆ **Fam.** *Pour son argent, il en veut pour son argent*, c.-à-d. puisqu'il a fait une dépense, puisqu'il a mis une peine, il veut en être récompensé. ◆ *Faire argent de tout*, utiliser tout. ◆ **Fig.** *Prendre quelque chose pour argent comptant, pour bon argent*, croire trop légèrement à une chose. ◆ **Fig.** *Aller bon jeu, bon argent*, c.-à-d. agir franchement. ◆ *Point d'argent, point de Suisse*, rien pour rien. Cette locution vient des troupes suisses que les

gouvernements étrangers obtenaient à prix d'argent. ◆ *C'est de l'argent en barre*, se dit d'une marchandise d'un débit prompt et facile. ◆ *Un bourreau d'argent*, homme prodigue et dépensier. ◆ *Je ne sais de quelle couleur est son argent*, je n'ai jamais reçu d'argent de lui. ◆ *D'argent*, de couleur blanche. ◆ **Adj. inv.** « *Les arcades étaient ornées de girandoles vertes et argent* », Voltaire. ◆ *Argent vif* ou *vif-argent*, le mercure. ◆ *Argent corné* ou *lune cornée d'argent*, chlorure d'argent. ◆ *Argent fulminant* ou *ammoniure d'argent*. ◆ **Hérald.** *Argent*, un des métaux employés dans les armoiries ; il est représenté par de l'argent ou simplement par du blanc. ■ *Argent liquide*, pièces et billets. ■ *Argent sale*, provenant d'opérations illicites. ■ *Argent comptant*, argent donné ou reçu immédiatement. ■ *Argent de poche*, argent dont on dispose pour ses besoins secondaires, ses loisirs. *Ses parents lui donnent quinze euros d'argent de poche par mois.* ■ *Homme, femme d'argent*, qui s'intéresse à l'argent, qui connaît les moyens de le faire fructifier. ■ **Fam.** *Faire de l'argent*, augmenter sa fortune. ■ **Fam.** *Jeter l'argent par les fenêtres*, dépenser inutilement. ■ **Prov.** *L'argent n'a pas d'odeur*, il n'indique pas la trace éventuelle d'une provenance frauduleuse. ■ **Prov.** *Plaie d'argent n'est pas mortelle*, une perte d'argent n'est pas insurmontable.

ARGENTAGE, ■ n. m. [aʀʒɑ̃taʒ] Voy. ARGENTURE.

ARGENTAN ou **ARGENTON**, ■ n. m. [aʀʒɑ̃tɑ̃, aʀʒɑ̃tɔ̃] (*argent*) Alliage de nickel, de zinc et de cuivre dont la couleur imite celle de l'argent. *Une fourchette en argentan.*

ARGENTÉ, ÉE, p. p. d'argenter. [aʀʒɑ̃te] Revêtu d'une couche d'argent. *Bouton argenté.* ◆ Blanc comme l'argent. ■ **Fam.** Qui est riche.

ARGENTER, v. tr. [aʀʒɑ̃te] (*argent*) Couvrir de feuilles d'argent ou d'une couche d'argent. ◆ Donner l'aspect, l'éclat de l'argent.

ARGENTERIE, n. f. [aʀʒɑ̃t(ə)ʀi] (*argent*) Vaisselle et ustensiles d'argent.

ARGENTEUR, EUSE, n. m. et n. f. [aʀʒɑ̃tœʀ, øz] (*argenter*) Ouvrier, ouvrière qui argente.

ARGENTEUX, EUSE, adj. [aʀʒɑ̃tø, øz] (lat. *argentosus*, riche en argent) Qui a beaucoup d'argent. ■ Mot populaire.

ARGENTIER, n. m. [aʀʒɑ̃tje] (lat. *argentarius*, relatif à l'argent) Personne qui était préposée à la distribution de certains fonds chez les princes. ◆ Anciennement, en France, le surintendant ou ministre des Finances.

ARGENTIFÈRE, adj. [aʀʒɑ̃tifɛʀ] (lat. *argentum*, argent, et *-fère*) Qui contient de l'argent. *Minerai argentifère.*

1 **ARGENTIN, INE**, adj. [aʀʒɑ̃tɛ̃, in] (*argent*) Qui résonne comme l'argent. *Son argentin.* ◆ Qui a l'éclat de l'argent. *Couleur argentine. Ton argentin.*

2 **ARGENTIN, INE**, ■ adj. [aʀʒɑ̃tɛ̃, in] (*Argentine*) Originaire d'Argentine. *Une danseuse argentine. Un tango argentin.* ■ N. m. et n. f. Personne qui est née ou qui vit en Argentine. *Un Argentin millionnaire.*

ARGENTINE, n. f. [aʀʒɑ̃tin] (1 *argentin*) Plante de la famille des rosacées, qui a le dessous des feuilles d'un blanc luisant et comme argenté, la potentille ansérine. ◆ Minéralogie, spath schisteux, variété de carbonate de chaux.

ARGENTIQUE, ■ adj. [aʀʒɑ̃tik] (*argent*) **Chim.** Qui se compose d'argent, en parlant d'un composé chimique. *Une préparation argentique.*

ARGENTITE ou **ARGYRITE**, ■ n. f. [aʀʒɑ̃tit, aʀʒiʀit] (lat. *argentum*, argent ; gr. *arguros*, argent) **Minér.** Minerai d'argent à l'état naturel, de couleur grise. ■ Rem. On dit aussi *argyrose*.

ARGENTON, ■ n. m. [aʀʒɑ̃tɔ̃] Voy. ARGENTAN.

ARGENTURE ou **ARGENTAGE**, n. f. [aʀʒɑ̃taʒ, aʀʒɑ̃tyʀ] (*argenter*) Couche d'argent appliquée sur la superficie de quelques objets. ◆ Art de l'argenteur.

ARGIEN, IENNE, ■ adj. [aʀʒjɛ̃, jɛn] (*Argos*, région de la Grèce antique) Originaire d'Argos. *Des tribus argiennes.* ■ N. m. et n. f. *Un Argien, une Argienne.*

ARGILACÉ, ÉE, adj. [aʀʒilase] (lat. *argillaceus*, argileux) Qui a l'aspect ou la consistance de l'argile. ■ Rem. Graphie ancienne : *argillacé.*

ARGILE, n. f. [aʀʒil] (lat. *argilla*) Terre blanchâtre, douce au toucher, composée de silice et d'alumine ; on l'appelle communément glaise. *Poterie d'argile.* ◆ **Fig.** Les parties matérielles du corps. *Tous les hommes sont faits de la même argile.*

ARGILEUX, EUSE, adj. [aʀʒilø, øz] (lat. *argillosus*, riche en argile) Qui tient de l'argile. *Couche argileuse.*

ARGILIFÈRE, adj. [aʀʒilifɛʀ] (*argile* et *-fère*) Qui contient de l'argile.

ARGININE, ■ n. f. [aʀʒinin] (*argent*) Acide aminé naturel que l'on trouve dans les protéines et qui participe à la formation de l'urée.

ARGIOPE, ■ n. f. [aʀʒjɔp] (mot grec) Araignée commune, identifiable par son abdomen jaune et blanc orné de lignes noires ondulées ainsi que par ses pattes rayées de jaune et de noir, et tissant dans les hautes herbes ou les buissons une toile ronde qui contient de la soie.

ARGO, n. m. [aʀgo] (gr. *argô*, voir *argonaute*) Le navire des Argonautes. ♦ Constellation de l'hémisphère austral.

ARGON, ▪ n. m. [aʀgɔ̃] (gr. *argón*, inactif) **Chim.** Corps simple, gaz inerte et incolore, de symbole Ar, présent uniquement dans l'air à l'état naturel et employé dans certaines applications industrielles. *Le laser à argon est utilisé en chirurgie optique.*

ARGONAUTE, n. m. [aʀgonot] (gr. *Argonautês*, de *argô*, nom du navire des Argonautes, et *nautês*, matelot) Nom des héros grecs qui allèrent en Colchide, sur le navire nommé Argo, conquérir la toison d'or. ♦ **Hist. nat.** Genre de mollusques céphalopodes, dans lequel on distingue l' *argonaute argo.*

1 ARGOT, n. m. [aʀgo] (orig. incert.) Langage particulier aux vagabonds, aux mendiants, aux voleurs, et intelligible pour eux seuls. ♦ **Par extens.** Phraséologie particulière dont se servent entre eux les gens exerçant le même art et la même profession.

2 ARGOT, n. m. [aʀgo] (*ergot*) **Agric.** Partie du bois qui est au-dessus de l'œil.

ARGOTÉ, ÉE, p. p. d'argoter. [aʀgote]

1 ARGOTER, v. intr. [aʀgote] (2 *argot*) **Agric.** Couper la partie morte d'une branche.

2 ARGOTER, ▪ v. tr. [aʀgote] (1 *argot*) Modifier un mot pour le rendre argotique. *Argoter un mot.*

ARGOTIER, IÈRE, ▪ n. m. et n. f. [aʀgotje, jɛʀ] (1 *argot*) Personne qui connaît et parle un langage argotique. *Les chansons d'un argotier.*

ARGOTIQUE, adj. [aʀgotik] (1 *argot*) Qui tient de l'argot ; qui concerne l'argot.

ARGOTISER, v. intr. [aʀgotize] (1 *argot*) Parler argot.

ARGOTISME, ▪ n. m. [aʀgotism] (1 *argot*) Mot ou expression qui appartient à l'argot. *Mec est un argotisme du XIXᵉ siècle.*

ARGOTISTE, ▪ n. m. et n. f. [aʀgotist] (1 *argot*) Personne spécialisée dans l'étude de l'argot.

ARGOULET, n. m. [aʀgulɛ] (p.-ê. dimin. de *arc*, avec infl. de *argousin*) Soldat à cheval armé d'un arc, avant l'usage des arquebuses. ♦ **Par extens.** Homme de néant.

ARGOUSIER, n. m. [aʀguzje] (p.-ê. croisement de *arbousier* avec le dial. *argouié*, houx) Nom vulgaire de l'hippophaé rhamnoïde.

ARGOUSIN, n. m. [aʀguzɛ̃] (corrup. de l'esp. *alguacil*) Bas officier des bagnes chargé de la garde des forçats. ▪ **Par extens.** et fam. Policier. ▪ **Arg.** Contremaître.

ARGUE, n. f. [aʀg] (ital. *argano*, treuil, du b. lat. *arganum* pour *organum*, voir *organeau*) Machine de bois dont les tireurs d'or, d'argent, etc., se servent pour affermir la filière. *Tirer à l'argue*, passer par la filière.

ARGUÉ, ÉE ou **ARGÜÉ, ÉE**, p. p. d'arguer. [aʀgɥe] ou [aʀgye] *Pièce arguée de faux.*

1 ARGUER, v. tr. [aʀge] (*argue*) Passer un fil de métal par les trous de l'argue.

2 ARGUER ou **ARGÜER**, v. tr. [aʀgɥe] ou [aʀgye] (ital. *arguire*, du lat. *arguere*, montrer, prouver) Contredire, accuser. *Arguer une pièce de faux.* ♦ Tirer une conséquence. *Qu'arguez-vous de cela ?* ▪ Argumenter, prétexter. *Il l'a convaincu de participer en arguant que la solidarité était nécessaire. Il a argué qu'il avait manqué son train.* ▪ V. intr. Invoquer comme prétexte. *Il argua de son titre pour imposer son avis.* ▪ **Rem.** Ce verbe se conjugue *il argue, vous arguez, il arguera, vous arguiez* ; graphies anciennes : *il argüe, vous argüez, il argüera, vous argüiez.*

ARGUEUR ou **ARGÜEUR**, n. m. [aʀgɥœʀ] ou [aʀgyœʀ] (2 *arguer*) ▷ Personne qui argue. ◁

ARGUMENT, n. m. [aʀgymɑ̃] (lat. *argumentum*, de *arguere*, démontrer) Raisonnement par lequel on tire une conséquence d'une ou de deux propositions. ♦ *Argument en forme*, en rapport conforme aux règles de la logique. ♦ *Argument ad hominem*, Voy. AD HOMINEM. ♦ Conjecture, indice, preuve. *C'est là un argument en notre faveur.* ♦ Sommaire d'un ouvrage.

ARGUMENTAIRE, ▪ n. m. [aʀgymɑ̃tɛʀ] (*argument*) Ensemble d'arguments employés pour démontrer un fait, une opinion. ▪ Document destiné à un commercial et contenant la liste des arguments de vente.

ARGUMENTANT, ANTE, n. m. et n. f. [aʀgymɑ̃tɑ̃, ɑ̃t] (*argumenter*) ▷ Personne qui argumente dans un acte public contre le répondant. ◁

ARGUMENTATEUR, TRICE, n. m. et n. f. [aʀgymɑ̃tatœʀ, tʀis] (b. lat. *argumentator*) Personne qui argumente, qui se plaît à argumenter.

ARGUMENTATIF, IVE, ▪ adj. [aʀgymɑ̃tatif, iv] (*argumenter*) Qui a trait à l'argumentation. *Texte, vocabulaire argumentatif.*

ARGUMENTATION, n. f. [aʀgymɑ̃tasjɔ̃] (lat. *argumentatio*) Action, art d'argumenter. ▪ Ensemble d'arguments défendant la même thèse. *Une argumentation bien structurée.*

ARGUMENTÉ, ÉE, p. p. d'argumenter. [aʀgymɑ̃te]

ARGUMENTER, v. intr. [aʀgymɑ̃te] (lat. *argumentari*) Faire des arguments. ♦ *Argumenter d'une chose*, en tirer des conséquences. ♦ V. tr. *Argumenter quelqu'un*, lui adresser des arguments, disputer contre le répondant. ♦ S'argumenter, v. pr. « *Il n'y a qu'à mettre ses mains sur ses oreilles, et s'argumenter un peu [se faire une raison]* », J.-J. Rousseau.

ARGUMENTEUR, n. m. [aʀgymɑ̃tœʀ] (*argumenter*) Personne qui argumente. ▪ **Rem.** Auj., son usage est rare.

ARGUS, n. m. [aʀgys] (lat. *Argus*) Personnage auquel la Fable donnait cent yeux. ♦ **Fig.** et **fam.** *Avoir des yeux d'Argus*, être fort vigilant. ♦ Surveillant, espion. ♦ **Hist. nat.** Nom de plusieurs espèces d'animaux offrant des taches que l'on a comparées à des yeux. ▪ Publication donnant des informations dans un domaine spécialisé. *L'argus de l'immobilier.* ▪ *Coté à l'argus*, dont le prix figure dans l'argus de l'automobile.

ARGUTIE, n. f. [aʀgysi] (lat. *argutiæ*, vivacité, loquacité) Raisonnement sur des vétilles, subtilité.

ARGYRASPIDES, n. m. pl. [aʀʒiʀaspid] (gr. *arguraspides*, de *arguros*, argent, et *aspis*, bouclier) Nom d'un corps d'élite de l'armée d'Alexandre, dont les soldats portaient un bouclier argenté.

ARGYRISME, ▪ n. m. [aʀʒiʀism] (gr. *arguros*, argent) Intoxication due à l'usage de sels d'argent.

ARGYRITE, ▪ n. f. [aʀʒiʀit] Voy. ARGENTITE.

ARGYRONÈTE, ▪ n. f. [aʀʒiʀonɛt] (gr. *arguros*, argent, et *neô*, je file) Araignée aquatique, au corps gris et brun, qui tisse dans l'eau une cloche de soie permettant de retenir l'air qu'elle rapporte de la surface en l'accrochant aux poils de son abdomen.

ARGYROSE, ▪ n. f. [aʀʒiʀoz] Voy. ARGENTITE.

1 ARIA, n. m. [aʀja] (moy. fr. *haria caria*, grand tumulte, de l'anc. fr. *harier*, harceler) Terme populaire signifiant embarras. *Quel aria ! que d'arias !* ▪ **Rem.** Graphie ancienne : *haria.*

2 ARIA, ▪ n. f. [aʀja] (ital. *aria*, voir 2 *air*) **Mus.** Air chanté avec un accompagnement orchestral.

ARIANISME, n. m. [aʀjanism] (*arien*) Hérésie des ariens.

ARIDE, adj. [aʀid] (lat. *aridus*) Dépourvu d'humidité, stérile. ♦ **Fig.** *Esprit aride.* ▪ Difficile et sans agrément. *Sujet aride.*

ARIDITÉ, n. f. [aʀidite] (lat. *ariditas*) Caractère de ce qui est aride. *L'aridité de la terre.* ♦ Stérilité. *L'aridité de ces champs.* ♦ **Fig.** *L'aridité de l'esprit, de l'âme, d'un sujet.*

ARIEN, IENNE, n. m. et n. f. [aʀjɛ̃, jɛn] (b. lat. *Ariani*, du nom de l'hérésiarque *Arius*) Hérétique niant la consubstantialité du Fils avec le Père dans la Trinité. ♦ Adj. *Les Vandales étaient ariens.*

ARIETTE, n. f. [aʀjɛt] (ital. *arietta*, dimin. de *aria*) Air léger et court qui se chante avec paroles et accompagnement.

ARILLE, n. m. [aʀij] (lat. médiév. *arillus*, pépin de raisin) **Bot.** Excroissance cellulaire charnue ou velue issue du hile, qui enveloppe la graine de certaines plantes telles que le nénuphar, le saule ou l'if. *L'arille de fusain.*

ARIMER, v. tr. [aʀime] (*arrimer*) ▷ **Épingl.** Ajuster le poinçon sur l'enclume. ◁

ARIOSO, ▪ n. m. [aʀjozo] (ital. *arioso*, de *aria*) **Mus.** Air de chant théâtral de caractère dramatique qui relève à la fois du récitatif et de l'aria. *Des ariosos douloureux.*

ARISÉ, ÉE, p. p. d'ariser. [aʀize]

ARISER ou **ARRISER**, ▪ v. tr. [aʀize] (*à* et *ris*) **Mar.** Diminuer l'envergure d'une voile en se servant des ris.

ARISTARQUE, n. m. [aʀistark] (gr. *Aristarkhos*, nom propre) Grammairien grec dont le nom sert à désigner un critique éclairé et sévère.

ARISTÉ, ÉE, adj. [aʀiste] (lat. *arista*) **Bot.** Qui est muni d'un appendice en forme d'arête.

ARISTOCRATE, n. m. et n. f. [aʀistokrat] (*aristocratie*) Membre d'une aristocratie. ♦ Partisan de l'aristocratie. ♦ Adj. Qui a le caractère d'un aristocrate.

ARISTOCRATIE, n. f. [aʀistokrasi] (gr. *aristokrateia*, *aristos*, meilleur, et *kratein*, gouverner) Forme de gouvernement où le pouvoir appartient à une classe composée des personnes les plus considérables. ♦ **Par extens.** La classe noble. ♦ *L'aristocratie des talents*, les hommes éminents dans une société par leurs talents.

ARISTOCRATIQUE, adj. [aʀistokʀatik] (gr. *aristokratikos*) Qui appartient à l'aristocratie. *Gouvernement aristocratique.* ■ Qui possède les manières d'un aristocrate, distingué. *Un ton aristocratique.*

ARISTOCRATIQUEMENT, adv. [aʀistokʀatik(ə)mɑ̃] (*aristocratique*) D'une manière aristocratique.

ARISTOCRATISME, ■ n.m. [aʀistokʀatism] (*aristocratie*) Tendance politique qui accorde une suprématie à un groupe social considéré comme supérieur du point de vue de sa naissance, de sa fortune ou de son intelligence. *L'aristocratisme intellectuel.*

ARISTOLOCHE, n. f. [aʀistolɔʃ] (gr. *aristolokhia*) Plante grimpante, à larges feuilles.

ARISTOPHANESQUE, adj. [aʀistofanɛsk] (*Aristophane*) Qui a le caractère des comédies d'Aristophane, dans lesquelles règnent la fantaisie et la critique politique ou privée la plus hardie.

ARISTOTÉLICIEN, IENNE, adj. [aʀistotelisjɛ̃, jɛn] (*aristotélique*) Conforme à la doctrine d'Aristote. ♦ N. m. et n. f. Partisan de la doctrine d'Aristote.

ARISTOTÉLIQUE, adj. [aʀistotelik] (lat. *aristotelicus*, du nom lat. d'Aristote) Qui se rapporte à Aristote ou à sa philosophie.

ARISTOTÉLISER, v. intr. [aʀistotelize] (*aristotélisme*) ▷ Être partisan de la doctrine d'Aristote. ◁

ARISTOTÉLISME, n. m. [aʀistotelism] (lat. *Aristoteles*, nom lat. d'Aristote) Philosophie d'Aristote.

ARITHMÉTICIEN, IENNE, n. m. et n. f. [aʀitmetisjɛ̃, jɛn] (1 *arithmétique*) Personne qui sait, qui cultive l'arithmétique.

1 **ARITHMÉTIQUE**, n. f. [aʀitmetik] (lat. *arithmetica*, du gr. *arithmos*, nombre) Science des nombres ; art de calculer.

2 **ARITHMÉTIQUE**, adj. [aʀitmetik] (1 *arithmétique*) Qui est fondé sur l'arithmétique. *Rapport arithmétique de deux quantités*, différence entre deux quantités. *Proportion arithmétique*, égalité de deux rapports arithmétiques, par exemple : 7 est à 5 comme 10 est à 8. ♦ *Progression arithmétique*, celle où la différence entre deux termes consécutifs est constamment la même, par exemple : 2, 4, 6, 8, 10, etc.

ARITHMÉTIQUEMENT, adv. [aʀitmetik(ə)mɑ̃] (1 *arithmétique*) D'une manière arithmétique.

ARITHMOGRAPHIE, n. f. [aʀitmogʀafi] (gr. *arithmos*, nombre, et -*graphie*) Art d'écrire les nombres.

ARITHMOLOGIE, n. f. [aʀitmoloʒi] (gr. *arithmos*, nombre, et -*logie*) Science des nombres.

ARITHMOMANCIE, n. f. [aʀitmomɑ̃si] (gr. *arithmos*, nombre, et -*mancie*) Sorte de divination dans laquelle on prétend connaître l'avenir par les nombres.

ARKOSE, ■ n. f. [aʀkoz] (orig. incert.) Grès détritique qui contient du feldspath et du quartz et qui provient de la cimentation d'une roche granitique. *L'arkose est utilisée comme pierre de pavage.*

ARLEQUIN, n. m. [aʀləkɛ̃] (ital. *arlecchino*, du nom d'un pers. de théâtre) Personnage de la comédie italienne, dont le costume est fait de pièces de toutes couleurs. ♦ **Par extens.** *Un habit d'arlequin*, un tout formé de parties disparates. ♦ **Fam.** *C'est un arlequin*, se dit d'un homme qui n'a pas de principes arrêtés, qui change d'opinion à tout moment. ♦ **Pop.** Débris de repas, et surtout débris de viandes. ♦ **Zool.** Se dit de plusieurs animaux remarquables par la bigarrure de leurs couleurs.

ARLEQUINADE, n. f. [aʀləkinad] (*arlequin*) Bouffonnerie d'arlequin. ♦ **Par extens.** Action ridicule, inconséquence choquante. ♦ Pièce de théâtre où Arlequin joue le principal rôle. ♦ **Fig.** Toute composition ridicule.

ARLÉSIEN, IENNE, ■ adj. [aʀlezjɛ̃, jɛn] (*Arles*, ville du sud de la France) Originaire de la ville d'Arles. ■ N. m. et n. f. *Un Arlésien, une Arlésienne.* ■ **Fam.** *Jouer l'Arlésienne*, ne jamais se montrer (par réf. à l'opéra de Bizet, *l'Arlésienne*, dans lequel ce personnage n'apparaît jamais sur scène).

ARMADA, n. f. [aʀmada] (esp. *armada*, armée navale) Grande flotte que le roi d'Espagne Philippe II, au XVIᵉ siècle, envoya contre l'Angleterre, et qui fut battue. ■ **Par extens.** Toute grande flotte, surtout avec l'idée qu'elle sera détruite. ■ **Fam.** Groupe important de personnes, de choses. *Une armada de bagages.*

1 **ARMADILLE**, n. f. [aʀmadij] (esp. *armadilla*, de *armada*) Flotte qu'entretenait le roi d'Espagne pour fermer aux étrangers l'accès de ses possessions dans le Nouveau Monde.

2 **ARMADILLE**, n. m. [aʀmadij] (hisp.-amér. *armadillo*, dimin. de *armado*, armé) Crustacé peu différent du cloporte.

ARMAGNAC, ■ n. m. [aʀmaɲak] ou [aʀmanjak] (*Armagnac*, ville d'Aquitaine) Eau-de-vie renommée obtenue à partir de certains vins blancs de la région d'Armagnac.

ARMAILLI, ■ n. m. [aʀmaji] (anc. fr. *armaille*, gros bétail, du lat. *armentalis*) **Région.** Vacher, en particulier dans les alpages.

ARMATEUR, n. m. [aʀmatœʀ] (lat. *armator*) Personne qui arme et équipe à ses frais un ou plusieurs navires pour le commerce ou pour la course. ♦ Capitaine d'un navire armé en course. ♦ Vaisseau armé pour la course.

ARMATURE, n. f. [aʀmatyʀ] (lat. *armatura*, armure) Assemblage de pièces ou de liens de métal pour soutenir ou contenir un ouvrage de maçonnerie, de charpenterie, etc. ♦ **Phys.** Plaque métallique qui fait partie de condensateurs électriques et notamment de la bouteille de Leyde. ♦ **Mus.** Réunion des dièses ou des bémols qui se trouvent à la clé, et qui caractérisent le ton et le mode. ■ Partie rigide située sous le bonnet de certains soutiens-gorge et permettant de mieux maintenir la poitrine. *Un soutien-gorge à armatures.* ■ **Fig.** Structure de base qui soutient un ensemble.

ARME, n. f. [aʀm] (lat. *arma*) Instrument d'attaque ou de défense. *Arme offensive, défensive.* ♦ Anciennement, *homme d'armes*, cavalier armé de toutes pièces. ♦ *Place d'armes*, lieu où l'on exerce les soldats, dans une ville forte. ♦ *Salle d'armes*, lieu où les armes sont déposées. ♦ *Port d'armes*, position du soldat qui porte les armes. ♦ *Port d'armes*, licence qu'on paye pour avoir droit de chasse. ♦ *Porter les armes*, *présenter les armes*, c'est-à-dire exécuter certains maniements de l'arme. ♦ Ordinairement au pluriel. Les armes différentes de l'infanterie et de la cavalerie. *Mourir les armes à la main.* ♦ *Porter les armes*, faire la guerre. ♦ *Prendre les armes*, s'armer pour l'attaque ou pour la défense. ♦ *Aux armes !* cri d'attaque, appel aux armes. ♦ *Poser les armes*, mettre les armes bas, se rendre, faire la paix. ♦ *Rendre les armes*, remettre ses armes au vainqueur, et fig. s'avouer vaincu. ♦ *Faire tomber les armes des mains de quelqu'un*, le fléchir, l'apaiser. ♦ *Être sous les armes, en armes*, être tout disposé à un service militaire, à une expédition, et fig. être préparé à une chose. ♦ *Faire passer par les armes*, faire fusiller. ♦ *Les armes célestes*, la foudre, l'ouragan, etc. ♦ *Armes*, guerre, combat, entreprise militaire, exploits, troupes. *Affermir l'État par les armes. Par la gloire de ses armes.* ♦ *Suspension d'armes*, cessation momentanée des hostilités entre deux armées, deux nations. ■ *Faire ses premières armes*, faire sa première campagne. ♦ *Un fait d'armes*, un trait de bravoure. ♦ *Les armes sont journalières*, on est tantôt vainqueur, tantôt vaincu ; et fig. tantôt on réussit et tantôt on échoue. ♦ *Arme*, chacune des différentes espèces de troupes qui composent une armée. *L'arme de la cavalerie.* ♦ *Armes*, au pl. Armure. *Revêtir ses armes.* ♦ *Armes*, au pl. Escrime *Salle d'armes. Maître d'armes.* ♦ **Hist. nat.** *Arme*, nom collectif de tous les moyens de défense des végétaux et des animaux. ♦ **Fig.** Moyen d'attaque ou de défense. *Les armes de la prudence, de l'éloquence.* ♦ *Faire arme de tout*, se servir de toute espèce de moyens. ♦ **Hérald.** Signes héraldiques, armoiries. *Les armes de France.* ♦ *Arme à feu*, qui fonctionne par déflagration. ■ *Arme blanche*, arme que l'on tient à la main et qui se compose d'une partie en métal. *Le poignard est une arme blanche.* ♦ *Arme de poing*, arme de main. ■ *Faire ses premières armes*, sa première expérience. ■ **Fam.** *Passer l'arme à gauche*, mourir.

ARMÉ, ÉE, p. p. d'armer. [aʀme] Pourvu d'armes. *Hommes armés.* ♦ **Fam.** *Être armé jusqu'aux dents*, être pourvu de toutes les armes nécessaires à l'attaque ou à la défense. ♦ *À main armée*, avec la force des armes. ♦ **Fig.** *Armé d'audace.* ♦ Garni, pourvu de. *L'épi est armé de piquants.* ♦ Équipé, gréé. *Vaisseau armé en guerre.* ♦ **Hérald.** *Armé* s'emploie pour les ongles, les cornes, les dents, les griffes, etc., des bêtes et des oiseaux de proie.

ARMÉE, n. f. [aʀme] (*armer*) Corps de troupes prêtes à faire la guerre. ♦ *Le Dieu des armées*, Dieu dans l'Écriture et dans le style de la chaire. ♦ L'ensemble des troupes régulières d'un État. *Armée permanente. Mettre l'armée sur le pied de guerre.* ■ *Une armée de*, une grande quantité de.

ARMELINE, n. f. [aʀmelin] (lat. vulg. *armelinus*, dimin. de *armenius*, hermine) Peau très fine et fort blanche, qui appartient à l'hermine.

ARMEMENT, n. m. [aʀməmɑ̃] (*armer*) Action de pourvoir des armes nécessaires pour l'attaque ou la défense. ♦ Ensemble des objets qui servent à armer. *Armement d'une place, d'une troupe.* ♦ Préparatifs de guerre. *Faire un armement formidable.* ♦ **Mar.** Action d'équiper un vaisseau et de le mettre en état de prendre la mer. ♦ **Archit.** Ardoises placées sur les murs pour les garantir de la pluie.

ARMÉNIEN, IENNE, ■ adj. [aʀmenjɛ̃, jɛn] (*Arménie*) Propre à l'Arménie. *L'architecture arménienne.* ■ N. m. et n. f. Personne qui est née ou qui vit en Arménie. *Les Arméniens.* ■ N. m. Langue parlée en Arménie. *L'arménien appartient à la famille des langues indo-européennes.*

ARMER, v. tr. [aʀme] (lat. *armare*) Munir d'armes. *Armer des soldats.* ♦ ▷ *Armer quelqu'un chevalier*, le recevoir dans l'ordre de la chevalerie. ◁ ♦ *Armer une place*, garnir ses remparts de canons. ♦ *Armer une batterie*, y établir le nombre de canons nécessaires. ♦ Faire une armée ; mettre dans l'armée.

Les Romains ont quelquefois armé des esclaves. ♦ **Absol.** *Les circonstances devenant menaçantes, la France arma.* ♦ Exciter à prendre les armes, soulever, irriter. « *Ma mère en sa faveur arma la Grèce entière* », RACINE. ♦ Fortifier, munir. « *Il faut d'un noble orgueil armer votre courage* », RACINE. ♦ *Armer un fusil, un pistolet,* tendre le ressort qui fait partir le coup. ■ **Mus.** *Armer la clé,* indiquer le ton par un certain nombre de dièses et de bémols. ♦ Garnir, munir. *Armer une poutre de bandes de fer. Armer un arbre,* l'entourer d'épines. ♦ *Armer un bâtiment,* l'équiper. ♦ S'armer, v. pr. Se munir d'armes. ♦ *Prendre les armes.* « *Il s'arma contre sa patrie* », FÉNELON. ♦ **Fig.** *S'armer de constance, de courage,* etc. ■ V. tr. **Fig.** Fournir à quelqu'un les moyens de faire face à une situation, de surmonter un problème. *Sa culture générale l'a armé pour gagner le jeu.*

ARMET, n. m. [aʀmɛ] (dimin. d'*arme,* avec influ. de l'ital. *elmetto*) Armure de tête. « *Un Guesclin, un Clisson, un Foix, un Boucicaut, qui tous ont porté l'armet et endossé la cuirasse* », LA BRUYÈRE.

ARMEUR, n. m. [aʀmœʀ] (*armer*) **Nord** et **Belg.** Personne qui place l'éperon sur les coqs de combat.

ARMEUSE, n. f. [aʀmøz] (*armer*) Machine destinée à entourer les câbles électriques de leur enveloppe de protection.

1 **ARMILLAIRE,** adj. [aʀmilɛʀ] (lat. *armillarius,* de *armilla,* anneau de fer) Usité seulement dans la *sphère armillaire,* instrument de cosmographie, représentant le monde tel que les anciens le concevaient, à savoir la Terre au centre.

2 **ARMILLAIRE,** ■ n. f. [aʀmilɛʀ] (1 *armillaire*) Champignon parasite qui se développe dans le tronc ou sur la racine des arbres fruitiers et forestiers.

ARMILLES, n. f. pl. [aʀmij] (lat. *armilla,* bracelet) ▷ Petites moulures qui entourent le chapiteau dorique. ◁ ■ Cercles reproduisant sur un globe terrestre les méridiens, l'équateur, etc.

ARMINIANISME, ■ n. m. [aʀminjanism] (*arminien*) Doctrine de théologie libérale fondée par Arminius qui nie la prédestination et la souveraineté absolue de Dieu et revendique l'autonomie des actes et des pensées de l'homme vis-à-vis de Dieu.

ARMINIEN, IENNE, ■ adj. [aʀminjɛ̃, jɛn] (*Arminius,* pseudo. d'un docteur protestant) Relatif à l'arminianisme. *Une pensée arminienne.* ■ N. m. et n. f. Partisan de l'arminianisme.

ARMISTICE, n. m. [aʀmistis] (lat. médiév. *arma,* arme, et *statio,* immobilité) Suspension d'armes.

ARMOIRE, n. f. [aʀmwaʀ] (lat. *armarium*) Grand meuble garni de tablettes, fermé par une ou deux portes, et destiné le plus souvent à contenir les hardes ou le linge. ■ **Fam.** *Une armoire à glace,* un homme grand et fort.

ARMOIRIES, n. f. pl. [aʀmwaʀi] (anc. fr. *armoier,* armorier) **Hérald.** Armes, signes symboliques qui distinguent les personnes, les familles, les peuples, les villes, etc.

ARMOISE, n. f. [aʀmwaz] (lat. *artemisia,* herbe d'Artémis) Plante de la famille des synanthérées, tonique et vermifuge.

ARMOISIN, n. m. [aʀmwazɛ̃] (ital. *ermisino*) ▷ Taffetas léger et peu lustré. On l'appelle aussi *armoise.* ◁

ARMON, n. m. [aʀmɔ̃] (néerl. *arm,* bras) Pièce du train d'un carrosse où s'attache le gros bout du timon.

ARMORIAL, IALE, adj. [aʀmɔʀjal] (anc. fr. *armoier,* d'apr. *armoiries*) Qui traite d'armoiries, et qui contient les armes de quelques personnes. *Le Mercure armorial.* ♦ **N. m.** Livre contenant les armoiries de la noblesse d'un pays. *Les armoriaux de ces deux provinces.*

ARMORICAIN, AINE, ■ adj. [aʀmɔʀikɛ̃, ɛn] (b. lat. *armoricanus*) Propre à l'Armorique. *Un village armoricain.* ■ N. m. et n. f. Personne qui est née ou qui habite en Armorique. ■ *Massif armoricain,* région géologique située dans l'ouest de la France et qui s'étend sur la Bretagne, la Vendée et la Normandie occidentale. ♦ *À l'armoricaine,* préparé à l'américaine, avec du vin blanc, des tomates et des épices. *Un homard à l'armoricaine.*

ARMORIÉ, ÉE, p. p. d'armorier. [aʀmɔʀje] *Un écu armorié.*

ARMORIER, v. tr. [aʀmɔʀje] (anc. fr. *armoier,* d'apr. *armoiries*) Peindre ou appliquer des armoiries sur quelque chose. *Armorier sa vaisselle.*

ARMORISTE, n. m. [aʀmɔʀist] (*armoiries*) Personne qui fait des armoiries, qui sait et enseigne le blason.

ARMURE, n. f. [aʀmyʀ] (lat. *armatura*) L'ensemble des armes, et surtout des armes défensives qui couvrent le corps. ♦ **Phys.** Assemblage de lames de fer doux qu'on associe aux aimants naturels. ♦ Toute pièce de fer qui sert à la conservation ou aux usages d'une charpente, d'une machine, etc. ■ **Fig.** Manière de se protéger, carapace. *Une armure d'orgueil.* ■ **Mus.** Armature.

ARMURERIE, n. f. [aʀmyʀ(ə)ʀi] (*armure*) Profession d'armurier ; forge, boutique d'armurier.

ARMURIER, n. m. [aʀmyʀje] (*armure*) Personne qui fabrique et qui vend des armes. ■ **Milit.** Personne dont la fonction consiste à entretenir des armes. ■ REM. On disait autrefois *arquebusier.*

ARN, ■ n. m. [aɛʀɛn] (sigle de *acide ribonucléique*) Acide ribonucléique qui intervient dans la synthèse des protéines. *L'ARN et l'ADN.*

ARNAQUE, ■ n. f. [aʀnak] (*arnaquer*) **Fam.** Escroquerie, tromperie. *Faire, monter une arnaque.*

ARNAQUER, ■ v. tr. [aʀnake] (p.-ê. du pic. *harnacher,* accoutrer, travestir) **Fam.** Escroquer, tromper. *Ils se sont fait arnaquer.*

ARNAQUEUR, EUSE, ■ adj. [aʀnakœʀ, øz] (*arnaquer*) **Fam.** Qui pratique l'escroquerie. ■ N. m. et n. f. *Un arnaqueur, une arnaqueuse. Ce bijoutier est un arnaqueur ; les pierres de ses bagues sont fausses.*

ARNICA, ■ n. f. [aʀnika] (lat. bot. *arnica,* prob. altér. du gr. *ptarmikê,* ptarmique) **Bot.** Plante vivace des régions montagneuses, à fleurs jaunes, très toxique, et qui possède des propriétés stimulantes. ■ Principe actif extrait de cette plante et utilisé contre les contusions, les foulures. *Teinture d'arnica.* ■ Pommade apaisante à base d'arnica. ■ REM. On disait autrefois *arnique.*

AROBASE, ■ n. f. [aʀobaz] (esp. *arroba,* unité de mesure) Caractère typographique (@) employé comme séparateur entre le nom d'utilisateur et le nom de domaine dans les adresses électroniques. ■ REM. On dit aussi *arrobe,* selon les recommandations officielles.

AROBE, ■ n. f. [aʀɔb] Voy. ARROBE.

AROLE ou **AROLLE,** ■ n. m. [aʀɔl] (gallo-rom. *areilla*) Espèce de conifère distribué dans la région alpine. *L'arole est le nom courant du pin cembro.*

AROMATE, n. m. [aʀomat] (lat. *aromata,* épice, aromate) Toute substance qui, provenant du règne végétal, exhale une odeur pénétrante et agréable.

AROMATHÉRAPIE, ■ n. f. [aʀomateʀapi] (*aromatique* et *thérapie*) Méthode de la phytothérapie qui utilise les bienfaits des huiles essentielles. *Un soin d'aromathérapie.*

AROMATICIEN, IENNE, ■ n. m. et n. f. [aʀomatisjɛ̃, jɛn] (*aromatique*) Spécialiste chargé de mélanger des substances aromatiques afin d'attribuer une odeur ou un goût spécial à un produit. *Un aromaticien parfumeur.*

1 **AROMATIQUE,** adj. [aʀomatik] (b. lat. *aromaticus*) Qui est de la nature des aromates ; d'une odeur agréable.

2 **AROMATIQUE,** ■ n. m. [aʀomatik] (1 *aromatique*) **Chim.** Molécule organique stable dérivée du benzène. ■ Adj. *Les substances aromatiques.*

AROMATISANT, ANTE, ■ adj. [aʀomatizɑ̃, ɑ̃t] (*aromatiser*) Qu'on utilise pour aromatiser. *Une substance aromatisante.* ■ N. m. Substance aromatique.

AROMATISATION, n. f. [aʀomatizasjɔ̃] (*aromatiser*) Action d'aromatiser. ■ **Chim.** Réaction engendrant par déshydrogénation la transformation d'un hydrocarbure en aromatique.

AROMATISÉ, ÉE, p. p. d'aromatiser. [aʀomatize] *Tisane aromatisée.*

AROMATISER, v. tr. [aʀomatize] (b. lat. *aromatizare*) Mêler une substance aromatique à une potion, à un aliment.

ARÔME ou **AROME,** n. m. [aʀom] (lat. *aroma,* épice, aromate) Principe odorant agréable de certaines substances végétales.

ARONDE, n. f. [aʀɔ̃d] (lat. *hirundo,* hirondelle) Ancien nom de l'hirondelle. ♦ *À queue d'aronde,* se dit d'une pièce de bois taillée par un bout en forme de queue d'hirondelle, et qu'on assemble avec une autre par le moyen d'une entaille de la même forme. ♦ **Hist. nat.** *Aronde aux perles, aronde perlière,* dite aujourd'hui avicule aux perles, celle qui contient les plus belles perles. ♦ Espèce de poisson volant.

ARPÈGE, n. m. [aʀpɛʒ] (ital. *arpeggio,* de *arpa,* harpe) Accord dont on fait entendre successivement et rapidement les divers sons, au lieu de les frapper tous à la fois. ■ REM. Graphies anciennes : *arpége, harpége.*

ARPÈGEMENT, n. m. [aʀpɛʒ(ə)mɑ̃] (*arpège*) ▷ L'action d'arpéger, et quelquefois l'arpège lui-même. ■ REM. Graphie ancienne : *arpégement.* ◁

ARPÉGER, v. intr. [aʀpeʒe] (*arpège*) Faire des arpèges. ■ V. tr. Jouer rapidement des notes les unes après les autres. *Arpéger un accord.* ■ REM. Graphie ancienne : *harpéger.*

1 **ARPENT,** n. m. [aʀpɑ̃] (lat. *arepennis,* mot d'origine celtique) Ancienne mesure agraire qui contenait cent perches carrées, et variait selon les pays.

2 **ARPENT,** n. m. [aʀpɑ̃] (var. de *arpon*) **Mar.** Large et longue scie qu'utilisent les charpentiers sur les chantiers.

ARPENTAGE, n. m. [aʀpɑ̃taʒ] (*arpenter*) Mesurage des terres par arpents et subséquemment par toute mesure agraire. ♦ L'art de l'arpenteur.

ARPENTÉ, ÉE, p. p. d'arpenter. [aʀpɑ̃te]

ARPENTER, v. tr. [aʀpɑ̃te] (1 *arpent*) Mesurer la superficie des terres par arpents et subséquemment par toute autre mesure agraire. *On arpente aujourd'hui par hectares.* ♦ **Fig.** et **fam.** Aller et venir à grands pas dans un espace. *Arpenter tout Paris.*

ARPENTEUR, n. m. [aʀpɑ̃tœʀ] (*arpenter*) Personne dont la profession est d'arpenter, de mesurer les terres. ♦ **Zool.** Nom vulgaire du grand pluvier.

ARPENTEUSE, adj. et n. f. [aʀpɑ̃tøz] (*arpenter*) *Chenille arpenteuse* ou ab-sol. *arpenteuse*, espèce de chenille.

ARPÈTE ou **ARPETTE**, ■ n. m. et n. f. [aʀpɛt] (prob. de l'all. *arbeiter*, ou-vrier, travailleur) **Fam.** et **vx** Apprenti. *Initier une arpète au métier de coutu-rière.*

ARPION, ■ n. m. [aʀpjɔ̃] (provenç. mod. *arpi[h]oun*, petite griffe) **Arg.** Pied. *Il me casse les arpions !* ■ **Rem.** Le plus souvent au pluriel. ■ **Par méton.** Orteil.

ARPON, n. m. [aʀpɔ̃] (*harpon*, croc) **Mar.** Large et longue scie fort en usage dans les chantiers.

ARQUÉ, ÉE, p. p. d'arquer. [aʀke] Courbé en arc. *Poutre arquée.* ♦ *Cheval arqué*, cheval qui fléchit les genoux dans le repos.

ARQUEBUSADE, n. f. [aʀkəbyzad] (*arquebuse*) Coup d'arquebuse. ♦ *Eau d'arquebusade*, infusion ou macération de plantes vulnéraires, fort usitée dans le peuple.

ARQUEBUSE, n. f. [aʀkəbyz] (all. *haken*, crochet, et *büchse*, arme à feu, du lat. *buxis*, boîte) ▷ Ancienne arme à feu, qu'on faisait partir à l'aide d'une mèche ou d'un rouet se bandant avec une clé. ♦ *Arquebuse à croc*, grosse arquebuse que l'on appuyait sur un croc pour tirer. ♦ *Jeu de l'arquebuse*, exercice de tir ; lieu où se réunissent les arquebusiers. ◁

ARQUEBUSÉ, ÉE, p. p. d'arquebuser. [aʀkəbyze]

ARQUEBUSER, v. tr. [aʀkəbyze] (*arquebuse*) ▷ Tuer à coups d'arque-buse. ◁

ARQUEBUSERIE, n. f. [aʀkəbyz(ə)ʀi] (*arquebuse*) ▷ Métier de celui qui fait des armes à feu portatives.

ARQUEBUSIER, n. m. [aʀkəbyzje] (*arquebuse*) ▷ Soldat qui était armé d'une arquebuse. ♦ Bourgeois qui fait partie de la compagnie formée pour l'exercice du tir de l'arquebuse. ♦ Personne qui fait des armes à feu. On dit maintenant *armurier*. ◁

ARQUER, v. tr. [aʀke] (lat. *arcuare*) Courber en arc. ♦ **V. intr.** Fléchir, deve-nir courbe. ♦ *S'arquer*, v. pr. Se courber en arc.

ARRACHAGE, n. m. [aʀaʃaʒ] (*arracher*) Action de déplanter un arbre. ■ Action d'arracher des racines. *Arrachage des mauvaises herbes.*

1 **ARRACHÉ, ÉE**, p. p. d'arracher. [aʀaʃe] Tiré de terre avec la racine, et par extens. ôté, enlevé. ♦ Séparé, éloigné. *Arraché de sa patrie.* ♦ Enlevé. *Arraché au danger.* ♦ Obtenu avec peine. *Aveu arraché par les tortures.*

2 **ARRACHÉ**, ■ n. m. [aʀaʃe] (1 *arraché*) Mouvement d'haltérophilie qui consiste à soulever d'un seul effort la barre au-dessus de la tête en ayant le ou les bras tendus. ♦ *À l'arraché*, avec un effort intense, de justesse. *Il a gagné la course à l'arraché.* ■ **Rem.** On dit aussi auj. familièrement *à l'arrache.*

ARRACHE-CLOU, ■ n. m. [aʀaʃ(ə)klu] (*arracher* et *clou*) Outil qui permet d'arracher des clous. *Des arrache-clous.*

ARRACHEMENT, n. m. [aʀaʃ(ə)mɑ̃] (*arracher*) Action d'arracher. ■ **Ma-çon.** *Arrachement* s'entend des pierres qu'on arrache, et de celles qu'on laisse alternativement pour faire liaison avec un mur qu'on veut joindre à un autre. ♦ **Au pl.** *Les arrachements d'une voûte*, les premières pierres engagées dans le mur, et qui commencent le cintre d'une voûte. ■ **Fig.** Douleur morale provoquée par une rupture brutale, déchirement. *Se séparer de ses enfants est pour elle un arrachement.* ■ Léger glissement de terrain.

ARRACHE-MOYEU, ■ n. m. [aʀaʃ(ə)mwajø] (*arracher* et *moyeu*) Appareil permettant d'extraire une roue. *Des arrache-moyeux.*

ARRACHE-PIED (D') ou **ARRACHEPIED (D')**, loc. adv. [aʀaʃ(ə)pje] (*arra-cher* et *pied*) Sans interruption, sans discontinuer, avec l'idée d'un travail pénible.

ARRACHER, v. tr. [aʀaʃe] (lat. *eradicare*, déraciner) Enlever de terre avec les racines, et par extens. ôter ou enlever quelque chose qui adhère. ♦ **Fig.** et **fam.** *Je lui ai arraché une dent*, en parlant d'un avare à qui on a sou-tiré de l'argent. ♦ Employer un effort, la violence pour ôter, pour faire lâcher, faire quitter, faire sortir, au propre et au figuré. *On lui arracha le poignard des mains. Arracher la victoire à l'ennemi.* ♦ Tirer quelque chose de quelqu'un, obtenir avec peine. *Arracher de l'argent à quelqu'un. Arra-cher les réponses une à une.* ♦ Détourner de ; faire échapper à. *La vieillesse m'arrache aux affaires. Arracher à la mort.* ♦ *S'arracher, arracher à soi. Il s'arrachait les cheveux.* ♦ **Fam.** *S'arracher les yeux*, se disputer avec violence.

♦ **Fig.** *S'arracher une épine du pied*, se délivrer d'un embarras. ♦ **Fam.** *On se l'arrache*, se dit d'une chose ou d'une personne très recherchée. ♦ Gravure, enlever de dessus le cuivre des parties déjà gravées qu'on veut corriger. ♦ *S'arracher*, v. pr. S'éloigner, se détacher difficilement, avec peine. *Je ne puis m'arracher à mes livres. « J'ai résolu de m'arracher de Paris »*, Voiture. ♦ **Fig.** Se soustraire. *S'arracher au sommeil.* ■ **Fig.** et **fam.** *S'arracher les cheveux*, être à bout, désespéré à cause de quelque chose, de quelqu'un.

ARRACHE-RACINE, ■ n. m. [aʀaʃ(ə)ʀasin] (*arracher* et *racine*) Outil per-mettant d'arracher des racines. *Des arrache-racines.*

ARRACHEUR, EUSE, n. m. et n. f. [aʀaʃœʀ, øz] (*arracher*) Personne qui ar-rache. *Un arracheur de dents.* ♦ **Fam.** *Mentir comme un arracheur de dents*, mentir avec effronterie. ♦ **Agric.** *Arracheur de pommes de terre*, instrument d'agriculture.

ARRACHIS, n. m. [aʀaʃi] (*arracher*) Jardinage, plant arraché. ♦ Enlèvement frauduleux du plant des arbres.

ARRACHOIR, n. m. [aʀaʃwaʀ] (*arracher*) Instrument de forme variable propre à arracher les racines des arbres.

ARRAISONNÉ, ÉE, p. p. d'arraisonner. [aʀɛzɔne] *Arraisonné par ses amis.* ♦ Il est vieux.

ARRAISONNER, v. tr. [aʀɛzɔne] (b. lat. *adrationare*) Chercher à persuader par des raisons. ♦ Vieux en ce sens. ♦ Marine et police sanitaire. S'infor-mer d'où vient un vaisseau et où il va. ■ Contrôler un avion durant son vol, en vérifier la propreté, le chargement, l'équipage, etc. ■ **ARRAISONNEMENT**, n. m. [aʀɛzɔn(ə)mɑ̃]

ARRANGÉ, ÉE, p. p. d'arranger. [aʀɑ̃ʒe] Mis dans un ordre convenable. ♦ **Fam.** et **ironiq.** Qui est dans un mauvais état. *Vous voilà bien arrangé !* ♦ Apprêté, affecté. *Cet homme a toujours un air arrangé.* ♦ Réparé. *Une montre arrangée par l'horloger.* ♦ Rangé, en parlant des hommes. « *Un père de famille, un homme arrangé* », Buffon. ♦ On dit maintenant *rangé* en ce sens. ♦ Terminé à l'amiable, accommodé. *Duel arrangé.* ♦ Convenu. *Une partie arrangée pour le lendemain.*

ARRANGEABLE, ■ adj. [aʀɑ̃ʒabl] (*arranger*) Qui peut être arrangé. *Un dif-férend arrangeable.*

ARRANGEANT, ANTE, adj. [aʀɑ̃ʒɑ̃, ɑ̃t] (*arranger*) Qui arrange, qui n'est pas difficultueux. *Un homme, un marchand arrangeant.*

ARRANGEMENT, n. m. [aʀɑ̃ʒ(ə)mɑ̃] (*arranger*) Action d'arranger. ♦ Dis-position, ordre dans lequel on place les choses. *L'arrangement des mots.* ▷ Ordre dans la dépense. *Cet homme manque d'arrangement.* ◁ ♦ Mesures prises pour arranger ses affaires ; mode de paiement. *Prendre des arrange-ments avec ses créanciers.* ♦ Mesures qu'on prend pour arriver à un but. « *Je viens de faire certains petits arrangements* », Mme de Sévigné. ♦ Conci-liation. *Faites un arrangement au lieu de plaider.* ♦ **Mus.** Disposition et presque toujours réduction d'une composition faite pour un ou plusieurs instruments, de manière qu'elle puisse être exécutée par un seul instrument ou par plusieurs instruments différents. ♦ **Alg.** Ordre dans lequel des lettres peuvent être placées l'une par rapport à l'autre.

ARRANGER, v. tr. [aʀɑ̃ʒe] (*a-* et *ranger*) Mettre en ordre, disposer, régler. *Arranger ses affaires, un voyage*, etc. ♦ Mettre d'accord. *Arranger un diffé-rend.* ♦ Convenir à, agréer. *Il n'est aucune loi qui arrange tout le monde.* ♦ Réparer un objet qui est en mauvais état. ♦ Orner, parer. ♦ Ironique-ment, maltraiter. ♦ **Mus.** Mettre à la portée d'un ou de plusieurs instru-ments ce qui a été composé pour un ou plusieurs instruments d'une na-ture différente. ♦ *S'arranger*, v. pr. Se placer en ordre, se coordonner. ♦ Se mettre dans une posture convenable pour faire quelque chose. ♦ Se pré-parer, prendre ses mesures pour. ♦ Être terminé à l'amiable, s'accorder, s'entendre. ♦ Se contenter de. *Je m'arrange de tout.*

ARRANGEUR, EUSE, n. m. et n. f. [aʀɑ̃ʒœʀ, øz] (*arranger*) Personne qui donne une forme déterminée à un canevas, à une ébauche, à une idée. ♦ **Mus.** Personne qui arrange une composition musicale pour un autre en-semble de voix ou d'instruments que la combinaison primitive.

ARRENTÉ, ÉE, p. p. d'arrenter. [aʀɑ̃te] ▷ *Domaines arrentés.* ◁

ARRENTEMENT, n. m. [aʀɑ̃t(ə)mɑ̃] (*arrenter*) ▷ Action de donner ou de prendre à rente. ◁

ARRENTER, v. tr. [aʀɑ̃te] (*a-* et *renter*) ▷ Donner ou prendre à rente. ◁

ARRÉRAGER, v. intr. [aʀeʀaʒe] (*arrérages*) S'arriérer, être en retard de paie-ment. *Il ne faut pas se laisser arrérager.*

ARRÉRAGES, n. m. pl. [aʀeʀaʒ] (*arrère*, anc. forme de *arrière*) Ce qui est échu d'un revenu, d'une rente, d'une redevance.

ARRESTATION, n. f. [aʀɛstasjɔ̃] (*arrêter*) Action d'arrêter une personne en vertu d'un ordre, d'un jugement. ♦ État de celui qui est arrêté.

ARRÊT, n. m. [aʀɛ] (*arrêter*) Action d'arrêter ; effet de cette action. *L'arrêt des affaires commerciales.* ♦ ▷ **Fig.** *Il n'a point d'arrêt ; c'est un esprit sans* *arrêt ;* c'est-à-dire c'est un homme léger, et sur lequel on ne peut pas compter. ◁ ♦ *Temps d'arrêt,* se dit de courts intervalles ou repos dans des mouvements qui doivent s'exécuter avec précision. ♦ **Par extens.** Interruption, suspension. ♦ Manège, action par laquelle le cavalier arrête son cheval, et celle par laquelle le cheval s'arrête. ♦ Chasse, action du chien qui arrête le gibier. *Votre chien est en arrêt.* ♦ ▷ Pièce du harnais où un chevalier appuyait sa lance. *Il mit la lance en arrêt.* ◁ ♦ **Fig.** *Être la lance en arrêt,* être sur le qui-vive. ♦ **Mus.** *Point d'arrêt,* point d'orgue. ♦ Petit ados qui coupe une allée plate en travers, pour empêcher que les eaux ne la dégradent. ♦ **Dr.** Saisie de la personne ou des biens. *On a fait arrêt sur sa personne et sur ses biens.* ♦ *Maison d'arrêt,* prison. ♦ **N. m. pl.** Punition, défense faite à un militaire de sortir. *Arrêts forcés,* défense absolue de sortir ; *arrêts simples,* défense de sortir aux heures où l'on n'est pas de service. ♦ Décision rendue par une cour souveraine. *Rendre un arrêt.* ♦ **Par extens.** Décision d'une puissance, d'une autorité quelconque. « *Bientôt ton juste arrêt te sera prononcé* », RACINE. ■ Station de transport en commun. *Descendre au prochain arrêt.* ■ *Arrêt du* (ou *de*) *travail,* suspension de l'activité pour les congés ou pour divers facteurs tels qu'un accident, une maternité, un licenciement, une grève, etc. ■ **Dr.** *Mandat d'arrêt,* ordre d'incarcérer quelqu'un. ■ **SANS ARRÊT,** loc. adv. Continuellement.

1 ARRÊTÉ, n. m. [aʀɛte] (*arrêter*) Résolution prise dans une assemblée délibérante. ♦ Décision de l'autorité administrative ou judiciaire. ♦ *Arrêté de compte,* règlement définitif d'un compte.

2 ARRÊTÉ, ÉE, p. p. d'arrêter. [aʀɛte] Empêché d'avancer, d'agir. ♦ Fixé sur. *Regards arrêtés sur.* ♦ Saisi, fait prisonnier. *Arrêté dans sa fuite.* ♦ Qu'on a fait cesser. ♦ Résolu, décidé. *Dessein arrêté.*

ARRÊTE-BŒUF, n. m. [aʀɛt(ə)bœf] (*arrêter* et *bœuf*) Nom vulgaire de l'ononis spinosa. ■ Au pl. *Des arrête-bœufs.*

ARRÊTER, v. tr. [aʀɛte] (lat. vulg. *arrestare,* de *ad* et *restare,* s'arrêter) Empêcher d'avancer, de marcher, retenir. ♦ Empêcher, arrêter dans l'action des personnes et des choses. *Chaque jour quelque chose m'arrête. Arrêter le feu ou l'incendie.* ♦ Maintenir, attacher, fixer. *Les objets légers sont arrêtés par des poids. Arrêter ses regards sur quelque chose.* ♦ Régler, déterminer, décider, résoudre. *Arrêter le prix du blé.* ♦ *Arrêter un compte,* le régler d'une manière définitive. *Arrêter un marché,* le conclure. ♦ En peinture ou composition littéraire, fixer les contours, les masses, les parties principales. *Arrêter une esquisse.* ♦ Saisir quelqu'un, le faire prisonnier. ♦ S'assurer par précaution de quelqu'un ou de quelque chose. *Arrêter un cuisinier.* ♦ Interrompre quelqu'un. *En cet endroit il arrêta l'orateur.* ♦ En chasse, *le chien a arrêté une compagnie de perdrix.* ♦ **Absol.** *Ce chien arrête mal.* ♦ Arrêter, exercer le vol sur les routes. *Des voleurs ont arrêté la diligence.* ♦ **Absol.** *On arrête sur cette route.* ♦ **Dr.** *Saisir-arrêter,* faire une saisie-arrêt ou opposition. ♦ **V. intr.** Cesser de marcher, faire halte. ♦ En parlant d'une voiture qu'on arrête. *En arrivant je fis arrêter à la grille.* ♦ Demeurer dans un lieu. ♦ Insister sur. ♦ Cesser de parler, d'agir. *Il n'arrête pas, il marche sans cesse, il travaille sans cesse.* ♦ **S'arrêter,** v. pr. Suspendre sa marche. ♦ Cesser d'aller. *Ma montre s'est arrêtée.* Demeurer, se fixer. « *Chez ces gens pour toujours il se fût arrêté* », LA FONTAINE. ♦ **Fig.** *Ses regards ne s'arrêtaient en aucun endroit.* ♦ **Fam.** *S'arrêter en beau chemin,* renoncer à une entreprise dont le succès paraît assuré. ♦ Perdre le temps, s'amuser. ♦ *S'arrêter à tous les coins de rue.* ♦ Interrompre un voyage. ♦ Cesser d'agir. ♦ Cesser de parler. ♦ Se fixer, se déterminer. *S'arrêter à une proposition.* ♦ Avoir de l'égard, faire attention. *Il s'arrêta à des apparences.* ♦ S'appesantir, insister. *Il s'arrêta longtemps sur les services qu'il vous a rendus.* ■ Faire un nœud après le dernier point d'un ouvrage de couture pour maintenir le fil. *Arrêter un point.*

ARRÊTISTE, n. m. et n. f. [aʀɛtist] (*arrêter*) Auteur qui a réuni et commenté les arrêts des cours souveraines.

ARRÊTOIR, ■ n. m. [aʀɛtwaʀ] (*arrêter*) Pièce permettant de limiter ou d'arrêter le mouvement d'une autre.

ARRHÉ, ÉE, p. p. d'arrher. [aʀe] ▷ *Une location arrhée.* ◁

ARRHEMENT ou **ENARRHEMENT,** n. m. [aʀ(ə)mã] (*arrher*) ▷ Action d'arrher. ◁

ARRHER, v. tr. [aʀe] (*arrhes*) ▷ Donner des arrhes pour s'assurer d'un achat, d'une location, etc. ◁

ARRHES, n. f. pl. [aʀ] (lat. *arr[h]a,* gages) Argent donné pour la garantie d'un marché. ♦ **Fig.** Gage.

ARRIÉRATION, ■ n. f. [aʀjeʀasjõ] (*arriérer*) Fait, pour une personne, d'être en retard dans son développement intellectuel, psychique ou affectif. « *Le moujik fasciné par la machine dévoreuse de troncs, c'était l'image même de l'arriération d'un peuple* », THOREZ. ■ État de ce qui est rétrograde, en retard. *L'arriération économique d'un pays.*

ARRIÉRÉ, ÉE, p. p. d'arriérer. [aʀjeʀe] Mis en retard. *Paiement arriéré.* ♦ *Province arriérée,* province où l'instruction est peu répandue. *Enfant arriéré,* enfant qui ne sait pas autant que les autres enfants du même âge. ♦

▷ *Il est bien arriéré,* sa tâche est loin d'être finie. ◁ ♦ **N. m.** Ce qui reste dû. *Payer l'arriéré.* ♦ Travail en retard. *J'ai beaucoup d'arriéré dans ma correspondance.* ■ **Adj.** Qui appartient à une époque révolue. *Mentalité arriérée.*

1 ARRIÈRE, adv. [aʀjɛʀ] (b. lat. *adretro,* de *ad* et *retro*) exprimant qu'on rejette loin, bien loin. *Arrière de moi, Satan !* ♦ **Mar.** *Vent arrière,* vent qui souffle droit dans la poupe. ♦ **N. m.** La partie postérieure d'une chose. *L'avant et l'arrière d'une charrette.* ♦ **Mar.** La moitié de la longueur d'un bâtiment, depuis le grand mât jusqu'à la poupe. ♦ **EN ARRIÈRE,** loc. adv. Marquant un mouvement vers le côté qui est derrière. *Il fit un pas en arrière.* ♦ Derrière et à une certaine distance. *Il est resté bien loin en arrière.* ♦ ▷ En retard. *Il ne s'est pas mis au courant de son travail, il est en arrière.* ◁ ♦ **EN ARRIÈRE,** loc. prép. Sur un plan plus reculé. ♦ ▷ Hors de la présence de quelqu'un. *Souvent on parle en arrière des gens autrement qu'en leur présence.* ◁ ♦ ▷ **Fig.** En retard. *Ce jeune homme est en arrière de ses camarades.* ◁ ■ **Adj. inv.** Qui se trouve à la partie postérieure. *Les sièges arrière d'une voiture.*

2 ARRIÈRE, ■ n. m. et n. f. [aʀjɛʀ] (1 *arrière*) **Sp.** Dans les sports d'équipe, joueur qui évolue près de la surface de son but et qui se charge principalement de sa défense.

ARRIÈRE-BAN, n. m. [aʀjɛʀ(ə)bã] (altér. de l'anc. fr. *herban,* service féodal, d'apr. *arrière,* de l'anc. b. frq. *hariban,* de *hari,* armée, et *ban*) Anciennement, *ban* et *arrière-ban* ou simplement *arrière-ban,* convocation que faisait le roi de sa noblesse, tant vassaux qu'arrière-vassaux, pour aller à la guerre. ♦ Au pl. *Des arrière-bans.*

ARRIÈRE-BEC, n. m. [aʀjɛʀ(ə)bɛk] (1 *arrière* et *bec*) **Archit.** L'éperon d'une pile de pont en aval. ♦ Au pl. *Des arrière-becs.*

ARRIÈRE-BOUCHE, n. f. [aʀjɛʀ(ə)buʃ] (1 *arrière* et *bouche*) Partie postérieure de la bouche. ♦ Au pl. *Des arrière-bouches.*

ARRIÈRE-BOUTIQUE, n. f. [aʀjɛʀ(ə)butik] (1 *arrière* et *boutique*) Pièce en arrière de la boutique. ♦ Au pl. *Des arrière-boutiques.*

ARRIÈRE-CABINET, n. m. [aʀjɛʀ(ə)kabinɛ] (1 *arrière* et *cabinet*) Cabinet placé en arrière. ♦ Au pl. *Des arrière-cabinets.*

ARRIÈRE-CERVEAU, ■ n. m. [aʀjɛʀ(ə)sɛʀvo] (1 *arrière* et *cerveau*) Partie postérieure de l'encéphale, dans le prolongement de la moelle épinière, qui comporte le bulbe rachidien, la protubérance annulaire et le cervelet. *Des arrière-cerveaux.*

ARRIÈRE-CHŒUR, ■ n. m. [aʀjɛʀ(ə)kœʀ] (1 *arrière* et *chœur*) Chœur qui se trouve derrière le maître-autel, isolé du reste de l'église et réservé uniquement aux religieux. *Des arrière-chœurs.*

ARRIÈRE-CORPS, n. m. [aʀjɛʀ(ə)kɔʀ] (1 *arrière* et *corps*) **Archit.** Partie verticale d'un bâtiment en retraite d'une autre. ♦ Toute partie de menuiserie faisant retraite sur une autre. ♦ Au pl. *Des arrière-corps.*

ARRIÈRE-COUR, n. f. [aʀjɛʀ(ə)kuʀ] (1 *arrière* et *cour*) Petite cour sur l'arrière d'un bâtiment. ♦ Au pl. *Des arrière-cours.*

ARRIÈRE-COUSIN, INE, ■ n. m. et n. f. [aʀjɛʀ(ə)kuzɛ̃, in] (1 *arrière* et *cousin*) Cousin éloigné d'un degré dans l'arbre généalogique. *Des arrière-cousins.*

ARRIÈRE-CUISINE, ■ n. f. [aʀjɛʀ(ə)kɥizin] (1 *arrière* et *cuisine*) Petite pièce de rangement située à l'arrière d'une cuisine, par extension d'une salle de café, de restaurant. *Des arrière-cuisines.*

ARRIÈRE-FAIX, ■ n. m. [aʀjɛʀ(ə)fɛ] (1 *arrière* et *faix*) Après un accouchement, ce qui demeure dans la matrice après que le fœtus a été expulsé, c'est-à-dire le placenta et les membranes. *Des arrière-faix.*

ARRIÈRE-FIEF, n. m. [aʀjɛʀ(ə)fjɛf] (1 *arrière* et *fief*) Fief mouvant d'un autre fief. ♦ Au pl. *Des arrière-fiefs.*

ARRIÈRE-FLEUR, n. f. [aʀjɛʀ(ə)flœʀ] (1 *arrière* et *fleur*) Seconde floraison. ♦ Au pl. *Des arrière-fleurs.*

ARRIÈRE-FOND, ■ n. m. [aʀjɛʀ(ə)fõ] (1 *arrière* et *fond*) Partie se situant le plus au fond. *L'arrière-fond d'une boutique.* ■ Ce qu'il y a de plus profond, de plus mystérieux. *Les arrière-fonds de la pensée.*

ARRIÈRE-GARANT, n. m. [aʀjɛʀ(ə)gaʀã] (1 *arrière* et *garant*) Garant du garant. ♦ Au pl. *Des arrière-garants.*

ARRIÈRE-GARDE, n. f. [aʀjɛʀ(ə)gaʀd] (1 *arrière* et *garde*) La partie d'une armée de terre qui ferme la marche. ♦ Au pl. *Des arrière-gardes.* ■ **D'ARRIÈRE-GARDE,** loc. prép. Qui n'est plus à la mode, qui est dépassé. *Il a des goûts et des idées d'arrière-garde.*

ARRIÈRE-GORGE, ■ n. f. [aʀjɛʀ(ə)gɔʀʒ] (1 *arrière* et *gorge*) Partie du pharynx située directement en deçà des amygdales. *Des arrière-gorges.*

ARRIÈRE-GOÛT ou **ARRIÈRE-GOUT,** ■ n. m. [aʀjɛʀ(ə)gu] (1 *arrière* et *goût*) Goût qui revient après certains aliments ou certaines boissons. ♦ Au pl. *Des arrière-goûts.* ■ **Fig.** Impression qui se dégage d'une situation. *Un arrière-goût de déjà vu.*

ARRIÈRE-GRAND-MÈRE, ■ n. f. [aʀjɛʀ(ə)gʀɑ̃mɛʀ] (1 *arrière* et *grand-mère*) Mère des grands-parents. *Des arrière-grands-mères.*

ARRIÈRE-GRAND-ONCLE, ■ n.m. [aʀjɛʀ(ə)gʀɑ̃tɔ̃kl] (1 *arrière* et *grand-oncle*) Frère des arrière-grands-parents. *Des arrière-grands-oncles.*

ARRIÈRE-GRAND-PÈRE, ■ n.m. [aʀjɛʀ(ə)gʀɑ̃pɛʀ] (1 *arrière* et *grand-père*) Père des grands-parents. *Des arrière-grands-pères.*

ARRIÈRE-GRANDS-PARENTS, ■ n.m. pl. [aʀjɛʀ(ə)gʀɑ̃paʀɑ̃] (1 *arrière* et *grands-parents*) Parents de la grand-mère ou du grand-père.

ARRIÈRE-GRAND-TANTE, ■ n.f. [aʀjɛʀ(ə)gʀɑ̃tɑ̃t] (1 *arrière* et *grand-mère*) Sœur des arrière-grands-parents. *Des arrière-grands-tantes.*

ARRIÈRE-MAIN, n.f. [aʀjɛʀ(ə)mɛ̃] (1 *arrière* et *main*) Le revers de la main. ◆ N.m. Au jeu de paume, coup de revers de la main. ◆ Au pl. *Des arrière-mains.* ■ Partie située à l'arrière du corps d'un animal, notamment du cheval.

ARRIÈRE-NEVEU, n.m. [aʀjɛʀ(ə)nəvø] (1 *arrière* et *neveu*) Le fils du neveu ou de la nièce par rapport à l'oncle ou à la tante. ◆ Au pl. *Arrière-neveux*, la postérité la plus reculée.

ARRIÈRE-NIÈCE, n.f. [aʀjɛʀ(ə)njɛs] (1 *arrière* et *nièce*) La fille du neveu ou de la nièce par rapport à l'oncle ou à la tante. ◆ Au pl. *Des arrière-nièces.*

ARRIÈRE-PAYS, ■ n.m. [aʀjɛʀ(ə)pei] (1 *arrière* et *pays*) Partie intérieure des terres d'une région, par opposition à sa zone littorale. *L'arrière-pays niçois.*

ARRIÈRE-PENSÉE, n.f. [aʀjɛʀ(ə)pɑ̃se] (1 *arrière* et *pensée*) Pensée qu'on tient en arrière, qu'on dissimule. ◆ Au pl. *Des arrière-pensées.*

ARRIÈRE-PETITE-NIÈCE, ■ n.f. [aʀjɛʀ(ə)pətit(ə)njɛs] (1 *arrière* et *petite-nièce*) Petite-fille d'un neveu ou d'une nièce. *Des arrière-petites-nièces.*

ARRIÈRE-PETIT-FILS n.m. ou **ARRIÈRE-PETITE-FILLE**, n.f. [aʀjɛʀ(ə)pətifis, aʀjɛʀ(ə)pətit(ə)fij] (1 *arrière* et *petit-fils* ou *petite-fille*) Le fils, la fille du petit-fils ou de la petite-fille. ◆ Au pl. *Des arrière-petits-fils, des arrière-petites-filles.*

ARRIÈRE-PETIT-NEVEU, ■ n.m. [aʀjɛʀ(ə)pətinəvø] (1 *arrière* et *petit-neveu*) Petit-fils d'un neveu ou d'une nièce.

ARRIÈRE-PETITS-ENFANTS, n.m.pl. [aʀjɛʀ(ə)pətizɑ̃fɑ̃] (1 *arrière* et *petits-enfants*) Les enfants du petit-fils ou de la petite-fille.

ARRIÈRE-PLAN, n.m. [aʀjɛʀ(ə)plɑ̃] (1 *arrière* et *plan*) Plan situé en arrière d'un autre. ◆ Au pl. *Des arrière-plans.* ■ À l'arrière-plan, au second plan. *Il a préféré se consacrer à son travail et reléguer sa famille à l'arrière-plan.*

ARRIÈRE-POINT, n.m. [aʀjɛʀ(ə)pwɛ̃] (1 *arrière* et *point*) Au pl. *Des arrière-points.* ■ Voy. POINT-ARRIÈRE.

ARRIÈRE-PORT, ■ n.m. [aʀjɛʀ(ə)pɔʀ] (1 *arrière* et *port*) Partie la plus reculée d'un port. *Un chantier de réparation s'est installé à l'arrière-port. Des arrière-ports.*

ARRIÉRER, v. tr. [aʀjeʀe] (1 *arrière*) Retarder. *Arriérer un paiement.* ◆ S'arriérer, v. pr. Rester, demeurer en arrière. ◆ Être en retard des paiements arrivés à échéance. ◆ ▷ Être en retard, en parlant d'un travail. *Cet employé s'arrière tous les jours.* ◁

ARRIÈRE-RANG, n.m. [aʀjɛʀ(ə)ʀɑ̃] (1 *arrière* et *rang*) Dernier rang d'une troupe en bataille. ◆ Au pl. *Des arrière-rangs.*

ARRIÈRES, ■ n.m.pl. [aʀjɛʀ] (1 *arrière*) Base solide à partir de laquelle on mène une activité de manière prévoyante, efficace et sûre. *Assurer, protéger ses arrières. Pour sa retraite, il préfère assurer ses arrières et économiser sans tarder.*

ARRIÈRE-SAISON, n.f. [aʀjɛʀ(ə)sɛzɔ̃] (1 *arrière* et *saison*) La fin de l'automne ou le commencement de l'hiver. ◆ **Fig.** Le dernier âge de la vie. ◆ Au pl. *Des arrière-saisons.*

ARRIÈRE-SALLE, ■ n.f. [aʀjɛʀ(ə)sal] (1 *arrière* et *salle*) Salle qui se trouve derrière une autre et qui communique avec elle. *Des arrière-salles.*

ARRIÈRE-SENS, n.m. [aʀjɛʀ(ə)sɑ̃s] (1 *arrière* et *sens*) Sens caché, intention secrète. ◆ Au pl. *Des arrière-sens.*

ARRIÈRE-TRAIN, n.m. [aʀjɛʀ(ə)tʀɛ̃] (1 *arrière* et *train*) Dans un véhicule à quatre roues, la partie qui est avec les roues de derrière. ◆ Le train postérieur d'un animal. ◆ Au pl. *Des arrière-trains.* ■ **Fam.** Postérieur de l'homme.

ARRIÈRE-VASSAL, n.m. [aʀjɛʀ(ə)vasal] (1 *arrière* et *vassal*) Personne qui relevait du vassal d'un autre seigneur. ◆ Au pl. *Des arrière-vassaux.*

ARRIÈRE-VASSALITÉ n.f. ou **ARRIÈRE-VASSELAGE**, n.m. [aʀjɛʀ(ə)vasalite, aʀjɛʀ(ə)vas(ə)laʒ] (1 *arrière* et *vassalité* ou *vasselage*) ▷ L'état de l'arrière-vassal. ■ Au pl. *Des arrière-vassalités.* ◁

ARRIÈRE-VIEILLESSE, n.f. [aʀjɛʀ(ə)vjɛjɛs] (1 *arrière* et *vieillesse*) Vieillesse très avancée ; dernière limite de la vieillesse. ◆ Au pl. *Des arrière-vieillesses.*

ARRIÈRE-VOUSSURE, n.f. [aʀjɛʀ(ə)vusyʀ] (1 *arrière* et *voussure*) Espèce de voûte que l'on fait derrière une porte ou une fenêtre pour couronner l'embrasure ou faire que la porte s'ouvre plus facilement. ◆ Au pl. *Des arrière-voussures.*

ARRIMAGE, n.m. [aʀimaʒ] (*arrimer*) **Mar.** Arrangement de la cargaison d'un vaisseau.

ARRIMÉ, ÉE, p. p. d'arrimer. [aʀime] *Cargaison bien arrimée.*

ARRIMER, v. tr. [aʀime] (*a-* et moy. fr. *rum*, fond de cale) **Mar.** Arranger la charge d'un vaisseau. ■ **Par extens.** Attacher avec soin la charge d'un véhicule, d'un avion.

ARRIMEUR, n.m. [aʀimœʀ] (*arrimer*) Personne qui arrime.

ARRISER, v. tr. [aʀize] Voy. ARISER.

ARRIVAGE, n.m. [aʀivaʒ] (*arriver*) Abord des navires et des bateaux dans un port. ◆ L'arrivée des marchandises par eau. ■ **Par extens.** Arrivée des marchandises. *Un nouvel arrivage dans un magasin de prêt-à-porter.*

ARRIVANT, ANTE, ■ adj. [aʀivɑ̃, ɑ̃t] (*arriver*) Qui arrive. ■ N.m. et n.f. Personne qui arrive. *Les nouveaux arrivants doivent présenter leur passeport.*

ARRIVÉ, ÉE, p. p. d'arriver. [aʀive] Qui a pris terre. *Arrivé au port.* ◆ Venu dans un lieu par eau, par voiture, à cheval, etc. ◆ Venu, en général. *Arrivé en Afrique.* ◆ *Son heure est arrivée*, il va mourir. ◆ **Fig.** Qui a eu lieu. *La mort de votre père arrivée pendant votre absence.*

ARRIVÉE, n.f. [aʀive] (*arriver*) L'action d'arriver à destination. ◆ **Fig.** *L'arrivée du printemps, des froids.* ◆ **D'ARRIVÉE**, loc. adv. Tout d'abord. ■ N.f. Endroit où l'on arrive. *Arrivée d'une course marquée au sol.*

ARRIVER, v. intr. [aʀive] (lat. vulg. *arripare*, de *ad* et *ripa*, rive) Se conjugue avec *être*. Aborder. *Arriver au port.* ◆ *Arriver à bon port*, atteindre heureusement sa destination. ◆ Être transporté par eau, en parlant des choses. ◆ Venir au lieu où l'on voulait aller. ◆ En parlant des choses et au fig. *Voici présents qui t'arrivent. Il m'est arrivé une lettre.* ◆ **Fig.** Parvenir à, atteindre à. *Peu d'hommes arrivent à la vieillesse.* ◆ Avoir lieu, se faire, survenir. *Un malheur n'arrive jamais seul.* ◆ Réussir. *Avec de la persévérance il est rare qu'on n'arrive pas.* ◆ *il arrive*, impers. *Comme il arrive ordinairement.* ◆ Être fait par quelqu'un, en parlant de quelque chose de mal. *Je vous promets que cela ne lui arrivera plus.* ◆ On dit par menace : *Que cela n'arrive plus !* ◆ Faire exécuter au bâtiment un mouvement horizontal qui tend à ouvrir l'angle d'incidence du vent sur la voilure, sans qu'on change l'orientement des voiles. ◆ Laisser arriver, commander d'arriver. ◆ *Arriver sur un vaisseau*, aller à ce vaisseau en obéissant au vent. ■ **EN ARRIVER À**, loc. prép. En venir à, être amené à. *J'en arrive à le suspecter.*

ARRIVISME, ■ n.m. [aʀivism] (*arriviste*) Conduite traduisant une ambition sans limites et sans scrupules, et ayant pour objectif de réussir à tout prix. *L'arrivisme d'un journaliste, d'un homme politique.*

ARRIVISTE, ■ adj. [aʀivist] (*arriver*) Qui est peu scrupuleux et prêt à tout pour réussir. « *Le bavardage intarissable des politiciens profiteurs et arrivistes* », CENDRARS. ■ N.m. et n.f. *Un arriviste, une arriviste. Tu n'es qu'un sale arriviste.*

ARROBA, ■ n.f. [aʀoba] Voy. ARROBE.

ARROBE ou **AROBE** ou **ARROBA**, n.f. [aʀɔb, aʀoba] (esp. *arroba*, anc. mesure de poids, de l'ar. *ar-roub*, le quart) Mesure de poids usitée dans les possessions d'Espagne et du Portugal, de 11 kg 500, le quart du quintal espagnol.

ARROCHE, n.f. [aʀɔʃ] (lat. *atriplex*) Genre de plantes dont une espèce, *l'arroche des jardins*, dite aussi *belle-dame, bonne-dame*, se mange avec l'oseille.

ARROGAMMENT, adv. [aʀogamɑ̃] (*arrogant*) Avec arrogance.

ARROGANCE, n.f. [aʀogɑ̃s] (lat. *arrogantia*) Orgueil accompagné de manières hautaines et de prétentions téméraires. *Langage plein d'arrogance.*

ARROGANT, ANTE, adj. [aʀogɑ̃, ɑ̃t] (lat. *arrogans*) Qui a de l'arrogance. *Un homme arrogant. Air, ton arrogant.*

ARROGER (S'), v. tr. [aʀoʒe] (lat. *arrogare*, s'approprier) Arroger à soi, s'attribuer mal à propos quelque chose.

ARROI, n.m. [aʀwa] (anc. fr. *areer*, arranger, ordonner, du lat. vulg. *arredare*, approvisionner) Appareil, train, équipage. « *Ce personnage en magnifique arroi* », RÉGNIER.

ARRONDI, IE, p. p. d'arrondir. [aʀɔ̃di] Rendu rond. ◆ De forme à peu près ronde. ◆ **Fig.** En parlant du style, *une période bien arrondie.* ■ N.m. Forme arrondie. *L'arrondi d'une jupe.* ■ Valeur approchée d'un nombre. ■ **Phonét.**

Lettre que l'on articule avec les lèvres positionnées en avant. ■ Adj. *Voyelle ou consonne arrondie.*

ARRONDIR, v. tr. [aʀɔ̃diʀ] (*a-* et *rond*) Rendre rond. ♦ **Fam.** Agrandir. *Arrondir son champ.* ♦ **Fig.** *Arrondir une période,* en rendre les parties à peu près égales. ♦ En peinture, *arrondir des figures,* en bien faire sentir les contours et les saillies. ♦ S'arrondir, v. pr. Devenir rond. ♦ **Fig.** Étendre ses domaines. *Le plaisir de s'arrondir.* ■ V. tr. Exprimer sous forme d'un chiffre rond. *Arrondir une somme.* ■ *Arrondir les angles,* atténuer ce qui peut être source de conflit, de différend. ■ **Phonét.** Positionner les lèvres en avant pour articuler un phonème. *Arrondir une voyelle.*

ARRONDISSAGE, ■ n. m. [aʀɔ̃disaʒ] (*arrondir*) Action d'arrondir le profil d'un objet. *L'arrondissage d'une lime.*

ARRONDISSEMENT, n. m. [aʀɔ̃dis(ə)mɑ̃] (*arrondir*) Action d'arrondir ; état d'un objet arrondi. ♦ Agrandissement. ♦ *L'arrondissement d'une période,* arrangement des membres d'une période qui lui donne le nombre et l'harmonie. ♦ Circonscription administrative. *Les arrondissements d'un département. Les arrondissements de Paris.*

ARRONDISSEUR, ■ n. m. [aʀɔ̃disœʀ] (*arrondir*) Outil destiné à l'arrondissage. *Arrondir un peigne avec un arrondisseur.* ■ Appareil utilisé en couture pour tracer l'arrondi d'une jupe.

ARRONDISSURE, ■ n. f. [aʀɔ̃disyʀ] (*arrondir*) Technique d'imprimerie qui consiste à arrondir le dos d'un livre qui doit être relié. *L'arrondissure se fait après la couture et l'encollage des cahiers.*

ARROSABLE, adj. [aʀozabl] (*arroser*) Qui peut être arrosé.

ARROSAGE, n. m. [aʀozaʒ] (*arroser*) Action de conduire, de diriger de l'eau sur les terres pour les humecter.

ARROSÉ, ÉE, p. p. d'arroser. [aʀoze] Qui a reçu de l'eau ou un autre liquide. ♦ **Fig.** et par extens. « *Le plus beau triomphe est arrosé de pleurs* », P. Corneille. ■ **Fam.** Où l'on a servi beaucoup de vin ou de boissons alcoolisées. *Un repas bien arrosé.*

ARROSEMENT, n. m. [aʀoz(ə)mɑ̃] (*arroser*) Action d'arroser des terres, des plantes, des fleurs. ♦ **Jeu** Distribution de jetons ou d'argent faite par un joueur à tous les autres, ou par tous à un seul.

ARROSER, v. tr. [aʀoze] (lat. vulg. *arrosare*, de *ros*, rosée) Faire tomber, faire arriver de l'eau ou un autre liquide. *Arroser un jardin, les rues d'une ville.* ♦ Par extens. « *Le rivage qu'elle arrosait de ses larmes* », Fénelon. ♦ **Fig.** « *Du sang des Africains arroser ses lauriers* », P. Corneille. ♦ *Arroser la terre de ses sueurs,* travailler péniblement la terre. ♦ *Arroser son pain de larmes,* vivre au sein de la misère, dans la douleur. ♦ Couler à travers les terres. *Ce ruisseau arrose nos prés.* ♦ Par extens. *Cette rivière arrose un pays charmant.* ♦ *Arroser un rôti,* répandre sur la viande, pendant qu'elle rôtit, du jus, du beurre ou de la graisse. ♦ **Fam.** *Arroser des créanciers,* leur distribuer des acomptes. ♦ Faire une rétribution libéralités. ♦ Au jeu, se dit de la rétribution qu'un joueur doit à tous les autres en certains cas, ou que tous les autres lui doivent. ■ **Fam.** *Se faire arroser,* être trempé par la pluie. ■ Célébrer en offrant des boissons, généralement alcoolisées. *Arroser son départ à la retraite.*

ARROSEUR, EUSE, ■ n. m. et n. f. [aʀozœʀ, øz] (*arroser*) Personne préposée à l'arrosage des voies et des parcs publics. ■ N. m. Dispositif d'arrosage. ■ N. f. Véhicule muni d'un réservoir d'eau et destiné à l'arrosage des voies publiques. *L'arroseur arrosé,* personne qui devient victime de ses propres actions malfaisantes.

ARROSOIR, n. m. [aʀozwaʀ] (*arroser*) Sorte de vase fait pour arroser.

ARROW-ROOT, n. m. [aʀoʀut] (angl. *arrow*, flèche, et *root*, racine) l'écule comestible extraite du rhizome d'une plante originaire des Indes orientales. ■ Au pl. *Des arrow-roots.*

ARROYO, ■ n. m. [aʀojo] (esp. *arroyo*, cours d'eau) Dans certains pays, canal artificiel et temporaire aménagé après les pluies pour relier les voies fluviales. *Des arroyos.*

ARRUGIE, n. f. [aʀyʒi] (lat. *arrugia*, galerie de mine) Canal pour l'écoulement des eaux, dans les mines.

1 **ARS**, n. m. [aʀ] ou [aʀs] (lat. *armus*, épaule d'animal) Le pli qui se remarque à la réunion de la poitrine et du membre antérieur du cheval, endroit où l'on pratique quelquefois la saignée.

2 **ARS, ARSE**, p. p. d'ardre ou ardoir. [aʀ, aʀs] Voy. ARDS.

ARSENAL, n. m. [aʀsənal] (ar. *dâr sinâ*, maison des œuvres) Lieu de dépôt pour les armes et les munitions de guerre. *Arsenal bien muni. Les arsenaux maritimes.* ♦ Lieu où est situé l'arsenal. ♦ **Fig.** *Ce livre est un arsenal qui fournit des armes à tous les partis.* ♦ Quantité importante d'armes. *Les policiers ont saisi un arsenal chez ce trafiquant.* ■ Dispositif, équipement sophistiqué. *L'arsenal d'un chirurgien.*

ARSÉNIATE, n. m. [aʀsenjat] (*arsenic*) Nom générique des sels composés d'acide arsénique et d'une base.

ARSENIC, n. m. [aʀsənik] (gr. *arsenikon*) Métal d'un gris brillant qui, en se volatilisant au feu, répand une forte odeur d'ail, très friable, volatil à 180°. ♦ *Arsenic* ou *arsenic blanc,* nom vulgaire de l'acide arsénieux, qui est un poison violent. ■ **Rem.** On prononçait autrefois [aʀs] ou [əni].

ARSÉNIÉ, ÉE ou **ARSENICAL, ALE**, adj. [aʀsenje, aʀsənikal] (*arsenic*) Qui contient de l'arsenic. *Savon arsenical.* ♦ N. m. pl. *Les arsenicaux,* les composés d'arsenic. ■ **Rem.** On disait aussi autrefois *arsénifère* ou *arséniqué, ée.*

ARSÉNIEUX, adj. m. [aʀsenjø] (*arsenic*) Acide arsénieux, acide composé d'arsenic et de moins d'oxygène que l'acide arsénique.

ARSÉNIQUE, adj. [aʀsenik] (lat. médiév. *arsenicus*, qui contient de l'arsenic) *Acide arsénique,* acide composé d'arsenic et d'oxygène.

ARSÉNITE, n. m. [aʀsenit] (*arsenic*) Nom générique des sels composés d'acide arsénieux et d'une base.

ARSÉNIURE, n. m. [aʀsenjyʀ] (*arsenic*) Combinaison d'arsenic avec un autre corps simple.

ARSIN, INE, adj. [aʀsɛ̃, in] (*ars*, p. p. de *ardre*) *Bois arsin,* bois où le feu a pris, de quelque manière qu'il y ait été mis.

ARSINE, ■ n. f. [aʀsin] (*arsenic*) **Chim.** Arséniure d'hydrogène de formule AsH_3. ■ Composé organique dérivé de l'hydrogène arsénié, les atomes d'hydrogène ayant été substitués par des radicaux carbonés.

ARSIS, n. f. [aʀsis] (gr. *arsis*, action de lever) Métrique anc. Le levé par opposition au frappé, avec cette observation que le levé, chez les anciens, marquait le temps fort ou la syllabe accentuée.

ARSOUILLE, ■ adj. [aʀsuj] (prob. de *souiller*) **Fam.** et vx Qui utilise les manières, le langage d'une crapule, débauché. *Une allure arsouille.* ■ N. m. et n. f. Voyou, dépravé.

ART, n. m. [aʀ] (lat. *ars*) Manière de faire une chose selon certaine méthode, selon certains procédés. *La grammaire est l'art de parler et d'écrire correctement. Les arts de la paix. L'art militaire. L'art oratoire. Parler avec art.* ♦ *Les maîtres de l'art,* les plus habiles dans la matière dont il s'agit. ♦ Au pluriel et absol., la poésie et tous les arts libéraux et mécaniques. « *Il fit fleurir les arts* », Bossuet. ♦ *Les arts libéraux,* ceux qui sont du ressort de l'intelligence, de l'esprit. ♦ *Les beaux-arts,* la musique, la peinture, la sculpture, l'architecture, l'éloquence et la poésie avant tout, et subsidiairement la danse. ♦ *Les arts d'agrément,* le dessin, la musique et la danse considérés au point de vue de l'amusement. ♦ *Arts mécaniques,* ceux qui exigent surtout le travail de la main. ♦ Art par opposition à nature. *L'art imitera la nature.* ♦ Adresse dans les moyens employés pour obtenir un résultat. *L'art de commander, de plaire.* ♦ N. m. pl. Autrefois, dans les universités, les humanités et la philosophie. *Faculté des arts.* ♦ Titre donné à quelques ouvrages didactiques en prose et en vers. *L'Art poétique* de Boileau. ♦ *Art sacré* ou *grand art,* nom donné aux doctrines et pratiques des philosophes hermétiques qui cherchaient la pierre philosophale. C'est un synonyme d'alchimie. ■ *Art sacré,* religieux. ■ *Arts décoratifs,* application de l'art dans la fabrication d'objets utilitaires. ■ *Arts ménagers,* ensemble des équipements visant à améliorer le confort domestique. ■ *Dans les règles de l'art,* en suivant scrupuleusement les principes d'une activité. ■ *Art nouveau,* mouvement artistique de la fin du XIXᵉ siècle fondé sur la modernisation et la rénovation de l'architecture et des arts décoratifs. ■ *Arts plastiques,* Arts qui reproduisent des volumes, tels que la peinture et la sculpture. ■ *Le septième art,* le cinéma. ■ *Le huitième art,* la télévision. ■ *Le neuvième art,* la bande dessinée.

ARTABAN, n. m. [aʀtabɑ̃] (nom propre) Nom d'un roi des Parthes qui, ayant remporté des victoires sur les Romains, s'en glorifia tellement que de là est venu le proverbe : *Fier comme Artaban.*

ARTÉFACT ou **ARTEFACT**, ■ n. m. [aʀtefakt] (angl. *artefact*, produit artificiel, du lat. *arte factum*, fait par art) Produit conçu, réalisé par l'homme, par opposition à un objet existant dans la nature. « *Le modèle (lointain) de la description n'est plus le discours oratoire (on ne peint rien du tout), mais une sorte d'artéfact lexicographique* », Barthes.

ARTEL, ■ n. m. [aʀtɛl] (russe *artelchiki*, association) Coopérative ouvrière indépendante dans l'ex-URSS. ■ Par extens. Association au sein d'une profession.

ARTÉMIA ou **ARTÉMIE**, ■ n. f. [aʀtemja, aʀtemi] (gr. *artemia*, état sain, bonne santé) Petit crustacé que l'on trouve dans les lagunes ou les estuaires et qui vit principalement dans des étangs salés.

ARTÈRE, n. f. [aʀtɛʀ] (gr. *artêria*) Vaisseau destiné à porter le sang soit du ventricule droit du cœur au poumon, soit du ventricule gauche du cœur à toutes autres parties du corps. ♦ **Fig.** Grande voie de communication.

ARTÉRIALISATION, n. f. [aʀteʀjalizasjɔ̃] (*artérialiser*) Transformation du sang veineux en sang artériel, dans son passage à travers le poumon.

ARTÉRIALISÉ, ÉE, p. p. d'artérialiser. [aʀteʀjalize]

ARTÉRIALISER, v. tr. [aʀteʀjalize] (*artériel*) Changer en sang artériel.

ARTÉRIECTOMIE, ■ n. f. [aʀteʀjɛktɔmi] (*artéri-* et *-ectomie*) **Méd.** Intervention chirurgicale qui consiste à réséquer, à couper totalement ou partiellement une artère.

ARTÉRIEL, ELLE, adj. [aʀteʀjɛl] (lat. médiév. *arterialis*) Qui appartient aux artères. ◆ *Sang artériel,* sang rouge, ainsi dit parce qu'il est charrié par les artères.

ARTÉRIOGRAPHIE, ■ n. f. [aʀteʀjɔgʀafi] (*artério-* et *-graphie*) Examen radiologique des artères pratiquée après injection de substances opaques aux rayons X.

ARTÉRIOLE, n. f. [aʀteʀjɔl] (dimin. de *artère*) Petite artère, artère trop petite pour être décrite et dénommée.

ARTÉRIOLOGIE, n. f. [aʀteʀjɔlɔʒi] (*artério-* et *-logie*) Partie de l'anatomie qui traite des artères.

ARTÉRIOPATHIE, ■ n. f. [aʀteʀjɔpati] (*artério-* et *-pathie*) **Méd.** Affection artérielle.

ARTÉRIOPATHIQUE, ■ adj. [aʀteʀjɔpatik] (*artériopathie*) **Méd.** Qui est causé par une affection des artères.

ARTÉRIOSCLÉROSE, ■ n. f. [aʀteʀjɔskleʀoz] (*artério-* et *sclérose*) **Méd.** Pathologie se caractérisant par un épaississement des parois artérielles. ■ ARTÉRIOSCLÉREUX, EUSE, adj. ou n. m. et n. f. [aʀteʀjɔskleʀø, øz]

ARTÉRIOTOMIE, n. f. [aʀteʀjɔtɔmi] (lat. médiév. *arteriotomia*, section d'une artère) Saignée pratiquée à une artère.

ARTÉRITE, ■ n. f. [aʀteʀit] (*artère*) **Méd.** Affection caractérisée par des lésions artérielles, d'origine inflammatoire ou dégénérative. *Certaines artérites nécessitent un pontage.* ■ ARTÉRITIQUE, adj. ou n. m. et n. f. [aʀteʀitik]

ARTÉSIEN, IENNE, adj. [aʀtezjɛ̃, jɛn] (b. lat. *artesianus,* de l'Artois) *Puits artésien,* puits foré à l'aide d'une sonde et donnant une eau jaillissante. ■ Originaire de l'Artois. ■ N. m. et n. f. *Un Artésien, une Artésienne.*

ARTHRALGIE, n. f. [aʀtʀalʒi] (*arthrite* et *-algie*) Douleurs dans les articulations. ■ ARTHRALGIQUE, adj. [aʀtʀalʒik]

ARTHRITE, n. f. [aʀtʀit] (gr. *arthritis,* de *arthron,* articulation) Inflammation d'une articulation par une cause quelconque.

ARTHRITIQUE, adj. [aʀtʀitik] (gr. *arthritikos*) Qui a rapport aux articulations des membres. *Douleurs arthritiques.*

ARTHRITISME, ■ n. m. [aʀtʀitism] (*arthrite*) **Vx Méd.** Tendance, parfois héréditaire, à contracter un ensemble de maladies telles que les rhumatismes, l'obésité, le diabète, la goutte, etc. *Être sujet à l'arthritisme.*

ARTHRODÈSE, ■ n. f. [aʀtʀodɛz] (*arthro-* et gr. *dèsis,* action de lier) **Méd.** Intervention chirurgicale destinée à immobiliser une articulation altérée.

ARTHRODIE, ■ n. f. [aʀtʀodi] (gr. *arthrodia*) Articulation composée de deux surfaces relativement planes et permettant une flexion dans tous les sens.

ARTHROGRAPHIE, ■ n. f. [aʀtʀogʀafi] (*arthro-* et *-graphie*) Radiographie d'une articulation pratiquée après injection d'un gaz ou d'une substance opaque aux rayons X.

ARTHROPATHIE, ■ n. f. [aʀtʀopati] (*arthro-* et *-pathie*) Lésion au niveau d'une articulation causée par l'endommagement ou la déficience d'un nerf.

ARTHROPLASTIE, ■ n. f. [aʀtʀoplasti] (*arthro-* et *-plastie*) Opération chirurgicale pratiquée sur une articulation pour lui redonner sa mobilité au moyen d'une prothèse.

ARTHROPODE, ■ n. m. [aʀtʀopɔd] (*arthro-* et *podos,* pied) **Zool.** Invertébré pourvu de pattes articulées et d'un corps recouvert de chitine. ■ N. m. pl. Embranchement du règne animal englobant tous les animaux à pattes articulées et à corps segmenté. *Les arachnides, les crustacés appartiennent à l'ordre des arthropodes.*

ARTHROSCOPIE, ■ n. f. [aʀtʀoskɔpi] (*arthro-* et *-scopie*) **Méd.** Endoscopie d'une cavité articulaire.

ARTHROSE, ■ n. f. [aʀtʀoz] (gr. *arthrosis,* articulation) Dégénérescence chronique du cartilage des articulations. *L'arthrose offre souvent un caractère génétique.*

ARTICHAUT, n. m. [aʀtiʃo] (prob. hisp.-ar. *haršufa*) Plante potagère de la famille des composées, qui a la forme d'un gros chardon. ◆ Le fruit de cette plante. ◆ Pièce de serrurerie, hérissée de pointes et de crocs, dont on garnit une clôture. ◆ Petite pièce d'artifice. ◆ Loc. *Avoir un cœur d'artichaut,* être infidèle, inconstant dans ses sentiments.

ARTICHAUTIÈRE, ■ n. f. [aʀtiʃotjɛʀ] (*artichaut*) Espace planté d'artichauts. ■ Récipient destiné à la cuisson des artichauts.

ARTICLE, n. m. [aʀtikl] (lat. *articulus*) ▷ **Anat.** Jointure de deux os. *Amputation dans l'article. Les articles des doigts.* ◁ ◆ Les différentes parties du corps des insectes. ◆ Moment, conjoncture ; usité en ce sens seulement dans la locution. *À l'article de la mort,* au dernier moment de la vie. ◆ Petite partie qui forme une division dans un contrat, dans un ouvrage littéraire, etc. *Article de loi.* ◆ **Par extens.** Passage d'un écrit quelconque. *Les deux premiers articles de votre lettre.* ◆ Sujet, matière, chose. *Cet article est difficile.* ◆ **Fam.** *C'est un autre article,* c'est-à-dire je m'y refuse. ◆ *Article de foi,* point de croyance, vérité révélée. ◆ **Fam.** *Croire une chose comme article de foi,* la croire fermement. ◆ *Ses paroles ne sont pas articles de foi,* elles ne méritent pas qu'on y ajoute foi. ◆ Sujet traité dans un journal, dans une revue, dans un dictionnaire. *Un article du Moniteur.* ◆ Objet de commerce, marchandise. *Beaucoup d'articles de toilette.* ◆ **Gramm.** Petit mot qui précède ordinairement le substantif, et qui a pour objet de le présenter comme défini ou indéfini. Il y a en français deux articles : *l'article défini, le, la, les ; l'article indéfini, un, une, des.* ■ *Article partitif,* article placé devant des noms désignant ce qui ne peut pas être compté. *Du, des, de, de la* sont des articles partitifs dans *consommer du pain, des blettes, de bonnes crèmes, de la viande, etc.* ■ **Inform.** Élément qui regroupe les données d'un fichier. ■ *Faire l'article,* mettre en valeur une marchandise. Fig. Faire l'éloge de quelqu'un ou quelque chose.

ARTICULAIRE, adj. [aʀtikylɛʀ] (*articularis*) **Méd.** Qui a rapport aux articulations des membres. *Rhumatisme articulaire.* ◆ **Bot.** *Feuilles articulaires,* celles qui naissent des nœuds ou articulations de la tige ou de ses ramifications.

ARTICULAIREMENT, adv. [aʀtikylɛʀ(ə)mɑ̃] (*articulaire*) ▷ Par article. ◁

ARTICULATEUR, ■ n. m. [aʀtikylatœʀ] (*articuler*) **Phonét.** Organe intervenant dans la phonation, tel que la langue, les lèvres, la luette, etc. ■ Adj. *Un organe articulateur.*

ARTICULATION, n. f. [aʀtikylasjɔ̃] (lat. *articulatio*) Jointure des os. ◆ **Entomol.** et **bot.** *Les articulations des antennes. Plusieurs plantes sont munies d'articulations.* ◆ **Dr.** *Articulation des faits,* énonciation des faits article par article. ◆ Son articulé de la voix. *Les diverses articulations de la voix.* ◆ Manière de prononcer les syllabes, les mots. *Une articulation nette.* ■ Façon d'enchaîner les idées dans un texte.

ARTICULATOIRE, ■ adj. [aʀtikylatwaʀ] (rad. de *articulation*) **Phonét.** Qui se rapporte à l'articulation des sons de la parole. *La phonétique articulatoire.*

ARTICULÉ, ÉE, p. p. d'articuler. [aʀtikyle] **Hist. nat.** Qui a des articulations. *Animaux articulés.* ◆ *Les animaux articulés* ou substantivement *les articulés,* première division des invertébrés annelés, et l'une des quatre grandes divisions du règne animal. ◆ **Bot.** Muni de nœuds, comme la tige des graminées, de la vigne. ◆ Joint par articulation. ◆ **Fig.** Distinct, en parlant de la prononciation. *Voix articulée.* ◆ Énoncé par article, affirmé. *Des faits bien articulés.*

ARTICULER, v. tr. [aʀtikyle] (lat. *articulare*) **Anat.** Joindre des articulations. *Articuler un squelette.* ◆ En peinture et sculpture, exprimer les jointures des os, le passage d'un membre à un autre. ◆ **Techn.** Joindre, unir, lier par des anneaux, des chaînons. ◆ Prononcer distinctement. **Absol.** « *Phédon articule mal* », La Bruyère. *Prononcer. Je l'entendis articuler votre nom.* ◆ **Absol.** « *Vous n'articulez pas, vous ne vous faites pas entendre* », La Bruyère. ◆ **Dr.** *Articuler des faits,* les énoncer article par article. ◆ En général, avancer, affirmer. *Articuler un fait.* ◆ S'articuler, v. pr. Se joindre par articulation. *Le fémur s'articule avec l'os de la hanche.* ■ V. tr. Enchaîner de façon logique des idées dans un texte.

ARTIFICE, n. m. [aʀtifis] (lat. *artificium,* métier, état) Habile, industrieuse combinaison de moyens. *Les artifices de l'éloquence.* ◆ Ruse, déguisement, fraude. *Avoir recours à l'artifice. Parler sans artifice.* ◆ Composition pyrotechnique destinée soit aux divertissements, soit à la guerre. *Pièce d'artifice. Feu d'artifice.* ◆ **Fig.** *C'est un feu d'artifice,* se dit d'un discours, d'un écrit brillant, mais qui n'a pas de fond.

ARTIFICIALITÉ, ■ n. f. [aʀtifisjalite] (*artificiel*) Caractère de ce qui apparaît artificiel. *L'artificialité des plantes. L'artificialité des plaisirs.*

ARTIFICIEL, ELLE, adj. [aʀtifisjɛl] (lat. *artificialis*) Qui se fait par art, opposé à naturel. *Fleurs artificielles.* ◆ *Mémoire artificielle,* méthode imaginée pour apprendre et retenir. ◆ **Rhét.** *Preuves artificielles,* celles que l'orateur tire de son propre fonds, par opposition aux preuves produites par le sujet même. ◆ **Hist. nat.** *Caractères artificiels,* ceux qui sont énoncés à l'effet seulement de faire distinguer les êtres naturels les uns des autres, et qu'on emprunte indifféremment à telle ou telle de leurs parties, pourvu qu'elle soit bien apparente. ■ *Méthode artificielle,* celle qui, pour ses divisions correspondantes, emploie des caractères divers, choisis indifféremment. ■ *Systèmes artificiels,* ceux qui en botanique ont été imaginés dans la seule intention de faire trouver aisément le nom des espèces. ■ Qui remplace un élément naturel. *La respiration artificielle.* ■ Simulé, factice. *Sa courtoisie était artificielle.* ■ Arbitraire, sans fondement rigoureux. *Un regroupement artificiel.*

ARTIFICIELLEMENT, adv. [aʁtifisjɛl(ə)mɑ̃] (*artificiel*) D'une manière artificielle.

ARTIFICIER, IÈRE, n. m. et n. f. [aʁtifisje, jɛʁ] (*artifice*) Personne qui fabrique des pièces d'artifice.

ARTIFICIEUSEMENT, adv. [aʁtifisjøz(ə)mɑ̃] (*artificieux*) D'une manière artificieuse.

ARTIFICIEUX, EUSE, adj. [aʁtifisjø, øz] (lat. *artificiosus*, fait selon l'art) Plein de ruse, d'artifice, en parlant des personnes ou des choses. *Discours artificieux. Femme artificieuse.*

ARTILLÉ, ÉE, adj. [aʁtije] (a. *artillier*, équiper, armer) ▷ Garni de son artillerie, de ses canons. *Un vaisseau artillé.* ◆ On dit maintenant *armé.*

ARTILLERIE, n. f. [aʁtij(ə)ʁi] (anc. fr. *artillier*, équiper, armer, avec influ. de *art*) Partie du matériel de guerre consistant en canons, bombes, boulets, etc. ◆ *Pièce d'artillerie,* canon, mortier. ◆ Troupes employées au service de l'artillerie. *Servir dans l'artillerie.* ■ **Fam.** et **fig.** *L'artillerie lourde* ou *la grosse artillerie,* les grands moyens.

ARTILLEUR, n. m. [aʁtijœʁ] (*artilleur*) Soldat attaché au corps d'artillerie.

ARTIMON, n. m. [aʁtimɔ̃] (lat. *artemon*) Nom de celui des mâts d'un vaisseau qui est placé le plus près de l'arrière ou de la poupe.

ARTIODACTYLE, ■ n. m. [aʁtjodaktil] (gr. *artios*, pair, et *-dactyle*) Mammifère ongulé dont les doigts sont en nombre pair, tels que l'hippopotame, le chameau, le cochon. *Les bovidés et les cervidés sont des artiodactyles.*

ARTIOZOAIRE, ■ n. m. [aʁtjozoɛʁ] (gr. *artios*, pair, et *-zoaire*) Organisme animal à symétrie bilatérale, tel que les arthropodes, les mollusques et les vers. *Les vertébrés et les prochordés sont des artiozoaires.*

ARTISAN, ANE, n. m. et n. f. [aʁtizɑ̃, an] (ital. *artigiano,* du lat. *ars*, art) Personne qui exerce un art mécanique, un métier. ◆ Anciennement, artiste. « *L'artisan exprima si bien Le caractère de l'idole, Qu'on trouva qu'il ne manquait rien À Jupiter que la parole* », LA FONTAINE. ◆ Fig. Auteur, cause. *C'est un artisan de désordres.* ◆ **Prov.** *À l'œuvre on connaît l'artisan,* c'est-à-dire le mérite d'un homme se connaît à ce qu'il fait. ◆ ▷ L'Académie ne donne pas le féminin *artisane.* Cependant on dit : *Une artisane,* la femme d'un artisan ou une femme artisan, et *la classe artisane.* ◁ ■ N. m. *Être l'artisan de,* être à l'origine de. *Elle est l'artisan de cette grève.* ■ Adj. Qui se rapporte à l'artisan, qui regroupe des artisans. *Des familles artisanes.*

ARTISANAL, ALE, ■ adj. [aʁtizanal] (*artisan*) Qui se rapporte à l'artisan, à l'artisanat. *Des ateliers artisanaux.* ◆ Qui est réalisé à la main ou par des moyens sommaires. *Une poterie artisanale.*

ARTISANALEMENT, ■ adv. [aʁtizanal(ə)mɑ̃] (*artisanal*) De façon artisanale. *Une boiserie artisanalement travaillée.*

ARTISANAT, ■ n. m. [aʁtizana] (*artisan*) Ensemble organisé, corporation des artisans. ■ Ensemble des réalisations dues aux artisans. *L'artisanat provençal. L'artisanat d'art.*

ARTISON, n. m. [aʁtizɔ̃] (anc. provenç. *arta*) Nom commun des insectes qui rongent le bois, les pelleteries et les étoffes.

ARTISONNÉ, ÉE, adj. [aʁtizɔne] (*artison*) Rongé par les artisons.

ARTISTE, n. m. et n. f. [aʁtist] (lat. médiév. *artista,* de *ars,* art) Personne qui exerce un des beaux-arts. ◆ Adj. Qui a le génie, le sentiment, le goût des arts. *Cet homme est né artiste.* ◆ *Artiste dramatique* ou simplement *artiste,* comédien. ◆ ▷ *Artiste vétérinaire,* personne qui soigne les animaux malades. ◁ ■ Personne qui exerce une activité artistique telle que le chant, le théâtre, le cinéma, etc. *Un artiste de variété.* ■ Personne anticonformiste, fantaisiste. *Travail d'artiste,* réalisé avec art et habileté.

ARTISTEMENT, adv. [aʁtist(ə)mɑ̃] (*artiste*) Avec art, avec habileté.

ARTISTIQUE, adj. [aʁtistik] (*artiste*) Qui concerne les arts ; qui appartient aux arts. ■ ARTISTIQUEMENT, adv. [aʁtistik(ə)mɑ̃]

ARTOCARPE ou **ARTOCARPUS**, ■ n. m. [aʁtokaʁp, aʁtokaʁpys] (lat. scient. *artocarpus,* du gr. *artos,* pain, et *karpos,* fruit) Arbre croissant principalement en Asie équatoriale et en Polynésie, dont le fruit à la chair ferme et blanche contient une fécule dotée de toutes les caractéristiques alimentaires du pain. *L'artocarpe est ainsi appelé arbre à pain.*

ARTOTHÈQUE, ■ n. f. [aʁtotɛk] (*art* et *-thèque*) Établissement où sont prêtées des œuvres d'art.

ARUM, n. m. [aʁɔm] (gr. *aron*) Genre de plantes dont plusieurs espèces, notamment le chou caraïbe, fournissent des fécules nutritives.

ARUNDINACÉES, n. f. pl. [aʁœdinase] ou [aʁɔdinase] (lat. *arundo,* roseau) Tribu de graminées renfermant le roseau.

ARUSPICE ou **HARUSPICE**, n. m. [aʁyspis] (lat. *aruspex*) Prêtre romain qui consultait les entrailles des victimes.

ARVALE, ■ n. m. [aʁval] (lat. *arvales fratres,* frères arvales, prêtres romains, de *arvalis,* qui concerne les champs) **Antiq. rom.** Prêtre. ■ Adj. *Une confrérie arvale.*

ARVICOLE, adj. [aʁvikɔl] (lat. *arvicola,* de *arvum,* champ, et *colere,* habiter) **Hist. nat.** Qui vit dans les champs couverts de blé. ◆ Nom moderne du genre campagnol (rongeurs).

ARVINE, ■ n. f. [aʁvin] (orig. incert.) Vin blanc provenant du Valais. *Une bouteille d'arvine.*

ARYEN, ENNE, ■ adj. [aʁjɛ̃, ɛn] (lat. *arianus*) Qui se rapporte aux Aryens. ■ N. m., pl. *Les Aryens,* population de langue indo-européenne, qui envahit le nord de l'Inde pendant l'Antiquité. ■ Adj. Dans les théories racistes germaniques, qui a trait aux populations blanches d'Europe, notamment d'Europe du Nord, considérées comme pures et donc supérieures aux autres peuples. *Le mythe aryen, le surhomme aryen.*

ARYLE, ■ n. m. [aʁil] (rad. de *aromatique* et suff. *-yle*) **Chim.** Radical aromatique provenant d'un noyau cyclique auquel on a supprimé un atome d'hydrogène.

ARYTÉNOÏDE, ■ adj. [aʁitenoid] (gr. *arutainoeidês,* en forme d'aiguière) *Cartilage aryténoïde,* cartilage du larynx, de forme pyramidale, intervenant dans la phonation. ■ N. m. *Un aryténoïde.* ■ REM. Graphie ancienne : *arythénoïde.*

ARYTHMIE, ■ n. f. [aʁitmi] (gr. *aruthmia,* absence de rythme) **Méd.** Défaillance du rythme cardiaque qui se caractérise par le manque de régularité des battements. *Une arythmie complète.* ■ Absence de régularité du rythme. *Une arythmie musicale.*

ARYTHMIQUE, ■ adj. [aʁitmik] (*arythmie*) Qui concerne l'arythmie. *Le pouls arythmique. Une mélodie arythmique.*

AS, n. m. [as] ou [ɑs] (lat. *as,* unité de monnaie) Chez les Romains, l'as était une monnaie de cuivre, un poids, et désignait aussi un point seul marqué sur un des côtés du dé. ◆ Carte marquée d'un seul point. ◆ ▷ **Fam.** et **fig.** *As de pique,* mauvaise langue. « *Taisez-vous, as de pique* », MOLIÈRE. ◁ ◆ Le côté du dé marqué d'un seul point. ◆ Aux dominos, la moitié qui n'a qu'un point. ◆ ▷ *As qui court,* sorte de jeu de cartes. ◁ ◆ ▷ *As percé,* à la bouillotte, as qui est le seul de sa couleur. ◁ ■ Premier numéro dans un jeu, au loto, au tiercé, etc. *L'as a été tiré au sort.* ■ Personne qui excelle dans une activité. *As du volant.* ■ **Fam.** *Être plein aux as,* très riche. ■ **Fam.** *Passer à l'as,* ne pas être vu, être négligé. ■ *Être fichu comme l'as de pique,* être mal habillé. ■ *N'avoir plus d'as dans son jeu,* ne plus posséder de ressources, de moyens d'agir.

ASA, ■ n. m. inv. [aza] (acronyme de *American Standards Association*) Unité qui indique l'indice de sensibilité des pellicules photographiques. *Une pellicule 200* ASA.

ASA FŒTIDA ou **ASSA-FŒTIDA**, ■ n. f. inv. [azafetida, asafetida] Voy. ASE.

ASANA, ■ n. f. [asana] (sanskrit) Posture adoptée en yoga.

ASARET, n. m. [azaʁɛ] (gr. *asaron*) *Asaret d'Europe, cabaret, oreille d'homme,* plante herbacée, vivace, dont la racine sèche pour émétique, et dont les feuilles et les racines, desséchées et réduites en poudre, sont sternutatoires.

ASBESTE, n. m. [asbɛst] ou [azbɛst] (gr. *asbestos,* incombustible) Substance minérale, filamenteuse et inaltérable au feu.

ASBESTOSE, ■ n. f. [asbɛstoz] ou [azbɛstoz] (angl. *asbestos,* amiante) **Méd.** Maladie pulmonaire provoquée par l'inhalation prolongée de particules d'amiante.

ASCARIDE ou **ASCARIS**, n. m. [askaʁid, askaʁis] (gr. *askaris*) Genre d'entozoaires caractérisés par leur corps long et cylindrique.

ASCARIDIASE ou **ASCARIDIOSE**, ■ n. f. [askaʁidjaz, askaʁidjoz] (*ascaride*) **Méd.** Ensemble des maladies parasitaires dues à des ascarides.

ASCARIS, ■ n. m. [askaʁis] Voy. ASCARIDE.

ASCENDANCE, n. f. [asɑ̃dɑ̃s] Se dit de la ligne ascendante d'une famille. *Ascendance paternelle.* ◆ Se dit aussi en parlant d'une planète, d'un astre qui s'élève ou paraît s'élever sur l'horizon. *L'ascendance de Vénus.*

1 ASCENDANT, n. m. [asɑ̃dɑ̃] (2 *ascendant*) **Astron.** Le point de l'écliptique qui se lève. ◆ Astrologie, l'ascendant est le signe du zodiaque qui monte sur l'horizon au premier instant de la naissance d'un homme ou d'une femme. ■ Par extens. Penchant, inclination. « *Cet ascendant malin qui vous force à rimer* », BOILEAU. ◆ Autorité, influence. « *L'ascendant qu'il avait pris sur moi* », FÉNELON. ◆ Généalogie, ceux qui nous ont précédés et qui nous ont transmis la vie.

2 ASCENDANT, ANTE, adj. [asɑ̃dɑ̃, ɑ̃t] (lat. *ascendens,* de *ascendere,* monter) Qui va en montant. *Mouvement ascendant.* ◆ **Astron.** Qui monte, qui s'élève, par rapport à l'horizon. ◆ **Généal.** Qui a précédé ; dont on est né. *La ligne ascendante.* ◆ **Astrol.** *Astre ascendant,* celui qui monte sur l'horizon au moment de la naissance. ◆ **Méd.** *Douches ascendantes,* douches que l'on dirige de bas en haut. ◆ **Mus.** *Harmonie ascendante,* celle qui naît d'une suite de quintes en montant. ◆ **Math.** *Progression ascendante,* celle dont les termes vont en croissant.

ASCENSEUR, ■ n. m. [asɑ̃sœʀ] (lat. *ascensum,* de *ascendere,* monter) Dispositif, installé dans un immeuble, dont le système de contrepoids permet à une cabine de se déplacer verticalement et de desservir ainsi les différents étages du bâtiment. ■ Curseur installé sur le bord de l'écran informatique et permettant de parcourir le document ouvert de bas en haut ou de haut en bas.

ASCENSION, n. f. [asɑ̃sjɔ̃] (lat. *ascensio*) Action de monter, de s'élever. *L'ascension d'un aérostat. L'ascension sur le mont Blanc.* ◆ **Astron.** *Ascension droite, oblique d'un astre,* le point de l'équateur qui se lève avec cet astre dans la sphère droite, oblique. ◆ L'élévation miraculeuse de Jésus-Christ au ciel. ◆ Le jour où l'Église célèbre le mystère de l'Ascension. ◆ **Tableau,** estampe représentant Jésus montant au ciel. ■ **Fig.** Fait de s'élever vers la réussite sociale. *Une ascension professionnelle.*

ASCENSIONNEL, ELLE, adj. [asɑ̃sjɔnɛl] (*ascension*) *Force ascensionnelle,* force par laquelle un corps tend à s'élever.

ASCENSIONNER, ■ v. tr. [asɑ̃sjɔne] (*ascension*) Effectuer l'ascension de, grimper. *Ascensionner un sommet.*

ASCENSIONNISTE, ■ n. m. et n. f. [asɑ̃sjɔnist] (*ascension*) Personne qui effectue des ascensions dans les montagnes. *Les ascensionnistes et les alpinistes.* ■ **Fig.** Personne qui s'élève intellectuellement.

ASCENSORISTE, ■ n. m. et n. f. [asɑ̃sɔʀist] (*ascenseur*) Personne chargée d'installer et d'entretenir des ascenseurs.

ASCÈSE, ■ n. f. [asɛz] (gr. *askêsis,* exercice) Discipline physique et morale qui s'impose par la volonté, afin d'aboutir à un perfectionnement spirituel. *Le fondement de l'ascèse consiste à ce que le spirituel prime sur le matériel.*

ASCÈTE, n. m. et n. f. [asɛt] (gr. *askêtês,* celui qui pratique un art) Personne qui se consacre par piété aux mortifications. ■ Personne qui mène une vie austère.

ASCÉTIQUE, adj. [asetik] (gr. *askêtikos*) Qui a rapport aux exercices de la vie spirituelle. *Vie ascétique.* ◆ **N. m.** Personne qui a embrassé la vie ascétique. *Les extases des ascétiques.* ◆ **N. m. pl.** Ouvrages, traités ascétiques. *Les ascétiques des Pères de l'Église.* ◆ **N. f.** *L'ascétique,* la doctrine de la vie ascétique.

ASCÉTISME, n. m. [asetism] (*ascète*) Pratiques des ascètes.

ASCIDIE, ■ n. f. [asidi] (gr. *askidion,* petite outre) Mollusque qui vit sur les rochers et qu'on peut trouver dans toutes les mers. ■ Organe en forme de godet, contenant quelquefois un opercule, et se trouvant sur le bout des feuilles de certains végétaux tels que les plantes carnivores.

ASCIENS, n. m. pl. [asjɛ̃] (gr. *askios,* sans ombre) **Géogr. anc.** Habitants de la zone torride.

ASCII, ■ n. m. [aski] (acronyme de *American Standard Code for Information Interchange*) **Inform.** *Code* ASCII, code normalisé permettant d'échanger et de coder des données informatiques.

ASCITE, ■ n. f. [asit] (gr. *askitês*) Accumulation d'eau dans le péritoine. ◆ **Adj.** *Une hydropisie ascite.*

ASCITIQUE, adj. [asitik] (*ascite*) Qui est affecté d'ascite ; qui a rapport à l'ascite.

ASCLÉPIADACÉE, ■ n. f. [asklepjadase] (2 *asclépiade*) Plante dicotylédone qui contient un suc nocif, telle que l'asclépiade.

1 **ASCLÉPIADE,** adj. et n. m. [asklepjad] (du nom du poète gr. *Asclépiade*) Se dit d'un vers grec ou latin formé d'un spondée, de deux choriambes et d'un ïambe.

2 **ASCLÉPIADE** n. f. ou **ASCLÉPIAS,** n. m. [asklepjad, asklepjas] (lat. *asclepias,* dompte-venin officinal) Genre de plantes à graines soyeuses, auquel appartient le dompte-venin.

ASCOMYCÈTE, ■ n. m. [askomiset] (gr. *askos,* outre, et *mukês,* champignon) Champignon supérieur dont les spores sont regroupées en asques, tels que la morille, la truffe ou la pézize. ◆ **N. m. pl.** Classe de ces champignons. *La famille des ascomycètes.*

ASCORBIQUE, ■ adj. [askɔʀbik] (a- et *scorbut*) *Acide ascorbique,* composé chimique proche du glucose, appelé aussi vitamine C, destiné à renforcer le système immunitaire humain par son pouvoir antioxydant.

1 **ASCOSPORE,** ■ n. m. [askospɔʀ] (2 *ascospore*) Espèce de champignons dont les spores s'apparentent à des thèques.

2 **ASCOSPORE,** ■ n. f. [askospɔʀ] (gr. *askos,* outre, et *spore*) Spore qui se développe dans les asques des ascomycètes.

ASDIC, ■ n. m. [asdik] ou [azdik] (acronyme de *Allied Submarine Detection Investigation Committee*) Dispositif de détection sous-marine conçu en Grande-Bretagne et fondé sur l'utilisation d'ultrasons.

ASE, ■ n. f. [az] (lat. *asa*) *Ase fétide,* résine d'une odeur répugnante, provenant de la racine de la férule, utilisée notamment en cuisine pour parfumer certains plats, ou en médecine pour combattre les spasmes ou soigner les bronchites. ■ Rᴇᴍ. On dit aussi *asa fœtida* et *assa-fœtida.*

ASÉISMIQUE, ■ adj. [aseismik] Voy. ᴀsɪsᴍɪǫᴜᴇ.

ASELLE, ■ n. m. [azɛl] (lat. *asellus,* ânon) Petit crustacé isopode, proche du cloporte, qui vit dans les eaux douces.

ASÉMANTIQUE, ■ adj. [asemɑ̃tik] (a- et *sémantique*) **Ling.** Qui n'est pas acceptable du point de vue du sens mais qui peut être correcte du point de vue de la grammaire, en parlant d'une phrase. *Un énoncé asémantique.*

ASEPSIE, ■ n. f. [asɛpsi] (a- et gr. *sêptos,* pourri) **Méd.** Ensemble des mesures destinées à prévenir tout apport microbien dans l'organisme, en particulier lors d'une opération. ■ Absence de germes infectieux.

ASEPTIQUE, ■ adj. [asɛptik] (a- et gr. *septikos,* putréfié) Qui se rapporte à l'asepsie, qui se trouve dans un état d'asepsie. *Une opération aseptique.* ■ Exempt de micro-organismes. *Un milieu aseptique.* ■ ASEPTIQUEMENT, adv. [asɛptik(ə)mɑ̃]

ASEPTISATION, ■ n. f. [asɛptizasjɔ̃] (*aseptiser*) Action d'aseptiser, de désinfecter. *L'aseptisation du réfectoire.*

ASEPTISÉ, ÉE, ■ adj. [asɛptize] (*aseptiser*) Que l'on débarrasse de tout microbe, stérilisé. *Une salle aseptisée.* ■ Qui manque d'originalité, de personnalité. *Un exposé aseptisé.* ■ P. p. Être aseptisé.

ASEPTISER, ■ v. tr. [asɛptize] (*aseptique*) **Méd.** Rendre exempt de germes infectieux. *Aseptiser les instruments chirurgicaux.* ■ P. p. et adj. **Fig.** Débarrassé de tout ce qui est susceptible de contaminer l'esprit. *Univers, vocabulaire aseptisé.*

ASEXUALITÉ, ■ n. f. [asɛksɥalite] (a- et *sexualité*) État normal d'un organisme qui n'a pas de sexe ou d'activité sexuelle. *L'asexualité d'une fleur.* ■ Absence de besoins sexuels. *L'asexualité de cette femme se confond avec la frigidité.*

ASEXUÉ, ÉE, ■ adj. [asɛksɥe] (a- et *sexué*) Dépourvu de sexe, en parlant d'un être humain. ■ **Biol.** Dont la reproduction s'effectue sans l'intervention de cellules reproductrices ou gamètes. *Multiplication, reproduction asexuée.* ■ **Fig.** Qui semble ne pas appartenir à un sexe précis. *Vêtements asexués.*

ASHKÉNAZE, ■ n. m. et n. f. [aʃkenaz] (*Ashkenaz,* n. biblique d'un fils de Gomer et du peuple scythe, appliqué au Moyen-âge à la diaspora juive d'Allemagne) Juif originaire de l'Europe centrale ou septentrionale, que l'on distingue du Juif méditerranéen, le séfarade. ■ Adj. Qui concerne les Ashkénazes, qui appartient à cette communauté. *Un Juif ashkénaze.*

ASHRAM, ■ n. m. [aʃʀam] (sansc. *asrama*) Lieu de retraite collective, en Inde, dévolu à la méditation et aux pratiques spirituelles.

ASIAGO, ■ n. m. [asjago] (plateau d'*Asiago,* au nord-est de l'Italie) Fromage italien au lait de vache qui peut être de deux types : *l'asiago frais* et *l'asiago affiné.* ◆ Râper de l'asiago.

ASIALIE, n. f. [asjali] (a- et gr. *sialon,* salive) Absence de salive.

ASIARCHAT, n. m. [azjaʀka] (b. lat. *asiarcha,* gr. *asiarkhês,* asiarque) ▷ Magistrature qui donnait le droit de présider aux jeux sacrés célébrés par les villes grecques de l'Asie. ◁

ASIARQUE, n. m. [azjaʀk] (gr. *Asiarkhês*) Personne qui était revêtue de l'asiarchat.

ASIATE, ■ adj. [azjat] (*asiatique*) Péj. Asiatique. ■ **N. m.** et n. f. Personne qui est née ou qui vit en Asie. *Il a les yeux bridés comme un Asiate.*

ASIATIQUE, adj. [azjatik] (lat. *asiaticus*) Qui appartient à l'Asie. ■ **N. m.** et n. f. *Un Asiatique, une Asiatique.*

ASIENTO, ■ n. m. [asjɛnto] (mot esp., traité, accord) Contrat qui garantissait au roi d'Espagne une supériorité commerciale et qui stipulait les rentrées d'argent.

ASILAIRE, ■ adj. [azilɛʀ] (*asile*) Qui se rapporte à un asile psychiatrique. *Un séjour asilaire.*

ASILE, n. m. [azil] (lat. *asylum,* gr. (*hieron*) *asulon,* temple inviolable, de a- priv. et *sulan,* dépouiller) Lieu inviolable où l'on se réfugiait. *Autrefois les églises étaient des asiles.* ◆ **Par extens.** Tout lieu où l'on est en sûreté contre une poursuite, contre un danger. ■ **Fig.** Protection, secours, retraite. « *C'est un grand asile contre l'ennui* », Mᴍᴇ ᴅᴇ Sᴇ́ᴠɪɢɴᴇ́. ◆ *Salle d'asile* ou simplement *asile,* institution charitable où l'on reçoit les enfants de deux à six ans dont les parents ne peuvent s'occuper. ■ **Vieilli** Hôpital psychiatrique.

■ *Droit d'asile,* permettant à un réfugié politique d'être accueilli dans un pays étranger. ■ REM. Graphie ancienne *: asyle.*

ASINE, adj. f. [azin] (*asinin,* propre à l'âne, du lat. *asininus,*) *Bête asine,* un âne ou une ânesse. *Les races asines,* les diverses variétés qu'ont produites dans l'âne domestique le régime, le climat, les croisements.

ASINIEN, IENNE, ■ adj. [azinjɛ̃, jɛn] (lat. *asinus,* âne) Qui concerne l'âne. *Un entêtement asinien.*

ASISMIQUE ou **ASÉISMIQUE,** ■ adj. [asismik, aseismik] (*a-* et *sismique* ou *séismique*) Qui ne comporte aucune activité sismique. *Une zone asismique.*

ASITIE, n. f. [asiti] (le *s* se prononce *ss* ; gr. *asitia,* de *asitos,* qui n'a pas mangé) Méd. Abstinence forcée et aussi perte de l'appétit.

ASOCIABILITÉ, ■ n. f. [asosjabilite] (*a-* et *sociabilité*) Incapacité de de s'adapter à la vie en société. *Son asociabilité le marginalise.*

ASOCIAL, ALE, ■ adj. [asosjal] (*a-* et *social*) Incapable de s'adapter aux règles et aux contraintes de la vie en société. *Adolescent asocial. Comportement asocial.* ■ N. m. et n. f. *Un asocial, une asociale.*

ASOMATOGNOSIE, ■ n. f. [asomatognozi] (*a-, somato-,* corps, et *-gnosie,* connaissance) Psych. Pathologie neurologique du schéma corporel. ■ REM. Le *g* se prononce séparément du *n.*

ASPARAGINE, n. f. [aspaʀaʒin] (lat. *asparagus*) Principe médiat cristallisable trouvé dans le suc de l'asperge.

ASPARAGUS, ■ n. m. [aspaʀagys] (lat. *asparagus,* asperge) Plante d'agrément, de la même famille que l'asperge, cultivée en horticulture.

ASPARTAME ou **ASPARTAM,** ■ n. m. [aspaʀtam] (angl. *aspartame,* de *aspartic acid phenylalaline methyl ester*) Édulcorant de synthèse composé de deux acides aminés et dont le pouvoir sucrant est élevé.

ASPARTIQUE, ■ adj. [aspaʀtik] (*asparagine*) *Acide aspartique,* diacide aminé contenu dans les protéines, jouant un rôle dans la constitution de l'urée et dans la synthèse de l'ADN et l'ARN.

ASPE ou **ASPLE,** ■ n. m. [asp, aspl] (all. *haspel*) Appareil destiné à dévider les cocons, et sur lequel se collent les fils de la soie.

ASPECT, n. m. [aspɛ] (on ne prononce pas *ct* ; lat. *aspectus,* de *aspicere,* porter ses regards sur) L'état de ce qui est sous l'œil, devant les yeux. *Trembler à l'aspect d'une chose terrible.* ◆ Vue. « *Un domaine assez agréable, dans le plus bel aspect de la nature* », VOLTAIRE. ◆ Orientation. « *En sorte que la maison fût tournée à un aspect sain* », FÉNELON. ◆ Représentation d'une côte et d'une terre dans les cartes marines. *Les aspects et les vues sont bien dépeints dans cette carte.* ◆ Apparence, dehors, extérieur. *Son aspect et son langage.* ◆ Faces diverses par lesquelles une chose se présente. *Tous les aspects d'un sujet.* ◆ Astrol. *Aspect des astres,* leur situation par rapport à l'influence qu'on leur attribuait sur la destinée humaine. ■ Gramm. Façon dont est envisagé le procès exprimé par le verbe.

ASPERGE, n. f. [aspɛʀʒ] (lat. *asparagus*) Plante potagère dont on mange les jeunes pousses.

ASPERGÉ, ÉE, p. p. d'asperger. [aspɛʀʒe] Mouillé par la projection d'un liquide.

ASPERGEMENT, n. m. [aspɛʀʒ(ə)mɑ̃] (*asperger*) État de ce qui est aspergé.

ASPERGER, v. tr. [aspɛʀʒe] (lat. *aspergere,* répandre) Projeter un liquide en forme de pluie sur... *Asperger d'eau bénite une assemblée.* ■ V. pr. *Elle s'est aspergée de parfum avant de sortir.*

ASPERGÈS, ■ n. m. [aspɛʀʒɛs] (antienne *asperges me, Domine* : 2ⁿᵈᵉ pers. du futur *d'aspergere,* tu m'aspergeras, Seigneur) Goupillon qui sert à asperger. ◆ Moment de l'office où se fait la cérémonie de jeter de l'eau bénite.

ASPERGILLAIRE, ■ adj. [aspɛʀʒilɛʀ] (*aspergille*) Méd. Qui est caractéristique de l'aspergillose.

ASPERGILLE n. f. ou **ASPERGILLUS,** ■ n. m. [aspɛʀʒil, aspɛʀʒilys] (b. lat. *aspergillum,* goupillon, aspersoir) Champignon s'apparentant à de la moisissure et se développant sur des produits sucrés tels que la confiture, ou sur des matières animales ou végétales en décomposition.

ASPERGILLOSE, ■ n. f. [aspɛʀʒiloz] (*aspergille*) Méd. Affection parasitaire provoquée par un champignon, touchant principalement les poumons et causant des symptômes similaires à ceux de la tuberculose.

ASPERGILLUS, ■ n. m. [aspɛʀʒilys] Voy. ASPERGILLE.

ASPÉRITÉ, ■ n. f. [aspeʀite] (lat. *asperitas*) État de ce qui est âpre, raboteux. *L'aspérité d'une pierre.* ◆ Fig. *L'aspérité du caractère, du style.*

ASPERMATISME, ■ n. m. [aspɛʀmatism] (*a-* et *sperme*) Méd. Défaut de production de sperme qui rend difficile ou impossible l'éjaculation.

ASPERME, adj. [aspɛʀm] (gr. *aspermos,* de *a-* priv. et *sperma,* semence) Bot. Qui ne produit pas de graines.

ASPERMIE, n. f. [aspɛʀmi] (*asperme*) Bot. Absence de graines. ■ Méd. Absence de sperme.

ASPERSEUR, ■ n. m. [aspɛʀsœʀ] (lat *aspersum,* supin de *aspergere*) Arroseur fixe ou rotatif destiné à l'irrigation par aspersion.

ASPERSION, n. f. [aspɛʀsjɔ̃] (lat. *aspersio,* action de répandre) Action d'asperger, de jeter de l'eau. ◆ En particulier, action de jeter de l'eau bénite.

ASPERSOIR, n. m. [aspɛʀswaʀ] (lat. médiév. *aspersorium,* goupillon) Aspergès, goupillon à jeter de l'eau bénite.

ASPÉRULE, ■ n. f. [aspeʀyl] (lat. *asper,* rugueux) Genre de plantes auquel appartient *l'aspérule odorante,* muguet des bois.

ASPHALTAGE, ■ n. m. [asfaltaʒ] (*asphalter*) Action d'asphalter. *L'asphaltage d'une chaussée.*

ASPHALTE, n. m. [asfalt] (b. lat. *asphaltus,* gr. *asphaltos*) Bitume solide, sec, friable, inflammable, qui se trouve particulièrement sur les bords du lac Asphaltite ou mer Morte.

ASPHALTER, ■ v. tr. [asfalte] (*asphalte*) Couvrir entièrement d'asphalte. *Asphalter un trottoir.*

ASPHALTIER, ■ n. m. [asfaltje] (*asphalte*) Navire conçu pour transporter du bitume et de l'asphalte.

ASPHODÈLE, n. m. [asfodɛl] (gr. *asphodelos*) Plante de la famille des liliacées, à laquelle appartient *l'asphodèle rameux.*

ASPHYXIANT, ANTE, adj. [asfiksjɑ̃, ɑ̃t] (*asphyxier*) Qui asphyxie. *Odeur asphyxiante.*

ASPHYXIE, n. f. [asfiksi] (gr. *asphuxia,* de *a-* priv. et *sphuzein,* palpiter) Méd. Suspension de la respiration et état de mort apparente ou imminente par submersion, strangulation, action de gaz irrespirables, etc. ■ Ralentissement, paralysie de l'activité économique.

ASPHYXIÉ, ÉE, p. p. d'asphyxier. [asfiksje] *Asphyxié par la vapeur de charbon.* ◆ N. m. et n. f. *Secours pour les asphyxiés.*

ASPHYXIER, v. tr. [asfiksje] (*asphyxie*) Causer l'asphyxie. ◆ S'asphyxier, v. pr. Se donner la mort par asphyxie.

1 **ASPIC,** n. m. [aspik] (lat. *aspis,* gr. *aspis,* avec infl. de *basilic*) Serpent très venimeux. ◆ Fig. *C'est un aspic,* c'est un homme dangereux par sa médisance. *Une langue d'aspic,* une méchante langue.

2 **ASPIC,** n. m. [aspik] (a. provenç *espic,* épi, lavande) Nom vulgaire de la grande lavande. *Huile d'aspic.* Voy. SPIC.

3 **ASPIC,** n. m. [aspik] Plat composé de viande ou de poisson froid et de gelée.

ASPIDISTRA, ■ n. m. [aspidistʀa] (gr. *aspis,* génit. *aspidos,* bouclier, et 2ⁿᵈ élément obscur) Espèce de plante vivace originaire de Chine, à grandes feuilles vert foncé, cultivable comme plante d'appartement.

ASPIRAIL, n. m. [aspiʀaj] (*aspirer*) Trou pratiqué dans un fourneau pour que l'air y puisse pénétrer. ■ *Des aspiraux.*

1 **ASPIRANT, ANTE,** adj. [aspiʀɑ̃, ɑ̃t] (*aspirer*) Hydraul. Qui aspire. *Pompe aspirante.*

2 **ASPIRANT, ANTE,** n. m. et n. f. [aspiʀɑ̃, ɑ̃t] (*aspirer*) Personne qui aspire à une fonction, à une place, à un titre. *Aspirant de marine. Aspirant au doctorat.*

3 **ASPIRANT,** ■ n. m. [aspiʀɑ̃] (*aspirer*) Milit. Officier portant un grade inférieur à celui de sous-lieutenant.

ASPIRATEUR, TRICE, adj. [aspiʀatœʀ, tʀis] (*aspirer*) Qui a rapport à l'aspiration. *La force aspiratrice des végétaux.* ◆ N. m. Ventilateur. ■ Appareil électroménager utilisé pour débarrasser un sol de ses poussières. *Passer l'aspirateur.* ■ Par extens. Tout appareil qui aspire. *Aspirateur chirurgical.* ■ *Aspirateur de site Web,* logiciel permettant de télécharger le contenu exhaustif d'un site.

ASPIRATIF, IVE, adj. [aspiʀatif, iv] (radic. de *aspiration*) Qui a le caractère de l'aspiration.

ASPIRATION, n. f. [aspiʀasjɔ̃] (lat. *aspiratio*) Action d'aspirer. *L'aspiration de l'air dans le poumon. Aspiration de l'eau par la pompe.* ◆ Fig. Mouvement de l'âme vers Dieu ; élans du cœur vers les choses élevées. ◆ Gramm. Prononciation aspirée d'une voyelle. *L'aspiration du h.*

ASPIRATOIRE, ■ adj. [aspiʀatwaʀ] (*aspirer*) Qui se réalise par aspiration, qui concerne l'aspiration. *Le mouvement aspiratoire des poumons.*

ASPIRÉ, ÉE, p. p. d'aspirer. [aspiʀe] Attiré. *L'eau aspirée par les végétaux.* ◆ Gramm. Affecté d'aspiration. *Une lettre aspirée.* ◆ N. f. *Une aspirée,* une lettre qui a une aspiration.

ASPIRER, v. tr. [aspiʀe] (lat. *aspirare,* souffler vers ; lat. médiév., respirer) Attirer l'air dans ses poumons. *Aspirer l'air.* ◆ Absol. *Aspirer avec force.* ◆ Élever l'eau en faisant le vide. ◆ Gramm. Prononcer de la gorge. *Aspirer l'h.*

◆ **Absol.** *Aspirer.* ◆ Aspirer à, v. intr. Avoir le désir de. *Aspirer à la royauté, à régner.* ◆ ▷ On l'a aussi construit avec *de.* « *Elle n'aspire encore d'y arriver que par des moyens qui viennent de Dieu même* », PASCAL. ◁ ▪ **V. tr.** Attirer dans un appareil. *Aspirer la poussière.*

ASPIRINE, ▪ n. f. [aspiʀin] (all. *aspirin,* du gr. *a-* priv. et lat. sav. *spiraea [ulmaria],* spirée) Acide acétylsalicylique, médicament utilisé comme analgésique et antipyrétique. ▪ **Fam.** *Être blanc comme un cachet d'aspirine.*

ASPIROBATTEUR, ▪ n. m. [aspiʀobatœʀ] (*aspirer* et *battre*) Appareil électroménager composé d'un aspirateur et d'un balai, utilisé pour dépoussiérer et battre les tapis.

ASPLE, ▪ n. m. [aspl] Voy. ASPE.

ASPLÉNIUM, ▪ n. m. [asplenjɔm] (lat. sav. du gr. *asplênos,* bon pour la rate, de *a-* prothétique et *splên,* rate, appliqué au ceterach pour ses vertus médicinales) Fougère vivace qui pousse en touffe sur les murs ou les rochers, utilisée parfois en médecine pour soigner la toux.

ASPRE, ▪ n. m. [aspʀ] (grec mod ; b. gr. *aspros,* blanc) ▷ Petite monnaie d'argent chez les Turcs. ◁

ASQUE, ▪ n. m. [ask] (gr. *askos,* outre) **Bot.** Cellule microscopique qui contient les spores chez les champignons ascomycètes.

ASSA, n. f. [asa] (lat. médiév. *asa,* résine de silphium) Suc végétal concret : *assa dulcis,* ancien nom du benjoin ; *assa - fœtida,* gomme résine fétide fournie par la férule persique. Voy. ASE.

ASSAGIR, v. tr. [asaʒiʀ] (*a-* et *sage*) Rendre sage. *L'âge assagit les jeunes gens.* ◆ **V. intr.** Devenir sage. ◆ Ce verbe a vieilli. ▪ REM. Est auj. d'un emploi courant. ▪ **V. pr.** Devenir sage. *Ils se sont assagis en vieillissant.* ▪ ASSAGISSEMENT, n. m. [asaʒis(ə)mɑ̃]

ASSAI, ▪ adv. [asaj] (mot it., beaucoup) **Mus.** Très. ▪ *Allegro assai,* très vif. ▪ *Lento assai,* très lentement.

ASSAILLANT, ANTE, n. m. et n. f. [asajɑ̃, ɑ̃t] (*assaillir*) Personne qui assaille. *Repousser les assaillants.* ◆ Anciennement, personne qui dans un tournoi combattait contre le tenant. ▪ **Adj.** Qui assaille. *Une ennemie assaillante.*

ASSAILLI, IE, p. p. d'assaillir. [asaji] *Assailli de périls.*

ASSAILLIR, v. tr. [asajiʀ] (b. lat. *assalire,* du lat. *assilire,* sauter contre) Se jeter sur pour attaquer. *Assaillir les ennemis.* ◆ Fondre sur. *L'orage nous assaillit.* ◆ **Fig.** « *C'est le doute que j'ai qu'un malheur m'assaille* », MALHERBE.

ASSAIMER, v. intr. [aseme] (confusion de l'anc. fr. *essaim* avec l'*assaimer,* faire maigrir, de *saim,* graisse animale) ▷ Se conjugue avec *être* ou *avoir,* suivant les sens. Sortir en essaim, en parlant des abeilles. ▪ REM. On dit auj.*essaimer.* ◁

ASSAINI, IE, p. p. d'assainir. [aseni] Rendu sain.

ASSAINIR, v. tr. [aseniʀ] (*a-* et *sain*) Rendre sain, plus sain. ▪ **Fig.** Rendre normal, pur. *Il faudrait assainir les rapports que vous entretenez.* ▪ **V. pr.** Devenir sain, plus sain.

ASSAINISSEMENT, n. m. [asenis(ə)mɑ̃] (radic. du p. prés. de *assainir*) Action d'assainir ; résultat de cette action. ▪ Ensemble des moyens permettant d'évacuer et traiter les eaux usées.

ASSAINISSEUR, ▪ n. m. [aseniscœʀ] (radic. du p. prés. de *assainir*) Produit désodorisant. ▪ Appareil pulvérisant de l'ozone dans une pièce afin de purifier l'air.

ASSAISONNANT, ANTE, adj. [asɛzɔnɑ̃, ɑ̃t] (*assaisonner*) En économie rurale, *plantes assaisonnantes,* celles qui se distinguent par leur saveur acidule, amère ou piquante, leur odeur prononcée.

ASSAISONNÉ, ÉE, p. p. d'assaisonner. [asɛzɔne] Pourvu d'assaisonnement. ◆ **Fig.** *Discours assaisonné de plaisanteries.*

ASSAISONNEMENT, n. m. [asɛzɔn(ə)mɑ̃] (*assaisonner*) Action, manière d'assaisonner. ◆ Substances qu'on emploie à assaisonner. ◆ **Fig.** Tout ce qui ajoute de l'à-propos, du piquant à une chose. ▪ **Spécialt** *Assaisonnement de salade.*

ASSAISONNER, v. tr. [asɛzɔne] (*a-* et *saison*) Mettre dans un mets certaines substances qui les relèvent. *Assaisonner un ragoût, une salade.* ◆ **Fig.** « *La sagesse sait assaisonner les plaisirs pour les rendre durables* », FÉNELON. ◆ Agrémenter, rendre plus vigoureux. *Assaisonner son discours de jeux de mots.* ▪ **Fig.** et fam. Blâmer, disputer quelqu'un. *Ses parents l'ont assaisonné.*

ASSAMAIS, ▪ n. m. [asamɛ] (*Assam*) Langue que l'on parle en Assam. *L'assamais est une langue indo-aryenne.*

1 **ASSASSIN,** n. m. [asasɛ̃] (ital. *assassino,* de l'ar. *hasis,* cannabis) Personne qui assassine. ◆ *Crier à l'assassin,* appeler du secours. ◆ N. f. « *Et vous en avez moins [de peine] à me croire assassine* », P. CORNEILLE. ◆ Autrefois et

fig. *Assassin,* petite mouche noire que les femmes se mettaient au-dessous de l'œil.

2 **ASSASSIN, INE,** adj. [asasɛ̃, in] (1 *assassin*) **Poétiq.** Qui tue. *Un poignard assassin.* ◆ **Fig.** *Épigramme assassine.* ◆ *Des yeux assassins, des regards assassins,* c'est-à-dire si beaux qu'ils font mourir d'amour. ▪ Malveillant, agressif. *Une remarque assassine.*

ASSASSINANT, ANTE, adj. [asasinɑ̃, ɑ̃t] (*assassiner*) Ennuyeux, fatigant.

ASSASSINAT, n. m. [asasina] (*assassiner*) Meurtre commis par un assassin. ◆ **Fig.** Acte de violence odieuse ; discours qui porte un grave préjudice. *Cette calomnie est un assassinat.*

ASSASSINÉ, ÉE, p. p. d'assassiner. [asasine] Tué en guet-apens. ◆ **Fig.** *Assassiné de visites importunes.*

ASSASSINER, v. tr. [asasine] (ital. *assassinare*) Tuer avec préméditation, par surprise. ◆ **Absol.** « *Serait-on reçu à dire qu'on ne peut se passer de voler, d'assassiner ?* », LA BRUYÈRE. ◆ Excéder de coups, de blessures par trahison. *Assassiner de coups.* ◆ Causer un grand préjudice, une vive douleur. ◆ Fatiguer, importuner à l'excès. *Assassiner de compliments.* ▪ **Fam.** Réclamer à quelqu'un un paiement exorbitant. *Ce locataire se fait assassiner par le propriétaire de son appartement.*

ASSATION, n. f. [asasjɔ̃] (lat. *assare,* faire rôtir) Coction des aliments ou des médicaments dans leurs propres sucs, sans addition d'aucune liqueur.

ASSAUT, n. m. [aso] (lat. pop. *assaltus,* du lat. *saltus,* saut) Attaque de vive force sur une ville, un poste, etc. *Emporter une ville d'assaut.* ◆ **Fig.** *Les assauts de la tempête.* ◆ **Fig.** *Emporter la place d'assaut,* réussir promptement ou brusquement. ◆ Sollicitation vive et pressante. ◆ **Escrime** Exercice au fleuret. ◆ **Fig.** *Faire assaut,* lutter à qui fera le plus ou le mieux une chose. *Faire assaut de zèle.* ▪ *Prendre d'assaut,* obtenir immédiatement, avec force, envahir. *Il a pris d'assaut les meilleures places.*

ASSAVOIR, [asavwaʀ] (*a-* et *savoir*) ▷ ancien verbe que l'on a décomposé en : *faire à savoir.* ◁

ASSEAU, ▪ n. m. [aso] (var. de *aisseau,* de l'anc. fr. *aisse,* hachette, doloire, du lat. *ascia*) Marteau à l'usage du couvreur, dont la tête est courbée en portion de cercle.

ASSÉCHER, v. tr. [aseʃe] (lat. *adsiccare,* de *siccus,* sec) **Mines** Priver d'eau, d'humidité. ◆ **V. intr.** **Mar.** Devenir à sec. *Une roche qui assèche en basse mer.* ▪ **V. pr.** Devenir sec. ▪ ASSÈCHEMENT, n. m. [asɛʃ(ə)mɑ̃]

ASSEMBLAGE, ▪ n. m. [asɑ̃blaʒ] (*assembler*) Réunion de choses ou de personnes. ◆ **Fig.** *L'assemblage des plus nobles connaissances. Cet homme est un assemblage de tous les vices.* ◆ Menuiserie, manière de joindre des pièces de bois. ◆ Reliure et brochage, réunion des feuilles d'un volume dans l'ordre de leurs signatures. ▪ **Art** Œuvre composée de différents objets et matériaux. ▪ **Inform.** *Langage d'assemblage,* assembleur.

ASSEMBLÉ, ÉE, p. p. d'assembler. [asɑ̃ble] Mis ensemble. ◆ **Constr.** *Bois assemblé,* celui qui, joint à un autre, occupe la place où il doit rester. ▪ N. m. Un des pas de la danse, consistant à assembler les deux pieds à la troisième position.

ASSEMBLÉE, n. f. [asɑ̃ble] (substantivation du p. p. fém. de *assembler*) Réunion de personnes. *Nombreuse assemblée.* ◆ Réunion de personnes formant corps. *Une assemblée délibérante.* ◆ **Par anal.** *Assemblée de famille, d'actionnaires, de créanciers.* ◆ *L'assemblée des fidèles,* l'Église. ◆ Appel au son du tambour ou de la trompette pour rassembler les soldats. ◆ En certaines localités de la campagne, réunion de fête ou de marché. ▪ *La Haute Assemblée,* le Sénat.

ASSEMBLEMENT, n. m. [asɑ̃bləmɑ̃] (*assembler*) Action d'assembler.

ASSEMBLER, v. tr. [asɑ̃ble] (lat. vulg. *assimulare,* de *simul,* ensemble) Mettre ensemble. ◆ **Fig.** « *Je vois quels malheurs j'assemble sur ma tête* », RACINE. ◆ Convoquer des personnes, réunir. ◆ Dans les arts mécaniques, assembler les pièces d'une machine. ◆ Par analogie. « *Quelle importune main... A pris soin sur mon front d'assembler mes cheveux ?* », RACINE. ◆ Reliure et brochage, réunir les feuilles dans l'ordre de leurs signatures. ◆ **Danse** *Assembler,* Absol. mettre un pied, ordinairement le droit, devant l'autre à la troisième position, le talon droit touchant d'équerre le milieu du pied gauche. ◆ S'assembler, v. pr. Se réunir. ◆ Prov. Qui se ressemble s'assemble. ◆ On a dit assembler à au lieu d'assembler *avec.* « *Tu suis mes ennemis, t'assembles à leur bande* », MALHERBE.

ASSEMBLEUR, EUSE, n. m. et n. f. [asɑ̃blœʀ, øz] (*assembler*) Ouvrier, ouvrière qui fait les assemblages après le tirage des feuilles qui composent le volume. ▪ **Inform.** Personne qui monte les différentes pièces d'un ordinateur. ▪ N. m. **Inform.** Programme permettant de traduire les programmes d'application en langage machine. ▪ N. f. Machine destinée à assembler des cahiers ou des feuillets d'un ouvrage.

ASSÉNÉ, ÉE ou **ASSENÉ, ÉE,** p. p. d'asséner. [asene] Porté sur. *Un coup bien asséné.* ◆ **Fig.** *Un coup de langue bien asséné.*

ASSÉNER ou **ASSENER**, v. tr. [asene] (*a-* et anc. fr. *sen*, direction, p.-ê. du germ. *sinno-*, direction intelligence) Porter un coup violent. *Il lui asséna un coup de bâton sur la tête.* ◆ Fig. *Paséner un coup de langue.* ▪ Manifester avec force et ardeur. *Asséner des injures.*

ASSENTEMENT ou **ASSENTIMENT**, n. m. [asãt(ə)mã] ou [asãtimã] (*assentir*) ▷ Odeur qui frappe le nez du chien et qui le porte à se rabattre sur la voie de l'animal que l'on chasse. ◁

ASSENTIMENT, n. m. [asãtimã] (*assentir*) Mouvement de la volonté qui accède ; approbation. *Donnez votre assentiment à un acte. J'ai l'assentiment de mes supérieurs.*

1 **ASSENTIR**, v. intr. [asãtir] (lat. *assentire*) Donner son assentiment. *Assentir à un acte.* ◆ Il a vieilli.

2 **ASSENTIR**, v. intr. [asãtir] (*a-* et *sentir*, percevoir une odeur) **Chasse** Reconnaître la voie.

ASSEOIR ou **ASSOIR**, v. tr. [aswar] (lat. vulg. *adsedere*, du lat. *sedere*, être assis) Mettre quelqu'un sur un siège. *Asseoir un malade.* ◆ Poser, placer, établir. *Asseoir un camp.* ◆ Fig. *Asseoir solidement son trône, un empire. Asseoir un impôt.* « *On ne sait où asseoir sa créance* », PASCAL. ▪ **Sylvic.** *Asseoir les ventes,* marquer le canton de bois qui doit être coupé. ◆ **Techn.** *Asseoir l'or,* le poser sur une première matière qui lui sert de fond ou de soutien. ◆ **Peint. et sculpt.** *Asseoir une figure,* lui donner une position naturelle et un bon équilibre. ◆ **Équit.** *Asseoir,* faire plier les jambes à un cheval. ◆ *Faire asseoir quelqu'un,* dire à quelqu'un de s'asseoir. ◆ *S'asseoir,* v. pr. Se mettre sur un siège, se tenir sur son séant. ◆ Se poser, en parlant d'un oiseau.

ASSERMENTÉ, ÉE, p. p. d'assermenter. [asεrmãte] Qui a prêté serment. ◆ *Prêtre assermenté,* ecclésiastique qui, à l'époque de la constitution civile du clergé, en 1790, avait prêté le serment.

ASSERMENTER, v. tr. [asεrmãte] (*a-* et *serment*) Faire prêter serment, en parlant des personnes auxquelles on confère des offices publics. ▪ ASSERMENTATION, n. f. [asεrmãtasjõ]

ASSERTIF, IVE, adj. [asεrtif, iv] (*assertion* ; cf. lat. médiév. *assertivus*, laudatif) Qui a le caractère de l'assertion. *Une proposition assertive.*

ASSERTION, n. f. [asεrsjõ] (b. lat. *adsertio*) Proposition qu'on affirme. *Assertion vraie, fausse.*

ASSERTOIRE, ▪ adj. [asεrtwar] Voy. ASSERTORIQUE.

ASSERTORIQUE ou **ASSERTOIRE**, ▪ adj. [asεtorik, asεrtwar] (adapt. de l'all. [Kant] *Assertorische*) **Philos.** Qui atteste une vérité simple, sans lui attribuer un caractère nécessaire. *Ce jugement est assertorique et non apodictique.*

ASSERVI, IE, p. p. d'asservir. [asεrvi] Rendu esclave. *La patrie asservie. Asservi par les passions. Asservi aux circonstances.*

ASSERVIR, v. tr. [asεrvir] (*a-* et *serf*) Réduire à l'état d'esclavage ou de simple dépendance. ◆ Absol. « *Insensé qui croit asservir et se dispenser d'obéir !* », P.-L. COURIER. ◆ Fig. *Ses vertus ont asservi tous les cœurs.* ◆ *S'asservir,* v. pr. Se soumettre. *Il ne s'asservit à aucune règle.*

ASSERVISSANT, ANTE, adj. [asεrvisã, ãt] (*asservir*) Qui asservit. *Condition asservissante.*

ASSERVISSEMENT, n. m. [asεrvis(ə)mã] (radic. du p. prés. de *asservir*) État de servitude ; action d'asservir.

ASSERVISSEUR, n. m. [asεrvisœr] (radic. du p. prés. de *asservir*) Personne qui asservit. « *C'est le grand asservisseur des rois et des consciences, le grand despote religieux, Grégoire VII* », VILLEMAIN.

ASSESSEUR, n. m. [asesœr] (lat. *adsessor*, de *adsidere*, être assis auprès) Magistrat adjoint à un juge principal pour l'aider et le remplacer. ▪ Personne qui en assiste une autre dans ses fonctions et qui est susceptible de la suppléer. ▪ **Sp.** Juge de touche assistant l'arbitre lors d'un match.

ASSESSORAL, ALE, ▪ adj. [asesoral] (lat. *adsessor*) Qui est d'un assesseur. *Droits assessoraux.* ▪ REM. On disait autrefois *assessorial, ale.*

ASSESSORAT, n. m. [asesora] (lat. *adsessor*) Office d'assesseur.

ASSESSORIAL, ALE, adj. [asesorjal] Voy. ASSESSORAL, ALE.

ASSETTE, n. f. [asεt] (var. de asseau) Marteau avec une tête d'un côté et de l'autre un tranchant, un peu recourbé vers le manche, dont les couvreurs et les tonneliers se servent.

ASSEZ, adv. [ase] (lat. vulg. *adsatis*, de *ad-, a-*, et *satis*, assez) Autant qu'il en faut. *L'avare n'a jamais assez. Assez longtemps.* ◆ *Bien assez. J'ai bien assez vécu.* ◆ *C'est assez, c'en est assez,* en voilà assez, et elliptiquement c.-à-d. n'en parlons plus, n'en disons pas davantage. ◆ *Assez de.* « *Ce m'est assez d'honneur* », MALHERBE. ◆ *Avoir assez d'une chose,* en avoir suffisamment, et quelquefois en être fatigué, rassasié. ◆ *Assez d'autres,* un nombre bien suffisant, autant que j'en voudrai. « *Assez d'autres États lui prêteront asile* »,

P. CORNEILLE. ◆ *Assez,* quelque peu, dans un sens qui est ou diminutif ou augmentatif suivant les mots : *Elle est assez jolie,* c'est-à-dire elle n'est qu'un peu jolie ; *une lettre assez longue,* c'est-à-dire qui dépasse la longueur ordinaire. ◆ *Assez et trop longtemps,* locution poétique signifiant pendant trop longtemps. *Assez est explétif dans : Assez souvent, assez peu,* etc. ◆ *Assez pour,* devant un infinitif. *Il est assez riche pour acheter ce domaine.* ◆ On a dit, dans le même sens, *assez de.* « *Les Athéniens ordonnèrent une punition de mort contre le premier qui serait assez hardi de proposer la guerre* », FÉNELON. ◆ On a dit aussi : *Assez… que de.* « *Nous avons été assez ingrats que de faire servir les créatures contre le Seigneur même* », MASSILLON. ◆ N. m. « *Séparer l'assez d'avec le trop* », BAYLE.

ASSIBILATION, ▪ n. f. [asibilasjõ] (*assibiler*) **Ling.** Changement phonétique qui consiste à prononcer une occlusive en sifflante. *Il y a assibilation du* [t] *dans prononciation.*

ASSIBILER, ▪ v. tr. [asibile] (lat. impér. *adsibilare*, siffler) **Ling.** Attribuer la prononciation sifflante du [s] à un caractère graphique qui ne l'a pas ordinairement. *Assibiler une occlusive.* ▪ S'assibiler, v. pr.

ASSIDU, UE, adj. [asidy] (lat. *adsiduus*, de *adsidere*, être assis à côté) Exact à se tenir où il doit être. *Magistrat assidu aux audiences.* ◆ Qui a une application soutenue. *Un enfant assidu au travail.* ◆ Qui rend des soins continuels à une personne. *Soyez assidu auprès de ce malade.* « *Compagne assidue* », RACINE. ◆ En parlant des choses, continu, constant. *Des plaintes assidues.*

ASSIDUITÉ, n. f. [asidɥite] (lat. *adsiduitas*) Présence assidue dans un lieu, près de quelqu'un. *Assiduité d'un juge aux audiences. Les assiduités des courtisans.* ◆ Application continuelle. « *Son goût pour s'instruire, son assiduité à l'étude* », VOLTAIRE.

ASSIDÛMENT ou **ASSIDUMENT**, adv. [asidymã] (*assidu*) D'une manière assidue.

ASSIÉGÉ, ÉE, p. p. d'assiéger. [asjeʒe] Qui subit un siège. ◆ Autour de qui on se presse. « *Nous nous voyons sans cesse assiégés de témoins* », RACINE. ◆ Fig. Accablé. *Nous sommes assiégés de soucis.* ◆ N. m. et n. f. *Les assiégés.*

ASSIÉGEANT, ANTE, adj. [asjeʒã, ãt] (*assiéger*) Qui assiège une place forte. *Les troupes assiégeantes.* ◆ N. m. et n. f. *L'assiégeant, l'assiégeante.*

ASSIÉGER, v. tr. [asjeʒe] (lat. pop. *assedicare*) Faire le siège d'une place. ◆ Par extens. Se presser autour. « *Je n'assiège pas la porte des grands* », BOSSUET. ◆ Fig. Obséder, importuner, poursuivre. *Ce souvenir m'assiège. Il m'assiège de ses plaintes.*

ASSIETTE, n. f. [asjεt] (prob. lat. *assedita*, p. p. de *assedere*) ▷ Manière de se poser, d'être posé. *Déranger quelqu'un de son assiette. L'assiette d'une poutre.* ◁ ◆ Par anal. « *Les hommes errants dans les bois ayant pris une assiette plus fixe* », J.-J. ROUSSEAU. ◆ **Équit.** *Perdre son assiette,* n'être pas solide sur la selle. ◆ Position topographique d'une maison, d'une ville, etc. *Assiette d'un lieu, d'un camp.* ◆ *L'assiette d'un impôt,* sa répartition. ◆ Fig. État, disposition de l'esprit. *Faire sortir l'âme de son assiette.* ◆ Vaisselle large et plate sur laquelle on mange. ◆ Par extens. *Une assiette de potage,* la quantité de potage qu'une assiette peut contenir. ◆ Fam. *Piquer l'assiette,* manger habituellement chez les autres. *Piqueur d'assiette* et plus souvent *pique-assiette,* parasite. ▪ Fam. *Ne pas être dans son assiette,* ne pas se sentir bien.

ASSIETTÉE, n. f. [asjete] (*assiette*) Ce que tient une assiette. *Une assiettée de potage.*

ASSIGNABLE, adj. [asiɲabl] ou [asiɲabl] (*assigner*) Qui peut être assigné, déterminé. *Différence assignable.*

ASSIGNAT, n. m. [asiɲa] ou [asiɲa] (*assigner* ; p.-ê. infl. de l'angl. *assignation*) **Jurid.** Action d'asseoir une rente sur un immeuble. ◆ On dit maintenant constitution de rente. ◆ Papier-monnaie émis pendant la Révolution, et dont la valeur était assignée sur les biens nationaux.

ASSIGNATION, n. f. [asiɲasjõ] ou [asiɲasjõ] (lat. *adsignatio*, répartition) Affectation d'un fonds au paiement d'une dette. ◆ Mandat, ordre pour recevoir une somme assignée sur un certain fonds. ◆ **Dr.** Ajournement à comparaître par-devant le juge. ◆ Exploit qui indique le jour. ◆ Par extens. Rendez-vous. ▪ *Assignation à résidence,* obligation de rester dans une résidence déterminée.

ASSIGNÉ, ÉE, p. p. d'assigner. [asiɲe] ou [asiɲe] Imputé sur. ◆ Cité devant la justice. ◆ N. m. et n. f. *L'assigné.* ◆ Fixé. *Se trouver au lieu assigné.*

ASSIGNER, v. tr. [asiɲe] ou [asiɲe] (lat. *adsignare*, attribuer dans une répartition) Affecter un fonds au paiement d'une rente, d'une dette, etc. *Assigner une rente sur ses biens.* ◆ Citer par un exploit à comparaître devant le juge. ◆ Fixer, déterminer. *Assigner à quelqu'un un rendez-vous.*

ASSIMILABILITÉ, n. f. [asimilabilite] Qualité de ce qui est assimilable.

ASSIMILABLE, adj. [asimilabl] (*assimiler*) Qui peut être assimilé.

ASSIMILATEUR, TRICE, adj. [asimilatœr, tris] (*assimiler*) Qui procure l'assimilation. *Les forces assimilatrices.* ▪ Fig. Qui assimile avec facilité. *La fonction assimilatrice de la chlorophylle.*

ASSIMILATIF, IVE, adj. [asimilatif, iv] (*assimilation* ; b. lat. gramm. *assimilativus*, relatif à la comparaison.) Qui tient à l'assimilation, qui s'y rapporte.

ASSIMILATION, n. f. [asimilasjɔ̃] (lat. impér. *adsimilatio*, ressemblance) Action de présenter comme semblable. *Une assimilation injurieuse.* ♦ **Physiol.** Action commune à tous les êtres organisés et par laquelle un corps vivant rend semblables à soi et s'assimile les matières alimentaires. ♦ **Gramm.** Règle euphonique par laquelle une consonne transforme la consonne qui la précède en une autre consonne de même degré qu'elle. Ainsi, dans *in-lisible*, l'assimilation change le *n* en *l : il-lisible.* ♦ Dans les langues, procédé de l'usage rapprochant ou confondant des mots qui, différents au fond, se ressemblent pour la forme. ■ **Fig.** Processus par lequel une communauté se fond dans une autre. ♦ Fait d'assimiler des connaissances.

1 ASSIMILÉ, ÉE, p. p. d'assimiler. [asimile] *Alexandre assimilé par Boileau à un fou furieux.* ♦ **Physiol.** *Les substances assimilées.*

2 ASSIMILÉ, ÉE, ■ n. m. et n. f. [asimile] (substantivation du p. p. de *assimiler*) **Dr.** Personne exerçant une fonction donnée sans en avoir officiellement le titre. *Les assimilés et les fonctionnaires.*

ASSIMILER, v. tr. [asimile] (lat. *adsimilare*, reproduire, comparer) Comparer, rapprocher. *Assimiler l'or et le cuivre*, ou *l'or au cuivre.* ♦ **Physiol.** Convertir en sa propre substance. *Nous assimilons les aliments.* ♦ Convertir en semblable. *La civilisation tend à assimiler les différents peuples.* ♦ S'assimiler à, v. pr. Se comparer à. ♦ Être assimilé. *Les substances nutritives s'assimilent plus ou moins facilement.* ♦ Se rendre semblable à. ■ V. tr. Acquérir de nouvelles connaissances que l'on peut ensuite utiliser. *Notion mal assimilée.*

ASSIS, ISE, p. p. d'asseoir. [asi, iz] Assis dans un bon fauteuil. ♦ N. m. et n. f. *Voter par assis et levé*, en se levant ou en restant assis. ♦ **Posé.** *Édifices mal assis sur leurs bases.* ♦ **Fig.** *Des impôts bien assis.* ♦ Situé. ♦ **Équit.** *Cavalier bien* ou *mal assis*, cavalier qui se tient ou ne se tient pas ferme sur la selle. ■ *Place assise*, où l'on peut s'asseoir. ■ **Fig.** Solidement fondé, ancré. *Une rumeur bien assise.* ■ **Fig.** et péj. Qui se satisfait d'une situation et rejette tout changement, qui s'installe dans un conformisme passif. *Des gens assis.* ■ N. m. et n. f. Personne qui se trouve assise. ■ **Fig.** et **péj.** Personne qui s'installe dans la passivité, dans le confort matériel et moral.

ASSISE, n. f. [asiz] (substantivation du p. p. fém. de *asseoir*) Rang de pierres de taille posées horizontalement, et sur lequel on assoit une muraille. ♦ *Les assises d'une montagne*, gradins réguliers dans une montagne qui ne s'élève point par une pente insensible. ♦ **Au pl.** Session d'une cour criminelle. ♦ *Cour d'assises*, tribunaux criminels. ♦ Anciennement, *les grandes assises* étaient la séance de certains juges supérieurs qui étaient envoyés dans les provinces pour examiner si les juges des tribunaux subalternes remplissaient leur devoir. ■ Partie d'un siège sur laquelle on s'assied.

ASSISTANAT, ■ n. m. [asistana] (*assistant*) Fonction d'assistant, dans l'enseignement, les arts du spectacle, le secteur paramédical, etc. ■ Aide octroyée aux personnes sans ressources. *Ne vivre que de l'assistanat social.*

ASSISTANCE, n. f. [asistɑ̃s] (b. lat. *assistentia*, aide) ▷ Présence, surtout en parlant d'un officier public ou d'un prêtre. *Le droit d'assistance du curé.* ◁ ♦ Personnes réunies en un lieu, assemblée. ♦ Le conseil d'un ordre religieux. ♦ ▷ Dans l'ordre des jésuites, *assistance*, le pays ou la province où un jésuite fait la fonction d'assistant au général ou au provincial de son ordre. ◁ ♦ Aide, secours. *Donner* ou *prêter assistance à quelqu'un.* ♦ *Assistance publique*, Administration des hôpitaux et des secours aux indigents.

ASSISTANT, ANTE, adj. [asistɑ̃, ɑ̃t] (*assister*) Qui assiste. Il se dit particulièrement des ecclésiastiques qui, dans les messes solennelles, assistent le célébrant à l'autel. ♦ N. m. *L'assistant*, le prélat qui assiste le consacrant, lorsqu'on sacre un évêque. ♦ Personne qui, dans plusieurs sociétés ecclésiastiques, aide le supérieur général dans ses fonctions. ♦ Dans les séminaires, *l'assistant* est celui qui fait les fonctions de supérieur du séminaire, quand le supérieur n'y est pas. ♦ ▷ *Assistante*, n. f. Dans les communautés de femmes, celle qui, au défaut de l'abbesse, fait les fonctions quand la mère supérieure n'y peut vaquer. ◁ ♦ N. m. pl. Les personnes présentes en un lieu. ■ N. m. et n. f. Personne qui seconde une autre. ■ *Assistante sociale*, conseillère en action sociale. ■ *Assistante maternelle*, nourrice. ■ N. m. **Inform.** Logiciel d'aide. ■ *Assistant personnel*, agenda électronique de poche, organiseur.

1 ASSISTÉ, ÉE, p. p. d'assister. [asiste] Accompagné. *Assisté de ses témoins.* ♦ Aidé, secouru. *Assisté de vos conseils.* ■ Adj. **Péj.** Qui a besoin d'une assistance médicale, financière, judiciaire, etc. *S'il n'était pas assisté par sa mère, il ne s'en sortirait pas financièrement.* ■ N. m. et n. f. *Un assisté, une assistée.*

2 ASSISTÉ, ÉE, ■ adj. [asiste] (*assister*) **Autom.** Muni d'un dispositif permettant d'assister l'utilisateur. *Il tourne plus facilement le volant de sa voiture grâce à la direction assistée.* ■ *Assisté par ordinateur*, qui se sert de l'informatique. *Une conception assistée par ordinateur.*

ASSISTER, v. intr. [asiste] (lat. *adsistere*, se placer auprès) Être présent. ♦ V. tr. Seconder quelqu'un en justice. ♦ Siéger comme assesseur, seconder dans un office. ♦ Accompagner. *Se faire assister par un* ou *d'un commissaire.* ♦ *Assister un malade*, lui donner des soins, l'exhorter à bien mourir. ♦ *Assister un criminel*, lui donner les consolations de la religion. ♦ Aider, secourir. *Assister les pauvres.* ♦ **Fam.** *Dieu vous assiste !* se dit à un malheureux qu'on ne peut secourir ; quelques personnes le disent aussi à ceux qui éternuent. ■ *Faire état de*, faire le constat de. *On assiste à une hausse de l'immobilier.*

ASSOCIABLE, adj. [asɔsjabl] (*associer*) Qui peut être associé.

ASSOCIATIF, IVE, ■ adj. [asɔsjatif, iv] (*associer*) Qui procède par association. ■ **Math.** *Opération associative*, opération dans laquelle existe une équivalence formelle. *L'addition, la multiplication sont des opérations associatives.* ■ **Psych.** Qui relève de, procède par l'association d'idées. *Mémoire, méthode associative.* ■ Qui regroupe des personnes ayant des intérêts, des objectifs culturels, sociaux notamment communs. *Mouvement associatif.*

ASSOCIATION, n. f. [asɔsjasjɔ̃] (*associer*) Réunion de plusieurs personnes pour un but commun. ♦ **Fig.** *Association de mots. Association d'idées.*

ASSOCIATIONNISME, ■ n. m. [asɔsjasjɔnism] (angl. *associationism*, de *association*) **Philos.** Doctrine selon laquelle l'activité psychique est fondée sur l'association de sensations et d'idées élémentaires. *La théorie de l'associationnisme a notamment été illustrée par Hume et Mill.* ■ **Écon.** Doctrine du début du XIXᵉ siècle qui consiste à lutter contre le capitalisme et à organiser la production par l'association volontaire de travailleurs.

ASSOCIATIONNISTE, ■ adj. [asɔsjasjɔnist] (angl. *associationist*) Qui se rapporte à l'associationnisme philosophique ou économique. *Un philosophe associationniste. Des socialistes associationnistes.* ■ N. m. et n. f. Partisan de l'associationnisme.

ASSOCIATIVITÉ, ■ n. f. [asɔsjativite] (*associatif*) **Math.** Propriété d'une loi de composition entre éléments définis sur un ensemble E.

ASSOCIÉ, ÉE, p. p. d'associer. [asɔsje] Mis en union. *Associé au commerce de son père.* ♦ N. m. et n. f. *J'ai pris un associé.* ♦ Dans quelques académies, *un membre associé* ou simplement *un associé*, personne qui participe aux travaux d'une académie sans jouir des mêmes avantages que les membres titulaires. ♦ Nom qu'on donnait, dans l'ancienne académie des sciences, à un grade inférieur à celui d'académicien. ♦ *Associée*, n. f. Religieuse de la deuxième classe, dans l'ordre de la Visitation de Notre-Dame.

ASSOCIEMENT, ■ n. m. [asɔsimɑ̃] (*associer*) ▷ État de ce qui est associé. ◁

ASSOCIER, v. tr. [asɔsje] (lat. impér. *adsociare*, joindre, unir, de *socius*, associé) Mettre en société, en union, en partage. *Il l'associa à son commerce.* « *Il associe à l'empire le grand Théodose* », BOSSUET. ♦ ▷ *S'associer quelqu'un*, le prendre pour collaborateur, pour aide. ◁ ♦ **Fig.** Unir, joindre, allier. *Associer l'activité à la science.* ♦ S'associer à ou avec, v. pr. Former société avec, se joindre à quelqu'un. *Quoi ! vous vous associez à un pareil homme ? Il s'associa avec moi.* ♦ ▷ On a dit aussi *s'associer de*. « *Je me suis associé d'un fort honnête homme* », REGNARD. ◁ ♦ **Fig.** *S'associer à*, se joindre, prendre part. *Il s'était associé au crime de Catilina.* ♦ Hanter, fréquenter. *Il ne faut pas s'associer avec le premier venu.*

ASSOGUE, n. f. [asɔg] (esp. *azogue*, de l'ar. *al zauqa*, le vif-argent) Galion d'Espagne, destiné à porter en Amérique le mercure qui sert à traiter le minerai d'argent.

ASSOIFFÉ, ÉE, ■ adj. [aswafe] (*assoiffer*) Qui a fortement soif. ■ **Fig.** Désireux, avide. *Assoiffé de connaissance, de gloire.*

ASSOIFFER, ■ v. tr. [aswafe] (*a-* et *soif*) Donner une forte soif. *La chaleur l'avait assoiffé.*

ASSOLÉ, ÉE, p. p. d'assoler. [asole] Disposé par assolement.

ASSOLEMENT, n. m. [asɔl(ə)mɑ̃] (*assoler*) Succession de cultures sur une même sole, établie à l'effet d'obtenir de la terre, perpétuellement et aux moindres frais, le plus grand produit.

ASSOLER, v. tr. [asole] (*a-* et *sole*) Distribuer des terres labourables par assolement.

ASSOMBRI, IE, p. p. d'assombrir [asɔ̃bri] (*assombrir*) Rendu sombre.

ASSOMBRIR, v. tr. [asɔ̃bʀiʀ] (*a-* et *sombre*) Rendre sombre. *Ces arbres assombrissent notre habitation.* ♦ S'assombrir, v. pr. Devenir sombre. *Le temps s'assombrit.* ♦ **Fig.** *Dans la maladie, les idées s'assombrissent.*

ASSOMBRISSEMENT, ■ n. m. [asɔ̃bris(ə)mɑ̃] (radic. du p. prés. de *assombrir*) Action d'assombrir ou de s'assombrir. *L'assombrissement de la terrasse.* ■ **Fig.** Fait de rendre triste. *L'assombrissement de son humeur.*

ASSOMMANT, ANTE, adj. [asɔmɑ̃, ɑ̃t] (*assommer*) Qui assomme. ♦ Qui fatigue, ennuie beaucoup. *Travail assommant.* ♦ À quoi on ne peut résister, répondre. « *Ils répondirent à cette question assommante par...* », VOLTAIRE.

ASSOMMÉ, ÉE, p. p. d'assommer. [asɔme] Tué ou étourdi avec une masse. ♦ Fatigué, incommodé, étourdi.

ASSOMMEMENT, n.m. [asɔm(ə)mɑ̃] (*assommer*) Action d'assommer, d'abattre un animal. ■ **Fam.** Ennui pesant.

ASSOMMER, v. tr. [asɔme] (*a-* et *somme*, du lat. *somnus*, sommeil, ou anc. fr. *som(n)e*, fardeau) Tuer avec une masse ou avec quelque chose de lourd. ♦ Battre avec excès. ♦ *Fig.* Incommoder, importuner, fatiguer. *On nous assommait de questions.* ♦ Affliger profondément. « *La mort de M. du Mans m'a assommée* », MME DE SÉVIGNÉ. ♦ Confondre, réduire à quia. « *Vous nous assommez avec vos grands mots* », MOLIÈRE.

ASSOMMEUR, EUSE, n. m. et n. f. [asɔmœʀ, øz] (*assommer*) Personne qui assomme.

ASSOMMOIR, n.m. [asɔmwaʀ] (*assommer*) Instrument pour assommer, et spécialement bâton court garni, à une extrémité, d'une balle de plomb. ♦ **Fig. et fam.** *Un coup d'assommoir*, un événement soudain qui assomme, qui porte un coup fatal. ♦ Piège qui assomme les bêtes qui s'y prennent. ■ *Coup d'assommoir*, prix excessif.

ASSOMPTIF, IVE, adj. [asɔptif, iv] (lat. *adsumptivus*, qui vient du dehors) Philos. *Jugement assomptif, proposition assomptive,* jugement, proposition auxiliaire.

ASSOMPTION, n. f. [asɔpsjɔ̃] (lat. *assumptio*, action de prendre, de *adsumere*, s'approprier) Enlèvement miraculeux de la sainte Vierge au ciel. ♦ Jour auquel l'Église en célèbre la fête. *L'Assomption se célèbre le 15 août.*

ASSOMPTIONNISTE, ■ n. m. [asɔpsjɔnist] (*Assomption*) Religieux qui fait partie de la congrégation catholique des Augustins de l'Assomption, créée à Nîmes dans les années 1850 par le Père Emmanuel d'Alzon, et qui pratique des activités de presse et d'édition. *Les assomptionnistes publient* Le Pèlerin *et* Notre Temps.

ASSONAH, n. f. [asona] Voy. SUNNA.

ASSONANCE, n. f. [asonɑ̃s] (esp. *asonancia*, accord des sons, du lat. *adsonare*) Consonance imparfaite. *France et franche sont des assonances.* ■ Répétition d'un même phonème vocalique dans un énoncé. *Dans le vers de* Phèdre, Tout m'afflige et me nuit et conspire à me nuire, *on relève une assonance en* [i]. ■ Dans la versification, répétition de la dernière voyelle tonique. ■ **ASSONANCÉ, ÉE**, adj. [asonɑ̃se]

ASSONANT, ANTE, adj. [asonɑ̃, ɑ̃t] (lat. *adsonans*, p. prés. de *adsonare*, répondre par un son) Qui a une assonance. *Vers assonants.*

ASSORATH, n. f. [asoʀat] Voy. SURATE.

ASSORTI, IE, p. p. d'assortir. [asɔʀti] Mis avec des personnes ou des choses qui conviennent. *Un mari et une femme bien assortis. Attelage assorti.* ♦ Bien fourni en marchandises, etc. *Magasin, marchand bien assorti.*

ASSORTIMENT, n.m. [asɔʀtimɑ̃] (*assortir*) Convenance de plusieurs choses entre elles. *L'assortiment de ces couleurs est agréable.* ♦ Assemblage de certaines choses qui vont ensemble. *Un assortiment d'outils.* ♦ **Impr.** Supplément de tous les caractères nécessaires à un genre de composition. ♦ **Comm.** Collection de marchandises du même genre. ♦ En librairie, *livres d'assortiment,* ceux qu'un libraire tire par achat ou par échange des autres libraires. ■ Plat qui regroupe une variété d'aliments relevant de la même catégorie. *Un assortiment de fromages.*

ASSORTIR, v. tr. [asɔʀtiʀ] (*a-* et *sorte*; cf. anc. fr. *assorter*) Assembler des choses qui se conviennent. *Assortir des couleurs, des fleurs.* ♦ Accompagner. « *Son esprit et son humeur étaient faits pour assortir le reste* », HAMILTON. ♦ Mettre ensemble, en parlant des personnes. *Ceux que la conformité des goûts assortit.* ♦ *Assortir des chevaux,* les joindre ensemble suivant les divers emplois. ♦ **Techn.** *Assortir les minerais,* les mélanger comme il convient, pour faciliter la fusion. ♦ Fournir, approvisionner de toutes les marchandises nécessaires. *Assortir un magasin.* ▷ V. intr. Convenir. *Ce tableau n'assortit pas à son pendant.* ◁ ♦ S'assortir, v. pr. Être assorti, être en convenance. ♦ *Fig. Nos caractères ne s'assortissent point.* ♦ Se pourvoir. « *Je m'assortis de quelques livres pour les Charmettes* », J.-J. ROUSSEAU.

ASSORTISSANT, ANTE, adj. [asɔʀtisɑ̃, ɑ̃t] (*assortir*) Qui convient, qui assortit bien à. « *On prend des manières assortissantes aux choses qu'on dit* », J.-J. ROUSSEAU. ♦ Absol. « *Trois mousquets, avec les trois fourchettes assortissantes* », MOLIÈRE.

ASSOTÉ, ÉE, p. p. d'assoter. [asote]

ASSOTER, v. tr. [asote] (*a-* et *sot*) ▷ Infatuer d'une ridicule passion. ♦ S'assoter de, v. pr. S'éprendre sottement de. ◁

ASSOUCHEMENT, n.m. [asuʃmɑ̃] (*a-* et *souche*) ▷ Archit. Pierres dans un fronton qui forment la base du triangle. ◁

ASSOUPI, IE, p. p. d'assoupir. [asupi] « *Le dragon assoupi* », P. CORNEILLE. *Douleur, affaire assoupie. Le flot assoupi.*

ASSOUPIR, v. tr. [asupiʀ] (réfection étym. de assouvir, du b. lat. *assopire,* satisfaire, rassasier, du lat. *sopire,* assoupir, calmer) Jeter dans un sommeil ou léger ou de peu de durée. ♦ **Fig.** Suspendre, diminuer momentanément. ♦ Atténuer, empêcher les suites mauvaises. *On assoupit les bruits qui couraient.* ♦ S'assoupir, v. pr. Se laisser aller doucement au sommeil. ♦ **Fig.** Se calmer, s'affaiblir. *Sa douleur s'assoupit.*

ASSOUPISSANT, ANTE, adj. [asupisɑ̃, ɑ̃t] (*assoupir*) Qui assoupit. ♦ *Fig. Lecture assoupissante.*

ASSOUPISSEMENT, n. m. [asupis(ə)mɑ̃] (radic. du p. prés. de *assoupir*) État d'une personne assoupie. ♦ **Méd.** État voisin du sommeil, et dans lequel les fonctions de relation sont complètement suspendues ou ne s'exercent qu'imparfaitement. ♦ **Fig.** Négligence extrême de ses devoirs et de ses intérêts. ♦ Au sens actif : l'action d'assoupir. *L'assoupissement d'une querelle.*

ASSOUPLI, IE, p. p. d'assouplir. [asupli] Rendu souple. ♦ *Fig. Assoupli par une discipline sévère.*

ASSOUPLIR, v. tr. [asupliʀ] (*a-* et *souple*) Rendre souple, flexible. ♦ *Fig. Assouplir un caractère violent.* ♦ S'assouplir, v. pr. Devenir souple. *Le cuir s'assouplit à l'eau.* ♦ *Fig. Son caractère n'a pu s'assouplir.*

ASSOUPLISSANT ou **ASSOUPLISSEUR**, ■ n.m. [asuplisɑ̃, asuplisœʀ] (*assouplir*) Produit utilisé lors du rinçage d'une lessive et destiné à neutraliser le calcaire qui durcit le linge.

ASSOUPLISSEMENT, ■ n.m. [asuplis(ə)mɑ̃] (radic. du p. prés. de *assouplir*) Action d'assouplir ou de s'assouplir. *Des mouvements d'assouplissement.* ■ État qui en découle. *L'assouplissement d'une loi.*

ASSOUPLISSEUR, ■ n.m. [asuplisœʀ] Voy. ASSOUPLISSANT.

ASSOURDI, IE, p. p. d'assourdir. [asuʀdi]

ASSOURDIR, v. tr. [asuʀdiʀ] (*a-* et *sourd*) Causer une surdité passagère ; ne pas permettre d'entendre. « *Trop de bruit nous assourdit* », PASCAL. ♦ **Peint.** Diminuer la lumière dans les demi-teintes, ôter aux reflets le transparent.

ASSOURDISSANT, ANTE, adj. [asuʀdisɑ̃, ɑ̃t] (*assourdir*) Qui assourdit.

ASSOURDISSEMENT, n.m. [asuʀdis(ə)mɑ̃] (radic. du p. prés. de *assourdir*) État de ceux qui sont assourdis. ♦ Action d'assourdir.

ASSOUVI, IE, p. p. d'assouvir. [asuvi] *Sa faim est assouvie.* ♦ **Fig.** « *L'ambition déplaît quand elle est assouvie* », P. CORNEILLE.

ASSOUVIR, v. tr. [asuviʀ] (croisement du gallo-rom *assopire,* calmer, avec l'anc. fr. *asevir,* achever, du lat. *assequi,* atteindre) Rassasier, quand la faim est pressante. ♦ **Fig.** Satisfaire. ♦ S'assouvir, v. pr. Se rassasier. ♦ **Fig.** « *Adraste ne peut s'assouvir de carnage* », FÉNELON.

ASSOUVISSEMENT, n.m. [asuvis(ə)mɑ̃] (radic. du p. prés de *assouvir*) Action d'assouvir, état d'être assouvi. ♦ **Fig.** *L'assouvissement des désirs, des passions.*

ASSUÉTUDE, ■ n. f. [asɥetyd] (lat. *adsuetudo,* habitude) Fait qu'un organisme tolère de mieux en mieux les changements du milieu extérieur. ■ Fait d'être dépendant à une substance toxique, psychologiquement ou physiquement. *Une assuétude à une drogue.*

ASSUJETTI, IE, p. p. d'assujettir. [asyʒeti] Soumis. *Assujetti à la domination romaine.* ♦ Astreint. *Adam assujetti à la mort.* ♦ **Absol.** *Cet homme est fort assujetti,* il est tenu dans une grande sujétion par les devoirs de sa place, les relations de famille, etc. ♦ Maintenu, fixé, *assujetti par un point d'aiguille.* ■ Soumis à un impôt. *Les personnes assujetties à la TVA.* ■ REM. Graphie ancienne : *assujéti, ie.*

ASSUJETTIR, v. tr. [asyʒetiʀ] (*a-* et *sujet*) Ranger sous sa domination. ♦ **Absol.** « *En assujettissant vous avez l'art de plaire* », P. CORNEILLE. ♦ **Fig.** Astreindre, obliger. *Assujettir les passions. Il assujettissait ses désirs au joug de la raison.* ♦ Maintenir en place, fixer. *Assujettir la vigne en l'attachant.* ♦ S'assujettir, v. pr. Se soumettre, s'astreindre. *S'assujettir aux lois.* ■ REM. Graphie ancienne : *assujétir.*

ASSUJETTISSANT, ANTE, adj. [asyʒetisɑ̃, ɑ̃t] (*assujettir*) Qui tient dans une grande sujétion, qui exige beaucoup d'assiduité. ■ REM. Graphie ancienne : *assujétissant, ante.*

ASSUJETTISSEMENT, n.m. [asyʒetis(ə)mɑ̃] (radic. du p. prés. de *assujettir*) État de soumission, de dépendance. ♦ **Fig.** Contrainte, obligation de faire une chose. « *L'élévation a ses assujettissements et ses inquiétudes* », MASSILLON. ■ REM. Graphie ancienne : *assujétissement.*

ASSUMÉ, ÉE, p. p. d'assumer. [asyme]

ASSUMER, v. tr. [asyme] (lat. *adsumere,* prendre pour soi) Prendre sur soi ou pour soi. *Assumer la responsabilité d'une mesure.* ■ Accepter les conséquences de. ■ S'assumer, v. pr. Se prendre en charge.

ASSURAGE, ■ n. m. [asyʀaʒ] (*assurer*) Sp. Dispositif permettant de sécuriser l'ascension d'une paroi de montagne, de caverne et d'éviter la chute. *Une corde est indispensable au matériel d'assurage.*

ASSURANCE, n. f. [asyʀɑ̃s] (*assurer*) ▷ Confiance, sécurité. *J'ai la ferme assurance qu'il nous aidera.* « *Avez-vous cependant une pleine assurance D'avoir* *assez de vie et de persévérance?* », P. CORNEILLE. ◁ ◆ Preuve, garantie. *Quelle autre assurance puis-je demander de sa bonne foi ?* ◆ Promesse, protestation. *Je vous donne l'assurance que je ferai tout mon possible.* ◆ Dans les formules de politesse qui terminent une lettre : *Agréez l'assurance de ma considération, de mon dévouement, de mon respect.* ◆ ▷ EN ASSURANCE, *loc. adv.* En sûreté. *« Par là vous croyez être en assurance* », PASCAL. ◆ Hardiesse, fermeté, audace. *Il parle avec assurance.* ◆ Nantissement, garantie matérielle. *Ne traitez pas si on ne vous donne une solide assurance.* ◆ Acte par lequel un assureur s'engage à payer à celui qui perd l'objet assuré une somme fixée dans cet acte. *Assurance contre l'incendie, contre la grêle, sur la vie, etc.* ■ *Assurances sociales,* couvrant les risques de maladie, d'accident, d'invalidité et de décès. ◁

ASSURANCE-CRÉDIT, ■ n. f. [asyrɑ̃s(ə)kʀedi] (*assurance* et *crédit*) Contrat émis pour protéger un créancier contre le défaut d'un client emprunteur en cas d'insolvabilité ou de défaillance de celui-ci. *Souscrire des assurances-crédits.*

ASSURANCE-MALADIE, ■ n. f. [asyrɑ̃s(ə)maladi] (*assurance* et *maladie*) Opération d'assurance qui consiste à garantir à un assuré et à sa famille, moyennant une cotisation, une protection sociale en cas de maladie. *Des assurances-maladie ou des assurances-maladies.*

ASSURANCE-VIE, ■ n. f. [asyrɑ̃s(ə)vi] (*assurance* et *vie*) Contrat d'assurance garantissant un capital ou une rente à son bénéficiaire, en cas de décès de l'assuré. *Souscrire des assurances-vie ou des assurances-vies.*

ASSURE, n. f. [asyʀ] (*assurer*) Dans une tapisserie de haute lice, le fil d'or, d'argent, de soie ou de laine dont on couvre la chaîne de la tapisserie ; ce qu'on appelle trame dans les étoffes et les toiles.

ASSURÉ, ÉE, p. p. d'assurer. [asyre] Qui est en sûreté, à l'abri, sûr. *Assuré contre les dangers. « Un sou, quand il est assuré, Vaut mieux que cinq en espérance* », LA FONTAINE. ◆ Certain. *Présage assuré.* ◆ Qui est sûr de, qui se fie en. *« Il fallait être assuré de Dieu* », BOSSUET. *« Ne vous tenez point pour assurée sur votre vertu* », BOSSUET. ◆ Qui a la certitude de, sachant sûrement. *Qui peut être assuré de son propre bon sens ? Bien assuré que le gouvernement ferait la guerre.* ◆ Affermi, stable. *Des pas mal assurés. Main assurée.* ◆ Hardi, ferme. *Contenance assurée.* ◆ **Fam.** *Un assuré menteur,* un menteur impudent, audacieux. ◆ Garanti par une assurance. *Maison assurée contre l'incendie. Je suis assuré.* ◆ N. m. et n. f. *Tous les assurés ont été indemnisés.*

ASSURÉMENT, adv. [asyremɑ̃] (*assuré*) Certainement, d'une manière certaine. ◆ Avec assurance. *« Qui marche assurément n'a point peur de tomber* », P. CORNEILLE.

ASSURER, v. tr. [asyre] (b. lat. *assecurare,* du lat. *securus,* exempt de soucis) Rendre solide, sûr, ferme. *Assurer les navires avec les ancres.* ◆ *Assurer la main,* la rendre ferme et sûre. ◆ ▷ Donner de l'assurance. *« Un oracle m'assure* », P. CORNEILLE. ◁ ◆ On dit maintenant de préférence *rassurer.* ◆ Rendre une chose sûre, faire qu'elle ne manque pas. *Il s'assura par là votre amitié.* ◆ Mettre en sûreté. *Il assura sa vie par cette précaution. Pour mieux assurer la fortune de ses enfants.* ◆ Transmettre après soi par un acte ce qu'on possède à un tiers. *Il a assuré par son testament tous ses biens à son neveu.* ◆ S'engager à payer une certaine somme, en cas d'un sinistre déterminé. *Faire assurer* ou simplement *assurer son mobilier,* le garantir contre tout sinistre par une police d'assurance. ◆ *Assurer à,* avec le régime indirect de la personne. Engager à croire, certifier, répondre de. *Je lui assurai que.* ◆ *Assurer de,* avec le régime direct de la personne. *Assurez-le de mon respect. « Ces insensés croyaient encore les faux prophètes qui les assuraient que le jour du salut était venu* », BOSSUET. ◆ **Mar.** *Assurer son pavillon,* le faire reconnaître. ◆ **Équit.** *Assurer un cheval,* lui faire prendre une position franche et l'habituer à exécuter avec régularité et précision tous les mouvements, les arrêts, etc. ◆ *S'assurer,* v. pr. Se mettre en sûreté, se garantir. *S'assurer contre les pièges.* ◆ **Absol.** *« Princesse, assurez-vous* », RACINE. ◆ *S'assurer dans, en, sur, à,* établir sa confiance dans, en, etc. ◆ *S'assurer de,* prendre une entière connaissance. *S'assurer de la vérité.* ◆ *S'assurer de* ou *que,* être persuadé, avoir la certitude. *« Car qui peut s'assurer d'être toujours heureux ?* », LA FONTAINE. *« Assurez-vous de mon obéissance* », RACINE. ◆ ▷ Ellipt. *« Quelque chien enragé l'a mordu, je m'assure* », MOLIÈRE. ◁ ◆ **Absol.** *« On ne peut s'assurer et l'on est toujours dans la défiance* », PASCAL. ◆ *S'assurer de,* se rendre maître de, se saisir de, arrêter, emprisonner. *Pour mieux s'assurer de quelqu'un.* ◆ V. tr. Prendre en charge. *Assurer une garde, un cours.* ■ **Fam.** *Je t'assure, je vous assure,* formule employée pour mettre en évidence une affirmation ou marquer une supplication. *Il n'a pas menti, je vous assure. Je t'assure, tu devrais abandonner.* ◆ *S'assurer,* v. pr. Contracter une assurance. *S'assurer contre le vol.* ◆ V. intr. **Fam.** Réaliser efficacement, excellemment. *Elle assure en math. Laisse-moi faire, j'assure.*

ASSUREUR, n. m. [asyrœr] (*assurer*) Personne qui garantit par contrat d'assurance.

ASSYRIEN, IENNE, ■ adj. [asiʀjɛ̃, jɛn] (*Assyrie*) Qui se rapporte à l'Assyrie ou à ses habitants. *Le style assyrien.* ■ N. m. et n. f. Personne née ou habitant

en Assyrie. ■ N. m. Langue parlée par les Assyriens. *L'assyrien appartient à la famille des langues sémitiques.*

ASSYRIOLOGIE, ■ n. f. [asiʀjɔlɔʒi] (*Assyrie* et *-logie*) Domaine d'étude consacré principalement à la civilisation assyrienne. *Il est expert en assyriologie.*

ASSYRIOLOGUE, ■ n. m. et n. f. [asiʀjɔlɔg] (*assyriologie*) Spécialiste qui s'occupe d'assyriologie. *Les antiquités assyriennes n'ont plus de secret pour ce brillant assyriologue.*

ASTACICOLE, ■ adj. [astasikɔl] (lat. *astacus,* écrevisse, et *-cole*) Qui se rapporte à l'astaciculture. *La production astacicole.*

ASTACICULTURE, ■ n. f. [astasikyltyʀ] (lat. *astacus,* écrevisse, et *-culture*) Élevage et reproduction des écrevisses. *Pratiquer l'astaciculture.*

1 ASTATE, ■ n. f. [astat] (gr. *astatos,* instable, de *a-* priv. et *statos,* stationnaire, à cause de la mobilité de ces insectes) Catégorie d'insectes, au petit corps et à la tête large, appartenant au groupe des guêpes ichneumons.

2 ASTATE, ■ n. m. [astat] (gr. *astatos,* instable, d'après l'angl. *astatine*) Chim. Élément instable, doué de radioactivité, portant le numéro atomique 85, obtenu en divisant le noyau d'uranium.

ASTATIQUE, adj. [astatik] (gr. *a-* priv. et *statikos,* qui concerne l'équilibre des corps) Phys. Qui n'est point stable. *Aiguille astatique.*

ASTER, n. m. [astɛʀ] (lat. *aster,* amelle, du gr. *astèr,* étoile, aster) Genre de plantes vivaces, à fleurons blancs, roses, violets ou bleus. ■ **Biol.** Structure rayonnée qui entoure le centrosome lors de la division cellulaire.

ASTÉRÉOGNOSIE, ■ n. f. [astereognozi] (*a-* et *stéréognosie*) Méd. Trouble pathologique caractérisé par l'incapacité de déterminer la forme des objets par le sens du toucher.

ASTÉRIDE, ■ n. m. [asterid] (*astérie* et *-[o]ïde*) Catégorie d'animaux prédateurs qui regroupe les astéries. *Les astérides des côtes de la Manche.* ■ REM. S'emploie davantage au pluriel.

ASTÉRIE, n. f. [asteri] (adaptation du gr. *asterias,* chien de mer) Zool. Nom d'un genre d'invertébrés radiaires, aussi appelés étoiles de mer. ◆ Voy. ASTÉRISME.

ASTÉRISME, n. m. [asterism] (gr. *asterismos*) Astron. Assemblage d'étoiles, constellation. ◆ Phys. *Astérisme* ou *astérie,* phénomène de lumière offert par quelques minéraux qui laissent apercevoir une étoile à six rayons.

ASTÉRISQUE, n. m. [asterisk] (gr. *asteriskos*) Impr. Signe en forme d'étoile (*), auquel on attribue un sens convenu. *Dans certains dictionnaires, les astérisques placés devant les mots indiquent qu'ils ne sont pas admis par l'Académie.*

ASTÉROÏDE, n. m. [asteroid] (gr. *astèr,* étoile, et *-oïde*) Astron. Petite planète. ◆ Petit corps qui parcourt les espaces célestes. *Les aérolithes sont des astéroïdes.*

ASTHÉNIE, n. f. [asteni] (gr. *astheneia,* de *a-* priv. et *sthenos,* force) Méd. Manque de force, débilité, faiblesse.

ASTHÉNIQUE, adj. [astenik] (gr. *asthenikos,* valétudinaire) Qui tient de l'asthénie.

ASTHÉNOSPHÈRE, ■ n. f. [astenosfɛʀ] ou [astenɔsfɛʀ] (gr. *asthenês,* faible, et *sphère*) Couche du manteau supérieur terrestre, caractérisée par sa plasticité, se trouvant sous la lithosphère.

ASTHMATIQUE, adj. [as(t)matik] (gr. *asthmatikos*) Qui a un asthme. ◆ N. m. et n. f. *Un asthmatique, une asthmatique.*

ASTHME, n. m. [as(t)m] (gr. *asthma,* essoufflement) Gêne de la respiration qui revient par accès.

1 ASTI ou **ASTIC**, ■ n. m. [asti, astik] (dial. *astiquer,* ficher, de l'anc. b. frq. *stikkan,* piquer) Gros os de cheval ou de mulet dont les cordonniers se servent pour lisser certaines parties du soulier. ◆ Polissoir de giberne.

2 ASTI, ■ n. m. [asti] (*Asti,* ville du Piémont) Vin pétillant à base de muscat blanc, provenant de la région d'Asti, dit *asti spumante. D'excellents astis,* ou *d'excellents asti.*

ASTIC, ■ n. m. [asti] Voy. ASTI.

ASTICOT, n. m. [astiko] (orig. inc., p-ê. *asticoter*) Sorte de petit ver blanc ; larve d'insecte développée dans la viande et servant pour la pêche. ■ **Fam.** Personne qui ne cesse de s'agiter.

ASTICOTÉ, ÉE, p. p. d'asticoter. [astikote]

ASTICOTER, v. tr. [astikote] (moy. fr. *dasticoter,* parler allemand, du juron des lansquenets *Dass dich Gott...,* que Dieu te...) Irriter légèrement, tourmenter pour de petites choses. ◆ Il est très familier. ■ **Fam.** Taquiner, agacer. *Arrête de l'asticoter, tu m'énerves !*

ASTIGMATE ou **ASTIGMATIQUE**, ■ adj. [astigmat, astigmatik] (*astigmatisme*) Qui est atteint d'astigmatisme. ■ N. m. et n. f. *Un, une astigmate.*

ASTIGMATIQUE, ■ adj. [astigmatik] Voy. ASTIGMATE.

ASTIGMATISME, ■ n. m. [astigmatism] (angl. *astigmatism*, du gr. *a-* priv. et *stigmê*, piqûre, point) Défaut de courbure des milieux réfringents de l'œil, rendant impossible la convergence en un seul endroit des rayons partis d'un point. ■ **Opt.** Défaut d'un instrument d'optique qui ne transforme pas un point en une image ponctuelle.

ASTIQUER, v. tr. [astike] (1 *astic*) ▷ Lisser le cuir des souliers avec un astic. ◁ ◆ Étendre la cire sur la giberne au moyen d'un astic, et dans le langage très familier et au réfléchi, *s'astiquer*, s'arranger, se parer, en parlant des hommes. ■ **Par extens.** Faire briller en frottant. ■ ASTIQUAGE, n. m. [astikaʒ]

ASTOME, adj. [astom] ou [astɔm] (gr. astomos, de *a-* priv. et *stoma*, bouche) **Didact.** Qui n'a pas de bouche.

1 **ASTRAGALE**, n. m. [astʀagal] (gr. *astragalos*, vertèbre, osselet) **Archit.** Moulure embrassant la partie supérieure du fût d'une colonne. ◆ **Anat.** L'un des os du tarse.

2 **ASTRAGALE**, n. m. [astʀagal] (gr. *astragalos*) Genre de plantes légumineuses dont quelques-unes fournissent la gomme adragante.

ASTRAKAN, n. m. [astʀakɑ̃] (russe *Astrakhan*, ville de Russie) Peau d'agneau frisé, employée en fourrure et provenant originairement de la ville d'Astrakan. *Il y a de l'astrakan noir et de l'astrakan gris.* ■ REM. Graphie ancienne : *astracan*.

ASTRAL, ALE, adj. [astʀal] (b. lat. *astralis*) Qui appartient aux astres, qui a quelque rapport avec les astres. ◆ *Lampe astrale,* lampe suspendue, avec un réflecteur qui renvoie la lumière.

ASTRE, n. m. [astʀ] (lat. *astrum*) Tout corps cheminant régulièrement dans les espaces célestes. ◆ *L'astre du jour,* le Soleil. ◆ *L'astre des nuits,* la lune. ◆ **Poétiq.** *Les astres,* au pl. Le ciel. « *Ta gloire montera jusqu'aux astres* », FÉNELON. ◆ **Astrol.** *Les astres,* les corps célestes considérés par rapport à leur influence prétendue sur la destinée des hommes. « *Sous quel astre, bon Dieu, faut-il que je sois né?* », MOLIÈRE. ◆ **Fig.** et **poétiq.** Personne illustre. « *Il est l'astre naissant qu'adorent nos États* », P. CORNEILLE. ◆ **Fam.** *Cette femme est belle comme un astre,* c.-à-d. très belle.

1 **ASTRÉE**, n. f. [astʀe] (gr. *astraios*, étoilé) Sorte de polypier pierreux dont la surface est parsemée d'étoiles.

2 **ASTRÉE**, n. f. [astʀe] (lat. *Astraea*, gr. *Astraia*) Fille de Jupiter et de Thémis, qui régnait dans le siècle d'or, et faisait fleurir la justice parmi les hommes. ◆ **Astron.** La constellation de la Vierge. ◆ Planète téléscopique découverte en 1845 par Hencke.

ASTREIGNANT, ANTE, ■ adj. [astʀɛɲɑ̃, ɑ̃t] ou [astʀɛnjɑ̃, ɑ̃t] (astreindre) Qui demande un effort soutenu, des contraintes importantes. *Régime, travail astreignant. Délais astreignants.*

ASTREINDRE, v. tr. [astʀɛ̃dʀ] (lat. *adstringere*, attacher étroitement) Soumettre à. *On l'astreignit à observer la règle.* ◆ S'astreindre, v. pr. *Cet homme ne peut pas s'astreindre au moindre travail.*

ASTREINT, EINTE, p. p. d'astreindre. [astʀɛ̃, ɛ̃t] Obligé à. *Astreint à un rude labeur.* ■ N. f. Obligation d'assurer une garde pour les urgences. ■ Contrainte. *Les astreintes de la vie quotidienne.* ■ Amende financière exigée à une personne qui n'a pas respecté une échéance fixe, calculée en fonction du nombre de jours de retard. *Une astreinte compensatoire.*

ASTRICTIF, IVE, adj. [astʀiktif, iv] (*astriction*) **Méd.** Qui a la vertu de resserrer.

ASTRICTION, n. f. [astʀiksjɔ̃] (lat. *adstrictio*) **Méd.** Action d'une substance astringente. ◆ **Chir.** Action de serrer.

ASTRINGENCE, n. f. [astʀɛ̃ʒɑ̃s] (*astringent*) **Méd.** Qualité de ce qui est astringent.

ASTRINGENT, ENTE, adj. [astʀɛ̃ʒɑ̃, ɑ̃t] (lat. *adstringens*, p. prés. de *adstringere*) **Méd.** Qui a la propriété de déterminer une sorte de crispation dans les tissus. ◆ N. m. *Les astringents.*

ASTROBLÈME, ■ n. m. [astʀoblɛm] (astro- et gr. *blêma*, jet, coup) **Géol.** Cratère circulaire creusé dans la terre par la chute d'une météorite.

ASTROÏDE, adj. [astʀoid] (gr. *astroeidês*) Qui est disposé en manière d'étoile.

ASTROÏTE, n. f. [astʀoit] (altération du grec latinisé de Pline *astriotes*, pierre-de-lune) Sorte de madrépore.

ASTROLABE, n. m. [astʀolab] (b. lat. *astrolabium*, du gr. *astrolabos*, de *astron* et *lambanein*, prendre) ▷ Instrument autrefois employé pour mesurer la hauteur des astres au-dessus de l'horizon. ◁ ◆ S'est dit autrefois pour planisphère céleste. ■ Instrument astronomique permettant de mesurer la position des étoiles et d'établir leurs relations avec le temps.

ASTROLÂTRE, n. m. [astʀolɑtʀ] (*astrolâtrie*) Adorateur des astres.

ASTROLÂTRIE, n. f. [astʀolɑtʀi] (*astro-* et gr. *latreia*, culte) Religion dans laquelle on adore les astres.

ASTROLOGIE, n. f. [astʀoloʒi] (gr. *astrologia*, astronomie, astrologie) *Astrologie judiciaire* ou simplement *astrologie,* Art chimérique prétendant prévoir l'avenir d'après l'inspection des astres.

ASTROLOGIQUE, adj. [astʀoloʒik] (gr. *astrologikos*, qui concerne l'astronomie) Qui appartient à l'astrologie.

ASTROLOGIQUEMENT, adv. [astʀoloʒik(ə)mɑ̃] (*astrologique*) D'une manière astrologique.

ASTROLOGUE, n. m. et n. f. [astʀolog] (lat. *astrologus*, astronome, astrologue) Personne qui est versée dans les prétendues règles de l'astrologie. ◆ **Fig.** *Ce n'est pas un grand astrologue,* se dit d'un homme peu intelligent, peu habile.

ASTROMANCIE, n. f. [astʀomɑ̃si] (gr. *astromanteia*) Divination par les astres.

ASTROMÉTRIE, ■ n. f. [astʀometʀi] (*astro-* et *-métrie*) Branche de l'astronomie qui établit la position des astres et détermine leurs mouvements. *L'astrométrie visuelle.*

ASTROMÉTRIQUE, ■ adj. [astʀometʀik] (*astrométrie*) Qui concerne l'astrométrie. *Des recherches astrométriques.*

ASTROMÉTRISTE, ■ n. m. et n. f. [astʀometʀist] (*astrométrie*) Personne spécialisée dans l'astrométrie.

ASTRONAUTE, ■ n. m. et n. f. [astʀonot] (*astro-* et *-naute*) Personne spécialement formée à voyager dans le cosmos, à bord d'un vaisseau spatial. *Une astronaute française se trouvait à bord de la station spatiale internationale.*

ASTRONAUTIQUE, ■ n. f. [astʀonotik] (*astro-* et gr. *nautikê* [tekhnê], art de la navigation) Science ayant pour objet la navigation dans l'espace. ■ Adj. Qui concerne les vols dans l'espace. *Une base astronautique.*

ASTRONEF, ■ n. m. [astʀonɛf] (astro- et *nef*) Vaisseau spatial. *L'astronef se déplace dans l'espace interstellaire.*

ASTRONOME, n. m. et n. f. [astʀonɔm] (gr. *astronomos*, de astron et nemein, distribuer, administrer) Personne qui connaît et pratique l'astronomie.

ASTRONOMIE, n. f. [astʀonomi] (gr. *astronomia*, de astronomos) Science qui s'occupe de la connaissance des astres et des lois qui règlent leurs mouvements. ◆ *Astronomie mathématique,* celle qui s'occupe particulièrement du calcul des forces auxquelles les astres obéissent. ◆ *Astronomie physique,* celle qui s'occupe particulièrement des conditions physiques des astres. ◆ *Astronomie nautique,* partie de l'astronomie qui a rapport à la navigation.

ASTRONOMIQUE, adj. [astʀonomik] (gr. *astronomikos*, qui concerne l'astronomie, versé dans l'astronomie) Qui appartient, qui a rapport à l'astronomie. ■ **Fig.** Démesuré. *On a payé une somme astronomique.*

ASTRONOMIQUEMENT, adv. [astʀonomik(ə)mɑ̃] (*astronomique*) Suivant les principes de l'astronomie.

ASTROPHOTOGRAPHIE, ■ n. f. [astʀofotografi] (astro- et *photographie*) Photographie du ciel et des astres. *Il pratique l'astrophotographie pour mieux étudier le paysage céleste.*

ASTROPHYSICIEN, IENNE, ■ n. m. et n. f. [astʀofizisjɛ̃, jɛn] (*astrophysique*) Personne spécialisée dans l'astrophysique.

ASTROPHYSIQUE, ■ n. f. [astʀofizik] (astro- et *physique*) Branche de l'astronomie qui traite de la physique interne, de la formation et de l'évolution des objets qui composent l'Univers. *Le développement de l'exploration spatiale est étroitement lié à l'astrophysique.*

ASTROSCOPE, n. m. [astʀoskɔp] (astro- et *-scope*) Instrument pour retrouver facilement dans le ciel les constellations.

ASTROSTATIQUE, n. f. [astʀostatik] (*astro-* et *statique*) Statique des astres ou connaissance de la masse et de la distance respective des astres.

ASTUCE, n. f. [astys] (lat. *astutia*, ruse) Habitude de ruser, de tromper, fourberie. ■ Moyen ingénieux de résoudre une difficulté.

ASTUCIEUSEMENT, adv. [astysjøz(ə)mɑ̃] (*astucieux*) Avec astuce.

ASTUCIEUX, EUSE, adj. [astysjø, øz] (*astuce*) Qui a de l'astuce, en parlant des personnes et des choses. *Homme, langage astucieux.*

ASTYLE, adj. [astil] (gr. *astulos*, sans colonne) ▷ **Bot.** Qui est dépourvu de style. ◁

ASYLE, n. m. [azil] Voy. ASILE.

ASYMÉTRIE, n. f. [asimetʀi] (gr. *asummetria*) Manque de symétrie.

ASYMÉTRIQUE, adj. [asimetʀik] (*asymétrie*) Qui manque de symétrie.

ASYMPTOMATIQUE, ■ adj. [asɛ̃ptomatik] (a- et *symptôme*) Qui ne présente pas de symptôme apparent. *Un porteur asymptomatique. La phase asymptomatique du virus VIH peut s'étendre sur plusieurs années.*

ASYMPTOTE, n. f. [asɛ̃ptɔt] (gr. *asumptôtos*, qui ne s'affaisse pas, de *a*- priv. et *sumpiptein*, s'affaisser) **Géom.** Ligne droite qui s'approche indéfiniment d'une courbe, sans pouvoir jamais la toucher.

ASYMPTOTIQUE, adj. [asɛ̃ptɔtik] (*asymptote*) Qui appartient ou a rapport à l'asymptote.

ASYNARTÈTE, n. m. [asinaʀtɛt] (gr. *asunartêtos*, incohérent, de *a*- priv. et *sunartan*, s'attacher) Métrique anc. Vers coupé en deux parties qui peuvent être regardées chacune comme un vers particulier.

ASYNCHRONE, ■ adj. [asɛ̃kʀon] (*a*- et *synchrone*) Qui manque de synchronisme. *Des mouvements asynchrones.* ■ Dont la vitesse ne dépend pas de la fréquence des courants induits, en parlant d'une machine à courant alternatif. *Un moteur asynchrone.*

ASYNCHRONISME, ■ n. m. [asɛ̃kʀonism] (*asynchrone*) Caractère de ce qui n'est pas synchrone. *L'asynchronisme de leurs gestes.*

ASYNDÈTE, n. f. [asɛ̃dɛt] (gr. *asundetos*, non lié, de *a*- priv. et *sundein*, lier ensemble) Syn. de disjonction, sorte de l'ellipse par laquelle on retranche les conjonctions simplement copulatives qui doivent unir les parties d'une phrase. ■ Rem. On prononçait autrefois [asindɛt] en faisant entendre *i* et *n* séparément.

ASYNERGIE, ■ n. f. [asinɛʀʒi] (*a*- et *synergie*) **Méd.** Trouble neurologique qui se caractérise par une absence de coordination des mouvements effectués pour accomplir un acte complexe. *Une asynergie biliaire.*

ASYNERGIQUE, ■ adj. [asinɛʀʒik] (*asynergie*) Qui se rapporte à l'asynergie. *Un esprit asynergique.* ■ N. m. et n. f. Personne souffrant d'asynergie.

ASYSTOLIE ou **ASYSTOLE**, ■ n. f. [asistoli, asistɔl] (*a*- et *systole*) **Méd.** Immobilité du cœur qui se trouve sans activité électrique.

ATAGHAN, n. m. [atagɑ̃] Le même que yatagan.

ATARAXIE, n. f. [ataʀaksi] (gr. *ataraxia*, de *a*- priv. et *tarassein*, agiter, troubler) **Philos.** Absence de trouble dans l'âme. ■ ATARAXIQUE, adj. [ataʀaksik]

ATAVIQUE, ■ adj. [atavik] (*atavisme*) Qui provient de la transmission de caractères héréditaires. ■ Par extens. Issu d'habitudes ancestrales. *Haine, peur, violence atavique. « La peur atavique qui s'éveille au seuil du royaume des ténèbres »*, Gracq.

ATAVISME, n. m. [atavism] (lat. *atavus*, quatrième aïeul) **Bot.** Tendance des plantes hybrides à retourner à leur type primitif. ♦ **Physiol.** Ressemblance avec les aïeux. ♦ Tendance que l'on retrouve de génération en génération.

ATAXIE, n. f. [ataksi] (gr. *ataxia*, désordre, de *a*- priv. et *tassein*, ranger) Ensemble de phénomènes nerveux remarquables par l'irrégularité de la marche et la gravité des maladies auxquelles ils sont liés. ♦ **Philos.** Désordre des mouvements de l'âme.

ATAXIQUE, adj. [ataksik] (*ataxie*) Qui appartient à l'ataxie. *État ataxique.* ♦ *Fièvre ataxique*, autrefois fièvre maligne.

ATÈLE, ■ n. m. [atɛl] (gr. *atelês*, incomplet, parce qu'il a des mains sans pouce) Singe originaire d'Amérique du Sud, portant aussi le nom de *singe-araignée* par référence avec ses très longs membres.

ATÉLECTASIE, ■ n. f. [atelɛktazi] (gr. *atelês*, inachevé, et *ektasis*, extension) Manque de dilatation, d'extension. ■ **Méd.** Affaissement des alvéoles pulmonaires qui, manquant de ventilation à cause d'une obstruction bronchique, se rétractent.

ATELIER, n. m. [atəlje] (*attelle*, éclat de bois, du lat. *assula*) Lieu où travaillent un certain nombre d'ouvriers. ♦ Tous les ouvriers d'un atelier. *Un chef d'atelier.* ♦ Lieu de travail d'un peintre, d'un sculpteur. ♦ *L'atelier*, les élèves d'un artiste considérés collectivement. ♦ *Jour d'atelier*, jour le plus propre à éclairer un tableau, une statue. ■ Ensemble de personnes travaillant autour d'un même thème. *Un atelier choral.*

ATELLANES, n. f. pl. [atɛlan] ou [atelan] (lat. *Atella*, ville de Campanie) Petites pièces d'un caractère bouffon, souvent licencieux, en usage sur le théâtre romain.

ATÉMADOULET, n. m. [atemadulɛt] (ar. *itimâd al-dawla*, l'appui de l'empire) ▷ Titre du premier ministre de Perse. ◁

ATÉMI, ■ n. m. [atemi] (mot jap., coup porté à un endroit vital) Dans les arts martiaux, coup frappé sur les points vitaux en vue de neutraliser l'attaque de l'adversaire. *Effectuer des atémis au sol. Des atémis de mains, de jambes.*

ATEMPOREL, ELLE, ■ adj. [atɑ̃pɔʀɛl] (*a*- et *temporel*) Qui se situe hors de la réalité temporelle. *Les contes de fées offrent un univers irréel et atemporel.* ■ **Ling.** Qui ne rend pas compte de la notion de temps. *Présent atemporel.*

ATER, ■ n. m. et n. f. [atɛʀ] (acronyme de *attaché temporaire d'enseignement et de recherche*) Titulaire du doctorat ou doctorant qui assure un enseignement à l'université dans le cadre d'un statut d'agent contractuel. *Pendant la préparation de sa thèse, elle a été ATER et a effectué 128 heures de cours.*

ATÉRIEN, ■ n. m. [ateʀjɛ̃] (Bir-el-Ater, village algérien au sud de Tébessa) Type culturel de l'Afrique du Nord datant du paléolithique supérieur, caractérisé par une industrie de culture moustérienne. ■ Adj. Qui se rapporte à l'atérien. *L'industrie atérienne.*

ATERMOIEMENT, n. m. [atɛʀmwamɑ̃] (*atermoyer*) Délai accordé à un débiteur par ses créanciers. ♦ En général, retard, faux-fuyant.

ATERMOYÉ, ÉE, p. p. d'atermoyer. [atɛʀmwaje] Renvoyé à un autre terme. *Des paiements atermoyés.*

ATERMOYER, v. tr. [atɛʀmwaje] (*a*- et anc. fr. *termoier*, tarder, ajourner *terme*) Donner un atermoiement. *Atermoyer une lettre de change.* ♦ V. intr. Différer, chercher des faux-fuyants. ♦ S'atermoyer, v. pr. Faire un atermoiement avec ses créanciers.

ATHANOR, ■ n. m. [atanɔʀ] (ar. *al tannur*, le four, du sumérien *tinur*) Fourneau qu'utilise un alchimiste. *Son charbon brûle lentement dans un athanor.*

ATHÉE, n. m. et n. f. [ate] (gr. *atheos*, de *a*- priv. et *theos*, dieu) Personne qui ne croit point que Dieu existe. ♦ Adj. *Un prince athée.*

ATHÉISME, n. m. [ateism] (*athée*) Opinion, doctrine des athées.

ATHÉISTIQUE, adj. [ateistik] (*athéisme*) Qui a rapport à l'athéisme.

ATHÉMATIQUE, ■ adj. [atematik] (*a*- et *thématique*) **Ling.** Qui n'est pas thématique. ■ Dont le suffixe s'associe directement à la racine sans qu'un morphème thématique lui soit ajouté. *Une formation athématique.*

ATHÉNÉE, n. m. [atene] (lat. *athenæum*, du gr. *Athênaion*, temple d'Athéna à Athènes) **Antiq.** Lieu public où les poètes et les rhéteurs faisaient lecture de leurs ouvrages. ♦ Établissement n'appartenant pas à l'enseignement officiel, où se font des cours ou des lectures. ■ **Belg.** Établissement scolaire de second degré.

ATHÉNIEN, IENNE, ■ adj. [atenjɛ̃, jɛn] (lat. *atheniensis*, de *Athenæ*, Athènes) Originaire d'Athènes. *Un armateur athénien.* ■ N. m. et n. f. Personne qui est née ou qui vit à Athènes.

ATHERMAL, ALE, adj. [atɛʀmal] (*a*- et *thermal*) Qui est à la température de 9 à 10 degrés.

ATHERMANE ou **ATHERMIQUE**, adj. [atɛʀman, atɛʀmik] (*a*- et *thermainein*, chauffer, ou *thermique*) Qui a la propriété d'arrêter les rayons caloriques.

ATHÉROME, ■ n. m. [aterom] (gr. *athêrôma*, loupe graisseuse, de *athêra*, bouillie de farine) **Méd.** Lésion des artères qui bouleverse la structure plane de leur paroi interne en y formant une plaque jaunâtre composée notamment de dépôts lipidiques de cholestérol.

ATHÉROSCLÉROSE, ■ n. f. [ateʀosklerɔz] (all. *atherosklerose*, du gr. *athêrô[ma]* et *sklerose*, sclérose) Sclérose des artères caractérisée par l'épaississement fibreux et la présence d'un athérome qui bouleversent la progression de flux sanguin.

ATHÉTOSE, ■ n. f. [atetoz] (anglo-amér. *athetosis*, du gr. *a*- priv. et *thetos*, posé) **Méd.** Maladie neurologique caractérisée par des mouvements involontaires, irréguliers et lents, affectant principalement la tête, le cou et les membres.

ATHÉTOSIQUE, ■ adj. [atetozik] (*athétose*) **Méd.** Qui se rapporte à l'athétose. *Un symptôme athétosique.* ■ Qui souffre d'athétose. ■ N. m. et n. f. Personne atteinte d'athétose.

ATHLÈTE, n. m. [atlɛt] (lat. *athleta*, gr. *athlêtês*, de *athlein*, lutter) Personne qui s'exerçait à la lutte ou au pugilat pour combattre dans les jeux solennels de la Grèce. ♦ Fig. Homme fort et adroit aux exercices du corps. ♦ Fig. *Les athlètes de la foi, de Jésus-Christ*, les martyrs. ♦ Fig. Adversaire, émule. ■ N. m. et n. f. Personne qui exerce un sport. ■ Personne qui pratique l'athlétisme. *Un athlète de haut niveau.* ■ Personne robuste, forte, possédant une musculature puissante. *Un corps d'athlète.*

1 **ATHLÉTIQUE**, n. f. [atletik] (lat. *athletica* [*ars*]) L'art des athlètes. ■ Rem. Son emploi est rare.

2 **ATHLÉTIQUE**, adj. [atletik] (gr. *athlêtikos*) Qui est propre à l'athlète. *Taille, force athlétique.* ■ Qui se rapporte à l'athlétisme. *Un saut athlétique.*

ATHLÉTIQUEMENT, adv. [atletik(ə)mɑ̃] (*athlétique*) D'une manière athlétique.

ATHLÉTISME, ■ n. m. [atletism] (*athlète*) Ensemble des activités d'un athlète, souvent effectuées individuellement et comportant par exemple des courses de plat et d'obstacles, des épreuves de saut, de lancer. *Pratiquer l'athlétisme de haut niveau.*

ATHLOTHÈTE, n. m. [atlotɛt] (gr. *athlothetês*, de *athlon*, lutte, et *tithenai*, disposer, régler) Officier qui, chez les Grecs, présidait aux combats gymniques.

ATHREPSIE, ■ n. f. [atʁɛpsi] (*a-* et gr. *threpsis*, nutrition) **Méd.** État de dénutrition important du nourrisson caractérisé notamment par la disparition des tissus graisseux, une algidité progressive et une déshydratation.

ATHYMIE ou **ATHYMHORMIE**, ■ n. f. [atimi] ou [atimɔʁmi] (gr. *athumia*, découragement, de *a-* priv. et *thumos*, courage) **Psych.** État psychiatrique d'un schizophrène qui se caractérise par la perte de l'affectivité.

ATINTÉ, ÉE, p. p. d'atinter. [atɛ̃te] ▷ *Une jeune fille atintée.* ◁

ATINTER, v. tr. [atɛ̃te] (orig. inc.) ▷ Orner avec affectation. ♦ Il est populaire. ♦ S'atinter, v. pr. ◁

1 **ATLANTE**, n. m. [atlɑ̃t] (lat. *Atlas*, gr. *Atlas*, génit. *Atlantos*, géant de la mythologie) **Archit.** Figure humaine chargée de quelque fardeau.

2 **ATLANTE**, ■ n. m. et n. f. [atlɑ̃t] (gr. *Atlantis*, Atlantide, île d'Atlas) Habitant de l'Atlantide. ■ **Adj.** Qui se rapporte à l'Atlantide ou à ses habitants. *Un roi atlante.*

ATLANTIQUE, adj. [atlɑ̃tik] (gr. *Atlantikos*, d'Atlas ; cf. *Atlantikê thalassa*, la mer d'Atlas) ▷ *Mer Atlantique*, mer qui est entre l'ancien et le nouveau monde. ◁ ♦ *Format atlantique*, format où la feuille entière ne forme qu'un feuillet. ♦ N. f. *L'Atlantique*, la mer Atlantique. ■ **Rem.** On dit aujourd'hui *océan Atlantique* et en tant que substantif, *Atlantique* est masculin.

ATLANTISME, ■ n. m. [atlɑ̃tism] (*Atlantique*) Doctrine politique des partisans du traité de l'Atlantique Nord. ■ **ATLANTISTE**, adj. et n. m. et n. f. [atlɑ̃tist]

ATLAS, n. m. [atlas] (lat. *Atlas*, éponyme du recueil de cartes de Mercator et représenté sur son frontispice, et qui soutenait le ciel comme la première vertèbre soutient la tête) Recueil de cartes géographiques ou de tableaux. ♦ Tout recueil de cartes, de planches, etc. joint à un ouvrage. ♦ **Anat.** La première vertèbre du cou.

ATMAN, ■ n. m. [atman] (mot hindi) Dans la religion des Hindous, souffle de vie, âme. *L'atman des engagés.*

ATMOSPHÈRE, n. f. [atmosfɛʁ] ou [atmɔsfɛʁ] (gr. *atmos*, vapeur humide, et *sphaira*, sphère) Couche de corps gazeux qui entoure de toutes parts le globe terrestre. ♦ Air d'un pays, d'une ville, d'un lieu. *L'atmosphère brumeuse de cette contrée.* ♦ **Fig.** *Une atmosphère de vices, de corruption.* ■ **Méc.** Unité de comparaison pour mesurer la pression de la vapeur, qui équivaut à un poids de 1 kg 033 sur 1 cm² de surface.

ATMOSPHÉRIQUE, adj. [atmosfeʁik] ou [atmɔsfeʁik] (*atmosphère*) Qui appartient, qui a rapport à l'atmosphère.

ATOLL, ■ n. m. [atɔl] (mot angl., du maldive *atolu*) Île de forme annulaire composée d'une lagune et de coraux.

ATOME, n. m. [atom] (lat. *atomus* du gr. *atomos*, de *a-* priv. et *temnein*, couper) Corps hypothétique que l'on suppose être indivisible à cause de sa petitesse, et constituer les dernières parties de toute chose [1]. ♦ Corpuscules qui voltigent dans l'air. ♦ **Fig.** Extrême petitesse de certains corps relativement à d'autres. « *Me voici : mais que suis-je ? un atome pensant* », LAMARTINE. ♦ **Chim.** Particules dernières qu'on suppose avoir la forme primitive du corps auquel elles appartiennent et qui se combinent entre elles en proportions définies. ■ **Fam.** *Avoir des atomes crochus avec quelqu'un*, avoir des affinités avec quelqu'un, l'apprécier. ■ **Rem.** 1 : L'existence des atomes n'a plus rien d'hypothétique aujourd'hui.

ATOME-GRAMME, ■ n. m. [atom(ə)gʁam] (*atome* et *gramme*) **Phys.** Masse en grammes d'un élément chimique qui équivaut à sa masse atomique. *Des atomes-grammes.*

ATOMICITÉ, n. f. [atomisite] (*atomique*) **Chim.** Qualité qu'a un atome de posséder un ou plusieurs points d'attraction. ■ **Écon.** Situation équilibrée du marché, caractérisée par le fait que les acheteurs et les vendeurs sont assez nombreux pour qu'aucun n'exerce une domination sur les autres et une influence sur le prix. *L'atomicité du marché.*

ATOMIQUE, adj. [atomik] (*atome*) **Chim.** *Poids atomique*, poids exprimant la proportion toujours définie dans laquelle une substance se combine avec une quantité déterminée d'une autre substance. ♦ *Théorie atomique*, théorie considérant les corps comme formés d'atomes dont les formes, ainsi que les propriétés particulières, constituent la nature chimique de chaque corps, et qui, étant des unités entières, ne peuvent jamais se combiner avec les autres atomes qu'en proportions définies. ■ Relatif à l'atome. *Masse atomique, numéro atomique.* ■ Qui utilise ou produit l'énergie issue de réactions nucléaires. *Guerre atomique.*

ATOMISATION, ■ n. f. [atomizasjɔ̃] (*atomiser*) Action d'atomiser. *L'atomisation d'une ville.* ■ Division d'un ensemble en plusieurs parties, fractionnement. *L'atomisation d'un syndicat.*

ATOMISÉ, ÉE, ■ adj. [atomize] (suivant le sens, *atomiser* ou *atome*) Divisé en petites particules. *Un mélange atomisé.* ■ Fractionné en diverses parties. *Une entreprise atomisée.* ■ Touché par les radiations atomiques. ■ N. m. et n. f. *Un atomisé, une atomisée.*

ATOMISER, ■ v. tr. [atomize] (*atome*) Diviser une substance en petites particules. ■ Fractionner un ensemble en plusieurs parties. ■ Arroser d'un liquide en petites gouttes avec un atomiseur. *Atomiser une plante.* ■ Anéantir par une artillerie atomique. *Atomiser une ville.* ■ **Fig.** Détruire, vaincre. *Atomiser un adversaire.*

ATOMISEUR, ■ n. m. [atomizœʁ] (*atomiser*) Instrument utilisé pour vaporiser un liquide réduit en fines gouttelettes.

ATOMISME, n. m. [atomism] (*atome*) Système dans lequel on explique la formation de l'univers par le moyen des atomes.

ATOMISTE, ■ n. m. et n. f. [atomist] (*atome*) Partisan des doctrines de l'atomisme. ■ Personne spécialisée dans la physique atomique ou nucléaire. ■ Adj. *Être atomiste.*

ATOMISTIQUE, adj. [atomistik] (*atomiste*) *Théorie atomistique*, explication de la formation de l'univers par l'agrégation des atomes.

ATONAL, ALE, ■ adj. [atonal] (*a-* et *tonal*) **Mus.** Qui est écrit selon les règles de l'atonalité en écartant celles de l'harmonie tonale ou modale. *Des langages musicaux atonaux* ou *atonals.*

ATONALITÉ, ■ n. f. [atonalite] (*atonal*) Système d'écriture musicale qui exclut les lois de la tonalité classique et utilise les ressources des douze degrés de la gamme chromatique. *Schoenberg, Webern et Berg sont des représentants de l'atonalité.*

ATONE, ■ adj. [atɔn] ou [aton] (gr. *atonos*, non tendu) **Méd.** Atteint d'atonie. ■ **Par extens.** Dépourvu de vigueur ou d'expression. *Un muscle atone. L'œil atone.* ■ **Ling.** Qui ne porte pas l'accent tonique. *Une syllabe atone.* ■ **Ling.** *Les pronoms atones*, pronoms personnels sujets ou objets appartenant à la série conjointe, c'est-à-dire situés dans l'immédiateté du verbe.

ATONIE, n. f. [atoni] (gr. *atonia*, de *atonos*) **Méd.** Défaut de ton, faiblesse des organes, alanguissement.

ATONIQUE, adj. [atonik] (*atonie*) Qui tient de l'atonie.

ATOUR, n. m. [atuʁ] (*atourner*) Parure des femmes. « *Se parer de superbes atours* », RACINE. ♦ *Dame d'atour*, dame dont la charge est de présider à la toilette d'une princesse. ♦ Aujourd'hui ce mot ne s'emploie guère qu'au pluriel.

ATOURNÉ, ÉE, p. p. d'atourner. [atuʁne]

ATOURNER, v. tr. [atuʁne] (*a-* et *tourner*) ▷ Parer, mais avec un sens de familiarité ou d'ironie. ◁

ATOUT, ■ n. m. [atu] (*à* et *tout*, prob. de la loc. (*jouer*) *à tout*, pour tout gagner) Carte de la couleur qui l'emporte sur les autres et qui est ordinairement la couleur de la retourne. ♦ Dans le langage tout à fait populaire, un coup, un malheur. *Il a reçu un fameux atout.* ■ Élément qui joue en la faveur de quelqu'un. *La maîtrise de trois langues est un atout.* ■ **Pop.** Courage. *Avoir de l'atout.*

ATOXIQUE, adj. [atɔksik] (*a-* et *toxique*) ▷ Qui n'a point de venin. ◁ ■ Qui ne contient pas de toxicité.

1 **ATP**, ■ n. m. [atepe] (sigle de *adénosine triphosphate*) **Biol.** Adénosine triphosphate, molécule présente dans les organismes vivants qui, lors de l'oxydation d'un groupement phosphate, transmet de l'énergie aux activités métaboliques telles que la synthèse des protéines ou la division des cellules.

2 **ATP**, ■ n. f. [atepe] (sigle angl. de *association of tennis professionnals*) Association des tennismans professionnels.

ATRABILAIRE, adj. [atʁabilɛʁ] (*atrabile*) **Anc. méd.** Qui a rapport à l'atrabile ou à la bile noire. ■ **Fig.** Mélancolique, de mauvaise humeur. ♦ En parlant des choses. *Humeur atrabilaire.* ♦ N. m. et n. f. « *Un peuple d'atrabilaires* », VOLTAIRE.

ATRABILE, n. f. [atʁabil] (lat. *atra bilis*, bile noire, calque du gr. *melagkholia*) Nom que les anciens médecins donnaient à une humeur épaisse, noire, âcre, qu'ils supposaient sécrétée par les capsules surrénales. L'existence de cette humeur est imaginaire, ainsi que les effets qu'on lui attribuait sur le caractère.

ÂTRE, n. m. [atʁ] (lat. vulg. *astracum*, dalle, pavement, du gr. *ostrakon*, coquille, tesson de terre cuite) Partie de la cheminée où l'on fait le feu.

ATRÉSIE, ■ n. f. [atʁezi] (*a-* et gr. *trêsis*, trou, ouverture, de *titran*, percer) **Méd.** Rétrécissement ou fermeture d'un orifice ou d'un conduit naturel interne. *L'atrésie pulmonaire, intestinale.*

ATRIAU, ■ n. m. [atʀijo] (anc. fr. *hetriau*, foie) **Suisse** Petite crépinette ronde à base de farce d'abats de porc. *Des atriaux.*

ATRICHIE, n. f. [atʀiki] (*ch* se prononce *k*. gr. *atrikhos*, de *a-* priv. et *thrix*, cheveu) Absence de poils, de cheveux.

ATRIUM, n. m. [atʀijɔm] (lat. *atrium*) **Antiq. rom.** Portique couvert situé dans l'intérieur de l'édifice. ■ Parvis le plus souvent entouré de portiques, situé devant des églises ou des temples. ■ Cour intérieure vitrée. ■ Vestibule dans les grandes demeures luxueuses.

ATROCE, adj. [atʀɔs] (lat. *atrox*, de *ater*, noir, funeste) Qui est d'une grande cruauté, ou qui indique une grande cruauté. *Crime, perfidie atroce.* ◆ Excessif en mal. *Une douleur atroce.* ◆ **Fam.** et **par exagération** *C'est un homme atroce. Un temps atroce.*

ATROCEMENT, adv. [atʀɔs(ə)mɑ̃] (*atroce*) Avec atrocité.

ATROCITÉ, n. f. [atʀɔsite] (lat. *atrocitas*) Caractère cruel et odieux d'une chose. *L'atrocité d'un crime.* ◆ Action atroce. ◆ Chose atroce. ◆ *Atrocité de l'âme, du caractère,* extrême cruauté de l'âme, du caractère.

ATROPHIE, n. f. [atʀofi] (gr. *atrophia*, de *atrophos* non ou mal nourri ; cf. moy. fr. *atrophe*, qui dépérit) Amaigrissement et diminution d'une partie du corps qui ne prend pas de nourriture. ■ **Fig.** Diminution d'une activité, d'un sentiment pouvant aller jusqu'à son extinction. *Atrophie d'un secteur économique.*

ATROPHIÉ, ÉE, p. p. d'atrophier. [atʀofje] Affecté d'atrophie.

ATROPHIER, v. tr. [atʀofje] (*atrophie*) Ôter la nourriture, amaigrir. *S'atrophier,* v. pr. Perdre de son volume par défaut de nourriture, en parlant d'un organe. ■ Diminuer dangereusement. *Un secteur économique qui s'atrophie.*

ATROPHIQUE, adj. [atʀofik] (*atrophie*) Qui a rapport à l'atrophie.

ATROPINE, ■ n. f. [atʀopin] (lat. sav. *Atropa [Belladonna]*) **Méd.** Alcaloïde issue de la belladone, bloquant l'action du système nerveux végétatif parasympathique et permettant notamment de calmer les spasmes et de dilater les pupilles. *Une pilule d'atropine.*

ATTABLÉ, ÉE, p. p. d'attabler. [atable]

ATTABLER, v. tr. [atable] (*a-* et *table*) Faire asseoir à table. *Attabler quelqu'un.* ◆ *S'attabler,* v. pr. Se mettre à table pour manger ou pour jouer.

ATTACHANT, ANTE, adj. [ataʃɑ̃, ɑ̃t] (*attacher*) Qui attache, qui captive. *Lecture attachante.* ■ Pour lequel on éprouve un certain attachement. *Une grand-mère attachante.*

ATTACHE, n. f. [ataʃ] (*attacher*) Tout ce qui sert à attacher. *L'attache d'un lévrier. Chien d'attache,* chien de cour. ◆ **Fig.** « *Philis tient mon cœur à l'attache* », MOLIÈRE. ◆ ▷ **Fig.** *Être toujours à l'attache,* être assujetti par un emploi, des occupations. ◁ ◆ *Attache de diamants,* assemblage de diamants formé de plusieurs parties unies ensemble. ◆ **Anat.** L'endroit où l'extrémité d'un muscle s'attache. ◆ **Peint.** et **sculpt.** L'endroit où un muscle s'attache à un os. ◆ ▷ **Fig.** Tout ce qui captive l'esprit. « *Ces grandes attaches qu'il a au péché* », BOSSUET. « *Le peu d'attache et de goût qu'il avait pour les choses de la terre* », MASSILLON. ◁ ◆ ▷ Sentiment qui attache. « *D'ailleurs pour cet enfant leur attache est visible* », RACINE. ◁ ◆ *Avoir de l'attache à l'étude, pour l'étude,* avoir un goût extrême pour l'étude. ◆ *Lettres d'attache,* dans l'ancienne chancellerie, lettres pour l'exécution de certaines ordonnances, etc. ◆ **Fig.** Consentement, agrément. « *Le public ne doit trouver ni mauvais, ni étrange que nous demandions l'attache des théologiens* », d'ALEMBERT. ■ **Mar.** *Port d'attache,* où l'on immatricule un bateau. ■ **Fig.** *Port d'attache,* lieu où l'on réside pour son activité professionnelle. ■ **N. f. pl.** Dépendance, relations, liens. *Elle a gardé des attaches dans sa ville natale.*

ATTACHÉ, ÉE, p. p. d'attacher. [ataʃe] Fixé par une attache. *Attaché à la croix.* ◆ **Peint.** et **sculpt.** Lié, joint par l'attache. ◆ **Fig.** Fixé. *Tenir ses yeux attachés à la terre, sur quelqu'un. Une âme attachée aux biens terrestres.* ◆ Qui accompagne, suit ou cherche. *Un homme depuis longtemps attaché à sa personne.* ◆ **N. m.** « *Il y a tantôt quarante-cinq ans que je me compte parmi vos attachés* », VOLTAIRE. ◆ Lié par l'affection. *Attaché à quelqu'un par les liens de l'amitié.* ◆ Qui tient à, qui s'occupe à. *Être attaché à la vie.* ◆ ▷ **Absol.** Absorbé dans une occupation. « *Attaché selon sa coutume* », LA FONTAINE. ◁ ◆ Inhérent à, dépendant de. *Leur fortune est attachée à celle de l'État.* ◆ **Absol.** Attaché à l'argent. « *Si vous n'êtes ni moins ambitieux, ni moins attaché* », MASSILLON. ◁ ◆ **N. m.** *Un attaché d'ambassade,* fonctionnaire qui fait partie d'une ambassade. ■ **N. m.** et **n. f.** Personne attachée à un service déterminé. *Attaché de presse.*

ATTACHÉ-CASE, ■ n. m. [ataʃekɛz] (le *a* de *case* se prononce è. angl. *attaché case,* de *attaché,* empr. au fr. et *case,* valise plate) Mallette servant à transporter des documents. *Des attachés-cases.*

ATTACHEMENT, n. m. [ataʃ(ə)mɑ̃] (*attacher*) Sentiment d'affection qui lie, qui attache. *L'attachement d'une fille à* ou *pour son père.* ◆ Grande application. *Avoir de l'attachement à l'étude.* ◆ **Absol.** Liaison avec une femme. *Il a un attachement.* ◆ **N. m. pl.** Notes que l'architecte prend des ouvrages faits, lorsqu'ils sont encore apparents, et qui serviront au règlement des mémoires. ◆ *Attachement de mineur,* l'action de mettre le mineur après le corps du mur.

ATTACHER, v. tr. [ataʃe] (chang. de préf. sur l'anc. fr. *estachier,* de l'anc. b. frq. *stakka,* pieu) Joindre, fixer une chose avec une autre. *Attacher les mains. Attacher avec des clous. Attacher au poteau.* ◆ **Fig.** *Attacher les yeux sur quelqu'un.* ◆ « *Qu'est-ce que l'homme, pour que vous y attachiez votre cœur?* », CHATEAUBRIAND. ◆ Donner, attribuer. *Attacher une peine à.* ◆ ▷ Intéresser, plaire. *Les fables ne vous attachent pas.* ◁ ◆ **Absol.** « *Je ne connais personne qui attache autant que vous* », MME DE SÉVIGNÉ. ◁ ◆ Lier par l'affection, par le devoir. *Attacher ses amis par de bons offices. Tout ce qui attache à la vie.* ◆ Adjoindre, associer. *Attacher son nom à un événement.* ◆ *S'attacher,* v. pr. Se joindre, se fixer à. *La vigne s'attache à tout ce qu'elle rencontre.* ◆ **Fig.** Ne pas quitter, suivre, se fixer à. *S'attacher aux pas de quelqu'un.* « *Non, non, c'est à Dieu seul qu'il faut nous attacher* », RACINE. ◆ Se lier par affection, par devoir. *Nous nous attachâmes l'un à l'autre.* ◆ S'appliquer à, rechercher. *S'attacher à la vertu. S'attacher à perdre quelqu'un.* ◆ **V. intr.** Coller durant la cuisson dans le fond d'un ustensile. *Le riz a attaché.*

ATTAGÈNE, ■ n. m. [ataʒɛn] (lat. sav. *attagenus,* empr. au gr. *attagên,* oiseau inc., p.-ê. francolin) Insecte à carapace dure dont les larves brunes ou noires se développent dans les maisons et attaquent les tapis, les vêtements, les fourrures, etc. *L'attagène des tapis.*

ATTAQUABLE, adj. [atakabl] (*attaquer*) Qui peut être attaqué.

ATTAQUANT, ANTE, n. m. et n. f. [atakɑ̃, ɑ̃t] (*attaquer*) Personne qui attaque. *Les attaquants furent repoussés.* ■ Adj. Qui attaque. ■ N. m. Dans certains sports d'équipe, joueur qui évolue dans la surface d'attaque, qui pratique un jeu offensif. *Un attaquant au football.*

ATTAQUE, n. f. [atak] (*attaquer*) Action d'attaquer, de commencer le combat. ◆ En escrime, *attaques,* mouvements que l'on fait pour ébranler son adversaire. ◆ Assaut. *On donnera l'attaque au point du jour.* ◆ *Les attaques d'une place* sont tous les travaux des assiégeants pour l'emporter. ◆ **Fig.** Agression, atteinte. *Les attaques de la critique. Les attaques contre la société.* ◆ Paroles lancées pour sonder l'intention de quelqu'un. *Il m'a fait une ou deux attaques là-dessus.* ◆ **Méd.** Accès subit d'un mal périodique ou non. *Attaque de goutte.* ◆ *Attaque de nerfs,* spasmes accompagnés ou non de mouvements violents ou convulsifs, de cris et de pleurs. ■ **Sp.** Jeu offensif. *Ligne d'attaque.* ■ **Fam.** *Être d'attaque,* avoir l'énergie pour entreprendre quelque chose.

ATTAQUÉ, ÉE, p. p. d'attaquer. [atake] *Attaqué de toute part.* ◆ Atteint, affecté. *Attaqué d'une maladie soudaine.* ◆ **Prov.** *Bien attaqué, bien défendu,* c'est-à-dire la défense n'est pas moins vigoureuse que l'attaque.

ATTAQUER, v. tr. [atake] (ital. *attaccare,* assaillir, de *tacca,* entaille, ou de *staccare,* détacher, le préf. *ad-* inversant le sens vers le contact, puis l'attaque) Diriger un acte de violence sur, engager un combat, une lutte. *Attaquer une place, l'ennemi.* ◆ **Fig.** *Attaquer quelqu'un par la corruption. Attaquer les droits de quelqu'un.* ◆ *Attaquer quelqu'un en justice,* lui intenter une action. ◆ *Attaquer un acte,* en contester la validité. ◆ Surprendre, saisir, en parlant d'une maladie. *Le scorbut attaqua la flotte.* ◆ Nuire à quelque chose, endommager, léser. *La rouille attaque le fer.* ◆ Entreprendre, commencer. *Je vais attaquer ce sujet.* ◆ Entamer. *Attaquer un poisson servi sur la table.* ◆ ▷ *Attaquer quelqu'un de conversation,* lui adresser la parole pour l'exciter à parler. ◁ ◆ **Équit.** Piquer un cheval des deux éperons à la fois. ◆ **Mus.** *Attaquer la note,* donner avec vigueur une note. ◆ *S'attaquer à,* v. pr. Diriger une attaque contre. *S'attaquer à plus fort que soi.* ◆ Être attaqué, en parlant des choses. *Le poumon s'attaque.* ◆ S'attaquer, en parlant de plusieurs. *Ils s'attaquèrent l'un l'autre.* ■ **V. tr.** Critiquer violemment. *Attaquer une réforme.* ■ Établir un contact avec quelqu'un afin de connaître son opinion. *Je l'ai attaqué sur ce sujet.* ■ **V. intr. Sp.** Diriger une action offensive afin de marquer un but, un essai. *Le buteur attaque.*

ATTARDÉ, ÉE, p. p. d'attarder [atarde] (*attarder*) Adj. Qui s'est retardé. ■ Rétrograde. *Une mentalité attardée.* ■ Dont les facultés intellectuelles sont peu développées. *Un enfant attardé.* ■ **N. m.** et **n. f.** *Un attardé, une attardée.*

ATTARDER, v. tr. [atarde] (*a-* et *tard,* ou *tarder*) Mettre en retard. ◆ *S'attarder,* v. pr. Se mettre en retard. ◆ Se trouver hors de chez soi à une heure avancée du soir ou de la nuit. ■ Rester longtemps dans un même endroit. ◆ Consacrer beaucoup de temps à. *Il s'est attardé à ranger son garage.*

ATTEINDRE, v. tr. [atɛ̃dʀ] (lat. *attangere,* du *adtingere,* toucher à) Arriver à toucher, au propre et au figuré. ◆ **Fig.** « *Vous n'avez pas encore atteint l'âge où je cours* », RACINE. *Le blé a cette année atteint un prix très élevé.* ◆ Frapper de loin. *Atteindre le but en visant.* ◆ *Atteindre son but,* réussir. ◆

Fig. Toucher, léser, concerner. *Ce coup atteignit beaucoup d'hommes de bien.* ◆ Joindre en cheminant, en chemin. *On ne put atteindre le voleur.* ◆ **Fig.** « *Ils perdent de vue leurs égaux et atteignent les plus grands seigneurs* », La Bruyère. ◆ Atteindre à, v. intr. Parvenir avec effort, difficulté. « *Et sans atteindre au but où l'on ne peut atteindre* », Malherbe. ◆ S'atteindre, v. pr. Se frapper, se blesser. ■ **V. tr.** Blesser moralement. *Cette remarque l'a atteint.*

ATTEINT, EINTE, p. p. d'atteindre. [atɛ̃, ɛ̃t] Qui a été touché. ◆ Frappé. ◆ **Fig.** *Atteint de la peste, d'une maladie.* ◆ *Être atteint d'un crime,* en être prévenu, accusé. *Atteint et convaincu de vol.* ◆ Rejoint.

ATTEINTE, n. f. [atɛ̃t] (substantivation du p. p. fém. d'*atteindre*) Action d'atteindre. *Détourner, parer l'atteinte.* ◆ **Fig.** Préjudice. *Les atteintes de la mauvaise fortune. Porter atteinte aux lois.* ◆ *Hors d'atteinte,* à l'abri de toute poursuite. ▷ Impression, en parlant des sentiments. *Faire une atteinte légère sur le cœur.* « *Et portant à mon cœur des atteintes plus rudes* », Racine. ◁ ◆ Attaque d'une maladie, accès. *Des atteintes de goutte.* ◆ **Fig.** *Une atteinte mortelle,* une impression vive, un sentiment douloureux.

ATTÉLABE, n. m. [atelab] (gr. *attelabos,* sorte de sauterelle) Genre d'insectes coléoptères.

ATTELABLE, adj. [at(ə)labl] (*atteler*) Qui peut être attelé.

ATTELAGE, n. m. [at(ə)laʒ] (*atteler*) Le nombre de chevaux, de bœufs, de bêtes de somme nécessaire pour une charrue ou une voiture. ◆ Les bêtes attelées. *Un bel attelage.* ◆ Façon d'atteler un animal ou un groupe d'animaux. *L'attelage des bœufs lui a pris peu de temps.* ■ Discipline équestre comportant des tests de dressage, de marathon et de maniabilité pour des chevaux attelés. *Une compétition d'attelage.* ■ Dispositif des chemins de fer destiné à accrocher des voitures ou des wagons entre eux.

ATTELÉ, ÉE, p. p. d'atteler. [at(ə)le] Mis en attelage. ◆ Muni d'un attelage. ◆ **Fig.** « *Attelés tous deux au char de la fortune* », La Bruyère. ◆ **Fig.** *Charrette mal attelée,* se dit d'associés qui ne s'entendent ni ne s'accordent.

ATTELÉE, n. f. [at(ə)le] (*atteler*) ▷ Temps pendant lequel des animaux de tirage restent attelés. ◁

ATTELER, v. tr. [at(ə)le] (lat. vulg. *attelare,* du b. lat. *protelare,* conduire jusqu'au bout, avec infl. du lat. *protelum,* attache de l'attelage, attelage) Attacher des animaux de trait à une voiture, à une charrue. ◆ **Absol.** *Nous fîmes atteler.* ◆ On dit aussi atteler une voiture, une charrue. ◆ **Par extens.** « *Il fit atteler à son char les rois qu'il avait vaincus* », Fénelon. ◆ S'atteler, v. pr. Se dit par extension des personnes. *Ils s'attelèrent au chariot et le traînèrent.* ◆ **Fig.** *S'atteler au char de la puissance,* servir les puissants. ■ **V. tr.** Commencer une tâche difficile. *Je m'attelle* ou *je m'attèle à la tâche dès demain.*

ATTELLE, n. f. [atɛl] (b. lat. *astella,* éclat de bois, du lat. *axis,* ais, planche) Partie du collier des chevaux à laquelle les traits sont attachés. ◆ **Chir.** Lame de bois flexible, mais résistante, et garnie de linge, qui sert à maintenir les fractures.

ATTELLEMENT ou **ATTÈLEMENT,** n. m. [atɛl(ə)mɑ̃] (*atteler*) Action d'atteler ; résultat de cette action.

ATTENANT, ANTE, adj. [at(ə)nɑ̃, ɑ̃t] (*attenir*) Qui est contigu. ◆ *Attenant,* adv. Tout proche. *Je demeure tout attenant.* ◆ **Prép.** Touchant à. *Le mur attenant la porte, à la porte, de la porte.*

ATTENDANT, ANTE, adj. [atɑ̃dɑ̃, ɑ̃t] (*attendre*) Qui attend. ◆ **Mus.** *Cadence attendante,* cadence imparfaite qui se fait en montant d'une quinte et qui semble attendre une réponse.

ATTENDRE, v. tr. [atɑ̃dʀ] (lat. *attendere,* tendre vers, être attentif à) Demeurer pour la venue de quelqu'un ou de quelque chose. *L'armée attend impatiemment son général. Le vaisseau attend un vent favorable.* ◆ **Fam.** et **ironiq.** *Attendez-moi sous l'orme,* se dit d'un rendez-vous où l'on n'a pas dessein d'aller, d'une chose que l'on ne veut pas faire. ◆ *Faire attendre une chose à quelqu'un,* la lui retenir, différer de la lui donner. ◆ Compter sur, espérer, quelquefois craindre. *On ne pouvait attendre aucun secours du sénat. N'attends son salut que de sa valeur.* ◆ *Attendre de,* suivi d'un infinitif, espérer, se promettre. « *N'attendez pas de le trouver sans imperfection.* », Fénelon. ◆ *Attendre quelqu'un à,* attendre qu'il s'engage dans une difficulté dont on pense qu'il ne s'en tirera pas. ◆ *Attendre de,* différer. *Si vous attendez de vous convertir à la mort, vous mourrez dans votre péché* », Massillon. ◆ Être réservé à, menacer. *Les indignes traitements qui attendent les vaincus.* ◆ **Fig.** *Un coup n'attendait pas l'autre,* les coups se succédaient sans interruption. ◆ ▷ *Attendre du vin,* attendre qu'il soit à point. *Attendre des fruits,* attendre qu'ils soient mûrs. ◁ ◆ **V. intr.** *Attendez ici un moment.* « *Espérer, attendre, c'est vivre ?* », Lamartine. ◆ *Faire attendre quelqu'un,* le retarder, lui faire perdre son temps. ◆ *Se faire attendre,* tarder à venir, au propre et au figuré. ◆ *Attendre à,* différer jusqu'à. *Il attend à la belle saison.* « *On attend à se convertir à l'heure de la mort* », Fléchier. ◆ *Attendre après,* avoir besoin d'une personne, d'une chose. ◆ **EN ATTENDANT,** loc. adv. Jusqu'à tel moment.

◆ **EN ATTENDANT QUE,** loc. conj. Jusqu'à ce que. ◆ S'attendre, v. pr. Différer jusqu'à ce qu'on soit réuni. ◆ *S'attendre à* ou *que,* compter sur, espérer ou craindre. ◆ ▷ *S'attendre à quelqu'un,* compter sur quelqu'un. « *Ne t'attends qu'à toi seul* », La Fontaine. ◁ ◆ Avec la préposition *de* et un infinitif. « *On lui donne une pompe funèbre où l'on s'attendait de lui dresser un triomphe* », Fléchier. ◆ **Prov.** *Tout vient à point à qui sait attendre,* c'est-à-dire avec de la patience on finit par trouver une occasion favorable. ◆ *Vous ne perdrez rien pour attendre,* le retard sera un avantage, ou, dans un sens contraire, vous recevrez le châtiment qui vous est dû. ■ *Attendre quelqu'un au tournant,* patienter jusqu'à une occasion favorable pour profiter ou se venger de lui. *Je n'oublie pas ce qu'il m'a fait ; je l'attends au tournant.*

ATTENDRI, IE, p. p. d'attendrir. [atɑ̃dʀi] *Une volaille attendrie.* ◆ **Fig.** *Attendri par les supplications.*

ATTENDRIR, v. tr. [atɑ̃dʀiʀ] (*a-* et *tendre*) Rendre tendre, non dur. ◆ **Fig.** Émouvoir, rendre sensible. ◆ S'attendrir, v. pr. Devenir tendre, non dur. *Les choux s'attendrissent à la gelée.* ◆ **Fig.** *S'attendrir sur* ou *pour quelqu'un.*

ATTENDRISSANT, ANTE, adj. [atɑ̃dʀisɑ̃, ɑ̃t] (*attendrir*) Qui attendrit, qui émeut l'âme.

ATTENDRISSEMENT, n. m. [atɑ̃dʀis(ə)mɑ̃] (radic. du p. prés. de *attendrir*) Action de rendre tendre, mou. *L'attendrissement de ces viandes.* ◆ Sentiment par lequel on s'attendrit. *Céder à l'attendrissement.*

ATTENDRISSEUR, ■ n. m. [atɑ̃dʀisœʀ] (radic. du p. prés. de *attendrir*) Appareil utilisé pour attendrir la viande. *Ce boucher se sert souvent de l'attendrisseur et du hachoir à viande.*

ATTENDU, UE, p. p. d'attendre. [atɑ̃dy] *Le Messie attendu par les Hébreux.* ◆ Cuisine, *une viande attendue,* une viande à point pour la faire cuire. ◆ **ATTENDU,** loc. prép. Vu, eu égard à. *Attendu son âge.* ◆ **ATTENDU QUE,** loc. conj. Vu que, comme.

ATTENTAT, n. m. [atɑ̃ta] (lat. *adtentatum,* p. p. neutre de *adtentare,* entreprendre contre) Entreprise criminelle, entreprise contre les lois. ◆ **Dr.** *Attentat à la pudeur,* tentative violente contre la personne d'une femme ou d'un enfant. ■ Rem. L'attentat à la pudeur peut aussi être exercé à l'encontre d'un homme.

ATTENTATOIRE, adj. [atɑ̃tatwaʀ] (*attentat*) Qui attente à. *Mesure attentatoire à la propriété.* ◆ Qui va contre l'autorité d'une juridiction. *Sentence attentatoire à l'autorité du parlement.*

ATTENTE, n. f. [atɑ̃t] (lat. vulg. *adtendita,* p. p. de *adtendere*) Action d'attendre ou temps pendant lequel on est à attendre. « *La cour est en grande attente de ce qui arrivera* », Bossuet. ◆ *Salle d'attente,* salle où l'on attend. ◆ *Pierres d'attente,* en maçonnerie, pierres qui avancent d'espace en espace, à l'extrémité d'un mur, pour en faire la liaison avec celui qu'on a dessein de bâtir auprès. ◆ **Fig.** Chose qui sert de commencement. « *Certaines répétitions, certains vers lâches et décousus qui sont des pierres d'attente* », Voltaire. ◆ *Table d'attente,* plaque, pierre, etc. où il n'y a encore rien de gravé, de sculpté, de peint. ◆ L'objet de l'attente. « *Cet enfant de David, votre espoir, votre attente* », Racine. ◆ Prévision, opinion, espérance. *Répondre à l'attente.* ◆ *Contre toute attente,* contrairement à ce qui était attendu, sans qu'on ait pu le prévoir. *Contre toute attente, il a obtenu le poste de directeur.*

ATTENTÉ, ÉE, p. p. d'attenter. [atɑ̃te] *Les crimes attentés.*

ATTENTER, v. intr. [atɑ̃te] (lat. *adtentare,* entreprendre contre) Commettre un attentat. *Attenter à la liberté.* « *Ils avaient déjà attenté sur sa vie* », Bossuet. « *Ces pauvres qui attenteront contre les riches* », Fléchier. ◆ **Absol.** « *Guise attenta, quel que fût son projet, Trop peu pour un tyran, mais trop pour un sujet* », Voltaire. ◆ Commencer l'exécution. ◆ Faire une tentative sur. « *Chassez des corps les maladies les plus obscures ; n'attentez pas sur celles de l'esprit* », La Bruyère. ◆ **V. tr.** « *Ayant attenté le plus grand de tous les crimes* », Vaugelas.

ATTENTIF, IVE, adj. [atɑ̃tif, iv] (radic. du lat. *adtentus,* attentif) Qui a, qui porte de l'attention, de l'application. *Auditoire attentif. Attentif à la leçon. Attentif à ce que rien ne nous manquât.* « *Plus Dieu vous afflige, plus il vous aime, plus il est attentif sur vous* », Massillon. ◆ ▷ *Être attentif auprès de quelqu'un,* lui faire la cour. ◁ ◆ Qui a le caractère de l'attention. *Soins attentifs.*

ATTENTION, n. f. [atɑ̃sjɔ̃] (lat. *adtentio*) Action de fixer l'esprit sur, de prendre garde à. « *L'attention est le contraire de la distraction* », Marmontel. « *L'attention qu'on doit avoir aux jugements de Dieu* », Bossuet. « *Sans une continuelle attention à toutes ses paroles* », La Bruyère. « *Sans faire nulle attention sur lui* », Mme de Sévigné. ◆ **Absol.** par forme de commandement, *attention !* c'est-à-dire prenez garde à vous ! *Attention au commandement !* ◆ Égards, soins, action de courtiser. ■ *Faire attention,* se montrer vigilant. ■ *À l'attention de,* à l'adresse de.

ATTENTIONNÉ, ÉE, adj. [atɑ̃sjɔne] (*attention*) Qui a des attentions, des égards, des prévenances ; et aussi qui a de l'application.

ATTENTISME, ■ n. m. [atãtism] (*attente*) Attitude passive et opportuniste qui consiste à attendre des informations précises avant de prendre une décision dans l'espoir que la situation s'améliorera d'elle-même. « On lui reprochait de prendre parti à une époque où la plupart des gens se vautraient dans l'attentisme », MODIANO. ■ **ATTENTISTE**, n. m. et n. f. et adj. [atãtist]

ATTENTIVEMENT, adv. [atãtiv(ə)mã] (*attentif*) Avec attention.

ATTÉNUANT, ANTE, adj. [atenɥã, ãt] ou [atenyã, ãt] (*atténuer*) **Méd.** Qui atténue. Se disait autrefois de médicaments auxquels on supposait la propriété de rendre les humeurs plus ténues, moins épaisses. ♦ N. m. *Les atténuants.* ♦ **Dr.** Ce qui diminue la gravité d'une accusation. *Circonstances atténuantes.*

ATTÉNUATION, n. f. [atenɥasjõ] ou [atenyasjõ] (b. lat. *adtenuatio*) Action d'atténuer, de diminuer ; résultat de cette action. ♦ **Méd.** Action des remèdes atténuants. ♦ **Dr.** Diminution des charges qui pèsent sur un accusé. ♦ **Phys.** Action de rendre ténu, de diviser un corps en ses plus petites parties.

ATTÉNUÉ, ÉE, p. p. d'atténuer. [atenɥe] ou [atenye] « Un corps atténué par les jeûnes », FLÉCHIER. ♦ *Un malheur atténué par quelques circonstances favorables.*

ATTÉNUER, v. tr. [atenɥe] ou [atenye] (lat. *adtenuare*, de *tenuis*, mince) Rendre mince, ténu ; diminuer l'embonpoint. ♦ **Méd.** Atténuer les humeurs, les rendre plus fluides. ♦ **Fig.** Diminuer, rendre moins grave. ♦ **Dr.** *Les circonstances ont atténué le délit.* ♦ S'atténuer, v. pr. Devenir moindre, au propre et au figuré.

ATTERRAGE, n. m. [ateraʒ] (*atterrer*) ▷ **Mar.** Approche de la terre. ♦ On dit maintenant atterrissage. ◁

ATTERRANT, ANTE, ■ adj. [aterã, ãt] (*atterrer*) Qui consterne. *Une nouvelle atterrante.*

ATTERRÉ, ÉE, p. p. d'atterrer. [atere] ▷ Jeté à terre. ◁ ♦ Accablé. ♦ ▷ **Mar.** Qui a abordé. ◁ ♦ On dit maintenant *atterri.*

ATTERREMENT, n. m. [ater(ə)mã] (*atterrer*) Action de terrasser. ♦ Épouvante, effroi.

ATTERRER, v. tr. [atere] (*a-* et *terre*) Renverser par terre. ♦ **Fig.** « Tu me subjugues, tu m'atterres », J.-J. ROUSSEAU. ♦ Jeter dans l'abattement, l'affliction, l'épouvante. *Ce désastre les a tous atterrés.* ♦ ▷ V. intr. **Mar.** Approcher de la terre, reconnaître un parage. ◁ ♦ Les marins disent maintenant *atterrir.*

ATTERRI, IE, p. p. d'atterrir. [ateri] *Le navire atterri.*

ATTERRIR, v. intr. [aterir] (*à* et *terre*) Se conjugue avec *avoir* ou *être*, suivant le sens. **Mar.** Prendre terre. ■ Se poser sur le sol, en parlant d'un aéronef. ■ **Fam.** Arriver plus ou moins par hasard dans un endroit. *Aucune idée de l'endroit où on va atterrir !*

ATTERRISSAGE, n. m. [aterisaʒ] (radic. du p. prés. de *atterrir*) **Mar.** Action d'atterrir, de prendre terre. ■ Action d'atterrir, en parlant d'un aéronef.

ATTERRISSEMENT, n. m. [ateris(ə)mã] (radic. du p. prés. de *atterrir*) Amas terreux qui se forme sur les côtes par l'action des fleuves ou de la mer.

ATTESTATION, n. f. [atestasjõ] (b. lat. *adtestatio*) Action d'attester ; témoignage qu'on donne à quelqu'un.

ATTESTÉ, ÉE, p. p. d'attester. [ateste] Formulé et connu d'après un usage daté, en parlant d'un mot ou d'une tournure. *Le mot publicité a été attesté pour la première fois en 1689.*

ATTESTER, v. tr. [ateste] (lat. *adtestari*) Certifier. *Il nous attesta le fait.* ♦ Servir de témoignage. *Tous les monuments historiques attestent que...* ♦ Prendre à témoin.

ATTICISME, n. m. [atisism] (lat. *atticismus*, gr. *atticismos*, de *attikos*, attique) Délicatesse de goût et de langage. ♦ Forme particulière au dialecte attique.

ATTICISTE, n. m. [atisist] (gr. *attikistês*) Nom donné aux écrivains grecs qui s'étudiaient à reproduire dans leurs écrits les formes des auteurs athéniens. *Lucien est un atticiste.*

ATTIÉDI, IE, p. p. d'attiédir. [atjedi] Rendu, de chaud, tiède. ♦ Rendu, de froid, tiède.

ATTIÉDIR, v. tr. [atjedir] (*a-* et *tiède*) Rendre tiède ce qui est chaud. ♦ Rendre tiède ce qui est froid. ♦ **Fig.** Rendre moins ardent, moins vif. ♦ S'attiédir, v. pr. Devenir plus chaud. ♦ Devenir moins chaud. ♦ **Fig.** *Son zèle s'attiédit.*

ATTIÉDISSEMENT, n. m. [atjedis(ə)mã] (radic. du p. prés. de *attiédir*) État de ce qui s'attiédit. ♦ **Fig.** « Quel attiédissement as-tu remarqué dans sa tendresse ? », J.-J. ROUSSEAU.

ATTIFÉ, ÉE, p. p. d'attifer. [atife] *Une femme bien attifée.*

ATTIFEMENT, n. m. [atif(ə)mã] (*attifer*) Action d'attifer ; résultat de cette action. ■ REM. Est auj. fam. et péj.

ATTIFER, v. tr. [atife] (*a-* et anc. fr. *tifer*, orner, de la rac. germ. *tip-*, pointe) Parer. ♦ **Fig.** « Ils attifent leurs mots », RÉGNIER. ♦ S'attifer, v. pr. *Cette femme aime à s'attifer.* ♦ Il est familier. ■ REM. Est péj. auj.

ATTIFET, n. m. [atife] (*attifer*) Ornement de tête pour les femmes.

ATTIFEUR, EUSE, n. m. et n. f. [atifœr, øz] (*attifer*) Personne qui attife. ■ REM. Est auj. familier et rare.

ATTIGER, ■ v. tr. [atiʒe] (var. de a[c]quiger, de l'esp. *aquejar*, tourmenter, avec infl. de *tige*) **Arg.** Blesser, peiner. ■ V. intr. **Fam.** Exagérer. *Tu attiges !*

1 **ATTIQUE**, adj. [atik] (lat. *atticus*, gr. *attikos*) Conforme à l'atticisme. *Goût, finesse attique.* ♦ *Sel attique*, plaisanterie fine et délicate. ♦ *Dialecte attique*, dialecte particulier aux Athéniens. ♦ *Les auteurs attiques* ou simplement *les attiques*, les auteurs qui ont employé ce dialecte. ♦ *Ordre attique*, petit ordre de pilastres avec la plus courte proportion.

2 **ATTIQUE**, n. m. [atik] ([*étage*] *attique*, de 1 *attique*) **Archit.** Le dernier étage qui termine le haut d'une façade, et qui n'a ordinairement que la moitié ou les deux tiers de l'étage inférieur. ♦ Un petit étage exhaussé, décoré de pilastres ou sans pilastres, qu'on élève au-dessus des pavillons angulaires, ou au milieu d'un grand bâtiment. ♦ *Attique de cheminée*, la partie revêtue de plâtre, depuis le chambranle jusqu'à la première corniche.

ATTIQUEMENT, adv. [atik(ə)mã] (*attique*) Dans le dialecte attique.

ATTIRABLE, ■ adj. [atirabl] (*attirer*) Qui est susceptible d'être attiré. *Le fer est attirable à l'aimant. Les abeilles au moment de se reproduire produisent des substances qui les rendent attirables par la lumière.*

ATTIRAIL, n. m. [atiraj] (anc. fr. *atirier*, arranger, de l'anc. b. frq. *tēri*, position selon un ordre établi) Assortiment de choses diverses nécessaires pour certains usages. *Attirail de chasse, de guerre, de toilette.* ♦ Grande quantité de choses inutiles, bagage superflu. ♦ **Fig.** « L'attirail de vos vanités et de vos pompes mondaines », FLÉCHIER. ■ *Des attirails.*

ATTIRANCE, ■ n. f. [atirãs] (*attirer*) Effet dû à une force qui attire. *L'attirance d'un aimant. L'attirance du vide.* ■ Sentiment d'être attiré. *Ressentir une attirance pour quelqu'un ou quelque chose.*

ATTIRANT, ANTE, adj. [atirã, ãt] (*attirer*) Qui attire, qui plaît.

ATTIRÉ, ÉE, p. p. d'attirer. [atire] *Le fer attiré par l'aimant.* ♦ **Fig.** *Attiré par la beauté du site.*

ATTIRER, v. tr. [atire] (*a-* et *tirer*) Tirer vers soi, faire venir à soi. *L'aimant attire le fer.* ♦ **Fig.** Attirer par des récompenses, par l'espoir du gain, etc. ♦ *Attirer les regards.* ♦ Apporter, procurer, causer. *Attirer sur quelqu'un l'envie. Une tromperie en attire une autre.* ♦ S'attirer, v. pr. *Les corps célestes s'attirent les uns les autres.* ■ Risquer d'être la cible de. *S'il continue ainsi, il va s'attirer les pires ennuis.*

ATTISÉ, ÉE, p. p. d'attiser. [atize] *Le feu ayant été attisé.* ♦ **Fig.** *Les haines attisées par des rapports mensongers.*

ATTISEMENT, n. m. [atiz(ə)mã] (*attiser*) Action d'attiser.

ATTISER, v. tr. [atize] (lat. pop. *attitiare*, du lat. impér. *titio*, tison) Approcher les tisons les uns des autres pour les faire brûler. *Attiser le feu.* ♦ **Fig.** « Nous attisons le feu dévorant de la convoitise », BOSSUET. ♦ **Litt.** Envenimer, maintenir. *Attiser la colère.*

ATTISEUR, n. m. [atizœr] (*attiser*) Personne qui attise.

ATTISOIR ou **ATTISONNOIR**, n. m. [atizwar, atizɔnwar] (*attiser*) Ustensile qui, dans certains métiers, sert à attiser le feu.

ATTITRÉ, ÉE, p. p. d'attitrer. [atitre] Qui est en titre, ordinaire. *Marchand attitré.* ♦ En mauvaise part. *Témoins attitrés*, témoins soudoyés pour porter de faux témoignages. ■ Réservé, habituel. *Dans cet hôtel, il a sa chambre attitrée.*

ATTITRER, v. tr. [atitre] (*a-* et *titre*) Donner le titre, la préférence pour un objet. ♦ Chasse, *attitrer les chiens*, les poser dans des relais pour attendre le gibier.

ATTITUDE, n. f. [atityd] (ital. *attitudine*, du b. lat. *aptitudo*, aptitude, avec infl. de *actus*, action) Manière de tenir le corps. *Cet acteur a de belles attitudes. L'attitude du respect.* ♦ **Fig.** Disposition. *Le gouvernement par son attitude doit rassurer les amis de la paix.* ■ Manière de se comporter avec autrui. *Son attitude est scandaleuse.* ■ **Danse** Position qui consiste à prendre appui sur une jambe tendue pour lever l'autre en la fléchissant légèrement. *Une pirouette en attitude devant.*

ATTITUDINAL, ALE, ■ adj. [atitydinal] (*attitude*) Qui se rapporte à l'attitude psychologique. *Des facteurs attitudinaux.*

ATTO..., ■ [ato] (dan. *atten*, dix-huit) Préfixe de symbole *a* qui, placé devant une unité, signifie 10^{18} fois cette unité, soit un milliardième de milliardième. *1 attoseconde (1 as)* = 10^{-18} *s*.

ATTORNEY, n. m. [atɔʀnɛ] (mot angl., de l'anc. fr. *atorner*, déléguer qqn à une tâche, disposé à, préposé à) Nom des procureurs ou avoués en Angleterre.

ATTOUCHEMENT, n. m. [atuʃ(ə)mã] (*attoucher*) Action de toucher à. *Distinguer par l'attouchement certaines qualités des corps.* ♦ **Géom.** *Point d'attouchement,* le point où des lignes se touchent sans se couper. On dit point de tangence quand il s'agit d'une droite et d'une courbe, et point de contact quand il s'agit de deux courbes. ▪ **Spécialt** Caresse sexuelle exercée à l'encontre d'une personne non consentante.

ATTOUCHER, v. tr. [atuʃe] (*a-* et *toucher*) Toucher à. Vieilli. ♦

ATTRACTEUR, TRICE, adj. [atʀaktœʀ, tʀis] (rad. de *attractif*) ▷ Qui agit par attraction, qui exerce une attraction. ◁

ATTRACTIF, IVE, adj. [atʀaktif, iv] (lat. *attractivus*) Qui a la propriété d'attirer. ♦ **Fig.** « *L'air attractif* », REGNARD. ♦ **Méd.** Qui attire, en parlant des vésicants, des suppuratifs. ▪ Qui présente un intérêt, un avantage. *Cette entreprise pratique des tarifs très attractifs.*

ATTRACTION, n. f. [atʀaksjõ] (b. lat. *attractio*) Action d'attirer, force qui attire. ♦ **Astron.** Tendance que les corps célestes paraissent avoir à s'attirer les uns les autres en raison directe des masses et inverse du carré des distances. ♦ **Phys.** *Attraction moléculaire,* celle qui ne se manifeste que de molécule à molécule. ♦ **Gramm.** Changement d'une lettre par l'effet de sa voisine. ♦ **Gramm. grecq.** Figure de syntaxe par laquelle le relatif est attiré au cas de son antécédent, bien que le rôle qu'il a dans la phrase lui impose un cas différent. ▪ Divertissement proposé au public dans un lieu en plein air. *Les attractions de la foire. Parc d'attractions.* ▪ Divertissement proposé en intermède d'un spectacle plus important. ▪ Chose ou personne qui intéresse, qui suscite la curiosité. *Sa nouvelle robe a été l'attraction de la soirée.*

ATTRACTIONNAIRE, n. m. [atʀaksjɔnɛʀ] (*attraction*) ▷ Nom que l'on donnait aux partisans du système de l'attraction, quand les découvertes de Newton étaient encore contestées. ◁

ATTRACTIVITÉ, ▪ n. f. [atʀaktivite] (*attractif*) Force attractive. *L'attractivité des nouveautés.*

ATTRAIRE, v. tr. [atʀɛʀ] (lat. *adtrahere*, tirer à soi) ▷ Attirer par le moyen d'un appât. ◁ ♦ **Fig.** « *La fille de Périandre disait à Lycophron ce qu'elle croyait plus capable de l'attraire et fléchir son cœur* », P.-L. COURIER. ◁ ▪ **Dr.** Citer ou assigner quelqu'un à comparaître devant un tribunal.

1 **ATTRAIT**, n. m. [atʀɛ] (*attraire*) Penchant, inclination. *Attrait pour la retraite, pour le plaisir.* ♦ Penchant, inclination. « *Suivez votre attrait* », BOSSUET. ♦ Qualité attrayante ; ce qui attire. *L'attrait des plaisirs.* ♦ N. m. pl. En parlant des personnes, les beautés qui charment. « *De mes faibles attraits le roi parut frappé* », RACINE.

2 **ATTRAIT, AITE**, p. p. d'attraire. [atʀɛ, ɛt] ▷ Attiré. ◁

ATTRAPADE, ▪ n. f. [atʀapad] (*attraper*) Litt. Réprimande assez violente.

ATTRAPE, n. f. [atʀap] (*attraper*) Piège pour les pigeons et le gibier. ♦ Tromperie, chose qui attrape. ▪ *Magasin de farces et attrapes,* magasin spécialisé dans la vente d'objets destinés à faire rire, à jouer des tours.

ATTRAPÉ, ÉE, p. p. d'attraper. [atʀape]

ATTRAPE-LOURDAUD, n. m. [atʀap(ə)luʀdo] (*attraper* et *lourdaud*) ▷ Syn. d'attrape-nigaud. ♦ Au pl. *Des attrape-lourdauds.* ◁

ATTRAPE-MOUCHE, n. m. [atʀap(ə)muʃ] (*attraper* et *mouche*) Nom de diverses plantes qui ferment leurs feuilles ou leurs fleurs dès qu'une mouche, un insecte s'y pose. ♦ Au pl. *Des attrape-mouches.*

ATTRAPE-NIGAUD, n. m. [atʀap(ə)nigo] (*attraper* et *nigaud*) Ruse grossière, qui ne peut tromper que des nigauds. ♦ Au pl. *Des attrape-nigauds.* ▪ **Par extens.** Chose qui ne procure pas les avantages qu'elle propose. *Ces pilules amaigrissantes sont de vrais attrape-nigauds.*

ATTRAPER, v. tr. [atʀape] (*a-* et *trappe*) Prendre à un piège. ♦ **Fam.** *Que je vous y attrape,* c'est-à-dire ne recommencez pas. ♦ **Fig.** Tromper. *Ce charlatan m'a attrapé.* ♦ Saisir avec la main, saisir au passage. *Attraper un papillon.* ♦ **Fam.** *Qui peut peut,* c.-à-d. que celui qui peut s'en saisir, s'en saisisse. ♦ *Attrape!* Sorte d'interjection par laquelle on exprime qu'une personne vient d'être l'objet d'une malice. ♦ **Fig.** et **fam.** « *Il suffit qu'à la fin j'attrape le bout de l'année* », LA FONTAINE. ♦ Se procurer par quelque ruse, par quelque adresse. *J'ai attrapé le bon numéro, une maladie.* ♦ Frapper, heurter. ♦ Exprimer, rendre avec exactitude. *Ce peintre a bien attrapé votre ressemblance.* ♦ *Attraper le sens d'un passage,* le saisir. ▪ **Fam.** Contracter une maladie. *Il a attrapé un gros rhume.* ♦ **V. intr.** Houspiller, gronder. *Sa mère l'a attrapé à cause de son retard.*

ATTRAPE-TOUT, ▪ n. m. inv. [atʀap(ə)tu] (*attraper* et *tout*) Programme, notamment politique, assez évasif pour attirer le plus grand nombre de partisans. ▪ **Adj.** Qui permet d'attraper une grande quantité de choses ou de personnes. *Une publicité, une pince attrape-tout.*

ATTRAPEUR, EUSE, n. m. et n. f. [atʀapœʀ, øz] (*attraper*) Personne qui attrape. *Un attrapeur d'imbéciles, de successions.*

ATTRAPOIRE, n. f. [atʀapwaʀ] (*attraper*) ▷ Piège pour attraper des animaux. ♦ **Fig.** et **fam.** Fourberie. ◁

ATTRAYANT, ANTE, adj. [atʀɛjã, ãt] (*attraire*) Qui a de l'attrait. *Un travail attrayant.*

ATTREMPER, v. tr. [atʀãpe] (*a-* et *tremper*) Chauffer graduellement le four d'une verrerie. ♦ Donner la trempe à l'acier.

ATTRIBUABLE, adj. [atʀibɥabl] (*attribuer*) Qui peut, qui doit être attribué.

ATTRIBUÉ, ÉE, p. p. d'attribuer. [atʀibɥe]

ATTRIBUER, v. tr. [atʀibɥe] (lat. *attribuere*, donner) Attacher, annexer, conférer. ♦ *Attribuer un droit, un privilège,* etc. *Attribuer la connaissance de certaines affaires à un tribunal.* ♦ Rapporter à, imputer. *Attribuer ses succès à son mérite.* ♦ *S'attribuer,* attribuer à soi, revendiquer. ♦ *S'attribuer,* v. pr. Être attribué.

ATTRIBUT, n. m. [atʀiby] (lat. médiév. *attributum*, de *attribuere*) Ce qui est propre ou particulier à quelqu'un ou à quelque chose. *La recherche de la vérité est un attribut distinctif de l'homme.* ♦ **Théol.** et **philos.** Les qualités et perfections que l'on connaît être en Dieu et qui sont de sa propre essence, comme la justice, la sagesse. *Les attributs divins.* ♦ **Log.** et **gramm.** Ce qui se nie ou s'affirme du sujet de la proposition. *Dans cette proposition : Tout homme est mortel, mortel est l'attribut.* ♦ Décoration distinctive. *Le glaive et la balance sont les attributs de la Justice.*

ATTRIBUTAIRE, ▪ n. m. et n. f. [atʀibytɛʀ] (*attribut*) **Dr.** Personne à laquelle on a accordé quelque chose. *C'est cette entreprise qui est attributaire de ce marché public.*

ATTRIBUTIF, IVE, adj. [atʀibytif, iv] (*attribut*) Qui attribue. *Arrêt attributif de juridiction.* ♦ **Log.** Qui indique ou énonce un attribut. *Proposition attributive.* ♦ **Gramm.** *Verbe attributif,* verbe qui contient l'attribut.

ATTRIBUTION, n. f. [atʀibysjõ] (lat. *attributio*) Action d'attribuer. ♦ *Attribution de juridiction,* action d'étendre la compétence d'un juge. ♦ Prérogative, privilège. ♦ Tout droit de gérer, d'administrer, de connaître de, etc. *Ceci est dans les attributions de tel magistrat.* ♦ **Par extens.** Empiéter sur les attributions de quelqu'un, s'attribuer le droit d'un autre. ▪ **Gramm.** *Complément d'attribution,* qui désigne l'être ou la chose en faveur ou au détriment de qui ou de quoi est faite l'action du verbe.

ATTRISTANT, ANTE, adj. [atʀistã, ãt] (*attrister*) Qui attriste.

ATTRISTÉ, ÉE, p. p. d'attrister. [atʀiste] *Attristé par ou de la perte d'un ami.*

ATTRISTER, v. tr. [atʀiste] (*a-* et *triste*) Rendre triste. ♦ **Absol.** *Cela attriste.* ♦ *S'attrister,* v. pr. Devenir triste.

ATTRIT, ITE, adj. [atʀi, it] (lat. *adtritus*, de *adtere*, frotter contre) ▷ Pénétré d'attrition. ◁

ATTRITION, n. f. [atʀisjõ] (b. lat. *attritio*, frottement) **Phys.** Action de deux corps durs qui se frottent et s'usent. ♦ **Chir.** Écorchure superficielle résultant d'un frottement. ♦ Regret d'avoir offensé Dieu, causé par la crainte des peines éternelles. ▪ **Milit.** Stratégie visant à l'affaiblissement de l'adversaire en épuisant ses hommes et ses ressources matérielles.

ATTROUPÉ, ÉE, p. p. d'attrouper. [atʀupe] Réuni en troupe.

ATTROUPEMENT, n. m. [atʀup(ə)mã] (*attrouper*) Rassemblement tumultueux.

ATTROUPER, v. tr. [atʀupe] (1*a-* et *troupe*) Assembler en troupe et en tumulte. *Il attroupait les passants.* ♦ *S'attrouper,* v. pr. « *Les Juifs commençaient à s'attrouper autour de lui* », BOSSUET.

ATYPIE, n. f. ou **ATYPISME**, ▪ n. m. [atipi, atipism] (*a-* et *type*) Caractère de ce qui sort de l'ordinaire. *Faire preuve d'atypisme dans son domaine professionnel.*

ATYPIQUE, ▪ adj. [atipik] (*a-* et *type*) Qui se distingue du type ordinaire rendant difficile l'identification. *Une maladie atypique. Un tempérament atypique.*

ATYPISME, ▪ n. m. [atipism] Voy. ATYPIE.

AU ou **AUX**, [o] Contraction pour *à le,* s'emploie avec les noms masculins qui commencent par une consonne ou une *h* aspirée : *Au temple, au hameau.* ♦ **Aux**, Contraction pour *à les,* s'emploie avec les substantifs des deux genres : *Vivre aux champs ; courir aux armes.*

AUBADE, n. f. [obad] (anc. provenç. *albada*, du lat. *alba,* voir 1 *aube*) Concert donné en plein air, le plus souvent vers l'aube du jour, à la porte ou sous les fenêtres de la personne à qui on veut faire honneur. ♦ **Fig.** et **ironiq.** Insulte, avanie.

AUBAIN, n. m. [obɛ̃] (p.-ê. du frq. *alibanni*, homme d'un autre ban) Étranger qui n'est pas naturalisé et qui est sujet au droit d'aubaine. ■ REM. Le droit d'aubaine n'est plus en usage aujourd'hui.

AUBAINE, n. f. [obɛn] (*aubain*) Succession aux biens d'un aubain, d'un étranger non naturalisé. *Droit d'aubaine*, Droit en vertu duquel le souverain recueille la succession de l'étranger qui meurt dans ses États[1]. ♦ **Fig.** et fam. Tout avantage inattendu. ■ REM. N'est plus familier aujourd'hui. ■ REM. 1 : Le droit d'aubaine n'est plus en usage aujourd'hui.

1 AUBE, n. f. [ob] (lat. vulg. *albus*, blanc, clair) Premier blanchissement de l'horizon, au point du jour. *L'aube du jour, l'aube matinale* ou simplement *l'aube*. ■ **Fig.** Tout début. *À l'aube du xxie siècle*.

2 AUBE, n. f. [ob] (lat. chrét. *alba*) Long vêtement de toile blanche que portent les prêtres dans les cérémonies.

3 AUBE, n. f. [ob] (prob. lat. *alapa*, soufflet, puis planchette) Planche fixée à la circonférence d'une roue de moulin à eau ou de bateau à vapeur, et sur laquelle s'exerce l'action du liquide. ■ **Techn.** Élément d'une roue hydraulique sur lequel s'exerce la pression d'un fluide ou qui le reçoit. ■ Élément d'une turbomachine utilisé pour la canalisation d'un fluide.

AUBÉPINE, n. f. [obepin] (lat. pop. *albispinus*, de *albus*, blanc, et *spinus*, épine) Arbrisseau épineux qui produit de petites fleurs blanches et dont les baies sont astringentes.

AUBÈRE, adj. [obɛʀ] (esp. *hobero*, de couleur pâle, tacheté) *Cheval aubère*, cheval dont le corps est recouvert d'un mélange de poils rouges et de poils blancs. ■ N. m. Robe d'un cheval aubère. *L'aubère clair ; l'aubère rougeâtre*.

1 AUBERGE, n. f. [obɛʀʒ] (*héberger*) Maison où l'on loge et nourrit les voyageurs pour l'argent. ♦ **Fam.** *Tenir auberge*, recevoir tout le monde à sa table. ♦ *Prendre la maison de quelqu'un pour une auberge*, aller y dîner souvent et sans invitation. ■ *Auberge de jeunesse*, qui accueille les jeunes dans des conditions sommaires, mais à moindres frais. ■ *L'auberge espagnole*, endroit, circonstance où on ne bénéficie que de ce que l'on a apporté soi-même. ■ *Ne pas être sorti de l'auberge*, les ennuis, les difficultés ne font que commencer. ■ Hôtel-restaurant à l'atmosphère chaleureuse et familiale, le plus souvent situé à la campagne. *On a déjeuné dans une petite auberge*.

2 AUBERGE, n. f. [obɛʀʒ] Voy. ALBERGE.

AUBERGINE, n. f. [obɛʀʒin] (catal. *alberginia*, de l'ar. *al badindjan*) Espèce de morelle. ♦ Le fruit même, de forme oblongue et de couleur violette à la chair blanche. *L'aubergine entre dans la composition de la ratatouille*. ■ **Fig.**, péj. et vx Contractuelle. *Une aubergine m'a dressé une contravention parce que j'étais garé en double file*. ■ Adj., inv. Par extens. De couleur violet foncé. *Des pulls aubergine*.

AUBERGISTE, n. m. et n. f. [obɛʀʒist] (*auberge*) Personne qui tient une auberge.

AUBETTE, ■ n. f. [obɛt] (dimin. de *aube*) ▷ Première lueur du matin. ◁ ■ ▷ Lieu d'observation. ◁ ■ ▷ **Milit.** Lieu où les sous-officiers se rendaient à l'ordre. ◁ ■ ▷ Comptoir de renseignements situé à l'entrée d'un bâtiment de la Marine nationale. ◁ ■ **Alsace, Nord** et **Belg.** Kiosque à journaux. ■ **Alsace, Nord** et **Belg.** Abri sous lequel on attend l'arrivée d'un véhicule de transport en commun.

AUBIER, n. m. [obje] (lat. *alburnum*, couche blanchâtre sous l'écorce, de *albus*, blanc) Couches les plus superficielles du bois dans les arbres dicotylédonés, celles qui sont entre l'écorce et le liber.

AUBIFOIN, n. m. [obifwɛ̃] (p.-ê. du lat. *album*, blanc, et *foin*) ▷ Nom vulgaire de la centaurée bleue. ◁

AUBIN, n. m. [obɛ̃] (anc. fr. *hober*, bouger) Allure défectueuse du cheval, dans laquelle, galopant encore du devant, il ne peut que trotter du train de derrière. ♦ Anciennement, le cheval lui-même.

AUBINER, v. intr. [obine] (*aubin*) Aller l'aubin.

AUBURN, ■ adj. inv. [obœʀn] (angl. *auburn*, du b. lat. *alburnus*, de couleur claire) Châtain ou brun avec des reflets roux, en parlant de la couleur des cheveux ou des poils.

AUCUBA, ■ n. m. [okyba] (prob. empr. au jap. *aoki*) Petit arbuste originaire du Japon dont les feuilles sont vertes et jaunes, le plus souvent cultivé dans les jardins.

AUCUN, UNE, adj. [okœ̃, yn] ou [okɛ̃, yn] (lat. vulg. *alicunu*, du lat. class. *aliquem unum*) Au sens de quelque, s'emploie très bien dans les phrases dubitatives ou interrogatives, mais autrement c'est un archaïsme ; ici par exemple : « *Aucuns des vins sont approuvés* », LA FONTAINE. ♦ S'emploie comme pron. indéf. dans le sens de quelqu'un. *Je ne crois pas qu'aucun puisse y parvenir*. ♦ Au pl. *Aucuns, d'aucuns*, c'est-à-dire quelques-uns, en style de palais et en style marotique ou familier. *Ce fait est raconté par aucuns. Il y en a d'aucuns qui...* ♦ Adj. avec une négation ou la préposition *sans*, pas un. « *Aucun de nos grands écrivains n'a travaillé dans le genre de l'épopée* », VOLTAIRE. ♦ *Ne... aucun... que*, signifiant pas un, si ce n'est. « *N'ayant aucun emploi qu'à passer une vie douce et innocente* », DESCARTES. ♦ Au pl. « *C'est une petite ville qui n'est divisée en aucuns partis* », LA BRUYÈRE. « *Je n'ose faire aucuns projets* », VOLTAIRE. ♦ *Aucun* Absol. et ellipt. avec le sens négatif. *Y avait-il là quelqu'un de vos amis ? Aucun ;* c'est-à-dire il n'y en avait aucun. ♦ *Aucun, aucune*, pris comme pron. indéf. avec une négation, dans le sens de pas un. « *Aucun n'est prophète chez soi* », LA FONTAINE. ■ REM. Auj. *aucun* ne s'emploie qu'au singulier, sauf si le nom qu'il détermine n'existe qu'au pluriel. *Je n'ose faire aucun projet. Aucuns frais*.

AUCUNEFOIS ou **AUCUNESFOIS**, adv. [okyn(ə)fwa] (*aucun* et *fois*) ▷ Quelquefois. ◁

AUCUNEMENT, adv. [okyn(ə)mɑ̃] (*aucun*) En quelque façon ; emploi encore usité avec une phrase dubitative ou interrogative. *Je ne crois pas qu'on puisse aucunement... Est-il aucunement question de...?* ♦ Jusqu'à un certain point, avec une phrase affirmative. Cet emploi a vieilli, ou bien il est terme de palais : *La cour ayant aucunement égard à la demande du requérant*, c'est-à-dire la cour ne rejetant ni n'admettant en totalité la demande. « *On pourrait aucunement Souffrir ce défaut aux hommes* », LA FONTAINE. ♦ Avec une négation, en aucune façon. *Cela ne modifie aucunement mon opinion*.

AUDACE, n. f. [odas] (lat. *audacia*) Mouvement de l'âme qui porte à des actions extraordinaires, au mépris des obstacles et des dangers. ♦ **Fig.** « *Aristote et Théophraste, pour excuser l'audace de ces figures [de rhétorique]* », BOILEAU. ■ Insolence. *Quelle audace !*

AUDACIEUSEMENT, adv. [odasjøz(ə)mɑ̃] (*audacieux*) D'une manière audacieuse.

AUDACIEUX, EUSE, adj. [odasjø, øz] (*audace*) Qui a de l'audace, qui annonce de l'audace. ♦ N. m. *Un jeune audacieux*.

AU-DEÇA ou **AU DEÇÀ**, loc. adv. [od(ə)sa] (*au* et *deçà*) ▷ De ce côté-ci, par opposition à au-delà, qui signifie de ce côté-là. ■ AU-DEÇA DE, loc. prép. *La Savoie est pour nous au-deçà des Alpes*. ♦ **Fig.** *Rester au-deçà de ses prétentions*, ne pas demander tout ce qu'on pourrait prétendre. ■ REM. On dit auj. *en deçà*. ◁

AU-DEDANS ou **AU DEDANS**, loc. adv. [od(ə)dɑ̃] (*au* et *dedans*) À l'intérieur. ♦ **Fig.** « *La haine que les cœurs conservent au-dedans* », P. CORNEILLE. ♦ AU-DEDANS DE, loc. prép. *Au-dedans de la maison*.

AU-DEHORS ou **AU DEHORS**, loc. adv. [odəɔʀ] (*au* et *dehors*) À l'extérieur. ♦ AU-DEHORS DE, loc. prép. *Au-dehors de la maison*.

AU-DELÀ ou **AU DELÀ**, loc. adv. [od(ə)la] (*au* et *delà*) De ce côté-là, par opposition à au-deçà, qui signifie de ce côté-ci. ♦ **Fig.** Encore plus. *J'ai regagné mon argent et au-delà*. ♦ AU-DELÀ DE, loc. prép. *Les Alpes au-delà de la Savoie*. ♦ Plus loin. « *Je te chérirai même au-delà du trépas* », P. CORNEILLE. ♦ **Fig.** *Des choses qui sont au-delà de leurs forces* », FÉNELON. ■ N. m. inv. Le monde des morts. *Des au-delàs* ou *des au-delà*.

AU-DESSOUS ou **AU DESSOUS**, loc. adv. [od(ə)su] (*au* et *dessous*) Plus bas, inférieurement. ♦ AU-DESSOUS DE, loc. prép. *Des enfants au-dessous de dix ans*. ♦ **Fig.** « *Cet homme si fort au-dessous de Moïse* », BOSSUET. ♦ ▷ *Être au-dessous de ses affaires*, se dit d'un négociant, d'un banquier, etc. qui est gêné et menacé de faillite. ◁

AU-DESSUS ou **AU DESSUS**, loc. adv. [od(ə)sy] (*au* et *dessus*) Plus haut, supérieurement. ♦ AU-DESSUS DE, loc. prép. *Des enfants au-dessus de sept ans*. ♦ **Fig.** *J'ai le cœur au-dessus des plus fières disgrâces* », P. CORNEILLE. « *Ne cherchez point les choses qui sont au-dessus de vous* », FÉNELON. ♦ ▷ Familièrement. « *On en a au-dessus des yeux, on n'y tient pas* », LA BRUYÈRE. ◁ ■ REM. On dit aujourd'hui : *On en a par-dessus la tête*.

AU-DEVANT ou **AU DEVANT**, loc. adv. [od(ə)vɑ̃] (*au* et *devant*) Dans une situation antérieure. ▷ *Il y avait un marais au-devant*. ◁ ♦ À la rencontre. **Fig.** *Vous courez au-devant du danger*. ♦ AU-DEVANT DE, loc. prép. *Le fleuve est au-devant de la ville*. ♦ À la rencontre. « *Cours au-devant de ton maître* », RACINE. ♦ En avant de. « *Jusqu'au-devant des murs je cours le recevoir* », P. CORNEILLE. ♦ **Fig.** « *Je me jette au-devant du coup qui t'assassine* », P. CORNEILLE.

AUDIBLE, ■ adj. [odibl] (b. lat. *audibilis*) Que l'on peut entendre. *Des ondes audibles*. ■ Qui est entendu et compris. *Un message audible*. ■ Qui est agréable à écouter. *Une musique audible*. ■ N. m. Ce qui peut être entendu. « *Folcoche, dont la voix se promène maintenant dans les plus hautes notes de la gamme et va, si ça continue, dépasser l'audible* », BAZIN.

AUDIENCE, n. f. [odjɑ̃s] (lat. *audientia*, de *audire*, entendre) Attention que l'on donne à celui qui parle. *J'ai toujours donné audience à tous les avis*. ♦ Réception où l'on écoute ceux qui ont à nous parler. *Demander audience*. ♦ Séance d'un tribunal. *Jour d'audience*. ♦ Par extens. Le tribunal même. « *Des audiences qui sont à peu près ce que sont nos parlements* », VOLTAIRE. ♦ Le lieu où se tient l'audience. *La police de l'audience appartient au juge*. ♦ Par extens. et collect. Ceux à qui on donne audience ou qui assistent à une audience. « *Un prince aussi grand d'ailleurs que celui qui honore cette audience* », Bossuet. ◆ Nom que les Espagnols donnaient à leurs cours souveraines de justice dans les Indes occidentales. ■ Ensemble des personnes touchées par un média. *L'audience du journal télévisé.* ■ Rem. On dit aussi *audiencia* pour le nom que les Espagnols donnaient à leurs cours souveraines de justice.

AUDIENCIA, ■ n. f. [odjɛnsja] Voy. AUDIENCE.

AUDIENCIER, adj. m. [odjɑ̃sje] (*audience*) Huissier audiencier, huissier chargé d'appeler les causes. ◆ ▷ N. m. *L'audiencier.* ◁ ◆ ▷ *Grand audiencier,* officier de la chancellerie chargé des rapports. ◁

AUDIMAT, ■ n. m. [odimat] (nom déposé, croisement de *audience* et *automatique*) Dispositif servant à évaluer l'audience d'un programme de télévision française. ■ **Par extens.** Taux d'audience d'une émission de télévision ou radiophonique. *Faire monter l'audimat.*

AUDIMÈTRE, ■ n. m. [odimɛtʀ] (*audio-* et *-mètre*) Dispositif mis en place auprès d'un échantillon représentatif d'une population afin de mesurer les indices d'écoute ou d'audience des émissions radiophoniques ou télévisées.

AUDIMÉTRIE, ■ n. f. [odimetʀi] (*audimètre*) Mesure de l'audience des émissions radiophoniques ou télévisées.

AUDIMUTITÉ, ■ n. f. [odimytite] (*audi-* et *mutité*) **Méd.** Mutité congénitale que l'on suppose d'origine psychique ou neurologique sans perte de l'ouïe.

AUDIO, ■ adj. inv. [odjo] (lat. *audio,* j'entends) Relatif à l'ouïe. *Un CD audio.* ■ Relatif au dispositif électrique nécessaire à la transmission du son. *Un système audio.* ■ N. f. Voy. AUDIOFRÉQUENCE.

AUDI(O)..., ■ [odjo] Préfixe tiré du latin *audio* qui se rapporte à l'ouïe.

AUDIOCONFÉRENCE, ■ n. f. [odjokɔ̃feʀɑ̃s] (*audio-* et *conférence*) Conférence que l'assistance peut écouter à distance, en temps réel, grâce à l'utilisation d'un média sonore.

AUDIODISQUE, ■ n. m. [odjodisk] (*audio-* et *disque*) Disque sur lequel l'enregistrement est sonore.

AUDIOFRÉQUENCE, ■ n. f. [odjofʀekɑ̃s] (*audio-* et *fréquence*) Fréquence d'une onde magnétique perceptible pour l'oreille humaine. ■ **Abrév.** Audio.

AUDIOGRAMME, ■ n. m. [odjogʀam] (*audio-* et *-gramme*) Graphique représentant les variations de l'acuité auditive.

AUDIOLOGIE, ■ n. f. [odjoloʒi] (*audio-* et *-logie*) Discipline ayant pour objet l'étude de l'audition, ainsi que celle des troubles auditifs et de leurs corrections. ■ AUDIOLOGISTE, n. m. et n. f. [odjoloʒist]

AUDIOMÈTRE, ■ n. m. [odjomɛtʀ] (*audio-* et *-mètre*) Appareil grâce auquel on mesure l'acuité auditive.

AUDIOMÉTRIE, ■ n. f. [odjometʀi] (*audio-* et *-métrie*) Mesure de l'acuité auditive.

AUDIONUMÉRIQUE, ■ adj. [odjonymeʀik] (*audio-* et *numérique*) Relatif à un support d'enregistrement sur lequel les sons sont enregistrés de manière numérique.

AUDIOPHONE, ■ n. m. [odjofɔn] (*audio-* et *-phone*) Appareil de petite taille que les malentendants portent à l'oreille pour améliorer leur audition.

AUDIOPROTHÉSISTE, ■ n. m. et n. f. [odjopʀotezist] (*audio-* et *prothésiste*) **Méd.** Technicien spécialisé dans la réalisation et la vente de prothèses auditives.

AUDIOVISUEL, ELLE, ■ adj. [odjovizɥɛl] (*audio-* et *visuel*) Qui exploite des méthodes d'information ou d'enseignement alliant le son et l'image. *Une communication audiovisuelle. Des moyens audiovisuels.* ■ N. m. Ensemble du matériel et des techniques nécessaires à la transmission simultanée du son et de l'image. *Travailler dans l'audiovisuel.*

AUDIT, ■ n. m. [odit] (mot angl. du lat. *audit*) Vérification de la comptabilité et de l'administration d'une entreprise et par extension de son bon fonctionnement. ■ Personne responsable d'un audit. *Un audit interne ou externe.*

AUDITER, ■ v. tr. [odite] (*audit*) Pratiquer un audit sur une entreprise ou un compte.

AUDITEUR, TRICE, n. m. et n. f. [oditœʀ, tʀis] (lat. *auditor*) Personne qui écoute. *Ses auditeurs l'ont applaudi.* ◆ Disciple. ◆ Officier de judicature qui assiste aux audiences, mais qui n'a pas voix délibérative. *Un auditeur.* ◆ Adj. *Un juge, un conseiller auditeur.* ◆ Titre de certaines charges, de certains emplois. *Auditeur des comptes. Auditeur au conseil d'État,* fonctionnaire qui est au-dessous du maître des requêtes. ■ **Spécialt** Personne qui écoute une émission de radio.

AUDITIF, IVE, adj. [oditif, iv] (rad. lat. *auditum,* de *audire*) **Anat.** Qui appartient à l'ouïe. ■ *Avoir des troubles auditifs,* entendre mal.

AUDITION, n. f. [odisjɔ̃] (lat. *auditio*) Action d'écouter. *Il est difficile de juger d'une pièce de théâtre à la première audition.* ◆ **Dr.** *L'audition des témoins,* l'action d'entendre les témoins à charge et à décharge. ◆ *Audition de compte,* examen d'un compte. ■ Test d'aptitude que passe un artiste en vue d'un engagement. *Passer, réussir une audition.* ■ Rem. Recommandation officielle pour *casting.*

AUDITIONNER, ■ v. intr. [odisjone] (*audition*) Faire passer une audition à un artiste. *Le jury l'a auditionné.* ■ Se présenter à une audition. *Ce comédien a auditionné pour le rôle.* ■ Interroger, écouter. *Auditionner un suspect.*

AUDITOIRE, ■ n. m. [oditwaʀ] (lat. *auditorium*) Enceinte où une assemblée se réunit pour entendre des orateurs. ◆ Lieu où l'on plaide dans les tribunaux. ◆ Collectivement, tous ceux qui écoutent. ■ Rem. Le premier sens est aujourd'hui utilisé uniquement en Belgique et en Suisse.

AUDITORIUM, ■ n. m. [oditɔʀjɔm] (mot lat.) **Antiq.** Lieu où l'on se rassemblait pour écouter des orateurs, des écrivains ou des poètes dans l'antiquité romaine. ■ Salle où se déroule une conférence ou une audience. ■ Salle aménagée spécialement pour écouter des œuvres musicales et théâtrales ou des enregistrements d'émissions de radio ou de télévision. *Des auditoriums.*

AUDOMAROIS, OISE, ■ n. m. et n. f. [odomaʀwa, waz] (*Audomarus,* prénom lat. dont *Omer* est dérivé) Habitant ou personne originaire de Saint-Omer, ville du Nord de la France. ■ Adj. *La population audomaroise.*

AUDONIEN, IENNE, ■ n. m. et n. f. [odonjɛ̃, jɛn] (*Audonus,* prénom lat. dont *Ouen* est dérivé) Habitant ou personne originaire de Saint-Ouen, ville de l'Île-de-France. ■ Adj. *La municipalité audonienne.*

AUGE, n. f. [oʒ] (lat. *alveus,* vase, récipient) Pierre creuse ou pièce de bois creuse où mangent et boivent les chevaux et les bestiaux. ◆ Vaisseau de bois dans lequel les maçons délaient leur plâtre. ◆ Hydraulique, *roue à auges,* Voy. AUGET. ◆ **Phys.** *Pile à auges,* pile où les couples d'éléments, zinc et cuivre, sont placés et mastiqués dans une boîte longue en forme d'auge. ■ **Géogr.** *Auge glaciaire,* vallée d'origine glaciaire dont les versants sont raides et dont la forme rappelle celle d'une auge. ■ **Vulg.** Assiette. *Passe-moi ton auge que je te serve.*

AUGÉE, n. f. [oʒe] (*auge*) ▷ Ce que peut contenir une auge. ◁

AUGERON, ONNE, ■ n. m. et n. f. [oʒ(ə)ʀɔ̃, ɔn] (*Auge*) Originaire du Pays d'Auge. ■ Adj. *Les traditions augeronnes.*

AUGET, n. m. [oʒɛ] (*auge*) Petite auge où l'on met la mangeaille des oiseaux. ◆ ▷ Extrémité de la trémie d'un moulin. ◁ ◆ ▷ Hydraulique, auges ou plus ordinairement augets, espèce de seaux ou de godets placés à la circonférence d'une roue pour recevoir l'eau qui la fait mouvoir. ◁ ◆ ▷ Espèce de boîte dans laquelle s'agenouillent les laveuses. ◁

AUGETTE, ■ n. f. [oʒɛt] (dimin. de *auge*) Auge de petite taille.

AUGMENT, n. m. [ogmɑ̃] (lat. *augmentum*) Addition qui se fait au commencement de certains temps des verbes grecs : si le verbe commence par une consonne, c'est un gr. *e* et on l'appelle augment syllabique ; si le verbe commence par une voyelle, cet *e* bref, en se contractant avec cette voyelle initiale, la rend longue si elle ne l'est pas, et par conséquent l'augmente d'un temps ; on l'appelle alors *augment temporel.* ◆ ▷ **Méd.** Période d'accroissement des maladies. ◁ ◆ Dans l'ancien droit, portion des biens du mari que la loi permettait de donner à la femme survivante.

AUGMENTABLE, adj. [ogmɑ̃tabl] (*augmenter*) Susceptible d'augmentation.

AUGMENTATEUR, TRICE, n. m. et n. f. [ogmɑ̃tatœʀ, tʀis] (b. lat. *augmentator*) ▷ Personne qui augmente. ◁

AUGMENTATIF, IVE, adj. [ogmɑ̃tatif, iv] (*augmenter*) Se dit de certaines particules et de certaines terminaisons servant à augmenter le sens des mots. ◆ N. m. En italien, *cavallone,* qui signifie un grand cheval, est un augmentatif de *cavallo,* cheval.

AUGMENTATION, n. f. [ogmɑ̃tasjɔ̃] (b. lat. *augmentatio*) Action d'augmenter ; résultat de cette action. ◆ **Absol.** Accroissement d'appointements. *Cet employé a eu une augmentation.*

AUGMENTÉ, ÉE, p. p. d'augmenter. [ogmɑ̃te] *Fortune considérablement augmentée.* ■ **Mus.** *Intervalle augmenté,* intervalle naturel de deux notes rendu plus grand par l'application du dièse à la note supérieure ou du bémol à l'inférieure.

AUGMENTER, v. tr. [ogmɑ̃te] (lat. *augmentare*) Rendre plus grand, au propre et au figuré ; ajouter à. *Chaque année il augmente sa fortune.* ◆ *Augmenter un employé,* augmenter ses appointements. ◆ V. intr. Devenir plus grand, au propre et au figuré. *La haine contre eux augmentait.* ◆ Hausser de prix. *Le blé augmente.* ■ **Mar.** *Augmenter de voiles,* mettre plus de voiles dehors. ◆ *S'augmenter,* v. pr. Devenir plus grand. *Son courage s'augmentera par les difficultés.*

AUGURAL, ALE, adj. [ogyʀal] (lat. *auguralis*) **Antiq. rom.** Qui appartient à l'augure, à celui qui observe les présages. *Bâton augural.* ◆ Qui a rapport aux augures, aux présages. *La science augurale.*

1 **AUGURE**, n. m. [ogyʀ] (lat. *augur*) Personne dont la charge était, chez les Romains, de tirer des présages du vol et du chant des oiseaux.

2 **AUGURE**, n. m. [ogyʀ] (lat. *augurium*) Présage tiré du vol des oiseaux. ◆ **Fig.** Tout ce qui présage quelque chose. ◆ **Fam.** *C'est un oiseau de bon augure, de mauvais augure,* se dit d'un homme dont la présence fait pressentir quelque chose d'heureux, de malheureux. ■ **Litt.** *J'en accepte l'augure,* j'espère que cela se passera aussi bien que prévu.

AUGURÉ, ÉE, p. p. d'augurer. [ogyʀe]

AUGURER, v. tr. [ogyʀe] (lat. *augurare*) Conjecturer par une sorte de divination. ◆ **Absol.** « *Là-dessus, on augure favorablement de son salut* », MAS-SILLON.

1 **AUGUSTE**, adj. [ogyst] (lat. *augustus*) Digne de respect ; qui impose. *Air, visage auguste. Un auguste personnage,* un homme de famille souveraine.

2 **AUGUSTE**, ■ n. m. [ogyst] (*Auguste*) Clown au costume bariolé qui donne la réplique au clown blanc.

AUGUSTIN, INE, n. m. et n. f. [ogystɛ̃, in] (*Augustin*) Religieux, religieuse de la règle de saint Augustin.

AUGUSTIN (SAINT-), n. m. [sɛ̃togystɛ̃] (*saint Augustin*) Sorte de caractère de la force de 13 points, ainsi nommé parce qu'on s'en servit en 1467 pour imprimer *la Cité de Dieu* de saint Augustin. ◆ *Saint-augustin,* carton d'un format de 48 à 51 centimètres de largeur sur 65 de longueur.

AUGUSTINIEN, IENNE, ■ adj. [ogystinjɛ̃, jɛn] (*Augustin*) Relatif aux doctrines religieuses de saint Augustin.

AUGUSTINISME, ■ n. m. [ogystinism] (*Augustin*) Doctrine religieuse de saint Augustin fondée sur la Grâce de Dieu. ■ Nom donné au jansénisme.

AUJOURD'HUI, adv. [oʒuʀdɥi] (*au, jour, de* et *hui*) Le jour où l'on est. *L'affaire a été remise à aujourd'hui.* ◆ *Le jour d'aujourd'hui,* pléonasme populaire. ◆ *D'aujourd'hui en huit, en quinze,* dans huit jours, dans quinze jours à compter d'aujourd'hui. ◆ *D'aujourd'hui,* à présent, au temps où nous sommes. *Les hommes d'aujourd'hui.* ◆ *Aujourd'hui,* opposé à demain ou hier, exprime un temps indéterminé. *On approuve aujourd'hui ce que l'on condamnait hier.* ◆ *Aujourd'hui que,* au temps actuel où. ◆ *D'aujourd'hui,* à partir du moment où nous sommes. « *Ce n'est pas d'aujourd'hui que l'opinion gouverne le monde* », BALZAC. ▷ *D'aujourd'hui,* depuis le commencement de la journée. ◁ ■ N. m. « *Il semble que nous nous croyions immortels et que nous devions passer de plusieurs siècles cet aujourd'hui...* », BOURDALOUE.

AULA, ■ n. f. [ola] (mot lat. cour de maison) **Suisse** Salle de grande taille que l'on trouve dans les musées, les universités, entre autres.

1 **AULIQUE**, n. f. [olik] (2 *aulique*) Acte que soutenait un jeune théologien pour avoir le bonnet de docteur.

2 **AULIQUE**, adj. [olik] (lat. *aulicus,* de *aula*) *Conseil aulique,* tribunal particulier de certains princes d'Allemagne. ◆ Qui appartient à ce conseil. *Conseiller aulique.*

AULNAIE, AULNE, [onɛ, on] ou [olnɛ, oln] Voy. AUNAIE, AUNE.

AULOFFÉE ou **AULOFÉE**, n. f. [olɔfe] ou [olofe] (*au* et *lof*) Mouvement par lequel le navire revient de l'abatée à la ligne du vent.

AULX, [o] pluriel de *ail.* ■ **REM.** On dit aujourd'hui plus fréquemment *des ails.*

AUMAILLES, adj. f. pl. [omaj] (lat. *animalia*) ▷ *Bêtes aumailles,* bêtes à cornes, comme bœufs, vaches, taureaux. ◁

AUMÔNE, n. f. [omon] (lat. chrét. *elemosina*) Ce qu'on donne aux pauvres pour les soulager. ◆ *Mettre à l'aumône,* réduire à la mendicité. ◆ **Fig.** *On lui a fait l'aumône de quelques éloges.* ◆ Autrefois, amende à laquelle on condamnait, en certains cas, ceux qui perdaient leur procès.

AUMÔNÉ, ÉE, p. p. d'aumôner. [omone] *Une somme aumônée aux hôpitaux.*

AUMÔNER, v. tr. [omone] (*aumône*) **Anc. pratiq.** Être condamné judiciairement à payer une somme au profit des pauvres. *Il aumôna cent écus aux pauvres.*

AUMÔNERIE, n. f. [omon(ə)ʀi] (1 *aumônier*) Charge d'aumônier. ◆ *La grande aumônerie de France,* la charge de grand aumônier. ◆ *L'hôtel du grand aumônier.*

1 **AUMÔNIER, IÈRE**, adj. [omonje, jɛʀ] (lat. chrét. *elemosynarius*) Qui fait souvent l'aumône. ◆ Il est vieux et peu usité. ◆ N. m. Se dit en argot d'une variété de voleurs qui se sert d'un mendiant compère.

2 **AUMÔNIER**, n. m. [omonje] (1 *aumônier*) Ecclésiastique chargé de distribuer les aumônes des personnes à qui il est attaché, et de leur dire la messe.

◆ *Grand aumônier,* l'aumônier du souverain. ◆ Prêtre chargé de l'instruction religieuse et de la direction spirituelle dans un corps, un établissement. *L'aumônier d'un régiment, d'un collège, d'un hôpital.*

AUMÔNIÈRE, n. f. [omonjɛʀ] (*aumône*) Bourse qu'on portait autrefois à la ceinture. ■ Crêpe fourrée qui se présente en forme d'aumônière.

AUMUSSE, n. f. [omys] (lat. médiév. *almutia*) ▷ Peau de martre ou de petit-gris que les chanoines et les chantres portent sur le bras lorsqu'ils vont à l'office. ■ **REM.** Graphie ancienne : *aumuce.* ◁

AUNAGE, n. m. [onaʒ] (*auner*) Mesurage à l'aune. ◆ Nombre d'aunes d'une pièce d'étoffe.

AUNAIE ou **AULNAIE**, n. f. [onɛ] ou [olnɛ] (lat. *alnetum,* de *alnus,* aune) Lieu planté d'aunes.

1 **AUNE**, n. f. [on] (anc. b. frq. *alina*) Mesure ancienne de 3 pieds 7 pouces 10 lignes 5/6, équivalant à 1 m 182, et dans l'usage 1 m 20. ◆ La chose mesurée. *Une aune de drap.* ◆ **Fig.** *Savoir ce qu'en vaut l'aune,* connaître par expérience les difficultés, les périls, les peines d'une chose. « *Le visage allongé d'une aune [exprimant le désappointement]* », MME DE SÉVIGNÉ. ◆ *Tout du long de l'aune,* excessivement. ◆ *Il en aura tout le long de l'aune,* on lui fera tout le mal qu'on pourra. ◆ **Prov.** *Les hommes ne se mesurent pas à l'aune,* ce n'est pas d'après la taille qu'on les apprécie. ◆ *Mesurer les autres à son aune,* juger des autres d'après soi.

2 **AUNE** ou **AULNE**, n. m. [on] ou [oln] (lat. *alnus*) Arbre qui croît dans les lieux humides.

AUNÉ, ÉE, p. p. d'auner. [one] Mesuré à l'aune.

1 **AUNÉE**, n. f. [one] (b. lat. *elena,* du gr. *elenion*) Plante médicinale dont la racine est aromatique et amère.

2 **AUNÉE**, n. f. [one] (1 *aune*) L'étendue d'une aune. ◆ On dit ordinairement en ce sens *aune.*

AUNER, v. tr. [one] (1 *aune*) Mesurer à l'aune et subsidiairement avec toute mesure du même genre. *On aune aujourd'hui avec le mètre.* ◆ **Fig. et fam.** *Auner l'habit de quelqu'un,* lui donner des coups de bâton.

AUNEUR, n. m. [onœʀ] (*auner*) Officier préposé autrefois à l'inspection de l'aunage.

AUPARAVANT, adv. [opaʀavɑ̃] (*au, par* et *avant*) Dans un temps antérieur. *Quelques mois auparavant. L'été d'auparavant.*

AUPRÈS, adv. [opʀɛ] (*au* et *près*) Dans le voisinage. *Être ou se tenir tout auprès.* ◆ *Auprès de,* prép. *Sa maison est auprès de la mienne.* ◆ Il exprime l'assiduité à l'égard d'une personne. « *Reprends auprès de moi ta place accoutumée* », P. CORNEILLE. ◆ **Fig.** Dans l'esprit, dans l'opinion de. *Trouver de la faveur auprès des gens de bien.* ◆ En comparaison de. *Heureux auprès de nous.*

AUQUEL, ■ pron. rel. et pron.interr.m.sing.0 [okɛl] Contraction d' *à* et de *lequel. L'homme auquel vous faites référence n'est pas fiable. Auquel pensez-vous ?*

AURA, ■ n. f. [oʀa] (mot lat.) Atmosphère qui émane d'un être ou qui enveloppe une chose. *Une étrange aura.* ■ Auréole qui se situe autour du corps d'un individu, en particulier au-dessus de la tête. *L'aura des saints.* ■ **Par extens.** Petit souffle. ■ Ambiance, en parlant d'un lieu. *Une aura pesante.*

AURANTIACÉ, ÉE, adj. [oʀɑ̃tjase] (lat. *aurantium,* oranger) **Bot.** Qui ressemble à l'oranger. ◆ N. f. pl. *Les aurantiacées,* famille de plantes dont l'oranger est le type.

AURÉLIE, ■ n. f. [oʀeli] (lat. *aurelia*) Espèce de méduse vivant dans les mers tempérées, dont le diamètre peut atteindre jusqu'à 20 cm.

AURÉOLAIRE, adj. [oʀeolɛʀ] (*auréole*) Qui imite une auréole.

AURÉOLE, n. f. [oʀeɔl] (lat. chrét. *aureola [corona]*, [couronne] d'or) Cercle lumineux dont les peintres entourent ordinairement la tête des saints. ◆ **Par extens.** *Une auréole de gloire.* ■ Trace en forme de cercle subsistant après le nettoyage d'une tache.

AURÉOLER, ■ v. tr. [oʀeole] (*auréole*) Entourer d'une auréole. *Auréoler quelqu'un de lumière.* ■ **Fig.** Honorer, glorifier. *Auréoler sa mère.* ■ *Être auréolé de,* être paré de. *Il a été auréolé de gloire.* ■ *S'auréoler,* v. pr. Se parer ou être entouré d'une auréole. *S'auréoler d'un prestige.*

AURÉUS ou **AUREUS**, ■ n. m. [oʀeys] (mot lat., d'or) Monnaie d'or dans la Rome antique.

AURICULAIRE, adj. [oʀikylɛʀ] (lat. *auricularius*) Qui a rapport, qui appartient à l'oreille. *Conduit auriculaire.* ◆ *Témoin auriculaire,* personne qui a ouï ce qu'elle raconte. ◆ *Confession auriculaire,* confession qui se fait à l'oreille du prêtre. ◆ N. m. *L'auriculaire,* le petit doigt, qu'on peut introduire dans l'oreille. ■ **REM.** *Doigt auriculaire,* expression ancienne.

AURICULE, n. f. [oʀikyl] (lat. *auricula,* dimin. de *auris,* oreille) **Anat.** L'oreille externe ou pavillon de l'oreille. ◆ **Bot.** *Auricules,* petits appendices arrondis qu'on observe à la base des pétales, étamines, feuilles ou pétioles de certaines plantes. ◆ *Oreille-d'ours,* jolie primevère.

AURICULÉ, ÉE, adj. [ɔʀikyle] (*auricule*) Didact. Qui est muni d'auricules ou d'oreillettes.

AURICULOTHÉRAPIE, ■ n. f. [ɔʀikyloteʀapi] (*auricule* et *thérapie*) Médecine dérivée de l'acupuncture fondée sur la stimulation de points réflexes, tous situés sur le pavillon externe de l'oreille. ■ AURICULOTHÉRAPEUTE, n. m. et n. f. [ɔʀikyloteʀapøt]

AURIFÈRE, adj. [ɔʀifɛʀ] (lat. *aurum*, or, et *-fère*) Qui contient de l'or. *Terrain aurifère.*

AURIFICATION, n. f. [ɔʀifikasjɔ̃] (*aurifier*) Opération qui consiste à obturer les dents creuses avec des feuilles d'or.

AURIFIER, v. tr. [ɔʀifje] (lat. *aurum*, or) Pratiquer l'aurification.

AURIFIQUE, adj. [ɔʀifik] (lat. *aurum*, or) Qui a la puissance de produire de l'or ou de changer quelque chose en or : vertu que les alchimistes attribuaient à leur poudre de projection.

AURIGE, ■ n. m. [ɔʀiʒ] (lat. *auriga*) Antiq. Conducteur de char.

AURIGNACIEN, IENNE, ■ adj. [ɔʀiɲasjɛ̃, jɛn] ou [ɔʀiɲasjɛ̃, jɛn] (*Aurignac*) *L'art aurignacien.* ■ N. m. Ensemble des traits caractérisant la période du paléolithique supérieur en Europe. *Les premières formes d'art sont apparues à l'aurignacien.*

AURILLARD, adj. [ɔʀijaʀ] Voy. ORILLARD.

AURIPENNE, adj. [ɔʀipɛn] (lat. *aurum*, or, et *penna*, plume) Zool. Qui a les ailes dorées.

1 **AURIQUE**, adj. [ɔʀik] (p.-ê. du néerl. *oorig*, en forme d'oreille, d'apr. lat. *auris*, oreille) Se dit des voiles qui ont quatre côtés ou ralingues, sans être carrées.

2 **AURIQUE**, adj. [ɔʀik] (lat. *aurum*, or) Chim. Qui se rapporte à l'or. *Acide aurique.*

AUROCHS, n. m. [ɔʀɔk] (m. h. all. *urhose*, de *ur*, aurochs, et *ohse*, bœuf) Un des noms vulgaires du bœuf urus. ■ REM. On prononçait autrefois [ɔʀɔk].

AURONE, n. f. [ɔʀɔn] (lat. *abrotanum*) Nom vulgaire d'une espèce du genre armoise, nommée aussi *garde-robe* et *aurone des jardins.* ◆ *Aurone femelle,* petit cyprès et garde-robe, noms vulgaires de la santoline.

AURORAL, ALE, ■ adj. [ɔʀɔʀal] (*aurore*) Litt. Relatif à l'aurore. ■ Relatif à une aurore, généralement polaire.

AURORE, n. f. [ɔʀɔʀ] (lat. *aurora*) La lueur qui précède, à l'horizon, le lever du soleil. *Jour de la vie. Jusqu'à sa dernière aurore.* « *Comme une fleur qui n'a vu qu'une aurore* », RACINE. ◆ **Fig.** Commencement de certaines choses. « *Ces sectes ne sont qu'une ébauche et comme l'aurore de la réforme* », BOSSUET. ◆ Poétiquement, l'orient, les pays situés à l'orient. ◆ **Adj. inv.** De couleur orangé clair. *La couleur aurore. Des rubans aurore.* ■ N. m. La couleur aurore. *L'aurore de votre robe est beau.* ◆ *Aurore boréale,* météore lumineux, très fréquent dans les régions polaires. ◆ Dans l'horticulture, renoncule jaune. ■ *Aux aurores,* très tôt le matin. ■ *Sauce aurore,* sauce hollandaise à laquelle on a rajouté de la tomate afin de lui donner sa couleur rosée. *Des œufs durs sauce aurore.*

AURURE, n. m. [ɔʀyʀ] (lat. *aurum*, or) Chim. Combinaison de l'or avec un autre métal, en proportions définies.

AUSCITAIN, AINE, ■ n. m. et n. f. [ositɛ̃, ɛn] (*Auch*) Habitant ou personne originaire d'Auch, dans le Gers. ■ Adj. *L'artisanat auscitain.*

AUSCULTATION, n. f. [oskyltasjɔ̃] (lat. *auscultatio*) Méd. Action de prêter l'oreille pour percevoir les sons qui se produisent dans la poitrine, le cœur ou les vaisseaux.

AUSCULTATOIRE, ■ adj. [oskyltatwaʀ] (*ausculter*) Relatif à l'auscultation.

AUSCULTÉ, ÉE, p. p. d'ausculter. [oskylte]

AUSCULTER, v. tr. [oskylte] (lat. médiév. *auscultare*) Méd. Écouter les bruits qui se produisent dans la poitrine, le cœur ou les vaisseaux. ■ Par extens. Examiner attentivement. *Il m'a ausculté le genou.*

AUSPICE, n. m. [ospis] (lat. *auspicium*, de *avis*, oiseau, et *specere*, regarder) Divination de l'avenir, surtout d'après le vol des oiseaux, chez les Romains. ◆ **Fig.** *Heureux auspice. Auspice malheureux.* ◆ *Sous les auspices de quelqu'un,* sous la direction, par l'influence de quelqu'un.

AUSSI, adv. [osi] (anc. fr. *al*, du lat. *aliud*, autre chose, et *si*, du *sic*) Pareillement, de même. « *Si le plaisir me fuit, aussi fait le sommeil* », MALHERBE. ■ Encore, de plus, en sus. ◆ Autant, devant un adjectif et un adverbe. *Rien n'est aussi populaire que la bonté. Aussi longtemps que...* ◆ Tellement. *Avec une sagesse aussi rare.* ◆ **conj.** C'est pourquoi, à cause de cela. « *Aussi faut-il*

donner à l'animal un point Que la plante après tout n'a point », LA FONTAINE. ◆ AUSSI BIEN, loc. adv. Dans le fait. « *Qu'il périsse ; aussi bien il ne vit plus pour nous* », RACINE. ◆ AUSSI BIEN QUE, loc. conj. De même que. « *L'absence est aussi bien un remède à la haine Qu'un appareil contre l'amour* », LA FONTAINE.

AUSSIÈRE, ■ n. f. [osjɛʀ] (lat. pop. *helciaria*, du lat. *helcium*, collier de trait, altér. d'apr. *hausser*) Cordage très épais utilisé pour l'amarrage des navires.

AUSSITÔT, adv. [osito] (*aussi* et *tôt*) Dans le moment même. *J'irai aussitôt. Aussitôt après votre départ. Tout aussitôt.* ◆ *Aussitôt que,* aussi vite que. « *Aussitôt fait que dit* », LA FONTAINE. ◆ Elliptiquement. *Aussitôt le jour,* aussitôt que le jour paraît. ◆ **Fig. et fam.** *Aussitôt pris, aussitôt pendu,* se dit de toute chose qui se fait immédiatement, sans retard. ◆ AUSSITÔT QUE, loc. conj. Dès que. *Aussitôt que la nouvelle se répandit.* ■ En même temps, aussi bien. « *Dieu a toujours pris un soin si particulier de la conservation de votre maison, qu'il laisserait aussitôt toucher à ses autels, qu'à des personnes qui lui sont chères comme vous êtes* », BALZAC.

AUSTÉNITE, ■ n. f. [ostenit] (*Robert Austen*, métallurgiste angl.) Constituant des aciers, composé de fer cristallisé et n'existant de manière stable qu'à haute température. ■ AUSTÉNITIQUE, adj. [ostenitik]

AUSTER, n. m. [ostɛʀ] (lat. *auster*) Nom que les Latins donnaient au vent du midi.

AUSTÈRE, adj. [ostɛʀ] (lat. *austerus*) ▷ Qui a une saveur âpre et astringente. *Le coing a une saveur austère.* ◁ ◆ **Fig.** Sévère moralement. *Un homme austère. Une vie austère.* ◆ **Bx-arts** Qui rejette les ornements, les agréments. *Le genre austère est opposé au genre gracieux.* ■ Sans aucune fioriture. *Un intérieur austère.*

AUSTÈREMENT, adv. [ostɛʀ(ə)mɑ̃] (*austère*) Avec austérité. *Il a vécu austèrement.*

AUSTÉRITÉ, n. f. [osteʀite] (lat. *austeritas*) Manière de vivre rigoureuse à soi-même. *Homme plein d'austérité.* ◆ Mortification. « *Il redoubla lui-même ses austérités pour fléchir le courroux céleste* », FLÉCHIER. ◆ *Politique d'austérité,* ensemble des mesures économiques visant à réduire les dépenses.

AUSTRAL, ALE, adj. [ostʀal] (lat. *australis*, de *auster*) Qui est du côté d'où souffle l'auster ou vent du midi. ◆ *Terres australes,* terres situées vers le pôle antarctique. ◆ *Latitude australe,* latitude des pays situés au sud de l'équateur. ◆ *Constellations australes,* celles qui sont situées au sud de la ligne équinoxiale. ■ Au pl. *Les pays australs.*

AUSTRALIEN, IENNE, ■ adj. et n. m. et n. f. [ostʀaljɛ̃, jɛn] (*Australie*) Originaire d'Australie. ■ Adj. *La culture australienne.*

AUSTRALOPITHÈQUE, ■ n. m. [ostʀalopitɛk] (*austral* et gr. *pithêkos*, singe) Hominidé dont la taille variait entre 1,10 m. et 1,50 m. ayant vécu en Afrique il y a plus de 5 millions d'années et qui aurait été le premier bipède. *Lucy, découverte en 1978, est un australopithèque.*

AUSTRO-HONGROIS, OISE, ■ n. m. et n. f. [ostʀoɔ̃gʀwa, waz] (lat. *Austria*, Autriche, et *hongrois*) Originaire de l'empire d'Autriche-Hongrie. ■ Adj. *Une spécialité austro-hongroise.*

AUSTRONÉSIEN, IENNE, ■ adj. et n. m. et n. f. [ostʀonezjɛ̃, jɛn] (*Austronésie*) Famille de langues parlées dans les îles des océans Pacifique et Indien. ■ Adj. *Le polynésien est une langue austronésienne.*

AUTAN, n. m. [otɑ̃] (b. lat. *altanus*, vent de haute mer) Vent du midi. ◆ Poésie Un vent violent.

AUTANT, adv. [otɑ̃] (lat. *alid tantum*) Également, semblablement. *Valoir autant. Cela est fini, ou autant vaut.* ◆ **Ellipt.** *Autant faire cela sur-le-champ,* pour : *Autant vaut faire...* ◆ **Prov.** *Autant de têtes, d'avis.* ◆ *Autant en emporte le vent,* se dit de tout ce qui demeure sans effet. ◆ ▷ *Autant comme autant,* en même quantité. *Il en meurt tous les ans autant comme autant.* ◁ ◆ N. m. Paléographie, copie, duplicata d'un acte. ◆ *Autant que,* de même quantité, de même façon que, de même que, comme. *Je vous aime autant que vous m'aimiez. Autant qu'un homme du monde. Autant que vous êtes, venez avec nous.* ◆ *Autant que,* devant un adjectif, manière de parler qui a un peu vieilli. « *Cornélius Népos, auteur ancien et judicieux autant qu'élégant* », BOSSUET. ◆ En tant que, selon que. *Une action juste n'a ce caractère qu'autant qu'elle est volontaire.* ◆ *Autant... autant,* mettant en regard et en comparaison deux membres de phrase. *Autant il a de vivacité, autant vous avez de lenteur.* ◆ Quelquefois on met *autant* au premier membre de phrase, et *autant* au second ; cette tournure, qui a un peu vieilli, peut s'employer dans la poésie et la prose élevée. « *Autant que ce dessein était utile, autant l'exécution en était pénible* », PASCAL. ◆ *D'autant,* de cette quantité, dans la même proportion. *Augmenter d'autant la somme.* « *Tous trois burent d'autant* », LA FONTAINE. ◆ **Fam.** *À la charge, à charge d'autant,* à condition de rendre la pareille. ◆ D'AUTANT QUE, loc. conj. Vu que. « *D'autant qu'elle est la seule chose qui nous rend hommes* », DESCARTES. ◆ *D'autant plus,* sans conséquent. *Il fut d'autant plus facile de le repousser.* ◆ *D'autant plus que,* *d'autant moins que,* sans comparatif dans l'autre membre. *Le philosophe est d'autant plus méprisable qu'il pèche sciemment.* ♦ *D'autant plus que, d'autant moins que,* avec un comparatif dans le second membre. *Le regret est d'autant plus vif que la faute est plus grave.* ▪ POUR AUTANT, loc. adv. Pour, malgré cela. ▪ POUR AUTANT QUE, loc. conj. Dans la mesure où.

AUTARCIE, ▪ n. f. [otarsi] (gr. *autarkeia*) État d'une collectivité autonome qui ne fait appel à aucune aide extérieure pour la confection et la consommation des biens. ▪ **Écon.** et **polit.** Système économique d'un pays qui pratique une économie fermée et indépendante, soit par choix, soit par contrainte. ▪ Tout système autonome et fermé. *Vivre en autarcie.* ▪ AUTARCIQUE, adj. [otarsik]

AUTEL, n. m. [otɛl] (lat. *altare*) Sorte de table destinée à l'usage des sacrifices. ♦ **Poétiq.** « *Dressons-lui des autels sur des monceaux d'idoles* », P. CORNEILLE. ♦ *Autels,* monuments en forme d'autels élevés pour perpétuer la mémoire de quelque événement. *Les patriarches élevaient des autels en des lieux où ils avaient reçu quelque faveur de Dieu.* ♦ **Fig.** et **par extens.** Honneurs extraordinaires. *Mériter des autels.* ♦ Chez les chrétiens, table où l'on célèbre la messe. ♦ *Le maître-autel,* l'autel qui est placé dans le chœur d'une église. ♦ *Autel privilégié,* autel où il est permis de dire la messe des morts le jour qu'on ne peut la célébrer aux autres autels. ♦ *Le sacrifice de l'autel,* le saint sacrifice de l'autel, c'est-à-dire la messe. ♦ **Fig.** *Élever autel contre autel, faire autel contre autel,* faire un schisme, et par extension lutter avec quelqu'un de crédit, de puissance, former une entreprise rivale. ♦ **Fig.** La religion, le culte. *L'autel et le trône,* c'est-à-dire la religion et le pouvoir monarchique. ♦ ▷ *Ami jusqu'aux autels,* ami à tout faire, excepté à agir contre la religion, contre la conscience. ◁ ▪ *Aller à l'autel,* se marier. ▪ *Conduire quelqu'un à l'autel,* l'épouser. ▪ **Litt.** *Dresser, élever des autels à quelqu'un,* le déifier.

AUTEUR, n. m. [otœr] (lat. *auctor*) Cause première d'une chose. *L'auteur de toutes choses,* Dieu. *L'auteur d'une race, d'une famille.* « *Les auteurs de mes jours* », RACINE. ♦ Inventeur. *L'auteur d'un procédé.* ♦ Personne qui a fait un ouvrage de littérature, de science ou d'art. *Corneille, auteur du Cid.* ♦ **Absol.** Écrivain. *Les auteurs grecs et latins.* ♦ **Dr.** Personne de qui on tient quelque droit. *On lui disputait la possession de cette terre ; il fit appeler ses auteurs en garantie.* ♦ Personne dont on tient une nouvelle. ♦ **Adj.** *Une femme auteur.* ▪ REM. On trouve auj. les féminins *auteure* ou *autrice* (rare).

AUTHENTICITÉ, n. f. [otɑ̃tisite] (*authentique*) Qualité de ce qui est authentique.

AUTHENTIFICATION, ▪ n. f. [otɑ̃tifikasjɔ̃] (*authentique*) Action d'authentifier. ♦ Procédé qui permet à un système informatique de reconnaître l'identité de son utilisateur. *Demander un mot de passe pour ouvrir un fichier est un moyen d'authentification de l'usager.*

AUTHENTIFIER, ▪ v. tr. [otɑ̃tifje] (*authentifier*) Attribuer un caractère authentique et officiel. *Authentifier un manuscrit.*

AUTHENTIQUE, adj. [otɑ̃tik] (lat. *authenticus,* du gr. *authentikos*) Revêtu des formes officielles, solennelles. *Titre authentique.* ♦ *Acte authentique,* acte émané d'un officier public, accompagné de formalités et devant faire foi jusqu'à inscription de faux. ♦ Dont la certitude, dont l'autorité ne peut être contestée. *Traditions authentiques.* ♦ **N. f.** *L'authentique d'une pièce,* l'original. ♦ Peu usité en ce sens. ♦ **N. f.** Intitulé qu'on donne à la version latine, faite par un auteur inconnu, des Novelles de Justinien. *Authentiques,* extraits que les glossateurs ont faits des Novelles et insérés aux endroits du Code de Justinien auxquels ces extraits se rapportent.

AUTHENTIQUÉ, ÉE, p. p. d'authentiquer. [otɑ̃tike] ▷ *Acte authentiqué.* REM. On dit aujourd'hui *authentifié.* ◁

AUTHENTIQUEMENT, adv. [otɑ̃tik(ə)mɑ̃] (*authentique*) D'une manière authentique.

AUTHENTIQUER, v. tr. [otɑ̃tike] (*authentique*) **Dr. anc.** Rendre authentique.

AUTISME, ▪ n. m. [otism] (all. *autismus,* du gr. *autos,* soi-même) Maladie psychiatrique, symptôme de la schizophrénie, caractérisée par un repli sur soi-même, une perte de contact avec la réalité et une difficulté à communiquer avec autrui. *L'autisme infantile.*

AUTISTE, ▪ n. m. et n. f. [otist] (*autisme*) Personne atteinte d'autisme. ▪ Adj. *Un enfant autiste.*

AUTISTIQUE, ▪ adj. [otistik] (*autiste*) Relatif à l'autisme. *Une attitude autistique.*

AUTO, ▪ n. f. [oto] Voy. AUTOMOBILE.

AUTO..., [oto] Préfixe qui vient du pronom gr. *autos* et qui signifie de soi-même, par soi-même.

AUTOACCUSATEUR, TRICE, ▪ n. m. et n. f. [otoakyzatœr, tris] (*auto-* et *accusateur*) **Psych.** Personne qui s'accuse elle-même, notamment de fautes imaginaires. ▪ Adj. *Un délire autoaccusateur.*

AUTOACCUSATION, ▪ n. f. [otoakyzasjɔ̃] (*auto-* et *accusation*) Fait de s'accuser soi-même.

AUTOADHÉSIF, IVE, ▪ adj. [otoadezif, iv] (*auto-* et *adhésif*) Qui peut adhérer, coller.

AUTOALLUMAGE, ▪ n. m. [otoalymaʒ] (*auto-* et *allumage*) Démarrage spontané, le plus souvent anormal, d'un moteur à explosion.

AUTOAMORÇAGE, ▪ n. m. [otoamɔrsaʒ] (*auto-* et *amorçage*) Démarrage spontané d'un mécanisme.

AUTOANALYSE, ▪ n. f. [otoanaliz] (*auto-* et *analyse*) **Psych.** Analyse que le patient pratique sur lui-même en ayant recours principalement à l'interprétation des rêves et à l'association libre.

AUTOANTICORPS, ▪ n. m. [otoɑ̃tikɔr] (*auto-* et *anticorps*) **Biol.** Anticorps que l'organisme fabrique contre lui-même, lors d'une auto-immunité.

AUTOBIOGRAPHE, ▪ n. m. et n. f. [otobjograf] (*auto-* et *biographe*) Auteur de sa propre biographie. « *Tout autobiographe qu'il était, Gabriel ne connaissait rien aux mères de famille : on parle peu d'elles dans les récits d'ambition* », ORSENNA.

AUTOBIOGRAPHIE, n. f. [otobjografi] (*auto-* et *biographie*) Biographie d'une personne écrite par la personne elle-même.

AUTOBIOGRAPHIQUE, ▪ adj. [otobjografik] (*autobiographie*) Relatif à la vie de l'auteur. *Une œuvre, un roman autobiographique.*

AUTOBLOQUEUR, ▪ n. m. [otoblokœr] (*auto-* et *bloquer*) **Sp.** Appareil permettant l'ascension ou la descente de passages verticaux au moyen d'un système alternant le glissement et le blocage d'une corde.

AUTOBRONZANT, ANTE, ▪ adj. [otobrɔ̃zɑ̃, ɑ̃t] (*auto-* et *bronzer*) Qui permet de hâler la peau sans avoir à s'exposer à la lumière directe du soleil. *Crème autobronzante.* ▪ N. m. *Mettre de l'autobronzant sur le corps.*

AUTOBUS, ▪ n. m. [otobys] (*automobile* et *omnibus*) Grand véhicule automobile utilisé comme transport en commun en zone urbaine. *Prendre l'autobus.* ▪ Abrév. Bus.

AUTOCAR, ▪ n. m. [otokar] (angl. *autocar*) Grand véhicule automobile utilisé pour transporter des voyageurs sur un trajet longue distance. *Partir en excursion en autocar.* ▪ Abrév. Car.

AUTOCARAVANE, ▪ n. f. [otokaravan] (*auto-* et *caravane*) Caravane motorisée. *Les autocaravanes sont de plus en plus prisées par les jeunes retraités.* ▪ REM. Recommandation officielle pour *camping-car* et *mobile home.*

AUTOCARISTE, ▪ n. m. et n. f. [otokarist] (*autocar*) Propriétaire d'une compagnie d'autocars. ♦ Conducteur d'autocar.

AUTOCASSABLE, ▪ adj. [otokasabl] (*auto-* et *cassable*) Dont un élément peut être facilement cassé manuellement à son extrémité. *Une ampoule autocassable.*

AUTOCENSURE, ▪ n. f. [otosɑ̃syr] (*auto-* et *censure*) Forme de censure imposée par soi-même sur ses écrits ou ses propos.

AUTOCENSURER (S'), ▪ v. pr. [otosɑ̃syre] (*auto-* et *censurer*) Censurer ses propres écrits, propos ou actions.

AUTOCENTRÉ, ÉE, ▪ adj. [otosɑ̃tre] (*auto-* et *centrer*) **Écon.** Relatif au développement d'un pays se fondant sur ses ressources propres.

AUTOCÉPHALE, n. m. [otosefal] (*auto-* et *-céphale*) Nom, chez les Grecs, des évêques qui n'étaient point sujets à la juridiction des patriarches. ▪ Qui possède sa propre hiérarchie, qui est son propre chef.

AUTOCHENILLE, ▪ n. f. [otoʃ(ə)nij] (*auto-* et *chenille*) Véhicule motorisé dont les roues arrière ont été remplacées par des chenilles.

AUTOCHROME, ▪ n. f. [otokrom] (*auto-* et *-chrome*) Plaque photographique utilisée pour l'enregistrement des couleurs. ▪ Adj. Qui sert à l'enregistrement des couleurs.

AUTOCHROMIE, ▪ n. f. [otokromi] (*autochrome*) Procédé d'enregistrement par autochrome des couleurs.

AUTOCHTONE, n. m. et n. f. [otokton] (gr. *autokhthôn*) Personne qui est du pays même, qui n'y est pas venue par immigration. ♦ Adj. *Un peuple autochtone.* ▪ Habité majoritairement par des autochtones. *Des îles autochtones.* ▪ Propre à un pays ou à ses habitants. *Un dialecte autochtone.* ▪ REM. Graphie ancienne : *autochthone.*

AUTOCINÉTISME, ▪ n. m. [otosinetism] (*auto-* et *cinétique*) Ensemble des réflexes conditionnés ou des mouvements acquis par une personne en opposition avec les réflexes.

AUTOCLAVE, ▪ n. m. [otoklav] (*auto-* et lat. *clavis,* clé) Récipient utilisé pour cuire des aliments ou stériliser des objets grâce à une température élevée de l'eau. *Cuisiner à l'autoclave.* ▪ Adj. Dont la fermeture est hermétique par la pression intérieure de la vapeur. *Une marmite autoclave.*

AUTOCOLLANT, ANTE, ■ adj. [otokɔlɑ̃, ɑ̃t] (*auto-* et *collant*) Qui adhère sans humidification ni colle. ■ N. m. Vignette autocollante. *Mettre un autocollant sur sa voiture.*

AUTOCOMMUTATEUR, ■ n. m. [otokɔmytatœr] (*auto-* et *commutateur*) Équipement téléphonique mettant en relation deux interlocuteurs de façon automatique. ■ **Abrév.** Autocom.

AUTOCONCURRENCE, ■ n. f. [otokɔ̃kyrɑ̃s] (*auto-* et *concurrence*) Concurrence qu'un groupe peut se faire lorsqu'il possède plusieurs marques dans le même secteur d'activités.

AUTOCONDUCTION, ■ n. f. [otokɔ̃dyksjɔ̃] (*auto-* et *conduction*) **Électr.** Production de courant électrique dans un corps installé dans un solénoïde et non relié au circuit électrique. ■ **Psych.** Le relâchement de l'autoconduction.

AUTOCONSOMMATION, ■ n. f. [otokɔ̃sɔmasjɔ̃] (*auto-* et *consommation*) Consommation, notamment chez les agriculteurs, de sa propre production.

AUTOCOPIE, ■ n. f. [otokopi] (*auto-* et *copie*) Technique permettant la reproduction de document sans papier carbone. ■ Par méton. Le double du document. ■ AUTOCOPIANT, ANTE, adj. [otokopjɑ̃, ɑ̃t]

AUTOCORRECTION, ■ n. f. [otokɔrɛksjɔ̃] (*auto-* et *correction*) **Écon.** Rééquilibrage naturel (d'une position dominante, par exemple) lié aux effets de la concurrence.

AUTOCOUCHETTE ou **AUTOCOUCHETTES**, ■ adj. [otokuʃɛt] (*auto-* et *couchette*) Qui transporte des voyageurs en couchettes ainsi que leur voiture, en parlant d'un train de nuit. *Des wagons autocouchettes.*

AUTOCRATE, n. m. et n. f. [otokrat, otokratris] (gr. *autokratês*, de *auto-* et *kratein*, gouverner) Souverain, souveraine dont la puissance n'est soumise à aucun contrôle légal. « *L'admirable autocratrice* », VOLTAIRE. ■ Titre des tsars de Russie à partir de Pierre le Grand. ■ Personne très autoritaire. ■ Qui commande souverainement. ■ REM. Graphie ancienne du féminin : *une autocratrice.*

AUTOCRATIE, n. f. [otokrasi] (*autocrate*) Gouvernement absolu d'un seul.

AUTOCRATIQUE, adj. [otokratik] (*autocratie*) Qui appartient à un autocrate, à l'autocratie. *Un gouvernement autocratique.*

AUTOCRITIQUE, ■ n. f. [otokritik] (*auto-* et *critique*) Jugement ou appréciation à caractère objectif qu'une personne porte sur son propre comportement. « *Aucun progrès n'est possible dans la connaissance objective sans cette ironie autocritique* », BACHELARD. ■ Fait, pour une personnalité politique, de reconnaître par elle-même et publiquement ses erreurs. ■ *Faire son autocritique*, faire un bilan sur soi-même.

AUTOCUISEUR, ■ n. m. [otokɥizœr] (*auto-* et *cuiseur*) Ustensile fermé hermétiquement conçu pour cuire rapidement des aliments à la vapeur sous pression.

AUTODAFÉ, n. m. [otodafe] (esp. *auto de fe*, acte de foi) Exécution, par le feu, d'un jugement rendu par l'Inquisition contre un hérétique. ◆ Fig. *Faire un autodafé de ses papiers.* ◆ Au pl. *Des autodafés.* ■ REM. Graphie ancienne : *un auto-da-fé, des auto-da-fé.*

AUTODÉFENSE, ■ n. f. [otodefɑ̃s] (*auto-* et *défense*) Manière de se défendre par ses propres moyens. *Un sport d'autodéfense.*

AUTODÉRISION, ■ n. f. [otoderizjɔ̃] (*auto-* et *dérision*) Dérision pratiquée sur soi-même.

AUTODESTRUCTEUR, TRICE, ■ n. m. et n. f. [otodɛstryktœr, tris] (*auto-* et *destructeur*) Personne qui commet des actes qui lui sont nuisibles. ■ Adj. *Une passion autodestructrice.*

AUTODESTRUCTION, ■ n. f. [otodɛstryksjɔ̃] (*auto-* et *destruction*) Destruction de soi-même. *Il a un goût prononcé pour l'autodestruction.*

AUTODÉTERMINATION, ■ n. f. [otodetɛrminasjɔ̃] (*auto-* et *détermination*) **Psych.** Fait d'effectuer ses choix de manière autonome. ■ **Polit.** Droit d'un peuple à disposer librement de lui-même et à fixer les modalités de son administration politique.

AUTODICTÉE, ■ n. f. [otodikte] (*auto-* et *dictée*) Exercice scolaire pratiqué notamment à l'école primaire et consistant à retranscrire un texte de quelques lignes appris par cœur. *Préparer une autodictée.*

AUTODIDACTE, ■ n. m. et n. f. [otodidakt] (gr. *autodidaktos*, qui s'est instruit lui-même) Qui a appris tout seul, sans professeur. « *J'ai compris la méthode de l'autodidacte : il s'instruit dans l'ordre alphabétique* », SARTRE. ■ Adj. *Un apprentissage autodidacte.*

AUTODIDACTISME, ■ n. m. [otodidaktism] (*autodidacte*) Action d'apprendre sans maître. ■ REM. On disait autrefois *autodidaxie.*

AUTODIDAXIE, n. f. [otodidaksi] Voy. AUTODIDACTISME.

AUTODIRECTEUR, TRICE, ■ adj. [otodirɛktœr, tris] (*auto-* et *directeur*) Qui se dirige tout seul. *Missile à tête autodirectrice.*

AUTODISCIPLINE, ■ n. f. [otodisiplin] (*auto-* et *discipline*) Discipline appliquée à soi-même. *Faire preuve d'autodiscipline.* « *La pédagogie s'efforcera d'être moins individualiste, de favoriser les exercices pratiqués en équipe, d'encourager l'autodiscipline* », CAPELLE. ■ AUTODISCIPLINER (S'), v. pr. [otodisipline]

AUTODYNAMIQUE, adj. [otodinamik] (*auto* et *dynamique*) Qui est mû par une force propre.

AUTOÉCOLE ou **AUTO-ÉCOLE**, ■ n. f. [otoekɔl] (*automobile* et *école*) Endroit où l'on apprend la conduite automobile en vue d'obtenir le permis de conduire. *S'inscrire à l'autoécole.*

AUTOÉDITION, ■ n. f. [otoedisjɔ̃] (*auto-* et *édition*) Édition entièrement prise en charge par l'auteur de l'ouvrage.

AUTOÉLÉVATEUR, TRICE, ■ adj. [otoelevatœr, tris] (*auto-* et *élévateur*) Relatif à un dispositif capable de modifier une de ses dimensions, le plus souvent verticale, au moyen d'un système à coulisse. *Chariot autoélévateur.*

AUTOÉROTISME, ■ n. m. [otoerotism] (*auto-* et *érotisme*) Recherche du plaisir sexuel en solitaire. ■ AUTOÉROTIQUE, adj. [otoerotik]

AUTOEXCITATEUR, TRICE, ■ adj. [otoɛksitatœr, tris] (*auto-* et *excitateur*) **Électr.** Relatif aux dispositifs qui fournissent leur courant de leurs induits. ■ AUTOEXCITATION, n. f. [otoɛksitasjɔ̃]

AUTOFÉCONDATION, ■ n. f. [otofekɔ̃dasjɔ̃] (*auto-* et *fécondation*) Union d'une cellule sexuelle mâle et d'une cellule sexuelle femelle provenant d'un même individu.

AUTOFICTION, ■ n. f. [otofiksjɔ̃] (*auto-* et *fiction*) Variante moderne de l'autobiographie romancée.

AUTOFINANCEMENT, ■ n. m. [otofinɑ̃s(ə)mɑ̃] (*auto-* et *financement*) Financement rendu possible grâce à des capitaux personnels. ■ **Écon.** *Marge brute d'autofinancement*, somme de la totalité des amortissements, des provisions et du résultat net après impôt au terme de l'exercice comptable d'une entreprise. ■ REM. Recommandation officielle pour *cash-flow*. ■ AUTOFINANCER (S'), v. pr. [otofinɑ̃se]

AUTOFOCUS, ■ n. m. [otofokys] (*auto-* et *focus*, foyer) Appareil photographique doté d'un système de mise au point automatique. ■ Adj. Être autofocus. *Une caméra autofocus.*

AUTOGAME, ■ adj. [otogam] (*auto-* et *-game*) Fécondé par autogamie.

AUTOGAMIE, ■ n. f. [otogami] (*auto-* et *-gamie*) **Biol.** Union d'une cellule sexuelle mâle et d'une cellule sexuelle femelle provenant d'un même individu.

AUTOGÈNE, ■ adj. [otoʒɛn] (*auto-* et *-gène*) Qui existe ou qui se développe par soi-même. *Un phénomène autogène.* ■ Qui se forme dans l'organisme, le plus souvent à ses dépens. *Un vaccin autogène.* ■ *Soudure autogène*, soudure par fusion du métal dont les pièces sont composées. *La soudure autogène sert par exemple, à assembler des pièces d'acier.*

AUTOGÉRÉ, ÉE, ■ adj. [otoʒere] (*auto-* et *gérer*) En parlant d'un endroit, d'une entreprise, géré par son propre personnel. *Un magasin autogéré.*

AUTOGESTION, ■ n. f. [otoʒɛstjɔ̃] (*auto-* et *gestion*) Gestion d'une entreprise par une direction élue par ses salariés. ■ AUTOGÉRER (S'), v. pr. [otoʒere]

AUTOGESTIONNAIRE, ■ adj. [otoʒɛstjoner] (*autogestion*) Relatif à l'autogestion. *Une politique autogestionnaire.*

AUTOGIRE, ■ n. m. [otoʒir] (*auto-* et gr. *guros*, cercle) **Aéronaut.** Engin volant dont la voilure tournante, le rotor, n'assure que la sustentation. *Utilisé à l'origine dans l'armée, l'autogire est devenu un aéronef du domaine civil.*

AUTOGRAPHE, adj. [otograf] (gr. *autographos*) Qui est écrit de la main même de l'auteur. *Une lettre autographe.* ◆ N. m. Un autographe. *Une collection d'autographes.* ■ Par extens. Signature ou petit mot écrit par une personne célèbre. *Un chasseur d'autographes.*

AUTOGRAPHIE, n. f. [otografi] (*autographe*) Reproduction, trait pour trait, de l'écriture d'un auteur. ◆ Procédé pour obtenir rapidement plusieurs copies d'une même lettre.

AUTOGRAPHIÉ, ÉE, p. p. d'autographier. [otografje]

AUTOGRAPHIER, v. tr. [otografje] (*autographie*) Reproduire un manuscrit par le moyen de l'autographie.

AUTOGRAPHIQUE, adj. [otografik] (*autographie*) Qui a rapport à l'autographie.

AUTOGREFFE, ■ n. f. [otogrɛf] (*auto-* et *greffe*) Greffe pratiquée à partir d'un greffon prélevé sur le patient lui-même. *L'autogreffe est le contraire de l'allogreffe, qui se fait entre deux individus d'une même espèce.*

AUTOGUIDAGE, ■ n. m. [otogidaʒ] (*auto-* et *guidage*) Dispositif permettant un guidage automatique des engins mobiles. *Autoguidage infrarouge des missiles tactiques.* ■ AUTOGUIDÉ, ÉE, adj. [otogide]

AUTO-IMMUN, UNE, ■ adj. [otoimœ̃, yn] ou [otoimɛ̃, yn] (*auto-* et *immun*) Qui est le fait d'une action du système immunitaire contre l'organisme auquel il appartient. *Une maladie auto-immune.* ■ REM. On peut aussi écrire *autoïmmun, une.*

AUTO-IMMUNISATION, ■ n. f. [otoimynizasjɔ̃] (*auto-* et *immunisation*) Affection consistant en la reconnaissance erronée par le système immunitaire de ses cellules ou de leur composantes comme ne lui appartenant pas et en la fabrication d'autoanticorps pour les détruire. ■ REM. On peut aussi écrire *autoïmmunisation.*

AUTO-IMMUNITAIRE, ■ adj. [otoimynitɛr] (*auto-* et *immunitaire*) Relatif à l'auto-immunité. *Des cellules auto-immunitaires.* ■ REM. On peut aussi écrire *autoïmmunitaire.*

AUTO-IMMUNITÉ, ■ n. f. [otoimynite] (*auto-* et *immunité*) Méd. Réaction immunitaire dirigée contre son propre organisme en produisant des autoanticorps. ■ REM. On peut aussi écrire *autoïmmunité.*

AUTO-INDUCTANCE, ■ n. f. [otoɛ̃dyktɑ̃s] (*auto-* et *inductance*) Électr. Bobine dont le flux instantané est proportionnel au courant électrique parcourant celle-ci. ■ REM. On peut aussi écrire *autoïnductance.*

AUTO-INDUCTION, ■ n. f. [otoɛ̃dyksjɔ̃] (*auto-* et *induction*) Électr. Production d'un champ électromagnétique, consécutif à la variation du courant électrique qui parcourt le circuit de la bobine d'allumage d'un véhicule automobile. ■ REM. On peut aussi écrire *autoïnduction.*

AUTOLIMITATION, ■ n. f. [otolimitasjɔ̃] (*auto-* et *limitation*) Limitation que l'on s'impose à soi-même.

AUTOLYSE, ■ n. f. [otoliz] (*auto-* et *-lyse*) Biol. Destruction par ses propres enzymes d'un tissu animal ou végétal. ■ Psych. Suicide.

AUTOMATE, ■ n. m. [otomat] (gr. *automatos*, qui se meut soi-même) Machine et en particulier machine imitant les êtres animés, qui se meut par ressorts. *Les automates de Vaucanson.* ♦ Fig. « *Le sot est un automate, il est machine* », LA BRUYÈRE. ♦ Adj. *Le flûteur automate de Vaucanson.* ♦ Fig. « *Dans sa vie automate, l'habitude lui tient lieu de raison* », J.-J. ROUSSEAU. ■ Robot industriel ayant pour fonction de remplacer l'homme sur les chaînes de montage lorsque celui-ci effectue des actions répétitives. ■ Jouet mécanique figurant les mouvements d'un personnage ou d'un animal dont il a l'aspect.

AUTOMATICIEN, IENNE, ■ n. m. et n. f. [otomatisjɛ̃, jɛn] (*automatique*) Spécialiste de l'automatisation ou de l'automatique en tant que science.

AUTOMATICITÉ, ■ n. f. [otomatisite] (*automatique*) Propriété de ce qui est automatique.

AUTOMATIE, n. f. [otomasi] (*automate*) État d'un automate. ♦ Pouvoir de se mouvoir, d'agir spontanément.

AUTOMATIQUE, adj. [otomatik] (*automate*) Physiol. Qui s'exécute sans la participation de la volonté. *Le mouvement automatique du cœur.* ♦ Philos. Qui appartient à l'automatie ou spontanéité. ■ Conçu pour fonctionner sans opérateur. *Ouverture automatique des portières. Traitement automatique des langues.* ■ Par extens. *Prélèvement automatique.* ■ Fam. *C'est automatique,* c'est inéluctable. ■ N. f. Branche de la cybernétique spécialisée dans l'étude des dispositifs automatiques.

AUTOMATIQUEMENT, adv. [otomatik(ə)mɑ̃] (*automatique*) Comme un automate. ■ De façon automatique.

AUTOMATISATION, ■ n. f. [otomatizasjɔ̃] (*automatiser*) Processus par lequel on remplace l'homme par des machines automates pour effectuer certaines tâches. ■ Psych. Comportement humain dans lequel la réflexion et la conscience n'interviennent pas.

AUTOMATISER, v. tr. [otomatize] (*automatique*) Rendre automate. ■ Rendre automatique.

AUTOMATISME, ■ n. m. [otomatism] (*automate*) Physiol. Ensemble des mouvements non voulus ou des impulsions non voulues. ♦ Philos. Faculté de se déterminer par soi-même. ♦ Dans le langage général, disposition qui fait qu'un homme n'est qu'un automate. ■ Ce que la pratique régulière a rendu automatique. *Faire quelque chose par automatisme.*

AUTOMÉDICATION, ■ n. f. [otomedikasjɔ̃] (*auto-* et *médication*) Prise de médicaments qui n'ont pas été prescrits par un médecin.

AUTOMÉDON, n. m. [otomedɔ̃] (nom grec) Le conducteur du char d'Achille, dans l'Iliade. ♦ Fig. et plais. Personne qui conduit une voiture.

AUTOMITRAILLEUSE, ■ n. f. [otomitrajøz] (*auto-* et *mitrailleuse*) Automobile équipée d'une mitrailleuse.

AUTOMNAL, ALE, adj. [otonal] (lat. *autumnalis*) Qui appartient à l'automne. *Les vents automnaux. La partie automnale du bréviaire.*

AUTOMNATION, n. f. [otonasjɔ̃] ▷ Agric. Influence de l'automne sur les plantes. ◁

AUTOMNE, n. m. [otɔn] (lat. *autumnus*) Celle des saisons de l'année qui est entre l'été et l'hiver. *Un automne chaud.* « *Je me représente cette automne-là délicieuse* », MME DE SÉVIGNÉ. ♦ Astronomiquement, l'espace de temps du 20 septembre au 21 décembre. ♦ L'âge qui précède la vieillesse. ■ *Être à l'automne de sa vie,* approcher de la fin de sa vie. ■ REM. Ce nom était autrefois féminin.

AUTOMOBILE, ■ adj. [otomobil] (*auto-* et *mobile*) Qui se déplace par soi-même grâce à un moteur ou à une action mécanique. *Un véhicule automobile.* ■ Relatif à l'automobile. *L'industrie automobile.* ■ N. f. Véhicule destiné au transport personnel, généralement à quatre roues, équipé d'un moteur et fonctionnant à l'essence. *Conduire une automobile.* ■ Abrév. Auto. *Des autos.*

AUTOMOBILISTE, ■ n. m. et n. f. [otomobilist] (*automobiliste*) Personne qui conduit une automobile.

AUTOMORPHISME, ■ n. m. [otomɔrfism] (*auto-* et *-morphisme*) Tendance à juger les autres par rapport à soi-même. ■ Sociol. Théorie selon laquelle un groupe social impose ses valeurs aux autres.

AUTOMOTEUR, TRICE, ■ adj. [otomotœr, tris] (*auto-* et *moteur*) Auto-tracté, relatif à un système de transport automatique. ■ Mar. Qualifie les péniches motorisées en opposition aux navires de transport fluvial tractés ou remorqués. ■ Relatif à un engin autopropulsé à chenilles ou à roues lui permettant de se déplacer en forêt.

AUTOMUTILATION, ■ n. f. [otomytilasjɔ̃] (*auto-* et *mutilation*) Psych. Trouble psychiatrique visant à infliger des blessures à soi-même. ■ Par extens. La blessure elle-même. ■ AUTOMUTILER (S'), v. pr. [otomytile]

AUTONEIGE, ■ n. f. [otonɛʒ] (*auto-* et *neige*) Véhicule automobile pouvant circuler sur la neige grâce à ses chenilles.

AUTONETTOYANT, ANTE, ■ adj. [otonetwajɑ̃, ɑ̃t] (*auto-* et *nettoyer*) Qui se nettoie par son propre fonctionnement. *Un four autonettoyant par pyrolyse.*

AUTONOME, adj. [otonom] (gr. *autonomos*) Qui jouit de l'autonomie.

AUTONOMIE, n. f. [otonomi] (gr. *autonomia*) Droit que les Romains avaient laissé à certaines villes grecques de se gouverner par leurs propres lois. ♦ Par extens. Indépendance. ■ Capacité d'un véhicule à parcourir une distance entre deux ravitaillements de carburant. ■ Par extens. Capacité d'un appareil à fonctionner sur ses propres réserves. *Cet ordinateur portable a trois heures d'autonomie.*

AUTONOMISATION, ■ n. f. [otonomizasjɔ̃] (*autonome*) Action de devenir autonome. ■ Psych. Acquisition de l'autonomie par un enfant.

AUTONOMISTE, ■ n. m. et n. f. [otonomist] (*autonomie*) Partisan de l'autonomie, notamment dans le domaine politique. *Les autonomistes corses.* ■ Adj. Relatif à cette politique ou ses partisans. *Une politique autonomiste.*

AUTONYME, ■ n. m. [otonim] (*auto-* et *-onyme*) Signe métalinguistique qui emprunte le signifiant d'un mot pour le désigner. Dans l'énoncé « *Chat rime avec* rat » *chat* et *rat* sont des autonymes. ■ Mot détaché volontairement d'un son contexte linguistique par le locuteur ou le récepteur. ■ Adj. *Être autonyme. Un signe autonyme.*

AUTONYMIE, ■ n. f. [otonimi] (*auto-* et *-onymie*) Caractère autonyme d'un signe. *Les guillemets sont des marques d'autonymie.* ■ AUTONYMIQUE, adj. [otonimik]

AUTOPALPATION, ■ n. f. [otopalpasjɔ̃] (*auto-* et *palpation*) Action de se palper les seins afin de détecter une tumeur éventuelle, pour une femme. *L'autopalpation permet de détecter la présence de tumeurs cancéreuses.*

AUTOPLASTIE, n. f. [otoplasti] (*auto-* et *-plastie*) Chir. Mode de prothèse chirurgicale qui consiste à remplacer une partie détruite en prenant sur le malade lui-même les matériaux nécessaires pour cette réparation. ■ REM. On dit aussi *anaplastie.*

AUTOPLASTIQUE, adj. [otoplastik] (*autoplastie*) Qui se rapporte à l'autoplastie.

AUTOPOMPE, ■ n. f. [otopɔ̃p] (*auto-* et *pompe*) Véhicule automobile pourvu d'une pompe à incendie.

AUTOPORTANT, ANTE, ■ adj. [otopɔrtɑ̃, ɑ̃t] Voy. AUTOPORTEUR.

AUTOPORTEUR, EUSE ou **AUTOPORTANT, ANTE**, ■ adj. [otopɔrtœr, øz, otopɔrtɑ̃, ɑ̃t] (*auto-* et *porteur* ou *portant*) En parlant d'une structure, d'un bâtiment etc., qui assume par lui-même sa stabilité. *Un mur autoporteur.*

AUTOPORTRAIT, ■ n. m. [otopɔrtrɛ] (*auto-* et *portrait*) Portrait d'un artiste réalisé par lui-même. *Peindre son autoportrait.*

AUTOPROCLAMER (S'), ■ v. pr. [oprproklame] (*auto-* et *proclamer*) S'attribuer une fonction, un statut. *S'autoproclamer ministre.* ■ **AUTOPROCLAMATION**, n. f. [otoproklamasjɔ̃]

AUTOPRODUCTION, ■ n. f. [otoprodyksjɔ̃] (*auto-* et *production*) Qui se produit soi-même, notamment dans les domaines audiovisuel et musical. ■ **AUTOPRODUIRE (S')**, v. pr. [oprprodɥir]

AUTOPROPULSEUR, ■ n. m. [otopropylsœr] (*auto-* et *propulseur*) Mécanisme assurant l'autopropulsion. ■ **Adj.** Relatif à l'autopropulsion.

AUTOPROPULSION, ■ n. f. [otopropylsjɔ̃] (*auto-* et *propulsion*) Propriété que possède une machine à se propulser par elle-même. *Autopropulsion des missiles. Douche à autopropulsion.*

AUTOPSIE, n. f. [otɔpsi] (gr. *autopsia*, de *auto-* et *opsis*, vue) Examen attentif que l'on fait soi-même. ◆ État de l'âme dans lequel, suivant les païens, on avait un commerce intime avec les dieux. ◆ **Méd.** *Autopsie cadavérique*, examen de toutes les parties d'un cadavre, et par extension description de l'état de ces différentes parties. ◆ On dit aussi, abusivement, *autopsie* au lieu d'autopsie cadavérique ou de nécropsie. ■ **REM.** L'emploi du mot dans le sens méd. est auj. le plus courant. ■ **Fig.** Analyse du contenu d'un objet ou d'un texte. « *Je procède à l'autopsie de cet animal fidèle qui la suit comme un petit chien [...] qu'elle appelle comme si de rien son sac à main* », Bénabar. ■ **AUTOPSIQUE**, adj. [otɔpsik]

AUTOPSIER, ■ v. tr. [otɔpsje] (*autopsie*) Procéder à l'autopsie d'un cadavre afin d'identifier les causes de la mort. ■ **Fig.** Étudier avec attention.

AUTOPTIQUE, adj. [otɔptik] (*autopsie*) Qui est relatif à l'autopsie, c'est-à-dire à la simple inspection d'un objet.

AUTOPUNITION, ■ n. f. [otopynisjɔ̃] (*auto-* et *punition*) **Psych.** Punition que l'on s'inflige à soi-même, le plus souvent pour dissiper un sentiment de culpabilité. ■ **AUTOPUNITIF, IVE**, adj. [otopynitif, iv]

AUTORADIO, ■ n. m. [otoradjo] (*automobile* et *radio*) Poste radiophonique destiné à écouter notamment de la musique en voiture, souvent muni d'un lecteur cassette ou compact disc. *Des autoradios.*

AUTORAIL, ■ n. m. [otoraj] (*auto-* et *rail*) Véhicule motorisé circulant sur des rails.

AUTORÉFÉRENCE, ■ n. f. [otoreferɑ̃s] (*auto-* et *référence*) **Log.** Système qui est sa propre référence.

AUTORÉGLAGE, ■ n. m. [otoreglaʒ] (*auto-* et *réglage*) Propriété d'un mécanisme à se régler lui-même.

AUTORÉGULATEUR, TRICE, ■ adj. [otoregylatœr, tris] (*auto-* et *régulateur*) Qui est capable d'assurer sa propre régulation.

AUTORÉGULATION, ■ n. f. [otoregylasjɔ̃] (*auto-* et *régulation*) Régulation qu'une machine pratique sur elle-même.

AUTORÉPARABLE, ■ adj. [otoreparabl] (*auto-* et *réparable*) Propriété d'un dispositif à se réparer lui-même. *Porte automatique à enroulement autoréparable.*

AUTOREVERSE ou **AUTO-REVERSE**, ■ adj. inv. [otorivœrs] ou [otorəvɛrs] (*auto-* et angl. *reverse*, retourner) Qui contient un dispositif permettant de retourner automatiquement la bande d'une cassette à la fin de chaque face, en parlant d'un lecteur de cassettes. *Ce baladeur est autoreverse.* ■ **N. m.** *Un autoreverse. Des autoreverses.*

AUTORISABLE, adj. [otorizabl] (*autoriser*) Qui peut être autorisé.

AUTORISATION, n. f. [otorizasjɔ̃] (*autoriser*) Action par laquelle on autorise. ◆ Écrit portant autorisation.

AUTORISÉ, ÉE, p. p. d'autoriser. [otorize] Qui a reçu autorité ou autorisation. ◆ Permis, en parlant d'une chose. *Action autorisée par la coutume.* ◆ Qui a de l'autorité, en parlant des personnes et des choses. *Maximes universellement approuvées et autorisées. Un écrivain autorisé.*

AUTORISER, v. tr. [otorize] (lat. médiév. *auctorizare*, confirmer) Donner autorité. *C'est le prince qui autorise les magistrats. Autoriser sa paresse de celle des autres.* ◆ Accorder à quelqu'un faculté, permission. *Je vous autorise à parler en mon nom.* ◆ Rendre possible, applicable, justifiable. *L'impunité autorise le crime. L'exemple des grands autorise les vices.* ◆ **S'autoriser**, v. pr. Acquérir de l'autorité. *Les coutumes s'autorisent par le temps.* ◆ S'appuyer sur un droit ou un prétexte pour... *Il s'autorisait de votre exemple pour parler ainsi.*

AUTORITAIRE, ■ adj. [otoritɛr] (*autorité*) Qui a le caractère de l'autorité. ◆ **N. m.** Partisan de l'autorité. ■ Qui impose son autorité de façon absolue, sans contradiction possible. *Un régime autoritaire.* ■ **AUTORITAIREMENT**, adv. [otoritɛr(ə)mɑ̃]

AUTORITARISME, ■ n. m. [otoritarism] (*autoritaire*) **Écon.** et polit. Système fondé sur l'autorité absolue. ■ **Psych.** Caractère très autoritaire.

AUTORITÉ, n. f. [otorite] (lat. *auctoritas*) Pouvoir de se faire obéir. *L'autorité paternelle. L'autorité des magistrats. Usant de son autorité sur ses subordonnés.* ◆ Faire une chose de son autorité privée, la faire sans en avoir le droit. ◆ *Coup d'autorité*, acte décisif d'un pouvoir, coup que frappe un pouvoir. « *La Providence fait quelquefois des coups d'autorité qui me plaisent assez* », Mme de Sévigné. ◆ *Faire une chose de pleine autorité*, la faire comme y étant pleinement autorisé. ◆ *D'autorité, par un coup d'autorité*, sans permettre de remontrance. ◆ Pouvoir public, gouvernement. *L'autorité absolue*, souveraine ou suprême. ◆ L'administration publique. *Les agents, les actes de l'autorité.* ◆ *Les autorités civiles et militaires*, les magistrats, les officiers investis du pouvoir. ◆ *Être en autorité*, être revêtu d'un pouvoir. « *Des hommes injustes qui sont en autorité* », Fénelon. ◆ *Autorités constituées*, les pouvoirs, les fonctionnaires établis par une constitution pour gouverner. ◆ Crédit, considération, poids. *Les hommes sages et d'une grande autorité.* ◆ Créance qu'inspire un homme, une chose. *Un historien dont l'autorité est imposante. Des bruits sans autorité. Une autorité grave, imposante.* ◆ *Faire autorité*, faire loi, servir de règle. ◆ Autorisation. « *J'osai l'employer sans votre autorité* », P. Corneille. ■ Caractère d'une personne qui cherche à imposer sa volonté.

AUTOROUTE, ■ n. f. [otorut] (*automobile* et *route*) Voie de circulation automobile composée de deux chaussées séparées à sens unique, permettant un trafic intense et rapide. *Une autoroute à péage.* ■ *Les autoroutes de l'information*, système de télécommunication à haut débit permettant la transmission interactive des données sonores, audiovisuelles, textuelles et informatiques.

AUTOROUTIER, IÈRE, ■ adj. [otorutje, jɛr] (*autoroute*) Relatif aux autoroutes. *Les infrastructures autoroutières.*

AUTO SACRAMENTAL, ■ n. m. [otosakramɛtal] (*auto-* et *sacramental*) *Les autos sacramentals*, anciennes représentations théâtrales allégoriques en un acte, qui avaient lieu dans les rues d'Espagne le jour du Saint-Sacrement. ■ **N. m. Par extens.** Genre théâtrale dramatique en un acte. ■ **Adj.** *Un chef-d'œuvre auto sacramental.*

AUTOSATISFACTION, ■ n. f. [otosatisfaksjɔ̃] (*auto-* et *satisfaction*) Suffisance, satisfaction de soi.

AUTO-SCOOTER ou **AUTOSCOOTER**, ■ n. f. [otoskutœr] (*auto-* et *scooter*) **Belg.** Auto tamponneuse.

AUTOSCOPIE, ■ n. f. [otoskopi] (*auto-* et *-scopie*) Technique de formation consistant à analyser en groupe le plus souvent sa propre image filmée par l'enseignant. ■ Type d'hallucination peu fréquente, consistant à se voir soi-même.

AUTOSEXABLE, ■ adj. [otosɛksabl] (*auto-* et *sexable*) Se dit des races aviaires dont les petits sont sexables dès les premiers jours de leur vie.

AUTOSOME, ■ n. m. [otozom] (*chromosome*, par substitution du préf. *auto-*) Nom générique des chromosomes à l'exception des chromosomes sexuels. ■ **AUTOSOMIQUE**, adj. [otozomik]

AUTO-STOP ou **AUTOSTOP**, ■ n. m. inv. [otostɔp] (*automobile* et angl. *stop*) Pratique d'un piéton consistant à tenter d'arrêter une automobile par signes au bord d'une route en vue d'être transporté gratuitement. *Faire de l'auto-stop.* ■ **Abrév.** Stop.

AUTO-STOPPEUR, EUSE ou **AUTOSTOPPEUR, EUSE**, ■ n. m. et n. f. [otostɔpœr, øz] (*auto-stop* ou *autostop*) Personne qui fait de l'auto-stop. *Les auto-stoppeurs étaient nombreux sur les autoroutes des vacances dans les années 70.* ■ **Abrév.** Stoppeur, euse.

AUTOSUBSISTANCE, ■ n. f. [otosybzistɑ̃s] (*auto-* et *subsistance*) Autarcie, organisation économique et sociale mise en place par un groupe de personnes afin de pouvoir produire l'essentiel de ses besoins sans avoir recours à l'extérieur.

AUTOSUFFISANT, ANTE, ■ adj. [otosyfizɑ̃, ɑ̃t] (*auto-* et *suffisant*) Qui se suffit à soi-même. ■ **Math.** Relatif à un énoncé ne contenant aucune contradiction. ■ **AUTOSUFFISANCE**, n. f. [otosyfizɑ̃s]

AUTOSUGGESTION, ■ n. f. [otosyɡʒɛstjɔ̃] (*auto-* et *suggestion*) Fait de se persuader soi-même, volontairement ou non, sous l'influence d'une idée, d'un désir obsédant.

AUTOSURVEILLANCE, ■ n. f. [otosyrvejɑ̃s] (*auto-* et *surveillance*) **Inform.** Dispositif informatique qui contrôle ses propres circuits et les déconnecte en cas de défaillance.

AUTOTOMIE, ■ n. f. [ototomi] (*auto-* et *-tomie*) Réflexe de mutilation propre à certains animaux et qui leur permet d'échapper à un danger. *La perte de la queue d'un lézard relève de l'autotomie.*

AUTOTOUR, ■ n. m. [ototur] (*automobile* et 2 *tour*) Circuit touristique d'une région ou d'un pays qui se fait en voiture. ■ **Adj.** *J'ai fait un circuit autour de l'Écosse.*

AUTOTRACTÉ, ÉE, ■ adj. [ototrakte] (*auto-* et 1 *tracter*) Qui dispose de sa propre force motrice. *Une grue autotractée.*

AUTOTRANSFUSION, ■ n. f. [ototrɑ̃sfyzjɔ̃] (*auto-* et *transfusion*) Transfusion qui consiste à réinjecter son propre sang, le plus souvent prélevé quelques jours auparavant.

AUTOTREMPANT, ■ adj. m. [ototrɑ̃pɑ̃] (*auto-* et *trempant*) Acier autotrempant, acier dont la dureté est atteinte par une trempe résultant d'un refroidissement naturel à l'air.

AUTOTROPHE, ■ adj. [ototrɔf] (*auto-* et *-trophe*) Relatif aux plantes et à certaines bactéries, élaborant leurs substances organiques uniquement à partir d'éléments minéraux.

AUTOTROPHIE, ■ n. f. [ototrofi] (*auto-* et *-trophie*) Qualité d'un organisme, le plus souvent une plante, autotrophe.

1 **AUTOUR**, prép. [otur] (*au* et 1 *tour*) qui se construit avec de et exprime le tour de. *Il y a de très belles promenades autour de la ville.* ♦ Près de. *Cet enfant est toujours autour de sa mère.* ♦ D'autour de. « *Chassons d'autour de lui l'éclat qui l'environne* », ROTROU. ♦ **Fig.** *Vous tournez autour de la question*, vous l'éludez. ♦ Environ. « *Le baron de Bressé avait du roi autour de 20,000 livres de rente* », SAINT-SIMON. ♦ **Adv.** « *La campagne autour est couverte d'hommes* », LA BRUYÈRE. ♦ TOUT AUTOUR, loc. adv. De tous côtés. ♦ *Ici autour*, dans le voisinage.

2 **AUTOUR**, n. m. [otur] (prob. gallo-rom. *auceptor*, du lat. class. *accipiter*, épervier) Nom d'un genre d'oiseaux rapaces diurnes voisins des milans, et en particulier oiseau de proie, du genre des oiseaux de poing. « *L'autour aux serres cruelles* », LA FONTAINE.

AUTOURSERIE, n. f. [otursəri] (*autoursier*) ▷ L'art d'élever et de dresser des autours. ◁

AUTOURSIER, n. m. [otursje] (2 *autour*) ▷ Personne qui dresse des autours. ◁

AUTOVACCIN, ■ n. m. [otovaksɛ̃] (*auto-* et *vaccin*) Vaccin obtenu grâce aux germes prélevés sur le malade lui-même.

AUTRE, adj. [otr] (lat. *alter*) Qui n'est pas la même personne ou la même chose. *D'autres causes. D'autre part.* ♦ *C'est tout un ou tout autre*, il n'y a pas de milieu. ♦ **Fig.** et **fam.** *C'est une autre paire de manches*, c'est une affaire toute différente. ♦ Le second, par une certaine similitude. *Il le regarde comme un autre lui-même.* ♦ Différent, mais supérieur d'une façon quelconque. *C'est bien un autre homme.* ♦ *Autre part*, ailleurs. ♦ *De temps à autre*, parfois. ♦ *D'année à autre*, d'année en année ; *de jour à autre*, de jour en jour. ♦ *L'autre jour*, un jour indéterminé, mais peu éloigné. ♦ **Pron. indéf.** *J'aime mieux que vous l'appreniez d'un autre que de moi.* ♦ *Prendre quelqu'un pour un autre*, le juger autrement qu'il ne l'est. ♦ **Fig.** *Il n'en fait pas d'autres*, il fait toujours les mêmes sottises. ♦ *En voici bien d'une autre*, voici quelque chose de plus étonnant. ♦ *Autre que nous. « Autre n'a mieux que toi soutenu cette guerre* », P. CORNEILLE. ♦ *Autre avec que et ne. Autre que moi n'a droit de.* ♦ *L'autre, les autres*, servant de complément à *l'un, les uns. Ils s'aiment l'un l'autre. Ils se poursuivaient les uns les autres.* ♦ *Il y en a d'uns et d'autres*, il y en a de bons et de mauvais. ♦ *L'un vaut l'autre*, l'un est aussi peu meilleur que l'autre. ♦ *L'un en compensant l'un par l'autre.* ♦ *Les autres*, m. pl. autrui. *Il se méfie toujours des autres.* ♦ *D'autres*, des personnes différentes de celle ou de celles dont il s'agit. ♦ *À d'autres !* expression elliptique signifiant : Contez cela à de plus crédules ! ♦ *Parler de choses et d'autres*, parler de diverses choses. ♦ *Il en sait bien d'autres*, il a bien d'autres moyens d'agir, de faire. ♦ *J'en ai vu bien d'autres*, j'ai vu des choses bien plus extraordinaires ou plus périlleuses. ♦ **Prov.** *Autres temps, autres mœurs*, les mœurs changent avec le temps.

AUTREFOIS, adv. [otrəfwa] (*autre* et *fois*) Au temps passé.

AUTREMENT, adv. [otrəmɑ̃] (*autre*) D'une autre façon. ♦ *Tout autrement*, d'une façon toute différente. ♦ Sinon, sans quoi. « *Autrement vos États à ce prince livrés Ne seront en ses mains qu'autant que vous vivrez* », P. CORNEILLE. ♦ *Ne... pas autrement, sans... autrement*, c'est-à-dire peu, pas beaucoup. *Je ne m'en inquiète pas autrement.* « *Sans se contraindre autrement dans leurs passions* », FLÉCHIER. ♦ *Tout autrement*, beaucoup plus, tout différemment.

AUTRICHIEN, IENNE, ■ n. m. et n. f. [otriʃjɛ̃, jɛn] (*Autriche*) Qui est originaire d'Autriche. ■ **Adj.** Relatif à l'Autriche et à ses habitants. *Institut culturel autrichien. La littérature autrichienne.*

AUTRUCHE, n. f. [otryʃ] (lat. vulg. *austruthio*, de *avis*, oiseau, et *struthio*, autruche) Le plus gros de tous les oiseaux connus, incapable de voler, parce qu'il a que des ailes rudimentaires. ♦ **Fam.** *Il a un estomac d'autruche*, il digère tout. ■ *Faire l'autruche*, pratiquer la politique de l'autruche, refuser d'affronter un danger ou une situation embarrassante, en se le cachant. ■ Fait de cuir d'autruche, notamment reconnaissable à son aspect perlé dû aux marques laissées par les plumes. *Un sac en autruche.*

AUTRUCHON, ■ n. m. [otryʃɔ̃] (*autruche*) Petit de l'autruche.

AUTRUI, n. m. [otrɥi] (lat. *alterui* pour *alteri*, de *alter*) qui est toujours complément d'un verbe ou d'une préposition, et jamais sujet d'une phrase.

Les autres, le prochain. « *Dans le bonheur d'autrui je cherche mon bonheur* », P. CORNEILLE. ♦ **Anc. chancell.** *L'autrui*, le droit d'autrui, le bien d'autrui. « *Qui sans prendre l'autrui vivent en bons chrétiens* », RÉGNIER. ♦ **Prov.** *Mal d'autrui n'est que songe*, le mal des autres ne nous touche guère. ♦ *Qui s'attend à l'écuelle d'autrui a souvent mal dîné*, il ne faut pas compter sur les autres.

AUTUNITE, ■ n. f. [otynit] (*Autun*) Sorte d'uranite qui se trouve dans les parties superficielles, altérées et oxydées des gisements uranifères. ■ REM. On l'appelle aussi *calco-uranite*.

AUVENT, n. m. [ovɑ̃] (orig. incert., p.-ê. de l'anc. provenç. *anvan*, retranchement) Petit toit en saillie pour garantir de la pluie. ♦ Abri en paillasson ou en bois, dont on se sert pour garantir les arbres en espalier des gelées du printemps.

AUVERGNAT, ATE, ■ n. m. et n. f. [ovɛrɲa, at] ou [ovɛrnja, at] (*Auvergne*) Qui est originaire de la région Auvergne. ■ N. m. Parler d'Auvergne. ■ Adj. *La fourme d'Ambert est un fromage auvergnat.*

AUVERGNE, n. f. [ovɛrɲ] ou [ovɛrnj] (*Auvergne*) Dissolution de tan dans laquelle on fait macérer les peaux de veau.

AUVERGNER, v. tr. [ovɛrɲe] ou [ovɛrnje] (*Auvergne*) Faire tremper les peaux dans une dissolution de tan.

AUVERNAT, n. m. [ovɛrna] (altér. de *auvergnat*, le plant étant originaire d'Auvergne) Gros vin rouge d'Orléans.

AUVERT, [ovɛr] Usité seulement dans *le diable auvert*, locution fautive pour *le diable vauvert*. Voy. VAUVERT.

AUX, [o] Voy. AU.

AUXILIAIRE, adj. [oksiljɛr] (lat. *auxiliaris*) Qui donne du secours, en parlant d'une armée. *Corps auxiliaire.* ♦ Qui aide, en parlant des choses. *Causes auxiliaires. Les vents auxiliaires.* ♦ N. m. Personne qui aide de ses armes. *Les auxiliaires.* ♦ En général, aide, appui. *Tu trouverais en moi un puissant auxiliaire.* ♦ **Gramm.** *Verbe auxiliaire*, verbe qui sert à former les temps composés des autres verbes. ♦ N. m. Les deux auxiliaires *être* et *avoir*. ■ REM. S'emploie auj. aussi au féminin.

AUXILIARIAT, ■ n. m. [oksiljarja] (*auxiliaire*) Concours de l'Éducation nationale dont l'obtention était nécessaire aux instituteurs non issus d'une école normale et désirant être titularisés dans le département de la Seine. ■ Fonction d'auxiliaire dans l'administration, notamment dans l'enseignement.

AUXINE, ■ n. f. [oksin] (gr. *auxein*, augmenter) **Biol.** Hormone végétale jouant un rôle déterminant dans la croissance et le développement des plantes ainsi que dans la division cellulaire. ■ AUXINIQUE, adj. [oksinik] *L'action auxinique.*

AUXQUELS, ELLES, ■ pron. rel. et pron. interr. pl.0 [okɛl] Voy. AUQUEL.

AVACHI, IE, p. p. d'avachir. [avaʃi] Adj. Devenu informe. ■ **Fig.** Amolli, atone.

AVACHIR (S'), v. pr. [avaʃir] (orig. incert., p.-ê. de *a-* du frq. *waikjan*, amollir, avec influ. de *vache*) Se déformer par distension, par relâchement, en parlant des chaussures, des habits, etc. ♦ **Pop.** Se dit des personnes dont les formes grossissent et ne conservent point de fermeté.

AVACHISSEMENT, ■ n. m. [avaʃis(ə)mɑ̃] (*s'avachir*) Amollissement, relâchement général. « *Un peu d'embonpoint, un certain avachissement de la chair et de l'esprit, je ne sais quelle descente de la cervelle dans les fesses, ne messiéent pas à un haut fonctionnaire* », ROMAINS.

AVAL, n. m. [aval] (*à* et *val*) Le bas du courant d'une rivière, par opposition à l'amont. ♦ *Pays d'aval*, pays où l'on arrive en suivant le courant. ♦ Adv. *Un des bateaux allait amont et l'autre aval.* ♦ N. m. Souscription qu'on met sur un effet de commerce pour en garantir le paiement. *Bon pour aval.* ♦ Dans la pratique de Paris, *un aval*, une lettre de change de l'étranger, à courts jours, trois ou cinq. *Ces avals sont bons.* ♦ *En aval*, qui suit une phase dans un processus. ♦ Approbation. *Donner son aval.*

AVALAGE, n. m. [avalaʒ] (*avaler*, descendre) Descente d'une pièce de vin dans une cave. ♦ Action de faire descendre à un bateau le cours d'une rivière.

AVALAISON ou **AVALASSE**, n. f. [avalɛzɔ̃, avalas] (*avaler*, descendre) Cours d'eau torrentiel, qui se forme soudainement à la suite de pluies ou de fontes de neiges. ♦ **Mar.** Vent d'aval qui dure depuis plusieurs jours. ♦ Amas de pierres que les eaux ont roulé et déposé sur le rivage.

AVALANCHE, n. f. [avalɑ̃ʃ] (terme alpin *lavanche*, altér. d'apr. *avaler*, descendre) Masse de neige et de glace, détachée d'une montagne, et qui se précipite dans les vallées sous-jacentes. Quelques-uns, dit l'Académie, prononcent *avalange*. ■ AVALANCHEUX, EUSE, adj. [avalɑ̃ʃø, øz]

AVALANT, ANTE, adj. [avalɑ̃, ɑ̃t] (*avaler*, descendre) Qui descend, qui va en avalant.

AVALASSE, [avalas] Voy. AVALAISON.

AVALÉ, ÉE, p. p. d'avaler. [avale] Descendu. *Du vin avalé dans la cave.* ♦ Vieux en ce sens. ♦ ▷ Pendant, en parlant des parties du corps. *Joues avalées.* ◁ ♦ ▷ Autrefois on disait *avalé*, d'une façon générale, pour pendant, épars. « *Courir à brides avalées* », SCARRON. ◁ ♦ On dit aujourd'hui *à bride abattue.* ♦ Descendu par la gorge. *Les morceaux hâtivement avalés.* ♦ Fig. *Des affronts patiemment avalés.*

AVALEMENT, n. m. [aval(ə)mã] (*avaler*) Action de descendre, d'abaisser, et résultat de cette action. ♦ Action de faire descendre par le gosier. ♦ On dit, en langage technique, *déglutition.*

AVALER, v. tr. [avale] (*aval*) Abaisser, faire descendre, mettre en bas. *Avaler du vin dans la cave.* ♦ Vieux en ce sens. ♦ Faire descendre par le gosier. *Avaler un bouillon.* ♦ *Ne faire que tordre et avaler*, manger avidement, sans mâcher. ♦ *Il avalerait la mer et les poissons*, il a une grande soif. ♦ Fam. *Avaler sa langue*, s'ennuyer, bâiller outre mesure. ♦ Fam. *Avaler quelqu'un*, le regarder avec des yeux furieux. ♦ Fam. *J'ai cru qu'il m'avalerait*, il s'est livré à une violente explosion de colère contre moi. ♦ Fig. *Avaler le calice, avaler le morceau*, être contraint d'endurer, quelque chose de fâcheux. ♦ Fig. et fam. *Avaler des couleuvres*, subir de dures mortifications. ♦ Contempler avec avidité. « *Ils l'avalent des yeux [l'huître]* », LA FONTAINE. ♦ Endurer, accepter. « *Pour nous faire avaler nos tristes destinées* », MME DE SÉVIGNÉ. ♦ Fam. *Faire avaler*, faire croire. ♦ V. intr. Descendre le courant. *Ce bateau avale.* ♦ Vieux en ce sens. ♦ Donner la garantie dite aval. Voy. AVAL. ♦ S'avaler, v. pr. Pendre, descendre trop bas. *Le ventre de cette jument s'avale.* ♦ *Être avalé*, au propre et au figuré.

AVALEUR, EUSE, n. m. et n. f. [avalœr, øz] (*avaler*) Personne qui a l'habitude de manger ou de boire avec excès ou avidité. ♦ *Un avaleur de gens, un avaleur de charrettes ferrées*, un rodomont, un fanfaron.

AVALIES, n. f. pl. [avali] (*avaler*) ▷ Laines qui proviennent de peaux de moutons livrés à la boucherie.

AVALISER, ■ v. tr. [avalize] (*aval*) Approuver, donner son assentiment, son accord. *Le patron a avalisé le projet de ses collaborateurs.*

AVALISTE, n. m. [avalist] (*aval*) ▷ Personne qui donne un aval de garantie. ◁

À-VALOIR, ■ n. m. inv. [avlwaʀ] (*à* et *valoir*) Acompte, somme d'argent à imputer sur une créance. *Des à-valoir.*

AVALOIRE, n. f. [avalwaʀ] (*avaler*) Pièce du harnais sur laquelle s'appuie le cheval de timon pour retenir la charge. ♦ Pop. Le gosier. « *Il faut qu'elle ait une terrible avaloire* », J.-J. ROUSSEAU.

AVALURE, n. f. [avalyʀ] (*avaler*) Altération du sabot du cheval, dans laquelle la corne se sépare de la peau. ♦ Maladie des serins qui ont pris trop de nourriture.

AVANÇAGE, n. m. [avãsaʒ] (*avancer*) Permission donnée à des voitures de place de stationner en dehors de la place. ♦ Lieu où elles stationnent.

AVANCE, n. f. [avãs] (*avancer*) Tout ce qui est en avant par rapport à autre chose. ♦ Partie de bâtiment qui est en saillie. *Faire ou former une avance.* ♦ Espace de chemin qu'on a parcouru avant quelqu'un. *Prendre ou gagner de l'avance.* ♦ *Ils ont pris de l'avance*, ils sont partis en avant. ♦ Fig. *Prendre de l'avance sur ses camarades*, être plus avancé qu'eux dans ses études. ♦ Ce qui, déjà fait ou acquis, sert ultérieurement. « *C'est une grande avance que d'avoir l'esprit en repos* », MME DE SÉVIGNÉ. ♦ Au pl. Premières démarches auprès de quelqu'un, recherche de sa société. *Répondre aux avances d'amitié qu'on nous fait.* ♦ Somme prêtée, paiement anticipé. *Faire une avance.* ♦ PAR AVANCE, loc. adv. Par anticipation. *Il a payé par avance.* « *Je vous réponds par avance* », MME DE SÉVIGNÉ. ♦ D'AVANCE, loc. adv. Avant le temps où une chose doit ou peut se faire.

AVANCÉ, ÉE, p. p. d'avancer. [avãse] Placé en avant. *Poste avancé.* ♦ Qui fait saillie, placé en avant. *Ouvrages avancés*, en termes de guerre. ♦ Fig. Hâté. *Le terme de sa vie fut avancé.* ♦ Payé d'avance, prêté. *Argent avancé.* ♦ Mis en avant, dit. *La proposition avancée.* ♦ Qui a fait du progrès ou des progrès. *Avancé en âge. Peu avancé dans mes études. Écolier peu avancé.* ♦ Fam. *Je n'en suis pas plus avancé*, ce que j'ai fait ne m'a servi de rien. ♦ Qui touche à son terme, à sa conclusion. *Ouvrage fort avancé. La nuit était avancée.* ♦ Trop mûr, qui se gâte. *Figue trop avancée. Poisson avancé.* ♦ N. m. Personne qui dans une secte, dans un parti, se dit en avant des autres. *Un républicain avancé* [1]. ♦ N. m. Ordonnance du président qui a pour objet de faire passer un procès avant son tour de rôle. ■ REM. 1 : *Secte* est à prendre ici au sens de *école.*

AVANCÉE, n. f. [avãse] (*avancer*) Corps de garde, petit poste en avant de la porte d'une place forte. ■ Ce qui fait saillie. ■ Ce qui constitue un progrès.

AVANCEMENT, n. m. [avãs(ə)mã] (*avancer*) Progrès, en parlant des personnes et des choses. *Je remarque un grand avancement dans cet écolier. Il est plein de zèle pour l'avancement des sciences.* ♦ Action de monter en grade. ♦

Progrès dans la carrière des emplois. *L'avancement est lent dans cette administration.* ♦ Succès dans le monde. *Travailler à l'avancement de sa famille.* ♦ *Avancement d'hoirie*, ce qui est donné à un héritier présomptif ou successible, par anticipation, sur ce qui doit lui revenir dans une succession à échoir. ♦ *Avancement des étoiles sur le Soleil*, l'excès du jour moyen sur le jour sidéral.

AVANCER, v. tr. [avãse] (lat. vulg. *abantiare*) Pousser ou porter en avant, approcher. *Avancer la main.* ♦ Fig. Hâter, accélérer. *Avancer la mort de quelqu'un.* ♦ *Avancer une montre*, une pendule, la mettre en avance sur l'heure réelle ou sur celle qu'elle marquait auparavant ou en retard. ♦ Pousser, faire faire du progrès. *Il voulait avancer son travail.* ♦ Payer par avance ou pour le compte de quelqu'un. *Il avança l'argent.* ♦ Mettre en avant, dire, énoncer. *Il ne prouve pas ce qu'il avance.* ♦ Gagner, avec *que* interrogatif ou *rien.* « *Vous n'avancez rien de ne pas avaler le poison* », BOSSUET. « *Mais qu'avancez-vous en surprenant l'Église ?* », MASSILLON. ♦ Procurer l'avancement, un emploi plus élevé. ♦ V. intr. Aller en avant, s'approcher. *Aimer mieux retourner qu'avancer. Cette horloge avance.* ♦ En peinture, *des couleurs avancent* quand elles semblent faire avancer les objets sur le plan du tableau. ♦ Faire saillie. *Promontoire qui avance dans la mer.* ♦ Faire des progrès ou des progrès ; réussir. *Le désir d'avancer (de se pousser). L'affaire n'avance pas. Avancer en sagesse.* ♦ Obtenir de l'avancement. *Cet officier est trop vieux ; il n'a plus l'espoir d'avancer.* ♦ S'avancer, v. pr. Aller en avant. *S'avancer sur la scène, hors du port, au combat.* ♦ Faire saillie. *Le cap s'avance dans la mer.* ♦ Fig. Faire du progrès ou des progrès. *S'avancer dans la carrière des honneurs.* « *Cependant Moïse s'avançait en âge* », BOSSUET. *Devenir avancé. L'hiver s'avance.* ♦ Aller jusqu'à ; sortir d'une juste réserve. *Je reconnais que je me suis trop avancé.*

AVANIE, n. f. [avani] (gr. médiév. *abania*, p.-ê. de l'ar. *hawan*, traître) ▷ Vexations qu'exerçaient les Turcs contre ceux qui n'étaient pas leurs coreligionnaires, pour leur extorquer de l'argent. ◁ ♦ Traitement humiliant, affront public.

AVANT, prép. [avã] (lat. médiév. *abante*, du lat. *ante*) Marque priorité d'ordre et de situation ; en tête de. *Il marchait avant moi.* ♦ Fig. De préférence à. *La patrie passe avant tout.* ♦ *Avant*, marquant la priorité du temps. ♦ *Avant* régit quelquefois l'infinitif. « *Pontchartrain, avant partir, monta chez Voysin* », SAINT-SIMON. ♦ Adv. *Nations qui habitent bien avant dans les terres. On combattit fort avant dans la nuit.* ♦ Fig. Avec *trop, bien* et les adverbes de comparaison. *Cette maxime avait pénétré bien avant dans son esprit.* « *Mais je vais trop avant et deviens indiscrète* », P. CORNEILLE. ♦ Auparavant. *Quelques jours avant.* ♦ *En avant*, devant soi, sans se détourner de son chemin. *La lance en avant. Aller ou se porter en avant.* ♦ *Aller en avant*, s'avancer dans son travail, dans la vie. ♦ *En avant*, en précédant les autres. *Marcher en avant.* ♦ Fig. *Mettre quelqu'un en avant*, le mettre en vue, et aussi le faire agir, parler. ♦ *Mettre quelque chose en avant*, l'alléguer, le produire. ♦ Danse Pas composé de quatre mouvements, qui exige quatre mesures. *En avant deux* [danseurs] ; et subst. *un avant-deux.* ♦ *En avant !* commandement militaire de se mettre en marche. ♦ *D'avant*, qui a précédé. *Le jour d'avant.* ♦ N. m. Partie antérieure, opposée à l'arrière. *L'avant d'une voiture.* ♦ La moitié de la longueur d'un bâtiment, depuis le grand mât jusqu'à la proue. ♦ *Aller de l'avant*, faire du chemin en avançant ; et fig. s'engager dans une affaire sans en trop considérer les difficultés. ♦ AVANT QUE, loc. conj. Avec le subjonctif. « *J'avais fini mes jours avant qu'Ulysse partît* », FÉNELON. ♦ *Avant que*, avec le subjonctif et un *ne* explétif. « *Avant que sa soif ne s'éteigne* », BUFFON. ♦ *Avant que de*, avec l'infinitif. « *Avant que de partir, l'esprit dit à ses hôtes* », LA FONTAINE. ♦ *Avant de*, avec l'infinitif. « *Mais avant de mourir elle sera vengée* », VOLTAIRE. ♦ *Avant que*, sans de, avec l'infinitif. « *Avant que nous lier, il faut nous mieux connaître* », MOLIÈRE. ♦ Dr. *Avant dire droit, avant faire droit*, avant de juger définitivement. ♦ N. m. *Un avant faire droit.*

AVANTAGE, n. m. [avãtaʒ] (*avant*) Ce qui avance, ce qui sert, ce qui profite. *Les avantages de la paix.* « *La science de prendre ses avantages* », BOSSUET. « *Chaque forme de gouvernement a ses avantages* », BOSSUET. ♦ *Prendre l'avantage, son avantage pour monter à cheval*, se servir de quelque élévation pour monter plus facilement. ♦ Ce qui fait qu'on l'emporte, qu'on a le dessus de quelque façon que ce soit. *Avantages naturels et acquis.* « *Bien que sur moi des ans vous ayez l'avantage* », MOLIÈRE. ♦ *Avec avantage*, en faisant honneur. *Parler de quelqu'un avec avantage.* ♦ Formule de politesse. *J'ai l'avantage de connaître Monsieur votre père.* ♦ Terme militaire, victoire. *Avoir l'avantage. Poursuivre ses avantages.* ♦ Dr. Ce qu'on donne à quelqu'un de plus qu'aux autres qui ont mêmes droits. « *Les avantages qu'un mari et une femme pouvaient se faire par testament* », MONTESQUIEU. ♦ Jeu Ce qu'on rend de pièces ou de points à un adversaire trop faible avec qui l'on joue. ♦ Mar. *Avoir l'avantage du vent*, avoir le dessus du vent par rapport à un autre vaisseau. ♦ Fig. *Avoir l'avantage de*, être favorisé par. ♦ À L'AVANTAGE DE, loc. adv. D'une façon qui sert, qui profite, qui fait honneur. *Cela est à l'avantage de votre adversaire.* ♦ À MON AVANTAGE OU À SON AVANTAGE, loc. adv. Dans une position où j'ai, où il a l'avantage. « *Je l'ai pris à mon* avantage », Mme de Sévigné. ♦ *Être habillé, coiffé à son avantage,* d'une manière qui relève. ■ *Avantages en nature,* partie d'une rémunération qui ne se fait pas sous forme d'argent.

AVANTAGÉ, ÉE, p. p. d'avantager. [avɑ̃taʒe] *À qui un avantage a été fait.*

AVANTAGER, v. tr. [avɑ̃taʒe] (*avantage*) Faire un avantage à quelqu'un. « *Ayant des parents, vous avez avantagé vos fils déjà riches* », Diderot. s'avantager, v. tr. Se faire de mutuels avantages par contrats. ♦ **Par extens.** Prendre avantage. « *Les médecins, jaloux à leur ordinaire, s'avantagèrent tant qu'ils purent des mauvais succès qui lui arrivaient* », Saint-Simon.

AVANTAGEUSEMENT, adv. [avɑ̃taʒø(ə)mɑ̃] (*avantageux*) D'une manière avantageuse. *Se marier avantageusement.* ♦ D'une manière favorable, avec éloge. *Parler avantageusement de soi.*

AVANTAGEUX, EUSE, adj. [avɑ̃taʒø, øz] (*avantage*) Qui apporte de l'avantage. *La manière de cultiver la plus avantageuse. Il est avantageux à l'empire que... Il est très avantageux pour moi que...* ♦ Qui procure de la faveur, qui fait honneur. *Avoir de quelqu'un une opinion avantageuse.* « *Charles XII était d'une taille avantageuse et noble* », Voltaire. ♦ Qui sied bien. *Parure avantageuse.* ♦ Qui prend avantage, présomptueux. « *Le nom de petits-maîtres qu'on applique à la jeunesse avantageuse et mal élevée* », Voltaire. Il se dit au même sens, du ton, des manières. *Un ton avantageux.* ♦ N. m. et n. f. *L'avantageux est toujours porté à se vanter.*

AVANT-BASSIN, ■ n. m. [avɑ̃basɛ̃] (*avant* et *bassin*) **Mar.** Bassin qui précède dans un port les embarcadères. ■ **Techn.** Bassin de refroidissement des fours à verre creux. *Des avant-bassins.*

AVANT-BEC, n. m. [avɑ̃bɛk] (*avant* et *bec*) Nom qu'on donne, dans les piles d'un pont, aux angles qui sont en amont. ♦ **Mar.** Partie antérieure d'un navire. — On dit aussi *avant-bout*. ♦ Au pl. *Des avant-becs.*

AVANT-BRAS, n. m. [avɑ̃bʀa] (*avant* et *bras*) Partie du bras qui s'étend du coude au poignet. ♦ Au pl. *Des avant-bras.*

AVANT-CALE, ■ n. f. [avɑ̃kal] (*avant* et *cale*) **Mar.** Partie de la cale qui se trouve au-dessous du niveau de la mer. *Des avant-cales.*

AVANT-CENTRE, ■ n. m. et n. f. [avɑ̃sɑ̃tʀ] (*avant* et *centre*) Au football, attaquant central. *Des avants-centres* ou *des avant-centres.*

AVANT-CLOU, ■ n. m. [avɑ̃klu] (*avant* et *clou*) Vrille servant à percer des trous dans le bois afin d'y enfoncer des clous sans abîmer le bois. *Des avant-clous.*

AVANT-CONTRAT, ■ n. m. [avɑ̃kɔ̃tʀa] (*avant* et *contrat*) Contrat préliminaire rédigé dans la perspective d'en rédiger un qui soit définitif. *Des avant-contrats.*

AVANT-CORPS, n. m. [avɑ̃kɔʀ] (*avant* et *corps*) Toute partie de maçonnerie ou de menuiserie en saillie sur la face principale d'une construction. ♦ Au pl. *Des avant-corps.*

AVANT-COUR, n. f. [avɑ̃kuʀ] (*avant* et *cour*) Cour qui précède la cour principale. ♦ Au pl. *Des avant-cours.*

AVANT-COUREUR, n. m. [avɑ̃kuʀœʀ] (*avant* et *coureur*) Personne qui précède quelqu'un pour l'annoncer. ♦ **Fig.** Ce qui précède et annonce. « *Ce sermon fut l'avant-coureur de cette juste condamnation* », Bossuet. ♦ Adj. « *Signes avant-coureurs d'un funeste accident* », Rotrou.

AVANT-COURRIER, n. m. [avɑ̃kuʀje] (*avant* et *courrier*) Homme à cheval courant devant une voiture de poste, pour faire préparer les relais. ♦ Au pl. *Des avant-courriers.*

AVANT-COURRIÈRE, n. f. [avɑ̃kuʀjɛʀ] (*avant* et *courrière*) Celle qui précède, qui devance. ♦ Poétiquement, *l'avant-courrière du jour,* l'aurore. ♦ Au pl. *Des avant-courrières.*

AVANT-DERNIER, IÈRE, adj. [avɑ̃dɛʀnje, jɛʀ] (*avant* et *dernier*) Qui est avant le dernier. *Les avant-derniers paragraphes.* ♦ N. m. et n. f. *Il est arrivé l'avant-dernier.*

AVANT-FOSSÉ, n. m. [avɑ̃fɔse] (*avant* et *fossé*) Fossé qui environne la contrescarpe du côté opposé à la ville. ♦ Au pl. *Des avant-fossés.*

AVANT-GARDE, n. f. [avɑ̃gaʀd] (*avant* et 1 *garde*) Partie d'une armée ou d'une flotte qui marche en avant. ♦ Au pl. *Des avant-gardes.* ■ Groupe de personnes ou leurs réalisations qui est en avance par rapport aux idées de son époque. *Des tableaux d'avant-garde.*

AVANT-GARDISTE, ■ n. m. et n. f. [avɑ̃gaʀdist] (*avant-garde*) Qui constitue l'avant-garde. ■ Adj. Qui appartient à l'avant-garde. *Des œuvres avant-gardistes.*

AVANT-GLACIS, n. m. [avɑ̃glasi] (*avant* et *glacis*) Glacis qui règne au-delà d'un avant-fossé. ■ Au pl. *Des avant-glacis.*

AVANT-GOÛT ou **AVANT-GOUT,** n. m. [avɑ̃gu] (*avant* et *goût*) Le goût qu'on a par avance de quelque chose. ♦ **Fig.** « *Il nous donne un avant-goût de la félicité qu'il nous prépare* », Bossuet. ♦ Au pl. *Des avant-goûts.*

AVANT-GUERRE, ■ n. f. ou n. m. [avɑ̃gɛʀ] (*avant* et *guerre*) Période qui précède directement une guerre (en France, l'avant-guerre désigne plus spécifiquement les années précédant les deux guerres mondiales). *Des avant-guerres.*

AVANT-HIER, adv. [avɑ̃tjɛʀ] ou [avɑ̃tijɛʀ] (*avant* et *hier*) Le jour qui précède hier, le deuxième jour avant celui où l'on est. ♦ N. m. *Avant-hier s'était assez bien passé.* ♦ Rem. On prononçait autrefois aussi [avɑ̃jɛʀ].

AVANT-MAIN, n. m. [avɑ̃mɛ̃] (*avant* et *main*) Au jeu de paume. Coup de devant de la raquette ou du battoir. ♦ Par opposition à arrière-main. « *S'il a reçu le soufflet de l'avant-main* », Pascal. ♦ La partie antérieure du corps du cheval. ♦ Aux cartes, avantage qui consiste à jouer le premier. ♦ Au pl. *Des avant-mains.*

AVANT-MIDI, ■ n. m. inv. ou n. f. inv. [avɑ̃midi] (*avant* et *midi*) **Belg.** et **Canada** Matin. *Des avant-midi.* ■ **Rem.** Il est masculin en Belgique et féminin au Canada.

AVANT-MONT, ■ n. m. [avɑ̃mɔ̃] (*avant* et *mont*) **Géogr.** Chaîne montagneuse de petite taille, qui précède une chaîne de montagnes plus importante. *Des avant-monts.*

AVANT-MUR, n. m. [avɑ̃myʀ] (*avant* et *mur*) Mur adossé à un autre mur. ♦ Enceinte de murailles la plus éloignée du corps de la place. ♦ Au pl. *Des avant-murs.*

AVANT-PÊCHE, n. f. [avɑ̃pɛʃ] (*avant* et *pêche*) Espèce de petite pêche qui mûrit avant les autres. ♦ Au pl. *Des avant-pêches.*

AVANT-PIED, n. m. [avɑ̃pje] (*avant* et *pied*) Syn. de métatarse. ♦ L'empeigne d'une botte. ♦ Au pl. *Des avant-pieds.*

AVANT-PLAN, ■ n. m. [avɑ̃plɑ̃] (*avant* et *plan*) **Belg.** Premier plan. *Des avant-plans.*

AVANT-POIGNET, n. m. [avɑ̃pwaɲe] ou [avɑ̃pwaɲɛ] (*avant* et *poignet*) Syn. de métacarpe. ♦ Au pl. *Des avant-poignets.*

AVANT-PORT, n. m. [avɑ̃pɔʀ] (*avant* et *port*) Entrée de certains grands ports. ♦ Au pl. *Des avant-ports.* ■ Bassin aménagé à l'entrée d'un port, où viennent s'amarrer les bateaux. ■ Port situé en aval d'un autre port, notamment afin d'en alléger le trafic et d'accueillir des bateaux de plus gros tonnage.

AVANT-POSTE, n. m. [avɑ̃pɔst] (*avant* et *poste*) Poste placé le plus près de l'ennemi. ♦ Au pl. *Des avant-postes.*

AVANT-PREMIÈRE, ■ n. f. [avɑ̃pʀəmjɛʀ] (*avant* et *première*) Présentation d'un spectacle ou d'un film, avant sa sortie officielle, à un public restreint de critiques et de personnalités. *En tant que journaliste, il a pu assister à cette avant-première.* ♦ Au pl. *Des avant-premières.*

AVANT-PROJET, ■ n. m. [avɑ̃pʀoʒe] (*avant* et *projet*) Rédaction provisoire d'une loi, d'un règlement, d'une association, devant servir de thème de discussion. ♦ Au pl. *Des avant-projets.*

AVANT-PROPOS, n. m. [avɑ̃pʀopo] (*avant* et *propos*) Discours en tête d'un livre. ♦ Ce qu'on dit avant de commencer un récit, d'exposer un fait. ♦ Au pl. *Des avant-propos.*

AVANT-QUART, n. m. [avɑ̃kaʀ] (*avant* et *quart*) Coup que quelques horloges sonnent quelques minutes avant l'heure, la demie et le quart. ♦ Au pl. *Des avant-quarts.*

AVANT-SCÈNE, n. f. [avɑ̃sɛn] (*avant* et *scène*) Anciennement, la partie du théâtre où jouaient les acteurs. ♦ Aujourd'hui, partie du théâtre entre les décorations et la rampe. *Une loge d'avant-scène ou elliptiquement une avant-scène.* ♦ **Fig.** Événements antérieurs à ceux qui forment l'action d'une pièce de théâtre, ou en général préliminaires d'une affaire. ♦ Au pl. *Des avant-scènes.*

AVANT-SOIRÉE, ■ n. f. [avɑ̃sware] (*avant* et *soirée*) Tranche horaire qui précède celle du soir, sur la grille des programmes d'une chaîne de télévision. ■ Début de la soirée, souvent entre 17h et 22h. *Les clubs d'aérobic sont très fréquentés en avant-soirée. Des avant-soirées.*

AVANT-TEXTE, ■ n. m. [avɑ̃tɛkst] (*avant* et *texte*) Ensemble des brouillons et versions d'un texte produit par son auteur avant qu'il ne soit achevé. *Des avant-textes.*

AVANT-TOIT, n. m. [avɑ̃twa] (*avant* et *toit*) Toit en saillie. ♦ Au pl. *Des avant-toits.*

AVANT-TRAIN, n. m. [avɑ̃tʀɛ̃] (*avant* et *train*) Train qui comprend les deux roues de devant et le timon d'une voiture, d'une pièce d'artillerie, etc. ♦ *Le poitrail et les jambes de devant du cheval.* ♦ Au pl. *Des avant-trains.*

AVANT-TROU, ■ n. m. [avɑ̃tʀu] (*avant* et *trou*) Trou percé avant que l'on y introduise un clou ou une vis. ■ **Techn.** Premier trou percé dans une monture de lunette, moins large et moins profond que le définitif. *Des avant-trous.*

AVANT-VEILLE, n. f. [avɑ̃vɛj] (*avant* et *veille*) Le jour qui précède la veille. ♦ Au pl. *Des avant-veilles.*

AVARE, adj. [avaʀ] (lat. *avarus*) Qui a un désir excessif d'accumuler. ♦ **Fig.** *Avare de,* qui n'accorde pas, qui ne prodigue pas. *Il est avare de son temps, de louanges.* ♦ N. m. et n. f. *Un avare, une avare.*

AVAREMENT, adv. [avaʀ(ə)mɑ̃] (*avare*) D'une manière avare.

AVARICE, n. f. [avaʀis] (lat. *avaritia*) Désir excessif d'accumuler. ♦ Acte d'avarice. « *Tant de médisances mordantes, tant d'avarices sordides* », FLÉCHIER.

AVARICIEUSEMENT, adv. [avaʀisjøz(ə)mɑ̃] (*avaricieux*) D'une manière avaricieuse.

AVARICIEUX, EUSE, adj. [avaʀisjø, øz] (*avarice*) Parcimonieux à l'excès. ♦ N. m. et n. f. « *Un avaricieux qui aime devient libéral* », PASCAL.

AVARIE, n. f. [avaʀi] (ital. *avaria*, de l'ar. *awariya*, de *awar*, faute) Dommage arrivé à un navire ou à son chargement, depuis le départ jusqu'au retour. ♦ Tout dommage à propos de transport par roulage ou autre.

AVARIÉ, ÉE, adj. [avaʀje] (*avarier*) Endommagé par suite d'une avarie. ♦ Se dit aussi des aliments, fourrages, grains, farines, qui ont été mouillés pendant leur transport après la récolte, et se sont échauffés, moisis, etc. ■ **Par extens.** Se dit d'un aliment qui est gâté, pourri, dont la consommation peut être dangereuse pour la santé. *Le restaurant servait de la viande avariée.*

AVARIER, v. tr. [avaʀje] (*avarie*) Causer une avarie, gâter. *La pluie a avarié les foins.* ♦ S'avarier, v. pr. Être endommagé, se gâter.

AVATAR ou **AVATARA**, n. m. [avataʀ, avataʀa] (sansc. *avatara*) Dans la religion indienne, descente d'un Dieu sur la Terre, et en particulier les incarnations de Vishnou [1]. ■ **Fig.** Transformation. ■ N. m. pl. Incident, malheur. ■ REM. 1 : *Indienne* est à comprendre ici au sens de *hindoue.*

À VAU, loc. adv. [avo] (*à* et *vau*, forme vocalisée de *val*) usitée seulement dans ces deux phrases-ci : *À vau-l'eau,* suivant le courant de l'eau ; fig. *l'entreprise est allée à vau-l'eau,* ◁ n'a pas réussi ; ◁ *À vau-de-route,* précipitamment et en désordre, en parlant d'une troupe de guerre qui est rompue et qui s'enfuit. *La cavalerie s'en allait à vau-de-route.*

AVÉ ou **AVE**, **AVÉ MARIA** ou **AVE MARIA**, n. m. inv. [ave, avemaʀja] (mot lat.) La Salutation angélique, la prière à la Vierge. *Dire un pater et un avé.* ♦ **Fam.** *Cela n'a duré qu'un avé,* cela n'a duré qu'un temps très court. ♦ *Les grains du chapelet sur lesquels on dit l'avé.* ♦ Au pl. *Des avé, des avé maria.*

AVEC, prép. [avɛk] (devant une consonne, le *c* ordinairement ne se prononce pas, dans certaines régions. lat. vulg. *apud hoc,* avec cela) Joint à, en même temps que. *S'entretenir avec quelqu'un. Vin mêlé avec de l'eau.* ♦ *Avec le temps,* par la suite des temps. ♦ Du parti de, comme. *Il est avec les royalistes. Je pense avec Platon que.* ♦ En tenant ou en portant quelque chose. *Il fut arrêté avec une épée sanglante.* ♦ En usant du, suivi d'un nom d'instrument ou de matière. *Frapper avec la hache.* ♦ **Fig.** Exprimant le moyen, la manière. *Mot écrit avec un seul r. Avec le secours du ciel. Avec courage.* ♦ À l'égard de. *Être en paix avec les autres et avec soi-même.* ♦ *Être bien, mal avec quelqu'un,* avoir avec lui de bons, de mauvais rapports. ♦ Contre, en parlant d'une lutte. *Faire la guerre avec quelqu'un.* ♦ Malgré, sauf. *Avec cela, avec tout cela. Ils prodiguent l'argent, et avec cela ils ne peuvent voir le bout de leur fortune.* ♦ Eu égard à. *J'ai peine à croire qu'avec son orgueil insupportable, il ait pu.* ♦ Indiquant ce qu'une personne offre de particulier, d'extraordinaire. *Que veut cet homme, avec son air si sévère? Avec vous, avec lui, il n'y a jamais rien de fait,* c'est-à-dire si l'on s'en rapporte à vous, à lui. ♦ *D'avec. Le flatteur peut être distingué d'avec l'ami.* ♦ **Adv.** *Il a pris mon manteau, et s'en est allé avec.*

AVECQUE, [avɛk(ə)] (*avec*) ◁ ancienne forme employée autrefois en poésie. « *Tous les jours je me couche avecque le soleil* », BOILEAU. ◁

AVEINDRE, v. tr. [avɛ̃dʀ] (lat. *advenire*) ◁ Aller prendre un objet pour l'apporter à la personne qui le demande. ◁

AVEINE, n. f. [avɛn] (avoine) ◁ Aveine est peu usité. ◁

AVEINIÈRE, n. f. [avɛnjɛʀ] (*aveine*) ◁ Champ semé en avoine. ◁

AVEINT, EINTE, p. p. d'aveindre. [avɛ̃, ɛ̃t]

AVELANÈDE ou **VELANÈDE**, n. f. [av(ə)lanɛd, v(ə)lanɛd] (*velani,* altér. possible de la séquence *la velanède* lue *l'avelanède*) ◁ Nom que porte dans le commerce la cupule des glands du chêne velani, employée à la préparation des cuirs et dans la teinture. ◁

AVELINE, n. f. [av(ə)lin] (lat. *avellana*) Espèce de grosse noisette.

AVELINIER, n. m. [av(ə)linje] (*aveline*) Variété à gros fruits du coudrier commun.

AVEN, ■ n. m. [avɛn] (mot du Rouergue) **Géol.** Résultat de l'effondrement de la voûte d'une cavité dite karstique creusée par les eaux d'infiltration, principalement dans un plateau calcaire. *Des avens.*

AVÉNACÉ, ÉE, adj. [avenase] (*aveine*) ◁ Qui a du rapport avec l'avoine. ◁

AVÉNAGE, n. m. [avenaʒ] (*aveine*) ◁ Autrefois prestation en avoine fournie aux seigneurs par les habitants de leurs terres. ◁

AVENANT, ANTE, adj. [av(ə)nɑ̃, ɑ̃t] (anc. fr. *avenir,* convenir, voir 1 *avenir*) Qui plaît par sa bonne grâce. ♦ À L'AVENANT, loc. adv. En conformité, en rapport. ♦ À L'AVENANT DE, loc. prép. *Le dessert fut à l'avenant du repas.* ♦ N. m. Modification introduite dans une police d'assurance.

AVÈNEMENT, n. m. [avɛn(ə)mɑ̃] (1*avenir*) Venue, arrivée. ♦ Vieux en ce sens. ♦ **Fig.** *L'avènement de la Réformation au XVIᵉ siècle.* ♦ Élévation à une dignité suprême. *Avènement au trône.* ♦ *Droit de joyeux avènement,* certains droits qu'avait le roi ou le seigneur à son avènement. ♦ En parlant du Messie, le temps auquel il s'est manifesté aux hommes et le temps où il viendra pour les juger. ■ REM. Graphie ancienne : *avénement.*

AVÈNERON, n. m. [avɛn(ə)ʀɔ̃] (*aveine*) ◁ Folle avoine. ◁

1 AVENIR, v. intr. [av(ə)niʀ] (lat. *advenire,* arriver) ◁ Se conjugue avec *être.* Échoir, se faire. « *S'il m'avient quelquefois de clore la paupière* », MALHERBE. ♦ *Ce que les prophètes ont dit devoir avenir dans la suite des temps* », PASCAL. *Quoi qu'il avienne.* ♦ **Adv.** *Avenant,* dans le cas où aviendrait. « *Si, puis après, avenant confrontation* », BOSSUET. ■ On dit plus ordinairement *advenir.* ◁

2 AVENIR, n. m. [av(ə)niʀ] (*à* et *venir*) Le temps futur, ce qui doit arriver. « *Sur l'avenir insensé qui se fie* », RACINE. ♦ Situation dans le temps futur, destinée. *Quel que soit l'avenir que le ciel nous réserve.* ♦ La postérité. « *Qu'à tout l'avenir Un silence éternel cache ce souvenir* », RACINE. ♦ Prospérité, succès dans le temps futur. *Homme qui a beaucoup d'avenir. Carrière sans avenir.* ♦ À L'AVENIR, loc. adv. Désormais.

3 AVENIR, n. m. [av(ə)niʀ] (2*avenir*) **Pratiq.** Acte par lequel un procureur ou avoué somme la partie adverse de se trouver à l'audience, pour plaider contradictoirement.

AVENT, n. m. [avɑ̃] (lat. *adventus,* arrivée, avènement, de *advenire*) Temps pendant lequel on se prépare, dans l'Église catholique, à célébrer la fête de Noël. *Les quatre semaines de l'avent.* ♦ *Prêcher l'avent,* prêcher pendant la durée de l'avent. ♦ Au pl. *Les avents,* plusieurs avents considérés ensemble. *C'est aux avents qu'on a l'habitude de planter.*

AVENTURE, n. f. [avɑ̃tyʀ] (lat. *adventura,* ce qui doit arriver, de *advenire*) Ce qui advient par cas fortuit. *Il lui arrive toujours quelque aventure singulière.* ♦ *C'est grand aventure,* c'est grand hasard si. ♦ Sort. « *Le destin de qui le compas Marque à chacun son aventure* », MALHERBE. ♦ *Dire la bonne aventure,* prédire à quelqu'un ce qui doit lui arriver. ♦ *Diseur, diseuse de bonne aventure,* personne qui prédit l'avenir. ♦ Entreprise, action hasardeuse. ♦ *Homme d'aventure,* aventurier. ♦ *Tenter l'aventure,* entreprendre une chose dont le succès est fort incertain. « *Un loup survint à jeun, qui cherchait aventure* », LA FONTAINE. ♦ **Fig.** Intrigue galante. ♦ *Prêt, contrat à la grosse aventure,* acte ou convention par laquelle on prête pour un commerce maritime une somme d'argent à gros intérêts. *Mettre de l'argent à la grosse aventure,* faire un placement de cette nature. ♦ *Mal d'aventure,* nom vulgaire du panaris. ♦ À L'AVENTURE, loc. adv. Au hasard, sans dessein. ♦ D'AVENTURE ou PAR AVENTURE, loc. adv. Par hasard, fortuitement.

AVENTURÉ, ÉE, p. p. d'aventurer. [avɑ̃tyʀe] *Sa fortune est aventurée.*

AVENTURER, v. tr. [avɑ̃tyʀe] (*aventure*) Mettre à l'aventure, risquer. *Aventurer une somme.* ♦ S'aventurer, v. pr. S'exposer, se hasarder. *Il s'aventure à y aller ou plus rarement d'y aller.*

AVENTUREUSEMENT, adv. [avɑ̃tyʀøz(ə)mɑ̃] (*aventureux*) ◁ D'une manière aventureuse. ◁

AVENTUREUX, EUSE, adj. [avɑ̃tyʀø, øz] (*aventure*) Qui s'aventure, qui hasarde. *Homme aventureux. Existence aventureuse,* existence s'abandonnant au hasard. ♦ N. m. et n. f. « *L'aventureux se lance* », LA FONTAINE.

AVENTURIER, IÈRE, n. m. [avɑ̃tyʀje, jɛʀ] (*aventure*) Personne qui cherche les aventures et surtout les aventures de guerre, et qui n'a d'attache nulle part. ♦ Anciennement, ceux qui faisaient la guerre en volontaires et sans recevoir de solde. ♦ Certains corsaires des mers de l'Amérique ; on les appelle aussi *flibustiers, boucaniers.* ♦ Bâtiment marchand qui s'expose sans escorte en temps de guerre. ♦ **Fam.** et par dénigrement *Un aventurier, une aventurière,* personne qui n'a pas de moyens d'existence connus. ♦ **Adj.** *Une vie aventurière. Des gens aventuriers.* ♦ **Fig.** « *Combien de ces mots aventuriers qui paraissent subitement et que bientôt on ne revoit plus* », LA BRUYÈRE.

AVENTURINE, n. f. [avɑ̃tyʀin] (*aventure*) Pierre artificielle qui se fait avec du verre mêlé de limaille de cuivre, qui y éclate comme de petits grains d'or. ♦ Pierre précieuse, pleine de plusieurs points d'or qui lui donnent beaucoup de brillant ; c'est un quartz coloré en jaune ou en rouge. ♦ **Adj. inv.** De couleur d'aventurine. *Rubans aventurine.*

AVENTURISME, ■ n. m. [avɑ̃tyʀism] (*aventure*) Propension à agir sans réfléchir aux conséquences. « *L'acte de l'engendrement ... laissé dans un cas* comme dans l'autre, au physique comme au spirituel, à l'impulsion aveugle, à l'aventurisme du pur désir », GRACQ.

AVENTURISTE, ■ n. m. et n. f. [avɑ̃tyʀist] (*aventure*) Personne qui fait preuve d'aventurisme. ■ **Adj.** Relatif à l'aventurisme. *Une attitude aventuriste.*

AVENU, UE, p. p. de 1 *avenir.* [av(ə)ny] Il faut regarder cela comme non avenu. ■ *Nul et non avenu,* considéré comme inexistant.

AVENUE, n. f. [av(ə)ny] (1 *avenir*) Chemin par lequel on arrive en un lieu. « *Ils ont occupé toutes les avenues du port* », FÉNELON. ◆ Allée d'arbres conduisant à un château. ◆ Toute allée d'arbres en ligne droite. ◆ **Fig.** *Les avenues de la fortune, du pouvoir, du cœur,* etc. ◆ Avènement. « *L'enfer se réveilla à l'avenue de Jésus-Christ* », BOSSUET. ■ Voie urbaine grande et large, souvent bordée d'arbres. *J'habite au 3, avenue Charles de Gaulle.*

AVÉRAGE, n. m. [aveʀaʒ] (*avérer*) ▷ **Comm.** La moyenne avérée, vraie, reconnue telle, et en général la moyenne. ◁

AVÉRÉ, ÉE, p. p. d'*avérer.* [aveʀe] Établi comme vrai.

AVÉRER, v. tr. [aveʀe] (lat. médiév. *a[d]verare,* du lat. *verus,* vrai) Avoir, donner la certitude qu'une chose est vraie. *Il avéra le fait.* ■ S'avérer, v. pr. Se révéler comme. ■ *Il s'avère que,* il apparaît que.

AVERROÏSME, ■ n. m. [aveʀoism] (*Averroès*) Doctrine fondée sur les préceptes énoncés par Averroès, conférant un aspect métaphysique à la philosophie d'Aristote appliquée au Coran. *L'averroïsme a profondément influencé la pensée chrétienne du Moyen Âge.*

AVERS, ■ n. m. [aveʀ] (lat. *adversus,* qui est en face de) Côté face d'une pièce de monnaie ou d'une médaille.

AVERSE, n. f. [aveʀs] (*à* et *verse*) Pluie subite et abondante.

À VERSE, loc. adv. [aveʀs] Voy. VERSE.

AVERSION, n. f. [aveʀsjɔ̃] (lat. *aversio,* action de détourner) Sentiment qui fait qu'on se détourne d'une personne ; haine, antipathie. *Prendre quelqu'un en aversion, avoir de l'aversion pour quelqu'un.* « *Ils demeurent l'objet de l'aversion du peuple* », BOSSUET. ◆ ▷ **Fam.** *C'est ma bête d'aversion,* se dit d'une personne pour laquelle on a une insurmontable répugnance. ◁ ■ En parlant des choses, répugnance extrême. *Aversion pour le travail.* « *J'ai eu toujours aversion à cela* », VOITURE. « *De là ces aversions qu'on a du seul objet légitime qu'on doit aimer* », FLÉCHIER.

AVERTI, IE, p. p. d'*avertir.* [aveʀti] Averti de se tenir sur ses gardes. « *Soyez averti Qu'on se rend criminel à prendre son parti* », P. CORNEILLE. ◆ *Être bien averti,* être bien informé, avoir de bons renseignements. ◆ *Se tenir pour averti,* être sur ses gardes. ◆ **Prov.** *Un bon averti en vaut deux,* celui qui a été prévenu de ce qui peut lui arriver, est doublement sur ses gardes. ■ REM. On dit auj. *Un homme averti en vaut deux.*

AVERTIN, n. m. [aveʀtɛ̃] (lat. *vertiginem,* action de tourner, prob. de *advertere*) ▷ Maladie qui rend furieux. ◆ Maladie des moutons, appelée *tournis.* ◁

AVERTIR, v. tr. [aveʀtiʀ] (lat. *advertere,* tourner, diriger vers) Faire savoir en appelant l'attention. *Avertir quelqu'un de quelque chose. Avertissez-le de venir. Avertissez-le qu'il sera mal reçu. Je t'avertis que son travail soit prêt demain.* ◆ **Absol.** « *Quoique, sans menacer et sans avertir, la mort se fasse sentir tout entière dès le premier coup* », BOSSUET.

AVERTISSEMENT, n. m. [aveʀtis(ə)mɑ̃] (*avertir*) Appel à l'attention de quelqu'un. « *Ce songe mystérieux était un avertissement divin* », FÉNELON. ◆ *C'est un avertissement du ciel,* se dit d'un événement de nature à servir d'enseignement. ◆ Préface mise à la tête d'un livre. ◆ Avis d'un percepteur pour le paiement de l'impôt. ■ Sanction pour mauvaise conduite. *Au prochain avertissement, tu seras renvoyé du collège.*

AVERTISSEUR, EUSE, n. m. et n. f. [aveʀtisœʀ, øz] (*avertir*) Personne qui avertit. « *Apostrophant ensuite notre imprudent avertisseur* », J.-J. ROUSSEAU. ◆ Titre d'un office de la maison du roi, dont la fonction était d'avertir quand le roi venait dîner. ■ N. m. Dispositif mécanique utilisé pour avertir.

AVESTIQUE, ■ n. m. [avestik] (*Avesta*) Langue iranienne de l'Avesta dans laquelle le livre des zoroastriens est écrit. ■ Adj. Relatif à l'Avesta. *L'alphabet avestique.*

AVETTE, n. f. [avet] Voy. APETTE.

AVEU, n. m. [avø] (*avouer*) Dans le système féodal, acte établissant une vassalité. ◆ *Homme sans aveu,* vagabond, homme qui n'a ni feu ni lieu. ■ **Par extens.** En parlant des choses, sans aveu, qui n'est reconnu de personne. ◆ Agrément, approbation, consentement. ■ **Jurid.** Reconnaissance que fait une partie du droit prétendu par son adversaire. *Faire l'aveu d'une dette.* ◆ Action d'avouer, de confesser, de convenir. *Faire l'aveu de sa faute.* ◆ *De l'aveu de,* avec le témoignage de. « *Il est certain, de l'aveu des Juifs* », BOSSUET. *Des aveux.*

AVEUER, v. tr. [avye] Voy. AVUER.

AVEUGLANT, ANTE, adj. [avøglɑ̃, ɑ̃t] (*aveugler*) Qui aveugle, qui ôte le sens. *Une passion aveuglante.*

AVEUGLE, adj. [avœgl] (orig. incert., p.-ê. lat. tard. *ab oculis,* sans yeux) Qui est privé de la vue. ◆ Dont la raison est obscurcie. *L'amour rend aveugle.* « *Les hommes sont aveugles et sur le bien et sur le mal* », FÉNELON. ◆ Qui offusque l'entendement. *Fureur aveugle.* ◆ Qui agit sans discernement. « *Le hasard, aveugle et farouche divinité* », LA BRUYÈRE. ◆ N. m. et n. f. *Les aveugles ont le tact singulièrement exercé.* ◆ AVEUGLE-NÉ, AVEUGLE-NÉE, n. m. et n. f. et adj. *Aveugle de naissance,* qui n'a jamais vu la lumière. ◆ *Jeu des aveugles,* ▷ jeu analogue au jeu d'oie. ◁ ◆ *Crier comme un aveugle qui a perdu son bâton,* crier bien fort pour peu de chose. ◆ *Juger d'une chose comme un aveugle des couleurs,* ▷ en juger sans y rien connaître. ◁ ◆ **Fig.** *C'est un aveugle qui en conduit un autre,* se dit d'une personne aussi imprudente et aussi malhabile que celle qu'elle dirige. ◆ AVEUGLE, n. m. Un des noms vulgaires de l'anguis fragile (ophidiens), dit aussi orvet, serpent aveugle et envoye. ◆ À L'AVEUGLE, loc. adv. Dans l'obscurité, sans voir clair. ◆ À L'AVEUGLE OU EN AVEUGLE, loc. adv. Sans réflexion, sans discernement. ◆ **Prov.** *Au royaume des aveugles les borgnes sont rois,* parmi des gens ignorants ou incapables, un peu de savoir ou de capacité suffit pour procurer la prééminence. ◆ *Troquer son cheval borgne contre un aveugle,* faire un mauvais marché, empirer sa condition. ■ *Pièce aveugle,* sans lumière du jour.

AVEUGLÉ, ÉE, p. p. d'*aveugler.* [avøgle] Privé de la vue. ◆ **Fig.** *Aveuglé par la passion de l'or.*

AVEUGLEMENT, n. m. [avœgl(ə)mɑ̃] (*aveugle*) Privation de la vue. *Dieu le frappa d'aveuglement.* ◆ **Fig.** Trouble, égarement, obscurcissement de la raison. « *L'aveuglement où l'idolâtrie les avait plongés* », BOSSUET. « *Ils ont le transport de l'ivresse, sans en avoir le trouble et l'aveuglement* », FÉNELON.

AVEUGLÉMENT, adv. [avøglemɑ̃] (*aveuglé*) En aveugle, sans réflexion. *Il s'est aveuglément jeté dans le péril.*

AVEUGLER, v. tr. [avøgle] (*aveugle*) Rendre aveugle. ◆ Éblouir. ◆ **Fig.** Ôter l'usage de la raison. *La superstition qu'aveugle l'esprit de l'homme.* ◆ **Mar.** Boucher. *Aveugler des voies d'eau avec des matelas et des couvertures.* ◆ S'aveugler, v. pr. Ne pas faire usage de sa raison. *On s'aveugle en amour. L'homme s'aveugle sur ses défauts.*

AVEUGLETTE (À L'), loc. adv. [avøglet] (*aveugle*) À tâtons.

AVEULIR, ■ v. tr. [avølir] (*veule*) **Litt.** Affaiblir, rendre veule. ■ S'aveulir, v. pr. ■ AVEULISSEMENT, n. m. [avølis(ə)mɑ̃]

AVEYRONNAIS, AISE, ■ n. m. et n. f. [aveʀɔnɛ, ɛz] (*Aveyron*) Originaire ou habitant de l'Aveyron. *Les Aveyronnais.* ■ Adj. Relatif à cette région, sa culture ou ses habitants. *La cuisine aveyronnaise.*

AVIAIRE, ■ adj. [avjɛʀ] (lat. *aviarius*) Qui concerne les oiseaux. *Grippe aviaire.*

AVIATEUR, TRICE, ■ n. m. et n. f. [avjatœʀ, tʀis] (*aviation*) Pilote d'avion.

AVIATION, ■ n. f. [avjasjɔ̃] (*avier,* voler, du lat. *avis,* oiseau) Navigation dans les airs au moyen d'aéronefs et, plus spécialement, d'avions. *Un terrain d'aviation.* ■ Ensemble des activités liées à la navigation aérienne. *Aviation civile, militaire. Aviation de plaisance.* ■ Secteur de l'économie spécialisé dans la construction des avions, des hélicoptères, etc. *Les grandes entreprises de l'aviation.* ■ **Spécialt** Ensemble des activités militaires liées à l'usage des avions. *L'aviation a bombardé la ville.*

AVICEPTOLOGIE, n. f. [aviseptoloʒi] (*avi-,* lat. *capere,* prendre, saisir, et *-logie*) ▷ Traité de l'art de prendre les oiseaux. ◁

AVICOLE, ■ adj. [avikɔl] (*avi-* et *-cole*) Relatif à l'aviculture. *Une ferme avicole.*

AVICULE, n. f. [avikyl] (lat. *avicula*) Nom, en français, du genre de mollusques qui renferme l'animal fournissant les deux substances connues l'une sous le nom de nacre de perle, et l'autre sous celui de perles.

AVICULTEUR, TRICE, ■ n. m. et n. f. [avikyltœʀ, tʀis] (*avi-* et *-culteur*) Personne qui fait de l'aviculture, qui élève oiseaux et volailles.

AVICULTURE, ■ n. f. [avikyltyʀ] (*avi-* et *-culture*) Élevage des oiseaux, en particulier des volailles destinées à la consommation.

AVIDE, adj. [avid] (lat. *avidus*) Qui a de l'avidité. *Une nation avide de gloire.* ◆ **Poétiq.** *Être avide de sang, de carnage,* se plaire au milieu des combats. ◆ En parlant des choses. *Une avide espérance. Regards avides.* ◆ **Par extens.** Dans le langage élevé, qui a une attention passionnée. *Avide, il écoutait vos paroles.* ◆ **Absol.** Qui a un grand désir de manger. *Un enfant avide.* ◆ **Fig.** Intéressé, cupide. *C'est une âme avide.*

AVIDEMENT, adv. [avid(ə)mɑ̃] (*avide*) Avec avidité, au propre et au fig.

AVIDITÉ, n. f. [avidite] (*aviditas*) Désir qui emporte. *Manger avec avidité. L'avidité du gain. Il lut ce livre avec avidité.*

AVIFAUNE, ■ n. f. [avifon] (*avi-* et *faune*) Ensemble de la population aviaire d'une zone géographique ou d'une période déterminée.

AVILI, IE, p. p. d'avilir. [avili] Rendu vil. *Une fonction avilie. Un homme avili.* ♦ Décrédité. ♦ Déprécié.

AVILIR, v. tr. [avilir] (a- et *vil*) Rendre vil. ♦ **Comm.** Déprécier. ♦ S'avilir, v. pr. Se rendre méprisable. ♦ Perdre sa valeur.

AVILISSANT, ANTE, adj. [avilisɑ̃, ɑ̃t] (*avilir*) Qui avilit. *Acte avilissant. Conduite avilissante.*

AVILISSEMENT, n. m. [avilis(ə)mɑ̃] (*avilir*) État de ce qui est avili, dégradé. ♦ État de dépréciation des marchandises, des denrées.

AVINÉ, ÉE, p. p. d'aviner. [avine] Imbibé de vin. *Tonneau aviné.* ♦ Fig. *Être aviné*, être dans l'ivresse. *Avoir les jambes avinées,* ▷ chanceler par suite d'ivresse. ◁

AVINER, v. tr. [avine] (a- et *vin*) Imbiber de vin. *Aviner un tonneau.*

AVION, ■ n. m. [avjɔ̃] (lat. *avis*, oiseau) Véhicule permettant de voler grâce à la différence de pression induite au voisinage des ailes par la forme de celles-ci lorsqu'elles sont mises en mouvement dans l'air (par un moteur notamment). *Avion à réaction. Clément Ader est le premier homme à avoir décollé en avion.*

AVION-CARGO, ■ n. m. [avjɔ̃kargo] (*avion* et *cargo*) Avion servant au transport des marchandises. *Les avions-cargos permettent le transport de denrées périssables.*

AVION-CITERNE, ■ n. m. [avjɔ̃sitɛrn] (*avion* et *citerne*) Avion servant à ravitailler les autres en vol. *Les avions-citernes.*

AVION-ÉCOLE, ■ n. m. [avjɔ̃ekɔl] (*avion* et *école*) Avion servant à l'apprentissage du pilotage. *Des avions-écoles.*

AVIONIQUE, ■ n. f. [avjonik] (*avion* et abrév. de *électronique*) Électronique propre à l'aviation. ■ Ensemble des équipements électroniques à bord d'un avion.

AVIONNERIE, ■ n. f. [avjɔn(ə)ri] (*avion*) **Canada** Usine propre à la construction d'avions. ■ Industrie aéronautique.

AVIONNEUR, ■ n. m. [avjɔnœr] (*avion*) Fabricant d'avions.

AVIRON, n. m. [avirɔ̃] (prob. de l'anc. fr. *avironner*, tourner) Rame. ■ **Sport** nautique pratiqué dans une embarcation légère que l'on manœuvre à l'aide de longues rames.

AVIS, n. m. [avi] (à et anc. fr. *vis*, du lat. *visum*, de *videre*) Manière de voir, opinion. « *Ils étaient d'avis différents* », Fénelon. ♦ *Il lui est avis*, il pense. ♦ **Fam.** *M'est avis.* ♦ Opinion dans une délibération. ♦ *Avis du conseil d'État*, opinion du conseil d'État en interprétation d'un règlement. ♦ *Avis de parents*, délibération d'un conseil de famille. ♦ *Avis de médecins*, consultation de plusieurs médecins. ♦ Vote dans une assemblée. ♦ Conseil. *Donner des avis.* ♦ *Donneur d'avis*, homme qui a la manie de donner des conseils sans qu'on lui en demande. ♦ **Fam.** *Sauf meilleur avis*, si l'on ne conseille rien de mieux. ♦ *Parti qu'on prend.* « *Et je suivrai l'avis que vous prendrez pour moi* », P. Corneille. ♦ Peu usité en ce sens. ♦ Avertissement. *Il ne faut pas que le vieillard néglige les avis que la nature lui donne.* ♦ *Avis au lecteur*, préface d'un livre, et fig. conseil ou reproche adressé d'une manière générale et indirecte. ♦ *Avis*, avertissement par écrit à celui qui doit payer une lettre de change, ou à la création de cette lettre. *Lettre d'avis*, lettre missive qui contient cet avertissement. ♦ Information, nouvelle. *Par un avis secret.* « *Je vous en donne avis, de peur d'une surprise* », P. Corneille. ♦ *Autant de têtes, autant d'avis*, chacun a sa manière de voir.

AVISÉ, ÉE, p. p. d'aviser. [avize] Aperçu. ♦ Imaginé. « *Ce fut à lui bien avisé* », La Fontaine. ♦ Adj. Qui fait attention à, qui agit avec intelligence. *Un homme avisé.* ♦ *C'est un mal avisé.* Voy. MALAVISÉ.

AVISEMENT, n. m. [aviz(ə)mɑ̃] (*aviser*) ▷ Acte d'une personne avisée. ◁

AVISER, v. tr. [avize] (a- et *viser*) **Fam.** Apercevoir. *Je l'avisai dans la foule.* ♦ Donner avis. « *Va le faire aviser que je suis ici* », Molière. ♦ **Comm.** *Aviser quelqu'un*, lui adresser une lettre d'avis. ♦ Commander quelque chose par lettre à son correspondant. ♦ V. intr. Faire réflexion, prendre garde à, pourvoir à. *Aviser à un moyen.* ♦ Absol. *C'est à vous d'aviser.* ♦ Imaginer. « *Qui vous a fait aviser de ce tour ?* », La Fontaine. ♦ S'aviser de, v. pr. S'imaginer de, remarquer, trouver. « *Personne ne s'avise de lui-même, du mérite d'autrui* », La Bruyère. ♦ Absol. *S'aviser*, faire réflexion. « *Mais je m'avise* », Molière. ♦ Avoir l'audace, la témérité de. *Si vous vous avisez de mal parler de moi, vous vous en repentirez.* ♦ **Prov.** *On ne s'avise jamais de tout.* ■ Rem. Il n'est plus familier aujourd'hui dans le sens d'apercevoir.

AVISO, n. m. [avizo] (mot esp., de l'anc. fr. *aviser*) Petit navire qu'on envoie à la découverte de l'ennemi, ou qu'on emploie à porter des ordres, des avis, des nouvelles. ♦ Au pl. *Des avisos.* ■ Embarcation légère spécialement conçue pour les missions au long cours, l'escorte le long des côtes des autres bâtiments et la lutte anti-sous-marine.

AVITAILLÉ, ÉE, p. p. d'avitailler. [avitaje] Pourvu de vivres.

AVITAILLEMENT, n. m. [avitaj(ə)mɑ̃] (*avitailler*) Approvisionnement de vivres et de munitions.

AVITAILLER, v. tr. [avitaje] (a- et anc. fr. *vitaille*, vivres) Pourvoir de vivres et de munitions une place forte, un vaisseau en partance. ♦ S'avitailler, v. pr. Se pourvoir de vivres.

AVITAILLEUR, ■ n. m. [avitajœr] (*avitailler*) Avion ou navire chargé de l'avitaillement.

AVITAMINOSE, ■ n. f. [avitaminoz] (a- et *vitamine*) Maladie provoquée par une carence en vitamines.

AVIVAGE, ■ n. m. [aviva3] (*aviver*) Action d'aviver, le plus souvent une couleur. *L'avivage d'un tissu teinté.* ■ Polissage des métaux.

AVIVÉ, ÉE, p. p. d'aviver. [avive] Rendu vif.

AVIVEMENT, ■ n. m. [aviv(ə)mɑ̃] (*aviver*) **Méd.** Action d'aviver les bords d'une plaie afin d'en favoriser la cicatrisation.

AVIVER, v. tr. [avive] (a- et *vif*) Rendre vif, donner de la vivacité. *Aviver le feu, une couleur, le teint.* ♦ **Art** *Aviver une figure de bronze*, la nettoyer pour la rendre plus propre à la dorure. ♦ *Aviver l'or*, l'étendre, après qu'il a été amalgamé avec le mercure. ♦ Couper le bois à vive arête. ♦ S'aviver, v. pr. Devenir vif.

AVIVES, n. f. pl. [aviv] (prob. esp. *adivas*, de l'ar. *adz-dziva*) Engorgement des glandes parotides chez le cheval. ♦ Ces glandes mêmes.

AVOCAILLON, ■ n. m. [avokajɔ̃] (1 *avocat*) **Péj.** Avocat sans talent, de peu d'importance.

AVOCASSER, v. intr. [avokase] (1 *avocat*) Faire dans la médiocrité et l'obscurité la profession d'avocat ■ Discuter, chicaner.

AVOCASSERIE, n. f. [avokasri] (*avocasser*) Par dénigrement, la profession d'avocat. ♦ Mauvaise chicane.

AVOCASSIER, IÈRE, adj. [avokasje, jɛr] (*avocasser*) Qui concerne les mauvais avocats. *La gent avocassière.*

1 AVOCAT, ATE, n. m. et n. f. [avoka, at] (lat. *advocatus*, de *advocare*, appeler) Personne dont la profession est de plaider en justice. ♦ *Avocat plaidant*, personne qui s'occupe particulièrement de plaidoiries. ♦ *Avocat consultant*, personne qui donne des conseils dans son cabinet, et qui donne des avis écrits sur les affaires litigieuses. ♦ *Avocat du roi, avocat de la république, avocat impérial*, qualification que, dans l'usage des tribunaux, on donne, à l'audience seulement, aux substituts du procureur du roi ou du procureur impérial. ♦ *Avocat général*, titre des substituts du procureur général près la cour de cassation, ou de certains substituts des procureurs généraux près les cours impériales, et donné dans l'usage à tous les substituts du procureur général lorsqu'ils siègent, lorsqu'on leur parle ou lorsqu'on parle d'eux. ♦ **Fig.** Intercesseur. *Il ne faut pas se faire l'avocat de l'injustice.* ♦ *L'avocat du diable*, personne qui propose les objections dans une conférence religieuse, et en général personne qui défend une chose peu digne d'être défendue.

2 AVOCAT, ■ n. m. [avoka] (esp. *avocado*, empr. au nahuatl *auacatl*) Fruit exotique, vert et en forme de poire, consommé comme un légume. *Préparer un avocat crevettes. La purée d'avocat entre dans la composition du guacamole.*

AVOCATE, n. f. [avokat] (1 *avocat*) Celle qui intercède. *L'avocate des pécheurs, la sainte Vierge.* ■ Rem. Auj. aussi féminin d'*avocat*. *Une avocate.*

AVOCATIER, n. m. [avokatje] (2 *avocat*) Arbre d'Amérique centrale qui donne l'avocat.

AVOCATOIRE, adj. [avokatwar] (lat. *advocare*, appeler) ▷ Qui rappelle. *Lettres avocatoires*, lettres par lesquelles un souverain rappelle les sujets d'un État étranger contre lequel il est en guerre. ♦ N. m. *Un avocatoire.* ◁

AVOCETTE, ■ n. f. [avosɛt] (lat. scient. *avocetta*, p.-ê. de *avis*, oiseau, et *sitta*, sorte de pie) Oiseau échassier au plumage noir et blanc vivant sur le littoral français, dont la particularité réside dans son bec, qui est recourbé vers le haut.

AVODIRÉ, ■ n. m. [avodire] (mot africain) Arbre d'Afrique tropicale dont le bois tendre et blanc est surtout utilisé en ébénisterie. ■ Le bois lui-même.

AVOGADRO (NOMBRE D'), ■ n. m. [avogadro] (*Avogadro*, chimiste italien) **Chim.** Nombre d'entités élémentaires présentes dans une mole de matière.

AVOINE, n. f. [avwan] (lat. *avena*) Plante de la famille des graminées, qui fournit un aliment aux bêtes de somme. ♦ Le grain. *Un picotin d'avoine.* ♦ *Balle d'avoine*, pellicule qui enveloppe le grain. ♦ N. f. pl. L'avoine sur pied. *Les avoines sont belles cette année.* ■ Rem. On disait autrefois avène.

AVOINÉE, ■ n. f. [avwane] (*avoiner*, de *avoine*) **Arg.** Réprimande très virulente. *Il s'est pris une avoinée parce qu'il est arrivé en retard.*

1 AVOIR, v. tr. [avwar] (lat. *habere*) Posséder un objet physique, posséder quelqu'un ou quelque chose dans un certain état. *Il a une propriété sur notre commune. Avoir des alliés. Il eut un père très illustre.* ♦ **Fam.** *Avoir de quoi,* être dans l'aisance. ♦ Porter, tenir. *Avoir à la main une coupe.* ♦ Au jeu, *avoir la boule, le dé, etc.,* être en tour de jouer ou être le premier à jouer. ♦ **Fig.** Posséder une chose immatérielle, une qualité ; éprouver une sensation ou un sentiment ; être dans un état ; être âgé de ; être d'une dimension de. *Avoir la paix. Les hommes qui ont de la prudence. Avoir mal à la tête.* « *Qu'avez-vous donc, dit-il, que vous ne mangez point ?* », Boileau. *Il a vingt ans. Cette tour a cent pieds.* ♦ Trouver, rencontrer. ♦ Se procurer, acquérir, obtenir, gagner, acheter. *Ce qu'on a pour de l'argent. On a quatre pommes pour dix sous. On ne peut rien avoir de cet ouvrier.* ♦ *Avoir à,* suivi d'un infinitif, être chargé du soin de, être dans le cas de. *Avoir une terre à cultiver. Il a de grands travaux à exécuter.* ♦ *N'avoir qu'à,* n'avoir rien autre chose à faire que de. ♦ *Avoir de,* tenir de, *avoir reçu de. J'ai cette terre du chef de mon père.* ♦ Engendrer, créer. *Il avait des enfants de ses deux femmes.* ♦ Imiter, reproduire. *Avoir les traits de quelqu'un. Il a tout votre air.* ♦ *Avoir pour,* regarder comme. « *Avoir pour suspecte la vertu même* », La Bruyère. ♦ *Avoir quelqu'un, quelque chose pour soi,* l'avoir en sa faveur. ♦ *Avoir la parole dans une assemblée,* avoir la permission de parler. ♦ *Avoir quelqu'un à dîner,* lui donner à dîner. ♦ *Avoir quelqu'un avec soi,* en être accompagné, l'avoir de son parti. *Il avait un ami avec lui.* ♦ *En avoir,* gallicisme qui signifie être irrité contre, songer à. « *Je ne sais à qui il en a* », Mme de Sévigné. ♦ *Vous en aurez !,* expression de menace, vous serez puni, maltraité. ♦ *En avoir dans l'aile,* être atteint de quelque perte, de quelque accident grave. ♦ *Avoir,* verbe auxiliaire dans la conjugaison. *J'ai dit. Il avait ordonné.* ♦ *Avoir*se prend impersonnellement avec le pronom *y* dans beaucoup de locutions. *Il y a,* il existe. *Il n'y a qu'à parler,* il suffit de parler. *Il n'y a qu'à pleuvoir,* la pluie peut survenir. *Tant y a que,* quoi qu'il en soit. *Y ayant, puisqu'il y a,* comme *il y a.* « *N'y ayant qu'une vérité de chaque chose* », Descartes. ♦ **N. m. Comm.** *Avoir du poids,* nom que les Anglais donnent à la livre de seize onces. ▪ **Fam.** *Se faire avoir,* se laisser abuser. ▪ **Fam.** *En avoir un coup dans l'aile,* être ivre.

2 AVOIR, n. m. [avwaʀ] (1 *avoir*) Tout ce qu'on possède, bien, fortune. *Tout son avoir était chez ce banquier.* ♦ La partie d'un compte où l'on porte les sommes qui nous sont dues. *Doit et avoir,* le passif et l'actif.

AVOISINANT, ANTE, adj. [avwazinɑ̃, ɑ̃t] (*avoisiner*) Qui est voisin. *Les rues avoisinantes.*

AVOISINÉ, ÉE, p. p. d'avoisiner. [avwazine] ▷ *Être bien, mal avoisiné,* avoir de bons, de mauvais voisins. ◁

AVOISINER, v. tr. [avwazine] (*a-* et *voisin*) Être dans le voisinage, à proximité d'un lieu. « *Les archipels qui avoisinent l'Inde à l'orient et au midi* », Voltaire. ▪ **Fig.** Approcher. *Son salaire avoisine les 2 000 euros.* ♦ S'avoisiner, v. pr. Se rapprocher. *Ces espèces végétales se sont avoisinées au cours des siècles.*

AVORTÉ, ÉE, p. p. d'avorter. [avɔʀte] Qui n'a pas reçu son développement. *Fruit avorté.* ♦ **Fig.** *Talent avorté. Desseins avortés.*

AVORTEMENT, n. m. [avɔʀtəmɑ̃] (*avorter*) Action d'avorter. ♦ **Fig.** Insuccès. *L'avortement des desseins.* ▪ *Avortement spontané,* perte naturelle de fœtus. ▪ *Avortement thérapeutique,* avortement pratiqué pour des raisons médicales. ▪ *Avortement provoqué,* interruption volontaire de grossesse (IVG).

AVORTER, v. intr. [avɔʀte] (lat. *abortare*) Se conjugue avec *avoir* ou *être,* suivant le sens. Accoucher avant terme. ♦ En parlant des animaux, mettre bas avant le terme. ♦ **Fig.** « *L'autre avorte avant temps des œuvres qu'il conçoit* », Régnier. ♦ En parlant des fruits, ne pas se nouer, ne pas venir à maturité. ♦ **Fig.** Ne pas réussir. « *Le projet venant à avorter* », La Bruyère. ♦ On a dit s'avorter, qui n'est plus usité. « *Leurs desseins tôt conçus se sont tôt avortés* », La Fontaine. ▪ Mettre un terme volontairement à un début de grossesse.

AVORTEUR, EUSE, ▪ n. m. et n. f. [avɔʀtœʀ, øz] (*avorter*) Personne qui pratique l'avortement illégalement. ▪ **Péj.** Insulte proférée à l'égard d'un médecin qui pratique légalement l'avortement de la part des personnes qui lui sont hostiles.

AVORTON, n. m. [avɔʀtɔ̃] (*avorter*) Animal né avant terme. Tout individu qui n'a pas atteint son entier développement. ♦ Par mépris, homme petit et mal fait. ♦ Plante, fruit qui n'est pas arrivé à son développement. ♦ ▷ **Fig.** Ouvrage d'esprit fait à la hâte et sans soin. ◁

AVOUABLE, adj. [avwabl] (*avouer*) Qui peut être avoué. ▪ **Rem.** Est surtout employé auj. dans des phrases négatives. *Il a commis des fautes peu avouables.*

1 AVOUÉ, n. m. [avwe] (lat. *advocatus*) Officier ministériel chargé de représenter les parties devant les tribunaux et de faire les actes de procédure. Dans le droit féodal, nom d'office qui consistait à défendre les droits des églises et des abbayes, et qui aussi en général signifiait toute espèce de protecteur.

2 AVOUÉ, ÉE, p. p. d'avouer et adj. [avwe] Reconnu. *C'est un fait avoué.* ♦ Approuvé. « *Digne d'être avoué de l'ancienne Rome* », P. Corneille.

AVOUER, v. tr. [avwe] (lat. *advocare,* convoquer) Dans le langage de la féodalité, faire vœu à un supérieur, le reconnaître pour seigneur ou protecteur. ♦ Par extension et dans le langage actuel, *avouer une personne,* approuver ce qu'elle a fait en notre nom. « *Je t'avouerai de tout* », Racine. ♦ Approuver, ratifier, en parlant des choses. *Des moyens que l'honneur avoue.* ♦ Reconnaître qu'une chose est ou n'est pas. *Avouer sa faute.* ♦ Reconnaître comme sien. *Avouer un enfant, un pamphlet, un parent pauvre.* « *Rome ne voudra point l'avouer pour romaine* », Racine. ♦ Avouer une dette, la reconnaître. ♦ S'avouer, v. pr. *S'avouer de quelqu'un,* le prendre à garant. *Il s'est avoué d'un banquier de cette ville.* ♦ Se reconnaître. *S'avouer coupable. S'avouer vaincu.* ♦ *S'avouer,* être confessé, en parlant d'une chose. *Cela ne s'avoue pas.*

AVOUERIE, n. f. [avuʀi] (*avouer*) ▷ Dans le droit féodal, fonction d'avoué. ◁

AVOYER, n. m. [avwaje] (forme romande de *avoué*) ▷ Titre du premier magistrat dans quelques cantons suisses. ◁

AVRIL, n. m. [avʀil] (lat. *aprilis*) Le quatrième mois de l'année grégorienne. ♦ **Fig.** *Donner un poisson d'avril à quelqu'un,* faire tomber quelqu'un le premier jour du mois d'avril dans quelque piège ridicule. ♦ *Faire un poisson d'avril,* faire une farce, une plaisanterie, le 1er avril. ▪ **Rem.** On prononçait autrefois [avʀi] ou même ou [avʀij].

AVRILLÉ, ÉE, adj. [avʀije] (anc. fr. *avrillier,* d'avril) ▷ *Blé avrillé,* blé semé en avril. ◁

AVRILLET, n. m. [avʀijɛ] (anc. fr. *avrillier,* d'avril) ▷ Blé semé en avril. ◁

AVUER ou **AVEUER,** v. tr. [avye] (*a-* et *vue*) ▷ Suivre de l'œil le gibier. *Avuer une perdrix.* ◁

AVULSION, n. f. [avylsjɔ̃] (lat. *avulsio*) **Chir.** Syn. d'arrachement et d'extraction. *L'avulsion d'une dent.*

AVUNCULAIRE, ▪ adj. [avœ̃kylɛʀ] ou [avɔ̃kylɛʀ] (lat. *avunculus,* oncle maternel) Qui est relatif à l'oncle ou à la tante. *Une lignée avunculaire.*

AVUNCULAT, ▪ n. m. [avœ̃kyla] ou [avɔ̃kyla] (lat. *avunculus,* oncle maternel) Droits et devoirs remplis par l'oncle maternel dans les sociétés matrilinéaires.

AWACS, ▪ n. m. [awaks] (acronyme de *Airborne Warning and Control System*) Système de surveillance électronique utilisé sur les avions. ▪ Par méton. Avion équipé de ce système.

AWALÉ ou **AWÉLÉ,** ▪ n. m. [awale, awele] (mot africain) Jeu d'origine africaine consistant à déplacer des petits cailloux ou des graines, le long d'un parcours de douze cases. ▪ On trouve aussi *walé.*

AXE, n. m. [aks] (lat. *axis,* axe, essieu) Ligne droite réelle ou imaginaire qui passe ou qui est censée passer par le centre d'un corps auquel elle sert comme d'essieu. *L'axe de la Terre.* ♦ **Méc.** *Axe de rotation,* ligne autour de laquelle pivote un corps animé d'un mouvement de rotation. ♦ **Physiol.** *Axe optique* ou *visuel,* ligne fictive passant par le milieu de la face antérieure de la cornée et le milieu de la pupille et du cristallin. ♦ **Bot.** Organe central des végétaux, duquel naissent les appendices. ♦ **Géol.** *Axe de soulèvement,* ligne de direction d'une chaîne de montagnes. ♦ **Minér.** Axe des cristaux. ♦ **Archit.** *Axe d'un édifice,* la ligne droite qui, le traversant perpendiculairement, le coupe en deux parties symétriques. ♦ *Axe d'une rue,* la ligne centrale qui est supposée la couper, à droite et à gauche, en deux parties égales. ♦ **Poétiq.** Essieu. « *L'or reluisait partout aux axes de tes chars* », A. Chénier. ▪ **Math.** Droite orientée. ▪ Voie de communication reliant facilement deux points. ▪ **Fig.** Orientation générale. *Suivre un nouvel axe dans sa politique.*

AXEL, ▪ n. m. [aksɛl] (*Axel*Polsen, patineur suédois) Figure en patinage artistique consistant à sauter en effectuant une rotation d'un tour et demi. *Un double axel.*

AXÈNE ou **AXÉNIQUE,** ▪ adj. [aksɛn, aksenik] (*a-* et gr. *xenos,* étranger) Relatif aux animaux ou plantes de laboratoires élevés en milieu stérile, se révélant ainsi porteurs d'aucun germe, qu'il soit saprophyte ou pathogène.

AXER, ▪ v. tr. [akse] (*axe*) Orienter, aligner selon un axe. *Il a axé sa boussole vers le sud.* ▪ **Fig.** *Le président a axé son mandat sur la politique étrangère.*

AXIAL, ALE, ▪ adj. [aksjal] (*axe*) Disposé en fonction d'un axe. *Symétrie axiale. Pistons axiaux.*

AXIFÈRE, adj. [aksifɛʀ] (lat. *axis,* axe, et *-fère*) **Hist. nat.** Qui est muni d'un axe.

AXILE, adj. [aksil] (*axe*) **Bot.** Qui a rapport à l'axe d'une plante.

AXILLAIRE, adj. [aksilɛʀ] (b. lat. *axilla,* voir *aisselle*) **Anat.** Qui appartient à l'aisselle. ♦ **Bot.** Se dit des organes, pédoncules, bourgeons, etc. qui croissent à l'aisselle des feuilles.

AXIOLOGIE, ▪ n. f. [aksjolɔʒi] (gr. *axios,* qui vaut, et *-logie*) Science, théorie des valeurs philosophiques, morales, esthétiques.

AXIOLOGIQUE, ■ adj. [aksjoloʒik] (*axiologie*) Relatif à l'axiologie. « *Le pouvoir ou l'ombre du pouvoir finit toujours par instituer une écriture axiologique* », BARTHES.

AXIOMATIQUE, ■ adj. [aksjomatik] (*axiome*) Relatif aux axiomes. ■ N. f. Ensemble des axiomes d'une science.

AXIOMATISATION, ■ n. f. [aksjomatizasjɔ̃] (*axiomatiser*) Procédé consistant à poser en principes indémontrables l'ensemble des axiomes qui constituent les principes d'une théorie.

AXIOMATISER, ■ v. tr. [aksjomatize] (*axiomatique*) Contraindre à l'axiomatisation.

AXIOME, n. m. [aksjom] (gr. *axiôma*) Vérité évidente de soi et non démontrable.

1 **AXIS**, n. m. [aksis] (lat. *axis*, axe) La seconde vertèbre du cou.

2 **AXIS**, n. m. [aksis] (mot lat.) Espèce de cerf originaire du Bengale.

AXISYMÉTRIQUE, ■ adj. [aksisimetʀik] (lat. *axis*, axe, et *symétrique*) Symétrique orthogonalement par rapport à un axe donné.

AXOLOTL, ■ n. m. [aksolɔtl] (mot aztèque) Larve d'un vertébré amphibien urodèle du Mexique, gris tacheté de noir ayant la propriété de se reproduire à l'état larvaire.

AXONE, ■ n. m. [akson] (angl. *axon*, du gr. *axôn*, axe) Prolongement de la cellule nerveuse ou du neurone transportant les influx nerveux du corps cellulaire à la synapse.

AXONGE, n. f. [aksɔ̃ʒ] (lat. *axungia*, de *axis*, essieu, et *ungia*, graisse) Graisse de porc fondue et préparée.

AXONOMÉTRIE, ■ n. f. [aksonometʀi] (gr. *axon*, axe, et *-métrie*) Représentation graphique d'une figure à trois dimensions dans laquelle les droites font des angles de 120° entre elles. ■ AXONOMÉTRIQUE, adj. [aksonometʀik]

AXYLE, adj. [aksil] (*a-* et gr. *xulon*, bois) Bot. Qui ne produit pas de bois.

AYAN, n. m. [ajan] (ar. *ayan*, les yeux, puis ceux qui surveillent) ▷ En Turquie, officier supérieur chargé dans les provinces de veiller à la sûreté des particuliers. ◁

AYANT, p. prés. [ɛjɑ̃] (1 *avoir*) *Ayant faim*. ♦ *Ayant*, employé comme auxiliaire. *Ayant appris cette nouvelle*.

AYANT CAUSE, ■ n. m. [ɛjɑ̃koz] (*ayant* et *cause*) Dr. Personne qui a reçu les droits d'une autre personne. *Nous devons réunir tous les ayants cause avant de prendre cette décision.*

AYANT DROIT, ■ n. m. [ɛjɑ̃dʀwa] (*ayant* et *droit*) Dr. Personne ayant obtenu un droit d'un autre individu. *Un producteur est l'ayant droit de l'œuvre de l'artiste qu'il produit.* ■ Personne pouvant prétendre légitimement à un ou plusieurs droits et pouvant en bénéficier par l'intermédiaire d'une autre personne avec qui elle possède des liens. *Les ayants droit d'une mutuelle. Des ayants droit.*

AYATOLLAH, ■ n. m. [ajatɔla] (ar. *ayat allah*, signe de Dieu) Chez les musulmans chiites, chef religieux d'un grade élevé. *L'ayatollah Khomeini. Des ayatollahs.*

AYE, interj. [aj] Voy. AÏE.

AYE-AYE, ■ n. m. [ajaj] (orig. incert.) Mammifère lémurien originaire de Madagascar, de petite taille, dont le pelage est long et brun, vivant de préférence la nuit et connu pour son naturel doux et lent. *Les ayes-ayes.*

AYMARA, ■ n. m. [ajmaʀa] (*Aymara*, peuplade du Pérou parlant cette langue) Civilisation aborigène très ancienne du Pérou. ■ Langue parlée par cette tribu. ■ Adj. Relatif à cette langue, ou cette civilisation.

AYUNTAMIENTO, n. m. [ajuntamjɛnto] (esp. *ayuntar*, réunir) Nom espagnol des municipalités. *Des ayuntamientos.*

AZALÉE, n. f. [azale] (gr. *azaleos*, sec, desséché) Genre de plantes dont on distingue deux espèces, l'une originaire de l'Amérique septentrionale, l'autre de l'Inde. ■ REM. On trouvait autrefois *azaléa*.

AZAMOGLAN, n. m. [azamoglɑ̃] (turc *adjam*, étranger, et *oglou*, enfant) Dans le sérail, enfant chargé des fonctions les plus basses et les plus pénibles.

AZÉDARACH ou **AZÉDARAC**, n. m. [azedaʀak] (mot persan) Arbre des régions chaudes, qui porte des fleurs disposées en bouquets, et dont le fruit est vénéneux.

AZÉOTROPE, ■ n. m. [azeotʀɔp] (*a-*, gr. *zein*, bouillir, et *-trope*) Phys. Nom donné à un mélange de deux liquides qui bout à une température fixe et qui ne se distille pas lorsqu'il bout.

AZERBAÏDJANAIS, AISE ou **AZÉRI**, ■ adj. [azɛʀbaidʒanɛ, ɛz, azeri] (*Azerbaïdjan*) D'Azerbaïdjan. ■ N. m. et n. f. Habitant de l'Azerbaïdjan. *Des Azéris.* ■ N. m. Langue parlée en Azerbaïdjan.

AZÉRI, ■ adj. [azeri] Voy. AZERBAÏDJANAIS.

AZEROLE, n. f. [az(ə)ʀɔl] (anc. aragonais *azarolla*, de l'ar. *az-zarur*) Fruit de l'azerolier, un peu plus gros qu'une cerise et d'un goût acidulé.

AZEROLIER, n. m. [az(ə)ʀɔlje] (*azerole*) Nom français du *cratægus azarolus*, qui produit l'azerole.

AZERTY, ■ adj. inv. [azɛʀti] Suite des six premières lettres disponibles sur un clavier français, par opposition à qwerty, que l'on trouve sur les claviers anglais. *Un clavier d'ordinateur azerty.*

AZIDOTHYMIDINE, ■ n. f. [azidotimidin] (*azido* et *thymidine*) Actuelle zidovudine, qui a donné le nom déposé et abrégé d'AZT. Voy. AZT.

AZILIEN, ENNE, ■ n. m. et n. f. [aziljɛ̃, jɛn] (*Azil*, dans l'Ariège) **Archéol.** Ensemble des traits régionaux caractérisant les périodes épipaléolithique et mésolithique dont le point commun est de présenter des galets gravés ou peints, comme ceux de l'Ariège. *Le terme azilien est d'ordinaire réservé à un groupe vivant dans les Pyrénées entre 9 000 et 8 000 ans avant notre ère, et dont les productions typiques sont les harpons plats et les galets colorés.* ■ Adj. De l'azilien.

AZIME, [azim] Voy. AZYME.

AZIMUT, n. m. [azimyt] (esp. *acimut*, de l'ar. *al samt*, le chemin) Cercle vertical passant par le point que l'on considère, et par extension l'angle qui sert à la désignation de ce plan et qui est habituellement son inclinaison sur le méridien, ou autrement l'arc du cercle d'horizon compris entre le méridien du lieu et le plan azimutal. ■ *Tous azimuts,* simultanément dans toutes les directions.

AZIMUTAL, ALE, adj. [azimytal] (*azimut*) Qui représente ou qui mesure les azimuts. *Angles azimutaux.* ♦ N. m. Boussole de précision.

AZIMUTÉ, ÉE, ■ adj. [azimyte] (*azimuter*, de *azimut*) Fam. Fou. *Il est complètement azimuté ce type !*

AZOÏQUE, ■ adj. [azoik] (*a-* et gr. *zôon*, être vivant) Relatif à un milieu dans lequel il n'y aucune vie animale. *Des terrains azoïques.* ■ Relatif à une période antérieure à l'apparition de la vie animale. *L'ère azoïque.* ■ **Chim.** Qualifie certains composés inorganiques. ■ REM. Un certain nombre de ces composés azoïques sont employés en tant que colorants dans l'industrie.

AZONAL, ALE, ■ adj. [azonal] (*a-* et *zone*) Relatif à n'importe quel endroit de la Terre. *Des milieux azonaux.*

AZOOSPERMIE, ■ n. m. [azoospɛʀmi] (*a-*, gr. *zôon*, être vivant, et *sperma*, semance) Méd. Absence de spermatozoïdes dans le sperme caractérisant la stérilité masculine. *Souffrir d'azoospermie.*

AZOOTIQUE, adj. [azootik] (*a-* et gr. *zôon*, être vivant) Géol. Qui ne contient aucun débris de corps organisés.

AZOTATE, n. m. [azotat] (*azote*) Nom des combinaisons de l'acide azotique avec les bases salifiables. On les appelait autrefois *nitrates*.

AZOTE, n. m. [azɔt] (*a-* et rad. gr. *zôt*, pourvu de vie) Corps simple gazeux qui entre dans la composition de l'air atmosphérique. ♦ Adj. *Gaz azote.*

AZOTÉ, ÉE, adj. [azote] (*azote*) Qui contient de l'azote.

AZOTÉMIE, ■ n. f. [azotemi] (*azote* et *-émie*) Quantité d'azote contenue dans le sang, exception faite des protéines.

AZOTÉMIQUE, ■ adj. [azotemik] (*azotémie*) Relatif à l'azotémie. *Une analyse azotémique.*

AZOTEUX, adj. [azotø] (*azote*) *Acide azoteux*, acide produit par une combinaison d'oxygène et d'azote, mais moins oxygéné que l'acide azotique. C'était autrefois l'acide nitreux.

AZOTHYDRIQUE, ■ adj. [azotidʀik] (*azote* et *-hydrique*) Relatif aux acides explosifs.

AZOTIQUE, adj. [azotik] (*azote*) *Acide azotique* ou *nitrique,* formé par une combinaison d'oxygène et d'azote, appelé communément eau-forte.

AZOTOBACTER, ■ n. m. [azotobaktɛʀ] (*azote* et *bactérie*) Type de bactérie fixant l'azote contenu dans l'atmosphère et vivant dans la terre.

AZOTURE, n. m. [azotyʀ] (*azote*) Combinaison d'azote et d'un autre corps simple.

AZT, ■ n. m. [azɛdte] (*azidothymidine*) Nom déposé. Médicament utilisé dans le traitement du virus VIH, notamment celui du sida.

AZTÈQUE, ■ n. m. [astɛk] ou [aztɛk] (mot mexicain) Nom des anciens indigènes du Mexique.

AZULEJO ou **AZULÉJO**, ■ n. m. [asulexo] (mot esp., de *azul*, bleu) Carreau de faïence de fabrication arabe et orné de dessins à dominante bleue, employé généralement pour les revêtements des murs de la côte ibérique. *Des azulejos.*

AZULÈNE, ▪ n. m. [azylɛn] (esp. *azul*, bleu) Agent colorant d'une couleur bleu à vert-noir, extrait de l'huile essentielle de camomille, et qui possède des propriétés anti-inflammatoires et calmantes. *L'azulène est notamment utilisé en cosmétologie, il entre dans la composition de crèmes pour le visage et le corps.*

AZUR, n. m. [azyʀ] (lat. médiév. *azurium*, de l'ar. *lazaward*, lapis-lazuli) Verre bleui par l'oxyde de cobalt pulvérisé, et préparé pour servir à la peinture. ◆ Fig. Bleu clair. *Le céleste azur. L'azur des cieux.* ◆ *Pierre d'azur,* le lapis-lazuli. ◆ *Azur de cuivre,* carbonate de cuivre bleu. ◆ **Hérald.** *L'azur signifie bleu ;* c'est un des neuf émaux des armoiries. ▪ Le ciel. *Le poète contemplait l'azur.*

AZURAGE, ▪ n. m. [azyʀaʒ] (*azurer*) Opération consistant à blanchir, notamment le linge, à l'aide de colorants bleus afin d'atténuer ou de supprimer son aspect grisâtre.

AZURANT, ▪ n. m. [azyʀɑ̃] (*azurer*) Colorant bleu servant au blanchiment du linge afin d'en aviver l'éclat.

AZURÉ, ÉE, adj. [azyʀe] (*azur*) Qui est de couleur d'azur.

AZURÉEN, ÉENNE, ▪ adj. [azyʀeɛ̃, eɛn] (*azur*) Relatif à la Côte d'Azur.

AZURER, v. tr. [azyʀe] (*azur*) Rendre de couleur d'azur. ▪ Procéder à l'azurage de.

AZURITE, ▪ n. f. [azyʀit] (*azur*) Ancien nom du lapis-lazuli. ▪ **Chim.** Carbonate de cuivre bleu parfois employé pour la fabrication de peintures.

AZYGOS, ▪ n. f. [azigos] (gr. *azugos,* non apparié) **Anat.** Nom des trois veines du système cave drainant le sang des parois thoracique et abdominale. ▪ Adj. Relatif à ces veines.

AZYME, adj. [azim] (gr. *azumos,* sans levain) *Pains azymes,* pains sans levain que les Juifs mangent dans le temps de leur pâque. ◆ N. m. pl. *La fête des Azymes.* ▪ Rᴇᴍ. Graphie ancienne : *azime.*

b

B, n. m. [be] (phénic. *beth*) Seconde lettre de l'alphabet. ◆ **Fam.** *Être marqué au B,* être borgne, bossu, boiteux, etc. ◆ *Ne savoir ni A ni B,* être fort ignorant. ◆ *B* marque le lundi dans le calendrier de l'ancien rituel. ■ **Mus.** Si.

B. A., ■ n. f. [bea] (sigle de *bonne action*) Action charitable et désintéressée. *Il a fait sa b. a.*

1 BABA, ■ adj. [baba] (p.-ê. onomat.) **Fam.** Stupéfait. *Être baba.* « *J'ai fait le pari loufoque que je reviendrai là-bas, chanter le zizi en chinetoque, y-z-en seront baba* », PERRET.

2 BABA, n. m. [baba] (mot polonais) Pâtisserie dans laquelle sont mêlés des raisins de Corinthe. ◆ Au pl. *Des babas.* ■ Gâteau en forme d'anneau, imbibé après cuisson, le plus souvent de rhum, pouvant contenir des raisins secs. *Un baba au rhum.*

3 BABA, ■ n. m. [baba] (turc *baba,* père) Patriarche de la ville d'Alexandrie. ■ Titre honorifique donné aux patriarches en Afrique noire.

B.A.-BA, ■ n. m. inv. [beaba] (lettres *b* et *a*, suivies de la syllabe ainsi formée, d'apr. la méthode syllabique d'apprentissage de la lecture) Élément de base d'un savoir. *Une bonne connaissance de l'alphabet, c'est le b.a.-ba de l'écriture.*

BABA COOL, ■ n. m. et n. f. [babakul] (hindi *baba,* papa, et angl. *cool,* calme) Personne vivant d'une façon calme et marginale, revendiquant une attitude non violente ainsi que le fait de vivre en communauté et la pratique d'un certain nomadisme (le terme est associé aux années 1970). *Les babas cool et les hippies.*

BABEL, n. f. [babɛl] (*Babel*) Nom hébreu de Babylone. ◆ **Prov.** *C'est la tour de Babel,* se dit d'une assemblée où tout le monde parle sans s'entendre, où personne n'est d'accord. ■ **Par extens.** Se dit de ce qui est hors norme, gigantesque et en même temps fragile. ◆ *Une tour de Babel,* ville ou quartier d'une ville marqué par son cosmopolitisme.

BABÉLISME, ■ n. m. [babelism] (*Babel*) Genre de construction rappelant de par son gigantisme et sa fragilité la tour de Babel. ■ Jargon très confus mélangeant le plus souvent plusieurs langues. ■ **Par extens.** Absence de rigueur principalement dans le domaine de l'art.

BABEURRE, n. m. [babœʀ] (*bas* et *beurre*) Nom vulgaire du lait de beurre ou petit-lait.

1 BABICHE, n. f. [babiʃ] ▷ Altération du mot barbiche. ◁

2 BABICHE n. f. ou **BABICHON**, n. m. [babiʃ, babiʃɔ̃] (*babiche,* altér. de *barbiche*) ▷ Nom d'une sous-variété de petits chiens dits chiens d'appartement. ■ REM. On emploie auj. son abréviation, *bichon.* ◁

BABIL, n. m. [babil] (*babiller*) Abondance de paroles faciles et sans importance. ◆ Cri de la corneille et de plusieurs oiseaux. ■ Lallation, ensemble des sons émis par les nourrissons. ■ REM. On prononçait autrefois [babij].

BABILLAGE, n. m. [babijaʒ] (*babiller*) Action de babiller qui se prolonge. ■ Lallation, ensemble des sons émis par les nourrissons.

BABILLARD, ARDE, adj. [babijaʀ, aʀd] (*babiller*) Qui aime à babiller. *Enfant babillard.* ◆ Il se dit des oiseaux parleurs. *Perroquet babillard. Pie babillarde.* ◆ *Chien babillard,* chien qui aboie trop ou qui aboie après avoir perdu la trace. ■ N. m. et f. Personne bavarde, loquace. *Un babillard, une babillarde.* ◆ **Par extens.** Personne qui ne sait pas garder un secret. ■ Québec Tableau d'affichage dans les lieux publics.

BABILLEMENT, n. m. [babij(ə)mɑ̃] (*babiller*) Action de babiller.

BABILLER, v. intr. [babije] (rad. *bab-* d'orig. onomat.) Parler beaucoup, facilement, et surtout pour le seul plaisir de parler. ◆ Dire du mal. *Je sais que l'on babille sur moi.* ◆ Se dit d'un limier qui donne trop de voix.

BABINE, n. f. [babin] (rad. *bab-* d'orig. onomat.) Nom vulgaire des lèvres chez les singes, les chiens, les ruminants, etc. ◆ **Fig.** et **pop.** *S'en donner par*

les babines, faire un bon repas. ◆ *Se lécher les babines,* manifester le plaisir qu'on a éprouvé en mangeant ou en buvant quelque chose de bon. ■ **Fig.** Se réjouir à l'idée d'un plaisir prochain. ■ REM. On disait aussi autrefois *babouine.*

BABIOLE, n. f. [babjɔl] (ital. *babbola,* bêtise, enfantillage, du rad. *bab-* d'orig. onomat.) Jouet d'enfants. ◆ **Fig.** et **fam.** Chose de peu de valeur, d'importance.

BABIROUSSA, n. m. [babiʀusa] (malais *babi,* cochon, et *roussa,* cerf) Mammifère pachyderme, dit aussi cochon-cerf. ■ REM. Graphie ancienne : *babirussa.*

BABOLER, ■ v. intr. [babole] (prob. du rad. *bab-* d'orig. onomat.) **Suisse** Bafouiller, buter sur les mots.

BÂBORD, n. m. [babɔʀ] (néerl. *bakboord*) Côté gauche d'un bâtiment quand, placé à la poupe, on regarde la proue. Il est opposé à tribord. ◆ **Fig.** et **fam.** *Faire feu de tribord et de bâbord,* faire usage de toutes ses ressources.

BÂBORDAIS, ■ n. m. [babɔʀdɛ] (*bâbord*) **Vx Mar.** Marin qui appartient à la bordée de bâbord sur un bateau.

BABOUCHE, n. f. [babuʃ] (turc *papoush*) Pantoufle en cuir de couleur, sans quartier et sans talon.

BABOUCHKA, ■ n. f. [babuʃka] (mot russe, grand-mère) Vieille femme russe.

BABOUIN, n. m. [babwɛ̃] (rad. *bab-* d'orig. onomat.) Nom vulgaire et spécifique du cynocéphale babouin, sorte de singe. ◆ **Fig.** et **fam.** Enfant que l'on compare à un singe. ◆ Figure ridicule dessinée sur les murs d'un corps de garde que l'on faisait baiser en jouant en forme de punition ; de là fig. *Faire baiser le babouin à quelqu'un,* le réduire à se soumettre, malgré qu'il en ait. ◆ En parlant d'une petite fille, *une petite babouine.* ◆ **Fam.** *Un babouin,* de petits boutons autour des lèvres.

BABOUVISME, ■ n. m. [babuvism] (*Babeuf*) Doctrine politique de Babeuf, prônant un communisme de type égalitaire.

BABY, ■ n. m. [bebi] ou [babi] (angl. *baby,* bébé) Demi-dose de whisky. *Garçon, un baby!* ■ **Par méton.** Le verre contenant cette demi-dose. ■ Abréviation de *baby-foot.* ■ Au pl. *Des babys.*

BABY-BOOM ou **BABY-BOUM**, ■ n. m. [bebibum] ou [babibum] (angl. *baby boom*) Hausse importante et soudaine du taux de natalité. *Juste après-guerre, il y a eu un baby-boom. Des baby-booms.*

BABY-BOOMER, EUSE ou **BABY-BOOMEUR, EUSE**, ■ n. m. et n. f. [bebibumœʀ, øz] ou [babibumœʀ, øz] (*baby-boom* ou *baby-boum*) Enfant né pendant le baby-boom, période de très forte natalité consécutive à la fin de la Seconde Guerre mondiale. *Des baby-boomeurs.*

BABY-FOOT, ■ n. m. [bebifut] ou [babifut] (angl. *baby,* bébé, et *football*) Jeu de football miniature, qui se pratique à deux ou à quatre joueurs actionnant des figurines à l'aide de poignées. *Faire une partie de baby-foot.* ■ La table de jeu elle-même. *Au fond du bar, il y a un baby-foot.* ■ **Abrév.** Baby. ■ Au pl. *Des baby-foot* ou *des baby-foots.*

BABYLONIEN, IENNE, ■ n. m. et n. f. [babilɔnjɛ̃, jɛn] (*Babylone*) Originaire de Babylone. ■ Adj. *La culture babylonienne.*

BABY-SITTER, ■ n. m. et n. f. [bebisitœʀ] ou [babisitœʀ] (mot angl. *baby,* bébé, et *sitter,* de *sit,* s'asseoir) Jeune personne payée pour garder et surveiller des enfants durant l'absence circonstancielle de leurs parents. *Pour financer ses études, elle accumulait les emplois de baby-sitter. Des baby-sitters.*

BABY-SITTING, ■ n. m. [bebisitiŋ] ou [babisitiŋ] (*baby-sitter*) Garde d'enfants, le plus souvent effectuée par un lycéen ou un étudiant. *Dominique multiplie les baby-sittings afin de se faire un peu d'argent de poche.*

BABY-TEST, ■ n. m. [bebitɛst] ou [babitɛst] (angl. *baby,* bébé, et *test*) Test permettant de contrôler le développement psychomoteur et intellectuel des jeunes enfants. *Des baby-tests.*

BAC, n. m. [bak] (lat. vulg. *baccu,* récipient) Grand bateau glissant le long d'un câble qui sert à le faire mouvoir, et destiné à passer les hommes, les animaux, les voitures, etc., d'un bord d'une rivière à l'autre. ◆ *Bac à eau,* baquet pour mettre de l'eau. ■ Récipient à divers usages. *Bac à glace. Bac à fleurs.*

BACANTE, ■ n. f. [bakɑ̃t] Voy. BACCHANTE.

BACCALAURÉAT, ■ n. m. [bakaloʀea] (lat. tard. *baccalaureatus,* prob. de *bacchalariatus,* grade inférieur de chanoine, avec influ. de *laureare,* couronner de lauriers) Le premier grade universitaire, celui qui donne le titre de bachelier. *Baccalauréat ès lettres, ès sciences, en droit.* ■ Diplôme qui sanctionne la fin des études au lycée et qui permet d'accéder aux études supérieures, comme celles que propose l'université. *Il faut être titulaire de son baccalauréat pour postuler à ce poste.* ■ **Abrév.** Bac. *Obtenir son bac S, ES, etc.*

BACCARA, n. m. [bakaʀa] (prob. empr. au prov.) Jeu de cartes qui se joue entre un banquier et un certain nombre de pontes.

BACCARAT, ■ n. m. [bakaʀa] (*Baccarat*, Meurthe-et-Moselle) Cristal, ou objet en cristal manufacturé de la ville de Baccarat.

BACCHANAL, n. m. [bakanal] (lat. *bacchanal*, de *Bacchus*) **Fam.** Grand bruit, vacarme. ♦ Il n'a point de pluriel.

BACCHANALE, n. f. [bakanal] (lat. *bacchanalia*) Danse bruyante et tumultueuse. ♦ **Fam.** Débauche faite avec bruit. ♦ Au pl. Fêtes en l'honneur de Bacchus. ♦ Au sing. Représentation d'une danse de bacchantes et de satyres. *La bacchanale du Poussin.*

1 BACCHANTE, n. f. [bakɑ̃t] (lat. *bacchari*, avoir le délire inspiré par Bacchus) Prêtresse de Bacchus célébrant les bacchanales. ♦ ▷ **Fig.** *C'est une bacchante, une vraie bacchante*, se dit d'une femme sans modestie et sans retenue. ◁ ♦ Joli papillon de France.

2 BACCHANTE ou **BACANTE**, ■ n. f. [bakɑ̃t] (p.-ê. all. *backe*, joue, avec influ. de 1 *bacchante*) **Fam.** Moustache. *Quelles belles bacchantes !* ■ **Rem.** S'emploie le plus souvent au pluriel.

BACCHIAQUE, adj. [bakjak] (*bacchius*) *Vers bacchiaque*, sorte de vers grec ou latin composé principalement de bacchius.

BACCHIUS, n. m. [bakjys] (gr. *Bakkheios*) Pied grec ou latin composé d'une brève et de deux longues.

BACCIFÈRE, adj. [baksifɛʀ] (lat. *bacca*, baie, et *-fère*) ▷ Qui porte des baies. ◁

BACHA, n. m. [baʃa] (turc *pacha*) Espèce de préfet turc. ■ **Rem.** Par *Espèce de préfet turc*, il faut comprendre : équivalent du préfet chez les Turcs.

BÂCHAGE, ■ n. m. [bɑʃaʒ] (*bâche*) Action de bâcher.

BÂCHE, ■ n. f. [bɑʃ] (anc. fr. *baschoe*, hotte, vaisseau de bois, du lat. *bascauda*, cuvette) Encadrement en bois ou en pierre, ordinairement vitré, pour mettre les plantes à l'abri du froid et faire venir les primeurs. ♦ Sorte de cuvette où se rend l'eau puisée par une pompe aspirante, et où elle est reprise par d'autres pompes qui l'élèvent de nouveau. ♦ **Mar.** Partie de la grève où il reste de l'eau à marée basse. ♦ *Bâche* ou *bâche traînante*, filet de pêche en forme de poche que l'on traîne sur le sable. ♦ Pièce de grosse toile ou de cuir dont on recouvre les diligences, les charrettes, les bateaux, pour garantir les marchandises de la pluie.

BÂCHÉ, ÉE, p. p. de bâcher. [bɑʃe] Recouvert d'une bâche.

BACHELETTE, n. f. [baʃ(ə)lɛt] (altér. de *bachelier*) ▷ Jeune fille gracieuse. *Une gentille bachelette.* ♦ Il est vieux. ◁

BACHELIER, IÈRE, n. m. et n. f. [baʃəlje, jɛʀ] (lat. médiév. *baccalarius*) N. m. Dans la féodalité, jeune gentilhomme qui aspirait à être chevalier et tenait rang entre le chevalier et l'écuyer. ♦ Garçon. « *Dans la Touraine, un jeune bachelier* », La Fontaine. ◁ ♦ Vieux en ce sens. ♦ N. m. et n. f. Aujourd'hui, dans l'Université, personne qui est promue au baccalauréat dans une faculté. *Bachelier ès lettres, ès sciences, en droit.*

BÂCHER, v. tr. [bɑʃe] (*bâche*) Couvrir d'une bâche.

BACHI-BOUZOUK, ■ n. m. [baʃibuzuk] (mot turc) **Vx** Soldat engagé en période de guerre dans l'ancienne armée ottomane. *Des bachi-bouzouks.*

BACHIQUE, adj. [baʃik] (lat. *bacchicus*, de *Bacchus*) Qui appartient, qui a rapport à Bacchus, le dieu du vin. *Fête bachique.* ♦ *La liqueur bachique*, le vin. ♦ *Chanson bachique*, chanson à boire. ♦ **Peint.** *Genre, scène bachique*, se dit des tableaux qui représentent des scènes de buveurs.

BACHOT, n. m. [baʃo] (dimin. de *bac*) Petit bateau. ■ **Fam.** Baccalauréat.

BACHOTAGE, ■ n. m. [baʃotaʒ] (*bachoter*) **Fam.** Travail intensif dans la perspective d'obtenir son baccalauréat. ■ **Par extens.** Travail intensif afin de préparer un concours ou un examen.

BACHOTER, ■ v. intr. [baʃote] (*bachot*) Étudier intensivement dans une période de temps réduite en vue d'un concours ou d'un examen (à l'origine, le baccalauréat).

BACHOTEUR, EUSE, n. m. et n. f. [baʃotœʀ, øz] (*bachoter*) Batelier qui conduit un bachot. ■ **Fam.** Personne qui bachote.

BACILE, n. m. [basil] (anc. provenç. *basilla*) Plante ombellifère qu'on nomme aussi perce-pierre, passe-pierre, christe-marine, fenouil marin.

BACILLAIRE, ■ adj. [basilɛʀ] (*bacille*) Relatif aux bacilles. ■ Qui est dû à un bacille. ■ Qui a la forme d'un bâtonnet. ■ Qui renferme des bacilles et plus particulièrement des bacilles de Koch. ■ **N. m.** ou **n. f. Bot.** Algue marine de petite taille, appartenant à la famille des bacillariées. ■ **Méd.** Malade souffrant de tuberculose.

BACILLE, ■ n. m. [basil] (lat. scient. *bacillus*, bâtonnet) **Biol.** Bactérie qui se présente sous la forme de bâtonnet. ■ **Méd.** *Bacille de Koch*, agent pathogène de la tuberculose. ■ **Zool.** Phasme d'Europe.

BACINET, n. m. [basinɛ] Voy. BASSINET.

BACKGAMMON, ■ n. m. [bakgamɔn] (angl. *back*, arrière, et *gammom*, de *game*, jeu) Jeu de dés qui ressemble au trictrac. *Jouer une partie de backgammon.*

BACK-OFFICE, ■ n. m. [bakɔfis] ou [bakɔfis] (mot angl., de *back*, arrière, et *office*, bureau) Ensemble des procédures qui traitent d'un point de vue administratif et comptable les opérations en Bourse ou de banque. ■ **Par méton.** Service chargé de ces procédures. *Confirmation d'un ordre effectuée par le back-office. Des back-offices.*

BÂCLAGE, n. m. [bɑklaʒ] (*bâcler*) Arrangement des bateaux dans un port pour la charge et la décharge des marchandises. ♦ Fermeture d'un port par des chaînes, des câbles, etc. ■ **Fam.** Action de bâcler une tâche.

BÂCLE, ■ n. f. [bɑkl] (*bâcler*) Barre, le plus souvent en bois ou en métal, servant à fermer une porte.

BÂCLÉ, ÉE, p. p. de bâcler. [bɑkle] *Une porte bâclée.* ♦ **Fig.** *C'est une affaire bâclée*, terminée vite, à la hâte.

BÂCLER, v. tr. [bɑkle] (orig. incert., p.-ê. du lat. vulg. *bacculare*, de *baculum*, bâton))Fermer une porte ou une fenêtre avec une barre de bois ou de fer. ♦ *Bâcler un port*, le fermer avec des chaînes. ♦ *Bâcler un bateau*, le fixer pour le charger et le décharger. ♦ **Fig. et fam.** Expédier un travail à la hâte.

BACON, ■ n. m. [bekɔn] (mot angl.) Mince tranche de lard fumé et salé, le plus souvent consommée frite. *Des œufs au bacon.* ■ Filet de porc fumé, vendu en tranches.

BACTÉRICIDE, ■ adj. [bakteʀisid] (*bactérie* et *-cide*) Relatif aux produits détruisant les bactéries. *Lotion bactéricide.* ■ **N. m.** *Un bactéricide.*

BACTÉRIE, ■ n. f. [bakteʀi] (lat. scient. *bacterium*, du gr. *baktêria*, bâton) Être unicellulaire microscopique qui se reproduit par scissiparité sous différentes formes dans un organisme humain. *Les bacilles sont des bactéries.* ■ BACTÉRIEN, IENNE, adj. [bakteʀjɛ̃, jɛn]

BACTÉRIÉMIE, ■ n. f. [bakteʀjemi] (*bactérie* et *-émie*) Présence de bactéries dans le sang, le plus souvent sans gravité et momentanée, souvent accompagnée de frissons et de fièvre.

BACTÉRIOLOGIE, ■ n. f. [bakteʀjoloʒi] (*bactérie* et *-logie*) **Biol.** Science qui traite des bactéries. ■ BACTÉRIOLOGIQUE, adj. [bakteʀjoloʒik]

BACTÉRIOLOGISTE, ■ n. m. et n. f. [bakteʀjoloʒist] (*bactériologie*) Spécialiste de la bactériologie.

BACTÉRIOPHAGE, ■ n. m. [bakteʀjofaʒ] (*bactérie* et *-phage*) Virus qui a la propriété de détruire les bactéries.

BACTÉRIOSTATIQUE, ■ adj. et n. m. [bakteʀjostatik] (*bactérie* et *statique*) Catégorie d'antibiotiques qui empêche la multiplication des bactéries mais qui n'entraîne par leur destruction.

BADABOUM, ■ interj. [badabum] Onomatopée rappelant le bruit d'une chute. *Il a essayé de sauter par-dessus la planche et badaboum !* ■ **N. m.** On a entendu un grand badaboum !

BADAMIER, ■ n. m. [badamje] (pers. *badam*, amande) Arbre exotique originaire d'Afrique et d'Asie dont les fruits sont comestibles. *Des noix de badamier.*

BADAUD, AUDE, n. m. et n. f. et adj. [bado, od] (anc. provenç. *badau*, niais, du b. lat. *batare*, bâiller) Qui s'arrête à considérer tout ce qui lui semble nouveau. ■ Flâneur.

BADAUDAGE, n. m. [badodaʒ] (*badaud*) ▷ Action de badauder. ◁

BADAUDER, v. intr. [badode] (*badaud*) ▷ Faire le badaud. ◁

BADAUDERIE, n. f. [badod(ə)ʀi] (*badaud*) ▷ Entretiens et actions de badaud. ◁

BADELAIRE, n. m. [bad(ə)lɛʀ] (b. lat. *badelare*) ▷ Terme de blason signifiant une épée courte, large et recourbée. ◁

BADERNE, n. f. [badɛʀn] (orig. incert., p.-ê. du provenç. *baderno*) Tresse plus ou moins large, faite de fils de caret et employée à recouvrir les mâts, les vergues, les câbles, dans les parties que des frottements pourraient détériorer. ■ **Fig.** Toute chose ou tout individu hors d'état de servir. ■ **Fam.** *Une vieille baderne*, personne âgée bornée et passéiste.

BADGE, ■ n. f. [badʒ] (mot angl.) Insigne symbolisant un grade ou une compétence chez les boy-scouts. ■ **N. m. Par extens.** Insigne le plus souvent épinglé à un habit, exprimant une opinion, à simple visée esthétique, ou permettant une identification de la personne qui le porte et signalant son appartenance à un groupe donné ou son droit à entrer dans un lieu précis. *Sans badge, il était impossible d'assister à ce congrès.*

BADGER, ■ v. tr. [badʒe] (*badge*) Passer ou introduire un badge dans un lecteur afin de pouvoir rentrer ou sortir d'un endroit. *L'accès à ce bâtiment est badgé.*

BADGEUSE, ■ n. f. [badʒøz] (*badge*) Machine servant à lire les badges.

BADIANE, n. f. [badjan] (pers. *badian*, anis, fenouil) Grand arbre de la Chine et de la Tartarie qui porte des fruits appelés anis étoilé.

BADIGEON, n. m. [badiʒɔ̃] (orig. inconnue) Couleur en détrempe dont on peint les murailles. ◆ Pâte qui sert à remplir les trous et les défauts des figures sculptées et du bois.

BADIGEONNAGE, n. m. [badiʒɔnaʒ] (*badigeonner*) Action de badigeonner.

BADIGEONNÉ, ÉE, p. p. de badigeonner. [badiʒɔne]

BADIGEONNER, v. tr. [badiʒɔne] (*badigeon*) Peindre une muraille avec du badigeon. *Badigeonner une façade.* ◆ Remplir les creux d'un morceau de sculpture ou de menuiserie. ◆ Enduire largement d'une couche de peinture ou de toute autre substance. *Badigeonner une pâte feuilletée de jaune d'œuf.*

BADIGEONNEUR, EUSE, n. m. et n. f. [badiʒɔnœr, øz] (*badigeonner*) Personne dont le métier est de badigeonner. ■ **Péj.** Peintre peu doué.

BADIGOINCES, ■ n. f. pl. [badigwɛ̃s] (orig. inconnue, p.-ê. du rad. onomat. *bab-*) **Fam.** et **vx** Lèvres. *Se lécher les badigoinces.*

1 **BADIN, INE**, adj. [badɛ̃, in] (provenç. *badin*, nigaud, du b. lat. *batare*, bâiller) Qui se plaît aux choses légères. *Un homme badin.* ◆ En parlant des choses. *Un air badin. Esprit badin.* ◆ *Poème badin*, poème qui raconte, en un style léger, des aventures badines.

2 **BADIN**, ■ n. m. [badɛ̃] (*Badin*, inventeur de ce dispositif) **Techn.** Dispositif servant à mesurer la vitesse relative d'un avion en fonction de l'air ambiant.

BADINAGE, n. m. [badinaʒ] (*badiner*) Action de badiner. *Un innocent badinage.* ◆ *Ton badin, manières badines, style badin.* « *Imitez de Marot l'élégant badinage* », Boileau.

BADINANT, n. m. [badinɑ̃] (*badiner*) Cheval surnuméraire dans un attelage. ◆ Il a vieilli.

BADINE, n. f. [badin] (*badiner*) Baguette mince, souple et légère. « *Monsieur Moulaye Haïdara nous enseignait le français à la pointe de sa badine, laquelle ne chômait guère* », Amadou Hampâté Bâ. ◆ **N. f. pl.** Sorte de petites pincettes.

BADINEMENT, adv. [badin(ə)mɑ̃] (1 *badin*) D'une manière badine.

BADINER, v. intr. [badine] (1 *badin*) Faire le badin, plaisanter. ◆ **Fam.** *C'est un homme qui ne badine pas*, il est grave, susceptible, sévère. ◆ **Fig.** En parlant des ajustements, voltiger avec grâce. *Cette dentelle badine.* ◆ Avoir le ton badin, le style badin. *Cet auteur badine agréablement dans ses écrits.*

BADINERIE, n. f. [badin(ə)ri] (1 *badin*) Chose dite ou faite pour badiner. ◆ Chose folle ou niaise.

BADLANDS ou **BAD-LANDS**, ■ n. f. pl. [badlɑ̃dz] ou [badlɑ̃ts] (angl., de *bad*, mauvais, et *lands*, terres) **Géogr.** Grandes plaines creusées de profondes rigoles par les eaux de ruissellement, pouvant parfois être entaillées par des ravins.

BADMINTON, ■ n. m. [badmintɔn] (mot angl., de *Badminton House*) Sport apparenté au tennis, qui se pratique en simple (deux joueurs) ou en double (quatre joueurs) et qui consiste à se renvoyer, à l'aide d'une raquette spécifique, un volant au-dessus d'un filet. *Une partie de badminton.*

BAECKEOFFE ou **BAECKEOFE**, ■ n. m. [bekəof] (alsacien, de *Beck*, boulanger, et *ofe*, four) Spécialité culinaire de l'Est de la France composée de couches superposées de trois viandes différentes (généralement porc, bœuf et mouton), de pommes de terre et d'oignons arrosée de vin blanc, cuite au four dans un plat spécial. ■ **Rem.** On trouve aussi *bäkeofe*.

BAES, BAESINE, ■ n. m. et n. f. [bas, bazin] (orig. inc.) **Belg.** Propriétaire d'un bar, café. ■ Propriétaire de logements universitaires.

BAFFE, ■ n. f. [baf] (lat. médiév. *buffa*, prob. d'orig. onomat.) **Fam.** Forte gifle. *Recevoir, donner une paire de baffes.*

BAFFLE, ■ n. m. [bafl] (angl., écran) **Techn.** Écran monteur sur un haut-parleur afin de limiter les interférences sonores. ■ **Par extens.** Haut-parleur, enceinte acoustique.

BAFOUÉ, ÉE, p. p. de bafouer. [bafwe] « *Il se vit bafoué, berné, sifflé, moqué, joué* », La Fontaine.

BAFOUER, v. tr. [bafwe] (anc. provenç. *bafa*, moquerie, p.-ê. avec influ. de *fou*, prob. d'orig. onomat., voir *baffe*) Traiter quelqu'un avec dérision.

BAFOUILLAGE, ■ n. m. [bafujaʒ] (*bafouiller*) Action de bafouiller. « *Après quoi vient le tour de Jeff, cinq minutes de bafouillage et de cafouillage* », Sollers.

BAFOUILLE, ■ n. f. [bafuj] (*bafouiller*) **Fam.** Lettre informelle écrite à la hâte. *Je t'écris cette petite bafouille.* « *J'vous écris une petite bafouille, pour pas que vous vous fassiez d'mouron* », Perret.

BAFOUILLER, v. intr. [bafuje] (orig. incert., prob. lyonnais *barfouiller*) Parler d'une façon confuse et peu compréhensible, sous l'effet notamment

d'une émotion ou d'un stress. « *Je m'exprime mal, oui, mais un peu plus, un peu moins, l'amour fait bafouiller tout le monde* », Bernanos. ■ **V. tr.** *Bafouiller des excuses.* ■ Écrire rapidement et sans soin particulier. *Il a bafouillé quelques mots sur son carnet.*

BAFOUILLEUR, EUSE, ■ n. m. et n. f. [bafujœr, øz] (*bafouiller*) **Fam.** Personne qui bafouille.

BÂFRE, n. f. [bɑfr] (*bâfrer*) Repas abondant. ◆ Il est populaire.

BÂFRÉE, n. f. [bɑfre] (*bâfrer*) Partie de plaisir où l'on bâfre.

BÂFRER, v. intr. [bɑfre] (rad. *baf-* d'orig. onomat.) Manger gloutonnement et avec excès. ◆ Il est populaire.

BÂFREUR, EUSE, n. m. et n. f. [bɑfrœr, øz] (*bâfrer*) Personne qui mange avec excès et gloutonnerie. ◆ Il est populaire.

BAGACE, n. f. [bagas] Voy. bagasse.

BAGAD, ■ n. m. [bagad] (mot bret.) Groupe musical composé d'instruments traditionnels bretons, par exemple le biniou. *Des bagads ou des bagadou* (pluriel breton).

BAGAGE, n. m. [bagaʒ] (anc. fr. *bagues*) Objets empaquetés, nécessaires à ceux qui sont en voyage ou à la guerre. ◆ **Fig.** *Le bagage de cet auteur n'est pas lourd, il a peu écrit.* ◆ **Fam.** *Plier, trousser bagage*, décamper, s'en aller et aussi mourir. ◆ **Milit.** *Armes et bagages*, les armes et les équipages de la troupe. ■ Ensemble des connaissances acquises.

BAGAGISTE, ■ n. m. et n. f. [bagaʒist] (*bagage*) Personne employée pour transporter les bagages notamment dans les hôtels, les gares et les aéroports.

BAGARRE, ■ n. f. [bagar] (orig. incert., prob. du provenç. *bagarro*, rixe) Tumulte, grand bruit, encombrement, violent désordre.

BAGARRER, ■ v. intr. [bagare] (*bagarre*) **Fam.** Prendre part à une bagarre. ■ **V. pr.** Se battre violemment.

BAGARREUR, EUSE, ■ n. m. et n. f. [bagarœr, øz] (*bagarre*) Personne qui aime se battre, se bagarrer. ■ **Adj.** *Un tempérament bagarreur.*

1 **BAGASSE**, n. f. [bagas] (esp. *bagazzo*, résidu de fruit pressé, du lat. *baca*, baie) Canne passée au moulin et dont on a extrait le sucre. ◆ Tiges de la plante qui fournit l'indigo quand on les retire de la cuve après la fermentation. ■ **Rem.** Graphie ancienne : *bagace*.

2 **BAGASSE**, n. f. [bagas] (provenç. *bagassa*) Femme de mauvaise vie. « *On n'entend que ces mots, chienne, louve, bagasse* », Molière. ◆ Il est vieux. ■ **Rem.** Terme vulgaire et péjoratif.

BAGATELLE, n. f. [bagatɛl] (ital. *bagatella*, du lat. *baca*, baie) Objet de peu de prix ou inutile. ◆ Chose frivole, sans importance. *Dire des bagatelles.* ◆ **Absol.** *La bagatelle*, les frivolités agréables qui occupent le monde. ◆ *S'amuser à la bagatelle*, s'occuper de choses futiles et sans intérêt. ◆ **Ellipt.** et comme expression de dédain. *Bagatelle que tout cela !* ◆ Composition légère. *Lisez cette bagatelle.* ◆ *Ce sont les bagatelles de la porte*, se dit de choses sans importance et auxquelles il ne faut pas s'arrêter. ■ **Fam.** *Pour la bagatelle de*, pour la somme de.

BAGEL, ■ n. m. [bagœl] ou [begœl] (mot polonais) Petit pain d'origine polonaise, en forme de couronne. ■ **Rem.** Le bagel aurait été inventé en 1683 par un boulanger souhaitant remercier le roi de Pologne d'avoir chassé les Turcs d'Autriche.

BAGGY, ■ n. m. [bagi] (angl., bouffant) Pantalon très ample et qui se porte taille basse, très en vogue chez les adolescents au début du XXIe siècle. *Des baggys.*

BAGNARD, ARDE, ■ n. m. et n. f. [baɲar, ard] ou [banjar, ard] (*bagne*) Personne condamnée à effectuer une peine au bagne, forçat. *Les bagnards de Cayenne.* ■ **Fig.** Personne effectuant une tâche ou un travail pénible.

BAGNE, n. m. [baɲ] ou [banj] (ital. *bagno*, bain) Lieu où sont renfermés les forçats.

BAGNES, ■ n. m. [baɲ] ou [banj] (*Bagnes*) Fromage à raclette à pâte dure, fabriqué à Bagnes, en Suisse.

BAGNOLE, ■ n. f. [baɲɔl] ou [banjɔl] (prob. de *banne*, d'apr. *carriole*) **Fam.** Voiture.

BAGOU ou **BAGOUT**, n. m. [bagu] (*bagouler*, railler, prob. de l'anc. fr. *goule*, bouche, croisé avec *bavarder*) Bavardage où il entre de la hardiesse, de l'effronterie, et même quelque envie de faire illusion ou de duper. ◆ Il est tout à fait populaire.

BAGUAGE, n. m. [bagaʒ] (2 *baguer*) Incision circulaire pratiquée aux branches des arbres fruitiers, de la vigne, pour arrêter la sève descendante et empêcher le fruit de couler. ■ Action de munir d'une bague.

BAGUE, n. f. [bag] (p.-ê. du néerl. *bagge*) Anneau que l'on met au doigt. ◆ ▷ **Fam.** *C'est une bague au doigt*, se dit de toute chose dont on peut tirer facilement avantage. ◁ ◆ ▷ Anneau qu'on suspend à un poteau, au bout d'une carrière où l'on court la bague. « *À faire des vers, à courir la bague* »,

PASCAL. ◁ ♦ *Fig. Courir la bague,* faire rapidement une excursion. ♦ *Jeu de bague,* machine à pivot, où sont adaptés ordinairement des chevaux de bois, sur lesquels montent les joueurs qui cherchent à enlever la bague. ♦ **Archit.** Membre de moulure qui divise horizontalement les colonnes dans leur hauteur. ■ Dispositif destiné à repositionner des dents. ■ Petit objet en forme d'anneau. *Une bague de serrage. Bague d'objectif d'un appareil photo.* ■ *Fam. Se faire passer la bague au doigt,* se marier.

1 **BAGUÉ, ÉE,** p. p. de 1 baguer. [bage] ▷ *Une robe baguée.* ◁

2 **BAGUÉ, ÉE,** p. p. de 2 baguer. [bage] ▷ *Une branche baguée.* ◁

3 **BAGUÉ,** adj. m. [bage] (2 *bague*) *Canon de fusil bagué,* canon défectueux, offrant des bourrelets à l'intérieur.

4 **BAGUÉ, ÉE,** ■ adj. [bage] (2 *baguer*) *Avoir tous les doigts bagués,* porter une bague à chaque doigt.

BAGUENAUDE, n. f. [bag(ə)nod] (orig. incert., p.-ê. langued. *baganaudo,* fruit) Fruit du baguenaudier, qui a la forme d'une petite vessie pleine d'air. ♦ Ancienne pièce de poésie française faite en dépit des règles et du bon sens. ■ Niaiserie. ■ Flânerie, balade.

BAGUENAUDER, v. intr. [bag(ə)node] (*baguenaude*) S'amuser à des choses vaines et frivoles. ■ Errer, flâner.

BAGUENAUDERIE, n. f. [bag(ə)nod(ə)ʀi] (*baguenauder*) Action de baguenauder, niaiserie.

1 **BAGUENAUDIER,** n. m. [bag(ə)nodje] (*baguenaude*) ▷ Arbrisseau d'ornement fort commun en Europe (*colutea arborescens*). ◁

2 **BAGUENAUDIER,** n. m. [bag(ə)nodje] (*baguenauder*) Personne qui baguenaude. ♦ Jeu composé d'un certain nombre d'anneaux qu'il faut enfiler et désenfiler suivant un certain ordre.

1 **BAGUER,** v. tr. [bage] (*bagues*) Arranger et coudre à grands points les doublures d'un habit, d'une robe, etc.

2 **BAGUER,** v. tr. [bage] (*bague*) Enlever un anneau d'écorce à une branche pour arrêter la sève. ■ Munir d'une bague. *Baguer la patte d'un oiseau pour l'identifier.*

BAGUES, n. f. pl. [bag] (anc. provenç. *baga,* sac, bourse) Bagage. Usité seulement dans : *sortir vie et bagues sauves,* sortir d'une place de guerre en sauvant ses bagues, c.-à-d. avec permission d'emporter sur soi tout ce qu'on peut. ♦ **Fig.** *Sortir, revenir bagues sauves,* se tirer heureusement d'un danger, d'une difficulté.

BAGUETTE, n. f. [bagɛt] (ital. *bacchetta,* du lat. *baculum,* bâton) Sorte de petit bâton mince et flexible. ♦ Dans quelques pays, certains officiers portaient une baguette quand ils étaient en fonction ; de là fig. le sens d'autorité donné à baguette. *Mener à la baguette.* ♦ *Baguette magique,* baguette que portaient les fées, les magiciens. ♦ **Fig.** *« Cela s'était fait avec un coup de baguette »,* MME DE SÉVIGNÉ. ♦ *Baguette divinatoire, baguette tournante,* baguette de coudrier qui tourne entre les mains de certaines gens, et qui est supposée donner la faculté de reconnaître les sources, les trésors cachés, les assassins, etc. ♦ *Baguettes de tambour,* les deux petits bâtons avec lesquels on bat la caisse. ♦ *Baguette de fusil, de pistolet,* baguette qui sert à presser la charge dans le canon. ♦ **N. f. pl.** Supplice militaire qui consiste à frapper avec une baguette. *Passer un soldat par les baguettes.* ♦ **Archit.** Petite moulure ronde, en forme de baguette. ■ Pain de forme allongée pesant 250 g. ■ *Fam. Baguettes de tambour,* cheveux raides.

BAGUEUR, n. m. [bagœʀ] (2 *baguer*) Instrument propre à baguer.

BAGUIER, n. m. [bagje] (2 *baguer*) Petit coffre pour serrer les bagues.

BAGUIO, ■ n. m. [bagjo] (*Baguio,* ville de l'île de Luzon, du tagal *bagyo,* typhon) Nom caractérisant les typhons se développant dans la région des Philippines.

BAH, interj. [ba] (onomat.) *Fam.* Qui exprime un étonnement mêlé de doute, ou un sentiment d'insouciance, etc.

BAHAÏ, ■ adj. [baaj] ou [bahaj] (*bahaïsme*) Relatif au bahaïsme. ■ N. m. et n. f. Partisan du bahaïsme.

BAHAÏSME ou **BÉHAÏSME,** ■ n. m. [baaism] ou [bahaism] (*Baha U'llah,* fondateur iranien de ce mouvement) Mouvement religieux issu du babisme, consistant en une réforme de l'islam d'un point de vue égalitaire et libéral.

BAHREÏNI, IE ou **BAHREÏNIEN, IENNE,** ■ n. m. et n. f. [baʀɛjni, baʀɛjnjɛ̃, jɛn] (*Bahreïn*) Habitant de Bahreïn. ■ Adj. Relatif à ce pays, sa culture, ses habitants.

BAHT, ■ n. m. [bat] (mot thaï) Monnaie thaïlandaise. *Un baht valait en 2005 environ 0,02 euro.*

BAHUT, n. m. [bay] (orig. incert., p.-ê. de l'anc. b. frq. *baghûdi,* garde, conservation des choses) Grand coffre garni de cuir, et dont le couvercle est légèrement bombé. ■ Huche. ■ Meuble ancien en forme d'armoire. ■ *Fam.* Lycée. *Les copains du bahut.* ■ *Fam.* Poids lourd.

BAHUTIER, n. m. [baytje] (*bahut*) Ouvrier qui fait des bahuts, des coffres, des malles. ♦ **Prov.** *Faire comme les bahutiers,* faire plus de bruit que de besogne.

BAI, BAIE, adj. [bɛ] (lat. *badius*) D'un rouge brun, en parlant des chevaux. *Une jument baie.* ♦ **N. m.** *Le bai clair.* ♦ Ellipt. et invar. *Des chevaux bai brun.*

1 **BAIE,** n. f. [bɛ] (orig. incert., p.-ê. du b. lat. *baia,* port) **Géogr.** Petit golfe dont l'entrée est resserrée.

2 **BAIE,** n. f. [bɛ] (*bayer*) Ouverture qu'on pratique dans un mur ou dans un assemblage de charpente pour faire une porte, une fenêtre. ■ *Une baie vitrée,* grande porte-fenêtre.

3 **BAIE,** n. f. [bɛ] (ital. *baia,* plaisanterie, voir *bayer*) Tromperie, mystification. *« Le sort a bien donné la baie à mon espoir »,* MOLIÈRE.

4 **BAIE,** n. f. [bɛ] (lat. *bacca*) Fruit charnu dépourvu de noyau, et dont les graines sont placées au milieu de la pulpe : tels sont les raisins, les groseilles, etc.

BAIGNADE, ■ n. f. [bɛɲad] ou [bɛɲjad] (*baigner*) Activité de se baigner. ■ **Par extens.** Lieu naturel, ou aménagé dans un espace naturel, dans lequel on peut se baigner. *Baignade surveillée.*

BAIGNÉ, ÉE, p. p. de baigner. [bɛɲe] ou [bɛɲje] Qui a pris un bain. ♦ Mouillé. *Baigné de sueur.* ♦ Arrosé par une rivière.

BAIGNER, v. tr. [bɛɲe] ou [bɛɲje] (b. lat. *balneare*) Faire mettre dans l'eau, mettre dans le bain. ♦ Mouiller, inonder. *Baigner son visage de larmes.* ♦ Couler dans, auprès ou autour, en parlant d'une rivière. ♦ **V. intr.** Être plongé dans. *Cet arbre baigne dans l'étang.* ♦ *Se baigner,* v. pr. Se mettre au bain. *Se baigner dans la rivière.* ♦ **Fig.** *Se baigner dans le sang,* se plaire à répandre du sang. ♦ **Fam.** *Ça baigne,* ça va.

BAIGNEUR, EUSE, n. m. et n. f. [bɛɲœʀ, øz] ou [bɛɲjœʀ, øz] (*baigner*) Personne qui tient des bains publics. ♦ Valet, servante de bains. ♦ Sur les côtes, personne qui fait prendre des bains de mer. ♦ Personne qui se baigne. ■ N. m. Poupée représentant un bébé nu.

BAIGNOIRE, n. f. [bɛɲwaʀ] ou [bɛɲjwaʀ] (*baigner*) Vaisseau pour prendre des bains. ♦ Dans un théâtre, loge au niveau du parterre.

BAIL, n. m. [baj] (*bailler*) Contrat par lequel on cède la jouissance d'une chose pour un prix et pour un temps. ♦ L'acte même. ♦ **Fig.** *« C'est comme si je renouvelais un bail de vie »,* MME DE SÉVIGNÉ. ♦ Au pl. *Des baux.* ■ **Fam.** Longue période. *Ça fait un bail que je ne l'ai pas vu.* ■ **REM.** On trouve dans l'usage le pluriel impropre *des bails.*

BAILE, n. m. [bɛl] (p.-ê. empr. à l'anc. provenç. *bail[l]e,* officier chargé d'une administration) Titre qu'on donnait autrefois à l'ambassadeur de Venise auprès de la Porte.

BÂILLANT, ANTE, adj. [bɑjɑ̃, ɑ̃t] (*bâiller*) Qui bâille, qui s'entrouvre.

BAILLE, n. f. [baj] (b. lat. *bajula,* récipient, de *bajulare,* porter) Baquet qui sert à divers usages sur les vaisseaux.

BAILLÉ, ÉE, p. p. de bailler. [baje] Donné.

BÂILLEMENT, n. m. [bɑj(ə)mɑ̃] (*bâiller*) Inspiration grande, forte et longue, indépendante de la volonté, avec écartement plus ou moins considérable des mâchoires, et suivie d'une expiration prolongée.

BAILLER, v. tr. [baje] (lat. *bajulare,* porter) Donner. *Bailler des coups.* ♦ Il vieillit en ce sens. ♦ **Pratiq.** Donner, mettre en main. *Bailler à ferme. Bailler par contrat.* ♦ **Fam.** *En bailler d'une belle, la bailler bonne, belle,* chercher à en faire accroire. ♦ *Bailler le lièvre par l'oreille,* faire de belles promesses.

BÂILLER, v. intr. [bɑje] (lat. vulg. *bataculare*) Faire un bâillement. ♦ S'ennuyer. *On bâillait à cette comédie.* ♦ S'entrouvrir, être mal joint. *Cette étoffe, cette dentelle bâille,* elle n'est pas assez tendue. ♦ *Bâiller* a été dit pour soupirer après, désirer ardemment ; mais c'est une faute et une confusion avec *bayer*

BAILLET, adj. m. [bajɛ] (dimin. de l'anc. fr. *baille,* de couleur baie, voir *bai, baie*) Se dit d'un cheval qui a le poil roux tirant sur le blanc.

BAILLEUL, n. m. [bajœl] (dimin. de l'anc. fr. *baille,* sage-femme) Personne qui remet les os luxés ou fracturés. ♦ On dit maintenant *rebouteur.*

BAILLEUR, ERESSE, n. m. et n. f. [bajœʀ, (ə)ʀɛs] (*bailler*) Personne qui donne à bail. ♦ *Bailleur de fonds,* personne qui fournit de l'argent. ♦ *Bailleur de bourdes,* personne qui a l'habitude de dire, de conter des choses fausses.

BÂILLEUR, EUSE, n. m. et n. f. [bɑjœʀ, øz] (*bâiller*) Personne qui bâille, qui est sujet à bâiller souvent.

BAILLI, n. m. [baji] (anc. fr. *baillir*, gouverner, voir *bailler*) Officier royal d'épée qui rendait la justice dans un certain ressort, et avait droit de commander la noblesse quand elle était convoquée pour l'arrière-ban. ✦ Officier royal de robe longue qui rendait la justice dans l'étendue d'un certain ressort, et dont les appellations ressortissaient immédiatement au parlement. ✦ Officier de robe qui rendait la justice au nom d'un seigneur. ✦ En Allemagne et en Suisse, magistrat.

BAILLIAGE, n. m. [bajaʒ] (*bailli*) ▷ Tribunal qui rendait la justice au nom ou sous la présidence du bailli. ✦ Pays sous la juridiction d'un bailli. ✦ La maison dans laquelle le bailli rendait la justice. ✦ En Suisse et en Allemagne, territoire dont l'administration est confiée à un bailli. ◁

BAILLIAGER, ÈRE, adj. [bajaʒe, ɛʀ] (*bailliage*) ▷ Qui appartient à un bailliage. ◁

BAILLIE, n. m. [baji] (anc. fr. *baillir*, gouverner, voir *bailler*) Dr. et féod. Seigneurie, autorité.

BAILLIVE, n. f. [bajiv] (fém. de l'anc. fr. *baillif*, voir *bailli*) ▷ La femme du bailli. ◁

BÂILLON, n. m. [bɑjɔ̃] (*bâiller*) Petite barre de bois ou de fer ou simplement mouchoir qu'on met entre les dents de quelqu'un pour l'empêcher de parler ou d'appeler, ou dans la gueule d'un animal pour l'empêcher de mordre. ▪ Fig. Ce qui empêche la libre expression.

BÂILLONNÉ, ÉE, p. p. de bâillonner. [bɑjɔne] *Bâillonné par des voleurs.* ✦ Fig. *La presse est bâillonnée.*

BÂILLONNER, v. tr. [bɑjɔne] (*bâillon*) Mettre un bâillon. ✦ Fig. Ôter par des mesures restrictives ou par l'intimidation la liberté d'exprimer sa pensée.

BAIN, n. m. [bɛ̃] (lat. *balneum*) Action de plonger le corps dans l'eau ou dans quelque autre liquide ; le liquide même dans lequel on se plonge. ✦ Baignoire. *Remplir, vider un bain.* ✦ ▷ Fond de bain, le linge dont on garnit la baignoire. ◁ ✦ Au pl. *Établissements de bains.* ✦ Eaux minérales. *Les bains de Cauterets.* ✦ Chim. Vase que l'on place sur un fourneau évaporatoire et qui contient une substance quelconque, dans lequel on plonge le vase où est la matière à évaporer ou à distiller. ✦ Bain-marie, se dit quand ce vase contient de l'eau. *Chauffer du café au bain-marie.* ✦ Au pl. *Des bains-marie.* ✦ Cuve préparée pour la teinture. ✦ *Bain* se dit, en général, des liqueurs et des vases dans lesquels on prépare les différents ouvrages. ✦ En Angleterre, *l'ordre du Bain*, ordre institué par Richard II. ✦ Bassin d'une piscine. *Le grand bain.* ▪ *Bain de soleil*, exposition au soleil pour bronzer. ▪ *Bain de foule*, fait de se retrouver au milieu d'une foule. ▪ *Bain de langue* ou *linguistique*, séjour dans un pays étranger en vue d'en apprendre la langue. ▪ Fam. *Dans le bain*, au courant.

BAÏONNETTE, n. f. [bajɔnɛt] (*Bayonne*) Arme pointue qui s'ajoute au bout du fusil et qu'on peut en retirer à volonté. ✦ Un soldat d'infanterie. *Il y a tant de baïonnettes dans ce régiment.* ✦ *Les baïonnettes*, la force militaire. « *Allez dire à votre maître que nous sommes ici par la puissance du peuple, et qu'on ne nous en arrachera que par la puissance des baïonnettes* », MIRABEAU. ▪ *Ampoule à baïonnette*, dont la fixation se fait à l'aide de petits crochets sur le culot.

BAÏOQUE, n. f. [bajɔk] (ital. *baiocco*, d'orig. incert.) Petite monnaie des États romains, qui vaut un peu plus de cinq centimes.

BAÏRAM ou **BAYRAM**, n. m. [beʀam] ou [bajʀam] (mot turc) Fête solennelle chez les musulmans, à la fin du ramadan. ▪ REM. On disait aussi *bairam, beiram.*

BAISE, ▪ n. f. [bɛz] (1 *baiser*) Vulg. Rapport sexuel.

BAISÉ, ÉE, p. p. de 1 baiser. [bɛze] ou [beze] Qui a reçu un baiser. ▪ Vulg. Qui a été dupé.

BAISE-EN-VILLE, ▪ n. m. inv. [bɛzɑ̃vil] (1 *baiser* et loc. *en ville*) Fam. et ironiq. Nécessaire pour passer une nuit en dehors de chez soi, contenant généralement une brosse à dent, une brosse à cheveux et un slip de rechange.

BAISEMAIN, n. m. [bɛz(ə)mɛ̃] (1 *baiser* et *main*) Hommage qu'un vassal rendait à son seigneur en lui baisant la main. ✦ Cérémonie usitée dans quelques cours et qui consiste à baiser la main du prince. ✦ N. m. pl. Civilités, compliments. « *Faites mes baisemains à vos sœurs* », RACINE. *À belles baisemains*, loc. adv., avec reconnaissance. ✦ *Baisemains* est féminin dans cette expression.

BAISEMENT, n. m. [bɛz(ə)mɑ̃] (1 *baiser*) Action de baiser les pieds du pape.

1 **BAISER**, v. tr. [bɛze] ou [beze] (lat. *basiare*) Appliquer sa bouche sur le visage, la main ou un objet quelconque. ✦ Fig. « *Un roi devant qui tout fléchit et baise la poussière* », RACINE. ✦ *Baiser la main*, porter sa main par respect près de sa bouche, quand on veut présenter ou recevoir quelque

chose, ou quand on veut saluer quelqu'un. ✦ Anciennement, *baiser* dans le sens de rendre ou de recevoir visite, parce qu'on se baisait à chaque visite. « *Vous avez donc baisé toute la Provence ?* », MME DE SÉVIGNÉ. ✦ ▷ Fam. *Baiser les mains à quelqu'un*, lui faire ses compliments. ◁ ✦ Ironiq. *Je vous baise les mains*, je ne suis pas de cet avis. ◁ ✦ Fig. *Vous devriez baiser la trace de ses pas*, vous devriez à chaque instant lui prouver votre reconnaissance, votre respect. ✦ Par extens. Toucher légèrement. « *L'onde qui baise ce rivage* », LAMARTINE. ✦ Se baiser, v. pr. S'embrasser mutuellement. ▪ V. intr. ou v. tr. Vulg. Avoir des rapports sexuels. ▪ V. tr. Vulg. Duper, tromper. *Il s'est encore fait baiser sur ce coup.*

2 **BAISER**, n. m. [bɛze] ou [beze] (1 *baiser*) Action de celui qui baise. *Donner, recevoir un baiser.* ✦ *Baiser de paix*, baiser en signe de réconciliation. ✦ *Baiser de Judas*, baiser perfide.

BAISEUR, EUSE, n. m. et n. f. [bɛzœʀ, øz] ou [bezœʀ, øz] (1 *baiser*) Personne qui se plaît à baiser.

BAISOTTÉ, ÉE ou **BAISOTÉ, ÉE**, p. p. de baisotter. [bɛzote] ou [bezote]

BAISOTTER ou **BAISOTER**, v. tr. [bɛzote] ou [bezote] (1 *baiser*) Diminutif et fréquentatif de baiser. ✦ Se baisotter ou se baisoter, v. pr. *Ils ne font que se baisotter.*

BAISSE, n. f. [bɛs] (*baisser*) Diminution du prix des marchandises. ✦ Dépréciation des effets publics. ✦ *Jouer à la baisse*, vendre des rentes à condition que, les livrant à terme, on gagnera ou perdra la différence en moins que les fonds peuvent subir entre le jour de la vente et le jour de la livraison. ✦ Terrain affaissé. ✦ Le reflux de la marée.

BAISSÉ, ÉE, p. p. de baisser. [bɛse] Incliné. *La tête baissée.* ✦ TÊTE BAISSÉE, loc. adv. Hardiment. *Aller au combat tête baissée.* ✦ Étourdiment, inconsidérément. *Donner tête baissée dans un piège.* ✦ Soumis, qui se courbe. « *Fagon, tout baissé et tout courtisan qu'il était* », SAINT-SIMON. ✦ Qui n'a plus la même force qu'auparavant. « *Il a fort bien fait son personnage ; il n'est pas encore baissé* », MME DE SÉVIGNÉ.

BAISSEMENT, n. m. [bɛs(ə)mɑ̃] (*baisser*) Action de baisser.

BAISSER, v. tr. [bɛse] (lat. vulg. *bassiare*, de *bassus*, bas) Mettre en bas, mettre plus bas. ✦ Descendre d'un point élevé. *Baisser le pavillon d'un vaisseau.* ✦ Fig. *Baisser pavillon devant quelqu'un*, lui céder. ✦ Incliner, pencher. *Baisser la tête.* ✦ Fig. « *Il faut se soumettre et baisser la tête* », MME DE SÉVIGNÉ. ✦ Diriger en bas ou plus bas. *Baisser les yeux.* ✦ Fig. « *Qui ! moi, baisser les yeux devant ces faux prodiges* », VOLTAIRE. ✦ Fig. *Baisser l'oreille*, paraître confus d'un échec qu'on reçoit. ✦ Fig. *Baisser la lance devant quelqu'un*, lui céder. ✦ Par extens. En parlant de la voix et du son des instruments, mettre plus bas. *Baisser un instrument.* ✦ *Baisser le ton*, prendre un ton moins élevé, et fig. prendre des manières moins arrogantes. ✦ V. intr. Se conjugue avec *avoir* ou *être*, suivant le sens. Aller en diminuant de hauteur. *La rivière a baissé.* ▪ N. m. *Vers le baisser du soleil.* ✦ Par extens. *Le jour baisse*, se dit lorsque le soleil s'enfonce sous l'horizon. ✦ Diminuer de valeur, de prix. *Les actions, les rentes baissent.* ✦ Perdre de sa puissance, de son influence. « *C'est le sort des choses humaines de baisser toujours en s'éloignant de leur source* », MASSILLON. ✦ Diminuer, en parlant des forces physiques. *Ce malade baisse.* ✦ Diminuer, en parlant des facultés intellectuelles. « *Son esprit baisse, son cœur s'affaiblit* », BOSSUET. ✦ *Sa vue baisse*, elle devient moins bonne. ✦ Fig. et fam. *Ses actions baissent*, son influence, son crédit diminuent. ✦ Mus. Ne pas tenir exactement le ton. *Baisser d'un ton.* ✦ Fig. *Baisser d'un ton*, prendre un ton moins élevé. ✦ Mar. *Le vent baisse quand il passe de l'amont à l'aval.* ✦ Se baisser, v. pr. Incliner, pencher le corps plus ou moins bas. ✦ Fam. *Il n'y a qu'à se baisser*, c'est une chose très facile à gagner, à faire, ou par antiphrase, on dirait vraiment qu'il n'y a qu'à se baisser et en prendre. ✦ *Se baisser*, être baissé. ▪ V. tr. *Baisser les bras*, se décourager.

BAISSIER, IÈRE, n. m. et n. f. [bɛsje, jɛʀ] ou [besje, jɛʀ] (*baisse*) Spéculateur qui joue à la baisse sur les fonds publics.

BAISSIÈRE, n. f. [bɛsjɛʀ] ou [besjɛʀ] (*baisser*) Le reste du vin dans une pièce en perce, quand il approche de la lie. ✦ Enfoncement qui, dans une terre labourée, retient l'eau de la pluie.

BAISURE, n. f. [bɛzyʀ] ou [bezyʀ] (1 *baiser*) Côté par lequel deux pains se sont touchés dans le four.

BAJOIRE, n. f. [baʒwaʀ] (orig. incert., p.-ê. altér. de 1 *baiser*) Médaille ou monnaie empreinte de deux têtes affrontées ou superposées. ✦ Il a vieilli.

BAJOUE, n. f. [baʒu] (*joue*, précédé de *ba*, prob. d'apr. *bas* et *balèvre*) Partie inférieure de chaque côté de la tête du cochon, et qui s'étend du dessous de l'œil à la mâchoire. ✦ Fam. Joue pendante d'une personne.

BAJOYER, n. m. [baʒwaje] (prob. de *bajoue*) Partie latérale d'une chambre d'écluse. ▪ Par extens. Mur servant à consolider les berges d'un cours d'eau, principalement de chaque côté d'un pont.

BAKCHICH, ▪ n. m. [bakʃiʃ] (turc *bakshish*, pourboire) Pourboire. ▪ Pot-de-vin, rétribution illégale ou par avantages, pour un service rendu abusivement ou illégalement. *C'est grâce aux bakchichs qu'il a obtenu ces marchés.*

BAKÉLITE, ▪ n. f. [bakelit] (*Baekeland,* chimiste belge) Résine synthétique résistant à la chaleur, employée comme ersatz de l'ambre et de l'écaille, principalement. ▪ **Fig.** Hâle. « *Ses petits seins de bakélite, j'ressuscite* », S. GAINSBOURG.

BAKLAVA, ▪ n. m. [baklava] (mot turc) Gâteau oriental à pâte feuilletée, sucré, au miel, aux noix et aux amandes. *Des baklavas au café, au sirop d'érable. Baklava à la libanaise.*

BAL, n. m. [bal] (*baller*) Assemblée dansante. *Bal public.* ♦ *Donner le bal,* amener les musiciens pour faire danser une compagnie. ♦ **Ironiq.** *Donner le bal à quelqu'un,* le maltraiter. ♦ **Fig.** *Mettre le bal en train,* engager une discussion, exciter les esprits. ♦ Au pl. *Bals.*

BALADE, ▪ n. f. [balad] (*balader*) Promenade sans but utilitaire. *Partir en balade dans les bois. « Ils avaient fait une nouvelle balade en voiture »,* DABIT.

BALADER, ▪ v. tr. [balade] (*ballade*) **Fam.** Promener. ▪ **Fig.** Mener en bateau. *Il balade tout le monde ce type.* ▪ *Envoyer balader quelqu'un* ou *quelque chose,* rejeter avec plus ou moins de violence. *Il a tout envoyé balader sur un coup de tête.* ▪ V. pr. Se promener. *Elles se sont baladées toute la journée.*

BALADEUR, EUSE, ▪ n. m. et n. f. [baladœr, øz] (*balader*) Personne se promenant, aimant à se promener, à flâner. ▪ N. f. **Péj.** Femme légère, volage. ▪ Adj. Qui se balade. *Le regard baladeur.* ▪ *Avoir les mains baladeuses,* faire des caresses indiscrètes. ▪ N. m. Appareil électrique portatif de petite taille servant à écouter de la musique ou tout enregistrement sonore.

BALADIN, INE, n. m. et n. f. [baladɛ̃, in] (*ballade*, danse) Anciennement, danseur, danseuse de théâtre. ♦ Farceur de place, bouffon. ♦ Personne qui par ses bouffonneries s'efforce de faire rire.

BALADINAGE, n. m. [baladinaʒ] (*baladin*) Plaisanterie bouffonne et de mauvais goût.

BALAFON, ▪ n. m. [balafɔ̃] (dial. malinké, de *bala,* instrument de musique, et *fo,* parler, jouer d'un instrument) Xylophone, instrument de musique à percussion africain, composé de calebasses de taille croissante pourvus de mirlitons, et dont le musicien joue à l'aide de deux baguettes entourées de caoutchouc. ▪ REM. Traditionnellement, le balafon est joué par les griots.

BALAFRE, n. f. [balafʀ] (croisement de l'anc. fr. *leffre,* lèvre, et *balèvre*) Taillade faite, particulièrement sur le visage, par une arme tranchante. ♦ Cicatrice qui reste quand la blessure est guérie.

BALAFRÉ, ÉE, p. p. de balafrer. [balafʀe] ▪ *Visage balafré.* ▪ N. m. et n. f. Personne portant une balafre. *Le balafré.*

BALAFRER, v. tr. [balafʀe] (*balafre*) Blesser quelqu'un d'une balafre.

BALAI, n. m. [balɛ] (bret. *balazn,* genêt) Ustensile de ménage, fait de menues tiges ou de crins et servant à nettoyer les appartements. ♦ **Fig.** *Faire balai neuf,* montrer beaucoup de zèle, en parlant des nouveaux domestiques, et par extens. de tous ceux qui entrent en de nouvelles fonctions. ♦ *Rôtir le balai,* en être réduit à brûler, faute de bois, le balai, et fig. passer sa vie dans un emploi de peu d'importance, être peu heureux, ou par une autre extension plus usitée, faire de grandes dépenses, des folies, des débauches. ♦ **Vén.** Balai, la queue des chiens ; en fauconnerie, la queue des oiseaux. ▪ *Balai-brosse,* muni d'une brosse, servant à passer la serpillière. ▪ Raclette d'essuie-glace. ♦ *Voiture-balai,* voiture qui recueille les cyclistes qui abandonnent une course. ▪ **Fam.** *Coup de balai,* licenciement. ▪ **Fam.** *Du balai,* dehors ! ▪ **Fam.** *Vingt balais,* vingt ans. ♦ *Voiture-balai,* voiture, souvent munie d'un balai, chargée de fermer la procession de voitures se rendant de l'église ou de la mairie en direction de l'endroit où se déroule le repas de noces des jeunes mariés.

BALAIS, adj. m. [balɛ] (lat. médiév. *balagius,* de l'ar. *balahs,* sorte de rubis) *Rubis balais,* variété de rubis, couleur de vin paillet.

BALAISE ou **BALÈZE**, ▪ adj. [balɛz] (provenç. *balès,* type grotesque) **Fam.** Grand et fort. « *Je te préviens qu'il est balaise* », SIMONIN. ▪ Remarquable, doué. *Elle est balaise en histoire.* ▪ Difficile. *Des exercices balaises.* ▪ N. m. et n. f. Homme balaise. *Un grand balaise.*

BALALAÏKA, ▪ n. f. [balalajka] (mot russe) Instrument de musique russe, à cordes, pincées de la main du luth, et qui se compose d'un long manche et d'une caisse de résonance triangulaire.

BALANCE, n. f. [balɑ̃s] (lat. pop. *bilancia,* du lat. vulg. *bilanx,* de *bi,* deux, et *lanx,* plateau de balance) Instrument composé de deux bassins ou plateaux suspendus à un fléau, et destiné à faire connaître le poids d'un corps. ♦ **Fig.** *Mettre en balance,* examiner le pour et le contre. ♦ *Entrer en balance,* être mis en comparaison. ♦ *Mettre dans la balance,* mettre en parallèle, examiner en comparant. ♦ *En balance,* en suspens, hésitant. *Il était en balance entre deux projets. La victoire fut longtemps en balance.* ♦ *Emporter la balance,* avoir l'avantage, prévaloir. ♦ *Tenir la balance égale entre deux personnes,* ne

pas se montrer plus favorable à l'une qu'à l'autre. ♦ *Tenir la balance,* déterminer un certain équilibre dont on règle la condition. « *Tenant la balance droite au milieu de tant d'empires* », BOSSUET. ♦ *Faire pencher la balance,* donner l'avantage. ♦ *La justice humaine ou divine.* « *Il tient seul de l'État le glaive et la balance* », ROTROU. ♦ *Balance politique,* distribution des territoires et des alliances de manière qu'une sorte d'équilibre soit établi entre les États. ♦ **Comm.** Différence entre la somme du crédit et la somme du débit, ou solde d'un compte. *La balance de ce compte est de mille euros.* ♦ Compte résumé que fait un commerçant, et qui présente le résultat général de toutes ses affaires. ♦ *La Balance,* constellation. ♦ Espèce de filet plat fixé sur un cercle de fer pour prendre les écrevisses. ▪ **Fam.** Personne qui en dénonce une autre.

BALANCÉ, ÉE, p. p. de balancer et adj. [balɑ̃se] Tenu en équilibre. *Un poids balancé par un autre.* ♦ Mû, agité. ♦ Égalé, égal. *La victoire est balancée.* ♦ *Balancé entre,* indécis, incertain. ♦ Compensé. *La joie balancée par la peine.* ♦ Examiné. *Tout bien balancé.* ♦ N. m. **Danse** Pas dans lequel le corps se balance d'un pied sur l'autre en temps égaux.

BALANCELLE, n. f. [balɑ̃sɛl] (provenç. *barancello,* du génois *paransella,* embarcation) Embarcation napolitaine qui porte un seul mât et une voile latine. ▪ Banquette suspendue à un portique de jardin, sur laquelle on peut se balancer.

BALANCEMENT, n. m. [balɑ̃s(ə)mɑ̃] (*balancer*) Mouvement alternatif d'un corps. *Le balancement d'un bateau.* ♦ **Fig.** Équilibre alternatif. « *Il y a dans l'Europe une espèce de balancement entre les nations du Midi et celles du Nord* », MONTESQUIEU.

BALANCER, v. tr. [balɑ̃se] (*balance*) Tenir en équilibre, au propre et au figuré. ♦ *Balancer un compte,* rendre égales les sommes du débit et du crédit. ♦ Mouvoir, agiter un corps tantôt d'un côté tantôt de l'autre. ♦ **Fig.** Peser, examiner. ♦ Rendre incertain, *faire balancer.* « *Bérénice a longtemps balancé la victoire* », RACINE. ♦ Égaler en poids, en force, compenser. ♦ V. intr. Osciller. ♦ **Danse** Exécuter le pas qu'on nomme un balancé. ♦ **Fig.** Hésiter, être en suspens. *Sans balancer. La victoire balançait.* ♦ *Balancer,* suivi d'un infinitif, se construit avec la préposition *à : il ne balança pas à partir ;* mais on se sert aussi de la préposition *de.* ♦ Se balancer, v. pr. Balancer son corps. ♦ Aller sur la balançoire ou sur l'escarpolette. ♦ **Fig.** Être compensé, être égal. ♦ **Comm.** Se solder. ▪ **Fam.** *S'en balancer,* ne pas s'en soucier. ▪ V. tr. **Fam.** *Balancer quelqu'un,* le dénoncer. ▪ *Une musique qui balance,* qui swingue.

1 BALANCIER, n. m. [balɑ̃sje] (*balancer*) Pièce qui, ayant un va-et-vient régulier, régularise le mouvement d'une machine, d'une horloge. ♦ Machine pour frapper les monnaies, les médailles. ♦ Long bâton dont les funambules se servent pour se tenir en équilibre. ♦ Pièce d'une pompe aspirante.

2 BALANCIER, n. m. [balɑ̃sje] (*balance*) Artisan qui fait et vend des poids et des balances.

BALANCINE, n. f. [balɑ̃sin] (*balancer*) Cordage qui, descendant de la tête du mât, va au bout d'une vergue pour la soutenir à cette extrémité.

BALANÇOIRE, n. f. [balɑ̃swaʀ] (*balancer*) Pièce de bois mise en équilibre, et sur laquelle se balancent deux personnes placées chacune à un bout. ♦ Escarpolette. ▪ REM. On disait aussi autrefois *branloire.*

BALANÇON, n. m. [balɑ̃sɔ̃] (*Balançon*) ▷ Bois de sapin débité en petites pièces. ◁

BALANDRAN ou **BALANDRAS**, n. m. [balɑ̃dʀɑ̃, balɑ̃dʀɑ] (b. lat. *balandrana*) ▷ Ancien manteau. ◁

BALANDRE, n. f. [balɑ̃dʀ] ▷ Sorte de bâtiment de mer. ◁

BALANE, ▪ n. f. [balan] (lat. *balanus,* gland du chêne) Crustacé qui s'accroche sur les rochers ou la coque des navires également connu sous le nom de gland de mer.

BALANIFÈRE, adj. [balanifɛʀ] (*balane* et -*fère*) Qui porte des glands, qui a pour fruit des glands.

BALANITE, ▪ n. f. [balanit] (*balane*) Inflammation du gland de la verge. ▪ Autre nom de la balane ou gland de mer.

BALANOGLOSSE, ▪ n. m. [balanoglɔs] (lat. *balanus,* gland, et gr. *glôssa,* langue) Ver que l'on trouve principalement sur les plages.

BALAUSTE, n. f. [balost] (gr. *balaustion*) ▷ **Pharm.** Fleur desséchée du grenadier. ◁

BALAUSTIER, n. m. [balostje] (*balauste*) Grenadier sauvage.

BALAYAGE, n. m. [balɛjaʒ] (*balayer*) Action d'ôter les ordures avec un balai. ♦ *Frais de balayage.* Le balayage du devant de la maison est à la charge du rez-de-chaussée. ▪ **Techn.** Passage répété d'un faisceau sur une surface, un support pour l'examiner de façon systématique. *Balayage optique.* ▪ Décoloration de fines mèches de cheveux.

BALAYÉ, ÉE, p. p. de balayer. [balɛje] *Appartement balayé.* ◆ **Fig.** *Les nuages balayés par les vents.*

BALAYEMENT, n. m. [balɛj(ə)mɑ̃] (*balayer*) ▷ Action de balayer. ◁

BALAYER, v. tr. [balɛje] (*balai*) Nettoyer un lieu avec un balai. ◆ Enlever avec le balai. *Balayer la poussière, les araignées.* ◆ **Fig.** *Balayer les nuages. Les rues furent balayées par la fusillade.* ◆ **Par extens.** Se dit de quelque chose qui traîne à terre. *Sa robe balaye la terre.* ■ **Techn.** Effectuer un balayage. ■ **V. intr.** *Balayer devant sa porte,* s'occuper de ses propres affaires au lieu de critiquer autrui.

BALAYETTE, ■ n. f. [balɛjɛt] (dimin. de *balai*) Petit balai.

BALAYEUR, EUSE, n. m. et n. f. [balɛjœʀ, øz] (*balayer*) Personne qui balaye. ■ N. f. Véhicule utilisé pour le nettoyage des rues.

BALAYURE, n. f. [balɛjyʀ] (*balayer*) Ordinairement au pluriel, les ordures amassées avec le balai. ◆ *Balayures de mer,* plantes, débris que la mer jette sur ses bords. ◆ **Fig.** « Ô âme pécheresse, qu'as-tu mérité sinon d'être la balayure du monde », Fénelon.

BALBOA, ■ n. m. [balboa] (*Balboa*) Monnaie panaméenne. *1 euro valait en 2005 environ 1,21 balboa.*

BALBUTIANT, ANTE, ■ adj. [balbysjɑ̃, ɑ̃t] (*balbutier*) Qui balbutie. ◆ **Fig.** Difficile. *Des débuts balbutiants.*

BALBUTIE, n. f. [balbysi] (*balbutier*) ▷ État habituel d'une personne qui balbutie. *La balbutie de l'enfance.* ◁

BALBUTIÉ, ÉE, p. p. de balbutier. [balbysje] *Excuses balbutiées.*

BALBUTIEMENT, n. m. [balbysimɑ̃] (*balbutier*) Vice de prononciation d'une personne qui balbutie. ■ N. m. pl. Le tout début. *Les balbutiements d'une technique, d'un projet.*

BALBUTIER, v. intr. [balbysje] (lat. *balbutire,* begayer, refait en *balbutiare*) Articuler les mots d'une manière hésitante et imparfaite. ◆ **Fig.** Parler sur quelque sujet confusément et sans une connaissance suffisante. ◆ **V. tr.** *Balbutier un compliment.*

BALBUTIEUR, n. m. [balbysjœʀ] (*balbutier*) ▷ Personne qui balbutie. ◁

BALBUZARD, n. m. [balbyzaʀ] (angl. *bald-buzzard,* busard taché de blanc) Nom d'un genre (*pandion*) de l'ordre des oiseaux de proie.

BALCON, n. m. [balkɔ̃] (ital. *balcone,* du frq. *balco,* poutre) Construction en saillie sur la façade d'un bâtiment à l'un des étages, et communiquant avec les appartements. ◆ Ouvrage de serrurerie servant d'appui aux personnes qui regardent par une fenêtre. ◆ Dans un théâtre, petite galerie placée à droite et à gauche de la scène. ◆ **Fam.** *Il y a du monde au balcon,* pour signifier qu'une femme possède une poitrine imposante.

BALCONNET, ■ n. m. [balkɔnɛ] (dimin. de *balcon*) Petit balcon. ■ **Fig.** Type de soutien-gorge pigeonnant qui ne couvre que la moitié inférieure de la poitrine. *J'ai mis un balconnet.*

BALDAQUIN, n. m. [baldakɛ̃] (ital. *baldacchino,* étoffe de soie de Bagdad) Espèce de dais d'un lit d'où tombent les rideaux. ◆ Ouvrage d'architecture servant de couronnement à un trône, à un autel.

BÂLE, ■ n. f. [bɑl] Voy. balle.

BALEINE, n. f. [balɛn] (lat. *ballæna*) Mammifère de l'ordre des cétacés, et le plus grand de tous les animaux. ◆ Fanons ou barbe de la baleine. *Les baleines d'un parapluie.* ◆ *Blanc de baleine,* matière grasse, concrète, que l'on retire du tissu cellulaire interposé entre les membranes du cerveau de certaines espèces de cachalots. ◆ **Astron.** *La Baleine,* constellation de l'hémisphère austral. ■ Petite tige flexible. *Baleine de corset, de parapluie.*

BALEINÉ, ÉE, adj. [balene] (*baleine*) Garni de baleines. *Col baleiné.*

BALEINEAU, n. m. [baleno] (*baleine*) Le petit de la baleine.

BALEINIER, n. m. [balenje] (*baleine*) Navire équipé pour la pêche de la baleine. ◆ Adj. *Un navire baleinier.* ◆ Celui qui fait la pêche de la baleine.

BALEINIÈRE, n. f. [balenjɛʀ] (*baleine*) Embarcation longue, étroite et légère pour la pêche de la baleine. ◆ Canot de la même forme.

BALÉNOPTÈRE ou **BALEINOPTÈRE**, ■ n. m. [balenɔptɛʀ] (lat. sav. *ballæna,* baleine, et gr. *pteron,* ailé) Mammifère marin pourvu d'une nageoire dorsale, également connu sous le nom de *rorqual.*

BALESTRON, ■ n. m. [balɛstʀɔ̃] (orig. incert.) **Mar.** Perche placée diagonalement, sur la surface d'une voile carrée, servant à la tenir déployée. ■ Perche établie sur le côté d'une voile, servant à l'étendre le long d'un mât et à porter son coin supérieur, à une hauteur plus ou moins importante.

BALÈVRE, n. f. [balɛvʀ] (*lèvre,* précédé de *ba,* p.-ê. de l'anc. b. frq. *balu,* mauvais, ou du lat. *bes-,* de *bis*) L'ensemble des lèvres, avec un sens de dénigrement et de mépris. ◆ **Archit.** L'excédent d'une pierre sur une autre,

près d'un joint. ◆ Dans la fonderie, inégalités à la surface d'une pièce fondue.

BALÈZE, ■ adj. ou n. m. et n. f. [balɛz] Voy. balaise.

BÂLI, n. m. [bɑli] Voy. pali.

BALINAIS, AISE, ■ n. m. et n. f. [baline, ɛz] (*Bali*) Originaire ou habitant de Bali. *Les Balinaises.* ■ N. m. Langue parlée à Bali. ■ Adj. Relatif à ce pays et à ses habitants.

BALISAGE, n. m. [balizaʒ] (*baliser*) L'ensemble des balises placées. ■ Action de baliser.

1 BALISE, n. f. [baliz] (port. *baliza,* du lat. *palus,* pieu) Perche surmontée de quelque objet, ordinairement d'un petit baril, et servant d'indice à la navigation. ◆ Espace laissé libre le long des rivières pour le halage des bateaux. ◆ On dit plus souvent chemin de halage. ■ Signal servant de repère. *Les balises d'une piste d'atterrissage, d'un sentier de randonnée.* ■ **Inform.** Code servant au repérage des données.

2 BALISE, n. f. [baliz] (*balisier*) Fruit du balisier.

BALISÉ, ÉE, p. p. de baliser. [balize] *Rivière balisée.*

BALISEMENT, n. m. [baliz(ə)mɑ̃] (*baliser*) L'action de mettre des balises.

BALISER, v. tr. [balize] (1 *balise*) Indiquer par des balises les hauts-fonds et les passes. ■ Mettre des balises. *Baliser un parcours.* ■ **Inform.** Disposer dans un document des marques d'identification. *On a balisé tous les mots issus de noms propres pour prévoir cette requête sur le cédérom.* ■ **Fam.** Avoir peur. *Je balise à l'idée de la revoir.* « Comment tu veux changer la vie si tu balises pour ton bien, on peut pas à la fois être un mouton et un mutin », Renaud. ■ V. intr. *Mes examens me font baliser.*

BALISEUR, n. m. [balizœʀ] (*baliser*) Personne qui veille à l'entretien du chemin de halage. ◆ Employé préposé au balisage des ports.

BALISIER, n. m. [balizje] (prob. altér. de *baliri,* mot indigène) Plante originaire des Indes (*arundo indica*).

BALISTE, n. f. [balist] (lat. *ballista*) Dans l'art militaire des anciens, machine qui servait à lancer des traits, des javelots, des pierres, etc. ◆ N. m. **Zool.** Genre de poissons.

BALISTICIEN, IENNE, ■ n. m. et n. f. [balistisjɛ̃, jɛn] (*balistique*) Spécialiste en balistique.

BALISTIQUE, n. f. [balistik] (lat. scient. *ballistica*) Science qui traite du jet des projectiles.

BALIVAGE, n. m. [balivaʒ] (*baliveau*) Choix et marque des baliveaux qui doivent être conservés dans les coupes des forêts.

BALIVEAU, n. m. [balivo] (orig. incert.) Tout arbre réservé lors de la coupe d'un bois et destiné à devenir arbre de haute futaie. ◆ Adj. Chênes baliveaux.

BALIVERNE, n. f. [balivɛʀn] (orig. incert., p.-ê. de *baliverner*) Propos frivole, chose puérile. ■ **Rem.** S'emploie auj. le plus souvent au pluriel.

BALIVERNER, v. intr. [balivɛʀne] (*baller* et *verner,* tourner sur soi-même) ▷ S'occuper de balivernes. ◁

BALKANIQUE, ■ adj. [balkanik] (*Balkans*) De la région des Balkans.

BALKANISATION, ■ n. f. [balkanizasjɔ̃] (*balkaniser*) Division d'une entité politique en plusieurs petits États.

BALKANISER, ■ v. tr. [balkanize] (*Balkans*) Procéder par balkanisation.

BALLADE, n. f. [balad] (*baller,* danser) Pièce de vers coupée en stances égales et suivie d'un envoi d'un nombre de vers ordinairement moindre ; toutes les stances et l'envoi lui-même sont terminés par le même vers, qui sert de refrain. ◆ Chanson à danser. ◆ Récit en vers disposé par stances régulières et souvent reproduisant des traditions ou légendes.

BALLANT, ANTE, adj. [balɑ̃, ɑ̃t] (*baller*) Qui pend et oscille. *Les bras ballants. Les jambes ballantes.*

BALLAST, n. m. [balast] (mot néerl.) Amas de cailloux et de gros sable servant de lest. ◆ Dans les chemins de fer, sable servant à recouvrir les traverses en bois. ■ Réservoir d'eau servant à l'équilibrage d'un navire ou d'un sous-marin.

BALLASTAGE, n. m. [balastaʒ] (*ballaster*) Opération par laquelle on ensable une voie ferrée.

BALLASTER, ■ v. tr. [balaste] (*ballast*) Enduire une voie de chemin de fer avec du ballast. ■ Parvenir à l'équilibrage d'un navire en remplissant ou en vidant ses ballasts.

BALLASTIÈRE, ■ n. f. [balastjɛʀ] (*ballast*) Carrière de ballasts.

1 BALLE, n. f. [bal] (ital. *balla*) Petit globe fait de substance élastique, servant à jouer à la paume. ◆ *Balle au mur, balle en long, balle empoisonnée,* noms de divers jeux. ◆ *Avoir la balle belle*, recevoir une balle qui se présente bien pour être relancée, et fig. avoir une occasion favorable. ◆ *Fig. À vous la balle*, cela s'adresse à vous. ◆ *Se renvoyer la balle*, se décharger l'un sur l'autre d'un embarras, faire quelque chose alternativement. ◆ *Prendre la balle au bond*, profiter d'une occasion favorable. ◆ *Fig. Enfant de la balle*, enfant d'un maître de jeu de paume, et par extension toute personne élevée dans la profession de sa famille. ◆ Petite boule de métal servant à charger une arme à feu. ■ *La balle est dans son camp*, c'est à lui d'intervenir pour faire avancer quelque chose. ■ *Jouer à la balle au prisonnier*, jeu mettant en concurrence deux groupes séparés par une ligne, l'objectif du jeu étant de toucher les adversaires avec une balle afin de les faire prisonniers.

2 BALLE, n. f. [bal] (anc. b. frq. *balla*) Gros paquet de marchandises. ◆ *Marchandise de balle*, marchandise de qualité inférieure. ◆ **Fig. et fam.** *Homme de balle*, homme sans capacité, sans valeur ; *chose de balle*, chose sans mérite.

3 BALLE, n. f. [bal] (2 *balle*) **Impr.** Tampon avec lequel on appliquait l'encre sur les caractères.

4 BALLE ou **BÂLE**, n. f. [bal] ou [bɑl] (orig. celt. *bala*, du rad. *bh[e]l*, gonfler, bouffer) Petite paille ou capsule qui sert d'enveloppe au grain dans l'épi.

BALLER, v. intr. [bale] (b. lat. *ballare*, danser) Danser. ◆ Il est vieux.

BALLERIN, INE, ■ n. m. et n. f. [bal(ə)Rɛ̃, in] (ital. *ballerina*, du lat. *ballare*) Danseur, danseuse de ballet. ■ N. f. Chaussure légère dont la forme rappelle celle des chaussons de danse.

BALLET, n. m. [balɛ] (ital. *balletto*, de *ballo*, bal) Danse figurée exécutée sur un théâtre ou ailleurs. ◆ Pièce de théâtre mêlée de pantomime et de danses, dite aussi *ballet-pantomime*.

BALLETOMANE ou **BALLETTOMANE**, ■ n. m. et n. f. [baletoman] (*ballet* et *-mane*) Personne qui aime le ballet.

BALLET-PANTOMIME, ■ n. m. [balɛpɑ̃tomim] (*ballet* et *pantomime*) Des *ballets-pantomimes*. Voy. BALLET.

1 BALLON, n. m. [balɔ̃] (ital. *ballone*, de *balla*, voir 1 *balle*) Vessie enflée d'air et recouverte de peau, qu'on lance avec le poing. ◆ Poche sphérique en caoutchouc, enflée d'air et fermée hermétiquement pour le même usage. ◆ **Fam.** *Être enflé comme un ballon*, être très gros et quelquefois avoir trop mangé, fig. être bouffi d'orgueil. ◆ Aérostat. ◆ *Ballon d'essai*, ballon qu'on lance pour connaître la direction du vent. ◆ **Fig.** *C'est un ballon d'essai*, cela a été fait pour se rendre compte des dispositions des gens. ◆ En chimie, vase de verre, de forme sphérique. ◆ Verre à pied, de forme sphérique. ■ Par méton. le contenant, généralement du vin. *Sers-moi un ballon de rouge, un ballon de blanc*. ■ *Ballon d'eau chaude*, réservoir qui chauffe l'eau qu'il contient. ■ **Fam.** Alcootest. *Souffler dans le ballon*. ■ *Jouer au ballon prisonnier*, jeu mettant en concurrence deux groupes séparés par une ligne, l'objectif du jeu étant de toucher les adversaires avec une balle afin de les faire prisonniers.

2 BALLON, n. m. [balɔ̃] (prob. 1 *ballon*) Sorte de bâtiment à plusieurs rangs de rames dont on sert dans le pays de Siam. ■ REM. Le pays de Siam s'appelle la Thaïlande depuis 1938.

3 BALLON, n. m. [balɔ̃] (p.-ê. de l'all. *Belchen*, sommet arrondi dans les Vosges, interprété *bällchen*, dimin. de *ball*, balle) Nom, dans la Lorraine, des sommets arrondis d'une montagne.

BALLONNÉ, ÉE, p. p. de ballonner. [balɔne] *Ventre ballonné*.

BALLONNEMENT, n. m. [balɔn(ə)mɑ̃] (*ballonner*) Distension considérable du ventre par des gaz accumulés dans les intestins.

BALLONNER, v. tr. [balɔne] (1 *ballon*) **Méd.** Gonfler. ◆ Se ballonner, v. pr. Devenir ballonné.

BALLONNET, ■ n. m. [balɔnɛ] (1 *ballon*) Ballon de petite taille.

BALLONNIER, n. m. [balɔnje] (1 *ballon*) Personne qui fait, qui vend des ballons à jouer.

BALLOT, n. m. [balo] (dimin. de *balle*) Petite balle de marchandise. ◆ ▷ **Fig. et fam.** *Voilà votre vrai ballot*, cela vous convient tout à fait. ◁ ■ **Fam.** Personne stupide.

BALLOTE, n. f. [balɔt] (gr. *ballôtê*, d'orig. inc.) Genre de labiées auquel appartient la ballote noire, dite vulgairement marrube noir et marrube puant. ■ REM. On écrivait aussi *ballotte*.

BALLOTIN, n. m. [balotɛ̃] (dimin. de *ballot*) Petit ballot. ◆ Coffret de carton contenant des chocolats, des confiseries.

BALLOTTADE, n. f. [balotad] (*ballotter*) **Manège** Air relevé dans lequel le cheval détache entièrement du sol et fléchit les quatre extrémités, sans faire de ruade.

BALLOTTAGE, n. m. [balotaʒ] (*ballotter*) Action de ballotter deux candidats dans une élection. *Scrutin de ballottage*.

1 BALLOTTE, n. f. [balɔt] (ital. *ballotta*) ▷ Petite balle servant à donner des suffrages. ◆ On dit maintenant *boule*. ◁

2 BALLOTTE, n. f. [balɔt] Fausse orthographe pour *ballote*.

BALLOTTÉ, ÉE, p. p. de ballotter. [balote] *Agité, ballotté par les flots*. ◆ Soumis au ballottage.

BALLOTTEMENT, n. m. [balɔt(ə)mɑ̃] (*ballotter*) Action de ballotter, de vaciller.

1 BALLOTTER, v. tr. [balote] (prob. *ballotte*) Agiter fortement en sens contraires. *La mer nous a ballottés*. ◆ Au jeu de paume, se renvoyer la balle, sans faire de partie réglée. ◆ Par extens. Renvoyer de l'un à l'autre. « *Après avoir été ballotté de la mort à la vie* », MME DE SÉVIGNÉ. ◆ *Ballotter quelqu'un*, se jouer de lui. ◆ ▷ **Fig.** *Ballotter une affaire*, la discuter, l'agiter de part et d'autre. ◁ ◆ Se servir de la ballotte pour donner les suffrages ou pour tirer au sort. ◆ *Ballotter deux candidats*, décider par le scrutin lequel l'emportera de deux candidats qui ont le plus approché de la majorité. ◆ V. intr. Éprouver des ballottements, des secousses. ◆ **Fig.** Aller çà et là. « *Je ne fais que ballotter en attendant que la poste parte* », MME DE SÉVIGNÉ.

2 BALLOTTER, v. tr. [balote] (*ballot*) ▷ Mettre en paquets. ◁

BALLOTTINE, ■ n. f. [balotin] (*ballote*, de *ballot*) **Cuis.** Petite pièce de viande désossée, garnie de farce et roulée. *Une ballottine de dinde, de lapin*.

BALL-TRAP, ■ n. m. [boltʀap] (angl. *trap-ball*, de *trap*, ressort, et *ball*, balle) Mécanisme à ressort projetant en l'air une cible mouvante qui mime l'envol d'un oiseau et servant à l'entraînement des chasseurs. *Des ball-traps*.

BALLUCHON ou **BALUCHON**, ■ n. m. [balyʃɔ̃] (*balle*, paquet de marchandises) Petit colis d'effets personnels réunis dans un linge noué aux quatre coins. *Partir avec son balluchon sur l'épaule*. ■ **Fam.** *Faire son balluchon*, partir.

BALME, n. f. [balm] Voy. BAUME.

BALNÉAIRE, ■ adj. [balneɛʀ] (lat. *balnearius*, de *balneum*, bain) Dont les activités sont liées à la baignade et plus spécifiquement à la baignade en mer. *Station balnéaire*.

BALNÉOTHÉRAPIE, ■ n. f. [balneoteʀapi] (lat. *balneum* et *thérapie*) Ensemble de soins basés sur l'utilisation thérapeutique des bains, généraux ou locaux. *Suivre une balnéothérapie*.

BÂLOIS, OISE, ■ adj. ou n. m. et n. f. [bɑlwa, waz] (*Bâle*) Qui est originaire de Bâle, en Suisse. *L'industrie chimique bâloise*.

BALOISE, n. f. [balwaz] (fém. substantivé de *bâlois*) Tulipe de trois couleurs.

BALOURD, OURDE, n. m. et n. f. [balur, urd] (moy. fr. *bellourd*, épais, stupide, de *bis* et *lourd*, refait d'après l'ital. *balordo*, stupide) Personne grossière et stupide.

BALOURDISE, n. f. [balurdiz] (*balourd*) Chose faite ou dite comme par un balourd. ◆ Caractère d'un balourd. *Il est d'une balourdise extrême*.

BALSA, ■ n. m. [balza] (esp. *balsa*, bois très léger, d'orig. pré-rom.) Arbre exotique des forêts d'Amérique centrale. ■ **Par extens.** Bois de ce même arbre dont la particularité est d'être extrêmement léger. *Une maquette d'avion en balsa*. ■ N. m. ou n. f. Embarcation de petite taille, en forme de pirogue ou de radeau, faite en bois de balsa et utilisée en Amérique.

BALSAMIER, n. m. [balzamje] (lat. *balsamum*, gr. *balsamon*, baumier) Voy. BAUMIER.

BALSAMIFÈRE, adj. [balzamifɛʀ] (lat. *balsamum*, suc du baumier, et *-fère*) Qui porte du baume.

BALSAMINE, n. f. [balzamin] (gr. *balsaminê*) Plante cultivée dans les jardins (*impatiens balsamina*).

BALSAMIQUE, adj. [balzamik] (lat. *balsamum*) Qui tient de la nature du baume. ◆ Embaumé, parfumé. « *L'air balsamique du printemps* », DIDEROT. ■ N. m. *Un balsamique*.

BALSAMITE, n. f. [balzamit] (lat. *balsamum*) Un des noms du *pyrethrum tanacetum*, dit aussi *tanaisie balsamite*, *menthe-coq*.

BALTE ou **BALTIQUE**, ■ adj. [balt, baltik] (*[mer] Baltique*) Qui est situé au bord de la mer Baltique. *Les lacs baltiques. Les Républiques baltes*. ■ Originaire de, relatif à cette région. *Une paysanne balte. Les langues baltiques*. ■ N. m. et n. f. *Les Baltes*. ■ REM. *Baltique* s'emploie uniquement comme adjectif.

BALTHASAR, ■ n. m. [baltazar] Voy. BALTHAZAR.

BALTHAZAR ou **BALTHASAR**, ■ n. m. [baltazaʀ] (*Balthazar*, dernier roi de Babylone) Très grosse bouteille de champagne, d'une capacité de 12 litres, équivalant à 16 bouteilles classiques.

BALTIQUE, ■ adj. [baltik] Voy. BALTE.

BALUCHITHÉRIUM ou **BALUCHITÉRIUM**, ■ n. m. [balyʃiteʀjɔm] (*Baluchi*, ethnie du Baluchistan, et gr. *thêrion*, bête) **Paléont.** Mammifère ongulé de très grande taille, apparenté au rhinocéros, qui vivait à l'ère tertiaire. *Le baluchithérium est le plus grand mammifère terrestre connu, il pesait de 15 à 20 tonnes.*

BALUCHON, ■ n. m. [balyʃɔ̃] Voy. BALLUCHON.

BALUSTRADE, n. f. [balystʀad] (ital. *balaustrata*, de *balustra*) Rangée de balustres. ♦ Par extens. Toute clôture à hauteur d'appui et à jour.

BALUSTRE, n. m. [balystʀ] (ital. *balaustro*, du gr. *balaustion*, fleur du grenadier sauvage, pour l'analogie de forme) Nom donné à de petits piliers à hauteur d'appui joints par leur sommet, pour enfermer quelque espace. ♦ Balustrade, assemblage de plusieurs balustres servant de clôture dans une église. ♦ Petits piliers qui se mettent autour du lit des princes. ♦ Balustre de chapiteau de la colonne ionique.

BALUSTRER, v. tr. [balystʀe] (*balustre*) Entourer d'une balustrade.

BALZACIEN, IENNE, ■ adj. [balzasjɛ̃, jɛn] (Honoré de Balzac, 1799-1850, écrivain français) Qui concerne Balzac ou son œuvre. ■ Qui s'assimile ou ressemble à l'univers créé par Balzac, notamment à ses personnages incarnant différents types sociaux et des passions parfois dévorantes. *Un héros balzacien.*

BALZAN, adj. m. [balzɑ̃] (prob. lat. *balteanus*, rayé comme un baudrier, de *balteus*, baudrier) *Cheval balzan,* cheval noir ou bai, qui a des marques blanches aux pieds.

BALZANE, n. f. [balzan] (*balzan*) Tache blanche circulaire, aux pieds d'un cheval.

BAMBIN, INE, n. m. et n. f. [bɑ̃bɛ̃, in] (ital. *bambino*) Petit garçon, petite fille.

BAMBOCHADE, n. f. [bɑ̃bɔʃad] (ital. *Bamboccio*, surnom du peintre Pieter Van Laar) Peinture représentant des scènes grotesques et champêtres.

BAMBOCHARD, ARDE, ■ n. m. et n. f. [bɑ̃bɔʃaʀ, aʀd] (*bamboche*) Voy. BAMBOCHEUR.

1 **BAMBOCHE**, n. f. [bɑ̃bɔʃ] (ital. *bamboccio*, marionnette, de *bambo*, enfant, niais) Grande marionnette. ♦ **Fig.** Une personne mal faite et de petite taille. ♦ *Faire des bamboches,* se livrer au plaisir.

2 **BAMBOCHE**, n. f. [bɑ̃bɔʃ] (bambou) Jeune tige de bambou.

BAMBOCHER, v. intr. [bɑ̃bɔʃe] (1 *bamboche*) Faire des bamboches, se déranger.

BAMBOCHEUR, EUSE ou **BAMBOCHARD, ARDE**, n. m. et n. f. [bɑ̃bɔʃœr, øz, bɑ̃bɔʃaʀ, aʀd] (*bambocher*) Homme, femme de vie déréglée.

BAMBOU, n. m. [bɑ̃bu] (port. *bambu*, d'un mot malais) Graminée gigantesque de l'Inde et d'autres pays chauds. *Une forêt de bambous.* ♦ *Bambou,* canne faite de bambou. ♦ *Coup de bambou,* insolation et par ext. malaise. *C'est le coup de bambou,* la note est très chère.

BAMBOULA, ■ n. m. [bɑ̃bula] (dial. de Guinée *kam-bumbulu*) Tambour primitif d'Afrique. ■ N. f. Danse exécutée au son de ce tambour. **Par extens.** et fam. *Faire la bamboula,* faire la fête. *Des bamboulas.*

BAN, n. m. [bɑ̃] (anc. b. frq. *ban*, loi) Proclamation, publication. *Battre un ban,* battre la caisse pour annoncer une publication. ♦ *Ban de vendange,* proclamation que les vendanges sont ouvertes. ♦ *Ban de mariage* ou simplement *ban,* publication de mariage qui se fait solennellement à l'église paroissiale. ♦ **Féod.** Convocation des vassaux directs du roi pour le service militaire. ♦ Le corps même de la noblesse ainsi convoqué. ♦ *Le ban et l'arrière-ban,* service militaire des fiefs et arrière-fiefs. ♦ **Fig.** *Convoquer le ban et l'arrière-ban,* s'adresser à tous ceux dont on peut espérer du secours. ♦ Sentence qui exclut, bannissement. ♦ *Garder son ban,* ne pas revenir aux lieux d'où l'on a été exilé. ♦ *Rompre son ban,* revenir au lieu où l'on n'a pas la permission de résider. ♦ *Mettre un prince, une ville au ban de l'empire,* se disait, dans la constitution de l'empire germanique, pour les déclarer déchus de leurs privilèges. ♦ Chef actuel du ban. *Le ban de Croatie.* ■ REM. Auj. les bans de mariage se publient en mairie.

BANAL, ALE, adj. [banal] (*ban*) **Dr.** et **féod.** Se dit des choses desquelles les gens d'une seigneurie étaient obligés de se servir, en payant une redevance au seigneur du fief. *Four banal. Moulins banaux.* ♦ **Fig.** Qui se met à la disposition de tout le monde. ♦ Commun et trivial. ■ REM. *Banal* donne au pl. *banaux* pour le premier sens, *banals* pour les deux autres sens.

BANALEMENT, adv. [banal(ə)mɑ̃] (*banal*) D'une manière banale.

BANALISATION, ■ n. f. [banalizasjɔ̃] (*banaliser*) Fait de devenir commun, courant. *La banalisation du divorce, de l'usage des téléphones mobiles.* ■ **Techn.** Mise en circulation d'une voie de chemin de fer dans les deux sens.

BANALISER, ■ v. tr. [banalize] (*banal*) Rendre commun, courant. *Banaliser le port du jean. Avant j'étais rebelle, maintenant je me suis banalisé.* ■ Jalonner, baliser. *Banaliser un sentier.* ■ **Techn.** Pratiquer ou rendre praticable une voie de chemin de fer dans les deux sens.

BANALITÉ, n. f. [banalite] (*banal*) **Dr.** et **féod.** Usage obligé d'une chose dans une seigneurie, moyennant redevance au seigneur. ♦ Chose triviale, vulgaire, sans originalité.

BANANA SPLIT, ■ n. m. [bananasplit] (mot anglo-amér., de *banana*, banane, et *split*, tranche) Dessert composé d'une banane coupée en deux dans sa longueur, agrémentée de glace, de chocolat fondu, de crème chantilly et d'amandes grillées. *Des banana split* ou *des banana splits.*

BANANE, n. f. [banan] (port. *banana*, prob. d'un mot bantou de Guinée) Fruit du bananier consistant en une sorte de baie triangulaire et allongée. ■ *Peau de banane,* manœuvre visant à faire échouer. ■ Mèche de cheveux enroulée au-dessus du front. ■ Petite sacoche qui se porte à la ceinture.

BANANERAIE, ■ n. f. [banan(ə)ʀɛ] (*banane*) Plantation de bananiers. ■ REM. On disait autrefois *bananerie.*

BANANERIE, n. f. [banan(ə)ʀi] Voy. BANANERAIE.

BANANIER, n. m. [bananje] (*banane*) Genre de plantes herbacées, cultivées dans les deux Indes, produisant la banane. ■ Adj. Relatif à la culture de la banane. *Production bananière.* ■ **Fam.** *République bananière,* État dans lequel l'argent et la corruption ont plus de pouvoir que le gouvernement.

BANAT, n. m. [bana] (ban) Dignité de ban. ♦ Province gouvernée par un ban. *Le banat de Croatie.*

BANC, n. m. [bɑ̃] (germ. *bank*) Long siège pour s'asseoir. ♦ *Être sur les bancs,* faire ses études dans une école, dans un collège. ♦ *Se mettre sur les bancs,* commencer ses études. ♦ *Banc d'église,* siège où une famille a le droit de se placer [1]. ♦ *Banc d'œuvre,* siège affecté aux membres de la fabrique, etc. [2] ♦ *Banc des accusés,* le banc où, dans une cour d'assises, sont placés les accusés. ♦ *Banc des avocats,* banquettes sur lesquelles s'assoient les avocats dans les tribunaux. ♦ *Banc du roi,* cour souveraine en Angleterre, où le roi siégeait en personne. ♦ *Banc des évêques,* le banc où siègent les évêques dans la chambre des lords. ■ **Mar.** *Banc de sable.* **Absol.** *Banc,* écueil, grand amas de sable et de vase. ♦ *Banc de glace,* masse de glace flottante ou immobile. ♦ *Banc de poissons,* grande troupe de poissons d'une même espèce. ♦ *Banc de pierre,* chaque lit de pierre dans une carrière. ■ *Banc d'essai,* dispositif permettant de tester les capacités techniques d'un appareil, d'un moteur ; fig. ce qui permet d'éprouver l'efficacité d'une personne, d'un système. *Mettre un projet au banc d'essai.* ■ REM. 1 et 2 : La réservation des sièges dans une église n'est plus en usage aujourd'hui.

BANCABLE ou **BANQUABLE**, ■ adj. [bɑ̃kabl] (*banque*) **Financ.** Qui est susceptible d'être accepté par une banque en garantie de son avance. *Titres bancables.*

BANCAIRE, ■ adj. [bɑ̃kɛʀ] (*banque*) Qui a trait à la banque ou à ses activités. *Transaction bancaire. Carte bancaire.*

BANCAL, ALE, adj. [bɑ̃kal] (*banc,* pour la divergence fréquente des pieds) Qui a une jambe ou les jambes tortues. ♦ N. m. et n. f. *Un bancal. Des bancals.* ■ Qui n'est pas d'aplomb. *Une table bancale.*

BANCARISATION, ■ n. f. [bɑ̃kaʀizasjɔ̃] (*bancarisé*) Développement du secteur bancaire, et particulièrement du nombre de comptes en banque détenus par la population. *Taux de bancarisation des ménages.*

BANCASSURANCE, ■ n. f. [bɑ̃kasyʀɑ̃s] (*banc[aire]* et *assurance*) **Financ.** Regroupement, au sein des mêmes réseaux de distribution, des activités relatives à la banque et aux assurances.

BANCHE, ■ n. f. [bɑ̃ʃ] (forme dial. de *banc*) **Techn.** Coffrage utilisé en construction pour couler le béton ou le pisé.

BANCHER, ■ v. tr. [bɑ̃ʃe] (*banche*) **Techn.** Couler le béton, le pisé dans une banche. ■ BANCHAGE, n. m. [bɑ̃ʃaʒ].

BANCO, adj. inv. [bɑ̃ko] (ital. *banco*, banque, enjeu) Mot qui s'emploie quelquefois en termes de change, pour désigner une valeur en banque, par opposition à valeur courante. ♦ Au jeu, *faire banco,* tenir seul l'enjeu. ■ Interj. Fam. D'accord.

BANCOULIER, ■ n. m. [bɑ̃kulje] (*bancoul,* fruit de l'arbre, de *Bancoulen,* ville de Sumatra) **Bot.** Arbre tropical originaire de la Malaisie, dont les noix donnent une huile utilisée dans différents domaines (peinture, cosmétiques, etc.).

BANCROCHE, adj. [bɑ̃kʀɔʃ] (prob. croisement de *bancal* et anc. fr. *croche,* crochu) Qui a les jambes très tortues. ♦ N. m. et n. f. *Un bancroche.*

BANC-TITRE, ■ n. m. [bɑ̃titʀ] (*banc* et *titre*) **Audiov.** Dispositif qui comprend une caméra filmant image par image, et un écran vertical qui sert de support aux documents à insérer dans l'image (générique, sous-titres, incrustations, etc.). *Des bancs-titres.*

BANDAGE, n. m. [bɑ̃daʒ] (*bander*) **Chir.** Tout appareil dont les bandes et les compresses forment la partie essentielle. ♦ Appareil qu'on emploie pour le traitement des fractures, et dans lequel entrent des lacs, des attelles, etc. ♦ Bande d'acier élastique servant à contenir une hernie. ♦ Bandes de fer ou d'autre métal qui entourent et serrent les roues d'une voiture, d'une machine, les moules du fondeur.

BANDAGISTE, n. m. et n. f. [bɑ̃daʒist] (*bandage*) Personne qui fait ou vend des bandages. ♦ Adj. *Chirurgien bandagiste.*

BANDANA, ■ n. m. [bɑ̃dana] (hindi *bandhnu*) Morceau de tissu carré de petite taille, le plus souvent coloré ou à motifs, habituellement porté sur les cheveux à des fins esthétiques. *Des bandanas.*

1 **BANDE**, n. f. [bɑ̃d] (germ. *bindo-*, bande, ruban) Sorte de lien plat et large. ♦ **Chir.** Longue lanière de toile ou de coton employée dans les pansements. ♦ *Bande* se dit du fer battu en long qui sert à lier ou à renforcer quelque chose. ♦ Morceau d'étoffe, de cuir, de papier, etc. long et étroit. *Mettre un journal sous bande.* ♦ **Fig.** *Une bande de terre, de gazon.* ♦ Chaque côté intérieur du billard. ♦ **Mar.** *Bande du nord, bande du sud,* le côté du nord, le côté du sud, par rapport à la ligne. ♦ **Archit.** Bande se dit de plusieurs membres unis qui représentent en effet des bandes ou lisières. ♦ **Héral.** Pièce honorable d'écu qui représente le baudrier du cavalier et prend depuis le haut de l'angle droit de l'écu jusqu'à l'angle gauche du bas de l'écu. ■ Support sur lequel on peut enregistrer des données. ■ *Bande dessinée,* suite de dessins formant un récit.

2 **BANDE**, n. f. [bɑ̃d] (a. provenç. *banda,* bande, d'orig. germ.) Troupe, compagnie, bande de voleurs. ♦ *Faire bande à part,* se séparer de ceux avec lesquels on était en société. ♦ *La grande bande des vingt-quatre violons du roi,* se disait des violons de la chambre du roi. ♦ *Les bandes françaises, espagnoles,* l'ancienne infanterie française, espagnole. ♦ *La bande noire,* association de spéculateurs qui achètent les grandes propriétés pour les morceler, les vieux monuments pour les démolir et en revendre les matériaux.

3 **BANDE**, n. f. [bɑ̃d] (*bander*) Degré de force dont un ressort est bandé.

4 **BANDE**, ■ n. f. [bɑ̃d] (a. provenç. *banda,* bord, de l'anc. fr. *bende,* pièce, frange étroite) **Mar.** Inclinaison transversale que subit un navire, sous l'effet du vent ou d'un déséquilibre. *Donner de la bande.*

BANDÉ, ÉE, p. p. de bander. [bɑ̃de] Serré avec une bande. ♦ **Héral.** Couvert de bandes. ♦ Fortement tendu. ♦ **Fig.** *Esprit toujours bandé,* toujours occupé.

BANDE-ANNONCE, ■ n. f. [bɑ̃danɔ̃s] (1 *bande* et *annonce*) Court film constitué d'une juxtaposition de séquences extraites d'un spectacle cinématographique ou télévisuel et annonçant sa diffusion prochaine. *Des bandes-annonces.*

BANDEAU, n. m. [bɑ̃do] (1 *bande*) Bande qui sert à ceindre le front et la tête. ♦ *Bandeau royal,* diadème dont les anciens rois ceignaient leur front. ♦ Morceau d'étoffe en plusieurs doubles qu'on met sur les yeux de quelqu'un pour l'empêcher de voir. ♦ **Fig.** *Il a un bandeau sur les yeux,* se dit d'un homme qui s'aveugle sur quelque chose. ♦ **Archit.** Platebande unie autour d'une baie de porte ou de fenêtre. ♦ Bande d'étoffe couronnant les draperies au-dessus d'une croisée. ■ Bande de papier entourant un livre et comportant un texte promotionnel.

BANDELETTE, n. f. [bɑ̃d(ə)lɛt] (dimin. de 1 *bande*) Petite bande. ♦ Bande dont les prêtres païens se ceignaient le front, que portaient les suppliants, dont on parait les victimes. ♦ **Archit.** Petite moulure plate et plus étroite que la platebande.

BANDER, v. tr. [bɑ̃de] (1 *bande*) Serrer avec une bande. ♦ Mettre un bandeau sur les yeux. *Bander les yeux.* ♦ Tendre quelque chose avec effort. *Bander un arc.* ♦ *Bander son esprit,* l'appliquer fortement à une chose. ♦ V. intr. Être tendu. *Cette corde bande trop.* ♦ Se bander, v. pr. Se tendre. « *Les muscles s'affermissent, les nerfs se bandent* », BOSSUET. ♦ **Fig.** Se roidir contre quelqu'un, quelque chose, lui être contraire. « *Ces zélés faquins qui excitent le peuple à se bander contre nous* », VOLTAIRE. ■ Vieux en ce sens. ■ V. intr. **Vulg.** Être en érection.

BANDEREAU, n. m. [bɑ̃d(ə)ro] (1 *bande*) ▷ Cordon à l'aide duquel on porte une trompette en bandoulière. ◁

BANDERILLE, ■ n. f. [bɑ̃d(ə)rij] (esp. *banderilla,* petite bannière) Dard paré de rubans colorés que les toreros plantent sur le cou du taureau pour l'exciter et le fatiguer. *Poser les banderilles.*

BANDERILLERO ou **BANDÉRILLÉRO**, ■ n. m. [bɑ̃derijero] (mot esp., de *banderilla*) Torero qui plante les banderilles.

BANDEROLE, n. f. [bɑ̃d(ə)rɔl] (ital. *banderuola*) Espèce de flamme large, longue et fendue dont on parait les navires aux jours de combat et de fête.

♦ **Par extens.** Petit étendard qu'on déploie en forme d'ornement et en signe de réjouissance. ♦ Pièce de buffleterie à laquelle est attachée la giberne. ♦ Bretelle d'un fusil. ■ **Par extens.** *Banderole de manifestants.*

BANDEROLÉ, ÉE, adj. [bɑ̃d(ə)role] (*banderole*) ▷ **Zool.** Qui est marqué de bandes comparées à des banderoles. ◁

BANDE-SON, ■ n. f. [bɑ̃d(ə)sɔ̃] (1 *bande* et *son*) **Audiov.** Bande magnétique ou pellicule optique sur laquelle sont intégrés les dialogues, les musiques, les bruitages d'un film, pour un enregistrement audiovisuel. *Des bandes-son* ou *des bandes-sons.*

BANDEUR, n. m. [bɑ̃dœr] (*bander*) ▷ Celui qui tend. « *Le bandeur de l'arc* », VOLTAIRE. ◁

BANDE-VIDÉO, ■ n. f. [bɑ̃d(ə)video] (1 *bande* et *vidéo*) **Audiov.** Support d'enregistrement des signaux d'image et de son. ■ *Bande-vidéo promotionnelle,* terme officiel recommandé pour *vidéoclip. Des bandes-vidéo* ou *des bandes-vidéos.*

BANDIÈRE, n. f. [bɑ̃djɛr] (a. provenç. *bandiera,* bannière, de *banda,* troupe) ▷ Bannière, pavois. ♦ Vieux en ce sens. ♦ *Front de bandière,* rangée et alignement des drapeaux et des étendards en tête d'une armée, d'un camp. ◁

BANDIT, n. m. [bɑ̃di] (ital. *bandito,* de *bandire,* proscrire) Malfaiteur. ♦ **Par extens.** Homme sans aveu. ♦ ▷ **Fam.** *Être fait comme un bandit,* avoir les vêtements en désordre. ◁ ♦ *C'est un vrai bandit,* c'est un homme qui brave les bienséances et les lois.

BANDITISME, ■ n. m. [bɑ̃ditism] (*bandit*) Ensemble des actes criminels commis par un individu, un groupe. *Brigade de répression du banditisme, être fiché au grand banditisme.*

BANDOIR, n. m. [bɑ̃dwar] (*bander*) Ressort en métal servant à bander quelque mécanisme.

BANDOLIER ou **BANDOULIER**, n. m. [bɑ̃dolje, bɑ̃dulje] (catal. *bandoler,* hors-la-loi, de *bando,* bande) Brigand qui vole sur les grands chemins. ♦ Il est vieux.

BANDONÉON, ■ n. m. [bɑ̃doneɔ̃] (mot all., de Heinrich *Band,* inventeur de l'instrument, sur le modèle de *Orpheon*) Accordéon de petite taille. *Un air de tango sortait du bandonéons.*

BANDOTHÈQUE, ■ n. f. [bɑ̃dotɛk] (1 *bande* et -*thèque*) **Audiov.** et **inform.** Lieu de stockage des bandes magnétiques.

BANDOULIER, ■ n. m. [bɑ̃dulje] Voy. BANDOLIER.

BANDOULIÈRE, n. f. [bɑ̃duljɛr] (catal. *bandolera,* de *bandoler,* hors-la-loi) Pièce de l'ancien équipement militaire servant à suspendre le mousqueton, le fourniment de poudre et de balles des fantassins. ♦ Large baudrier de cuir ou d'étoffe. ♦ *Porter en bandoulière,* porter en sautoir.

BANDURE, n. f. [bɑ̃dyr] (lat. sav. [XVIIIᵉ s.] *bandura,* du singhalais *bandhura*) Plante des Indes dont les feuilles sont terminées par une vrille qui porte une urne sécrétant un liquide limpide.

BANG, ■ n. m. et interj. [bɑ̃g] (mot angl., détonation) Onomatopée évoquant le bruit d'un coup de feu, d'une explosion. *On a entendu un bang!* ■ Bruit retentissant provoqué par un avion lorsqu'il franchit la vitesse du son. *Des bangs* ou *des bang.*

BANGIÉE ou **BANGIOPHYCÉE**, ■ n. f. [bɑ̃ʒje, bɑ̃ʒjofise] (*Bang,* n. propre) Algue rouge.

BANGLADAIS, AISE ou **BANGLADESHI, IE**, ■ adj. et n. m. et n. f. [bɑ̃gladɛ, ɛz, bɑ̃gladeʃi] (*Bangladesh*) Originaire du Bangladesh. *Population bangladaise. Cuisine, musique bangladeshie.*

BANIAN, ■ n. m. [banjɑ̃] (angl. *banian tree,* arbre des Banians, qui s'installaient sous son ombre ; *banians*) **Bot.** Grand figuier originaire d'Asie tropicale, qui possède de nombreuses racines aériennes.

BANIANS, n. m. pl. [banjɑ̃] (port. *banian,* du tamoul *vaniyan,* commerçant, sansc. *vanij*) Habitants de l'Inde appartenant à la religion brahmanique, et aussi marchands. ♦ Capitaine ou officier de l'État qui, contrairement à ses devoirs, se livre au commerce.

BANJO, ■ n. m. [bɑ̃dʒo] (mot anglo-amér. prob. issu du gr. *pandoura,* luth à trois cordes) Instrument de musique à cordes pincées, apparenté à la guitare, constitué d'une caisse de résonance en forme de cylindre ou de demie sphère et d'un long manche. *Des banjos.*

BANK-NOTE, n. f. [bɑ̃knɔt] (angl. *bank-note*) ▷ Billet de banque ayant cours en Angleterre. ◁ ■ Au pl. *Des bank-notes.*

BANLIEUE, n. f. [bɑ̃ljø] (*ban* et *lieue,* étendue du ban seigneurial ; cf. lat. médiév. *bannileuga*) Territoire dans le voisinage et sous la dépendance d'une ville. ■ Commune récente de la périphérie d'une ville, parfois caractérisée par une certaine agitation sociale. *Les problèmes des banlieues.*

« *Notre maison de Pedi avait l'air, à côté, d'un clapier, d'une HLM de banlieue* », d'Ormesson. ■ **Par méton.** Ensemble des habitants de ce territoire. *La banlieue a protesté.*

BANLIEUSARD, ARDE, ■ n. m. et n. f. [bɑ̃ljøzaʀ, aʀd] (*banlieue*) Habitant de la banlieue, de la périphérie d'une ville. ■ Adj. Appartenant à la banlieue. *Un quartier banlieusard.*

BANNE, n. f. [ban] (b. lat. *benna*, chariot en osier) Grande manne faite de branches d'osier. ♦ Voiture à charbon. ♦ Grosse toile servant à couvrir les marchandises chargées sur des bateaux, des voitures de roulage, etc.

BANNÉ, ÉE, p. p. de banner. [bane] *Voiture bannée.*

BANNEAU, n. m. [bano] (dimin. de *banne*) Petite banne en osier. ♦ Tombereau.

BANNER, v. tr. [bane] (*banne*) Couvrir avec une banne.

BANNERET, n. m. [ban(ə)ʀɛ] (radic. de *bannière*) Ancien titre des seigneurs qui avaient droit de lever bannière, pour composer une compagnie militaire de leurs vassaux. ♦ Adj. *Un seigneur banneret.*

BANNETON, n. m. [ban(ə)tɔ̃] (*banne*) Coffre percé d'un grand nombre de trous, qui sert à conserver le poisson dans l'eau. ♦ Panier d'osier sans anses dans lequel on met lever le pain rond.

BANNETTE, n. f. [banɛt] (dimin. de *banne*) Petite banne, corbeille en osier.

BANNI, IE, p. p. de bannir. [bani] Chassé d'un pays. ♦ Éloigné, exclu. *Banni de la cour.* ♦ Fig. *La pudeur bannie des cœurs.* ♦ N. m. et n. f. *Un banni, une bannie.*

BANNIÈRE, n. f. [banjɛʀ] (prob. *ban*) Enseigne, étendard. *La bannière de France, drapeau de nos anciens rois.* ♦ Fig. « *La Discorde [...] déploya ses bannières* », Boileau. ♦ *À bannière levée*, avec une hostilité ouverte. ♦ *Se ranger sous la bannière de quelqu'un*, se ranger de son parti. ♦ Mar. Pavillon qui indique la nation à laquelle appartient un bâtiment. ♦ On dit aujourd'hui *pavillon*. ♦ Étendard que l'on porte aux processions, et qui sert à distinguer une paroisse ou une confrérie. ♦ Fig. *Aller au-devant de quelqu'un avec la croix et la bannière*, avec un grand appareil. *Il faut la croix et la bannière pour...* il faut faire les plus grandes cérémonies pour... ♦ ▷ **Prov.** *Cent ans bannière, cent ans civière*, se dit des changements de fortune dans les familles. ◁ ■ Bandeau publicitaire, notamment sur les sites Internet.

BANNIR, v. tr. [baniʀ] (lat. médiév. *bannire*, de l'anc. b. frq. *bannjan*, bannir) Chasser d'un pays, exiler. ♦ Éloigner d'un lieu, de quelqu'un, exclure. ♦ Fig. Éloigner, supprimer, ôter. *Bannir de son âme tout souci.* ♦ Se bannir, v. pr. S'exiler. *Il s'était banni de son pays.* ♦ S'éloigner de, ne pas fréquenter. *Se bannir de la société, du monde.*

BANNISSABLE, adj. [banisabl] (radic. du p. prés. de *bannir*) Qui doit être banni.

BANNISSEMENT, n. m. [banis(ə)mɑ̃] (radic. du p. prés. de *bannir*) Action de bannir ; résultat de cette action. ♦ En droit, peine infamante qui consiste à être banni.

BANON, ■ n. m. [banɔ̃] (*Banon*, commune des Alpes-de-Haute-Provence) Fromage de chèvre à pâte molle, qui est enveloppé de feuilles de châtaignier.

BANQUABLE, ■ adj. [bɑ̃kabl] Voy. bancable.

BANQUE, n. f. [bɑ̃k] (ital. *banca*, table, comptoir de vente) Originairement, commerce d'argent qu'on fait remettre de place en place, d'une ville à une autre, par le moyen des lettres de change ; établissement qui se chargeait de l'argent des particuliers pour le faire valoir à gros intérêts ou le mettre en sûreté. ♦ Aujourd'hui, commerce consistant à effectuer pour le compte d'autrui des paiements et recettes, à faire l'escompte, à acheter et revendre soit des valeurs commerciales, lettres de change, billets de commerce, effets publics, actions d'entreprises industrielles et tous titres créés pour l'usage du crédit, soit des monnaies ou matières d'or et d'argent. ♦ Plus spécialement, les établissements qui se livrent à ces diverses opérations. *Maison de banque. Banque de France.* ♦ Paiement fait aux ouvriers d'imprimerie chaque semaine ou tous les quinze jours. ♦ Au jeu, somme qu'a devant lui le joueur qui tient contre tous les autres. ♦ *Faire sauter la banque*, gagner tout l'argent de celui qui tient le jeu. ■ Établissement médical où est conservé ce qui provient de corps humains et qui peut être utilisé ultérieurement. *Banque de sang, d'organes.* ■ **Inform.** *Banque de données*, ensemble structuré de données relatives à un même thème directement consultable par un utilisateur.

BANQUER, ■ v. tr. et v. intr. [bɑ̃ke] (*banque*) **Fam.** Payer. *Il faut banquer ton loyer.* ■ Mar. Replacer les bancs sur une barque dont ils avaient été retirés. ■ Pêcher sur un banc de poissons.

BANQUEROUTE, n. f. [bɑ̃k(ə)ʀut] (ital. *bancarotta*, litt. banque rompue) Cessation de paiement de la part d'un négociant devenu insolvable. ♦ ▷

Fig. et **fam.** *Faire banqueroute à*, manquer à. « *Gardez de faire aux égards banqueroute* », La Fontaine. ◁ ♦ **Jurispr.** Faillite coupable et punie par la loi ; *banqueroute simple*, lorsqu'il y a faute seulement ; *banqueroute frauduleuse*, lorsqu'il y a fraude. ♦ *Banqueroute* se dit spécialement de l'État, lorsque la loi abolit tout ou partie de la dette publique.

BANQUEROUTIER, IÈRE, ■ n. m. et n. f. [bɑ̃k(ə)ʀutje, jɛʀ] (*banqueroute*) Celui, celle qui a fait banqueroute. ♦ Adj. *Un gouvernement banqueroutier.*

BANQUET, n. m. [bɑ̃kɛ] (prob. ital. *banchetto*, festin, de *banco*, banc) Repas d'apparat. ♦ *Banquet nuptial*, repas de noces. ♦ **Dévot.** *Le banquet des élus*, la béatitude céleste. ♦ *Le banquet sacré*, la communion. ♦ **Poétiq.** *Le banquet de la vie.*

BANQUETER, v. intr. [bɑ̃k(ə)te] (*banquet*) Faire bonne chère, prendre part fréquemment à de grands repas. ♦ Il est familier.

BANQUETEUR, n. m. [bɑ̃k(ə)tœʀ] (*banqueter*) ▷ Celui qui banquette. ◁

BANQUETTE, n. f. [bɑ̃kɛt] (a. provenç. *banqueta* ; sens milit., norm. *banque*, table) Banc long et rembourré, sans dossier. ♦ *Jouer devant les banquettes*, jouer une pièce dans une salle presque vide de spectateurs. ♦ Partie du rempart située immédiatement derrière le parapet, et d'où les soldats font feu sur l'ennemi. ♦ Petit chemin peu élevé au-dessus de la voie sur un pont ou une rue pour les piétons. ♦ On dit habituellement *trottoir*. ♦ L'impériale d'une diligence et des omnibus.

BANQUIER, IÈRE, n. m. et n. f. [bɑ̃kje, jɛʀ] (*banque*) Propriétaire ou directeur d'une maison de banque particulière. ♦ Au jeu, personne qui tient le jeu contre tous les autres joueurs.

BANQUISE, n. f. [bɑ̃kiz] (anc. nord. *pakki*, et *iss*, glace) Bordure d'eau de mer gelée qui ne permet pas aux navigateurs d'atteindre une côte où elle est adhérente.

BANQUISTE, n. m. [bɑ̃kist] (*banque*) Charlatan, bateleur. ♦ Mot pop.

BANS, n. m. pl. [bɑ̃] (*bancs*) ▷ Lits de chiens de chasse. ◁

BANTOU, OUE, ■ n. m. et n. f. [bɑ̃tu] (bantou *ba-ntu*, classe des hommes) Ensemble d'ethnies situées en Afrique sud-équatoriale. ■ Famille de langues pratiquées dans cette région. ■ Adj. Qui concerne ces ethnies, ces langues. *Dialectes bantous. Proverbes bantous.*

BANTOUSTAN, ■ n. m. [bɑ̃tustɑ̃] (afrik. *bantustan*, territoire bantou) Territoire octroyé aux populations noires d'Afrique du Sud, au temps de l'apartheid.

BANVIN, n. m. [bɑ̃vɛ̃] (*ban* et *vin*) Droit qu'avait le seigneur de vendre, à l'exclusion de toute autre personne, le vin de son cru, dans sa paroisse, durant le temps marqué par la coutume. ♦ Proclamation qui indiquait le jour où les particuliers pourraient vendre leur vin nouveau.

BANYULS, ■ n. m. [banjuls] (Banyuls, commune des Pyrénées-Orientales) Vin doux naturel de la région de Banyuls, dans le Roussillon.

BAOBAB, n. m. [baobab] (ar. *buhibab*, fruit aux nombreuses graines) Arbre d'Afrique, qui est le plus grand des végétaux connus.

BAPTÊME, n. m. [batɛm] (lat. chrét. *baptisma*, du gr. *baptein*, plonger) Celui des sept sacrements de l'Église qui efface le péché originel, et qui consiste en de l'eau versée sur la tête et en paroles sacramentelles. ♦ Fig. *Baptême de sang*, martyre des catéchumènes. ♦ *Nom de baptême*, le nom donné par le parrain ou la marraine à l'enfant présenté aux fonts baptismaux. ♦ *Baptême d'une cloche, d'un navire*, cérémonie religieuse par laquelle on bénit une cloche, un navire. ♦ *Baptême de mer, du tropique, de la ligne*, usage des matelots à l'égard de ceux qui passent, pour la première fois, le tropique ou la ligne. ■ *Baptême du feu*, première participation à un combat. ■ *Baptême de l'air*, premier vol effectué en avion. ■ Rem. Graphie ancienne : *batême.*

BAPTISÉ, ÉE, p. p. de baptiser. [batize] Rem. Graphie ancienne : *batisé, ée.*

BAPTISER, v. tr. [batize] (lat. chrét. *baptizare*) Conférer le baptême. ♦ *Baptiser une cloche, un navire*, employer certaines cérémonies ecclésiastiques pour les bénir. ♦ Fig. Donner un sobriquet. ♦ **Fam.** *Baptiser son vin*, y mettre de l'eau. ■ Rem. Graphie ancienne : *batiser.*

BAPTISEUR, n. m. [batizœʀ] (*baptiser*) Celui qui baptise. *Jean le Baptiseur.*

BAPTISMAL, ALE, adj. [batismal] (*baptême*, d'après le lat. *baptisma*) Qui appartient au baptême. *Eau baptismale. Fonts baptismaux.*

BAPTISME, ■ n. m. [batism] (radic. du lat. *baptisma*) Doctrine religieuse selon laquelle le baptême ne peut être conféré qu'à des croyants adultes, par immersion et sur profession personnelle de leur foi. *Le baptisme est issu de la réforme protestante du XVIᵉ siècle.*

BAPTISTAIRE, adj. [batistɛʀ] (radic. du lat. chrét. *baptisterium*, baptistère) Qui constate le baptême. *Registre baptistaire.* ♦ N. m. *Le baptistaire*, l'extrait du registre, la date d'un baptême.

BAPTISTE, ■ adj. ou n. m. et n. f. [batist] (*baptisme*) Adepte du baptisme. *Missionnaires baptistes. Les baptistes sont nombreux aux États-Unis.*

BAPTISTÈRE, n. m. [batistɛʀ] (lat. chrét. *baptisterium*) Petit édifice bâti près des cathédrales pour administrer le baptême. ✦ Chapelle où sont les fonts baptismaux.

BAQUET, n. m. [bakɛ] (dimin. de *bac*) Sorte de petit cuvier. ▪ Siège baquet ou baquet, siège dont le dossier épouse parfaitement la forme du dos. *Voiture de course à baquets.*

BAQUETURES, n. f. pl. [bak(ə)tyʀ] (*baquet*) Vin qui tombe dans le baquet quand on le verse ou qu'on le met en bouteilles.

1 **BAR**, n. m. [baʀ] (m. néerl. *baerse, barse*, bar, perche) Poisson de mer dont la chair est très estimée, dit aussi *loup de mer*. ▪ On écrivait aussi : *bars*.

2 **BAR**, ▪ n. m. [baʀ] (mot angl., de *barre*, barrière, balustrade [derrière laquelle étaient servis les consommateurs], de l'anc. fr. *barre*) Comptoir d'un café. *Consommation au bar ou en salle.* ▪ Débit de boissons.

3 **BAR**, ▪ n. m. [baʀ] (gr. *barus*, lourd) Unité de mesure de pression.

BARAGOUIN, n. m. [baʀagwɛ̃] (prob. bret. *bara*, pain, et *gwin*, vin) Langage où les sons des mots sont tellement altérés, qu'il devient inintelligible.

BARAGOUINAGE, n. m. [baʀagwinaʒ] (*baragouiner*) Manière de parler embrouillée et inintelligible.

BARAGOUINÉ, ÉE, p. p. de baragouiner. [baʀagwine]

BARAGOUINER, v. intr. [baʀagwine] (*baragouin*) Estropier les mots d'une langue en parlant, en altérer le son au point de les rendre difficiles à comprendre. ✦ V. tr. Mal parler une langue.

BARAGOUINEUR, EUSE, n. m. et n. f. [baʀagwinœʀ, øz] (*baragouiner*) Celui, celle qui baragouine.

BARAKA, ▪ n. f. [baʀaka] (mot ar., bénédiction, faveur du ciel) Influence favorable d'origine divine accordée aux saints par les Arabes. *Ce marabout possède la baraka.* ▪ Par extens. et fam. Chance. *Il a eu la baraka dans cette affaire.*

BARALIPTON, n. m. [baʀaliptɔ̃] (les voyelles *a* et *i* représentent respectivement une propos. universelle affirmative et une particulière affirmative) ▷ Mot forgé par les scolastiques pour désigner mnémoniquement une forme de syllogisme. ◁

BARAQUE, n. f. [baʀak] (a. provenç. *baraca*, d'orig. prob. pré-rom. soit *barra*, barre transversale, soit *barrum*, argile.) Hutte construite par les soldats à défaut de tentes, et par extens. constructions légères remplaçant les casernes. ✦ Réduit couvert pour les pêcheurs. ✦ Boutique faite de planches. ✦ Fig. et fam. Maison mal bâtie et de chétive apparence. ✦ Maison où les domestiques sont traités mal, les ouvriers mal payés. ✦ ▷ Petite armoire dans laquelle les écoliers serrent leurs livres et leurs cahiers. ◁ ▪ Fam. Casser la baraque, remporter un énorme succès. *Chanteur qui casse la baraque.* ▪ Faire échouer une entreprise. *Il m'a cassé la baraque auprès de cette fille.*

BARAQUÉ, ÉE, p. p. de baraquer. [baʀake] ▷ Logé en des baraques. ◁ ▪ Fam. Pourvu d'une carrure physique imposante.

BARAQUEMENT, n. m. [baʀak(ə)mɑ̃] (*baraquer*) ▷ Action de baraquer, de se baraquer. ✦ Ensemble de baraques. ◁

BARAQUER, v. tr. [baʀake] (*baraque*) ▷ Faire des baraques. ◁ ✦ Se baraquer, v. pr. Se construire des baraques.

BARATERIE, n. f. [baʀat(ə)ʀi] (ital. *baratteria*) Mar. Fraude commise par le capitaine, le maître ou patron d'un navire, au préjudice des armateurs, des assureurs.

BARATHRE, n. m. [baʀatʀ] (gr. *barathron*) Précipice où l'on jetait les criminels à Athènes.

BARATIN, ▪ n. m. [baʀatɛ̃] (anc. fr. *barat*, ruse, tromperie) Discours insincère et volubile qui vise à convaincre. *Pour la séduire, il lui a fait du baratin.* ▪ BARATINER, v. tr. et v. intr. [baʀatine] ▪ BARATINEUR, EUSE, n. m. et n. f. [baʀatinœʀ, øz]

BARATTAGE, n. m. [baʀataʒ] (*baratter*) L'ensemble des opérations qui se font dans la baratte.

BARATTE, n. f. [baʀat] (*baratter*) Vaisseau dont on se sert pour battre le beurre.

BARATTÉ, ÉE, p. p. de baratter. [baʀate]

BARATTER, v. tr. [baʀate] (prob. *barater*, s'agiter) Agiter du lait dans une baratte pour faire du beurre.

BARBACANE, n. f. [baʀbakan] (orig. obsc. : ar. *bab-al-baqara*, porte pour les vaches, ou pers. *balahana*, terrasse sur un toit) Meurtrière pratiquée dans le mur des forteresses. ✦ Au Moyen Âge, ouvrage extérieur percé de meurtrières. ✦ Ouverture longue et étroite pour l'écoulement des eaux.

BARBACOLE, n. m. [baʀbakɔl] (*Barbacola*, maître d'école dans l'opéra de Lully, *Le Carnaval* ; mot forgé par La Fontaine) ▷ Maître d'école ; magister de village. « *Humains, il vous faudrait encore à soixante ans Renvoyer chez les barbacoles* », La Fontaine. ◁

BARBANT, ANTE, ▪ adj. [baʀbɑ̃, ɑ̃t] (*barber*) Qui barbe, ennuie. *Une conférence barbante.*

BARBAQUE, ▪ n. f. [baʀbak] (p.-ê. esp. du Mexique *barbacoa*, gril servant à fumer la viande) Fam. Viande, souvent considérée comme mauvaise.

BARBARA, n. m. [baʀbaʀa] (*a* représente une proposition universelle affirmative) ▷ Mot forgé par les scolastiques pour désigner mnémoniquement une forme de syllogisme. ◁

BARBARE, adj. [baʀbaʀ] (lat. *barbarus*, gr. *barbaros*, qui ne parle pas grec) Étranger, par rapport aux Grecs et aux Romains. ✦ N. m. et n. f. *Les barbares.* ✦ Par extens. Non civilisé, mal civilisé. ✦ Fam. *C'est un barbare*, c'est un homme sans goût et incapable d'apprécier les beautés de l'art. ✦ Sauvage, grossier. *Peuples sauvages et barbares.* ✦ Contraire aux règles de la langue. *Parler d'une manière barbare.* ✦ Qui est sans humanité, cruel. *Un homme barbare.* ✦ n. *Un barbare.* ▪ Adj. Relatif aux peuples des pays de l'est de l'Europe et d'Asie qui envahirent l'empire d'Occident. *Les invasions barbares des* Vᵉ *et* VIᵉ *siècles.* ▪ N. m. pl. *Les barbares*, ces peuples.

BARBARÉE, n. f. [baʀbaʀe] (lat. sav. *barbaræa*, de Sainte *Barbe*) Plante analogue au cresson.

BARBAREMENT, adv. [baʀbaʀ(ə)mɑ̃] (*barbare*) D'une façon barbare.

BARBARESQUE, adj. [baʀbaʀɛsk] (ital. *barbaresco*, de *Barberia*, la « Barbarie ») Qui appartient aux peuples de Barbarie. *Les États barbaresques.* ✦ N. m. et n. f. *Les Barbaresques.*

BARBARIE, n. f. [baʀbaʀi] (lat. *barbaria*, pays non grec, manque de culture) Manque de civilisation, grossièreté. ✦ Inhumanité. ✦ Action barbare, cruelle. ✦ Le pays des barbares.

BARBARISER, v. intr. [baʀbaʀize] (barbare, d'après le gr. *barbarizein*, écorcher le grec) Parler d'une façon barbare.

BARBARISME, n. m. [baʀbaʀism] (lat. *barbarismus*, gr. *barbarismos*, expression vicieuse) Faute contre la partie de la grammaire qui traite des espèces de mots, et par extens. toute expression, toute locution qui viole la règle. ✦ Fig. « *Des incongruités de bonne chère et des barbarismes de bon goût* », Molière.

1 **BARBE**, n. f. [baʀb] (lat. *barba*) Poil du menton et des joues. ✦ ▷ *Jours de barbe*, les jours où l'on se fait la barbe. ◁ ✦ *À la barbe de*, en dépit de. ✦ ▷ Fig. et pop. *Faire la barbe à quelqu'un*, avoir l'avantage sur lui. ◁ ✦ *Rire dans sa barbe*, rire avec une satisfaction maligne qu'on dissimule. ✦ Fam. La personne même qui porte la barbe. « *Allez, grande barbe, pédant hérissé de grec* », Fénelon. ✦ *Une jeune barbe*, un jeune homme sans expérience. ✦ *Une barbe grise, une vieille barbe*, un vieillard. ✦ Longs poils que certains animaux ont à la mâchoire, au museau, au bec. ✦ *Barbe de baleine*, crins qui garnissent l'extrémité des fanons. ✦ N. f. pl. Bandes de toile ou de dentelle qui pendent à certaines coiffures de femme. ✦ Petites inégalités qui restent à certains ouvrages de métal. ✦ Irrégularités des bords d'une feuille de papier. ✦ *Barbes d'une plume*, les filets qui garnissent latéralement le tuyau. ✦ *Barbes d'épi*, longues arêtes des graminées, et aigrettes des composées. ✦ *Barbe-de-capucin*, chicorée sauvage. ✦ ▷ *Tirer en barbe*, c'est tirer le canon par-dessus la hauteur du parapet, sans le pointer par les embrasures. ◁ ▪ *Barbe à papa*, friandise faite de sucre étiré en longs filaments enroulés autour d'un bâtonnet. ▪ *La barbe !* Fam. Exclamation exprimant l'agacement. ▪ *Barbe-de-capucin* au plur. : *des barbes-de-capucin*.

2 **BARBE**, n. m. [baʀb] (it. *barbero*, de *Barberia*, la « Barbarie ») Cheval de sang oriental des contrées africaines, souvent confondu avec l'arabe. ✦ Adj. *Un cheval barbe.*

3 **BARBE**, n. m. [baʀb] (2 *barbe*) ▷ Nom des docteurs des Vaudois. ◁

BARBÉ, ÉE, adj. [baʀbe] (1 *barbe*) Hérald. Barbé se dit de quelques animaux à barbe, lorsque la barbe est d'un autre émail. ✦ Bot. Qui est muni d'une barbe.

1 **BARBEAU**, n. m. [baʀbo] (lat. pop. *barbellus*, de *barbus*, sorte de poisson) Poisson de rivière du genre cyprin. ✦ Barbeau de mer, rouget.

2 **BARBEAU**, n. m. [baʀbo] (1 *barbe*) Plante à fleurs bleues qui croît dans les blés, dite aussi *bluet*. ✦ Adj. inv. *Bleu barbeau*, espèce de bleu clair.

BARBECUE, n. m. [baʀbəkju] ou [baʀbəky] (mot américain, de l'hisp.-amér. *barbacoa*) Installation de plein air, mobile ou non, qui sert à la cuisson au gaz ou au charbon de bois des aliments. ▪ Par extens. Fait de cuire des aliments à l'aide d'un barbecue. ▪ Par méton. Réunion conviviale autour d'un repas cuit au barbecue. *Comme il faisait beau, nous avons fait un barbecue.*

BARBELÉ, ÉE, adj. [baʀbəle] (barbeler, de l'anc. fr. *barbel*, pointe, dent) Garni de dents ou de pointes. *Flèche barbelée.* ▪ **N. m.** Fil de fer garni de pointes. *Une clôture de barbelés.*

BARBELURE, ▪ n. f. [baʀbəlyʀ] (anc. fr. *barbel*, pointe, dent) Aspérité effilée disposée en barbe d'épi. *Des harpons à plusieurs rangées de barbelures.*

BARBER, ▪ v. tr. [baʀbe] (1 *barbe*, d'après *raser*) **Fam.** Importuner ou excéder. *Ce travail me barbe.* ▪ Se barber, v. pr. S'ennuyer.

BARBERIE, n. f. [baʀbəʀi] (*barbier*) ▷ Arts de raser et de coiffer. ♦ Dans quelques communautés d'hommes, lieu où l'on faisait la barbe. ♦ Il est vieux. ◁

BARBERON, n. m. [baʀbəʀɔ̃] (1 *barbe*) Salsifis.

BARBET, ETTE, n. m. et n. f. [baʀbɛ, ɛt] (1 *barbe*) Chien à long poil et frisé. ♦ Adj. *Chien barbet.* ♦ **Fam.** *Être crotté comme un barbet,* être excessivement crotté.

BARBETTE, n. f. [baʀbɛt] (dimin. de *barbe*) ▷ Sorte de guimpe dont les religieuses se couvrent le sein. ♦ Espèce de plate-forme ou de petite élévation de terre qui se fait ordinairement dans les angles d'un bastion pour y placer du canon, qui tire par-dessus le parapet. ◁

BARBEYER, v. intr. [baʀbeje] (1 *barbe*) Le vent barbeye, lorsqu'il ne fait que raser la voile, sans la remplir.

1 **BARBICHE**, n. f. [baʀbiʃ] (1 *barbe*) Petite barbe que l'on laisse pousser au menton ou aux joues.

2 **BARBICHE, BARBICHET, BARBICHON**, n. m. [baʀbiʃ, baʀbiʃe, baʀbiʃɔ̃] (1 *barbet*) ▷ Petit chien barbet. ◁

BARBICHETTE, ▪ n. f. [baʀbiʃɛt] (*barbiche*) Petite barbe qui pousse au bout du menton.

BARBICHU, UE, ▪ adj. [baʀbiʃy] (*barbiche*) Qui porte une barbiche. *Une chèvre barbichue.*

BARBIER, n. m. [baʀbje] (1 *barbe*) Celui dont le métier est de faire la barbe.

BARBIFÈRE, adj. [baʀbifɛʀ] (1 *barbe* et *-fère*) **Hist. nat.** Qui porte une barbe.

BARBIFIÉ, ÉE, p. p. de barbifier. [baʀbifje]

BARBIFIER, v. tr. [baʀbifje] (1 *barbe*) Raser, faire la barbe. ♦ Se barbifier, v. pr. Se faire la barbe.

BARBILLE, n. f. [baʀbij] (1 *barbe*) Filaments aux flancs des monnaies.

BARBILLON, n. m. [baʀbijɔ̃] (1 *barbe*) Filaments aux deux côtés de la gueule de certains poissons. ♦ *Les barbillons d'une flèche, d'un hameçon,* dents qui garnissent une flèche, un hameçon. ♦ Replis de la membrane muqueuse du cheval. ♦ Petit barbeau, poisson.

BARBITON, n. m. [baʀbitɔ̃] (gr. *barbiton*) ▷ Sorte d'instrument de musique à plusieurs cordes, chez les anciens. ◁

BARBITURIQUE, ▪ n. m. [baʀbityʀik] (all. *barbit[usaüre]*, acide barbiturique, et *urique*, de urée) Médicament utilisé comme sédatif, anesthésique, hypnotique et anticonvulsif. ▪ **Adj.** *Un produit barbiturique.*

BARBON, n. m. [baʀbɔ̃] (ital. *barbone*, de *barba*, barbe) Vieillard, avec une idée de dénigrement. ♦ *Faire le barbon,* être trop grave pour son âge.

BARBOTAGE, n. m. [baʀbotaʒ] (*barboter*) Gâchis. ♦ Boisson composée d'eau dans laquelle on a délayé un peu de farine ou de son, et qui se donne aux bestiaux. ▪ Action de barboter.

BARBOTE ou **BARBOTTE**, n. f. [baʀbɔt] (*barboter*, avec infl. de *barbe*) Poisson de rivière qui n'a que deux nageoires sur le dos.

BARBOTÉ, ÉE, p. p. de barboter. [baʀbote]

BARBOTEMENT, n. m. [baʀbɔt(ə)mɑ̃] (*barboter*) ▷ Action de barboter. ◁

BARBOTER, v. intr. [baʀbote] (prob. confusion de *bourbe* [cf. *bourbouter*, patauger] et de *barbe* [cf. sens de *marmotter*]) Fouiller bruyamment avec le bec dans l'eau ou dans la bourbe. ♦ Marcher dans une boue épaisse. ♦ Fig. « *Les descendants des Camille, des Brutus, barbotaient dans la fange* », VOLTAIRE. ♦ ▷ V. tr. Marmotter, prononcer d'une façon mal articulée. ◁ ♦ V. tr. **Fam.** Dérober, subtiliser.

BARBOTEUR, n. m. [baʀbotœʀ] (*barboter*) Le canard domestique.

BARBOTEUSE, n. f. [baʀbotøz] (*barboter*, aux sens respectifs de fouiller et s'agiter) ▷ Femme de mauvaise vie. ◁ ♦ ▷ T. bas. ◁ ▪ Vêtement de bébé composé d'un plastron et d'une culotte courte bouffante.

BARBOTIÈRE, n. f. [baʀbotjɛʀ] (*barboter*) ▷ Mare à canard. ♦ Baquet pour les chevaux. ◁

BARBOTIN, ▪ n. m. [baʀbote] (*Barbotin*, capitaine de frégate qui améliora la manœuvre des chaînes) **Mar.** Couronne métallique à empreintes, destinée à bloquer les maillons de la chaîne d'ancre, lorsqu'elle est hissée. ▪ **Techn.** Roue dentée couplée à la transmission du moteur qui entraîne le train de roulement d'un véhicule à chenilles.

BARBOTINE, n. f. [baʀbotin] (*barboter*) ▷ Nom donné, dans la droguerie, aux fleurs non épanouies de plusieurs espèces d'armoises. ♦ Bouillie pour coller les garnitures des poteries de terre. ◁

BARBOTTE, ▪ n. f. [baʀbɔt] Voy. BARBOTE.

BARBOUILLAGE, n. m. [baʀbujaʒ] (*barbouiller*) Enduit de couleur fait grossièrement à la brosse. ♦ Mauvaise peinture. ♦ Écriture illisible. ♦ Discours confus et mal ordonné.

BARBOUILLE, ▪ n. f. [baʀbuj] (*barbouille*) **Fam.** et **péj.** Peinture de basse qualité. *Ce peintre ne fait plus que de la barbouille.*

BARBOUILLÉ, ÉE, p. p. de barbouiller. [baʀbuje] **Fam.** *Avoir le ventre barbouillé,* se sentir nauséeux.

BARBOUILLER, v. tr. [baʀbuje] (prob. *barboter*, sur le modèle de *brouiller*) Salir, souiller. ♦ Étendre grossièrement une couleur avec une brosse. *Barbouiller de noir le devant d'une boutique.* ♦ Absol. Peindre grossièrement. ♦ Faire beaucoup d'écritures inutiles. *Barbouiller du papier.* « *Je me reproche fort d'avoir barbouillé deux tomes pour un seul homme* », VOLTAIRE. ♦ **Absol.** *Cet auteur ne fait que barbouiller.* ♦ Écrire mal. ♦ ▷ Compromettre. « *Elle est femme à vous barbouiller terriblement dans le monde* », DANCOURT. ◁ ♦ ▷ Parler, exprimer d'une manière confuse. ◁ ♦ ▷ V. intr. Prononcer d'une manière vicieuse ou peu distincte. ◁ ♦ Se barbouiller, v. pr. *Se barbouiller de confiture.* ♦ Fig. *Se barbouiller de grec et de latin,* en surcharger confusément sa mémoire. ♦ ▷ Fig. Se barbouiller, compromettre sa considération. « *Dans le monde, à vrai dire, il se barbouille fort* », MOLIÈRE. ◁

BARBOUILLEUR, EUSE, n. m. et n. f. [baʀbujœʀ, øz] (*barbouiller*) Artisan qui peint avec la brosse les murailles, les plafonds, les portes, etc. ♦ **Fig.** et **fam.** Mauvais peintre. ♦ Mauvais écrivain, etc. « *Un vieux barbouilleur de papier* », VOLTAIRE. ♦ ▷ Fig. et fam. Bavard dont les paroles sont confuses, inintelligibles. *Une barbouilleuse.* ◁

BARBOUILLON, n. m. [baʀbujɔ̃] (*barbouiller*) Qui barbouille.

BARBOUZE, ▪ n. m. et n. f. [baʀbuz] (1 *barbe* et suff. péj.) **Fam.** Barbe. ▪ Par méton. Agent d'un service secret (police ou renseignement). *À cause de leurs méthodes policières contestables et ridicules, on les traitait de barbouzes, comme dans le film* Les Barbouzes.

BARBU, UE, adj. [baʀby] (1 *barbe*) Qui a de la barbe. ♦ **Bot.** Hérissé de barbes, de poils, de filets. *Blé barbu.* ▪ **N. m.** Genre d'oiseaux grimpeurs qui habitent la zone torride. ▪ Homme qui porte la barbe.

BARBUE, n. f. [baʀby] (fém. de *barbu*) Poisson de mer plat.

BARBULE, ▪ n. f. [baʀbyl] (lat. *barbula*, petite barbe) Lamelle, parfois munie de crochets, permettant de relier entre elles les barbes des plumes d'oiseaux.

BARCALON, n. m. [baʀkalɔ̃] (prob. mot indigène) ▷ Titre du premier ministre de Siam. ◁

BARCAROLLE ou **BARCAROLE**, n. f. [baʀkaʀɔl] (ital. *barcar[u]ola*, de *barca*) Sorte de chanson particulière aux gens du peuple et surtout aux gondoliers de Venise. ♦ Petite pièce de musique faite en imitation de ce genre.

BARCASSE, ▪ n. f. [baʀkas] (ital. *barcaccia* ou provenç. *barcasso*) Grosse barque. ▪ **Péj.** Barque rudimentaire. *C'est une vraie épave, cette barcasse !*

BARCELONAIS, AISE, ▪ adj. ou n. m. et n. f. [baʀsəlɔnɛ, ɛz] (*Barcelone*) Originaire de Barcelone. *Les soirées barcelonaises. Picasso, Gaudí et Miró sont d'illustres Barcelonais.*

BARCELONNETTE, n. f. [baʀsəlɔnɛt] (*barcelonnette*, couverture de berceau, de Barcelone, réputée pour ses couvertures de laine ; infl. de *berceau* sur la var. *berclonnette*) Petit lit suspendu et mobile, dans lequel on peut bercer un enfant.

BARD, n. m. [baʀ] (orig. obsc.) Sorte de grande civière à plusieurs bras.

BARDA, ▪ n. m. [baʀda] (ar. *barda'a*, bât) **Fam.** Équipement du soldat en campagne. ▪ **Par extens.** Bagage encombrant. *Trimballer son barda.*

BARDAGE, ▪ n. m. [baʀdaʒ] (*barder*, de *bard*) **Techn.** Revêtement extérieur d'une construction, réalisé à l'aide de bardeaux. ▪ Transport de matériaux sur un chantier, avec un bard.

BARDANE, n. f. [baʀdan] (prob. lat. médiév. *bardana*, altér. de *dardana*, grande bardane) Plante à fleurs composées, dite aussi *glouteron*.

1 **BARDE**, n. f. [baʀd] (ar. *bard'a*, bât) Ancienne armure faite de lames de fer, qu'on plaçait sur le poitrail d'un cheval. ♦ Tranche de lard fort mince. ♦ Longue selle faite uniquement de grosses toiles piquées et bourrées.

2 BARDE, n. m. [baʀd] (lat. *bardus*, prob. d'orig. gaul. ; sens culin., provenç. *bardo*, même sens) Poète chez les anciens Celtes. ♦ **Fig.** Poète héroïque et lyrique.

1 BARDÉ, ÉE, p. p. de 1 barder. [baʀde] Porté sur un bard.

2 BARDÉ, ÉE, p. p. de 2 barder. [baʀde] Chevalier bardé de fer. ■ **Fig.** et **fam.** Pourvu en grand nombre. *Être bardé de diplômes.*

BARDEAU, n. m. [baʀdo] (p.-ê. 1 barde) Ais mince et court dont on se sert pour couvrir les maisons. ♦ Petit train de bois.

1 BARDÉE, n. f. [baʀde] (*bard*) ▷ Ce que peut porter un bard. ◁

2 BARDÉE, n. f. [baʀde] (1 *barde*, au sens culin.) Ensemble des bardes de lard dont on garnit une volaille.

BARDELLE, n. f. [baʀdɛl] (1 *barde*) ▷ Selle faite de toile et de bourre. ◁

1 BARDER, v. tr. [baʀde] (1 *bard*) Charger sur un bard.

2 BARDER, v. tr. [baʀde] (1 *barde*) Couvrir un cheval de l'armure appelée barde. ♦ Envelopper de bardes de lard.

BARDEUR, n. m. [baʀdœʀ] (1 *barder*) ▷ Celui qui, dans un chantier, porte le bard ; celui qui traîne les pierres sur un petit chariot. ◁

BARDIS, n. m. [baʀdi] (radic. de *bardeau*) Séparation de planches qu'on fait à fond de cale, dans un navire de commerce, pour charger des blés et autres grains.

BARDIT, n. m. [baʀdit] (lat. *barditus*, d'orig. obsc.) ▷ Chant de guerre des anciens Germains. ◁

BARDOLINO, ■ n. m. [baʀdolino] (*Bardolino*, ville it. sur les bords du lac de Garde) Vin rouge italien, qui provient de la région du lac de Garde.

BARDOT, n. m. [baʀdo] (ar. *barda'a*, couverture de selle) Petit mulet produit de l'accouplement du cheval et de l'ânesse. ♦ **Fig.** et **fam.** Homme sur qui les autres se déchargent d'une partie de leur tâche ; celui qui sert de sujet habituel aux plaisanteries. ♦ En typographie, papier de rebut.

BAREFOOT, ■ n. m. [beʀfut] (mot angl., pieds nus) Sport apparenté au ski nautique, mais qui se pratique pieds nus, sans skis. *Des barefoots.*

BARÈGE, n. m. [baʀɛʒ] (*Barèges*, ville des Hautes-Pyrénées) Étoffe de laine légère et non croisée. ■ **Rem.** Graphie ancienne : *barége.*

BARÈME, n. m. [baʀɛm] (François *Barrême*, mort en 1703) Recueil de comptes tout faits. ■ Liste préétablie qui sert de référence. *Barème des salaires. Le barème de notation.* ■ **Rem.** Graphie ancienne : *barême.*

BARÉMIQUE, ■ adj. [baʀemik] (*barème*) **Belg.** Relatif à un barème. *Ancienneté, échelle barémique.*

BARESTHÉSIE, ■ n. f. [baʀɛstezi] (3 *bar* et esthésie) **Méd.** Sensibilité à la pression, permettant d'évaluer le poids d'un corps.

BARÉTER, ■ v. intr. [baʀete] (*baret*, barrissement) Barrir.

1 BARGE, ■ n. f. [baʀʒ] (p.-ê. lat. vulg. *bardea*, d'orig. gaul.) **Zool.** Oiseau échassier migrateur, de la même famille que la bécasse, qui vit dans les marais. *Barge rousse. Barge à queue noire.*

2 BARGE, ■ n. f. [baʀʒ] (lat. médiév. *barga*, p.-ê. issu du gr. *baris*, galiote égyptienne, d'un mot égypt.) Bateau à fond plat, à voile ou à moteur, utilisé en eaux peu profondes, pour la pêche, le transport des pondéreux, etc.

3 BARGE, ■ adj. ou n. m. et f. [baʀʒ] Voy. BARJO.

BARGUIGNAGE, n. m. [baʀginaʒ] ou [baʀginjaʒ] (*barguigner*) Hésitation à prendre un parti. ♦ Il est familier.

BARGUIGNER, v. intr. [baʀgiɲe] ou [baʀginje] (lat. médiév. *barcaniare*, faire du commerce, de l'anc. b. frq. *borganjan*, qui croiserait les idées d'emprunt et de gain) Hésiter, avoir de la peine à se déterminer. « *À quoi bon tant barguigner et tant tourner autour du pot ?* », MOLIÈRE.

BARGUIGNEUR, EUSE, n. m. et n. f. [baʀgiɲœʀ, øz] ou [baʀginjœʀ, øz] (*barguigner*) Celui, celle qui barguigne. ♦ Il est familier.

BARIBAL, ■ n. m. [baʀibal] **Zool.** Ours noir ou brun, qui se nourrit essentiellement de végétaux et vit en Amérique du Nord. *L'agilité des baribals leur permet de grimper aux arbres.*

BARIGEL ou **BARISEL**, n. m. [baʀiʒɛl, baʀisɛl] (ital. *bari gello*, du b. lat. *barigildus*, homme astreint à comparaître au plaid du comte) ▷ Nom du chef des sbires dans plusieurs villes d'Italie. ◁

BARIGOULE, n. f. [baʀigul] (provenç. *barigoulo*, du lat. *maurucula*, morille, de *maurus*, noir) Sorte d'agaric bon à manger. ♦ Sorte de préparation de l'artichaut. *Artichauts à la barigoule.*

BARIL, n. m. [baʀil] (gallo-rom. *barriculus*, de *barrica*, barrique) Petite barrique. ■ Unité de mesure de capacité dans l'industrie pétrolière. *Prix du baril.* ■ **Rem.** On prononçait autrefois [baʀi].

BARILLAGE, n. m. [baʀijaʒ] (*baril*) Tout ce qui concerne la construction des barils. ♦ Réunion des barils d'un vaisseau.

BARILLE, n. f. [baʀij] (esp. *barilla*) Un des noms de la plante dont les cendres fournissent la soude.

BARILLERIE, n. f. [baʀij(ə)ʀi] (*baril*) Art de faire des barils.

BARILLET, n. m. [baʀijɛ] (*baril*) Petit baril. ♦ Petit bijou en forme de baril. ♦ Boîte qui renferme le grand ressort d'une montre ou d'une pendule. ■ **Techn.** Pièce cylindrique dans un mécanisme. *Un barillet de revolver.*

BARILLON, n. m. [baʀijɔ̃] (*baril*) Petit baril.

BARIOLAGE, n. m. [baʀjolaʒ] (*barioler*) Assemblage de diverses couleurs.

BARIOLÉ, ÉE, p. p. de barioler. [baʀjole] *Un vêtement bariolé.* ♦ **Fig.** *Un style bariolé.*

BARIOLER, v. tr. [baʀjole] (prob. croisement tautologique de l'anc. fr. *barré* et *riolé*, rayé) Teindre ou peindre de diverses couleurs bizarrement assorties. ♦ **Fig.** *Barioler son style,* y mettre des couleurs différentes qui ne s'accordent pas.

BARIOLURE, ■ n. f. [baʀjolyʀ] (*barioler*) Mélange plus ou moins harmonieux de couleurs disparates.

BARISEL, n. m. [baʀisɛl] Voy. BARIGEL.

BARIUM, n. m. [baʀjɔm] Voy. BARYUM.

BARJO ou **BARJOT, OTE**, ■ adj. [baʀʒo, ɔt] (verlan de *jobard*) **Fam.** Fou. *T'es barjo de vouloir partir toute seule en pleine nuit ?* ■ **Abrév.** Barge.

BARKHANE, ■ n. f. [baʀkan] (turc *barkan*) Forme de relief d'une dune, caractérisée par une forme de croissant avec un versant convexe en pente douce face au vent, et un versant concave abrupt contre le vent.

BARLONG, ONGUE, adj. [baʀlɔ̃, ɔ̃g] (prob. lat. vulg. *bislongus*, très long) Qui a la figure d'un carré long, mais irrégulier. ♦ Plus long d'un côté que de l'autre, en parlant de vêtements. *Châle barlong.*

BARLOTIÈRE, ■ n. f. [baʀlotjɛʀ] (dial. *barrelot*, de *barre* ; cf. anc. fr. *bareler*, garnir d'une barre) **Techn.** Traverse en fer servant à consolider les plombs dans un châssis de vitrail.

BARMAN n. m. ou **BARMAID**, ■ n. f. [baʀman, baʀmɛd] (mot angl.) Personne chargée de servir des boissons préparées au comptoir d'un bar ou d'un hôtel. *Des barmans, des barmaids.*

BAR-MITSVAH ou **BAR-MITSVAH**, ■ n. f. inv. [baʀmitsva] (mot hébr., fils du commandement) Dans la religion juive, majorité religieuse des garçons. *Faire sa bar-mitsva.* ■ **Par méton.** Cérémonie qui marque cet événement. *Assister à une bar-mitsva. Des bar-mitsva.* ■ **Rem.** On écrit aussi *bar-mitzva* et *bar-mitzvah.*

BARNABITE, n. m. [baʀnabit] (*Barnabé*, compagnon de s. Paul) Religieux d'un ordre institué à Milan dans le XVIe siècle, et dont les fondateurs s'assemblèrent dans l'église de Saint-Barnabé.

BARNACHE ou **BARNACLE**, n. f. [baʀnaʃ, baʀnakl] (lat. médiév. *bernaca*) Oiseau de passage qui est une espèce d'oie sauvage.

BAROCO, n. m. [baʀoko] (mot scolast. forgé où les *a* et *o* désignent respectivement une proposition universelle affirmative et une particulière négative) Terme mnémonique indiquant, dans la scolastique, une forme du syllogisme.

BAROLO, ■ n. m. [baʀolo] (*Barolo*, localité du Piémont) Vin rouge italien, qui provient du Piémont.

BAROMÈTRE, ■ n. m. [baʀomɛtʀ] (d'après l'angl. *barometer*, du gr. *baros*, pesanteur, et *-mètre*) Instrument qui mesure la pression de l'atmosphère. ♦ Le même instrument, indiquant les variations atmosphériques que l'observation a montré dépendre presque toujours de la pression de l'air.

BAROMÉTRIE, ■ n. f. [baʀometʀi] (gr. *baros* et *-métrie*) Branche de la physique qui étudie la mesure de la pression atmosphérique.

BAROMÉTRIQUE, adj. [baʀometʀik] (*baromètre*) Qui a rapport au baromètre. *Observations barométriques,* celles qui sont faites avec le baromètre.

BARON, n. m. [baʀɔ̃] (b. lat. *[sace]baro*, chargé de percevoir les amendes judiciaires, de l' anc. b. frq. *sace-*, litige, procès et *baro*, homme libre) Originairement, tout grand seigneur du royaume. ♦ **Fig.** Les hauts barons de la finance, de l'industrie, les financiers, les industriels les plus riches et les plus puissants. ♦ Tout gentilhomme possédant une terre avec titre de baronnie. ♦ Aujourd'hui, simple titre de noblesse conféré par le souverain. ■ *Baron d'agneau,* morceau composé des deux gigots, des selles et des filets.

BARONET, ■ n. m. [baʀonɛ] Voy. BARONNET.

BARONNAGE, n. m. [baʀonaʒ] (*baron*) État de baron ; le corps des barons.

BARONNE, n. f. [baʀon] (*baron*) Anciennement, femme noble, possédant une baronnie. ♦ Aujourd'hui, la femme d'un baron.

BARONNET ou **BARONET**, n. m. [baʀɔnɛ] (angl. *baronet*, de *baron*, empr. au fr.) En Angleterre, titre affecté à un ordre de chevalerie conféré par le roi.

BARONNETTE, n. f. [baʀɔnɛt] (*baronnet*) ▷ Petite baronne, fille d'un baron. ◁

BARONNIAL, ALE, adj. [baʀɔnjal] (*baron*) Qui a rapport, qui appartient à un baron ; qui dépend d'une baronnie.

BARONNIE, n. f. [baʀɔni] (*baron*) Seigneurie qui donne au possesseur le titre de baron. ◆ À l'époque féodale, tout grand fief relevant de la couronne.

BAROQUE, adj. [baʀɔk] (port. *barocco*, perle irrégulière, prob. croisé avec le lat. scolast. *baroco*) D'une bizarrerie choquante. *Un goût, un accoutrement baroque.* ◆ *Perle baroque*, perle qui n'est pas ronde comme il faut. ■ Relatif à l'art de l'époque comprise entre la fin de la Renaissance et le début du classicisme.

BAROQUEUX, EUSE, ■ n. m. et n. f. [baʀɔkø, øz] (*baroque*) Musicien qui prône le renouveau de la musique baroque, dans sa compréhension et dans son exécution. *Un orchestre de baroqueux.*

BAROQUISANT, ANTE ■ adj. [baʀɔkizɑ̃, ɑ̃t] (*baroque*) Qui fait référence au style baroque (en architecture, musique, peinture...). *Un édifice à décor baroquisant. Une interprétation musicale baroquisante.*

BAROQUISME, ■ n. m. [baʀɔkism] (*baroque*) Ensemble des caractères spécifiques d'une œuvre baroque (en architecture, musique, peinture...). *Le baroquisme de Salvador Dalí.*

BAROSCOPE, n. m. [baʀɔskɔp] (gr. *baros*, pesanteur, et *-scope*) Instrument servant à démontrer la poussée verticale de l'air et le principe d'Archimède appliqué aux fluides élastiques.

BAROTRAUMATISME, ■ n. m. [baʀɔtʀomatism] (gr. *baros*, *pesanteur*, et *traumatisme*) Méd. Traumatisme résultant d'une variation de pression à l'intérieur de l'oreille, des poumons, des sinus. *La pratique de la plongée sous-marine peut occasionner des barotraumatismes.*

BAROUD, ■ n. m. [baʀud] (mot chleuh) Arg. milit. Bagarre, combat. ■ *Baroud d'honneur*, combat désespéré livré uniquement pour sauver la face. *La troupe se rend après un baroud d'honneur.* ■ Fig. « *Merde alors, son baroud d'honneur, il n'en parle pas beaucoup dans le canard !* », CLAVEL.

BAROUDEUR, EUSE, ■ n. m. et n. f. [baʀudœʀ, øz] (*barouder*) Fam. Personne qui aime se battre, qui s'est beaucoup battu. *Un baroudeur sans scrupule.* ◆ Personne qui aime partir à l'aventure et prendre des risques. *Cette baroudeuse avait parcouru le monde entier.*

BAROUF, ■ n. m. [baʀuf] (sabir algérien *baroufa*, dispute, de l'ital. *baruffa*, querelle confuse, heurt) Fam. Bruit, tapage. *Les élèves font un barouf du diable.*

BARQUE, n. f. [baʀk] (ital. *barca*, chaloupe) Petit bateau. ◆ *Bien conduire sa barque*, bien administrer ses affaires, mener une entreprise à bonne fin. ◆ *Poétiq. La barque de Caron*, la barque infernale, la nacelle dans laquelle la mythologie disait que les âmes traversaient le Styx pour entrer dans les enfers.

BARQUÉE, n. f. [baʀke] (*barque*) ▷ Charge d'une barque. ◁

BARQUEROLLE, n. f. [baʀkəʀɔl] (adaptation au fém. sous l'infl. de *barque* de l'ital. *barcheruolo*, conducteur de barque) Petit bâtiment sans mât qui ne va jamais en haute mer.

BARQUETTE, n. f. [baʀkɛt] (*barque*) Petite barque. ■ Petite pâtisserie en forme de barque.

BARRACUDA, ■ n. m. [baʀakuda] (lat. sav. [*Sphyræna*] *barracuda*) Poisson vorace vivant dans les mers chaudes et pouvant atteindre plus de deux mètres. *Des barracudas.*

BARRAGE, n. m. [baʀaʒ] (*barre*) Barrière qui ferme un chemin. ◆ Massif qui barre une rivière. ◆ Barrière qu'on ne peut passer qu'en payant un droit de péage. ◆ Droit que l'on paye au barrage. ■ Ouvrage d'art construit en travers d'une rivière provoquant une retenue d'eau. ■ En sport, *match de barrage*, match destiné à départager des concurrents, des équipes qui veulent accéder à une étape ou à une catégorie plus élevée.

BARRAGE-POIDS, ■ n. m. [baʀaʒ(ə)pwa] (*barrage* et *poids*) Barrage de forme triangulaire, qui résiste à la pression de l'eau par sa seule masse. *Des barrages-poids.*

BARRAGER, n. m. [baʀaʒe] (*barrage*) ▷ Celui qui reçoit le droit de barrage. ◁

BARRAGE-VOÛTE ou **BARRAGE-VOUTE**, ■ n. m. [baʀaʒ(ə)vut] (*barrage* et *voûte*) Barrage dont la voûte, courbe, dévie l'eau vers les rives dans lesquelles il est solidement ancré. *Des barrages-voûtes.*

BARRAGISTE, ■ n. m. et n. f. [baʀaʒist] (*barrage*) Concurrent(e), équipe qui doit disputer un match de barrage.

BARRANCO, ■ n. m. [baʀɑ̃ko] Canyon situé sur les pentes d'un volcan. *Des barrancos.*

BARRE, n. f. [baʀ] (lat. vulg. *barra*) Pièce de bois, de fer, etc. étroite et longue. ◆ ▷ Fig. *Cet homme est une barre de fer*, il est inflexible. ◁ ◆ Lingot ou pièce de métal précieux étendue en longueur. ◆ **Fig.** *C'est de l'or en barre*, se dit de toute valeur, de toute chose sur laquelle on peut compter. ◆ Pièce de bois transversale qui soutient les fonds d'un tonneau par le milieu. ◆ **Fig.** *Être au-dessous de la barre*, au-dessous du niveau. ◆ *La barre du gouvernail* ou absol. *la barre*, longue pièce de bois qui sert à faire mouvoir le gouvernail. ◆ Barrière de séparation entre l'enceinte où siègent les membres d'un tribunal, d'une assemblée politique, et la partie occupée par le public. ◆ *Les barres*, jeu de course dans lequel les joueurs sont divisés en deux camps marqués chacun par une barre tracée sur la terre. ◆ ▷ *Toucher barres*, rentrer au camp. ◁ ◆ ▷ *Avoir barres*, se dit de celui des joueurs qui part après un autre du camp opposé, et qui peut le prendre sans pouvoir en être pris. ◁ ◆ **Fig.** *Jouer aux barres*, se chercher sans pouvoir se rencontrer. ◁ ◆ **Fig.** *Avoir barres sur quelqu'un*, avoir sur lui quelque avantage. ◆ ▷ *Ne faire que toucher barres*, s'arrêter à peine dans un lieu. ◁ ◆ *Tenir barres à quelqu'un*, lui résister. ◆ **Mar.** Amas de sable, chaîne de rochers qui obstrue l'entrée d'un port. ◆ *La barre d'un fleuve*, barrière de sable obstruant l'embouchure. ◆ *La barre*, les premières lames que la marée montante pousse dans un fleuve. ◆ *Barre*, en Normandie syn. de mascaret. ◆ *Barres*, partie de la bouche du cheval sur laquelle appuie le mors. ◆ **Héral.** Trait qui sépare obliquement l'écu de gauche à droite. ◆ Trait de plume. ◆ Exercices d'écriture, traits droits et parallèles. ◆ **Mus.** *Barre de mesure*, trait tiré perpendiculairement à la plaque mesure. ◆ Deux traits plus fortement marqués que les barres de la mesure, et servant à indiquer la fin d'une partie, d'une reprise dans un morceau de musique. ■ Sp. Agrès comportant une ou plusieurs barres. *Barres fixe, parallèles.* ■ Fam. *Coup de barre*, fatigue soudaine et passagère.

BARRÉ, ÉE, p. p. de barrer. [baʀe] Héral. *Barré d'argent*, à la barre d'argent. ◆ *Dents barrées*, dents molaires entre les racines sont recourbées de manière qu'elles comprennent entre elles une portion d'os maxillaire. ◆ N. m. Action d'appuyer à la fois sur plusieurs cordes de la guitare l'index de la main gauche.

BARREAU, n. m. [baʀo] (*barre*) Petite barre de bois ou de métal. *Les barreaux d'une chaise.* ◆ **Phys.** *Barreau aimanté*, barre d'acier qu'on a aimantée. ◆ Barre de bois ou de métal qui sert de clôture. ◆ Absol. Les grilles d'une prison. ◆ L'enceinte réservée où se mettent les avocats pour plaider. ◆ **Fig.** L'ordre des avocats, la profession d'avocat. ◆ *L'éloquence du barreau*, le genre d'éloquence propre aux plaidoyers. ■ Fam. *Barreau de chaise*, gros cigare.

BARRENS, ■ n. m. [baʀɛ̃s] Lande désertique.

BARRÉOLES, n. f. pl. [baʀeɔl] (dimin. de *barre*) Machine pour exercices gymnastiques, consistant en quatre poteaux de bois reliés ensemble par un chapiteau.

BARRER, v. tr. [baʀe] (*barre*) Fermer avec une barre. ◆ *Barrer un tonneau*, mettre une barre aux fonds. ◆ *Barrer un bâtiment*, donner au gouvernail un mouvement trop fort sur un bord ou sur un autre. ◆ Intercepter. *Barrer le passage.* ◆ **Fig.** Faire obstacle à. *Barrer quelqu'un, barrer le chemin à quelqu'un*, le traverser dans ses projets. ◆ Faire des lignes ou ratures sur des passages d'écriture pour les annuler. ◆ Se barrer, v. pr. Se fermer le chemin. ■ Se barrer, v. pr. Fam. Partir, s'enfuir.

BARRETTADE, n. f. [baʀetad] (*barrette*) ▷ Coup de bonnet, salutation. ◆ Il est vieux. ◁

1 **BARRETTE**, n. f. [baʀɛt] (ital. *beretta* et lat. médiév. *biretum*, chapeau [en particulier de prélat], du b. lat. *birrus*, sorte de *capote*) Petit bonnet plat. ◆ ▷ Fig. *J'ai bien parlé à sa barrette*, je lui ai parlé sans le ménager. ◁ ◆ *La barrette de cardinal*, le bonnet rouge des cardinaux.

2 **BARRETTE**, ■ n. f. [baʀɛt] (dimin. de *barre*) Petite agrafe décorative. *Porter une barrette de rubis.* ■ Pince à cheveux. *Chignon maintenu par des barrettes en écaille.*

BARREUR, EUSE, ■ n. m. et n. f. [baʀœʀ, øz] (*barreur*) Personne qui tient la barre, sur un voilier ou une embarcation de plaisance. ■ Personne qui dirige la cadence des avirons dans une compétition nautique. *Un quatre avec barreur.*

BARRICADE, n. f. [baʀikad] (*barrique* ; cf. moy. fr. *barriquer*, fermer avec des barriques, barricader ; prob. infl. de *barre*) Retranchement qu'on fait avec des barriques remplies de terre ou avec des pieux, des pavés, etc.

BARRICADÉ, EE, p. p. de barricader. [baʀikade]

BARRICADER, v. tr. [baʀikade] (*barricade*) Fermer avec des barricades. ◆ Par extens. Fermer solidement. *Barricader une porte.* ◆ Se barricader, v. pr.

Opposer tout ce qui peut faire obstacle à l'ennemi. ♦ **Fig.** S'enfermer pour ne voir personne.

BARRIÈRE, n. f. [baʀjɛʀ] (*barre*) Fermeture à l'aide de plusieurs pièces de bois. ♦ Enceinte fermée où l'on fait des combats, des jeux de toute espèce. ♦ *Combat à la barrière*, combat qui se livrait à la barrière du champ des tournois. ♦ **Fig.** « *Le sort qui de l'honneur nous ouvre la barrière* », P. Cor-NEILLE. ♦ Tout obstacle matériel. ♦ En général, empêchement, obstacle. *Mettre des barrières à la licence.* ♦ Porte d'entrée d'une ville. *On ferma les barrières.* ♦ Bureau établi aux portes et à certaines limites de territoire pour la perception des droits d'entrée. ■ *Barrière de dégel*, interdiction faite au poids lourds d'emprunter certaines voies durant la période de dégel.

BARRIQUE, n. f. [baʀik] (mérid. du Sud-Ouest *barriqua*, prob du gallo-rom. *barrica*) Sorte de futaille.

BARRIR, v. intr. [baʀiʀ] (b. lat. *barrire*, du lat. *barrus*, éléphant) Crier, en parlant de l'éléphant.

BARRISSEMENT, ■ n. m. [baʀis(ə)mã] (radic. du p. prés. de *barrir*) Cri de l'éléphant. ■ REM. On trouvait autrefois *barrit*.

BARRIT, n. m. [baʀi] (lat. impér. *barritus*, barissement) Voy. BARRISSEMENT.

BARROT, ■ n. m. [baʀo] (*barre*) **Mar.** Pièce de charpente transversale qui soutient la coque d'un navire et sert de support au pont. *La hauteur sous barrots donne le volume intérieur d'un voilier.*

BARS, ■ n. m. [baʀ] Voy. BAR.

BARTAVELLE ou **BERTAVELLE**, n. f. [baʀtavɛl, bɛʀtavɛl] (provenç. *bartavella*, verterelle, loquet de verrou, au bruit duquel son cri ressemble, du b. lat. *vertibula*, articulation, vertèbre) Perdrix rouge du Midi, plus grosse que la perdrix ordinaire.

BARTHOLINITE, ■ n. f. [baʀtolinit] (*Bartholin*) **Méd.** Inflammation des glandes de Bartholin, situées de chaque côté de la vulve.

BARYCENTRE, ■ n. m. [baʀisãtʀ] (*bary-* et *centre*) **Math.** Centre de gravité.

BARYMÉTRIE, n. f. [baʀimetʀi] (*bary-* et *-mètrie*) **Phys.** Mesure de la pesanteur.

BARYSPHÈRE, ■ n. f. [baʀisfɛʀ] (*bary-* et *sphère*) **Géol.** Partie centrale du globe terrestre, de forte densité.

BARYTE, n. f. [baʀit] (gr. *barus*, lourd) Oxyde de baryum, terre blanche qui est alcaline et fort pesante.

BARYTINE ou **BARYTITE**, ■ n. f. [baʀitin, baʀitit] (*baryte*) **Minér.** Sulfate de baryum.

1 BARYTON, n. m. [baʀitɔ̃] (gr. *barutonos*, de *barus*, grave, et *tonos*, voix) **Mus.** Voix d'homme intermédiaire entre la basse et le ténor. ■ Saxophone qui a cette tessiture.

2 BARYTON, adj. [baʀitɔ̃] (gr. *barutonos*, de *barus*, lourd, bas, et *tonos*, accent) **Gramm. grecq.** Se dit des mots qui n'ont pas l'accent sur la dernière syllabe, et qui se divisent en paroxytons et proparoxytons. *Verbe baryton*, verbe qui, au présent de l'indicatif, n'a pas l'accent sur la dernière syllabe, et qui par conséquent n'est pas contracté. ♦ **N. m.** *Un baryton.*

BARYUM, n. m. [baʀjɔm] (angl. *barium*, du radic. de *baryta*, baryte, et suff. *-ium* d'après alumin*ium* ; orthog. refaite sur le gr. *barus*) Métal d'un blanc d'argent, une peu malléable, qui, combiné avec l'oxygène, forme la baryte. ■ REM. On écrivait autrefois aussi *barium*.

BARZOÏ, ■ n. m. [baʀzɔj] (mot russe, lévrier) Lévrier russe de grande taille, à poil long. *Des barzoïs.*

1 BAS, n. m. [ba] (ellipse de *bas*[*-de-chausses*]) Vêtement qui sert à couvrir le pied et la jambe. ♦ **Fam.** et **fig.** *Cela lui va comme un bas de soie,* lui convient, l'arrange parfaitement. ♦ *Bas-bleu*, nom que l'on donne aux femmes qui, s'occupant de littérature, y portent quelque pédantisme [1]. ♦ *Bas de laine*, économies réalisées. ■ Au pl. *Des bas-bleus.* ■ REM. 1 : *Bas-bleu* est péjoratif.

2 BAS, BASSE, adj. [ba, bas] (b. lat. *bassus*, gras, puis *bas* ; déjà attesté comme surnom en lat. class.) Qui a peu de hauteur. *Maison basse.* ♦ Baissé. *Marcher la tête basse.* ♦ **Fig.** *Avoir l'oreille basse*, être humilié. ♦ **Milit.** *Faire main basse*, ne pas faire de quartier, piller, et fig. traiter sans ménagement. ♦ Situé au-dessous d'une autre chose. *La partie basse d'une ville. Basses voiles,* les grandes voiles d'en bas, par opposition à celles de hune et de perroquet. *Ce vin est bas,* il est près de la lie. *Ce bas monde,* la Terre, par opposition au ciel. *Basses terres,* terres situées au pied des montagnes, ou près de la mer. *Les basses régions de l'air,* les couches d'air les plus voisines de la terre. *La basse région de l'âme,* celle où se forment les passions grossières et les appétits sensuels. *Le bas bout de la salle,* la place la plus voisine de la porte d'entrée, que l'on donne aux hôtes les moins distingués. *Au bas mot,* en réduisant la chose autant qu'il est possible. ♦ Qui est inférieur à son point d'élévation

ordinaire. *Basse mer. Le jour est bas,* il est sur son déclin. *Le temps est bas,* l'air est chargé de nuages. ♦ **Fig.** et **fam.** *Les eaux sont basses,* l'argent commence à manquer. ♦ *Bas* se dit du temps, aussi bien que du lieu. *Le Bas-Empire,* l'Empire depuis Constantin jusqu'à la prise de Constantinople par les Turcs. *Les bas siècles,* les siècles qui suivent la chute de l'empire romain. *La basse latinité,* la langue corrompue dont on s'est servi depuis l'invasion des barbares et durant le Moyen Âge. *Le bas-latin,* le latin de ces temps. *Le carême est bas,* il commence de bonne heure, dès le mois de février. ♦ Qui se fait à peine entendre, en parlant de la voix. *À voix basse.* ♦ *À basse note,* sans élever la voix. ♦ **Fam.** *Vous l'avez pris sur un ton trop bas,* vous n'avez pas parlé avec assez de fermeté. ♦ *Messe basse,* messe non chantée. ♦ **Mus.** Qui appartient au bas de la gamme, grave. *Un son très bas.* ♦ ▷ *Danses basses* ou *danses nobles,* celles qui, comme la courante, le menuet, consistaient dans des pas glissés et de belles attitudes, sans s'élever de terre. ◁ ♦ **Fig.** Inférieur, subalterne. *Professions, fonctions basses. Les gens de la basse classe. Le bas peuple,* les dernières classes du peuple. *Le bas commerce,* les petits marchands. *Les basses classes d'un collège,* les classes élémentaires. *Le bas chœur d'un chapitre,* les chantres et les chapelains. *La chambre basse en Angleterre,* la chambre des communes. *Basse justice,* en parlant des justices seigneuriales, par opposition à moyenne et haute justice ; elle connaissait des droits dus au seigneur, cens et rentes, de la police, de dégât de bêtes, d'injures légères, etc. ♦ *Les basses cartes,* celles qui ont le moins de valeur. ♦ Vil, méprisable, honteux. *Bas flatteur. Âme basse. Sentiments bas.* ♦ Manquant de distinction, en parlant du langage et des choses d'esprit. *Terme bas. Plaisanterie basse. Le bas comique.* ♦ Peu élevé, en parlant du prix, de l'évaluation. *Vendre à bas prix.* ♦ En parlant de la vue, qui force à se baisser, à s'approcher de l'objet que l'on regarde. *Avoir la vue basse.* ♦ En parlant de l'âge, qui appartient à la première enfance. *Être en bas âge.* ♦ **N. m.** La partie inférieure. *Le bas de la montagne.* ♦ **Mar.** Partie extérieure d'un bâtiment, au-dessous de la ligne d'eau. ♦ *Il y a du haut et du bas, des hauts et des bas dans la vie,* elle est mêlée de biens et de maux. ♦ Les voies inférieures du corps. *Évacuation par le bas.* ♦ *Le bas de la voix,* les sons graves de la voix. ♦ Ce qui manque de distinction. ♦ **Adv.** Dans la partie basse, dans un lieu situé au-dessous. *Il était assis plus bas. Plus bas que la ville.* ♦ ▷ **Fam.** *Cet homme est bien bas percé,* il est bien mal dans ses affaires (locution tirée d'un tonneau à bas prix). ◁ ♦ *Boiter tout bas,* boiter beaucoup. ♦ *Plus bas,* ci-après. Dont nous parlerons plus bas. ♦ ▷ *Jouer argent bas,* jouer argent comptant. ◁ ♦ **Mar.** *Couler bas un navire,* faire qu'il s'enfonce sous l'eau, et, neutralement, *le navire coule bas.* ♦ **Fig.** *Est-il possible de tomber si bas,* de s'abaisser à ce point, d'éprouver de tels revers, etc. ♦ Être bas, être renversé. « *Le tyran est bas* », P. CORNEILLE. ♦ *Tenir bas,* tenir dans la soumission. ♦ *Ce malade est bien bas,* il est bien mal. ♦ *Mettre bas les armes* ou *les armes bas,* rendre les armes, cesser de combattre. ♦ *Mettre habit bas,* se déshabiller. ♦ *Mettre chapeau bas,* se découvrir par respect. ♦ Elliptiquement. *Chapeau bas!,* découvrez-vous! ♦ **Mar.** *Mettre pavillon bas,* baisser le pavillon, et fig. céder, se rendre. *Mettre voiles bas,* abaisser ses voiles. ♦ **Fig.** *Mettre bas,* déposer, renoncer à. « *Croyez-moi, mettez bas l'artifice* », P. CORNEILLE. ♦ *Mettre bas,* renverser. « *Il a mis bas les puissants* », BOSSUET. ♦ *Mettre bas,* en parlant des femelles d'animaux, faire un petit, des petits. ♦ *Bas,* d'une voix basse, sans faire de bruit, au-dessous du ton convenable. *Parler bas à quelqu'un. Rire tout bas.* ♦ **Fig.** En secret. ♦ **Mus.** D'un ton qui est vers le grave. ♦ À BAS, loc. adv. *Mettre* ou *jeter à bas,* jeter, renverser, et fig. détruire. *À bas la cabale ! à bas!,* cris d'improbation. ♦ À BAS DE, loc. prép. *Se jeter à bas d'un mur. Sauter à bas de cheval.* ♦ EN BAS, loc. adv. Dans un lieu placé au-dessous. ♦ **Fig.** *Regarder, traiter quelqu'un du haut en bas,* le regarder, le traiter avec dédain. ♦ EN BAS DE, loc. prép. *On le trouva évanoui en bas de l'échelle.* ♦ D'EN BAS, loc. adv. *Les émanations qui venaient d'en bas.* ♦ PAR EN BAS, loc. adv. Dans le bas. ♦ ▷ *Par bas,* Dans un endroit bas. *Demeurer par bas.* ◁ ♦ **Méd.** Par les voies inférieures du corps. ♦ ici-bas, sur la Terre, par opposition au ciel. ♦ LÀ-BAS, loc. adv. Au-dessous, à une certaine distance. ■ Loc. **Fig.** et **fam.** *Ça vole bas* (ou *haut*), cela atteint un niveau bas (ou élevé).

BASAL, ALE, ■ adj. [bazal] (*base*) **Biol.** Qui constitue la base d'un organe, d'une cellule. *Os basal.* ■ *Métabolisme basal,* métabolisme minimum d'un corps au repos. ■ Au pl. *Basaux.*

BASALTE, n. m. [bazalt] (lat. *basaltes*) Roche d'une grande dureté, de composition variable, d'origine ignée.

BASALTIFORME, adj. [bazaltifɔʀm] (*basalte* et *-forme*) ▷ Qui a la forme du basalte. ◁

BASALTIQUE, adj. [bazaltik] (*basalte*) Formé de basalte.

BASANE, n. f. [bazan] (esp. *badana*, de l'ar. *batana*, doublure) Peau de mouton qui sert à relier des livres.

BASANÉ, ÉE, p. p. de basaner. [bazane] Teint basané.

BASANER, v. tr. [bazane] (*basane*) Donner à la peau une teinte noirâtre. ♦ Se basaner, v. pr. Devenir basané.

BAS-BORD, n. m. [babɔʀ] (*bas* et *bord*) Orthographe fautive de *bâbord*.

BAS-CÔTÉ, ▪ n. m. [bakote] (*bas* et *côté*) Voy. CÔTÉ.

BASCULANT, ANTE, ▪ adj. [baskylɑ̃, ɑ̃t] (*basculer*) Qui peut basculer. *Benne basculante. Remorque à plateau basculant.*

BASCULE, n. f. [baskyl] (*bacule*, de *baculer*, frapper le derrière contre terre, altéré en *bascecule*) Machine dont l'un des bouts se lève quand on pèse l'autre. ◆ *Faire la bascule,* faire un mouvement semblable à celui d'une bascule. ◆ Jeu où deux personnes, placées à chaque bout d'une pièce de bois, s'amusent à se balancer. ◆ **Fig.** *Système de bascule,* système politique qui consiste à donner des satisfactions alternatives à chacun des partis opposés. ◆ Machine qui sert à peser. ▪ *À bascule,* auquel on peut imprimer un balancement. *Cheval, fauteuil à bascule.*

BASCULEMENT, ▪ n. m. [baskyl(ə)mɑ̃] (*basculer*) Action, fait de basculer. *Basculement et effondrement d'un mur.* ▪ **Fig.** Changement brusque de situation, notamment dans la vie politique. *Basculement de l'électorat.*

BASCULER, v. intr. [baskyle] (altération d'après *bascule* de *baculer*, de l'adv. *bas* et *cul*, frapper le cul contre terre) Éprouver le mouvement de bascule, faire la bascule, et en général tomber.

BASCULEUR, ▪ n. m. [baskylœʀ] (*basculer*) **Techn.** Appareil, dispositif permettant le basculement d'un objet, d'une charge. *Un basculeur pneumatique.*

BAS-DE-CASSE, ▪ n. m. [bad(ə)kas] (*bas* et 1 *casse*) **Impr.** Lettre minuscule. *Des bas-de-casse.*

BAS-DE-CHAUSSES, ▪ n. m. [bad(ə)ʃos] (*bas* et *chausse*) Voy. CHAUSSES.

BAS-DESSUS, n. m. [bad(ə)sy] (2 *bas* et *dessus*) **Mus.** Voix plus basse que le dessus. ◆ On dit aussi *second dessus.* ▪ Au pl. *Des bas-dessus.*

BASE, n. f. [baz] (lat. *basis*, gr. *basis*, de *bainein*, marcher) Ce qui, posé solidement, supporte le poids d'un corps. *Base d'un piédestal.* ◆ La partie inférieure. *La base d'une montagne.* ◆ *La terre chancelle sur ses bases.* ◆ **Fig.** Fondement, principe. *Cette règle qui est la base de tout jugement.* ◆ **Géom.** Base d'une pyramide, d'un prisme, d'un cône, d'un cylindre, etc. ◆ **Mus.** Tonique, note fondamentale. ◆ Ce qui entre comme principal ingrédient dans un mélange. *Le cacao est la base du chocolat.* ◆ **Chim.** *Base,* corps composé qui jouit de l'un des deux caractères suivants : de se combiner avec un acide, de manière à former un composé différant des deux composants ; de jouer le rôle d'élément électropositif dans une combinaison quelconque. ▪ Ensemble des militants qui n'appartiennent pas aux instances dirigeantes. *La base d'un syndicat.* ▪ Lieu où sont rassemblés les équipements nécessaires à une activité. *Base nautique. Base militaire.* **Math.** Système de numération fondé sur un entier naturel supérieur à 1. *Base binaire.* ▪ *Base de données,* ensemble structuré de données, permettant la recherche selon différents critères.

BASEBALL ou **BASE-BALL**, ▪ n. m. [bɛzbol] (angl. *base,* piquet, et *ball,* balle) Jeu de balle américain dérivé du cricket. *Batte de base-ball. Des base-balls, des base-balls.*

BASELLE, n. f. [bazɛl] (mot de l'Inde) Genre de plantes exotiques dont deux espèces sont acclimatées chez nous : *la baselle rouge* et *la baselle blanche.* La feuille se mange.

BASER, v. tr. [baze] N'est usité qu'au fig. Fonder. *Baser un système sur des faits.* ◆ *Se baser sur,* v. pr. Se fonder. ▪ Établir dans une base. *Baser des troupes à la frontière.*

BAS-FOND, n. m. [bafɔ̃] (2 *bas* et *fond*) Terrain bas et enfoncé. ◆ Endroit de la mer peu profond, mais sur lequel la navigation est possible. ◆ Au pl. *Des bas-fonds.* ▪ N. m. pl. Partie de la population la plus démunie et dont les conditions de vie sont marginales et dégradantes.

BASIC, ▪ n. m. [bazik] (mot angl., de *Beginner's All purpose Symbolic Instruction Code*) **Inform.** Langage informatique de base, universel et simple d'emploi.

BASICITÉ, n. f. [bazisite] (*basique*) **Chim.** Propriété qu'a un corps de jouer le rôle de base dans certaines combinaisons.

BASIDE, ▪ n. f. [bazid] (*base*) **Bot.** Organe élémentaire portant les spores et assurant la fructification des champignons basidiomycètes.

BASIDIOMYCÈTE, ▪ n. m. [bazidjomisɛt] (lat. sav. mod. *basidium,* baside, et -*mycète*) **Bot.** Champignon qui se reproduit grâce à des basides.

BASILAIRE, adj. [bazilɛʀ] (*base*) **Anat.** Qui sert de base ou qui appartient à une base et particulièrement à la base du crâne.

BASILE, n. m. [bazil] (*Basile*) ▷ Personnage du *Barbier de Séville,* de Beaumarchais, dont le nom s'emploie pour désigner un calomniateur à la fois sot et mercenaire. ◁

1 **BASILIC**, n. m. [bazilik] (gr. *basilikon,* neutre de *basilikos,* royal) Herbe odoriférante de la famille des labiées.

2 **BASILIC**, n. m. [bazilik] (gr. *basiliskos,* petit roi, serpent) Espèce de lézard ou de serpent auquel les anciens attribuaient la faculté de tuer par son seul regard. ◆ **Fig.** *Des yeux de basilic,* des yeux qui expriment le courroux et la haine.

BASILICAL, ALE, ▪ adj. [bazilikal] (1 *basilique*) Qui concerne, rappelle une basilique. *Nef basilicale. L'église de la Madeleine présente un plan basilical traditionnel.* au pl. *Basilicaux.*

BASILICON ou **BASILICUM**, n. m. [bazilikɔ̃, bazilikɔm] (gr. *basilikon*) ▷ Onguent composé de poix noire, de résine de pin, de cire jaune et d'huile d'olive. ◁

1 **BASILIQUE**, n. f. [bazilik] (lat. *basilica,* gr. *basilikê*) **Antiq.** Édifice public où l'on rendait la justice, et dont les portiques intérieurs étaient occupés par des marchands. ◆ Nom qu'on donne à une église principale.

2 **BASILIQUE**, adj. et f. [bazilik] (gr. *basilikos,* royale, principale) **Anat.** *La veine basilique,* veine qui monte à la partie interne du bras.

BASILIQUES, n. f. pl. [bazilik] (*Basile Iᵉʳ,* 813-886, empereur byzantin) ▷ Compilation de lois rédigée en grec par ordre des empereurs Basile le Macédonien et Léon le Philosophe, au IXᵉ siècle. ◁

BASIN, n. m. [bazɛ̃] (aphérèse de *bombasin,* de l'ital. *bombasinna,* coton, du lat. médiév. *bambax*) Étoffe croisée, dont la chaîne est de fil et la trame de coton.

BASIQUE, adj. [bazik] (*base*) **Chim.** Qui peut produire des sels en se combinant avec les acides, en parlant d'un oxyde ; qui présente les caractères de base, en parlant d'un corps quelconque ; qui contient un excès de base, en parlant d'un sel. ▪ De base, élémentaire. *Vêtements basiques. Connaissances basiques.*

BAS-JOINTÉ, ÉE, ▪ adj. [baʒwɛ̃te] (de 2 *bas* et *jointé*) En parlant d'un cheval, dont les paturons sont bas et trop inclinés. *Des chevaux bas-jointés.*

BASKET, ▪ n. f. [baskɛt] (mot angl., panier) Chaussure de sport en toile, à semelle en caoutchouc, remontant jusqu'à la cheville. *Mettre ses baskets.* ▪ **Fam.** *Lâche-moi les baskets,* laisse-moi tranquille. ▪ **Fam.** *Être bien dans ses baskets* ou *être à l'aise dans ses baskets,* être bien dans sa peau, décontracté.

BASKETBALL ou **BASKET-BALL**, ▪ n. m. [baskɛtbol] (angl. *basket,* panier, et *ball,* balle) Sport qui oppose deux équipes de cinq joueurs et dont le but est de lancer le ballon dans le filet (le panier) adverse situé à 3,05 mètres du sol. *Joueur de basket. Des basketballs, des basket-balls.* ▪ **Abrév.** Basket. BASKETTEUR, EUSE, n. m. et n. f. [baskɛtœʀ, øz]

BAS-MÂT, n. m. [bamɑ] (2 *bas* et *mât*) Partie inférieure d'un mât à brisure. ◆ Au pl. *Des bas-mâts.*

BASMATI, ▪ adj. m. [basmati] (mot hindi) Se dit d'une variété de riz, aux grains fins et longs, très parfumé et provenant du nord de l'Inde. *Riz basmati.* ▪ N. m. *Servir du basmati en accompagnement.*

BASOCHE, n. f. [bazɔʃ] (lat. *basilica*) Nom d'une cour de justice, établie fort anciennement entre les clercs du parlement de Paris, pour juger les différends qui s'élevaient entre eux. ◆ Aujourd'hui, l'ensemble des avoués et des clercs, leurs habitudes.

BASOCHIEN, n. m. [bazɔʃjɛ̃] (*basoche*) ▷ Membre, officier de la basoche. ◁

BASOPHILE, ▪ adj. [bazofil] (*basique* et -*phile*) **Biol.** Qui fixe les colorants basiques, en parlant d'une cellule, d'une structure, d'un tissu. *Cytoplasme basophile.*

BASQUAIS, AISE, ▪ adj. ou n. m. et n. f. [baskɛ, ɛz] (2 *basque*) Originaire du Pays basque. ▪ **Cuis.** Préparé avec des tomates, des poivrons, des oignons et parfois du jambon cru. *Poulet, sauce basquaise.*

1 **BASQUE**, n. f. [bask] (altération de *baste,* du provenç. *basto,* troussis) Partie découpée et tombante de certains vêtements. *Basque d'habit.* ◆ **Fam.** *Il est toujours pendu à mes basques,* il ne me quitte pas.

2 **BASQUE**, n. m. [bask] (lat. *Vasco*) Nom de nation. ◆ *Tambour de basque,* sorte de tambour orné de grelots qu'on tient d'une main et qu'on frappe de l'autre. ◆ **Fam.** *Aller, courir comme un Basque,* aller, courir fort vite. ◆ *Le basque,* la langue parlée par les Basques. ▪ Adj. *Le Pays basque.*

BASQUINE, n. f. [baskin] (esp. *basquina,* de *basco,* 2 *basque*) Sorte de jupe riche et élégante que portent les femmes espagnoles.

BAS-RELIEF, ▪ n. m. [baʀəljɛf] (d'après l'ital. *bassorilievo,* de *basso,* bas, et *rilievo,* relief) Ouvrage de sculpture en saillie sur un fond uni. ◆ Au pl. *Des bas-reliefs.*

BAS-ROUGE, ▪ n. m. [baʀuʒ] (2 *bas* et *rouge*) Chien à poil court, appelé aussi *beauceron* ou *berger de Beauce. Les bas-rouges sont des chiens de berger français de plaine.*

1 **BASSE**, n. f. [bas] (ital. *basso,* corde au son grave) **Mus.** Celle des parties qui ne fait entendre que les sons les plus graves des accords. ◆ *Basse continue,* celle qui accompagne un chant depuis le commencement jusqu'à la

fin. ◆ ▷ **Fig.** *C'est la basse continue de son discours, c'est sa basse continue,* c'est le sujet dont il parle toujours. ◁ ◆ Voix propre à chanter la basse. *Une belle basse. Une voix de basse.* ◆ Violoncelle. ◆ Celui qui joue de cet instrument. ◆ *Basse de viole,* ancien instrument appelé aussi viole de gambe. ◆ N. f. pl. Les grosses cordes de certains instruments. *Ce piano a de belles basses.* ■ N. f. Contrebasse ou guitare basse.

2 **BASSE,** n. f. [bas] (fém. substantivé de 2 *bas*) Petit banc ou îlot de roches qui ne découvre jamais.

3 **BASSE,** n. f. [bas] (rég. Saintonge, Aunis, hotte, du b. lat. *baccia,* récipient) ▷ Ustensile qui sert à porter la vendange. ◁

BASSE-CONTRE ou **BASSECONTRE,** n. f. [bas(ə)kɔ̃tʀ] (d'après l'ital. *contra-basso*) Voix du même timbre que la basse-taille, avec moins d'étendue à l'aigu et plus d'étendue au grave. ◆ Partie du chant que la basse-contre exécute. ◆ Au pl. *Des basses-contre, des bassecontres.*

BASSE-COUR ou **BASSECOUR,** n. f. [bas(ə)kuʀ] (2 *bas* et *cour*) Ensemble des bâtiments et cours habités par les animaux domestiques, et de toutes les dépendances qui s'y rattachent. ◆ **Fam.** et **fig.** *Nouvelles de basse-cour,* bruits sans fondement et indignes de foi. ◆ Au pl. *Des basses-cours, des bassecours.* ■ Partie d'une ferme où l'on élève des volailles. ■ **Par méton.** Ensemble des animaux vivant dans la basse-cour.

BASSE-COURIER, IÈRE ou **BASSECOURIER, IÈRE,** n. m. et n. f. [bas(ə)kuʀje, jɛʀ] (*basse-cour*) L'homme, la femme chargée du soin de la basse-cour. ◆ Au pl. *Des basse-couriers, des basse-courières.* ◁

BASSE-FOSSE, n. f. [bas(ə)fos] (2 *bas* et *fosse*) Voy. FOSSE.

BASSE-LISSE ou **BASSELISSE,** n. f. [bas(ə)lis] (2 *bas* et *lisse*) Tapisserie de soie et de laine, relevée quelquefois d'or et d'argent. *Des basses-lisses, des basselisses.*

BASSEMENT, adv. [bas(ə)mɑ̃] (*bas, basse*) D'une manière basse. *Il agit bassement. S'exprimer bassement.* ◆ Dans une condition basse.

BASSESSE, n. f. [basɛs] (2 *bas*) État de ce qui est peu élevé, au propre. ◆ Peu usité en ce sens. ◆ **Fig.** Manque d'élévation dans les sentiments. ◆ Action basse. *Commettre une bassesse.* ◆ Abaissement, infériorité. « *Une bassesse de courage que rien ne réveille et n'élève* », MASSILLON. ◆ Rang peu élevé, obscurité de la naissance ou de la condition. *La bassesse de la naissance.* ◆ Qualité du style bas, trivialité. *Bassesse de style, de langage.*

BASSET, n. m. [basɛ] (2 *bas*) Chien de chasse à poil ras, au nez souvent fendu, et très bas sur pattes. ◆ Petit homme à jambes grosses et courtes.

1 **BASSE-TAILLE** ou **BASSETAILLE,** n. f. [bas(ə)taj] (2 *bas* et *taille*) Anciennement, voix d'homme immédiatement au-dessus de la basse, dite aujourd'hui soit baryton, soit première basse. ◆ Chanteur qui a ce genre de voix. ◆ Aujourd'hui, *basse-taille* s'emploie dans le même sens que basse. ◆ *Des basses-tailles, des bassetailles.*

2 **BASSE-TAILLE** ou **BASSETAILLE,** n. f. [bas(ə)taj] (2 *bas* et *taille*) Bas-relief. ◆ Il est vieux ; on dit *bas-relief.*

BASSETTE, n. f. [basɛt] (ital. *basseta,* de *basso,* bas) Jeu de cartes assez semblable au lansquenet.

BASSE-VOILE, n. f. [bas(ə)vwal] (2 *bas* et *voile*) Voile qui est gréée sur les bas-mâts. ◆ Au pl. *Des basses-voiles.*

BASSIER, n. m. [basje] Voy. BASSISTE.

BASSIN, n. m. [basɛ̃] (lat. vulg. *baccinus*) Grand plat creux. *Bassin à barbe.* ◆ *Bassin,* espèce de plat creux et rembourré que l'on passe sous les malades qui ne peuvent se lever. ◆ Ce qu'un bassin contient. ◆ *Bassins de balance,* les deux plateaux d'une balance. ◆ Plat où l'on reçoit les offrandes à la messe. ◆ Grand vase à mettre de l'eau, cuve, baignoire. ◆ Réservoir d'eau ; pièce d'eau dans un jardin, dans un parc ; fossé plein d'eau autour d'une ville. ◆ **Par extens.** *Le bassin de la mer.* ◆ Endroit d'un port où les vaisseaux sont à flot et à l'abri des agitations de la mer. ◆ Partie d'une rivière, d'un canal, qui est comprise entre deux ponts dans une ville. ◆ Espace au fond duquel coule un fleuve et dont toutes les pentes sont dirigées vers ce fleuve. ◆ Plaine entourée de montagnes, de collines. ◆ **Anat.** Canal courbe, à parois osseuses, qui, terminant inférieurement le tronc, lui sert de base, et fournit un point d'appui aux membres inférieurs. ◆ Région riche en gisements de minerais. *Bassin houiller.* ◆ *Bassin d'emploi,* espace géographique où réside la majeure partie de la population active, constituant ainsi un potentiel de main-d'œuvre.

BASSINAGE, n. m. [basinaʒ] (*bassiner*) Arrosage léger.

BASSINANT, ANTE, ■ adj. [basinɑ̃, ɑ̃t] (*bassiner*) **Fam.** Qui ennuie, importune. *Tu es bassinant avec tes questions !*

BASSINE, n. f. [basin] (*bassin*) Espèce de chaudière hémisphérique, à fond presque plat ou légèrement concave. ■ Récipient large et profond, employé pour différents usages ménagers ou industriels. ■ **Par méton.** Contenu de ce récipient. *Une bassine d'eau.*

BASSINÉ, ÉE, p. p. de bassiner. [basine] *Lit bassiné.*

BASSINÉE, n. f. [basine] (*bassine*) ▷ Le contenu d'une bassine. ◁

BASSINEMENT, n. m. [basin(ə)mɑ̃] (*bassiner*) Action de chauffer avec une bassinoire. ◆ Action de mouiller légèrement.

BASSINER, v. tr. [basine] (*bassin*) Chauffer avec une bassinoire. ◆ Fomenter en mouillant avec une liqueur, une décoction. *Se bassiner les yeux.* ◆ Arroser très légèrement. ■ **Fam.** Ennuyer par des propos sans intérêt.

BASSINET, n. m. [basinɛ] (dimin. de *bassin*) Pièce creuse de la batterie d'une arme à feu à silex, dans laquelle on met l'amorce. ◆ Dans l'armement féodal, calotte de fer qui se mettait sous le casque. ◆ Petit bassin. ■ **Loc. Pop.** *Cracher au bassinet,* donner une somme d'argent sous la contrainte. ■ **Anat.** Cavité élargie des voies excrétrices du rein. ■ REM. Graphie ancienne : *bacinet.*

BASSINOIRE, n. f. [basinwaʀ] (*bassiner*) Bassin à manche dans lequel on met de la braise, et qu'on promène dans un lit pour le chauffer.

BASSIN-VERSANT, ■ n. m. [basɛ̃vɛʀsɑ̃] (*bassin* et *verser*) Région qui constitue l'aire d'alimentation d'un lac ou d'un cours d'eau. *Des bassins-versants.*

BASSISTE, n. m. et n. f. [basist] (1 *basse*) Musicien, musicienne qui joue du violoncelle. ◆ On dit aussi *un bassier* et par métonymie *une basse.* ■ Musicien, musicienne qui joue de la contrebasse ou de la guitare basse.

BASSON, n. m. [basɔ̃] (ital. *bassone,* de *basso*) Instrument à vent et à anche, qui sert à exécuter des parties de basse. ◆ Celui qui en joue. ◆ Dans un orgue, *jeu de basson,* jeu d'anches qui sert de basse au jeu de hautbois. ■ BASSONISTE, n. m. et n. f. [basonist]

BASTA, ■ interj. [basta] Voy. BASTE.

BASTAING ou **BASTING,** ■ n. m. [bastɛ̃] (prob. *batten,* solive, de l'angl. *batten,* madrier ; infl. de *bastir,* et p.-ê. modèle de *parpaing*) Planche de sapin ou d'autres résineux utilisée pour la construction de charpentes ou de planchers.

BASTANT, ANTE, adj. [bastɑ̃, ɑ̃t] (*baster,* de l'ital. *bastare*) Suffisant.

BASTAQUE, ■ n. f. [bastak] (néerl. *bakstag*) **Mar.** Hauban qui retient le mât sur l'arrière d'un bateau. *Basse, haute bastaque.*

1 **BASTE** ou **BASTA,** interj. [bast, basta] (ital. *basta,* de *bastare,* suffire) Indique qu'on se contente, qu'on ne se fâche pas. *Baste pour cela !,* ou simplement *baste !* passe pour cela. ◆ Marque le dédain et signifie : il n'importe.

2 **BASTE,** n. m. [bast] (esp. *basto*) ▷ L'as de trèfle, aux jeux de l'hombre et du quadrille. ◁

BASTER, ■ v. intr. [baste] (ital. *bastare,* suffire) **Suisse** Céder. *Baster devant les exigences de quelqu'un.*

BASTERNE, n. f. [bastɛʀn] (b. lat. *basterna*) Nom d'une espèce de char attelé de bœufs en usage chez d'anciens peuples du Nord et en France, sous les rois de la première race. ■ REM. *Race* est à comprendre ici au sens de *dynastie.*

BASTIAIS, AISE, ■ adj. ou n. m. et n. f. [bastjɛ, ɛz] (*Bastia*) Originaire de Bastia. *Les supporters bastiais.*

BASTIDE, n. f. [bastid] (provenç. *bastida* ; cf. lat. médiév. *bastida*) Petite maison de campagne. ◆ Ne se dit guère qu'en Provence.

BASTIDON, ■ n. m. [bastidɔ̃] (*bastide*) Petite bastide. *Un authentique bastidon provençal.*

BASTILLE, n. f. [bastij] (a. provenç. *bastida*) Dans l'art militaire féodal, ouvrages élevés à l'effet d'assiéger ou de fortifier une place. ◆ Château fort construit à Paris sous Charles V et Charles VI, et démoli en 1789. ◆ **Par extens.** Toute espèce de prison. ◆ **Fig.** Centre, groupe de résistance. *Les femmes ont encore des bastilles à prendre.*

BASTILLÉ, ÉE, adj. [bastije] (*bastille*) **Hérald.** Garni de créneaux renversés vers la pointe de l'écu.

BASTING, ■ n. m. [bastɛ̃] Voy. BASTAING.

BASTINGAGE, n. m. [bastɛ̃gaʒ] (*bastinguer*) Défenses qu'on met autour du pont d'un vaisseau pour se garantir de la mousqueterie. ■ Garde-corps d'un navire. *Se pencher au-dessus du bastingage.*

BASTINGUE, ■ n. f. [bastɛ̃g] (provenç. *bastengo,* de *basti,* bâtir) ▷ Toile matelassée soutenue par des pièces de bois mises debout, dont on se servait autrefois pour le bastingage. ◁

BASTINGUÉ, ÉE, p. p. de bastinguer. [bastɛ̃ge]

BASTINGUER, v. tr. [bastɛ̃ge] (*bastingue*) ▷ Placer les hamacs dans les bastingages. ◆ Fortifier un navire contre la mousqueterie. ◆ Se bastinguer, v. pr. Se mettre à couvert par des bastingages. ◁

BASTION, n. m. [bastjɔ̃] (ital. *bastione*, de *bastia*, fortification) Grand corps de terre soutenu de murailles, de gazon ou de terre battue, et disposé en pointe sur les angles saillants du corps de place, avec des faces et des flancs qui se défendent. ■ **Fig.** Noyau de résistance ou de soutien.

BASTIONNÉ, ÉE, p. p. de bastionner. [bastjɔne]

BASTIONNER, v. tr. [bastjɔne] (*bastion*) Garnir de bastions.

BASTON, ■ n. m. ou n. f. [bastɔ̃] (*bastonner*) Arg. Bagarre. *Chercher la baston. Aimer le baston.*

BASTONNADE, n. f. [bastɔnad] (esp. *bastonada* ou provenç. *bastonada*, tous deux de *bâton*) Coups de bâton. *Donner, recevoir la bastonnade.*

BASTONNER, ■ v. intr. et v. pr. [bastɔne] (*bâton*) Fam. Se bagarrer. *Ce soir, ça va bastonner! Ils se sont bastonnés.*

BASTOS, ■ n. f. [bastos] (*Bastos*, marque de cigarettes) Arg. Balle d'une arme à feu. *Il s'est pris une bastos entre les deux yeux.*

BASTRINGUE, n. m. [bastʀɛ̃g] (p.-ê. néerl. *bas drinken*, boire beaucoup) Bal de guinguette. ■ **Fam.** Attirail. ■ **Fam.** Tapage, vacarme. *Les voisins font un sacré bastringue!*

BASTUDE, n. f. [bastyd] (provenç. *batudo*, filet de pêche, battue, de *batre*) Espèce de filet dont on se sert pour pêcher dans les étangs salés.

BAS-VENTRE, n. m. [bavɑ̃tʀ] (2 *bas* et *ventre*) Nom vulgaire de l'hypogastre. ■ Au pl. *Des bas-ventres.*

BAT, n. m. [bat] (*battre*) ▷ On dit qu'un poisson a tant de décimètres entre œil et bat, entre la tête et la queue. ◁

BÂT, n. m. [bɑ] (lat. vulg. *bastum*, de *bastare*, porter) Selle grossière, à l'usage des bêtes de somme. ♦ **Fig.** *Un cheval de bât*, un homme chargé des besognes que les autres refusent. ♦ **Fig.** *Porter le bât.* ♦ **Prov.** *Chacun sait où le bât le blesse*, chacun connaît ce qui dans sa position est cause d'embarras ou de souffrance.

BATACLAN, n. m. [bataklɑ̃] (p.-ê. onomat.) Attirail embarrassant. ♦ Il est popul. ■ **Loc. Fam.** *Et tout le bataclan*, et tout le reste.

BATAILLE, n. f. [bataj] (b. lat. *battalia*, de *battualia*, combat d'escrime) Combat de deux armées. ♦ *Corps de bataille*, le centre de l'armée, les corps placés entre les deux ailes. ♦ *Cheval de bataille*, cheval propre à être monté un jour de combat. ♦ **Fig.** *Un cheval de bataille*, la chose où l'on s'appuie de préférence. ♦ *Champ de bataille*, lieu où se livre le combat. ♦ **Fig.** *Le champ de bataille lui est resté*, il a eu l'avantage. ♦ Ordre d'une armée disposée pour combattre. *Ranger une armée en bataille.* ♦ En peinture, représentation d'une bataille. *Un peintre de batailles.* ♦ Querelle, lutte. ♦ Nom d'un jeu de cartes. ♦ *Stationnement en bataille*, en oblique. ♦ **Fig.** *En bataille*, en désordre. ♦ **Fig.** Lutte d'influence. *Bataille d'idées.*

BATAILLER, v. intr. [bataje] (*bataille*) Livrer bataille. ♦ Vieux en ce sens. ♦ **Fig.** Contester, disputer avec ténacité. ♦ **Mar.** Lutter contre le vent, contre la mer ou le courant.

BATAILLEUR, EUSE, n. m. et n. f. [batajœʀ, øz] (*batailler*) Qui se plaît à batailler, à se battre. ♦ Qui aime à se disputer. *Un esprit batailleur. Humeur batailleuse.*

BATAILLON, n. m. [batajɔ̃] (ital. *battaglione*, de *battaglia*, bataille) Troupe d'infanterie composée de plusieurs compagnies, et faisant partie d'un régiment. ♦ *Bataillon carré*, bataillon rangé de manière à former un carré. ♦ En général, une troupe armée quelconque. ♦ **N. m. pl.** « *Va jusqu'en Orient pousser tes bataillons* », P. CORNEILLE. ♦ **Fam.** Un grand nombre. ■ **Loc. Fam.** *Inconnu au bataillon*, complètement inconnu.

BÂTARD, ARDE, adj. [batar, ard] (p.-ê. germ. *banstu*, remariage avec une femme de rang plus bas, ou [fils, fille de] *bât*, c.-à-d. conçu[e] au hasard des déplacements d'un muletier) Qui est né hors mariage [1]. ♦ **N. m. et n. f.** *Un bâtard, une bâtarde.* ♦ Dégénéré de l'espèce à laquelle il appartient. *Olivier bâtard. Reinette bâtarde.* ♦ **Fig.** *Les critiques regardent le drame comme un genre bâtard.* ♦ *Bâtard* se joint à plusieurs substantifs et indique que la chose dont il s'agit a subi quelque modification qui la change et l'amoindrit, par exemple : *porte bâtarde*, porte de maison qui n'est ni petite porte ni porte cochère. ♦ *Écriture bâtarde* ou simplement *bâtarde*, écriture ordinairement penchée, à jambages pleins, à liaisons arrondies par le haut et à têtes sans boucles. ■ Pain court d'une demi-livre. ■ REM. 1 : Terme qui a souvent une connotation péjorative dans ce sens.

BATARDEAU, n. m. [batardo] (*digue bâtarde*) Terre-plein revêtu de briques ou de pierres pour contenir les eaux d'une rivière ou d'un étang.

BÂTARDEMENT, adv. [batardəmɑ̃] (*bâtard*) Par voie de bâtardise.

BÂTARDIÈRE ou **BATARDIÈRE,** n. f. [batardjɛr] (*bâtard*) Plant d'arbres greffés destinés à être transplantés dans les jardins.

BÂTARDISE, n. f. [batardiz] (*bâtard*) État de celui qui est bâtard.

BATAVE, ■ adj. ou n. m. et n. f. [batav] (lat. *Batavus*) Originaire de Hollande, relatif à la Hollande. *Le territoire batave. Les Bataves ont remporté le match.*

BATAVIA, ■ n. f. [batavja] (lat. *Batavia*, pays des Bataves) Laitue d'été à feuilles ondulées. *Les batavias sont croquantes.*

BATAVIQUE, adj. [batavik] (*batave*) *Larme batavique.* Voy. LARME.

BÂTÉ, ÉE, p. p. de bâter. [bate] Fig. *C'est un âne bâté*, c'est un homme d'un esprit lourd, un ignorant.

BATEAU, n. m. [bato] (anglo-norm. *bat*) Sorte de barque dont on se sert ordinairement sur les rivières, mais aussi sur la mer. *Bateau de sauvetage. Bateau à vapeur. Pont de bateaux*, pont fait de bateaux juxtaposés. ♦ **Fam.** *Être encore tout étourdi du bateau*, n'être pas encore remis de ses fatigues, de son trouble, de son chagrin. ♦ **Fig.** *Arriver en trois, en quatre bateaux*, arriver en se donnant une importance ridicule. ♦ Ce que contient un bateau. *Bateau de sel, de charbon de terre.* ♦ *Lit en bateau*, lit dont le devant et les montants de la tête et des pieds dessinent une courbe analogue à celle d'un bateau. ♦ Menuiserie d'un corps de carrosse. ♦ Petit ustensile de table qui est en forme de bateau et dans lequel on sert des hors-d'œuvre. ■ Abaissement du trottoir devant une entrée de garage, de parking, etc. ■ *Mener quelqu'un en bateau*, l'abuser en inventant des histoires. ■ En appos. Inv. Banal, commun. *Un sujet bateau. Des questions bateau.*

BATEAU-CITERNE, ■ n. m. [batositɛrn] (*bateau* et *citerne*) Bateau aménagé pour transporter différents liquides (vin, pétrole, etc.). *Des bateaux-citernes.*

BATEAU-FEU ou **BATEAU-PHARE,** ■ n. m. [batofø, batofar] (*bateau* et *feu, phare*) Bateau muni de lanternes, qui est mouillé près d'un endroit dangereux afin de le signaler. *Des bateaux-feux, des bateaux-phares.*

BATEAU-LAVOIR, ■ n. m. [batolavwar] (*bateau* et *lavoir*) Ponton ancré au bord d'un cours d'eau, et aménagé pour y laver le linge. *Des bateaux-lavoirs.*

BATEAU-MOUCHE, ■ n. m. [batomuʃ] (*bateau* et *mouche*) Bateau qui assure le transport des touristes sur une rivière, un fleuve d'une ville. *Les bateaux-mouches permettent de contempler les monuments de la capitale.*

BATEAU-PHARE, ■ n. m. [batofar] Voy. BATEAU-FEU.

BATEAU-PILOTE, ■ n. m. [batopilɔt] (*bateau* et *pilote*) Bateau amenant sur les navires un pilote chargé d'aider aux manœuvres d'entrée et de sortie du port. *Des bateaux-pilotes.*

BATÉE, ■ n. f. [bate] (*battre*) Cuvette conique utilisée en orpaillage pour laver les sédiments aurifères.

1 **BATELAGE,** n. m. [bat(ə)laʒ] (anc. fr. *batel*, bateau) Allées et venues de bateaux, chargeant ou déchargeant des bâtiments. ♦ Droit ou salaire payé au batelier.

2 **BATELAGE,** n. m. [bat(ə)laʒ] (*bateler*) Métier, tour de bateleur.

1 **BATELÉE,** n. f. [bat(ə)le] (anc. fr. *batel*) La charge d'un bateau.

2 **BATELÉE,** ■ adj. f. [bat(ə)le] Voy. BATTELÉE.

BATELET, n. m. [bat(ə)lɛ] (dimin. de *batel*) Petit bateau.

BATELEUR, EUSE, n. m. et n. f. [bat(ə)lœr, øz] (anc. fr. *baastel*, intrument d'escamoteur) Faiseur de tours de force et d'escamotage. ♦ Bouffon de société.

BATELIER, IÈRE, n. m. et n. f. [batəlje, jɛr] (anc. fr. *batel*) Celui, celle dont la profession est de conduire un bateau. ■ Adj. Relatif aux bateaux. *Industrie batelière.*

BATELLERIE, n. f. [batɛl(ə)ʀi] (anc. fr. *batel*) L'ensemble des bateaux qui font le service sur les cours d'eau. ■ Industrie du transport fluvial ■ Ensemble des professionnels du transport fluvial.

BATÊME, n. m. [batɛm] Voy. BAPTÊME.

BÂTER, v. tr. [bate] (*bât*) Mettre un bât sur une bête de somme. ♦ V. intr. Fig. et fam. *Cela bâte mal*, cela va mal, ne réussit pas. ♦ **Prov.** *L'âne du commun est toujours le plus mal bâté*, c'est-à-dire on a moins de soins des choses du public que de son intérêt propre.

BAT-FLANC, ■ n. m. [baflɑ̃] (*bat*, de *battre*, et *flanc*) Voy. FLANC.

BATH, ■ adj. inv. [bat] (orig. incert., p.-ê. *Bath*, station anglaise) **Fam.** Agréable, plaisant. *Des filles bath.* « *C'est le plus bath des javas* », GEORGIUS.

BATHYAL, ALE, ■ adj. [batjal] (gr. *bathus*, profond) Relatif à une profondeur océanique située entre 200 et 3 000 mètres de profondeur. *L'étage bathyal et l'étage abyssal de la Méditerranée.*

BATHYMÈTRE, ■ n. m. [batimɛtr] (gr. *bathus*, profond, et -*mètre*) Instrument utilisé pour mesurer les profondeurs marines.

BATHYMÉTRIE, n. f. [batimetri] (gr. *bathus*, profond, et -*métrie*) Mesure des profondeurs de la mer. ■ **BATHYMÉTRIQUE,** adj. [batimetrik]

BATHYSCAPHE, ■ n.m. [batiskaf] (gr. *bathus*, profond, et *skaphê*, barque) Appareil autonome de plongée destiné à explorer les profondeurs sous-marines.

BATHYSPHÈRE, ■ n.f. [batisfɛʀ] (gr. *bathus*, profond, et *sphère*) Sphère d'acier suspendue à un câble et servant à explorer les grandes profondeurs sous-marines.

1 **BÂTI, IE**, p.p. de bâtir. [bati] *Une terre bâtie*, une terre sur laquelle on a élevé les bâtiments nécessaires au logement et à l'exploitation. ◆ **Fig.** « *Sur ce fondement était bâtie toute la loi* », Bossuet. ◆ Fondé. ◆ Fait de telle sorte, au physique et au moral. *Un homme bien bâti.* « *Comme le monde est à présent bâti !* », La Fontaine. ◆ **BÂTI**, n.m. Assemblage de montants et de traverses, en menuiserie.

2 **BÂTI, IE**, p.p. de bâtir. [bati] *Une robe bâtie.* ◆ **N. m.** *Le bâti d'un habit*, le gros fil qui a servi à joindre les parties ensemble, surtout l'étoffe et la doublure.

BÂTIER, n.m. [batje] (*bât*) Ouvrier qui fait des bâts.

BATIFOLAGE, n.m. [batifolaʒ] (*batifoler*) Amusement folâtre. ◆ Il est fam.

BATIFOLER, v. intr. [batifole] (p.-ê. a. provenç. *batifol*, moulin à battre, de *battre* et *folar*, fouler) Folâtrer, s'amuser en disant ou faisant des choses de gaieté.

BATIFOLEUR, EUSE, n.m. et n.f. [batifolœʀ, øz] (*batifoler*) Celui, celle qui aime à batifoler.

BATIK, ■ n.m. [batik] (mot javanais) Procédé artisanal de décoration textile consistant à enduire quelques zones d'un tissu avec de la cire avant de le teindre. *Faire du batik.* ■ Ce tissu.

BATILLAGE, ■ n.m. [batijaʒ] (*batiller*, de *battre*) Ensemble des vagues produites par le sillage des bateaux, et qui déferlent contre les berges.

BÂTIMENT, n.m. [batimã] (*bâtir*) Toute construction servant à loger soit hommes, soit bêtes, soit choses. ◆ Au pl. *Les bâtiments*, administration, ministère des bâtiments. ◆ Action de bâtir. « *Il donne plus de peine au bâtiment d'une maison qu'à celui...* », Pascal. ◆ *Le bâtiment*, les travaux de construction. *Le bâtiment va en ce moment.* ◆ Navire. *Bâtiment de guerre. Bâtiment marchand.* ■ Secteur d'activité ayant en charge la construction d'édifices ; ensemble des métiers de ce secteur.

1 **BÂTIR**, v. tr. [batiʀ] (anc. b. frq. *bastjan*, traiter les fils de chanvre, tisser, construire) Faire une construction quelconque. *Bâtir une église.* ◆ Absol. « *Passe encore de bâtir, mais planter à cet âge !* », La Fontaine. ◆ **Fig.** *Bâtir en l'air*, former des projets chimériques. ◆ *Bâtir sur le sable*, former une entreprise qui ne peut durer. ◆ *Bâtir à chaux et à ciment*, donner à ce qu'on fait une base solide. ◆ Fonder. *Alexandre bâtit Alexandrie.* ◆ **Fig.** Fonder, établir. *Bâtir sa fortune sur la ruine des autres.* ◆ Absol. « *Bâtir sur un faux principe* », Bossuet. ◆ Se bâtir, être bâti. Être bâti.

2 **BÂTIR**, v. tr. [batiʀ] (1 *bâtir*) Passer un fil entre les diverses pièces d'un vêtement pour les assembler. *Bâtir un habit.*

BATISER, v. tr. [batize] Voy. baptiser.

BÂTISSE, n.f. [batis] (moy. fr. *bastissement*) ▷ Ce qui dans une construction appartient à la maçonnerie. ■ Grand bâtiment. *Une grande et belle bâtisse.* ◁

BÂTISSEUR, EUSE, n.m. et n.f. [batisœʀ, øz] (radic. du p. prés. de *bâtir*) Celui qui a la manie de bâtir. ■ Rem. S'emploie auj. aussi au féminin, mais reste rare. *Une bâtisseuse.*

BATISTE, n.f. [batist] (prob. radic. de *battre*) Toile de lin très fine.

BATOILLER, ■ v. intr. [batwaje] **Suisse** Bavarder.

BÂTON, n.m. [batɔ̃] (lat. vulg. *basto*, de *bastare*, porter, gr. *bastazein*, soulever, porter) Morceau de bois assez long qu'on peut tenir à la main. ◆ *Jouer du bâton*, manier un bâton avec dextérité, et aussi en donner des coups. ◆ *Une volée de coups de bâton*, un grand nombre de coups de bâton. ◆ **Fig.** *À coups de bâton*, par force. ◆ ▷ *Le bâton haut*, d'autorité. ◁ ◆ *Mettre des bâtons dans les roues*, entraver, susciter des obstacles. ◆ ▷ *Sauter le bâton*, faire quelque chose malgré soi. ◁ ◆ *Battre l'eau avec un bâton*, perdre sa peine. ◆ *Le bâton*, la peine de la bastonnade. ◆ *Bâton d'aveugle*, bâton qui sert aux aveugles à se conduire. ◆ *Bâton de vieillesse*, celui ou celle qui est le soutien d'un vieillard. ◆ *Bâton de chaise.* ◆ *Bâton de cage*, bâton sur lequel se perche l'oiseau. ◆ *Batterie à bâtons rompus*, batterie de tambour qui n'est qu'un moyen d'étude ; de là la locution : *à bâtons rompus* ou *à bâton rompu*, avec interruption, à diverses reprises. ◆ *Bâton pastoral*, la crosse d'un évêque. ◆ *Court bâton*, petit bâton qui, mis avec d'autres plus longs, sert à tirer au sort. ◆ ▷ **Fig.** *Tirer au bâton, au court bâton avec quelqu'un*, contester avec lui. ◁ ◆ *Bâton se dit des choses qui ont la forme d'un petit bâton. Bâton de cire d'Espagne.* ◆ *Bâton de commandement*, bâton que portent certains officiers investis d'un commandement. *Bâton de maréchal* ou simplement *bâton.* ◆ *Bâton de mesure*, petit bâton avec lequel un chef d'orchestre indique le mouvement. ◆ *Le bâton de Jacob*, la baguette d'un escamoteur. ◆ ▷ *Il sait bien le tour du bâton*, il est fin et adroit. ◁ **Fam.** *Tour de bâton*, profit secret et illicite. ■ **Archit.** *Bâton*, moulure en saillie, ou gros anneau qui s'appelle aussi tore. ◆ *Bâton de Saint-Jacques*, la rose trémière. ◆ Dans l'écriture, traits longs et droits que font les commençants. ◆ Dans la musique, sorte de barre qui, surmontée d'un chiffre, exprime la quantité de mesures qu'il faut passer en silence. ■ *Bâton de ski*, tige d'acier terminée par une rondelle et sur laquelle s'appuie le skieur. ■ **Loc. Fam.** *Retour de bâton*, réaction contraire et inattendue. ■ **Loc. Fam.** *Mener une vie de bâton de chaise*, mener une vie agitée, dissolue. ■ **Arg.** Un million de centimes de francs (ou 1500 euros).

BÂTONNADE, n.f. [batɔnad] (*bâtonner*) Coups de bâton. ◆ On dit plus ordinairement *bastonnade*.

BÂTONNAT, n.m. [batɔna] (radic. de *bâtonnier*) Fonctions de bâtonnier dans le corps des avocats. ◆ Durée de ces fonctions.

BÂTONNÉ, ÉE, p.p. de bâtonner. [batɔne] Qui a reçu des coups de bâton. ◆ ▷ Biffé. *Un paragraphe bâtonné.* ◁

BÂTONNER, v. tr. [batɔne] (*bâton*) Donner des coups de bâton. ◆ **Fig.** Rayer, biffer.

BÂTONNET, n.m. [batɔnɛ] (*bâton*) Jeu d'enfants qui consiste à faire sauter avec force un petit bâton pointu par les deux bouts. ◆ Petit bâton. *Bâtonnet glacé, bâtonnet de colle.* ■ **Anat.** Cellule nerveuse photoréceptive de la rétine.

BÂTONNIER, IÈRE, n.m. et n.f. [batɔnje, jɛʀ] (*bâton*) ▷ **N. m.** Celui qui avait en dépôt le bâton d'une confrérie, et qui avait le droit de le porter aux processions. ◁ ◆ **N. m. et n.f.** Avocat choisi par ses confrères pour être temporairement le chef de l'ordre. *La bâtonnière du barreau de Paris.*

BÂTONNISTE, n.m. [batɔnist] (*bâton*) ▷ Qui sait s'escrimer du bâton comme d'une arme. ◁

BATOUDE, ■ n.f. [batud] (ital. *battuta*, terre battue d'une aire de jeu, de *battere*, battre) Tremplin très flexible utilisé par les acrobates de cirque. *Sauts à la batoude.*

BATRACIEN, n.m. [batʀasjɛ̃] (gr. *batrakhos*, grenouille) Nom d'animaux vertébrés de la classe des reptiles, dont la grenouille est le type.

BATTAGE, n.m. [bataʒ] (*battre*) Action de battre le blé pour séparer le grain de l'épi. ◆ Opération pour faire le beurre. ■ **Fam.** Publicité outrancière. *Faire tout un battage autour d'une affaire.*

1 **BATTANT**, n.m. [batã] (*battre*) Pièce de fer qui, suspendue à l'intérieur d'une cloche, la frappe et la fait sonner. ◆ Chaque partie d'une porte, d'une fenêtre qui s'ouvre en deux.

2 **BATTANT, ANTE**, adj. [batã, ãt] (*battre*) Qui bat, qui aime à battre. ◆ ▷ *Mener battant* (c.-à-d. en battant), poursuivre sans relâche l'ennemi vaincu. *Nous les avons menés battant.* ◁ ◆ **Fig.** *Mener battant*, presser son adversaire. ◆ **N. m.** Celui qui bat. *Les battants et les battus.* ◆ Métier battant, métier en activité. ◆ *Pluie battante*, forte pluie. ◆ *Habit tout battant neuf*, qu'on met pour la première fois. ◆ *Porte battante*, porte qui se referme d'elle-même. ◆ *Tambour battant*, au son du tambour. ◆ *Sortir tambour battant*, avec les honneurs de la guerre. ◆ *Mener quelqu'un tambour battant*, le presser vivement, le traiter sans ménagement. ◆ *Faire une chose tambour battant*, la faire vite, publiquement. ■ **N. m. et n.f.** Personne entreprenante et persévérante.

BATTANT-L'ŒIL, n.m. inv. [batãlœj] (*battant* et *œil*) ▷ Coiffure négligée des femmes, avançant sur le visage. ◆ Au pl. *Des battant-l'œil.* ◁

BATTE, n.f. [bat] (*battre*) Plateau de bois pour battre la terre, écraser le plâtre. ◆ ▷ Sabre de bois d'arlequin. ◁ ◆ Petit banc sur lequel les blanchisseuses battent le linge. ◆ *Batte à beurre*, bâton pour battre le beurre. ◆ Maillet en bois avec un long manche pour faire sauter, par le contrecoup, le bondon d'une feuillette. ■ Instrument composé d'un manche muni d'une partie renflée utilisé dans certains sports. *Batte de baseball.*

BATTELÉE ou **BATELÉE**, adj. f. [bat(ə)le] (anc. fr. *batteler*, sonner les cloches) ▷ *Rime battelée*, rime où la césure d'un vers devait rimer avec la fin du précédent. ◁

BATTELLEMENT, n.m. [batɛl(ə)mã] (p.-ê. anc. fr. *bataillier*, fortifier, de *batailles*, meurtrières) Double rang de tuiles par où le toit s'égoutte, dit aussi égout ou avant-toit.

BATTEMENT, n.m. [bat(ə)mã] (*battre*) Action de battre. *Battement de mains*, applaudissement. ◆ **Danse** Mouvement d'une jambe élevée en l'air et ramenée vers l'autre comme pour la battre. ◆ **Escrime** Battement d'épée, action de frapper avec son épée celle de l'adversaire. ◆ *Les battements du cœur*, les contractions et dilatations alternatives du cœur. ◆ *Battements du pouls, des artères.* ◆ *Battement de cœur*, accélération subite des battements du cœur. ■ Intervalle de temps entre deux activités. *Les élèves ont une heure de battement entre deux cours.* ■ **Phys.** Phénomène vibratoire dû à la superposition de deux ondulations de fréquences voisines.

BATTERIE, n. f. [bat(ə)ʀi] (radic. de *battre*) Querelle de gens qui se battent. ♦ Lieu où l'artillerie est à couvert, en état de tirer et posée sur une plateforme, derrière un parapet percé d'embrasures. ♦ **Mar.** Chacun des ponts d'un vaisseau garni de ses canons. ♦ En général, une rangée de canons disposée sur un terrain quelconque et prête à faire feu. ♦ Compagnie d'artillerie et son matériel. ♦ **Fig.** Moyen qu'on emploie pour réussir à quelque chose ou pour rendre vaine quelque tentative. « *Sans changer de discours, changeons de batterie* », P. CORNEILLE. ♦ **Phys.** *Batterie électrique*, assemblage de bouteilles de Leyde. ♦ Pièce d'acier qui couvre le bassinet d'un fusil, d'un pistolet. ♦ *Batterie de cuisine*, les ustensiles de cuivre, de tôle et de fer-blanc qui servent à la cuisine. ♦ Les diverses manières de battre le tambour. ♦ **Mus.** Ensemble d'instruments compris sous le nom d'instruments à percussion, tels que la grosse caisse, les cymbales, le triangle, etc. ♦ Manière de jouer de la guitare en battant les cordes au lieu de les pincer. ♦ Suite d'accords à notes détachées. ■ Assemblage de générateurs électriques. *La batterie d'une voiture.* ■ Série. *Une batterie d'exercices.* ■ *Élevage en batterie*, méthode d'élevage intensif de volailles en intérieur.

BATTEUR, EUSE, n. m. et n. f. [batœʀ, øz] (radic de *battre*) Celui, celle qui aime à battre. ♦ *Batteur en grange* ou simplement *batteur*, homme qui bat les gerbes sous le grain de l'épi. ♦ *Batteur de plâtre*, manœuvre qui écrase le plâtre. ♦ *Batteur d'or*, ouvrier qui bat l'or et le met en feuilles. ♦ *Batteurs d'estrade*, cavaliers détachés de l'armée qui vont reconnaître l'ennemi ou le terrain. ♦ *Batteurs*, hommes employés à battre le bois pour en faire sortir le gibier. ♦ **Fam.** *Batteur de pavés*, fainéant qui passe son temps à courir les rues. ■ **N. m.** Ustensile de cuisine servant à remuer fortement. ■ N. m. et n. f. Personne qui joue de la batterie dans un groupe, un orchestre.

BATTEUSE, n. f. [batøz] (*batteur*) Machine qui sert à battre le grain.

BATTITURE, n. f. [batityʀ] (ital. *battitura*, coup, de *battere*, battre) Nom des écailles qui jaillissent des métaux frappés, tout rouges, à coups de marteaux.

BATTLE-DRESS, ■ n. m. [batəldʀɛs] (mot angl., de *battle*, combat, et *dress*, tenue) Tenue, blouson de style militaire. *Des battle-dress.*

BATTOIR, n. m. [batwaʀ] (radic. de *battre*) Sorte de raquette dont on se sert pour jouer à la paume. ♦ Palette de bois avec laquelle les blanchisseuses battent le linge. ■ **Fam.** Main large et forte.

BATTOLOGIE, n. f. [batoloʒi] (gr. *battologia*, de *battologein*, bredouiller) ▷ Répétition oiseuse, fastidieuse des mêmes pensées sous les mêmes termes. ◁

BATTOLOGIQUE, adj. [batoloʒik] (*battologie*) ▷ Qui a rapport à la battologie. ◁

BATTRE, v. tr. [batʀ] (lat. pop. *battere*, du lat. *battuere*, frapper) Frapper avec divers instruments. *On bat le blé avec le fléau. Le forgeron bat l'enclume.* ♦ **Fig.** *Se battre les flancs*, faire beaucoup d'efforts, ou simuler un grand zèle. ♦ *Battre le tambour*, donner un signal au son du tambour. ♦ *Battre du tambour*, faire entendre le son du tambour. ♦ *Battre monnaie*, fabriquer de la monnaie à l'aide du balancier, et fig. se procurer de l'argent. ♦ *Battre la semelle*, se dit d'une sorte d'escrime en usage parmi les écoliers, pour se réchauffer, en frappant leurs pieds l'un contre l'autre. ♦ *Battre le ruisseau*, frapper l'eau avec des bâtons, ce qui effraie le poisson et le pousse dans les filets. ♦ *Battre l'eau, battre l'air*, se donner une peine inutile. Fig. et pop. *Se battre l'œil de quelqu'un, de quelque chose*, ne pas s'en soucier, n'en tenir aucun compte. ♦ **Fig.** *Battre les oreilles*, assourdir, fatiguer. ♦ **Fig.** *Battre froid à quelqu'un*, le traiter avec froideur. ♦ Donner des coups à quelqu'un. *Battre quelqu'un comme plâtre*, le battre avec excès. ♦ *Battre un homme à terre*, le battre quand il ne peut se défendre, et fig. le critiquer, le tourner en ridicule, quand tout le monde est d'accord là-dessus. ♦ Diriger le feu du canon contre. ♦ **Fig.** *Battre quelqu'un en ruine, en brèche*, ne pas lui laisser dans la discussion les moyens de se défendre, et aussi attaquer son crédit, sa réputation. ♦ Assaillir, ébranler, se briser contre, en parlant de la mer, d'une rivière. ♦ *Battre la mesure*, donner aux musiciens un signal qui leur indique le temps qui doit être employé à chaque mesure. ♦ *Battre des entrechats*, faire des entrechats en dansant. ♦ Agiter certaines choses liquides, mêler, brouiller. *Battre des œufs.* ♦ Au jeu, mêler, *battre les cartes*, les mêler. ♦ **Chasse** *Battre les buissons, un bois*, pour en faire sortir le gibier. ♦ **Par extens.** Parcourir, explorer. *Nous battîmes le pays.* ♦ *Battre l'estrade*, qui a vieilli, ou *battre la campagne*, pousser des découvertes du côté de l'ennemi. ♦ **Fig.** *Battre la campagne*, divaguer, déraisonner. ♦ **Mar.** *Battre la mer*, courir des bordées nombreuses, dans le même parage. ♦ **Fig.** et **fam.** *Battre le pavé*, aller et venir sans but, sans occupation. ♦ ▷ *Battre le chemin*, rendre le chemin praticable, et fig. donner l'exemple. ◁ ♦ Vaincre. Au jeu, gagner. ♦ **V. intr.** Frapper. *La grêle bat contre les toits.* ♦ *Battre des mains*, applaudir. ♦ *Battre des ailes*, agiter les deux ailes. ♦ **Fig.** *Ne battre que*

d'une aile, battre de l'aile, n'avoir plus la même vigueur, être mal dans ses affaires. ♦ Atteindre, frapper sur. *Le canon battait jusque-là.* ♦ Être battu. *Le tambour bat. La générale bat.* ♦ *Le tambour bat aux champs* ou *l'on bat aux champs* (ainsi dit parce que le poste doit sortir), pour rendre quelque honneur. ♦ *Battre en retraite*, se retirer du combat ou d'un campement, et fig. céder, reculer. ♦ Être animé d'un certain mouvement. *Le cœur bat.* Se battre, v. pr. Se battre soi-même. ♦ Lutter corps à corps. *Se battre à coups de poings, à l'épée, en duel.* ♦ **Fig.** *Se battre contre des moulins à vent*, lutter contre des périls, des obstacles imaginaires. ♦ Combattre en bataille. *On se battit avec courage des deux côtés.* ♦ ▷ **Prov.** *Il a battu les buissons et un autre a pris la proie*, a profité à un autre. ◁ ♦ *Il faut battre le fer pendant qu'il est chaud*, il faut presser vivement ce qu'on a commencé heureusement. ■ *Battre le fer quand il est chaud*, profiter d'une occasion. ■ *Battre pavillon.* Voy. PAVILLON. ■ *Battre sa coulpe.* Voy. COULPE.

BATTU, UE, p. p. de battre. [baty] Qui a reçu des coups. ♦ ▷ **Fig.** *Battu de l'oiseau* (locution tirée de la fauconnerie), découragé par une suite de revers, etc. ◁ ♦ ▷ *J'ai les oreilles battues de ce discours*, il y a longtemps qu'on me les répète. ◁ ♦ *Avoir les yeux battus*, avoir autour des yeux une teinte qui montre qu'on est fatigué. ♦ Foulé. *Le sol battu par les pieds.* ♦ *Chemin battu*, chemin fréquenté, et fig. le train habituel, les moyens ordinaires. ♦ *Pas battu*, pas de danse fait en battant légèrement et vivement une jambe contre l'autre. ♦ **N. m.** *Les battus*, ceux qui ont reçu des coups. ♦ **Prov.** *Les battus payent l'amende*, ceux qui ont reçu le dommage, au lieu d'une réparation, sont encore en butte à des vexations. ◁ **Rem.** On dit auj. *sentiers battus* plutôt que *chemin battu*. ■ **Cuis.** Fouetté. *Crème battue.* ■ **Tennis.** *Terre battue*, brique pilée servant de revêtement à certains courts de tennis. ♦ **N. m. Choréogr.** *Jeté-battu*, saut lancé avec des battements de jambes.

BATTUE, n. f. [baty] (fém. substantivé de *battu*) Action de battre les bois et les taillis pour en faire sortir le gibier. ♦ **Fig.** *Faire une battue*, explorer un terrain. ♦ Bruit du pied du cheval sur le sol.

BATTURE, n. f. [batyʀ] (radic. de *battre*) ▷ Espèce de dorure faite avec du miel, de l'eau de colle et du vinaigre. ◁ ■ **Canada** Partie du rivage que découvre la marée basse.

BATZ, n. m. [bats] (moyen haut allemand *batzen*, gros morceau, puis petite monnaie) ▷ Petite monnaie allemande de la valeur de trois sous. ◁

BAU, n. m. [bo] (anc. b. frq. *balk*, poutre) Nom donné à chacune des poutres qui, placées en travers, soutiennent les planchers ou ponts des navires. *Des baux.*

BAUD, n. m. [bo] (anc. b. frq. *bald*, hardi, fier) Nom d'une race de chiens courants, originaires de Barbarie et propres à la chasse du cerf ; dits aussi chiens muets.

BAUDELAIRE, n. m. [bod(ə)lɛʀ] (anc. fr. *badelaire*, p.-ê. du germ. *bald*, hardi) ▷ Sorte de sabre. ◁ ♦ Un des meubles du blason. ◁

BAUDELAIRIEN, IENNE, ■ adj. [bod(ə)lɛʀjɛ̃, jɛn] (Charles *Baudelaire*, 1821-1867, poète français) Qui est propre à Baudelaire, qui rappelle Baudelaire. *L'univers baudelairien.*

BAUDER ou **BAUDIR**, v. intr. [bode, bodiʀ] (anc. fr. *baud*, vif) ▷ Aboyer. ◁

BAUDET, n. m. [bodɛ] (anc. fr. *baud,* impudique) Âne. ♦ **Fig.** Un homme stupide.

1 **BAUDIR**, v. tr. [bodiʀ] (anc. fr. *baud*, hardi) ▷ *Baudir un faucon*, l'encourager au combat contre un héron. ◁

2 **BAUDIR**, ■ v. intr. [bodiʀ] Voy. BAUDER.

BAUDRIER, n. m. [bodʀije] (anc. fr. *baldrei*, p.-ê. du lat. *balteus*, baudrier) Bande de buffle ou d'étoffe qui, mise en écharpe, sert à porter un sabre, une épée. ■ Ceinture, harnais de sécurité portés dans l'exercice de certaines activités (alpinistes, ouvriers du bâtiment, etc.). *Fixer son baudrier avant une escalade.*

BAUDROIE, n. f. [bodʀwa] (orig. inc.) Un des noms vulgaires de la lophie pêcheuse, poisson des côtes de France.

BAUDRUCHE, n. f. [bodʀyʃ] (orig. inc.) Pellicule provenant d'une des membranes du cæcum soit du bœuf, soit du mouton. ■ *Ballon de baudruche*, ballon très léger que l'on peut gonfler à la bouche (fait autrefois avec de la baudruche). ■ **Fig.** et **fam.** Personne dépourvue de caractère. *C'est une vraie baudruche !* ■ **Rem.** On écrivait aussi autrefois *bodruche*.

BAUGE, n. f. [boʒ] (p.-ê. var. de *bauche*, torchis) Gîte fangeux du sanglier. ♦ Mortier de terre grasse mêlée de paille. ■ **Par anal.** et **fam.** Lieu très sale. *Ta chambre, quelle bauge !*

BAUGUE ou **BAUQUE**, n. f. [bog, bok] (provenç. *bauco*) Mélange de plantes marines que la Méditerranée rejette.

1 **BAUME**, n. m. [bom] (lat. *balsamum*, baumier, baume) Substance résineuse et odorante qui coule de quelques végétaux. ♦ **Fam.** *Fleurer comme baume*, avoir une odeur agréable. ♦ **Fig.** *Sa réputation fleure comme baume*,

il a une très bonne réputation. ◆ Médicaments qui ont une odeur balsamique. ◆ **Fig.** Ce qui calme, adoucit les peines, les chagrins. ◆ *Baume d'acier* ou *d'aiguilles*, baume préparé avec de la limaille d'acier et de l'acide azotique. ◆ **Pop.** *Baume d'acier*, l'instrument du dentiste. ◆ **Bot.** *Baume des jardins*, nom de la menthe baume. ■ *Fig. Mettre du baume au cœur*, réconforter, consoler.

2 BAUME ou **BALME**, n. f. [bom, balm] (gaul. *balma*, caverne d'ermite) Grotte dans le Midi. *La Sainte-Baume dans le Var.*

BAUMIER ou **BALSAMIER**, n. m. [bomje, balzamje] (*baume* ou lat. *balsamum*) Arbre qui donne du baume.

BAUQUE, ■ n. f. [bok] Voy. BAUGUE.

BAUQUIÈRE, ■ n. m. [bokjɛr] (*bau*) **Mar.** Solive longitudinale à l'intérieur de la coque du navire, qui unit les couples et qui supporte les barrots.

BAUX, pl. de bail et de bau. [bo]

BAUXITE, ■ n. f. [boksit] (*Baux-de-Provence*, dans les Bouches-du-Rhône) Minerai de couleur rougeâtre, contenant surtout de l'alumine, de la silice et de l'oxyde de fer et dont on extrait l'aluminium.

BAVARD, ARDE, adj. [bavar, ard] (*bave*, bavardage) Qui parle beaucoup. ◆ Indiscret, qui dit ce qu'il faudrait taire. ■ N. m. et n. f. Un bavard, une bavarde. ■ N. m. **Arg.** Avocat.

BAVARDAGE, n. m. [bavardaʒ] (*bavarder*) Suite de discours ou de paroles sans intérêt.

BAVARDER, v. intr. [bavarde] (*bavard*) Parler beaucoup. ◆ Divulguer des choses qu'on devrait taire.

BAVARDERIE, n. f. [bavardəri] (*bavard*) Défaut du bavard. ◆ Bavardage continuel.

BAVAROIS, OISE, ■ adj. [bavarwa, waz] (lat. médiév. *Bavaria*) Qui provient de la Bavière, province d'Allemagne. ■ N. m. Entremets froid, sucré, à base de crème anglaise et de gélatine, diversement aromatisé. *Un bavarois au cassis.* ◆ Un des trois groupes dialectaux du haut allemand.

BAVAROISE, n. f. [bavarwaz] (*bavarois*) Infusion de thé et de sirop de capillaire, sucrée et mêlée avec du lait.

BAVASSER, ■ v. intr. [bavase] (*baver*, bavarder) **Fam.** et péj. Bavarder.

BAVE, n. f. [bav] (anc. fr. *beve*, du lat. pop. *baba*, babil) Salive qui découle involontairement de la bouche. ◆ Salive écumeuse que jettent certains animaux. ■ **Fig.** Propos venimeux.

BAVER, v. intr. [bave] (*bave*) Jeter de la bave. ◆ **Fig.** Souiller par d'indignes paroles. ◆ Ne pas couler droit, en parlant d'un liquide qu'on verse ou qui s'écoule. ◆ **Fig.** et **fam.** *En baver*, éprouver de la difficulté, de la souffrance. *Il en a bavé pour avoir son diplôme.*

BAVETTE, n. f. [bavɛt] (*bave*) Petite pièce de toile qu'on attache sur la poitrine des petits enfants, pour recevoir la bave. ◆ *Être à la bavette*, être dans l'enfance, et fig. être encore trop jeune pour se mêler des choses dont il s'agit. ◆ *Tailler des bavettes*, passer son temps à bavarder. ■ Morceau de bœuf à longues fibres fines, situé sous l'aloyau. *Un bifteck dans la bavette.* ■ **Fam.** *Tailler une bavette*, bavarder.

BAVEUSE, n. f. [bavøz] (radic. de *baver*) Poisson de mer, dit aussi bavèque et bavesque.

BAVEUX, EUSE, adj. [bavø, øz] (*bave*) Qui bave. ◆ *Omelette baveuse*, omelette peu cuite. ◆ *Chairs baveuses*, chairs d'une plaie qui fournissent un liquide séropurulent. ◆ **Impr.** *Lettres baveuses*, lettres qui manquent de netteté. ■ N. m. **Arg.** Avocat. *Malgré son baveux, il a pris perpète.*

BAVOCHÉ, ÉE, adj. [bavoʃe] (*bavocher*) **Grav.** et **impr.** Qui n'est pas net, en parlant des contours des caractères.

BAVOCHER, v. intr. [bavoʃe] (*baver*) Imprimer d'une manière peu nette, maculer.

BAVOCHURE, n. f. [bavoʃyr] (*bavocher*) Défaut de ce qui est bavoché.

BAVOIR, ■ n. m. [bavwar] (*baver*) Petite serviette (en tissu ou en plastique) que l'on attache autour du cou des jeunes enfants afin qu'ils ne se salissent pas.

BAVOIS ou **BAVOUER**, n. m. [bavwa, bavwe] (orig. obsc.) ▷ Feuille de compte où était contenue l'évaluation des droits de seigneuriage, suivant le prix courant. ◁

BAVOLET, n. m. [bavolɛ] (2 *bas* et *volet*, partie flottante d'une coiffe) Coiffure villageoise. ◆ Morceau d'étoffe ou ruban qui orne un chapeau de femme par derrière. ■ Rabat flottant sur un manteau, un imperméable.

BAVURE, n. f. [bavyr] (*baver*) Trace laissée par les joints des pièces d'un moule sur les objets moulés. ■ Tache d'encre. ■ **Fam.** *Net et sans bavure*,

impeccablement réalisé. ■ **Fam.** Faute aux conséquences graves commise lors d'une action. *Bavure judiciaire, policière.*

BAYADÈRE, n. f. [bajadɛr] (port. *balhadeira*, de *balhar*, danser) Femme indienne dont la profession est de danser devant les pagodes. ■ Adj. *Tissu bayadère*, tissu à larges rayures multicolores.

BAYART ou **BAÏART**, n. m. [bajar] (anc. fr. *bail*, poutre, du lat. *bajulus*, portefaix, d'orig. inc.) Sorte de bard, de civière, principalement en usage dans les ports.

BAYER, v. intr. [baje] (lat. vulg. *batare* : cf. béer et bailler) Tenir la bouche ouverte en regardant quelque chose. « *Je voulus aller dans la rue pour bayer comme les autres* », MME DE SÉVIGNÉ. ◆ **Fig.** et **fam.** *Bayer aux corneilles*, regarder en l'air niaisement. ◆ **Fig.** Désirer quelque chose avec une grande avidité. *Bayer après les honneurs.* ◆ Il vieillit en ce sens. ■ REM. On disait aussi *béer*.

BAYEUR, EUSE, n. m. et n. f. [bajœr, øz] (*bayer*) ▷ Celui, celle qui baye. ◁

BAYONNETTE, n. f. [bajonɛt] Voy. BAÏONNETTE.

BAYOU, ■ n. m. [baju] (choctaw *bajuk*, petite rivière) Étendue d'eau stagnante, méandre abandonné d'un fleuve, en Louisiane et dans le bas Mississipi. *Les bayous sont infestés d'alligators.*

BAYRAM, ■ n. m. [bajram] Voy. BAÏRAM.

BAZAR, n. m. [bazar] (pers. *bazar*) Marché public en Orient. ◆ **Par extens.** Lieu couvert où sont réunis des marchands tenant boutique et vendant toutes sortes de menus objets ou ustensiles. ◆ **Fig.** Grand centre où affluent les marchandises et les produits. ■ **Fam.** Lieu en désordre. *Quel bazar, cette chambre!* ■ **Fam.** Ensemble d'objets de peu de valeur. ◆ **Fig.** et **fam.** *De bazar*, de peu de valeur. *Idéologie, philosophie de bazar.*

BAZARDER, ■ v. tr. [bazarde] (*bazar*, d'après les mots en *-ard*) **Fam.** Jeter, se débarrasser de. ■ **Fam.** Vendre rapidement et à bas prix. *Bazarder une vieille voiture.*

BAZOOKA, ■ n. m. [bazuka] (mot anglo-amér., d'abord sorte de trombone) Lance-roquettes antichar inventé par les Américains lors de la Seconde Guerre mondiale. *Des bazookas.*

BCBG, ■ adj. [besebeʒe] (sigle de *bon chic bon genre*) Dont les manières et les habits correspondent au bon goût bourgeois. *Dans cette soirée huppée, on ne voyait que des gens* BCBG.

BCG, ■ n. m. [beseʒe] (nom déposé, sigle de bacille *bilié de Calmette et Guérin*) Vaccin antituberculeux inventé en 1920 par Calmette et Guérin.

BD, ■ n. f. [bede] (sigle de *bande dessinée*) **Fam.** Bande dessinée. *Écrire des BD.*

BDELLIUM, n. m. [bdɛljɔm] (gr. *bdellion*, de l'hébr. *bdolah*) Gomme résine qui vient du Levant et des Indes orientales.

BEACH-VOLLEY, ■ n. m. [bitʃvolɛ] (anglo-amér., de *beach*, plage, et *volley* [-*ball*]) **Sp.** Volley-ball qui se joue sur la plage et qui oppose deux équipes de deux joueurs. *Des beach-volleys.*

BEAGLE, ■ n. m. [bigl] (mot angl., *bigle*) Chien courant d'origine anglaise, à pattes courtes et droites et à oreilles tombantes. *Des beagles.*

BÉANT, ANTE, adj. [beã, ãt] (p. prés. de *béer*) Qui présente une large ouverture. ◆ Qui regarde avec étonnement. « *Elles ont à leur suite une troupe béante* », RÉGNIER. ◆ *Être, demeurer bouche béante*, être frappé de stupeur. ■ **BÉANCE**, n. f. [beãs]

BEAT, ■ n. m. [bit] (anglo-amér. [*to*] *beat*, battre) Temps fort de la mesure, dans le jazz, le blues, le rock. ■ Qui se réfère au phénomène beatnik. *Des beats.*

BÉAT, ATE, n. m. et n. f. [bea, at] (lat. *beatus*) Homme ou femme plongée dans une grande dévotion et à qui l'entourage attribue une sorte de sainteté. ◆ *Béates*, nom de quelques femmes portant l'habit religieux, sans être cloîtrées. ◆ Dans l'Église, celui, celle qui a reçu la béatification. ◆ Adj. *Un ton béat, une mine béate*, un ton, une mine qui exprime une dévotion outrée ou hypocrite. ■ **Péj.** Qui exprime un contentement un peu niais. *Sourire avec une stupidité béate.* ■ **BÉATEMENT**, adv. [beat(ə)mã]

BÉATIFICATION, n. f. [beatifikasjɔ̃] (lat. médiév. *beatificatio*) Cérémonie ecclésiastique, dans laquelle le pape, assisté du collège des cardinaux, déclare, après des informations juridiques, qu'une personne a mérité par ses vertus d'être proposée au culte religieux et à l'invocation des fidèles.

BÉATIFIÉ, ÉE, p. p. de béatifier. [beatifje]

BÉATIFIER, v. tr. [beatifje] (lat. chrét. *beatificare*) Rendre bienheureux. ◆ Donner la béatification. ◆ **Fam.** Rendre heureux. *Cette nouvelle l'a béatifié.*

BÉATIFIQUE, adj. [beatifik] (b. lat. *beatificus*, qui rend heureux) Qui rend bienheureux ; usité seulement dans : *vision béatifique*, la vue que les élus ont de Dieu dans le ciel.

BÉATILLES, n. f. pl. [beatij] (*béat*) ▷ Les menues viandes délicates, crêtes de coq, ris de veau, etc. dont on garnit les pâtés. ♦ Certains petits ouvrages de religieuses, comme agnus, pelotes, etc. ◁

BÉATITUDE, n. f. [beatityd] (lat. *beatitudo*, bonheur) Félicité parfaite et principalement celle des élus. ♦ En général, bonheur. ♦ Titre d'honneur qui s'est donné aux ecclésiastiques. *Votre Béatitude.*

BEATNIK, adj. [bitnik] (mot anglo-amér. de *beat*[*en*], épuisé, de *to beat*, battre, et suff. yiddish *-nik*) Relatif au mouvement contestataire littéraire et social né aux États-Unis dans les années 1950, refusant le mode de vie imposé par la société de consommation. *La musique beatnik.* ■ N. m. et n. f. Adepte du mouvement beatnik. *Les beatniks.* ■ **Abrév.** Les beats ou *les beat*.

1 BEAU ou **BEL, BELLE**, adj. [bo, bɛl] (lat. *bellus*, joli, charmant) Qui plaît par la forme, en parlant des êtres animés. ♦ Il s'emploie quelquefois avec *de* un nom sans article : *il était beau d'indignation.* ♦ *Le beau sexe*, les femmes. ♦ **Fam.** Élégant, bien vêtu. *Une belle dame.* ♦ Distingué. *Le beau monde. Les gens du bel air.* ♦ Remarquable par les proportions, qui plaît à la vue, agréable, en parlant des choses. *Une belle maison. Un beau théâtre.* ♦ Qui est en bon état, bon, qui fait bien une chose. *Belle santé. Beau danseur.* ♦ *Beau joueur*, celui qui fait les plus grandes pertes au jeu sans laisser apercevoir le chagrin qu'il éprouve, et fig. celui qui supporte bien les diverses chances. ♦ *Belle humeur*, bonne disposition de l'âme, gaieté. ♦ Digne d'être écouté. *De belles paroles. De belles promesses.* ♦ Ironiquement, *de belles paroles, de belles promesses*, des paroles dites, des promesses faites, sans qu'on veuille les faire suivre d'effets. ♦ *Un beau pinceau, un beau ciseau, un beau burin*, un bon peintre, un bon sculpteur, un bon graveur. ♦ Pur, serein. *Beau jour.* ♦ *Il fait beau*, le temps est beau. ♦ *Les beaux jours*, la saison chaude de l'année, et fig. *les beaux jours, les belles années, le bel âge*, le temps, l'époque de la jeunesse. ♦ *Mourir de sa belle mort*, mourir de sa mort naturelle. ♦ *À la belle étoile*, en plein air. ♦ **Fig.** Grand, relevé, en parlant des choses de l'esprit. *Beau poème.* ♦ *Bel esprit*, genre d'esprit qui tombe dans la prétention. ♦ *Un bel esprit*, un homme dont l'esprit est orné de connaissances agréables. *Les beaux esprits du jour.* Il se prend souvent en mauvaise part : *une femme bel esprit.* ♦ *Les belles-lettres*, la grammaire, l'éloquence et la poésie. ♦ *Les beaux-arts*, la peinture, la sculpture, l'architecture, la musique et la danse. ♦ Noble, élevé, généreux, glorieux. *Un beau caractère. Une belle naissance. Les beaux temps de notre histoire.* ♦ Bienséant, convenable, honnête. *Il est beau de mourir pour son pays.* ♦ Heureux, favorable. *Un très beau succès. L'occasion est belle.* ♦ Gros, grand, considérable, précieux. *De belles pommes. Belle fortune.* ♦ **Fam.** *Il y a beau temps que...*, il y a longtemps que... ♦ **Fam.** *Vous avez fait un beau coup*, vous avez fait une maladresse, une action blâmable. ♦ *En faire de belles, en dire, en conter de belles*, faire, dire des sottises, des extravagances. ♦ *On lui en fera voir de belles*, on le malmènera. ♦ *Dans le même sens, il verra beau jeu.* ♦ Quelquefois beau est redondant. *Un beau jour. Au beau milieu de la rue.* ♦ **Fig.** *Déchirer à belles dents*, médire. ♦ *Il fait beau*, suivi d'un infinitif, il est agréable de. ♦ **Ironiq.** *Il fait beau*, on serait mal reçu à. ♦ *Donner beau jeu à quelqu'un*, lui donner des cartes maîtresses, et fig. donner à quelqu'un les moyens de réussir contre nous. ♦ *Faire un beau coup*, avoir un coup heureux. ♦ *Au jeu de paume, donner beau*, jouer la balle de manière qu'elle soit facile à prendre. ♦ **Fig. et fam.** *Donner beau* ou *la donner belle à quelqu'un*, fournir à quelqu'un une occasion favorable. ♦ **Ellipt.** *Belle*, avec un substantif féminin sous-entendu. *Prendre sa belle*, saisir l'occasion. *Attendre sa belle*, attendre une occasion favorable. *La donner belle à quelqu'un*, se moquer de lui. ♦ *La bailler belle à quelqu'un*, lui en faire accroire. ♦ *L'avoir beau* ou *l'avoir belle*, avoir l'occasion favorable. ♦ *L'échapper belle*, échapper à un grand péril. ♦ *La manquer belle*, perdre une bonne occasion. ♦ *Avoir beau*, faire inutilement. ■ *Il ferait beau voir que...*, il serait impensable que... ■ *Il ferait beau voir qu'ils partent sans nous !* ■ *Tout nouveau tout beau.* Voy. NOUVEAU.

2 BEAU, BELLE, n. m. et n. f. [bo, bɛl] (1 *beau, belle*) Ce qui est beau, le beau côté d'une chose. *Le beau est rare.* ♦ Tout ce qui élève l'âme en lui faisant éprouver un sentiment de plaisir. *Le beau idéal.* ♦ *En beau*, sous un favorable aspect. *Voir tout en beau.* ♦ *Au beau*, en parlant du temps, à l'état serein. *Le baromètre est au beau.* ♦ N. m. *Un beau*, un homme recherché dans sa toilette. ♦ **Fam.** *Faire le beau, la belle*, se pavaner. ♦ N. f. *Une belle*, une femme qui a de la beauté. ♦ *Jouer la belle*, se dit de deux joueurs qui, ayant gagné chacun une partie, en jouent une troisième pour décider finalement du gain ou de la perte. ♦ *En conter de belles sur*, raconter des choses peu honorables, peu favorables sur quelqu'un. ♦ DE PLUS BELLE, loc. adv. En augmentant. ♦ TOUT BEAU, loc. adv. Doucement, modérément. ♦ *Tout beau, tout beau !*, expression dont on se sert pour modérer les mouvements d'un chien. ♦ BEL ET BIEN, BEL ET BEAU ou BIEN ET BEAU, loc. adv. Tout à fait, entièrement.

BEAUCERON, adj. [bos(ə)ʀɔ̃] (*Beauce*, région du Bassin parisien) Originaire de la Beauce. ■ N. m. Chien de berger français, d'aspect puissant et de couleur noire et feu. *Un élevage de beaucerons.*

BEAUCOUP, n. m. [boku] (*beau* et *coup*) pris toujours sans article. Une belle quantité, une grande ou belle chose, un grand nombre. *C'est beaucoup de mériter son estime. Celui qui possède beaucoup. Beaucoup de sang répandu.* ♦ *C'est beaucoup, c'est faire beaucoup*, se dit quelquefois par ironie, pour à peine, à grand'peine. *C'est beaucoup qu'il daigne vous parler.* ♦ *À beaucoup près*, c'est-à-dire s'en manquant beaucoup pour être près. *Il n'est pas à beaucoup près, aussi riche qu'on le dit.* ♦ *De beaucoup*, en quantité notable. ♦ *Il s'en faut de beaucoup* exprime une différence de quantité. ♦ Plusieurs. *Beaucoup d'entre eux.* ♦ Avec l'article *le*. « *Séparer le peu d'avec le beaucoup* », BAYLE. ■ **Adv.** Grandement. *Il ne parlait pas beaucoup. Il est beaucoup plus diligent* ou *plus diligent de beaucoup que son frère.*

BEAUF, ■ n. m. [bɔf] (*beau-frère*) **Fam.** et péj. Français moyen, aux idées étroites et archaïques, aux manières vulgaires. *Des beaufs.* ■ **Adj.** *Un comportement beauf.*

BEAU-FILS, n. m. [bofis] (*beau* et *fils*) Fils de la personne qu'on a épousée ; par abus, gendre. ♦ Au pl. *Des beaux-fils.*

1 BEAUFORT, ■ n. m. [bofɔʀ] (*Beaufort*, commune de Savoie) Fromage de Savoie à pâte pressée cuite, voisin du gruyère.

2 BEAUFORT (ÉCHELLE DE), ■ n. f. [bofɔʀ] (*Beaufort*) Gradation mesurant la force du vent de 1 à 12.

BEAU-FRÈRE, n. m. [bofʀɛʀ] (*beau* et *frère*) Celui qui a épousé notre sœur, ou dont on a épousé le frère ou la sœur. ♦ Au pl. *Des beaux-frères.*

BEAUJOLAIS, ■ n. m. [boʒɔlɛ] (*Beaujolais*) Vin du Beaujolais, région orientale du Massif central située entre la Loire et la Saône. *Le beaujolais nouveau est arrivé.*

BEAU-PARENT, ■ n. m. [bopaʀɑ̃] (*beau* et *parent*) Père ou mère du conjoint. *Mes beaux-parents habitent tout près.* ■ Nouveau conjoint du père ou de la mère, pour l'enfant d'un mariage précédent.

BEAU-PÈRE, n. m. [bopɛʀ] (*beau* et *père*) Celui dont on a épousé le fils ou la fille. ♦ Le second mari de notre mère. ♦ Au pl. *Des beaux-pères.*

BEAUPRÉ, n. m. [bopʀe] (m. angl. *bouspret*, du b. all. *bôchsprêt* ; altération d'après *beau* et *pré*) Mât placé à l'avant du navire, et couché sur l'éperon.

BEAU-PRÉSENT, n. m. [bopʀezɑ̃] (*beau* et *présent*) Variété de poire, qu'on appelle aussi *épargne* et *saint-samson*. *Des beaux-présents.*

BEAUTÉ, n. f. [bote] (*beau*) En général, qualité de ce qui est beau. ♦ En parlant des êtres animés. *D'une très grande beauté. La beauté de ce cheval, de ce chien, de cet oiseau.* ♦ *Beautés*, attraits, en parlant d'une femme. *Une femme qui est belle. « Parmi tant de beautés qui briguèrent son choix »*, RACINE. ♦ En parlant des choses inanimées. *La beauté de ces lieux. Beauté des couleurs.* ♦ En parlant des choses morales. *La beauté de la vertu.* ♦ En parlant des choses d'esprit ou d'imagination. *La beauté des oraisons funèbres de Bossuet. Beautés de l'éloquence.* ♦ Au pl. *Beautés*, titre de certains livres composés de récits, de traits, de descriptions remarquables. *Les Beautés de l'histoire romaine.* ♦ *De toute beauté*, superbe. ■ *En beauté*, de façon admirable. ■ *Produits, soins de beauté*, produits, soins cosmétiques. ■ *Se (re)faire une beauté*, se (re)maquiller, se (re)coiffer. ■ *Être en beauté*, se montrer particulièrement sous son avantage.

BEAUX-ARTS, ■ n. m. pl. [bozaʀ] (*beau* et *art*) Voy. BEAU.

BEAUX-ENFANTS, ■ n. m. pl. [bozɑ̃fɑ̃] (*beau* et *enfant*) Enfants du conjoint, nés d'une union précédente.

BÉBÉ, n. m. [bebe] (onomat.) Personne de très petite taille. ♦ Un petit enfant. ♦ Une poupée représentant un petit enfant. ■ *Jeter le bébé avec l'eau du bain*, rejeter en bloc, y compris ce qu'il y a de bon et qui peut être l'essentiel. ■ **Adj. Fig. et fam.** Puéril. *Il est resté très bébé.* ■ **N. m.** Très jeune animal. *Un bébé tigre.* ■ **Fig. et fam.** *Refiler le bébé*, se défausser d'un problème embarrassant.

BÉBÉ-ÉPROUVETTE, ■ n. m. [bebeepʀuvɛt] (*bébé* et *éprouvette*) Enfant conçu par fécondation in vitro. *Des bébés-éprouvettes* ou *des bébés-éprouvette.*

BÉBÊTE, ■ adj. [bebɛt] (*bête*, avec réduplication de la première syllabe) D'une niaiserie enfantine. *Une chanson bébête.* ■ **N. f.** Animal quelconque, dans le langage enfantin. *Une grosse bébête.*

BE-BOP, ■ n. m. [bibɔp] (onomat.) Style de jazz, né aux États-Unis dans les années 1940. Le be-bop est, avant la Seconde Guerre mondiale, la première expression du talent des Noirs de se réapproprier le jazz. ■ **Par extens.** Danse rapide voisine du rock. *Des be-bops.*

BEC, n. m. [bɛk] (lat. *beccus*, attesté comme surnom à l'époque imp.) Enveloppe cornée recouvrant les os maxillaires chez les oiseaux. ♦ **Fig.** *Avoir bec et ongles*, avoir les moyens de se défendre et savoir en user. ♦ **Fam.** *Montrer à quelqu'un son bec jaune* (on prononce et on écrit aussi béjaune), lui montrer qu'il se trompe comme un sot. ♦ **Fig.** *Tenir quelqu'un le bec dans l'eau,* le tenir dans une attente qui ne doit rien produire. ◆ ▷ *Passer la plume par le bec à quelqu'un*, le frustrer de ses espérances. ◁ ◆ *Bec à bec*, en tête-à-tête. ◆ La parole, la langue, le babil. *Avoir bon bec. N'avoir que du bec. Se prendre de bec*, se disputer. *Clore le bec à quelqu'un*, le faire taire. *Avoir le bec bien affilé. Se défendre du bec*, une pie, et fig. femme bavarde et médisante [1]. ◁ ◆ ▷ *On lui a fait le bec*, on l'a instruit, on lui a dit ce qu'il devait dire ou faire. ◁ ◆ *Donner un coup de bec*, lancer une méchanceté. ◆ **Fam.** La bouche. ◆ *Faire le petit bec*, faire la petite bouche. ◆ Minois. ◆ La bouche des tortues, des têtards, des sèches, de tous les mollusques céphalopodes, etc. ◆ Extrémité de certains objets terminés en pointe. *Un bec de plume. Un bec de clarinette, de flageolet.* ◆ **Chir.** Nom de plusieurs espèces de pinces plus ou moins longues et recourbées. ◆ *Bec cornu.* Voy. BEC-CORNU. ■ *Bec de gaz*, lampadaire. ■ *Bec Bunsen*, brûleur à gaz utilisé en chimie pour chauffer ou brûler différentes substances. ■ **Fam.** *Tomber sur un bec (de gaz)*, rencontrer un obstacle imprévu. ■ **Belg.**, **Canada** et **Suisse** *Un bec*, un baiser. *Donne-moi un gros bec.* ■ REM. 1 : Expression péjorative dans son sens figuré.

BÉCABUNGA, n.m. [bekabõga] Voy. BECCABUNGA.

BÉCANE, ■ n.f. [bekan] (orig. obsc.) **Fam.** Bicyclette, vélo. ■ **Par extens.** Moto, mobylette. ■ **Fam.** Ordinateur.

BÉCARD, ■ n.m. [bekaʀ] Voy. BECCARD.

BÉCARRE, ■ n.m. [bekaʀ] (ital. *bequadro*, de la notation médiév. où le *b* à panse carrée indiquait le si naturel *B*, *si* en musique, *carré*) Signe accidentel qu'on place devant une note diésée ou bémolisée, pour la remettre au ton naturel. ◆ Autrefois, signe qui exprimait simultanément le dièse et le bécarre par opposition au bémol, et par suite sorte de musique dont le caractère était opposé au bémol. « *Ah! monsieur, c'est du beau bécarre* », MOLIÈRE.

BÉCASSE, n.f. [bekas] (*bec*) Nom d'un oiseau de passage, qui a le bec fort long et qui est bon à manger. ◆ *Brider la bécasse*, au propre la prendre avec des lacets, fig. attraper, tromper quelqu'un. ◆ *C'est une bécasse*, c'est une femme sans esprit [1]. ■ REM. 1 : *Bécasse* est péjoratif et familier dans ce dernier sens.

BÉCASSEAU, n.m. [bekaso] (*bécasse*) Petit de la bécasse.

BÉCASSIN, n.m. [bekasɛ̃] (var. de *bécasseau*) Nom vulgaire d'une espèce de bécassine.

BÉCASSINE, n.f. [bekasin] (dimin. de *bécasse*) Oiseau de passage comme la bécasse, qui a comme elle le bec fort long, mais qui n'a que la moitié de sa grosseur. ◆ ▷ **Prov.** *Tirer la bécassine*, cacher sa supériorité pour tromper. ◁ ■ **Fig.** et **péj.** Femme stupide ou ridicule.

BECCABUNGA ou **BÉCABUNGA**, n.m. [bekabõga] (lat. sav. (Linné) de l'all. *bekebunge*, de *bach*, ruisseau, et *bunge*, bulbe) Nom vulgaire et spécifique de la véronique beccabunga. ■ REM. *un* se prononce *on*.

BECCARD ou **BÉCARD**, n.m. [bekaʀ] (*bec*) Nom qu'on donne au brochet, à la truite et au saumon lorsqu'ils sont d'une certaine grandeur. ◆ Nom des femelles de ces espèces.

BEC-CORNU, n.m. [bekkɔʀny] (*becco cornuto*, bouc trompé, mari cocu) Voy. BECQUE-CORNU.

BEC-CROISÉ, ■ n.m. [bekkʀwaze] (*bec* et *croisé*) Passereau qui vit dans les forêts de conifères et donc le bec, qui a des mandibules croisées, lui sert à grimper aux arbres. *Des becs-croisés.*

BEC-D'ÂNE, n.m. [bekdan] (*bec* et anc. fr. *ane*, canard) Outil de menuisier et de charpentier pour faire des mortaises. *Des becs-d'âne.*

BEC-DE-CANE, n.m. [bekdəkan] (*bec* et *cane*) Instrument de chirurgie. Serrure à deux boutons. ◆ Au pl. *Des becs-de-cane.* ■ Poignée de porte en forme de béquille.

BEC-DE-CORBEAU, n.m. [bekdəkɔʀbo] (*bec* et *corbeau*) Outil d'acier recourbé par en bas. ◆ Au pl. *Des becs-de-corbeau.*

BEC-DE-CORBIN, n.m. [bekdəkɔʀbɛ̃] (*bec* et *corbin*) Instrument recourbé en forme de bec-de-corbeau. ◆ *Canne à bec-de-corbin*, canne dont la poignée a la forme d'un bec. ◆ *Bec-de-corbin*, espèce de hallebarde que portait une compagnie de gentilshommes de la garde du roi. ◆ Au pl. *Des becs-de-corbin.*

BEC-DE-CYGNE, n.m. [bekdəsiɲ] ou [bekdəsiɲj] (*bec* et *cygne*) Instrument de chirurgie. ◆ Au pl. *Des becs-de-cygne.*

BEC-DE-GRUE, n.m. [bekdəgʀy] (*bec* et *grue*) Nom vulgaire d'une sorte de géranium. ◆ Au pl. *Des becs-de-grue.*

BEC-DE-LIÈVRE, n.m. [bekdəljɛvʀ] (*bec* et *lièvre*, pour la forme de sa lèvre) Difformité résultant de la division d'une des lèvres, et particulièrement de la supérieure, ainsi dite parce que la lèvre supérieure du lièvre est fendue. ◆ Celui qui a cette difformité. *Des becs-de-lièvre.*

BEC-DE-PERROQUET, ■ n.m. [bekdəpeʀokɛ] (*bec* et *perroquet*) Excroissance osseuse en forme de crochet, qui se développe au niveau d'une vertèbre. *Des becs-de-perroquet.*

BEC-D'OISEAU, n.m. [bekdwazo] (*bec* et *oiseau*) Ornithorynque. ◆ Sorte de pied-d'alouette, plante. ◆ Au pl. *Des becs-d'oiseau.*

BEC-DUR, n.m. [bekdyʀ] (*bec* et *dur*) Nom vulgaire du gros-bec commun. ◆ Au pl. *Des becs-durs.*

BEC-EN-CISEAUX ou **BEC-EN-CISEAU**, n.m. [bekãsizo] (*bec* et *ciseaux*) Oiseau de la Guyane. ◆ Au pl. *Des becs-en-ciseaux.*

BECFIGUE, n.m. [bekfig] (*bec* et *figue*) Petit oiseau appartenant aux becs-fins. *Des becfigues.*

BEC-FIN, n.m. [bekfɛ̃] (*bec* et *fin*) Genre d'oiseaux ; nom vulgaire de plusieurs espèces des genres sylvie, motacille et anthe. ◆ Au pl. *Des becs-fins.*

BÊCHAGE, ■ n.m. [beʃaʒ] (*bêcher*) Action de bêcher. ■ REM. On disait autrefois *bêchement*.

BÉCHAMEL, n.f. [beʃamɛl] (Louis de *Béchamel*, maître d'hôtel de Louis XIV) Espèce de sauce faite avec un peu de farine roussie dans du beurre frais et de la crème ou du lait. *Œufs à la béchamel.* ■ **Adj.** *Sauces béchamels.*

BÉCHARU, n.m. [beʃaʀy] (provenç. *becarut*, qui a un grand bec) ▷ Nom vulgaire du phénicoptère des anciens ou flamant. ◁

BÊCHE, n.f. [beʃ] (*bêcher*) Instrument d'agriculture et de jardinage composé d'un fer aplati et tranchant, emmanché. ◆ Insecte qui ronge les bourgeons de la vigne, dit aussi *coupe-bourgeons*, *lisette*, *gribouri*.

BÊCHÉ, ÉE, p.p. de bêcher. [beʃe]

BÊCHER, v. tr. [beʃe] (lat. *bessicare*, de *bessus*, bêche, p.-ê. de *bissus*, qui a deux pointes) Remuer la terre avec une bêche. ◆ **Absol.** *Bêcher autour d'un arbre.*

BÊCHETON, n.m. [beʃ(ə)tõ] (*bêche*) ▷ Sorte de petite bêche. ◁

BÊCHETTE, n.f. [beʃɛt] (*bêche*) ▷ Petite bêche. ◁

BÊCHEUR, n.m. [beʃœʀ] (*bêcher*) Homme qui bêche. ■ N.m. et n.f. **Fam.** Personne hautaine. *Quelle bêcheuse, celle-là !*

BÊCHEVETER, ■ v. tr. [beʃ(ə)vəte] (moy. fr. *beschevet*, qui a deux têtes, tête-bêche, du lat. *bis*, deux fois, et *chevet*) Disposer tête-bêche.

BÉCHIQUE, adj. [beʃik] (gr. *bêkhikos*, de *bêx*, toux) En parlant des remèdes, bon contre la toux. ◆ N.m. *Un béchique.*

BÉCOT, n.m. [beko] (suivant le sens, radic. de *bécasse*, ou *bec*) L'un des noms de la bécasse. ◆ Petite bécassine. ■ **Fam.** Petit baiser.

BÉCOTER, ■ v. tr. [bekote] (*bécot*, de *bec*) **Fam.** Donner des petits baisers. ■ V. pr. « *Les amoureux qui se bécotent sur les bancs publics, bancs publics [...] en se disant des Je t'aime pathétiques ont des petites gueules bien sympathiques* », BRASSENS.

BECQUE-CORNU ou **BEC-CORNU**, n.m. [bek(ə)kɔʀny] (ital. *becco*, bouc, *cornu*) ▷ Sot, imbécile. ◆ Au pl. *Des becques-cornus* ou *becs-cornus.* ◁

BECQUÉE ou **BÉQUÉE**, n.f. [beke] (*bec*) Ce que contient de nourriture, pour les petits, le bec d'un oiseau. ■ **Par extens.** *Donner la becquée à quelqu'un*, mettre dans la bouche de quelqu'un de petites quantités de nourriture.

BECQUEREL, ■ n.m. [bek(ə)ʀɛl] (Henri *Becquerel*, 1852-1908, physicien français) **Phys.** Unité de mesure de la radioactivité, correspondant à la désintégration d'un noyau atomique par seconde.

BECQUET ou **BÉQUET**, ■ n.m. [beke] (*bec*) **Autom.** Pièce de carrosserie placée à l'avant ou à l'arrière d'une automobile afin d'améliorer l'aérodynamisme. ■ Feuillet collé sur une épreuve d'imprimerie afin de signaler des corrections ou des ajouts. ■ **Théât.** Fragment de scène ajouté par l'auteur au cours des répétitions.

BECQUETÉ, ÉE, p.p. de becqueter. [bek(ə)te]

BECQUETER ou **BÉQUETER**, v. tr. [bek(ə)te] (*bec*) Frapper avec le bec. *Les oiseaux becquètent les cerises.* ◆ Se becqueter, v. pr. Se battre, se caresser avec le bec. ◆ V. intr. **Fam.** Manger. *Faudrait trouver quelque chose à becqueter.* ■ REM. On trouve également la graphie *becter* (au sens de *manger* uniquement).

BECQUILLON, n.m. [bekijõ] (*bec*) Bec des oiseaux de proie qui sont encore jeunes.

BECTANCE, ■ n.f. [bektãs] (*becqueter*) **Fam.** Nourriture, repas. *C'est l'heure de la bectance !*

BECTER, ■ v. tr. [bekte] Voy. BECQUETER.

BÉCU, UE, adj. [beky] (*bec*) ▷ Qui a le bec long ou fort. ◁

BÉCUNE, n.f. [bekyn] (prob. esp. *becuna*) Poisson de mer, nommé aussi bécasse, très vorace, et quelquefois long de huit ou neuf pieds.

BEDAINE, n. f. [bədɛn] (prob. anc. fr. *boudine*, nombril, sur le radic. onomat. *bod-*, boursouflé) Gros ventre, dans le parler familier.

BÉDANE, ■ n. m. [bedan] (bec d'ane, de *bec* et anc. fr. *ane*, canard) Techn. Burin ou ciseau effilé, permettant de creuser des rainures. *Bédane de menuisier.*

BEDEAU, n. m. [bədo] (lat. médiév. *bedellus*, de l'anc. b. frq. *bidil*, représentant de l'ordre) Bas officier d'une église, portant verge ou masse, et qui sert les prêtres, leur fait faire place, etc. ♦ Autrefois, employé d'académie, appelé aujourd'hui appariteur. « *Suivi par un recteur de bedeaux entouré* », Boileau.

BÉDÉGAR, n. m. [bedegaʀ] (arabo-pers. *badaward*, du pers. *bad*, vent, et ar. *ward*, rose) Excroissance qui se développe sur diverses espèces de rosiers, notamment sur l'églantier, et qui est produite par la piqûre d'un insecte. ■ Rem. Graphies anciennes : *bédegar, bédeguar.*

BÉDÉPHILE, ■ adj. et n. m. ou n. f. (*bédé* et *-phile*) Amateur de bandes dessinées.

BEDON, n. m. [bədɔ̃] (radic. onomat. *bod-*, boursouflé ; cf. *bedaine*) Anciennement, tambour. ♦ *Bedon de Biscaye*, petit tambour de basque. ♦ Fam. *Gros bedon*, un homme au ventre rebondi.

BEDONNER, ■ v. intr. [bədɔne] (*bedon*) Fam. Avoir un gros ventre, prendre du ventre. ■ BEDONNANT, ANTE, adj. [bədɔnɑ̃, ɑ̃t]

BÉDOUIN, INE, n. m. et n. f. [bedwɛ̃, in] (ar. *badawi*, habitant du désert) Arabe qui vit dans le désert. ♦ Par extens. Homme sauvage et brutal [1]. ■ Rem. 1 : Terme raciste dans ce sens.

1 BÉE, adj. f. [be] (anc. fr. *béer*) *Tonneaux, futailles à gueule bée*, tonneaux, futailles défoncées d'un côté. ■ *Bouche bée*, grande ouverte du fait de l'étonnement, de l'admiration.

2 BÉE, n. f. [be] (anc. fr. *béer*) ▷ Ouverture par laquelle coule l'eau qui donne le mouvement à un moulin. ♦ Syn. de baie et d'abée. ◁

BEEFSTEAK, n. m. [biftɛk] Voy. BIFTECK.

BÉER, v. intr. [bee] Voy. BAYER.

BEFFROI, n. m. [befʀwa] (anc. b. frq. *berg-fripu*, de *berg-*, sauver, et *fripu*, paix) Tour dans laquelle est une cloche prête à sonner l'alarme. ♦ La cloche même. ♦ Charpente dans les clochers et les moulins. ♦ Dans l'art militaire du Moyen Âge, tour de bois mobile qui servait de machine de guerre dans les sièges.

BEG, n. m. [bɛg] Voy. BEY.

BÉGAIEMENT, n. m. [begɛmɑ̃] (*bégayer*) Embarras plus ou moins grand dans la parole, caractérisé par l'hésitation, la répétition saccadée, la suspension pénible, et même l'empêchement complet de la faculté d'articuler. ■ Fig. Hésitation, tentative maladroite. *Les bégaiements dans la recherche d'un accord de paix.* ■ Rem. On disait autrefois *bégayement.*

BÉGARD, ■ n. m. [begaʀ] Voy. BÉGUARD.

BÉGAUD, AUDE, adj. [bego, od] (*bègue*) ▷ Nigaud, sot, ignorant. ◁

BÉGAYANT, ANTE, adj. [begeyɑ̃, ɑ̃t] (*bégayer*) Qui bégaye.

BÉGAYÉ, ÉE, p. p. de bégayer. [begeje]

BÉGAYER, v. intr. [begeje] (*bègue*) Être affecté du vice de parole dit bégaiement. ♦ Commencer à parler. ♦ Fig. Parler de quelque chose avec hésitation, embarras. ♦ V. tr. « *Il s'est mis à vous bégayer un compliment* », Mme de Sévigné.

BÉGONIA, ■ n. m. [begɔnja] (*Begon*, nom d'un intendant de Saint-Domingue) Plante ornementale, originaire de l'Amérique tropicale, cultivée pour ses fleurs blanches, roses ou rouges.

BÉGU, UË, adj. [begy] (orig. obsc.) Se dit du cheval chez lequel, à l'époque où la mâchoire devrait ne plus marquer, la cavité persiste dans les dents incisives, et indique un âge inférieur à celui qu'a réellement l'animal. ■ Rem. On peut aussi écrire *bégüe.*

BÉGUARD ou **BÉGUIN**, ■ n. m. [begaʀ, begɛ̃] (m. néerl. *beg[g]aert*, membre d'une communauté religieuse, p.-ê. de *beggen*, réciter des prières) Nom donné à des hérétiques du XIIIe siècle. ■ Rem. On trouve aussi *bégard.*

BÈGUE, adj. [bɛg] (*béguer*) Qui bégaye. ♦ N. m. et n. f. *Un bègue, une bègue.*

BÉGUEULE, n. f. [begœl] (*bée*, p.p. de *béer*, et *gueule*, celle qui tient la bouche ouverte) Femme prude et dédaigneuse d'une façon mal plaisante. *Faire la bégueule*, affecter ridiculement la vertu et la modestie. ♦ Adj. *Que cette femme est bégueule !* ♦ Il se dit d'un homme, en plaisantant. ■ Rem. Terme péjoratif.

BÉGUEULERIE, n. f. [begœl(ə)ʀi] (*bégueule*) Les airs, le ton d'une bégueule.

BÉGUIN, n. m. [begɛ̃] (*béguine*) Sorte de coiffe qui s'attache sous le menton. ♦ ▷ Fig. *Je lui ai lavé le béguin*, je l'ai grondé. ◁ ♦ Petit bonnet à trois pièces qu'on met aux enfants sous leur bonnet. ♦ Hérétique, dit aussi béguard. ■ Fam. *Avoir le béguin pour quelqu'un*, en être amoureux.

BÉGUINAGE, n. m. [beginaʒ] (*béguine*) Dévotion puérile et affectée. ♦ Maison, couvent de béguines.

BÉGUINE, n. f. [begin] (*béguard* ou *béguin*) Nom des femmes qui suivaient l'hérésie des béguins. ♦ Nom qui a passé à des religieuses des Pays-Bas. ♦ Dévote minutieuse [1]. ■ Rem. 1 : Terme péjoratif dans ce sens.

BÉGUM, n. m. [begɔm] (mot angl. de l'ourdou *begam*, du turc *bigim*, princesse ; *beg, bey*) Titre d'honneur des princesses et femmes de qualité de l'Hindoustan.

BÉHAÏSME, ■ n. m. [beaism] Voy. BAHAÏSME.

BÉHAVIORISME ou **BÉHAVIOURISME**, ■ n. m. [beavjɔʀism] (angl. *behavior*, conduite, façon d'agir) Doctrine de psychologie consacrée à l'étude du comportement des individus, excluant leurs états de conscience. ■ BÉHAVIORISTE ou BÉHAVIOURISTE, adj. [beavjɔʀist]

BÉHEN, n. m. [beɛn] (*ben*) Nom donné à deux racines différentes : le *béhen blanc*, vermifuge, et le *béhen rouge*, tonique ; on les apportait du Levant.

BÉHOURDIS, n. m. [beuʀdi] (anc. fr. *behourt*, lance) ▷ Tournoi, combat à la lance. ◁

BEIGE, adj. f. [bɛʒ] (orig. incert. : p.-ê. aphérèse de l'ital. *bambagia*, coton, ou lat. *Bæticus*, de Bétique) *Laine beige*, laine qui a sa couleur naturelle. ■ Adj. De la couleur de la laine beige. *Des tissus beiges.*

BEIGEASSE ou **BEIGEÂTRE**, ■ adj. [bɛʒas, bɛʒɑtʀ] (*beige*) D'un vilain beige. *Un vieil imperméable beigeasse.*

BEIGNE, ■ n. f. [bɛɲ] ou [bɛɲɛ] (p.-ê. celt. *buno*, souche d'arbre) Fam. Gifle, coup de poing.

BEIGNET, n. m. [bɛɲe] ou [bɛɲɛ] (anc. fr. *beigne, bigne*, bosse, enflure) Pâte frite enveloppant une tranche de quelque fruit. ■ Par extens. Pâte frite contenant ou non un morceau d'aliment. *Beignets de crevettes.*

BEIRAM, n. m. [bɛjʀam] Voy. BAIRAM.

BÉJAUNE, n. m. [beʒon] (bec jaune, de *bec* et *jaune*) Oiseau jeune et niais, qui a encore le bec jaune. ♦ Fig. et fam. *Montrer à quelqu'un son béjaune*, lui prouver sa sottise, son ignorance. ♦ Fig. *Un béjaune*, un jeune homme sot et inexpérimenté. ♦ Fig. Se disait de l'ouvrier qui passait compagnon ou maître, et du régal payé en ces circonstances.

BÉKÉ, ■ adj. et n. m. et n. f. [beke] (mot créole) Créole originaire des Antilles françaises. *Des békés.*

BEL, adj. m. [bɛl] Voy. BEAU.

BÉLANDRE, n. f. [belɑ̃dʀ] (néerl. *bijlander*) Petit bâtiment de transport à fond plat, employé sur les rivières, sur les canaux et dans les rades.

BÊLANT, ANTE, adj. [bɛlɑ̃, ɑ̃t] (*bêler*) Qui bêle. ■ Fig. et péj. *Voix bêlante*, voix plaintive ou niaise. ■ Fig. et péj. *Troupeau bêlant*, groupe de personnes dépourvues d'esprit d'initiative.

BEL CANTO, n. m. [bɛlkɑ̃to] (mots ital., beau chant) Technique du chant selon la tradition lyrique italienne du XVIIe et du XVIIIe siècle. *Un chanteur de bel canto. Des bel canto* ou *des bel cantos.*

BÊLEMENT, n. m. [bɛl(ə)mɑ̃] (*bêler*) Cri naturel des bêtes ovines. ■ Fig. et péj. Manière de parler, de chanter, qui évoque le cri du mouton.

BÉLEMNITE, n. f. [belɛmnit] (gr. *belemnon*, trait, javeline, pour la forme acérée de ce fossile) Coquille fossile, de forme allongée, qui n'a pas d'analogue vivante.

BÊLER, v. intr. [bɛle] (lat. *balare*) Faire un bêlement, pousser des bêlements. ♦ ▷ Prov. *Brebis qui bêle perd sa goulée*, à trop parler on perd le temps de manger et aussi d'agir. ◁ ■ Fig. et péj. Parler, chanter sur un ton plaintif ou niais.

BEL-ESPRIT, n. m. [bɛlɛspʀi] (*beau* et *esprit*) Voy. BEAU.

BEL-ÉTAGE, ■ loc. adj. [beletaʒ] (*beau* et *étage*) Belg. *Maison bel-étage*, maison dont le rez-de-chaussée est surélevé.

BELETTE, n. f. [bəlɛt] (*bel*, par antiphrase) Nom vulgaire de la martre mineure.

BELGE, ■ adj. et n. m. et n. f. [bɛlʒ] (lat. *Belga*) Originaire de Belgique. *Accent, bière belge.*

BELGICISME, ■ n. m. [bɛlʒisism] (*belge*) Emploi d'un mot, d'une tournure provenant du français parlé de Belgique.

BÉLIER, n. m. [belje] (anc. fr. *belin*, du néerl. *belhamel*, de *bel*, cloche, et *hamel*, mouton) Le mâle de la brebis. ♦ Machine de guerre dont les anciens se servaient pour battre et renverser les murailles. ♦ *Bélier hydraulique*, machine qui sert à élever l'eau. ♦ Constellation zodiacale ; aujourd'hui, nom du premier signe du zodiaque. ■ *Coup de bélier,* choc dans une tuyauterie lorsque l'on arrête brusquement l'écoulement d'eau. ■ REM. Graphie ancienne : *belier.*

BÉLIÈRE, n. f. [beljɛʀ] (orig. inc.) Anneau auquel est suspendu le battant d'une cloche. ♦ Anneau qui porte un pendant d'oreille. ■ Clochette portée par le bélier qui mène le troupeau. ■ REM. Graphie ancienne : *belière.*

BÉLINOGRAMME, ■ n.m. [belinogram] (Édouard Belin, 1876-1963, inventeur du procédé, et *-gramme*) Document transmis par bélinographe. ■ Abrév. Bélino. *Des bélinos.*

BÉLINOGRAPHE, ■ n.m. [belinogʀaf] (*bélino-* et *-graphe*) Appareil qui permettait la transmission de documents (textes, photos), par le réseau téléphonique ou télégraphique.

BÉLÎTRE ou **BÉLÎTRE,** n.m. [belitʀ] (m. néerl. *bedelare,* ou m. h. all. *bedeler,* mendiant) Homme de rien, homme sans valeur. ■ REM. Graphie ancienne : *belître.*

BELLADONE, n. f. [beladɔn] (ital. *bella donna,* belle dame) Plante vénéneuse de la famille des solanées.

BELLÂTRE, n.m. et n. f. [belɑtʀ] (*bel* et finale péj. *âtre*) Celui, celle qui, se croyant beau, belle, affecte les airs des jeunes gens avantageux, des femmes coquettes.

BELLE-DAME, n. f. [bɛl(ə)dam] (*belle* et *dame*) Nom vulgaire de l'arroche, dite aussi bonne-dame. ♦ Se dit quelquefois pour belladone. ♦ Au pl. *Des belles-dames.*

BELLE-DE-JOUR, n. f. [bɛl(ə)dəʒuʀ] (*belle* et *jour*) Nom vulgaire du liseron tricolore. ♦ Au pl. *Des belles-de-jour.*

BELLE-DE-NUIT, n. f. [bɛl(ə)dənɥi] (*belle* et *nuit*) Nom vulgaire de la nyctage faux-jalap. ♦ Au pl. *Des belles-de-nuit.* ■ Prostituée.

BELLE-DOCHE, ■ n. f. [bɛl(ə)dɔʃ] (*belle* et *doche,* mère ; cf. *dabe*) Fam. et péj. Belle-mère. *Des belles-doches.*

BELLE-D'ONZE-HEURES, n. f. [bɛl(ə)dɔ̃zœʀ] (*belle* et *onze heures*) Nom vulgaire de l'ornithogale ombellé, dit aussi dame-d'onze-heures et jacinthe du Pérou. ♦ Au pl. *Des belles-d'onze-heures.*

BELLE-D'UN-JOUR, n. f. [bɛl(ə)dœ̃ʒuʀ] ou [bɛl(ə)dɛ̃ʒuʀ] (*belle* et *jour*) Nom vulgaire donné à différentes espèces du genre hémérocalle. ♦ Au pl. *Des belles-d'un-jour.*

BELLE-FAMILLE, ■ n. f. [bɛl(ə)famij] (*belle* et *famille*) Famille du conjoint. *Des belles-familles.*

BELLE-FILLE, n. f. [bɛlfij] (*belle* et *fille*) Bru, femme du fils. ♦ Celle dont on a épousé le père ou la mère. ♦ Au pl. *Des belles-filles.*

BELLE-FLEUR, n. f. [bɛl(ə)flœʀ] (*belle* et *fleur*) Pomme de belle-fleur. ♦ Au pl. *Des belles-fleurs.*

BELLEMENT, adv. [bɛl(ə)mɑ̃] (*beau, belle*) Doucement, avec modération.

BELLE-MÈRE, n. f. [bɛl(ə)mɛʀ] (*belle* et *mère*) Celle qui a épousé notre père. ♦ Celle dont on a épousé le fils ou la fille. ♦ Au pl. *Des belles-mères.*

BELLE-PETITE-FILLE, n. f. [bɛl(ə)pətitfij] (*belle* et *petite-fille*) ▷ Fille d'un gendre ou d'une bru. ♦ Au pl. *Des belles-petites-filles.* ◁

BELLES-LETTRES, ■ n. f. [bɛl(ə)lɛtʀ] (*belles* et *lettres*) Voy. BEAU.

BELLE-SŒUR, n. f. [bɛl(ə)sœʀ] (*belle* et *sœur*) Celle dont on a épousé le frère ou la sœur, ou celle qui est la femme de notre frère. ♦ Au pl. *Des belles-sœurs.*

BELLÉTRIEN, IENNE, ■ n.m. et n. f. [beletʀijɛ̃, jɛn] (*bel*[*les*] *lettr*[*es*]) ▷ **Suisse** Membre de la Société des étudiants en Belles-Lettres. ◁

BELLICISME, ■ n.m. [belisism] (radic. de *belliqueux*) Attitude, doctrine tendant à résoudre les conflits par le recours à la guerre. *Un bellicisme nationaliste et xénophobe.*

BELLICISTE, ■ adj. et n.m. et n. f. [belisist] (*bellicisme*) Qui est partisan du bellicisme.

BELLIGÉRANT, ANTE, adj. [beliʒeʀɑ̃, ɑ̃t] (lat. *belligerare,* faire la guerre) Qui est en guerre, en parlant des nations. ■ N.m. et n. f. Personne, pays qui prend part à une guerre. *Les belligérants ont signé un cessez-le-feu.*

BELLIQUEUX, EUSE, adj. [belikø, øz] (lat. *bellicosus*) Qui se plaît à la guerre. ♦ Qui excite à la guerre. ■ Fig. Qui cherche la querelle. *Il devient belliqueux quand il a trop bu.*

BELLIS, n.m. [belis] (lat. *bellis*) Nom moderne du genre pâquerette.

BELLISSIME, adj. [belisim] (lat. *bellissimus,* superl. de *bellus*)) Très beau.

BELLONE, n. f. [belɔn] (lat. *Bellona*) Nom chez les Latins de la divinité qui présidait à la guerre. ♦ ▷ **Fig.** La guerre elle-même. ◁

BELLOT, OTTE, adj. [belo, ɔt] (dimin. de *bel*) ▷ Un peu beau, qui a quelque beauté, quelque gentillesse, qui fait le beau. ♦ N.m. et n. f. *Mon petit bellot. Ma petite bellotte.* ◁

BELLUAIRE, ■ n.m. [belɥɛʀ] (lat. *belua,* bête sauvage) Gladiateur romain qui combattait les fauves dans l'arène.

BELON, ■ n. f. [bəlɔ̃] (*Belon,* nom d'un petit fleuve côtier du Finistère) Huître de Bretagne plate et arrondie, à chair brune. *Une douzaine de belons.*

BELOTE, ■ n. f. [bəlɔt] (orig. obsc., p.-ê. F. *Belot,* son inventeur) Jeu de 32 cartes réunissant deux, trois ou quatre joueurs. *Faire une belote.* ■ *Belote et rebelote,* réunion dans une même main du roi et de la dame d'atout.

BÉLOUGA ou **BÉLUGA,** ■ n.m. [beluga] (russe, *beluga,* dérivé de *belyi,* blanc) Grand esturgeon blanc vivant dans les mers Noire et Caspienne. ■ Caviar de cet esturgeon, très apprécié et rare, composé de gros grains noirs, très fragiles. ■ Mammifère cétacé des mers arctiques, sans nageoire dorsale, appelé aussi *baleine blanche.* ■ Surnom d'un avion cargo dont le fuselage rappelle le profil de la baleine blanche.

BELVÉDÈRE, n.m. [bɛlvedɛʀ] (ital. *belvedere,* de *bel,* beau, et *vedere,* voir) Construction au haut d'une maison, ou dans un lieu élevé, d'où la vue s'étend au loin. ■ REM. Graphie ancienne : *belvéder.*

BÉMOL, n.m. [bemɔl] (lat. médiév. *b molle* : *bécarre*) Caractère de musique en forme de petit *b,* placé au-devant d'une note pour indiquer qu'on doit la baisser d'un demi-ton. ♦ **Par extens.** Note, musique douce à entendre. « *On me soutient que leur musique [des rossignols] Cède aux bémols des Monsignis* », VOLTAIRE. ♦ Adj. *Si bémol.* ■ N.m. *Mettre un bémol,* apporter une précision pour atténuer ou nuancer.

BÉMOLISER, v. tr. [bemolize] (*bémol*) Marquer une note d'un bémol, ou armer la clé d'un ou plusieurs bémols.

BEN, n.m. [bɛn] (ar. *bân*) Nom donné au moringa oléifère de Lamarck.

BÉNARD, ■ n.m. [benaʀ] (A. *Bénard,* nom de tailleur) Fam. Pantalon. *Saute dans ton bénard et arrive !*

BÉNARDE, n. f. [benaʀd] (anc. fr. *Bernard,* niais) Serrure dont la clé n'est pas forée et qui peut s'ouvrir des deux côtés. ♦ Adj. *Une serrure bénarde.*

BENDIR, ■ n.m. [bɛndiʀ] (mot ar.) Tambour d'Afrique du Nord, formé d'un cadre circulaire en bois sur lequel est tendue une peau de chèvre. *Des bendirs.*

BÉNÉDICITÉ, n.m. [benedisite] (lat. *benedicite,* veuillez bénir) Prière que les catholiques font avant le repas et qui commence par ce mot. *Dire un bénédicité.* ♦ Au pl. *Des bénédicités.*

BÉNÉDICTIN, INE, n.m. et n. f. [benediktɛ̃, in] (*Benedictus,* nom latin de saint Benoît de Nursie, 480-547) Religieux, religieuse d'un ordre fondé par saint Benoît. ♦ Adj. Qui concerne l'ordre des bénédictins. ■ Fig. *C'est un bénédictin,* se dit, à cause des grands travaux qu'ont exécutés les bénédictins, d'un érudit livré sans distraction au travail. ■ *Un travail de bénédictin,* long et minutieux.

BÉNÉDICTINE, ■ n. f. [benediktin] (*bénédictin*) Liqueur à base d'herbes et d'aromates, élaborée à l'origine par des moines bénédictins. *Crêpes à la bénédictine.*

BÉNÉDICTION, n. f. [benediksjɔ̃] (lat. chrét. *benedictio*) Action de consacrer, de bénir avec les cérémonies de l'Église. ♦ Action d'un prêtre qui bénit les assistants en faisant le signe de la croix. ♦ Action par laquelle les pères et les mères bénissent leurs enfants. ♦ Grâce et faveur particulière du ciel. « *Les bénédictions qu'il versa sur les Français* », BOSSUET. ■ Fig. *Maison, pays de bénédiction,* maison, pays où tout abonde. ♦ *C'est une bénédiction,* se dit quand tout réussit, réussit, comme par une faveur particulière du ciel. **Par extens.** et fam. *C'est une bénédiction* ou *que c'est une bénédiction,* se dit de tout ce qui surpasse l'attente... ♦ Se dit aussi par antiphrase. *Le temps était affreux, il pleuvait que c'était une bénédiction.* ♦ Sentiments et expressions de gratitude. *Sa charité lui attirait les bénédictions des pauvres.* ♦ *Être en bénédiction,* être béni, aimé, respecté. ■ *Bénédiction nuptiale,* célébration du mariage.

BÉNEF, ■ n.m. [benɛf] (apocope de *bénéfice*) Voy. BÉNÉFICE.

BÉNÉFICE, n.m. [benefis] (lat. *beneficium,* bienfait, faveur) Service, bienfait. ♦ *Bénéfice de temps,* l'avantage qu'apporte d'ordinaire le temps à qui sait ou peut attendre. ♦ *Bénéfice de la loi,* avantage que la loi présente et dont on peut user. ♦ *Bénéfice d'inventaire,* faveur accordée à l'héritier, par les lois, de n'être chargé des dettes du mort qu'à proportion de ce qu'il hérite ; ce qui se vérifie par l'inventaire. ♦ *Bénéfice d'âge,* dispense qu'on obtient pour posséder un office, ou pour régir son bien avant l'âge marqué par les lois. ♦ Dans l'histoire du Moyen Âge, partie des terres conquises dans les Gaules qui fut distribuée par les princes barbares entre les principaux de leurs hommes. ♦ Charge spirituelle, accompagnée d'un certain revenu, que l'Église donne à un homme qui est tonsuré ou dans les ordres, afin de servir Dieu et l'Église. ♦ Lieu de résidence du titulaire du bénéfice. ♦ Gain, profit. ♦ *Représentation à bénéfice* ou *bénéfice*, représentation dont le produit est abandonné à un auteur ou à toute autre personne. ■ **Fam.** et **abrév.** Bénef. *C'est tout bénef. Faire des bénefs.*

BÉNÉFICIAIRE, adj. [benefisjɛʀ] (lat. *beneficiarius*) **Féod.** Qui a rapport aux bénéfices. ■ **N. m.** et n. f. Celui qui possédait un bénéfice. ♦ **Jurispr.** *L'héritier bénéficiaire* et substantivement *le bénéficiaire*, l'héritier sous bénéfice d'inventaire. ♦ **N. m.** et n. f. Celui au profit de qui se donne une représentation théâtrale, un concert, etc.

BÉNÉFICIAL, ALE, adj. [benefisjal] (b. lat. *beneficialis*, généreux) ▷ Qui concerne les bénéfices des ecclésiastiques. *Des revenus bénéficiaux.* ◁

1 **BÉNÉFICIER**, n. m. [benefisje] (lat. médiév. *beneficiarius*) Celui qui a un bénéfice ecclésiastique.

2 **BÉNÉFICIER**, v. intr. [benefisje] (*bénéfice* ; lat. médiév. *beneficiare*, pourvoir d'un bénéfice) **V. tr.** Travailler facilement une mine. *Métal facile à bénéficier.* ◁ ♦ ▷ Se bénéficier, v. pr. *Une mine qui se bénéficie aisément.* ■ V. intr. Jouir de. *Bénéficier d'une offre promotionnelle.* ◁

BÉNÉFIQUE, ■ adj. [benefik] (lat. *beneficus*, bienfaisant) Favorable. *Une action bénéfique.*

BENÊT, adj. m. [bənɛ] (prononciation normande de *benoît*, bénit, niais) Niais, sot. ♦ **N. m.** *Un grand benêt.*

BÉNÉVOLAT, ■ n. m. [benevola] (*bénévole*) Tâche effectuée sans contrepartie financière. *Faire du bénévolat.*

BÉNÉVOLE, adj. [benevɔl] (lat. *benevolus*, dévoué) Animé de dispositions favorables. ♦ *Auditeur bénévole*, celui qui vient entendre une leçon sans y être obligé. ♦ Qui est fait de plein gré et à titre gracieux. *Travail bénévole.* ■ Qui accepte une mission sans être rémunéré. *Un accompagnateur bénévole.* ■ N. m. et n. f. *Un, une bénévole.*

BÉNÉVOLEMENT, adv. [benevɔl(ə)mɑ̃] (*bénévole*) D'une manière bénévole.

BENGALE, n. m. [bɛɡal] Voy. ROSE.

1 **BENGALI, IE**, n. m. et n. f. [bɛ̃ɡali] (*Bengale*) N. m. Langue dérivée du sanscrit que parlent les peuples du Bengale. ♦ **Adj.** *Idiome bengali.* ■ Adj. ou n. m. et n. f. Qui est originaire du Bengale. *Des chants bengalis.*

2 **BENGALI**, n. m. [bɛ̃ɡali] (mot hindi) Pinson originaire du Bengale.

BÉNI, IE, p. p. dc bénir. [bɛni] Voy. BÉNIT.

BÉNICHON, ■ n. f. [beniʃɔ̃] (mot fribourgeois, de l'anc. fr. *benechon, beneiçon*, bénédiction) **Suisse** Fête de fin d'alpage célébrée dans le canton de Fribourg, après les moissons et les regains.

BÉNIGNEMENT, adv. [beninjəmɑ̃] ou [beninjəmɑ̃] (*bénin, bénigne*) D'une manière bénigne.

BÉNIGNITÉ, n. f. [beniɲite] ou [beninite] (lat. *benignitas*) Disposition du cœur par laquelle on se plaît à faire du bien à autrui. ♦ **Méd.** État d'une maladie dont la guérison est facile.

BÉNIN, IGNE, adj. [benɛ̃, iɲ] ou [benɛ̃, inj] (lat. *benignus*, bon, généreux) Qui a de la bénignité. ♦ Par ironie, trop bon, trop facile. ♦ **Fig.** Propice, favorable. *Ciel bénin. Influence bénigne.* ♦ **Méd.** Qui n'offre rien d'alarmant.

BÉNI-OUI-OUI, ■ n. m. inv. [beniwiwi] (ar. *beni*, fils, et *oui*) **Fam.** Personne qui dit toujours oui, qui approuve toujours tout, particulièrement en politique.

BÉNIR, v. tr. [beniʀ] (lat. *benedicere*, dire du bien de) Consacrer au culte, au service divin avec certaines cérémonies. *Bénir une église, une cloche.* ♦ *Bénir des époux, un mariage.* ♦ *Bénir les assistants*, faire sur eux le signe de la croix. ♦ Appeler sur quelqu'un les bénédictions du ciel. ♦ Donner des bénédictions, appeler le bonheur sur, louer. *Bénir le Seigneur.* « *De mon nom, s'il se peut, bénissez ma mémoire* », VOLTAIRE. ♦ Il se dit aussi des choses qui causent une profonde satisfaction. « *Nous autres bénissons notre heureuse aventure* », P. CORNEILLE. ♦ Combler de faveurs, en parlant du ciel. « *Roi dont le ciel a toujours béni les armes* », FLÉCHIER. ♦ *Dieu vous bénisse !* Locution dont on se sert quelquefois en s'adressant à un pauvre à qui on n'a rien à donner, ou à une personne qui éternue.

BÉNISSABLE, adj. [benisabl] (radic. du p. prés. de *bénir*) Qui mérite d'être béni.

BÉNISSEUR, EUSE, ■ adj. [benisœʀ, øz] (radic. du p. prés. de *bénir*) Ironiq. Qui accorde sa bénédiction, son approbation. *Une main bénisseuse.* ■ N. m. et n. f. *C'est un grand bénisseur de projets.*

BÉNIT, ITE, BÉNI, IE, p. p. de bénir. [beni, it, beni] De ces deux participes, *bénit* s'emploie lorsqu'il s'agit de la bénédiction des prêtres ; *béni*, lorsqu'il s'agit de la bénédiction de Dieu ou des hommes. Cette distinction

est récente. *Pain bénit. Eau bénite. Marie était bénie entre toutes les femmes. Enfant béni par son père. Des armes qui ont été bénites par l'Église ne sont pas toujours bénies du ciel sur le champ de bataille.* ♦ **Fam.** *C'est pain bénit*, se dit à propos d'une personne qui a bien mérité ce qui lui arrive. ♦ **Fig.** *De l'eau bénite de cour*, de vaines protestations de service.

BÉNITIER, n. m. [benitje] (anc. fr. *benoitier, benestier*, refait d'après [*eau*] *bénite*) Vase consacré à l'eau bénite. ♦ **Fig.** *Se démener comme un diable dans un bénitier*, s'agiter violemment. ♦ **Fam.** *Grenouille de bénitier*, bigote. ■ Gros mollusque bivalve dont la coquille servait autrefois de bénitier.

BENJAMIN, n. m. [bɛ̃ʒamɛ̃] (*Benjamin*, plus jeune fils de Jacob, et son préféré) Enfant préféré, ainsi dit à cause de la prédilection de Jacob pour Benjamin, le plus jeune de ses fils. *C'est le Benjamin de la famille.* ■ N. m. et n. f. Le dernier enfant d'une famille. ■ Le plus jeune membre d'un groupe. *La benjamine de la promotion.* ■ **Sp.** Jeune sportif entrant dans la catégorie des 12-13 ans.

BENJOIN, n. m. [bɛ̃ʒwɛ̃] (cat. benjui, de l'ar. *lubân djawi*, encens javanais) Baume qui découle d'incisions faites au tronc du styrax benjoin.

BENNE, n. f. [bɛn] (var. de *banne*) Hotte à l'usage des vendangeurs. ♦ Espace clos pour arrêter le poisson. ♦ Panier garnissant toute l'étendue d'un chariot, et servant au transport du charbon. ■ Gros caisson mobile. *Benne à ordures. Camion à benne.*

BENOÎT, OÎTE ou **BENOIT, OITE**, adj. [bənwa, wat] (lat. *benedictus*, p. p. de *benedicere*) Béni. ♦ Par ironie, qui affecte une dévotion doucereuse. *Un air benoît. Un benoît personnage.*

BENOÎTE ou **BENOITE**, n. f. [bənwat] (*benoît*) Plante herbacée de la famille des rosacées, dont la racine a une odeur analogue à celle du girofle.

BENOÎTEMENT ou **BENOITEMENT**, adv. [bənwat(ə)mɑ̃] (*benoît*) D'une manière benoîte.

BENTHOS, ■ n. m. [bɛ̃tos] (gr. *benthos*, profondeur) Ensemble des organismes (végétaux et animaux) vivant en relation étroite avec les fonds sub-aquatiques. ■ BENTHIQUE, adj. [bɛ̃tik]

BENTONITE, ■ n. f. [bɛ̃tonit] (*Benton*, localité du Wyoming, État des USA) **Chim.** Argile à fort pouvoir absorbant.

BENZÈNE, ■ n. m. [bɛ̃zɛn] (radic. de *benzoïque*) Hydrocarbure incolore, insoluble dans l'eau, volatil, inflammable et toxique, extrait des goudrons de houille. ■ BENZÉNIQUE, adj. [bɛ̃zenik]

BENZIDINE, ■ n. f. [bɛ̃zidin] (*benz[o]-*, *-ide*, et *-ine*) **Chim.** Dérivé azoté du benzène, qui entre dans la fabrication de différents pigments.

BENZINE, n. f. [bɛ̃zin] (all. *Benzin*, du radic. de *benzoïque*) Quadricarbure d'hydrogène, découvert parmi les produits de la décomposition, au feu, du benzoate de chaux.

BENZOATE, n. m. [bɛ̃zoat] (*benz[o]-* et *-ate*) Nom générique des sels qui résultent de la combinaison de l'acide benzoïque avec une base.

BENZODIAZÉPINE, ■ n. f. [bɛ̃zodjazepin] (*benz[o]-* et *diapézine*) **Pharm.** Substance chimique composée de benzène et d'azote, utilisée comme somnifère et anxiolytique.

BENZOÏQUE, adj. [bɛ̃zoik] (lat. sav. *bezoinum*, benjoin) Acide tiré du benjoin.

BENZOL, ■ n. m. [bɛ̃zɔl] (*benz[o]-* et *-ol*) **Chim.** Hydrocarbure formé de benzène et de toluène, provenant de la distillation de la houille.

BENZOPYRÈNE, ■ n. m. [bɛ̃zopiʀɛn] (*benz[o]-* et *pyrène*) **Chim.** Hydrocarbure cancérigène généré par la combustion de matières organiques telles que la houille.

BENZYLE, ■ n. m. [bɛ̃zil] (réfection de *benzoyle*) **Chim.** Radical de l'acide benzoïque combiné à de l'hydrogène. ■ BENZYLIQUE, adj. [bɛ̃zilik]

BÉOTIEN, IENNE, ■ adj. [beosjɛ̃, jɛn] (*Béotie*) Relatif aux habitants de la Béotie, province de la Grèce ancienne, qui avait Thèbes pour capitale. ■ N. m. et n. f. Habitant ou originaire de la Béotie. ■ **Ironiq.** et péj. Personne lourde d'esprit, grossière, ayant un désintérêt profond pour les arts et la littérature. *Avoir des goûts de béotien.* ■ Personne profane dans un domaine. *Être béotien en architecture.*

BÉOTISME, ■ n. m. [beotism] (radic. de *béotien*) Lourdeur d'esprit, grossièreté.

BEP, ■ n. m. [beəpe] (sigle de *brevet d'études professionnelles*) Diplôme assurant une qualification d'ouvrier ou d'employé qualifié dans un métier déterminé. *Passer un BEP de menuisier.*

BÉQUÉE, BÉQUETER, [beke, bɛk(ə)te] Voy. BECQUÉE, BECQUETER.

BÉQUET, ■ n. m. [beke] Voy. BECQUET.

BÉQUILLARD, ARDE, n. m. et n. f. [bekijaʀ, aʀd] (*béquille*) Vieillard qui se sert d'une béquille.

BÉQUILLE, n. f. [bekij] (*béquillon*, petit bec) Bâton surmonté d'une petite traverse sur lequel on appuie la main ou l'aisselle, et dont les gens infirmes se servent pour marcher. ♦ Instrument servant à donner de légers labours aux plantes. ♦ **N. f. pl.** Mâtereaux à l'aide desquels on tient droit un bâtiment échoué. ■ **N. f.** Dispositif servant à maintenir droit quelque chose. *Une béquille de bicyclette.*

BÉQUILLER, v. intr. [bekije] (*béquille*) Marcher avec une béquille. ♦ **V. tr.** Faire un labour avec la béquille. ♦ Placer des béquilles pour soutenir un bâtiment échoué.

BÉQUILLON, n. m. [bekijɔ̃] (*bec*) Petite béquille sur laquelle on s'appuie avec la main.

BÉQUOT, n. m. [beko] (var. de *bécot*, du radic de *bécasse*) ▷ Petit de la bécassine. ◁

BER, n. m. [bɛʀ] (lat. vulg. *berciolum*, petit berceau, de *bertium*, d'orig. gaul.) Appareil de charpente en forme de berceau pour mettre un navire à flot.

BERBÈRE, ■ adj. [bɛʀbɛʀ] (ar. *Barbar*, *Berber*, d'orig. disc.) Relatif aux Berbères. *Tribus berbères.* ■ **N. m.** Langue d'Afrique du Nord (Maroc, Algérie, Tunisie, Libye...) parlée par les Berbères.

BERBÉRIDACÉE, ■ n. f. [bɛʀberidase] Voy. BERBÉRIDÉE.

BERBÉRIDÉE ou **BERBÉRIDACÉE**, n. f. [bɛʀberide, bɛʀberidase] (lat. sav. [Linné] *berberis*, du gr. *berberi*, coquillage) *Les berbéridées, les berbéridacées*, famille de plantes dont l'épine-vinette est le type.

BERBÉROPHONE, ■ adj. et n. m. et f. [bɛʀberofɔn] (*berbère* et *-phone*) Qui s'exprime en langue berbère. *Un peuple berbérophone.*

BERCAIL, n. m. [bɛʀkaj] (lat. pop. *vervicale*, de *vervex*, mouton) Étable où on loge les moutons. ♦ **Fig.** *Ramener au bercail une brebis égarée*, retirer quelqu'un de ses erreurs ou de ses désordres. ♦ *Rentrer au bercail*, revenir au bien. ■ *Rentrer au bercail*, chez soi. *Des bercails.*

BERÇANTE, ■ adj. f. et n. f. [bɛʀsɑ̃t] (*[chaise] berçante*) **Canada** Chaise à bascule.

BERCE, n. f. [bɛʀs] (orig. inc.) Un des noms vulgaires de l'*heracleum sphoudylium*, dit aussi branche-ursine bâtarde, fausse branche-ursine et acanthe d'Allemagne.

BERCÉ, ÉE, p. p. de bercer. [bɛʀse] *L'enfant bercé par sa nourrice.* ♦ **Fig.** *Bercé par de doux songes.*

BERCEAU, n. m. [bɛʀso] (anc. fr. *bers*, du lat. vulg. *bertium*, d'orig. gaul. b. lat. *berceolum*, de *bersa*, claie d'osier) Lit des enfants à la mamelle, fait d'ordinaire de telle façon qu'on peut lui communiquer un mouvement de balancement. ♦ **Par extens.** La première enfance. *Dès le berceau.* ♦ **Fig.** Lieu où l'on est né, où une chose a commencé ; naissance, commencement. ♦ Treillage en voûte garni de verdure. *Faire monter la vigne en berceau. Allée en berceau.* ♦ Longue allée couverte pour s'exercer au tir. ♦ **Typogr.** *Berceau de presse*, partie antérieure de la presse, sur laquelle roule le marbre. ♦ **Archit.** Voûte en plein-cintre. ♦ *Berceau de la Vierge*, nom vulgaire de la clématite des bois.

BERCEMENT, n. m. [bɛʀsəmɑ̃] (*bercer*) Action de bercer.

BERCER, v. tr. [bɛʀse] (anc. fr. *bers*, berceau) Balancer dans un berceau. *On berce les enfants.* ♦ **Par extens.** *Bercer pour l'orage.* ♦ **Fig.** Endormir, adoucir. ♦ Amuser d'espérances. *On le berçait de vaines promesses.* ♦ *Bercer une planche de gravure*, la préparer avec le berceau. ♦ Se bercer, v. pr. *Il se berçait dans son hamac.* ♦ **Fig.** Se repaître vainement de. *Se bercer d'espoir.* ■ **BERCEUR, EUSE**, adj. [bɛʀsœʀ, øz]

BERCEUSE, n. f. [bɛʀsøz] (*bercer*) ▷ Femme chargée de bercer un enfant. ◁ ♦ Chanson ou air pour endormir un enfant.

BERDINDIN, ■ n. m. [bɛʀdɛ̃dɛ̃] Voy. BREDINDIN.

BÉRET, n. m. [beʀɛ] (béarn. *berret*, du b. lat. *birrum*, capote à capuchon) Toque de laine, ronde et plate, qui sert de coiffure aux paysans basques. ■ REM. Graphie ancienne : *berret*.

BERGAMASQUE, ■ n. f. [bɛʀgamask] (ital. *bergamasco*, de *Bergamo*) Danse originaire de la région de Bergame, en Italie. *Masques et Bergamasques, suite pour orchestre de Fauré.*

BERGAME, n. f. [bɛʀgam] (*Bergame*, où se fabriquait cette étoffe) ▷ Ancienne sorte de tapisserie fort commune, provenant originairement de Bergame. ◁

BERGAMOTE, n. f. [bɛʀgamɔt] (ital. *bergamotta*, du turc *beg armudi*, poire du seigneur, ou de l'arabo-turc *Bergama*, Pergame, en Asie Mineure) Espèce de citron dont le zeste sert à faire l'essence de bergamote. ■ Bonbonnière. ♦ Sorte de poire fondante. ■ **Confis.** Bonbon parfumé à la bergamote. *Les bergamotes de Nancy.*

BERGAMOTIER, n. m. [bɛʀgamɔtje] (*bergamote*) Variété, à rameaux épineux, du limettier, qui est un citronnier à fruits doux.

1 BERGE, n. f. [bɛʀʒ] (lat. pop. *barica*, bord, ou gaul. *bergna*, élévation) Bord relevé, escarpé, d'une rivière, d'un fossé, d'un chemin. ♦ **Mar.** Certains rochers élevés à pic sur l'eau.

2 BERGE, n. f. [bɛʀʒ] (le même que *barge*) Chaloupe étroite.

3 BERGE, ■ n. f. [bɛʀʒ] (tsigane *berj*, an) **Fam.** Année. *Il vient d'avoir soixante berges.*

BERGER, ÈRE, n. m. et n. f. [bɛʀʒe, ɛʀ] (b. lat. *vervecarius* ; du lat. *vervex*, mouton) Gardien, gardienne des bêtes à laine. ♦ Dans la poésie pastorale, amant, amante. *Un berger fidèle.* ♦ *L'étoile du berger*, la planète Vénus. ■ *La réponse du berger à la bergère*, réplique faite du tac au tac mettant un terme à une discussion. ■ Nom générique de race de chiens traditionnellement dressés pour la garde des troupeaux. *Berger allemand, de Beauce.*

BERGÈRE, n. f. [bɛʀʒɛʀ] (*berger*) Fauteuil large et profond, et dont le siège est garni d'un coussin. ♦ Ancienne coiffure de femme pour le négligé. ♦ *Bergère* ou *bergerette*, l'un des noms de la bergeronnette.

1 BERGERETTE, n. f. [bɛʀʒəʀɛt] (*bergère*) ▷ Jeune bergère. ◁ ♦ Bergeronnette.

2 BERGERETTE, n. f. [bɛʀʒəʀɛt] (*berger*) ▷ Nom d'une liqueur composée de vin et de miel. ◁

BERGERIE, n. f. [bɛʀʒəʀi] (*berger*) Habitation spécialement réservée aux bêtes ovines. ♦ **Fig.** et **fam.** *Enfermer le loup dans la bergerie*, laisser quelqu'un dans un lieu où il peut nuire ; fermer une bête avant le temps. ♦ Au pl. et plus rare au sing. poésie pastorale. *Les Bergeries de Racan.* ♦ **Par extens.** Les idées et les mœurs habituelles dans la poésie pastorale.

BERGERON, n. m. [bɛʀʒəʀɔ̃] Voy. BOURGERON.

BERGERONNETTE, n. f. [bɛʀʒəʀɔnɛt] (*bergère*, fém. de berger) Ancien diminutif de bergère. ♦ Nom vulgaire de différents oiseaux.

BÉRIBÉRI, ■ n. m. [beribeʀi] (malais) Maladie due à une carence en vitamine B1, caractérisée par des troubles digestifs et nerveux ainsi que par la formation d'œdèmes, répandue surtout dans les pays d'Asie où la consommation de riz est exclusive. *Des béribéris.*

BÉRIL, n. m. [beʀil] Voy. BÉRYL.

BÉRIMBAU, ■ n. m. [beʀimbau] ou [beʀimbo] (quimbundo *mbirimbau* ou mandinga *balimbano*) Instrument de musique brésilien composé d'un bâton droit et d'une corde d'acier formant un arc, ainsi que d'une calebasse fixée à l'extrémité inférieure et qui sert de caisse de résonance. *Des bérimbaus.*

BERK ou **BEURK**, ■ interj. [bɛʀk, bœʀk] (onomat.) Exprime le dégoût.

BERKÉLIUM, ■ n. m. [bɛʀkeljɔm] (*Berkeley*, université de Californie) **Chim.** Métal radioactif artificiel de symbole Bk.

BERLE, n. f. [bɛʀl] (b. lat. *berula*, d'orig. gaul.) Plante de la famille des ombellifères (*sium angustifolium*), regardée comme antiscorbutique.

BERLINE, n. f. [bɛʀlin] (*Berlin*, où ce véhicule est apparu) Carrosse suspendu et fermé, à deux fonds et à quatre roues. ■ Automobile qui compte quatre portes latérales.

BERLINGOT, n. m. [bɛʀlɛ̃go] (suivant le sens, *berlingue*, altération de *berline*, et ital. *berlingozzo*, macaron, de *berlengo*, table, du *brelenc*, table de jeu) ▷ Berline coupée, c'est-à-dire à un seul fond. ◁ ♦ Sorte de bonbon au caramel. ■ Emballage de forme tétraédrique.

BERLINOIS, OISE, ■ adj. et n. m. et n. f. [bɛʀlinwa, waz] (*Berlin*) Originaire de Berlin. *La jeunesse berlinoise de l'Est et de l'Ouest (à l'époque du mur de Berlin).*

BERLOQUE, n. f. [bɛʀlɔk] (var. de *breloque*, d'après le piémont. *berloka*, bruit qui annonce la fin du travail) ▷ Batterie de tambour pour les repas, les distributions. *Battre la berloque.* ▷ On dit aussi et plus souvent *breloque*. ♦ **Fig.** *Battre la berloque*, divaguer et ne savoir où donner de la tête. ◁

BERLUE, n. f. [bɛʀly] (*belluer*, *éblouir*, ou lat. vulg. *bisluca*) Lésion de la vue, dans laquelle on perçoit des objets qui ne sont pas réellement devant les yeux. ♦ **Fig.** *Avoir la berlue*, mal voir, se faire une fausse idée.

BERME, n. f. [bɛʀm] (m. néerl. *barm*, accotement) Autrefois, chemin étroit entre le pied du rempart et le fossé. ♦ Aujourd'hui, retraite laissée entre la magistrale (couronnement de l'escarpe) et le pied du talus extérieur du parapet. ♦ Chemin laissé entre une levée et le bord d'un canal ou d'un fossé.

BERMUDA, ■ n. m. [bɛʀmyda] (mot anglo-amér. *bermudas*, de *Bermudas shorts*, caleçon des Bermudes) Sorte de pantalon court qui descend jusqu'aux genoux.

BERMUDIEN, IENNE, ■ adj. et n. m. et n. f. [bɛʀmydjɛ̃, jɛn] (anglo-amér. *bermudian*) Originaire des Bermudes. *Battre pavillon bermudien.* ■ **Mar.** *Gréement bermudien*, gréement à voiles triangulaires bômées, directement enverguées sur le mât, originellement utilisées aux Bermudes.

BERMUDIENNE, n. f. [bɛʀmydjɛn] (fém. substantivé de *bermudien*) Plante dont la fleur est fort belle, et qui est une sorte de lis.

BERNABLE, adj. [bɛʀnabl] (*berner*) Qui mérite d'être berné, moqué.

BERNACHE, n. f. [bɛʀnaʃ] (le même que *bernacle*) Nom vulgaire et spécifique de l'oie bernache et de l'anatife lisse.

BERNACLE, n. f. [bɛʀnakl] (le même que *barnacle*) Syn. de bernache. ♦ Coquillage à cinq valves, l'anatife lisse qui s'attache aux rochers et à la carène des bâtiments.

BERNARDIN, INE, n. m. et n. f. [bɛʀnaʀdɛ̃, in] (saint *Bernard*, 1090-1153) Religieux, religieuse de l'ordre de Saint-Benoît, réformé par saint Bernard.

BERNARD-L'ERMITE ou **BERNARD-L'HERMITE**, n. m. inv. [bɛʀnaʀlɛʀmit] (langued. *bernat l'ermito*, prob. de *Bernard*, empl. à la désignation de plusieurs animaux) Nom vulgaire du pagure bernard.

1 BERNE, n. f. [bɛʀn] (*berner*) Tour que l'on joue à quelqu'un en le faisant sauter en l'air sur une couverture.

2 BERNE, n. f. [bɛʀn] (néerl. *berm*, bord) *Pavillon en berne,* pavillon hissé, mais roulé sur lui-même, signal de deuil ou de détresse.

BERNÉ, ÉE, p. p. de berner. [bɛʀne] **Fig.** Raillé.

BERNEMENT, n. m. [bɛʀnəmɑ̃] (*berner*) ▷ Action de berner. ♦ **Fig.** Action de railler. ◁

BERNER, v. tr. [bɛʀne] (*bren*, son, au sens de vanner le blé, d'où faire sauter en l'air, ou *bren,* excrément, le sens premier est moquer) Faire sauter quelqu'un en l'air dans une couverture. ♦ **Fig.** Se moquer de quelqu'un.

BERNEUR, n. m. [bɛʀnœʀ] (*berner*) ▷ Celui qui berne. ♦ **Fig.** Celui qui se moque. ◁

BERNICLE, n. f. [bɛʀnikl] (le même que *bernacle*) Bernicle, oie bernicle, dite vulgairement cravan. ♦ Sorte de coquille univalve. ■ REM. On rencontre aussi *bernique* pour désigner cette coquille.

1 BERNIQUE !, interj. [bɛʀnik] (prob. forme normano-pic. de *bren,* excrément) qui s'emploie pour exprimer que l'espoir qu'on a est mal fondé et sera déçu. *Vous comptez sur lui : bernique !*

2 BERNIQUE, ■ n. f. [bɛʀnik] Voy. BERNICLE.

BERNOIS, OISE, ■ adj. et n. m. et n. f. [bɛʀnwa, waz] (*Berne*) Originaire de Berne. *Un bouvier bernois.*

BERRET, n. m. [bɛʀɛ] Voy. BÉRET.

BERRICHON, ONNE, ■ adj. et n. m. et n. f. [bɛʀiʃɔ̃, ɔn] (*Berry*) Originaire du Berry. *Une bourrée berrichonne.*

BERRUYER, YÈRE, ■ adj. et n. m. et n. f. [bɛʀɥije, jɛʀ] (var. de *berrichon*) Originaire de Bourges.

BERSAGLIER, ■ n. m. [bɛʀsaglije] (ital. *bersagliere,* soldat de l'infanterie, de *bersaglio,* cible au tir à l'arc, anc. fr. *bersail,* de *berser,* tirer à l'arc) Soldat de l'infanterie, dans l'armée italienne. *L'uniforme du bersaglier comporte un chapeau garni de plumes.*

BERTAUDER, v. tr. [bɛʀtode] Voy. BRETAUDER.

BERTAVELLE, n. f. [bɛʀtavɛl] (var. de *bartavelle*) Sorte de filet ; nasse de jonc. ♦ Sorte de perdrix. Voy. BARTAVELLE.

BERTHE, n. f. [bɛʀt] (*Berthe,* mère de Charlemagne, modèle de vertu) Espèce de garniture ou petite pèlerine qui se met comme ornement en haut d'un corsage décolleté, ou bien sur un corsage montant.

BÉRYL, n. m. [beʀil] (lat. *beryllus,* gr. *bêrullos*) Variété d'émeraude de couleur d'eau de mer. ■ REM. Graphie ancienne : *béril.*

BÉRYLLIUM, ■ n. m. [beʀiljɔm] (*béryl*) Chim. Métal blanc argenté, brillant, inaltérable à l'air ou à l'eau, qui présente une excellente conductivité thermique et électrique.

BERZINGUE (À TOUT, À TOUTE), ■ loc. adv. [bɛʀzɛ̃g] (var. de *brindezingue*) Fam. À toute allure. « *Eh oui, ma belle, ma blonde Annie, je trafique à Bercy, et même à tout berzingue* », FALLET.

BESACE, n. f. [bəzas] (b. lat. *bisaccia,* de *bis* et *saccus*) Bissac de mendiant. ♦ ▷ Fig. *Être à la besace,* être réduit à la besace, porter la besace, être réduit à la misère, être ruiné. *Mettre, réduire à la besace,* ruiner. ◁

BESACIER, n. m. [bəzasje] (*besace*) ▷ Celui qui porte la besace. ◁

BESAIGRE, adj. [bəzɛgʀ] (*bes,* particule péjorative, et *aigre*) Qui s'aigrit, en parlant du vin lorsqu'il est au bas dans un tonneau. ♦ N. m. *Ce vin tourne au besaigre.*

BESAIGUË, n. f. [bəzegy] (lat (*ascia*) *bisacuta,* doloire à deux tranchants, de *bis,* deux fois, et *acutus,* affilé) ▷ Outil de charpentier taillant par les deux bouts, dont l'un est en bec d'âne, et l'autre en ciseau. ■ REM. On peut aussi écrire *besaigüe.* ◁

BESANT, n. m. [bəzɑ̃] (lat. *byzantius* [*nummus*]) Ancienne monnaie en usage dans l'Orient et aussi dans l'Occident. ♦ **Hérald.** Se dit d'une pièce d'or ou d'argent sans marque.

BESAS ou **BESET**, n. m. [bəza, bəzɛ] (prob. aphérèse de *ambesas,* de l'anc. fr. *ambes,* tous les deux, du lat. *ambo,* et *as*) ▷ Au jeu de trictrac, deux as amenés d'un coup de dés. ■ REM. On disait aussi *bezet.* ◁

BÉSEF ou **BÉZY**, ■ adv. [bezɛf] (ar. *bezzâf,* en quantité) **Fam.** Beaucoup. *Il n'y en a pas bézef.*

BESI, n. m. [bəzi] (anc. fr. *besie,* baie ; à l'origine, poire sauvage) Nom générique qu'on donne à plusieurs espèces de poires. *Besi Chaumontel.*

BÉSICLES, n. f. pl. [bezikl] (anc. fr. *bericles,* de *béryl*) Lunettes à branches qui se fixent à la tête. ♦ **Fam.** *Vous n'avez pas bien mis vos bésicles,* vous y voyez mal. ■ REM. Graphie ancienne : *besicles.*

BESIGUE ou **BÉSY**, n. m. [bəzig, bezi] (p.-ê. ital. *bazzica,* jeu de cartes ; p.-ê. infl. du préf. *bes-* [du lat. *bis,* le jeu se jouant à deux]) Jeu de cartes analogue à la brisque ou au mariage.

BESOGNE, n. f. [bəzɔɲ] (anc. b. frq. *bisunnia,* soin, souci) Ce qui est de besoin, affaire, apprêt. « *Le galant, pour toute besogne, Avait un brouet clair* », LA FONTAINE. ♦ Ce qu'il est nécessaire de faire, travail, ouvrage. *Achever sa besogne.* ♦ *S'endormir sur la besogne,* ne pas avancer dans un travail. ♦ *Aimer besogne faite,* ne pas aimer le travail. ♦ *Abattre de la besogne,* faire beaucoup de travail. ♦ *Aller vite en besogne,* être expéditif, agir avec précipitation. ♦ *Faire plus de bruit que de besogne,* parler beaucoup et ne pas agir. ♦ *Donner, tailler de la besogne à quelqu'un,* lui préparer sa tâche, et fig. lui susciter des embarras.

BESOGNÉ, p. p. de besogner,. [bəzɔɲe] ou [bəzɔɲe] ▷ uniquement employé dans des locutions de ce genre : *c'est à lui mal besogné,* il a mal fait. ◁

BESOGNER, v. intr. [bəzɔɲe] ou [bəzɔɲe] (*besogner*) Faire de la besogne.

BESOGNEUX, EUSE, adj. [bəzɔɲø, øz] ou [bəzɔɲø, øz] (*besogne*) Qui est dans la gêne, dans le besoin. ■ Qui n'obtient que des résultats médiocres malgré son application. *Élève besogneux.* ■ REM. On écrivait autrefois *besoigneux.*

BESOIGNEUX, EUSE, adj. [bəzɔɲø, øz] ou [bəzɔɲø, øz] Voy. BESOGNEUX.

BESOIN, n. m. [bəzwɛ̃] (prob. a. b. frq. neutre *bisun[n]i,* soin, besoin) Manque de, avec désir ou nécessité d'avoir. *Le besoin d'argent.* ♦ *Avoir besoin de,* manquer de, réclamer l'assistance de. *J'ai besoin de vous.* ♦ Avec *assez, tant,* etc., on mettait un *de* qu'aujourd'hui l'usage laisse volontiers de côté. « *Hélas ! j'en ai assez de besoin* », MME DE SÉVIGNÉ. « *Cet homme qui avait tant de besoin de tolérance pour lui* », VOLTAIRE. ♦ *Avoir besoin de,* avoir un vif désir, une extrême envie. *Cette femme a besoin d'attirer sur elle tous les regards.* ♦ En parlant des choses. *Cela n'a pas besoin d'être dit.* ♦ ▷ *Faire besoin,* manquer, être nécessaire. ◁ ♦ En physiologie, on donne le nom de *besoin* à cette sensation qui porte les animaux à certains actes indispensables pour l'entretien de la vie : tels sont les besoins de boire, de manger, etc. ♦ *Besoin de nourriture* ou simplement *besoin. Épuisé par le besoin.* ♦ *Besoin naturel* ou simplement *besoin,* besoin que le corps éprouve de se débarrasser de la partie des aliments qu'il ne s'est pas assimilée. *Faire ses besoins,* satisfaire aux nécessités naturelles. ♦ *Avoir peu de besoin,* être de celui qui se restreint au strict nécessaire ou à peu près. ♦ On dit, dans un sens tout à fait semblable, *n'avoir aucun besoin.* ♦ Au sens moral, *les besoins de l'âme,* les sentiments qui portent l'âme à rechercher certaines satisfactions morales ou intellectuelles. ♦ Indigence, dénuement. *Être dans le besoin.* ♦ Choses nécessaires à l'existence. « *Je me procurerai tous mes besoins* », MONTESQUIEU. ♦ Exigence, conjoncture difficile, embarras. « *En de si grands besoins* », RACINE. ♦ *Sans besoin,* sans que la chose soit exigée, sans nécessité. ♦ *Au besoin,* si la chose est exigée, en cas de nécessité. ♦ ▷ *En un besoin,* même sens. ◁ ♦ Impersonnellement. *Il est de besoin,* il est nécessaire. ♦ « *Selon qu'il est de besoin* », DESCARTES. ♦ Aujourd'hui on dit de préférence sans la préposition *de : il est besoin. Il est besoin que je parte. Il est besoin de partir.* ■ *Si besoin est,* s'il est nécessaire.

BESSEMER, ■ n. m. [bɛs(ə)mɛʀ] (Henry *Bessemer,* 1813-1898, ingénieur angl.) Techn. Procédé de fabrication de l'acier, obtenu en affinant la fonte par insufflation d'air.

BESSON, ONNE, adj. [bɛsɔ̃, ɔn] (lat. vulg. *bissus,* de *bis*) Jumeau, jumelle ; l'un des deux enfants d'une même couche. ♦ Vieux et inusité, si ce n'est dans quelques provinces.

1 BESTIAIRE, n. m. [bɛstjɛʀ] (lat. *bestiarius,* de *bestia,* bête) Hist. rom. Gladiateur qui combattait dans l'amphithéâtre contre les bêtes féroces, pour l'amusement du peuple.

2 BESTIAIRE, n. m. [bɛstjɛʀ] (lat. médiév. *bestiarium*) Dans l'histoire littéraire du Moyen Âge, recueil de fables et de moralités sur les bêtes.

BESTIAL, ALE, adj. [bɛstjal] (b. lat. *bestialis*) Qui tient de la bête. *Vie bestiale.*

BESTIALEMENT, adv. [bɛstjal(ə)mɑ̃] (*bestial*) En bête brute.

BESTIALITÉ, n. f. [bɛstjalite] (lat. médiév. *bestialitas*) Acte de bête. ◆ Commerce contre nature avec une bête. *Crime de bestialité.*

BESTIASSE, ■ n. f. [bɛstjas] (ital. *bestiaccia*, bête immonde, de *bestia*) ▷ Personne stupide. ◆ Il est populaire. ◁

BESTIAUX, n. m. pl. [bɛstjo] (plur. de l'anc. fr. *bestial*, bétail) Terme collectif désignant l'ensemble des animaux qu'on entretient dans une exploitation rurale. ■ **N. m. sing.** Fam. *Bestiau*, animal quelconque. ■ **Ironiq.** *Espèce de grand bestiau !*

BESTIOLE, n. f. [bɛstjɔl] (lat. *bestiola*) Petite bête. ◆ Fig. et fam. Jeune enfant niais, sans esprit.

BESTION, n. m. [bɛstjɔ̃] (radic. du lat. *bestia*) ▷ Petite bête. « *Le pauvre bestion tous les jours déménage* », LA FONTAINE. ◆ Au pl. Bestions a signifié autrefois des représentations de bêtes sur des tapisseries. *Tapisseries de bestions.* ◁

BEST OF ou **BEST-OF**, ■ n. m. inv. [bɛstɔf] (mot angl., le meilleur de) Compilation du meilleur de, florilège.

BEST-SELLER, ■ n. m. [bɛstselœr] (mot angl., le mieux vendu) Ouvrage qui a obtenu un grand succès en librairie. *Des best-sellers.*

BÉSY, ■ n. m. [bezi] Voy. BESIGUE.

1 **BÊTA**, n. m. [bɛta] (*bête*) Homme très bête. ■ REM. On rencontre le fém. *bêtasse. Quelle bêtasse, celle-là !*

2 **BÊTA**, n. m. [bɛta] (*beth* phénicien) Deuxième lettre de l'alphabet grec ancien ; elle correspond à notre B. ■ **Phys.** Rayons *bêta*, électrons émis lors de la transmutation d'un neutron en proton, lors de la désintégration d'un atome.

BÊTABLOQUANT, ■ n. m. [bɛtablɔkɑ̃] (2 *bêta* et *bloquer*) Médicament qui agit sur le système nerveux sympathique en bloquant les récepteurs bêta des neurones afin d'inhiber notamment l'action de l'adrénaline. *Les bêtabloquants sont utilisés notamment en cas d'hypertension artérielle ou d'insuffisance cardiaque.* ■ Adj. *Une substance bêtabloquante.*

BÉTAIL, n. m. [bɛtaj] (anc. fr. *beste*, du lat. *bestia*) Ensemble des animaux mammifères entretenus pour la culture du sol, les charrois, la production des engrais, du lait, de la graisse. *Le gros bétail*, cheval, âne, mulet, bœuf. *Le petit bétail* ou *le menu bétail*, porc, chèvre, mouton.

BÉTAILLÈRE, ■ n. f. [bɛtajɛr] (*bétail*) Véhicule utilisé pour le transport des animaux de ferme.

BÊTASSE, ■ n. f. [bɛtas] Voy. BÊTA.

BÊTASTIMULANT, ■ n. m. [bɛtastimylɑ̃] (2 *bêta* et *stimuler*) Médicament qui agit sur le système nerveux sympathique en stimulant les récepteurs bêta des neurones. *Les bêtastimulants servent notamment à améliorer la fonction respiratoire.* ■ Adj. *Un produit bêtastimulant peut être un dopant.*

BÊTATHÉRAPIE, ■ n. f. [bɛtaterapi] (2 *bêta* et *thérapie*) Méd. Traitement à l'aide de rayons bêta.

BÊTATRON, ■ n. m. [bɛtatrɔ̃] (2 *bêta* et [*cyclo*]*tron*) Phys. Accélérateur circulaire d'électrons.

BÊTE, n. f. [bɛt] (lat. *bestia*) Tout animal excepté l'homme ou, dans le langage scientifique, animal qui est placé, dans la série, au-dessous du genre humain. ◆ *Bêtes à cornes*, les bœufs, les vaches, les chèvres, etc. *Bêtes à laine*, celles qui portent une toison. *Bêtes à poil*, boucs, chèvres, cochons. *Bêtes de somme*, celles qui portent des fardeaux. *Bêtes de trait*, celles qu'on attelle à une voiture. ◆ *Bêtes féroces*, celles qui se repaissent de chair et de sang. *Bêtes farouches*, celles qu'il est difficile d'approcher et presque impossible d'apprivoiser. *Bêtes sauvages*, celles qui vivent en liberté dans les bois et les campagnes. ◆ **Absol. Chasse** Au sing. *La bête*, celle que poursuivent les chasseurs. ◆ Au pl. et absol. *Les bêtes*, les animaux féroces que les Romains faisaient figurer dans le cirque. *Les martyrs étaient livrés aux bêtes.* ■ Fig. *Être livré aux bêtes*, être livré au jugement, à la critique de gens ignorants ou passionnés. ◆ En langage mystique, *la bête*, le caractère animal qui se retrouve au fond de l'humanité. ◆ La partie animale de notre personne. *Je suis fatigué, la bête n'en peut plus.* ◆ *La bête noire*, la bête d'aversion ▷ ou simplement ◁ *la bête*, la personne qu'on déteste le plus. ◆ Personne de peu d'esprit, de peu de jugement. ◆ ▷ Fig. et fam. *Une fine, une maligne bête*, une personne rusée, méchante, artificieuse. ◁ ◆ *C'est une bonne bête*, une personne de peu d'esprit mais d'un bon naturel. ◆ *C'est la bête du bon Dieu*, il pousse la bonté, la crédulité jusqu'à la bêtise. ◆ *Faire la bête*, pleurer, s'attrister sans raison, et aussi affecter la bêtise, et encore refuser mal à propos. ◆ Adj. Sot, stupide. *Un air bête.* ■ N. f. *La bête*, jeu de cartes qui se joue à quatre ou à cinq. ◆ Somme qu'on dépose quand on a perdu un coup et qui reste au jeu pour celui qui gagnera. *Faire sa bête. Mettre la bête.* ◆ *Remonter sur sa bête*, gagner le coup après celui où on a fait la bête et reprendre ce

qu'on avait perdu et, fig. réparer une perte, un mécompte, une mésaventure. ◆ *Bête à Dieu*, ou *bête à Martin*, ou *bête à bon Dieu*, nom vulgaire des coccinelles. ■ *Chercher la petite bête*, se montrer très pointilleux. ■ Fam. Personne qui se donne à fond dans ce qu'elle entreprend. *Bête de scène, bête à concours.* ■ *Bête comme ses pieds*, très sot. ■ *C'est bête comme chou*, c'est très simple. ■ *C'est trop bête, c'est bête à pleurer*, c'est regrettable. ■ *Être, rester (tout) bête*, rester sans réactions.

BÉTEL, n. m. [betɛl] (port. *betel*, du malaya. *vettila*, de *veru*, simples, et *ila*, feuille) Mélange de substances très actives dont on fait usage dans les régions tropicales comme masticatoire, tonique et astringent.

BÊTEMENT, adv. [bɛt(ə)mɑ̃] (*bête*) En bête, stupidement.

BÊTIFIANT, ANTE, ■ adj. [betifjɑ̃, ɑ̃t] (*bêtifier*) Qui exprime la niaiserie. *Propos bêtifiants.*

BÊTIFIER, ■ v. intr. [betifje] (*bête*) Se comporter, parler de manière niaise. *Dans les contes pour enfants, il ne s'agit pas d'édulcorer ou de bêtifier.*

BÊTISE, n. f. [betiz] (*bête*) Défaut d'intelligence et de jugement. ◆ Action ou propos de bête. ◆ Propos léger et inconvenant. ■ Berlingot aromatisé à la menthe. *Les bêtises de Cambrai.*

BÊTISIER, ■ n. m. [betizje] (*bêtise*) Florilège des meilleures bêtises, des meilleurs gags d'une émission, des meilleures phrases d'un domaine particulier, d'un métier, etc. *Le bêtisier du bac.*

BÉTOINE, n. f. [betwan] (esp. *betonica, vetonica*, plante des Vettones, peuple de Lusitanie) Plante de la famille des labiées, dont la racine est purgative. ◆ *Bétoine de montagne*, nom vulgaire de l'*arnica montana*.

BÉTON, n. m. [betɔ̃] (anc. fr. *betun*, du lat. *bitumen*, bitume) Mortier fait de chaux, de sable et de graviers. ■ *Béton armé*, que l'on coule autour d'une armature métallique. ■ Fig. et fam. Solide. *Un argument béton.*

BÉTONNAGE, n. m. [betɔnaʒ] (*béton*) Travail fait avec du béton.

BÉTONNER, v. tr. [betɔne] (*béton*) Construire avec du béton. ■ Fig. et fam. Renforcer. *Bétonner son argumentation.* ■ BÉTONNÉ, ÉE, adj. [betɔne]

BÉTONNIÈRE ou **BÉTONNEUSE**, ■ n. f. [betɔnjɛr, betɔnøz] (*béton*) Machine à fabriquer le béton, comprenant une cuve tournante afin de malaxer le ciment, le sable, l'eau et le gravier.

BETTE, n. f. [bɛt] (lat. *beta*) Genre de plantes de la famille des arroches, dont une espèce, la bette ordinaire, renferme trois variétés principales alimentaires, la poirée, la carde poirée, la betterave. ■ Voy. BLETTE.

BETTERAVE, n. f. [bɛt(ə)rav] (*bette* et *rave*) Racine charnue, très grosse, qui fournit un aliment agréable et nourrissant, et de laquelle on retire un sucre identique avec celui de la canne. ◆ Fam. *Avoir le nez rouge comme une betterave*, avoir le nez très rouge et bourgeonné. ■ BETTERAVIER, adj. et n. m. [bɛt(ə)ravje]

BÉTULACÉES ou **BÉTULINÉES**, ■ n. f. pl. [betylase, betyline] (lat. *betula*, bouleau) Bot. Famille de plantes dicotylédones, comprenant des arbres de régions tempérées et de zones montagneuses tropicales. *L'aulne, le bouleau, le charme, le noisetier sont des bétulacées.*

BÉTYLE, n. m. [betil] (gr. *baitulos*, pierre tombée du ciel et tenue pour sacrée) Pierre portant certaines marques et adorée par les anciens comme une idole.

BEUGLANT, ■ n. m. [bøglɑ̃] (*beugler*) Fam. Café-concert de la fin du XIXᵉ siècle. *Une chanteuse de beuglant.*

BEUGLANTE, ■ n. f. [bøglɑ̃t] (*beugler*) Fam. Refrain chanté à tue-tête. ■ *Pousser une beuglante*, protester à grands cris. « *Il poussait des cris épouvantables et cognait sur son bureau de verre à en fendre le plateau. Les échos de ses beuglantes s'entendaient jusqu'au standard* », VERGNE.

BEUGLEMENT, n. m. [bøgləmɑ̃] Cri du taureau, du bœuf et de la vache.

BEUGLER, v. intr. [bøgle] (anc. fr. *bugle*, jeune bœuf, du lat. *buculus*) Pousser des beuglements. ◆ Fig. Crier très fort. ◆ V. tr. *Beugler une chanson.*

BEUR, ■ n. m. [bœr] (verlan déformé de *arabe*) Fam. Jeune d'origine maghrébine né en France de parents immigrés. *Les beurs de mon quartier.* ■ Adj. *La communauté beur, les familles beurs.* ■ BEURETTE, n. f. Jeune maghrébine.

BEURK, ■ interj. [bœrk] Voy. BERK.

BEURRE, n. m. [bœr] (lat. *butyrum*, gr. *bouturon*, de *bous* et *turos*, fromage) L'un des principes constituants du lait de la vache et de quelques autres quadrupèdes mammifères, comme la brebis, la chèvre, etc. ◆ Substance grasse que l'on tire de la crème du lait en la battant. *Beurre frais. Beurre salé.* ◆ Fig. Promettre plus de beurre que de pain, promettre plus qu'on ne peut, qu'on ne veut tenir. ◆ Fig. et fam. *On y entre comme dans du beurre*, cela se coupe, se fend, s'ouvre sans résistance. ◆ Nom de plusieurs préparations culinaires dont le beurre est la base. *Beurre d'anchois.* ◆ *Beurre fondu.* ◆ *Beurre noir*, beurre qu'on a fait noircir dans la poêle.

♦ *Pop. Avoir les yeux au beurre noir*, avoir les yeux meurtris et gonflés par un coup. ♦ ▷ *Beurre de mai*, beurre fait dans le mois de mai, et considéré superstitieusement comme un onguent propre à guérir plusieurs sortes de plaies. ◁ ♦ *Beurre de cacao*, huile qu'on obtient des amandes du cacaotier. ♦ *Beurre de coco*, graisse renfermée dans les noix de cocotier. ♦ *Beurre*, dans l'ancienne chimie, se disait des chlorures métalliques. *Beurre d'antimoine*. ■ **Fam.** *Compter pour du beurre*, ne pas être pris en considération. ■ *Vouloir le beurre et l'argent du beurre*, vouloir garder à la fois un produit et le bénéfice que l'on a tiré de sa vente. ■ *Mettre du beurre dans les épinards*, améliorer son quotidien. ■ *Petit-beurre*, Voy. PETIT-BEURRE.

1 **BEURRÉ**, n. m. [bøʀe] (*beurrer*) Espèce de poire fondante.

2 **BEURRÉ, ÉE**, p. p. de beurrer. [bøʀe] *Pain beurré.* ■ **Fig.** et **fam.** Ivre. *Il est complètement beurré.*

BEURRÉE, n. f. [bøʀe] (*beurre*) Tranche de pain sur laquelle on a étendu du beurre.

BEURRER, v. tr. [bøʀe] (*beurre*) Étendre du beurre sur quelque chose. ■ V. pr. **Fig.** et **fam.** S'enivrer.

BEURRERIE, n. f. [bœʀ(ə)ʀi] (*beurre*) Lieu où l'on fait, où l'on conserve le beurre.

1 **BEURRIER, IÈRE**, n. m. et n. f. [bøʀje, jɛʀ] (*beurre*) ▷ Celui, celle qui vend du beurre. ♦ **Fig.** *Livre, ouvrage bon pour la beurrière*, livre, ouvrage qui ne se vend pas, bon à envelopper du beurre. ◁

2 **BEURRIER**, n. m. [bøʀje] (*beurre*) Vase où l'on met du beurre.

BEURRIÈRE, n. f. [bøʀjɛʀ] (*beurre*) Vase destiné à mettre du beurre.

BÉVUE, n. f. [bevy] (*bé*, particule péjorative, et *vue*) Erreur commise par ignorance ou par inadvertance.

BEY ou **BEG**, n. m. [bɛ, bɛg] (turc *beg*) Titre, en Turquie, de certains gouverneurs de petites provinces. ■ REM. Ce titre était en usage dans l'Empire ottoman.

BEYLIK ou **BEYLIC**, n. m. [belik] (turc *beglik, beylik*, fonction de bey, juridiction d'un bey) Province gouvernée par un bey. ■ BEYLICAL, ALE, adj. [belikal] ■ BEYLICAT, n. m. [belika]

BÉZEF, ■ adv. [bezɛf] Voy. BÉSEF.

BEZESTAN, n. m. [bəzɛstɑ̃] (pers. *bazistan*, magasin d'étoffes) Nom donné, dans les principales villes de Syrie, à des marchés publics, qui sont des espèces de halles couvertes.

BEZET, n. m. [bəze] Voy. BESAS.

BÉZOARD, n. m. [bezoaʀ] (arabe *bazahr*, du pers. *padzahr*, contrepoison) Nom donné aux concrétions calculeuses qui se forment dans l'estomac, les intestins et les voies urinaires des quadrupèdes, regardées autrefois comme ayant de grandes vertus alexipharmaques.

B-FA-SI, n. m. [befasi] (*b[e]*, figurant le si, *fa* et *si*) ▷ Nom par lequel on désignait le ton de *si*, a désignant le *la*. ◁

BI..., [bi] Préfixe venant du latin *bis*, qui dans le langage scientifique s'ajoute à quelques mots pour indiquer que la chose est double : *bilobé*, qui a deux lobes.

BIAIS, n. m. [bjɛ] (a. provenç. *biais*, prob. du lat. *biaxius*, qui a deux axes) Obliquité, ligne ou sens oblique. ♦ Différentes faces d'une chose. « *Pour s'accoutumer à regarder de ce biais toutes les choses* », DESCARTES. ♦ Moyens détournés qu'on emploie pour réussir. *J'irai au fait sans prendre de biais.* ♦ EN BIAIS ou DE BIAIS, loc. adv. Obliquement, de travers. ■ Adj. Qui est en biais. *Un pont biais.* ■ N. m. Diagonale d'un tissu par rapport au sens du tissage. *Couper une jupe dans le biais.* ■ Bande de tissu coupée dans la diagonale. *Poser un biais sur un vêtement.* ■ REM. On prononçait autrefois aussi [bijɛ]

1 **BIAISEMENT**, n. m. [bjɛz(ə)mɑ̃] (*biaiser*) Manière d'aller en biaisant. **Fig.** Détour pour tromper.

2 **BIAISEMENT**, adv. [bjɛz(ə)mɑ̃] (*biais*) De biais, en biais.

BIAISER, v. intr. [bjeze] (*biais*) Être de biais, aller de biais, en parlant des choses. ♦ Aller en biais, en parlant des personnes. ♦ User de finesse, de subterfuge. « *Nous ne pouvons souffrir qu'on biaise sur les principes de la religion* », BOSSUET. ♦ User de tempérament, de ménagement. ■ V. tr. Fausser. *Biaiser des estimations.*

BIAISEUR, EUSE, n. m. et n. f. [bjezœʀ, øz] (*biaiser*) Celui, celle qui biaise.

BIATHLÈTE, ■ n. m. et n. f. [bijatlɛt] (biathlon) **Sp.** Sportif qui pratique le biathlon.

BIATHLON, ■ n. m. [bijatlɔ̃] (*bi-* et gr. *athlos*, lutte, épreuve aux jeux) **Sp.** Discipline combinant le ski de fond et le tir à la carabine. *Le biathlon est une discipline olympique.*

BIATOMIQUE, adj. [bijatɔmik] (*bi* et *atome*) Se dit d'un corps qui, ayant la même composition qu'un autre, renferme, sous le même volume, un nombre double d'atomes simples.

BIAXE, ■ adj. [bijaks] (*bi-* et *axe*) **Phys.** *Cristal biaxe*, cristal qui présente deux axes optiques, et deux directions de réfringence.

BIBANDE, ■ adj. et n. m. [bibɑ̃d] (*bi-* et *bande*) Téléphone mobile qui possède un émetteur-récepteur capable de fonctionner sur deux bandes de fréquences différentes, afin de capter le meilleur signal.

BIBASIQUE, adj. [bibazik] (*bi* et *base*) Se dit d'un sel contenant deux fois autant de base que le sel neutre correspondant.

BIBELOT, ■ n. m. [bib(ə)lo] Voy. BIBELOTS.

BIBELOTS, n. m. pl. [bib(ə)lo] (radic. onomat. *bib-*, objets menus) Nom générique sous lequel on désigne un ensemble d'objets de parade qui se mettent sur les étagères, tels que chinoiseries, petits paniers, coffres, laques, etc. ♦ **Fig.** Objets de peu de valeur. ■ REM. On emploie maintenant couramment le sing. *bibelot.*

1 **BIBERON**, n. m. [bib(ə)ʀɔ̃] (lat. *bibere*) Vase pourvu d'un bec avec lequel on fait boire les malades. ♦ Petit appareil, petite bouteille munie d'une tétine employée dans l'allaitement artificiel pour remplacer le sein maternel. ■ **Fam.** *Au biberon, dès le biberon*, très jeune. *Épouser une femme au biberon.*

2 **BIBERON, ONNE**, n. m. et n. f. [bib(ə)ʀɔ̃, ɔn] (1 *biberon*) ▷ Qui aime à boire le vin, qui en boit volontiers. ■ BIBERONNER, v. intr. [bib(ə)ʀɔne] ◁

BIBINE, ■ n. f. [bibin] (radic. *bib-* de *biberon*, d'après cuisine) **Fam.** et **péj.** Boisson de mauvaise qualité. *Il n'y a que de la bibine dans ce bar !*

BIBLE, n. f. [bibl] (lat. *Biblia*, gr. *Biblia*, Livres) L'Écriture sainte, l'Ancien et le Nouveau Testament. ■ **Fig.** Ouvrage de référence faisant autorité.

BIBLIOBUS, ■ n. m. [biblijɔbys] (*biblio[thèque]* et [*auto*]*bus*) Véhicule transformé en bibliothèque de prêt, se déplaçant dans les quartiers ou lieux éloignés.

BIBLIOGRAPHE, n. m. [biblijɔgʀaf] (*biblio-* et *-graphe* ; gr. *bibliographos*, copiste) Celui qui est versé dans la connaissance des livres, par rapport à l'édition, au papier, au caractère, et qui peut en faire la description.

BIBLIOGRAPHIE, n. f. [biblijɔgʀafi] (*biblio-* et *-graphie* ; gr. *bibliographia*, copie de livres) Connaissances qui font le bibliographe. ♦ Notice des écrits relatifs à un sujet donné.

BIBLIOGRAPHIQUE, adj. [biblijɔgʀafik] (*bibliographie*) Qui appartient à la bibliographie.

BIBLIOLOGIE, ■ n. f. [biblijɔlɔʒi] (*biblio-* et *-logie*) Discipline ayant pour objet d'étude tout ce qui concerne le livre (art de l'écriture, édition, communication, etc.).

BIBLIOMANCIE, n. f. [biblijɔmɑ̃si] (*biblio-* et *-mancie*) Divination qui se pratiquait en ouvrant un livre au hasard.

BIBLIOMANE, n. m. [biblijɔman] (*biblio-* et *-mane*) Celui qui a la passion des livres et surtout des livres rares, des belles éditions, etc.

BIBLIOMANIE, n. f. [biblijɔmani] (*biblio-* et *-manie*) Passion excessive des livres.

BIBLIOPHILE, n. m. [biblijɔfil] (*biblio-* et *-phile*) Celui qui aime et recherche les livres.

BIBLIOPHILIE, ■ n. f. [biblijɔfili] (*biblio-* et *-philie*) Amour des livres. « *Les livres somptueusement reliés ou les tirages sur grand papier que je laisse aux bibliophiles* », LEIRIS.

BIBLIOTHÉCAIRE, n. m. [biblijɔtekɛʀ] (lat. impér. *bibliothecarius*) Celui qui est préposé à une bibliothèque.

BIBLIOTHÈQUE, n. f. [biblijɔtɛk] (lat. *bibliotheca*, du gr. *bibliothêkê*) Collection de livres. ♦ Armoire, tablettes où les livres sont placés et rangés. ♦ Lieu qui sert de dépôt aux livres. ■ *Bibliothèque de prêt* ou *bibliothèque*, institution permettant aux usagers d'emprunter des livres pour une durée déterminée.

BIBLIQUE, adj. [biblik] (lat. médiév. *biblicus*, qui contient la Sainte écriture) Qui appartient, qui est propre à la Bible. ♦ *Style biblique*, style imitant la simplicité et les figures hardies de la Bible.

BIBUS, n. m. [bibys] (radic. *bib-*, menues choses, et dés. lat. ironique *-ibus*) ▷ T. de mépris employé uniquement dans la locution *de bibus*, qui signifie sans valeur, sans importance. *C'est une affaire de bibus.* « *Des querelles de bibus* », VOLTAIRE. ◁

BIC, ■ n. m. [bik] (nom déposé) Stylo à bille. *Écrire au bic.*

BICAMÉRAL, ALE, ■ adj. [bikameʀal] (prob. angl. *bicameral*, de *bi-* et lat. sav. *camera*, assemblée représentative) **Dr.** Qui est constitué de deux assemblées. *Parlement, système bicaméral.*

BICAMÉRISME ou **BICAMÉRALISME**, ▪ n. m. [bikamerism, bikmeralism] (*bi-* et radic du lat. *camera*, ou *bicaméral*) **Dr.** Système politique dans lequel le pouvoir parlementaire est confié à deux assemblées.

BICARBONATE, n. m. [bikaʀbɔnat] (*bi-* et *carbonate*) Sel dans lequel l'acide carbonique est double de celui qui est dans le carbonate neutre.

BICARBONÉ, ÉE ou **BICARBONATÉ, ÉE**, adj. [bikaʀbone, bikaʀbonate] (*bi-* et *carbone*) Qui contient deux proportions de carbone.

BICARBURATION, ▪ n. m. [bikaʀbyʀasjɔ̃] (*bi-* et *carburation*) Mode de fonctionnement d'un véhicule qui lui permet d'utiliser alternativement deux carburants différents. *La bicarburation peut s'effectuer avec de l'essence, de l'énergie électrique, du gaz naturel ou du gaz de pétrole liquéfié.*

BICARBURE, n. m. [bikaʀbyʀ] (*bi-* et *carbure*) Combinaison où la quantité de carbone est le double de celle qui entre dans le carbure.

BICARRÉ, ÉE, ▪ adj. [bikaʀe] (*bi-* et *carré*) **Math.** *Équation bicarrée, polynôme bicarré*, équation, polynôme du quatrième degré, ne comportant que des puissances paires de l'inconnue.

BICATÉNAIRE, ▪ adj. [bikatenɛʀ] (*bi-* et *caténaire*) **Chim.** Qui est constitué de deux chaînes complémentaires. *L'ADN bicaténaire présente deux chaînes nucléotidiques enroulées en double hélice.*

BICENTENAIRE, ▪ adj. [bisɑ̃t(ə)nɛʀ] (*bi-* et *centenaire*) Qui a deux cents ans. *Un monument bicentenaire.* ▪ N. m. Commémoration d'un événement qui s'est déroulé deux cents ans auparavant. *Le bicentenaire de la Révolution française.*

BICÉPHALE, ▪ adj. [bisefal] (*bi-* et gr. *kephalê*) Qui a deux têtes. *Aigle bicéphale.*

BICEPS, adj. [bisɛps] (lat. *biceps*, qui a deux têtes, de *bis* et *caput*) **Anat.** Nom de deux muscles qui ont chacun deux attaches à leur partie supérieure. ◆ N. m. *Le biceps*, muscle fléchisseur du bras. *Gonfler ses biceps.* ▪ **Fam.** *Avoir des biceps, montrer ses biceps*, faire étalage de sa force physique.

BICÊTRE, n. m. [bisɛtʀ] (Jean, évêque de *Winchester*, propriétaire du château) Établissement d'aliénés à Bicêtre près Paris. ◆ **Fig.** *Il est bon à mettre à Bicêtre. Un échappé de Bicêtre*, un fou.

BICHE, n. f. [biʃ] (anc. fr. *bisse*, du lat. vulg. *bistia*, de *bestia*) La femelle du cerf. ◆ **Fam.** Jeune fille. *Ma biche.* ◆ *Pied-de-biche*, instrument de dentiste, et aussi nom de divers instruments ou objets dont l'extrémité est recourbée comme le pied d'une biche. ◆ *Pied-de-biche*, pinceau de poils courts qui sert à lisser la couleur. ◆ *Au pl. Des pieds-de-biche.*

BICHER, ▪ v. intr. [biʃe] (lat. *beccus*, bec) **Fam.** Être satisfait. ▪ *Ça biche*, tout va bien.

BICHET, n. m. [biʃɛ] (b. lat. *biccarium*) Ancienne mesure de capacité pour le blé et pour d'autres grains, variable suivant les provinces.

BICHETTE, n. f. [biʃɛt] (*biche*) Petite biche, mot qui ne se dit que comme terme d'amitié.

BICHLAMAR, ▪ n. m. [biʃlamaʀ] (port. *bicho do mar*, animal de mer) Pidgin mélanésien utilisé comme langue relationnelle entre les différentes îles du Pacifique Sud. *Les langues officielles de la République du Vanuatu sont l'anglais, le français et le bichlamar.*

BICHOF ou **BICHOFF**, ▪ n. m. [biʃɔf] Voy. BISCHOF.

BICHON, ONNE, n. m. et n. f. [biʃɔ̃, ɔn] (aphérèse de *barbichon*) Sorte de petit chien qui a le nez court et le poil long, dit aussi chien de Malte. ◆ Terme familier d'amitié qui se dit à un enfant ou d'un enfant. *Mon bichon.* ▪ Voy. BABICHE.

BICHONNÉ, ÉE, p. p. de bichonner. [biʃone] *Tête bichonnée.*

BICHONNER, v. tr. [biʃone] (*bichon*) Friser comme un bichon. ◆ **Fig.** Attifer, pomponner. ◆ Se bichonner, v. pr. V. tr. Se montrer très attentionné à l'égard de quelqu'un.

BICHROMATE, ▪ n. m. [bikʀomat] (*bi-* et *chromate*) **Chim.** Sel de l'acide chromique qui a des propriétés oxydantes. *Bichromate d'ammonium, de potassium, de sodium.*

BICHROMIE, ▪ n. f. [bikʀomi] (*bi-* et *-chromie*) **Impr.** Impression de photos, de dessins en deux couleurs. *La bichromie est très prisée pour réaliser les illustrations de magazines.*

BICIPITAL, ALE, ▪ adj. [bisipital] (lat. *biceps*, génit. *bicipitis*) Qui concerne le biceps. *Tendons bicipitaux.*

BICKFORD, ▪ n. m. [bikfɔʀd] (William *Bickford*, 1774-1834, ingénieur anglais, son inventeur) *Cordeau, cordon bickford*, mèche fusante à combustion lente, reliée à un explosif. *Le cordon bickford permet à l'artificier de se mettre à l'abri avant l'explosion.*

BICOLORE, ▪ adj. [bikɔlɔʀ] (*bi-* et lat. *color*) Qui offre deux couleurs.

BICONCAVE, adj. [bikɔ̃kav] (*bi* et *concave*) Qui offre deux faces concaves opposées.

BICONVEXE, adj. [bikɔ̃vɛks] (*bi* et *convexe*) Qui offre deux faces convexes opposées. *Verre biconvexe.*

BICOQUE, n. f. [bikɔk] (ital. *bicocca*, petit fort) Place mal fortifiée. ◆ Petite ville. ◆ **Fig.** Maison chétive.

BICORNE, adj. [bikɔʀn] (*bi* et *corne*) Qui a deux cornes. ▪ N. m. Chapeau à deux pointes porté par différents corps. *Bicorne d'académicien, de polytechnicien.*

BICOURANT, ▪ adj. [bikuʀɑ̃] (*bi-* et *courant*) *Locomotive, rame bicourant*, locomotive, rame capable de fonctionner sur deux courants (continu et alternatif). *Des locomotives bicourants.*

BICROSS, ▪ n. m. [bikʀɔs] (*bi[cyclette]* et *cross*) Petit vélo tout-terrain, sans changement de vitesses et ne possédant qu'un frein. *Le bicross est apparu dans les années 1970.* ▪ Discipline sportive pratiquée avec ce vélo. *Championnat, club de bicross.*

BICULTURALISME, ▪ n. m. [bikyltyʀalism] (*biculturel*) Coexistence institutionnelle de deux cultures dans un même pays. *Le biculturalisme des Français d'origine maghrébine.*

BICULTUREL, ELLE, ▪ adj. [bikyltyʀɛl] (*bi-* et *culturel*) Relatif à deux cultures. *Éducation bilingue et biculturelle.*

BICUSPIDE, ▪ adj. [bikuspid] (*bi-* et *cuspide*) Qui présente deux pointes. *Valvule bicuspide.*

BICYCLETTE, ▪ n. f. [bisiklɛt] (*bicycle*) Moyen de locomotion à deux roues, l'une dirigée par un guidon, l'autre actionnée par un pédalier, montées sur cadre. « *À bicyclette, sur les chemins de terre, On a souvent vécu l'enfer, Pour ne pas mettre pied à terre, devant Paulette* », BAROUH.

BIDASSE, ▪ n. m. [bidas] (*Bidasse*, personnage d'une chanson de comique troupier) **Fam.** Simple soldat. *Les bidasses du régiment.*

BIDE, ▪ n. m. [bid] (*bidon*) **Fam.** Ventre. ▪ **Fam.** Flop, échec. *Sa pièce est un vrai bide.*

BIDET, n. m. [bidɛ] (prob. anc. fr. *bider*, trotter) Cheval ordinairement de petite taille, spécialement destiné à porter un cavalier dans les voyages. ◆ ▷ **Fam.** et fig. *Pousser son bidet*, faire ses affaires, ne pas se déconcerter. ◁ ◆ Meuble de garde-robe dans lequel est enfermée une cuvette longue sur laquelle on peut s'asseoir à califourchon.

BIDIMENSIONNEL, ELLE, ▪ adj. [bidimɑ̃sjɔnɛl] (*bi-* et *dimensionnel*) Qui occupe un espace à deux dimensions. *Image, représentation bidimensionnelle.*

BIDOCHE, ▪ n. f. [bidɔʃ] (orig. obsc., prob. *bidoche*, objet de carton à tête de cheval, p.-ê. altération de bidet) **Fam.** Viande. *Il mord à pleines dents dans la bidoche.*

BIDON, ▪ n. m. [bidɔ̃] (p.-ê. anc. nord. *bida*, récipient) Broc de bois qui contient environ cinq litres. ◆ Vase portatif en fer-blanc propre à contenir de l'eau ou tout autre liquide à l'usage des soldats. ◆ Vaisseau en fer-blanc qui sert à mettre l'huile à brûler. ▪ Récipient portatif que l'on peut fermer hermétiquement et qui sert au transport des liquides. ▪ Adj. inv. **Fam.** Qui manque d'authenticité, qui n'a aucune valeur. *Des excuses bidon.*

BIDONNER, ▪ v. tr. [bidone] (*bidon*) **Fam.** Truquer, falsifier. *Bidonner un reportage.* ▪ V. pr. **Fam.** S'amuser, rire. *Qu'est-ce qu'on s'est bidonnés !* ▪ BIDONNAGE, n. m. [bidonaʒ]

BIDONVILLE, ▪ n. m. [bidɔ̃vil] (*bidon* et *ville*) Ensemble de petites habitations de fortune insalubres, généralement localisées à la périphérie des villes, et où vit une population très pauvre. *Les bidonvilles de Rio.*

BIDOUILLER, ▪ v. tr. [biduje] (altération de *biduler*, de *bidule*) **Fam.** Trafiquer, bricoler quelque chose. *Bidouiller un programme informatique.* ▪ BIDOUILLEUR, EUSE, n. m. et n. f. [bidujœʀ, øz] ▪ BIDOUILLAGE, n. m. [bidujaʒ]

BIDULE, ▪ n. m. [bidyl] (p.-ê. pic. *bidoule*, boue, d'où désordre, complexité, appareil compliqué) **Fam.** Objet ou personne de nature indéfinie, truc. *Passe-moi ce bidule.*

BIEF, n. m. [bjɛf] (gaul. *bedum*, canal, fosse) Fossé creusé à côté d'une rivière pour l'usage d'un moulin, et pris d'assez loin pour pouvoir ménager une pente qui augmente la rapidité de l'eau. ▪ REM. Graphie ancienne : *biez.* ▪ REM. On prononçait autrefois [bje].

BIELLE, n. f. [bjɛl] (orig. inc.) **Méc.** Tige rigide qui sert à communiquer le mouvement entre deux pièces écartées.

BIELLETTE, ▪ n. f. [bjelɛt] (*bielle*) Petite bielle, levier en forme de bielle. *Biellettes de direction, de suspension.*

BIÉLORUSSE, ▪ adj. et n. m. et n. f. [bjelɔʀys] (*Biélorussie*) Originaire de Biélorussie. *Étudiants biélorusses. Icônes biélorusses.* ▪ N. m. Langue parlée en Biélorussie. *Le biélorusse appartient à la branche slave des langues indo-européennes.*

1 BIEN, n. m. [bjɛ̃] (substantivation de *2 bien*) Ce qui est juste, honnête. *Le bien et le beau.* ♦ *Homme de bien, gens de bien,* homme, gens d'une probité éprouvée, d'une véritable vertu. ♦ **Métaphys.** *Le souverain bien, le bien absolu,* celui qui est infini en prix et en durée, et aussi Dieu. *Ce qui est dans la règle ou dans la convenance. Il y a du bien dans cet ouvrage.* Ce qui est utile, avantageux, agréable. « *Pays fertile et abondant en toutes sortes de biens* », VAUGELAS. ♦ *Le bien public,* l'utilité générale. ♦ *Les biens du corps,* la santé, la force. *Les biens de l'âme,* les vertus. *Les biens de l'esprit,* les talents. ♦ *Les biens temporels, les biens de ce monde,* par opposition aux *biens éternels* dont on jouit pour toujours dans une autre vie. ♦ *Les biens de la terre,* les productions du sol. ♦ *Faire du bien à quelqu'un,* le secourir, lui rendre service. ♦ *Faire du bien à quelque chose,* en procurer le développement, la prospérité. *La paix fera du bien au commerce.* ♦ *Faire du bien,* avec un nom de chose pour sujet, être utile. *Ce voyage lui a fait beaucoup de bien,* a été utile à sa santé. ♦ *Dire du bien de quelqu'un, d'un ouvrage,* en parler avec éloge. ♦ *Vouloir du bien à quelqu'un,* vouloir le bien de quelqu'un, être bien disposé en sa faveur. ♦ À BIEN, loc. adv. D'une façon qui réussit. *Mener une entreprise à bien. Aller à bien, venir à bien, se terminer de bien,* réussir. ♦ EN BIEN, loc. adv. D'une façon favorable. *Prendre en bien,* interpréter favorablement. *Changement en bien.* ♦ *En tout bien et tout honneur,* à bonne fin, à bonne intention. ♦ *Pour le bien,* à bonne intention. *Il a fait cela pour le bien.* ♦ ▷ Bienfait. « *Pour tant de biens il commande qu'on l'aime* », RACINE. ◁ ♦ Ce qui appartient en propre à quelqu'un, tout ce qu'on possède. *Bien patrimonial. Les biens meubles et immeubles.* ♦ *Bien de campagne,* propriété rurale. ♦ *Avoir du bien au soleil,* être riche en propriétés. ♦ Par extens. *Ma vie est votre bien.* ♦ *Le navire a péri corps et biens,* c'est-à-dire la cargaison et les hommes ont péri.

2 BIEN, adv. [bjɛ̃] (lat. *bene*) De la bonne manière. *Voyageur bien vêtu. Il a bien employé son temps.* ♦ *C'est bien fait,* il a eu ce qu'il méritait. ♦ *Aller bien,* se bien porter. ♦ *Aller bien,* prospérer, réussir. ♦ *Tourner bien,* réussir. ♦ *Venir bien,* en parlant des plantes, croître et se développer. ♦ Beaucoup, fort, très, entièrement, tout à fait. *Une lettre bien longue. Il a parlé bien sévèrement.* ♦ *Bien vendre,* vendre à prix élevé. ♦ *C'est bien lui,* c'est lui en effet, véritablement. ♦ Environ, à peu près. *On marcha bien quinze jours.* ♦ À la vérité, en effet, formule de concession ; quelquefois dans un sens ironique, et quelquefois redondante. *J'avais bien entendu dire...* ♦ Cas où *bien* peut précéder son verbe. *Comme bien vous savez. Bien lui a pris de...,* heureusement pour lui. ♦ ▷ *Bien,* dans le style élevé, se met parfois en tête de la phrase, et alors le sujet se place après le verbe. Cette tournure a un peu vieilli. *Bien sais-je que...* ◁ ♦ *Dans le bien,* conformément au bien. Ici *bien* a un emploi mixte, moitié substantif, moitié adverbe, emploi résultant de son origine commune avec *bien* substantif. *Cela est bien.* ◁ *C'est bien, c'est fort bien,* exprime l'adhésion, le consentement. ♦ Impersonnellement. *Il est bien de* ou *que,* il est juste, il est bienséant de ou que. ♦ *Tout est bien,* les choses du monde sont ordonnées parfaitement. ♦ *Cette personne est bien,* elle est distinguée, d'une figure agréable. ♦ *Il est bien,* il est en bonne santé. ♦ ▷ *Il est bien dans ses affaires* ou simplement *il est bien,* il a de la fortune. ◁ ♦ *Se trouver bien de,* avoir à se louer de, gagner à... ♦ *Être bien avec,* vivre bien avec quelqu'un, en bonne intelligence, en faveur. ♦ *Bien de soi-même,* avoir la conscience tranquille. ♦ *Bien de,* avec l'article *le, la, les,* beaucoup de. *Bien des gens. Avec bien du travail.* ♦ BIEN ET BEAU, loc. adv. Proprement, dans l'état où la chose se trouve, et par une extension facile à comprendre, aussitôt, sur-le-champ. « *Le fermier vient, le prend, l'encage bien et beau* », LA FONTAINE. ♦ HÉ BIEN !, loc. interj. Qui exprime l'exhortation ou l'interrogation. ♦ *Eh bien !,* s'emploie dans les mêmes circonstances. ♦ BIEN QUE, loc. conj. Gouvernant toujours le subjonctif, quoique. ♦ On peut sous-entendre le verbe. *Bien que renversé à terre, il se défendait encore.* ♦ BIEN PLUS, loc. adv. En outre. ♦ SI BIEN QUE, loc. conj. Gouvernant l'indicatif lorsque l'action est présente ou passée. De sorte que, au point que. ♦ *[La grenouille] s'enfla si bien qu'elle creva* », LA FONTAINE. ♦ *Si bien que,* gouverne le subjonctif lorsque l'action est future. *Faites si bien que vous réussissiez.* ♦ *Aussi bien,* en tout état de cause. « *Aussi bien, que ferais-je en ce commun naufrage ?* », RACINE. ♦ *Aussi bien que,* autant que, comme. *L'or aussi bien que le cuivre.* ■ *Faire bien,* produire une bonne impression. *Ce miroir fait bien dans l'entrée.* ■ *Faire bien de* (suivi d'un infinitif), être raisonnable ou préférable de. *Tu ferais bien de partir maintenant.*

BIEN-AIMÉ, ÉE, adj. [bjɛ̃neme] (*2 bien* et *aimer*) Qui est l'objet d'une affection particulière. ♦ N. m. et n. f. *Benjamin, le bien-aimé de son père.* ■ N. m. et n. f. Personne dont on est amoureux. *Des bien-aimés.*

BIEN-DIRE, n. m. inv. [bjɛ̃diʀ] (*2 bien* et *dire*) Habileté à parler ; parler agréable, gracieux, fleuri. « *Pour disputer le prix du bien-dire* », BOSSUET. ♦ ▷ *Être sur son bien-dire,* affecter de bien parler. ◁ ■ Rem. *Bien-dire* est littéraire aujourd'hui.

BIEN-DISANT, ANTE, adj. [bjɛ̃dizɑ̃, ɑ̃t] (*2 bien* et *dire*) ▷ Qui parle élégamment, facilement. ♦ N. m. et n. f. *Les bien-disants.* ◁

BIÉNERGIE, ■ n. f. [bienɛʀʒi] (*bi-* et *énergie*) Système de chauffage qui peut fonctionner alternativement avec deux sources d'énergie.

BIEN-ÊTRE, n. m. inv. [bjɛ̃nɛtʀ] (*2 bien* et *être*) État du corps ou de l'esprit dans lequel on sent qu'on est bien. ♦ État de fortune convenable, douce aisance.

BIENFACTURE, ■ n. f. [bjɛ̃faktyʀ] (anc. fr. *bienfaire,* sur le modèle du lat. *factura,* manière dont une chose est faite) **Suisse** Bonne qualité, bonne exécution de quelque chose. *Contrôler la bienfacture des travaux.*

BIEN-FAIRE, v. intr. [bjɛ̃fɛʀ] (anc. fr. *bienfaire*) Faire plaisir, faire du bien à quelqu'un. « *Sa première inclination est de nous bien-faire* », BOSSUET. ♦ Il est vieux.

BIENFAISANCE, n. f. [bjɛ̃fəzɑ̃s] ou [bjɛ̃fɛzɑ̃s] (*bienfaisant*) Pratique des bienfaits, habitude de faire du bien. ♦ « *Certain législateur [l'abbé de Saint-Pierre]... Vient de créer un mot qui manque à Vaugelas, Ce mot est bienfaisance, il me plaît...* », VOLTAIRE. ♦ ▷ *Bureau de bienfaisance,* bureau où l'on distribue des secours aux nécessiteux. ◁

BIENFAISANT, ANTE, adj. [bjɛ̃fəzɑ̃, ɑ̃t] ou [bjɛ̃fɛzɑ̃, ɑt] (*2 bien* et *faisant*) Qui aime à faire du bien. ♦ Dont l'influence est utile, en parlant des choses. *La bienfaisante nature.*

BIENFAIT, n. m. [bjɛ̃fɛ] (p. p. substantivé de l'anc. fr. *bienfaire*) Bien qu'on fait à quelqu'un. « *Un bienfait reproché tint toujours lieu d'offense* », RACINE. ♦ Par extens. Bien, utilité. *Les bienfaits de la science.* ♦ **Prov.** *Un bienfait n'est jamais perdu,* une bonne action a toujours sa récompense.

BIENFAITEUR, TRICE, n. m. et n. f. [bjɛ̃fɛtœʀ, tʀis] (*bienfait,* d'après le lat. *benefactor,* de *benefactum*) Personne qui a fait du bien. « *Les nations ne doivent porter le deuil que de leurs bienfaiteurs* », MIRABEAU. ♦ Adj. « *Va, je ne blâme pas ce luxe bienfaiteur Et ce faste public qui prouve la grandeur* », M.-J. DE CHÉNIER.

BIEN-FONDÉ, ■ n. m. [bjɛ̃fɔ̃de] (*2 bien* et *fondé*) Conformité au droit. *Le bien-fondé d'une licence.* ■ Par extens. Légitimité. *Le bien-fondé d'une requête. Des bien-fondés.*

BIEN-FONDS, n. m. [bjɛ̃fɔ̃] (*1 bien* et *fonds*) N'est guère usité qu'au pluriel. Immeubles, terres, maisons. *Placer sa fortune en biens-fonds.*

BIENHEUREUX, EUSE, adj. [bjɛ̃nøʀø, øz] (*2 bien* et *heureux*) Qui a la félicité, le bonheur. « *Je le trouve bienheureux de vous avoir vue* », MME DE SÉVIGNÉ. ♦ Il se dit des choses. « *Ce bienheureux moment n'est pas encor venu* », P. CORNEILLE. ♦ Dans le style religieux, qui jouit de la béatitude éternelle. ♦ N. m. et n. f. Ceux qui sont admis à jouir de la béatitude éternelle, et en particulier ceux que l'Église, par un acte solennel qui précède la canonisation, reconnaît et déclare avoir été admis à jouir de la béatitude éternelle. ♦ *Avoir l'air d'un bienheureux,* avoir l'air vénérable, recueilli, et aussi avoir une figure joyeuse, épanouie. ♦ *Se réjouir comme un bienheureux,* se livrer à la joie, aux divertissements. ■ Rem. *Bienheureux,* dans le sens de qui a la félicité, le bonheur, est littéraire aujourd'hui.

BIEN INTENTIONNÉ, ÉE, adj. et n. m. et n. f. [bjɛ̃nɛ̃tɑ̃sjɔne] (*2 bien* et *intentionne*) Qui a de bonnes intentions. ■ Rem. Graphie ancienne : *bien-intentionné.*

BIEN-JUGÉ, ■ n. m. [bjɛ̃ʒyʒe] (*bien* et *jugé*) Décision de justice conforme au droit. *Des bien-jugés.*

BIENNAL, ALE, adj. [bienal] ou [bjɛnal] (lat. *biennalis*) Qui dure deux ans. *Des emplois biennaux.* ■ N. f. Événement artistique, culturel, etc., qui se déroule tous les deux ans.

BIEN-PENSANT, ANTE, ■ adj. [bjɛ̃pɑ̃sɑ̃, ɑ̃t] (*2 bien* et *pensant*) Qui détient la pensée juste. *Un érudit bien-pensant.* ■ **Péj.** Qui se conforme aux normes de la société, à un système politique, religieux, etc. *Des auteurs bien-pensants.* ■ N. m. et n. f. Personne qui est bien-pensante. *Les bien-pensants.*

BIENSÉANCE, n. f. [bjɛ̃seɑ̃s] (*bienséant*) Ce qui sied bien. « *On peut rire des erreurs sans blesser la bienséance* », PASCAL. *Observer les bienséances.* ♦ ▷ **Littér.** Ce qui convient. *Les bienséances oratoires.* ◁ ♦ ▷ *Être à la bienséance de quelqu'un,* en parlant de choses, lui convenir. « *Ce beau morceau qui était si fort à votre bienséance* », MME DE SÉVIGNÉ. ◁ ♦ ▷ *Par droit de bienséance,* sans avoir d'autre droit que celui de sa propre convenance. ◁

BIENSÉANT, ANTE, adj. [bjɛ̃seɑ̃, ɑ̃t] (*2 bien* et *2 séant*) Conforme à la bienséance.

BIEN-TENANT, ANTE, n. m. et n. f. [bjɛ̃tənɑ̃, ɑ̃t] (*2 bien* et *tenant*) ▷ **Dr. anc.** Personne qui possède les biens d'une succession, ou des biens grevés d'hypothèques. ♦ Au pl. *Des bien-tenants, bien-tenantes.* ◁

BIENTÔT, adv. [bjɛ̃to] (*bien* et *tôt,* adv. de temps.) En peu de temps, promptement. *Rose qui passera bientôt.* ♦ À BIENTÔT, loc. adv. **Fam.** et ellipt. Exprimant qu'on désire ou qu'on espère revoir bientôt la personne dont on s'éloigne. ♦ **Fam.** *Cela est bientôt dit,* c'est-à-dire cela est facile à dire, mais non à faire.

BIENVEILLAMMENT, ■ adv. [bjɛ̃vɛjamɑ̃] (*bienveillant*) **Litt.** D'une manière bienveillante. *Il nous salua bienveillamment.*

BIENVEILLANCE, n. f. [bjɛ̃vɛjɑ̃s] (*bienveillant*) Disposition favorable de la volonté. *Avoir de la bienveillance pour quelqu'un. Gagner la bienveillance de quelqu'un.*

BIENVEILLANT, ANTE, adj. [bjɛ̃vɛjɑ̃, ɑ̃t] (2 *bien* et *veuillant,* p. prés. a. fr. de *vouloir*) Qui veut du bien, qui a, qui marque de la bienveillance.

BIENVENIR, v. tr. [bjɛ̃v(ə)niʁ] (2 *bien* et *venir*) Usité seulement dans cette locution : *se faire bienvenir de quelqu'un, dans la société,* faire qu'on soit bien accueilli. ■ REM. Il est littéraire aujourd'hui.

BIENVENU, UE, adj. [bjɛ̃v(ə)ny] (2 *bien* et *venu*) Qui arrive à point ; que l'on accueille avec satisfaction. ♦ N. m. et n. f. *Soyez le bienvenu.*

BIENVENUE, n. f. [bjɛ̃v(ə)ny] (fém. substantivé de *bienvenu*) L'heureuse arrivée de quelqu'un. ♦ Bon accueil. ♦ ▷ Réception dans un corps et frais du régal qu'on paye à ses nouveaux compagnons. ◁

BIENVOULU, UE, adj. [bjɛ̃vuly] (2 *bien* et *voulu*) ▷ À qui l'on veut du bien. « *Ces Banians et les Guèbres sont bienvoulus partout* », VOLTAIRE. ◁

1 **BIÈRE,** n. f. [bjɛʁ] (m. néerl. *bier*) Boisson fermentée faite avec le houblon et les graines céréales, particulièrement avec l'orge. ♦ *Bière de mars,* bière brassée en mars. ♦ **Fig.** *Ce n'est pas de la petite bière,* ce n'est pas peu de chose. ■ REM. Graphie ancienne : *bierre.*

2 **BIÈRE,** n. f. [bjɛʁ] (anc. b. frq. *bëra,* civière) Coffre où l'on enferme un mort.

BIERGOL, ■ n. m. [biɛʁɡɔl] (*bi-* et *ergol*) **Astron.** Propergol liquide constitué de deux ergols.

BIERRE, ■ n. f. [bjɛʁ] Voy. BIÈRE.

BIÈVRE, n. m. [bjɛvʁ] (gaul. *bebros,* castor) Ancien nom du castor.

BIFACE, ■ n. m. [bifas] (*bi-* et *face*) Outil préhistorique en pierre, de forme ovale ou triangulaire et taillé sur ses deux faces.

BIFFAGE, n. m. [bifaʒ] (*biffer*) Les ratures faites sur un écrit.

BIFFE, ■ n. f. [bif] **Arg. Milit.** Infanterie.

BIFFÉ, ÉE, p. p. de biffer. [bife] *Un passage biffé.*

BIFFEMENT ou **BIFFAGE,** n. m. [bif(ə)mɑ̃, bifaʒ] (*biffer*) Action de biffer.

BIFFER, v. tr. [bife] (*biffe,* tissu rayé.) Effacer ce qui est écrit. ♦ **Dr.** Annuler en effaçant.

BIFFIN, ■ n. m. [bifɛ̃] (*biffe,* étoffe de mauvaise qualité) **Fam.** Chiffonnier. ■ **Arg. Milit.** Soldat d'infanterie.

BIFFURE, n. f. [bifyʁ] (*biffer*) Raie par laquelle on biffe.

BIFIDE, adj. [bifid] (lat. *bifidus*) **Bot.** Fendu en deux.

BIFIDUS, ■ n. m. [bifidys] (lat. *bifidus,* fendu en deux) Bactérie intestinale à laquelle on attribue des bienfaits pour la santé et qu'on utilise comme ferment lactique dans certains produits.

BIFLÈCHE, ■ adj. [biflɛʃ] (*bi-* et *flèche*) Se dit d'un affût de canon composé de deux pièces qui s'enfoncent dans le sol pour empêcher le recul du canon.

BIFOCAL, ALE, ■ adj. [bifokal] (*bi-* et *focal*) Qui est à double foyer. *Verres de lunettes bifocaux.*

BIFTECK, n. m. [biftɛk] (angl. *beefsteack*) Tranche de bœuf grillée. ■ **Fam.** *Défendre son bifteck,* ses intérêts.

BIFURCATION, n. f. [bifyʁkasjɔ̃] (*bifurquer*) Action de se bifurquer. ♦ Endroit où une chose se bifurque. *A la bifurcation de la route.* ■ **Fig.** Fait de bifurquer, de changer d'orientation.

BIFURQUÉ, ÉE, p. p. de bifurquer. [bifyʁke] *Tige bifurquée.*

BIFURQUER (SE), v. pr. [bifyʁke] (lat. impér. *bifurcus,* en forme de fourche) Se diviser en deux, à la façon d'une fourche. ■ REM. Le verbe est auj. intransitif. *La route bifurque un kilomètre plus loin.* ■ **Fig.** Changer d'orientation. *Bifurquer au cours de ses études.*

BIGAME, adj. [biɡam] (b. lat. *bigamus,* de *bis* et gr. *gamos*) Qui est marié à deux personnes en même temps. ♦ N. m. et n. f. *Un bigame, une bigame.*

BIGAMIE, n. f. [biɡami] (lat. médiév. *bigamia*) Action criminelle d'un homme qui épouse une seconde femme pendant que la première vit encore, ou de celle qui épouse un second mari pendant la vie du premier. ■ REM. La bigamie est légale dans certains États du monde musulman ou d'Asie.

BIGARADE, n. f. [biɡaʁad] (provençal *bigarrado*) Orange aigre, globuleuse, à peau raboteuse, et dont l'écorce interne est amère.

BIGARADIER, n. m. [biɡaʁadje] (*bigarade*) Espèce du genre oranger, qui fournit les fleurs d'oranger dont on prépare l'eau distillée de ce nom et l'essence de néroli, les orangettes et l'écorce d'orange amère.

BIGARRÉ, ÉE, p. p. de bigarrer. [biɡaʁe] **Fig.** *Vers bigarrés, langage bigarré,* vers, langage où l'on entremêle les mots de deux langues, comme dans *Le Malade imaginaire.* ♦ *Style bigarré,* style où il y a de la bigarrure.

BIGARREAU, n. m. [biɡaʁo] (*bigarrer*) Espèce de cerise rouge d'un côté et blanche de l'autre, d'une chair très ferme.

BIGARREAUTIER, n. m. [biɡaʁotje] (*bigarreau*) Arbre qui porte des bigarreaux.

BIGARREMENT, n. m. [biɡaʁ(ə)mɑ̃] (*bigarrer*) État de ce qui est bigarré.

BIGARRER, v. tr. [biɡaʁe] (prob. lat. *bis,* deux fois, et moy. fr. *garre,* de deux couleurs) Marquer de couleurs qui tranchent l'une sur l'autre. ♦ **Fig.** « *Sans bigarrer son discours de quelque plaisanterie hors de place* », VAUVENARGUES.

BIGARRURE, n. f. [biɡaʁyʁ] (*bigarrer*) Assemblage de couleurs tranchantes. ♦ *Bigarrure de style,* mélange de styles disparates. ♦ *Il y a bien de la bigarrure dans cette société,* elle est composée de toutes sortes de gens. ♦ N. f. pl. Taches rousses ou noires, ou diversités de couleur sur le plumage d'un oiseau de proie.

BIG BAND, ■ n. m. [biɡbɑ̃d] (anglo-amér. de *big,* grand, et *band,* orchestre) Orchestre de jazz composé d'un grand nombre de musiciens. *Des big bands.*

BIG BANG ou **BIG-BANG,** ■ n. m. inv. [biɡbɑ̃ɡ] (anglo-amér., de *big,* grand, et *bang,* onom. signifiant une explosion) Théorie cosmologique selon laquelle l'Univers serait né d'une grande explosion qui contribuerait encore aujourd'hui à son expansion. ■ **Fig.** Explosion, bouleversement. *Le big bang de l'informatique.*

BIGE, n. m. [biʒ] (lat. *biga*) ▷ Dans l'antiquité latine, char à deux chevaux. ◁

BIGLE, adj. [biɡl] (prob. *biscler,* avec attraction de *aveugle*) ▷ Louche. *Homme, femme bigle.* ♦ N. m. et n. f. *Un bigle.* ♦ Il a vieilli. ■ REM. Fam. On dit aussi auj. *bigleux, euse.* ◁

BIGLER, v. intr. [biɡle] (*bigle*) Loucher, avoir les yeux de travers. ♦ Il est vieux et peu usité.

BIGLEUX, EUSE, ■ adj. [biɡlø, øz] (*bigle*) **Fam.** Se dit d'une personne qui louche ou dont la vue est mauvaise. « *Une vieille, sur un âne, nous croisa, pauvre créature efflanquée au nez de corbeau, bigleuse et sévère* », DÉON. ■ N. m. et n. f. *Un bigleux.*

BIGNE, n. f. [biɲ] ou [biɲ] (anc. fr. *beigne, bengue,* bosse à la tête) Tumeur à la tête qui provient d'un coup. ♦ Il est vieux.

BIGNONIA n. m. ou **BIGNONE,** ■ n. f. [biɲɔnja] ou [biɲɔnjase] ou [biɲɔn] ou [biɲɔn] (Jean-Paul *Bignon,* 1662-1743, prédicateur du Roi) Arbrisseau grimpant, aux longues fleurs orangées.

BIGNONIACÉE, ■ n. f. [biɲɔnjase] ou [biɲɔnjase] (*bignonia*) Famille de plantes dicotylédones, telles que le bignonia, le catalpa.

BIGOPHONE, ■ n. m. [biɡofɔn] (*Bigot,* l'inventeur, et *-phone*) **Fam.** Téléphone. *Passe-moi un coup de bigophone !* ■ BIGOPHONER, v. intr. [biɡofone]

BIGORNE, n. f. [biɡɔʁn] (lat. *bicornis,* qui a deux cornes) Sorte d'enclume dont chaque extrémité est en pointe, et qui sert à tourner en rond ou arrondir les grosses pièces.

BIGORNEAU, n. m. [biɡɔʁno] (*bigorne*) Petite bigorne ou enclume qui sert à tourner en rond les petites pièces. ♦ Nom donné à un coquillage, espèce comestible.

BIGORNER, v. tr. [biɡɔʁne] (*bigorne*) Forger le fer sur la bigorne. ■ **Pop.** Frapper. *Se faire bigorner.* ■ **Pop.** Endommager. *Il a bigorné la portière.* ■ **Arg.** Tuer. ■ V. pr. **Pop.** Se bagarrer. *Je les ai empêchés de se bigorner.*

BIGOT, OTE, adj. [biɡo, ɔt] (origine germ. ; cf. juron saxon *be gode,* m. h. all. *bi got,* néerl. *bi gode*) Qui est livré à une dévotion étroite et superstitieuse. ♦ N. m. et n. f. *Un bigot, une bigote.*

BIGOTERIE, n. f. [biɡɔt(ə)ʁi] (*bigot*) La dévotion du bigot.

BIGOTISME, n. m. [biɡɔtism] (*bigot*) Caractère du bigot.

BIGOUDEN, ÈNE, ■ adj. [biɡudɛ̃, ɛn] (mot bret.) De la région de Pont-l'Abbé, en Bretagne. *Le pays bigouden.* ■ N. m. et n. f. *Des Bigoudènes en costume traditionnel.* ■ N. f. ou n. m. Coiffe haute portée par les femmes dans la région de Pont-l'Abbé.

BIGOUDI, ■ n. m. [biɡudi] (orig. obsc.) Petit rouleau autour duquel on enroule les mèches de cheveux pour les friser ou les boucler. *Des bigoudis.*

BIGOURDAN, ANE, ■ adj. [biɡuʁdɑ̃, an] (*Bigorre*) De la Bigorre. *Un village bigourdan.* ■ N. m. et n. f. Habitant ou personne originaire de la Bigorre. *Une Bigourdane.*

BIGRE, ■ interj. [bigʀ] (euphémisme pour *bougre*) Fam. Exprime la surprise. *Bigre ! c'est une somme importante.*

BIGREMENT, ■ adv. [bigʀəmɑ̃] (*bigre*) Fam. Beaucoup, extrêmement. *Il a bigrement changé.*

BIGUE, n. f. [big] (provenç. *biga*, joug, solive) Mar. Mât ou mâtereau servant à élever des fardeaux à l'aide de poulies ou de cordages qui en garnissent l'extrémité. ◆ Techn. Assemblage de deux longues pièces de bois dressées et unies par le haut, où se trouve une poulie.

BIGUINE, ■ n. f. [bigin] (mot des Antilles) Danse originaire des Antilles qui se pratique en couple.

BIHEBDOMADAIRE, ■ adj. [biɛbdɔmadɛʀ] (*bi-* et *hebdomadaire*) Qui se déroule, qui paraît deux fois par semaine. *Un cours de danse bihebdomadaire.* ■ N. m. Journal publié deux fois par semaine. *S'abonner à un bihebdomadaire.*

BIHOREAU, ■ n. m. [biɔʀo] (moy. fr. *buort*, butor) Héron d'Europe, au plumage gris, noir et blanc. *Des bihoreaux.*

BIJECTIF, IVE, ■ adj. [biʒɛktif, iv] (*bijection*) Math. *Application bijective*, bijection.

BIJECTION, ■ n. f. [biʒɛksjɔ̃] (*bi-* et [*in*]*jection*) Math. Application mathématique stipulant qu'à tout élément d'un ensemble de départ correspond un et un seul élément d'un ensemble d'arrivée.

BIJON, n. m. [biʒɔ̃] (*bejone*, résine) ▷ Pharm. Résine liquide qui coule du pin, sans incision, dite aussi *périnet vierge*. ◁

BIJOU, n. m. [biʒu] (bret. *bizou*, anneau pour le doigt) Petit ouvrage d'un travail élégant et d'une matière précieuse, et qui sert de parure et d'ornement. ◆ Fig. Toute chose élégante et ornée, et en particulier, petite maison élégante et commode. ◆ Fig. et fam. *Cet enfant est un bijou.* au pl. *Des bijoux.*

BIJOUTERIE, n. f. [biʒut(ə)ʀi] (*bijou*) Profession d'une personne qui fabrique ou vend des bijoux. ◆ Les objets de ce commerce. ■ Boutique de bijoutier.

BIJOUTIER, IÈRE, n. m. et n. f. [biʒutje, jɛʀ] (*bijou*) Personne qui monte les pierres sur or ; qui fait et qui vend des bijoux.

BIKINI, ■ n. m. [bikini] (*Bikini*, atoll des îles Marshall, site des essais atomiques américains en 1946) Maillot de bain féminin, constitué d'un slip et d'un soutien-gorge.

BILABIAL, ALE, ■ adj. [bilabjal] (*bi-* et *labial*) Se dit d'une consonne labiale prononcée avec les deux lèvres. *P, b et m sont des consonnes bilabiales. Des phonèmes bilabiaux.* ■ N. f. *Une bilabiale.*

BILAME, ■ n. m. [bilam] (*bi-* et *lame*) Techn. Bande métallique constituée de deux lames qui se courbent sous l'effet des différences de température.

BILAN, n. m. [bilɑ̃] (ital. *bilancio*, de *bilanciare*, peser, mettre en équilibre) Compte ou mémoire, dans lequel un marchand expose ses dettes actives et passives. ◆ État de l'actif et du passif d'un négociant en faillite. *Déposer son bilan.* ■ Évaluation chiffrée des pertes humaines ou des dommages matériels. *Le bilan d'une catastrophe.* ■ Ce qui permet d'évaluer un état à un moment donné. *Un bilan de santé.*

BILATÉRAL, ALE, adj. [bilateʀal] (*bi-* et *latéral*) Qui a deux côtés ; qui se dirige de deux côtés opposés. ◆ Dr. Qui assigne des obligations aux deux parties contractantes. *Des contrats bilatéraux.*

BILBOQUET, n. m. [bilbɔkɛ] (prob. *biller*, jeter une boule, et *bouque*, boule) Jouet de bois ou d'ivoire, composé d'un petit bâton et d'une boule. ◆ ▷ Petite figure en moelle de sureau ou autre substance très légère, avec un peu de plomb aux pieds, qui se redresse brusquement, de quelque façon qu'on la pose. ◁ ◆ ▷ *Se retrouver toujours sur ses jambes comme un bilboquet*, se tirer toujours d'affaire quoi qu'il arrive. ◁ ◆ ▷ *C'est un bilboquet*, un homme sans consistance. ◁

BILE, n. f. [bil] (lat. *bilis*) Matière animale particulière, liquide, amère, jaunâtre ou verdâtre, qui se fait dans le foie, et qui, se rendant dans le duodénum, sert à la digestion. ◆ ▷ Fig. Mauvaise humeur, colère. « *Ils ont une bile intarissable sur les plus petits inconvénients* », La Bruyère. « *Ma bile s'échauffe* », Molière. ◆ *Bile noire* ou *mélancolie*, sorte d'humeur imaginaire dont les anciens plaçaient le siège dans la rate. ◁ ◆ ▷ Fig. Tristesse, ennui. ◁ ■ Fam. Inquiétude. *Se faire de la bile. Ne te fais pas de bile !*

BILER (SE), ■ v. pr. [bile] (*bile*) Fam. Se faire du souci. *Ce n'est pas la peine de te biler.*

BILEUX, EUSE, ■ adj. [bilø, øz] (*bile*) Fam. Qui s'inquiète pour peu de chose.

BILHARZIE, ■ n. f. [bilaʀzi] (*Bilharz*) Ver parasite des vaisseaux sanguins, qui provoque des maladies chez les mammifères.

BILHARZIOSE, ■ n. f. [bilaʀzjoz] (*bilharzie* et -*ose*) Affection parasitaire provoquée par les bilharzies.

BILIAIRE, adj. [biljɛʀ] (thème *bili-*, de *bilieux*) Qui a rapport à la bile. *Calculs biliaires.*

BILIÉ, ÉE, ■ adj. [bilje] (thème *bili-*, de *bilieux*) Biol. *Bouillon bilié*, milieu de culture constitué de bile.

BILIEUX, EUSE, adj. [biljø, øz] (b. lat. *biliosus*) Méd. Qui abonde en bile. ◆ ▷ *Fièvre bilieuse*, fièvre qu'on attribuait à une surabondance ou à une altération de la bile. ◆ Fig. De mauvaise humeur, colère. ◆ N. m. et n. f. *Les bilieux sont sujets à de grandes maladies.*

BILINÉAIRE, ■ adj. [bilineɛʀ] (*bi-* et *linéaire*) Math. *Application bilinéaire*, où chacune des deux variables est une application linéaire de l'autre.

BILINGUE, adj. [bilɛ̃g] (lat. *bilinguis*, qui a deux langues, deux paroles) Hist. nat. Qui a deux langues. ◆ Qui se sert de deux idiomes différents ; qui est en deux idiomes différents.

BILINGUISME, ■ n. m. [bilɛ̃gɥism] (*bilingue*) Fait de parler deux langues. *Le bilinguisme d'un pays.*

BILIRUBINE, ■ n. f. [biliʀybin] (*bile* et radic. du lat. *ruber*, rouge) Substance qui donne sa couleur jaune à la bile. *La bilirubine est à l'origine de la coloration jaune de la peau chez les personnes atteintes de jaunisse.*

BILITÈRE, adj. [bilitɛʀ] (*bi-* et lat. *littera*, lettre) ▷ Gramm. Composé de deux lettres. ◁

BILL, n. m. [bil] (angl. *bill*, de l'anc. fr. *bulle*, du lat. médiév. *bulla*, sceau) Projet d'acte du parlement d'Angleterre, et aussi quelquefois loi rendue. ◆ *Bill d'indemnité*, se dit de l'absolution que la chambre donne à un ministre pour quelque chose d'irrégulier, il est vrai, mais commandé par les circonstances.

BILLAGE, ■ n. m. [bijaʒ] (*biller*) Techn. Fait de biller.

BILLARD, n. m. [bijaʀ] (2 *bille*, pièce de bois) Jeu qui se joue avec des boules d'ivoire sur une table entourée de rebords rembourrés et garnie d'un tapis vert. ◆ La table elle-même. ■ La salle dans laquelle est le billard. ■ *Billard américain*, Jeu qui consiste à envoyer des boules dans les trous d'une table spéciale. ■ *Billard électrique*, Jeu qui consiste à donner des impulsions à une bille métallique pour qu'elle heurte des éléments correspondant à un certain nombre de points. ◆ Fig. et fam. Table d'opération, dans un hôpital, une clinique. ◆ Fig. et fam. *Passer sur le billard*, se faire opérer. ■ Fig. et fam. *C'est du billard*, c'est facile.

BILLARDER, v. intr. [bijaʀde] (*billard*) ▷ Toucher deux fois sa bille ou pousser deux billes à la fois. ◆ On dit aujourd'hui *queuter*. ◁

BILLBERGIA, ■ n. m. [bilbɛʀʒja] Plante ornementale de la famille de l'ananas.

1 BILLE, n. f. [bij] (anc. b. frq. *bikkil*, dé, osselet) Boule d'ivoire servant au jeu du billard. ◆ Petite boule de pierre ou de marbre qui sert à des jeux d'enfants. ■ Petite boule utilisée dans un dispositif. *Roulement à billes. Stylo-bille.* ■ Fam. *Bille en tête*, rapidement et sans hésiter. ■ Fig. et fam. Visage, tête. *Elle a une bille de clown.*

2 BILLE, n. f. [bij] (p.-ê. gaul. *bilia* ; cf. irl. *bile*, tronc d'arbre) Pièce de bois de toute la grosseur de l'arbre, destinée à être mise en planches.

BILLEBARRÉ, ÉE, p. p. de billebarrer. [bij(ə)baʀe]

BILLEBARRER, v. tr. [bij(ə)baʀe] (2 *bille*, bâton, et *barrer*) ▷ Marquer de raies de diverses couleurs. ◁

BILLEBAUDE, n. f. [bij(ə)bod] ▷ Terme familier qui signifie confusion, désordre. ◆ À LA BILLEBAUDE, loc. adv. En confusion. *Tout cela est fait à la billebaude.* ◁

BILLEBAUDER, v. intr. [bij(ə)bode] ▷ On dit que des chiens billebaudent, quand ils chassent mal. ◁

BILLER, ■ v. tr. [bije] (1 *bille*) Techn. Projeter des petites particules d'acier contre une surface pour la décaper.

BILLET, n. m. [bijɛ] (anc. fr. *billette*, lettre, sauf-conduit) Missive, petite lettre qui n'a pas les formules usitées dans les lettres ordinaires. ◆ *Billet doux, billet d'amour et de galanterie.* ◆ ▷ Avis imprimé ou écrit. *Billet de naissance. Billet de faire part* ou *billet de part*, billet par lequel on fait part à ses parents et à ses amis d'une naissance, d'un mariage ou d'une mort. ◁ ◆ Obligation souscrite par une personne au profit d'une autre personne ; écrit qui la constate. ◆ Divers papiers de crédit qui ont cours dans le public. *Billet de banque. Billet au porteur. Billet à ordre.* ◆ Carte qui donne le droit d'entrer dans un théâtre, dans un lieu public. ◆ Petit morceau de papier ou de carton qu'on délivre à ceux qui prennent une place dans un chemin de fer. ◆ ▷ Bulletin, portant un numéro, délivré à toute personne qui met à une loterie. ◁ ◆ ▷ Bulletin, petit papier sur lequel est écrit le suffrage dans une élection, le vote dans une assemblée délibérante. ◁ ◆ ▷ *Billet blanc*, billet sans nom mis dans l'urne d'un scrutin. ◁ ◆ ▷ *Billet de logement*, écrit portant injonction à un habitant de loger un ou plusieurs soldats. ◁ ♦ ▷ *Billet de garde*, billet portant ordre d'un service militaire. ◁ ♦ *Billet de confession*, attestation par laquelle un prêtre certifie qu'il a entendu quelqu'un en confession. ♦ ▷ *Billet de santé*, certificat constatant que dans le pays d'où vient un voyageur, il ne règne aucune épidémie. ◁ ■ Brève chronique de presse, le plus souvent de nature satirique. ■ *Le billet vert*, le dollar américain.

1 **BILLETÉ, ÉE**, adj. [bij(ə)te] (1 *billette*) **Hérald.** Chargé de billettes.

2 **BILLETÉ, ÉE**, p. p. de billeter. [bij(ə)te]

BILLETER, v. tr. [bij(ə)te] (1 *billette*) ▷ Attacher des étiquettes sur les marchandises. ♦ Il a vieilli ; on dit *étiqueter*. ■ **REM.** Il se conjugue *il billette, il billettera*. ◁

1 **BILLETTE**, n. f. [bijɛt] (anc. fr. *bullette*, de *bulle*, sceau ; croisement avec 1 *bille*) ▷ Petit écriteau placé aux endroits où un péage est établi, pour avertir les passants d'acquitter le droit. ♦ Acquit que le douanier délivre aux marchands. ◁

2 **BILLETTE**, n. f. [bijɛt] (2 *bille*) Bois de chauffage fendu et séché. ♦ *Fagot de billettes*, cotret. ♦ **Hérald.** Pièce d'armoirie en forme de carré long. ♦ **Archit.** Série de petits parallélogrammes ou portions de cylindres séparés par des vides.

BILLETTERIE, ■ n. f. [bijɛt(ə)ʀi] (*billet*) Lieu d'émission et de vente de billets de spectacle. ■ Distributeur automatique de billets ou tickets.

BILLETTISTE, ■ n. m. et n. f. [bijetist] (*billet*) Personne qui vend des billets de voyage. ■ Rédacteur d'un billet dans un journal, une revue.

BILLEVESÉE, n. f. [bil(ə)vəze] (p.-ê. *beille*, boyau, et *vezé*, ventru) Discours frivole, idées chimériques, vaines occupations.

BILLION, n. m. [biljɔ̃] (*bi* sur le modèle de *million*) ▷ Dix fois cent millions ou mille millions, un milliard, qui est plus particulièrement usité dans le langage de la finance et dans le langage ordinaire. ◁ ■ Un million de millions.

1 **BILLON**, n. m. [bijɔ̃] (2 *bille*, au sens de lingot) ▷ Toute espèce de monnaie décriée et défectueuse. ♦ Monnaie de cuivre pur ou mêlé d'un peu d'argent. ♦ Lieu où l'on porte toute monnaie en décri ou de faux poids. *Envoyer au billon.* ◁

2 **BILLON**, n. m. [bijɔ̃] (p.-ê. *billon*, pièce de bois équarri) Bande de terre élevée par la charrue au-dessus du niveau environnant.

1 **BILLONNAGE**, n. m. [bijɔnaʒ] (*billonner*) ▷ Délit d'une personne qui fait un trafic illégal de monnaies défectueuses. ♦ Terme de monnaies, opération dite aussi triage, qui consiste à trier les pièces qui excèdent le poids pour les fondre. ◁

2 **BILLONNAGE**, n. m. [bijɔnaʒ] (2 *billon*) Labourage en billons.

BILLONNEMENT, n. m. [bijɔn(ə)mɑ̃] (*billonner*) ▷ Action de billonner. ◁

BILLONNER, v. tr. [bijɔne] (1 *billon*) ▷ Faire un trafic de monnaies défectueuses. ♦ Acheter des monnaies d'or ou d'argent pour les exporter ou les fondre. ◁

BILLONNEUR, n. m. [bijɔnœʀ] (*billonner*) ▷ Personne qui se rend coupable de billonnage. ◁

BILLOT, n. m. [bijo] (2 *bille*) Gros tronçon de bois à hauteur d'appui, aplani sur sa partie supérieure. *Un billot de cuisine.* ♦ ▷ Bloc de bois sur lequel on appuie la tête d'un homme condamné à être décapité. ◁ ♦ **Fig.** *J'en mettrais ma tête, ma main sur le billot.* ♦ ▷ **Fig.** Un livre trop gros, trop épais pour son format. ◁ ♦ Bâton qu'on suspend au cou des chevaux, des vaches pour les empêcher de courir.

BILOBÉ, ÉE, adj. [bilobe] (*bi*- et *lobe*) **Hist. nat.** Qui est partagé en deux lobes. ♦ **Bot.** Syn. de dicotylédoné.

BILOCULAIRE, adj. [bilɔkylɛʀ] (*bi* et *locule*, du lat. *loculus*, petit endroit) ▷ **Hist. nat.** Qui renferme deux loges. ◁

BIMANE, adj. [biman] (*bi* et lat. *manus*, main) **Hist. nat.** Qui a deux mains. *L'homme est le seul animal bimane.* ♦ N. m. pl. *Bimanes*, ordre de la classe des mammifères, qui a pour caractère, entre autres, deux mains à pouces opposables.

BIMBELOT, n. m. [bɛ̃b(ə)lo] (var. de *bibelot*) ▷ Tout jouet d'enfants. ◁

BIMBELOTERIE, n. f. [bɛ̃b(ə)lɔt(ə)ʀi] (*bimbelot*) ▷ Fabrication, commerce de bimbelots. ♦ ▷ Marchandises qui consistent en bimbelots. ◁ ♦ Fabrication ou commerce de bibelots. ■ Bibelots, articles en tous genres.

BIMBELOTIER, IÈRE, n. m. et n. f. [bɛ̃b(ə)lotje, jɛʀ] (*bimbelot*) Personne qui fabrique, qui vend des bimbelots. ■ Personne qui fabrique ou qui vend des bibelots.

BIMENSUEL, ELLE, ■ adj. [bimɑ̃sɥɛl] (*bi*- et *mensuel*) Qui se déroule ou qui est publié deux fois par mois. ■ N. m. *Un bimensuel. Le premier et le quinze de chaque mois, elle reçoit le bimensuel auquel elle est abonnée.*

BIMESTRE, ■ n. m. [bimɛstʀ] (lat. *bimestris*) Période de deux mois.

BIMESTRIEL, ELLE, ■ adj. [bimɛstʀijɛl] (*bimestre*) Qui se déroule ou qui paraît tous les deux mois. *Une revue bimestrielle.* ■ N. m. *Un bimestriel.*

BIMÉTAL, ■ n. m. [bimetal] (*bi*- et *métal*) Câble électrique en acier recouvert de cuivre ou d'aluminium.

BIMÉTALLIQUE, ■ adj. [bimetalik] (*bimétallisme*) **Écon.** Qui est fondé sur le bimétallisme. *Système monétaire bimétallique.* ■ **Techn.** Qui est composé de deux métaux. *Un thermomètre bimétallique.*

BIMÉTALLISME, ■ n. m. [bimetalism] (*bi*- et *métal*) Système monétaire qui reconnaît deux métaux, l'or et l'argent, comme étalon.

BIMILLÉNAIRE, ■ adj. [bimilenɛʀ] (*bi*- et *millénaire*) Qui a deux mille ans. *Une tradition bimillénaire.* ■ Deux millième anniversaire. *Célébrer le bimillénaire d'une ville.*

BIMOTEUR, ■ adj. [bimotœʀ] (*bi*- et *moteur*) Se dit d'un avion qui possède deux moteurs. ■ N. m. *Un bimoteur.*

BINAGE, n. m. [binaʒ] (*biner*) **Agric.** Action de biner. ♦ ▷ Action d'un prêtre qui bine. ◁

BINAIRE, adj. [binɛʀ] (b. lat. *binarius*, double) **Math.** Qui est composé de deux unités. ♦ **Chim.** Qui est composé de deux éléments. ♦ **Mus.** *Mesure binaire*, mesure à deux temps.

BINARD, n. m. [binaʀ] (lat. *binus*, double) ▷ Gros chariot à quatre roues d'égale hauteur, pour le transport des lourds fardeaux. ◁

BINATIONAL, ALE, ■ adj. [binasjonal] (*bi*- et *national*) Qui a une double nationalité. ■ Qui est relatif à deux nations, qui concerne deux nations. *Des programmes d'études binationaux.*

BINÉ, ÉE, p. p. de biner. [bine]

BINER, v. tr. [bine] (lat. vulg. médiév. *binare*, retourner la terre une seconde fois, de *binus*, double) **Agric.** Donner une seconde façon aux terres, aux vignes. ♦ **V. intr.** Dire deux messes le même jour dans deux églises différentes. ■ **V. tr.** Enlever les mauvaises herbes. *Biner une parcelle de terrain.*

BINERVÉ, ÉE, adj. [binɛʀve] (*bi*- et radic. du lat. *nervus*) **Bot.** Qui offre deux nervures.

BINET, n. m. [binɛ] (lat. *bini*, les deux [bouts]) ▷ Petite bobèche servant à brûler les bouts de chandelle ou de bougie. ♦ **Fig.** *Faire binet*, user de son reste. ◁

1 **BINETTE**, n. f. [binɛt] (*biner*) Instrument de jardinage pour biner.

2 **BINETTE**, n. f. [binɛt] (prob. aphérèse de *trombine*) Tête ridicule. ♦ Il est très familier. ■ **REM.** Il est familier aujourd'hui.

BINEUSE, ■ n. f. [binøz] (*biner*) Machine agricole qui sert à biner.

BINGO, ■ n. m. [biŋgo] (mot anglo-amér.) Jeu de hasard né en Amérique du Nord et proche du loto. ■ **Interj.** Gagné !

BINIOU, ■ n. m. [binju] (mot breton, plur. de *beni*, bobine) Instrument à vent breton apparenté à la cornemuse. *Des binious.*

BINOCLARD, ARDE, ■ adj. [binoklaʀ, aʀd] (*binocle*) **Fam.** Qui porte des lunettes. ■ N. m. et n. f. *Une binoclarde.*

BINOCLE, n. m. [binɔkl] (lat. sav. mod. formé avec *bini*, les deux, sur le modèle du b. lat. *monoculus*, borgne) ▷ Sorte de double lorgnon ou de besicles qu'on tient à la main. ◁ ■ N. m. pl. **Fam.** Lunettes. *Il porte des binocles.*

BINOCULAIRE, adj. [binɔkylɛʀ] (lat. sav. mod. *binoculus*) Qui est pour deux yeux. *Télescope binoculaire.* ♦ Qui se fait par les deux yeux. *Vision binoculaire.*

BINÔME, n. m. [binom] (lat. médiév. *binomium*, quantité algébrique à deux termes, de *bis* et *nomen*, sur le modèle du gr. d'Euclide *ek duo onomatôn*, à deux termes) Quantité algébrique composée de deux termes unis par les signes + ou -. ■ **Fam.** Personne avec laquelle on s'associe pour exécuter un travail, et plus particulièrement un travail scolaire ; groupe de deux personnes ainsi formé.

BINOMIAL, ALE, ■ adj. [binɔmjal] (*binôme*) **Math.** Qui se rapporte à un binôme. *Coefficients binomiaux.*

BINOMINAL, ALE, ■ adj. [binɔminal] (*bi*- et *nominal*) Formé de deux noms ou de deux mots. *Le système de classification binominal de Linné. Des syntagmes binominaux.*

BIN'S ou **BINZ**, ■ n. m. [bins] (aphérèse de *cabinets*) **Fam.** Confusion, désordre ; problème. *C'est le bin's depuis qu'il est arrivé.*

BINTJE, ■ n. f. [bintʃ] Variété de pomme de terre à chair farineuse.

BIO..., [bjo] Préfixe qui signifie vie, et qui vient du gr. *bios*.

BIOASTRONOMIE, ■ n. f. [bjoastʀonomi] (*bio*- et *astronomie*) Étude scientifique de toute forme de vie dans l'Univers.

BIOBIBLIOGRAPHIE, ■ n. f. [bjobiblijogʀafi] (*bio-*, *biblio-* et *-graphie*) Étude de la biographie et de la bibliographie d'un auteur.

BIOCARBURANT, ■ n. m. [bjokaʀbyʀɑ̃] (*bio-* et *carburant*) Carburant constitué à partir de végétaux tels que les céréales.

BIOCÉNOSE ou **BIOCŒNOSE**, ■ n. f. [bjosenoz] (gr. *bios*, vie, et *koinos*, commun) Ensemble des végétaux et des animaux qui vivent dans un biotope.

BIOCHIMIE, ■ n. f. [bjoʃimi] (*bio-* et *chimie*) Science qui étudie la structure moléculaire des organismes vivants. ■ BIOCHIMISTE, n. m. et n. f. [bjoʃimist] ■ BIOCHIMIQUE, adj. [bjoʃimik]

BIOCIDE, ■ adj. [bjosid] (*bio-* et *-cide*) Qui tue les organismes vivants. *Produit biocide.* ■ N. m. *Un biocide. Les insecticides, les pesticides et les herbicides sont des biocides.*

BIOCLIMATIQUE, ■ adj. [bjoklimatik] (*bio-* et *climatique*) Relatif à la bioclimatologie. ■ Qui s'adapte au climat et à l'environnement dans un souci d'économie d'énergie. *Architecture bioclimatique.*

BIOCLIMATOLOGIE, ■ n. f. [bjoklimatoloʒi] (*bio-* et *climatologie*) Étude de l'influence du climat sur les êtres vivants.

BIOCOMPATIBLE, ■ adj. [bjokɔ̃patibl] (*bio-* et *compatible*) **Méd.** Qui ne provoque pas de réaction de l'organisme. *Produit biocompatible.*

BIOCONVERSION, ■ n. f. [bjokɔ̃vɛʀsjɔ̃] (*bio-* et *conversion*) **Biol.** Transformation de matière organique.

BIODÉGRADABILITÉ, ■ n. f. [bjodegʀadabilite] (*biodégradable*) Propriété d'une substance biodégradable. *La biodégradabilité des déchets.*

BIODÉGRADABLE, ■ adj. [bjodegʀadabl] (*biodégradation*) Qui peut être décomposé par des microorganismes ou des enzymes. *Un emballage biodégradable.*

BIODÉGRADATION, ■ n. f. [bjodegʀadasjɔ̃] (angl. *biodegradation*) Décomposition d'une substance par des microorganismes.

BIODIVERSITÉ, ■ n. f. [bjodivɛʀsite] (*bio-* et *diversité*) Diversité des espèces vivantes dans un milieu donné.

BIOÉLECTRIQUE, ■ adj. [bjoelɛktʀik] (*bio-* et *électrique*) Qui est issu de l'électricité animale. *Un phénomène bioélectrique.*

BIOÉLÉMENT, ■ n. m. [bjoelemɑ̃] (*bio-* et *élément*) Élément chimique constituant de la matière vivante.

BIOÉNERGIE, ■ n. f. [bjoenɛʀʒi] (*bio-* et *énergie*) **Biol.** Énergie produite par la transformation de la biomasse. ■ **Psych.** Thérapie fondée sur l'utilisation de l'énergie vitale.

BIOÉTHIQUE, ■ n. f. [bjoetik] (*bio-* et *éthique*) Réflexion sur les problèmes éthiques que posent la recherche biologique et ses applications.

BIOGENÈSE, ■ n. f. [bjoʒənɛz] (*bio-* et *genèse*) Origine de l'apparition de la vie sur la Terre.

BIOGÉOGRAPHIE, ■ n. f. [bjoʒeogʀafi] (*bio-* et *géographie*) Science qui étudie la répartition spatiale des êtres vivants.

BIOGRAPHE, n. m. et n. f. [bjogʀaf] (*bio-* et *-graphe*) Auteur qui a écrit une ou plusieurs biographies.

BIOGRAPHIE, n. f. [bjogʀafi] (*bio-* et *-graphie*) Sorte d'histoire qui a pour objet la vie d'une seule personne.

BIOGRAPHIQUE, adj. [bjogʀafik] (*biographie*) Qui a rapport à la biographie. *Détails biographiques.* ◆ Qui contient une ou plusieurs biographies. *Dictionnaire biographique.*

BIO-INDUSTRIE, ■ n. f. [bjoɛ̃dystʀi] (*bio-* et *industrie*) Ensemble des secteurs industriels qui utilisent les biotechnologies. ■ Rem. On peut aussi écrire *bioïndustrie.*

BIO-INFORMATIQUE, ■ n. f. [bjoɛ̃fɔʀmatik] (*bio-* et *informatique*) Traitement informatique de données biologiques. ■ Rem. On peut aussi écrire *bioïnformatique.*

BIOLOGIE, n. f. [bjoloʒi] (*bio-* et *-logie*) Science qui a pour sujet les êtres organisés et pour but la connaissance des lois de leur organisation, de leurs actes.

BIOLOGIQUE, adj. [bjoloʒik] (*biologie*) Qui concerne la biologie. ■ Exempt de produits artificiels. *Culture biologique. Pain biologique.* ■ **Abrév.** Bio. *Des légumes bios.* ■ Qui est le géniteur d'un enfant. *Parents biologiques et parents adoptifs.* ■ *Arme biologique,* qui consiste à propager des virus, des bactéries pour provoquer des épidémies.

BIOLOGISANT, ANTE, ■ adj. [bjoloʒizɑ̃, ɑ̃t] (*biologie*) **Philos.** Qui tend à expliquer tout phénomène par des facteurs biologiques. *Une théorie biologisante.*

BIOLOGISTE, n. m. et n. f. [bjoloʒist] (*biologie*) Personne qui se livre à l'étude de la biologie.

BIOLUMINESCENCE, ■ n. f. [bjolyminesɑ̃s] (*bio-* et *luminescence*) Faculté que possède un être vivant d'émettre de la lumière. *La bioluminescence de certaines méduses.* ■ BIOLUMINESCENT, ENTE, adj. [bjolyminesɑ̃, ɑ̃t]

BIOMAGNÉTISME, ■ n. m. [bjomaɲetism] ou [bjomanjetism] (*bio-* et *magnétisme*) Réactivité des êtres vivants au champ magnétique terrestre ou artificiel.

BIOMASSE, ■ n. f. [bjomas] (*bio-* et *masse*) **Biol.** Masse totale des êtres vivants dans un milieu donné.

BIOMATÉRIAU, ■ n. m. [bjomateʀjo] (*bio-* et *matériau*) **Méd.** Matériau qui ne provoque pas de réaction de rejet ou d'intolérance de la part de l'organisme. *On utilise des biomatériaux dans la fabrication des implants.*

BIOME, ■ n. m. [bjom] (gr. *bios*, vie) **Écol.** Milieu écologique caractérisé par une faune et une flore particulières. *La toundra constitue un biome.*

BIOMÉCANIQUE, ■ n. f. [bjomekanik] (*bio-* et *mécanique*) Étude des mouvements du corps humain au moyen des lois de la mécanique.

BIOMÉDICAL, ALE, ■ adj. [bjomedikal] (*bio-* et *médical*) Qui a rapport à la biologie et à la médecine. *Des déchets biomédicaux.*

BIOMÉTRIE, ■ n. f. [bjometʀi] (*bio-* et *-métrie*) Science qui utilise les méthodes statistiques pour étudier les variations biologiques.

BIOMOLÉCULAIRE, ■ adj. [bjomolekylɛʀ] (*bio-* et *moléculaire*) Relatif à la biologie moléculaire.

BIOMORPHIQUE, ■ adj. [bjomɔʀfik] (*bio-* et *-morphique*) Dont les formes s'inspirent de celles du monde vivant, en parlant d'une œuvre d'art abstrait.

BIOMORPHISME, ■ n. m. [bjomɔʀfism] (*biomorphique*) Caractère biomorphique d'une œuvre d'art abstrait. *Le biomorphisme des peintures de Joan Miró.*

BIONIQUE, ■ n. f. [bjonik] (anglo-amér. *bionics*, de *bio*[*logy*] et [*electro*]*nics*) Science qui étudie le monde vivant pour reproduire des modèles mécaniques ou électroniques tirés de l'observation des êtres qui le composent. ■ Adj. *Un bras bionique.*

BIOPHYSIQUE, ■ n. f. [bjofizik] (*bio-* et *physique*) Application des méthodes de la physique à l'étude des phénomènes biologiques.

BIOPSIE, ■ n. f. [bjɔpsi] (*bio-* et gr. *opsis*, vue) **Biol.** Prélèvement et examen au microscope d'un fragment de tissu ou d'un organe d'un être vivant. *Une biopsie du foie.*

BIOPUCE, ■ n. f. [bjopys] (*bio-* et *puce*) Petite surface sur laquelle on dépose des gènes ou des protéines et qui permet d'effectuer des analyses génétiques, médicales et pharmaceutiques.

BIORYTHME, ■ n. m. [bjoʀitm] (*bio-* et *rythme*) Rythme biologique déterminé par les conditions extérieures.

BIOSCIENCES, ■ n. f. pl. [bjosjɑ̃s] (*bio-* et *sciences*) Sciences qui ont pour objet l'étude des êtres vivants.

BIOSPHÈRE, ■ n. f. [bjosfɛʀ] ou [bjɔsfɛʀ] (*bio-* et *sphère*) **Écol.** Ensemble des écosystèmes de la planète, englobant tous les êtres et organismes vivants et leurs milieux.

BIOSYNTHÈSE, ■ n. f. [bjosɛ̃tɛz] (*bio-* et *synthèse*) **Biol.** Production par synthèse d'une substance organique chez un être vivant. *La biosynthèse des protéines.*

BIOTECHNIQUE, ■ n. f. [bjotɛknik] (*bio-* et *technique*) **Biol.** Biotechnologie.

BIOTECHNOLOGIE, ■ n. f. [bjotɛknoloʒi] (*bio-* et *technologie*) **Biol.** Ensemble des techniques qui utilisent des organismes vivants pour la production industrielle. ■ BIOTECHNOLOGIQUE, adj. [bjotɛknoloʒik] *L'activité biotechnologique.*

BIOTERRORISME, ■ n. m. [bjoteʀoʀism] (*bio*[*logie*] et *terrorisme*) Forme de terrorisme qui utilise des agents biologiques comme les virus ou les bactéries. ■ BIOTERRORISTE, adj. [bjoteʀoʀist] *Une attaque bioterroriste.*

BIOTHÉRAPIE, ■ n. f. [bjoteʀapi] (*bio-* et *thérapie*) Méthode thérapeutique qui utilise des microorganismes ou des substances organiques.

BIOTINE, ■ n. f. [bjotin] (gr. *biotos*, vie ; autre nom *bios*, de *bios*, vie) Vitamine qui appartient au groupe B. ■ Rem. La biotine est aussi appelée *vitamine H.*

BIOTIQUE, ■ adj. [bjotik] (gr. *biôtikos*, qui concerne la vie) **Écol.** Relatif aux êtres vivants. *Milieu biotique.*

BIOTITE, ■ n. f. [bjotit] Mica noir.

BIOTOPE, ■ n. m. [bjotɔp] (*bio-* et *-tope*) **Écol.** Zone naturelle et sauvage où vivent et se développent en équilibre stable une faune et une flore dépendantes des spécificités de cette zone. *Le biotope d'un animal.*

BIOTYPE, ■ n.m. [bjotip] (*bio-* et *type*) **Biol.** Ensemble d'individus qui possèdent le même génotype.

BIOTYPOLOGIE, ■ n. f. [bjotipoloʒi] (*bio-* et *typologie*) Étude des différents types humains.

BIOVIGILANCE, ■ n. f. [bjoviʒilɑ̃s] (*bio-* et *vigilance*) **Méd.** Surveillance des effets et des risques dans l'utilisation thérapeutique des produits du corps humain. ■ **Écol.** Suivi des cultures de plantes transgéniques et étude de leurs effets sur l'environnement.

BIOXYDE, n.m. [bjɔksid] (*bi* et *oxyde*) Nom générique des oxydes qui renferment 2 d'oxygène pour 1 d'un autre corps simple.

BIP ou **BIP-BIP**, ■ n.m. [bip, bibbip] (onomat.) Signal sonore bref, émis à intervalles réguliers par un appareil. *Le bip d'un portable. Des bips-bips* ou *des bip-bips.*

BIPALE, ■ adj. [bipal] (*bi-* et *pale*) Formé de deux pales. *Éolienne bipale.*

BIPARTI, IE ou **BIPARTITE**, adj. [biparti, bipartit] (*bi* et p. p. de l'anc. fr. *partir*, partager, ou lat. *bipartitus*, p. p. de *bipartire*, partager en deux) **Hist. nat.** Divisé en deux. ■ Composé de deux éléments. *Accord biparti.*

BIPARTISME, ■ n.m. [bipartism] (*biparti*) Système politique dans lequel deux partis dominent. *Le bipartisme britannique.*

BIPARTITE, ■ adj. [bipartit] Voy. BIPARTI.

BIPARTITION, n.f. [bipartisjɔ̃] (b. lat. *bipartitio*) Division en deux parties.

BIPASSE ou **BY-PASS**, ■ n.m. [bipas, bajpas] (anglo-amér. *by-pass*) **Techn.** Dispositif de déviation d'un fluide. ■ **Rem.** On recommande officiellement l'emploi de *dérivation. Des bipasses, des by-pass.* ■ **Chir.** Court-circuit d'une partie de l'intestin grêle en vue de diminuer la réabsorption des aliments par l'organisme et entraîner l'amaigrissement du patient.

BIP-BIP, ■ n.m. [bibbip] Voy. BIP.

BIPÈDE, adj. [bipɛd] (lat. *bipes*, génit. *bipedis*) Qui marche à deux pieds, en parlant des animaux. ♦ N.m. *L'homme est un bipède.* ■ **Équit.** Ensemble constitué par deux des membres du cheval. *Bipède antérieur, postérieur, latéral ou diagonal.*

BIPÉDIE, ■ n. f. [bipedi] (*bipède*) Fait d'être bipède.

BIPENNE ou **BIPENNÉ, ÉE**, adj. [bipɛn, bipene] (lat. *bipennis*, de *penna*, aile) **Zool.** Qui a deux ailes. ♦ N.m. *Les bipennes ou diptères.*

BIPER, ■ v. intr. [bipe] (*bip*) Émettre un bip. *La machine bipait régulièrement.* ■ V. tr. Appeler quelqu'un avec un bipeur.

BIPEUR ou **BIPER**, ■ n.m. [bipœr] (*biper*) Petit appareil émettant un bip, permettant de joindre ou d'être joint.

BIPHASÉ, ÉE, ■ adj. [bifaze] (*bi-* et *phase*) **Électr.** Se dit d'un système à double phase dont les tensions sont égales mais dont les signes sont opposés.

BIPIED, ■ n.m. [bipje] (*bi-* et *pied*) Support à deux pieds d'une arme à feu. *Mitrailleuse à bipied.*

BIPLACE, ■ adj. [biplas] (*bi-* et *place*) Où deux personnes peuvent prendre place. *Des parachutes biplaces.* ■ N.m. Véhicule et plus particulièrement un avion à deux places.

BIPLAN, ■ n.m. [biplɑ̃] (*bi-* et *plan*) Avion qui possède deux plans de sustentation. ■ Adj. *Des planeurs biplans.*

BIPOLAIRE, ■ adj. [bipɔlɛr] (*bi-* et *polaire*) **Phys.** Qui possède deux pôles. ■ Fig. *Un système politique bipolaire.* ■ **BIPOLARITÉ**, n.f. [bipɔlarite] *La bipolarité du monde pendant la période de la guerre froide.*

BIPOLARISATION, ■ n.f. [bipɔlarizasjɔ̃] (*bipolaire*) Fait de s'organiser en deux partis politiques. *Multipartisme et bipolarisation.*

BIPOLARISÉ, ÉE, ■ adj. [bipɔlarize] (*bipolaire*) Qui est formé de deux groupes opposés. *Une société bipolarisée.*

BIQUE, n.f. [bik] (p.-ê. croisement de *biche* avec *bouc*, ou onomat.) Nom familier de la chèvre. ■ **Fam.** et péj. *Vieille bique*, vieille femme acariâtre.

BIQUET, n.m. [bikɛ] (*bique*) Le petit d'une bique. ♦ Trébuchet pour peser la monnaie d'or ou d'argent. ■ **Fam.** Terme d'affection adressé à une personne du sexe masculin. *Mon petit biquet.*

BIQUETTE, n.f. [bikɛt] (*bique*) Jeune chèvre. ■ **Fam.** Terme d'affection adressé à une personne du sexe féminin. *Ma biquette.*

BIQUOTIDIEN, IENNE, ■ adj. [bikɔtidjɛ̃, jɛn] (*bi-* et *quotidien*) Qui se produit ou qui est fait deux fois par jour. *Effectuer un nettoyage biquotidien.*

BIRAPPORT, ■ n.m. [birapɔr] (*bi-* et *rapport*) **Math.** Rapport de quatre grandeurs.

BIRBE, ■ n.m. [birb] (ital. *birba*, vaurien) **Pop.** et péj. Vieillard aux idées rétrogrades. *Un vieux birbe.*

BIRÉACTEUR, ■ n.m. [bireaktœr] (*bi-* et *réacteur*) Avion qui possède deux réacteurs.

BIRÉFRINGENCE, ■ n. f. [birefrɛ̃ʒɑ̃s] (*biréfringent*) **Phys.** Propriété que possède un matériau de produire une double réfraction de la lumière. ■ BIRÉFRINGENT, ENTE, adj. [birefrɛ̃ʒɑ̃, ɑ̃t]

BIRÈME, n. f. [birɛm] (lat. *biremis*) Galère à deux rangs de rames de chaque côté, chez les anciens.

BIRIBI, n.m. [biribi] (ital. *biribisso*, celui qui tient la banque) ▷ Jeu qui se joue avec des boules creuses dans lesquelles sont des numéros correspondants à ceux d'un tableau. ◁ ■ Anciens bataillons disciplinaires d'Afrique. ■ **Rem.** S'écrit dans ce sens avec une majuscule.

BIRLOIR, n.m. [birlwar] (p.-ê. *virer*, avec infl. de *bille*) Tourniquet qui sert à retenir le châssis d'une fenêtre.

BIRMAN, ANE, ■ adj. [birmɑ̃, an] (*Birmanie*) De Birmanie. *Un temple birman.* ■ N. m. et n. f. Habitant ou personne originaire de Birmanie. *Une Birmane.* ■ N. m. Langue officielle de la Birmanie.

BIROTOR, ■ adj. [birotɔr] (*bi-* et *rotor*) **Techn.** À deux rotors. *Un moteur à réaction birotor. Des hélicoptères birotors.* ■ N. m. *Un birotor.*

BIROUTE, ■ n. f. [birut] (dial. du Nord ; p.-ê. du lat. *vibrare*, agiter ; cf. *birette*, toupie) **Arg.** Verge. ■ **Arg. Milit.** Morceau de toile qui indique la direction du vent, sur un aérodrome.

1 **BIS**, adv. [bis] (lat. *bis*, deux fois) Une seconde fois, c'est-à-dire recommencez, répétez ce qui vient d'être dit ou chanté. *Crier bis.* ♦ N. m. *Les bis.* ♦ Adv. *Numéro 4 bis.*

2 **BIS, BISE**, adj. [bi, biz] (orig. obsc.) D'un gris brun. ♦ *Pain bis,* pain de couleur bise.

BISAÏEUL, n. m. [bizajœl] (*bis* et *aïeul*) Père de l'aïeul ou de l'aïeule. ♦ Au pl. *Des bisaïeuls.*

BISAÏEULE, n. f. [bizajœl] (*bis* et *aïeule*) Mère de l'aïeul ou de l'aïeule.

BISANNUEL, ELLE, adj. [bizanɥɛl] (*bis* et *annuel*) Qui revient tous les deux ans. ♦ *Plante bisannuelle,* plante qui dure deux ans avant de porter graine et de périr.

BISBILLE, n. f. [bizbij] (ital. *bisbiglio*, murmure de désapprobation) Petite et futile querelle. ■ **Rem.** Il est familier auj.

BISBROUILLE, ■ n. f. [bizbruj] **Fam. Belg.** Querelle, mauvaise entente. *Être en bisbrouille avec quelqu'un.*

1 **BISCAÏEN**, n. m. [biskajɛ̃] (*Biscaye*) Sorte de mousquet gros et long. ♦ Balles ou petits boulets de fer qui entrent dans la charge à mitraille. ■ **Rem.** Graphie ancienne : *biscayen.*

2 **BISCAÏEN, ÏENNE** ou **BISCAYEN, YENNE**, ■ adj. [biskajɛ̃, jɛn] (*Biscaye*) De la province de Biscaye. ■ N. m. et n. f. Habitant ou personne originaire de la province de Biscaye. *Une Biscaïenne.*

BISCHOF, n. m. [biʃof] (all. *Bischoff*, évêque, par analogie de couleur) Boisson composée de vin chaud, de sucre et d'épices. ■ **Rem.** On disait aussi *bishop* ou *bischop.*

BISCÔME, ■ n. m. [biskom] (anc. fr. *biscobe*, pain d'épice brun) **Suisse** Pain d'épice décoré d'un ours ou de saint Nicolas.

BISCORNU, UE, adj. [biskɔrny] (*bis* et *cornu*) Qui a une forme irrégulière, baroque. ♦ Fig. et fam. *Esprit, style biscornu.*

BISCOTEAU ou **BISCOTO**, ■ n. m. [biskoto] (*biceps*) **Fam.** Muscle du bras. *Il était fier de montrer ses biscoteaux.*

BISCOTIN, n. m. [biskotɛ̃] (ital. *biscottino*, dimin. de *biscotto*) Petit biscuit ferme et cassant. ♦ Sorte de biscuit de mer.

BISCOTTE, n. f. [biskɔt] (ital. *biscotto*, biscuit) Tranche de pain séchée au four.

BISCOTTERIE, ■ n. f. [biskɔt(ə)ri] (*biscotte*) Usine où l'on fabrique des biscottes.

BISCUIT, n. m. [biskɥi] (*bis* et *cuit*, cuit deux fois) Pain taillé en forme de petite galette et très dur dont on fait provision pour les voyages sur mer. ♦ Fig. *S'embarquer sans biscuit,* se mettre en voyage sans provisions suffisantes. ♦ Pâtisserie faite avec des œufs, de la farine et du sucre. ♦ La pâte du potier et du faïencier. ♦ Ouvrage de porcelaine cuite au four et non émaillée. ■ Gâteau sec. *Une boîte de biscuits.*

BISCUITER, ■ v. tr. [biskɥite] (*biscuit*) **Techn.** Cuire au four pour obtenir un biscuit. *Biscuiter une pièce de porcelaine.*

BISCUITERIE, ■ n. f. [biskɥit(ə)ri] (*biscuit*) Fabrique de biscuits. ■ Commerce et industrie des biscuits.

BISCUITIER, ■ n. m. [biskɥitje] (*biscuit*) Personne qui travaille dans une biscuiterie.

1 BISE, n. f. [biz] (germ. *bisjo*, vent du nord-est) Vent du nord en général, et en particulier vent du nord-nord-est, qui est très sec. ♦ **Poétiq.** L'hiver.

2 BISE, ■ n. f. [biz] (*biser*) **Fam.** Baiser amical. *Se faire la bise.*

BISÉ, ÉE, p. p. de biser. [bize] ▷ Reteint. *Drap bisé.* ◁

BISEAU, n. m. [bizo] (prob. *biais*) Bord taillé obliquement d'un objet quelconque. ♦ **Par extens.** Outil dont le tranchant est en biseau. ♦ ▷ **Impr.** Morceau de bois pour maintenir les pages dans les formes. ◁

BISEAUTAGE, n. m. [bizotaʒ] (*biseauter*) Opération par laquelle on taille en biseau. *Le biseautage du verre.*

BISEAUTER, v. tr. [bizote] (*biseau*) Tailler en biseau les cartes à jouer, pour tromper au jeu. *Cartes biseautées.* ■ Tailler en biseau. *Biseauter du verre.*

BISEL, n. m. [bisɛl] (*bi* et *sel*) ▷ **Chim.** Sel qui contient deux fois autant d'acide que le sel neutre. ◁

1 BISER, v. intr. [bize] (*bis*, adj.) Devenir noir, se détériorer, en parlant des grains. *Le froment a bisé cette année.*

2 BISER, v. tr. [bize] (lat. *bis*) ▷ Reteindre une étoffe. ◁

3 BISER, ■ v. tr. [bize] (lat. *basiare*, baiser) **Fam.** Embrasser quelqu'un. *Je l'ai bisée sur les deux joues.*

BISET, n. m. [bizɛ] (*bis*, adj.) Pigeon sauvage de couleur bise. ♦ **Adj.** *Un pigeon biset.* ♦ ▷ **Fig.** et **pop.** Garde national qui fait son service sans porter l'uniforme. ◁ ♦ ▷ Grosse étoffe bise. ◁

BISETTE, n. f. [bizɛt] (b. lat. *bisetus*) ▷ Petite dentelle de bas prix. ◁

BISEXUALITÉ, ■ n. f. [bisɛksɥalite] (*bisexuel*) **Biol.** Caractère d'un animal ou d'une plante au mode de reproduction bisexué. ■ *Orientation bisexuelle d'un individu*, disposé aux pratiques aussi bien homosexuelles qu'hétérosexuelles.

BISEXUÉ, ÉE, adj. [bisɛksɥe] (*bi-* et lat. *sexus*, sexe) **Bot.** Qui a l'étamine et le pistil réunis dans la même fleur ou sur le même pied. ■ **REM.** Graphie ancienne : *bissexué.*

BISEXUEL, ELLE, ■ adj. [bisɛksɥɛl] (*bi-* et lat. *sexus*, sexe) Qui pratique aussi bien l'homosexualité que l'hétérosexualité. ■ Qui se rapporte à la bisexualité. *Une tendance bisexuelle.* ■ **N. m.** et **n. f.** *Une bisexuelle.* ■ **REM.** Graphie ancienne : *bissexuel.*

BISHOP, n. m. [biʃɔp] Voy. BISCHOF.

BISMUTH, n. m. [bismyt] (all. *Wismut*) Métal d'un blanc tirant sur le rouge et formé de lames brillantes. ■ Élément chimique.

BISON, n. m. [bizɔ̃] (lat. *bison*, gr. *bisôn*, bœuf sauvage) Nom vulgaire du bœuf américain, appelé aussi *bœuf sauvage d'Amérique.*

BISONNE, n. f. [bizɔn] (*bis*, adj.) ▷ Sorte de toile grise qui sert principalement à faire des doublures. ◁

BISONTIN, INE, ■ adj. [bizɔ̃tɛ̃, in] (b. lat. *Bisontii*, habitants de *Vesontio*, Besançon) De la ville de Besançon. ■ **N. m.** et **n. f.** Habitant ou personne originaire de Besançon. *Une Bisontine.*

BISOU ou **BIZOU**, ■ n. m. [bizu] (*bise*) **Fam.** Bise, baiser. « *Il le fait sauter en l'air, le chatouille, le couvre de bisous* », ERNAUX.

BISQUAIN, n. m. [biskɛ̃] (p.-ê. *Bisquain*, anc. nom des Biscayens) ▷ Peau de mouton avec sa laine, dont les bourreliers se servent pour couvrir les colliers des chevaux. ◁

1 BISQUE, n. f. [bisk] (orig. obsc. ; p.-ê. ital. *bisca*, tripot ; lat. médiév. *biscator*, joueur) ▷ Au jeu de paume, avantage de quinze points qu'un joueur fait à un autre. ♦ **Fig.** *Prendre sa bisque*, prendre son avantage. ◁

2 BISQUE, n. f. [bisk] (orig. inc. ; cf. norm. *bisque*, boisson aigre) Potage de coulis d'écrevisses.

BISQUER, v. intr. [biske] (orig. obsc. ; p.-ê. provenç. *biscain*, méchant, en raison de la mauvaise réputation des Biscayens) Éprouver du dépit. ♦ Il est populaire. ■ **REM.** Il est familier aujourd'hui.

BISSAC, n. m. [bisak] (*bis* et *sac*) ▷ Sorte de sac ouvert en long par le milieu. ♦ **Fam.** *Avoir de bons tours dans son bissac*, être en fonds de ruses, de fourberies. ♦ *Cet homme est au bissac*, il est à la mendicité. ♦ On dit aujourd'hui plus souvent : *à la besace.* ◁

BISSE, n. f. [bis] (ital. *biscia*, serpent) **Hérald.** Couleuvre et particulièrement la couleuvre de Milan.

BISSECTEUR, TRICE, ■ adj. [bisɛktœr, tris] (*bis-* et *secteur*) **Géom.** Qui divise en deux parties égales. *Un plan bissecteur.*

BISSECTION, n. f. [bisɛksjɔ̃] (*bis* et *section*) **Géom.** Division en deux parties égales.

BISSECTRICE, ■ n. f. [bisɛktris] ([*droite*] bissectrice, de *bis-* et fém. de *secteur*) **Géom.** Demi-droite partant du sommet d'un angle et le divisant en deux parties égales. ■ **Adj.** *Une ligne bissectrice.*

BISSEL, ■ n. m. [bisɛl] (*Bissel*, ingénieur amér.) **Ch. de fer.** Essieu mobile de locomotive.

BISSER, v. tr. [bise] (lat. *bis*) Faire répéter un morceau de chant, une tirade. ■ Répéter, rejouer. *Le pianiste a accepté de bisser un morceau.*

BISSEXTE, ■ n. m. [bisɛkst] (lat. *bissextus*, deux fois sixième, parce qu'il doublait le sixième jour avant les calendes de mars) Jour ajouté tous les quatre ans au mois de février, lequel est alors le vingt-neuf jours.

BISSEXTIL, ILE, adj. [bisɛkstil] (b. lat. *bissextilis*) An bissextil, année bissextile, l'an, l'année où se rencontre le bissexte. ■ **REM.** L'adjectif ne s'emploie aujourd'hui qu'au féminin.

BISSEXUÉ, ÉE adj. ou **BISSEXUEL, ELLE**, adj. [bisɛksɥe, bisɛksɥɛl] Voy. BISEXUÉ, BISEXUEL.

BISSUS, n. m. [bisys] Voy. BYSSUS.

BISTOQUET, n. m. [bistokɛ] (*bis* et *toquer*, heurter) ▷ Jeu d'enfant, qui est la même chose que le bâtonnet. ◁

BISTORD, n. m. [bistɔr] Voy. BITORD.

BISTORTE, n. f. [bistɔrt] (lat. *bis* et *torta*, tordue) Espèce de renouée dite aussi grande oseille.

BISTORTIER ou **BISTOTIER**, n. m. [bistɔrtje, bistotje] (provenç. *bistortié*, rouleau de pâtissier, de *bis* et *tort*, tordu) ▷ Espèce de pilon de bois à long manche dont on se sert en pharmacie, pour mêler les substances molles et préparer les électuaires. ◁

BISTOUILLE, n. f. [bistuj] (prob. *bis* au sens péj. de *bes-* et touiller) **Nord** Café additionné d'eau-de-vie.

BISTOURI, n. m. [bisturi] (ital. *bistorino*, dague) Instrument de chirurgie ayant la forme d'un couteau.

BISTOURISER, v. tr. [bisturize] (*bistouri*) ▷ Inciser avec le bistouri. ♦ Se dit par plaisanterie et seulement dans le parler vulgaire. ◁

BISTOURNAGE, n. m. [bisturnaʒ] (*bistourner*) **Vétér.** Procédé de castration pour les animaux.

BISTOURNÉ, ÉE, p. p. de bistourner. [bisturne]

BISTOURNEMENT, n. m. [bisturnəmã] (*bistourner*) Action de bistourner.

BISTOURNER, v. tr. [bisturne] (anc. fr. *bestourner*, de *bes*, particule péj., et *tourner*) Tourner, courber un objet de manière à le déformer. ♦ Châtrer un animal. ♦ ▷ Se bistourner, v. pr. Devenir bistourné. *Ses jambes se sont bistournées.* ◁

BISTRE, n. m. [bistr] (orig. inc.) Suie cuite et détrempée dont on se sert pour peindre au lavis. ■ **Adj. inv.** De la couleur du bistre. *Des pièces de monnaie bistre.*

BISTRÉ, ÉE, p. p. de bistrer. [bistre] *Teint bistré.*

BISTRER, v. tr. [bistre] (*bistre*) Donner la couleur du bistre, peindre en bistre.

BISTROT ou **BISTRO**, ■ n. m. [bistro] (poitev. *bistraud*, petit domestique, ou arg. *bistingo*, cabaret) **Fam.** Petit café-restaurant.

BISTROTIER, IÈRE, ■ n. m. et n. f. [bistrotje, jɛr] (*bistro[t]*) **Fam.** Personne qui tient un café.

BISULFATE, ■ n. m. [bisylfat] (*bi-* et *sulfate*) **Chim.** Sulfate acide qui provient de l'acide sulfurique.

BISULFITE, ■ n. m. [bisylfit] (*bi-* et *sulfite*) **Chim.** Sulfite acide qui provient de l'acide sulfureux.

BISULFURE, ■ n. m. [bisylfyr] (*bi-* et *sulfure*) **Chim.** Sulfure composé de deux atomes de soufre.

BIT, ■ n. m. [bit] (angl. *binary digit*) **Inform.** Plus petite unité d'information témoignant du passage du courant, ayant la valeur 0 ou 1. *Huit bits égalent un octet.*

BITE, ■ n. f. [bit] (probabl. anc. fr. *abiter*, s'approcher, avoir commerce avec) **Vulg.** Verge.

BITENSION, ■ n. f. [bitãsjɔ̃] (*bi-* et *tension*) Fait pour un appareil électrique de pouvoir fonctionner sous deux tensions différentes.

BITERROIS, OISE, ■ adj. [biterwa, waz] (lat. *Bæterræ*, Béziers) De la ville de Béziers. ■ **N. m.** et **n. f.** Habitant ou personne originaire de Béziers. *Un Biterrois.*

BITONAL, ALE, ■ adj. [bitonal] (*bi-* et *tonal*) **Mus.** À deux tons. *Des passages bitonaux.*

BITONIAU, ■ n. m. [bitonjo] (*bitton*, de *bitte*) Petite pièce, petit bouton d'un appareil, d'une machine. *J'ai perdu le bitoniau. Des bitoniaux.*

BITORD, n. m. [bitɔʀ] (*bis* et *tordre*) Mar. Corde composée de deux fils tortillés ensemble. ■ Rᴇᴍ. On trouvait autrefois *bistord.*

BITOS, ■ n. m. [bitos] (orig. inc. ; p.-ê. le nom d'un chapelier) Arg. Chapeau.

BITTE, ■ n. f. [bit] (anc. nord. *biti*, poutre transversale) Mar. Borne autour de laquelle on enroule les amarres.

BITTER, n. m. [bitɛʀ] (holl. *bitter*, amer) Liqueur amère destinée à exciter l'appétit. ■ Rᴇᴍ. On prononçait autrefois [bitʀ].

BITTURE n. f. , **BITTURER (SE)** ■ v. pr. [bityʀ, bityʀe] Voy. ʙɪᴛᴜʀᴇ, ʙɪᴛᴜʀᴇʀ.

BITUMAGE, ■ n. m. [bitymaʒ] (*bitumer*) Action de recouvrir de bitume ; son résultat.

BITUME, n. m. [bitym] (lat. *bitumen*) Substance combustible qui est liquide, huileuse, ou solide et noire, et que l'on trouve dans le sein de la terre. ♦ Par méton. Revêtement de la chaussée, du trottoir.

BITUMER, ■ v. tr. [bityme] (*bitume*) Recouvrir de bitume. *Bitumer une allée.* ■ Rᴇᴍ. On disait autrefois *bituminer.*

BITUMINEUX, EUSE ou **BITUMEUX, EUSE**, adj. [bityminø, øz, bitymø, øz] (lat. *bitumen*, génit. *bituminis*, ou *bitume*) Qui contient du bitume, qui a les qualités du bitume.

BITUMINIFÈRE, adj. [bityminifɛʀ] (lat. *bitumen* et *-fère*) ▷ Qui produit du bitume. ◁

BITUMINISATION, n. f. [bityminizasjɔ̃] (lat. *bitumen*) ▷ Chim. Transformation des substances organiques en matière bitumineuse. ◁

BITURBINE, ■ adj. [bityʀbin] (*bi-* et *turbine*) Qui est muni de deux turbines. *Un avion biturbine.*

BITURE ou **BITTURE**, ■ n. f. [bityʀ] (*bitte*, prob. dans l'arg. des marins) Très fam. Ivresse. *Se prendre une biture.* ■ *À toute biture*, très vite. *Il est parti à toute biture.*

BITURER (SE) ou **BITTURER (SE)**, ■ v. pr. [bityʀe] (*biture*) Très fam. Se soûler. « *Au retour, cette bouteille de champagne qu'il avait sifflée,... la fatigue du match aidant, ça avait vite fait de le biturer* », Gᴜᴇ́ʀɪɴ.

BIUNIVOQUE, ■ adj. [biynivɔk] (*bi-* et *univoque*) Math. *Application biunivoque*, bijection.

BIVALENCE, ■ n. f. [bivalɑ̃s] (*bivalent*) Fait d'être bivalent.

BIVALENT, ENTE, ■ adj. [bivalɑ̃, ɑ̃t] (*bi-* et *-valent*) Chim. Se dit d'un élément qui a pour valence 2. *Un ion bivalent.* ■ Qui a deux rôles, deux usages ou deux valeurs. *Un vaccin bivalent.*

BIVALVE, n. m. [bivalv] (*bi-* et *valve*) Coquille composée de deux valves. ■ Adj. *L'huître est un mollusque bivalve.*

BIVALVULAIRE, adj. [bivalvylɛʀ] (*bi-* et *valvulaire*) Hist. nat. Qui a deux valvules.

BIVOCALE, n. f. [bivokal] (*bi-* et lat. *vocalis*) ▷ Gramm. Réunion de deux voyelles ne représentant qu'un seul son, comme *eu*, *ou*. ■ Rᴇᴍ. On dit auj. *digramme.* ◁

BIVOUAC, n. m. [bivwak] (m. b. all. *biwacht*, garde auxiliaire, de *bi-* et *wacht*, garde) ▷ Garde extraordinaire faite la nuit en plein air ; station qu'une armée en campagne fait, en plein air, pour prendre du repos ; la troupe même ; le lieu où elle s'arrête. ◁ ■ Installation en plein air, dans un endroit où l'on a l'intention de passer la nuit. ■ Rᴇᴍ. On disait autrefois *bivac.*

BIVOUAQUER, v. intr. [bivwake] (*bivouac*) Camper en plein air. ♦ Fam. Passer une nuit en plein air. ■ Rᴇᴍ. On disait autrefois *bivaquer.*

BIWA, ■ n. m. [biwa] (mot jap.) Luth japonais à quatre ou cinq cordes. *Des biwas.*

BIZARRE, adj. [bizaʀ] (ital. *bizzaro*, coléreux, extravagant) Qui s'écarte du goût, des usages reçus. *Homme bizarre. Opinion bizarre.* ♦ N. m. et n. f. *Un bizarre.* ♦ Ce qui est bizarre. *Cet auteur se plaît dans le bizarre.*

BIZARREMENT, adv. [bizaʀ(ə)mɑ̃] (*bizarre*) D'une façon bizarre.

BIZARRERIE, n. f. [bizaʀ(ə)ʀi] (*bizarre*) Caractère de ce qui est bizarre. ♦ Humeur bizarre, extravagance.

BIZARROÏDE, ■ adj. [bizaʀoid] (*bizarre* et *-oïde*) Fam. Qui est quelque peu étrange. *Un objet de forme bizarroïde.*

BIZET, ■ n. m. [bizɛ] (*biset*) Race de mouton.

BIZINGUE (DE), ■ loc. adv. [bizɛ̃g] (*biais*) Suisse De travers, de biais. *Marcher de bizingue.*

BIZOU, ■ n. m. [bizu] Voy. ʙɪsᴏᴜ.

BIZUT ou **BIZUTH**, ■ n. m. [bizy] ou [bizyt] (orig. inc.) Élève de première année d'une grande école. ■ On trouve également le féminin *une bizute.*

BIZUTAGE, ■ n. m. [bizytaʒ] (*bizuter* ou *bizuther*) Action de bizuter un élève, un nouveau venu. *La législation française interdit le bizutage.*

BIZUTER, ■ v. tr. [bizyte] (*bizut* ou *bizuth*) Faire subir des épreuves, des brimades à un bizut.

BLA-BLA ou **BLABLA** ou **BLA-BLA-BLA**, ■ n. m. [blabla, blablabla] (onomat.) Fam. Flot de paroles inutiles et parfois mensongères énoncées pour duper ou impressionner quelqu'un. *Tout ça, c'est du bla-bla.* ■ Au pl. *Des bla-bla* ou *des bla-blas, des blablas.* ■ BLABLATER, v. intr. [blablate]

BLACK, ■ n. [blak] (mot angl., noir) Fam. Personne de couleur noire. *Il a épousé une Black.* ■ Adj. *Des danseuses blacks.* ■ ᴀᴜ ʙʟᴀᴄᴋ, loc. adv. Au noir. *Travailler au black.*

BLACK-BASS, ■ n. m. [blakbas] (mot angl., de *black*, noir, et *bass*, perche) Poisson carnassier d'eau douce, originaire d'Amérique. *Des black-bass.*

BLACKBOULER, ■ v. tr. [blakbule] Éliminer par un vote. ■ Fam. Rejeter, évincer. *Se faire blackbouler.* ■ BLACKBOULAGE, n. m. [blakbulaʒ]

BLACK JACK ou **BLACK-JACK**, ■ n. m. [blakʒak] ou [blakdʒak] Jeu de cartes. *Des black jacks* ou *des black-jacks.*

BLACK-OUT ou **BLACKOUT**, ■ n. m. [blakawt] ou [blakaut] (angl. [*to*] *blackball*, voter contre l'admission dans un club, de *black*, noir [refus], et *ball*, boule de vote) Fait de mettre un lieu dans l'obscurité afin que les avions ne puissent pas le voir. ■ Fig. Fait de garder le silence, de se taire au sujet de quelque chose. *Ils ont fait le black-out sur cette affaire. Des black-out, des blackouts.*

BLACK-ROT, ■ n. m. [blakʀɔt] (mot angl., de *black*, noir, et *rot*, pourriture) Maladie cryptogamique de la vigne, se manifestant par l'apparition de taches noires sur les feuilles. *Des black-rots.*

BLAFARD, ARDE, adj. [blafaʀ, aʀd] (moyen haut allemand *bleichvar*, pâle) D'un blanc terne. *Teint blafard.*

BLAFF, ■ n. m. [blaf] (mot onomat. des Antilles) Plat antillais composé de poisson cuit au court-bouillon.

BLAGUE, n. f. [blag] (néerl. *balg*, gaine, enveloppe) Petit sac dans lequel les fumeurs mettent leur tabac. ♦ Pop. Mensonge, vanterie. *Débiter des blagues.* ■ *Sans blague !* Interjection qui exprime l'étonnement. ■ Plaisanterie. ■ Rᴇᴍ. On disait aussi *blaque.*

BLAGUER, v. intr. [blage] (*blague*) Dire des mensonges, dire des contes. ♦ V. tr. *Blaguer quelqu'un*, se moquer de lui. ♦ ■ Il est du plus bas langage. ■ Faire, dire des plaisanteries. ■ Rᴇᴍ. Il est familier aujourd'hui.

BLAGUEUR, EUSE, n. m. et n. f. [blagœʀ, øz] (*blaguer*) Personne qui blague. ■ Rᴇᴍ. Il est familier aujourd'hui.

BLAIR, ■ n. m. [blɛʀ] (*blaireau*) Arg. Nez. *Il a reçu un coup dans le blair.*

BLAIREAU, n. m. [blɛʀo] (prob. gaul. *blaros*, sur un radic. *blar-*, gris, pâle) Mammifère d'Europe, qui est rangé parmi les bêtes puantes. ♦ *Blaireau*, pinceau fait de poil de blaireau, servant pour l'aquarelle. ♦ *Blaireau*, savonnette à barbe. ■ Sorte de gros pinceau, fait le plus souvent de poils de blaireau, utilisé pour faire mousser le savon à barbe.

BLAIRER, ■ v. tr. [blɛʀe] (*blair*) Fam. Aimer, apprécier. *Il ne peut pas le blairer.*

BLÂMABLE, adj. [blamabl] (*blâmer*) Digne de blâme.

BLÂME, n. m. [blam] (*blâmer*) Expression de l'opinion, du jugement par lequel on trouve quelque chose de mauvais dans les personnes ou dans les choses. ♦ ▷ *Imputer à blâme*, reprocher à quelqu'un une action comme une faute. ◁ ■ Reproche, tache. ♦ Dr. Réprimande faite par le juge.

BLÂMÉ, ÉE, p. p. de blâmer. [blame]

BLÂMER, v. tr. [blame] (lat. vulg. *blastemare*, réprouver en public, du lat. chrét. *blasphemare*, blasphémer) Juger et prononcer que quelqu'un est digne de blâme. ♦ Absol. « *Le sénat savait louer et blâmer quand il fallait* », Bᴏssᴜᴇᴛ. ♦ Dr. Réprimander quelqu'un par autorité judiciaire. ♦ Se blâmer, v. pr. *Je me blâme d'avoir été si peu prévoyant.*

1 BLANC, ANCHE, adj. [blɑ̃, ɑ̃ʃ] (germ. *blank*) Qui est de la couleur du lait, de la neige, etc. ♦ Par analogie, il se dit de toutes choses dont la couleur se rapproche du blanc. *Du vin, du pain blanc.* ♦ *Viande blanche*, le veau, la volaille, le lapin, par opposition à la viande noire ou gibier. ♦ *Sauce blanche*, sauce faite avec de la farine, de l'eau et du beurre. ♦ Propre, net. *Mains blanches. Chemise blanche.* ♦ ▷ *Argent blanc, monnaie blanche*, toute sorte de monnaie d'argent. ◁ ♦ *Arme blanche*, toute arme offensive autre que les armes à feu. ♦ Qui n'est pas assez noir, assez foncé. *L'encre devient blanche.* ♦ Sur quoi l'on n'a pas écrit. *Papier blanc.* ■ Fig. *Donner* *carte blanche à quelqu'un,* lui laisser toute liberté. ◆ Au jeu, *cartes blanches,* cartes parmi lesquelles il n'y a pas de figures. ◆ *Armes blanches,* jadis les armes d'un jeune chevalier dont l'écu n'était chargé d'aucune armoirie. ◆ *Vers blancs,* vers qui ne riment pas. ◆ Au jeu de quilles, *faire chou blanc,* ne rien abattre, et fig. ne pas réussir. ◆ *Nuit blanche,* nuit passée sans sommeil. ◆ **Fig.** Innocent. ◆ *Sortir d'une affaire blanc comme neige,* s'en tirer d'une manière tout à fait honorable. ◆ ▷ **Fig.** *Se faire blanc de son épée,* proprement se justifier par son épée, comme on faisait dans les combats judiciaires, et par suite se prévaloir d'un crédit, d'un pouvoir qu'on a ou qu'on n'a pas. « *Et se faisant tout blanc de son épée* », LA FONTAINE. ◁ ◆ **Sylvic.** *Coupe à blanc être,* coupe de bois où l'on ne réserve ni taillis ni baliveaux. ◆ On dit dans le même sens : *coupe à blanc estoc* et *coupe blanche.* ◆ N. m. et n. f. *Un Blanc, une Blanche,* homme, femme appartenant à la race blanche [1]. ◆ Dans l'histoire de France, *un blanc,* un homme du parti du drapeau blanc, de l'ancienne monarchie des Bourbons. ◆ **Prov.** *C'est bonnet blanc et blanc bonnet,* il n'y a pas de différence. ◆ *Il a mangé son pain blanc le premier,* il a été heureux d'abord, il ne l'est plus. ■ **Adj.** Qui est sans effet. *Mariage blanc. Examen blanc.* ■ **Rem.** 1 : La notion de race ne repose sur aucun fondement scientifique et a une connotation raciste.

2 **BLANC,** n. m. [blɑ̃] (substantivation de 1 *blanc*) La couleur blanche. *Distinguer le blanc du noir.* ◆ ▷ *Saigner quelqu'un jusqu'au blanc,* le saigner jusqu'à ce que le sang devienne moins rouge, et fig. lui enlever ses dernières ressources. On dit quelquefois, dans le parler négligé : *saigner à blanc.* ◁ ◆ ▷ *Mettre à blanc,* dévaliser, ruiner. ◁ ◆ **Fig.** et **fam.** *Aller, passer du blanc au noir,* passer d'une opinion à l'opinion contraire, d'une extrémité à l'autre. ◆ *Voir tout en blanc,* voir les choses sous un aspect favorable. ◆ ▷ *Mettre du blanc sur du noir,* écrire, avec un sens de raillerie. ◁ ◆ *Blanc,* substance qui sert à peindre. *Blanc de céruse.* ◆ ▷ *Blanc de fard* ou simplement *blanc,* sorte de fard qui teint la peau en blanc. ◁ ◆ *Blanc de chaux,* eau dans laquelle on a délayé de la chaux et avec laquelle on blanchit les murailles. ◆ ▷ *Blanc,* craie. ◁ ◆ **Fig.** *Marquer de blanc une journée,* la compter parmi les jours heureux. ◆ À BLANC, **loc. adv.** De manière à devenir blanc. ◆ *Chauffer à blanc,* chauffer jusqu'à ce que le métal passe du rouge au blanc. ◆ *Il a gelé blanc ou à blanc,* il y a eu gelée blanche. ◆ ▷ *Mets au blanc,* mets accommodé à la sauce blanche. ◁ ◆ Vêtements blancs. « *Ils étaient tous vêtus de blanc* », FÉNELON. ◆ *Le blanc de l'œil, le blanc des yeux,* la partie blanche de l'œil, la cornée. ◆ *Regarder quelqu'un dans le blanc des yeux,* le regarder fixement. ◆ ▷ **Fig.** *Ils se sont mangé le blanc des yeux,* ils se sont violemment querellés. ◁ ◆ *Un blanc d'œuf,* la partie glaireuse, albumineuse de l'œuf. ◆ *Un blanc de poulet,* la chair qui tient à l'estomac. ◆ **Impr.** Toutes distances plus grandes que les espaces ordinaires. ◆ Espace libre laissé dans une pièce d'écriture. ◆ *En blanc,* état d'un papier où les choses essentielles ne sont pas encore écrites. ◆ *Procuration, billet en blanc,* procuration, billet où on laisse du blanc pour écrire le nom du mandataire, du créancier. ◆ ▷ Au jeu, coup nul. *Amener blanc.* ◁ ◆ Au jeu de dominos, *blanc,* la partie des pièces blanches. ◆ Espace blanc dans une cible, but. *Ceux qui tirent au blanc.* ◆ ▷ *Tirer de but en blanc,* tirer à la distance où, la pièce étant horizontale, le boulet, qui s'élève d'abord, vient couper la ligne horizontale qui va de la pièce au blanc. ◁ ◆ **Fig.** *De but en blanc,* inconsidérément, brusquement. ◆ Anciennement, *blanc,* petite monnaie de cinq deniers. *Six blancs valaient deux sous six deniers.* ◆ Diverses acceptions d'arts et de métiers. *Blanc de baleine,* substance qu'on trouve dans diverses espèces de cachalots. ◆ *Blanc d'argent,* nom dans le commerce du plus beau blanc de plomb (sous-carbonate de plomb). ◆ *Blanc de craie,* craie délayée dans de l'eau gommeuse. ◆ *Blanc d'Espagne, blanc de Meudon,* sous-carbonate de chaux pulvérisé, réduit en pâte au moyen de l'eau et moulé en pains. ◆ *Blanc de zinc,* oxyde de zinc. ◆ ▷ *Blanc de champignon,* nom d'une matière blanche d'aspect, de moisissure délicate, qui procure le développement de diverses espèces de champignons. ◁ ◆ *Blanc,* nom donné par les cultivateurs à certaines maladies des végétaux. ◆ *Blanc de Hollande,* variété de peuplier blanc. ■ **N. m.** Linge de maison. *La quinzaine du blanc.* ■ **N. m. pl.** Pions blancs, par opposition aux pions noirs. *Ce sont les blancs qui commencent.* ■ **Rem.** *Saigner à blanc* se dit dans le langage courant aujourd'hui.

BLANC-BEC, n. m. [blɑ̃bɛk] (1 *blanc* et *bec*) **Fam.** Désigne un jeune homme sans expérience. ◆ Au pl. *Des blancs-becs.*

BLANC-ÉTOC ou **BLANC-ESTOC,** ■ n. m. [blɑ̃ketɔk, blɑ̃kɛstɔk] (1 *blanc* et *estoc*) **Sylvic.** Coupe de la totalité des arbres sur une surface. *Des blancs-étocs* ou *des blancs-estocs.*

BLANCHAILLE, n. f. [blɑ̃ʃaj] (1 *blanc*) Menu poisson blanc.

BLANCHÂTRE, adj. [blɑ̃ʃatʀ] (*blanc* et suff. péj. *âtre*) Dont la couleur tire sur le blanc.

BLANCHE, n. f. [blɑ̃ʃ] (fém. substantivé de 1 *blanc*) Signe ou figure de musique dont la valeur est de deux noires ou de la moitié de la ronde. ◆ Au jeu de billard, la bille blanche.

BLANCHEMENT, adv. [blɑ̃ʃ(ə)mɑ̃] (1 *blanc, blanche*) ▷ D'une manière propre. ◁

BLANCHERIE, n. f. [blɑ̃ʃ(ə)ʀi] (1 *blanc*) Voy. BLANCHISSERIE. ▷ Atelier où l'on nettoie les feuilles destinées à faire du fer-blanc. ◁

BLANCHET, n. m. [blɑ̃ʃɛ] (1 *blanc*) Sorte d'étoffe d'étamine. ◆ Petit carré de molleton de laine, à travers lequel on filtre des liquides épais. ◆ Morceau d'étoffe dont on garnit le tympan d'une presse à imprimer. ◆ *Blanchet* ou *muguet,* maladie de la bouche chez les enfants.

BLANCHETTE, n. f. [blɑ̃ʃɛt] (adj. *blanchet*) Un des noms de la mâche.

BLANCHEUR, n. f. [blɑ̃ʃœʀ] (*blanc*) La couleur blanche. *La blancheur de la neige.* ◆ *Une blancheur,* une marque blanche.

BLANCHI, IE, p. p. de blanchir. [blɑ̃ʃi] *Linge bien blanchi. Tête blanchie par les années.* ◆ ▷ Vieilli et par suite expérimenté. ◁ ◆ Qui a reçu un blanc de chaux. ◆ Dans l'Écriture, *sépulcres blanchis,* gens hypocrites. ◆ ▷ Passé à la lime ou à la meule, en parlant de pièces de fer et autres. ◁

BLANCHIMENT, n. m. [blɑ̃ʃimɑ̃] (*blanchir*) Action ayant pour but d'enlever la matière colorante naturelle. ◆ Impression des plafonds et des murs en blanc de détrempe. ■ Action de blanchir de l'argent.

BLANCHIR, v. tr. [blɑ̃ʃiʀ] (*blanc*) Rendre blanc. ◆ Couvrir d'une poudre blanche, d'un enduit blanc. ◆ Nettoyer, laver. ◆ **Absol.** *Cette femme blanchit bien,* elle fait bien les blanchissages. ◆ **Fig.** Disculper. ◆ Donner de l'éclat, nettoyer, fourbir. ◆ *Blanchir de la viande,* lui donner une première cuisson dans l'eau bouillante. ◆ V. intr. Devenir blanc. *Cette toile blanchira.* ◆ Devenir blanc, en parlant des cheveux, de la barbe. ◆ Passer un long temps dans un emploi, dans une occupation. *Blanchir dans le service, sur les livres, sous le harnais.* ◁ ◆ ▷ Ne pas réussir. « *Les douceurs ne feront que blanchir contre moi* », MOLIÈRE. ◁ ◆ Se blanchir, v. pr. Se salir avec quelque chose de blanc. ◆ **Fig.** Se disculper. ■ V. tr. *Blanchir de l'argent,* réintroduire de l'argent sale dans les circuits légaux par le biais de montages financiers. ■ BLANCHISSEMENT, n. m. [blɑ̃ʃis(ə)mɑ̃]

BLANCHISSAGE, n. m. [blɑ̃ʃisaʒ] (radic. du p. prés. de *blanchir*) Action de nettoyer le linge. ◆ Action de raffiner le sucre.

BLANCHISSANT, ANTE, adj. [blɑ̃ʃisɑ̃, ɑ̃t] (*blanchir*) Qui devient blanc, qui paraît blanc. ■ Qui fait devenir blanc. *Une lessive blanchissante.*

BLANCHISSERIE, n. f. [blɑ̃ʃis(ə)ʀi] (radic. du p. prés. de *blanchir*) Lieu où l'on blanchit de la toile, de la cire, le linge, etc. ■ Établissement où l'on nettoie et repasse le linge. ■ REM. On disait autrefois *blancherie.*

BLANCHISSEUR, EUSE, n. m. et n. f. [blɑ̃ʃisœʀ, øz] (radic. du p. prés. de *blanchir*) Personne qui blanchit du linge.

BLANCHON, ■ n. m. [blɑ̃ʃɔ̃] (1 *blanc*) **Québec** Bébé phoque dont la fourrure est blanche.

BLANCHOYER, v. intr. [blɑ̃ʃwaje] (1 *blanc*) ▷ Avoir un reflet blanc. ◁

BLANC-MANGER, n. m. [blɑ̃mɑ̃ʒe] (1 *blanc* et *manger*) Espèce de gelée qui se fait communément avec du lait, des amandes, du sucre et de la colle de poisson. ◆ Au pl. *Des blancs-mangers.* ■ REM. Aujourd'hui, le blanc-manger est généralement confectionné avec de la gélatine alimentaire.

BLANC-POUDRÉ, ÉE, adj. [blɑ̃pudʀe] (2 *blanc* et *poudrer*) ▷ Poudré à blanc. ◆ N. m. et n. f. *Des blanc-poudrés.* ◆ Au pl. *Des blancs-poudrés.* ■ *Des blancs-poudrés.* ◁

BLANC-SEING, n. m. [blɑ̃sɛ̃] (2 *blanc* et *seing*) Mandat en blanc au bas duquel est apposée une signature et que l'on confie à quelqu'un pour qu'il le remplisse. ◆ Au pl. *Des blancs-seings.*

BLANC-SIGNÉ, n. m. [blɑ̃siɲe] (2 *blanc* et *signer*) ▷ Le même que blanc-seing, qui est actuellement plus usité. ◆ Au pl. *Des blancs-signés.* ◁

BLANDICES, ■ n. f. pl. [blɑ̃dis] (lat. *blanditiæ,* caresses, flatteries, de *blandiri*) Litt. Charmes, jouissances. *Les blandices de la volupté.*

1 **BLANQUE,** n. f. [blɑ̃k] (prob. ital. *bianca [polizza],* billet blanc ; qui ne donne droit à aucun lot) ▷ Jeu en forme de loterie et dont les billets gagnants correspondent à des chiffres déterminés. ◆ **Fig.** Hasard. *À la blanque,* à tout hasard. ◆ Cette locution a vieilli. ◁

2 **BLANQUE,** n. f. [blɑ̃k] ▷ Variété de raisin. ◁

BLANQUETTE, n. f. [blɑ̃kɛt] (provenç. *blanqueto,* de *blanco,* blanc) Petite poire qui a la peau blanche. ◆ Sorte de raisin qu'on nomme autrement chasselas doré. ◆ Petit vin blanc du Languedoc. ◆ Ragoût de veau ou d'agneau à la sauce blanche.

BLANQUISME, ■ n. m. [blɑ̃kism] (*Blanqui,* 1805-1881) Théorie socialiste révolutionnaire de la seconde moitié du XIXe siècle, inspirée par Louis Auguste Blanqui.

BLAPS, ■ n. m. [blaps] (gr. *blaptein,* nuire) Gros coléoptère noir vivant en Europe et en Asie centrale actif dans les lieux obscurs.

BLAQUE, n. f. [blak] Voy. BLAGUE, seul usité.

BLASE ou **BLAZE**, ■ n. m. [blaz] (apocope de *blason*) **Arg.** Nom de famille. *Quel est son blase ?* ■ **Pop.** Nez.

BLASÉ, ÉE, p. p. de blaser. [blaze] *Un homme, un estomac blasé. Blasé par les voluptés. Blasé de* ou *sur les plaisirs.*

BLASER, v. tr. [blaze] (m. néerl. *blasen*, gonfler) Émousser le sens par des excès de jouissances. ◆ **Fig.** Rendre à la longue le cœur insensible à ce qui devrait le toucher. ◆ *Se blaser de ou sur*, v. pr.

BLASON, n. m. [blazɔ̃] (orig. inc.) L'ensemble de ce qui compose l'écu armorial. ◆ La connaissance de tout ce qui se rapporte aux armoiries. ■ *Redorer son blason*, retrouver son prestige grâce à un succès.

BLASONNÉ, ÉE, p. p. de blasonner. [blazɔne] Expliqué conformément au blason. ◆ Moqué, blâmé. ■ **Rem.** Il est littéraire dans ce sens.

BLASONNEMENT, n. m. [blazɔn(ə)mɑ̃] (*blasonner*) Action de déchiffrer les armes d'un écu.

BLASONNER, v. tr. [blazɔne] (*blason*) Expliquer le blason ou les parties des armes d'une maison ou d'une province en termes propres et suivant l'art. ◆ **Fig.** et **fam.** Médire, blâmer, critiquer. *On l'a blasonné à la Cour et à la ville.* ◆ ▷ *Se blasonner*, v. pr. Être expliqué suivant le blason. ◁

BLASONNEUR, n. m. [blazɔnœʀ] (*blasonner*) ▷ Personne qui blasonne. ◆ Personne qui critique, qui censure. ◁

BLASPHÉMATEUR, TRICE, n. m. et n. f. [blasfematœʀ, tʀis] (lat. chrét. *blasphemator*) Personne qui blasphème. ◆ **Adj.** *Des cris blasphémateurs.*

BLASPHÉMATOIRE, adj. [blasfematwaʀ] (*blasphémer*) Qui contient des blasphèmes. *Paroles blasphématoires.*

BLASPHÉMÉ, ÉE, p. p. de blasphémer. [blasfeme]

BLASPHÈME, n. m. [blasfɛm] (lat. *blasphemia*) Paroles qui outragent la divinité, la religion. ◆ Par exagération, propos qui outrage.

BLASPHÉMER, v. intr. [blasfeme] (lat. chrét. *blasphemare*, gr. *blasphêmein*, prononcer des paroles de mauvais augure, gr. chrét. blasphémer) Proférer un blasphème, des blasphèmes. ◆ Par exagération, tenir des propos injurieux ou malveillants. ◆ Prononcer des jurements. ◆ **V. tr.** Outrager par le blasphème. *Blasphémer le saint nom de Dieu.* ◆ ▷ En un autre sens et fig. *Blasphémer ce qu'on ignore*, parler avec mépris d'une science ou d'un art qu'on ne connaît pas. ◁

BLASTE, n. m. [blast] (gr. *blastos*, germe, embryon) ▷ Partie de l'embryon à grosse radicule qui se développe par l'effet de la germination. ◁

BLASTÈME, n. m. [blastɛm] (gr. *blastêma*, bourgeon) ▷ **Anat.** Espèces de substances amorphes liquides ou demi-liquides, épanchées entre les éléments ou à la surface d'un tissu. ◁

BLASTODERME, ■ n. m. [blastodɛʀm] (*blasto-* et *derme*) **Biol.** Ensemble des cellules de la blastula.

BLASTOGENÈSE, ■ n. f. [blastogɛnɛz] (*blasto-* et *genèse*) **Biol.** Stade du développement embryonnaire qui correspond à la formation du blastoderme.

BLASTOMÈRE, ■ n. m. [blastomɛʀ] (*blasto-* et gr. *meros*, partie) **Biol.** Cellule issue des premières divisions de l'œuf fécondé.

BLASTOPORE, ■ n. m. [blastopɔʀ] (*blasto-* et *pore*) **Biol.** Orifice de l'embryon qui deviendra la bouche chez les invertébrés et l'anus chez les vertébrés. ◆

BLASTULA, ■ n. f. [blastyla] (gr. *blastos*, germe) **Biol.** Deuxième stade du développement embryonnaire.

BLATÉRER, v. intr. [blateʀe] (lat. *blaterare*, bavarder, b. lat. crier [chameau, grenouille]) Se dit du cri du bélier, du chameau.

BLATIER, n. m. [blatje] (lat. médiév. *bladatarius*, entrepôt à grains) ▷ Personne qui vend du blé sur les marchés. ◆ **Adj.** *Marchand blatier.* ◁

BLATTE, n. f. [blat] (lat. *blatta*) Insecte nocturne qui vit dans les maisons et ronge les aliments, les étoffes, etc.

BLAUDE, n. f. [blod] (prob. fém. de l'anc. fr. *bliaut*, vêtement) ▷ Nom donné dans plusieurs provinces à la blouse. ◁

BLAVELLE ou **BLAVÉOLE**, n. f. [blavɛl, blaveɔl] (lat. médiév. *blavus*, bleu) Un des noms vulgaires du bluet.

BLAVET, n. m. [blavɛ] (lat. médiév. *blavus*, bleu) Espèce de champignon comestible.

BLAZE, ■ n. m. [blaz] Voy. BLASE.

BLAZER, ■ n. m. [blazœʀ] ou [blazɛʀ] (mot angl. de [to] *blaze*, flamboyer) Veste croisée ou droite, le plus souvent de couleur bleu marine, qui peut être ornée d'un écusson et de boutons de métal. *Des blazers.*

BLÉ, n. m. [ble] (anc. b. frq. *blad*, produit de la terre) Nom vulgaire du froment ordinaire avec le grain duquel on fait le pain. ◆ *Blé noir*, le sarrasin. ◆

▷ *Blé de Turquie, blé d'Espagne*, le maïs. ◁ ◆ ▷ Une pièce de blé. *Se cacher dans un blé.* ◁ ◆ Le grain. *Un tas de blé.* ◆ **Prov.** Manger son blé en herbe, dépenser son revenu d'avance. ■ **Fam.** Argent. *Il gagne beaucoup de blé.*

BLÊCHE, adj. [blɛʃ] (mot norm., de l'anc. fr. *blece*, blette) ▷ Faible de caractère. ◆ **N. m.** et **n. f.** *C'est un blêche.* ◆ Il est à peu près inusité. ◁

BLÊCHIR, v. intr. [bleʃiʀ] (*blêche*) ▷ Devenir blêche. ◆ Très peu usité. ◁

BLED, ■ n. m. [blɛd] (ar. *bled*, pays, région) Campagne d'Afrique du Nord, située à l'intérieur des terres. ■ **Fam.** Coin perdu, isolé. *Il vit dans un petit bled. Des bleds.*

BLÊME, adj. [blɛm] (*blêmir*) Très pâle. ◆ **Par extens.** *Un jour blême.*

BLÊMI, IE, p. p. de blêmir. [blemi] Devenu blême.

BLÊMIR, v. intr. [blemiʀ] (anc. b. frq. *blesmjan*, de *blasmi*, couleur pâle) Devenir blême.

BLÊMISSANT, ANTE, adj. [blemisɑ̃, ɑ̃t] Qui blêmit.

BLÊMISSEMENT, n. m. [blemis(ə)mɑ̃] (radic. du p. prés. de *blêmir*) Action de devenir blême.

BLENDE, n. f. [blɛd] (all. *Blende*, éblouir) Sulfure de zinc naturel.

BLENNIE, ■ n. f. [bleni] (lat. sav. mod. *blennius*, du lat. *blendius*) Poisson à grosse tête que l'on trouve en eau douce ou dans les eaux du bord de mer.

BLENNOPHTHALMIE, n. f. [blenoftalmi] (gr. *blennos*, humeur visqueuse, et *ophthalmos*, œil) ▷ Dénomination générique des inflammations de l'œil caractérisées par l'exhalation de mucosités abondantes. ◁

BLENNORRAGIE, n. f. [blenoʀaʒi] (gr. *blennos*, humeur visqueuse, et *rhagê*, jaillissement) Inflammation de l'urètre, avec flux catarrhal. ■ **Rem.** Graphie ancienne : *blennorrhagie*. ■ **BLENNORRAGIQUE**, adj. [blenoʀaʒik]

BLENNORRHAGIE, n. f. [blenoʀaʒi] Voy. BLENNORRAGIE.

BLENNORRHÉE, n. f. [blenoʀe] (gr. *blenna* et *rhein*, couler) Flux non inflammatoire de mucosités par l'urètre.

BLÉPHARITE, n. f. [blefaʀit] (gr. *blepharon*, paupière) Inflammation des paupières.

BLÈSEMENT, n. m. [blɛz(ə)mɑ̃] (*bléser*) Action de bléser ; effet de la blésité. ■ **Rem.** Graphie ancienne : *blésement*.

BLÉSER, v. intr. [bleze] (lat. *blæsus*, bègue) Parler avec une espèce de grasseyement, avec le défaut qu'on appelle *blésité*.

BLÉSITÉ, n. f. [blezite] (lat. *blæsus*) Vice de prononciation qui consiste à substituer une consonne faible à une plus forte, comme le *z* à l's, le *d* au *t*.

BLÉSOIS, OISE, ■ adj. [blezwa, waz] (lat. *Blesæ*, Blois) De la ville de Blois. ■ **N. m.** et **n. f.** Habitant ou personne originaire de Blois. *Une Blésoise.*

BLESSANT, ANTE, adj. [blesɑ̃, ɑ̃t] (*blesser*) Qui blesse, qui mortifie.

BLESSÉ, ÉE, p. p. de blesser. [blese] **Fig.** « Ce malheureux amour dont votre âme est blessée », VOLTAIRE. ◆ ▷ *Avoir le cerveau blessé*, n'avoir pas l'usage complet de sa raison. ◁ ◆ Offensé, atteint, blessé. *Cœur blessé profondément. Blessé dans son honneur.* ◆ **N. m.** et **n. f.** *Un blessé.*

BLESSER, v. tr. [blese] (gallo-rom. *blettiare*) Faire une plaie, une contusion, une fracture, une écorchure. ◆ Toucher, en parlant des passions et surtout de l'amour. « *La pitié qui me blesse Sied bien aux plus grands cœurs* », P. CORNEILLE. ◆ Causer une impression désagréable. *Blesser la vue ou les yeux.* ◆ Offenser, choquer. *Blesser par des railleries. Haïr ceux qu'on a blessés.* ◆ *Blesser quelqu'un au cœur*, l'offenser dans ses sentiments les plus chers. ◆ Causer un tort, un préjudice, un dommage. *Sans blesser l'intérêt général.* ◆ Enfreindre, pécher contre. *Son langage blessait les convenances.* ◆ *Se blesser*, v. pr. Se faire une blessure. ◆ *Se blesser l'un l'autre.* ◆ ▷ S'offenser. *C'est un homme qui se blesse facilement.* ◁

BLESSIR, BLESSISSEMENT, [blesiʀ, blesis(ə)mɑ̃] Voy. BLETTIR, etc.

BLESSURE, n. f. [blesyʀ] Plaie faite par un instrument tranchant ou contondant. ◆ **Fig.** Atteinte morale. ◆ *Rouvrir une blessure*, en séparer les lèvres déjà agglutinées. ◆ **Fig.** *Rouvrir une blessure*, renouveler une douleur morale.

BLET, ETTE, adj. [ble, ɛt] (adj. fém. anc. fr. *blece*, blette, de *blecier*, au sens de meurtrir des fruits) Dont la chair, en parlant des fruits, sans s'être gâtée, s'est tout à fait ramollie. *Poire blette.* ◆ Quelques-uns disent aussi *blosse*. ■ **Rem.** *Blosse* n'est plus utilisé aujourd'hui.

BLETSE ou **BLETZ**, ■ n. m. [blɛts] (all. *Blätz*, feuille) **Suisse** Rustine.

BLETTE ou **BETTE**, ■ n. f. [blɛt, bɛt] (lat. *beta*, bette, et *blitum*, blette, du gr. *bliton*) Plante cultivée dans les jardins potagers, dite *épinard-fraise*. ◆ Carde poirée. ■ **Rem.** On écrivait aussi *blète*.

BLETTIR, v. intr. [bletiʀ] (*blet*) Devenir blet. ■ **Rem.** On disait aussi autrefois *blessir* et *blossir*.

BLETTISSEMENT, n. m. [bletis(ə)mɑ̃] (radic. du p. prés. de *blettir*) Modification que subissent certains fruits charnus, et qui paraît consister tantôt en une maturation (les nèfles), tantôt en un véritable commencement de décomposition (les poires). ■ Rem. On disait aussi autrefois *blessissement* et *blossissement*.

BLETTISSURE, n. f. [bletisyʀ] (radic. du p. prés. de *blettir*) Syn. de blettissement.

BLEU, EUE, adj. [blø] (anc. b. frq. *blâo, blawu* ; cf. b. lat. *blavus*) Qui est de la couleur du ciel sans nuage. *Des yeux bleus.* ♦ *Cordon bleu,* large ruban que portaient les chevaliers du Saint-Esprit, ordre fondé par Henri III. *Un cordon bleu,* un chevalier de l'ordre du Saint-Esprit. ♦ Fam. *Un cordon bleu,* une très bonne cuisinière. ♦ *Bas-bleu,* femme de lettres, avec une nuance de ridicule [1]. ♦ ▷ *Conte bleu,* récit fabuleux, incroyable, discours en l'air. ◁ ♦ Livide, en parlant de la teinte que prend la peau à la suite d'une forte contusion. ♦ N. m. *Bleu.* La couleur bleue. ♦ Loc. adj. inv. *Bleu clair, bleu foncé. Une robe bleu clair.* ♦ *Un bleu,* une marque livide à la peau, suite de contusion. ♦ *Passer du linge au bleu,* tremper du linge blanchi dans une eau imprégnée de bleu. ♦ *Mettre une carpe, un brochet au bleu,* les faire cuire au court-bouillon. ♦ *Un bleu, les bleus,* nom donné, dans les guerres de la Vendée, aux soldats républicains à cause de leur uniforme bleu. ♦ Différentes sortes de substances qui donnent une coloration bleue. *Bleu anglais. Bleu d'azur. Bleu de cobalt. Bleu en liqueur.* ■ Adj. À peine cuit, en parlant d'une viande rouge. ■ Combinaison de travail. ■ Fromage dont la pâte contient des moisissures bleues. *Un bleu d'Auvergne, de Bresse.* ■ Nouvelle recrue, nouvel arrivant. ■ N. f. *La grande bleue,* la Méditerranée. ■ Rem. 1 : *Bas-bleu* est péjoratif.

BLEUÂTRE, adj. [bløatʀ] (*bleu*) Dont la couleur tire sur le bleu.

BLEUET ou **BLUET**, n. m. [bløɛ, blyɛ] (*bleu*) Centaurée à fleur bleue, qui croît dans les blés. ■ Baie bleue, fruit du bleuetier.

BLEUETIER, n. m. [bløtje] (*bleuet*) Airelle d'Amérique du Nord dont le fruit est le bleuet.

BLEUETIÈRE, ■ n. f. [bløtjɛʀ] (*bleuet*) **Québec** Terrain planté de bleuetiers.

BLEUETTE, n. f. [bløt] Voy. bluette.

BLEUI, IE, p. p. de bleuir. [bløi]

BLEUIR, v. tr. [bløiʀ] (*bleu*) Rendre de couleur bleue. *Bleuir un métal.* ♦ V. intr. Devenir bleu. ♦ Se bleuir, v. pr. Se rendre bleu. *Il s'est bleui les doigts avec de l'indigo.*

BLEUISSAGE, n. m. [bløisaʒ] (radic. du p. prés. de *bleuir*) ▷ L'action de bleuir et son résultat. ◁

BLEUISSEMENT, n. m. [bløis(ə)mã] (radic. du p. prés. de *bleuir*) Passage d'une couleur au bleu.

BLEUSAILLE, ■ n. f. [bløzaj] (*bleu*) **Arg. Milit.** Jeune recrue. « *Du diable ! s'écrie-t-il. Cette bleusaille me ferait marcher ! Mes légionnaires du bled n'étaient pas moins braves que nos hommes ; mais la plupart avaient vécu cent ans* », Genevoix.

BLEUTÉ, ÉE, ■ adj. [bløte] (*bleu,* le verbe *bleuter* étant postérieur) Teinté de bleu. *Gris bleuté. Un plumage bleuté.*

BLIAUD ou **BLIAUT**, ■ n. m. [blijo] (p.-ê. frq. *blifald,* manteau de couleur écarlate, de *bli-,* coloré, et *fald,* pli) Long vêtement ample porté par les hommes et les femmes au Moyen Âge.

BLINDAGE, n. m. [blɛ̃daʒ] (*blinder*) Action de blinder ; assemblage de blindes.

BLINDÉ, ÉE, p. p. de blinder. [blɛ̃de] *Batterie blindée.*

BLINDER, v. tr. [blɛ̃de] (*blindes*) Garantir le toit d'un ouvrage, le pont d'un vaisseau, contre la chute des bombes, des obus. ■ Renforcer à l'aide de matériaux très résistants pour assurer la protection. *Blinder une porte.* ■ Fam. Rendre insensible à la souffrance morale. ■ Se blinder, v. pr. Se rendre insensible à la souffrance morale.

BLINDES, n. f. pl. [blɛ̃d] (*blinde,* pièce de bois, de l'all. *Blinde*) ▷ Pièces de bois qui soutiennent les fascines d'une tranchée, à l'effet de mettre les travailleurs à couvert. ◁

BLINI, ■ n. m. [blini] (russe *bliny,* plur. de *blin*) Petite crêpe épaisse de la cuisine traditionnelle russe, accompagnée le plus souvent de caviar ou de saumon fumé. *Des blinis à la crème.*

BLINQUER, ■ v. intr. [blɛ̃ke] (néerl. *blinken,* reluire) **Fam. Belg.** Briller. *Faire blinquer les casseroles.*

BLISTER, ■ n. m. [blistɛʀ] (mot angl., boursouflure, bulle) Emballage formé d'un plastique rigide transparent. *Des ampoules sous blister. Des blisters.*

BLIZZARD, ■ n. m. [blizaʀ] (mot anglo-amér., tourmente de neige) Vent du nord, très froid et accompagné de neige.

BLOC, n. m. [blɔk] (m. néerl. *bloc*) Morceau considérable d'une substance pesante, de pierre, de marbre, de fer, etc. ♦ Amas de diverses choses, et surtout tas de certaines sortes de marchandises. *Faites un bloc de tous ces livres.* ♦ *En bloc,* en gros, ensemble. ♦ ▷ *En bloc et en tâche,* se dit de plusieurs travaux qu'on donne ensemble à exécuter. *Passer un marché en bloc et en tâche.* ◁ ■ Regroupement d'éléments ayant la même fonction. *Bloc d'immeubles. Bloc opératoire.* ■ Union de plusieurs organisations ayant des intérêts communs. *L'effondrement du bloc soviétique.* ■ *Faire bloc,* se regrouper pour défendre des intérêts communs. ■ Fam. *À bloc,* au maximum. ■ Fam. Prison ; poste de police. *Il a passé la nuit au bloc.*

BLOCAGE, n. m. [blɔkaʒ] (*bloquer*) Menus moellons, petites pierres servant à remplir des espaces vides et à paver des routes. ♦ ▷ **Impr.** Lettres retournées et qui sont provisoirement employées pour tenir la place des lettres qui manquent. ◁ ♦ Au jeu de billard, action de pousser une bille avec force et en droite ligne dans la blouse. ■ Action de bloquer, de se bloquer. *Le blocage des salaires.* ■ Résultat de cette action. *Faire un blocage.*

BLOCAILLE, n. f. [blɔkaj] (*bloc*) Pierres trop minces, trop peu agrégées pour servir de pierres d'appareil.

BLOC-CUISINE, ■ n. m. [blɔkkɥizin] (*bloc* et *cuisine*) Éléments, meubles de cuisine qui forment un ensemble. *Des blocs-cuisines.*

BLOC-DIAGRAMME, ■ n. m. [blɔkdjagʀam] (*bloc* et *diagramme*) Représentation graphique en coupe du relief et de la structure géologique d'une portion de la surface terrestre. *Des blocs-diagrammes.*

BLOC-ÉVIER, ■ n. m. [blɔkevje] (*bloc* et *évier*) Élément préfabriqué d'une cuisine, composé d'un ou plusieurs éviers et plans de travail. *Des blocs-éviers.*

BLOCK, ■ n. m. [blɔk] (angl. *block system*) **Ch. de fer.** Signalisation sur les voies.

BLOCKHAUS, ■ n. m. [blɔkos] (all. *Blockhaus,* maison charpentée, de *Block,* poutre, et *Haus,* maison) Fortin élevé, construit en bois sur un bout de colonne ou sur un gros mât scellé en terre. ■ Abri fortifié.

BLOC-MOTEUR, ■ n. m. [blɔkmotœʀ] (*bloc* et *moteur*) Ensemble que forment le moteur, l'embrayage et la boîte de vitesses d'un véhicule automobile. *Des blocs-moteurs.*

BLOC-NOTES, ■ n. m. [blɔknɔt] (*bloc* [*de papier à*] *notes*) Ensemble de feuilles de papier réunies entre elles et qui servent à la prise de notes. *Des blocs-notes.*

BLOCUS, n. m. [blɔkys] (m. néerl. *blochuus,* maison de madriers, fortin, parallèle à l'all. *Blockhaus*) Investissement par lequel tout accès à une ville, à un port, à un camp assiégé est ôté. ♦ *État de blocus,* défense d'entrer sur un territoire. ■ Mesure de sanction visant à isoler un État en supprimant toute relation commerciale avec lui.

BLOG, ■ n. m. [blɔg] (abrév. de l'angl. *weblog,* de *web,* et *log,* carnet de bord) Site Internet correspondant à un journal intime ou à une chronique sur un thème particulier. *Contrairement au chat qui rassemble à égalité différents internautes, le blog est tenu par un auteur qui bénéficie des réactions de celles et ceux qui le lisent.* ■ Rem. On écrit *blogue* au Québec.

BLOND, ONDE, adj. [blɔ̃, ɔ̃d] (germ. *blunda-* ; p.-ê. de l'anc. indien *bradhna,* rougeâtre) Qui est d'une couleur moyenne entre le doré et le châtain clair. ♦ **Poétiq.** Les blonds épis. « *Le blé, riche présent de la blonde Cérès* », La Fontaine. ♦ En parlant des personnes, qui a les cheveux blonds. ♦ N. m. La couleur blonde. « *Ses cheveux étaient d'un blond parfait* », Hamilton. ♦ Suivi d'un adjectif, il est invariable. *Une barbe, des cheveux blond ardent.* ♦ *Un blond, une blonde,* une personne blonde. ■ BLONDEUR, n. f. [blɔ̃dœʀ] *La blondeur d'une chevelure.*

BLONDASSE, adj. [blɔ̃das] (*blond*) D'un blond fade.

BLONDE, n. f. [blɔ̃d] (fém. substantivé de *blond*) Dentelle de soie.

BLONDIN, INE, n. m. et n. f. [blɔ̃dɛ̃, in] (*blond*) Personne qui a les cheveux blonds. ♦ ▷ Fig. Un jeune homme qui fait le beau. ◁

BLONDINET, ETTE, ■ n. m. et n. f. [blɔ̃dinɛ, ɛt] (*blondin*) Enfant blond. ■ N. m. Fam. Personne blonde. *Marinette n'aime pas les blondinets.*

BLONDIR, v. intr. [blɔ̃diʀ] (*blond*) Devenir blond. ■ Rendre blond. *Le soleil a blondi les blés.* ■ *Faire blondir,* faire revenir dans un corps gras. *Faire blondir les oignons dans une poêle.*

BLONDISSANT, ANTE, adj. [blɔ̃disã, ãt] (radic. du p. prés. de *blondir*) Qui blondit. *Les épis blondissants. Les campagnes sont blondissantes d'épis.*

BLOODY MARY, ■ n. m. inv. [blʌdimeri] ou [blɔdimari] (mot angl. de *bloody,* sanglante, et *Mary*) Cocktail fait de vodka et de jus de tomate. *Il buvait des bloody mary.*

BLOOM, ■ n. m. [blum] (mot angl., masse de fer qui n'a pas encore été battue ; rapport obsc. avec *bloom,* fleur) **Techn.** Barre d'acier obtenue par laminage.

BLOOMER, ■ n. m. [blumœr] (mot anglo-amér.) Culotte d'enfant bouffante, resserrée aux cuisses. *Des bloomers.*

BLOQUÉ, ÉE, p. p. de bloquer. [bloke] Fermé par un blocus. ♦ **Fig.** Empêché, gêné. ♦ Au billard, *bille bloquée*, bille poussée droit dans la blouse, et n. m. *un bloqué*, un coup par lequel on a bloqué une bille.

BLOQUER, v. tr. [bloke] (*bloc*) Fermer par un blocus les avenues d'une place, les approches d'un port, etc. ♦ **Fig.** Empêcher, tenir comme enfermé. ♦ Au jeu de billard, pousser droit et avec force une bille dans une des blouses. ♦ Mettre, à la place d'une lettre qui manque pour la composition, une autre lettre renversée, en attendant celle dont on a besoin. ♦ Remplir de mortier et de moellons sans ordre les vides d'un ouvrage de maçonnerie. *Bloquer une porte. Bloquer les prix.* ■ **Fam.** Inhiber. *La moindre remarque le bloque.* ■ Se bloquer, v. pr. *Les freins se sont bloqués. Il se bloque dès qu'on aborde le sujet.*

BLOSSE, ■ adj. [blɔs] Voy. BLET.

BLOSSIR, v. intr. [blosiʀ] ▷ Devenir blet. Voy. BLETTIR. ◁

BLOSSISSEMENT, n. m. [blosis(ə)mã] (radic. du p. prés. de *blossir*) ▷ Action de devenir blet. Voy. BLETTISSEMENT. ◁

BLOTTI, IE, p. p. de blottir. [bloti]

BLOTTIR (SE), v. pr. [blotiʀ] (b. all. *blotten*, écraser) S'accroupir, ramener son corps en un tas. *Se blottir dans un coin.* ■ Se serrer contre quelqu'un. *Il se blottissait dans ses bras.*

BLOUSANT, ANTE, ■ adj. [bluzã, ãt] (2 *blouser*) Qui blouse, en parlant d'un vêtement. *Un chemisier blousant.*

1 **BLOUSE**, n. f. [bluz] (orig. inc.) Chacun des trous d'un billard.

2 **BLOUSE**, n. f. [bluz] (p.-ê. région. *blaude*, blouse) Sarrau de grosse toile. ♦ Tout vêtement taillé comme une blouse. ■ Vêtement de travail qui couvre le haut et le bas du corps et que l'on porte par-dessus ses autres vêtements pour les préserver. *Autrefois, les jeunes écoliers portaient une blouse. Un médecin en blouse blanche.* ■ Chemisier, le plus souvent à manches longues, que l'on boutonne devant ou dans le dos.

BLOUSÉ, ÉE, p. p. de blouser. [bluze] *Bille blousée.*

1 **BLOUSER**, v. tr. [bluze] (1 *blouse*) Au billard, faire entrer dans la blouse. ♦ **Fig.** et **fam.** *Blouser quelqu'un,* l'induire en erreur. ◁ ▷ **Mus.** Battre les timbales. ◁ ♦ **Absol.** *Cet artiste blouse très bien.* ◁ ♦ Se blouser, v. pr. Mettre sa bille dans la blouse. ♦ ▷ **Fig.** et **pop.** Se tromper, s'abuser. ◁ ◁

2 **BLOUSER**, v. intr. [bluze] (2 *blouse*) Avoir du gonflant à la taille, en parlant d'un vêtement. *Fais blouser ta robe, ce sera plus joli.*

BLOUSON, ■ n. m. [bluzɔ̃] (2 *blouse*) Veste courte et ample, serrée à la taille. ■ *Un blouson noir,* jeune délinquant portant un blouson de cuir noir.

BLOUSSE, n. f. [blus] (p.-ê. provenç. [*lano*] *blouso*, [laine] courte) **Techn.** Déchets issus du peignage de la laine.

BLUE-JEAN ou **BLUEJEAN**, ■ n. m. [bludʒin] (angl. *blue*, bleu, et *jean* de *Gene*, Gênes, renommée pour son industrie textile) Pantalon en toile bleue très serré et très résistant, aux coutures apparentes. *Des blue-jeans, des blue-jeans.*

BLUE-LIAS ou **BLUE LIAS**, n. m. [blylia] (mot angl., de *blue* et *lias*) Couche de l'étage inférieur des terrains jurassiques, formée, en Angleterre, d'alternances d'argile et de calcaire marneux, et renfermant beaucoup de débris fossiles.

BLUES, ■ n. m. [bluz] (mot angl., [idées] noires, de *blue devils*, démons bleus) Chant mélodique à quatre temps, né de l'esclavage des Noirs du sud-est des États-Unis dans la seconde moitié du XIXe siècle. ■ Style musical au rythme généralement lent et aux formes diversifiées, qui a donné naissance au jazz. ■ **Fam.** Cafard, mélancolie. *Avoir le blues.*

BLUET, ■ n. m. [blyɛ] Voy. BLEUET.

BLUETTE, n. f. [blyɛt] (anc. fr. *belue*, étincelle, du lat. vulg. *biluca*) ▷ Petite étincelle. *Des bluettes de feu.* ♦ **Fig.** *Il y a quelques bluettes d'esprit dans cet ouvrage.* ♦ Petit ouvrage d'esprit, agréable, sans prétention. *Bluettes amusantes.* ■ REM. On disait autrefois aussi *bleuette.* ◁

BLUFF, ■ n. m. [blœf] (mot angl., intimidation) Aux cartes, tactique consistant à miser gros pour faire croire à l'adversaire que l'on a un meilleur jeu que lui. ■ **Par extens.** et **fam.** Attitude consistant à annoncer que l'on va faire quelque chose de généralement périlleux dans le but de tromper, de déstabiliser ou d'impressionner quelqu'un. *C'est du bluff!*

BLUFFER, ■ v. intr. [blœfe] (*bluff*) Aux cartes, faire du bluff. ■ Faire croire à une situation avantageuse. *Ne le prends pas au sérieux, il bluffe.* ■ V. tr. Tromper, abuser. *Elle nous a bluffés.* ■ Impressionner. *Sa réaction m'a bluffé.* ■ BLUFFEUR, EUSE, n. m. et n. f. et adj. [blœfœr, øz]

BLUSH, ■ n. m. [blœʃ] (mot angl., rougeur au visage) Produit de maquillage que l'on applique sur le visage pour donner bonne mine. *Des blushs.*

BLUTAGE, n. m. [blytaʒ] (*bluter*) Action de bluter la farine ; effet de cette action.

BLUTÉ, ÉE, p. p. de bluter. [blyte] *Farine blutée.*

BLUTEAU, n. m. [blyto] (*bluter*) Sorte de tamis, qui sépare la farine du son. Voy. BLUTOIR.

BLUTER, v. tr. [blyte] (m. h. all. *biuteln*, bluter, de *biutel*, blutoir) Passer la farine par le bluteau.

BLUTERIE, n. f. [blyt(ə)ʀi] (*bluter*) Usine où l'on blute la farine.

BLUTOIR, n. m. [blytwaʀ] (*bluter*) ▷ Meuble contenant un ou plusieurs bluteaux et servant à empêcher la farine de se disperser dans la bluterie. ♦ *Blutoir* se dit aussi pour *bluteau.* ◁

B-MI, n. m. [bemi] (*b*[e], anc. notation de si, et *mi*) Ancien nom de la septième majeure d'*ut*, aujourd'hui appelée *si*.

BO, ■ n. f. [beo] (sigle de *bande originale*) **Audiov.** Bande regroupant l'ensemble des éléments sonores d'un film, d'une émission. ■ Enregistrement de la musique d'un film.

BOA, ■ n. m. [boa] (lat. *boa*) Serpent non venimeux (*coluber* ou *boa constrictor*), qui n'est dangereux que par sa grande taille et sa force. *Les boas monstrueux.* ♦ Fourrure étroite et longue que les dames portent autour du cou.

BOAT-PEOPLE ou **BOAT PEOPLE**, ■ n. m. inv. [botpipɔl] (mots angl., de *boat*, bateau, et *people*, gens) Réfugié qui abandonne son pays de manière clandestine en embarquant sur des bateaux de fortune. *Des boat-people asiatiques.*

1 **BOB**, ■ n. m. [bɔb] (mot anglo-américain, dimin. de *Robert* désignant plaisamment un soldat de l'infanterie légère) Chapeau de toile au bord rabattu vers le bas. *Des bobs.*

2 **BOB**, ■ n. m. [bɔb] (apocope de *bobsleigh*)

BOBARD, ■ n. m. [bobaʀ] (radic. onomat. *bob-*, mouvement des lèvres ; cf. *boban*, vanité, *bober*, tromper) **Fam.** Mensonge. *Il raconte sans cesse des bobards.*

BOBÈCHE, n. f. [bobɛʃ] (même radical onomat. que *bobine*) Petite pièce mobile et évasée qu'on adapte aux chandeliers. ♦ ▷ N. m. Nom d'un célèbre joueur de parades du temps de l'Empire et de la Restauration, habile à représenter les niais, et qui, dans le langage populaire, désigne un niais, un sot. ◁

BOBET, ETTE, ■ adj. [bobɛ, ɛt] (anc. fr. *bobe*, bègue, nigaud) **Fam. Suisse** Nigaud. ■ N. m. et n. f. *Un bobet.*

BOBINAGE, n. m. [bobinaʒ] (*bobine*) Action d'enrouler autour d'une bobine. ■ **Électr.** Ensemble de fils conducteurs enroulés dans un appareil. *Le bobinage d'un moteur électrique.*

BOBINE, n. f. [bobin] (radic. onomat. *bob-*, mouvement des lèvres, enflure) Petit cylindre de bois à rebords, servant à dévider du fil ou de la soie. ■ **Par extens.** Support cylindrique avec un matériau enroulé dessus. *Une bobine de film. Une bobine électrique.* ■ **Fam.** Visage, tête.

BOBINÉ, ÉE, p. p. de bobiner. [bobine] *Soie bobinée.*

BOBINEAU ou **BOBINOT**, ■ n. m. [bobino] (*bobine*) Petite bobine. *Des bobineaux.*

BOBINER, v. tr. [bobine] (*bobine*) Dévider du fil, de la soie sur une bobine.

BOBINETTE, n. f. [bobinɛt] (*bobine*) Pièce de bois qui servait jadis à fermer les portes dans les campagnes.

BOBINEUR, EUSE, ■ n. m. et n. f. [bobinœr, øz] (*bobiner*) Personne qui est chargée de bobiner le fil textile.

BOBINEUSE, n. f. [bobinøz] (*bobiner*) Machine à rouler le fil de lin sur des bobines. ♦ Ouvrière qui fait ce travail.

BOBINOIR, n. m. [bobinwaʀ] (*bobiner*) Rouet à bobiner. ■ Machine à bobiner.

BOBINOT, ■ n. m. [bobino] Voy. BOBINEAU.

BOBO, n. m. [bobo] (onomat.) Dans le langage enfantin, petit mal, mal léger. *Avoir un bobo au doigt.* ■ Au pl. *Des bobos.*

BOBONNE, ■ n. f. [bobon] (adj. *bonne*, avec redoubl. expressif) **Fam.** et **péj.** Épouse. *Il est sorti avec bobonne.*

BOBSLEIGH, ■ n. m. [bobslɛg] (mot angl., de *to bob*, se balancer, et *sleigh*, traîneau) Traîneau de compétition sportive monté sur patins et muni d'un volant de direction, permettant de glisser à grande vitesse sur des pistes glacées spécialement aménagées. ■ **Abrév.** Bob.

BOBTAIL, ■ n. m. [bobtɛl] (mot angl., de [*to*] *bob*, écourter, et *tail*, queue) Chien de berger à poils longs. *Des bobtails.*

1 **BOCAGE**, n. m. [bokaʒ] (dial. *bosc*, bois) Petit bois, lieu ombragé. ■ Paysage de petits terrains cultivés et prairies séparés par des haies vives. *Les bocages vendéens.*

2 **BOCAGE** ou **BOCCAGE**, n. m. [bokaʒ] (*bocard*) ▷ *Fonte de bocage,* fonte retirée en petits morceaux des laitiers soumis à un bocardage. ◁

BOCAGER, ÈRE, adj. [bokaʒe, ɛR] (1 *bocage*) Qui hante les bois, les bocages, qui est dans les bocages. *Les nymphes bocagères.* ◆ Embelli par des bocages. « *Le Léthé baigne en paix ces rives bocagères* », DELILLE.

BOCAL, n. m. [bokal] (ital. *boccale*, récipient de terre, du b. lat. *baucalis*, vase en terre, gr. *baukalis*) Sorte de bouteille ou de vase à large ouverture et à col très court. *Des bocaux.* ◆ ▷ Globe de verre rempli d'eau dont les artisans se servent pour concentrer la lumière sur un point. ◁ ◆ ▷ Sorte de grande embouchure pour les cors, serpents, etc. ◁

BOCARD, n. m. [bokar] (all. *Pochwerk*, de *pochen* frapper, et *Werk*, appareil) Machine qui écrase la mine avant de la fondre.

BOCARDAGE, n. m. [bokaRdaʒ] (*bocarder*) Action de bocarder.

BOCARDÉ, ÉE, p. p. de bocarder. [bokaRde] *Mine bocardée.*

BOCARDER, v. tr. [bokaRde] (*bocard*) Passer au bocard.

BOCHE, ■ n. m. et n. f. [bɔʃ] (aphérèse de *caboche*, ou de l'arg. *Alboche*, Allemand) Vieilli, fam. et péj. Allemand. ■ Adj. *Des troupes boches.*

BOCK, ■ n. m. [bɔk] (all. *Bock*, bière de Bavière) Verre à bière contenant 12,5 centilitres. ■ Contenu de ce verre. *Commander un bock. Des bocks.* ■ Méd. Récipient muni d'un tuyau auquel est reliée une canule, utilisé pour les lavements, les injections.

BODRUCHE, n. f. [bodRyʃ] Voy. BAUDRUCHE, seul usité.

BODY, ■ n. m. [bodi] (mot angl., corps) Vêtement ou sous-vêtement féminin une pièce, avec ou sans bretelles, épousant la forme du tronc. *Des bodys* ou *des bodies.*

BODYBOARD, ■ n. m. [bodibɔRd] (mot anglo-amér., de *body*, corps, et *board*, planche) Planche utilisée pour surfer ; sport que l'on pratique avec cette planche. *Des bodyboards.*

BODYBUILDING, ■ n. m. [bodibyldiŋ] ou [bodibildiŋ] (mot angl., de *body*, corps, et [*to*] *build*, construire) Ensemble d'exercices visant à développer la musculature. *Faire du bodybuilding.*

BOËTE ou **BOETTE**, ■ n. f. [bwɛt] (altération du bret. *boued*, nourriture) Appât pour la pêche. ■ REM. On trouve aussi *bouette* et *boitte.*

BŒUF, n. m. [bœf] (au pluriel l'*f* ne se prononce pas ; lat. *bos*, génit. *bovis*) Quadrupède ruminant, servant surtout au labour des champs et à la nourriture de l'homme. ◆ *Bœuf gras,* bœuf que les bouchers promènent au carnaval. ◆ ▷ *Bœuf violé, viélé* ou *villé,* se disait autrefois du bœuf gras, parce qu'on le promenait au son d'une viole ou vielle. ◁ ◆ Fig. et fam. *C'est un bœuf,* se dit d'un homme d'épaisse stature ou d'un lourdaud. ◆ *C'est un bœuf pour le travail,* se dit d'un homme qu'un travail long et pénible ne fatigue pas. ◆ *Bœuf,* la chair de bœuf. *Un bœuf à la mode,* morceau de bœuf préparé d'une certaine manière. ◆ Fig. et fam. *C'est la pièce de bœuf,* se dit de ce qui est habituel ou le plus important. ◁ ◆ *Œil-de-bœuf,* petite fenêtre ronde ou ovale, pratiquée ordinairement à la couverture d'un bâtiment. ◆ Au pl. *Des œils-de-bœuf.* ◆ Prov. *Mettre la charrue devant les bœufs,* commencer par où l'on devrait finir, mettre devant ce qui devrait être derrière. ■ Mus. Ensemble des morceaux improvisés par les jazzmans.

BOF, ■ interj. [bɔf] Mot exprimant le plus souvent la démotivation, l'indifférence ou un jugement dépréciatif. *Bof! Pas terrible, cette veste.*

BOG, n. m. [bɔg] ▷ Jeu de cartes qui se joue avec un carton circulaire divisé en six compartiments. ◁

BOGHEAD, ■ n. m. [bɔgɛd] (*Boghead,* village d'Écosse) Houille qui produit beaucoup de cendres lors de sa combustion.

BOGHEI, n. m. [bogɛ] (angl. *buggy*) ▷ Voiture légère, petit cabriolet découvert. ◆ Au pl. *Des bogheis.* ■ REM. On dit aujourd'hui *buggy.* ◁

BOGIE ou **BOGGIE**, ■ n. m. [bogi] (mot dial. angl. d'orig. inc.) Ch. de fer. Châssis d'un train muni de deux essieux.

BOGOMILE, ■ n. m. et n. f. [bogomil] (*Bogomile,* pope fondateur de cette secte au Xᵉ siècle, du bulgare *Bog,* Dieu, et *mile,* ami) Membre d'une secte du Moyen Âge qui relevait du manichéisme et qui a fortement influencé les Cathares.

1 **BOGUE**, ■ n. f. [bɔg] (bret. *bolc'h,* cosse) Enveloppe de la châtaigne, recouverte de piquants. ■ ▷ EN BOGUE, loc. adv. *Le porc-épic resta de longues minutes en bogue.* ◁

2 **BOGUE**, ■ n. m. [bɔg] (angl. *bug,* insecte et fig. défaut) Inform. Erreur d'exécution d'un programme, entraînant des anomalies de fonctionnement. ■ *Le bogue de l'an 2000,* prétendu problème de codage dû au passage

de l'an 1999 à l'an 2000. ■ Fam. Dysfonctionnement. *On s'est trompé de date sur les programmes, il y a eu un bogue.* ■ Ce terme est la francisation de l'anglicisme *bug.*

BOGUÉ, ÉE, ■ adj. [boge] (2 *bogue*) Dont le fonctionnement est perturbé par un bogue. *Un programme bogué.*

BOHÈME ou **BOHÉMIEN, ENNE**, n. m. et n. f. [bɔɛm, boemjɛ̃, jɛn] (lat. médiév. *Bohemus,* du lat. *Bohæmium,* pays des Boii, peuple celte ; *bohémien,* de Bohême) Nom de bandes vagabondes, sans métier régulier, et se mêlant souvent de dire la bonne aventure : on leur donne aussi le nom d'égyptiens et de zingaros[1]. ◆ Par extens. Vagabond, qui est de mœurs déréglées. *Vivre en bohème*[2]. ◆ ▷ *Foi de bohème,* foi que les voleurs, les fripons, etc. se gardent entre eux[3]. ◁ ◆ ▷ *C'est une bohémienne,* se dit d'une femme adroite et intrigante ou d'une femme dévergondée[4]. ◁ ◆ N. f. *La bohème,* l'ensemble des gens qui mènent une vie de bohème. ■ N. m. *Un Bohémien, une Bohémienne,* habitant de la Bohême. ■ Adj. *Danses bohémiennes.* ■ REM. 1 à 4 : Le terme *bohémien* est diffamatoire et péjoratif dans tous ces sens. ■ REM. 1 : On dit aujourd'hui *gens du voyage.* Les gens du voyage vivent essentiellement de l'artisanat.

BOHRIUM, ■ n. m. [bɔRjɔm] (Niels *Bohr,* 1885-1962, physicien danois) Élément chimique artificiel.

BOÏARD, n. m. [bojar] Voy. BOYARD.

BOILLE, ■ n. f. [bɔj] (var. de *bouille* ; anc. mesure de capacité pour le vin) **Suisse** Grand récipient cylindrique qui sert notamment à transporter le lait.

1 **BOIRE**, v. tr. [bwaR] (lat. *bibere*) Avaler un liquide. ◆ Dépenser à boire. « *Il* [mon aïeul] *but ainsi son héritage* », BÉRANGER. ◆ Fig. « *Et d'enfants à sa table une riante troupe Semblait boire avec lui la joie à pleine coupe* », RACINE. ◆ ▷ *Boire,* dans le sens d'être obligé d'endurer. « *Malheureux que je suis ! il faut que je boive l'affront* », MOLIÈRE. ◁ ◆ Absol. Boire du vin, aimer à boire. *Cet homme boit beaucoup.* ◆ *Boire à la santé de quelqu'un,* faire des vœux pour quelqu'un en buvant. ◆ ▷ On dit aussi : *boire la santé de quelqu'un.* « *Je voudrais bien les remercier d'avoir bu ma santé* », MME DE SÉVIGNÉ. ◁ ◆ *Boire comme un templier,* boire excessivement. ◁ ◆ ▷ *Boire le vin, le coup de l'étrier,* boire un coup avant de partir. ◁ ◆ *Boire,* être ivrogne. *Qui a bu boira.* ◆ *Donner à boire,* tenir un cabaret. ◁ ◆ *Chanson à boire,* chanson de table. ◆ ▷ *Donner pour boire,* donner une gratification en outre du salaire. ◁ ◆ ▷ *Après boire,* après avoir bu, à son aise. ◁ ◆ ▷ *Boire,* courir risque de se noyer. ◁ ◆ S'imbiber, s'imprégner de. *L'éponge boit l'eau.* ◆ Absol. *Ce papier boit,* il se laisse pénétrer par l'encre. ◆ ▷ V. intr. Dans les tanneries, faire boire les peaux, les mettre à la rivière. ◆ ▷ Cout. *Faire boire une étoffe,* tenir en cousant une pièce lâche contre l'autre tendue, de manière qu'avec des longueurs inégales elles arrivent au même point. ◆ Se boire, v. pr. Être bu. *Ce vin se boit au dessert.* ◆ Prov. *Le vin est tiré, il faut le boire,* il n'y a plus à reculer. ◆ *C'est la mer à boire,* c'est une chose qui ne peut se faire. ◆ *Il y a à boire et à manger,* se dit d'un liquide trouble, et fig. d'une affaire qui présente de bons et de mauvais côtés. ◆ ▷ *Croyez cela et buvez de l'eau,* se dit d'une chose qui ne mérite pas de croyance. ◁ ◆ *Il n'y a pas de l'eau à boire,* il n'y a rien à gagner. ◁ ◆ *Boire du petit-lait,* éprouver un plaisir extrême. ■ *Boire les paroles de quelqu'un,* l'écouter avec admiration. ■ Fam. *Boire la tasse,* avaler involontairement de l'eau en nageant.

2 **BOIRE**, n. m. [bwaR] (substantivation de 1 *boire*) ▷ Ce qu'on boit à ses repas. ◆ Fig. et fam. *Il en oublie, il en perd le boire et le manger,* il est tout à une occupation ; sa passion l'absorbe. ◁

BOIS, n. m. [bwɑ] (lat. médiév. *boscus,* de l'anc. b. frq. *bosk,* buisson) La substance dure, compacte, solide qui constitue la racine, la tige et les branches des arbres et des arbrisseaux. ◆ *Faire flèche de tout bois,* mettre tout en œuvre pour réussir. ◆ *Être du bois dont on fait les généraux, les ministres, etc.,* avoir le mérite, les qualités qu'exigent ces différentes fonctions. ◆ *Être du bois dont on fait les flûtes,* avoir un caractère fort doux. ◆ Les botanistes appellent particulièrement *bois* la partie du tronc des végétaux dicotylédonés qui est ligneuse et placée sous l'aubier. ◆ *Bois,* bois à brûler ou bois de chauffage. *Menu bois. Bois sec. Bois vert.* ◆ Fig. *On verra de quel bois je me chauffe,* de quoi je suis capable, quel homme je suis. ◆ *Bois de charpente,* ou de construction, ou de menuiserie. *Art de travailler le bois.* ◆ ▷ La coque d'un navire ou partie de cette coque. ◁ ◆ Réunion d'arbres. *Un bois d'oliviers. Bois sacré. Bois taillis.* ◆ *Bouquet de bois,* petite touffe de bois de haute futaie. ◆ ▷ *Homme des bois,* nom vulgaire de l'orang-outang. ◆ *Les hôtes, les habitants des bois,* les animaux qui vivent dans les bois, et particulièrement les oiseaux. ◆ ▷ Fig. *Être volé comme dans un bois,* être volé d'une façon audacieuse ou sans pouvoir se défendre. ◁ ◆ Rejetons des arbres. *Pousser beaucoup de bois.* ◆ Objet fait de bois. *Bois de lit.* ◆ ▷ Le bâton d'une lance et la lance même. *Rompre un bois.* ◁ ◆ ▷ *Charger un homme de bois,* lui donner des coups de bâton. ◁ ◆ Cornes rameuses du cerf et autres animaux. ◆ *Bois,* nom donné à différents végétaux ; par exemple : *bois de* rose, bois de Brésil, bois de Sainte-Lucie, etc. ◆ ▷ **Prov.** *Trouver visage de bois,* trouver la porte fermée, ne trouver personne dans une maison où l'on fait visite. ◁ ◆ *Il n'est feu que de bois vert,* on a besoin de l'activité des jeunes gens. ◁ ◆ *La faim chasse le loup du bois,* la nécessité force à faire ce qu'on n'a ni l'habitude ni le goût de faire. ■ **N. m. pl.** Famille d'instruments à vent le plus souvent faits de bois.

BOISAGE, n.m. [bwazaʒ] (*boiser*) Tout le bois dont on s'est servi pour boiser. ◆ Ensemble des étais de bois qui soutiennent les parois des puits et des galeries de mines.

BOISÉ, ÉE, p.p. de boiser. [bwaze] Revêtu de planchettes de bois. *Salle boisée.* ◆ Garni de forêts, de bois. *Pays boisé.*

BOISEMENT, n.m. [bwaz(ə)mɑ̃] (*boiser*) Action de mettre en forêts un terrain.

BOISER, v. tr. [bwaze] (*bois*) Garnir de menuiserie. ◆ Garnir de forêts. *Boiser une contrée.*

BOISERIE, n. f. [bwaz(ə)ʀi] (*bois*) Ouvrage de menuiserie dont on revêt les murs des appartements.

BOISEUR, EUSE, ■ n. m. et n. f. [bwazœʀ, øz] (boiser) Ouvrier qui effectue des travaux de boisage.

BOISEUX, EUSE, adj. [bwazø, øz] (*bois*) ▷ Qui a la nature du bois. *Racine boiseuse.* ◆ Peu usité ; on dit *ligneux.* ◁

BOISSEAU, n.m. [bwaso] (anc. fr. *boisse,* mesure de blé, sixième partie du boisseau, du gaul. *bosta,* creux de la main) Ancienne mesure de capacité pour les matières sèches, valant 13 litres 01. ◆ Aujourd'hui, demi-quart de l'hectolitre ou 12 litres 50. ◆ Ce que cette mesure contient. *Un boisseau de blé.* ◆ **Fig.** *Il ne faut pas mettre la lampe, le chandelier, la lumière, etc. sous le boisseau,* il ne faut pas cacher la vérité aux hommes.

BOISSELAGE, n.m. [bwas(ə)laʒ] (anc. fr. *boissel,* boisseau) ▷ Travail, office de mesureur de blé. ◁

BOISSELÉE, n. f. [bwas(ə)le] (anc. fr. *boissel,* boisseau) ▷ Ce qu'un boisseau peut contenir. ◆ *Boisselée de terre,* l'espace de terre qu'on peut ensemencer avec un boisseau de blé. ◁

BOISSELIER, n.m. [bwasəlje] (anc. fr. *boissel*) Artisan qui fait des boisseaux et divers ustensiles de ménage en bois.

BOISSELLERIE, n. f. [bwasɛl(ə)ʀi] (anc. fr. *boissel*) Le métier, le commerce du boisselier. ◆ Les objets mêmes qu'il fabrique.

BOISSON, n.f. [bwasɔ̃] (b. lat. *bibitio,* action de boire) Tout liquide qui se boit. ◆ Le vin, le cidre, etc. *Il a toujours de la boisson en cave.* ◆ **Fam.** *Être adonné à la boisson,* avoir des habitudes d'ivrognerie. ◆ ▷ L'eau passée sur le marc de la vendange ou sur des fruits coupés en quartiers. ◁

BOITE, n.f. [bwat] (lat. *bibita,* p. p. de *bibere*) ▷ État du vin bon à boire. *Ce vin n'est pas encore en boite.* ◆ Petit vin que l'on obtient en versant de l'eau sur le marc non entièrement pressuré. ◁

BOÎTE ou **BOITE,** n.f. [bwat] (lat. vulg. *buxita,* du lat. *pyxis,* génit. *pyxidis,* coffret, gr. *puxis*) Petit coffre à couvercle. ◆ **Fam.** *On dirait qu'elle sort d'une boite,* se dit d'une personne dont la toilette est d'une grande fraîcheur et aussi d'une personne apprêtée, guindée. ◆ *Boîte aux lettres,* boîte d'un bureau de poste où le public dépose ses lettres. ◆ Tabatière. ◆ Ce que contient une boîte. *Boîte de pastilles.* ◆ ▶ **Artill.** Petit mortier de fer haut de sept ou huit pouces, qu'on tire dans les fêtes publiques. ◁ ■ **Anat.** *Boîte du crâne,* la cavité osseuse qui renferme le cerveau. ◆ ▷ **Prov.** *Dans les petites boîtes sont les bons onguents,* se dit à propos des gens de petite taille à qui l'on fait le compliment de les préférer aux autres. ◁ ■ Conserve alimentaire. *Une boîte de sardines.* ■ **Fam.** *Mettre quelqu'un en boîte,* le taquiner. ■ *Boîte noire,* dispositif enregistrant les données d'un vol. ■ **Fam.** Entreprise, établissement scolaire. ■ Établissement public ouvert la nuit où l'on peut danser et boire. ■ *Boîte postale,* boîte aux lettres d'un bureau de poste où l'on peut recevoir son courrier. ■ **Abrév.** BP.

BOÎTE-BOISSON ou **BOITE-BOISSON,** ■ n. f. [bwat(ə)bwasɔ̃] (*boîte* et *boisson*) Boîte cylindrique en métal qui contient une boisson. *Des boîtes-boissons.*

BOÎTE DE VITESSES ou **BOITE DE VITESSES,** ■ n. f. [bwat(ə)dəvitɛs] (*boîte* et *vitesse*[s]) Élément mécanique d'un véhicule automobile qui contient l'engrenage du changement de vitesses.

BOITEMENT, n.m. [bwat(ə)mɑ̃] (*boiter*) Action de boiter, défaut de la marche d'une personne boiteuse, d'une machine qui marche inégalement.

BOITER, v. intr. [bwate] (radic. de *boiteux*) Marcher en s'appuyant imparfaitement sur une des jambes et en inclinant par conséquent le corps plus d'un côté que de l'autre.

BOITERIE, n. f. [bwat(ə)ʀi] (*boiter*) État d'un animal qui boite. ■ État d'une personne qui boite.

BOITEUX, EUSE, adj. [bwatø, øz] (*boîte,* cavité d'un os) Qui boite. ◆ **Par extens.** *Table, chaise boiteuse,* table, chaise qui a un pied plus court que les autres. ◆ ▷ *Châle boiteux,* châle qui a une large bordure à un seul bout. ◁ ◆ **Typogr.** *Colonne boiteuse,* celle qui a plus ou moins de lignes qu'une autre de la même page. ◆ **Fig.** « *On s'offense d'un esprit boiteux* », PASCAL. ◆ Qui manque de nombre. *Phrase boiteuse. Des vers boiteux,* n'ont pas la mesure. ◆ **N. m. et n. f.** *Un boiteux, une boiteuse,* un homme, une femme qui boite. ◆ ▷ **Fig.** *Attendre le boiteux* (nom donné par plaisanterie au messager qui ne va pas assez vite), attendre la confirmation d'une nouvelle, le temps, l'occasion. ◁

BOÎTIER ou **BOITIER,** ■ n. m. [bwatje] (*boîte*) Boîte à onguents. ◆ Coffre où l'on serre les instruments et les pièces d'appareil de chirurgie. ■ Partie qui contient un mécanisme. *Boîtier d'une montre.*

BOITILLEMENT, ■ n. m. [bwatij(ə)mɑ̃] (*boitiller*) Action de boitiller. *Elle tentait de cacher son boitillement.*

BOITILLER, ■ v. intr. [bwatije] (*boiter*) Boiter légèrement. *Il boitille depuis son accident.*

BOITON ou **BOÎTON,** ■ n. m. [bwatɔ̃] (lat. médiév. *buatonus,* du gaul. *boteg,* étable à bovins) **Suisse** Étable où l'on élève des porcs.

BOIT-SANS-SOIF, ■ n. m. et n. f. inv. [bwasɑ̃swaf] (*boire* et *soif*) **Fam.** Personne alcoolique. *Des boit-sans-soif.*

1 **BOL,** n.m. [bɔl] (b. lat. *bolus,* boulette, gr. *bôlos,* motte de terre) Terre argileuse colorée, employée autrefois en médecine comme tonique et astringente. ◆ *Bol d'Arménie,* argile ocreuse rouge. ◆ ▷ Portion d'électuaire officinal ou magistral d'un poids déterminé, que l'on avale en une fois. ◁ ◆ *Bol alimentaire,* masse arrondie que forme sur la langue l'aliment avant de passer dans le pharynx. ■ **Rem.** On disait autrefois aussi *bolus.*

2 **BOL,** n.m. [bɔl] (angl. *bowl*) Coupe, vase hémisphérique dans lequel on met certaines boissons, telles que le lait, le punch. ◆ Ce qu'un bol peut contenir. *Un bol de lait.* ◆ **Fam.** Chance. *Manquer de bol.* ■ *Bol d'air,* sortie, promenade au grand air. *J'ai pris un bol d'air à la campagne. Ce bol d'air lui a fait du bien.* ■ **Fam.** *En avoir ras le bol,* en avoir assez. *J'en ai ras le bol de ces histoires.* ■ **Rem.** Graphie ancienne : *bowl.*

BOLAIRE, adj. [bɔlɛʀ] (1 *bol*) ▷ *Terre bolaire* ou *sigillée,* terre argileuse que les anciens employaient comme absorbante, antiputride, alexipharmaque. ◁

BOLCHEVIK ou **BOLCHEVIQUE,** ■ n. m. et n. f. [bɔlʃevik] (russe *bolchevik,* partisan de la fraction majoritaire derrière Lénine, de *bolche,* compar. de *mnogo,* beaucoup) **Hist.** Dans l'ancienne Russie, partisan de la fraction majoritaire du Parti ouvrier social-démocrate de Russie (POSDR), dirigé par Lénine et opposé aux mencheviks. *Des bolcheviks.* ■ **Par extens.** et péj. Communiste. ■ **Adj.** *Le groupe bolchevik, une politique bolchevique.* ■ **Rem.** On trouve aussi les graphies *bolchévik, bolchévique.*

BOLDO, ■ n. m. [boldo] (mot hisp.-amér.) Arbre originaire du Chili.

BOLDUC, ■ n. m. [bɔldyk] (*Bois-le-Duc,* ville de Hollande) Ruban plat utilisé pour l'emballage des paquets.

BOLÉE, ■ n. f. [bole] (*bol*) Contenu liquide d'un bol. *Une bolée de cidre.*

BOLÉRO, n.m. [bolero] (mot espagnol, danseur populaire et air de danse populaire, de *vuelo,* ou de *bola,* boule, pour le chapeau rond du danseur) Danse espagnole vive et à trois temps. ◆ Air sur lequel on la danse. ■ Veste courte, avec ou sans manches, généralement sans boutonnage. *Des boléros.*

BOLET, n.m. [bolɛ] (lat. *boletus,* gr. *bôlitês*) Champignon à chapeau sessile ou pédonculé, dont la surface inférieure est ordinairement garnie de tubes.

BOLETALE, ■ n. f. [bɔl(ə)tal] (*bolet*) Groupe de champignons caractérisés par la présence de tubes sous leur chapeau.

BOLIDE, n.m. [bolid] (gr. *bolis,* objet qu'on lance, de *ballein*) Sorte de météore igné qui traverse le ciel. ◆ Véhicule roulant à une vitesse élevée.

BOLIER ou **BOULIER,** ■ n. m. [bolje, bulje] (b. lat. *bolidium,* gr. *bolidion,* de *bolis,* sonde) Grand filet de pêche tiré par les bateaux le long des côtes.

BOLIVAR, n.m. [bolivaʀ] (*Bolivar,* 1783-1830, libérateur de l'Amérique du Sud, dont les partisans libéraux portaient ce chapeau) Chapeau d'homme.

BOLIVIEN, IENNE, ■ adj. [bolivjɛ̃, jɛn] (*Bolivie*) De la Bolivie. *La population bolivienne.* ■ **N. m. et n. f.** Habitant ou personne originaire de la Bolivie. *Les Boliviens.*

BOLLANDISTE, n.m. [bolɑ̃dist] (Jean de *Bolland,* S. J., 1596-1665) Membre d'une société de savants jésuites, qui continuent le recueil critique des Actes des saints, commencé par le P. Bolland.

BOLLARD, ■ n. m. [bolaʀ] (mot angl.) Bitte d'amarrage sur un quai.

BOLOGNAIS, AISE, ■ adj. [bolonɛ, ɛz] ou [bolonjɛ, ɛz] (*Bologna*, ville d'Italie) Se dit d'une sauce composée de tomates cuites, d'oignons et de viande hachée. *Des spaghettis à la sauce bolognaise.*

BOLOMÈTRE, ■ n.m. [bolomɛtʀ] (angl. *bolometer*, du gr. *bolê*, jet, et *metron*, mesure) **Phys.** Instrument qui sert à mesurer l'énergie rayonnante.

BOLONAIS, AISE, ■ adj. [bolonɛ, ɛz] (*Bologne*) De la ville de Bologne. *L'histoire bolonaise.* ■ **N.m. et n.f.** Habitant ou personne originaire de Bologne. *Les Bolonais.*

BOLUS, n.m. [bolys] Voy. **BOL.**

BOMBAGE, n.m. [bɔ̃baʒ] (*bomber*) Opération du vitrier qui a pour but de cintrer le verre au four. ■ Action de recouvrir d'une peinture en bombe.

BOMBANCE, ■ n.f. [bɔ̃bɑ̃s] (radic. onomat. *bob-*, gonflement, avec infl. de *bombarde*) Ripaille, chère abondante. ◆ Il est familier. ■ **Fam.** *Faire bombance*, faire un repas de fête.

BOMBARDE, n.f. [bɔ̃baʀd] (ital. *bombarda*, machine de guerre, lat. médiév. *bombarda* sorte de flûte, du lat. *bombus*, bruit retentissant) Machine de guerre usitée au Moyen Âge qui servait à lancer de grosses pierres. ◆ Pièce d'artillerie qui servait à lancer de gros boulets de pierre. ◆ Galiote à bombes. ◆ **Mus.** Sorte d'ancien hautbois ; guimbarde. ◆ Nom d'un des jeux de l'orgue.

BOMBARDIER, n.m. [bɔ̃baʀdje] (*bombarde*) Artilleur qui lance des bombes. ◆ Il a vieilli ; on dit *artilleur.* ■ Avion militaire armé intervenant dans les opérations de bombardement. *Des bombardiers stratégiques conçus pour des attaques sur de grandes distances.* ■ *Bombardier d'eau*, avion dont le fuselage est aménagé avec de gros réservoirs contenant de l'eau destinée à être déversée sur les incendies de forêt. ■ Pilote d'un avion militaire armé. *Les bombardiers préparent leur mission.* ■ Blouson de cuir au col et à la doublure de fourrure et inspiré de celui des pilotes de bombardier américains. ■ **Zool.** Coléoptère qui se défend en projetant un liquide acide sur son agresseur. *Dans l'abdomen du bombardier se trouvent une solution d'hydroquinone, de péroxyde, et des enzymes qui provoquent l'expulsion de cette solution toxique.*

BOMBARDON, ■ n.m. [bɔ̃baʀdɔ̃] (ital. *bombardone*, instrument de musique) **Mus.** Instrument de fanfare de la famille des cuivres dont la tessiture est très grave. *Le bombardon ne peut exécuter que des successions très lentes de notes.*

BOMBASIN, n.m. [bɔ̃bazɛ̃] (b. lat. *bombacinus*, du lat. *bombyx*, ver à soie) Étoffe de soie. ◆ Futaine sans envers.

1 **BOMBE,** n.f. [bɔ̃b] (ital. *bomba*, lat. *bombus*, bruit sourd, gr. *bombos*) Globe de fer creux rempli de poudre qui, lancé avec un mortier, s'élève en l'air et retombant éclate quand la mèche a communiqué le feu à la poudre. ◆ **Fig.** *Tomber comme une bombe*, arriver à l'improviste. ◆ **Fam. et fig.** Malencontre, accident. *La bombe va crever. Gare la bombe !* ■ Boule en verre creux renfermant de la poudre fulminante. ■ Engin explosif programmable. *Alerte à la bombe.* ■ *Bombe atomique* ou *bombe A*, engin explosif utilisant l'énergie produite au cours de la fission nucléaire. ■ *Bombe à neutrons*, bombe qui a le pouvoir de décimer une population sans détruire les bâtiments et les infrastructures. ■ Récipient contenant un liquide sous pression. *Une bombe de peinture.* ■ **Fig. et fam.** *Bombe sexuelle*, fille, femme séduisante qui excite le désir sexuel. ■ Casquette rigide protégeant la tête du cavalier. ■ *Bombe glacée*, dessert consistant en une demi-sphère de glace.

2 **BOMBE,** ■ n.f. [bɔ̃b] (de *bombance*) **Fam.** *Faire la bombe*, faire la fête. *Ils ont fait la bombe tout le week-end.*

BOMBÉ, ÉE, p.p. de bomber. [bɔ̃be]

BOMBEMENT, n.m. [bɔ̃b(ə)mɑ̃] (*bomber*) État de ce qui est bombé ; convexité. *Le bombement d'un mur, d'un verre.*

BOMBER, v. tr. [bɔ̃be] (1 *bombe*) Rendre convexe à la façon d'une bombe. ◆ V. intr. Être convexe. *Ce mur bombe.* ◆ *Bomber le torse*, se rengorger avec un air de suffisance. *Il bombe le torse dès qu'on parle de lui.* ◆ **Fam.** Rouler très vite en voiture. *Il a bombé comme un fou pour arriver à l'heure.* ■ Réaliser des dessins ou un décor avec de la peinture en bombe. *Bomber un sapin de Noël.*

BOMBEUR, EUSE, n.m. et n.f. [bɔ̃bœʀ, øz] (1 *bombe*) Personne qui fabrique et qui vend des verres bombés. ■ Personne qui dessine avec de la peinture en bombe. *L'art graphique des bombeurs est de plus en plus reconnu dans le monde artistique.*

BOMBINETTE, ■ n.f. [bɔ̃binɛt] (1 *bombe*) **Fam.** Bombe de petite taille. *L'utilisation de bombinettes lacrymogènes est punie par la loi.*

BOMBONNE, ■ n.f. [bɔ̃bɔn] Voy. **BONBONNE.**

BOMBYX, n.m. [bɔ̃biks] (lat. *bombyx*, gr. *bombux*) Nom scientifique du *ver à soie.* ■ **REM.** Le bombyx est spécialt. le *bombyx du mûrier* est le papillon qui naît du ver à soie.

BÔME, ■ n.f. [bom] (néerl. *boom*, arbre, mât) **Mar.** Espar qui prend appui en bas du mât, sur lequel est fixée la partie inférieure de la voile et qui sert à en régler l'orientation. *Le navigateur en tête de la course en solitaire a finalement réussi à réparer sa bôme cassée.*

BÔMÉ, ÉE, ■ adj. [bome] (*bôme*) **Mar.** Pourvu d'une bôme. *Une voile bômée.*

1 **BON, ONNE,** adj. [bɔ̃, ɔn] (lat. *bonus*) Qui réunit les qualités de son espèce. *Bonne monnaie. Bon naturel.* ◆ *Bon compagnon, bon vivant*, homme agréable dans les parties de plaisir. ◆ *Bon garçon*, homme commode et facile à vivre. ◆ *Faire contre mauvaise fortune bon cœur*, bien supporter un revers. ◆ **Fam.** *Le bon temps*, le temps passé. ◆ *Se donner du bon temps*, se divertir. ◆ *De bons moments*, des moments heureux. ◆ *Avoir bon pied, bon œil*, bien marcher et bien voir, et fig. avoir de l'activité, de la vigilance. ◆ *Faire le bon apôtre*, contrefaire l'homme de bien. ◆ *C'est bon, j'y consens ; laissons cela. C'est bon, j'ai compris.* ◆ **Absol.** *Il est bon*, cela est bien imaginé. ◆ **Mar.** *Bon frais*, vent assez fort, mais favorable. *Bon plein*, vent arrière qui remplit les voiles. ◆ *Galoper du bon pied*, se dit d'un cheval qui, se mettant au galop, part du pied droit. ◆ **Fig.** *Mettre quelqu'un sur le bon pied*, le réduire à faire ce qu'il doit et aussi le mettre en une position avantageuse. ◆ *Être sur un bon pied, sur le bon pied*, avoir une position avantageuse. ◆ Strict, exact, rigoureux. *Bonne garde. Bon compte.* ◆ Habile. *Bon pilote. Bon poète.* ◆ Heureux, favorable. *Bonne nouvelle. Bon résultat.* ◆ *Prendre les choses en bonne part*, les prendre dans un sens favorable. ◆ *Bonne année*, année favorable. *Souhaiter la bonne année.* ◆ *Bonne année*, année où les biens de la terre sont abondants. ◆ *Bon an, mal an*, en compensant les années improductives par les années productives. ◆ *Bon* se dit des dispositions, des manières, de l'air. *Il est en bonne humeur. Vous avez bon visage.* ◆ Avantageux, utile, convenable, salutaire. *Bonne résolution. Un bon conseil. Bon air.* ◆ *Trouver bon*, approuver. ◆ *Comme bon vous semble*, à votre volonté. ◆ *Bon plaisir*, consentement, agrément, et dans un sens défavorable : volonté absolue, capricieuse. Se dit dans ce sens des gouvernements absolus : *le régime du bon plaisir.* ◆ *À quoi bon, à quoi bon de*, pourquoi. ◆ Propre à. *Terrain bon pour la vigne. Eau bonne à boire.* ◆ *C'est bon à vous de...*, il vous convient particulièrement de ..., etc. ◆ Solide, qui a du crédit, de la fortune ; qui est garanti. *Une bonne caution. De bons revenus.* ◆ *Faire une dette bonne*, s'en porter caution. *Être bon pour..., pouvoir payer.* ◆ **N.m.** « *Vous pouvez compter sur 50 pistoles, je vous en fais bon* », LESAGE. ◆ *Bon argent*, de la monnaie qui a cours, et fig. : « *Quoi ! tu prends pour de bon argent ce que je viens de dire !* », MOLIÈRE. ◆ *Jouer bon jeu, bon argent*, tout de bon quand il faut payer comptant si l'on perd. ◆ **Fig.** *À bonnes enseignes*, à juste titre, avec toute garantie. ◆ Grand, considérable. *Une bonne provision de livres. Boire de bons coups.* ◆ **Fig.** *Avoir bon courage*, être plein de courage. ◆ Choisi, distingué, noble, élevé. *Bonne famille. Homme de bonne compagnie.* ◆ *Un bon bourgeois*, un bourgeois honorable et aussi un simple bourgeois. ◆ *Bonne ville*, nom que l'on donnait, dans l'ancienne monarchie, à un certain nombre de villes importantes. ◆ Honnête, vertueux, juste, droit, raisonnable, sensé. *De bons jeunes gens. Bonnes mœurs. La bonne cause. Le bon droit. La bonne foi.* ◆ Plaisant, spirituel. *Un bon mot.* ◆ Qui a de la bonté. *Un bon roi. Être bon pour quelqu'un.* ◆ *Je suis bon de l'écouter*, je pousse la bonté trop loin en l'écoutant. ◆ *Le bon Dieu*, Dieu considéré comme l'être bon par excellence. ◆ *Un bon Dieu*, une image du Christ ou un crucifix. ◆ Simple, crédule. *Bon homme.* ◆ Souvent *bon* sert uniquement à donner de l'énergie à l'expression. *J'ai fait quatre bonnes lieues.* ◆ *Bon poids, bonne mesure*, poids, mesure qui sont au-delà du poids, de la mesure exacte. ◆ *Bon* s'emploie comme terme affectueux. *Une bonne vieille. Mon bon, ma bonne*, termes d'amitié. ◆ **Comm.** *Bon à payer. Bon pour mille francs.* ◆ *Bon à tirer*, mot qu'on écrit sur la dernière épreuve pour indiquer qu'une feuille peut être tirée, et n.m. *un bon à tirer.* ◆ *Bonne feuille*, feuille d'un ouvrage tirée sur le papier définitif. ◆ *Bonne* au féminin s'emploie dans diverses locutions. *La bailler, la donner bonne*, tromper quelqu'un, lui faire pièce. *La garder bonne*, garder rancune. *En dire, en écrire de bonnes*, faire des reproches de vive voix ou par écrit. *Courte et bonne*, se dit de la vie d'un homme qui l'use rapidement dans les plaisirs. ◆ *À la bonne*, naïvement, sans façon. ◆ *À la bonne heure*, à propos. *À la bonne heure* est aussi une phrase d'acquiescement. ◆ *De bonne heure*, tôt par opposition à tard. ◆ **Prov.** *À quelque chose malheur est bon*, quelque avantage provient d'un accident fâcheux. ◆ *À bon chat, bon rat*, bien attaqué, bien défendu. ◆ *Les bons comptes font les bons amis*, rien n'entretient mieux les bons rapports que de régler exactement les affaires d'intérêt. ◆ *À bon vin point d'enseigne*, il n'est pas nécessaire de vanter ce qui est bon.

2 **BON,** n.m. [bɔ̃] (1 *bon*) Ce qui est bon. *Il a préféré le bon à l'utile.* ◆ Bonnes qualités soit dans une personne, soit dans une chose. *Cet homme a du bon. Tirer d'un sujet tout ce qu'il y a de bon.* ◆ *Du bon*, du bon vin. ◆ *Avoir du bon*, l'emporter, obtenir l'avantage. ◆ ▷ *Du bon du cœur*, cordialement. ◁ ◆ *Le bon*, ce qu'il y a d'effectif, de plaisant, de piquant. *Le bon de l'affaire, c'est que...* ◆ Ce qui donne du bien-être, du plaisir ; ne se dit guère qu'avec *jour, heure, moment. Quelques jours de*

bon. ♦ *Il fait bon,* il fait un bon temps. ♦ *Il fait bon,* il est utile, agréable. *Il fait bon se promener.* « *Il ne faisait pas bon s'attaquer à eux* », Bossuet. ♦ *Il y fait bon,* l'occasion est favorable. ♦ *Il fait bon ici,* on y est bien. ♦ *Il ne fait pas bon ici,* on y court des dangers. ♦ **N. m. pl.** *Les bons,* les gens de bien. ♦ BON, adv. De la bonne manière, bien. ♦ *Sentir bon,* avoir une odeur agréable. ♦ *Tenir bon,* résister, se soutenir. ♦ *Bon ! bon !* exclamation qui exprime la surprise et en plus l'approbation ou le désappointement. *Allons bon ! bon ! vous voulez m'en faire accroire.* ♦ TOUT DE BON, *loc. adv.* Véritablement, sérieusement. *Pleurer tout de bon. Parler tout de bon.* ♦ Au lieu de *tout de bon,* seul consacré par le bon usage, on dit vulgairement et à tort *pour de bon : Jouons pour de bon.* ♦ *Coûter bon,* coûter cher, au propre et au figuré.

3 BON, n. m. [bɔ̃] (2 *bon*) Autorisation de payer pour le compte de celui qui l'a signée. *Bon d'un banquier. Bon sur le trésor.* ♦ *Fig. Mettre son bon à tout,* être d'une extrême facilité. ♦ Billet qui autorise à recevoir une certaine chose ; garantie écrite. *Bon de pain.* ■ *Bon à tirer* ou *BAT,* marque apposée sur un manuscrit par l'éditeur et signifiant l'autorisation d'imprimer. *Le bon à tirer doit toujours être daté, signé et porter le chiffre du tirage.*

BONACE, n. f. [bonas] (lat. vulg. *bonacia,* réfection de *malacia,* calme de la mer, gr. *malakia,* douceur) Calme de la mer après un orage. ♦ Ce mot, très usité au XVIIᵉ siècle au figuré, ne l'est plus guère maintenant.

BONAMIA, ■ n.m. [bonamja] (orig. inc.) Parasite destructeur de l'huître plate. *Les bonamias sont présents dans les cellules sanguines de l'huître et peuvent provoquer des mortalités massives à toute période de l'année, particulièrement chez les huîtres plates adultes.*

BONAPARTISME, ■ n.m. [bonapartism] (*Bonaparte*) **Hist.** Régime politique alliant autorité et plébiscite, instauré par suffrage universel et développé par les Bonaparte. *Le bonapartisme se veut le rassemblement de tous les Français autour d'idées simples comme l'appel au peuple, l'ordre, la souveraineté et le progrès social.* ■ Intérêt pour Napoléon Bonaparte, sa politique ou encore sa dynastie.

BONAPARTISTE, ■ adj. [bonapartist] (*Bonaparte*) Qui a trait au bonapartisme. ■ N. m. et n. f. Partisan du régime politique établi par Napoléon Bonaparte. *À la fin du XIXᵉ siècle, des bonapartistes rêvaient encore d'un IIIᵉ Empire.*

BONARD, ARDE, ■ adj. [bonar, ard] Voy. BONNARD, ARDE.

BONASSE, adj. [bonas] (de 1 *bon*) Qui est d'une bonté trop simple.

BONASSERIE, ■ n. f. [bonas(ə)ri] (*bonasse*) Bonté naïve. *Ces organismes, qui accueillent les enfants de la rue, montrent que la miséricorde n'est pas une vague attitude assimilable à la bonasserie.*

BONBEC, n. f. [bɔ̃bɛk] (*bon* et *bec*) Sobriquet par lequel le peuple désigne une femme bavarde. *Marie bonbec.*

BONBON, n. m. [bɔ̃bɔ̃] (de *bon*) Dragées, sucreries. ■ **Belg.** Petit biscuit sec.

BONBONNE ou **BOMBONNE,** n. f. [bɔ̃bɔn] (provenç. *boumbouno,* damejeanne) Sorte de dame-jeanne, et aussi dans le Midi vase de fer-blanc pour mettre l'huile.

BONBONNIÈRE, n. f. [bɔ̃bɔnjɛr] (de *bonbon*) Petite boîte à bonbons. ♦ **Fig.** *Une bonbonnière,* une petite maison élégante et commode.

BON-CHRÉTIEN, n. m. [bɔ̃kretjɛ̃] (p.-ê. altération du lat. médiév. *poma panchresta,* gr *pankhrestos,* très utile) Sorte de grosse poire. ♦ Au pl. *Des bons-chrétiens* ou *des poires de bon-chrétien.*

BOND, n. m. [bɔ̃d] (*bondir*) Mouvement d'un corps qui, heurtant un autre corps, rejaillit. ♦ *Prendre la balle au bond,* la saisir au moment où elle bondit, et fig. faire une chose au moment opportun. ♦ *Faire faux bond,* en parlant de la balle, dévier en bondissant, et fig. manquer à un engagement. ♦ Saut. *La course du chat n'est qu'une succession de bonds.* ♦ **Fig.** « *Style incohérent, qui va par sauts et par bonds* », Voltaire. ■ **Fig.** Avancée, évolution considérable de quelque chose. *Nos ventes ont fait un bond en avant depuis le lancement de notre dernière campagne de publicité.*

BONDE, n. f. [bɔ̃d] (gaul. *bunda,* fond) Large ouverture destinée à laisser écouler toute l'eau d'un étang. ♦ Trou rond par lequel on remplit un tonneau. ♦ Le morceau de bois qui sert à boucher la bonde d'un tonneau. On dit plus souvent *bondon.* ♦ **Fig.** « *Je lâche la bonde à mes larmes* », J.-J. Rousseau. ■ Ouverture permettant l'écoulement des eaux d'un sanitaire. **Par extens.** Dispositif qui permet d'obturer la bonde d'un sanitaire. *Lever, hausser la bonde.*

BONDÉ, ÉE, p. p. de bonder. [bɔ̃de] *Navire bondé.* ■ Comble. *Salle bondée.*

BONDELLE, ■ n. f. [bɔ̃dɛl] (gaul. *bunda,* fond) **Suisse** Poisson recherché pour la finesse de sa chair et vivant dans les eaux du lac de Neuchâtel. *La nageoire adipeuse des bondelles.*

BONDER, v. tr. [bɔ̃de] (*bonde*) Charger un bâtiment autant qu'il est possible.

BONDÉRISER, ■ v. tr. [bɔ̃derize] (*bonder*) Traiter des pièces métalliques contre la corrosion au moyen de phosphates, avant de les peindre ou de les vernir. ■ BONDÉRISATION, n. f. [bɔ̃derizasjɔ̃]

BONDIEUSERIE, ■ n. f. [bɔ̃djøz(ə)ri] (*bon Dieu*) **Fam.** et **péj.** Acte de dévotion ostentatoire. *Cet historien faisait la différence entre la foi intense du Moyen Âge et la période qu'il étudiait, située juste après la Commune et, selon lui, marquée par une bondieuserie bien-pensante et repentante.* ■ Objet religieux au cultuel de mauvais goût. *Une collection de petites statuettes de porcelaine et quelques bondieuseries.*

BONDIR, v. intr. [bɔ̃dir] (lat. pop. *bombitire,* bourdonner, faire du bruit) Faire un ou plusieurs bonds. « *Les troupeaux de moutons qui bondissent sur l'herbe* », Fénelon. ♦ **Fig.** Se soulever, en parlant de l'estomac. « *Un dégoût qui lui faisait bondir le cœur* », Mme de Sévigné. ■ Se précipiter. *Bondir sur sa proie.* ♦ **Fig.** Ressentir subitement et grandement un sentiment ou une émotion. *Bondir de joie, de colère.* ■ **Fig.** *Bondir sur l'occasion,* la saisir. ■ *Cela me fait bondir,* j'en suis outré.

BONDISSANT, ANTE, adj. [bɔ̃disɑ̃, ɑ̃t] (*bondir*) Qui bondit.

BONDISSEMENT, n. m. [bɔ̃dis(ə)mɑ̃] (*bondir*) Mouvement de ce qui bondit. ♦ *Bondissement de cœur,* soulèvement d'estomac, nausées, dégoût profond.

BONDON, n. m. [bɔ̃dɔ̃] (*bonde*) Morceau de bois court et cylindrique qui sert à boucher la bonde d'un tonneau. ♦ Fromage de Neufchâtel affiné qui a la forme d'un bondon.

BONDONNÉ, ÉE, p. p. de bondonner. [bɔ̃dɔne]

BONDONNER, v. tr. [bɔ̃dɔne] (*bonde*) Boucher avec un bondon.

BONDRÉE, n. f. [bɔ̃dre] (bret. *bondrask,* grive) Espèce d'oiseau de proie.

BONDUC, n. m. [bɔ̃dyk] (ar. *bunduk,* noisette) Arbrisseau épineux des Indes.

BON ENFANT, ■ adj. inv. [bɔ̃nɑ̃fɑ̃] (1 *bon* et *enfant*) Empreint de simplicité et de gentillesse. *Une réaction bon enfant. Des soirées bon enfant.*

1 BONGO, ■ n. m. [bɔ̃go] (mot esp.) **Mus.** Ensemble constitué de deux tambours accolés l'un à l'autre et utilisé dans la musique latino-américaine. *Les bongos sont très appréciés pour jouer des rythmes comme le cha-cha ou le mambo.*

2 BONGO, ■ n. m. [bɔ̃go] (mot esp.) **Zool.** Antilope d'Afrique au pelage roux. *Bien que l'effectif des bongos soit en augmentation, leur mortalité reste élevée à cause de la chasse sportive ou de la déforestation.*

BON-HENRI, n. m. [bɔ̃ɑ̃ri] (lat. *bonus henricus*) Plante herbacée qui ressemble à l'épinard, dite aussi *épinard sauvage.*

BONHEUR, n. m. [bɔnœr] (1 *bon* et *heur*) Événement heureux, chance favorable. ♦ Succès. *Le bonheur des armes françaises.* ♦ Dans ce sens il s'emploie aussi au pluriel. « *Il lui pourrait arriver tous les malheurs et tous les bonheurs du monde* », Vaugelas. ♦ *Porter bonheur,* annoncer, procurer bonne chance. ♦ *Avoir du bonheur,* être favorisé par le hasard. ♦ *Jouer avec bonheur, être en bonheur,* avoir chance au jeu, et fig. *jouer de bonheur,* réussir contre toute espérance. ♦ **Fam.** *Au petit bonheur !* arrive ce qu'il pourra ! ♦ *Par bonheur,* par bonne chance. ♦ *De bonheur,* même sens. ♦ État heureux, état de pleine satisfaction et de jouissance. « *Le bonheur des méchants comme un torrent s'écoule* », Racine. ♦ *Le bonheur éternel,* la félicité des élus. ♦ *Le bonheur de,* avec un infinitif, la satisfaction de. *Il a eu le bonheur de conserver longtemps sa mère.* ♦ *Avoir le bonheur de,* formule de civilité. *Depuis que j'ai eu le bonheur de vous voir.* ♦ *Bonheur-du-jour,* sorte de petit meuble. ♦ *Avec bonheur,* avec grand plaisir ou de manière adroite. *Ce romancier allie avec bonheur suspense et action.* ■ *Trouver son bonheur,* trouver exactement ce qu'on recherche. ■ **Prov.** *L'argent ne fait pas le bonheur,* l'aisance financière ne suffit pas pour être heureux. ♦ *Le malheur des uns fait le bonheur des autres,* les situations difficiles profitent toujours à quelqu'un.

BONHEUR-DU-JOUR, ■ n. m. [bɔnœrdyʒur] (*bonheur* et *jour*) Des *bonheurs-du-jour.* Voy. BONHEUR.

BONHOMIE ou **BONHOMMIE,** n. f. [bɔnɔmi] (*bonhomme*) Qualité de celui qui est à la fois bon de cœur et simple de manières. ♦ En un sens défavorable, simplicité excessive et crédule.

BONHOMME, n. m. [bɔnɔm] (1 *bon* et *homme*) Homme plein de bonté, de facilité. *Faire le bonhomme.* ♦ ▷ Homme simple et peu avisé. ◁ ♦ ▷ Homme qui commence à vieillir. ◁ ♦ Anciennement, parmi les gens de guerre, le bonhomme, Jacques Bonhomme, le paysan. ♦ **Fam.** *Un petit bonhomme,* un petit garçon. ♦ Figure dessinée négligemment et aussi figure de plomb. ♦ Au pl. *Bonhomme* fait *bonshommes ;* mais, pour éviter l'idée de faiblesse ou de simplicité, on dit aussi au pluriel *bonnes gens.* ■ *Bonhomme* *de neige*, fait de deux boules de neige l'une sur l'autre et muni d'accessoires propres à l'homme. ■ **Fam.** Homme un peu douteux. *Elle s'est fait accostée par un drôle de bonhomme.* ■ *Aller, faire son petit bonhomme de chemin*, construire tranquillement sa vie. ■ **Adj.** Qui montre une certaine bonhomie. *Avoir un air bonhomme.*

BONI, n. m. [boni] (lat. médiév. *aliquid boni*, quelque chose de bon) Somme restée sans emploi sur une dépense. ♦ ▷ Au Mont-de-Piété, ce qui revient sur un gage qu'on a laissé vendre. ◁ ♦ **Au pl.** *Des bonis.* ■ *Boni de liquidation*, ce qui reste à la suite de la liquidation d'une société après règlement des dettes et remboursement des associés. *Les bonis de liquidation sont généralement répartis auprès des actionnaires.*

BONICHE, ■ n. f. [bonif] Voy. BONNICHE.

BONICHON, ■ n. m. [bonifɔ̃] Voy. BONNICHON.

1 **BONIFICATION**, n. f. [bonifikasjɔ̃] (1 *bonifier*) Amélioration. ♦ Augmentation du produit d'une affaire.

2 **BONIFICATION**, ■ n. f. [bonifikasjɔ̃] (2 *bonifier*) Somme donnée à titre d'augmentation. *Gratifier quelqu'un d'une bonification de 100 euros.* ■ *Bonification d'intérêts*, réduction du taux d'intérêt accordée par l'État dans certains cas. ■ **Sp.** Avantage ou point accordé en supplément à une équipe.

BONIFIÉ, ÉE, p. p. de bonifier. [bonifje]

1 **BONIFIER**, v. tr. [bonifje] (lat. *bonificare*, rendre meilleur) Rendre meilleur. ♦ Suppléer un déficit. ♦ Se bonifier, v. pr. S'améliorer.

2 **BONIFIER**, ■ v. tr. [bonifje] (*boni*) Accorder un boni. ■ Octroyer une réduction de taux d'intérêt. *La commission de la production et des échanges est chargée de bonifier des prêts au bénéfice des exploitants qui rencontrent des difficultés financières.* ■ **Suisse** Porter une somme au crédit d'un compte.

BONIMENT, n. m. [bonimã] (arg. *bonir*, parler, dire) Parade de charlatan. ♦ **Par anal.** Manœuvres pour tromper. ■ Propos fallacieux. *Les techniques de boniment sont nombreuses : exagérations, insinuations, suspense, etc.*

BONIMENTER, ■ v. intr. [bonimãte] (*boniment*) Tromper quelqu'un en lui racontant des boniments. *En bonimentant de la sorte, il a réussi à s'en sortir pour cette fois-ci.*

BONIMENTEUR, EUSE, ■ n. m. et n. f. [bonimãtœr, øz] (*bonimenter*) Personne qui tient des propos fallacieux dans le but de tromper autrui. *Un fin bonimenteur.*

BONITE, n. f. [bonit] (esp. *bonito*) Poisson de mer, espèce de thon.

BONJOUR, n. m. [bɔ̃ʒur] (1 *bon* et *jour*) Terme de salutation. *Je vous souhaite le bonjour.* ♦ **Ellipt.** *Bonjour, monsieur. Bonjour à monsieur le docteur.* ■ *Simple comme bonjour*, très simple. ■ **Québec** Au revoir.

BON MARCHÉ, ■ adj. inv. [bɔ̃marʃe] (1 *bon* et *marché*) Peu coûteux. ■ **Péj.** Peu coûteux mais de mauvaise qualité. *Un parfum bon marché qui entête. Des produits bon marché.*

BONNARD, ARDE ou **BONARD, ARDE**, ■ adj. [bonar, ard] (1 *bon*) Qui se laisse facilement duper ou attraper. ■ **Fam.** *C'est bonnard!* tout va bien, tout se passe bien.

BONNE, n. f. [bɔn] (1 *bon*) Femme de service ; fille chargée de soigner un enfant[1]. ♦ ▷ *Contes de bonnes*, contes dont les bonnes amusent les enfants. ◁ ■ **REM.** 1 : Terme péjoratif aujourd'hui dans ce sens.

BONNE-DAME, ■ n. f. [bɔn(ə)dam] (1 *bon* et *dame*) Plante potagère qu'on nomme autrement *belle-dame* ou *arroche*. ♦ **Au pl.** *Des bonnes-dames.*

BONNE FEMME, ■ n. f. [bɔn(ə)fam] (1 *bon* et *femme*) **Péj.** Femme. *C'est une sale bonne femme. Des conversations de bonne femme. Des bonnes femmes.* ■ *À la bonne femme*, mijoté longuement en parlant d'un plat.

BONNE MAIN, ■ n. f. [bɔn(ə)mɛ̃] (1 *bon* et *main*) Menue monnaie donnée en pourboire. « *Combien donnerez-vous de bonne main ? – Pas un sou, j'ai payé* », ALEXANDRE DUMAS.

BONNE-MAMAN, ■ n. f. [bɔn(ə)mamã] (1 *bon* et *maman*) **Fam.** Grand-mère. *Les vacances chez bonne-maman. Des bonnes-mamans.*

BONNEMENT, ■ adv. [bɔn(ə)mã] (1 *bon*) De bonne foi, naïvement, avec simplicité. ♦ Vraiment ; en ce sens, il ne s'emploie qu'avec la négation. *Je ne puis bonnement oublier cette offense.* ■ *Tout bonnement*, de la manière la plus simple qui soit. *Il a tout bonnement annulé la cérémonie.*

BONNET, n. m. [bɔnɛ] (lat. médiév. *abonis*, bandeau utilisé pour se coiffer) Coiffure d'homme sans rebords. *Bonnet de coton.* ♦ *Bonnet de police*, coiffure des militaires en petite tenue. ♦ *Bonnet à poil*, coiffure en poil noir portée par certaines troupes. ■ **Fig.** *Jeter son bonnet par-dessus les moulins*, braver l'opinion, les bienséances. ♦ *Prendre une chose sous son bonnet*, imaginer un fait sans fondement. ♦ *Ce sont deux têtes dans un bonnet*, ils sont toujours de la même opinion, du même sentiment. ♦ *Mettre la main au bonnet*, saluer. ♦ *Coup de bonnet*, salutation. ♦ *Être triste comme un bonnet*

de nuit, être chagrin. ♦ *C'est bonnet blanc et blanc bonnet*, il n'y a point de différence. ♦ *Parler à son bonnet*, se parler à soi-même. ♦ *Mettre son bonnet de travers*, entrer en mauvaise humeur. ♦ *Avoir la tête près du bonnet*, être vif, emporté. ♦ Coiffure des docteurs, des avocats, des juges, des professeurs. ♦ ▷ *Prendre le bonnet de docteur* ou simplement *le bonnet*, se faire recevoir docteur. ◁ ♦ **Fig.** *Un gros bonnet*, un personnage important. ♦ *Opiner du bonnet*, ne faire qu'ôter son bonnet en signe d'assentiment, accéder, sans aucune modification, à l'avis des autres. ♦ *Y jeter son bonnet*, ne pouvoir résoudre la difficulté proposée. ♦ Coiffure de gaze, de mousseline, de tulle, de dentelle, etc., à l'usage des femmes. ♦ *Bonnet phrygien*, coiffure qu'on donne ordinairement aux images de la Liberté, de la République. ♦ *Bonnet rouge*, coiffure adoptée par les sans-culottes en 1793 et depuis lors symbole de l'esprit révolutionnaire. ♦ *Bonnet chinois*, dit aussi *chapeau chinois*, instrument de musique militaire garni de sonnettes. ♦ *Bonnet turc*, sorte de potiron. ♦ *Bonnet-de-prêtre, bonnet-d'électeur, bonnet-à-prêtre*, noms vulgaires d'une espèce de courge. ♦ *Bonnet carré*, nom vulgaire du fusain. ■ *Bonnet de bain*, coiffe en caoutchouc protégeant les cheveux à la piscine. *Les bonnets de bain sont obligatoires dans certaines piscines municipales.* ■ **Zool.** Estomac secondaire des ruminants. *Le bonnet d'une vache.* ♦ Chacune des deux formes d'un soutien-gorge destinées à englober et soutenir les seins. *Quelle est votre profondeur de bonnet : B ou C?*

BONNETADE, n. f. [bɔn(ə)tad] (*bonnet*) Coup de bonnet, salut. ♦ Il a vieilli.

BONNETÉ, ÉE, p. p. de bonneter. [bɔn(ə)te]

BONNETEAU, ■ n. m. [bɔn(ə)to] (*bonneteur*, dupeur) Jeu de hasard qui consiste à mélanger trois cartes puis à faire deviner à un parieur la place d'une de ces cartes. *Le bonneteau est pratiqué clandestinement dans les rues populaires de Paris.*

BONNETER, v. tr. [bɔn(ə)te] (*bonnet*) ▷ Rendre des respects et des soins assidus, surtout en parlant de sollicitations humbles et fréquentes. ♦ **Fig.** Opiner du bonnet, n'avoir pas d'avis. ◁

BONNETERIE, n. f. [bɔnɛt(ə)ri] (*bonnet*) Métier, ouvrage, commerce de bonnetier. ■ Ensemble des articles fabriqués par un bonnetier.

BONNETEUR, n. m. [bɔn(ə)tœr] (*bonneter*) Celui qui prodigue les révérences et les compliments. ■ Celui qui propose de jouer au bonneteau à un parieur. *Il retourne les cartes et les mélange comme le ferait un bonneteur pour brouiller les pistes.*

BONNETIER, IÈRE, n. m. et n. f. [bɔn(ə)tje, jɛr] (*bonnet*) Celui, celle qui fait ou qui vend des bonnets, des bas et d'autres objets de tricot. ■ N. f. *Une bonnetière*, armoire peu large, fermant par une seule porte et autrefois destinée au rangement des chapeaux et coiffes. *Apparues en Normandie au* XVIIᵉ *siècle, les belles bonnetières sont faites de merisier, de chêne ou de noyer et sont décorées de motifs sculptés.*

1 **BONNETTE**, n. f. [bɔnɛt] (*bonnet*) Ouvrage avancé qui est au-delà de la contrescarpe, en forme de petit corps de garde, et dont les deux faces forment un angle saillant.

2 **BONNETTE**, n. f. [bɔnɛt] (*bonnet*) Petites voiles qu'on ajoute aux grandes pour présenter une plus grande surface au vent. ■ **Opt.** Filtre apposé sur l'oculaire d'une lunette astronomique. ■ **Phot.** Lentille fixée sur l'objectif d'un appareil photo dans le but de modifier la distance focale. *Les bonnettes permettent de faire la mise au point à des distances plus proches.*

BONNICHE ou **BONICHE**, ■ n. f. [bɔnif] (*bonne*) **Péj.** Bonne à tout faire. *Arrête de me prendre pour ta bonniche.*

BONNICHON, ■ n. m. [bɔnifɔ̃] (*bonnet*) **Fam.** Bonnet de petite taille. ■ **REM.** On écrit aussi *bonichon*.

BONOBO, ■ n. m. [bonobo] (*Bolobo*, région du Congo) **Zool.** Chimpanzé nain originaire du Congo. *Victimes du braconnage, les bonobos sont en voie de disparition.*

BON-PAPA, ■ n. m. [bɔ̃papa] (1 *bon* et *papa*) **Fam.** Grand-père. *Des bons-papas.*

BONSAÏ ou **BONZAÏ**, ■ n. m. [bɔ̃zaj] ou [bɔ̃zaj] (jap. *bon*, arbre, et *saï*, tailler) Arbre cultivé en pot, dont les branches et les rameaux sont taillés pour qu'il reste nain.

BONSOIR, ■ n. m. [bɔ̃swar] (1 *bon* et *soir*) Terme de salutation pour le soir. ♦ **Ellipt.** *Bonsoir, monsieur. Bonsoir à monsieur votre frère.* ♦ **Pop.** *Dire bonsoir à la compagnie*, mourir. ♦ *Bonsoir!* c'est-à-dire : l'affaire est manquée.

BONTÉ, n. f. [bɔ̃te] (lat. *bonitas*) Qualité de ce qui est bon. *Bonté des terres. Bonté d'une marchandise.* ♦ Justice. *Bonté d'une cause.* ♦ Douceur, indulgence, bienveillance. *La bonté de Dieu. Votre bonté pour moi.* ♦ **Au pl.** Actes de bienveillance. « *Où sont, Dieu de Jacob, les antiques bontés?* », RACINE. *La bonté, les bontés*, termes de politesse. *Je suis confus de vos bontés. Ayez la bonté de.* ♦ Trop grande facilité. *Tu as trop de bonté pour lui.*

BONUS, ■ n. m. [bonys] (angl. *bonus*, argent donné en guise de récompense, lat. *bonus* ; cf. *boni*) Réduction du montant d'une police d'assurance automobile, accordée à un conducteur qui n'a pas été responsable d'accident pendant une période donnée. *Le bonus et le malus.* ■ Prime accordée par une entreprise à un salarié, correspondant à une participation aux bénéfices.

BON VIVANT, ■ n. m. [bɔ̃vivɑ̃] (1 *bon* et *vivant*) Voy. BON.

BONZAÏ, ■ n. m. [bɔ̃nzaj] ou [bɔ̃zaj] Voy. BONSAÏ.

BONZE, ESSE, n. m. [bɔ̃z, ɛs] (jap. *bozu*, prêtre) Prêtre ou religieuse chinois ou japonais de la religion bouddhiste. ◆ Au f. « *Bonzesse* », VOLTAIRE. Des dictionnaires donnent aussi ▷ *bonzelle.* ◁ ■ **Fam.** et **péj.** Personne de peu d'importance qui agit et parle avec emphase. *Il nous tape sur les nerfs, ce bonze !*

BONZERIE, n. f. [bɔ̃z(ə)ʀi] (*bonze*) Monastère de bonzes.

BOOGIE-WOOGIE, ■ n. m. [bugiwugi] (mot angl. onomat.) **Mus.** Blues joué sur un rythme rapide. ■ **Par extens.** Danse sur cette musique. *Des boogie-woogies.*

BOOK, ■ n. m. [buk] (mot angl.) Abréviation de *press-book* ou de *bookmaker. Le photographe constitue ses books pour préparer son exposition.*

BOOKMAKER ou **BOOKMAKEUR**, ■ n. m. [bukmɛkœʀ] ou [bukmakœʀ] (mot angl.) Personne qui enregistre les paris sur les courses dans un hippodrome. *Les bookmakers ne fixent pas leurs cotes en fonction de leur opinion, mais en fonction de l'opinion du public.* ■ **Abrév.** Book.

BOOLÉEN, ENNE ou **BOOLÉIEN, IENNE**, ■ adj. [buleɛ̃, ɛn] ou [buleɛ̃, jɛn] (George *Boole*, mathématicien angl.) Qui ne peut prendre que deux valeurs ; soit vrai, soit faux. *Un opérateur booléen.*

BOOM, ■ n. m. [bum] (onomat. angl. *boom*, hausse rapide) Croissance soudaine et précaire. *Le boom économique.* ■ *En plein boom,* en pleine expansion. *La téléphonie mobile est en plein boom.* ■ **Financ.** Hausse subite des valeurs boursières.

BOOMER, ■ n. m. [bumœʀ] (angl. *boom,* grondement) Haut-parleur qui reproduit les sons graves dans une enceinte acoustique. *Des enceintes équipées de boomers pour les basses fréquences.*

BOOMERANG, ■ n. m. [bum(ə)ʀɑ̃g] (mot angl., nom de tribu australienne) Arme des indigènes australiens, faite d'un morceau de bois coudé, qui revient vers le lanceur lorsqu'elle n'atteint pas son but. ■ Jeu utilisant cette arme. ■ **Fig.** Manifestation d'hostilité qui se retourne contre son auteur. *Une remarque qui fait boomerang.*

1 **BOOSTER**, ■ n. m. [bustœʀ] (mot angl.) Propulseur fixé sur une fusée pour lui donner la poussée nécessaire au décollage. *Le dispositif d'étalonnage et de mesure de poussée des boosters de la fusée Ariane V.* ■ **REM.** Recommandation officielle : *propulseur* ou *pousseur.* ■ Dispositif relié à un autoradio et permettant d'en accroître la puissance sonore. ■ **REM.** Recommandation officielle : *suramplificateur.* ■ **Par extens.** et fig. Tout ce qui donne une impulsion. *Le soleil, un vrai booster d'énergie.*

2 **BOOSTER**, ■ v. tr. [buster] (angl. *to boost*) **Fam.** Conférer une impulsion à quelque chose. *La reprise des ventes a boosté la croissance.*

BOOTLEGGER, ■ n. m. [butlegœʀ] (angl. *bootleg,* bouteille cachée dans la botte) **Hist.** Personne qui pratiquait la contrebande d'alcool durant la période de prohibition aux États-Unis. *Les bootleggers.*

BOOTS, ■ n. m. pl. [buts] (mot angl., de l'anc. fr. *bote*) Bottes courtes, généralement en peau, qui montent jusqu'aux chevilles. *Porter des boots.*

BOP, ■ n. m. [bɔp] Voy. BE-BOP.

BOQUETEAU, ■ n. m. [bɔk(ə)to] (normanno-pic. *boquet,* petit bois) Petit bosquet. *Ils aimaient à se promener à travers les champs et les boqueteaux.*

BOQUILLON, ■ n. m. [bɔkijɔ̃] (pic. et flam. *boskellon,* bûcheron) Bûcheron. ◆ Il est vieux.

BORA, ■ n. f. [bɔʀa] (ital. *bora,* lat. *boreas,* vent du nord, gr. *boreas*) Vent hivernal glacial et violent qui souffle sur la mer Adriatique et les terres qui la bordent. *Les boras peuvent survenir à tout moment de l'année mais c'est pendant les mois d'hiver qu'elles sont les plus fréquentes.*

BORACIQUE, adj. [bɔʀasik] Voy. BORIQUE.

BORACITE, n. f. [bɔʀasit] (de *bore*) Substance vitreuse qu'on trouve dans les carrières de plâtre.

BORAGINACÉE, ■ n. f. [bɔʀaʒinase] Voy. BORRAGINACÉE.

BORAIN, AINE, ■ adj. [bɔʀɛ̃, ɛn] Voy. BORIN.

BORANE, ■ n. m. [bɔʀan] (*bore*) **Chim.** Famille des composés du bore. *Les boranes n'existent pas à l'état naturel et doivent être fabriqués en laboratoire.*

BORASSUS ou **BORASSE**, ■ n. m. [bɔʀasys, bɔʀas] (gr. *borassos,* datte) **Bot.** Palmier duquel on extrait l'huile de palme et dont on consomme les bourgeons appelés cœur de palmier. *Le borasse est aussi appelé rônier.*

BORATE, n. m. [bɔʀat] (*borax*) Genre de sels formés par l'acide borique avec les bases salifiables.

BORATÉ, ÉE, adj. [bɔʀate] (*borate*) Qui contient de l'acide borique.

BORAX, n. m. [bɔʀaks] (lat. médiév. *borax,* de l'ar. *buraq,* du pers. *burah,* salpêtre) Sous-borate de soude.

BORBORYGME, n. m. [bɔʀbɔʀigm] (gr. *borborugmos*) **Méd.** Bruit sourd, murmure produit dans l'abdomen par le déplacement des gaz intestinaux. ■ N. m. pl. Paroles mal articulées.

BORD, n. m. [bɔʀ] (frq. *bord,* bord d'un vaisseau) Côté d'un vaisseau. ◆ *Virer de bord,* changer de route, et fig. changer de conduite. ◆ *Vaisseau de haut bord,* autrefois tout bâtiment qui naviguait au long cours, par opposition aux petits bâtiments, *vaisseaux de bas bord* ; aujourd'hui vaisseau de guerre à plusieurs ponts. ◆ BORD À BORD, loc. adv. S'emploie pour exprimer la proximité de deux bâtiments. *Les deux vaisseaux étant bord à bord.* ◆ **Par extens.** *La rivière est bord à bord du quai,* elle est si haute qu'elle affleure le quai. ◆ ▷ Bordée. *Le navire courait des bords.* ◁ ◆ ▷ *Courir bord sur bord,* louvoyer à petites bordées. ◁ ◆ **Fig.** et **fam.** *Être du bord de quelqu'un,* être de son avis, de son parti. ◆ Le vaisseau même. *Aller ou monter à bord.* ◆ Extrémité d'une surface quelconque. *Les bords d'un chapeau.* ◆ Rivage de la mer. ◆ **Par extens.** et **poétiq.** Région, pays. ◆ *Les sombres bords,* la demeure des morts. ◆ *Bord,* le rivage d'un fleuve, d'une rivière, d'un lac, d'un torrent. ◆ Ce qui borde un puits, une fontaine, un fossé. ◆ **Fig.** *Vieillard qui est sur le bord du tombeau,* sur le bord de sa fosse. ◆ *Le bord du précipice, de l'abîme.* ◆ Limite d'un chemin. *Au bord de la route.* ◆ Orifice d'un vase. *Remplir un verre jusqu'aux bords.* ◆ ▷ **Fam.** *Un rouge bord,* un verre plein de vin jusqu'au bord. ◁ ◆ Bout, en parlant des lèvres. *Le bord des lèvres. Avoir un mot sur le bord des lèvres,* être sur le point de se le rappeler et de le prononcer. ◆ **Fig.** *Avoir l'âme sur le bord des lèvres,* être près de mourir. ◆ Tour des yeux. *Il a le bord des yeux rouge.* ◆ Bordure d'un vêtement, galon. *Tunique ayant un bord de pourpre.* ■ *Passer par-dessus bord,* tomber à l'eau. ■ *Bord à bord,* dont les bords se touchent sans se chevaucher. *Mettez les feuilles bord à bord avant d'apposer le Scotch.* ■ *À bord,* à l'intérieur d'un moyen de transport. *Bienvenue à bord. Ils ont acheté une voiture avec un lecteur de DVD à bord.* ■ *Faire avec les moyens du bord,* se débrouiller avec ce qu'on a sous la main. ■ *À ras bord,* jusqu'en haut. ■ *Sur les bords,* très légèrement. *Il est un peu original sur les bords.* ■ *Être au bord des larmes,* sur le point de fondre en larmes.

BORDAGE, n. m. [bɔʀdaʒ] (*bord*) Planches épaisses qui forment le revêtement de la membrure intérieure d'un navire. ◆ Ce qui borde une chose. ◆ Action, manière de border un soulier, un chapeau, un habit, etc. ■ **Canada** Glace qui se forme au bord d'un lac ou d'un cours d'eau. *Les bateaux soulevés par la houle brisèrent les bordages.*

BORDAILLER ou **BORDAYER**, v. intr. [bɔʀdaje] Voy. BORDEYER.

BORDE ou **BORDERIE**, n. f. [bɔʀd, bɔʀdəʀi] (frq. *borda,* maison de planches) Nom employé dans quelques provinces pour désigner une métairie.

1 **BORDÉ**, n. m. [bɔʀde] (*bord*) Galon d'or, d'argent ou de soie qui sert à border les vêtements, les meubles.

2 **BORDÉ, ÉE**, p. p. de border. [bɔʀde] *Voile bordée.* ◆ Entouré. *Une île bordée de rochers. Yeux bordés de rouge.*

1 **BORDEAUX**, ■ adj. inv. [bɔʀdo] (*Bordeaux*) D'un rouge très sombre proche de la couleur du vin. *Un velours bordeaux.* ■ **REM.** L'emploi absolu de *bordeaux* n'est plus vulg. auj.

2 **BORDEAUX (VIN DE)** ou vulg. **BORDEAUX**, n. m. [bɔʀdo] (*Bordeaux*) Produit des vignobles des environs de Bordeaux. *Du vin de Bordeaux rouge. Du bordeaux blanc.*

BORDÉE, n. f. [bɔʀde] (*bord*) Toute la ligne d'artillerie qui est sur le flanc d'un vaisseau. *Lâcher une bordée.* ◆ Décharge simultanée de tous les canons d'un même côté du vaisseau. ◆ **Fig.** *Une bordée d'injures,* injures nombreuses et violentes. ◆ Chemin que fait un bâtiment jusqu'à ce qu'il vire de bord. *Courir des bordées.* ■ **Québec** *Une bordée de neige,* une importante chute de neige. ■ **Fam.** et **vulg.** *Tirer une bordée,* faire la tournée des bars ou des bordels.

BORDEL, ■ n. m. [bɔʀdɛl] (anc. fr. *borde,* maison de planches) **Vulg.** Maison de prostitution. *La tenancière d'un bordel.* ■ **Fig.** et **très fam.** Grand désordre. *Une chambre en bordel.* ■ **Par extens.** Grand vacarme. *Les voisins ont fait un de ces bordels !* ■ **Interj.** Très vulg. Pour exprimer l'agacement, l'énervement. *Bordel de merde !*

BORDELAIS, AISE, ■ adj. [bɔʀdəlɛ, ɛz] (*Bordeaux*) De la région de Bordeaux. ■ N. m. et n. f. *Un Bordelais, une Bordelaise.* ■ *À la bordelaise,* nappé d'une sauce au vin rouge en parlant d'une viande. ■ N. f. Bouteille de verre vert, d'une contenance de 75 centilitres et destinée à contenir du vin.

BORDÉLIQUE, ■ adj. [bɔʀdelik] (*bordel*) **Fam.** Où règne un grand désordre. *Un bureau bordélique.* ■ **Fam.** Qui a peu d'ordre dans ses affaires. *Un homme très bordélique qui cherche toujours après ses affaires.*

BORDER, v. tr. [bɔʀde] (*bord*) Revêtir de bordages la membrure d'un navire. ♦ Étendre, s'étendre le long de certaines choses, en forme de bords. « *Les gazons dont un printemps éternel bordait son île* », FÉNELON. ♦ **Par extens.** *Border un champ de fossés, de haies.* ♦ **Peint. et grav.** Entourer les figures d'un tableau d'une teinte qui les fasse ressortir. ♦ Occuper le bord. « *Nous ne pouvons border tous ces retranchements* », VOLTAIRE. ♦ *Border la haie*, en parlant de troupes, être rangé en longue ligne sur le chemin que doit parcourir un cortège. ♦ *Border un lit*, replier le bord de la couverture sous le premier matelas. ♦ **Mar.** *Border une voile*, la tendre par en bas. ♦ Garnir le bord d'une étoffe, d'un vêtement avec un ruban, un galon. ♦ **Mar.** Côtoyer.

BORDEREAU, n. m. [bɔʀdəʀo] (*bord*) Note explicative et détaillée, article par article. ♦ État des espèces diverses qui composent une somme ou le montant d'une caisse. ♦ *Bordereau de compte*, récapitulation et balance du débit et du crédit. ♦ *Bordereau d'agent de change*, état de ses opérations. ♦ *Bordereau d'inscription hypothécaire*, état des créances à raison desquelles on requiert inscription d'hypothèque.

BORDERIE, ■ n. f. [bɔʀdəʀi] Voy. BORDE.

BORDEYER, v. intr. [bɔʀdeje] (*bord*) **Mar.** Gouverner alternativement d'un côté et de l'autre lorsqu'on n'a point le vent favorable. ■ **Rem.** On disait aussi *bordayer* et *bordailler*.

1 **BORDIER, IÈRE**, adj. et n. m. [bɔʀdje, jɛʀ] (*bord*) *Un bâtiment bordier, un bordier*, bâtiment qui a un côté plus fort que l'autre. ■ **Adj.** Qui constitue la bordure de quelque chose. *Une mer bordière.* ■ **N. m. Suisse** Riverain.

2 **BORDIER, IÈRE**, ■ n. m. et n. f. [bɔʀdje, jɛʀ] (frq. *borda*, cabane) Métayer qui devait payer le droit de bordage. ♦ **Par extens.** Celui qui louait une ferme à condition de partager les produits.

BORDIGUE ou **BOURDIGUE**, n. f. [bɔʀdig, buʀdig] (provenç. *bourdigo*) Enceinte formée avec des claies sur le bord de la mer pour prendre du poisson ou pour le conserver vivant.

BORDOYER, v. tr. [bɔʀdwaje] (*bord*) **Peint. et grav.** Border, entourer.

BORDURE, n. f. [bɔʀdyʀ] (*bord*) Ce qui garnit le bord de quelque chose. *Bordure de chapeau.* ♦ *La bordure d'un bois*, les arbres qui en forment la lisière. ♦ *La bordure d'une allée*, les fleurs, les plantes qui la garnissent. ♦ *Bordure de pavé, de trottoir*, rang de gros pavés qui retiennent chacun des deux côtés d'une chaussée. ♦ Cadre d'un tableau, d'une gravure. **Par extens.** « *Ses yeux de travers avaient une bordure d'écarlate* », FÉNELON. ■ *En bordure de quelque chose*, près du bord de quelque chose. *Une auberge en bordure de route.* ■ **Mar.** Bord inférieur d'une voile. *Seule la bordure de la grand-voile étarquée sur la bôme permet de maintenir celle-ci sur le mât.*

BORDURÉ, ÉE, adj. [bɔʀdyʀe] (*bordure*) Garni d'une bordure.

BORDURETTE, ■ n. f. [bɔʀdyʀɛt] (*bordure*) Bordure peu haute servant à délimiter les allées d'un jardin, les espaces de stationnement dans un parking, ou permettant d'isoler un couloir de circulation aux abords d'un carrefour. *Des bordurettes de jardin en pierre.*

BORE, n. m. [bɔʀ] (*borax*) Corps simple métalloïde, radical de l'acide borique. ■ **Chim.** Élément atomique non métallique. *Le bore se trouve toujours sous forme de composés.*

BORÉAL, ALE, adj. [bɔʀeal] (b. lat. *borealis*) Qui est ou qui se montre du côté du nord. ♦ *Aurore boréale*, phénomène lumineux qui se montre particulièrement dans les contrées boréales. ♦ Le pluriel masculin *boréaux* est peu usité.

BORÉE, n. m. [bɔʀe] (lat. *Boreas*, gr. *Boreas*) Le vent du nord, en style poétique.

BORGNE, adj. [bɔʀɲ] ou [bɔʀnj] (lat. *bornius*, à qui l'on a crevé les yeux) À qui il manque un œil. ♦ **Fig.** *Changer son cheval borgne contre un aveugle*, changer une position médiocre pour une pire. ♦ *Jaser comme une pie borgne*, parler sans cesse. ♦ **Fig.** Chétif, sans apparence. *Une maison borgne.* ♦ *Un cabaret borgne*, cabaret mal famé ou de mauvaise apparence. ♦ *Un compte borgne*, dont les articles ne sont pas clairs. ♦ **N. m. et n. f.** *Un borgne.* ♦ **Prov.** *Au royaume des aveugles les borgnes sont rois*, parmi les incapables les gens médiocres ne laissent pas de briller. ♦ *Pièce borgne*, sans fenêtre sur l'extérieur.

BORGNESSE, n. f. [bɔʀɲɛs] ou [bɔʀnjɛs] (*borgne*) Femme ou fille borgne. ♦ Ne s'emploie que pour dénigrer ou pour se moquer.

BORIE, ■ n. f. [bɔʀi] (b. lat. *bovaria, boaria*, étable, ferme, de *bos*, génit. *bovis*, bœuf) En Provence, petite maison construite avec des pierres sèches. *L'architecture spécifique des bories répondait à la nécessité d'épierrer les sols pauvres des plateaux calcaires pour y permettre la mise en culture.*

BORIN, INE ou **BORAIN, AINE**, ■ adj. [bɔʀɛ̃, in] ou [bɔʀɛ̃, ɛn] (*Borinage*) De la région belge du Borinage ou de la ville française de Bourg-Saint-Maurice. ■ **N. m. et n. f.** *Un Borin, une Borine, un Borain, une Boraine.*

BORIQUE, adj. [bɔʀik] (*bore*) Se dit de l'acide formé d'oxygène et de bore. ■ **Rem.** On disait aussi autrefois *boracique*.

BORIQUÉ, ÉE, ■ adj. [bɔʀike] (de *bore*) À base d'acide borique. *De la vaseline, de l'eau boriquée.*

BORNAGE, n. m. [bɔʀnaʒ] (*borne*) Action de planter des bornes pour marquer les limites d'une propriété rurale. ■ **Mar.** Navigation pratiquée en longeant les côtes. *Un brevet de patron au bornage.*

BORNE, n. f. [bɔʀn] (b. lat. *bodina*) Tout ce qui sert à séparer deux champs l'un de l'autre. ♦ Colonne qui marquait le bout de la carrière dans les cirques anciens. ♦ *Borne milliaire*, borne qui servait à indiquer, sur les chemins romains, chaque distance de mille pas. ♦ Sur nos routes, les bornes qui marquent les distances en kilomètres. ♦ Au pl. Tout ce qui sépare un État d'un autre. ♦ Extrémité, fin de l'étendue, de la durée. *Les bornes de la vie. Le ciel qui est sans bornes.* ♦ **Fig.** « *Son orgueil s'éleva au-delà de toutes bornes* », BOSSUET. « *Je saurai mettre une borne à tes dérèglements* », MOLIÈRE. ♦ *Sortir des bornes*, faire ce qu'il ne convient pas de faire. ♦ Pierres plantées près des murs, à l'encoignure des édifices, à côté des portes, pour les préserver du choc des voitures. ♦ **Fig.** *Il est là comme une borne*, il reste debout sans remuer. ♦ *Borne-fontaine*, fontaine en forme de borne. ■ **Par anal.** *Borne de taxi, borne d'incendie.* ♦ *Dépasser les bornes*, dépasser les limites de ce qui est admis ou supportable. ■ **Fam.** Distance d'un kilomètre. *On a fait vingt bornes sans trouver âme qui vive.* ■ *Sans borne(s)*, sans limite(s). *Un enthousiasme sans bornes.* ■ **Math.** Extrémité inférieure ou supérieure d'un ensemble, d'une suite ou de la représentation d'une fonction. ■ **Élect.** Point de raccordement d'un composant sur un circuit électrique. ■ *Borne interactive*, ordinateur connecté à Internet à disposition dans un lieu public.

BORNÉ, ÉE, p. p. de borner et adj. [bɔʀne] Qui a reçu des bornes. ♦ Restreint, resserré, en parlant de l'espace. *Borné par le temps.* ♦ Limité dans sa durée. *Vue bornée par un bois.* ♦ Peu considérable. *Nos besoins sont bornés.* ♦ Petit, restreint, en parlant de l'intelligence, de la capacité. *Intelligence bornée.* ♦ Qui est sans capacité, sans intelligence, en parlant des personnes. *Un homme borné.* ■ **Math.** Qui connaît une limite supérieure ou inférieure. *Calculer le nombre de points de hauteur bornée.*

BORNE-FONTAINE, ■ n. f. [bɔʀn(ə)fɔ̃tɛn] (*borne* et *fontaine*) Des bornes-fontaines. Voy. BORNE.

BORNER, v. tr. [bɔʀne] (*borne*) Séparer deux choses par des bornes. *Borner un champ.* ♦ Fixer les limites, limiter. *Le Rhin bornait l'Empire romain.* ♦ **Fig.** Restreindre, circonscrire. *Borner son discours.* « *Rien ne doit le borner dans sa charité* », MASSILLON. ♦ Se borner, v. pr. Se prescrire des bornes, se restreindre, s'arrêter à. *Se borner au strict nécessaire.* ♦ **Absol.** « *Qui ne sait se borner ne sut jamais écrire* », BOILEAU. ♦ Être borné.

BORNOYÉ, ÉE, p. p. de bornoyer. [bɔʀnwaje]

BORNOYER, v. tr. [bɔʀnwaje] (*borgne*) Regarder d'un œil en fermant l'autre, pour vérifier un alignement, une surface plane. ♦ Placer des jalons de distance en distance.

BORRAGINACÉE ou **BORAGINACÉE**, n. f. [bɔʀaʒinase] (lat. médiév. *borrago*, génit. *borraginis*, bourrache, de l'ar. *abûaraq*, père de la sueur, à cause de ses vertus sudorifiques) Famille de plantes dont la bourrache est le type. ■ **Rem.** On disait autrefois *borraginée*.

BORRÉLIOSE, ■ n. f. [bɔʀeljoz] (*borrélia*) Nom générique des fièvres provoquées par des parasites transmis à l'homme par les poux et les tiques. *La borréliose, souvent récurrente, peut entraîner des complications viscérales.*

BORTSCH ou **BORTCH**, ■ n. m. [bɔʀtʃ] (mot russe) **Cuis.** Plat russe consistant en une soupe aux choux et aux betteraves. *On utilise généralement du paprika pour aromatiser le bortsch. Des bortschs.*

BORURATION, ■ n. f. [bɔʀyʀasjɔ̃] (*borure*) **Techn.** Traitement thermochimique d'enrichissement superficiel d'un acier en bore. *La boruration est réalisée entre 800 et 1 050° pour donner du borure de fer.*

BORURE, ■ n. m. [bɔʀyʀ] (*bore*) **Chim.** Association de bore et d'un corps simple. *Un supraconducteur, à base de borure de magnésium, conduit des courants électriques de haute intensité.*

BOSAN, ■ n. m. [bɔzɑ̃] (mot turc) Breuvage turc fait avec du millet bouilli dans de l'eau.

BOSCO, ■ n. m. [bɔsko] (mot néerl.) **Mar.** Maître d'équipage ou de manœuvre sur un navire de commerce. *Encadrés par leurs boscos, les cadets acquièrent un sens du travail en équipe qui leur sera précieux sur d'autres bateaux.* ■ **Rem.** Recommandation officielle pour *bosseman*.

BOSCOYO, ■ n. m. [bɔskojo] (orig. inc.) **Louisiane** Racine du cipre ou cyprès chauve qui se développe dans l'eau. *Des boscoyos.*

BOSEL, n. m. [bozɛl] (anc. fr. *bossel*, moulure ronde) Membre rond qui est à la base des colonnes et qu'on nomme plus communément *tore*.

BOSKOOP, ■ n. f. [bɔskɔp] (*Boskoop*, ville des Pays-Bas) Variété de pomme à la peau rouge et grise et à la chair ferme et acidulée. *Une tarte Tatin aux boskoops.*

BOSNIAQUE, ■ adj. [bɔsnjak] (*Bosnie*) Originaire ou typique de Bosnie. ■ N. m. et n. f. *Un Bosniaque, une Bosniaque.*

BOSON, ■ n. m. [bozɔ̃] (*Bose* et *Einstein*) **Phys.** Type de particule élémentaire dont le moment cinétique est nul ou entier. *Les photons ou les gravitons sont des bosons fondamentaux.*

BOSPHORE, n. m. [bɔsfɔʀ] (lat. *Bosphorus*, gr. *Bosporos*, de *bous*, bœuf et *poros*, passage ; p.-ê. référence à la légende d'Io) Nom du détroit qui sépare la Thrace de l'Asie Mineure, et par extension tout détroit de peu d'étendue.

BOSQUET, n. m. [bɔskɛ] (anc. provenç. *bosc*, bois, plutôt qu'ital. *boschetto*) Petit bois, touffe d'arbres.

BOSS, ■ n. m. [bɔs] (mot angl.) **Fam.** Patron d'une entreprise. *Les boss.*

BOSSAGE, n. m. [bɔsaʒ] (*bosse*) Nom que les architectes donnent à certaines grosses pierres qui excèdent la surface d'un mur. *Bossage rustique, bossage vermiculé, etc.* ■ **Méc.** Saillie créée à la surface d'une pièce par déformation.

BOSSA-NOVA, ■ n. f. [bɔsanɔva] (mot port.) Musique apparue au Brésil à la fin des années 1950, ressemblant à la samba. *Bebel Gilberto, l'héritière moderne de la bossa-nova.* ■ Danse sur cette musique. *Des bossas-novas ou des bossa-novas.*

BOSSE, n. f. [bɔs] (probabl. lat. pop. *bottia*, qu'on peut reconstruire de l'ital. *boccia*, bouton de fleur et l'anc. provenç. *bossa*) Enflure, tumeur par suite d'une contusion, d'une chute. ♦ **Fam.** *Ne demander, ne chercher que plaie et bosse*, exciter les querelles. ♦ Dans le système phrénologique, protubérance en certain point du crâne considérée comme indiquant certaines facultés. ♦ *Avoir la bosse de quelque chose*, avoir des dispositions. *Il a la bosse de la musique.* ♦ Protubérance, grosseur contre nature qui se forme au dos et qui se manifeste aussi à la poitrine. *La bosse du chameau.* ♦ Toute élévation sur une surface. *Un plat d'argent plein de bosses.* ♦ **Anat.** Éminence arrondie qui se voit sur certains os. *Bosse frontale.* ♦ Au jeu de paume, endroit de la muraille du côté de la grille, lequel renvoie la balle dans le dedans. ♦ **Fig.** *Donner dans la bosse*, être dupe. ♦ **Sculpt.** et **peint.** Relief. *Ouvrages de ronde-bosse*, de plein relief, telles les statues. *Ouvrages de demi-bosse*, les bas-reliefs. ♦ *Peindre, dessiner d'après la bosse*, peindre, dessiner d'après une figure moulée. ♦ **Art** Convexités extérieures servant à l'ornement. *Vaisselle en bosse*, vaisselle travaillée en relief. ♦ **Mar.** Bouts de corde qui servent à rejoindre des parties séparées ou à saisir des cordages et d'autres choses. ■ **Fam.** *Il a roulé sa bosse*, il a beaucoup voyagé.

BOSSÉ, ÉE, p. p. de bosser. [bose] *Un câble bossé.*

BOSSELAGE, n. m. [bɔs(ə)laʒ] (*bosseler*) Travail en bosse sur la vaisselle.

BOSSELÉ, ÉE, p. p. de bosseler. [bɔs(ə)le]

BOSSELER, v. tr. [bɔs(ə)le] (*bosse*) Travailler en bosse de la vaisselle, de l'argenterie. ♦ Déformer par des bosses. ♦ Se bosseler, v. pr. Être déformé par des bosses.

BOSSELLEMENT, ■ n. m. [bɔsɛl(ə)mɑ̃] (*bosseler*) Activité consistant à bosseler quelque chose. *Les techniques de bossellement des pipelines.* ■ Son résultat. *Le bossellement de la banquise sous l'effet de la compression.*

BOSSELURE, n. f. [bɔs(ə)lyʀ] (*bosseler*) Produit du travail en bosse ; sorte de bosse sur une pièce d'argenterie.

BOSSEMAN, n. m. [bɔs(ə)mɑ̃] (all. *Botsmann*) Autrefois, sous-officier de marine ayant le grade intermédiaire entre ceux de contremaître et de quartier-maître.

1 BOSSER, v. tr. [bose] (*bosse*) **Mar.** Retenir avec des bosses.

2 BOSSER, ■ v. intr. [bose] (*bosser du dos*, être courbé sur son travail) **Fam.** Travailler durement. *Il faut bosser pour avoir son baccalauréat.* ■ V. tr. *Bosser un concours*, travailler d'arrache-pied pour le préparer.

BOSSETTE, n. f. [bɔsɛt] (*bosse*) Ornement en bosse aux deux côtés du mors d'un cheval. ■ Clou de tapissier dont la tête est ouvragée. *Un voltaire de velours orné de bossettes d'or.* ■ Renflement situé sur le côté de la détente d'une arme à feu. *Une détente à double bossette.* ■ **Suisse** Tonneau à roues servant à collecter le raisin de la vendange.

BOSSEUR, EUSE, ■ n. m. et n. f. [bɔsœʀ, øz] (2 *bosser*) **Fam.** Personne qui travaille dur. « *C'était un bosseur et un lève-tôt* », Izzo. ■ Adj. *Il n'est bosseur qu'à l'approche des examens.*

BOSSOIR, n. m. [bɔswaʀ] (*bosse*) Chacune des deux pièces de bois qui servent à suspendre et à hisser les ancres.

BOSSU, UE, adj. [bɔsy] (*bosse*) Qui a une bosse au dos ou à la poitrine par un vice de conformation. ♦ N. m. et n. f. *Un bossu, une bossue.* ♦ *Rire comme un bossu*, rire aux éclats, par allusion à la voix stridente des bossus. ♦ Inégal, montueux. *Terrain bossu.* ♦ Peu usité en ce sens.

BOSSUÉ, ÉE, p. p. de bossuer. [bɔsɥe] Argenterie bossuée.

BOSSUER, v. tr. [bɔsɥe] (*bossu*) Faire par accident des bosses à de la vaisselle, à de l'argenterie, etc. ♦ Se bossuer, v. pr. *Ce plat s'est bossué.*

BOSTANGI, n. m. [bɔstɑ̃ʒi] (mot persan) Nom des jardiniers du sérail qui sont enrégimentés et employés à la garde du Grand Seigneur.

BOSTON, n. m. [bɔstɔ̃] (*Boston*, ville américaine) Jeu de salon qui se joue à quatre personnes, avec un jeu de cinquante-deux cartes et des paniers de fiches, comme le reversis. ■ Danse sur un rythme de valse lente.

BOSTRYCHE, ■ n. m. [bɔstʀiʃ] (*bostrukhos*, boucle de cheveux) **Zool.** Coléoptère qui dépose ses larves dans le bois des chênes. *Les bostryches font partie des xylophages les plus ravageurs.*

BOT, BOTE, adj. m. [bo, bɔt] (se rattache à l'a. fr. *bot*, crapaud, et adj., émoussé ; cf. aussi *nabot* ; on a proposé de reconstituer un étymon germ. *butta*, émoussé) Usité seulement dans *pied bot*, pied contrefait par quelque contracture ou lésion permanente des muscles. ♦ N. m. et n. f. *Un pied-bot*, un homme qui a un pied bot. ♦ Au pl. *Des pieds-bots.*

BOTANIQUE, n. f. [bɔtanik] (gr. *botanikos*, qui a trait aux plantes, de *botanê*, herbe) Science qui a pour objet la connaissance, la description et la classification des végétaux. ♦ Adj. *Région botanique*, espace offrant un certain nombre de plantes qui lui sont particulières. ♦ *Jardin botanique*, jardin où l'on rassemble un grand nombre de plantes pour l'étude et la curiosité. ♦ *Géographie botanique*, étude des contrées par rapport aux plantes qui leur sont propres.

BOTANISER, v. intr. [bɔtanize] (*botanique*) Herboriser.

BOTANISTE, n. m. et n. f. [bɔtanist] (*botanique*) Personne qui étudie la botanique, qui est savante en botanique.

BOTARGUE, n. f. [bɔtaʀg] Voy. POUTARGUE.

BOTHRIOCÉPHALE, ■ n. m. [bɔtʀijɔsefal] (gr. *bothrion*, fossette et -*céphale*) Ver parasite de l'homme transmis lors de la consommation de poissons d'eau douce peu cuits, qui détruit le tissu intestinal en le suçant grâce aux ventouses situées sur sa tête. *Les bothriocéphales se développent en pondant leurs œufs dans l'intestin.*

BOTRYTIS, ■ n. m. [bɔtʀitis] (gr. *botrus*, grappe) Champignon parasite de la vigne. *Le botrytis se développe en provoquant un feutrage gris sur les capitules et les tiges des feuilles.*

1 BOTTE, n. f. [bɔt] (mot néerl. *bote*, touffe de lin) Quantité déterminée de choses de même espèce qu'on a liées ensemble. *Botte de foin, de paille, de radis, etc.* ♦ *Botte de soie*, écheveaux de soie liés ensemble. ♦ **Fam.** *Une botte de paperasses*, une grande quantité de papiers.

2 BOTTE, n. f. [bɔt] (b. lat. *buttis*, bouteille) Sorte de tonneau.

3 BOTTE, n. f. [bɔt] (p.-ê. de *bot*) Chaussure de cuir qui enferme le pied et la jambe, et quelquefois une partie de la cuisse. ♦ *Coup de botte*, coup de pied. ♦ *Avoir du foin dans ses bottes*, avoir des ressources, de l'argent. ♦ *Prendre ses bottes de sept lieues*, se préparer à partir et à marcher rapidement, par allusion aux bottes du Petit Poucet. ♦ *À propos de bottes*, hors de tout propos. ♦ *Graisser ses bottes*, se préparer à partir, et fig. être sur le point de mourir. ♦ ▷ **Fig.** et **fam.** La terre qui s'attache à la chaussure dans un terrain gras. ◁ ♦ **Équit.** *Serrer la botte*, serrer le cheval avec les jambes. *Ce cheval va à la botte*, il cherche à mordre son cavalier. ■ **Fig.** *Aller à la botte*, dire des choses piquantes. ■ *Sous la botte de*, sous l'autorité de. ■ **Fam.** *En avoir plein les bottes*, se sentir fatigué. ■ **Fam.** *Être à la botte de quelqu'un*, lui être dévoué. ■ *Cirer les bottes de quelqu'un*, le flatter dans l'espoir d'en obtenir quelque chose. ■ **Vulg.** *Chier dans les bottes de quelqu'un*, dépasser les limites.

4 BOTTE, n. f. [bɔt] (ital. *botta*, coup) Coup de fleuret ou d'épée. ♦ *Botte secrète*, coup dont la parade est inconnue de l'adversaire. ♦ **Fig.** *Pousser, porter une botte à quelqu'un*, lui faire une interpellation, une attaque imprévue.

BOTTÉ, ÉE, p. p. de botter. [bote] **Fig.** *Il faut être toujours botté et prêt à partir*, il faut être toujours préparé à mourir. ♦ *Un singe botté*, un homme petit, mal fait et embarrassé dans son accoutrement.

BOTTELAGE, n. m. [bɔt(ə)laʒ] (*botteler*) Action de botteler du foin, de la paille, etc.

BOTTELÉ, ÉE, p. p. de botteler. [bɔt(ə)le]

BOTTELER, v. tr. [bɔt(ə)le] (1 *botte*) Lier en bottes.

BOTTELETTE, n. f. [bɔt(ə)lɛt] (1 *botte*) Petite botte de foin, de paille, etc.

BOTTELEUR, EUSE, n. m. et n. f. [bɔt(ə)lœʀ, øz] (*botteler*) Personne qui fait des bottes de foin, de paille, etc.

BOTTELEUSE, ■ n. f. [bɔt(ə)løz] (*botteler*) Engin agricole qui met la paille en bottes. *Améliorer le rendement d'une exploitation grâce à l'utilisation d'une botteleuse.*

BOTTER, v. tr. [bote] (3 *botte*) Fournir des bottes, faire des bottes à quelqu'un. ◆ Absol. *Ce cordonnier botte bien.* ◆ Mettre des bottes à quelqu'un. ◆ Se botter, v. pr. Mettre ses bottes. ◆ *Se botter*, se disposer à partir. ◁ ▷ **Fig.** Amasser beaucoup de terre autour de ses pieds en marchant. ◁ ■ **Fam.** *Ça me botte*, ça me plaît. ■ *Botter le derrière, les fesses, le train de quelqu'un*, lui donner des coups de pied aux fesses. ■ **Sp.** Frapper vigoureusement le ballon au pied. *Au rugby, botter le ballon au-dessus de la barre transversale entre les poteaux fait marquer des points.*

BOTTERIE, n. f. [bɔt(ə)ʀi] (3 *botte*) Atelier, boutique de bottes.

BOTTEUR, ■ n. m. [botœʀ] (*botter*) **Sp.** Au rugby, joueur qui transforme les essais et frappe les pénalités. *Les botteurs doivent botter en une minute entre le moment où ils ont indiqué leur intention et l'instant où le coup de pied est réalisé.*

BOTTIER, n. m. [botje] (3 *botte*) Cordonnier qui fait des bottes. ■ Adj. inv. *Talons bottier*, talons peu hauts, de forme carrée.

BOTTILLON, n. m. [botijɔ̃] (3 *botte*) Petite botte de racines ou d'herbes que l'on porte au marché. ■ Chaussure englobant la cheville et montant jusque mi-mollet, en cuir très épais et parfois fourrée. *Il portait de gros bottillons en cuir à lacets.*

BOTTIN, ■ n. m. [botɛ̃] (*Bottin*, auteur du premier annuaire) Annuaire téléphonique. *Chercher un numéro de téléphone dans le bottin.* ■ *Bottin mondain*, document répertoriant les personnalités de l'aristocratie.

BOTTINE, n. f. [botin] (3 *botte*) Petite botte courte et légère à l'usage des femmes, des enfants et même des hommes. ◆ Appareil chirurgical en forme de bottine, destiné à remédier aux vices de conformation du pied ou du bas de la jambe.

BOTULIQUE ou **BOTULINIQUE**, ■ adj. [botylik, botylinik] (de *botulisme*) Responsable du botulisme. *Bacille botulique.*

BOTULISME, ■ n. m. [botylism] (lat. impér. *botulus*, boudin) Intoxication alimentaire due à une bactérie qui se développe dans les conserves et dans les charcuteries avariées et provoque des paralysies.

BOUBOU, ■ n. m. [bubu] (mot malinké) Tunique ample et très colorée portée par les Africains. *Des femmes enveloppées dans leurs boubous colorés et portant leur enfant sur le dos.*

BOUC, n. m. [buk] (probabl. gaul. *bucco*) Mâle de la chèvre, qui répand une odeur forte et désagréable. ◆ **Fig.** Homme très désagréable ou qu'on doit fuir. ◆ **Fig.** *Barbe de bouc* ou *bouc*, barbe qu'un homme porte seulement sous le menton. ◆ Dans le Lévitique, *bouc émissaire*, bouc que l'on chassait dans le désert, après l'avoir chargé de malédictions que l'on voulait détourner de dessus le peuple ; de là fig. homme sur lequel on fait retomber les torts des autres. ◆ Outre remplie de vin ou d'huile.

BOUCAGE, n. m. [bukaʒ] (*bouc*, du fait de la forte odeur de la plante) Genre de plantes de la famille des ombellifères, employées en médecine.

1 **BOUCAN**, n. m. [bukɑ̃] (tupi *mokaém*, viande fumée) Lieu où les Caraïbes fument leurs viandes ; le gril de bois sur lequel ils les fument.

2 **BOUCAN**, ■ n. m. [bukɑ̃] (mot du m. fr., lieu de débauche, probabl. de *boucaner*, faire le boucan) Dans le langage populaire, vacarme, sans doute par allusion à la vie bruyante des boucaniers. *Mon voisin fait tous les soirs un boucan terrible en jouant de la batterie.*

BOUCANAGE, ■ n. m. [bukanaʒ] (1 *boucan*) Action de fumer une viande ou un poisson. *Les techniques de boucanage et de séchage des poissons aux Antilles.*

BOUCANÉ, ÉE, p. p. de boucaner. [bukane] *Viande boucanée.*

BOUCANER, v. tr. [bukane] (1 *boucan*) Faire sécher de la viande ou du poisson à la fumée. ◆ V. intr. Aller à la chasse des bœufs sauvages ou autres bêtes pour en avoir les peaux. ■ V. tr. Tanner sous l'effet du soleil en parlant de la peau.

BOUCANIER, n. m. [bukanje] (1 *boucan*) Celui qui va à la chasse des bœufs sauvages. ◆ Gros et long fusil pour cette chasse. ◆ Par extens. Pirates qui infestaient les Antilles.

BOUCARO, n. m. [bukaʀo] (esp. *bucaro*, vase d'argile) Terre odorante et rougeâtre dont on fait des théières, des vases à rafraîchir. ◆ On trouvait aussi *bocaro* et *bucaro*.

BOUCASSIN, n. m. [bukasɛ̃] (lat. médiév. *boccasinus*, du turc *bogasi*) Futaine pour doublure.

BOUCAU, n. m. [buko] (gasc. *bouco*, bouche) **Midi** Entrée maritime d'un port. *Des boucaux.*

BOUCAUD ou **BOUCOT**, ■ n. m. [buko] (provenç. *bouc*) Petite crevette de couleur grise. *Aller à la pêche aux boucauds sur les bancs de sable.*

BOUCAUT, n. m. [buko] (b. lat. *bucellus*, de *butta*, botte) Tonneau qui sert à renfermer certaines marchandises sèches. *Un boucaut de sucre, de morue.*

BOUCHAGE, n. m. [buʃaʒ] (1 *boucher*) Ce qui sert à boucher une ouverture. ◆ Action de boucher. *Le bouchage des bouteilles.*

BOUCHAIN, ■ n. m. [buʃɛ̃] (angl. *belg*, sac) **Mar.** Élément arrondi de la carène d'un navire délimité par les fonds et la muraille et servant à récupérer les eaux usées qui s'écoulent du pont. *Les bateaux à bouchain ont parfois des coups de rappel violents.*

BOUCHARDE, n. f. [buʃaʀd] (orig. incert.) **Techn.** Petite masse dont la tête est taillée en pointe de diamant et qu'utilisent les tailleurs de pierre pour égaliser la surface d'un moellon. ■ **Techn.** Rouleau métallique doté d'aspérités et utilisé en maçonnerie pour uniformiser une étendue de ciment frais.

BOUCHARDER, ■ v. tr. [buʃaʀde] (*boucharde*) Égaliser la surface d'une pierre à l'aide d'une boucharde. *Boucharder un enduit.*

BOUCHE, n. f. [buʃ] (lat. *bucca*) Cavité située à la face et par où les aliments sont introduits dans le corps. ◆ *Faire venir l'eau à la bouche*, se dit d'un aliment appétissant. ◆ *Bonne bouche*, saveur agréable dans la bouche. ◆ *Garder pour la bonne bouche* ou *pour faire bonne bouche*, réserver pour la fin ce qu'on croit être le meilleur ou le plus agréable. ◆ *Avoir mauvaise bouche*, avoir un mauvais goût dans la bouche. ◆ *Demeurer sur la mauvaise bouche*, rester avec un échec, un affront. ◆ ▷ *Flux de bouche*, abondance inaccoutumée de salive, et fig. bavardage ; on dit plutôt *flux de paroles*. ◁ ◆ *Partie extérieure de la bouche, les coins et les lèvres. Il a le sourire sur la bouche.* ◆ *Faire la petite, la fine bouche*, serrer les lèvres pour paraître avoir une petite bouche, et fig. faire le difficile, le dédaigneux. ◆ **Fig.** *Faire la bouche en cœur*, faire des minauderies. ◆ *La bouche*, considérée comme organe de la parole. *Je le tiens de sa propre bouche.* ◆ *Ouvrir la bouche*, parler. ◆ *Dire quelque chose de bouche*, de vive voix, par opposition à *par écrit*. « *Alexandre vit dans la bouche de tous les hommes* », BOSSUET. ◆ **Ellipt.** *Bouche close ! Bouche cousue !* gardez le silence. ◆ *Avoir souvent un mot à la bouche* ou plus rarement *dans la bouche, en la bouche*, le répéter sans cesse. ◆ *Aller, passer, voler de bouche en bouche*, circuler rapidement dans le public, devenir célèbre. ◆ **Fam.** *Être fort en bouche*, parler avec hardiesse et même insolence. ◆ *Avoir la bouche pleine d'une chose*, en parler avec emphase. ◆ *La déesse aux cent bouches*, la Renommée. ◆ *Dans sa bouche, leur bouche*, selon lui, selon eux. ◆ *Ouvrir la bouche à quelqu'un*, le faire parler. ◆ *Le pape ouvre la bouche aux cardinaux nouvellement créés*, se dit de la cérémonie que le pape fait pour autoriser les cardinaux à parler dans les consistoires. ◆ *Avoir le cœur sur la bouche*, parler comme on pense. ◆ **Fig.** *À pleine bouche*, ouvertement. ◆ *La bouche*, considérée comme recevant les aliments. *Provisions de bouche.* ◆ *Prendre sur sa bouche*, se retrancher de la nourriture par économie. ◆ *Être sur sa bouche, être sujet à sa bouche*, être gourmand. ◆ *S'ôter les morceaux de la bouche*, se priver du nécessaire. ◆ *Les officiers, le service de la bouche* ou simplement *la bouche*, les gens préposés au service de la table du roi. ◆ **Fam.** *Traiter quelqu'un à bouche que veux-tu*, lui faire faire excellente chère, et fig. *être à bouche que veux-tu*, avoir tout en abondance. ◆ **Fig.** Gourmand ou plutôt gourmet. *Fine bouche.* ◆ *Personne à nourrir. On fit sortir de la place toutes les bouches inutiles.* ◆ On dit : *la bouche d'un cheval, d'un âne, d'un mulet, d'un chameau, d'un éléphant.* ◆ **Hist. nat.** *Bouche* se dit, chez les animaux, de l'ouverture par où les aliments sont introduits, excepté chez ceux où elle a la forme de bec. ◆ Ouverture. *La bouche d'un volcan, d'un four, d'un canon.* ◆ *Bouche à feu*, un canon, un mortier, un obusier. ◆ *Bouche de chaleur*, ouverture pratiquée sur les côtés d'une cheminée, d'un poêle ou d'un mur, et qui sert à faire passer dans les appartements l'air chauffé par une cheminée, un poêle ou un calorifère. ◆ *Embouchure d'un fleuve. Les bouches du Nil.* ■ *Avoir l'eau à la bouche*, saliver à l'idée de ce qu'on va manger, et fig. être impatient de faire quelque chose. ■ *Métier de bouche*, métier du domaine de l'alimentation et de la restauration. ◆ *Vin long* ou *court en bouche*, dont les arômes se révèlent plus ou moins longtemps dans la bouche.

BOUCHÉ, ÉE, p. p. de boucher. [buʃe] **Fig.** *Être bouché*, manquer d'intelligence. *Avoir l'esprit bouché*, ne rien comprendre. ◆ **Mus.** *Sons bouchés*, sons qu'on tire du cor en introduisant la main dans le pavillon. ■ Dont l'ouverture est obturée. *Avoir le nez bouché.* ■ Mis en bouteille. *Du vin bouché.* ■ Très brumeux. *Un ciel bouché.* ■ **Fam.** *Bouché à l'émeri*, totalement obtus.

BOUCHE-À-BOUCHE, ■ n. m. inv. [buʃabuʃ] (*bouche*) Méthode de secourisme consistant à insuffler l'air de sa propre bouche dans celle d'un asphyxié. *Des bouche-à-bouche inefficaces.*

BOUCHE-À-OREILLE, ■ n. m. inv. [buʃaɔʀɛj] (*bouche* et *oreille*) Propagation d'une information de manière informelle et par la parole d'individu à individu. *Sa clientèle s'est constituée uniquement par le bouche-à-oreille. Des bouche-à-oreille.*

BOUCHÉE, n. f. [buʃe] (*bouche*) Morceau qu'on met dans la bouche en une seule fois. ✦ **Fig.** et **fam.** *Il n'en ferait qu'une bouchée*, il en triompherait vite et sans peine. ✦ Nom de différentes pâtisseries. *Des bouchées à la reine.* ▪ *Pour une bouchée de pain*, pour très peu d'argent. ▪ *Mettre les bouchées doubles*, accélérer la cadence de travail. ▪ *Bouchée au chocolat* ou *bouchée*, gros chocolat en forme de dôme et fourré au praliné.

BOUCHE-PORE, ▪ n. m. [buʃ(ə)pɔʀ] (1 *boucher* et *pore*) **Peint.** Enduit destiné à boucher les trous du bois afin de le rendre moins perméable au vernis et d'en améliorer l'adhésivité. *Des bouche-pores.*

1 BOUCHER, v. tr. [buʃe] (anc. fr. *bousche*, gerbe ou botte, lat. vulg. *busca*, broussailles) Fermer une ouverture, un passage. *Boucher les jours, les vues d'une maison*, en murer les fenêtres. ✦ *Boucher la vue*, l'intercepter. ✦ Fermer un bouchon, avec un tampon. *Boucher une fente.* ✦ *Se boucher le nez*, se garantir contre une odeur forte. ✦ *Se boucher les yeux, les oreilles*, ne vouloir point voir, point entendre. ✦ **Fig.** et **fam.** *Boucher un trou*, payer une dette. ▪ Obstruer la circulation ou l'écoulement dans un conduit, un passage. ▪ **Fam.** *En boucher un coin à quelqu'un*, l'étonner fortement.

2 BOUCHER, n. m. [buʃe] (probabl. *bouc*; de l'ital. *beccàio*, boucher, de *becco*, bouc) Celui qui tue les bestiaux, les débite et en vend la chair crue. ✦ **Fig.** *C'est un boucher*, se dit d'un homme cruel, d'un chirurgien inhabile et maladroit, d'un général prodigue de sang.

BOUCHÈRE, n. f. [buʃɛʀ] (2*boucher*) Celle qui vend de la viande crue ; la femme d'un boucher.

BOUCHERIE, n. f. [buʃ(ə)ʀi] (2 *boucher*) L'endroit où l'on tue les bestiaux ; lieu où l'on débite et où l'on vend la chair crue des bestiaux. ✦ *Viande de boucherie*, la grosse viande, bœuf, veau et mouton. ✦ Le corps des bouchers. ✦ **Fig.** Tuerie, massacre. *Mener, envoyer des soldats à la boucherie.* ▪ **Canada** et **Suisse** Ensemble des opérations de conditionnement de la viande depuis l'abattage jusqu'à l'étal. ▪ **Canada** et **Suisse** *Faire boucherie*, abattre et dépecer un cochon.

BOUCHETON (À), loc. adv. [buʃ(ə)tɔ̃] (anc. fr. *à baucheton*, sens dessus dessous) ▷ Se dit des pièces de faïence creuses posées l'une sur l'autre par leurs bords. *Des saladiers posés à boucheton.* ◁

BOUCHE-TROU, n. m. [buʃ(ə)tʀu] (1 *boucher* et *trou*) Ce qui sert à boucher un trou. ✦ Une personne qui ne sert qu'accidentellement à remplir un emploi vacant. ✦ **Au pl.** *Des bouche-trous.*

BOUCHOIR, n. m. [buʃwaʀ] (2 *bouche*) Plaque de fer qui sert à fermer la bouche d'un four.

BOUCHOLEUR, EUSE, ▪ n. m. et n. f. [buʃɔlœʀ, øz] Voy. BOUCHOTEUR.

1 BOUCHON, n. m. [buʃɔ̃] (1 *boucher*) Ce qui sert à boucher une bouteille, une carafe, un flacon. ✦ *Faire sauter le bouchon*, faire partir avec bruit le bouchon d'une bouteille de vin fumeux. ✦ **Fam.** *Aimer à faire sauter le bouchon*, aimer à boire. ✦ Jeu dans lequel on met des pièces de monnaie sur un bouchon qu'il s'agit d'abattre avec un palet. ✦ Morceau de liège pour soutenir la ligne sur l'eau. ▪ **Par extens.** Ce qui bouche ou obstrue quelque chose. *Faire ôter un bouchon de cérumen dans une oreille.* ▪ **Fam.** Embouteillage. *Être pris dans les bouchons.* ▪ *Pousser le bouchon trop loin*, exagérer dans ses paroles ou ses actes. ▪ *C'est plus fort que de jouer au bouchon*, ça dépasse tout ce qu'on pouvait imaginer.

2 BOUCHON, n. m. [buʃɔ̃] (anc. fr. *bousche*, faisceau de branchage) Bouquet, rameau de verdure servant d'enseigne à un cabaret. ✦ Le cabaret même. ✦ *Bouchon de foin, de paille*, poignée de foin, de paille tortillée. *Mettre un bouchon de paille à la queue d'un cheval pour indiquer qu'il est à vendre.* ✦ *Bouchon de linge*, tas, paquet de linge. ✦ ▷ **Fig.** Petite fille négligemment habillée. ◁ ▪ **Lyon** Petit restaurant qui propose des spécialités lyonnaises populaires de charcuterie. ▪ *Mon petit bouchon*, terme affectueux pour s'adresser à un enfant ou à quelqu'un qu'on aime.

BOUCHONNAGE, ▪ n. m. [buʃɔnaʒ] Voy. BOUCHONNEMENT.

BOUCHONNÉ, ÉE, p. p. de bouchonner. [buʃɔne] *Vin bouchonné*, qui s'est imprégné du goût du bouchon qui fermait la bouteille.

BOUCHONNEMENT ou **BOUCHONNAGE**, n. m. [buʃɔn(ə)mɑ̃] ou [buʃɔnaʒ] (*bouchonner*) Action de passer sur le corps des animaux un bouchon de paille, une brosse ou tout autre corps sec.

BOUCHONNER, v. tr. [buʃɔne] (1 *bouchon*) Mettre en bouchon, en paquet, chiffonner. ✦ *Bouchonner un cheval*, le nettoyer avec un bouchon de paille. ✦ **Fam.** Cajoler, caresser. « *Je te bouchonnerai* », MOLIÈRE. ✦ Il est vieux en ce dernier sens. ▪ **V. intr. Fam.** Constituer, former un embouteillage de véhicules. *À chaque départ en vacances, ça bouchonne sur les routes.*

BOUCHONNIER, IÈRE, n. m. et n. f. [buʃɔnje, jɛʀ] (1 *bouchon*) Personne qui fait, qui vend des bouchons.

BOUCHOT, ▪ n. m. [buʃo] (mot poitevin ; lat. médiév. *buccaudum*, vanne d'un étang, du lat. *bucca*, bouche ; cf. provenç. *boucau*, embouchure) Pieu

planté en bord de mer et sur lequel sont élevées les moules. *Des moules de bouchot.*

BOUCHOTEUR, EUSE ou **BOUCHOLEUR, EUSE**, ▪ n. m. et n. f. [buʃotœʀ, øz] ou [buʃolœʀ, øz] (*bouchot*) Personne spécialisée dans l'élevage des moules de bouchot.

BOUCHOYER, ▪ v. tr. [buʃwaje] (orig. inc.) **Suisse** Égorger et dépecer un cochon. *Il bouchoyait les cochons avec froideur.*

BOUCHURE, n. f. [buʃyʀ] (moy. moy. fr. *boucheture*, ce qui empêche les bêtes d'entrer dans un terrain) ▷ Haie vive. ◁

BOUCLAGE, ▪ n. m. [buklaʒ] (*boucler*) **Fam.** Action de mettre quelque chose sous clé. *Le bouclage d'une valise.* ▪ Action d'isoler une zone géographique par encerclement. *L'armée a procédé au bouclage de la banlieue nord.* ▪ **Techn.** Établissement d'une connexion entre deux systèmes de canalisations ou deux système électriques. ▪ Finalisation rédactionnelle et formelle du bon à tirer d'une publication avant son impression. *Le bouclage doit être terminé pour demain.*

BOUCLE, n. f. [bukl] (lat. *buccula*, de *bucca*, joue) Anneau de métal avec un ou plusieurs ardillons. ✦ Anneau que les femmes portent aux oreilles. *Des boucles d'oreilles.* ✦ Anneau que forment les cheveux frisés. ✦ **Archit.** Petit cercle ou forme d'anneau qui sert d'ornement à une moulure ronde. ✦ Aiguillon qui arme la peau de la raie bouclée. ▪ Ce qui a la forme d'une boucle. *Les boucles d'un cours d'eau.* ▪ *Boucler la boucle*, revenir au point initial d'une action ou d'un raisonnement. ▪ **EN BOUCLE**, loc. adv. En reprenant au début dès que l'on arrive à la fin. ▪ **Inform.** Suite d'instructions programmées pour se répéter sans cesse jusqu'à la réalisation d'une condition. ▪ *La grande boucle*, autre nom de la course cycliste appelée *Tour de France*.

BOUCLÉ, ÉE, p. p. de boucler. [bukle] Garni de boucles. *Souliers bouclés.* ✦ Qui a des boucles de cheveux. ✦ *Poissons bouclés*, poissons qui ont le corps armé de pointes recourbées. *Raie bouclée.*

BOUCLEMENT, ▪ n. m. [bukləmɑ̃] (*boucler*) Fixation d'un anneau métallique dans les naseaux d'un bœuf ou d'un taureau. ▪ **Financ.** Opération qui consiste à solder un compte bancaire en décomptant les frais et les intérêts.

BOUCLER, v. tr. [bukle] (*boucle*) Attacher, serrer avec une boucle. ✦ Mettre des cheveux en boucles. ✦ **V. intr.** *Ses cheveux bouclent naturellement.* ✦ *Boucler un port*, en fermer l'entrée. ✦ Vieux en ce sens. ✦ *Boucler des prisonniers*, fermer sur eux les portes de leur cellule. ✦ **V. intr.** Se dit d'un mur dont les parements s'écartent faute de liaison suffisante dans sa construction. *Ce mur boucle, bombe en forme de boucle.* ✦ *Se boucler*, v. pr. Mettre une boucle. ✦ Arranger les boucles de ses cheveux. ✦ Être fermé par une boucle. ▪ **V. tr. Fam.** Terminer une tâche. *Boucler un dossier.* ▪ **Fam.** *La boucler*, se taire. ▪ Fermer quelque chose. *Boucler une valise.* ▪ **Fam.** Fermer quelque chose à clé. *On boucle la maison et on arrive !* ✦ Finaliser le bon à tirer d'une publication avant son impression. *Boucler un magazine.* ▪ *Boucler un budget*, en équilibrer les recettes et les dépenses. ▪ **Élevage** Fixer un anneau dans les naseaux d'un bovidé. ▪ Isoler une zone géographique en l'encerclant. *Le quartier est bouclé.* ▪ **V. intr. Inform.** Reproduire sans cesse une même opération suite à une erreur de programmation.

BOUCLERIE, n. f. [bukləʀi] (*boucle*) Fabrication et commerce des boucles et anneaux de fer.

BOUCLETTE, n. f. [buklɛt] (*boucle*) Petite boucle ou petit anneau. ▪ Laine à tricoter fantaisie constituée de deux fils tordus ensemble de manière inégale de sorte que l'un forme des petites boucles autour de l'autre. *Un pull en bouclettes.*

BOUCLIER, n. m. [buklije] (lat. *bucculare*) Partie de l'armure défensive des anciens. ✦ **Fig.** *Faire un bouclier de son corps à quelqu'un*, parer les coups qu'on lui porte. ✦ *Levée de boucliers*, démonstration par laquelle les soldats romains témoignaient leur résistance aux volontés de leur général, et fig. démonstration armée, attaque à main armée. ✦ **Fig.** Sauvegarde, protection, défense. *Le bouclier de la foi.* ✦ Partie du corps de certains animaux. ✦ Nom marchand de coquilles du genre des patelles. ▪ Tout dispositif constituant une protection. ▪ *Bouclier thermique.* ▪ **Géol.** Terrain continental dont la formation date de l'époque précambrienne.

BOUCON, n. m. [bukɔ̃] (ital. *boccone*, petit morceau, de *bocca*, bouche) ▷ Mets ou breuvage empoisonné. *Donner le boucon à quelqu'un.* ◁

BOUCOT, ▪ n. m. [buko] Voy. BOUCAUD.

BOUDDHA, ▪ n. m. [buda] (*Bouddha*, fondateur du bouddhisme) Dans la religion bouddhiste, personne qui a acquis une grande connaissance de la sagesse. ✦ Statue ou icône représentant Bouddha. *Le temple des Mille Bouddhas en Chine.*

BOUDDHIQUE, adj. [budik] (*Bouddha*) Qui appartient au bouddhisme.

BOUDDHISME, n. m. [budism] (*Bouddha*) Doctrine philosophique et religieuse qui est une réformation du brahmanisme.

BOUDDHISTE, n. m. et n. f. [budist] (*Bouddha*) Sectateur du bouddhisme. ▪ **Adj.** Qui adhère au bouddhisme. *Des pratiques bouddhistes.*

BOUDÉ, ÉE, p. p. de bouder. [bude]

BOUDER, v. intr. [bude] (sur le radic. onomat. *bod*, quelque chose d'enflé, comme la lèvre de quelqu'un qui boude) Témoigner par une certaine expression chagrine du visage, et particulièrement des lèvres, qu'on a du mécontentement. ✦ Avoir de l'humeur, du mécontentement. ✦ **Fig.** *C'est un homme qui ne boude pas*, il est toujours prêt à répondre à qui l'attaque. ✦ **Fam.** *Bouder contre son ventre*, se priver d'un repas ou d'un mets qui ferait plaisir, et par extension se priver par dépit d'une chose agréable. ✦ Au jeu de dominos, n'avoir pas de dé à jouer. ✦ V. tr. « *Votre Majesté a peut-être cru que je la boudais* », VOLTAIRE. ✦ *Se bouder*, v. pr. Se faire mutuellement mauvaise mine. ■ V. intr. Réserver un mauvais accueil à. *Bouder un film qui vient de sortir.* ■ *Ne pas bouder son plaisir*, se faire plaisir sans contrainte. ■ Se passer volontairement de quelque chose. *Bouder les sorties entre amis.*

BOUDERIE, n. f. [bud(ə)ʀi] (*bouder*) Action de bouder ; état d'une personne qui boude.

BOUDEUR, EUSE, adj. [budœʀ, øz] (*bouder*) Qui boude habituellement. ✦ Qui exprime le mécontentement. *Air boudeur.* ✦ N. m. et n. f. *Un boudeur, une boudeuse.*

BOUDIN, n. m. [budɛ̃] (radic. onomat. *bod*, quelque chose d'enflé) Mets fait avec un boyau rempli de sang et de graisse de porc. ✦ *Un boudin, une portion de boudin.* ✦ *Boudin blanc*, boudin fait avec du lait et un hachis blanc de volaille. ✦ *Eau de boudin*, eau dans laquelle on lave les tripes à boudin et qui n'a aucune utilité. ✦ **Fig.** et **fam.** *S'en aller, tourner en eau de boudin*, se dit d'une affaire qui se réduit à néant. ✦ Toute chose qui, par la forme, a quelque ressemblance avec le boudin. *Boudin de cheveux*, boucle de cheveux en spirale. ✦ Fusée avec laquelle on met le feu à la mine. ✦ Petit portemanteau en cuir et de forme ronde qu'on attache sur le dos d'un cheval. ✦ Espèce de ressort formé d'une spirale de fil de fer. ✦ Membre d'architecture de forme cylindrique qui décore les archivoltes, les arcs-doubleaux, arcs-ogives, bandeaux, etc. ■ **Techn.** Partie saillante située à l'intérieur de la jante d'une roue de voiture ferroviaire. ■ **Mar.** Pourtour rembourré d'un canot à moteur qui le protège des chocs éventuels. ■ **Fam.** *Faire du boudin*, faire preuve de mécontentement. ■ **Fam.** et **péj.** Femme corpulente et sans allure. ■ **Belg.** Traversin.

BOUDINAGE, n. m. [budinaʒ] (*boudiner*) Action de tordre le fil de lin avant de le mettre sur les bobines.

BOUDINE, n. f. [budin] (*boudin*) Nœud du verre ou bosse qui demeure dans le plat du verre à l'endroit où il a été coulé.

BOUDINÉ, ÉE, ■ adj. [budine] (*boudiner*) À l'étroit dans un vêtement. *Elle est apparue, boudinée dans une robe de soirée qui marquait ses rondeurs.* ■ Dont la forme potelée évoque celle d'un boudin. *Des petits doigts boudinés peu pratiques pour l'apprentissage du piano.*

BOUDINER, v. tr. [budine] (*boudin*) Exécuter l'opération du boudinage. ■ **Fam.** Serrer, en parlant d'un vêtement. *Son pantalon la boudine beaucoup trop.*

BOUDINEUSE, ■ n. f. [budinøz] (*boudiner*) **Techn.** Machine servant à boudiner le fil. ■ Machine équipée d'un mélangeur et utilisée pour mélanger, affiner et mouler des matières malléables. *L'utilisation d'une boudineuse dans l'industrie du savon.*

BOUDJOU, n. m. [budʒu] (mot arabe) ▷ Pièce d'argent, unité monétaire dans l'Algérie, de 1 franc 80 centimes. ◁

BOUDOIR, n. m. [budwaʀ] (*bouder*) Cabinet élégant attenant à l'appartement d'une dame. ■ Biscuit en forme de boudin, recouvert de cristaux de sucre. *Faire tremper les boudoirs avant de faire une charlotte.*

BOUE, n. f. [bu] (gaul. *bawa*, saleté) Mélange de terre, de sable, de substance organique, plus ou moins consistant, qui recouvre le pavé des villes ou remplit les égouts, les fossés. ✦ **Fig.** *Traîner dans la boue*, diffamer. ✦ *Ne pas faire plus cas d'une chose que de la boue de ses souliers*, ne s'en soucier aucunement. ✦ Terre délayée. *Des cahutes de boue et de paille.* ✦ *Maison faite de boue et de crachat*, maison peu solide. ✦ **Fig.** *Bâtir sur la boue*, se bercer de vaines espérances. ✦ **Poétiq.** *Cet amas de boue, ce tas de boue*, le globe terrestre. ✦ Il se dit des choses auxquelles on n'attache aucune valeur réelle. « *Le monde aujourd'hui ne m'étant plus que boue* », MALHERBE. ✦ **Relig.** Le corps humain. ✦ *Nous sommes tous sortis de la même boue*, nous avons tous la même origine. ✦ État misérable. « *Aujourd'hui sur le trône et demain dans la boue* », P. CORNEILLE. ✦ *Tirer quelqu'un de la boue*, le tirer d'une position basse et misérable. ✦ Bassesse, impureté. « *Ces âmes que le ciel ne forma que de boue* », P. CORNEILLE. ✦ *Boues minérales*, limons qui jouissent de propriétés médicales. ✦ Dépôt épais au fond d'un encrier. ✦ ▷ Pus qui sort d'un abcès. ◁ ■ **Géol.** Résidu fin gorgé d'eau qui se dépose sur le fonds marins. ■ Déchet émanant de l'industrie ou du traitement des eaux usées. ■ *Se vautrer dans la boue*, se plaire dans la déchéance. ■ **Fam.** *Tas de boue*, vieille voiture.

BOUÉE, n. f. [bwe] ou [bue] (néerl. *boeye* ; p.-ê. du lat. *boia*, carcan) Morceau de bois, baril et tout corps flottant destiné à marquer la place d'une ancre ou à indiquer un danger, une passe difficile. ✦ *Bouée de sauvetage*, grand plateau de liège. ■ Boyau gonflable en forme d'anneau, permettant à une personne de se maintenir à la surface de l'eau.

BOUÉLER, ■ v. intr. [bwele] (orig. inc.) **Fam. Suisse** Pousser des cris. *Il s'est mis à bouéler en apprenant la mauvaise nouvelle.*

BOUETTE, n. f. [bwɛt] Voy. BOËTTE.

1 **BOUEUX**, n. m. [bwø] ou [buø] (*boue*) Charretier chargé de l'enlèvement des boues. ■ **Rem.** On disait autrefois *boueur*.

2 **BOUEUX, EUSE**, adj. [bwø, øz] ou [buø, øz] (*boue*) Plein de boue. *Un chemin boueux.* ✦ *Impression boueuse*, celle dont l'encre s'étend et tache le papier. *Estampe boueuse*, estampe mal venue.

BOUFFANT, ANTE, adj. [bufɑ̃, ɑ̃t] (*bouffer*) Qui bouffe, qui paraît gonflé. *Étoffe bouffante.* ✦ *Bouffante*, n. f. Espèce de guimpe gaufrée que portaient autrefois les femmes ; petit panier qui servait à faire bouffer les jupes. ✦ *Bouffant*, n. m. Partie bouffante de la manche d'une robe. ■ *Papier bouffant*, papier de faible densité, à l'aspect grenu et utilisé dans l'édition.

BOUFFARDE, ■ n. f. [bufaʀd] (de *bouffée*, bouffée de fumée) **Fam.** Pipe à large fourneau et à tuyau court. *Il s'est étouffé en essayant de tirer sur sa bouffarde.*

1 **BOUFFE**, adj. [buf] (ital. *buffo*, ridicule, de *bouffone*) Bouffon. *Opéra bouffe.* ✦ *Chanteur bouffe*, chanteur qui joue un rôle plaisant. ✦ N. m. et n. f. Acteur qui joue dans les opéras italiens. ✦ Au m. pl. *Les Bouffes*, autrefois le théâtre italien à Paris. ✦ *Les Bouffes-Parisiens*, théâtre où l'on joue des opérettes.

2 **BOUFFE**, n. m. [buf] (*bouffer*) Sorte de chien à long poil.

3 **BOUFFE** ou **BOUFFETANCE**, ■ n. f. [buf] ou [buf(ə)tɑ̃s] (*bouffer*) **Fam.** Ensemble des aliments ou plats apprêtés pour un repas. *C'est toi qui t'occupes de la bouffe.* ■ Le repas ainsi préparé. *Faire une bonne bouffe.*

BOUFFÉE, n. f. [bufe] (*bouffer*) Souffle qui sort de la bouche d'une personne. ✦ Onde d'air ou de vapeur. *Des bouffées de vent et de fumée.* ✦ **Fig.** Accès subit et passager. « *Ma tante a eu une bouffée de fièvre* », MME DE SÉVIGNÉ. *Bouffée d'humeur, d'orgueil, de générosité.* ■ **Méd.** *Bouffée de chaleur*, sensation de chaleur à la face survenant rapidement.

BOUFFER, v. intr. [bufe] (de l'onomat. *buff*, quelque chose de gonflé) Témoigner par un certain gonflement de la face qu'on est en mauvaise humeur ; être dans une colère qui n'éclate pas. ✦ Se soutenir sans s'affaisser, en parlant de certaines étoffes, des cheveux. *Ce taffetas bouffe.* ✦ Se gonfler, en parlant de la pâte qui ressent dans le four l'effet de la chaleur, du plâtre qui gonfle. ✦ Le langage populaire confond à tort *bouffer* avec *bâfrer*. *Il bouffe bien.* ■ **Fam.** Occuper totalement quelqu'un. *Le bénévolat le bouffe totalement.* ■ **Fam.** *Avoir envie de bouffer quelqu'un*, être très en colère après cette personne. ■ **Vulg.** *Bouffer du curé, du flic*, avoir des propos hostiles à leur égard. ■ **Fam.** *Se bouffer le nez*, avoir une dispute.

BOUFFETANCE, n. f. [buf(ə)tɑ̃s] Voy. BOUFFE.

BOUFFETTE, n. f. [bufɛt] (*bouffer*) Petite houppe ; nœud de rubans.

BOUFFEUR, EUSE, ■ n. m. et n. f. [bufœʀ, øz] (*bouffer*) **Fam.** Personne qui mange beaucoup. ■ **Fig.** et **fam.** *C'est un bouffeur de vie, ce gars !*

BOUFFI, IE, p. p. de bouffir. [bufi] *Face bouffie.* ✦ **Fig.** *Être bouffi de colère, de rage.* ✦ *Style bouffi*, style ampoulé. ✦ *Tu l'as dit, bouffi !* c'est bien vrai. ■ *Hareng bouffi* ou *un bouffi*, hareng saur très peu fumé.

BOUFFIR, v. tr. [bufiʀ] (*bouffer*) Rendre enflé, en parlant des chairs. ■ V. intr. *Le visage lui bouffit tous les jours.* ■ *Se bouffir*, v. pr. Devenir bouffi. ■ Faire gonfler et fumer légèrement des harengs.

BOUFFISSAGE, ■ n. m. [bufisaʒ] (*bouffir*) Fait de faire gonfler et de fumer légèrement des harengs salés.

BOUFFISSURE, n. f. [bufisyʀ] (*bouffir*) Intumescence molle et sans rougeur causée par un épanchement de sérosité. ✦ **Fig.** Orgueil. ✦ *Bouffissure de style* ou simplement *bouffissure*, emploi de termes ampoulés.

1 **BOUFFON**, n. m. [bufɔ̃] (ital. *buffone*, qui fait rire, radic. onomat. *buff*) Personnage de théâtre dont l'emploi est de faire rire par des gestes ou des plaisanteries de mauvais goût. ✦ Par dénigrement, celui qui cherche à amuser par ses plaisanteries. ✦ *Servir de bouffon*, être un objet de moquerie. ✦ Au f. *Une bouffonne.* ■ Personnage chargé de divertir et faire rire un roi ou un seigneur, autrefois. ■ **Pop.** Personne niaise, qui n'a pas de crédit. *Tais-toi, espèce de bouffon !*

2 **BOUFFON, ONNE**, adj. [bufɔ̃, ɔn] (1 *bouffon*) Qui tient du bouffon, qui fait rire. *Mine bouffonne.* ✦ *L'opéra bouffon*, autrefois l'opéra italien ; on dit plus ordinairement *l'opéra bouffe.* ✦ N. m. *Le bouffon*, ce qui, en parlant des ouvrages d'esprit, porte le caractère d'un comique bas.

BOUFFONNEMENT, ■ adv. [bufɔn(ə)mɑ̃] (1 *bouffon*) Avec bouffonnerie. « *Si jamais amour fut gai, c'est assurément le sien ; on ne vit de la vie une fille si bouffonnement amoureuse* », J.-J. ROUSSEAU.

BOUFFONNER, v. intr. [bufɔne] (1 *bouffon*) Faire ou dire des bouffonneries.

BOUFFONNERIE, n. f. [bufɔn(ə)ʀi] (1 *bouffon*) Ce qu'on dit ou ce qu'on fait pour exciter le rire. ◆ Chose plaisante.

BOUGAINVILLÉE n. f. ou **BOUGAINVILLIER**, n. m. [bugɛ̃vile, bugɛ̃vilje] (*Bougainville,* navigateur) Plante ornementale grimpante à fleurs peu visibles entourées de trois grandes bractées de couleur pourpre, orange, rouge ou blanche.

1 **BOUGE**, n. m. [buʒ] (lat. *bulga,* bourse de cuir arrondie) ▷ Petit cabinet de décharge. ◁ ◆ Plus souvent, logement obscur et malpropre. ■ Débit de boisson mal famé.

2 **BOUGE**, n. m. [buʒ] (lat. *bulga,* bourse de cuir arrondie) Partie la plus bombée d'un tonneau. ◆ Petite cuve qui sert à porter le raisin au pressoir. ■ Partie la plus bombée d'un objet. *Le bouge d'un plat.* ■ Mar. Partie renflée transversalement du pont d'un bateau.

BOUGÉ, ■ n. m. [buʒe] (*bouger*) **Phot.** Cliché flou résultant du mouvement inopportun de l'appareil photo au moment de son déclenchement. *Choisir des vitesses d'obturation élevées pour éviter les bougés.*

BOUGEOIR, n. m. [buʒwaʀ] (*bougie*) Chandelier bas avec un pied relevé en forme de soucoupe et un manche.

BOUGEOTTE, ■ n. f. [buʒɔt] (*bouger*) **Fam.** Manie de remuer sans cesse. ■ Envie de se déplacer, de voyager. *Avoir la bougeotte.*

BOUGER, v. intr. [buʒe] (lat. vulg. *bullicare,* fréquent du lat. *bullire,* bouillonner) Se mouvoir, changer de place, se remuer. ◆ Avec la négation, demeurer assidûment dans un lieu, auprès d'une personne ; en ce cas on supprime souvent *pas* ou *point.* « *Désormais je ne bouge* », LA FONTAINE. ◆ Fig. S'agiter, se soulever. *Les mécontents n'osèrent pas bouger.* ◆ Molière a dit *se bouger* ; c'est un archaïsme. ■ REM. On dit auj. *se bouger,* avoir de l'activité, se remuer. ◆ *Bouge-toi de là,* déguerpis. ■ V. intr. Se déplacer, partir hors de chez soi. *Passez ce week-end, on ne bouge pas.* ■ Fam. Subir une modification ou une altération. *Son pull a bougé à la lessive.* ■ V. tr. Changer quelque chose de place ou de position. *J'ai envie de bouger les armoires pour modifier le décor.*

BOUGETTE, n. f. [buʒɛt] (lat. *bulga*) Petit sac de cuir qu'on porte en voyage. ◆ Il est vieux.

BOUGIE, n. f. [buʒi] (*Bougie,* ville d'Algérie productrice de cire) Chandelle de cire ou de stéarine. ◆ *Pain de bougie,* rat de cave. ◆ *Aux bougies,* à la lumière des bougies. ◆ Instrument qu'on introduit dans l'urètre, soit pour le dilater, soit pour y porter un caustique. ■ Pièce qui assure l'allumage d'un moteur à explosion. ■ Opt. Unité mesurant l'intensité lumineuse aujourd'hui remplacée par la candela.

BOUGIÉ, ÉE, p. p. de bougier. [buʒje]

BOUGIER, v. tr. [buʒje] (*bougie*) ▷ Arrêter les effilures d'une étoffe avec de la cire fondue. ◁

BOUGNAT, ■ n. m. [buɲa] ou [bunja] (aphérèse du paris. pop. *charbougna,* charbonnier, en imitation des parlers mérid.) **Vx** Tenancier de café vendant aussi du charbon et du bois de chauffage.

BOUGNOUL, OULE, ■ n. m. et n. f. [buɲul] ou [bunjul] (mot wolof, Noir) **Injur.** et **raciste** Personne d'origine maghrébine. ■ **Injur.** et **raciste** Personne à la peau noire.

BOUGON, ONNE, n. m. et n. f. [bugɔ̃, ɔn] (*bougonner*) **Fam.** Grondeur, radoteur. ■ Adj. *Humeur bougonne.*

BOUGONNEMENT, n. m. [bugɔn(ə)mɑ̃] (*bougonner*) Action de grommeler. ■ Parole marmonnée entre ses dents. *Après un bougonnement mécontent, elle sortit en claquant la porte.*

BOUGONNER, v. intr. [bugɔne] (mot orléanais) Murmurer, gronder entre ses dents. ◆ V. tr. Réprimander. ◆ T. familier.

BOUGRAN, n. m. [bugʀɑ̃] (*Boukhara,* ville productrice d'étoffe fine) ▷ Toile forte et gommée, employée dans les doublures des vêtements. ◁

BOUGRE, ESSE, ■ n. m. et rare f. [bugʀ, ɛs] (anc. fr. *bogre,* hérétique ; m. fr., sodomite, du lat. *bulgarus,* bulgare) **Fam.** Type. *Un bon, un mauvais bougre.* ■ Péj. *Bougre de,* espèce de. *Bougre d'imbécile !*

BOUIBOUI ou **BOUI-BOUI**, ■ n. m. [bwibwi] (*boui,* local des oies et des canards) **Fam.** Établissement public de dernier ordre tel qu'un bar de quartier, un cabaret lamentable, un restaurant médiocre, etc. *Manger dans des bouibouis, dans des bouis-bouis.* ■ Bar mal fréquenté. *Fréquenter un bouiboui.*

BOUILLABAISSE, ■ n. f. [bujabɛs] (provenç. *boui-abaisso,* réduit après ébullition) Mets provençal, sorte de soupe au poisson. ■ REM. Graphies anciennes : *bouille-à-baisse, bouille-abaisse.*

BOUILLANT, ANTE, adj. [bujɑ̃, ɑ̃t] (*bouillir*) Qui bout. *Eau bouillante.* ◆ Fig. Vif, ardent. *Homme bouillant. Bouillante colère. Bouillant de colère.*

BOUILLASSE, ■ n. f. [bujas] (*boue*) **Fam.** Mélange de terre et d'eau. *Avec le passage des voitures, la belle neige se transforma en bouillasse épaisse et marron.*

1 **BOUILLE**, n. f. [buj] (*bouiller*) Longue perche qui sert à battre l'eau pour la pêche. ■ **Fam.** Visage, figure.

2 **BOUILLE**, n. f. [buj] (a. fr.-comtois *boille,* probabl. d'orig. préromane, mesure de capacité, récipient) Hotte à vendanger. *Remplir sa bouille pendant les vendanges.*

BOUILLE-ABAISSE, n. f. [bujabɛs] Voy. BOUILLABAISSE.

BOUILLER, v. tr. [buje] (lat. *bullare,* faire des bulles) Troubler l'eau avec la bouille.

BOUILLEUR, n. m. [bujœʀ] (*bouillir*) Celui qui convertit le vin en eau-de-vie. ◆ Chaudière d'une machine à vapeur. ■ *Bouilleur de cru,* propriétaire qui avait l'autorisation de distiller sa récolte pour sa propre consommation.

1 **BOUILLI**, n. m. [buji] (*bouillir*) Viande qui, cuite dans l'eau, a servi à faire le bouillon.

2 **BOUILLI, IE**, p. p. de bouillir. [buji] *Bœuf bouilli.* ◆ *Cuir bouilli,* cuir de vache durci à force de bouillir.

BOUILLIE, n. f. [buji] (*bouillir*) Aliment fait de lait ou d'un autre liquide et de farine bouillis. ◆ *De la bouillie pour les chats,* de la besogne perdue ; de la peine sans profit. ■ Pâte formée avec les chiffons bouillis pour faire le papier et le carton. ■ *Bouillie bordelaise,* préparation sulfatée utilisée dans le traitement des parasites sur les végétaux. ■ *En bouillie,* sans consistance.

BOUILLIR, v. intr. [bujiʀ] (lat. *bullire,* bouillonner) Produire des bulles qui crèvent au fur et à mesure, en parlant d'un liquide soumis à la chaleur ou à la fermentation. ◆ Être brûlant. *La tête me bout.* ◆ Se cuire en bouillant. *La viande bouillait lentement.* ◆ **Fig.** et **Fam.** *N'être bon ni à rôtir ni à bouillir,* n'être propre à rien. ◆ *Faire bouillir,* mettre bouillir, faire cuire dans de l'eau. ◆ Fig. *Cela me fait bouillir le sang dans les veines.* ◆ Fam. *Cela fait bouillir la marmite ou le pot,* cela procure les moyens de vivre. ◆ Fig. *Bouillir de colère, d'impatience.* ■ Faire subir une forte chaleur à quelque chose pour le nettoyer ou le stériliser. *Faire bouillir du linge, un biberon.*

BOUILLOIRE, n. f. [bujwaʀ] (*bouillir*) Vase de métal destiné à faire bouillir de l'eau.

BOUILLON, n. m. [bujɔ̃] (radic. de *bouillir*) Bulle qui se forme au fond ou dans l'intérieur et qui vient crever à la surface d'un liquide qui bout. ◆ Petites vagues que forme un liquide qui s'échappe et qui tombe. « *Un ruisseau qui tombait à gros bouillons* », FÉNELON. ◆ Fig. *Les bouillons de l'âme, de l'impatience, de la colère, etc.* ◆ Aliment liquide que l'on prépare en faisant bouillir dans de l'eau des substances animales et le plus ordinairement de la chair de bœuf, ou quelquefois seulement des légumes et des herbes. ◆ *Bouillon coupé,* bouillon affaibli par un mélange d'eau. ◆ *Être au bouillon,* ne prendre aucune nourriture solide. ◆ **Fig.** et **fam.** *Boire un bouillon,* faire une perte considérable, par suite d'une fausse spéculation. ◆ *Bouillon d'onze heures* ou simplement *bouillon,* breuvage empoisonné. ◆ Plis bouffants qu'on fait à certaines étoffes, certains vêtements. ◆ Bulle d'air dans le verre, dans les métaux fondus. ■ **Biol.** *Bouillon de culture,* préparation favorisant la prolifération de microorganismes ; fig. milieu favorable au développement de phénomènes jugés inquiétants. ■ **Fam.** Ensemble des invendus d'une publication.

BOUILLON-BLANC, n. m. [bujɔ̃blɑ̃] (b. lat. *bugillo,* génit. *bugillonis,* molène) Plante bisannuelle très commune (*Verbascum thapsus*), dont les fleurs sont employées comme pectorales et béchiques et les feuilles comme émollientes. ◆ Au pl. *Des bouillons-blancs.*

BOUILLONNANT, ANTE, adj. [bujɔnɑ̃, ɑ̃t] (*bouillonner*) Qui bouillonne.

1 **BOUILLONNÉ, ÉE**, p. p. de bouillonner. [bujɔne]

2 **BOUILLONNÉ**, ■ n. m. [bujɔne] (*bouillonner*) **Techn.** Bande d'étoffe froncée en plusieurs endroits et appliquée. *Un rideau en bouillonné.*

BOUILLONNEMENT, n. m. [bujɔn(ə)mɑ̃] (*bouillonner*) État d'agitation d'un liquide qui bouillonne. ◆ Fig. *Le bouillonnement de mon cœur.*

BOUILLONNER, v. intr. [bujɔne] (*bouillon*) Former des bouillons, en parlant d'un liquide. ◆ Fig. *Bouillonner d'ardeur, de colère.* ◆ V. tr. Faire des bouillons à une étoffe. *Bouillonner une robe, du tulle.* ■ V. intr. Avoir des invendus en parlant d'une publication.

BOUILLOTTE, n. f. [bujɔt] (*bouillir*) Syn. de bouilloire. ◆ Sorte de jeu de cartes. ■ Récipient plein d'eau très chaude, utilisé pour chauffer un lit.

BOUILLOTTER, ■ v. intr. [bujɔte] (*bouillotte*) Produire des petits bouillons sous l'effet d'une ébullition douce et continue. *Faire bouillotter la confiture quelques minutes et ajouter le jus de citron.*

BOUJARON, n. m. [buʒaʁɔ̃] (esp. *bujaron*) Petite mesure de fer-blanc qui sert dans la cambuse à distribuer les divers liquides à l'équipage.

BOUKHA, ◼ n. f. [buka] (p.-ê. mot tunisien) Eau-de-vie tunisienne à base de figues. *Déguster quelques boukhas après le repas.*

BOULAIE, n. f. [bulɛ] (anc. fr. *boul*, bouleau) Lieu planté de bouleaux.

BOULANGE, ◼ n. f. [bulɑ̃ʒ] (2 *boulanger*) Fam. Activité du boulanger. ◼ *Du bois de boulange,* bois utilisé pour chauffer le four à pain.

BOULANGÉ, ÉE, p. p. de boulanger. [bulɑ̃ʒe]

1 **BOULANGER, ÈRE,** n. m. et n. f. [bulɑ̃ʒe, ɛʁ] (a. pic. *boulenc,* celui qui fabrique des pains ronds, anc. b. frq. *bolla,* pain rond) Celui, celle qui fait et vend du pain. ◆ N. f. *La boulangère,* espèce de danse ou de ronde. ◆ *L'air sur lequel la boulangère se danse.* ◼ Adj. Qui a trait à la boulangerie. *Un cube de levure boulangère.* ◼ *Des pommes boulangères,* mélange de pommes de terre émincées et d'oignons cuits doré au four.

2 **BOULANGER,** v. tr. [bulɑ̃ʒe] (1 *boulanger*) Pétrir et faire cuire le pain.

BOULANGERIE, n. f. [bulɑ̃ʒ(ə)ʁi] (2 *boulanger*) L'art de faire le pain. ◆ Le commerce du boulanger. ◆ Lieu où se fait le pain. ◆ Établissement, fonds d'un boulanger. ◆ Le corps des boulangers.

BOULANGISME, ◼ n. m. [bulɑ̃ʒism] (*Boulanger,* homme politique français) Parti politique autour du général Boulanger entre 1885 et 1889. *La naissance du boulangisme fut un moment décisif dans la vie politique française, où les valeurs patriotiques passèrent d'une gauche jacobine à une droite nationaliste.*

BOULANGISTE, ◼ n. m. et n. f. [bulɑ̃ʒist] (*Boulanger*) Personne partisane du boulangisme. *En 1889, les boulangistes créent un comité permanent et adoptent l'œillet rouge pour emblème.* ◼ Adj. Qui a trait au boulangisme.

1 **BOULE,** n. f. [bul] (lat. *bulla,* objet sphérique) Corps rond en tous sens. ◆ Fam. La Terre. « *Jeté sur cette boule* », BÉRANGER. ◼ **Par extens.** *Une boule de neige.* ◆ *Jeu de boules,* jeu où l'on fait rouler une boule vers un but. ◆ Lieu où l'on joue à la boule. *Aller à la boule.* ◆ *Avoir la boule,* avoir l'avantage de jouer le premier. ◆ *Tenir pied à boule,* tenir le pied à l'endroit où la boule s'est arrêtée, et fig. tenir ferme. ◆ *À la boulevue, à boulevue,* précipitamment. ◆ *Boule blanche, boule noire,* boules dont l'une fait gagner et l'autre fait perdre. ◆ *Dans les scrutins, la boule noire rejette, la boule blanche approuve.* ◆ *Dans les examens, boule blanche, rouge, noire.* ◆ *Boule d'acier* ou *de Nancy,* boule faite avec le tartrate de potasse et de fer pour les contusions. ◆ *Boule-de-neige,* variété à fleurs doubles de la viorne obier. ◼ **Par anal.** *Boule à thé. Boule de pain.* ◼ *Effet boule de neige,* augmentation très rapide. ◼ **Fam.** *Perdre la boule,* perdre la tête. ◼ **EN BOULE,** loc. adv. En forme de boule ; fig. et fam. en colère. ◼ *La boule à zéro,* le crâne rasé. ◼ *Avoir une boule dans la gorge,* être angoissé. ◼ **Très fam.** *Avoir les boules,* s'inquiéter, s'énerver.

2 **BOULE,** n. m. [bul] Voy. BOULLE.

BOULÉ, ◼ n. m. [bule] (1 *boule*) Étape de cuisson qui correspond au début de l'ébullition. ◆ *Au boulé,* lorsque le sirop de sucre en ébullition forme une boule souple dès qu'on l'immerge quelques gouttes dans de l'eau fraîche. *Obtenir un sirop au boulé.*

BOULÊ ou **BOULÉ,** ◼ n. f. [bule, bule] (mot grec) **Antiq.** Assemblée chargée d'étudier les projets de loi et d'exercer un contrôle sur l'administration et la politique extérieure dans la cité grecque.

BOULEAU, n. m. [bulo] (anc. fr. *boul,* lat. vulg. *betullus,* lat. *betulla*) Arbre de nos forêts, dont le bois est blanc.

BOULE-DE-NEIGE, ◼ n. m. [bul(ə)dnɛʒ] (1 *boule* et *neige*) *Des boules-de-neige.* Voy. BOULE.

BOULEDOGUE, n. m. [bul(ə)dɔg] (angl. *bulldog,* chien à taureau) Race de chiens trapus, à mâchoires proéminentes.

BOULER, ◼ v. intr. [bule] (1 *boule*) Rouler par terre et sur soi-même. ◼ *Envoyer bouler quelqu'un,* le repousser vivement et sans ménagement.

BOULET, n. m. [bulɛ] (1 *boule*) Boule de fer fondu qui sert à charger les canons. ◆ *Boulet ramé* ou *boulet à deux têtes,* boulet composé de deux demi-sphères qui tiennent l'une à l'autre par une chaîne ou une barre de fer. ◆ *Boulet rouge,* boulet rougi au feu. ◆ **Fig.** *Tirer à boulets rouges sur quelqu'un,* en parler à certains jeux, boules dont l'une fait gagner et l'autre fait perdre. ◆ Dans la législation militaire, *boulet,* peine afflictive et infamante. ◆ **Fig.** *Traîner le boulet.* ◆ Chez le cheval, articulation du canon avec le paturon. ◆ Boule d'acier qui était accrochée au pied des bagnards. *Ils avançaient lentement, boulets au pied.* ◼ Charbon de forme ovoïdale destiné au chauffage. ◼ Personne peu dégourdie dont il faut sans cesse s'occuper. *Ce n'est pas un ami, c'est un boulet à mes yeux !* ◼ Charge, fardeau dont on ne peut se libérer. *Il considère son travail comme un vrai boulet.*

BOULETAGE, ◼ n. m. [bul(ə)taʒ] (1 *boule*) Rassemblement de particules de minerai en boulettes. *La cuisson de boulettes à l'usine de bouletage.*

BOULETÉ, ÉE, adj. [bul(ə)te] (*boulet*) *Cheval bouleté,* cheval dont le boulet est hors de sa situation naturelle. ◼ **REM.** On dit aussi *bouté.*

BOULETTE, n. f. [bulɛt] (1 *boule*) Petite boule. ◆ Pâte ou chair hachée, arrondie en boule. ◆ **Pop.** Sottise, bévue.

BOULEUX, n. m. [bulø] (anc. fr. *bouler,* rouler) ▷ Cheval de fatigue qui chemine bien. ◆ **Fig.** *C'est un bon bouleux,* c'est un homme laborieux. ◁

BOULEVARD, n. m. [bul(ə)vaʁ] (néerl. *bolwerc,* bastion) ▷ Le terre-plein d'un rempart, le terrain occupé par un bastion, par une courtine. ◁ ◆ ▷ **Par extens.** Place forte qui met un pays à l'abri de l'invasion des ennemis. ◁ ◆ ▷ **Fig.** *L'union des citoyens est le plus sûr boulevard de l'État.* ◁ ◆ Promenade plantée d'arbres qui fait le tour d'une ville. ◆ Aujourd'hui, toute rue large, plantée d'arbres. ◼ *Théâtre de boulevard,* genre théâtral regroupant les comédies légères. ◼ **REM.** Graphie ancienne : *boulevart.*

BOULEVARDIER, IÈRE, ◼ adj. [bul(ə)vaʁdje, jɛʁ] (*boulevard*) Typique du théâtre de boulevard. *Une intrigue d'inspiration boulevardière.*

BOULEVARI, n. m. [bul(ə)vaʁi] (*bouler* et *varier,* ou altération de *hourvari* sous infl. de *bouleverser*) Grand bruit, grand tumulte.

BOULEVERSANT, ANTE, adj. [bul(ə)vɛʁsɑ̃, ɑ̃t] (*bouleverser*) Qui trouble, qui bouleverse. *Nouvelle bouleversante.*

BOULEVERSÉ, ÉE, p. p. de bouleverser. [bul(ə)vɛʁse]

BOULEVERSEMENT, n. m. [bul(ə)vɛʁs(ə)mɑ̃] (*bouleverser*) Ruine et confusion. ◆ **Fig.** Grand trouble, désordre. *Bouleversement dans l'État.*

BOULEVERSER, v. tr. [bul(ə)vɛʁse] (*bouler* et *verser*) Agiter, troubler avec violence. *Les vents bouleversent les flots.* ◆ Déranger, mettre en désordre. *Bouleverser tout dans une maison.* ◆ Ruiner, abattre, renverser entièrement. *La tempête a tout bouleversé.* ◆ **Fig.** Mettre dans un grand désordre, troubler. *Bouleverser l'État. Cela m'a bouleversé l'esprit.* ◆ Se bouleverser, v. pr. Se troubler, éprouver une émotion très pénible.

BOULEVUE (À LA), loc. adv. [bul(ə)vy] Voy. BOULE.

BOULGOUR, ◼ n. m. [bulguʁ] (orig. inc.) Blé concassé cuit à la vapeur ou à l'eau et utilisé en cuisine orientale. *Des légumes sautés au boulgour. Du boulgour aux épices.*

1 **BOULIER** ou **BOLIER,** n. m. [bulje, bolje] (b. lat. *bolidium,* gr. *bolidion,* dimin. de *bolis,* sonde, rac. de *ballein,* lancer) Filet qu'on tend aux embouchures des étangs salés.

2 **BOULIER,** n. m. [bulje] (*boule*) *Boulier compteur,* appareil dont on se sert pour enseigner l'arithmétique.

BOULIMIE, n. f. [bulimi] (gr. *boulimia,* de *bous,* bœuf, et *limos,* faim) **Méd.** Irrégularité de la digestion qui consiste en une faim excessive. ◼ **BOULIMIQUE,** adj. ou n. m. et n. f. [bulimik]

BOULIN, n. m. [bulɛ̃] (*boule*) Pot de terre qui sert de retraite aux pigeons. ◆ Trou pratiqué dans un colombier, pour que les pigeons y nichent. ◆ Trou laissé dans le mur pour le bout des pièces d'échafaudage. ◆ Pièces de bois qui soutiennent les planches des échafaudages.

BOULINE, n. f. [bulin] (angl. *bowline*) Nom de longues cordes qui tiennent la voile de biais. ◆ *Vent de bouline,* vent de biais. ◆ *Aller à la bouline,* se servir d'un vent de biais qui n'est pas favorable à la route.

BOULINÉ, ÉE, p. p. de bouliner. [buline]

BOULINER, v. tr. [buline] (*bouline*) Haler la bouline. ◆ V. intr. Aller à la bouline.

BOULINGRIN, n. m. [bulɛ̃gʁɛ̃] (angl. *bowling green,* lieu gazonné qui entoure un golf) Parterre de gazon pour l'ornement d'un jardin.

BOULINGUE, n. f. [bulɛ̃g] (*bouline*) Petite voile du haut du mât.

BOULINIER, ◼ n. m. [bulinje] (*bouline*) Se dit d'un navire qui va à la bouline. *Ce navire est un bon boulinier.*

BOULISTE, ◼ n. m. et n. f. [bulist] (1 *boule*) Personne qui pratique le jeu de boules. ◼ Adj. Relatif au jeu de boules. *Un club bouliste.*

BOULLE, n. m. [bul] (*Boulle*) Meuble de Boulle, célèbre fabricant sous Louis XIV ; aujourd'hui, meuble à incrustations de cuivre et d'écaille. *Une pendule de Boulle.*

BOULOCHER, ◼ v. intr. [buloʃe] (*bouloche*) Former des boulettes pelucheuses à l'usage. *Ce pull bouloche facilement.*

BOULODROME, ◼ n. m. [bulodʁom] (*boule* et *-drome*) Terrain de jeu de boules. *Tournoi de pétanque au boulodrome de Marseille.*

BOULOIR, n. m. [bulwaʁ] (anc. fr. *bouler,* remuer) Instrument qui sert à remuer la chaux, les peaux, où l'on bat l'eau.

BOULON, n. m. [bulɔ̃] (*boule*) Grosse cheville de fer à tête ronde qui sert à soutenir les poutres et les barres de fer dans les édifices. ◼ **Fam.** *Serrer, resserrer les boulons,* faire preuve de rigueur dans un souci d'efficacité. *Tu ne travailles pas assez et tu sors trop, je vais resserrer les boulons.*

BOULONNAGE, ■ n. m. [bulɔnaʒ] (*boulon*) **Techn**. Action de maintenir au moyen de boulons. *Assembler du bois par boulonnage.* ■ Ensemble des éléments fixés par des boulons dans une structure métallique.

BOULONNAIS, AISE, ■ adj. [bulɔnɛ, ɛz] (*Boulogne*) De la ville de Boulogne-sur-Mer ou de Boulogne-Billancourt. ■ De la région du Boulonnais. *La belle campagne boulonnaise.* ■ N. m. Race de cheval de trait. ■ N. m. et n. f. *Un Boulonnais, une Boulonnaise.*

BOULONNÉ, ÉE, p. p. de boulonner. [bulɔne]

BOULONNER, v. tr. [bulɔne] (*boulon*) Arrêter avec un boulon.

BOULONNERIE, ■ n. f. [bulɔn(ə)ʀi] (*boulon*) Usine produisant des boulons. ■ Fabrication de boulons, écrous et vis.

1 **BOULOT, OTTE**, adj. [bulo, ɔt] (1 *boule*) **Pop**. Gros et gras. ◆ N. m. et n. f. *Un gros boulot, une petite boulotte.*

2 **BOULOT**, ■ n. m. [bulo] (*boulotter*) **Fam**. Travail. *Vivre de petits boulots.* ■ *Boulot, boulot*, imperturbable dans son travail. *En ce moment, sa vie, c'est boulot, boulot.*

BOULOTTER, ■ v. tr. [bulote] (1 *boulot*) **Fam**. Manger. *Il passe son temps dans la cuisine à boulotter tout ce qu'il trouve.*

1 **BOUM**, ■ interj. [bum] onomat. exprimant le bruit d'une explosion, d'une chute, d'un choc. ■ N. m. *On entendit un grand boum.* ■ *Être en plein boum*, être en pleine activité.

2 **BOUM**, ■ n. f. [bum] (*surboum*) **Fam**. Soirée ou après-midi dansante. *Organiser des boums.*

BOUMER, ■ v. intr. [bume] (1 *boum*) **Fam**. Aller bien. *Alors, ça boume?*

BOUQUE, n. f. [buk] (provenç. *boca*, ouverture) Terme ancien de navigation. Passe étroite.

BOUQUÉ, ÉE, p. p. de bouquer. [buke]

BOUQUER, v. tr. [buke] (provenç. *bouca*, appuyer la bouche contre) ▷ Baiser par force ; ne se dit guère que d'un singe ou d'un enfant, lorsqu'on les force à baiser ce qu'on leur présente. ◆ **Fig**. *Faire bouquer quelqu'un*, le forcer à faire ce qui lui déplaît. ◁

1 **BOUQUET**, ■ n. m. [bukɛ] (pic. *bouchet*, petit bois) *Bouquet de bois* ou simplement *bouquet*, une partie de bois. ◆ Faisceau de fleurs liées ensemble. *Un bouquet de roses.* ◆ *Bouquet de mariée*, bouquet de fleurs d'oranger que portent les mariées le jour de leur mariage. ◆ Odeur, parfum qu'exhale le vin. ◆ Petite pièce de vers pour une fête ; petite pièce galante. ◆ Cadeau que l'on fait à une personne à l'occasion de sa fête. ◆ Pièce finale d'un feu d'artifice. ◆ **Fig**. *C'est le bouquet, voilà le bouquet*, cela couronne le tout, ou ironiquement voilà le mécompte, la mésaventure qui comble la mesure. ◆ Faisceau de certaines choses. *Un bouquet de cerises, de persil.* ◆ Nom vulgaire d'une grosse espèce de crevette. ■ *Bouquet garni*, branches de thym, de persil et feuilles de laurier liées ensemble et placées dans un court-bouillon pour le parfumer. ■ **Dr**. Somme versée au vendeur lors de la signature d'un contrat d'achat en viager. ■ Ensemble des programmes télévisés diffusés par satellite.

2 **BOUQUET**, n. m. [bukɛ] (anc. fr. *bouque*, bouche) *Bouquet* ou *noirmuseau*, espèce de dartre qui affecte ordinairement le museau des brebis.

BOUQUETÉ, ÉE, ■ adj. [buk(ə)te] (1 *bouquet*) *Vin bouqueté*, qui a de l'arôme, du bouquet.

BOUQUETIER, n. m. [buk(ə)tje] (1 *bouquet*) Vase de fleurs.

BOUQUETIÈRE, n. f. [buk(ə)tjɛʀ] (1 *bouquet*) Femme qui fait et vend des bouquets de fleurs naturelles.

BOUQUETIN, n. m. [buk(ə)tɛ̃] (all. *Steinbock*, bouc des rochers, avec interversion des deux composants) Bouc sauvage.

1 **BOUQUIN**, n. m. [bukɛ̃] (*bouc*) Vx Bouc. ◆ *Cornet à bouquin*, trompe faite d'une corne. ◆ *Sentir le bouquin*, exhaler une odeur de bouc. ◆ Vx Lièvre ; lièvre mâle ; lapin mâle.

2 **BOUQUIN**, n. m. [bukɛ̃] (néerl. *boec*, livre) Vx Livre dont on fait peu de cas. ■ **Fam**. Livre. *Lire un bouquin passionnant.*

3 **BOUQUIN**, n. m. [bukɛ̃] (anc. fr. *boucque*, bouche) Petite pièce qui s'ajoute à une pipe et se met dans la bouche.

BOUQUINER, v. intr. [bukine] (2 *bouquin*) Consulter de vieux livres ; chercher des livres d'occasion. ■ **Fam**. Lire.

BOUQUINERIE, n. f. [bukin(ə)ʀi] (2 *bouquin*) Commerce de bouquins. Amas de vieux livres.

BOUQUINEUR, EUSE, n. m. et n. f. [bukinœʀ, øz] (*bouquiner*) ▷ Personne qui s'occupe, qui aime à chercher de vieux livres. ◁ ■ **Fam**. Personne qui aime lire. *Elle a le nez dans les livres toute la journée, c'est une bouquineuse.*

BOUQUINISTE, n. m. et n. f. [bukinist] (2 *bouquin*) Celui qui achète et vend de vieux livres.

BOURACAN, n. m. [buʀakɑ̃] (lat. médiév. *barracanus*, de l'ar. *barrakan*, étoffe en poil de chameau ; infl. de *bourre*) ▷ Gros camelot. ◁

BOURBE, n. f. [buʀb] (gaul. *borvo*, bouillir) Boue qui forme le fond des eaux croupissantes.

BOURBEUX, EUSE, adj. [buʀbø, øz] (*bourbe*) Plein de bourbe. ◆ Qui vit dans la bourbe. *Tortue bourbeuse.*

BOURBIER, n. m. [buʀbje] (*bourbe*) Lieu creux plein de bourbe. ◆ **Fig**. « *Au fond de son bourbier je fais rentrer Fréron* », VOLTAIRE. ◆ Affaire embarrassée, difficile. *Je suis dans le bourbier.* ◆ Raisonnement d'où l'on ne peut se tirer.

BOURBILLON, n. m. [buʀbijɔ̃] (*bourbe*) Corps filamenteux, blanchâtre et tenace qui existe au centre des furoncles.

BOURBON, ■ n. m. [buʀbɔ̃] (*Bourbon*, comté des États-Unis) Whisky américain résultant de la fermentation du maïs. *Boire des bourbons, un verre de bourbon.* ◆ *Vanille bourbon*, vanille légèrement poivrée, très raffinée.

BOURBONIEN, IENNE, ■ adj. [buʀbonjɛ̃, jɛn] (*Bourbon*) De la famille des Bourbons. *La dynastie bourbonienne.* ◆ *Nez bourbonien*, nez long et légèrement busqué.

BOURBONNAIS, AISE, ■ adj. [buʀbɔnɛ, ɛz] (*Bourbon*) De la région du Bourbonnais. ■ N. m. et n. f. *Un Bourbonnais, une Bourbonnaise.*

BOURBOUILLE, ■ n. f. [buʀbuj] (orig. inc.) **Méd**. Dermatose typique des pays tropicaux et caractérisée par l'apparition de vésicules et de rougeurs sur la peau. *Les vésicules provoquées par la bourbouille sont dues à une rétention de sueur au niveau des pores des canaux excréteurs des glandes sudorales, entraînant une inflammation et parfois une surinfection.*

BOURCER ou **BOURSER**, v. tr. [buʀse] (*bourse*) *Bourcer la voile*, n'en tendre qu'une partie pour qu'elle prenne peu de vent. ◆ On dit présentement *carguer*.

BOURCETTE, n. f. [buʀsɛt] (*bourse*) Un des noms de la mâche.

BOURDAINE, n. f. [buʀdɛn] (orig. incert., on reconstitue un pré-roman *burgena* ; cf. basque *burgi*) Espèce de nerprun, arbrisseau dont l'écorce est purgative et dont le bois fournit le charbon le plus propre à la fabrication de la poudre à canon. ■ REM. On disait aussi *bourgène*.

BOURDALOU, n. m. [buʀdalu] (*Bourdaloue*, prédicateur du XVIIᵉ siècle) Ruban qu'on attache avec une boucle autour d'un chapeau. ◆ Sorte de vase de nuit.

BOURDE, n. f. [buʀd] (provençal, *borda*) Mensonge, mauvaise excuse, défaite. ■ Erreur, maladresse.

BOURDER, v. intr. [buʀde] (*bourde*) Dire, donner des bourdes.

BOURDEUR, n. m. [buʀdœʀ] (*bourde*) Celui qui donne des bourdes.

BOURDILLON, n. m. [buʀdijɔ̃] (1 *bourdon*) Bois de chêne refendu pour faire des futailles.

1 **BOURDON**, n. m. [buʀdɔ̃] (lat. médiév. *burdo*, génit. *burdonis*, bâton, issu du lat. *burdo*, mulet par la métaphore pop. fréquente du support ; cf. évol. sémant. de *chevalet*) Long bâton de pèlerin, surmonté d'un ornement en forme de pomme. ■ *Point de bourdon*, point de broderie formant un relief. *Une bordure de nappe réalisée en points de bourdon.*

2 **BOURDON**, n. m. [buʀdɔ̃] (anc. fr. *bordon*, instrument de musique, probabl. onomat.) Jeu de l'orgue qui fait la basse. ◆ Dans le violon, nom ancien de la quatrième corde. ◆ *Faux-bourdon*, musique dont toutes les parties se chantent note contre note. ◆ Grosse cloche. *Le bourdon de Notre-Dame.* ■ **Fam**. Mélancolie.

3 **BOURDON**, n. m. [buʀdɔ̃] (anc. fr. *bordon*, probabl. onomat., b. lat. *burdo*, syn. de *attacus*, sauterelle) Insecte de la famille des abeilles. ◆ *Faux bourdon*, mâle de l'abeille.

4 **BOURDON**, ■ n. m. [buʀdɔ̃] (*bourde*) Faute d'un compositeur d'imprimerie qui a passé un ou plusieurs mots de la copie.

BOURDONNANT, ANTE, adj. [buʀdɔnɑ̃, ɑ̃t] (*bourdonner*) Qui bourdonne.

1 **BOURDONNÉ, ÉE**, adj. [buʀdɔne] (1 *bourdon*) **Hérald**. *Croix bourdonnée*, croix dont les branches sont arrondies comme le bourdon d'un pèlerin.

2 **BOURDONNÉ, ÉE**, p. p. de bourdonner. [buʀdɔne]

BOURDONNEMENT, n. m. [buʀdɔn(ə)mɑ̃] (3 *bourdon*) Bruit des petits oiseaux et de certains insectes en volant. ◆ **Par extens**. Le murmure sourd et confus d'un grand nombre de voix. ◆ **Méd**. *Bourdonnement d'oreilles*, bruit sourd et continuel dans les oreilles.

BOURDONNER, v. intr. [buʀdɔne] (3 *bourdon*) Bruire comme les bourdons, en parlant des insectes, etc. ◆ Murmurer. ◆ V. tr. Chanter à demi-voix, entre ses dents. *Il bourdonne toujours quelque vieil air.*

BOURDONNET, n. m. [buʀdɔnɛ] (1 *bourdon*) **Chir.** Petit rouleau de charpie de forme oblongue.

BOURDONNEUR, adj. [buʀdɔnœʀ] (*bourdonner*) Qui bourdonne. *Les colibris et les oiseaux-mouches sont bourdonneurs,* et n. m. *sont des bourdonneurs.*

BOURG, n. m. [buʀ] (lat. médiév. *burgus,* place fortifiée, b. lat., château-fort) Grand village où il se tient des marchés.

BOURGADE, n. f. [buʀgad] (*bourg*) Petit bourg dont les maisons disséminées occupent un grand espace.

BOURGÈNE, n. f. [buʀʒɛn] Voy. **BOURDAINE.**

1 **BOURGEOIS, OISE,** n. m. et n. f. [buʀʒwa, waz] (*bourg*) Citoyen, citoyenne d'une ville, jouissant des droits attachés à ce titre. ♦ **Au sing.** Collect. Tout le corps des citoyens d'une ville. *Le bourgeois a pris les armes.* ♦ Personne appartenant à la classe moyenne. ♦ Le patron ou maître chez lequel un ouvrier travaille. On dit dans le même sens, au féminin, *bourgeoise.* ♦ Se dit par opposition à *noble,* à *militaire. Un simple bourgeois.* ♦ Par dénigrement, homme sans distinction. *Il est sans goût, c'est un bourgeois.* ■ **Abrév.** Bourge.

2 **BOURGEOIS, OISE,** adj. [buʀʒwa, waz] (*bourg*) Qui est de bourgeois. ♦ *Caution bourgeoise,* caution solvable et facile à discuter. ♦ *Comédie bourgeoise,* représentation donnée par des personnes qui ne jouent la comédie que pour leur amusement. ♦ *Maison bourgeoise,* maison simple, bien tenue, mais sans luxe ; on l'emploie aussi par opposition à *maison garnie, hôtel.* ♦ *Habit bourgeois,* par opposition aux différents costumes officiels. ♦ *Cuisine bourgeoise,* cuisine bonne et simple. ♦ Par dénigrement, qui manque de dignité, d'élévation. *Avoir l'air bourgeois.* ■ **Péj.** Qui adhère aux valeurs et idées conservatrices de la bourgeoisie. ■ **Suisse** D'idéologie politique centriste ou de droite.

BOURGEOISEMENT, adv. [buʀʒwaz(ə)mɑ̃] (*bourgeois*) D'une manière bourgeoise, en simple bourgeois.

BOURGEOISIE, n. f. [buʀʒwazi] (*bourgeois*) Qualité de bourgeois. ♦ *Droit de bourgeoisie,* prérogatives accordées aux citoyens d'une ville, d'un État. ♦ *Le corps des bourgeois,* les bourgeois en général. *S'allier à la bourgeoisie.*

BOURGEON, n. m. [buʀʒɔ̃] (lat. vulg. *burrio,* génit. *burrionis,* du lat. *burra,* bourre) Œil des arbres qui, se développant, donne les feuilles ou les branches. ♦ Le nouveau jet de la vigne. ♦ ▷ **Fig.** Boutons rouges qui viennent au visage. ◁

BOURGEONNÉ, ÉE, adj. [buʀʒɔne] (*bourgeon*) Qui a des boutons sur la peau.

BOURGEONNEMENT, n. m. [buʀʒɔn(ə)mɑ̃] (*bourgeon*) Évolution des bourgeons ; époque de cette évolution. ■ **Zool.** Reproduction de certains animaux aquatiques par l'intermédiaire de cellules reproductrices ressemblant à des bourgeons. *Le bourgeonnement des unicellulaires est caractérisé par une différence de taille, marquée entre les descendants.*

BOURGEONNER, v. intr. [buʀʒɔne] (de *bourgeon*) Pousser des bourgeons. ♦ **Fig.** et fam. *Son visage bourgeonne.*

BOURGERON, n. m. [buʀʒəʀɔ̃] (anc. fr. *bourge,* toile, lat. vulg. *burrica,* de *burra,* bourre) Petite casaque de toile que portent certains ouvriers. ■ **Rem.** On disait aussi *bergeron.*

BOURGMESTRE, n. m. [buʀgmɛstʀ] (all. *bürger,* bourgeois, et *meister,* maître) Titre du premier magistrat des villes de Belgique, d'Allemagne, de Suisse, etc.

BOURGOGNE, n. m. [buʀgɔɲ] ou [buʀgɔɲj] (lat. *Burgundia*) Le vin de Bourgogne. *Une bouteille de bourgogne vieux.*

BOURGUEIL, ■ n. m. [buʀgœj] (*Bourgueil*) Vin rouge produit dans la région de Bourgueil en Touraine. *Boire un verre de bourgueil, fruité et parfumé. De bons bourgueils.*

BOURGUIGNON, ONNE, ■ adj. [buʀgiɲɔ̃, ɔn] ou [buʀgiɲjɔ̃, ɔn] (*Bourgogne*) De Bourgogne. ■ **N. m.** et n. f. *Un Bourguignon, une Bourguignonne.* ■ *Bœuf bourguignon* ou *bourguignon,* plat de bœuf mijoté aux oignons, aux lardons et au vin rouge.

BOURLE, n. f. [buʀl] (lat. *burra,* par un dimin. *burrula*) Tromperie, attrape. « *Une bourle que je veux faire à notre ridicule* », Molière.

BOURLET, n. m. [buʀlɛ] Voy. **BOURRELET.**

BOURLINGUE, ■ n. f. [buʀlɛ̃g] (anc. fr. *boulingue,* petite voile) Fait de mener une vie d'aventures. *Il revient de six mois de bourlingue à la voile.*

BOURLINGUER, ■ v. intr. [buʀlɛ̃ge] (*bourlingue*) **Mar.** Rouler et tanguer violemment. ■ **Fig.** et fam. Courir le monde tel un aventurier. *Il a bourlingué jusqu'en Asie.*

BOURLINGUEUR, EUSE, ■ n. m. et n. f. [buʀlɛ̃gœʀ, øz] (*bourlinguer*) Personne qui mène une vie d'aventures à travers le monde. *Les carnets de route d'un bourlingueur.*

BOURONNER, ■ v. intr. [buʀɔne] (orig. inc.) **Suisse** Subir une combustion très lente à couvert. *Après la cuisson du pain, le charbon de bois bouronnait tranquillement dans le four.*

BOURRACHE, n. f. [buʀaʃ] (lat. médiév. *borrago,* probabl. de l'ar. *abûaraq,* père de la sueur, pour ses vertus soporifiques) Plante à feuilles velues qu'on emploie en tisane.

BOURRADE, n. f. [buʀad] (*bourrer*) ▷ Atteinte du chien qui enlève du poil au lièvre qu'il court. ◁ **Par extens.** Coup de crosse de fusil, coup de poing. *Il m'a donné des bourrades.* ♦ **Fig.** Attaque en parole ou vive repartie.

BOURRAGE, ■ n. m. [buʀaʒ] (*bourre*) Action de remplir quelque chose de bourre. ■ Matériau utilisé pour bourrer un siège ou un matelas. ■ Erreur de fonctionnement dans l'approvisionnement en papier d'une machine qui produit ou reproduit un document imprimé. *N'oubliez pas de bien déramer le papier avant de remplir le chargeur de la photocopieuse pour éviter les bourrages.* ■ **Fam.** *Bourrage de crâne,* technique qui consiste à répéter inlassablement quelque chose jusqu'à ce que l'interlocuteur y adhère.

BOURRAS, n. m. [buʀa] (*bourre*) Grosse toile faite d'étoupes de chanvre.

BOURRASQUE, n. f. [buʀask] (ital. *borrasca,* de *bora,* vent du nord) Coup de vent impétueux et de peu de durée. ♦ **Fig.** Emportement brusque et passager. *Les bourrasques populaires.* ♦ Caprice, entraînement passager. *Prodigue par bourrasques.* ♦ Violentes attaques. « *Si vous avez encore quelques bourrasques à essuyer de votre bile* », Mme de Sévigné.

BOURRATIF, IVE, ■ adj. [buʀatif, iv] (*bourrer*) **Fam.** Qui assouvit rapidement la faim. *Un gâteau un peu bourratif.*

1 **BOURRE,** ■ n. f. [buʀ] (lat. *burra,* étoffe grossière) Amas de poils détachés de la peau de certains animaux à poil ras. ♦ *Bourre de laine* ou *bourre lanice,* la partie la plus grossière de la laine. ♦ *Bourre de soie,* la partie du cocon qui ne se dévide pas. ♦ **Fig.** Chose de peu de valeur. *Il y a bien de la bourre en cet ouvrage.* ♦ Ce qu'on met par-dessus la charge des armes à feu pour la retenir et la presser. ♦ Duvet qui couvre certains bourgeons à leur naissance. ■ *De première bourre,* d'excellente qualité.

2 **BOURRE,** ■ n. f. [buʀ] (*bourrer*) **Fam.** *Être à la bourre,* en retard.

BOURRÉ, ÉE, p. p. de bourrer. [buʀe] Bien rempli. *Un matelas bien bourré.* ♦ Gorgé. « *Bourré de sucre* », Gresset. ♦ Grondé, gourmandé. « *Si nous les attrapons, ils seront bien bourrés* », Mme de Sévigné. ♦ *Bourré de coups,* bien battu. ■ **Fam.** Enivré.

BOURREAU, n. m. [buʀo] (*bourrer,* au sens de maltraiter) Celui qui inflige les peines corporelles qu'ordonnent les arrêts rendus en matière criminelle. ♦ *Valet de bourreau,* homme qui aide le bourreau dans les exécutions. *Insolent comme un valet de bourreau,* odieusement insolent. ♦ **Par extens.** Meurtrier. « *Toi-même de ton sang devenir le bourreau* », Racine. ♦ **Fig.** *Le remords sera son bourreau.* ♦ *Être le bourreau de quelqu'un,* le tourmenter, lui rendre la vie dure. ♦ *Être le bourreau de soi-même,* faire plus qu'on ne peut, s'excéder. ♦ Un homme cruel, inhumain. ♦ *Un bourreau d'argent,* un dissipateur. ♦ Expression de reproche, d'humeur, d'impatience. *Te tairas-tu, bourreau !* ■ *Bourreau des cœurs,* grand séducteur.

BOURRÉE, n. f. [buʀe] (*bourrer*) Assemblage de menues branches. ♦ Air de musique, à deux temps, à deux parties égales, chacune de huit mesures. ♦ Danse originaire d'Auvergne, composée sur le même air.

BOURRELÉ, ÉE, p. p. de bourreler. [buʀ(ə)le] *L'âme du criminel bourrelée de remords.*

BOURRÈLEMENT, n. m. [buʀɛl(ə)mɑ̃] (*bourreler*) Sensation douloureuse, comparée à la torture que ferait éprouver le bourreau. ♦ **Fig.** *Le bourrèlement de la conscience.*

BOURRELER, v. tr. [buʀ(ə)le] (anc. fr. *bourrel, bourreau*) Tourmenter comme ferait le bourreau.

BOURRELERIE, n. f. [buʀɛl(ə)ʀi] Voy. **BOURRELLERIE.**

BOURRELET, n. m. [buʀ(ə)lɛ] (anc. fr. *bourrel,* amas de bourre, coussin) Coussinet rempli de bourre, qui est fait en rond, avec un vide au milieu. ♦ *Bourrelet d'enfant,* coiffure rembourrée qui protège la tête des enfants quand ils tombent. ♦ Sorte de gaine en toile qu'on remplit de bourre ou de crin et qu'on adapte aux portes et aux fenêtres pour empêcher l'air extérieur de pénétrer. ♦ Renflement circulaire qui se forme en certaines circonstances à la tige d'une plante. ■ **Fam.** Repli adipeux souvent localisé au niveau de la taille. ■ **Rem.** Graphie ancienne : *bourlet.*

BOURRELIER, IÈRE, n. m. [buʀəlje, jɛʀ] (radic. de *bourrelet*) Personne qui fait et vend des harnais.

BOURRELLE, n. f. [buʀɛl] (*bourreau*) La femme du bourreau. ♦ **Vieux.**

BOURRELLERIE, ■ n. f. [buʀɛl(ə)ʀi] (*bourrelier*) Le métier, le commerce du bourrelier. ■ **Rem.** Graphie ancienne : *bourrelerie.*

BOURRER, v. tr. [buʀe] (*bourre*) Se dit d'un chien qui, saisissant un lièvre, lui enlève du poil. ◆ Enfoncer la bourre d'une arme à feu. ◆ Remplir. ◆ Frapper, maltraiter. ◆ *On le bourra de coups de poing.* ◆ **Fig.** « *Je me mis à lui répondre avec assez d'assurance et à le bourrer du mieux que je pus* », J.-J. Rousseau. ◆ **Absol.** *Bourrer quelqu'un*, lui faire une verte réprimande. ◆ **Par extens. et fam.** Faire manger avec excès. *Bourrer un enfant de pâtisserie.* ◆ **Fig.** *Bourrer un enfant de grec et de latin*, l'en surcharger. ◆ Se bourrer, v. pr. Se gourmer réciproquement. ◆ Manger de quelque chose avec excès. *Il se bourre de gâteaux.* ■ **Très fam.** Boire jusqu'à l'ivresse.

BOURRETTE, ■ n. f. [buʀet] (*bourre*) Soie entourant le cocon. ■ Déchet provenant de la filature de la soie sauvage. ■ **Par extens.** Étoffe confectionnée à partir de ce déchet. *Une étole en bourrette de soie.*

BOURRICHE, n. f. [buʀiʃ] (orig. incert. ; p.-ê. rac. pré-romane *burr-* qui produit des termes de pêche) Panier de forme oblongue dont on se sert pour envoyer du gibier, du poisson.

BOURRICHON, ■ n. m. [buʀiʃɔ̃] (*bourriche*) **Fam.** *Se monter le bourrichon*, se faire des idées. ■ *Monter le bourrichon à quelqu'un*, le bercer d'illusions ou d'idées fausses.

BOURRICOT ou **BOURRIQUOT**, ■ n. m. [buʀiko] (*bourrique*) Âne de petite taille. ■ **Fam.** *Kif-kif bourricot*, la même chose. *Ce chapeau ou celui-là, c'est kif-kif bourricot !*

BOURRIDE, ■ n. f. [buʀid] (provenç. *bourrido*, ce qui est bouilli ; cf. gasc. *bourit*, bouilli) Spécialité sétoise consistant en une bouillabaisse à l'aïoli. *Une bourride de lotte à l'anis.*

BOURRIN, ■ n. m. [buʀɛ̃] (*bourrique*) **Fam.** Cheval. *Brosser énergiquement un bourrin pour le nettoyer.*

BOURRIQUE, n. f. [buʀik] (esp. *borrico*, âne, lat. pop. *burricus*, lat. *buricus*, petit cheval) Ânesse. ◆ Âne ou ânesse chétive. ◆ **Fig. et pop.** Une personne stupide, ignorante.

BOURRIQUET, ■ n. m. [buʀike] (*bourrique*) Petit ânon ; âne de petite taille. ◆ Civière pour monter du mortier, des pierres.

BOURRIQUIER, ■ n. m. [buʀikje] (*bourrique*) Celui qui conduit des ânes.

BOURRIQUOT, ■ n. m. [buʀiko] Voy. **bourricot**.

BOURROIR, ■ n. m. [buʀwaʀ] (*bourrer*) Pilon pour bourrer.

BOURRU, UE, adj. [buʀy] (*bourre*) Qui n'est pas dégrossi, qui est comme plein de bourre. ◆ *Moine bourru*, fantôme, revenant qui était un objet de superstition. ◆ **Fig.** *Un moine bourru*, un homme brusque. ◆ *Vin bourru*, vin blanc nouveau et encore doux. ◆ Qui est d'une humeur brusque et chagrine. ◆ **N. m. et n. f.** *Un bourru.*

BOURSE, n. f. [buʀs] (b. lat. *byrsa, brsa*, sac de cuir, gr. *bursa*, peau, cuir) Petit sac dans lequel on met son argent de poche. ◆ *Demander la bourse ou la vie*, se dit d'un voleur qui menace de tuer si on ne lui livre pas la bourse. ◆ *Coupeur de bourse*, voleur. ◆ Toute espèce de petit sac comparé à une bourse. *Bourse à jetons. Bourse de quêteuse.* ◆ **Fig.** Argent. *Disposez de ma bourse.* ◆ *Avoir la bourse, tenir la bourse, les cordons de la bourse*, avoir le maniement de l'argent. ◆ *Sans bourse délier*, sans rien dépenser. ◆ *Ne pas laisser voir le fond de sa bourse*, ne pas montrer l'état de ses affaires. ◆ *Loger le diable dans sa bourse*, n'avoir point d'argent. ◆ Masse de deniers que les membres d'un même corps mettent en commun pour subvenir aux charges de la société. ◆ *Faire bourse commune*, n'avoir ou ne faire qu'une bourse, faire toutes les dépenses en commun. ◆ Pension gratuite accordée à un élève. *Une bourse entière, une demi-bourse, un quart de bourse.* ◆ Somme évaluée dans le Levant à 500 piastres, ou 1781 fr. 28 c. de notre monnaie. ◁ ▷ Dans les villes de commerce, *Bourse de commerce* ou simplement *Bourse*, lieu où s'assemblent les personnes qui se livrent au commerce ; lieu de réunion pour les négociants, agents de change, courtiers ; le temps que dure cette réunion ; marché public où se négocient les effets publics, lettres de change, actions, etc. ◆ *Le cours de la Bourse*, le cours des effets publics. ◆ *Les spéculateurs. Il a pris l'esprit de la Bourse.* ◆ Petit sac de taffetas noir où les hommes renfermaient autrefois leurs cheveux par-derrière. ◆ Poche placée à l'entrée d'un terrier pour prendre les lapins qu'on chasse au furet. ◆ *Bourse, bourse-à-pasteur, bourse-de-berger*, noms vulgaires de la capselle bourse-de-pasteur. ■ **N. f. pl.** Le scrotum.

BOURSER, v. tr. [buʀse] Voy. **bourcer**.

BOURSICAUT, n. m. [buʀsiko] (*bourse*) ▷ Petite bourse. ◆ Petites économies ; petites sommes mises en réserve. ◁

BOURSICOTER, v. intr. [buʀsikote] (*boursicaut*) Mettre un peu d'argent en réserve. ◆ Faire de petites opérations en Bourse. ■ **BOURSICOTAGE**, n. m. [buʀsikotaʒ]

BOURSICOTEUR, EUSE, ■ n. m. et n. f. [buʀsikotœʀ, øz] (*boursicoter*) Personne qui fait de petites opérations en Bourse. *Un boursicoteur amateur de fonds de placement.*

BOURSICOTIER, IÈRE, n. m. et n. f. [buʀsikotje, jeʀ] (*boursicoter*) Personne qui fait de petites affaires à la Bourse. ◆ Mot toujours pris en mauvaise part.

1 **BOURSIER, IÈRE**, n. m. et n. f. [buʀsje, jeʀ] (*bourse*) Élève ou étudiant qui jouit d'une bourse dans une école publique. ◆ **Adj.** *Les élèves boursiers.*

2 **BOURSIER, IÈRE**, n. m. et n. f. [buʀsje, jeʀ] (*bourse*) Ouvrier, ouvrière qui fait et qui vend des bourses. ◆ Peu usité.

3 **BOURSIER, IÈRE**, ■ n. m. et n. f. [buʀsje, jeʀ] (*bourse*) Personne qui travaille en Bourse. ■ **Adj.** Qui a trait à la Bourse. *Des valeurs boursières. Un indice boursier.*

BOURSILLER, v. intr. [buʀsije] (*bourse*) Contribuer chacun d'une petite somme pour quelque dépense commune. ◆ Vider sa bourse. ◆ Il est familier.

BOURSON, n. m. [buʀsɔ̃] (*bourse*) Petite poche au-dedans de la ceinture d'une culotte. ◆ Vieux ; on dit *gousset*.

BOURSOUFLAGE ou **BOURSOUFFLAGE**, n. m. [buʀsuflaʒ] (*boursoufler*) Enflure, en parlant du style. ◆ Action d'augmenter le volume de quelque chose. *Un boursouflage abdominal en période de menstruation.*

BOURSOUFLÉ, ÉE ou **BOURSOUFFLÉ, ÉE**, adj. [buʀsufle] (radic. onomat. *bod*, gonflement, et *soufflé* ; infl. de *bourre*) Enflé. ◆ **Fig.** *Style boursouflé*, style où domine une emphase vide. ◆ **N. m. et n. f.** « *Je ne peux plus souffrir le boursouflé et une grandeur hors de nature* », Voltaire.

BOURSOUFLEMENT ou **BOURSOUFFLEMENT**, n. m. [buʀsufləmɑ̃] (*boursoufler*) État de ce qui est boursouflé. ◆ **Chim.** Augmentation de volume d'une substance par quelque action chimique.

BOURSOUFLER ou **BOURSOUFFLER**, v. tr. [buʀsufle] (*boursouflé*) Rendre enflé. ◆ Se boursoufler, v. pr. Augmenter de volume par quelque action mécanique ou chimique.

BOURSOUFLURE ou **BOURSOUFFLURE**, n. f. [buʀsuflyʀ] (*boursoufler*) Gonflement, soulèvement. *Les boursouflures du sol.* ◆ **Méd.** Engorgement formé par la présence de l'air ou de la sérosité dans le tissu cellulaire. ◆ **Fig.** *La boursouflure du style.*

BOUSCULADE, ■ n. f. [buskylad] (*bousculer*) Action de pousser et de renverser. ■ Mouvement désorganisé de foule. *C'est la bousculade aux caisses.* ◆ Précipitation précédant un évènement ou une échéance. *La bousculade des préparatifs pour les vacances.*

BOUSCULÉ, ÉE, p. p. de bousculer. [buskyle]

BOUSCULER, v. tr. [buskyle] (*bousser*, heurter, de l'anc. b. frq. *botan*, et *culer*, marcher à reculons) Mettre en désordre, renverser. ◆ Pousser en tous sens. ◆ Se bousculer, v. pr. *Ils se pressent, ils se bousculent.* ■ Heurter, pousser quelqu'un par accident ou par hâte. *Tout le monde se bouscule pour accéder plus vite au guichet.* ■ **Fig.** Modifier brusquement et grandement. *Bousculer ses habitudes, ses principes.* ■ **Fam.** Faire aller plus vite quelqu'un. *Arrête de le bousculer, on a le temps.* ■ **Fam.** *Ça se bouscule au portillon*, tout le monde arrive en même temps et de manière désordonnée.

BOUSE, n. f. [buz] (orig. inc., p.-ê. gaul.) Fiente de bœuf ou de vache. ■ **Rem.** On dirait aujourd'hui *excrément*.

BOUSEUX, ■ n. m. [buzø] (*bouse*) **Pop.** et **péj.** Paysan. *La ferme d'un bouseux. Il s'habille comme un bouseux.*

BOUSIER, n. m. [buzje] (*bouse*) Genre de coléoptères qui vivent dans les excréments des mammifères.

BOUSILLAGE, n. m. [buzijaʒ] (*bousiller*) Mélange de chaume et de terre détrempée avec lequel on fait des murs de clôture. ◆ **Fig.** Tout ouvrage mal fait, peu solide.

BOUSILLÉ, ÉE, p. p. de bousiller. [buzije]

BOUSILLER, v. intr. [buzije] (*bouse*) Maçonner en bousillage. ◆ **V. tr. Fig.** Faire un travail sans soin. ■ **Fam.** Endommager. *Il a bousillé sa voiture.* ■ **Pop.** Tuer une personne.

BOUSILLEUR, EUSE, n. m. et n. f. [buzijœʀ, øz] (*bousiller*) Personne qui travaille en bousillage. ◆ **Fig.** et **fam.** Personne qui travaille mal. ■ Personne qui endommage son bien ou celui des autres. *Il commet accident sur accident, c'est un vrai bousilleur de voitures !*

1 **BOUSIN**, n. m. [buzɛ̃] (*bouse*) ▷ Surface tendre des pierres de taille. ◁ ◆ Tourbe de mauvaise qualité.

2 **BOUSIN**, n. m. [buzɛ̃] (angl. *bousing-ken*, cabaret) Tapage. ■ **Pop.** Bar de mauvaise réputation. *Traîner dans un bousin sordide.*

BOUSSERADE ou **BOUSSEROLE**, n. f. [bus(ə)ʀad, bus(ə)ʀɔl] Voy. **busserole**.

BOUSSOLE, n. f. [busɔl] (ital. *bussola*, de *bussolo*, petit récipient en bois) Cadran au centre duquel est fixée une aiguille aimantée et mobile dont la pointe se dirige vers le nord. ♦ **Par extens.** Ce qui dirige. « *Mme de Lavardin et M. d'Arrouy sont mes boussoles* », Mme DE SÉVIGNÉ. ■ **Fam.** *Perdre la boussole*, perdre la tête.

BOUSTIFAILLE, ■ **n. f.** [bustifaj] (altération expressive de *bouffer*) **Fam.** Nourriture. *Il ne pense qu'à la boustifaille.*

BOUSTROPHÉDON, ■ **n. m.** [bustʀofedɔ̃] (gr. *boustrophédon*, de *bous*, bœuf, et *strophê*, tour) Antique écriture grecque dans laquelle, après avoir écrit une ligne de gauche à droite, on continuait en écrivant de droite à gauche, à l'imitation d'un bœuf qui laboure.

BOUT, ■ **n. m.** [bu] (*bouter*, frapper, pousser) La portion qui termine un corps, un espace. *Le bout des rames, de la queue.* ♦ *Aux deux bouts de la terre*, par toute la terre. ♦ *Au bout de l'univers*, dans des contrées très éloignées. ♦ *Être logé au bout du monde*, dans un quartier fort éloigné. ♦ **Fig.** et **fam.** *C'est tout le bout du monde*, c'est tout ce que la chose vaut, tout ce qu'il y a de possible. ♦ **BOUT À BOUT**, **loc. adv.** À bouts se touchant. *Tuyaux assemblés bout à bout.* ♦ *Mettre bout à bout*, au propre et au fig., rapprocher et réunir de petites portions d'une chose. ♦ **D'UN BOUT À L'AUTRE**, **DE BOUT EN BOUT**, **loc. adv.** Du commencement à la fin, entièrement. ♦ *Bout-ci, bout-là*, par-ci, par-là. ♦ **À BOUT PORTANT**, **loc. adv.** Le bout de l'arme étant mis près de l'objet qu'on vise. ♦ *Ce mot est resté au bout de la plume*, il a été oublié. ♦ Extrémité des parties du corps. *Le bout du pied, de l'oreille.* ♦ *Au bout de la langue*, *au bout de la plume*, en parlant de ce qui est dit, écrit avec facilité. « *Dès qu'un mot se trouvait au bout de sa langue ou de sa plume* », HAMILTON. ♦ *Avoir un mot sur le bout de la langue*, chercher dans sa mémoire un mot qu'on croit tenir et qui ne vient pas. ♦ *Rire du bout des dents* ou *du bout des lèvres*, rire sans en avoir envie. ♦ *Dire quelque chose du bout des lèvres*, le dire par condescendance et sans vouloir être pris au sérieux. ♦ *Montrer le bout de l'oreille*, un bout d'oreille, laisser pénétrer sa pensée, ses desseins. ♦ *Savoir une chose sur le bout du doigt*, la savoir parfaitement, de mémoire. ♦ *Toucher du bout du doigt*, toucher légèrement, au propre et au fig. ♦ *Le bout du sein* ou simplement *le bout. L'enfant n'a pas encore pris le bout.* ♦ *Des bouts d'ailes*, des plumes du bout de l'aile des oies pour écrire. ♦ *Le bon bout*, le côté par où il convient de prendre une chose. *Prendre une chose par le bon bout.* ♦ *Par quelque bout que vous preniez cette affaire*, de quelque façon que vous l'entrepreniez. ♦ *Prendre quelqu'un par tous les bouts*, faire auprès de lui toutes les tentatives imaginables pour le gagner, le persuader, etc. ♦ *On ne sait par quel bout le prendre*, se dit d'un homme difficile. ♦ *Le haut bout*, la place la plus honorable. ♦ *Le bas bout*, une des dernières places. ♦ Ce qui garnit l'extrémité de certaines choses. *Bout de canne, de parapluie.* ♦ Petite partie, petit morceau. *Un bout de lettre. Un bout de corde.* Dans un certain sens, *un bout de discours*, un discours très peu étendu. ♦ *Un bout d'homme, un petit bout d'homme*, un homme très petit. ♦ *Des bouts de chandelle*, ce qui reste d'une chandelle consumée en partie. ♦ **Fam.** *Une économie de bouts de chandelle*, une épargne mesquine et sans utilité. ♦ *Bout de boudin*, morceau de boudin. ♦ Terme, point où quelque chose cesse. *Le bout de l'année, du chemin, etc.* ♦ *Être au bout de sa carrière*, toucher au terme de sa vie. ♦ **Fig.** *À tout bout de champ*, à tout propos. ♦ *Bout de l'an*, service funèbre qui se célèbre un an après le décès de quelqu'un. ♦ **Fig.** *Joindre les deux bouts* (sous-entendu *de l'an*), avoir tout juste de quoi subsister. ♦ **Fig.** *Être au bout de son rôle, de son rôlet, de son rouleau*, ne savoir plus que dire, que faire. ♦ *Il est au bout de ses écus*, il a épuisé ses ressources. ♦ *N'être pas au bout*, avoir encore bien des choses pénibles à supporter. ♦ **JUSQU'AU BOUT**, **loc. adv.** Jusqu'à la fin. ♦ **À BOUT**, **loc. adv.** *Être à bout*, être épuisé. « *Mais je sens que bientôt ma douceur est à bout* », RACINE. ♦ **Vén.** *Être à bout de voie*, se dit d'un limier qui se perd, et fig. ne plus savoir que faire. ♦ *Mettre à bout*, vaincre, réduire. « *Mettre à bout cette fière cité* », LA FONTAINE. ♦ *Mettre à bout*, irriter, fatiguer, impatienter. « *Il met sa patience à bout* », BOSSUET. ♦ *Pousser à bout*, irriter et aussi réduire à ne pouvoir répondre. « *Il pousse à bout toutes les décisions* », BOSSUET. ♦ *Pousser à bout*, porter à l'extrémité, exagérer. *Il pousse à bout toutes les décisions* », BOSSUET. ♦ *Venir à bout d'un dessein, d'une entreprise*, réussir. « *Ils n'entreprennent rien qu'ils n'en viennent à bout* », RÉGNIER. ♦ *Venir à bout de*, triompher, vaincre. « *Par là de nos mutins le feu roi vint à bout* », P. CORNEILLE. ♦ **AU BOUT DU COMPTE**, **loc. adv. Fig.** Tout bien considéré. ♦ **Mar.** L'avant, la proue d'un navire. *Avoir le vent de bout*, se dit quand le vent vient du côté de l'avant. ♦ *Aller bout au vent*, aller contre le vent. ♦ Voy. BOUT-RIMÉ. ♦ **Fam.** *Au bout d'un certain temps, après un bon bout de temps*, après un moment plus ou moins long. ■ **Fam.** *Au bout du fil*, au téléphone. ■ **Fam.** *En connaître un bout*, connaître beaucoup de choses sur un sujet ou un domaine particulier. ■ **Fam.** *Nous avons fait un bout de chemin ensemble*, nous avons parcouru une partie de la route ensemble, et fig. nous avons réalisé une partie de notre vie ensemble. ■ *Être au bout du rouleau*, être épuisé, démoralisé. ■ *Ne pas être au bout de ses peines*, avoir encore bien des choses pénibles à supporter. ♦ **Fam.** *Mettre les bouts*, partir.

BOUTADE, **n. f.** [butad] (*bouter*) Coup porté ; saillie d'esprit ou d'humeur, caprice. *Des gens à boutades.* ♦ ▷ Petite pièce de vers satiriques. ◁

BOUTANT, **adj. m.** [butɑ̃] (*bouter*) N'est usité qu'avec *arc*. ■ Voy. ARC-BOUTANT.

BOUTARGUE, **n. f.** [butaʀg] (ital. *bottarga*, de l'ar. *butarih*) Voy. POUTARGUE. **Rem.** Graphie ancienne : *botargue*.

BOUT-DEHORS, **n. m.** [budəɔʀ] (*bouter* et *dehors*) Pièces de bois qu'on ajoute à chaque bout de vergue du grand mât et du mât de misaine et qui servent à porter des bonnettes quand le vent est faible. ♦ **Au pl.** *Des bouts-dehors.* ■ **Rem.** On disait aussi *boute-hors.*

BOUTÉ, ÉE, **p. p.** de bouter. [bute] ▷ *Vin bouté*, du vin qui tourne au gras. ♦ *Cheval bouté*, Voy. BOULETÉ. ◁

BOUTÉE, **n. f.** [bute] (*bouter*) ▷ Culée d'un pont. ♦ Ouvrage qui soutient la poussée d'une voûte ou d'une terrasse. ◁

BOUTE-EN-TRAIN ou **BOUTENTRAIN**, **n. m.** [butɑ̃tʀɛ̃] (*bouter* et *en train*, en mouvement) ▷ Oiseau qui sert à faire chanter les autres. ◁ ♦ **Fam.** Homme qui met les autres en train. ♦ **Au pl.** *Des boute-en-train* ou *des boutentrains.* ■ **Agric.** Mâle détectant les femelles disposées pour la saillie.

BOUTEFAS, ■ **n. m.** [but(ə)fa] (mot vaudois, de *bouter* et *faim*) **Suisse** Saucisson de cochon.

BOUTEFEU, **n. m.** [but(ə)fø] (*bouter* et *feu*) ▷ Bâton garni à son extrémité d'une mèche pour mettre le feu au canon. ♦ Incendiaire. ♦ **Fig.** Personne qui excite des discordes, suscite des querelles. ♦ **Au pl.** *Des boute-feux.* **Rem.** Graphie ancienne : *boute-feu.* ◁

BOUTE-HORS, **n. m. inv.** [butəɔʀ] (*bouter* et *hors*) ▷ Jeu où l'on prend la place l'un de l'autre. ♦ **Fig.** *Jouer au boute-hors.* ♦ **Mar.** Syn. de bout-dehors. ◁

BOUTEILLE, **n. f.** [butɛj] (b. lat. *buticula*, cruche ou récipient en verre, de *buttis*, sorte de vase) Vase à goulot étroit, destiné à contenir du vin ou d'autres liquides. *Une bouteille de verre, de grès.* ♦ *Vider une bouteille*, boire ce qu'elle contient. ♦ *Laisser la raison au fond d'une bouteille*, s'enivrer. ♦ **Fig.** *N'avoir rien vu que par le trou d'une bouteille*, ne pas connaître les choses. ♦ **Fig.** *C'est la bouteille à l'encre*, c'est une affaire obscure, embrouillée, et en parlant d'une personne, c'est quelqu'un dans les idées de qui on ne voit pas clair. ♦ ▷ **Fig.** *Porter les bouteilles*, marcher lentement. ◁ ♦ **Fig.** *Être dans la bouteille*, être dans le complot, dans l'intrigue. ♦ La liqueur contenue dans une bouteille. *Bouteille de vin, de bière. Boire une bouteille. Boire bouteille.* ◁ ♦ *Aimer la bouteille*, aimer boire. ♦ *Payer une bouteille*, payer à boire. ♦ ▷ *Maison de bouteille*, petite maison de campagne qui n'est qu'un pied-à-terre ; on dit aussi un *vide-bouteille.* ◁ ♦ Globule rempli d'air que forme un liquide qui rejaillit ou bouillonne. *Des bouteilles de savon ;* on dit plus souvent *bulles.* ♦ *Bouteille de Leyde*, appareil à condenser l'électricité, ainsi appelé parce que c'est à Leyde qu'il a été découvert. ♦ ▷ **N. f. pl.** *Les bouteilles*, les lieux d'aisance dans un vaisseau. ◁ ■ Contenant en métal renfermant un gaz. *Une bouteille de butane.* ■ *Une bouteille Thermos*, récipient isotherme en forme de bouteille permettant de garder un liquide à la même température. ■ *Avoir de la bouteille*, de l'expérience, de l'âge. ■ **Adj. inv.** D'une couleur vert foncé. *Des peintures vert bouteille.* ■ *Être porté sur la bouteille*, aimer boire.

BOUTEILLER ou **BOUTILLIER**, **n. m.** [buteje, butije] (lat. médiév. *buticularius*, de *buticula*, bouteille) ▷ Officier qui a l'intendance du vin de la table d'un prince. ◁

BOUTEILLERIE, **n. f.** [butɛj(ə)ʀi] (radic. de *boutillier*) ▷ Charge, office de bouteiller ; lieu où l'on conserve le vin. ◁ ♦ Fabrication de bouteilles ; lieu où on les met. ■ Usine de fabrication de bouteilles.

BOUTEILLON, ■ **n. m.** [butejɔ̃] (*Bouthéon*, intendant militaire ; infl. de *bouteille* et de *litron*) Casserole militaire.

BOUTER, **v. tr.** [bute] (anc. b. frq. *botan*, pousser, frapper) ▷ **Vx** et **fam.** Mettre. « *Quelle fantaisie s'est-il bouté là dans la tête ?* », MOLIÈRE. ♦ **Mar.** *Bouter au large*, pousser une embarcation au large. ♦ **V. intr.** Se dit d'un vin qui pousse au gras. *Des vins sujets à bouter.* ■ **Vx** Repousser à l'extérieur. *Bouter l'ennemi hors du pays.*

BOUTEROLLE ou **BOUTEROLE**, **n. f.** [but(ə)ʀɔl] (*bouter*) ▷ Garniture du bout d'un fourreau d'épée. ◁ ♦ Chacune des fentes de la clé qui reçoivent les gardes de la serrure. ■ **Techn.** Outil à tête en cuvette servant à façonner l'extrémité d'un rivet après sa pose.

BOUTEROUE, **n. f.** [but(ə)ʀu] (*bouter* et *roue*) ▷ Bande de fer dont on garnit la voie d'un pont pour recevoir les roues des voitures. ◁ ♦ Ancien nom des bornes au coin des maisons. ◁

BOUTE-SELLE, **n. m.** [but(ə)sɛl] (*bouter* et *selle*) ▷ Signal donné avec la trompette pour avertir les cavaliers de monter à cheval. *Sonner le boute-selle.* ♦ **Au pl.** *Des boute-selles.* ◁

BOUTEUR, ■ **n. m.** [butœʀ] (*bouter*) Recommandation officielle pour *bull-dozer.*

BOUTILLIER, **n. m.** [butije] Voy. BOUTEILLER.

BOUTIQUE, n. f. [butik] (anc. provenç. *botiga, botica*, du gr. *apothêkê*, lieu de dépôt) Lieu où un marchand vend sa marchandise. ◆ ▷ *Fonds de boutique*, les marchandises qui sont dans une boutique. ◁ ◆ *Ouvrir boutique*, commencer un commerce en boutique. ◆ *Fermer boutique*, cesser son commerce, et fig. quitter une profession. ◆ ▷ *Faire de son corps une boutique d'apothicaire*, prendre des remèdes à tout propos. ◁ ▷ Lieu où un artisan travaille. ◁ ◆ Ensemble des marchandises qui sont dans une boutique, des outils d'un artisan, et en général d'ustensiles servant à quoi que ce soit. ◆ ▷ Tout endroit où quelque chose se fait. ◁ ◆ ■ **Fig.** *Ce pamphlet sort d'une boutique que l'on connaît.* ◁ ◆ ▷ Bateau de pêcheur pour conserver le poisson. ◁ ◆ ▷ **Pop.** Maison où les domestiques sont mal nourris ou mal payés. ◁ ■ Lieu de vente d'articles de couture ou de mode. *Faire les boutiques.* ■ **Fam.** *Parler boutique*, parler travail. ■ **Pêche** Boîte perforée immergée et permettant de conserver le poisson vivant.

BOUTIQUIER, IÈRE, n. m. et n. f. [butikje, jɛʀ] (*boutique*) Personne qui est en boutique. ◆ Se dit par dénigrement. *C'est un boutiquier.*

1 **BOUTIS**, n. m. [buti] (*bouter*) Terrain où le sanglier a fouillé avec son boutoir.

2 **BOUTIS**, ■ n. m. [buti] (mot provençal, de *bouter*) Ouvrage en tissu présentant des motifs en relief obtenus par un procédé de rembourrage. *Un boutis provençal.*

BOUTISSE, n. f. [butis] (*bouter*) Pierre qui, sans faire parpaing, est placée dans un mur selon sa longueur et de manière à ne laisser voir qu'un de ses bouts.

BOUTOIR, n. m. [butwaʀ] (*bouter*) Outil de corroyeur et de maréchal. ◆ Groin du sanglier. ◆ **Fig.** *Coup de boutoir*, attaque soudaine, parole dure.

BOUTON, n. m. [butɔ̃] (*bouter*, pousser) Œil qui vient aux arbres et qui donne naissance aux feuilles et aux fleurs. ◆ La fleur avant son épanouissement. *Un bouton de rose.* ◆ **Par anal.** Petites tumeurs arrondies qui se forment sur la peau. *Des boutons de variole.* ◆ Petite pièce de métal ou d'étoffe, qui sert à attacher, par le moyen de la boutonnière, les différentes parties d'un vêtement. *Les boutons d'un habit.* ◆ ▷ *Moules de boutons*, petits morceaux de bois qui, recouverts d'étoffe, servent de boutons. ◁ ◆ ▷ **Fig.** *Sa robe, sa soutane ne tient qu'à un bouton*, se dit d'un homme qui est prêt à quitter sa profession. ◁ ◆ ▷ *Ne tenir qu'à un bouton*, être très peu assuré. ◁ ◆ ▷ *Bouton de la bride*, le petit anneau de cuir qui coule le long des rênes et sert à les resserrer. ◁ ◆ ▷ **Fig.** *Serrer le bouton à quelqu'un*, le presser vivement, le menacer même. ◁ ◆ ▷ Tout ce qui a la figure d'un bouton. *Un bouton de porte, de fleuret, etc.* ◆ ▷ *Bouton de feu*, instrument de chirurgie pour cautériser. ◁ ■ Commande d'un appareil. *Tourner le bouton du volume.* ■ **Inform.** Zone de petite taille à l'écran, sur laquelle on clique pour commander une opération. ■ **Fig.** *Donner des boutons à quelqu'un*, l'incommoder au point de lui donner l'impression de malaise.

BOUTON-D'ARGENT, ■ n. m. [butɔ̃daʀʒɑ̃] (*bouton* et *argent*) Renoncule à fleurs blanches, poussant en altitude. *Des boutons-d'argent.*

BOUTON-D'OR, ■ n. m. [butɔ̃dɔʀ] (*bouton* et *or*) Renoncule à fleurs jaune d'or, poussant dans les champs. *Des boutons-d'or.*

BOUTONNAGE, ■ n. m. [butɔnaʒ] (*boutonner*) Action de fermer un vêtement au moyen des boutons. ■ Manière dont sont disposés les boutons sur un vêtement pour en permettre la fermeture. *Le boutonnage garçon*, de gauche à droite. *Le boutonnage fille*, de droite à gauche.

BOUTONNANT, ANTE, adj. [butɔnɑ̃, ɑ̃t] (*boutonner*) Qui se boutonne.

BOUTONNÉ, ÉE, p. p. de boutonner. [butɔne] *Un visage boutonné.* ◆ *Un habit boutonné.* ◆ **Fig.** *Cet homme est boutonné jusqu'au menton*, il ne se laisse pas pénétrer.

BOUTONNER, v. intr. [butɔne] (*bouton*) ▷ Se conjugue avec *être* ou *avoir*, suivant le sens. En parlant des plantes, se mettre en boutons. ◁ *Cet arbre a boutonné ce matin, il sera boutonné entièrement demain.* ◆ **V. tr.** Attacher, arrêter un vêtement au moyen des boutons. *Boutonner son habit.* ◆ ▷ **V. intr.** *Un habit qui boutonne.* ◁ ◆ Se boutonner, v. pr. Attacher ses boutons. ◆ Être attaché par des boutons.

BOUTONNERIE, n. f. [butɔn(ə)ʀi] (*bouton*) Fabrique de boutons ; marchandise ou commerce du boutonnier.

BOUTONNEUX, EUSE, ■ adj. [butɔnø, øz] (*bouton*) Dont le visage est couvert de boutons. *Une adolescente boutonneuse.*

BOUTONNIER, IÈRE, n. m. et n. f. [butɔnje, jɛʀ] (*bouton*) Personne qui fait ou qui vend des boutons.

BOUTONNIÈRE, n. f. [butɔnjɛʀ] (*bouton*) Petite fente faite à un vêtement pour y passer un bouton. ◆ *Boutonnière fermée*, boutonnière qui n'est pas figurée. ◆ **Fig.** *Faire une boutonnière à quelqu'un*, lui faire avec une arme blanche une blessure. ■ **Chir.** Fine incision permettant l'introduction d'une sonde en vue d'un examen. ■ **Géol.** Soulèvement souterrain donnant l'impression d'un bouton passé dans une boutonnière en surface.

BOUTON-PRESSION, ■ n. m. [butɔpʀesjɔ̃] (*bouton* et *pression*) Voy. PRESSION. *Des boutons-pression* ou *des boutons-pressions.*

BOUTRE, ■ n. m. [butʀ] (ar. *but*, de l'angl. *boat*) Petit voilier arabe dont l'arrière est plus élevé que l'avant.

BOUT-RIMÉ, n. m. [buʀime] (*bout* et *rimé*) Petite pièce de vers faite avec des rimes imposées. ◆ **Au pl.** Rimes données qu'il faut ensuite remplir. ■ Au pl. *Des bouts-rimés.*

BOUT-SAIGNEUX, n. m. [busɛɲø] ou [busɛɲø] (*bout* et *saigneux*) ▷ Le cou d'un veau ou d'un mouton tel qu'on le vend à la boucherie. ◆ **Au pl.** *Des bouts-saigneux.* ◁

BOUTURAGE, n. m. [butyʀaʒ] (*bouturer*) Multiplication des végétaux par bouture.

BOUTURE, n. f. [butyʀ] (*bouter*) Branche qui, coupée à un arbre et plantée en terre, prend racine. ◆ ▷ Drageon qui pousse au pied d'un arbre. ◁

BOUTURER, v. intr. [butyʀe] (*bouturer*) Pousser des drageons. ◆ **V. tr.** Propager par boutures.

BOUVARD, n. m. [buvaʀ] (*bouer*, frapper ; cf. var. *bouard* ; p.-ê. infl. de l'anc. fr. *bouvard*, jeune bœuf) Marteau qui servait à frapper les monnaies avant l'invention du balancier.

BOUVERIE, n. f. [buv(ə)ʀi] (*bœuf*) Habitation destinée aux bœufs.

BOUVET, n. m. [buvɛ] (*bœuf*, a. fr., jeune bœuf) Rabot à faire des rainures.

BOUVETEUSE, ■ n. f. [buv(ə)tøz] (*bouveter*, travailler au bouvet) Machine utilisée pour façonner les rainures sur les bords des lames de parquet afin qu'elles s'emboîtent les unes dans les autres.

BOUVIER, IÈRE, n. m. et n. f. [buvje, jɛʀ] (lat. *bo[v]arius*, qui concerne les bœufs) Personne qui garde, conduit les bœufs. ◆ **Fig. et fam.** *C'est un bouvier*, se dit d'un homme grossier. ◆ ▷ Constellation de l'hémisphère boréal. ◁ ■ **N. m.** Race de chiens de berger. *Bouvier bernois.*

BOUVILLON, n. m. [buvijɔ̃] (*bœuf*) Jeune bœuf.

BOUVREUIL, n. m. [buvʀœj] (dimin. de *bœuf*) Nom de la pyrrhule vulgaire, oiseau dont le bec est gros et court.

BOUZOUKI ou **BUZUKI**, ■ n. m. [buzuki] (mot grec mod.) Instrument de musique grec de la famille du luth, caractérisé par un long manche et une caisse ronde et très bombée. *Des bouzoukis.*

BOVARYSME, ■ n. m. [bovarism] (*Madame Bovary*, héroïne du roman de Flaubert) Comportement qui consiste à fuir par le rêve une réalité insatisfaisante.

BOVIDÉ, ■ n. m. [bovide] (radic. du lat. *bos*, génit. *bovis*) Mammifère ruminant à sabots, doté de cornes creuses et persistantes, tel que le bœuf, le mouton, la chèvre, le chamois ou l'antilope.

1 **BOVIN, INE**, adj. [bovɛ̃, in] (b. lat. *bovinus*, de bœuf) Qui est de la famille du bœuf. *La race bovine.* ■ *Un regard bovin*, niais et dépourvu d'intelligence.

2 **BOVIN** ou **BOVINÉ**, ■ n. m. [bovɛ̃, bovine] (substantivation de 1 *bovin*) Mammifère de la famille des bovidés.

BOWL, n. m. [bol] Voy. BOL.

BOWLING, ■ n. m. [buliŋ] (mot angl., de [to] *bowl*, faire rouler) Jeu qui consiste à renverser des quilles sur une piste à l'aide de boules. *Jouer au bowling.* ■ Lieu où l'on pratique ce jeu. *Les bowlings sont ouverts tard dans la nuit.*

BOW-STRING, ■ n. m. [bostʀiŋ] (mot angl., de *bow*, arc, et *string*, corde) Pont suspendu dont les poutres de soutènement sont renforcées par deux arcs métalliques tenus latéralement par des tirants. *Des bow-strings.*

BOW-WINDOW, ■ n. m. [bowindo] (mot angl., de *bow*, arc, et *window*, fenêtre) Fenêtre qui forme saillie vers l'extérieur. *Des bow-windows.* ■ **Rem.** Recommandation officielle : oriel.

1 **BOX**, ■ n. m. [bɔks] (mot angl.) Stalle d'écurie pouvant accueillir un seul cheval. ■ Espace délimité par des cloisons dans un lieu plus vaste. *Un dortoir de cinq box. Le box des accusés.* ■ Place de parking délimitée par des cloisons dans un garage commun.

2 **BOX** ou **BOX-CALF**, ■ n. m. [bɔks, bɔkskalf] (mot angl., de *Box*, bottier anglais, et *calf*, veau) Peausserie destinée à la maroquinerie et obtenue par tannage au chrome d'un cuir de veau. *Des box-calfs.*

BOXE, n. f. [bɔks] (angl. *box*, coup) ▷ Sorte de pugilat anglais. ◁ ■ Sport de combat qui oppose deux personnes munies de gants. *La boxe française autorise les coups de poing et de pied.*

1 **BOXER**, v. intr. [bɔkse] (angl. [to] *box*) Se battre à coups de poing, suivant les règles de la boxe. ◆ **V. tr.** *Il est toujours prêt à boxer qui veut le contredire.* ◆ Se boxer, v. pr. *Ils se sont boxés.*

2 **BOXER**, ▪ n. m. [bɔksɛʀ] (mot all., boxeur, pour la combativité de ce chien) Chien voisin du bouledogue.

BOXER-SHORT, ▪ n. m. [bɔksœʀʃɔʀt] (mot angl., short de boxeur) Vêtement de sport consistant en un short incluant un slip. *Des boxer-shorts.*

BOXEUR, EUSE, n. m. et n. f. [bɔksœʀ, øz] (*boxer*, d'après l'angl. *boxer*) Personne qui est exercée à la boxe.

BOX-OFFICE, ▪ n. m. [bɔksɔfis] (mot angl., bureau de location) Échelle de popularité d'un spectacle, d'un artiste, estimée selon le montant des recettes. *Parader en tête du box-office. Des box-offices.*

BOY, ▪ n. m. [bɔj] (mot angl., garçon) Jeune indigène employé comme domestique dans les pays anciennement colonisés. ▪ Danseur dans un spectacle de music-hall. *Les boys de la nouvelle revue.*

BOYARD, n. m. [bɔjaʀ] (russe *boiar*, génit. de *boiarin*, avec infl. du suff. fr. *-ard*) Nom qu'on donne aux anciens feudataires de Russie, de Transylvanie. ▪ Rem. Graphie ancienne : *boïard.*

BOYAU, n. m. [bwajo] (lat. impér. *botellus*, dimin. de *botulus*, petite saucisse, puis boyau) La partie du canal digestif qui fait suite à l'estomac. ▷ *Fam. Aimer quelqu'un comme ses petits boyaux,* l'aimer beaucoup. ◁ ▪ En parlant du cheval, ventre, flanc. ♦ *Corde à boyau, corde de boyau* ou simplement *boyau,* corde faite des boyaux de certains animaux pour les instruments de musique à cordes. ♦ Ligne de contrevallation différente de la tranchée et qui, allant en serpentant pour éviter l'enfilade, sert à joindre d'autres ouvrages. ♦ *Fam. et par extens.* Passage étroit, pièce étroite et longue. *Cette chambre est un boyau.* ▪ *Rendre tripes et boyaux,* vomir. ▪ **Sp.** Pneu en caoutchouc solidaire de la chambre à air que l'on fixe directement sur la jante d'un vélo de course.

BOYAUDERIE, n. f. [bwajod(ə)ʀi] (*boyau*) Lieu où l'on prépare les boyaux employés dans les arts. ▪ Préparation des boyaux pour les rendre propres à la consommation. ▪ Lieu où l'on apprête les boyaux destinés à l'alimentation.

BOYAUDIER, IÈRE, n. m. et n. f. [bwajodje, jɛʀ] (*boyau*) Personne qui prépare les intestins de bœuf, de mouton, de cheval, etc.

BOYAUTER (SE), ▪ v. pr. [bwajote] (*boyau*) **Fam.** Rire aux éclats.

BOYCOTT ou **BOYCOTTAGE**, ▪ n. m. [bɔjkɔt, bɔjkotaʒ] (angl. *boycott* ou *boycotter*) Suspension de toute relation commerciale avec un individu, une entreprise, un pays. *Le boycott d'une marque.* ▪ Refus d'assister ou de participer à un événement, à quelque chose. *Le boycott d'une émission.* ▪ BOYCOTTER, v. tr. [bɔjkote]

BOYCOTTEUR, EUSE, ▪ adj. [bɔjkotœʀ, øz] (*boycotter*, de Charles *Boycott*, 1832-1897, intendant angl. dont la dureté provoqua un blocus des tenanciers irlandais) Qui pratique le boycott. ▪ N. m. et n. f. *Un boycotteur, une boycotteuse.*

BOY-SCOUT, ▪ n. m. [bɔjskut] (mot angl. de *boy*, garçon, et *scout*, éclaireur) Voy. SCOUT. *Des boy-scouts.*

BP, n. f. [bepe] (*boîte postale*) Boîte aux lettres d'un particulier ou d'une société située sur un bureau de poste.

BRABANÇON, ONNE, ▪ adj. [bʀabɑ̃sɔ̃, ɔn] (lat. médiév. *Brebantionis, Brabancionis*) De la région du Brabant. ▪ N. m. et n. f. *Un Brabançon, une Brabançonne.*

BRABANT, ▪ n. m. [bʀabɑ̃] (*Brabant,* province de Belgique où cette charrue est apparue) **Vx** Charrue munie de deux socs métalliques et destinée à être tirée par un animal.

BRACELET, n. m. [bʀas(ə)lɛ] (b. lat. *brachialis*, de bras, bracelet) Ornement qui se porte aux bras. ♦ *Bracelet de montre,* ensemble de deux bandes plus ou moins larges disposées de part et d'autre d'un boîtier de montre et reliées entre elles par un fermoir qui permet de le fixer autour du poignet. ♦ *Bracelet de force,* anneau de cuir qui enserre et protège les poignets de sportifs ou d'ouvriers. ▪ **Au pl. Arg.** Menottes.

BRACELET-MONTRE, ▪ n. m. [bʀas(ə)lɛmɔ̃tʀ] (*bracelet* et *montre*) Montre solidaire d'un bracelet. *Des bracelets-montres.* ▪ Rem. On dit aussi *montre-bracelet.*

BRACHI..., [bʀaki] Préfixe qui veut dire bras, du lat. *brachium.*

BRACHIAL, ALE, adj. [bʀakjal] (b. lat. *brachialis*) Qui appartient, qui a rapport au bras. *Artère brachiale.* ▪ **Au pl.** *Les muscles brachiaux.*

BRACHIATION, ▪ n. f. [bʀakjasjɔ̃] (angl. *brachiation*) Déplacement de branche en branche ne faisant intervenir que les bras et pratiqué par certains singes.

BRACHIO..., [bʀakjo] Préfixe qui veut dire bras et vient du gr. *brakhiôn.*

BRACHIOCÉPHALIQUE, ▪ adj. [bʀakjosefalik] (*brachio-* et gr. *kephalê*, tête) Qui concerne à la fois la tête et les bras.

BRACHIOPODE, n. m. [bʀakjopɔd] (*brachio-* et *-pode*) Genre de mollusques.

BRACHMANE, n. m. [bʀakman] Voy. BRAHMANE.

BRACHY..., [bʀaky] Préfixe qui veut dire court, du gr. *brakhus.*

BRACHYCÉPHALE, ▪ adj. [bʀakisefal] (*brachy* et gr. *kephalê*, tête) **Anthrop.** Dont les mesures du crâne sont identiques en longueur et en largeur. ▪ N. m. et n. f. *Un brachycéphale, une brachycéphale.*

BRACHYCÈRE, ▪ n. m. [bʀakisɛʀ] (*brachy* et gr. *keras*, corne) **Entomol.** Sous-ordre d'insectes caractérisés par une tête mobile et de courtes antennes. *La mouche et le taon sont des brachycères.*

BRACHYOURE, ▪ n. m. [bʀakjuʀ] (*brachy* et gr. *oura*, queue) **Zool.** Sous-ordre de crustacés caractérisés par un abdomen très court qui se replie sous le corps. *Le crabe et l'araignée de mer sont des brachyoures.*

BRACONNAGE, n. m. [bʀakɔnaʒ] (*braconner*) L'ensemble des déprédations commises par les braconniers ; action de braconner.

BRACONNER, v. intr. [bʀakɔne] (anc. fr. *bracon,* braque, chien de chasse) Prendre ou tuer, à la dérobée, du gibier sur les terres d'autrui.

BRACONNIER, IÈRE, n. m. et n. f. [bʀakɔnje, jɛʀ] (*bracon,* braque) Personne qui braconne. ♦ Chasseur qui ne ménage pas le gibier et tue le plus qu'il peut.

BRACTÉE, n. f. [bʀakte] (lat. *bractea,* feuille de métal) Nom de petites feuilles distinctes des autres par leur forme et leur couleur et qui, placées au point d'insertion des fleurs, les recouvrent avant leur développement.

BRACTÉOLE, n. f. [bʀakteɔl] (*bractée*) Petite bractée.

BRADER, ▪ v. tr. [bʀade] (néerl. *braden,* rôtir ; wallon et pic, détruire) Se débarrasser de quelque chose à très bas prix. *Brader sa vieille moto.* ♦

BRADERIE, ▪ n. f. [bʀad(ə)ʀi] (m. néerl. *braderie,* rôtisserie, restaurant à bon marché) Foire où l'on vend à bas prix des marchandises d'occasion. *La grande braderie de Lille.* ▪ Vente en plein air de produits soldés.

BRADEUR, EUSE, ▪ n. m. et n. f. [bʀadœʀ, øz] (*brader*) Personne qui cherche à vendre quelque chose à très bas prix pour s'en débarrasser.

BRADYCARDIE, ▪ n. f. [bʀadikaʀdi] (gr. *bradus,* lent, et *-cardie*) **Méd.** Ralentissement des battements du cœur.

BRADYPE, ▪ n. m. [bʀadip] (lat. sav. *bradypus,* du gr. *bradupous,* au pas lent, de *bradus,* lent, et *pous,* pied) **Zool.** Mammifère appelé plus souvent *paresseux.*

BRADYPEPSIE, n. f. [bʀadipɛpsi] (gr. *bradupepsia*) **Méd.** Digestion lente et difficile.

BRADYPSYCHIE, ▪ n. f. [bʀadipsiʃi] (gr. *bradus,* lent, et *psukhê,* conscience) **Méd.** Ralentissement du fonctionnement psychique parfois accompagné d'un appauvrissement de la parole.

BRAGUETTE, n. f. [bʀagɛt] (*brague,* du lat. *braca,* chausses) Fente de devant d'un haut-de-chausses, d'une culotte. ▪ Rem. On disait aussi *brayette.*

BRAHMANE, n. m. [bʀaman] (sansc. *brahmana,* de *Brahma,* dieu de l'Inde) Nom donné aux prêtres formant la première des quatre grandes castes chez les Hindous, et enseignant la doctrine des Védas. ▪ Rem. On disait aussi *brachmane, brame, bramin, bramine.*

BRAHMANIQUE, adj. [bʀamanik] (*brahmane*) Qui appartient, qui a rapport aux brahmanes.

BRAHMANISME, n. m. [bʀamanism] (*brahmane*) Doctrine des brahmanes.

BRAHMI, ▪ n. f. [bʀami] (mot hindi) Écriture commune à plusieurs langues hindoues.

1 **BRAI**, n. m. [bʀɛ] (*brayer,* enduire de goudron) Suc résineux qu'on tire du pin et du sapin. *Brai liquide,* le goudron.

2 **BRAI** ou **BRAY**, n. m. [bʀɛ] (lat. *braces,* épeautre, d'orig. gaul.) ▷ Escourgeon, orge broyée pour la bière. ◁

BRAIE, n. f. [bʀɛ] (b. lat. *braca,* digue, d'orig. gaul.) ▷ Sorte de muraille servant de retranchement. ◁

BRAIES, n. f. pl. [bʀɛ] (lat. *bracæ,* chausses, d'orig. gaul.) ▷ Culotte, caleçon. Vieux en ce sens. ♦ **Fig.** et **pop.** *Il s'en est sorti, il s'en est tiré les braies nettes,* il s'est tiré heureusement d'une mauvaise affaire. ♦ **Au sing.** *Une braie,* couche ou lange qu'on met aux petits enfants. ◁

BRAILLARD, ARDE, adj. [bʀajaʀ, aʀd] (*brailler*) Qui braille. *Enfant braillard.* ♦ N. m. et n. f. *Un braillard.* ▪ *Une braillarde.*

BRAILLE, ▪ n. m. [bʀaj] (Louis *Braille,* 1809-1852, inventeur du système) Écriture utilisant des points en relief, à l'usage des aveugles. *Un livre en braille.*

BRAILLEMENT, n. m. [bʀaj(ə)mɑ̃] (*brailler*) Cri désagréable de certains animaux. *Le braillement d'un chien.* ◆ Manière de parler des braillards.

BRAILLER, v. intr. [bʀaje] (lat. vulg. *bragulare*, du lat. *bragere*, braire) Parler d'une voix haute et assourdissante. ◆ Crier d'une manière importune. ◆ **Fam.** Mal chanter. ▪ Pleurer et crier à la fois. ▪ **Canada** Pleurer.

BRAILLEUR, EUSE, adj. [bʀajœʀ, øz] (*brailler*) Qui braille, qui ne fait que brailler. *Quel enfant brailleur !* ◆ N. m. et n. f. « *Diable soit des brailleurs !* », MOLIÈRE.

BRAIMENT, n. m. [bʀɛmɑ̃] (*braire*) Cri de l'âne.

BRAINSTORMING, ▪ n. m. [bʀɛnstɔʀmiŋ] (mot angl., de *brain*, cerveau, et *storm*, tempête) Mise en commun des idées d'un groupe dans le but de fournir une solution à un problème. *Des brainstormings.* ▪ REM. On recommande officiellement l'emploi de *remue-méninges*.

BRAIN-TRUST ou **BRAINTRUST**, ▪ n. m. [bʀɛntʀœst] (mot angl., de *brain*, cerveau, et *trust*, confiance, ensemble d'experts) Petit ensemble de chercheurs et d'experts chargé de seconder un organe de direction. *Des brain-trusts* ou *des braintrusts.*

BRAIRE, v. intr. [bʀɛʀ] (lat. pop. *bragere*, de la rac. expressive *brag-*) Crier, en parlant de l'âne. ◆ **Fig.** et **fam.** *Cet homme ne chante pas, il brait.* ▪ **Fam.** *Faire braire,* ennuyer.

BRAISAGE, ▪ n. m. [bʀezaʒ] (*braiser*) Action de faire cuire à la braise. ◆ Cuisson à la braise.

1 BRAISE, n. f. [bʀez] (orig. obsc. ; radic. germ. *bras-*) Bois réduit en charbons ardents. ◆ ▷ **Fig.** *Tomber de la poêle dans la braise,* tomber d'un état fâcheux en un pire. ◁ ◆ ▷ *Passer sur quelque chose comme chat sur braise,* glisser sur un sujet sans oser en parler à fond. ◁ ◆ ▷ *Se rendre chaud comme braise,* se venger à l'instant. ◆ **Fig.** *Être sur la braise,* être en proie à une vive anxiété, à une extrême impatience. ◆ ▷ *Charbons éteints. Braise de boulanger.* ◁ ▪ *Des yeux de braise,* noirs, vifs et perçants.

2 BRAISE, ▪ n. f. [bʀez] (empl. dial. de 1 *braise,* miette) **Arg.** Argent.

BRAISÉ, ÉE, p. p. de braiser. [bʀeze] *Gigot braisé.*

BRAISER, v. tr. [bʀeze] (1 *braise*) Faire cuire de la viande à la braise. ▪ Faire cuire à feu très doux et à couvert. *Braiser des endives.*

BRAISETTE, ▪ n. f. [bʀezɛt] (1 *braise*) Petits morceaux de charbon ardent.

BRAISIER, n. m. [bʀezje] (1 *braise*) ▷ Huche où le boulanger met la braise quand elle est étouffée. ◁

BRAISIÈRE, n. f. [bʀezjɛʀ] (1 *braise*) Vaisseau dans lequel on fait cuire certaines viandes à la braise. ◆ Grand étouffoir à braise.

1 BRAME, n. m. [bʀam] Voy. BRAHMANE.

2 BRAME ou **BRAMEMENT**, n. m. [bʀam, bʀam(ə)mɑ̃] (*bramer*) Action de bramer.

BRAMER, v. intr. [bʀame] (anc. provenç. *bramar,* chanter, désirer ardemment, du goth. *brammon*) Crier, en parlant du cerf.

BRAMIN ou **BRAMINE**, n. m. [bʀamin] Voy. BRAHMANE.

BRAN, n. m. [bʀɑ̃] (lat. vulg. *brennus,* son, d'orig. prérom.) Partie du son la plus grossière. ◆ *Bran de scie,* poudre qui tombe du bois quand on le scie. ◆ Matière fécale. ▪ REM. On écrit aussi *bren.* ◆ ▷ Interjection qui sert à exprimer le mépris. *Bran de lui !* ◁

BRANCARD, n. m. [bʀɑ̃kaʀ] (norm. *branque,* branche, ou provenç. *brancan,* brancard, gourdin) Litière à bras sur laquelle on transporte un malade ou des objets fragiles. ◆ *Brancard d'une charrette,* deux pièces de bois entre lesquelles est placé le cheval. ◆ ▷ Dans une voiture à timon et à quatre roues, les deux pièces de bois qui joignent le train de devant à celui de derrière. ◁ ▪ *Ruer dans les brancards,* se rebeller avec force.

BRANCARDAGE, ▪ n. m. [bʀɑ̃kaʀdaʒ] (*brancarder*) Déplacement d'un malade ou d'un blessé sur un brancard.

BRANCARDER, ▪ v. tr. [bʀɑ̃kaʀde] (*brancard*) Transporter un malade ou un blessé sur un brancard.

BRANCARDIER, IÈRE, ▪ n. m. et n. f. [bʀɑ̃kaʀdje, jɛʀ] (*brancard*) Personne chargée de transporter un malade sur un brancard.

BRANCHAGE, n. m. [bʀɑ̃ʃaʒ] (*branche*) L'ensemble des branches d'un arbre. ◆ *Le branchage du cerf,* son bois. ▪ Au pl. Branches peu épaisses coupées. *Un énorme bouquet agrémenté de branchages.*

BRANCHE, n. f. [bʀɑ̃ʃ] (b. lat. *branca,* patte d'un animal, puis branche en gallo-rom. ; orig. p.-ê. celt.) Bois que pousse le tronc d'un arbre. *Petite branche. Branche d'olivier.* ◆ **Fig.** « *De là l'Église étendait ses branches par toute la terre* », BOSSUET. ◆ ▷ **Fig.** et **fam.** *S'accrocher à toutes les branches,* recourir à tous les moyens pour sortir d'embarras. ◁ ◆ ▷ **Fig.** *Sauter de branche en branche,* passer brusquement d'un sujet à un autre. ◁ ◆ ▷ **Fig.** et

fam. *Se prendre, s'attacher aux branches,* s'arrêter aux circonstances inutiles et négliger l'essentiel. ◁ ◆ *Être comme l'oiseau sur la branche,* être dans une position incertaine, sans garantie. ◆ **Hortic.** *Branche gourmande,* branche qui prend trop de développement. ◆ **Par extens.** *Les branches d'une racine, ses divisions.* ◆ **Par anal.** Tout ce qui peut être comparé avec les branches des arbres. *Les branches du bois d'un cerf, d'un lustre, d'une lunette, etc.* ◆ Partage d'un cours d'eau principal. *Les branches du Rhin.* ◆ **Anat.** *Les branches d'une veine, d'un nerf,* veines, nerfs qui se détachent d'un tronc principal. ◆ *Les branches d'une mine,* les filons qui dérivent du filon principal. ◆ *Les branches d'une tranchée,* les boyaux d'une tranchée. ◆ **Généal.** Les familles qui proviennent d'une même souche. *Ils sont issus de deux branches différentes.* ◆ Partie, division. *Une des branches de la littérature. Une branche de commerce.* ▪ *Du céleri en branches,* des côtes de céleri, par opposition au céleri-rave. ▪ *Se rattraper aux branches,* rétablir une situation in extremis. ▪ *Scier la branche sur laquelle on est assis,* se mettre dans une situation délicate. ▪ **Écon.** Secteur d'activité. *Dans quelle branche travaillez-vous ?* ▪ **Fam.** *Vieille branche !* mon ami !

BRANCHÉ, ÉE, p. p. de brancher. [bʀɑ̃ʃe] ▷ *Un faisan branché.* ◁ ◆ ▷ **Fig.** et **fam.** Pendu. ◁ ▪ **Fam.** Qui suit les tendances actuelles. *Une tenue branchée.*

BRANCHEMENT, n. m. [bʀɑ̃ʃ(ə)mɑ̃] (*brancher*) Division en branches des tuyaux qui conduisent l'eau, le gaz dans les maisons. ▪ Action de raccorder à un circuit. *Branchement électrique.* ▪ **Ch. de fer.** *Branchement de voie,* dispositif actionnant un aiguillage.

BRANCHE-MÈRE, ▪ n. f. [bʀɑ̃ʃ(ə)mɛʀ] (*branche* et *mère*) Branche qui prend naissance sur le tronc d'un arbre. ▪ Rivière aboutissant en un fleuve. *Des branches-mères.*

BRANCHER, v. intr. [bʀɑ̃ʃe] (*branche*) ▷ Percher sur des branches d'arbres. *Le faisan branche.* ◁ ◆ V. tr. Pendre, attacher à une branche d'arbre. ◆ **Fig.** Partager en branches. ◆ **Techn.** Embrancher une sous-division de tuyaux. ▪ Raccorder à un circuit, mettre sous tension. *Brancher un appareil.* ▪ **Fam.** Intéresser. *Ça me branche.* ▪ *Se brancher,* v. pr. *Le lecteur de DVD se branche sur l'allume-cigare dans cette voiture.* ▪ **Québec** Prendre une décision.

BRANCHETTE, n. f. [bʀɑ̃ʃɛt] (*branche*) Petite branche.

BRANCHE-URSINE ou **BRANCURSINE**, n. f. [bʀɑ̃ʃyʀsin, bʀɑ̃kyʀsin] (lat. médiév. *branca ursina,* de *branca,* patte, et *ursinus,* d'ours) Nom vulgaire de l'acanthe sans épines.

BRANCHIAL, ALE, adj. [bʀɑ̃ʃjal] (*branchies*) Qui a rapport aux branchies. *Les arcs branchiaux.*

BRANCHIE, n. f. [bʀɑ̃ʃje] (gr. *bragkhia,* plur. du neutre *bragkhion*) Appareil respiratoire des animaux destinés à vivre dans l'eau et à respirer l'air qui se trouve en dissolution dans ce liquide. ▪ REM. On disait aussi autrefois *bronchie.*

BRANCHIÉ, ÉE, adj. [bʀɑ̃ʃje] (*branchie*) Qui est muni de branchies.

BRANCHIER, adj. m. [bʀɑ̃ʃje] (*branche*) **Fauconn.** *Oiseau branchier,* jeune oiseau qui, n'ayant point encore de force, vole de branche en branche.

BRANCHIOPODE, ▪ n. m. [bʀɑ̃kjɔpɔd] (*branchie* et *-pode*) Sous-classe de crustacés caractérisés par des pattes plates et lobées. *La daphnie est un branchiopode.*

BRANCHU, UE, adj. [bʀɑ̃ʃy] (*branche*) Qui a beaucoup de branches.

BRANCURSINE, ▪ n. f. [bʀɑ̃kyʀsin] Voy. BRANCHE-URSINE.

BRAND, n. m. [bʀɑ̃] (anc. b. frq. *brand,* tison, lame de l'épée) Au Moyen Âge, grosse épée qu'on maniait à deux mains.

BRANDADE, n. f. [bʀɑ̃dad] (a. provenç. *brandado,* de *brandar,* remuer avec une spatule, de *bran,* épée) Préparation de la morue à la provençale, avec de la crème, de l'huile et de l'ail.

1 BRANDE, n. f. [bʀɑ̃d] (anc. fr. *brander,* flamboyer ; parce qu'on fertilisait les terres en les brûlant) Sorte de bruyère qui croît dans les campagnes incultes. ◆ Lieux incultes où croissent ces arbustes.

2 BRANDE, n. f. [bʀɑ̃d] (all. *Brand,* torche incendiaire) ▷ Sorte d'artifice pour les brûlots. ◁

BRANDEBOURG, n. m. [bʀɑ̃d(ə)buʀ] (*Brandebourg,* province d'Allemagne) Ornement en broderie ou en galon sur un vêtement. ◆ N. f. Autrefois, casaque à longues manches. ◆ Espèce de pavillon ou berceau de jardin.

BRANDEBOURGEOIS, OISE, ▪ adj. [bʀɑ̃d(ə)buʀʒwa] (*Brandebourg*) De la région allemande du Brandebourg. ▪ N. m. et n. f. *Un Brandebourgeois, une Brandebourgeoise.*

BRANDEVIN, n. m. [bʀɑ̃d(ə)vɛ̃] (all. *Branntwein,* de [*ge*]*brant,* brûlé, et *win,* vin) ▷ Eau-de-vie de vin. ◁

BRANDEVINIER, IÈRE, n. m. et n. f. [bʀɑ̃d(ə)vinje, jɛʀ] (*brandevin*) ▷ Personne qui vend du brandevin à la troupe et aussi, dans quelques provinces, personne qui fabrique de l'eau-de-vie. ◁

BRANDI, IE, p. p. de brandir. [bʀɑ̃di]

BRANDILLÉ, ÉE, p. p. de brandiller. [bʀɑ̃dije]

BRANDILLEMENT, n. m. [bʀɑ̃dij(ə)mɑ̃] (*brandiller*) ▷ Mouvement de ce qui est brandillé. ◁

BRANDILLER, v. tr. [bʀɑ̃dije] (*brandir*) ▷ Agiter deçà et delà. ◆ V. intr. *Un vieux linge brandillait à une branche d'arbre*. ◆ Se brandiller, v. pr. Se mouvoir, s'agiter en l'air sur une corde, une escarpolette, etc. ◁

BRANDILLOIRE, n. f. [bʀɑ̃dijwaʀ] (*brandiller*) ▷ Balançoire formée avec une corde ou des branches. ◆ Sorte de charrue sans avant-train. ◁

BRANDIR, v. tr. [bʀɑ̃diʀ] (anc. fr. *brand*, épée) Agiter sa main avant de lancer ou de frapper. *Brandir un javelot, une épée*. ◆ ▷ **Constr.** Arrêter, affermir, au moyen d'une cheville, deux pièces de bois l'une contre l'autre. ◁ ◆ Élever à bout de bras. *Brandir une pancarte*. ◾ **Fig.** Utiliser pour menacer ou faire pression. *Brandir le règlement de l'établissement, la loi*.

1 **BRANDON**, n. m. [bʀɑ̃dɔ̃] (anc. b. frq. *brant*, tison) ▷ Bouquet de paille enflammé dont on se sert pour s'éclairer. ◁ ◆ Débris enflammé qui s'échappe d'un incendie. ◆ **Fig.** *Les brandons de guerre civile. Brandon de discorde*. ◆ ▷ *Dimanche des brandons*, le premier dimanche de carême. ◁

2 **BRANDON**, n. m. [bʀɑ̃dɔ̃] (probabl. 1 *brandon*, par analogie) ▷ Morceau d'étoffe, et maintenant d'ordinaire paille tortillée au bout d'un bâton et plantée aux extrémités d'un champ pour indiquer qu'il est saisi. ◁

BRANDONNÉ, ÉE, p. p. de brandonner. [bʀɑ̃dɔne]

BRANDONNER, v. tr. [bʀɑ̃dɔne] (*brandon*) ▷ Planter des brandons aux extrémités d'un champ dont la récolte est saisie. ◁

BRANDY, ◾ n. m. [bʀɑ̃di] (mot angl., abrév. de brandy-wine, du néerl. *brandewijn* ; cf. *brandevin*) Eau-de-vie obtenue par distillation de fruits ou de céréales. *Des brandys*.

BRANLANT, ANTE, adj. [bʀɑ̃lɑ̃, ɑ̃t] (*branler*) Qui branle, qui n'est pas stable. *Tête branlante*. ◆ **Fig.** *Château branlant*, chose peu solide, personne qui n'est pas ferme sur ses jambes.

BRANLE, n. m. [bʀɑ̃l] (*branler*) Mouvement d'un corps qui va tantôt d'un côté tantôt de l'autre. *Le branle d'une cloche. Sonner en branle*, donner aux cloches tout le va-et-vient qu'elles peuvent avoir. ◆ **Phys.** Espace parcouru par le régulateur d'une pendule dans une oscillation. ◆ **Fig.** Impulsion donnée à une chose. « *Je demande quel moteur a donné ce premier branle à la machine de l'univers* », Fénelon. ◆ **Fam.** *Être en branle, se mettre en branle*, être, se mettre en mouvement pour faire une chose. *Mettre quelqu'un en branle, lui donner le branle*, le mettre en train, en disposition d'agir. ◆ ▷ *Branle* ou *branle gai*, espèce de danse. ◁ ◆ **Fig.** *Mener le branle, ouvrir le branle, commencer le branle*, donner le premier exemple d'une chose, être le chef d'une association d'intérêt ou de plaisir. ◆ ▷ L'air sur lequel on danse un branle. ◁ ◆ ▷ Lit des matelots. On dit aujourd'hui *hamac*. ◁

BRANLÉ, ÉE, p. p. de branler. [bʀɑ̃le]

BRANLE-BAS ou **BRANLEBAS**, n. m. [bʀɑ̃l(ə)ba] (*branle*, hamac des matelots et 1 *bas*) Action de détendre les branles ou hamacs pour se disposer au combat. *Faire branle-bas*. ◁ ◆ **Fam.** Bouleversement. *C'est un branle-bas dans cette maison*. ◆ Au pl. *Des branle-bas*. ◾ **Milit.** *Branle-bas de combat*, ensemble des dispositions prises sur un navire en vue d'un combat.

BRANLEMENT, n. m. [bʀɑ̃l(ə)mɑ̃] (*branler*) Mouvement de ce qui branle. *Branlement de tête*.

BRANLE-QUEUE, n. f. [bʀɑ̃l(ə)kø] (*branler* et *queue*) Nom vulgaire de la bergeronnette ou lavandière. ◆ Au pl. *Des branle-queue*. ◾ **Rem.** Au plur. aujourd'hui : *des branle-queues*.

BRANLER, v. tr. [bʀɑ̃le] (anc. fr. *brandeler*, vaciller, du radic. de *brandir*) Mouvoir d'avant en arrière, faire aller deçà et delà. « *Branlant le dard dont il le voulait percer* », Fénelon. ◆ *Branler la tête*, hésiter, ne pas accéder. ◆ V. intr. S'incliner de côté et d'autre. *Tête, dent qui branle*. ◆ *Branler dans le manche* ou *au manche*, n'être pas solidement emmanché, en parlant d'un instrument, et fig. être menacé dans sa position, dans sa fortune, etc. ◆ Se remuer, se mouvoir. « *On leur a dit qu'il ne faut pas branler, ni aller et venir* », Mme de Sévigné. ◆ Menacer de se révolter. « *Toutes les provinces qui branlent déjà, ne se déclareront-elles pas ?* », Retz. ◾ **Vulg.** Masturber. ◾ **Très fam.** *Qu'est-ce que tu branles ?* que fais-tu ? ◆ **Très fam.** *S'en branler*, ne pas se soucier de. ◆ V. pr. Se branler, se masturber.

BRANLEUR, EUSE, ◾ n. m. et n. f. [bʀɑ̃lœʀ, øz] (*branler*) **Très fam.** Personne qui cherche à en faire le moins possible.

BRANLOIRE, n. f. [bʀɑ̃lwaʀ] (*branler*) ▷ Planche qui, en équilibre, sert à deux personnes placées au bout pour s'élever tour à tour. On dit plus souvent *une balançoire*. ◁

BRANTE, ◾ n. f. [bʀɑ̃t] (b. lat. *brenta*) **Suisse** Hotte à vendange.

BRAQUAGE, ◾ n. m. [bʀakaʒ] (*braquer*) Action de manœuvrer pour orienter les roues d'un véhicule. ◾ *Rayon de braquage*, rayon du cercle parcouru par les roues avant d'un véhicule qui braque au maximum. ◾ **Fam.** Vol à main armée.

BRAQUE, n. m. [bʀak] (germ. *brakko*, chien de chasse) Race de chiens propre à la chasse, ayant le poil ras et les oreilles pendantes. ◆ **Fig.** Un étourdi, un écervelé. ◆ **Adj.** *Cet homme est braque.*

BRAQUÉ, ÉE, p. p. de braquer. [bʀake]

BRAQUEMART, n. m. [bʀak(ə)maʀ] (m. néerl. *breecmes*, couperet, serpe, de *bræcken*, casser, et *mes*, couteau ; infl. de *jacquemart*) ▷ Épée courte et large. ◁

BRAQUEMENT, n. m. [bʀak(ə)mɑ̃] (*braquer*) ▷ Action de braquer. ◾ **Rem.** On utilise auj. *braquage*. ◁

BRAQUER, v. tr. [bʀake] (p.-ê. b. lat. *brachitare*, mettre en mouvement avec les bras, du lat. *brachium*, bras) Diriger un canon, une lunette du côté d'un objet. ◆ **Fig.** *Braquer ses regards sur quelqu'un, sur quelque chose*, les tenir arrêtés sur, etc. ◆ Provoquer un sentiment d'hostilité engendrant un refus systématique. *Inutile d'insister, cela risque de le braquer*. ◆ Se braquer, v. pr. *Se braquer pour un rien*. ◾ Manœuvrer pour orienter les roues d'un véhicule. *Braquer à gauche, à droite.*

BRAQUET, ◾ n. m. [bʀakɛ] (région., petit clou à ferrer les souliers) Ensemble des dents du pignon situé sur la roue arrière d'un vélo. *Un braquet de 15 (dents)*. ◾ **Par extens.** Rapport de démultiplication établi entre la denture d'un pédalier et celle du pignon de la roue arrière. ◾ **Fig.** *Changer de braquet*, changer de rythme.

BRAQUEUR, EUSE, ◾ n. m. et n. f. [bʀakœʀ, øz] (*braquer*) Personne qui perpétue une attaque à main armée.

BRAS, n. m. [bʀa] (lat. *brac[c]hium*, gr. *brakhîôn*) Nom, dans le corps humain, du membre supérieur et tenant à l'épaule. ◆ *Donner du bras*, arrondir le bras pour qu'une autre personne s'y appuie. ◆ *Donner le bras*, mettre son bras au bras de quelqu'un. ◆ *Se donner le bras*, se dit de deux personnes qui ont le bras passé l'un dans l'autre. ◆ *Prendre le bras*, passer son bras autour du bras d'une autre personne. ◆ *Offrir son bras*, se dit d'un homme qui demande à une dame si elle veut prendre son bras. ◆ *Avoir des bras*, en termes de danse, c'est les porter, les remuer avec grâce. ◆ **Fam.** *Les bras m'en tombent*, ma surprise est extrême. ◆ *Couper bras et jambes à quelqu'un*, lui enlever ses moyens de réussir, ou encore lui ôter tout courage. ◆ *Demeurer les bras croisés*, rester sans rien faire. ◆ ▷ *Faire les beaux bras*, se donner de grands airs. ◁ ◆ ◆ *Faire les grands bras*, affecter un crédit, une importance qu'on n'a pas. ◁ ◆ **Fig.** *Tendre les bras à quelqu'un*, lui offrir secours et protection, l'inviter à approcher. *Tendre les bras*, implorer du secours. ◆ *Arrêter, retenir le bras de quelqu'un*, l'empêcher de frapper, et fig. arrêter sa colère, sa vengeance. ◆ *S'appuyer sur le bras de quelqu'un*, être soutenu par son bras, et fig. avoir son appui. ◆ *Recevoir quelqu'un à bras ouverts*, le recevoir avec empressement, avec amitié. ◆ *Avoir quelqu'un sur les bras*, en être embarrassé ou chargé. ◆ *Avoir beaucoup d'affaires, de grandes affaires sur les bras*, en être accablé. ◆ *Se mettre sur les bras, s'attirer sur les bras*, s'attirer l'inimitié. ◁ ◆ Embrassement, sein, giron. *Il le prit dans ses bras*. **Fig.** *Il se jeta dans les bras de l'armée. Tirer quelqu'un des bras de la mort.* **Fig.** et **poétiq.** Amour, mariage, union. ◆ Personne qui travaille. *Les campagnes manquent de bras. Ne vivre que de ses bras*, ne vivre que de son travail. ◆ Ce qui agit, par opposition à ce qui conçoit. *Il n'a été que le bras d'un autre*. ◆ *Le bras droit de quelqu'un*, personne qui agit, travaille pour lui. ◆ Force, courage guerrier. *Un bras victorieux*. « *Je vous offre mon bras* », Racine. ◆ Pouvoir, puissance. *Un bras de fer. Le bras du Seigneur*. ◆ *Le bras séculier*, la puissance, par opposition à l'autorité ecclésiastique, et aussi la justice temporelle, par opposition à la juridiction ecclésiastique. ◆ **Fig.** et **fam.** *Avoir les bras longs*, avoir beaucoup de crédit, d'influence. ◆ Un des courants d'un fleuve. *La Meuse reçoit un bras du Rhin*. ◾ *Bras de mer*, détroit. ◆ ▷ Sorte de chandelier à une ou plusieurs branches qu'on applique au mur. ◆ Ce qui est configuré en forme de bras. *Bras de fauteuil*. ◆ *Bras de balance*, les deux parties qui sont de chaque côté du point d'appui. ◆ *Bras de levier*, la portion du levier comprise entre le point d'appui et le point d'application des forces. ◆ À BRAS, loc. adv. Avec les bras seuls et sans machine. ◆ À FORCE DE BRAS, Même sens. ◆ À TOUR DE BRAS, loc. adv. De toute sa force. ◆ À BRAS RACCOURCI, loc. adv. Sans quartier. ◆ À BRAS-LE-CORPS, loc. adv. Par le milieu du corps. Il le prit à bras-le-corps. ◆ BRAS DESSUS OU BRAS DESSOUS, loc. adv. En se donnant le bras. ◆ **Fig.** *Être bras dessus, bras dessous*, être dans une grande intimité. ◾ *Jouer les gros bras*, se faire passer pour un dur. ◾ *Être dans les bras de Morphée*, être endormi. ◆ *Se jeter dans les bras de quelqu'un*, se précipiter sur une proposition. ◾ *Baisser les bras*, abandonner un projet, une activité. ◾ *Bras d'honneur*, geste injurieux consistant à lever l'avant-bras en fermant le poing. ◾ **Fam.** *Bras cassé*, personne peu compétente. ■ **Fig.** et **fam.** *Avoir le bras long,* avoir beaucoup d'influence.

BRASAGE, ■ n. m. [bʀazaʒ] (*braser*) **Techn.** Action qui consiste à mettre bout à bout deux éléments métalliques et à les assembler par brasure.

BRASÉ, ÉE, p. p. de braser. [bʀaze]

BRASEMENT, n. m. [bʀaz(ə)mɑ̃] (*braser*) ▷ Action de braser. ◁

BRASER, v. tr. [bʀaze] (*braisé*) Joindre deux pièces de fer, d'acier ou de cuivre l'une avec l'autre par une soudure particulière où entre du borax et que l'on fait fondre sur un brasier ardent.

BRASÉRO ou **BRASÉRO,** n. m. [bʀazeʀo] (mot esp., de *brasa*, braise) Vase contenant des charbons allumés et avec lequel on se chauffe en Espagne dans les appartements pendant les froids. ■ Au pl. *Des braseros.*

BRASIER, n. m. [bʀazje] (*braise*) Feu de charbons ardents. ◆ **Par extens.** *La maison brûlait et ne fut bientôt qu'un brasier.* ◆ **Fig.** *Son corps est un brasier,* il a une fièvre ardente. ◆ *Sa tête est un brasier,* il est dans une grande exaltation. ◆ ▷ Grand bassin de métal où l'on met de la braise pour chauffer une chambre. ◁

BRASILLÉ, ÉE, p. p. de brasiller. [bʀazije]

BRASILLEMENT, n. m. [bʀazij(ə)mɑ̃] (*brasiller*) Effet de la mer qui brasille.

BRASILLER, v. tr. [bʀazije] (*braise*) ▷ Faire griller sur de la braise. ◁ ◆ **V. intr.** Présenter une traînée de lumière, en parlant de la mer phosphorescente ou éclairée obliquement par le soleil ou la lune.

BRASQUE, n. f. [bʀask] (ital. *brasca,* poudre de charbon) Mélange d'argile et de charbon pilé, dont les fondeurs enduisent la surface de leurs creusets.

BRASQUÉ, ÉE, p. p. de brasquer. [bʀaske]

BRASQUER, v. tr. [bʀaske] (*brasque*) Enduire de brasque des creusets.

BRASSAGE, n. m. [bʀasaʒ] (*brasser*) Action de brasser de la bière. ◆ ▷ Travail des ouvriers qui brassent ou remuent les métaux dans les ateliers de monnaie. ◁ ◆ ▷ Droit accordé au fermier des monnaies pour les frais de fabrication. ◁ ■ Mélange. *Le brassage des populations.*

BRASSARD, n. m. [bʀasaʀ] (moy. fr. *brassal,* de l'ital. *bracciale*) Partie de l'ancienne armure qui couvrait le bras. ◆ Tout ornement porté au bras, en signe de reconnaissance. ◆ Garniture de cuir dont on se couvre le bras pour jouer au ballon.

BRASSARDÉ, ÉE, adj. [bʀasaʀde] (*brassard*) Armé de brassards.

BRASSE, n. f. [bʀas] (lat. *brachia,* plur. du neutre *brachium,* bas) ▷ Mesure qu'on prend avec les deux bras étendus, valant à peu près 5 pieds ou 2 m. 62 c. ◁ ◆ **Mar.** Mesure de 5 pieds. ◆ *Brasse,* manière de nager en étendant les deux bras à la fois.

1 **BRASSÉ, ÉE,** p. p. de brasser. [bʀase] Bière brassée.

2 **BRASSÉ, ÉE,** p. p. de brasser. [bʀase] Voile brassée.

BRASSÉE, n. f. [bʀase] (*bras*) Ce que les bras peuvent entourer et contenir. *Brassée de bois.* ◆ Le mouvement des bras dans la nage.

1 **BRASSER,** v. tr. [bʀase] (gallo-rom. *braciare,* du lat. *braces,* orge pour la bière) Opérer les mélanges nécessaires pour la fabrication de la bière. *Brasser de la bière.* ◆ Remuer, agiter ensemble. ◆ **Fig.** et en mauvaise part. Tramer, pratiquer secrètement. *Brasser une trahison, une perfidie.* ◆ *Se brasser,* v. pr. Être brassé, tramé. *Il se brassait une conspiration.* ◆ **V. tr.** Mélanger, au propre et au fig. *Brasser une pâte. Brasser des populations.* ◆ Manipuler en grande quantité. *Brasser des millions.* ◆ *Brasser de l'air,* s'agiter sans être efficace.

2 **BRASSER,** v. intr. [bʀase] (*bras*) **Mar.** Mouvoir les bras d'une vergue pour changer la direction de la voile. ◆ On dit aussi *brasseyer.*

BRASSERIE, n. f. [bʀas(ə)ʀi] (1 *brasser*) Lieu où l'on fait de la bière. ◆ Lieu où l'on vend de la bière en gros ou au détail. ■ Établissement qui est à la fois débit de boisson et restaurant. ■ Industrie du brassage de la bière.

1 **BRASSEUR, EUSE,** n. m. et n. f. [bʀasœʀ, øz] (1 *brasser*) Personne qui brasse de la bière et qui en vend en gros. ■ *Un brasseur d'affaires,* un important businessman.

2 **BRASSEUR, EUSE,** ■ n. m. et n. f. [bʀasœʀ, øz] (*brasse*) Sportif qui pratique la brasse.

BRASSEYER, v. intr. [bʀaseje] (2 *brasser* ; cf. *faseyer*) Voy. 2 BRASSER.

BRASSIAGE, n. m. [bʀasjaʒ] (anc. fr. *bracier,* mesurer à la brasse) ▷ Mesurage à la brasse. ◆ La quantité de brasses d'eau que l'on trouve avec la sonde. ◁

BRASSICAIRE, adj. [bʀasikɛʀ] (lat. *brassica,* chou) **Bot.** Qui a rapport au chou. ◆ **N. m.** *Les brassicaires,* les papillons du chou.

BRASSICOLE, ■ adj. [bʀasikɔl] (1 *brasser* et -*cole*) Relatif à la bière ou à la brasserie. *Des orges brassicoles.*

BRASSICOURT, adj. m. [bʀasikuʀ] (ital. *brassicorto,* aux bras courts) Cheval qui a le genou arqué naturellement et non par suite d'usure.

BRASSIÈRE, n. f. [bʀasjɛʀ] (*bras*) ▷ Petite camisole qui sert à maintenir le corps des enfants ou des femmes. ◁ ◆ **Fig.** *Être en brassières,* n'avoir pas la liberté de se conduire d'après sa volonté. *Tenir en brassières.* ◆ **N. f. pl.** Bretelles d'un havresac de soldat, d'une hotte, d'un crochet de portefaix. ■ Chemise de bébé qui se boutonne dans le dos. ■ Vêtement féminin moulant qui couvre le haut du buste et s'arrête au niveau du ventre. ■ **Fam.** **Canada** Soutien-gorge.

BRASSIN, n. m. [bʀasɛ̃] (1 *brasser*) Cuve à bière. ◆ La quantité de bière que la cuve contient. ◆ Quantité de savon que l'on cuit à la fois.

BRASURE, n. f. [bʀazyʀ] (*braser*) Endroit où deux pièces de métal sont brasées. ■ **Techn.** Opération qui consiste à assembler deux pièces métalliques par infiltration d'un métal fondu au point de jonction.

BRAVACHE, n. m. [bʀavaʃ] (ital. *bravaccio,* de *bravo,* sicaire) Fanfaron de sa bravoure.

BRAVACHERIE, n. f. [bʀavaʃ(ə)ʀi] (*bravache*) Paroles de bravache.

BRAVADE, n. f. [bʀavad] (probabl. ital. *bravata,* entreprise aventureuse et ostentatoire, de *bravare,* braver) Action ou parole par laquelle on brave quelqu'un.

BRAVE, adj. [bʀav] (ital. *bravo,* esp. *bravo,* courageux, arrogant, sauvage, probabl. du lat. *barbarus*) Qui affronte courageusement le danger. ◆ **Fam.** et surtout avec *homme, gens,* bon, honnête, obligeant. *Un brave homme. Une famille de braves.* ◆ **Fam.** Vêtu, paré avec soin. « *Riquet à la Houppe se présente à elle, brave, magnifique, et comme un prince qui va se marier* », PERRAULT. ◆ **N. m.** Un homme vaillant à la guerre. « *Il est de faux dévots ainsi que de faux braves* », MOLIÈRE. ◆ Assassin à gages ; on dit plutôt *un bravo.*

BRAVÉ, ÉE, p. p. de braver. [bʀave]

BRAVEMENT, adv. [bʀav(ə)mɑ̃] (*brave*) D'une manière brave, vaillante. *Il monta bravement à l'assaut.* ◆ Habilement, adroitement. *Il s'est bravement tiré de cet embarras.*

BRAVER, v. tr. [bʀave] (*brave*) Faire le brave à l'égard de quelqu'un ou de quelque chose. *Il bravait du regard son adversaire.* « *Et qui veut bien mourir peut braver les malheurs* », P. CORNEILLE. ◆ **Fig.** « *Le latin dans les mots brave l'honnêteté* », BOILEAU. ◆ *Se braver,* v. pr. Se défier, se provoquer l'un l'autre.

BRAVERIE, n. f. [bʀav(ə)ʀi] (*braver*) ▷ Toilette, beaux habits. « *Je tiens que la braverie, que l'ajustement est la chose qui réjouit le plus les filles* », MOLIÈRE. ◁ ■ Il a vieilli.

BRAVISSIMO, interj. [bʀavisimo] (interj. it., superl. de *bravo* ; fém. *bravissima*) Voy. BRAVO.

1 **BRAVO,** interj. [bʀavo] (interj. it., de l'adj. *bravo* ; fém. *brava*) Expression italienne dont on se sert pour applaudir ; et au superlatif, *bravissimo.* ◆ **N. m.** Approbation, applaudissements. ◆ Au pl. *Des bravos.*

2 **BRAVO,** n. m. [bʀavo] (ital. *bravo,* sicaire) ▷ Assassin à gages, coupe-jarret. ◆ Au pl. *Des bravi* (d'après la règle italienne). ■ **REM.** On dit aussi *des bravos.* ◁

BRAVOURE, n. f. [bʀavuʀ] (ital. *bravura*) Courage à la guerre. ◆ Au pl. et ironiquement, actions de valeur. *Il fatigue tout le monde du récit de ses bravoures.* ◆ *Air de bravoure,* air brillant destiné à faire valoir le chanteur. ■ **REM.** On dit aussi *morceau de bravoure.*

BRAY, ■ n. m. [bʀɛ] Voy. BRAI.

BRAYE, n. f. [bʀɛj] (*brai*) Fange, boue, terre grasse.

BRAYÉ, ÉE, p. p. de brayer. [bʀeje]

1 **BRAYER,** n. m. [bʀeje] (*braie*) ▷ Bandage destiné à soutenir une hernie. ◁ ◆ Morceau de cuir qui sert à soutenir le battant d'une cloche. ◆ ▷ Espèce de collier de cuir pour porter une bannière. ◁

2 **BRAYER,** v. tr. [bʀeje] (*brai*) ▷ Enduire de brai. ◁

BRAYETTE, n. f. [bʀɛjɛt] (var. de *braguette,* de *braie*) Voy. BRAGUETTE.

BRAYON, n. m. [bʀejɔ̃] (anc. fr. *broi,* piège à oiseaux, de l'anc. b. frq. *bred, bret,* planche) ▷ Piège pour prendre les bêtes puantes. ■ **REM.** Piège destiné notamment aux renards et blaireaux. ◁

1 **BREAK,** ■ n. m. [bʀɛk] (mot angl.) Automobile familiale longue comportant un hayon arrière et une banquette repliable. *Des breaks.*

2 **BREAK,** ■ n. m. [bʀɛk] (mot angl., interruption) **Mus.** Court passage improvisé par un jazzman en dehors de la ligne principale d'un morceau. ■ **Sp.** Écart de jeu entre deux adversaires. ■ **Fam.** Courte pause. *Faire un break.*

BREAKDANCE, ■ n. f. [bɾɛkdɛns] (mot amér.) Danse acrobatique au sol sur de la musique rap.

BREAKEUR, ■ n. m. [bɾɛkœɾ] (break[dance]) Danseur de breakdance.

BREAKFAST, ■ n. m. [bɾɛkfast] ou [bɾɛkfœst] (mot angl.) Petit déjeuner composé essentiellement de viande froide, d'œufs, de fromage, de toasts et de thé, et typiquement anglais. *Des breakfasts copieux.*

BRÉANT, n. m. [bɾeɑ̃] Voy. BRUANT.

BREBIS, n. f. [bɾəbi] (lat. vulg. *berbix*, du lat. *vervex*) Femelle du bélier. ♦ **Fig.** En langage ecclésiastique, un chrétien sous la conduite de son pasteur. ♦ *Une impure brebis séparée d'Israël*, un chrétien infidèle à sa foi. ♦ *C'est la brebis du bon Dieu*, c'est une personne tout à fait inoffensive. ♦ ▷ *Faire un repas de brebis*, manger sans boire. ◁ ♦ *Une brebis galeuse*, une personne qu'on évite.

BRÈCHE, n. f. [bɾɛʃ] (a. h. frq. *breka*, action de briser) Ouverture faite à un mur, à une haie. ♦ Ouverture faite aux remparts d'une place assiégée. ♦ *Battre en brèche*, tirer avec de l'artillerie contre une muraille. ♦ **Fig.** *Battre en brèche un argument*, l'attaquer, le ruiner. ♦ *Battre en brèche quelqu'un*, attaquer sa réputation, sa position. ♦ Cassure au tranchant d'une lame. *Faire une brèche à un couteau.* ♦ *Faire une brèche à un pâté*, l'entamer. ♦ **Fig.** Perte, dommage, tort. *Il a fait une brèche à sa fortune.* ♦ Le sommet d'une montagne ouvert et comme séparé en deux parties. *La brèche de Roland aux Pyrénées.* ♦ Marbre noir mêlé de taches blanches et jaunes. ♦ Réunion de pierres agglutinées dans un ciment naturel. ■ *Être toujours sur la brèche*, en constante activité. ■ *S'engager, s'engouffrer dans la brèche*, profiter d'une situation.

BRÈCHE-DENT, adj. [bɾɛʃ(ə)dɑ̃] (*brécher*, faire une brèche, et *dent*) Qui a perdu une ou plusieurs dents de devant. ♦ N. m. et n. f. *Un brèche-dent.* ♦ Au pl. *Des brèche-dent.* ■ *Des brèche-dents.*

BRÉCHET, n. m. [bɾeʃɛ] (probabl. m. angl. *brusket*) Crête saillante et longitudinale qui se trouve à la face externe du sternum des oiseaux. ♦ ▷ **Fam.** *Avoir mal au bréchet*, à l'estomac.

BREDI-BREDA, loc. adv. [bɾədibɾəda] (onomat., à partir du lat. *brittus*, breton ; cf. *bredouiller*) ▷ Avec précipitation et confusion. *Il nous a raconté cela bredi-breda.* ◁

BREDINDIN, n. m. [bɾədɛ̃dɛ̃] (onomat. évoquant grincement, discordance) **Mar.** Palan moyen dont on se sert pour enlever de médiocres fardeaux. ♦ REM. On dit aussi *berdindin*.

BRÉDISSURE, n. f. [bɾedisyɾ] (*brédir*, assembler avec des lanières, du m. néerl. *breiden*, tresser) ▷ Impossibilité d'écarter les mâchoires par l'adhérence de la partie interne des joues avec les gencives, à la suite d'ulcérations de ces parties. ◁

BREDOUILLAGE ou **BREDOUILLIS**, n. m. [bɾədujaʒ, bɾəduji] (*bredouiller*) Paroles bredouillées.

BREDOUILLE, n. f. [bɾəduj] (orig. inc. ; infl. de *bredouiller* sur le dernier sens) Au jeu de trictrac, marque indiquant qu'on a pris de suite tous les points sans que l'adversaire ait rien marqué. ♦ L'avantage qui en résulte, la partie gagnée double. ♦ *Être bredouille*, perdre la partie bredouille, et fig. avoir fait une démarche sans succès, et en parlant des chasseurs, n'avoir rien tué.

BREDOUILLÉ, ÉE, p. p. de bredouiller. [bɾəduje]

BREDOUILLEMENT, n. m. [bɾəduj(ə)mɑ̃] (*bredouiller*) Action de bredouiller.

BREDOUILLER, v. intr. [bɾəduje] (lat. *brittus*, breton) Avoir une prononciation précipitée et par cela même peu distincte. ♦ V. tr. « *Il me bredouilla l'autre jour mille protestations* », MME DE SÉVIGNÉ.

BREDOUILLEUR, EUSE, n. m. et n. f. [bɾədujœɾ, øz] (*bredouiller*) Personne qui bredouille.

BREDOUILLIS, ■ n. m. [bɾəduji] Voy. BREDOUILLAGE.

1 **BREF**, n. m. [bɾɛf] (substantivation du lat. *breve*) Nom qu'on donne aux lettres closes du pape. ♦ ▷ Petit livre à l'usage des ecclésiastiques, indiquant l'office de chaque jour. *Bref à l'usage de Paris.* ◁ ♦ ▷ **Mar.** Congé ou permission de naviguer. ◁

2 **BREF, BRÈVE**, adj. [bɾɛf, bɾɛv] (lat. *brevis*) De peu de durée. *Dans un bref délai.* ♦ Qui s'exprime brièvement. *Être bref. Cette lettre est brève.* ♦ ▷ *Un parler bref*, manière de parler rapide et ordinairement avec décision ou commandement. ◁ ♦ *Pour le faire bref, pour faire bref*, pour abréger. ♦ Qu'on prononce rapidement, en parlant d'une syllabe. *Rendre brève une syllabe.* ♦ ♦ **Fig.** *Observer les longues et les brèves*, être circonspect, exact, cérémonieux. ◁ ♦ BREF, adv. En quelques mots. ♦ ▷ *Parler bref*, avoir une prononciation rapide et précipitée. ◁ ♦ EN BREF, loc. adv. En peu de mots. *Expliquer les choses en bref.*

BREGIN, n. m. [bɾəʒɛ̃] (mot provenç., du lat. médiév. *brogina*, du gr. *brokhis*, filet de pêche) ▷ Espèce de filet à mailles étroites. ♦ On trouvait aussi *bréguin* et *brége*, n. f. ◁

BREGMA, ■ n. m. [bɾɛgma] (gr. *bregma*, sommet de la tête, fontanelle) **Anat.** Zone du crâne située au point de rencontre entre l'os frontal et les pariétaux, aussi appelée *fontanelle antérieure*.

BRÉHAIGNE, adj. [bɾeɛɲ] ou [bɾeɛɲj] (orig. obsc.) Stérile, en parlant des femelles des animaux.

BREITSCHWANZ, ■ n. m. [bɾɛtʃvɑ̃ts] (mot all., de *breit*, large, et *schwanz*, queue) Fourrure d'agneau mort-né proche de l'astrakan.

BRELAN, n. m. [bɾəlɑ̃] (all. *Bretling*, petite planche, table de jeu) Jeu qui se joue avec trois cartes données à trois, quatre ou cinq joueurs. ♦ *Avoir brelan*, avoir trois cartes de même figure ou de même point. ♦ *Brelan carré ou quatrième*, brelan formé des mêmes cartes que celle qui retourne. ♦ ▷ Par extens. Maison de jeu, tripot. ◁

BRELANDER, v. intr. [bɾəlɑ̃de] (*brelan*) ▷ Ne faire que jouer aux cartes. ◁

BRELANDIER, IÈRE, n. m. et n. f. [bɾəlɑ̃dje, jɛɾ] (*brelan*) ▷ Personne qui fréquente les brelans, qui joue continuellement aux cartes. ♦ Adj. « *T'ai-je encore décrit la dame brelandière ?* », BOILEAU. ◁

BRELANDINIER, IÈRE, n. m. et n. f. [bɾəlɑ̃dinje, jɛɾ] (*brelan*, table) ▷ Marchand, marchande qui vend dans les rues. ◁

BRELLE, n. f. [bɾɛl] (*breller*, fixer avec des cordages, de l'anc. fr. *braiel*, ceinture) ▷ Nom d'une certaine quantité de pièces de bois liées ensemble, pour les faire flotter, en forme de radeau. ◁

1 **BRELOQUE**, n. f. [bɾəlɔk] (probabl. var. de *brelique*, lambeau ; cf *emberlificoter*) Curiosité de peu de prix ; petits bijoux qu'on attache aux chaînes de montre.

2 **BRELOQUE**, n. f. [bɾəlɔk] (probabl. 1 *breloque*) Voy. BERLOQUE.

BRELUCHE, n. f. [bɾəlyʃ] (mot norm.) ▷ Droguet de fil et de laine. ◁

BRÈME, n. f. [bɾɛm] (anc. b. frq. *brahsima*) Poisson d'eau douce du genre cyprin. ♦ *Brème de mer*, poisson du genre spare.

BREN, ■ n. m. [bɾɑ̃] Voy. BRAN.

BRENEUX, EUSE, adj. [bɾənø, øz] (*bran*, *bren*) Sali de bran, de matière fécale.

BREQUIN, n. m. [bɾəkɛ̃] (*brèche* ou *broche* ?) ▷ Outil qui sert à percer ; espèce de vrille. ♦ Mèche de vilebrequin. ◁

BRÉSIL, n. m. [bɾezil] (anc. fr. *breze*, braise, par analogie de couleur) Bois rouge propre à la teinture. *Bois de brésil.* ♦ *Sec comme brésil*, très sec.

BRÉSILIEN, IENNE, ■ adj. [bɾeziljɛ̃, jɛn] (*Brésil*) Du Brésil. ■ N. m. Variété de portugais parlée au Brésil. ■ N. m. et n. f. *Un Brésilien, une Brésilienne.*

BRÉSILLÉ, ÉE, p. p. de brésiller. [bɾezije]

BRÉSILLER, v. tr. [bɾezije] (*brésil*) Teindre avec du brésil. ♦ Rompre par petits morceaux. ♦ V. intr. Se réduire en poudre à force de sécheresse. ■ Se brésiller, v. pr. Littér. Se désagréger.

BRÉSILLET, n. m. [bɾezijɛ] (dimin. de *brésil*) L'espèce de brésil la moins estimée.

BRESSAN, ANE, ■ adj. [bɾesɑ̃, an] (*Bresse*, plaine du bassin de la Saône) De la région de la Bresse. ■ N. m. et n. f. *Un Bressan, une Bressane.*

BRÉTAILLER, v. intr. [bɾetaje] (*brette*) Tirer l'épée à tout propos. ♦ Hanter les salles d'armes.

BRÉTAILLEUR, n. m. [bɾetajœɾ] (*brétailler*) Personne qui brétaille.

BRETAUDÉ, ÉE, p. p. de bretauder. [bɾətode]

BRETAUDER, v. tr. [bɾətode] (gallo-rom. *bistositare*, de *bis-* à sens péj. et *to[n]sitare*, de *tondere*, tondre) Tondre inégalement. *On a bretaudé ce chien.* ♦ *Bretauder les cheveux de quelqu'un*, les lui couper trop courts. ♦ Couper les oreilles à un cheval.

BRETÈCHE ou **BRETESSE**, n. f. [bɾətɛʃ, bɾətɛs] (b. lat. *brittisca*, breton, au sens de parapet) Pièce de fortification ou partie crénelée des anciennes murailles. ♦ **Hérald.** Rangée de créneaux sur une fasce, une bande ou un pal.

BRETELLE, n. f. [bɾətɛl] (a. h. all. *brittil*, rêne, bride) Bande de cuir ou d'étoffe qui, passée sur les épaules, sert à porter une civière, un brancard, un sac. ♦ Bande élastique qui passe sur l'épaule et qui soutient le pantalon, la culotte. ♦ **Fig.** *Il en a jusqu'aux bretelles, par-dessus les bretelles*, il est engagé dans une affaire dont il ne sait comment se tirer. ♦ Route qui accède à un grand axe. *Bretelle d'autoroute.* ■ *Remonter les bretelles à quelqu'un*, lui faire des reproches, des remontrances.

BRETESSÉ, ÉE, adj. [bɾətese] (anc. fr. *breteschier*, garni de bretèches, créneler) **Hérald.** Crénelé haut et bas en alternative.

BRETON, ONNE, ■ adj. [bʀətɔ̃, ɔn] (lat. *Britto*, d'un peuple celte établi en Angleterre, puis de la Bretagne continentale) Originaire ou typique de Bretagne. *Des galettes bretonnes.* ■ N. m. Langue celtique parlée en Bretagne. ■ N. m. et n. f. *Un Breton, une Bretonne.*

BRETONNANT, ANTE, ■ adj. [bʀətɔnɑ̃, ɑ̃t] (*breton*) Qui préserve le patrimoine linguistique et culturel de la Bretagne.

BRETTE, n. f. [bʀɛt] ([*épée*] *brette*, du lat. vulg. *britta*, fém. de *brittus*, breton) ▷ Longue épée. ◁

BRETTELÉ, ÉE, p. p. de bretteler. [bʀɛt(ə)le]

BRETTELER, v. tr. [bʀɛt(ə)le] (*bretter*, denteler) Tailler une pierre ou gratter un mur avec des instruments dentelés.

BRETTEUR, EUSE, n. m. et n. f. [bʀɛtœʀ, øz] (*brette*) Personne qui se bat souvent à l'épée, qui aime à ferrailler.

BRETZEL, ■ n. m. [bʀɛdzɛl] ou [bʀɛtsɛl] (all. *Brezel*, pâtisserie en forme de bras entrelacés, du lat. vulg. *brachitella*, de *brachium*, bras) Pain alsacien en forme de nœud avec trois trous. ■ Biscuit apéritif d'origine alsacienne en forme de nœud et parsemé de grains de sel. *Des bretzels.*

BREUIL, n. m. [bʀœj] (lat. *brogilus*, bois clôturé) ▷ Bois taillis ou buissons fermés de haie, servant de retraite aux animaux. ◁

BREUVAGE, n. m. [bʀœvaʒ] (anc. fr. *bevre*, boire, avec métathèse de *r*) Liqueur à boire. ◆ Potion médicinale. ◆ Mélange égal d'eau et de vin donné à un équipage en sus de sa ration. ■ **Canada** Boisson sans alcool.

BRÈVE, ■ n. f. [bʀɛv] (fém. substantivé de 2 *bref*, du lat. *brevis*) Syllabe brève. ◆ Information de moindre importance annoncée par les médias sans être développée. ■ *Brève de comptoir*, boutade ou mot d'humour entendu et répété dans les cafés.

BREVET, n. m. [bʀəvɛ] (2 *bref*) Autrefois acte non scellé qu'expédiait un secrétaire d'État et par lequel le roi accordait un don, une pension, un bénéfice, une grâce ou un titre de dignité. ◆ *Ducs à brevet*, ducs à vie, par opposition aux ducs héréditaires. ◆ Titre ou diplôme délivré au nom d'un gouvernement, d'un prince souverain. ◆ Acte qui attribue un grade dans l'armée ou dans un ordre de chevalerie. *Brevet d'officier. Brevet de la Légion d'honneur.* ◆ ▷ Espèce de patente délivrée par le gouvernement à ceux à qui il permet d'exercer certaines professions ou industries. *Brevet d'imprimeur, de libraire.* ◁ ◆ *Brevet de capacité*, constatation d'une certaine aptitude chez un individu. ◆ *Brevet d'invention, de perfectionnement*, acte qui accorde le droit exclusif de fabriquer et de vendre à l'auteur d'une invention, d'un perfectionnement. ◆ **Fig.** *Donner à quelqu'un brevet, son brevet d'étourdi, d'extravagant*, le déclarer tel. ■ Nom de différents diplômes sanctionnant des études. *Brevet de technicien supérieur.* ■ *Acte en brevet*, acte établi par un notaire et remis aux personnes concernées. *Les Actes en brevet s'opposent aux Actes en minute.*

BREVETABLE, ■ adj. [bʀəv(ə)tabl] (*breveter*) Qui peut être préservé par l'attribution d'un brevet. *Une invention brevetable.*

BREVETÉ, ÉE, p. p. de breveter. [bʀəv(ə)te]

BREVETER, v. tr. [bʀəv(ə)te] (*brevet*) Donner un brevet à quelqu'un. ■ Protéger de toute copie en attribuant un brevet. *Faire breveter un ingénieux dispositif.*

BRÉVÉTOXINE, ■ n. f. [bʀevetɔksin] (lat. sav. [*Gymnodinium*] *breve* et *toxine*) Toxine produite par une variété d'algue et dangereuse pour la faune sous-marine et pour l'homme.

BRÉVI..., [bʀevi] Préfixe venant du lat. *brevis*, court.

BRÉVIAIRE, n. m. [bʀevjɛʀ] (lat. *breviarium*) Livre de prières, dont les diverses parties doivent être récitées à certaines heures du jour par les ecclésiastiques. ◆ L'office que les prêtres disent chaque jour. ◆ **Fig.** Livre dont on fait sa lecture habituelle. *Racine est mon bréviaire.*

BRÉVILIGNE, ■ adj. [bʀevilin] ou [bʀevilinj] (radic. du lat. *brevis* et *ligne*, sur le modèle de *curviligne*) Au corps trapu et aux membres courts.

BRÉVIUSCULE, adj. [bʀevjyskyl] (radic. du lat. *brevis* et *-uscule*, sur le modèle de *minuscule*) Un peu court.

1 **BRIARD, ARDE**, ■ adj. [bʀijaʀ, aʀd] (*Brie*, région de l'est du Bassin parisien) Originaire ou typique de la région de la Brie. ■ N. m. et n. f. *Un Briard, une Briarde.*

2 **BRIARD**, ■ n. m. [bʀijaʀ] (substantivation de 1 *briard*) Chien de berger à poil très long aussi appelé *berger de Brie.*

BRIBE, n. f. [bʀib] (onomat.) Gros morceau de pain. ◆ Les restes d'un repas. ◆ **Fig.** « *Si j'avais le moindre crédit, quelques bribes à leur jeter, ils seraient tous à mes pieds* », P.-L. COURIER. ◆ Phrases prises çà et là. *Réciter des bribes d'un poème.*

BRIC, [bʀik] Usité dans la locution *De bric et de broc.* Voy. BROC.

BRIC-À-BRAC, n. m. inv. [bʀikabʀak] (onomat.) Objets vieux et de hasard, comme bahuts, ferrailles, tableaux, statuettes, etc. ◆ **Au pl.** *Des bric-à-brac.*

BRICELET, ■ n. m. [bʀis(ə)lɛ] **Suisse** Fine gaufre.

1 **BRICK**, n. m. [bʀik] (angl. *brig*, apocope de *brigantine*, du *brigantin*) Quelques-uns, dit l'Académie, écrivent et prononcent *brig*. Bâtiment à deux mâts et dont le plus grand est incliné vers l'arrière.

2 **BRICK**, ■ n. m. [bʀik] (mot ar.) **Cuis.** *Feuille de brick*, fine galette à base de farine de blé, d'eau et de sel, et utilisée pour farcir, envelopper, ou réaliser des papillotes et des aumônières.

BRICK-GOÉLETTE, ■ n. m. [bʀikgoelɛt] (*brick* et *goélette*) Bâtiment à deux mâts qui associe des voiles de brick et de goélette. *Des bricks-goélettes.*

BRICOLE, n. f. [bʀikɔl] (suivant le sens, ital. *briccola*, catapulte, ou déverbal de *bricoler*) Au Moyen Âge, sorte de catapulte ou de mangonneau. ◆ Au jeu de paume, bond que fait la balle lorsqu'elle a frappé le mur. ◆ Au jeu de billard, coup par lequel la bille jouée touche une des bandes avant de venir frapper l'autre bille. ◆ **Artill.** *Le boulet a frappé de bricole*, c'est-à-dire après avoir rebondi. ◆ ▷ **Fig.** *Jouer de bricole, n'aller que par bricoles*, user de moyens détournés. ◁ ◆ ▷ DE BRICOLE OU PAR BRICOLE, loc. adv. Indirectement, d'une manière imprévue. ◆ Partie du harnais d'un cheval qui s'applique à son poitrail. ◆ Lanières de cuir à l'usage de ceux qui portent des fardeaux suspendus. *La bricole d'un porteur d'eau.* ◆ Ficelle garnie de ficelles plus petites qui portent chacune un hameçon. ■ N. f. pl. Espèce de rets pour prendre des cerfs, des daims. ■ N. f. Tâche de courte durée. *J'ai encore quelques bricoles à faire.* ■ **Fam.** Objet de peu de valeur. *Offrir une bricole.* ◁

BRICOLER, v. intr. [bʀikole] (bricole, aux sens de catapulte et ruse) Jouer de bricole à la paume ou au billard. ◆ ▷ **Fig.** Aller par des voies obliques. ◁ ■ Effectuer des travaux domestiques d'aménagement, de réparation. ■ Vivre de petits travaux effectués à droite, à gauche. ■ V. tr. Construire, réparer avec peu de moyens. *Bricoler un appareil.* ■ BRICOLAGE, n. m. [bʀikolaʒ]

BRICOLEUR, EUSE, ■ adj. [bʀikolœʀ, øz] (*bricoler*) Qui aménage ou répare soi-même. ■ N. m. et n. f. *Un bricoleur, une bricoleuse.* « *Mon oncle, un fameux bricoleur, Faisait en amateur, Des bombes atomiques, Sans avoir jamais rien appris* », VIAN. ■ **Fam.** Personne peu compétente dans son travail. *Ne lui confie rien, c'est un bricoleur !*

BRIDE, n. f. [bʀid] (probabl. m. h. all. *bridel*, rêne) Harnais placé à la tête du cheval et destiné à l'arrêter ou à le diriger ; elle se compose de la têtière, du mors et des rênes. ◆ Les rênes seules. ◆ *Tourner bride*, prendre la fuite. ◆ *Aller à toute bride, à bride abattue*, mener son cheval au grand galop, et fig. agir sans réserve ni retenue. ◆ **Fig.** Obstacle, frein, retenue. *Lâcher la bride à ses passions.* ◆ *Tenir quelqu'un en bride*, le contenir, le diriger. ◆ *Tenir la bride haute, courte à quelqu'un*, le diriger, le traiter sévèrement. ◆ *Lâcher la bride, mettre à quelqu'un la bride sur le cou*, lui laisser toute liberté d'agir. ◆ ◆ **Fig. et fam.** *Aller bride en main*, agir, procéder avec circonspection. ◁ ◆ ▷ *Brides à veaux*, sottes raisons, sots raisonnements, et aussi nouvelles absurdes, contes ridicules. ◁ ◆ Lien pour retenir certaines coiffures. *Brides d'un bonnet.* ◆ Espèce de boutonnière. ◆ Lien de fer pour assujettir une pièce de bois, un tuyau de conduite, etc. ◆ *Bride*, sorte de point d'Alençon dont le tissu est beaucoup plus fort que le réseau. ■ *Avoir la bride sur le cou*, pouvoir agir librement.

BRIDÉ, ÉE, p. p. de brider. [bʀide] *Oison bridé*, oison à qui on a insinué une plume dans les ouvertures des narines pour l'empêcher de passer à travers les haies, et fig. personne sans intelligence. ■ *Yeux bridés*, yeux étirés en forme d'amande, typiques des populations asiatiques.

BRIDER, v. tr. [bʀide] (*bride*) Mettre la bride à un cheval, à un mulet, etc. ◆ **Absol.** *Il est temps de brider.* ◆ **Fig.** *Brider son cheval, son âne par la queue*, s'y prendre mal. ◆ ▷ *Brider la figure à quelqu'un d'un coup de fouet*, lui cingler un coup de fouet au travers du visage. ◁ ◆ **Par extens.** Trop serrer. *Ce béguin me bride.* ◆ **Fig.** Contenir. « *Il bride la fureur de la mer* », BOSSUET. ◆ ◆ **Fig.** *Brider quelqu'un*, se dit en parlant de quelqu'un qu'on attrape et qui d'ailleurs n'a pas grande finesse. ◆ **Cuis.** *Brider une volaille*, passer une ficelle dans les cuisses pour les assujettir. ◆ **Prov.** *Chacun bride sa bête*, chacun se conduit à sa manière. ■ **Techn.** Fixer ou réunir deux éléments au moyen d'une bride. ■ **Mar.** Réunir et assembler plusieurs cordages en les ligaturant au moyen d'un filin. ■ **Cout.** Réaliser une bride. ■ **Autom.** *Brider un moteur*, le munir d'un dispositif qui limite sa puissance.

BRIDEUSE, n. f. [bʀidøz] (*brider*) Personne qui fait la bride, point d'Alençon.

1 **BRIDGE**, ■ n. m. [bʀidʒ] (mot angl., p.-ê. d'orig. russe [*biritch*], avec infl. de *bridge*, pont, le « mort » faisant le pont à son partenaire) Jeu de cartes par levées qui oppose deux équipes de deux personnes. *Jouer au bridge.*

2 **BRIDGE**, ■ n. m. [bʀidʒ] (mot angl., pont) Appareil de prothèse dentaire prenant appui sur des dents saines.

BRIDGER, ■ v. intr. [bʀidʒe] (1 *bridge*) Pratiquer le bridge.

BRIDGEUR, EUSE, ■ n. m. et n. f. [bʀidʒœʀ, øz] (1 *bridge*) Personne qui pratique le bridge.

BRID'OISON, n. m. [bʀidwazɔ̃] (*Brid'oison*, personnage du *Mariage de Figaro* de Beaumarchais, de *brider* et *oison* ; imité du juge *Brid'oie* de Rabelais) ▷ Homme niais, sot, stupide. ◁

BRIDON, n. m. [bʀidɔ̃] (*bride*) Bride très simple à mors articulé.

BRIE, n. m. [bʀi] (*Brie*, région de l'est du Bassin parisien) Fromage de Brie. *Donnez-moi du brie.*

BRIEF, BRIÈVE, adj. [bʀijɛf, bʀijɛv] (anc. forme de *bref* ▷ De peu de durée. *Brève sentence.* ◆ On ne le dit plus qu'au féminin. ■ Cet adjectif a été remplacé par *bref.* ◁

BRIEFER, ■ v. tr. [bʀife] (*briefing*) Fam. Mettre au courant par un compte rendu rapide. *Il a briefé ses collaborateurs sur les nouvelles méthodes.*

BRIEFING, ■ n. m. [bʀifiŋ] (mot angl., instructions, de [*to*] *brief*, réunir en un dossier) Fam. Réunion visant à informer rapidement tous les protagonistes d'un même projet. ■ Rem. On recommande officiellement *bref.* ■ ▷ Aviat. Réunion d'information d'un équipage avant une mission. ◁

BRIÈVEMENT, adv. [bʀijɛv(ə)mɑ̃] (anc. forme *brief, brieve* bref, brève) En peu de mots.

BRIÈVETÉ, n. f. [bʀijɛv(ə)te] (anc. forme *brief, brieve* bref, brève) Courte durée. *La brièveté de la vie, du temps.* ◆ En parlant du style, concision. *Cet auteur recherche la brièveté.*

BRIFAUD ou **BRIFAUT,** n. m. [bʀifo] (radic. onomat. *brf-*, bruit de la bouche) Gourmand ; enfant mal élevé. ◆ Nom de chien de chasse.

BRIFFER, ■ v. tr. et v. intr. [bʀife] (radic. onomat. *brf-*, bruit de la bouche) Arg. Manger.

BRIG, n. m. [bʀig] Voy. BRICK.

BRIGADE, n. f. [bʀigad] (b. lat. *brigata*, troupe, bande, de *briga*) ▷ Corps de troupes composé de deux régiments. ◁ ◆ Par extens. Troupe, bande. ◆ Réunion de deux ou plusieurs gendarmes sous les ordres d'un brigadier, qui résident en une localité. ◆ ▷ Dans les ports de mer, un certain nombre d'ouvriers ou de matelots réunis pour travailler. ◁ ■ Unité de la police spécialisée dans la répression d'un type de délit. *Brigade anticriminelle, brigade de répression et d'intervention.* ■ Ensemble des cuisiniers et commis sous les ordres d'un chef dans un restaurant.

BRIGADIER, n. m. [bʀigadje] (*brigade*) ▷ Titre donné au soldat revêtu du grade le moins élevé dans la cavalerie. ◁ ◆ Dans la gendarmerie, le sous-officier qui commande une brigade. ◆ ▷ Le premier des matelots d'une embarcation. ◁ ■ Bâton utilisé pour frapper les trois coups avant le lever de rideau au théâtre. ■ On dit aussi *brigadière* dans la gendarmerie.

BRIGADIER-CHEF, BRIGADIÈRE-CHEF, ■ n. m. et n. f. [bʀigadjeʃɛf, bʀigadjɛʀ(ə)ʃɛf] (*brigadier* et *chef*) Grade de la police positionné entre brigadier et chef. ◆ Grade de la gendarmerie situé entre brigadier et maréchal des logis. *Des brigadiers-chefs.*

BRIGAND, n. m. [bʀigɑ̃] (ital. *brigante*, de *briga*, troupe) Personne qui exerce le vol et la pillerie par la force et les armes. ◆ **Par extens.** Personne qui commet des exactions et des concussions.

BRIGANDAGE, n. m. [bʀigɑ̃daʒ] (*brigand*) Volerie à main armée. ◆ Volerie en général. ◆ Concussion, exaction, déprédation.

BRIGANDEAU, n. m. [bʀigɑ̃do] (dimin. de *brigand*) ▷ Petit brigand ; agent d'affaires qui met ses clients à contribution. ◁

BRIGANDER, v. intr. [bʀigɑ̃de] (*brigand*) Se livrer au brigandage ; se conduire en brigand.

BRIGANDINE, n. f. [bʀigɑ̃din] (anc. fr. *brigand,* soldat à pied) Armure ancienne en forme de cotte de mailles.

BRIGANTIN, n. m. [bʀigɑ̃tɛ̃] (ital. *brigantino,* petit bâtiment rapide, de *brigantin*) ▷ Petit bâtiment à un ou deux mâts, gréé comme un brick, et qui n'a qu'un pont. ◆ Petit vaisseau plat, léger et ouvert, qui sert à combattre ou à donner la chasse. ◁

BRIGANTINE, n. f. [bʀigɑ̃tin] (forme fém. de *brigantin*) ▷ Petit bâtiment en usage dans la Méditerranée. ◆ Voile particulière au brigantin. ◁

BRIGNOLE, n. f. [bʀiɲɔl] ou [bʀiɲ ɔl] (*Brignoles,* ville du Var) ▷ Prune desséchée qu'on tire de Brignoles, en Provence. ◁

BRIGUE, n. f. [bʀig] (ital. *briga,* lutte, querelle) ▷ Manœuvre par laquelle, poursuivant quelque objet, on engage des personnes dans ses intérêts. « *On fait sa brigue pour arriver à un grand poste* », La Bruyère. ◆ La réunion des gens qui coopèrent à la brigue ; cabale, parti. ◁

BRIGUÉ, ÉE, p. p. de briguer. [bʀige]

BRIGUER, v. tr. [bʀige] (*briguer*) Tâcher d'obtenir par brigue. *Briguer les honneurs.* ◆ Absol. « *Elle-même a brigué pour me voir souverain* », P. Corneille. ◆ Solliciter, rechercher avec ardeur. « *Tous vos rois à l'envi briguent votre hyménée* », P. Corneille.

BRIGUEUR, EUSE, n. m. et n. f. [bʀigœʀ, øz] (*briguer*) Personne qui brigue.

BRILLAMMENT, adv. [bʀijamɑ̃] (*brillant*) D'une manière brillante.

BRILLANCE, ■ n. f. [bʀijɑ̃s] (*brillant*) Intensité, éclat de ce qui est brillant. *La brillance d'une pierre précieuse.* ■ Fig. *La brillance d'un exposé.*

BRILLANT, ANTE, adj. [bʀijɑ̃, ɑ̃t] (*briller*) Qui brille. *Tout brillant d'or. Couleur brillante.* ◆ Fig. Frappant, remarquable. *Brillant de gloire. Brillant fait d'armes.* ◆ En parlant des personnes, qui attire l'attention, l'admiration par des qualités brillantes. *Un brillant orateur.* ◆ Somptueux, magnifique. *Des bals brillants.* ◆ Qui a de l'éclat, en parlant du style et des choses littéraires. *Expressions brillantes.* ◆ Vif, éclatant à l'oreille, en même temps qu'agréable. *Jeu, sons brillants.* ◆ Florissant. *Santé brillante. Brillant de santé.* ◆ N. m. Qualité de ce qui brille, au propre et au figuré. *Le brillant d'une pierre précieuse. Le brillant de l'esprit.* ◆ Brillant se dit des œuvres des lettres et des arts. *Il y a du brillant dans ce poème.* ◆ Taille du diamant qui lui fait une face plane supérieure entourée de facettes. ◆ Diamant taillé de cette façon. ◆ Par extens. « *[Dieu] sema de brillants les voûtes azurées* », Rotrou. ◆ *Faux brillants,* diamants faux. ◆ Fig. « *La plus belle couronne N'a que de faux brillants* », P. Corneille. ◆ En parlant du style, *faux brillants,* pensées qui ont de l'éclat, mais un éclat trompeur.

BRILLANTAGE, ■ n. m. [bʀijɑ̃taʒ] (*brillanter*) Taille d'une pierre précieuse en forme de brillant. ■ Action de rendre brillant un objet métallique.

BRILLANTÉ, ÉE, p. p. de brillanter. [bʀijɑ̃te] N. m. Étoffe de coton blanc, à fleurs ou à dessins.

BRILLANTER, v. tr. [bʀijɑ̃te] (n. m. *brillant*) Tailler un diamant à facettes par-dessus et par-dessous. ◆ Fig. *Brillanter son style,* le charger d'ornements d'un goût suspect.

BRILLANTEUR, ■ n. m. [bʀijɑ̃tœʀ] (*brillanter*) Produit qui permet de rendre brillant une surface ou un objet métallique par électrolyse.

BRILLANTINE, ■ n. f. [bʀijɑ̃tin] (*brillant*) Baume ou huile qui permet de mettre en forme les cheveux tout en les faisant briller.

BRILLANTINER, ■ v. tr. [bʀijɑ̃tine] (*brillantine*) Recouvrir les cheveux de brillantine.

1 BRILLER, v. intr. [bʀije] (ital. *brillare,* du lat. *beryllus,* ou d'un radic. onomat. *pir[l]-* ; cf. 2 *briller*) Être lumineux ou poli. « *L'or et les diamants brillent sur ses habits* », Voltaire. ◆ Fig. *Le feu brille dans ses yeux.* ◆ Faire briller, montrer. ◆ Attirer les regards par l'éclat des couleurs, la beauté, la pompe. *On admire ce qui brille.* ◆ Exceller, avoir la prééminence. « *Tel brille au second rang qui s'éclipse au premier* », Voltaire.

2 BRILLER, v. intr. [bʀije] (ital. *prillare,* tourner en rond, du radic. onomat. *pir[l]-,* s'agiter, tourner) Bien quêter, en parlant d'un chien.

BRIMADE, n. f. [bʀimad] (*brimer*) Action de brimer. ■ Vexation infligée dans le but de blesser quelqu'un. *Subir les brimades d'un collègue jaloux.*

BRIMBALE, n. f. [bʀɛ̃bal] (*brimbaler*) ▷ Levier qui sert à faire mouvoir une pompe. ◆ On dit aussi *bringuebale.* ◁

BRIMBALÉ, ÉE, p. p. de brimbaler. [bʀɛ̃bale]

BRIMBALER, v. tr. [bʀɛ̃bale] (radic. *brimb-,* s'agiter, et *baller,* danser) Agiter par un branle continu, en parlant des cloches. ◆ V. intr. Branler, osciller. ■ Rem. On dit plutôt auj. *bringuebaler.*

BRIMBORION, n. m. [bʀɛ̃bɔʀjɔ̃] (lat. ecclés. *breviarium,* avec infl. de *bribe, brimbe*) Chose petite, sans valeur et sans utilité.

BRIMÉ, ÉE. adj. [bʀime] *Raisin brimé,* marqué de taches.

BRIMER, v. tr. [bʀime] (probabl. dial. *brime,* croisement de *brume* et *frimas*) Dans les écoles militaires, se dit des anciens qui soumettent les nouveaux venus à toutes sortes d'épreuves plus ou moins pénibles. ■ Désavantager injustement. *Se sentir brimé.*

BRIN, n. m. [bʀɛ̃] (orig. obsc. ; p.-ê. gaul. *brinos,* baguette) ▷ Jet de bois. ◁ ◆ *Arbre de brin,* qui n'a qu'une tige. ◁ ◆ *Bois de brin,* arbre qui n'a pas été scié et qui est seulement équarri. ◁ ◆ Fig. et fam. *C'est un beau brin d'homme,* c'est un homme grand et bien fait. ◆ Tige menue, pousse grêle et allongée. *Un brin d'herbe, de bouleau.* ◆ Par extens. Toute partie de certaines choses longues et ténues. *Un brin de paille, de fil.* ◆ Fam. La moindre parcelle, la moindre quantité. « *Il n'y a pas un brin de vent* », Mme de Sévigné. « *Je vous souhaite quelquefois un petit brin de ce que l'on a ici de reste* », Mme de Sévigné. ■ *Un beau brin de fille,* une belle fille.

BRINDE, n. f. [bʀɛ̃d] (all. *bring dirs* [pour *dir es*], je porte à toi [un toast]) ▷ Coup qu'on boit à la santé de quelqu'un. *Boire, porter des brindes.* ◆ *Il est dans les brindes,* il est ivre. ◁

BRIN D'ESTOC, n. m. [bʀɛ̃dɛstɔk] (all. *Springstock*, de *springen*, sauter, et *stock*, bâton ; cf. moy. fr. *brindestoc*) ▷ Long bâton ferré des deux bouts. ♦ Il est vieux. ◁

BRINDEZINGUE, ■ adj. [bʀɛ̃d(ə)zɛ̃g] (*brinde* et *zingue*, pour *zinc*, comptoir) Fam. De comportement un peu fou. *Ils sont vraiment brindezingues quand ils s'y mettent.* ■ Ivre. « *L'estaminet, tout en glaces à ciseaux, une au fond fêlée, un client brindezingue...* », ARAGON.

BRINDILLE, n. f. [bʀɛ̃dij] (*brin*) Petite branche.

BRINELL, ■ n. m. [bʀinɛl] (*J. A. Brinell*, 1849-1925, ingénieur suédois) Mesure du degré de dureté d'un métal à l'aide de la machine inventée par Brinell.

BRINGÉ, ÉE, ■ adj. [bʀɛ̃ʒe] Taché de bringeures.

BRINGEURE ou **BRIGEÛRE**, ■ n. f. [bʀɛ̃ʒyʀ] (dial. *bringé*, de la famille de *brin*, baguette) Tache noire sur le corps des bovins et des chiens au pelage fauve.

1 BRINGUE, ■ n. f. [bʀɛ̃g] (probabl. *brin*) ▷ Fam. Morceau. *Mettre en bringues.* ◁ Fig. et pop. Femme dégingandée. *Une grande bringue.*

2 BRINGUE, ■ n. f. [bʀɛ̃g] (var. suisse du *brinde*) Fam. Fête. *Faire la bringue toute la nuit.* ■ Fam. Suisse Dispute. ■ Fam. Suisse Parole ressassée sans cesse.

BRINGUEBALE, n. f. [bʀɛ̃g(ə)bal] Voy. BRIMBALE.

BRINGUEBALER ou **BRINQUEBALER**, ■ v. intr. [bʀɛ̃g(ə)bale] ou [bʀɛ̃k(ə)bale] (radic. *brimb-*, s'agiter, et *baller*, danser, infl. de *trinqueballer* sur le premier élément) Se balancer de droite à gauche. *La calèche bringuebale sur les pavés.* ■ V. tr. Remuer dans un sens et dans l'autre. ■ REM. On disait aussi autrefois *brimbaler*.

BRINGUER, ■ v. intr. [bʀɛ̃ge] (*bringue*) Fam. Faire la fête. ■ Fam. Suisse Se disputer. ■ Fam. Suisse Répéter sans cesse quelque chose jusqu'à obtenir ce qu'on veut.

BRINQUEBALER, ■ v. tr. et v. intr. [bʀɛ̃k(ə)bale] Voy. BRINGUEBALER.

BRIO, n. m. [bʀijo] (ital. *brio*, vitalité, entrain, de l'esp. *brio*, énergie) Caractère brillant et résolu d'une composition ou d'une exécution musicale.

BRIOCHE, n. f. [bʀijɔʃ] (*brier*, anc. forme de *broyer*) Sorte de pâtisserie qui se fait avec de la farine, du beurre et des œufs. ♦ Pop. Bévue, gaucherie. *Faire des brioches.* ■ Fam. Gros ventre.

BRIOCHÉ, ÉE, ■ adj. [bʀijɔʃe] (*brioche*) D'un aspect semblable à celui de la brioche. *Un pain au chocolat brioché.*

BRIOCHIN, INE, ■ adj. [bʀijɔʃɛ̃, in] (Saint-*Brieuc*, ville des Côtes-d'Armor) De la ville de Saint-Brieuc. ■ N. m. et n. f. *Un Briochin, une Briochine.*

BRION, n. m. [bʀijɔ̃] Voy. BRYON.

BRIQUE, n. f. [bʀik] (m. néerl. *bricke*, de *breken*, casser) Pierre factice, de forme rectangulaire, composée d'une terre grasse ou rougeâtre, qu'on fait cuire au feu et qui sert à bâtir. ♦ *Ton de brique*, couleur de la brique rougeâtre. ♦ Par anal. *Brique de savon, d'étain*, masse de savon, d'étain qui a la forme d'une brique. ■ Emballage en forme de brique ; son contenu. *Une brique de lait.* ■ Fam. Somme d'un million de centimes de francs. ■ Suisse Morceau. ■ Suisse *Mettre en briques*, mettre en pièces. ■ Adj. inv. Rouge comme la brique. *Couleur brique.*

BRIQUER, ■ v. tr. [bʀike] (*brique*) Vx Mar. Astiquer le pont d'un bateau. ■ Fam. Nettoyer totalement et avec soin.

BRIQUET, n. m. [bʀikɛ] (*briquet*, morceau, de *brique*, palet, pièce) Petite pièce d'acier dont on se sert pour tirer du feu d'un caillou. ♦ *Battre le briquet*, frapper le briquet contre un morceau de silex, pour en tirer des étincelles que l'on reçoit sur l'amadou. ♦ Tout ce qui sert à tirer du feu. *Briquet phosphorique.* ♦ ▷ Sabre court à l'usage de l'infanterie. ◁ ■ Petit appareil permettant de produire du feu à répétition.

BRIQUETAGE, n. m. [bʀik(ə)taʒ] (*brique*) Maçonnerie de briques. ♦ Enduit rouge ou jaune sur lequel on dessine des lignes représentant les assises des briques.

BRIQUETÉ, ÉE, p. p. de briqueter. [bʀik(ə)te] Fait de briques. ♦ Rougeâtre, de couleur de brique. *Ton briqueté.*

BRIQUETER, v. tr. [bʀik(ə)te] (*brique*) Donner l'apparence de brique.

1 BRIQUETERIE ou **BRIQUÈTERIE**, n. f. [bʀikɛt(ə)ʀi] (*brique*) Lieu où l'on fait de la brique.

2 BRIQUETERIE, n. f. [bʀikɛt(ə)ʀi] (*briquet*) ▷ Lieu où l'on fabrique les allumettes chimiques. ◁

BRIQUETEUR, ■ n. m. [bʀik(ə)tœʀ] (*brique*) Ouvrier en briquetage.

BRIQUETIER, n. m. [bʀik(ə)tje] (*brique*) Personne qui fait ou qui vend de la brique.

BRIQUETTE, n. f. [bʀikɛt] (dimin. de *brique*) Petite masse combustible faite de houille ou de tourbe. ■ Brique de petite taille utilisée pour le parement. ■ *Une briquette de lait à la fraise*, une petite brique.

BRIS, n. m. [bʀi] (*briser*) Rupture, faite avec violence, d'un scellé ou d'une porte fermée. ♦ *Bris de prison*, évasion avec fracture de clôture. ♦ Débris d'un navire qui s'est brisé sur la côte. ♦ *Bris de glace*, destruction volontaire ou accidentelle d'une vitre, d'un pare-brise.

BRISANCE, ■ n. f. [bʀizɑ̃s] (*briser*) Aptitude d'une substance explosive à fragmenter un matériel situé à proximité.

1 BRISANT, n. m. [bʀizɑ̃] (*briser*) Écueil à fleur d'eau sur lequel la mer se brise. ♦ Tout corps contre lequel la mer vient se briser.

2 BRISANT, ANTE, adj. [bʀizɑ̃, ɑ̃t] (*briser*) *Poudre brisante*, poudre douée d'une force explosive telle qu'elle fait souvent éclater les armes. ■ Apte à fragmenter ce qui est à proximité, en parlant des explosifs.

BRISCAMBILLE, n. f. [bʀiskɑ̃bij] Voy. BRUSQUEMBILLE.

BRISCARD ou **BRISQUARD**, ■ n. m. [bʀiskaʀ] (*brisque*, chevron, ancienneté) Milit. Soldat très expérimenté. ■ *Un vieux briscard*, un homme rusé et malin du fait de sa grande expérience.

BRISE, n. f. [bʀiz] (probabl. esp. *brisa*) Tout vent qui souffle sans violence. ♦ *Brise de terre*, brise soufflant de la terre ; *brise de mer*, brise soufflant de la mer.

BRISÉ, ÉE, p. p. de briser. [bʀize] Rompu. Navire brisé par la tempête. ♦ Fig. *C'est une existence brisée*, se dit de la vie d'un homme qui, par la perte de personnes chères ou d'une position, n'a plus ni but ni intérêt. ♦ Qui se plie en deux. *Porte brisée.* ♦ Coupé, saccadé. *Voix brisée.* ♦ Fatigué, harassé. *Je suis brisé.* ♦ Accablé, souffrant. *Brisé par la douleur* ou *de douleur.* ♦ Archit. *Comble brisé*, comble disposé pour y ménager de petits logements. ♦ Géom. *Ligne brisée*, succession de segments formant des angles entre eux. ■ Cuis. *Pâte brisée*, pâte à tarte à base de farine, de beurre et d'œuf.

BRISE-BÉTON, ■ n. m. [bʀizbetɔ̃] (*briser* et *béton*) Appareil utilisé pour casser le béton par vibration. ♦ *Des brise-bétons* ou *des brise-béton*.

BRISE-BISE, ■ n. m. [bʀiz(ə)biz] (*briser* et *bise*) Rideau peu occultant fixé à mi-hauteur des fenêtres du rez-de-chaussée, dans le but d'éviter les regards indiscrets. *Des brise-bise* ou *des brise-bises en crochet.*

BRISE-COPEAU ou **BRISE-COPEAUX**, ■ n. m. inv. [bʀiz(ə)kopo] (*briser* et *copeau*) Appareil ou dispositif dépendant d'une machine et qui réduit les copeaux en sciure. *Des brise-copeaux.*

BRISÉES, n. f. pl. [bʀize] (fém. substantivé du p. p. de *briser*) Branches rompues par le veneur pour reconnaître l'endroit où est la bête. ♦ Fig. *Suivre les brisées de quelqu'un*, suivre son exemple. *Aller, courir sur les brisées de quelqu'un*, entrer en concurrence, en rivalité avec lui. ♦ *Revenir sur ses brisées*, revenir sur une affaire. ♦ Marques faites aux arbres par le passage d'une bête.

BRISE-FER, ■ n. m. et n. f. [bʀiz(ə)fɛʀ] (*briser* et *fer*) Fam. Personne qui détériore facilement les objets. ■ Adj. *Des enfants brise-fer* ou *brise-fers.*

BRISE-GLACE, n. m. [bʀiz(ə)glas] (*briser* et *glace*) Arc-boutant, pieu en avant des piles d'un pont pour briser les glaces. ♦ Au pl. *Des brise-glace* ou *des brise-glaces.* ■ Bateau équipé pour briser les glaces arctiques et créer ainsi un passage.

BRISE-JET, ■ n. m. [bʀiz(ə)ʒɛ] (*briser* et *jet*) Dispositif fixé à l'extrémité d'un robinet pour canaliser le jet d'eau et en régler le débit. *Des brise-jets* ou *des brise-jet.*

BRISE-LAME, n. m. [bʀiz(ə)lam] (*briser* et *lame*) Nom donné à une construction faite à l'entrée d'un port pour amortir la violence des flots. ♦ Au pl. *Des brise-lames.*

BRISEMENT, n. m. [bʀiz(ə)mɑ̃] (*briser*) Action de briser. « *Le brisement des images et des autels.* », BOSSUET. ♦ Fig. *Brisement de cœur*, vif repentir, douleur profonde. ♦ Choc des flots qui se brisent.

BRISE-MOTTE, ■ n. m. [bʀiz(ə)mɔt] (*briser* et *motte*) Cylindre pour écraser les mottes de terre. ♦ Au pl. *Des brise-mottes.*

BRISER, v. tr. [bʀize] (lat. vulg. *brisiare*, du b. lat. *brisare*, d'orig. obsc.) Mettre en pièces. ♦ Fig. Rendre impuissant, inutile. *Briser les ressorts de l'âme et du corps, des liens d'amitié, un traité*, etc. ♦ *Briser ses fers, briser le joug*, s'affranchir d'une tyrannie. ♦ *Briser le cœur*, causer une vive affliction. ♦ Accabler. *Briser quelqu'un de coups.* ♦ Fatiguer, harasser, importuner. *Je suis brisé.* ♦ *Briser le tympan à quelqu'un*, l'étourdir. ♦ *Briser un discours*, cesser de parler. ♦ ▷ Fam. et absol. *Brisons là.* ◁ ■ Hérald. *Briser un écu*, le charger de brisures, telles que lambel, bordure, etc., comme font les cadets qui portent les mêmes armes que leurs aînés. ■ V. intr. Hérald. Même sens que le précédent. *La branche cadette brise d'une bordure de gueules.* ■ Mar. Heurter les rochers, en parlant de la mer. « *Le fracas des vagues qui brisent au loin sur les récifs* », BERNARDIN DE SAINT-PIERRE. ♦ Vén. Marquer le chemin avec des branches. ♦ Se briser, v. pr. Être mis en pièces. *Un verre se brise* en tombant. « *Vaisseaux en danger de se briser contre les rochers* », FÉNELON. ♦ Avec suppression du pronom personnel. « *Il a vu briser son navire contre vos rochers* », FÉNELON. ♦ Fig. « *Combien à cet écueil se sont déjà brisés!* », P. CORNEILLE. ♦ Par anal. Rejaillir avec fracas contre un obstacle, en parlant des vagues. *Les vagues se brisent contre ces écueils.* ♦ ▷ Se plier l'une sur l'autre, en parlant de parties ou de pièces de certains ouvrages. *Ce compas se brise.* ◁ ♦ Phys. Se réfracter. *Les rayons lumineux se brisent en passant de l'air dans l'eau.* ■ V. intr. Interrompre toute relation, et spécialement toute relation amoureuse. ■ Très fam. *Les briser à quelqu'un,* l'ennuyer fortement.

BRISE-RAISON, n. m. [bʀiz(ə)ʀɛzɔ̃] (*briser* et *raison*) Personne qui parle ou agit à tort et à travers. ♦ Au pl. *Des brise-raison.* ■ REM. On trouve aussi au pl. *des brise-raisons.*

BRISE-SCELLÉ, n. m. [bʀiz(ə)sele] (*briser* et *scellé*) Personne qui rompt un scellé dans une intention de vol. ♦ Au pl. *Des brise-scellés.*

BRISE-SOLEIL, ■ n. m. [bʀiz(ə)sɔlɛj] (*briser* et *soleil*) Dispositif formant une avancée, fixé sur une façade vitrée, et la protégeant du soleil. *Des brise-soleil* ou *des brise-soleils.*

BRISE-TOUT n. m. inv. ou **BRISETOUT**, n. m. [bʀiz(ə)tu] (*briser* et *tout*) Enfant ou personne soit étourdie, soit maladroite, qui brise tout ce qui se trouve sous sa main. ♦ Au pl. *Des brise-tout.* ■ *Des brisetouts.*

BRISEUR, EUSE, n. m. et n. f. [bʀizœʀ, øz] (*briser*) Personne qui brise. *Les iconoclastes ou briseurs d'images.* ■ *Briseur, briseuse de grève,* personne qui travaille pendant une grève, ou se désolidarisant du mouvement.

BRISE-VENT, n. m. [bʀiz(ə)vɑ̃] (*briser* et *vent*) Obstacle matériel opposé à l'action directe du vent. ♦ Au pl. *Des brise-vent* ou *des brise-vents.*

BRISIS, n. m. [bʀizi] (*briser*) Archit. L'angle que forment les deux plans d'un comble brisé.

BRISKA, n. m. [bʀiska] (pol. *bryczka,* voiture légère découverte) Calèche de voyage très légère. ■ Au pl. *Des briskas.*

BRISOIR, n. m. [bʀizwaʀ] (*briser*) Instrument pour briser le chanvre ou la paille.

BRISOLÉE, ■ n. f. [bʀizole] (anc. fr. *brasoier,* faire rôtir sur la braise, du germ. *bras-,* braise; cf. genev. *brisolière,* poêle à griller les châtaignes) Suisse Plat composé de fromage et de châtaignes.

BRISQUARD, ■ n. m. [bʀiskaʀ] Voy. BRISCARD.

BRISQUE, n. f. [bʀisk] (orig. obsc.; p.-ê. *briscambille*) Sorte de jeu de cartes. ♦ À ce jeu, une carte qui est atout. ♦ Au mariage, au bésy, on appelle *brisques* les dix et les as.

BRISTOL, ■ n. m. [bʀistɔl] (angl. *Bristol[-board],* de *Bristol,* ville d'Angleterre, et *board,* carton) Carton mince et satiné utilisé surtout pour les cartes de visite. ■ Cette carte de visite ou d'invitation. *Envoyer un bristol.* « *La carte était un mince bristol toilé marron et portait en lettres d'or : M. Arthur Gwynn Geiger* », VIAN. ■ Au pl. *Des bristols.*

BRISURE, n. f. [bʀizyʀ] (*briser*) Partie brisée. *Les brisures d'une table de marbre.* ♦ Pli, par charnières, d'une partie sur une autre dans un ouvrage. *La brisure d'un volet.* ♦ Disposition d'un mât qui est formé de plusieurs pièces guindées les unes au-dessus des autres. ♦ Fortif. Prolongement de la ligne de défense dans le renfoncement d'un bastion à orillons. ♦ Hérald. Toute pièce d'armoirie que les cadets ajoutent à l'écu des armes pleines de la maison dont ils sortent.

BRITANNIQUE, ■ adj. [bʀitanik] (lat. *britannicus,* de Bretagne [Angleterre], de *Britannia*) Du Royaume-Uni. *Le flegme britannique.* ■ N. m. et n. f. *Un Britannique, une Britannique.*

BRITTONIQUE, ■ adj. [bʀitɔnik] (*Brittones,* Bretons, peuple celte installé en Angleterre) Relatif à la population celte qui vivait en Grande-Bretagne avant la conquête romaine. ■ N. m. Langue de ce peuple.

BRIZE, ■ n. f. [bʀiz] (gr. *briza,* probabl. mot thrace) Graminée à larges épillets communément appelée *amourette.*

1 BROC, n. m. [bʀo] (gr *prokhoos,* vase, ou *brokhis,* encrier, ou lat. *broc[c]hus,* dont la bouche avance) Voy. BROCHE. Vase à liquide, en bois cerclé de fer, quelquefois en étain. ♦ Ce qu'un broc peut contenir. *Un broc de vin.*

2 BROC (DE BRIC ET DE), loc. adv. [dəbʀikedəbʀɔk] (onomat.) Deçà et delà, d'une manière et d'une autre. ■ À l'aide d'objets hétéroclites, trouvés et associés au hasard.

BROCANTAGE, n. m. [bʀɔkɑ̃taʒ] (*brocanter*) ▷ Action de brocanter. ♦ Commerce du brocanteur. ◁

BROCANTE, n. f. [bʀɔkɑ̃t] (*brocanter*) Ouvrage inattendu et de peu de valeur que les ouvriers font pour leur compte. ♦ Un petit marché. *Je n'ai eu que deux ou trois petites brocantes aujourd'hui.* ■ Commerce exercé par un

brocanteur. ■ Lieu de cette activité. *Ils ont fait deux brocantes ce matin et n'ont rien acheté.*

BROCANTÉ, ÉE, p. p. de brocanter. [bʀɔkɑ̃te]

BROCANTER, v. tr. et v. intr. [bʀɔkɑ̃te] (néerl. *brok,* fragment, ou h. all. *Brocken,* même sens) Acheter et revendre ou troquer des marchandises de hasard.

BROCANTEUR, EUSE, n. m. et n. f. [bʀɔkɑ̃tœʀ, øz] (*brocanter*) Personne qui brocante. ■ Abrév. Broc.

1 BROCARD, n. m. [bʀɔkaʀ] (selon le sens, lat. médiév *brocardus,* du nom du juriste *Burchard,* 965-1025, évêque de Worms, ou moy. fr. *broquer,* dire des paroles piquantes) Nom des principes ou premières maximes du droit. ♦ Paroles mordantes, trait piquant. *Lancer des brocards.*

2 BROCARD, n. m. [bʀɔkaʀ] Voy. BROQUART, qui est plus usité.

3 BROCARD, ■ n. m. [bʀɔkaʀ] (normanno-pic. *broque,* broche, au sens de premier bois du chevreuil) Petit chevreuil d'un an dont les bois ne sont pas encore formés.

BROCARDÉ, ÉE, p. p. de brocarder. [bʀɔkaʀde]

BROCARDER, v. tr. [bʀɔkaʀde] (1 *brocard*) Attaquer de brocards.

BROCARDEUR, EUSE, n. m. et n. f. [bʀɔkaʀdœʀ, øz] (1 *brocard*) Personne qui lance des brocards.

BROCART, n. m. [bʀɔkaʀ] (*brocher*) Étoffe tissée d'un mélange de plusieurs couleurs, et d'or ou d'argent enrichi de fleurs et de figures. ♦ Toute sorte d'étoffes à fleurs.

BROCATELLE, n. f. [bʀɔkatɛl] (ital. *brocatello,* dimin. de *broccato,* brocart) Étoffe qui imite le brocart. ♦ Marbre ainsi nommé à cause des couleurs qui le nuancent.

BROCCIO, ■ n. m. [bʀɔtʃjo] (mot corse) Fromage corse à base de lait de brebis ou de chèvre. ■ REM. On dit aussi *brocciu* ou *bruccio.*

BROC EN BOUCHE (DE), loc. adv. [dəbʀɔkɑ̃buʃ] (*broc,* broche) ▷ En sortant de la broche. *Manger une perdrix de broc en bouche.* ♦ Fig. Très vite, aussitôt. ◁

BROCHAGE, n. m. [bʀɔʃaʒ] (*brocher*) Action de brocher des livres; résultat de cette action.

1 BROCHANT, p. prés. [bʀɔʃɑ̃] (*brocher*) Voy. BROCHER.

2 BROCHANT, ANTE, ■ adj. [bʀɔʃɑ̃, ɑ̃t] (*brocher*) Hérald. Qui traverse une ou plusieurs pièces de l'écu. ■ Littér. *Et brochant sur le tout,* et pour couronner le tout.

BROCHE, n. f. [bʀɔʃ] (lat. vulg. *brocca,* fém. substantivé de *brocc[h]us,* proéminent) Longue verge de fer qu'on passe à travers les viandes pour les faire rôtir. ♦ *Un tour de broche,* un tour que fait la broche mue par le tournebroche. ♦ Fig. « *J'ai été à la mort; un petit tour de broche de plus, on aurait dit : il est mort* », VOLTAIRE. ♦ Fig. et fam. *Faire un tour de broche,* se mettre très près du feu pour se chauffer. ♦ Petites verges de fer qui reçoivent la bobine. *Filature à deux cents broches.* ♦ Cheville pour boucher le trou qu'on fait au tonneau avec le foret. ♦ La pointe de fer d'une serrure qui entre dans le trou d'une clé forée. ♦ Grosse épingle à l'usage des femmes. ♦ Bijou garni d'une longue épingle pour attacher les châles ou les cols. ♦ *Les broches,* les défenses du sanglier. ♦ *Les broches,* la première tête du cerf et du chevreuil. ■ Financ. *Broches,* billets de commerce de peu de valeur. ■ Chir. Tige utilisée pour maintenir les fragments d'un os fracturé. ■ Techn. Partie rotative d'une machine-outil sur laquelle se fixe un outil. *La broche d'une perceuse.* ■ Tige en métal sortant d'une prise électrique fixée dans le mur.

BROCHÉ, ÉE, p. p. de brocher. [bʀɔʃe] *Étoffe brochée.* ♦ *Livre broché.* ♦ ▷ *Travail broché,* travail fait à la hâte et mal. ◁

BROCHÉE, n. f. [bʀɔʃe] (*broche*) La quantité de viande qu'on fait rôtir à une broche en une fois.

BROCHER, v. tr. [bʀɔʃe] (*broche*) Passer, en tissant, des fils sur le fond uni d'une étoffe pour y former des dessins. *Brocher une étoffe d'or et d'argent.* ♦ Hérald. *Brochant sur le tout,* se dit des pièces qui, posées sur d'autres, passent d'un côté de l'écu à l'autre. ♦ Fig. *Brochant sur le tout,* en outre, de plus, comme complément. ♦ *Brocher,* coudre ensemble les feuilles d'un livre préalablement pliées. ♦ Fam. Faire sans soin, ou simplement faire à la hâte. ♦ Enfoncer à coups de brochoir les clous du fer du cheval et du bœuf.

BROCHET, n. m. [bʀɔʃɛ] (*broche,* à cause de la forme pointue de son museau) Poisson d'eau douce, du genre des ésoces (mangeurs).

BROCHETON, n. m. [bʀɔʃ(ə)tɔ̃] (dimin. de *brochet*) Petit brochet.

BROCHETTE, n. f. [bʀɔʃɛt] (dimin. de *broche*) Petite broche de fer qui maintient les grosses pièces de viande, en se fixant dans un trou de la broche principale. ♦ Petite broche servant à faire rôtir de petites pièces de gibier, des rognons ou petits poissons, etc. ♦ Petit bâton pour donner la becquée aux petits oiseaux. ♦ **Fig.** *Élever un enfant à la brochette*, l'entourer de beaucoup de soins, l'élever avec trop de délicatesse et de mollesse. ■ **Cuis.** Ensemble des morceaux de viande, poisson ou de rôtisserie sur une tige de métal ou de bois et destinés à être grillés ou rôtis. ■ **Fig.** et **fam.** Ensemble de personnes. *Une belle brochette d'artistes.*

BROCHEUR, EUSE, n. m. et n. f. [bʀɔʃœʀ, øz] (*brocher*) Ouvrier, ouvrière qui broche des livres. ■ N. f. Machine effectuant mécaniquement le brochage de livres ou revues.

BROCHOIR, n. m. [bʀɔʃwaʀ] (*brocher*) Marteau qui sert à fixer le fer sous le pied du cheval.

BROCHURE, n. f. [bʀɔʃyʀ] (*brocher*) Action de brocher des livres. On dit aussi *brochage* en ce sens. ♦ État de brocheur, de brocheuse. ♦ Petit ouvrage de peu de feuilles et qui n'est que broché. ♦ Se dit des figures et des ornements qu'on ajoute au fond d'une étoffe, nommée alors *étoffe brochée*.

BROCOLI, n. m. [bʀɔkɔli] (ital. *broccoli*, pluriel de *broccolo*) Chou d'Italie. *Un plat de brocolis.*

BRODÉ, ÉE, p. p. de broder. [bʀɔde]

BRODEQUIN, n. m. [bʀɔd(ə)kɛ̃] (orig. obsc. ; probabl. de *boissequin* [parfois *brodequin*], sorte d'étoffe, dont auraient été faites à l'origine les chaussures) Chaussure antique qui couvre le pied et une partie de la jambe. ♦ Chaussure à l'usage des acteurs anciens qui jouaient la comédie ; de là fig. la comédie. « *Reprenons au plus tôt le brodequin comique* », BOILEAU. ♦ ▷ Bottines à l'usage des femmes et des enfants. ◁ ♦ ▷ Rougeur des pieds après un bain de pieds. ◁ ♦ Au pl. Nom d'une espèce de torture. ■ Chaussure à lacets montante, portée par les marcheurs.

BRODER, v. tr. [bʀɔde] (lat. médiév. *brusdus*, broderie, d'orig. germ.) Faire avec l'aiguille sur une étoffe des dessins, des ouvrages en relief. *Broder un chiffre, une fleur.* ♦ Absol. *Elle s'use la vue à broder.* ♦ Fig. et fam. Amplifier, embellir un récit. *Broder une histoire, un conte.* ♦ Absol. *Il brode à merveille.* ♦ *Broder sur un texte*, amplifier un récit, une nouvelle.

BRODERIE, n. f. [bʀɔd(ə)ʀi] (*broder*) Ouvrage que l'on fait en brodant. *Broderie de soie, d'or.* ♦ Fig. Ce qu'on ajoute pour amplifier ou embellir un récit. ♦ Ornements, notes que le musicien ajoute à sa partie dans l'exécution. ♦ Art décoratif qui consiste à broder des motifs sur une étoffe.

BRODEUR, EUSE, n. m. et n. f. [bʀɔdœʀ, øz] (*broder*) Personne qui brode. ♦ *Autant pour le brodeur*, se dit pour exprimer qu'on n'ajoute aucune foi à un récit.

BROIE, n. f. [bʀwa] (*broyer*) Instrument propre à broyer la tige du chanvre et du lin. ♦ Brisoir, sorte de machine employée dans les exploitations rurales.

BROIEMENT, n. m. [bʀwamɑ̃] (*broyer*) Action de broyer. ■ REM. Graphies anciennes : *broyement, broîment.* ■ REM. On utilise plutôt aujourd'hui *broyage.*

BROKER ou **BROKEUR**, ■ n. m. [bʀɔkœʀ] (mot angl., courtier) Financ. Personne chargée d'exécuter des ordres d'achat et de vente sur les marchés boursiers. ■ REM. Recommandation officielle : *courtier.*

BROL, ■ n. m. [bʀɔl] (moy. fr. *brou*, confusion, du germ. *brod*, bouillon ; cf. *brouille*) Fam. Belg. Ensemble désordonné.

BROMATE, n. m. [bʀɔmat] (*brome*) Sel produit par la combinaison de l'acide bromique avec une base.

BROME, n. m. [bʀɔm] (gr. *brômos*, odeur infecte) Corps simple, métalloïde, intermédiaire au chlore et à l'iode.

BROMÉ, ÉE, ■ adj. [bʀɔme] (*brome*) Contenant du brome.

BROMÉLIACÉE, ■ n. f. [bʀɔmeljase] (lat. sav. [Linné] *bromelia*, de Bromel, botaniste suédois) Bot. Famille de plantes tropicales monocotylédones. *L'ananas est une broméliacée.*

BROMHYDRIQUE, ■ adj. [bʀɔmidʀik] (*brome* et *hydrique*) Chim. *Acide bromhydrique*, acide corrosif obtenu par association de brome et d'hydrogène.

BROMIQUE, adj. [bʀɔmik] (*brome*) *Acide bromique*, acide produit par la combinaison du brome avec l'oxygène. ■ Relatif au brome.

BROMISME, ■ n. m. [bʀɔmism] (*brome*) Méd. Empoisonnement au bromure.

BROMURE, n. m. [bʀɔmyʀ] (*brome*) Composé résultant de la combinaison du brome avec un corps simple. ■ Papier imprégné de brome et d'argent et à usage photographique. ■ Épreuve photographique en noir et blanc réalisée sur ce support.

BRONCA, ■ n. f. [bʀɔka] (mot esp., du lat. *bro[n]chus*, celui dont la bouche avance) Vive protestation générale. *Son propos a déclenché, provoqué une*

bronca à l'Assemblée. Faire une bronca, se manifester en parlant d'un groupe par une protestation bruyante.

BRONCHADE, n. f. [bʀɔ̃ʃad] (*broncher*) ▷ Action de broncher. *Son cheval fit une bronchade.* ◁

BRONCHE, n. f. [bʀɔ̃ʃ] (gr. *brogkhos*) Double canal situé l'un à droite, l'autre à gauche, faisant suite à la trachée, et se distribuant dans les deux poumons.

BRONCHECTASIE ou **BRONCHIECTASIE**, ■ n. f. [bʀɔ̃ʃɛktazi, bʀɔ̃ʃjɛktazi] (*bronche* et *ectasie*) Méd. Dilatation anormale des bronches.

BRONCHEMENT, n. m. [bʀɔ̃ʃ(ə)mɑ̃] (*broncher*) ▷ Action de broncher. ◁

BRONCHER, v. intr. [bʀɔ̃ʃe] (lat. vulg. *bruncare*, d'orig. obsc.) ▷ Mettre le pied à faux. ◁ ♦ **Prov.** *Il n'y a si bon cheval qui ne bronche*, les plus habiles font des fautes. ♦ **Fig.** Hésiter, faillir. ■ Protester. *Accepter sans broncher.*

BRONCHIE, n. f. [bʀɔ̃ʃi] (gr. *brogkhia*) Voy. BRANCHIE, qui est seul usité.

BRONCHIOLE, ■ n. f. [bʀɔ̃ʃjɔl] ou [bʀɔ̃kjɔl] (dimin. de *bronche*) Division d'une bronche formant un rameau et se terminant par les alvéoles pulmonaires.

BRONCHIOLITE, ■ n. f. [bʀɔ̃kjɔlit] (*bronchiole*) Inflammation des bronchioles qui touche surtout les enfants et affecte la capacité respiratoire.

BRONCHIQUE, adj. [bʀɔ̃ʃik] (*bronche*) Qui a rapport, qui appartient aux bronches.

BRONCHITE, n. f. [bʀɔ̃ʃit] (*bronche*) Inflammation de la membrane muqueuse des bronches.

BRONCHITIQUE, ■ adj. [bʀɔ̃ʃitik] (*bronchite*) Relatif à la bronchite. ■ Sujet à des bronchites à répétition. ■ N. m. et n. f. *Un bronchitique, une bronchitique.*

BRONCHOPNEUMONIE, ■ n. f. [bʀɔ̃kɔpnømoni] (*broncho-* et *pneumonie*) Pneumonie aggravée par une inflammation des bronchioles et des alvéoles pulmonaires. ■ REM. On dit aussi *congestion pulmonaire.*

BRONCHOPNEUMOPATHIE, ■ n. f. [bʀɔ̃kɔpnømopati] (*broncho-, pneumo-* et *-pathie*) Toute affection touchant à la fois les bronches et les poumons.

BRONCHORRHÉE, ■ n. f. [bʀɔ̃kɔʀe] (*broncho-* et *-rrhée*) Sécrétion pathologique de mucus bronchique.

BRONCHOSCOPE, ■ n. m. [bʀɔ̃kɔskɔp] (*broncho-* et *-scope*) Fibroscope utilisé pour pratiquer une bronchoscopie.

BRONCHOSCOPIE, ■ n. f. [bʀɔ̃kɔskɔpi] (*broncho-* et *-scopie*) Fibroscopie des bronches.

BRONCHOTOMIE, n. f. [bʀɔ̃kɔtɔmi] (*broncho-* et *-tomie*) Opération par laquelle on pratique, en cas de suffocation, une ouverture aux voies respiratoires.

BRONTOSAURE, ■ n. m. [bʀɔ̃tozoʀ] (gr. *brontè*, tonnerre, et *sauros*, lézard) Zool. Dinosaure herbivore gigantesque du jurassique supérieur qui pouvait atteindre 24 mètres et peser 30 tonnes.

BRONZAGE, n. m. [bʀɔ̃zaʒ] (*bronzer*) Action de bronzer.

BRONZANT, ANTE, ■ adj. [bʀɔ̃zɑ̃, ɑ̃t] (*bronzer*) Qui stimule le bronzage de la peau.

BRONZE, n. m. [bʀɔ̃z] (ital. *bronzo*, du lat. médiév. *brundium* ; p.-ê. de *Brundisium*, Briondes, ou du gr. *brontè*, tonnerre) Airain, alliage de cuivre et d'étain. ♦ Fig. *Avoir un cœur de bronze*, être dur, insensible. ♦ Toute sculpture en bronze. *Un beau bronze.* ♦ Monnaie des anciens frappée en bronze. On divise les anciennes monnaies en médaillons grand bronze, moyen bronze et petit bronze. ♦ **Poétiq.** Canons. *Le bronze a tonné.* ♦ *Bronze jaune ou or en coquille*, oripeau d'Allemagne réduit en poudre. ■ Troisième prix dans un concours ou une compétition sportive.

BRONZÉ, ÉE, p. p. de bronzer. [bʀɔ̃ze] *Statuette bronzée.* ♦ ▷ *Souliers bronzés*, souliers dont la peau est teinte en brun ou rougeâtre. ◁ ♦ *Teint bronzé par le soleil.* ♦ ▷ Fig. Qui ne redoute rien, éprouvé, blasé. *C'est un homme bronzé.* ◁ ♦ ▷ Méd. *Maladie bronzée*, maladie caractérisée par la couleur qu'elle donne à la peau. ◁ ■ N. m. et n. f. Péj. et raciste Personne de couleur originaire d'Afrique du Nord.

BRONZER, v. tr. [bʀɔ̃ze] (*bronze*) Peindre en couleur de bronze. ♦ *Bronzer un fusil*, lui donner, par le feu, une couleur bleuâtre. ♦ **Par extens.** Hâler, donner à la peau une couleur d'un brun foncé. ♦ ▷ Fig. S'endurcir ◁ ■ Prendre une couleur de peau dorée. Elle a bronzé pendant les vacances. ■ V. intr. S'exposer au soleil pour avoir une peau dorée. *Bronzer sur la plage.*

BRONZETTE, ■ n. f. [bʀɔ̃zɛt] (*bronzer*) Fam. *Faire bronzette*, s'exposer au soleil pour bronzer.

BRONZIER, IÈRE, ■ n. m. et n. f. [bʀɔ̃zje, jɛʀ] (*bronze*) Artisan d'art spécialisé dans la réalisation de bibelots ou statues en bronze.

BROOK, ■ n. m. [bʁuk] (mot angl., ruisseau) **Sp.** Obstacle consistant en un fossé rempli d'eau sur un parcours de course équestre. *Des brooks.*

BROQUART ou **BROCARD**, n. m. [bʁɔkaʁ] (*broche*) Bête fauve d'un an.

BROQUELIN, ■ n. m. [bʁɔk(ə)lɛ̃] (néerl. *brokkeling*, petit morceau) Résidu de tabac produit par les manipulations successives des feuilles séchées et utilisé dans la fabrication de cigarettes.

BROQUETTE, n. f. [bʁɔkɛt] (var. normanno-pic. de *brochette*) Petit clou à tête.

BROSSAGE, n. m. [bʁɔsaʒ] (*brosser*) Action de brosser.

BROSSAILLES, n. f. pl. [bʁɔsaj] Buffon dit constamment *brossailles*. Voy. BROUSSAILLE aujourd'hui seul usité.

BROSSE, n. f. [bʁɔs] (orig. obsc. ; p.-ê. du lat. *bruscum*, nœud de l'érable, ou du gaul. *wroikos*, bruyère) Plaque, ordinairement en bois, garnie de faisceaux de poils ou de crins, et servant à enlever la poussière des vêtements ou des meubles. *Une brosse à habits.* ♦ **Par anal.** *Brosse à tête, à dents, à barbe.* ♦ Pinceau fait de soies de porc. *Peindre à la brosse.* ♦ **Fig.** *Une belle brosse*, une belle exécution. ♦ ▷ **Admin. forest.** Buisson qui, bordant un bois, le défend des vents et des bestiaux. ◁ ♦ **N. f. pl.** Bruyères, broussailles, terres incultes. ◁ ■ Touffe de poils située sur les pattes ou le torse de certains animaux ou insectes. ♦ Coiffure consistant à couper très court et redresser les cheveux sur le crâne. *Être coiffé en brosse.* ■ **Belg.** Balai. ■ *Brosse à cheveux*, ustensile garni de brins pouvant être de matières diverses montés sur un même support et destinés à brosser les cheveux. *Une brosse à cheveux en plastique.*

BROSSÉ, ÉE, p. p. de brosser. [bʁose] *Un habit bien brossé.* ♦ ▷ **Pop.** Battu, et fig. vaincu au jeu. ◁

1 **BROSSER**, v. tr. [bʁose] (*brosse*) Nettoyer avec une brosse. ♦ **Par extens.** *Brosser quelqu'un*, brosser les vêtements qu'il a sur lui. ♦ **Pop.** *Brosser quelqu'un*, le battre, et fig. le gagner au jeu. ♦ Se brosser, v. pr. Se nettoyer avec une brosse. ■ V. tr. Peindre à grands traits avec une brosse. ■ Décrire dans ses grandes lignes. *Brosser le portrait d'un personnage.* ■ Se brosser, v. pr. **Fam.** *Tu peux te brosser*, tu n'auras pas ce que tu souhaites. ■ *Brosser quelqu'un*, le flatter. ■ **Belg.** *Brosser un cours*, ne pas y assister.

2 **BROSSER**, v. intr. [bʁose] (*brosses*, broussailles) ▷ **Vén.** Courre à cheval ou à pied au travers des bois les plus épais. ♦ **Fam.** S'échapper, s'esquiver à travers... ◁

BROSSERIE, n. f. [bʁɔs(ə)ʁi] (*brosse*) Fabrique, commerce du brossier.

BROSSEUR, n. m. [bʁosœʁ] (*brosser*) Nom du domestique d'un officier.

BROSSIER, IÈRE, n. m. et n. f. [bʁosje, jɛʁ] (*brosse*) Personne qui fait ou vend des brosses.

BROU, n. m. [bʁu] (*brout*, jeune pousse, du germ. *brust*, bourgeon) Enveloppe verte de la noix. ♦ *Brou de noix*, liqueur faite d'eau-de-vie où on a fait macérer du brou de noix et du sucre. ■ Teinture pour le bois tirée de l'écorce verte des noix.

BROUÉE, n. f. [bʁue] (anc. fr. *breu*, bouillon, brouillard?) ▷ Brouillard. ◁

BROUET, n. m. [bʁuɛ] (anc. fr. *breu*, bouillon, du germ. *brod*, même sens) Aliment liquide ou à peu près liquide, fait d'ordinaire avec le bouillon. ♦ Quelquefois, par mépris, mauvais potage. ♦ *Brouet noir*, mets simple et grossier des anciens Spartiates.

BROUETTAGE, ■ n. m. [bʁuetaʒ] (*brouetter*) Convoyage à l'aide d'une brouette.

BROUETTE, n. f. [bʁuɛt] (anc. fr. *beroue*, du lat. *birota*, véhicule à deux roues) Petit tombereau à deux roues, aujourd'hui presque toujours à une seule roue et à deux petits brancards qu'on prend à la main. ♦ ▷ Espèce de chaise à porteurs, montée sur deux roues et traînée à bras. ◁

BROUETTÉ, ÉE, p. p. de brouetter. [bʁuete]

BROUETTÉE, n. f. [bʁuete] (*brouette*) Charge d'une brouette.

BROUETTER, v. tr. [bʁuete] (*brouette*) Transporter dans une brouette.

BROUETTEUR, n. m. [bʁuetœʁ] (*brouetter*) ▷ Personne qui transporte de la terre ou des fardeaux dans une brouette. ♦ Personne qui traînait les personnes en brouette ou vinaigrette. ◁

BROUETTIER, n. m. [bʁuetje] (*brouetter*) ▷ Le même que brouetteur au premier sens. ◁

BROUHAHA, n. m. [bʁuaa] (probabl. altér. onomat. de la formule liturgique juive *barukh habba beshem adonai*, béni soit celui qui vient au nom du Seigneur) Bruit confus d'approbation ou d'improbation. *On entendait les brouhahas.* ♦ En général, bruit confus.

BROUI, IE, p. p. de brouir. [bʁwi] ou [bʁui] *Feuilles brouies.*

BROUILLAGE, ■ n. m. [bʁujaʒ] (*brouiller*) Perturbation volontaire ou non de la réception d'ondes radiophoniques, télévisuelles ou de radar, causée par l'interférence avec un signal de fréquence différente.

BROUILLAMINI, n. m. [bʁujamini] (altération, sous l'infl. de *brouiller*, du lat. médiév. *boli Armenii*, pilule d'Arménie) ▷ Sorte d'emplâtre pour les chevaux préparé avec le bol d'Arménie. ◁ ♦ **Fig.** Brouillement, confusion. « *Il y a là dedans trop de brouillamini.* », MOLIÈRE.

1 **BROUILLARD**, n. m. [bʁujaʁ] (chang. du suff. de l'anc. fr. *brouillas*) Vapeur qui obscurcit l'air ou, plus précisément, amas d'eau à l'état de vapeur vésiculaire, qui flotte dans l'atmosphère très près de la terre et trouble la transparence de l'air. « *Quand il fait brouillard, je ne sors point* », MME DE SÉVIGNÉ. ♦ *N'y voir qu'à travers un brouillard*, n'y voir que très extrêmement affaibli. ♦ **Fam.** *Je n'y vois que du brouillard*, je n'y comprends rien. ♦ **Fig.** Obscurité. « *Sans nous plonger dans les brouillards de la métaphysique* », VOLTAIRE. ♦ *Un esprit plein de brouillards*, un homme dont les idées sont confuses. ■ **Fam.** *Être dans le brouillard*, ne pas réussir à appréhender clairement une situation. ■ **Fam.** *Foncer dans le brouillard*, s'engager sans réfléchir.

2 **BROUILLARD**, n. m. [bʁujaʁ] (anc. fr. *brouillas*, de *brouiller*) Registre, livre de commerce sur lequel on inscrit les opérations à mesure qu'elles se font. ♦ On dit dans le même sens *brouillon, main courante*. ♦ **Adj.** *Papier brouillard*, papier non collé dont on se sert pour filtrer les liquides ou pour sécher l'écriture fraîche. ♦ On dit auj. *papier buvard.*

BROUILLASSER, v. impers. [bʁujase] (anc. fr. *brouillas*, brouillard) *Il brouillasse*, un brouillard règne dans l'atmosphère. ♦ Ce verbe n'est usité que dans le parler vulgaire.

BROUILLE ou **BROUILLERIE**, n. f. [bʁuj, bʁuj(ə)ʁi] (*brouiller*) Querelle suivie de mésintelligence.

BROUILLÉ, ÉE, p. p. de brouiller. [bʁuje] Mêlé, battu ensemble. *Des œufs brouillés.* ♦ **Fig.** *Mes idées sont toutes brouillées.* ♦ Obscurci, troublé. « *Et comme j'ai l'esprit de chimères brouillé* », RÉGNIER. ♦ Qui n'est plus ami. *Amis brouillés.* ♦ *Brouillé avec la justice*, se dit de celui qui a quelque affaire criminelle devant la justice. ♦ *Brouillé avec le bon sens*, se dit de celui qui n'a pas de bon sens.

BROUILLEMENT, n. m. [bʁuj(ə)mɑ̃] (*brouiller*) ▷ Action de brouiller ; résultat de cette action. ◁

BROUILLER, v. tr. [bʁuje] (gallo-rom. *brodiculare*, du germ. *brod*, bouillon) Mettre pêle-mêle, mêler. *On a brouillé mes papiers.* ♦ **Fig.** *Brouiller les cartes*, semer la discorde. ♦ *Brouiller des œufs*, les tourner constamment pendant qu'ils cuisent. ♦ *Brouiller le teint*, en troubler l'uni et la fraîcheur. ♦ **Fig.** *Brouiller les affaires, la vue, l'esprit, les idées, etc.* ♦ *Brouiller quelqu'un*, lui ôter la netteté de ses idées, l'embarrasser. ■ Confondre les choses en parlant. « *Que nous brouilles-tu ici de ma fille?* », MOLIÈRE. ♦ ▷ *Brouiller du papier*, barbouiller du papier, écrire des choses inutiles. ◁ ♦ Désunir des amis. ◁ ♦ V. intr. Semer l'intrigue et le trouble. ■ Se brouiller, v. pr. Se troubler, devenir confus. *Ma mémoire se brouille.* ♦ *Le temps se brouille*, se couvre de nuages, et fig. les affaires vont mal. ♦ *Se brouiller en parlant*, s'embarrasser, se troubler. ♦ Cesser d'être ami. *Il se brouilla avec tous ses parents.* ♦ *Se brouiller avec*, renoncer à. ♦ **Fam.** *Se brouiller avec la justice*, faire quelque action qui expose à être poursuivi en justice.

BROUILLERIE, n. f. [bʁuj(ə)ʁi] (*brouiller*) Désunion entre des personnes liées, unies. ♦ ▷ Troubles civils. « *Les brouilleries du royaume d'Israël* », BOSSUET. ◁ ♦ Voy. BROUILLE.

BROUILLEUR, ■ n. m. [bʁujœʁ] (*brouiller*) Dispositif permettant de perturber la réception d'une onde.

1 **BROUILLON**, n. m. [bʁujɔ̃] (*brouiller*) Premier travail avec corrections. ♦ Le papier même sur lequel on a écrit. ♦ Brouillard, livre de commerce.

2 **BROUILLON, ONNE**, adj. [bʁujɔ̃, ɔn] (*brouiller*) Qui met le trouble dans les affaires. *Personnage brouillon. Humeur brouillonne.* ♦ N. m. et n. f. Personne qui embrouille les affaires. ♦ Personne qui n'a pas de netteté dans les idées.

BROUILLONNER, ■ v. tr. [bʁujɔne] (*brouillon*) Faire un brouillon, écrire à la hâte. « *J'aurais pu de tout ce que je viens de brouillonner faire une lettre intéressante* », ALAIN-FOURNIER.

BROUILLY, ■ n. m. [bʁuji] (mont *Brouilly*, au nord-ouest de Lyon) Vin rouge de la région du Beaujolais. *Des brouillys.*

BROUIR, v. tr. [bʁwiʁ] ou [bʁuiʁ] (anc. b. frq. *brâjan*, griller) Se dit du soleil qui dessèche et brûle les jeunes pousses atteintes par une gelée blanche.

BROUISSURE, n. f. [bʁwisyʁ] ou [bʁuisyʁ] (*brouir*) Dommage que la gelée cause aux végétaux.

BROUSSAILLE, n. f. [bʁusaj] (*brosse*) Ensemble de ronces et d'arbustes qui croissent dans les forêts. ♦ « *Son cheval fuit dans la broussaille* », VOLTAIRE. ♦ **Fig.** *S'échapper par les broussailles*, sortir comme on peut d'un embarras.

■ EN BROUSSAILLE, **loc. prép.** En désordre, mal peigné. *Avoir les cheveux, la barbe en broussaille.* ■ REM. On disait aussi autrefois *brossaille.*

BROUSSAILLEUX, EUSE, ■ **adj.** [bʀusajø, øz] (*broussaille*) Encombré par les broussailles. ■ **Fig.** *Des sourcils broussailleux,* fournis et désordonnés.

BROUSSARD, ARDE, ■ **n. m. et n. f.** [bʀusaʀ, aʀd] (*brousse*) **Fam.** Personne qui vit dans la brousse. ■ **Péj. Afriq.** Habitant de la campagne.

1 BROUSSE, ■ **n. f.** [bʀus] (*broussaille* ou provenç. *brousso,* broussaille) Végétation des pays tropicaux composée de buissons et d'arbustes. ■ **Par extens.** Contrée reculée, à l'écart des villes. ■ **Fam.** Rase campagne. *Un trou perdu en pleine brousse.*

2 BROUSSE, ■ **n. f.** [bʀus] (p.-ê. goth. *brukja,* ce qui est brisé, de *gabruka,* morceau) Fromage frais de brebis ou de chèvre, fait en Provence.

BROUSSIN, ■ **n. m.** [bʀusɛ̃] (p.-ê. anc. fr. *bruis,* excroissance de l'érable) Excroissance qui vient à quelques arbres et dont on se sert dans la tabletterie.

BROUT, ■ **n. m.** [bʀu] (germ. *brust,* bourgeon) Pousse des jeunes taillis au printemps.

BROUTANT, ANTE, adj. [bʀutɑ̃, ɑ̃t] (*brouter*) Qui broute. *Les bêtes broutantes, le cerf, le daim, le chevreuil, etc.*

BROUTARD, ■ **n. m.** [bʀutaʀ] (*brouter*) Veau sevré très jeune puis nourri à l'herbe.

BROUTÉ, ÉE, p. p. de brouter. [bʀute]

BROUTEMENT, n. m. [bʀut(ə)mɑ̃] (*brouter*) L'action de brouter. ■ Fonctionnement par à-coups. *Le broutement d'un moteur.*

BROUTER, v. tr. [bʀute] (anc. fr. *brost,* jeune pousse d'arbre, de l'anc. b. frq. *brust,* bourgeon)) Manger sur place l'herbe ou les feuilles des arbres. ◆ **Par extens.** « *Nous* [abeilles] *ne broutons que des fleurs odoriférantes* », FÉNELON. ◆ **Absol.** *Dès que les chèvres ont brouté.* ◆ **Fig.** et **fam.** *L'herbe sera bien courte s'il ne trouve de quoi brouter,* se dit d'une personne qui sait se tirer d'embarras là où d'autres ne le sauraient pas. ◆ **Prov.** *Où la chèvre est attachée il faut qu'elle broute,* c'est-à-dire : le mieux est de se conformer à son sort. ■ **Techn.** Produire des à-coups, fonctionner par saccades. *Une voiture qui broute.*

BROUTILLE, n. f. [bʀutij] (dimin. de *brout*) Menue branche. ◆ **Fig.** Futilité, petite chose inutile et de peu de valeur.

BROWNIE, ■ **n. m.** [bʀoni] (mot angl., de *brown,* brun) Petit gâteau au chocolat contenant des éclats de noix et présenté en carrés de petite taille. *Des brownies.*

BROWNIEN, IENNE, ■ **adj. m.** [bʀonjɛ̃, jɛn] (Robert *Brown,* 1778-1858, botaniste écossais) **Phys.** *Mouvement brownien,* mouvement désorganisé des éléments microscopiques d'un liquide ou d'un gaz sous l'effet de la chaleur.

BROWNING, ■ **n. m.** [bʀoniŋ] (J. M. *Browning,* 1855-1926, inventeur américain) Arme de poing automatique.

BROYAGE, n. m. [bʀwajaʒ] (*broyer*) Action de broyer.

BROYAT, ■ **n. m.** [bʀwaja] (*broyer*) Ce qui résulte du broyage. *Du broyat de branchages.*

BROYÉ, ÉE, p. p. de broyer. [bʀwaje]

BROYEMENT, n. m. [bʀwamɑ̃] Voy. BROIEMENT.

BROYER, v. tr. [bʀwaje] (anc. b. frq. *brëkan,* briser, ou goth. *brikan*) Réduire par l'écrasement en très menues parcelles. *Broyer une drogue dans un mortier.* ◆ *Broyer des couleurs,* broyer des substances colorantes pour la peinture. ◆ **Fig.** et **fam.** *Broyer du noir,* s'abandonner à de tristes et sombres pensées. ■ Faire subir une forte pression au point d'écraser. *La voiture lui a broyé le pied.*

BROYEUR, EUSE, n. m. et n. f. [bʀwajœʀ, øz] (*broyer*) Personne qui broie. ◆ **N. m.** Machine, dispositif qui broie. *Broyeur de W.-C.* ◆ **Adj.** *Insecte broyeur,* insecte qui broie sa nourriture.

BROYON, ■ **n. m.** [bʀwajɔ̃] (*broyer*) Espèce de molette en bois qui sert dans l'imprimerie à prendre l'encre et à l'étaler.

BRRR, ■ [bʀ] (onomat.) Utilisé pour exprimer le sentiment de frisson causé par le froid ou la peur.

BRU, n. f. [bʀy] (goth. *bruths*) Femme du fils par rapport au père et à la mère de ce fils. ◆ On dit aussi *belle-fille.*

BRUANT, ■ **n. m.** [bʀyɑ̃] (p. prés. substantivé de *bruire,* faire du bruit) Nom vulgaire de l'*embérize citrinelle,* dite aussi *verdon* et *verdier.* ■ REM. On disait *bréant.*

BRUCCIO, ■ **n. m.** [bʀutʃjo] Voy. BROCCIO.

BRUCELLA, ■ **n. f.** [bʀysela] (David *Bruce,* 1855-1931, médecin australien qui a découvert cette bactérie) **Biol.** Bactérie responsable de la brucellose.

BRUCELLES, n. f. pl. [bʀysɛl] (lat. médiév. *brucella,* tenailles) Sorte de petites pinces à ressort servant à prendre, à tenir de petits objets.

BRUCELLOSE, ■ **n. f.** [bʀyseloz] (*brucella*) Maladie infectieuse bactérienne transmise à l'homme par les animaux d'élevage, soit par contact direct, soit par ingestion de produits laitiers.

BRUCHE, ■ **n. f.** [bʀyʃ] (b. lat. *bruchus,* gr. *broukhos,* espèce de sauterelle) Insecte parasite des légumineuses. *Des haricots parasités par la bruche.*

BRUCINE, ■ **n. f.** [bʀysin] (lat. sav. *brucea,* n. de plante, de J. *Bruce,* 1730-1794, voyageur anglais) **Biol.** Alcaloïde toxique extrait de la noix vomique.

BRUGNON, n. m. [bʀyɲɔ̃] ou [bʀynjɔ̃] (a. provenç. *brinho,* du lat. *pruna,* prune) Espèce de pêche ou de pavie à peau lisse.

BRUGNONIER, ■ **n. m.** [bʀyɲonje] ou [bʀynjonje] (*brugnon*) Arbre producteur de brugnons.

BRUINE, n. f. [bʀɥin] (lat. *pruina,* gelée blanche) Petite pluie fine et froide.

BRUINÉ, ÉE, p. p. de bruiner. [bʀɥine] Ne se dit que des blés gâtés par la bruine.

BRUINEMENT, n. m. [bʀɥin(ə)mɑ̃] (*bruiner*) Action de bruiner ; le résultat de cette action.

BRUINER, v. impers. [bʀɥine] (*bruine*) Se dit de la bruine qui tombe. *Il bruine. Il a bruiné.*

BRUINEUX, EUSE, adj. [bʀɥinø, øz] (*bruine*) Qui tient de la bruine.

BRUIRE, v. intr. [bʀɥiʀ] (lat. *rugire,* rugir, croisé avec *bragere,* braire) Usité seulement à l'infinitif ; au présent singulier de l'indicatif : *je bruis, tu bruis, il bruit* ; à l'imparfait : *je bruyais, etc.* ; au futur et au conditionnel : *je bruirai, je bruirais* ; au participe présent : *bruyant* ; et aux temps composés : *il a brui.* Quelques écrivains ont dit : *bruissait, bruissant, que je bruisse.* ◆ Rendre un son confus. *Le vent bruit dans la forêt.* ◆ ▷ *Faire bruire,* faire retentir. ◁ ◆ ▷ **Fig.** *Faire bruire ses fuseaux,* faire grand bruit dans le monde. ◁

BRUISSANT, ANTE, adj. [bʀɥisɑ̃, ɑ̃t] (p. prés. de *bruire*) Qui bruit. « *La petite ville d'Aix en Savoie, toute fumante, toute bruissante des ruisseaux de ses eaux chaudes et sulfureuses* », LAMARTINE.

BRUISSEMENT, n. m. [bʀɥis(ə)mɑ̃] (radic. du p. prés. de *bruire*) Espèce de bruit confus. *Le bruissement des vagues. Bruissement d'oreilles.*

BRUISSER, ■ v. intr. [bʀɥise] (formes en *bruiss-* de *bruire*) Produire un bruit très léger, presque imperceptible. « *On voyait de la lumière filtrer dans les interstices des planches, et on entendait des voix bruisser* », BARBUSSE.

BRUIT, n. m. [bʀɥi] (*bruire*) Mélange confus de sons. ◆ *Faire plus de bruit que de besogne,* parler plus qu'on n'agit. ◆ Dires, nouvelles qui circulent dans le public. *Il y a des bruits de guerre.* « *Le bruit court que je vais en Provence* », MME DE SÉVIGNÉ. ◆ *Le commun bruit,* la voix publique. ◆ ▷ **Jurid.** *Bruit public,* commune renommée qui peut tenir lieu de preuve. ◁ ◆ L'éclat que fait une chose dans le monde. « *Il remplit l'univers du bruit de sa sainteté* », BOSSUET. « *Force gens font du bruit en France* », LA FONTAINE. ◆ *Faire grand bruit de quelque chose,* y attacher de l'importance, s'en prévaloir. ◆ *Le bruit,* le tumulte du monde. *Vivre loin du bruit.* ◆ ▷ *Réputation.* « *Si je n'ai pas bon bruit, c'est à grand tort* », LA FONTAINE. ◁ ◆ Tumulte, mouvement séditieux. *On craint du bruit dans la ville.* ◆ Querelle, éclat. « *Je ferai beau bruit* », MOLIÈRE. ◆ ▷ À GRAND BRUIT, **loc. adv.** D'une manière bruyante, et fig. avec ostentation, avec faste. ◁ ◆ ▷ À PETIT BRUIT, **loc. adv.** Sans éclat. ◁ ◆ SANS BRUIT, **loc. adv.** Tout doucement, sans qu'on soit entendu, et fig. tranquillement. ■ *Bruit de fond,* chuintement continu dans un haut-parleur ; arrière-plan sonore. ■ *Faire beaucoup de bruit pour rien,* donner beaucoup d'importance à quelque chose qui n'en vaut pas la peine. ■ **Inform.** Ensemble des résultats erronés ou inutiles qui apparaissent à l'écran lors d'une recherche documentaire sur support informatique.

BRUITAGE, ■ **n. m.** [bʀɥitaʒ] (*bruiter*) Reproduction artificielle du bruit qui accompagne une action mimée au cinéma ou au théâtre.

BRUITER, ■ v. tr. [bʀɥite] (*bruit*) Reproduire artificiellement le bruit qui accompagne des actions au cinéma ou au théâtre.

BRUITEUR, EUSE, ■ **n. m. et n. f.** [bʀɥitœʀ, øz] (*bruiter*) Personne qui reproduit artificiellement les bruits accompagnant les actions au théâtre ou au cinéma.

BRÛLABLE ou **BRULABLE,** adj. [bʀylabl] (*brûler*) ▷ Digne d'être brûlé. « *Livre le plus dangereux et le plus brûlable* », VOLTAIRE. ◁

BRÛLAGE ou **BRULAGE,** n. m. [bʀylaʒ] (*brûler*) Action de brûler les herbes desséchées dans un champ. ■ **Techn.** Décollage d'anciennes couches de peinture d'un support en bois à l'aide d'un chalumeau ou d'un décapeur. *Procéder au brûlage de volets.*

BRÛLANT, ANTE ou **BRULANT, ANTE,** adj. [bʀylɑ̃, ɑ̃t] (*brûler*) Qui est en feu. ◆ Qui a une très grande chaleur. *Air brûlant. Sables brûlants.* ◆ **Fig.** *Question brûlante,* question qui passionne. ◆ Très chaud, en parlant du corps. *Peau brûlante. Fièvre brûlante.* ◆ Fig. *Brûlant de*, possédé d'une passion. *Brûlant de colère.* ◆ Vif, animé, en parlant des choses. *Zèle brûlant.*

BRÛLÉ, ÉE ou **BRULÉ, ÉE**, p. p. de brûler. [bʁyle] Consumé par le feu. ◆ Fig. Animé de. *Brûlé du désir de rentrer dans sa patrie.* ◆ *Un cerveau brûlé, une cervelle brûlée,* un homme exalté. ◆ Trop cuit. *Ce pain est brûlé.* ◆ *Vin brûlé,* vin qu'on a fait chauffer avec des épices. *Eau-de-vie brûlée,* eau-de-vie à laquelle on a mis le feu. ◆ Échauffé excessivement. *Une terre brûlée par le soleil.* ◆ Hâlé. *Teint brûlé par le soleil.* ◆ **Jeu** Carte brûlée, carte mise de côté. ◆ N. m. Odeur d'une chose brûlée. ◆ Fig. *Cela sent le brûlé,* l'affaire prend mauvaise tournure. ■ *Crème brûlée,* entremets à base de crème dont la surface recouverte de sucre est passée à la flamme. ■ *Service des grands brûlés,* service hospitalier qui soigne et travaille à la reconstitution des tissus cutanés de patients ayant subi d'importantes brûlures.

BRÛLE-BOUT ou **BRULE-BOUT**, n. m. [bʁyl(ə)bu] (*brûler* et *bout*) Même sens que *brûle-tout.* ◆ Au pl. *Des brûle-bout* ou *des brûle-bouts.*

BRÛLE-GUEULE ou **BRULE-GUEULE**, ■ n. m. [bʁyl(ə)gœl] (*brûler* et *gueule*) Pipe à court tuyau. *Des brûle-gueules* ou *des brûle-gueule.*

BRÛLEMENT ou **BRULEMENT**, n. m. [bʁyl(ə)mɑ̃] (*brûler*) ▷ Action de brûler ou état de ce qui brûle. ◆ Sensation de brûlure. *Un brûlement à l'estomac.* ◁

BRÛLE-PARFUM ou **BRULE-PARFUM**, ■ n. m. [bʁyl(ə)paʁfœ̃] ou [bʁyl(ə)paʁfɛ̃] (*brûler* et *parfum*) Petit réceptacle placé sur un réchaud ou sur un récipient contenant une bougie et destiné à recevoir de l'huile essentielle dont le parfum se divulgue sous l'action de la chaleur. *Des brûle-parfums.*

BRÛLE-POURPOINT (À) ou **BRULE-POURPOINT (À)**, loc. adv. [bʁyl(ə)puʁpwɛ̃] (*brûler* et *pourpoint*) ▷ Tirer un coup de feu à brûle-pourpoint, le tirer de très près et, pour ainsi dire, de manière à brûler le pourpoint. ◁ ◆ ◆ Fig. *Tirer sur quelqu'un à brûle-pourpoint,* l'attaquer par de vives paroles. ◁ ◆ *Dire une chose à brûle-pourpoint,* la dire en face.

BRÛLER ou **BRULER**, v. tr. [bʁyle] (anc. fr. *usler*, brûler, du b. lat. *ustulare,* fréquentatif de *urere* ; p.-ê. croisé avec l'anc. fr. *bruir,* brûler, d'orig. frq.) Consumer par le feu. ◆ Fig. *Brûler ses vaisseaux,* s'engager dans une affaire de manière à ne pouvoir reculer. ◆ *Brûler ses livres,* tout faire pour réussir (locution tirée de l'alchimiste, qui, ayant tout tenté, brûle ses livres pour chauffer ses fourneaux). ◆ Fig. *Mille convoitises le brûlent.* ◆ *Brûler les métaux,* leur ôter leurs qualités en les laissant trop chauffer. ◆ En parlant de quelques substances chimiques, corroder, consumer. *Les acides concentrés brûlent la peau.* ◆ En parlant du froid, causer un effet semblable à celui de la brûlure. *La gelée brûle la racine des arbres.* ◆ Employer comme combustible. *Brûler du bois, du charbon de terre.* ◆ Se servir d'une chose pour s'éclairer. *Brûler de l'huile, de la chandelle.* ◆ Fig. *Brûler la chandelle par les deux bouts,* compromettre sa fortune par des dépenses de tout genre, ou sa santé par des excès de tout genre. ◆ Faire subir le supplice du feu. *On brûlait les hérétiques.* ◆ *Brûler des parfums.* ◆ Fig. *Brûler de l'encens devant quelqu'un,* le flatter. ◆ *Brûler de l'eau-de-vie,* mettre le feu à de l'eau-de-vie. ◆ *Brûler du vin,* distiller du vin pour en faire de l'eau-de-vie. ◆ *Brûler du café,* le torréfier avant de le moudre. ◆ *Brûler l'amorce d'un fusil, d'un pistolet,* y mettre le feu. ◆ *Sans brûler une amorce,* sans tirer un coup de fusil. ◆ *Brûler la cervelle à quelqu'un,* le tuer d'un coup de feu tiré dans la tête et de très près. ◆ Échauffer, dessécher par un excès de chaleur. *Le soleil brûlait la campagne.* ◆ Par extens. *La soif les brûlait.* ◆ Fig. *Brûler le pavé,* courir, marcher très vite. ◆ *Brûler les planches,* jouer un rôle d'une manière vive et entraînante. ◆ *Brûler les yeux,* faire mal aux yeux par une excessive lumière. ◆ *Brûler la politesse à quelqu'un,* le quitter brusquement, rompre une affaire. ◆ *Brûler l'étape, un gîte,* ne pas s'y arrêter. ◆ **Jeu** *Brûler une carte,* la mettre de côté. ◆ V. intr. Être consumé par le feu. *La maison du voisin brûle.* ◆ Flamber, être allumé. *Le feu brûle. Flambeaux qui brûlent.* ◆ Donner du feu, de la lumière. *Ce bois brûle bien. Cette lampe brûle mal.* ◆ Être brûlant ou très chaud. *La tête lui brûle.* ◆ Fig. *Les pieds lui brûlent,* il est impatient de s'en aller. ◆ **Cuis.** Être frappé par un feu trop vif. *Le rôti brûle.* ◆ Fig. Être possédé d'une passion violente. *Brûler de jalousie.* ◆ *Brûler pour,* se dire de l'amour qu'on éprouve pour une personne. ◆ Désirer ardemment. « *Elle brûle d'envie de revenir à Paris* », Mme de Sévigné. « *Je brûle qu'un nœud d'amitié nous unisse* », Molière. ◆ À certains jeux d'enfants, *brûler,* se dit pour être tout près de l'objet qui est caché et que l'on cherche. ◆ Perdre la partie pour avoir fait trop de points. ◆ Se brûler, v. pr. *Sardanapale se brûla sur un bûcher.* ◆ Fig. *Se brûler à la chandelle,* se jeter dans le péril en s'abandonnant à de trompeuses apparences (locution prise des papillons qui le soir viennent se brûler à la chandelle). ◆ *Se brûler à la jambe, au pied,* y être atteint par un corps très chaud. ◆ Se dessécher. ■ *Se brûler la cervelle,* se suicider. ■ *Brûler un feu rouge,* ne pas s'y arrêter. ■ *Brûler les étapes,* aller trop vite dans la réalisation de quelque chose. ■ *Se brûler les ailes,* perdre sa crédibilité ou sa réputation.

BRÛLERIE ou **BRULERIE**, n. f. [bʁyl(ə)ʁi] (*brûler*) Fabrique d'eau-de-vie. ■ Établissement où l'on torréfie le café.

BRÛLE-TOUT ou **BRULE-TOUT**, n. m. inv. [bʁyl(ə)tu] (*brûler* et *tout*) Sorte de bougeoir surmonté d'une pointe sur laquelle on fiche le bout de bougie à brûler. ◆ On dit aussi *brûle-bout.* ◆ Au pl. *Des brûle-tout.*

BRÛLEUR, EUSE ou **BRULEUR, EUSE**, n. m. et n. f. [bʁylœʁ, øz] (*brûler*) ▷ Incendiaire. ◁ ◆ *Être fait comme un brûleur de maisons,* être mal vêtu, avoir les vêtements en désordre. ◁ ◆ Fabricant d'eau-de-vie. ■ N. m. Dispositif qui constitue le lieu d'une combustion génératrice de chaleur. *Le brûleur d'une chaudière au fioul.*

BRÛLIS ou **BRULIS**, n. m. [bʁyli] (*brûler*) Partie de forêt incendiée. ◆ L'action de brûler ce qui est à la surface d'un champ pour le fertiliser et le débarrasser des mauvaises herbes.

BRÛLOIR ou **BRULOIR**, ■ n. m. [bʁylwaʁ] (*brûler*) Machine à torréfier le café.

BRÛLON ou **BRULON**, ■ n. m. [bʁylɔ̃] (*brûler*) Suisse Odeur de ce qui est brûlé.

BRÛLOT ou **BRULOT**, n. m. [bʁylo] (*brûler*) Bâtiment chargé de matières inflammables et explosives et destiné à porter l'incendie. ◆ Fig. Homme de parti disposé à tout risquer. ◆ Eau-de-vie brûlée avec du sucre. ■ Par extens. Écrit dont la virulence soulève la polémique. ■ **Québec** Moustique dont la piqûre provoque un échauffement.

BRÛLURE ou **BRULURE**, n. f. [bʁylyʁ] (*brûler*) Lésion plus ou moins grave produite sur une partie vivante par le feu, par un corps très chaud ou par une substance corrosive. ◆ Maladie des plantes sous l'influence du soleil, du vent ou de la gelée. ◆ Douleur vive au sein de l'organisme. *Brûlures d'estomac.* ■ Trace laissée par une matière en combustion. *Brûlure de cigarette sur une nappe.*

BRUMAIRE, n. m. [bʁymɛʁ] (*brume*) Le deuxième mois du calendrier républicain (du 22 octobre inclus au 21 novembre exclusivement).

BRUMAL, ALE, adj. [bʁymal] (lat. *brumalis,* de *bruma*) D'hiver ; qui appartient à l'hiver. *Les matins brumaux.*

BRUME, n. f. [bʁym] (lat. *bruma,* solstice d'hiver, hiver) Brouillard, surtout en parlant des brouillards de mer. ■ Par extens. Brouillard peu dense. ◆ Fig. État de confusion qui entrave la compréhension. *Les brumes de l'ivresse.*

BRUMEUX, EUSE, adj. [bʁymø, øz] (*brume*) Couvert de brume, de brouillard. *Temps brumeux.* ■ Confus. *Avoir l'esprit brumeux.*

BRUMISATEUR, ■ n. m. [bʁymizatœʁ] (nom déposé ; *brume*) Appareil destiné à pulvériser de l'eau en fines gouttelettes sur le visage pour le rafraîchir ou l'hydrater. *Se nettoyer la peau avec un brumisateur.*

BRUMISATION, ■ n. f. [bʁymizasjɔ̃] (*brumisateur*) Pulvérisation d'eau ou de liquide.

BRUN, UNE, adj. [bʁœ̃, yn] ou [bʁɛ̃, yn] (germ. *brün*) Qui est d'une couleur de châtaigne foncée, tirant sur le noir. ◆ Invariable dans les locutions de ce genre : *Des étoffes brun foncé.* ◆ N. m. La couleur brune. *Étoffe d'un beau brun.* ◆ *Brun de montagne,* terre d'ombre. ◆ *Brun rouge,* ocre. ◆ Fam. *Il commence à faire brun,* la nuit vient. ◆ N. f. *La brune,* le moment du jour où il commence à faire brun. ◆ À LA BRUNE, SUR LA BRUNE, loc. adv. Au déclin du jour. ◆ En parlant du teint et des cheveux, qui offre une légère nuance de noir. *Des cheveux bruns.* ◆ N. m. et n. f. Personne qui a les cheveux bruns. *Un brun, une brune.* ■ N. f. Cigarette de tabac brun. *Fumer des brunes.* ■ Adj. Qui évoque le nazisme, d'extrême droite. *Les chemises brunes.*

BRUNANTE, ■ n. f. [bʁynɑ̃t] (*brun*) Québec Crépuscule.

BRUNÂTRE, adj. [bʁynatʁ] (*brun*) Tirant sur le brun.

BRUNCH, ■ n. m. [bʁœnʃ] (mot angl., de *breakfast,* petit déjeuner, et *lunch,* déjeuner) Petit déjeuner copieux pris en fin de matinée et tenant lieu de déjeuner. *Les brunchs du dimanche.*

BRUNELLE, n. f. [bʁynɛl] (croisement du lat. *hrunus,* brun, et *prunella,* de *pruna,* prune) Bot. Genre de la famille des labiées. ◆ On dit aussi *prunelle.*

BRUNET, ETTE, n. m. et n. f. [bʁynɛ, ɛt] (dimin. de *brun*) Petit brun, petite brune.

1 **BRUNI**, n. m. [bʁyni] (*brunir*) Le poli, par opposition au mat.

2 **BRUNI, IE**, p. p. de brunir. [bʁyni] *Teint bruni.*

BRUNIR, v. tr. [bʁyniʁ] (*brun*) Rendre brun. ◆ Peindre en brun. ◆ Rendre brillant par le poli. *Brunir de l'or.* ◆ *Brunir de l'acier,* le rendre plus brun par une certaine préparation. ◆ V. intr. Devenir brun. *Il a bruni.* ◆ Se brunir, v. pr. Devenir brun. ◆ Devenir brillant.

BRUNISSAGE, n. m. [bʁynisaʒ] (radic. du p. prés. de *brunir*) Action de brunir ou polir.

BRUNISSEMENT, ■ n. m. [bʁynis(ə)mɑ̃] (radic. du p. prés. de *brunir*) Coloration progressive en brun. *Le brunissement de la peau.*

BRUNISSEUR, EUSE, n. m. et n. f. [bʁynisœʁ, øz] (radic. du p. prés. de *brunir*) Personne qui brunit des ouvrages d'or et d'argent.

BRUNISSOIR, n. m. [bʀyniswaʀ] (radic. du p. prés. de *brunir*) Outil qui sert à brunir les ouvrages d'or et d'argent.

BRUNISSURE, n. f. [bʀynisyʀ] (radic. du p. prés. de *brunir*) Action de brunir par la teinture les nuances des étoffes. ◆ Le poli d'un ouvrage qui a été bruni. ◆ L'art du brunisseur.

BRUNOISE, ■ n. f. [bʀynwaz] (orig. inc.) **Cuis.** Ensemble de légumes réduits en petits dés, utilisé pour agrémenter les potages et les sauces ou pour décorer des plats.

BRUSHING, ■ n. m. [bʀœʃiŋ] (mot angl., de *to brush*, sécher à la brosse) Mise en plis mèche par mèche avec une brosse ronde et un séchoir. *Se faire faire un brushing*.

BRUSQUE, adj. [bʀysk] (ital. *brusco*, âpre) Qui a une rudesse mêlée de promptitude. *Homme brusque. Ton brusque*. ◆ Soudain, que rien ne prépare. *Brusque départ*.

BRUSQUÉ, ÉE, p. p. de brusquer. [bʀyske] Rudoyé. ◆ Pressé, hâté. *Une aventure brusquée*.

BRUSQUEMBILLE, n. f. [bʀyskãbij] (orig. inc.) Jeu de cartes qui peut se jouer à deux, trois, quatre ou cinq personnes. ■ Rem. On disait aussi *briscambille*.

BRUSQUEMENT, adv. [bʀyskəmã] (*brusque*) D'une manière brusque.

BRUSQUER, v. tr. [bʀyske] (*brusque*) Avoir, à l'égard de quelqu'un, un langage, un ton brusque. ◆ Presser, hâter. *Brusquer l'entreprise*. ◆ *Brusquer la fortune*, chercher fortune par des moyens prompts et hasardeux. ◆ *Brusquer une affaire*, la faire vite et avec peu d'examen. ◆ *Brusquer l'aventure*, prendre brusquement son parti, au hasard de ce qui peut arriver. ◆ *Brusquer un dénouement*, l'amener sans préparation. ◆ *Brusquer une place de guerre*, essayer de l'emporter par un coup de main.

BRUSQUERIE, n. f. [bʀyskəʀi] (*brusque*) Caractère d'une personne ou d'une chose brusque. ◆ Action, discours brusque et offensant.

BRUT, UTE, adj. [bʀyt] (lat. *brutus*, lourd, stupide) Qui n'a rien que de grossier et d'informe, en parlant des animaux. ◆ **Fig.** Sans culture, sans éducation, sans politesse. *Un homme, un caractère brut*. ◆ *C'est une bête brute*, une personne stupide. ◆ Qui est dans son premier état, avant toute main-d'œuvre. *Matière brute*. ◆ *Sucre brut*, non raffiné. ◆ *Terrain brut*, qui n'a pas encore été cultivé. ◆ *Produit brut*, la totalité d'un produit avant la déduction des frais. ◆ *Recette brute d'un spectacle*, tout ce qui a été reçu à l'entrée de la salle. ◆ Qui n'est qu'à l'état d'ébauche. *Cette statue est encore brute*. ◆ **Adv.** *Ce boucaut de sucre pèse brut cent kilogrammes*, c.-à-d. en comprenant dans le poids le fût et l'emballage. ◆ Dont la teneur en sucre résiduel est inférieure à 15 g/l. *Champagne brut*, et n. m. *une bouteille de brut*. ■ *Diamant brut*, non taillé. ■ **Fam.** *Brut de décoffrage*, un peu grossier et sans grande réflexion. ■ *Art brut*, produit par des autodidactes sans formation artistique particulière. ■ **N. m.** Salaire avant déduction des charges sociales. *Un brut mensuel de deux mille euros*. ◆ *Le cours du baril de brut*, le cours du pétrole non raffiné.

BRUTAL, ALE, adj. [bʀytal] (b. lat. *brutalis*, sans raison) Tenant de la brute. *Appétits brutaux*. ◆ Grossier, violent, en parlant des personnes ou des choses. *Brutal désir. Brutale insolence*. ◆ **N. m. et n. f.** Personne qui a une violence grossière, qui est livrée à des passions brutales, qui manque de savoir-vivre. ■ Inattendu et brusque. *Un départ brutal*.

BRUTALEMENT, adv. [bʀytal(ə)mã] (*brutal*) Avec brutalité.

BRUTALISÉ, ÉE, p. p. de brutaliser. [bʀytalize] Maltraité.

BRUTALISER, v. tr. [bʀytalize] (*brutal*) Traiter quelqu'un durement, grossièrement. ■ Mot du langage familier.

BRUTALISME, ■ n. m. [bʀytalism] (*brutal*) Courant architectural des années 1950 qui prônait l'utilisation de matériaux à l'état brut.

BRUTALITÉ, n. f. [bʀytalite] (lat. médiév. *brutalitas*) Caractère de la brute. « *Se laissant conduire à la brutalité de leurs appétits* », Bouhours. ◆ Férocité, violence. ◆ Passion brutale. *Assouvir sa brutalité*. ◆ Grossièreté, manque de savoir-vivre, de politesse. ◆ Action brutale. ◆ Parole dure.

BRUTE, n. f. [bʀyt] (fém. de *brut*, s. ent. *bête*) La bête considérée dans ce qu'elle a de plus éloigné de l'homme. ◆ *C'est une brute*, se dit d'un homme qui n'a ni esprit ni raison. ■ Personne violente et agressive.

BRUTION, ■ n. m. [bʀytjɔ̃] (orig. obsc.) **Arg.** Élève de l'école militaire de La Flèche.

BRUXELLOIS, OISE, ■ adj. [bʀyselwa, waz] (*Bruxelles*) De la ville de Bruxelles. ■ N. m. et n. f. *Un Bruxellois, une Bruxelloise*.

BRUXOMANIE n. f. ou **BRUXISME**, ■ n. m. [bʀyksomani, bʀyksism] (gr. *brukhein*, grincer des dents, [et *-manie*]) Habitude de grincer involontairement des dents.

BRUYAMMENT, adv. [bʀɥijamã] (*bruyant*) Avec grand bruit.

BRUYANT, ANTE, adj. [bʀɥijã, ãt] (p. prés. de *bruire*) Qui fait du bruit. *Musique bruyante*. ◆ Où il se fait du bruit. *Ville bruyante*. ◆ *Un homme bruyant*, personne qui parle beaucoup et de manière à attirer l'attention.

BRUYÈRE, n. f. [bʀɥijeʀ] (gaul. *bruco*) Genre de la famille des éricacées. ◆ Lieux, landes où croît la bruyère. ◆ *Terre de bruyère*, terre formée par la décomposition des bruyères dans la couche superficielle du sol. ◆ *Plantes de bruyère*, plantes qui ne viennent que dans la terre de bruyère. ◆ *Coq de bruyère*, oiseau du genre *tétras*.

BRYON, n. m. [bʀijɔ̃] (gr. *bruon*, de *bruein*, pousser en abondance) Mousse qui s'attache à l'écorce des arbres. ■ Rem. On écrivait aussi *brion*.

BRYONE, n. f. [bʀijon] (gr. *bruônê*, vigne blanche) Plante de la famille des cucurbitacées.

BRYOPHYTE, ■ n. f. [bʀijofit] (gr. *bruon*, mousse, et *-phyte*) **Bot.** Végétal dépourvu de racines qui se développe sur la terre ou les murs. *La mousse est une bryophyte*.

BRYOZOAIRE, ■ n. m. [bʀijozoɛʀ] (gr. *bruon*, mousse, et *-zoaire*) **Zool.** Embranchement du règne animal regroupant les animaux marins vivant dans des cavités calcaires regroupées en colonies sur les rochers et les algues. *Les ectoproctes sont des bryozoaires*.

BTP, ■ n. m. [betepe] (sigle de *bâtiment et travaux publics*) Domaine d'activité qui regroupe les professions touchant au bâtiment et aux travaux publics.

BTS, ■ n. m. [beteɛs] (sigle de *brevet de technicien supérieur*) Diplôme d'enseignement supérieur spécialisé sanctionnant deux ou trois années d'études en lycée. *Un BTS de gestion*.

BTU, ■ n. m. [betey] (sigle de *British Thermal Unit*) Unité calorifique anglo-saxonne.

BU, UE, p. p. de boire. [by] ▷ *Santé bue*, coup bu en l'honneur d'une personne. ◁ ◆ **Fig.** *Il a toute honte bue*, il n'a honte de rien. ◆ ▷ TROP BU, n. m. Droit sur les boissons. ◁

BUANDERIE, n. f. [bɥãd(ə)ʀi] (*buandier*) Lieu où l'on fait la lessive.

BUANDIER, IÈRE, n. m. et n. f. [bɥãdje, jɛʀ] (*buer*, de l'anc. b. frq. *bûkôn*, tremper dans la lessive ; sur le modèle de *lavandière*) Personne qui fait le premier blanchiment des toiles neuves. ◆ Personne chargée des lessives dans les grands établissements. ■ **Canada** Personne qui blanchit le linge.

BUBALE, n. m. [bybal] (gr. *boubalos*, gazelle d'Afrique) Nom vulgaire de l'antilope bubale.

BUBE, n. f. [byb] (b. lat. *bubo*, bubon) Bouton, ampoule qui vient sur la peau.

BUBON, n. m. [bybɔ̃] (gr. *boubôn*, aine, tumeur dans l'aine) Tumeur inflammatoire, siégeant dans les ganglions lymphatiques sous-cutanés.

BUBONIQUE, ■ adj. [bybonik] (*bubon*) Peste bubonique, peste accompagnée de l'apparition de bubons et contractée à la suite d'une piqûre de puce.

BUBONOCÈLE, n. m. [bybonosɛl] (*bubon* et *-cèle*) ▷ Hernie inguinale. ◁

BUCARDE, n. f. [bykaʀd] (lat. *bucardia*, du gr. *bous*, bœuf, et *kardia*, cœur) Coquille en forme de cœur de bœuf qui loge un mollusque.

BUCCAL, ALE, adj. [bykal] (lat. *bucca*, bouche) Qui appartient à la bouche. *Les muscles buccaux*. ◆ **Gramm. grecq.** *Les lettres buccales* ou n. f. *les buccales*, le premier ordre des muettes (gr. *bêta, pi, phi*). ◆ On les appelle aussi *labiales*.

BUCCIN, n. m. [byksɛ̃] (lat. *buc[c]ina*, cornet de bouvier) Coquille univalve tournée en spirale, ayant la forme d'un cornet. ◆ Trompette courte qu'utilisaient les Romains. ■ Rem. Dans le premier sens, on dit aussi *bulot*.

BUCCINATEUR, adj. m. [byksinatœʀ] (lat. *buc[c]inator*, celui qui sonne la trompette) *Le muscle buccinateur* ou n. m. *le buccinateur*, muscle situé dans la joue et servant soit à mâcher, soit à souffler. ■ Personne qui sonnait du buccin à Rome.

BUCCODENTAIRE, ■ adj. [bykodãtɛʀ] (*bucco-*, bouche, et *dentaire*) Propre à la bouche et aux dents. *L'hygiène buccodentaire*.

BUCCOGÉNITAL, ALE, ■ adj. [bykoʒenital] (*bucco-*, bouche, et *génital*) Qui touche ou fait intervenir la bouche et les organes génitaux. *Des rapports sexuels buccogénitaux*.

BUCENTAURE, n. m. [bysãtoʀ] (gr. *bous*, bœuf, et *Kentauros*, Centaure) Vaisseau que montait le doge de Venise quand il épousait la mer.

BUCÉPHALE, n. m. [bysefal] (gr. macéd. *Boukephalos*, du gr. *bous*, bœuf, et *kephalê*) Cheval d'Alexandre. ■ Rem. En ce sens, on ajoute la majuscule initiale. ◆ Par anal. Cheval de parade ou de bataille. ◆ Par antiphrase, mauvaise rosse.

BÛCHE ou **BUCHE**, n. f. [byʃ] (lat. vulg. *buska*, bois, bosquet, d'orig. germ.) Morceau de bois taillé pour le chauffage. ◆ *Bûche de Noël*, grosse souche de bois qu'on met au feu la veille de Noël. ◆ **Fig.** et **fam.** Personne stupide, lourde. ◆ *Il ne se remue non plus qu'une bûche*, il n'a pas la moindre activité. ▪ *Bûche de Noël*, pâtisserie ou crème glacée en forme de bûche que l'on mange généralement le soir du réveillon.

BÛCHÉ, ÉE ou **BUCHÉ, ÉE**, p. p. de 2 bûcher. [byʃe] *Pierre bûchée.*

1 BÛCHER ou **BUCHER**, n. m. [byʃe] (*bûche*) Lieu où l'on serre le bois à brûler. ◆ Amas de bois sur lequel les anciens mettaient les morts pour les brûler. ◆ Amas de bois sur lequel on brûlait les personnes condamnées au feu, les livres réprouvés.

2 BÛCHER ou **BUCHER**, v. tr. [byʃe] (*bûche*) Dégrossir une pièce de bois. ◆ *Bûcher une pierre*, en enlever la partie qui fait saillie. ◆ **Pop.** Battre, frapper. ◆ V. intr. **Pop.** Travailler beaucoup, péniblement. ▪ V. tr. **Fam.** *Bûcher un examen, un concours* le préparer très sérieusement.

BÛCHERON, ONNE ou **BUCHERON, ONNE**, n. m. et n. f. [byʃ(ə)ʀɔ̃, ɔn] (anc. fr. *boscheron*, de *bosc*, bois, refait d'après *bûche*) Personne qui abat du bois dans une forêt.

BÛCHETTE ou **BUCHETTE**, n. f. [byʃɛt] (dimin. de *bûche*) Petit morceau de bois sec et menu. ◆ *Tirer à la bûchette*. On dit maintenant *tirer à la courte paille*.

BÛCHEUR, EUSE ou **BUCHEUR, EUSE**, ▪ n. m. et n. f. [byʃœʀ, øz] (*bûcher*) **Fam.** Personne qui travaille beaucoup et durement. « *Pas étonnant, travailleuse, bûcheuse comme elle est, sans parler des femmes battues, des analphabètes, des adolescentes fugueuses qu'elle a sur les bras !* », Thérame.

BUCOLIASTE, n. m. [bykɔljast] (gr. dorien *boukoliastas*, de *boukolazein*, chanter des chants de berger) Poète bucolique.

BUCOLIQUE, adj. [bykɔlik] (gr. *boukolikos*, de *boukolos*, bouvier) Qui se rapporte à la vie des pasteurs ; qui parle de leur vie. *La poésie bucolique. Poète bucolique.* ◆ *Vers bucolique*, dans la métrique ancienne, vers hexamètre dont la césure se fait après le quatrième pied. ◆ **N. f. pl.** Poésies pastorales. Les Bucoliques *de Virgile.* ◆ ▷ **Fig.** et **fam.** Ramas de choses sans importance et sans valeur, comme papiers, nippes, et aussi, mais par raillerie, les objets qui servent à quelqu'un pour faire quelque chose. ◁

BUCRANE, n. m. [bykran] (gr. *boukranion*, de *bous*, bœuf, et *kranion*, crâne) Tête de bœuf décharnée que les architectes de la Grèce et de Rome plaçaient comme ornement.

BUDDLEIA ou **BUDDLÉIA**, ▪ n. m. [bydleja] (*Buddle*, mort en 1715, botaniste anglais) Arbuste d'ornement d'origine chinoise, caractérisé par des grappes de fleurs roses ou violettes. *Des buddleias.* ▪ **Rem.** On trouve aussi *buddleya.*

BUDGET, n. m. [bydʒɛ] (angl. *budget*, de l'anc. fr. *bougette, bouge*, sac de cuir) État que chaque année on dresse des dépenses et des recettes publiques. ◆ **Absol.** *Le budget*, l'ensemble des dépenses et des recettes de l'État. ◆ **Fam.** Dépenses et revenus d'un particulier. *Budget d'une famille d'ouvrier.* ▪ **Rem.** N'est plus senti comme familier aujourd'hui.

BUDGÉTAIRE, adj. [bydʒetɛʀ] (*budget*) Du budget. *Effectif budgétaire.*

BUDGÉTER ou **BUDGÉTISER**, ▪ v. tr. [bydʒete, bydʒetize] (*budget*) Inscrire les recettes et les dépenses au budget.

BUDGÉTISATION, ▪ n. f. [bydʒetizasjɔ̃] (*budgétiser*) Insertion d'une somme dans un budget.

BUDGÉTISER, ▪ v. tr. [bydʒetize] Voy. budgéter.

BUDGÉTIVORE, ▪ adj. [bydʒetivɔʀ] (*budget* et *-vore*) **Fam.** Qui dépasse et ruine le budget fixé. *Un ministère budgétivore.*

BUÉE, n. f. [bɥe] ou [bye] (gallo-rom. *bucata*, lessive) Lessive. ◆ **Par extens.** Vapeur humide. ▪ **Par extens.** Dépôt de vapeur sous forme de gouttelettes.

BUFFET, n. m. [byfɛ] (orig. obsc. : prob. rac. onomat. *buff-*, déplacement d'air) Armoire pour le linge de table, la vaisselle, l'argenterie. ◆ Toute la menuiserie où sont renfermées les orgues. ◆ Table où l'on range la vaisselle et ce qui doit servir pour le repas. ◆ ▷ Assortiment de vaisselle. ◁ ◆ ▷ *Le buffet*, les officiers, les valets qui servent au buffet. ◁ ◆ Table où sont dressés des mets, des glaces, des pâtisseries. ◆ Lieu où un repas tout dressé attend les voyageurs. ▪ **Fam.** *Ne rien avoir dans le buffet*, Ne pas avoir mangé.

BUFFETER, v. intr. [byf(ə)te] (anc. fr. *buff[f]et*, piquette ; cf. *buffetier*, vinaigrier) ▷ Boire à même un tonneau, en parlant des voituriers infidèles. ◁

BUFFETIER, IÈRE, ▪ n. m. et n. f. [byf(ə)tje, jɛʀ] (*buffet*) Personne qui organise et gère un buffet.

BUFFLE, n. m. [byfl] (ital. *buffalo*, du b. lat. *bufalus*, antilope ; introduit en Italie au VIᵉ s. par un cadeau d'un roi avar) Espèce du genre bœuf. ◆ **Fig.** *C'est un vrai buffle*, se dit d'un homme stupide. ◆ *Se laisser mener par le nez comme un buffle*, se laisser gouverner. ◆ Cuir de buffle et de quelques autres animaux. *Du buffle bien préparé.* ◆ Justaucorps de buffle que portaient les gens de guerre.

BUFFLETERIE ou **BUFFLÈTERIE**, n. f. [byflɛt(ə)ʀi] (*buffle*) L'ensemble des bandes de buffle qui font partie de l'équipement d'un soldat.

BUFFLIN ou **BUFFLETIN**, n. m. [byflɛ̃, byflətɛ̃] (dimin. de *buffle*) Jeune buffle.

BUFFLONNE ou **BUFFLESSE**, ▪ n. f. [byflɔn, byflɛs] (*buffle*) Femelle du buffle. *De la mozzarella au lait de bufflonne.*

BUG, ▪ n. m. [bœg] Voy. bogue.

BUGGY, ▪ n. m. [bœgi] (mot angl., voiture légère à deux roues) Voiture cabriolet tout terrain montée sur des roues très larges et dont le moteur est situé à l'arrière. *Des buggys.* ▪ Boghei.

1 BUGLE, n. m. [bygl] (mot angl., de *bugle-horn*, corne de buffle) Ancien instrument de musique à vent et aujourd'hui la trompette à clés. ▪ **Rem.** Le *bugle* est encore joué auj.

2 BUGLE, n. f. [bygl] (lat. médiév. *bugula*) Genre de plantes de la famille des labiées, et nom vulgaire de l'*Ajuga reptans.*

BUGLOSSE, n. f. [byglɔs] (gr. *bouglôsson*, de *bous*, bœuf, et *glôssa*, langue) Genre de la famille des borraginées, et nom vulgaire de l'*Anchusa officinalis.* ▪ **Rem.** On disait aussi autrefois *buglose.*

BUGNE, n. f. [byɲ] ou [bynj] (var. fr.-provenç. de *beigne*) Beignet en forme de tortillon, typique de la région lyonnaise.

BUGRANE, n. f. [bygʀan] (lat. vulg. *boveretina*, de *bos, bovis*, bœuf, et *retinere*, arrêter, parce que ses racines immobilisent la charrue) Genre de plantes de la famille des légumineuses, et nom vulgaire de l'ononide des champs, dite aussi *épine-de-bœuf* et *arrête-bœuf.*

BUILDING, ▪ n. m. [bildiŋ] ou [byldiŋ] (mot angl., de *to build*, construire) Grand immeuble comportant de nombreux étages. *Les buildings de New York.*

BUIRE, n. f. [bɥiʀ] (p.-ê. anc. b. frq. *buri*, récipient) Vase à mettre des liqueurs. ◆ Il est vieux ; on dit aujourd'hui *burette.*

BUIS, n. m. [bɥi] (lat. *buxus*, gr. *puxos*) Nom d'un genre d'euphorbiacées, et en particulier de deux espèces : *le buis arborescent* ou *grand buis,* dont le bois et la racine servent à différents ouvrages ; et *le buis humble* ou *buis nain,* employé en bordures. ◆ Bois de cet arbrisseau employé à divers ouvrages. ◆ Branche de buis. *Un buis bénit.*

BUISSON, n. m. [bɥisɔ̃] (anc. fr. *boisson*, petit bois) Touffe d'arbrisseaux sauvages ou épineux. ◆ *Battre les buissons,* pour en faire sortir le gibier. ◆ **Fig.** *Battre les buissons,* ne ramasser que le peu qui reste. ◆ **Fig.** *Se sauver à travers les buissons,* chercher des échappatoires. ◆ ▷ Bois de peu d'étendue. ◁ ◆ Arbres qu'on coupe tous les deux ou trois ans. ◆ Forme donnée aux arbres de jardin. ◆ Mets arrangé en forme de pyramide. *Buisson d'écrevisses.* ◆ *Buisson-ardent,* nom vulgaire de la pyracanthe.

BUISSON-ARDENT, ▪ n. m. [bɥisɔ̃aʀdɑ̃] (loc. *buisson ardent,* forme prise par Dieu pour apparaître à Moïse) Des buissons-ardents. Voy. buisson.

BUISSONNANT, ANTE, ▪ adj. [bɥisɔnɑ̃, ɑ̃t] (*buissonner*, prendre une forme de buisson, de *buisson*) Dont la forme rappelle celle d'un buisson. *Un rosier buissonnant.* ▪ **Fig.** Dont la représentation graphique rappelle la forme d'un buisson. *Un arbre généalogique buissonnant.*

BUISSONNEUX, EUSE, adj. [bɥisɔnø, øz] (*buisson*) Couvert de buissons. ▪ Dont la forme évoque celle d'un buisson.

BUISSONNIER, IÈRE, adj. [bɥisɔnje, jɛʀ] (*buisson*) Qui habite les buissons. ◆ *Lapins buissonniers,* lapins sans terrier. ◆ *École buissonnière,* s'est dit d'écoles tenues par les hérétiques dans la campagne. ◆ *Faire l'école buissonnière,* en parlant d'un écolier, aller jouer au lieu de se rendre à l'école, et en général, manquer une occupation.

BULBAIRE, ▪ adj. [bylbɛʀ] (*bulbe* [*rachidien*]) Relatif au bulbe rachidien.

BULBE, n. m. [bylb] (lat. *bulbus*, gr. *bolbos*, oignon) Oignon de plante. ◆ N. m. **Anat.** Certaines parties renflées, globuleuses. *Le bulbe d'un poil, d'une dent.* ▪ **Anat.** *Bulbe rachidien,* partie renflée située à la base de l'encéphale et contenant de nombreux centres nerveux. ▪ **Rem.** Ce nom était autrefois féminin.

BULBEUX, EUSE, adj. [bylbø, øz] (lat. *bulbosus*) Qui est pourvu d'un bulbe, ou qui forme bulbe. *Plantes bulbeuses.* ◆ **Anat.** Pourvu d'un bulbe, ou qui forme bulbe.

BULBICULTURE, ▪ n. f. [bylbikyltyʀ] (*bulbe* et *culture*) Culture et production de plantes bulbeuses.

BULBIFÈRE, adj. [bylbifɛʀ] (*bulbe* et *-fère*) Qui porte ou produit des bulbes.

BULBIFORME, adj. [bylbifɔʀm] (*bulbe* et *-forme*) Qui est en forme de bulbe.

BULBILLE, ■ n. f. [bylbij] (*bulbe*) **Bot.** Gousse produite par une plante pour assurer son renouvellement. *Une bulbille d'ail.*

BULGARE, ■ adj. [bylgaʀ] (plur. lat. *Bulgares* ou *Bulgari*, peuple voisin de la Pannonie) De Bulgarie. ■ N. m. Langue slave parlée par les Bulgares. ■ N. m. et n. f. *Un Bulgare, une Bulgare.*

BULGE, ■ n. m. [bylʒ] (mot angl., bosse) **Mar.** Aménagement à l'extérieur de la coque d'un bâtiment de guerre permettant de la prémunir des impacts de torpilles.

BULGOMME, ■ n. m. [bylgɔm] (marque déposée ; *bulle* et *gomme*) Tissu caoutchouteux que l'on dispose sous une nappe, dans le but de protéger la surface de la table des coups et de la chaleur.

BULL, ■ n. m. [byl] ou [bul] (apocope de *bulldozer*) **Fam.** Abréviation de *bulldozer.*

BULLAIRE, n. m. [bylɛʀ] (lat. médiév. *bullarius*) Recueil des bulles des papes.

BULLDOG, ■ n. m. [buldɔg] (angl. *bull-dog*, de *bull*, taureau, et *dog*, chien, chien pour harceler les taureaux) Chien d'origine anglaise, de taille moyenne, à poils courts, au corps robuste et trapu, au crâne large, au front plat et à la peau très ridée. *Des bulldogs.*

BULLDOZER, ■ n. m. [byldozœʀ] ou [buldozœʀ] (mot angl., de *bulldozer*, membre d'une organisation blanche brutalisant les Afro-Américains, de *to bulldoze*, intimider, maltraiter) Gros engin de terrassement muni de chenilles. ■ **Fig.** et **fam.** Personne déterminée et tenace. *Un vrai bulldozer, cette fille-là !* ■ Rem. Recommandation officielle : *bouteur.*

1 **BULLE**, n. f. [byl] (lat. *bulla*, bulle d'eau) Globule rempli d'air qui s'élève à la surface des liquides en mouvement, en ébullition ou en fermentation. ♦ *Bulle d'air*, petite quantité d'air enfermée dans une matière coulée. ♦ *Bulle de savon*, petit globe transparent et rempli d'air, qu'on forme avec un chalumeau trempé dans de l'eau de savon. ♦ **Méd.** Grosse vésicule qui s'élève à la surface de la peau. ♦ Petite boule de métal que les patriciens romains portaient au cou jusqu'à dix-sept ans. ■ **Méd.** Enceinte stérile qui protège un malade de toute contamination. ■ **Fig.** Espace où l'on est isolé de tous les autres. *Vivre dans une bulle.* ■ Espace réservé au texte des paroles ou des pensées dans une bande dessinée. ■ **Fam.** Note zéro. *J'ai eu une bulle en math.*

2 **BULLE**, n. f. [byl] (lat. médiév. *bulla*, sceau de métal, de *bulla*, boule d'or portée par les jeunes patriciens dans la Rome ancienne) Sceau, ainsi parce qu'on y appendait une boule de métal. ♦ *Lettre patente du pape, avec le sceau de plomb.* ■ N. f. pl. Provision d'un bénéfice. *Les bulles d'un évêché.* ♦ Certaines ordonnances des empereurs d'Allemagne. ♦ *Du papier bulle* ou simplement *du bulle*, espèce de papier de la pâte la plus grossière.

BULLÉ, ÉE, adj. [byle] Scellé avec le sceau appelé bulle.

BULLER, v. intr. [byle] (1 *bulle*) **Fam.** Être totalement inactif. *Il bulle toute la journée dans le canapé !*

BULLETIN, ■ n. m. [byl(ə)tɛ̃] (anc. fr. *bullette*, de 2 *bulle*) Petit papier sur lequel on écrit un vote. ♦ Petit écrit par lequel on rend compte de l'état d'une chose qui intéresse le public. *Bulletin de santé.* ♦ Article placé ordinairement en tête des journaux politiques où l'on résume les nouvelles du jour. ♦ ▷ **Absol.** Récit d'une bataille, d'une opération militaire. ♦ *Bulletin des lois*, recueil officiel des lois et ordonnances. ♦ Dans les administrations, petits billets servant à certaines constatations. ♦ Relevé de notes d'un élève sur une période donnée. *La remise des bulletins.*

BULLETIN-RÉPONSE, ■ n. m. [byl(ə)tɛ̃ʀepɔ̃s] (*bulletin* et *réponse*) Formulaire de participation à un concours ou un jeu. *Des bulletins-réponses* ou *des bulletins-réponse.*

BULLEUX, EUSE, adj. [bylø, øz] (1 *bulle*) Qui est rempli ou parsemé de bulles. ♦ *Éruption, maladie bulleuse*, maladie de la peau.

BULL-FINCH, ■ n. m. [bulfinʃ] (angl. *bullfinch*, de *bull*, taureau, et *finch*, de *fence*, haie, clôture) Obstacle constitué d'un talus surmonté et encadré de petites haies, sur un parcours de course hippique. *Des bull-finchs.*

BULLIONISME, ■ n. m. [byljɔnism] Doctrine économique espagnole du XVIe siècle prônant l'accumulation de métaux précieux comme technique d'enrichissement de la nation.

BULL-TERRIER, ■ n. m. [bultɛʀje] (mot angl. de *bull[-dog]*, et *terrier*, du fr. terrier) Chien d'origine anglaise, de taille moyenne, à poils courts, à la tête fort allongée et qui était souvent utilisé pour déterrer les rats. *Les bull-terriers sont plutôt aujourd'hui des chiens d'agrément.*

BULOT, ■ n. m. [bylo] (flam. *wullok*) Mollusque comestible dont la coquille est tournée en spirale. ■ Rem. On dit aussi *buccin.*

BUN, ■ n. m. [bœn] (angl. *bun*, brioche) Petit pain brioché rond contenant des raisins secs et consommé avec le thé en Grande-Bretagne. ■ Petit pain brioché rond utilisé pour confectionner des hamburgers. *Des buns.*

BUNGALOW, ■ n. m. [bœ̃galo] ou [bɛ̃galo] (mot angl., de l'hindoust. *bangla*, [*maison*] du Bengale) Habitation indienne basse entourée de vérandas. ■ **Par extens.** Petite maison de vacances, construite en matériaux légers. *Les bungalows d'un camping.*

1 **BUNKER**, ■ n. m. [buŋkœʀ] (mot allem., soute à charbon, de l'angl. *bunker*) Abri fortifié et enterré à l'abri des bombes et des tirs, construit par les Allemands pendant la Seconde Guerre mondiale. *Les bunkers sur les côtes normandes.*

2 **BUNKER**, ■ n. m. [bœnkœʀ] (mot angl., banc, soute à charbon, d'orig. inc.) Fosse de sable sur un parcours de golf. *Envoyer sa balle dans le bunker.*

BUNSEN (BEC), ■ n. m. [bœ̃zɛn] ou [bɛ̃zɛn] (R. W. Bunsen, 1811-1899, physicien all.) **Phys.** Bec de gaz qui était utilisé pour chauffer les tubes à essai en laboratoire.

BUPLÈVRE, n. m. [byplɛvʀ] (gr. *boupleuron*, de *bous*, bœuf, et *pleuron*, flanc, d'après *plèvre*) Sorte de plante. *Buplèvre à feuilles rondes.*

BUPRESTE, n. m. [bypʀɛst] (gr. *bouprêstis*, de *bous*, bœuf, et *prêthein*, brûler) Nom, chez les Grecs, d'un insecte voisin des cantharides. ♦ Insecte du genre des coléoptères, remarquable par ses vives couleurs.

BURALISTE, n. m. et n. f. [byʀalist] (radic. de *bureau*) Personne préposée à un bureau de paiement, de recette, de distribution, de timbre, de débit de tabac, etc.

BURAT, n. m. [byʀa] (prob. ital. *buratto*, étoffe) Bure commune et grossière.

BURATIN n. m. ou **BURATINE**, n. f. [byʀatɛ̃, byʀatin] (*burat*) Espèce de popeline, étoffe de soie et de laine.

1 **BURE**, n. f. [byʀ] (prob. lat. pop. *bura*, du b. lat. *burra*, bure) Grosse étoffe de laine. ♦ Vêtement monastique taillé dans cette même étoffe.

2 **BURE**, n. f. [byʀ] (mot liég. *bure*, *beur*) Puits dans une mine.

1 **BUREAU**, n. m. [byʀo] (*bure*) ▷ Grosse étoffe de laine. ♦ *Bureau*, tapis qu'on mettait sur une table. ◁

2 **BUREAU**, n. m. [byʀo] (*bure* ; *cf.* anc. fr. *burel*, tapis de table) Table sur laquelle on écrit, on compte de l'argent, etc. ♦ Grande table à tiroirs et à tablettes. ♦ Endroit où travaillent des employés, des commis, etc. *Les bureaux du ministère. Garçon de bureau.* ♦ Les employés mêmes qui travaillent dans un bureau. *Le travail des bureaux.* ■ **Fig.** et **fam.** *L'air du bureau*, les dispositions des personnes chargées d'une affaire. ♦ Établissement détaché où s'exécute quelque service d'une administration publique ou privée. *Bureau des hypothèques. Bureau de tabac, de poste, etc. Bureau des messageries.* ♦ ▷ *Bureau restant*, s'écrit sur une lettre, sur un paquet, pour indiquer qu'ils doivent rester au bureau jusqu'à ce qu'ils soient réclamés. ◁ ♦ *Les bureaux d'un théâtre*, les endroits où se distribuent les billets. ♦ *Bureau de charité*, lieu où se font les distributions de secours aux indigents. ♦ *Bureau de bienfaisance*, la réunion des administrateurs des bureaux de charité. ♦ *Bureau de placement*, établissement où l'on se charge de placer les employés, les domestiques. ♦ ▷ *Bureau des nourrices*, établissement où l'on se charge de placer des nourrices. ◁ ♦ ▷ *Bureau d'adresse*, lieu où l'on se charge de procurer divers renseignements. ◁ ♦ **Fam.** *C'est un vrai bureau d'adresse*, c'est une maison où l'on dit beaucoup de nouvelles, c'est une personne qui a toujours beaucoup de nouvelles à dire. ♦ ▷ *Bureau d'esprit*, en parlant des choses littéraires, société où l'on s'occupe de littérature. ◁ ♦ Membres d'une assemblée que leurs collègues désignent pour diriger les travaux. *Le bureau se compose d'un président, d'un vice-président et des secrétaires. Le bureau de l'Académie, du Corps législatif.* ■ Espace de travail dans un ordinateur. *Placer un raccourci sur le bureau.*

BUREAUCRATE, n. m. [byʀokʀat] (*bureau* et *-crate*) Homme puissant dans les bureaux, ou même simple employé dans les bureaux. ♦ Se dit par ironie et en mauvaise part.

BUREAUCRATIE, ■ n. f. [byʀokʀasi] (*bureau* et *-cratie*) Pouvoir des bureaux. ♦ Influence abusive des commis dans l'administration. ■ BUREAUCRATISER, v. tr. [byʀokʀatize] ■ BUREAUCRATISATION, n. f. [byʀokʀatizasjɔ̃].

BUREAUCRATIQUE, adj. [byʀokʀatik] (*bureaucratie*) Propre aux gens de bureau. ■ Propre à la bureaucratie.

BUREAUTICIEN, IENNE, ■ n. m. et n. f. [byʀotisjɛ̃, jɛn] (*bureautique*) Employé en bureautique.

BUREAUTIQUE, ■ n. f. [byʀotik] (nom déposé ; *bureau* et [*informa*]*tique*) Ensemble des techniques informatiques permettant l'automatisation du travail de secrétariat et de bureau.

BURELÉ, ÉE, ■ adj. [byʀ(ə)le] (anc. fr. *burel*, étoffe rayée) *Un timbre burelé*, dont le fond est rayé.

BURELLE ou **BURÈLE**, n. f. [byʀɛl] (f. fém. de l'anc. fr. *burel*, étoffe rayée) **Hérald.** Petites bandes alternant l'une avec l'autre, en nombre pair, et de couleurs différentes.

BURETTE, n. f. [byʀɛt] (dimin. de *buire*) Petit vase à goulot où l'on met du vinaigre, de l'huile, etc. ♦ Petits vases où l'on met le vin et l'eau qui servent à la messe. ■ Récipient métallique contenant de l'huile de graissage.

BURGANDINE, n. f. [byʀɡɑ̃din] (*burgan*, var de *burgau*) Selon l'Académie, mais mieux burgaudine Voy. CE MOT.

BURGAU, n. m. [byʀɡo] (esp. *burgado*, port. *burgalhão*, p.-ê. d'orig. caraïbe) Nom vulgaire de plusieurs coquilles univalves nacrées de l'Inde.

BURGAUDINE, n. f. [byʀɡodin] (*burgau*) La plus belle espèce de nacre, du coquillage appelé burgau. ♦ Adj. *Nacre burgaudine.* ■ REM. On disait aussi *burgandine*.

BURGER, ■ n. m. [bœʀɡœʀ] Sandwich confectionné dans un bun, contenant un steak de viande ou de poisson agrémenté de crudités et de sauce, et destiné à la restauration rapide. *Des burgers.*

BURGRAVE, n. m. [byʀɡʀav] (moyen haut allemand *burcgrâve*, châtelain, de *burc*, château, et *grâve*, comte) Ancien titre de dignité en Allemagne, seigneur d'une ville.

BURGRAVIAT, n. m. [byʀɡʀavja] (*burgrave*) Dignité de burgrave.

BURIN, n. m. [byʀɛ̃] (ital. *burino*, de *boro*, foret ; *cf.* all. *bohren*, percer) Instrument d'acier qui sert à graver. ♦ *Le burin de l'histoire*, l'éternelle durée que l'histoire donne aux souvenirs et aux récits. ♦ La manière de graver. *Un burin ferme.*

BURINAGE, ■ n. m. [byʀinaʒ] (*buriner*) Façonnage au burin.

BURINÉ, ÉE, p. p. de buriner. [byʀine] *Visage buriné*, portant des traits très marqués.

BURINER, v. tr. [byʀine] (*burin*) Travailler au burin, graver. *Buriner une planche.* ♦ Par extens. et absol. Écrire avec perfection. *Ce maître d'écriture burine.* Fig. Écrire d'un style énergique et profond. ♦ *Buriner les dents d'un cheval*, y faire par fraude de fausses marques.

BURINISTE, ■ n. m. et n. f. [byʀinist] (*buriner*) Artiste graveur spécialisé dans le maniement du burin.

BURKINABÉ ou **BURKINAIS, AISE**, adj. [byʀkinabe, byʀkinɛ, ɛz] (*Burkina*) Du Burkina. ■ N. m. et n. f. *Un Burkinabé, une Burkinabé, un Burkinais, une Burkinaise.*

BURLAT, ■ n. f. [byʀla] (Léonard *Burlat*, créateur de cette variété) Cerise dont la chair très charnue est rouge foncé.

BURLE, ■ n. m. [byʀl] (orig. obsc.) Mass. centr. Vent hivernal sec.

BURLESQUE, adj. [byʀlɛsk] (ital. *burlesco*, de *burla*, farce) Qui provoque le rire par le contraste entre la bassesse du style et la dignité des personnages. ♦ Par extens. Qui provoque le rire par une sorte de charge, de caricature. ♦ N. m. Le genre burlesque. « *Laissons le burlesque aux plaisants du pont Neuf* », BOILEAU.

BURLESQUEMENT, adv. [byʀlɛsk(ə)mɑ̃] (*burlesque*) D'une manière burlesque.

BURLINGUE, ■ n. m. [byʀlɛ̃ɡ] (arg. *burlin*, bureau) Arg. Bureau.

BURNOUS, n. m. [byʀnus] ou [byʀnu] (ar. *barnus, burnus*) Grand manteau de laine à capuchon que portent les Arabes et adopté en France. ■ Sortie de bain en éponge munie d'une capuche surtout utilisée pour les enfants.

BURON, n. m. [byʀɔ̃] (prob. anc. b. frq. *buri-*, cabane) Petite cabane.

BURSAL, ALE, adj. [byʀsal] (lat. *bursa*, bourse) Qui a pour objet les impôts extraordinaires. *Édits bursaux.*

BURSÉRACÉE, ■ n. f. [byʀseʀase] (*bursera*, un des genres de cette famille, de *Burser*, n. pr.) Famille de plantes dicotylédones qui regroupe essentiellement des arbres et des arbustes résineux des régions tropicales. *Les burséracées sont exploitées pour leur bois et leur résine aromatique.*

BURUNDAIS, AISE, ■ adj. [byʀundɛ, ɛz] (*Burundi*) Du Burundi. ■ N. m. et n. f. *Un Burundais, une Burundaise.*

1 **BUS**, ■ n. m. [bys] (aphérèse de *autobus*) Autobus. *Prendre le bus.*

2 **BUS**, ■ n. m. [bys] (angl. *omnibus*, du lat. *omnibus*, à tous) Inform. Liaison qui permet le transfert d'informations entre deux composants informatiques.

BUSARD, n. m. [byzaʀ] (anc. fr. *buison*, buse, avec chang. de suff.) Nom d'un genre d'oiseaux rapaces.

BUSC, ■ n. m. [bysk] (prob. ital. *busto*, corset renforcé de baleines, croisé avec *busco*, fétu) Lame de baleine ou d'acier, etc., qui sert à faire tenir droit le devant d'un corset.

1 **BUSE**, n. f. [byz] (anc. fr. *buison, buson*, du lat. *buteo*) Oiseau de proie du genre du faucon et qui ne peut être dressé pour la chasse au vol. ♦ Fig. *C'est une buse*, c'est un imbécile.

2 **BUSE**, n. f. [byz] (prob. anc. fr. *busel*, tuyau, du lat. *bucina*, trompette) ▷ Conduit qui amène l'eau d'un biez de moulin sur la roue. ◁ ♦ Tuyère d'un soufflet de haut fourneau. ■ Techn. Embout amovible d'un conduit.

3 **BUSE**, ■ n. f. [byz] (1 *buse*) Fam. Belg. Échec à un concours ou à un examen.

BUSER, ■ v. tr. [byze] (3 *buse*) Fam. Belg. Refuser quelqu'un à un examen.

BUSH, ■ n. m. [buʃ] (mot angl., broussailles, fourré) Végétation basse et clairsemée, typique des régions tropicales. *Les bushs d'Australie et de Madagascar.*

BUSHIDO, ■ n. m. [buʃido] (mot jap., de *bushi*, guerrier, et *do*, voie) Code d'honneur que respectaient les samouraïs.

BUSINESS ou **BIZNESS**, ■ n. m. [biznɛs] (angl. *business*, occupation, commerce, prostitution) Fam. Métier, travail. ■ Activité commerciale louche voire illicite. *Faire du business.*

BUSINESSMAN ou **BIZNESSMAN**, ■ n. m. [biznɛsman] (angl. *businessman*, homme d'affaires) Homme d'affaires. *Des businessmans* ou *businessmen.* ■ BUSINESSWOMAN, n. f. [biznɛswuman]

BUSINESS-PLAN, ■ n. m. [biznɛsplɑ̃] (*business* et *plan*) Document synthétique présentant l'activité d'une entreprise ainsi que sa stratégie et ses objectifs de croissance et permettant son évaluation. *Des business-plans.*

BUSQUÉ, ÉE, p. p. de busquer. [byske] *Une femme busquée.* ♦ *Portes busquées*, portes dont les deux vantaux, faisant un angle, s'appuient l'un contre l'autre. ■ En forme d'arc. *Nez busqué.*

BUSQUER, v. tr. [byske] (*busc*) Garnir d'un busc. ♦ Cout. Raccourcir par devant. ♦ Se busquer, v. pr. Se mettre un busc.

BUSQUIÈRE, n. f. [byskjɛʀ] (*busc*) Coulisse qui loge le busc.

BUSSARD, n. m. [bysaʀ] (anc. fr. *busse*, tonneau, du lat. vulg. *buttia*) Ancienne mesure de capacité pour les liquides (268 litres).

BUSSEROLE, n. f. [bys(ə)ʀɔl] (provenç. *bouisserolo*, de *bouis*, buis) Espèce d'arbousier, dit aussi *bousserole* ou *bousserade*, raisin d'ours.

BUSTE, n. m. [byst] (ital. *busto*) Ouvrage de sculpture qui représente la tête et la partie supérieure du corps d'une personne sans les bras. ♦ La partie supérieure du corps d'une personne. *Cet homme a un beau buste.*

1 **BUSTIER**, ■ n. m. [bystje] (*buste*) Vêtement féminin très près du corps, couvrant le buste à l'exception des épaules et soulignant la poitrine.

2 **BUSTIER, IÈRE**, ■ n. m. et n. f. [bystje, jɛʀ] (*buste*) Artiste spécialisé dans la création de bustes.

BUT, n. m. [byt] ou [by] (prob. anc. nord. *butr*, bûche, billot de bois) Point où l'on vise. *Viser un but. Frapper le but.* ♦ Fig. *Il m'a choisi pour but de ses invectives.* ♦ Toucher au but, frapper au but, réussir, résoudre la difficulté. ♦ Fin de la carrière, terme où l'on s'efforce de parvenir. ♦ Fig. *Aller au but*, aller directement au fait. ♦ La fin qu'on se propose, l'intention qu'on a. ♦ À plusieurs jeux d'adresse, l'endroit où l'on doit se placer pour jouer, ou bien encore, dans certains jeux de course, l'endroit qu'il faut atteindre pour ne pas être pris. ♦ *Tirer de but en blanc*, terme d'artillerie, tirer à la distance où le boulet, qui décrit une courbe, revient couper la ligne de mire prolongée. ♦ Autrefois , *tirer de but en blanc*, tirer à toute portée. ♦ Fig. *De but en blanc*, inconsidérément, sans précaution. ♦ Les locutions *remplir le but* et *dans le but de*, quoique très usitées, sont à rejeter ; il faut les remplacer par *atteindre, toucher le but*, et *afin de*. ■ À BUT, loc. adv. Sans avantage de part et d'autre. ■ Espace dans lequel le joueur fait entrer le ballon pour marquer un point. *Gardien de but. Marquer un but.* ■ Point ainsi gagné. *Ils ont gagné trois buts à un.*

BUTADIÈNE, ■ n. m. [bytadjɛn] (*butane* et *diéthylène*) Hydrocarbure entrant dans la composition du caoutchouc de synthèse.

BUTANE, ■ n. m. [bytan] (radic. de *butyle*) Gaz liquéfié employé comme combustible. *Un réchaud au butane.*

BUTANT, adj. m. [bytɑ̃] (*buter*) ▷ Archit. Qui bute, qui supporte la poussée d'une voûte, etc. *Arc-butant.* ♦ On dit plus souvent *arc-boutant.* ◁

BUTE, n. f. [byt] (autre forme de *boutoir*) Outil de maréchal pour couper la corne des chevaux.

BUTÉ, ÉE, p. p. de buter. [byte] Fixé à, décidé obstinément. *Buté à quelque chose. Butés l'un contre l'autre.*

1 **BUTÉE**, n. f. [byte] Voy. BUTTÉE.

2 **BUTÉE**, ■ n. f. [byte] (*buter*) Pièce qui arrête un mouvement. *Butée de porte.*

BUTÈNE ou **BUTYLÈNE**, ■ n. m. [bytɛn, bytilɛn] (radic. de *butyle*) Hydrocarbure présent dans les gaz produit par le cracking du pétrole.

1 **BUTER**, v. intr. [byte] (*but*) Frapper au but, toucher le but. ♦ Fig. Tendre à une fin. « *Si je suivais mon goût, je saurais où buter* », LA FONTAINE.

2 BUTER, v. tr. [byte] (*but[t]e*) *Buter quelqu'un*, le heurter. ♦ Appuyer contre. *Buter ses genoux.* ♦ Soutenir un mur au moyen d'un arc-boutant. ♦ Se buter, v. pr. Se fixer à, s'opiniâtrer. *Il se bute à ce dessein.* ■ Fam. Assassiner. *Il s'est fait buter.*

BUTEUR, EUSE, ■ n. m. et n. f. [bytœʀ, øz] (*but*) **Sp.** Joueur, joueuse qui marque des buts dans les jeux de ballon ou de palet.

BUTIÈRE, adj. f. [bytjɛʀ] (*but*) *Arquebuse butière* ou n. f. *butière*, espèce de grande arquebuse qui servait à tirer au blanc.

BUTIN, n. m. [bytɛ̃] (prob. moyen bas allemand *bute*, échange, partage, de *buten*, échanger) Objets de valeur, tels que hardes, vivres, argent, bestiaux, etc., qu'on prend sur l'ennemi. ♦ **Pop.** Profit, richesse. *Il y a du butin en cette maison.* ♦ La récolte que font les abeilles sur les fleurs. ♦ Trouvailles, découvertes qu'on fait dans l'érudition, dans les sciences.

BUTINÉ, ÉE, p. p. de butiner. [bytine]

BUTINER, v. intr. [bytine] (*butin*) Faire du butin. ♦ Faire récolte sur les fleurs, en parlant des mouches à miel. ■ V. tr. *Les fleurs que les abeilles butinent.* ■ **Fig.** Glaner çà et là des renseignements.

BUTINEUR, EUSE, adj. [bytinœʀ, øz] (*butiner*) Qui butine. *Abeille butineuse.*

BUTOIR, ■ n. m. [bytwaʀ] (*but[t]er*) Objet qui bloque le mouvement d'un autre. *Un butoir de porte, de chemin de fer.* ■ Couteau utilisé pour racler le cuir. ■ **Fig.** Limite virtuelle qu'on ne peut dépasser. *Une date butoir.*

BUTOME, ■ n. m. [bytom] (gr. *boutomos*, litt. qui coupe la langue des bœufs, de *bous*, bœuf, et *temnein*, couper) **Bot.** Plante aquatique monocotylédone à longues fleurs roses en ombrelles, plus souvent appelée *jonc fleuri.*

BUTOR, n. m. [bytɔʀ] (prob. lat. vulg. *butitorius*, du lat. *butio*, butot, et *torus*, taureau, à cause de la ressemblance de leur cri) Oiseau de proie qui vit dans les marécages et qu'on ne peut dresser pour la chasse. ♦ **Fam.** Un homme stupide, grossier, maladroit. ♦ Au fém. *Butorde.* « Voyez-vous cette maladroite bouvière, cette butorde? », MOLIÈRE.

BUTORDERIE, n. f. [bytɔʀdəʀi] (*butorde*, personne stupide, de *butor*) Action, parole de butor.

BUTTAGE, n. m. [bytaʒ] (*butter*) Action d'accumuler la terre au pied d'une plante.

BUTTE, n. f. [byt] (forme fém. de *but*) Petit tertre. *La butte de Montmartre.* ♦ Massif de terre où l'on place le but pour tirer et viser. *La butte du polygone pour le tir de l'artillerie.* ♦ Être en butte à, exposé à. « Aux plus âpres tourments un chrétien est en butte », P. CORNEILLE.

BUTTÉ, ÉE, p. p. de butter. [byte] *Plantes buttées.*

BUTTÉE, n. f. [byte] (*butter*) Massif de pierre destiné à recevoir une poussée. ♦ Quelques-uns, dit l'Académie, écrivent *butée.*

BUTTER, v. tr. [byte] (*butte*) Ameublir la terre en pyramide autour du pied d'une plante. *Butter des artichauts.* ♦ En parlant du cheval, heurter avec les pieds, en marchant, les corps saillants qui se trouvent sur son chemin. ♦ En gén. achopper. *Ce vieillard butta contre une pierre et tomba.* ♦ Quelques-uns, dit l'Académie, écrivent *butter.*

BUTTEUR ou **BUTTOIR**, ■ n. m. [bytœʀ, bytwaʀ] (*butter*) Outil de jardin ou charrue utilisée pour butter des plants.

BUTYLE, ■ n. m. [bytil] (radic. *but-* de *butyrique*) **Chim.** Radical présent dans le butène.

BUTYLÈNE, ■ n. m. [bytilɛn] Voy. BUTÈNE.

BUTYLIQUE, ■ adj. [bytilik] (*butyle*) **Chim.** Qui contient du butyle.

BUTYRATE, ■ n. m. [bytiʀat] (radic. de *butyrique*) Ester de l'acide butyrique.

BUTYREUX, EUSE, adj. [bytiʀø, øz] (lat. *butyrum*, beurre, gr. *bouturon*) Qui a la consistance ou l'apparence du beurre.

BUTYRINE, ■ n. f. [bytiʀin] (radic de *butyrique*) **Chim.** Ester de la glycérine présent dans le beurre.

BUTYRIQUE, ■ adj. [bytiʀik] (lat. *butyrum*, beurre) **Chim.** Relatif au beurre. ■ *Acide butyrique*, acide présent dans le beurre ou la sueur. ■ *Fermentation butyrique*, transformation d'une substance en acide butyrique.

BUTYROMÈTRE, ■ n. m. [bytiʀɔmɛtʀ] (lat. *butyrum*, beurre, et *-mètre*) Instrument permettant de déterminer la quantité de matière grasse contenue dans le lait.

BUVABLE, adj. [byvabl] (radic. *buv-* de *boire*) Qui peut être bu. *Ce vin est buvable.*

BUVANT, ANTE, adj. [byvɑ̃, ɑ̃t] (p. prés. de *boire*) Qui boit. ♦ ▷ *Être bien mangeant et bien buvant*, être en bonne santé. « Soyons bien buvants, bien mangeants », LA FONTAINE. ◁

BUVARD, n. m. [byvaʀ] (radic. *buv-* de *boire*) Cahier relié, fait de feuilles de papier brouillard, pour faire sécher l'écriture. ■ *Papier buvard* ou *buvard*, feuille de papier qui absorbe l'encre. ■ Sous-main recouvert d'un papier buvard.

BUVÉE, ■ n. f. [byve] (radic. *buv-* de *boire*) Breuvage à base de farine et d'eau destiné au bétail.

BUVETIER, IÈRE, n. m. et n. f. [byv(ə)tje, jɛʀ] (*buvette*) Personne qui tient la buvette.

BUVETTE, n. f. [byvɛt] (radic. *buv-* de *boire*) Cabaret situé près du palais, où les membres de la cour et les avocats déjeunaient et prenaient des rafraîchissements. ♦ Aujourd'hui, buffet de rafraîchissement dans les chambres législatives et dans les stations de chemin de fer. ♦ ▷ **Fam.** Coups que l'on boit. ◁

BUVEUR, EUSE, n. m. et n. f. [byvœʀ, øz] (radic. *buv-* de *boire*) Personne qui boit. ♦ *Buveur d'eau*, qui ne boit que de l'eau ou du vin fort trempé. ♦ **Par extens.** Ceux qui boivent des eaux minérales. ♦ Qui aime à boire du vin. *Un grand buveur.*

BUVOTTER, v. intr. [byvɔte] (radic. *buv-* de *boire*) Boire à petits coups, fréquemment.

BUZUKI, ■ n. m. [buzuki] Voy. BOUZOUKI.

BY BACK, ■ n. m. [bajbak] (locut. angl.) **Écon.** Contrat de vente d'une usine dans un pays étranger stipulant que le vendeur est rémunéré par une partie de la production.

BYE-BYE ou **BYE**, ■ interj. [bajbaj, baj] (interj. angl. *bye bye!*, adieu!) **Fam.** Au revoir.

BYLINE, ■ n. f. [bilin] (russe *bylina*) Épopée populaire russe.

BYSSE ou **BYSSUS**, n. m. [bis, bisys] (lat. *byssus*, gr. *bussos*, lin très fin) Nom donné par les anciens à la matière textile dont ils se servaient pour fabriquer les plus riches étoffes. ♦ **Bot.** Nom de champignons qui forment certaines moisissures. ♦ **Zool.** Barbe des testacés bivalves. ■ **Rem.** On écrivait aussi *bissus.*

BYTE, ■ n. m. [bajt] (mot angl., de *b[inar]y te[rm]*) **Inform.** Groupe de huit bits représentant un caractère de données. ■ **Rem.** Recommandation officielle : *octet.*

BYZANTIN, INE, ■ adj. [bizɑ̃tɛ̃, in] (lat. *byzantinus*, du gr. *Byzantion*, Byzance) De Byzance. *Empire byzantin.* ■ **N. m.**, n. f. *Un Byzantin, une Byzantine.* ■ **Fig.** Qui suggère un discours futile plein de subtilités oiseuses. *Une querelle byzantine.* « Le distinguo qu'avec un plaisir byzantin nous établissons mon frère et moi entre les deux types "rectilignes" et "curvilignes" en lesquels nous répartissons les planeurs que nous confectionnons avec des feuilles », LE CLÉZIO.

BYZANTINISME, ■ n. m. [bizɑ̃tinism] (*byzantin*) Propension aux discussions et aux querelles byzantines.

BYZANTINISTE, ■ n. m. et n. f. [bizɑ̃tinist] (*byzantin*) Chercheur spécialisé en byzantinologie. ■ **Rem.** On dit aussi *byzantinologue.*

BYZANTINOLOGIE, ■ n. f. [bizɑ̃tinɔlɔʒi] (*byzantin* et *-logie*) Étude de la civilisation byzantine.

BYZANTINOLOGUE, ■ n. m. et n. f. [bizɑ̃tinɔlɔg] (*byzantinologie*) Voy. BYZANTINISTE.

C

C, n. m. [se] (lat. *c*) Troisième lettre de l'alphabet et deuxième consonne. ♦ Signe de cent dans la numération romaine. ▪ **Mus.** Do dans la notation anglo-saxonne. ▪ **Mus.** Signe indiquant une mesure à quatre temps. ▪ Symbole des mesures en centi-. ▪ **Math.** Ensemble des nombres complexes. ▪ **Chim.** Symbole du carbone. ▪ **Électr.** Symbole du coulomb. ▪ **Inform.** L'un des langages de programmation.

CA, ▪ n. m. [sea] (sigle de *chiffre d'affaires*) Total des ventes réalisées par une entreprise ou un organisme en une année.

1 ÇA, pron. dém. [sa] (contraction de *cela*) Donnez-moi ça. ♦ *Comme ça*, médiocrement, assez mal. ▪ **Fam.** *Ça le fait !* C'est vraiment bien ! ▪ *Sans ça*, sinon.

2 ÇA, ▪ n. m. [sa] (1 *ça*, calque de l'all. *Es* [Freud]) **Psych.** Ensemble des pulsions refoulées par l'individu dans son inconscient. *Freud distingue le ça du moi et du surmoi.*

ÇÀ, adv. [sa] (lat. *ecce hac*, voici par ici) Ici. « *Venez çà, chien maudit* », MOLIÈRE. ♦ *Çà et là*, de côté et d'autre. *Errer çà et là* ▷ *Qui çà, qui là*, les uns d'un côté, les autres d'un autre. ◁ *De-çà*, Voy. DEÇÀ. ♦ ▷ **Dr.** *En çà*, jusqu'à présent. « *Depuis quinze ou vingt ans en çà* », RACINE. ◁ ▪ **Interj.** familière pour exciter, encourager. *Çà, travaillons.* ♦ ▷ *Or çà, maintenant.* « *Or çà verbalisons* », RACINE. ◁ ♦ *Ah çà*, sorte d'appel à l'attention. *Ah çà, il faut s'entendre.*

CAATINGA, ▪ n. f. [katẽga] (mot tupi, de *ka'a*, bois, broussailles, et *tinga*, blanc, épars) Végétation épineuse et éparse, typique du Brésil.

CAB, n. m. [kab] (mot angl., apocope de *cabriolet*) Sorte de cabriolet de place très usité en Angleterre, où le cocher est placé par derrière.

CABALANT, ANTE adj. [kabalã, ãt] (*cabaler*) Qui cabale. « *La canaille écrivante et la canaille cabalante* », VOLTAIRE.

CABALE, n. f. [kabal] (hébr. *qabbala*, tradition reçue) Tradition juive touchant l'interprétation de l'Ancien Testament. ♦ Science prétendue pour commercer avec les êtres surnaturels. ▪ **Fig.** Menées secrètes de gens qui s'entendent pour un même dessein. « *Quelle horrible peine a un homme qui est sans prôneurs et sans cabale, de se faire jour...* », LA BRUYÈRE. ♦ La troupe même des cabaleurs. *La cabale remplissait le parterre.* ▪ **Rem.** On écrit aussi *kabbale.*

CABALER, v. intr. [kabale] (*cabale*) Faire une cabale, être d'une cabale.

CABALETTE, n. f. [kabalɛt] (ital. *cabaletta*, petit couplet, prob. de l'anc. provenç. *cobla*, couplet) ▷ **Mus.** Pensée musicale légère et mélodieuse.

CABALEUR, n. m. [kabalœʀ] (*cabaler*) ▷ Personne qui cabale. ◁

CABALISER, v. intr. [kabalize] (*cabale*) ▷ Se servir de l'art de la cabale. ◁

CABALISTE, n. m. [kabalist] (*cabale*) Homme savant dans la cabale des Juifs. ▪ **Rem.** On écrit aussi *kabbaliste.*

CABALISTIQUE, adj. [kabalistik] (*cabaliste*) Qui appartient à la cabale des Juifs. *Livres cabalistiques.* ♦ Qui appartient à l'art chimérique de commercer avec les êtres surnaturels. ▪ Qui semble avoir une signification mystérieuse. *Une écriture cabalistique.*

CABALISTIQUEMENT, adv. [kabalistik(ə)mã] (*cabalistique*) D'une manière cabalistique.

CABAN, n. m. [kabã] (sicil. *cabbanu*, de l'ar. *qaba*, tunique) Sorte de vêtement à manches et à capuchon servant contre la pluie ou contre le soleil.

CABANE, n. f. [kaban] (provenç. *cabana*) Petite et chétive maison, ordinairement couverte de chaume. *Les cabanes du village. Cabane de berger. Cabane à lapins.* ▪ **Fam.** Prison. *Il est en cabane.* ▪ **Canada** Lieu de fabrication du sirop d'érable. ▪ **Suisse** Refuge de montagne.

CABANÉ, ÉE, p. p. de cabaner. [kabane] ▷ Logé sous une cabane. ◁

CABANER, v. intr. [kabane] (*cabane*) Se mettre sous les cabanes, en parlant des sauvages [1]. ▪ **Mar.** Retourner un bateau hors de l'eau. ▪ **Rem.** 1 : *Sauvage* à l'époque de Littré n'était pas péjoratif.

CABANON, n. m. [kabanɔ̃] (*cabane*) Petite cabane. ♦ Cachot obscur dans quelques prisons. ▪ Petite cabane de plage en bois. ▪ Maison de campagne en Provence.

1 CABARET, n. m. [kabaʀɛ] (moy. néerl. *cabaret*, p.-ê. de l'anc. pic. *camberete*, petite chambre) Sorte d'auberge d'un rang inférieur où l'on vend du vin en détail et où l'on donne aussi à manger. ♦ ▷ *C'est un pilier de cabaret*, il ne bouge du cabaret. ◁ ♦ ▷ **Fam.** *Aller dîner au cabaret*, dîner chez le traiteur. ◁ ♦ ▷ Petite table ou plateau pour tasses à café, à thé, etc. ◁ ▪ Établissement qui propose à ses clients d'assister à un spectacle tout en dînant.

2 CABARET, n. m. [kabaʀɛ] (métathèse de *bacaret*, du lat. impér. *baccar*, gr. *bakkaris*, sclarée) Nom vulgaire de l'asaret.

CABARETIER, IÈRE, n. m. et n. f. [kabaʀ(ə)tje, jɛʀ] (1 *cabaret*) Personne qui tient cabaret.

CABAS, n. m. [kaba] (mot provenç. prob. du b. lat. *capacium*, p.-ê. de *capax*, qui contient) ▷ Panier de jonc qui sert ordinairement à mettre des figues. ◁ ♦ Panier aplati, en paille tressée, à l'usage des femmes. ♦ Grand panier servant à porter différents objets. ♦ ▷ **Fam.** *Cabas*, vieille voiture à l'ancienne mode. ◁

CABASSET, n. m. [kabasɛ] (*cabas*, par analogie de forme) Espèce de petit casque. *Mercure est représenté avec un cabasset ailé.*

CABÈCHE, ▪ n. f. [kabɛʃ] (esp. *cabeza*, tête, du lat. vulg. ibérique *capitia*) Pop. Tête. « *Non pas kam'rad, jamais ! couper cabèche !* », BARBUSSE.

CABERNET, ▪ n. m. [kabɛʀnɛ] (p.-ê. b. lat. *caput*, cep de vigne) Vigne cultivée dans le sud-ouest. ▪ Vin fabriqué avec le raisin produit par ce cépage. *Des cabernets du Médoc.*

CABESTAN, n. m. [kabɛstã] (prob. provenç. *cabestan*, de *cabestre*, corde de poulie.) Treuil vertical qui se manœuvre au moyen de barres fixes et horizontales. *Virer au cabestan.*

CABIAI, ▪ n. m. [kabjɛ] (mot galibi (Guyane) de *cabi*, herbe, et *aïca*, manger ; cf. tupi *capibara*, même sens) Gros rongeur originaire d'Amérique du Sud, dont les pattes avant sont plus courtes que les pattes arrière et qui vit au bord de l'eau.

CABILLAUD, n. m. [kabijo] (moy. néerl. *cab[b]eliau*) Nom de la morue fraîche. ▪ **Rem.** On disait aussi *cabliau.*

CABILLOT, ▪ n. m. [kabijo] (provenç. *cabilhot*) **Mar.** Cheville de bois ou de fer installée dans les trous des râteliers et permettant d'amarrer les manœuvres. *Cabillots d'amarrage, de tournage.*

CABIN-CRUISER, ▪ n. m. [kabinkʀuzœʀ] (mot angl. de *cabin*, cabine, et *cruiser*, croiseur) Yacht équipé d'un moteur, ce qui lui permet de naviguer en haute mer. *Des cabin-cruisers.*

CABINE, n. f. [kabin] (angl. *caban*, *cab[b]in*, refuge, cabine, du fr. cabane) Petite chambre à bord de certains bâtiments de commerce. ▪ Local de taille réduite réservé à un usage particulier. *Cabine d'essayage, de bain. Cabine téléphonique.* ▪ Habitacle réservé au conducteur dans un véhicule. *La cabine d'un camion.* ▪ *Cabine de pilotage*, dans un avion. ▪ Habitacle permettant le transport de passagers. *Une cabine de téléphérique, d'ascenseur.*

CABINET, n. m. [kabinɛ] (*cabine*) Petite pièce qui, dans un appartement, est à l'écart et sert à divers usages. *Cabinet de toilette.* ♦ *Cabinet d'aisances* ou **absol.** *Cabinet*, lieu destiné aux besoins naturels. ♦ Pièce où l'on se retire pour travailler. *Cabinet d'étude. Homme de cabinet. La vie de cabinet est nuisible à la santé.* ♦ *Cabinet d'affaires*, établissement où un homme habile dans les affaires dirige celles qu'on lui confie. ♦ La clientèle, l'ensemble des affaires dont il est chargé. *Cet avocat a un très bon cabinet.* ♦ Conseil où se traitent les affaires générales de l'État. *Le cabinet des Tuileries*, le gouvernement français. ♦ *Tenir cabinet*, tenir conseil. ♦ Les membres du conseil des ministres. *Le cabinet donna sa démission.* ♦ ▷ *Cabinet de lecture*, lieu où on lit, moyennant rétribution, des journaux et des livres. ◁ ♦ Lieu où l'on expose des objets d'étude et de curiosité. *Cabinet de tableaux, de curiosités, d'anatomie, etc.* ♦ Les collections exposées dans un cabinet. ♦ *Cabinet de physique*, collection d'instruments de physique. ♦ ▷ Petit lieu couvert dans un jardin. *Cabinet de verdure.* ◁ ♦ Buffet à plusieurs compartiments. *Un cabinet de laque, d'ébène.* ♦ ▷ *Cabinet d'orgue*, l'armoire qui renferme un orgue. ◁ ♦ Lieu d'exercice de certaines professions. *Un cabinet de médecin.*

CÂBLAGE, ▪ n. m. [kablaʒ] (*câbler*) Action de tirer et relier les câbles d'une installation électrique ou électronique. ▪ Ensemble des câbles et fils électriques à l'intérieur d'un appareil électrique ou électronique et permettant son fonctionnement. ▪ Équipement d'une zone géographique avec la télédistribution par câble.

CÂBLE, ▪ n. m. [kabl] (b. lat. *capulum*, croisé avec l'anc. fr. *chaable*, catapulte ; *câblogramme*, d'après l'angl. *cablegram* et *cable*) Gros cordage. ♦ Gros cordage destiné à retenir l'ancre. ♦ *Filer du câble, filer le câble*, lâcher peu à peu le câble d'une ancre. ♦ ▷ **Fig.** et **fam.** *Filer du câble*, gagner du temps, différer de se décider. ◁ ♦ ▷ Quelquefois syn. d'encablure. ◁

■ Faisceau de fils conducteurs. *Câble électrique. Brancher un câble.* ■ **Télécomm.** Système de télédiffusion par fibres optiques. *La télévision par câble. Les abonnés du câble.*

1 **CÂBLÉ,** n. m. [kable] (*câble*) Gros cordon servant à attacher les tableaux, à relever les tentures, etc.

2 **CÂBLÉ, ÉE,** p. p. de câbler. [kable] **Hérald.** *Croix câblée,* croix formée ou couverte de cordes ou de câbles. ◆ Muni d'un câble. *Ancre câblée.* ■ Qui est équipé d'un système de télédiffusion par câble. *Un immeuble câblé. Les abonnés câblés.*

CÂBLEAU ou **CÂBLOT,** n. m. [kablo] (dim. de *câble*) Petit câble servant d'amarre aux embarcations.

CÂBLE-CHAÎNE ou **CÂBLE-CHAINE,** n. m. [kabləʃɛn] (*câble* et *chaîne*) ▷ Chaîne d'ancre. *Des câbles-chaînes.* ◁

CÂBLER, v. tr. [kable] (*câble*) Tordre en une seule plusieurs cordes qu'on assemble. ■ Effectuer un branchement au moyen de câbles. *Câbler son ordinateur.* ■ **Télécomm.** Équiper une zone du câble. *Câbler un immeuble.*

CÂBLERIE, ■ n. f. [kabləri] (*câble*) Entreprise qui fabrique du câble. ■ Activité de fabrication de câble.

CÂBLEUR, EUSE, ■ n. m. et n. f. [kablœr, øz] (*câbler*) Personne qui travaille à la pose de câbles électriques. ■ N. f. Machine productrice de câble.

CABLIAU, n. m. [kablijo] Voy. CABILLAUD.

CÂBLIER, ■ n. m. [kablije] (*câble*) Navire équipé pour l'installation et la maintenance de câbles sous-marins.

CÂBLISTE, ■ n. m. [kablist] (*câble*) **Audiov.** Personne chargée de veiller à l'approvisionnement en câble d'une caméra en fonction des déplacements occasionnés par la prise de vue.

CÂBLODISTRIBUTION, ■ n. f. [kablodistribysjɔ̃] (*câble* et *distribution*) **Télécomm.** Diffusion de programmes télévisuels par câble. ■ **Rem.** On dit aussi *télédistribution.* ■ **CÂBLODISTRIBUTEUR,** n. m. [kablodistribytœr]

CÂBLO-OPÉRATEUR, ■ n. m. [kablooperatœr] (*câble* et *opérateur*) **Télécomm.** Opérateur qui gère un réseau de câblodistribution. *Les câblo-opérateurs.* ■ **Rem.** On peut aussi écrire *câblooopérateur.*

CÂBLOT, n. m. [kablo] Voy. CÂBLEAU.

CABOCHARD, ARDE, ■ adj. [kabɔʃar, ard] (*caboche*) Impulsif, n'en faisant qu'à sa tête. *Il est cabochard, une vraie tête de mule.* « *Non, tout de même, ce qu'il faut que vous soyez cabochard ?* », GIDE. ■ N. m. et n. f. Personne têtue, caractérielle.

CABOCHE, n. f. [kabɔʃ] (mot normanno-pic. de l'élément péj. *ca*- et *bosse*) Tête, en style trivial. ◆ **Fig.** *Une bonne caboche,* un homme de sens. « *Vous avez la caboche un peu dure* », MOLIÈRE. ◆ Sorte de clous à tête.

CABOCHON, n. m. [kabɔʃɔ̃] (*caboche*) Pierre précieuse à laquelle on laisse sa forme primitive et qu'on polit sans la tailler. ◆ Adj. *Rubis cabochon.* ■ N. m. Par anal. Bouchon de carafe. Par anal. ■ Clou d'ornement dont la tête est décorée.

1 **CABOSSE,** ■ n. f. [kabɔs] (anc. fr. *caboce,* tête) **Bot.** Fruit produit par le cacaoyer.

2 **CABOSSE,** ■ n. f. [kabɔs] (*cabosser*) **Suisse** Endroit cabossé.

CABOSSER, ■ v. tr. [kabose] (préf. péj. *ca-* et *bosse*) Déformer par des bosses. *Cabosser une valise.* ■ P. p. *Ma voiture est toute cabossée.*

1 **CABOT,** ■ n. m. [kabo] (*cabotin,* p.-ê. avec infl. de 3 *cabot*) **Fam.** Comédien de peu de talent. ■ **Rem.** On dit aussi *cabotin.*

2 **CABOT,** ■ n. m. [kabo] (altération de *caporal* par attraction de 3 *cabot*) **Fam.** Caporal dans l'armée.

3 **CABOT,** ■ n. m. [kabo] (orig. obsc., p.-ê. lat. *caput,* tête) **Vulg.** Chien. Voy. CHABOT.

CABOTAGE, n. m. [kabotaʒ] (*caboter*) Navigation le long des côtes, de cap en cap, de port en port, par opposition à la navigation dite au long cours.

CABOTER, v. intr. [kabote] (prob. *cap*) Faire le cabotage.

CABOTEUR, n. m. [kabotœr] (*caboter*) Marin qui fait le cabotage. ◆ Adj. *Bâtiment caboteur.*

CABOTIER, n. m. [kabotje] (*caboter*) Bâtiment dont on se sert pour faire le cabotage.

CABOTIN, INE, n. m. et n. f. [kabotɛ̃, in] (p.-ê. *caboter,* ou pic. *cabotin,* homme de très petite taille, petit sot) Comédien, comédienne ambulant et, par ext. mauvais comédien. ■ **Fig.** Personne qui aime se faire remarquer de son entourage. Voy. CABOT.

CABOTINAGE, n. m. [kabotinaʒ] (*cabotiner*) État des comédiens ambulants, et aussi des mauvais comédiens.

CABOTINER, v. intr. [kabotine] (*cabotin*) Exercer sans talent la profession de comédien.

CABOULOT, ■ n. m. [kabulo] (mot franco-provenç., prob. du croisement de *cabane* avec le celt. *buta,* hutte) **Antilles** Petit bistrot.

CABRÉ, ÉE, p. p. de cabrer. [kabre] *Cheval cabré.*

CABRER (SE), v. pr. [kabre] (anc. provenç. *cabra,* chèvre) En parlant du cheval, se dresser sur les pieds de derrière. ◆ En sous-entendant *se : Ne tirez pas la bride à ce cheval, vous le ferez cabrer.* ◆ **Fig.** S'emporter. *Il se cabre au moindre mot.*

CABRI, n. m. [kabri] (anc. provenç. *cabrit,* du lat. vulg. *capritus,* bouc, du lat. *capra*) Chevreau.

CABRIOLE, ■ n. f. [kabrijɔl] (ital. *capriola,* femelle du chevreuil, du b. lat. *capreola,* chèvre sauvage ; infl. de *cabri*) Saut que l'on compare à celui d'une chèvre. ◆ **Danse** Nom générique de tous les sauts, et surtout de ceux où les jambes battent l'une contre l'autre. *Les entrechats sont des cabrioles.* ◆ Saut du cheval qui s'enlève et détache la ruade.

CABRIOLER, v. intr. [kabrijole] (*cabriole*) Faire la cabriole ou des cabrioles.

CABRIOLET, ■ n. m. [kabrijolɛ] (radic. de *cabrioler*) Voiture légère à deux roues. ◆ *Cabriolet de place,* cabriolet de louage. ◆ Espèce de petit fauteuil. *Un fauteuil cabriolet.* ■ Automobile décapotable.

CABRIOLEUR, n. m. [kabrijolœr] (*cabrioler*) Faiseur de cabrioles.

CAB-SIGNAL, ■ n. m. [kapsinal] ou [kapsinjal] (*cabine* et *signal*) **Ch. de fer.** Signal émis en permanence dans la cabine d'un conducteur de train pour lui donner les indications nécessaires à la conduite de la machine. *Des cab-signaux.*

CABUS, adj. m. [kaby] (mot a. provenç., du lat. *caput,* tête) Pommé, en parlant du chou. *Des choux cabus.*

CAC 40, ■ n. m. inv. [kakkarat] (acronyme de *Compagnie des agents de change*) Indice établi sur la base des quarante titres boursiers français du marché à règlement mensuel les plus cotés.

CACA, n. m. [kaka] (lat. *cacare,* chier) Terme du langage enfantin. Excrément, ordure. ■ *Caca d'oie,* couleur jaune verdâtre. ■ Adj. inv. *Des pulls caca d'oie.*

CACABER, ■ v. intr. [kakabe] (b. lat. *cacabare,* gr. *kakkabizein,* crier comme la perdrix, *kakkabis*) Crier en parlant de la caille ou de la perdrix.

CACADE, n. f. [kakad] (provenç. *cagado,* selle, mauvais succès, de *cagar,* chier) ▷ Décharge de ventre. ◆ **Fig.** Retraite honteuse, ruine causée par la couardise, le manque de tête, d'habileté. *Faire une vilaine cacade.* ◁

CACAHOUÈTE ou **CACAHUÈTE,** ■ n. f. [kakawɛt, kakaɥɛt] (esp. *cacahuete,* arachide, du nahuatl *tlacacahuatl,* de *tlalli,* terre, et *cacahuatl,* cacao) Fruit de l'arachide ayant la forme d'une gousse et renfermant deux ou trois graines que l'on consomme torréfiées et dont on extrait de l'huile. *Des cacahouètes grillées. Du beurre de cacahouète.* ■ **Plais.** *Valoir son pesant de cacahouètes,* avoir une grande valeur.

CACAILLE, ■ n. f. [kakaj] (rac. *kak*-, caqueter, babiller) **Fam. Belg.** Babiole de peu de valeur.

CACAO, n. m. [kakao] (esp. *cacao,* du nahuatl *cacahuatl*) Sorte d'amande renfermée dans une capsule, qui forme la base du chocolat. ■ Poudre de chocolat.

CACAOTÉ, ÉE, ■ adj. [kakaote] (*cacao*) Qui contient ou qui est parfumé au cacao. *Une boisson cacaotée.*

CACAOUI ou **KAKAWI,** ■ n. m. [kakawi] (mot algonquin) **Canada** Petit canard plongeur qui vit en milieu marin.

CACAOYER ou **CACAOTIER,** n. m. [kakaoje, kakaotje] (*cacao*) Arbre d'Amérique, de la famille des malvacées, qui produit le cacao.

CACAOYÈRE ou **CACAOTIÈRE,** n. f. [kakaojɛr, kakaotjɛr] (*cacaoyer* ou *cacaotier*) Plantation de cacaoyers.

CACARDER, ■ v. intr. [kakarde] (onomat. imitative) Crier en parlant de l'oie.

CACATOÈS, n. m. [kakatoɛs] (port. *cacatua,* du malais *kakatuwa,* prob. de *kaka,* corneille, et *tuwa* vieux) Genre de la famille des psittacidés. ◆ Sorte de perroquet remarquable par une huppe de plumes jaunes, rouges ou blanches, qui se couchent et se redressent au gré de l'oiseau Voy. 1 CACATOIS. ◆ On dit aussi par corruption *katakoua.* ■ **Rem.** Graphie ancienne : *kakatoès.*

1 **CACATOIS,** n. m. [kakatwa] (*cacatoès*) Genre d'oiseaux grimpeurs d'un très beau plumage.

2 **CACATOIS,** n. m. [kakatwa] (1 *cacatois*) Nom des plus petits mâts qu'on grée, sur les grands bâtiments, au-dessus des mâts de perroquet. *Mât de cacatois.* ◆ On dit aussi, selon l'Académie, *catacois.*

CACHALOT, n. m. [kaʃalo] (esp. *cachalote*, du port. *cachola*, grosse tête)) Mammifère cétacé dont les dimensions égalent celles de la baleine.

CACHE, n. f. [kaʃ] (*cacher.*) Lieu propre à cacher ou à se cacher. « *Je sais, sire, une cache* », LA FONTAINE. ■ **Inform.** *Mémoire cache,* mémoire tampon qui permet de stocker les données les plus souvent utilisées par le système d'exploitation d'un ordinateur. ■ **N. m. Techn.** Dispositif servant à masquer, à dissimuler. *Le cache d'une serrure.* ■ Morceau de carton ou de papier utilisé pour dissimuler ou protéger quelque chose sur une surface plane. *Coller un cache sur un encadrement de fenêtre avant de commencer à peindre.*

CACHÉ, ÉE, p. p. de cacher. [kaʃe] Dérobé à la vue. *Écueils cachés.* ♦ **Fig.** *Douleur, passions cachées.* ♦ Qui dissimule. *C'est un esprit caché.*

CACHE-BRASSIÈRE, ■ n. m. [kaʃ(ə)brasjɛr] (*cacher* et *brassière*) Chemise que l'on enfile sur la brassière d'un bébé. *Des cache-brassières.*

CACHE-CACHE, n. m. inv. [kaʃ(ə)kaʃ] (*cacher*) Jeu d'enfant nommé aussi *cligne-musette,* où un enfant cherche les autres qui sont cachés. ♦ **Fig.** *Jouer à cache-cache,* agir de ruse.

CACHE-CŒUR, ■ n. m. [kaʃ(ə)kœr] (*cacher* et *cœur*) Gilet féminin dont les pans se croisent sur le devant formant une encolure en V et qui se ferme au moyen de liens noués sur le côté ou dans le dos. *Des cache-cœurs.*

CACHE-COL, ■ n. m. [kaʃ(ə)kɔl] (*cacher* et *cou*) Petite écharpe que l'on porte par-dessus le col. *Il portait un magnifique cache-col en soie. Des cache-cols* ou *des cache-col.*

CACHECTIQUE, adj. [kaʃɛktik] Voy. CACHEXIE. Qui est attaqué de cachexie, ou qui appartient à la cachexie. *Enfant cachectique. État cachectique.* ■ N. m. et n. f. *Un cachectique, une cachectique.*

CACHE-FLAMME, ■ n. m. [kaʃ(ə)flam] (*cacher* et *flamme*) Dispositif fixé à l'extrémité du canon d'une arme à feu pour cacher et éteindre la flamme produite lorsque le coup est tiré. *Des cache-flammes.*

CACHEMIRE ou **CASHMERE**, n. m. [kaʃ(ə)mir] (*Kashmir,* province de l'Inde) Tissu très fin fait avec le poil des chèvres ou des moutons du pays de Cachemire. *Cachemire français,* étoffe faite à l'imitation du cachemire de l'Inde. ♦ *Un cachemire,* un châle de cachemire.

CACHE-MISÈRE, ■ n. m. [kaʃ(ə)mizɛr] (*cacher* et *misère*) Vêtement qui sert à cacher des vêtements usés. ■ **Par extens.** Objet qui sert à masquer des défauts ou quelque chose de gênant. *Des cache-misères* ou *des cache-misère.*

CACHE-NEZ, n. m. [kaʃ(ə)ne] (*cacher* et *nez*) Grosse cravate qui couvre le bas du visage et dont on se sert dans les grands froids. ♦ Au pl. *Des cache-nez.*

CACHE-PEIGNE, n. m. [kaʃ(ə)pɛɲ] ou [kaʃ(ə)pɛnj] (*cacher* et *peigne*) Boucle de cheveux servant à cacher le peigne. ♦ Coiffure de femme ; fleurs, rubans ou perles placés derrière la tête. ♦ Au pl. *Des cache-peignes.*

CACHE-POT, ■ n. m. [kaʃ(ə)po] (*cacher* et *pot*) Papier plissé et décoré dont on se sert pour orner un pot de fleurs de terre grossière. ♦ Au pl. *Des cache-pots.* ♦ ▷ À CACHE-POT, loc. adv. *Vendre du vin à cache-pot,* sans payer les droits. ◁

CACHE-POUSSIÈRE, ■ n. m. [kaʃ(ə)pusjɛr] (*cacher* et *poussière*) **Vx** Long pardessus enveloppant autrefois totalement le corps des automobilistes pour les préserver de la poussière. *Des cache-poussière* ou *des cache-poussières.*

CACHE-PRISE, ■ n. m. [kaʃ(ə)priz] (*cacher* et *prise*) Élément que l'on pose sur une prise de courant, en recouvrant les contacts électriques et permettant ainsi de la sécuriser. *Des cache-prises.*

CACHER, v. tr. [kaʃe] (lat. vulg. *coacticare,* presser, comprimer, du lat. *cogere,* contraindre) Dérober à la vue avec intention. *Cacher des papiers, de l'argent.* ♦ **Fig.** *Cacher son jeu,* dissimuler ses intentions ou sa pensée. ♦ Dérober à la vue sans qu'il y ait intention. *Vous me cachez la lumière.* ♦ **Fig.** *La prospérité cache les défauts.* ♦ *Cacher sa vie,* rechercher l'obscurité. ♦ Prendre soin de ne pas faire connaître. *Cacher son âge, son nom, une nouvelle.* ♦ Se cacher, v. pr. Se soustraire aux regards. « *Où me cacher ? fuyons dans la nuit infernale* », RACINE. ♦ *Aller se cacher,* ne pas oser paraître. *Allez vous cacher,* MOLIÈRE. ♦ Déguiser ses sentiments. « *Bajazet ne sait point se cacher* », RACINE. ♦ *Se cacher à,* fuir, éviter. *Se cacher au monde.* ♦ *Se cacher à soi-même,* s'ignorer soi-même. « *Toutes les passions sont menteuses, elles se cachent à elles-mêmes* », LA BRUYÈRE. ♦ *Se cacher de quelqu'un,* lui cacher ce qu'on dit ou fait. ♦ *Se cacher de quelque chose,* n'en pas convenir, le tenir secret. *Je ne m'en cache pas.* ♦ Être caché. « *L'homme se cache sous le monarque* », FLÉCHIER.

CACHE-RADIATEUR, ■ n. m. [kaʃ(ə)radjatœr] (*cacher* et *radiateur*) Coffrage à façade grillagée, fixé devant un radiateur pour le dissimuler sans occulter son rayonnement. *Des cache-radiateurs.*

CACHÈRE, ■ adj. inv. [kaʃɛr] Voy. CASHER.

CACHE-SEXE, ■ n. m. [kaʃ(ə)sɛks] (*cacher* et *sexe*) Vêtement élémentaire, de petite taille, couvrant le sexe. *Des cache-sexes.*

CACHET, n. m. [kaʃɛ] (*cacher,* presser) Petit sceau qu'on applique sur de la cire. ♦ La matière qui porte l'empreinte même. *Le cachet est rompu.* ♦ ▷ **Fig.** *Mettre un cachet sur la bouche de quelqu'un,* lui imposer de garder un secret. ◁ ♦ *Cachet volant,* cachet qui n'adhère qu'au pli supérieur d'une lettre sans la fermer. ◁ ♦ *Lettre de cachet,* lettre au cachet du roi et contenant un ordre de sa part. ♦ ▷ En particulier, lettre d'exil ou lettre d'emprisonnement. ◁ ♦ ▷ Petite carte portant un cachet, servant à tenir le compte du nombre de fois qu'on fait une chose. *Cachet de bains.* ◁ ♦ ▷ Carte qu'on donne à un maître à chaque leçon. ◁ ♦ *Courir le cachet,* donner des leçons en ville. ♦ Marque caractéristique. *Cet écrivain a son cachet.* ■ Marque que La Poste applique sur un envoi indiquant la date d'expédition. ■ Rémunération d'un artiste. *La chanteuse a touché un gros cachet.* ■ Comprimé médicamenteux. *Un cachet d'aspirine.*

CACHE-TAMPON, ■ n. m. [kaʃ(ə)tɑ̃põ] (*cacher* et *tampon*) Jeu d'enfants, où l'on cache un tampon cherché par l'un des enfants qui, le trouvant, en frappe les autres s'il peut les atteindre. *Des cache-tampons.*

CACHETÉ, ÉE, p. p. de cacheter. [kaʃ(ə)te]

CACHETER, v. tr. [kaʃ(ə)te] (*cachet*) Fermer avec un cachet, marquer d'un cachet. *Cacheter une lettre, un paquet, une bouteille. Cire à cacheter. Pain à cacheter.* ■ Clore une enveloppe en collant le rabat prévu à cet effet. ■ **CACHETAGE**, n. m. [kaʃ(ə)taʒ]

CACHETONNER, ■ v. intr. [kaʃ(ə)tone] (*cacheton*) **Fam.** Toucher des cachets çà et là. *Un musicien qui cachetonne pour arrondir ses fins de mois.*

CACHETTE, n. f. [kaʃɛt] (dimin. de *cache*) Petite cache. ♦ EN CACHETTE, loc. adv. En secret, à la dérobée.

CACHEUR, n. m. [kaʃœr] (*cacher*) Personne qui cache.

CACHEXIE, n. f. [kaʃɛksi] (gr. *kakhexia,* mauvaise constitution, de *kakôs ekhein,* être en mauvais état) État dans lequel toute l'habitude du corps est manifestement altérée.

CACHOT, n. m. [kaʃo] (*cacher*) Petite prison basse et obscure dans une grande prison. ♦ En général, prison.

CACHOTTER, v. tr. [kaʃote] (*cacher*) Se cachotter, v. pr. Se cacher avec affectation.

CACHOTTERIE, n. f. [kaʃɔt(ə)ri] (*cachotter*) Affectation de mystère.

CACHOTTIER, IÈRE, n. m. et n. f. [kaʃotje, jɛr] (*cachotter*) Personne qui se plaît à faire des cachotteries.

CACHOU, n. m. [kaʃu] (port. *cacho,* du tamoul *kasu*) Extrait préparé avec le bois et les gousses fraîches du *Mimosa catechu,* arbre des Indes. ■ Extrait de noix d'arec. ■ Petite pastille noire parfumée avec cet extrait. *Acheter une boîte de cachous.* ■ Adj. inv. Brun comme les cachous.

CACHUCHA, n. f. [katʃutʃa] (mot esp.) Danse espagnole qu'un homme et une femme exécutent sur un air vif. ■ REM. *ch* se prononce *tch.*

CACIQUE, n. m. [kasik] (ital. *cacicco,* d'un mot arawak des Antilles ; infl. de l'esp. *cacique* sur le sens mod.) Chef, prince des indigènes de Haïti, de Cuba et des contrées appartenant au continent d'Amérique, avant l'arrivée des Espagnols. ■ Personne influente et qui possède certaines responsabilités. ■ **Fam.** Premier reçu au concours d'entrée d'une grande école.

CACIS, n. m. [kasi] Voy. CASSIS.

CACO..., [kako] Préfixe venant de gr. *kakos,* mauvais.

CACOCHYME, adj. [kakoʃim] (gr. *kakokhumos* de *kakos,* mauvais, et *khumos,* suc, humeur) D'une constitution détériorée et débile. *Corps, vieillard cacochyme.* ♦ **Fig.** Mal disposé, mal né, d'humeur inégale. ♦ N. m. et n. f. *Un cacochyme, une cacochyme.*

CACOCHYMIE, n. f. [kakoʃimi] (gr. *kakokhumia,* de kakokhumos) **Méd.** État d'un corps cacochyme.

CACOGRAPHE, ■ n. m. [kakograf] (*caco-* et *-graphe*) Personne qui fait beaucoup de fautes d'orthographe.

CACOGRAPHIE, n. f. [kakografi] (*caco-* et *-graphie*) Orthographe vicieuse. ♦ Au pl. Textes imprimés exprès avec des fautes d'orthographe, que l'on donne aux élèves pour qu'ils les corrigent.

CACOGRAPHIQUE, adj. [kakografik] (*cacographie*) Qui appartient à la cacographie. *Exercices cacographiques.*

CACOLET, n. m. [kakolɛ] (béarn. *cacoulet,* p.-ê. du basque *kakoletak,* siège en bois recourbé) Panier à dossier dont on charge un mulet, dans les Pyrénées.

CACOLOGIE, n. f. [kakoloʒi] (gr. *kakologia,* injure, calomnie) Locution vicieuse.

CACOLOGIQUE, adj. [kakoloʒik] (*cacologie*) Qui appartient à la cacologie.

CACOPHONIE, n. f. [kakofoni] (gr. *kakophônia,* voix ou son désagréable) Rencontre de syllabes ou de mots qui produisent un son désagréable à l'oreille. ◆ **Mus.** Assemblage discordant de sons. ■ **Par extens.** *La cacophonie des hurlements.*

CACOPHONIQUE, ■ adj. [kakofonik] (*cacophonie*) Discordant et désagréable.

CACOSMIE, ■ n. f. [kakɔsmi] (*caco*- et gr. *osman*, sentir, flairer) **Méd.** Symptôme qui se manifeste par l'impression constante de percevoir une odeur désagréable.

CACTACÉES ou **CACTÉES**, n. f. pl. [kaktase, kakte] (*cactus*) Famille de plantes dont le *cactus opuntia* est le type.

CACTIER, n. m. [kaktje] (gr. *kaktos*, cardon) Genre de plantes de la famille des cactées dont deux espèces sont remarquables : la raquette ou figuier d'Inde et le nopal.

CACTUS, n. m. [kaktys] (gr. *kaktos*, cardon) Le même que cactier.

CADASTRAL, ALE, adj. [kadastʀal] (*cadastre*) Qui est relatif au cadastre. *Les registres cadastraux.*

CADASTRE, n. m. [kadastʀ] (provenç. *cathastre*, du gr. byz. *katastikhon*, litt. ligne par ligne, registre des taxes) Registre public dans lequel sont relatées la quantité et la valeur des biens-fonds. ◆ L'arpentage et l'évaluation des propriétés imposables. ■ Service administratif chargé d'établir et de tenir à jour les registres du cadastre.

CADASTRÉ, ÉE, p. p. de cadastrer. [kadastʀe]

CADASTRER, v. tr. [kadastʀe] (*cadastre*) Faire le cadastre.

CADAVÉREUX, EUSE, adj. [kadaveʀø, øz] (lat. *cadaverosus*) Qui tient du cadavre. *Teint cadavéreux.* ◆ **Fig.** *« Il est peu de ces âmes cadavéreuses devenues insensibles »*, J.-J. ROUSSEAU.

CADAVÉRIQUE, adj. [kadaveʀik] (lat. *cadaver*, cadavre) **Anat.** De cadavre, qui a rapport au cadavre. *Autopsie cadavérique.*

CADAVRE, n. m. [kadavʀ] (lat. *cadaver*) Corps mort, surtout en parlant de l'homme. ◆ **Fig.** et **fam.** *C'est un cadavre ambulant*, se dit d'une personne extraordinairement pâlie et amaigrie par la souffrance et par la maladie. ◆ **Fig.** *« Jérusalem n'était plus que le cadavre d'une grande ville »*, BOSSUET. ◆ *Sentir le cadavre*, sentir que les choses vont mal. ■ **Fam.** Bouteille vide.

1 **CADDIE** ou **CADDY**, ■ n. m. [kadi] (mot angl., jeune homme cherchant à faire toutes sortes de besognes, du *cadet*) Personne chargée de porter les clubs de golf d'un joueur tout au long du parcours. *Des caddies* ou *des caddys.*

2 **CADDIE**, ■ n. m. [kadi] (anglo-amér. *caddie cart*, chariot de caddie) Chariot métallique utilisé pour véhiculer les bagages dans les gares et les aéroports ou pour transporter les courses dans un supermarché. *« Il paraît que ce n'était pas encore ça le bonheur, remplir son caddie à craquer »*, ERNAUX. ■ Sac muni sur roulettes pour faire les courses. *Une vieille dame qui traîne toujours derrière elle son caddie. Des caddies.*

CADE, ■ n. m. [kad] (mot provenç. du b. lat. *catanum*, p.-ê. pré-celt.) **Proven.** Genévrier recherché pour son bois que l'on utilise en marqueterie. ■ *Huile de cade*, liquide épais obtenu par distillation du bois de l'arbre et utilisé en cosmétologie et en pharmacopée.

CADEAU, n. m. [kado] (provenç. *capdel*, capitaine, lettre capitale, du lat. *caput*, tête) Traits de plume dont les maîtres d'écriture ornent leurs exemples. ◆ Anciennement, fête, partie de plaisir. ◆ Aujourd'hui, présent que l'on fait à quelqu'un. ◆ *Cadeau empoisonné*, source d'ennuis. ■ **Fam.** *Ne pas faire de cadeau à quelqu'un*, ne pas le ménager.

CADEAUTER, ■ v. tr. [kadote] (*cadeau*) **Fam. Afriq.** Donner quelque chose en guise de cadeau.

CADENAS, n. m. [kad(ə)na] (anc. provenç. *cadenat*, chaîne fermant un accès, du lat. *catena*, chaîne) Serrure mobile qu'on accroche à une porte, à une malle, etc. ◆ Coffret contenant le couteau, la cuiller, etc. qu'on servait à la table du roi et des princes.

CADENASSÉ, ÉE, p. p. de cadenasser. [kad(ə)nase]

CADENASSER, v. tr. [kad(ə)nase] (*cadenas*) Fermer avec un cadenas.

CADENCE, n. f. [kadãs] (ital. *cadenza*, du lat. *cadentia [verba]*, de *cadere*, tomber, se terminer) Appui ou insistance de la voix sur les syllabes accentuées qui terminent les sections des phrases. ◆ Chute ou fin d'une phrase. *Cadence harmonieuse.* ◆ **Mus.** Terminaison d'une phrase musicale sur un repos. ◆ ▷ Trille. ◁ ◆ Conformité des pas du danseur avec la mesure marquée par l'instrument. *Danser en cadence.* ◆ *Cadence* se dit des mouvements qui ont une certaine régularité, comme des forgerons, des rameurs, etc. ◆ *La cadence du pas*, mesure qui règle le pas militaire. ■ Rythme de travail. *Accélérer la cadence.* ■ **Mus.** Dans un concerto, passage de virtuosité interprété ou improvisé par le soliste pendant que l'orchestre se tait.

CADENCÉ, ÉE, p. p. de cadencer. [kadãse] *Marche cadencée.*

CADENCER, v. tr. [kadãse] (*cadence*) Donner de la cadence à ses phrases, à ses vers. ◆ Conformer ses mouvements à la cadence.

CADÈNE, n. f. [kadɛn] (ital. *cadena, catena*, du lat. *catena*, chaîne) Chaîne de fer à laquelle on attachait les forçats. ◆ Il est vieux.

CADENETTE, n. f. [kad(ə)nɛt] (le seigneur de *Cadenet*, sous Louis XIII) Longue tresse qui tombe plus bas que le reste des cheveux. *Cheveux en cadenettes.*

CADET, ETTE, adj. [kadɛ, ɛt] (gasc. *capdet*, capitaine, les capitaines gascons étant les puînés de familles nobles) Qui est né ou née après un autre frère ou une autre sœur, et aussi le second des frères, la seconde des sœurs. ◆ **N. m.** et **n. f.** *Un cadet de famille*, personne qui n'a pas de patrimoine, d'après l'ancienne coutume. ◆ Le dernier des fils, la dernière des filles. ◆ **Pop.** *C'est le cadet de mes soucis*, c'est la moindre de mes inquiétudes. ■ **Par extens.** En parlant de personnes qui ne sont pas parentes, moins âgé ou moins ancien. *Je suis son cadet.* ◆ Gentilhomme qui servait comme soldat et bientôt après comme bas-officier, pour apprendre le métier. *Une compagnie de cadets.* ■ Sportif, sportive appartenant à la catégorie des 16-18 ans. ■ *Branche cadette*, partie d'une famille issue d'un cadet.

1 **CADETTE**, n. f. [kadɛt] (franco-provenç. *kadeta*, dalle) Pierre de taille propre pour paver.

2 **CADETTE**, n. f. [kadɛt] (*cadet*) La moins longue des deux grandes queues, au billard.

CADI, n. m. [kadi] (ar. *qadin*, juge) Fonctionnaire musulman chargé de régler les contestations civiles et religieuses.

CADIS ou **CADISÉ**, n. m. [kadi, kadize] (catal. *cadirs*, d'orig. inc.) Sorte de serge de laine, de bas prix.

CADMIAGE, ■ n. m. [kadmjaʒ] (*cadmier*) Électrolyse permettant de revêtir un métal de cadmium pour le protéger de la corrosion.

CADMIE, n. f. [kadmi] (gr. *kadmeia*, calamine, minerai de zinc) Dans l'ancienne chimie, oxyde de zinc sublimé.

CADMIER, ■ v. tr. [kadmje] (*cadmium*) Revêtir de cadmium par électrolyse.

CADMIUM, n. m. [kadmjɔm] (all. *Cadmium, Kadmium*, du gr. *kadmeia*, calamine) Métal blanc comme l'étain, inodore, insipide, ductile et malléable.

CADOGAN, n. m. [kadogã] Voy. CATOGAN.

CADOLE, n. f. [kadɔl] (provenç. *cadaula*, du gr. *katabolē*, action d'abaisser) Loquet ou espèce de pêne qu'on soulève avec un bouton.

CADOR, ■ n. m. [kadɔr] **Fam.** Personne qui cherche à briller dans un domaine et à dominer les autres. *Il se prend pour un cador.*

CADRAGE, ■ n. m. [kadraʒ] (*cadrer*) Mise au point précédant une prise de vue et établie en fonction du sujet et des caractéristiques de l'appareil photo ou de la caméra. ■ Détermination des principaux axes d'un projet.

CADRAN, n. m. [kadrã] (lat. *quadrans*, quatrième partie, p. prés. de *quadrare*, faire le carré) Plan où les heures sont tracées. *Cadran solaire.* ◆ Le cadran d'une horloge, d'une montre, qui est rond, d'où la locution *le tour du cadran*. ◆ *Faire le tour du cadran*, dormir ou rester au lit pendant une certaine heure du soir à la même heure du matin. ■ Dispositif affichant des mesures, des chiffres. *Les cadrans d'un tableau de bord d'une voiture. Cadran de téléphone.*

CADRAT, n. m. [kadra] (lat. *quadratus*, carré) **Impr.** Petit morceau de fonte plus bas que les lettres, qui sert à compléter les lignes et à remplir les vides de toute espèce.

CADRATIN, n. m. [kadratɛ̃] (dimin. de *cadrat*) Petit cadrat.

CADRATURE, n. f. [kadratyr] (*quadrature*) Assemblage des pièces qui meuvent les aiguilles d'une montre, etc.

CADRE, n. m. [kadr] (ital. *quadro*, carré) Bordure de bois ou d'autre matière, dans laquelle on place un tableau, un dessin, etc. ◆ **Archit.** Bordure de pierre ou de plâtre, ornée de sculptures. ◆ **Mar.** Sorte de lit où couchent les officiers, les passagers et les malades. ◆ **Fig.** Le plan et l'arrangement des parties d'un ouvrage. ◆ L'ensemble des officiers et sous-officiers d'une compagnie. ◆ *Figurer sur les cadres d'une compagnie*, y être enrôlé. ■ **Fig.** Ce qui limite. *Dans le cadre de ses fonctions.* ■ Milieu, environnement. *Le cadre de vie.* ■ **N. m.** et **n. f.** Personne ayant des responsabilités au sein d'une entreprise. ■ Ensemble des pièces dont l'assemblage constitue le corps d'un vélo. *Un cadre en fibre de carbone.* ■ **Inform.** Document HTML de petite taille qui s'affiche simultanément avec d'autres pages.

CADRER, v. intr. [kadre] (lat. *quadrare*, se rapporter parfaitement) S'ajuster comme dans un cadre, avoir de la convenance, du rapport. ◆ On dit *cadrer à*, et *cadrer avec*. ◆ **V. tr.** Choisir les limites d'une prise de vue. *Photo mal cadrée.* ■ Fixer les limites qu'une personne ne doit pas dépasser. *Un enfant qui a besoin d'être cadré.*

CADREUR, EUSE, ■ n. m. et n. f. [kadrœr, øz] (*cadrer*) Personne chargée, sur un plateau de cinéma ou de télévision, de manier la caméra en fonction des souhaits du réalisateur.

CADUC, UQUE, adj. [kadyk] (lat. *caducus*, de *cadere*, tomber) Qui tombe ou qui est près de tomber. *Maison vieille et caduque.* ♦ **Par extens.** *Santé caduque*, santé qui tombe. ♦ *Âge caduc*, âge qui s'affaisse par le poids des ans. *Vieillard caduc.* ♦ **Jurispr.** *Legs caduc*, legs annulé pour vice de forme, refus ou incapacité. *Donation caduque*, donation non valable. *Lot caduc*, lot non réclamé. *Voix caduque*, voix annulée dans un scrutin. ♦ *Le mal caduc*, l'épilepsie ou le haut mal. ♦ **Bot.** Qui ne persiste pas, qui tombe vite. *Feuille caduque.* ♦ Qui n'est plus en usage aujourd'hui. *Une théorie caduque.*

CADUCÉE, n. m. [kadyse] (lat. *caduceum*, gr. *kêrukeion*, de *kêrux*, héraut) Verge entrelacée de deux serpents, qui est l'attribut de Mercure. *Le caducée est un des symboles de la paix.* ♦ Bâton couvert de velours et fleurdelisé, porté par le roi d'armes et les hérauts d'armes dans les grandes cérémonies. ■ Emblème des médecins, des professionnels de la santé et des juristes.

CADUCIFOLIÉ, ÉE, ■ adj. [kadysifolje] Dont les feuilles tombent à l'automne. *Un arbre caducifolié.* ■ Peuplé d'arbres à feuilles caduques.

CADUCITÉ, n. f. [kadysite] (*caduc*) État de ce qui est prêt à tomber, de ce qui tombe. *Caducité d'une maison.* ♦ **Fig.** *La caducité des choses humaines.* ♦ ▷ Période de la vie humaine qui s'étend de la soixante-dixième à la quatre-vingtième année, et qui précède la décrépitude. ◁ ♦ **Jurispr.** *Caducité d'un legs, d'une donation*, condition qui les rend non valables. ♦ **Bot.** Défaut de persistance d'une partie. *La caducité des feuilles.*

CADUQUE, ■ n. f. [kadyk] (fém. substantivé de *caduc*) **Méd.** Muqueuse utérine épaisse qui se constitue de manière à préserver le fœtus et dans laquelle se développe le placenta.

CADURCIEN, IENNE, ■ adj. [kadyrsjɛ̃, jɛn] (lat. *Cadurci*, peuple de la Gaule narbonnaise) De la ville de Cahors. ■ N. m. et n. f. *Un Cadurcien, une Cadurcienne.*

CÆCAL, ALE ou **CAECAL, ALE**, ■ adj. [sekal] (*cæcum*) Relatif au cæcum. *Vaisseaux caecaux.*

CÆCUM ou **CAECUM**, n. m. [sekɔm] (lat. impér. *cæcum intestinum*, intestin aveugle, de *cæcus*, aveugle, parce qu'il est fermé à la base) Le premier des gros intestins, celui qui fait suite à l'intestin grêle. ■ **Rem.** Le *c* se prononce *s* et *um* se prononce *om*.

CÆLIAQUE ou **CÉLIAQUE**, ■ adj. [seljak] (lat. *cœliacus*, gr. *koiliakos*, de *koilia*, intestins) Qui a trait aux intestins. *Le flux cœliaque est une espèce de diarrhée.*

CAENNAIS, AISE, ■ adj. [kanɛ, ɛz] (*Caen*) De la ville de Caen. ■ N. m. et n. f. *Un Caennais, une Caennaise.*

CÆSIUM ou **CÉSIUM**, n. m. [sezjɔm] (lat. *cæsius*, bleu) Métal donnant dans le spectre deux raies bleues.

CAF, ■ adj. inv. [kaf] (acronyme de *coût, assurance, fret*) **Mar.** Relatif à une marchandise dont le prix inclut le coût initial, celui du transport et de l'assurance. *Une vente* CAF.

CAFARD, ARDE, n. m. et n. f. [kafar, ard] (ar. *kafir*, incroyant, converti à une autre religion que la sienne) ▷ Personne qui, n'ayant pas la dévotion, en affecte l'apparence ou qui, l'ayant, affecte les airs de la bigoterie. ◁ ♦ **Adj.** *Air cafard. Mine cafarde.* ■ N. m. et n. f. Personne qui en dénonce une autre dans le but de se faire bien voir. ■ N. m. Blatte. ■ N. m. **Fam.** Tristesse, mélancolie. *Avoir le cafard.*

CAFARDAGE, ■ n. m. [kafardaʒ] (*cafarder*) **Fam.** Fait de dénoncer quelqu'un.

CAFARDER, ■ v. tr. [kafarde] (*cafard*) **Fam.** Dénoncer, rapporter. ■ V. intr. Être déprimé.

CAFARDERIE, n. f. [kafardəri] (*cafard*) Manières du cafard.

CAFARDEUR, EUSE, ■ n. m. et n. f. [kafardœr, øz] (*cafarder*) **Fam.** Personne qui en dénonce une autre pour se faire bien voir.

CAFARDEUX, EUSE, ■ adj. [kafardø, øz] (*cafard*) Qui broie du noir. ■ Qui provoque une baisse de moral. *Un temps cafardeux.*

CAFARDISE, n. f. [kafardiz] (*cafard*) ▷ Acte de cafard. ◁

CAFÉ, ■ n. m. [kafe] (turc *qahve*, de l'ar. *qahwa*) Graine du caféier. ♦ L'arbre qui le produit. ♦ Breuvage fait par infusion d'eau bouillante avec le café brûlé et moulu. ♦ Moment où on prend le café. *Il n'arriva qu'au café.* ♦ *Couleur de café* ou *couleur café*; *couleur de café au lait* ou *couleur café au lait*, couleur qui est celle du café, du café au lait. ■ Lieu public où l'on prend du café ou d'autres breuvages. ■ *Café littéraire* ou *philosophique*, établissement public où se rencontrent des personnalités du monde littéraire ou philosophique de façon informelle.

CAFÉ-CONCERT, ■ n. m. [kafekɔ̃sɛr] (*café* et *concert*) Lieu public où l'on pouvait assister à un spectacle de cabaret ou de music-hall tout en consommant des boissons. *Des cafés-concerts.*

CAFÉIER, n. m. [kafeje] (*café*) Arbre originaire d'Arabie, transplanté en Amérique et aux Indes, dont le fruit rouge et de la grosseur d'une cerise contient des grains qui sont le café. ♦ Propriétaire d'une caféière. ■ **Rem.** On disait autrefois *cafier*.

CAFÉIÈRE, n. f. [kafejɛr] (*caféier*) Plantation de cafiers.

CAFÉINE, ■ n. m. [kafein] (*café*) Substance organique présente dans les grains de café ou les feuilles de thé, et utilisée pour ses propriétés stimulantes et toniques.

CAFETAN ou **CAFTAN**, ■ n. m. [kaf(ə)tɑ̃] (turc *qaftân*, robe d'honneur, du pers. *haftan*, costume militaire) Pelisse d'honneur que les souverains de la Turquie ont coutume d'offrir aux personnages de distinction et surtout aux ambassadeurs des puissances étrangères[1]. ♦ Vêtement de cérémonie ample porté dans les pays du Moyen Orient et du Maghreb. ■ **Rem. 1** : Cette pratique n'est plus en usage aujourd'hui.

CAFÉTÉRIA, ■ n. f. [kafeterja] (mot hisp.-amér., de l'esp. *café*) Lieu public situé dans un centre commercial, une entreprise, et où l'on peut se restaurer. *La cafétéria d'un hôpital. Des cafétérias.* ■ **Abrév.** Cafet'.

CAFÉ-THÉÂTRE, ■ n. m. [kafeteɑtr] (*café* et *théâtre*) Lieu public où on peut éventuellement consommer des boissons et assister à des spectacles scéniques improvisés, généralement comiques. *Des cafés-théâtres.*

CAFETIER, IÈRE, ■ n. m. et n. f. [kaf(ə)tje, jɛr] (*café*, avec cons. de soutien *t*) Personne qui tient un café.

CAFETIÈRE, n. f. [kaf(ə)tjɛr] (*café*, avec cons. de soutien *t*) Vase de poterie ou de métal qui sert à faire ou à contenir le café. ■ **Fam.** Tête.

CAFIER, n. m. [kafje] Voy. CAFÉIER.

CAFOUILLAGE ou **CAFOUILLIS**, ■ n. m. [kafujaʒ, kafuji] (*cafouiller*) Dysfonctionnement dans le déroulement de quelque chose ou dans la parole. « *Après quoi vient le tour de Jeff, cinq minutes de bafouillage et de cafouillage* », SOLLERS.

CAFOUILLER, ■ v. intr. [kafuje] (*cacher* ou préf. péj. *ca-*, et fouiller) **Fam.** Agir d'une façon désordonnée, maladroite. ■ Ne pas fonctionner correctement. *L'interrupteur électrique cafouille.* ■ **Fig.** S'embrouiller, être peu clair. *Se justifier en cafouillant.*

CAFOUILLEUR, EUSE, ■ n. m. et n. f. [kafujœr, øz] (*cafouiller*) Personne qui agit de manière désordonnée. ■ Personne peu claire dans ses propos ou son raisonnement.

CAFOUILLEUX, EUSE, ■ adj. [kafujø, øz] (*cafouiller*) Qui manque de clarté, de précision. *Un projet cafouilleux.*

CAFOUILLIS, ■ n. m. [kafuji] Voy. CAFOUILLAGE.

CAFRE, ■ adj. [kafr] (ar. *kafir*, incroyant) **Vx** De l'Afrique du Sud non musulmane ou Cafrerie. ■ N. m. et n. f. *Un Cafre, une Cafre.*

CAFTAN, ■ n. m. [kaftɑ̃] Voy. CAFETAN.

CAFTER, ■ v. intr. [kafte] (radic. de *cafard*) **Fam.** Dénoncer ou rapporter quelque chose. *Je vais te cafter à ton père.* « *Déjà que je me faisais traiter de fayot, j'allais pas en plus cafter pour de bon même si dans le fond je me trouvais un peu lâche* », SEGUIN.

CAFTEUR, EUSE, ■ n. m. et n. f. [kaftœr, øz] (*cafter*) **Fam.** Personne qui dénonce, qui rapporte. *Espèce de cafteur !*

CAGE, n. f. [kaʒ] (lat. *cavea*, endroit où on enferme les animaux) Petite loge portative où l'on a des oiseaux vivants. ♦ Loge portative ou non, garnie de barreaux, pour renfermer des animaux et même des hommes. ♦ **Fam.** *Mettre un homme en cage*, le mettre en prison. ♦ **Archit.** *La cage d'une maison*, les quatre gros murs. ♦ *La cage d'un escalier*, l'espace qu'il occupe. ♦ Assemblage de charpente qui sert de cadre à une construction. *La cage d'un clocher.* ■ *Cage thoracique*, partie du squelette qui protège les poumons et le cœur. ■ **Fam.** But sur un terrain de sport.

CAGÉE, n. f. [kaʒe] (*cage*) Une pleine cage d'oiseaux.

CAGEOT n. m. ou **CAGETTE**, ■ n. f. [kaʒo, kaʒɛt] (*cage*) Emballage à claire-voie, en bois ou en osier, servant à transporter des denrées alimentaires. *Des cageots de poires.* ■ **Fam.** *Un cageot*, fille vilaine, mal proportionnée.

CAGET n. m. ou **CAGEROTTE**, n. f. [kaʒɛ, kaʒ(ə)rɔt] (*cage*) Forme d'osier pour égoutter les fromages.

CAGETTE, n. f. [kaʒɛt] (dim. de *cage*) ▷ Petite cage ; trébuchet. ◁ ■ Voy. CAGEOT.

CAGIBI, ■ n. m. [kaʒibi] (dial. de l'Ouest, métathèse de *cabigit*, cahute) Pièce étroite servant de débarras.

CAGIER, IÈRE, ■ n. m. et n. f. [kaʒje, jɛr] (*cage*) Personne qui fait et vend des cages.

CAGNA, ■ n. f. [kaɲa] ou [kanja] (annamite *cai-nha*, la maison) **Fam.** Petite maison.

1 CAGNARD, ARDE, adj. [kaɲaʀ, aʀd] ou [kanjaʀ, aʀd] (dial. du Nord, de *cagne*, chienne) ▷ Qui a la fainéantise du chien. ♦ N. m. et n. f. « *Gens aimant leurs foyers et qu'on nomme cagnards* », HAUTEROCHE. ◁

2 CAGNARD, ■ n. m. [kaɲaʀ] ou [kanjaʀ] (anc. provenç. *canha*, chienne) **Fam.** Midi Soleil au plus fort de son intensité. *Partir en plein cagnard.* ■ Suisse Débarras.

CAGNARDER, v. intr. [kaɲaʀde] ou [kanjaʀde] (1 *cagnard*) ▷ Vivre en cagnard. ◁

CAGNARDISE, n. f. [kaɲaʀdiz] ou [kanjaʀdiz] (1 *cagnard*) ▷ Acte de cagnard, vie de cagnard. ◁

CAGNE, ■ n. f. [kaɲ] ou [kanj] Voy. KHÂGNE.

1 CAGNEUX, EUSE, adj. [kaɲø, øz] ou [kanjø, øz] (anc. fr. *cagne*, chienne) Qui a le genou en dedans et le pied écarté en dehors. ♦ N. m. et n. f. *Un cagneux, une cagneuse.*

2 CAGNEUX, EUSE, ■ n. m. et n. f. [kaɲø, øz] ou [kanjø, øz] Voy. KHÂGNE.

CAGNOTTE, ■ n. f. [kaɲɔt] ou [kanjɔt] (provenç. *cagnoto*, petite cuve pour la vendange) Argent mis en commun par les membres d'un groupe ou d'une association dans un but commun. ■ Somme remise en jeu régulièrement après avoir été grossie dans une loterie ou un jeu-concours. ■ Corbeille contenant les mises des joueurs dans certains jeux. « *Elle se constituait une cagnotte, l'investissait en petits placements personnels* », BAZIN.

CAGOT, OTE, n. m. et n. f. [kago, ɔt] (béarn. *cagot*, lépreux blanc) Personne qui a une dévotion suspecte et déplaisante. ♦ Adj. *Un ton cagot.*

CAGOTERIE, n. f. [kagɔt(ə)ʀi] (*cagot*) Action, manière d'agir du cagot.

CAGOTISME, n. m. [kagɔtism] (*cagot*) Esprit, caractère, manière de penser du cagot.

CAGOU, ■ n. m. [kagu] (mot kanak) Oiseau coureur, emblème de la Nouvelle-Calédonie, au plumage gris et blanc et caractérisé par une aigrette blanche et des pattes rouges.

CAGOUILLE, n. f. [kaguj] (anc. provenç. *cogolha*, escargot, du lat. *conchylium*, cpquille) Ancien terme de marine, qui signifiait la volute ornant le haut de l'éperon d'un vaisseau. ■ Ouest Escargot.

CAGOULARD, ■ n. m. [kagulaʀ] (*Cagoule*, groupe terroriste d'extrême-droite sévissant vers 1935) Activiste de la Cagoule, comité secret d'action révolutionnaire, d'extrême droite (1932-1940).

CAGOULE, n. f. [kagul] (lat. chrét. *cuculla*, du lat. *cucullus*, capuchon) Sorte de vêtement de moine, sans manches, ample et enveloppant tout le corps. ■ Capuchon recouvrant l'ensemble de la tête et percé au niveau des yeux. ■ Passe-montagne d'enfant.

CAGOULÉ, ÉE, ■ adj. [kagule] (*cagoule*) Dont le visage est masqué par une cagoule. *Un bandit cagoulé.*

CAGUE, n. f. [kag] (néerl. *kaghe*, bachot) ▷ Petit bâtiment hollandais pour la navigation des canaux. ◁

CAHIER, n. m. [kaje] (lat. *quaterni*, par quatre) Assemblage de plusieurs feuillets de papier ou de parchemin réunis. *Le cahier d'un élève.* ♦ *Cahiers d'un cours*, leçons d'un professeur mises par écrit. ♦ Autrefois, mémoires adressés au souverain par un corps de l'État. ♦ *Cahier des charges*, état des clauses et conditions d'une adjudication publique. ♦ *Cahier de frais*, mémoire ou état des frais. ■ *Cahier des charges*, document décrivant les tâches à accomplir lors d'une mission.

CAHIN-CAHA, adv. [kaɛ̃kaa] (onomat., ou lat. *que hinc, que hac*, et d'ici, et par ici) Tant bien que mal, avec peine, de mauvaise grâce. ♦ Il est familier.

CAHORS, ■ n. m. [kaɔʀ] (*Cahors*, ville du Lot) Vin rouge de la région de Cahors.

CAHOT, n. m. [kao] (*cahoter*) Espèce de saut que fait une voiture en roulant sur un terrain pierreux ou mal uni. ♦ **Par extens.** La cause même du cahot. *Un chemin plein de cahots.* ♦ **Fig. et fam.** Difficulté, obstacle.

CAHOTAGE, n. m. [kaotaʒ] (*cahoter*) Suite ou répétition de cahots.

CAHOTANT, ANTE, adj. [kaotɑ̃, ɑ̃t] (*cahoter*) Qui fait faire des cahots.

CAHOTÉ, ÉE, ■ p. p. de cahoter. [kaote]

CAHOTEMENT, n. m. [kaɔt(ə)mɑ̃] (*cahoter*) Action de cahoter.

CAHOTER, v. tr. [kaote] (orig. obsc., p.-ê. moy. néerl. *hotten*, secouer) Causer des cahots. ♦ **Absol.** *Une voiture mal suspendue cahote toujours.* ♦ **Fig. et fam.** Ballotter, tourmenter.

CAHOTEUX, EUSE, ■ adj. [kaotø, øz] (*cahot*) Qui est la cause de cahots. *Une route cahoteuse.*

CAHUTE ou **CAHUTTE**, n. f. [kayt] (*cabane* ou préf. péj. *ca-*, et *hutte*) Petite loge, mauvaise hutte.

CAÏD, n. m. [kaid] (ar. *qaid*, chef, de *qada*, conduire) Titre, dans les États orientaux, des gouverneurs de provinces ou de villes, des chefs militaires. ■ **Fam.** Personne jouissant d'une certaine autorité dans un milieu. *Cet homme est un vrai caïd dans son quartier.*

CAÏDAT, ■ n. m. [kaida] (*caïd*) Province gouvernée par un caïd.

CAÏEU, ■ n. m. [kajø] (var. norm. de l'anc. fr. *caiel*, petit chien, du lat *catellus*) Petit bulbe produit par un autre bulbe et qui le remplace. ♦ La fleur qui naît d'un caïeu.

CAILLAGE, ■ n. m. [kajaʒ] (*cailler*) Opération par laquelle on caille le lait sous l'action de la présure.

CAILLASSAGE, ■ n. m. [kajasaʒ] (*caillasser*) **Fam.** Jet de pierres. *Les pompiers ont été victimes d'un caillassage.*

CAILLASSE, n. f. [kajas] (*caillou*) Couche fragile dans une carrière ; marne caillouteuse. ■ **Pop.** *Un tas de caillasse*, un tas de petits cailloux.

CAILLASSER, ■ v. tr. [kajase] (*caillasse*) **Fam.** Jeter des pierres, des cailloux. *Ils ont caillassé le bus.*

CAILLE, n. f. [kaj] (onomat. *quaccola*) Petit oiseau de passage à plumage grivelé.

1 CAILLÉ, n. m. [kaj] (substantivation du p. p. de *cailler*) Lait caillé.

2 CAILLÉ, ÉE, p. p. de cailler. [kaje]

CAILLEBOTIS ou **CAILLEBOTTIS**, ■ n. m. [kaj(ə)bɔti] (*caillebotte*) Treillis recouvrant les écoutilles d'un navire. ■ Treillis de bois servant de plancher dans un lieu humide et laissant écouler l'eau. *Le caillebotis d'un sauna.* ■ Treillis de lamelles métalliques employé comme grille d'aération et posé au sol au-dessus des caniveaux. ■ Panneau de lattes ou assemblage de rondins facilitant le passage sur un sol boueux ou meuble.

CAILLEBOTTE, n. f. [kaj(ə)bɔt] (*caillebotter*) Masse de lait caillé, coupée par morceaux.

CAILLEBOTTÉ, ÉE, ■ p. p. de caillebotter. [kaj(ə)bote]

CAILLEBOTTER, v. tr. [kaj(ə)bote] (*cailler* et *botter*, s'agglomérer) Mettre, réduire en caillots. ♦ Se caillebotter, v. pr. Se prendre en caillots.

CAILLE-LAIT, ■ n. m. [kaj(ə)lɛ] (*cailler* et *lait*) Plante de la famille des rubiacées, à laquelle on a attribué par erreur la propriété de cailler le lait. ♦ Au pl. *Des caille-lait.* ■ REM. On écrit aussi *des caille-laits*.

CAILLEMENT, n. m. [kaj(ə)mɑ̃] (*cailler*) Action de cailler ; état d'un liquide qui se caille.

CAILLER, v. tr. [kaje] (lat. *coagulare*) Faire prendre en caillot. ♦ Se cailler, v. pr. *Le lait se caille.* ♦ Avec ellipse de *se. Cela fait cailler le lait.* ■ **Fam.** *Ça caille*, il fait froid.

CAILLETAGE, n. m. [kaj(ə)taʒ] (2 *cailleter*) ▷ Propos de caillettes. ◁

CAILLETEAU, n. m. [kaj(ə)to] (dimin. de *caille*) Jeune caille.

CAILLETER, v. intr. [kaj(ə)te] (2 *caillette*) ▷ Faire la caillette ; bavarder. ◁

1 CAILLETTE, n. f. [kajɛt] (anc. fr. *cail, caille, présure*, du lat. *coagulum*) Quatrième estomac des animaux ruminants, ainsi dit parce qu'il renferme un liquide acide qui a la propriété de faire cailler le lait.

2 CAILLETTE, n. f. [kajɛt] (*Caillette*, bouffon de Louis XII et de François Iᵉʳ) ▷ Personne qui a du babil et point de consistance. *Cet homme est une franche caillette.* ◁

CAILLOT, n. m. [kajo] (*caille*, petite masse de lait caillé) Petite masse d'un liquide coagulable par une action chimique ou par la chaleur. ♦ Grumeau de sang.

CAILLOT-ROSAT, n. m. [kajoroza] (*caillot* et *rosat*) ▷ Poire ainsi nommée parce qu'elle est pierreuse et a un parfum de rose. ■ Au pl. *Des caillots-rosats.* ◁

CAILLOU, n. m. [kaju] (gaul. *caljo*, pierre) Pierre très dure qui fait feu sous l'acier. ♦ Fig. *Il a le cœur dur comme un caillou*, ou *un cœur de caillou*, il est très dur. ♦ *Cailloux*, pierres qui ont l'apparence du cristal, comme les cailloux du Rhin. ■ **Fam.** Tête. *Ne pas avoir un poil sur le caillou*, être chauve.

CAILLOUTAGE, n. m. [kajutaʒ] (altération, sous l'infl. de *caillou*, du moy. fr. *caillotage*, de *caillot*, caillou) Ouvrage fait de cailloux.

CAILLOUTÉ, ÉE, p. p. de caillouter. [kajute]

CAILLOUTER, v. tr. [kajute] (*caillou*) Garnir de cailloux.

CAILLOUTEUR, n. m. [kajutœʀ] (*caillouter*) Personne qui cailloute.

CAILLOUTEUX, EUSE, adj. [kajutø, øz] (*caillou*) Plein de cailloux.

CAILLOUTIS, n. m. [kajuti] (*caillou*) Cailloux qui couvrent un chemin.

CAÏMAC, n. m. [kaimak] Voy. KAÏMAC.

CAÏMACAN, n. m. [kaimakã] (turc *qaimaqam*, de l'ar. *qaim makam*, de *qäma*, se tenir, et *maqam*, lieu) ▷ Lieutenant du grand vizir. ◁

CAÏMAN, n. m. [kaimã] (esp. *cayman*, prob. d'orig. caraïbe) Espèce de crocodile.

CAIMANDER, CAIMANDEUR, [kemãde, kemãdœʀ] orthographe tombée en désuétude pour *quémander, quémandeur*.

CAÏQUE, n. m. [kaik] (turc *qayïq*, bateau à rames) Sorte d'esquif d'une forme gracieuse et légère, dans l'Archipel et à Constantinople.

CAIRN, n. m. [kɛʀn] (mot écossais, du gaél. *carn*, tas de pierres) Monticule de terre et de pierre élevé par les Celtes en Bretagne, en Écosse, en Irlande. ■ Petite pyramide de cailloux élevée en montagne par les randonneurs pour marquer un point de repère, un itinéraire.

CAIROTE, ■ adj. [kɛʀɔt] (Le *Caire*) Du Caire. ■ N. m. et n. f. Habitant du Caire.

CAISSE, n. f. [kɛs] (anc. provenç. *caissa*, caisse, du lat. *capsa*) Coffre de bois pour le transport des marchandises. ◆ Le contenu d'une caisse. ◆ Assemblage de planches ayant un fond et dans lequel on plante des fleurs et des arbustes. ◆ *Caisse à amputation, caisse à trépan,* caisse contenant les instruments nécessaires pour amputer, trépaner. ◆ Coffre dans lequel on dépose l'argent. *Les caisses de l'État.* ◆ Le bureau où est la caisse, où se font les paiements. ◆ Les fonds mêmes qui sont en caisse. ◆ *Livre de caisse,* le registre où sont inscrits les mouvements de fonds. ◆ *Tenir la caisse,* diriger les opérations d'une caisse. ◆ Fonds affectés à certains services. ◆ *Caisse militaire,* la caisse du régiment. ◆ Établissement où l'on dépose des fonds. *Caisse d'amortissement.* ◆ *Caisse d'épargne,* établissement où l'on reçoit de très petites sommes dont les intérêts sont capitalisés en faveur du déposant, jusqu'à ce qu'il demande le remboursement. ◆ Le cylindre d'un tambour, et le tambour même. ◆ *Caisse roulante,* tambour allongé, employé surtout dans la musique militaire. ◆ *Grosse caisse,* espèce de très grand tambour employé dans la musique militaire, et qu'on frappe des deux côtés pour marquer la mesure. ◆ Personne qui en joue. ■ Fig. *Battre la grosse caisse,* faire du bruit, de la réclame. ◆ *Caisse du tambour,* cavité au fond du trou auditif externe. ◆ Le corps d'une voiture. ■ Fam. La voiture elle-même. *Elle n'avance pas, ta caisse.*

CAISSERIE, ■ n. f. [kɛs(ə)ʀi] (*caisse*) Fabrication et commerce des caisses.

CAISSETIN, n. m. [kɛs(ə)tɛ̃] (*caisse*) ▷ Petite caisse. ◁

CAISSETTE, ■ n. f. [kɛsɛt] (*caisse*) Petite caisse. *Une caissette de cerises.*

CAISSIER, IÈRE, n. m. et n. f. [kesje, jɛʀ] Personne qui tient la caisse d'un banquier, d'un négociant, d'une administration. *C'est la caissière d'un magasin.*

CAISSON, n. m. [kɛsõ] (anc. provenç. *caisson,* de *caissa*) Grande caisse placée sur un train à quatre roues, qui sert à porter des vivres et des munitions de guerre. ◆ Compartiments ornés de moulures, dont on décore le plafonds et les voûtes. ◆ Petit coffre dans un carrosse. ■ Grand coffre étanche permettant le travail sous l'eau. ■ Électron. *Caisson de basse,* enceinte diffusant les sons les plus graves, dans un combiné comprenant plusieurs haut-parleurs.

CAITYA, ■ n. m. [ʃaitja] (mot skr.) Lieu saint, dans la religion bouddhiste.

CAJOLÉ, ÉE, p.-é. p. de cajoler. [kaʒole]

CAJOLER, v. tr. [kaʒole] (p.-ê. moy. fr. *gayoler,* caqueter comme un oiseau, du pic *gaiole,* cage ; infl. de *cage* et de *enjôler*) Employer des paroles, des manières caressantes pour gagner quelqu'un. ◆ Tâcher de plaire à quelqu'un par paroles et manières. ◆ Absol. « *Comme avec lui votre langue cajole !* », MOLIÈRE. ◆ V. intr. Faire des manières bordées.

CAJOLERIE, n. f. [kaʒɔl(ə)ʀi] (*cajoler*) Paroles et manières par lesquelles on cajole.

CAJOLEUR, EUSE, n. m. et n. f. [kaʒolœʀ, øz] (*cajoler*) Personne qui cajole.

CAJOU, ■ n. m. [kaʒu] (tupi *cajú*) Fruit de l'anacardier, à graine oléagineuse comestible. *Une noix de cajou. Des cajous.*

CAJUN, ■ adj. [kaʒœ̃] ou [kaʒɛ̃] (angl., acadien) Relatif à la culture francophone de la Louisiane. ■ REM. Cet adjectif est invariable en genre. *Des chansons cajuns.*

CAKE, ■ n. m. [kɛk] (mot angl., gâteau) Gâteau contenant des raisins secs et des fruits confits. *Un plat à cake. Des cakes.* ■ Hors-d'œuvre salé ayant la forme d'un gâteau. *Un cake aux olives.*

CAKERLAT, ■ n. m. [kakɛʀla] Voy. CANCRELAT.

CAKE-WALK, ■ n. m. [kɛkwok] (anglo-amér., de *cake,* gâteau, et *walk,* marche, danse) Danse dans laquelle les esclaves noirs américains imitaient les manières de la classe aristocratique. *Des cake-walks.* ■ Musique qui accompagne cette danse.

CAL, n. m. [kal] (lat. *callus*) Durillon. *Des cals aux mains.* ◆ Chir. Cicatrice des os à la suite d'une fracture. ■ REM. On disait autrefois *calus*.

CALADE, n. f. [kalad] (ital. *calata,* de *calare,* descendre) La pente d'un terrain par lequel on fait descendre un cheval au petit galop pour lui donner de la souplesse.

CALADION ou **CALADIUM**, ■ n. m. [kaladjõ, kaladjɔm] (lat. sav. [XVIIIᵉ s.], du malais *keladi*) Plante vivace originaire d'Amérique du Sud, à grandes feuilles vertes et roses.

CALAGE, n. m. [kalaʒ] (1 *caler*) Mar. Action de caler.

CALAISON, n. f. [kalɛzõ] (*caler,* s'enfoncer dans l'eau) Quantité dont un bâtiment plonge dans l'eau, en raison du chargement.

CALAMAR, ■ n. m. [kalamaʀ] Voy. CALMAR.

CALAMBAC ou **CALAMBOUR**, ■ n. m. [kalãbak, kalãbuʀ] (malais *kalambac*) Bois odorant des Indes. ■ REM. On trouvait autrefois *calambart, calambouc* et *calambou.*

CALAME, n. m. [kalam] (lat. *calamus*) Roseau dont les anciens se servaient pour écrire.

CALAMENT, n. m. [kalamã] (lat. médiév. *calamentum,* du b. lat. *calamintha,* gr. byz. *kalaminthê*) Plante labiée odorante.

CALAMINAGE, ■ n. m. [kalaminaʒ] (*calamine*) Encrassement du moteur d'un véhicule.

CALAMINAIRE adj. ou **CALAMINE**, n. f. [kalaminɛʀ, kalamin] (lat. médiév. *calamina,* du lat. *cadmea*) ▷ Calamine ou *pierre calaminaire,* oxyde de zinc carbonaté natif. ◁ ■ Techn. Dépôt résultant de la combustion dans un moteur à combustion. *Bougies encrassées de calamine.*

CALAMINER (SE), ■ v. pr. [kalamine] (*calamine*) En parlant d'un moteur, s'encrasser par l'utilisation d'un carburant inadapté.

CALAMISTRÉ, ÉE, p. p. de calamistrer. [kalamistʀe]

CALAMISTRER, v. tr. [kalamistʀe] (lat. *calamistrare,* de *calamistrum,* fer à friser) Mettre en boucles, en parlant des cheveux. ◆ Il est vieux.

1 CALAMITE, n. f. [kalamit] (lat. médiév. *calamita,* du gr. *[sturax] kalamitês,* résine de roseau) Gomme-résine, sorte inférieure de storax recueillie dans des tiges de roseau.

2 CALAMITE, n. f. [kalamit] (lat. médiév. *calamita,* boussole, de *calamus,* roseau, qui servait de flotteur à l'aiguille aimantée) Ancien nom de la pierre d'aimant et de la boussole. ◆ *Calamite blanche,* sorte de marne ou d'argile blanche.

CALAMITÉ, n. f. [kalamite] (lat. *calamitas*) Tout grand malheur public. ◆ Infortune.

CALAMITEUSEMENT, adv. [kalamitøz(ə)mã] (*calamiteux*) D'une façon calamiteuse.

CALAMITEUX, EUSE, adj. [kalamitø, øz] (lat. *calamitosus*) Fécond en calamités. *Un règne calamiteux.*

CALAMUS, ■ n. m. [kalamys] (mot latin, roseau) Plante aquatique touffue, aussi appelée roseau aromatique, originaire du Proche-Orient.

CALANCHER, ■ v. intr. [kalãʃe] (*caler,* s'arrêter ; infl. de *flancher*) Très fam. Mourir.

CALANDRAGE, n. m. [kalãdʀaʒ] (calandrer) Opération, action de calandrer.

1 CALANDRE, n. f. [kalãdʀ] (anc. provenç. *calandra,* lat. vulg. *calandra,* gr. *kalandros*) Sorte d'alouette.

2 CALANDRE, n. f. [kalãdʀ] (prob. var. dial. de *charançon*) Nom vulgaire du charançon.

3 CALANDRE, n. f. [kalãdʀ] (lat. *cylindrus,* gr. *kulindros*) Machine de bois avec laquelle on presse et lustre les étoffes.

CALANDRÉ, ÉE, p. p. de calandrer. [kalãdʀe]

CALANDRER, v. tr. [kalãdʀe] (3 *calandre*) Faire passer par la calandre.

CALANDREUR, EUSE, n. m. et n. f. [kalãdʀœʀ, øz] (*calandrer*) Ouvrier qui calandre.

CALANQUE, n. f. [kalãk] (provenç. *calanco,* pente rapide, crique, du préindo-eur. *cala,* abri de montagne, pente raide) Crique ou petite baie dans la Méditerranée. ■ REM. On disait autrefois *calangue.*

CALAO, ■ n. m. [kalao] (mot esp., d'un mot malais) Oiseau tropical au long bec incurvé, qui se nourrit d'insectes et de fruits.

CALATHÉA, ■ n. m. [kalatea] (gr. *kalathos,* corbeille) Plante vivace tropicale à grandes feuilles jaunes.

CALATRAVA, n. m. [kalatʀava] (*Calatrava,* ville de Nouvelle-Castille) Ordre militaire fondé en 1158 à Calatrava, sous Sanche III de Castille.

CALCAIRE, adj. [kalkɛʀ] (lat. *calcarius*, *calx*, génit. *calcis*, chaux) Qui est de la nature de la chaux ; où il y a de la chaux. *Terrain calcaire.* ♦ N. m. Roche composée de carbonate de chaux. ▪ Dépôt solide que l'on trouve là où l'eau ruisselle. *Un robinet bouché par le calcaire.* ▪ *Une eau calcaire*, râpeuse, riche en carbonate de calcium.

CALCANÉUM, n. m. [kalkaneɔm] (b. lat. *calcaneum*, talon, du lat. *calx*, génit. *calcis*, même sens) Os court situé à la partie postérieure et inférieure du pied et faisant partie du tarse.

CALCÉDOINE, n. f. [kalsedwan] (lat. *calcedonius [lapis]*, pierre de Chalcédoine) Agate de couleur bleue ou jaunâtre.

CALCÉDONIEUX, EUSE, adj. [kalsedonjø, øz] (calcédoine) Marqué de blanc, en parlant des pierres précieuses.

CALCÉMIE, ▪ n. f. [kalsemi] (calcium et -émie) **Méd.** Taux de calcium dans le sang.

CALCÉOLAIRE, n. f. [kalseolɛʀ] (lat. sav. (XVIIIe s.) *calceolaria*, de *calceolus*, chaussure, soulier) Plante cultivée pour sa fleur.

CALCICOLE, ▪ adj. [kalsikɔl] (*calci-* et *-cole*) Qui pousse en sol calcaire, en parlant d'une plante. *La digitale est une espèce calcicole.*

CALCIF ou **CALECIF**, ▪ n. m. [kalsif] (apocope de *caleçon* sur le modèle de morcif) **Pop.** Caleçon.

CALCIFÉROL, ▪ n. m. [kalsifeʀɔl] (*calci-*, *-fère* et *-ol*) **Chim.** Substance qui régule le taux de calcium dans l'organisme, appelée aussi vitamine D.

CALCIFICATION, ▪ n. f. [kalsifikasjɔ̃] (radic. de *calcifier*) **Physiol.** Imprégnation d'un tissu organique par une forte quantité de calcium. *Souffrir d'une calcification des tendons de l'épaule.* ▪ **Biol.** Processus de formation du squelette calcaire externe des coraux.

CALCIFIÉ, ÉE, adj. [kalsifje] Converti en carbonate de chaux.

CALCIFUGE, ▪ adj. [kalsifyʒ] (*calci-* et *-fuge*) **Bot.** Qui ne peut pas pousser en sol calcaire. *La fougère est calcifuge.*

CALCIN, ▪ n. m. [kalsɛ̃] (*calciner*) Verre concassé utilisé dans la fabrication de verre recyclé.

CALCINABLE, adj. [kalsinabl] (*calciner*) Qui peut être calciné.

CALCINATION, n. f. [kalsinasjɔ̃] (lat. médiév. *calcinatio*) Action de calciner ; résultat de cette action.

CALCINÉ, ÉE, p. p. de calciner. [kalsine] Réduit en chaux ou oxyde métallique. ♦ Très échauffé. ♦ Brûlé. *Rôti calciné.*

CALCINER, v. tr. [kalsine] (lat. médiév. *calcinare*, de *calx*, *calcis*, chaux) Réduire à l'aide du feu la chaux carbonatée en chaux vive. ♦ Soumettre à une forte chaleur. ♦ Se calciner, v. pr. *Cette pierre se calcine dans le feu.*

CALCIOTHERMIE, ▪ n. f. [kalsjotɛʀmi] (*calcio-* et *-thermie*) **Techn.** Fabrication de métaux rares à très haute température à l'aide de calcium.

CALCIQUE, ▪ adj. [kalsik] (radic du lat. *calx*, *calcis*, chaux) Relatif au calcium.

CALCITE, ▪ n. f. [kalsit] (all. *Calcit*, du lat. *calx*, *calcis*, chaux) **Minér.** Roche formée de carbonate de calcium, pouvant être cristalline.

CALCITONINE, ▪ n. f. [kalsitonin] (*calci-*, *ton(us)* et *-ine*) **Physiol.** Hormone régulant les quantités de phosphore et de calcium dans l'organisme.

CALCIUM, n. m. [kalsjɔm] (lat. *calx*, génit. *calcis*) Métal qui, par sa combinaison avec l'oxygène, constitue la chaux. ▪ Métal essentiel dans l'alimentation pour la bonne formation des os. *Un lait riche en calcium.*

CALCIURIE, ▪ n. f. [kalsjyʀi] (*calci-* et *-urie*) Taux de calcium présent dans l'urine.

CALCSCHISTE, ▪ n. m. [kalkʃist] (*calc-* et *schiste*) Schiste provenant d'une marne calcaire.

CALCUL, n. m. [kalkyl] (*calculer*) Concrétion pierreuse qui se forme dans certains organes. ♦ Opération par laquelle on trouve le résultat de la combinaison de nombres ou de quantités. ♦ ▷ *De calcul fait*, tout bien compté. ◁ ♦ **Absol.** *Le calcul*, l'arithmétique. *Enseigner le calcul.* ♦ **Fig.** Mesures combinées, dessein prémédité, plan. *La fortune fit échouer nos calculs.* ▪ *Calcul mental*, qui se fait de tête, sans passer par l'écrit.

CALCULABLE, adj. [kalkylabl] (*calculer*) Qui peut être calculé. ▪ CALCULABILITÉ, n. f. [kalkylabilite]

CALCULATEUR, TRICE, n. m. et n. f. [kalkylatœʀ, tʀis] (lat. *calculator*) Personne qui sait calculer. ♦ **Fig.** « *Tristes calculateurs des misères humaines* », VOLTAIRE. ♦ *Esprit calculateur*, esprit qui est habile à combiner ses mesures, ses projets.

CALCULATOIRE, ▪ adj. [kalkylatwaʀ] (*calcul*) **Math.** Relatif au calcul.

CALCULATRICE, ▪ n. f. [kalkylatʀis] (*calculer*) Machine électronique de petite taille qui permet d'effectuer des opérations arithmétiques. *Une calculatrice de poche.*

CALCULÉ, ÉE, p. p. de calculer. [kalkyle]

CALCULER, v. tr. [kalkyle] (b. lat. *calculare*) Faire une opération de calcul. ♦ **Absol.** *Il calcule vite.* ♦ **Fig.** Méditer, combiner. *Calculer les événements.* ♦ *C'est un homme habile et qui sait calculer.* ♦ Se calculer, v. pr. Être calculé. ♦ **Fig.** Être reconnu, déterminé. ♦ ▷ Être combiné. ◁

CALCULETTE, ▪ n. f. [kalkylɛt] (*calcul*) Petite calculatrice.

CALCULEUX, EUSE, adj. [kalkylø, øz] (lat. *calculosus*) **Méd.** Relatif aux calculs, causé par les calculs. *Affection calculeuse.* ♦ Affecté de calculs. ♦ N. m. et n. f. *Un pauvre calculeux.*

CALDARIUM, ▪ n. m. [kaldaʀjɔm] (mot lat., de *calidus*, chaud) **Antiq.** Pièce où se prenaient des bains de vapeur ou d'eau chaude.

CALDEIRA, ▪ n. f. [kaldeʀa] (mot port., de l'hisp.-amér. *caldera*) **Géol.** Grand cratère circulaire formé par l'effondrement de la partie centrale des volcans.

CALDOCHE, ▪ n. m. et n. f. [kaldɔʃ] (abrév. de *Calédonie* et suff. péj. *-oche*) **Nouv.-Calédon.** Habitant de la Nouvelle-Calédonie de souche métropolitaine et coloniale. ▪ **Adj.** *Une famille caldoche.*

1 **CALE**, n. f. [kal] (*caler*, descendre, s'enfoncer) Fond ou partie la plus basse de l'intérieur d'un navire. *Se cacher à fond de cale.* ♦ **Fig.** *Être à fond de cale*, n'avoir plus le sou. ♦ La partie inclinée d'un port pour le chargement d'un bateau. ♦ Plan incliné vers la mer servant à construire ou à réparer les bâtiments. *Cale de construction.* ♦ ▷ *Cale*, châtiment de mer, qui consiste à laisser tomber plusieurs fois le coupable dans l'eau, par le moyen d'un cordage auquel il est attaché. ◁ ♦ Crique, abri entre deux pointes de terre ou de rocher.

2 **CALE**, n. f. [kal] (all. *Keil*, coin, cale) Morceau de bois, de pierre, etc. qu'on place sous un objet pour le mettre de niveau ou lui donner de l'assiette, l'équilibrer dans sa position.

3 **CALE**, n. f. [kal] (p.-ê. *calotte*, ou anc. fr. *écale*, enveloppe de la noix) Anciennement, espèce de coiffure de femme en forme de bonnet plat. ♦ Bonnet d'homme fait en rond et plat, couvrant seulement le haut de la tête.

1 **CALÉ, ÉE**, p. p. de caler. [kale] Abaissé.

2 **CALÉ, ÉE**, p. p. de caler. [kale] Assujetti avec une cale. ♦ **Pop.** Qui a quelque aisance, qui est en bonne position. ▪ **Fam.** et **par extens.** *Elle est calée en histoire*, elle a beaucoup de connaissances dans ce domaine.

CALEBASSE, n. f. [kal(ə)bas] (esp. *calabaza*, d'orig. incert.) Nom du fruit de plusieurs espèces de cucurbitacées qui sert à contenir des liquides.

CALEBASSIER, n. m. [kal(ə)basje] (*calebasse*) Nom vulgaire du *cucurbita lagenaria*, arbre d'Amérique qui produit des calebasses.

CALÈCHE, n. f. [kalɛʃ] (all. *Kalesch*, du pol. *kolaska*) Voiture à ressort et à quatre roues, fort légère et ordinairement découverte sur le devant. ♦ ▷ Coiffure de femme qui se repliait sur elle-même. ◁

CALECIF, ▪ n. m. [kalsif] Voy. CALCIF.

CALEÇON, n. m. [kal(ə)sɔ̃] (ital. *calzone*, vêtement d'homme ou de femme) Vêtement de dessous en forme de pantalon court. ▪ Pantalon moulant porté par les femmes ou les enfants.

CALEÇONNADE, ▪ n. f. [kal(ə)sɔnad] (*caleçon*) Spectacle licencieux. « *Il possède la meilleure entreprise de caleçonnades qui soit, sur la place* », VIALAR.

CALÉDONIEN, IENNE, ▪ adj. [kaledonjɛ̃, jɛn] (*Calédonie*) Relatif à la Calédonie. ▪ N. m. et n. f. Habitant de la Calédonie.

CALÉFACTEUR, n. m. [kalefaktœʀ] (*caléfaction*) ▷ Appareil propre à la cuisson des aliments. ◁

CALÉFACTION, n. f. [kalefaksjɔ̃] (b. lat. *calefactio*) Action de faire chauffer ; chaleur causée par le feu.

CALÉIDOSCOPE, n. m. [kaleidoskɔp] (gr. *kalos*, beau, *eidos*, image, et *-scope*) Tube qui, garni de petits fragments de diverses couleurs, montre, à chaque mouvement, des combinaisons variées. ▪ **Fig.** Ensemble d'objets variés, composites. *Un caléidoscope culturel.* ▪ REM. On écrit auj. *kaléidoscope.*

CALEMBOUR, n. m. [kalɑ̃buʀ] (p.-ê. *calembourdaine*) Jeu de mots fondé sur une ressemblance de son et une différence de sens.

CALEMBREDAINE, n. f. [kalɑ̃bʀədɛn] (*calembourdaine*, de *bourde*, derrière un premier élément obscur) Bourde, vains propos, faux-fuyants. ♦ Il est très familier. ▪ REM. Est vieilli et littéraire aujourd'hui.

CALENCAR, n. m. [kalɑ̃kaʀ] (pers. *qalam-kar*, étoffe décorée) ▷ Toile peinte des Indes. ◁

CALENDAIRE, ▪ adj. [kalɑ̃dɛʀ] (b. lat. *calendarium*, registre, calendrier) Qui se réfère au calendrier. *Une semaine calendaire.*

CALENDER, n. m. [kalɑ̃dɛʀ] (pers. *qalandar*) ▷ Nom d'un ordre de derviches. ◁

CALENDES, n. f. pl. [kalɑ̃d] (lat. *calendæ*) Le premier du mois chez les Romains. ◆ *Renvoyer aux calendes grecques,* renvoyer à un temps qui ne viendra jamais (les Grecs n'ayant point de calendes), attraper. ◆ Assemblée de curés de campagne, convoquée par l'évêque.

CALENDOS, ■ n. m. [kalɑ̃dos] (orig. inc.) Pop. Camembert.

CALENDRIER, n. m. [kalɑ̃dʀije] (lat. *calendarium*) Indication des jours, des mois et des saisons de l'année. ◆ Vx *Calendrier* ou *calendrier julien,* celui qui fut fait par les ordres de Jules César. ◆ *Nouveau calendrier* ou *calendrier grégorien,* celui qui est conforme à la réforme faite par le pape Grégoire XIII. ◆ *Calendrier perpétuel,* série de calendriers comprenant sous 35 types les tableaux de toutes les années possibles avec les fêtes soit fixes, soit mobiles. ◆ *Calendrier de Flore,* tableau des époques de l'épanouissement des fleurs. ◆ Prévision, date par date, des différentes étapes d'une tâche à accomplir. *Le calendrier des travaux. Respecter le calendrier.*

CALENDULA, ■ n. m. [kalɑ̃dyla] (lat. sav.) Bot. Autre nom du souci, plante à fleurs jaunes.

CALENTURE, n. f. [kalɑ̃tyʀ] (esp. *calentura,* du lat. *calere,* être chaud) Espèce de délire furieux auquel les navigateurs sont sujets sous la zone torride.

CALE-PIED, ■ n. m. [kal(ə)pje] (*caler* et *pied*) En sport, système fixé sur la pédale d'un vélo permettant à la chaussure du cycliste d'en être solidaire et augmentant ainsi le rendement de l'effort musculaire produit. *Des cale-pieds.*

CALEPIN, n. m. [kal(ə)pɛ̃] (Amhrogio *Calepino,* 1435-1511, auteur d'un vocabulaire polyglotte) Recueil de notes qu'on prend pour son usage. ◆ *Mettez cela sur votre calepin,* souvenez-vous-en.

1 CALER, v. tr. [kale] (lat. *chalare,* gr. *khalan,* relâcher, abaisser) Baisser, en parlant des basses vergues, des mâts de hune ou de perroquet. ◆ Fig. et fam. *Caler la voile* ou simplement *caler,* rabattre de ses prétentions, céder. ◆ V. intr. Se dit de l'enfoncement d'un bâtiment dans l'eau. ■ Interrompre involontairement la marche d'un moteur d'automobile. *Un jeune conducteur qui cale souvent. Le moteur a calé.*

2 CALER, v. tr. [kale] (2 *cale*) Assujettir au moyen d'une cale. ■ Par extens. Disposer un objet de manière à ce qu'il ne bouge pas. *Caler une valise dans un coffre d'auto.* ◆ Se caler, v. pr. *Se caler dans un fauteuil.*

CALETER, ■ v. intr. [kalte] Voy. CALTER.

CALFAT, ATE, n. m. et n. f. [kalfa, at] (*calfater* ou ital. *calafato*) Ouvrier qui calfate les navires.

CALFATAGE, n. m. [kalfataʒ] (*calfater*) Travail, ouvrage du calfat.

CALFATÉ, ÉE, p. p. de calfater. [kalfate]

CALFATER, v. tr. [kalfate] (ar. *qalfata,* prob. du b. lat. *calefectare,* chauffer) Mar. Mettre des étoupes et, par-dessus, du suif, du goudron dans les joints, trous et fentes d'un bâtiment.

CALFEUTRAGE, n. m. [kalføtʀaʒ] (*calfeutrer*) Action de calfeutrer ; résultat de cette action.

CALFEUTRÉ, ÉE, p. p. de calfeutrer. [kalføtʀe]

CALFEUTRER, v. tr. [kalføtʀe] (altération de *calfater,* par croisement avec *feutre*) Boucher les fentes d'une porte, d'une fenêtre, avec des bourrelets, du papier collé, etc. ◆ Se calfeutrer, v. pr. S'enfermer bien chaudement. Fig. Cacher sa vie, ses actions. ■ CALFEUTREMENT, n. m. [kalføtʀəmɑ̃]

CALIBRAGE, n. m. [kalibʀaʒ] (*calibrer*) Mesure des calibres.

CALIBRATION, ■ n. f. [kalibʀasjɔ̃] (*calibrer*) Action de calibrer. ■ Archéol. Technique de conversion des dates indiquées par la datation au carbone 14, la dendrochronologie et la chronologie des varves, en dates calendaires.

CALIBRE, n. m. [kalibʀ] (ar. *qalib,* moule, du gr. *kalopous,* forme pour chaussures) Capacité d'un tuyau, d'un tube que l'on mesure par son diamètre. ◆ Diamètre intérieur des armes à feu. ◆ L'instrument qui sert à déterminer le calibre. ◆ Archit. Volume. ◆ Fig. et fam. La valeur, l'état, etc. d'une personne. ■ Dimension d'un objet rond ou sphérique. *Le calibre des œufs.*

CALIBRÉ, ÉE, p. p. de calibrer. [kalibʀe]

CALIBRER, v. tr. [kalibʀe] (*calibre*) Donner le calibre convenable. ◆ Mesurer le calibre. ■ Classer selon le calibre. *Calibrer des kiwis.*

CALIBREUR, EUSE, ■ n. m. et n. f. [kalibʀœr, øz] (*calibrer*) ▷ Ouvrier chargé du calibrage. ◁ ■ N. m. Dans une chaîne de production, machine répartissant les produits par calibres identiques. *Calibreur de pommes de terre.* ■ Électr. Appareil servant à équilibrer différentes variables. *Calibreur de son, de courant.*

1 CALICE, n. m. [kalis] (lat. *calyx*) Vase qui sert à la messe pour la consécration du vin. ◆ Fig. *Boire, avaler le calice, boire le calice jusqu'à la lie,* souffrir quelque chose de pénible, de douloureux.

2 CALICE, n. m. [kalis] (lat. *calyx,* du gr. *kalux*) Enveloppe extérieure en forme de coupe, qui renferme la corolle et les organes de la fleur.

CALICHE, ■ n. m. [kaliʃ] (mot esp., du lat. *calx,* chaux) Minér. Mélange de sels alcalins, riche en nitrate de soude, que l'on trouve au Chili.

CALICOT, n. m. [kaliko] (*Calicut,* ville de l'Inde) Espèce particulière de toile de coton. ◆ Pop. et par dénigrement Commis chez les marchands de drap, de nouveautés. ■ Banderole de calicot ou de toute autre matière. *Calicot annonçant un concert.*

CALICULE, ■ n. m. [kalikyl] (lat. *calyculus,* corolle) Bot. Second calice de certaines fleurs.

CALIFAT, n. m. [kalifa] (*calife*) Dignité de calife ; le temps pendant lequel un calife a régné.

CALIFE, n. m. [kalif] (ar. *khalifa,* successeur [de Mahomet]) Titre des souverains qui exercèrent après Mahomet le pouvoir temporel et spirituel.

CALIFORNIEN, IENNE, ■ adj. [kalifɔʀnjɛ̃, jɛn] (*Californie*) De Californie. *Le cinéma californien.* ■ N. m. et n. f. Habitant de cet état.

CALIFORNIUM, ■ n. m. [kalifɔʀnjɔm] (*Californie*) Chim. Élément chimique synthétique, extrêmement radioactif.

CALIFOURCHON (À), loc. adv. [kalifurʃɔ̃] (bret. *kall,* testicules, ou *caler,* et *fourche*) Jambe deçà, jambe delà, comme quand on est à cheval. *Se mettre à califourchon.* ◆ ■ N. m. Marotte, manie. *C'est son califourchon.* ◁

CALIN, n. m. [kalɛ̃] (port. *calam,* du malais *kalong,* étain) ▷ Étain de Siam et de Malacca dont on fait des boîtes à thé. ◁

CÂLIN, INE, n. m. et n. f. [kɑlɛ̃, in] (*câliner*) Personne qui n'a ni activité, ni intelligence. ◆ Cajoleur, cajoleuse. ◆ Adj. *Un air câlin.* ■ N. m. Manifestation de l'affection, de l'amour, par des gestes tendres, des caresses. *Les bébés aiment les câlins.*

CÂLINÉ, ÉE, p. p. de câliner. [kɑline]

CÂLINER, v. tr. [kɑline] (radic. du lat. *calere,* être chaud) Dorloter en cajolant. ◆ Se câliner, v. pr. Faire le câlin, se dorloter.

CÂLINERIE, n. f. [kɑlin(ə)ʀi] (*câliner*) Action de se câliner. ◆ Actions, paroles qui câlinent. ◆ Il est familier.

CALIORNE, n. f. [kaljɔʀn] (provenç. *caliourno,* p.-ê. du gr. *kalôs,* câble) ▷ Mar. Grand palan. ◁

CALISSON, ■ n. m. [kalisɔ̃] (région. *canisson,* claie, du b. lat. *cannicius,* fait de roseaux) Confiserie provençale, en forme de losange, faite de pâte d'amande et dont le dessus est glacé. *Les calissons d'Aix.*

CALLEUX, EUSE, adj. [kalø, øz] (lat. *callosus*) Où il y a des callosités. *Mains calleuses.* ◆ *Corps calleux,* longue et large bande médullaire blanche qui réunit les deux hémisphères du cerveau.

CALL-GIRL, ■ n. f. [kolgœrl] (mot angl., de *to call,* appeler et *girl,* fille) Prostituée dont on demande les services par téléphone. *Des call-girls.*

CALLIGRAMME, ■ n. m. [kaligʀam] (*calli-* et *-gramme*) Texte, souvent poétique, dont l'écriture, sous forme de dessin, évoque l'objet même du texte. *Les calligrammes de Guillaume Apollinaire.*

CALLIGRAPHE, ■ n. m. et n. f. [kaligʀaf] (gr. *kalligraphos*) Personne qui a une belle écriture, qui enseigne la calligraphie.

CALLIGRAPHIE, n. f. [kaligʀafi] (gr. *kalligraphia*) L'art de bien former les caractères d'écriture ; belle écriture. ■ Par méton. Texte calligraphié. *Une calligraphie chinoise.*

CALLIGRAPHIER, ■ v. tr. [kaligʀafje] (*calligraphie*) Écrire avec art et application, à l'aide en principe d'un matériel traditionnel. *Calligraphier l'hébreu.*

CALLIGRAPHIQUE, adj. [kaligʀafik] (*calligraphie*) Qui a rapport à la calligraphie.

CALLIPYGE, ■ adj. [kalipiʒ] (gr. *kallipugos,* de *pugé,* fesse) Plais. Dont les fesses sont belles, très développées. *Une statue callipyge.*

CALLOSITÉ, n. f. [kalozite] (b. lat. *callositas*) Endurcissement de l'épiderme ou de la peau par suite de frottement.

CALLOT, n. m. [kalo] Voy. CALOT.

CALMANDE, n. f. [kalmɑ̃d] (prob. ital. *calamandra,* étoffe de laine fine) ▷ Étoffe de laine, lustrée d'un côté, comme le satin. ◁

CALMANT, ANTE, adj. [kalmɑ̃, ɑ̃t] (*calmer*) Méd. Qui apaise les douleurs. *Potion calmante.* ◆ Dans le langage général, qui calme et apaise. ◆ N. m. Méd. *Prendre un calmant.*

CALMAR, n. m. [kalmar] (lat. *calamarius,* de *calamus,* roseau à écrire) ▷ Étui à plumes pour écrire. ◁ ◆ Genre particulier de mollusques céphalopodes. ■ Rem. Dans ce dernier sens, on dit aussi auj. *calamar.*

1 CALME, adj. [kalm] (adjectivation de *calme*) Qui est sans agitation, au propre et au figuré. *Une mer calme. Un homme calme.* ■ N. m. et n. f. Personne de caractère serein. *C'est un calme, une calme.*

2 CALME, n. m. [kalm] (esp. *calma*, du gr. *khauma*, forte chaleur) Cessation complète du vent. ◆ *Calme plat*, calme absolu qui laisse la mer plate, unie. ◆ Tranquillité, absence d'agitation et de bruit. *Le calme des nuits.* « *Par moi Jérusalem goûte un calme profond* », RACINE. ◆ *Le calme d'un malade*, la tranquillité qu'il éprouve après quelque crise. ■ Par anal. *Calme plat*, absence de toute activité.

CALMÉ, ÉE, p. p. de calmer. [kalme]

CALMEMENT, ■ adv. [kalməmã] (adj. *calme*) Avec calme.

CALMER, v. tr. [kalme] (adj. *calme*) Rendre calme, faire cesser l'agitation, au physique et au moral. *Calmer les esprits, les flots.* ◆ Absol. *Cela n'est pas propre à calmer.* ◆ Adoucir, rendre moins violent, faire cesser. *Calmer la fièvre.* ◆ Se calmer, v. pr. Devenir calme. ◆ *Se calmer*, reprendre du sang-froid. ◆ V. intr. Mar. *Le vent, la mer calme*, a beaucoup calmé.

CALMIR, ■ v. intr. [kalmiʀ] (var. norm. de *calmer*) Mar. et littér. Devenir calme. *Le vent calmit.*

CALO, ■ n. m. [kalo] (mot zqp.) Langue des Gitans d'Espagne.

CALOMEL ou **CALOMÉLAS**, n. m. [kalomɛl, kalomelas] (gr. *kalos*, beau, et *melas*, noir) ▷ Ancien nom du protochlorure de mercure. ◁

CALOMNIATEUR, TRICE, n. m. et n. f. [kalɔmnjatœʀ, tʀis] (lat. *calumniator*, chicaneur) Personne qui calomnie. ◆ Adj. « *Des écrivains mercenaires et calomniateurs* », VOLTAIRE.

CALOMNIE, n. f. [kalɔmni] (lat. *calumnia*, chicane, accusation injuste) Imputation que l'on sait fausse et qui blesse la réputation et l'honneur. ◆ *Les calomniateurs.* « *Rois, chassez la calomnie.* », RACINE.

CALOMNIÉ, ÉE, p. p. de calomnier. [kalɔmnje] N. m. et n. f. « *Il faut être aussi humble que ces humbles calomniées* », PASCAL.

CALOMNIER, v. tr. [kalɔmnje] (lat. *calumniari*, accuser faussement) Employer la calomnie. ◆ Absol. *Il ne parle que pour calomnier.* ◆ Fam. *Calomnier à dire d'experts*, calomnier sans retenue. ◆ Se calomnier, v. pr. Dire du mal de soi. ◆ « *Calomnier de quelque intelligence* », CORNEILLE. « *Vous osez lui calomnier la plus rare vertu* », MOLIÈRE.

CALOMNIEUSEMENT, adv. [kalɔmnjøz(ə)mã] (*calomnieux*) Avec calomnie.

CALOMNIEUX, EUSE, adj. [kalɔmnjø, øz] (b. lat. *calumniosus*) Qui contient des calomnies. *Un langage calomnieux.*

CALONIÈRE, n. f. [kalonjɛʀ] (*canonnière*) ▷ Altération populaire de *canonnière.* ◁

CALOPORTEUR, ■ adj. [kalopɔʀtœʀ] (lat. *calor*, chaleur, et *porteur*) Qui conduit la chaleur vers l'extérieur d'une machine, pour la refroidir. *Fluide caloporteur.*

CALORIE, n. f. [kalɔʀi] (lat. *calor*, chaleur) Phys. Quantité de chaleur nécessaire pour élever d'un degré centigrade la température d'un kilogramme d'eau. ■ Unité de mesure de la valeur énergétique des aliments. *Un aliment riche, pauvre en calories.* ■ Fam. *Brûler des calories*, se dépenser physiquement.

CALORIFÈRE, adj. [kalɔʀifɛʀ] (lat. *calor*, chaleur, et *-fère*) Qui porte la chaleur. ◆ N. m. Appareil pour produire et distribuer la chaleur dans une maison.

CALORIFIQUE, adj. [kalɔʀifik] (lat. *calorificus*) Qui produit la chaleur.

CALORIFUGE, ■ adj. [kalɔʀifyʒ] (lat. *calor*, chaleur, et *-fuge*) Qui empêche toute déperdition de chaleur en utilisant la mauvaise conduction de certains matériaux. ■ N. m. Isolant thermique.

CALORIFUGER, ■ v. tr. [kalɔʀifyʒe] (*calorifuge*) Isoler, protéger thermiquement au moyen d'un calorifuge. *Calorifuger une maison avec de la laine de verre.* ■ CALORIFUGEAGE, n. m. [kalɔʀifyʒaʒ]

CALORIMÈTRE, ■ n. m. [kalɔʀimɛtʀ] (lat. *calor*, chaleur, et *-mètre*) Instrument propre à mesurer la quantité de calorique spécifique que contient un corps.

CALORIMÉTRIE, n. f. [kalɔʀimetʀi] (lat. *calor*, chaleur, et *-métrie*) Partie de la physique qui a pour objet la mesure du calorique libre, des calories intervenant dans les échanges de chaleur. ■ CALORIMÉTRIQUE, adj. [kalɔʀimetʀik]

CALORIQUE, n. m. [kalɔʀik] (lat. *calor*) ▷ Phys. Principe de la chaleur. ◁ ◆ ▷ *Calorique libre*, celui qui est sensible au thermomètre. ◁ ◆ ▷ *Calorique spécifique*, quantité relative de chaleur absorbée par les corps qui changent de température. ◁ ◆ ▷ *Calorique latent*, celui qui est absorbé par un corps dans son passage de l'état solide à l'état liquide, ou de l'état liquide à l'état

gazeux. ◁ ■ Adj. Relatif aux calories apportées par les aliments. *Le pouvoir calorique des lipides.*

CALORISATION, ■ n. f. [kalɔʀizasjɔ̃] (*caloriser*, du lat. *calor*, chaleur) Techn. Diffusion d'aluminium dans un acier par voie thermique pour augmenter sa résistance.

CALOT, ■ n. m. [kalo] (*écale*, enveloppe extérieure de la noix) Calotte. ■ Grosse bille avec laquelle les enfants jouent. ■ REM. Graphie ancienne : *callot.*

CALOTIN, n. m. [kalotɛ̃] (*calotte*) Pop. et par dénigrement Personne qui porte la calotte, ecclésiastique. ◆ Fig. Partisan du cléricalisme.

CALOTTE, n. f. [kalɔt] (b. lat. *calautica*, coiffure de femme, ou ar. *kallauta*, coiffure) Sorte de petit bonnet qui ne couvre que le sommet de la tête. ◆ Fig. et pop. Tape sur la tête. ◆ Sorte de petite calotte noire que portent les prêtres. ◆ Fam. et absol. *Porter la calotte*, être dans les ordres. ◆ *La calotte*, le cardinalat. On dit aujourd'hui *barrette* ou *chapeau.* ◆ *Calotte du crâne*, partie supérieure de la boîte crânienne. ◆ Géom. *Calotte sphérique*, une des deux parties en lesquelles un plan coupe la sphère. ◆ Archit. Portion de voûte, sphérique ou sphéroïde, qu'on élève au milieu des plafonds et des voûtes mêmes. ◆ ▷ Fam. *Calotte des cieux*, le ciel. ◁ ■ *Calotte glaciaire*, couche de glace très épaisse et très étendue des régions polaires.

CALOTTER, v. tr. [kalote] (*calotte*) Donner des calottes, frapper.

CALOYER, ÈRE, n. m. et n. f. [kaloje, jɛʀ] (gr. mod. *kalogeros*, du gr. *kalos* beau, parfait, et *gerôn*, vieillard) Moine grec, religieuse grecque de l'ordre de Saint-Basile.

CALQUAGE, ■ n. m. [kalkaʒ] (*calquer*) Action de calquer.

CALQUE, n. m. [kalk] (ital. *calco*) Dessin calqué. ◆ Fig. Imitation servile d'une œuvre. ■ Papier transparent permettant la reproduction des traits. *Une pochette de calques.* On dit aussi *papier-calque.* ◆ Ling. Création d'un sens ou d'une construction par imitation d'une autre langue. *Gratte-ciel est un calque de l'anglais skyscraper.*

CALQUÉ, ÉE, p. p. de calquer. [kalke]

CALQUER, v. tr. [kalke] (ital. *calcar*, du lat. *calcare*, fouler, presser) Prendre le trait d'un dessin qu'on a appliqué sur un papier et dont on suit les contours avec une pointe. ◆ Absol. *Papier à calquer.* ◆ Fig. Imiter servilement. ◆ Se calquer, v. pr. Se modeler. *Il se calque sur un mauvais modèle.*

CALTER ou **CALETER**, ■ v. intr. [kalte] (prob. *caler*, céder, fuir) Pop. Partir, décamper. *Caltez vite d'ici !* ■ REM. Ce verbe est défectif.

CALUMET, n. m. [kalymɛ] (forme normanno-pic. de *chalumeau*) Nom populaire donné en Amérique à plusieurs plantes dont les tiges servent à faire des tuyaux de pipe. ◆ La pipe même en usage chez les sauvages, et qu'ils présentent comme un symbole de paix. *Fumer le calumet de paix.* ■ REM. *Sauvage* au temps de Littré n'était pas péjoratif. On parle des Indiens d'Amérique aujourd'hui.

CALUS, n. m. [kalys] (lat. *callus*) Durillon produit par le frottement. ◆ ▷ Fig. Endurcissement de cœur. *Le méchant se fait un calus contre le remords.* ◁ ◆ Cal, espèce de soudure qui réunit les fragments d'un os.

CALVADOS, ■ n. m. [kalvados] (*Calvados*) Eau-de-vie de cidre fabriquée dans le département du Calvados, en Normandie. ■ Fam. Calva.

CALVAIRE, n. m. [kalvɛʀ] (lat. chrét. *calvaria*, crâne) Lieu élevé où Jésus-Christ fut crucifié. ◆ Fig. *Le douloureux calvaire de la vertu.* ◆ Élévation où l'on a planté une croix. ◆ Dans les églises, suite de stations qu'on nomme plus ordinairement chemin de la croix. ■ *C'est un calvaire*, c'est une tâche très difficile à accomplir, ou bien un moment douloureux à passer. *C'est un vrai calvaire de défendre ses idées dans cette assemblée.* « *La marche avec maman vers la gare Saint-Charles, pour l'achat du billet, fut un calvaire* », SCHREIBER.

CALVAIRIENNE, ■ n. f. [kalvɛʀjɛn] (*Calvaire*) Religieuse de l'ordre des bénédictines.

CALVILLE, n. f. [kalvij] (*Calleville*, dans l'Eure) Espèce de pomme. ■ REM. Autrefois, *calville* était un nom masculin.

CALVINISME, n. m. [kalvinism] (Jean *Calvin*, 1509-1564) La doctrine de Calvin.

CALVINISTE, n. m. et n. f. [kalvinist] (*calvinisme*) Personne qui suit la doctrine de Calvin. ■ Adj. *La doctrine calviniste.*

CALVITIE, n. f. [kalvisi] (lat. *calvities*, de *calvus*, chauve) État d'une tête chauve ; perte de cheveux. *Une calvitie précoce.*

CALYPSO, ■ n. m. [kalipso] (mot anglo-amér., de *Calypso*, nymphe de la mythologie grecque) Danse d'origine antillaise. ■ Musique accompagnant cette danse.

CAMAÏEU, n. m. [kamajø] (orig. obsc.) Pierre fine taillée, ayant deux couches de différentes couleurs, dont l'une est devenue la figure en relief et l'autre fait le fond. ◆ Genre de peinture où l'on n'emploie qu'une couleur avec des teintes plus sombres et plus claires. *Peindre en camaïeu.* ♦ *Un camaïeu*, un tableau peint en camaïeu. ■ **Au pl.** *Des camaïeux* ou *des camaïeus.*

CAMAIL, n. m. [kamaj] (provenç. *capmalhar*, revêtir la tête d'une cuirasse) ▷ Habillement du clergé en hiver, couvrant la tête, les épaules, et allant jusqu'à la ceinture. ♦ Petit manteau que portent par-dessus le rochet les évêques et autres ecclésiastiques privilégiés. ♦ **Au pl.** *Des camails.* ◁

CAMALDULE, n. m. et n. f. [kamaldyl] (*Camaldoli*, localité de la Toscane) Religieux, religieuse d'un ordre monastique, fondé à la fin du Xᵉ siècle par saint Romuald.

CAMARADE, n. m. et n. f. [kamaʀad] (esp. *camarada*, chambrée, de *camara*, chambre) Nom que se donnent entre eux les militaires. ♦ Personne qui a même vie, mêmes habitudes, mêmes occupations que plusieurs autres personnes. *Camarades d'école, de collège, d'enfance.* ♦ Ami. *Ils se sont remis camarades.* ♦ Se dit de ceux qui courent même fortune. *Camarades d'aventures, d'infortune.* ♦ **Fam.** En s'adressant à des inférieurs, même inconnus : *Mon camarade.* ■ Nom que se donnent entre eux les membres des partis communistes, les militants de certains syndicats.

CAMARADERIE, n. f. [kamaʀadǝʀi] (*camarade*) Familiarité qui existe entre camarades. ♦ Disposition d'esprit qui fait que des écrivains, des artistes se soutiennent et se prônent mutuellement.

CAMARD, ARDE, ■ n. m. et n. f. [kamaʀ, aʀd] (*camus*) Qui a le nez plat et écrasé. ♦ **Adj.** *Un nez camard.* ♦ Dans le style burlesque, *la Camarde*, la mort.

CAMARGUAIS, AISE, ■ adj. [kamaʀgɛ, ɛz] (*Camargue*, région du sud de la France) De la Camargue. ■ **N. m.** et n. f. Habitant de la Camargue.

CAMARILLA, n. f. [kamaʀija] (esp. *camarilla*, de *camara*, chambre [du roi]) Coterie influente auprès d'un prince.

CAMBIAIRE ou **CAMBIAL, ALE**, ■ adj. [kãbjɛʀ, kãbjal] (ital. *cambio*, change) Relatif au change de la monnaie. *Le droit cambiaire.*

CAMBISTE, n. m. et n. f. [kãbist] (ital. *cambista*, de *cambio*, change) Anciennement, banquier, changeur. ♦ Il est vieux. ■ **Rem.** *Cambiste* est à nouveau en usage auj. dans le sens de personne qui effectue des opérations de change pour le compte d'autrui.

CAMBIUM, n. m. [kãbjɔm] (lat. médiév. méd. *cambium*, de *cambiare*, changer) Suc nutritif élaboré, destiné à fournir les matériaux de l'accroissement des plantes.

CAMBODGIEN, IENNE, ■ adj. [kãbɔdʒjɛ̃, jɛn] (*Cambodge*) Du Cambodge. ■ **N. m.** et n. f. Habitant du Cambodge. ■ **N. m.** *Le cambodgien*, la langue khmère.

CAMBOUIS, n. m. [kãbwi] (orig. inc.) Vieux oing devenu noir par le frottement d'une roue. ♦ **Fig.** *Mettre les mains dans le cambouis*, s'impliquer dans un travail laborieux, en allant au cœur des causes du problème traité.

CAMBRAGE, ■ n. m. [kãbʀaʒ] (*cambrer*) **Techn.** Opération qui consiste à plier une pièce de métal.

CAMBRAI, n. m. [kãbʀɛ] (*Cambrai*, ville du Nord) Imitation, fausse dentelle.

CAMBRÉ, ÉE, p. p. de cambrer. [kãbʀe] *Une taille cambrée.*

CAMBREMENT, n. m. [kãbʀǝmã] (cambrer) Action de cambrer.

CAMBRER, v. tr. [kãbʀe] (*cambre*, courbé, replié) Arquer légèrement. ♦ Se cambrer, v. pr. Devenir cambré.

CAMBRÉSIEN, IENNE, ■ adj. [kãbʀezjɛ̃, jɛn] (lat. *Cameracum*, Cambrai) De Cambrai. *Les confiseries cambrésiennes.* ■ **N. m.** et n. f. Habitant de cette ville.

CAMBREUR, EUSE, n. m. et n. f. [kãbʀœʀ, øz] (*cambrer*) Ouvrier qui cambre les cuirs des souliers.

CAMBRIEN, ■ n. m. [kãbʀijɛ̃] (angl. *cambrian*, de *Cambria*, pays de Galles) **Archéol.** Première période de l'ère paléozoïque, il y a 540 à 500 millions d'années. ■ **Adj.** Appartenant à cette période. *La pierre cambrienne.*

CAMBRIOLAGE, ■ n. m. [kãbʀijɔlaʒ] (*cambrioler*) Vol par effraction. *Cet entrepôt subit des cambriolages en série.*

CAMBRIOLER, ■ v. tr. [kãbʀijɔle] (*cambriole*, chambre) Commettre un vol en pénétrant par effraction dans un local ou une habitation. *On a cambriolé mon appartement. Il s'est fait cambrioler.*

CAMBRIOLEUR, EUSE, ■ n. m. et n. f. [kãbʀijɔlœʀ, øz] (*cambriole*, chambre) Personne qui commet un cambriolage.

CAMBROUSSE, ■ n. f. [kãbʀus] (provenç. *cambrousso*, bouge, cambuse) **Fam.** Coin retiré, isolé dans la campagne. *Se retrouver, se perdre en pleine cambrousse. Arriver, sortir de sa cambrousse.*

CAMBRURE, n. f. [kãbʀyʀ] (*cambrer*) État de ce qui est cambré.

CAMBUSE, n. f. [kãbyz] (néerl. *kombuis*, cuisine de navire) Endroit où l'on distribue des rations à l'équipage. ■ **Par extens.** Cantine, sur un chantier naval.

CAMBUSIER, n. m. [kãbyzje] (*cambuse*) Personne qui, à bord d'un vaisseau, est chargée de la distribution régulière des vivres à tous les gens de l'équipage.

1 CAME, n. f. [kam] **Voy.** CHAME.

2 CAME, ■ n. f. [kam] (abrév. de *camelote*) **Fam.** Marchandise de mauvaise qualité. *Cet appareil ne marche pas, c'est de la came.* ■ **Fam.** Drogue. *Prendre de la came.*

3 CAME, ■ n. f. [kam] (all. *Kamm*, peigne) **Méc.** Pièce crantée, profilée pour transformer un mouvement circulaire en un mouvement de translation. ■ *Arbre à came*, pièce de mécanique qui sert au mouvement des soupapes dans les moteurs à explosion.

CAMÉ, ÉE, ■ adj. [kame] (*[se] camer*) **Fam.** Drogué.

CAMÉE, n. m. [kame] (ital. *cam(m)eo*) Pierre ou coquille qui, composée de différentes couches, est sculptée en relief. ♦ **Peint.** Grisaille imitant le camée.

CAMÉLÉON, n. m. [kameleɔ̃] (gr. *khamaileôn*, lion nain, de *khamai*, à terre, et *leôn*, lion) Espèce de lézard auquel on attribue la faculté de changer de couleur selon les objets qui l'environnent. ♦ **Fig.** Personne qui change d'opinion et de conduite suivant les circonstances.

CAMÉLÉONESQUE, ■ adj. [kameleonɛsk] (*caméléon*) **Fig.** Qui est changeant, s'adapte, à la manière du caméléon. *Il a une personnalité caméléonesque.* ■ **Rem.** On trouve aussi *caméléonien*, chez Balzac par exemple.

CAMÉLÉOPARD, n. m. [kameleopaʀ] **Voy.** CAMÉLOPARD, plus correct.

CAMÉLIA, n. m. [kamelja] (lat. sav. [Linné], de G. J. *Kamel*, botaniste moravien) Bel arbuste d'ornement, de la famille des théacées, introduit du Japon en Europe par le père Camelli. ■ **Au pl.** *Des camellias* ou *des camélias.* ■ **Rem.** Graphie ancienne : *camellia.*

CAMÉLIDÉS, ■ n. m. pl. [kamelide] (lat. *camelus*, chameau) **Zool.** Famille de mammifères tels les lamas et les chameaux.

CAMELINE ou **CAMÉLINE**, n. f. [kam(ǝ)lin, kamelin] (b. lat. *chamæmelon*, camomille) Plante crucifère dont les semences fournissent une huile grasse bonne à brûler et dite improprement *huile de camomille.* ■ En apposition. *Sauce cameline*, sauce aux raisins secs, aux amandes et aux épices, utilisée dans la cuisine médiévale.

CAMELLE, ■ n. f. [kamɛl] (empl. métaph. du provenç. *camello*, chamelle) **Camarg.** Dans les salines, grand tas de sel stocké.

CAMELLIA, n. m. [kamelja] **Voy.** CAMÉLIA.

CAMÉLOPARD, n. m. [kamelopaʀ] (gr. *kamêlopardalis* chameau-panthère, girafe) ▷ Nom ancien de la girafe. ■ **Rem.** On disait aussi *caméléopard.* ◁

1 CAMELOT, ■ n. m. [kam(ǝ)lo] (ar. *hamlat*, peluche de laine) ▷ Étoffe de poil ou de laine, mêlée quelquefois de soie en chaîne. ◁

2 CAMELOT, ■ n. m. [kam(ǝ)lo] (*cameloter*, de *camelote*) Vendeur ambulant d'objets de peu de valeur.

CAMELOTE, n. f. [kam(ǝ)lɔt] (*camelotier*, dimin. de *coesme*, gros mercier) Ouvrage mal fait ; marchandise de mauvaise qualité. ■ **Fam.** Came, drogue.

CAMEMBERT, ■ n. m. [kamãbɛʀ] (*Camembert*, village de l'Orne) Fromage au lait de vache, à pâte molle, de forme ronde, généralement fabriqué en Normandie. ■ **Par anal.** Graphique utilisé pour afficher des résultats de statistiques, en forme de camembert divisé en secteurs.

CAMER (SE), ■ v. pr. [kame] (2 *came*) **Fam.** User de stupéfiants ou de drogue. *Il se came à l'héroïne.*

CAMÉRA, ■ n. f. [kamera] (angl. *camera* (*obscura*), chambre obscure, du lat. *camera*, chambre) Appareil servant à la prise de vues pour le cinéma, la télévision ou la vidéo. *Prendre sa caméra. Être devant ou derrière la caméra.*

CAMÉRA-LUCIDA, n. f. [kameralysida] (lat. *camera lucida*) ▷ Instrument d'optique, on dit aussi *chambre claire.* ■ **Au pl.** *Des caméras-lucidas.* ◁

CAMÉRAMAN ou **CAMERAMAN**, ■ n. m. [kameraman] (mot angl., de *camera*, et *man*, homme) Personne qui opère des prises de vues avec une caméra. *Des caméramans.*

CAMÉRIER, n. m. [kamerje] (ital. *cameriere* ; du lat. *camera*) Officier de la chambre du pape ou d'un cardinal.

CAMÉRISTE, n. f. [kamerist] (esp. *camarista* ; infl. de l'ital. *camerista*) Dame de chambre d'une princesse ou d'une femme titrée.

CAMERLINGAT, n. m. [kamɛʀlɛ̃ga] (*camerlingue*) Dignité de camerlingue.

CAMERLINGUE, n. m. [kamɛʀlɛ̃g] (ital. *camerlingo*, du germ. *kamerling*, chambellan) Cardinal qui préside la chambre apostolique et exerce l'autorité temporelle dans l'intervalle entre la mort d'un pape et l'élection d'un autre.

CAMEROUNAIS, AISE, ■ adj. [kam(ə)ʀunɛ, ɛz] (*Cameroun*) Du Cameroun. ■ N. m. et n. f. Habitant du Cameroun.

CAMÉSCOPE, ■ n. m. [kameskɔp] (nom déposé, de *camé[ra]* et *[magnéto]scope*) Caméra portative permettant de filmer en vidéo et de visionner les images grâce à un magnétoscope intégré.

1 **CAMION**, n. m. [kamjɔ̃] (orig. inc.) ▷ Épingle très petite. ◁

2 **CAMION**, n. m. [kamjɔ̃] (p.-ê. provenç. *caminar*, cheminer) Charrette dont les roues ont très peu de hauteur. ■ Grand véhicule automobile utilisé pour le transport des marchandises, de matériel volumineux. *Un camion de pompier.*

CAMION-CITERNE, ■ n. m. [kamjɔ̃sitɛʀn] (*camion* et *citerne*) Camion équipé d'une citerne cylindrique, permettant le transport de liquides, de produits chimiques inflammables ou volatils. *Des camions-citernes.*

CAMIONNAGE, n. m. [kamjɔnaʒ] (*camion*) Transport par camion ; frais de cette opération.

CAMIONNER, v. tr. [kamjɔne] (*camion*) Transporter sur camion.

CAMIONNETTE, ■ n. f. [kamjɔnɛt] (*camion*) Petit camion de faible contenance, permettant un transport rapide de marchandises trop volumineuses pour une voiture. *Camionnette de livraison.*

CAMIONNEUR, EUSE, n. m. et n. f. [kamjɔnœʀ, øz] (*camion*) Personne qui conduit un camion. ■ REM. Le féminin *camionneuse* a une connotation négative, mais il peut être employé pour signifier *une femme camionneur.*

CAMISADE, n. f. [kamizad] (ital. *camisada*, de *camicia*, chemise, parce que les assaillants portaient une chemise blanche) ▷ Attaque de nuit, dirigée ordinairement contre une ville ou un lieu fortifié. ◁

CAMISARD, n. m. [kamizaʀ] (langued. *camiso*, pour la chemise blanche qu'ils portaient lors des attaques de nuit) Nom donné aux calvinistes insurgés des Cévennes, pendant la persécution qui suivit la révocation de l'édit de Nantes. ■ Adj. *La révolte camisarde.*

CAMISOLE, n. f. [kamizɔl] (provenç. *camisola*, dimin. de *camisa*, chemise) Sorte de vêtement à manches et court que se porte sous ou sur la chemise. ◆ *Camisole de force*, camisole garnie de liens et propre à contenir un malade, un aliéné, etc. ■ *Camisole chimique*, tranquillisant administré en hôpital psychiatrique.

CAMOMILLE, n. f. [kamɔmij] (gr. *kamaimêlon*, de *khamai*, à terre, et *mêlon*, pomme, par analogie d'odeur) Genre de plantes de la famille des radiées. ◆ *Huile de camomille*, huile préparée avec des fleurs sèches de camomille, différente de l'huile de cameline, dite improprement huile de camomille.

CAMOUFLER, ■ v. tr. [kamufle] (*camouflet*) Dissimuler un objet, une intention, à autrui. *Il camouflait sa joie derrière un visage de marbre. Camoufler ses intentions.* ■ Se camoufler, v. pr. *Les soldats se sont camouflés.* ■ CAMOUFLAGE, n. m. [kamuflaʒ]

CAMOUFLET, n. m. [kamuflɛ] (altération de *chaud*, et *mouflet*, souffle) ▷ Fumée épaisse qu'on souffle malicieusement dans le nez de quelqu'un avec un cornet de papier allumé. *Donner des camouflets.* ◁ ◆ Fig. Affront, mortification. ◆ ▷ Petit fourneau de mine ou fougasse, dont l'effet est d'enterrer le mineur assiégeant dans les déblais et les éboulements. ◁

CAMP, n. m. [kɑ̃] (lat. *campus*, plaine) Espace de terrain où une armée dresse ses tentes. ◆ *Lever le camp*, partir, déguerpir. ◆ *L'armée campée. Le camp prit les armes.* ◆ *Mettre l'alarme au camp*, donner l'alerte à une troupe campée. Fig. *Inquiéter un parti*, une coterie, etc. ◆ *Camp volant*, troupe légère qui tient la campagne pour observer l'ennemi. ◆ Fig. *Être en camp volant*, n'être pas casé d'une manière définitive. ◆ *Lit de camp*, petit lit qui se démonte et que l'on transporte où l'on veut. ◆ En un autre sens, *lit de camp*, lit de corps de garde. ◆ Au pl. Armes, guerre. *La vie des camps.* ◆ Fig. Parti, faction. *Se partager en deux camps.* ◆ *Maréchal de camp*, général de brigade qui commande un département. ◆ *Aide de camp*, officier d'ordonnance attaché à un officier général. ◆ Lice, champ clos. *Demander le camp. Juge du camp.* ◆ Fam. *Prendre le camp*, déguerpir. ■ Partie d'un terrain de sport réservée à une équipe ; cette équipe. ■ Terrain aménagé pour une activité particulière. *Camp d'aviation.* ■ Lieu où s'installent des campeurs. *Un feu de camp.* ■ Lieu clos et surveillé où sont regroupées des personnes faisant l'objet d'une ségrégation. *Camp de réfugiés.* ■ *Camp de concentration*, Voy. CONCENTRATION.

CAMPAGNARD, ARDE, adj. [kɑ̃paɲaʀ, aʀd] ou [kɑ̃panjaʀ, aʀd] (*campagne*) Qui vit ou demeure à la campagne. *Gentilhomme campagnard.* ◆

Rustique. *Un air campagnard.* ◆ N. m. et n. f. *Un campagnard, une campagnarde*, un homme, une femme de la campagne, ou bien un homme, une femme dont les manières sont rustiques, grossières, maladroites[1]. ■ *Buffet campagnard*, buffet au cours duquel sont servis des produits de la ferme. ■ REM. 1 : Terme péjoratif dans ce sens.

CAMPAGNE, n. f. [kɑ̃paɲ] ou [kɑ̃panj] (anc. fr. *champa[i]gne*, du b. lat. *campania*) Grande étendue de pays plat, du b. lat. *campania*) Grande étendue de pays plat. *Des campagnes immenses.* ◆ *En campagne*, en course. ◆ Fig. *En campagne*, en mouvement pour découvrir ou obtenir quelque chose. *Se mettre en campagne pour une affaire. Son imagination est en campagne.* ◆ *Prendre la campagne*, s'en aller dans les champs. ◆ *Tenir la campagne*, résister à l'ennemi sans être contraint de se retrancher. ◆ *Être maître de la campagne*, occuper le pays, en fig. avoir l'avantage. ◆ *Battre la campagne*, la parcourir, pour faire lever le gibier ou pour éclairer la marche d'une armée. ◆ Fig. *Battre la campagne*, divaguer, avoir le délire. ◆ Les champs en général. *Dévaster les campagnes. Mes fenêtres donnent sur la campagne.* ◆ Fig. et poétiq. *Les campagnes de l'air*, les airs. ◆ *La campagne*, par opposition à la ville. *Les gens, les travaux de la campagne. Vivre à la campagne.* ◆ *Faire une partie de campagne*, aller par partie de plaisir dans la campagne. ◆ *Curé, gentilhomme, médecin de campagne*, curé, gentilhomme, médecin qui résident à la campagne. ◆ Mouvements de troupes qui commencent et poursuivent des opérations de guerre. *Un plan de campagne. Ouvrir la campagne.* ◆ *Pièces de campagne*, artillerie assez légère pour suivre une armée en campagne. ◆ Le temps que, dans l'année, dure une expédition militaire. *Il y a eu deux campagnes cette année.* ◆ ▷ Fam. *Il a fait une belle campagne*, il a fait une belle équipée. ◁ ◆ Saison des travaux de certains états. ■ *Campagne publicitaire*, ensemble des actions menées pour la promotion d'un produit. ■ *Campagne électorale*, ensemble des actions de communication menées en vue d'une élection. ■ *Maison de campagne*, résidence secondaire généralement éloignée de la ville, où l'on se retire en période de vacances.

CAMPAGNOL, n. m. [kɑ̃paɲɔl] ou [kɑ̃panjɔl] (*campagne*) Petit rat des champs.

CAMPAN, n. m. [kɑ̃pɑ̃] (*Campan*, commune des Hautes-Pyrénées) Nom d'un marbre des Pyrénées qui se trouve dans la vallée de Campan.

CAMPANE, n. f. [kɑ̃pan] (b. lat. *campana*) ▷ Tenture de soie, d'argent filé, etc. ornée de petites cloches. *Campane de lit.* ◁ ◆ **Archit.** Ornement de sculpture à houppes en forme de clochettes. ◆ Le corps, en forme de cloche renversée, des chapiteaux corinthien et composite. ■ **Proven.** Petite cloche, sonnaille.

CAMPANIFORME, ■ adj. [kɑ̃panifɔʀm] (lat. *campana*, cloche, et *-forme*) En forme de cloche, en parlant d'un vase ou d'une fleur. ■ N. m., adj. **Archéol.** Civilisation du troisième millénaire avant notre ère, caractérisée par une forte production de gobelets en forme de cloche. *Une céramique campaniforme.*

CAMPANILE, n. m. [kɑ̃panil] (lat. médiév. *campanile*, clocher) Clocher à jour ; petite tour ouverte et légère, souvent isolée, servant de clocher. ■ REM. On trouvait autrefois *une campanille.*

CAMPANULACÉ, ÉE, adj. [kɑ̃panylase] (lat. *campanula*, petite cloche) Qui a la forme d'une clochette. ◆ N. f. *Campanulacées*, nom d'une famille de plantes dont la campanule est le type.

CAMPANULE, n. f. [kɑ̃panyl] (lat. médiév. *campanula*, petite cloche) Genre de plantes de la famille des campanulacées, ainsi nommées parce qu'elles ont la fleur en forme de clochette.

CAMPANULÉ, ÉE, adj. [kɑ̃panyle] (*campanule*) **Bot.** Qui est en forme de clochette.

CAMPÉ, ÉE, p. p. de camper. [kɑ̃pe] Fig. *Bien campé sur ses jambes* ou simplement *bien campé*, qui se tient bien, qui est bien bâti. ◆ *Un homme bien campé*, un homme qui est dans une bonne position de fortune, de réputation.

CAMPÊCHE, n. m. [kɑ̃pɛʃ] (*Campêche*, port du Mexique) Arbre d'Amérique dont le bois fournit une belle teinture rouge.

CAMPEMENT, n. m. [kɑ̃p(ə)mɑ̃] (*camper*) Action de camper ; le camp même. ◆ Journée de marche au bout de laquelle on campe. ◆ Détachement chargé de préparer le campement.

CAMPER, v. intr. [kɑ̃pe] (*camp*) Se conjugue avec *être* ou *avoir*, suivant le sens. Être établi dans un camp. *L'armée campait aux portes de la ville.* ◆ Fig. Séjourner temporairement. ◆ N'avoir pas de domicile ou en changer souvent. ◆ V. tr. Établir dans un camp. « *Le maréchal de Villeroi avait campé son armée* », VOLTAIRE. ◆ Fam. mettre. *Il campa son chapeau sur sa tête, et partit.* ◆ Fam. *Camper là quelqu'un*, l'abandonner, le laisser dans l'embarras. ◆ Donner, attribuer. *Vous me la campez belle.* ◆ Se camper, v. pr. S'établir dans un camp. ◆ Fam. Se placer, s'installer, se tenir. *Il se campa dans un fauteuil.* ◆ Prendre une certaine posture. *Il se campe bien.* ■

Décrire ou représenter avec vigueur et précision. *Un acteur qui campe son personnage.* ■ *Camper sur ses positions,* défendre son opinion ou sa situation avec obstination.

CAMPEUR, EUSE, ■ n. m. et n. f. [kɑ̃pœr, øz] (*camper*) Personne qui pratique le camping. *Les campeurs profitaient de la vie en plein air.*

CAMPHORATA, n. f. [kɑ̃forata] Voy. CAMPHRÉE.

CAMPHRE, n. m. [kɑ̃fr] (lat. médiév. *camphora*, de l'ar. *kafur*) Résine blanche transparente, d'une saveur amère, chaude et piquante, et d'une odeur vive et pénétrante.

CAMPHRÉ, ÉE, adj. [kɑ̃fre] (*camphre*) Qui contient du camphre.

CAMPHRÉE ou **CAMPHORATA**, n. f. [kɑ̃fre, kɑ̃forata] (fém. substantivé de *camphré*) Plante qui sent le camphre.

CAMPHRER, v. tr. [kɑ̃fre] (*camphre*) Imprégner de camphre.

CAMPHRIER, n. m. [kɑ̃frije] (*camphre*) Espèce de laurier de la Chine et du Japon dont on retire le camphre par distillation.

CAMPINE, n. f. [kɑ̃pin] (*Campine*, région de Flandre) ▷ Petite poularde fine. ◁

CAMPING, ■ n. m. [kɑ̃piŋ] (mot angl., de *to camp*, camper) Loisir sportif ou touristique qui consiste à dormir sous une tente ou dans une caravane et à vivre en plein air. *Faire du camping en bord de mer.* ■ Terrain aménagé spécialement pour les campeurs. *Un camping municipal.*

CAMPING-CAR, ■ n. m. [kɑ̃piŋkar] (mot angl., de *camping* et *car*, voiture) Camionnette aménagée pour le camping et dans laquelle on peut dormir. *Des camping-cars.* ■ REM. On recommande officiellement l'emploi de *auto-caravane.* Voy. ce mot.

CAMPING-GAZ, ■ n. m. [kɑ̃piŋgaz] (*camping* et *gaz*) Petit réchaud à gaz portable. *Des camping-gaz.*

CAMPOS ou **CAMPO**, n. m. [kɑ̃po] (arg. lat. des écoliers, *campos habere*, avoir les champs, le droit d'aller aux champs) Congé donné aux écoliers. *Donner campos.* ♦ En général, repos, délassement. *Se donner campos.*

CAMPUS, ■ n. m. [kɑ̃pys] (mot latin) Vaste parc dans lequel sont implantés des locaux universitaires d'enseignement et des logements étudiants, aux États-Unis. ■ Par extens. Site universitaire implanté en dehors de la ville. *Habiter une résidence universitaire sur le campus.*

CAMUS, USE, adj. [kamy, yz] (prob. gaul. *kamusio*, courbe) Qui a le nez court et plat. ♦ *Un nez camus,* un nez court et plat. ♦ Se dit aussi de certains animaux. *Un chien camus.* ■ Fig. et fam. Embarrassé, interdit. *Demeurer camus.* ♦ N. m. et n. f. *Un camus, une camuse.*

CANADA, ■ n. f. [kanada] (*Canada*) Variété de pomme.

CANADAIR, ■ n. m. [kanadɛr] (nom déposé, firme *Canadair*) Avion muni de réservoirs qui, lorsque l'appareil effleure un plan d'eau, se remplissent d'eau pour la déverser ensuite sur une zone incendiée.

CANADIANISME, ■ n. m. [kanadjanism] (*canadien*) Ling. Fait de langue propre aux parlers du Canada.

CANADIEN, IENNE, ■ adj. [kanadjɛ̃, jɛn] (*Canada*) Du Canada. ■ N. m. et n. f. Habitant du Canada.

CANAILLE, n. f. [kanaj] (ital. *canaglia*, de *cane*, chien) Vile populace. ♦ Gens, quelle que soit leur condition, dignes de mépris ; en ce sens le pluriel est usité. « *Quoi ! vous continuez, canailles infidèles !* », P. CORNEILLE. « *La canaille littéraire est ce que je connais de plus abject au monde* », VOLTAIRE. ♦ Par badinerie, en parlant d'enfants importuns. *Faites taire cette petite canaille.* ♦ Adj. Dans le langage populaire : *Des manières canailles, un propos canaille.*

CANAILLERIE, ■ n. f. [kanaj(ə)ri] (*canaille*) État d'une personne canaille. « *Vraiment il a une tronche typique... Toute la canaillerie de la terre, il exprime, lâcheté, fourberie, concupiscence* », BOUDARD.

CANAL, n. m. [kanal] (lat. *canalis*, conduit d'eau, canal) Conduit qui amène de l'eau. ♦ Voie naturelle par laquelle les liquides ou les gaz cheminent dans la terre. ♦ Toute espèce de voie pour le passage des liquides. ♦ Anat. Différentes parties configurées comme des canaux. *Le canal intestinal.* ♦ Bot. *Les canaux de la sève.* ♦ Lit d'une rivière. ♦ Rivière creusée de main d'homme. *Canal de navigation. Canal latéral,* canal qui longe un fleuve. *Canal de dérivation,* canal qui sert à détourner des eaux. *Canal d'irrigation,* canal qui distribue des eaux dans la campagne. ♦ Pièce d'eau étroite et longue pour l'ornement des jardins. ♦ Nom de certains détroits. ♦ Fig. Intermédiaire, moyen. « *Je suis un canal par où passent les instructions* », BOSSUET. « *La prière, le canal des grâces* », MASSILLON. ■ Télécomm. Bande de fréquences radioélectriques servant à la radio- ou à la télédiffusion. *Les chaînes de télévision émettent sur différents canaux hertziens.*

CANALICULE, ■ n. m. [kanalikyl] (lat. *canalicula*, petit conduit) Anat. Petit canal. *Canalicule lacrymal, biliaire.*

CANALISABLE, adj. [kanalizabl] (*canaliser*) Qui peut être canalisé.

CANALISATION, n. f. [kanalizasjɔ̃] (*canaliser*) Action de canaliser. *La canalisation d'une contrée, d'un fleuve.* ■ Conduit assurant le transport de l'eau, du gaz, etc. *Les canalisations d'un immeuble.*

CANALISÉ, ÉE, p. p. de canaliser. [kanalize]

CANALISER, v. tr. [kanalize] (*canal*) Établir des canaux ; rendre navigable. *Canaliser un pays, un cours d'eau.* ■ Orienter dans une direction précise pour éviter l'éparpillement. *Canaliser une foule.* ■ Fig. *Canaliser l'énergie d'un enfant.*

CANAMELLE, n. f. [kanamɛl] (b. lat. *cannamella*, du lat. *canna* et *mel*) ▷ Nom de la canne à sucre. ◁

CANANÉEN, ÉENNE, ■ adj. [kananeɛ̃, eɛn] (lat. chrét. *Cananæus*) De Canaan, ancien nom de la Palestine. ■ N. m. Ling. Groupe de langues contenant l'hébreu, le phénicien et l'araméen.

CANAPÉ, n. m. [kanape] (b. lat. *canapeum*, du gr. *kônôpeion*, moustiquaire) Grand siège à dossier où plusieurs personnes peuvent s'asseoir et qui peut aussi servir de lit de repos. ■ Tranche de pain de mie recouverte d'un mets salé et généralement servie à l'apéritif. *Manger des canapés de caviar pour accompagner le champagne.*

CANAPÉ-LIT, ■ n. m. [kanapeli] (*canapé* et *lit*) Canapé que l'on peut transformer en lit. *Des canapés-lits.*

CANAPSA, n. m. [kanapsa] (néerl. *knapzak*, sac à vivres) ▷ Havresac. ♦ L'homme qui le porte. *Un pauvre canapsa.* ♦ Il a vieilli. ◁

CANARD, n. m. [kanar] (prob. radic. onomat. de *caner*, caqueter) Oiseau palmipède, lamellirostre, vivant à l'état sauvage et domestique, recherché pour sa chair. ♦ *Mouillé, trempé comme un canard,* très mouillé. ♦ *Plonger comme un canard,* bien plonger, et fig. s'esquiver, se soustraire à un danger. ♦ **Pop.** Conte absurde, nouvelles, bruits plus ou moins suspects. ♦ Note fausse et criarde tirée d'un instrument à anche. ■ Adj. *Chien canard,* chien à poil épais et frisé. ■ *Canard boiteux,* personne qui a des difficultés à suivre le rythme des autres membres d'un groupe ; entreprise en difficulté. ♦ **Fam.** Journal.

CANARDÉ, ÉE, p. p. de canarder. [kanarde]

CANARDEAU, ■ n. m. [kanardo] (*canard*) Jeune canard mâle, plus âgé que le caneton.

CANARDER, v. tr. [kanarde] (*canard*) Faire feu d'un lieu où l'on est à couvert. ♦ ▷ V. intr. Tirer du hautbois ou de la clarinette un son rauque comme le cri du canard. ◁ ▷ En parlant d'un bâtiment, plonger par l'avant dans la mer. ◁ ■ REM. *Canarder,* dans le sens faire feu d'un lieu où l'on est à couvert, est familier aujourd'hui.

CANARDIÈRE, n. f. [kanardjɛr] (*canard*) Place disposée avec art dans les lieux marécageux, pour tuer des canards sauvages. ♦ Guérite, lieu couvert, pour tirer à l'abri. ♦ Long fusil à grande portée.

CANARI, n. m. [kanari] (esp. *canario*) Serin des îles Canaries. ■ Adj. inv. De la couleur jaune du canari. *Des robes jaune canari.*

CANASSON, ■ n. m. [kanasɔ̃] (altération de l'arg. *canard*, mauvais cheval) Fam. Cheval têtu, cabochard.

CANASTA, ■ n. f. [kanasta] (mot hisp. amér., grand panier rond, du lat. *canistrum*, panier) Jeu de cartes proche du rami.

CANCALE, ■ n. f. [kɑ̃kal] (*Cancale*, ville des Côtes-d'Armor) Huître de la baie de Cancale, en Ille-et-Vilaine.

CANCAN, n. m. [kɑ̃kɑ̃] (lat. *quanquam*, quoique, pour son emploi dans les disputes scolastiques) Bruit, scandale fait mal à propos. En ce sens, dit l'Académie, on écrit aussi *quanquam. Il fit un grand cancan de peu de chose.* ♦ Bavardages, malins propos. *Aimer les cancans.*

CANCANER, v. intr. [kɑ̃kane] (*cancan*) Pop. Bavarder.

CANCANIER, IÈRE, adj. [kɑ̃kanje, jɛr] (*cancan*) Qui aime à bavarder. ♦ N. m. et n. f. *Un cancanier, une cancanière.*

CANCEL et, suivant quelques-uns, **CHANCEL**, n. m. [kɑ̃sɛl, ʃɑ̃sɛl] (lat. *cancellus*, balustrade) Se disait de l'endroit du chœur voisin du maître-autel, fermé d'une balustrade, où se mettent les ministres servant à l'autel. ♦ Le lieu où était déposé le sceau de l'État et qui était entouré d'une balustrade.

CANCELLÉ, ÉE, p. p. de canceller. [kɑ̃sele] ▷ Biffé, annulé. ◁

CANCELLER, v. tr. [kɑ̃sele] (b. lat. *cancellare*, biffer) ▷ **Jurispr.** Annuler une écriture en la croisant par des traits de plume. ◁

CANCER, n. m. [kɑ̃sɛr] (lat. *cancer*, crabe) Nom d'une des constellations zodiacales, figurée par une écrevisse. ♦ Le quatrième signe du zodiaque. ♦ *Le tropique du Cancer,* le tropique septentrional. ♦ Tumeur qui peut se développer dans tous les tissus du corps, qui souvent s'ulcère et ronge les parties. *Un cancer à l'estomac, au sein.*

CANCÉREUX, EUSE, adj. [kɑ̃seʁø, øz] (*cancer*) Qui est de la nature du cancer, qui tient du cancer. ▪ N. m. et n. f. Personne atteinte d'un cancer. *Un cancéreux, une cancéreuse.*

CANCÉRIGÈNE ou **CANCÉROGÈNE**, ▪ adj. [kɑ̃seʁoʒɛn, kɑ̃seʁiʒɛn] (*cancer* et -*gène*) Susceptible de provoquer l'apparition d'un cancer. *Substances cancérigènes.*

CANCÉRISATION, ▪ n. f. [kɑ̃seʁizasjɔ̃] (*cancer*) Méd. Formation d'un cancer dans une cellule.

CANCÉRISER (SE), ▪ v. pr. [kɑ̃seʁize] (*cancer*) Méd. Devenir cancéreux, en parlant d'un tissu organique.

CANCÉROGENÈSE, ▪ n. f. [kɑ̃seʁoʒənɛz] (*cancéro-* et *genèse*) Méd. Ensemble des étapes de formation d'un cancer.

CANCÉROLOGUE, ▪ n. m. et n. f. [kɑ̃seʁolog] (*cancéro-* et -*logue*) Médecin spécialiste dans le traitement du cancer ou dans la recherche sur cette maladie. ▪ Adj. *Un médecin cancérologue.* ▪ CANCÉROLOGIE, n. f. [kɑ̃seʁoloʒi] ▪ CANCÉROLOGIQUE, adj. [kɑ̃seʁoloʒik]

CANCÉROPHOBIE, ▪ n. f. [kɑ̃seʁofobi] (*cancéro-* et *phobie*) Peur de développer un cancer.

CANCHE, ▪ n. f. [kɑ̃ʃ] (orig. inc.) Plante graminée des prairies utilisée comme fourrage.

CANCOILLOTTE ou **CANCOILLOTE**, ▪ n. f. [kɑ̃kojɔt] ou [kɑ̃kwajɔt] (mot franc-comtois, du moy. fr. *caillotte*, masse de lait caillé) Fromage de l'Est de la France, à pâte liquide, servi en pot.

CANCRE, n. m. [kɑ̃kʁ] (lat. *cancer*, génit. *cancri*, crabe) ▷ Espèce d'écrevisse de mer dite aussi crabe. ◁ ♦ ▷ Fig. Homme avare, rapace et haïssable. ◁ ♦ ▷ Homme sans position, sans ressources. « *Cancres, hères et pauvres diables* », La Fontaine. ◁ ♦ Mauvais écolier.

CANCRELAT, n. m. [kɑ̃kʁəla] (néerl. *kakkerlak*) Blatte américaine, commune dans les ports de mer d'Europe. ▪ Rem. On trouvait aussi *cancrelas*, *kakerlat* et *cakerlat*.

CANDELA ou **CANDÉLA**, ▪ n. f. [kɑ̃dela] (lat. *candela*, chandelle) Phys. Unité de mesure de l'intensité lumineuse.

CANDÉLABRE, n. m. [kɑ̃delabʁ] (lat. *candelabrum*) Grand chandelier à plusieurs branches. ♦ Chandelier fait à l'antique. ♦ Archit. Couronnement en balustre et figurant une torchère.

CANDEUR, n. f. [kɑ̃dœʁ] (lat. *candor*, blancheur, bonne foi) Qualité morale qui fait qu'une âme pure et innocente se montre telle qu'elle est, sans défiance.

1 CANDI, adj. m. [kɑ̃di] (ar. *qandi*, sucre de canne) *Sucre candi*, sucre dépuré et cristallisé. ♦ N. m. *Candi blanc.* ♦ *Une substance est au candi*, quand elle est couverte de cristaux de sucre.

2 CANDI, IE, p. p. de candir. [kɑ̃di] *Fruits candis* ou n. m. pl. *candis*, fruits conservés en faisant candir du sucre dessus.

CANDIDA, ▪ n. m. [kɑ̃dida] (mot lat., blanche) Champignon infectieux responsable de la candidose.

CANDIDAT, ATE, n. m. et n. f. [kɑ̃dida, at] (lat. *candidatus*, de *candidus*, blanc, parce que les postulants portaient une toge blanche) Personne qui, à Rome, aspirait à quelque charge ou dignité. ♦ Personne qui postule une place, une fonction. *Candidat à la députation.* ♦ Personne qui est inscrite pour quelque examen.

CANDIDATURE, n. f. [kɑ̃didatyʁ] (*candidat*) État de candidat ; poursuites, démarches que fait un candidat.

CANDIDE, adj. [kɑ̃did] (lat. *candidus*, blanc) Plein de candeur, en parlant des personnes et des choses. *Un homme candide. Physionomie candide.*

CANDIDEMENT, adv. [kɑ̃did(ə)mɑ̃] (*candide*) Avec candeur.

CANDIDOSE, ▪ n. f. [kɑ̃didoz] (*candida* et -*ose*) Méd. Mycose pouvant entraîner des inflammations, du muguet, ou même une septicémie.

CANDIR (SE), v. pr. [kɑ̃diʁ] (*candi*) Devenir candi. ♦ Absol. et avec suppression du pronom personnel : *Faire candir du sucre.* ♦ *Les confitures se candissent*, quand le sucre, montant à la surface, s'y cristallise. ▪ V. tr. *Candir du sucre*, le cristalliser. ▪ CANDISATION, n. f. [kɑ̃dizasjɔ̃]

CANDOMBLÉ, ▪ n. m. [kɑ̃dɔ̃ble] (mot port. du Brésil, d'orig. afric.) Culte afro-brésilien des forces de la nature.

CANE, n. f. [kan] (*canard*) La femelle du canard. ♦ Fam. *Marcher comme une cane*, marcher en se dandinant. ♦ ▷ *Faire la cane*, faire un plongeon. Fig. Se dérober à propos. ◁

CANÉFICIER, n. m. [kanefisje] (*canéfice*, casse, de l'esp. *canafistula*) Voy. CASSIER.

CANEPETIÈRE, n. f. [kan(ə)pətjɛʁ] (*cane* et *pétière*, de *pet*, pour le bruit qu'elle fait en s'enfuyant) Espèce d'outarde.

CANÉPHORE, n. f. [kanefɔʁ] (gr. *kanêphoros*, de *kaneon*, corbeille, et *pherein*, porter) ▷ Jeune fille portant des corbeilles en certaines fêtes de la Grèce. ◁ ▪ Archit. Statue de décoration avec une corbeille sur la tête.

CANEPIN, n. m. [kan(ə)pɛ̃] (orig. inc.) Épiderme de peau d'agneau ou de chevreau, dont on se sert pour éprouver les lancettes.

CANER, ▪ v. intr. [kane] (*caner*, faire la cane, s'enfuir) Fam. Mourir.

CANETAGE ou **CANNETAGE**, ▪ n. m. [kan(ə)taʒ] (*can[n]ette*) Sur un métier à tisser, action de bobiner le fil.

CANETIÈRE ou **CANNETIÈRE**, ▪ n. f. [kan(ə)tjɛʁ] (*can[n]ette*) Bobinoir.

CANETON, n. m. [kan(ə)tɔ̃] (1 *canette*) Le petit d'une cane ; un jeune canard.

1 CANETTE, n. f. [kanɛt] (*cane*) Le petit d'une cane ; une petite cane. ♦ Sarcelle d'hiver. ♦ Hérald. Oiseau représenté sans plumes ; ou cane qui n'a ni bec ni jambes.

2 CANETTE, n. f. [kanɛt] (*canne*, cruche) Pot à bière. ▪ Boîte métallique contenant une boisson, dont un soda. *Boire une canette de limonade.*

CANEVAS, n. m. [kan(ə)va] (anc. pic. *canevach*, toile, du lat. médiév. *can(n)apus*, chanvre) Grosse toile claire pour la tapisserie à l'aiguille, etc. ♦ Fig. *Broder le canevas*, ajouter un fait, un récit. ♦ Grosse toile à voiles de Hollande. ♦ Paroles sans suite mises sous un air, et qui servent de modèle pour en faire d'autres. ♦ Plan, ébauche ou donnée première d'un ouvrage de littérature. *Le canevas d'un discours.* ♦ Fig. *Il a brodé sur ce canevas mille impertinences.*

CANEZOU, n. m. [kan(ə)zu] (orig. inc.) Corps de robe sans manches.

CANGE, n. f. [kɑ̃ʒ] (arabe et turc *qanga*, bateau) ▷ Nom d'un bateau léger, étroit et rapide qui sert aux voyages sur le Nil. ◁

CANGRÈNE, n. f. [kɑ̃gʁɛn] Voy. GANGRÈNE et ses dérivés.

CANGUE, n. f. [kɑ̃g] (port. *canga*, prob. du chin. *K'ang*, portant sur les épaules, et *hia*, carcan) Carcan portatif qui sert à une sorte de supplice usité dans l'Asie.

CANICHE, n. m. et n. f. [kaniʃ] (*cane*, parce que ce chien va volontiers à l'eau) Chien barbet. ♦ Adj. *Un chien caniche.*

CANICULAIRE, adj. [kanikylɛʁ] (b. lat. *canicularis*) Qui appartient à la canicule. *Jours caniculaires*, du 24 juillet au 26 août. ♦ *Chaleur caniculaire*, forte chaleur.

CANICULE, n. f. [kanikyl] (lat. *canicula*) ▷ L'étoile nommée aussi Sirius et étoile du Chien. ◁ ♦ ▷ Le temps durant lequel la Canicule se lève ou se couche avec le soleil. ◁ ♦ Le temps des plus grandes chaleurs.

CANIDÉ, ▪ n. m. [kanide] (lat. *canis*, chien) Mammifère carnivore digitigrade, possédant de grandes canines et un museau allongé. *La famille des canidés comprend le loup, le chien, le renard, etc.*

CANIF, n. m. [kanif] (anc. b. frq. *knif*, couteau) Espèce de petit couteau pour tailler les plumes. ▪ Couteau de poche dont la lame s'escamote dans le manche.

CANIN, INE, adj. [kanɛ̃, in] (lat. *caninus*) Qui tient du chien. *L'espèce canine. Faim canine* ▷ , faim très pressante. ◁ ♦ N. m. *Les canins*, la famille des carnassiers dont le chien est le type. ♦ *Dents canines*, celles qui sont placées entre les molaires et les incisives. ♦ N. f. *Une canine.*

CANISSE, ▪ n. f. [kanis] Voy. CANNISSE.

CANITIE, ▪ n. f. [kanisi] (lat. *canities*, de *canus*, blanc) Blanchiment des cheveux.

CANIVEAU, n. m. [kanivo] (orig. inc.) Pierre creusée dans le milieu, conduit pour l'écoulement de l'eau. ▪ Partie inférieure du trottoir, au bord de la route, où l'eau s'écoule jusqu'aux bouches d'égout. *Le caniveau recueille les feuilles tombant des arbres.*

CANNABACÉES ou **CANNABINACÉES**, ▪ n. f. pl. [kanabase, kanabinase] (gr. *kannabis*, chanvre) Famille de plantes contenant le chanvre et le houblon.

CANNABIQUE, ▪ adj. [kanabik] (gr. *kannabis*, chanvre) Relatif au cannabis. *Une intoxication cannabique.*

CANNABIS, ▪ n. m. [kanabis] (mot lat., du gr. *kannabis*, chanvre) Substance à effet psychotrope tirée du chanvre indien.

CANNABISME, ▪ n. m. [kanabism] (gr. *kannabis*, chanvre) Intoxication par le cannabis.

1 CANNAGE, n. m. [kanaʒ] (*canne*, mesure de longueur) ▷ Mesurage des étoffes à la canne. ◁

2 CANNAGE, ▪ n. m. [kanaʒ] (*canner*) Voy. CANNER.

CANNAIE, n. f. [kanɛ] (*canne*) Lieu planté de roseaux.

CANNE, n. f. [kan] (lat. *canna*) Nom de diverses espèces de roseaux. ♦ *Canne à sucre,* canne dont on extrait le sucre. ♦ Bâton léger de roseau, de jonc ou de bois sur lequel on s'appuie de la main en marchant. ♦ *Lever la canne sur quelqu'un,* le menacer de coups de canne, et aussi le frapper. ♦ ▷ *Canne à vent,* fusil à vent ; sorte de sarbacane. ◁ ♦ Dans les arts, divers instruments longs et cylindriques. ♦ ▷ Mesure de longueur employée en divers pays, particulièrement en Italie, valant 2 m 23. ◁

CANNÉ, ■ p. p. de canner. [kane]

CANNE-BÉQUILLE, ■ n. f. [kan(ə)bekij] (*canne* et *béquille*) Canne médicale sur laquelle l'avant-bras peut s'appuyer. *Des cannes-béquilles.*

CANNEBERGE, n. f. [kan(ə)bɛʁʒ] (orig. inc.) Airelle à baies d'un goût agréable.

CANNE-ÉPÉE, ■ n. f. [kanepe] (*canne* et *épée*) Canne dans laquelle une épée est escamotée. *Des cannes-épées.*

CANNELAS, n. m. [kan(ə)la] (*cannelle*) ▷ Bonbon à la cannelle. ◁

CANNELÉ, ÉE, p. p. de canneler. [kan(ə)le]

CANNELER, v. tr. [kan(ə)le] (*canne*) Orner de cannelures. *Canneler des colonnes.*

CANNELIER, n. m. [kanəlje] (*cannelle*) L'espèce de laurier dont l'écorce fournit la cannelle. ■ Rem. Graphie ancienne : *cannellier.*

1 **CANNELLE**, n. f. [kanɛl] (*canne*, roseau, pour l'aspect de l'écorce séchée du cannelier) Écorce odoriférante d'une espèce de laurier des Indes orientales. ♦ ▷ *Fig.* et *fam.* *Mettre en cannelle,* briser, réduire en morceaux, et fig. diffamer, ruiner de réputation. ◁ ■ Adj. inv. D'un brun tirant sur le roux. *Des amanites cannelle.*

2 **CANNELLE** ou **CANNETTE**, n. f. [kanɛl, kanɛt] (*canne*, roseau, tuyau) Robinet formé d'un morceau de bois ou de métal creusé pour tirer le vin.

CANNELLONI, n. m. [kaneloni] (ital. *cannellone*, grand tube, de *cannello*, petit tuyau) Variété de pâte alimentaire en forme de gros tube que l'on peut farcir de différentes façons. *Des cannellonis* ou *des cannelloni* (pluriel italien).

CANNELURE, n. f. [kan(ə)lyʁ] (*canneler*) Nom de petits canaux ou sillons longitudinaux sur une colonne, etc. ♦ Sillon longitudinal destiné à servir de guide à un instrument tranchant. ♦ **Bot.** Strie profonde.

CANNER, ■ v. tr. [kane] (*canne*, roseau) Garnir l'assise ou le dossier d'un siège, le pan d'un meuble de lanières de roseau ou de jonc tressées. *Une chaise cannée.* ■ CANNAGE, n. m. [kanaʒ]

CANNETAGE, ■ n. m. [kan(ə)taʒ] Voy. CANETAGE.

CANNETIÈRE, ■ n. f. [kan(ə)tjɛʁ] Voy. CANETIÈRE.

CANNETILLE, n. f. [kan(ə)tij] (esp. *cañutillo*, du lat. *canna*, roseau) Petite lame très fine d'or ou d'argent tortillé. ♦ Fil de laiton argenté qui entoure les grosses cordes des violons, des basses. ♦ Tissu de laiton étroit pour les modistes.

CANNETTE, n. f. [kanɛt] Voy. CANNELLE.

CANNEUR, EUSE ou **CANNIER, IÈRE**, ■ n. m. et n. f. [kanœʁ, øz, kanje, jɛʁ] (*canner*) Personne qui canne des meubles. *Un canneur de chaises.*

CANNIBALE, n. m. [kanibal] (esp. *canibal*, de l'arawak *caniba*) Nom donné aux anthropophages de l'Amérique et, en général, à tous les anthropophages. ♦ Homme cruel et féroce. ■ Adj. *Tribu cannibale.*

CANNIBALESQUE, ■ adj. [kanibalɛsk] (*cannibale*) Qui fait preuve de cruauté. *Des mœurs cannibalesques.*

CANNIBALISATION, ■ n. f. [kanibalizasjɔ̃] (*cannibaliser*) **Arg.** Action de cannibaliser. ■ **Inform.** Dans le cadre du commerce électronique, le fait pour une entreprise de vendre en ligne au détriment des commerces traditionnels.

CANNIBALISER, ■ v. tr. [kanibalize] (angl. (*to*) *cannibalize*) **Arg.** Prélever des pièces de rechange sur du matériel hors d'usage. *Cannibaliser un vieux PC.* ■ **Fig.** Faire concurrence à un produit déjà mis en vente par la même entreprise, en vue de prendre ses parts de marché.

CANNIBALISME, ■ n. m. [kanibalism] (*cannibale*) Anthropophagie. ♦ **Fig.** Férocité, cruauté.

1 **CANNIER** ou **CANIER**, ■ n. m. [kanje] (provenç. *caniero*, de *cano*, roseau) **Midi** Lieu planté de roseaux.

2 **CANNIER, IÈRE**, ■ n. m. et n. f. [kanje, jɛʁ] (*canne*) Voy. CANNEUR.

CANNISSE ou **CANISSE**, ■ n. f. [kanis] (provenç. *canisso*, claie de cannes, natte de roseaux, du b. lat. *canicius*) **Proven.** Palissade formée de roseaux fendus dans le sens de la longueur et liés entre eux.

CANOË, ■ n. m. [kanoe] (angl. *canoe*) Embarcation légère et étroite que l'on manœuvre à la rame ou à la pagaie. *Un canoë biplace.* ■ Sport pratiqué en canoë. *Le canoë en eaux vives.*

CANOÉISTE, ■ n. m. et n. f. [kanoeist] (*canoë*) Sportif qui pratique le canoë.

CANOË-KAYAK, ■ n. m. [kanoekajak] (*canoë* et *kayak*) Sport pratiqué en canoë ou en kayak. *Le canoë-kayak est une discipline olympique.* ■ Rem. Ce nom est toujours singulier.

1 **CANON**, n. m. [kanɔ̃] (ital. *cannone*) Pièce d'artillerie pour lancer des boulets. *Canon de 8,* canon lançant un boulet de 8 livres. ♦ Collectivement, *les canons d'une armée, d'une place. Perdre son canon.* ♦ Absol. ou dans un sens général, l'artillerie. ♦ *Chair à canon,* troupes que l'on expose sans ménagement. ♦ Le tube où se met la charge dans les autres armes à feu. *Le canon d'un pistolet.* ♦ Le corps d'une seringue, et dans les arts nom de divers objets de forme tubulée. ♦ La jambe du cheval comprise entre le genou et le boulet. ♦ Chacune des deux parties du mors qui appuient sur les barres. ♦ ▷ Ornement de drap, de serge ou de soie qu'on attachait au bas de la culotte, froncé et embelli de dentelles et de rubans. ◁ ■ Adj. *Fig.* Au tennis, *service canon,* dont la balle est très rapide et difficile à rattraper. ■ *Canon à neige,* appareil utilisé dans les stations de sports d'hiver pour produire de la neige artificiellement quand il en manque.

2 **CANON**, n. m. [kanɔ̃] (*canne*) Petite mesure des liquides. ■ **Fam.** Verre de vin. *Boire un canon.*

3 **CANON**, n. m. [kanɔ̃] (lat. *canon*, gr. *kanôn*, règle, mesure) Règle, décret, en parlant des décisions des conciles sur la foi et la discipline. ■ Adj. *Droit canon,* le droit ecclésiastique. ♦ Catalogue des saints reconnus et canonisés par l'Église catholique. ♦ Ensemble des livres admis comme divinement inspirés. « *L'Église a mis le livre des Macchabées dans son canon* », BOSSUET. ♦ *Canon pascal,* table des fêtes mobiles, dressée pour plusieurs années. ♦ Prières qui concernent immédiatement après la préface de la messe jusqu'au Pater exclusivement. ♦ *Canon de la messe,* tableau qui contient les paroles sacramentelles que le prêtre dit pendant la consécration. ♦ **Mus.** Sorte de fugue qu'on nomme perpétuelle, où les voix, partant l'une après l'autre, répètent sans cesse le même chant. ♦ **Impr.** *Triple canon, gros canon,* gros caractères. ■ **Art** Règle de proportion permettant d'obtenir des représentations correspondant à un idéal de beauté. ♦ Ce que l'on suit comme modèle. *Les canons de la mode.* ■ **Fam.** Formidable, génial. *Cette robe est canon !* N. m. et n. f. *Elle est canon, cette fille !*

CAÑON, ■ n. m. [kanjɔn] Voy. CANYON.

CANONIAL, ALE, adj. [kanonjal] (3 *canon*) Qui est réglé par le canon. ♦ *Heures canoniales,* les petites heures du bréviaire, laudes, prime, tierce, sexte, none, vêpres et complies. ♦ Qui est de chanoine, qui appartient, qui convient à un chanoine. *Maison, vie canoniale.*

CANONIALEMENT, adv. [kanonjal(ə)mã] (*canonial*) D'une façon canoniale.

CANONICAT, n. m. [kanonika] (lat. ecclés. *canonicatus*, de *canonicus*, chanoine) Autrefois, le bénéfice d'un chanoine. ♦ **Fig.** et **fam.** *C'est un vrai canonicat,* une place lucrative où il n'y a rien à faire. ♦ Aujourd'hui, fonction de chanoine.

CANONICITÉ, n. f. [kanonisite] (*canonique*) Qualité de ce qui est canonique.

CANONIQUE, adj. [kanonik] (lat. ecclés. *canonicus*, gr. *kanonikos*, conforme aux règles) Conforme aux canons. ♦ **Fig.** et **fam.** *Cela n'est pas canonique,* cela n'est pas conforme aux règles. ♦ *Droit canonique,* droit canon.

CANONIQUEMENT, adv. [kanonik(ə)mã] (*canonique*) Selon les canons.

CANONISABLE, adj. [kanonizabl] (*canoniser*) Qui mérite d'être canonisé.

CANONISATION, n. f. [kanonizasjɔ̃] (lat. médiév. *canonizatio*) Déclaration par laquelle le pape met dans le catalogue des saints une personne morte en odeur de sainteté.

CANONISÉ, ÉE, p. p. de canoniser. [kanonize]

CANONISER, v. tr. [kanonize] (lat. chrét. *canonizare*, mettre au nombre des livres canoniques) Mettre dans le canon ou catalogue des saints. ♦ Déclarer canonique. ♦ **Fig.** Louer comme saint ou comme digne d'un saint.

CANONISTE, n. m. [kanonist] (3 *canon*) Homme instruit dans le droit canon.

CANONNADE, n. f. [kanɔnad] (ital. *cannonata*, de *cannone*, canon) Feu soutenu d'un ou de plusieurs canons.

CANONNAGE, n. m. [kanɔnaʒ] (1 *canon*) Art du canonnier.

CANONNÉ, ÉE, p. p. de canonner. [kanɔne]

CANONNER, v. tr. [kanɔne] (1 *canon*) Battre avec des canons. ◆ Se canonner, v. pr. Se tirer des coups de canon.

CANONNERIE, n. f. [kanɔn(ə)ʀi] (1 *canon*) Endroit où l'on fond les canons.

CANONNIER, n. m. [kanɔnje] (1 *canon*) Personne qui est attachée au service d'un canon. ◆ *Maître canonnier*, personne qui dirige le service de l'artillerie d'un vaisseau.

CANONNIÈRE, n. f. [kanɔnjɛʀ] (1 *canon*) Meurtrière, ouverture étroite par où on peut tirer le canon. ◆ Petite tente en forme de toit et sans pans droits, à l'usage des soldats. ◆ Petit bâtiment armé d'un ou de plusieurs canons. ◆ Adj. *Chaloupe canonnière.* ◁ ▷ Tuyau de sureau avec lequel les enfants chassent des tampons de filasse. ◁

CANOPE, ■ n. m. [kanɔp] (gr. *Kanôbos*, Canope, ville d'Égypte) **Antiq.** Vase funéraire égyptien qui renfermait les entrailles du défunt. ■ En apposition. *Un vase canope.*

CANOPÉE, ■ n. f. [kanɔpe] (angl. *canopy*, dais, baldaquin) **Hist. nat.** Dans les jungles tropicales, couche supérieure de la végétation, très dense et remarquable par sa faune particulière. *La canopée empêche en très grande partie la lumière du soleil d'éclairer le sol de la jungle.*

CANOT, n. m. [kano] (arawak *canoa*) Petit bateau. *Canot de sauvage. Canot de plaisance.* ◆ Petite embarcation à voile et à rames, affectée au service d'un grand bâtiment. ■ *Canot pneumatique*, canot gonflable en caoutchouc.

CANOTAGE, n. m. [kanotaʒ] (*canoter*) Promenade en canot. ■ Sport pratiqué avec une embarcation légère se manœuvrant à la pagaie.

CANOTER, ■ v. intr. [kanote] (*canot*) Faire du canot ou du canoë. ■ CANOTEUR, EUSE, n. m. et n. f. [kanotœʀ, øz]

CANOTIER, IÈRE, n. m. et n. f. [kanotje, jɛʀ] (*canot*) Matelot de l'équipage d'un canot. ◆ Personne qui monte un canot de plaisance.

CANT, n. m. [kãt] (mot angl. jargon, stéréotype, conformisme) Mot anglais qui désigne la pruderie et l'hypocrisie de moralité particulières à certaines classes de la société britannique.

CANTABILE, n. m. [kãtabile] ou [kãtabil] (ital. *cantabile*, mélodieux) Morceau de musique dont la mélodie procède par des sons lents qui permettent à la voix de se développer.

CANTAL, n. m. [kãtal] (*Cantal*, mont d'Auvergne) Fromage d'Auvergne. ◆ Au pl. *Des cantals.*

CANTALOUP, n. m. [kãtalu] (ital. *Cantalupo*, maison de campagne des papes près de Rome) Melon à côtes rugueuses et saillantes, fort estimé.

CANTATE, n. f. [kãtat] (ital. *cantata*, de *cantare*, chanter) Pièce de vers destinée à être mise en musique, composée de récitatifs et d'airs. ◆ La musique composée sur un tel poème.

CANTATILLE, n. f. [kãtatij] (*cantate*) ▷ Petite cantate. ◁

CANTATRICE, n. f. [kãtatʀis] (ital. *cantatrice*) Chanteuse de profession distinguée par son talent.

CANTER, ■ n. m. [kãtɛʀ] (mot angl., de *Canter[bury gallop]*, train léger des pélerins se rendant à Cantorbéry) En équitation, galop d'entraînement, avant une course.

CANTHARELLE, n. f. [kãtaʀɛl] (gr. *kantharos*) ▷ Genre de champignons. ◁

CANTHARIDE, n. f. [kãtaʀid] (gr. *kantharis*) Insecte coléoptère de la tribu des vésicants, avec la poudre duquel on faisait les vésicatoires. ◆ Adj. *Mouche cantharide.*

CANTHARIDINE, ■ n. f. [kãtaʀidin] (*cantharide*) **Biol.** Substance corrosive sécrétée par les cantharides quand on les agresse.

CANTILÈNE, n. f. [kãtilɛn] (ital. *cantilena*, du lat. *cantilena*, chanson) Mélodie d'un genre langoureux ou sentimental. ◆ **Littér.** Poème médiéval que l'on récitait sous le mode de mélopée. *La Cantilène de sainte Eulalie.*

CANTILEVER, ■ n. m. et adj. inv. [kãtilevœʀ] ou [kãtilɔvœʀ] (mot angl., encorbellement) En parlant d'une construction, notamment d'un pont, le fait de reposer en porte-à-faux et sans câble sur des poutres secondaires de petite portée. *Des ponts cantilever.*

CANTINE, n. f. [kãtin] (ital. *cantina*, de *canto*, angle, coin retiré) Lieu où l'on vend à boire dans les casernes, les prisons, etc. ◆ ▷ Petite caisse divisée en compartiments qui sert à transporter des flacons de vin et d'autres liqueurs. ◁ ■ Lieu de restauration dans une collectivité. *La cantine du collège.* ■ Grande malle de fer.

CANTINER, ■ v. intr. [kãtine] (*cantine*) **Arg.** Pour un détenu, acheter des produits d'usage courant. *En prison, il faut cantiner pour avoir un peu de confort.*

CANTINIER, IÈRE, n. m. et n. f. [kãtinje, jɛʀ] (*cantine*) Personne qui tient une cantine.

CANTIQUE, n. m. [kãtik] (lat. *canticum*) Chez les Hébreux, chant d'actions de grâces consacré à la gloire de Dieu. ◆ **Fam.** Vous l'avez échappé belle, *vous pouvez chanter un beau cantique.* ◆ Aujourd'hui, chant d'église en langue vulgaire. ◆ Dans un style élevé, toute espèce de chant.

CANTON, n. m. [kãtɔ̃] (anc. provenç. *canton*, coin, de *can*, côté) ▷ Portion de pays comprise entre certaines bornes. ◁ ◆ En France, division de l'arrondissement. ◆ Portion de pays considérée à part du reste. « *De ce canton l'espérance et l'honneur* », VOLTAIRE. ◆ *Canton de bois*, portion déterminée dans une forêt en vue d'une certaine destination. ◆ *Les Cantons suisses*, les divers États qui composent le corps helvétique. ◆ **Hérald.** Partie carrée de l'écu plus petite que le quartier.

CANTONADE, n. f. [kãtonad] (provenç. *cantonada*, de *canton*, coin) Lieux supposés dans ou derrière les coulisses. ◆ *Parler à la cantonade*, parler à un personnage qui n'est pas en scène. ■ **Par extens.** *Parler, déclarer, lancer à la cantonade*, sans s'adresser à un interlocuteur précis.

CANTONAIS, ■ adj. m. [kãtonɛ] (*Canton*, port du sud de la Chine) *Riz cantonais*, préparation culinaire à base de riz mélangé d'œuf cuit en omelette, de dés de jambon et de petits pois. *Prendre une portion de riz cantonais avec un canard laqué.*

CANTONAL, ALE, adj. [kãtonal] (*canton*) De canton, qui appartient au canton. *Fête cantonale. Délégués cantonaux.*

CANTONNÉ, ÉE, p. p. de cantonner. [kãtone] Adj. **Archit.** Orné d'une colonne, d'un pilastre aux encoignures. ◆ **Hérald.** *Pièce cantonnée*, pièce accompagnée, dans les cantons de l'écu, de quelques autres figures.

CANTONNEMENT, n. m. [kãton(ə)mã] (*cantonner*) Action de cantonner des troupes ; emplacement où les troupes sont cantonnées. ◆ *Cantonnement de pêche*, certaine portion d'une rivière dont la pêche est affermée.

CANTONNER, v. tr. [kãtone] (*canton*) *Cantonner des troupes*, les distribuer en différents cantons ou villages. ◆ **Fig.** Séparer en portions isolées. ◆ V. intr. *Les troupes vont bientôt cantonner.* ◆ Se cantonner, v. pr. Au propre et au figuré, s'isoler, se mettre en sûreté, se fortifier dans un canton. ◆ Se cantonner, v. pr. **Fig.** Se restreindre à un certain domaine. *Se cantonner à un certain rôle.*

CANTONNIER, IÈRE, n. m. et n. f. [kãtonje, jɛʀ] (*canton*) Manœuvre chargé de l'entretien des routes.

CANTONNIÈRE, n. f. [kãtonjɛʀ] (*canton*, coin) ▷ Tenture d'étoffe qui couvre les colonnes du pied du lit. ◁ ◆ Tenture qui passe par-dessus les rideaux d'une fenêtre.

CANTRE, ■ n. m. [kãtʀ] (étym. inc.) Sur un métier à tisser, planche sur laquelle on dispose les bobines.

CANULAR, ■ n. m. [kanylaʀ] (anc. fr. *canuler*) **Fam.** Blague fondée sur l'annonce d'une fausse nouvelle. *Un canular téléphonique.*

CANULARESQUE, ■ adj. [kanylaʀɛsk] (*canular*) Cocasse, invraisemblable. *Des propos canularesques.*

CANULE, n. f. [kanyl] (lat. *cannula*, petit roseau) Petit tuyau qui forme l'extrémité d'une seringue. ◆ ▷ Robinet de bois qu'on met à un tonneau en perce. ◁ ◆ Tube plus ou moins long, ouvert à ses deux extrémités, dont on se sert dans beaucoup d'opérations chirurgicales.

CANULÉ, ÉE, adj. [kanyle] (*canule*) ▷ Qui est en forme de canule. ◁

CANULER, ■ v. tr. [kanyle] (*canule*) **Fam.** Importuner, agacer. « *Il m'avait assez canulé l'autre olibrius avec ses orbites trajectoires !* », CÉLINE.

CANUT, CANUSE, n. m. et n. f. [kany, kanyz] (p.-ê. *cannette*, bobine de tisserand) **Région.** Ouvrier en soie des fabriques de Lyon.

CANYON ou **CAÑON**, ■ n. m. [kanjɔn] (esp. *cañon*, anc. forme *callon*, p.-ê. de *calle*, route (étroite)) Vallée très étroite et profonde creusée par un cours d'eau dans une montagne. *Les canyons du Colorado.*

CANYONISME ou **CANYONING**, ■ n. m. [kanjɔnism, kanjɔniŋ] (*canyon*) Sport consistant à descendre les gorges d'un cours d'eau au profil accidenté. *Le canyonisme allie marche, nage et descente en rappel.* ■ CANYONISTE, n. m. et n. f. [kanjɔnist]

CANZONE, n. f. [kãtsɔn] ou [kãtsone] (ital. *canzone*, du lat. *cantio*, chanson) Petit poème italien, divisé en stances égales, et terminé par une stance plus courte. *Les canzones de Pétrarque.*

CAODAÏSME, ■ n. m. [kaodaism] (*Cao Dai*, secte religieuse fondée en 1926) Troisième religion du Vietnam, qui conjugue toutes les autres religions en prenant en compte les traditions vietnamiennes.

CAOLIN, n. m. [kaolɛ̃] Voy. KAOLIN.

CAOUA, ■ n. m. [kawa] **Pop.** Café. *Préparer le caoua.*

CAOUANNE ou **CAOUANE**, ■ n. f. [kawan] (mot caraïbe) Grande tortue en voie de disparition.

CAOUTCHOUC, n.m. [kautʃu] (mot d'une langue du Pérou autre que le quichua) Suc coagulé de certains arbres, tels que le figuier d'Inde, le jaquier, etc. dit vulgairement gomme élastique. ■ Matériau élastique et imperméable obtenu par la transformation d'hydrocarbures. *Des bottes en caoutchouc.* ■ Ruban élastique fermé. *Liasse de papier maintenue par un caoutchouc.* ■ Plante ornementale de la famille du ficus.

CAOUTCHOUTAGE, ■ n.m. [kautʃutaʒ] (*caoutchouter*) Enduction d'un textile de caoutchouc. ■ **Par extens.** *Caoutchoutage d'une pièce métallique.*

CAOUTCHOUTER, v. tr. [kautʃute] (*caoutchouc*) Filer en caoutchouc ; enduire de caoutchouc.

CAOUTCHOUTEUX, EUSE, adj. [kautʃutø, øz] (*caoutchouc*) Qui rappelle le caoutchouc par sa consistance. *Matériau caoutchouteux.* ■ **Péj.** Élastique et ferme à la mastication. *Du pain caoutchouteux.*

CAP, n.m. [kap] (lat. *caput*, tête) Usité seulement dans la locution : *De pied en cap*, des pieds à la tête. ◆ *Cheval cap de maure*, rouan à tête noire. ◆ Pointe de terre élevée qui s'avance dans la mer. ◆ L'avant d'un bâtiment, par rapport à la direction qu'il suit. *Avoir, porter le cap à terre*, au large. *Mettre le cap sur*, se diriger vers. ■ Étape considérée comme moment décisif dans une évolution. *Passer le cap de la première année.*

CAPABLE, adj. [kapabl] (b. lat. *capabilis*, saisissable, capable, du lat. *capere*, prendre) Qui peut contenir en soi, au propre et au figuré. « *De toutes les figures c'est la ronde qui est la plus capable, c'est-à-dire qui a le plus de superficie* », DESCARTES. « *Tout genre d'écrire reçoit-il le sublime, s'il n'y a que les grands sujets qui en soient capables ?* », LA BRUYÈRE. ◆ **Fig.** En parlant des personnes ou des choses personnifiées, qui peut admettre une chose, qui est apte et propre ou disposé à. « *Quelque étendue d'esprit que l'on ait, l'on n'est capable que d'une grande passion* », PASCAL. « *Eurymaque savait la guerre ; il était capable d'affaires* », FÉNELON. ◆ *Être capable de tout*, être homme à se porter aux dernières extrémités. ◆ Avec *de* et un infinitif, dans le même sens qu'avec un substantif. *Est-ce que l'honnête homme est capable de mentir ?* ◆ *Capable*, avec un infinitif, en parlant des choses, qui peut. « *Je vous ai mis entre les mains assez de livres français capables de vous amuser* », RACINE. ◆ Qui a de la capacité, habile. *Homme capable.* ◆ *Air capable*, air d'un homme qui présume trop de son habileté. ◆ Qui a la capacité légale. *Capable de tester, de léguer par testament.* ◆ **N. m.** et n.f. *Faire le capable*, se donner l'air d'une plus grande capacité que celle que l'on a réellement.

CAPABLEMENT, adv. [kapabləmã] (*capable*) ▷ Avec capacité. ◁

CAPACIMÈTRE, ■ n.m. [kapasimɛtr] (radic. du lat. *capax*, génit. *capacis*, qui peut contenir, capable, et *-mètre*) **Électr.** Instrument servant à mesurer la capacité d'une batterie lors de sa décharge.

CAPACITAIRE, ■ n.m. et n.f. [kapasitɛr] (*capacité*) Personne ayant la faculté légale de faire quelque chose. *Un capacitaire en marine marchande.*

CAPACITÉ, n.f. [kapasite] (lat. *capacitas*, de *capax*, *capacis*) Contenance d'une chose. *Capacité d'un tonneau.* « *Vous remplissez toute la capacité de ce cœur* », MME DE SÉVIGNÉ. ◆ *Mesures de capacité*, celles qui sont destinées à mesurer les liquides ou les grains. ◆ ▷ **Phys.** *Capacité pour le calorique*, faculté qu'ont les corps d'exiger des quantités différentes de calorique pour varier d'un même nombre de degrés de l'échelle thermométrique. ◁ ◆ **Fig.** Qualité de l'esprit capable ; aptitude. *Preuve de capacité. Capacité pour la guerre.* ◆ *La capacité de l'esprit*, la faculté qu'il possède de saisir et d'embrasser les choses. ◆ Faculté légale. *Il a capacité pour tester, léguer par testament.* ◆ ▷ *Brevet de capacité*, brevet constatant qu'un individu est capable de donner l'enseignement primaire, élémentaire ou supérieur. ◁ ◆ *Titres et capacités d'un ecclésiastique*, les actes et pièces à l'appui de sa demande d'un bénéfice, et qui montrent qu'il est capable de le posséder. ◆ ▷ *Les capacités*, les personnes capables, par leur instruction ou leur position, d'exercer les droits politiques. ◁

CAPACITIF, IVE, ■ adj. [kapasitif, iv] (radic. de *capacité*) **Electron.** *Capteur capacitif*, type de circuit intégré.

CAPARAÇON, n.m. [kaparasõ] (esp. *caparaçon*, de *capa*, manteau, ou du préroman *karapp-* (cf. *carapace*) avec métathèse) Espèce de housse ou de couverture qu'on met sur les chevaux. ◆ Anciennement, armure et harnois dont les chevaux étaient équipés dans les batailles.

CAPARAÇONNÉ, ÉE, p.p. de caparaçonner. [kaparasone]

CAPARAÇONNER, v. tr. [kaparasone] (*caparaçon*) Couvrir d'un caparaçon. ◆ *Se caparaçonner*, v. pr. Se charger d'ornements ridicules. ■ Se protéger des attaques morales. *Se caparaçonner contre la souffrance.*

CAPE, n.f. [kap] (provenç. *capa* ; infl. de l'esp. *capa* ; cf. *chape*) Manteau à capuchon fort en usage autrefois et dont les deux sexes se servaient. ◆ **Fig.** *N'avoir que la cape et l'épée*, être sans fortune ; n'avoir que des dehors, que l'apparence du mérite. ◆ *Sous cape*, en cachette, à la dérobée, en dessous. *Rire sous cape.* ◆ Vêtement dont les femmes se couvrent la tête et les épaules contre le mauvais temps. ◆ *La cape*, la grande voile du grand mât. ◆ *Être*

à la cape, se dit d'un navire qui, la barre sous le vent, et presque à sec de voiles, présente le côté afin de ne plus faire route. ■ *Roman, film de cape et d'épée*, qui raconte les aventures de héros chevaleresques et batailleurs.

CAPÉER, ■ v. intr. [kapee] Voy. CAPEYER.

CAPELAGE, ■ n.m. [kap(ə)laʒ] (*capeler*) **Mar.** Ensemble de boucles terminant un cordage.

1 **CAPELAN**, n.m. [kap(ə)lã] (anc. provenç. *capelan*, curé ; cf. *chapelain*) Prêtre pauvre ou cagot duquel on parle avec mépris.

2 **CAPELAN** ou **CAPLAN**, n.m. [kap(ə)lã] (anc. provenç. *capelan*, curé, p.-ê. pour la couleur grise de ce poisson) Petit poisson de mer d'une chair délicate et dont les pêcheurs de morue se servent pour appât.

CAPELER, ■ v. tr. [kap(ə)le] (prob. norm. *capeler*, coiffer, de *capel*, chapeau) **Mar.** Attacher un cordage à une pièce à l'aide de son capelage.

CAPELET, n.m. [kap(ə)lɛ] (*capelet*, chapelet, par analogie de forme) Tumeur mobile, qui croît sur la pointe du jarret du cheval.

CAPELINE, n. f. [kap(ə)lin] (prob. anc. provenç. *capelina*, casque) ▷ Chapeau orné de plumes et d'aigrettes que les femmes portaient en habit de chasse. ◁ ◆ Aujourd'hui, sorte de capote légère pour l'été, chaude pour l'hiver. ◆ ▷ Anciennement, armure de tête. *Homme de capeline.* ◁

CAPENDU, n.m. [kapãdy] (*Capendu*, nom de plusieurs localités de l'Aude ; étym. pop. *court-pendu*) ▷ Espèce de pomme rouge. ◁

CAPERON, n.m. [kap(ə)rõ] Voy. CAPRON.

CAPES, ■ n.m. [kapɛs] (acronyme de *Certificat d'aptitude au professorat de l'enseignement secondaire*) Diplôme permettant l'accès à la fonction de professeur en collège et en lycée. *Passer son CAPES.* ■ **CAPÉSIEN, IENNE**, n. m. et n. f. [kapesjẽ, jɛn]

CAPET, ■ n.m. [kapɛt] (acronyme de *Certificat d'aptitude au professorat de l'enseignement technique*) Diplôme permettant l'accès au professorat en lycée technique. *Passer un CAPET d'électronique.* ■ **CAPÉTIEN, IENNE**, n. m. et n. f. [kapesjẽ, jɛn]

CAPEYER ou **CAPÉER**, ■ v. intr. [kapeye, kapee] (*cape*) **Mar.** Réduire la voilure d'un navire par gros temps pour éviter de dériver.

CAPÉTIEN, IENNE, ■ adj. [kapesjẽ, jɛn] Qui appartient ou qui correspond à la dynastie des rois de France fondée par Hugues Capet élu roi des Frances en 987 et s'achevant en 1328. *Les rois capétiens.* ■ **N. m.** *La dynastie des Capétiens se situe entre celle des Carolingiens et celle des Valois.*

CAPHARNAÜM, ■ n.m. [kafarnaɔm] (*Capharnaüm*, ville de Galilée) Lieu renfermant beaucoup d'objets entassés confusément.

CAP-HORNIER, ■ n.m. [kapɔrnje] ▷ Navire capable de passer le cap Horn. ◁ ■ Capitaine d'un tel navire. *Des cap-horniers.*

CAPILLAIRE, adj. [kapilɛr] (b. lat. *capillaris*, de *capillus*, cheveu) Délié comme les cheveux. *Tube ou tuyau capillaire.* ◆ **Phys.** *Phénomènes capillaires*, phénomènes observés quand on plonge dans un liquide l'extrémité d'un tube capillaire. ◆ **Anat.** *Vaisseau capillaire* ou n.m. *les capillaires*, dernières ramifications vasculaires. ◆ **N. m.** Nom, en pharmacie, du feuillage de plusieurs espèces de fougères. *Sirop de capillaire.* ■ Relatif à la chevelure. *Lotion capillaire. Prothèse capillaire.*

CAPILLARITE, ■ n. f. [kapilarit] (lat. *capillaris*) **Méd.** Inflammation des petits vaisseaux cutanés.

CAPILLARITÉ, n. f. [kapilarite] (lat. *capillaris*) État de ce qui a la ténuité d'un cheveu. ◆ L'ensemble des phénomènes qui se passent dans le contact des liquides avec les solides présentant des espaces capillaires. ◆ Force particulière qui produit ces phénomènes.

CAPILLICULTEUR, TRICE, ■ n. m. et n. f. [kapilikyltœr, tris] (radic. du lat. *capillus* et *culteur*) Personne qui dispense des soins capillaires. ■ **Plais.** Coiffeur.

CAPILOTADE, n. f. [kapilotad] (esp. *capirotada*, préparation à base d'œufs et d'herbes, destinée à accompagner d'autres mets) Sorte de ragoût fait de morceaux de viandes déjà cuites. ◆ **Fig.** et fam. *Mettre en capilotade*, accabler de coups ou déchirer, ruiner de réputation.

CAPISCOL, n.m. [kapiskɔl] (mot provenç., chef de l'école, du lat. *caput*, tête, et *schola*, école) ▷ Doyen de chapitre, dans quelques provinces. ◁

CAPITAINE, ■ n.m. et n.f. [kapitɛn] (b. lat. *capitaneus*, qui est en tête, du lat. *caput*) Chef militaire. *Un grand capitaine.* ◆ Dans un sens spécial, chef d'une compagnie dans un régiment. *Capitaine d'infanterie, de cavalerie.* ◆ Personne qui commande un bâtiment de mer. *Capitaine de vaisseau.* ◆ *Capitaine au long cours*, titre du marin qui peut commander pour les longs voyages les navires marchands. ◆ ▷ *Capitaine des chasses*, nom donné autrefois au gouverneur de certaines résidences royales, ou au chef d'une capitainerie des chasses. ◁ ◆ ▷ *Un capitaine de voleurs*, chef d'une bande de voleurs. ◁ ◆ En Espagne, *capitaine général*, gouverneur d'une capitainerie générale. ■ Personne qui dirige le jeu d'une équipe sur le terrain, et par ext. personne qui dirige une équipe.

CAPITAINERIE, n. f. [kapitɛn(ə)ʀi] (*capitaine*) ▷ Autrefois charge de capitaine des chasses ou d'une résidence royale. ◁ ◆ Lieu affecté au logement de cet officier. ◆ L'étendue de la juridiction d'un capitaine des chasses. ◆ Circonscription territoriale sous un commandant militaire. ◆ En Espagne, *capitainerie générale*, circonscription territoriale répondant à peu près à nos divisions militaires.

CAPITAL, ALE, adj. [kapital] (lat. *capitalis*) Où il s'agit de la tête ou de la vie ; qui mérite le dernier supplice. *Accusation capitale. Crime capital.* ◆ Qui est la tête ou comme la tête de quelque chose. *La ville capitale* ou n. f. *la capitale*, la ville principale d'un État, d'une province. ◆ *Lettre capitale* ou n. f. *capitale*, grande lettre majuscule. ◆ Principal, essentiel. *Point, défaut capital.* ◆ ▷ *Tableau capital*, œuvre principale d'un peintre, d'une école. ◁ ◆ *Les sept péchés capitaux*, les sept péchés mortels. ◆ *Ennemi capital*, ennemi mortel. ◆ N. m. Ce qu'il y a d'essentiel. « *Le capital est d'avoir de quoi se pousser* », BOURDALOUE. ◆ Le principal d'une dette, d'une rente. *Amortir un capital.* ◆ Écon. et polit. Ensemble des produits accumulés ; somme des utilités acquises ; instrument de travail. « *Tout capital est un instrument de production* », J.-B. SAY. ◆ *Capital*, numéraire. *Les capitaux sont rares.* ■ Fig. Source de richesse intellectuelle, morale, culturelle, etc. *Le capital artistique et culturel d'une région.*

CAPITALEMENT, adv. [kapital(ə)mã] (*capital*) ▷ D'une manière capitale, sur toutes choses. « *Se tromper capitalement* », BOSSUET. ◁

CAPITALISABLE, adj. [kapitalizabl] (*capitaliser*) Qui peut être capitalisé.

CAPITALISÉ, ÉE, p. p. de capitaliser. [kapitalize]

CAPITALISER, v. tr. [kapitalize] (*capital*, nom) Ajouter au capital. *Capitaliser les intérêts.* ◆ Réaliser le capital. *Capitaliser une rente.* ◆ V. intr. Accumuler de manière à former un capital. ■ **CAPITALISATION**, n. f. [kapitalizasjõ]

CAPITALISME, ■ n. m. [kapitalism] (*capital*, nom) Système économique et social privilégiant la propriété privée des moyens de production et se caractérisant par la recherche du profit. « *L'apparition, au cours du xviᵉ siècle, d'un capitalisme marchand... s'accompagne d'une morale nouvelle* », FEBVRE.

CAPITALISTE, n. m. et n. f. [kapitalist] (*capital*, nom) Personne qui possède un capital et qui vit de son revenu. ◆ Personne qui tire profit d'un capital. ◆ Personne qui prête son capital à un entrepreneur d'industrie. ◆ Personne qui possède des fonds considérables. ■ Adepte du capitalisme. ■ Adj. Qui relève du capitalisme. *Pays capitalistes.*

CAPITALISTIQUE, ■ adj. [kapitalistik] (*capital*, nom) Écon. À forte utilisation de capital plutôt que de main-d'œuvre. *Une entreprise capitalistique.*

CAPITAL-RISQUE, ■ n. m. [kapitalʀisk] (*capital*, nom, et *risque*) Écon. Participation au capital d'une entreprise non cotée en Bourse afin de dégager des plus-values, avec le risque de ne rien gagner. *Des sociétés de capital-risque.*

CAPITAN, n. m. [kapitã] (ital. *capitano*, capitaine, du b. lat. *capitanus*, var de *capitaneus*) ▷ Homme qui fait le matamore, qui semble vouloir faire peur aux gens. ◁ ◆ Personnage de la comédie italienne.

CAPITANE, adj. et n. f. [kapitan] (ital. *[galera] capitana*) ▷ *La galère capitane* ou *la capitane*, nom qu'on donnait en Europe à la principale galère d'un État, excepté en France. ◁

CAPITAN-PACHA, n. m. [kapitãpaʃa] (ital. *capitan passa*, du turc *qapidanpasa*, amiral) ▷ Amiral turc. ◆ Le vaisseau amiral turc. ■ Au pl. *Des capitans-pachas.* ◁

CAPITATION, n. f. [kapitasjõ] (b. lat. *capitatio*) ▷ Taxe par tête. ◁

CAPITE, ■ n. f. [kapit] Suisse Cabanon, mirador.

CAPITÉ, ÉE, adj. [kapite] (lat. *capitatus*) Hist. nat. Qui est en forme de tête ; qui a une tête. ◆ N. f. Nom des plantes qui ont une tête, comme le chardon.

CAPITEUX, EUSE, adj. [kapitø, øz] (ital. *capitoso*, du lat. *caput*) Qui porte à la tête, en parlant des vins. ■ Par extens. *Parfum capiteux.*

CAPITILUVE, n. f. [kapitilyv] (lat. *caput* et *luere*, laver) ▷ Bain de tête. ■ REM. On dit aujourd'hui *shampoing*. ◁

CAPITOLE, n. m. [kapitɔl] (lat. *Capitolium*, une des sept collines de Rome) Forteresse et temple de Jupiter à Rome, sur le mont Tarpéien. ◆ Fig. *Il n'y a qu'un pas du Capitole à la roche Tarpéienne*, c'est-à-dire des honneurs suprêmes à la ruine. ◆ Lieu où siège la municipalité dans certaines villes.

CAPITOLIN, INE, adj. [kapitɔlɛ̃, in] (lat. *capitolinus*, du Capitole, ou de Jupiter Capitolin) Du Capitole. *Jupiter Capitolin.*

CAPITON, n. m. [kapitõ] (ital. *capitone*, renflement dans un fil de soie) Bourre de soie. ◆ Petite bourre ou bouton qui sert à piquer des sièges. ■ Au pl. Légère déformation cutanée appelée aussi *peau d'orange*.

CAPITONNAGE, ■ n. m. [kapitɔnaʒ] (*capitonner*) Action de capitonner. *Effectuer le capitonnage d'un cercueil.* « *Elle semblait enfoncer dans le capitonnage du sofa sa conviction qu'il en irait ainsi* », POURRAT.

CAPITONNÉ, ÉE, p. p. de capitonner. [kapitɔne]

CAPITONNER, v. tr. [kapitɔne] (*capiton*) Garnir de capitons.

CAPITOUL, n. m. [kapitul] (anc. provenç. *capitol*, magistrat de Toulouse, du lat. ecclés. *capitulum*, assemblée de moines ou de chanoines, chapitre) ▷ Nom qu'on donnait aux magistrats municipaux de la ville de Toulouse. ◁

CAPITOULAT, n. m. [kapitula] (*capitoul*) ▷ Dignité de capitoul. ◁

1 **CAPITULAIRE**, adj. [kapitylɛʀ] (lat. médiév. *capitularis*, de *capitulum*, chapitre) Appartenant au chapitre, à une assemblée de religieux. ◆ ▷ *Lettres capitulaires*, grandes lettres qui se mettaient au commencement des chapitres d'un livre. ◁

2 **CAPITULAIRE**, n. m. [kapitylɛʀ] (lat. tard. *capitulare*, ordonnance royale, neutre substantivé de *capitularis*, de *capitulum* au sens de article de loi) Nom de statuts et règlements arrêtés dans les assemblées nationales sous les deux premières races (Mérovingiens et Carolingiens). ■ REM. Aujourd'hui, *race* est à comprendre dans le sens de dynastie.

CAPITULAIREMENT, adv. [kapitylɛʀ(ə)mã] (*capitulaire*) ▷ En chapitre. ◁

CAPITULANT, adj. et n. m. [kapitylã] (p. prés. du lat. médiév. *capitulare*, se réunir en chapitre, de *capitulum*, chapitre) ▷ Qui a voix dans un chapitre. ◁

CAPITULARD, ARDE, ■ adj. [kapitylaʀ, aʀd] (*capituler*) Péj. Partisan de la capitulation, de la reddition. ■ Par extens. Lâche. ■ N. m. et n. f. *Un capitulard, une capitularde.*

CAPITULATION, n. f. [kapitylasjõ] (lat. médiév. *capitulatio*, convention) Convention qui règle à quelles conditions une place, une troupe se rendent. ◆ ▷ Fam. Conciliation. ◁ ◆ ▷ *Capitulation de conscience*, accommodement avec sa conscience. ◁ ◆ Convention qui assure aux sujets d'une puissance certains privilèges dans les États d'une autre puissance.

CAPITULE, n. m. [kapityl] (b. lat. *capitulum*, chapitre de livre) Petite oraison qui se dit à la fin de certaines divisions des offices. ■ Bot. Disposition de plusieurs fleurs dans un même réceptacle. *Un capitule de tournesol.*

CAPITULER, v. intr. [kapityle] (lat. médiév. *capitulare*, stipuler dans une convention, convenir) Se rendre par capitulation. ◆ Fam. Céder, entrer en arrangement. ◆ ▷ *Capituler avec sa conscience*, entrer en arrangement avec elle, en étouffer les justes scrupules. ◁

CAPLAN, n. m. [kaplã] Voy. CAPELAN.

CAPNOFUGE, adj. [kapnofyʒ] (gr. *kapnos*, fumée, et -*fuge*) ▷ Qui préserve de la fumée. ◁

CAPNOÏDE, n. f. [kapnoid] (gr. *kapnos*, fumée et -*oïde*, qui ressemble à de la fumée) ▷ Nom d'une plante (*fumaria perennis*). ◁

CAPNOMANCIE, n. f. [kapnomãsi] (gr. *kapnos*, fumée, et -*mancie*) Sorte de divination, qui consistait à tirer de bons ou mauvais augures des qualités de la fumée.

CAPOEIRA, ■ n. f. [kapweʀa] ou [kapoeʀa] (mot tupi, cercle d'herbe brûlée, de *kaá*, herbe, et -*puera*, qui a été et n'est plus, empr. par les esclaves marrons pour désigner le cercle dans lequel ils pratiquaient leur lutte) Art martial brésilien, proche de la danse, où tous les coups sont feints.

1 **CAPON, ONNE**, n. m. et n. f. [kapõ, ɔn] (p.-ê. forme provenç. ou normanno-pic. de *chapon*) Personne qui cajole pour tromper et arriver à ses fins. ◆ Joueur rusé, fin. ◆ Poltron. ◆ Adj. *Capon, caponne*, qui a le caractère du capon.

2 **CAPON**, n. m. [kapõ] (provenç. *capon*, de cap, tête) Instrument composé d'une corde, d'une poulie et d'un croc de fer, qui sert à lever l'ancre.

CAPONNÉ, ÉE, p. p. de caponner. [kapɔne]

1 **CAPONNER**, v. intr. [kapɔne] (1 *capon*) ▷ Agir en capon, faire le capon. ◆ V. tr. Cajoler. *Il me caponne pour obtenir ce qu'il veut.* ◁

2 **CAPONNER**, v. tr. [kapɔne] (2 *capon*) Caponner l'ancre, la relever avec le capon.

CAPONNIÈRE, n. f. [kapɔnjɛʀ] (ital. *cap[p]oniera*, cage où l'on engraisse les chapons) Logement qu'on creuse dans le fond d'un fossé sec pour y mettre des soldats à couvert. ■ Dans un tunnel, abri creusé pour que les ouvriers ferroviaires se protègent lors des passages de trains.

CAPORAL, ALE, n. m. et n. f. [kapɔʀal] (ital. *caporale*, de *capo*, chef) Sous-officier du moindre grade dans l'infanterie.

CAPORAL-CHEF, CAPORALE-CHEF, ■ n. m. et n. f. [kapɔʀal(ə)ʃɛf] (*caporal, caporale* et *chef*) Gradé militaire, situé dans la hiérarchie entre le caporal et le sergent. *Des caporaux-chefs, des caporales-chefs.*

CAPORALISER, ■ v. tr. [kapɔʀalize] (*caporal*) Soumettre au caporalisme.

CAPORALISME, ■ n. m. [kapɔʀalism] (*caporalisme*) Régime politique dans lequel les militaires ont une grande influence. ■ Autoritarisme tatillon. *Il fait preuve d'un caporalisme exaspérant.*

1 **CAPOT**, adj. inv. [kapo] (dial. Ouest *se caper*, se renfrogner, se coucher, ou 2 *capot*, cape) Se dit, au jeu de piquet, du joueur qui ne fait aucune levée. *Je suis capot.* ◆ **Fig.** *Faire quelqu'un capot*, remporter sur lui un grand avantage. ◆ **Fam.** Confus, interdit, embarrassé. *Être, rester capot.* ◆ **N. m.** Le coup par lequel un joueur est fait capot. ◆ En ce sens, le mot a un pluriel. *Une suite de capots.* ◆ **Mar.** *Faire capot*, chavirer.

2 **CAPOT**, ■ n. m. [kapo] (*cape*, manteau à capuchon) Partie mobile de la carrosserie d'une automobile recouvrant le bloc-moteur.

CAPOTAGE, ■ n. m. [kapotaʒ] (*capoter*) **Québec** Retournement d'un véhicule. *Il y a eu un capotage mortel sur l'autoroute.*

CAPOTE, n. f. [kapɔt] (2 *capot*) Grand manteau d'étoffe grossière, à capuchon. ◆ Espèce de redingote à l'usage des soldats. ◆ Espèce de longue redingote. ◁ ◆ ▷ Mante que les femmes portaient par-dessus leurs habits et qui les couvrait de la tête aux pieds. ◁ ◆ ▷ Sorte de chapeau de femme. ◁ ◆ *Une capote*, le coup par lequel un joueur est fait capot. ◆ Couverture en cuir d'un cabriolet. ■ **Fam.** *Capote anglaise* ou *capote*, préservatif masculin.

CAPOTER, v. intr. [kapote] (1 *capot*) **Mar.** Chavirer. ■ **Fig.** et fam. Échouer. *Le projet a capoté.*

CAPPADOCIEN, IENNE, ■ adj. [kapadosjɛ̃, jɛn] (lat. *Cappadocia*, Cappadoce) De la Cappadoce, en Turquie. ■ **N. m. et n. f.** Habitant de cette région. *Les Cappadociens.*

CAPPELLA (A), ■ [kapela] Voy. A CAPELLA.

CAPPUCCINO, ■ n. m. [kaputʃino] (mot it., capucin) Café express nappé d'une couche de lait mousseux et saupoudré de cacao. *J'hésite entre un expresso et un cappuccino.*

CAPRE, n. m. [kapʀ] (néerl. *kaper*) ▷ Sorte de vaisseau corsaire. ◁

CÂPRE, n. f. [kɑpʀ] (gr. *kapparis*, câprier, câpre) Jeune bouton de fleurs du câprier, confit dans le vinaigre. *Sauce aux câpres.*

CAPRÉOLE, n. m. [kapreol] (lat. *capreolus*, de *caprea*, chevreuil) ▷ **Hist. nat.** Nom de la famille des cerfs. ◁

CAPRICANT, ANTE, adj. [kapʀikɑ̃, ɑ̃t] (lat. *capra*, chèvre ; infl. de *caprice*) ▷ *Pouls capricant*, pouls qui, interrompu au milieu de sa diastole, l'achève ensuite avec précipitation. ■ **REM.** On disait autrefois *caprisant*. ◁

CAPRICCIO, ■ n. m. [kapʀitʃjo] (mot it., propr. caprice) **Mus.** Caprice. *Le Capriccio espagnol de Rimski-Korsakov.*

CAPRICE, n. m. [kapʀis] (ital. *capriccio*, frisson, idée fantasque, du lat. *capra*) Volonté subite qui vient sans aucune raison. « *Il [l'homme] a comme la mer ses flots et ses caprices* », BOILEAU. ◆ Fantaisie, goût pour quelqu'un ou quelque chose. ◆ Saillie d'esprit et d'imagination, en bonne ou mauvaise part. *Un auteur plein de caprice.* ◆ **Mus.** Composition où l'artiste écrit au gré de son inspiration, sans s'assujettir aux formes des différents genres. ◆ Inconstance, irrégularité, mobilité. *Les caprices de la fortune, de la mode.*

CAPRICIEUSEMENT, adv. [kapʀisjøz(ə)mɑ̃] (*capricieux*) Par caprice.

CAPRICIEUX, EUSE, adj. [kapʀisjø, øz] (ital. *capriccioso*) Qui a des caprices, plein de caprices. *Un esprit, un homme capricieux. Les flots capricieux.* ◆ **N. m. et n. f.** *Un capricieux, une capricieuse.*

CAPRICORNE, n. m. [kapʀikɔʀn] (lat. *capricornus*, de *caper*, bouc, et *cornu*, corne) Constellation zodiacale figurée par un bouc. ◆ *Le signe du Capricorne*, dixième division du zodiaque. ◆ *Le tropique du Capricorne*, le tropique austral. ◆ Genre de coléoptères à très longues antennes.

CÂPRIER, n. m. [kɑpʀije] (*câpre*) Sous-arbrisseau qui porte les câpres.

CAPRIFICATION, ■ n. f. [kapʀifikasjɔ̃] (lat. *caprificus*, figuier sauvage, litt. figuier à bouc) **Hortic.** Pollinisation des fruits du figuier.

CAPRIFOLIACÉE, ■ n. f. [kapʀifoljase] (lat. *caprifolium*, chèvrefeuille) **Bot.** Plante de la famille du chèvrefeuille.

CAPRIN ou **CAPRINÉ**, ■ n. m. [kapʀɛ̃, kapʀine] Mammifère de la famille de la chèvre. ■ **Adj.** *Un élevage caprin. De la viande caprine.*

CAPRIQUE, ■ adj. [kapʀik] (lat. *capra*, chèvre, cet acide ayant été découvert dans le beurre de chèvre) *Acide caprique*, acide que l'on trouve dans certaines graisses animales.

CAPRISANT, adj. [kapʀizɑ̃] Voy. CAPRICANT.

CAPROLACTAME, ■ n. m. [kapʀolaktam] (radic. de *caprique* et *lactame*) **Chim.** Matière utilisée dans la fabrication du nylon.

CAPRON ou **CAPERON**, n. m. [kap(ə)ʀɔ̃] (*câpre*, pour la saveur piquante de ce fruit) Sorte de grosse fraise.

CAPRONIER, n. m. [kapʀonje] (*capron*) ▷ Fraisier qui produit les caprons. ◁

CAPRYLIQUE, ■ adj. [kapʀilik] (*capra*, chèvre) *Acide caprylique*, acide gras utilisé en médecine contre les infections fongiques.

CAPSAGE, ■ n. m. [kapsaʒ] (lat. *capsa*, boîte) **Agric.** Alignement des feuilles de tabac pour que leurs nervures centrales soient parallèles et qu'elles soient toutes tranchées également.

CAPSE, n. f. [kaps] (lat. *capsa*) ▷ Boîte de métal où les docteurs de Sorbonne mettaient leurs suffrages. ◁

CAPSELLE, ■ n. f. [kapsɛl] (lat. impér. *capsella*, coffret) Plante des chemins de la famille des crucifères, appelée aussi bourse-à-pasteur.

CAPSIDE, ■ n. f. [kapsid] (gr. *kapsa*, du lat. *capsa*, boîte) **Biol.** Coque interne des virus, formée de protéines assemblées, et protégeant le génome.

CAPSIEN, ■ n. m. [kapsjɛ̃] (lat. *Capsa*, Gafsa, ville de Numidie) **Archéol.** Ensemble des traits caractéristiques de la période préhistorique de l'Afrique du Nord entre le VIIIe et le Ve millénaire. ■ **Adj.** *L'outillage capsien.*

CAPSULAGE, ■ n. m. [kapsylaʒ] (*capsuler*) Action de capsuler.

CAPSULAIRE, adj. [kapsylɛʀ] (*capsule*) **Bot.** Qui est en forme de capsule. *Fruit capsulaire.*

CAPSULE, ■ n. f. [kapsyl] (lat. *capsula*, dimin. de *capsa*) Nom donné à différents objets qui ont plus ou moins d'analogie avec une boîte. ◆ **Chim.** Vase en forme de calotte pour les évaporations. ◆ **Bot.** Enveloppe membraneuse de certaines graines. ◆ **Anat.** *Capsules articulaires*, appareils ligamenteux qui environnent certaines articulations. ◆ ▷ Petit godet de cuivre, chargé de poudre fulminante. *Capsule de fusil.* ◁ ■ Film métallique ou de plastique recouvrant le goulot d'une bouteille.

CAPSULE-CONGÉ, ■ n. f. [kapsyl(ə)kɔ̃ʒe] (*capsule* et *congé*) Vignette imprimée sur la capsule d'une bouteille de vin, conformément à la loi. *Des capsules-congés.*

CAPSULER, ■ v. tr. [kapsyle] (*capsule*) Poser des capsules. *C'est une machine qui capsule les bouteilles.*

CAPTAGE, ■ n. m. [kaptaʒ] (*capter*) Action de capter l'eau minérale. ■ Action de capter, en général. *Le captage du gaz dans un gisement.*

CAPTAL, n. m. [kaptal] (lat. *capitalis*, qui tient la tête) Ancien titre de dignité, signifiant chef, capitaine, dans le midi de la France. *Des captals.*

CAPTATEUR, TRICE, n. m. et n. f. [kaptatœʀ, tʀis] (lat. *captator*, celui qui cherche à saisir) Personne qui use de captation.

CAPTATIF, IVE, ■ adj. [kaptatif, iv] (*capter*) **Psych.** *Un amour captatif*, possessif, dans lequel on prend plutôt que l'on donne.

CAPTATION, n. f. [kaptasjɔ̃] (lat. *captatio*, action de chercher à saisir, de capter) Emploi de moyens captieux. *Testament obtenu par captation.* ■ Captage.

CAPTATOIRE, adj. [kaptatwaʀ] (b. lat. jurid. *captatorius*) Qui a pour objet la captation.

CAPTÉ, ÉE, p. p. de capter. [kapte]

CAPTER, v. tr. [kapte] (lat. *captare*, chercher à saisir) ▷ Gagner ou tenter de gagner quelqu'un ou quelque chose par de l'insinuation ou de l'adresse. *Capter un vieillard, un héritage.* ◁ ◆ Saisir, à l'aide de tranchées, les origines d'une eau minérale. ■ Chercher à attirer à soi. *Capter l'attention du public.* ■ Recueillir un élément naturel. *Capter l'énergie solaire.* ■ **Télécomm.** Recevoir ce qui est transmis par les ondes ou par satellite. *Capter une chaîne étrangère.* ■ **Absol.** *Téléphone portable qui capte mal.* ■ **Fam.** Comprendre. *Il n'a rien capté au cours de maths.* ■ **CAPTABLE**, adj. [kaptabl]

CAPTEUR, adj. [kaptœʀ] (b. lat. *captor*, qui attrape) ▷ **Dr.** *Un vaisseau capteur* ou n. m. *un capteur*, un bâtiment qui a fait une prise. ◁ ■ **N. m.** Dispositif capable de recevoir un signal et de le restituer. ◆ *Capteur solaire*, dispositif qui recueille le rayonnement solaire pour le transformer en énergie.

CAPTIEUSEMENT, adv. [kapsjøz(ə)mɑ̃] (*captieux*) D'une manière captieuse.

CAPTIEUX, EUSE, adj. [kapsjø, øz] (lat. *captiosus*, trompeur) Qui tend à prendre, à surprendre, à conduire à un sens trompeur. *Termes captieux.* ◆ Se dit des personnes. *Un raisonneur captieux.*

CAPTIF, IVE, adj. [kaptif, iv] (lat. *captivus*) Pris à la guerre et fait esclave. ◆ **N. m. et n. f.** *Un captif, une captive.* ◆ En général dans le style relevé, pris, détenu. *Un oiseau captif.* ◆ Asservi. *La Grèce, si longtemps captive.* ◆ **Par extens.** Qui est contraint ou attaché. *Cette place me rend fort captif.* « *Tiens ta langue captive* », P. CORNEILLE. « *L'âme, devenue captive du plaisir, devient ennemie de la raison* », BOSSUET. ◆ **Météorol.** *Ballon captif*, aérostat retenu au moyen d'une corde.

CAPTIVANT, ANTE, ■ adj. [kaptivɑ̃, ɑ̃t] (captiver) Qui captive l'esprit.

CAPTIVÉ, ÉE, p. p. de captiver. [kaptive]

CAPTIVER, v. tr. [kaptive] (b. lat. *captivare*) ▷ Retenir prisonnier. ◁ ◆ Ce sens propre est tombé en désuétude. ◆ ▷ **Fig.** Soumettre, maîtriser. *Enfant difficile à captiver.* ◁ ◆ Séduire, gagner. *Captiver l'auditoire.* ◆ Se captiver, v. pr. Se rendre captif, attentif, soumis. *Il faut savoir se captiver.*

CAPTIVITÉ, n. f. [kaptivite] (lat. impér. *captivitas*) État de captif. ◆ **Fig.** *La captivité dans laquelle nous tiennent les passions.* ◆ Au pl. « *S'élever au-dessus des captivités où Dieu permet que nous soyons à l'extérieur* », BOSSUET. ◆ Absence de liberté causée par les occupations, par une contrainte quelconque. *Cette place me tient en captivité.*

CAPTURE, n. f. [kaptyʀ] (lat. impér. *captura*) Arrestation d'une personne. ◆ Prise faite sur l'ennemi ; le bâtiment pris. ◆ Saisie de marchandises de contrebande.

CAPTURÉ, ÉE, p. p. de capturer. [kaptyʀe]

CAPTURER, v. tr. [kaptyʀe] (*capture*) Faire capture. *Capturer un bandit, un bâtiment de commerce, des marchandises de contrebande.* ■ **Chasse** Attraper sans forcément tuer. *Placer des pièges pour capturer un loup.* ■ **Inform.** *Capturer une image, un son, une vidéo*, numériser et enregistrer.

CAPUCE, n. m. [kapys] (ital. *cappuccio*, capuchon) ▷ Morceau d'étoffe grossière taillée en pointe, qui couvre la tête des capucins. ◁

CAPUCHE, n. f. [kapyʃ] (*cape*) ▷ Sorte de coiffure de femme, capeline. ◁ ■ Capuchon amovible d'un vêtement.

CAPUCHON, n. m. [kapyʃɔ̃] (*capuche*) Vêtement de tête, qui se rabat ou se rejette en arrière, à volonté. ◆ *Prendre le capuchon*, se faire moine. ■ Pièce servant à protéger, à fermer. *Le capuchon d'un stylo.*

CAPUCHONNÉ, ÉE, adj. [kapyʃɔne] (*capuchon*) **Bot.** Qui est en forme de capuchon. *Feuilles capuchonnées.*

CAPUCIN, INE, n. m. et n. f. [kapysɛ̃, in] (ital. *capuccino*) Religieux, religieuse d'un des ordres de Saint-François. ◆ *Barbe de capucin*, longue barbe. ◆ ▷ *Parler comme un capucin*, parler du nez. ◁ ◆ **Fig.** Homme qui affiche une dévotion étroite. ◆ *À la capucine, en capucin*, avec une dévotion étroite. ◆ ▷ *Capucin de carte*, carte que les enfants plient longitudinalement pour la faire tenir droite ; ces capucins, rangés à la file, tombent les uns sur les autres quand on fait tomber le premier. ◁ ◆ *Barbe-de-capucin*, nom de la salade de chicorée sauvage étiolée.

CAPUCINADE, n. f. [kapysinad] (*capucin*) Plate tirade de morale ou de dévotion. ◆ Affectation de dévotion.

CAPUCINE, n. f. [kapysin] (*capuce*) Plante potagère et d'ornement, dont les fleurs sont en forme de capuce. ◆ La fleur. ◆ *Câpres capucines*, boutons à fleurs de la capucine, confits au vinaigre. ◆ *Couleur capucine*, couleur aurore foncé. ◆ **Artill.** Anneau de métal qui relie le canon et le bois d'une arme à feu.

CAPUCINIÈRE, n. f. [kapysinjɛʀ] (*capucin*) **Fam.** Maison de capucins. ◆ **Fig.** Maison où domine une dévotion étroite.

CAPUT-MORTUUM, n. m. inv. [kapytmɔʀtyɔm] (mots lat., tête morte) **Anc. chim.** Résidu dont on ne pouvait plus rien tirer. ◆ **Fig.** Travaux, efforts, etc., qui ont avorté. ◆ Au pl. *Des caput-mortuum.*

CAPVERDIEN, IENNE, ■ adj. [kapvɛʀdjɛ̃, jɛn] (*Cabo Verde*, Cap Vert) Des îles du Cap-Vert. ■ N. m. et n. f. Habitant de ces îles. *Un Capverdien, une Capverdienne.*

CAQUAGE, n. m. [kakaʒ] (*caquer*) Action de caquer les harengs.

CAQUE, n. f. [kak] (prob. anc. nord. *kaggi, kakki*, tonneau) Espèce de barrique où l'on met les harengs salés. ◆ *Rangés, serrés comme harengs en caque*, très serrés. ◆ **Prov.** *La caque sent toujours le hareng*, on se ressent toujours de ses habitudes, de sa première condition.

CAQUÉ, ÉE, p. p. de caquer. [kake]

CAQUELON, ■ n. m. [kak(ə)lɔ̃] (mot de Suisse romande *kakel*, brique vernissée) **Savoie** et **Suisse** Plat creux dans lequel on prépare et on sert la fondue savoyarde.

CAQUER, v. tr. [kake] (moy. néerl. *caken*, inciser le hareng pour enlever les viscères) Préparer le poisson pour la caque. ◆ Mettre le poisson en caque.

CAQUET, n. m. [kakɛ] (*caqueter*) Au propre, le cri de la poule qui pond. ◆ **Fig.** Babil haut et bruyant, et aussi babil de jactance. ◆ *Avoir du caquet*, se montrer parleur et fier. ◆ *Rabattre le caquet, rabaisser le caquet*, faire tomber la jactance. ◆ ▷ *Caquet bon bec*, pie, et fig. Personne bavarde et médisante. ◁ ◆ Au pl. Propos futiles ou malins.

CAQUETAGE, n. m. [kak(ə)taʒ] (*caqueter*) Action de caqueter ; caquets.

CAQUÈTE, n. f. [kakɛt] (*caque*) ▷ Baquet où les harengères mettent les carpes. ◁

CAQUÈTEMENT, ■ n. m. [kakɛt(ə)mɑ̃] (caqueter) Cri de la poule, caquet.

CAQUETER, v. intr. [kak(ə)te] (radic. onomat. *kak-*, piaillement d'oiseaux) Au propre, se dit du cri de la poule qui pond ou a pondu, et par extension du babil des perroquets. ◆ **Fig.** Babiller, médire. ■ **CAQUETANT, ANTE**, adj. [kak(ə)tɑ̃, ɑ̃t]

CAQUETERIE ou **CAQUÈTERIE**, n. f. [kakɛt(ə)ʀi] (*caqueter*) Action de caqueter ; caquets.

CAQUETEUR, EUSE, n. m. et n. f. [kak(ə)tœʀ, øz] (*caqueter*) ▷ Personne qui caquette et babille beaucoup. ◁

CAQUEUR, EUSE, n. m. et n. f. [kakœʀ, øz] (*caquer*) ▷ Personne qui caque les harengs. ◁

CAQUEUX, EUSE, n. m. et n. f. [kakø, øz] (*caquer*) ▷ **Hist.** Descendant d'une famille de lépreux de Bretagne avec laquelle le reste de la population ne contractait pas d'alliance. ◁

1 CAR, conj. [kaʀ] (lat. *quare*, des abl. *qua* et *re*, pour cette raison, c'est pourquoi, lat. vulg. parce que) Qui marque qu'on va donner la raison d'une proposition énoncée. ◆ n., inv. *Des si, des car*, des raisons, des objections. *Voilà bien des car !*

2 CAR, ■ n. m. [kaʀ] (aphérèse de *autocar*)

CARABAS, n. m. [kaʀaba] (*Carabas*) **Littér.** *Le marquis de Carabas*, nom du protégé du Chat botté dans le conte de Perrault. ◆ ▷ **Fam.** Propriétaire de beaucoup de biens, et aussi noble fier d'une noblesse douteuse. ◁

CARABE, ■ n. m. [kaʀab] (lat *carabus*, gr. *karabos*, langouste) Grand insecte coléoptère se nourrissant de limaces ou de chenilles.

CARABÉ, n. m. [kaʀabe] (ar. *kahraba*, du pers. *kahruba*) Ambre jaune ou succin.

CARABIDÉ, ■ n. m. [kaʀabide] (*carabe*) **Zool.** Insecte coléoptère de la famille du carabe. *Les carabidés forment une famille.*

1 CARABIN, n. m. [kaʀabɛ̃] (p.-ê. *[e]scarrabin*, ensevelisseur de pestiférés, de la famille de *escarbot*) Soldat de cavalerie légère au XVIe siècle. ◆ **Fig.** et **fam.** Au jeu, celui qui hasarde volontiers un coup, sans jamais s'engager réellement.

2 CARABIN, n. m. [kaʀabɛ̃] (1 *carabin*, à cause de la mauvaise réputation des chirurgiens) Anciennement, frater, garçon chirurgien. ◆ Aujourd'hui, par plaisanterie, étudiant en médecine.

CARABINADE, n. f. [kaʀabinad] (2 *carabin*) ▷ Tour de carabin. ◁

CARABINE, n. f. [kaʀabin] (1 *carabin*) Fusil à canon rayé en dedans. ◆ Mousqueton ou fusil court de cavalerie.

CARABINÉ, ÉE, p. p. de carabiner. [kaʀabine] *Brise carabinée*, vent très violent. ■ **Par extens.** et **fam.** Très violent. *Avoir une grippe carabinée.*

CARABINER, v. intr. [kaʀabine] (1 *carabin*) ▷ Combattre en carabin, tirailler. ◆ **Fig.** et **fam.** Jouer en carabin. ◆ **V. tr.** Creuser de rainures le dedans d'un canon de fusil. ◁

CARABINIER, n. m. [kaʀabinje] (suivant le sens, *carabine* ou ital. *carabiniere*) Soldat armé d'une carabine. ◆ *Carabinier à cheval*, cavalier qui porte la cuirasse et le casque, et qui n'a ni carabine ni mousqueton. ■ Gendarme italien.

CARABISTOUILLES, ■ n. f. pl. [kaʀabistuj] (onomat. *cara-* et dial. *bistouille*, mauvaise eau-de-vie, récits graveleux, mensonge, de *bes-*, préf. péj. et lat. *tudiculare*, triturer) **Belg.** Mensonges, histoires sans queue ni tête. *Raconter des carabistouilles.* « *Les carabistouilles ? ah ! quel mot comique et truculent, original et farceur !? viennent de Belgique* », B. PIVOT.

CARACAL, n. m. [kaʀakal] (turc *qara qulaq*, oreille noire) Mammifère carnivore semblable au lynx, vivant en Afrique. *Des caracals.*

CARACH, n. m. [kaʀaʃ] Voy. CARATCH.

CARACO, n. m. [kaʀako] (orig. inc.) Vêtement de femme qui est plus ou moins ajusté comme un corsage et qui est plus ou moins long.

CARACOLE, n. f. [kaʀakɔl] (esp. *caracol*, escargot, p.-ê. du fr. dial. *cagarol* avec métathèse, ou d'une rac. pré-roman *kar-*, coquille, écale) *Escalier en caracole*, escalier fait en rond à marches gironnées. ◆ Succession de demi-tours à droite et à gauche qu'on fait exécuter au cheval. ◆ On a écrit aussi *caracol*, et Corneille l'a fait masculin.

CARACOLER, v. intr. [kaʀakole] (*caracole*) Faire des caracoles. ◆ **Par extens.** Aller de droite et de gauche. ■ *Caracoler en tête*, avoir de l'avance sur ses concurrents.

CARACTÈRE, n. m. [kaʀaktɛʀ] (lat. *character*, gr. *kharaktêr*, empreinte, signe distinctif, de *kharassein*, faire une entaille) Signe tracé ou écrit. *Caractères d'écriture. Les caractères de l'alphabet.* ◆ Se dit des types d'imprimerie. *Graveur, fondeur en caractères.* ◆ **Alg., Astron., Chim., Bot., Pharm.** *Caractère*, signe abréviatif dont on se sert pour exprimer quelque chose. ◆ Signe, marque portée par superstition comme talisman. ◆ **Fig.** « *Quoique cette idée soit gravée dans le fond de nos âmes en caractères ineffaçables* », PASCAL.

◆ Titre naturel ou légal qui donne qualité de. *Il est sans caractère officiel. J'ai caractère pour ordonner ou pour défendre.* ◆ Ce qui est le propre d'une chose. *Le caractère distinctif de la vérité.* ◆ Dans les sciences, ensemble de modifications apparentes propres à faire distinguer les objets. *Les caractères d'une plante.* ◆ **Méd.** *Caractère* s'emploie pour exprimer l'état plus ou moins grave d'une maladie. ◆ Ce qui distingue, au moral, une personne d'une autre ; nature, naturel, mœurs, sentiments. *La différence des caractères. Un caractère.* ◆ **Théât.** *Comédie de caractère,* celle où l'on présente un caractère dominant qui fait le sujet de la pièce. ◆ La personne même qui a le caractère. *Les mauvais caractères sont malheureux.* ◆ *Les Caractères de tel auteur,* l'ouvrage dans lequel un auteur a peint les caractères, les mœurs. ◆ **Absol.** Les facultés morales, opposées aux facultés intellectuelles. *En lui le caractère est au-dessus de l'intelligence.* ◆ Fermeté. *Homme sans caractère.* ◆ Personne qui a dans son moral quelque chose qui se distingue en s'accusant. *C'est un caractère.* ◆ **Absol.** Expression, air expressif. *Une physionomie sans caractère.* ◆ ▷ *Danse de caractère,* Danse qui représente une petite action. ◁

CARACTÉRIEL, ELLE, ▪ adj. [kaʀakteʀjɛl] (*caractère*) **Psych.** Qui se rapporte au caractère. *Les traits caractériels d'une personne.* ▪ *Trouble caractériel,* trouble du comportement se traduisant par des difficultés d'adaptation et de communication. ▪ Qui est atteint de troubles caractériels. *Un enfant caractériel.* ▪ N. m. et n. f. *Un caractériel, une caractérielle.*

CARACTÉRISANT, ANTE, adj. [kaʀakteʀizɑ̃, ɑ̃t] (*caractériser*) Qui caractérise.

CARACTÉRISÉ, ÉE, p. p. de caractériser. [kaʀakteʀize] **Absol.** *Une physionomie caractérisée.*

CARACTÉRISER, v. tr. [kaʀakteʀize] (*caractère*) Indiquer, mettre en relief le caractère, la qualité propre. ◆ Se caractériser, v. pr. *La maladie ne s'est pas encore bien caractérisée.* ▪ CARACTÉRISATION, n. f. [kaʀakteʀizasjɔ̃]

CARACTÉRISME, n. m. [kaʀakteʀism] (gr. *kharaktêrismos*, désignation au moyen d'un signe caractéristique.) ▷ Conformité prétendue des plantes avec quelques parties du corps humain. ◁

CARACTÉRISTIQUE, adj. [kaʀakteʀistik] (gr. *kharaktêristikos*) Qui caractérise. *Signe caractéristique.* ◆ **Gramm.** *Lettre caractéristique,* lettre qui dénote le temps d'un verbe, la formation d'un mot. ▪ N. f. *Le s est chez nous la caractéristique du pluriel dans les noms.* ◆ N. f. *La caractéristique,* ce qui caractérise. ▪ N. f. pl. *Les caractéristiques d'un objet.*

CARACTÉROLOGIE, ▪ n. f. [kaʀakteʀoloʒi] (*caractère* et *-logie*) **Psych.** Étude des types de caractères, des manières d'être et d'agir des hommes dans la vie.

CARACUL, ▪ n. m. [kaʀakyl] Voy. KARAKUL.

CARAFE, n. f. [kaʀaf] (ital. *caraffa*, p.-ê. de l'ar. *garrafa*) Sorte de bouteille de verre dans laquelle on sert ordinairement l'eau. ◆ Le contenu d'une carafe. *J'ai bu une carafe d'eau.* ▪ **Fam.** *En carafe,* en panne. *Tomber en carafe sur l'autoroute.*

CARAFON, n. m. [kaʀafɔ̃] (ital. *caraffone,* grande carafe : confusions sur le sens du suff.) Petite carafe. ◆ Le contenu.

CARAGNE, n. f. [kaʀaɲ] ou [kaʀanj] (esp. *caraña,* d'un dial. indien) ▷ Substance gommorésineuse. ▪ Adj. *Gomme caragne.* ◁

CARAÏBE, n. m. et n. f. [kaʀaib] (mot caraïbe, propr. fort, sage, et désignant à la fois le peuple et la langue) Nom des populations sauvages qui habitaient les Antilles, au moment de l'arrivée des Européens [1]. ◆ Adj. *Langue caraïbe* ou n. m. *le caraïbe.* ▪ REM. 1 : *Sauvage* à l'époque de Littré n'était pas péjoratif.

CARAÏTE ou **KARAÏTE,** n. m. [kaʀait] (hébr. *qara,* lire) Juif qui s'attache à la lettre de l'Écriture et rejette les traditions.

CARAMBOLAGE, n. m. [kaʀɑ̃bolaʒ] (*caramboler*) Coup de billard dans lequel la bille du joueur va toucher deux autres billes. ◆ **Fig.** Coup double, ricochet. ◆ Heurt entre plusieurs véhicules.

1 **CARAMBOLE,** n. f. [kaʀɑ̃bol] (esp. *carambola,* du marathe *karambal,* fruit du carambolier, par analogie de couleur rouge) Au jeu de billard, la bille rouge qui se place sur la mouche. ◆ Partie qui se joue avec cette bille.

2 **CARAMBOLE,** ▪ n. f. [kaʀɑ̃bol] (esp. *carambola,* du marathe *karambal*) Fruit exotique à section étoilée, acidulé et juteux.

CARAMBOLER, v. intr. [kaʀɑ̃bole] (1 *carambole*) Faire un carambolage. ◆ Se dit aussi de la bille. *Ce n'est pas votre bille qui a carambolé.* ◆ Faire un coup double, un ricochet. ▪ Se caramboler, v. pr. Se heurter. *Les deux voitures se sont carambolées.*

CARAMBOLIER, ▪ n. m. [kaʀɑ̃bolje] (2 *carambole*) Arbre tropical asiatique où poussent les caramboles.

CARAMBOUILLAGE ou **CARAMBOUILLE,** ▪ n. m. ou n. f. [kaʀɑ̃bujaʒ, kaʀɑ̃buj] (altération de *carambolage* et *carambole,* par analogie du va-et-vient de la boule de billard et des marchandises volées) **Arg.** Revente d'objets volés.

CARAMEL, n. m. [kaʀamɛl] (esp. *caramelo,* du b. lat. *calamellus,* prtit roseau, par analogie de forme) Sucre à demi brûlé et durci. ◆ Nom de petits bonbons.

CARAMÉLÉ, ÉE, ▪ adj. [kaʀamele] (*caramel*) Qui rappelle le caramel. *L'aspect caramélé des dunes de sable.*

CARAMÉLISATION, n. f. [kaʀamelizasjɔ̃] (*caraméliser*) Action de caraméliser ; état de ce qui est caramélisé.

CARAMÉLISÉ, ÉE, p. p. de caraméliser. [kaʀamelize]

CARAMÉLISER, v. tr. [kaʀamelize] (*caramel*) Réduire le sucre en caramel. ◆ Ajouter du caramel à une substance.

CARAPACE, n. f. [kaʀapas] (esp. *carapacho,* prob. de la rac. pré-roman *karr-,* écale)) Test osseux qui recouvre le corps des tortues et des reptiles chéloniens. ◆ **Fig.** Ce qui protège, enferme. *La carapace d'un timide.*

CARAPATER (SE), ▪ v. pr. [kaʀapate] (radic. de l'arg. *se car[r]er,* se cacher) **Fam.** S'enfuir, se sauver. *Ils se sont carapatés sans demander leur reste.*

1 **CARAQUE,** n. f. [kaʀak] (ar. *harraqa,* brûlot, barque) ▷ Nom qu'on donnait autrefois à de très grands navires. ◆ Nom de certains grands bâtiments portugais. ◆ *Porcelaine caraque,* nom de la plus fine porcelaine des Hollandais. ◁

2 **CARAQUE,** adj. [kaʀak] (*Caracas*) ▷ *Cacao caraque,* cacao qui vient de la côte de Caracas, dans l'Amérique du Sud. ◁

CARASSIN, ▪ n. m. [kaʀasɛ̃] (mot lorrain, de *carasse, carache,* de l'all. dial. *Karas,* d'orig. tchèque) Poisson d'eau douce proche de la carpe, pouvant être domestiqué.

CARAT, n. m. [kaʀa] (ital. *carato,* de l'ar. *qirat,* du gr. *keration,* petit poids d'un tiers d'obole) Chaque vingt-quatrième partie d'or pur contenue dans une masse d'or que l'on considère comme composée de vingt-quatre vingt-quatrièmes. ◆ ◆ **Fig.** *Sot, ignorant à vingt-trois carats, à vingt-quatre carats,* très sot, très ignorant. ◁ ◆ Poids de quatre grains dont on se sert pour peser les diamants et les perles. ◆ Nom des petits diamants. ▪ **Fam.** *Dernier carat,* à la dernière limite.

CARATCH ou **CARACH,** n. m. [kaʀatʃ, kaʀaʃ] (turc *harach,* de l'ar. *kharâdj,* tribut, impôt) ▷ Tribut, capitation que paient au Grand Seigneur les sujets non musulmans. ◁

CARAVAGESQUE ou **CARAVAGISTE,** ▪ adj. [kaʀavaʒɛsk, kaʀavaʒist] (*Caravage,* 1569-1609, peintre italien) Relatif au caravagisme.

CARAVAGISME, ▪ n. m. [kaʀavaʒism] (*Caravage*) **Peint.** Mouvement pictural du XVIIᵉ siècle initié par le Caravage, caractérisé par des compositions simples et réalistes.

CARAVANE, n. f. [kaʀavan] (pers. *karwan* ; le dernier sens vient du mot angl. *caravan,* lui-même empr. au mot *caravane*) Nom des troupes de voyageurs qui s'assemblent pour traverser les déserts ou les mers avec plus de sûreté. ◆ **Fam.** Troupe de gens allant de compagnie. *Nous partirons en caravane.* ◆ **Hist.** Les premières courses des jeunes chevaliers de Malte contre les Turcs. ◆ ▷ **Fig. et fam.** *Faire ses caravanes,* mener une vie dissipée et aventureuse. ◁ ◆ Véhicule tracté aménagé en logement. *Partir en vacances avec une caravane.*

CARAVANIER, IÈRE, n. m. et n. f. [kaʀavanje, jɛʀ] (*caravane*) Conducteur des bêtes de somme d'une caravane. ▪ Personne qui utilise une caravane pour ses temps de loisirs. ▪ Adj. Relatif aux caravanes. *Pistes caravanières.*

CARAVANING, ▪ n. m. [kaʀavaniŋ] (mot angl., de *caravan*) Mode de voyage et d'hébergement en caravane pour ses loisirs. *Un camping aménagé pour le caravaning.*

CARAVANSÉRAIL, ▪ n. m. [kaʀavɑ̃seʀaj] (pers. *karouân,* caravane, et *sarây,* grande maison, cour) Dans l'Orient, grand bâtiment au milieu duquel existe une vaste cour, et où les voyageurs rencontrent tous les approvisionnements pour eux et pour leurs bêtes. ▪ Lieu où se retrouvent beaucoup d'étrangers. ▪ REM. Graphie ancienne : *caravansérai.*

CARAVELLE, n. f. [kaʀavɛl] (port. *caravela,* bateau léger à quatre mâts, du lat. *carabus,* langouste, gr. *karabos*) Gros vaisseau de guerre turc. ◆ Petit bâtiment portugais à voiles latines. ◆ Avion moyen-courrier.

CARBAMATE, ▪ n. m. [kaʀbamat] (*carbamique*) **Chim.** Sel de l'acide carbamique.

CARBAMIQUE, ▪ adj. [kaʀbamik] (*carbamide,* urée) **Chim.** *Acide carbamique,* acide utilisé dans la fabrication d'insecticides.

CARBATINE, n. f. [kaʀbatin] (gr. *karbatinos,* de peau) ▷ Nom des peaux molles des bêtes avant qu'elles aient été préparées ou séchées. ◁

CARBET, ■ n. m. [kaʀbɛ] (mot tupi, grande case pour tenir des réunions) Guyane, Antilles. Cabane, abri construit en forêt.

CARBOCATION, ■ n. f. [kaʀbokatjɔ̃] (carbo- et cation ou cathion, ion chargé positivement) Chim. Carbone portant une charge positive.

CARBOCHIMIE, ■ n. f. [kaʀboʃimi] (carbo- et chimie) Chim. Partie de l'industrie chimique travaillant sur les composés carbonés.

CARBONADE, n. f. [kaʀbonad] (provenç. carbonada ou ital. carbonata, viande grillée, de carbon, charbon) Manière de griller les viandes en les mettant sur des charbons. ♦ La viande ainsi grillée. ■ Rem. On écrivait autrefois carbonnade.

CARBONADO, ■ n. m. [kaʀbonado] (mot port., charbonneux) Minér. Diamant opaque, appelé aussi diamant noir.

CARBONARISME, n. m. [kaʀbonaʀism] (carbonaro) Principes des carbonaros ; leur association.

CARBONARO, n. m. [kaʀbonaʀo] (ital. carbonaro, charbonnier, les affiliés se réunissant d'abord dans les cabanes de charbonniers des Abruzzes et de Calabre) Hist. Membre d'une société secrète d'Italie qui travaillait au triomphe des idées révolutionnaires, et par extension membre de sociétés semblables dans les autres pays. ♦ Au pl. Des carbonaros ou des carbonari (pluriel italien).

CARBONATATION, ■ n. f. [kaʀbonatasjɔ̃] (carbonater) Chim. Ajout de gaz carbonique à un composé chimique.

CARBONATE, n. m. [kaʀbonat] (carbone) Nom générique des sels formés par la combinaison de l'acide carbonique avec les bases.

CARBONATÉ, ÉE, p. p. de carbonater. [kaʀbonate]

CARBONATER, v. tr. [kaʀbonate] (carbonate) Chim. Transformer en un carbonate ; saturer d'acide carbonique. ♦ Se carbonater , v. pr. Se changer en carbonate, se saturer d'acide carbonique.

CARBONE, n. m. [kaʀbon] (lat. carbo, génit. carbonis, charbon) Corps simple constituant le diamant et entrant dans la composition du charbon, du bois, etc. ■ Carbone 14, isotope radioactif du carbone. Utilisation du carbone 14 dans la datation de vestiges préhistoriques. ♦ Papier carbone ou carbone, feuille dont une face est recouverte d'un enduit colorant, permettant de faire un double de ce qu'on écrit.

CARBONÉ, ÉE, adj. [kaʀbone] (carbone) Chim. Qui contient du carbone en combinaison. Gaz hydrogène carboné.

CARBONEUX, adj. m. [kaʀbonø] (carbone) ▷ Chim. Acide carboneux, nom donné à l'acide oxalique, moins oxygéné que l'acide carbonique. ◁

CARBONIFÈRE, adj. [kaʀbonifɛʀ] (lat. carbo, carbonis, et -fère) Qui porte, qui produit du charbon. Terrains carbonifères. ♦ Qui est destiné au transport du charbon.

CARBONIQUE, adj. [kaʀbonik] (carbone) Acide carbonique, acide gazeux formé de carbone et d'oxygène.

CARBONISAGE, ■ n. m. [kaʀbonizaʒ] (carboniser) Action de traiter la laine à l'acide sulfurique pour en dissoudre les impuretés.

CARBONISATION, n. f. [kaʀbonizasjɔ̃] (carboniser) Action de carboniser ; état qui en résulte. ♦ Méd. Brûlure au dernier degré.

CARBONISÉ, ÉE, p. p. de carboniser. [kaʀbonize]

CARBONISER, v. tr. [kaʀbonize] (carbone) Réduire en charbon. ♦ Se carboniser , v. pr. Être réduit en charbon. ■ Brûler à la cuisson. Son gâteau a carbonisé.

CARBONITRURATION, ■ n. f. [kaʀbonitʀyʀasjɔ̃] (carbo- et nitruration, durcissement de l'acier) Chim. Ajout d'azote et de carbone à un acier pour le durcir.

CARBONNADE, n. f. [kaʀbonad] Voy. CARBONADE.

CARBONYLE, ■ n. m. [kaʀbonil] (carbone) Chim. Fonction, groupement carbonyle, radical d'une molécule composé d'un atome de carbone et d'un atome d'oxygène.

CARBONYLÉ, ÉE, ■ adj. [kaʀbonile] (carbonyle) Chim. Qui contient un groupement carbonyle.

CARBORANE, ■ n. m. [kaʀboʀan] (carbo(ne), bor(e), et suff. -ane), désignant les carbures d'hydrogène) Chim. Composé fait de carbone, d'hydrogène et de bore.

CARBORUNDUM, ■ n. m. [kaʀboʀɔ̃dɔm] (mot angl., de carbon, carbone, et corundum, corindon) Chim. Carbure de silicium utilisé comme abrasif.

CARBOXYHÉMOGLOBINE, ■ n. f. [kaʀboksiemoglobin] (carboxyde et hémoglobine) Biol. Composé d'oxyde de carbone et d'hémoglobine conduisant à une asphyxie des organes.

CARBOXYLASE, ■ n. f. [kaʀboksilaz] (carboxyle et -ase) Chim. Enzyme qui incorpore le dioxyde de carbone dans les glucides.

CARBOXYLE, ■ n. m. [kaʀboksil] (carbo-, oxy[gène] et -yle) Chim. En apposition. Groupement carboxyle, radical d'une molécule composé d'un atome de carbone, d'un atome d'hydrogène et de deux atomes d'oxygène.

CARBOXYLIQUE, ■ adj. [kaʀboksilik] (carboxyle) Chim. Qui contient un groupement carboxyle. Acide carboxylique.

CARBURANT, ■ n. m. [kaʀbyʀɑ̃] (substantivation du p. prés. de carburer) Combustible formé d'hydrocarbures qui, combiné avec l'air, sert à alimenter un moteur, et spécialement celui d'un véhicule. Augmentation du prix des carburants.

CARBURATEUR, ■ n. m. [kaʀbyʀatœʀ] (carbure) Organe d'un moteur à explosion effectuant le mélange air-carburant.

CARBURATION, n. f. [kaʀbyʀasjɔ̃] (carbure) ▷ Opération par laquelle on soumet le fer à l'action du carbone. ◁ ■ Mélange d'air et de carburant dans un moteur à explosion.

CARBURE, n. m. [kaʀbyʀ] (radic. de carbone) Nom générique des composés auxquels le carbone donne naissance en s'unissant aux métalloïdes et aux métaux. Carbure de fer.

CARBURÉ, ÉE, adj. [kaʀbyʀe] (radic. de carbone) Qui contient du carbone en combinaison. Hydrogène carburé.

CARBURÉACTEUR, ■ n. m. [kaʀbyʀeaktœʀ] (carbu(rant) et réacteur) Combustible des moteurs à réaction.

CARBURER, ■ v. intr. [kaʀbyʀe] (carbure) Méc. Effectuer le mélange air-carburant. Le moteur carbure bien. ■ Fig. et fam. Bien fonctionner, travailler avec énergie. Ça carbure dur dans le service. ■ Fam. Carburer à, consommer beaucoup. Il carbure au whisky.

CARBUROL, ■ n. m. [kaʀbyʀɔl] (carbur[ant] et -ol) Carburant de substitution élaboré à partir de végétaux, de charbon et de gaz naturel. Le carburol fait partie des carburants verts.

CARCAILLER, ■ v. intr. [kaʀkaje] (onomat. sur caille ; cf. moy. fr. courcaillet, appeau imitant le cri de la caille, dial. carcaillot, petite caille, caille) Crier, en parlant de la caille.

CARCAN, ■ n. m. [kaʀkɑ̃] (lat. médiév. carcan[n]um, p.-ê. de l'anc. nord. kverkband, jugulaire) Collier de fer fixé à un poteau pour y attacher un condamné. ♦ Collier de pierreries. ■ Fig. Entrave morale, intellectuelle. Le carcan de la tradition.

CARCASSE, n. f. [kaʀkas] (anc. fr. charcois, carcasse) L'ensemble des os qui forment le tronc, décharnés mais tenant encore les uns avec les autres. ♦ Carcasse de volaille, ce qui reste après qu'on a enlevé les membres. ♦ Fam. Le corps. ♦ Charpente d'un navire en construction, en démolition ou naufragé. ♦ Monture en laiton, baleine, etc. d'un chapeau de femme. ■ ▷ Artill. Machine à feu composée de deux cercles de fer qui se croisent en ovale, dans laquelle on met une bombe, etc. et qui se jette comme les bombes. ◁ ♦ Ce qui soutient un ouvrage, en forme la charpente.

CARCÉRAL, ALE, ■ adj. [kaʀseʀal] (lat. carcer, prison) En rapport avec le milieu de la prison. L'univers carcéral. Règlements carcéraux.

CARCERE-DURO, n. m. [kaʀtʃeʀeduʀo] (ital. carcere et duro) Hist. Prison dure, régime tortionnaire des prisons autrichiennes en Italie.

CARCINOGÈNE, ■ adj. [kaʀsinoʒɛn] (carcino- et -gène) Méd. Cancérigène. Le risque carcinogène du tabac. Un agent carcinogène.

CARCINOGENÈSE, ■ n. f. [kaʀsinoʒənɛz] (carcino- et genèse) Méd. Cancérogenèse.

CARCINOÏDE, ■ adj. [kaʀsinoid] (carcino- et -oïde) Méd. Relatif à une tumeur de l'appareil digestif. Syndrome carcinoïde.

CARCINOLOGIE, ■ n. f. [kaʀsinoloʒi] (carcino- et -logie) Méd. Étude et traitement des cancers. Un médecin spécialiste en carcinologie buccale.

CARCINOMATEUX, EUSE, adj. [kaʀsinomatø, øz] (carcinome) Qui est de la nature du carcinome.

CARCINOME, n. m. [kaʀsinom] (gr. karkinôma, chancre) Méd. Syn. de cancer.

CARDAGE, n. m. [kaʀdaʒ] (carder) Ensemble des opérations par lesquelles on carde la laine. ♦ Action de carder les matelas.

CARDAMINE, n. f. [kaʀdamin] (gr. kardaminê) Plante crucifère, dite aussi cresson des prés.

CARDAMOME, n. f. [kaʀdamɔm] (gr. kardamômon, cardamome, aromate) Fruits de plusieurs espèces du genre amome. ■ Rem. Ce mot était autrefois masculin. Auj. : Du café à la cardamome.

CARDAN, ■ n. m. [kaʀdɑ̃] (Girolamo Cardano, 1501-1576, savant italien qui inventa le système) Méc. Articulation entre deux systèmes assurant à chacun d'eux l'autonomie de la direction du mouvement. ■ *Joint de cardan,* pièce assurant la transmission régulière du moteur à l'arbre et au pont arrière.

CARDASSE, n. f. [kaʀdas] (orig. inc.) ▷ Nom vulgaire du nopal. ◁

CARDE, n. f. [kaʀd] (suivant le sens, provenç. *cardo,* du lat. *carduus,* ou mot picard, de *carduus*) Nervure médiane des feuilles du cardon ou artichaut cardon. ♦ Nom donné à la plante elle-même. ♦ Côte, bonne à manger, des feuilles de poirée. ♦ Tête épineuse de la cardère ou chardon à foulon. ♦ Machine garnie de chardons à foulon pour peigner le drap. ♦ Peigne de cardeur.

CARDÉ, ÉE, p. p. de carder. [kaʀde]

CARDER, v. tr. [kaʀde] (*carde*) Peigner avec des cardes ou des chardons à foulon. ♦ *Carder un matelas,* en peigner la laine ou le crin. ♦ Se carder, v. pr. Être cardé.

CARDÈRE, n. f. [kaʀdɛʀ] (prob. provenç. *cardayro*) Plante bisannuelle nommée aussi chardon à foulon.

CARDERIE, n. f. [kaʀdəʀi] (*carder*) ▷ Fabrique où l'on carde de la laine. ◁

CARDEUR, EUSE, n. m. et n. f. [kaʀdœʀ, øz] (*carder*) Ouvrier, ouvrière qui carde. ■ N. f. Machine à carder.

CARDIA, ■ n. m. [kaʀdja] (lat. médiév. *cardia,* cœur et épigastre, gr. *kardia*) Anat. Muscle joignant l'œsophage à l'estomac.

1 **CARDIAL, ALE**, ■ adj. [kaʀdjal] (*cardia*) Anat. Relatif au cardia. *Glandes cardiales.*

2 **CARDIAL**, ■ n. m. [kaʀdjal] (*cardium,* genre de mollusques bivalves imprimés dans la céramique de cette période, du gr. *kardia,* cœur, par analogie de forme) Archéol. Civilisation du néolithique présente sur les côtes occidentales de la Méditerranée.

CARDIALGIE, n. f. [kaʀdjalʒi] (gr. *kardialgia,* de *kardia,* épigastre, et *algos,* douleur) Douleur très vive qui se fait sentir à l'épigastre, vers l'orifice supérieur de l'estomac.

CARDIAQUE, adj. [kaʀdjak] (gr. *kardiakos,* qui souffre du cœur ou de l'estomac) Anat. Qui appartient au cœur. ♦ *Médicaments cardiaques,* médicaments toniques et stimulants auxquels on attribuait une action spéciale sur le cœur. ♦ N. m. et n. f. *Un cardiaque.* ■ *Une personne cardiaque,* qui souffre d'une affection cardiaque.

CARDIGAN, ■ n. m. [kaʀdigã] (lord *Cardigan,* 1797-1868, comte anglais) Veste tricotée, à manches longues, se boutonnant sur le devant.

1 **CARDINAL, ALE**, adj. [kaʀdinal] (lat. *cardinalis,* de *cardo,* pivot, pôle) Principal, premier. *Les quatre points cardinaux de l'horizon, nord, sud, est et ouest.* ♦ *Vents cardinaux,* vents qui soufflent des quatre points cardinaux. ♦ *Les quatre vertus cardinales,* justice, prudence, tempérance et force. ♦ Gramm. *Nombre cardinal,* celui qui exprime la quotité. *Un, deux, etc. sont des nombres cardinaux.* ♦ *Adjectif cardinal,* nom de nombre cardinal, mot par lequel on exprime des nombres cardinaux. ♦ *Autel cardinal,* autel principal. ■ *Messe cardinale,* messe solennelle. ■ N. m. Math. Nombre d'éléments contenus dans un ensemble.

2 **CARDINAL**, n. m. [kaʀdinal] (lat. ecclés. *cardinalis,* chargé d'une fonction, puis cardinal) Un des soixante-dix prélats du sacré collège ou conseil du pape. *Le pape est élu par les cardinaux.* ♦ *Cardinal in petto,* cardinal dont la proclamation et l'institution sont réservées. ♦ Hist. nat. Nom d'oiseaux de différents genres dont la couleur dominante est le rouge.

CARDINALAT, n. m. [kaʀdinala] (*cardinal*) Dignité de cardinal.

CARDINALE, n. f. [kaʀdinal] (*cardinal,* par analogie de couleur) Nom de deux plantes d'Amérique, cultivées à cause de la beauté de leurs fleurs.

CARDINALICE, ■ adj. [kaʀdinalis] (ital. *cardinalizio,* de *cardinale,* 2 cardinal) Relig. Propre aux cardinaux. *Un collège cardinalice, la pourpre cardinalice.*

CARDINALISER, v. tr. [kaʀdinalize] (*cardinal*) Faire cardinal.

CARDIOÏDE, ■ adj. [kaʀdjoid] (*cardio-* et *-oïde*) En forme de cœur. *Courbe cardioïde* ou n. f.*cardioïde.*

CARDIOLOGIE, ■ n. f. [kaʀdjoloʒi] (*cardio-* et *-logie*) Étude du système cardiaque et de ses pathologies. *Le service de cardiologie d'un hôpital.* ■ CARDIOLOGUE, n. m. et n. f. [kaʀdjolɔg]

CARDIOMÉGALIE, ■ n. f. [kaʀdjomegali] (*cardio-* et gr. *megas,* grand) Méd. Augmentation de la taille du cœur.

CARDIOMYOPATHIE, ■ n. f. [kaʀdjomjopati] (*cardio-* et *myopathie*) Méd. Cardiopathie.

CARDIOPATHIE, ■ n. f. [kaʀdjopati] (*cardio-* et *-pathie*) Méd. Affection touchant le cœur. *Cardiopathies chroniques.*

CARDIOPULMONAIRE, ■ adj. [kaʀdjopylmonɛʀ] (*cardio-* et *pulmonaire*) Anat. Relatif aux poumons et au cœur. *La réanimation cardiopulmonaire.*

CARDIOTOMIE, ■ n. f. [kaʀdjotomi] (*cardio-* et *-tomie*) Chir. Opération lors de laquelle le cœur est incisé.

CARDIOTONIQUE, ■ n. m. et adj. [kaʀdjotonik] (*cardio-* et *tonique*) Pharm. Médicament qui stimule le muscle cardiaque.

CARDIOTRAINING, ■ n. m. [kaʀdjotʀeniŋ] (*cardio-* et *training*) Activité physique visant à entretenir le cœur, pratiquée sur des appareils de musculation.

CARDIOVASCULAIRE, ■ adj. [kaʀdjovaskylɛʀ] (*cardio-* et *vasculaire*) Méd. Relatif au cœur et aux vaisseaux sanguins, à la circulation sanguine. *Des maladies cardiovasculaires.*

CARDITE, n. f. [kaʀdit] (gr. *kardia*) Méd. Inflammation du cœur.

CARDON, n. m. [kaʀdõ] (anc. provenç. *cardo,* du b. lat. *cardo,* du lat. *carduus*) Espèce d'artichaut, dont les pétioles des feuilles sont employés comme aliment.

CARDONNETTE, n. f. [kaʀdɔnɛt] (*chardon*) Voy. CHARDONNETTE.

CARÊME, n. m. [kaʀɛm] (lat. vulg. *quaresima,* du lat. chrét. *quadragesima* (*dies*), le quarantième (jour) [avant Pâques])) Les quarante-six jours d'abstinence entre le mardi gras et le jour de Pâques. *Observer, rompre le carême,* observer, cesser d'observer l'abstinence prescrite. ♦ *La mi-carême,* le jour qui partage en deux le carême. ♦ Le carême est *bas* ou *haut* selon qu'il commence dans les premiers jours de février ou au mois de mars. ♦ ▷ *Arriver comme mars en carême,* arriver immanquablement. ◁ ♦ ▷ *Cela arrive comme marée en carême,* cela arrive à propos. ◁ ♦ *Face de carême,* visage pâli. ♦ *Maigre chère.* ♦ *La série de sermons prêchés pendant un carême. Le Petit Carême de Massillon,* ainsi dit parce qu'il fut prêché pour Louis XV enfant.

CARÊME-PRENANT, n. m. [kaʀɛm(ə)pʀənã] (*carême, prendre,* s'engager dans) Les trois jours gras avant le mercredi des Cendres, et particulièrement le mardi. ♦ Personne masquée pendant ces jours gras, et fig. toute personne ridiculement vêtue. ♦ Au pl. *Des carêmes-prenants.*

CARÉNAGE, n. m. [kaʀenaʒ] (*caréner*) Lieu commode pour caréner un vaisseau. ♦ L'action de caréner. ■ Profil aérodynamique d'un véhicule.

CARENCE, n. f. [kaʀãs] (lat. *carere,* être libre de ou privé de) Dr. Manque absolu. *Procès-verbal de carence,* qui constate qu'un défunt ou un débiteur est sans ressources. ■ Méd. Insuffisance d'un élément nutritif dans l'organisme. *Carence en vitamine C.*

CARENCÉ, ÉE, ■ adj. [kaʀãse] (*carence*) Pauvre, peu diversifié. *Une alimentation carencée.*

CARÉNÉ, ÉE, ■ p. p. de caréner [kaʀene] (*carène*) Bot. Qui est en forme de carène. *Feuille carénée.*

CARÈNE, n. f. [kaʀen] (ital. *carena,* du lat. *carina*) Longue pièce de bois qui fait le fondement d'un vaisseau. ♦ Les flancs du navire jusqu'à la ligne de flottaison. ♦ Carénage, *Mettre, abattre un navire en carène,* le coucher sur le côté pour le réparer. ♦ *Donner la carène, carène entière, demi-carène à un vaisseau,* en refaire la carène, en tout ou en partie.

CARÉNER, v. tr. [kaʀene] (*carène*) Refaire la carène d'un vaisseau. ■ Donner une forme aérodynamique à un véhicule.

CARENTIEL, ELLE, ■ adj. [kaʀãsjɛl] (*carence*) Méd. Qui découle d'une carence. *Un rachitisme carentiel.*

CARESSANT, ANTE, adj. [kaʀesã, ãt] (*caresser*) Qui caresse, qui aime à caresser. *Un enfant, un chien caressant.* ♦ En parlant des choses. *Un ton caressant.* ♦ Fig. *Le zéphyr, le flot caressant.*

CARESSE, n. f. [kaʀes] (ital. *carezza,* du lat. médiév. *caritia,* du lat. *carus,* chéri) Marque extérieure d'affection. *Faire caresse, mille caresses à quelqu'un.* ♦ Fig. *Les caresses de la fortune.*

CARESSÉ, ÉE, ■ p. p. de caresser. [kaʀese] Fig. *Un tableau très caressé,* tableau d'un grand fini.

CARESSER, v. tr. [kaʀese] (*caresse*) Faire des caresses. *Caresser un enfant, un chien.* ♦ Poétiq. *Le zéphyr caresse les fleurs.* ♦ Ironiq. *Il lui caressa les épaules à coups de bâton.* ♦ *Caresser un ouvrage,* le faire avec amour. ♦ Fig. Flatter. « *Il feint, il me caresse et cache son dessein* », RACINE. ♦ Entretenir, nourrir. *Caresser un espoir, une idée.* ♦ Se caresser, v. pr. Se donner réciproquement des caresses. ■ Fam. *Caresser quelqu'un dans le sens du poil,* le flatter.

1 **CARET**, n. m. [kaʀɛ] (mot caraïbe) Tortue dont on travaille l'écaille.

2 **CARET**, n. m. [kaʀɛ] (mot normanno-pic., de *car,* char) Techn. Dévidoir à l'usage des cordiers. ♦ *Fil de caret,* gros fil qui sert à fabriquer les cordages pour la marine.

CAREX, ■ n. m. [kaʀɛks] (lat. *carex*) Plante qui se développe dans les sols marécageux et sablonneux, appelée aussi *laîche.*

CAR-FERRY, ■ n. m. [karferi] (mot angl., de *car*, voiture, et *ferry[-boat]*), bac) Voy. FERRY.

CARGAISON, n. f. [kargεzõ] (ancien gasc. *cargueson*, de l'a. provenç. *cargar*, charger) Charge d'un vaisseau. ♦ Facture des marchandises chargées. ♦ Temps propre à charger les diverses marchandises.

CARGNEULE, ■ n. f. [karɲøl] ou [karnjøl] (orig. inc.) **Minér.** Roche sédimentaire à base de calcaire et de dolomie.

CARGO, ■ n. m. [kargo] (angl. *cargo-boat*, de *cargo*, mot esp., charge d'un bateau, et *boat*, bateau) Navire servant au transport des marchandises.

CARGUE, n. f. [karg] (carguer) **Mar.** Cordages qui servent à carguer les voiles.

CARGUÉ, ÉE, p. p. de carguer. [karge]

CARGUER, v. tr. [karge] (*carguer*) **Mar.** Serrer et trousser les voiles contre leurs vergues, au moyen des cargues. ♦ V. intr. Pencher sur le côté en naviguant.

CARI, ■ n. m. [kari] (tamoul *kari*, sauce épicée) Voy. CURRY.

CARIACOU, ■ n. m. [karjaku] (tupi *karia'kaou*) Mammifère également appelé cerf de Virginie.

CARIATIDE ou **CARYATIDE**, n. f. [karjatid] (gr. *karuatis*, prêtresse d'Artémis, de *Karuai*, bourg de Laconie, célèbre pour son temple d'Artémis) Figure de femme ou même d'homme, qui supporte une corniche.

CARIBE, ■ n. m. [karib] (mot caraïbe, sage, fort) **Ling.** Famille de langues de l'Amérique latine.

CARIBÉEN, ÉENNE, ■ adj. [karibeẽ, εɛn] (*caribe*) Des Caraïbes, des Antilles.

CARIBOU, n. m. [karibu] (mot algonquin, du micmac *kálibu*) Nom donné au renne par les habitants du Canada. ■ Renne de l'Amérique du Nord. *Des caribous.* ■ REM. Graphie ancienne : *cariboux*.

CARICATURAL, ALE, ■ adj. [karikatyral] (*caricature*) Qui tient de la caricature. *Une description caricaturale de la situation. Des dessins caricaturaux.*

CARICATURE, n. f. [karikatyr] (ital. *caricatura*, de *caricare*, charger) Représentation grotesque de personnes, d'événements qu'on veut ridiculiser. ♦ Imitation dérisoire, charge. ♦ Personne ridiculement accoutrée ou dont la figure est grotesque.

CARICATURER, v. tr. [karikatyre] (*caricature*) Représenter en caricature.

CARICATURISTE, n. m. et n. f. [karikatyrist] (*caricature*) Artiste qui s'adonne au genre de la caricature.

CARIE, n. f. [kari] (lat. *caries*) Destruction des os et des dents par voie d'ulcération. ♦ **Bot.** Maladie des plantes analogue par ses effets à la carie des animaux.

CARIÉ, ÉE, p. p. de carier [karje] (*carie*) *Os, grains cariés.* ♦ Fig. *Cœur carié*, cœur corrompu.

CARIER, v. tr. [karje] (*carie*) Attaquer de carie. ♦ Se carier, v. pr. Être affecté de carie.

CARILLON, n. m. [karijõ] (lat. vulg. *quadrinio*, groupe de quatre) Sonnerie de cloches accordées à différents tons. ♦ Air qu'on exécute sur ces cloches. ♦ *Horloge, montre, boîte à carillon* ou simplement *carillon*, horloge, montre, boîte qui sonne ou joue différents airs. ♦ Battement de cloches à coups précipités et cadencés. *Sonner le carillon.* ♦ ▷ Fig. et fam. *À double, à triple carillon*, très fort, excessivement. *Il fut sifflé à double carillon.* ◁ ♦ Fig. et fam. Tapage, crierie.

CARILLONNÉ, ÉE, p. p. de carillonner. [karijone] *Fête carillonnée*, grande fête.

CARILLONNEMENT, n. m. [karijon(ə)mã] (*carillonner*) Action de carillonner.

CARILLONNER, v. intr. [karijone] (*carillon*) Sonner le carillon ; exécuter un air sur le carillon.

CARILLONNEUR, EUSE, n. m. et n. f. [karijonœr, øz] (*carillonner*) Personne qui carillonne.

CARIOCA, ■ adj. [karjoka] ou [karioka] (tupi *kari'oka*, maison du blanc, de *kará'i*, blanc, et *oka*, maison) De la ville de Rio de Janeiro, au Brésil. *Le football carioca.* ■ N. m. et n. f. Habitant de cette ville. *Les Cariocas fêtent le carnaval.*

CARIOGÈNE, ■ adj. [karjozɛn] (*carie* et *-gène*) **Méd.** Qui provoque des caries.

CARISTADE, n. f. [karistad] (ital. *caritate* ; infl. de l'anc. fr. *carestie*, disette) ▷ Aumône. *Demander, donner la caristade.* ♦ Il a vieilli. ◁

CARISTE, ■ n. m. et n. f. [karist] (prob. lat. *carrus*, chariot) Conducteur d'un chariot de manutention.

CARITATIF, IVE, ■ adj. [karitatif, iv] (lat. médiév. *caritativus*) Qui porte secours aux plus défavorisés. *Organismes caritatifs.* ■ N. m. Ensemble des actions menées par les associations caritatives.

1 CARLIN, n. m. [karlẽ] (ital. *carlino*, de *Carlo*, Charles Ier d'Anjou, roi de Naples) ▷ Monnaie d'Italie. ◁

2 CARLIN, n. m. [karlẽ] (*Carlo* Bestinazzi, 1713-1783, par analogie du museau avec le masque noir d'Arlequin, que jouait cet acteur italien) Petit chien ras, à museau noir et écrasé. ♦ Adj. *Chien carlin.* ♦ Fam. *Nez carlin*, petit nez retroussé.

CARLINE, ■ n. f. [karlin] (provenç. *carlino* ou ital. *carlina*, du b. lat. *cardo*, chardon) Plante aux feuilles épineuses appelée aussi *artichaut sauvage*.

CARLINGUE, n. f. [karlẽg] (anc. nord. *kerling*, femme, et contrequille où est planté le mât) Nom de la plus grosse et la plus longue pièce de bois de la cale, sur laquelle porte le pied du grand mât. ■ Ensemble d'un avion formé par la cabine de pilotage, l'espace réservé aux passagers et la soute à bagages.

CARLISME, n. m. [karlism] (don *Carlos* de Bourbon, 1788-1855, prétendant au trône d'Espagne) **Hist.** Courant politique royaliste espagnol. ■ **CARLISTE**, adj. et n. [karlist]

CARMAGNOLE, n. f. [karmaɲɔl] ou [karmanjɔl] (dauph. *carmagniôla*, jaquette de cérémonie des paysans, prob. de *Carmagnola*, ville de Toscane.) ▷ Sorte de vêtement qui tenait le milieu entre la veste et l'habit. ◁ ♦ Chanson et danse que le parti révolutionnaire affectionnait en 1793.

CARME, ■ n. m. [karm] (*Carmel*) Religieux de l'ordre du Carmel, un des quatre ordres mendiants. ♦ *Carmes déchaux*, carmes qui vont en sandales et sans bas. ♦ *Eau de mélisse des carmes* ou *Eau des carmes*, alcoolat de mélisse.

CARMELINE, n. f. [karməlin] (esp. *carmelina*, prob. de *carmenar*, carder) Laine qu'on tire de la vigogne.

CARMÉLITE, n. f. [karmelit] (*carmel*) Religieuse de l'ordre des carmes déchaux.

CARMES, n. m. [karm] (lat. *quaterni*, quatre chaque fois) ▷ Au trictrac, coup de dés qui amène les deux quatre. ◁

CARMIN, n. m. [karmẽ] (p.-ê. hisp.-ar. *qármaz*, cochenille) Rouge éclatant qu'on tire principalement de la cochenille. ♦ Fig. *Des lèvres de carmin.* ♦ Adj. inv. désignant la couleur du carmin. *Des draps carmin.*

CARMINATIF, IVE, adj. [karminatif, iv] (lat. *carminativus*, du *carminare*, carder, purifier) **Méd.** Bon contre les flatuosités. ♦ N. m. *Un carminatif.*

CARMINÉ, ÉE, ■ adj. [karmine] (*carmin*) De couleur carmin. « *Aimerais-tu ces gâteaux de noix de coco, blancs et rouges d'un rouge carminé vif comme une clarté ?* », LARBAUD.

CARNAGE, n. m. [karnaʒ] (forme nomanno-pic. de *charnage*) Massacre, tuerie. « *Il y eut beaucoup de carnage des ennemis* », PELLISSON. ♦ *Faire un grand carnage de cerfs, etc.*, en tuer beaucoup. *Les loups vivent de carnage.* ■ **Fam.** Action dévastatrice. *Carnage laissé par des cambrioleurs.*

CARNASSIER, IÈRE, adj. [karnasje, jɛr] (provenç. *carnacier*, bourreau) Avide de chair, en parlant des animaux. ♦ Avide de viande, en parlant de l'homme. « *Il importe de ne pas rendre les enfants carnassiers* », J.-J. ROUSSEAU. ♦ N. m. pl. *Les carnassiers*, ordre de la classe des mammifères, à dents généralement aiguës ou tranchantes, et se nourrissant de chair crue. ■ REM. On dit auj. *les carnivores.*

CARNASSIÈRE, n. f. [karnasjɛr] (provenç. *carnassiero*) Sorte de sac pour porter le gibier.

CARNATION, n. f. [karnasjõ] (lat. *carnatio*, embonpoint) Nom qu'on donne aux parties du corps qui paraissent nues et sans draperie. ♦ Teint, coloration, apparence des chairs dans une personne ou dans un tableau. ♦ **Hérald.** Se dit des parties du corps représentées au naturel.

CARNAVAL, n. m. [karnaval] (ital. *carnevalo*, de *carne*, viande, et *levare*, ôter) Temps de divertissements compris entre le jour des Rois et le mercredi des Cendres ; les fêtes et les amusements mêmes de ce temps. *Se déguiser pour carnaval.* ♦ Fam. *Il est fait comme un carnaval*, il est habillé d'une manière extravagante. ♦ Par extens. Divertissement grotesque. ♦ Au pl. *Des carnavals.*

CARNAVALESQUE, ■ adj. [karnavalɛsk] (ital. *carnovalesco*) Propre au carnaval. *Un défilé carnavalesque.* ■ Qui rappelle l'extravagance du carnaval. *Une situation carnavalesque.*

1 CARNE, n. f. [karn] (forme normanno-pic. de *charne* : cf. *charnière*) ▷ Angle saillant d'une pierre, d'une table, etc. ◁

2 CARNE, n. f. [kaʀn] (mot norm., de *carn*, viande, ou apocope arg. de *carnage*) Terme très vulgaire qui sert à désigner de la mauvaise viande. ▪ **Fam.** Personne détestable.

CARNÉ, ÉE, adj. [kaʀne] (radic. *carn-* du lat. *caro*, génit. *carnis*) De couleur de chair. *Un œillet carné.* ▪ Essentiellement à base de viande. *Alimentation carnée.*

1 CARNEAU, ▪ n. m. [kaʀno] (anc. fr. *charn*, chair, par analogie de couleur) Pigeon d'élevage, de couleur rousse.

2 CARNEAU, ▪ n. m. [kaʀno] (*carner*, var. de *crener*) Dans un four, ouverture permettant l'évacuation des gaz et des fumées. *Des carneaux.*

CARNET, n. m. [kaʀnɛ] (anc. provenç. *quern*) Petit livre de compte portatif ; petit livre pour prendre des notes. ▪ Ensemble des commandes enregistrées. *Avoir un carnet de commandes bien rempli.* ▪ Assemblage de feuillets détachables. *Carnet de chèques.* ▪ Tickets, billets, etc., vendus en un lot. *Un carnet de timbres, de tickets de train.*

CARNIER, n. m. [kaʀnje] (mot provenç. du lat. *carnarium*, lieu où l'on conserve la viande) Carnassière.

CARNIFICATION, n. f. [kaʀnifikasjɔ̃] (*carnifier*) Passage de certains tissus à un état qui présente quelque ressemblance avec la chair.

CARNIFIÉ, ÉE, p. p. de carnifier. [kaʀnifje]

CARNIFIER (SE), v. pr. [kaʀnifje] (radic. du lat. *caro*, génit.*carnis*, et *facere*) ▷ Acquérir l'apparence de la chair. ◁

CARNIVORE, adj. [kaʀnivɔʀ] (lat. *carnivorus*) Qui se nourrit de chair. ♦ N. m. *Les carnivores*, Voy. CARNASSIER.

CARNOSITÉ, n. f. [kaʀnozite] (b. lat. *carnosus*) Excroissance charnue qui se développe en différentes parties.

CAROGNE, n. f. [kaʀɔɲ] ou [kaʀɔɲj] (var. normanno-pic. de *charogne*) **Pop.** Femme hargneuse, méchante femme. ♦ Il est bas et grossier.

CAROLINGIEN, IENNE, ▪ adj. [kaʀolɛ̃ʒjɛ̃, jɛn] (lat. médiév. *Karolings*, de *Karolus*, Charlemagne) **Hist.** Relatif aux Carolingiens, dynastie franque de la fin du premier millénaire.

CAROLUS, n. m. [kaʀolys] (lat. *Carolus*, Charles VIII, 1470-1498) Monnaie du règne de Charles VIII, qui valait dix deniers d'argent.

CAROM ou **CAROMS**, ▪ n. m. [kaʀɔm] Jeu de plateau appelé aussi *billard népalais* et *billard indien*.

CARONADE, n. f. [kaʀonad] (mot angl., de *Carron*, ville d'Écosse) ▷ **Artill.** Gros canon court. ◁

CARONCULE, n. f. [kaʀɔ̃kyl] (lat. *caruncula*, dimin. de *caro*) **Anat.** Petite éminence charnue.

CAROTÈNE, ▪ n. m. [kaʀotɛn] (radic. de *carotte*) Pigment orangé présent dans certains végétaux (carotte, tomate, etc.) ou dans certains éléments d'origine animale. *L'utilisation du carotène dans les colorants alimentaires.*

CAROTÉNOÏDE, ▪ n. m. [kaʀotenoid] (*carotène* et *-oïde*) **Biol.** Tout pigment de couleur jaune, orange ou rouge.

CAROTIDE, adj. [kaʀotid] (gr. *karôtis*, génit. *karôtidis*, p.-ê. de *karoun*, engourdir) *Artère carotide* ou simplement *la carotide*, l'une des deux grosses artères qui conduisent le sang à la tête.

CAROTIDIEN, IENNE, adj. [kaʀotidjɛ̃, jɛn] (*carotide*) Qui a rapport aux carotides.

CAROTIQUE, adj. [kaʀotik] (gr. *karôtikos*, qui donne un sommeil lourd) Qui a rapport au carus.

CAROTTAGE, ▪ n. m. [kaʀotaʒ] (*carotter*) **Géol.** Prélèvement d'une carotte dans le sol terrestre.

CAROTTE, n. f. [kaʀɔt] (lat. *carota*, du gr. *karôton*) Plante potagère de la famille des ombellifères, à racine pivotante et comestible. ♦ *La racine elle-même.* ♦ *Carotte de tabac*, rouleau de feuilles de tabac. ♦ ▷ **Fig.** et **pop.** *Jouer la carotte*, jouer chichement et en ne hasardant que le moins possible. ◁ ♦ *Tour par lequel on subtilise de l'argent à quelqu'un.* ▪ **Fig.** et **fam.** Récompense. *Manier la carotte et le bâton.* ▪ Enseigne des buralistes. ▪ **Géol.** Prélèvement cylindrique fait dans le sous-sol terrestre. ▪ **Adj. inv.** Roux. *Des cheveux carotte.*

CAROTTER, v. intr. [kaʀote] (*carotte*) Jouer mesquinement. ♦ **V. tr.** *Carotter quelqu'un, lui carotter de l'argent*, en tirer de l'argent sous quelque prétexte controuvé. ♦ Il est bas et fam. ▪ **Géol.** Effectuer un prélèvement dans le sous-sol terrestre.

CAROTTEUR, EUSE, n. m. et n. f. [kaʀotœʀ, øz] (*carotter*) Personne qui carotte.

CAROTTIER, IÈRE, n. m. et n. f. [kaʀotje, jɛʀ] (*carotter*) Personne qui a l'habitude de carotter au jeu. ♦ Il est moins usité que carotteur.

CAROUBE, n. f. [kaʀub] (lat. médiév. *carouia*, de l'ar. *harruba*) Fruit du caroubier. ▪ **Rem.** On disait aussi *carouge*.

CAROUBIER, n. m. [kaʀubje] (*caroube*) Arbre de la famille des légumineuses, qui croît dans les pays chauds et porte des caroubes.

CAROUGE, n. f. [kaʀuʒ] (var. de *caroube*) Voy. CAROUBE.

CARPACCIO, ▪ n. m. [kaʀpatʃjo] (Vittoro *Carpaccio*, 1460-1525, peintre italien, célèbre pour l'utilisation qu'il fait du rouge dans ses tableaux) Mets présentant de fines lamelles de bœuf cru, assaisonnées d'huile d'olive, de citron et de parmesan. ♦ **Par extens.** Mets présentant de fines lamelles d'un aliment cru. *Des carpaccios de bœuf.*

CARPATIQUE, ▪ adj. [kaʀpatik] (tchèque *Karpaty*, Carpates) Des Carpates. *La flore carpatique.*

1 CARPE, n. f. [kaʀp] (lat. *carpa*, prob. d'une langue d'Europe orientale) Poisson d'eau douce à grandes et larges écailles, très bon à manger. ♦ **Fig.** *Saut de carpe*, saut que les baladins exécutent à plat ventre, en s'élevant horizontalement. ♦ **Fig.** et **fam.** *Faire la carpe pâmée*, feindre de se trouver mal. ▪ *Être muet comme une carpe*, ne pas prononcer une parole.

2 CARPE, n. m. [kaʀp] (gr. *karpos*) **Anat.** Le poignet, ou la partie qui est entre l'avant-bras et la paume de la main.

CARPEAU, n. m. [kaʀpo] (*carpe*) Petite carpe. ♦ Variété de la carpe. *Des carpeaux.*

CARPELLE, ▪ n. m. [kaʀpɛl] (gr. *karpos*, fruit) **Bot.** Partie d'une fleur renfermant l'ovule.

1 CARPETTE, n. f. [kaʀpɛt] (dimin. de *carpe*) Jeune carpe.

2 CARPETTE, n. f. [kaʀpɛt] (b. lat. *carpita*, tissu à longs poils, de *carpere*, déchirer) ▷ Gros drap rayé. ◁ ♦ Tapis de haute laine plus grand que ceux qu'on nomme foyers. ▪ **Fam.** Personne servile. *C'est une vraie carpette devant son supérieur.*

CARPICULTURE, ▪ n. f. [kaʀpikyltyʀ] (1 *carpe* et *-culture*) Élevage de la carpe.

CARPIEN, IENNE, ▪ adj. [kaʀpjɛ̃, jɛn] (2 *carpe*) Relatif au poignet. ▪ **Anat.** *Canal carpien*, zone du poignet où passent les tendons et le nerf médian. ▪ **Méd.** *Syndrome du canal carpien*, paralysie de la main due à la compression du nerf médian dans le canal carpien.

CARPILLON, n. m. [kaʀpijɔ̃] (*carpe*) Très petite carpe.

CARPOCAPSE, ▪ n. m. [kaʀpokaps] (gr. *karpos*, fruit, et *kaptein*, avaler) Chenille nuisible aux pommes et aux poires.

CARPOPHORE, ▪ n. m. [kaʀpofɔʀ] (gr. *karpos*, fruit, et *-phore*) Partie apparente des champignons supérieurs aériens, formée du pied et du chapeau.

CARQUOIS, n. m. [kaʀkwa] (anc. fr. *tarchais*, du gr. médiév. *tarkasion* du pers. *tirqas*) Étui à flèches. ♦ **Fig.** *Vider son carquois*, lancer beaucoup d'épigrammes.

CARRABLE, adj. [kaʀabl] (*carrer*) ▷ **Géom.** Qu'on peut carrer, c'est-à-dire réduire en un carré exactement équivalent. ◁

CARRARE, ▪ n. m. [kaʀaʀ] (ital. *Carrara*) Marbre blanc des environs de Carrare, en Toscane.

CARRE, n. f. [kaʀ] (*carrer*) Angle, face ou carrure. *La carre d'un chapeau*, le haut de la forme. *La carre d'un habit*, le haut de la taille. *La carre d'un soulier*, le bout d'un soulier qui se termine carrément. ♦ ▷ **Pop.** *Cet homme a une bonne carre*, il a des épaules larges et fortes. ◁ ▷ Au jeu de bouillotte, *voir, doubler la carre*, tenir, doubler l'enjeu proposé. Voy. CARRER. ◁

1 CARRÉ, ÉE, p. p. de carrer. [kaʀe] Taillé en forme quadrangulaire. ♦ **Géom.** Évalué en figure carrée. ♦ **Adj.** Qui a quatre côtés et quatre angles droits. *Tour carrée.* ♦ *Bonnet carré*, bonnet à quatre ou à trois cornes que portaient les docteurs et quelques gens de justice et que portent les ecclésiastiques dans les cérémonies. ♦ *Voiles carrées* ou *à trait carré*, voiles quadrangulaires dont les vergues croisent le mât à angles droits. ♦ Autrefois, *bataillon carré*, bataillon qui avait autant de files que de rangs. ♦ Aujourd'hui, *bataillon carré* ou n. m. *carré d'infanterie*, troupe disposée pour faire face des quatre côtés. ♦ **Anat.** *Le muscle carré du menton, des lombes, etc.* ou n. m. *le carré du menton, des lombes, etc.* ♦ *Un mètre carré*, un carré dont chaque côté est d'un mètre. ♦ *Nombre carré*, nombre multiplié par lui-même et n. m. *le carré d'un nombre*, le produit de ce nombre par lui-même. ♦ *Racine carrée*, nombre qui, multiplié par lui-même, reproduit le nombre donné. ♦ Qui a de larges épaules, robuste. « *Garçon carré, robuste* », LA FONTAINE. ♦ *Période carrée*, période qui a quatre membres presque égaux, et par ext. période nombreuse et soutenue. ♦ **Fig.** *Tête carrée*, homme d'un jugement juste et solide, ou d'un caractère opiniâtre. ▪ **Fam.** *Réponse carrée*, réponse nette ou ferme. ♦ Au jeu, *brelan carré* ou *quatrième*, Voy. BRELAN. ♦ *Partie carrée*, partie de plaisir à quatre personnes.

2 CARRÉ, ▪ n. m. [kaʀe] (lat. *quadratum*, p. p. neutre substantivé de *quadrare*, faire le carré) Figure qui a les quatre angles droits et les quatre côtés égaux. ◆ Par abus, *un carré long*, carré dont deux côtés opposés sont plus longs que les deux autres. ◆ *Un carré de papier*, un morceau de papier de la forme d'un carré. *Un carré de lard.* ◆ *Carré de montre*, bout de la clé qui s'adapte au mouvement pour monter la montre. ◆ Espace de terre en carré pour la culture du jardinage. ◆ Palier. *Nous logeons sur le même carré.* ◆ *Carré de mouton*, partie du mouton entre le gigot et les premières côtelettes. ◆ Un certain format de papier, le plus en usage dans l'imprimerie. *Papier grand carré.* ◆ **Mar.** Chambre commune autour de laquelle sont rangées les cabines des officiers. ◆ Sorte de filet, le même que le carreau. ◆ **Milit.**, **anat.** et **math.** *Carré*, voy. le précédent. ■ Ensemble de quatre cartes de même valeur que l'on a en main. *Un carré d'as.* ■ *Coupe au carré*, cheveux coupés courts et à la même longueur.

1 **CARREAU**, n.m. [kaʀo] (lat. vulg. *quadrellus*, du lat. *quadrus*, carré) Plaque de terre cuite, de pierre, de marbre, qui est d'ordinaire de forme carré et qui sert à faire certains pavages. ◆ Sol pavé de carreaux. *Le carreau d'une chambre.* ◆ Par extens. *Coucher sur le carreau*, coucher sur le plancher. ◆ **Fig.** *Jeter, coucher quelqu'un sur le carreau*, le renverser mort ou très blessé. ◆ *Rester, demeurer sur le carreau*, être tué sur la place. ◆ *Carreau de vitre* ou simplement *carreau*, pièce de verre à vitrer. ◆ *Carreau d'arbalète*, flèche dont le fer avait quatre pans. ◆ **Poétiq.** *Les carreaux de la foudre*, la foudre, le tonnerre. ◆ Aux cartes, celle des quatre couleurs qui est marquée de petits carreaux rouges. ◆ **Fig.** *Valet de carreau*, homme peu considération. ◁ ◆ Coussin carré pour s'asseoir ou s'agenouiller. ◆ Fer à repasser de tailleur pour rabattre les coutures. ◆ Dessin en forme de carreau. *Étoffe à carreaux.* ◆ Le filet à pêcher, dit aussi *carré, carrelet, échiquier.* ◆ Poisson, dit aussi *carrelet.* ■ **Fam.** *Rester sur le carreau*, ne pas être retenu, échouer. ■ **Fam.** *Se tenir à carreau*, veiller à ne commettre aucun écart de conduite.

2 **CARREAU**, n.m. [kaʀo] (*carreau* (*mésentérique*)) **Méd.** Affection des ganglions mésentériques avec tuméfaction et dureté du ventre.

CARREAUTÉ, ÉE, ■ adj. [kaʀote] (*carreau*) **Québec** À carreaux. *Une chemise carreautée.*

CARREFOUR, n.m. [kaʀ(ə)fuʀ] (b. lat. *quadrifurcus*, qui a quatre fourches) L'endroit où se croisent plusieurs rues, voies ou chemins. ◆ ▷ *Un langage, des injures de carrefour*, c'est-à-dire grossières. ◁ ◆ **Fig.** Lieu de rencontre, de brassage. ■ Rassemblement au cours duquel on échange sur un thème donné.

CARRELAGE, n.m. [kaʀ(ə)laʒ] (*carreler*) Action de carreler ; le travail ou l'œuvre de carreleur.

CARRELÉ, ÉE, p.p. de carreler. [kaʀ(ə)le] Pavé de carreaux.

CARRELER, v. tr. [kaʀ(ə)le] (anc. fr. *quarrel*, carreau) Paver avec des carreaux. ◆ Raccommoder de vieux souliers.

1 **CARRELET**, n.m. [kaʀ(ə)lɛ] (dimin. de l'anc. fr. *quarrel*, carreau, par analogie de forme) Poisson de mer, plat, marqué de petites taches rouges.

2 **CARRELET**, n.m. [kaʀ(ə)lɛ] (dimin. de l'anc. fr. *carrel*, carreau, par analogie de forme) Filet de pêche, le même que le carreau ou l'échiquier.

3 **CARRELET**, n.m. [kaʀ(ə)lɛ] (dimin. de l'anc. fr. *carrel*, carreau, par analogie de forme) Grosse aiguille angulaire du côté de la pointe. *Carrelet d'emballeur, de sellier.*

CARRELETTE, n.f. [kaʀ(ə)lɛt] (3 *carrelet*) Lime plate et fine.

CARRELEUR, EUSE, n.m. et n.f. [kaʀ(ə)lœʀ, øz] (*carrelet*) Ouvrier qui pose les carreaux. ◆ ▷ Savetier ambulant. ◁

CARRELURE, n.f. [kaʀ(ə)lyʀ] (*carreler*) ▷ Ressemelage des vieilles chaussures. ◁

CARRÉMENT, adv. [kaʀemɑ̃] (*carré*) D'une manière carrée, à angles droits. ◆ **Fig.** et **pop.** D'une manière décidée.

CARRER, v. tr. [kaʀe] (lat. *quadrare*) Donner une figure carrée. ◆ Trouver le carré équivalent à une surface terminée par des lignes courbes. ◆ Former le carré d'un nombre, d'une quantité, en les multipliant par eux-mêmes. ◆ Former une troupe en carré. ◆ Se carrer, v. pr. Se tenir d'une façon qui annonce la satisfaction de soi, l'arrogance. ◆ ▷ À la bouillotte, *un joueur se carre*, quand il s'assure de la priorité en doublant sa mise. ◁

CARRICK, n.m. [kaʀik] (*carrick*, cabriolet, de l'angl. *curricle*, du lat. *curriculum*, dont les conducteurs portaient ce vêtement) ▷ Sorte de redingote fort ample qui a plusieurs collets ou un collet très long. ◁

CARRIER, IÈRE, n.m. et n.f. [kaʀje, jɛʀ] (b. lat. *quadratarius*, tailleur de pierre) Personne qui exploite une carrière comme entrepreneur ou comme ouvrier.

1 **CARRIÈRE**, n.f. [kaʀjɛʀ] (ital. *carriera*, chemin de chars, course d'un cheval, de l'anc. provenç. *carreira*) Lieu fermé de barrières et disposé pour les courses. ◆ ▷ **Fig.** *Passer carrière*, accepter certaines conditions. ◁ ◆ *Donner carrière*, laisser le champ libre. *Donner carrière à ses passions.* ◆ *Se donner*

carrière, s'ouvrir un champ libre. ◆ ▷ **Fam.** *Se donner carrière aux dépens de quelqu'un*, le railler sans aucune retenue. ◁ ◆ **Manège** La course que peut fournir un cheval sans perdre haleine. *Ce cheval a bien fourni sa carrière.* ◆ **Par extens.** Une course quelconque. ◆ **Astrol.** Course ou cours des astres. *Le Soleil étant au milieu de sa carrière.* ◆ **Fig.** Champ, espace où la vie se déploie et s'exerce, où les choses s'accomplissent, où les sentiments se font jour. *Entrer, descendre dans la carrière.* « Dieu ouvre une belle carrière à nos espérances », Bossuet. « Ô vous qui de l'honneur entrez dans la carrière », Voltaire. ◆ Le cours de la vie, le temps pendant lequel on exerce une charge, un emploi, etc. ◆ Profession, état, étude. *Choisir une carrière.*

2 **CARRIÈRE**, n.f. [kaʀjɛʀ] (lat. vulg. *quadraria*, de *quadrus* (*lapis*), pierre de taille) Lieu d'où l'on tire de la pierre, du marbre, etc. ◆ *Dans l'Antiquité, on employait les prisonniers aux travaux des carrières. Condamner aux carrières.* ◆ ▷ **Fig.** *Qu'on me ramène aux carrières*, se dit pour exprimer qu'on est prêt à redire ou à refaire ce pour quoi on a subi un traitement injuste. ◁

CARRIÉRISME, ■ n.m. [kaʀjeʀism] (1 *carrière*) Attitude d'une personne qui se consacre à la satisfaction de son ambition personnelle et à sa réussite professionnelle sans se soucier du caractère moral des moyens de cette réussite. *Il avait les dents longues, seul le carriérisme l'animait.* ■ CARRIÉRISTE, n.m. et n.f. [kaʀjeʀist]

CARRIOLE, n.f. [kaʀjɔl] (a. provenç. ou ital. *carriola*, brouette) Petite charrette couverte, ordinairement suspendue.

CARROSSABLE, adj. [kaʀɔsabl] (*carrosse*) *Route carrossable*, route où les voitures peuvent passer.

CARROSSAGE, ■ n.m. [kaʀɔse] (*carrosser*) Action de carrosser. ■ **Méc.** Angle entre l'axe d'une roue et la verticale.

CARROSSE, n.m. [kaʀɔs] (ital. *car[r]ozza*, de *carro*, char) Voiture à quatre roues suspendue et couverte. ◆ **Fig.** *C'est un cheval de carrosse*, se dit d'un homme brutal et stupide. ◆ *Carrosse de voiture*, au XVIIIᵉ siècle, diligence.

CARROSSÉE, n.f. [kaʀɔse] (*carrosse*) ▷ La quantité de personnes que contient un carrosse. ◁

CARROSSER, v. tr. [kaʀɔse] (*carrosse*) ▷ Voiturer en carrosse. ◁ ■ *Carrosser un véhicule*, lui fabriquer une carrosserie.

CARROSSERIE, n.f. [kaʀɔs(ə)ʀi] (*carrosse*) L'état de carrossier et ses produits. ◆ Le corps des carrossiers. ■ Ensemble des pièces qui recouvre le châssis d'une automobile.

CARROSSIER, IÈRE, n.m. et n.f. [kaʀɔsje, jɛʀ] (*carrosse*) ▷ Fabricant de carrosses. ◁ ■ Adj. *Ouvrier carrossier.* ◆ ▷ Cheval d'attelage de haute taille. ◁ ■ Personne dont le métier est d'entretenir, de réparer la carrosserie d'une automobile.

CARROUSEL, n.m. [kaʀusɛl] ou [kaʀuzɛl] (napol. *carusello*, jeu de balles de craie en forme de tête, de *caruso*, tête rasée) Tournoi où des chevaliers, partagés en quadrilles distingués par la diversité des livrées et des habits, se livrent à différents jeux et exercices. ◆ La place même où se donne un carrousel. ■ Parade de cavaliers. *Le carrousel de Saumur.* ■ Manège de chevaux de bois.

CARROUSSE, n.f. [kaʀus] (all. *garaus*, entièrement, jusqu'au bout, invitation à vider son verre d'un trait, introduite par les soldats suisses) ▷ N'est employé que dans la locution vieillie : *Faire carrousse*, faire débauche. ◁

CARROYAGE, ■ n.m. [kaʀwajaʒ] (*carroyer*) Action de carroyer ; résultat de cette action.

CARROYER, ■ v. tr. [kaʀwaje] (radic. de 1 *carreau*) Quadriller un plan, un chantier, afin de pourvoir de coordonnées chacun de ses points.

CARRURE, n.f. [kaʀyʀ] (*carrer*) La largeur du dos d'une épaule à l'autre. *Un homme large de carrure. Cet habit est trop étroit de carrure.* ■ **Fig.** Aptitude à exercer une fonction. *Il n'a pas la carrure pour diriger l'entreprise.*

CARRY, n.m. [kaʀi] (var. de *curry*) Voy. CURRY.

CARTABLE, ■ n.m. [kaʀtabl] (lat. *c[h]artabulum*, registre) Sac d'écolier. ■ *Cartable électronique*, ordinateur portatif contenant des ouvrages scolaires, des notes de cours, des logiciels, etc., utilisé comme support d'apprentissage. ■ Sacoche ressemblant à un cartable d'écolier.

CARTAYER, v. intr. [kaʀteje] (prob. *quart*, parce qu'on crée ainsi quatre voies) ▷ Conduire une voiture de façon qu'une ornière soit entre les deux chevaux et entre les deux roues. ◁

CARTE, n.f. [kaʀt] (lat. *charta*, feuille de papyrus pour écrire) Proprement, papier, usité seulement en cette locution : *Carte blanche*, carte sur laquelle il n'y a rien de tracé. ◆ **Fig.** Plein pouvoir. *J'ai carte blanche.* ◆ Feuille épaisse faite de plusieurs feuilles de papier collées ensemble, carton. ◆ *Carte à jouer* ou simplement *carte*, petit carton marqué d'un côté d'une figure ou d'une couleur. *Jouer aux cartes.* ◆ **Fig.** *Le dessous des cartes*, ce qu'il y a de caché dans une affaire. ◆ *Prendre des cartes,* changer les cartes que l'on a pour d'autres qui sont au talon ; se dit au fig. quand on ne se soucie pas du mécontentement de quelqu'un. « *Je répondis que, s'il n'était pas content, il n'avait qu'à prendre des cartes* », Saint-Simon. ◆ **Fig.** *Brouiller les cartes,* chercher à embrouiller les affaires. ◆ **Fig.** *Jouer cartes sur table,* montrer ouvertement ce qu'on fait. ◆ *Tirer les cartes,* prédire l'avenir à l'aide de l'arrangement fortuit des cartes. ◆ *Château de cartes,* échafaudage de cartes que s'amusent à faire les enfants. ◆ Billet d'admission en quelque lieu, papier qui constate la qualité d'une personne. *Carte d'électeur, d'étudiant, de spectacle,* etc. ◆ *Carte de visite,* carte sur laquelle on a son nom et qu'on laisse à la porte des personnes qu'on ne rencontre pas. ◆ *Envoyer sa carte à quelqu'un,* lui faire porter sa carte, et aussi quelquefois le provoquer en duel. ◆ Liste des mets qu'un restaurant offre à ses clients. ◆ La note des mets qu'on s'est fait servir, dite aussi *carte à payer, carte payante.* ◆ Le menu d'un dîner. ◆ **Géogr.** Feuille de papier sur laquelle est représentée quelque partie de la Terre. ◆ ▷ **Fig.** *La carte du pays* ou simplement *la carte,* la connaissance de ce qui intéresse une société, une famille. *Savoir la carte de la cour.* ◁ ◆ **Fig.** *Perdre la carte,* ne plus savoir ce qu'on dit et fait. ◆ *Carte hydrographique,* carte marine. ◆ *Carte astronomique* ou *céleste,* carte du ciel, carte des diverses constellations. ■ *Carte postale,* carte destinée à la correspondance portant une illustration au recto. ◆ Petite plaquette de plastique munie d'une bande magnétique ou d'une puce enregistrant des informations. *Carte bancaire. Carte de téléphone.* ■ Élément d'un microordinateur assurant certaines fonctionnalités. *Carte graphique.*

CARTEL, n. m. [kaʀtɛl] (ital. *cartello,* placard, avis ; sens écon., de l'all. *Kartell,* empr. au moy. fr. *cartel*) ▷ Appel en duel. ◁ ◆ ▷ Autrefois, dans les tournois, défi de chevalier à chevalier. ◁ ◆ Règlement entre les nations belligérantes pour la rançon ou l'échange des prisonniers. ◆ **Hérald.** Écu. ◆ Encadrement de certaines pendules portatives qu'on applique au mur. ◆ La pendule même. ◆ **Écon.** Regroupement d'entreprises cherchant à établir une situation de monopole. ■ **Par extens.** *Cartel de la drogue.* ■ Association de partis politiques. *Le Cartel des gauches.*

CARTE-LETTRE, ■ n. f. [kart(ə)lɛtʀ] (*carte* et *lettre*) Carte repliable dont les bords sont enduits de colle. *Des cartes-lettres.*

CARTELLISATION, ■ n. f. [kaʀtelizasjɔ̃] (*cartel,* de l'all. *Kartell*) **Écon.** Formation en cartel.

CARTELLISER, ■ v. tr. [kaʀtelize] (*cartel,* de l'all. *Kartell*) **Écon.** Associer des entreprises en cartel.

CARTER, ■ n. m. [kaʀtɛʀ] (J. H. *Carter,* mécanicien angl., inventeur de ce système) **Méc.** Enveloppe rigide protégeant les parties en mouvement d'un mécanisme. ■ **Rem.** Le *r* final se prononce.

CARTE-RÉPONSE, ■ n. f. [kart(ə)repɔ̃s] (*carte* et *réponse*) Carte que l'on envoie pour répondre à un questionnaire, à un formulaire ou à une invitation. *Des cartes-réponses* ou *des cartes-réponse.*

CARTERIE, n. f. [kaʀtəʀi] (*carte*) Art de fabriquer les cartes. ◆ Atelier où on fabrique les cartes. ■ Boutique où l'on vend des cartes destinées à la correspondance.

CARTERON, n. m. [kaʀtəʀɔ̃] Voy. QUARTERON.

CARTÉSIANISME, n. m. [kaʀtezjanism] (*cartésien*) Philosophie de Descartes.

CARTÉSIEN, IENNE, adj. [kaʀtezjɛ̃, jɛn] (*Cartesius,* nom latinisé de René Descartes, 1596-1650, philosophe et savant français) Qui appartient à la doctrine de Descartes. ◆ N. m. et n. f. Partisan de la doctrine de Descartes. ■ **Fig.** Qui a l'esprit logique, qui procède avec méthode.

CARTHAGINOIS, OISE, ■ adj. [kaʀtaʒinwa, waz] (lat. *Carthaginiensis,* de Carthage) De Carthage. *L'histoire carthaginoise.* ■ N. m. et n. f. Habitant de Carthage. *Les Carthaginois.*

CARTHAME, n. m. [kaʀtam] (ar. *qurtum*) Plante, autrement nommée *safran bâtard.*

CARTIER, IÈRE, n. m. et n. f. [kaʀtje, jɛʀ] (*carte*) Personne qui fait ou vend des cartes à jouer.

CARTILAGE, n. m. [kaʀtilaʒ] (lat. *cartilago,* chair des fruits, puis cartilage) Tissu solide du corps qui, malgré sa dureté, jouit d'un assez haut degré d'élasticité et de flexibilité. *Le cartilage du nez.*

CARTILAGINEUX, EUSE, adj. [kaʀtilaʒinø, øz] (lat. *cartilaginosus*) Qui est de la nature du cartilage ; composé de cartilages.

CARTISANE, n. f. [kaʀtizan] (p.-ê. ital. *carteggiana,* non attesté ; *c(h)arta,* feuille de papyrus) Petit morceau de parchemin, entortillé d'un fil de soie ou d'or ou d'argent, qu'on met dans les dentelles et les broderies.

CARTOGRAPHE, ■ n. m. et n. f. [kaʀtɔgʀaf] (*carte* et *-graphe*) Spécialiste de cartographie.

CARTOGRAPHIE, n. f. [kaʀtɔgʀafi] (*carte* et *-graphie*) Art de dresser les cartes géographiques.

CARTOGRAPHIER, ■ v. tr. [kaʀtɔgʀafje] (*cartographie*) Représenter un espace sous forme de carte. *Cartographier un océan, une chaîne de montagnes.*

CARTOGRAPHIQUE, ■ adj. [kaʀtɔgʀafik] (*cartographie*) Qui se rapporte à la cartographie.

CARTOMANCIE, n. f. [kaʀtɔmɑ̃si] (*carte* et *-mancie*) Prétendue divination par les cartes.

CARTOMANCIEN, IENNE, n. m. et n. f. [kaʀtɔmɑ̃sjɛ̃, jɛn] (*cartomancie*) Personne qui pratique la cartomancie.

CARTON, n. m. [kaʀtɔ̃] (ital. *cartone,* augmentatif de *carta,* papier) Pâte faite avec du papier haché, mouillé et réduit en bouillie. ◆ Feuille épaisse faite avec cette pâte. ◆ **Fig.** *Personnage de carton,* homme qui n'a qu'un rôle de parade. ◆ Boîte faite de carton. *Carton à chapeau. Carton de bureau.* ◆ **Fig.** *Cette pièce de théâtre est restée dans les cartons,* on ne la joue pas. ◆ *Carton de dessins,* grand portefeuille de carton pour serrer des dessins. ◆ Dessin en grand sur papier que fait un peintre et sert de modèle pour la peinture à fresque ou la tapisserie. ◆ Feuillet supplémentaire d'impression qu'on fait pour remplacer quelques pages d'un livre, lorsqu'il s'y est glissé des fautes. ◆ Partie d'une feuille. ◆ *Carton-pierre,* sorte de pâte pour les moulures d'architecture. ■ *Carton d'invitation,* message écrit par lequel on invite une personne. ◆ Cible cartonnée pour le tir avec une arme à feu. ■ **Fam.** *Faire un carton,* réussir brillamment. ■ Dans certains sports, *carton jaune,* signal brandi par l'arbitre pour donner un avertissement à un joueur ayant commis une faute grave. ■ *Carton rouge,* signal brandi par l'arbitre pour avertir un joueur de son expulsion.

CARTON-FEUTRE, ■ n. m. [kaʀtɔ̃føtʀ] (*carton* et *feutre*) Matière extraite du recyclage de textiles utilisée dans l'isolation des toits. *Des cartons-feutres.*

CARTONNAGE, n. m. [kaʀtɔnaʒ] (*carton*) Reliure en carton. ◆ Nom donné aux boîtes et ouvrages en carton orné, colorié, verni, etc.

CARTONNÉ, ÉE, p. p. de cartonner. [kaʀtɔne]

CARTONNER, v. tr. [kaʀtɔne] (*carton*) Relier un livre en carton. ■ V. intr. **Fam.** Réussir brillamment. *Elle a cartonné à son examen.*

CARTONNERIE, n. f. [kaʀtɔn(ə)ʀi] (*carton*) Fabrique de cartons ; art du cartonnier.

CARTONNEUX, EUSE, ■ adj. [kaʀtɔnø, øz] (*carton*) **Péj.** Dont la texture rappelle le carton. *Une peau cartonneuse.*

1 CARTONNIER, IÈRE, n. m. et n. f. [kaʀtɔnje, jɛʀ] (*carton*) Personne qui fabrique et vend du carton. ◆ Personne qui fabrique des objets en carton. ◆ Adj. *Guêpes cartonnières,* guêpes qui produisent une sorte de matière qu'on a comparée à du carton.

2 CARTONNIER, ■ n. m. [kaʀtɔnje] (*carton*) Partie d'un bureau composée de multiples tiroirs ou de compartiments pour le rangement.

CARTON-PAILLE, ■ n. m. [kaʀtɔ̃paj] (*carton* et *paille*) Carton issu du recyclage de paille et de papier. *Des cartons-pailles.*

CARTON-PÂTE, ■ n. m. [kaʀtɔ̃pɑt] (*carton* et *paille*) Mélange de pâte à papier et de matière plastique que l'on peut mouler. *Des décors en carton-pâte. Des cartons-pâtes.*

CARTOON, ■ n. m. [kaʀtun] (mot angl.) Dessin animé de courte durée, à caractère humoristique. *Les cartoons de Tex Avery.*

CARTOPHILE ou **CARTOPHILISTE,** ■ n. m. et n. f. [kaʀtɔfil, kaʀtɔfilist] (*carte* et *-phile*) Collectionneur de cartes postales.

CARTOPHILIE, ■ n. f. [kaʀtɔfili] (*carte* et *-philie*) Fait de collectionner les cartes postales.

CARTOTHÈQUE, ■ n. f. [kaʀtɔtɛk] (*carte* et *-thèque*) Local où sont rangées des cartes géographiques.

1 CARTOUCHE, n. m. [kaʀtuʃ] (ital. *cartoccio,* litt. cornet de papier, de *carta,* papier) Ornement de sculpture en forme de table avec des enroulements, sur lequel on met quelquefois des inscriptions. ◆ Dessin qui renferme le titre ou la dédicace d'un plan ou d'une carte de géographie. ◆ Sorte d'anneau elliptique qui, dans les inscriptions hiéroglyphiques, entoure les noms propres des dieux, des rois. ■ *Cartouche d'une bande dessinée,* contenant des éléments de narration.

2 CARTOUCHE, n. f. [kaʀtuʃ] (ital. *cartoccio,* de *carta*) Boîte de carton contenant la charge à mitraille pour le canon. *Tirer à cartouche.* ◆ ▷ *Tirer à cartouche sur quelqu'un,* en dire beaucoup de mal. ◁ ◆ Rouleau de papier renfermant la charge entière d'un fusil, d'un pistolet, etc. ■ Lot de dix paquets de cigarettes. ■ Recharge que l'on adapte à un dispositif. *Cartouche d'encre de stylo, d'imprimante. Cartouche de gaz.*

3 CARTOUCHE, n. f. [kaʀtuʃ] (ital. *cartoccio,* de *carta*) ▷ Carte de congé d'un soldat. ◆ *Cartouche jaune,* cartouche qu'on délivrait à un soldat dégradé ou renvoyé par punition. ◁

CARTOUCHERIE, ■ n. f. [kartuʃ(ə)ri] (*cartouche*) Fabrique, dépôt de cartouches.

CARTOUCHIER, n. m. [kartuʃje] (*cartouche*) Ceinture renfermant des cartouches. ♦ Ancien nom de la giberne.

CARTOUCHIÈRE, n. f. [kartuʃjɛr] (*cartouche*) Boîte à cartouches.

CARTULAIRE, n. m. [kartylɛr] (b. lat. *chartularium*, recueil d'actes) Registre qui contient les antiquités, les droits et les titres d'une église séculière ou régulière.

CARUS, n. m. [karys] (gr. *karos*, engourdissement) Dernier degré du coma, caractérisé par une insensibilité complète. ■ Rem. On prononce le *s*.

CARVI, n. m. [karvi] (ar. *karawiya*, du gr. *karon*, chervis) Plante ombellifère dont les fruits, dits graines de carvi, sont analogues à l'anis.

CARY, ■ n. m. [kari] (tamoul *kari*, sauce épicée) Voy. CURRY.

CARYATIDE, n. f. [karjatid] Voy. CARIATIDE, QUI EST PLUS USITÉ.

CARYOCINÈSE, ■ n. f. [karjosinɛz] (*caryo*- et gr. *kinêsis*, mouvement, changement) **Biol.** Division du noyau d'une cellule, appelée plus couramment mitose.

CARYOGAMIE, ■ n. f. [karjogami] (*caryo*- et -*gamie*) **Biol.** Fusion des noyaux des gamètes mâle et femelle, à l'issue de la fécondation, permettant le mélange des patrimoines génétiques.

CARYOLYSE, ■ n. f. [karjoliz] (*caryo*- et -*lyse*) **Biol.** Destruction du noyau d'une cellule. ■ CARYOLYTIQUE, adj. [karjolitik]

CARYOPHYLLÉE ou **CARYOPHYLLACÉE**, adj. f. [karjofile, karjofilase] (lat. *caryophyllus*, du gr. *karuophullon*, giroflier) *Fleur caryophyllée*, fleur de l'œillet et fleur qui y ressemble. ♦ N. f. pl. *Les caryophyllées*, famille de plantes dont l'œillet est le type.

CARYOPSE, ■ n. m. [karjɔps] (gr. *karuon*, noix et *opsis*, apparence) **Bot.** Akène.

CARYOTYPE, ■ n. m. [karjotip] (*caryo*- et *type*) **Génét.** Représentation schématique de l'ensemble des chromosomes d'une cellule classés selon certains critères après avoir été rangés par paires. *Déterminer le sexe d'un fœtus en réalisant son caryotype.*

1 **CAS**, n. m. [ka] (lat. *casus*, de *cadere*, tomber, arriver) Ce qui est advenu ou peut advenir, circonstance, fait, histoire, hypothèse. *En cas de mort. Le cas échéant. Conter le cas. Posons le cas.* ♦ *Cas fortuit,* événement accidentel. ♦ **Jurispr.** L'espèce d'une loi, cause, délit, crime. *C'est là le cas de la loi. Un cas pendable.* ♦ En général, espèce particulière de fait. *Mon cas est embarrassant.* ♦ *Cas de conscience,* difficulté ou question sur un point de morale religieuse ; *cas,* absolument pour *cas de conscience ;* par extension scrupule. ♦ Chose qui convient. *C'est là votre cas.* ♦ ▷ *Dans le cas de,* en état de, capable de. *Il n'était pas dans le cas de se tenir debout.* ◁ ♦ *Faire cas de...,* estimer, tenir compte de. ♦ **Gramm.** Désinence variable des mots qui se déclinent. ♦ **Méd.** Maladie considérée dans le sujet particulier qui en est affecté. *Des cas de choléra.* ♦ ▷ **Fam.** Excrément, ordure, obscénité. ◁ ♦ EN TOUT CAS, loc. adv. Quoi qu'il arrive, à tout événement. ♦ AU CAS QUE, loc. conj. qui veut le subjonctif. Supposé que. ♦ EN CAS QUE, loc. conj. qui veut le subjonctif. Même sens. *En cas qu'il vienne.* ♦ ENCAS, n. m. Chose préparée en cas de besoin chez les princes. *Une volaille froide pour l'encas de nuit.* ♦ ▷ *Un encas,* une voiture en cas de pluie. ◁ ♦ ▷ *Un en-tout-cas,* un petit parapluie, qui peut servir aussi d'ombrelle. ◁ ■ *Cas social,* personne en grande détresse sociale. ■ *Cas de figure,* situation envisagée d'un certain point de vue.

2 **CAS, CASSE**, adj. [ka, kas] (lat. *cassus* ou *quassus,* vide) ▷ Qui sonne le cassé. *Cela sonne le cas.* « *Il parlait d'un ton cas* », La Fontaine. ♦ Il a vieilli. ◁

CASANIER, IÈRE, adj. [kazanje, jɛr] (ital. *casaniere,* prêteur d'argent, de *casana,* boutique de prêteur ; infl. du moy. fr. *case,* maison) Qui aime à demeurer chez soi ; qui appartient aux gens aimant à demeurer chez eux. *Des gens casaniers. Profession casanière.* ♦ N. m. et n. f. *Un casanier, une casanière.*

CASAQUE, n. f. [kazak] (prob. turc *quzzak,* aventurier, ou *kazak,* ethnie turque) Habillement dont on se sert comme d'un manteau et qui a ordinairement de larges manches. ♦ *Casaque,* nom donné aux manteaux que portaient les mousquetaires, les gardes du corps. ♦ **Fig.** *Tourner casaque,* changer de parti. ♦ Sorte de manteau de femme ajusté ou demi-ajusté à la taille. ■ Veste de jockey.

CASAQUIN, n. m. [kazakɛ̃] (*casaque*) Espèce de corsage de femme avec de petites basques dans le dos formant deux gros plis et relevant en l'air. ♦ Anciennement, sorte de petite casaque à l'usage des hommes. ♦ ▷ **Fig.** et pop. *Donner sur le casaquin à quelqu'un,* le battre. ◁

CASBAH, n. f. [kazba] (ar. *qasaba,* forteresse d'une ville) Palais du souverain dans les villes orientales.

CASCABELLE, ■ n. f. [kaskabɛl] (esp. *cascabel,* grelot, serpent à sonnette) Anneaux en écaille dure qui terminent la queue des crotales, qui produisent un grésillement quand elles sont agitées.

CASCADE, n. f. [kaskad] (ital. *cascata,* éboulement, chute d'eau, de *cascare,* tomber) Chute d'eau ; eau qui tombe de rocher en rocher. ♦ Construction en gradins pour une chute d'eau artificielle. ♦ **Par extens.** et fam. Chute en dégringolade. ♦ **Fig.** En parlant de ce qui arrive par une suite de hasards. *Il est arrivé à la fortune par cascades.* ♦ *Cette nouvelle m'est venue par cascades,* en passant par différentes bouches. ♦ *Ce discours va par cascades,* la liaison y manque. ■ Numéro périlleux exécuté pour un spectacle ou le tournage d'un film. ■ *En cascade,* les uns après les autres. *Des démissions en cascade.*

CASCADEUR, EUSE, ■ n. m. et n. f. [kaskadœr, øz] (*cascade*) Personne dont la profession est d'exécuter des cascades pour des spectacles ou des tournages de film.

CASCATELLE, n. f. [kaskatɛl] (ital. *cascatella,* dimin. de *cascata*) ▷ Petite cascade. ◁

CASE, n. f. [kaz] (lat. *casa,* cabane) Petite et chétive maison. *Une case africaine.* ♦ **Fam.** *Le patron de la case,* le maître. ♦ Au trictrac, chacune des places marquées d'une flèche. ♦ Aux échecs et aux dames, chacun des carreaux blanc ou noir. ♦ Compartiment dans un tiroir, une boîte, un registre. ♦ ▷ **Anat.** *Les cases du cerveau,* dans le système phrénologique, parties circonscrites du cerveau, sièges des facultés. ◁ ■ Petit espace rectangulaire dont la multiplication forme un tableau, une grille. ■ **Pop.** *Il lui manque une case,* il est fou.

CASÉ, ÉE, p. p. de caser. [kaze] **Fig.** *Un homme bien casé,* un homme bien établi.

CASÉATE, n. m. [kazeat] (lat. *caseus*) ▷ Sels formés par l'acide lactique et nommés aujourd'hui lactates. ◁

CASÉEUX, EUSE, adj. [kazeø, øz] (radic. du lat. *caseus,* fromage) Qui est de la nature du fromage. ■ **Par anal.** **Méd.** Nécrosé.

CASÉIFICATION ou **CASÉATION**, ■ n. f. [kazeifikasjɔ̃, kazeasjɔ̃] (radic. du lat. *caseus,* fromage) Production de caséine dans le lait. ■ **Méd.** Nécrose d'un tissu due à une tuberculose.

CASÉINE, n. f. [kazein] (radic. du lat. *caseus,* fromage) Substance organique liquide coagulable par les acides et par la présure. ■ Rem. On dit aussi *caséum.*

CASÉIQUE, adj. [kazeik] (radic. du lat. *caseus,* fromage) *Acide caséique,* acide qu'on trouve dans le fromage, ancien nom de l'acide lactique.

CASEMATE, n. f. [kaz(ə)mat] (ital. *casamatta,* de *casa,* maison, et *matta,* folle, ou du gr. *khasma,* gouffre, fossé : *cf.* Rabelais, *chasmate*) Souterrain voûté à l'épreuve des bombes. ♦ Autrefois, plateforme à loger du canon. ♦ **Par extens.** Cachot.

CASEMATÉ, ÉE, p. p. de casemater. [kaz(ə)mate]

CASEMATER, v. tr. [kaz(ə)mate] (*casemate*) Garnir de casemates. ♦ Fortifier en forme de casemate. *Casemater une poudrière.*

CASER, v. tr. [kaze] (*case*) Mettre en place, installer dans un lieu, une position, un emploi. ♦ **Fig.** *Casez cela dans votre tête,* faites-y attention. ♦ Ranger dans des cases. ♦ V. intr. Au trictrac, mettre deux dames sur une flèche. ♦ Se caser, v. pr. S'installer dans un lieu, un emploi.

CASERNE, n. f. [kazɛrn] (anc. provenç. *quaserna,* groupe de quatre personnes, du lat. *quaterni,* par quatre) Bâtiment destiné au logement des troupes. ♦ *Les soldats qui sont dans une caserne.* ♦ ▷ **Fam.** *C'est une caserne,* se dit d'une grande maison divisée en petits logements. ◁ ♦ *Des habitudes de caserne,* des habitudes soldatesques.

CASERNÉ, ÉE, p. p. de caserner. [kazɛrne] En parlant des élèves des écoles spéciales, on dit qu'*ils sont casernés* quand ils sont pensionnaires. ♦ **Fam.** Renfermé.

CASERNEMENT, n. m. [kazɛrnəmɑ̃] (*caserner*) Action de caserner. ♦ Temps pendant lequel les troupes sont casernées. ♦ Système d'après lequel les élèves d'une école spéciale sont casernés.

CASERNER, v. tr. [kazɛrne] (*caserner*) Loger dans des casernes. ♦ V. intr. Être logé dans des casernes.

CASETTE ou **CAZETTE**, n. f. [kazɛt] (anc. fr. *casse,* caisse) Enveloppe des poteries dans le four. ♦ On dit par corruption *gazette.*

CASÉUM, n. m. [kazeɔm] Voy. CASÉINE.

CASH, ■ adv. [kaʃ] (mot angl., argent, numéraire) **Fam.** En réglant au comptant. *Payer cash.*

CASHER ou **KASHER**, ■ adj. inv. [kaʃɛr] (hébr. *kasher,* propre à l'usage rituel) Qui a été préparé selon les règles de la religion juive. *Viande, nourriture casher.* ■ **Par extens.** *Restaurant casher.* ■ Rem. On écrit aussi *cachère.* On trouve parfois le féminin *cashère* et plus rarement *kashère.*

CASH-FLOW, ■ n. m. [kaʃflo] (mot angl., de *cash*, argent, et *flow*, courant, écoulement) **Écon.** Ensemble regroupant les ressources et les bénéfices nets d'une entreprise calculés après impôt, correspondant à la marge brute d'autofinancement. *Des cash-flows.*

CASHMERE, ■ n. m. [kaʃmir] Voy. CACHEMIRE.

CASIER, n. m. [kazje] (croisement de l'anc. fr. *chasier*, panier où l'on fait sécher le fromage, du lat. *caseus*, avec case) Assemblage de plusieurs cases pour classer des papiers, des livres et autres objets. ■ Panier servant à la pêche aux crustacés. ■ *Casier judiciaire,* récapitulatif des condamnations dont a été l'objet une personne.

CASILLEUX, EUSE, adj. [kazijø, øz] (*casser*, du lat. *quassare* : cf. *s'équasiller*, se déchirer, *équasillement*, déchirement) ▷ Se dit du verre qui casse sous le diamant à couper.

CASIMIR, n. m. [kazimir] (altération de l'angl. *cassimere*, étoffe de laine légère, de *Cashmere*, Cachemire) Étoffe de laine croisée, fine et légère.

CASINO, n. m. [kazino] (ital. *casino*, petite maison, de *casa*) Lieu de réunion pour lire, causer, jouer ou danser. ♦ Au pl. *Des casinos.* ■ Salle où l'on joue aux cartes, aux machines à sous, à la roulette, etc., pour de l'argent.

CASOAR, n. m. [kazoar] (angl. *cassawarmay*, d'un dial. de Nouvelle-Guinée, ou des Moluques, *kasuwari*) Oiseau échassier, presque aussi gros que l'autruche et ne volant pas.

CASQUE, n. m. [kask] (esp. *casco*, tesson, de *cascar*, briser) Arme défensive dont on se couvre la tête. ♦ **Anat.** Tubercule qui surmonte la tête de quelques oiseaux. ♦ *Fleur en casque,* fleur dont la forme ressemble à cette armure, telle que les aconits. ■ Coiffure rigide protégeant la tête. *Un casque de moto.* ■ Appareil muni de deux écouteurs qui arrivent au niveau des oreilles lorsqu'on le pose sur la tête. *Écouter de la musique au casque.*

CASQUÉ, ÉE, adj. [kaske] (*casque*) Couvert d'un casque. ♦ En numismatique, qui a un casque. *Tête casquée.* ♦ **Zool.** Qui porte des tubercules en forme de casque.

CASQUER, ■ v. tr. [kaske] (ital. *cascare*, tomber [dans le piège]) **Fam.** Être amené à payer, le plus souvent contre son gré. *Il a fallu que je casque une sacrée somme !* ■ **Absol.** *C'est toujours moi qui casque !*

CASQUETTE, n. f. [kaskɛt] (dimin. de *casque*) Coiffure d'homme, faite d'étoffe ou de peau, garnie ordinairement d'une visière. ■ Fonction au sein d'un groupe social. *Changer de casquette.*

CASSABLE, adj. [kasabl] (*casser*) Qui peut être cassé facilement.

CASSADE, n. f. [kasad] (ital. *cacciata*, de *cacciare*, chasser, pousser) Bourde qu'on invente, mauvaise excuse, défaite. *Donneur de cassades.* ♦ Au brelan, etc. Mise faite avec un mauvais jeu, afin d'obliger les autres joueurs à quitter.

CASSAGE, n. m. [kasaʒ] (*casser*) Action ou opération de casser.

CASSANDRE, ■ n. m. [kasɑ̃dr] (*Cassandrino*, vieillard ridicule de la Commedia dell'arte, confondu avec *Cassandre*, fille de Priam et prophétesse de malheurs) Personne qui fait des prévisions alarmistes dont on ne tient pas compte. *Jouer les cassandres.*

CASSANT, ANTE, adj. [kasɑ̃, ɑ̃t] (*casser*) Sujet à se casser, à se rompre ; qui se casse aisément. ♦ *Poires cassantes,* poires qui résistent légèrement sous la dent, par opposition aux poires fondantes. ♦ *Métal cassant,* métal doué de la propriété opposée à celle qu'on nomme ductilité et malléabilité. ♦ **Fig.** Qui tranche durement, qui contredit avec roideur. *Un homme cassant. Un air, un ton cassant.*

CASSATE, ■ n. f. [kasat] (ital. *cassata*) Gâteau glacé constitué de tranches diversement parfumées et aux fruits confits.

CASSATION, n. f. [kasasjɔ̃] (*casser*) Acte juridique par lequel on casse des jugements, des actes et des procédures. ♦ *Cour de cassation,* le tribunal suprême qui casse et annule en dernier ressort pour vice de forme ou violation des lois.

CASSAVE, n. f. [kasav] (esp. *cazabi*, d'un mot taino) Sorte de galette préparée avec la racine râpée de manioc.

1 CASSE, n. f. [kas] (ital. *cassa*, caisse, du b. lat. *capsa*) **Impr.** Sorte de boîte plate et découverte, composée de deux parties, le haut de casse pour les capitales et différents autres caractères, et le bas de casse pour les lettres ordinaires.

2 CASSE, n. f. [kas] (lat. médiév. *cattia*, creuset, du gr. *kuathos*, vase pour puiser) **Techn.** Bassin placé à l'ouverture d'un fourneau pour recevoir le métal fondu.

3 CASSE, n. f. [kas] (lat. *cassia*, arbre à canelle, du gr. *kasia*, fausse-cannelle, écorce du laurier-casse) Pulpe des fruits du canéficier, dont les gousses se nomment *casses en bâton.*

4 CASSE, n. f. [kas] (*casser*) Action de casser. *Le voiturier ne répond pas de la casse.* ♦ Peine militaire qui consiste dans la perte d'un grade. ♦ ▷ **Fig.** *Donner de la casse,* déposséder quelqu'un d'un emploi, d'un poste. ◁ ■ Lieu où l'on stocke la ferraille et les véhicules hors d'usage. *Mettre une voiture à la casse.* ■ Résultat d'un cassage. *Il y a eu de la casse.*

5 CASSE, ■ n. f. [kas] (*cassement*) **Fam.** Cambriolage avec effraction. *Faire un casse.*

CASSÉ, ÉE, p. p. de casser. [kase] ▷ **Fig.** et **fam.** *Avoir le nez cassé,* échouer dans une affaire. ◁ ♦ Affaibli par l'âge. « *Un vieillard fort cassé* », FÉNELON. « *Cassé de vieillesse* », VOLTAIRE. ♦ *Voix cassée,* voix usée qui se fait à peine entendre. ♦ **N. m.** *Sucre au cassé,* sucre cuit de manière qu'une goutte projetée dans de l'eau froide s'y fige et en sort cassante. ♦ **Prov.** *Payer les pots cassés,* subir les mauvaises conséquences d'une affaire.

CASSEAU, n. m. [kaso] (1 *casse*) **Impr.** Moitié de casse à compartiments plus grands et plus profonds et servant de réserve pour différents caractères.

CASSE-COU, n. m. [kas(ə)ku] (*casser* et *cou*) ▷ Endroit où l'on court grand risque de tomber. ◁ ♦ Au jeu de colin-maillard, *casse-cou* se dit pour avertir celui qui a les yeux bandés qu'il va se heurter contre quelque objet. ♦ ▷ Homme employé à monter les chevaux jeunes ou vicieux. ◁ ♦ **Fig.** Personnage peu important, chargé de quelque négociation hasardeuse et, dans un autre sens, homme qui se lance avec hardiesse, sans prévoyance. ♦ Au pl. *Des casse-cou* ou *casse-cous.*

CASSE-CROÛTE ou **CASSE-CROUTE**, n. m. [kas(ə)krut] (*casser* et *croûte*, de la loc. *casser la croûte*) ▷ Instrument qui sert à broyer la croûte pour ceux qui n'ont pas de dents. ◁ ♦ Au pl. *Des casse-croûte* ou *des casse-croûtes.* ■ Repas frugal, consommé rapidement.

CASSE-CUL, ■ adj. [kas(ə)ky] (*casser* et *cul*, de la loc. *casser le cul*) **Vulg.** Casse-pied. *Des histoires casse-cul* ou *casse-culs.*

CASSE-FIL, ■ n. m. [kas(ə)fil] (*casser* et *fil*) Instrument propre à apprécier la ténacité des fils écrus. ♦ Au pl. *Des casse-fil* ou *casse-fils.*

CASSE-GRAINE, ■ n. m. [kas(ə)grɛn] (*casser* et *graine*, de la loc. *casser la graine*) **Fam.** Casse-croûte. *Des casse-graine* ou *des casse-graines.*

CASSE-GUEULE, ■ adj. [kas(ə)gœl] ou [kazgœl] (*casser* et *gueule*) **Fam.** Risqué. *Des sujets casse-gueules* ou *casse-gueule.*

CASSEMENT, n. m. [kas(ə)mɑ̃] (*casser*) Action de casser. ♦ **Fig.** *Cassement de tête,* sorte de fatigue intellectuelle causée par le travail ou les affaires, ou par un grand bruit.

CASSE-MOTTE, n. m. [kas(ə)mɔt] (*casser* et *motte*) Instrument pour briser les mottes de terre. ♦ Nom du motteux, oiseau. ♦ Au pl. *Des casse-motte* ou *casse-mottes.*

CASSE-NOISETTE, n. m. [kas(ə)nwazɛt] (*casser* et *noisette*) Petit instrument avec lequel on casse des noisettes ou des noix. On dit aussi *un casse-noix.* ♦ ▷ **Fam.** *Figure, menton de casse-noisette, en casse-noisette,* menton qui se relève et se porte vers le nez. ◁ ♦ Au pl. *Des casse-noisette* ou *casse-noisettes.*

CASSE-NOIX, n. m. [kas(ə)nwa] (*casser* et *noix*) Syn. de casse-noisette. ♦ Au pl. *Des casse-noix.*

CASSE-PIED ou **CASSE-PIEDS**, ■ n. m. et n. f. [kas(ə)pje] (*casser* et *pied[s]*, de la loc. *casser les pieds*) **Fam.** Personne importune ou ennuyeuse. *Quelle casse-pied, celle-là !* ■ **Adj.** Qui ne présente aucun intérêt. *Un boulot très casse-pied.*

CASSE-PIERRE, n. m. [kas(ə)pjɛr] (*casser* et *pierre*) Outil du tailleur de pierre. ♦ Nom de la pariétaire, la saxifrage, la christe-marine. ♦ Au pl. *Des casse-pierre* ou *casse-pierres.*

CASSE-PIPE, ■ n. m. [kas(ə)pip] (*casser* et *pipe*, de la loc. *casser sa pipe*) **Fam.** *Aller au casse-pipe,* aller risquer sa vie à la guerre, et par ext. risquer gros. *Des casse-pipes.* « *Toujours il trouve des occasions nouvelles pour nous envoyer au casse-pipe, dans des coups fourrés par croyables !* », BOUDARD.

CASSER, v. tr. [kase] (lat. *quassare*, agiter fortement, fréquentatif de *quatere*, secouer) Faire, d'un objet qui est frappé, plusieurs fragments. *Casser du sucre, du bois.* ♦ ▷ *Casser la tête à quelqu'un d'un coup de fusil, de pistolet,* le tuer d'une balle dans la tête. ◁ ♦ *Se casser la tête,* se faire une fracture au crâne, se faire une blessure à la tête. ♦ **Fig.** *Se casser la tête,* s'appliquer avec une grande contention d'esprit. ♦ *Se casser la tête contre les murs,* se désespérer. ♦ **Fig.** *Casser la tête,* importuner par un grand bruit, par des propos. ♦ On dit aussi d'un vin capiteux qu'*il casse la tête.* ♦ *Casser les os à quelqu'un,* le battre. ♦ *Se casser le cou,* faire une chute dans laquelle on se tue ou se blesse grièvement, et **Fig.** ruiner ses affaires, sa fortune. ♦ ▷ *Se casser le nez,* faire une chute sur la face, et plus souvent se frapper le nez contre un obstacle qu'on ne voit pas ou auquel on ne fait pas attention. ◁ ♦ **Fig.** *Se casser le nez à la porte de quelqu'un,* ne pas le trouver chez lui. ♦ *Se casser le nez,* échouer dans un projet, une entreprise. ♦ *Casser les vitres,* ne garder aucuns ménagements. ♦ *Fig. Casser bras et jambes,* paralyser tous les moyens d'action ou bien stupéfier d'étonnement. ♦ *Casser la croûte, casser une croûte,* manger un morceau. ♦ **Jurispr.** Annuler. *Casser un jugement, un testament.* ♦ Destituer. *Casser un magistrat, un officier.* ♦ ▷ *Casser aux gages,* ôter un emploi rétribué, et fig. retirer sa confiance à un inférieur. ◁ ♦ Affaiblir, débiliter. *La fatigue casse la voix.* ♦ **V. intr.** Être cassé. *Le verre casse. La corde cassa.* ♦ Se casser, v. pr. Être mis en morceaux. *Le pot se cassa.* ♦ Devenir débile, perdre sa force. *C'est un homme qui se casse.* ♦ **Prov.** Qui casse les verres les paye, l'auteur d'un dommage doit le réparer. ■ **Fam.** *Ça casse rien* ou *Ça casse pas trois pattes à un canard,* ça ne vaut rien. ■ **V. pr.** Souffrir d'une fracture. *Il s'est cassé la jambe.* ■ **Fam.** Partir. *Il s'est cassé de chez ses parents.*

CASSEROLE, n. f. [kas(ə)ʀɔl] (2 *casse,* récipient) Ustensile de cuisine en métal, à queue, à fond plat et à parois droites et cylindriques. ■ **Fam.** Instrument de musique aux sons peu harmonieux. ■ **Fam.** *Passer à la casserole,* subir un mauvais traitement.

CASSEROLÉE, n. f. [kas(ə)ʀole] (*casserole*) ▷ Contenu d'une casserole. ◁

CASSE-TÊTE, n. m. [kas(ə)tɛt] (*casser* et *tête*) Massue de guerre de certains peuples sauvages [1]. ♦ Petit bâton très court, plombé à une des ses extrémités. ♦ **Fig.** Vin qui porte à la tête. ♦ Travail, calcul, jeu qui, exigeant une grande attention, fatigue la tête. ♦ *Casse-tête chinois,* sorte de jeu. ♦ Bruit continu et fatiguant. ♦ Au pl. *Des casse-tête* ou *casse-têtes.* ■ **Rem.** 1 : *Sauvage* à l'époque de Littré n'était pas péjoratif.

CASSETIN, n. m. [kas(ə)tɛ̃] (1 *casse*) Compartiment d'une casse d'imprimerie. *Chaque lettre a son cassetin.*

CASSETTE, n. f. [kasɛt] (dimin. de l'anc. fr. *casse,* caisse) Petit coffre destiné à serrer des bijoux, de l'argent. ♦ **Absol.** La caisse particulière d'un prince. *Une pension sur la cassette.* ■ Boîtier renfermant une bande magnétique qui sert de support à des informations audiovisuelles. *Cassette de magnétophone, de magnétoscope. Cassette vidéo.*

CASSETTOTHÈQUE, ■ n. f. [kasɛtotɛk] (*cassette* et *-thèque*) Institution qui prête des cassettes audio, souvent au sein d'une bibliothèque.

CASSEUR, EUSE, n. m. et n. f. [kasœʀ, øz] (*casser*) Personne qui casse beaucoup par maladresse. ♦ *Un casseur d'assiettes,* un tapageur, un querelleur. ■ Personne qui prend plaisir à détruire.

CASSIE, ■ n. f. [kasi] (provenç. *cacio,* fleur de l'acacia, du lat. *acacia,* mimosa) Acacia aux fleurs jaunes très parfumées.

CASSIER, n. m. [kasje] (3 *casse*) Canéficier, arbre qui porte la casse.

CASSINE, n. f. [kasin] (ital. *cassina,* du lat. vulg. *capsea,* caisse) ▷ Petite maison détachée au milieu des champs, où l'on peut s'embusquer, se retrancher. ♦ Petite maison de plaisir hors de la ville. ♦ **Fam.** Maisonnette de chétive apparence, et aussi maison mal tenue. ◁

CASSIOPÉE, n. f. [kasjope] (gr. *Kassiopê* ou *Kassiepeia,* femme de Kèphée changée en constellation) **Astron.** Constellation de l'hémisphère septentrional.

CASSIS, n. m. [kasis] ou [kasi] (p.-ê. lat. *cassia,* 3 *casse,* pour leurs vertus médicinales communes) ▷ Groseillier à fruits en grappes noirs et aromatiques. ◁ ♦ Le fruit lui-même. ♦ Sorte de ratafia fait avec ce fruit. ♦ On écrivait aussi *cacis.*

CASSISSIER, ■ n. m. [kasisje] (*cassis*) Arbuste produisant le cassis.

CASSITÉRITE ou **CASSITÉRIDE,** n. m. [kasiteʀit, kasiteʀid] (gr. *kassiteros,* étain) Nom d'un groupe de corps analogues à l'étain.

CASSOLETTE, n. f. [kasɔlɛt] (anc. fr. *cassole,* petit récipient, de 2 *casse,* récipient) Réchaud de métal où l'on fait brûler les parfums. ♦ Petit bijou où l'on met des odeurs. ♦ **Archit.** Vase de sculpture, qui paraît jeter des flammes. On dit plus souvent *pot-à-feu.* ♦ Petit récipient servant à la cuisson et à la présentation de mets servis individuellement.

CASSON, n. m. [kasɔ̃] (*casser*) Pain informe de sucre fin.

CASSONADE, n. f. [kasɔnad] (provenç. *cassonada*) Sucre qui n'a été raffiné qu'une fois.

CASSOULET, ■ n. m. [kasulɛ] (langued. *casso,* poêlon) Spécialité culinaire originaire du sud-ouest de la France, composée de haricots blancs, de charcuterie, de saucisses, de confit d'oie et de canard et d'une sauce à base de tomates.

CASSURE, n. f. [kasyʀ] (*casser*) L'endroit où un objet est cassé. ♦ Aspect que présente une substance quelconque qui a été cassée. *Cassure vitreuse.* ■ **Fig.** Rupture.

CASTAGNE, ■ n. f. [kastaɲ] ou [kastanj] (mot gascon, châtaigne, coup) Fam. Bagarre entre au moins deux personnes. ■ **Par extens.** Rixe générale. ■ CASTAGNER, v. tr. [kastaɲe] ou [kastanje] ■ CASTAGNEUR, EUSE, n. m. et n. f. [kastaɲœʀ, øz] ou [kastanjœʀ, øz]

CASTAGNETTES, n. f. pl. [kastaɲɛt, kastanjɛt] (esp. *castañetas,* de *castaña,* châtaigne) Instrument consistant en deux petites écailles d'ivoire ou de bois creuses, qui, étant jointes ensemble par une petite corde et attachées aux poignets, sont battues l'une contre l'autre. *Une paire de castagnettes.*

CASTE, n. f. [kast] (port. *casta,* race [d'animaux]) puis classe de la société hindoue, p.-ê. du goth. *Kasts,* tas) Chacune des tribus en lesquelles la société de l'Inde est partagée. ♦ Par dénigrement, classe de la société, que l'on considère alors comme exclusive et fermée.

CASTEL, n. m. [kastɛl] (mot provenç., du lat. *castellum,* château fort) ▷ S'est dit pour château. ♦ Ne s'emploie plus que par plaisanterie. ◁

CASTILLAN, ANE, adj. [kastijɑ̃, an] (*Castille*) Qui appartient à la Castille. *Langue castillane* ou *le castillan,* la langue espagnole. ■ N. m. et n. f. Personne qui habite la Castille ou qui en est originaire. *Un Castillan, une Castillane.*

CASTILLE, n. f. [kastij] (esp. *castillo,* château) Autrefois, combat dans une lice. ♦ Aujourd'hui, querelle, démêlé de peu d'importance.

CASTINE, n. f. [kastin] (all. *Kalkstein,* pierre à chaux, de *Kalk,* chaux, et *Stein,* pierre) Pierre calcaire que l'on mélange au minerai de fer pour en faciliter la fusion.

CASTING, ■ n. m. [kastiŋ] (angl. *to cast,* jeter, additionner) **Cin.** et **théât.** Recherche et choix des artistes (acteurs, chanteurs, mannequins) et attribution des rôles. ♦ **Par extens.** Ensemble de la distribution artistique. *Le casting de La Belle au bois dormant.* ■ **Rem.** On recommande officiellement *distribution artistique.* ■ CASTER, v. tr. [kaste] ■ CASTEUR, EUSE, n. m. et n. f. [kastœʀ, øz]

CASTOR, n. m. [kastɔʀ] (mot lat., du gr. *kastôr*) Quadrupède mammifère de l'ordre des rongeurs, qui habite les lieux aquatiques, au nord de l'Ancien et du Nouveau Continent. ♦ *Chapeau, drap de castor,* faits de poil de castor. ♦ *Un castor,* un chapeau de poil de castor ou un vieux chapeau quelconque.

CASTORETTE, ■ n. f. [kastɔʀɛt] (*castor*) Type de fourrure traitée de manière à ressembler à une fourrure de castor.

CASTORÉUM, n. m. [kastɔʀeɔm] (lat. *castoreum*) Matière sécrétée par les glandes placées sous la peau de l'abdomen du castor, employée comme antispasmodique.

CASTORINE, n. f. [kastɔʀin] (*castor*) Étoffe de laine légère et soyeuse. *Une redingote de castorine.*

CASTRAMÉTATION, n. f. [kastʀametasjɔ̃] (b. lat. *castrametari,* camper, *castrum,* camp, et *metari,* délimiter, mesurer) L'art de camper, surtout en parlant de l'Antiquité.

CASTRAT, n. m. [kastʀa] (lat. *castratus,* p. p. de *castrare,* châtrer) Chanteur qui conserve une voix semblable à celle des enfants et des femmes. ■ Mâle castré.

CASTRATEUR, TRICE, ■ adj. [kastʀatœʀ, tʀis] (*castration*) **Psych.** Qui provoque le complexe de castration chez un enfant. ■ Très sévère. *Un père castrateur.*

CASTRATION, n. f. [kastʀasjɔ̃] (lat. *castratio*) Opération par laquelle on châtre un animal. ■ **Psych.** Complexe de castration, angoisse liée à la perte éventuelle de son sexe.

CASTRER, ■ v. tr. [kastʀe] (lat. *castrare,* châtrer) Retirer les organes reproductifs d'un individu mâle ou femelle afin de le rendre stérile.

CASTRISME, ■ n. m. [kastʀism] (Fidel *Castro,* né en 1927, homme d'État cubain) Doctrine politique de Fidel Castro.

CASTRISTE, ■ adj. [kastʀist] (*castrisme*) Relatif au régime politique de Fidel Castro. ■ N. m. et n. f. Partisan de ce régime.

CASTRUM, ■ n. m. [kastʀɔm] (mot lat., place forte) **Antiq.** Camp militaire romain. *Des castrums* ou *des castra* (pluriel savant).

CASUALITÉ, n. f. [kazɥalite] (lat. médiév. *casualitas,* du b. lat. *casualis,* accidentel, fortuit) Qualité, condition de ce qui est casuel.

CASUARINA, ■ n. m. [kazɥaʀina] (lat. sav. [XVIIIe s.], de *kasuwari,* pour l'analogie entre les rameaux de l'arbre et les plumes du casoar) Grand arbre d'Australie, à rameaux sans feuilles.

CASUEL, ELLE, adj. [kazɥɛl] (b. lat. *casualis*) Qui dépend des cas, des accidents. « *L'événement en est casuel* », Bossuet. « *Ces biens que vous tenez de moi, sont choses casuelles* », Diderot. ♦ *Parties casuelles,* droits et revenus éventuels, et le bureau même où l'État faisait percevoir ces droits. ♦ *Emplois casuels,* emplois révocables. ♦ *Charges casuelles,* charges non héréditaires. ■ N. m. *Le casuel,* le gain, le revenu casuel, par opposition à gain, revenu fixe. ♦ Ne dites pas : *Ce vase est casuel ;* dites *fragile.*

CASUELLEMENT, adv. [kazɥɛl(ə)mɑ̃] (*casuel*) D'une manière casuelle.

CASUISTE, n. m. [kazɥist] (prob. esp. *casuista,* du lat. scolast. *casus,* cas de conscience) Théologien qui s'applique à résoudre les cas ou les difficultés de conscience par les règles de la raison et du christianisme.

CASUISTIQUE, n. f. [kazɥistik] (*casuiste*) Partie de la théologie morale qui s'occupe des cas de conscience.

CASUS BELLI, ■ n. m. inv. [kazysbeli] (mots lat., occasion de guerre) Acte qui peut déclencher une guerre. « *Si vous cherchez un casus belli... vous l'aurez* », MAUROIS.

CATABATIQUE, ■ adj. [katabatik] (gr. *katabatikos*, de *katabainein*, descendre) **Météorol.** *Vent catabatique*, vent descendant.

CATABOLISME, ■ n. m. [katabolism] (gr. *kata*-, à bas, et *bol*-, radic. de *ballein*, jeter) **Biol.** Ensemble des processus de dégradation de substances dans un organisme par l'action d'enzymes.

CATABOLITE, ■ n. m. [katabolit] (*catabolisme*) **Biol.** Déchet produit par la dégradation d'une substance sous l'action d'une enzyme.

CATACHRÈSE, n. f. [katakʀɛz] (gr. *katakhrêsis*) Trope par lequel un mot détourné de son sens propre est accepté dans le langage commun pour signifier une autre chose qui a quelque analogie avec l'objet qu'il exprimait d'abord ; par exemple : une feuille de papier.

CATACLYSME, n. m. [kataklism] (gr. *kataklusmos*, de *katakluzein*, submerger) Grande inondation, déluge. ♦ **Fig.** Désastre, et surtout bouleversement dans un État, dans une société. ■ CATACLYSMIQUE, adj. [kataklismik] ■ CATACLYSMAL, ALE, adj. [kataklismal] *Événements cataclysmaux.*

CATACOI ou **CATACOUA**, n. f. [katakwa] (*catogan*) Se dit populairement pour *catogan.*

CATACOIS, n. m. [katakwa] Voy. CACATOIS.

CATACOMBES, n. f. pl. [katakɔ̃b] (lat. chrét. *catacumbæ*, cimetière souterrain, du gr. *kata*-, en bas, et du lat. *tumba*, tombe, avec infl. de *cumbere*, être couché) Lieux souterrains, près de Rome, qui, étant d'anciennes carrières de pouzzolane, servirent pour la sépulture des esclaves, et où les chrétiens enterrèrent aussi leurs morts et se cachèrent ensuite pendant les persécutions. ♦ Par extens. Toute espèce de vastes excavations souterraines où sont réunis des débris mortuaires. ■ Au sing. *Une catacombe.*

CATACOUSTIQUE, n. f. [katakustik] (gr. *kata*- contre, et *acoustique*) ▷ **Phys.** Partie de l'acoustique qui a pour objet les sons réfléchis ou les effets des échos. ♦ Adj. Qui a rapport à la catacoustique. ◁

CATADIOPTRE, ■ n. m. [katadjɔptʀ] (*catadioptrique*) Bande réfléchissante utilisée dans la signalisation routière. *La nuit, le port de catadioptres permet aux piétons d'être vus par les automobilistes.*

CATADIOPTRIQUE, adj. [katadjɔptʀik] (croisement de *catoptrique* et *dioptrique*) Épithète donnée à certains instruments d'optique qui réunissent les effets combinés de la réflexion et de la réfraction. ♦ N. f. Partie de l'optique qui a pour objet les effets réunis de la lumière réfléchie et réfractée.

CATADOUPE ou **CATADUPE**, n. f. [katadup, katadyp] (gr. *katadoupos*, bruit d'un corps qui tombe, de *kata*-, vers le bas, et *doupos*, bruit) ▷ Chute d'un fleuve. « *Les catadoupes ou cataractes du Nil* », FÉNELON. ◁

CATAFALQUE, n. m. [katafalk] (ital. *catafalco*, du lat. vulg. *catafalicum*, estrade où on expose les esclaves à vendre) Estrade élevée, par honneur, au milieu d'une église, pour recevoir le cercueil ou la représentation d'un mort.

CATAIRE ou **CHATAIRE**, n. f. [katɛʀ] (lat. sav. [XVIᵉ s.] *cattaria*, de *cattus*, chat) Plante labiée d'une odeur forte qui attire les chats.

CATALAN, ANE, ■ adj. [katalɑ̃, an] (catal. *català*, de *Catalunya*, Catalogne) De la Catalogne. ■ N. m. et n. f. Habitant de cette région. *Les Catalans.* ■ N. m. Langue parlée en Catalogne et dans l'est des Pyrénées.

CATALANE, n. f. [katalan] (*catalan*) *Forge à la catalane*, bas fourneau dans lequel s'opère l'affinage immédiat du minéral de fer.

CATALECTES, n. m. pl. [katalɛkt] (b. lat. *catalecton*, du gr. *katalegein*, choisir) Recueil de fragments, de morceaux détachés.

CATALECTIQUE, adj. [katalɛktik] (gr. *katalêktikos*, de *katalêgein*, se terminer) *Vers catalectique*, vers grec ou latin auquel manque une syllabe.

CATALEPSIE, n. f. [katalɛpsi] (gr. *katalêpsis*, action de saisir, de *katalambanein*, s'emparer, arrêter) Maladie caractérisée par l'aptitude qu'ont les membres, et même le tronc, à conserver pendant toute la durée de l'attaque les attitudes qu'ils avaient au commencement.

CATALEPTIQUE, adj. [katalɛptik] (b. lat. *catalepticus*) Atteint de catalepsie ; qui a rapport à la catalepsie. ♦ N. m. et n. f. *Un, une cataleptique.*

CATALOGUE, n. m. [katalɔg] (lat. *catalogus*) Liste d'inscription dans un registre. *Le catalogue d'une bibliothèque.* ■ Brochure présentant les produits mis en vente.

CATALOGUÉ, ÉE, p. p. de cataloguer. [kataloge]

CATALOGUEMENT, n. m. [katalɔg(ə)mɑ̃] (*cataloguer*) Action de cataloguer ; le résultat de cette action.

CATALOGUER, v. tr. [kataloge] (*catalogue*) Inscrire un livre, un article dans le catalogue. ♦ Arranger, mettre par classes. ■ **Fig.** et péj. *On l'a rapidement catalogué comme fauteur de troubles.* ■ CATALOGAGE, n. m. [katalogaʒ]

CATALOGUEUR, n. m. [katalogœʀ] (*cataloguer*) Celui qui rédige un catalogue.

CATALPA, n. m. [katalpa] (mot angl.) Arbre d'agrément, originaire de la Caroline, à fleurs d'un beau blanc ponctué de rouge et disposées en corymbe à l'extrémité des rameaux.

CATALYSE, n. f. [kataliz] (gr. *katalusis*, dissolution, décomposition) **Chim.** Phénomène qui a lieu quand un corps met en jeu, par sa seule présence et sans y participer chimiquement, certaines affinités qui sans lui resteraient inactives. ■ **Fig.** Phénomène qui a lieu quand quelqu'un, quelque chose rend actives certaines attitudes sans pour autant participer à cette réaction. *La catalyse s'est opérée : sa seule présence a suffi à nous motiver.*

CATALYSER, ■ v. tr. [katalize] (*catalyse*) Produire une réaction catalytique. ■ **Fig.** Agir comme une catalyse. *Le départ du directeur a catalysé les rivalités.*

CATALYSEUR, ■ n. m. [katalizœʀ] (*catalyser*) Facteur de la catalyse. « *C'est lui le catalyseur par excellence, l'excitant grâce auquel ces mouvements se déclenchent, l'obstacle qui leur donne de la cohésion, qui les empêche de s'amollir dans la facilité et la gratuité* », SARRAUTE.

CATALYTIQUE, ■ adj. [katalitik] (*catalyse*) Relatif à la catalyse.

CATAMARAN, ■ n. m. [katamaʀɑ̃] (angl. du tamoul *kattu*, lien, et *maram*, bois) **Mar.** Bateau à voile et à deux coques parallèles effilées et reliées entre elles.

CATAPLASME, n. m. [kataplasm] (gr. *kataplasma*) Topique de la consistance d'une bouillie épaisse, que l'on compose de pulpes, de poudres ou de farines cuites soit avec de l'eau pure, soit avec des décoctions de plantes, ou avec du lait. ♦ **Fig.** *Cela est un cataplasme*, se dit en parlant de quelque chose qui adoucit, compense, répare.

CATAPLECTIQUE, ■ adj. [kataplɛktik] (*cataplexie*) Relatif à la cataplexie.

CATAPLEXIE, ■ n. f. [kataplɛksi] (gr. *kataplêxis*, stupeur) Affaiblissement soudain du tonus musculaire, sans perte de connaissance, causé par une vive émotion.

CATAPULTAGE, ■ n. m. [katapyltaʒ] (*catapulter*) Projection à l'aide d'une catapulte. ■ **Fig.** et fam. Fait de catapulter quelque chose ou quelqu'un.

CATAPULTE, n. f. [katapylt] (b. lat. *catapulta*, du gr. *katapeltês*, de *kata* et *pallein*) Machine de guerre dont les anciens se servaient pour lancer des pierres ou des traits.

CATAPULTER, ■ v. tr. [katapylte] (*catapulte*) Projeter avec une catapulte. ■ Lancer loin. ■ **Fig.** et fam. Projeter quelque chose ou quelqu'un soudainement dans une situation sociale supérieure. *Il a été catapulté directeur.*

1 **CATARACTE**, n. f. [kataʀakt] (lat. impér. *cataracta*, du gr. *kataraktês*, chute d'eau) Dans l'Antiquité, sorte de herse placée aux portes des villes. ♦ Au pl. En style biblique, portes ou écluses qui sont supposées retenir les eaux célestes. *Les cataractes du ciel.* ♦ Chute d'une grande rivière qui se précipite de haut. *Les cataractes du Nil.* ♦ **Fig.** *Lâcher les cataractes*, laisser déborder sa colère, son indignation.

2 **CATARACTE**, n. f. [kataʀakt] (b. lat. *cataracta*, du gr. *kataraktês*, herse) Opacité du cristallin ou de sa membrane, qui empêche les rayons lumineux de parvenir jusqu'à la rétine, et qui cause ainsi la perte de la vue. ♦ Abaisser, extraire, broyer la cataracte, en faire l'opération.

CATARACTÉ, ÉE, adj. [kataʀakte] Affecté de la cataracte.

CATARACTER (SE), v. pr. [kataʀakte] (2 *cataracte*) Être affecté de cataracte, en parlant de l'œil.

CATARRHAL, ALE, adj. [kataʀal] (*catarrhal*) De la nature du catarrhe.

CATARRHE, n. m. [kataʀ] (lat. *catarrhus*, du gr. *katarrhous*) Flux morbide par une membrane muqueuse. *Catarrhe pulmonaire.* ♦ Dans le langage ordinaire, gros rhume.

CATARRHEUX, EUSE, adj. [kataʀø, øz] (b. lat. *catarrhosus*) Sujet aux catarrhes. *Vieillard catarrheux.* ♦ S'emploie quelquefois pour *catarrhal.*

CATASTROPHE, n. f. [katastʀof] (gr. *katastrophê*, bouleversement, dénouement) Renversement, grand malheur, fin déplorable. ♦ Par extens. Le dernier et principal événement d'une tragédie, d'un drame. ■ *En catastrophe*, en urgence, à la hâte.

CATASTROPHER, ■ v. tr. [katastʀofe] (*catastrophe*) Plonger dans le désarroi, surprendre.

CATASTROPHIQUE, ■ adj. [katastʀofik] (*catastrophe*) Qui constitue ou qui provoque une catastrophe. *La situation catastrophique des enfants soldats.* ■ Fam. Qui peut avoir des conséquences graves. *Son absence a eu des conséquences catastrophiques.*

CATASTROPHISME, ■ n. m. [katastʀofism] (*catastrophe*) Propension à s'attendre toujours au pire. **■** CATASTROPHISTE, adj. [katastʀofist]

CATATONIE, ■ n. f. [katatoni] (all. *Katatonie*, du gr. *kata*, en dessous, et *tonos*, tension) **Psych.** Alternance de périodes de passivité et d'excitation ou d'agressivité chez certains schizophrènes. **■** CATATONIQUE, adj. [katatonik]

CAT-BOAT, ■ n. m. [katbot] (mot angl., du néerl. *kat*, sorte d'embarcation, et de l'angl. *boat*, bateau) Petit bateau à un mât et une voile. *Des cat-boats.*

CATCH, ■ n. m. [katʃ] (angl. *to catch*, attraper) Sport et spectacle, dérivé de la lutte, opposant pendant plusieurs rounds deux personnes ou deux équipes de deux personnes. *Des catchs.* **■** CATCHEUR, EUSE, n. m. et n. f. [katʃœʀ, øz] **■** CATCHER, v. intr. [katʃe]

CATÉCHÈSE, ■ n. f. [kateʃɛz] (gr. *katêkhêsis*) Instruction orale sur les choses de l'Église, par demandes et par réponses. **■** Instruction religieuse pour les chrétiens.

CATÉCHISATION, ■ n. f. [kateʃizasjɔ̃] (*catéchiser*) Action de catéchiser.

CATÉCHISÉ, ÉE, ■ p. p. de catéchiser. [kateʃize]

CATÉCHISER, ■ v. tr. [kateʃize] (lat. chrét. *catechizare*, catéchèse) Initier à la foi chrétienne. *Catéchiser les infidèles.* **♦ Fig.** Donner à quelqu'un toutes les raisons qu'on peut imaginer pour qu'il croie ou fasse quelque chose. **♦** Styler quelqu'un, lui dire d'avance ce qu'il faut qu'il fasse ou qu'il dise. **♦ Fam.** Chapitrer, gronder.

CATÉCHISME, ■ n. m. [kateʃism] (lat. chrét. *catechismus*, catéchèse) Explication, par demandes et par réponses, de la croyance et des usages de la religion chrétienne. **♦** Le livre qui contient cette explication. **Par extens.** Exposition abrégée de quelque science. **♦** Leçon pour mettre au fait, pour endoctriner. *On lui a fait le catéchisme.* Remontrances. « Ennuyé de vos longues morales, de vos éternels catéchismes », J.-J. ROUSSEAU.

CATÉCHISTE, ■ n. m. et n. f. [kateʃist] (lat. chrét. *catechista*) Personne chargée d'enseigner le catéchisme. **■** En apposition. *La dame catéchiste de la paroisse.*

CATÉCHUMÉNAT, ■ n. m. [katekymena] (*catéchumène*) État de catéchumène.

CATÉCHUMÈNE, ■ n. m. et n. f. [katekymɛn] (lat. chrét. *catechumenus*, du gr. *katêgoumenos*) Personne qu'on instruit pour la disposer au baptême.

CATÉGORÈME, ■ n. m. [kategoʀɛm] (gr. *katêgorêma*) Dans la philosophie aristotélicienne, qualité qui fait ranger un objet dans telle ou telle catégorie.

CATÉGORIE, ■ n. f. [kategoʀi] (b. lat. *categoria*) En logique, un des chefs généraux sous lesquels nous rangeons toutes nos idées. *La catégorie de la substance.* **♦** Dans le langage général, toute classe où l'on range les objets de la même nature. **♦ Par extens.** Nature, espèce. *Ces deux choses ne sont pas de même catégorie.*

CATÉGORIEL, ELLE, ■ adj. [kategoʀjɛl] (*catégorie*) Relatif à une ou plusieurs catégories de personnes. *Luttes catégorielles.*

CATÉGORIQUE, ■ adj. [kategoʀik] (gr. *katêgorikos*, affirmatif) En logique, qui se rapporte aux catégories ; qui en a la précision, la certitude. **♦** Dans le langage général, qui est selon la raison, à propos, ou clair et précis. *Une réponse catégorique.*

CATÉGORIQUEMENT, ■ adv. [kategoʀik(ə)mã] (*catégorique*) D'une manière catégorique.

CATÉGORISÉ, ÉE, ■ p. p. de catégoriser. [kategoʀize] **■** CATÉGORISATION, n. f. [kategoʀizasjɔ̃]

CATÉGORISER, ■ v. tr. [kategoʀize] (*catégorie*) Classer par catégories.

CATÉNAIRE, ■ n. f. [katenɛʀ] (lat. *catenaria*, de *catena*, chaîne) Ensemble de câbles permettant l'alimentation des trains électriques. **■** Adj. Qui concerne la suspension d'un câble électrique d'une voie de chemin de fer. *Un système de suspension caténaire.*

CATGUT, ■ n. m. [katgyt] (mot angl., de *cat*, chat, et *gut*, intestin) Fil à base d'intestin de mouton utilisé en chirurgie pour suturer et ligaturer. *Des catguts.*

CATHARE, ■ n. m. [kataʀ] (gr. *katharos*, pur) Membre d'une école religieuse manichéenne du Moyen Âge. **■** Adj. Qui se rapporte à cette école. *L'hérésie cathare.*

CATHARISME, ■ n. m. [kataʀism] (*cathare*) Idéologie cathare.

CATHARSIS, ■ n. f. [kataʀsis] (gr. *katharsis*, purification) Phénomène de purification défini par Aristote, consistant en la libération des émotions chez le spectateur au cours de la représentation d'une tragédie. **■ Psych.** Extériorisation des souvenirs relatifs à des événements douloureux refoulés dans le subconscient. **■ Rem.** On prononçait autrefois [kataʀzis].

CATHARTIQUE, adj. [kataʀtik] (gr. *kathartikos*, qui purifie) Qui est purgatif, mais moins que les drastiques. **♦** N. m. *Un cathartique.*

CATHÉDRAL, ALE, ■ adj. [katedʀal] (lat. chrét. *cathedralis*) Qui concerne le siège de l'autorité épiscopale. *Les saints cathédraux.*

CATHÉDRALE, adj. f. [katedʀal] (pour *église cathédrale*) Se dit de l'église épiscopale d'un diocèse. **♦** N. f. *La cathédrale.* **♦ Par extens.** Nom donné aux grands et beaux monuments de l'architecture chrétienne. **■** *Verre cathédrale*, verre translucide dont la surface présente des reliefs.

CATHÉDRANT, n. m. [katedʀã] (*cathèdre*) Personne qui présidait à une thèse de théologie ou de philosophie.

CATHÈDRE, ■ n. f. [katɛdʀ] (lat. class. *cathedra*, siège à dossier) Siège de style gothique à haut dossier. *La cathèdre est réservée à l'évêque dans un lieu de culte chrétien.*

CATHÉRÉTIQUE, adj. [kateʀetik] (gr. *kathairetikos*, qui peut dissoudre) *Médicaments cathérétiques*, caustiques faibles ou employés en petite quantité. **♦** N. m. *Un cathérétique.* **■ Rem.** On trouvait aussi *cautérétique.*

CATHERINETTE, n. f. [kat(ə)ʀinɛt] (dimin. de *Catherine*, de *sainte Catherine*, patronne des jeunes filles) Jeune fille, ouvrière dans le milieu de la mode, ayant atteint l'âge de vingt-cinq ans sans être mariée (fêtant la Sainte-Catherine le 25 novembre, fête des ouvrières de la mode).

CATHÉTER, n. m. [kateteʀ] (gr. *kathetêr*, instrument chirurgical) Sonde cannelée qui sert dans l'opération de la taille. **■** Tige servant à dilater ou sonder un vaisseau, un orifice naturels pour y introduire un liquide ou évacuer ce qui s'y trouve.

CATHÉTÉRISME, n. m. [kateteʀism] (gr. *kathetêrismos*) **Méd.** Introduction d'un cathéter dans un conduit naturel afin d'établir un diagnostic.

CATHÉTOMÈTRE, ■ n. m. [katetomɛtʀ] (gr. *kthetos*, vertical, et -*mètre*) Instrument topographique utilisé pour mesurer des distances verticales.

CATHODE, ■ n. f. [katɔd] (gr. *kathodos*, descente, de *kata*, en bas, et *odos*, chemin) **Électr.** Électrode négative qui constitue la source primaire des électrons dans un tube électronique.

CATHODIQUE, ■ adj. [katɔdik] (*cathode*) Relatif à la cathode. **■** Par méton. *Le tube cathodique*, la télévision.

CATHODOLUMINESCENCE, ■ n. f. [katɔdolyminesãs] (*cathode* et *luminescence*) Émission de lumière due à un électron rapide.

CATHOLICISME, n. m. [katolisism] (*catholique*) Communion ou religion catholique. **♦** En un sens plus restreint, les opinions catholiques d'un individu.

CATHOLICITÉ, n. f. [katolisite] (*catholique*) Conformité à la doctrine catholique. *La catholicité d'une opinion.* **♦** L'ensemble des peuples catholiques.

CATHOLICON, ■ n. m. [katolikɔ̃] (gr. *katholicon*, universel) Électuaire de séné et de rhubarbe qu'on croyait propre à toutes sortes de maladies.

CATHOLICOS, ■ n. m. [katolikɔs] (gr. *katholicos*, universel) Dignitaire religieux chez certains chrétiens orientaux.

CATHOLIQUE, adj. [katolik] (lat. chrét. *catholicus*, du gr. *katholikos*, universel) Universel, servant à tout. *Gnomon catholique.* **♦** Qui appartient à la religion romaine. *Pays, foi catholique.* **■** *Sa Majesté Catholique*, le roi d'Espagne. **♦ Fig. et fam.** *Cela n'est pas catholique*, cela n'est pas conforme à la morale, au devoir, à la règle. **♦** N. m. et n. f. Personne qui professe la religion catholique. *Un, une catholique.*

CATHOLIQUEMENT, adv. [katolik(ə)mã] (*catholique*) Conformément à la foi catholique.

1 **CATI, IE,** p. p. de catir. [kati]

2 **CATI,** n. m. [kati] (*catir*) Apprêt qui donne du corps et du lustre aux étoffes.

CATILLAC ou **CATILLARD,** n. m. [katijak, katijaʀ] (orig. inconnue) Poire d'hiver bonne à cuire.

CATIMINI (EN), loc. adv. [katimini] (p.-ê. du gr. *katamênia*, menstrues, ou du picard, composé de *cate*, chatte) En cachette.

CATIN, n. m. [katɛ̃] (lat. class. *catinus*, creuset) Bassin qui sert à recevoir un métal fondu.

CATION, ■ n. m. [katjɔ̃] (*cathode* et *ion*) **Phys.** Ion positif.

CATIONIQUE, ■ adj. [katjonik] (*cation*) Relatif aux cations.

CATIR, v. tr. [katiʀ] (lat. vulg. *coactire*, du lat. class. *cogere*, serrer, presser) Lustrer une étoffe. **♦** Se catir, v. pr. Être cati.

CATISSAGE, n. m. [katisaʒ] (*catir*) Opération par laquelle on donne le cati à une étoffe.

CATISSEUR, n. m. [katisœʀ] (*catir*) Ouvrier qui donne le cati aux étoffes.

CATLEYA, ■ n. m. [katleja] Voy. CATTLEYA.

CATOBLÉPAS, ■ n. m. [katoblepas] (lat. *catoblepas*, taureau d'Afrique, du gr. *katôblepon*, qui regarde en bas) Animal fabuleux à cornes et au long cou. *Le regard du lourd catoblépas dont la tête était dirigée vers le bas était censé pouvoir tuer ceux qu'il croisait.*

CATOGAN ou **CADOGAN**, n. m. [katogɑ̃, kadogɑ̃] (angl. *cadogan*, p.-ê. du général Cadogan) Nœud qui retroussait les cheveux et les attachait près de la tête. ♦ Petit sac de soie où l'on enfermait ses cheveux. ■ REM. On disait autrefois populairement *une catacoi*, écrit aussi *catacoua*.

CATON, n. m. [katɔ̃] (lat. *Cato*, patronyme de Marcus Porcius Priscus, de *catus*, fin, avisé) Homme d'une vertu rigide ou qui en affecte les airs.

CATOPTRIQUE, adj. [katɔptʁik] (gr. *katoptrikos*, relatif aux miroirs) Qui a rapport à la réflexion de la lumière. *Télescope catoptrique.* ♦ N. f. Partie de la physique qui traite de la lumière réfléchie.

CATTLEYA ou **CATLEYA**, ■ n. m. [katleja] (*Cattley*, nom du botaniste angl.) **Bot.** Orchidée à grandes fleurs, originaire d'Amérique. « *La métaphore faire catleya, devenu un simple vocable qu'ils employaient sans y penser quand ils voulaient signifier l'acte de la possession physique* », PROUST.

CAUCASIEN, IENNE, adj. [kokazjɛ̃, jɛn] (*Caucase*) Nom donné à la race humaine blanche, supposée issue du Caucase [1]. ■ Originaire du Caucase. ■ REM. 1 : La notion de race ne repose sur aucun fondement scientifique et a une connotation raciste.

CAUCHEMAR, n. m. [koʃ(ə)maʁ] (anc. fr. *cauchier*, presser, avec influ. du lat. *calcare*, marcher, piétiner et du néerl. *mare*, fantôme) Sentiment d'un poids incommode sur la région épigastrique pendant le sommeil ; état qui finit par un réveil en sursaut après une anxiété extrême. ♦ Par extens. Tout rêve effrayant. ♦ Fig. Pensée affligeante ou effrayante qui nous poursuit sans cesse et dont nous ne pouvons nous débarrasser. ♦ Homme qui pèse sur nous d'une façon très importune.

CAUCHEMARDER, ■ v. intr. [koʃ(ə)maʁde] (*cauchemar*, avec influ. du suff. *-ard*) Faire un cauchemar.

CAUCHEMARDESQUE, ■ adj. [koʃ(ə)maʁdɛsk] (*cauchemar*, avec influ. du suff. *-ard*) Relatif aux cauchemars. *Une histoire cauchemardesque.* ■ CAUCHEMARDEUX, EUSE, adj. [koʃ(ə)maʁdø, øz]

CAUCHOIS, OISE, adj. [koʃwa, waz] (*Caux*) Qui est du pays de Caux. *Pigeon cauchois*, gros pigeon de Caux, en Normandie. ♦ *Coiffe cauchoise*, sorte de coiffure très élevée.

CAUDAL, ALE, adj. [kodal] (lat. *cauda*, queue) **Zool.** Qui appartient à la queue. *Nageoire caudale.*

CAUDATAIRE, n. m. [kodatɛʁ] (lat. médiév. *caudatarius*, du lat. *cauda*, queue) Celui qui porte la queue de la robe d'un cardinal. ♦ Adj. *Gentilhomme caudataire.* ♦ Homme qui se fait valet de quelqu'un.

CAUDÉ, ÉE, adj. [kode] (lat. *cauda*, queue) **Hist. nat.** Qui a une queue. ♦ Hérald. *Étoile, comète caudée.*

CAUDEBEC, n. m. [kod(ə)bɛk] (*Caudebec*, en Normandie) Espèce d'ancien chapeau de laine.

CAUDIFÈRE ou **CAUDIGÈRE**, adj. [kodifɛʁ, kodiʒɛʁ] (lat. *cauda*, queue, et *-fère* ou *-gère*) **Hist. nat.** Qui porte une queue.

CAUDILLO, ■ n. m. [kawdijo] ou [kaodijo] (mot esp., chef, du lat. *capitellum*, dimin. de *caput*, tête) En Amérique du Sud et en Espagne, chef militaire s'étant emparé du pouvoir politique. *Le caudillo dirigeait le pays d'une main de fer.*

CAUDIMANE, adj. [kodiman] (lat. *cauda*, queue, et *manus*, main) **Zool.** Qui emploie sa queue comme une main. *Singe caudimane.*

CAUDRETTE, ■ n. f. [kodʁɛt] (mot picard) Filet de pêche monté sur un cerceau et qui a l'apparence d'une poche.

CAULERPE, ■ n. f. [kolɛʁp] (lat. *caulerpa*) Algue tropicale de couleur verte.

CAULICOLES, n. f. pl. [kolikɔl] (lat. *cauliculus*, de *caulis*, tige, et *-cole*) Tiges qui, sortant d'entre les feuilles d'acanthe, s'enroulent en volutes sous le tailloir du chapiteau corinthien.

CAURI ou **CAURIS**, n. m. [koʁi] (mot indien) Petite coquille blanche qui sert de monnaie courante au Bengale et dans tout le centre de l'Afrique. ■ REM. Graphie ancienne : *coris*. ■ REM. L'usage des cauris comme monnaie courante a aujourd'hui disparu.

CAUSAL, ALE, adj. [kozal] (lat. impér. *causalis*) Qui appartient à la cause. ♦ Gramm. *Particule causale*, même sens que particule causative. ■ Au pl. *Causals.*

CAUSALGIE, ■ n. f. [kozalʒi] (*cause* et *-algie*) **Méd.** Douleur nerveuse intense caractérisée par une impression de brûlure aux extrémités.

CAUSALITÉ, n. f. [kozalite] (b. lat. *causalitas*) Vertu par laquelle une cause produit un effet. ♦ *Principe de causalité*, principe en vertu duquel on rattache un effet à sa cause.

CAUSANT, ANTE, adj. [kozɑ̃, ɑ̃t] (2 *causer*) Qui parle volontiers. « *Je ne suis plus si causante qu'à Paris* », MME DE SÉVIGNÉ. ♦ Qui agit comme cause.

CAUSATIF, IVE, adj. [kozatif, iv] (b. lat. *causativus*) **Gramm.** Qui annonce qu'on va donner la raison de ce qui a été dit. *Car est une conjonction causative.*

CAUSATIVEMENT, adv. [kozativ(ə)mɑ̃] (*causatif*) En agissant comme cause.

CAUSE, n. f. [koz] (lat. *causa*) Ce qui fait qu'une chose est ou s'opère. *Point d'effet sans cause.* ♦ *Cause première, cause des causes*, Dieu. ♦ *Causes secondes*, celles qui sont dérivées de la cause première, les créatures. ♦ *Causes finales*, les causes pour lesquelles on suppose que chaque chose dans l'univers a été faite. ♦ *Cause finale*, la fin en vue de laquelle on agit. ♦ Ce qui produit ou occasionne, en parlant des personnes ou des choses. ♦ *Être cause que* ou *de*, être la cause de. « *Il fut cause de la perte de tous les siens* », BOSSUET. *Mes affaires sont cause que je ne puis sortir.* ♦ Raison, sujet, motif. *Vous connaissez la cause qui m'a fait agir.* ♦ Dr. *Cause d'une obligation*, avantage que se propose le contractant. ♦ *Parler avec connaissance de cause*, agir en connaissance de cause, parler, agir avec connaissance des faits. ♦ Fam. *Et pour cause*, non sans motif, avec raison, se dit quand les motifs sont évidents ou qu'on veut les taire. « *Venez, singe ; parlez le premier, et pour cause* », LA FONTAINE. ♦ *Procès qui se plaide. Gagner sa cause.* ♦ *En tout état de cause*, quel que soit l'état du procès. ♦ *En tout état de cause*, quoi qu'il en soit. ♦ Fig. *Cela est hors de cause*, il n'en est pas question, on ne le révoque pas en doute. ♦ Fig. *Avoir, donner gain de cause* ou *cause gagnée*, obtenir, accorder l'avantage dans une discussion. ♦ *Plaider la cause de quelqu'un*, le défendre, le soutenir. ♦ Parti, intérêt. *La cause du peuple.* ♦ *Prendre fait et cause pour quelqu'un*, prendre son parti. ♦ Dans le même sens, *prendre en main la cause de...* ♦ À CAUSE DE, loc. prép. Pour l'amour de, en considération de. À CAUSE QUE, loc. conj. Parce que. « *Ils ne découvrent pas la lumière à cause qu'ils détournent les yeux* », BOSSUET. ■ En cause, qui est l'objet d'une affaire.

CAUSÉ, ÉE, p. p. de 1 *causer*. [koze] Produit par une cause. « *Toutes choses étant causées ou causantes* », PASCAL. ♦ Dr. Qui a pour cause. *Billet causé en marchandises.*

1 CAUSER, v. tr. [koze] (*cause*) Être cause, occasionner. *Cela causa leur malheur. Causer du retardement.*

2 CAUSER, v. intr. [koze] (lat. *causari*, plaider, discuter) S'entretenir familièrement. *Nous causerons de cette affaire.* ♦ Il est incorrect de dire : *Il m'a causé de...* il faut dire : *Il a causé avec moi de...* ♦ *Causer de choses et d'autres*, s'entretenir sans propos déterminé. ♦ Fig. *Causer de la pluie et du beau temps*, parler de riens. ♦ Ellipt. *Causer littérature, etc.*, causer de littérature, etc. ♦ *Causer*, tenir des propos, parler avec légèreté et indiscrétion, ou avec malignité. « *Voyez la médisance, et comme chacun cause !* », MOLIÈRE.

CAUSERIE, n. f. [koz(ə)ʁi] (2 *causer*) Action de causer ; propos indiscret.

CAUSETTE, n. f. [kozɛt] (rad. de 2 *causer*) Petite causerie.

CAUSEUR, EUSE, adj. [kozœʁ, øz] (2 *causer*) Qui aime à causer. *Il est d'humeur causeuse.* ♦ N. m. et n. f. Personne qui aime à causer, qui sait causer. ♦ Personne qui parle avec légèreté, indiscrétion. ♦ Personne qui dit par raillerie des choses auxquelles il ne faut pas trop se fier. « *Hé ! mon Dieu ! c'est une causeuse qui ne dit pas ce qu'elle pense* », MOLIÈRE.

CAUSEUSE, n. f. [kozøz] (*causer*) (2 *causer*) Petit canapé où peuvent s'asseoir deux personnes pour causer.

CAUSSE, ■ n. m. [kos] (prov., du lat. *calx*, chaux) Plateau calcaire du Massif central. ■ CAUSSENARD, ARDE, adj. [kos(ə)naʁ, aʁd] Originaire des Causses ou y résidant.

CAUSTICITÉ, n. f. [kostisite] (1 *caustique*) Impression que font les corps nommés caustiques. ♦ Propriétés de certains corps qui, en se combinant avec la substance des parties vivantes, en détruisent la texture. ♦ Fig. Qualité caustique dans la parole, dans un écrit.

1 CAUSTIQUE, adj. [kostik] (lat. class. *causticus*, du gr. *kaustikos*, qui brûle) **Méd.** Qui brûle, qui corrode. *Remède caustique.* ■ N. m. *Un caustique.* ♦ Fig. Qui fait sur l'âme une impression comparée à celle d'un caustique sur le corps. *Langage caustique.* ♦ Par extens. En parlant des personnes, qui emporte la pièce. ♦ N. m. Substance qui procure plus d'adhérence à une autre substance, dans la peinture en badigeon. ■ *Langage caustique*, langage blessant, acerbe.

2 CAUSTIQUE, n. f. [kostik] (1 *caustique*) Courbe sur laquelle concourent les rayons lumineux successivement réfléchis ou rompus par une surface, et qui y produisent une grande chaleur.

CAUSTIQUEMENT, adv. [kostik(ə)mɑ̃] (1 *caustique*) D'une façon caustique.

CAUTÈLE, n. f. [kotɛl] (lat. class. *cautela*, prudence, précaution) Précaution mêlée de défiance et de ruse. ♦ Dans le droit canon, *absolution à cautèle*, absolution de précaution.

CAUTELEUSEMENT, adv. [kot(ə)løz(ə)mɑ̃] (*cauteleux*) D'une manière cauteleuse.

CAUTELEUX, EUSE, adj. [kot(ə)lø, øz] (*cautèle*) Qui a de la cautèle. *Un homme cauteleux. Une cauteleuse réponse.*

CAUTÈRE, n. m. [kotɛʀ] (gr. *kautêrion*, fer à cautériser) Agent chimique ou corps brûlant dont on se sert pour désorganiser une portion des tissus organiques, et la convertir en eschare. ♦ *Cautère actuel*, instrument de métal qu'on fait chauffer pour cautériser. *Cautère potentiel*, toute substance qui a chimiquement la faculté de brûler. ♦ Petit ulcère artificiel, résultant de l'application d'un cautère. ♦ **Fig.** *C'est un cautère sur une jambe de bois*, c'est un remède inutile.

CAUTÉRÉTIQUE, adj. [koteretik] ▷ Mot admis par l'Académie, mais qui est une corruption barbare de *cathérétique*. ▪ Voy. **CATHÉRÉTIQUE**. ◁

CAUTÉRISATION, n. f. [koteʀizasjɔ̃] (*cautériser*) Action de cautériser ; effet d'un caustique.

CAUTÉRISÉ, ÉE, p. p. de cautériser. [koteʀize]

CAUTÉRISER, v. tr. [koteʀize] (b. lat. *cauterizare*) Appliquer un cautère ; brûler au moyen d'un cautère. *Cautériser une plaie.*

CAUTION, n. f. [kosjɔ̃] (lat. class. *cautio*, précaution, prudence) Engagement que l'on prend pour un autre, et par extension la personne même qui prend cet engagement. *Donner caution. Être caution de quelqu'un.* ♦ En matière civile, engagement de satisfaire à une obligation, au défaut du contractant. ♦ En matière correctionnelle, garantie donnée qu'un prévenu se représentera quand il en sera requis. ♦ *Caution bourgeoise*, caution solvable. ♦ *Sujet à caution*, qui doit donner caution, et par conséquent suspect. ♦ **Fig.** Témoin, témoignage de la réalité d'une chose. « *Je vous suis caution qu'il est très honnête homme* », MOLIÈRE.

CAUTIONNAIRE, adj. [kosjɔnɛʀ] (*cautionner*) Qui a rapport à la caution ; qui se porte caution ; qui est donné en caution.

CAUTIONNÉ, ÉE, p. p. de cautionner. [kosjɔne]

CAUTIONNEMENT, n. m. [kosjɔn(ə)mɑ̃] (*cautionner*) Action de cautionner. *Signer un cautionnement.* ♦ Le gage ou la somme déposée en garantie d'un engagement, d'une gestion, etc. ♦ Somme déposée à l'effet de faire face aux amendes qui pourraient être prononcées. *Le cautionnement d'un journal.*

CAUTIONNER, v. tr. [kosjɔne] (*caution*) Se rendre caution pour quelqu'un. ♦ En général, répondre de. « *J'en réponds sur sa mine, et je le cautionne* », MOLIÈRE. ▪ Approuver. *Refuser de cautionner un projet.*

CAVAGE, ▪ n. m. [kavaʒ] (1 *caver*) Cavité, endroit creux. ▪ Action de creuser. *Le cavage des chiens truffiers.*

CAVAGNOLE, n. m. [kavaɲɔl] ou [kavaɲjɔl] (ital. *cavagnola*, de *cavagnol*, petit panier) Jeu de hasard, à tableaux et à boules.

CAVAILLON, ▪ n. m. [kavajɔ̃] (*Cavaillon*) Petit melon jaune très odorant.

CAVALCADE, n. f. [kavalkad] (prob. ital. *cavalcata*, de *cavalcare*, chevaucher) Marche de gens à cheval ; la troupe même des gens à cheval. ♦ Marche pompeuse de gens à cheval. *Aller en cavalcade.* ▪ Déplacement précipité et bruyant d'un groupe de personnes.

CAVALCADER, v. intr. [kavalkade] (*cavalcade*) Faire, en compagnie, une promenade à cheval.

CAVALCADOUR, adj. m. [kavalkaduʀ] (ital. *cavalcatore*, cavalier, écuyer) *Écuyer cavalcadour*, écuyer qui a la surveillance des chevaux et équipages d'un prince.

CAVALE, n. f. [kaval] (lat. *caballa*) La femelle du cheval.

CAVALER, ▪ v. intr. [kavale] (*cavale*) Vx Chevaucher. ▪ **Fam.** Courir vite. ▪ Multiplier les aventures amoureuses. ▪ Se cavaler, v. pr. **Fam.** Se sauver. ▪ CAVALE, n. f. [kaval]

CAVALERIE, n. f. [kaval(ə)ʀi] (ital. *cavalleria*) Troupe de gens de guerre qui sert à cheval. ♦ *La grosse cavalerie*, cavalerie armée pesamment, montée sur de forts chevaux. ♦ *La cavalerie légère*, cavalerie montée sur des chevaux légers et destinée à faire le service d'éclaireurs, etc. ♦ L'art de former les hommes pour la cavalerie et de les conduire à la guerre. *Cet officier entend bien la cavalerie.*

CAVALEUR, EUSE, ▪ n. m. et n. f. ou adj. [kavalœʀ, øz] (*cavaler*) **Fam.** Personne qui cavale, qui multiplie les amourettes. *On le dit cavaleur, c'est en effet un coureur de jupons.*

1 CAVALIER, IÈRE, n. m. et n. f. [kavalje, jɛʀ] (ital. *cavaliere*) Homme, femme à cheval. *Être bon cavalier.* ♦ Soldat qui sert à cheval. ♦ Homme d'épée. « *Me trouves-tu bien fait en cavalier ?* », P. CORNEILLE. ♦ Homme, par opposition à dame ou demoiselle. *Il n'y avait pas assez de cavaliers à ce bal.* ♦ Aux échecs, pièce qui marche obliquement du blanc au noir, et du noir au blanc, en sautant une case. ♦ **Fortif.** Amas de terre, dont le sommet compose une plateforme, sur laquelle on dresse des batteries de canon. ♦ **Impr.** Papier d'un format entre le carré et le grand raisin. ♦ **Adj.** *Papier cavalier.*

2 CAVALIER, IÈRE, adj. [kavalje, jɛʀ] (1 *cavalier*) Qui est d'un cavalier, c'est-à-dire, en parlant de l'air et du langage, aisé, dégagé, et aussi brusque, inconvenant. *Réponse cavalière. Propos cavaliers.* ♦ À LA CAVALIÈRE, loc. adv. *En cavalier.*

CAVALIÈREMENT, adv. [kavaljɛʀ(ə)mɑ̃] (2 *cavalier*) En cavalier, en homme du monde. *Il danse cavalièrement.* ♦ Vieilli en ce sens. ♦ D'un ton leste, avec brusquerie, inconvenance, sans égards.

CAVATINE, n. f. [kavatin] (ital. *cavatina*) Sorte d'air, d'ordinaire assez court, que l'on ne répète pas.

1 CAVE, n. f. [kav] (lat. *cava*, fossé) Toute espèce de réduit souterrain. ♦ En particulier, construction sous terre destinée à loger le vin et autres provisions. ♦ **Fig.** *Aller du grenier à la cave, de la cave au grenier*, tenir des propos incohérents, sans suite, et aussi ne pas écrire droit. ♦ *Rat de cave*, bougie mince et enroulée dont on se sert pour descendre à la cave. ♦ **Fig.** et **injur.** *Rat de cave*, commis des contributions indirectes. ♦ **Par extens.** Les vins mêmes qu'on a en cave. *Il a une excellente cave.* ♦ Caisse à compartiments, garnie de flacons de liqueurs.

2 CAVE, n. f. [kav] (2 *caver*) L'argent qu'on met devant soi au brelan, à la bouillotte et autres jeux de cartes. ▪ **N. m.** Personne n'appartenant pas à la pègre et considérée par celle-ci comme facile à duper.

3 CAVE, adj. [kav] (lat. *cavus*, creux) Creux. *Des joues caves.* ♦ **Anat.** *Veine cave*, nom des deux troncs veineux qui aboutissent à l'oreillette droite du cœur. ♦ *Année cave*, année lunaire de 353 jours, et aussi année incomplète, que l'on fait entrer dans un calcul chronologique comme année accomplie. ♦ *Mois cave*, mois lunaire de vingt-neuf jours.

1 CAVÉ, ÉE, p. p. de 1 caver. [kave] Rendu cave. « *Malgré ses yeux cavés* », LA FONTAINE.

2 CAVÉ, ÉE, p. p. de 2 caver. [kave] Qui a mis une certaine somme à certains jeux.

CAVEAU, n. m. [kavo] (dimin. de 1 *cave*) Petite cave pratiquée dans une cave ordinaire. ♦ Espèce de cabaret, de café, où se réunissent des gens de lettres, des chansonniers. ♦ Cette société même, ses actes, ses repas, ses chansons. ♦ Construction souterraine pratiquée dans les églises ou dans les cimetières pour la sépulture. *Caveau de famille.*

CAVECÉ, ÉE, adj. [kav(ə)se] (rad. de *caveçon*) *Cheval rouan cavecé de noir*, cheval qui a la tête noire.

CAVEÇON, n. m. [kav(ə)sɔ̃] (ital. *cavezzone*, du b. lat. *capitia*, de *caput*, tête) Demi-cercle de fer qu'on met au nez des chevaux pour les dompter. ♦ **Fig.** *Donner un coup de caveçon à quelqu'un*, lui faire éprouver une mortification. *Avoir besoin de caveçon*, avoir besoin d'être retenu.

CAVÉE, n. f. [kave] (1 *caver*) Chemin creux.

1 CAVER, v. tr. [kave] (lat. *cavare*, creuser) Creuser, miner. ♦ **Absol.** *La rivière a cavé sous la pile du pont.* ♦ Se caver, v. pr. Devenir cave, creux. *Ses yeux se cavent.*

2 CAVER, v. intr. [kave] (ital. *cavare*, tirer de sa poche, du lat. *cavare*, creuser) À différents jeux, faire un fonds d'une certaine somme pour avoir devant soi de quoi jouer. ♦ *Caver au plus fort*, mettre autant d'argent que celui qui en met le plus. ♦ **Fig.** *Caver au plus fort*, porter tout à l'extrême. *Caver au plus bas*, mettre les choses au pis. ♦ **V. tr.** « *Ils ne cavaient d'abord que trois ou quatre pistoles* », HAMILTON. ♦ Se caver, v. pr. Même sens. *Je me cave de cent francs.*

CAVERNAIRE, adj. [kavɛʀnɛʀ] (*caverne*) **Hist. nat.** Qui vit dans les cavernes.

CAVERNE, n. f. [kavɛʀn] (lat. class. *caverna*, grotte) Lieu creux dans des rochers, dans des montagnes, sous terre. ♦ **Fig.** Rendez-vous de malfaiteurs. *Cette maison est une caverne de brigands.* ♦ Excavation ulcéreuse au poumon ou ailleurs.

CAVERNEUX, EUSE, adj. [kavɛʀnø, øz] (lat. *cavernosus*, percé de trous) Plein de cavernes. ♦ Qui est creusé d'un ou de plusieurs trous. *Des arbres caverneux.* ♦ **Fig.** *Voix caverneuse*, voix sourde et rude. ♦ **Méd.** *Râle caverneux*, râle qui se produit quand il se trouve un liquide dans la cavité où l'air pénètre. ♦ **Méd.** Qui a des cavités ou cellules.

CAVERNICOLE, ▪ n. m. ou adj. [kavɛʀnikɔl] (*caverne* et -*cole*) **Zool.** Animal ou insecte qui loge dans les cavernes. *Un cavernicole. Des fourmis cavernicoles.*

CAVET, n. m. [kavɛ] (ital. *cavetto*, dimin. de *cavo*, creux) Moulure concave ou rentrante.

CAVIAR, n. m. [kavjaʀ] (turc *khâviar*) Œufs d'esturgeon salés. ▪ **Par anal.** Préparation culinaire à l'aspect granuleux. *Caviar d'aubergines.*

CAVIARDER, ■ v. tr. [kavjaʀde] (*caviar*) Censurer un écrit en le noircissant. « *Il badigeonne, griffonne, caviarde des pages entières de carnets, des journaux* », *Lire*, 2001. ■ CAVIARDAGE, n. m. [kavjaʀdaʒ]

CAVILLATION, n. f. [kavijasjɔ̃] (lat. *cavillatio*, plaisanterie) Mauvaise chicane, dérision, moquerie.

CAVIROSTRE, adj. [kaviʀɔstʀ] (lat. *cavus*, creux, et *rostrum*, bec) Qui a le bec creux.

CAVISTE, ■ n. m. et n. f. [kavist] (1 *cave*) Responsable de l'entretien et de la vente des vins d'une cave.

CAVITAIRE, ■ adj. [kavitɛʀ] (*cavité*) Méd. Relatif aux cavernes pulmonaires. *Des signes radiologiques cavitaires.*

CAVITATION, ■ n. f. [kavitasjɔ̃] (mot angl., de *cavity*, cavité) Phys. Phénomène physique caractérisé par l'apparition de cavités gazeuses dans un liquide soumis à des ultrasons.

CAVITÉ, n. f. [kavite] (b. lat. *cavitas*) Vide dans un corps solide.

CAYEU, ■ n. m. [kajø] Voy. CAÏEU.

CAZETTE, n. f. [kazɛt] Voy. CASETTE.

CCP, ■ n. m. [sesepe] (sigle de *compte chèques postal*) Compte financier géré par la poste pour un particulier ou une entreprise. *Ont-ils crédité mon CCP?*

CD ou **CÉDÉ,** ■ n. m. [sede] Voy. COMPACT-DISC.

CDD, ■ n. m. [sedede] (sigle de *contrat à durée déterminée*) Contrat de travail renouvelable une fois et d'une durée maximale de 18 mois. ■ CDDISTE, n. m. et n. f. [sededist]

CDI, ■ n. m. [sedei] (sigle de *contrat à durée indéterminée*) Contrat de travail liant l'employé à son entreprise jusqu'à son licenciement ou sa démission. ■ CDISTE, n. m. ou n. f. [sedeist]

CD-ROM, ■ n. m. [sedeʀɔm] Voy. CÉDÉROM.

1 **CE, CET** adj. dém. , **CETTE** f. ou **CES,** pl. [sə, sɛt, se] (lat. pop. *ecce hoc, ecce iste*) *Ce* ne se met que devant les noms masculins qui commencent par une consonne ou par une *h* aspirée : *Ce roi, ce héros ; cet,* devant les noms masculins qui commencent par une voyelle ou une *h* muette : *Cet homme, cet ami.* ◆ *Ce, cet, cette, ces,* suivis d'un substantif quel qu'il soit, permettent de le désigner de nouveau par les adverbes de lieu *ci* et *là* : *Ce livre-ci, ce livre-là.* ◆ *Ce, cette, ces* s'appliquent à ce qui va suivre. « *Quand la vertu n'aurait que cet avantage de nous mettre à l'abri de toutes les tempêtes des passions* », MASSILLON. ◆ Avec un adjectif possessif. *Ce mien cousin que vous avez vu chez moi.*

2 **CE,** pron. dém. [sə] (lat. pop. *ecce hoc*) Il explique, d'une façon indéterminée, l'idée que celui qui parle a dans l'esprit. *C'est beau.* ◆ *Ce* placé devant le verbe *être* ou les verbes *devoir, pouvoir,* et précédant un pronom, un substantif, un verbe, appelle particulièrement l'attention sur ces mots. *C'est vous que je demande. C'est se moquer que d'agir ainsi. C'est Dieu qui parle. Ce doit être mes amis qui arrivent. Ce ne peut être encore les gens que nous attendons.* ◆ *Ce* suit le verbe *être* et le pronom *le, la. Est-ce là votre voiture? Oui, ce l'est.* ◆ Avec les pronoms *moi, toi, nous, vous,* le verbe *être* se rapporte toujours à *ce. C'est moi qui le dis. C'est nous qui le disons.* ◆ Si le nom ou pronom qui suit le verbe *être* est au pluriel, ce verbe s'accorde non avec *ce,* mais avec le nom. *Ce sont eux qui le veulent ; ce sont des amis.* Cette règle n'est pas toujours observée dans les anciens auteurs. « *Ce n'est pas les Troyens, c'est Hector qu'on poursuit* », RACINE. « *Ce n'est pas seulement les hommes à combattre, c'est des montagnes inaccessibles* », BOSSUET. ◆ Si *ce* et *être* sont suivis de deux ou plusieurs noms, le verbe *être* s'accorde avec *ce,* c'est-à-dire se met au singulier. « *C'est le nombre du peuple et l'abondance des aliments qui font la force et la vraie richesse d'un royaume* », FÉNELON. ◆ Si, de ces noms, un était au pluriel, on n'en mettrait pas moins le verbe *être* au singulier, à moins que le nom au pluriel ne fût le premier. *C'est la gloire et les plaisirs qu'il a en vue. Ce sont les plaisirs et la gloire qu'il a en vue.* ◆ Le verbe *être* se met toujours au singulier quand une préposition intervient, *ce* restant alors l'unique sujet du verbe. *C'est pour eux que je travaille.* ◆ On se sert du singulier avec les nombres exprimant les heures. *C'est onze heures qui sonnent.* ◆ *Ce* dans une phrase interrogative. « *Est-ce toi, chère Élise?* », RACINE. ◆ *Ce* dans une phrase interrogative avec *qui* ou *que. On frappe ; qui est-ce? Qu'est-ce-là? qu'est-ce-ci?* Qu'y a-t-il là? qu'y a-t-il ici? ◆ *Ce* redoublé. *Qu'est-ce que c'est? Qu'est-ce que c'est que cet air.* ◆ *Ce* s'emploie dans le même sens en retranchant *que.* « *Voyez ce que c'est d'avoir étudié* », LA FONTAINE. ◆ *C'est... que,* avec un verbe à un mode quelconque, sauf l'infinitif. « *C'est à Rome, mes fils, que je prétends marcher* », RACINE. ◆ *C'est... que,* suivi d'un infinitif. « *C'est à se taxer hautement de scandaliser qu'on le reprenne* », MOLIÈRE. ◆ *C'est... que de,* suivi d'un infinitif. « *Ce n'est pas une petite peine que de garder chez soi une grande somme d'argent* », MOLIÈRE. ◆ *C'est... de,* suivi d'un infinitif, sans *que.* « *C'était lui faire injure de l'implorer* », PASCAL. ◆ *Ce n'est pas que,* avec le subjonctif,

locution par laquelle on se défend de... on écarte l'opinion que... *Ce n'est pas que je veuille médire.* ◆ *C'est que, c'est de,* donnant l'explication de ce qui est, de ce qui se fait. *Pourquoi ne venez-vous pas avec nous? C'est que je suis malade.* ◆ *C'est à... de,* il appartient à. *C'est à vous de parler.* ◆ Avec *à,* en place de la préposition *de. C'est à vous à parler.* ◆ *Ce* explétif. *Ce que je crains, c'est d'être surpris.* ◆ *Le ce* explétif peut être supprimé. *Ce que je crains est d'être surpris.* ◆ La répétition de *ce* est indispensable dans le cas où le verbe *être* est suivi d'un substantif au pluriel ou d'un pronom personnel. *Ce qui m'attache à la vie, ce sont mes enfants.* ◆ *Ce que,* désignant une personne qu'on ne nomme pas. « *Ce qu'on appelle un fâcheux est celui qui...* », LA BRUYÈRE. ◆ *Tout ce qui, tout ce que,* toutes les choses qui ou que. « *Tout ce que ce palais renferme de mystères* », RACINE. ◆ *Ce qui est de,* suivi d'un adjectif. « *Voilà ce qui est de bon* », MOLIÈRE. ◆ *Ce dit-il,* tournure archaïque et poétique. *Ce dis-tu.* « *Ce m'a-t-il dit* », MOLIÈRE. ◆ *Quand ce vient... quand ce vint... quand ce viendra...* quand le moment vint, fut, sera. « *Quand ce vint à payer...* », LA FONTAINE. ◆ ▷ *Ce semble,* il paraît, on peut le croire. ◁ ◆ ▷ *Ce vous est, ce lui est,* c'est pour vous, pour lui. ◁ ◆ ▷ *Ce m'est avis,* je suis d'avis. ◁ ◆ ▷ *Ce leur est avis,* ils sont d'avis. ◁ ◆ En style de pratique et de chancellerie, *ce* s'emploie absolument pour résumer ce qui a été dit. *Et ce conformément à...* Et en vertu de ce que dessus. *Ce s'emploie aussi de cette façon dans le langage ordinaire. Pour ce faire, il prit...* ◆ À CE QUE, loc. conj. Usitée en style de pratique et de chancellerie, et signifiant *afin que.* ◆ *Sur ce,* locution par laquelle les souverains terminent leurs lettres. *Sur ce, je prie Dieu que...* ◆ *Ce,* pour *il.* « *C'est plutôt fait de céder à la nature que de...* », LA BRUYÈRE. ◆ *C'est pour, c'est à,* suivi d'un infinitif, cela mérite de. *C'est à mourir de rire.* ◆ C'EST POURQUOI, loc. conj. Telle est la raison, la cause. ◆ *Que c'est,* au lieu de *ce que c'est,* locution archaïque. « *Je sais que c'est, vous êtes offensé* », MALHERBE. ■ *Est-ce que...,* en tournure interrogative. *Est-ce que tu le sais?*

CÉANS, adv. [seɑ̃] (*çà* et anc. fr. *enz,* du lat. *intus*) Ici dedans, surtout en parlant de la maison où l'on se trouve. « *Qu'est-ce qu'on fait céans?* », MOLIÈRE.

CÉBIDÉ, ■ n. m. [sebide] (lat. *cebus,* sajou) Famille de primates d'Amérique qui comprend notamment l'atèle, le ouistiti et le sajou.

CECI, pron. dém. [səsi] (2 *ce* et *ci*) Indique, par opposition à *cela,* la chose la plus proche de celui qui parle. *Ceci est à moi, cela est à vous.* ◆ Fam. et d'une façon indéterminée. « *C'était ceci, c'était cela,* LA FONTAINE. ◆ Indique, sans opposition à *cela,* un objet présent, un fait actuel, la chose dont on parle ou dont on va parler. *Quant à ceci, c'est autre chose.* ◆ *Ceci* s'emploie quand on veut annoncer des paroles qui vont être prononcées. *Dites à votre ami de ma part ceci. Cela* s'emploie quand on se réfère à des paroles qui viennent d'être prononcées.

CÉCIDIE, ■ n. f. [sesidi] (gr. *kêkis* et *idos,* galle) Galle produite sur un végétal par un parasite.

CÉCILIE, ■ n. f. [sesili] (lat. *cæcilia,* sorte de lézard) Apode d'Amérique du Sud. *Les amphibiens comprennent trois groupes de vertébrés : les grenouilles, les salamandres, et les cécilies qu'on ne trouve que sous les tropiques.*

CÉCITÉ, n. f. [sesite] (lat. *cæcitas*) État d'une personne aveugle. *Il fut frappé de cécité.*

CÉDANT, ANTE, adj. [sedɑ̃, ɑ̃t] (*céder*) Qui cède son droit ; spécialement, qui cède une créance. ◆ N. m. et n. f. *Le cédant et le cessionnaire.*

CÉDAT, ■ n. m. [seda] (orig. incert.) Acier naturel, de forge, de fusion.

1 **CÉDÉ, ÉE,** p. p. de céder. [sede]

2 **CÉDÉ,** ■ n. m. [sede] Voy. COMPACT-DISC.

CÉDER, v. tr. [sede] (lat. class. *cedere,* s'en aller) Laisser une chose à quelqu'un. *Il céda la victoire à l'ennemi.* ◆ Comm. et jurispr. Transporter par vente la propriété d'une chose à une autre personne. *Céder un bail, un fonds, etc.* ◆ V. intr. Plier, fléchir sous le poids, sous la pression. *La porte céda sous nos efforts. Cette voûte cédera.* ◆ Fig. En parlant des personnes, ne pas s'opposer, ne pas résister, se laisser aller à. *Ne cède pas à l'adversité.* ◆ Absol. *Il finit par céder.* ◆ Dans ce même sens, en parlant des choses. *Tout cède à un travail opiniâtre.* ◆ Se reconnaître au-dessous de quelqu'un, et aussi être au-dessous de quelqu'un. « *Les Gaulois ne leur cédaient pas en courage* », BOSSUET. « *Le roi ne cédait à personne ni pour la taille ni pour la mine* », HAMILTON. ◆ On dit aussi *le céder,* dans le même sens. *Il ne le cède à personne en vertu.* ◆ Être diminué, en parlant d'un mal physique, cesser. *Le mal cède.*

CÉDÉROM ou **CD-ROM,** ■ n. m. [sedeʀɔm] (abrév. de l'angl. *Compact Disc Read Only Memory*) Disque lu par système optique, pouvant stocker une importante quantité de textes, images ou sons. *Des cédéroms ou des CD-Rom.*

CEDEX ou **CÉDEX,** ■ n. m. [sedɛks] (sigle de *courrier d'entreprise à distribution exceptionnelle*) Mention apposée sur un courrier, indiquant que celui-ci doit être distribué par un réseau spécialisé dans le transport du courrier aux entreprises et aux organismes administratifs.

CÉDILLE, n. f. [sedij] (esp. *cerilla*, petit *z*, dimin. de *zeta*, lettre grecque) Signe qu'on met sous le *c* suivi d' *a, o, u*, afin qu'il soit prononcé comme *s*.

CÉDRAIE, ■ n. f. [sedʀɛ] (1 *cèdre*) Plantation de cèdres.

CÉDRAT, n. m. [sedʀa] (ital. *cedrato*) Fruit du cédratier ou citronnier médique. ♦ *Cédrat* ou *cédratier*, arbre de la famille des aurantiacées, originaire de Perse et de Médie.

CÉDRATIER, n. m. [sedʀatje] Voy. CÉDRAT.

1 CÈDRE, n. m. [sɛdʀ] (lat. *cedrus*, gr. *kedros*) Nom d'un genre d'arbres conifères, dont le plus connu est le cèdre du Liban.

2 CÈDRE, n. m. [sɛdʀ] (ital. *cedro*, fruit, voir 1 *cèdre*) Cédrat. ♦ *Aigre de cèdre*, liqueur qui se fait avec du jus de cédrat.

CÉDRIE, n. f. [sedʀi] (1 *cèdre*) Résine qui découle du cèdre.

CÉDRIÈRE, ■ n. f. [sedʀijɛʀ] (1 *cèdre*) Québec Plantation de cèdres.

CÉDULE, n. f. [sedyl] (lat. class. *schedula*, petite feuille de papier) Autrefois, petit morceau de papier où l'on écrivait quelque chose pour servir de mémoire. ♦ Promesse de payer sous seing privé. *Prêter sur simple cédule.* ♦ **Fig.** *Plaider contre sa cédule*, contester contre l'évidence. ♦ *Cédule de citation*, acte par lequel un juge de paix, en cas d'urgence, abrège les délais.

CÉGEP, ■ n. m. [seʒɛp] (acronyme) Québec Collège d'enseignement général et professionnel qui marque le passage du secondaire à l'université. ■ **CÉGÉPIEN**, n. m. [seʒepjɛ̃]

CÉGÉTISTE, ■ n. m. et n. f. [seʒetist] (d'apr. le sigle *CGT*, Confédération générale du travail) Personne affiliée au syndicat CGT. *C'était une cégétiste de la première heure, dès 1919.* ■ **Adj.** Relatif à ce syndicat.

CEINDRE, v. tr. [sɛ̃dʀ] (lat. class. *cingere*, entourer) Entourer, border. *Ceindre une ville de murs.* ♦ Particulièrement, *ceindre* se dit des choses qui serrent le corps ou la tête. *Une corde lui ceint les reins. Des lauriers ceignent son front.* ♦ Il se dit aussi de l'action de mettre autour du corps ou de la tête de quelqu'un une chose qui serre. *Il le ceignit d'une écharpe.* ♦ *Ceindre l'épée à un chevalier*, lui mettre une épée au côté. ♦ **Absol.** *Se ceindre le corps, les reins*, se serrer avec une écharpe, une corde, etc. ♦ **Fig.** *Ceignez vos reins*, préparez-vous à de grands efforts. ♦ **Fig.** *Ceindre le diadème, la tiare*, être élevé au trône, au pontificat. ♦ Se ceindre, v. pr. *Se ceindre d'une écharpe.*

CEINT, EINTE, p. p. de ceindre. [sɛ̃, sɛ̃t]

CEINTES, n. f. pl. [sɛ̃t] (*ceindre*) Nom de certaines pièces de bois et de cordages qui lient ou environnent un vaisseau. ♦ On dit aussi *receintes*.

CEINTRAGE, n. m. [sɛ̃tʀaʒ] (*ceintrer*) L'ensemble de cordages qui ceint et relie un bâtiment qui menace de s'ouvrir.

CEINTRE, n. m. [sɛ̃tʀ] (*ceintrer*) Sorte de ceinture placée autour d'une embarcation pour la préserver du frottement.

CEINTRÉ, ÉE, adj. [sɛ̃tʀe] (*ceintrer*) *Navire ceintré*, arrêté et croisé par le câble de son ancre, par-dessus lequel il a passé.

CEINTRER, v. tr. [sɛ̃tʀe] (*cintrer*) Passer par-dessous la carène d'un navire. ♦ Serrer des câbles et des grelins.

CEINTURAGE, ■ n. m. [sɛ̃tyʀaʒ] (*ceinturer*) Action d'entourer quelque chose avec une ceinture. ■ **Spécialt** Opération qui consiste à marquer un arbre à abattre.

CEINTURE, n. f. [sɛ̃tyʀ] (lat. class. *cinctura*) Ce dont on se ceint le milieu du corps. *Une ceinture de robe. Porter une épée à la ceinture.* ♦ Bourse ou sacoche en cuir pour mettre de l'argent que l'on s'attache autour de la taille sous le vêtement. ♦ **Chir.** Sorte de bandage. ♦ Portion circulaire du tronc du corps occupée par une affection dartreuse. ♦ La partie de certains vêtements qui entoure et serre la taille. *Un pantalon large de ceinture.* ♦ **Fig.** *Être toujours pendu à la ceinture de quelqu'un*, être toujours après lui. ♦ Le milieu du corps. *Ayant de l'eau jusqu'à la ceinture.* ♦ En général, ce qui entoure. *Une ceinture de murailles.* ♦ **Prov.** *Bonne renommée vaut mieux que ceinture dorée*, il vaut mieux avoir une bonne renommée qu'un certificat de vertu ou que la richesse. ■ **Fam.** *Se serrer la ceinture*, se priver.

CEINTURÉ, ÉE, p. p. de ceinturer. [sɛ̃tyʀe]

CEINTURER, v. tr. [sɛ̃tyʀe] (*ceinture*) Entourer d'une ceinture. ♦ Se ceinturer, v. pr. Se mettre une ceinture.

CEINTURIER, n. m. [sɛ̃tyʀje] (*ceinture*) Faiseur ou marchand de ceintures, ceinturons ou baudriers. ♦ **Adj.** *Marchand ceinturier.*

CEINTURON, n. m. [sɛ̃tyʀɔ̃] (*ceinture*) Sorte de ceinture, ordinairement en cuir, pour suspendre des armes.

CELA, pron. dém. [s(ə)la] (2 *ce* et *là*) Indique, par opposition à *ceci*, la chose la plus éloignée. *Reprenez ceci et donnez-moi cela.* ♦ Indique, sans opposition à *ceci*, un objet présent, un fait actuel, la chose dont on parle ou

dont on va parler. *Cela fait, je m'éloignai.* ♦ *Point de cela* ou *pas de cela*, je ne veux point ou pas de cela. ♦ *Il ne manque plus que cela*, c'est le dernier coup ; le dernier trait. ♦ *Cela*, sorte d'affirmation qui se met à la fin d'un membre de phrase. *Voilà parler, cela.* ♦ *Haut, grand comme cela*, et souvent dans la conversation, *comme ça*, se dit pour indiquer une certaine hauteur ou grandeur, que l'on est supposé marquer par un geste de la main. ♦ *Cela*, avec un geste de mépris qui explique la pensée. « *Pour moi je m'en soucie autant que de cela* », MOLIÈRE. ♦ *N'est-ce que cela ?* indique le peu d'importance qu'on attache à quelque chose. ♦ *C'est cela, c'est bien cela*, se dit à une personne qui cherche à imiter quelque chose, ou qui montre qu'elle a bien compris ce qu'on lui a dit. ♦ *Comment allez-vous ? – Comme cela*, et dans la conversation, *comme ça*, pas trop bien. ♦ *Il est comme cela*, c'est sa manière d'être, son caractère. ♦ *C'est comme cela*, la chose est ainsi, il faut en prendre son parti. ♦ *Cela... que*, locution où *cela* annonce ce qui va être dit. « *Cela est faux, que...* », PASCAL. ♦ *Cela* avec le pronom *il* qui le représente. « *Cela viendra peut-être ; mais il n'est pas venu* », MME DE SÉVIGNÉ. ♦ En parlant des personnes. *J'ai vu cela tout jeune.* ♦ *Avec cela, avec tout cela*, néanmoins. ♦ *Pour cela*, en vérité, effectivement.

1 CÉLADON, n. m. [seladɔ̃] (*Céladon*, berger du roman de l'*Astrée* d'Honoré d'Urfé) Fam. et ordinairement avec ironie. Amant délicat et langoureux. *Faire le céladon.* ♦ **Adj.** *Des maris céladons.*

2 CÉLADON, n. m. [seladɔ̃] (*Céladon*, personnage de l'*Astrée* d'Honoré d'Urfé dont l'habit était orné de rubans verts) Vert pâle tirant sur la couleur du saule ou de la feuille de pêcher. ♦ **Adj. inv.** *Vert céladon.*

CELÉ, ÉE, p. p. de celer. [səle]

CÉLÉBRABLE, adj. [selebʀabl] (*célébrer*) Qui peut être célébré.

CÉLÉBRANT, n. m. [selebʀɑ̃] (*célébrer*) Celui qui dit, qui célèbre la messe, ou qui officie. ♦ **Adj.** *Le prêtre célébrant.*

CÉLÉBRATION, n. f. [selebʀasjɔ̃] (lat. class. *celebratio*, solennité) Action de célébrer, en parlant de la messe, d'une fête, d'un mariage, etc.

CÉLÉBRÉ, ÉE, p. p. de célébrer. [selebʀe]

CÉLÈBRE, adj. [selɛbʀ] (lat. class. *celeber*) Dont le renom s'étend au loin. *Auteur, fait célèbre.*

CÉLÉBRER, v. tr. [selebʀe] (lat. class. *celebrare*) Solenniser. *Célébrer un mariage.* ♦ Dans un sens analogue, *célébrer l'arrivée de quelqu'un.* ♦ *Célébrer la messe* ou absol. *célébrer*, dire la messe. ♦ Publier avec éclat, vanter, louer hautement. « *Tout y célébrait leurs ancêtres* », BOSSUET. ♦ Se célébrer, v. pr. Être célébré, solennisé, vanté.

CELEBRET ou **CÉLÉBRET**, ■ n. m. [selebʀɛt] (mot lat., subj. pr. 3 de *celebrare*, qu'il célèbre) Écrit délivré par l'autorité ecclésiastique qui permet à un prêtre de célébrer la messe dans toute église. *Des celebrets. Délivrer, renouveler, retirer un celebret.*

CÉLÉBRITÉ, n. f. [selebʀite] (lat. class. *celebritas*) Solennité, pompe. « *Cette cérémonie se fit avec une grande célébrité* », LA BRUYÈRE. ♦ Renom qui s'étend au loin. *La célébrité d'un nom, d'une personne, d'un ouvrage, d'un événement.* ♦ Personne célèbre. *Les célébrités de notre temps.*

CELER, v. tr. [səle] (lat. class. *celare*) Dérober aux yeux, à la connaissance. *Il cèle son mal.* ♦ *Se faire celer*, refuser sa porte. « *C'est une fort mauvaise politique de se faire celer aux créanciers* », MOLIÈRE. ♦ Se celer, v. pr. Être celé.

CÉLERI ou **CÈLERI**, n. m. [sɛl(ə)ʀi] (lat. *selinum*, du gr. *selinon*) Variété de l'*Apium graveolens*, qui se mange en salade.

CÉLÉRIFÈRE, n. m. [seleʀifɛʀ] (lat. *celer*, rapide, et -*fère*) Voiture publique dont le service est accéléré.

CÉLÉRIGRADE, adj. [seleʀigʀad] (lat. *celer*, rapide, et -*grade*) Zool. Qui marche ou court avec rapidité.

CÉLÉRIPÈDE, adj. [seleʀipɛd] (lat. *celer*, rapide, et -*pède*) Zool. Qui marche rapidement.

CÉLERI-RAVE ou **CÈLERI-RAVE**, ■ n. m. [sɛl(ə)ʀiʀav] (*céleri* et *rave*) Variété de céleri dont la racine est comestible. *Des céleris-raves.*

CÉLÉRITÉ, n. f. [seleʀite] (lat. class. *celeritas*) Activité rapide.

CÉLESTA, ■ n. m. [selɛsta] (*céleste*) Mus. Instrument à clavier où les sons proviennent de la percussion de marteaux sur des lames d'acier. *Des célestas.*

CÉLESTE, adj. [selɛst] (lat. *cælestis*) Du ciel. *Les espaces célestes.* ♦ **Poétiq.** *Les célestes flambeaux*, les astres. ♦ *La voûte céleste*, le ciel. ♦ *Bleu céleste*, bleu qui est de la couleur du ciel quand le temps est serein. ♦ En considérant le ciel comme séjour des bienheureux. *Les esprits, les puissances célestes. La céleste patrie*, le paradis. *Le Père céleste*, Dieu. ♦ Dans les idées païennes, en considérant le ciel comme le séjour des dieux. *Les célestes lambris*, le palais des dieux. ♦ Divin, qui vient de Dieu, ou, dans les idées païennes, des dieux. *Don céleste.* ♦ **Fig.** Plus qu'humain. *Beauté, âme céleste.* ♦ *Voix céleste,* registre de l'orgue qui produit des sons doux et voilés. ♦ *Le Céleste Empire*, nom que les Chinois donnent à leur empire.

CÉLESTIN, n. m. [selɛstɛ̃] (*céleste*) Religieux d'un ordre institué par Célestin V.

CÉLIAQUE, adj. [seljak] Voy. CÆLIAQUE.

CÉLIBAT, n. m. [seliba] (lat. *cælibatus*) État d'une personne non mariée.

CÉLIBATAIRE, n. m. et n. f. [selibatɛr] (*célibat*) Celui qui vit dans le célibat. ♦ Il se dit aussi en parlant des femmes. ♦ **Adj.** *Une vie célibataire*.

CELLE, pron. dém. [sɛl] Voy. CELUI.

CELLÉRIER, IÈRE, n. m. et n. f. [selerje, jɛr] ou [selerje, jɛr] (b. lat. *cellariarius*, de *cellarium*) Religieux, religieuse qui a soin des provisions et de la nourriture du couvent. ♦ **Adj.** *Le frère cellérier, la sœur cellérière*. ♦ Personne qui est chargée du même soin ailleurs que dans un couvent.

CELLIER, n. m. [selje] ou [selje] (lat. *cellarium*, de *cella*, magasin à vivres) Lieu, au rez-de-chaussée d'une maison, pour serrer le vin et autres provisions.

CELLOPHANE, ▪ n. f. [selofan] (nom déposé, de *cellulose* et du gr. *phanein*, paraître) Film plastique de cellulose utilisé pour l'emballage.

CELLULAIRE, adj. [selylɛr] (*cellule*) Pourvu de petites loges ou cellules. ♦ **Anat.** *Tissu cellulaire* ou *lamineux*. ♦ **Bot.** *Tissu cellulaire*, tissu formé de cellules. ♦ *Système cellulaire*, système d'après lequel les prisonniers sont renfermés dans des cellules séparées. *Voiture cellulaire*, voiture à compartiments pour transporter des condamnés. ▪ *Téléphone cellulaire*, téléphone portatif qui fonctionne à l'aide d'antennes disposées dans des zones découpées en cellules. ▪ N. m. Québec *Cellulaire*, téléphone portable.

CELLULAR, ▪ n. m. [selylar] (mot angl., de *cellule*) Tissu à mailles dont on fait des sous-vêtements et des vêtements de sport. *Les mailles lâches du cellular donne à ce type de tissu beaucoup de souplesse.*

CELLULASE, ▪ n. f. [selylaz] (*cellulose*) Enzyme qui décompose la cellulose.

CELLULE, n. f. [selyl] (lat. class. *cellula*, dimin. de *cella*, petite chambre) Petite chambre d'un religieux ou d'une religieuse. ♦ Retraite, petit appartement où l'on se confine pour ainsi dire. ♦ Petite chambre dans les prisons modernes, où l'on renferme les condamnés pour les isoler des uns des autres. ♦ Alvéole où l'abeille dépose son miel. ♦ **Bot.** Nom des cavités où sont logées et comme enchâssées certaines semences. ♦ **Anat.** Nom des interstices ou petits vides que présentent les mailles du tissu spongieux des os longs, l'intérieur des sinus et du corps caverneux. ▪ **Biol.** Structure de base des êtres vivants, contenant un noyau et limitée par une membrane. ▪ **Phot.** *Cellule photoélectrique*, dispositif d'un appareil de photographie, qui transforme le signal lumineux reçu en signal électrique. ▪ Groupe de personnes formant une unité. *Cellule de crise. Cellule familiale.*

CELLULEUX, EUSE, adj. [selylø, øz] (*cellule*) Divisé en cellules.

CELLULIFORME, adj. [selyliform] (*cellule* et *-forme*) Qui a la forme de cellule.

CELLULITE, ▪ n. f. [selylit] (*cellule*) Inflammation du tissu cellulaire souscutané. ▪ **Par extens.** Apparence capitonnée des cellules adipeuses communément appelée *peau d'orange*.

CELLULITIQUE, ▪ adj. [selylitik] (*cellulite*) Relatif à la cellulite.

CELLULOÏD, ▪ n. m. [selyloid] (nom déposé, de *cellule* et *-oïde*) Matière plastique obtenue par le mélange de nitrate de cellulose et de camphre. *Film de celluloïd, poupée en celluloïd.*

CELLULOSE, ▪ n. f. [selyloz] (*cellule*) Principe des corps organisés, caractérisé par sa solubilité dans l'acide sulfurique concentré, et son insolubilité dans la potasse caustique.

CELLULOSIQUE, ▪ adj. [selylozik] (*cellulose*) Relatif à la cellulose.

CELSIUS, ▪ n. m. [sɛlsjys] (*Celsius*, astronome suédois) *Degré Celsius*, unité de mesure de la température équivalente à un centième de l'écart entre la température d'ébullition de l'eau et la température de fusion de la glace. *Il fait trente degrés Celsius.*

CELTE, n. m. [sɛlt] (lat. *Celtæ*) Nom de la langue que parlaient les Celtes, anciens peuples qui occupaient la Gaule, le nord de l'Italie, la Grande-Bretagne et l'Irlande.

CELTIQUE, adj. [sɛltik] (*celte*) Qui appartient aux Celtes. *Monuments celtiques.* ♦ **N. m.** *Le celtique*, la langue celtique.

CELTOMANIE, n. f. [sɛltomani] (*celte* et *-manie*) Travers d'une érudition systématique qui a voulu voir dans la langue celtique l'origine de toutes les langues.

CELUI pron. dém. ou **CELLE** pron. dém. ou **CEUX** m. pl. ou **CELLES**, f. pl. [səlɥi, sɛl, sø, sɛl] (lat. pop. *ecce illui, ecce illa…*) Suivi de la préposition

de. Celui de nous qui, etc. « *Celles de ma naissance ont horreur des bassesses* », P. CORNEILLE. ♦ Suivi de *qui, que, dont.* « *Ceux qui font des heureux sont les vrais conquérants* », VOLTAIRE. ♦ *Il n'y a celui, celle qui*, il n'est personne qui. ♦ *Celui, celle, ceux, celles* ne pouvant être employés qu'avec la préposition *de* ou les pronoms relatifs *qui, que, dont*, il en résulte qu'ils ne peuvent être suivis d'un adjectif ou d'un participe. Les construire ainsi est une faute très commune et ancienne, par exemple Racine a dit : *Je joins à ma lettre celle écrite par le prince* ; il faut employer le relatif *qui* : *celle qui est écrite*.

CELUI-CI, CELUI-LÀ pron. dém. ou **CELLE-CI, CELLE-LÀ** n. f. ou **CEUX-CI, CEUX-LÀ** m. pl. ou **CELLES-CI, CELLES-LÀ**, f. pl. [səlɥisi, səlɥila, sɛlsi, sɛlla, søsi, søla, sɛlsi, sɛlla] (*celui, celle…* et *ci* ou *là*) Avec *ci*, ils se rapportent au nom à l'objet le plus rapproché ; avec *là*, au nom ou à l'objet le plus éloigné. *Turenne et Condé commandèrent des armées l'un contre l'autre ; celui-ci était plus impétueux, celui-là plus réfléchi.* ♦ *Celui-ci* s'emploie aussi pour annoncer ce qui va être dit, et *celui-là* pour rappeler ce qui a été dit. ♦ *Celui-ci, celui-là*, pris dans un sens distributif et comme l'un et l'autre. « *Je la [la Fortune] vois tous les jours entrer chez celui-ci, Chez celui-là…* », LA FONTAINE. ♦ *Celui-là, celle-là*, pris absolument et signifiant cette chose, cette action, ce fait, cette assertion, qu'on ne veut pas nommer, mais que la tournure de la phrase fait assez comprendre. *Je ne m'attendais pas à celui-là, à celle-là*, c'est-à-dire à cette nouvelle, à cette sottise, etc. ♦ *Celle-ci*, sous-entendu *lettre. Celle-ci est pour vous assurer…*

CÉMENT, n. m. [semã] (lat. *camentum*) Matière dont on entoure un corps métallique pour le cémenter. ♦ **Anat.** Substance qui recouvre la racine des dents.

CÉMENTATION, n. f. [semãtasjɔ̃] (*cémenter*) Opération qui consiste à mettre la pièce à cémenter dans une boîte en tôle en l'entourant soit de poussier de charbon, soit de cuir carbonisé ou de corne, et à l'exposer à une forte chaleur qui a pour but d'amener la combinaison du métal avec le charbon.

CÉMENTATOIRE, adj. [semãtatwar] (*cémenter*) Relatif à la cémentation.

CÉMENTÉ, ÉE, p. p. de cémenter. [semãte]

CÉMENTER, v. tr. [semãte] (*cément*) Soumettre à la cémentation.

CÉMENTEUX, EUSE, adj. [semãtø, øz] (*cément*) Qui a les caractères du cément.

CÉMENTITE, ▪ n. f. [semãtit] (*cément*) Composite de fer et de carbonne. *Des cristaux, des lamelles de cémentite. Il y a trois états du carbone : dissous, c'est l'austénite ; stable, c'est le graphite ; et métastable, c'est la cémentite.*

CÉNACLE, n. m. [senakl] (lat. class. *cenaculum*, salle à manger) Dans les Écritures, salle à manger, et plus particulièrement la salle où Jésus-Christ fit la cène. ♦ **Par extens.** Réunion d'hommes de lettres, d'artistes, etc. qui se voient souvent et sont accusés de s'admirer mutuellement.

CENCHRITE, n. m. [sãkrit] (gr. *kegkhritês*) **Minér.** Diamant gros comme un pois.

CENDAL, n. m. [sãdal] (lat. médiév. *cendalum*, prob. du lat. *sindon*, tissu léger) Sorte d'étoffe de soie, dont on se servait dans le Moyen Âge. ▪ Au pl. *Des cendals.*

C'EN DESSUS DESSOUS, loc. adv. [sãdəsydəsu] ou [sãtsytsu] Forme ancienne de ce qu'on écrit aujourd'hui *sens dessus dessous*. ▪ Voy. SENS DESSUS DESSOUS.

CENDRE, n. f. [sãdr] (lat. class. *cinis*) Poudre qui reste après la combustion du bois et autres matières. ♦ *Mettre en cendre* ou *en cendres*, réduire en cendre, brûler. ♦ *La cendre qui couvre le feu*, au propre et au figuré. « *Le feu qui semble éteint souvent dort sous la cendre* », P. CORNEILLE. ♦ La cendre en tant que signe de deuil, de mortification, au propre et au figuré. « *À ces vains ornements je préfère la cendre* », RACINE. ♦ **Fig.** *Faire pénitence avec le sac et la cendre* ou *dans le sac et la cendre*, éprouver une vive affliction de ses péchés. ♦ **Au pl.** *Les cendres*, cendres des linges de l'autel ou des rameaux bénits dont le prêtre fait une croix au front des fidèles, le premier jour de carême. *Recevoir, prendre les cendres.* ♦ Reste, débris d'une chose qui a été consumée par le feu ou par ce qui est comparé au feu. « *Une autre Rome sort des cendres de la première* », BOSSUET. ♦ Restes des morts (locution provenant de l'usage des anciens de brûler les cadavres), et fig. leur mémoire. « *Ah ! ranimez les cendres de nos pères* », MASSILLON. « *J'ai donné comme toi des larmes à sa cendre* », VOLTAIRE. ♦ *Il ne faut pas remuer* ou *troubler les cendres des morts*, il ne faut pas dire du mal de ceux qui ne sont plus. ♦ En chimie et dans les arts, certains résidus de la combustion. ♦ *Cendre de plomb*, on dit plutôt *cendrée*. ▪ **Relig.** *Mercredi des Cendres*, premier jour de carême.

CENDRÉ, ÉE, adj. [sãdre] (*cendre*) De couleur de cendre. *Cheveux cendrés.* ♦ En fonderie, mêlé avec les cendres. ♦ **Astron.** *Lumière cendrée*, lumière faible qui nous permet d'apercevoir les parties de la Lune qui ne sont pas actuellement éclairées par le Soleil. Elle est attribuée à la lumière réfléchie de notre globe sur la Lune.

CENDRÉE, n. f. [sɑ̃dʀe] (*cendre*) Écume de plomb. ♦ Le menu plomb de chasse.

CENDRER, v. tr. [sɑ̃dʀe] (*cendre*) Donner une couleur de cendre. ♦ Mêler de la cendre avec quelque chose.

CENDREUX, EUSE, adj. [sɑ̃dʀo, øz] (*cendre*) Souillé de cendre. *Un habit tout cendreux.* ♦ *Fer cendreux,* fer que le poli qu'on lui donne ne rend pas plus clair.

CENDRIER, n. m. [sɑ̃dʀije] (*cendre*) La partie du fourneau qui est au-dessous de la grille ou du foyer, et où tombent les cendres. ♦ Vase dans lequel on met les cendres ou de la cendre.

CENDRILLON, n. f. [sɑ̃dʀijɔ̃] (*Cendrillon,* personnage éponyme du conte de Perrault, dér. de *cendre*) Nom d'une jeune fille, dans un conte de fées, qui désigne une petite fille qui ne quitte pas le feu, une servante malpropre.

CENDRURE, n. f. [sɑ̃dʀyʀ] (*cendre*) Ensemble des petits trous dont la surface de l'acier est parsemée quelquefois.

CÈNE, n. f. [sɛn] (lat. *cena,* dîner) Le souper que Jésus-Christ fit avec les apôtres la veille de sa passion. ♦ Tableau qui représente la Cène. ♦ Cérémonie où des princes, le pape, des prélats, etc. servent les pauvres après leur avoir lavé les pieds, en mémoire de la Cène de Jésus-Christ. ♦ La communion, et spécialement la communion sous les deux espèces, comme la font les protestants.

CENELLE, n. f. [sənɛl] (orig. incert., p.-ê. du lat. *acinus,* baie) Fruit de l'aubépine. ♦ Fruit du houx.

CENELLIER ou **SENELLIER**, ▪ n. m. [sənɛlje] (*cenelle*) **Québec** Nom donné à l'aubépine.

CÉNESTHÉSIE, ▪ n. f. [senɛstezi] (gr. *koinos,* commun, et *aisthêsis,* sensibilité) Impression globale vague provenant des sensations internes. *La cénesthésie participe du sentiment d'existence de l'être humain.*

CÉNESTHÉSIQUE, ▪ adj. [senɛstezik] (*cénesthésie*) Relatif à la cénesthésie. *La perception cénesthésique du subconscient.*

CÉNOBITE, n. m. [senobit] (lat. *cænobita*) Moine qui vit en communauté, par opposition à l'anachorète, qui vit isolé. ♦ Ne se dit guère que des moines des premiers temps de l'Église. ♦ Fig. *Vivre en cénobite,* vivre retiré.

CÉNOBITIQUE, adj. [senobitik] (*cénobite*) De cénobite. *Vie cénobitique.*

CÉNOBITISME, ▪ n. m. [senobitism] (*cénobite*) Attitude, façon de vivre du cénobite.

CÉNOTAPHE, n. m. [senotaf] (gr. *kenotaphion,* de *kenos,* vide, et *taphos,* tombeau) Tombeau vide, dressé à un mort dont on n'a pas le corps.

CÉNOZOÏQUE, ▪ n. m. [senozoik] (gr. *koinos,* commun, et *zôikos,* qui concerne les animaux) **Géol.** Période correspondant aux ères tertiaire et quaternaire. ▪ Adj. *L'ère quaternaire est trop courte pour être séparée systématiquement de l'ère tertiaire, d'où la possibilité de pouvoir les réunir en évoquant l'ère cénozoïque.*

CENS, n. m. [sɑ̃s] (lat. *census,* recensement) Dénombrement des citoyens romains et évaluation de leur fortune qui se faisaient tous les cinq ans par les censeurs. ♦ **Jurispr. féod.** Redevance que le possesseur d'une terre payait au seigneur. *Donner à cens.* ♦ Quotité d'imposition, de revenu, de propriété ou de loyer, nécessaire pour être électeur ou éligible en certains pays. *Cens électoral.*

CENSE, n. f. [sɑ̃s] (lat. médiév. *censa,* du lat. *census,* impôt) Nom qu'on donnait aux métairies.

CENSÉ, ÉE, adj. [sɑ̃se] (lat. *censere,* estimer, juger) Regardé comme, réputé. « *Que tyranniques rois censés grands politiques* », BOILEAU. « *Il est toujours censé par le droit naturel, que...* », FÉNELON.

CENSÉMENT, adv. [sɑ̃semɑ̃] (*censé*) Mot du langage populaire qui signifie par supposition. *Tu es censément le maître.*

CENSEUR, n. m. [sɑ̃sœʀ] (lat. class. *censor*) Magistrat dans l'ancienne Rome, qui présidait au cens et veillait au maintien des mœurs. ♦ Dans le langage général, celui qui censure la conduite, les actions d'autrui. ♦ Celui qui censure les écrits, y relève les fautes. *Le censeur est l'arbitre de mes discours.* ♦ Agent préposé à l'examen des livres, journaux, pièces de théâtre, dessins, etc. ♦ *Censeur des études,* surveillant des études et de la discipline dans un lycée.

1 CENSIER, adj. m. [sɑ̃sje] (*cens*) **Dr. féod.** *Seigneur censier* ou *subst. censier,* celui à qui le cens était dû. ♦ N. m. et n. f. *Censier, censière,* celui, celle qui devait le cens. ♦ N. m. *Censier,* livre où s'enregistraient les cens.

2 CENSIER, IÈRE, n. m. et n. f. [sɑ̃sje, jɛʀ] (*cense*) Personne qui tenait une cense à ferme.

CENSITAIRE, n. m. [sɑ̃sitɛʀ] (lat. *censitus,* de *censere*) **Dr. féod.** Celui qui devait cens et rente à un seigneur de fief. ♦ Adj. Dans le langage constitutionnel, *électeur censitaire,* celui dont le droit est fondé sur un cens.

CENSIVE, n. f. [sɑ̃siv] (lat. médiév. *censiva,* donné à cens) **Jurispr. féod.** L'étendue des terres d'un fief qui devaient des cens. ♦ Terre possédée sous la condition d'un cens. ♦ Redevance en argent ou en denrées que certains biens devaient au seigneur dont ils relevaient.

CENSIVEMENT, adv. [sɑ̃siv(ə)mɑ̃] (*censive*) Avec charge de cens.

CENSORAT, ▪ n. m. [sɑ̃soʀa] (*censeur*) Charge du censeur.

CENSORIAL, ALE, adj. [sɑ̃soʀjal] (*censeur*) Relatif à la fonction des censeurs à Rome. *La magistrature censoriale.* ♦ Relatif à la censure exercée par des magistrats ou des agents du gouvernement. *Lois censoriales. Offices censoriaux.*

CENSUEL, ELLE, adj. [sɑ̃sɥɛl] (lat. *censualis*) **Jurispr. féod.** Qui a rapport au cens.

CENSURABLE, adj. [sɑ̃syʀabl] (*censurer*) Qui peut, qui doit être censuré.

CENSURE, n. f. [sɑ̃syʀ] (lat. *censura,* charge du censeur) Dans l'ancienne Rome, dignité et fonction de censeur. ♦ En langage ecclésiastique, improbation, condamnation de propositions, d'ouvrages lorsqu'il s'agit de dogmes. ♦ *Censures ecclésiastiques,* les menaces que fait l'Église des peines qui seront encourues si l'on contrevient à ce qu'elle ordonne ; ou les peines mêmes. ♦ Peine disciplinaire que prononcent contre un de leurs membres les corps de magistrature, l'ordre des avocats, les chambres des notaires, des avoués, et les assemblées délibérantes. ♦ Critique à l'effet de corriger. « *Tels abus méritent censure* », LA FONTAINE. ♦ Examen des écrits, journaux, pièces de théâtre, dessins, fait avant qu'ils paraissent, par des agents du gouvernement. ♦ Le corps même des agents qui examinent.

CENSURÉ, ÉE, p. p. de censurer. [sɑ̃syʀe]

CENSURER, v. tr. [sɑ̃syʀe] (*censure*) Relever, reprendre ce qui paraît digne de blâme. *Censurer des actions.* « *Il [le peuple] aime à censurer ceux qui lui font la loi* », P. CORNEILLE. ♦ En matière de dogme, condamner. « *Quand on eut censuré ses livres à Rome* », PASCAL. ♦ Dans certains corps, infliger la peine disciplinaire de la censure. ♦ *Se censurer,* v. pr. *Faire la censure l'un de l'autre.*

CENT, adj. num. [sɑ̃] (lat. *centum*) Dix fois dix. *Cent ans. Deux cents hommes. Deux cent vingt-cinq hommes. Nous partîmes cinq cents.* ♦ D'une manière indéterminée, un grand nombre. *Faut-il vous le dire cent fois ? ♦ En un mot comme en cent,* quoi qu'on dise, bref. ♦ *Je vous le donne en cent,* essayez tant que vous voudrez. ♦ **Financ. et comm.** *Cinq, dix, cent pour cent, etc.* intérêt, gain, produit qui est de cinq francs, dix francs, cent francs, pour cent francs. *Prêter à cinq pour cent* (ne dites pas *du cent*)*. Rente cinq pour cent. Gagner cent pour cent.* ♦ *Il y a cent pour cent à gagner dans cette affaire,* on doublera sa mise de fonds, on fera un gain très considérable. ♦ N. m. *Le trois pour cent, le quatre et demi pour cent,* nom des rentes françaises inscrites sur le grand-livre. ♦ Centième. *Page cent. Numéro cent.* ♦ N. m. Le nombre cent. *Le produit de cent multiplié par cent.* ♦ Centaine. *Un cent, deux cents d'œufs.* ♦ *Un cent pesant,* un poids de cent livres. ♦ *Un cent de piquet, un cent de dominos,* une partie en cent points. ♦ **Fam.** *Il a des mille et des cents,* il est fort riche.

1 CENTAINE, n. f. [sɑ̃tɛn] (lat. tard. *centena*) Nombre de cent ou environ. *Une centaine d'années. ♦ À centaines, par centaines,* en grand nombre. ♦ *La centaine,* cent ans de vie.

2 CENTAINE, n. f. [sɑ̃tɛn] (prob. de 1 *centaine*) Le brin qui lie ensemble tous les fils d'un écheveau et que l'on prend pour dévider l'écheveau. ♦ Fig. *Perdre la centaine,* ne plus savoir où l'on en est. ♦ L'Académie remarque qu'on écrit aussi *sentène.*

CENTAURE, n. m. [sɑ̃tɔʀ] (lat. *centaurus,* du gr. *centauros*) Être mythologique, moitié homme et moitié cheval. ♦ Une des constellations de l'hémisphère austral.

CENTAURÉE, n. f. [sɑ̃toʀe] (lat. *centaurea*) Genre de plantes dont quatre espèces amères et toniques sont employées en médecine : *la grande centaurée, la jacée, le bleut et la chausse-trape.* ♦ *La petite centaurée,* d'une autre famille, très commune dans les bois ; elle est le meilleur fébrifuge indigène après la gentiane.

CENTAVO, ▪ n. m. [sɑ̃tavo] (mot esp.) Le centième de l'unité monétaire dans certains pays d'Amérique latine. *Des centavos.*

CENTENAIRE, adj. [sɑ̃t(ə)nɛʀ] (lat. *centenarius,* de *cent*) Qui a, qui contient cent ans. *Nombre, prescription, possession centenaire.* ♦ *Un vieillard centenaire* ou n. m. et n. f. *un centenaire.*

CENTENIER, n. m. [sɑ̃tənje] (b. lat. *centenarius,* centurion) Centurion, officier romain qui avait cent hommes sous ses ordres. ♦ Dans certaines villes de France, officier de la garde bourgeoise au XVIe siècle.

CENTENNAL, ALE, ▪ adj. [sɑ̃tɛnal] (*cent* et lat. *annus,* an) Qui se produit tous les cent ans. *Une exposition centennale, des déluges centennaux.*

CENTÉSIMAL, ALE, adj. [sɑ̃tezimal] (lat. *centesimus*) Par centièmes. *Fraction centésimale.* ♦ *Division centésimale,* celle qui divise l'unité en cent parties.

CENTÉSIMO, adv. [sɑ̃tezimo] (lat. *centesimo*, s.-ent. *loco*) Pour le centième article. S'écrit ordinairement *100°*.

CENTI..., préfixe [sɑ̃ti] (lat. *centum*, cent.) Un centième.

CENTIARE, n. m. [sɑ̃tjaʀ] (*centi-* et *are*) Le centième de l'are, un mètre carré.

CENTIÈME, adj. num. ord. [sɑ̃tjɛm] (lat. class. *centesimus*) (de cent) *La centième année.* Il est deux-centième sur la liste. ♦ *D'une façon indéterminée. C'est la centième fois qu'on vous avertit.* ♦ *La centième partie,* chaque partie d'un tout divisé en cent parties. ♦ N. m. *La centième partie. Prenez le centième de cette somme.*

CENTIGRADE, adj. [sɑ̃tigʀad] (*centi-* et *grade*) Divisé en cent degrés. *Thermomètre centigrade. Degré centigrade.*

CENTIGRAMME, n. m. [sɑ̃tigʀam] (*centi-* et *gramme*) Centième partie du gramme.

CENTILE, ■ n. m. [sɑ̃til] (*cent*) Chacune des valeurs qui divisent un ensemble statistique en cent parties d'effectif égal. *La croissance était de trois centiles au terme de l'année.* ■ CENTILAGE, n. m. [sɑ̃tilaʒ]

CENTILITRE, n. m. [sɑ̃tilitʀ] (*centi-* et *litre*) Centième partie du litre.

CENTIME, n. m. [sɑ̃tim] (*cent*) Le centième du franc. *Cinq centimes font un sou.* ♦ Dans le langage financier, impositions évaluées en centimes répartis au marc le franc du montant des contributions directes, auxquelles elles s'ajoutent. *Centimes additionnels.* ■ *Centime d'euro* ou *centime,* centième de l'euro en France.

CENTIMÈTRE, n. m. [sɑ̃timetʀ] (*centi-* et *mètre*) La centième partie du mètre. ■ CENTIMÉTRIQUE, adj. [sɑ̃timetʀik]

CENTINODE, n. f. [sɑ̃tinɔd] (lat. *centinodia*) Nom vulgaire du *polygonum aviculare,* dit aussi *traînasse* ou *renouée.*

CENTISTÈRE, n. m. [sɑ̃tistɛʀ] (*centi-* et *stère*) La centième partie du stère.

CENTON, n. m. [sɑ̃tɔ̃] (lat. *cento*) Vers ou fragments de vers pris de quelque auteur. « *On leur apprend à coudre en vers des centons de Virgile* », J.-J. ROUSSEAU. ♦ Pièce de poésie composée de centons. *Le centon d'Ausone.* ♦ Par extens. *Un centon,* ouvrage fait de morceaux empruntés.

CENTRAL, ALE, adj. [sɑ̃tʀal] (lat. class. *centralis*) Qui est au centre, qui a rapport au centre. *Points centraux.* ♦ *Province centrale, quartier central,* qui est au cœur du pays, de la ville. ♦ *Administration centrale,* administration à laquelle tout aboutit. ♦ *Pouvoir central,* par opposition à pouvoir local, pouvoir qui gouverne ou représente l'ensemble de la nation. ♦ *Force centrale,* force dirigée vers un centre, ou émanant d'un centre, ou se rapportant à un centre. ■ *Chauffage central,* système permettant de chauffer plusieurs pièces à partir d'une seule source de chaleur. ■ N. m. *Un central téléphonique,* lieu auquel aboutissent les appels qui sont ensuite dirigés vers leur destination finale. ■ N. f. Usine spécialisée dans la production d'énergie. *Centrale nucléaire.* ■ N. f. *Centrale d'achats,* organisme regroupant plusieurs entreprises dont il prend en charge les achats.

CENTRALIEN, IENNE, ■ n. m. et n. f. [sɑ̃tʀaljɛ̃, jɛn] (*Centrale,* pour *École centrale*) Élève ou diplômé(e) de l'École centrale des arts et manufactures.

CENTRALISATEUR, TRICE, adj. [sɑ̃tʀalizatœʀ, tʀis] (*centraliser*) Qui centralise.

CENTRALISATION, n. f. [sɑ̃tʀalizasjɔ̃] (*centraliser*) Réunion dans un même centre. ♦ Réunion, au centre du gouvernement, de toutes les affaires. *Centralisation politique, administrative.*

CENTRALISÉ, ÉE, p. p. de centraliser. [sɑ̃tʀalize]

CENTRALISER, v. tr. [sɑ̃tʀalize] (*central*) Réunir dans un même centre. ♦ Se centraliser, v. pr. *Être réuni au centre, à un centre.*

CENTRALISME, ■ n. m. [sɑ̃tʀalism] (*central*) Système de pensée qui recommande la polarisation des pouvoirs administratifs et politiques au sein de la capitale d'un pays. ■ CENTRALISTE, n. m. et n. f. [sɑ̃tʀalist]

CENTRE, n. m. [sɑ̃tʀ] (lat. *centrum,* du gr. *kentron*) Le point situé à égale distance de tous les points de la circonférence d'un cercle ou de la surface d'une sphère. ♦ Le point, dans toute autre figure que le cercle ou la sphère, par lequel est coupée en deux parties égales toute droite menée à deux côtés opposés de la figure. *Centre d'un carré, d'une ellipse.* ♦ *Le centre de la Terre,* les abîmes, les profondeurs. « *Ô cieux ! cachez ma honte au centre de la Terre* », DUCIS. ♦ Par extens. Le milieu d'un espace quelconque. *Le centre d'un tableau.* ♦ Fig. Le point où les choses, comme sollicitées par quelque force, se réunissent et atteignent leur plus grande action, d'où elles émanent, se répandent et exercent leur influence, etc. *Le voilà dans*

son centre, dans le milieu qui lui convient. *La Bourse est le centre des affaires. Au centre de la corruption. Rome, centre des arts.* ♦ Dans le langage de nos assemblées délibérantes, *le centre,* les députés ministériels qui occupent sur les gradins de l'hémicycle les places en face du président. ♦ *Le centre d'une armée,* par opposition aux ailes. ♦ *Le centre,* les compagnies d'un bataillon qui ne sont pas des compagnies d'élite et qui sont placées entre les grenadiers et les voltigeurs. ♦ Point d'où émane une force, où s'exerce une action. *Centre d'activité, d'attraction.* ♦ Phys. *Centre de gravité, d'inertie* ou *de masse, centre dynamique* ou *de mouvement, etc.* ♦ En mécanique, *centre de poussée, de pression.* ♦ *Centre nerveux,* endroit d'où plusieurs nerfs tirent leur origine. ■ Lieu réservé à un certain type d'activités. *Centre culturel, aquatique, commercial.*

CENTRER, ■ v. tr. [sɑ̃tʀe] (*centre*) Placer au centre. *Centrer une image sur une feuille.* ■ Donner une direction à quelque chose. *Il a tout de suite centré le débat.* ■ Sp. Réaliser un centre. ■ CENTRÉ, ÉE, adj. [sɑ̃tʀe]

CENTRE-VILLE, ■ n. m. [sɑ̃tʀəvil] (*centre* et *ville*) Noyau géographique ou administratif d'une agglomération où se trouvent les principaux centres d'activités et commerces. *Des centres-villes.*

CENTRIFUGE, adj. [sɑ̃tʀifyʒ] (lat. *centrum,* centre, et *fuga,* fuite) Qui tend à éloigner d'un centre. *Force centrifuge,* celle qui fait qu'un corps mû rapidement en rond tend à s'échapper.

CENTRIFUGER, ■ v. tr. [sɑ̃tʀifyʒe] (*centrifuge*) Soumettre à la force centrifuge. *Centrifugez les tubes dix minutes à mille tours minutes. Centrifuger les bactéries, le sperme.* ■ CENTRIFUGATION, n. f. [sɑ̃tʀifygasjɔ̃]

CENTRIFUGEUSE, ■ n. f. [sɑ̃tʀifyʒøz] (*centrifuger*) Appareil fondé sur le principe de la force centrifuge grâce auquel on sépare des substances constituant un mélange. ■ Appareil électrique ménager permettant la transformation de fruits et de légumes en jus. ■ **Aéronaut.** Machine recréant en laboratoire les accélérations auxquelles sont soumis les pilotes d'avion supersonique et de navette spatiale. ■ CENTRIFUGEUR, n. m. [sɑ̃tʀifyʒœʀ]

CENTRIOLE, ■ n. m. [sɑ̃tʀijol] (*centre*) Biol. Élément qui constitue le centre cellulaire et dont les deux parties se séparent lors de la division cellulaire.

CENTRIPÈTE, adj. [sɑ̃tʀipet] (lat. *centrum,* centre, et *petere,* chercher à atteindre) Phys. Qui tend à rapprocher d'un centre. *C'est la force centripète qui ramène vers la terre les corps qui tombent.*

CENTRISME, ■ n. m. [sɑ̃tʀism] (*centre*) Polit. Courant modéré qui se situe entre la droite et la gauche.

CENTRISTE, ■ n. m. et n. f. [sɑ̃tʀist] (*centre*) Polit. Personne qui se situe au centre.

CENTROMÈRE, ■ n. m. [sɑ̃tʀomɛʀ] (lat. *centrum,* centre, et *mère*) Biol. Point central qui permet à un chromosome de se fixer au fuseau lors de la division cellulaire.

CENTROSOME, ■ n. m. [sɑ̃tʀozom] (lat. *centrum,* centre, et gr. *sôma,* corps) Biol. Corpuscule cellulaire comprenant deux centrioles. *Le centrosome est une partie du cytoplasme qui joue un rôle important dans la division cellulaire.*

CENT-SUISSES, n. m. pl. [sɑ̃sɥis] (*cent* et *Suisse*) Les cent-suisses, corps de cent Suisses qui faisait partie de la garde royale. ♦ Au sing. *Un cent-suisse,* un soldat de ce corps.

CENTUMVIR, ■ n. m. [sɑ̃tomviʀ] (lat. *centumviri,* de *centum,* cent, et *vir,* homme) Dans l'ancienne Rome, *le tribunal des centumvirs,* tribunal composé de cent membres qui jugeait les questions d'État, de propriété, de succession.

CENTUMVIRAL, ALE, adj. [sɑ̃tomviʀal] (lat. *centumviralis*) Relatif aux centumvirs, qui est du ressort des centumvirs.

CENTUMVIRAT, n. m. [sɑ̃tomviʀa] (*centumvir*) Dignité de centumvir.

CENTUPLE, adj. [sɑ̃typl] (lat. chrét. *centuplus*) Qui vaut cent fois autant. *Mille est un nombre centuple de dix.* ♦ N. m. « *Dieu qui rend le centuple aux bonnes actions* », P. CORNEILLE.

CENTUPLÉ, ÉE, p. p. de centupler. [sɑ̃typle]

CENTUPLER, v. tr. [sɑ̃typle] (lat. chrét. *centuplicare*) Rendre cent fois aussi grand ; multiplier par cent. ♦ Se centupler, v. pr. *Devenir centuple.*

CENTURIATEUR, n. m. [sɑ̃tyʀjatœʀ] (*centurie*) Nom donné à quatre théologiens protestants de Magdebourg, qui ont divisé l'histoire de l'Église en centuries.

CENTURIE, n. f. [sɑ̃tyʀi] (lat. class. *centuria*) Dans l'ancienne Rome, centaine de citoyens. ♦ L'une des divisions politiques du peuple romain. ♦ *Centuries de Nostradamus,* prédictions rangées par centaines de quatrains ou de sixains, et aussi chacun de ces quatrains ou sixains. ♦ Titre donné à des annales rédigées par siècle.

CENTURION, n. m. [sɑ̃tyʀjɔ̃] (lat. class. *centurio*) Celui qui commandait cent hommes dans la milice romaine.

CÉNURE ou **CŒNURE**, ■ n. m. [senyʀ] (lat. scient. *cænurus*, du gr. *koinos*, commun, et *oura*, queue) Ver plat parasite de l'homme et des animaux qui provoque des troubles dont le tournis. *Le cénure cérébral du mouton est aussi parfois appelé le tournis.*

CEP, n. m. [sɛp] (lat. *cippus*) Pied de vigne. ♦ **Au pl.** Lien ou espèce de chaîne. *Avoir les ceps aux pieds et aux mains.* ♦ Il est vieux. ■ **REM.** On prononçait autrefois [sɛ].

CÉPACÉ, ÉE, adj. [sepase] (lat. *cæpa*) **Bot.** Qui a rapport à l'oignon.

CÉPAGE, n. m. [sepaʒ] (*cep*) Plant ou variété quelconque de vigne cultivée. *Un bon, un mauvais cépage.*

CÈPE, n. m. [sɛp] (gasc. *cep*) Sorte de champignon bon à manger *(Boletus edulis)*. ■ **REM.** On écrivait aussi autrefois *ceps*.

CÉPÉE, n. f. [sepe] (*cep*) Touffe de bois sortant d'une même souche.

CEPENDANT, adv. [səpɑ̃dɑ̃] (2 *ce* et *pendant*) Pendant cela, pendant ce temps-là, au moment même. « *Je m'en vais voir ce qu'elle me dira, cependant promenez-vous ici* », MOLIÈRE. ♦ **conj.** Néanmoins, pourtant, toutefois. « *Si vous fussiez tombé, l'on s'en fût pris à moi, Cependant c'était votre faute* », LA FONTAINE. ♦ **CEPENDANT QUE**, conj. Pendant que. « *Cependant que mon front au Caucase pareil Brave l'effort de la tempête* », LA FONTAINE. ♦ *Cependant que ne se dit plus qu'en poésie ; en prose on dit pendant que.*

CÉPHALALGIE, n. f. [sefalalʒi] (b. lat. *cephalalgia*) Douleur de tête.

CÉPHALALGIQUE, adj. [sefalalʒik] (*céphalgie*) Qui a rapport à la céphalalgie.

CÉPHALÉE, ■ n. f. [sefale] (gr. *kephalaia*) **Méd.** Mal de tête violent et persistant. *La migraine est une des céphalées chroniques les plus fréquentes.*

CÉPHALIQUE, adj. [sefalik] (gr. *kephalikos*, relatif à la tête) **Méd.** De la tête, propre à la tête. ♦ *Remèdes céphaliques*, remèdes qui sont propres à guérir les maladies de la tête. ♦ *Veine céphalique* et n. f. *la céphalique*, une des veines du bras.

CÉPHALO..., [sefalo] préfixe qui signifie *tête* et vient du grec *kephalê*.

CÉPHALOCORDÉS, ■ n. m. pl. [sefalokɔʀde] (*céphalo-* et gr. *khordê*, boyau) **Zool.** Famille d'invertébrés marins caractérisée par l'absence d'encéphale. *L'amphioxus qui n'a ni cerveau ni cœur, le plus primitif des poissons, est le représentant parfait des céphalocordés.*

CÉPHALOÏDE, adj. [sefaloid] (*céphal-* et *-oïde*) **Didact.** Qui est en forme de tête.

CÉPHALOPODE, ■ n. m. [sefalopɔd] (*céphalo-* et gr. *-podos*, pied) **Zool.** Mollusque dont la tête est pourvue de tentacules à ventouses.

CÉPHALORACHIDIEN, IENNE ou **CÉPHALO-RACHIDIEN, IENNE**, ■ adj. [sefaloʀaʃidjɛ̃, jɛn] (*céphalo-* et *rachidien*) **Anat.** Relatif au cerveau et à la colonne vertébrale. *Les nerfs céphalorachidiens.*

CÉPHALOSPORINE, ■ n. f. [sefalospɔʀin] (*céphalo-* et gr. *-spora*, semence) **Méd.** Antibiotique obtenu à partir d'un champignon microscopique.

CÉPHALOTHORAX, ■ n. m. [sefalotɔʀaks] (*céphalo-* et *thorax*) **Zool.** Zone comprenant la tête et le thorax soudés chez les crustacés et les arachnides.

CÉPHÉE, n. m. [sefe] (gr. *Kêpheus*) Constellation de l'hémisphère septentrional.

CÉPHÉIDE, ■ n. f. [sefeid] (*céphée*) Étoile dont la taille et l'éclat varient. *Les céphéides font partie de la constellation de Céphée et n'ont que quelques jours de pulsation*

CEPS, n. m. [sɛps] Voy. CÈPE.

CÉRACÉ, ÉE, adj. [seʀase] (lat. *cera*, cire) Qui a l'apparence ou la consistance de la cire.

CÉRAMBYCIDÉ, ■ n. m. [seʀɑ̃biside] (gr. *kerambux*, capricorne) **Zool.** Insecte de la famille des coléoptères, très coloré et aux longues antennes.

CÉRAME, ■ n. m. [seʀam] (gr. *kéramon*, vaisselle d'argile) Vase grec en terre cuite. ♦ *Grès cérame*, grès soumis à la vitrification.

CÉRAMIDE, ■ n. m. [seʀamid] (lat. *cera*, cire) Molécule lipidique qui entoure les membranes cellulaires.

CÉRAMIQUE, adj. [seʀamik] (gr. *keramikos*, argile) Qui concerne l'art du potier. *Les arts céramiques*, les arts qui ont pour objet la fabrication de la faïence, de la porcelaine, etc. ♦ **N. f.** *La céramique*, l'art du potier. ■ **N. f.** Objet de faïence, de porcelaine, etc. *Les céramiques de Picasso.*

CÉRAMISTE, ■ n. m. et n. f. [seʀamist] (*céramique*) Personne qui fabrique des céramiques.

CÉRAMOGRAPHIE, n. f. [seʀamografi] (rad. de *céramique* et *-graphie*) Description des vases antiques.

CÉRAMOGRAPHIQUE, adj. [seʀamografik] (*céramographie*) Qui a rapport à la céramographie.

CÉRAMOLOGUE, ■ n. m. et n. f. [seʀamolɔg] (rad. de *céramique* et *-logue*) Spécialiste de l'étude des arts céramiques.

CÉRASTE, ■ n. m. [seʀast] (gr. *kerastês*) Vipère d'Égypte, qui a sur la tête deux éminences en forme de cornes.

CÉRAT, n. m. [seʀa] (lat. *ceratum*) Médicament externe plus ou moins mou qui a pour base la cire et l'huile.

CERBÈRE, n. m. [sɛʀbɛʀ] (gr. *Kerberos*) Chien à trois têtes qui selon la mythologie gardait la porte des enfers. ♦ **Fig.** et **fam.** Un portier brutal, un gardien sévère, intraitable.

CERCAIRE, ■ n. f. [sɛʀkɛʀ] (lat. scient. *cercaria*, du gr. *kerkos*, queue des animaux) Larve de la douve.

CERCEAU, n. m. [seʀso] (lat. *circellus*, dimin. de *circus*, cercle) Se dit de diverses choses courbées en arc, en cercle, et spécialement des cercles de fer ou de bois des tonneaux, de ces cercles de bois légers que les enfants font rouler à l'aide d'un petit bâton, des bois courbés pour soutenir une toile sur une voiture, etc. *Mettre des cerceaux à une cuve. Jouer au cerceau.* ♦ **Fam.** *Il a le dos fait comme un cerceau, en cerceau*, il est tout voûté. On dit aussi : *Jambes en cerceau.* ♦ Sorte de filet d'oiseleur. ♦ En fauconnerie, nom des plumes du bout de l'aile d'un oiseau de proie. ♦ Sorte de bâti fait avec des bouts de cercle pour soutenir les couvertures, quand un blessé n'en peut supporter le poids.

CERCELLE, n. f. [sɛʀsɛl] Voy. SARCELLE, seul usité maintenant.

CERCLAGE, n. m. [sɛʀklaʒ] (*cercler*) Action de cercler des tonneaux. ♦ *Bois de cerclage*, bois propre à faire des cerceaux. ■ Dispositif resserrant le col de l'utérus pour prévenir un accouchement prématuré.

CERCLE, n. m. [sɛʀkl] (lat. *circulus*, objet en forme de cercle) Surface plane limitée par une ligne courbe, dite circonférence, dont tous les points sont à égale distance du centre. ♦ *La quadrature du cercle*, problème qui, consistant à trouver une surface carrée équivalant à un cercle, a été reconnu insoluble. ♦ **Fig.** *Chercher la quadrature du cercle*, poursuivre un objet impossible à atteindre. ♦ Improprement, la circonférence elle-même. *Faire des cercles.* ♦ Cerceau et en général toute bande de métal ou d'autre matière disposée en cercle autour d'une chose pour la maintenir, la consolider ou l'orner. *Cercle à tonneau. Une poutre reliée de cercles de fer.* ♦ *Vin en cercles*, vin en barrique. ♦ **Hérald.** *Cercle perlé*, couronne de vicomte. ♦ Dans les sciences et les arts, nom de certains instruments circulaires. *Cercle d'arpenteur.* ♦ Nom de diverses pièces circulaires de la sphère armillaire. ♦ Toute disposition de personnes ou d'objets rangés de façon à former une sorte de circonférence de cercle. *Les soldats formèrent le cercle. Arbres plantés en cercle.* ♦ Particulièrement, à l'ancienne cour de France, la réunion des princesses et des duchesses assises circulairement en présence de la reine. ♦ **Par extens.** Société d'hommes et de femmes réunis pour le plaisir de la conversation ; les habitués eux-mêmes d'une réunion de ce genre. « *On y tient le cercle [chez la princesse] une heure du jour* », MME DE SÉVIGNÉ. ♦ Association dont les membres se réunissent dans un lieu loué à frais communs pour s'entretenir, jouer, etc. *Cercle politique, littéraire*, etc. ♦ **Fig.** Étendue, limites. *Le cercle des connaissances humaines.* ♦ Succession continue qui revient sur elle-même. *Les années roulent dans le même cercle.* ♦ *Cercle vicieux* ou simplement *cercle*, sophisme par lequel on donne pour preuve la supposition même d'où l'on est parti. ♦ Division territoriale de certains pays. ♦ Dans les solipèdes, renflement circulaire qui se dessine sur la paroi du sabot. ■ **Fig.** *Cercle vicieux*, problème pour lequel toute solution apportée est elle-même source de problèmes.

CERCLÉ, ÉE, p. p. de cercler. [sɛʀkle]

CERCLER, v. tr. [sɛʀkle] (*cercle*) Garnir, entourer de cerceaux, de cercles.

CERCUEIL, n. m. [sɛʀkœj] (gr. *sarcophagos*) Caisse de bois, de plomb, etc. dans laquelle on met un corps mort. ♦ **Fig.** La mort. « *Des louanges que les années Ne mettent point dans le cercueil* », MALHERBE.

CERDAN, ANE ou **CERDAGNOL, OLE**, ■ adj. [sɛʀdɑ̃, an, sɛʀdaɲɔl] ou [sɛʀdaɲɔl] (*Cerdagne*) Qui appartient à la Cerdagne. *Un village cerdan. Des coutumes cerdagnoles.*

CÉRÉALE, adj. [seʀeal] (lat. *cerealis*, de *Ceres*, déesse des moissons) qui ne s'emploie qu'au féminin et surtout au pluriel. Il se dit des plantes et des graines propres à fournir du pain. *Plantes, graines céréales.* ♦ **N. f.** *L'orge est une céréale. Le prix des céréales.*

CÉRÉALICULTURE, ■ n. f. [seʀealikyltyʀ] (*céréale* et *culture*) Culture des céréales. *L'élevage et la céréaliculture irriguée sont les caractéristique de l'économie agricole de cette région.*

CÉRÉALIER, IÈRE, ■ adj. [seʀealje, jɛʀ] (*céréale*) Relatif aux céréales. *L'industrie céréalière.* ■ **N. m. et n. f.** Producteur de céréales.

CÉRÉBELLEUX, EUSE, ■ adj. [seʀebelø, øz] (lat. *cerebellum*, petite cervelle) Qui se situe dans une partie de l'encéphale appelée cervelet, qui est relatif à celui-ci. *Une lésion cérébelleuse.* ■ **N. m. et n. f.** Par extens. Personne atteinte d'une pathologie du cervelet.

CÉRÉBRAL, ALE, adj. [serebral] (lat. *cerebrum,* cerveau) Qui appartient au cerveau. *Nerfs cérébraux.* ◆ Qui affecte le cerveau. *Maladies cérébrales.* ■ Qui fait intervenir l'intellect, la pensée. *Travail cérébral.* ■ **N. m. et n. f.** *Un cérébral, une cérébrale.*

CÉRÉBRALITÉ, ■ n. f. [serebralite] (*cérébral*) Activité intellectuelle souvent perçue dans une dimension excessive. *Il y a plus de cérébralité dans son attitude que de véritable compréhension vraie des problèmes.*

CÉRÉBROSPINAL, ALE ou **CÉRÉBRO-SPINAL, ALE,** adj. [serebrospinal] (lat. *cerebrum,* cerveau, et *spinal*) Relatif au cerveau et à la colonne vertébrale. *Nerfs cérébrospinaux.*

CÉRÉMONIAIRE, n. m. [seremonjer] (*cérémonie*) Prêtre ou clerc qui dirige les cérémonies dans les grandes églises.

1 **CÉRÉMONIAL,** n. m. [seremonjal] (2 *cérémonial*) La succession, établie par l'usage, des différentes parties d'une cérémonie religieuse ou politique. ◆ Par extens. *Le cérémonial,* le livre des règles du cérémonial. ◆ Entre les particuliers, l'ensemble des actes, des formules de civilité ou de respect que l'usage a établis. ◆ *Être fort sur le cérémonial,* être pointilleux sur les cérémonies, et fig. se montrer exigeant en fait d'égards. ■ Au pl. *Des cérémonials.*

2 **CÉRÉMONIAL, ALE,** adj. [seremonjal] (b. lat. *cærimonialis*) Qui concerne les cérémonies, qui y a rapport.

CÉRÉMONIALISME, n. m. [seremonjalism] (*cérémonial*) Attachement étroit aux formes et aux cérémonies du culte.

CÉRÉMONIE, n. f. [seremoni] (lat. *cærimonia*) Formes extérieures et régulières du culte religieux, et aussi pompe qu'on emploie pour donner plus d'éclat aux solennités officielles. *La cérémonie du mariage, du sacre des rois, etc.* ◆ *Grand maître, maître, aide des cérémonies,* officiers qui dirigent les cérémonies dans les solennités officielles. ◆ *Habit de cérémonie,* habit prescrit par le cérémonial. ◆ *En cérémonie,* avec pompe. ◆ Ensemble des formalités de civilité, de déférence entre particuliers, par opposition aux manières, aux habitudes intimes et familières. ◆ *Voici des gens bien pleins de cérémonie »,* MOLIÈRE. ◆ Gêne qui résulte de la nécessité du cérémonial de politesse. « *Volontiers, lui dit-il, car avec mes amis Je ne fais point cérémonie. »,* LA FONTAINE. ◆ Fig. et fam. *Il a fait bien des cérémonies pour,* il a eu peine à se résoudre. ◆ Chose faite pour la forme.

CÉRÉMONIEUSEMENT, ■ adv. [seremonjøz(ə)mã] (*cérémonieux*) Avec cérémonie.

CÉRÉMONIEUX, EUSE, adj. [seremonjø, øz] (*cérémonie*) En parlant des personnes, plein de cérémonie. « *Il [le misanthrope] est civil et cérémonieux »,* LA BRUYÈRE. ◆ En parlant des choses. *Un ton cérémonieux.*

CÉRÈS, n. f. [seres] (lat. *Ceres*) Dans le polythéisme gréco-romain, déesse qui présidait aux moissons. ◆ Fig. Le blé, la moisson. *La blonde Cérès,* les épis mûrs. ◆ Petite planète tournant autour du Soleil entre Mars et Jupiter.

CERF, n. m. [ser] (lat. *cervus*) Nom de genre d'un ruminant à cornes pleines ou osseuses, caduques, rondes, ramifiées, et en particulier, nom d'une bête fauve de nos forêts, cerf commun. ◆ *C'est un cerf,* il court avec une très grande rapidité. ◆ Fig. *Un cerf,* un couard, un lâche.

CERFEUIL, n. m. [serfœj] (lat. *cærefolium,* du gr. *khairephullon*) Plante potagère dont les feuilles servent d'assaisonnement.

CERFOUETTE, n. f. [serfwet] Voy. SERFOUETTE.

CERF-VOLANT, n. m. [servolã] (*cerf* et *volant*) Nom vulgaire d'un gros insecte volant, le *lucane cerf* (coléoptères). ◆ Jouet d'enfant en forme d'une grande raquette, fait de papier étendu sur des baguettes, qu'on fait enlever par le vent en le retenant par une ficelle. ◆ Au pl. *Des cerfs-volants.* ■ CERF-VOLISTE, n. m. et n. f. [servolist]

CÉRIFÈRE, ■ adj. [serifer] (lat. *cera,* cire, et *-fère*) Se dit d'une plante qui produit de la cire. *Des palmiers cérifères.*

CÉRINE, n. f. [serin] Voy. CÉROTIQUE.

CERISAIE, n. f. [sərize] (*cerise*) Lieu planté de cerisiers.

CERISE, n. f. [s(ə)riz] (lat. vulg. *ceresia*) Fruit du cerisier. ◆ Adj. inv. *Des rubans cerise.* ◆ N. m. *Le cerise,* la couleur cerise. ◆ *Rouge cerise,* rouge très vif et un peu clair. ◆ En métallurgie, *rouge cerise,* rouge qui est l'indice d'une très haute température. ◆ Par extens. Le fruit du caféier. *Du café en cerise.* ■ Fam. *La cerise sur le gâteau,* détail final.

CERISETTE, n. f. [s(ə)rizet] (dimin. de *cerise*) Cerise séchée.

CERISIER, n. m. [s(ə)rizje] (*cerise*) Arbre de la famille des rosacées qui porte des cerises. ◆ Bois de cerisier. *Meubles en cerisier.*

CÉRITHE, ■ n. m. [serit] (lat. scient. *cerithium,* du gr. *kêrukion,* coquillage) Zool. Mollusque gastéropode des mers chaudes à l'état fossile.

CÉRIUM, ■ n. m. [serjɔm] (*Cérès,* nom d'une déesse donné à une planète) Chim. Corps chimique (Ce). ■ Métal gris malléable souvent allié au fer pour la fabrication des pierres à briquet.

CERMET, ■ n. m. [serme] (rad. de *céramique* et de *métal*) Matériau composé d'un métal et d'un produit céramique. *Un revêtement avec une couche de cermet.*

CERNE, n. m. [sern] (lat. *circinus,* compas, cercle) Cercle qui entoure quelque chose. ◆ Rond livide qui entoure les yeux battus ou une plaie en mauvais état. ◆ Cercles concentriques qu'offre la coupe d'un arbre. ◆ Enceinte pour traquer le gibier.

CERNÉ, ÉE, p. p. de cerner. [serne] *Yeux cernés,* yeux battus.

CERNEAU, n. m. [serno] (*cerner*) Moitié d'une noix, tirée de la coque avant la maturité.

CERNEMENT, n. m. [sernəmã] (*cerner*) Action de cerner.

CERNER, v. tr. [serne] (lat. class. *circinare*) Entourer comme d'un cerne. ◆ Par extens. Investir, surveiller tout autour, de manière à empêcher de fuir. *Cerner une place, une maison.* ◆ Fig. *Cerner quelqu'un,* l'obséder, l'entourer de conseils, de gens apostés, le circonvenir. ◆ Enlever une bandelette circulaire. *Cerner l'écorce d'un arbre.* ◆ *Cerner des noix,* en retirer le cerneau. ◆ *Cerner un arbre au pied,* creuser tout autour pour l'enlever avec ses racines ou pour y mettre du terreau. ◆ Se cerner, v. pr. Devenir cerné. *Ses yeux se cernent.* ■ Définir les limites d'un sujet afin de mieux l'étudier. *Cerner un problème, une question.*

CÉROÈNE ou **CÉROINE,** n. m. [seroen, serwan] (gr. *kêros,* cire) Emplâtre dont la cire fait la base, regardé comme résolutif et fondant. ◆ On trouve aussi *ciroène* et *ciroëne.*

CÉROMEL, n. m. [seromel] (gr. *kêros,* cire, et lat. *mel,* miel) Mélange d'une partie de cire et de deux parties de miel.

CÉROTIQUE, adj. [serotik] (gr. *kêros,* cire) *Acide cérotique* ou *cérine,* un des principes constituants de la cire.

CERQUE, ■ n. m. [serk] (gr. *kerkos,* queue) Zool. Appendice de l'abdomen postérieur chez les insectes. *Le cerque du grillon.*

CERRE, ■ n. m. [ser] (lat. *cerrus*) Espèce de chêne d'Europe.

CERS, ■ n. m. [sers] (lat. *circius*) Sud-Ouest Vent d'ouest violent soufflant dans le sud-ouest de la France notamment dans le bas Languedoc.

CERTAIN, AINE, adj. [sertẽ, ɛn] (lat. vulg. *certanus,* de *certus,* assuré) Qui ne peut manquer, faillir, tromper, en parlant des choses ; en ce sens, *certain* se met après le substantif. *Un espoir, un signe certain.* ◆ En peinture et gravure, *contours certains,* contours bien dessinés. ◆ Fixé à l'avance, déterminé, invariable. *On se réunira à jour certain.* ◆ En parlant des personnes, qui a la certitude de. *Être certain de quelque chose. Bien certain que le gouvernement ferait la guerre.* ◆ Anc. pratiq. Fondé de pouvoirs suffisants. *Venir certain à l'audience.* ◆ Un, quelque, d'une façon indéterminée ; en ce sens, *certain* se met avant le substantif. *Certaines gens. Un certain mal.* ◆ Certain, devant un nom propre, exprime comme une nuance de dédain. *Un certain Masaniello pêcheur fut le promoteur de l'insurrection de Naples.* ◆ En style de monitoires, de procès-verbaux, *un certain quidam, certains quidams,* des personnes imparfaitement connues. ◆ n., au pl. Quelques-uns. *Certains prétendent.* ◆ *Certain* atténue ce qu'une expression a de trop absolu. *Il jouit d'une certaine réputation.* ◆ *Un certain âge,* un âge déjà avancé. *C'est une femme d'un certain âge.* ◆ *Il est d'un certain mérite,* il n'est pas sans mérite. ◆ LE CERTAIN, n. m. Chose certaine. *Quitter le certain pour l'incertain.* ◆ Financ. Monnaie prise pour terme de comparaison dans l'appréciation du taux du change. ◆ POUR CERTAIN, loc. adv. Assurément.

CERTAINEMENT, adv. [serten(ə)mã] (*certain*) D'une manière certaine. *Je le sais certainement.* ◆ Sans doute, en vérité, assurément. *Certainement vous ne m'écoutez pas.*

CERTEAU, n. m. [serto] (p.-ê. de *Sarteau,* dans les Alpes) Variété de poire.

CERTES, adv. [sert] (lat. vulg. *certas*) Certainement, en vérité, à coup sûr.

CERTIFICAT, n. m. [sertifika] (lat. médiév. *certificatum*) Acte par lequel un individu, un fonctionnaire, un corps constitué, rendent témoignage d'un fait qui est à leur connaissance. *Certificat de bonne vie et mœurs. Ce domestique a de bons certificats. Certificat de vie,* certificat constatant l'existence d'un rentier. ◆ Fam. Assurance, garantie. *La goutte est un certificat de vie.* ■ Diplôme attestant d'un niveau d'études ou d'un niveau de connaissances. *CEP, certificat d'études primaires* (diplôme supprimé) ; *CAP, certificat d'aptitude professionnelle ; CAPES, certificat d'aptitude au professorat de l'enseignement secondaire ; CAPET, certificat d'aptitude au professorat de l'enseignement technique.*

CERTIFICATEUR, n. m. [sertifikatœr] (lat. médiév. *certificator*) Celui qui certifie une caution, une promesse, un billet. ◆ Adj. *Notaire certificateur,* notaire qui délivre aux rentiers les certificats de vie.

CERTIFICATIF, IVE, adj. [sɛʀtifikatif, iv] (lat. médiév. *certificativus*) Qui a la vertu de certifier.

CERTIFICATION, n. f. [sɛʀtifikasjɔ̃] (lat. médiév. *certificatio*) Assurance par écrit. ◆ *Certification de signature*, obligation de faire certifier sa signature.

CERTIFIÉ, ÉE, p. p. de certifier. [sɛʀtifje] *Chèque certifié*, pour lequel la banque certifie que le compte est suffisamment approvisionné. ◆ **N. m.** et n. f. Personne titulaire du CAPES.

CERTIFIER, v. tr. [sɛʀtifje] (lat. chrét. *certificare*, confirmer, du lat. *certus*, assuré, et *facere*) Assurer qu'une chose est certaine. *Certifier un fait.* ◆ *Je vous certifie que...* ◆ Autrefois, ce verbe voulait le régime direct de la personne. *Il me certifia du fait.* ◆ *Certifier une caution*, en répondre. *Certifier des criées*, en attester la régularité.

CERTITUDE, n. f. [sɛʀtityd] (b. lat. *certitudo*) Qualité de ce qui est certain. *Certitude morale, mathématique, etc.* « *L'histoire commence à avoir de la certitude* », BOSSUET. ◆ *De certitude*, certainement, assurément. « *C'est moi qui suis Sosie enfin, de certitude* », MOLIÈRE. ◆ **Philos.** Conviction qu'a l'esprit que les objets sont tels qu'il les conçoit. *La question de la certitude.* ◆ Stabilité. *Il n'y a nulle certitude dans les choses du monde.* ◆ En gravure, fermeté de main.

CÉRULÉEN, ÉENNE, ▪ adj. [seʀyleɛ̃, ɛɛn] (*cérulé*, du lat. *cæruleus*, bleu, de *cælus*, ciel) **Litt.** De couleur bleue. *Une mer céruléenne.* ▪ **Fig.** Ayant un aspect, un caractère céleste. *La perception céruléenne du poète.*

CÉRUMEN, n. m. [seʀymɛn] (b. lat. *cærumen*, de *cera*) Humeur onctueuse qui s'amasse dans le conduit auditif externe.

CÉRUMINEUX, EUSE, adj. [seʀyminø, øz] (*cérumen*) Relatif au cérumen.

CÉRUSAGE, ▪ n. m. [seʀyzaʒ] (*céruse*) Procédé par lequel on remplit les pores d'un bois à l'aide d'une pâte constituée de blanc de plomb, puis recouvert de vernis mat incolore.

CÉRUSE, n. f. [seʀyz] (lat. *cerussa*) Carbonate de plomb, de couleur blanche. *Blanc de ceruse.*

CÉRUSÉ, ÉE, ▪ adj. [seʀyze] (*céruse*) Qui a subi la technique du cérusage. ▪ *Bois cérusé*, traité avec un produit de finition qui en fait mieux ressortir les lignes naturelles. *Un buffet cérusé de ton bleuté.*

CERVAISON, n. f. [sɛʀvɛzɔ̃] (rad. de *cervus*, cerf) Temps de l'année où les cerfs sont gras et bons à chasser.

CERVEAU, n. m. [sɛʀvo] (lat. *cerebellum*, dimin. de *cerebrum*) Masse de substance nerveuse qui occupe la cavité du crâne chez l'homme et les animaux vertébrés. ◆ *Rhume de cerveau*, inflammation catarrhale de la membrane qui tapisse les fosses nasales. *Être pris du cerveau*, avoir le cerveau pris, avoir un rhume de cerveau. ◆ **Fig.** Tête, esprit, raison, intelligence. « *Un homme à fort petit cerveau* », MOLIÈRE. « *Ce galant homme a le cerveau blessé* », MOLIÈRE. ◆ *Se creuser le cerveau*, méditer profondément. ◆ **Fam.** S'alambiquer le cerveau, se fatiguer à des choses abstraites, subtiles. ◆ *Cerveau timbré, fêlé, mal timbré, malade, troublé, etc.* personne d'un esprit peu sain. ◆ *Cerveau brûlé*, personne emportée, extravagante. ◆ *Cerveau creux*, un rêveur, un visionnaire. ▪ Personne qui est au centre d'une activité. *C'est lui le cerveau de l'équipe.*

CERVELAS, n. m. [sɛʀvəla] (ital. *cervellato*) Grosse et courte saucisse remplie de chair salée et épicée.

CERVELET, n. m. [sɛʀvəlɛ] (dimin. de l'anc. fr. *cervel*, cerveau) La partie postérieure de l'encéphale.

CERVELLE, n. f. [sɛʀvɛl] (b. lat. *cerebella*, plur. de *cerebellum*, dimin. de *cerebrum*) La substance du cerveau. *Se faire sauter, se brûler la cervelle*, se tuer avec une arme à feu. ◆ **Cuis.** Cerveau de certains animaux de boucherie. ◆ *Cervelle de palmier*, moelle du palmier. ◆ **Fig.** Tête, esprit, fantaisie, raison. *Tête sans cervelle. Cervelle légère, évaporée, éventée.* « *L'émotion lui tourna la cervelle* », LA FONTAINE. ◆ **Fam.** *Cela lui trotte depuis longtemps dans la cervelle*, il en est préoccupé. ◆ *Mettre, tenir en cervelle*, en inquiétude, dans l'embarras.

CERVICAL, ALE, adj. [sɛʀvikal] (lat. *cervix*, cou, nuque) Qui appartient à la nuque, à la partie postérieure du cou. *Nerfs cervicaux.*

CERVICALGIE, ▪ n. f. [sɛʀvikalʒi] (lat. *cervix*, nuque, et *-algie*) **Méd.** Douleur de la nuque et du cou.

CERVICITE, ▪ n. f. [sɛʀvisit] (lat. *cervix*, col) **Méd.** Lésion inflammatoire du col de l'utérus.

CERVIDÉ, ▪ n. m. [sɛʀvide] (dér. du lat. *cervus*, cerf) Mammifère appartenant à la famille des ongulés et qui se distingue par les bois ornant le dessus du crâne des mâles tels que l'élan, le renne, le cerf, etc.

CERVIER, adj. [sɛʀvje] Voy. LOUP-CERVIER.

CERVIN, INE, adj. [sɛʀvɛ̃, in] (lat. *cervinus*) Qui ressemble au cerf. ◆ **N. m.** *Les cervins*, la famille d'animaux dont le cerf est le type.

CERVOISE, n. f. [sɛʀvwaz] (lat. impér. *cervisia*, d'orig. gaul.) Nom ancien de la bière.

CES, adj. dém. [se] Pluriel de *ce, cette.*

CÉSAR, n. m. [sezar] (lat. *Cæsar*) Nom du célèbre Romain qui conquit les Gaules, défit Pompée et devint maître de la république romaine. ◆ *C'est un César*, se dit d'un homme d'une très grande vaillance. ◆ Nom commun à Jules César et aux onze premiers princes qui lui succédèrent. ◆ Titre donné aux empereurs et princes romains après les douze premiers empereurs. ◆ Titre particulier des héritiers présomptifs de l'empire, à partir de Dioclétien. ◆ **Par extens.** Qualification des monarques qui ont le titre d'empereur. *Une fille des Césars*, une fille de la maison d'Autriche. ◆ **Prov.** *Il faut rendre à César ce qui appartient à César*, rendre à chacun ce qui lui est dû.

CÉSARIEN, IENNE, adj. [sezarjɛ̃, jɛn] (lat. *cæsarianus*) Qui appartient à Jules César ou aux Césars. *Famille césarienne.* ◆ **N. m.** Partisan de César ou de son système politique.

CÉSARIENNE, adj. f. [sezarjɛn] (lat. *cæsarianus*, rattaché à *cæsus*, p. p. de *cædere*, fendre) *Opération césarienne*, incision pratiquée aux parois de l'abdomen et à celles de l'utérus pour extraire le fœtus.

CÉSARISER, ▪ v. tr. [sezarize] (*césarienne*) Opérer par césarienne. *Césariser une femme présentant un accouchement difficile.*

CÉSARISME, n. m. [sezarism] (*César*) Domination des Césars. ◆ Théorie de ceux qui pensent que le pouvoir absolu appuyé sur l'armée est la meilleure forme de gouvernement.

CÉSIUM, ▪ n. m. [sezjɔm] Voy. CÆSIUM.

CESSANT, ANTE, adj. [sɛsɑ̃, ɑ̃t] (*cesser*) Qui cesse. « *Je viens, toute affaire cessante...* », LA FONTAINE.

CESSATION, n. f. [sɛsasjɔ̃] (lat. *cessatio*) Action de cesser. *Cessation d'hostilités, de poursuites, de commerce, etc.*

CESSE, n. f. [sɛs] (de *cesser*) Fin, relâche. ◆ Mot qui n'est plus guère usité que dans les locutions : *N'avoir pas de cesse ; sans cesse. Travailler sans cesse. Il n'a ni repos ni cesse.*

CESSÉ, ÉE, p. p. de cesser. [sese]

CESSER, v. intr. [sese] (lat. *cessare*, tarder, s'interrompre, être oisif) Se conjugue avec *avoir* ou *être*, suivant le sens. Mettre fin à, ne pas continuer, être dans l'inaction. « *Je n'ai ni affaires ni loisir ; je ne fais rien et je ne cesse jamais* », BALZAC. « *Grand roi, cesse de vaincre, ou je cesse d'écrire* », BOILEAU. « *Du Dieu d'Israël les fêtes sont cessées* », RACINE. ◆ *Faire cesser*, mettre fin à. *Faire cesser une querelle.* ◆ **V. tr.** Ne pas continuer. *Cesser tout effort.*

CESSEZ-LE-FEU, ▪ n. m. inv. [sesel(ə)fø] (*cesser* et *feu*) Arrêt provisoire ou définitif des combats. *Des cessez-le-feu.*

CESSIBILITÉ, n. f. [sesibilite] (*cessible*) Qualité d'une chose susceptible d'être cédée.

CESSIBLE, adj. [sesibl] (lat. *cessum*, supin de *cedere*, céder) **Dr.** Qui peut être cédé. *Droit, pension cessible.*

CESSION, n. f. [sesjɔ̃] (lat. *cessio*, de *cedere*, céder) Action de céder à un autre quelque chose dont on est propriétaire, et spécialement une créance. ◆ Dans ce dernier sens, syn. de transport. ◆ *Cession de biens*, abandon de ses biens par un débiteur à ses créanciers.

CESSIONNAIRE, n. m. et n. f. [sesjɔnɛʀ] (*cession*) Celui, celle qui accepte une cession, un transport. ◆ Quelquefois, par abus, celui qui a fait cession de ses biens.

C'EST-À-DIRE, ▪ loc. adv. [sɛtadiʀ] Annonce une explication pour préciser ou développer un point. *Une ONG, c'est-à-dire une organisation non gouvernementale.*

1 CESTE, n. m. [sɛst] (lat. *cæstus*, de *cædere*, frapper) Nom d'un gantelet de cuir garni de plomb, qui servait aux anciens athlètes pour combattre à coups de poing, dans les jeux publics.

2 CESTE, n. m. [sɛst] (lat. *cestus*, ceinture, gr. *kestos*, brodé, dit de la ceinture brodée d'Aphrodite) Dans la mythologie, la ceinture de Vénus, et aussi celle de Junon. ▪ **Biol.** Ver long et plat des mers chaudes également appelé *ceinture de vénus.*

CESTODE, ▪ n. m. [sɛstɔd] (forme altérée de *cestoïde*) Ver plat parasite de l'intestin dont le ténia est le type. *Les larves des cestodes engendrent des affections intestinales sévères.*

CESTOÏDE, adj. [sɛstɔid] (gr. *kestos* et *-oïde*) Qui a la forme d'un ruban, d'une ceinture. ◆ *Vers cestoïdes*, ordre d'animaux de la classe des helminthes.

CESTUI, adj. dém. m. sing. [sɛstɥi] Voy. CETTUI.

CÉSURE, n. f. [sezyʀ] (lat. *cæsura*, coupure) Chez les Latins, le vers hexamètre se divisant en deux parties inégales, l'une de cinq et l'autre de sept temps, on appelait césure la première partie. ♦ Dans les classes, on nomme *césure* la syllabe qui termine un mot et commence un pied. ♦ Dans la poésie française, repos marqué dans le vers de dix syllabes après la quatrième, et dans l'alexandrin après la sixième syllabe. *La césure sépare les hémistiches.*

1 CET, adj. dém. [sɛt] Voy. CE.

2 CET, ■ [seəte] (sigle) Collège d'enseignement technique. *Les CET, aujourd'hui Lycée d'enseignement professionnel (LEP), proposaient un enseignement technique embrassant des secteurs de la vie économique aussi différents que le sont l'agriculture, l'industrie ou le commerce.*

CÉTACÉ, ÉE, adj. [setase] (lat. sav. *cetacea* [XVIᵉ siècle], de *cetus*, gros poisson, et de gr. *kêtos*, monstre marin) Qui appartient aux grands mammifères ayant la forme de poisson. ♦ N. m. pl. *Les cétacés*, ordre de mammifères auquel appartiennent les baleines, les cachalots, les dauphins.

CÉTEAU, ■ n. m. [seto] Petit poisson long et triangulaire présent notamment en mer Méditerranée. *Les céteaux apprécient les eaux tempérées, calmes, et les fonds sableux.*

CÉTÉRACH, n. m. [seterak] (lat. médiév. *ceteraceum*, de l'ar. *chitaraq*, p.-ê orig. indienne) Autrement doradille, espèce de fougère médicinale dont les feuilles ont été préconisées comme pectorales. ■ REM. Graphie ancienne : *cétérac*.

CÉTINE, n. f. [setin] (gr. *kêtos*, monstre marin) **Chim.** Principe immédiat, gras, qui constitue le blanc de baleine.

CÉTOINE, n. f. [setwan] (lat. sav. *cetonia* 1775, orig. inc.) Nom d'un genre de coléoptères dont une espèce, la cétoine dorée, est souvent mêlée par fraude aux cantharides.

CÉTONE, ■ n. f. [setɔn] (*acétone*) Corps chimique de même composition que l'*acétone*. *On obtient les cétones par oxydation d'alcools secondaires.*

CÉTONÉMIE, ■ n. f. [setonemi] (*cétone* et -*émie*) **Méd.** Présence d'une quantité importante d'éléments cétoniques dans le sang. *La cétonémie est étroitement liée aux problèmes de diabète.*

CÉTONIQUE, ■ adj. [setonik] (*cétone*) Relatif à la cétone. *Des corps cétoniques.* ■ Qui agit comme une cétone. *Une diète cétonique.*

CÉTONURIE, ■ n. f. [setonyʀi] (*cétone* et -*urie*) **Méd.** Apparition d'éléments cétoniques dans les urines. *Les tests de cétonurie reposent sur la vérification du taux de corps cétoniques, ou acides, dans le sang ou l'urine.*

CÉTOSE, ■ n. f. [setoz] (*cétone* et -*ose*) **Méd.** Présence excessive d'éléments cétoniques dans le sang. *La cétose est due à la combustion des graisses lorsque l'organisme ne peut plus utiliser les sucres par manque d'insuline.*

CETTE, adj. dém. [sɛt] Voy. CE.

CETTUI, adj. dém. [sɛtɥi] (anc. fr. *cestui*, lat. pop. *ecce-istius*, de *ecce*, voici et génit. du dém. *ista*) N'est plus usité que dans le style marotique. « *Cettui pays n'est pays de quelque chose* », VOLTAIRE. ■ REM. On trouvait aussi *cestui*.

CEUX, m. pl. de celui. [sø]

CÉVADE, n. f. [sevad] (esp. *cebada*, du lat. *cibare*) Avoine.

CÉVENOL, OLE, ■ adj. [sev(ə)nɔl] (*Cévennes*) Qui a trait aux Cévennes. *La forêt cévenole.*

CÉZANNIEN, IENNE, ■ adj. [sezanjɛ̃, jɛn] (*Cézanne*) Relatif à l'œuvre, au style de Cézanne. *Les cubistes cézanniens appréhendent la nature en simplifiant les formes, à l'aide par exemple de cylindres, de sphères et de cônes.*

1 CFA, ■ n. m. et adj. [seefa] (sigle de *Communauté financière africaine*) Unité monétaire en vigueur dans plusieurs pays d'Afrique de l'Ouest. *Le franc CFA.*

2 CFA, ■ n. m. [seefa] (sigle de *Centre de formation des apprentis*) Établissement scolaire où les apprentis suivent en alternance une formation au centre et en entreprise.

CHABLE, n. m. [ʃabl] (b. lat. *capulum* ; infl. de *chaable* : *chabler*) Grosse corde passée sous une poulie pour soulever un fardeau.

CHABLER, v. tr. [ʃable] (p.-ê anc. fr. *ca(d)able*, *chaable*, catapulte, b. lat. *catabola*, gr. *katabolê*, action de jeter ; infl. de *chap(e)ler*, *capulare*, couper du bois) *Chabler les noix*, abattre les noix à coups de gaule.

1 CHABLIS, n. m. [ʃabli] (anc. fr. *chap(e)ler*, b. lat. *capulare*, couper du bois) Bois que le vent ou l'orage abat dans les forêts.

2 CHABLIS, n. m. [ʃabli] (*Chablis*, petite ville de l'Yonne) Vin blanc renommé. *Boire du chablis.*

CHABOT ou **CABOT**, n. m. [ʃabo, kabo] (étym. obsc. : p.-ê. a. provenç. *cabotz*, poisson à grosse tête) Espèce de poisson appelé aussi meunier, la lotte goujon. ♦ **Hérald.** Meuble d'armoiries qui représente un chabot en pal, la tête en haut, montrant son dos.

CHABRAQUE, n. f. [ʃabʀak] (all. *Schabrake*) Pièce de drap ou de peau de mouton destinée à recouvrir la selle et la charge sur le dos du cheval. *Une chabraque de hussard.* ■ REM. On écrivait aussi *schabraque* autrefois.

CHABROT ou **CHABROL**, ■ n. m. [ʃabʀo, ʃabʀɔl] (mot occit. du lat. *capreolus*, chevreuil : boire en lapant comme une chèvre) Sorte de soupe obtenue en mélangeant du vin rouge et du bouillon.

CHACAL, n. m. [ʃakal] (turc *schakal*) Animal de la taille du renard, mais plus haut sur jambes, très féroce et vivant en troupe. ♦ Au pl. *Des chacals.*

CHA-CHA-CHA, ■ n. m. inv. [tʃatʃatʃa] (onomat. du Mexique) Musique et danse latino-américaines. *Des cha-cha-cha.*

CHACHLIK, ■ n. m. [ʃaʃlik] (mot russe) Brochette de viande marinée puis grillée. *Des chachliks aux épices.*

CHACONNE ou **CHACONE**, n. f. [ʃakɔn] (esp. *Chacona*, de onomatopée *tchak*) Air de danse très étendu, qui servait de finale à un ballet ou à un opéra. ♦ *Danser sur un air de chaconne.*

CHACUN, UNE, pron. indéf. [ʃakœ̃, yn] ou [ʃakɛ̃, yn] (du lat. vulg. *cascunum*, croisement de *quisque* [*unus*], « chaque un », et de *catunum*, de [*unum*] *cata unum*, un par un, où la préposition distributive *cata* est empruntée au gr. *kata*) Chaque personne, chaque chose. *Chacun prit sa part.* ♦ Au m. D'une manière indéfinie, en parlant des hommes ou des femmes, toute personne, qui que ce soit, tout le monde, on. « *Chacun voit ceux [les maux] d'autrui d'un autre œil que les siens* », P. CORNEILLE. ♦ Au f. Fam. *Sa chacune*, la femme avec qui un homme est pair, chacun pour chacun, a vieilli. *Un chacun doit mourir.* ♦ Prov. *Chacun pour soi, Dieu pour tous.*

CHADBURN, ■ n. m. [ʃadbœrn] (du nom du constructeur anglais) **Mar.** Appareil de navigation servant à transmettre des ordres. *Les chadburns servaient notamment à transmettre les ordres de pilotage de la cabine du capitaine à la salle des machines.*

CHADOUF, ■ n. m. [ʃaduf] (ar. égyptien) Instrument à balance utilisé pour puiser de l'eau. *Très utilisés dans l'Égypte antique, les chadoufs permettaient d'irriguer les cultures.*

CHAFAUD, n. m. [ʃafo] (anc. fr. *échafaudage*) **Mar.** Échafaud.

CHAFIISME, ■ n. m. [ʃafiism] (du théologien *Al-Chafii*) École théologique et juridique islamique. *Imâm Shâfi'i fut l'un des quatre grands juristes du monde musulman, fondateur du chafiisme.*

CHAFOUIN, INE, n. m. et n. f. [ʃafwɛ̃, in] (*chat* et dial. Centre et Ouest *fouin*, mâle de la fouine) Celui, celle qui ressemble à une fouine, qui est d'apparence grêle et sournoise. ♦ Adj. *Mines chafouine.*

1 CHAGRIN, n. m. [ʃagʀɛ̃] (turc *sagri*, croupe d'un animal, peau) Cuir grenu fait d'ordinaire d'une peau de mulet ou d'âne. *Peau de chagrin. Étui de chagrin.* ♦ Fig. et fam. *Avoir une peau de chagrin*, avoir la peau rude, rugueuse. ■ Espèce de squale dont la peau fort rude sert à faire une sorte de chagrin. ■ *Peau de chagrin*, se dit de ce qui a beaucoup diminué.

2 CHAGRIN, n. m. [ʃagʀɛ̃] (prob. 2 *chagriner*) Déplaisir qui peut être causé, soit par une affliction, soit par un ennui, soit par une colère. *Être miné par le chagrin.* ♦ Humeur qui s'inquiète ou se tourmente. « *On a des chagrins contre son siècle et l'antiquité en profite* », FONTENELLE.

3 CHAGRIN, INE, adj. [ʃagʀɛ̃, in] (prob. 2 *chagriner*) Qui a du déplaisir, soit par une affliction actuelle, soit par une humeur habituelle. *Vous paraissez bien chagrin. Une âme chagrine.*

CHAGRINANT, ANTE, adj. [ʃagʀinɑ̃, ɑ̃t] (2 *chagriner*) Qui chagrine. *Un homme chagrinant. Une nouvelle chagrinante.*

1 CHAGRINÉ, ÉE, p. p. de chagriner. [ʃagʀine] *Peau chagrinée.*

2 CHAGRINÉ, ÉE, p. p. de chagriner. [ʃagʀine] Affligé, tourmenté.

CHAGRINEMENT, adv. [ʃagʀin(o)mɑ̃] (2 *chagriner*) D'une façon chagrine. « *Je passe la vie à Paris chagrinement quelquefois* », MME DE SÉVIGNÉ.

1 CHAGRINER, v. tr. [ʃagʀine] (1 *chagrin*) Préparer une peau, une toile de manière à la rendre grenue, à en faire du chagrin.

2 CHAGRINER, v. tr. [ʃagʀine] (p.-ê. *chat* et *grigner*, grincer des dents, faire la grimace : se lamenter comme les chats) Causer du chagrin. *Cette perte le chagrine.* ♦ *Se chagriner*, v. pr. Éprouver du chagrin.

CHAGRINIER, n. m. [ʃagʀinje] (1 *chagrin*) Celui qui fabrique le chagrin.

CHAH, ■ n. m. [ʃa] Voy. SHAH.

CHAHUT, ■ n. m. [ʃay] (*chahuter*) Brouhaha provoqué par un groupe, souvent constitué d'élèves. *Quel chahut dans cette classe !*

CHAHUTER, ■ v. intr. [ʃayte] (étym. obsc. ; rapport possible avec *huer*) Faire du chahut, introduire volontairement le désordre. *Il a l'habitude de chahuter en classe.* ■ CHAHUTEUR, EUSE, n. m. et n. f. [ʃaytœr, øz]

CHAI, n. m. [ʃɛ] (*quai*) Magasin au ras du sol, tenant lieu de cave.

CHAÎNAGE ou **CHAINAGE**, n. m. [ʃenaʒ] (*chaîne*) Opération qui consiste à mesurer une ligne droite sur le terrain avec la chaîne d'arpenteur. ◆ **Archit.** Appareil intérieur, de bois ou de fer, qui soutient une construction en maçonnerie.

CHAÎNE ou **CHAINE**, n. f. [ʃɛn] (lat. *catena*, chaîne, lien, barrière) Espèce de lien de métal, formé d'une suite d'anneaux. ◆ *Chaîne d'arpenteur*, chaîne qui sert, dans les opérations d'arpentage, à mesurer les distances sur le terrain. ◆ *Chaîne de port*, la chaîne ou par extension l'estacade qui barre l'entrée d'un port. ◆ *Huissiers à la chaîne, de la chaîne*, huissiers du conseil du roi qui portaient une chaîne d'or la médaille du roi. ◆ *Chaîne de diamants*, chaîne garnie de diamants. *Chaîne de cou. Chaîne de montre* et absol. *chaîne*, chaîne à laquelle est suspendue la montre. ◆ *Chaîne*, la peine des galères et le convoi même des forçats conduits au bagne. ◆ **Fig.** Servitude, captivité. *Briser les chaînes des esclaves. Rompre sa chaîne.* ◆ Lien, engagement étroit. « *Brisez votre alliance et rompez-en la chaîne* », P. CORNEILLE. ◆ Esclavage, sujétion, dépendance. « *Forcez, rompez, brisez de si honteuses chaînes* », P. CORNEILLE. ◆ *Être rivé à sa chaîne*, ne pouvoir se soustraire à la dépendance où l'on vit. ◆ *Bénir sa chaîne*, se trouver heureux de la sujétion où l'on est. ◆ Suite non interrompue d'objets semblables. *Une chaîne de montagnes.* ◆ Suite de personnes disposées pour se transmettre quelque chose de main en main. *Il n'y avait pas assez de monde pour faire la chaîne, de la rivière au lieu de l'incendie.* ◆ **Phys.** *Chaîne électrique*, suite de personnes qui se tiennent de façon à se transmettre une commotion électrique. ◆ Dans la danse, on appelle *chaînes* en général les mouvements où les lignes décrites par les figurants s'entrecroisent, et où ceux-ci se donnent la main en passant. *La chaîne des dames. La chaîne anglaise.* ◆ Enchaînement, continuité. *La chaîne des causes.* « *Cette preuve fera voir la chaîne entière de la tradition* », BOSSUET. ◆ T. de tisserand. Les fils tendus sur les deux rouleaux du métier, et entre lesquels passe la trame. ◆ **Maçon.** Rangée de pierres de taille superposées pour donner de la solidité à un mur de petites pierres. ◆ Méthode de production assignant à chaque personne une place fixe et une opération particulière. *Travail à la chaîne.* ■ Réseau d'entreprises commerciales régies par une même administration. *Une chaîne de restaurants.* ■ Organisme de télédiffusion. *Les chaînes nationales et les chaînes privées.* ■ *En chaîne*, qui se répète sans fin. *Une réaction nucléaire en chaîne.* ◆ **Fig.** *Des démissions en chaîne.* ◆ **N. f. pl.** Dispositif que l'on adapte aux roues d'un véhicule pour rouler sur les routes enneigées.

CHAÎNÉ, ÉE ou **CHAINÉ, ÉE**, adj. [ʃene] (*chaîne*) Qui est formé de parties attachées bout à bout. *Câble chaîné.*

CHAÎNER ou **CHAINER**, v. tr. [ʃene] (*chaîne*) Mesurer avec la chaîne d'arpenteur. ■ Équiper de chaînes les roues d'une voiture. *Il est conseillé de chaîner par temps de neige.*

CHAÎNETIER, IÈRE ou **CHAINETIER, IÈRE**, n. m. et n. f. [ʃɛn(ə)tje, jɛʀ] (*chaîne*) Personne qui fait les agrafes et toutes sortes de petites chaînes.

CHAÎNETTE ou **CHAINETTE**, n. f. [ʃenɛt] (dimin. de *chaîne*) Petite chaîne. ◆ *Point de chaînette* ou *point noué*, point qui sert à rabattre une couture. ◆ *Broderie en point de chaînette*, points rentrant l'un dans l'autre en forme de lacs continu.

CHAÎNEUR, EUSE ou **CHAINEUR, EUSE**, n. m. et n. f. [ʃenœʀ, øz] (*chaîne*) Personne que l'on emploie à mesurer les distances avec la chaîne d'arpenteur.

CHAÎNIER, IÈRE ou **CHAINIER, IÈRE**, ■ n. m. et n. f. [ʃenje, jɛʀ] (*chaîne*) Personne qui forge les chaînes.

CHAÎNISTE ou **CHAINISTE**, ■ n. m. et n. f. [ʃenist] (*chaîne*) Bijoutier spécialisé dans la fabrication des chaînes. ■ REM. On dit aussi *chaînetier, ière*.

CHAÎNON ou **CHAINON**, n. m. [ʃenɔ̃] (dimin. de *chaîne*) Anneau d'une chaîne. ◆ Petite chaîne de montagnes.

CHAIR, n. f. [ʃɛʀ] (lat. *caro*) Toutes les parties molles du corps de l'homme et des animaux, et plus particulièrement la partie rouge des muscles. ◆ *En chair et en os*, la personne elle-même. ◆ *Entre cuir et chair*, au-dessous de la peau, et fig. en soi-même. ◆ *Être en chair*, avoir de l'embonpoint, la chair ferme. ◆ *C'est une masse de chair*, se dit d'une personne lourde de corps et d'esprit, ou seulement très grosse. ◆ *Chair à canon*, les troupes que l'on expose sans ménagement aux coups de l'ennemi. ◆ La peau. *Avoir la chair douce, rude, blanche.* ◆ *Avoir la chair fraîche*, avoir un frais coloris. ◆ *Chair de poule*, l'aspect que présente la peau lorsque l'impression du froid y détermine des aspérités. ◆ **Fig.** *Cela fait venir la chair de poule*, cela excite la frayeur, l'horreur. ◆ La viande des animaux terrestres et des oiseaux considérée comme aliment. *Chair de bœuf, de mouton.* ◆ La partie blanche ou rougeâtre, mais de masse musculeuse, que l'on mange dans les poissons. ◆ On nomme aussi *chair* le parenchyme, la partie succulente de certains fruits. *La chair de la pêche.* ◆ La nature humaine, considérée en opposition à la nature spirituelle, divine. *La résurrection de la chair.* « *La multitude adore des divinités de chair et de sang* », FÉNELON. ◆ *C'est la chair*

de sa chair, c'est l'objet de ses plus vives affections. ◆ *Le péché de la chair*, le péché d'impureté. ◆ *Être de chair*, avoir des faiblesses humaines. ◆ **N. f. pl.** Dans les arts, toute imitation de la chair de l'homme. *Les chairs sont mal rendues dans ce tableau.* ◆ *Couleur de chair*, rouge pâle qui approche de la couleur de la chair de l'homme. ◆ **Prov.** *Il n'est ni chair ni poisson*, se dit d'un homme d'un caractère indécis, qui flotte entre deux partis.

CHAIRE, n. f. [ʃɛʀ] (lat. *cathedra*, gr. *kathedra*, siège) Siège élevé d'où l'on parle, enseigne ou commande, et particulièrement espèce de tribune à dais d'où le prêtre adresse la parole aux assistants. ◆ *La chaire évangélique* ou *la chaire de vérité*, la chaire où l'on prêche l'Évangile. ◆ *Être assis dans la chaire de mensonge, de pestilence*, etc. professer l'hérésie. ◆ *L'éloquence de la chaire*, nom générique qui comprend toutes les sortes de discours qui sont ou peuvent être prononcés dans les églises. ◆ **Fig.** La prédication. *Les orateurs de la chaire.* ◆ Tribune où siège un professeur dans les écoles publiques. ◆ **Fig.** L'enseignement même ou la place du professeur. *Une chaire de littérature française. Une chaire de rhétorique.* ◆ Siège qu'a l'évêque au haut du chœur. ◆ **Fig.** *La chaire apostolique* ou *la chaire de Saint-Pierre*, le siège apostolique, la papauté. ◆ *Chaire curule* ou absol. *chaire*, chaise curule.

CHAISE, n. f. [ʃɛz] (*chaire*, avec assibilation du -*r*- intervocalique en langue d'oïl) Siège à dossier et ordinairement sans bras. ◆ *Chaise longue*, sorte de lit ou de canapé qui n'a de dossier qu'à un bout. ◆ *Chaise percée* ou simplement *chaise*, siège garni d'un vase pour les besoins naturels. ◆ Sorte de siège fermé et couvert où l'on se fait porter par deux hommes. *Chaise à porteurs.* ◆ Voiture de voyage à deux ou quatre roues, traînée par un ou plusieurs chevaux. *Chaise de poste.* ◆ *Chaise* ou *chaire curule*, siège d'ivoire des principaux magistrats de la république romaine. ◆ **Archit.** Charpente formée de quatre grosses pièces, sur laquelle on établit la cage d'un clocher, d'un moulin à vent, etc. ■ *Chaise électrique*, mode d'exécution des condamnés à mort utilisé aux États-Unis. ■ *Être assis entre deux chaises*, dans une position où l'on ne peut prendre parti pour une situation ou pour une autre.

CHAISIER, n. m. [ʃezje] (*chaise*) Ouvrier qui fait les chaises.

CHAKRA, ■ n. m. [ʃakʀa] (mot sanskrit) Siège des énergies du corps dans la philosophie du yoga. *Les chakras représentent des aspects de la conscience qui interagissent avec le physique grâce à deux véhicules principaux, le système endocrinien et le système nerveux.* ■

1 CHALAND ou, suivant les dictionnaires de marine, **CHALAN**, n. m. [ʃalɑ̃] (gr. byzantin *khelandion*) Grand bateau plat pour le transport des marchandises. ◆ Allège à fond plat tirant très peu d'eau.

2 CHALAND, ANDE, n. m. et n. f. [ʃalɑ̃, ɑ̃d] (anc. fr. *chalant*, ami, client, de *chaloir*, avoir de l'intérêt) Acheteur, pratique. *Ce marchand a beaucoup de chalands.* ◆ **Par extens.** Client, et toute personne qui en recherche une autre, s'attache à elle, entretient avec elle des rapports habituels. ◆ Se disait d'une sorte de pain assez blanc et très massif. ◆ **Adj.** *Pain chaland.*

CHALAND-CITERNE, ■ n. m. [ʃalɑ̃sitɛʀn] (*chaland* et *citerne*) Navire servant au transport de liquides en cuves. *Des chalands-citernes.*

CHALANDISE, n. f. [ʃalɑ̃diz] (*chaland*) Affluence de chalands, vogue. « *L'enseigne fait la chalandise* », LA FONTAINE. ◆ Les relations habituelles qui constituent le chaland ; le chaland lui-même. ◆ On dit aujourd'hui ordinairement pratique.

CHALASIE, n. f. [kalazi] (gr. *khalasis*, relâchement) Séparation partielle de la cornée d'avec la sclérotique.

CHALASTIQUE, adj. [kalastik] (gr. *khalastikos*, propre à relâcher) Se dit des médicaments propres à relâcher les parties.

CHALAZE, n. f. [kalaz] (gr. *khalaza*, grêlon, nodosité) Le point sur la tunique interne d'une graine, par où la nourriture lui arrive. ◆ Nom du point germinatif dans l'œuf et, par extension, de deux cordons qui maintiennent le jaune suspendu dans l'œuf d'oiseau.

CHALAZION, n. m. [kalazjɔ̃] (gr. *khalazion*, petit grain) Tumeur, aussi appelée chalaze, grêle ou grêlon, du bord des paupières, de la grosseur d'un grain de millet ou d'un haricot.

CHALCOGRAPHE, n. m. [kalkɔgʀaf] (gr. *khalkos*, cuivre et bronze et -*graphe*) Graveur en airain ; tout graveur sur métaux.

CHALCOGRAPHIE, n. f. [kalkɔgʀafi] (gr. *khalkos*, cuivre et bronze et -*graphie*) L'art du chalcographe. Syn. de gravure en taille-douce. ◆ L'atelier, l'établissement même où l'on exerce cet art. ◆ Nom d'une collection de gravures. *La chalcographie du Louvre.*

CHALCOGRAPHIQUE, adj. [kalkɔgʀafik] (*calcographie*) Qui se rapporte à la chalcographie.

CHALCOLITHIQUE, ■ n. m. ou adj. [kalkɔlitik] (de *chalcos*, cuivre et *lithos*, pierre) Période de la préhistoire où l'on commence à utiliser le cuivre. *Une faucille de l'ère chalcolithique.*

CHALCOPYRITE, ■ n. f. [kalkɔpiʀit] (*chalcos*, cuivre et -*pyrite*) Composite de cuivre et de fer. *Le soufre présent dans la chalcopyrite est un oligoélément* entrant dans la composition de certains acides aminés, constituants essentiels des protéines.

CHALCOSINE, ■ n. f. [kalkozin] (*halcos*, cuivre) Sulfure de cuivre de couleur grise. *La chalcosine est la forme naturelle du sulfure cuivreux.*

CHALDAÏQUE, adj. [kaldaik] (lat. *chaldaicus*) Voy. CHALDÉEN. Qui appartient aux Chaldéens, ancien peuple de la Babylonie. ♦ **N. m.** *Le chaldaïque*, la langue chaldaïque.

CHALDÉEN, ENNE, n. m. et n. f. [kaldeɛ̃, ɛn] (*Chaldée*) Nom d'un ancien peuple habitant la Babylonie. ♦ **N. m.** *Le chaldéen*, la langue chaldaïque. ♦ Nom des prêtres astrologues de Babylone.

CHÂLE, n. m. [ʃɑl] (hindi *shâl*, d'origine persane) Longue pièce d'étoffe que les Orientaux emploient diversement dans leur vêtement, et spécialement en turban. ♦ Grande pièce d'étoffe carrée, ou en carré long double, ordinairement dans le genre des châles de l'Orient, et que les femmes portent sur les épaules. *Châle français. Châle de cachemire.* ♦ *Châle boiteux*, celui qui n'a de palme ou de bordure qu'à un bout.

CHALET, n. m. [ʃalɛ] (mot de Suisse romande, abri de montagne) Cabane de paysan suisse où se font les fromages, et où les vaches s'abritent l'été dans les montagnes et, par extension, maison de paysan suisse. ♦ Maison de plaisance construite dans le goût des chalets suisses.

CHALEUR, n. f. [ʃalœr] (lat. *calor*) Qualité de ce qui est chaud ; sensation produite par un corps chaud. ♦ *Chaleur animale*, la température propre à chaque espèce d'animal. ♦ La température produite par l'action du Soleil. *Durant les grandes chaleurs.* ♦ Sentiment pénible de chaleur qui accompagne certains états de malaise, de maladie. *La chaleur de la fièvre. Une chaleur d'entrailles, de tête.* ♦ **Fig.** et **fam.** *Chaleur de foie ou de sang*, mouvement de colère prompt et passager. ♦ **Fig.** Ardeur, feu, zèle, véhémence. *La chaleur de l'âge, des passions*, etc. ♦ *Chaleur du style*, qualité d'un style passionné. ■ *En chaleur*, se dit des femelles des mammifères lorsqu'elles sont dans une période propice à la fécondation.

CHALEUREUSEMENT, adv. [ʃalørøz(ə)mɑ̃] (*chaleureux*) Avec chaleur.

CHALEUREUX, EUSE, adj. [ʃalørø, øz] (*chaleur*) Qui a beaucoup de chaleur naturelle. ♦ **Fig.** *Ton chaleureux. Chaleureux accueil.*

CHÂLIT, n. m. [ʃɑli] (lat. vulg. *catalectus*, de *catasta*, estrade ou lit de supplice, et *lectus*, *lit*) Bois de lit.

CHALLENGE, ■ n. m. [ʃalɛnʒ] (mot angl. *challenge*, défi) **Sp.** Épreuve sportive au cours de laquelle le détenteur du titre remet son trophée en jeu. ■ **Par extens.** Défi. *Il a pris cette aventure comme un challenge à relever.* ■ **CHALLENGER** ou **CHALLENGEUR**, n. m. [ʃalɛnʒœr]

CHALOIR, v. intr. [ʃalwar] (lat. *calere*, être chaud, s'inquiéter) qui n'est plus employé qu'à la 3e personne du singulier du présent de l'indicatif impersonnellement. *Il ne m'en chaut, peu me chaut*, peu m'importe.

CHALON, n. m. [ʃalɔ̃] (moy. *chalon*, sorte de bateau) Grand filet qu'on traîne dans les rivières entre deux bateaux.

CHALOUPE, n. f. [ʃalup] (anc. fr. *eschalope*, coquille de noix, ou néerl. *sloep*, embarcation) Petit bâtiment à voile et à rames, non ponté, que l'on emmène pour le service d'un grand vaisseau. ♦ *Chaloupe canonnière*, petit bâtiment à fond plat et portant du canon.

CHALOUPÉ, ÉE, ■ p. p. de chalouper. [ʃalupe] **Adj.** Qui chaloupe. *Danse chaloupée.*

CHALOUPER, ■ v. intr. [ʃalupe] (*chaloupe*) Marcher ou danser en se balançant comme sur une chaloupe. *Un zouk inimitable qui fit chalouper le public sur les pistes de danse.*

CHALOUPIER, n. m. [ʃalupje] (*chaloupe*) Matelot qui fait partie de l'équipage d'une chaloupe.

CHALUMEAU, ■ n. m. [ʃalymo] (b. lat. *calamellus*, dimin. de *calamus*, roseau) Tuyau de paille, de roseau, de métal, etc. ♦ **Bot.** Nom des tiges simples, herbacées, sans nœuds et plus ou moins fistuleuses. ♦ Tube de laiton dont les émailleurs et les chimistes se servent pour diriger la flamme sur un objet qu'on veut chauffer ou fondre. ♦ Instrument de musique pastorale qui n'était dans l'origine qu'un roseau percé de plusieurs trous. ♦ En poésie, se dit des flûtes et autres instruments champêtres.

CHALUMET, n. m. [ʃalymɛ] Bout d'une pipe.

CHALUT, ■ n. m. [ʃaly] (orig. obsc. : dial. de l'Ouest et de Normandie, à rapprocher p.-ê. de *chalon*) Filet de pêche de forme conique remorqué par un bateau.

CHALUTAGE, ■ n. m. [ʃalytaʒ] (*chalut*) Pêche à l'aide d'un chalut. *Le chalutage pélagique engendre un risque mortel pour l'ensemble des cétacés marins.*

CHALUTIER, ■ adj. [ʃalytje] (*chalut*) Relatif au chalut. ■ **N. m.** Bateau de pêche équipé de filets que l'on traîne dans le fond de la mer. ■ **Par méton.** Rare. Pêcheur utilisant le chalut.

CHALYBÉ, ÉE, adj. [kalibe] (lat. *chalybs*, gr. *khalups*, génit. *khalubos*, acier) **Pharm.** Qui contient de l'acier ou du fer.

CHAMADE, n. f. [ʃamad] (port. *chamada*, du lat. *clamare*) Signal militaire qui se donne avec le tambour ou la trompette, pour avertir qu'on veut traiter avec l'ennemi. ♦ **Fig.** *Battre la chamade*, se rendre, céder. ♦ Batterie de tambour pour attirer les curieux, en termes de bateleur. ■ *Cœur qui bat la chamade*, qui bat très vite sous le coup d'une émotion.

CHAMÆROPS ou **CHAMÉROPS**, n. m. [kamerɔps] (gr. *khamai*, à terre et *rhôps*, buisson) Nom d'un genre de palmiers de petite taille. ■ **REM.** æ se prononce é.

CHAMAILLARD, n. m. [ʃamajar] (*chamaille*) Celui qui est disposé à se chamailler. ■ **REM.** On trouve aussi *chamailleur, euse*.

CHAMAILLE, n. f. [ʃamaj] (*chamailler*) Dispute où l'on se chamaille. ■ **REM.** On trouve aussi *chamaillerie*.

CHAMAILLER, v. intr. [ʃamaje] (anc. fr. *chapler*, tailler en pièces, lat. *cappulare*, couper, de *cappo*, chapon ; et *mailler*, frapper, de *mail*, masse d'armes) Se battre, et aussi avoir une dispute bruyante. ♦ Se chamailler, v. pr. Il est familier.

CHAMAILLIS, n. m. [ʃamaji] (*chamailler*) Combat. ♦ Vieilli en ce sens. ♦ Espèce de joute en champ clos où tous les combattants se confondaient en frappant à droite et à gauche. ♦ En langage familier, mêlée, combat où l'on chamaille ; dispute bruyante.

CHAMAN, ANE ou **SHAMAN, ANE**, ■ n. m. et n. f. [ʃaman] (russe *chaman*, prêtre, médecin, magicien, du toungouse *shaman*, moine) Prêtre devin et guérisseur de certains peuples d'Asie centrale et septentrionale. ♦ Par extension, prêtre sorcier dans d'autres continents. *Les chamans de Guyane utilisent leur esprit pour accéder à une réalité différente en voyageant suivant un axe appelé échelle, montagne ou axe du monde, auquel ils accèdent grâce à une modification de leur conscience.*

CHAMANISME ou **SHAMANISME**, ■ n. m. [ʃamanism] (*chaman*) Ensemble des croyances et des pratiques des chamans. *Le chamanisme est l'une des plus vieilles formes de spiritualité de l'humanité.*

CHAMARRE, n. f. [ʃamar] (*simarre*) Nom ancien de ce que nous nommons aujourd'hui *simarre*.

CHAMARRÉ, ÉE, p. p. de chamarrer. [ʃamare] « *Des laquais chamarrés de livrées* », HAMILTON. ♦ **Fig.** *Style chamarré. Discours chamarré de grec et de latin.*

CHAMARRER, v. tr. [ʃamare] (*chamarre*) Garnir de passements, dentelles, galons, bandes de velours, etc. ♦ Arranger avec des ornements de mauvais goût. ♦ **Fig.** et **fam.** *Chamarrer quelqu'un, le chamarrer de ridicules*, l'en couvrir. ♦ Se chamarrer, v. pr. Se couvrir d'ornements de mauvais goût.

CHAMARRURE, n. f. [ʃamaryr] (*chamarrer*) Manière de chamarrer ; ornements dont on chamarre. ♦ Ne se dit plus guère que par moquerie. ♦ **Fig.** Propos critiques, sarcasmes.

CHAMBARD, ■ n. m. [ʃɑ̃bar] (*chambarder*) **Fam.** Tumulte, grand désordre, vacarme. *Un grand chambard se fit entendre de sa fenêtre.*

CHAMBARDEMENT, ■ n. m. [ʃɑ̃bardəmɑ̃] (*chambarder*) **Fam.** Fait de chambarder, changement inattendu. *Un grand chambardement politique.*

CHAMBARDER, ■ v. tr. [ʃɑ̃barde] (orig. obsc.) **Fam.** Mettre en grand désordre. « *Tu vas mettre les ouvriers dans mon appartement leur faire repeindre les plafonds et les portes par exemple et tout chambarder chez moi... pour qu'en arrivant nous soyons obligés d'aller à l'hôtel* », LARBAUD. ♦ **Fig.** Changer quelque chose de façon inattendue. *Elle a chamardé nos plans.*

CHAMBELLAGE, ■ n. m. [ʃɑ̃belaʒ] (chambellan) Droit qui se payait, dans certaines mutations, aux seigneurs féodaux.

CHAMBELLAN, n. m. [ʃɑ̃belɑ̃] (anc. h. all. *chamarlinc*, sur radic. du lat. *camera*, chambre) Titre, chez les princes, des gentilshommes qui servent dans la chambre. ♦ *Grand chambellan*, premier officier de la chambre du monarque. ♦ *La clé de chambellan*, la fonction de chambellan, dont la clé est l'insigne.

CHAMBERTIN, n. m. [ʃɑ̃bertɛ̃] (commune de *Gevrey-Chambertin*) Vin de Bourgogne très renommé.

CHAMBOULEMENT, ■ n. m. [ʃɑ̃bul(ə)mɑ̃] (*chambouler*) **Fam.** Fait de chambouler, changement surprenant. *L'industrie du textile en plein chamboulement économique.*

CHAMBOULER, ■ v. tr. [ʃɑ̃bule] (p.-ê. de *chant*, face étroite d'un objet, et *bouler*) **Fam.** Déranger quelque chose. *Il a tout chamboulé dans la chambre pour retrouver son livre.* ■ **Fig.** Changer une situation de façon surprenante.

CHAMBOURIN, ■ n. m. [ʃɑ̃burɛ̃] (orig. inc.) Espèce de pierre qui sert à faire le faux cristal. ♦ Sorte de verre qui est de couleur verte et très commun.

CHAMBRANLE, n. m. [ʃɑ̃bʁɑ̃l] (lat. *camerandus*, de *camerare*, construire en forme de voûte) Nom qu'on donne aux bordures ou encadrements des trois côtés d'une cheminée, d'une porte, d'une fenêtre.

CHAMBRAY, ■ n. m. [ʃɑ̃bʁɛ] (*Cambrai*) Toile fine et serrée à trame blanche et fil bleu. ■ **Par extens.** Tissu à double teinte. *Des chambrays. Un pantalon en chambray.*

CHAMBRE, n. f. [ʃɑ̃bʁ] (lat. *camera*) Une pièce d'une maison, et principalement celle qui est affectée à l'usage particulier d'une personne, pour y coucher, travailler. ♦ *Chambre*, pièce isolée qui se loue, dit par opposition à appartement, boutique, cabinet. ♦ *Travailler en chambre*, se dit d'un ouvrier qui travaille chez lui sans avoir de boutique. ♦ *Garder la chambre*, ne pas sortir de chez soi. ♦ *Valet de chambre, femme de chambre*, homme, femme attachés au service personnel. ♦ **Fig.** *Mettre, tenir quelqu'un en chambre*, Voy. CHAMBRER. ♦ *Chambre noire*, pièce non éclairée, et dans les monastères pièce sombre pour mettre en pénitence ou pour se recueillir. ♦ *Musique de chambre*, celle qui est faite pour être jouée dans les salons ; elle comprend les morceaux de chant à une, deux, trois ou quatre voix avec ou sans accompagnement, et plus spécialement encore les morceaux de musique instrumentale où les parties ne sont pas doublées ; tels sont les duos, trios, quatuors, quintettes, etc. ♦ *La chambre*, pris absolument, signifie la chambre du roi, et par extension les officiers de la chambre. ♦ Dans les vaisseaux, certains espaces où couchent les principaux officiers, où se tient le conseil, etc. ♦ Assemblée qui entre en partage de la puissance législative. *La chambre des députés*. ♦ En Angleterre, *chambre des communes ou chambre basse* ; *chambre haute ou chambre des pairs ou lords*. ♦ Lieu où se réunit une assemblée qui porte le nom de chambre. ♦ *Chambre du conseil*, pièce où les juges se retirent pour délibérer. ♦ Nom de diverses juridictions spécifiées par une seconde désignation. *Chambre des comptes. Chambre de justice ou chambre ardente. Chambre apostolique*, etc. ♦ Nom des sections de certains tribunaux. *Les chambres de la cour de cassation, des cours d'appel. Chambre d'accusation. Chambre civile.* ♦ Nom d'assemblées chargées de la discipline d'un corps, ou réunion en vue de certains intérêts. *Chambre des notaires. Chambre de commerce.* ♦ **Opt.** *Chambre noire*, obscure, Voy. NOIR. ♦ *Chambre claire*, Voy. CAMÉRA-LUCIDA. ♦ Vide, cavité. *Il se forme souvent des chambres à la fonte, et dans les bouches à feu, par le tir.* ♦ *Chambre d'un mortier, d'une mine*, la cavité où se met la charge. ♦ *Chambre antérieure de l'œil*, l'espace compris entre la cornée et la partie antérieure de l'iris ; *chambre postérieure*, l'espace compris entre la partie postérieure de l'iris et la face antérieure du cristallin. ♦ *Chambre à air*, boyau caoutchouteux gonflé d'air inséré entre le pneumatique et la jante. ■ *Chambre à gaz*, pièce conçue pour l'exécution des victimes par diffusion d'un gaz.

CHAMBRÉ, ÉE, adj. [ʃɑ̃bʁe] (*chambre*) Qui a des chambres, en parlant des pièces d'artillerie. ♦ *Coquilles chambrées*, coquilles qui présentent des cavités séparées par des cloisons.

CHAMBRÉE, n. f. [ʃɑ̃bʁe] (*chambre*) Tout ce que contient une chambre. ♦ Un certain nombre d'ouvriers ou d'autres personnes qui couchent dans une même chambre. *J'étais de chambrée avec lui.* ♦ La quantité de spectateurs que tient un théâtre ; la recette pour une représentation.

CHAMBRELAN, n. m. [ʃɑ̃bʁəlɑ̃] (var. de *chambellan*) Ouvrier en chambre. ♦ Locataire qui n'occupe qu'une chambre.

CHAMBRER, v. intr. [ʃɑ̃bʁe] (*chambre*) Être de la même chambrée ; habiter la même chambre. *Ils chambrent ensemble.* ♦ En parlant du cerf, se reposer pendant le jour. ♦ Mettre en une chambre ; diviser par ordre une assemblée. ■ **Fig.** *Chambrer quelqu'un*, le circonvenir pour le retenir au jeu. ♦ Prendre quelqu'un à part pour le chapitrer ou le catéchiser. ♦ Se dit d'une pièce d'artillerie quand par le battement du boulet il s'y forme des creux. ♦ *Chambrer une bouteille*, amener le vin qu'elle contient à la température ambiante. ■ **Fig. et fam.** *Chambrer quelqu'un*, le taquiner.

CHAMBRETTE, n. f. [ʃɑ̃bʁɛt] (*chambre*) Petite chambre.

CHAMBREUR, EUSE, ■ n. m. et n. f. [ʃɑ̃bʁœʁ, øz] (*chambre*, calqué sur l'angl. *roomer*) Québec Personne qui loue un meublé.

CHAMBRIER, n. m. [ʃɑ̃bʁije] (b. lat. *camerarius*, trésorier de la Cour ou d'une abbaye) Certain officier claustral dans quelques monastères. ♦ *Grand chambrier*, grand officier de la couronne qui avait l'intendance de la chambre du roi, etc. ♦ *Grand chambrier*, conseiller de la grand chambre du parlement.

CHAMBRIÈRE, n. f. [ʃɑ̃bʁijɛʁ] (*chambre*) Femme attachée au service de la personne et des chambres. On dit maintenant *femme de chambre*. ♦ Long fouet pour le manège. ♦ Morceau de bois attaché par un anneau sous une charrette et qui sert à la soutenir droite quand elle est sans chevaux. ♦ Petit ruban avec lequel la fileuse tient sa quenouille attachée devant elle.

CHAME ou **CAME**, n. f. [kam] (lat. *chama*, gr. khêmê, coquille) Genre de coquilles marines bivalves, comprenant beaucoup d'espèces.

CHAMEAU, n. m. [ʃamo] (lat. *camelus*, gr. *kamêlos*, empr. au sémitique occidental) Quadrupède ruminant, haut de jambes, qui a le cou fort long, et une ou deux bosses sur le dos. *Le chameau dromadaire, nommé vulgairement dromadaire, a une seule bosse.* ♦ *Poil de chameau*, poil dont on se sert pour différents ouvrages. ♦ *Chameau du Pérou*, lama. ■ **Fam.** Personne sans scrupules.

CHAMELÉE, n. f. [ʃam(ə)le] (*chameau*) Charge d'un chameau.

CHAMELIER, n. m. [ʃaməlje] (b. lat. *camelarius*) Conducteur de chameaux.

CHAMELLE, n. f. [ʃamɛl] (*chameau*) La femelle du chameau.

CHAMELON, n. m. [ʃam(ə)lɔ̃] (*chameau*) Le petit du chameau. ■ REM. On disait autrefois *chamélon*.

CHAMITO-SÉMITIQUE, ■ adj. ou n. m. [ʃamitosemitik] (*cham* et *sémitique*) Se dit d'une famille de langues comprenant notamment les langues sémitiques, le berbère, l'égyptien et certaines langues du Tchad. *La parenté chamito-sémitique du berbère.*

CHAMOIS, n. m. [ʃamwa] (h. all. *gamz*) Ruminant à cornes creuses, de la taille d'une grande chèvre, à pelage brun, dont la peau et la chair sont recherchées. ♦ La peau corroyée du chamois. *Gants de chamois.* ♦ **Adj. inv.** Couleur chamois, couleur jaune clair. *Gants chamois.*

CHAMOISAGE, ■ n. m. [ʃamwazaʒ] (*chamois*) Préparation d'une peau pour lui donner l'aspect d'une peau de chamois. *Des techniques de chamoisage des peaux par traitement aux huiles de poisson.*

CHAMOISER, v. tr. [ʃamwaze] (*chamois*) Préparer une peau à la façon de la peau de chamois.

CHAMOISERIE, n. f. [ʃamwaz(ə)ʁi] (*chamois*) Lieu où l'on prépare les peaux de chamois et autres. ♦ La marchandise que prépare le chamoiseur. *Commerce de chamoiserie.*

CHAMOISETTE, ■ n. f. [ʃamwazɛt] (*chamois*) Belg. Chamoisine. *Utiliser une chamoisette pour nettoyer sa voiture.*

CHAMOISEUR, EUSE, n. m. et n. f. [ʃamwazœʁ, øz] (*chamoiser*) Personne qui prépare les peaux de chamois et autres.

CHAMOISINE, ■ n. f. [ʃamwazin] (*chamois*) Tissu de nettoyage de couleur jaune qui rappelle la peau de chamois. *Une chamoisine en microfibre.*

1 CHAMP, n. m. [ʃɑ̃] (lat. *campus*) Espace ouvert et plat. *Un champ immense s'étend devant les yeux.* ♦ *Champ de foire*, l'emplacement où se tient une foire. ♦ *Champ de course*, espace où se font des courses de chevaux. ♦ *Champ du repos*, cimetière. ♦ *Champ de Mars*, lieu destiné à faire manœuvrer des troupes. ♦ *Champ de mars, de mai*, assemblées que tenaient en mars ou en mai les rois francs. ♦ *Champs Élysées, Élysiens ou Élyséens*, séjour de terre labourable. *Petit champ. Champs cultivés.* ♦ **Au pl.** La campagne en général. *Maison, travaux, vie des champs.* ♦ *Aller aux champs*, en parlant des troupeaux. ♦ *Être aux champs et à la ville*, être logé de façon à jouir des agréments de la campagne. ♦ **Fig.** *Avoir, donner, prendre la clé des champs*, avoir la liberté de s'en aller, la donner, la prendre. ♦ **Poétiq.** Les champs, un pays, un canton. « *Ô rives du Jourdain, ô champs aimés des cieux* », RACINE. ♦ *En plein champ*, au milieu de la campagne, loin de toute habitation. ♦ *À travers champs ou à travers les champs*, en s'écartant de la route battue pour aller plus directement à son but, en traversant les champs. ♦ **Fig.** *À travers champs*, sans ménagement, en désordre, ou par des voies détournées du droit chemin. ♦ **Fig.** *Se sauver à travers champs*, essayer d'échapper par des subterfuges à une question pressante. ♦ **Fam.** *Courir les champs*, errer dans la campagne, et fig. quitter son logis, errer de lieux en lieux, être compromis. ♦ **Fig. et fam.** *Être aux champs*, être en colère ou en grande perplexité. ♦ *Battre aux champs*, battre la marche, ou pour rendre les honneurs militaires. ♦ **Fig.** *Battre aux champs*, prendre la campagne. ♦ *Champ de bataille*, le lieu où se livre une bataille. ♦ **Fig.** *Il prend, il choisit bien son champ de bataille*, il prend ses avantages. ♦ *Champ ou champ clos*, lice, lieu fermé de barrières, soit pour les duels judiciaires, soit pour les tournois. ♦ *Prendre du champ*, prendre de l'espace, de l'élan. ♦ **Fig. et fam.** *Avoir du champ devant soi*, avoir des ressources, le temps, les moyens de se tirer d'affaire. ♦ *Être à bout de champ*, n'avoir plus de ressources. ♦ Tout théâtre où il se débat quelque chose. Espace libre, carrière, sujet. ♦ « *Vous avez le champ libre* », MOLIÈRE. « *Voilà un beau champ ouvert aux catholiques* », BOSSUET. ♦ L'étendue qu'embrasse une lunette d'approche, etc. ♦ **Peint. et grav.** Le fond d'une toile et d'un cuivre d'attente, où l'artiste n'a encore rien tracé. ♦ **Hérald.** Le fond de l'écu, qui est chargé des diverses pièces dont se composent les armoiries. ♦ **Archit.** L'espace qui reste autour d'un cadre. ♦ SUR-LE-CHAMP, loc. adv. Aussitôt, sans délai. ♦ À TOUT BOUT DE CHAMP ou À CHAQUE BOUT DE CHAMP, loc. adv. À chaque instant, à tout propos. « *À chaque bout de champ vous mentez comme un diable* », P. CORNEILLE. ■ Étendue embrassée par l'œil, par un système optique, etc. *Être dans le champ de la caméra.* ■ *Champ opératoire*, partie du corps sur laquelle est effectuée une opération chirurgicale.

■ **Inform.** Zone réservée à la saisie d'un type d'information. *Le champ nom dans un carnet d'adresses.*

2 **CHAMP,** n. m. [ʃɑ̃] Voy. CHANT.

CHAMPAGNE (VIN DE) ou elliptiquement **CHAMPAGNE,** n. m. [ʃɑ̃paɲ] ou [ʃɑ̃panj] (*Champagne*) Vin mousseux. ♦ *Du champagne frappé,* celui qu'on refroidit vivement à l'aide de glace pilée mise autour de la bouteille.

CHAMPAGNISER, ■ v. tr. [ʃɑ̃panize] ou [ʃɑ̃panjize] (*champagne*) Transformer des vins blancs selon la méthode champenoise, en le rendant mousseux.

CHAMPART, n. m. [ʃɑ̃paʀ] (lat. médiéval *campartum,* du lat. *campus,* champ, et *pars,* partie) **Jurispr.** et **féod.** Une certaine portion des fruits que le seigneur percevait sur l'héritage donné à cens.

CHAMPARTÉ, ÉE, p. p. de champarter. [ʃɑ̃paʀte]

CHAMPARTER, v. tr. [ʃɑ̃paʀte] (*champart*) **Jurispr.** et **féod.** Exercer le droit de champart.

CHAMPARTEUR, n. m. [ʃɑ̃paʀtœʀ] (*champart*) Celui qui levait le champart au nom du seigneur.

CHAMPEAUX, n. m. pl. [ʃɑ̃po] (anc. fr *champel,* situé en campagne, du lat. *campus*) Prés, prairies. ♦ Il a vieilli.

CHAMPÊTRE, adj. [ʃɑ̃pɛtʀ] (lat. *campester,* en plaine) Qui appartient, qui a rapport aux champs ; qui est dans les champs, loin des villes. *Vie, site, musique, divinité champêtre.* ♦ *Garde champêtre,* agent préposé à la garde des récoltes et des propriétés dans la campagne.

CHAMPI, ISSE ou **CHAMPIS, ISSE,** ■ n. m. et n. f. ou adj. [ʃɑ̃pi, is] (*champ*) **Vx** Enfant trouvé dans un champ. *Une pauvre champisse en haillons.*

CHAMPIGNON, n. m. [ʃɑ̃piɲɔ̃] ou [ʃɑ̃piɲɔ̃] (b. lat. *campinio,* génit. *-onis,* du lat. *campus*) Nom de plantes cryptogames, formant une classe qui renferme une infinité de genres et d'espèces, les unes bonnes à manger, les autres très malfaisantes. ♦ *Blanc de champignon,* assemblage de petits filets blancs à l'aide desquels les jardiniers reproduisent les champignons. ♦ **Fig.** *Il est venu en une nuit comme un champignon,* il a fait fortune en peu de temps. ♦ On dit aussi d'un enfant qui grandit vite, *il vient comme un champignon.* ♦ **Méd.** Excroissance molle et fongueuse qui se forme en certains cas sur des surfaces mises à nu. ♦ Support en forme de champignon pour des chapeaux et bonnets de femme, perruques, etc. ♦ Renflement spongieux qui se forme à une mèche qui brûle mal. ■ **Fam.** Pédale de l'accélérateur d'une automobile. ■ *Champignon atomique,* nuage qui résulte d'une explosion nucléaire.

CHAMPIGNONNIÈRE, n. f. [ʃɑ̃piɲɔnjɛʀ] ou [ʃɑ̃pinjɔnjɛʀ] (*champignon*) Couche de fumier préparée pour faire venir des champignons bons à manger.

CHAMPIGNONNISTE, ■ n. m. et n. f. [ʃɑ̃piɲɔnist] ou [ʃɑ̃pinjɔnist] (*champignon*) Spécialiste de la culture de champignons. *Le champignonniste dirige et exécute divers travaux (sélection, mélange du compost, cueillette, etc.) liés à la production et à la vente de la récolte.*

CHAMPION, ONNE, n. m. et n. f. [ʃɑ̃pjɔ̃, ɔn] (germ. *kampio,* combattant dans un duel judiciaire, du lat. *campus,* lieu de combat) Celui qui combattait en champ clos. ♦ **Par extens.** Tout homme qui combat sur un champ de bataille, et par plaisanterie tout homme qui se bat. ♦ **Fig.** Défenseur. *Il fut un des plus fermes champions de la foi.* ■ Sportif qui arrive en tête d'un classement. *Le champion du monde de tennis.* ■ **Par extens.** et **fam.** *C'est une championne en maths.*

CHAMPIONNAT, ■ n. m. [ʃɑ̃pjɔna] (*champion*) Épreuve sportive ou intellectuelle à l'issue de laquelle est décerné un titre ou un prix aux participants victorieux d'une spécialité. *Championnat européen de patin à glace. Championnat d'orthographe.*

CHAMPIS, ISSE, ■ n. m. et n. f. ou adj. [ʃɑ̃pi, is] Voy. CHAMPI.

CHAMPLÉ, ÉE, adj. [ʃɑ̃ple] (*champ*) Attaqué de la champlure.

CHAMPLEVER, v. tr. [ʃɑ̃l(ə)ve] (*champ* et *lever*) Pratiquer une rainure dans une plaque de métal. ♦ Abaisser le champ d'une pièce à la hauteur qu'il doit avoir pour y incruster une autre pièce. ♦ Creuser et découvrir au burin une figure dessinée sur un morceau d'acier.

CHAMPLURE, n. f. [ʃɑ̃plyʀ] (*champ*) Gelée, pendant l'hiver, des bourgeons de la vigne qui doivent s'épanouir au printemps.

CHAMSIN, n. m. [kamsin] ou [xamsin] Voy. KHAMSIN.

CHANÇARD, ARDE, ■ n. m. et n. f. ou adj. [ʃɑ̃saʀ, aʀd] (*chance*) **Fam.** Personne qui a de la chance. *Tu es une chançarde d'avoir gagné ce lot !*

CHANCE, n. f. [ʃɑ̃s] (lat. *cadentia,* partic. de *cadere,* tomber) Façon d'advenir suivant les conditions qui ne nous sont pas connues. *La chance des armes.* ♦ *Pousser sa chance,* tenir bon. ♦ *Rompre la chance,* faire manquer une affaire. ♦ *Rompre la chance,* se dit à l'écarté lorsqu'un joueur ayant gagné plusieurs fois de suite, un nouvel adversaire lui est opposé. ♦ *Conter sa chance,* conter l'aventure qu'on a eue. ♦ Par forme de souhait : *Bonne chance !* ♦ **Absol.** et abusiv. Heureux hasard, bonne fortune. *Il aura de la chance s'il s'en tire.* ♦ La probabilité qu'il y a qu'une chose arrive ou non. *Les chances de mort aux différents âges.* ♦ En mathématiques, *la théorie des chances,* le calcul des probabilités. ♦ **Fig.** *La chance tourne,* les choses changent de face. ♦ *Donner* ou *livrer la chance,* se dit quand le joueur qui tient le cornet, nomme le point qu'il veut avoir. ■ *Par chance,* heureusement.

CHANCEAU, n. m. [ʃɑ̃so] (lat. *cancellus,* treillis, balustrade) **Archit.** Nom des barreaux d'une grille qui ferme une enceinte.

CHANCEL, n. m. [ʃɑ̃sɛl] Voy. CANCEL.

CHANCELANT, ANTE, adj. [ʃɑ̃s(ə)lɑ̃, ɑ̃t] (*chanceler*) Qui chancelle. *Genoux, pas chancelants.* ♦ **Fig.** *Santé, foi chancelante.* ♦ Qui n'est pas solide, en parlant des choses. *Un pont chancelant.*

CHANCELER, v. intr. [ʃɑ̃s(ə)le] (lat. *cancellare,* disposer en treillis) Être peu ferme, pencher comme si l'on allait tomber. ♦ Se dit des choses. *L'édifice chancelle.* ♦ **Fig.** *La vertu chancelle. Chanceler dans ses opinions.* ♦ Hésiter, en parlant de la mémoire.

CHANCELIER, n. m. [ʃɑ̃s(ə)lje] (lat. *cancellarius,* huissier) Autrefois, premier officier de la couronne en ce qui regarde la justice, chef de tous les conseils du roi, et garde du sceau royal. ♦ Celui qui, dans certains consulats, a la garde du sceau et la tenue des registres. ♦ Celui qui administre les biens d'un corps, d'un ordre militaire. *Le grand chancelier de la Légion d'honneur.* ♦ *Chancelier de l'Académie française,* celui qui remplit les fonctions de président en l'absence du directeur. ♦ Dans l'ancienne Université, il y avait deux chanceliers. ♦ Il y a eu aussi dans l'Université moderne un chancelier qui délivrait les diplômes. ♦ En parlant de chanoines, l'ecclésiastique qui a les sceaux du chapitre. ♦ *Chancelier de l'échiquier,* un des juges de la cour de l'échiquier ou des finances d'Angleterre. ■ Chef du gouvernement en Allemagne et en Autriche.

CHANCELIÈRE, n. f. [ʃɑ̃s(ə)ljɛʀ] (*chancelier*) La femme du chancelier. ♦ Petit meuble pour tenir les pieds à couvert du froid.

CHANCELLEMENT, n. m. [ʃɑ̃sɛl(ə)mɑ̃] (*chanceler*) Mouvement de ce qui chancelle.

CHANCELLERIE, n. f. [ʃɑ̃sɛl(ə)ʀi] (*chancelier*) Lieu où l'on scelle du sceau du prince, de l'État, etc. certains actes. ♦ Les bureaux, l'administration que dirige un chancelier ; l'hôtel où réside un chancelier. ♦ *Style de chancellerie,* style consacré dans les actes qui émanent de la chancellerie. ♦ *Grande chancellerie,* l'administration de la Légion d'honneur. ♦ *Chancellerie de l'Université,* office du chancelier de l'Université. ♦ *Chancellerie romaine,* lieu à Rome où l'on délivre toutes les expéditions de la cour de Rome.

CHANCEUX, EUSE, adj. [ʃɑ̃sø, øz] (*chance*) En parlant des choses, soumis au caprice du hasard. ♦ En parlant des personnes, que la chance sert à souhait, qui est en bonheur, ou ironiquement qui n'a que de mauvaises chances.

CHANCI, IE, p. p. de chancir. [ʃɑ̃si] *Pain chanci.* ♦ N. m. Fumier dans lequel s'est développé du blanc de champignon.

CHANCIR, v. intr. [ʃɑ̃siʀ] (b. lat. *canire* pour *canere,* blanchir) Se conjugue avec *avoir* ou *être,* suivant le sens. Moisir, se gâter par l'humidité. *Les confitures chancissent.* ♦ Commencer à blanchir, en parlant du fumier et des racines des arbres. ♦ Se chancir, v. pr. Même sens.

CHANCISSURE, n. f. [ʃɑ̃sisyʀ] (*chancir*) Moisissure.

CHANCRE, n. m. [ʃɑ̃kʀ] (lat. *cancer,* gr. *karkinos,* crabe) Petit ulcère qui a de la tendance à s'étendre et à ronger les parties environnantes. ♦ **Fig.** et **pop.** *Manger comme un chancre,* manger excessivement. ♦ **Fig.** Vice, fléau, plaie qui ruine, détruit. ♦ *Chancre des arbres,* maladie des arbres, consistant dans la formation d'espèces d'ulcères qui détruisent de proche en proche l'écorce et le bois.

CHANCRELLE, ■ n. f. [ʃɑ̃kʀɛl] (*chancre*) **Méd.** Affection microbienne ou vénérienne également appelée *chancre mou. La chancrelle est une maladie spécifique locale, due au bacille de Ducrey, qui génère un ulcère sécrétant du pus inoculable.*

CHANCREUX, EUSE, adj. [ʃɑ̃kʀø, øz] (*chancre*) Qui est de la nature du chancre, du cancer, ou qui est attaqué de chancre.

CHANDAIL, ■ n. m. [ʃɑ̃daj] (aphérèse pop. de *marchand d'ail,* en parlant de son vêtement) Tricot à longues manches et qui s'ouvre devant sur toute sa longueur. ♦ *Porter des chandails.*

CHANDELEUR, n. f. [ʃɑ̃d(ə)lœʀ] (lat. *festa candelorum,* pour *candelarum,* fête des chandelles) Fête de la Présentation de Jésus au temple, et de la Purification de la Vierge, où les assistants portent des cierges.

1 CHANDELIER, n. m. [ʃɑ̃dəlje] (*chandelle*) Ustensile qui sert à mettre la chandelle, la bougie. ◆ Au jeu, *mettre au chandelier*, mettre de l'argent pour les frais. ◆ *Chandelier d'église*, grand chandelier sur lequel on fixe les cierges. ◆ **Fig.** Dans le style de la chaire, *le chandelier*, une haute position. « *Ceux dont l'Église a besoin sur le chandelier* », BOSSUET. De là dans le langage familier : *Être sur le chandelier*, être dans une haute position.

2 CHANDELIER, IÈRE, n. m. et n. f. [ʃɑ̃dəlje, jɛʀ] (*chandelle*) Celui, celle qui fait et vend de la chandelle.

CHANDELLE, n. f. [ʃɑ̃dɛl] (lat. *candela*) Petit flambeau de suif ou de quelque autre matière grasse et combustible. ◆ En particulier, flambeau de suif, par opposition aux flambeaux de cire ou d'autre matière. *Chandelle des quatre, des six à la livre*, ou *chandelle de quatre, de six*. ◆ *Moucher la chandelle*, retrancher avec les mouchettes la partie de la mèche qui est brûlée, et fig. remplir des fonctions tout à fait subalternes. ◆ *À la chandelle*, à la lumière. ◆ *À chandelle éteinte*, le temps que dure une chandelle pour se consumer. ◆ **Anc. pratiq.** *Donner à chandelle éteinte*, adjuger dans une adjudication où l'on pouvait surenchérir tant que brûlait une chandelle. ◆ **Fam.** *Ses yeux brillent comme des chandelles*, sont très brillants. ◆ *Voir des chandelles, voir mille chandelles*, apercevoir à l'occasion d'un grand coup, d'un choc violent, ou même d'un éblouissement, des lueurs qui n'ont rien de réel. ◆ *Se brûler à la chandelle* (image empruntée aux papillons), courir étourdiment à sa perte. ◆ *Économie de bouts de chandelle*, Économie sordide ou mal entendue. ◆ *Le jeu n'en vaut pas la chandelle*, cela n'en vaut pas la peine, ne vaut pas les frais qu'on ferait. ◆ *Brûler la chandelle par les deux bouts*, se livrer à des dépenses, à des excès ruineux, extravagants. ◆ *La chandelle brûle*, le temps presse. ◆ *Tenir la chandelle*, assister et se prêter à une turpitude ou à une chose dans laquelle on est dupé. ◆ Chandelle donnée en offrande à l'église ou consacrée. *Il vous doit une belle chandelle, vous l'avez tiré d'un mauvais pas.* ◆ **Fig.** *Donner une chandelle à Dieu et une au diable*, se ménager entre deux partis opposés. ◆ *Chandelle romaine*, pièce d'artifice en forme de grosse chandelle.

CHANDELLERIE, n. f. [ʃɑ̃dɛl(ə)ʀi] (*chandelle*) Lieu où l'on fait des chandelles. ◆ Boutique où l'on en vend.

CHANFREIN, n. m. [ʃɑ̃fʀɛ̃] (premier élément obscur et lat. *frenum*, mors) La pièce d'armure qui couvrait le devant de la tête du cheval. ◆ Partie antérieure de la tête du cheval, qui s'étend depuis les yeux jusqu'aux naseaux. ◆ Parties de cuir ou d'étoffe qui couvrent le chanfrein du cheval. ◆ **Archit.** Petite surface qu'on forme en abattant une arête. *Abattre en chanfrein.*

CHANFREINDRE, v. tr. [ʃɑ̃fʀɛ̃dʀ] Voy. CHANFREINER.

CHANFREINÉ, ÉE, p. p. de chanfreiner. [ʃɑ̃fʀene]

CHANFREINER, v. tr. [ʃɑ̃fʀene] (*chanfrein*) Abattre l'arête d'une pierre, d'une pièce de bois. ▪ REM. On disait aussi autrefois *chanfreindre*.

CHANGE, n. m. [ʃɑ̃ʒ] (changer) Succession de choses diverses ou d'états divers. « *Le change des saisons* », MALHERBE. ◆ Changement d'affections. *Aimer le change.* ◆ Troc d'une chose contre une autre. *Perdre au change.* ◆ Ce qu'on donne pour une autre chose, ce qui peut remplacer, équivaloir, et fig. la pareille. *Rendre le change.* ◆ Toute négociation relative à la vente ou à l'achange des matières d'or ou d'argent, soit monnayées, soit en lingots, ainsi que de tous les papiers représentant une valeur métallique. *Change de monnaie. Bureau de change.* ◆ Le prix que prend le changeur. ◆ Lieu où l'on change la monnaie, l'or pour de l'argent, etc. ◆ Toute négociation par laquelle on cède, moyennant un prix convenu, à un tiers, des fonds qu'on possède dans un endroit autre que celui où se fait l'opération. *Le change est une manière de remettre de l'argent d'un lieu à un autre, par une lettre qui en indique le paiement, et qui se nomme lettre de change.* ◆ *La lettre de change est aussi une sorte de billet dont le non-paiement entraînait la contrainte par corps.* ◆ *Agent de change*, fonctionnaire ministériel nommé par le gouvernement pour attribuer à la négociation des rentes, des effets publics, des actions de banque, de tout papier commerçable enfin, le caractère de l'authenticité. ◆ **Vén.** Substitution d'une nouvelle bête à celle qui a été lancée d'abord. ◆ *La bête donne le change*, en fait lever une autre à sa place. ◆ *Les chiens prennent le change*, tournent au change, quittent la bête lancée pour la nouvelle. ◆ **Fig.** « *Je sais l'affaire et ne prends point le change* », MOLIÈRE. « *Il exhorte Polybe à donner le change à sa douleur* », DIDEROT. ▪ Taux de conversion d'une monnaie. *Le change a monté.* ◆ Couche-culotte jetable.

CHANGÉ, ÉE, p. p. de changer. [ʃɑ̃ʒe] Échangé. ◆ Remplacé par un autre. ◆ Métamorphosé. ◆ Qui a éprouvé un changement. ◆ Dont la physionomie a subi un changement en mal. ◆ Dont les dispositions d'esprit sont changées.

CHANGEABLE, adj. [ʃɑ̃ʒabl] (*changer*) Qui peut être changé.

CHANGEANT, ANTE, adj. [ʃɑ̃ʒɑ̃, ɑ̃t] (*changer*) Qui éprouve un changement, qui présente des changements. *Temps changeants. Caractères changeants. Étoffe changeante*, étoffe dont les nuances varient suivant les expositions. ◆ **Astron.** *Étoile changeante* et n. f. *une changeante*, étoile qui change périodiquement d'aspect. ◆ **Zool.** Dont le pelage varie suivant les saisons. *Reptiles changeants.*

CHANGEMENT, n. m. [ʃɑ̃ʒ(ə)mɑ̃] (*changer*) Action de changer; état, transformation de ce qui change ou est changé. *Changement de domicile, d'état, de vie, de conduite.* ◆ Au théâtre, changement de décoration, et fig. changement dans la face des affaires. ◆ *Changement à vue*, changement de décoration qui s'opère sous les yeux du spectateur, sans qu'on ait à baisser la toile. ◆ Dans les chemins de fer, *changement de voie*, action de faire passer un train d'une voie sur une autre. ◆ *Changement de direction*, changement d'une troupe en marche; *changement de front*, changement d'une troupe en bataille.

CHANGER, v. tr. [ʃɑ̃ʒe] (b. lat. *cambiare*, du lat. *cambire*, troquer) Céder une chose pour une autre, prendre en échange. « *Il y a des maladies qui viennent de ce qu'on change un bon air contre un mauvais* », MONTESQUIEU. ◆ **Fig.** *Changer son cheval borgne contre un aveugle*, changer une mauvaise chose pour une pire. ◆ Donner un billet, une pièce, pour avoir de la monnaie. *Changer une pièce de cinq francs.* ◆ **Absol.** *Il faut que je change.* ◆ Remplacer un objet par un autre, quitter pour un autre; placer ailleurs. *Changer le certain pour l'incertain.* ◆ Modifier une chose, la rendre différente de ce qu'elle était. *Changer ses habitudes.* « *Un de ces esprits remuants et audacieux qui semblent être nés pour changer le monde* », BOSSUET. ◆ Convertir en. *Circé changea en bêtes les compagnons d'Ulysse.* ◆ On trouve *changer à* dans cette phrase consacrée : *Dans le sacrement de l'eucharistie le pain est changé au corps de Notre-Seigneur.* Cette tournure se trouve aussi dans la poésie et dans la prose élevée. « *Peut-être avant la nuit l'heureuse Bérénice Change le nom de reine au nom d'impératrice* », RACINE. *Changer un malade, un enfant*, changer les draps, la chemise, les vêtements d'un malade, d'un enfant. ◆ **V. intr.** Avec la préposition *de*, au propre et au figuré, quitter une chose pour une autre. *Changer d'habits, de ton, de résolution, de visage*, etc. ◆ **Fig.** *Changer de batterie*, recourir à de nouveaux moyens. ◆ **Fig.** *Changer de note*, changer de façon d'agir ou de parler. ◆ **Absol.** Faire un troc. ◆ **Manège** *Changer de main*, porter la tête du cheval d'une main à l'autre, pour le faire aller à droite ou à gauche. ◆ **Ellipt.** *Changer*, v. intr. Se conjugue avec *être* ou *avoir*, suivant le sens. Devenir autre, éprouver un changement. *Combien les mœurs ont changé ou sont changées! Le vent a changé ou est changé.* ◆ **Fig.** *Changer du tout au tout, changer du blanc au noir*, devenir tout autre. ◆ Se corriger ou quelquefois se gâter. *Ce jeune homme a bien changé.* ◆ Prendre une autre apparence, en parlant des personnes. *Comme ce jeune homme a changé! comme il est changé!* « *Vous n'êtes presque point changé* [vieilli] », », FÉNELON. ◆ Être inconstant. *Tâchez de ne pas changer.* ◆ *Se changer*, v. pr. Être remplacé par, faire place à. *Comme toute cette joie s'est promptement changée en deuil!* ◆ Être converti en. *Par le feu l'eau se change en vapeur.* ◆ Être modifié, devenir différent. *Se changer en mal, en bien* ◆ *Il faut se changer*, se corriger. ◆ Changer de vêtements. *Vous êtes mouillé, changez-vous.* ▪ V. tr. Convertir dans une autre devise. *Changer des euros en dollars.*

CHANGEUR, EUSE, n. m. et n. f. [ʃɑ̃ʒœr, øz] (*changer*) Personne qui fait commerce de changer les billets de banque et les différentes sortes de monnaies.

CHANLATTE, ▪ n. f. [ʃɑ̃lat] (2 *chant* et *latte*) Latte posée latéralement sur les chevrons d'un toit pour le soutenir.

CHANNE, ▪ n. f. [ʃan] Suisse Pichet en étain pour servir le vin. ▪ Par extension, tout récipient en étain. *Une collection de channes.*

CHANOINE, n. m. [ʃanwan] (lat. chrét. *canonicus*, gr. *kanonikos*, de *kanôn*, règle) Nom donné d'abord aux cénobites, puis à tous les clercs, puis aux clercs vivant en commun. ◆ Clerc séculier, membre d'un chapitre qui, attaché à une église cathédrale ou collégiale, sert de conseil à l'évêque. ◆ **Fig.** *Une vie de chanoine*, une vie douce et tranquille. *Une mine de chanoine*, une mine fleurie, qui respire le bien-être et la santé.

CHANOINESSE, n. f. [ʃanwanɛs] (*chanoine*) Celle qui possède une prébende dans un chapitre de filles. ▪ Religieuse de certaines communautés catholiques. ▪ Petit pain d'épices rond fabriqué à l'origine dans les couvents de religieuses.

CHANOINIE, n. f. [ʃanwani] (*chanoine*) Canonicat. ◆ Il a vieilli.

CHANSON, n. f. [ʃɑ̃sõ] (lat. *cantio*, chant) Pièce de vers que l'on chante sur quelque air, et qui est partagée le plus souvent en stances égales dites couplets. ◆ *Chanson à boire* ou *chanson de table*, chanson où le vin est célébré. ◆ *Mettre quelqu'un ou quelque chose en chanson*, s'en moquer par des chansons. ◆ Au pl. *Chansons* se dit quelquefois pour poésie. *Les doctes chansons des Muses.* ◆ **Fig.** Propos rebattus qui reviennent sans cesse comme un refrain. *C'est toujours la même chanson.* ◆ *Voilà bien une autre chanson*, c'est une autre affaire, c'est une chose inattendue. ◆ **Fig.** Conte en l'air, discours ou raison dont on ne tient aucun compte. « *Chansons que tout cela!* », MOLIÈRE. *Je ne me paye pas de chansons.* ◆ *Chanson de geste*, Voy. GESTE. ◆ **Prov.**

Si vous en avez l'air, vous n'en avez pas la chanson, vous avez l'apparence et non la réalité.

CHANSONNABLE, adj. [ʃɑ̃sɔnabl] (*chansonner*) Qui mérite d'être chansonné.

CHANSONNÉ, ÉE, p. p. de chansonner. [ʃɑ̃sɔne]

CHANSONNER, v. tr. [ʃɑ̃sɔne] (*chanson*) Faire des chansons contre quelqu'un. *Chansonner le vice, le prochain.*

CHANSONNETTE, n. f. [ʃɑ̃sɔnɛt] (dimin. de *chanson*) Petite chanson sur un sujet léger, gracieux.

CHANSONNEUR, n. m. [ʃɑ̃sɔnœʀ] (*chansonner*) Celui qui chansonne.

CHANSONNIER, IÈRE, n. m. et n. f. [ʃɑ̃sɔnje, jɛʀ] (*chanson*) Faiseur, faiseuse de chansons. ♦ Recueil de chansons.

1 **CHANT,** n. m. [ʃɑ̃] (lat. *cantus,* chant) Sorte de modification de la voix humaine par laquelle on forme des sons variés, appréciables et soumis à des intervalles réguliers. ♦ Suite de sons formant soit des phrases, soit des périodes musicales. *Chant harmonieux.* ♦ Fig. *Chant de sirène,* langage trompeur. ♦ Ramage des oiseaux, cri du coq, de la cigale, et ironiquement la voix de l'âne, etc. ♦ Fig. *Le chant du cygne,* la dernière et excellente composition d'un musicien, d'un poète célèbre, etc. (Locution prise de ce qu'on pensait dans l'Antiquité que le cygne, près de mourir, faisait entendre un chant mélodieux.) ♦ Musique qui s'exécute avec la voix. *Mettre un air en chant.* ♦ *Plain-chant, chant grégorien, chant d'église,* le chant ordinaire de l'Église, dont la régularisation est attribuée à saint Grégoire. ♦ *Chant figuré,* notre chant ordinaire, par opposition à *plain-chant.* ♦ Partie mélodique de la musique. *Ce morceau manque de chant.* ♦ Musique vocale. *Parties de chant,* celles qui sont exécutées par les voix. ♦ Phrase musicale qui se détache de l'ensemble. Dans ce sens, se dit des instruments. *Un chant de violoncelle.* ♦ Par extens. Poésie qui se chante ou peut se chanter. *Chant nuptial. Chant guerrier.* ♦ Au pl. Fig. et poétiq. Toute composition d'un ordre élevé en vers. *Mes chants rediront tes exploits.* ♦ Division d'un poème. *L'Énéide a douze chants.*

2 **CHANT,** n. m. [ʃɑ̃] (anc. fr. *cant,* côté, du lat. *canthus,* cercle de fer, empr. au celtique) La partie la plus étroite d'une pièce de bois, d'une brique, etc. ♦ DE CHANT, loc. adv. Sur le côté étroit. *Mettre des briques de chant.* ▪ REM. Graphie ancienne : *champ.*

CHANTABLE, adj. [ʃɑ̃tabl] (*chanter*) Qui peut être chanté ; digne d'être chanté.

CHANTAGE, n. m. [ʃɑ̃taʒ] (*chanter*) Pop. Action d'extorquer de l'argent à quelqu'un en le menaçant de révéler quelque chose de scandaleux, ou de le diffamer, etc. ▪ Par extens. Pression morale utilisée pour obtenir quelque chose. *Chantage affectif.*

CHANTANT, ANTE, adj. [ʃɑ̃tɑ̃, ɑ̃t] (*chanter*) Qui chante. ♦ Qui se chante aisément ; qui est propre à être chanté, à être mis en chant. *Musique chantante. Paroles chantantes.* ♦ *Déclamation chantante,* déclamation dont les intonations se rapprochent trop du chant. ♦ *Langue chantante,* langue accentuée et musicale. ♦ *Musique chantante,* Musique dans laquelle domine la mélodie.

CHANTÉ, ÉE, p. p. de chanter. [ʃɑ̃te]

CHANTEAU, n. m. [ʃɑ̃to] (2 *chant,* côté) Morceau coupé à un grand pain. ♦ *Chanteau de pain bénit* ou absol. *chanteau,* le morceau qu'on envoie à la personne qui doit rendre le pain bénit le dimanche suivant. ♦ Morceau d'étoffe coupé dans une pièce.

CHANTEFABLE, ▪ n. f. [ʃɑ̃t(ə)fabl] (*chanter* et *fable*) Poème médiéval composé de vers chantés et de proses récitées. ▪ Par extens. Poème lyrique de cette forme. *Le pélican, chantefable de Robert Desnos.*

CHANTEPLEURE, n. f. [ʃɑ̃t(ə)plœʀ] (*chanter* et *pleurer*) Sorte d'entonnoir qui a un long tuyau percé de trous pour faire couler les liquides dans un tonneau sans les troubler. ♦ Fente dans un mur pour le passage des eaux. ♦ Robinet d'un tonneau. ♦ Arrosoir de jardinier, à queue longue et étroite. ♦ Rigole ouverte dans la berge d'une rivière.

CHANTER, v. intr. [ʃɑ̃te] (lat. *cantare*) Faire entendre un chant. *Chanter juste.* ♦ *Chanter à livre ouvert,* à première vue, chanter sans avoir besoin d'étudier. ♦ Fam. *C'est comme si vous chantiez,* vous perdez votre temps. ♦ *Pain à chanter* (sous-entendu *la messe*), le pain sans levain dont on fait l'hostie. ♦ Fam. *Je le ferai chanter sur un autre ton,* je le ferai agir, parler tout autrement. ♦ Fam. *Faire chanter quelqu'un,* lui faire faire quelque chose par force ou par ruse (locution tirée de l'usage de chanter à table). ♦ En un autre sens populaire, *faire chanter quelqu'un,* l'obliger à donner de l'argent, par la crainte de révélations scandaleuses, vraies ou fausses. ♦ Être chantant. *Ce morceau ne chante pas.* ♦ Chanter, se dit de l'exécutant, de l'instrument qui fait ressortir la mélodie, par opposition au simple accompagnement. ♦ Imiter la voix humaine dans l'exécution instrumentale.

Se dit des oiseaux, de la cigale, et poétiquement ou ironiquement d'autres animaux. ♦ Se dit de certains bruits qui ont une sorte d'harmonie. *L'eau commence à chanter,* elle est près de bouillir. ♦ Réciter d'une manière qui approche du chant. *Chanter en parlant.* ♦ chanter, v. intr. Exécuter un morceau de chant. *Chanter un air.* ♦ Fig. et fam. *Chanter toujours la même chanson,* la même antienne, répéter sans cesse la même chose. ♦ *Chanter la palinodie,* se rétracter, dire tout le contraire de ce qu'on avait dit. ♦ Fig. *Chanter magnificat à matines,* faire une chose à contretemps. ♦ Célébrer, surtout en vers. *Homère a chanté la guerre de Troie.* ♦ Annoncer, en parlant d'un oracle. ♦ Fig. *Chanter victoire,* se glorifier du succès. ♦ *Chanter les louanges de quelqu'un,* en faire de grands éloges. ♦ Par plaisanterie, dire. *Que chantes-tu là ?* ♦ *Chanter injures, pouilles, goguettes à quelqu'un,* lui dire des injures, lui faire querelle. ♦ Chansonner, railler. ♦ Se chanter, v. pr. Être chanté.

1 **CHANTERELLE,** n. f. [ʃɑ̃t(ə)ʀɛl] (*chanter*) La corde d'un instrument à manche qui a le son le plus aigu. ♦ *Appuyer sur la chanterelle,* faire ressortir la partie du chant qui est la plus intéressante, et fig. appeler l'attention sur ce qu'il y a de plus important. ♦ Bouteille de verre fort mince, dont on tire des sons en soufflant dessus. ♦ Oiseau qu'on met dans une cage pour en attirer d'autres.

2 **CHANTERELLE,** n. f. [ʃɑ̃t(ə)ʀɛl] Pièce de l'arçon des chapeliers.

3 **CHANTERELLE,** ▪ n. f. [ʃɑ̃t(ə)ʀɛl] Champignon à chapeau, comestible, qui pousse en sous-bois l'été. *Les chanterelles sont le plus souvent désignées sous le nom de girolles.*

CHANTEUR, EUSE, n. m. et n. f. [ʃɑ̃tœʀ, øz] (lat. *cantor*) Celui, celle qui chante, qui fait métier de chanter. ♦ *Première, deuxième chanteuse, chanteuse légère,* emplois distincts au théâtre. ♦ ▷ *Forte chanteuse,* voix grave de femme. ◁ ♦ Adj. *Les oiseaux chanteurs* ou n. m. *les chanteurs,* tels que les rossignols, les serins, etc. ♦ Variété de voleurs qui pratiquent le chantage. ♦ Espèce d'épervier.

1 **CHANTIER,** n. m. [ʃɑ̃tje] (b. lat. *cantarium,* du lat. *canterius, cheval hongre,* archit. *chevron*) Pièce de bois sur laquelle on couche des tonneaux dans le cellier, dans la cave. ♦ Morceau de bois ou de pierre qui sert à maintenir le bloc, la pièce de bois que travaille un maçon, un charpentier.

2 **CHANTIER,** n. m. [ʃɑ̃tje] (lat. *cant(h)erius,* chevron, support) Lieu où l'on couche, où l'on dispose certains objets pour les conserver en dépôt ou les travailler. *Avoir du vin en chantier. Choisir du bois dans un chantier.* ♦ L'endroit où l'on construit des vaisseaux, des navires. *Mettre un navire sur le chantier.* ♦ Fig. et fam. *Mettre, avoir un ouvrage sur le chantier,* en parlant d'un artiste ou d'un auteur, commencer un ouvrage, y travailler. ♦ *Chantier d'équarrissage,* emplacement où l'on met les animaux destinés à être abattus, et où l'on équarrit les animaux abattus ou morts naturellement. ▪ Lieu où l'on effectue des travaux de construction. *Le chantier d'une autoroute.* ▪ Fam. Lieu où règne le désordre. ▪ Projet de grande ampleur.

CHANTIGNOLE, n. f. [ʃɑ̃tiɲɔl] ou [ʃɑ̃tiɲɔl] (moy. *chantille,* brique mince, de 2 *chant*) Pièce de bois qui soutient les pannes d'une charpente. ♦ Sorte de brique moitié moins épaisse que la brique commune.

CHANTILLY, ▪ n. m. [ʃɑ̃tiji] (*Chantilly*) Dentelle de soie exécutée au fuseau et généralement noire. ▪ N. f. (Élision de *crème Chantilly*) Crème fraîche fouettée et sucrée. *Des fraises à la Chantilly.* En apposition, *des fraises Chantilly.*

CHANTOIR, ▪ n. m. [ʃɑ̃twaʀ] Belg. Petit puits naturel où disparaît un cours d'eau. *Organiser une plongée de spéléologie dans un chantoir.*

1 **CHANTONNÉ, ÉE,** adj. [ʃɑ̃tɔne] *Papier chantonné,* défectueux.

2 **CHANTONNÉ, ÉE,** p. p. de chantonner. [ʃɑ̃tɔne]

CHANTONNEMENT, ▪ n. m. [ʃɑ̃tɔn(ə)mɑ̃] (de *chantonner*) Fait de chantonner. *Le chantonnement doux d'une maman qui endort son enfant.*

CHANTONNER, v. intr. [ʃɑ̃tɔne] (de *chanter*) Chanter à demi voix. ♦ V. tr. *Chantonner les paroles d'un air.*

CHANTOUNG ou **SHANTOUNG,** ▪ n. m. [ʃɑ̃tuŋ] (nom d'une province chinoise) Tissu de soie chinoise. *Un bustier en soie chantoung. Des shantoungs de soie.*

CHANTOURNAGE, n. m. [ʃɑ̃tuʀnaʒ] (*chantourner*) Art, action de chantourner.

1 **CHANTOURNÉ,** n. m. [ʃɑ̃tuʀne] (*chantourner*) Pièce d'étoffe ornée recouvrant une pièce de bois travaillée qu'on met entre le dossier et le chevet d'un lit.

2 **CHANTOURNÉ, ÉE,** p. p. de chantourner. [ʃɑ̃tuʀne]

CHANTOURNEMENT, n. m. [ʃɑ̃tuʀnəmɑ̃] (de *chantourner*) Contour d'une planche qui a été chantournée.

CHANTOURNER, v. tr. [ʃɑ̃tuʀne] (2 *chant,* et *tourner*) Tracer un dessin sur quelque pièce de bois, de métal, de marbre, en l'évidant soit en dedans, soit en dehors. ♦ Peint. Donner aux objets représentés de tels contours que certaines parties paraissent saillantes au-dessus des autres. ◆ *Chantourner une bordure*, figurer des découpures sur la bordure peinte d'un tableau.

CHANTRE, n. m. [ʃɑ̃tʀ] (lat. *cantor*) En style poétique ou élevé, poète qui chante ou célèbre un héros, un grand fait, etc. *Le chantre d'Énée, Virgile. Le chantre des jardins, Delille.* ◆ **Par extens.** Nom donné aux oiseaux chanteurs. ◆ Celui qui chante au lutrin dans l'église. ◆ Chez les protestants, celui qui entonne et soutient le chant des psaumes. ◆ **N. f.** Religieuse qui sait le chant et les rubriques de l'office, afin de redresser les manquements qui peuvent se faire au chœur. *La chantre dira tout haut ce qui regarde l'office du lendemain.* ◆ Nom d'un dignitaire qui est le maître du chœur présidant au chant.

CHANTRERIE, n. f. [ʃɑ̃tʀəʀi] (*chantre*) Bénéfice, dignité de chantre.

CHANVRE, n. m. [ʃɑ̃vʀ] (lat. *cannabis*, gr. *kannabis*) Plante dioïque qui porte le chènevis, et de laquelle on tire une filasse abondante. ◆ **Fig.** Cravate de chanvre, la corde qui sert à pendre un criminel. ■ *Chanvre indien*, cannabis.

CHANVREUX, EUSE, adj. [ʃɑ̃vʀø, øz] (*chanvre*) Qui tient de la nature du chanvre.

CHANVRIER, IÈRE, n. m. et n. f. [ʃɑ̃vʀije, ijɛʀ] (*chanvre*) Personne qui prépare et vend le chanvre.

CHAOS, n. m. [kao] (gr. *khaos*, gouffre) Dans la théologie païenne, confusion générale des éléments avant leur séparation et leur arrangement pour former le monde. ◆ **Fig.** Toute sorte de confusion. « *Le chaos des ténébreuses lois* », BOILEAU. « *C'est au règne de Henri l'Oiseleur que se débrouilla le chaos de l'Allemagne* », VOLTAIRE.

CHAOTIQUE, adj. [kaotik] (de *chaos*) Qui a rapport au chaos.

CHAOUCH, ■ n. m. [ʃauʃ] (mot turc, héraut, huissier) Huissier en Afrique du Nord et au Moyen-Orient. *Au retour des corsaires, un secrétaire des prises, assisté de chaouchs, de changeurs, de mesureurs, de crieurs, faisait débarquer et vendre les marchandises.*

CHAOURCE, ■ n. m. [ʃauʀs] (*Chaource* dans l'Aube) Fromage au lait de vache, à pâte molle et à croûte fleurie.

CHAPARDER, ■ v. tr. et v. intr. [ʃapaʀde] (mot dit introduit par les Zouaves vers 1850, étymologie inconnue) **Fam.** Dérober des choses de peu de valeur. *Enfant qui chaparde des bonbons.* ■ CHAPARDAGE, n. m. [ʃapaʀdaʒ] ■ CHAPARDEUR, EUSE, n. m. et n. f. [ʃapaʀdœʀ, øz]

CHAPE, n. f. [ʃap] (b. lat. *cappa*, capuchon, manteau à capuchon) Sorte de manteau long, sans plis et agrafé par devant, que portent l'évêque, le célébrant, les chantres, etc. durant l'office. ◆ **Fig.** *Se disputer de la chape à l'évêque* (c.-à-d. appartenant à l'évêque), se dit de gens se disputant pour une chose qui ne leur appartient pas et qu'ils ne doivent point obtenir. ◆ En parlant d'un oiseau, partie du plumage qui recouvre le dos et qui est d'une couleur différente du reste. ◆ Anciennement, *chape*, le même que cape, sorte d'ample vêtement. ◆ *Sous chape*, à la sourdine. On dit présentement *sous cape*. ◆ Se dit, dans les arts, de certaines choses qui s'appliquent sur d'autres, les enveloppent. *Chape d'une voûte*, le mortier qui recouvre l'extrados. *Chape d'un alambic*, le couvercle. *Chape de poulie*, la monture. ◆ Double futaille qui sert d'enveloppe à un baril de poudre, de vin. ◆ *Chape-chute*, Voy. CHAPE-CHUTE. ■ **Fig.** *Chape de plomb*, ce qui écrase, et spécialement chaleur torride.

CHAPÉ, ÉE, adj. [ʃape] (*chape*) **Relig.** Revêtu d'une chape. ◆ **Hérald.** Se dit de l'écu qui s'ouvre en chape ou en pavillon, depuis le milieu du chef jusqu'au milieu des flancs.

CHAPEAU, n. m. [ʃapo] (b. lat. *cappellus*, de *cappa*, capuchon) Coiffure d'homme, ordinairement d'étoffe foulée, de laine ou de poil, et qui a une forme avec des bords. ◆ *Chapeau de soie*, dont la calotte est recouverte d'une peluche de soie. ◆ **Fig.** *Coup de chapeau*, salutation. ◆ *Porter la main au chapeau*, faire un léger salut. ◆ **Fig. et fam.** *Enfoncer son chapeau*, s'armer de courage ; prendre des airs de matamore. ◆ *Mettre son chapeau de travers*, prendre un ton menaçant. ◆ *Mettre chapeau bas*, ôter son chapeau. ◆ *Chapeau de cardinal*, chapeau rouge à forme plate, larges bords et grands pendants de soie rouge, et fig. la dignité de cardinal. ◆ **Fam.** Un cavalier, un homme. *Les chapeaux étaient rares.* ◆ *Frère chapeau*, moine subalterne qui en accompagne un autre. ◆ Dans le commerce maritime, *chapeau de mérite* et plus ordinairement *chapeau*, gratification accordée par convention au capitaine d'un bâtiment de commerce, qui remet à bon port les marchandises chargées à fret ; et dans la langue des affaires, épingles. ◆ Coiffure de femme d'étoffe consistante, ou tendue sur du carton ou une carcasse de laiton ; ou coiffe de paille. ◆ *Chapeau de fleurs*, couronne de fleurs. ◆ **Absol.** Le bouquet qu'on met sur la tête d'une fille le jour de ses noces. ◆ **Bot.** La partie supérieure d'un champignon, quand elle dépasse sensiblement la partie inférieure, nommée pédicule ou stipe. ◆ *Cet enfant a encore le chapeau*, il a encore la tête couverte de gourme. ◆ *Chapeau chinois*,

instrument de musique militaire formé d'un bâton terminé par une calotte de cuivre garnie de clochettes. ◆ Nom, dans les arts, de diverses choses qui ont quelque rapport d'usage ou de forme avec un chapeau. *Chapeau d'escalier, de lucarne, de presse*, etc. ■ *Chapeau de roue*, enjoliveur. ■ **Fam.** *Sur les chapeaux de roue*, très vite. ■ Petit paragraphe introduisant un texte, composé dans un corps différent. ■ **Interj. Fam.** *Chapeau !* Bravo ! *Tu as fait cette maquette seul ? chapeau !*

CHAPEAUTER, ■ v. tr. [ʃapote] (*chapeau*) Coiffer d'un chapeau. ■ **Fig.** Être à la tête de personnes, de projets, de travaux. ■ Dans la presse, introduire un texte par un chapeau.

CHAPE-CHUTE, n. f. [ʃap(ə)ʃyt] (*chape* et anc. fr. *chute*, p. p. de *choir*, tombée) Bonne aubaine due à la négligence ou au malheur d'autrui. *Attendre, chercher chape-chute. Des chapes-chutes.*

CHAPELAIN, n. m. [ʃap(ə)lɛ̃] (lat. médiév. *capellanus*, desservant d'une chapelle) Bénéficier titulaire d'une chapelle. ◆ Prêtre qui dit la messe dans des chapelles de princes ou de particuliers.

CHAPELÉ, ÉE, p. p. de chapeler. [ʃap(ə)le]

CHAPELER, v. tr. [ʃap(ə)le] (b. lat. *capulare*, couper, du radic. de *capo*, chapon) Tailler, abattre, couper par morceaux ; ne se dit plus que dans chapeler du pain, en râper la croûte.

CHAPELET, n. m. [ʃap(ə)le] (dimin. de l'anc. fr. *chapel*, chapeau) Petit chapeau. ◆ Objet de dévotion fait de grains enfilés et composé de cinq dizaines d'Avés ; à chaque dizaine est un plus gros grain sur lequel on dit le *Pater*. ◆ Les prières qu'on dit sur un chapelet. ◆ **Fig. et fam.** *Défiler un chapelet, son chapelet*, débiter avec volubilité tout ce qu'on sait sur une matière ; parler de mémoire et sans comprendre ce qu'on dit, sans s'en rendre compte ; dire à quelqu'un tout ce qu'on a à lui reprocher. ◆ **Archit.** Baguette découpée et formant une suite de grains, perles ou olives. ◆ Machine, autrement nommée *noria*, composée d'une chaîne sans fin, garnie de godets ou de seaux lesquels se remplissent au bas de leur course et se versent dans un conduit quand ils sont arrivés au haut. ■ Ensemble formé par des éléments de même nature liés les uns aux autres. *Un chapelet d'oignons.*

CHAPELIER, IÈRE, n. m. et n. f. [ʃapəlje, jɛʀ] (anc. fr. *chapel*, chapeau) Celui, celle qui fait ou vend des chapeaux d'homme.

CHAPELLE, n. f. [ʃapɛl] (lat. vulg. *capella*, dimin. de *capa*, manteau à capuchon) Lieu consacré au culte dans les palais, dans certaines maisons particulières, hospices, collèges, etc. ◆ **Absol.** *La chapelle*, le corps d'ecclésiastiques qui desservent la chapelle du roi. ◆ Petite église qui n'est ni paroisse, ni prieuré. ◆ Se dit des diverses parties d'une église où sont des autels. *La chapelle de la Vierge.* ◆ *Mettre en chapelle*, se dit, en Espagne, des condamnés à la peine capitale qui sont préparés à la mort dans une chapelle. ◆ Les musiciens qui chantent dans une chapelle. ◆ *Maître de chapelle*, celui qui dirige la musique d'une chapelle. ◆ Le calice, les chandeliers et autres objets à l'usage d'une chapelle. ◆ *Tenir chapelle*, se dit du pape, de l'empereur d'Autriche et du roi d'Espagne assistant en pompe à l'office divin. ◆ *Chapelle ardente*, luminaire dont on entoure un catafalque. ◆ **Fig.** *Jouer à la chapelle*, s'occuper sérieusement de choses frivoles ou inutiles. ◆ Par plaisanterie, *chapelle blanche* se dit pour le lit. ◆ **Mar.** *Faire chapelle* (on devrait écrire *chapel*, chapeau), virer de bord vent devant, malgré soi. ■ *Chapelle ardente*, salle mortuaire. *Ériger une chapelle ardente sur les lieux de la catastrophe.*

CHAPELLENIE, n. f. [ʃapɛl(ə)ni] (*chapelle*) Bénéfice d'un chapelain.

CHAPELLERIE, n. f. [ʃapɛl(ə)ʀi] (*chapelier*) Le commerce et la confection des chapeaux d'homme. ◆ Maison, atelier où se fait cette fabrication.

CHAPELURE, n. f. [ʃap(ə)lyʀ] (*chapeler*) La croûte qu'on obtient en chapelant le pain ; croûte de pain en poudre.

CHAPERON, n. m. [ʃap(ə)ʀɔ̃] (dimin. de *chape*) Sorte de chape. ◆ Coiffure à bourrelet et à queue que portaient les hommes et les femmes ; et aussi bande d'étoffe que les femmes attachaient sur leur tête. ◆ Bourrelet circulaire à pendants d'étoffe garnis d'hermine que portent sur l'épaule gauche les gens de robe, docteurs, etc. ◆ L'ornement relevé en broderie qui est au dos d'une chape. ◆ **Hérald.** Ancien habillement de tête en forme de capuchon. ◆ **Fig.** Personne âgée ou grave qui accompagne une jeune femme par bienséance. ◆ En fauconnerie, cuir dont on coiffe les oiseaux de leurre. ◆ **Archit.** Le couronnement d'un mur en forme de toit. ◆ **Impr.** Main de passe.

CHAPERONNÉ, ÉE, p. p. de chaperonner. [ʃap(ə)ʀone]

CHAPERONNER, v. tr. [ʃap(ə)ʀone] (*chaperon*) En parlant des oiseaux de proie, coiffer d'un chaperon. ◆ **Archit.** Revêtir un mur d'un chaperon. ◆ **Fig.** *Chaperonner une jeune personne*, lui servir de chaperon dans le monde.

CHAPERONNIER, adj. m. [ʃap(ə)ʀonje] (*chaperonner*) En fauconnerie, *oiseau chaperonnier* ou n. m. *chaperonnier*, oiseau à qui on couvre la tête d'un morceau d'étoffe pour l'empêcher de voir.

CHAPIER, n. m. [ʃapje] (*chape*) Celui qui porte la chape. ♦ Celui qui fait des chapes. ♦ Armoire pour les chapes.

CHAPITEAU, n. m. [ʃapito] (lat. *capitellum*, dimin. de *caput*) La partie du haut de la colonne qui pose sur le fût. *Chapiteau dorique, ionique, corinthien.* ♦ En général, ornement de diverse forme qui surmonte et couronne certaines parties. ♦ En menuiserie, corniches et autres couronnements des buffets, armoires, etc. ♦ La couverture mobile d'un moulin à vent. ♦ Anciennement, partie supérieure de l'alambic où venaient se condenser les vapeurs. ■ Tente sous laquelle ont lieu les numéros d'un cirque. *Un spectacle de cirque sous plusieurs chapiteaux.* ■ Par extens. Grande tente installée dans un lieu public. *Un meeting politique organisé sous un chapiteau.*

CHAPITRAL, ALE, adj. [ʃapitʀal] (*chapitre*) Qui appartient à un chapitre de religieux. *Maison chapitrale. Les domaines chapitraux.*

CHAPITRE, n. m. [ʃapitʀ] (lat. *capitulum*, dimin. de *caput*, tête, prend en lat. médiév. les sens de partie d'un livre, et assemblée de chanoines où on lit un chapitre de la règle) Division d'un livre, d'un traité, d'une loi, etc. ♦ Fig. Matière, sujet, objet. « *On était hier sur votre chapitre* », Mme de Sévigné. ♦ L'assemblée où les chanoines traitent de leurs affaires et des questions de leur ressort. ♦ Toute assemblée que tiennent des religieux pour délibérer de leurs affaires. ♦ Les assemblées des ordres royaux, des ordres militaires. ♦ Fam. Une assemblée quelconque. « *Nous tînmes hier chapitre chez Mme de Lavardin* », Mme de Sévigné. ♦ Fig. *Avoir voix au chapitre*, avoir crédit dans une compagnie, auprès de quelque personnage, sur une question. ♦ Le lieu où se tiennent toutes les sortes d'assemblées dites chapitres. ♦ Le corps des chanoines d'une église cathédrale ou collégiale.

CHAPITRÉ, ÉE, p. p. de chapitrer. [ʃapitʀe]

CHAPITRER, v. tr. [ʃapitʀe] (*chapitre*) Réprimander en plein chapitre. ♦ Fig. et fam. Adresser une réprimande.

CHAPKA, ■ n. f. [ʃapka] (mot russe) Bonnet de fourrure qui protège le front, la nuque et les oreilles, à rabats amovibles. *Chapka en vison, en fourrure synthétique.*

CHAPON, n. m. [ʃapɔ̃] (lat. *capo*, même rac. indo-eur. que gr. *koptein*, frapper, couper) Poulet que l'on engraisse pour la table. ♦ Morceau de pain bouilli au pot et servi sur un potage maigre. ♦ *Chapon de Gascogne* ou simplement *chapon*, croûte frottée d'ail qu'on met dans une salade. ♦ Une gousse d'ail.

CHAPONNAGE, ■ n. m. [ʃaponaʒ] (*chaponner*) Fait de chaponner. *La pratique du chaponnage remonte à l'Antiquité et consiste à ablater les testicules de l'animal pour le faire grossir.*

CHAPONNÉ, ÉE, p. p. de chaponner. [ʃapɔne]

CHAPONNEAU, n. m. [ʃapɔno] (dimin. de *chapon*) Jeune chapon.

CHAPONNER, v. tr. [ʃapɔne] (*chapon*) Réduire à l'état de chapon.

CHAPONNIÈRE, n. f. [ʃapɔnjɛʀ] (*chapon*) Vase de cuivre pour faire cuire un chapon en ragoût.

CHAPOTER, v. tr. [ʃapɔte] Dégrossir le bois avec une plane.

CHAPSKA ou **SCHAPSKA**, n. m. ou n. f. [ʃapska] (pol. *czapka*, coiffure nationale polonaise) Coiffure militaire polonaise adoptée par les lanciers français durant le Premier et le Second Empire. *Des combattants sur les montagnes, avec leurs cartouchières en bandoulière et leurs chapskas d'astrakan.*

CHAPTALISATION, ■ n. f. [ʃaptalizasjɔ̃] (*Chaptal*, inventeur du procédé) Ajout de sucre dans le moût avant fermentation du vin afin d'augmenter son degré d'alcool. *La chaptalisation permet de compenser les pertes d'alcool intervenant au cours du vieillissement et de régulariser la qualité des vins d'une année à l'autre.*

CHAPTALISER, ■ v. tr. [ʃaptalize] (*chaptalisation*) Procéder à une chaptalisation. *La Gironde ne fait pas partie des régions viticoles d'Europe ayant la possibilité légale et permanente de chaptaliser ses vins.*

CHAQUE, adj. indéf. [ʃak] (anc. fr. *chasque*, de *chascun* sur le modèle *quelque/quelqu'un*) Tout. « *Chaque passion parle un différent langage* », Boileau. « *Chaque âge a ses devoirs* », J.-J. Rousseau. ♦ Ne confondez pas *chaque* avec *chacun* : chaque doit toujours se mettre avec un substantif auquel il a rapport ; chacun, au contraire, s'emploie sans substantif. C'est une faute de dire : *Ces chapeaux ont coûté vingt francs chaque* ; il faut dire : *vingt francs chacun.*

1 **CHAR**, n. m. [ʃaʀ] (lat. *carrus*, chariot) Voiture dont les anciens se servaient dans les jeux, les triomphes, les combats, etc. ♦ Fig. Servitude, dépendance, domination, par allusion aux triomphes antiques suivis de captifs. « *Moi-même à votre char je me suis enchaînée* », Racine. ♦ Dans le style élevé, toute espèce de voiture, et plus spécialement une voiture riche ou élégante. *Char brillant, rapide*, etc. ♦ Poétiq. *Le char du Soleil, de la Lune,*

de la nuit, anciennes figures provenant de la mythologie. ♦ Au théâtre, *char de gloire*, espèce de trône sur lequel descendent les divinités, les génies, etc. ♦ *Char de deuil*, chariot couvert d'un poêle, pour les funérailles des grands. ♦ *Char funèbre*, toute espèce de corbillard. ♦ Chariot. *Un char de vendange. Un char à foin.* ♦ *Char à bancs*, voiture longue et légère garnie de bancs et ouverte de tous côtés ou fermée simplement de rideaux. ■ Rem. Au pluriel, on prononce : des char-à-ban [ʃaʀabɑ̃]. ■ Véhicule blindé et armé utilisé dans les combats. *Char d'assaut.*

2 **CHAR** ou **CHARRE**, ■ n. m. [ʃaʀ] (arg. *charr*, vol, de *charrier*, duper) Fam. Blague, bluff, mensonge. ■ *Arrête ton char !* Arrête de raconter des mensonges.

CHARABIA, n. m. [ʃaʀabja] (*charabiat*, patois d'Auvergne ; origine obscure : provenç. *charrá*, causer, sur radic. onomatop. *tchar-*) Pop. Le patois des Auvergnats, et par extension tout autre parler qu'on ne comprend pas. ♦ Quelquefois l'homme, l'Auvergnat lui-même. ■ Rem. Terme péjoratif dans tous ses sens et vieilli en dehors de son sens de parler incompréhensible.

CHARADE, n. f. [ʃaʀad] (prob. provenç. *charrado*, causerie) Sorte d'énigme dans laquelle le mot à deviner est partagé en plusieurs parties dont chacune fait un mot, appelées premier, second ou dernier, et que l'on fait connaître par leurs définitions ; le mot à deviner s'appelle *le tout* ou *l'entier*. ♦ *Charade en action*, charade dans laquelle les définitions sont remplacées par des scènes jouées.

CHARADRIIDÉ, ■ n. m. [kaʀadʀiide] (gr. *kharadrios*, pluvier) Oiseau migrateur caractérisé par de longues pattes, des ailes longues et pointues, un plumage terne, un bec long et fin et évoluant dans un habitat souvent aquatique. *Les charadriidés forment une famille dont le pluvier et la bécasse sont le type.*

CHARADRIIFORME, ■ n. m. [kaʀadʀiifɔʀm] (gr. *kharadrios*, pluvier) Oiseau échassier aquatique, généralement blanc et noir, au fin bec retroussé. *Les charadriiformes forment une famille dont le vanneau est le type.*

CHARANÇON, n. m. [ʃaʀɑ̃sɔ̃] (orig. incert. : p.-ê. du gaul. *karantionos*, de rad. *ker-*, cerf, ou du lat. *caries*, pourriture, carie, dont les dérivés désignent des insectes rongeurs) Nom commun de tous les insectes de la famille des curculionides, dont plusieurs espèces mangent les blés dans les greniers.

CHARANÇONNÉ, ÉE, adj. [ʃaʀɑ̃sɔne] (*charançon*) Attaqué par les charançons.

CHARANGO, ■ n. m. [tʃaʀɑ̃go] Petite mandoline d'Amérique latine dont la caisse de résonance est faite de carapace de tatou. *Le corps des charangos était autrefois formé de la carapace d'un tatou ; cet animal étant aujourd'hui protégé, les charangos sont fabriqués en bois.*

CHARBON, n. m. [ʃaʀbɔ̃] (lat. *carbo*) Menu bois chauffé jusqu'à perdre tout son hydrogène, prendre la couleur noire, et ne plus fumer quand on l'allume. ♦ On dit souvent *charbon de bois*, pour éviter la confusion avec tout autre charbon. ♦ *Charbon animal*, charbon résultant de la décomposition des substances animales par le calorique dans des vases clos. ♦ *Charbon de pierre, charbon de terre, charbon minéral*, noms de la houille. ♦ Par exagération, toute matière carbonisée par l'action du feu. *Cette viande est en charbon.* ♦ Braise éteinte, morceaux de bois charbonné qui restent dans le foyer. *Rallumer les charbons.* ♦ Charbon qui brûle. *Charbon ardent, rouge.* ♦ Fig. *Être sur les charbons, marcher sur des charbons*, être impatient, inquiet, très embarrassé. ♦ Fig. *Il brûle comme un charbon*, se dit d'un homme qui a une fièvre ardente. ♦ Méd. *Charbon de l'homme et des animaux*, affection virulente. ♦ *Charbon*, escarre gangreneuse qui survient dans la peste. ♦ Vétér. *Charbon*, Voy. bouquet. ♦ En agriculture, *charbon des graminées*, maladie des graminées et surtout du froment. ■ Électr. Électrode de graphite.

CHARBONNAGE, n. m. [ʃaʀbɔnaʒ] (*charbonner*) L'exploitation de la houille. ♦ Une exploitation de mine de houille.

CHARBONNÉ, ÉE, p. p. de charbonner. [ʃaʀbɔne] *Blés charbonnés*, blés attaqués par le charbon. ♦ Hist. nat. Qui est de couleur noire ou marqué de noir.

CHARBONNÉE, n. f. [ʃaʀbɔne] (*charbon*) Grillade de porc ou de bœuf. ♦ Croquis, dessin au charbon ou à la pierre noire.

CHARBONNER, v. tr. [ʃaʀbɔne] (*charbon*) Réduire en charbon. ♦ Noircir avec du charbon. *Se charbonner le visage.* ♦ Fig. Esquisser, peindre grossièrement. *Ce tableau est charbonné.* ♦ V. intr. Devenir charbon au lieu de flamber. ♦ Se charbonner, v. pr. Devenir charbon.

CHARBONNERIE, n. f. [ʃaʀbɔn(ə)ʀi] (*charbon*) Dépôt, magasin de charbon. ♦ Société politique qui se forma en France sous la Restauration. Voy. carbonaro.

CHARBONNEUX, EUSE, adj. [ʃaʀbɔnø, øz] (*charbon*) Méd. De la nature du charbon. *Typhus charbonneux. Tumeur charbonneuse.*

CHARBONNIER, IÈRE, n. m. et n. f. [ʃaʁbɔnje, jɛʁ] (*charbon*) Celui, celle qui fait ou vend du charbon. ◆ *La foi du charbonnier,* croyance naïve et sans examen. ◆ **N. m.** Le lieu où l'on serre le charbon. ◆ Four à cuire la houille. ◆ Membre de la charbonnerie, carbonaro. ◆ Celui qui dirige un fourneau. ◆ Bâtiment pour transporter le charbon de terre. ◆ **Prov.** *Charbonnier est maître chez soi,* chacun vit chez soi comme il lui plaît, et aussi : il n'y a pas de petit chez-soi.

CHARBONNIÈRE, n. f. [ʃaʁbɔnjeʁ] (*charbon*) Le lieu où l'on fait du charbon dans les bois. ◆ Nom vulgaire de la grande mésange.

CHARBOUILLÉ, ÉE, p. p. de charbouiller. [ʃaʁbuje]

CHARBOUILLER, v. tr. [ʃaʁbuje] (*charbouille*, lat. *carbunculus*, petit charbon, avec changement de suffixe) Gâter, en parlant de l'action de la nielle sur les blés.

CHARCUTÉ, ÉE, p. p. de charcuter. [ʃaʁkyte]

CHARCUTER, v. tr. [ʃaʁkyte] (radic. de *charcutier*) Découper, dépecer de la chair. ◆ **Fig.** Se dit des viandes mal découpées à table, des entailles faites dans les chairs par un opérateur maladroit, etc. ◆ Se charcuter, v. pr. Se couper, se tailler. ◆ **Fam.** *Charcuter un texte,* le dénaturer par des coupes excessives. ■ **CHARCUTAGE**, n. m. [ʃaʁkytaʒ] *Les diplomates essayèrent d'éviter le charcutage des frontières.*

CHARCUTERIE, n. f. [ʃaʁkyt(ə)ʁi] (radic. de *charcutier*) L'état et le commerce de charcutier. ◆ Viande préparée par les charcutiers.

CHARCUTIER, IÈRE, n. m. et n. f. [ʃaʁkytje, jɛʁ] (*chair* et *cuit*) Celui, celle qui prépare et vend de la chair de porc, des boudins, saucisses, andouilles, etc. ◆ **Adj.** *Garçon charcutier.*

CHARDON, n. m. [ʃaʁdɔ̃] (b. lat *cardo*, du lat. *carduus*) Genre de plantes de la famille des synanthérées, à feuilles épineuses et à calice formé d'écailles piquantes. ◆ *Bête à manger du chardon,* très bête. ◆ **Fig.** *C'est un vrai chardon,* qui s'y frotte s'y pique. ◆ *Chardon à bonnetier* ou *à foulon,* plante dont les têtes servent à carder la laine, le drap. Voy. CARDÈRE. ◆ Pointes de fer qu'on met sur les murs pour empêcher le passage. ◆ Espèce de raie, poisson.

CHARDONNAY, ■ n. m. [ʃaʁdɔnɛ] (*Chardonnay*, commune de Bourgogne) Cépage de raisins blancs de Bourgogne. *Le cépage blanc chardonnay, de grande qualité, est cultivé partout dans le monde et donne naissance à de grands vins blancs.* ■ Vin blanc issu de ce cépage. *Une dégustation de grands chardonnays.*

CHARDONNERET, n. m. [ʃaʁdɔn(ə)ʁɛ] (*chardon*) Petit oiseau chanteur, qui a la tête rouge et les ailes marquées de jaune et de brun. « *Le chardonneret affectionne le chardon, dont il a pris son nom* », BERNARDIN DE SAINT-PIERRE.

CHARDONNETTE et **CARDONNETTE**, n. f. [ʃaʁdɔnɛt, kaʁdɔnɛt] (*chardon*) Espèce d'artichaut sauvage, dont la fleur fait cailler le lait.

CHARENTAISE, ■ n. f. [ʃaʁɑ̃tɛz] (*Charente*) Pantoufle confortable et chaude garnie de fourrure. ◆ **Fig.** Symbole du confort douillet et de la sécurité. *Vivre sans quitter ses charentaises.*

CHARGE, n. f. [ʃaʁʒ] (*charger*) Ce que peut transporter une charrette, un bâtiment. ◆ Action de charger un navire d'objets de transport, de marchandises. *Vaisseau en charge,* vaisseau dont on fait le chargement. ◆ Ce que peut porter un bâtiment rendu à sa plus haute ligne de flottaison. Ce que peut porter un homme, un animal. ◆ **Fig.** « *De la terre charge importune, Peuple inutile à l'univers.* », J.-B. ROUSSEAU. ◆ Ce qui pèse sur, faix, fardeau. *On a donné trop de charge à ce plancher.* ◆ Mesure, quantité déterminée. *Une charge de blé, de fagots.* ◆ **Fig.** et **pop.** *Une charge de coups de bâton,* coups de bâton assénés violemment. ◆ Ce qui incommode, ce qui gêne. ◆ *Être à charge à quelqu'un* ou simplement *être à charge,* être un sujet d'embarras, de gêne. ◆ Ce qui oblige à des dépenses. *Les charges de la paternité. Réparations à ma charge.* ◆ *Être à la charge de quelqu'un,* être défrayé de tout par quelqu'un. ◆ Imposition. « *Le peuple gémit sous le poids des charges* », MASSILLON. ◆ Obligation, condition sous laquelle une chose est possédée, un droit est acquis. *Les dettes et charges d'une succession.* ◆ *À charge de revanche,* avec obligation de pareil service. ◆ En langage ecclésiastique, *avoir charge d'âmes,* être chargé d'instruire, de diriger, de confesser. ◆ **Par extens.** *Avoir charge d'âmes,* exercer un ministère moral. ◆ Magistrature, dignité, fonction publique. *Entrer en charge.* ◆ *Charge de notaire,* d'agent de change. ◆ Commission, ordre. *Tu accepteras cette charge. Il a charge de diriger la guerre.* ◆ *Femme de charge,* femme chargée de la garde, du soin de la vaisselle, du linge, etc. ◆ Indice contre un accusé ; accusation. *Il y avait contre l'accusé une forte charge.* Témoin à charge. ◆ **Milit.** Attaque impétueuse. *Charge de cavalerie. Faire une charge. Revenir à la charge.* ◆ Signal d'attaque donné par les tambours ou les trompettes. *On bat, on sonne la charge.* ◆ **Fig.** *Revenir, retourner à la charge,* insister, faire de nouvelles tentatives, et aussi lancer de nouvelles invectives. ◆ La quantité de

poudre et les projectiles qu'on met dans une arme à feu et dans une mine. *La charge d'un fusil.* ◆ Action de charger une arme à feu. ◆ **Phys.** Action d'accumuler l'électricité ; résultat de cette action. ◆ **Peint.** *Charge* se dit de toute expression qui ajoute quelque chose d'exagéré, de grotesque à la nature. ◆ Au théâtre, exagération dans la manière de jouer un rôle. ◆ **Pop.** Histoire invraisemblable. *La charge est bonne.* ◆ À LA CHARGE DE, À CHARGE DE, loc. conj. À condition de. ◆ À LA CHARGE QUE, À CHARGE QUE, loc. conj. À condition que. ◆ À LA CHARGE D'AUTANT, loc. adv. À condition qu'on en fera autant. On dit, dans le même sens, *à charge de revanche.* ■ *Charges sociales,* ensemble des cotisations versées aux organismes sociaux.

CHARGÉ, ÉE, p. p. de charger. [ʃaʁʒe] *Être chargé comme un baudet,* être chargé avec excès. ◆ *Pièce chargée,* pièce de monnaie qu'on a affaiblie de son propre métal et à laquelle on a ajouté du métal étranger pour la rendre de poids. ◆ *Dés chargés,* faux dés. ◆ *Ciel chargé de nuages. Temps chargé.* ◆ *Chargé de vin,* ivre. ◆ **Fig.** *Chargé de dettes, d'honneurs, de crimes.* ◆ *Chargé d'enfants,* qui a une nombreuse famille. ◆ Grevé. *Une succession chargée de dettes.* ◆ Muni d'une charge de poudre. *Un canon chargé.* ◆ Bouteille de Leyde chargée. ◆ *Lettre chargée,* lettre dont on a fait constater l'envoi à la poste, et dans laquelle, d'ordinaire, on envoie des valeurs. ◆ **Hérald.** Recouvert par d'autres pièces. ◆ Trouble, épais, foncé. *Urine chargée. Vin chargé.* ◆ *Langue chargée,* langue recouverte d'un enduit épais, blanchâtre ou jaunâtre. ◆ *Yeux chargés,* yeux gonflés et appesantis. ◆ Qui est en caricature. *Un portrait chargé.* ◆ Exagéré. ◆ Qui a mission de. *Chargé d'une affaire publique.* ◆ **N. m.** et n. f. *Un chargé, une chargée d'affaires,* personne qui en l'absence d'un plénipotentiaire est chargée, près d'une cour, des intérêts de son gouvernement. ◆ *Un chargé de cours,* celui qui fait un cours sans être professeur titulaire. ◆ Contre qui on porte des accusations. *Très chargé par les témoins.*

CHARGEANT, ANTE, adj. [ʃaʁʒɑ̃, ɑ̃t] (*charger*) Pesant, difficile à digérer.

CHARGEMENT, n. m. [ʃaʁʒəmɑ̃] (*charger*) Action de charger. ◆ Charge d'une voiture. ◆ Cargaison d'un bâtiment. ◆ Action de charger une lettre, un paquet à la poste.

CHARGEOIR, n. m. [ʃaʁʒwaʁ] (*charge*) Ustensile qui sert d'appui et de support à la hotte.

CHARGER, v. tr. [ʃaʁʒe] (b. lat. *carricare,* du lat. *carrus*) Mettre une charge sur. *Charger une voiture. Charger un âne de fruits.* ◆ Embarquer et arrimer à bord des objets. ◆ **Jard.** *Charger une couche,* mettre sur le fumier de la terre ou du terreau. ◆ Appliquer des feuilles d'argent sur une pièce de métal ou de bois. ◆ Souder du fer à une pièce qui est trop mince. ◆ Peser d'un trop grand poids sur. *Les bagages chargent cette voiture.* ◆ Par analogie. *Se charger l'estomac.* ◆ **Fig.** *Il ne faut pas trop charger la mémoire des enfants.* ◆ Emplir, couvrir, accabler. *Charger une table de mets.* ◆ Charger de chaînes, enchaîner. ◆ **Fig.** « *Corneille a aimé à charger la scène d'événements* », LA BRUYÈRE. ◆ *Charger quelqu'un de coups, d'injures, de malédictions,* l'en accabler. ◆ **Absol.** Battre. ◆ Mettre sur, en parlant d'un fardeau. *Charger sur ses épaules un fardeau.* ◆ *Charger un registre d'un article,* ou *charger un article sur un registre.* ◆ *Charger une lettre, un paquet,* faire constater, sur les registres de la poste, l'envoi d'une lettre, d'un paquet. ◆ *Charger un mot,* écrire un mot sur un autre. ◆ Rendre trouble. *Un accès de fièvre charge l'urine.* ◆ En parlant de la langue, y produire un enduit morbide. ◆ Imputer à quelqu'un, et spécialement déposer contre lui, l'accuser. *Charger l'accusé. Charger quelqu'un d'un assassinat.* ◆ Imposer une charge, une condition onéreuse. *Charger les provinces d'un tribut,* une terre d'une redevance. ◆ Donner une commission, un ordre. *Il fut chargé du commandement de l'armée.* ◆ *Charger quelqu'un de ses pouvoirs, de sa procuration.* ◆ Mettre dans une arme à feu la poudre et les projectiles. **Absol.** *Charger à balles, à mitraille.* ◆ *Charger une bouteille de Leyde,* y accumuler l'électricité. ◆ *Charger une quenouille,* y mettre de la filasse de lin ou de chanvre. ◆ *Charger une pipe,* la remplir de tabac. ◆ Attaquer avec impétuosité. *Charger l'ennemi.* **Absol.** *Charger à la baïonnette.* ◆ Exagérer, amplifier. *Charger le prix d'une marchandise.* ◆ *Charger un récit, une histoire,* y ajouter. ◆ Rendre ridicule une figure par certains traits qui en grossissent, diminuent ou altèrent quelque partie. ◆ **Par extens.** Passer la mesure, en parlant du jeu d'un acteur et aussi du style. ◆ **V. intr.** Ajouter. ◆ Se charger, v. pr. Prendre une charge. ◆ *Se charger d'une dette,* la prendre à son compte. ◆ Se couvrir. *Se charger de pierreries.* ◆ *Se charger d'un crime, d'une faute,* s'en reconnaître l'auteur. ◆ Prendre le soin, la conduite de. *Se charger d'une cause, d'une ambassade.* ◆ *Se charger de quelqu'un,* le prendre à sa charge pour le nourrir, l'entretenir, ou le prendre avec soi pour la vie commune, pour un voyage, etc. ◆ *Le temps se charge,* il se couvre de nuages. ◆ Devenir trouble. *L'urine se charge.* ◆ *La langue se charge,* elle se couvre d'un enduit. ◆ Recevoir une charge de poudre. ◆ S'attaquer l'un à l'autre. ■ **V. tr.** Accumuler l'électricité dans la batterie d'un appareil pour pouvoir l'utiliser sans le brancher. *Charger son téléphone portable.*

CHARGEUR, n. m. [ʃaʁʒœʁ] (*charger*) Celui qui charge les marchandises sur une voiture ou dans un bateau. ◆ Celui à qui appartient la cargaison d'un navire. ◆ Dans l'artillerie de mer, le premier servant de droite d'une bouche à feu. ◆ Adj. *Commissionnaire-chargeur,* celui qui expédie des marchandises par bateau. ■ N. m. Appareil permettant de charger une batterie en électricité. *Chargeur de portable.* ■ Réceptacle dans lequel on insère différents objets. *Chargeur d'une arme à feu, d'un appareil photographique.*

CHARGEUSE, ■ n. f. [ʃaʁʒøz] (*charger*) Techn. Machine servant au chargement des engins de transport. *Une chargeuse à billots. Des chargeuses à chenilles.*

CHARGEUSE-PELLETEUSE, ■ n. f. [ʃaʁʒøz(ə)pɛl(ə)tøz] (*chargeuse* et *pelle*) Véhicule automoteur équipé comme une chargeuse et munie d'une pelle à l'arrière. *Des chargeuses-pelleteuses.*

CHARIA ou **SHARIA**, ■ n. f. [ʃaʁja] (ar. *charî'a,* fil conducteur de la vie) Loi canonique de l'islam qui inclut les prescriptions cultuelles et qui tend à organiser la vie la plus vertueuse et la plus utile, mais aussi à préparer les membres de la communauté à leur salut futur. *La charia a été codifiée sous l'impulsion de deux grands théologiens-juristes, Shâfi'î (767-820) et Ahmad ben Hanbal (740-855).*

CHARIOT ou **CHARRIOT**, n. m. [ʃaʁjo] (*charrier*) Sorte de véhicule qui a quatre roues, des ridelles, et qui est propre à porter toutes sortes d'objets. ◆ Dans l'Antiquité, sorte de très grande voiture, dont les peuples nomades se servaient pour transporter leur famille et leur mobilier. ◆ *Chariot armé de faux,* char à deux roues hérissé de faux qu'on lançait dans les rangs ennemis. ◆ Char, voiture. ◆ Petit compartiment à quatre roues dans lequel on place les enfants commençant à marcher. ◆ Les constellations de la Grande et de la Petite Ourse. ◆ Partie d'une machine à écrire dans laquelle on insère la feuille et qui se déplace au fur et à mesure que l'on tape les caractères. ■ Inform. *Retour chariot,* marque de fin de paragraphe dans un logiciel de traitement de texte. ■ Techn. Pièce mobile d'une machine.

CHARISMATIQUE, ■ adj. [kaʁismatik] (*charisme*) Relig. Qui a trait aux charismes. *Le Renouveau charismatique, grand courant spirituel, s'est d'abord développé aux États-Unis en 1967 pour arriver en France en 1971.* ■ Qui fait preuve de charisme. *Un chef charismatique.*

CHARISME, ■ n. m. [kaʁism] (gr. chrét. *kharisma,* grâce, faveur d'origine divine, du gr. *kharizesthai,* être agréable, pardonner) Relig. Grâce accordée à un chrétien consistant à avoir de l'ascendant sur les gens. ■ Par extens. Influence mystérieuse et indéniable d'une personne. *Charisme d'un chanteur, d'un homme politique.* « *En imposer pour ne pas avoir à imposer, voilà en quoi consiste le charisme* », F. Proust.

CHARITABLE, adj. [ʃaʁitabl] (*charité*) Qui a de la charité pour son prochain. *Charitable envers ses domestiques.* ◆ Qui fait des charités, des aumônes. ◆ Qui a sa source dans un sentiment de charité. *Un conseil charitable.* ◆ Qui a rapport à la charité. *Législation charitable.*

CHARITABLEMENT, adv. [ʃaʁitabləmã] (*charitable*) D'une manière charitable, par charité.

CHARITÉ, n. f. [ʃaʁite] (lat. *caritas,* amour ; en lat. chrét., traduit le gr. *agapê,* amour du prochain) Amour du prochain. ◆ Une des trois vertus théologales, par laquelle nous aimons Dieu comme notre souverain bien et notre prochain comme nous-mêmes. ◆ Acte de bienfaisance, aumône. *Faire la charité. Demander la charité, être à la charité,* mendier. ◆ *Charité de cour,* perfidie de courtisan. ◆ *Prêter des charités à quelqu'un,* le calomnier. ◆ *Les frères, les sœurs de la Charité,* congrégations qui se vouent au soulagement de la misère. ◆ *Dame de charité, bureau de charité,* dame, bureau qui distribuent des charités. ◆ Prov. *Charité bien ordonnée commence par soi-même,* avant de songer à faire du bien aux autres, il faut songer à soi.

CHARIVARI, n. m. [ʃaʁivaʁi] (orig. obsc. : p.-ê. gr. *karêbaria,* lourdeur dans la tête) Concert bruyant et tumultueux de poêles, de chaudrons, de sifflets, de huées, etc. qu'on donne à des personnes qui ont excité un mécontentement. ◆ Bruit discordant et tumultueux. ◆ Musique bruyante et discordante. ◆ Querelle accompagnée de cris. « *C'était pour faire un bon charivari* », La Fontaine.

CHARIVARIQUE, adj. [ʃaʁivaʁik] (*charivari*) ▷ Qui a le caractère du charivari. ◁

CHARIVARISER, v. tr. [ʃaʁivaʁize] (*charivari*) ▷ Donner à quelqu'un un charivari. ◆ V. intr. Faire un grand tapage. ◁

CHARIVARISEUR ou **CHARIVARISTE**, n. m. [ʃaʁivaʁizœʁ, ʃaʁivaʁist] (*charivariser*) ▷ Celui qui prend part à un charivari. ◁

CHARIVARISTE, n. m. [ʃaʁivaʁist] Voy. CHARIVARISEUR.

CHARLATAN, n. m. [ʃaʁlatã] (ital. *ciarlatano,* de *ciarlare,* bavarder) ▷ Opérateur ambulant qui débite des drogues sur les places et dans les foires. ◁ ◆ Empirique qui prétend posséder certains secrets merveilleux. ◆ Celui qui exploite la crédulité publique. « *Le monde n'a jamais manqué de charlatans* », La Fontaine. ◆ *Un charlatan politique,* un homme qui,

pour s'élever, flatte les passions d'un parti. ◆ Adj. « *Un médecin qui n'est point charlatan* », Mme de Sévigné.

CHARLATANE, n. f. [ʃaʁlatan] (*charlatan*) ▷ Celle qui s'efforce, par ses paroles, d'attraper les gens. « *Ce que j'ai toujours aimé en vous, madame, c'est que vous n'êtes point charlatane* », Voltaire. ◆ Adj. *La race charlatane des devins.* ◁

CHARLATANÉ, ÉE, p. p. de charlataner. [ʃaʁlatane]

CHARLATANER, v. tr. [ʃaʁlatane] (*charlatan*) ▷ Tromper à la manière des charlatans. ◆ V. intr. Faire le charlatan.

CHARLATANERIE, n. f. [ʃaʁlatan(ə)ʁi] (*charlatan*) Acte de charlatan.

CHARLATANESQUE, adj. [ʃaʁlatanɛsk] (*charlatan*) Propre aux charlatans.

CHARLATANISME, n. m. [ʃaʁlatanism] (*charlatan*) Habitude ou art de charlataner.

CHARLEMAGNE (FAIRE), loc. [ʃaʁləmaɲ] ou [ʃaʁləmanj] (*Charlemagne,* qui avait conservé ses conquêtes à la fin de sa vie) Se retirer du jeu avec tout son gain, ne point donner de revanche.

CHARLESTON, ■ n. m. [ʃaʁlɛstɔn] (*Charleston,* ville de Caroline du Sud) Danse aux mouvements vifs, issue de la communauté noire, en vogue entre les années 1920 et 1930, d'abord aux États-Unis, puis en Europe.

CHARLOT, ■ n. m. [ʃaʁlo] (*Charlot,* pseudonyme de *Charlie Chaplin*) Fam. Personne dont on juge que les actes manquent de sérieux. *Quel charlot, ce type !*

CHARLOTTE, n. f. [ʃaʁlɔt] (*Charlotte,* non identifiée) Marmelade de pommes entourée de morceaux de pain grillés et frits. ◆ *Charlotte russe,* charlotte faite de crème fouettée, garnie de petits biscuits. ◆ Gâteau à base de fruits et de crème pris dans un enrobage de biscuits, moulé en forme de cône tronqué. *Cette charlotte aux fraises est un délice !* ■ Bonnet de femme aux bords froncés. ■ Aujourd'hui, bonnet de douche en plastique aux bords froncés qui protège les cheveux contre l'eau. *Mettre une charlotte pour prendre sa douche.*

CHARMANT, ANTE, adj. [ʃaʁmã, ãt] (*charmer*) Qui a du charme, qui plaît extrêmement. *Une personne charmante. Des lieux charmants.* ◆ N. m. « *Et nous verrons s'il n'est point de milieu Entre le charmant et l'utile* », P. Corneille. ■ Fig. De façon ironique pour dire l'inverse. *Ah, charmante cette soirée ! C'était un vrai fiasco !*

1 **CHARME**, n. m. [ʃaʁm] (lat. *carmen,* formule magique) Effet prétendu d'un art magique qui change l'ordre naturel. *Avoir, faire, composer, rompre un charme.* ◆ Par extens. « *A ma douleur je chercherai des charmes* », Racine. ◆ Fig. *Rompre le charme,* détruire l'illusion. ◆ Ce qui plaît, ce qui attire. « *La simplicité fait le plus grand charme de la beauté* », Fénelon. ◆ N. m. pl. En parlant d'une femme, attraits. *Les charmes féminins.*

2 **CHARME**, n. m. [ʃaʁm] (lat. *carpinus*) Arbre de haute tige, de la famille des amentacées. ◆ *Bois de charme. Le charme est d'un grand usage dans le charronnage.*

CHARMÉ, ÉE, p. p. de charmer. [ʃaʁme] Affecté d'un charme. ◆ Attiré, séduit, content. *Je suis charmé de vous voir.* ◆ Adj. m. En termes forestiers, *bois charmé,* arbre qu'on a gâté par le pied pour le faire périr.

CHARMER, v. tr. [ʃaʁme] (*charme*) Exercer une action magique par le moyen d'un charme. *Le serpent charme les oiseaux.* ◆ Par extens. « *Voilà de vos chrétiens les ridicules songes ! Voilà jusqu'à quel point charment leurs mensonges !* », P. Corneille. ◆ Suspendre l'effet d'un sentiment triste et pénible. « *Rien ne peut-il charmer l'ennui qui vous dévore ?* », Racine. ◆ Rendre agréable ce qui est désagréable ou fatigant. *La lecture charme les loisirs.* ◆ Plaire, ravir. « *Un Dieu si bon ne peut-il vous charmer ?* », Racine. ◆ Absol. *Là tout charme.* ◆ Fam. Causer une vive satisfaction. *Vous me charmez en m'apprenant cela.*

CHARMEUR n. m. , **CHARMERESSE** ou **CHARMEUSE**, n. f. [ʃaʁmœʁ, ʃaʁməʁɛs] ou [ʃaʁmøz] (*charmer*) ▷ Personne qui emploie les charmes. ◆ Par extens. Celui, celle qui plaît au point d'attirer comme par des charmes. ■ Adj. *Une attitude charmeuse ; un air charmeur.*

CHARMILLE, n. f. [ʃaʁmij] (*charme*) Plant de petits charmes. ◆ Palissade, berceau, allée de charmes et même de diverses autres espèces d'arbres.

CHARMOIE, n. f. [ʃaʁmwa] (*charme*) ▷ Lieu planté de charmes. ◁

CHARNAGE, n. m. [ʃaʁnaʒ] (anc. fr. *charn,* chair du lat. *caro,* génit. *carnis*) ▷ Temps dans lequel l'Église catholique permet de manger de la chair. ◆ Il est vieux. ◁

CHARNEL, ELLE, adj. [ʃaʁnɛl] (lat. *carnalis*) Qui dépend de la chair. *Appétit charnel.* ◆ Fig. Dont les pensées et le cœur sont attachés à la chair, en parlant des personnes. ◆ Qui est engendré selon la chair. « *Enfant d'un père charnel, nous naissons tous charnels comme lui* », Massillon. ■ Qui se rapporte à la sensualité. *Leur attirance mutuelle les poussa naturellement vers les plaisirs charnels.*

CHARNELLEMENT, adv. [ʃaʀnɛl(ə)mɑ̃] (*charnel*) D'une manière charnelle. ◆ Fig. Selon la chair.

CHARNEUX, EUSE, adj. [ʃaʀnø, øz] (lat. *carnosus*, charnu) **Méd.** Qui est principalement composé de chair. ◆ Il a vieilli.

CHARNIER, n. m. [ʃaʀnje] (lat. *carnarium*, de *caro*) ▷ Endroit où l'on garde les viandes salées et en général toute espèce de viandes. ◁ ◆ ▷ Gibecière ; on dit plus souvent *carnier*. ◁ ◆ Autrefois, cimetière. *Les charniers des Saints-Innocents.* ■ Dépôt des os exhumés des cimetières. ■ Excavation dans laquelle on entasse des cadavres humains. « *Découverte d'un charnier de cinq cents corps à Souleimaniya en Irak* », LE MONDE.

CHARNIÈRE, n. f. [ʃaʀnjɛʀ] (lat. *cardo*, génit. *cardinis*, gond) Assemblage de deux pièces de bois ou de métal enclavées l'une dans l'autre, réunies par une broche et mobiles l'une sur l'autre. ◆ **Méd.** Charnière ou ginglyme, articulation qui n'exécute que des mouvements de flexion et d'extension. ◆ La partie qui unit les valves d'une coquille. ■ Fig. Ce qui relie deux éléments. *Être à la charnière de deux siècles.*

CHARNU, UE, adj. [ʃaʀny] (lat. pop. *carnutus*) Bien fourni de chair. *Un corps charnu.* ◆ Formé de chair. ◆ *Plante, feuille charnue,* celle qui a de l'épaisseur et une sorte de chair. ◆ *Fruit charnu,* celui dont la substance est ferme et succulente. ◆ ▷ N. m. *Le charnu des jambes.* ◁

CHARNURE, n. f. [ʃaʀnyʀ] (anc. fr. *charn*, chair) ▷ L'ensemble des parties charnues. ◁

CHAROGNARD, ARDE, ■ n. m. et n. f. [ʃaʀɔɲaʀ, aʀd] ou [ʃaʀɔ̃ɲaʀ, aʀd] (*charogne*) Animal qui se nourrit de cadavres. *Les corbeaux sont des charognards.* ◆ **Fig.** Personne qui exploite le malheur d'autrui à son profit. « *La mort n'effraie plus personne, surtout quand elle est mise en scène à la télé ou dans les journaux. [...] Le téléspectateur a tout du charognard [...] il attend, au 20 heures, sa dose d'adrénaline* », OULALA. ■ **Aéronaut.** Nom donné au pilote qui se trouve juste derrière le leader. « *La tradition veut aussi que le charognard devienne leader au bout de trois ans...* », LE FIGARO.

CHAROGNE, n. f. [ʃaʀɔɲ] ou [ʃaʀɔ̃ɲ] (lat. vulg. *caronia*, du lat. *caro*, chair plutôt que de *caries*, pourriture) Corps de bête morte et en décomposition. ◆ Par extension et par dépréciation, mauvaise viande. ■ Fig. et fam. Injure pour qualifier une personne, une entité considérée comme ignoble. « *Maintenant que cette charogne de compagnie a étouffé la concurrence (...), elle a décidé de s'en prendre à tout le monde* », ZNET.

CHAROLAIS, AISE, ■ adj. [ʃaʀɔlɛ, ɛz] (*Charolais,* région de Bourgogne) Du Charolais. *Une spécialité charolaise.* ■ N. m. et n. f. Race bovine à robe blanche réputée pour sa viande. *Les charolaises bénéficient du seul signe officiel de qualité supérieure : le Label Rouge.*

CHAROPHYTE, ■ n. m. [kaʀɔfit] (*chara,* plante aquatique, et *-phyte*) Algue verte d'eau douce possédant certaines caractéristiques de la mousse. *Des tapis algaux de charophytes.*

CHARPENTAGE, ■ n. m. [ʃaʀpɑ̃taʒ] (*charpenter*) Ouvrage de charpente sur un navire. *Le charpentage était à la base de la construction des bateaux, mais il comprenait aussi l'aménagement général de l'intérieur du bateau et l'installation de divers éléments sur le pont.*

CHARPENTE, n. f. [ʃaʀpɑ̃t] (*charpenter*) Assemblage de pièces de bois ou de fer servant aux constructions. ◆ *Bois de charpente,* bois propre à la construction. ◆ *Par extens. La charpente du corps, la charpente osseuse,* les parties osseuses du corps, considérées surtout dans leur assemblage. ◆ *Les montagnes constituent comme la charpente du globe.* ◆ Il se dit aussi des parties qui, dans un ouvrage d'esprit, forment le plan et le soutien du reste. *La charpente d'un poème.*

CHARPENTÉ, ÉE, p. p. de charpenter. [ʃaʀpɑ̃te] Fig. *Un homme vigoureusement charpenté. Un roman bien charpenté.* ◆ Taillé grossièrement.

CHARPENTER, v. tr. [ʃaʀpɑ̃te] (radic. de *charpentier*) Tailler du bois de charpente pour le mettre en état d'être assemblé. ◆ **Fam.** Découper, tailler maladroitement. *Charpenter une volaille.* ◆ *Charpenter le bras d'un malade.* ◆ **Fig.** Disposer les parties principales d'une œuvre littéraire. *Bien charpenter une pièce.*

CHARPENTERIE, n. f. [ʃaʀpɑ̃t(ə)ʀi] (*charpenter*) L'art de travailler les bois pour la charpente. ◆ Profession de charpentier. ◆ Travail de charpente. ◆ Endroit où sont déposés les bois de construction sur les ports.

CHARPENTIER, IÈRE, n. m. et n. f. [ʃaʀpɑ̃tje, jɛʀ] (lat. *carpentarius, charron,* puis *charpentier*) Artisan qui travaille à façonner les bois en pièces, et qui les assemble pour la construction des édifices de terre et des bâtiments de mer. ◆ Adj. *Maître charpentier.*

CHARPIE, n. f. [ʃaʀpi] (p. p. de l'anc. fr. *charpir,* mettre en pièces) ▷ Fils provenant de morceaux de vieille toile que l'on a effilés. ◁ ◆ Fig. *Cette viande est en charpie,* elle est trop cuite, les fibres se détachent. ■ Fig. Abîmer gravement quelque chose en plusieurs morceaux. *Mettre en charpie un*

livre, un vêtement. ■ *Cette veste part en charpie.* ■ **Fam.** Vaincre ou anéantir quelqu'un. *Le gagnant a mis son adversaire en charpie, en a fait de la charpie.*

CHARRÉE, n. f. [ʃaʀe] (b. lat. *cathara,* et *aqua,* eau propre, grâce à la cendre de bois que les Anciens y mêlaient) ▷ Cendre qui reste sur le cuvier, après que la lessive est coulée. ◆ Résidu des soudes brutes lessivées. ◁

CHARRETÉE, n. f. [ʃaʀ(ə)te] (*charrette*) Ce que contient une charrette. ◆ **Pop.** *Une charretée d'injures,* toute sorte d'injures qu'on dit à quelqu'un.

1 CHARRETIER, IÈRE, n. m. et n. f. [ʃaʀ(ə)tje, jɛʀ] (*charrette*) Personne qui conduit une charrette. ◆ **Fam.** *Jurer comme un charretier embourbé* ou simplement comme un charretier, jurer beaucoup. ◆ Adj. *Garçon charretier.* ◆ **Prov.** *Il n'y a si bon charretier qui ne verse,* il n'est si habile homme auquel il n'arrive de faillir.

2 CHARRETIER, IÈRE, adj. [ʃaʀ(ə)tje, jɛʀ] (*charrette*) Par où les charrettes peuvent passer. *Porte charretière.* ◆ *Voie charretière,* espace compris entre les roues d'une charrette.

CHARRETIN ou **CHARRETON,** n. m. [ʃaʀ(ə)tɛ̃, ʃaʀ(ə)tɔ̃] (*charrette*) ▷ Charrette sans ridelles. ■ Voiture à bras. *Une équipe de travailleurs autour d'un charreton accroché à un mulet.* ◁

CHARRETON ou **CHARTON,** n. m. [ʃaʀ(ə)tɔ̃] (*charrette*) ▷ Conducteur d'un chariot, d'une charrette. ◆ Il a vieilli. ◁

CHARRETTE, n. f. [ʃaʀɛt] (*char*) Voiture à deux roues, avec deux ridelles et deux limons. ◆ **Fig.** *Un avaleur de charrettes ferrées,* un fanfaron. ◆ *Charrette à bras,* petite charrette traînée par un ou deux hommes. ■ **Fam.** Groupe de personnes licenciées. *Il fait partie de la charrette.* ◆ **Fam.** Être surchargé de travail et susceptible de prendre du retard. *Je suis charrette sur ce projet.*

CHARRIABLE, adj. [ʃaʀjabl] (*charrier*) Qui peut être charrié.

CHARRIAGE, n. m. [ʃaʀjaʒ] (*charrier*) Action de charrier, de voiturer. ◆ Le prix du transport.

CHARRIÉ, ÉE, p. p. de charrier. [ʃaʀje]

1 CHARRIER, n. m. [ʃaʀje] (*charrée*) ▷ Drap de grosse toile sur lequel, dans la lessive, est placée la charrée. ◁

2 CHARRIER, v. tr. [ʃaʀje] (*char*) Voiturer dans un chariot, dans une charrette. ◆ **Fig.** et absol. *Charrier droit,* se comporter comme on le doit. ◆ En parlant d'une rivière, entraîner, emporter dans son cours. *Ce fleuve charrie du limon.* ■ Absol. Entraîner des glaçons. *La rivière charrie.* ■ **Fam.** *Charrier quelqu'un,* le taquiner. ■ V. intr. **Fam.** Exagérer.

CHARRIÈRE, n. f. [ʃaʀjɛʀ] (*charrier*) Voie par laquelle peut passer un char, une charrette.

CHARROI, n. m. [ʃaʀwa] (*charroyer*) Transport par chariot ou par charrette. ◆ ▷ Salaire du charretier. ◁ ◆ ▷ Au pl. Corps de troupes chargé du transport des bagages ou de l'artillerie d'une armée. On dit aujourd'hui *train.* ◁

CHARRON, n. m. [ʃaʀɔ̃] (*char*) Celui qui fait des chariots, des charrettes, des trains de voiture et particulièrement des roues. ◆ Adj. *Ouvrier, apprenti charron.*

CHARRONNAGE, n. m. [ʃaʀɔnaʒ] (*charron*) Art ou ouvrage du charron. ◆ *Bois de charronnage,* bois propre aux ouvrages de charronnage.

CHARROYÉ, ÉE, p. p. de charroyer. [ʃaʀwaje]

CHARROYER, v. tr. [ʃaʀwaje] (var. *charrier,* suff. *-oyer*) Transporter sur des chariots ou charrettes.

CHARROYEUR, n. m. [ʃaʀwajœʀ] (*charroyer*) Celui qui charroie.

CHARRUE, n. f. [ʃaʀy] (lat. *carruca,* char d'apparat, puis voiture à deux roues) Instrument pour labourer la terre, qui consiste en un train monté sur deux roues, et un soc tranchant. ◆ **Fig.** *Tirer la charrue,* avoir beaucoup de peine. ◆ ▷ **Fig.** *C'est une charrue mal attelée,* se dit d'une entreprise dirigée par des personnes qui ne s'entendent pas, d'un ménage qui va mal. ◁ ◆ **Fig.** *Mettre la charrue devant les bœufs,* commencer par où l'on devrait finir. ◆ L'étendue de terre qu'on peut labourer avec un attelage de charrue. ◆ **Fig.** L'agriculture. « *On reverra la charrue en honneur* », FÉNELON.

CHARTE, n. f. [ʃaʀt] (lat. *charta,* gr. *khartês,* feuille de papyrus) Acte concédant des franchises, des privilèges. *Charte de commune, d'affranchissement.* ◆ *La grande charte,* charte accordée par Jean, roi d'Angleterre. ◆ *La charte constitutionnelle* ou simplement *la charte,* celle que Louis XVIII octroya en 1814. ◆ Par suite, toute constitution accordée ou acceptée par un prince. ◆ Ancien titre. ◆ *École des chartes,* école instituée pour apprendre à lire et à interpréter les chartes, diplômes, etc. ◆ *Charte-partie,* acte qui constate le louage de toute ou partie d'un navire ; ainsi dit parce qu'au lieu de faire le double de l'acte, on le coupait en deux parties. ■ Ensemble des règles à respecter dans un domaine. *Charte professionnelle. Charte graphique.* ■ REM. On disait autrefois *chartre.*

CHARTE-PARTIE, ■ n. f. [ʃaʀt(ə)paʀti] *Des chartes-parties.* Voy. CHARTE.

CHARTER, ■ n. m. [ʃartɛr] (angl. *to charter,* affréter) Avion affrété à des tarifs de voyage meilleur marché que ceux des vols réguliers, en raison des restrictions de choix de date, et des contraintes de remplissage de l'appareil. *Voyager en vol charter.*

CHARTIL, n. m. [ʃartil] ou [ʃarti] (anc. fr. *charretil,* hangar à charrettes) Le corps d'une charrette. ♦ Appentis qui sert de remise dans les basses-cours pour les charrettes, les charrues, etc.

CHARTISME, ■ n. m. [ʃartism] (*charte*) Dogme des partisans de la Charte de Louis-Philippe. ■ Mouvement d'émancipation des ouvriers du début du XIXe siècle. *Le chartisme fut initié en 1838 par la publication de la Charte du peuple par William Lovette, fondateur de l'Association des travailleurs londoniens en 1836.* ■ Méthode graphique prévisionnelle des prix et des cours. *Le chartisme permet, par le comportement récurrent de graphiques, d'envisager l'évolution ultérieure de la courbe des prix avec un assez bon indice de confiance.*

CHARTISTE, ■ n. m. et n. f. [ʃartist] (*charte*) Élève ou ancien élève de l'École nationale des chartes. ■ Partisan du chartisme. *De nombreux chartistes furent emprisonnés après la grève générale de 1842 en Angleterre.*

CHARTON, n. m. [ʃartɔ̃] Voy. CHARRETON.

CHARTRAIN, AINE, ■ adj. [ʃartrɛ̃, ɛn] (*Chartres*) Habitant de Chartres. ■ N. m. et n. f. *Un Chartrain, une Chartraine.*

1 **CHARTRE,** n. f. [ʃartr] Voy. CHARTE.

2 **CHARTRE,** n. f. [ʃartr] (lat. *carcer*) ▷ Prison ; n'est plus usité que dans : *Tenir en chartre privée,* séquestrer une personne, sans autorité de justice. ♦ Nom vulgaire du carreau ou atrophie mésentérique. *Tomber, être en chartre.* ◁

CHARTRÉ, ÉE, adj. [ʃartre] (anc. fr. *chartre,* charte) Qui a une charte, un privilège, un droit. *Villes chartrées.*

CHARTREUSE, n. f. [ʃartrøz] (lat. médiév. *Cartusia*) Couvent de chartreux. ♦ **Sud-Ouest** Petite maison de campagne isolée. ♦ Mets composé de plusieurs légumes. ♦ Variété de tulipe. ♦ Sorte de liqueur composée par les moines de la Grande-Chartreuse.

CHARTREUX, EUSE, n. m. [ʃartrø, øz] (lat. *cartusiensis*) Religieux, religieuse de l'ordre fondé par saint Bruno. ♦ *Poudre des chartreux,* kermès minéral. ♦ *Chartreux* ou adj. *chat chartreux,* chat d'un gris bleuâtre.

CHARTRIER, n. m. [ʃartrije] (anc. fr. *chartre,* charte) Lieu où l'on conservait les chartes du royaume, d'une abbaye. ♦ Recueil de ces chartes. ♦ Celui qui était préposé à la garde des chartes.

CHARYBDE, n. m. [karibd] (lat. *Charybdis*) Gouffre situé dans le détroit de Sicile, vis-à-vis d'un écueil appelé Scylla. ♦ **Fig.** *Tomber de Charybde en Scylla,* n'échapper à un mal que pour tomber dans un autre.

CHAS, n. m. [ʃa] (b. lat. *capsus,* cage, bulle) Trou d'une aiguille. ♦ Instrument de maçon, qui est une plaque carrée de métal, percée d'un trou par lequel passe le fil auquel on suspend un plomb.

CHASSABLE, adj. [ʃasabl] (*chasser*) Qui est bon à chasser.

CHASSANT, ANTE, ■ adj. [ʃasɑ̃, ɑ̃t] (*chasser*) **Mines** Qui s'éloigne de la galerie principale d'un chantier minier. *Un couloir chassant.*

CHASSE, n. f. [ʃas] (*chasser*) Action de chasser, de poursuivre les animaux pour les manger ou les détruire. *La chasse au vol* ou *du vol. Chasse à courre.* ♦ *Habit de chasse,* costume porté par les chasseurs. ♦ *Rompre la chasse,* troubler la chasse ou l'interrompre. ♦ ▷ *Chasse volante,* poursuite que, d'après une opinion superstitieuse, les démons font des âmes après la mort. ◁ **Fig.** *Donner la chasse,* poursuivre, courir sus, repousser. ♦ Étendue de terrain pour la chasse. *Une belle chasse.* ♦ Le gibier pris ou tué à la chasse. *Je vous ferai manger de ma chasse.* ♦ Les chasseurs, l'équipage de la chasse. *Suivre la chasse.* ♦ *Air* ou *fanfare de chasse,* air à 6/8 composé pour les trompes ou cors de chasse. ♦ Symphonie, ouverture, chœur, dont les effets tendent à imiter l'action d'une chasse. ♦ **Mar.** L'espace que peut avoir, autour de lui ou au-dessous de lui, un bâtiment en mouillage. ♦ *Donner chasse,* poursuivre un navire. ♦ *Soutenir la chasse,* seconder le vaisseau qui la donne, et aussi fuir aussi vite qu'on est poursuivi. ♦ *Prendre chasse,* fuir à toutes voiles pour se dérober à la poursuite. ♦ Facilité qu'a une voiture de se porter plus ou moins en avant. *Ce cabriolet a peu de chasse.* ♦ Espace où le jeu de certaines pièces d'un métier peut s'exercer en liberté. ♦ Au jeu de paume, le lieu où la balle finit son premier bond. ♦ ▷ *Chasse morte,* coup perdu. ◁ ♦ ▷ **Fig.** et **fam.** *Chasse morte,* affaire commencée que l'on ne poursuit pas. ◁ ♦ **Trav. publ.** Écoulement rapide de l'eau pour chasser ce qui obstrue un chenal ou une rivière. ♦ *Écluses de chasse,* écluses destinées à nettoyer un bassin, un chenal. ♦ **Impr.** Nombre de lignes qu'une page d'impression a de plus qu'un certain modèle donné. ■ *Avion, pilote de chasse,* de combat. ■ *Chasse d'eau,* système de vidange d'une cuvette de W.-C.

1 **CHASSÉ,** n. m. [ʃase] (*chasser*) Pas de danse qui se fait de côté à droite ou à gauche. *Un pas chassé.*

2 **CHASSÉ, ÉE,** p. p. de chasser. [ʃase]

CHÂSSE, n. f. [ʃas] (lat. *capsa*) Sorte de boîte ou de coffre qui contient les reliques d'un saint. ♦ Monture servant d'encadrement. *La châsse d'un verre de lunette.* ♦ *La châsse d'une balance,* le fer qui tient le fléau.

CHASSE-CLOU, ■ n. m. [ʃas(ə)klu] (*chasser* et *clou*) Poinçon servant à enfoncer la tête des clous dans le bois. *Les chasse-clous du menuisier.*

CHASSE-COUSIN, n. m. [ʃas(ə)kuzɛ̃] (*chasser* et *cousin*) ▷ Mauvais vin, ou tout ce qui est propre à éloigner les parasites. ♦ Au pl. *Des chasse-cousins.* ◁

CHASSÉ-CROISÉ, n. m. [ʃasekrwaze] (*chassé* et *croisé*) Pas de danse par lequel le cavalier fait un chassé à droite et ensuite un déchassé en passant derrière sa danseuse, et celle-ci fait devant son danseur le chassé à gauche et le déchassé à droite. ♦ **Fig.** Se dit, en termes de théâtre, de quatre personnages divisés en deux couples, qui font l'un par rapport à l'autre exactement la même chose. ♦ *Chassé-croisé,* se dit aussi des gens qui ne font que changer de places, d'emplois, etc. *Des chassés-croisés.*

CHASSÉEN, ■ n. m. [ʃaseɛ̃] (*Chassey-le-Camp,* en Haute-Saône) **Préhist.** Groupe de culture du néolithique moyen français, 5 000 ans av. J.-C. *Au chasséen, l'industrie lithique marque la redécouverte d'une technique selon laquelle on chauffait la lame des outils avant débitage pour produire de grandes lames incurvées et convergentes.* ■ Adj. *Chasséen, enne,* qui fait partie du chasséen. *L'industrie lithique et osseuse chasséenne.*

CHASSE-GOUPILLE, ■ n. m. [ʃas(ə)gupij] (*chasser* et *goupille*) Instrument permettant d'ôter une goupille. *La mécanique automobile utilise les chasse-goupilles.*

CHASSELAS, n. m. [ʃas(ə)la] (*Chasselas,* en Saône-et-Loire) Raisin blanc estimé pour sa délicatesse. *Chasselas de Fontainebleau.*

CHASSE-MARÉE, ■ n. m. [ʃas(ə)mare] (*chasser* et *marée*) Voiture qui transporte le poisson de mer. ♦ Le voiturier même. ♦ *Aller un train* ou *d'un train de chasse-marée,* aller fort vite. ♦ Sorte de bâtiment côtier, ponté et à deux mâts. ♦ Au pl. *Des chasse-marées.*

CHASSE-MOUCHE, n. m. [ʃas(ə)muʃ] (*chasser* et *mouche*) Sorte de balai ou d'éventail pour chasser les mouches. ♦ Au pl. *Des chasse-mouches.*

CHASSE-NEIGE, ■ n. m. [ʃas(ə)nɛʒ] (*chasser* et *neige*) Vent violent soulevant la neige. ■ Véhicule équipé à l'avant d'un dispositif spécial lui permettant de dégager la neige de la chaussée. *Dès les premières neiges, les chasse-neiges viennent ouvrir les routes.* ■ Position qui consiste à rapprocher les deux spatules avant des skis tout en maintenant les talons écartés l'un de l'autre, et qu'adopte un skieur débutant pour ralentir ou s'arrêter. *Il ne sait faire que du chasse-neige.*

CHASSE-PIERRE, n. m. [ʃas(ə)pjɛr] (*chasser* et *pierre*) Appareil fixé en avant des roues d'une locomotive sur un chemin de fer pour écarter ce qui fait obstacle. ♦ Au pl. *Des chasse-pierres.*

CHASSE-POINTE, n. m. [ʃas(ə)pwɛ̃t] (*chasser* et *pointe*) Outil pour chasser les pointes ou goupilles d'un ouvrage quelconque. ♦ Au pl. *Des chasse-pointes.*

CHASSEPOT, ■ n. m. [ʃas(ə)po] (Antoine *Chassepot,* 1833-1905) Fusil utilisé dans l'armée française de 1866 à 1874. « *On l'a tuée à coups d'chassepot* », POTTIER.

CHASSER, v. tr. [ʃase] (b. lat. *captiare,* chercher à attraper) Poursuivre le gibier, les bêtes fauves, pour les tuer ou les prendre. ♦ Se dit aussi des animaux qui poursuivent une proie. *Le lion chasse les gazelles.* ♦ **Mar.** *Chasser un navire,* lui donner chasse, le poursuivre. ♦ Faire marcher devant soi, pousser en avant. ♦ **Par extens.** *Chasser l'ennemi devant soi,* le forcer à se retirer, le poursuivre. ♦ Pousser en avant. *Le vent chasse la pluie. La poudre chasse le plomb.* ♦ *Chasser un clou,* le faire sortir avec un marteau de l'endroit où il est entré. ♦ *Chasser à force* ou simplement *chasser,* faire entrer un clou de force. ♦ Mettre dehors, forcer de sortir, au propre et au figuré. *Il fut chassé du théâtre. Chassez les craintes qui vous obsèdent.* ♦ Écarter ce qui importune. *Chasser les mouches.* ♦ Congédier, renvoyer une personne par mécontentement. *Chasser un domestique.* ♦ **V. intr.** *Chasser au fusil, au furet, au chien courant,* aller à la chasse avec un fusil, un furet, etc. ♦ *Chasser au loup, au renard,* faire la chasse du loup, du renard. ♦ *Chasser bien,* se dit d'un chien qui se comporte bien à la chasse. ♦ En parlant des chiens, *chasser de race,* c'est-à-dire par le fait de la race. ♦ **Fig.** *Donner la chasse,* poursuivre pour prendre. ♦ **Fig.** et **fam.** *Chasser sur les terres d'autrui,* entreprendre sur les droits de quelqu'un. ♦ **Fig.** et **fam.** *Cet homme chasse bien au plat,* il a bon appétit. ♦ *Leurs chiens ne chassent pas ensemble,* se dit de deux personnes qui ne sont pas en bonne intelligence. ♦ **Mar.** *Ce bâtiment chasse sur les ancres,* il les entraîne. ♦ *Cette ancre chasse,* elle ne tient pas le fond de la mer. ♦ *Chasser à la côte, chasser sur un navire,* se dit d'un bâtiment que le vent ou le courant entraîne à la côte, sur un autre bâtiment.

♦ Aller, avancer, venir. *Les nuages chassent du nord-ouest.* ♦ **Impr.** Remplir beaucoup d'espace avec peu de composition ; occuper beaucoup d'espace, en parlant d'un caractère. ♦ **Danse** Ramener un pied derrière l'autre qu'on avance aussitôt ; exécuter le pas figuré appelé *chassé.* ♦ **Se chasser, v. pr.** *Se chasser l'un l'autre,* s'expulser réciproquement. ♦ Être pris à la chasse. *Les alouettes se chassent au miroir.* ♦ **Prov.** *Bon chien chasse de race,* on ne doit pas être surpris que le fils fasse comme son père. ♦ *Un clou chasse l'autre,* un goût nouveau fait oublier les autres, et aussi une personne est supplantée par une autre. ♦ *La faim chasse le loup hors du bois,* la nécessité fait faire ce qui déplaît, ce qui répugne.

CHASSERESSE, adj. f. [ʃas(ə)ʀɛs] (poétique, fém. de *chasseur.*) *Diane chasseresse.* ♦ N. f. *Une chasseresse.*

CHASSE-ROUE, ▪ n. m. [ʃas(ə)ʀu] (*chasser* et *roue*) Borne ou arc métallique placé à l'angle d'un mur ou d'une porte comme protection contre les roues de voitures. *Deux gros chasse-roues ornaient la porte d'entrée.*

CHASSEUR, EUSE, adj. [ʃasœʀ, øz] (*chasser*) Qui chasse. ♦ N. m., n. f. « *Nemrod est appelé dans l'Écriture un fort chasseur* », BOSSUET. ♦ Domestique en livrée de chasse, qui monte derrière la voiture du maître. ♦ Nom de certains corps de troupes d'infanterie et de cavalerie légère. ♦ **Mar.** Navire qui donne la chasse, et adj. *le vaisseau chasseur.* ♦ N. f. Araignée sans toile qui prend sa proie à la course.

CHASSEUR-CUEILLEUR, ▪ n. m. [ʃasœʀkøjœʀ] (*chasseur* et *cueilleur*) **Anthrop.** Personne vivant dans une société dont la subsistance repose sur la chasse et la cueillette. *Les tribus de chasseurs-cueilleurs.*

CHASSEZ-HUIT, n. m. inv. [ʃaseɥit] (impér. de *chasser* et *huit*) ▷ C'est le chassé-croisé exécuté par les quatre couples à la fois ; chacun dans le chassé et le déchassé se tourne vers le figurant qui vient à lui. ◁

CHASSIE, n. f. [ʃasi] (prob. lat. vulg. *caccita,* de *cacare,* chier) Humeur onctueuse et jaunâtre sécrétée sur le bord de chaque paupière par les glandes de Méibomius.

CHASSIEUX, EUSE, adj. [ʃasjø, øz] (*chassie*) Qui a de la chassie. *Des yeux chassieux.* ♦ N. m. et n. f. *Un chassieux.*

CHÂSSIS, n. m. [ʃasi] (*châsse*) Ouvrage de menuiserie servant d'encadrement. *Châssis de papier, châssis de verre,* châssis garni de carreaux de papier ou de verre. ♦ *Châssis dormant,* l'encadrement des parties mobiles d'une fenêtre. ♦ *Châssis d'un tableau,* le cadre sur lequel on tend la toile. ♦ *Châssis d'imprimerie,* cadre de fer dans lequel on serre les pages de composition. ♦ Vitrage qu'on met sur une couche de jardin. ▪ Structure supportant la carrosserie d'un véhicule.

CHÂSSIS-PRESSE, ▪ n. m. [ʃasipʀɛs] (*châssis* et *presse*) Châssis utilisé en imprimerie pour des tirages. *Des châssis-presses photographiques.*

CHASSOIR, n. m. [ʃaswaʀ] (*chasser*) Outil qui sert au tonnelier à chasser les cerceaux sur la futaille.

CHASTE, adj. [ʃast] (lat. *castus*) Qui s'abstient de tout amour illicite. ♦ *Les chastes sœurs,* les muses. ♦ En parlant des choses, qui est conforme à la chasteté. « *Chaste amour* », RACINE. ♦ D'une grande pureté grammaticale. *Une diction chaste.* ♦ *Forme chaste,* dans la littérature, quelque chose de réservé et que l'on compare à la chasteté, à la pudeur.

CHASTEMENT, adv. [ʃastəmɑ̃] (*chaste*) D'une manière chaste.

CHASTETÉ, n. f. [ʃastəte] (lat. *castitas*) Vertu des personnes chastes. ♦ **Par extens.** Abstinence des plaisirs de l'amour. *Faire vœu de chasteté.* ♦ **Fig.** Correction, pureté. *Chasteté de style.*

CHASUBLE, n. f. [ʃazybl] (b. lat. *casub(u)la,* manteau à capuchon, du lat. *casa,* cabane) Ornement que le prêtre met par-dessus l'aube et l'étole, pour dire la messe. ▪ *Robe-chasuble* ou *chasuble,* robe sans manches à encolure très échancrée que l'on porte par dessus un haut.

CHASUBLERIE, n. f. [ʃazybləʀi] (*chasuble*) Ensemble d'articles appartenant au service soit de l'église, soit des prêtres, tels que chapes, chasubles, ciboires, croix, etc.

CHASUBLIER, n. m. [ʃazyblije] (*chasuble*) Celui qui fait ou vend toutes sortes d'ornements d'église.

1 **CHAT, CHATTE**, n. m. et n. f. [ʃa, ʃat] (b. lat. *cattus*) Animal domestique, de l'ordre des carnassiers digitigrades. ♦ **Fam.** *Aller comme un chat maigre,* courir vite et beaucoup. ♦ **Fig.** *Jeter le chat aux jambes à quelqu'un* ou *de quelqu'un,* lui susciter des embarras. ♦ *Emporter le chat,* sortir d'une maison sans dire adieu à personne, et aussi déménager complètement. ♦ *Bailler le chat par les pattes,* présenter une chose par l'endroit le plus difficile. ♦ *Il n'y a pas là de quoi fouetter un chat,* la faute n'a rien de grave. ♦ *Se servir de la patte du chat pour tirer les marrons du feu,* faire courir à un autre un risque dont on retirera seul le profit. ♦ *Vendre chat en poche,* ne point faire voir ce qu'on vend. ♦ *Acheter chat en poche,* conclure une affaire sans examen. ♦ *Appeler un chat un chat,* appeler les choses par leur nom. ♦ *Écrire comme un*

chat, écrire d'une façon illisible. ♦ *Ces gens s'accordent, vivent comme chien et chat,* ils ne peuvent se souffrir, ils sont toujours en querelle. ♦ **Fam.** *Chatte* s'emploie quelquefois comme adjectif. *Des manières chattes,* des manières semblables à celles d'une chatte qui caresse. ♦ *Il n'y a pas un chat,* il n'y a absolument personne. *Je ne connais pas un chat dans cette ville.* ♦ **Fig.** *Avoir un chat dans la gorge,* éprouver dans le gosier un embarras soudain qui gêne la voix. ♦ *C'est le chat !* Manière populaire de répondre à une excuse personnelle à laquelle on ne croit pas. ♦ *Mon chat, ma chatte,* termes d'amitié très familiers. ♦ **Plais.** *Chat fourré,* nom donné à certains dignitaires qui portent des fourrures dans leurs habits de cérémonie. ♦ **Zool.** Tout animal du même genre que le chat. *Le lion, le tigre sont des chats.* ♦ *Chat à crinière,* guépard. ♦ *Chat musqué,* civette. ♦ N. m. pl. Folles fleurs des noyers, des coudriers, des saules. ♦ Jeu d'enfants dans lequel l'un des enfants court après les autres, et celui qui est pris le remplace. ♦ **Prov.** *Chat échaudé craint l'eau froide,* tout ce qui ressemble à ce qui nous a fait du mal nous effraye et nous met sur nos gardes. ♦ *La nuit tous les chats sont gris,* on peut se méprendre dans l'obscurité, ou dans l'obscurité rien ne compte. ♦ *À bon chat bon rat,* la défense vaut l'attaque. ♦ *Quand les chats n'y sont pas, les souris dansent,* en l'absence des chefs, des maîtres, les inférieurs, les écoliers se dérangent. ♦ *Il ne faut pas éveiller le chat qui dort,* ne provoquez pas un danger, une difficulté que vous pouvez éviter. ♦ *Il est comme le chat qui retombe toujours sur ses pieds,* se dit d'un homme adroit qui sait toujours se tirer d'affaire. ▪ *Chat de gouttière,* non racé. ▪ *Donner sa langue au chat,* renoncer à chercher la solution d'une énigme. ▪ *Jouer au chat et à la souris,* chercher quelqu'un qui se dérobe sans cesse dès qu'on croit l'avoir atteint.

2 **CHAT**, n. m. [tʃat] (mot angl.) Discussion via Internet entre différentes personnes connectées. ▪ **REM.** On recommande officiellement l'emploi de *causette.* ▪ **CHATTER**, v. intr. [tʃate] ▪ **CHATTEUR, EUSE**, n. m. et n. f. [tʃatœʀ, øz]

CHÂTAIGNE, n. f. [ʃatɛɲ] ou [ʃatɛnj] (lat. *castanea*) Fruit du châtaignier. ♦ *Châtaigne d'eau,* la macre.

CHÂTAIGNERAIE, n. f. [ʃatɛɲ(ə)ʀɛ] ou [ʃatɛnj(ə)ʀɛ] (*châtaignier*) Lieu planté de châtaigniers.

CHÂTAIGNIER, n. m. [ʃatɛɲe] ou [ʃatɛnje] (*châtaigne*) Arbre qui produit des châtaignes. ♦ *Pomme de châtaignier* ou plus souvent *châtaignier,* espèce de pomme à chair de blancheur farineuse.

CHÂTAIN, adj. [ʃatɛ̃] (*châtaigne* ; fém. littéraire *chataine*) qui ne se dit qu'au masculin. Qui est d'un brun de châtaigne. *Cheveux châtains.* ♦ Cet adjectif ne prend pas la marque du pluriel quand il est suivi d'un autre adjectif qui le modifie : *Des cheveux châtain clair ; une barbe châtain clair.* ♦ N. m. et n. f. *Un châtain,* un homme dont les cheveux sont châtains.

CHATAIRE, n. f. [katɛʀ] Plante. Voy. CATAIRE.

CHAT-BRÛLÉ ou **CHAT-BRULÉ**, n. m. [ʃabʀyle] (*chat* et *brûler*) Espèce de poire fort pierreuse, qui a la forme du martin-sec et qui ne mûrit qu'à la fin de l'automne. ♦ Au pl. *Des chats-brûlés.*

CHAT-CERVIER, n. m. [ʃasɛʀvje] (d'après *loup-cervier,* qui attire les cerfs, pour désigner le lynx) Animal du nord de l'Asie. ♦ Au pl. *Des chats-cerviers.*

CHÂTEAU, n. m. [ʃato] (lat. *castellum*) Demeure féodale fortifiée qui était défendue par un fossé, de hautes murailles et des tours. ♦ Aujourd'hui, forteresse environnée de fossés, de gros murs et de bastions, qui est dans une ville pour la défendre ou pour la commander. ♦ Habitation royale ou seigneuriale. ♦ Habitation du maître d'une grande propriété. ♦ Grande et belle maison de plaisance à la campagne avec ou sans propriété. ♦ *Château en Espagne,* projet en l'air, rêves chimériques. ♦ *Bâtir, faire des châteaux en Espagne,* se repaître de chimères ! ♦ *Château de cartes,* sorte de construction à plusieurs étages que font les enfants avec des cartes. ♦ **Fig.** *Château de carte* ou *de carton,* petite maison de campagne d'une construction peu solide, et fig. projets sans solidité, espérance mal fondée. ♦ *Château d'eau,* grand réservoir d'où l'eau se distribue immédiatement aux fontaines. ♦ Autrefois espèce de logement qui était élevé sur la poupe ou sur la proue d'un vaisseau. *Château d'arrière, de proue, d'avant.* ♦ Domaine producteur de vin dans le Bordelais. ▪ *Château fort,* grande bâtisse fortifiée du Moyen Âge. *La castellologie définit les châteaux forts comme des édifices aristocratiques répondant à trois fonctions : la défense, la résidence et le symbolisme.*

CHATEAUBRIAND ou **CHÂTEAUBRIANT**, ▪ n. m. [ʃatobʀijɑ̃] (*Chateaubriand,* écrivain à qui la recette, inventée par son cuisinier, aurait plu ; ou *Châteaubriant,* ville de Loire-Atlantique, région d'élevage) Préparation culinaire de pièce de bœuf épaisse taillée dans le filet, le faux-filet ou le rumsteak, grillée ou poêlée, et accompagnée le plus souvent d'une sauce. *Un chateaubriand à la sauce bordelaise.*

CHÂTELAIN, AINE, n. m. et n. f. [ʃat(ə)lɛ̃, ɛn] (lat. *castellanus*) Dans la féodalité, seigneur d'un manoir, qui avait droit de juridiction sur ses vassaux. ♦ Celui qui commandait dans un château. ♦ N. f. *Châtelaine,* la femme d'un châtelain ; la maîtresse d'un château. ♦ Adj. *Seigneur châtelain. Dame* *châtelaine.* ◆ *Châtelaine,* bijou qu'une femme porte suspendu à sa ceinture par un crochet.

CHÂTELÉ, ÉE, adj. [ʃat(ə)le] (anc. fr. *chastel,* château) **Hérald.** *Lambel châtelé,* lambel chargé de châteaux.

CHÂTELET, n. m. [ʃat(ə)lɛ] (dim. de *chastel,* château) Anciennement, petit château. ◆ À Paris, *le grand et le petit Châtelet,* où l'on rendait la justice et où l'on tenait les prisonniers. ◆ La juridiction qui avait son siège au grand Châtelet.

CHÂTELLENIE, n. f. [ʃatɛl(ə)ni] (radic. de *châtelain*) Seigneurie et juridiction d'un seigneur châtelain. ◆ L'étendue d'une châtellenie.

CHÂTELPERRONIEN, ▪ n. m. [ʃatɛlpeʁɔnjɛ̃] (*Châtelperron,* dans l'Allier) Groupe de culture du paléolithique supérieur français, 35 000 à 30 000 av. J.-C. *L'apparition d'une technologie de l'os et d'objets de parure chez certains groupes de néandertaliens est un phénomène illustré par le châtelperronien.* ▪ Adj. *Châtelperronien, ienne,* qui appartient au châtelperronien. *L'industrie châtelperronienne évoluée recelant quantité de parures en os ou en ivoire.*

CHAT-HUANT, n. m. [ʃaɥɑ̃] ou [ʃaɥɑ̃] (*chat* et *huer,* altération, du judéo-fr. *javan,* du lat. *cavannus* : cf. anc. fr. *choan*) Sorte de hibou. ◆ Au pl. *Des chats-huants.*

CHÂTIABLE, adj. [ʃatjabl] (lat. *castigabilis*) Qui mérite d'être châtié ; qui peut être châtié.

CHÂTIÉ, ÉE, p. p. de châtier. [ʃatje] Puni. ◆ Rendu correct. ◆ *Style châtié,* style très pur et très correct.

CHÂTIER, v. tr. [ʃatje] (lat. *castigare*) Infliger une correction. *Châtier un enfant. Châtier un cheval,* lui donner de la cravache ou de l'éperon. ◆ Mortifier. « *Les plus grands saints qui châtient leur corps* », MASSILLON. ◆ Par extens. Condamner, blâmer. « *Châtier en autrui ce qu'on souffre chez soi* », P. CORNEILLE. ◆ Rendre plus pur et plus correct, en parlant des ouvrages d'esprit. *Châtier son style.* ◆ *Se châtier,* v. pr. S'infliger à soi-même une punition. ◆ **Prov.** *Qui aime bien châtie bien,* c'est-à-dire qu'on a une affection éclairée pour celui que l'on reprend de ses fautes.

CHATIÈRE, n. f. [ʃatjɛʁ] (*chat*) Trou pratiqué à une porte pour le passage des chats. ◆ Une ouverture quelconque. ◆ **Fig.** Voie dérobée. ◆ Piège pour prendre les chats.

CHÂTIEUR, n. m. [ʃatjœʁ] (lat. *castigator*) Celui qui châtie.

CHÂTIMENT, n. m. [ʃatimɑ̃] (*châtier*) Peine qui a pour but la correction de celui à qui on l'inflige, et aussi punition en général. *Infliger, donner, tirer, recevoir un châtiment.* ◆ Punition infligée aux animaux à la suite d'une désobéissance ou de manifestations dangereuses.

CHATOIEMENT, n. m. [ʃatwamɑ̃] (*chatoyer*) Effet d'une surface chatoyante. ▪ REM. Graphie ancienne : *chatoyement.*

1 CHATON, n. m. [ʃatɔ̃] (anc. b. frq. *kasto,* boîte, caisse) Tête d'une bague, partie qui renferme la pierre précieuse. ◆ Pierres enchâssées.

2 CHATON, n. m. [ʃatɔ̃] (dim. de *chat*) Petit chat.

3 CHATON, n. m. [ʃatɔ̃] (*chat*) Épi long et flexible, ressemblant un peu à une queue, fleur du noyer, du coudrier, du saule, du mûrier.

CHATOU, ▪ n. m. [ʃatu] Voy. CHATROU.

CHATOUILLANT, ANTE, adj. [ʃatujɑ̃, ɑ̃t] (*chatouiller*) Qui plaît, qui chatouille l'amour-propre.

CHATOUILLE, ▪ n. f. [ʃatuj] (*chatouiller*) **Fam.** Toucher bref et répétitif sur une ou plusieurs parties du corps qui provoque souvent le rire et une certaine excitation. *Faire des chatouilles.* ▪ REM. Employé généralement au pluriel.

CHATOUILLÉ, ÉE, p. p. de chatouiller. [ʃatuje]

CHATOUILLEMENT, n. m. [ʃatuj(ə)mɑ̃] (*chatouiller*) Action de chatouiller ; sensation que cette action cause. ◆ **Fig.** Impression douce et agréable.

CHATOUILLER, v. tr. [ʃatuje] (prob. onomat fondée sur les cons. k/t/l : cf. lat. médiév. *catilare,* anc. nord. *kitla,* etc.) Produire, par des attouchements légers et répétés sur certaines parties du corps, une sensation moitié agréable, moitié pénible, qui excite un rire convulsif. ◆ *Chatouiller un cheval de l'éperon,* le toucher légèrement avec l'éperon. ◆ Produire certaines sensations agréables. *La musique chatouille l'oreille.* « *Ce mets Lui chatouillait fort le palais* », LA FONTAINE. ◆ **Fig.** « *Ces noms de roi des rois et de chef de la Grèce Chatouillaient mon cœur d'orgueilleuse faiblesse* », RACINE. ◆ **Absol.** « *Il n'y a rien qui chatouille davantage que les applaudissements,* MOLIÈRE. ◆ *Se chatouiller,* v. pr. Se causer la sensation du chatouillement. ◆ **Fig.** *Se chatouiller pour se faire rire,* rire sans sujet, faire effort pour paraître gai. ◆ *Se chatouiller l'un l'autre.* ▪ **Fig.** Exciter un trait de caractère d'une personne. *Chatouiller sa susceptibilité, sa curiosité.*

CHATOUILLEUX, EUSE, adj. [ʃatujø, øz] (*chatouilleux*) Qui est sensible au chatouillement. ◆ *Cheval chatouilleux à l'éperon,* cheval qui rue au lieu d'obéir à l'éperon. ◆ **Fig.** Qui s'offense, se pique aisément. « *C'est sur ce point qu'il est chatouilleux* », BOSSUET. ◆ *Affaire, question chatouilleuse,* qui pourrait facilement exciter des susceptibilités.

CHATOUILLIS, ▪ n. m. [ʃatuji] (*chatouiller*) **Fam.** Petite chatouille. *Des chatouillis dans le cou.*

CHATOYANT, ANTE, adj. [ʃatwajɑ̃, ɑ̃t] (*chatoyer*) Qui chatoie. *Étoffe, couleur chatoyante.*

CHATOYEMENT, n. m. [ʃatwamɑ̃] (*chatoyer*) Voy. CHATOIEMENT.

CHATOYER, v. intr. [ʃatwaje] (*chat* ; cf. la pierre dite *œil-de-chat*) Changer de couleur, avoir des reflets, selon les différents aspects, comme l'œil du chat.

CHAT-PARD, ▪ n. m. [ʃapaʁ] (*chat* et *pard,* du lat. *pardus,* léopard) ▷ Nom scientifique de l'espèce appelée vulgairement lynx de Portugal. ◆ Au pl. *Des chats-pards.* ◁

CHÂTRÉ, ÉE, p. p. de châtrer. [ʃatʁe]

CHÂTRER, v. tr. [ʃatʁe] (lat. *castrare*) Couper, retrancher certaines parties. ◆ **Fig.** *Châtrer un livre,* en retrancher ce qui est licencieux ou simplement trop hardi. ◆ **Bot.** *Châtrer des fraisiers, des melons,* en ôter les rejetons ou les fleurs superflues. ◆ *Châtrer une ruche,* en ôter la cire ou le miel. ▪ Castrer. *Châtrer un chien, une chienne.*

CHATROU, ▪ n. m. [ʃatʁu] (mot créole) **Antilles** Pieuvre comestible. *Un ragoût de chatroux.* ▪ REM. On dit aussi *chatou.*

CHATTE, ▪ n. f. [ʃat] Voy. CHAT.

CHATTÉE, n. f. [ʃate] (*chatte*) La portée d'une chatte.

CHATTEMENT, adv. [ʃat(ə)mɑ̃] (*chatte*) À la manière des chattes, d'une façon caressante et aussi d'une façon trompeuse et hypocrite.

CHATTEMITE, n. f. [ʃat(ə)mit] (*chatte* et *mite,* nom pop. du chat, prob. onomat.) Personne affectant des manières humbles et flatteuses. *Faire la chattemite.*

1 CHATTER, v. intr. [ʃate] (*chatte*) Faire des petits, en parlant d'une chatte.

2 CHATTER, ▪ v. intr. [tʃate] Voy. CHAT.

CHATTERIE, n. f. [ʃat(ə)ʁi] (*chatte*) Acte de friandise. ◆ Les friandises mêmes. *Manger des chatteries.* ◆ Coquetterie, gentillesse. *Faire des chatteries.* ◆ Fausse caresse.

CHATTERTON, ▪ n. m. [ʃatɛʁtɔn] (*Chatterton,* son inventeur) Ruban adhésif utilisé à l'origine en électricité comme isolant de fils conducteurs, et plus généralement pour le bricolage.

CHAT-TIGRE, n. m. [ʃatigʁ] (*chat* et *tigre*) Nom vulgaire du chat margay, du chat ocelot et du chat serval. ◆ Au pl. *Des chats-tigres.*

CHAUD, AUDE, adj. [ʃo, od] (lat. *cal(i)dus*) Qui a, qui donne ou produit de la chaleur. ◆ **Fig.** *Avoir les pieds chauds,* jouir des commodités de la vie. ◆ **Fig.** *Pour lui il n'y a rien de trop chaud, ni de trop froid,* il prend tout et de toutes mains. ◆ *Main chaude,* Jeu où l'un des joueurs tient une main renversée sur son dos, et doit deviner celui qui frappe dedans. ◆ *Pleurer à chaudes larmes,* abondamment. ◆ **Fig.** *Cela est trop chaud,* on n'y peut pas toucher, c'est chose délicate, dangereuse. ◆ Qui garde encore une portion de la chaleur qui a servi à la préparation. *Un pâté tout chaud.* ◆ **Fig.** *Cet ouvrage est encore tout chaud de la forge,* sort des mains de l'auteur. ◆ *Le rendre tout chaud à quelqu'un,* le rendre chaud comme braise, riposter, partir incontinent et vertement. ◆ **Fig.** Prompt, tout récent. « *Les plaisanteries ne sont bonnes que quand elles sont servies toutes chaudes* », VOLTAIRE. ◆ Qui conserve la chaleur, qui garantit du froid. *Ce manteau est chaud.* ◆ Qui augmente la chaleur intérieure du corps. *Les liqueurs alcooliques sont chaudes.* ◆ *Fièvre chaude,* fièvre accompagnée de délire. ◆ **Fig.** Ardent, passionné, vif, emporté. *Tempérament chaud. Tête un peu chaude.* ◆ Zélé. *Un chaud partisan. Être chaud sur une affaire.* ◆ ▷ *N'être ni chaud ni froid,* rester indécis, indifférent entre deux partis. ◁ ◆ Vif, animé. *Style chaud. Attaque chaude.* ◆ *Affaire chaude, action chaude, journée chaude,* au cours d'un conflit armé engagement sanglant et disputé. ◆ **Peint.** *Ton chaud, coloris chaud,* ton, coloris brillant et vigoureux. *Tableau chaud de couleur.* ◆ *Alarme chaude,* vive alarme. ◆ *La donner bien chaude, l'avoir bien chaude,* donner, avoir une grande alarme. ◆ CHAUD, adv. Servir, boire, manger chaud. ◆ *Tenir chaud.* ◆ *Se tenir chaud,* préserver du froid. ◆ TOUT CHAUD, loc. adv. Tout de suite. ◆ *Chaud ! chaud !* vite, sans tarder. ◆ À LA CHAUDE, loc. adv. À l'instant, vivement. ◆ N. m. Chaleur. *Avoir chaud.* ◆ *Il fait chaud,* on ressent de la chaleur. ◆ *Il fait chaud,* la température est chaude. ◆ **Fig.** *Il faisait chaud à cette bataille,* l'action était vive. ◆ *La chaleur du jour.* ◆ *Souffler le chaud et le froid,* être tour à tour de deux avis contraires. ◆ *Cela ne fait ni chaud ni froid,* cela ne fait rien, ne sert ni ne nuit. ◆ **Prov.** *Il faut battre le fer pendant qu'il est chaud,* il faut profiter de l'occasion favorable. ▪ *Cela ne lui fait ni chaud ni froid,* il ne ressent rien. ▪ **Fam.** *Ne pas être* *très chaud pour quelque chose, pour faire quelque chose,* ne pas y être très favorable. ■ REM. On ne dit plus *à la chaude,* mais *à chaud.*

CHAUDE, n. f. [ʃod] (substantivation de *chaude*) Feu vif pour se réchauffer. ♦ Degré de cuisson que l'on donne à la matière du verre. ♦ *Donner une chaude,* mettre le métal au feu. ♦ Chauffe que l'on donne à une pièce de fer pour la remanier.

CHAUDEAU, n. m. [ʃodo] (*chaud* et *eau*) Sorte de brouet ou de bouillon chaud que l'on portait autrefois aux mariés. ♦ Toute boisson chaude.

CHAUDEMENT, adv. [ʃod(ə)mã] (*chaud*) Avec chaleur, de manière à conserver sa chaleur. ♦ **Fig.** Avec ardeur et vivacité. ♦ Tout de suite, à l'instant même.

CHAUDE-PISSE, ■ n. f. [ʃod(ə)pis] (*chaud* et *pisse*) **Pop.** Maladie sexuellement transmissible caractérisée par une inflammation de l'urètre, blennorragie. *Des chaudes-pisses.*

CHAUD-FROID, ■ n. m. [ʃofʀwa] (*chaud* et *froid*) Préparation culinaire cuite que l'on mange froide. *Sur la table s'étalait un buffet de chauds-froids sucrés et salés, des potages chauds-froids, des chauds-froids de pomme de terre et de foie gras, etc.*

CHAUDIÈRE, n. f. [ʃodjɛʀ] (lat. *cal(i)daria*) Vaisseau en métal où l'on fait chauffer, bouillir ou cuire. ♦ Contenu d'une chaudière. ■ Appareil chauffant de l'eau utilisée ensuite comme énergie. *Chaudière à gaz d'un chauffage central. Chaudière d'une centrale nucléaire.*

CHAUDRON, n. m. [ʃodʀɔ̃] (radic. de *chaudière*) Petite chaudière pour les usages de la cuisine. ♦ Mauvais instrument à cordes qui sonne comme un chaudron frappé. *Ce piano est un chaudron.*

CHAUDRONNÉE, n. f. [ʃodʀɔne] (*chaudron*) Ce que contient un chaudron.

CHAUDRONNERIE, n. f. [ʃodʀɔn(ə)ʀi] (*chaudron*) L'art, le commerce, la marchandise du chaudronnier.

CHAUDRONNIER, IÈRE, n. m. et n. f. [ʃodʀɔnje, jɛʀ] (*chaudron*) Personne qui fait ou qui vend les divers ustensiles de cuisine en cuivre. ♦ **Adj.** *Maître, garçon chaudronnier.*

CHAUFFAGE, n. m. [ʃofaʒ] (*chauffer*) Action de chauffer, manière de tirer le meilleur parti possible d'un combustible pour l'élévation de la température des enceintes closes. *Méthode de chauffage. Bois de chauffage.* ♦ Action de chauffer un navire à vapeur, une locomotive.

CHAUFFAGISTE, ■ n. m. et n. f. [ʃofaʒist] (*chauffage*) Personne dont le métier consiste à installer et à assurer le bon fonctionnement des appareils de chauffage. *Plombier-chauffagiste.*

CHAUFFANT, ANTE, ■ adj. [ʃofã, ãt] (*chauffer*) Qui dispense et produit de la chaleur. *Une couverture chauffante.*

CHAUFFARD, ARDE, ■ n. m. et rare f. [ʃofaʀ, aʀd] (*chauffeur*) Personne qui, enfreignant les règles de la sécurité routière, est un danger potentiel pour la vie d'autrui. *Garde à vue pour le chauffard ayant fauché une famille.*

CHAUFFE, n. f. [ʃof] (*chauffer*) En métallurgie, action de chauffer. *Donner une chauffe.* ♦ Le fourneau où brûle le combustible employé à la fonte des pièces. ♦ Opération entière de la distillation. ♦ Temps employé au chauffage d'un appareil.

CHAUFFÉ, ÉE, p. p. de chauffer. [ʃofe]

CHAUFFE-ASSIETTE, n. m. [ʃofasjɛt] (*chauffer* et *assiette*) Ce qui sert à chauffer les assiettes. ♦ Au pl. *Des chauffe-assiettes.*

CHAUFFE-BAIN, ■ n. m. [ʃof(ə)bɛ̃] (*chauffer* et *bain*) Appareil produisant de l'eau chaude destinée au bain et à la toilette en général. *Des chauffe-bains électriques ou à gaz.*

CHAUFFE-BIBERON, ■ n. m. [ʃof(ə)bib(ə)ʀɔ̃] (*chauffer* et *biberon*) Appareil électrique qui chauffe les biberons. *Des chauffe-biberons de voyage.*

CHAUFFE-CHEMISE, n. m. [ʃof(ə)ʃəmiz] (*chauffer* et *chemise*) Espèce de panier d'osier, sous lequel on met un réchaud qui échauffe le linge étendu sur ce panier. ♦ Au pl. *Des chauffe-chemises.*

CHAUFFE-CIRE, n. m. [ʃof(ə)siʀ] (*chauffer* et *cire*) Officier de chancellerie qui avait la charge de chauffer la cire pour sceller. ♦ Au pl. *Des chauffe-cires.*

CHAUFFE-EAU, ■ n. m. [ʃofo] (*chauffer* et *eau*) Appareil fonctionnant au gaz, à l'électricité ou à l'énergie solaire qui produit de l'eau chaude. *Des chauffe-eaux solaires.*

CHAUFFE-LINGE, n. m. [ʃof(ə)lɛ̃ʒ] (*chauffer* et *linge*) Syn. de chauffe-chemise. ♦ Au pl. *Des chauffe-linges.*

CHAUFFE-PIED, n. m. [ʃof(ə)pje] (*chauffer* et *pied*) Voy. CHAUFFERETTE. Au pl. *Des chauffe-pieds.*

CHAUFFE-PLAT, ■ n. m. [ʃof(ə)pla] (*chauffer* et *plat*) Dessous de plat chauffant à la bougie, à l'alcool à brûler ou à l'électricité qui garde les plats au chaud. *Installer des chauffe-plats sur la table.* ■ *Des bougies chauffe-plat,* petites bougies circulaires d'un centimètre de hauteur utilisées dans les chauffe-plats ou les brûle-parfums.

CHAUFFER, v. tr. [ʃofe] (lat. *calefacere*) Rendre chaud *Chauffer de l'eau. Chauffer le four.* ♦ *Chauffer au rouge,* pousser la chaleur au point que l'objet que l'on y expose devienne rouge ; *chauffer à blanc,* chauffer au point que l'objet devienne blanc. ♦ *Chauffer les pieds,* donner la question par le moyen du feu appliqué aux pieds. ♦ ▷ *Chauffer un poste,* le canonner vivement. ◁ ♦ **Fig.** *Chauffer quelqu'un,* l'attaquer, le presser vivement par des raisonnements ou par des plaisanteries, l'énerver. ♦ *Chauffer une affaire,* la mener vivement. ♦ **V. intr.** Produire plus ou moins de calorique. ♦ Être chauffé. *Le bain chauffe.* ♦ ▷ **Fig.** *Ce n'est pas pour vous que le four chauffe,* votre espérance et vos prétentions sont vaines. ◁ ♦ ▷ En parlant d'un bateau à vapeur, d'une locomotive, allumer son feu, s'apprêter à partir. ◁ ♦ **Fig.** *Cela chauffe, l'affaire chauffe,* l'affaire est pressante, il faut se hâter. ♦ **Se chauffer,** v. pr. Recevoir l'action de la chaleur. ♦ **Fig.** *S'il m'attaque, je lui ferai voir de quel bois je me chauffe,* je lui ferai voir à quel homme il aura affaire. ♦ *Nous ne nous chauffons pas du même bois,* nous n'avons rien de commun. ♦ *Ça va chauffer !* dans une situation de conflit, les choses vont s'envenimer. ■ Prévoir une forte ambiance d'excitation dans une soirée. ■ *Chauffer la salle, le public,* mettre de l'ambiance dans une salle, exciter le public d'une émission de télévision avant l'antenne. ■ *Faites chauffer la colle !* se dit lorsqu'on entend quelque chose se briser. ■ *Chauffer les oreilles de quelqu'un,* énerver. ■ *Chauffer quelqu'un à blanc,* l'exciter.

CHAUFFERETTE, n. f. [ʃof(ə)ʀɛt] (*chauffer*) Sorte de boîte à couvercle percé de trous, et dans laquelle on met du feu pour se chauffer les pieds. ■ REM. On dit aussi chauffe-pied.

CHAUFFERIE, n. f. [ʃof(ə)ʀi] (*chauffer*) Forge où l'on réduit le fer en barres. ♦ Partie du four à briques.

CHAUFFEUR, n. m. [ʃofœʀ] (*chauffer*) Celui qui entretient le feu d'une forge, d'une machine à vapeur. ♦ **Adj.** *L'ouvrier chauffeur.* ♦ Nom de brigands qui brûlaient les pieds de leurs victimes pour leur faire dire où était leur argent. ♦ Personne qui conduit un véhicule. *Chauffeur de poids lourd, de taxi.* ■ REM. n.f. Rare. *Chauffeuse de poids lourd.*

CHAUFFEUSE, n. f. [ʃofœz] (*chauffer*) ▷ Chaise basse que l'on approchait de l'âtre pour se réchauffer. *Quand je suis revenue, il dormait paisiblement dans la chauffeuse, au coin du feu.* ◁ ■ Siège bas d'appoint sans accoudoir, généralement convertible.

CHAUFFOIR, n. m. [ʃofwaʀ] (*chauffer*) Endroit d'un monastère, d'un hospice où l'on se réunit pour se chauffer. ♦ *Chauffoir public,* chambre ouverte aux pauvres pendant les hivers rigoureux. ♦ Pièce de linge qu'on fait chauffer pour réchauffer un malade.

CHAUFOUR, n. m. [ʃofuʀ] (*chaux* et *four*) Four à chaux.

CHAUFOURNIER, n. m. [ʃofuʀnje] (*chaufour*) Ouvrier qui fait la chaux.

CHAULAGE, n. m. [ʃolaʒ] (*chauler*) Action de chauler le blé, les arbres, le raisin, la terre.

CHAULÉ, ÉE, p. p. de chauler. [ʃole]

CHAULER, v. tr. [ʃole] (*chaux*) Passer du blé par l'eau de chaux avant de le semer. ♦ Chauler un arbre, le laver avec un lait de chaux. ♦ Chauler une terre, y répandre de la chaux pour en augmenter la fertilité.

CHAUMAGE, n. m. [ʃomaʒ] (*chaumer*) Action d'enlever le chaume d'un champ. ♦ Temps où on coupe le chaume.

CHAUMARD, ■ n. m. [ʃomaʀ] **Mar.** Pièce fixée sur le pont d'un navire servant à guider les amarres lors de manœuvres. *La chaîne de mouillage ne passe généralement pas par le chaumard.*

CHAUME, n. m. [ʃom] (lat. *calamus*) Portion de la tige des céréales qui reste sur pied après la récolte. ♦ **Bot.** Tige des graminées. ♦ Champ où le chaume est encore sur pied. ♦ *Chaumes,* landes et bruyères. ♦ La paille qui couvre les maisons de village. « *Le pauvre en sa cabane où le chaume le couvre* », MALHERBE. ♦ **Fig.** Toit de la maison du paysan, du pauvre, et par extension cette maison même. *Habiter sous le chaume.* ♦ *Être né, vivre sous le chaume,* dans l'humble condition des paysans.

CHAUMÉ, ÉE, p. p. de chaumer. [ʃome]

CHAUMER, v. tr. [ʃome] (*chaume*) Couper, arracher le chaume. ♦ **V. intr.** *Chaumer dans un champ,* y couper le chaume. ♦ *Chaumer les arbres,* mettre du feu à leurs pieds par malice pour les faire périr.

CHAUMIÈRE, n. f. [ʃomjɛʀ] (*chaume*) Maison des champs, couverte en chaume. ■ *Dans les chaumières,* dans les familles, les foyers.

CHAUMINE, n. f. [ʃomin] (anc. fr. *chaumin,* adj. de *chaume*) Chétive maison de paysan.

CHAUMONTEL, n. m. [ʃomɔ̃tɛl] (*Chaumontel*) Poire de Chaumontel, dite *besi chaumontel* ou simplement *chaumontel*, poire née d'un sauvageon dans le village de Chaumontel (Val-d'Oise).

CHAUSSANT, ANTE, adj. [ʃosɑ̃, ɑ̃t] (*chausser*) Qu'on chausse facilement, en parlant des bas particulièrement.

CHAUSSE, n. f. [ʃos] (lat. *calceus*, chaussure, de *calx*, talon) Sorte de sac d'étoffe de laine, de forme conique, que l'on emploie à filtrer certaines liqueurs. ♦ *Chausse de l'Université*, ornement de ceux qui ont quelques degrés dans l'une des facultés. ♦ *Chausse d'aisances*, le tuyau des latrines.

CHAUSSÉ, ÉE, p. p. de chausser. [ʃose] *S'enfuir un pied chaussé et l'autre nu*, fuir précipitamment. ♦ Fig. *Être chaussé d'une opinion*, y tenir opiniâtrement. « *Un chacun est chaussé de son opinion* », MOLIÈRE. ♦ Prov. *Les cordonniers sont les plus mal chaussés*, on néglige d'ordinaire les avantages qu'on peut se procurer facilement.

CHAUSSÉE, n. f. [ʃose] (lat. *calciata, via*, voie construite en mortier à base de chaux, *calx*, chaux, ou tassée par le foulement (*calx*, talon)) Remblai en terre sur le bord d'une rivière, pour contenir l'eau. ♦ Construction qui, dans un étang, sert à arrêter l'eau. ♦ Levée de terre servant de route. ♦ La partie bombée d'une route ou d'une rue. ♦ *Le rez-de-chaussée*, le niveau du sol ; toute pièce d'une maison au niveau de la voie publique. ♦ *Ponts et chaussées*, dénomination sous laquelle on comprend tout ce qui concerne l'administration des routes, des ponts, des canaux.

CHAUSSE-PIED, n. m. [ʃos(ə)pje] (*chausser* et *pied*) Instrument dont on se sert pour chausser les souliers. ♦ Au pl. *Des chausse-pieds*.

CHAUSSER, v. tr. [ʃose] (lat. *calceare*) Mettre ses bas, sa chaussure. ♦ Fig. *Chausser le cothurne*, composer une tragédie, s'exercer dans les rôles de la tragédie, et par extens. enfler son style. ♦ *Chausser le brodequin*, composer des comédies, s'essayer dans les rôles de la comédie. ♦ *Chausser quelqu'un*, lui mettre ses bas, sa chaussure. ♦ On dit aussi *chausser à quelqu'un ses souliers*. ♦ *Chausser les éperons à quelqu'un*, lui mettre les éperons en le recevant chevalier. ♦ Faire la chaussure, en parlant du cordonnier. ♦ Absol. *Ce cordonnier chausse bien*. ♦ Fig. *N'être pas aisé à chausser*, se dit d'une personne qu'il est difficile de contenter. ♦ *Chausser bien, chausser mal*, aller bien, aller mal, en parlant de la chaussure. ♦ ▷ Pop. *Cela me chausse*, cela m'arrange, me convient. ◁ ♦ ▷ Fig. et fam. *Chausser sa tête*, se mettre une idée dans la tête. ◁ ♦ On dit aussi *se chausser la tête*. ♦ ▷ *Chausser une idée*, s'en infatuer. *Se chausser une opinion dans la tête*. ◁ ♦ *Chausser une plante*, entourer de terre le pied. ♦ V. intr. S'emploie seulement dans : *Chausser à tant de points*, porter des souliers de telle ou telle longueur. ♦ *Chausser à même point*, être de même humeur. ♦ Se chausser, v. pr. Mettre ses bas, sa chaussure. ♦ Fig. *Se chausser d'une opinion*, s'en infatuer. *Chausser les étriers*, mettre les pieds dans des étriers. *Chausser des lunettes*, mettre des lunettes. *Il chaussa sérieusement ses lunettes avant de faire ses remontrances*. *Chausser du 40*, avoir comme pointure 40.

CHAUSSES, n. f. pl. [ʃos] (lat. *calceus*, chaussure, de *calx*, talon) ▷ Anciennement, espèce de caleçon ; on les appelait haut-de-chausses quand elles n'atteignaient que le genou ; la partie qui continuait s'appelait bas-de-chausses. ♦ Fam. *N'avoir pas de chausses*, être fort pauvre. ♦ Fig. *Tirer ses chausses*, détaler, s'en aller au plus vite. ♦ Fam. *Elle porte les chausses*, même sens que porter la culotte ou les culottes. ◁

CHAUSSETIER, n. m. [ʃos(ə)tje] (*chaussette*) Celui qui fait ou qui vend des bas et autres articles de bonneterie.

CHAUSSE-TRAPPE ou **CHAUSSETRAPPE**, n. f. [ʃos(ə)tʁap] (*chausser* et *trappe*, par réfection de l'anc. fr. *cauketrepe, chauchetrepe*, de *chauchier*, fouler et *treper*, sauter (cf. trépigner)) Piège en fer pour prendre des loups et autres bêtes. ♦ Pièce à plusieurs pointes aiguës, dont quelques-unes s'élèvent, et qu'on sème dans un champ pour fermer les passages à la cavalerie. ♦ Bot. *Chausse-trappe laineuse*, ou *chardon étoilé*, plante dont les fleurs sont armées d'épines. ♦ Au pl. *Des chausse-trappes*. ♦ Fig. Piège. *Les chausse-trappes de la langue*. ♦ REM. Graphie ancienne : *chausse-trape*.

CHAUSSETTE, n. f. [ʃosɛt] (*chausse*) Demi-bas. *Une paire de chaussettes*. ♦ *Un pull chaussette*, pull à col roulé très moulant. ♦ Fam. *Avoir le moral dans les chaussettes*, avoir un moral très bas. ♦ Fam. *Laisser tomber comme une vieille chaussette*, abandonner sans considération quelqu'un ou quelque chose. ♦ Fam. *Du jus de chaussette*, café trop léger de très mauvais goût.

CHAUSSEUR, EUSE, n. m. et rare n. f. [ʃosœʁ, øz] (*chausser*) Personne qui fabrique et vend des chaussures.

CHAUSSON, n. m. [ʃosɔ̃] (*chausse*) ▷ Chaussure qui n'enveloppe que le pied, et qu'on met sur ou sous les bas. ◁ ♦ *Un peigne dans un chausson*, se dit pour exprimer un état de fortune chétif ou délabré. ◁ ♦ Fig. *Tout son équipage tiendrait dans un chausson*, se dit de quelqu'un qui a peu de linge et de hardes. ◁ ♦ *Chaussons de bal*, souliers fort légers pour danser. ♦ *Chausson aux pommes*, sorte de pâtisserie contenant ordinairement de la marmelade de pomme. ♦ Sorte de combat où le pied joue un grand rôle.

dit aussi savate. ■ Soulier d'intérieur, confortable que l'on chausse lorsqu'on rentre chez soi. *Il était confortablement installé devant la cheminée, les chaussons aux pieds.*

CHAUSSURE, n. f. [ʃosyʁ] (*chausser*) Tout ce qui sert à chausser les pieds. ♦ Fig. *Trouver chaussure à son point* ▷ ou ◁ *à son pied*, rencontrer juste ce qui convient, et aussi rencontrer quelqu'un qui peut nous tenir tête. ♦ ▷ Fig. *Une chaussure à tous pieds*, chose banale, doctrine qu'on accommode de manière qu'elle puisse plaire à tous. ◁ ♦ ▷ *La somme nécessaire pour entretenir quelqu'un de souliers, de bottes, etc.* ◁ ■ *Trouver chaussure à son pied*, trouver la personne avec laquelle on peut partager sa vie. ■ *Enlever ou mettre des chaussures*. ■ *Changer de chaussure*. ■ *Taille de chaussure*, la pointure. ■ *Marchand de chaussures*. ■ *Chaussure de sport, de ville, de ski, de pluie, de montagne, de plage, haute, basse, plate, à talon haut, à talon aiguille, à talon bobine, à talon plat, à lacet, à fermeture, vernies, en cuir, en daim, en plastique, à semelle de crêpe, à crampons, cloutée, etc.*

CHAUT, ■ [ʃo] Voy. CHALOIR.

CHAUVE, adj. [ʃov] (lat. *calvus*) Dont les cheveux sont tombés en totalité ou en partie par l'effet de l'âge ou de la maladie. ♦ N. m. *Un chauve*. ♦ Prov. *L'occasion est chauve*, il est difficile de la bien saisir. ♦ Fig. Qui se présente sans aucune végétation. *Un mont chauve*.

CHAUVE-SOURIS ou **CHAUVESOURIS**, n. f. [ʃov(ə)suʁi] (*chauve* et *souris*) Petit mammifère qui a des ailes membraneuses et qui ressemble à la souris par la forme de son corps. ♦ Au pl. *Des chauves-souris*.

CHAUVETÉ, n. f. [ʃov(ə)te] (*chauve*) Calvitie. ♦ Il est vieux.

CHAUVIN, INE, n. m. et n. f. [ʃovɛ̃, in] (Nicolas *Chauvin*, qui s'est distingué par son patriotisme sous l'Empire) Nom d'un personnage populaire devenu le nom de celui qui a des sentiments exagérés et ridicules de patriotisme et de guerre. ■ Patriote le plus souvent xénophobe. *Dès qu'un sportif français gagne, il devient très chauvin.* ■ Adj. *Des blagues chauvines.*

CHAUVINISME, n. m. [ʃovinism] (*chauvin*) Sentiments du chauvin. ■ « *Pour éviter le chaos, le pays doit éviter le piège du chauvinisme* », LE POINT.

CHAUVIR, v. intr. [ʃoviʁ] (prob. lat. *cavannus*, chouette : c'est faire la chouette) Usité seulement dans cette locution : *Chauvir de l'oreille, des oreilles*, dresser les oreilles, en parlant de l'âne, du mulet.

CHAUX, n. f. [ʃo] (lat. *calx*) Substance très répandue dans la nature, surtout en combinaison avec l'acide carbonique qui forme avec elle la pierre à bâtir et les marbres, ou avec l'acide sulfurique qui forme avec elle le gypse ou pierre à plâtre. ♦ *Chaux vive*, celle qu'on a débarrassée de son acide carbonique en la chauffant à grand feu dans des fours à chaux. ♦ *Pierre à chaux*, pierre qu'on peut réduire à l'état de chaux vive. ♦ *Chaux hydratée*, chaux vive sur laquelle on a versé de l'eau. ♦ *Chaux éteinte*, chaux hydratée refroidie. ♦ *Bâtir à chaux et à sable*, bâtir très solidement. ♦ *Chaux hydraulique*, celle qui durcit sous l'eau. ♦ *Chaux maigre*, celle qui n'augmente pas au contact de l'eau. On dit dans le sens opposé *chaux grasse*. ♦ *Lait de chaux, blanc de chaux*, chaux éteinte étendue d'eau pour servir à badigeonner. ♦ *Eau de chaux*, eau qui tient de la chaux en dissolution. ♦ Chim. Protoxyde de calcium, alcali qu'on obtient en calcinant les carbonates calcaires naturels. ♦ Dans l'ancienne chimie, *chaux métalliques*, les oxydes métalliques.

CHAVIRAGE ou **CHAVIREMENT**, n. m. [ʃaviʁaʒ, ʃaviʁ(ə)mɑ̃] (*chavirer*) Mar. Action de chavirer ; état d'un vaisseau qui chavire.

CHAVIRÉ, ÉE, p. p. de chavirer. [ʃaviʁe]

CHAVIRER, v. intr. [ʃaviʁe] (provenç. *cap-vira*, tourner la tête, se renverser) Se conjugue avec *être* ou *avoir*, suivant le sens. Être tourné sens dessus dessous. *La barque chavira*. ♦ Fig. et fam. Mal tourner, ne pas réussir. *Ce négociant a chaviré*. ■ Fig. Être ému, bouleversé. *Son cœur a chaviré au son de la musique*.

CHAYOTE, ■ n. f. [ʃajɔt] Cucurbitacée grimpante originaire du Mexique et cultivée pour son fruit. *La chair de la chayote est blanche, ferme, d'un goût délicat qui rappelle celui de la courgette*. ■ Nom du fruit consommé comme légume. *Aux Antilles, la chayote est servie comme une pomme de terre au four mais réduite en purée ou en acras*.

CHÉBEC, n. m. [ʃebɛk] (ar. *chabbâk*) Bâtiment à trois mats de la Méditerranée, allant à voiles et à rames. ■ REM. Graphie ancienne : *chebec*.

CHÈCHE, ■ n. m. [ʃɛʃ] (ar., anc. nom de la ville de Tachkent où l'on fabriquait des chéchias dès le IXᵉ s.) Longue écharpe de coton que l'on roule autour de la tête. *Aba défit son chèche, puis l'entortilla de nouveau autour de sa tête, ne laissant apparaître que les yeux.*

CHÉCHIA, ■ n. f. [ʃeʃja] (ar. *iyya*, calotte qu'on pose sur la tête et autour de laquelle on roule le chèche) Coiffure rouge et tronconique portée par certaines populations d'Afrique musulmane. *Des chéchias*. ■ REM. Graphie ancienne : *chechia*.

CHECK-LIST, ■ n. f. [tʃɛklist] ou [ʃɛklist] (mot angl., de *to check*, vérifier, pointer, et *list*, liste) Liste de contrôles à effectuer avant l'envol d'une fusée, d'un avion, et de tout type d'appareil technique. *Check-list informatique*. ■

Rem. On recommande officiellement *liste de contrôle*. ■ Suite d'opérations à effectuer dans une organisation. *Des check-lists de mariage.*

CHECK-UP, ■ n. m. inv. [tʃɛkœp] ou [ʃɛkœp] (mot angl.) Bilan médical dans sa totalité. *Il vient de passer un check-up.* ■ **Par extens.** Examen d'une situation visant à faire un bilan. *Check-up de votre vie professionnelle. Des check-up fiscaux.*

CHÉDAIL, ■ n. m. [ʃedaj] (romand *chédal*) L'ensemble de tout le matériel d'une ferme. *Le chédail d'un fermier. Des chédails.*

CHEDDAR, ■ n. m. [ʃedar] (angl., ville de *Cheddar*) Fromage au lait de vache à pâte dure de couleur jaune. *Des asperges grillées au cheddar.*

CHEDDITE, ■ n. f. [ʃedit] (*Chedde*, localité de Haute-Savoie) Explosif à base de chlorate de potassium ou de sodium et d'un dérivé deux fois nitré du toluène. *Tous les aiguillages de la gare avaient sauté et la cabine avait été gratifiée d'une bonne dose de cheddite.*

CHEESEBURGER, ■ n. m. [tʃizbœrgœr] (angl. *cheese*, fromage et *hamburger*) Sandwich chaud composé d'un pain rond garni de viande hachée et de fromage fondant. *Deux cheeseburgers, une frite et un soda, s'il vous plaît !*

CHEF, n. m. [ʃɛf] (lat. *caput*) Tête. *Le chef de saint Jean-Baptiste.* ♦ Principal. *Abbaye chef d'ordre* ou simplement *chef d'ordre*, la principale maison de l'ordre. ♦ Premier ancêtre. *Le chef de la famille des Montmorency.* ♦ *Chef de famille*, celui qui tient le premier rang dans une famille. ♦ *Chef du nom et des armes* ou *chef de nom et d'armes*, celui qui est le premier de la branche aînée d'une grande famille. ♦ **Dr.** *Du chef*, d'où un droit procède. *Venir à une succession de son chef.* ♦ **Fig.** *De son chef*, de son propre mouvement, de son autorité privée. ♦ Celui qui est à la tête, qui dirige ou commande. ♦ *Le chef du jury*, nom donné au juré désigné le premier, qui doit porter la parole pour dire oui ou non. ♦ Général d'armée. ♦ Les officiers des différents grades. *Obéir à ses chefs.* ♦ *Chef de corps*, colonel dans l'infanterie. ♦ *Chef de bataillon*, dans les chasseurs de Vincennes, etc. ♦ *Chef d'escadrons, de bataillon*, officier qui commande deux escadrons, un bataillon. ♦ *Chef de poste*, celui qui commande un poste. ♦ *Chef d'escadre*, autrefois officier supérieur de marine qu'on nomme aujourd'hui contre-amiral. ♦ *Chef de pièce*, l'artilleur qui dirige la manœuvre d'une pièce et qui la pointe. ♦ *Chef de file*, l'homme qui est le premier d'une file de gens de guerre. ♦ **Fig.** *Chef de file*, meneur. ♦ *Chef de division, de bureau*, celui qui dirige le travail des employés d'une division, d'un bureau. ♦ Dans l'industrie, *chef d'atelier*, celui qui dirige les travaux d'un atelier. ♦ *Chef industriel*, chef d'un grand établissement industriel. ♦ **Théât.** *Chef d'emploi*, celui qui remplit en chef tous les rôles de même caractère. ♦ *Chef d'orchestre*, celui qui dirige un orchestre. ♦ *Chef d'attaque*, musicien chargé de conduire les chanteurs qui, dans un chœur, attaquent la même partie. ♦ Dans les choses de la bouche, *chef d'office*, *de cuisine* et absol. *chef*, celui qui préside à l'office, à la cuisine. ♦ **EN CHEF**, loc. adv. En qualité de chef. *Ingénieur en chef. Commander des armées en chef.* ♦ *Être, travailler en chef dans une affaire*, avoir la principale direction. ♦ Article, division, point en discussion. ♦ Point d'accusation. ♦ *Crime de lèse-majesté au premier chef*, attentat contre la personne du prince. ♦ *Crime de lèse-majesté au second chef*, attentat contre l'autorité du prince ou contre l'intérêt de l'État. ♦ **Fig.** « *Attaquer ce préjugé, crime de lèse-majesté au premier chef* », Diderot. ♦ La tête d'une étoffe, le bout par lequel on a commencé à la fabriquer. ♦ **Chir.** *Les chefs d'une bande*, les bouts, les extrémités de la bande. ♦ **Fig.** *Venir à chef*, venir à bout. *Mettre à chef son entreprise.* ♦ **Hérald.** Pièce honorable qui occupe le tiers le plus haut de l'écu. ♦ *Au premier chef*, en premier lieu. ■ *Le chef de l'État*, personne à la tête d'un État, qu'elle exerce ou non le pouvoir. *Des chefs d'État.*

CHEF-D'ŒUVRE, n. m. [ʃedœvr] (*chef* et *œuvre*) Ouvrage que faisait un aspirant pour se faire recevoir maître dans un métier. « *Nul artisan n'est agrégé à aucune société ni n'a ses lettres de maîtrise sans faire son chef-d'œuvre* », La Bruyère. ♦ Aujourd'hui, ouvrage auquel un ouvrier met tous ses soins, tous son habileté, pour s'en faire honneur. Œuvre parfaite et très belle en son genre. *Un chef-d'œuvre d'architecture. Les chefs-d'œuvre de Corneille.* ♦ **Fig.** Toute œuvre, toute action qui mérite quelque louange. ♦ *Un chef-d'œuvre d'habileté, de patience*, une œuvre où éclate l'habileté, la patience ; et ironiquement, *un chef-d'œuvre de malice, de bêtise, d'impertinence.* ♦ Au pl. *Des chefs-d'œuvre*, c'est-à-dire des choses capitales en fait d'œuvre.

CHEFECIER, n. m. [ʃef(ə)sje] Voy. CHEVECIER.

CHEFFERIE, n. f. [ʃef(ə)ri] (*chef*) Circonscription dans laquelle un officier du génie exerce ses fonctions.

CHEF-LIEU, n. m. [ʃefljø] (*chef*, faisant fonction d'adj., et *lieu*, sur le modèle du lat. médiév. *caput mansus*, demeure principale) Autrefois principal manoir d'un seigneur, un chef d'ordre. ♦ Aujourd'hui, ville ou bourg, siège d'une division administrative. *Chef-lieu de département*, d'arrondissement, de canton. ♦ Au pl. *Des chefs-lieux*, c'est à dire des lieux qui sont chefs.

CHEFTAINE, ■ n. f. [ʃɛftɛn] (angl. *chieftain*, capitaine, de l'anc. fr. *chevetain*, capitaine, ou lyon. (*sœur*) *chieftaine*, surveillante de religieuses hospitalières) Jeune fille responsable d'un groupe de scouts. ■ **Par extens.** et péj. Femme autoritaire. *C'est une vraie cheftaine celle-la !*

CHEIK ou **CHEIKH**, n. m. [ʃɛk] (ar. *chaikh*, vieillard) Chef de tribu arabe. ■ Homme respecté du fait de son âge ou pour ses connaissances. *Une congrégation de cheiks en brillantes robes noires de toile.* ■ **Rem.** Graphie ancienne : *scheik.*

CHÉILITE, ■ n. f. [keilit] (gr. *kheilos*) Inflammation des lèvres. *Une chéilite commissurale.*

CHEIRE, ■ n. f. [ʃɛr] (mot auvergnat : rac. préindo-eur. *kar(r)-*, pierre) Coulée volcanique d'Auvergne. *La surface des cheires offre une succession de monticules et de dépressions, de telle sorte qu'elle donne l'idée d'une mer violemment agitée puis congelée et pétrifiée subitement.*

CHÉIROPTÈRE, adj. [keiroptɛr] Voy. CHIROPTÈRE.

CHÉLATE, ■ n. m. [kelat] (gr. *khêlê*, pince) Composé organique métallique cyclique dans lequel le métal est intégré dans un ou plusieurs cycles. *Chélate de calcium et d'acides aminés.* ■ **CHÉLATER**, v. tr. [kelate]

CHÉLATEUR, ■ n. m. [kelatœr] (*chélate*) Corps qui agit comme un chélate, capable d'absorber ou de fixer d'autres substances. ■ **CHÉLATION**, n. f. [kelasjɔ̃]

CHELEM, n. m. [ʃ(ə)lɛm] (angl. *slam*, écrasement) Coup, au whist et au boston, qui consiste à faire toutes les levées ♦ Adj. inv. signifiant qu'on n'a fait aucune levée. *Être, faire chelem.* ■ **Rem.** On dit *grand chelem* lorsqu'on remporte tous les plis et *petit chelem* pour tous les plis sauf un. Se dit aussi au bridge et au tarot. *Annoncer un grand, un petit chelem.* ■ Succession de victoires sportives. *Remporter le grand chelem au tennis.* ■ **Rem.** On écrit aussi *schelem.*

CHÉLICÉRATE, ■ n. m. [keliserat] (*chélicère*) Arthropode de type scorpion ou araignée pourvu d'une paire de chélicères et qui tue ses proies par injection de venin. ■ **Rem.** Les chélicérates sont une sous-branche des arthropodes.

CHÉLICÈRE, ■ n. f. [keliser] (gr. *khêlê*, pince et *kera*, corne) Appendice céphalique pair et venimeux en forme de crochets ou pinces présent chez les chélicérates. *L'orientation des chélicères par rapport au céphalothorax permet de reconnaître la classification des chélicérates.*

CHÉLIDOINE, n. f. [kelidwan] (gr. *khelidonion*) La grande chélidoine, vulgairement nommée éclaire, qui contient un suc jaunâtre, caustique, très amer. ♦ Pierre précieuse. ♦ Petits cailloux appartenant aux agates. ■ Plante herbacée à fleur jaune souvent présente sur les murs au suc laiteux auquel on attribue des vertus médicinales. *En usage externe, le suc de chélidoine sert à faire disparaître les verrues et les cors aux pieds.*

CHÉLOÏDE, ■ n. f. [keloid] (gr. *khêlê*, pince et *-oïde*) **Méd.** Boursouflure cutanée sur une cicatrice. ■ Adj. *Une cicatrice chéloïde.*

CHÉLONIEN, n. m. [kelonjɛ̃] (gr. *khelônê*, tortue) Ordre premier de la classe des reptiles, auquel la tortue a donné son nom, et qui renferme les reptiles quadrupèdes à queue rudimentaire, pourvus d'une carapace.

CHÊMER (SE), v. pr. [ʃeme] (ital. *scemare*, s'amoindrir, du lat. *semis*, moitié) Maigrir, tomber en chartre.

CHEMIN, n. m. [ʃ(ə)mɛ̃] (lat. vulg. *camminus*) Toute voie qu'on peut parcourir pour aller d'un lieu à un autre. ♦ *Le bon chemin*, le chemin qui conduit où l'on veut aller ; *le mauvais chemin*, celui qui n'y conduit pas, et fig. bonne conduite, mauvaise conduite. ♦ *Par voie et par chemin*, par tous les chemins qui s'offrent. *Courir par voie et par chemin.* ♦ *Le chemin du paradis*, un chemin étroit, un défilé où l'on ne va qu'un à un. ♦ *Sur les chemins*, en route, en voyage. ♦ *Être en chemin*, aller vers ; *se mettre en chemin*, partir, se rendre à sa destination. ♦ *Passer son chemin*, continuer son chemin. ♦ *Cet homme est toujours par chemin*, il est toujours hors de chez lui. ♦ *Tenir le chemin de*, aller vers. ♦ **Absol.** *Il ne tient point de chemin*, il va à travers champs. ♦ *Prendre le chemin de*, se diriger vers. ♦ **Fig.** *Prendre le chemin de*, tendre à, être sur la voie de. ♦ *Ouvrir le chemin d'un pays*, en procurer l'accès. ♦ **Fig.** « *Le chemin est encore ouvert au repentir* », Racine. ♦ *Couper le chemin*, intercepter le passage. ♦ *Croiser les chemins*, venir dans un chemin par une traverse, et fig. faire obstacle, déranger. ♦ **Fam.** *N'y pas aller par quatre chemins*, s'expliquer sans détours et sans ménagements. ♦ *Trouver une pierre ou des pierres en son chemin*, rencontrer des obstacles à ses desseins. ♦ **Fig.** et ironiq. *Mener quelqu'un par un chemin où il n'y a pas de pierres*, le mener rondement, le traiter durement. ♦ **Fig.** *Il me trouvera en son chemin*, ou *je le trouverai en mon chemin*, je trouverai occasion de le contrecarrer. ♦ **Fig.** *Je lui ferai voir bien du chemin*, je lui opposerai des difficultés auxquelles il ne s'attend pas. ♦ **Fig.** *Prendre le chemin de l'école ou des écoliers*, le chemin ou le moyen le plus long. ♦ *Montrer le chemin aux* *autres*, leur donner l'exemple. ♦ *S'arrêter en beau chemin, à mi-chemin*, s'arrêter en voie de succès. ♦ *L'affaire est en bon chemin.* ♦ *Aller le droit chemin*, procéder avec droiture et franchise. ♦ *Aller toujours son chemin*, continuer son affaire. ♦ **Fam.** *Aller son petit bonhomme de chemin*, mener ses affaires adroitement et sans éclat. ♦ *Chemin*, route construite pour aller d'un lieu à un autre. ♦ *Grand chemin*, grande voie de communication. ♦ **Fig.** *Suivre le grand chemin, le chemin battu*, s'en tenir aux moyens connus, aux usages établis. ♦ *Aller son grand chemin*, en parlant d'une chose qui s'accomplit sans peine ; n'entendre point de finesse à ce qu'on fait, à ce qu'on dit. ♦ **Fam.** *Le grand chemin des vaches, le chemin des vaches*, les chemins où l'on va par terre, et fig. l'usage commun et ordinaire. ♦ *Vx Comme les chemins*, fort vieux, très connu. ♦ *Chemin de traverse*, chemin qui coupe à travers la campagne et s'écarte du grand chemin. ♦ *Chemin vicinal*, chemin qui sert aux communications de voisinage. ♦ *Chemin de fer*, voie formée de deux rails, sur lesquels roulent des wagons. ♦ *Chemin de ronde*, chemin entre le rempart et la muraille d'une place forte. ♦ *Chemin couvert*, chemin qui règne sur le bord extérieur des fossés d'une place et où l'on est à couvert du feu des assiégeants. ♦ *L'espace à parcourir, la distance parcourue. Vous allongez votre chemin.* ♦ *Faire du chemin*, marcher. ♦ *Faire du chemin*, gagner du terrain, avancer, au propre et au figuré. ♦ *En chemin faisant* ou *simplement chemin faisant*, pendant le trajet. ♦ *En chemin*, pendant qu'on chemine, et fig. pendant ce temps-là. ♦ *En chemin de*, en voie de. ♦ *Faire la moitié du chemin*, faire des avances. ♦ *Faire son chemin*, parvenir aux emplois, à la fortune. ♦ **Fam.** *Ce chemin va à la ville*, on va à la ville par ce chemin. ♦ *Espace parcouru par le navire*, et quelquefois vitesse de navire. ♦ **Fig.** Voie, moyen. « *Et le plus sûr chemin pour aller vers les cieux, C'est d'affermir nos pas sur le mépris du monde* », P. CORNEILLE. ♦ *Chemin de velours*, chemin sur une pelouse, et fig. voie facile, agréable, pour parvenir à quelque chose. ♦ *Tapis long et étroit que l'on étend sur les parquets d'un appartement ou dans les vestibules d'une porte à l'autre.* ♦ *Chemin de la croix*, suite de tableaux représentant les divers actes de la Passion. ♦ *Le chemin de Saint-Jacques*, la voie lactée. ♦ **Prov.** *Tous chemins vont, tout chemin mène à Rome*, on peut de diverses manières arriver au même but. ■ *Chemin de fer*, moyen de transport par le train. *Le réseau national de chemins de fer.* ■ Jeu d'argent dérivé du baccara. *Miser au chemin de fer.*

CHEMINEAU, ■ n. m. [ʃ(ə)mino] (*chemin*) ▷ Vagabond qui erre sur les chemins et vit de travail saisonnier, de mendicité ou de vols. *Les chemineaux faméliques qu'on croise sur les chemins.* ◁

CHEMINÉE, n. f. [ʃ(ə)mine] (b. lat. (*camera*) *caminata*, chambre pourvue d'un fourneau, *caminus*) Endroit dans une chambre disposé pour servir de foyer et communiquant avec le dehors par un tuyau qui donne issue à la fumée. ♦ La partie inférieure et antérieure de la cheminée, celle qui est dans la chambre. *Cheminée de marbre.* ♦ La partie supérieure et extérieure, celle qui domine le toit. ♦ *Cheminée à la prussienne*, sorte de cheminée en tôle, qui s'adapte à une cheminée ordinaire. ♦ *Manteau de cheminée*, la partie de la cheminée qui fait saillie dans la chambre au-dessus du foyer. ♦ **Fig.** *Sous la cheminée*, sous le manteau de la cheminée, secrètement et sans suivre les formes ordinaires. ♦ *Cheminée d'un fusil*, la partie de la batterie d'un fusil à piston où se met la capsule. ♦ Petit vide dans une pièce de métal fondu. ■ **Alpin.** Passage vertical très étroit entre deux parois.

CHEMINEMENT, n. m. [ʃ(ə)min(ə)mã] (*cheminer*) Action de cheminer. ♦ Marche progressive des travaux offensifs d'un siège.

CHEMINER, v. intr. [ʃ(ə)mine] (*chemin*) Faire du chemin, surtout en ce sens que le chemin est long, pénible. ♦ **Fig.** « *Voyez dans quel sentier la vertu chemine à l'étroit* », BOSSUET. ♦ *Cheminer droit*, ne point tomber en faute. ♦ *L'affaire chemine*, va son train. ♦ En parlant d'un ouvrage d'esprit. *Ce poème chemine bien.* ♦ S'avancer vers une place assiégée, en parlant des mineurs qui travaillent sous terre, ou de l'artillerie et du génie qui poussent en avant leurs travaux.

CHEMINOT, OTE, ■ n. m. et rare f. [ʃ(ə)mino, ɔt] (var. de *chemineau*, qui s'en est détaché avec le développement du chemin de fer) **Fam.** Personne travaillant aux chemins de fer.

CHEMISAGE, ■ n. m. [ʃ(ə)mizaʒ] (*chemiser*) Action de protéger en garnissant d'une chemise. *Le chemisage d'un conduit.*

CHEMISE, n. f. [ʃ(ə)miz] (b. lat. *camisia*) Vêtement de linge qu'on porte sur la peau. ♦ *Chemise ardente*, chemise enduite de soufre qu'on mettait aux personnes condamnées à périr sur un bûcher. ♦ **Fig.** *N'avoir pas de chemise*, manquer de tout. ♦ *Jouer, manger, vendre, engager, donner jusqu'à sa chemise*, c'est-à-dire tout ce qu'on a. ♦ *Mettre quelqu'un en chemise*, le ruiner. ♦ **Fig.** *Cacher quelqu'un ou quelque chose entre la peau ou la chemise*, tout faire pour mettre en sûreté quelqu'un ou quelque chose. ♦ **Fam.** *Changer de, etc. comme de chemise*, changer quelqu'un ou quelque chose très souvent. ♦ Enveloppe de toile, de papier, etc. dont on se sert pour serrer certains objets. ♦ Maçonnerie qui enveloppe. ♦ Crépi, revêtement. ♦ ▷ Lettres en chemise ou à la duchesse, espèce d'écriture où les pleins tiennent

la place des déliés et vice versa. ◁ ♦ **Prov.** *Entre la chair et la chemise, il faut cacher le bien qu'on fait.* ■ Vêtement couvrant le haut du corps, à manches longues, muni d'un col et se boutonnant sur le devant.

CHEMISER, ■ v. tr. [ʃ(ə)mize] (*chemise*) **Techn.** Garnir quelque chose d'une chemise. *Chemiser la paroi d'un mur pour le protéger.* ■ **Cuis.** Garnir l'intérieur et les parois d'un moule de papier avec une préparation ou du papier. *Chemiser un moule a manqué pour faciliter le démoulage après la cuisson.*

CHEMISERIE, n. f. [ʃ(ə)miz(ə)ri] (*chemise*) Confection, magasin de chemises.

CHEMISETTE, n. f. [ʃ(ə)mizɛt] (dim. de *chemise*) Partie antérieure et supérieure d'un corps de chemise qui se met sur la chemise même. ♦ Petit corsage de femme décolleté en forme de chemise. ■ Chemise à manches courtes.

CHEMISIER, IÈRE, n. m. et n. f. [ʃ(ə)mizje, jɛr] (*chemise*) Personne qui fait ou qui vend des chemises. ■ N. m. Chemise de femme.

CHÉMOCEPTEUR, TRICE, ■ adj. [kemosɛptœr, tris] (*chémo- (chimio-)* et *récepteur*) **Anat.** Sensible aux stimulations chimiques. *Une terminaison nerveuse chémoceptrice.* ■ N. m. Organe chémocepteur. *Le chémocepteur d'un neurone.* ■ **Rem.** On dit aussi *chémorécepteur* et *chimiorécepteur.*

CHÉMORÉCEPTEUR, TRICE, ■ adj. [kemoreseptœr, tris] Voy. CHÉMO-CEPTEUR.

CHÊNAIE, n. f. [ʃɛnɛ] (*chêne*) Lieu planté de chênes.

CHENAL, n. m. [ʃ(ə)nal] (réfection, d'après *canal*, de l'anc. fr. *chanel*, du lat. *canalis*, conduit d'eau) Passage pratiqué dans une rivière ou à l'entrée d'un port. ♦ Courant d'eau pour le service d'un moulin, d'une usine. ♦ Passage entre les rochers, des bancs, des terres. ♦ Canal le long d'un toit conduisant les eaux d'une gouttière. ■ *Les chenaux d'une toiture.*

CHENAPAN, n. m. [ʃ(ə)napã] (all. *Schnapphahn*, voleur de grand chemin, de *schnappen*, attraper, et *Hahn*, coq ou gaillard) Vaurien, bandit.

CHÊNE, n. m. [ʃɛn] (b. lat. *casnus*, p.-ê. d'orig gaul.) Arbre de la famille des amentacées, qui produit le gland. ♦ *Chêne vert*, yeuse, variété de chêne qui conserve ses feuilles en toute saison. ♦ *Chêne rouvre*, autre variété très grande. ♦ *Pomme de chêne*, Voy. NOIX DE GALLE. ♦ *Il se porte comme un chêne*, se dit d'une santé très robuste. ♦ *Bois de chêne travaillé. Buffet de chêne.* Bois de chêne à brûler. *Brûler du chêne.* ♦ *Petit chêne*, nom vulgaire de la germandrée.

CHÉNEAU, n. m. [ʃeno] (*chenal*) Sorte de canal en bois ou en plomb, portant à la gouttière les eaux du toit.

CHÊNEAU, n. m. [ʃeno] (*chêne*) Jeune chêne.

CHÊNE-LIÈGE, ■ n. m. [ʃɛn(ə)ljɛʒ] (*chêne* et *liège*) Arbre forestier méditerranéen à feuillage persistant dont l'épaisse écorce produit le liège. *Des chênes-lièges.*

CHENET, n. m. [ʃənɛ] (dim. de *chien*) Ustensile de cheminée, pour tenir le bois soulevé dans le foyer. ♦ **Fig. et fam.** *Avoir les pieds sur les chenets*, ne se donner aucune peine, vivre commodément.

CHÊNETTE, n. f. [ʃɛnɛt] (dimin. de *chêne*) Nom vulgaire de la germandrée officinale.

CHÈNEVIÈRE, n. f. [ʃɛn(ə)vjɛr] (lat. *canaparia*, de *canapus*, chanvre) Terrain semé de chènevis, où croît le chanvre. ♦ *Épouvantail à chènevière*, mannequin pour éloigner les oiseaux, et fig. personne difforme et ridiculement accoutrée.

CHÈNEVIS, n. m. [ʃɛn(ə)vi] (lat. *cannabis*, gr. *kannabis*) La graine du chanvre.

CHÈNEVOTTE, n. f. [ʃɛn(ə)vɔt] (radic. de *chènevis*) Brin de chanvre dépouillé de l'écorce.

CHÈNEVOTTER, v. intr. [ʃɛn(ə)vote] (*chènevotte*) Pousser des rameaux trop minces, en parlant d'un végétal.

CHENIL, n. m. [ʃ(ə)nil] ou [ʃ(ə)ni] (lat. vulg. *canile*, de *canis*, chien) Lieu où l'on renferme les chiens d'une meute. ♦ **Par extens.** Bâtiment où sont logés les officiers et les équipages de chasse. ♦ Par dénigrement, logement sale et mal tenu.

CHENILLE, n. f. [ʃ(ə)nij] (lat. *canicula*) Larve des lépidoptères ou papillons. ♦ **Fig.** *Une chenille*, un misérable qui se plaît à mal faire. ♦ *Être laid comme une chenille*, être d'une extrême laideur. ♦ Sorte de passementerie veloutée en soie. ♦ Dans le costume militaire, chenille de casque, crinière non flottante et à poil court. ♦ Bande métallique entourant les roues d'un véhicule, qui lui permettent de se déplacer sur des terrains peu praticables.

CHENILLÉ, ÉE, ■ adj. [ʃənije] (*chenille*) Qui est équipé de chenilles. *Un véhicule chenillé.*

CHENILLÈRE, n. f. [ʃənijɛr] (*chenille*) Nid de chenilles ; lieu infesté de chenilles.

CHENILLETTE, n. f. [ʃənijɛt] (dim. de *chenille*) Plante légumineuse qui produit une gousse roulée sur elle-même ; nom vulgaire de la scorpiure. ■ Petit véhicule muni de chenilles. *Les stations de sports d'hiver sont souvent équipées de chenillettes pour venir en aide aux skieurs blessés sur les pistes.*

CHÉNOPODE, n. m. [kenopɔd] (lat. sav. *chenopodium* du gr. *khên*, oie et *pous*, pied) Genre de plantes appelées vulgairement anserines ou pattes-d'oie.

CHÉNOPODÉE, n. f. [kenopode] (*chénopode*) Famille de plantes dont le chénopode est le type.

CHÉNOPODIACÉE, ■ n. f. [kenopodjase] (*chenopodium*) Dicotylédone apétale qui appartient à la famille de la betterave et de l'épinard. *On consomme généralement les racines des chénopodiacées.*

CHENU, UE, adj. [ʃəny] (lat. médiév. *canutus*, du lat. *canus*, blanc) Tout blanc de vieillesse. *Une tête chenue. Vieillard chenu.* ♦ **Fig.** Couvert de neige. *Les cimes chenues des Alpes.* ♦ *Arbre chenu*, arbre dont la cime est dépouillée. ♦ **Fig.** Hors d'usage. ♦ **Pop.** Chenu se dit pour excellent, fort, riche.

CHEPTEL, n. m. [ʃɛptɛl] (lat. *capitale*, bien meuble) Convention ou bail d'un maître avec son fermier, lorsqu'il lui donne un certain nombre de bestiaux pour les nourrir et les soigner, avec partage du produit. ♦ **Par extens.** Les bestiaux mêmes formant le fonds du cheptel. ■ **Rem.** On prononçait autrefois [ʃ(ə)tɛl].

CHÈQUE, n. m. [ʃɛk] (angl. *check*, souche de contrôle) Bon à vue détaché d'un livre à souche et donné, sur le banquier qui a reçu provision préalable, par le débiteur ou payeur au créancier ou à la personne qui doit recevoir. ■ **Fam.** *Chèque en bois*, ou *chèque sans provision*, chèque émis bien que le compte ne soit pas suffisamment provisionné. ■ *Chèque en blanc*, sur lequel ne figure aucun montant. ■ *Chèque bancaire, chèque postal*, prélevé sur une banque ou sur la Poste. ■ *Émettre un chèque*, le rédiger et le signer. ■ *Débiter, tirer un chèque*, l'encaisser. ■ *Toucher, endosser un chèque*, le déposer sur son compte. ■ *Chèque de banque*, émis par la banque. ■ ▷ *Chèque au porteur*, rédigé sans destinataire et qui peut être encaissé par le porteur du chèque. ◁ ■ *Chèque barré*, qui ne peut être encaissé que par une banque. ■ **Par extens.** Bon représentant une certaine valeur marchande. *Chèque de voyage. Chèque-restaurant. Chèque-cadeau.*

CHÈQUE-SERVICE, ■ n. m. [ʃɛk(ə)sɛʀvis] (*chèque* et *service*) Mode de rémunération simplifié pour certains emplois à domicile pour lesquels les cotisations employeur sont directement prélevées sur le compte du payeur. *Payer son assistante maternelle avec des chèques-services.* ■ **Rem.** On dit aussi *chèque emploi-service. Utiliser des chèques emploi-service.*

CHÉQUIER, ■ n. m. [ʃekje] (*chèque*) Carnet de chèques. *Sortir souvent son chéquier.*

CHER, ÈRE, adj. [ʃɛʀ] (lat. *carus*) Auquel on est attaché par une vive affection. *Mes chers enfants. Un homme cher à sa famille.* ♦ Il s'emploie comme expression affectueuse. *Mon cher ami.* ♦ Elliptiquement et fam. *Mon cher, ma chère.* ♦ **Par extens.** À quoi on tient. « *À tous les cœurs bien nés que la patrie est chère!* », VOLTAIRE. ♦ En parlant du temps, précieux. « *Allez, le temps est cher, il le faut employer* », RACINE. ♦ Que l'on caresse en soi. *C'est mon vœu le plus cher.* ♦ « *Laisse-moi mon erreur, puisqu'elle m'est si chère* », P. CORNEILLE. ♦ Qui exige une grande dépense. *La vie est chère à Paris.* ♦ *Une chère année*, une année pendant laquelle le blé a été beaucoup plus cher qu'à l'ordinaire. ♦ Qui vend à haut prix. *Ce marchand est très cher.* ♦ CHER, adv. À haut prix. *Vendre, acheter cher.* ♦ *Il fait cher vivre*, tout ce qui sert à l'entretien de la vie est d'un prix élevé. ♦ **Fig.** *Coûter cher*, être obtenu au prix de grands sacrifices, de grandes souffrances, de grandes pertes. ♦ *Vendre cher*, faire obtenir au prix de grands sacrifices. *Payer cher*, obtenir au prix de grands sacrifices. ♦ *Vendre sa vie bien cher*, la venger glorieusement avant de la perdre. ♦ **Fam.** *Il me le payera cher, cela lui coûtera cher, je le ferai repentir de ce qu'il a fait.* ■ *Les places sont chères*, sont difficiles à obtenir.

CHERCHE, n. f. [ʃɛʀʃ] (*chercher*) Ne se dit que dans cette loc. fam. *Être en cherche d'une personne, d'une chose*, la chercher.

CHERCHÉ, ÉE, p. p. de chercher. [ʃɛʀʃe] Qu'on tâche de trouver. ♦ Affecté. *Rien de cherché dans son style.* ♦ *Œuvre cherchée*, œuvre dans laquelle l'artiste a trop visé à l'effet.

CHERCHE-MIDI, ■ n. m. inv. [ʃɛʀʃ(ə)midi] (*chercher* et *midi*) Punaise rouge et noire appelée aussi *gendarme*. *Les cherche-midis affectionnent les abords des maisons et les murs ensoleillés.*

CHERCHER, v. tr. [ʃɛʀʃe] (b. lat. *circare*, faire le tour) Tâcher de trouver. ♦ **Fam.** *Chercher quelqu'un par mer et par terre, par monts et par vaux, à pied et à cheval*, le chercher partout. ♦ *Chercher Dieu*, être rempli du désir de se conformer à sa volonté. ♦ **Fig.** *Chercher une aiguille dans une botte de foin*, chercher sans résultat possible. ♦ **Fig.** et **fam.** *Chercher midi à quatorze*

heures, chercher ce qui ne peut se trouver, une chose où elle n'est pas. ♦ **Fig.** *Chercher l'occasion de gagner de l'argent. Chercher le danger.* ♦ **Absol.** *Je cherche, et ne trouve rien qui me plaise.* ♦ *Chercher dans sa tête*, interroger ses souvenirs. ♦ *Aller à la recherche de quelqu'un, de quelque chose.* « *Page, cherchez Rodrigue et l'amenez ici* », P. CORNEILLE. ♦ *Aller chercher, venir chercher*, aller, se rendre auprès de quelqu'un. ♦ *Aller chercher quelqu'un, venir chercher quelqu'un*, se rendre auprès de lui pour quelque besoin, pour le mener quelque part. ♦ **Fig.** *Aller chercher* n'a guère d'autre sens que *chercher* et renforce seulement l'expression. « *Que jamais du sujet le discours s'écartant N'aille chercher trop loin quelque mot éclatant* », BOILEAU. ♦ *Envoyer chercher quelqu'un, quelque chose*, obtenir par un message que quelqu'un vienne, qu'une chose soit apportée. ♦ Il se dit des choses. *L'eau cherche un passage.* « *Le malheur me cherche* », MOLIÈRE. ♦ Tâcher de se procurer, d'acquérir. *Chercher une place.* ♦ *Chercher la solution d'un problème.* ♦ *Chercher femme*, chercher à se marier. ♦ *Chercher de l'argent*, tâcher de s'en procurer par un emprunt. ♦ *Chercher son pain*, mendier. ♦ *Chercher sa vie*, chercher les moyens de subsister. ♦ *Chercher malheur, chercher son malheur*, faire des choses capables d'attirer sur soi quelque mal. ♦ *Chercher l'ennemi*, aller à sa recherche pour lui livrer bataille. ♦ *Chercher querelle, noise*, susciter une querelle, un différend. ♦ *Chercher à quelqu'un*, faire des recherches pour quelqu'un. *Cherchez-moi un secrétaire.* ♦ Suivi d'un infinitif précédé de la préposition *à*, tâcher, s'efforcer de. « *Oui, c'est Joas ; je cherche en vain à me tromper* », RACINE. ♦ **Fam.** *Chercher à se faire battre*, faire des choses qui exposent à être battu. ♦ Avec la préposition *de*, dans le même sens. *Que le cœur affligé... « Cherche d'être allégé* », MALHERBE. ♦ *Se chercher*, v. pr. Être en quête l'un de l'autre. ♦ **Fig.** Essayer de connaître ce que l'on est, ce que l'on peut. « *Maintenant je me cherche et ne me trouve plus* », RACINE. ♦ *Se chercher*, chercher la retraite pour n'être point distrait de ses pensées. ♦ **Prov.** *En cherchant on trouve*, ou *qui cherche trouve*, en se donnant de la peine on finit par réussir. ♦ **Fam.** *Chercher quelqu'un*, le provoquer.

CHERCHEUR, EUSE, n. m. et n. f. [ʃɛʀʃœʀ, øz] (*chercher*) Personne qui cherche. ♦ *Un chercheur*, celui qui cherche avec activité et persévérance des faits, des documents, des livres ou autres pièces de collection. ♦ En mauv. part, *un chercheur de pointes, une chercheuse d'esprit.* ♦ **Adj.** *Un esprit chercheur. Une imagination chercheuse.* ♦ **N. m.** *Chercheur* lunette subsidiaire, à court foyer, adaptée au télescope. ♦ **Milit.** *Tête chercheuse*, dispositif permettant à un engin de combat de déterminer exactement la position de sa cible.

CHÈRE, n. f. [ʃɛʀ] (lat. *cara*, du gr. *kara*) Visage. Ce sens a vieilli. ♦ Bon accueil, réception caressante. « *Ne sachant quelle chère me faire* », MME DE SÉVIGNÉ. ♦ **Par extens.** *Faire bonne chère* a passé du sens de faire bon accueil à faire un bon repas. *Aimer la bonne chère.* ♦ *Faire petite chère, maigre chère*, avoir un repas insuffisant. ♦ *Homme de bonne chère*, celui qui aime la table et s'y connaît. ♦ *Faire grande chère et beau feu*, faire une très grande dépense. ♦ *Faire chère lie*, faire bonne chère et vie joyeuse. ♦ **Prov.** *Il n'est chère que de vilain*, lorsqu'un avare se résout à donner un repas, il y met plus de profusion qu'un autre.

CHÈREMENT, adv. [ʃɛʀ(ə)mɑ̃] (*cher*) D'une manière affectueuse et tendre. « *Vous n'êtes aimée en nul lieu du monde si chèrement qu'ici* », MME DE SÉVIGNÉ. « *Conservez ce livre chèrement* », MOLIÈRE. ♦ À haut prix. *Payer, acheter, vendre chèrement une marchandise.* ♦ **Fig.** *Il paya cette courte joie chèrement.* ♦ *Vendre chèrement sa vie*, ne succomber qu'après avoir fait beaucoup de mal à l'ennemi. ♦ On dit aussi fam. *Vendre chèrement sa peau.*

CHERGUI, ■ n. m. [ʃɛʀgi] (mot arabe) Vent chaud du Maroc (Sirocco). *Le chergui est un vent d'est à sud-est. Le chergui est associé au décalage et au creusement de la dépression saharienne.*

CHÉRI, IE, p. p. de chérir. [ʃeri] *Le peuple chéri de Dieu*, les Juifs. ♦ **N. m.** et n. f. *C'est son chéri, sa chérie.* ■ *Le chéri de quelqu'un*, le préféré. *Le chéri du directeur.* ■ *Tu viens ma chérie? Oui, chérie, mon chéri, mes petits chéris*, termes d'affection.

CHÉRIF, n. m. [ʃerif] (ar. *sharif*, noble) Prince descendant de Mahomet par sa fille Fatima. ♦ Prince arabe ou maure. *Le chérif de la Mecque.*

CHÉRIFAT, ■ n. m. [ʃerifa] (*chérif*) Dignité de chérif.

CHÉRIFIEN, IENNE, ■ adj. [ʃerifjɛ̃, jɛn] (*chérif*) Qui est lié au chérif. *Une famille chérifienne.*

CHÉRIR, v. tr. [ʃerir] (*cher*) Avoir beaucoup d'affection pour quelqu'un. *Chérir ses enfants.* ♦ Aimer d'un amour qui a quelque chose du culte. *Chérir sa patrie.* ♦ Tenir beaucoup à. « *Qui chérit son erreur ne veut pas la connaître* », P. CORNEILLE. ♦ *Se chérir*, v. pr. Avoir une affection mutuelle. ♦ Avoir de l'affection pour soi-même. ♦ *Être chéri.*

CHÉRISSABLE, adj. [ʃerisabl] (*chérir*) Digne d'être chéri.

CHERMÈS, ■ n. m. [kɛrmɛs] Puceron qui provoque la galle chez certaines espèces de conifères. *Une forte augmentation des pullulations du chermès dans les forêts est constatée depuis plusieurs années.*

CHÉROT, OTE, ■ adj. [ʃero, ɔt] (*cher*) **Fam.** Qui est coûteux. *Cette voiture, elle est chérote !*

CHERRY, ■ n. m. [ʃɛʀi] (mot angl., cerise) Liqueur à base de cerise. *Il a bu deux cherrys de suite.*

CHERSONÈSE, n. f. [kɛʀsɔnɛz] (gr. *khersonêsos,* de *khersos,* gê, terre ferme, et *nêsos,* île) **Géogr. anc.** Presqu'île. *Chersonèse de Thrace.*

CHERTÉ, n. f. [ʃɛʀte] (*cher,* d'après le lat. *caritas*) Prix des denrées qui excède le prix ordinaire. ◆ Prix élevé relativement à un prix antérieur. *Nous entrons dans une période de cherté.*

CHÉRUBIN, n. m. [ʃeʀybɛ̃] (hébr. *kerûb,* plur. *kerubim*) Ange que Dieu mit à la porte du paradis terrestre. ◆ Nom de figures qui étaient dans le temple de Jérusalem. ◆ Dans le christianisme, nom des anges du second rang de la première hiérarchie. ◆ **Fam.** *Une face de chérubin,* un visage rond et coloré. *Rouge, joli comme un chérubin.* ◆ Terme d'affection. *Mon chérubin, mon petit chérubin.* ◆ **Peint.** et **sculpt.** Tête d'enfant, avec des ailes, figurant un ange.

CHERVIS, n. m. [ʃɛʀvi] (ar. *karawiya,* chervis et carvi, croisé avec le lat. *careum,* carvi) Plante ombellifère et potagère.

CHESTER, n. m. [tʃɛstœʀ] ou [ʃɛstɛʀ] (*Chester,* ville anglaise) Fromage renommé, provenant de la ville de Chester.

CHÉTIF, IVE, adj. [ʃetif, iv] (croisement du lat. *captivus,* prisonnier avec le gaul. *cactos,* serviteur) De peu d'importance, de peu de force, en parlant des personnes. *Une chétive créature.* ◆ En parlant des choses, qui n'a pas force, qualité. *Une récolte, une plante chétive.* ◆ *Avoir chétive mine,* avoir la mine basse, et aussi avoir l'air malade. ◆ Misérable, pauvre. *Une vie chétive.*

CHÉTIVEMENT, adv. [ʃetiv(ə)mã] (*chétif*) D'une manière chétive.

CHÉTOGNATHE, ■ n. m. [ketɔɲat] (lat. *chætognatha,* du gr. *khaitê,* crinière, et *gnathos,* mâchoire) Petit invertébré marin planctonique translucide. *Les chétognathes ont des épines préhensiles autour de la gueule et se nourrissent de larves de poisson.*

CHEVAGE, n. m. [ʃəvaʒ] (*chever*) Action de donner au verre ramolli par la chaleur la forme d'un moule.

CHEVAINE, n. f. [ʃəvɛn] (lat. *capito,* génit. *capitinis,* qui a une grosse tête) Syn. de chevanne.

CHEVAL, n. m. [ʃ(ə)val] (lat. *caballus,* cheval de travail, qui a supplanté *equus*) Animal domestique de la famille des solipèdes. *Cheval de charrette, de carrosse, de main, de bataille.* ◆ *Tirer un criminel à quatre chevaux,* écarteler un criminel en attachant un cheval à chacun de ses membres. ◆ *C'est un cheval échappé,* c'est un jeune homme qui n'écoute ni autorité ni conseil. ◆ *C'est un vrai cheval à la besogne,* c'est un homme dur à la peine, grand travailleur. ◆ **Fig.** et **fam.** *Cheval de carrosse, cheval de bât, gros cheval,* ou simplement *cheval,* homme rude, grossier, intraitable. ◆ **Fig.** *C'est le cheval de bât,* se dit d'un homme chargé, dans une maison, dans une communauté, de la grosse besogne. ◆ *Dans le pas d'un cheval,* facilement, sans peine. « *Croit-il que mille cinq cents livres se trouvent dans le pas d'un cheval ?* », MOLIÈRE. ◆ Aux enseignes des hôtelleries, *un tel loge à pied et à cheval.* ◆ *C'est son cheval, son grand cheval de bataille,* c'est l'argument dont il s'appuie, l'idée à laquelle il est attaché. ◆ *Monter sur ses grands chevaux,* prendre les choses avec résolution, avec hauteur, se gendarmer ; locution venue de ce que les chevaliers chevauchant sur de petits chevaux montaient pour combattre sur de grands chevaux. ◆ *Brider son cheval par la queue,* s'y prendre à contresens dans une affaire. ◆ *Fièvre de cheval,* fièvre violente. ◆ *Médecine de cheval,* médicament très fort. ◆ **Fam.** *Écrire à quelqu'un une lettre à cheval,* écrire une lettre où on le gourmande vertement. ◆ *Homme de cheval,* un cavalier. *Des gens de cheval.* ◆ *Mettre quelqu'un à cheval,* lui enseigner l'équitation. ◆ À CHEVAL, loc. adv. Sur un cheval. *Se promener à cheval.* ◆ Ellipt. *À cheval !* c'est-à-dire montez à cheval. ◆ Par analogie, à califourchon, jambe deçà, jambe delà. *Il était à cheval sur le mur.* ◆ **Milit.** *Être à cheval sur un fleuve, sur une route,* avoir des troupes placées sur l'une et l'autre rive, sur l'un et l'autre côté de la route. ◆ **Fig.** *Être à cheval sur quelque chose,* n'en pas démordre, s'en prévaloir, y revenir sans cesse. ◆ **Fig.** *Être mal à cheval,* être mal dans ses affaires. ◆ **N. m. pl. Milit.** Cavaliers. *Il avait deux mille chevaux.* ◆ *Les grands chevaux,* nom qui était donné aux quatre principales familles de la noblesse de Lorraine. *Les petits chevaux,* la noblesse inférieure de Lorraine. ◆ *Cheval fondu,* Jeu d'enfants dans lequel l'un saute par-dessus l'autre qui a le corps plus ou moins fléchi. ◆ *Cheval de bois,* figure de bois sur laquelle on apprend à voltiger. ◆ *Cheval de frise,* en termes de guerre, grosse poutre carrée, traversée par trois rangs de pieux de bois, dont les bouts sont armés de pointes de fer, ainsi dit parce que cet engin a d'abord été employé dans la Frise. ◆ *Cheval-vapeur* ou simplement *cheval,* unité conventionnelle dont on se sert pour évaluer la force motrice des machines à vapeur. ◆ *Cheval cerf,* nom d'un mammifère observé en Chine. ◆ *Cheval du Cap,* nom donné au cheval quaccha. ◆ *Cheval marin,* cheval de rivière, hippopotame, et plusieurs poissons. ◆ **Prov.** *Il est bon cheval de trompette,* le bruit, les menaces ne l'effrayent pas. ◆ *Changer son cheval borgne contre un aveugle,* changer une chose mauvaise contre une autre plus mauvaise encore. ◆ *À cheval donné on ne regarde point à la bouche, à la bride,* un don est toujours bienvenu. ◆ *Il n'est si bon cheval qui ne bronche,* le plus sage, le plus habile peut commettre des fautes. ■ *Queue de cheval,* coiffure qui maintient en un lien les cheveux ramenés sur le haut du crâne.

CHEVAL-D'ARÇONS, ■ n. m. inv. [ʃ(ə)valdaʀsɔ̃] (*cheval* et *arçon*) Agrès de gymnastique masculine muni de deux arceaux sur lesquels le gymnaste se tient en force pour évoluer d'un bras sur l'autre. *Plusieurs cheval-d'arçons avaient été détériorés au cours du transport.* ■ REM. On dit aussi *cheval-arçons.* ■ REM. Graphie ancienne : *cheval d'arçons.*

CHEVALEMENT, n. m. [ʃaval(ə)mã] (*chevaler*) **Archit.** Appareil formé par des planches ou madriers placés sur des étais pour supporter un mur qu'on reprend en sous-œuvre.

CHEVALER, v. intr. [ʃavale] (*cheval*) Faire des allées et venues, des démarches pour une affaire. Vieilli en ce sens. ◆ Faire usage d'un chevalet. ◆ V. tr. *Chevaler les cuirs,* les travailler sur le chevalet. ◆ *Chevaler un mur,* l'étayer avec des chevalements.

CHEVALERESQUE, adj. [ʃaval(ə)ʀɛsk] (ital. *cavalleresco,* d'après *chevalier*) Qui appartient à un chevalier ; digne d'un chevalier. *Bravoure, franchise chevaleresque.*

CHEVALERESQUEMENT, adv. [ʃaval(ə)ʀɛskəmã] (*chevaleresque*) D'une manière chevaleresque.

CHEVALERIE, n. f. [ʃaval(ə)ʀi] (radic. de *chevalier*) Institution militaire propre à la noblesse féodale et consacrée par la religion. ◆ *La chevalerie errante,* les chevaliers errants. ◆ *Romans de chevalerie,* romans où sont décrits les exploits, les aventures des chevaliers, tels que l'imagination les avait idéalisés. ◆ Le corps des chevaliers, la cavalerie noble. ◆ *Fine fleur de chevalerie,* se disait pour l'élite des chevaliers et aussi pour un chevalier accompli. ◆ Qualité, rang de chevalier. ◆ *Ordre de chevalerie,* distinction honorifique instituée par divers souverains. ◆ Race noble. ◆ La noblesse. *Un roi entouré de sa chevalerie.*

CHEVALET, n. m. [ʃavalɛ] (*cheval*) Support pour tenir l'objet sur lequel on travaille. *Chevalet de scieur de bois, de peintre.* ◆ *Tableau de chevalet,* petit tableau ou tableau de moyenne grandeur. ◆ Instrument de punition pour les soldats. ◆ Instrument de torture usité dans l'Antiquité. ◆ Mince pièce de bois qui supporte les cordes tendues sur la table d'un violon, d'un violoncelle, etc. ◆ Grand tréteau en charpente. ◆ Pièce d'étai dans les réparations. ◆ Banc de travail dans plusieurs métiers.

CHEVALIER, n. m. [ʃavalje] (b. lat. *caballarius,* cavalier, guerrier à cheval) Citoyen du deuxième des trois ordres dans la république romaine. ◆ Au Moyen Âge, celui qui avait reçu l'ordre de la chevalerie. ◆ *Armer quelqu'un chevalier,* le recevoir chevalier. ◆ *Chevalier errant,* chevalier qui allait par le monde se présenter aux tournois, jouter contre tout venant. ◆ **Fig.** *Se faire le chevalier de quelqu'un,* prendre sa défense avec chaleur. ◆ *Le chevalier d'une dame,* celui qui lui rend des soins assidus. ◆ Membre d'un ordre religieux et militaire. *Les chevaliers de Malte.* ◆ Celui qui a obtenu la décoration d'un des ordres institués par un souverain, et spécialement celui qui a le dernier grade dans les ordres, qui en comptent plusieurs. *Chevalier de la Légion d'honneur.* ◆ *Chevalier* est un titre de noblesse au-dessous de baron en France, et de baronnet en Angleterre. ◆ *Chevalier d'honneur,* le principal officier de la maison de la reine ou d'une princesse. ◆ **Fig.** *Chevalier d'industrie,* homme qui vit d'expédients, escroc. ◆ Au f. Dans le style badin, *chevalière,* femme qui a le rang de chevalier, ou épouse d'un chevalier. ◆ *Chevalier de la triste figure ou à la triste figure,* Don Quichotte.

CHEVALIÈRE, ■ n. f. [ʃavaljɛʀ] (anciennement *bague à la chevalière*) Large bague ordinairement masculine, munie d'un chaton orné d'armoiries ou d'initiales.

CHEVALIN, INE, adj. [ʃavalɛ̃, in] (lat. impér. *caballinus*) Qui se rapporte au cheval. *Bête chevaline,* un cheval ou une jument. *Les races chevalines,* les diverses races de chevaux. ■ *Boucherie chevaline,* qui vend de la viande de cheval. ■ **Fig.** Chez un humain , qui fait penser à un cheval. *Un profil chevalin. Une mâchoire chevaline.*

CHEVAL-VAPEUR, ■ n. m. [ʃ(ə)valvapœʀ] (*cheval* et *vapeur*) Ancienne unité de puissance valant 736 W. Symb. CV. *Trente chevaux-vapeur.*

CHEVANCE, n. f. [ʃavãs] (anc. fr. *chevir,* être maître de) ▷ Le bien qu'on a. *Il a perdu sa chevance.* ◆ Il a vieilli. ◁

CHEVANNE ou **CHEVAINE,** n. f. [ʃavan, ʃavɛn] (*chevaine*) Petit poisson du genre des ables, dit aussi meunier.

CHEVAUCHABLE, adj. [ʃavoʃabl] (*chevaucher*) Propre à être chevauché ; où l'on peut aller à cheval.

CHEVAUCHANT, ANTE, adj. [ʃavoʃã, ãt] (*chevaucher*) Se dit des parties qui empiètent l'une sur l'autre et se croisent un peu. ◆ **Bot.** *Feuilles chevauchantes,* feuilles pliées en gouttières, qui s'emboîtent réciproquement les unes dans les autres.

CHEVAUCHÉE, n. f. [ʃəvoʃe] (p. p. fém. substantivé de *chevaucher*) Promenade à cheval. ◆ Tournée à cheval que faisaient autrefois certains fonctionnaires inspecteurs. ◆ Tout le terrain que peut parcourir une bête de somme en un temps donné. ◆ Incursion hostile ; course de gens armés.

CHEVAUCHEMENT, n. m. [ʃəvoʃ(ə)mã] (*chevaucher*) Croisement de deux pièces. ◆ **Bot.** Disposition des feuilles chevauchantes. ◆ **Méd.** Certain déplacement des fragments d'un fracturé.

CHEVAUCHER, v. intr. [ʃəvoʃe] (b. lat. *caballicare*, monter, voyager à cheval) Aller à cheval. ◆ **Par extens.** Être à califourchon. *Cet enfant chevauche sur un bâton.* ◆ **Techn.** Se croiser, empiéter l'un sur l'autre. ◆ **Méd.** En parlant d'un os fracturé, éprouver le chevauchement. ◆ **Impr.** Être mal aligné. *Ces lignes chevauchent.* ■ Se chevaucher, v. pr. Fig. *J'ai deux réunions qui se chevauchent.*

CHEVAUCHEUR, n. m. [ʃəvoʃœr] (*chevaucher*) Celui qui chevauche.

CHEVAUCHONS (À), loc. adv. [ʃəvoʃõ] (*à* et *chevaucher*) Jambe deçà, jambe delà.

CHEVAUCHURE, n. f. [ʃəvoʃyr] (*chevaucher*) Disposition de parties qui empiètent les unes sur les autres.

CHEVAU-LÉGERS, n. m. pl. [ʃəvoleʒe] (plur. de *cheval* et *léger*, le mot étant d'abord empl. à ce seul nombre) Nom d'une compagnie de cavalerie composée de gens de naissance qui faisaient partie de la garde du roi. ◆ **Au sing.** *Un chevau-léger*, un cavalier de ces compagnies.

CHEVECIER, n. m. [ʃɛv(ə)sje] (anc. fr. *chevez*, chevet d'église) Dignitaire qui avait soin du chevet de l'église, du trésor, du luminaire. ■ **Rem.** On disait aussi *chefecier*.

CHEVELÉ, ÉE, adj. [ʃəv(ə)le] (anc. fr. *chevel*, cheveu) **Hérald.** Tête chevelée, tête dont les cheveux sont d'autre émail ou couleur que la tête.

CHEVELU, UE, adj. [ʃəv(ə)ly] (anc. fr. *chevel*, cheveu) Qui porte de longs cheveux. ◆ *Les rois chevelus*, les rois de la première race ou mérovingiens [1]. ◆ *La Gaule chevelue*, partie des Gaules dont les habitants portaient de longs cheveux. ◆ **Anat.** *Le cuir chevelu*, la partie de la peau au-dessous de laquelle sont implantés les cheveux et qui est traversée par eux. ◆ *Comète chevelue*, celle qui a une traînée de lumière diffuse. ◆ *Racine chevelue*, celle qui a un grand nombre de filaments déliés. ◆ *Plante chevelue*, celle qui a beaucoup de rameaux. ◆ **N. m.** *Le chevelu*, l'ensemble des divisions les plus ténues des racines, par lesquelles l'arbre pompe les sucs nourriciers. ■ **Rem.** 1 : *Race* est à comprendre ici au sens de *dynastie*.

CHEVELURE, n. f. [ʃəv(ə)lyr] (b. lat. *capillatura* ; arrangement des cheveux) L'ensemble des cheveux. ◆ *Enlever la chevelure*, se dit des sauvages de l'Amérique du Nord, qui enlèvent une portion du cuir chevelu d'un ennemi vaincu et en font un trophée [1]. ◆ Par analogie et poétiq. Le feuillage des arbres. ◆ **Astron.** *La chevelure d'une comète*, traînée de matière lumineuse et diffuse qu'elle emporte avec elle. ◆ *La Chevelure de Bérénice*, constellation de l'hémisphère septentrional. ■ **Rem.** 1 : *Sauvage* à l'époque de Littré n'était pas péjoratif.

CHEVER, v. tr. [ʃəve] (lat. *cavare*, creuser) Creuser une pierre précieuse pardessous, pour en affaiblir la couleur. ◆ Rendre concave une pièce de métal. ◆ Faire subir au verre le chevage. *Verres chevés*, verres pour montres.

CHEVET, n. m. [ʃəve] (anc. fr. *chevez*, du lat. *capitium*, tunique qu'on passe par la tête) Partie du lit où l'on met la tête. ◆ Traversin. ◆ **Fig.** *Il a trouvé cela sous son chevet*, il l'a rêvé, imaginé ou inventé. ◆ *Épée de chevet*, poignard que l'on tenait, la nuit, à sa portée. ◆ Livre de prédilection. *L'Iliade était l'épée de chevet d'Alexandre.* ◆ Tout ce qui sert à appuyer la tête pendant le sommeil. ◆ **Fig.** *L'insouciance est, en quelques circonstances, le meilleur des chevets.* ◆ Partie qui termine le chœur d'une église, où est l'autel. ■ **Rem.** On dit auj. *livre de chevet* et non pas *épée de chevet*. ■ *Être au chevet d'un malade*, être prêt de lui pour le veiller et lui apporter ce dont il a besoin.

CHEVÊTRE, n. m. [ʃəvɛtr] (lat. *capistrum*, courroie de pressoir) Licou. ◆ Bandage que l'on emploie pour maintenir réduites les fractures et les luxations de l'os maxillaire inférieur. ◆ Pièce de bois dans laquelle on emboîte les soliveaux et le plancher.

CHEVEU, n. m. [ʃ(ə)vø] (lat. *capillus*) Poil particulier à la partie de la peau qui recouvre le crâne dans l'espèce humaine. ◆ **Fam.** *Il ne lui a pas touché un cheveu*, il n'a pas porté sa main sur lui ou sur elle. ◆ *Être coiffé en cheveux*, n'avoir pour coiffure que ses cheveux arrangés de telle ou telle façon. Dans le même sens : *Être en cheveux.* On dit aussi, sans le verbe *être* : *En cheveux.* ◆ *Faux cheveux*, ceux qui ne tiennent pas à la tête, mais qui sont appliqués en tresses, tours ou perruques. ◆ *Tour de cheveux*, bandeau de faux cheveux que les femmes portent par devant. ◆ *Se prendre aux cheveux dans une rixe*, se saisir par les cheveux. ◆ **Fig.** *Se prendre aux cheveux*, discuter avec une grande animosité. ◆ *Prendre une occasion aux cheveux*, ne pas

la manquer (locution qui vient de ce que les anciens représentaient l'Occasion chevelue par devant et chauve par derrière). ◆ *S'arracher les cheveux*, arracher ses cheveux, et fig. être en proie à un violent désespoir. ◆ *Faire dresser les cheveux à la tête* ou, simplement, *faire dresser les cheveux*, faire horreur. *Les cheveux me dressent à la tête, je suis saisi d'horreur.* ◆ **Fam.** *Il ne s'en faut pas de l'épaisseur d'un cheveu*, il s'en faut de très peu. ◆ *Fendre, couper un cheveu en quatre*, subtiliser. ◆ *Raisonnement tiré par les cheveux*, raisonnement forcé. ◆ **N. m. pl.** *Cheveux d'évêque*, la raiponce. ◆ *Cheveux de Vénus*, l'adiante de Montpellier. ◆ *Cheveux de la Vierge*, plusieurs espèces de byssus et aussi la fleur de la viorne. ■ **Rem.** On dit aussi *Tomber comme un cheveu sur la soupe*. ■ *À un cheveu près*, presque. *À un cheveu près, je réussissais mon examen.* ■ *Avoir un cheveu sur la langue*, zézayer légèrement. ■ *Arriver comme un cheveu sur la soupe*, arriver mal à propos. ■ *Cheveux d'ange*, vermicelles très fins. ◆ **Fig.** *Se faire des cheveux*, se faire du souci. **Fig.** *Tirer par les cheveux*, faire ou raconter quelque chose de manière peu logique. *Son explication était un peu tirée par les cheveux.* ■ **Fam.** *Avoir mal aux cheveux*, avoir mal à la tête après avoir trop bu.

CHEVILLAGE, n. m. [ʃəvijaʒ] (*cheviller*) L'ensemble des chevilles d'un ouvrage. ◆ Action de cheviller.

CHEVILLARD, ■ n. m. [ʃəvijar] (*cheville*) Boucher effectuant de la vente en gros.

CHEVILLE, n. f. [ʃəvij] (lat. *clavicula*) Morceau de bois ou de fer court et arrondi, dont on se sert pour boucher, ou assembler, ou accrocher. ◆ *Cheville ouvrière*, grosse cheville qui joint l'avant-train avec le train de derrière d'une voiture. ◆ **Fig.** *Cheville ouvrière*, l'agent principal, indispensable d'une chose. ◆ Petite pièce de bois ou de métal qui sert à tendre les cordes d'un violon, d'un piano, etc. ◆ *La cheville du pied*, saillie des os de l'articulation du pied, formée en dedans par le tibia, en dehors par le péroné. ◆ **Fig.** *Il ne lui va pas à la cheville*, il lui est très inférieur. ◆ **N. f. pl.** Andouillers qui sortent des perches de la tête du cerf, du daim, du chevreuil. ◆ **Hérald.** Ramures d'une corne de cerf. ◆ *Vendre à la cheville*, revendre en gros et en demi-gros la viande dépecée (locution tirée de ce que la viande est accrochée à des chevilles). ◆ **Fig.** Toute expression qui, inutile à la pensée, ne sert qu'à tenir une place dans la phrase ou dans le vers. *Vers remplis de chevilles.* ■ **Fam.** *Se mettre en cheville avec quelqu'un*, s'associer avec lui. ■ **Rem.** On dit aujourd'hui : *il ne lui arrive pas à la cheville*.

CHEVILLÉ, ÉE, p. p. de cheviller. [ʃəvije] **Fig.** *Avoir l'âme chevillée dans le corps*, résister aux blessures, aux maladies les plus graves. ◆ **Bot.** Qui a la forme d'un clou. ◆ *Tête bien chevillée*, tête de cerf qui a beaucoup de belles pointes. ◆ **Hérald.** Garni d'andouillers. ◆ **Fig.** Rempli de mots inutiles. *Des vers chevillés.* ■ **Rem.** On dit aujourd'hui *avoir l'âme chevillée au corps*.

CHEVILLER, v. tr. [ʃəvije] (*cheville*) Assembler avec des chevilles. *Cheviller une porte.* ◆ **Fig.** *Cheviller des vers*, y faire entrer des mots inutiles.

CHEVILLETTE, n. f. [ʃəvijet] (dim. de *cheville*) Petite cheville. ◆ Clé de bois des anciennes fermetures.

CHEVILLIER, ■ n. m. [ʃəvije] (*cheville*) Extrémité du manche d'un instrument de musique à cordes où sont situées les chevilles. *Un chevillier en érable moucheté.*

CHEVIOTTE, ■ n. f. [ʃəvjɔt] (angl. *cheviot*, moutons élevés dans les monts Cheviot en Écosse) Laine épaisse des moutons d'Écosse. ■ Étoffe faite avec cette laine. *Un homme bedonnant et trapu, engoncé dans son manteau de cheviotte.*

CHÈVRE, n. f. [ʃɛvr] (lat. *capra*) La femelle du bouc. ◆ **Fig.** *Ménager ou sauver la chèvre et le chou*, se comporter entre deux personnes qui sont divisées d'intérêts ou de passions, de manière à n'indisposer aucune d'elles. ◆ *Vin qui fait danser les chèvres*, vin âpre. ◆ **Fam.** *Prendre la chèvre* (c'est-à-dire avoir des caprices comme la chèvre), se choquer, s'irriter sans raison. ◆ *La chèvre Amalthée*, constellation de l'hémisphère septentrional. ◆ *Pied-de-chèvre*, levier de fer dont une extrémité est taillée en pied de chèvre. ◆ Machine qui sert à élever des fardeaux considérables. ◆ **Prov.** *Où la chèvre est attachée, il faut qu'elle broute*, il faut s'accommoder de ce qui nous lie, de ce qui ne peut être changé dans notre situation. ◆ **N. m.** Fromage de chèvre. *Un chèvre du Poitou.* ■ **N. f.** *Faire la chèvre*, servir d'appât.

CHEVREAU, n. m. [ʃəvro] (dim. de *chèvre*) Le petit d'une chèvre. ◆ Peau de chevreau préparée. *Gants de chevreau.*

CHÈVREFEUILLE, n. m. [ʃɛvrœfœj] (b. lat. *caprifolium*, feuille de chèvre) Arbrisseau grimpant, à fleur odoriférante.

CHÈVRE-PIED ou **CHÈVREPIED**, adj. m. [ʃɛvrəpje] (calqué sur lat. *capripes*, aux pieds de chèvre) Qui a des pieds de chèvre. *Dieux chèvre-pieds*, les satyres.

CHEVRER, v. intr. [ʃəvre] (Suisse, de *chèvre*) Faire enrager quelqu'un. *Il me fait toujours chevrer.*

CHÈVRETER, v. intr. [ʃɛvrəte] (*chèvre*) Mettre bas, en parlant de la chèvre.

CHEVRETTE, n. f. [ʃəvrɛt] (dim. de *chèvre*) Petite chèvre. ◆ La femelle du chevreuil. ◆ Petite écrevisse de mer appelée plus souvent crevette. ◆ Sorte d'ancienne musette.

CHEVREUIL, n. m. [ʃəvrœj] (forme analogique des mots en -*euil* qui a évincé anc. fr. *chevreul*, du lat. *capreolus*) Espèce de cerf commune en Europe, à bois court, cylindrique, ne portant qu'un andouiller.

CHEVRIER, n. m. [ʃəvrije] (lat. *caprarius*) Pâtre de chèvres. ◆ N. f. *Chevrière*, la femme qui garde les chèvres.

CHEVRILLARD, n. m. [ʃəvrijar] (p.-ê. d'après *chevrille*, chevreau femelle) Le faon de la chevrette.

CHEVRON, n. m. [ʃəvrɔ̃] (lat. vulg. *caprione, capreus*, d'après *capreolus*, jeune chevreuil, support, chevron) Pièce de bois sur laquelle on attache les lattes d'un toit. ◆ Dans les chantiers, pièces de bois qui n'ont pas plus de dix-sept centimètres d'équarrissage. ◆ **Hérald.** Nom de deux bandes plates qui sont jointes par le haut et qui s'élargissent en forme de compas à demi ouvert. ◆ Nom de deux morceaux de galon que les soldats portent joints en angle au bras gauche de leur habit, pour marquer leur temps de service. ■ *À chevrons*, en forme de V. *Veste, parquet à chevrons*.

CHEVRONNAGE, n. m. [ʃəvrɔnaʒ] (*chevronner*) Ensemble des chevrons d'un bâtiment. ◆ Ouvrage fait en chevrons.

CHEVRONNÉ, ÉE, p. p. de chevronner. [ʃəvrɔne] **Hérald.** Chargé de chevrons.

CHEVRONNER, v. tr. [ʃəvrɔne] (*chevron*) Garnir de chevrons.

CHEVROTANT, ANTE, adj. [ʃəvrɔtɑ̃, ɑ̃t] (*chevroter*) Qui chevrote. *Voix chevrotante.*

CHEVROTÉ, ÉE, p. p. de chevroter. [ʃəvrɔte]

CHEVROTEMENT, n. m. [ʃəvrɔt(ə)mɑ̃] (*chevroter*) Tremblement de la voix qui ressemble au bêlement de la chèvre. ◆ **Mus.** Action de chevroter, faiblesse de la voix qui ne permet pas de maintenir le son dans une parfaite égalité.

CHEVROTER, v. intr. [ʃəvrɔte] (*chevrot*, var. de *chevreau*) Faire des chevreaux. ◆ Chanter d'une voix tremblotante. ◆ V. tr. *Chevroter un trille.*

CHEVROTIN, n. m. [ʃəvrɔtɛ̃] (*chevrot*) Peau de chevreau corroyée. ◆ Faon de la chevrette. ◆ *Chevrotin* ou *chevrotain*, mammifère de l'ordre des ruminants qui porte le musc, nommé aussi musc et porte-musc.

CHEVROTINE, n. f. [ʃəvrɔtin] (pour *balle chevrotine*) Balle de petit calibre pour tirer le chevreuil et chasser la grosse bête.

CHEWING-GUM, ■ n. m. [ʃwiŋgɔm] (mot angl.) Pâte à mâcher aromatisée, de goût sucré et de texture élastique. *Un paquet de chewing-gums à la chlorophylle. Ados qui mâchouillent du chewing-gum.*

CHEZ, prép. [ʃe] (lat. *casa*, maison, avec traitement phonétique irrég. de la finale) Dans la maison de, au logis de. *Chacun est maître chez soi.* ◆ Dans le pays de. « *La profession de comédien était infâme chez les Romains et honorable chez les Grecs* », LA BRUYÈRE. ◆ *De chez*, préposition composée signifiant qu'on sort de la demeure de quelqu'un. *Qui sort de chez moi ?* ◆ *Par chez*, préposition composée signifiant qu'on passe par la demeure de quelqu'un. *Passer par chez quelqu'un.* ◆ *Près de chez, loin de chez. Il demeure près de chez nous. Loin de chez lui.* ◆ **Fig.** Parmi. *Chez nos ancêtres.* ◆ Dans l'esprit ou le caractère de quelqu'un. *C'est une conviction chez lui.* ◆ Dans un auteur. *Je lis chez certains auteurs.* ◆ N. m. inv. *Un chez-soi. On aime son chez-soi.*

CHEZ-MOI, CHEZ-SOI, CHEZ-TOI, ■ n. m. inv. [ʃemwa, ʃeswa, ʃetwa] (*chez* et pron. pers. accentué) Domicile personnel. *Posséder un chez-moi.* ■ REM. S'emploie aussi avec *eux, lui, nous, vous. Ils aiment leur chez-eux.*

CHIADER, ■ v. tr. [ʃjade] (*chiade*, brimade et *chier*, aller fort) **Fam.** Étudier avec opiniâtreté. *Chiader un examen.* ■ P. p. adj. **Par extens.** Fait avec soin, fignolé. *C'est chiadé ton truc !*

CHIALER, ■ v. intr. [ʃjale] (p.-ê. moy. fr. *chiau*, petit chien, avec infl. de l'expr. pop. *chier des yeux*, pleurer) **Fam.** et péj. Pleurer. ◆ **Fig.** Se plaindre. *Celui-là ! Toujours en train de chialer !*

CHIALEUR, EUSE, ■ n. m. et n. f. [ʃjalœr, øz] (*chialer*) **Fam.** et péj. Personne qui pleure facilement. *C'est une vraie chialeuse cette gamine !*

CHIANT, ANTE, ■ adj. [ʃjɑ̃, ɑ̃t] (*chier*) Très **fam.** Ennuyeux. *Elle est chiante comme la pluie. C'est chiant cette histoire !* ■ N. m. et n. f. *C'est d'un chiant !*

CHIAOUX, n. m. [ʃjau] (*chaouch*) Espèce d'huissier ou d'envoyé turc.

CHIARD, n. m. [ʃjar] (*chier*) **Péj.** et très **fam.** Jeune enfant. *Elle a déjà trois enfants et attend un chiard de plus !*

CHIASMA, ■ n. m. [kjasma] (gr. sav. introduit au XIXᵉ siècle comme doublon de *chiasme*) **Anat.** Croisement en forme de X, de nerfs ou de fibres. *Chiasma optique.* ■ CHIASMATIQUE, adj. [kjasmatik]

CHIASME, ■ n. m. [kjasm] (gr. *khiasmos*, disposition en croix) Figure de style consistant à croiser les termes dans une phrase. *Il faut manger pour vivre, et non pas vivre pour manger.*

CHIASSE, n. f. [ʃjas] (de *chier*) Excréments d'insectes. *Chiasses de mouches.* ◆ **Fig.** Ce qu'il y a de plus vil. « *Nous sommes la chiasse du genre humain* », VOLTAIRE. ◆ Écume de métaux. ■ **Vulg.** Diarrhée. *Avoir la chiasse.* ■ **Vulg.** Peur. *Il a la chiasse d'y aller !* « *Ça te fout la chiasse, t'as peur pour ton magot* », VAILLAND.

CHIBOUQUE ou **CHIBOUK**, n. f. [ʃibuk] (mot turc, *çubuk*, tuyau) Pipe turque à long tuyau de bois au bout duquel est placé le foyer.

CHIC, n. m. [ʃik] (all. *Schick*, façon, manière, ou *chiquer*) Autrefois, mot du style familier signifiant abus des procédures. *Cet homme entend le chic, les détours de la chicane.* ◆ Aujourd'hui, en t. d'atelier, facilité, effet. ◆ **Fig.** et **fam.** *Il a le chic*, se dit d'un homme adroit. ◆ En un autre sens, se dit d'un élégant ou d'une chose élégante et bien tournée. ■ **Adj.** Sympathique. *C'est une chic fille.* ■ **Interj.** Exprime la satisfaction. *Chic alors !*

CHICANE, n. f. [ʃikan] (*chicaner*) Par dénigrement, procès en général. « *Quoi ! vous poussez cette chicane [ce procès] ?* », MME DE SÉVIGNÉ. ◆ Abus des formalités de la justice. ◆ *Les gens de chicane*, ceux qui vivent des procès. ◆ Subtilité captieuse, difficulté mal fondée et de mauvaise foi. *Chercher des chicanes.* ◆ *Guerre de chicane*, guerre où l'on ne livre que de petits combats, pour disputer le terrain. ◆ Manière de jouer au mail, au billard et à la paume. ◆ Chaussée tracée en zigzag pour obliger les véhicules à ralentir. *Mettre une chicane à l'entrée d'un village.*

CHICANÉ, ÉE, p. p. de chicaner. [ʃikane]

CHICANER, v. intr. [ʃikane] (prob. issu d'un croisement avec *ricaner* du rad. *tʔikk* exprimant la petitesse ou d'un dér. de l'all. *schick*, bille) User de chicanes en fait de procès. ◆ **Par extens.** Contester sans fondement. « *On en vient au partage, on conteste, on chicane* », LA FONTAINE. ◆ V. tr. *Chicaner quelqu'un*, lui intenter un procès sans beaucoup de raison. ◆ Disputer par procès une chose. ◆ **Fam.** *Cela me chicane*, cela m'ennuie, me tourmente. ◆ **Milit.** Défendre pied à pied. **Fig.** *Chicaner le terrain*, débattre longtemps une question sans la résoudre. ◆ Reprendre, critiquer sur des bagatelles. « *On nous chicane sur des mots* », BOSSUET. ◆ *Se chicaner*, v. pr. Se harceler l'un l'autre par des chicanes.

CHICANERIE, n. f. [ʃikan(ə)ri] (*chicaner*) Fait de chicane ; difficulté faite par malveillance.

CHICANEUR, EUSE, n. m. et n. f. [ʃikanœr, øz] (*chicaner*) Personne qui ne fait que chicaner, surtout en affaires. ◆ Personne qui conteste de mauvaise foi, par exemple au jeu. ◆ **Adj.** *Esprit chicaneur.*

CHICANIER, IÈRE, n. m. et n. f. [ʃikanje, jɛr] (de *chicaner*) Personne qui aime à chicaner sur les moindres choses, pour des vétilles. ◆ **Adj.** *Homme chicanier.*

CHICANO, ■ n. m. et n. f. [tʃikano] (mot espagnol, mexicain) **Fam.** Personne de nationalité mexicaine qui émigre aux États-Unis. *Les chicanos de Los Angeles.* ■ **Adj.** *Une banlieue chicano.*

1 CHICHE, adj. [ʃiʃ] (plutôt radic. onomatop. *tchitch*- exprimant la petitesse [cf. *chichi*], que lat. *ciccum*, fine membrane, peu de chose) Peu abondant, en parlant des choses. *La moisson sera chiche.* ◆ En parlant des personnes, parcimonieux. ◆ **Fig.** *Être chiche de ses paroles*, de promesses.

2 CHICHE, n. m. [ʃiʃ] (anc. fr. *cice*, du lat. *cicer*, altéré, d'après 1 *chiche*) Nom ancien du pois qu'on ne nomme plus que *pois chiche*.

3 CHICHE, ■ interj. [ʃiʃ] (prob. *ne pas être chiche de…* ; 1 *chiche*) **Fam.** Expression d'un défi. *Chiche que tu le fais ?* ■ Réponse à un défi. *Et si on s'en allait ? Chiche !*

CHICHE-FACE, n. m. [ʃiʃ(ə)fas] (*chiche* et *face*) ▷ Homme qui a la face d'un avare. *Des chiches-faces.* ◁

CHICHE-KEBAB ou **CHICHEKÉBAB**, ■ n. m. [ʃiʃ(ə)kebab] (turc *shish kebap*, morceaux de viande rôtis à la broche) Sandwich d'origine orientale, généralement garni de viande de mouton et accompagné de frites. *Des jeunes qui se nourrissent à midi de chiche-kebab ou chiches-kebabs.*

CHICHEMENT, adv. [ʃiʃ(ə)mɑ̃] (1 *chiche*) D'une manière chiche.

CHICHETÉ, n. f. [ʃiʃ(ə)te] (1 *chiche*) Épargne basse et sordide.

CHICHI, ■ n. m. [ʃiʃi] (prob. redoubl. du radic. onomatop. *tchich*, exprimant l'idée de petitesse) Attitude d'une personne faisant des manières, des simagrées. *Arrête de faire des chichis.* ■ CHICHITEUX, EUSE, adj. [ʃiʃitø, øz]

CHICLÉ, ■ n. m. [tʃikle] (esp. *chicle*) Latex avec lequel on fabrique les chewing-gum. *Le chiclé est une gomme qui provient du sapotillier et qui était déjà bien connu et utilisé par les Amérindiens aztèques et mayas.*

CHICON, n. m. [ʃikɔ̃] (prob. *chicorée*) Laitue romaine. ◆ Endive.

CHICORACÉE, n. f. [ʃikorase] (*chicorée*) Famille de plantes à fleurs composées, dont le type est la chicorée.

CHICORÉE, n. f. [ʃikoʀe] (lat. *cichoreum*, gr. *kikhôrion*; influence de l'ital. *cicoria*) Plante potagère, dite aussi *chicorée endive* ou *chicorée des jardins*, dont on mange les feuilles en salade. ◆ *Chicorée sauvage*, chicorée que l'on mange en salade, et qui est aussi employée en infusion, comme tonique et apéritive. ◆ *Eau de chicorée*, boisson préparée avec la chicorée. ◆ *Café de chicorée* ou simplement *chicorée*, poudre de chicorée grillée. ◆ *Amer comme chicorée*, très amer.

CHICOT, n. m. [ʃiko] (radic. expressif *tchikk-*, idée de petitesse) Ce qui reste hors de terre d'un tronc, d'une racine, d'une branche cassée. ◆ **Hérald.** Bâton noueux, rejeton d'arbre. ◆ Fragment de dent resté dans l'alvéole après destruction de la totalité ou d'une partie de la couronne. ■ Rᴇᴍ. Il est familier aujourd'hui. *Regarde les chicots qu'il a !*

CHICOTE ou **CHICOTTE**, ■ [ʃikɔt] (port. *chicote*, natte de cheveux) **Afriq.** Fouet à lanières ou badine pour les châtiments corporels. *Il a été puni par quelques coups de chicotte pour ses mauvaises actions.*

CHICOTER, v. intr. [ʃikote] (radic. onomat. *tchikk-*) ▷ Contester sur des bagatelles. ◁ ■ **Rare** Pousser son cri, pour une souris.

CHICOTIN, n. m. [ʃikotɛ̃] (altération de l'ar. *suqutri*, de Socotra, île de l'océan Indien qui produit cet aloès) ▷ Suc extrait de l'aloès. ◁ ◆ Poudre ou suc amer de la coloquinte. *Cela est amer comme chicotin.* ◆ *Dragées de chicotin* ou simplement *chicotins*, dragées fort amères.

CHIÉ, ÉE, p. p. de chier. [ʃje]

CHIE-EN-LIT, n. f. [ʃjɑ̃li] Voy. CHIENLIT.

CHIEN n. m. ou **CHIENNE**, n. f. [ʃjɛ̃, ʃjɛn] (lat. *canis*) Quadrupède domestique, le plus attaché à l'homme. *Chien de garde, de berger*, etc. ◆ *Chien de manchon*, chien de petite espèce. ◆ *Chien savant*, chien dressé à certains exercices. ◆ *Chien de chasse*, chien dont l'homme se sert pour prendre le gibier. *Chien courant*, chien qui chasse les bêtes à la course. *Chien couchant* ou *chien d'arrêt*, chien qui arrête le gibier ou s'arrête à la vue du gibier. ▷ **Fig.** *Faire le chien couchant*, flatter bassement quelqu'un. ◁ ◆ *Rompre les chiens*, les arrêter, les détourner de la voie, et fig. rompre brusquement une conversation embarrassante. ◆ ▷ *Être comme un chien d'attache* ou *à l'attache*, être assujetti à un travail continuel. ◁ ◆ *N'être pas bon à jeter aux chiens*, ne valoir rien du tout. ◁ ◆ *Jeter sa langue aux chiens*, renoncer à deviner quelque chose. ◁ ◆ *Jeter* ou *donner sa part aux chiens*, faire fi de quelque chose. ◆ ▷ *Battre quelqu'un comme un chien*, le battre très fort. ◁ ◆ ▷ *Cela ne vaut pas les quatre fers d'un chien*, ne vaut absolument rien. ◁ ◆ *C'est saint Roch et son chien*, ces deux personnes vont toujours ensemble. ◁ ◆ *Venir là comme un chien dans un jeu de quilles*, arriver très mal à propos dans une société, y être très mal reçu. ◆ *Entre chien et loup*, à petit jour, le soir ou le matin, quand le jour est si sombre qu'on ne saurait distinguer un chien d'avec un loup. ◆ N. m. « *Je crains l'entre chien et loup* », Mᴹᴱ ᴅᴇ Sᴇ́ᴠɪɢɴᴇ́. ◆ **Fig.** *Leurs chiens ne chassent pas ensemble*, ces personnes ne sont pas en bonne intelligence. ◆ *Mourir comme un chien*, dans le mépris et l'abandon. ◆ *Mener une vie de chien*, une vie pénible et misérable. ◆ *Il est fou comme un jeune chien*, il est étourdi et folâtre. ◆ ▷ *Il est fait à cela comme un chien à aller à pied, à aller nu-tête*, il est tout à fait accoutumé, endurci à une chose. ◁ ◆ *Ils s'accordent comme chiens et chats*, ils sont toujours en querelle. ◆ **Fig.** et **fam.** Un individu qu'on maltraite, qu'on méprise. *C'est un chien.* ◆ **Pop.** Une personne rude et sévère. *Quel chien !* ◆ *Chien de*, avec les noms masculins, *chienne de*, avec les noms féminins, locution qui se dit, par une sorte de dépréciation, des personnes et des choses. *Un chien d'homme. Une chienne de femme. Quel chien de pays !* ◆ *De chien*, même sens. *Un temps de chien.* ◆ **Zool.** Genre de mammifères auquel le chien appartient. *Le loup, le chacal sont des chiens.* ◆ Nom de différents animaux qui n'appartiennent pas au genre chien. *Chien crabier, chien-rat, chien d'eau, chien de mer, chien marin. Le Grand* et le *Petit Chien*, constellations de l'hémisphère austral. ◆ *Chien de faïence*, petite figure de chien qui se met sur les cheminées, d'une d'un côté, l'autre de l'autre ; de là la locution, *se regarder en chiens de faïence*, fixement et d'un air surpris ou hébété. ◆ *Chien de fusil*, pièce qui tient la pierre d'une arme à feu, et dans les armes à percussion, pièce qui vient frapper la capsule. ◆ **Prov.** *Bon chien chasse de race*, les enfants ont les qualités de leurs parents, ou ironiquement, leurs défauts, leurs vices. ◆ ▷ *C'est le chien de Jean de Nivelle, il s'enfuit quand on l'appelle*, se dit d'un homme qui s'en va quand on veut le retenir. ◁ ◆ *Quand on veut noyer son chien, on dit qu'il a la rage*, on ne manque jamais de prétexte pour se débarrasser d'une personne qui déplaît. ◆ *Un chien regarde bien un évêque*, c'est-à-dire que, quelque élevé que soit un homme, il ne doit pas trouver mauvais qu'un autre s'adresse à lui. ■ *Avoir du chien*, se distinguer par sa force de caractère et son élégance. *C'est une femme qui a du chien.* ■ N. m. pl. Longue frange de cheveux. ■ *Dormir en chien de fusil*, imiter la forme du chien de fusil en étant allongé sur le côté et les jambes repliées. ■ *Garder* ou *réserver un chien de sa chienne pour quelqu'un*, avoir de la rancune contre quelqu'un et méditer une vengeance. *Après le coup qu'il m'a fait, je lui garde un chien de ma chienne !* ■ Sorte de frange tombant sur le front. *Tes cheveux te tombent sur les yeux, va te faire couper les chiens !* ■ Rᴇᴍ. Aujourd'hui, *donner sa langue au chat* a remplacé *jeter sa langue aux chiens*.

CHIEN-ASSIS, ■ n. m. [ʃjɛ̃asi] (*chien* et *assis*) Fenêtre en saillie sur une toiture. *Des chiens-assis aux immeubles des beaux quartiers.*

CHIENDENT, n. m. [ʃjɛ̃dɑ̃] (*chien* et *dent*) Espèce de graminée à racines longues et traçantes.

CHIENLIT, n. m. [ʃjɑ̃li] (*chie en lit*) ▷ Nom que les enfants et les gens du peuple donnent aux masques qui courent les rues pendant les jours gras. ◆ *À la chienlit !* cri dont on accompagne ces masques. ◁ ◆ Au pl. *Des chienlits.* ■ Agitation au sein d'un groupe de personnes. ■ Rᴇᴍ. Graphie ancienne : *chie-en-lit.*

CHIEN-LOUP, ■ n. m. [ʃjɛ̃lu] (*chien* et *loup*) Chien ressemblant à un loup. *Les bergers allemands sont des chiens-loups.*

CHIENNÉE, n. f. [ʃjene] (*chienne*) ▷ La portée d'une chienne. ◁

CHIENNER, v. intr. [ʃjene] (*chienne*) ▷ Faire ses petits, en parlant des chiennes. ◁

CHIENNERIE, n. f. [ʃjen(ə)ʀi] (*chien*) ▷ Dans un langage grossier, choses dégoûtantes et qui révoltent la pudeur. ◁ ■ **Fam.** Chose difficile et dont on se passerait bien. *Quelle chiennerie de vie !*

CHIER, v. intr. et v. tr. [ʃje] (lat. *cacare*) Mot populaire et bas. Se décharger le ventre. ■ **Vulg.** *Faire chier quelqu'un*, l'ennuyer profondément. ■ *Ça va chier*, ça va barder. ■ *Se faire chier*, s'ennuyer énormément. *On s'est fait chier pendant cette réunion.* ■ *Se donner du mal à faire quelque chose. Je me suis fait chier pour réussir cet examen.* ■ *En chier*, travailler dur. *Ils vont en chier pour creuser cette tranchée.* ■ *C'est chié !* C'est génial. ■ *À chier*, nul. *Ce tableau est à chier !* ■ *Ne rien en avoir à chier*, s'en moquer. *J'en ai rien à chier de l'avis des autres !*

CHIEUR, IEUSE, n. m. et n. f. [ʃjœʀ, jøz] (*chier*) Dans un langage grossier, personne qui se décharge le ventre. ■ **Vulg.** Personne importune. *Ma voisine est une vraie chieuse !*

CHIFFE, n. f. [ʃif] (anc. fr. *chipe*, chiffon, altéré d'après *chiffre*, chose ou personne de peu de valeur, de l'angl. *chip*, petit morceau) Chiffon à faire le papier. ◆ Étoffe légère et de mauvaise qualité. ◆ **Fig.** *Un homme mou comme une chiffe*, un homme très faible de caractère. ■ *Une chiffe molle*, quelqu'un de mou.

CHIFFON, n. m. [ʃifɔ̃] (*chiffe*) Morceau de quelque vieille étoffe. ◆ Bout de papier, écrit ou non, sans aucune importance. ◆ Tout ajustement de femme ne servant qu'à la parure. ◆ ▷ *Un chiffon d'enfant*, une petite fille ou même une jeune fille. ◁

CHIFFONNADE, ■ n. f. [ʃifɔnad] (*chiffonner*) Disposition d'une préparation culinaire donnant aux aliments l'aspect d'un tissu froissé. *Une chiffonnade de jambon.*

CHIFFONNAGE, n. m. [ʃifɔnaʒ] (*chiffonner*) Action de chiffonner. ◆ **Peint.** Draperies chiffonnées.

CHIFFONNE, ■ n. f. [ʃifɔn] (*chiffon*) Petite branche grêle du pêcher qui a des boutons à fruit dans toute son étendue. *Une branche chiffonne.*

CHIFFONNÉ, ÉE, p. p. de chiffonner. [ʃifɔne] *Une mine chiffonnée*, une figure peu régulière, mais agréable.

CHIFFONNEMENT, ■ n. m. [ʃifɔn(ə)mɑ̃] (*chiffonner*) État d'une chose chiffonnée. *Le chiffonnement de certains tissus.* ■ **Fig.** Contrariété. *On ressent ce chiffonnement qui l'habite.*

CHIFFONNER, v. intr. [ʃifɔne] (*chiffon*) Travailler à des chiffons ou objets de toilette. « *Je me suis brûlée en chiffonnant autour de cette bougie* », Bᴇᴀᴜᴍᴀʀᴄʜᴀɪs. ◆ V. tr. Mettre en chiffon. *Chiffonner du linge, du papier.* ◆ Déranger l'ajustement, particulièrement d'une femme. ◆ **Fig.** Chagriner, intriguer. *Cela vous chiffonne.*

CHIFFONNIER, IÈRE, n. m. et n. f. [ʃifɔnje, jɛʀ] (*chiffon*) Personne qui ramasse les chiffons par la ville. ◆ **Fig.** *C'est un chiffonnier*, se dit d'un homme qui, ramassant partout des nouvelles de mauvais aloi, les débite au hasard. ◆ N. m. Petit meuble à tiroirs, où les femmes serrent leurs chiffons et leurs travaux d'aiguille. ◆ **Fig.** *Se battre comme des chiffonniers*, bruyamment.

CHIFFRABLE, ■ adj. [ʃifʀabl] (*chiffrer*) Qui peut être chiffré, quantifié avec des chiffres. *Ce projet est-il déjà chiffrable ?*

CHIFFRAGE, ■ n. m. [ʃifʀaʒ] (*chiffrer*) Appréciation d'une quantité en chiffres. *Le chiffrage d'un budget.* ■ Coder avec des chiffres. *Le chiffrage d'un message.* ■ **Mus.** Chiffre placé en index ou en exposant d'une note de basse pour en donner le nombre d'accords. *Respecter le chiffrage pour jouer mélodieusement.*

CHIFFRE, n. m. [ʃifʀ] (lat. médiév. *cifra*, de l'ar. *sifr*, vide puis zéro ; le passage de *s* à *ch* vient p.-ê. de l'ital. *cifra* ; l'extension du sens témoigne de l'importance de l'innovation apportée au syst. numérique) Caractère qui représente les nombres. *Les chiffres arabes* (1, 2, 3, 4, 5, 6, 7, 8, 9, 0). *Les* *chiffres romains* (I, V, X, L, C, D, M). ♦ **Fam.** et **fig.** *C'est un zéro en chiffre,* il n'a aucune importance. ♦ Le montant ou total. *Le chiffre de nos dépenses.* ♦ **Par extens.** Caractères de convention pour une correspondance secrète. *La clé du chiffre,* l'alphabet qui sert à écrire en chiffre ou à lire ce qui est écrit en chiffre. ♦ Façons de parler dont certaines personnes font usage pour s'entendre sans être comprises des autres. ♦ Marques que les commerçants mettent sur des marchandises pour en désigner le prix d'achat et de vente. ♦ Entrelacement des lettres initiales. *Faire graver son chiffre.* ♦ N. m. pl. Dans la musique, caractères numériques qu'on place au-dessus des notes de la basse pour indiquer les accords qu'elle comporte. ■ *Chiffre d'affaires,* montant des encaissements d'une entreprise au cours d'une année.

CHIFFRÉ, ÉE, p. p. de chiffrer. [ʃifʀe] Numéroté. ♦ Écrit en caractères secrets. *Une lettre chiffrée.*

CHIFFREMENT, ■ n. m. [ʃifʀəmɑ̃] (*chiffrer*) Procédé d'encodage d'un document afin de le rendre confidentiel.

CHIFFRER, v. intr. [ʃifʀe] (*chiffre*) Calculer avec les chiffres. ♦ V. tr. Numéroter. *Chiffrer les feuillets d'un registre.* ♦ Évaluer en chiffres. ♦ Écrire en chiffre. *Chiffrer une dépêche* ♦ **Mus.** Placer des caractères numériques au-dessus de la basse pour indiquer les accords.

CHIFFREUR, EUSE, n. m. et n. f. [ʃifʀœʀ, øz] (*chiffrer*) ▷ Personne qui compte bien, la plume à la main. ◁ ♦ Personne qui traduit en chiffres. *Faire appel à une chiffreuse pour appréhender les comptes d'une entreprise.* ■ Personne qui code en chiffres des messages. *Un chiffreur employé par des services secrets.*

CHIFFRIER, ■ n. m. [ʃifʀije] (*chiffre*) Registre comptable attestant de la concordance entre le grand-livre et le journal. *Un chiffrier électronique.*

CHIGNOLE, ■ n. f. [ʃiɲɔl] ou [ʃiɲɔl] (lat. *ciconiola,* dimin. de *ciconia,* cigogne, qui, par la forme de son cou, s'est prêtée à la désignation d'instruments à manivelle ou à tige) Petit outil, proche du vilebrequin, permettant de donner un mouvement rotatif à quelque chose. ■ Petite perceuse.

CHIGNON, n. m. [ʃiɲɔ̃] ou [ʃiɲɔ̃] (b. lat. *catenione,* de *catena,* chaîne, puis par extensions métonymiques, nuque et masse de cheveux relevés sur la nuque) Le derrière du cou. ♦ Cheveux de derrière la tête retroussés en double ou relevés sur la tête. *Un chignon frisé.*

CHIHUAHUA, ■ n. m. [ʃiwawa] ou [ʃiɥaɥa] (*Chihuahua,* ville du Mexique) Chien de race d'agrément le plus petit du monde. *Des chihuahuas.*

CHIISME, ■ n. m. [ʃiism] (ar. *ch?a,* parti) Courant majeur de l'islam. *Le chiisme regroupe environ 10 % des musulmans et constitue l'une des trois principales branches de l'islam avec le sunnisme et le kharijisme.* ■ L'ensemble des chiites.

CHIITE, ■ adj. [ʃiit] (ar. *shi'i,* sectateur, partisan) Qui appartient au courant islamique qui ne reconnaît comme califes qu'Ali, gendre de Mahomet, et ses descendants. *Rites chiites. Mouvement chiite.* ■ N. m. et n. f. *Les chiites et les sunnites. Les chiites exigent que la communauté musulmane soit dirigée uniquement par un descendant de la famille de Mahomet.*

CHILE ou **CHILI,** ■ n. m. [tʃile, ʃili] (mot espagnol) Piment rouge très fort. *Des chiles marinés.* ■ Chili ou chili con carne, plat mexicain épicé composé de viande, de haricots rouges et d'une sauce au chili.

CHILIEN, IENNE, ■ n. m. et n. f. [ʃiljɛ̃, jɛn] (*Chili*) Personne qui habite le Chili. *Un Chilien. Une Chilienne.* ♦ **Adj.** *Des coutumes chiliennes.*

CHILOM, ■ n. m. [ʃilɔm] Voy. SHILOM.

CHIMÈRE, n. f. [ʃimɛʀ] (gr. *khimaira,* jeune chèvre, monstre à tête ou corps de chèvre) Dans la mythologie, monstre qui jetait du feu par la gueule, et avait la tête et le poitrail d'un lion, le ventre d'une chèvre et la queue d'un dragon. ♦ **Fig.** Vaines imaginations. « *Quittez cette chimère* », P. CORNEILLE. ♦ **Fam.** *C'est sa chimère,* c'est son rêve. ■ **Zool.** Poisson cartilagineux des eaux profondes, apparenté au requin. *Les chimères remontent à la surface pour se reproduire.* ■ **Bot.** Résultat d'une greffe qui possède les caractères du porte-greffe et du greffon. ■ **Génét.** Individu ou organisme créé artificiellement, qui porte les caractéristiques génétiques de deux génotypes différents.

CHIMÉRIQUE, adj. [ʃimeʀik] (*chimère*) Qui se repaît de chimères. *Un homme chimérique.* ♦ Qui est sans réalité. *Des aventures chimériques.*

CHIMÉRIQUEMENT, adv. [ʃimeʀik(ə)mɑ̃] (*chimérique*) D'une manière chimérique.

CHIMIE, n. f. [ʃimi] (lat. médiév. *chimia, chymia,* les deux orthographes reflétant l'inextricable confusion entre deux mots grecs, l'un le mélange indoeur. *khumeia,* mélange de sucs et l'autre, *khêmeia,* de racine sémitique) Science dans laquelle on étudie les lois de la composition des corps, et des phénomènes de combinaison ou de décomposition résultant de leur action moléculaire les uns sur les autres. ♦ *Chimie minérale,* celle qui s'occupe des corps inorganiques. *Chimie organique,* celle qui s'occupe des substances organisées.

CHIMILUMINESCENCE ou **CHIMIOLUMINESCENCE,** ■ n. f. [ʃimilyminesɑ̃s, ʃimjolyminesɑ̃s] (*chimie* et *luminescence*) Phénomène par lequel des molécules excitées par une action chimique réagissent par une émission de lumière. *La chimiluminescence est principalement utilisée pour la mesure du monoxyde d'azote.*

CHIMIORÉCEPTEUR, ■ n. m. [ʃimjoʀesɛptœʀ] Voy. CHÉMOCEPTEUR.

CHIMIORÉSISTANCE, ■ n. f. [ʃimjoʀezistɑ̃s] (*chimio-* et *résistance*) **Méd.** État de cellules cancéreuses ou micro-organismes résistants au traitement par chimiothérapie. *La chimiorésistance est fréquente dans les cas de cancer du rein ou de la thyroïde.*

CHIMIOSYNTHÈSE, ■ n. f. [ʃimjosɛ̃tɛz] (*chimio-* et *synthèse*) **Chim.** Création de corps organiques à partir d'une source d'énergie chimique. *La chimiosynthèse repose sur la présence de bactéries autotrophes qui oxydent les minéraux réduits pour produire de l'énergie.*

CHIMIOTACTISME, ■ n. m. [ʃimjotaktism] (*chimio-* et *tactisme*) Caractéristiques de certaines cellules qui peuvent être attirées ou repoussées par des substances chimiques. *Le chimiotactisme est lié à la mobilité et à la capacité de migration des polynucléaires et des macrophages.* ■ CHIMIOTACTIQUE, adj. [ʃimjotaktik]

CHIMIOTHÈQUE, ■ n. f. [ʃimjotɛk] (*chimie* et *-thèque*) Ensemble de toutes les combinaisons de produits chimiques synthétisés. *La diversité structurale des composés d'une chimiothèque et l'expertise des chercheurs en chimie combinatoire constituent des atouts majeurs pour la découverte de nouveaux produits.*

CHIMIOTHÉRAPIE, ■ n. f. [ʃimjoteʀapi] (*chimie* et *thérapie*) Traitement thérapeutique chimique utilisant des médicaments de synthèse. *Chimiothérapie cancéreuse.* ■ **Abrév.** Chimio. *Suivre une chimio.* ■ CHIMIOTHÉRAPIQUE, adj. [ʃimjoteʀapik]

CHIMIQUE, adj. [ʃimik] (lat. médiév. *chemicus, chimicus,* relatif à la chimie) Qui appartient à la chimie. *Opération chimique. Produits chimiques.* ♦ *Allumettes chimiques,* allumettes au phosphore.

CHIMIQUEMENT, adv. [ʃimik(ə)mɑ̃] (*chimique*) D'après les lois de la chimie.

CHIMIQUIER, ■ n. m. [ʃimikje] (*chimique*) Navire limité au transport des produits chimiques. *Le naufrage des chimiquiers peut engendrer une pollution maritime importante.*

CHIMISTE, n. m. et n. f. [ʃimist] (*chimie ;* XVIe s.) Personne qui s'occupe de chimie. *Il a embauché une chimiste pour son laboratoire.*

CHIMPANZÉ, n. m. [ʃɛ̃pɑ̃ze] (mot de la Guinée ou du Congo) Nom d'un très grand singe anthropomorphe, dit aussi *troglodyte noir.* ■ REM. Graphies anciennes : *chimpansé, chimpanzée.*

1 **CHINA,** n. m. [ʃina] (*chine*) Voy. SQUINE.

2 **CHINA,** n. m. [kina] (quichua *kinanina*) Le quinquina.

CHINAGE, n. m. [ʃinaʒ] (1 *chiner*) Action de chiner une étoffe.

CHINCHARD, ■ n. m. [ʃɛ̃ʃaʀ] (esp. *chincharro*) Poisson marin comestible, au corps fusiforme et au dos grisâtre, ressemblant au maquereau. *Les chinchards sont très répandus au-delà de la Méditerranée, leur aire de répartition comprenant les océans Atlantique et Indien, la mer Rouge, etc.*

CHINCHILLA, n. m. [ʃɛ̃ʃila] (esp. *chinchilla*) Nom d'un genre de rongeurs ♦ Fourrure de cet animal (gris ondulé de blanc).

CHINDER, ■ v. intr. [ʃɛ̃de] Voy. SCHINDER.

1 **CHINE,** ■ n. m. [ʃin] (*Chine*) Porcelaine de Chine. *De la vaisselle en chine.* ■ Papier de luxe à base de bambou macéré dans l'eau.

2 **CHINE,** ■ n. f. [ʃin] (2 *chiner*) **Fam.** Secteur d'activité des brocanteurs. *Travailler dans la chine.*

CHINÉ, ÉE, p. p. de 1 chiner. [ʃine] *Bas chinés.*

1 **CHINER,** v. tr. [ʃine] (*Chine*) Donner des couleurs différentes aux fils de la chaîne, et les disposer de façon que la fabrication produise un dessin. *Chiner une étoffe.*

2 **CHINER,** ■ v. intr. [ʃine] (*s'échiner*) Parcourir les brocantes à la recherche de vieux objets. ■ CHINEUR, EUSE, n. m. et n. f. [ʃinœʀ, øz]

CHINETOQUE, ■ n. m. et n. f. [ʃin(ə)tɔk] (*chinois*) Injure raciste pour désigner un chinois.

CHINOIS, OISE, adj. [ʃinwa, waz] (*Chine*) Qui provient de la Chine. ♦ Qui est dans le goût chinois. *Dessins chinois.* ♦ *Ombres chinoises,* spectacle d'enfants, qui consiste à faire passer derrière un transparent des figures découpées, dont l'ombre se dessine sur un fond lumineux. ♦ *À la chinoise,* à la façon des Chinois. *Des yeux à la chinoise.* ♦ *Coiffure à la chinoise,* coiffure sans raie dans laquelle les cheveux sont relevés et réunis tous ensemble par derrière. ♦ N. m. Petite orange grosse comme une noix qu'on mange confite dans l'eau-de-vie. ♦ Se dit, en moquerie, de quelqu'un qui par sa tournure de corps ou d'esprit a quelque chose de burlesque et de désagréable. ■ N. m. Passoire conique à maillage très serré. *Passer une sauce au chinois.*

CHINOISER, ■ v. intr. [ʃinwaze] (*chinois*) **Fam.** Être pointilleux sur des vétilles. *Tu chinoises sur des détails sans importance !* ■ **Cuis.** Filtrer un liquide en le passant dans un chinois. *Chinoiser une sauce.*

CHINOISERIE, n. f. [ʃinwaz(ə)ʀi] (*chinois*) Petits objets venus de Chine ou dans le goût chinois. ■ Subtilité qui exaspère. *Les chinoiseries de certains modes d'emploi.*

CHINOOK, ■ n. m. [ʃinuk] (nom d'une tribu amérindienne) Vent sec et chaud arrivant des montagnes Rocheuses. *Lorsque le chinook souffle, les températures peuvent augmenter de façon spectaculaire et la neige peut disparaître à vue d'œil.*

CHINTZ, ■ n. m. [ʃints] (mot anglais issu du hindi) Toile de coton teinte ou imprimée d'aspect glacé utilisée surtout pour l'ameublement. *Des rideaux de chintz.*

CHINURE, n. f. [ʃinyʀ] (1 *chiner*) État ou aspect d'une étoffe chinée.

CHIOT, ■ n. m. [ʃjo] (*chien*) Petit de la chienne, jeune chien. *Chiot de quatre mois.*

CHIOTTE, ■ n. f. et n. m. [ʃjɔt] (*chier*) **Très fam.** Automobile. *Conduire sa chiotte.* ■ **N. m. pl.** (rarement, au singulier) Toilettes. *Aller aux chiottes ! Un chiotte.* ■ Insulte qui exprime la réprobation d'une personne envers l'action d'une autre. *Aux chiottes l'arbitre !* ■ Exclamation qui manifeste l'énervement. *Chiotte ! Chiotte de chiotte !* ■ Manifestation de l'ennui. *C'est la chiotte !*

CHIOURME, n. f. [ʃjuʀm] (ital. *ciurma*, équipage d'une galère) Le nombre de forçats embarqués sur une galère, nécessaire pour la faire marcher. ♦ Tous les forçats d'un bagne.

CHIPER, v. tr. [ʃipe] (anc. fr. *chipe*, chiffon) **Pop.** Dérober, voler.

CHIPEUR, EUSE, n. m. et n. f. [ʃipœʀ, øz] (*chiper*) **Pop.** Personne qui a l'habitude de chiper.

CHIPIE, n. f. [ʃipi] (p.-ê. contraction de *chiper* et *pie* : cf. norm. *gripie*, de *griper* et *pie*) **Pop.** Femme ou fille désagréable et dédaigneuse[1]. ■ Fillette agaçante. *Cette petite est une vraie chipie !* ■ **Rem.** 1 : Terme péjoratif dans ce sens.

CHIPOLATA, n. f. [ʃipolata] (ital. *cipollata*, de *cipola*, oignon) Sorte de ragoût à l'oignon et aux ciboules. ■ Saucisse de porc longue et fine que l'on fait griller. *Des chipolatas.*

CHIPOTAGE, ■ n. m. [ʃipotaʒ] (*chipoter*) Tergiversation pour des vétilles. *Toutes ces discussions ne sont que du chipotage !*

CHIPOTER, v. intr. [ʃipote] (*chipe*, petit morceau) Faire un travail, une besogne avec négligence ou lenteur. ♦ S'arrêter à des riens, faire des difficultés pour se décider. « *La vie est trop courte pour chipoter* », Voltaire. ♦ Marchander mesquinement.

CHIPOTEUR, EUSE, n. m. et n. f. [ʃipotœʀ, øz] (*chipoter*) Personne qui ne fait que chipoter. ■ **Rem.** On disait autrefois *chipotier, ière*.

1 **CHIPPENDALE**, ■ adj. inv. [ʃipœndɛl] (*T. Chippendale*, ébéniste anglais) Style de mobilier anglais du XVIIIe siècle. *Un mobilier chippendale en noyer.* ■ N. m. inv. *Des chippendale.*

2 **CHIPPENDALE**, ■ n. m. [ʃipœndɛl] (*Chippendale*, ébéniste anglais, par référence à ses meubles raffinés aux lignes incurvées) Jeune homme au physique avantageux pratiquant le striptease seul ou avec un groupe au cours de spectacles uniquement réservés à un public féminin. *Une troupe de chippendales.*

CHIPPES, n. f. pl. [ʃip] ▷ Rognures. ◁

CHIPS, ■ n. f. [ʃips] (mot angl., copeaux) Fine rondelle croustillante grillée et salée à base de pomme de terre ou de farine de maïs. *Des chips à l'oignon, au bacon.* ■ **Par extens.** Toute tranche fine frite. *Chips de radis noir, de céleri, de banane verte, d'ananas.*

1 **CHIQUE**, n. f. [ʃik] (mot caraïbe) Nom vulgaire du dermatophile pénétrant ou puce pénétrante.

2 **CHIQUE**, n. f. [ʃik] (m. fr. petite boule) La quantité de tabac qu'on met dans la bouche. ♦ Cocon peu fourni en soie, et sans consistance. ♦ Soie qui en provient. ■ **Fam.** *Avoir la chique*, la joue enflée. ■ *Couper la chique à quelqu'un*, l'interrompre.

CHIQUÉ, ■ n. m. [ʃike] (partic. de *chiquer*, faire de chic, exécuter habilement) **Fam.** Attitude trompeuse, simulée, maniérée. *Faire du chiqué.* ■ *C'est du chiqué*, c'est du bluff.

CHIQUENAUDE, n. f. [ʃik(ə)nod] (orig. inconnue) Coup appliqué au moyen du doigt du milieu dont le bout est appuyé ferme sous le bout du pouce, et que l'on desserre avec effort.

CHIQUER, v. intr. [ʃike] (*chique*) Mâcher une chique de tabac. *Tabac à chiquer.* ♦ V. tr. Chiquer du tabac. ♦ **Pop.** Manger de bon appétit. ♦ Se chiquer, v. pr. Être chiqué.

CHIQUET, n. m. [ʃikɛ] (radic. onomat. *tchikk-*, exprimant la petitesse) ▷ Petite partie d'un tout, d'une pièce, d'une mesure. *Un chiquet de vin.* ♦ *Chiquet à chiquet*, par très petites parties. ◁

CHIQUEUR, EUSE, n. m. et n. f. [ʃikœʀ, øz] (*chiquer*) Personne qui chique, qui mâche du tabac. ♦ **Pop.** Celui qui aime à faire bombance.

CHIR..., CHIRO..., [kiʀ, kiʀo] préfixe qui signifie *main* et qui est le gr. *kheir*.

CHIRAGRE, n. f. [kiʀagʀ] (gr. *kheiragra*, de *kheir*, main, et *agra*, fait d'attraper) Goutte qui attaque les mains. ♦ **Adj.** Qui a la goutte aux mains. *Un homme chiragre.*

CHIRAL, ALE, ■ adj. [kiʀal] (gr. *kheir*, main) Qui n'est pas superposable à son image dans un miroir. *Les chaussures sont des objets chiraux. Des entités moléculaires chirales.*

CHIRALITÉ, ■ n. f. [kiʀalite] (*chiral*) Propriété d'un objet qui possède deux formes : l'une, lévogyre, qui tourne à gauche et l'autre, dextrogyre, qui tourne à droite. *La chiralité des mains. La chiralité des entités moléculaires.*

CHIROGRAPHAIRE, adj. [kiʀogʀafɛʀ] (b. lat. *chirographarius*, du gr. *kheirographos*, écrit à la main) *Créancier chirographaire*, celui qui ne peut prouver ce qui lui est dû que par une écriture privée, sans acte authentique. *Créance chirographaire.*

CHIROLOGIE, n. f. [kiʀoloʒi] (*chiro* et *-logie*) Art de parler par signes faits avec les doigts.

CHIROLOGIQUE, adj. [kiʀoloʒik] (*chirologie*) Qui a rapport à la chirologie.

CHIROMANCIE, n. f. [kiʀomɑ̃si] (*chiro* et *-mancie*) Art prétendu de connaître ce qui doit arriver à quelqu'un par l'inspection de sa main.

CHIROMANCIEN, IENNE, n. m. et n. f. [kiʀomɑ̃sjɛ̃, jɛn] (*chiromancie*) Personne qui pratique la chiromancie.

CHIRONOME, ■ n. m. [kiʀonom] (lat. *chironomos*) Moustique dont la larve appelée *ver de vase*, abonde au fond des mares. *Contrairement aux moustiques, les chironomes ne piquent pas.*

CHIROPRACTEUR, TRICE ou **CHIROPRATICIEN, IENNE**, ■ n. m. et n. f. [kiʀopʀaktœʀ, tʀis, kiʀopʀatisjɛ̃, jɛn] (*chiro-* et *praticien*, sur modèle de l'angl. *chiropractor, de chiropractic*) Personne qui pratique la chiropractie. *Une séance de manipulation chez un chiropracteur.* ■ **Rem.** On recommande officiellement l'emploi de *chiropraticien, ienne.*

CHIROPRACTIE ou **CHIROPRAXIE**, ■ n. f. [kiʀopʀaksi] (*chiro-* et *praxie*, sur modèle de l'angl. *chiropractic*) Thérapeutique procédant par manipulation des vertèbres.

CHIROPRATIQUE, ■ n. f. [kiʀopʀatik] (*chiro-* et s. f. *pratique*) **Québec** Chiropractie.

CHIROPTÈRE, n. m. [kiʀoptɛʀ] (*chiro-* et *-ptère*) Mammifère dont les membres antérieurs ont les os très allongés et réunis par une membrane.

CHIROUBLES, ■ n. m. [ʃiʀubl] (*Chirouble*, village du Rhône) Cru du Beaujolais. *Boire un verre de chiroubles.*

CHIRURGICAL, ALE, adj. [ʃiʀyʀʒikal] (*chirurgie*) Qui appartient à la chirurgie. *Les moyens chirurgicaux.*

CHIRURGIE, n. f. [ʃiʀyʀʒi] (gr. *kheirourgia*, action de travailler avec les mains, de *kheir*, main et *ergon*, travail) Partie de l'art de guérir qui s'occupe des maladies externes, et particulièrement des procédés manuels qui servent à leur guérison.

CHIRURGIEN, ENNE, n. m. et n. f. [ʃiʀyʀʒjɛ̃] (*chirurgie*) Personne qui exerce la chirurgie.

CHIRURGIEN-DENTISTE, ■ n. m. et n. f. [ʃiʀyʀʒjɛ̃dɑ̃tist] (*chirurgien* et *dentiste*) Dentiste. *Un congrès de chirurgiens-dentistes.*

CHIRURGIQUE, adj. [ʃiʀyʀʒik] (*chirurgie*) Syn. peu usité de chirurgical.

CHISTE, n. m. [kist] Voyez *kyste*, qui est meilleur.

CHISTERA ou **CHISTÉRA**, ■ n. m. et n. f. [ʃistera] (mot basque *xistera*, panier) À la pelote basque, instrument d'osier, à forme de longue gouttière recourbée, fixé au poignet des joueurs et qui sert à lancer la balle.

CHITINE, n. f. [kitin] (radic. du gr. *khitôn*, tunique) **Biol.** Substance organique qui constitue l'élément principal des téguments des arthropodes et de certains champignons. *La chitine aurait l'extraordinaire propriété d'emprisonner tous les gras alimentaires, puis de les entraîner dans l'intestin sans qu'ils soient absorbés par l'organisme.*

CHITINEUX, EUSE, ■ adj. [kitinø, øz] (*chitine*) Qui est formé de chitine. *Les carapaces chitineuses de certains insectes.*

1 CHITON, ■ n. m. [kitɔ̃] (gr. *khitôn*) Tunique portée par les femmes dans la Grèce antique. *Le chiton fait partie du costume traditionnel grec.*

2 CHITON, ■ n. m. [kitɔ̃] (gr. *khitôn*) Mollusque marin dont le corps est aplati et recouvert de huit plaques calcaires articulées qui lui permettent de s'enrouler sur lui-même. *Le chiton se nourrit en raclant les rochers à l'aide de son long ruban chitineux portant de nombreuses rangées de petites dents.*

CHIURE, n. f. [ʃjyʀ] (*chier*) Excréments que font les mouches et d'autres insectes.

CHLAMYDE, n. f. [klamid] (lat. *chlamys*, gr. *khlamus*) Sorte de manteau des anciens, retenu au cou ou sur l'épaule droite par une agrafe.

CHLAMYDIA, ■ n. f. [klamidja] (lat sav. ; gr. *khlamus*, génit. *khlamudos*) **Méd.** Bactérie pathogène pour l'homme, cause de stérilité, de MST, de cécité. *Non traitée, l'infection liée à la chlamydia chez la femme peut entraîner une grave infection de l'utérus et des trompes de Fallope.*

CHLAMYDOMONAS, ■ n. f. [klamidomonas] (*chlamydo-* et gr. *monas*, unité) **Bot.** Algue verte unicellulaire d'eau douce munie de deux flagelles. *Les chlamydomonas possèdent un organe sensible à la lumière, sorte d'œil qui leur sert à localiser et se déplacer vers les sources de lumière.*

CHLEUH ou **SCHLEU**, ■ adj. [ʃlø] (ar. *šlöh*, nom d'une tribu du Maroc) Relatif aux populations berbères du Maroc occidental. *Les Berbères chleuhs.* ■ N. m. *Le chleuh*, langue parlée par les Berbères du Maroc occidental. ■ N. m. et n. f. *Les Chleuhs*, les Berbères. ■ Terme repris par les soldats de la Première Guerre mondiale combattant au Maroc pour nommer un soldat des troupes territoriales. ■ **Péj.** Pendant la Seconde Guerre mondiale, désignait un allemand. *La France envahie par les chleuhs.* ■ Adj. *Un soldat chleuh.*

CHLINGUER ou **SCHLINGUER**, ■ v. intr. [ʃlɛ̃ge] (étymologie obscure : all. *Schlagen*, fouetter, sentir mauvais, serait phonétiquement irrégulier) **Très fam.** Sentir très mauvais. *Il chlingue, ce camembert !*

CHLOASMA, ■ n. m. [kloasma] (gr. *khloazein*, être d'un vert tendre ou d'un jaune pâle) **Méd.** Ensemble de taches brunes sur le visage apparaissant surtout au cours de la grossesse et appelées aussi *masque de grossesse*. *Le chloasma peut aussi se manifester chez les jeunes femmes prenant une pilule contraceptive contenant des œstrogènes et un progestatif ainsi que dans diverses pathologies comme l'anémie.*

CHLORAGE, ■ n. m. [kloʀaʒ] (*chlore*) Action de passer le linge au chlore. *Le chlorage du linge hospitalier.*

CHLORATE, n. m. [kloʀat] (*chlore*) Nom générique des sels qui résultent de la combinaison de l'acide chlorique avec les bases.

CHLORATION, n. f. [kloʀasjɔ̃] (*chlore*) Épuration de l'eau par le chlore. *Une désinfection des eaux souillées par chloration.*

CHLORE, n. m. [klɔʀ] (gr. *khlôros*, vert tendre) Corps simple, gazeux, d'un jaune verdâtre, d'une odeur forte et suffocante, d'une saveur caustique. *Chlore liquide*, eau saturée de chlore. ■ Élément chimique de la famille des halogènes (symbole Cl). *Le chlore agit énergiquement sur l'organisme : respiré, il provoque une toux suffocante, suivie de crachements de sang ; en contact avec la peau, il produit une vive démangeaison.* ■ *Eau de javel.*

CHLORÉ, ÉE, adj. [kloʀe] (*chlore*) Qui contient du chlore.

CHLORELLE, ■ n. f. [kloʀɛl] (du gr. *klôros*, vert) **Bot.** Algue verte unicellulaire d'eau douce dont certaines espèces vivent en symbiose avec des invertébrés marins et prolifèrent dans les canalisations. *La chlorelle est consommée régulièrement par les Japonais qui apprécient ses vertus purifiantes et revitalisantes.*

CHLOREUX, EUSE, adj. [kloʀø, øz] (*chlore*) *Acide chloreux*, corps gazeux, soluble dans l'eau, d'une odeur analogue à celle du chlore, qui possède une action désoxygénante puissante.

CHLORHYDRATE, n. m. [klɔʀidʀat] (*chlorhydrique*) Nom générique de sels formés par la combinaison de l'acide chlorhydrique avec les bases, dits autrefois *hydrochlorates*.

CHLORHYDRIQUE, adj. [klɔʀidʀik] (*chlore* et *hydrique*) *Acide chlorhydrique*, hydracide composé de volumes égaux d'hydrogène et de chlore, dit autrefois *hydrochlorique* et *muriatique* (symbole HCl).

CHLORIQUE, adj. [kloʀik] (*chlore*) *Acide chlorique*, acide formé de chlore et d'une plus grande proportion d'oxygène que l'acide chloreux.

CHLORITE, n. m. [kloʀit] (*chlore*) Nom générique des sels formés par la combinaison de l'acide chloreux avec une base.

CHLOROFIBRE, ■ n. f. [kloʀofibʀ] (*chloro-* et *fibre*) Fibre synthétique fabriquée à partir de chlorure de vinyle. *Un pull thermorégulant en chlorofibre.*

CHLOROFLUOROCARBURE ou **CHLOROFLUOROCARBONE**, ■ n. m. [kloʀoflyoʀokaʀbyʀ, kloʀoflyoʀokaʀbɔn] (angl. *chlorofluorocarbon*, *chloro-*, *fluoro-* et *carbone*) Gaz obtenu par substitution d'atomes d'hydrogène par des atomes de chlore et de fluor dont la libération provoque un effet de serre. *Le chlorofluorocarbure est utilisé comme gaz propulseur dans les bombes aérosols, comme liquide réfrigérant dans l'industrie du froid et dans la fabrication des mousses isolantes.* ■ **Abrév.** CFC.

CHLOROFORME, n. m. [kloʀofɔʀm] (*chlore* et *formyle*, acide formique) Substance liquide, incolore, oléagineuse, aromatique, qui a la propriété de produire l'anesthésie.

CHLOROFORMER, v. tr. [kloʀofɔʀme] (*chloroforme*) Voy. CHLOROFORMISER.

CHLOROFORMIQUE, adj. [kloʀofɔʀmik] (*chloroforme*) Qui a rapport au chloroforme. *Insensibilité chloroformique.*

CHLOROFORMISATION, n. f. [kloʀofɔʀmizasjɔ̃] (*chloroformiser*) Administration du chloroforme pour produire l'insensibilité.

CHLOROFORMISER ou **CHLOROFORMER**, v. tr. [kloʀofɔʀmize, kloʀofɔʀme] (*chloroforme*) Mettre dans l'insensibilité par l'administration du chloroforme.

CHLOROMÉTRIE, ■ n. f. [kloʀometʀi] (*chloro-* et *-métrie*) Dosage du chlore contenu dans un liquide. *Les installations de chlorométrie permettent notamment à différents calculs et d'injecter du chlore dans les conduites d'entrée et de sortie de certains réservoirs.* ■ CHLOROMÉTRIQUE, adj. [kloʀometʀik]

CHLORO-ORGANIQUE ou **CHLOROORGANIQUE**, ■ adj. [kloʀoɔʀganik] (*chloro-* et *organique*) Cellule organique constituée entre autres de chlore. *Des cellules chloro-organiques.*

CHLOROPHÈNE, ■ n. m. [kloʀofɛn] (*chloro-* et gr. *phainô*, faire briller) Produit à base de chlore utilisé comme désinfectant dans les hôpitaux.

CHLOROPHYCÉE, ■ n. f. [kloʀofise] (*chloro-* et gr. *phukos*, algue) **Bot.** Algue verte, en forme de chapelet dont chaque boule est un thalle finement ramifié. *La chlorophycée possède des vertus apaisantes, elle est très utilisée dans les laits pour le corps.*

CHLOROPHYLLE, n. f. [kloʀofil] (*chloro-* et *-phylle*) Matière colorante verte des feuilles.

CHLOROPHYLLIEN, IENNE, ■ adj. [kloʀofiljɛ̃, jɛn] (*chlorophylle*) Qui comporte de la chlorophylle. *Une cellule chlorophyllienne possède deux types d'organites énergétiques : la mitochondrie et le chloroplaste.*

CHLOROPHYTUM, ■ n. m. [kloʀofitɔm] (*chloro-* et *phytum*, gr. *phuton*, plante) Plante d'intérieur d'origine tropicale de la famille des liliacées, dite *plante araignée*, à longues feuilles effilées vertes et blanches. *Les cholorphytums émettent, en été, de longues tiges blanches au bout desquelles se forment de jeunes plantes.*

CHLOROPLASTE, ■ n. m. [kloʀoplast] (*chloro-* et *-plaste*) **Biol.** Élément cellulaire contenant de la chlorophylle et assurant la photosynthèse des plantes vertes. *Le chloroplaste absorbe l'énergie lumineuse pour la transformer afin d'être utilisée dans le métabolisme de la plante.*

CHLOROSE, n. f. [kloʀoz] (lat. sav. *chlorosis*, XVIIᵉ s., gr. *khlôros*) Maladie qui affecte spécialement les jeunes filles, caractérisée par la pâleur excessive, la teinte jaunâtre ou verdâtre de la peau. ♦ **Bot.** Étiolement ou décoloration des plantes.

CHLOROTIQUE, adj. [kloʀotik] (lat. sav. *chloroticus*, XVIIIᵉ s.) Qui est atteint de la chlorose. *Une jeune fille chlorotique.* ♦ N. m. et n. f. *Une chlorotique.* ♦ Qui appartient à la chlorose. *Accidents chlorotiques.*

CHLORURE, n. m. [kloʀyʀ] (*chlore*) Combinaison du chlore et d'un corps simple, autre que l'oxygène et l'hydrogène.

CHLORURÉ, ÉE, p. p. de chlorurer. [kloʀyʀe] Qui contient du chlore ou du chlorure.

CHLORURER, v. tr. [kloʀyʀe] (*chlorure*) Imprégner de chlorure, de chlore.

CHNOQUE ou **SCHNOCK**, ■ n. m. et n. f. [ʃnɔk] (orig. inconnue) **Fam.** Personne considérée comme imbécile et souvent dépassée. ■ REM. S'emploie généralement avec *vieux. Des vieux chnoques.* ■ Employé pour interpeller quelqu'un dont on ne connaît pas le nom. *Tiens, voilà du schnock ! Eh, du schnock, c'est quoi ton nom ?*

CHNOUF, ■ n. f. [ʃnuf] Voy. SCHNOUF.

CHOANE, ■ n. f. [koan] (gr. *khoanê*, entonnoir) **Anat.** Orifice de liaison entre les fosses nasales et la bouche.

CHOC, n. m. [ʃɔk] (*choquer.*) Voy. SOUCHE. Rencontre violente d'un corps avec un autre. *Le choc le renversa.* ♦ *Le choc des verres*, l'action de trinquer. ♦ **Phys.** Action qu'un corps mis en mouvement exerce, en vertu de sa masse et de sa vitesse acquise, sur les corps qu'il rencontre. ♦ Rencontre, attaque vigoureuse entre deux corps armés. *Le choc de deux escadrons.* ♦ **Fig.** Conflit, lutte, opposition. *Le choc des intérêts. Le choc des éléments.* **Par extens.** Atteinte, revers subit. *Ce choc ébranla sa fortune.* ■ **Milit.** Soldats de première ligne. *Troupes de choc.* ■ **Fig.** Traitement draconien. *Traitement de choc contre la grippe.* ■ Contrecoup d'un évènement. *Ça m'a fait un choc !*

■ Émotion traumatisante. *État de choc.* ■ Choc après une opération. *Choc opératoire.* ■ Crise pétrolière. *Choc pétrolier.*

CHOCARD ou **CHOQUARD**, ■ n. m. [ʃɔkaʀ] (orig. inc.) Oiseau des hautes montagnes à bec jaune et au plumage noir. *Les chocards construisent leur nid dans les rochers avec des matériaux grossiers comme de petites branches mais aussi avec des débris végétaux.*

CHOCHOTTE, ■ adj. [ʃoʃɔt] (orig. inc.) Fam. Qui est maniéré et snob. *Je la trouve un peu chochotte comme fille !* ■ N. f. *Une vraie chochotte cette fille !* ■ Efféminé et maniéré pour un homme. *Quelle chochotte ce garçon !*

CHOCOLAT, n. m. [ʃokola] (esp. *chocolate*, d'un mot nahuatl) Pâte alimentaire préparée avec des amandes de cacao et du sucre. ♦ Boisson préparée avec cette pâte, dissoute dans de l'eau ou du lait. ♦ Adj. inv. *Couleur chocolat.*

CHOCOLATÉ, ÉE, ■ adj. [ʃokolate] (*chocolat*) Qui est à base de chocolat ou aromatisé au chocolat. *Une boisson chocolatée.*

CHOCOLATERIE, ■ n. f. [ʃokolat(ə)ʀi] (*chocolat*) Fabrique de chocolat. *Les chocolateries suisses.*

CHOCOLATIER, IÈRE, n. m. et n. f. [ʃokolatje, jɛʀ] (*chocolat*) Personne qui fabrique, vend chocolat.

CHOCOLATIÈRE, n. f. [ʃokolatjɛʀ] (*chocolat*) Vase où l'on prépare le chocolat pour le prendre en boisson.

CHOCOTTES, ■ n. f. pl. [ʃokɔt] (origine obscure : p.-ê. var. de *chicot*, avec influence de *choc*) Fam. Peur. *Avoir les chocottes.*

CHOÉPHORE, ■ n. m. et n. f. [koefɔʀ] (gr. *khoé*, libation et *phoros*, qui porte) Chez les Grecs de l'Antiquité, personne qui apportait les offrandes aux morts. *Les Choéphores d'Eschyle.*

CHŒUR, n. m. [kœʀ] (lat. *chorus*, du gr. *khoros*) **Antiq. grecq.** Ensemble de gens qui dansent ou marchent en cadence. *Le chœur des muses.* ♦ Dans la tragédie ou comédie grecque, réunion de gens qui marchaient ou dansaient ensemble en chantant ou en déclamant des vers lyriques ; sorte de personnage collectif et chantant. ♦ **Par extens.** Ce que les chœurs chantent ou sont supposés chanter. *Racine a mis des chœurs dans Esther et dans Athalie.* ♦ Réunion de personnes qui chantent ensemble, sans figurer marche ni danse. *Les chœurs de l'opéra. Un chœur de jeunes filles.* ♦ **Église** Ceux qui chantent. *Le chœur répond au célébrant.* ♦ *Les neuf chœurs des anges,* les neuf ordres de la hiérarchie céleste. Partie de l'église où l'on chante l'office divin, et qui est en tête de la nef. ♦ *Enfants de chœur,* enfants employés dans le chœur au chant des offices et aux petites besognes d'église, comme servir le vin au prêtre, etc. ♦ Composition de musique à plusieurs parties et exécutée par plusieurs voix pour chaque partie. ♦ Dans le langage ordinaire, chant exécuté par plusieurs voix ensemble. *Chanter en chœur.* ■ *En chœur,* d'une seule voix. *Ils ont répondu oui en chœur.*

CHOIR, v. intr. [ʃwaʀ] (lat. *cadere*) N'est usité qu'au prés. de l'ind. : *Je chois, tu chois, il choit,* au part. *chu, chue,* et se conjugue avec l'auxiliaire *être.* Tomber. « *Un jeune enfant dans l'eau se laissa choir* », La Fontaine.

CHOISI, IE, p. p. de choisir. [ʃwazi] Qui excelle, qui est meilleur. *Société choisie. Œuvres choisies.* ■ N. m. Fam. *C'est du choisi.*

CHOISIR, v. tr. [ʃwaziʀ] (goth. *kausjan,* goûter, examiner) Prendre de préférence. ♦ *Se choisir,* faire choix pour soi. ♦ Fam. *Choisir de l'œil,* fixer son regard sur l'objet qu'on préfère. ♦ *Choisir* se construit avec *de* et un infinitif. « *Quiconque choisira de faire mes volontés* », Pascal. ♦ **Absol.** *Donner à choisir.* ♦ Faire une option entre deux choses. « *C'est à vous de choisir mon amour ou ma haine* », P. Corneille. ♦ *Choisir si... Choisissez si vous voulez payer ou avoir un procès.* ♦ **Absol.** « *Devine, si tu peux, et choisis, si tu l'oses* », P. Corneille. ♦ *Se choisir,* v. pr. Faire choix l'un de l'autre.

CHOISISSABLE, adj. [ʃwazisabl] (radic. du partic. de *choisir*) Qui peut, qui doit être choisi.

CHOIX, n. m. [ʃwa] (*choisir*) Action de choisir, faculté de choisir. *Un choix éclairé. Faire son choix.* ♦ Préférence accordée à une personne ou à une chose. « *Parmi tant d'amis, il faut faire un choix prudent* », Bossuet. ♦ *Sans choix,* sans discernement, sans distinction. ♦ *À son choix,* à sa volonté. *N'avoir pas le choix,* être réduit à une extrémité qui ne laisse pas d'alternative. ♦ Ce qui a été particulièrement choisi, élite. « *Il est fort peu d'endroits Dont il n'ait le rebut aussi bien que le choix* », P. Corneille. ♦ **Hérald.** Armes de choix, armoiries qu'un particulier compose à sa fantaisie, au lieu de les avoir acquises. ♦ *De premier choix* ou *de choix,* de grande qualité. ■ *De second choix,* de qualité médiocre. ■ *Partenaire de choix,* de grande valeur.

CHOKE-BORE ou **CHOKE**, ■ n. m. [ʃokbɔʀ, ʃok] ou [tʃok] (angl. *to choke,* étrangler et *bore,* âme d'un fusil) Étranglement situé à l'extrémité du canon d'un fusil pour éviter la dispersion des plombs lors du tir. *Les choke-bores* ou *les chokes des fusils.*

CHOLAGOGUE, ■ adj. [kolagɔg] (gr. *kholé,* bile et *agôgos,* qui entraîne) **Méd.** Qui permet une évacuation aisée de la bile. *Des plantes cholagogues.* ■ N. m. *Les cholagogues provoquent l'excrétion biliaire du foie et aident à la décomposition des gras.*

CHOLÉCALCIFÉROL, ■ n. m. [kolekalsiferɔl] Vitamine D3. *Le cholécalciférol est vital pour l'absorption du calcium et le maintien du niveau de calcium dans le sang.*

CHOLÉCYSTECTOMIE, ■ n. f. [kolesistɛktomi] (*cholé-, -cysto-* et *-ectomie,* de *ektomê,* ablation) **Chir.** Ablation de la vésicule biliaire.

CHOLÉCYSTITE, ■ n. f. [kolesistit] (*cholé-, -cyst(o)* et *-ite*) Inflammation de la vésicule biliaire.

CHOLÉDOLOGIE, n. f. [koledoloʒi] (*cholédoque*) Mot barbare qui devrait être *cholélogie* ou *cholologie,* traité sur la bile.

CHOLÉDOQUE, adj. [koledɔk] (gr. *kholêdokhos,* de *khlolê,* bile et *dokhos,* qui peut contenir) *Conduit* ou *canal cholédoque,* conduit formé par la réunion des conduits hépatique et cystique, et versant la bile dans le duodénum.

CHOLÉRA-MORBUS ou simplement **CHOLÉRA**, n. m. [koleramɔrbys, kolera] (gr *kholera* et lat. *morbus,* maladie) Maladie endémique et sporadique caractérisée par des évacuations abondantes du haut et du bas, une grande faiblesse et du refroidissement. ♦ Maladie épidémique, dite aussi *choléra asiatique,* offrant des symptômes analogues à ceux du choléra endémique, mais avec beaucoup plus d'intensité, et caractérisée par une matière semblable à l'eau de riz qui est dans les selles. ■ Rem. On écrivait aussi *coléra-morbus.*

CHOLÉRÉTIQUE, ■ adj. [koleretik] (*cholé* et *airetikos,* qui prend) Qui facilite la sécrétion de bile. *Les feuilles d'artichaut sont utilisées dans les traitements cholérétiques.* ■ N. m. *Les cholérétiques.*

CHOLÉRIFORME, ■ adj. [kolerifɔrm] (*choléra* et *-forme*) Qui a les aspects du choléra. *Des symptômes cholériformes.*

CHOLÉRINE, n. f. [kolerin] (dim. de *choléra*) Affection caractérisée par une diarrhée indolente.

CHOLÉRIQUE, adj. [kolerik] (lat. *cholericus,* bilieux) Qui tient de la bile. *Tempérament cholérique.* ♦ Qui appartient au choléra. *Accidents cholériques.* ♦ N. m. et n. f. Personne qui est atteinte du choléra. ■ Rem. On écrivait aussi *colérique.*

CHOLESTÉROL, ■ n. m. [kolesterɔl] (*cholé-* et *sterros,* consistant) Élément gras (stérol) présent dans l'organisme, fourni par l'alimentation et synthétisé par le foie, dont l'excès peut provoquer des dysfonctionnements, notamment de type cardiovasculaire. *Il y a deux sortes de cholestérols, un bon et un mauvais, qui ont des effets spécifiques dans l'organisme.*

CHOLESTÉROLÉMIE, ■ n. f. [kolesterolemi] (de *cholestérol* et *hémie*) Taux élevé de cholestérol dans le sang. *La cholestérolémie est un des principaux facteurs de risque des maladies cardiovasculaires.*

CHOLIAMBE, n. m. [koljãb] (gr. *khôliambos,* de *khôlos,* boiteux et *iambos,* iambe) Sorte de vers ïambique grec ou latin qui a un ïambe au 5ᵉ pied et un spondée au 6ᵉ.

CHOLIAMBIQUE, adj. [koljãbik] (*choliambe*) Qui appartient au choliambe. *Vers choliambiques.*

CHOLINE, ■ n. f. [kolin] (gr. *cholê,* bile) Alcool azoté composant certains lipides utilisés par le foie. *L'organisme ne synthétisant qu'une très petite quantité de choline, un apport est donc essentiel : une carence peut entraîner des dommages au foie dus à une accumulation de graisses dans cet organe.*

CHOLINERGIQUE, ■ adj. [kolinerʒik] (*choline* et *-ergique*) **Chim.** Qui agit grâce à l'acétylcholine sur le système nerveux ou les muscles. *Les récepteurs cholinergiques des terminaisons nerveuses des muscles.* ■ N. m. *Les cholinergiques sont des médicaments qui influencent la concentration d'acétylcholine.*

CHOLINESTÉRASE, ■ n. f. [kolinɛsteraz] (*choline* et *estérase*) Enzyme diminuant l'excès d'activité de l'acétylcholine dans le système nerveux. *La cholinestérase rend les neuromédiateurs inactifs, empêchant la transmission de l'influx nerveux.*

CHÔMABLE, adj. [ʃomabl] (*chômer*) Qu'on doit chômer. *Fête, jour chômable.*

CHÔMAGE, n. m. [ʃomaʒ] (*chômer*) Action de chômer ; suspension des travaux. ♦ **Par extens.** *Le chômage d'un canal, d'un moulin, d'une usine.* ■ Situation dans laquelle se trouve un salarié sans emploi. *Il est au chômage.* ■ *Chômage technique,* arrêt temporaire du travail résultant d'une baisse de l'activité de l'entreprise.

CHÔMÉ, ÉE, p. p. de chômer. [ʃome] *Fête chômée.*

CHÔMER, v. intr. [ʃome] (b. lat. *caumare,* se reposer pendant la chaleur, du lat. chrét. *cauma,* chaleur, gr. *kauma*) Ne pas travailler parce qu'on solennise une fête. ♦ Ne pas travailler par manque d'ouvrage. ♦ Ne pas travailler pour une raison quelconque. « *Je t'ai dit que j'étais gentilhomme, né pour* chômer et pour ne rien savoir », VOLTAIRE. ◆ *Par extens. Ce moulin, ce canal chôme. La terre chôme*, elle est en jachère. *L'argent chôme*, il ne produit pas d'intérêt. ▷ ▷ *Chômer de*, manquer de. *Chômer de besogne*. ◁ ◆ V. tr. Solenniser par la cessation du travail. « *Constantin établit que l'on chômerait le dimanche* », MONTESQUIEU. ◆ Prov. *Il ne faut point chômer les fêtes avant qu'elles ne soient venues*, il est imprudent de se réjouir de ce qui est à venir. ◆ *C'est un saint qu'on ne chôme plus*, se dit d'un homme qui a perdu crédit. ▪ *Ne pas chômer*, abattre une grande quantité de travail.

CHÔMEUR, EUSE, ▪ n. m. et n. f. [ʃomœʀ, øz] (*chômer*) Personne sans travail, par manque d'embauche ou par perte de son emploi. *Chômeur de longue durée.*

CHONDRE, ▪ n. m. [kɔ̃dʀ] (gr. *khondros*, grain) Aggloméré de petites boules sphériques de silicate qui forment la chondrite. *La datation des chondres les place parmi les premiers solides à s'être formés dans la nébuleuse solaire.*

CHONDRICHTYEN, ▪ n. m. [kɔ̃dʀiktjɛ̃] (gr. *khondros*, cartilage et *ikhthus*, poisson) Poisson cartilagineux tel le requin ou la raie. *Les chondrichtyens forment une sous-classe.*

CHONDRIOME, ▪ n. m. [kɔ̃dʀijom] (gr. *khondrion*, granule) **Biol**. Petit grain isolé de forme ovoïde qui forme l'ensemble des mitochondries d'une cellule. *Le chondriome est le siège des réactions chimiques dont le but est de libérer de l'énergie et de permettre la fabrication de certaines protéines.*

CHONDRITE, ▪ n. f. [kɔ̃dʀit] (gr. *khondros*, grain) Météorite pierreuse commune riche en olivine et contenant des chondres. *Les chondrites renferment des éléments riches en calcium et aluminium dans lesquels se rencontrent également d'autres éléments réfractaires rares sur Terre comme le titane.*

CHONDROCALCINOSE, ▪ n. f. [kɔ̃dʀokalsinoz] (gr. *khondros*, cartilage, lat. *calx*, chaux, et *-ose*) **Méd**. Maladie rhumatismale caractérisée par des accès douloureux ressemblant à la goutte. *La chondrocalcinose est une affection très fréquente du sujet âgé.*

CHONDRODYSTROPHIE, ▪ n. f. [kɔ̃dʀodistʀofi] (gr. *khondros*, cartilage et *dystrophie*) **Méd**. Affection héréditaire rare du développement osseux qui entraîne un nanisme appelé aussi *maladie de Parrot. La chondrodystrophie n'atteint généralement que les membres.*

CHONDROLOGIE, n. f. [kɔ̃dʀoloʒi] (gr. *khondros*, cartilage, et *-logie*) Traité des cartilages.

CHONDROMATOSE, ▪ n. f. [kɔ̃dʀomatoz] (*chondrome* et *-ose*) **Méd**. Maladie des os gênant l'articulation caractérisée par la présence de chondromes. *La chondromatose provoque des douleurs aiguës au niveau des articulations du corps, notamment aux genoux et aux hanches.*

CHONDROME, ▪ n. m. [kɔ̃dʀom] (gr. *khondros*, cartilage et *-ome*) **Méd**. Tumeur bénigne qui se développe au niveau du squelette. *Le chondrome provoque des calcifications fines anarchiques sur le squelette.*

CHONDROSARCOME, ▪ n. m. [kɔ̃dʀosaʀkom] (*khondros*, cartilage et *sarcome*) **Méd**. Tumeur maligne formée de tissus embryonnaires et d'éléments cartilagineux. *Le chondrosarcome atteint principalement l'adulte, évolue lentement, et son traitement est uniquement chirurgical.*

CHONDROSTÉEN, ▪ n. m. [kɔ̃dʀɔsteɛ̃] (gr. *khondros*, cartilage et *ostéon*, os) Poisson osseux actinoptérygien souvent fossile et ressemblant à l'esturgeon. *Les chondrostéens forment un ordre.*

CHOPE, n. f. [ʃɔp] (alsac. *Schoppe*) Sorte de gobelet en forme de cône tronqué, contenant une mesure de bière d'environ un demi-litre ◆ Le contenu. *Boire une chope.*

CHOPER, ▪ v. tr. [ʃope] (*chiper*) **Fam**. Attraper quelqu'un ou quelque chose. *J'ai chopé une angine.* ▪ Se faire attraper par quelqu'un. *Il s'est fait chopé par la police.*

CHOPINE, n. f. [ʃopin] (m. b. all. *shope, schopen*, puisoir de brasseur) Ancienne mesure contenant la moitié d'une pinte. ◆ La contenance d'une chopine. *Boire chopine.* ▪ **Fam**. Bouteille de vin.

CHOPINER, v. intr. [ʃopine] (*chopine*) Boire chopine à chopine, et aussi boire avec excès.

CHOPPEMENT, n. m. [ʃɔp(ə)mɑ̃] (*chopper*) Action de chopper.

1 **CHOPPER**, v. intr. [ʃope] (prob. radic. onomat. *tsopp*, expressif du bruit que fait un boiteux ; moins sensible en fr. à cause du passage à *ch-*) Heurter du pied contre quelque chose en marchant. ◆ **Fig**. Se tromper lourdement. « *Je choppe par dessein, ma faute est volontaire* », RÉGNIER.

2 **CHOPPER**, ▪ n. m. [ʃɔpœʀ] (mot angl.) Moto à guidon haut qui se conduit les pieds positionnés vers l'avant. *Une moto, modèle chopper.*

CHOP SUEY ou **CHOP-SUEY**, ▪ n. m. [ʃɔpsɥe] (mot chinois) Plat chinois composé de légumes sautés accompagnés de viande émincée. *Sur la carte étaient proposés différents chop sueys ou chop-sueys.*

CHOQUANT, ANTE, adj. [ʃokɑ̃, ɑ̃t] (*choquer*) Qui choque, qui blesse. *Air choquant. Manières choquantes.*

CHOQUARD, ▪ n. m. [ʃokaʀ] Voy. CHOCARD.

CHOQUÉ, ÉE, p. p. de choquer. [ʃoke] Qui a reçu un choc. ◆ **Fig**. Offensé.

CHOQUEMENT, n. m. [ʃɔk(ə)mɑ̃] (*choquer*) Action de choquer ou de se choquer.

CHOQUER, v. tr. [ʃoke] (orig. obsc., p.-ê. germ.) Donner un choc contre. « *Il ne voit point d'écueil qu'il ne l'aille choquer* », BOILEAU. ◆ **Fam**. *Choquer le verre*, trinquer. ◆ Absol. en ce sens. *Choquons!* ◆ **Fig**. Offenser, blesser, déplaire. ◆ **Absol**. *Tout ce qui choque.* ◆ Être contraire ou agir contrairement à. « *Si on choque les principes de la raison* », PASCAL. ◆ *Choquer l'oreille*, produire des sons, joindre des mots qui offensent l'oreille, et fig. tenir des propos qui déplaisent. ◆ *Se choquer*, v. pr. Recevoir et donner un choc. ◆ **Par extens**. Former un hiatus. ◆ En venir aux mains, en parlant d'hommes ou de troupes qui s'abordent pour se combattre. « *Deux armées prêtes à se choquer* », FLÉCHIER. ◆ S'offenser. *C'est un homme qui se choque de tout.* ◆ Être en désaccord, aller mal ensemble.

CHORAÏQUE, adj. [koʀaik] (*chorée*) Versif. anc. *Vers choraïque*, vers qui renferme des chorées.

CHORAL, ALE, adj. [koʀal] (*chœur*) *Société chorale*, société qui s'assemble pour chanter des chœurs. ◆ N. m. Espèce de chant religieux. *Un choral de Luther.* ◆ Masse des chantres qui sont au chœur d'une église. ◆ Au pl. *Des chorals* ou *des choraux.*

CHORDE, n. f. [kɔʀd] Voy. CORDE.

CHORDÉ, n. m. [kɔʀde] Voy. CORDÉ.

1 **CHORÉE**, n. m. [koʀe] (lat. *choreus*, gr. *khoreios*) Métrique anc. Pied composé d'une longue et d'une brève, dit aussi trochée.

2 **CHORÉE**, n. f. [koʀe] (lat. *chorea*, gr. *khoreia*, danse en chœur) Maladie dite aussi *danse de Saint-Guy*. ▪ REM. On écrivait aussi *corée*.

CHORÈGE, n. m. [koʀɛʒ] (gr. *khorêgos*, celui qui dirige un chœur, qui le finance) Celui qui, chez les Grecs, fournissait la dépense des spectacles. ▪ REM. Graphie ancienne : *chorége*.

CHORÉGIE, n. f. [koʀeʒi] (gr. *khorêgia*) Fonction de chorège. ◆ Les dépenses de cette fonction. *Les chorégies du spectacle.*

CHORÉGIQUE, adj. [koʀeʒik] (gr. *khorêgikos*) Qui appartient à la chorégie.

CHORÉGRAPHE, n. m. et n. f. [koʀegʀaf] (*chorégraphie*) Compositeur de ballets, de pas de danse.

CHORÉGRAPHIE, n. f. [koʀegʀafi] (gr. *khoreia*, danse, et *-graphie*) Art de composer des danses ; art des ballets. ◆ Art de noter sur le papier les pas, les gestes et les figures d'une danse, avec des signes particuliers. ◆ Art de la danse.

CHORÉGRAPHIER, ▪ v. tr. [koʀegʀafje] (*chorégraphie*) Composer un spectacle de danse. *Une équipe employée pour chorégraphier le nouveau ballet de l'Opéra de Paris.*

CHORÉGRAPHIQUE, adj. [koʀegʀafik] (*chorégraphie*) Qui appartient à la chorégraphie. *Exercices chorégraphiques.*

CHORÉGRAPHIQUEMENT, adv. [koʀegʀafik(ə)mɑ̃] (*chorégraphique*) D'une manière chorégraphique.

CHORÉIQUE, adj. [koʀeik] (2 *chorée*) Qui a rapport à la chorée. ◆ N. m. et n. f. Celui, celle qui est atteint de chorée.

CHOREUTE, ▪ n. m. [koʀøt] (gr. *khoreutês*) **Antiq**. Qui appartient au chœur dans le théâtre grec. *Pendant les didascalies, les choreutes tournaient le dos aux spectateurs.*

1 **CHORÉVÊQUE**, n. m. [koʀevɛk] (gr. *khôrepiskopos*, de *khôra*, campagne, et *episkopos*, ἐπίσκοπος) Nom que portèrent jusqu'au XIᵉ siècle les vicaires épiscopaux.

2 **CHORÉVÊQUE**, n. m. [koʀevɛk] (gr. *khoros* et *episkopos*) Nom, dans quelques cathédrales, principalement en Allemagne, d'une espèce d'inspecteur du chœur.

CHORIAMBE, n. m. [koʀjɑ̃b] (gr. *khoriambos*, de *khoreios* et *iambos*) Dans la métrique ancienne, pied composé d'un trochée et d'un ïambe, ou de deux brèves entre deux longues. ▪ REM. On écrivait aussi *coriambe*.

CHORIAMBIQUE, adj. [koʀjɑ̃bik] (de *choriambe*) Qui a rapport au choriambe.

CHORIO-ÉPITHÉLIOME ou **CHORIOÉPITHÉLIOME**, ▪ n. m. [koʀjoepiteljom] (*chorion*, *épithélium* et *-ome*) **Méd**. Tumeur maligne qui se développe à partir du placenta après une grossesse interrompue. *Le chorioépithéliome provoque des saignements anormaux pendant les premiers mois de la grossesse.*

CHORION, ▪ n. m. [koʀjɔ̃] (gr. *khorion*, membrane) **Anat**. Enveloppe extra-embryonnaire qui participe à l'élaboration du placenta. *Le chorion constitue l'une des enveloppes protectrices de l'embryon.*

CHORISTE, n. m. [kɔʀist] (*chœur*) Chantre du chœur. ◆ N. m. et n. f. Personne qui chante dans les chœurs.

CHORIZO, ■ n. m. [ʃɔʀizo] (mot esp.) Spécialité espagnole de saucisson pimenté rouge. *Chorizo du Pays basque. Manger une pizza au chorizo.*

CHOROGRAPHE, n. m. [kɔʀɔɡʀaf] (*chorographie*) Celui qui est auteur de chorographies.

CHOROGRAPHIE, n. f. [kɔʀɔɡʀafi] (du gr. *khôrographia*, de *khôra*, pays, et *graphein*, décrire) Description d'un pays, comme la géographie est la description de la Terre, et la topographie celle d'un lieu.

CHOROGRAPHIQUE, adj. [kɔʀɔɡʀafik] (*chorographie*) Qui appartient à la chorographie. *Description chorographique.*

CHOROÏDE, adj. [kɔʀɔid] (gr. *khorioeidês*, qui ressemble à une membrane, de *khorion*, membrane, et *eidos*, aspect) *La membrane choroïde* ou simplement *la choroïde*, membrane très mince qui tapisse la partie postérieure de l'œil.

CHOROÏDIEN, IENNE, ■ adj. [kɔʀɔidjɛ̃, jɛn] (*choroïde*) Relatif à la choroïde. *Une tumeur choroïdienne.*

CHORUS, n. m. [kɔʀys] (lat *chorus*, du gr. *khoros*) Chant en chœur. ◆ *Faire chorus*, répéter en chœur ce qu'un autre a dit ou chanté, et fig. approuver tout d'une voix.

CHOSE, n. f. [ʃoz] (lat. *causa*) Désignation indéterminée de tout ce qui est inanimé. « *Qu'un ami véritable est une douce chose !* », LA FONTAINE. ◆ *L'auteur des choses*, Dieu. ◆ *Les choses humaines*, l'ensemble de ce qui existe et de ce qui se fait parmi les hommes. ◆ *Dire à quelqu'un bien des choses*, lui faire ses compliments. ◆ *C'est la même chose*, il n'y a pas de différence. ◆ *Autre chose*, une chose différente. *Autre chose de parler, autre chose d'agir.* ◆ *C'est autre chose*, c'est différent. ◆ *Aller au fond, au bout des choses*, ne pas s'arrêter à un examen superficiel. ◆ *Ne pas faire les choses à demi*, ne pas épargner la dépense. ◆ *Faire bien les choses*, faire les choses de bonne grâce, s'acquitter convenablement d'une obligation, d'une corvée, et aussi faire les dépenses nécessaires. ■ SUR TOUTE CHOSE OU AVANT TOUTE CHOSE, loc. adv. Avant tout. ◆ *Chose* se dit quelquefois des personnes. « *Je suis chose légère, et vole à tout sujet* », LA FONTAINE. ◆ *La chose publique*, l'État. ◆ *Ce dont il s'agit. Je vais vous expliquer la chose.* ◆ **Dr.** *Chose jugée*, ce qui a été résolu par une décision judiciaire ; ce qui est décidé, mis hors de contestation. ◆ Bien, propriété, possession. *Vendre la chose d'autrui.* ◆ **Gramm.** *Chose* se dit par opposition à *personne.* Le pronom *quoi se rapporte toujours à des choses.* ◆ Ce qui est en fait, en réalité, par opposition à ce qui est un mot, un nom. « *Rien n'est plus commun que le nom [d'ami], Rien n'est plus rare que la chose* », LA FONTAINE. ◆ **Par extens.** Pensées de valeur, notions réelles et positives. *Livre plein de choses.* ◆ QUELQUE CHOSE, n. m. Certaines choses. ◆ *Quelque chose* suivi d'un adjectif, qui est toujours au masculin, avec la préposition *de*, qui est indispensable. *La pauvreté est quelque chose de bien dur.* ◆ *Autre chose* s'emploie de même, avec la préposition *de* et un adjectif au masculin. *Montrez-nous autre chose de beau.* ◆ Difficulté, brouille. *Il y a quelque chose entre eux.* ◆ *Faire quelque chose*, obtenir quelque succès. ◆ *Faire quelque chose*, avoir une profession. ◆ *C'est quelque chose*, il y a quelque mérite, quelque intérêt. « *Ce que vous dites là est quelque chose* », FONTENELLE. ◆ Naissance, position distinguées. « *Il serait honteux d'être né quelque chose et de ne pas songer à s'élever* », MASSILLON. ◆ Environ. *Il y a quelque chose comme huit jours.* ◆ PEU DE CHOSE, n. m. Chose inutile, sans valeur. « *Ma vie est peu de chose et je vous l'abandonne* », VOLTAIRE. ◆ *De peu de chose*, d'une famille qui n'a rien de bien relevé. ◆ *Grand-chose*, quelque chose qui a de l'importance. *On ne lui répondit pas grand-chose. Grand-chose* ne s'emploie que dans des phrases négatives. ■ **Fam.** *Monsieur, madame Chose*, se dit quand on ignore le nom de la personne en question. ■ **Fam.** *Se sentir tout chose*, ne pas se sentir à l'aise. ■ REM. Graphie ancienne de *grand-chose : grand'chose.*

CHOSIFIER, ■ v. tr. [ʃozifje] (*chose*) Considérer une personne comme une chose, un objet. *Chosifier un malade.* ■ CHOSIFICATION, n. f. [ʃozifikasjɔ̃] *La chosification croissante de la personne humaine au profit de l'économie.*

CHOTT, ■ n. m. [ʃɔt] (ar. *šatt*, dépression avec lac salé) Lac salé d'Afrique du Nord desséché ou non. *Des chotts.*

1 **CHOU**, n. m. [ʃu] (lat. *caulis*, tige des plantes) Plante potagère de la famille des crucifères. ◆ *Chou de Bruxelles* ou *de Brabant*, chou vert dont la tige est garnie de petites têtes de feuilles frisées. ◆ **Fam.** *Aller à travers choux* ou *tout au travers des choux*, agir en étourdi. ◆ *Tonner sur les choux*, faire plus de peur que de mal. ◆ **Pop.** *Bête comme un chou*, très bête. ◆ *Aller planter ses choux*, se retirer à la campagne. ◆ *S'entendre à une chose comme à ramer des choux*, n'y rien entendre. ◆ *Faites-en des choux, des raves*, disposez de la chose comme il vous plaira. ◆ *Faire ses choux gras de quelque chose*, en engraisser ses choux, d'où le sens : en retirer profit, s'en régaler, au propre et au figuré. ◆ **Absol.** *Faire ses choux gras*, faire bien ses affaires. ◆ *Ménager, sauver la chèvre et le chou*, ménager également deux partis, deux adversaires.

◆ Nom de certaines plantes qui ont de la ressemblance avec le chou. *Chou de cocotier, chou-palmiste*, etc. ◆ Assemblage de coques de rubans, en forme de chou. Nœud que l'on forme avec l'étoffe par le haut d'une draperie. ◆ *Chou* ou *petit-chou*, sorte de pâtisserie. ◆ Au jeu de quille, *faire chou blanc*, ne rien abattre, et fig. n'arriver à aucun résultat dans une entreprise. ■ **Fam.** *C'est simple* ou *C'est bête comme chou*, très simple, très facile. ■ **Péj.** et **fam.** *Une feuille de chou*, un journal. ■ Terme d'affection. *Mon chou.* ■ REM. On dit aussi *ma choute. Ma petite choute, tu as mal quelque part ?* ■ *Bout de chou*, terme d'affection pour désigner quelqu'un ou quelque chose de petit et mignon. *Mon petit bébé, mon petit bout de chou !*

2 **CHOU**, adv. [ʃu] *Chou, chou-là !* Se dit pour exciter un chien à quêter, et *chou-pille !* pour exciter le chien à se jeter sur le gibier. ◆ N. m. *Chou-pille*, chien qui ne quête que sous le fusil.

CHOUAN, n. m. [ʃwɑ̃] (dial. de l'Ouest, *chouan*, hibou, de anc. fr. *choan*, chat-huant ; surnom donné au chef vendéen Jean Cottereau) Nom donné à des bandes qui, dans l'Ouest de la France, faisaient la guerre de partisans contre la Révolution. ◆ Nom donné, dans la polémique des partis, aux amis de la branche aînée des Bourbons.

CHOUANNER, v. intr. [ʃwane] (*chouan*) Faire la guerre de chouans.

CHOUANNERIE, n. f. [ʃwan(ə)ʀi] (*chouan*) Guerre de chouans, de partisans. ◆ Le parti des chouans, leurs opinions.

CHOUCAS, n. m. [ʃukɑ] (prob. onomat. ; cf. angl. *chough*) Espèce de petite corneille.

CHOUCHEN, ■ n. m. [ʃuʃɛn] (mot breton) **Bretag.** Boisson alcoolisée à base de miel fermenté dans l'eau appelée aussi *hydromel. Des chouchens.*

CHOUCHOU, OUTE, ■ n. m. et n. f. [ʃuʃu, ut] (redoublement de *chou*, terme fam.) Préféré(e), en parlant le plus souvent d'un enfant. *Le chouchou de la maîtresse.* ■ N. m. Accessoire de coiffure en tissu élastique destiné à rassembler les cheveux. *Des chouchous en soie.*

CHOUCHOUTAGE, ■ n. m. [ʃuʃutaʒ] (*chouchouter*) **Fam.** Préférence marquée pour une personne. *Il n'arrête pas de faire du chouchoutage avec cet enfant.*

CHOUCHOUTER, ■ v. tr. [ʃuʃute] (*chouchou*) Choyer particulièrement quelqu'un. *Chouchouter ses enfants.* ■ *Se faire chouchouter par quelqu'un.*

CHOUCROUTE, n. f. [ʃukʀut] (alsac. *surkrut*, comme all. *Sauerkraut*, herbe sure) Chou cabus blanc haché qu'on fait fermenter dans la saumure. ■ Plat de charcuterie chaude accompagné de chou blanc haché et fermenté.

1 **CHOUETTE**, n. f. [ʃwɛt] (a. fr. onomat. *çoe*, et anc. fr. *choe*, de anc. b. frq. *kawa*, choucas) Oiseau nocturne du genre du chat-huant. ◆ *Faire la chouette*, jouer seul contre deux. ■ Adj. Qui procure du plaisir. *C'est une chouette idée.* ■ **Fam.** Sympathique. *Un chouette type.*

2 **CHOUETTE**, ■ interj. [ʃwɛt] (*chouette* ; cf. anc. fr. *chöeter*, faire la coquette, et ital. *civitta*, chouette, femme légère) Exprime le contentement. *Chouette, on va à la mer ! C'est chouette ! C'est sympa !* ■ CHOUETTEMENT, adv. [ʃwɛt(ə)mɑ̃]

CHOU-FLEUR, n. m. [ʃuflœʀ] (*chou* et *fleur*, calqué sur ital. *cavolfiore*) Chou dont les rameaux et les fleurs naissantes se mangent. ◆ Au pl. Des *choux-fleurs.*

CHOUIA, ■ n. m. [ʃuja] (ar. *chuya*, un peu) **Fam.** *Un chouia*, un peu. *Il s'en est fallu d'un chouia. Un chouia agacé. Un chouia de riz.* ■ Pas *chouia*, pas beaucoup.

CHOUINER ou **CHOUGNER**, ■ v. intr. [ʃwine, ʃuɲe] ou [ʃuɲe] (radic. onomat. *win* ; cf. couiner) **Fam.** Pleurnicher comme un enfant. *Arrête de chouiner comme ça !*

CHOULEUR, ■ n. m. [ʃulœʀ] (*chouler*) Engin de chargement muni d'une benne articulée. *Un conducteur de chouleur.*

CHOU-NAVET, ■ n. m. [ʃunavɛ] (*chou* et *navet*) Chou dont la racine est ronde et charnue comme le navet. ◆ Au pl. *Des choux-navets.*

CHOU-PILLE, n. m. [ʃupij] Voy. CHOU.

CHOUQUET, ■ n. m. [ʃukɛ] (norm. *chouquet*, petite souche, billot, de *chouc*, de anc. fr. *chouque*, souche) Billot sur lequel on rabat les filières dans les tréfileries. ◆ Forte et large pièce de bois, qui sert à l'assemblage d'un mât supérieur avec son mât inférieur.

CHOUQUETTE, ■ n. f. [ʃukɛt] Petit chou pâtissier parsemé de grains de sucre. *Des chouquettes au praliné.*

CHOU-RAVE, n. m. [ʃuʀav] (*chou* et *rave*, lat. *rapa*, navet) Chou dont la tige, s'épaississant, forme une sorte de pomme bonne à manger. ◆ Au pl. *Des choux-raves.*

CHOURAVER ou **CHOURER**, ■ v. tr. [ʃuʀave, ʃuʀe] (romani *tchorav*) **Fam.** Voler quelque chose. *Je me suis fait chouraver ma mobylette.*

CHOURER, ■ v. tr. [ʃuʀe] Voy. CHOURAVER.

CHOW-CHOW ou **CHOWCHOW**, ■ n. m. [ʃoʃo] (mot angl.) Race de chien de compagnie au pelage abondant d'origine chinoise. *Un concours canin de chows-chows.*

CHOYÉ, ÉE, p. p. de choyer. [ʃwaje]

CHOYER, v. tr. [ʃwaje] (orig. obsc. : gallo-romain *cavicare*, intensif du lat. *cavere*, prendre garde ? onomat. ?) Soigner avec une tendre sollicitude, entourer de prévenances. ♦ Conserver avec soin. *Choyer des meubles.* ♦ Se choyer, v. pr. Se procurer tout l'aise possible.

CHRÊME, n. m. [kʀɛm] (lat. chrét. *chrisma*, gr. *khrisma*, onguent) Huile mêlée de baume, et consacrée pour servir aux onctions dans l'administration de certains sacrements. *Le saint chrême.*

CHRÉMEAU, n. m. [kʀemo] (*chrême*) Petit bonnet de linge fin, dont, après l'onction, on coiffe l'enfant baptisé.

CHRESTOMATHIE, n. f. [kʀɛstomati] (gr. *khrêstomatheia*, de *khrêstos*, utile, et *manthanein*, apprendre) Recueil de morceaux choisis dans certains auteurs classiques. *Chrestomathie grecque.*

CHRÉTIEN, IENNE, adj. [kʀetjɛ̃, jɛn] (lat. *christianus*, de *Christus*, gr. *Khristos*, Oint) Qui professe la religion du Christ. *Le peuple chrétien. Une âme chrétienne.* ♦ Qui appartient, qui est propre au christianisme. *La religion chrétienne. Une vie chrétienne.* ♦ *Le roi Très Chrétien, Sa Majesté Très Chrétienne,* le roi de France. ♦ Fam. *Parler chrétien,* parler d'une façon à être compris. ♦ N. m. et n. f. Personne qui professe le christianisme. ♦ ▷ Fam. *Un chrétien,* un homme. *Une chrétienne,* une femme. ◁ ♦ *Un bon chrétien,* un homme facile, accommodant. ♦ *Bon-chrétien,* Voy. BON-CHRÉTIEN.

CHRÉTIEN-DÉMOCRATE, ■ adj. [kʀetjɛ̃demokʀat] (*chrétien* et *démocrate*) Qui est partisan du parti démocrate-chrétien. *Des idées chrétiennes-démocrates.* ■ N. m. et n. f. *Les chrétiens-démocrates d'Allemagne.*

CHRÉTIENNEMENT, adv. [kʀetjɛn(ə)mɑ̃] (*chrétien*) D'une manière chrétienne.

CHRÉTIENTÉ, n. f. [kʀetjɛ̃te] (*chrétien*, d'après lat. chrét. *christianitas*) Les peuples, les pays chrétiens. ♦ Fig. et pop. *Marcher sur la chrétienté,* avoir ses chaussures percées.

CHRIE, n. f. [kʀi] (gr. *khreia*, usage, emploi, d'où en rhétor. sujet de développement) Amplification qu'on donne à faire aux écoliers.

CHRIS-CRAFT OU CHRISCRAFT, ■ n. m. [kʀiskʀaft] (nom déposé) Canot automobile rapide dont le moteur n'est pas amovible. *Une vente de chris-craft* ou *de chriscrafts.*

CHRIST, n. m. [kʀist] ou [kʀi] (du lat. *Christus*, gr. *Khristos*, Oint) Le Messie, l'Oint, le Rédempteur. ♦ Figure de Jésus-Christ attaché à la croix. *Des christs d'ivoire.* ♦ *Jésus-Christ, Notre-Seigneur Jésus-Christ,* le Fils de Dieu, le rédempteur des hommes. Souvent on écrit par abréviation *J.-C.*

CHRISTE-MARINE, n. f. [kʀist(ə)maʀin] Voy. CRISTE-MARINE.

CHRISTIANIA, ■ n. m. [kʀistjanja] (ancien nom d'Oslo) Technique de virage et d'arrêt où les skis restent parallèles. *Maîtriser le christiania.* ■ CHRISTIANISATION, n. f. [kʀistjanizasjɔ̃]

CHRISTIANISÉ, ÉE, p. p. de christianiser. [kʀistjanize]

CHRISTIANISER, v. tr. [kʀistjanize] (lat. chrét. *christianizare*, de *christianus*) Rendre conforme à la religion chrétienne. ♦ Attribuer aux auteurs de l'Antiquité des sentiments chrétiens.

CHRISTIANISME, n. m. [kʀistjanism] (lat. chrét. *christianismus*, gr. *khristianismos*) La religion chrétienne. ♦ Par extens. Vertu chrétienne, résignation chrétienne.

CHRISTIQUE, ■ adj. [kʀistik] (*Christ*) Qui se rapporte au Christ. *Une figure christique.*

CHRISTOLOGIE, ■ n. f. [kʀistoloʒi] (*Christ* et -*logie*) Étude de ce qui se rapporte au Christ. *La christologie constitue une partie capitale de la théologie dans la mesure où y sont abordés tous les mystères concernant le Christ.*

CHROMAGE, ■ n. m. [kʀomaʒ] (*chromer*) Action de mettre du chrome sur un objet. *Le chromage des jantes d'une voiture.*

CHROMATE, n. m. [kʀomat] (*chrome*) Nom générique des sels formés par la combinaison de l'acide chromique avec les bases salifiables.

CHROMATÉ, ÉE, adj. [kʀomate] (*chromate*) Converti en chromate.

CHROMATIDE, ■ n. f. [kʀomatid] (angl. *chromatid*) Biol. L'une des structures contenant de l'ADN qui forme un chromosome. *Chaque chromatide correspond à l'un des deux bras d'un chromosome.*

CHROMATINE, ■ n. f. [kʀomatin] (all. *Chromatin*) Biol. Substance colorable des noyaux des cellules. *La chromatine est un ensemble complexe formé d'ADN et de protéines nucléaires.*

1 **CHROMATIQUE**, adj. [kʀomatik] (gr. *khrôma*, couleur) Qui a rapport aux couleurs.

2 **CHROMATIQUE**, adj. [kʀomatik] (gr. *khrômatikos*, de *khrôma*, modulation, mélodie) Mus. Qui est composé d'une suite de demi-tons. *Une gamme chromatique.* ♦ CHROMATIQUE, n. m. Pour genre chromatique. ♦ Dans la conversation, *le chromatique, du chromatique,* signifie passage langoureux, mou, plaintif. ♦ Molière l'a fait féminin.

CHROMATIQUEMENT, adv. [kʀomatik(ə)mɑ̃] (*chromatique*) D'une manière chromatique, par demi-tons.

CHROMATISME, ■ n. m. [kʀomatism] (gr. *khrômastismos*, action de colorer, d'embellir) Ensemble des couleurs. *Le chromatisme dans l'art pariétal.* ■ Mus. Emploi de demi-ton dans certains types de gammes. ■ Opt. Anomalie chromatique. *Si un instrument d'optique présente un chromatisme, chaque couleur se traduira par une image légèrement différente et le résultat sera une image irisée et floue.*

CHROMATOGRAMME, ■ n. m. [kʀomatogʀam] (*chromato-* et -*gramme*) Diagramme obtenu par chromatographie.

CHROMATOGRAPHIE, ■ n. f. [kʀomatogʀafi] (*chromato-* et -*graphie*) Biol. Procédé chimique de séparation de substances. *La chromatographie est la technique la plus sensible existant actuellement pour doser une substance dans un mélange.*

CHROMATOPHORE, ■ n. m. [kʀomatofɔʀ] (*chromato-* et -*phore*) Zool. Cellule pigmentaire du derme permettant un changement rapide de la couleur de la peau comme chez le caméléon. *Les mélanocytes qui contiennent la mélanine sont des chromatophores.*

CHROMATOPSIE, ■ n. f. [kʀomatɔpsi] (*chromato-* et -*opsie*) Perception des couleurs. ■ Anomalie de la vision qui altère la perception des couleurs. *Le daltonisme est une chromatopsie.*

CHROME, n. m. [kʀom] (gr. *khrôma*, couleur) Métal ainsi nommé parce qu'il forme des combinaisons colorées avec la plupart des corps. ■ N. m. pl. Parties en métal blanc sur la carrosserie d'un véhicule.

CHROMÉ, ÉE, adj. [kʀome] (*chromer*) Qui contient du chrome.

CHROMER, ■ v. tr. [kʀome] (*chromer*) Recouvrir de chrome. *Chromer des pièces de moto.*

CHROMEUX, EUSE, ■ adj. [kʀomø, øz] (*chrome*) Qui contient du chrome bivalent. *Des sels chromeux.*

CHROMIDE, n. m. [kʀomid] (*chrome* et *ide*) Genre de corps simples analogues au chrome. Famille de minéraux ayant le chrome pour type.

CHROMINANCE, ■ n. f. [kʀominɑ̃s] (mot angl., du gr. *khrôma*, couleur, calqué sur luminance) Audiov. Signal contenant les informations relatives à la couleur d'une image. *Certaines prises sur les magnétoscopes restituent la luminance et la chrominance pour assurer une meilleure fidélité vidéo.*

CHROMIQUE, adj. [kʀomik] (*chrome*) *Acide chromique,* acide composé de chrome et d'oxygène.

CHROMISATION, ■ n. f. [kʀomizasjɔ̃] (*chromiser*) Opération par laquelle on chauffe un alliage ou un métal avec du chrome pour lui faire adopter certaines propriétés de celui-ci. *Les traitement de métaux par chromisation permettent de lutter contre l'usure de ces métaux.*

CHROMISER, ■ v. tr. [kʀomize] (*chrome*) Effectuer une chromisation sur un métal ou un alliage.

CHROMITE, ■ n. f. [kʀomit] (*chrome*) Principal minerai du chrome. *Le chromite est un minerai noir, dur et lourd.*

CHROMO, ■ n. m. ou n. f. [kʀomo] Abréviation de *chromolithographie.* ■ Fam. Reproduction de mauvaise qualité d'une image couleur. *Des chromos.*

CHROM(O)..., ■ [kʀomo] Préfixe qui veut dire *couleur.*

CHROMOLITHOGRAPHIE, n. f. [kʀomolitogʀafi] (*chromo-* et *lithographie*) Impression lithographique en couleur. ■ REM. Graphie ancienne : *chromo-lithographie.*

CHROMOLITHOGRAPHIQUE, adj. [kʀomolitogʀafik] (*chromolithographie*) Qui a rapport à la chromolithographie. ■ REM. Graphie ancienne : *chromo-lithographique.*

CHROMOSOME, ■ n. m. [kʀomozom] (*chromo-* et -*some*) Élément déterminant du noyau des cellules, de forme caractéristique et de nombre constant pour chaque espèce (23 paires chez l'homme), et qui est le support des facteurs héréditaires. *Chromosome sexuel, X ou Y.*

CHROMOSPHÈRE, ■ n. f. [kʀomosfɛʀ] (*chromo-* et *sphère*) Astron. Région de l'atmosphère du Soleil positionnée entre la photosphère et la couronne. *Les températures de la chromosphère varient de 4300° K à plus de 10000° K dans les parties les plus chaudes.*

CHRONICITÉ, n. f. [kʀonisite] (2 *chronique*) État des maladies chroniques.

1 **CHRONIQUE**, n. f. [kʀonik] (lat. *chronica*, gr. *khronica biblia*, annales) Annales selon l'ordre des temps. ♦ Fig. *La chronique, les chroniques,* ce qui

se débite de petites nouvelles courantes. ♦ *La chronique scandaleuse,* les propos médisants qui courent sur certaines personnes dans la ville. ♦ Aujourd'hui, dans les journaux, partie où l'on raconte les principaux bruits de ville ; et *chronique politique,* partie où l'on rapporte succinctement les nouvelles politiques. *Chronique théâtrale. Chronique musicale.* ■ *Défrayer la chronique,* faire parler de soi.

2 **CHRONIQUE,** adj. [kʀɔnik] (du b. lat. médical *chronicus*) Qui dure longtemps, en parlant des maladies qui parcourent lentement leurs périodes. *Maladie chronique* ou *passée à l'état chronique.* ■ **Par extens.** *Chômage chronique.*

CHRONIQUEMENT, adv. [kʀɔnik(ə)mɑ̃] (2 *chronique*) D'une manière chronique.

CHRONIQUEUR, EUSE, n. m. et n. f. [kʀɔnikœʀ, øz] (de *chroniquer*) Auteur de chroniques. *Les vieux chroniqueurs.* ♦ Aujourd'hui, rédacteur de journal spécialement chargé de la chronique. ■ **Rem.** Le féminin *chroniqueuse* est rare.

CHRONO, ■ n. m. [kʀɔno] Abréviation de *chronomètre.*

CHRON(O)..., ■ [kʀɔno] (gr. *khronos,* temps) Préfixe qui veut dire *temps.*

CHRONOBIOLOGIE, ■ n. f. [kʀɔnɔbjɔlɔʒi] (*chrono-* et *biologie*) Branche de la biologie qui étudie les rythmes biologiques auxquels sont soumis les êtres vivants. *Au quotidien, la chronobiologie permet de connaître, d'après les rythmes de son corps, les pics de forme afin d'optimiser ses activités au cours de la journée.*

CHRONOCISER (SE), ■ v. pr. [kʀɔnosize] (2 *chronique*) **Méd.** Évoluer lentement et se prolonger pour une maladie. *Une bronchite qui se chronocise.*

CHRONOGRAMME, n. m. [kʀɔnɔgʀam] (*chrono-* et *-gramme,* p.-ê. empr. à l'angl. *chronogram* attesté dès 1621) Année déterminée par les lettres numérales d'un ou de plusieurs mots ; ainsi dans ce vers latin : *FranCor VM tVrbIs sICVLVs fert fVnera Vesper,* les lettres numérales ainsi rangées MC-CLVVVVVVII (1282) donnent l'année des Vêpres siciliennes.

CHRONOGRAPHE, ■ n. m. [kʀɔnɔgʀaf] (*chrono-* et *-graphe ;* le gr. *khronographos* a le sens de *annaliste*) Chronomètre. ■ Appareil permettant le calcul d'une durée et sa représentation graphique.

CHRONOLOGIE, n. f. [kʀɔnɔlɔʒi] (*chrono-* et *-logie*) Connaissance de l'ordre des temps et des dates historiques. ■ Liste établie de façon chronologique.

CHRONOLOGIQUE, adj. [kʀɔnɔlɔʒik] (*chronologie*) Qui a rapport à la chronologie. ■ Qui respecte l'ordre dans lequel se sont déroulés les événements.

CHRONOLOGIQUEMENT, adv. [kʀɔnɔlɔʒik(ə)mɑ̃] (*chronologique*) D'une manière chronologique ; dans l'ordre des temps.

CHRONOLOGISTE, n. m. et n. f. [kʀɔnɔlɔʒist] (radic. de *chronologie*) Personne qui sait, qui enseigne la chronologie.

CHRONOLOGUE, n. m. [kʀɔnɔlɔg] (*chrono-* et *-logue*) Peu usité maintenant. On dit *chronologiste.*

CHRONOMÈTRE, n. m. [kʀɔnɔmɛtʀ] (*chrono-* et *-mètre*) Tout instrument qui sert à mesurer le temps. ♦ Sorte de montre plus parfaite que les montres ordinaires. ■ **Abrév.** Chrono.

CHRONOMÉTRER, ■ v. tr. [kʀɔnɔmetʀe] (*chronomètre*) Relever avec précision, généralement à l'aide d'un chronomètre, la durée d'une action. *Chronométrer une course, un parcours.* ■ **CHRONOMÉTRAGE,** n. m. [kʀɔnɔmetʀaʒ] *Le chronométrage d'une course de vitesse.*

CHRONOMÉTREUR, EUSE, ■ n. m. et n. f. [kʀɔnɔmetʀœʀ, øz] (*chronométrer*) Personne qui mesure la durée d'une action. *Le départ d'une course, donné par le chronométreur.*

CHRONOMÉTRIE, n. f. [kʀɔnɔmetʀi] (*chrono-* et *-métrie*) **Phys.** Mesure du temps.

CHRONOMÉTRIQUE, adj. [kʀɔnɔmetʀik] (de *chronométrie*) Qui a rapport à la chronométrie.

CHRONOPHOTOGRAPHIE, ■ n. f. [kʀɔnofotɔgʀafi] (*chrono-* et *photographie*) Décomposition et analyse d'un mouvement par photographies successives. *Une chronophotographie qui décompose les mouvements d'un escrimeur.*

CHRONOSTRATIGRAPHIE, ■ n. f. [kʀɔnostʀatigʀafi] (*chrono-* et *stratigraphie*) Élément de la stratigraphie qui se rapporte à l'âge des couches géologiques et à leur datation. *L'objectif de la chronostratigraphie est de diviser la succession des couches en unités correspondant à des intervalles de temps, quelles que soient les lithologies rencontrées.*

CHRONOTACHYGRAPHE, ■ n. m. [kʀɔnotakigʀaf] (*chrono-* et *tachygraphe*) Appareil électronique installé sur les poids lourds permettant le

contrôle de la vitesse, du temps de conduite et du kilométrage. *Le chronotachygraphe numérique semble constituer un outil infaillible pour le contrôle des poids lourds.*

CHRYSALIDE, n. f. [kʀizalid] (lat. *chrysallis,* gén. *-idis,* gr. *khrusallis,* de *khrusos,* or) Nymphe des lépidoptères.

CHRYSANTHÈME, n. m. [kʀizɑ̃tɛm] (lat. *chrysanthemon,* gr. *khrusanthemon,* de *khrusos,* or et *anthemon,* ou *et anthos,* fleur) Plante qu'on cultive dans les jardins pour ses fleurs jaune d'or. *Il y a aussi des chrysanthèmes blancs, etc.*

CHRYSANTHÉMIQUE, ■ adj. [kʀizɑ̃temik] (*chrysanthème*) Qui est issu du chrysanthème. *Acide chrysanthémique.*

CHRYSÉLÉPHANTIN, INE, ■ adj. [kʀizelefɑ̃tɛ̃, in] (*chryso-* et gr. *elephantinos,* d'ivoire, de *elephas,* éléphant, ivoire) Qui contient des parties d'or et d'ivoire. *Les statue chryséléphantines en bronze avec les mains et les visages en ivoire ont été très à la mode dans l'art nouveau.*

CHRYSOBÉRYL, ■ n. m. [kʀizoberil] (*chryso-* et *béryl*) Pierre précieuse de couleur jaune ou verte constituée d'aluminate de béryllium. *Le chrysobéryl également appelé œil de chat, est une variété de chrysobéryl qui possède en son milieu une bande lumineuse nette qui se déplace d'un côté à l'autre.*

CHRYSOCALE, n. m. [kʀizokal] (altération de *chrysochalque,* du gr. *khrusos,* or et *khalkos,* cuivre, alliage qui imite l'or, ou alliage d'or et de cuivre) Composition qui imite l'or. ♦ **Fig.** *C'est du chrysocale,* c'est une personne, une chose qui n'a que de l'apparence, sans aucune valeur réelle.

CHRYSOCOLLE, n. f. [kʀizokɔl] (gr. *khrusokolla,* soudure d'or, borax, de *khrusos,* or, et *kolla,* pâte) Nom du borax chez les anciens, qui l'employaient à souder l'or, comme de nos jours.

CHRYSOCOME, n. f. [kʀizokom] (gr. *khrusos,* or et *komê,* chevelure) Genre de plantes exotiques, de la famille des composées, qui portent des fleurs d'un jaune doré.

CHRYSOLITHE ou **CHRYSOLITE,** n. f. [kʀizolit] (gr. *khrusolithos,* topaze, de *khrusos,* or, et *lithos,* pierre) T. générique employé par les lapidaires pour désigner des pierres de différente nature, mais toutes de couleur jaune verdâtre, telle que le corindon ou chrysolithe orientale.

CHRYSOMÈLE, ■ n. m. [kʀizomɛl] (*chryso-* et gr. *melos,* membre) Coléoptère aux reflets métalliques se nourrissant de feuilles d'arbres. *Les larves de chrysomèle se nourrissent de feuilles et principalement de racines, ce qui nuit à l'absorption des éléments nutritifs et de l'eau par les plantes.*

CHRYSOMÉLIDÉ, ■ n. m. [kʀizomelide] (*chrysomèle*) **Zool.** Variété de coléoptère végétarien tel le chrysomèle. *Les chrysomélidés forment une vaste famille de coléoptères.*

CHRYSOPHYCÉE, ■ n. f. [kʀizofise] (*chryso-* et *-phycée*) **Bot.** Algue souvent unicellulaire, vivant en eau douce ou marine. *La chrysophycée porte deux flagelles, un court et un long, lui permettant de se déplacer.*

CHRYSOPRASE, n. f. [kʀizopʀaz] (gr. *khrusoprasos,* de *khrusos,* or et *prason,* poireau, algue) Variété d'agate d'un vert blanchâtre qui doit sa couleur à l'oxyde de nickel.

CHS, ■ n. m. [seaʃes] (sigle de *centre hospitalier spécialisé*) Hôpital spécialisé. *Prendre rendez-vous au CHS.*

CHTIMI ou **CH'TIMI,** ■ adj. [ʃtimi] (origine discutée : p.-ê. du dial. du Nord *ch', le, ti, toi, mi, moi*) **Fam.** Qui vient du nord de la France, qui y vit. *Des villages chtimis.* ■ N. m. et n. f. *Un chtimi, une chtimi.* ■ N. m. Langue parlée par les Français du Nord.

CHTONIEN, IENNE, ■ adj. [ktɔnjɛ̃, jɛn] (gr. *khthôn,* terre) **Mythol. grecq. et rom.** Née de la Terre, en parlant d'une divinité. *Perséphone est une déesse chtonienne.* ■ **Rem.** On écrit aussi *chthonien.*

CHU, UE, p. p. de choir. [ʃy] « *Or me voilà d'un mal chu dans un autre »,* LA FONTAINE.

CHUCHOTÉ, ÉE, p. p. de chuchoter. [ʃyʃote]

CHUCHOTEMENT, n. m. [ʃyʃɔt(ə)mɑ̃] (*chuchoter*) Action de chuchoter.

CHUCHOTER, v. intr. [ʃyʃote] (onomatopée) Parler bas et en remuant à peine les lèvres. ♦ V. tr. Prononcer à voix basse. *Chuchoter quelques mots à l'oreille.*

CHUCHOTERIE, n. f. [ʃyʃɔt(ə)ʀi] (*chuchoter*) Affectation de chuchoter, et aussi, simplement, action de chuchoter.

CHUCHOTEUR, EUSE, n. m. et n. f. [ʃyʃɔtœʀ, øz] (*chuchoter*) Personne qui a l'habitude, qui affecte de chuchoter.

CHUCHOTIS, ■ n. m. [ʃyʃɔti] (*chuchoter*) Petit chuchotement. *Des chuchotis au fond de la classe.*

CHUINTANT, ANTE, adj. [ʃɥɛ̃tɑ̃, ɑ̃t] (*chuinter*) **Gramm.** *Consonnes chuintantes,* consonnes qui se prononcent avec un sifflement particulier et différent du *s ;* telles sont le *j* et le *ch.*

CHUINTEMENT, ■ n. m. [ʃɥɛ̃t(ə)mɑ̃] (de *chuinter*) Bruit de chose chuintante. *Un chuintement de pneu.*

CHUINTER, v. intr. [ʃɥɛte] (onomatopée) Se dit du cri de la chouette. ♦ Gramm. Avoir un son chuintant, en parlant des articulations *ch* et *j*.

CHUM, ■ n. m. et n. f. [tʃɔm] (mot angl.) Fam. Québec Copain, camarade. *Organiser une soirée avec une chum.* ■ N. m. Fam. Québec Conjoint, amoureux. *Je viendrai avec mon chum.*

CHURINGA, ■ n. m. [ʃyʀɛ̃ga] (d'une langue australienne) Objet totémique ou rituel chez les aborigènes d'Australie. *Les churingas sont objets d'échange et donnent lieu à des pèlerinages avec échange et commerce de ces représentations totémiques.*

CHURRIGUERESQUE, ■ adj. [ʃyʀigeʀɛsk] (*Churriguera*, nom d'une famille d'artistes espagnols) Qui affiche un style baroque outrancier en parlant d'architecture ou de sculpture du XVIIIᵉ siècle. *L'architecture churrigueresque de la Nouvelle Espagne.*

CHUT, interj. [ʃyt] (onomatopée) Mot dont on se sert pour avertir de faire silence.

CHUTE, n. f. [ʃyt] (anc. fr. *cheute*, p. p. fém. de *cheoir*, choir) Action de choir. *Faire une chute. La chute d'une tour.* ♦ Phys. *Chute des corps*, mouvement des corps vers la terre. ♦ *La chute des feuilles*, séparation des feuilles d'avec l'arbre ; saison où elles s'en détachent. ♦ Séparation de certaines parties d'avec le corps. *Chute des cheveux, des dents, etc.* ♦ Cataracte. *La chute du Niagara.* ♦ Différence de hauteur entre les niveaux de deux biefs consécutifs d'un canal ou d'une rivière. ♦ Au théâtre, *la chute du rideau*, la toile qui descend, et aussi la fin du spectacle. ♦ Méd. Déplacement qui porte un organe au-dessous de sa position normale. *La chute de la luette.* ♦ *La chute des reins*, le bas du dos. ♦ *La chute du jour*, le moment où le jour diminue. ♦ Baisse considérable du cours des rentes, des actions, des effets publics, etc. *La chute de la rente.* ♦ Fig. Disgrâce qui fait tomber une personne ou une institution. ♦ Mauvais succès d'une pièce de théâtre. ♦ Relig. Faute entraînant la perte des mérites devant Dieu. *La chute du premier homme.* ♦ Par extens. Action répréhensible. ♦ Rhét. Le trait, la pensée qui termine une pièce de vers. ♦ *La chute d'une période*, le dernier membre. ♦ Terminaison d'une pensée musicale. ■ Ce qui reste d'un matériau dans lequel on a fait des découpes. *Une chute de tissu.*

1 CHUTER, v. intr. [ʃyte] (*chute*) Très fam. Tomber, en parlant d'une pièce de théâtre. *Faire une chute*, tomber. *Il a chuté dans les escaliers.* ■ Diminuer fortement. *Les taux d'intérêt chutent en ce moment.* ■ Échouer lors d'une épreuve.

2 CHUTER, v. tr. [ʃyte] (*chut*) ▷ Crier chut. *Chuter un acteur.* ♦ Absol. *Les uns applaudissaient, les autres chutaient.* ◁

CHUTEUR, ■ n. m. [ʃytœʀ] (*chute*) Parachutiste militaire qui utilise un parachute à ouverture retardée. *Un largage de chuteurs en altitude.*

CHUTNEY, ■ n. m. [ʃœtnɛ] (mot angl. de l'hindi *chatni*) Condiment aigre-doux à la consistance d'une compote, préparé avec des fruits ou des légumes cuits dans des épices, du vinaigre et du sucre, d'origine indienne mais attribué aux Anglais pendant l'époque coloniale. *Un chutney aux pommes. Des chutneys.*

CHYLE, n. m. [ʃil] (gr. *khulos*, suc, chyle) Fluide qui, dans les intestins grêles, est séparé des aliments pendant l'acte de la digestion, et que les vaisseaux chylifères pompent et portent dans le sang pour servir à sa formation.

CHYLEUX, EUSE, adj. [ʃilø, øz] (*chyle*) Qui appartient au chyle, qui a de l'analogie avec le chyle.

CHYLIFÈRE, adj. [ʃilifɛʀ] (*chyle* et *-fère*) Qui porte le chyle.

CHYLIFICATION, n. f. [ʃilifikasjɔ̃] (*chylifier*) Élaboration qu'éprouve le chyme dans l'intestin grêle et qui le rend apte à fournir le chyle.

CHYLIFIER, v. tr. [ʃilifje] (*chyle*) Transformer en chyle. ♦ Se chylifier, v. pr. Être transformé en chyle.

CHYME, n. m. [ʃim] (gr. *khumos*, suc) Masse alimentaire élaborée par la digestion stomachique et descendant dans le duodénum et l'iléon pour fournir le chyle.

CHYPRIOTE, ■ adj. [ʃipʀijɔt] (*Chypre*) Voy. CYPRIOTE.

CI, adv. [si] (*ici*) Ici, en parlant du lieu où on est, par opposition à *là*. *Venez-ci. Ci-gît.* ♦ Dans les comptes de commerce il se met avant la somme qu'il annonce. *Deux mètres de drap à 25 fr. ci... 50 fr.* ♦ Il se joint aux noms précédés de *ce, cette, ces*, et aux adjectifs démonstratifs tels que *celui, celle*, pour exprimer une idée d'actualité et de proximité. *À cette heure-ci. Celui-ci.* ♦ Par opposition à *là*. *Cet enfant-ci, cet enfant-là. Celle-ci et celle-là.* ♦ Interrogativement. *Qu'est-ce ci ?* (Il ne faut pas confondre *qu'est-ce ci ?* et *qu'est ceci ?* Le premier signifie : qu'y a-t-il ici ? le second : qu'est cette chose-ci ?) ♦ Immédiatement devant un adjectif ou un participe. *Les témoins ci-présents.*

♦ Quand des adjectifs ou participes ainsi construits précèdent le substantif, on les laisse indéclinables. *Vous trouverez ci-inclus une copie de la lettre.* ♦ *Entre ci et là*, entre le moment présent et un temps plus éloigné. ♦ DE-CI, DE-LÀ, loc. adv. De côté et d'autre. ♦ PAR-CI, PAR-LÀ, loc. adv. En divers endroits, de côté et d'autre. ♦ Fig. À diverses reprises, sans suite. ♦ CI-APRÈS, loc. adv. Un peu après, un peu plus loin. ♦ CI-CONTRE, loc. adv. En regard, vis-à-vis. ♦ CI-DESSUS, loc. adv. Plus haut. ♦ CI-DESSOUS, loc. adv. Plus bas. ♦ CI-DEVANT, loc. adv. Précédemment. ♦ Précédent, d'autrefois. *Le ci-devant gouverneur.* ♦ Dans le langage de la Révolution, *un ci-devant*, c'est-à-dire un ci-devant gentilhomme. ♦ Au pl. *Les ci-devant.* ♦ CI-ENTOUR, loc. adv. Dans les environs. ■ CI-INCLUS, CI-INCLUSE, adj. Qui est compris dedans. *Vous trouverez ci-inclus les modalités de paiement. Vous trouverez les modalités de paiement ci-incluses.* ■ CI-JOINT, CI-JOINTE, adj. Qui est joint avec. *Vous trouverez ci-joint les modalités de paiement. Vous trouverez les modalités de paiement ci-jointes.*

CIAO, ■ interj. [tʃao] Voy. TCHAO.

CI-APRÈS, loc. adv. [siapʀɛ] Voy. CI.

CIBICHE, ■ n. f. [sibiʃ] (apocope de *cigarette* et suff. arg.) Très fam. Cigarette. *Je fumerais bien une cibiche.*

CIBISTE, ■ n. m. et n. f. [sibist] (*CB*, sigle angl. de *citizen's band*, bande de fréquence réservée au public) Personne qui utilise la bande de fréquence dédiée aux communications entre particuliers, notamment à bord d'un véhicule.

CIBLE, n. f. [sibl] (aléman. *schibe*, avec introd. de -*l*- parasite) Sorte de planche servant de but pour le tir de l'arc ou des armes à feu. *Tirer à la cible.* ■ Fig. Objet d'attaques verbales. *Il était la cible de leurs moqueries.* ■ Public particulier auquel s'adresse un produit, une campagne publicitaire.

CIBLÉ, ÉE, ■ p. p. de cibler. [sible]

CIBLER, ■ v. tr. [sible] (*cible*) Viser en prenant une personne, une chose pour cible. *La Charte des Nations unies prévoit des dispositions de légitime défense permettant de cibler des combattants ennemis à l'intérieur de la zone d'un conflit armé.* ■ Fig. Concentrer une action en direction de. *Cibler des clients, un public.*

CIBOIRE, n. m. [sibwaʀ] (lat. *ciborium*, du gr. *kibôrion*, coupe) Vase où l'on conserve les hosties consacrées pour la communion des fidèles.

CIBORIUM, ■ n. m. [sibɔʀjɔm] (lat. ecclés. : extension du sens du lat. *ciborium* ; ciboire) Baldaquin placé au-dessus d'un autel dans les églises du Moyen Âge. *L'image sacrée fut honorée dans un des deux ciboriums érigés dans la nef centrale.*

CIBOULE, n. f. [sibul] (du provenç. *cebula*, du lat. *cæpulla*, dimin. de *cæpa*, cive) Plante potagère, du genre de l'oignon.

CIBOULETTE, n. f. [sibulɛt] (dimin., de *ciboule*) Nom vulgaire de la civette.

CIBOULOT, ■ n. m. [sibulo] (dimin., de *ciboule*) Pop. Tête, cerveau. *Il n'a rien dans le ciboulot.*

CICATRICE, n. f. [sikatʀis] (du lat. *cicatrix*) Marque ou trace qui reste des plaies ou blessures après leur guérison. ♦ Fig. Ressentiment profond. « *Il est des blessures Dont un cœur généreux ne peut jamais guérir ; La cicatrice reste* », VOLTAIRE. ♦ Tort fait à la réputation.

CICATRICIEL, ELLE, ■ adj. [sikatʀisjɛl] (*cicatrice*) Qui est dû à une cicatrice. *Un bourrelet cicatriciel.*

CICATRICULE, ■ n. f. [sikatʀikyl] (lat. *cicatricula*, petite cicatrice) Disque germinatif de l'œuf situé dans la région périplasmique. *La cicatricule est le siège des premières divisions cellulaires de l'œuf.*

CICATRISABLE, adj. [sikatʀizabl] (de *cicatriser*) Qui peut se cicatriser.

CICATRISANT, ANTE, adj. [sikatʀizɑ̃, ɑ̃t] (de *cicatriser*) Les topiques cicatrisants, ou n. m. *les cicatrisants*, topiques qui hâtent ou favorisent la cicatrisation des plaies.

CICATRISATION, n. f. [sikatʀizasjɔ̃] (de *cicatriser*) État d'une plaie qui se cicatrise.

CICATRISÉ, ÉE, p. p. de cicatriser. [sikatʀize] Fermé par une cicatrice. ♦ Marqué d'une cicatrice. *Front cicatrisé.*

CICATRISER, v. tr. [sikatʀize] (lat. *cicatrice* ; lat. médiév. *cicatrizare* est attesté) Opérer la cicatrisation d'une plaie. ♦ Faire, laisser des cicatrices. *La petite vérole lui a cicatrisé le visage.* ♦ Se cicatriser, v. pr. Se fermer par une cicatrice. ■ Fig. *Une peine de cœur longue à cicatriser.*

CICÉRO, n. m. [siseʀo] (surnom de *Marcus Tullius Cicero*) Caractère d'imprimerie, ainsi appelé de l'édition de *Cicéron*, faite à Rome en 1458, et qui est de onze ou douze points, suivant les imprimeries.

CICEROLE, n. f. [sis(ə)ʀɔl] (lat. *cicer*, pois chiche) Nom du pois chiche.

CICÉRONE, n. m. [siseʀɔn] (ital. *cicerone*, guide des étrangers, par comparaison de leur faconde avec celle de Cicéron) Guide qui montre aux étrangers les curiosités d'une ville. ♦ Au pl. *Des cicérones.* ■ REM. Graphie ancienne : *cicerone*. ■ Rem. On prononçait aussi [siserone] ou ou [tʃit-ʃerone].

CICÉRONIEN, IENNE, adj. [siseronjɛ̃, jɛn] (lat. *ciceronianus*) Qui est dans le genre de Cicéron. *Style cicéronien.* ♦ N. m. Celui qui, dans la latinité moderne, s'étudie à imiter la phrase et les tours de Cicéron.

CICINDÈLE, n. f. [sisɛ̃dɛl] (lat. *cicindela*, ver luisant) Nom d'un genre de coléoptères.

CICISBÉE, n. m. [sisisbe] Voy. sigisbée, seul usité aujourd'hui.

CICLÉE, ■ n. f. [sikle] Voy. siclée.

CICLER, ■ v. intr. [sikle] Voy. sicler.

CICLOSPORINE ou **CYCLOSPORINE**, ■ n. f. [siklospɔrin] (nom déposé) Méd. Médicament utilisé comme immunodépresseur lors des greffes ou des transplantations. *La ciclosporine peut augmenter le risque d'apparition de certaines tumeurs malignes ou de lymphomes.*

CICONIIDÉ, ■ n. m. [sikɔniide] (lat. *ciconia*) Oiseau échassier à long bec tel que la cigogne. *La famille des ciconiidés.*

CICONIIFORME, ■ n. m. [sikɔniifɔrm] (lat. *ciconia* et *-forme*) Grand échassier migrateur des régions tropicales et tempérées tel que la cigogne. *L'ordre des ciconiiformes comprend six grandes familles d'oiseaux.*

CI-CONTRE, loc. adv. [sikɔ̃tr] Voy. ci.

CICUTAIRE, n. f. [sikytɛr] (lat. *cicuta*, ciguë) Plante ombellifère qui est un poison.

CICUTINE, ■ n. f. [sikytin] (lat. *cicuta*, ciguë) Alcaloïde toxique présent dans la ciguë. *La cicutine est utilisée comme antispasmodique, anticonvulsif et analgésique, mais sa forte toxicité en limite l'emploi.*

CID, n. m. [sid] (ar. *seid*, seigneur) Seigneur, chef.

CI-DESSOUS, CI-DESSUS, CI-DEVANT, [sid(ə)su, sid(ə)sy, sid(ə)vɑ̃] Voy. ci.

CIDRE, n. m. [sidr] (lat. *sicera*, du gr. *sikera*, mot tiré de l'hébr. *sekar*, boisson fermentée) Boisson faite avec du jus de pommes.

CIDRERIE, ■ n. f. [sidrəri] (*cidre*) Établissement où est élaboré le cidre. *Une cidrerie normande.* ■ Industrie du cidre.

CIE, ■ n. f. [kɔ̃paɲi] ou [kɔ̃pani] Compagnie. ■ Rem. La formule *et Cᵉ* se place après le nom d'une entreprise pour regrouper les personnes qui y sont associées et qui ne sont pas désignées dans le nom de cette entreprise. *L'entreprise Durand et Cᵉ.*

CIEL, n. m. [sjɛl] (lat. *cælum*) Au pluriel *ciels* ou *cieux*, suivant l'emploi. Espace que nous apercevons étendu au-dessus de nos têtes en forme de voûte et circonscrit par l'horizon. ♦ *On ne voit ni ciel ni terre*, se dit de ténèbres fort épaisses. ♦ *Entre terre et ciel*, dans l'air. ♦ *Couleur bleu de ciel.* ♦ *Sous le ciel*, sur la terre. ♦ *Élever quelqu'un jusqu'au ciel*, le louer avec excès. ♦ *Le Fils du ciel*, l'empereur de Chine. ♦ **Astron. anc.** Les diverses sphères cristallines et concentriques à la Terre que les anciens avaient supposées pour expliquer les mouvements apparents des astres. *Le ciel de la Lune, de Jupiter, etc.* ♦ *Tomber du ciel*, se dit d'une chose ou d'une personne qui arrivent tout à fait à l'improviste et qui apportent quelque chose de très avantageux. *Ce secours tombe du ciel.* ♦ *Être ravi au troisième ciel, au septième ciel*, éprouver une vive joie. ♦ *Dans l'astronomie moderne, l'espace dans lequel les astres accomplissent leurs révolutions.* ♦ *L'ensemble des constellations qui parent le ciel.* ♦ *Les influences du ciel*, les prétendues influences qu'on attribuait aux astres sur la destinée humaine. ♦ Air, atmosphère, climat. *L'inclémence du ciel et des saisons.* ♦ **Mar.** *Ciel fin*, ciel clair et sans nuage. *Ciel gros*, ciel couvert de gros nuages. ♦ *Le feu du ciel*, la foudre. *Un ciel d'airain, des cieux d'airain*, un temps sec et sans pluie. ♦ **Fig.** *Un ciel d'airain*, les rigueurs inexorables du destin. ♦ **Fam.** *Remuer ciel et terre*, faire tous ses efforts pour arriver à un but. ♦ **Théol.** Le séjour des bienheureux. *Les joies du ciel.* ♦ *Voir les cieux ouverts*, ressentir une indicible joie. ♦ **Fig.** Les choses, les puissances célestes, divines, Dieu, la Providence. *Les bénédictions du ciel.* ♦ *Grâce* ou *grâces au ciel*, exclamation par laquelle on se félicite de quelque chose d'heureux. *Ciel ! ô ciel ! juste ciel ! justes cieux !* exclamations qui expriment l'admiration, la joie, la douleur, la crainte, etc. ♦ **Peint.** Partie d'un tableau qui représente le ciel. *Ce peintre fait bien les ciels.* ♦ Aspect particulier du ciel de tel ou tel pays. *Les ciels de l'Italie.* ♦ Le couronnement, le haut d'un lit. *Des ciels de lit.* ♦ Le dais qu'on porte au-dessus du saint sacrement. ♦ Le haut, le plafond d'une carrière. *Carrière à ciel ouvert.*

CI-ENTOUR, loc. adv. [siɑ̃tur] Voy. ci.

CIERGE, n. m. [sjɛrʒ] (lat. *cereus*, bougie, de *cera*, cire) Grande chandelle de cire à l'usage des églises. ♦ *Cierge pascal*, grand cierge que l'on bénit pour la fête de Pâques. ♦ *Être, se tenir droit comme un cierge*, être, se tenir très droit. ♦ *Brûler, offrir un cierge à la sainte Vierge.* ♦ **Fig.** *Devoir un beau cierge*, avoir lieu d'être reconnaissant. ♦ Genre de plantes dites *cactus* ; la molène noire et le bouillon blanc.

CIGALE, n. f. [sigal] (provenç. *cigala*, du lat. *cicada*, avec chang. de suff.) Insecte de la famille des hémiptères, qui fait entendre dans les champs, pendant les grandes chaleurs, un bruit aigre et monotone.

CIGARE, n. m. [sigar] (esp. *cigarro*) Petit rouleau de feuilles de tabac que l'on fume comme une pipe.

CIGARETTE, n. f. [sigarɛt] (dim. de *cigare*) Petit cigare fait avec du tabac roulé dans un bout de papier ou de paille de maïs. ♦ *Cigarette de camphre, de belladone, etc.* tuyau de plume où l'on met ces substances en poudre. ■ *Cigarette russe*, petit gâteau sec creux roulé en forme de cigarette.

CIGARETTIER, ■ n. m. [sigaretje] (*cigarette*) Professionnel qui fabrique des cigarettes. *Des cigarettiers attaqués en justice pour adjonction de substances augmentant la dépendance à la nicotine.*

CIGARIER, IÈRE, ■ n. m. et n. f. [sigarje, jɛr] (*cigare*) Personne employée à la fabrication des cigares à la main. *Dans cette fabrique de cigares de Cuba, la salle se composait d'une centaine de cigariers travaillant devant un petit pupitre.*

CIGARILLO, ■ n. m. [sigarijo] (esp. *cigarrillo*) Petit cigare. *Fumer des cigarillos.*

CI-GÎT, ■ adv. [siʒi] (*ici* et *gésir*) Formule employée le plus souvent sur les pierres tombales pour désigner le défunt. *Ci-gît un ami très cher.*

CIGOGNE, n. f. [sigɔɲ] ou [sigɔɲj] (lat. *ciconia*) Gros oiseau voyageur, remarquable par son long bec et ses longues jambes.

CIGOGNEAU, ■ n. m. [sigɔɲo] ou [sigɔɲjo] (*cigogne*) Le petit de la cigogne. *Les cigogneaux dans le nid.*

CIGUË ou **CIGÜE**, n. f. [sigy] (lat. *cicuta*) Plante vivace vénéneuse, de la famille des ombellifères. ♦ Poison par lequel les Athéniens faisaient mourir les condamnés à mort.

CI-INCLUS, USE, ■ adj. [siɛ̃kly, yz] Voy. ci.

CI-JOINT, OINTE, ■ adj. [siʒwɛ̃, wɛ̃t] Voy. ci.

CIL, n. m. [sil] (lat. *cilium*) Poil qui borde les paupières. ♦ **Bot.** Poils soyeux qui bordent certaines parties.

CILIAIRE, adj. [siljɛr] (radic. du lat. *cilium* et suff. ...*aire*) Qui appartient aux cils. *Le bord ciliaire des paupières.*

CILICE, n. m. [silis] (lat. *cilicium*, étoffe en poil de chèvre de Cilicie) Ceinture de crin qu'on porte sur la peau par mortification.

CILIÉ, ÉE, adj. [silje] (lat. *ciliatus*) Qui est garni de cils ou de poils rangés comme des cils.

CILLÉ, ÉE, p. p. de ciller. [sije] Garni de cils. ♦ Fermé. « *Ouvre tes yeux cillés* », Régnier.

CILLEMENT, n. m. [sij(ə)mɑ̃] (*ciller*) Action de ciller les yeux, les paupières.

CILLER, v. tr. [sije] (*cil*) Faire toucher et séparer les cils des deux paupières. *Il ne fait que ciller les yeux.* ♦ **Absol.** Fermer les yeux pour une émotion, une surprise, sur la terre. ♦ *Personne n'ose ciller devant lui*, c'est-à-dire n'ose rien se permettre devant lui.

CIMAISE, n. f. [simɛz] (lat. *cymatium*, du gr. *kumation*, de *kuma*, gonflement, courbure) Membre ou moulure qui est au sommet d'une corniche. ■ Rem. Graphie ancienne : *cymaise*.

CIMBALAIRE, n. f. [sɛ̃balɛr] Voy. cymbalaire.

CIME, n. f. [sim] (lat. *cyma*, tendron de chou, du gr. *kuma*, chose enflée) Le haut pointu d'un arbre, d'une montagne, d'un clocher. ♦ **Poétiq.** *Le mont à double cime, la double cime*, le Parnasse. ■ **Fig.** *Les cimes de la gloire.*

CIMENT, n. m. [simɑ̃] (lat. *cæmentum*, moellon, de *cædo*, tailler, casser) Poudre de tuiles et de briques pilées, qu'on mêle avec de la chaux, pour lier les pierres des murs et des autres bâtiments. ♦ *Ciment romain*, sorte de mortier, qui possède à un degré supérieur toutes les propriétés des chaux hydrauliques. ♦ *Ciment hydraulique* ou *pouzzolane*, produit volcanique provenant des débris de laves. ♦ **Fig.** « *D'un ciment éternel ton église est bâtie* », Boileau. ♦ **Fig.** *Cela est fait à chaux et à ciment*, cela est solidement établi. ♦ **Fig.** Ce qui sert de lien, de moyen d'union. ■ Liant servant à consolider. *Ciment dentaire.*

CIMENTATION, ■ n. f. [simɑ̃tasjɔ̃] (*cimenter*) Liaison avec du ciment. *La cimentation est une méthode utilisée pour confiner certains types de déchets radioactifs.*

CIMENTÉ, ÉE, p. p. de cimenter. [simɑ̃te] Lié avec du ciment. ♦ **Fig.** *Une amitié cimentée par des services mutuels.*

CIMENTER, v. tr. [simɑ̃te] (*ciment*) Lier, enduire avec du ciment ♦ **Fig.** Consolider, affermir. *Cimenter la paix par une alliance.* ♦ *Se cimenter*, v. pr. S'unir, se consolider.

CIMENTERIE, ▪ n. f. [simɑ̃t(ə)ʀi] (*ciment*) Lieu de fabrication du ciment. *Des fours de cimenterie.* ▪ Industrie du ciment.

CIMENTIER, IÈRE, ▪ n. m. et n. f. [simɑ̃tje, jɛʀ] (*ciment*) Ouvrier, ouvrière qui travaille à la fabrication du ciment. *Une formation de cimentier.* ▪ REM. Le féminin *cimentière* est rare.

CIMETERRE, n. m. [sim(ə)tɛʀ] (esp. *cimitarra*, du pers. *chimchir*) Sabre à lame fort large et recourbée. ◆ En général toute espèce d'épée.

CIMETIÈRE, n. m. [sim(ə)tjɛʀ] (lat. chrét. *cæmeterium*, du gr. *koimêtêrion*, sur radic. *koim-*, sommeil, repos) Le lieu où l'on enterre les morts. ◆ Fig. Lieu où la mort frappe et sévit. *La ville était devenue un vaste cimetière.* ▪ Par extens. *Un cimetière de voitures.*

CIMICAIRE, n. f. [simikɛʀ] (lat. *cimex*, radic cimic-, punaise) Genre de la famille des renonculacées, à laquelle appartient la *cimifuga fœtida*, dont l'odeur écarte, dit-on, les punaises.

1 CIMIER, n. m. [simje] (probabl. de *cime* ; lat. médiév. *cimerium* attesté) Ornement qui surmonte la cime d'un casque. ◆ Hérald. Ce qui se met au-dessus du timbre, qui n'est autre chose que le heaume, casque ou armet.

2 CIMIER, n. m. [simje] (orig. discutée ; de *cime* au sens de partie extrême) La chair qui est sur la croupe du bœuf et qu'on coupe en rond.

CIMOLÉE, n. f. [simole] (lat. médiév. *cimolea*, du gr. *Kimôlia gê*, terre blanche ou rouge de *Kimôlos*, île des Cyclades) Espèce d'argile qui passait pour astringente et résolutive. ◆ *Terre* ou *matière cimolée* ou *cimolie*, ou *boue des couteliers*, dépôt produit par l'usure des meules à aiguiser et que l'on emploie comme résolutif et contre les brûlures.

CINABRE, n. m. [sinabʀ] (lat. *cinnabaris*, du gr. *kinnabari*, probabl. d'origine persane) Sulfure rouge de mercure.

CINCENELLE, n. f. [sɛ̃s(ə)nɛl] (orig. inc.) Cordage pour haler les bateaux sur les rivières, pour faire glisser, au moyen d'une poulie, un bac d'une rive à l'autre.

CINCLE, ▪ n. m. [sɛ̃kl] (gr. *kigklos*) Oiseau qui plonge puis marche ou nage au fond des cours d'eau à la recherche de sa nourriture. *Les pattes robustes des cincles, leur plumage gras, leur queue brève sont bien adaptés à la vie aquatique.* ▪ Merle d'eau.

CINDYNIQUE, ▪ n. f. [sɛ̃dinik] (gr. *kindunos*, danger) Science qui étudie les dangers et ses préventions. *La cindynique sanitaire.* ▪ Adj. *Une analyse cindynique.*

CINÉ, ▪ n. m. [sine] Abréviation de *cinéma*.

CINÉASTE, ▪ n. m. et n. f. [sineast] (finale -*aste* analogique des mots d'orig. gr.) Personne qui réalise, met en scène des films.

CINÉ-CLUB, ▪ n. m. [sineklœb] (*ciné* et *club*) Association d'amateurs de cinéma, ayant pour objet une meilleure connaissance de cet art, de son histoire, de ses techniques. *Des ciné-clubs.*

CINÉMA, ▪ n. m. [sinema] (abrév. de *cinématographe*) Vx Appareil conçu pour enregistrer et projeter une suite de vues donnant une impression de mouvement. ▪ Par méton. Procédé permettant d'obtenir l'enregistrement et la projection de films. ▪ Ensemble des activités liées à la réalisation et à la diffusion de films. ▪ Ensemble des œuvres produites par ce procédé. *Cinéma muet, parlant, acteur, metteur en scène, réalisateur de cinéma, industrie du cinéma.* ▪ Projection d'un film. « *Les samedis soir, après le dîner, il aimait aller au cinéma avec maman* », SCHREIBER. ▪ Fig. et fam. *C'est du cinéma,* c'est invraisemblable. ▪ *Faire du cinéma, son cinéma,* attirer l'attention par des manières affectées. ▪ Salle de spectacle où les films sont projetés. *Cinéma de quartier, d'art et d'essai, aller au cinéma.*

CINÉMASCOPE, ▪ n. m. [sinemaskɔp] (nom déposé) Procédé de projection sur écran géant. *Voir un film en cinémascope.*

CINÉMATHÈQUE, ▪ n. f. [sinematɛk] (*cinéma* et -*thèque*) Organisme qui conserve et entretient les films de cinéma. *La Cinémathèque française.* ▪ Lieu où l'on organise des projections de ces films. *Aller voir une rétrospective à la cinémathèque.*

CINÉMATIQUE, ▪ n. f. [sinematik] (gr. *kinêma*, thème *kinêmat-*, mouvement) Science qui étudie les mouvements des corps en faisant abstraction des causes qui les produisent. *Les lois de la cinématique.* ▪ Adj. Qui se rapporte à la cinématique, au mouvement.

CINÉMATOGRAPHE, ▪ n. m. [sinematograf] (gr. *kinêma*, thème *kinêmat-*, mouvement et -*graphe*) Vx Appareil de projection de vues animées inventé par les frères Lumière. *Le cinématographe des frères Lumière inventé en 1895 fit sa première projection publique à Paris le 28 décembre de cette même année.*

CINÉMATOGRAPHIE, ▪ n. f. [sinematografi] (*cinématographe*) Vx Les techniques et procédés mis en œuvre pour réaliser un film. ▪ CINÉMATOGRAPHIQUE, adj. [sinematografik] ▪ CINÉMATOGRAPHIQUEMENT, adv. [sinematografik(ə)mɑ̃]

CINÉMA-VÉRITÉ, ▪ n. m. inv. [sinemaverite] (*cinéma* et *vérité*) Cinéma en direct, sans acteurs.

CINÉMOGRAPHE, ▪ n. m. [sinemograf] (gr. *kinêma* et -*graphe*) Appareil de mesure et d'enregistrement des vitesses. ▪ *Cinémographe à feuilles,* petit carnet formé de feuillets illustrés et reliés qui produisent l'illusion du mouvement lorsqu'on les fait défiler rapidement.

CINÉMOMÈTRE, ▪ n. m. [sinemomɛtʀ] (gr. *kinêma* et -*mètre*) Appareil de mesure d'une vitesse linéaire. *Le cinémomètre, constitué d'un radar et d'un boîtier indicateur, mesure la vitesse instantanée des véhicules routiers.*

CINÉ-PARC ou **CINÉPARC**, ▪ n. m. [sinepark] (*ciné* et *parc*) Québec Cinéma en plein air où l'on peut regarder le film dans sa voiture. *Les ciné-parcs ou cinéparcs du Canada.*

CINÉPHILE, ▪ n. m. et n. f. [sinefilm] (*ciné* et -*phile*) Personne qui porte un grand intérêt au cinéma. ▪ CINÉPHILIE, n. f. [sinefili]

1 CINÉRAIRE, adj. [sinerɛʀ] (lat. *cinerarius*, de *cinis*, thème *ciner*-) Qui se rapporte aux cendres. ◆ *Urne cinéraire,* urne qui renferme les cendres d'un mort.

2 CINÉRAIRE, n. f. [sinerɛʀ] (lat. *cinis*, thème, *ciner*-, cendre) Genre de plantes propres au cap de Bonne-Espérance, dont on cultive quelques-unes dans les jardins pour leurs fleurs et qui ont le dessous des feuilles d'un ton grisâtre.

CINÉRITE, ▪ n. f. [sinerit] (lat. *cinis*, thème *ciner*-, cendre) Géol. Sédiment composé de cendres volcaniques. *La cinérite est formée par l'accumulation de cendres volcaniques en milieu marin ou continental.*

CINÈSE, ▪ n. f. [sinɛz] (radic. du gr. *kinein*, mouvoir) Éthol. Déplacement d'un animal provoqué par une perturbation externe et dont la vitesse dépend de l'intensité de la provocation.

CINESTHÉSIE, ▪ n. f. [sinɛstezi] Voy. KINESTHÉSIE.

CINESTHÉSIQUE, ▪ adj. [sinɛstezik] Voy. KINESTHÉSIQUE.

CINÉTHÉODOLITE, ▪ n. m. [sineteodolit] (*cinématographique* et *théodolite*) Appareil de visée composé d'une caméra couplée à un théodolite permettant de suivre et d'enregistrer des objets en mouvement à très grande distance. *Un cinéthéodolite qui filme un tir au but.*

CINÉTIQUE, ▪ adj. [sinetik] (gr. *kinêtikos*, qui met en mouvement) Qui se rapporte au mouvement. ▪ Méc. *Énergie cinétique,* énergie liée au mouvement d'un corps. ▪ *Art cinétique,* forme d'art abstrait fondée sur le mouvement réel ou virtuel d'une œuvre, éventuellement combinée à des effets de lumière. ▪ N. f. Phys. Partie de la mécanique étudiant le mouvement des corps. ▪ Chim. Étude de la vitesse des réactions.

CINÉTISME, ▪ n. m. [sinetism] (*cinétique*) Art abstrait fondé sur le mouvement. *Le cinétisme dans l'art contemporain.*

CINGHALAIS, AISE, ▪ n. m. et n. f. [sɛ̃galɛ, ɛz] (mot tamoul) Ethnie représentant 75 % de la population du Sri Lanka. ▪ N. m. Langue de cette ethnie. ▪ Adj. Qui se rapporte au peuple cinghalais. *L'armée cinghalaise.*

CINGLAGE, n. m. [sɛ̃glaʒ] (1 *cingler*) Le chemin qu'un vaisseau fait ou peut faire en vingt-quatre heures.

CINGLANT, ANTE, ▪ adj. [sɛ̃glɑ̃, ɑ̃t] (2 *cingler*) Qui fouette vivement. *Une gifle cinglante.*

CINGLÉ, ÉE, ▪ p. p. de cingler. [sɛ̃gle] *Un coup cinglé.* ▪ Fam. Dérangé de l'esprit. ◆ Qui éprouve une passion pour quelque chose. *Il est cinglé de cinéma.* ▪ N. m. et n. f. *Un cinglé, une cinglée.*

1 CINGLER, v. intr. [sɛ̃gle] (anc. nord. *sigla*, faire voile ; influence orthog. de 2 *cingler*) Mar. Faire voile dans telle ou telle direction.

2 CINGLER, v. tr. [sɛ̃gle] (de *sangle*, avec altération de la voyelle initiale) Frapper avec quelque chose de pliant comme un fouet, une baguette. ◆ Par extens. En parlant du vent, de la pluie, de la neige. *Le vent nous cinglait le visage.* ◆ Absol. *Le vent cingle.*

CINNAMIQUE, ▪ adj. [sinamik] (gr. *kinnamon*) Qui produit des dérivés à l'odeur de cannelle. *Alcool, acide cinnamique.*

CINNAMOME, ▪ n. m. [sinamɔm] (gr. *kinnamon* ou *kinnamômon*, cannelier) Nom donné autrefois à une substance aromatique, qu'on croit être la myrrhe ou cannelle. ▪ REM. On disait aussi autrefois *cinname*.

CINOCHE, ▪ n. m. [sinɔʃ] (apocope de *cinéma*, et suff. arg.) Cinéma. Fam. *J'adore aller au cinoche voir des films d'amour.*

CINOQUE, ▪ adj. [sinɔk] Voy. SINOQUE.

CINQ, adj. num. card. [sɛ̃k] (le *q* ne se fait pas entendre devant un mot commençant par une consonne ; lat. vulg. *cinque quinque*, par dissimilation du lat. *quinque*) Nombre de quatre plus un. ◆ Cinquième. ◆ *Charles cinq.* ◆ N. m. *Le cinq du mois.* ◆ En parlant d'intérêts, *le denier cinq,* l'argent prêté à un pour cinq ou à vingt pour cent. ◆ *Cinq pour cent,* cinq francs d'intérêt pour cent francs de capital. ◆ Absol. *Prêter à cinq.* ◆ Bourse *Le cinq pour* *cent* ou simplement *le cinq*, la rente émise à cinq francs d'intérêt pour cent francs de capital nominal. ♦ Le chiffre qui représente ce nombre. *Faire un cinq.* ♦ Bien qu'employé subst.,*cinq*ne prend pas la marque du pluriel. ♦ *Le cinq de cœur*, etc. la carte qui porte cinq figures de cœur, etc. ♦ Au jeu de dés, le côté marqué de cinq points. ♦ Le domino marqué de cinq points.

CINQUANTAINE, n. f. [sɛ̃kɑ̃tɛn] (*cinquante*) Nombre de cinquante ou environ. *Une cinquantaine de francs.* ♦ *La cinquantaine*, l'âge de cinquante ans. ♦ Renouvellement du mariage après cinquante ans de ménage.

CINQUANTE, adj. num. [sɛ̃kɑ̃t] (lat. impér. *cinquaginta* par dissimilation de *quinquaginta*) Cinq fois dix. *Cinquante hommes.* ♦ Cinquantième. *Page cinquante.* ♦ N. m. Le nombre de cinquante.

CINQUANTENAIRE, ▪ adj. [sɛ̃kɑ̃t(ə)nɛr] (*cinquante*, sur le modèle de *centenaire*) Dont l'âge se situe entre cinquante et cinquante-neuf ans. *Une maison cinquantenaire.* ▪ Rem. On dit *quinquagénaire* pour une personne. ▪ N. m. Cinquantième anniversaire. *Les festivités du cinquantenaire de l'exposition.*

CINQUANTENIER, n. m. [sɛ̃kɑ̃t(ə)nje] (*cinquantaine*) Commandant de cinquante hommes.

CINQUANTIÈME, adj. num. ord. [sɛ̃kɑ̃tjɛm] (*cinquante*) Le cinquantième jour. ♦ N. m. La cinquantième partie d'un tout.

CINQUIÈME, adj. num. ord. [sɛ̃kjɛm] (*cinq*) Le cinquième chapitre. ♦ N. m. Le cinquième étage. *Il demeure au cinquième.* ♦ *Le cinquième du mois*, le cinquième jour du mois. ♦ La cinquième partie. ♦ ▷ N. f. Dans l'Université, *la cinquième*, la classe où l'on entre après avoir fait la sixième. ◁ ♦ N. m. *Un cinquième*, un élève de cinquième.

CINQUIÈMEMENT, adv. [sɛ̃kjɛm(ə)mɑ̃] (*cinquième*) En cinquième lieu.

CINTRAGE, ▪ n. m. [sɛ̃traʒ] (*cintrer*) Action par laquelle on cintre quelque chose. *Le cintrage de tubes métalliques.*

CINTRE, n. m. [sɛ̃tr] (*cintrer*) Surface concave et hémisphérique. ♦ **Archit.** Figure en arc de cercle. ♦ *Plein cintre*, celui dont le trait est un demi-cercle parfait. ♦ *Voûte, arcade en plein cintre* ou n. m. *le plein cintre*, voûte, arcade formant un demi-cercle. ♦ Échafaudage en arc de cercle sur lequel on construit les voûtes. ♦ Dans les théâtres, *loges du cintre*, le rang de loges le plus élevé. ▪ Tige le plus souvent incurvée, munie d'un crochet et à laquelle on suspend un vêtement.

CINTRÉ, ÉE, p. p. de cintrer. [sɛ̃tre] Fait en forme de cintre. ♦ **Hérald.** Les couronnes royales qui sont fermées sont aussi dites *cintrées*.

CINTRER, v. tr. [sɛ̃tre] (lat. vulg. *cincturare*, du lat. *cinctura*, ceinture) Donner la forme du cintre ; bâtir en cintre.

CINTREUSE, ▪ n. f. [sɛ̃trøz] (*cintrer*) Machine qui permet de cintrer des tubes métalliques, des pièces de bois ou de métal. *Une cintreuse hydraulique, une cintreuse de tubes.*

CIOUTAT, n. m. [sjuta] (*La Ciotat*, ville) Sorte de raisin assez semblable au chasselas.

CIPAYE, n. m. [sipaj] (pers. *sipâhi*) Soldat hindou au service des Européens et spécialement du gouvernement anglais dans les Indes. ▪ Rem. Les cipayes servaient dans les armées européennes aux XVIIIᵉ et XIXᵉ siècles.

CIPOLIN, adj. m. [sipolɛ̃] (ital. *cipollino*, ciboule) *Marbre cipolin* ou n. m. *le cipolin*, espèce de marbre de structure foliacée.

CIPPE, n. m. [sip] (lat. *cippus*, colonne funéraire) Demi-colonne sans chapiteau. ♦ Petite colonne ou pilier, que les anciens plaçaient en divers endroits des grandes routes.

CIPRE, ▪ n. m. [sipr] (cyprès) **Louisiane** Arbre qui pousse dans l'eau et appelé aussi *cyprès chauve. Le cipre vit les pieds dans l'eau, laissant pendre ses guirlandes de mousse espagnole.*

CIPRIÈRE, ▪ n. f. [siprijɛr] (*cipre*) **Louisiane** Marécage dans lequel poussent les cipres.

CIRAGE, n. m. [siraʒ] (*cire*) Action de cirer. *Cirage des souliers.* ♦ Le résultat de cette action. *Des souliers dont le cirage est brillant.* ♦ Composition dont on se sert pour cirer. ▪ Fam. *Être dans le cirage*, ne pas avoir les idées claires.

CIRCADIEN, IENNE, ▪ adj. [sirkadjɛ̃, jɛn] (lat. *circa diem*, presque un jour) **Biol.** Se dit d'un rythme biologique qui s'étend sur une durée d'environ vingt-quatre heures. *Mise en place de l'organisation circadienne chez le nourrisson.*

CIRCAÈTE, ▪ n. m. [sirkaɛt] (gr. *kirkos*, faucon, et *aetos*, aigle) Grand rapace diurne de la famille des accipitridés, appelé aussi *milan blanc* ou *aigle jean-le-blanc. Le circaète est un chasseur habile se nourrissant principalement de serpents et de reptiles.*

1 **CIRCASSIEN, IENNE**, ▪ n. m. et n. f. [sirkasjɛ̃, jɛn] (*Circassie*) Habitants de la Circassie, ancien nom d'une région du Caucase. ▪ Adj. *Une ville circassienne.*

2 **CIRCASSIEN, IENNE**, ▪ n. m. et n. f. [sirkasjɛ̃, jɛn] (*cirque*, avec influence de 1 *circassien*) Artiste de cirque. *Des circassiens s'entraînant au trapèze.* ▪ Adj. *Un artiste circassien.*

CIRCÉE, n. f. [sirse] (du nom de la magicienne *Circé*) Plante commune aux environs de Paris, employée jadis pour de prétendus charmes, dite herbe de Saint-Étienne, herbe aux sorciers.

CIRCON... ou **CIRCUM...**, [sirkɔ̃, sirkɔm] Préfixe qui signifie *autour* et dérive de la préposition latine *circum*. ▪ Rem. On trouvait autrefois la graphie *circom*.

CIRCONCIRE, v. tr. [sirkɔ̃sir] (lat. *circumcidere*, de *cædere*, couper) Opérer la circoncision.

CIRCONCIS, ISE, p. p. de circoncire. [sirkɔ̃si, iz] N. m. pl. *Les circoncis*, les Juifs, les musulmans.

CIRCONCISION, n. f. [sirkɔ̃sizjɔ̃] (lat. *circumcisio*) Opération en usage chez les Juifs et chez les musulmans. ♦ *La Circoncision*, la fête de la circoncision de Jésus-Christ, laquelle se célèbre le premier janvier. ♦ **Fig.** *La circoncision du cœur, des lèvres*, le retranchement des mauvais désirs, des mauvaises paroles.

CIRCONFÉRENCE, n. f. [sirkɔ̃ferɑ̃s] (lat. *circumferentia*, cercle) Toute enceinte considérée indépendamment de sa figure. *Cette place a une vaste circonférence.* ♦ La surface extérieure, par opposition aux parties centrales. *Le sang est porté du centre à la circonférence par les artères.* ♦ **Géom.** La ligne qui termine une figure fermée, surtout une figure courbe. ♦ **Absol.** La ligne circulaire.

CIRCONFLEXE, adj. [sirkɔ̃flɛks] (lat. *circumflexus*, partic. de *circumflectere*, recourber, tourner autour, allonger une syllabe) Tourné de côté et d'autre. « *La jambe torte et circonflexe* », Beaumarchais. ♦ **Gramm. fr.** *Accent circonflexe*, signe orthographique mis sur les voyelles qu'on prononce longues, comme *pôle*, ou qui provient de la suppression d'une autre lettre, comme *hôtel* pour *hostel*. ♦ Il se dit aussi des lettres qui prennent cet accent. *Un â circonflexe.* ♦ N. m. *Un circonflexe*, un accent circonflexe.

CIRCONLOCUTION, n. f. [sirkɔ̃lokysjɔ̃] (lat. *circumlocutio*) Périphrase, circuit de paroles. *User de circonlocutions.*

CIRCONNAVIGATION, ▪ n. f. [sirkɔ̃navigasjɔ̃] Voy. CIRCUMNAVIGATION.

CIRCONSCRIPTION, n. f. [sirkɔ̃skripsjɔ̃] (lat. *circumscriptio*, tracé d'un cercle) Limite qui borne l'étendue d'un corps. ♦ **Géom.** Action de circonscrire une figure à une autre, spécialement un cercle à un polygone régulier ou un polygone régulier à un cercle. ♦ Division d'un territoire. *Circonscriptions administratives, ecclésiastiques, judiciaires, électorales.*

CIRCONSCRIRE, v. tr. [sirkɔ̃skrir] (lat. *circumscribere*, entourer d'un cercle) Décrire une ligne qui borne, qui limite tout à l'entour. ♦ **Géom.** *Circonscrire une figure à un cercle*, tracer une figure dont tous les côtés sont tangents au cercle. ♦ **Par extens.** Renfermer en de certaines bornes. ♦ *Se circonscrire*, v. pr. Être limité, être borné.

CIRCONSCRIT, ITE, p. p. de circonscrire. [sirkɔ̃skri, it] Décrit autour. *Un cercle circonscrit à un polygone.* ♦ Resserré, limité. *Un sujet circonscrit.* ♦ **Méd.** *Tumeur circonscrite*, tumeur dont les limites sont bien déterminées.

CIRCONSPECT, ECTE, adj. [sirkɔ̃spɛ, ɛkt] (lat. *circumspectus*, réfléchi, prudent) Qui regarde autour de soi, qui prend bien garde à ce qu'il fait ou dit. *Être circonspect dans ses paroles, dans ses actions.* ♦ Où il y a de la circonspection. *Conduite circonspecte.*

CIRCONSPECTION, n. f. [sirkɔ̃spɛksjɔ̃] (lat. *circumspectio*, action de regarder autour, précaution) Qualité de l'homme circonspect. *User de circonspection.*

CIRCONSTANCE, n. f. [sirkɔ̃stɑ̃s] (lat. *circumstantia*, action d'entourer, ce qui entoure) Particularité qui accompagne un fait. « *Leur ruine prédite dans toutes ses circonstances* », Bossuet. ♦ **Dr.** *Circonstances aggravantes*, circonstances du crime ou du délit qui aggravent la peine, *circonstances atténuantes*, celles qui diminuent la peine, et dans le langage ordinaire, ce qui aggrave ou atténue un fait reprochable. ♦ *Circonstances et dépendances*, tout ce qui tient à une terre, à une maison, à un procès. ♦ N. f. pl. **Rhét.** Lieu commun comprenant ce qui a rapport à la personne, à la chose, au lieu, aux moyens, aux motifs, à la manière et au temps. ♦ Les choses du moment actuel. *Se plier aux circonstances.* ♦ *Pièce de circonstance*, ouvrage de théâtre inspiré par la circonstance. ♦ *Loi de circonstance*, loi faite à propos de quelque événement particulier ou fortuit. ▪ DE CIRCONSTANCE, loc. adj. Qui est adapté à la situation. *Un discours de circonstances.*

CIRCONSTANCIÉ, ÉE, p. p. de circonstancier. [sirkɔ̃stɑ̃sje] Énoncé avec les circonstances. « *Un récit circonstancié* », Bossuet. ▪ Avec beaucoup de détails. *Une nouvelle circonstanciée.*

CIRCONSTANCIEL, ELLE, adj. [sirkɔ̃stɑ̃sjɛl] (*circonstance*) **Gramm.** Qui modifie le verbe de la phrase. *Complément circonstanciel*, complément qui exprime une circonstance. ▪ Relatif aux circonstances.

CIRCONSTANCIER, v. tr. [siʀkɔ̃stɑ̃sje] (*circonstance*) Exposer avec les circonstances. Il fit… « *circonstancier le fait très amplement* », LA FONTAINE.

CIRCONVALLATION, n. f. [siʀkɔ̃valasjɔ̃] (b. lat. *circumvallatio*, du lat. class. *circumvallare*, cerner) Tranchée avec palissade et parapet que font les assiégeants pour se garantir des attaques et pour couper les communications de la place avec le dehors. *Lignes de circonvallation.*

CIRCONVENIR, v. tr. [siʀkɔ̃v(ə)niʀ] (lat. class. *circumvenire*, venir autour) Entourer, prendre de tous côtés. *Je n'ai pas un moment, je suis circonvenu d'affaires.* ♦ Fig. Envelopper quelqu'un par des moyens artificieux. *Il a circonvenu ses juges.*

CIRCONVENTION, n. f. [siʀkɔ̃vɑ̃sjɔ̃] (lat. *circumventio*) ▷ Action de circonvenir, tromperie. ◁

CIRCONVENU, UE, p. p. de circonvenir. [siʀkɔ̃v(ə)ny]

CIRCONVOISIN, INE, adj. [siʀkɔ̃vwazɛ̃, in] (lat. médiév. *circumvicinus*) Qui est tout autour. *Les peuples circonvoisins.*

CIRCONVOLUTION, n. f. [siʀkɔ̃vɔlysjɔ̃] (rad. du lat. *circumvolutus*, de *circumvolvere*, rouler autour) Tours faits autour d'un centre commun. ♦ Archit. Les tours de la colonne torse, etc. ♦ Fig. *Se perdre en circonvolutions,* se perdre dans les détails au lieu d'aller droit au but.

CIRCUIT, n. m. [siʀkɥi] (lat. class. *circuitus*, marche circulaire) Le tour d'une chose. *Cette ville a une lieue de circuit.* ♦ Détour. *J'ai fait un grand circuit pour arriver chez moi.* ♦ ▷ *Circuit de paroles,* longs discours avant d'arriver au fait. ◁ ■ Parcours en boucle. *Un circuit automobile. Circuit de randonnée.* ♦ Itinéraire prévoyant différentes étapes. *Agence de voyages qui propose des séjours et des circuits. Le circuit du Tour de France.* ■ Ensemble organisé assurant la circulation d'un fluide. *Le circuit de refroidissement d'une automobile.* ■ Ensemble des installations qui assurent la transmission de l'électricité. *Couper le circuit.* ■ Fig. Parcours qu'effectue quelque chose. *Circuit de distribution. Le circuit de l'information.*

CIRCULAIRE, adj. [siʀkylɛʀ] (b. lat. *circularis*) Qui a la forme, la figure d'un cercle. ♦ Fig. *Argument circulaire,* argument illusoire qui tourne comme dans un cercle. ♦ N. f. *Une lettre circulaire* ou *une circulaire,* Lettre d'avis adressée à plusieurs personnes à la fois. ♦ Méd. *Folie circulaire,* folie qui dure pendant quelque temps, puis cesse, recommence, et ainsi de suite. ♦ N. m. Chir. *Un circulaire,* un tour de bande. ■ Math. *Fonctions circulaires,* fonctions trigonométriques.

CIRCULAIREMENT, adv. [siʀkylɛʀ(ə)mɑ̃] (*circulaire*) D'une façon circulaire.

CIRCULANT, ANTE, adj. [siʀkylɑ̃, ɑ̃t] (*circuler*) Qui est en circulation, en parlant des valeurs. *Espèces circulantes.* ♦ *Capital circulant,* la somme de valeurs qui est en circulation dans un pays. ♦ Qui est en circulation, en parlant des humeurs du corps.

CIRCULARISER, ■ v. tr. [siʀkylaʀize] (*circulaire*) Rendre circulaire. *Une poussée des propulseurs permettra de circulariser l'orbite à 40 km d'altitude.*

CIRCULARITÉ, ■ n. f. [siʀkylaʀite] (*circulaire*) Propriété de ce qui est circulaire.

CIRCULATION, n. f. [siʀkylasjɔ̃] (lat. impér. *circulatio*, orbite) Mouvement de ce qui chemine par une course circulaire. *La circulation des planètes dans l'espace.* ♦ *Circulation du sang,* mouvement du sang. ♦ Absol. *La circulation,* la circulation du sang. ♦ La faculté d'aller et de venir dans les rues ou dans un pays. *La circulation des personnes, des voitures.* ♦ Le fait de se mouvoir, le transport. *Circulation des voyageurs, des marchandises.* ♦ *Droit de circulation,* impôt qui se perçoit à l'occasion du transport des boissons. ♦ *Billet de circulation,* billet qui permet d'aller et venir sur un chemin de fer. ♦ Mouvement, transmission des produits ou valeurs qui vont de main en main. *La circulation des monnaies, des capitaux.* ♦ Le mouvement par lequel des écrits, des livres, des nouvelles, des idées se répandent dans le public. *Circulation de l'air,* mouvement qui fait que l'air se renouvelle dans les lieux clos.

CIRCULATOIRE, adj. [siʀkylatwaʀ] (*circulaire*) Qui appartient à la circulation du sang. ♦ *L'appareil circulatoire,* l'ensemble des organes qui servent à la circulation.

CIRCULER, v. intr. [siʀkyle] (lat. class. *circulari*) Se mouvoir circulairement, de manière à revenir au point de départ. *Le sang circule dans le corps.* ♦ Fig. *Un feu dévorant circule dans mes veines.* ♦ Aller et venir par la ville ou par le pays. ♦ *Se renouveler par la circulation,* en parlant de l'air. ♦ Passer de main en main, en parlant des monnaies, des écrits, etc. ♦ Se répandre. *Faire circuler une nouvelle.*

CIRCUMDUCTION, ■ n. f. [siʀkɔ̃mdyksjɔ̃] (lat. class. *circumductio*, de *circumducere*, conduire autour) Mouvement que produit l'épaule ou la hanche afin que la main ou le pied décrive un cercle. ■ Mouvement que décrit la mâchoire d'un ruminant ou d'un primate.

CIRCUMNAVIGATEUR, TRICE, n. m. et n. f. [siʀkɔ̃mnavigatœʀ, tʀis] (lat. *circum,* autour, et *navigateur*) Personne qui fait une circumnavigation.

CIRCUMNAVIGATION, n. f. [siʀkɔ̃mnavigasjɔ̃] (lat. *circum,* autour, et *navigation*) Navigation autour. *La circumnavigation de l'Afrique* ♦ Absol. Action de faire, en naviguant, le tour du globe terrestre. ■ REM. On disait aussi autrefois *circonnavigation.*

CIRCUMPOLAIRE, adj. [siʀkɔ̃mpolɛʀ] (*circum-* et *polaire*) Qui environne ou avoisine les pôles. *Les mers circumpolaires.* ■ REM. Graphie ancienne : *circompolaire.*

CIRCUMTERRESTRE, ■ adj. [siʀkɔ̃mteʀɛstʀ] (lat. *circum,* autour, et *terrestre*) Qui se fait ou qui est autour de la Terre. *Des satellites en orbite circumterrestre.*

CIRE, n. f. [siʀ] (lat. class. *cera,* gr. *kêros*) Substance jaunâtre produite par les abeilles, et avec laquelle ces insectes composent les alvéoles. ♦ *Cire vierge,* cire qui n'a pas été fondue sur le feu. ♦ Fam. *Être jaune comme cire,* avoir le teint très jaune. ♦ ▷ Fig. *De cire,* loc. adv. À propos, parfaitement. *Cet habit lui va comme de cire* (cette locution vient de ce que l'on donne la forme que l'on veut à la cire). ◁ ♦ ▷ Fig. *Cire molle,* personne sans caractère, et aussi caractère doux et docile. ◁ ♦ Bougie qu'on brûle dans les appartements. ♦ Le luminaire d'une église. *La cire appartient au curé.* ♦ *Cire à cacheter* ou *cire d'Espagne* et absol. *cire,* composition de gomme laque, de gomme d'Espagne et de vermillon ou de toute autre couleur, qu'on forme en bâtons et qui sert à cacheter les lettres. ♦ *Cire végétale,* substance tirée des feuilles de certains végétaux. ♦ Humeur jaune qui se forme aux yeux ou dans les oreilles.

CIRÉ, ÉE, p. p. de cirer. [siʀe] Enduit de cire. ♦ *Toile cirée,* toile enduite d'une composition qui fait que l'eau ne la traverse pas. ♦ Fig. *Cela glisse comme sur toile cirée,* cela ne fait aucune impression. ■ N. m. Manteau imperméable. *Un ciré de marin.*

CIRER, v. tr. [siʀe] (*cire*) Enduire, frotter de cire. ♦ Mettre du cirage sur des chaussures. ♦ *Se cirer,* v. pr. Être ciré. ♦ *Cirer sa chaussure.* ■ Fam. *Ne rien avoir à cirer de quelque chose,* ne pas vouloir s'en soucier.

CIREUR, EUSE, ■ n. m. et n. f. [siʀœʀ, øz] (*cirer*) Personne dont le métier est de cirer des chaussures ■ Personne qui cire.

CIREUSE, ■ n. f. [siʀøz] (*cirer*) Techn. Machine employée pour le cirage des parquets.

CIREUX, EUSE, ■ adj. [siʀø, øz] (*cire*) Jaunâtre. *Avoir un teint cireux.*

CIRIER, IÈRE, n. m. et n. f. [siʀje, jɛʀ] (*cire*) Personne qui travaille en cire, ou qui vend des cierges, des bougies. ♦ Nom vulgaire d'un arbrisseau qui produit une espèce de cire. ♦ Adj. f. *Abeille cirière,* l'abeille qui fabrique la cire.

CIROËNE, n. f. [siʀoɛn] Voy. CÉROÈNE.

CIRON, n. m. [siʀɔ̃] (anc. b. frq. *seuro*) Insecte aptère qui se développe dans le fromage et dans la farine et qui est le plus petit des animaux visibles à l'œil nu. Il est pris comme le symbole de ce qu'il y a de plus petit au monde.

CIRONNÉ, ÉE, ■ adj. [siʀone] (*ciron*) Suisse Grignoté, qui est attaqué par les cirons. *De la tomme cironnée.*

CIRQUE, n. m. [siʀk] (lat. class. *circus,* cercle, enceinte circulaire, du gr. *kirkos*) Vaste enceinte où les anciens se réunissaient pour la célébration des jeux publics. ♦ Enceinte circulaire et couverte où l'on exécute divers exercices d'équitation. ♦ Vallée de montagnes qui s'élargit et prend une forme arrondie. ■ Spectacle constitué de numéros d'acrobatie, de domptage, de clowns, etc. ■ Fam. Situation complexe. *C'est tout un cirque pour obtenir cette autorisation.*

CIRRE ou **CIRRHE**, n. m. [siʀ] (lat. class. *cirrus,* boucle de cheveux) Appendice filiforme, simple ou rameux, au moyen duquel certaines plantes s'attachent aux corps voisins ; dit aussi *vrille* ou *main.*

CIRRHOSE, ■ n. f. [siʀoz] (gr. *kirros,* jaunâtre) Maladie du foie caractérisée par une inflammation cellulaire et des granulations de couleur roussâtre. *Cirrhose alcoolique.*

CIRRHOTIQUE, ■ adj. [siʀotik] (*cirrhose*) Relatif à la cirrhose. *Un foie cirrhotique.* ■ N. m. et n. f. Malade atteint de cirrhose. *La défaillance circulatoire d'un cirrhotique.*

CIRRIPÈDE, n. m. [siʀipɛd] (*cirre* et *-pède*) *Les cirripèdes,* cinquième classe des annelés articulés comprenant les balanes et les anatifes.

CIRROCUMULUS, ■ n. m. [siʀokymylys] (*cirrus* et *cumulus*) Nuage composé de petits flocons blancs qui confère au ciel un aspect moutonné.

CIRROSTRATUS, ■ n. m. [siʀostʀatys] (*cirrus* et *stratus*) Nuage ayant l'aspect d'un voile blanchâtre produisant un halo autour du Soleil ou de la Lune.

CIRRUS, n. m. [siʀys] (lat. class. *cirrus*, boucle de cheveux) Nom d'une des trois formes principales présentées par les nuages, et ressemblant à des filaments entrecroisés.

CIRSAKAS, n. m. [siʀsakas] Voy. SIRSACAS.

CIRSE, ■ n. m. [siʀs] (lat. scient. *cirsium*) Espèce de chardon épineux qui pousse sur les terres incultes ou les endroits très humides. *Cirse laineux. Cirse des marais.*

CIRURE, n. f. [siʀyʀ] (*cirer*) Enduit fait d'une préparation de cire. *Une bonne cirure.*

CIS..., [sis] Préfixe qui veut dire en deçà et qui est la préposition latine *cis*.

CISAILLÉ, ÉE, p. p. de cisailler. [sizaje]

CISAILLEMENT, ■ n. m. [sizaj(ə)mɑ̃] (*cisailler*) Action de cisailler. ■ Découpe d'une pièce métallique. ■ Croisement de deux axes routiers allant dans la même direction.

CISAILLER, v. tr. [sizaje] (*cisaille*) Couper avec les cisailles les pièces fausses ou de rebut. ♦ En termes de repasseuse, tuyauter des bonnets, des collerettes.

CISAILLES, n. f. pl. [sizaj] (lat. vulg. *cisacula*) Sorte de grands ciseaux pour couper des plaques de métal. ■ Au sing. Rognures d'argent, qu'on refond en lame pour les employer. *De la cisaille.*

CISALPIN, INE, adj. [sizalpɛ̃, in] (lat. class. *cisalpinus*) Qui est en deçà des Alpes. *La République cisalpine.*

CISEAU, n. m. [sizo] (lat. vulg. *cisellum*, d'apr. *cædere*, trancher) Instrument tranchant par un bout, et dont on se sert pour travailler les corps durs. *Ciseau de maçon, de menuisier, etc.* ♦ *Ouvrage de ciseau*, ouvrage de sculpture. ♦ Fig. La manière de travailler d'un sculpteur. ♦ *Ciseau à froid*, sorte de ciseau qui ne tranche pas et qui sert à faciliter l'ouverture des caisses. ♦ N. m. pl. Instrument formé de deux lames tranchantes en dedans, réunies par une vis sur laquelle elles se meuvent. *Une paire de ciseaux.* ♦ Il s'emploie quelquefois au singulier. ♦ ▷ Fig. *Le ciseau* ou *les ciseaux de la censure*, la main du censeur effaçant dans un ouvrage les passages qui pourraient choquer ou l'autorité ou la morale. ◁ ♦ *Faire à coups de ciseaux*, se dit des nouvelles diverses que l'on coupe avec des ciseaux pour les insérer dans un journal, et aussi de travaux analogues. ♦ *Le ciseau* ou *les ciseaux de la Parque*, l'instrument avec lequel Atropos, coupait le fil de la vie filé par les deux autres. ♦ *Orienté en ciseaux*, se dit des voiles latines qui sont bordées l'une sur tribord et l'autre sur bâbord. ■ Sp. Mouvement des jambes que l'on lance l'une après l'autre. *Saut en ciseaux.*

CISELAGE ou **CISÈLEMENT**, ■ n. m. [siz(ə)laʒ, sizɛl(ə)mɑ̃] (*ciseler*) Action de ciseler. ■ Vitic. Action de retirer les mauvais grains sur une grappe de raisins.

CISELÉ, ÉE, p. p. de ciseler. [siz(ə)le] Gravé en ciselure. ♦ Orné de ciselures.

CISELER, v. tr. [siz(ə)le] (anc. fr. *cisel*, ciseau) Tailler des ornements avec le ciselet. ♦ Sculpter des figures, des ornements sur métaux. ♦ *Ciseler du velours*, découper avec agréments et en manière de fleurs le dessus du velours avec la pointe des ciseaux. ♦ Se ciseler, v. pr. Être ciselé.

CISELET, n. m. [siz(ə)lɛ] (dimin. de l'anc. fr. *cisel*, ciseau) Petit ciseau pour ciseler. ♦ Espèce de ciseau servant à couper les pièces d'or ou d'argent.

CISELEUR, EUSE, n. m. et n. f. [siz(ə)lœʀ, øz] (*ciseler*) Personne dont le métier est de ciseler.

CISELURE, n. f. [siz(ə)lyʀ] (*ciseler*) L'art du ciseleur ; ouvrage de ciseleur.

CISOIRES, ■ n. f. pl. [sizwaʀ] (lat. *cisoria*, instrument tranchant) Cisailles de grande taille et montées sur un pied dont se servent surtout les chaudronniers et les tôliers.

1 **CISTE**, n. m. [sist] (gr. *kisthos*) Genre de plantes dont une espèce, le ciste de Crète, donne une sorte de gomme odorante.

2 **CISTE**, n. f. [sist] (lat. class. *cista*, corbeille, du gr. *kistê*) Antiq. Corbeille, panier.

CISTERCIEN, IENNE, ■ adj. [sistɛʀsjɛ̃, jɛn] (lat. médiév. *cisterciensis*, de *Cistercium*, Cîteaux) Qui se rapporte à l'ordre de Cîteaux fondé au XIᵉ siècle par Robert de Molesme qui souhaitait appliquer la règle de saint Benoît avec austérité. *Une abbaye bénédictine cistercienne.* ■ N. m. et n. f. Religieux, religieuse, appartenant à cet ordre.

CISTOPHORE, n. f. [sistofoʀ] (2 *ciste* et *phoros*, de *phorein*, porter) Jeune fille qui portait des corbeilles dans les fêtes de l'Antiquité.

CISTRE, ■ n. m. [sistʀ] (altér. du moy. fr. *citre*, du lat. *cithara*, d'apr. *sistre*) Mus. Instrument de musique à cordes métalliques pincées, à fond plat et à manche, très en vogue aux XVIIᵉ et XVIIIᵉ s.

CISTRON, ■ n. m. [sistʀɔ̃] (*cis*- et suff. sc. *-tron*) Biol. Région du génome qui ne porte qu'une seule information génétique transcrite sur l'ADN.

CISTUDE, ■ n. f. [sistyd] (lat. scient. *cistudo*) Tortue d'eau qui vit notamment en Europe tempérée, qui mesure entre 30 et 40 cm et qui peut peser jusqu'à 3 kg.

CITABLE, adj. [sitabl] (*citer*) ▷ Qui peut être cité, qui mérite de l'être. ◁

CITADELLE, n. f. [sitadɛl] (ital. *cittadella*, dimin. de *città*) Château fort qui commande une ville. ♦ Fig. *Genève, la citadelle du calvinisme.*

CITADIN, INE, n. m. et n. f. [sitadɛ̃, in] (ital. *cittadino*) Celui, celle qui habite une ville. ♦ Adj. *Plaisirs citadins.* ■ N. f. Voiture de petite taille particulièrement adaptée pour la conduite en ville. *J'ai acheté une citadine.*

CITATEUR, TRICE, n. m. et n. f. [sitatœʀ, tʀis] (*citer*) Celui qui habituellement fait des citations dans sa conversation ou dans ses écrits. ♦ ▷ Titre de livres contenant des recueils de citations. ◁

CITATION, n. f. [sitasjɔ̃] (b. lat. *citatio*) Ajournement par acte notifié par huissier, pour comparaître devant le juge. ♦ L'acte qui constate la citation. ♦ Passage emprunté à un auteur qui peut faire autorité.

1 **CITÉ**, n. f. [site] (lat. class. *civitas*) Autrefois, territoire dont les habitants se gouvernaient par leurs propres lois. ♦ *Le droit de cité*, la jouissance de tous les droits politiques communs aux citoyens. ♦ *Corps des citoyens.* Ville. *Les grandes cités d'un pays.* ♦ *La cité sainte* ou *céleste*, le séjour de Dieu et des bienheureux. ♦ *La sainte cité*, Jérusalem. ♦ *La cité future*, le paradis. ♦ La partie la plus ancienne d'une ville. ♦ Ensemble de maisons qui, dans une grande ville, se tiennent. ♦ *Cités ouvrières*, grands bâtiments destinés à loger les ouvriers.

2 **CITÉ, ÉE**, p. p. de citer. [site] Sommé de comparaître. ♦ Allégué en forme de citation. ♦ Nommé, renommé.

CITER, v. tr. [site] (lat. class. *citare*, citer en justice, proclamer) Appeler à comparaître devant le juge. ♦ Rapporter un texte à l'appui de ce que l'on avance. ♦ Absol. *Il cite sans cesse.* ♦ Fam. *Citer son auteur*, nommer celui de qui l'on tient une nouvelle. ♦ Indiquer, désigner une personne, une chose digne d'attention. ♦ Se citer, v. pr. « *Rien n'est plus désagréable qu'un homme qui se cite lui-même à tout propos* », La Rochefoucauld.

CITÉRIEUR, EURE, adj. [siteʀjœʀ] (lat. class. *citerior*) ▷ Qui est en deçà, de notre côté. *Les Alpes citérieures.* ◁

CITERNE, n. f. [sitɛʀn] (lat. class. *cisterna*) Réservoir où l'on recueille et conserve les eaux pluviales. ■ Par extens. Grande cuve destinée à stocker un liquide.

CITERNEAU, n. m. [sitɛʀno] (dimin. de *citerne*) ▷ Petite citerne où l'eau laisse déposer les matières les plus grossières avant d'entrer dans la grande citerne. ◁

CITHARE, n. f. [sitaʀ] (lat. class. *cithara*, du gr. *kithara*, luth ou lyre) Sorte d'instrument à cordes en usage chez les anciens. ■ CITHARISTE, n. m. et n. f. [sitaʀist]

CITIGRADE, adj. [sitigʀad] (lat. *citus*, rapide, et *-grade*) Zool. Qui marche avec rapidité.

CITOYEN, YENNE, n. m. et n. f. [sitwajɛ̃, jɛn] (*cité*) Celui, celle qui jouit du droit de cité dans un État. ♦ *Un bon citoyen*, un homme soumis aux lois. ♦ *Un grand citoyen*, un homme dont tous les actes ont le bien du pays pour objet. ♦ Titre qui, pendant la République française, avait remplacé le mot de monsieur. *Bonjour, citoyen* ♦ Habitant d'une cité, d'un pays. *Les diverses classes de citoyens.* ♦ *Citoyen du monde, citoyen de l'univers*, homme qui met les intérêts de l'humanité au-dessus de ceux de la patrie. ♦ Adj. Dévoué aux intérêts de son pays. *Ministre, soldat citoyen.*

CITOYENNETÉ, ■ n. f. [sitwajɛn(ə)te] (*citoyen*) Ensemble des qualités du citoyen. ■ *Faire preuve de citoyenneté*, respecter les valeurs républicaines. *Voter est un acte de citoyenneté.*

CITRATE, ■ n. m. [sitʀat] (rad. du lat. *citrus*, citron) Sel formé par la combinaison de l'acide citrique avec une base.

CITRIN, INE, adj. [sitʀɛ̃, in] (lat. *citrinus*) Qui est de la couleur du citron. *Couleur citrine.* ♦ N. m. *Le citrin.*

1 **CITRINE**, n. f. [sitʀin] (*citrin*) Huile essentielle de citron.

2 **CITRINE**, ■ n. f. [sitʀin] (*citrin*) Pierre semi-précieuse de couleur jaune.

CITRIQUE, adj. [sitʀik] (lat. *citrus*, citron) *Acide citrique*, acide qui se trouve notamment dans les citrons, les groseilles.

CITRON, n. m. [sitʀɔ̃] (lat. médiév. *citrus*) Fruit du citronnier, d'un jaune clair et de saveur acide. ♦ *Être jaune comme un citron*, avoir le teint, la peau très jaune. ♦ Adj. inv. Qui est de la couleur du citron. *Étoffes citron.*

CITRONNADE, ■ n. f. [sitʀɔnad] (*citron*) Boisson rafraîchissante préparée avec de l'eau additionnée de jus ou de sirop de citron.

CITRONNÉ, ÉE, p. p. de citronner. [sitʀɔne] Où l'on a mis du jus de citron. ■ Qui sent le citron, qui a goût de citron.

CITRONNELLE, n. f. [sitʀɔnɛl] (dimin.*citron*) Nom de l'auronc et de la mélisse officinale. ■ Plante des régions tropicales dont on extrait une essence. ■ *Une citronnelle*, une infusion faite avec des feuilles de citronnelle. *Je vais prendre une citronnelle.* ■ Produit à base d'essence de citronnelle. *Lotion à la citronnelle contre les moustiques.*

CITRONNER, v. tr. [sitʀɔne] (*citron*) Imbiber de jus de citron.

CITRONNIER, n. m. [sitʀɔnje] (*citron*) Genre de végétaux qui renferme deux espèces principales, l'oranger et le citronnier proprement dit ou de Médie.

CITROUILLE, n. f. [sitʀuj] (lat. médiév. *citrolus*, de *citrus*, citron) Nom de certaines variétés de la courge. ♦ Le fruit qui se mange de diverses façons. ■ **Fam.** *Avoir la tête comme une citrouille*, se sentir fatigué intellectuellement à la suite d'un travail intense. ■ **Adj.** Orangé, de la couleur de la citrouille. *Un pull citrouille.*

CITRUS, ■ n. m. [sitʀys] (lat. *citrus*, citron) Famille d'arbres qui produit les agrumes.

CIVADIÈRE, n. f. [sivadjɛʀ] (provenç. *civadiero*) ▷ Nom d'une voile qui s'attachait à une vergue suspendue sous le mât de beaupré. ◁

CIVE ou **CIVETTE**, n. f. [siv, sivɛt] (lat. *cæpa*, oignon) Nom donné à plusieurs petites espèces ou variétés du genre ail, lesquelles sont appelées aussi *ciboulette*.

CIVELLE, ■ n. f. [sivɛl] (orig. incert.) **Zool.** Alevin d'anguille. *La civelle est met recherché.*

CIVET, n. m. [sivɛ] (*cive*) Ragoût de lièvre dans lequel il entre beaucoup de cives et d'oignons. ♦ **Rem.** On dit aussi *civet de chevreuil, d'oie.*

1 **CIVETTE**, n. f. [sivɛt] Voy. CIVE.

2 **CIVETTE**, n. f. [sivɛt] (ar. *zabâd*) Quadrupède semblable à une martre, dit aussi *chat musqué.* ♦ Substance onctueuse, d'une forte odeur de musc, sécrétée par la civette.

CIVIÈRE, n. f. [sivjɛʀ] (orig. incert.) Engin propre à transporter des fardeaux, qui a quatre bras et est porté par deux hommes. ♦ **Prov.** *En cent ans bannière, en cent ans civière*, ou *cent ans bannière, cent ans civière*, c'est-à-dire toutes les fortunes changent. ■ Brancard servant au transport des malades, des blessés.

CIVIL, ILE, adj. [sivil] (lat. class. *civilis*) Qui concerne les citoyens. *La vie, la société civile. Guerre civile*, guerre entre les citoyens. ♦ *Année civile*, l'espace de temps qui est réglé, dans chaque État, pour la durée des affaires du barreau, des cours de justice, etc. ♦ *Année civile* se dit par opposition à année astronomique. ♦ *État civil*, la condition d'une personne, résultant de sa filiation, de ses alliances, de ses droits de famille. ♦ *Actes civils*, actes qui constatent l'état civil des personnes. ♦ *Officier de l'état civil*, fonctionnaire qui est chargé d'enregistrer les naissances, les mariages et les décès. ♦ *Droit civil*, l'ensemble des lois qui règlent l'état des personnes, les biens et les diverses manières d'acquérir la propriété. ♦ *Droits civils*, ceux dont la jouissance est garantie par la loi civile à tout Français. *Mort civile*, privation complète des droits civils. ♦ *Liste civile*, somme allouée sur le budget de l'État au souverain. ♦ *Jour civil*, espace de vingt-quatre heures qui se comptent d'un minuit à l'autre. ♦ **Dr.** *Civil* se dit par opposition à criminel. *Code, procès civil. Partie civile*, celui qui agit en son nom et dans son propre intérêt contre un accusé. ■ **N. m.** *Le civil, la voie civile*, par opposition au criminel. ♦ *Civil* se dit par opposition à militaire. *Courage civil. Les autorités civiles.* ♦ **n.** *Le civil*, par opposition au militaire. ♦ Se dit aussi par opposition à politique. *Ordre civil.* ♦ Se dit enfin par opposition à religieux. ♦ Qui appartient à la société, par opposition à sauvage. *L'état civil.* ♦ Affable, poli, courtois. « *Civil à ceux à qui il ne pouvait être favorable* », FLÉCHIER.

CIVILEMENT, adv. [sivil(ə)mã] (*civil*) En matière civile. *Poursuivre civilement.* ♦ *Être mort civilement*, être frappé de la privation de tous ses droits civils. ♦ Avec civilité, d'une façon honnête et polie. *Il m'a reçu fort civilement.*

CIVILISABLE, adj. [sivilizabl] (*civiliser*) Qui peut être civilisé.

CIVILISATEUR, TRICE, adj. [sivilizatœʀ, tʀis] (*civiliser*) Qui civilise, qui porte à la civilisation.

CIVILISATION, n. f. [sivilizasjɔ̃] (*civiliser*) Action de civiliser ; état de ce qui est civilisé. ■ Ensemble des caractéristiques sociales, artistiques, religieuses, etc. propres à une société ou à un groupe de sociétés. *Les civilisations antiques. La civilisation occidentale.*

CIVILISÉ, ÉE, p. p. de civiliser. [sivilize] Doté de civilisation. ♦ **N. m.** Celui qui vit dans un pays civilisé.

CIVILISER, v. tr. [sivilize] (*civil*) Autrefois, rendre civile une matière criminelle. *Civiliser un procès.* ♦ Rendre civil, courtois. ♦ Polir les mœurs, donner la civilisation. ♦ Se civiliser, v. pr. S'apaiser, s'arranger (locution prise du droit, où une affaire, de criminelle devenant civile, se civilisait et devenait moins grave). ♦ Devenir civilisé. *Les peuples se civilisent lentement.* ♦ Devenir poli.

CIVILISTE, ■ n. m. et n. f. [sivilist] (*civil, s. e. droit*) Professionnel du droit civil.

CIVILITÉ, n. f. [sivilite] (lat. impér. *civilitas*, sociabilité) Bonnes manières à l'égard d'autrui ; usage du monde. *On doit traiter tout le monde avec civilité.* ♦ **N. f. pl.** Démonstrations, protestations de civilité. *Faire mille civilités à une personne.* ♦ *La Civilité puérile*, ancien livre fait pour apprendre la civilité aux enfants. ♦ **Fam.** *Il n'a pas lu la Civilité puérile*, il manque aux devoirs de civilité.

CIVIQUE, adj. [sivik] (lat. class. *civicus*) Qui concerne les citoyens. *Devoirs, droits civiques.* ♦ *Serment civique*, serment d'attachement au nouvel ordre des choses, qu'on demandait durant la Révolution. ♦ ▷ *Garde civique*, autrement garde nationale. ◁ ♦ Qui appartient à un bon citoyen. *Les vertus civiques.* ♦ *Couronne civique*, couronne de chêne qu'on décernait chez les Romains à celui qui, dans une bataille, avait sauvé la vie à un citoyen.

CIVISME, n. m. [sivism] (*civique*) Sentiments qui font le bon citoyen ; attachement à la patrie. ♦ Dans la Révolution, dévouement au gouvernement établi. *Certificat de civisme.*

CLABAUD, n. m. [klabo] (orig. incert., p.-ê. rad. du néerl. *klabbaard*, bavard) Chien à oreilles pendantes, qui aboie mal à propos. ♦ **Fig.** Personne qui crie beaucoup et sans cause.

CLABAUDAGE, n. m. [klaboadaʒ] (*clabauder*) Aboi de chiens. ♦ **Fig.** Criaillerie sans motif.

CLABAUDEMENT, n. m. [klabod(ə)mã] (*clabauder*) ▷ Action de clabauder. ◁

CLABAUDER, v. intr. [klabode] (*clabaud*) Aboyer sans être sur les voies, en parlant d'un chien. ♦ **Fig.** Crier sans cause. *Il clabaude contre tout le monde.*

CLABAUDERIE, n. f. [klabod(ə)ʀi] (*clabauder*) Criaillerie sans raison et sans sujet.

CLABAUDEUR, n. m. [klabodœʀ] (*clabauder*) ▷ **Chasse** Syn. de clabaud. ♦ **Fig.** *Clabaudeur, clabaudeuse*, celui, celle qui crie beaucoup et sans raison. ◁

CLAC, ■ interj. [klak] (onomat.) Interjection qui exprime un claquement, un bruit soudain.

CLADE, ■ n. m. [klad] (gr. *klados*, rameau) Ensemble des liens qui unissent des groupes d'animaux comprenant généralement l'ancêtre commun et tous les autres groupes ou lignées issues de l'ancêtre commun, dans la limite d'un même phylum.

CLADISME, ■ n. m. [kladism] Voy. CLADISTIQUE.

CLADISTIQUE n. f. ou **CLADISME**, ■ n. m. [kladistik, kladism] (*clade*) Classification dont les regroupements sont basés sur les homologies, et dont les groupes doivent être monophylétiques et contenir tous les descendants de l'ancêtre commun pour former un clade. ■ **Adj.** Relatif au cladisme. *Une approche cladistique.*

CLADOCÈRE, ■ n. m. [kladosɛʀ] (gr. *klados*, rameau, et *keras*, corne) **Zool.** Ordre de crustacés microscopiques à la carapace translucide, dont les antennes leur permettent de nager par petits bonds, et qui vivent dans les eaux douces. *Le cladocère ou puce d'eau est un des organismes les plus importants du zooplancton.*

CLADOGRAMME, ■ n. m. [kladogʀam] (*clade* et *-gramme*) **Biol.** Arbre schématique permettant de montrer la filiation qui unit des êtres vivants selon l'approche cladistique.

CLADONIE, ■ n. f. [kladoni] (lat. scient. *cladonia*) Espèce de lichen ressemblant à un petit buisson, qui constitue un excellent fourrage pour les rennes.

CLAFOUTIS, ■ n. m. [klafuti] (mot du Centre, du lat. *clavo figere*, fixer avec des clous) Flan constitué de farine, de lait, d'œufs et de fruits, que l'on fait cuire au four. *Clafoutis aux cerises.*

CLAIE, n. f. [klɛ] (gaul. *cleta*) Ouvrage de vannier, en osier, plat, de forme carrée. ♦ *Passer à la claie*, jeter avec une pelle de la terre pierreuse contre une claie dressée. ♦ *Traîner sur la claie*, peine infamante infligée autrefois aux cadavres de ceux qui s'étaient tués volontairement, ou qui avaient été tués en duel, ou de condamnés à mort. ♦ **Fig.** *Traîner sur la claie*, insulter. ♦ Treillage en bois ou en fer servant de clôture pour les propriétés, d'abri pour les plantes, etc.

CLAIM, ■ n. m. [klɛm] (mot angl.) Concession minière sur laquelle on trouve des minerais précieux. *Des claims.*

CLAIR, AIRE, adj. [klɛʀ] (lat. *clarus*) Qui a l'éclat du jour, de la lumière. *Un feu clair. Une étoile claire.* ♦ Qui reçoit beaucoup de jour. *Cette chambre est claire.* ♦ Transparent. *Des vitres claires.* ♦ ▷ Luisant, poli. *Vaisselle claire.* ◁ ♦ *Argent clair* ou *clairs deniers*, argent comptant, et, par suite, argent qu'on est certain de toucher ♦ **Par extens.** *Le plus clair de son bien*, la partie la plus sûre. ♦ Qui est d'une nuance peu foncée, en parlant des couleurs. *Vert clair. Un teint clair.* ♦ ▷ *Clair-brun, clair-brune*, qui est d'un brun clair. *Cheveux clair-bruns* (*clair* est adverbe). ◁ ♦ Qui n'est pas trouble. *Vin clair. Eau claire.* ♦ ▷ **Fig.** *Faire de l'eau claire*, ne pas réussir. ◁ ♦ **Par extens.** *Le temps, le ciel est clair.* ♦ Qui a peu de consistance, par opposition à épais. *Cette purée est claire.* ♦ Qui n'est pas assez serré, dont les parties ne sont pas rapprochées. *Une toile claire, Bois clair.* ♦ Net, aigu, en parlant de la voix et des sons. *Une voix claire.* ♦ **Fig.** Aisé à comprendre. *Des termes, des idées claires.* ♦ *Cette affaire n'est pas claire*, elle est embrouillée. ♦ *Ce procédé, cette conduite ne sont pas clairs*, ils sont équivoques. ♦ *Le plus clair d'une affaire*, tout ce qu'on peut y comprendre. ♦ Qui comprend aisément, en parlant de l'esprit. *Un jugement clair.* ♦ Évident, manifeste. *La loi est claire.* « *Des prophéties plus claires que le soleil* », Bossuet. ♦ **Fam.** *C'est un profit tout clair*, un profit manifeste. ♦ **N. m.** *Clair*, clarté. *Au clair de la lune.* ♦ En parlant, *un clair de lune*, tableau d'une vue prise au clair de la lune. ♦ *Il fait clair*, il fait jour, et aussi on voit clair. ♦ En peinture, parties éclairées d'un tableau. « *La peinture divise en grande masse ses clairs et ses obscurs* », Montesquieu. ♦ Dans une tapisserie, *les clairs*, les laines, les soies de couleur claire. ♦ Endroit d'une étoffe ou d'un bas où, les fils étant à moitié usés, le jour se voit à travers. ♦ *Tirer un liquide au clair*, le tirer quand il a bien reposé. ♦ **Fig.** *Tirer une affaire au clair*, l'éclaircir, en étudier toutes les circonstances. ♦ Dans le même sens, *mettre au clair.* ♦ **Adv.** *Clair.* D'une manière claire, distincte. *Voir clair.* ♦ **Fig.** *Voir clair*, être pénétrant, se rendre compte d'une chose. ♦ *Parler clair*, parler de manière à être parfaitement entendu. ♦ *Parler clair, parler clair et net*, parler ouvertement, sans réticence ni ménagement. ♦ *Clair*, en espaçant, de loin en loin. *Semer clair.* ■ *Le plus clair de son temps*, la majeure partie de son temps. ■ *En clair*, autrement dit. *En clair, vous abandonnez le projet.* ■ *Émettre en clair*, d'une façon non cryptée.

CLAIRANCE ou **CLEARANCE**, ■ n. f. [klɛrɑ̃s, klirɑ̃s] (mot angl. *clearance*) **Biol.** Capacité d'épuration que possède un tissu ou un organe à éliminer une substance déterminée d'un fluide organique, dans un temps donné. *Clairance de la créatinine*, prélèvement urinaire afin de déterminer le taux de créatinine présent dans un corps. ■ **Mar.** Autorisation donnée à un bateau de se déplacer. ■ **Aviat.** Autorisation accordée pour un avion par le contrôle aérien d'exécuter une phase de son plan de vol.

CLAIRE, n. f. [klɛr] (*clair*) Cendres lavées, os calcinés dont on fait des coupelles. ♦ Chaudière du raffineur de sucre. ■ Bassin dans lequel sont affinées les huîtres. *Les fines de claire*, huîtres qui n'ont été affinées en claire que quelques semaines.

CLAIREMENT, adv. [klɛr(ə)mɑ̃] (*clair*) D'une manière claire, nette.

CLAIRET, adj. m. [klɛrɛ] (lat. médiév. *claratum*, du lat. *clarus*, clair) D'un rouge clair, en parlant du vin. ♦ **N. m.** *Boire du clairet.* ♦ **N. m.** Infusion de plantes odorantes dans du vin miellé et sucré. ♦ **Joaill.** Pierre d'une trop faible couleur. ■ *Clairet*, le vin se dit aussi *claret*.

CLAIRETTE, n. f. [klɛrɛt] (*clairet*) Maladie des vers à soie dans laquelle ils deviennent demi-transparents. ♦ Sorte de vin blanc, mousseux et très léger, du midi de la France. ■ **Rem.** Dans ce sens, on disait aussi *clarette*.

CLAIRE-VOIE, n. f. [klɛr(ə)vwa] (*clair* et *voie*) Ouverture fermée seulement par un grillage en bois ou en fer. ♦ Au pl. *Des claires-voies.* ♦ À CLAIRE-VOIE, loc. adv. À jour. *Une porte à claire-voie.*

CLAIRIÈRE, n. f. [klɛrjɛr] (*clair*) Partie de bois où les arbres ne sont point si touffus que dans d'autres. ♦ Partie claire d'un tissu. *Il y a des clairières dans cette toile.*

CLAIR-OBSCUR, n. m. [klɛrɔpskyr] (*clair* et *obscur*) En peinture, manière de traiter les jours et les ombres. ♦ *Un dessin au clair-obscur*, ou simplement *un clair-obscur*, dessin dont les ombres sont de couleur brune et les jours rehaussés de blanc. ♦ Effet de la lumière, éclairant les surfaces qu'elle frappe, et laissant dans l'ombre celles qu'elle ne frappe pas. ♦ Au pl. *Des clairs-obscurs* (prononcé comme au sing.)

CLAIRON, n. m. [klɛrɔ̃] (*clair*) Sorte de trompette à son clair et perçant. ♦ Celui qui sonne du clairon. ♦ Un des jeux de l'orgue, à l'octave de la trompette.

CLAIRONNANT, ANTE, ■ adj. [klɛrɔnɑ̃, ɑ̃t] (*claironner*) En parlant d'une voix, d'un son, qui se manifeste par sa force et sa tonalité aiguë. « *Et les gens, massés dans le hall de la gare, regardent cette forte femme au verbe claironnant* », Gibeau. ♦ Qui a de l'éclat. *Une couleur claironnante.*

CLAIRONNER, ■ v. intr. [klɛrɔne] (*clairon*) Jouer du clairon. ■ **Par anal.** Parler très fort. ■ **V. tr. Fig.** Annoncer bruyamment, avec emphase. *Claironner un succès.*

CLAIRSEMÉ, ÉE, adj. [klɛrsəme] (*clair* et *semé*) Peu serré, répandu de distance en distance. *Un bois de chênes clairsemés.* ♦ **Fig.** *Les beautés sont clairsemées dans ce poème.* ■ **Rem.** Graphie ancienne : *clair-semé, ée.*

CLAIRVOYANCE, n. f. [klɛrvwajɑ̃s] (*clairvoyant*) Discernement par lequel on voit le fond des choses. ♦ Vue attribuée aux personnes endormies du sommeil magnétique.

CLAIRVOYANT, ANTE, adj. [klɛrvwajɑ̃, ɑ̃t] (*clair* et *voyant*, de *voir*) Qui voit clair ; dont la vue est bonne. ♦ **N. m.** et n. f. *C'est un clairvoyant qui est directeur de l'Institution des aveugles.* ♦ **Fig.** Qui voit clair dans les affaires. *Un homme, un esprit clairvoyant.*

CLAM, ■ n. m. [klam] (mot angl., mollusque) Mollusque marin comestible importé d'Amérique.

CLAMECER, ■ v. intr. [klamse] Voy. CLAMSER.

CLAMER, ■ v. tr. [klame] (lat. class. *clamare*, réclamer) Exprimer à voix forte, sonore, en termes vigoureux. *Clamer sa douleur, son indignation.*

CLAMEUR, n. f. [klamœr] (lat. class. *clamor*) Ensemble de cris tumultueux, souvent de mécontentement, de réprobation. *Les clameurs des soldats.* ♦ Réclamation à haute voix. « *Les dieux plus pitoyables À nos justes clameurs se rendent exorables* », P. Corneille. ♦ *La clameur publique*, l'indignation publique. ♦ *Clameur de haro*, Voy. HARO. ♦ Criaillerie. *Braver les clameurs des sots.*

CLAMP, ■ n. m. [klɑp] (mot angl.) **Chir.** Pince à cran d'arrêt et à deux branches utilisées pour comprimer notamment des vaisseaux afin de stopper les hémorragies. *Des clamps.*

CLAMPER, ■ v. tr. [klɑpe] (*clamp*) Stopper la circulation sanguine au moyen de clamps.

CLAMPIN, ■ n. m. [klɑpɛ̃] (p.-ê. altér. de *lambin* d'apr. *clopin*) ▷ Soldat qui a été blessé ou qui est retardataire. ◁ ■ **Par extens.** Fainéant. « *Allez, oust, dit l'homme de l'autorité, au boulot, le clampin !* », Aragon. ■ Personne quelconque. *Il n'y avait que trois clampins à cette expo !*

CLAMSER ou **CLAMECER**, ■ v. intr. [klamse] (orig. inc.) **Fam.** Mourir. *Il a fini par clamser.* « *Écrivez au service médical. Le coup classique, la demande ne partira que demain matin et, d'ici là, Otto peut clamser dix fois* », Boudard.

CLAN, n. m. [klɑ̃] (gaél. *clann*, descendance) En Écosse et en Irlande, tribu formée d'un certain nombre de familles, ayant un chef appartenant à une famille éminente, qui le fournit héréditairement. ■ **Par extens.** Groupe de personnes ayant quelque chose en commun. *Le clan familial.* ■ Groupe humain en rivalité avec un autre. *Il y a deux clans dans la classe.*

CLANDÉ, ■ n. m. [klɑde] (abrév. de *clandestin*) ▷ **Arg.** Maison close clandestine. ◁

CLANDESTIN, INE, adj. [klɑdɛstɛ̃, in] (lat. class. *clandestinus*) Qui se fait en cachette. *Un cri clandestin. Une réunion clandestine.* ♦ **Par extens.** Caché. *Un entrepôt clandestin.* ■ **N. m.** et n. f. *Un clandestin, une clandestine.*

CLANDESTINE, n. f. [klɑdɛstin] (*clandestin*) Plante ainsi nommée parce que ses tiges croissent dans la terre ou sous la mousse.

CLANDESTINEMENT, adv. [klɑdɛstin(ə)mɑ̃] (*clandestin*) D'une manière clandestine.

CLANDESTINITÉ, n. f. [klɑdɛstinite] (*clandestin*) Caractère de ce qui est clandestin. *La clandestinité d'une assemblée.* ♦ **Dr.** Vice d'une chose faite en secret, contrairement à la loi, comme en matière de possession, de mariage.

CLANDO, ■ n. m. et n. f. [klɑdo] (abrév. de *clandestin*) **Fam.** Clandestin. *Des clandos.*

CLANIQUE, ■ adj. [klanik] (*clan*) Relatif au clan. *Une conception clanique.*

CLANISME, ■ n. m. [klanism] (*clan*) **Anthrop.** Organisation en clans. ■ **Sociol.** Organisation sociale au sein de laquelle l'intérêt du clan prévaut sur celle de l'individu.

CLAP, ■ n. m. [klap] (mot angl., de *to clape*, claquer) **Cin.** Tableau de petite taille sur lequel est indiqué le numéro de la scène qui est en train d'être tournée ainsi que le numéro de la prise, et que l'on claque grâce à son rebord articulé pour signaler le début et la fin de chaque prise. ■ **Par méton.** Par méton. *Le clap de fin.*

CLAPET, n. m. [klapɛ] (rad. de *clapper*) Soupape qui se lève et qui se ferme en forme de couvercle. ■ **Fam.** Bouche, entendu comme organe de la parole. *Ferme ton clapet.*

CLAPI, IE, p. p. de clapir. [klapi]

CLAPIER, n. m. [klapje] (anc. fr. *clap*, tas de pierres du celt.) Ensemble de trous où les lapins se retirent dans une garenne. ♦ Réduit où l'on élève des lapins. ♦ *Un lapin de clapier* ou simplement *un clapier.* ♦ **Péj.** Logement étroit.

CLAPIR, v. intr. [klapir] (altér. de *glapir*, avec influ. de *clapier*) Se dit du cri des lapins. ♦ Se clapir, v. pr. Se cacher dans un clapier.

CLAPMAN, ■ n. m. et n. f. [klapman] (mot angl., de *clap* et *man*, homme) **Cin.** Personne qui sur un tournage, présente le clap à la caméra et annonce oralement le numéro de la prise. *La clapman a annoncé la trentième prise de cette scène. Des clapmans.*

CLAPOT, ■ n. m. [klapo] (*clapoter*) **Mar.** Série de vagues courtes. *Des pontons brise-clapot.*

CLAPOTAGE, n. m. [klapotaʒ] (*clapoter*) Voy. CLAPOTIS.

CLAPOTANT, ANTE, adj. [klapotɑ̃, ɑ̃t] (*clapoter*) Qui clapote. *Mer clapotante.*

CLAPOTER, v. intr. [klapote] (rad. onomat. *klapp*) En parlant de la mer ou d'un lac, se couvrir d'ondes courtes et pressées qui font du bruit.

CLAPOTEUX, EUSE, adj. [klapotø, øz] (*clapoter*) Qui clapote. *Flots clapoteux.*

CLAPOTIS ou **CLAPOTEMENT**, ■ n. m. [klapoti, klapɔt(ə)mɑ̃] (*clapoter*) Mouvement vif et rapide des vagues, et surtout bruit qui résulte de ce mouvement. ■ REM. On disait aussi autrefois *clapotage*.

CLAPPEMENT, ■ n. m. [klap(ə)mɑ̃] (*clapper*) Action de clapper. ■ Bruit sec que produit la langue.

CLAPPER, ■ v. intr. [klape] (rad. onomat. *klapp*) Produire un bruit sec en faisant claquer la langue sur le palais.

CLAQUADE, n. f. [klakad] (*claquer*) ▷ **Fam.** Coups répétés. ◁

CLAQUAGE, ■ n. m. [klakaʒ] (*claquer*) Déchirure ou élongation d'un muscle, dû à un effort excessif. ■ **Électr.** Détérioration d'un isolant sous l'effet d'un champ électrique. *L'écoulement des charges entre des objets conducteurs provoque des courants de forte intensité, entraînant la destruction par claquage.*

CLAQUANT, ANTE, ■ adj. [klakɑ̃, ɑ̃t] (*claquer*) **Fam.** Qui fatigue. *Une excursion claquante.*

1 **CLAQUE**, n. f. [klak] (rad. onomat. *klakk*, voir *claquer*) Coup donné du plat de la main. ♦ Troupe de claqueurs dans un théâtre. ♦ ▷ Nom d'une espèce de sandales que les femmes mettent par-dessus leurs souliers, pour se tenir les pieds secs. ◁ ■ **Fam.** *Prendre ses cliques et ses claques*, partir précipitamment. ■ **Fam.** Échec cinglant. *Se prendre une claque à un examen.*

2 **CLAQUE**, n. m. [klak] (1 *claque*) ▷ Chapeau qui s'aplatit et qu'on peut mettre sous le bras. ◁

3 **CLAQUE**, ■ n. m. [klak] (1 *claque*) **Fam.** Maison close, de prostitution.

CLAQUÉ, ÉE, p. p. de claquer. [klake] Frappé d'une claque. ♦ ▷ Applaudi. ◁ ♦ ▷ *Souliers claqués*, souliers de femme, garnis de cuir, auprès de la semelle. ◁ ■ **Fam.** Extrêmement fatigué.

CLAQUEDENT, n. m. [klak(ə)dɑ̃] (1 *claque* et *dent*) ▷ Un gueux, un misérable qui tremble de froid. ♦ **Fam.** Homme qui parle de lui-même avec jactance. ◁

CLAQUEMENT, n. m. [klak(ə)mɑ̃] (*claquer*) Bruit de choses qui s'entrechoquent. *Le claquement des dents dans le froid de la fièvre.* ♦ Bruit du fouet lorsqu'on en frappe l'air.

CLAQUEMURÉ, ÉE, p. p. de claquemurer. [klak(ə)myʀe]

CLAQUEMURER, v. tr. [klak(ə)myʀe] (*claquer* et *mur*) Mettre en une prison étroite. ♦ Se claquemurer, v. pr. Se tenir renfermé. ♦ **Fig.** « *Se claquemurer aux choses du ménage* », MOLIÈRE.

CLAQUER, v. intr. [klake] (rad. onomat. *klakk*, voir *claque*) Faire entendre un bruit sec et éclatant. *Claquer des portes, des mains.* ♦ **Fig.** *Faire claquer son fouet*, se faire beaucoup valoir, faire l'important. ♦ V. tr. *Claquer quelqu'un*, lui appliquer un ou plusieurs soufflets. ♦ ▷ *Claquer un acteur*, l'applaudir. ◁ ♦ V. tr. *Claquer quelqu'un*, aujourd'hui signifie lui donner une claque, et **Par extens.** familièrement, le frapper. *Si tu continues, je vais te claquer.* ■ **Fam.** *Claquer dans les doigts, les mains*, échouer, rater. ■ **Fam.** Décéder, mourir. *Il a claqué dans l'indifférence générale.* ♦ V. pr. *Se claquer un muscle*, se faire un claquage. ♦ **Fam.** Fatiguer, épuiser. *Cette balade m'a complètement claquée.*

CLAQUET, n. m. [klakɛ] (*claquer*) ▷ Petite latte placée sur la trémie d'un moulin, qui bat continuellement avec bruit. *La langue lui va comme un claquet de moulin.* ◁

CLAQUETER, v. intr. [klak(ə)te] (*claquet*) Se dit particulièrement du cri de la cigogne et aussi du cri des poules lorsqu'elles veulent pondre.

CLAQUETTE, n. f. [klakɛt] (*claquer*) Sorte de crécelle. ♦ **Pop.** Celui, celle qui aime à débiter des nouvelles. ◁ ♦ ▷ Instrument garni de grelots et imitant le bruit d'un fouet. ◁ ♦ Espèce de livre formé de deux planchettes pour donner un signal en les faisant claquer. ■ Chaussure dont la semelle est munie de plaquettes métalliques et que l'on utilise pour rythmer un air sur lequel on danse ; cette danse. *Faire des claquettes.*

CLAQUEUR, n. m. [klakœʀ] (*claquer*) ▷ En langage de théâtre, applaudisseur gagé. ♦ Approbateur. ◁

CLAQUOIR, ■ n. m. [klakwaʀ] (*claquer*) Claquette.

CLARAIN, ■ n. m. [klaʀɛ̃] (rad. du lat. *clarus*, clair) Constituant du charbon semi-brillant provenant de spores et de feuilles. *Le clarain est le constituant le plus courant du charbon.*

CLARET, n. m. [klaʀɛ] (*clairet*) ▷ Nom que les Anglais donnent au vin de Bordeaux. ◁

CLARETTE, n. m. [klaʀɛt] Voy. CLAIRETTE.

CLARIFICATION, n. f. [klaʀifikasjɔ̃] (*clarifier*) Opération qui consiste à séparer d'un liquide les particules solides qui s'y trouvent suspendues, et qui en troublent la transparence. *La clarification d'un sirop.* ■ **Fig.** *Une clarification de la législation.*

CLARIFIÉ, ÉE, p. p. de clarifier. [klaʀifje] Rendu clair. ■ *Beurre clarifié.*

CLARIFIER, v. tr. [klaʀifje] (lat. *clarificare*) Rendre clair un liquide qui est trouble. ♦ *Clarifier un sirop.* ♦ Se clarifier, v. pr. Devenir clair ou limpide. ■ **Fig.** *Une situation qui demande à être clarifiée.*

CLARINE, n. f. [klaʀin] (*clarin*, dimin. de *clair*) Sonnette qu'on pend au cou des animaux lorsqu'on les fait paître dans les forêts. ♦ **Hérald.** Animal qui porte une sonnette.

CLARINÉ, ÉE, adj. [klaʀine] (*clarine*) **Hérald.** Qui a une sonnette.

CLARINETTE, n. f. [klaʀinɛt] (dimin. de *clarine*) Instrument de musique à vent, à bec et à anche. ♦ Musicien qui joue de la clarinette. *C'est une excellente clarinette.*

CLARINETTISTE, n. m. et n. f. [klaʀinetist] (*clarinette*) Musicien qui joue de la clarinette. On dit aussi *clarinette*.

CLARISSE, ■ n. f. [klaʀis] (lat. médiév. *clarissa*, religieuse de l'ordre de sainte Claire, en lat. *Clara*) Religieuse appartenant à l'ordre de sainte Claire. ♦ Adj. *Une sœur clarisse.*

CLARISSIME, n. m. [klaʀisim] (lat. *clarissimus*, superlatif de *clarus*, illustre) Titre d'honneur très fréquent dans le Bas-Empire. ♦ ▷ Par plaisanterie. *J'ai écrit au clarissime.* ◁

CLARTÉ, n. f. [klaʀte] (lat. class. *claritas*, de *clarus*, clair) Ce qui éclaire. « *Il marche à la clarté de la lune* », FÉNELON. ♦ **Poétiq.** « *Quelle Jérusalem nouvelle Sort du fond des déserts brillante de clartés?* », RACINE. ♦ Flambeau. « *Suivez-moi, s'il vous plaît, avec votre clarté* », MOLIÈRE. ♦ *Les clartés errantes*, les astres. ♦ **Fig.** *La clarté du jour*, la vie. ♦ Tout ce qui éclaire l'esprit. « *Je consens qu'une femme ait des clartés de tout* », MOLIÈRE. ♦ Netteté, en parlant des idées et des expressions. *Le génie de notre langue est la clarté.* ♦ *Avoir de la clarté dans l'esprit, dans les idées*, avoir des idées claires et nettes. ♦ Transparence, limpidité. *La clarté du verre, de l'eau.* ♦ État de ce qui est clair, poli, uni.

CLASH, ■ n. m. [klaʃ] (mot angl., choc, conflit) **Fam.** Désaccord, conflit violent. *Provoquer un clash. Des clashs.*

CLASHER, ■ v. intr. [klaʃe] (*clash*) **Fam.** Disputer. *Ça a fini par clasher.* ■ Se clasher, v. pr. Se battre. *Ils se sont clashés pour une broutille.*

CLASSABLE, ■ adj. [klasabl] (*classer*) Que l'on peut classer.

CLASSE, n. f. [klas] (lat. class. *classis*, division, groupe) Division du peuple romain suivant certaines conditions sociales et politiques. ♦ Rangs établis parmi les hommes par la diversité et l'inégalité de leurs conditions. ♦ Ensemble des personnes qui ont entre elles une certaine conformité d'intérêts, de mœurs et d'habitudes. *Classes industrielles, agricoles, ouvrières.* ♦ *Les classes laborieuses*, les ouvriers. ♦ Ensemble d'objets qui sont de même nature, qui présentent les mêmes caractères. *Classe de marchandises.* **Hist. nat.** *Classes*, groupes généraux en lesquels se subdivisent les embranchements. ♦ Division. *Classes de l'Institut.* ♦ Division avec l'idée de gradation. *Route, médaille de première classe.* ♦ *Classe de contribuables*, d'après le chiffre de leurs impositions. ♦ *Terres de première classe*, les plus imposées. ♦ Division d'après la qualité. *Terres de première classe.* ♦ Division des places d'après leur commodité et leur prix dans les navires, les bateaux à vapeur, les chemins de fer. ♦ Ordre établi, pour régler le service dû à l'État, entre gens de mer, lesquels sont distribués par parties dont chacune se nomme une *classe*. ♦ L'ensemble des jeunes gens appelés chaque année à concourir au tirage pour le recrutement de l'armée de terre, ou de ceux qui, appelés sous les drapeaux, appartiennent à une même année. ♦ Distribution des élèves selon les différents degrés d'études. ♦ *La classe*, les écoliers ; la salle où se donnent les leçons ; le temps où les écoliers sont assemblés pour entendre la leçon ; la leçon même. ♦ **Enseign.** *Une classe de chant.* ■ *Faire ses classes*, recevoir l'enseignement militaire de base ; fig. acquérir une première expérience. ♦ *Avoir de la classe*, de l'élégance et de la distinction.

CLASSÉ, ÉE, p. p. de classer. [klase]

CLASSEMENT, n. m. [klas(ə)mɑ̃] (*classer*) Action de mettre dans un certain ordre. ♦ *Classement des fortunes en vue de l'impôt.* ♦ État de ce qui est classé.

CLASSER, v. tr. [klase] (*classe*) Distribuer par classes. *Classer des plantes, des papiers.* ♦ **Absol.** *Un naturaliste qui classe.* ♦ **Par extens.** *On le classe parmi les plus habiles.* ♦ Inscrire un marin sur le registre du quartier auquel il appartient. ♦ Se classer, v. pr. être classé. ♦ Être apprécié. ■ **Fig.** *Classer un dossier,* le considérer comme étant totalement réglé. ■ *Se classer premier,* arriver premier dans une compétition. ■ *Classer un monument,* le compter parmi les monuments protégés par l'État.

CLASSEUR, ■ n. m. [klasœʀ] (*classer*) Meuble à compartiments, boîte de rangement, carton ou portefeuille aménagé servant à classer des documents, des fiches. ■ *Un classeur à levier.*

CLASSICISME, n. m. [klasisism] (*classique*) Système des partisans exclusifs des écrivains de l'Antiquité, ou des écrivains classiques du xviiᵉ siècle. ■ Attachement aux valeurs classiques. *Faire preuve d'un classicisme conventionnel.*

CLASSIFICATEUR, TRICE, n. m. et n. f. [klasifikatœʀ, tʀis] (*classifier*) Auteur de classifications.

CLASSIFICATION, n. f. [klasifikasjɔ̃] (*classifier*) Action de distribuer par classes. ♦ **Hist. nat.** Distribution d'une collection d'êtres, d'objets, de choses, de quelque nature qu'ils soient, en classes, ordres, genres, espèces et variétés. ■ **Chim.** *Classification périodique des éléments,* classement établi par Mendeleïev, qui ordonne les éléments chimiques en fonction de leur numération atomique. ■ *Classification biologique,* qui permet de prévoir les propriétés biologiques d'un organisme à partir du nom de groupe auquel il appartient et de retrouver son groupe d'appartenance à partir d'un petit nombre de ses propriétés biologiques.

CLASSIFIER, v. tr. [klasifje] (lat. *classificare*) Faire, établir des classifications.

CLASSIQUE, adj. [klasik] (lat. *classicus,* citoyen de la première classe) ▷ Qui est à l'usage des classes. *Les livres classiques.* ◁ ♦ ▷ Qui appartient aux classes. *Exercices classiques.* ◁ ♦ *Livre classique,* nom donné, soit aux auteurs grecs ou latins expliqués, soit aux auteurs modernes ou aux livres admis dans les classes. ♦ **N. m.** *Les classiques grecs, latins.* ♦ *Auteur, ouvrage classique,* celui qui est regardé comme un modèle. ♦ **Par extens.** *Auteur,* tout ouvrage qui fait autorité. ♦ Qui appartient à l'Antiquité grecque ou latine. *L'Antiquité classique. Langues classiques,* le grec et le latin. ♦ *Terre classique,* la Grèce ou l'Italie antique. ♦ **Fig.** *Terre classique des Beaux-Arts,* pays où ils furent cultivés avec le plus de succès. ♦ *Classique,* par opposition à romantique, qui s'attache aux règles de composition et de style établies soit par les auteurs de l'Antiquité grecque et latine, soit par les auteurs classiques du xviiᵉ siècle. *Le genre classique* ou simplement *le classique.* ♦ **Art** Qui rappelle la manière antique. *Pureté classique.* ■ *Musique classique,* Musique savante occidentale écrite par des compositeurs et servant de base à l'enseignement dans les classes de conservatoire. ♦ Qui reste conforme à l'usage établi, aux traditions. *Une tenue vestimentaire classique. Suivre une formation classique.* ■ **Fam.** Qui se produit fréquemment. *Une erreur classique. C'est classique.*

CLASSIQUEMENT, ■ adv. [klasik(ə)mɑ̃] (*classique*) De manière classique. ■ Typiquement, ordinairement, habituellement. *C'est une attitude qui apparaît classiquement au moment de l'adolescence.*

CLASTIQUE, ■ adj. [klastik] (gr. *klastos,* brisé) **Géol.** Relatif aux roches issues de l'érosion. ■ **Psych.** Se dit d'une crise au cours de laquelle le malade devient violent.

CLATIR, v. intr. [klatiʀ] (rad. onomat. *klakk* ou *klapp*) Redoubler son cri, en parlant du chien qui poursuit le gibier.

CLAUDE, n. m. [klod] (prénom lat. *Claudius,* par allus. à l'empereur Claude) ▷ Imbécile, niais. ♦ **Adj.** *Il n'est pas si claude qu'il en a l'air.* ◁

CLAUDICANT, ANTE, ■ adj. [klodikɑ̃, ɑ̃t] (*claudiquer*) Qui boite. *Une personne claudicante.*

CLAUDICATION, n. f. [klodikasjɔ̃] (lat. *claudicatio*) Action de boiter.

CLAUDIQUER, ■ v. intr. [klodike] (lat. *claudicare*) Boiter. « *Devant notre mutisme, le boiteux s'en fut claudiquer ailleurs* », Schreiber.

CLAUSE, n. f. [kloz] (lat. médiév. *clausa,* morceau de phrase, du lat. class. *claudere,* clore) Disposition particulière qui fait partie d'un traité, d'un contrat ou de tout autre acte public ou particulier.

CLAUSTRA, ■ n. m. [klostʀa] (mot lat., fermeture) **Archit.** Clôture ajourée.

CLAUSTRAL, ALE, adj. [klostʀal] (lat. médiév. *claustralis,* relatif au cloître) Qui appartient au cloître. *La vie, la discipline claustrale.*

CLAUSTRATION, n. f. [klostʀasjɔ̃] (*claustrer*) Action d'enfermer dans un lieu étroit et resserré. ■ Action de se retirer à l'écart du monde, en solitaire. ■ **Psych.** Enfermement volontaire. *La claustration d'un schizophrène au cours d'un délire.*

CLAUSTRER, ■ v. tr. [klostʀe] (rad. de *claustral*) Cloîtrer, retirer dans un endroit clos. ■ Se claustrer, v. pr. S'enfermer, s'isoler. *Il s'est claustré dans un mutisme inquiétant.*

CLAUSTROPHOBE, ■ n. m. et n. f. [klostʀofɔb] (rad. de *claustrer* et *-phobe*) Personne qui souffre d'une angoisse morbide lorsqu'elle se trouve dans un endroit clos. ■ Adj. Relatif à la claustrophobie.

CLAUSTROPHOBIE, ■ n. f. [klostʀofobi] (rad. de *claustrer* et *-phobie*) **Psych.** Peur de l'enfermement, phobie des lieux clos. ■ **Fam.** Claustro. *Faire de la claustro.*

CLAUSULE, ■ n. f. [klozyl] (lat. class. *clausula,* fin de phrase) **Litt.** Terminaison d'un texte, d'une phrase, d'un vers, afin de créer un certain rythme, de donner une certaine force en toute fin. *Une phrase de clausule.*

CLAVAIRE, ■ n. f. [klavɛʀ] (lat. *clava,* massue) Champignon en touffe qui pousse dans les bois. *Clavaire crépue. Clavaire dorée.*

CLAVARDAGE, ■ n. m. [klavaʀdaʒ] (*clavarder*) **Québec** Chat, dialogue en temps réel avec d'autres personnes connectées sur internet.

CLAVARDER, ■ v. intr. [klavaʀde] (contraction de *clavier* et *bavarder*) **Québec** Chatter, dialoguer en temps réel avec d'autres internautes.

1 **CLAVEAU**, ■ n. m. [klavo] (lat. médiév. *clavellus,* petit clou) Pierre taillée en coin, qui sert à fermer une platebande, le dessus d'une fenêtre ou d'une porte carrée ou d'une corniche.

2 **CLAVEAU**, ■ n. m. [klavo] (b. lat. *clavellus,* pustule) Maladie éruptive et contagieuse propre aux bêtes à laine.

CLAVECIN, n. m. [klav(ə)sɛ̃] (lat. médiév. *clavicymbalum,* du lat. *clavis,* clé, et *cymbalum,* cymbale) Instrument de musique à clavier et à cordes métalliques, dans lequel les cordes étaient pincées par un bec de cuir ou de plume.

CLAVECINISTE, ■ n. m. et n. f. [klav(ə)sinist] (*clavecin*) Celui, celle qui jouait du clavecin.

CLAVELÉ, ÉE, adj. [klav(ə)le] (*clavelée*) Attaqué du claveau.

CLAVELÉE, n. f. [klav(ə)le] (*clavel,* anc. forme de 2 *claveau*) Syn. de claveau, maladie.

CLAVER, ■ v. tr. [klave] (rad. de *clavis,* clé) Poser la clé d'une voûte.

CLAVETAGE, ■ n. m. [klav(ə)taʒ] (*claveter*) Montage de deux pièces au moyen d'une clavette.

CLAVETER, ■ v. tr. [klav(ə)te] (*clavette*) Fixer au moyen d'une clavette.

CLAVETTE, n. f. [klavɛt] (rad. du lat. *clavis,* clé) Petite cheville plate qui passe au travers d'une plus grosse pour l'arrêter.

CLAVICORDE, n. m. [klavikɔʀd] (lat. médiév. *clavicordium,* de *clavis,* clé, et *cordium,* corde) Espèce de clavecin.

CLAVICULAIRE, adj. [klavikylɛʀ] (*clavicule*) Qui appartient à la clavicule.

CLAVICULE, n. f. [klavikyl] (lat. class. *clavicula,* petite clé) Os qui sert d'arc-boutant à l'épaule, et que l'on a ainsi appelé parce qu'on l'a comparé à la clé d'une voûte, ou parce que la forme en est la même que celle des verrous anciens.

CLAVICULÉ, ÉE, adj. [klavikyle] (*clavicule*) Pourvu de clavicules.

CLAVIER, ■ n. m. [klavje] (rad. du lat. *clavis,* clé) Petite chaîne ou anneau de fer pour réunir les clés. ♦ Assemblage des touches de certains instruments, le piano, l'orgue, la vielle, sur lesquelles on appuie les doigts pour tirer des sons. ♦ L'étendue d'un instrument quelconque. ■ Ensemble des touches d'un appareil. *Le clavier d'un ordinateur.*

CLAVIÉRISTE, ■ n. m. et n. f. [klavjeʀist] (*clavier*) Personne jouant d'un instrument à clavier.

CLAVISTE, ■ n. m. et n. f. [klavist] (*clavier*) **Inform.** Personne dont le métier est de taper, au moyen d'un clavier, des textes au kilomètre.

CLAYÈRE, ■ n. f. [klɛjɛʀ] (*claie*) Parc dans lequel on jette les huîtres après les avoir pêchées, pour les y nourrir et engraisser.

CLAYETTE, ■ n. f. [klɛjɛt] (*claie*) Emballage léger, à claire-voie, utilisé pour le transport des denrées périssables. ■ Étagère amovible d'un réfrigérateur.

CLAYMORE, ■ n. f. [klɛmɔʀ] (mot angl., du gaélique) Grande et large épée des Gaëls d'Écosse et dont le nom leur sert de cri de guerre.

CLAYON, ■ n. m. [klɛjɔ̃] (dimin. de *claie*) Sorte de petite claie en jonc ou en paille. ♦ Petite claie ronde sur laquelle on porte les pâtisseries. ♦ Claie servant de clôture.

CLAYONNAGE, n. m. [klɛjɔnaʒ] (*clayon*) Assemblage de pieux et de fascines sous forme de claies.

CLAYONNER, ■ v. tr. [klɛjɔne] (*clayon*) Recouvrir, garnir de clayonnages.

CLÉ ou **CLEF**, ■ n. f. [kle] (lat. *clavis*) Instrument ordinairement en fer, servant à ouvrir et à fermer une serrure. *Fermer à clé, à la clé, avec la clé à* *double tour.* ◆ *Cette porte ferme à clé,* elle est munie d'une serrure. ◆ *Fausse clé,* clé imitée ou non, dont les voleurs se servent pour ouvrir les serrures. ◆ *Clé de chambellan,* charge de chambellan. ◆ **Fig.** *Mettre la clé sous la porte,* déménager furtivement. ◆ **Fig.** *Prendre la clé des champs,* s'évader, prendre la fuite. *Donner la clé des champs,* donner la permission de sortir, de s'en aller. *Avoir la clé des champs,* être en liberté d'aller où l'on veut. ◆ **Fig.** *Sous clé,* en prison. ◆ Dans un autre sens, *tenir sous clé,* tenir caché. ◆ *Les clés d'une ville,* les clés qui ferment les portes de la ville. *Présenter les clés d'une ville au vainqueur,* se rendre. ◆ **Fig.** Passage, place par où l'on peut avoir accès dans un pays. « *Il livra le Havre de Grâce, c'est-à-dire la clé du royaume* », Bos-suet. ◆ **Théol.** *La puissance des clés,* la puissance d'ouvrir et de fermer le paradis, de lier et de délier, de condamner et d'absoudre, que Jésus-Christ donna à ses apôtres. ◆ *Les clés de saint Pierre,* l'autorité du saint-siège. ◆ *Les clés du royaume des cieux,* la puissance de lier et de délier. ◆ Ce qui ouvre, ce qui prépare, ce qui explique. « *Ne leur donnez jamais la clé de vos affaires* », Fénelon. *La clé de mon cœur.* « *Les langues sont la clé ou l'entrée des sciences* », La Bruyère. ◆ Convention d'après laquelle on peut lire une écriture secrète. *Clé du chiffre.* ◆ Explication de caractères énigmatiques ou de noms supposés. *Ajouter une clé à un ouvrage.* ◆ **Par extens.** Ensemble de connaissances ou de renseignements nécessaires pour comprendre une chose. *La clé d'une affaire, d'un système de philosophie.* ◆ *Clé des fêtes mobiles,* indication à l'aide de laquelle on connaît les jours où tombent les fêtes mo-biles. ◆ Caractère de musique posé au commencement d'une portée, pour indiquer le nom des notes placées sur la ligne de la clé. *Il y a trois clés, la clé de fa, la clé d'ut et la clé de sol.* ◆ Ce qui, dans les arts, sert à ouvrir, à fermer, à serrer, à détendre, à monter et à démonter des instruments, des appareils, des machines, etc. *La clé d'un robinet, d'un poêle, d'une montre, d'un piano, etc. Les clés d'un instrument à vent, etc.* ◆ **Archit.** *Clé de voûte,* pierre du milieu et du haut d'une voûte. *Fig.* le point capital d'une affaire. ◆ Dans les métiers, ce qui sert à fixer, tenir ferme, élargir. *Clé de poutre, etc.* ◆ *Clé anglaise* ou *clé de Garengeot,* instrument qui sert à arracher les dents. ◆ *Mot clé,* mot qui sert de référence pour indexer un texte, un fichier. ■ Rem. Le *f* de *clef* ne se prononce pas.

CLEAN, ■ adj. [klin] (mot angl., propre) **Fam.** Qui se présente sous un as-pect propre, soigné. *Un hôtel pas très clean. Il porte toujours des tenues clean* ou *cleans.* ■ **Fam.** Qui est honnête moralement. *Il n'a pas toujours été clean avec elle.* ■ **Spécialt** Qui ne fait pas usage de produits dopants.

CLEARANCE, ■ n. f. [kliʀɑ̃s] (mot angl.) Voy. clairance.

CLÉBARD ou **CLEBS** ou **KLEPS,** ■ n. m. [klebaʀ, klɛps] (ar. *kelb,* chien) **Pop.** Chien. *Appelle ton clébard !*

CLEF, ■ n. f. [kle] Voy. clé.

CLÉMATITE, n. f. [klematit] (gr. *klêmatitis*) Plante grimpante.

CLÉMENCE, n. f. [klemɑ̃s] (lat. class. *clementia,* indulgence) Vertu qui, chez une personne puissante, consiste à pardonner les offenses, et à adou-cir les châtiments. *Un acte de clémence.* ◆ Indulgence d'un père pour ses enfants. *On doit toujours espérer en la clémence d'un père.*

CLÉMENT, ENTE, adj. [klemɑ̃, ɑ̃t] (lat. *clemens*) Qui a de la clémence. ◆ *Un ciel clément,* un climat doux, propice. *Fig.* un destin prospère.

CLÉMENTINE, ■ n. f. [klemɑ̃tin] (*Clément,* religieux qui découvrit ce fruit) Fruit proche de la mandarine et à peau fine.

CLÉMENTINES, n. f. pl. [klemɑ̃tin] (*Clément*) Le septième livre des décré-tales rédigé par le pape Clément V, et publié par le pape Jean XXII. ◆ Ouvrage en huit livres, attribué au pape Clément Ier (de l'an 91), mais reconnu comme apocryphe.

CLÉMENTINIER, ■ n. m. [klemɑ̃tinje] (*clémentine*) Arbuste hybride qui donne la clémentine.

CLENCHE, n. f. [klɑ̃ʃ] (anc. b. frq. *klinka*) Pièce principale d'un loquet, la-quelle, reçue par le mentonnet, tient la porte fermée. On dit aussi *clenchette* ou *clinche.*

CLENCHETTE, n. f. [klɑ̃ʃɛt] Voy. clenche.

CLEPHTE ou **KLEPHTE,** n. m. [klɛft] (gr. mod. *klephthês,* combattant irré-gulier contre les Turcs, de *kleptês,* voleur) Nom que les montagnards libres de l'Olympe et du Pinde se donnent à eux-mêmes.

CLEPSYDRE, n. f. [klɛpsidʀ] (gr. *klepsudra*) Machine qui indique l'heure par le moyen de l'écoulement de l'eau.

CLEPTOMANE ou **KLEPTOMANE,** ■ n. m. et n. f. [klɛptoman] (gr. *klêpto,* voler, et *-mane*) Personne qui éprouve le besoin maladif de commettre des vols.

CLEPTOMANIE ou **KLEPTOMANIE,** ■ n. f. [klɛptomani] (gr. *klêpto,* voler, et *-manie*) Impulsion irrépressible qui conduit une personne à commettre des vols.

CLERC, n. m. [klɛʀ] (lat. chrét. *clericus,* du gr. *klêros,* héritage) Par opposi-tion à laïque, toute personne qui étudie pour entrer dans l'état ecclésias-tique. ◆ ▷ **Fig.** *Parler latin devant les clercs,* ▷ parler de choses devant des personnes qui les connaissent mieux que vous ne les connaissez. ◁ ◁ ◆ Autrefois, tout homme lettré ou savant. « *Salomon qui grand clerc était* », La Fontaine. ◆ ▷ **Adj.** « *Un loup quelque peu clerc* », La Fontaine. ◁ ◆ Celui qui travaille dans l'étude d'un notaire, d'un avoué, etc. *Maître clerc, principal clerc.* ◆ *Petit clerc,* jeune homme qui, dans une étude, fait les com-missions et rend les petits services. ◆ ▷ **Fam.** *Pas de clerc,* faute commise par ignorance ou par étourderie dans une affaire ; démarche inutile, mal-adroite. ◁ ◆ ▷ *Compter de clerc à maître* (prononcez le *c*), rendre seulement compte de ce qu'on a reçu et déboursé, sans autre responsabilité. ◁

CLERGÉ, n. m. [klɛʀʒe] (lat. chrét. *clericatus*) Le corps des clercs ou des ec-clésiastiques d'une église, d'un pays, d'une ville. *Le clergé séculier,* les curés, évêques et archevêques. *Le clergé régulier,* les moines.

CLERGIE, n. f. [klɛʀʒi] (*clerc,* d'apr. *clergé*) Vx Instruction, savoir. *Bénéfice de clergie,* privilège établi autrefois en faveur de certains criminels, dans le cas où ils possédaient les premiers éléments des lettres.

CLERGYMAN, ■ n. m. [klɛʀʒiman] (mot angl., de *clergy,* clergé, et *man,* homme) Pasteur anglican. *Des clergymans.*

CLÉRICAL, ALE, adj. [klerikal] (lat. *clericalis*) Qui est propre aux ecclésias-tiques. *Les ordres cléricaux.* ◆ Qui est favorable au clergé, à l'Église. *Le parti clérical. Tendances cléricales.* ◆ N. m. et n. f. *Les cléricaux.*

CLÉRICALEMENT, adv. [klerikal(ə)mɑ̃] (*clérical*) D'une manière cléri-cale.

CLÉRICALISME, ■ n. m. [klerikalism] (*clérical*) Fait d'être favorable à l'in-tervention du clergé dans les affaires publiques.

CLÉRICATURE, n. f. [klerikatyʀ] (lat. chrét. *clericatura*) L'état, la condi-tion du clerc ecclésiastique.

CLERMONTOIS, OISE, ■ n. m. et n. f. [klɛʀmɔ̃twa, waz] (*Clermont*) Per-sonne originaire de Clermont-Ferrand ou y habitant. ■ Adj. Relatif à Clermont-Ferrand.

CLÉROUQUE, ■ n. m. [kleʀuk] (gr. *klêroukhos*) Antiq. Citoyen d'Athènes envoyé dans une clérouquie.

CLÉROUQUIE, ■ n. f. [kleʀuki] (*clérouque*) Antiq. Colonie grecque dirigée par les militaires et dont les habitants conservaient la citoyenneté athé-nienne.

CLIC, ■ interj. [klik] (onomat.) Onomatopée qui exprime un claquement sec. ■ **Phonét.** Son claquant effectué au moyen d'une double occlusion. ■ N. m. Action d'enfoncer la touche d'une souris de microordinateur. *Faites un clic sur cette icône.*

CLIC-CLAC, ■ n. m. [klikklak] (nom déposé, de *clic* et *clac*) Canapé-lit. *Des clic-clac* ou *des clic-clacs.*

CLICHAGE, n. m. [kliʃaʒ] (*clicher*) Art ou action de clicher.

CLICHÉ, ÉE, p. p. de clicher. [kliʃe] N. m. Planche en relief obtenue par le clichage. ■ Image positive ou négative qui résulte d'une prise de vue. ■ Ce qui est rebattu, stéréotype.

CLICHER, v. tr. [kliʃe] (rad. onomat.) Couler de la matière fondue dans l'empreinte qu'on a prise d'une page composée en caractères mobiles, ce qui donne par le refroidissement un bloc présentant le même relief que les lettres mêmes. *Clicher un ouvrage classique.* ◆ Absol. *Cet ouvrier cliche bien.* ◆ Se clicher, v. pr. Être cliché. ■ Reproduire une page en vue de son impression.

CLICHERIE, ■ n. f. [kliʃ(ə)ʀi] (*clicher*) Gravure chimique de plaques de ma-gnésium et de polymères pour le marquage à chaud, le gaufrage et l'im-pression typographique sur diverses matières comme le papier, ou encore le métal.

CLICHEUR, EUSE, n. m. et n. f. [kliʃœʀ, øz] (*clicher*) Celui, celle dont la profession est de clicher.

CLIENT, n. m. [klijɑ̃] (lat. class. *cliens*) À Rome, plébéien qui était sous le patronage d'un patricien. ◆ En général, toute personne qui se met sous une protection. ◆ N. m. et n. f. *Client, cliente,* toute personne qui confie ses in-térêts à un homme d'affaires. *Cet avocat a beaucoup de clients.* ◆ **Par extens.** Celui, celle qui use habituellement des soins d'un médecin ; celui, celle qui fréquente une boutique ou un établissement ouvert au public.

CLIENTÈLE, ■ n. f. [klijɑ̃tɛl] (lat. *clientela*) À Rome, tous les clients d'un pa-tron ; la protection que le patron devait à ses clients ; la relation de client à patron. ◆ Ensemble des personnes usant habituellement des services d'un homme de loi. *Avoir peu de clientèle.* ◆ L'ensemble des malades d'un méde-cin. ◆ **Par extens.** L'ensemble des pratiques, des chalands, en parlant d'un magasin, d'une boutique, d'un établissement ouvert au public.

CLIENTÉLISME, ■ n. m. [klijɑ̃telism] (*clientèle*) **Polit.** Action de se concilier des électeurs potentiels en leur fournissant certains avantages.

CLIENTÉLISTE, ■ adj. [klijɑ̃telist] (*clientèle*) Relatif au clientélisme.

CLIENT-SERVEUR, ■ n. m. inv. [klijɑ̃sɛʀvœʀ] (*client* et *serveur*) **Inform.** En appos. *Architecture client-serveur,* réseau de logiciels dont le programme d'application fait appel à des services distants fournis par d'autres ordinateurs, dénommés serveurs.

CLIFOIRE, n. f. [klifwaʀ] (mot dial. d'orig. incert.) ▷ Jouet que les enfants se font avec une tige de sureau pour lancer de l'eau. ◁

CLIGNÉ, ÉE, p. p. de cligner. [kliɲe] ou [klinje]

CLIGNEMENT, n. m. [kliɲ(ə)mɑ̃] ou [klinj(ə)mɑ̃] (*cligner*) Mouvement par lequel on rapproche les paupières l'une de l'autre, de manière à ne laisser que très peu d'intervalle entre elles, soit pour garantir l'œil d'une trop vive lumière, soit pour apercevoir plus facilement des objets éloignés, soit pour faire à quelqu'un des signes d'intelligence.

CLIGNE-MUSETTE, n. f. [kliɲ(ə)myzɛt] ou [kilnj(ə)myzɛt] (*cligner* et *musette,* de l'anc. fr. *musser,* cacher) ▷ Jeu d'enfants où plusieurs se cachent, tandis qu'un seul cherche. *Jouer à cligne-musette.* ■ Au pl. *Des cligne-musettes.* ■ REM. On dit aujourd'hui *cache-cache.* ◁

CLIGNER, v. tr. [kliɲe] ou [klinje] (p.-ê. du b. lat. *cludiniare,* fermer, de *claudere,* clore) Faire un clignement. *Cligner les yeux ou l'œil.* ♦ Absol. *Cligner de l'œil.*

CLIGNOTANT, ANTE, adj. [kliɲɔtɑ̃, ɑ̃t] ou [klinjɔtɑ̃, ɑ̃t] (*clignoter*) Qui clignote. *Yeux clignotants.* ♦ *Membrane clignotante,* membrane demi-transparente chez les oiseaux. ■ N. m. Feu d'un véhicule qui, lorsqu'il clignote, indique un changement de direction. *Mettre son clignotant.*

CLIGNOTEMENT, n. m. [kliɲɔt(ə)mɑ̃] ou [klinjɔt(ə)mɑ̃] (*clignoter*) Clignement prompt et répété, mouvement involontaire par lequel les paupières se referment et s'ouvrent continuellement et avec rapidité.

CLIGNOTER, v. intr. [kliɲote] ou [klinjote] (fréquentatif de *cligner*) Cligner continuellement. *Clignoter des yeux.* ■ S'allumer par intermittence. *Enseigne lumineuse qui clignote.*

CLIGNOTEUR, ■ n. m. [kliɲotœʀ] ou [klinjotœʀ] (*clignoter*) **Belg.** Clignotant, avertisseur de changement de direction.

CLIM, ■ n. f. ou n. m. [klim] (abrév.) Voy. CLIMATISATION et Voy. CLIMATISEUR.

CLIMAT, n. m. [klima] (gr. *klima,* inclinaison du ciel) L'espace compris, sur la mappemonde et les cartes géographiques, entre deux cercles parallèles à l'équateur terrestre. ♦ Par extens. Une étendue de pays dans laquelle la température et les autres conditions de l'atmosphère sont partout à peu près identiques. ♦ Pays, région. ■ Ambiance au sein d'un groupe. *Le climat social.*

CLIMATÉRIQUE, adj. [klimateʀik] (lat. class. *climactericus,* du gr. *klimaktêrikos*) Qui appartient à un des âges de la vie regardés comme critiques. ♦ *An* ou *année climatérique,* toutes les années de la vie de l'homme qui sont les multiples du nombre de sept. ♦ Fig. *L'an climatérique,* l'époque de la décadence. Il ne faut pas dériver ce mot de *climat,* ni dire influence *climatérique* pour influence *climatologique.*

CLIMATIQUE, ■ adj. [klimatik] (*climat*) Relatif au climat. *Les conditions climatiques.*

CLIMATISATION, ■ n. f. [klimatizasjɔ̃] (*climatiser*) Dispositif qui permet le refroidissement d'un espace clos. *Une voiture munie de la climatisation.* ■ Abrév. La clim. *T'as la clim chez toi?*

CLIMATISER, ■ v. tr. [klimatize] (*climat*) Maintenir un local à une température et une humidité données au moyen d'une installation adéquate. ■ P. p. adj. *Une voiture climatisée.*

CLIMATISEUR, ■ n. m. [klimatizœʀ] (*climatiser*) Appareil permettant la climatisation d'un espace clos. ■ Abrév. Un clim. *Mon clim est en panne.*

CLIMATOLOGIE, n. f. [klimatolɔʒi] (*climat* et *-logie*) Étude des climats. ♦ Traité ou description des influences exercées sur l'économie par le climat.

CLIMATOLOGIQUE, adj. [klimatolɔʒik] (*climatologie*) Qui a rapport à la climatologie. ♦ Qui dépend du climat. *Influences climatologiques.*

CLIMATOLOGUE, ■ n. m. et n. f. [klimatolɔg] (*climat* et *-logue*) Spécialiste du climat.

CLIN, n. m. [klɛ̃] (*cligner*) Action d'incliner ; aujourd'hui usité seulement avec œil. « D'un clin de tes yeux un témoignage gracieux », MALHERBE. *Clin d'œil,* mouvement subit et rapide des paupières que l'on ferme et se relèvent. *Faire à quelqu'un un clin d'œil en signe d'intelligence.* ♦ Au pl. *Des clins d'œil* ou *d'yeux.* ♦ *En un clin d'œil,* en un moment. ♦ *C'est l'affaire d'un clin d'œil,* cela ne demande qu'un instant.

CLINAMEN, ■ n. m. [klinamɛn] (mot lat., inclinaison, déviation) **Philos.** Inclinaison à comprendre la liberté humaine chez les épicuriens qui d'après eux, proviendrait d'une déviation des atomes. *La théorie du clinamen exposée par Lucrèce distingue l'indéterminisme épicurien.*

CLINCAILLE, CLINCAILLERIE, CLINCAILLIER, [klɛ̃kaj, klɛ̃kaj(ə)ʀi, klɛ̃kaje] Voy. QUINCAILLE, Voy. QUINCAILLERIE, etc., seuls usités aujourd'hui.

CLINCHE, n. f. [klɛ̃ʃ] Voy. CLENCHE.

CLIN D'ŒIL, ■ n. m. [klɛ̃dœj] (*clin, de* et *œil*) Voy. CLIN.

1 **CLINICIEN**, adj. m. [klinisjɛ̃] (*clinique*) ▷ *Un médecin clinicien* ou n. m. et n. f. *un clinicien,* celui qui étudie des malades alités. ◁

2 **CLINICIEN, IENNE**, ■ n. m. et n. f. [klinisjɛ̃, jɛn] (*clinique*) Médecin qui établit un diagnostic en examinant directement les malades.

CLINIQUE, adj. [klinik] (lat. impér. *clinicus,* du gr. *klinikos,* relatif au lit) **Méd.** Qui se fait au lit du malade. ♦ *Leçon clinique,* celle qui est donnée dans un hôpital près du lit des malades. *Médecine clinique,* celle qui s'occupe du traitement des maladies considérées individuellement. ♦ N. f. Enseignement médical au lit des malades. ♦ Institution dans laquelle les élèves apprennent l'art de guérir les maladies au lit même des malades. *La clinique de l'Hôtel-Dieu.* ♦ Établissement, privé ou non, où l'on dispense des soins. ■ *Signes cliniques,* symptômes décelables par simple examen du malade dans son lit. ■ *Psychologie clinique,* partie de la psychologie fondée sur l'étude approfondie et individualisée des patients.

CLINIQUEMENT, ■ adv. [klink(ə)mɑ̃] (*clinique*) En fonction des signes cliniques. *Être déclaré cliniquement mort.*

CLINKER, ■ n. m. [klinkœʀ] (mot angl., mâchefer) Constituant du ciment, résultant de la cuisson d'un mélange composé d'environ 80 % de calcaire et de 20 % d'argile et qui prend la forme de granules durs.

CLINOMÈTRE, ■ n. m. [klinomɛtʀ] (gr. *klinein,* incliner, et *-mètre*) Instrument qui mesure l'inclinaison d'une surface.

CLINQUANT, n. m. [klɛ̃kɑ̃] (altér. de *cliquer,* résonner.) Lamelle brillante d'or, d'argent, etc. qui entre dans certaines parures. ♦ Lames ou feuilles de cuivre doré ou argenté qui brillent beaucoup et imitent le vrai clinquant. ♦ Fig. Ce qui brille. *N'estimer que le clinquant.* ♦ Terme de littérature. Choses brillantes, mais de mauvais goût. ■ Adj. D'un éclat trop voyant. *Des couleurs clinquantes.*

1 **CLIP**, ■ n. m. [klip] (mot angl., fermoir, agrafe) Bijou monté sur une pince à ressort permettant de le fixer à un vêtement ou au lobe de l'oreille.

2 **CLIP**, ■ n. m. [klip] (mot angl., extrait) Petit film réalisé pour le cinéma ou la télévision et destiné à illustrer une chanson, le travail d'un artiste, une campagne politique, etc.

CLIPART, ■ n. m. [klipart] (mot angl., de 2 *clip* et *art*) Album d'images ou de dessins enregistrés numériquement pouvant être insérés dans des montages multimédias.

1 **CLIPPER**, ■ n. m. [klipœʀ] (*er* se prononce *eur.* angl. *(to) clip,* fendre) **Mar.** Bâtiment anglais d'une vitesse remarquable. ♦ Tout bon navire de commerce analogue au clipper. ■ REM. Graphie ancienne : *klipper.*

2 **CLIPPER**, ■ v. tr. [klipe] (1 *clip*) Fixer au moyen d'un clip.

CLIQUABLE, ■ adj. [klikabl] (*cliquer*) **Inform.** Sur lequel on peut cliquer au moyen des boutons de la souris, en parlant d'une icône ou d'un élément affiché sur l'écran d'un ordinateur.

CLIQUART, n. m. [klikaʀ] (*clique*) Pierre à bâtir très estimée.

CLIQUE, n. f. [klik] (anc. fr. *cliquer,* faire du bruit) Terme de mépris qu'on inflige à une coterie. *Tous deux sont de la même clique.*

CLIQUER, ■ v. intr. [klike] (*clic*) **Inform.** Presser un des boutons d'une souris d'ordinateur. *Cliquer sur le bouton droit pour faire apparaître le menu déroulant.*

CLIQUES, ■ n. f. pl. [klik] Voy. CLAQUE.

CLIQUET, n. m. [klikɛ] (anc. fr. *cliquer,* retentir) Pièce mobile qui, butant contre un engrenage, l'empêche de tourner en sens contraire.

CLIQUETANT, ANTE, ■ adj. [klik(ə)tɑ̃, ɑ̃t] (*cliqueter*) Qui cliquette, produit un cliquetis.

CLIQUETER, v. intr. [klik(ə)te] (anc. fr. *cliquer,* retentir) Faire du bruit en se choquant.

CLIQUETIS, n. m. [klik(ə)ti] (*cliqueter*) Bruit que font des armes ou des corps sonores qui se choquent. *Cliquetis d'épées, de chaînes.* ♦ Fig. *Cliquetis de mots,* assemblage de mots qui ont plus de son que de sens. *Cliquetis d'antithèses,* antithèses accumulées sans goût.

CLIQUETTE, n. f. [klikɛt] (anc. fr. *cliquer,* retentir) Instrument fait de deux morceaux d'os ou de bois, qu'on met entre les doigts et dont on tire des sons en choquant ces deux morceaux l'un contre l'autre.

CLISSE, n. f. [klis] (*éclisse*) Petite claie d'osier ou de jonc pour égoutter les fromages. ♦ Enveloppe d'osier tressé mise autour d'une bouteille. ♦ Syn. d'éclisse seul usité aujourd'hui.

CLISSÉ, ÉE, p. p. de clisser. [klise] *Bouteille clissée.*

CLISSER, v. tr. [klise] (*clisse*) Garnir une bouteille d'une clisse. ♦ Munir de clisses un membre fracturé.

CLITOCYBE, ■ n. m. [klitɔsib] (gr. *klitus*, en pente, et *kubê*, tête) Champignon à lamelles dont quelques variétés sont comestibles.

CLITORIDECTOMIE, ■ n. f. [klitɔʀidɛktɔmi] (*clitoris* et *-ectomie*) Méd. Ablation du clitoris. *Près de 130 millions de femmes ont subi une clitoridectomie, de plus en plus de pays l'interdisent pour les fillettes.*

CLITORIDIEN, IENNE, ■ adj. [klitɔʀidjɛ̃, jɛn] (*clitoris*) Relatif au clitoris. *L'excision clitoridienne.* ■ N.f. Femme dont la satisfaction sexuelle est clitoridienne et non vaginale. *Une clitoridienne.*

CLITORIS, ■ n. m. [klitɔʀis] (gr. *kleîtoris*) Petit organe érectile situé à la partie supérieure de la vulve, chez la femme. *Le clitoris joue un rôle essentiel dans le plaisir sexuel.*

CLIVABLE, adj. [klivabl] (*cliver*) ▷ Qui est susceptible d'être clivé. ◁

CLIVAGE, n. m. [klivaʒ] (*cliver*) Division mécanique, dans une ou plusieurs directions, de la masse d'un corps cristallisé. ■ Fig. Séparation marquée par une opposition. *Clivages sociaux, politiques.*

CLIVÉ, ÉE, p. p. de cliver. [klive] *Diamant clivé.*

CLIVER, v. tr. [klive] (néerl. *klieven*, fendre) Diviser un corps cristallisé suivant les lames ou couches planes dont il est composé. ♦ Se cliver, v. pr. Être divisé par clivage.

CLOACAL, ALE, ■ adj. [klɔakal] (*cloaque*) Zool. Relatif au cloaque. *Orifice cloacal.*

CLOAQUE, n. m. [klɔak] (lat. class. *cloaca*, égout) Lieu destiné à recevoir les immondices. ♦ Trou creusé en terre pour recevoir les eaux ménagères. ♦ Masse d'eau sale et croupie. *Cloaque infect.* ♦ Tout ce qui offre des amas d'ordures et une grande saleté. *Cette ville est un vrai cloaque.* ■ Fig. *C'est un cloaque,* ▷ c'est une personne sale et puante. ◁ ♦ Fig. « Cloaque d'incertitude et d'erreur », Pascal. ♦ *Un cloaque d'impureté, de toutes sortes de vices,* une personne couverte de souillures morales. ♦ Anat. Poche que forme l'extrémité du canal intestinal chez les oiseaux et les reptiles. ♦ N. f. N'est usité, en ce sens, qu'en parlant de la *grande cloaque,* égout bâti à Rome par Tarquin et encore subsistant.

1 **CLOCHARD, ARDE**, ■ n. m. et n. f. [klɔʃaʀ, aʀd] (prob. de 2 *clocher*) Personne vivant généralement de la mendicité et n'ayant pas de domicile fixe. « L'un d'eux, très jeune, déguenillé comme un clochard, était attablé, seul », Martin du Gard.

2 **CLOCHARD**, ■ n. f. [klɔʃaʀ] (orig. inc.) Espèce de pomme reinette à la peau jaune.

CLOCHARDISATION, ■ n. f. [klɔʃaʀdizasjɔ̃] (*clochardiser*) Action de se clochardiser. « Fragilisée par la clochardisation de son armée, elle ne parvient pas à enrayer la rébellion qui progresse », Le Monde diplomatique, 2003.

CLOCHARDISER, ■ v. tr. [klɔʃaʀdize] (1 *clochard*) Conduire une personne ou un groupe de personnes à vivre dans des conditions misérables. ■ Se clochardiser, v. pr. Vivre dans la misère et souvent sans domicile fixe, devenir clochard.

CLOCHE, n. f. [klɔʃ] (b. lat. *clocca*) Instrument d'airain en forme de coupe renversée, produisant des sons retentissants à l'aide d'un battant suspendu dans l'intérieur. ♦ ▷ Fig. *Faire sonner la grosse cloche,* faire intervenir dans une affaire celui qui a le plus de pouvoir. ◁ ♦ ▷ *N'être pas sujet au coup de cloche,* être maître de son temps. ◁ ♦ ▷ *Fondre la cloche,* prendre un parti, une résolution extrême ; en venir au fait, à l'exécution. ◁ ♦ *Coup de cloche,* un coup frappé contre la cloche et qui la fait sonner, et fig. un avertissement. ♦ Cuis. Couvercle en fer-blanc pour tenir les plats chauds. ♦ Vase de verre dont on couvre le fromage. ♦ Dans le jardinage, vase dont on couvre les plantes délicates. *Mettre des melons sous cloche.* ♦ Dans les laboratoires, manchon ou cylindre creux en verre, ouvert par une extrémité et fermé par l'autre. ♦ Nom d'une machine qui a la figure d'une cloche, et dans laquelle un homme peut demeurer sous l'eau. *Cloche à plongeur* ou *cloche à plonger.* ♦ Vésicule de sérosité qui se forme sur la peau. ♦ Bot. *Fleur en cloche,* fleur monopétale ayant à peu près la forme d'une cloche. ♦ Prov. *On ne peut sonner les cloches et aller à la procession.* ♦ *C'est le son des cloches,* auxquelles on fait dire tout ce qu'on veut. ♦ *Qui n'entend qu'une cloche, n'entend qu'un son,* il faut entendre le pour et le contre. ♦ *Déménager à la cloche de bois,* sans avoir prévenu son propriétaire ni payé son loyer. ■ Arg. *La cloche,* l'état ou la vie de clochard.

CLOCHEMENT, n. m. [klɔʃ(ə)mɑ̃] (2 *clocher*) ▷ Action de clocher, de boiter. ◁

CLOCHE-PIED (À) ou **CLOCHEPIED (À)**, loc. adv. [klɔʃ(ə)pje] (2 *clocher* et *pied*) Sur un pied. *Sauter à cloche-pied.* ■ N. m. Cloche-pied, sorte de jeu gymnastique. ■ Au pl. *Des cloche-pieds.*

1 **CLOCHER**, n. m. [klɔʃe] (*cloche*) Bâtiment élevé qui fait partie d'une église et dans lequel on suspend les cloches. ♦ ▷ Fig. *Placer le clocher au milieu de la paroisse,* mettre à la portée de chacun ce qui doit servir à tous. ◁ ♦ Fig. *N'avoir vu que son clocher, que le clocher de son village,* être sans expérience du monde. ♦ *Course au clocher,* course à cheval, à travers champs. ♦ *Des rivalités de clocher,* des jalousies de village à village ou de petite ville à petite ville. ♦ Paroisse, église.

2 **CLOCHER**, v. intr. [klɔʃe] (lat. vulg. *cloppicare,* de *cloppus,* boiteux) Boiter en marchant. *Clocher du pied droit.* ♦ Être défectueux, pécher contre quelque règle. *Ce raisonnement cloche.* ■ Fam. *Il y a quelque chose qui cloche,* il y a quelque chose qui gêne, qui ne va pas. *Je ne comprends pas cet énoncé, il y a quelque chose qui cloche.*

CLOCHETON, n. m. [klɔʃ(ə)tɔ̃] (1 *clocher,* d'apr. *clochette*) Petit clocher. ♦ Ornement en forme de clocheton, aux angles d'un clocher.

CLOCHETTE, n. f. [klɔʃɛt] (dimin. *cloche*) Petite cloche qu'on peut tenir à la main. ♦ Fleur en forme de cloche. ♦ Archit. Sorte d'ornement, qu'on nomme aussi *goutte.*

CLODO, ■ n. m. et n. f. [klodo] (abrév. de 1 *clochard*) Fam. Clochard, clocharde. *Des clodos.* « La bonne mine qu'on a avec nos bagages de zonards en exode, nos malles à quatre nœuds de clodos », Boudard.

CLOISON, n. f. [klwazɔ̃] (lat. vulg. *clausio,* fermeture, de *claudere,* clore) Séparation qui se fait dans un appartement, dans une maison. *Mur de cloison.* ♦ Bot. Membrane ou partie mince qui divise en compartiments certaines cavités. ♦ Anat. Partie servant de séparation à deux cavités. *La cloison des fosses nasales.*

CLOISONNAGE, n. m. [klwazɔnaʒ] (*cloisonner*) Archit. Tout ouvrage de cloison. ♦ Cloison de charpente.

CLOISONNÉ, ÉE, adj. [klwazɔne] (*cloison*) Hist. nat. Qui est divisé en compartiments. ♦ *Émail cloisonné,* Voy. ÉMAIL.

CLOISONNEMENT, ■ n. m. [klwazɔn(ə)mɑ̃] (*cloisonner*) Techn. Action de cloisonner, mettre des cloisons. ■ Fig. Séparation entre des personnes ou des choses. *Le cloisonnement des services dans une entreprise.*

CLOISONNER, ■ v. tr. [klwazɔne] (*cloison*) Séparer par une ou plusieurs cloisons. ■ Fig. Séparer en catégories, en groupes distincts. ■ Se cloisonner, v. pr. Se diviser en compartiments, en catégories.

CLOISONNISME, ■ n. m. [klwazɔnism] (*cloisonné*) Art et technique de peinture des années 1880 consistant à bien cerner les contours des a-plats de couleurs. *On a dit que Van Gogh pratiquait le cloisonnisme ou le synthétisme, par imitation des émaux cloisonnés.*

CLOÎTRE ou **CLOITRE**, n. m. [klwatʀ] (lat. *claustrum*) Dans un monastère, galerie intérieure couverte. ♦ Le monastère même. ♦ La vie monastique. ♦ Enceinte de maisons où logeaient les chanoines des églises cathédrales et collégiales.

CLOÎTRÉ, ÉE ou **CLOITRÉ, ÉE**, p. p. de cloîtrer. [klwatʀe] Mis au couvent. ♦ Obligé de garder la clôture. *Un couvent cloîtré.* ■ Adj. Qui vit retiré du monde.

CLOÎTRER ou **CLOITRER**, v. tr. [klwatʀe] (*cloître*) Contraindre une personne à embrasser la vie du cloître. ♦ Fig. Enfermer, séparer du monde. ♦ Se cloîtrer, v. pr. Embrasser la vie monastique. ♦ Fig. S'enfermer, se séparer du monde.

CLOÎTRIER ou **CLOITRIER**, n. m. [klwatʀije] (*cloître*) Religieux fixé dans un monastère.

CLONAGE, ■ n. m. [klɔnaʒ] (*cloner*) Biol. Résultat de manipulations biologiques, visant à reproduire une série de molécules ou d'individus monocellulaires ou pluricellulaires identiques. ■ Génét. Ensemble des manipulations génétiques permettant la reproduction de gènes identiques. ■ *Clonage thérapeutique,* reproduction génétique de cellules souches appartenant à un individu, afin de traiter des maladies dégénératives chez le donneur. *Clonage reproductif,* procédé consistant à reproduire une personne ou un animal génétiquement identique à celui dont on a prélevé une cellule.

CLONE, ■ n. m. [klon] (gr. *klôn,* rejeton) Biol. Chacun des individus identiques obtenus à partir d'un seul, par multiplication végétative ou par parthénogenèse, et sans fécondation. ■ Fig. Personne qui reproduit à l'identique l'aspect, les manières d'une autre personne. ■ Copie, contrefaçon d'un objet.

CLONER, ■ v. tr. [klone] (*clone*) Produire des clones.

CLONIE, ■ n. f. [kloni] (rad. du gr. *klonos,* agitation) Contraction involontaire et brève d'un muscle. ■ CLONIQUE, adj. [klonik]

CLONUS, ▪ n. m. [klɔnys] (gr. *klonos*, agitation) Secousses répétées et longues provoquées par une stimulation soutenue.

CLOPE, ▪ n. f. [klɔp] (orig. inc.) Fam. Cigarette. *La clope au bec.* ▪ N. m. Rare *Un clope*, un mégot. *Il a ramassé un clope dans le caniveau.* ▪ N. m. Fam. *Des clopes !* Rien du tout. *Tu veux encore un biscuit ? des clopes !*

CLOPER, v. intr. [klɔpe] (*clope*) Fam. Fumer des cigarettes.

CLOPIN-CLOPANT, loc. adv. [klɔpɛ̃klɔpɑ̃] (anc. fr. *clopin*, boiteux, et *clopant*, de *cloper*, boiter) En clopinant. *Aller clopin-clopant.*

CLOPINER, v. intr. [klɔpine] (anc. fr. *clopin*, boiteux) Marcher en clochant quelque peu.

CLOPINETTES, ▪ n. f. pl. [klɔpinɛt] (prob. de *clope*) Fam. Quantité infime, presque rien. « *V'là qu'on s'était décarcassés pour rien, parguienne, qu'on s'était mis en frais pour des clopinettes* », PÉREC.

CLOPINEUX, EUSE, adj. [klɔpinø, øz] (anc. fr. *clopin*, boiteux) Qui clopine.

CLOPORTE, n. m. [klɔpɔrt] (orig. incert.) Genre de crustacés isopodes, communs dans les lieux humides ▪ Fam. Insulte qualifiant une personne repoussante ou vile.

CLOQUE, n. f. [klɔk] (forme dial. de *cloche*) Sorte de maladie qui attaque les feuilles du pêcher et y forme des espèces d'ampoules. ▪ Boursouflure. *Avoir des cloques sur la peau. Une peinture qui fait des cloques.* ▪ Arg. *Être en cloque*, être enceinte.

CLOQUÉ, ÉE, adj. [klɔke] (*cloque*) Qui est atteint de la cloque.

CLOQUER, ▪ v. intr. [klɔke] (*cloque*) Boursoufler, former des cloques. *La peinture des murs du salon cloque.*

CLORE, v. tr. défect. [klɔr] (lat. *claudere*, clore) Boucher ce qui est ouvert. *Clore les passages.* ◁ ♦ *Clore l'œil, la paupière*, dormir. ◁ ♦ Fig. *Clore la bouche à quelqu'un*, l'empêcher de parler, le réduire à ne pouvoir répondre. ♦ Enclore. *Clore une ville, un jardin.* ♦ Fig. Terminer. *Clore un marché. Clore sa destinée.* ♦ Déclarer terminé. *Clore une discussion dans une assemblée.* ♦ V. intr. *Cette porte ne clôt pas.* ♦ Se clore, v. pr. Être clos. ▪ Être le dernier d'une file. *Clore la marche.*

1 **CLOS**, n. m. [klo] (2 *clos*) Terrain cultivé et clos de haies ou de murs. *Un clos de vigne.*

2 **CLOS, OSE**, p. p. de clore. [klo, oz] Fermé. *Jardin clos de murailles.* ♦ **Hérald.** *Couronne close*, couronne fermée. ♦ Fig. *Se tenir clos et couvert*, se tenir en lieu de sûreté, et aussi être peu communicatif. ♦ *Se tenir clos et coi*, ne pas bouger de chez soi. ♦ Renfermé. ♦ *Les yeux clos*, ou plus rarement, *à yeux clos*, les yeux fermés, et fig. aveuglément, sans balancer. ♦ *Champ clos*, lice fermée de barrières pour les tournois et les duels judiciaires. *Décider une querelle en champ clos.* ♦ **Dr.** *À huis clos*, à portes fermées, c'est-à-dire sans que le public soit admis. ♦ N. m. *Le huis clos.* ♦ ▷ *Lettre close*, ordre du roi contenu dans une lettre fermée de son cachet. ◁ ♦ Fig. *C'est lettre close pour moi*, c'est une chose où je ne comprends rien. ♦ *Avoir la bouche close*, se taire, garder un secret. ♦ *Bouche close !*, garder le silence. ♦ *À la nuit close*, lorsqu'il est tout à fait nuit. ♦ *Pâques closes*, le dimanche d'après Pâques ou de Quasimodo, auquel jour se terminent les cérémonies de Pâques.

CLOSEAU, n. m. [klozo] (1 *clos*) Petit clos.

CLOSE-COMBAT, ▪ n. m. [klozkɔ̃ba] (mot angl., combat rapproché) Combat à mains nues. *Des close-combats.*

CLOSERIE, n. f. [kloz(ə)ri] (1 *clos*) Petite exploitation rurale. ♦ Sorte d'ouvrage de vannerie.

CLOSSEMENT, CLOSSER, [klɔs(ə)mɑ̃, klɔse] Voy. GLOUSSEMENT, GLOUSSER, etc., seuls usités aujourd'hui.

CLOSTRIDIUM, ▪ n. m. [klɔstridjɔm] (lat. sc.) Bactérie à l'origine de certaines maladies non contagieuses chez l'homme. *La toxine de clostridium est par exemple responsable du botulisme ou du tétanos.*

CLÔTURE, n. f. [klotyr] (b. lat. *clausura*, extrémité, puis action de fermer) Enceinte qui clôt. *La clôture du parc.* ♦ *Clôture du chœur*, fermeture à jour qui dans une église sépare le chœur d'avec la nef. ♦ L'obligation de garder le cloître. *Vœu de clôture.* ♦ Réclusion, vie retirée. ♦ Action de terminer, d'arrêter définitivement une chose. *La clôture de la discussion, d'un compte.*

CLÔTURER, v. tr. [klotyre] (*clôture*) Arrêter un compte, un inventaire, un registre. ♦ Dans le style parlementaire, *clôturer les débats*, en prononcer la clôture.

CLOU, n. m. [klu] (lat. class. *clavus*) Sorte de petite cheville de fer ou d'autre métal, à pointe et à tête. ♦ *Planter son clou*, s'établir à demeure quelque part. ♦ *River un clou*, rabattre avec le marteau la pointe qui dépasse l'épaisseur d'une planche, et fig. *river à quelqu'un son clou*, lui répliquer vertement. ♦ **Pop.** *Mettre une chose au clou*, renoncer à s'en servir, et aussi la

mettre en gage. ♦ *Gras comme un cent de clous*, fort maigre. ♦ **Bot.** Bouton non développé des fleurs de certaines plantes. *Des clous de girofle.* ♦ Furoncle. ♦ **Prov.** *Un clou chasse l'autre*, un goût nouveau, une passion nouvelle fait oublier l'ancienne. ▪ N. m. pl. **Vieilli** Passage réservé aux piétons pour traverser la chaussée. *Traverser sur les clous.* ▪ **Fam.** *Enfoncer le clou*, insister pour s'assurer d'être bien compris. ▪ **Fam.** *Le clou du spectacle*, le numéro le plus intéressant.

CLOUAGE, ▪ n. m. [klua ʒ] (*clouer*) Action de clouer.

CLOUÉ, ÉE, p. p. de clouer. [klue] Fixé avec des clous. ♦ Par extens. *Ce cavalier est cloué sur son cheval*, il s'y tient très solidement. ♦ Fig. *Cloué à son bureau*, y travaillant avec une extrême assiduité. *Cloué sur une chaise.*

CLOUEMENT, n. m. [kluemɑ̃] (*clouer*) ▷ Action de clouer, résultat de cette action. ♦ Mise en croix du Christ. ◁

CLOUER, v. tr. [klue] (*clou*) Fixer avec des clous. ♦ Par extens. *Le trait perça son bouclier et le lui cloua sur la poitrine.* ♦ Enfermer avec des clous. « *À sa mort on le cloue dans une bière* », J.-J. ROUSSEAU. ♦ **Mar.** *Clouer son pavillon*, le fixer au mât du navire, de manière qu'il ne peut plus être amené : ce qui indique la détermination de ne pas se rendre. ♦ Fig. Fixer. *La maladie me cloue dans mon lit.* ♦ Se clouer, v. pr. S'arrêter, se fixer.

CLOUTAGE, ▪ n. m. [klutaʒ] (*clouter*) Action de clouter, résultat de cette action. *Assemblage par cloutage.*

CLOUTÉ, ÉE, p. p. de clouter. [klute] Adj. *Blouson clouté.*

CLOUTER, v. tr. [klute] (anc. fr. *clouet*, petit clou) Garnir de clous d'ornement. ♦ *Clouter un carrosse*, garnir l'impériale d'un carrosse de plusieurs rangs de gros clous bronzés, pour un deuil de cour.

CLOUTERIE, n. f. [klut(ə)ri] (anc. fr. *clouet*, petit clou) Fabrique, commerce de clous. ♦ Fabrication des clous.

CLOUTIER, n. m. [klutje] (anc. fr. *clouet*, petit clou) ▷ Celui qui fabrique ou qui vend des clous. ◁

CLOVISSE, ▪ n. f. [klɔvis] (provenç. *clauvisso*) Palourde, coquillage comestible.

CLOWN, n. m. [klun] (angl. *clown*) Personnage grotesque de la farce anglaise. ♦ Dans nos cirques, artiste exécutant des exercices d'équilibre ou de souplesse, particulièrement ceux qui peuvent faire rire les spectateurs. ▪ Au pl. *Des clowns.* ▪ **REM.** On prononçait autrefois [klon].

CLOWNERIE, ▪ n. f. [klun(ə)ri] (*clown*) Pitrerie, fait de faire rire les gens. *Il a fait des clowneries toute la matinée pour faire rire ses camarades de classe.*

CLOWNESQUE, ▪ adj. [klunɛsk] (*clown*) Relatif à ou digne d'un clown. *Des chaussures clownesques.*

CLOYÈRE, n. f. [klwajɛr] (anc. fr. *cloie*, claie) Nom donné à un panier d'huîtres. ♦ Le contenu de la cloyère. ♦ Sorte de panier dans lequel on expédie le poisson.

1 **CLUB**, n. m. [klœb] (mot angl., association) En Angleterre, maison tenue au nom d'une association de personnes riches. ♦ En France, réunion formée entre gens qui s'associent pour quelque but commun. ♦ Société où l'on s'entretient des affaires publiques. *Le club des Jacobins.* ♦ Association politique qui se réunit publiquement. ♦ Par extens. Association qui professe des opinions exaltées et violentes.

2 **CLUB**, ▪ n. m. [klœb] (mot angl., de anc. nord. *klubba*, bâton) Sorte de crosse, dont la tête est soit en bois (un bois), soit en acier (un fer), et qui est utilisée au golf pour frapper la balle. *Les différents clubs sont transportés par le caddie.*

CLUBBER ou **CLUBBEUR, EUSE**, ▪ n. m. et n. f. [klœbœr, øz] (1 *club*) Personne qui fréquente les boîtes de nuit, les night-clubs.

CLUBISTE, n. m. [klybist] ou [klœbist] (1 *club*) Membre d'un club. ♦ Celui qui, en temps de révolution, hante les clubs. ♦ Homme exalté des partis révolutionnaires.

CLUNISIEN, IENNE, ▪ n. m. et n. f. [klynizjɛ̃, jɛn] (*Cluny*) Membre de l'abbaye de Cluny. ▪ Adj. Relatif à l'abbaye de Cluny. *L'art clunisien, l'héritage clunisien.*

CLUPÉIDÉ, ▪ n. m. [klypeide] (lat. class. *clupea*, alose) Espèce de poisson osseux qui vit en banc. *Le hareng et la sardine sont des clupéidés.*

CLUSE, ▪ n. f. [klyz] (lat. médiév. *clusa*, gorge, défilé) **Géogr.** Fraction de vallées transversales aux barres rocheuses.

CLUSIACÉE, ▪ n. f. [klyzjase] (*clusie*) Famille de plantes des zones tempérées à tropicales comprenant plus de 1000 espèces réparties en près de 40 genres. *L'abricotier des Antilles appartient à la famille des clusiacées.*

CLUSTER, ▪ n. m. [klœstœr] (mot angl., grappe) **Mus.** Action de jouer plusieurs notes simultanément et au hasard, généralement avec le poing, la paume ou l'avant-bras. ▪ **Inform.** Groupe de secteurs qui se trouvent notamment sur un disque dur d'ordinateur ou sur une disquette.

CLYSOIR, n. m. [klizwaʀ] (gr. *kluzein*, laver) ▷ Espèce de tube ou de tuyau, en tissu imperméable, au moyen duquel on s'administre un lavement. ◁

CLYSOPOMPE, n. f. [klizopɔ̃p] (rad. de *clysoir* et *pompe*) ▷ Instrument analogue au clysoir, sinon qu'une petite pompe annexée y rend le jet continu. ◁

CLYSTÈRE, n. m. [klistɛʀ] (gr. *klustêr*, lavement) Remède, lavement.

CLYSTÉRISER, v. tr. [klisterize] (*clystère*) ▷ Administrer un clystère. ◁

1 **CM**, ▪ n. m. [sɑ̃timɛtʀ] Abréviation de *centimètre*.

2 **CM**, ▪ n. m. [seɛm] (sigle de *cours moyen*) Ensemble des cours moyens à l'école primaire. *CM1, CM2.*

3 **CM**, ▪ n. m. [seɛm] (sigle de *cours magistral*) Cours magistral, généralement en amphithéâtre, à l'université.

CMU, ▪ n. f. [seɛmy] (sigle de *couverture maladie universelle*) Assurance-maladie de base destinée notamment aux personnes ne répondant pas aux critères d'ouverture des droits à la sécurité sociale et comprenant également une couverture complémentaire santé pour les personnes dont les revenus sont faibles.

CNÉMIDE, ▪ n. f. [knemid] (gr. *knêmis*, jambière) **Antiq.** Chaussure en peau garnie de lame de cuivre et d'étain que portaient les Grecs.

CNIDAIRE, ▪ n. m. [knidɛʀ] (gr. *knidê*, ortie) Animal marin doté de cellules urticantes et de capsules qui contiennent des substances venimeuses. *Les cnidaires, dans la majorité des espèces, présentent une phase fixée, le polype et une phase errante, la méduse.*

CNIDOBLASTE, ▪ n. m. [knidoblast] (gr. *knidê*, ortie, et -*blaste*) Cellule propre aux cnidaires.

CO..., **COM...**, **CON...**, [ko, kɔm, kɔ̃] préfixe qui indique réunion, adjonction, et qui répond à la préposition latine *cum.*

COACCUSÉ, ÉE, n. m. et n. f. [koakyze] (*co-* et *accusé*) Celui, celle qui est accusée de participation à un délit.

COACH, ▪ n. m. [kotʃ] (mot angl., du fr. 2 *coche*) Grande voiture fermée, à deux portes latérales. ▪ N. m. et n. f. Personne ayant pour tâche l'entraînement d'une équipe sportive. ▪ **Par extens.** Personne qui prodigue un savoir-faire, des conseils dans différents domaines. *Le coach d'un jeune chanteur.*

COACHER, ▪ v. tr. [kotʃe] (*coach*) Prendre en charge en tant que coach une personne ou une équipe. *Ce groupe de rock est mal coaché.*

COACHING, ▪ n. m. [kotʃiŋ] (mot angl.) Action de coacher quelqu'un ou une équipe.

COACQUÉREUR, n. m. [koakeʀœʀ] (*co-* et *acquéreur*) Celui avec qui l'on acquiert en commun.

COACQUISITION, n. f. [koakizisjɔ̃] (*co-* et *acquisition*) Action d'acquérir en commun avec un autre ; état de coacquéreur.

COACTEUR, n. m. [koaktœʀ] (lat. *coactor*) Chez les Romains, receveur d'impôts.

COACTIF, IVE, adj. [koaktif, iv] (lat. *coactivus*) Qui a droit ou pouvoir de contraindre. *Puissance coactive.* ♦ **Philos.** Qui agit sur le libre arbitre.

COACTION, n. f. [koaksjɔ̃] (lat. *coactio*, de *cogere*, contraindre) Action de contraindre à faire ou à ne pas faire.

COACTIVITÉ, n. f. [koaktivite] (*coactif*) Qualité d'une force coactive.

COADJUTEUR, n. m. [koadʒytœʀ] (lat. médiév. *coadjutor*, celui qui aide) Ecclésiastique nommé pour aider un évêque ou un archevêque dans les fonctions épiscopales, et devant lui succéder.

COADJUTORERIE, n. f. [koadʒytɔʀ(ə)ʀi] (*coadjuteur*) Charge de coadjuteur.

COADJUTRICE, n. f. [koadʒytʀis] (*coadjuteur*) Religieuse qui est reçue en survivance pour être abbesse.

COADJUVANT, ANTE, adj. [koadʒyvɑ̃, ɑ̃t] (lat. *coadjuvare*, assister) Qui aide avec, qui concourt à aider. *Causes coadjuvantes.*

COAGULABLE, adj. [koagylabl] (*coaguler*) Qui a la propriété de se coaguler.

COAGULANT, ANTE, adj. [koagylɑ̃, ɑ̃t] (*coaguler*) Qui a la propriété de faire cailler le lait, de coaguler le sang, etc.

COAGULATEUR, TRICE, adj. [koagylatœʀ, tʀis] (*coaguler*) Qui produit la coagulation.

COAGULATION, n. f. [koagylasjɔ̃] (lat. *coagulatio*) Action de faire passer une substance non cristallisable, liquide ou demi-liquide, à l'état demi-solide ou solide.

COAGULÉ, ÉE, p. p. de coaguler. [koagyle] Pris en caillot.

COAGULER, v. tr. [koagyle] (lat. *coagulare*) Faire éprouver la coagulation. ♦ Se coaguler, v. pr. Être coagulé.

COAGULUM, n. m. [koagylɔm] (lat. class. *coagulum*, présure) Partie caillée ou coagulée d'un fluide susceptible de se coaguler. ♦ Substance qui cause la coagulation.

COAILLE, n. f. [koaj] (anc. fr. *coe*, queue) ▷ Mauvaise laine, celle de la queue. ◁

COALESCENCE, n. f. [koalesɑ̃s] (lat. *coalescere*, s'unir) Union de parties auparavant séparées, comme on l'observe dans la guérison des plaies simples ou dans les adhésions contre nature.

COALESCENT, ENTE, adj. [koalesɑ̃, ɑ̃t] (*coalescence*) **Hist. nat.** Qui est soudé avec, qui ne forme qu'une seule pièce avec.

COALESCER, ▪ v. tr. [koalese] (rad. de *coalescence*) Traiter un alliage afin d'obtenir la coalescence d'un de ses constituants.

COALISÉ, ÉE, p. p. de coaliser. [koalize] Ligué. ♦ N. m. pl. *Les coalisés,* les puissances qui ont formé une coalition.

COALISER (SE), v. pr. [koalize] (lat. *coalescere*, s'unir) Former une coalition, se liguer. ♦ V. tr. Engager dans une coalition. *Coaliser des puissances, des ouvriers.*

COALITION, n. f. [koalisjɔ̃] (rad. du lat. *coalitus*, de *coalescere*, s'unir) Réunion de puissances, de partis ou de personnes qui poursuivent un intérêt commun. ♦ Union soit des patrons, soit des ouvriers ou domestiques, pour modifier à leur profit les conditions du travail, soit des producteurs, soit des consommateurs, pour modifier les prix.

COALTAR, ▪ n. m. [kɔltaʀ] (mot angl., de *coal*, charbon, et *tar*, goudron) Goudron de houille liquide, noir et visqueux. ▪ **Fam.** et **fig.** *Être dans le coaltar,* être encore endormi, dans le brouillard.

COAPTATION, ▪ n. f. [koaptasjɔ̃] (lat. chrét. *coaptatio*, de *coaptare*, ajuster, attacher) **Biol.** Adaptation immédiate de deux organes appartenant à deux individus de sexes différents ou d'un même individu.

COAPTEUR, ▪ n. m. [koaptœʀ] (rad. de *coaptation*) **Chir.** Appareil utilisé dans l'ostéosynthèse afin de conserver un contact entre les fragments d'os fracturés.

COARCTATION, ▪ n. f. [koaʀktasjɔ̃] (lat. class. *coartatio*, action de serrer) *Coarctation de l'aorte,* cardiopathie congénitale consistant en un rétrécissement de l'aorte d'importance variable, allant même jusqu'à l'interruption de l'arc aortique.

COASSANT, ANTE, adj. [koasɑ̃, ɑ̃t] (*coasser*) Qui coasse. ♦ *Le peuple coassant,* les grenouilles.

COASSEMENT, n. m. [koas(ə)mɑ̃] (*coasser*) Le cri des grenouilles et des crapauds.

COASSER, v. intr. [koase] (lat. class. *coaxare*) Crier, en parlant des grenouilles et des crapauds. ♦ **Fig.** « *Je ne veux pas me trouver dans la même ville où ce crapaud noir coasse* », VOLTAIRE. ♦ Il ne faut pas confondre *coasser,* qui est le cri de la grenouille, avec *croasser,* qui est le cri du corbeau.

COASSOCIÉ, ▪ n. m. [koasosje] (*co-* et *associé*) Commerçant associé avec un ou plusieurs autres.

COATI, ▪ n. m. [koati] (mot tupi) Mammifère d'Amérique qui est de la grosseur d'un chat.

COAUTEUR ou **CO-AUTEUR**, ▪ n. m. [kootœʀ] (*co-* et *auteur*) Auteur, avec un autre, d'une pièce, d'un opéra, etc. ♦ *Coauteur d'un crime,* celui qui s'est associé à l'auteur d'un crime ou l'a aidé à le commettre. ▪ REM. On trouve aujourd'hui le féminin *coautrice* ou *coauteure.*

COAXIAL, ALE, ▪ adj. [koaksjal] (*co-* et *axial*) Relatif à un type de câble, utilisant deux conducteurs, l'un placé au centre du câble, l'autre, le plus souvent en forme de tresse cylindrique, entourant le premier, et ne le touchant pas grâce à une gaine isolante. *Dans les années 1960, les câbles coaxiaux ont été universellement adoptés.* ▪ De même axe. *Une anode coaxiale, des hélices coaxiales.*

1 **COB**, ▪ n. m. [kɔb] (mot angl. d'orig. incert.) Cheval de trait d'origine française.

2 **COB**, ▪ n. m. [kɔb] Voy. KOB.

COBALT, n. m. [kobalt] (all. *Kobalt*) Métal d'un blanc irisé, rougeâtre, peu brillant et très difficile à fondre.

COBATITE ou **COBALTINE**, ▪ n. f. [kobatit, kobaltin] (*cobalt*) Sulfure de cobalt et d'arsenic ressemblant à l'argent.

COBAYE, ▪ n. m. [kobaj] (port. *cobaya*, du tupi *sabuya*) Cochon d'Inde. ▪ *Servir de cobaye,* être employé pour tester un produit.

COBÉA n. m. ou **COBÉE**, n. f. [kobea, kobe] (*Cobo,* naturaliste espagnol) Genre de plantes grimpantes. ▪ REM. On écrivait aussi *cobæa.*

COBÉE, n. f. [kobe] Voy. COBEA.

COBOL, ■ n. m. [kɔbɔl] (acronyme de *common business oriented language*) **Inform.** Langage de programmation employé pour la résolution des problèmes de gestion. *Le cobol est un langage compilé proche de l'anglais développé entre 1959 et 1961.*

COBRA, ■ n. m. [kɔbʀa] (mot port., du lat. vulg. *colobra*) Serpent venimeux pouvant atteindre jusqu'à quatre mètres de long.

COCA ou **COCAÏER**, ■ n. m. [kɔka, kɔkaje] (mot esp., de l'aymara) Arbuste d'Amérique du Sud dont les feuilles, aux propriétés stimulantes, produisent la cocaïne. ■ N. f. Substance qu'on extrait des feuilles de coca, notamment pour l'industrie pharmaceutique.

COCA-COLA ou **COCA**, ■ n. m. [kɔkakɔla, kɔka] (nom déposé, de *coca* et *cola*) Boisson gazeuse sucrée, de couleur marron. *Boire un verre de coca. Des coca* ou *des cocas.*

COCAGNE, n. f. [kɔkaɲ] ou [kɔkanj] (orig. incert.) Temps de réjouissance où l'on boit et mange largement. ♦ *Pays de cocagne*, pays imaginaire où tout abonde. ♦ *Mât de cocagne*, sorte de mât lisse et élevé, dressé dans les réjouissances publiques et portant à son sommet des objets de quelque prix, qui appartiennent à celui qui peut y arriver en grimpant.

COCAÏER, ■ n. m. [kɔkaje] Voy. COCA.

COCAÏNE, ■ n. f. [kɔkain] (*coca*) Alcaloïde d'apparence poudreuse issu des feuilles du coca. ■ **Méd.** Stupéfiant anesthésique ou toxique, selon la dose administrée, dont une consommation excessive peut provoquer une dépendance grave. *Une piqûre de cocaïne. Un trafiquant de cocaïne.* ■ **Fam.** Coco ou coke.

COCAÏNOMANE, ■ n. m. et n. f. [kɔkainɔman] (*cocaïne* et *-mane*) Personne qui consomme de la cocaïne.

COCAÏNOMANIE, ■ n. f. [kɔkainɔmani] (*cocaïne* et *-manie*) Dépendance à la cocaïne.

COCARDE, n. f. [kɔkaʀd] (anc. fr. *cocart*, fier comme un coq) Insigne différent de couleur et de position, se portant au chapeau, et distinguant entre elles les nations. ♦ *Prendre la cocarde*, se faire soldat. ♦ Nœud qui orne la coiffure des femmes.

COCASSE, adj. [kɔkas] (p.-ê. altér. de l'anc. fr. *cocart*, vaniteux) Mot du parler vulgaire signifiant plaisant, étrange. *Cela est cocasse.* ■ **Rem.** N'est plus vulgaire aujourd'hui.

COCASSERIE, ■ n. f. [kɔkas(ə)ʀi] (*cocasse*) Chose cocasse, caractère de ce qui est cocasse, comique.

COCAUTION, n. f. [kɔkosjɔ̃] (*co-* et *caution*) Celui qui est caution avec un autre.

COCCIDIE, ■ n. f. [kɔksidi] (gr. *kokkos*, grain) Parasite protozoaire de l'appareil digestif.

COCCIDIOSE, ■ n. f. [kɔksidjoz] (*coccidie*) Parasitose très commune des bétails, volailles et du lapin, dont l'agent est une coccidie.

COCCIGRUE, n. f. [kɔksigʀy] (Voy. COQUECIGRUE.) Nom vulgaire de plusieurs champignons.

COCCINELLE, n. f. [kɔksinɛl] (lat. scient. *coccinella*, de *coccinus*, écarlate, du gr. *kokkos*, cochenille) Genre d'insectes coléoptères, dits vulgairement bêtes à Dieu, à bon Dieu, du bon Dieu, à la Vierge.

COCCUS, ■ n. m. [kɔkys] (gr. *kokkos*, grain) Bactérie de forme sphérique. *Les staphylocoques et les streptocoques sont des coccus* ou *des cocci* (pluriel latin).

COCCYGIEN, ENNE, adj. [kɔksiʒjɛ̃, jɛn] (*coccyx*) Qui appartient au coccyx.

COCCYX, ■ n. m. [kɔksis] (gr. *kokkux*) **Anat.** Petit os situé à la partie inférieure et postérieure du bassin et articulé avec le sacrum.

1 **COCHE**, n. m. [kɔʃ] (orig. incert., p.-ê. du b. lat. *caudica*, sorte de bateau) *Coche d'eau*, grand bateau usité pour le transport des voyageurs. ♦ ▷ Fig. *Débarqué par le coche*, arrivé sans ressources. ◁

2 **COCHE**, n. m. [kɔʃ] (hongr. *kocsi*) Grande voiture de transport en commun, que les diligences ont remplacée. ♦ Fig. *Faire, être la mouche du coche*, faire l'empressé, s'attribuer un succès dans lequel on n'a été pour rien (locution tirée d'une fable de la Fontaine). ♦ *Manquer le coche*, perdre l'occasion d'arriver à ses fins. ♦ Les personnes qui sont dans le coche. *Le coche dîna à tel endroit.* ♦ Anciennement, voiture. « *Il n'y avait sous François Iᵉʳ que deux coches dans Paris* », VOLTAIRE.

3 **COCHE**, n. f. [kɔʃ] (prob. de *cochon*) Femelle du cochon.

4 **COCHE**, n. f. [kɔʃ] (ital. *cocca*) Entaille. *La coche d'une flèche.* ♦ Marque faite sur une taille de bois, en usage chez les boulangers. ■ Signe qui indique qu'une case est cochée.

COCHELET, n. m. [kɔʃ(ə)lɛ] (var. de *coquelet*) ▷ Petit coq. ◁

COCHENILLAGE, n. m. [kɔʃ(ə)nijaʒ] (*cocheniller*) ▷ Bain de cochenille, pour teindre en écarlate ou en cramoisi. ◁

COCHENILLE, n. f. [kɔʃ(ə)nij] (esp. *cochinilla*, cloporte) Insecte hémiptère, famille des gallinsectes, vivant sur le nopal et fournissant le principe colorant avec lequel on fabrique les plus belles teintures écarlates. ♦ Le principe colorant de la cochenille. ♦ **Adj.** La couleur cochenille.

COCHENILLÉ, ÉE, p. p. de cocheniller. [kɔʃ(ə)nije]

COCHENILLER, v. tr. [kɔʃ(ə)nije] (*cochenille*) ▷ Plonger un tissu dans un bain fait avec de la cochenille. ♦ Récolter la cochenille. ◁

1 **COCHER**, n. m. [kɔʃe] (2 *coche*) Le conducteur d'un coche, d'un carrosse, d'un cabriolet. ♦ Constellation de l'hémisphère septentrional.

2 **COCHER**, v. tr. [kɔʃe] (4 *coche*) Faire une entaille, une coche. ■ Mettre un signe distinctif dans une case, devant une ligne, etc. *Cochez la case correspondant à votre choix.*

COCHÈRE, adj. [kɔʃɛʀ] (2 *coche*) *Porte cochère*, porte de maison bourgeoise, assez grande pour que le cocher y fasse passer sa voiture.

COCHET, n. m. [kɔʃe] (*coq*) Jeune coq.

COCHEVIS, n. m. [kɔʃ(ə)vi] (orig. inc.) Un des noms vulgaires de l'alouette crêtée.

1 **COCHLÉAIRE**, adj. [kɔkleɛʀ] (lat. *cochlea*, escargot) **Hist. nat.** Qui a la forme d'un limaçon, d'une spirale. ■ **Anat.** Relatif à la cochlée. *Un implant cochléaire.*

2 **COCHLÉAIRE** n. f. ou **COCHLÉARIA**, n. m. [kɔkleɛʀ] ou [kɔkleaʀja] (lat. *cochlearia*, du lat. impér. *cochlear*, cuiller) Nom d'un genre de crucifères et entre autres du cochléaria, dit vulgairement *herbe au scorbut*, et du raifort.

COCHLÉE, ■ n. f. [kɔkle] (lat. *cochlea*, escargot) **Anat.** Partie de l'oreille interne enroulée en spirale dans laquelle se trouve le nerf auditif, récepteur de l'audition.

COCHON, ONNE, n. m. et n. f. [kɔʃɔ̃, ɔn] (orig. inc.) Mammifère de la famille des pachydermes ; qu'on engraisse pour l'alimentation. ♦ *Cochon de lait*, cochon qui tette encore ou qu'on nourrit de lait. ♦ *Avoir des yeux de cochon*, avoir de très petits yeux. ♦ *Amis comme cochons*, gens qui sont entre eux dans une extrême familiarité. ◁ ♦ *Chair de cochon. Manger du cochon.* ♦ *Fromage de cochon*, se dit dans beaucoup d'endroits pour fromage d'Italie. ♦ **Fig.** et **pop.** *Un cochon*, un homme très malpropre, ou qui fait des choses sales. ♦ Un homme qui ne fait que manger et dormir. ♦ **Adj.** Dans le langage très trivial, sale, dégoûtant, obscène. ♦ *Cochon de mer*, le marsouin. ♦ *Cochon d'Inde*, mammifère de l'ordre des rongeurs. ♦ Petit insecte qu'on trouve dans les lentilles. ♦ Mélange de métal et de scories, qui obstrue quelquefois les fourneaux. ■ **Rem.** On dit aujourd'hui *copains comme cochons* plutôt que *amis comme cochons.*

COCHONNAILLE, n. f. [kɔʃɔnaj] (*cochon*) Viandes de cochon préparées que vendent les charcutiers.

COCHONNÉ, ÉE, p. p. de cochonner. [kɔʃɔne]

COCHONNÉE, n. f. [kɔʃɔne] (*cochonner*) ▷ La portée d'une truie. ◁

COCHONNER, v. intr. [kɔʃɔne] (*cochon*) Mettre bas, en parlant d'une truie ♦ V. tr. **Pop.** Faire mal ou salement un ouvrage.

COCHONNERIE, n. f. [kɔʃɔn(ə)ʀi] (*cochon*) Aliment de mauvaise qualité ou de mauvaise préparation. ♦ Grande malpropreté. ♦ Action, propos déshonnête.

COCHONNET, n. m. [kɔʃɔne] (dimin. de *cochon*) Petit cochon. ♦ Petite boule servant de but aux joueurs de boule.

COCHYLIS ou **CONCHYLIS**, ■ n. m. ou n. f. [kɔkilis, kɔ̃kilis] (lat. sc.) Papillon dont la larve est très dangereuse pour la vigne. *La tête rouge du cochylis.*

COCKER, ■ n. m. [kɔkɛʀ] (rad. de l'angl. *cocking*, chasse à la bécasse) Chien de chasse anglais ou américain au poil long et aux oreilles tombantes.

COCKTAIL, ■ n. m. [kɔktɛl] (mot angl., de *to cock*, se redresser, et *tail*, queue, par réduction de *cocktailed horse*, cheval dont la queue coupée se redresse ; ce traitement n'était pas pratiqué sur les pur-sang mais sur les chevaux de trait, d'où la notion de bâtardise, de mélange ensuite associée au mot *cocktail*) Boisson, souvent alcoolisée, obtenue par un mélange de diverses substances comme des jus de fruits. *Préparer un cocktail. Un cocktail maison.* ■ Réception où l'on propose des cocktails et un buffet. *Organiser un cocktail de bienvenue.* ■ **Fig.** Mélange. *Un cocktail de couleurs.* ■ *Cocktail Molotov*, bouteille contenant un liquide inflammable susceptible d'exploser.

1 **COCO**, n. m. [kɔko] (mot port.) Le fruit du cocotier. ♦ Ouvrage fait de l'enveloppe du coco. *Une tasse de coco.*

2 COCO, n. m. [koko] (1 *coco*) Boisson faite d'une infusion de bois de réglisse.

3 COCO, ■ n. m. [koko] (orig. incert.) **Fam.** Personne bizarre, peu recommandable. *C'est un drôle de coco !*

4 COCO, n. m. et n. f. [koko] (abrév.) **Péj.** Communiste. ■ Adj. « *Ça fait russe, ça, elle est coco?* », QUEFFÉLEC.

5 COCO, ■ n. f. [koko] (abrév.) **Fam.** Cocaïne.

COCON, n. m. [kokɔ̃] (provenç. *coucoun*, p.-ê. de *coque*) Enveloppe que se filent beaucoup de larves et dans laquelle s'opère leur dernière mue. *Un cocon de ver à soie.* ♦ **Fig.** *S'enfermer dans son cocon*, vivre dans la retraite.

COCOONING, ■ n. m. [kokuniŋ] (angl. *to cocoon*, envelopper dans un cocon) **Fam.** Confort douillet de celui, celle qui recherche la sécurité, la tranquillité. *Quand on prend son indépendance, fini le cocooning de chez les parents !*

COCORICO, ■ n. m. [kokoRiko] Voy. COQUERICO.

COCOTIER, n. m. [kokotje] (1 *coco*) Arbre de la famille des palmiers. ■ **Fig.** *Remporter le cocotier*, gagner le gros lot.

1 COCOTTE, n. f. [kokɔt] (*coq*) Terme enfantin pour désigner une poule. ♦ Petit carré de papier plié de manière à présenter une ressemblance avec une poule. ♦ Terme d'amitié donné à une petite fille. ♦ Dénomination populaire d'une légère inflammation du bord des paupières. ■ REM. Graphie ancienne : *cocote*.

2 COCOTTE, n. f. [kokɔt] (orig. incert.) Espèce de casserole en fonte dont on se sert dans la cuisine. ■ REM. Graphie ancienne : *cocote*. ■ *Cocotte-minute* (nom déposé), autocuiseur. *Des cocottes-minutes.*

COCOTTER ou **COCOTER**, ■ v. intr. [kokote] (p.-ê. de 1 *cocotte*) **Fam.** Sentir mauvais. *Ça cocotte ici !*

COCTION, n. f. [kɔksjɔ̃] (lat. *coctio*, cuisson) Terme didactique équivalent à cuisson du langage vulgaire. ♦ **Physiol.** Digestion des aliments dans l'estomac.

COCU, UE, ■ adj. [koky] (lat. *cuculus*, coucou, oiseau qui pond ses œufs dans le nid d'un autre) **Fam.** Trompé par son conjoint. *Être cocu. Faire cocu quelqu'un.* ■ N. m. et n. f. *Un cocu, une cocue.* ■ *Une chance de cocu*, une chance exceptionnelle.

COCUAGE ou **COCUFIAGE**, ■ n. m. [kokɥaʒ, kokyfjaʒ] (*cocu*) ▷ **Fam.** État d'une personne trompée par son conjoint. ◁

COCUFIER, ■ v. tr. [kokyfje] (*cocu*) **Fam.** Tromper son conjoint, rendre cocu. « *Elle se serait bien plu à cocufier ouvertement Mme Nezblanc, si Nezblanc lui eût plu* », JOUHANDEAU.

COCYCLIQUE, ■ adj. [kosiklik] (*co-* et *cycle*) **Géom.** Se dit de points étant tous placés sur un même cercle.

COD, ■ n. m. [seode] (sigle de *complément d'objet direct*) Voy. COMPLÉMENT.

CODA, n. f. [koda] (ital. *coda*, queue) **Mus.** Période finale ajoutée à un morceau. ♦ Reprise finale pour terminer un menuet, une figure de contredanse. ♦ Au pl. *Des codas.*

CODAGE, ■ n. m. [kodaʒ] (*coder*) Action d'encoder un message dans le but de le transmettre ou de le traiter. *Le codage de messages secrets.*

CODANT, ANTE, ■ adj. [kodɑ̃, ɑ̃t] (*coder*) Qui encode. ■ **Biol.** *Séquence codante*, séquence d'ADN, codage génétique.

CODE, n. m. [kɔd] (lat. *codex*, registre, écrit) Recueil des lois, des constitutions des empereurs romains, etc. *Code Justinien.* ♦ Nom donné par les jurisconsultes à des ordonnances ou à des recueils d'ordonnances des rois de France. ♦ Dans le langage moderne, l'ensemble des dispositions légales relatives à une matière spéciale. *Code pénal. Code civil.* ♦ **Fig.** Ce qui règle dans la morale, dans les lettres, dans le goût, etc. « *Ces maximes, je l'avoue, doivent être le code du genre humain* », VOLTAIRE. ♦ *Code de la route*, qui régit la circulation routière. ■ Par méton. *Passer son code.* ■ Feu de croisement. *Se mettre en codes.* ■ Protocole. *Code typographique. Respecter le code.* ■ Système de signes conventionnels permettant de crypter une information. *Découvrir le code d'un message. Un nom de code.* ■ Suite de signes alphanumériques permettant d'identifier un utilisateur. *Mémoriser son code confidentiel.*

CODE-BARRES ou **CODE À BARRES**, ■ n. m. [kɔd(ə)baʀ, kɔdabaʀ] (*code* et *barre*) Signe composé de traits verticaux, imprimé sur l'emballage d'un produit afin de lui attribuer une identité et un prix reconnaissables à la caisse d'un magasin. *Lire un code-barres. Des codes-barres.*

CODÉBITEUR, TRICE, n. m. et n. f. [kodebitœR, tRis] (*co-* et *débiteur*) Personne qui est tenue d'une dette conjointement avec une autre.

CODÉCIMATEUR, n. m. [kodesimatœR] (*co-* et *décimateur*) ▷ Celui qui partageait des dîmes avec un autre. ◁

CODÉINE, n. f. [kodein] (gr. *kôdeia*, tête de pavot) Alcaloïde découvert dans l'opium.

CODEMANDEUR, ERESSE, n. m. et n. f. [kod(ə)mɑ̃dœR, REs] (*co-* et *demandeur*) Personne qui, conjointement avec une autre, forme une demande en justice.

CODER, ■ v. tr. [kode] (*code*) Rédiger un énoncé par des signes relatifs à un code. *Coder un message secret.*

CODÉTENTEUR, TRICE, n. m. et n. f. [kodetɑ̃tœR, tRis] (*co-* et *détenteur*) Personne qui, conjointement avec une autre, détient une somme, une propriété.

CODÉTENU, UE, n. m. et n. f. [kodet(ə)ny] (*co-* et *détenu*) Personne qui est détenue conjointement avec d'autres.

CODEUR, EUSE, ■ n. m. et n. f. [kodœR, øz] (*coder*) **Inform.** Personne qui réalise le codage d'un message. ■ N. m. Appareil qui transcrit automatiquement une information à partir d'un code.

CODEX, n. m. [kodɛks] (lat. *codex*, tablette pour écrire) **Pharm.** Recueil des formules adoptées par la faculté de Paris. ■ Manuscrit formé par un ensemble de feuilles de parchemin reliées entre elles. *Ancêtres de nos livres, les codex apparus sous l'Antiquité, facilitaient la consultation qui pouvait se faire par page contrairement aux rouleaux de papyrus.*

CODICILLAIRE, adj. [kodisilɛR] (*codicille*) Qui est établi par un codicille. *Legs codicillaire.*

CODICILLE, n. m. [kodisil] (b. lat. *codicillus*) Disposition de dernière volonté qui a pour objet de faire une addition ou un changement à un testament.

CODIFICATEUR, n. m. [kodifikatœR] (*codifier*) Auteur d'un code.

CODIFICATION, n. f. [kodifikasjɔ̃] (*codifier*) Travail à l'effet de réunir les lois éparses en un code ou corps de législation. ■ Action de codifier.

CODIFIER, v. tr. [kodifje] (*code* et lat. *facere*, faire) Réduire des lois en un seul code ou corps. ■ Appliquer systématiquement des règles selon un code préétabli. *Codifier le texte d'un dictionnaire.*

CODILLE, n. m. [kodij] (esp. *codillo*, dimin. de *codo*, coude) T. du jeu de l'hombre. *Faire codille*, gagner sans avoir fait jouer.

CODIRECTEUR, TRICE, n. m. et n. f. [kodiRɛktœR, tRis] (*co-* et *directeur*) Personne qui, conjointement avec une autre, dirige une entreprise. ■ CODIRECTION, n. f. [kodiRɛksjɔ̃]

CODON, ■ n. m. [kodɔ̃] (*code*) **Génét.** Triplet de nucléotides de la séquence d'un acide nucléique qui porte l'information génétique permettant l'incorporation dans la séquence primaire d'une protéine. *Le codon est un élément constitutif de la molécule d'ADN.*

CODONATAIRE, adj. [kodonatɛR] (*co-* et *donataire*) À qui, conjointement avec un autre, une donation est faite.

CODONATEUR, n. m. [kodonatœR] (*co-* et *donateur*) Personne, qui avec au moins une autre, participe à une donation.

CŒCUM, n. m. [sekɔm] Fausse orthographe pour cæcum.

COÉDITER, ■ v. tr. [koedite] (*co-* et *éditer*) Éditer en collaborant avec plusieurs éditeurs. *Ce livre a été coédité.* ■ COÉDITION, n. f. [koedisjɔ̃] ■ COÉDITEUR, TRICE, n. m. et n. f. [koeditœR, tRis]

COEFFICIENT, n. m. [koefisjɑ̃] (*co-* et *efficient*) Le nombre qui, mis devant une quantité algébrique, en multiplie la valeur. *Dans 3x, 3 est le coefficient de x.* ■ Rapport entre deux grandeurs. *Coefficient de marée.* ■ Nombre qui affecte une note selon la valeur accordée à la matière.

CŒLACANTHE, ■ n. m. [selakɑ̃t] (lat. scient. *cælacanthus*, du gr. *koilos*, creux, et *akantha*, épine) **Zool.** Poisson marin, osseux, aux écailles bleues, qui mesure de 1,20 m à 1,50 m et pèse entre 45 et 60 kg, et dont le corps massif et bosselé porté de multiples nageoires. *Le cælacanthe, un poisson vieux de plus de 350 millions d'années que l'on croyait disparu, a été pêché en 1938.*

CŒLENTÉRÉ, ■ n. m. [selɑ̃teRe] (gr. *koilos*, creux, et *enteron*, intestin) **Zool.** Embranchement réunissant les cnidaires et les cténaires. *Le corail, l'anémone de mer, l'éponge qui font partie des cnidaires, ainsi que les méduses qui relèvent des cténaires, appartiennent tous à la famille des cælentérés.*

CŒLIAQUE, adj. [seljak] (gr. *koiliakos*) **Anat.** Qui a rapport aux intestins. *Artère cæliaque.*

CŒLIOSCOPIE, ■ n. f. [seljoskopi] (gr. *koilos*, creux, et *-scopie*) **Méd.** Examen de la cavité abdominale grâce à l'introduction d'un endoscope dans la paroi abdominale. ■ REM. On dit aussi *laparoscopie*.

CŒLOMATE, ■ n. m. [selomat] (*cælome*) Toute espèce qui porte un cælome.

CŒLOME, ■ n. m. [selom] (gr. *koillôma*, cavité) **Méd.** Cavité de l'organisme de l'embryon humain. *Le cælome est une cavité emplie de liquide entre le tube digestif et l'enveloppe corporelle, il a un rôle protecteur.*

CŒLOMIQUE, ■ adj. [selomik] (*cœlome*) Qui a trait au cœlome.

COEMPTION, n. f. [koɑ̃psjɔ̃] (lat. class. *coemptio*) **Dr. rom.** Achat réciproque. ◆ Une des trois sortes de mariage usitées chez les Romains.

CŒNESTHÉSIE, ■ n. f. [senɛstezi] Voy. CÉNESTHÉSIE.

COENTREPRISE, ■ n. f. [koɑ̃təpʁiz] (*co-* et *entreprise*) Association d'au moins deux personnes ou entités selon des modalités fixées et ce en vue de réaliser des bénéfices.

CŒNURE, ■ n. m. [senyʁ] Voy. CÉNURE.

COENZYME, ■ n. f. [koɑ̃zim] (*co-* et *enzyme*) **Biol.** Composante organique non protéique de certaines enzymes.

COÉPOUSE, ■ n. f. [koepuz] (*co-* et *épouse*) L'une des épouses d'un polygame. *Dans ce pays africain très traditionnel, elle déclara qu'elle avait trois coépouses dont une seule conciliable.*

COÉQUIPIER, IÈRE, ■ n. m. et n. f. [koekipje, jɛʁ] (*co-* et *équipier*) Personne qui pratique une activité en équipe avec d'autres participants. *Les coéquipiers d'un tournoi.* ■ Adj. *Ils sont coéquipiers.*

COERCIBILITÉ, n. f. [koɛʁsibilite] (*coercible*) Qualité de ce qui est coercible.

COERCIBLE, adj. [koɛʁsibl] (lat. *coercere*, réprimer, contenir) **Phys.** Qui peut être retenu entre des parois.

COERCITIF, IVE, adj. [koɛʁsitif, iv] (rad. lat. de *coercere*) Capable d'exercer la coercition. *Une puissance coercitive.*

COERCITION, n. f. [koɛʁsisjɔ̃] (b. lat. *coercitio*, contrainte, répression) **Dr.** Action, droit, pouvoir de contraindre.

COÉTAT, n. m. [koeta] (*co-* et *état*) État ou prince qui partage la souveraineté avec un autre.

COÉTERNEL, ELLE, adj. [koetɛʁnɛl] (lat. chrét. *coæternalis*) **Théol.** Qui existe de toute éternité avec un autre.

COÉTERNITÉ, n. f. [koetɛʁnite] (lat. chrét. *coæternitas*) Attribut de ce qui est coéternel.

CŒUR, n. m. [kœʁ] (lat. *cor*) **Anat.** Organe conoïde, creux et musculaire, qui, renfermé dans la poitrine, est le principal agent de la circulation du sang. ◆ *Tant que le cœur me battra,* c'est-à-dire tant que je vivrai. ◆ ▷ **Fig.** *Le cœur me bat,* je suis très inquiet. ◁ ◆ *Faire la bouche en cœur,* donner aux lèvres la forme d'un cœur, s'efforcer de paraître gracieux. ◆ *Se ronger le cœur,* se consumer d'un chagrin secret. ◆ *Le cœur me saigne,* je suis pénétré d'une vive douleur. ◆ *Avoir le cœur gros,* éprouver le besoin de pleurer. ◆ *Je veux en avoir le cœur net,* je veux savoir ce qui en est. ◆ *Sacré Cœur,* dévotion au cœur de Notre-Seigneur Jésus-Christ. *Sacré-cœur,* congrégation de religieuses consacrées à l'adoration du cœur de Jésus-Christ et qui se dévouent à l'éducation des jeunes filles. ◆ **Par extens.** *Cœur,* la poitrine. *Presser contre son cœur.* ◆ L'ensemble des facultés affectives et des sentiments moraux, par opposition à esprit. *Attendrir, toucher le cœur de quelqu'un. Parler, aller au cœur,* toucher vivement. ◆ *De cœur,* par la disposition intérieure. « *Les dévots de cœur* », MOLIÈRE. ◆ *De cœur,* avec un sentiment sincère. *Ami de cœur.* ◆ *De gaieté de cœur,* de propos délibéré et sans sujet. ◆ Le cœur considéré comme mémoire des sentiments. *Vos bienfaits sont gravés dans mon cœur.* ◆ *Avoir quelque chose sur le cœur,* garder un ressentiment. ◆ *Par cœur,* de mémoire. **Fig.** *Savoir un homme par cœur ;* connaître parfaitement son caractère et sa vie. ◆ **Fam.** *Dîner par cœur,* se passer involontairement de dîner. ◆ Sens moral, conscience. « *Le jour n'est pas plus pur que le fond de mon cœur* », RACINE. ◆ *Sans cœur,* sans sentiment moral. **Fam.** *Un sans-cœur,* un homme dépourvu de sentiment moral et d'énergie. ◆ Tempérament moral. *Avoir bon cœur, mauvais cœur.* ◆ *Cœur d'airain,* caractère impitoyable. *Cœur de marbre, de pierre, de diamant, de tigre, etc.* ◆ *Avoir un cœur d'homme,* être sensible. ◆ *Un cœur d'or,* un excellent cœur. ◆ *Le bon cœur,* l'ensemble des sentiments qui constituent la bienveillance pour autrui. « *Une certaine sensibilité qui est la marque d'un bon cœur* », MASSILLON. ◆ *Un bon cœur, un mauvais cœur,* une personne qui a un bon, un mauvais cœur. ◆ DE BON CŒUR, loc. adv. Volontiers, sincèrement. ◆ *De grand cœur, de tout cœur,* très volontiers. ◆ *Être tout cœur,* être vif à obliger. ◆ *De tout son cœur,* avec une pleine affection. ◆ **Absol.** *Cœur* dans le sens de bon cœur ; de cœur bien doué. *C'est le cœur qui fait tout.* ◆ La pensée intime, les dispositions secrètes. *Ouvrir son cœur.* ◆ *Selon le cœur de Dieu,* pieux, aimé de Dieu. ◆ Dans le langage général, *selon le cœur de,* agréable à. ◆ *À cœur ouvert,* avec franchise, effusion. ◆ *Avoir le cœur sur les lèvres, avoir le cœur sur la main,* ne pas déguiser sa pensée, ses sentiments. ◆ *Parler d'abondance de cœur, parler du cœur,* parler avec épanchement. ◆ *Se parler cœur à cœur,* se parler avec franchise. ◆ L'affection, la tendresse, l'amour. *Un cœur de mère. Se concilier tous les cœurs.* ◆ La personne elle-même qui éprouve ces divers sentiments. « *Un cœur né pour servir sait mal comme on commande* », P. CORNEILLE. ◆ *Un joli cœur,* un jeune homme qui prend un soin particulier à sa toilette. De là est venue la locution populaire qui n'a pas de sens : *Joli comme un cœur.* ◆ *Faire le joli cœur,* se donner des grâces. ◆ Ardeur, vif intérêt. *Il a le cœur à l'étude.* ◆ *Avoir, prendre à cœur quelque chose,* y prendre un vif intérêt. ◆ *Tenir au cœur,* être l'objet d'un attachement, d'un désir, d'un intérêt. ◆ *Tenir au cœur,* être l'objet d'une inquiétude, d'un tourment. ◆ Courage, fermeté. *Homme de cœur. Manquer de cœur.* ◆ **Fam.** *Prendre son cœur à deux mains ;* prendre son grand courage. ◆ **Fam.** *Avoir le cœur de,* pousser la dureté, l'indifférence jusqu'à. ◆ *Un cœur de lion,* un homme d'un extrême courage. ◆ *Un cœur de poule,* un poltron. ◆ *Mettre, remettre le cœur au ventre à quelqu'un,* lui rendre le courage. ◆ *Faire contre mauvaise fortune bon cœur,* et absol. *contre fortune bon cœur,* ne pas se laisser abattre et aussi ne pas laisser paraître la peine qu'on éprouve. ◆ Générosité. *Être plein de cœur.* ◆ *Grand cœur,* magnanimité. ◆ *Un grand cœur ;* une personne magnanime. « *Au travers des périls un grand cœur se fait jour* », RACINE. ◆ *Homme de cœur,* homme qui a de la générosité, de la sensibilité. *N'avoir point de cœur.* ◆ Le principal agent, le principal intérêt. *Le cœur d'un parti.* ◆ **Par extens.** L'estomac. *J'ai encore mon dîner sur le cœur.* ◆ **Fig.** *Cela lui pèse sur le cœur,* c'est quelque chose qui lui cause du chagrin, de la rancune. ◆ *Avoir mal au cœur,* être pris de nausées. ◆ *Mal de cœur,* envie de vomir. ◆ **Fig.** *Cela fait mal au cœur ; soulève le cœur,* se dit d'une chose qui excite le dégoût, le chagrin. ◆ *Si le cœur vous en dit ;* si vous avez envie d'en manger, et fig. si vous êtes disposé à cela. ◆ *Avoir le cœur bon,* avoir l'appétit bon. ◆ *S'en donner au cœur joie, à cœur joie,* jouir pleinement ; se rassasier d'une chose. ◆ **Par anal.** la partie centrale de quelque chose. *Au cœur de la ville. Le cœur d'un fruit.* ◆ **Fig.** *Au cœur de l'été, de l'hiver,* pendant les plus grandes chaleurs, les plus grands froids. ◆ Ce qui a la forme d'un cœur. *Un cœur en or.* ◆ Le cœur, une des couleurs du jeu de cartes. ◆ Nom vulgaire d'un grand nombre de coquilles bivalves. ◆ **Hérald.** Le milieu de l'écu dit aussi *abîme.* ◆ Nom d'une espèce de bigarreau. ◆ En boucherie, maniement pair ou double chez le bœuf et la vache, placé au-dessous et à quelque distance du paleron. ■ *À cœur ouvert,* se dit d'une intervention chirurgicale pratiquée directement sur le cœur. ■ *Porter quelqu'un dans son cœur,* l'aimer. ■ Terme d'affection. *Mon cœur.* ■ Partie centrale d'un légume. *Cœur d'artichaut, de palmier.* ■ *En avoir le cœur net,* en parlant d'une chose, savoir ce qui en est réellement. ■ *Mettre du cœur à l'ouvrage,* s'investir fortement dans la réalisation d'une tâche. ■ **Mod.** *Avoir la main sur le cœur,* être généreux.

CŒUR-DE-PIGEON, ■ n. m. [kœʁdəpiʒɔ̃] (*cœur,* de et *pigeon*) Variété de cerise croquante et charnue. *Des cœurs-de-pigeon.*

COÉVÊQUE, n. m. [koevɛk] (*co-* et *évêque*) Collègue dans l'épiscopat.

COÉVOLUTION, ■ n. f. [koevolysjɔ̃] (*co-* et *évolution*) **Zool.** Évolution parallèle de deux espèces qui survivent grâce à un rapport d'interaction. *La coévolution du pollinisateur et du végétal est illustrée par la survie de certaines fleurs associée aux abeilles qui les butinent.*

COEXISTANT, ANTE, adj. [koɛgzistɑ̃, ɑ̃t] (*coexister*) Qui coexiste, qui est simultané.

COEXISTENCE, n. f. [koɛgzistɑ̃s] (lat. médiév. *coexistentia*) Existence simultanée. « *La coexistence des trois personnes divines* », BOSSUET.

COEXISTER, v. intr. [koɛgziste] (lat. *coexistare*) Exister ensemble.

COFFRAGE, ■ n. m. [kɔfʁaʒ] (*coffre*) **Techn.** Charpente qui maintient les parois des mines, des tranchées, des puits en cours de creusement et qui est destinée à éviter les risques d'éboulement. ■ Moule dans lequel on coule du béton, du ciment, du plâtre en vue de lui donner une forme précise.

COFFRE, ■ n. m. [kɔfʁ] (lat. impér. *cophinus,* couffin) Meuble en forme de caisse, dans lequel on serre toute sorte de choses. *Le coffre au linge ; à l'avoine.* ◆ Caisse où l'on serre l'argent, et l'argent même qui est ainsi serré, les fonds, la fortune. ◆ *Les coffres de l'État,* le trésor public. ◆ *Coffre-fort,* coffre de fer ou de bois fort épais, dans lequel on serre l'argent et les objets précieux. *Des coffres-forts.* ◆ *Coffre-fort* se dit aussi de l'argent, de la fortune. ◆ ▷ **Par extens.** *Le coffre d'un carrosse,* la partie d'un carrosse sur laquelle on met les coussins pour s'asseoir, et dont le haut se lève en couvercle. ◁ ◆ L'assemblage et le corps d'un piano. ◆ La partie du corps que renferment les côtes. ◆ *Avoir le coffre bon,* être bien constitué quant aux fonctions de la respiration et de la digestion. ■ Partie arrière d'un véhicule conçue pour recevoir les bagages. ■ *Avoir du coffre,* être capable de chanter fort.

COFFRÉ, ÉE, p. p. de coffrer. [kɔfʁe] Mis en prison. ■ REM. Est familier aujourd'hui.

COFFRE-FORT, n. m. [kɔfʁəfɔʁ] (*coffre* et *fort*) Voy. COFFRE.

COFFRER, v. tr. [kɔfʁe] (*coffre*) Emprisonner. ■ REM. Est familier aujourd'hui.

COFFRET, n. m. [kɔfʁɛ] (dimin. de *coffre*) Petit coffre.

COFFRETIER, n. m. [kɔfʁətje] (*coffret*) Celui qui fait des coffres.

COFFREUR, ■ n. m. [kɔfʁœʁ] (*coffrer*) Ouvrier spécialisé dans le coffrage.

COFIDÉJUSSEUR, n. m. [kofideʒysœʁ] (*co-* et *fidéjusseur*) Chacun de ceux qui ont cautionné un même débiteur pour une même dette.

COFINANCEMENT, ■ n. m. [kofinɑ̃s(ə)mɑ̃] (*co-* et *financement*) Financement d'une réalisation par un organisme ou une entreprise en association avec d'autres.

COFINANCER, ■ v. tr. [kofinɑ̃se] (*co-* et *financer*) Action de financer par un cofinancement. *Les collectivités territoriales cofinancent ce projet.*

COFONDATEUR, TRICE, ■ n. m. et n. f. [kofɔ̃datœʀ, tʀis] (*co-* et *fondateur*) Personne qui, en collaboration avec une ou plusieurs autres, participe à la fondation d'une institution, d'une entreprise, d'une association, etc. *Le président accueille aujourd'hui la cofondatrice de l'association.*

COGÉNÉRATION, ■ n. f. [koʒeneʀasjɔ̃] (*co-* et *génération*) Technique de production conjointe d'électricité et de chaleur à partir d'un seul et même combustible. *Une centrale de cogénération. L'installation de la cogénération dans une résidence.*

COGÉRANCE, ■ n. f. [koʒeʀɑ̃s] (*co-* et *gérance*) Action de gérer une entreprise en association avec une ou plusieurs autres personnes.

COGÉRANT, ANTE, ■ n. m. et n. f. [koʒeʀɑ̃, ɑ̃t] (*co-* et *gérant*) Personne participant à une cogérance.

COGÉRER, ■ v. tr. [koʒeʀe] (*co-* et *gérer*) Exercer une cogérance. « *Aux parents et élèves de cogérer les lieux de vie lycéenne* », Rey.

COGESTION, ■ n. f. [koʒɛstjɔ̃] (*co-* et *gestion*) Administration d'un organisme gérée par plusieurs de ses membres. *La cogestion d'une université.* ■ Gestion répartie entre le patron d'une entreprise et ses employés.

COGITATION, ■ n. f. [koʒitasjɔ̃] (lat. class. *cogitatio,* pensée, acte de penser) ▷ **Philos.** Action de concentrer sa pensée sur un seul et unique objet. ◁ ■ **Fam.** Réflexion. ■ **Rem.** Surtout employé au pluriel.

COGITER, ■ v. intr. [koʒite] (lat. *cogitare,* de *cum,* ensemble, et *agitare,* remuer) **Philos.** Penser. ■ **Fam.** Cogiter sans cesse. *Cogiter à un problème.*

COGITO, ■ n. m. [koʒito] (mot lat., ind. pr. 1 de *cogitare,* je pense) **Philos.** Abréviation de la célèbre formule latine de Descartes : "*Cogito ergo sum*" (je pense, donc je suis). ■ Principe de la philosophie cartésienne selon lequel l'être a une réalité puisqu'il se constitue comme sujet pensant. *Des cogitos.*

COGNAC, n. m. [kɔɲak] ou [kɔnjak] (*Cognac*) Eau-de-vie venant de Cognac, et par extens. très bonne eau-de-vie. *Du vieux cognac.*

COGNASSE, n. f. [kɔɲas] ou [kɔnjas] (*coing*) Espèce de coing sauvage.

COGNASSIER, n. m. [kɔɲasje] ou [kɔnjasje] (*cognasse*) Arbre de la famille des rosacées, qui produit les coings.

COGNAT, n. m. [kɔɡna] (lat. class. *cognatus,* de *cum,* avec, et *natus,* né) Celui qui est uni par un lien de parenté ; parent par les femmes.

COGNATION, n. f. [kɔɡnasjɔ̃] (lat. class. *cognatio*) **Dr.** Lien de parenté qui unit les cognats.

COGNATIQUE, ■ adj. [kɔɡnatik] (rad. de *cognation*) Qui relève de la cognation. *La généalogie cognatique, un descendant cognatique.*

COGNE, ■ n. m. [kɔɲ] ou [kɔnj] (*cogner*) **Arg.** Policier, gendarme.

COGNÉ, ÉE, p. p. de cogner. [kɔɲe] ou [kɔnje]

COGNÉE, n. f. [kɔɲe] ou [kɔnje] (b. lat. *cuneata,* du lat. *cuneus,* coin) Sorte de hache pour couper le gros bois. ◆ **Fig.** *Mettre la cognée au pied de l'arbre,* commencer une entreprise. ◆ *Jeter le manche après la cognée,* se rebuter par découragement. ◆ *Aller au bois sans cognée,* entreprendre quelque chose sans avoir ce qui est indispensable pour réussir.

COGNE-FÉTU, n. m. [kɔɲ(ə)fety] ou [kɔnj(ə)fety] (*cogner* et *fétu*) Celui qui se fatigue beaucoup pour ne rien faire. ◆ **Au pl.** *Des cogne-fétu* ou *cogne-fétus.*

COGNEMENT, ■ n. m. [kɔɲəmɑ̃] ou [kɔnjəmɑ̃] (*cogner*) Action de cogner. ■ Bruit sourd que l'on peut entendre dans un moteur qui fonctionne mal. *Le cognement des soupapes.*

COGNER, v. tr. [kɔɲe] ou [kɔnje] (*coin*) Frapper sur un clou, une cheville, etc. pour l'enfoncer. ◆ **Fig.** « *Nous tâchons de cogner dans la tête de votre fils l'envie de...* », Mme de Sévigné. ◆ *Cogner quelqu'un,* le frapper avec quelque chose. ◆ **V. pr.** *Se cogner la tête,* se heurter la tête contre quelque chose. ◆ **Fig.** *Se cogner la tête contre le mur,* s'obstiner à une chose impossible. ◆ **Pop.** Battre, rosser. ◆ **V. intr.** Frapper contre, heurter. *Cogner à la porte.* ◆ Se cogner, v. pr. Se heurter, donner contre. ◆ Se battre, en parlant de plusieurs.

COGNITICIEN, IENNE, ■ n. m. et n. f. [kɔɡnitisjɛ̃, jɛn] (rad. de *cognition*) Ingénieur qui en partant d'un domaine du savoir en rend les informations applicables par une intelligence artificielle.

COGNITIF, IVE, ■ adj. [kɔɡnitif, iv] (lat. médiév. *cognitivus*) **Philos.** Qui a trait à la connaissance. *Un champ cognitif, des activités cognitives. La linguistique, la psychologie, l'informatique font partie des sciences cognitives.*

COGNITION, ■ n. f. [kɔɡnisjɔ̃] (lat. class. *cognitio,* connaissance) **Philos.** Mécanisme aboutissant à la connaissance.

COGNITIVISME, ■ n. m. [kɔɡnitivism] (rad. de *cognition*) **Didact.** Discipline portant sur les différents processus d'acquisition et d'exploitation des connaissances.

COGNITIVISTE, ■ adj. [kɔɡnitivist] (rad. de *cognition*) Qui a trait au cognitivisme.

COHABITATION, n. f. [koabitasjɔ̃] (lat. chrét. *cohabitatio*) **Dr.** État de deux personnes qui habitent ensemble. ◆ État du mari et de la femme qui vivent ensemble. ◆ Partage du pouvoir entre deux partis politiques opposés.

COHABITATIONNISTE, ■ adj. ou n. m. et n. f. [koabitasjɔnist] (*cohabitation*) Qui a trait à la cohabitation, qui prend parti pour la cohabitation.

COHABITER, v. intr. [koabite] (lat. chrét. *cohabitare*) Vivre ensemble, en parlant des époux.

COHÉRENCE, n. f. [koeʀɑ̃s] (lat. *cohærentia*) **Phys.** État de ce qui est cohérent. ◆ **Fig.** *Des idées sans cohérence.*

COHÉRENT, ENTE, adj. [koeʀɑ̃, ɑ̃t] (lat. *cohærens*) Qui tient réciproquement ensemble. *Les grains du grès sont très cohérents.* ◆ **Bot.** *Étamines cohérentes,* étamines qui tiennent les unes aux autres ◆ **Fig.** *Ce discours est cohérent dans toutes ses parties.* ■ Qualité attribuée à un ensemble dont les différents éléments s'enchaînent logiquement. *Un projet cohérent.*

COHÉRITER, v. intr. [koeʀite] (*co-* et *hériter*) Être cohéritier.

COHÉRITIER, IÈRE, n. m. et n. f. [koeʀitje, jɛʀ] (*co-* et *héritier*) **Dr.** Personne qui hérite avec une autre.

COHÉSIF, IVE, ■ adj. [koezif, iv] (rad. de *cohésion*) Qui permet la cohésion. *Des forces cohésives, des principes cohésifs entre eux.*

COHÉSION, n. f. [koezjɔ̃] (rad. lat. de *cohæsum,* de *cohærere,* être lié) Force en vertu de laquelle les particules des corps solides se tiennent entre elles. ◆ **Fig.** *La cohésion des parties d'un empire.* ■ Harmonie entre les différentes parties d'un ensemble. *La cohésion sociale.*

COHOBATION, n. f. [koobasjɔ̃] (*cohober*) **Pharm.** Action de cohober.

COHOBÉ, ÉE, p. p. de cohober. [koobe]

COHOBER, v. tr. [koobe] (lat. médiév. *cohobare*) **Pharm.** Distiller plusieurs fois de suite une liqueur.

COHORTE, n. f. [koɔʀt] (lat. class. *cohors*) Troupe d'infanterie chez les Romains qui était la 10ᵉ partie de la légion. ◆ En général, troupe de combattants. ◆ **Fam.** Toute troupe de gens réunis en troupe.

COHUE, n. f. [koy] (p.-ê. de *co-* et *huer*) Assemblée bruyante et tumultueuse. ◆ Confusion dans une assemblée.

COI, COITE, adj. [kwa, kwat] (lat. class. *quietus*) Qui se tient là sans se remuer, sans rien dire. *Se tenir coi.* ◆ **Adv.** « *Lors, le manant les arrêtant tout coi [tout à coup]* », La Fontaine. ◆ Où règne le repos. « *Ces fertiles vallons, ces ombrages si cois* », La Fontaine. ◆ **N. m.** « *Sur le coi de la nuit* », La Fontaine. ◆ Ce mot a vieilli, sauf dans le premier emploi.

COIFFAGE, ■ n. m. [kwafaʒ] (*coiffer*) Action de coiffer. ■ **Méd.** Action de recouvrir, à la suite d'une carie, la pulpe dentaire par un film protecteur.

COIFFANT, ANTE, ■ adj. [kwafɑ̃, ɑ̃t] (*coiffer*) Qui coiffe joliment. *Un couvre-chef, un tricorne coiffant.*

COIFFE, n. f. [kwaf] (b. lat. *cofia,* coiffe, bonnet, d'orig. incert.) Ajustement de tête en toile ou en tissu léger, autrefois à l'usage de toutes les femmes, aujourd'hui à l'usage seulement des femmes de la campagne. ◆ Autrefois, au pluriel, *les coiffes,* la coiffe avec le voile et ce qui en dépend. ◆ *Coiffe de chapeau,* sorte de coiffe qui garnit l'intérieur d'un chapeau. ◆ **Anat.** Membranes qui couvrent la tête de l'enfant venant au monde.

COIFFÉ, ÉE, p. p. de coiffer. [kwafe] Qui porte une coiffe. ◆ Qui porte un vêtement de tête quelconque. *Coiffé d'un chapeau.* ◆ Qui a une coiffure quelconque. *Une femme coiffée en cheveux,* c'est-à-dire qui n'a pour coiffure que ses cheveux. ◆ Spécialement, qui a les cheveux arrangés d'une certaine manière. *Coiffé à la Titus. Être bien coiffé.* ◆ *Cheval bien coiffé,* celui qui a les oreilles petites et bien placées. ◆ Un chien courant ou épagneul est bien coiffé, lorsqu'il a les oreilles larges, longues et bien pendantes. ◆ En vénerie, mordu par le chien. ◆ **Fig.** Infatué. « *Que de son Tartuffe elle paraît coiffée !* », Molière. ◆ *Être né coiffé,* avec la coiffe sur la tête, et fig. être très heureux. « *Pauline est née coiffée* », Mme de Sévigné.

COIFFER, v. tr. [kwafe] (*coiffe*) Couvrir la tête d'une coiffe, d'une coiffure quelconque. ◆ Friser, natter les cheveux. ◆ *Coiffer sainte Catherine* (patronne des demoiselles), rester fille. ■ **Absol.** *Ce perruquier coiffe bien.* ◆ Orner, parer la tête. ◆ Mettre, jeter sur la tête. *On le coiffa d'un seau d'eau.* ◆ *Coiffer une bouteille,* mettre une enveloppe par-dessus le bouchon. ◆ En vénerie, happer le sanglier aux oreilles, en parlant d'un chien. ◆ Infatuer.

« *Il s'était laissé coiffer de chimères et de visions* », HAMILTON. ◆ **V. tr.** On dit qu'un navire coiffe, lorsque le vent vient frapper les voiles par l'avant. ◆ Se coiffer, v. pr. Porter comme coiffure. ◆ ▷ *Se coiffer en cheveux* ou *avec ses cheveux*, n'avoir aucun ornement dans les cheveux arrangés en coiffure. ◁ ◆ Se couvrir la tête, en parlant de l'homme. ◆ Arranger sa coiffure. ◆ Les voiles se coiffent quand elles se collent aux mâts. ◆ S'enivrer. ◆ S'infatuer de. *Se coiffer de quelqu'un.* ■ *Coiffer un concurrent au poteau* ou *sur le poteau*, remporter de justesse une victoire sur lui. ■ **V. pr.** Donner une forme particulière et désirée à ses cheveux à des fins généralement esthétiques. *Il se coiffe en brosse.*

COIFFEUR, EUSE, n. m. et n. f. [kwafœʀ, øz] (*coiffer*) Personne qui coiffe, coupe, frise les cheveux. ◆ **Adj.** *Perruquier coiffeur.* ■ **N. f.** Petit meuble de toilette muni d'un miroir.

COIFFURE, n. f. [kwafyʀ] (*coiffer*) Ce qui sert à couvrir la tête, à la garantir. ◆ Ajustement pour la tête. *Une coiffure de fleurs.* ◆ Arrangement des cheveux. *Coiffure à la Ninon.*

COIN, n. m. [kwɛ̃] (lat. *cuneus*) Instrument de fer, taillé en angle solide, et dont on se sert pour fendre du bois. ◆ Chez les anciens, formation d'une troupe en un bataillon triangulaire. ◆ Morceau de fer trempé et gravé, qui sert à marquer les monnaies et les médailles. ◆ *Monnaie, médaille à fleur de coin,* celle que le frottement n'a pas encore usée. ◆ **Fig.** *Cela est frappé, marqué à tel coin,* on y reconnaît le caractère, tel cachet. « *Des vers marqués au coin de l'immortalité* », BOILEAU. ◆ Poinçon pour marquer la vaisselle plate, les bijoux. ◆ Marque, empreinte. « *J'ai un coin de folie* », MME DE SÉVIGNÉ. ◆ Angle rentrant ou saillant formé par la rencontre de deux ou de trois lignes, de deux ou de trois surfaces. *Le coin d'une maison. Les quatre coins d'une chambre. Les quatre coins du poêle dans une pompe funèbre.* ◆ *Les quatre coins et le milieu d'un bois, d'une ville, etc.,* tout l'espace embrassé par un bois, par une ville. ◆ *Les quatre coins du monde,* l'espace entier du monde. ◆ *Jeu des quatre coins,* sorte de jeu qui se joue à cinq personnes. ◆ *Le coin de la rue,* l'endroit où deux rues se coupent. ◆ *Le coin d'un bois,* l'endroit où une route coupe un bois. ◆ Petit meuble en forme d'armoire que l'on place dans les coins d'une chambre. ◆ *Le coin du feu,* les côtés de la cheminée où l'on s'assied pour se chauffer. ◆ *Ne bouger du coin du feu,* être très sédentaire, mener une vie retirée. ◆ *Le coin de la bouche,* l'angle formé, de chaque côté, par la rencontre des lèvres. ◆ *Le coin de l'œil,* l'angle formé, de chaque côté, par la rencontre des paupières. *Regarder du coin de l'œil,* regarder à la dérobée. ◆ Endroit retiré peu fréquenté. « *Qu'heureux est le mortel qui, du monde ignoré, Vit content de soi-même en un coin retiré !* », BOILEAU. ◆ Petit espace de terrain. *Ce coin de terre suffit à ses besoins.* ◆ Endroit peu exposé à la vue. *Jetez cela dans un coin.* ■ *Mettre un enfant au coin,* le punir en le laissant debout face à un coin de mur. ■ **Fam.** *Le petit coin,* les toilettes, les cabinets.

COINÇAGE, ■ n. m. [kwɛ̃saʒ] (*coincer*) Action de coincer. *Des pièces de bois qui tiennent par coinçage. Le coinçage d'un doigt dans la porte.*

COINCÉ, ÉE, ■ p. p. de coincer. [kwɛ̃se] Bloqué, en parlant de quelque chose. *Une commande coincée.* ■ Sans possibilité de bouger. *On est coincé dans l'aéroport à cause de la grève.* ■ **Fam.** *Coincé comme un rat,* être immobilisé comme un rat pris au piège. ■ **Fam.** Mal dans sa peau, complexé. *Il ne dit pas un mot, il est vraiment coincé.*

COINCEMENT, ■ n. m. [kwɛ̃s(ə)mɑ̃] (*coincer*) Situation de ce qui est coincé. *Le coincement d'un nerf.* ■ **Sp.** Position d'escalade consistant à coincer son pied, son poing sur la paroi, en assurant la prise par son propre poids.

COINCER, ■ v. tr. [kwɛ̃se] (*coin*) Stabiliser à l'aide de coins. *Coincer des rails.* ■ Immobiliser, caler par le biais d'une pression extérieure. *Coincer sa tête entre les oreillers. Être coincé sous une voiture.* ■ Bloquer. *Coincer sa fermeture éclair.* ■ Empêcher quelqu'un d'avancer. *Coincer quelqu'un dans la rue.* ■ **Fam.** Empêcher intentionnellement quelqu'un de répondre à une question. *Coincer un élève à un test.* ■ **Fam.** Réussir à arrêter quelqu'un. *Coincer un voleur.* « *Tu sais,* confia la grosse Thérèse, *ils ont coincé Gilberte* », CARCO. ■ Se coincer, v. pr. Se bloquer. *Se coincer le doigt dans une porte.* ■ **V. intr.** Se bloquer. *Ça coince !*

COÏNCIDENCE, n. f. [kɔɛ̃sidɑ̃s] (*coïncider*) **Géom.** État de lignes ou de surfaces qui peuvent se superposer exactement, ou de volumes qui peuvent se remplacer. ◆ Dans le langage ordinaire, simultanéité. *La coïncidence de deux événements.* ◆ Concours de circonstances dont résulte une similitude.

COÏNCIDENT, ENTE, adj. [kɔɛ̃sidɑ̃, ɑ̃t] (*coïncider*) **Géom.** Qui coïncide. *Lignes coïncidentes.* ◆ Simultané. *Symptômes coïncidents.*

COÏNCIDER, v. intr. [kɔɛ̃side] (*co-* et lat. *incidere*, s'avancer) **Géom.** Avoir la coïncidence, en parlant des lignes, des surfaces, des volumes. *Cette ligne coïncide avec…* ◆ Arriver en même temps, avoir de la liaison, du rapport.

COIN-COIN ou **COINCOIN**, ■ n. m. [kwɛ̃kwɛ̃] Onomatopée tentant de restituer phonétiquement le couinement du canard. *Des coin-coin* ou *des coincoins.*

COÏNCULPÉ, ÉE, ■ n. m. et n. f. [kɔɛ̃kylpe] (*co-* et *inculpé*) Personne inculpée en même tant qu'une ou plusieurs autres et ce pour la même affaire.

COING, n. m. [kwɛ̃] (lat. impér. *cotoneum*, prob. du gr. *kudônia*, pomme de Kydonia) Le fruit du cognassier. ◆ **Fam.** *Être jaune comme un coing,* avoir le teint fort jaune.

COINTÉRESSÉ, ÉE, n. m. et n. f. [kɔɛ̃teʀɛse] (*co-* et *intéressé*) Personne qui a un intérêt commun avec d'autres, dans une affaire, une entreprise. ■ **Rem.** On peut aussi écrire *cointéressé, ée.*

COIR, ■ n. m. [kwaʀ] (mot anglo-indien) Fibre de la coque de noix de coco utilisée notamment en corderie et en sparterie. *L'utilisation des déchets de coir comme carburant.*

COÏT, ■ n. m. [koit] (lat. *coitus*) Action de s'accoupler. *Le coït des éléphants.* ■ *Coït interrompu,* Pratique de contraception consistant à ce que l'homme retire le pénis du vagin avant l'éjaculation. ■ COÏTER, v. intr. [koite] ■ COÏTANT, ANTE, adj. [koitɑ̃, ɑ̃t]

COITE, n. f. [kwat] Voy. COUETTE.

COITRON, ■ n. f. [kwatʀɔ̃] (orig. incert.) Suisse Limace de petite taille.

COJOUISSANCE, n. f. [koʒwisɑ̃s] (*co-* et *jouissance*) **Dr.** Jouissance commune à deux ou plusieurs.

1 **COKE**, n. m. [kɔk] (angl. *coke*) Charbon minéral artificiel, qui est le résidu de la distillation de la houille, et qui en diffère par l'absence de l'hydrogène bicarboné.

2 **COKE**, ■ n. f. [kɔk] (abrév.) **Fam.** Cocaïne.

COKÉFACTION, ■ n. f. [kokefaksjɔ̃] (*cokéfier*) Conversion de la houille en coke.

COKÉFIABLE, ■ adj. [kokefjabl] (*cokéfier*) Qui peut être transformé en coke.

COKÉFIER, ■ v. tr. [kokefje] (1 *coke*) Changer quelque chose en coke. *Ce charbon est destiné à être cokéfié.*

COKERIE, ■ n. f. [kɔk(ə)ʀi] (1 *coke*) Industrie spécialisée dans la transformation du charbon en coke.

COL, n. m. [kɔl] (lat. *collum*) Cou, partie du corps qui supporte la tête. En ce sens, il ne se dit que par euphonie ; et encore l'usage s'en perd de plus en plus. ◆ **Anat.** Embouchure de certaines parties. *Col de la vessie.* ◆ Rétrécissement entre la tête et le corps de certains os. *Le col du fémur, de l'humérus.* ◆ **Par anal.** le col d'une bouteille, d'une cornue. ◆ **Géogr.** Passage étroit entre deux montagnes. ◆ *Col de chemise,* partie de la chemise qui entoure le cou. ◆ **Par extens.** Sorte de cravate qui s'attache derrière le cou avec une boucle. *Col de soie.* ◆ *Faux col,* façon de col de chemise qui s'attache autour du cou. ◆ Sorte de petit collet en toile, en mousseline brodée ou en dentelle, monté sur un fond de fichu, que les femmes mettent autour de leur cou. ■ *Col blanc,* personne travaillant dans un bureau. ■ *Col bleu,* ouvrier travaillant dans une usine. ■ *Col-de-cygne,* tuyau de robinetterie de forme allongée et courbe. *Des cols-de-cygne.*

COL…, ■ préfixe [kɔl] Voy. COM.

COLA, ■ n. m. [kola] (mot africain) Arbre africain sur lequel pousse la noix de cola. ■ Boisson gazeuse et très sucrée à base de cola et de couleur noire. *Des colas.*

COLAO, n. m. [kolao] (port. *kolao,* du chin. *koh-la,* membre du conseil privé) Sorte de ministre d'État à la Chine.

COLARIN, n. m. [kolaʀɛ̃] (ital. *collarino,* petit collier) Nom de la petite frise du chapiteau des colonnes toscanes et doriques.

COLATURE, n. f. [kolatyʀ] (b. lat. *colatura,* de *colare,* filtrer) **Pharm.** Action de faire passer un liquide à travers un tissu de toile ou de laine peu serré. ◆ Liqueur ainsi dépurée.

COLBACK, n. m. [kɔlbak] (turc *qalpaq*) Sorte de bonnet à poil en forme de cône tronqué renversé. ■ **Fam.** Cou, col. *Des colbacks.*

COLBERTISME, ■ n. m. [kɔlbɛʀtism] (*Colbert*) **Hist.** Politique économique mercantiliste prônée par Colbert trouvant ses fondements dans l'idée que la puissance et la prospérité d'un pays se mesurent en fonction de la quantité d'or et de métaux précieux qu'il a amassé.

COL-BLEU, ■ n. m. [kɔlbløo] (*col* et *bleu*) **Fam.** Nom donné au marin de la marine nationale française. *Des cols-bleus.*

COLCHICINE, ■ n. f. [kɔlʃisin] (*colchique*) **Méd.** Substance toxique extraite des graines de colchique et qui, dans des proportions données, peut être utilisée pour soigner certaines maladies dont la goutte.

COLCHIQUE, n. m. [kɔlʃik] (lat. *colchicum*) Plante bulbeuse cultivée à cause de la beauté de ses fleurs et de ses propriétés médicinales, dite aussi *tue-chien,* vieillotte.

COLCOTAR, n. m. [kɔlkotaʀ] (ar. *qulqutar*) Peroxyde de fer rouge provenant de la décomposition du protosulfate de fer par le feu.

COLÉE, ■ n. f. [kole] (*col*) Hist. Coup porté du plat de la main sur le cou lors de la cérémonie d'adoubement d'un chevalier. *Donner la colée.*

COLÉGATAIRE, n. m. et n. f. [kolegatɛʀ] (*co-* et *légataire*) Celui, celle qui a part avec d'autres aux legs d'un testament.

COLÉOPTÈRE, n. m. [koleoptɛʀ] (gr. *koleopteros*, de *koleos*, fourreau, et *pteron*, aile) Ordre d'insectes dont les deux ailes supérieures, dures, épaisses, servent d'enveloppe aux inférieures, qui, étant membraneuses, se replient sous elles dans l'état du repos.

COLÉRA-MORBUS, [koleʀamɔʀbys] Voy. CHOLÉRA-MORBUS plus usité.

1 COLÈRE, n. f. [kolɛʀ] (lat. impér. *cholera*, du gr. *kholera*, maladie bilieuse) Sentiment d'irritation contre ce qui nous blesse. *Être, se mettre en colère.* ♦ *La colère de Dieu.* ♦ Se dit aussi en parlant des animaux. *La colère du lion. Chien en colère.* ♦ Fig. *La colère des flots, la colère des vents,* c'est-à-dire le soulèvement des flots, le souffle impétueux des vents.

2 COLÈRE, adj. [kolɛʀ] (1 *colère*) Qui se met souvent en colère. ♦ C'est une faute de dire *être colère* pour : avoir un accès de colère ; *colère* signifie non pas l'homme saisi d'un accès de colère, mais l'homme qui se met souvent en colère.

COLÉREUX, EUSE, ■ adj. [koleʀø, øz] (1 *colère*) Susceptible de se mettre rapidement en colère. *Un enfant coléreux. Un caractère coléreux.* ■ N. m. et n. f. Personne qui est coléreuse. *Un éternel coléreux.* ■ Philos. *Manie coléreuse,* manie alliant dépression et excitation. ■ COLÉREUSEMENT, adv. [koleʀøz(ə)mɑ̃]

1 COLÉRIQUE, adj. [koleʀik] (lat. impér. *cholericus*) Dont le tempérament est enclin à la colère. « *Je hais les esprits colériques* », MOLIÈRE.

2 COLÉRIQUE, n. m. et n. f. [koleʀik] Voy. CHOLÉRIQUE plus usité.

COLÉUS, ■ n. m. [koleys] (lat. scient. *coleus*, du gr. *koleos*, fourreau) Plante tropicale, généralement cultivée pour la valeur ornementale de ses feuilles qui offrent un panaché de rose, de vert ou de pourpre foncé et de pourpre clair.

COLI, n. m. [koli] Voy. COLIR.

COLIART, n. m. [koljaʀ] (p.-ê. var. de *couillard*, de *couille*) Nom vulgaire de la raie blanche.

COLIBACILLE, ■ n. m. [kolibasil] (gr. *kôlon*, côlon, et *bacille*) Bactérie intestinale capable de provoquer des infections.

COLIBACILLOSE, ■ n. f. [kolibasiloz] (*colibacille*) Infection provoquée par un colibacille.

COLIBRI, n. m. [kolibʀi] (orig. incert.) Très petit oiseau que le vulgaire confond avec l'oiseau-mouche.

COLICITANT, ANTE, n. m. et n. f. [kolisitɑ̃, ɑ̃t] (*co-* et *licitant*, de *liciter*) Chacun de ceux au nom desquels se fait une vente par licitation.

COLIFICHET, n. m. [kolifiʃɛ] (moy. fr. *coeffichier*, accessoire de coiffure, prob. altér. de *coiffe*, altér. d'apr. *coller* et *affiquet*) Anciennement, petit morceau de papier, de carte, de parchemin, coupé proprement avec des ciseaux et représentant diverses figures, que l'on colle ensuite sur du bois, du velours, etc. ♦ Babiole, bagatelle, petit objet de fantaisie. ♦ Ornement futile et de mauvais goût. ♦ Affèterie dans un ouvrage littéraire. « *Ces colifichets dont le bon sens murmure* », MOLIÈRE. ♦ Sorte de biscuit léger qu'on donne aux oiseaux.

COLIMAÇON, n. m. [kolimasɔ̃] (altér. du norm.-picard *calimachon*) Limaçon. ■ *En colimaçon,* en spirale. *Un escalier en colimaçon.*

1 COLIN, n. m. [kolɛ̃] (nom propre) Nom de plusieurs oiseaux d'Amérique. ♦ *Colin noir,* poule d'eau. ♦ Théât. Jeune berger. *S'habiller à la colin. Cravate à la colin.*

2 COLIN, ■ n. m. [kolɛ̃] (prob. du néerl. *kole*) Poisson de mer, proche du lieu noir, mais à la chair plus fine. *Des filets de colin.*

COLINÉAIRE, ■ adj. [kolineɛʀ] (*co-* et *linéaire*) *Vecteurs colinéaires,* vecteurs ayant la même direction.

COLINEAU, ■ n. m. [kolino] Voy. COLINOT.

COLIN-MAILLARD, n. m. [kolɛ̃majaʀ] (*Colin* et *Maillard* p.-ê. du prénom *Maillard*) Jeu où l'un, ayant les yeux bandés, cherche à attraper les autres à tâtons et à les reconnaître. ♦ Fig. *C'est un colin-maillard,* se dit de manèges, de démarches où chacun agit à l'aveugle.

COLINOT ou **COLINEAU**, ■ n. m. [kolino] (dimin. de 2 *colin*) Colin de petite taille.

COLIN-TAMPON, n. m. [kolɛ̃tɑ̃pɔ̃] (*Colin* et *tampon*, prob. pour *tambour*) Batterie des tambours suisses. ♦ Fam. *S'en moquer comme de Colin Tampon,* n'avoir pas le moindre souci d'une chose. ■ Au pl. *Des colin-tampon* ou *des colin-tampons.*

COLIQUE, n. f. [kolik] (gr. *kôlikos*, de *kôlon*, côlon) Douleur intense siégeant dans les entrailles. *Avoir la colique.* ♦ *Colique hépatique,* douleur qui a son siège à la région du foie. ♦ *Colique métallique, colique des peintres, colique saturnine,* colique due à l'absorption d'un oxyde de plomb. ♦ *Colique néphrétique,* douleur qui a son siège dans les reins. ♦ *Colique d'estomac,* névralgie qui saisit l'estomac. ♦ Fig. et fam. *Avoir la colique,* avoir peur. ■ *Avoir la colique,* avoir la diarrhée.

COLIR, n. m. [koliʀ] (mot chin.) Sorte d'officier en Chine, qui a la fonction de censeur universel. ♦ On trouve aussi *coli.*

COLIS, n. m. [koli] (ital. *colli,* charges portées sur le cou, pluriel de *collo*) Caisse, ballot de marchandises expédiées. ♦ Tout objet remis à une entreprise de transport.

COLISÉE, n. m. [kolize] (b. lat. *coliseum,* de *colosseum,* de *colossus*) Vieil amphithéâtre romain, bâti par Vespasien. ♦ Nom donné à quelques anciens monuments, qui sont des théâtres ou des amphithéâtres.

COLISTIER, IÈRE, ■ n. m. et n. f. [kolistje, jɛʀ] (*co-* et *liste*) Personne inscrite sur la même liste électorale que d'autres candidats. *Un colistier du parti majoritaire.*

COLITE, ■ n. f. [kolit] (gr. *kôlon,* côlon) Inflammation du côlon. ■ COLITIQUE, adj. [kolitik]

COLLABORATEUR, TRICE, n. m. et n. f. [kolaboʀatœʀ, tʀis] (*collaborer*) Personne qui travaille avec une autre à un même ouvrage, à une même publication littéraire, qui l'aide dans ses fonctions. ♦ Personne qui s'est rangée du côté de l'occupant durant la Seconde Guerre mondiale. ■ Fam. et péj. *Un, une collabo.*

COLLABORATION, n. f. [kolaboʀasjɔ̃] (b. lat. *collaboratio*) Participation à un travail littéraire, à l'exercice de certaines fonctions. ♦ Dr. Travaux, soins communs du mari et de la femme. ■ Politique de coopération avec l'occupant durant la Seconde Guerre mondiale.

COLLABORATIONNISTE, ■ n. m. et n. f. [kolaboʀasjɔnist] (*collaboration*) Hist. En France, pendant la Seconde Guerre mondiale, partisan de la collaboration avec l'occupant. ■ Adj. *Une personne collaborationniste.* « *Les éditoriaux de* L'Œuvre *dus à la plume incisive de Marcel Déat, donnaient le ton à la presse collaborationniste* », COSTON.

COLLABORER, v. intr. [kolaboʀe] (b. lat. *collaborare,* travailler ensemble) Travailler avec une ou plusieurs personnes à un ouvrage d'esprit, les aider dans certaines fonctions. *Collaborer à un ouvrage.* ■ Coopérer avec l'occupant pendant la Seconde Guerre mondiale.

COLLAGE, n. m. [kolaʒ] (*coller*) Action de coller du papier de tenture. ♦ *Collage de bois,* jonction de pièces de bois, par le moyen de la colle forte. ♦ Action d'imprégner de colle le papier, pour qu'il ne boive pas. ♦ Clarification du vin, à l'aide de la colle de poisson ou du blanc d'œuf. ■ Œuvre d'art intégrant différents matériaux. *Les collages du cubisme.*

COLLAGÈNE, ■ n. m. [kolaʒɛn] (*colle* et *?gène*) Protéine conférant une cohésion aux tissus vivants, et notamment à la peau. *Une injection de collagène.*

COLLAGÉNOSE, ■ n. f. [kolaʒenoz] (*collagène*) Méd. Maladie due à une formation anormale de collagène dans les tissus conjonctifs, dans les artères. *Une collagénose aiguë avec manifestations vasculaires.*

COLLANT, ANTE, adj. [kolɑ̃, ɑ̃t] (*coller*) Qui colle. ♦ *Pantalon collant,* pantalon si juste qu'il dessine les formes. ■ Fam. *Une personne collante,* dont la présence constante finit par importuner. ■ N. m. Sous-vêtement féminin parfaitement ajusté, enveloppant le corps de la ceinture aux pieds. ■ Rem. On dit aussi *une paire de collants.*

COLLATAIRE, n. m. [kolatɛʀ] (rad. de *collation*) Celui en faveur de qui le droit de collation est exercé.

COLLATÉRAL, ALE, adj. [kolateʀal] (lat. médiév. *collateralis*) Qui accompagne, qui marche à côté. ♦ Archit. *Nef collatérale,* nef des bas-côtés d'une église, et N. m. pl. *les collatéraux d'une église.* ♦ Dr. Qui est parent hors de la ligne directe. *Parents collatéraux.* ♦ *Ligne collatérale,* celle qui est à côté de la directe et où sont les cousins, neveux, oncles, tantes, etc. *Succession collatérale. Héritier collatéral.* ♦ N. m. et n. f. *Un collatéral. Les collatéraux.* ♦ Géogr. *Points collatéraux,* les points qui sont au milieu de deux points cardinaux.

COLLATÉRALEMENT, adv. [kolateʀal(ə)mɑ̃] (*collatéral*) En ligne collatérale.

COLLATEUR, n. m. [kolatœʀ] (b. lat. *collator*) Celui qui avait le droit de conférer un bénéfice.

COLLATIF, IVE, adj. [kolatif, iv] (*collateur*) *Bénéfice collatif,* bénéfice susceptible d'être conféré.

1 COLLATION, n. f. [kolasjɔ̃] (lat. chrét. *collatio*) Dr. Droit, action de nommer à un bénéfice ecclésiastique. ♦ Action de conférer un titre, un droit, un grade. ♦ Action de conférer, de confronter une copie avec l'original. ♦ En librairie, action de collationner.

2 COLLATION, n. f. [kɔlasjɔ̃] (b. lat. *collatio*, conférence) Repas léger que les catholiques font au lieu de souper, les jours de jeûne. ♦ **Par extens.** Tout repas fait dans l'après-dîner et qu'on nomme aussi *goûter*. ♦ Petit repas qu'on fait, entre les repas, en hâte, en passant. ♦ Anciennement, repas qu'on servait la nuit dans les bals.

COLLATIONNÉ, ÉE, p. p. de collationner. [kɔlasjɔne]

COLLATIONNEMENT, ▪ n.m. [kɔlasjɔn(ə)mɑ̃] (1 *collationner*) Action de collationner. *Le collationnement des données.*

1 COLLATIONNER, v. tr. [kɔlasjɔne] (1 *collation*) Faire la collation d'une copie avec l'original ; conférer deux écrits ensemble. ♦ En librairie, vérifier s'il ne manque point de feuillets à un livre.

2 COLLATIONNER, v. intr. [kɔlasjɔne] (2 *collation*) Faire le repas appelé collation.

COLLATIONNURE, ▪ n. f. [kɔlasjɔnyʀ] (1 *collationner*) Action de vérifier, après assemblage, que l'ordre des cahiers et des hors-texte d'un livre convient.

COLLE, n. f. [kɔl] (lat. vulg. *colla*, du gr. *kolla*) Préparation qui sert à joindre d'une manière fixe certains objets. ♦ *Colle forte*, gélatine extraite de substances animales. ♦ Pop. Bourde, menterie. ♦ T. d'aspirant à une école spéciale. *Colles*, questions difficiles, interrogations. ■ **Fam.** Pot de colle, personne qui importune par sa présence constante. ♦ **Fam.** Punition qui consiste à retenir un élève dans l'établissement. *Avoir une heure de colle.*

COLLÉ, ÉE, p. p. de coller. [kɔle] *Papier collé*, papier qui a reçu un apprêt permettant qu'on écrive dessus. ♦ **Fig.** Attaché à, fixé sur. *Un savant collé sur ses livres. Je me tenais collé à la fenêtre.* ♦ Au jeu de billard, touchant à la bande. *Bille collée. Je suis collé.* ♦ **École** Qui ne trouve rien à répondre, surtout dans un examen ; pris en faute, puni.

COLLECTAGE, ▪ n. m. [kɔlɛktaʒ] (*collecter*) Action de collecter. *Le collectage des informations. Le collectage des ordures ménagères.*

COLLECTE, n. f. [kɔlɛkt] (lat. *collecta*, de *colligere*, recueillir) Anciennement, la levée des impositions. ♦ **Par extens.** Quête en vue d'une œuvre de bienfaisance ou d'une dépense commune. *Faire une collecte.* ■ Action de rassembler différentes choses pour un usage ou un traitement déterminé. *Collecte de données linguistiques. La collecte des ordures ménagères.*

COLLECTER, ▪ v. tr. [kɔlɛkte] (*collecte*) Entreprendre une collecte, recueillir de l'argent ou tout autre élément dans une perspective humanitaire. *Collecter des fonds pour une association. Collecter des vêtements pour les sans-abri.*

COLLECTEUR, TRICE, n. m. et n. f. [kɔlɛktœʀ, tʀis] (lat. *collector*) Personne qui recueillait les impositions. ♦ Personne qui reçoit des cotisations. ♦ Phys. Le plateau supérieur du condensateur. ♦ Adj. *Égout collecteur* ou n. m. *collecteur*, égout principal dans lequel se jettent les autres.

COLLECTIF, IVE, adj. [kɔlɛktif, iv] (lat. *collectivus*) Qui contient un ensemble de personnes ou de choses, qui appartient à un ensemble de personnes ou de faits. *Un tout collectif. La puissance collective de l'homme.* ♦ D'une manière collective, en considérant les objets comme formant un seul tout. ♦ Gramm. Qui exprime la réunion de plusieurs individus de la même espèce. *Peuple est un nom collectif.* ♦ N. m. *Un collectif.*

COLLECTION, n. f. [kɔlɛksjɔ̃] (lat. *collectio*) Pharm. *Collection de drogues*, l'approvisionnement qu'on en doit faire. ♦ Assemblage d'objets d'art ou de science. *Une collection de tableaux.* ♦ Se dit des personnes et de toutes sortes d'objets dans le langage familier. *Une collection de beaux esprits.* ♦ Recueil de plusieurs ouvrages ou des divers numéros d'une publication ou de diverses pièces ou morceaux. ♦ Méd. Amas d'un liquide dans quelqu'une des cavités closes du corps. ♦ Ensemble d'objets semblables réunis par un amateur. *Une collection de timbres, de papillons.* ♦ Ensemble des vêtements créés pour une saison.

COLLECTIONNER, v. intr. [kɔlɛksjɔne] (*collectionner*) Faire des collections. ♦ V. tr. *Collectionner des insectes.* ■ Fig. et fam. *Il collectionne les gaffes.*

COLLECTIONNEUR, EUSE, n. m. et n. f. [kɔlɛksjɔnœʀ, øz] (*collection*) Personne qui fait des collections.

COLLECTIONNISME, ▪ n. m. [kɔlɛksjɔnism] (*collectionner*) Pathologie qui consiste à glaner un nombre important d'objets sans valeur et sans rapport les uns avec les autres, et qui trouve son paroxysme dans l'impossibilité de jeter des biens même usagés. *Le collectionnisme va parfois à l'encontre des règles d'hygiène les plus élémentaires.*

COLLECTIONNITE, ▪ n. f. [kɔlɛksjɔnit] (*collectionner*) Fam. Manie de se lancer dans la constitution de différentes collections. *Une collectionnite aiguë.*

COLLECTIVEMENT, adv. [kɔlɛktiv(ə)mɑ̃] (*collectif*) Dans un sens collectif.

COLLECTIVISER, ▪ v. tr. [kɔlɛktivize] (*collectif*) Approprier à la collectivité des biens productifs tels que les moyens de production, d'échange, d'investissement, etc., notamment par la nationalisation ou l'expropriation. *Ils collectivisèrent les terres.* ■ COLLECTIVISATION, n. f. [kɔlɛktivizasjɔ̃]

COLLECTIVISME, ▪ n. m. [kɔlɛktivism] (*collectif*) **Écon.** Système qui consiste à mettre en commun des moyens de production au profit de l'État ou d'organismes. ■ COLLECTIVISTE, adj. ou n. m. et n. f. [kɔlɛktivist]

COLLECTIVITÉ, ▪ n. f. [kɔlɛktivite] (*collectif*) Ensemble de personnes partageant les mêmes intérêts. *La collectivité nationale.* ■ Regroupement en un même lieu de personnes se livrant à une activité commune. *La vie en collectivité.* ■ *Collectivité locale* ou *territoriale*, personne morale qui gère les intérêts des habitants d'une circonscription administrative. *L'autonomie financière des collectivités territoriales.*

COLLECTOR, ▪ n. m. [kɔlɛktɔʀ] (mot angl., collectionneur, du lat. *collector*) Objet original ou rare particulièrement prisé par les collectionneurs. *Ce DVD est un collector. Des collectors.*

COLLÈGE, n. m. [kɔlɛʒ] (lat. class. *collegium*) Corps de personnes revêtues de la même dignité. *Le collège des augures à Rome.* ♦ *Le sacré collège*, le corps des cardinaux. ♦ *Collège électoral*, assemblée d'électeurs. ♦ Établissement d'instruction publique et secondaire. ♦ **Par extens.** Tous les élèves ou tous les pensionnaires d'un collège. ♦ *Amitié de collège*, amitié contractée au collège. ♦ *Amis de collège*, vieux amis. ♦ *Sentir le collège*, avoir quelque chose de pédantesque. ♦ *Collège de France*, établissement fondé à Paris par François Ier, où l'on enseigne les hautes connaissances humaines. ♦ **Rem.** Graphie ancienne : *collége.*

COLLÉGIAL, ALE, adj. [kɔleʒjal] (b. lat. *collegialis*) *Église collégiale*, église qui n'est pas cathédrale et qui a un collège de chanoines. ♦ N. m. Chanoine d'une collégiale. ♦ Adj. Qui relève d'un corps constitué, d'un collège. *Une décision collégiale.*

COLLÉGIALEMENT, ▪ adv. [kɔleʒjal(ə)mɑ̃] (*collégial*) De manière collégiale.

COLLÉGIALITÉ, ▪ n. f. [kɔleʒjalite] (*collégial*) Caractère de ce pour quoi on opte collégialement. *Un accord collégial.*

COLLÉGIEN, IENNE, n. m. et n. f. [kɔleʒjɛ̃, jɛn] (*collège*) Élève d'un collège.

COLLÈGUE, n. m. [kɔlɛg] (lat. class. *collega*) Celui qui fait, avec d'autres, partie d'un même corps, et aussi qui exerce une fonction, une magistrature avec un autre, qui remplit la même fonction.

COLLEMBOLE, ▪ n. m. [kɔlɑ̃bɔl] (gr. *kolla*, colle, et *embolê*, action de jeter) Insecte de petite taille, sans ailes, sautant à l'aide d'un appendice fourchu.

COLLEMENT, n. m. [kɔl(ə)mɑ̃] (*coller*) État de choses collées l'une sur l'autre. *Le collement des paupières.*

COLLENCHYME, ▪ n. m. [kɔlɑ̃ʃim] (gr. *kolla*, colle, et *enkuma*, épanchement) Bot. Tissu primaire, constitué de cellules, qui, chez certains végétaux, joue un rôle de soutien.

COLLER, v. tr. [kɔle] (*colle*) Joindre avec de la colle. *Coller du papier.* ♦ Enduire, imprégner de colle, d'apprêt. ♦ **Par extens.** *Le sang avait collé ses cheveux.* ♦ *Coller du vin*, y battre de la colle de poisson pour le clarifier. ♦ Appliquer une chose contre une autre. ♦ **Fig.** « *Coller des enfants sur des livres* », J.-J. Rousseau. ♦ Au billard, coller une bille, l'envoyer tout près de la bande. On dit aussi : *Coller son adversaire.* ♦ Pop. *Coller quelqu'un*, lui dire quelque chose qui le fait taire. ♦ *Coller un élève*, lui faire une question à laquelle il ne peut répondre ; le punir. ♦ V. intr. Tenir comme avec de la colle. ♦ *Ce pantalon colle*, il dessine les formes. ♦ Se coller, v. pr. S'attacher comme avec de la colle. ♦ S'appliquer exactement sur une chose. ♦ S'attacher fortement. *Se coller à un mur.* ♦ Fig. Tenir son esprit collé sur une chose. ■ Fam. *Coller quelqu'un*, le suivre partout, être tout le temps dans ses pas.

COLLERETTE, n. f. [kɔl(ə)ʀɛt] (dimin. de *collier*) Petit collet en linge fin, dont les femmes s'entourent le cou. ♦ *Collerette d'homme*, collerette à la Henri IV. ♦ Bot. Involucre des ombellifères.

COLLET, n. m. [kɔlɛ] (dimin. de *col*) Partie d'un vêtement qui entoure le cou. *Collet d'habit.* ♦ *Sauter au collet*, sauter au cou. ♦ *Prendre quelqu'un au collet*, le saisir par le haut de son habit, et par extens. le forcer d'écouter. ♦ *Mettre la main sur le collet à quelqu'un*, l'arrêter. ♦ **Fig.** *Prêter le collet à quelqu'un*, lutter contre quelqu'un, se battre avec lui. ♦ Morceau d'étoffe arrondi qui se place sur les épaules et couvre une partie du corps. *Collet de manteau.* ♦ Grand ornement de linge qu'on mettait sur le collet du pourpoint, et qu'on nommait aussi *rabat.* ♦ ▷ *Un homme à petit collet* ou simplement *un petit collet*, un homme d'Église. ◁ ♦ ▷ *Le petit collet*, la profession ecclésiastique. ◁ ♦ *Collet monté*, collet que portaient les femmes. ♦

Fig. *C'est un collet monté*, c'est une personne affectée, pédante. ♦ *Cela est collet monté*, cela est contraint, guindé. ♦ *Collet de mouton, de veau*, la partie entre les épaules et la tête. ♦ *Collet des dents*, ligne dont le contour marque la séparation de la racine et de la couronne. ♦ **Bot.** Point d'où s'élève la tige et d'où part la racine. ♦ Nœud coulant, employé pour prendre le gibier.

COLLETAILLER (SE), ■ v. pr. [kɔl(ə)taje] (*se colleter*) **Québec** Se démener. *Ce jeune homme se colletaille avec ces deux emplois.*

COLLETÉ, ÉE, p. p. de colleter. [kɔl(ə)te] **Hérald.** *Animal colleté*, animal qui a un collier d'un émail différent de celui du corps.

COLLETER, v. tr. [kɔl(ə)te] (*collet*) Saisir quelqu'un au collet en cherchant à le terrasser. ♦ En parlant des animaux, *le dogue colleta le loup*. ♦ **V. intr.** Tendre des collets pour prendre du gibier. ♦ Se colleter, v. pr. Se prendre au collet en luttant. ■ **Fam.** *Se colleter quelque chose*, avoir à le faire, à le subir. *C'est moi qui vais me colleter tout le boulot.*

COLLETEUR, n. m. [kɔl(ə)tœr] (*collet*) Celui qui tend des collets.

COLLEUR, EUSE, n. m. et n. f. [kɔlœr, øz] (*coller*) Ouvrier, ouvrière qui colle ou qui fait le collage. ♦ *Colleur d'affiches* ou simplement *colleur*, afficheur. ♦ **Pop.** Personne qui conte des colles, des bourdes. ♦ Dans l'argot des collèges, maître qui interroge les élèves qui vont passer des examens.

COLLEY, ■ n. m. [kɔlɛ] (angl. *collie*) Chien de berger, originaire d'Écosse, qui a le poil long et le museau allongé. *Des colleys.*

COLLIER, n. m. [kɔlje] (lat. *collare*, collier) Ornement de cou en forme de chaîne ou de chapelet. ♦ Chaîne d'or que portent les chevaliers de certains ordres. ♦ Sorte de collier à l'usage des esclaves, des animaux. ♦ *Collier de force*, collier garni de pointes en dedans, dont on use pour dresser les chiens d'arrêt. ♦ Courroie qui sert à attacher les animaux à l'écurie. ♦ *Collier de cheval*, partie du harnais qu'on passe au cou du cheval, et à laquelle les traits sont attachés. ♦ *Cheval de collier*, cheval de trait, et par abréviation *un collier*. ♦ *Cheval franc de collier*, qui tire avec ardeur. ♦ **Fig.** et **fam.** *Être franc de collier*, se dit d'un homme sur qui l'on peut compter pour tout ce qui est action. ♦ *Donner un coup de collier*, faire un effort, une tentative, dans un moment de nécessité ; aider à quelqu'un. ♦ *Collier de misère*, travail rude et assujettissant, existence pénible. ♦ **Bouch.** Dans le bœuf, la partie du cou la plus rapprochée de la tête. ♦ Marque naturelle autour du cou d'un animal, d'un oiseau. ♦ **Archit.** Astragale taillé en perles, en olives ou en patenôtres. ■ *Barbe en collier* ou *collier*, barbe fine et courte portée sur les joues et le menton. ■ **Techn.** Anneau ouvert servant à maintenir des tuyauteries.

COLLIGÉ, ÉE, p. p. de colliger. [kɔliʒe]

COLLIGER, v. tr. [kɔliʒe] (lat. *colligere*, recueillir) Faire des collections de pierres, d'insectes, etc. ♦ Faire des extraits. ♦ Vieux en ce sens. ■ Rassembler des textes afin qu'il ne forme plus qu'un recueil. *Il avait colligé tous les poèmes qu'il avait reçus.*

COLLIMATEUR, ■ n. m. [kɔlimatœr] (rad. de *collimation*) Outil de visée optimisant la précision d'un tir. *Le collimateur d'un fusil.* ■ **Opt.** Objet constituant un faisceau lumineux. ■ **Fam.** *Avoir quelqu'un dans le collimateur*, prendre quelqu'un en hostilité, s'en méfier.

COLLIMATION, ■ n. f. [kɔlimasjɔ̃] (lat. scient. *collineatio*, du lat. class. *collineare*, viser) Action de viser, d'orienter un instrument d'optique vers un point précis.

COLLINE, n. f. [kɔlin] (b. lat. *collina*, fém. de *collinus*) Hauteur qui s'élève au-dessus de la plaine. ♦ **Poétiq.** *La double colline*, le Parnasse. ■ COLLINAIRE, adj. [kɔlinɛr] *Lac collinaire.*

COLLIQUATIF, IVE, adj. [kɔlikwatif, iv] (lat. médiév. *colliquativus*) **Méd.** Qui épuise promptement les malades, et semble être le résultat de la liquéfaction des parties solides du corps. *Dévoiement colliquatif*

COLLIQUATION, n. f. [kɔlikwasjɔ̃] (rad. du lat. *colliquare*, se liquéfier) Fonte des parties solides avec excrétions abondantes soit de selles, soit d'urine, soit de pus, soit de sueurs.

COLLISION, n. f. [kɔlizjɔ̃] (lat. *collisio*, choc, heurt) **Phys.** Choc entre deux corps. ♦ **Fig.** Lutte, choc de partis animés de prétentions contraires. *Une collision entre la troupe et la population.*

COLLISIONNEUR, ■ n. m. [kɔlizjɔnœr] (*collision*) **Phys.** Appareil dans lequel s'entrechoquent protons et antiprotons.

COLLOCATION, n. f. [kɔlokasjɔ̃] (lat. *collocatio*, arrangement, disposition) Inscription d'un créancier suivant l'ordre que la loi assigne à sa créance. ♦ *Collocation utile*, celle pour le paiement de laquelle les fonds seront suffisants. ■ Somme qu'un créancier a droit de toucher en vertu de sa collocation. ■ **Ling.** Association fréquente d'un mot avec un autre dans le discours. *Œufs frais du jour est une collocation.*

COLLODION, n. m. [kɔlodjɔ̃] (gr. *kollôdês*, visqueux) Solution éthérée de coton-poudre.

COLLODIONNÉ, ÉE, adj. [kɔlodjɔne] (*collodion*) Enduit de collodion.

COLLOÏDAL, ALE, ■ adj. [kɔloidal] (*colloïde*) **Chim.** Qui revêt toutes les caractéristiques d'un colloïde. ♦ *Une solution colloïdale*, qui est formée de très fines particules dont la taille est supérieure à celle des molécules.

COLLOÏDE, ■ n. m. [kɔloid] (gr. *kolla*, colle, et *-oïde*) **Chim.** Substance d'apparence homogène constituée de particules qui, dans un milieu donné, se maintiennent en suspension. *Les aérosols sont des colloïdes gazeux et les mousses des colloïdes liquides.*

COLLOQUE, n. m. [kɔlɔk] (lat. class. *colloquium*, entrevue, conversation) Conférence entre deux ou plusieurs personnes. ♦ Au pl. Titre de quelques ouvrages en dialogue. *Les Colloques d'Érasme.*

COLLOQUÉ, ÉE, v. p. p. de colloquer. [kɔloke]

COLLOQUER, v. tr. [kɔloke] (lat. *collocare*, placer, disposer) Faire la collocation des créanciers. ♦ **Fam.** Mettre quelqu'un en une place assez mauvaise. ♦ *Colloquer à quelqu'un*, remettre à quelqu'un, avec l'idée de se débarrasser soi-même. ♦ Se colloquer, v. pr. Se placer.

COLLUDER, v. intr. [kɔlyde] (lat. class. *colludere*, jouer ensemble) Avoir collusion.

COLLURE, ■ n. f. [kɔlyr] (*coller*) Action de coller, produit de cette action. ■ Rem. À ne pas confondre avec *colure*.

COLLUSION, n. f. [kɔlyzjɔ̃] (lat. class. *collusio*) Intelligence de deux parties qui plaident, mais qui ne laissent pas de s'entendre pour tromper un tiers. ♦ Dans le langage général, entente secrète entre deux ou plusieurs parties, pour faire préjudice ou simplement pour tromper.

COLLUSOIRE, adj. [kɔlyzwar] (rad. de *collusion*) Qui est fait par collusion. *Disposition collusoire.*

COLLUSOIREMENT, adv. [kɔlyzwar(ə)mɑ̃] (*collusoire*) D'une manière collusoire.

COLLUTOIRE, ■ n. m. [kɔlytwar] (lat. *collutum*, de *colluere*, nettoyer) **Méd.** Médicament de consistance pâteuse utilisé principalement pour le traitement du mal de gorge, des gencives et des parois internes de la bouche et de la gorge.

COLLUVION, ■ n. f. [kɔlyvjɔ̃] (*co-* et *alluvion*) **Géol.** Dépôt de pentes proches dont les éléments ont subi un faible transport. *La colluvion sablonneuse constituées de fins dépôts au bord de la rivière.*

COLLYRE, n. m. [kɔlir] (lat. *collyrium*, du gr. *kollurion*) Toute espèce de médicament topique appliqué sur l'œil ou plutôt sur la conjonctive.

COLMATAGE, n. m. [kɔlmataʒ] (*colmater*) Opération agricole, qui a pour but d'exhausser le niveau des terrains trop bas ou marécageux, au moyen de dépôts qu'y laissent les eaux bourbeuses, détournées de leur cours. ■ Action de boucher, d'obturer. *Le colmatage d'une fissure.*

COLMATER, ■ v. tr. [kɔlmate] (ital. *colmare*, combler) Combler, boucher quelque chose de manière à être le plus possible hermétique. *Les pompiers ont colmaté la voie d'eau. Le mur a été colmaté.*

COLO, ■ n. f. [kɔlo] **Fam.** Abréviation de colonie de vacances.

COLOBE, ■ n. m. [kɔlɔb] (b. lat. *colobium*) **Hist.** Longue tunique sans manches, que revêtaient surtout les ecclésiastiques du Moyen Âge, et qui leur accordait une grande liberté de mouvement. ■ **Zool.** Variété de singe.

COLOCASE, ■ n. f. [kɔlokaz] (lat. impér. *colocasia*) Plante tropicale cultivée principalement pour le rhizome comestible qu'elle fournit.

COLOCATION, ■ n. f. [kɔlokasjɔ̃] (*co-* et *location*) Habitation commune louée par plusieurs occupants. *Une colocation à trois. Vivre en colocation.* ■ COLOCATAIRE, n. m. et n. f. [kɔlokatɛr]

COLOGARITHME, ■ n. m. [kɔlogaritm] (*co-* et *logarithme*) **Math.** Logarithme de l'inverse d'un nombre donné.

COLOMBAGE, n. m. [kɔlɔ̃baʒ] (*colombe*) Mot employé dans la charpente, au lieu de colonnade, pour signifier un rang de colonnes ou de solives dans une cloison ou une muraille. ♦ Façade laissant les poutres apparentes. *Les maisons à colombages typiques de l'Alsace.*

COLOMBE, n. f. [kɔlɔ̃b] (lat. class. *columba*) Pigeon, en style élevé. ♦ **Zool.** Nom moderne du genre pigeon. ♦ **Fig.** Jeune fille pure et candide. ■ Tourterelle à plumage blanc. ■ Représentation poétique de la paix.

COLOMBIEN, IENNE, ■ n. m. et n. f. [kɔlɔ̃bjɛ̃, jɛn] (*Colombie*) Habitant ou originaire de Colombie. ■ Adj. Qui est originaire de Colombie.

COLOMBIER, n. m. [kɔlɔ̃bje] (lat. class. *columbarium*) Bâtiment où l'on élève des pigeons. ♦ **Fig.** *Attirer les pigeons au colombier*, attirer la clientèle. ♦ **Fam.** Les places les plus élevées dans une salle de spectacle. ♦ On dit aujourd'hui *poulailler*. ♦ Papier d'un grand format.

COLOMBIN, INE, adj. [kɔlɔ̃bɛ̃, in] (*colombe*) Qui est de la couleur de la gorge des pigeons. ♦ N. f. En peinture, *colombine*, espèce de laque. ♦ N. f.

Colombine, engrais de fiente de volaille. ■ **N. m.** Pigeon au plumage gris-bleu. ■ **Techn.** Long rouleau de pâte crue utilisé dans la fabrication des poteries sans tour. ■ **Fam.** Matière fécale, consistante et moulée en forme de boudin.

COLOMBO, ■ n. m. [kolɔbo] (bantou *kalumb*) Plante d'Afrique tropicale dont la racine est employée en médecine pour ses propriétés astringentes et stomachiques. ■ **Cuis.** Mélange d'épices associant principalement curcuma, coriandre, ail, piment et moutarde. ■ **Par extens.** Plat des Antilles à base de viande, de légumes et dudit mélange d'épices. *Des colombos.*

COLOMBOPHILE, ■ n. m. [kolɔbofil] (*colombe* et *-phile*) Personne qui fait élevage de pigeons voyageurs.

COLOMBOPHILIE, ■ n. f. [kolɔbofili] (*colombophile*) Élevage et dressage de pigeons voyageurs. *Il pratique la colombophilie.*

COLON, n. m. [kolɔ̃] (lat. class. *colonus*, fermier) Cultivateur d'une terre. ♦ Celui qui afferme une terre moyennant une part des fruits. ♦ Celui qui fait partie d'une colonie, ou qui en exploite le sol [1]. ♦ Celui qui habite les colonies [2]. *Un riche colon.* ■ Enfant qui est en colonie de vacances. ■ REM. 1 et 2 : Il n'existe plus de colonies françaises aujourd'hui.

CÔLON, n. m. [kolɔ̃] (gr. *kôlon*) **Anat.** Celui des gros intestins qui fait suite au cæcum.

COLONAGE, ■ n. m. [kolonaʒ] (*colon*) Valorisation, exploitation d'une propriété agricole par un colon pour une période donnée.

COLONAT, ■ n. m. [kolona] (*colon*) **Hist.** Condition qui était celle des agriculteurs qui n'étaient pas esclaves sous les Romains. ■ Ensemble des colons dans les anciennes colonies. *Le colonat algérien.*

COLONEL, n. m. [kolonɛl] (ital. *colonnello*) Le chef d'un régiment.

COLONELLE, adj. f. [kolonɛl] (*colonel*) *La compagnie colonelle* ou n. f. *la colonelle*, autrefois la première compagnie d'un régiment d'infanterie. ♦ La femme d'un colonel.

COLONIAL, ALE, adj. [kolonjal] (*colonie*) Qui provient des colonies, qui est relatif aux colonies. *Produits coloniaux.* ♦ *Système colonial*, celui qui réserve le marché des colonies à la métropole et réciproquement.

COLONIALISME, ■ n. m. [kolonjalism] (*colonial*) Politique d'un pays visant à assujettir politiquement et économiquement un territoire étranger. « *Il ne s'était élevé contre le pouvoir central et le colonialisme sauvage du bureau des Indes que pour des motifs éthiques inspirés d'une lecture rigoureuse des Évangiles* », DEL CASTILLO.

COLONIALISTE, ■ adj. [kolonjalist] (*colonial*) Qui relève du colonialisme. ■ N. m. et n. f. Partisan du colonialisme.

COLONIE, n. f. [koloni] (lat. class. *colonia*) Établissement fondé par une nation dans un pays étranger. ♦ Possession d'une nation européenne dans une autre partie du monde. ♦ ▷ Absol. *Les colonies*, les Antilles françaises [1]. ◁ ♦ Réunion d'individus qui ont quitté un pays pour en peupler un autre ; le lieu où ils se sont transportés. ♦ Les gens d'un même pays habitant une localité étrangère. ♦ Absol. *La colonie*, les résidents qui ne sont pas originaires de la localité. ♦ *Colonie de vacances* ou *colonie*, accueil d'un groupe d'enfants encadrés par des animateurs pendant leurs vacances. *Les enfants partiront en colonie au mois d'août.* ■ Groupe d'animaux d'une même espèce vivant ensemble. ■ REM. 1 : Les Antilles françaises ne sont plus des colonies mais des départements français.

COLONISABLE, adj. [kolonizabl] (*coloniser*) Qui est susceptible d'être colonisé.

COLONISATEUR, TRICE, n. m. et n. f. [kolonizatœr, tris] (*coloniser*) Personne qui colonise. ♦ Adj. *Un peuple colonisateur.*

COLONISATION, n. f. [kolonizasjɔ̃] (prob. angl. *colonization*) Action de coloniser, le résultat de cette action. *La colonisation de l'Algérie.*

COLONISÉ, ÉE, p. p. de coloniser. [kolonize]

COLONISER, v. tr. [kolonize] (prob. angl. *to colonize*) Peupler par une colonie. ♦ Se coloniser, v. pr. Devenir colonisé.

COLONNADE, n. f. [kolɔnad] (*colonne*) Suite de colonnes rangées avec symétrie pour décorer un édifice, une place, etc.

COLONNE, n. f. [kolɔn] (lat. class. *columna*) Sorte de fût ordinairement cylindrique avec ou sans base et chapiteau. *Colonne toscane, dorique, ionique, corinthienne.* ♦ *Colonne monumentale*, monument qui a la forme d'une grande colonne isolée. *La colonne de la place Vendôme.* ♦ *Les colonnes d'Hercule*, les montagnes de Calpé et d'Abyla, au détroit de Gibraltar. ♦ Fig. Le point le plus éloigné de la terre. « *Fusses-tu par delà les colonnes d'Alcide* », RACINE. ♦ Fig. « *Ce sont autant de colonnes que vous élevez à votre gloire* », BOSSUET. ♦ *Les colonnes de l'État, de l'Église*, les personnes ou les choses qui en sont les soutiens. ♦ *Colonne de lit*, colonne qui soutient le ciel du lit. ♦ Phys. *Colonne d'air, d'eau, de mercure, etc.* quantité de ces fluides d'une

hauteur et d'un diamètre déterminés. ♦ *Colonne d'eau*, trombe. ♦ **Anat.** *Colonne vertébrale*, ensemble des vertèbres superposées. ♦ *Colonne dans un livre, dans une page d'écriture*, partie d'une page séparée du reste par une raie ou par un espace blanc. *Une colonne de chiffres.* ♦ Corps de troupes disposé par sections ayant peu de front et beaucoup de profondeur.

COLONNETTE, n. f. [kolɔnɛt] (dimin. de *colonne*) Petite colonne.

COLONOSCOPIE, ■ n. m. [kolonɔskopi] Voy. COLOSCOPIE.

COLOPATHIE, ■ n. f. [kolopati] (*côlon* et *-pathie*) **Méd.** Terme générique désignant toute affection organique ou fonctionnelle du côlon. *Les colopathies sont souvent très douloureuses. Colopathie chronique, colopathie spasmodique.*

COLOPHANE, n. f. [kolofan] (lat. impér. *colophonia*, résine de Colophon) Matière résineuse, résidu de la distillation de la térébenthine, avec laquelle on frotte l'archet des violons, etc.

COLOQUINTE, n. f. [kolokɛ̃t] (gr. *kolokunthis*) Concombre fort amer. *Amer comme coloquinte.*

COLORANT, ANTE, adj. [kolorɑ̃, ɑ̃t] (*colorer*) Qui colore. *Substance colorante. Les principes colorants.* ■ N. m. Substance utilisée pour donner à un support une coloration durable. *Les colorants alimentaires.*

COLORATION, n. f. [kolorasjɔ̃] (*colorer*) Action par laquelle un corps devient coloré ; résultat de cette action. *Coloration des fruits.* ♦ État, apparence d'un corps coloré. *Coloration de la peau.*

COLORATURE, ■ n. f. [koloratyr] (ital. *coloratura*, coloration) **Mus.** Vocalise d'une grande virtuosité. ■ Personne capable de virtuosités vocales, notamment dans les aiguës. *Les coloratures qui ont interprété l'air de la Reine de la nuit dans La Flûte enchantée de Mozart.*

COLORÉ, ÉE, p. p. de colorer. [kolore] Qui a reçu de la couleur. ♦ *Teint coloré*, teint rouge et vermeil. ♦ *Vin coloré*, vin plus rouge que paillet. ♦ **Bot.** *Feuille colorée*, feuille qui a une autre couleur que la couleur verte. ♦ **Fig.** *Style coloré*, style dont on compare les effets à des teintes vives et agréables. ♦ Qui a une apparence capable de séduire, de tromper. *Excuses colorées.*

COLORER, v. tr. [kolore] (*couleur*, d'apr. lat. class. *colorare*) Donner de la couleur. *Le soleil colore les fruits.* « *Cette noble pudeur colorait son visage* », RACINE. ♦ **Fig.** Embellir. *Son imagination lui colore tout.* ♦ Présenter sous un jour favorable. « *Quelle excuse pouvons-nous trouver pour colorer nos rébellions?* », BOSSUET. ♦ Se colorer, v. pr. Prendre de la couleur.

COLORIAGE, n. m. [kolorjaʒ] (*colorier*) La mise en couleurs. *Le coloriage des cartes de géographie.* ■ **Par méton.** Livre présentant des dessins à colorier.

COLORIÉ, ÉE, p. p. de colorier. [kolorje] *Dessins coloriés.*

COLORIER, v. tr. [kolorje] (*coloris*) Appliquer des couleurs sur un objet. *Colorier un dessin.* ♦ En peinture, employer les couleurs. *Ce peintre colorie mieux qu'il ne dessine.*

COLORIMÈTRE, ■ n. m. [kolorimɛtr] (*couleur* et *-mètre*) **Phys.** Instrument utilisé pour définir l'intensité de la couleur d'un corps en le comparant avec un étalon.

COLORIMÉTRIE, ■ n. f. [kolorimetri] (*colorimètre*) **Phys.** Partie de la physique qui s'intéresse à la mesure des couleurs. ■ Partie de la chimie fondée sur la mesure des couleurs qui s'intéresse aux quantités, aux échanges et aux évolutions de chaleur dans un milieu donné.

COLORIS, n. m. [kolori] (ital. *colorito*, de *colorire*, colorer) Partie de la peinture par laquelle on donne aux objets qu'on peint la couleur qui leur convient. ♦ **Par extens.** Éclat des couleurs au teint et sur les fruits. ♦ **Fig.** Éclat du style. ♦ **Fig.** Ce qui masque. « *Sous un coloris de candeur* », GRESSET.

COLORISER, ■ v. tr. [kolorize] (*coloris*) Apporter de la couleur à un film initialement conçu en noir et blanc. *Coloriser un film des années 1920.* ■ COLORISATION, n. f. [kolorizasjɔ̃]

COLORISTE, ■ n. m. et n. f. [kolorist] (*coloris*) Peintre habile dans le coloris. ♦ *Les coloristes*, les peintres qui se distinguent par la couleur. ♦ Se dit aussi des écrivains. ♦ N. m. et n. f. Personne qui colorie des estampes, des cartes.

COLOSCOPIE, ■ n. f. [koloskopi] (*côlon* et *-scopie*) Endoscopie du côlon. Subir une coloscopie. ■ REM. On dit aussi *colonoscopie*.

COLOSSAL, ALE, adj. [kolosal] (*colosse*) Qui est extrêmement grand. *Des monuments colossaux. Des mains colossales.* ♦ **Par extens.** Qui appartient à un colosse de puissance ou d'orgueil. ♦ **Fig.** Vaste, étendu. *Un empire colossal.* ■ **Fig.** D'une dimension, de proportion extraordinaire. *Un travail colossal.* ■ COLOSSALEMENT, adv. [kolosal(ə)mɑ̃]

COLOSSE, n. m. [kolɔs] (lat. impér. *colossus*, du gr. *kolossos*, très grande statue) Statue d'une grandeur extraordinaire. ♦ **Par extens.** Homme, animal de haute et forte stature. ♦ **Fig.** Empire ou souverain très puissant ; personnage très considérable. « *Ces colosses d'orgueil* », MALHERBE. « *Ces colosses de puissance* », LA BRUYÈRE. ♦ *Le colosse du Nord*, le tsar de Russie, l'empire russe.

COLOSTOMIE, ■ n. f. [kɔlɔstɔmi] (*côlon* et *-stomie*) **Méd.** Opération consistant à créer un anus artificiel en abouchant deux segments du gros intestin.

COLOSTRUM, ■ n. f. [kɔlɔstʁɔm] (mot lat.) **Méd.** Liquide jaunâtre sécrété par les glandes mammaires pendant les quelques jours qui suivent l'accouchement et avant la lactation.

COLPOCÈLE, ■ n. f. [kɔlpɔsɛl] (gr. *kolpos*, vagin, et *kêlê*, hernie) **Méd.** Abaissement des parois du vagin en direction de la vulve. *Colpocèle antérieure, postérieure.*

COLPORTAGE, n. m. [kɔlpɔʁtaʒ] (*colporter*) Action de colporter ; métier de colporteur.

COLPORTÉ, ÉE, p. p. de colporter. [kɔlpɔʁte]

COLPORTER, v. tr. [kɔlpɔʁte] (altér. du lat. class. *comportare*, transporter ensemble) Porter dans les villes ou les campagnes des marchandises pour les vendre. ♦ Par extens. *Colporter une nouvelle, une histoire*, aller la raconter à l'un et à l'autre. ♦ Se colporter, v. pr. Être colporté, être dit çà et là. ■ Péj. Répandre à tout-va des nouvelles à caractère privé. *Colporter des ragots.*

COLPORTEUR, EUSE, n. m. et n. f. [kɔlpɔʁtœʁ, øz] (*colporter*) Petit marchand ambulant qui colporte ses marchandises sur son dos. ♦ Celui qui crie et qui vend dans les rues les bulletins, les journaux, etc. ♦ Fig. *Un colporteur de nouvelles*, celui qui va les débiter à droite et à gauche.

COLPOSCOPIE, ■ n. f. [kɔlpɔskɔpi] (gr. *kolpos*, vagin, et *-scopie*) **Méd.** Examen optique du vagin et du col de l'utérus.

COLT, ■ n. m. [kɔlt] (*Colt*, inventeur de cette arme) Revolver américain à répétition doté d'un barillet tournant sur lui-même. *Tirer sur quelqu'un avec un colt.* ■ Pistolet automatique équipé d'un chargeur.

COLTINAGE, ■ n. m. [kɔltinaʒ] (*coltiner*) Action de coltiner. *Le coltinage de fardeaux.*

COLTINER, ■ v. tr. [kɔltine] (*coltin*, de *collet*) Porter sur les épaules une charge pesante. ■ Se coltiner, v. pr. Fam. Avoir pour obligation une charge pénible à assumer.

COLUBRIDÉ, ■ n. m. [kɔlybʁide] (lat. *coluber*, srepent) **Zool.** Serpent dépourvu de crochets venimeux ou en disposant au fond de la bouche. *La couleuvre fait partie des colubridés.*

COLUMBARIUM, n. m. [kɔlɔ̃baʁjɔm] (mot lat.) **Antiq.** Bâtiment sépulcral, qui contenait plusieurs niches propres à recevoir des urnes mortuaires. ■ **Rem.** On disait aussi autrefois *columbaire.*

COLUMBIDÉ, ■ n. f. [kɔlɔ̃bide] (lat. *columba*, colombe, pigeon) **Zool.** Variété d'oiseau, comprenant le pigeon et la tourterelle, qui possède un roucoulement caractéristique.

COLURE, n. m. [kɔlyʁ] (gr. *kolouros*) Chacun des deux grands cercles géographiques qui s'entrecoupent à angles droits aux pôles du monde et qui passent, l'un par les points solsticiaux, et l'autre par les points équinoxiaux de l'écliptique.

COLVERT, ■ n. m. [kɔlvɛʁ] (*col* et *vert*) Canard sauvage dont le cou du mâle est de couleur verte.

COLZA, n. m. [kɔlza] (néerl. *koolzaad*, semence de chou) Nom donné à une variété de chou champêtre, dont les graines fournissent une huile bonne à brûler.

COM... ou **CON...**, [kɔ̃] préfixe, du lat. *cum*, avec. ■ **Rem.** Prend la forme *col...* quand il est placé devant *l* (*collatéral*).

COMA, n. m. [kɔma] (gr. *kôma*) Sorte d'assoupissement dans lequel le malade retombe aussitôt qu'il cesse d'être excité, perte de la conscience et des facultés sensitives qui plonge la personne qui y est soumise dans une sorte de sommeil tout en le conservant vivant.

COMANDANT, n. m. [kɔmɑ̃dɑ̃] (*co-* et *mandant*) **Dr.** Personne qui, avec au moins une autre, octroie un mandat.

COMANDATAIRE, n. m. [kɔmɑ̃dɑtɛʁ] (*co-* et *mandataire*) **Dr.** Personne qui, avec au moins une autre, a la responsabilité d'un mandat.

COMATEUX, EUSE, adj. [kɔmatø, øz] (*coma*, d'apr. gr. *kômatos*) Qui concerne le coma.

COMBAT, n. m. [kɔ̃ba] (*combattre*) Action dans laquelle on attaque et l'on se défend. ♦ *Combat naval*, combat sur mer. ♦ *Combat singulier*, duel. ♦ *Combat judiciaire*, dans le moyen âge, combat, autorisé par le juge, de deux champions ; le vaincu perdait sa cause. ♦ *Être hors de combat*, être par les blessures hors d'état de combattre. ♦ *Mettre hors de combat*, blesser ou désarmer son adversaire, de manière qu'il ne puisse plus combattre, se dit aussi au fig. ♦ En parlant des animaux. *Combat de taureaux, de coqs.* ♦ Au pl. et dans le style soutenu, la guerre. « *Je chante les combats* », BOILEAU. ♦ *Certains exercices dans lesquels on dispute un prix. Le combat du ceste.* ♦

Fig. *Combat littéraire*, dispute d'un prix littéraire, ou lutte des écrivains qui se disputent la faveur publique. ♦ Par extens. Lutte de forces contraires, physiques ou morales. *Le combat des éléments.* « *La vie chrétienne est toujours une vie de combat* », MASSILLON. ♦ Louable émulation. *Un combat de générosité.* ■ Lutte pour faire valoir et accréditer une conviction. *Le combat de Martin Luther King pour la cause des Noirs.*

COMBATIF, IVE ou **COMBATTIF, IVE**, ■ adj. [kɔ̃batif, iv] (rad. de *combattre*) Qui se bat hardiment sans jamais renoncer. *Un tempérament combatif.* ■ Qui a tendance à provoquer la lutte. *Une troupe combative.* ■ COMBATIVITÉ ou COMBATTIVITÉ, n. f. [kɔ̃bativite]

COMBATTANT, n. m. [kɔ̃batɑ̃] (*combattre*) Homme armé pour la guerre. ♦ Champion. « *Nommons des combattants pour la cause commune* », P. CORNEILLE. ♦ Soldat qui prend part à un combat. ♦ Chacun des assistants et des tenants d'un tournoi. ♦ Par plaisanterie, *combattant* se dit de gens qui se battent à coups de poing ; en ce sens, il a un féminin, *combattante.*

COMBATTRE, v. tr. [kɔ̃batʁ] (lat. pop. *combattere*) Se battre contre un ennemi, soit qu'on attaque, soit qu'on se défende. *Combattre un adversaire.* ♦ Faire la guerre. *Combattre les ennemis de son pays.* ♦ Fig. *Combattre les préjugés, l'hérésie.* ♦ *Combattre la nature*, lutter contre les obstacles qu'elle présente à l'homme. ♦ Essayer de réfuter ou de détruire les opinions qu'un autre avance. ♦ *Combattre un mal, une maladie*, y opposer les moyens qui peuvent en procurer la guérison ou en arrêter les progrès. ♦ V. intr. Livrer combat. ♦ Lutter. « *Pollux ne combattait pas mieux du ceste* », FÉNELON. ♦ Fig. Être en état de lutte, faire des efforts. « *Et l'on doute d'un cœur jusqu'à ce qu'il combatte* », P. CORNEILLE. ♦ *Combattre contre*, au propre et au fig. lutter, engager, soutenir la lutte. *Combattre contre les tentations, contre la faim.* ♦ *Combattre pour*, concourir au succès, au triomphe de. ♦ *Combattre de civilité, de politesse avec quelqu'un*, faire assaut de civilité. ♦ Se combattre, v. pr. Se battre l'un contre l'autre ; être opposé l'un à l'autre. ♦ Fig. *Ces raisons se combattaient dans son esprit.*

COMBATTU, UE, p. p. de combattre. [kɔ̃baty]

COMBAVA, ■ n. m. [kɔ̃bava] (mot créole) **Réun.** Agrume au goût amer, à la peau verte et granuleuse, dont on utilise principalement le zeste ou les feuilles pour accommoder certains plats, comme le caris, ou le rougail. *Des combavas.*

COMBE, n. f. [kɔ̃b] (gaul. *cumba*) Petite vallée, pli de terrain, lieu bas entouré de collines. ♦ **Milit.** Esplanade peu étendue.

COMBIEN, adv. [kɔ̃bjɛ̃] (anc. fr. *com*, comme, et *bien*) À quel point. « *Combien tout ce qu'on dit est loin de ce qu'on pense !* », RACINE. ♦ Quelle quantité, quel nombre ; dans ce sens, *combien* est un véritable substantif. *Combien de livres y a-t-il dans cette bibliothèque ?* ♦ Absol. Combien se dit pour combien de gens. *Combien se sont perdus par leur imprudence !* ♦ *Combien* se dit aussi absol. quand le sens supplée sans peine le substantif qui est sous-entendu. *Combien vaut cela ?* ♦ COMBIEN QUE, loc. conj. Quelque prix que, quelque quantité que. *Combien qu'on vous en demande, il faut l'acheter.* ♦ *Le combien*, taux, prix non encore fixé. ♦ Ne dites pas : *Le combien est-ce aujourd'hui, le combien es-tu dans ta classe ?* Mais : *Quel jour du mois est-ce aujourd'hui ? quelle place as-tu dans ta classe ?* ♦ N. m. inv. Fam. Nom servant à désigner le jour ou la fréquence d'un événement dans le temps. *On est le combien ? Tu joues au tennis tous les combien ?*

COMBIENTIÈME, ■ n. m. [kɔ̃bjɛ̃tjɛm] (*combien*) Fam. Rang occupé dans un classement. *Il est arrivé le combientième ?*

COMBINABLE, adj. [kɔ̃binabl] (*combiner*) Qui peut être combiné.

COMBINAISON, n. f. [kɔ̃binɛzɔ̃] (b. lat. *combionatio*, réunion de deux choses) Assemblage de plusieurs choses deux par deux, trois par trois, ou, en général, nombre par nombre, dans un ordre déterminé. *Des combinaisons de chiffres, de cartes, de lettres.* ♦ **Chim.** Union de plusieurs corps en un certain nombre de proportions, toutes déterminées et constantes. ♦ Mesure que l'on dispose en vue du succès d'une entreprise. *Les combinaisons de la politique.* ♦ *Combinaison ministérielle*, composition d'un ministère dans lequel on fait entrer des hommes politiques qui puissent agir d'accord. ♦ *Esprit de combinaison*, aptitude à combiner les choses. ■ Sous-vêtement féminin à bretelles, descendant jusqu'à mi-cuisses. ■ Vêtement fait d'une seule pièce, couvrant le corps du cou aux chevilles. *Combinaison de mécanicien, de ski.*

COMBINARD, ARDE, ■ n. m. et n. f. [kɔ̃binaʁ, aʁd] (*combine*) Fam. Personne habile pour dénicher des moyens peu honnêtes et généralement astucieux pour réussir dans une entreprise. ■ Adj. Qui est combinard.

COMBINAT, ■ n. m. [kɔ̃bina] (*combiner*) En Union Soviétique et dans d'autres pays communistes, association de différentes industries complémentaires. *Combinats sidérurgiques.*

COMBINATEUR, n. m. [kɔ̃binatœʁ] (*combiner*) Celui qui combine. ♦ Adj. *Esprit combinateur.*

COMBINATOIRE, ■ adj. [kɔ̃binatwaʀ] (*combiner*) Relatif à la formation de combinaisons. ■ N. f. Système propre à regrouper des concepts, des phénomènes pour en constituer un ensemble. *Une combinatoire des paroles et des actes.* ■ Math. Analyse et dénombrement des combinaisons possibles dans un ensemble.

COMBINE, ■ n. f. [kɔ̃bin] (abrév. de *combinaison*) Fam. Moyen astucieux et souvent frauduleux d'obtenir ce qu'on veut. *Trouver une combine. Vivre de petites combines.* ■ *Être, marcher dans la combine,* être complice d'une affaire organisée dans le secret.

COMBINÉ, ÉE, p. p. de combiner. [kɔ̃bine] *Armée, flotte combinée,* armée, flotte formée des forces réunies de deux ou plusieurs puissances. ♦ N. m. Chim. *Un combiné,* le produit d'une combinaison. ■ N. m. Partie mobile d'un poste de téléphone, comprenant l'écouteur et le microphone. ■ Sous-vêtement féminin réunissant en une seule pièce soutien-gorge et gaine. ■ Compétition sportive associant différentes épreuves d'une même discipline. ■ Ensemble comprenant plusieurs éléments. *Un combiné TV-magnétoscope.*

COMBINER, v. tr. [kɔ̃bine] (b. lat. *combinare,* réunir) Faire une combinaison. *Combiner des cartes, des lettres, des idées.* ♦ Chim. Unir, en proportions déterminées, les substances qui ont de l'affinité. ♦ Fig. Disposer ses moyens en vue d'un résultat. ♦ Se combiner, v. pr. Recevoir combinaison. ■ Fam. Mettre en œuvre, préparer une combine. *Combiner une arnaque.*

COMBISHORT, ■ n. m. [kɔ̃biʃɔʀt] (mot angl., de *combi,* de *to combine,* combiner, et *short,* court) Vêtement de femme, formé d'une seule pièce, collant au corps, qui part des épaules sous la forme de bretelles et se finit sur le haut de la cuisse. *Le combishort est essentiellement utilisé dans le cadre de la pratique du sport. Des combishorts.*

COMBLANCHIEN, ■ n. m. [kɔ̃blɑ̃ʃjɛ̃] (nom d'une commune de la Côte-d'Or) Pierre calcaire extrêmement dure utilisée principalement dans le bâtiment pour faire des dallages ou des revêtements.

1 COMBLE, n. m. [kɔ̃bl] (lat. *cumulus,* tas, amoncellement) Ce qui tient au-dessus des bords d'une mesure déjà pleine. *Le comble d'un boisseau.* ♦ Fig. Le dernier degré, le plus haut point. *Le comble des malheurs.* ♦ *Mettre le comble à quelque chose,* en combler la mesure. ♦ *Pour comble de,* pour dernier surcroît. *Pour comble de malheur.* ♦ Absol. *Pour comble, etc.*

2 COMBLE, adj. [kɔ̃bl] (1 *comble*) Qui est rempli jusque par-dessus le bord. *Boisseau comble.* ♦ Fig. *La mesure est comble,* les choses sont arrivées à ce point qu'on ne peut plus les endurer. ♦ Par extens. *Salle comble,* salle pleine à ne pouvoir contenir personne de plus.

3 COMBLE, n. m. [kɔ̃bl] (lat. *cumulus,* couronnement, apogée) Construction couronnant le sommet d'un édifice. ♦ Hérald. Le chef de l'écu lorsqu'il est diminué. ■ N. m. pl. Partie d'un édifice qui se situe sous le toit. *Aménager les combles en chambre.* ♦ DE FOND EN COMBLE, loc. adv. Entièrement. ♦ Fig. *Ruiner quelqu'un de fond en comble.* ♦ Fig. *Monter au comble,* s'élever au plus haut point. *Il est au comble de ses vœux, au comble de la gloire.* ■ Fig. *Nettoyer sa maison de fond en comble.*

COMBLÉ, ÉE, p. p. de combler. [kɔ̃ble]

COMBLEMENT, n. m. [kɔ̃bləmɑ̃] (*combler*) Action de combler un creux, un vide. *Le comblement d'un puits.*

COMBLER, v. tr. [kɔ̃ble] (lat. class. *cumulare,* entasser) Remplir une mesure, un vaisseau jusque par-dessus le bord. ♦ Fig. *Combler la mesure,* commettre une dernière action qui rende toute patience impossible. ♦ Fig. *Le ciel a comblé ma misère.* ♦ Remplir un creux ou un vide. *Combler un fossé.* ♦ Par extens. *Cette ligne comble une lacune dans le texte.* ♦ *Combler un déficit,* fournir l'argent qui manque dans une caisse. ♦ Fig. *Combler les vœux, les désirs de quelqu'un,* lui procurer tout ce qu'il souhaite. ♦ Faire avoir en surabondance. *Combler de gloire, de biens, de joie, etc.* ♦ Ellipt. *Combler quelqu'un,* le satisfaire entièrement. ♦ Se combler, v. pr. Être comblé. ♦ Fig. *Combler la mesure,* dépasser le stade de l'acceptable. *Par son outrecuidance, il a comblé la mesure.*

COMBLÈTE, n. f. [kɔ̃blɛt] (*combe*) Vén. Fente du pied de cerf.

COMBO, ■ n. m. [kɔ̃bo] (abrév. de l'angl. *combination,* combinaison) Formation réduite de musiciens jazz. ■ Enchaînement de coups dans les jeux vidéo.

COMBRIÈRE, n. f. [kɔ̃bʀijɛʀ] (anc. provenç. *coumbriero,* d'orig. incert.) Filet à prendre les gros poissons, et en particulier les thons.

COMBUGÉ, ÉE, p. p. de combuger. [kɔ̃byʒe]

COMBUGER, v. tr. [kɔ̃byʒe] (*com-* et *buer,* de l'anc. b. frq. *bukôn,* tremper) Imbiber d'eau une futaille, pour la mettre à l'épreuve.

COMBURANT, ANTE, adj. [kɔ̃byʀɑ̃, ɑ̃t] (lat. *comburere,* brûler entièrement) Chim. *Principe comburant,* tout corps qui, en se combinant avec un

autre corps, donne lieu à la combustion de ce dernier. ♦ N. m. *Des comburants.*

COMBUSTIBILITÉ, n. f. [kɔ̃bystibilite] (*combustible*) Propriété des corps combustibles.

COMBUSTIBLE, adj. [kɔ̃bystibl] (rad. de *combustion*) Qui a la propriété de brûler au feu. *Matière combustible.* ♦ N. m. Toute matière dont on fait du feu, comme le bois, la houille. ♦ Chim. *Corps combustible,* corps susceptible de se combiner avec un principe comburant, tel que l'oxygène, en dégageant du calorique. ♦ Fig. Qui s'enflamme facilement. *Tempérament combustible.*

COMBUSTION, n. f. [kɔ̃bystjɔ̃] (b. lat. *combustio*) État d'un corps qui se dissipe en produisant de la chaleur et de la lumière. ♦ Action de brûler entièrement. *La combustion des morts chez les anciens.* ♦ Incendie. ♦ Chim. Combinaison de deux ou plusieurs corps qui s'accomplit avec dégagement de calorique et de lumière. ♦ Fig. Désordre et effervescence. *Mettre en combustion tout l'univers.*

COME-BACK, ■ n. m. inv. [kɔmbak] (mot angl., de *to come,* venir, et *back,* en arrière) Retour sous les projecteurs d'un artiste après une longue période d'absence. *Des come-back.*

COMÉDIE, n. f. [kɔmedi] (lat. *comœdia*) Pièce de théâtre qui est la représentation, en action, des caractères et des mœurs des hommes, et d'incidents ridicules, plaisants ou intéressants. ♦ *Personnage de comédie,* personnage qui n'a que l'apparence de l'autorité, du crédit. ♦ *Comédie de caractère,* celle qui a pour objet le développement d'un caractère. ♦ *Comédie de mœurs,* celle qui offre la peinture des mœurs. ♦ *Comédie d'intrigue,* celle qui, par la multiplicité des incidents, a pour but d'intéresser et d'amuser. ♦ *La haute comédie,* celle qui représente les personnages de la meilleure compagnie. ♦ Fig. *Ceci est de la haute comédie,* se dit de quelque tromperie, de quelque dissimulation bien menée ou très effrontée. ♦ Représentation d'une pièce. *Il joue très bien la comédie.* ♦ Théâtre, lieu où jouent les comédiens. *Il est allé à la comédie.* ♦ *Comédie-Française,* le Théâtre-Français à Paris. ♦ *La troupe des comédiens d'un même théâtre.* ♦ L'art de composer des comédies. ♦ Fait qui excite le rire. *C'était une vraie comédie.* ♦ *Donner la comédie,* faire ou dire des choses qui sont comme une comédie pour ceux qui les voient ou les entendent. ♦ Feinte. « *Le cœur se donne la comédie en lui-même* », BOSSUET. ♦ *Jouer la comédie,* affecter des sentiments qu'on n'a pas. ♦ Prov. *C'est le secret de la comédie,* cela est su de tout le monde. ♦ *Comédie musicale,* spectacle et genre mettant en scène des acteurs qui chantent, parlent et dansent.

COMÉDIEN, IENNE, n. m. et n. f. [kɔmedjɛ̃, jɛn] (*comédie*) Personne dont la profession est de jouer la comédie. ♦ *Les comédiens français,* les comédiens du Théâtre-Français. ♦ *Comédiens de campagne* ou *ambulants,* comédiens qui vont de ville en ville donner des représentations. ♦ Fig. Celui, celle qui feint des sentiments qu'il, qu'elle n'a pas. ♦ Adj. Feint, affecté. « *Des manières moqueuses et comédiennes* », FÉNELON.

COMÉDON, ■ n. m. [kɔmedɔ̃] (lat. *comedo,* mangeur) Matière sébacée au bout noir obstruant un pore dilaté. ■ Point noir.

COMESTIBILITÉ, ■ n. f. [kɔmɛstibilite] (*comestible*) Capacité à être comestible. *Indice de comestibilité, niveau de comestibilité ou de toxicité.*

COMESTIBLE, adj. [kɔmɛstibl] (lat. médiév. *comestibilis,* de *comedere,* manger) Qui peut être mangé ; qui est bon à manger. ♦ N. m. *Des comestibles.*

COMÉTAIRE, adj. [kɔmetɛʀ] (*comète*) Qui a rapport aux comètes.

COMÈTE, n. f. [kɔmɛt] (gr. *cométês,* chevelu) Astre qui porte une chevelure lumineuse, et qui décrit autour du Soleil des orbes extrêmement allongés. ■ Fig. *Tirer des plans sur la comète,* concevoir des projets irréalisables.

COMÉTIQUE, ■ n. m. [kɔmetik] (inuktitut, *qomatiq*) Vx Québec ou litt. Traîneau tiré par des chiens attelés qui permet de se déplacer en glissant sur la neige.

COMICES, n. m. pl. [kɔmis] (lat. class. *comitium*) Nom que les Romains donnaient à leurs assemblées pour l'élection des magistrats et pour d'autres affaires publiques. ♦ De nos jours, nom que l'on a donné aux assemblées primaires appelées à voter sur des plébiscites. ♦ *Comices agricoles,* société libre formée par des cultivateurs, des éleveurs, etc.

COMICIAL, ALE, ■ adj. [kɔmisjal] Voy. COMITIAL.

COMICS, ■ n. m. pl. [kɔmiks] (mot amér., de *comic,* comique) Bandes dessinées d'origine américaine. *L'âge d'or des comics se situe autour de la Seconde Guerre mondiale.*

COMINGE, n. f. [kɔmɛ̃ʒ] (nom propre) Sorte de grosse bombe.

COMIQUE, adj. [kɔmik] (lat. *comicus,* relatif à la comédie) Qui appartient à la comédie. *Le genre, le style comique.* ♦ *Avoir le masque comique,* avoir un visage habile à exprimer toutes les nuances d'un rôle plaisant. ♦ Par extens.

Plaisant qui fait rire. *Propos, aventure comique.* ♦ N. m. *Le comique, le genre comique,* la comédie. ♦ *Le haut comique,* la comédie de caractère ou de mœurs. ♦ *Le bas comique,* les pièces qui se rapprochent de la farce. ♦ *Avoir du comique dans la figure, dans l'esprit,* avoir une figure qui fait rire, un esprit qui plaisante. ♦ **Par extens.** Ce qu'il y a de comique. *Le comique de l'affaire, c'est que...* ♦ *Auteur comique. Molière est notre premier comique.* ♦ *Le comédien chargé de représenter les personnages comiques. Jouer les comiques.* ♦ **Fig.** *C'est le comique de la troupe,* celui qui amuse les autres par ses plaisanteries ou ses bouffonneries. ♦ *Chanteur comique* ou *simplement comique,* chanteur de salon qui chante des chansonnettes comiques. ■ *Comique troupier,* genre comique chargé de grivoiseries, assez lourd et grossier, qui connut son apogée vers 1900 et qui présentait des personnages de militaires.

COMIQUEMENT, adv. [komik(ə)mɑ̃] (*comique*) D'une manière comique.

COMITE, n. m. [komit] (lat. *comes*) Officier préposé à la chiourme d'une galère.

COMITÉ, n. m. [komite] (angl. *committee*) Réunion de personnes chargées de s'occuper d'affaires déterminées, de donner un avis, de préparer une délibération. ♦ Assemblée de commissaires choisis par autorité, et chargés de la discussion particulière de quelque affaire. *Comité de surveillance.* ♦ Nom des sections du conseil d'État. ♦ *Comité secret,* délibération d'une assemblée à laquelle le public n'est pas admis. ♦ **Fam.** *Petit comité,* Réunion composée seulement d'un petit nombre de personnes intimes.

COMITIAL, ALE ou **COMICIAL, ALE,** ■ adj. [komisjal] (lat. *comitialis*) Qui a trait aux comices. ■ Qui se rapporte à une crise d'épilepsie. *Une maladie comitiale.*

COMMA, n. m. [koma] (gr. *komma,* membre de phrase) **Gramm. grecq.** Une partie d'une période, une incise. ♦ Nom de la virgule. ♦ **Mus.** Très petit intervalle, à peu près d'un neuvième de ton. ♦ **Impr.** Ponctuation qui se marque par deux points l'un au-dessus de l'autre. ♦ **Au pl.** *Des commas.*

COMMAND, n. m. [komɑ̃] (*commander*) Celui pour lequel on fait une acquisition sans que son nom soit porté dans l'acte. ♦ Celui pour lequel l'adjudicataire déclare avoir enchéri. ♦ *Déclaration de command,* acte par lequel un avoué nomme la personne pour le compte de qui il s'est rendu adjudicataire.

COMMANDANT, ANTE, adj. [komɑ̃dɑ̃, ɑ̃t] (*commander*) Qui commande. *Un ton commandant.* ♦ Qui a un commandement militaire. *Officier commandant.* ♦ N. m. Chef. *Tout parti demande un commandant.* ♦ **Milit.** Celui qui commande. *Commandant d'un détachement, d'un poste, de place.* ♦ Qualification donnée au chef de bataillon ou d'escadrons. ■ *Commandant de bord,* le plus haut responsable à bord d'un bateau, d'un avion ou d'un engin spatial.

COMMANDANTE, n. f. [komɑ̃dɑ̃t] (*commandant*) Femme d'un commandant.

COMMANDE, n. f. [komɑ̃d] (*commander*) Demande, pour une époque déterminée, d'une certaine quantité d'objets fabriqués ou de marchandises. ♦ *Ouvrage de commande,* ouvrage fait sur l'ordre exprès d'une personne. ♦ DE COMMANDE, loc. adv. D'obligation ; obligatoire. *Fêtes, jeûnes de commande,* qu'on est obligé d'observer. ♦ **Fig.** *Joie, douleur, maladie de commande,* joie, douleur, maladie qu'on feint. ■ Ce qui a été commandé. *Votre commande est arrivée.* ■ Dispositif permettant la mise en marche ou l'arrêt d'un mécanisme. *Les différentes commandes d'une voiture. Commande à distance.* ♦ **Au pl.** Fonction des personnes décisionnelles. *Être aux commandes de l'entreprise.* ■ *Sur commande,* selon le souhait d'un client. *Livres obtenus sur commande.* ■ Sans naturel, sans spontanéité. *Pleurer sur commande.*

COMMANDÉ, ÉE, p. p. de commander. [komɑ̃de]

COMMANDEMENT, n. m. [komɑ̃d(ə)mɑ̃] (*commander*) Action de commander. ♦ Ordre. « *Messieurs les maréchaux, dont j'ai commandement* », MOLIÈRE. ♦ *Secrétaire des commandements,* le principal secrétaire d'un prince. ♦ **Milit.** Ordre bref pour faire exécuter certains mouvements. ♦ *Avoir quelque chose à son commandement,* pouvoir s'en servir à volonté. ♦ *Avoir une chose à commandement,* l'avoir à souhait. ♦ Manière de commander. *Il a le commandement doux, rude, bref.* ♦ *Avoir le commandement beau,* se dit d'un officier qui commande de bonne grâce ; et ironiquement, d'un homme qui commande des choses difficiles ou impossibles à exécuter. ♦ Acte d'huissier à la requête d'un créancier. ♦ Loi, précepte. *Les commandements de Dieu, de l'Église.* ♦ Pouvoir de commander, autorité. *Aspirer au commandement.* ♦ *Bâton de commandement,* bâton qui est pour certains officiers le signe du commandement.

COMMANDER, v. tr. [komɑ̃de] (lat. vulg. *commandare,* du lat. class. *commendare,* confier, recommander) Prescrire qu'une chose soit faite. ♦ *Se commander,* commander à soi-même, s'imposer l'obligation de. ♦ Il se dit des choses. *L'honneur vous commande ce sacrifice.* ♦ Imposer par une sorte de contrainte morale. *Commander l'estime, le respect, l'admiration.* ♦ Avoir le

commandement d'une armée, d'une flotte, d'une troupe. ♦ Diriger. *Commander une expédition, une attaque.* ♦ Mener à la guerre une troupe. *Commander l'infanterie.* ♦ Donner l'ordre d'exécuter une chose. *Commander le feu.* ♦ *Commander un certain nombre d'hommes pour un coup de main,* donner l'ordre de les tenir prêts pour l'opération dont il s'agit. ♦ Être le supérieur de... « *Le duc d'Enghien joint à la gloire de commander encore Turenne celle de réparer sa défaite* », VOLTAIRE. ♦ Faire une commande à un fabricant, à un artiste, à un ouvrier, etc. *Commander un ameublement, un dîner, etc.* ♦ **Fortif.** Dominer par son élévation, pouvoir battre. *La citadelle commande la ville.* ♦ On a dit aussi *commander à,* qui est aujourd'hui moins usité. ♦ **Par extens.** Il se dit de tout lieu plus élevé qu'un autre. ♦ V. intr. Faire commandement. « *Il commande au Soleil d'animer la nature* », RACINE. ♦ Avoir un commandement militaire. ♦ « *Avoir, exercer l'autorité supérieure, Qui n'a fait qu'obéir saura mal commander* », P. CORNEILLE. ♦ *Commander à la baguette,* avec hauteur et dureté, et aussi avec une autorité absolue. ♦ **Fig.** *Commander à ses passions,* y résister, les maîtriser. ♦ **Milit.** *Cette place forte commande à tout le pays,* c'est-à-dire qu'on ne peut s'établir dans le pays sans s'être rendu maître de la place. ♦ *Se commander,* v. pr. Se maîtriser. ♦ Être obtenu par commandement. *La gaieté ne se commande pas.* ♦ *Se commander l'un à l'autre,* v. pr. Avoir un commandement l'un sur l'autre.

COMMANDERIE, n. f. [komɑ̃d(ə)ʀi] (*commander*) Espèce de bénéfice qui appartient à un ordre militaire. ♦ L'édifice même.

COMMANDEUR, n. m. [komɑ̃dœʀ] (*commander*) Chevalier pourvu d'une commanderie dans les anciens ordres militaires. *Commandeur de Malte.* ♦ Aujourd'hui, titre d'un grade élevé dans les ordres de chevalerie. *Commandeur de la Légion d'honneur.* ♦ *Commandeur des croyants,* titre que portaient les califes.

COMMANDITAIRE, n. m. [komɑ̃ditɛʀ] (*commandite*) Bailleur de fonds dans une société en commandite. ♦ Adj. *Associé commanditaire.*

COMMANDITE, n. f. [komɑ̃dit] (lat. médiév. *accomanditum,* de *accomandare,* confier) *Société en commandite* ou simplement *commandite,* société où l'on prête seulement son argent, sans faire aucune fonction d'associé et sans avoir aucune responsabilité. ♦ Fonds remis par un commanditaire. ■ **Québec** Contribution matérielle apportée à une organisation en vue de promouvoir son image.

COMMANDITÉ, ÉE, p. p. de commanditer. [komɑ̃dite]

COMMANDITER, v. tr. [komɑ̃dite] (*commandite*) Fournir à un commerçant, à un industriel, les fonds nécessaires à une exploitation, moyennant une part d'intérêts dans les profits, mais sans contracter soi-même aucune obligation commerciale. ■ Fournir les fonds à un groupe ou à une personne afin qu'il ait les moyens de mettre en œuvre l'action qu'on lui demande. *Commanditer un attentat.*

COMMANDO, ■ n. m. [komɑ̃do] (mot angl., de l'afrikaans) **Milit.** Groupe de combattants formés et expérimentés pour accomplir des missions périlleuses dont on lui donne l'ordre. *Des opérations de commando.* ■ Groupe de terroristes armés et mal intentionnés. *Des commandos révolutionnaires. Un commando-suicide.*

COMME, adv. [kɔm] (lat. *quomodo*) De la façon que, ainsi que, de même que, autant que. ♦ *Comme* exprime une comparaison. *Crier comme un aveugle.* ♦ *Tout comme,* tout pareillement. *Tout comme moi.* ♦ **Fam.** *C'est tout comme,* c'est la même chose. ♦ Dans cet emploi, quand *comme* est suivi d'un infinitif, on intercale d'ordinaire la préposition *de* ; pourtant l'omettre ne serait pas une faute. « *Il n'y a rien qui rafraîchisse le sang comme d'avoir su éviter de faire une sottise* », LA BRUYÈRE. ♦ Dans le langage familier, *un homme comme il faut, des gens comme il faut,* celui, ceux qui appartiennent à la bonne compagnie, qui ont de bonnes manières. ♦ *Comme en effet,* façon de parler qui sert à confirmer. *S'il est homme de bien, comme en effet il est.* ♦ *Comme si,* de même que si. *Bien des hommes vivent comme s'ils ne devaient jamais mourir.* ♦ *Un homme comme lui,* un homme de son mérite, de son rang, etc. ♦ **Fam.** *Comme cela* (qu'on prononce ordinairement *comme ça*), ni bien ni mal. *Comment se porte-t-il? Comme cela.* ♦ *Il est comme cela,* c'est son caractère. ♦ *Comme quoi dirait,* en quelque sorte, une sorte de... *Il portait sur sa tête comme qui dirait un turban.* ♦ Presque, quasi, en quelque sorte. *Ce fut comme un éclair.* ♦ En qualité de. *On le cite comme le plus savant helléniste.* ♦ De quelle manière, par quels moyens. « *Je ne sais comme il me sera possible de m'accommoder au temps* », VAUGELAS. ♦ **Fam.** *Dieu sait comme,* locution qui signifie médiocrement, assez mal. ♦ *Comme quoi,* de quelle façon. « *Voilà comme quoi il est fort dangereux d'avoir demi-étudié* », BALZAC. ♦ Combien, à quel point. *Comme il est changé!* ♦ COMME, conj. Quand, dans une période, deux membres expriment une comparaison, *comme* se met au commencement du premier, et le second a pour corrélatif *ainsi,* quelquefois *aussi,* et d'autres fois n'a point de corrélatif du tout. *Comme la raison n'a plus de frein, ainsi l'erreur n'a plus de bornes.* ♦ Dans le temps où, au moment où. *Comme il était à Paris, la révolution* *éclata.* ◆ Parce que, vu que, puisque, attendu que. *Comme ses raisons paraissaient bonnes, on s'y rendit.* ◆ *Comme tout* est une locution populaire mauvaise. ◆ *Comme de juste,* pour dire *comme il est juste,* est une locution populaire qu'il faut aussi écarter.

COMMEDIA DELL'ARTE, ■ n. f. [komedjadɛlarte] (mots it., comédie de fantaisie) Genre théâtral italien caractérisé par ses improvisations et ses personnages récurrents à l'instar d'Arlequin et de Matamore. ■ Rem. Ce nom est toujours au singulier.

COMMÉMORAISON, n. f. [komemorɛzɔ̃] (d'apr. le lat. *commemoratio*) Mention faite d'un saint le jour consacré à la fête d'un autre. *L'Église fait commémoraison de tel saint.*

COMMÉMORATIF, IVE, adj. [komemoratif, iv] (*commémorer*) Qui rappelle le souvenir. *Fête commémorative.*

COMMÉMORATION, n. f. [komemorasjɔ̃] (lat. class. *commemoratio*) Cérémonie établie pour rappeler le souvenir d'un événement. ◆ *La Commémoration des morts,* la fête que l'Église célèbre le jour des Morts. ◆ En général, souvenir. *Je garde ce portrait en commémoration de notre amitié.*

COMMÉMORÉ, ÉE, p. p. de commémorer. [komemore]

COMMÉMORER, v. tr. [komemore] (lat. *commemorare,* rappeler, évoquer) Rappeler au souvenir.

COMMENÇANT, ANTE, n. m. et n. f. [komɑ̃sɑ̃, ɑ̃t] (*commencer*) Personne qui est aux premiers éléments d'un art ou d'une science. ■ **Par extens.** Personne qui est nouveau dans une discipline, novice.

COMMENCÉ, ÉE, p. p. de commencer. [komɑ̃se]

COMMENCEMENT, n. m. [komɑ̃s(ə)mɑ̃] (*commencer*) La première partie d'une chose qui a une étendue ou une durée. *Le commencement d'un livre, de l'année.* ◆ *Prendre son commencement, prendre commencement,* en parlant des choses, commencer. ◆ *Au commencement,* dans les premiers temps. *Au commencement tout allait bien.* ◆ Dans le style de l'Écriture, *au commencement,* c'est-à-dire au commencement du monde. ◆ **Théol.** Premier principe. *Dieu est le commencement et la fin de toutes choses.* ◆ **Dr.** *Commencement de preuve,* indice qui commence une preuve. ◆ Au pl. Les premiers développements d'un État, d'un homme. *Les grandes fortunes viennent souvent de petits commencements.* ◆ Les premières leçons ou notions d'un art, d'une science. ◆ **Prov.** *Il y a commencement à tout,* il faut faire son apprentissage en toutes choses.

COMMENCER, v. tr. [komɑ̃se] (lat. vulg. *cominitiare,* de *cum* et *initiare*) Donner commencement à quelque chose. *Commencer une construction, un discours.* ◆ Être au commencement de. *Commencer l'année, être aux premiers jours de l'année.* ◆ Être en tête, au commencement, en parlant des choses. ◆ Ébaucher. ◆ *Commencer un élève,* lui donner les premières leçons. ◆ V. intr. Prendre commencement, en parlant des choses. *L'année commence au 1er janvier.* ◆ Être au début, en parlant des personnes. *J'ai pris ce livre pour l'étudier, et je commence.* ◆ *Commencer par,* faire d'abord, parler d'abord, s'en prendre d'abord à... *Commençons par nous préparer, ensuite nous agirons.* ◆ *Commencer à,* avec un infinitif. « *La vie est un sommeil ; les vieillards sont ceux dont le sommeil a été plus long, ils ne commencent à se réveiller que quand il faut mourir* », La Bruyère. ◆ *Commencer de.* « *Nous commençons de vivre par degrés, et nous finissons de mourir comme nous commençons de vivre* », Buffon. ◆ Impers. *Il commence à geler.* ◆ *Se commencer,* v. pr. Prendre commencement.

COMMENCEUR, n. m. [komɑ̃sœr] (*commencer*) Personne qui commence.

COMMENDATAIRE, adj. [komɑ̃datɛr] (lat. médiév. *commendatarius*) Qui tient un bénéfice en commende. ◆ Qui est tenu en commende. *Une abbaye commendataire.*

COMMENDE, n. f. [komɑ̃d] (lat. *commendare,* confier, recommander) Originairement, la provision d'un bénéfice qu'on donnait à un séculier, pour en jouir en attendant qu'on en eût pourvu un titulaire. ◆ Plus tard, titre de bénéfice donné par le pape à un ecclésiastique séculier ou à un laïque nommé par le roi.

COMMENSAL, ALE, n. m. et n. f. [komɑ̃sal] (lat. médiév. *commensalis,* de *cum,* avec, et *mensa,* table) Chacun de ceux qui mangent habituellement à la même table. *Des commensaux.*

COMMENSALISME, ■ n. m. [komɑ̃sjalism] (*commensal*) **Bot.** Cohabitation entre deux espèces dans laquelle une des deux profite de la nourriture de l'autre mais sans lui nuire.

COMMENSALITÉ, n. f. [komɑ̃salite] (*commensal*) Qualité de commensal. ◆ Droit d'être commensal à la table du souverain.

COMMENSURABILITÉ, n. f. [komɑ̃syrabilite] (lat. médiév. *commensurabilitas*) **Math.** Qualité d'être commensurable.

COMMENSURABLE, adj. [komɑ̃syrabl] (b. lat. *commensurabilis*) **Math.** Qui a une mesure commune.

COMMENT, adv. [komɑ̃] (*comme* et termin. adv. *-ment*) De quelle sorte, de quelle manière. ◆ Comme, à quel point. « *Vous ne sauriez croire comment l'erreur s'est répandue* », Molière. ◆ Il exprime l'interrogation, et signifie de quelle manière, par quel moyen. « *Comment l'aurais-je fait, si je n'étais pas né ?* », La Fontaine. ◆ *Comment... que,* locution dans laquelle *autrement* est sous-entendu, et qui signifie. *Comment... si ce n'est.* « *Comment réparerez-vous vos plaisirs illicites, qu'en vous abstenant... ?* », Massillon. ◆ *Comment ?* Se dit quand on n'a pas bien entendu ou bien compris. ◆ Pour quelle cause ? pour quel motif ? *Comment vous êtes-vous avisé de venir ici ?* ◆ Expression d'étonnement. *Comment ! est-il donc vrai que... ?* ◆ N. m. Le *comment,* la manière dont la chose s'est faite. *Les comment, les pourquoi.*

COMMENTAIRE, n. m. [komɑ̃tɛr] (lat. class. *commentarium,* recueil de notes) Suite de notes et d'explications sur toutes les parties d'un ouvrage. *Un commentaire sur la Bible.* ◆ *Commentaire perpétuel,* commentaire qui suit le texte phrase par phrase. ◆ **Fig.** « *Marquez cet endroit : la suite des événements vous en fera bientôt un beau commentaire* », Bossuet. ◆ **Fam.** *Cela n'a pas besoin de commentaire,* cela n'a pas besoin d'explication. ◆ *Point de commentaire,* se dit quand on veut imposer silence. ◆ Interprétation plus ou moins maligne qu'on donne aux actes et aux discours des autres. ◆ N. m. pl. Histoires et mémoires où l'écrivain est le principal acteur. *Les Commentaires de César.* ■ *Cela se passe de commentaires,* cela n'a pas besoin d'explications.

COMMENTATEUR, TRICE, n. m. et n. f. [komɑ̃tatœr, tris] (b. lat. *commentator*) Personne qui commente. *Les commentateurs de la Bible.*

COMMENTÉ, ÉE, p. p. de commenter. [komɑ̃te]

COMMENTER, v. tr. [komɑ̃te] (lat. impér. *commentari*) Expliquer par un commentaire. *Commenter la Bible.* ◆ V. intr. Amplifier quelque peu par malice les faits et les choses.

COMMER, v. intr. [kome] (*comme*) Faire comparaison. ◆ Vieux et inusité.

COMMÉRAGE, n. m. [komeraʒ] (*commère*) Propos, conduite de femmes bavardes. ■ **Par extens.** Rumeur malveillante. ■ Rem. S'emploie le plus souvent au plur. dans ce sens.

COMMERÇABLE, adj. [komersabl] Qui peut se négocier dans le commerce. *Billets commerçables.* ■ Rem. On dit de préférence aujourd'hui *négociables.*

COMMERÇANT, ANTE, adj. [komersɑ̃, ɑ̃t] (*commercer*) Qui fait le commerce. *Les peuples commerçants. Ville commerçante.* ◆ N. m. *Un riche commerçant.* ■ Rem. S'emploie auj. aussi au féminin. *Une commerçante.*

COMMERCE, n. m. [komers] (lat. class. *commercium*) Échange, entre les hommes, des divers produits de la nature ou de l'industrie. *Être dans le commerce.* ◆ *Commerce en gros,* achat de marchandises par grosses portions pour revendre aux détaillants. ◆ *Commerce de détail,* achat en gros pour revendre aux consommateurs. ◆ Le corps des commerçants. ◆ *Chambre de commerce,* Réunion de négociants chargés de donner des avis officiels sur le commerce. ◆ *Ministère du commerce,* ministère qui régit les affaires commerciales dans leurs rapports avec l'État. ◆ *Tribunal de commerce,* tribunal qui statue sur les procès commerciaux. ◆ *Liberté du commerce,* principe d'économie politique qui conduit à supprimer les entraves douanières, fiscales ou autres. ◆ *Commerce extérieur,* achat ou vente de marchandises du pays, échange avec l'étranger. ◆ *Commerce intérieur,* échange, à l'intérieur, des produits du pays. ◆ Le fait de vendre des marchandises. *Commerce de grains, de vins.* ◆ **Dr.** Le fait d'acheter des marchandises pour les revendre ou de faire des opérations qui se rattachent à cet objet. *Acte de commerce. Société de commerce.* ◆ **Fig.** Trafic de choses morales. *Faire un mauvais, un méchant, un vilain commerce,* se mêler de quelque vilaine affaire. ◆ Relations de société ou d'affaires, fréquentation. *Le commerce du monde, des hommes. Entrer en commerce,* entretenir un commerce d'amitié avec quelqu'un. ◆ Le *commerce des lettres, des muses,* les occupations littéraires. ◆ **Absol.** Manière de se comporter à l'égard d'autrui. *Être d'un commerce aisé, sûr.* ◆ Échange. « *Le commerce des pensées est un peu interrompu en France* », Voltaire. ◆ *Commerce de lettres,* correspondance suivie. ◆ Causerie. « *Propos, agréables commerces* », La Fontaine. ◆ Établissement commercial. *Les commerces de la ville.* ■ Profession de commerçant. *Une école de commerce.* ◆ Lieu, magasin où l'on vend un bien ou un service. *Il tient un petit commerce.*

COMMERCER, v. intr. [komerse] (*commerce*) Faire le commerce. ◆ **Fig.** Avoir des rapports. *Commercer avec les autres hommes.*

COMMERCIAL, ALE, adj. [komersjal] (*commerce*) Qui appartient au commerce. *Règlements commerciaux. La liberté commerciale.* ■ N. m. et n. f. Personne chargée des affaires commerciales dans une entreprise. ■ N. f. Voiture à deux places et dont l'arrière est aménagé pour recevoir des objets volumineux. ■ **Péj.** Qui fait primer le profit au détriment de la qualité. *Une chanson commerciale.*

COMMERCIALEMENT, adv. [komersjal(ə)mɑ̃] (*commercial*) À la manière des commerçants. ◆ En matière de commerce.

COMMERCIALISER, ■ v. tr. [kɔmɛʀsjalize] (*commercial*) Introduire dans le commerce. *Commercialiser un produit.* ■ COMMERCIALISABLE, adj. [kɔmɛʀsjalizabl] ■ COMMERCIALISATION, n. f. [kɔmɛʀsjalizasjɔ̃]

COMMÈRE, n. f. [kɔmɛʀ] (lat. chrét. *commater*, de *cum*, avec, et *mater*, mère) Celle qui a tenu un enfant sur les fonts baptismaux avec un compère. ♦ Nom d'amitié, donné surtout entre voisins et gens qui se voient très souvent. *Compères et commères.* ♦ Femme bavarde et médisante. *Propos de commère* [1]. ♦ Par extens. *Cet homme est une vraie commère.* ♦ *C'est une bonne commère*, c'est une femme de tête [2]. ■ REM. 1 et 2 : Terme péjoratif dans ces deux sens.

COMMÉRER, v. intr. [kɔmeʀe] (*commère*) Faire des bavardages.

COMMETTAGE, ■ n. m. [kɔmetaʒ] (*commettre*) Mar. Confection d'un cordage en tordant ensemble des brins, des torons. *Le commettage manuel.*

COMMETTANT, n. m. [kɔmetɑ̃] (*commettre*) Celui qui commet à un autre le soin de ses intérêts privés ou politiques. *Le député et ses commettants.* ♦ Dr. Celui qui a donné commission, par opposition au commissionnaire.

COMMETTRE, v. tr. [kɔmɛtʀ] (lat. class. *committere*, réunir plusieurs choses) Préposer. « *Je vous commets au soin de nettoyer partout* », MOLIÈRE. ♦ *Commettre un rapporteur*, charger quelqu'un de faire un rapport dans une affaire. ♦ Confier. « *Je vous rends le dépôt que vous m'avez commis* », RACINE. ♦ Compromettre. « *Il n'est propre qu'à commettre deux personnes qui veulent s'accommoder* », LA BRUYÈRE. ♦ En parlant des choses. *Commettre sa dignité, son honneur.* ♦ Exposer. « *Craignant de vous commettre aux affronts d'un refus* », RACINE. ♦ Faire, en parlant d'un acte répréhensible. *Commettre un péché, une faute, un délit, un crime.* ♦ Se commettre, v. pr. Se confier. *Se commettre aux hasards de la mer.* ♦ Compromettre sa dignité, son caractère, ses intérêts. « *Il y a des gens avec lesquels il ne faut jamais se commettre* », LA BRUYÈRE. ♦ S'exposer. « *Se commettre à la furie de l'Océan et à la rigueur de l'hiver* », BOSSUET. ♦ Être fait, en parlant d'un acte répréhensible. *Péchés qui se commettent dans l'ombre.* ■ *Se commettre avec*, avoir ostensiblement des relations compromettantes avec quelqu'un.

COMMINATOIRE, adj. [kɔminatwaʀ] (lat. médiév. *comminatorius*, de *comminari*, menacer) Dr. Qui menace d'une condamnation. *Sentence, clause comminatoire.* ♦ Disposition purement comminatoire, prescription légale qui porte une sanction et spécialement une nullité qui ne s'observe pas rigoureusement.

COMMINUTIF, IVE, ■ adj. [kɔminytif, iv] (lat. class. *comminutum*, de *comminuere*, mettre en pièces, broyer) Méd. Fracturé en nombreux fragments. *Une fracture comminutive.*

1 **COMMIS**, n. m. [kɔmi] (2 *commis*) Employé d'une administration, d'une maison de banque, d'une maison de commerce. ♦ *Commis voyageur*, celui qui voyage pour le placement des marchandises. ♦ *Commis à pied, commis à cheval*, employé des contributions indirectes qui va pratiquer l'exercice chez les débitants de boissons. ■ *Les grands commis de l'État*, les hauts fonctionnaires.

2 **COMMIS, ISE**, p. p. de commettre. [kɔmi, iz] Préposé. ♦ *Huissier commis*, celui qui est désigné par un juge pour certaines opérations. ♦ Confié. ♦ Compromis. ♦ Fait, exécuté, en parlant d'une action condamnable.

COMMISE, n. f. [kɔmiz] (*commettre*) Action de mettre aux prises, de compromettre. *De peur de commise.*

COMMISÉRATION, n. f. [kɔmizeʀasjɔ̃] (lat. class. *commiseratio*) Action de prendre en miséricorde. *Avoir de la commisération pour les malheureux.*

COMMISSAIRE, n. m. [kɔmisɛʀ] (lat. class. *commissarius*) Personne chargée de certaines fonctions spéciales et temporaires. *Commissaire d'une fête, d'un bal, d'un banquet*, celui qui est chargé d'en diriger les préparatifs et d'en faire les honneurs. ♦ Titre de divers fonctionnaires. *Commissaire du gouvernement. Commissaire de police. Commissaire-priseur*, officier ministériel chargé de l'estimation des objets mobiliers et de leur vente aux enchères.

COMMISSARIAT, n. m. [kɔmisaʀja] (*commissaire*) La qualité, l'emploi de commissaire. ♦ Durée des fonctions d'un commissaire. ♦ Bureau d'un commissaire de police.

COMMISSION, n. f. [kɔmisjɔ̃] (lat. class. *commissio*) Action de commettre, de préposer ; charge qu'on donne à quelqu'un de faire une chose. ♦ Réunion de personnes chargées de préparer une décision, de donner un avis, d'examiner quelque objet. *Rapport, conclusions de la commission.* ♦ Mandement de l'autorité donnant charge et pouvoir ou conférant certain grade. *Il a reçu sa commission.* ♦ *Commission rogatoire*, délégation faite par un tribunal ou un juge à un autre tribunal ou à un juge d'un autre siège pour accomplir un acte d'instruction ou de procédure. ♦ Nom de certains tribunaux d'exception jugeant de faits graves, en général politiques. *Commission militaire*, tribunal militaire jugeant rapidement et sans recours. ♦ Mar. Permission que donne le souverain pour aller en course sur les ennemis. ♦ Message ou transport de quelque objet qu'on fait faire par un domestique ou par une personne qu'on paye, ou aussi par quelqu'un de bonne volonté. ♦ Prix que l'on paye pour une commission de ce genre. ♦ Emplette qu'on prie quelqu'un de faire. ♦ Comm. Acte par lequel une personne donne pouvoir à une autre d'agir pour son compte. ♦ Profession de celui qui se charge de l'achat, du placement des marchandises pour le compte d'un tiers. *Faire la commission.* ♦ Ce qu'un commissionnaire perçoit pour son salaire. ♦ Action de faire quelque chose de répréhensible. *La commission d'une faute.* ♦ *Péché de commission*, péché commis par acte, par opposition à péché d'omission. ■ Au pl. Vieilli Ensemble des achats d'alimentation, de produits de consommation courante réalisés. *Faire les commissions.*

COMMISSIONNAIRE, n. m. et n. f. [kɔmisjɔnɛʀ] (*commission*) Personne qui agit pour le compte d'autrui en matière commerciale, et spécialement personne qui achète ou vend pour le compte d'un tiers moyennant une remise. ♦ Personne dont la profession est de faire la commission. ♦ ▷ *Commissionnaire de roulage*, personne qui se charge de transporter les marchandises par voiture. ◁ ♦ Homme qui stationne au coin de la rue, attendant les commissions du public. ♦ N. m. et n. f. Dans les villages ou les petites localités, homme ou femme qui porte et prend des objets dans les villes voisines avec ou sans voiture. ■ *Commissionnaire en douane*, personne qui gère les formalités douanières pour le compte de quelqu'un.

COMMISSIONNÉ, ÉE, p. p. de commissionner. [kɔmisjɔne]

COMMISSIONNER, v. tr. [kɔmisjɔne] (*commission*) Délivrer à quelqu'un une commission qui l'autorise à faire quelque chose ou qui lui confère quelque fonction. ♦ Donner commission d'acheter ou de vendre.

COMMISSOIRE, adj. [kɔmiswaʀ] (lat. *commissorius*) *Clause commissoire*, clause d'un contrat de gage par laquelle le créancier demeure propriétaire de la chose engagée, si le débiteur ne paye pas au terme fixé.

COMMISSURAL, ALE, ■ adj. [kɔmisyʀal] (*commissure*) Qui concerne une commissure.

COMMISSURE, n. f. [kɔmisyʀ] (lat. *commissura*, jointure) Anat. Point de jonction de certaines parties. *La commissure des lèvres.* ♦ Archit. Joint des pierres.

COMMISSUROTOMIE, ■ n. f. [kɔmisyʀɔtɔmi] (*commissure* et -*tomie*) Chir. Intervention consistant à sectionner ou élargir une commissure. *Pratiquer une commissurotomie cardiaque.*

COMMITTIMUS, n. m. [kɔmitimys] (lat. *committimus*, de *committere*, nous confions) En général, privilège accordé autrefois à certaines personnes de plaider devant certains juges et d'y faire évoquer les causes où elles avaient intérêt.

COMMITTITUR, n. m. [kɔmitityʀ] (lat. *committitur*, 3ᵉ pers. impers. du passif de *committere*, il est confié) ▷ Jurispr. Ordonnance mise au bas d'une requête pour commettre un conseiller. ■ Au pl. *Des committiturs.* ◁

COMMIXTION, n. f. [kɔmikstjɔ̃] (lat. *commixtio*, de *commiscere*, mêler) ▷ Mélange intime de plusieurs choses différentes. ◁

COMMODANT, n. m. [kɔmɔdɑ̃] (p. prés. substantivé de *commodare*, mettre à la disposition) Celui qui prête par le contrat de commodat.

COMMODAT, n. m. [kɔmɔda] (b. lat. jurid. *commodatum*, p. p. substantivé de *commodare*, prêt) Jurispr. Contrat par lequel une chose est prêtée gratuitement à l'emprunteur, à la charge de la restituer en nature.

COMMODATAIRE, n. m. [kɔmɔdatɛʀ] (*commodat*) Celui à qui l'on prête par le contrat de commodat.

1 **COMMODE**, adj. [kɔmɔd] (lat. *commodus*) Qui se prête à l'usage requis, qui offre des facilités ; qui est favorable. *Habit, maison commode.* ♦ *Vie commode*, vie agréable et tranquille, et aussi vie dans laquelle on a l'aisance, les commodités. ♦ D'un caractère facile et qui ne gêne pas les autres. ♦ *Être commode à vivre*, être d'un humeur facile. ♦ Relâché. *Morale commode.* ♦ N. m. *Le commode.* ■ *Une personne peu commode*, difficile à aborder. ■ Fam. *C'est trop commode*, c'est une solution trop facile.

2 **COMMODE**, n. f. [kɔmɔd] (substantivation de 1 *commode*) Espèce d'armoire, en forme de bureau, dont le dessus est de bois ou de marbre, avec des tiroirs pour y renfermer du linge et des habits.

COMMODÉMENT, adv. [kɔmɔdemɑ̃] (1 *commode*) D'une manière commode. *Être logé commodément.* ♦ *Vivre commodément*, avoir la vie commode. ♦ ▷ Avec opportunité. ◁

COMMODITÉ, n. f. [kɔmɔdite] (lat. *commoditas*) Qualité de ce qui est commode. *Avoir une chose à sa commodité. La commodité des appartements. Concilier la commodité avec l'économie.* ♦ Au pl. Aises, agréments. *Les commodités de la vie.* ♦ Facilité qu'offre le caractère. *La commodité de l'humeur.* ♦ Temps opportun, occasion. *Faites cela à votre commodité.* ♦ Service de voitures ; occasion de message. « *Je vous enverrai par la première commodité un ouvrage* », BOSSUET. ♦ Au pl. Lieux d'aisances. ■ Au pl. Ce qui facilite la vie ou le confort. *Un logement équipé de toutes les commodités.*

COMMODO, DE COMMODO ET INCOMMODO, [dekɔmodoetɛ̃kɔmodo] (prép. de, au sujet de, et abl. de *commodum*, avantage, et *incommodum*, inconvénient) Locution latine usitée dans le langage administratif, et qui signifie : De l'avantage et de l'inconvénient. *Enquête de commodo et incommodo.*

COMMODORE, n. m. [kɔmodɔʀ] (mot angl., du m. néerl. *commandoor*, p.-ê. du *commandeur*) Titre, dans la marine hollandaise, d'un capitaine chargé du commandement de plusieurs bâtiments de guerre. ♦ Dans les marines anglaise et américaine, grade intermédiaire entre capitaine de vaisseau et contre-amiral.

COMMOTION, n. f. [kɔmosjɔ̃] (lat. *commotio*, de *commovere*, ébranler, émouvoir) Ébranlement violent. ♦ *Commotion électrique*, secousse produite par une décharge électrique. ■ **Chir.** Ébranlement, secousse communiquée à un organe par un coup ou une chute sur une partie. ♦ **Fig.** Violente émotion morale. ♦ *Commotion politique*, troubles violents dans un pays.

COMMOTIONNER, v. tr. [kɔmosjɔne] (*commotion*) Causer, provoquer une commotion chez quelqu'un. *L'émotion l'a commotionné un certain temps.*

COMMUABLE, adj. [kɔmɥabl] (*commuer*) Qui peut être commué.

COMMUÉ, ÉE, p. p. de commuer. [kɔmɥe]

COMMUER, v. tr. [kɔmɥe] (lat. *commutare*, changer entièrement) *Commuer une peine*, la changer en une peine moindre. Commuer un vœu. « Ils commuent les supplices éternels dans ces peines passagères », Bossuet. ♦ On dit aussi *commuer en*.

COMMUN, UNE, adj. [kɔmœ̃, yn] ou [kɔmɛ̃, yn] (lat. *communis*) Qui est de participation à plusieurs ou à tous. *Tout doit être commun entre de vrais amis. Cela est commun à tous.* ◁ ▷ *La maison commune*, l'hôtel de ville. ◁ *Terres communes*, terres qui n'ayant pas de possesseur particulier, servent à tous. ♦ *Des amis communs*, des amis qui le sont des deux parties. ♦ *Le droit commun*, la loi établie dans un État, l'usage général. ♦ **Jurispr.** Dont la jouissance est permise à plusieurs personnes à titre égal. *Chemin commun.* ♦ ▷ *Époux communs en biens*, époux mariés sous le régime de la communauté. ♦ *Choses communes*, les choses qui ne sont pas susceptibles de propriété publique ou privée, comme l'air. ♦ *Diviseur commun*, nombre qui divise exactement deux ou plusieurs autres nombres. ♦ *Dénominateur commun*, celui qui appartient à plusieurs fractions. ♦ **Phys.** *Réservoir commun*, en parlant de l'électricité, la terre. ♦ Qui se fait en société, ensemble ; qui est conjoint. *Des repas communs.* ♦ *Faire cause commune*, se dit de personnes qu'un motif quelconque pousse à réunir leurs efforts pour un même objet. ♦ *Faire bourse commune*, se dit de personnes mettant ensemble leur argent et vivant ainsi avec l'avoir les uns des autres. ♦ *La vie commune*, la vie des communautés. ♦ *Avoir quelque chose de commun avec*, avoir des analogies, des rapports, des ressemblances avec. ♦ Général, public. *L'intérêt commun. L'opinion, la voix commune.* ♦ *La langue commune*, la langue qui se parle le plus généralement dans un pays. ♦ *D'un commun accord*, de concert. *D'une commune voix*, unanimement. ♦ Ordinaire. *Devenir d'un usage commun. La vie commune*, les mœurs générales, les événements ordinaires de la vie. ♦ *Sens commun*, faculté de juger raisonnablement des choses, en tant qu'elle appartient à la plupart des hommes. ♦ *Les mots, les termes communs de la langue*, ceux qui sont usuels entre tout le monde, par opposition aux termes techniques. ♦ *Style commun*, style qui n'a rien de remarquable, ni d'élégant. ♦ *Le commun peuple*, le vulgaire. ♦ Fréquent, abondant, qu'on trouve facilement. ♦ Qui ne s'élève pas au-dessus du niveau ordinaire. *Un livre commun.* ♦ Privé de noblesse, de distinction. *Avoir l'air commun.* ■ **Gramm.** *Nom commun*, celui qui convient à tous les individus de la même espèce. ♦ *Nom commun ou épicène*, nom qui convient aux deux sexes, comme perdrix. ♦ *Syllabe commune*, syllabe qui, dans les langues où la quantité des syllabes fait le vers, peut être longue ou brève. ♦ **Rhét.** *Lieux communs*, sorte de points principaux auxquels les anciens rhéteurs rapportaient toutes les preuves, et par extens. idées usées, rebattues. ♦ ▷ *Année commune*, l'une portant l'autre, bon an, mal an. ◁ ■ **N. m.** *Le commun*, ce que deux ou plusieurs personnes mettent en société. *Vivre sur le commun.* ■ EN COMMUN, loc. adv. De société, de concert. *Vivre, travailler en commun.* « Ils mettaient leurs biens en commun », Bossuet. ♦ *Le plus grand nombre*, la généralité. *Le commun des lecteurs.* ♦ La roture, les basses classes. « *Un homme du commun* », Molière. ■ **Liturg.** *Le commun des martyrs*, les martyrs pour lesquels l'Église prie en masse, et fig. *il est du commun des martyrs*, c'est un homme que rien ne distingue. ♦ *Le commun chez les rois, chez les princes et les grands*, nom collectif qui signifie les bas officiers. ♦ Dans les grandes maisons, *les communs*, les bâtiments affectés aux cuisines, écuries, remises, etc. ♦ *Transports en commun*, mode de transport collectif. ♦ *Le commun des mortels*, n'importe quelle personne. ♦ *Un personnage hors du commun*, qui se distingue par son originalité. ■ *Sans commune mesure*, de manière incomparable.

COMMUNAL, ALE, adj. [kɔmynal] (lat. *communalis*) Qui appartient à une commune ; qui la concerne. *Propriété communale. Bois communaux.* ♦ **N. m.**

Un communal, au pl. des communaux, terres dont l'usage est commun aux habitants d'une ou de plusieurs communes. ■ **Belg.** *Conseil communal*, conseil municipal. ■ **Belg.** *Maison communale*, mairie.

COMMUNALISER, ■ v. tr. [kɔmynalize] (*commune*) Placer quelque chose sous l'autorité d'une commune.

COMMUNARD, ARDE, ■ n. m. et n. f. [kɔmynaʀ] (*Commune*) Personne qui a collaboré ou qui adhère au mouvement révolutionnaire de la Commune de Paris en 1871. ■ **Péj.** Communiste. ■ N. m. Cocktail à base de cassis et de vin rouge, aussi appelé *cardinal*.

COMMUNAUTAIRE, ■ adj. [kɔmynotɛʀ] (*communauté*) Qui s'exerce en communauté. *Un système communautaire.* ■ Qui dépend de la Communauté européenne (auj. l'Union européenne). *Un prix communautaire.* ■ N. m. et n. f. Membre de la Communauté européenne.

COMMUNAUTARISATION, ■ n. f. [kɔmynotaʀizasjɔ̃] (*communautaire*) Gestion commune des espaces maritimes de plusieurs pays et de leurs ressources. ■ Homogénéisation économique et juridique entre plusieurs états membres d'une même union.

COMMUNAUTARISER, ■ v. tr. [kɔmynotaʀize] (*communautaire*) Réaliser une communautarisation entre plusieurs états.

COMMUNAUTARISME, ■ n. m. [kɔmynotaʀism] (*communautaire*) Mouvement de pensée qui fait de la communauté une valeur centrale dans l'organisation de la société.

COMMUNAUTARISTE, ■ n. m. et n. f. [kɔmynotaʀist] (*communautaire*) Personne partisane de la communautarisation.

COMMUNAUTÉ, n. f. [kɔmynotɛʀ] (lat. *communalis*, de la communauté) Participation en commun. *Communauté de plaisirs et de peines.* ♦ **Jurispr.** Société de biens ou de gains. ♦ État d'indivision entre plusieurs propriétaires. ♦ Société de biens entre époux. ♦ *Le régime de la communauté*, celui où les époux mettent tout ou partie de leurs biens en communauté. ♦ Dans le langage général, *communauté de biens*, organisation sociale dans laquelle les biens sont possédés non par l'individu, mais par l'État. ♦ La généralité des citoyens, le peuple, l'État. *L'intérêt de la communauté l'exige.* ♦ Groupe plus ou moins étendu, réuni par les mêmes croyances, les mêmes usages, etc. *Les premières communautés chrétiennes.* ♦ Autrefois, corporation. ♦ Société de personnes vivant ensemble et soumises à une règle commune. *Communauté religieuse.* ♦ La maison religieuse même. ■ *Communauté urbaine*, regroupement des villages les plus proches d'une ville pour une gestion commune des infrastructures et des services publics. ■ *Communauté de communes*, collectivité territoriale regroupant plusieurs communes rurales.

COMMUNAUX, n. m. pl. [kɔmyno] Voy. COMMUNAL.

COMMUNE, n. f. [kɔmyn] (lat. *communia*, plur. neutre de *communis*) Dans le régime féodal, le corps des bourgeois d'une ville ou d'un bourg ayant reçu charte qui leur donnait droit de se gouverner eux-mêmes. ♦ Aujourd'hui, division territoriale administrée par un maire et un conseil municipal. ♦ L'être collectif représentant les habitants d'une commune. ♦ *L'hôtel de ville*, la mairie. ♦ En un sens restreint, *les communes*, les populations rurales. ♦ Autrefois, la bourgeoisie ou le peuple, par opposition à la noblesse. ♦ *La chambre des communes*, la chambre basse du parlement anglais, l'assemblée des députés élus par les bourgs et cités du royaume.

COMMUNÉMENT, adj. [kɔmynemã] (*commun*) Le plus ordinairement. *Cela se dit communément.* ♦ *Communément parlant*, selon l'opinion ou la façon de parler commune.

COMMUNIANT, ANTE, n. m. et n. f. [kɔmynjã, ãt] (*communier*) Celui, celle qui communie. ♦ *Premiers communiants, premières communiantes*, enfants qui font leur première communion.

COMMUNICABLE, adj. [kɔmynikabl] (*communiquer*) Qui peut être communiqué. *Un droit communicable.* ♦ **Jurispr.** *Cause communicable*, cause dont les pièces doivent être soumises à l'examen du ministère public. ♦ Qui peut être en communication. *Deux appartements communicables.*

COMMUNICANT, ANTE, adj. [kɔmynikã, ãt] (*communiquer*) Qui communique, qui établit une communication. *Deux artères communicantes.* ■ N. m. et n. f. Personne qui travaille dans le domaine de la communication.

COMMUNICATEUR, TRICE, ■ adj. [kɔmynikatœʀ, tʀis] (b. lat. *communicator*, celui qui fait part, ou qui a part) Qui permet d'établir une communication. *Un fusible communicateur.* ■ N. m. et n. f. Personne qui dispose d'une grande aisance relationnelle. ■ Personne responsable de la communication d'une société ou d'un organisme.

COMMUNICATIF, IVE, adj. [kɔmynikatif, iv] (b. lat. *communicativus*, propre à communiquer) Qui se communique, se gagne. *Le rire est communicatif.* ♦ Qui aime à communiquer ses pensées, ses sentiments.

COMMUNICATION, n. f. [kɔmynikasjɔ̃] (lat. *communicatio*) Action de communiquer ; résultat de cette action. Communication du mouvement.

La communication des idées. ♦ **Jurispr.** *Communication de pièces,* action d'en donner connaissance à la partie adverse. ♦ Dans le langage général, *donner communication d'une chose à quelqu'un,* lui en faire part. ♦ Renseignement. *J'ai une communication à vous faire.* ♦ Commerce, correspondance avec quelqu'un. *Avoir, entretenir des communications avec l'ennemi.* ♦ Relation avec des êtres supérieurs. ♦ Passage d'un lieu à un autre. *Les routes, les canaux sont des moyens de communication.* ♦ Communications, moyens pour une armée de communiquer avec ses dépôts, ses magasins. ♦ Figure de rhétorique par laquelle on semble délibérer avec son adversaire sur ce qu'on doit faire, comme : *Que feriez-vous à ma place ?* ■ *Communication téléphonique* ou *communication,* conversation au téléphone. *Le prix de la communication.* ■ Diffusion de l'information auprès d'un large public. *Le service de communication d'une entreprise. Les moyens de communication.* ■ Ensemble des infrastructures et moyens d'échange établis entre deux lieux géographiques. *En raison des abondantes chutes de neige, les communications ne seront rétablies que dans deux jours.* ■ *Communication de masse,* diffusion à grande échelle d'une information dans le but de toucher un très grand nombre de personnes.

COMMUNICATIONNEL, ELLE, ■ adj. [kɔmynikasjɔnɛl] (*communication*) Relatif à la communication.

COMMUNIÉ, ÉE, p. p. de communier. [kɔmynje]

COMMUNIER, v. intr. [kɔmynje] (lat. chrét. *communicare,* avoir part, partager) Recevoir la communion. ♦ V. tr. Administrer le sacrement de l'eucharistie. « *L'Église communiait les petits enfants* », Bossuet. ■ Être en total accord avec quelqu'un d'un point de vue spirituel, idéologique ou sentimental.

COMMUNION, n. f. [kɔmynjɔ̃] (lat. *communio,* communauté, participation ; lat. chrét., communion, de *communis*) Croyance uniforme de plusieurs personnes, qui les unit sous un même chef, dans une même église. *La communion des fidèles.* ♦ *La communion des saints,* société de tous les membres de l'Église. ♦ Dans le langage général, *communion de sentiments, d'idées,* accord parfait. ♦ Réception de l'eucharistie. *Faire sa première communion.* ♦ La partie de la messe où le prêtre communie. ■ Accord total avec quelqu'un dans le domaine spirituel, idéologique ou sentimental.

COMMUNIQUÉ, ÉE, p. p. de communiquer. [kɔmynike] N. m. *Un communiqué,* un avis, une information donnée par l'autorité supérieure.

COMMUNIQUER, v. tr. [kɔmynike] (lat. *communicare,* mettre en commun) Rendre commun, faire part, transmettre. *L'aimant communique sa vertu au fer.* ♦ Fig. *Il lui communiqua son zèle, sa gaieté.* ♦ *Se communiquer quelque chose,* communiquer l'un à l'autre quelque chose. *Se communiquer des projets.* ♦ Donner communication. *Je lui ai communiqué mon intention.* ♦ V. intr. Avoir des relations, être en rapport avec quelqu'un. *Communiquer avec les savants, avec l'accusé.* ♦ Avec un régime, faire part de, consulter. *J'ai communiqué de cette affaire avec lui.* ♦ Être en communication. *Ce canal communique à la mer ou avec la mer.* ♦ Se communiquer, v. pr. Être communiqué. ♦ Être en communication. *Ces deux appartements se communiquent par un corridor.* ♦ Communiquer à autrui ses sentiments, ses idées, ses opinions. « *Je me communique fort peu* », Montesquieu. ♦ Ouvrir son cœur. « *Le regret de ne s'être pas communiqué à son fils* », Mme de Sévigné. ♦ Se rendre familier, visible, accessible. « *Que le roi fuie le tumulte et se communique peu* », Montaigne. ■ Transmettre une information à un public dans le but de faire connaître ou vendre un produit. *Communiquer sur un service.*

COMMUNISANT, ANTE, ■ adj. [kɔmynizɑ̃, ɑ̃t] (radic. de *communiste*) Qui adhère à l'idéologie communiste. ■ N. m. et n. f. *Un communisant, une communisante.*

COMMUNISME, n. m. [kɔmynism] (*commun*) Système d'une secte socialiste qui veut faire prévaloir la communauté des biens [1]. ■ Type de régime politique fondé sur le marxisme-léninisme. ■ Rem. 1 : *Secte* est à prendre ici au sens de *école, philosophie.*

COMMUNISTE, n. m. et n. f. [kɔmynist] (*commun*) **Jurispr.** Personne qui a une propriété commune, qui possède à l'état d'indivision. ♦ Personne qui veut faire prévaloir le communisme. ♦ Adj. *Les opinions communistes.*

COMMUTABLE, ■ adj. [kɔmytabl] (*commuter*) **Math.** Qui peut commuter ou être commuté.

COMMUTATEUR, ■ n. m. [kɔmytatœr] (radic. du lat. *commutare*) **Techn.** Appareil régissant la circulation du courant dans un circuit électrique. *Un commutateur universel.* ■ **Télécomm.** Dispositif installé sur les nœuds d'un réseau de télécommunications et qui a pour fonction d'établir ou d'interrompre une communication téléphonique.

COMMUTATIF, IVE, adj. [kɔmytatif, iv] (radic. du lat. *commutare*) **Jurid.** Qui concerne l'échange. *Contrat commutatif,* lorsque chaque contractant reçoit l'équivalent de ce qu'il donne. ■ **Math.** *Loi commutative,* opération dans laquelle le résultat est indépendant de l'ordre des termes.

COMMUTATION, n. f. [kɔmytasjɔ̃] (lat. *commutatio,* changement) **Dr. pénal** Action de changer une peine en une autre moins grande. ♦ **Gramm.** Figure qui consiste à changer dans un mot une lettre ou une syllabe ; par exemple *créance* pour *croyance.* ■ Réalisation d'un transfert ou d'une substitution. ■ **Ling.** Procédé d'analyse consistant à substituer à un terme un autre terme du même paradigme. ■ **Télécomm.** Ensemble des opérations effectuées entre les commutateurs d'un réseau pour établir une communication téléphonique.

COMMUTATIVITÉ, ■ n. f. [kɔmytativite] (*commutatif*) Spécificité de ce qui peut commuter ou être commuté.

COMMUTER, ■ v. tr. [kɔmyte] (lat. *commutare,* changer entièrement) Modifier en procédant à une commutation, une substitution, un transfert, etc. *Il fallait passer d'un circuit électrique à l'autre, on a commuté le circuit.* ■ **Math.** Vérifier qu'une opération est toujours juste après permutation de ses termes. ■ **Ling.** Substituer deux termes d'un même paradigme.

COMORIEN, IENNE, ■ adj. [kɔmɔrjɛ̃, jɛn] (radic de [*Îles*] *Comores*) Des Comores. ■ N. m. et n. f. *Un Comorien, une Comorienne.*

COMOURANTS, ■ n. m. pl. [kɔmurɑ̃] (*co-* et *mourir*) Personnes susceptibles d'hériter les unes des autres et qui décèdent dans les mêmes circonstances sans qu'on puisse établir l'ordre des décès.

COMPACITÉ, n. f. [kɔ̃pasite] (*compact,* sur le modèle *capacité*) Qualité de ce qui est compact.

COMPACT, E, adj. [kɔ̃pakt] (lat. *compactus,* p. de *compinger,* fabriquer par assemblage)) Épais, serré, condensé. *Une masse, une terre compacte.* ♦ **Fig.** *Une foule compacte.* ♦ *Édition compacte,* édition en petits caractères, renfermant beaucoup de matière. ■ Qui est conçu pour être le moins encombrant possible. *Une chaîne compacte.*

COMPACTAGE, ■ n. m. [kɔ̃paktaʒ] (*compacter*) Réduction du volume de quelque chose par compression. *Le compactage des ordures.* ■ Tassage d'un sol dans le but de le rendre plus dense. ■ **Inform.** Réduction du volume occupé par des informations. *Le compactage d'un document.*

COMPACT-DISC, ■ n. m. [kɔ̃paktdisk] (nom déposé ; angl. *compact disc*) Disque compact sur lequel sont enregistrées des données au format numérique. *Des compact-discs.* ■ Rem. On dit aussi *compact.* ■ Abrév. CD ou cédé. ■ Rem. On recommande l'emploi de *disque compact.*

COMPACTER, ■ v. tr. [kɔ̃pakte] (*compact*) Réduire le volume de quelque chose par compression. ■ Accroître la densité d'un sol par tassage. ■ **Inform.** Diminuer le volume d'informations. *Compacter un fichier volumineux.*

COMPACTEUR, ■ n. m. [kɔ̃paktœr] (*compacter*) Engin de terrassement utilisé pour tasser le sol et ainsi accroître sa densité. ■ Appareil qui compresse les ordures. *Un camion poubelle équipé d'un compacteur.*

COMPAGNE, n. f. [kɔ̃paɲ] ou [kɔ̃panj] (anc. fr. *compangne, compaigne,* fém. de *compain*) Celle qui accompagne une autre personne, qui partage son sort. ♦ Fille ou femme qui a quelque liaison avec une fille ou une femme de même condition. *Elle est aimée de ses compagnes.* ♦ **Fig.** Ce qui est naturellement lié à d'autres choses. « *Les disgrâces, compagnes inséparables des grandeurs* », Fléchier. ♦ Épouse. *Prendre, se choisir une compagne.* ♦ Il se dit aussi des animaux. *La tourterelle a perdu sa compagne.* ■ Femme qui vit maritalement avec un homme. *Il est venu avec sa compagne.*

COMPAGNIE, n. f. [kɔ̃paɲi] ou [kɔ̃pani] (lat. pop. *compania,* de *companio, compagnon*) Réunion de personnes qui ont quelque motif de se trouver ensemble. « *On se promène ou seule ou en compagnie* », Mme de Sévigné. ♦ *Tenir, faire compagnie à quelqu'un,* rester avec lui, l'entretenir. ♦ *Dame, demoiselle de compagnie,* dame ou demoiselle placée auprès d'une personne pour lui tenir compagnie. ♦ *En bonne, en grande compagnie,* accompagné de beaucoup de monde. ♦ *De compagnie,* ensemble. ♦ Société de personnes se voyant habituellement pour le plaisir de causer, de jouer, etc. *Aimer la compagnie.* ♦ *Bonne compagnie,* société de gens distingués par leur éducation et leur politesse. *Voir bonne compagnie.* ♦ *Être de bonne compagnie,* être bonne compagnie, avoir de bonnes manières. ♦ *Être de bonne compagnie,* être aimable, ♦ *En bonne compagnie,* avec des gens comme il faut. ♦ *Mauvaise compagnie,* gens de mauvais ton ou de mauvaises mœurs. ♦ *Être de mauvaise compagnie,* être mauvaise compagnie, avoir un mauvais ton. ♦ *Être de mauvaise compagnie,* être mauvaise compagnie, être triste, maussade. ♦ Assemblée pour la culture des sciences et des lettres. *L'Académie française est une compagnie.* ♦ Compagnie se dit aussi des maisons religieuses. *La compagnie de Jésus.* ♦ Se dit également de l'ordre des avocats, des anciennes corporations et de celles des officiers ministériels. ♦ Société industrielle formée d'actionnaires. *Les compagnies des chemins de fer, d'assurances.* ♦ *Un tel et compagnie* (par abréviation Cie), formule de raison sociale pour un tel et ses associés. ♦ *Règle de compagnie,* opération d'arithmétique déterminant la part au gain et à la perte des associés dans une entreprise. ♦ Troupe de gens de guerre. ♦ Corps de troupes commandé par un capitaine. *Compagnie de grenadiers.* ♦ Autrefois, charge de capitaine. *Il a vendu sa compagnie.*

♦ *Une compagnie de perdrix,* une troupe de perdrix. ♦ *Bêtes de compagnie,* jeunes sangliers qui vont encore en troupes. ♦ Fig. *Il est bête de compagnie,* se dit d'un homme qui aime la société et qui se laisse facilement mener où l'on veut. ■ *Fausser compagnie à quelqu'un,* le quitter brusquement sans l'en aviser.

COMPAGNON, n. m. [kɔ̃paɲɔ̃] ou [kɔ̃panjɔ̃] (b. lat. *companio,* de. *cum,* avec et *panis,* pain) Celui qui accompagne une autre personne, qui est associé à elle. ♦ Fig. « *Le bon cœur est chez vous compagnon du bon sens* », La Fontaine. ♦ Camarade. ♦ Collègue, confrère. ♦ *Compagnons d'armes,* gens qui font la guerre ensemble. ♦ Un égal. *Il ne peut souffrir ni compagnon ni maître.* ♦ Fam. *Traiter quelqu'un de pair à compagnon,* d'égal à égal. ♦ Autrefois, garçon qui, ayant fait son apprentissage en quelque métier et n'ayant pas le moyen de se faire passer maître, travaillait chez les autres. ♦ Aujourd'hui, ouvrier qui travaille pour un maître. ♦ Membre d'une société de compagnonnage. *Les compagnons du Devoir. La mère des compagnons,* femme qui héberge, aux frais d'une société de compagnons, ceux des membres qui sont en voyage. ♦ ▷ *Travailler à dépêche compagnon,* travailler vite et négligemment. ◁ ♦ ▷ *Se battre à dépêche compagnon,* se battre à outrance. ◁ ♦ Homme gaillard, vif, résolu. *C'est un compagnon.* ♦ ▷ *Être bon compagnon,* aimer le vin, la bonne chère, les plaisirs, ne pas reculer devant les dangers. ◁ ♦ ▷ *Faire le compagnon,* faire l'entendu. ◁ ■ Homme qui partage la vie d'une femme. *Elle est venue avec son compagnon.* ■ Dignité dans la franc-maçonnerie. ■ *Compagnon de route,* sympathisant proche d'un parti politique. ■ Branche des scouts âgés de 17 à 21 ans.

COMPAGNONNAGE, n. m. [kɔ̃paɲɔnaʒ] ou [kɔ̃panjɔnaʒ] (*compagnon*) Temps pendant lequel un compagnon devait travailler chez son maître après son apprentissage. ♦ Association entre compagnons. ♦ Association entre ouvriers de même métier.

COMPAGNONNIQUE, ■ adj. [kɔ̃paɲɔnik] ou [kɔ̃panjɔnik] (*compagnonnage*) Qui concerne le compagnonnage des apprentis.

COMPARABILITÉ, ■ n. f. [kɔ̃paʁabilite] (*comparable*) Didact. Qualité de ce qui peut être comparé.

COMPARABLE, adj. [kɔ̃paʁabl] (lat. *comparabilis*) Qui peut être comparé à ou avec. *Il n'y a rien de comparable à cela.*

COMPARAISON, n. f. [kɔ̃paʁɛzɔ̃] (lat. *comparatio,* de *comparare*) Action de comparer. *Je fais la comparaison de leur sort au mien. Mettre en comparaison une chose avec une autre.* ♦ *Faire comparaison,* entrer en comparaison. ♦ sans comparaison, loc. adv. Sans comparer d'une façon qui pourrait être inexacte ou blessante. *Sans comparaison,* infiniment. ♦ *Cette chose est sans comparaison, hors de comparaison,* elle est excellente et sans pareille. ♦ *Par comparaison,* relativement. « *On est parfait par comparaison aux états inférieurs* », Bossuet. ♦ *En comparaison,* à l'égard de, au prix de. « *Cela n'est rien en comparaison de ce qu'elle dit* », Bossuet. ♦ Absol. « *Et tous les maux de la nature Ne sont rien en comparaison* », Molière, même sens. ♦ Philos. Faculté de comparer les idées. ♦ Jurispr. *Comparaison d'écritures,* confrontation de pièces pour savoir si elles sont de la même main. ♦ Figure de rhétorique. *Prompt comme l'éclair est une comparaison.* ♦ Gramm. *Degrés de comparaison* : le positif, le comparatif, le superlatif. ♦ *Adverbe de comparaison,* adverbe qui sert à établir un rapport d'égalité, de supériorité ou d'infériorité, comme *aussi, plus, moins.* ♦ Prov. *Toute comparaison cloche.* ♦ *Comparaison n'est pas raison,* une comparaison n'est pas une preuve.

COMPARAÎTRE ou **COMPARAITRE,** v. intr. [kɔ̃paʁɛtʁ] (*com-* et *paraître*) Se conjugue avec *être* ou *avoir* suivant le sens. Paraître ensemble, paraître devant. « *Les filles de l'Égypte à Suze comparurent* », Racine. ♦ Paraître devant un juge, un tribunal. *Comparaître en justice.*

COMPARANT, ANTE, adj. [kɔ̃paʁɑ̃, ɑ̃t] (anc. fr. *comparoir*) Qui comparaît en justice ou par-devant un notaire. ■ N. m. et n. f. *Les comparants. La comparante.*

COMPARATEUR, TRICE, ■ adj. [kɔ̃paʁatœʁ, tʁis] (b. lat. *comparator*) Qui cherche toujours à établir des comparaisons. ■ N. m. Instrument de mesure très précis permettant d'établir des différences infimes entre plusieurs longueurs en apparence identiques.

COMPARATIF, IVE, adj. [kɔ̃paʁatif, iv] (lat. *comparativus,* qui compare, qui sert à comparer) Qui établit une comparaison. *Tableau comparatif des forces militaires de deux nations.* ♦ Philos. *Faculté comparative,* faculté de comparer. ♦ *Méthode comparative,* méthode qui compare. ♦ *Anatomie comparative* (dite plus souvent, mais moins bien, *Anatomie comparée*), celle qui décrit les organes en les comparant dans toutes les espèces d'animaux. ♦ Gramm. Qui exprime, dans la signification des adjectifs ou des adverbes, le rapport de supériorité, d'égalité, ou d'infériorité. ♦ N. m. *Un comparatif.*

COMPARATISME, ■ n. m. [kɔ̃paʁatism] (*comparatiste*) Didact. Recherche scientifique fondée sur une étude comparée.

COMPARATISTE, ■ adj. [kɔ̃paʁatist] (radic. de *comparatum,* supin de comparare) Qui pratique le comparatisme dans son domaine de recherche. ■

N. m. et n. f. Chercheur, chercheuse qui mène des études comparées dans son domaine. « *Enfin, pour le comparatiste, l'analogie entre les positions d'Artemisia dans l'Ancien et le Nouveau Monde ouvre un champ nouveau à l'enquête et à la réflexion* », Lévi-Strauss.

COMPARATIVEMENT, adv. [kɔ̃paʁativ(ə)mɑ̃] (*comparatif*) D'une manière comparative, par comparaison.

COMPARÉ, ÉE, p. p. de comparer. [kɔ̃paʁe] *Anatomie comparée,* Voy. COMPARATIF. ■ Qui met en œuvre la méthode comparative. *Linguistique comparée.*

COMPARER, v. tr. [kɔ̃paʁe] (lat. *comparare,* accoupler, comparer) Examiner simultanément les ressemblances ou les différences de deux, de plusieurs personnes ou choses. *Comparer une chose et une autre, ou à une autre, ou avec une autre.* ♦ Dr. *Comparer les écritures,* examiner si elles peuvent être de la même main. ♦ Absol. *En comparant, nous étendons nos idées.* ♦ Égaler à. *Corneille comparait Lucain à Virgile.* ♦ Littér. Assimiler. « *L'autre... Dans la fin du sonnet te compare au soleil* », Boileau. ♦ Se comparer, v. pr. S'assimiler, s'égaler à. ♦ Être comparé.

COMPAROIR, v. intr. [kɔ̃paʁwaʁ] (lat. *comparere,* se montrer, être présent) Usité seulement à l'infin. Comparaître en justice. *Être assigné à comparoir.*

COMPARSE, n. m. et n. f. [kɔ̃paʁs] (ital. *comparsa,* apparition) Au théâtre, personnage muet, figurant ou figurante. ■ Fig. Personne qui joue un rôle mineur dans une affaire.

COMPARTIMENT, n. m. [kɔ̃paʁtimɑ̃] (ital. *compartimento,* de *compartire,* partager, du b. lat. *compartiri*) Case ou division d'un damier, d'un tiroir. ♦ Division d'une voiture de chemin de fer séparée par une cloison. ♦ Disposition régulière et symétrique de figures ou de lignes, pour l'ornement des plafonds, des parquets, etc.

COMPARTIMENTATION n. f. ou **COMPARTIMENTAGE,** ■ n. m. [kɔ̃paʁtimɑ̃tasjɔ̃, kɔ̃paʁtimɑ̃taʒ] (*compartimenter*) Action de diviser en compartiments. ■ Son résultat.

COMPARTIMENTER, ■ v. tr. [kɔ̃paʁtimɑ̃te] (*compartiment*) Séparer en compartiments. *Compartimenter un tiroir.* ■ Fig. Diviser et répartir en catégories ou en classes. *Compartimenter les difficultés.* ■ Se compartimenter, v. pr. Se diviser selon un classement.

COMPARTITEUR, n. m. [kɔ̃paʁtitœʁ] (radic. du b. lat. *compartitum,* supin de *compartiri,* partager) Celui des juges sur l'avis duquel la compagnie se partageait (cet avis étant contraire à celui du rapporteur).

COMPARU, p. p. de comparaître. [kɔ̃paʁy]

COMPARUTION, n. f. [kɔ̃paʁysjɔ̃] (radic. de *comparu,* p. p. de *comparaître*) Action de comparaître en justice ou devant un officier public. ■ *Comparution immédiate,* Procédure judiciaire qui consiste à faire comparaître très rapidement une personne interpellée lors d'un flagrant délit.

COMPAS, n. m. [kɔ̃pa] (*compasser*) Instrument composé de deux branches qui s'ouvrent et se replient l'une sur l'autre, pour tracer des cercles et prendre des mesures. ♦ Poétiq. *Le compas,* les sciences exactes. ♦ Fam. *Avoir le compas dans l'œil,* apprécier avec exactitude les dimensions à la seule vue. ♦ *Faire toutes choses par règle et par compas, par compas et par mesure,* faire tout avec ordre et exactitude. ♦ Fig. Règle, mesure. ♦ Mar. *Compas de route,* ou absol. *compas,* la boussole.

COMPASSÉ, ÉE, p. p. de compasser. [kɔ̃pase] Disposé. ♦ Régulier. ♦ *Être compassé dans ses discours,* parler avec circonspection. ♦ *C'est un homme trop compassé,* c'est un homme dont les manières n'ont rien de libre ou de simple.

COMPASSEMENT, n. m. [kɔ̃pas(ə)mɑ̃] (*compasser*) ▷ Action de compasser ; résultat de cette action. ♦ Fig. Régularité trop étudiée. ◁

COMPASSER, v. tr. [kɔ̃pase] (b. lat. *compassare,* mesurer avec le pas, du lat. *passus,* pas) Mesurer avec le compas des degrés, des distances sur une carte, sur un plan. ♦ Exécuter avec exactitude certains ouvrages à figures. ♦ Fig. *Compasser ses actions, ses paroles,* les soumettre à une règle minutieuse.

COMPASSEUR, n. m. [kɔ̃pasœʁ] (*compasser*) ▷ Celui qui compasse. *Compasseur de phrases.* ◁

COMPASSION, n. f. [kɔ̃pasjɔ̃] (lat. chrét. *compassio,* de *compati,* souffrir avec) Sentiment qui nous fait compatir. *La compassion pour les malheureux.* ♦ *Faire compassion,* être digne de pitié, de mépris.

COMPASSIONNEL, ELLE, ■ adj. [kɔ̃pasjɔnɛl] (*compassion*) Dont le but est de provoquer la compassion d'autrui. *Des paroles compassionnelles.* ■ *Faire preuve d'une gentillesse compassionnelle,* suscitée par la compassion. « *Comment en effet légaliser ce qui équivaut à un homicide compassionnel ou à une aide au suicide ?* », Le Point, 1999.

COMPATIBILITÉ, n. f. [kɔ̃patibilite] (*compatible*) Qualité des personnes ou choses qui peuvent demeurer et subsister ensemble. *Compatibilité d'humeur. Compatibilité de fonctions.* ■ Méd. Caractéristique de deux personnes qui peuvent se faire don de sang, de tissu ou d'organe. ■ **Inform.** Adéquation de fonctionnement entre deux ordinateurs régis par des systèmes d'exploitation différents.

COMPATIBLE, adj. [kɔ̃patibl] (lat. médiév. *compatibilis*) Qui peut compatir, s'accorder avec un autre. *Fonctions compatibles.* « *De ces péchés enfin compatibles avec la probité* », MASSILLON. ■ **Méd.** Se dit de deux personnes pouvant faire don l'une à l'autre de tissu, de moelle ou d'organe. ■ **Inform.** Qui peut fonctionner sur des systèmes d'exploitation de nature différente.

COMPATIR, v. intr. [kɔ̃patiʀ] (b. lat. *compati*, souffrir avec) Être touché des maux d'autrui. *Compatir aux maux des autres.* ♦ Avoir une tolérance charitable. *Compatir à la faiblesse humaine.* ♦ S'accorder, vivre avec... *Compatir avec quelqu'un.* ♦ En parlant des choses, *compatir à* ou *avec*, se concilier. « *La pénitence ne compatit pas avec des péchés* », BOSSUET.

COMPATISSANT, ANTE, adj. [kɔ̃patisɑ̃, ɑ̃t] (*compatir*) Qui est touché des maux d'autrui. ♦ Que la compassion inspire, en parlant des choses. *Regards compatissants.*

COMPATRIOTE, n. m. et n. f. [kɔ̃patʀijɔt] (b. lat. *compatriota*, prob. calqué sur le gr. *sumpatriôtês*) Il se dit des personnes qui ont une patrie commune.

COMPELLATIF, IVE, adj. [kɔ̃pelatif, iv] (radic. du lat. *compellatum*, supin de *compellare*, apostropher) ▷ **Gramm.** Qui indique qu'on adresse la parole à quelqu'un. *Particule compellative.* ♦ Par quoi on adresse la parole. *Phrase compellative.* ◁

COMPENDIEUSEMENT, adv. [kɔ̃pɑ̃djøz(ə)mɑ̃] (*compendieux*) En abrégeant.

COMPENDIEUX, EUSE, adj. [kɔ̃pɑ̃djø, øz] (b. lat. *compendiosus*, avantageux, abrégé) Qui est abrégé.

COMPENDIUM, n. m. [kɔ̃pɛ̃djɔm] (mot lat. *compendium*, gain provenant de l'épargne, abréviation) Abrégé. *Un compendium de médecine. Des compendiums.*

COMPENSABLE, adj. [kɔ̃pɑ̃sabl] (*compenser*) Qui peut être compensé.

COMPENSANT, ANTE, adj. [kɔ̃pɑ̃sɑ̃, ɑ̃t] (*compenser*) Qui est propre à compenser.

COMPENSATEUR, TRICE, adj. [kɔ̃pɑ̃satœʀ, tʀis] (*compenser*) Qui donne une compensation. ♦ **Phys.** *Pendule compensateur*, pendule disposé de manière à demeurer toujours semblable à lui-même malgré les variations thermométriques. ♦ **N. m.** *Un compensateur.*

COMPENSATION, n. f. [kɔ̃pɑ̃sasjɔ̃] (b. lat. *compensatio*) Action de compenser. ♦ *Horloge de compensation*, horloge munie d'un appareil compensateur. ♦ *Compensation de dépens*, se dit au palais quand chacune des parties supporte les dépens qu'elle a faits. ♦ Dédommagement proportionné aux avances faites, à la peine prise, au mal souffert. *Cela fait compensation.* ♦ Libération réciproque entre deux personnes débitrices l'une de l'autre, de manière que l'une retient ce qu'elle doit en paiement de ce qui lui est dû. ■ **Financ.** Substitution d'une personne à une autre dans un marché à terme. ■ *En compensation*, en échange. ■ **Méd.** Processus généré par un organisme atteint d'un mal ou d'une lésion pour rétablir son équilibre.

COMPENSATOIRE, ■ adj. [kɔ̃pɑ̃satwaʀ] (radic. du b. lat. *compensativus*, qui compense) Qui apporte une compensation. *Une allocation compensatoire.*

COMPENSÉ, ÉE, p. p. de compenser. [kɔ̃pɑ̃se] *Semelle à talon compensé ou semelle compensée*, semelle épaisse sans cambrure formant un bloc avec le talon. ■ **Méd.** Dont les conséquences négatives sont atténuées grâce à une compensation de l'organisme.

COMPENSER, v. tr. [kɔ̃pɑ̃se] (lat. *compensare*, mettre en balance) Déclarer équivalente la valeur de deux choses. *Compenser une dette.* ♦ *Compenser les dépens*, ordonner par jugement que chaque partie restera chargée des frais qu'elle a faits. ♦ **Par extens.** Venir en dédommagement de quelque préjudice, d'un désavantage. ♦ Se compenser, v. pr. Être compensé. ■ **V. intr.** Chercher un moyen de combler une frustration.

COMPÉRAGE, n. m. [kɔ̃peʀaʒ] (*compère*) Affinité spirituelle entre le parrain et la marraine, et entre chacun d'eux et le père et la mère de l'enfant. ♦ **Fig.** Connivence de celui qui sert de compère à un charlatan. ♦ Connivence et complicité dans toute espèce de supercherie.

COMPÈRE, n. m. [kɔ̃peʀ] (lat. chrét. *compater*, parrain) Le parrain, par rapport à la marraine et au père ou à la mère de l'enfant. ♦ Nom très familier et d'amitié que l'on donne aux hommes avec qui on est en relation habituelle. ♦ *Un compère*, un homme, un enfant vif, résolu. *Un rusé compère*, un homme adroit. ♦ *Un vigoureux compère*, un homme fort et résolu. ♦ **Fam.** *Être compères et compagnons*, être très liés, vivre, agir habituellement ensemble. ♦ Nom donné par plaisanterie aux animaux. *Compère le renard.* ♦ **Fig.** Celui qui est d'intelligence avec un escamoteur. ♦ Celui qui en seconde un autre pour quelque supercherie.

COMPÈRE-LORIOT, n. m. [kɔ̃peʀ(ə)lɔʀjo] (*compère* et *loriot*) Le loriot commun. ♦ **Pop.** Petit furoncle au bord de la paupière de l'œil, dit aussi *orgelet.* ♦ Au pl. *Des compères-loriots.*

COMPÉTEMMENT, adv. [kɔ̃petamɑ̃] (*compétent*) ▷ D'une manière compétente. *Il en parle compétemment.* ◁

COMPÉTENCE, n. f. [kɔ̃petɑ̃s] (b. lat. *competentia*, proportion, juste rapport, du lat. *competere*, s'accorder avec) Attribution, pouvoir d'un tribunal, d'un fonctionnaire, d'un officier public ; mesure de ce pouvoir. *Décliner, reconnaître la compétence d'un tribunal.* ♦ **Fig.** Habileté reconnue dans certaines matières et qui donne un droit de décider. ♦ **Fam.** *Cela n'est pas de sa compétence*, il n'est pas en état de juger. ■ **Ling.** Capacité d'un locuteur à comprendre n'importe quel énoncé produit dans sa langue maternelle.

COMPÉTENT, ENTE, adj. [kɔ̃petɑ̃, ɑ̃t] (b. lat. *competens*, du lat. *competere*, s'accorder avec) Qui a droit de connaître d'une matière, d'une cause. ♦ *Partie compétente*, celle qui a qualité pour être partie dans un procès. ♦ *Age, temps compétent*, requis, voulu également. ♦ *Portion compétente*, part à laquelle des enfants ou héritiers peuvent prétendre dans un bien. ♦ **Par extens.** Capable de bien juger certaines choses. *Je suis compétent de cela, pour cela.*

COMPÉTER, v. intr. [kɔ̃pete] (lat. *competere*, être propre à) ▷ **Dr.** Appartenir en vertu de certains droits. *Ce qui lui peut compéter dans cette succession.* ♦ Être de la compétence. *Cette affaire ne compète point à tel tribunal.* ◁

COMPÉTITEUR, TRICE, n. m. et n. f. [kɔ̃petitœʀ, tʀis] (lat. *competitor*) Celui, celle qui poursuit le même objet qu'un autre. *Ils étaient deux compétiteurs à l'empire.*

COMPÉTITIF, IVE, ■ adj. [kɔ̃petitif, iv] (radic. de *compétition*, p.-ê. d'après l'angl. *competitive*) Relatif à la compétition. *Une ambiance compétitive.* ■ Apte à lutter contre la concurrence. *Un prix compétitif.*

COMPÉTITION, n. f. [kɔ̃petisjɔ̃] (b. lat. *competitio*, du *competere*, rechercher concurremment) Prétention rivale. ■ Rencontre entre deux adversaires à l'issue de laquelle on reconnaît officiellement le vainqueur. *Une compétition sportive. Jouer aux échecs en compétition.*

COMPÉTITIVITÉ, ■ n. f. [kɔ̃petitivite] (*compétitif*) Aptitude à entrer en compétition ou en concurrence avec quelqu'un ou quelque chose. *La compétitivité d'un élève. La compétitivité des marchés.* « *Nous vibrons dans ces années 1980 au son du modernisme high tech et de la compétititivité mâtinée d'air rétro : pour combien de temps ?* », LIPOVETSKY.

COMPIL, n. f. [kɔ̃pil] (apocope de *compilation*) Voy. COMPILATION.

COMPILATEUR, TRICE, n. m. et n. f. [kɔ̃pilatœʀ, tʀis] (b. lat. *compilator*, pillard, plagiaire) Personne qui compile. ♦ Dans un sens favorable, personne qui réunit en un seul corps des documents dispersés. ♦ Dans un sens défavorable, personne qui n'a rien d'original ni de propre à elle. ■ **N. m. Inform.** Programme qui traduit le code source d'une application en langage machine pour l'exécuter.

COMPILATION, n. f. [kɔ̃pilasjɔ̃] (lat. *compilatio*, pillage) Action de compiler. ♦ Ouvrage composé d'extraits de divers auteurs. *Ce livre n'est qu'une compilation.* ■ Disque ou cassette reprenant des chansons, des morceaux déjà parus. ■ **Fam.** Compil.

COMPILÉ, ÉE, p. p. de compiler. [kɔ̃pile]

COMPILER, v. tr. [kɔ̃pile] (lat. *compilare*, dépouiller, piller) Mettre ensemble des extraits de divers auteurs, des documents provenant de différentes sources. ♦ **Absol.** *Il ne fait que compiler.* ■ **Inform.** Traduire le code source d'une application en langage machine pour l'exécuter.

COMPISSER, ■ v. tr. [kɔ̃pise] (*com-* et *pisser*) **Vx** Uriner sur quelque chose. *Son mur était compissé par tous les chiens du quartier.*

COMPITALES, n. f. [kɔ̃pital] (lat. *compitalia*, de *compitum*, carrefour) Fêtes romaines à l'honneur des dieux domestiques, et qui se célébraient dans les carrefours.

COMPLAIGNANT, ANTE, adj. et n. m. et n. f. [kɔ̃plɛɲɑ̃, ɑ̃t] ou [kɔ̃plenjɑ̃, ɑ̃t] ((*se*) *complaindre*, du lat. vulg. *complangere*, de *plangere*, se lamenter) Qui se plaint en justice.

COMPLAINTE, n. f. [kɔ̃plɛ̃t] (fém. substantivé du p. p. de *complaindre*) Plainte que l'on fait entendre. ♦ Chanson populaire sur quelque événement tragique ou sur une légende de dévotion. ■ **Dr.** Recours en justice permettant à un propriétaire de recouvrer ou de garder la propriété de son immeuble.

COMPLAIRE, v. intr. [kɔ̃plɛʀ] (lat. *complacere*, plaire en même temps, concurremment) Acquiescer pour faire plaisir. ♦ Se complaire, v. pr. Mettre son plaisir dans une chose toute personnelle. *Se complaire dans ou en son erreur. Ils se sont complu à rendre service.*

COMPLAISAMMENT, adv. [kɔ̃plɛzamɑ̃] (*complaisant*) Avec ou par complaisance. ♦ Ironiq. *Il parle trop complaisamment de lui.*

COMPLAISANCE, n. f. [kɔ̃plɛzɑ̃s] (lat. chrét. *complacentia*) Soin, désir de complaire. « *Tant il a de complaisance pour les riches* », PASCAL. ♦ *Acte de* *complaisance.* Avoir des complaisances pour quelqu'un. ◆ **Comm.** *Billet de complaisance,* billet exprimant une opération fictive. ◆ État de l'âme où l'on se complaît, soit à soi-même, soit à quelque chose. *Parler d'une personne avec complaisance. Se regarder avec complaisance.*

COMPLAISANT, ANTE, adj. [kɔ̃plɛzɑ̃, ɑ̃t] (*complaire*) Qui a de la complaisance ou des complaisances. « *Les dieux à vos désirs toujours si complaisants* », Racine. ◆ Qui se complaît à soi-même. ◆ ▷ N. m. ou n. f. En mauvaise part. *Un grand et ses complaisants.* ◁

COMPLANT, n. m. [kɔ̃plɑ̃] (lat. médiév. *complantus,* bail qui impose au tenancier de partager la vigne avec le propriétaire) Assemblage de jeunes arbres qu'on plante dans quelque lieu. Aujourd'hui, on dit de préférence *plant.*

COMPLANTER, ■ v. tr. [kɔ̃plɑ̃te] (b. lat. *complantare,* planter ensemble) **Agric.** Aménager un terrain avec des essences de bois différentes. *Des terrains complantés d'arbres fruitiers de différentes variétés.*

COMPLÉMENT, n. m. [kɔ̃plemɑ̃] (lat. *complementum,* de *complere,* remplir) Ce qui complète un nombre, une chose. *Le complément d'une somme.* ◆ **Gramm.** Tout mot joint à un autre pour en compléter le sens. *Complément direct d'un verbe,* celui qui complète la signification d'un verbe actif, directement, sans préposition, comme dans : *Il aime son père. Complément indirect,* celui qui ne complète la signification d'un verbe qu'à l'aide d'une préposition.

COMPLÉMENTAIRE, adj. [kɔ̃plemɑ̃tɛr] (*complément*) Qui forme complément. *Somme complémentaire.* ◆ *Jours complémentaires,* les cinq ou six jours qui complétaient l'année républicaine composée de douze mois de trente jours. ◆ **Géom.** *Angles complémentaires,* angles dont la somme vaut un droit. ◆ **Phys.** *Couleurs complémentaires,* couleurs simples ou composées, dont la réunion produit du blanc. ■ **Fig.** Dont l'union forme un tout complet, harmonieux. *Deux caractères complémentaires.*

COMPLÉMENTARITÉ, ■ n. f. [kɔ̃plemɑ̃tarite] (*complémentaire*) Aptitude à se compléter. *La complémentarité de deux associés.*

COMPLÉMENTATION, ■ n. f. [kɔ̃plemɑ̃tasjɔ̃] (*complément*) Fait de rendre complet, de finaliser quelque chose. ■ **Ling.** Fait de fournir un complément à un verbe.

COMPLET, ÈTE, adj. [kɔ̃plɛ, ɛt] (lat. *completus,* p. p. de *complere,* remplir) Auquel il ne manque rien. *Ouvrage complet.* ◆ Qui a toutes les qualités. *Un esprit, un homme complet.* ◆ Bien rempli. *Ma journée est complète.* ◆ N. m. Nombre ou quantité requise pour que quelque compte soit complet. *La troupe est au complet.* ■ N. m. Vêtement d'homme comprenant le pantalon, la veste et parfois aussi le gilet.

COMPLÉTÉ, ÉE, p. p. de compléter. [kɔ̃plete]

1 **COMPLÈTEMENT**, adv. [kɔ̃plɛt(ə)mɑ̃] (*complet*) D'une manière complète.

2 **COMPLÈTEMENT**, n. m. [kɔ̃plɛt(ə)mɑ̃] (*compléter*) Action de rendre une chose complète. *Le complètement d'une collection.* ■ **Rem.** Graphie ancienne : *complétement.*

COMPLÉTER, v. tr. [kɔ̃plete] (*complet*) Rendre complet. *Compléter une somme.* ◆ Se compléter, v. pr. Devenir complet. ■ Se compléter, v. pr. Former un tout. *Leurs compétences se complètent bien.*

COMPLÉTIF, IVE, adj. [kɔ̃pletif, iv] (b. lat. gramm. *completivus*) **Gramm.** Qui sert de complément. *Mot complétif.*

COMPLÉTION, ■ n. f. [kɔ̃plesjɔ̃] (b. lat. *completio,* accomplissement) Fait de compléter une action, résultat de cette action. *La complétion automatique des noms de fichiers.* ■ Ensemble des opérations nécessaires à la mise en service de l'exploitation d'un gisement de pétrole ou de gaz naturel. ■ **Psych.** *Test de complétion,* consistant à compléter des informations. *Complétion de mots, de nombres, etc.*

COMPLÉTUDE, ■ n. f. [kɔ̃pletyd] (*complet*) **Didact.** Caractère de ce qui est accompli, total, absolu.

COMPLEXE, adj. [kɔ̃plɛks] (lat. *complexus,* p. p. du *complector,* embrasser ; le nom est empr. à l'all. *Komplex*) Qui embrasse ou contient plusieurs idées, plusieurs éléments. *Idée complexe. Le caractère de cet homme est complexe.* ◆ **Gramm.** Sujet, attribut complexe, sujet, attribut modifié par quelque terme ajouté. ◆ *Nombre complexe,* nombre composé d'unités différentes, comme les divisions de nos anciennes mesures : 8 livres, 5 sous, 6 deniers. ■ **Math.** *Nombre complexe,* nombre représenté par le couple de réels (a, b) pouvant s'écrire sous la forme a + ib, i étant la racine carrée de -1. ■ **Gramm.** *Phrase complexe,* composée de plusieurs propositions. ■ N. m. **Psych.** Ensemble des représentations plus ou moins conscientes liées à l'enfance et dont la charge affective influe sur le comportement de l'individu. ◆ *Complexe d'Œdipe,* attirance ou répulsion du jeune enfant vis-à-vis de son père ou de sa mère. ■ **Fam.** *Avoir des complexes,* manquer de confiance en soi, se

sentir inférieur aux autres. ■ Ensemble d'industries complémentaires implantées sur un même site. *Complexe pétrolier.* ■ **Par anal.** *Complexe scolaire, hôtelier.*

COMPLEXÉ, ÉE, ■ adj. [kɔ̃plɛkse] (*complexe,* nom) Obnubilé par des complexes au point de se sentir dévalorisé. *Une adolescente complexée par son poids.* ■ N. m. et n. f. *Un complexé, une complexée.*

COMPLEXER, ■ v. tr. [kɔ̃plɛkse] (*complexe,* nom) Provoquer des complexes chez quelqu'un en suscitant une impression d'infériorité. *Complexer un obèse. Être complexé par ses jambes.*

COMPLEXIFICATION, ■ n. f. [kɔ̃plɛksifikasjɔ̃] (*complexifier*) Fait de rendre quelque chose compliqué et difficile à résoudre. *La complexification d'un problème anodin.* ■ **Ling.** Ajout de compléments ou de propositions à un énoncé dans le but de le rendre complexe.

COMPLEXIFIER, ■ v. tr. [kɔ̃plɛksifje] (*complexe,* adj.) Rendre complexe. *Complexifier un questionnaire.*

COMPLEXION, n. f. [kɔ̃plɛksjɔ̃] (lat. *complexio,* assemblage, exposé) ▷ Entrelacement, union. « *Par ma nature, j'entends la complexion de toutes les choses que Dieu m'a données* », Descartes. ◁ ▷ **Philos.** *La complexion des termes est leur étendue, leur généralité.* ◁ ◆ **Méd.** Ensemble des caractères physiques que présente une personne considérée par rapport à sa santé. *Complexion sanguine.* ◆ Caractère, humeur.

COMPLEXITÉ, n. f. [kɔ̃plɛksite] (*complexe,* adj.) Qualité de ce qui est complexe.

COMPLIANCE, ■ n. f. [kɔ̃plijɑ̃s] (mot anglo-amér., action conforme, de *to comply,* se conformer) **Méd.** Application et suivi scrupuleux d'un traitement médical.

COMPLICATION, n. f. [kɔ̃plikasjɔ̃] (b. lat. *complicatio,* action de plier, multiplication) Action de compliquer ; résultat de cette action. *La complication des intérêts, de la politique, etc.* ◆ Complication de maladies, des symptômes, coexistence de deux maladies, de plusieurs symptômes. ◆ Affection qui survient pendant le cours d'une autre affection déjà déclarée. ■ Ce qui vient gêner le bon déroulement de quelque chose.

COMPLICE, adj. [kɔ̃plis] (b. lat. *complex,* génit. *complicis,* uni, joint, de *cum* et *plicare,* plier) Qui participe à un délit, à un crime. « *Non, je ne serai point complice de ses crimes* », Racine. ◆ N. m. et n. f. Celui qui participe à un crime ou délit commis par autrui. *Les complices d'un assassin, d'un vol.* ◆ **Fam.** Celui qui participe à un acte. ■ Qui témoigne de la complicité. *Un regard complice.*

COMPLICITÉ, n. f. [kɔ̃plisite] (*complice*) Qualité de complice ; acte de complicité.

COMPLIES, n. f. pl. [kɔ̃pli] (p. p. de l'anc. fr. *complir,* achever, d'après le lat. ecclés. *completæ horæ,* heure qui termine l'office) Dernière partie de l'office divin, qui se chante après vêpres.

COMPLIMENT, n. m. [kɔ̃plimɑ̃] (ital. *complimento,* de l'esp. *cumplimiento,* du lat. *complere,* remplir, parfaire) Discours solennel adressé à une personne revêtue d'une autorité. ◆ Petit discours en prose ou en vers qu'on fait apprendre à un enfant pour une fête. ◆ Paroles de civilité adressées à quelqu'un de vive voix ou par lettre, au sujet d'un événement heureux ou malheureux qui le touche. *Compliment de félicitation, de condoléance.* ◆ *Tourner un compliment,* l'arranger d'une façon agréable. ◆ *Faire compliment à quelqu'un de,* le louer de. ◆ Par ironie. *Je vous en fais mon compliment,* se dit à quelqu'un qui a fait une maladresse, une faute. ◆ Au pl. Paroles de civilité. « *Rien n'est si inutile qu'une lettre de compliments* », Voltaire. ◆ Terme de civilité qu'on emploie pour se rappeler au souvenir de quelqu'un. *Il vous fait mille compliments.* ◆ Paroles cérémonieuses. *Laissons là les compliments.* ◆ Vaines paroles, vaines promesses. *Il vous fait des offres de service, mais c'est pur compliment.* ◆ Par antiphrase, paroles désobligeantes, mauvaise nouvelle.

COMPLIMENTÉ, ÉE, p. p. de complimenter. [kɔ̃plimɑ̃te]

COMPLIMENTER, ■ v. tr. [kɔ̃plimɑ̃te] (*compliment*) Faire un compliment. ◆ **Absol.** Faire des civilités. ◆ Louer.

COMPLIMENTEUR, EUSE, adj. [kɔ̃plimɑ̃tœr, øz] (*complimenter*) Qui fait trop de compliments. ◆ N. m. et n. f. *Un complimenteur, une complimenteuse.*

COMPLIQUÉ, ÉE, p. p. de compliquer. [kɔ̃plike] Qui offre des complications. *Affaire, machine compliquée.* ◆ Relatif à une maladie à laquelle une autre est venue s'ajouter. ■ Qui pose des problèmes de compréhension ou de réalisation. *Une question complexe.* ■ Qui aborde toujours les choses sous un angle complexe. *Avoir l'esprit compliqué.*

COMPLIQUER, v. tr. [kɔ̃plike] (lat. *complicare* , plier en roulant) Rendre une chose moins simple qu'elle n'était. *Compliquer un mécanisme.* ◆ **Par extens.** Rendre difficile à démêler, à comprendre. *Cela complique la question.* ◆ Se compliquer, v. pr. Devenir compliqué. *L'affaire se complique.*

COMPLOT, n. m. [kɔ̃plo] (orig. inc.) Résolution concertée secrètement et pour un but le plus souvent coupable. *Former, tramer un complot.* ♦ **Dr.** Résolution concertée pour un attentat politique. ♦ **Par extens.** Cabale. ♦ *Mettre quelqu'un dans le complot,* l'informer de ce qui se trame et l'y faire participer.

COMPLOTÉ, ÉE, p. p. de comploter. [kɔ̃plote]

COMPLOTER, v. tr. [kɔ̃plote] (complot) Chercher à exécuter par un complot. *Ils ont comploté sa perte. Ils ont comploté de le tuer.* ♦ **Absol.** *Ils complotent ensemble.*

COMPLOTEUR, EUSE, n. m. et n. f. [kɔ̃plotœr, øz] (comploter) Personne qui complote.

COMPLU, p. p. de complaire. [kɔ̃ply]

COMPLUVIUM, ■ n. m. [kɔ̃plyvjɔm] (mot lat., de *cum* et *pluvia*, pluie) Toit en entonnoir permettant l'écoulement des eaux pluviales au centre de l'atrium dans un bassin prévu à cet effet, dans les maisons romaines antiques. *Des compluviums.*

COMPOGRAVEUR, ■ n. m. [kɔ̃pogravœr] (compogravure) Personne qui réalise des documents intégrant du texte et de l'image.

COMPOGRAVURE, ■ n. f. [kɔ̃pogravyr] (compo[sition] et gravure) Composition de documents intégrant à la fois du texte et de l'image.

COMPONCTION, n. f. [kɔ̃pɔ̃ksjɔ̃] (b. lat. *compunctio*, piqûre, douleur) Douleur profonde d'avoir offensé Dieu. *Touché de componction.* ♦ *Un air de componction,* un air qui témoigne du regret ; se dit parfois avec une nuance de raillerie.

COMPONÉ, ÉE, adj. [kɔ̃pone] (altération de l'anc. fr. *co[u]ponné,* de *coupon*) **Hérald.** Composé en alternant les couleurs des fragments d'émaux. *Une bordure componée d'argent et d'or.*

COMPONENDE, n. f. [kɔ̃ponɑ̃d] (lat. *componendum,* de *componere,* régler, arranger) Office de la cour romaine, où l'on paye les droits du pape pour les grâces qu'il accorde, suivant le prix convenu.

COMPORTE, ■ n. f. [kɔ̃pɔrt] (langued. *comporta,* de *comportar,* porter ensemble) Grand récipient de bois utilisé pour transporter le raisin de la vendange.

COMPORTÉ, ÉE, p. p. de comporter. [kɔ̃pɔrte]

COMPORTEMENT, n. m. [kɔ̃pɔrtəmɑ̃] (comporter) Manière de se comporter. ■ **Psych.** Ensemble des attitudes et réactions observables chez un individu.

COMPORTEMENTAL, ALE, ■ adj. [kɔ̃pɔrtəmɑ̃tal] (comportement) Relatif au comportement. *Troubles comportementaux. Application de la thérapie comportementale aux troubles liés à la nutrition.*

COMPORTEMENTALISME, ■ n. m. [kɔ̃pɔrtəmɑ̃talism] (comportemental) **Psych.** Étude psychologique du comportement. ■ **COMPORTEMENTALISTE**, n. m. et n. f. ou adj. [kɔ̃pɔrtəmɑ̃talist]

COMPORTER, v. tr. [kɔ̃pɔrte] (lat. *comportare,* transporter dans le même lieu) Permettre d'être avec, d'aller avec, de coexister. « *Soyez aussi heureux que la pauvre espèce humaine le comporte* », Voltaire. ♦ Se comporter, v. pr. Se conduire, agir d'une certaine manière. ♦ *Se comporter bien, mal,* faire bonne, mauvaise contenance dans un péril. ♦ *Se comporter bien à la mer,* se dit d'un bâtiment qui marche bien. ♦ **Jurispr.** *Le tout tel qu'il se comporte,* dans l'état où il se trouve. ■ Inclure en soi, se composer de. *Un problème qui comporte deux questions.*

COMPOSANT, ANTE, adj. [kɔ̃pozɑ̃, ɑ̃t] (composer) Qui entre dans la composition de. ♦ N. m. *Un composant.* ♦ **Chim.** Corps qui sert à en composer un autre. ♦ **Méc.** *Forces composantes,* forces dont un point matériel est simultanément animé. ■ N. f. Chacune des forces dans lesquelles une résultante peut être décomposée. ■ N. f. Élément constitutif d'un tout. *Les différentes composantes d'une œuvre.*

1 COMPOSÉ, n. m. [kɔ̃poze] (substantivation de *composé*) Tout formé de diverses parties. « *C'est un composé du pédant et du précieux* », La Bruyère. ♦ **Chim.** Corps qui résulte de la combinaison de deux ou plusieurs autres corps simples. ♦ **Gramm.** Mot formé de deux ou plusieurs mots.

2 COMPOSÉ, ÉE, p. p. de composer. [kɔ̃poze] Qui est formé de plusieurs parties. ♦ *Société bien composée, mal composée,* société formée de personnes bien, mal choisies. ♦ Qui n'est pas simple. ♦ **Chim.** *Corps composé,* celui où l'on reconnaît des éléments divers. ♦ **Gramm.** *Mot composé,* mot formé de deux ou plusieurs mots, comme *reposer.* ♦ *Temps composé,* temps qui, dans les verbes, est formé avec un auxiliaire, comme *j'ai dormi.* ♦ **Mus.** *Mesure composée,* celle qui est désignée à la clé par deux chiffres, par exemple 6/8. ♦ **Danse** *Pas composé,* celui qui est formé de plusieurs pas simples. ♦ **Archit.** *Chapiteau, colonne composée,* se dit par opposition aux ordres classiques. ♦ Qui a un air de retenue. *Avoir un maintien composé.*

COMPOSÉE, n. f. [kɔ̃poze] (fém. substantivé du p. p. de composer) **Bot.** Nom d'une famille de plantes dont les fleurs sont réunies par leurs anthères en un cylindre formant calice.

COMPOSER, v. tr. [kɔ̃poze] (lat. *componere*) Former un tout de différentes parties. *Composer un remède avec divers ingrédients.* « *Les hommes illustres qui composent l'Académie française* », La Bruyère. ♦ **Absol.** Les sciences décomposent et recomposent, mais elles ne peuvent composer. ♦ **Méc.** *Composer des forces, des mouvements, des vitesses,* en former la résultante. ♦ **Impr.** Mettre une rangée de lettres sur le composteur pour en faire des lignes, etc. ♦ En parlant d'un ouvrage d'esprit, travailler à le faire, donner une certaine forme à ses idées, à son style. *Composer un livre, un poème.* ♦ **Absol.** *Il a besoin d'être seul quand il compose.* ♦ Se dit aussi d'un peintre, d'un architecte. *Composer un tableau, les plans et les dessins d'un édifice, etc.* ♦ **Mus.** Produire quelque air, quelque chant. *Composer une messe, un chœur, un opéra.* ♦ **Absol.** *Il compose facilement.* ♦ *Composer sur le piano,* se servir du piano pour composer de la musique. ♦ Arranger de manière à faire croire à de la retenue ou de la modestie. *Composer son langage, son maintien.* ♦ V. intr. Faire dans les classes le devoir donné pour le concours des places. *Composer en version.* ♦ S'arranger, s'accorder en faisant des concessions. « *Me voyant pris, il fallut composer* », P. Corneille. ♦ *Composer avec les préjugés,* leur faire des concessions. ♦ *Composer avec sa conscience,* n'en pas suivre rigoureusement les prescriptions. ♦ Convenir avec les assiégeants de certaines conditions, moyennant quoi on se rendra. ♦ Se composer, v. pr. Être composé. ♦ Prendre une apparence mesurée, qui ne laisse voir aucun désordre dans l'esprit ni dans la contenance extérieure. *L'art de se composer.*

COMPOSEUR, ■ n. m. [kɔ̃pozœr] (composer) **Télécomm.** Dispositif relié à un téléphone qui permet la composition automatique de numéros mis en mémoire, par commande manuelle ou vocale.

COMPOSEUSE, ■ n. f. [kɔ̃pozøz] (composer) **Impr.** Machine utilisée pour composer un texte avant son impression.

COMPOSITE, adj. [kɔ̃pozit] (lat. *compositus,* disposé convenablement) **Archit.** Qui appartient à un ordre composé de plusieurs ordres, particulièrement de l'ionique et du corinthien. *Base, chapiteau composite.* ♦ N. m. *Le composite, l'ordre composite.* ■ Adj. Constitué d'éléments hétéroclites. *Matériau composite.* ■ N. m. Matériau dont la résistance est due à l'association des divers composants.

COMPOSITEUR, TRICE, n. m. et n. f. [kɔ̃pozitœr, tris] (lat. *compositor,* celui qui met en ordre, qui compose) Ouvrier, ouvrière d'imprimerie qui assemble les caractères pour en former des mots, des lignes et des pages. ♦ Personne qui compose des ouvrages d'esprit. « *Grands compositeurs de riens* », Voltaire. ♦ Personne qui compose en musique. ♦ Pris absolument, s'entend toujours d'une personne qui compose de la musique. ♦ **Jurispr.** *Amiable compositeur, amiable compositrice,* personne qui, dispensée de juger suivant la rigueur du droit, fait composer les deux parties sur leur litige.

COMPOSITION, n. f. [kɔ̃pozisjɔ̃] (lat. *compositio*) Action de composer quelque chose. *La composition d'une machine.* ♦ **Méc.** *Composition des forces, des vitesses, des mouvements,* leur réduction à une résultante. ♦ **Impr.** Assemblage de caractères pour en former des mots, des lignes et des pages. ♦ Manière dont une chose est composée. *La composition du corps humain.* ♦ **Gramm.** Jonction de mots pour en former un seul. Se dit aussi, dans un mot non composé, du radical qui constitue le mot. ♦ **Chim.** Proportion dans laquelle les éléments sont unis ensemble. ♦ **Philos.** Synthèse. ♦ Mixture qui a quelque emploi dans la médecine ou dans les arts. ♦ Travail de l'esprit qui compose. *La composition d'un livre, d'un tableau.* ♦ Dans la musique, l'art de composer des airs et d'y ajouter les accompagnements convenables. ♦ **Peint.** *La composition comprend la distribution des figures, le choix des attitudes, l'arrangement des draperies, etc.* ♦ Devoir que font les écoliers pour concourir aux places et aux prix. ♦ Accord entre deux parties qui transigent sur leurs prétentions respectives. *Entrer en composition.* ♦ *C'est un homme de bonne, de facile composition,* qu'on amène assez facilement à ce qu'on veut. ♦ Capitulation. *Recevoir à composition.* ♦ Chez les peuples barbares, compensation pécuniaire due comme réparation par le coupable à l'offensé ou à sa famille.

COMPOST, ■ n. m. [kɔ̃pɔst] (a. norm. de l'anc. fr. *compost,* mélangé ; infl. de l'angl. *compost,* empr. à l'a. norm.) Mélange de terres, de détritus et autres substances fertilisant une terre agricole. *Confectionner un compost.*

1 COMPOSTAGE, ■ n. m. [kɔ̃pɔstaʒ] (compost) Fabrication du compost.

2 COMPOSTAGE, ■ n. m. [kɔ̃pɔstaʒ] (composter) Validation d'un titre de transport au moyen d'un composteur.

COMPOSTER, ■ v. tr. [kɔ̃pɔste] (composteur) Valider au moyen d'un composteur. *Composter un billet de train.* ■ Procéder à l'amendement d'une terre avec du compost.

COMPOSTEUR, n. m. [kɔ̃pɔstœr] (ital. *compositore,* compositeur) Instrument sur lequel le compositeur assemble les lettres pour former des lignes de longueur égale. ■ Appareil muni d'un dispositif qui marque automatiquement les titres de transport.

COMPOTE, n. f. [kɔ̃pɔt] (lat. *composita*, mets composé, p. p. substantivé de *componere*) Mets de dessert consistant en fruits cuits à l'eau et au sucre. *Compote de poires.* ◆ **Fig.** *Avoir la tête, les yeux en compote ou à la compote,* les avoir tout meurtris. ◆ *Viande en compote,* viande trop cuite.

COMPOTÉE, ■ n. f. [kɔ̃pote] (*compote*) Toute préparation dont les ingrédients subissent une cuisson douce et longue. *Une compotée d'oignons et de raisins confits peut accompagner le foie gras.*

COMPOTIER, n. m. [kɔ̃pɔtje] (*compote*) Coupe en porcelaine ou en cristal, dans laquelle on sert les compotes de fruits.

COMPOUND, ■ n. f. [kɔ̃pund] (mot angl., composé, part. de *to compound*) Vx Locomotive à vapeur dont le mouvement est provoqué par une détente en plusieurs temps de la vapeur dans les cylindres. ■ Rem. On dit aussi *machine compound.*

COMPRADOR, ■ n. m. [kɔ̃pradɔr] (mot esp., acheteur) Entreprise privée qui vit grâce aux liens établis avec des firmes néo-colonialistes ou des multinationales étrangères auxquelles elle sert de paravent.

COMPRÉHENSIBILITÉ, ■ n. f. [kɔ̃preɑ̃sibilite] (*compréhensible*) Qualité de ce qui peut être compris.

COMPRÉHENSIBLE, adj. [kɔ̃preɑ̃sibl] (lat. *comprehensibilis*) Qui peut être compris.

COMPRÉHENSIF, IVE, adj. [kɔ̃preɑ̃sif, iv] (b. lat. gramm. *comprehensivus,* qui contient) Philos. Qui embrasse, qui enferme. *Une idée compréhensive.* ◆ Dans un autre sens, qui a la faculté de concevoir. ◆ Qui fait preuve de compréhension à l'égard d'autrui. *Des parents compréhensifs.*

COMPRÉHENSION, n. f. [kɔ̃preɑ̃sjɔ̃] (lat. *comprehensio,* action de saisir ensemble) Faculté de comprendre, de concevoir. *Avoir la compréhension vive.* ◆ Vue qui embrasse et saisit tout. *Avoir une pleine compréhension de la vérité.* ◆ **Log.** et **gramm.** La totalité des idées qu'un nom générique enferme. ■ Faculté d'admettre les pensées, le comportement d'autrui. *Merci pour votre compréhension.* ■ Qualité d'être plus ou moins facilement compréhensible. *Un exercice de compréhension de texte.*

COMPRENDRE, v. tr. [kɔ̃prɑ̃dr] (lat. *comprendere,* syncopé de *comprehendere,* saisir ensemble) Prendre en soi, contenir. *L'univers comprend tout ce qui est.* « *Comprendre dans sa pensée tout ce qu'il y a de grand parmi les hommes* », Bossuet. ◆ Mettre ensemble dans la même catégorie. *Comprendre dans un inventaire certains meubles.* ◆ **Fig.** Saisir par l'esprit. *La plupart des hommes estiment ce qu'ils ne comprennent pas.* ◆ **Absol.** « *Plus heureux que tu ne peux comprendre* », Racine. ◆ Plus particulièrement, avoir l'intelligence d'une langue, des mots. *Comprenez-vous l'anglais ?* ◆ *Faire comprendre,* montrer, prouver, faire que l'on comprenne. ◆ *Se rendre raison d'une chose, se l'expliquer. Je ne comprends pas sa conduite.* ◆ *Comprendre à. Je ne comprends rien à sa conduite.* ◆ *Comprendre quelqu'un,* prendre ce qu'il dit, ce qu'il veut, ce qu'il ordonne. ◆ *Comprendre quelqu'un,* pénétrer dans les idées, dans ses vues. ◆ *Se comprendre,* avoir la connaissance l'un de l'autre. *Des cœurs faits pour se comprendre.* ◆ Être compris. ◆ Avoir la connaissance de soi-même.

COMPRENETTE, ■ n. f. [kɔ̃pranɛt] (*comprendre*) Fam. Aptitude à comprendre. *Avoir la comprenette difficile.*

COMPRESSE, n. f. [kɔ̃prɛs] (*compresser*) Pièce de linge fin, à demi usé, ordinairement replié plusieurs fois sur lui-même, qu'on applique sur les parties malades, et qui sert à diriger convenablement la compression.

COMPRESSER, v. tr. [kɔ̃prese] (b. lat. *compressare,* du lat. *comprimere*) Exercer une forte pression sur un corps afin d'en réduire le volume. ■ Inform. Procéder à la compression du volume des signaux numériques pour les stocker ou les transmettre plus facilement.

COMPRESSEUR, n. m. [kɔ̃presœr] (radic. du lat. *compressum,* supin de *comprimere*) Instrument propre à exercer la compression, et en particulier, en chirurgie, à comprimer les nerfs, les vaisseaux, etc. ◆ *Rouleau compresseur,* engin de terrassement muni d'un cylindre servant à aplanir le sol ; Fig. et fam. personne qui n'hésite pas à écraser les autres pour parvenir à ses fins. ■ Appareil qui permet de compresser un gaz ou de l'air.

COMPRESSIBILITÉ, n. f. [kɔ̃presibilite] (*compressible*) Propriété qu'ont tous les corps de se réduire à un moindre volume par l'action d'une pression ou d'une percussion. ■ Aptitude à être réduit. *La compressibilité d'un budget.*

COMPRESSIBLE, adj. [kɔ̃presibl] (*compresser*) Qui peut diminuer de volume par la pression. *L'air est compressible.* ■ **Fig.** *Des dépenses non compressibles.*

COMPRESSIF, IVE, adj. [kɔ̃presif, iv] (*compresser*) Chir. Qui sert à exercer une compression. *Bandage compressif.* ◆ **Fig.** Qui comprime toute manifestation politique. *Régime compressif.*

COMPRESSION, n. f. [kɔ̃presjɔ̃] (lat. *compressio*) Phys. Action exercée sur un corps par une puissance qui tend à en rapprocher les parties constituantes. ◆ L'état qui résulte de la compression. *L'air est capable de compression.* ◆ **Fig.** Action d'un pouvoir qui étouffe toute manifestation politique. *Un système de compression.* ■ Réduction. *Compression de personnel. Compression d'un fichier informatique.*

COMPRIMABLE, adj. [kɔ̃primabl] (*comprimer*) Qui peut être comprimé.

COMPRIMANT, ANTE, adj. [kɔ̃primɑ̃, ɑ̃t] (*comprimer*) Qui a la propriété de comprimer. *Force comprimante.*

COMPRIMÉ, ÉE, p. p. de comprimer. [kɔ̃prime] Hist. nat. Aplati sur les côtés. *Un front étroit et comprimé.* ■ Dont le volume a été considérablement réduit. ■ N. m. Pastille composée de poudres médicamenteuses agglomérées. *Un comprimé d'aspirine*

COMPRIMER, v. tr. [kɔ̃prime] (lat. *comprimere*) Phys. Faire subir une pression à un corps. *Comprimer de l'air.* ◆ Retenir, ne pas laisser aller. *Comprimer sa voix, ses sanglots.* ◆ **Fig.** *Comprimer les factions, les partis, les dompter.* ◆ Se comprimer, v. pr. Être comprimé. ■ Réduire. *Comprimer un budget.*

COMPRIS, ISE, p. p. de comprendre. [kɔ̃pri, iz] *Y compris,* en y comprenant. *Non compris,* sans y comprendre. *Y compris, non compris,* sont invariables quand le substantif suit, et variables si le substantif précède : *Compris les aumônes ; les aumônes comprises.*

COMPROMETTANT, ANTE, adj. [kɔ̃prometɑ̃, ɑ̃t] (*compromettre*) Qui peut compromettre. *Discours compromettants. Homme compromettant.*

COMPROMETTRE, v. intr. [kɔ̃promɛtr] (lat. jurid. *compromittere,* s'engager ensemble à un arbitrage) S'engager par acte à s'en rapporter au jugement d'un arbitre, sur un objet en litige. ◆ V. tr. **Fig.** Remettre à la décision d'autrui et par conséquent exposer à quelque atteinte. *Compromettre sa dignité.* ◆ Mêler quelqu'un dans une affaire de manière à l'exposer à des embarras ou à des préjudices. ◆ *Compromettre quelqu'un,* faire valoir qu'il a part à la chose, afin que, une fois engagé, il entre dans ses intérêts. ◆ Se compromettre, v. pr. S'exposer à des embarras, à des périls. ◆ Engager une lutte avec un adversaire indigne de soi. *Se compromettre avec un misérable.*

1 COMPROMIS, n. m. [kɔ̃promi] (lat. jurid. *compromissum,* compromis) Acte par lequel on donne pouvoir à des arbitres de juger des procès ou autres différends. ◆ *Être en compromis,* être en litige ; mettre en compromis, remettre à la décision de. ◆ *Mettre en compromis,* disputer. ◆ *Mettre en compromis,* risquer, compromettre. ◆ Dans l'usage général, on dit *un compromis* pour une transaction. ◆ Accord, spécialement dans le langage politique, lorsque des adversaires se font des concessions. ■ *Compromis de vente,* engagement entre deux parties relatif à une vente, et précédant la signature du contrat.

2 COMPROMIS, ISE, p. p. de compromettre. [kɔ̃promi]

COMPROMISSION, n. f. [kɔ̃promisjɔ̃] (*compromis,* p. p. de *compromettre*) Action, parole par laquelle on se compromet.

COMPROMISSOIRE, ■ adj. [kɔ̃promiswar] (*compromis,* nom) Dr. Relatif à un compromis.

COMPTABILISATION, ■ n. f. [kɔ̃tabilizasjɔ̃] (*comptabiliser*) Enregistrement dans un budget ou une comptabilité.

COMPTABILISER, ■ v. tr. [kɔ̃tabilize] (radic. de *comptable*) Dénombrer. *Comptabiliser le nombre de visiteurs d'un musée.* ■ Enregistrer, dans un décompte, une comptabilité. ■ COMPTABILISABLE, adj. [kɔ̃tabilizabl]

COMPTABILITÉ, n. f. [kɔ̃tabilite] (radic. de *comptable*) L'art, l'action de tenir des comptes en règle. ◆ Comptes tenus. ◆ Ensemble des agents comptables ou de ceux qui vérifient les comptes des comptables. *Bureau de la comptabilité.* ◆ Dans une administration, la partie qui s'occupe des dépenses.

COMPTABLE, adj. [kɔ̃tabl] (*compter*) Qui a des comptes à tenir et à rendre. *Agent comptable.* ◆ Où l'on tient et rend des comptes. *Emploi comptable.* ◆ *Quittance comptable,* quittance en bonne forme. ◆ **Fig.** « *Rendre l'enfant comptable de ses actions à lui-même* », J.-J. Rousseau. ◆ N. m. et n. f. Personne qui est tenue de rendre compte des deniers et de son emploi.

COMPTAGE, ■ n. m. [kɔ̃taʒ] (*compter*) Fait de comptabiliser des personnes ou des objets. *Procéder au comptage des passagers d'un avion. Le comptage des caractères dans un texte.*

COMPTANT, adj. m. [kɔ̃tɑ̃] (*compter*) Il ne se dit guère que dans ces locutions : *Argent comptant, deniers comptants,* payés sur l'heure et en espèces. *Sans un sou comptant.* ◆ **Fig.** *C'est de l'argent comptant,* c'est une valeur sûre. ◆ *Prendre une chose pour argent comptant,* se fier aveuglément à des paroles. ◆ *Avoir de l'esprit argent comptant,* avoir de l'à-propos, la repartie vive. ◆ N. m. *Le comptant,* l'argent comptant. *Acheter, vendre au comptant.* ◆ Adv. *Payer comptant,* payer en espèces, et fig. rendre immédiatement ce qu'on nous fait, en bien ou en mal.

COMPTE, n. m. [kɔ̃t] (b. lat. *computus*, calcul, compte, de *computare*) Action de compter ; résultat de cette action. *Faire un compte.* ♦ *Ligne de compte,* marge blanche que l'on laisse à côté d'un compte, et contenant les chiffres. ♦ Fig. *Mettre, faire entrer en ligne de compte,* prendre en considération. ♦ *Compte rond,* nombre, somme sans fractions. ♦ ▷ *Cela n'est pas de compte,* cela ne compte pas. ◁ ♦ À COMPTE, loc. adv. À valoir en déduction. *J'ai reçu mille francs à compte.* ♦ ACOMPTE, n. m. Somme donnée ou reçue en déduction d'un compte, d'une dette. *J'ai reçu plusieurs acomptes.* ♦ ▷ *Au compte,* suivant la manière de compter. ◁ ♦ ▷ Fig. *À votre compte,* selon vous. ◁ ♦ ▷ *À ce compte, à ce compte-là,* d'après ce raisonnement. ◁ ♦ *Au bout du compte,* tout bien considéré, après tout. ♦ *En fin de compte,* finalement. ♦ *Monnaie de compte,* Voy. MONNAIE. ♦ ▷ *Par compte,* à fur et à mesure. ◁ ♦ *Bon compte,* bon marché. *Faire bon compte.* ♦ *À bon compte,* à bon marché, au propre et au figuré. ♦ ▷ *De bon compte,* en comptant bien, au moins. ◁ ♦ ▷ *Un homme de bon compte,* homme sincère. ♦ *Être de bon compte,* être loyal et accommodant en fait d'intérêts, et fig. convenir franchement d'une chose. ◁ ♦ État de recettes et de dépenses. *Solder, faire, arrêter, tenir, etc. un compte.* ♦ ▷ *De compte fait,* le compte ayant été fait, et fig. tout considéré. ◁ ♦ ▷ *Être de compte à demi avec quelqu'un,* être en société avec quelqu'un, partager par moitié. ◁ ♦ *Pour le compte de quelqu'un,* pour faire ses affaires. ♦ *Donner son compte à un domestique,* lui payer ce qu'on lui doit et le renvoyer. ♦ Fig. *Je lui ai donné son compte,* je l'ai traité comme il le mérite. ♦ *Régler ses comptes,* établir ce que nous devons et ce qui nous est dû. ♦ Fig. « *Régler ses comptes avec la justice divine* », Bossuet. ♦ *Rendre ses comptes,* justifier de l'emploi régulier des valeurs dont on a eu la gestion. ♦ *Avoir quelque chose en compte,* en disposer à la charge d'en rendre compte. ♦ *Passer en compte,* porter sur le compte de, mettre comme dû, au propre et au figuré. ♦ *Passer sur le compte de,* être attribué à. ♦ *Mettre quelque chose sur le compte de quelqu'un,* lui attribuer. ♦ *Sur le compte de quelqu'un,* en ce qui le concerne. ♦ *Pour le compte de quelqu'un,* pour ce qui le regarde. ♦ *Tenir compte à quelqu'un d'une chose,* le dédommager d'une perte, et fig. lui savoir gré de sa conduite en une circonstance. ♦ *Faire son compte de,* être dans l'intention de. ♦ *Faire son compte que,* être assuré que. ♦ *Avoir son compte,* avoir ce qu'on désire, ou être bien dans ses affaires, et ironiquement, être très maltraité de faits ou de paroles ; être ivre. ♦ *Entendre, savoir bien son compte,* entendre bien ses intérêts. ♦ *Trouver son compte à,* avoir avantage à. ♦ *Être loin de compte,* se tromper dans son calcul, dans ses combinaisons ; être loin de tomber d'accord. ♦ Fig. *À bon compte,* tout de bon, effectivement. ♦ Dr. État de recette et de dépense des biens dont on a l'administration et des sommes que l'on a touchées. ♦ État d'opérations tenu dans une forme régulière, état de situation entre deux personnes qui se doivent réciproquement. *Livre de compte.* ♦ *Cour des comptes,* cour supérieure établie pour examiner et juger les comptes de ceux qui ont manié les deniers de l'État. ♦ Considération, cas. ♦ En ce sens, compte ne se dit guère qu'avec les verbes faire et tenir. *Faire compte,* faire cas, tenir en estime, donner attention. *Tenir compte de quelqu'un, de quelque chose,* l'avoir en considération. ♦ Rapport circonstancié. *Rendre compte d'un événement.* ♦ *Rendre bon compte à,* parler ou agir à la satisfaction de. ♦ Dans un sens tout différent. *Vous me rendrez bon compte de votre conduite,* je vous en ferai repentir. ♦ *Se rendre compte de quelque chose,* en pénétrer la cause, le secret. ♦ *Rendre compte d'un ouvrage dans un journal,* l'apprécier en l'annonçant. ♦ *Compte rendu,* récit, exposé d'un fait, à une séance ou à une question. ♦ Justification, explication, responsabilité, avec les verbes *devoir, rendre, demander.* « *Ô Dieu, devant qui je dois rendre un compte exact de toutes mes actions* », Pascal. ♦ Prov. *Erreur n'est pas compte,* les erreurs de compte peuvent toujours se rectifier. ♦ *Les bons comptes font les bons amis,* on ne peut être ami sans garder la foi et la justice les uns aux autres. ■ *Compte à rebours,* décompte du temps restant jusqu'au déclenchement d'une opération. ■ Ensemble des fonds déposés dans un établissement financier. *Compte bancaire, postal. Compte chèque. Compte épargne. Ouvrir, approvisionner un compte.* ■ À SON COMPTE, loc. adv. En travailleur indépendant. *Se mettre à son compte.* ■ *Un laissé-pour-compte,* une personne mise de côté, oubliée.

COMPTÉ, ÉE, p. p. de compter. [kɔ̃te] *Marcher à pas comptés,* marcher avec lenteur et gravité. ♦ Fig. *Tout compté* ou *tout bien compté,* tout bien examiné. ♦ Réputé, dont on tient compte. *La vertu était encore comptée.* ♦ Qui a du crédit, qui commande la considération.

COMPTE-CHÈQUE ou **COMPTE CHÈQUE**, ■ n. m. [kɔ̃t(ə)ʃɛk] (*compte* et *chèque*) Compte bancaire permettant l'utilisation de chèques comme moyen de paiement. *Des comptes-chèques, des comptes chèques.*

COMPTE-FIL ou **COMPTE-FILS**, n. m. [kɔ̃t(ə)fil] (*compter* et *fil*) Loupe pour compter les fils de la chaîne ou de la trame d'une étoffe. *Des compte-fils.*

COMPTE-GOUTTE ou **COMPTE-GOUTTES**, ■ n. m. [kɔ̃t(ə)gut] (*compter* et *goutte*) Petite pipette de verre permettant de prélever un liquide puis de le distribuer goutte à goutte par pressions successives sur le capuchon souple

bouchant l'une des extrémités. *Des compte-gouttes.* ■ Fig. *Au compte-goutte,* de manière parcimonieuse. ■ En apposition, *un flacon compte-goutte.*

COMPTE-PAS, n. m. [kɔ̃t(ə)pa] (*compter* et *pas*) Instrument faisant connaître à celui qui le porte combien il a fait de pas en allant d'un lieu à un autre. *Des compte-pas.*

COMPTER, v. tr. [kɔ̃te] (lat. *computare,* calculer) Faire un calcul. *Compter de l'argent.* ♦ *Compter quelque somme à quelqu'un,* lui faire un paiement en comptant les espèces. ♦ Fig. « *Sais-je combien le ciel m'a compté de journées?* », Racine. ♦ Fig. *Compter les heures,* éprouver l'impatience que donne l'inquiétude ou l'attente. ♦ *Compter par,* signaler par. « *Vous ne comptez vos jours que par des sacrilèges* », Massillon. ♦ *Compter dix, vingt années de services,* avoir servi l'État pendant dix, vingt années. ♦ *Compter tant d'années d'existence,* se dit des monuments, des institutions, des peuples qui durent depuis tant d'années. ♦ Poétiq. *Compter tant d'années,* être âgé de tant d'années. ♦ *Compter les morceaux,* se dit d'un avare qui regrette ce qu'il donne à manger. ♦ ▷ *Compter les morceaux de quelqu'un,* ne lui donner que le juste nécessaire. ◁ ♦ *Compter ses pas,* marcher lentement, et Fig. faire les choses avec mesure et circonspection. ♦ *Compter tous les pas de quelqu'un,* l'observer de fort près. ♦ Absol. Dans la musique, suivre la mesure sans jouer ni chanter. ♦ Faire le compte de. *Compter la dépense.* ♦ Absol. *Avant de partir il faut compter.* ♦ *Comprendre en un compte,* porter en compte. ♦ *Compter quelque chose à quelqu'un,* mettre sur son compte, et fig. lui en tenir compte. ♦ *Ranger quelqu'un, quelque chose parmi d'autres personnes, parmi d'autres choses.* ♦ *Dater de. Dater de la République romaine. Rome compte sa liberté de l'expulsion des rois.* ♦ Réputer, regarder comme. « *Comptons comme très court, ou plutôt comptons comme un pur néant tout ce qui finit* », Bossuet. ♦ Faire cas de. ♦ Compter, v. intr. Calculer. ♦ *Savoir compter,* être très éveillé sur ses intérêts. ♦ *Sans compter,* à pleines mains. ♦ *Ne pas compter après quelqu'un,* accepter de confiance ce qu'il dit ou coûte, etc. ♦ Arrêter un compte. ♦ *Compter avec quelqu'un,* régler le compte qu'on a avec lui, et Fig. « *Comptons avec nous-mêmes avant que Dieu compte avec nous* », Massillon. ♦ Se proposer. *Compter de faire...* ou *compter faire...* (aujourd'hui on supprime généralement le *de*). ♦ *Compter, compter de,* estimer, croire. ♦ *Compter sur,* avoir espoir, confiance. ♦ *À compter de,* à partir de. ♦ Être compté. *Il compte parmi les hommes les plus habiles.* ♦ Fam. *Il ne compte pour rien,* il n'a aucune influence personnelle. ♦ *Cela ne compte pas,* n'entre pas en compte, et Fig. cela ne fait rien à l'affaire. ♦ Se compter, v. pr. Se mettre au nombre de. ♦ Être compté. *Cela se compte.* ■ Se composer de. *Cette série télévisée compte quarante feuilletons.* ■ Estimer l'importance de quelque chose. *Il faut compter cinq petits-fours par personne.*

COMPTE RENDU ou **COMPTE-RENDU**, ■ n. m. [kɔ̃t(ə)ʁɑ̃dy] (*compte* et *rendu,* d'après la loc. *rendre compte*) Rapport détaillé d'un événement par une personne y ayant assisté. *Compte rendu d'une audience judiciaire. Des comptes rendus de lecture.*

COMPTE-TOUR ou **COMPTE-TOURS**, ■ n. m. [kɔ̃t(ə)tuʁ] (*compter* et *tour*) Dispositif qui calcule le nombre de tours effectué par l'arbre d'un moteur en un temps déterminé. *Des compte-tours.*

COMPTEUR, EUSE, n. m. et n. f. [kɔ̃tœʁ, øz] (*compter*) Celui, celle qui compte. ♦ N. m. Appareil qui sert à compter le temps, la vitesse en certaines machines, qui sert à mesurer la quantité de gaz d'éclairage consommée. ♦ Montre à secondes d'une exactitude éprouvée. ■ Fam. *Remettre les compteurs à zéro,* effacer toutes les erreurs ou discordes passées et repartir sur des bases plus saines. ♦ *Compteur Geiger,* machine utilisée pour estimer le taux de radioactivité dégagé par un objet ou un sol.

COMPTINE, ■ n. f. [kɔ̃tin] (*compter*) Petite chanson enfantine au rythme et à la mélodie simples. *Dans la cour de l'école, les enfants chantent une comptine.*

COMPTOIR, n. m. [kɔ̃twaʁ] (*compter* ; cf. lat. médiév. *computorium,* table où l'on fait les comptes) Table sur laquelle le marchand compte son argent, et sur laquelle il fait voir la marchandise qu'on lui demande à acheter. ♦ Dans une grande maison de commerce, l'endroit où se font les recettes. ♦ Fig. *Passer sa vie derrière un comptoir,* vivre obscurément dans les affaires du petit commerce. ♦ Bureau général de commerce, établi en différentes localités de l'Inde ou de l'Afrique et ailleurs par différentes nations de l'Europe. ♦ Établissement secondaire d'une maison de commerce, de banque. *Comptoir de la banque.* ■ Suisse Foire commerciale.

COMPULSÉ, ÉE, p. p. de compulser. [kɔ̃pylse]

COMPULSER, v. tr. [kɔ̃pylse] (lat. *compulsare,* pousser fortement) Se faire montrer quelque pièce qui est chez un notaire ou autre personne publique. ♦ Rechercher dans des papiers ou des livres.

COMPULSIF, IVE, ■ adj. [kɔ̃pylsif, iv] (radic. de *compulsion*) Psych. Qui ne peut être ni contrôlé, ni réfréné. *Un besoin compulsif de manger.*

COMPULSION, ■ n. f. [kɔ̃pylsjɔ̃] (lat. *compulsio,* contrainte, de *compellere,* pousser ensemble, accabler) Contrainte imposée à une personne. ■ Besoin irrépressible d'exécuter des actes souvent répétitifs. La résistance opposée à ce besoin entraîne angoisse et souffrance. *Une compulsion obsessionnelle.*

COMPULSIONNEL, ELLE, ■ adj. [kɔ̃pylsjɔnɛl] (*compulsion*) **Psych.** Relatif à la compulsion.

COMPULSOIRE, n. m. [kɔ̃pylswaʀ] (*compulser*) **Jurispr.** Moyen d'instruction pour rechercher une pièce. ✦ Procédure dont l'objet est de contraindre un dépositaire de titres, actes, registres, à les représenter ou à en délivrer ou à en laisser prendre copie.

COMPUT, n. m. [kɔ̃pyt] (lat. *computus*, compte, calcul) Supputation qui règle les temps pour les usages ecclésiastiques.

COMPUTISTE, n. m. [kɔ̃pytist] (*comput*) Celui qui travaille au comput.

COMTAT, n. m. [kɔ̃ta] (lat. *comitatus*, cortège ; lat. médiév., territoire administré par un comte) Comté ; n'est usité que dans : *le comtat Venaissin* ou simplement *le Comtat.*

COMTE, n. m. [kɔ̃t] (lat. *comes*, génit. *comitis*) Nom de certains dignitaires des derniers temps de l'empire romain et du Bas-Empire. ✦ Spécialement, commandant militaire. ✦ Dans les États fondés par les barbares, fonctionnaire gouvernant une division du territoire sous l'autorité du roi. *Un comte franc.* ✦ Sous le régime féodal, souverain d'une seigneurie du premier degré. ✦ Titre de noblesse, qui désigne le dignitaire d'un rang au-dessus des barons.

1 **COMTÉ**, n. m. [kɔ̃te] (comte ; cf. lat. médiév. *comitatus*) Dans la féodalité, titre en vertu duquel le possesseur de certaines terres prenait la qualité de comte. ✦ Territoire possédé par un comte. ✦ Ce mot a été féminin aussi, et on dit encore la Franche-Comté ✦ N. f. *Comté-pairie,* Voy. PAIRIE.

2 **COMTÉ**, ■ n. m. [kɔ̃te] ([*Franche-*]*Comté*) Fromage à pâte pressée cuite, fabriqué en Franche-Comté.

COMTESSE, n. f. [kɔ̃tɛs] (*comte*) Celle qui de son chef possédait un comté. ✦ Femme ou veuve d'un comte.

COMTOIS, OISE, ■ adj. [kɔ̃twa, waz] ([*Franche-*]*Comté*) De Franche-Comté. ■ N. f. *Une comtoise,* horloge à balancier.

1 **CON**, ■ n. m. [kɔ̃] (lat. *cunnus*) **Vulg.** Sexe féminin.

2 **CON, ONNE**, ■ adj. [kɔ̃, ɔn] (1 *con*) **Très fam.** Peu intelligent. « *Marguerite l'avait trouvée moins con qu'elle en avait l'air* », DORIN. ■ De peu d'intérêt. *Un film vraiment con.* ■ N. m. et n. f. **Très fam.** Très fam. *Quel con !* **Très fam.** Très fam. *Jouer au con,* chercher bêtement les ennuis. ■ *À la con,* grotesque, sans intérêt. *Une remarque à la con.* « *Tu portes un tailleur de pouffiasse à la con* », IZZO.

CONARD, ARDE, ■ n. m. et n. f. [kɔnaʀ] (2 *con*) Voy. CONNARD.

CONASSE, ■ n. f. [kɔnas] (2 *con*) Voy. CONNARD.

CONATUS, ■ n. m. [kɔnatys] (mot lat., effort) **Psych.** Concept établi par Spinoza selon lequel l'homme doit persévérer dans son être à travers chacun des efforts qu'il fournit, en maintenant l'existant. *La stratégie des* conatus *spinozistes.*

CONCASSAGE, ■ n. m. [kɔ̃kasaʒ] (*concasser*) Action de réduire en petits fragments quelque chose.

CONCASSÉ, ÉE, p. p. de concasser. [kɔ̃kase] Poivre concassé.

CONCASSER, v. tr. [kɔ̃kase] (lat. *conquassare*) Briser dans un mortier des matières dures ou sèches. ✦ **Pharm.** Réduire en petits fragments des racines ou des bois.

CONCASSEUR, n. m. [kɔ̃kasœʀ] (*concasser*) Instrument broyant grossièrement les grains qui servent à la nourriture des animaux.

CONCATÉNATION, ■ n. f. [kɔ̃katenasjɔ̃] (b. lat. *concatenatio*, enchaînement) **Techn.** Assemblage de fragments de phrases pour construire un énoncé exploitable par un serveur vocal interactif. ■ **Inform.** Opération qui consiste à relier des éléments entre eux pour construire une chaîne utilisable comme un tout.

CONCAVE, adj. [kɔ̃kav] (lat. *concavus*, creux et rond) Dont le milieu est plus déprimé que les bords. *Surface concave.* ✦ N. m. La partie concave. *Le concave d'un globe.*

CONCAVITÉ, n. f. [kɔ̃kavite] (b. lat. *concavitas*) La partie ou le côté concave. ✦ Creux, cavité. « *Les animaux qui ont deux concavités dans le cœur* », DESCARTES.

CONCÉDÉ, ÉE, p. p. de concéder. [kɔ̃sede]

CONCÉDER, v. tr. [kɔ̃sede] (lat. *concedere*, se retirer, abandonner) Faire octroi de. ✦ Se dit du gouvernement qui accorde, sous certaines conditions, à une compagnie, le droit de construire un chemin de fer et de l'exploiter, ou d'exploiter une mine. ■ **Fig.** Reconnaître une erreur. ■ **Sp.** *Concéder un but,* l'accorder à l'équipe adverse.

CONCÉLÉBRATION, ■ n. f. [kɔ̃selebʀasjɔ̃] (lat. ecclés. *concelebratio*) Fait de concélébrer un office.

CONCÉLÉBRER, ■ v. tr. [kɔ̃selebʀe] (lat. *concelebrare*, fréquenter, fêter, divulguer) Célébrer en commun un office religieux. *Le doyen concélébra la messe avec le nouveau prêtre.*

CONCENTRATEUR, ■ n. m. [kɔ̃sɑ̃tʀatœʀ] (*concentrer*) **Inform.** Dispositif permettant de raccorder plusieurs composants informatiques et constituant un nœud du réseau capable de redistribuer de l'information. ■ REM. Recommandation officielle pour *hub.*

CONCENTRATION, n. f. [kɔ̃sɑ̃tʀasjɔ̃] (*concentrer* ; sens phys., angl. *concentration*) **Phys.** Action de concentrer ; résultat de cette action. ✦ **Fig.** *La concentration du pouvoir entre les mains d'un seul.* ✦ *La concentration des troupes,* la réunion des troupes sur un point déterminé. ✦ **Chim.** Opération qui consiste à rapprocher les molécules d'un corps, en diminuant, par l'action de la chaleur ou autrement, la proportion du liquide qui les tient dissoutes. ✦ ▷ **Méd.** *Concentration du pouls,* état du pouls qui devient concentré. ◁ Faculté que l'on a d'appliquer toute son attention à un travail donné. *Manquer de concentration.* ■ **Écon.** Regroupement d'entreprises produisant les mêmes produits ou travaillant en amont les unes des autres. ■ *Camp de concentration,* lieu de détention des prisonniers de guerre, des prisonniers politiques ou des personnes jugées dangereuses pour la nation ; **Spécialt** camp d'extermination des populations juive et tsigane durant la Seconde Guerre mondiale.

CONCENTRATIONNAIRE, ■ adj. [kɔ̃sɑ̃tʀasjɔnɛʀ] ([*camp de*] *concentration*) Qui évoque les camps de concentration.

CONCENTRÉ, ÉE, p. p. de concentrer. [kɔ̃sɑ̃tʀe] *Alcool concentré,* alcool dont on a chassé la partie aqueuse. ✦ ▷ *Pouls concentré,* pouls où l'artère est peu développée sous le doigt qui la touche. ◁ ✦ **Fig.** Qui ne donne point d'expansion à ses sentiments ou à ses idées. ■ Réduit par concentration. *Du jus de fruit concentré.* ✦ Qui fait preuve d'attention et d'application. *Un élève concentré sur son travail.* ■ N. m. Produit alimentaire dont on a réduit le volume d'eau qu'il contient normalement. *Du concentré de tomates, de jus de pomme.*

CONCENTRER, v. tr. [kɔ̃sɑ̃tʀe] (*con-* et *centre*) **Phys.** Faire converger, réunir au centre. *Concentrer les rayons solaires.* ✦ **Fig.** *Concentrer toutes ses affections sur quelqu'un.* ✦ **Chim.** Ôter à un corps liquide l'eau qui y est mélangée. *Concentrer l'alcool.* ✦ Rassembler les divers corps de troupes sur un même point. ✦ Renfermer en soi. *Concentrer sa haine, sa douleur.* ✦ *Se concentrer,* v. pr. Être concentré. ✦ Réunir ses forces sur un même point.

CONCENTRIQUE, adj. [kɔ̃sɑ̃tʀik] (*con-* et *centre*) Se dit des lignes courbes qui ont un même centre.

CONCENTRIQUEMENT, adv. [kɔ̃sɑ̃tʀik(ə)mɑ̃] (*concentrique*) D'une façon concentrique.

CONCEPT, n. m. [kɔ̃sɛpt] (lat. *conceptus*, action de contenir, de recevoir ; b. lat. , *pensée*) **Philos.** Résultat de la conception, chose conçue. ■ Idée à la base de la création d'une gamme de produits.

CONCEPTACLE, ■ n. m. [kɔ̃sɛptakl] (lat. *conceptaculum*, réservoir, récipient) **Bot.** Organe en forme de coupe qui contient les cellules reproductrices sur les algues brunes.

CONCEPTEUR, TRICE, ■ n. m. et n. f. [kɔ̃sɛptœʀ, tʀis] (b. lat. *conceptor*) Personne qui conçoit. *Le concepteur d'un projet, d'un produit.*

CONCEPTION, n. f. [kɔ̃sɛpsjɔ̃] (lat. *conceptio*, action de recevoir ; lat. chrétien, conception, pensée) Action par laquelle un être vivant est conçu. ✦ *L'immaculée conception,* l'opération par laquelle la Vierge fut conçue dans le sein de sa mère sans la tache du péché originel. ✦ *La Conception,* fête de la Conception de la Vierge. ✦ **Philos.** Faculté de comprendre les choses. *Avoir la conception facile.* ✦ **Par extens.** Création de l'esprit. *Cet ouvrage est une des plus belles conceptions de l'esprit humain.* ■ *Conception assistée par ordinateur,* ensemble des moyens informatiques utilisés pour la création d'un nouveau produit.

CONCEPTISME, ■ n. m. [kɔ̃sɛptism] (esp. *conceptismo*, de *concepto*, pensée) Raffinement stylistique typique de la littérature espagnole au XVIIᵉ siècle. *Balthasar Gracián et le conceptisme en Europe.*

CONCEPTUALISATION, ■ n. f. [kɔ̃sɛptɥalizasjɔ̃] (*conceptualiser*) Formalisation d'un concept.

CONCEPTUALISER, ■ v. tr. [kɔ̃sɛptɥalize] (*conceptuel*) Élaborer un concept ou un ensemble de concepts. *C'est à partir de sa propre expérience qu'il a tenté de conceptualiser l'amour.* ■ **CONCEPTUALISABLE**, adj. [kɔ̃sɛptɥalizabl]

CONCEPTUALISME, ■ n. m. [kɔ̃sɛptɥalism] (*conceptuel*) **Philos.** Théorie selon laquelle les idées générales que l'homme utilise pour organiser sa connaissance sont des instruments intellectuels forgés par l'esprit et qui n'ont pas d'existence propre en dehors.

CONCEPTUEL, ELLE, ■ adj. [kɔ̃sɛptɥɛl] (lat. scolast. *conceptualis*) Généré par des concepts. ■ *Art conceptuel,* courant artistique des années 1960 qui privilégie l'intention à la réalisation.

CONCERNANT, prép. [kɔ̃sɛʀnɑ̃] (*concerner*) Par rapport à, au sujet de.

CONCERNER, v. tr. [kɔ̃sɛʀne] (b. lat. *concernere,* passer au crible, de *cernere,* séparer, distinguer) Avoir rapport, appartenir à. *Cela me concerne.* ■ *En ce qui concerne* loc. prép. quant à. ■ *En ce qui me concerne,* à mon avis.

CONCERT, n. m. [kɔ̃sɛʀ] (ital. *concerto*) Action de concerter. *Ils ne mirent pas assez de concert dans leurs opérations.* ♦ Action de se concerter, intelligence entre les personnes ou des gouvernements pour arriver à une fin. ♦ En un sens défavorable. *Concert frauduleux.* ♦ Bon accord. ♦ *De concert,* d'intelligence, avec ensemble. *Agir de concert avec quelqu'un.* ♦ *Sans concert,* sans s'être concerté. ♦ **Mus.** On a dit d'abord *concert de musique.* « *Il faut qu'une personne comme vous ait un concert de musique chez soi* », MOLIÈRE. Aujourd'hui, absolument, *concert,* séance où s'exécute un certain nombre de morceaux de chant ou de musique instrumentale. ♦ *Concert spirituel,* où l'on exécute de la musique religieuse. ♦ Harmonie de plusieurs voix ou de plusieurs instruments. *Les concerts des anges.* ♦ *Par extens.* *Un concert d'acclamations.* ♦ Au pluriel et poétiq. *Les chants des poètes, des oiseaux, etc.*

CONCERTANT, ANTE, n. m. et n. f. [kɔ̃sɛʀtɑ̃, ɑ̃t] (*concerter*) Celui, celle qui chante ou exécute sa partie dans un concert. ♦ Adj. **Fig.** Se dit d'un morceau de musique où les différentes parties récitent ou chantent alternativement.

CONCERTATION, ■ n. f. [kɔ̃sɛʀtasjɔ̃] (lat. *concertatio,* conflit, discussion) Action de s'enquérir du point de vue d'autrui pour agir en bonne entente. *C'est en grande concertation qu'ils ont pris cette décision. Une politique de concertation.* « *Après concertation, ils avaient estimé préférable de me prévenir* », Bâ.

CONCERTÉ, ÉE, p. p. de concerter. [kɔ̃sɛʀte] Adj. Prudent. « *M. de Turenne, plus concerté que M. le Prince* », SAINT-ÉVREMOND. ♦ En mauvaise part, étudié, affecté. *Cet homme est fort concerté. Louanges trop concertées.* ■ Qui constitue l'aboutissement d'une concertation. *Une décision concertée.*

CONCERTER, v. tr. [kɔ̃sɛʀte] (ital. *concertare,* projeter en commun, du lat. *concertare,* combattre, se quereller, lat. chrét. agir ensemble) Projeter de concert avec un ou plusieurs. « *Pour concerter avec lui les moyens de se venger* », FÉNELON. ♦ **Absol.** « *On voudrait bien avoir à concerter avec vous* », BOSSUET. ♦ **Mus.** Faire un concert, s'accorder. « *Des voix qui concertent* », LA BRUYÈRE. ♦ Se concerter, v. pr. S'entendre pour agir de concert.

CONCERTINO, ■ n. m. [kɔ̃sɛʀtino] (mot it., dimin. de *concerto*) Petit ensemble d'instrumentistes qui dialogue avec l'orchestre dans un concerto grosso. ■ Petite pièce écrite sur la forme du concerto. *Des concertinos.*

CONCERTISTE, ■ n. m. et n. f. [kɔ̃sɛʀtist] (*concert*) Musicien, musicienne qui donne des concerts.

CONCERTO, n. m. [kɔ̃sɛʀto] (mot. it.) Morceau brillant écrit pour un instrument, avec accompagnement d'orchestre, ou de quatuor, ou de piano. *Un concerto de piano, de violon.* ♦ Au pl. *Des concertos.* ■ *Concerto grosso,* concerto qui établit un dialogue entre l'orchestre et un soliste ou groupe de solistes.

CONCESSIF, IVE, ■ adj. [kɔ̃sesif, iv] (b. lat. gramm. *concessivus*) **Gramm.** *Proposition concessive,* proposition introduite par une conjonction de subordination et exprimant une restriction ou une opposition par rapport à la principale.

CONCESSION, n. f. [kɔ̃sesjɔ̃] (lat. *concessio*) Octroi de quelque droit, grâce, privilège. *Une concession de mines, de chemin de fer.* ♦ *Concession à perpétuité,* cession de terrain dans un cimetière. ♦ En langage administratif, contrat entre l'État et les entrepreneurs de travaux publics. ♦ Abandon de biens domaniaux à des particuliers. ♦ Désistement de ses prétentions, de ses opinions. *Faites une concession.* ♦ **Rhét.** Figure par laquelle on accorde à son adversaire ce qu'on pouvait lui disputer. ■ **Gramm.** Expression de l'opposition, de la restriction. ■ **Afriq.** Ensemble de huttes entourées d'une palissade et abritant plusieurs générations d'une même famille.

CONCESSIONNAIRE, n. m. et n. f. [kɔ̃sesjɔnɛʀ] (*concession*) Celui, celle qui a obtenu une concession. ■ **Spécialt** Commerçant qui a reçu le droit exclusif de vendre les produits d'une marque dans une région donnée.

CONCETTI, n. m. [kɔnseti] ou [kɔntʃeti] (plur. de l'ital. *concetto,* concept, figure de rhétorique ingénieuse) Pensée brillante, mais que le goût n'approuve pas. *Ouvrage rempli de concettis* ou *de concetti* (pluriel italien).

CONCEVABLE, adj. [kɔ̃s(ə)vabl] (concevoir) Qui peut être conçu, compris.

CONCEVOIR, v. tr. [kɔ̃s(ə)vwaʀ] (lat. *concipere,* contenir, recevoir dans son esprit) Devenir enceinte. ♦ Il se dit aussi des femelles des animaux. ♦ **Absol.** « *La sainte Vierge ayant conçu du Très Haut* », BOSSUET. ♦ **Fig.**

Former en soi, en son cœur, en son esprit. *Concevoir un projet, des soupçons, etc.* ♦ **Absol.** *Des esprits légers ne veulent pas se donner la peine de concevoir.* ♦ Penser, croire. ♦ Comprendre, saisir. « *Ce que l'on conçoit bien s'énonce clairement* », BOILEAU. ♦ **Absol.** *Concevoir facilement.* ♦ Se rendre raison de quelque chose, ne s'en plus étonner. *Concevez-vous un pareil procédé?* ♦ Rédiger, exprimer. *Il fallait concevoir cette clause en termes plus précis.* ♦ Se concevoir, v. pr. Être formé dans l'esprit, dans le cœur. ♦ Être compris, expliqué.

CONCHITE, n. f. [kɔ̃kit] (gr. *kogkhitês lithos,* [pierre] portant des empreintes de coquillage, de *kogkhê,* coquillage) Pétrification qui ressemble à la conque ou coquille.

CONCHOÏDE, adj. [kɔ̃koid] (gr. *kogkhoeidês*) Qui ressemble à une coquille. ♦ N. f. **Géom.** Nom donné à des lignes, courbes, s'approchant toujours d'une ligne droite, sur laquelle elles sont inclinées et qui ne la coupent jamais. ♦ **Archit.** Profil du fût des colonnes. ■ CONCHOÏDAL, ALE, adj. [kɔ̃koidal]

CONCHYLICULTURE, ■ n. f. [kɔ̃kilikyltyʀ] (lat. *conchylium,* coquillage, huître, et *culture*) Élevage des coquillages propres à la consommation, en particulier des huîtres et des moules. ■ CONCHYLICULTEUR, TRICE, n. m. et n. f. [kɔ̃kilikyltœʀ, tʀis]

CONCHYLIEN, IENNE, adj. [kɔ̃kiljɛ̃, jɛn] (lat. *conchylium,* coquillage, gr. *kogkhulion*) Qui contient des coquilles. *Terrain conchylien.*

CONCHYLIOLOGIE, n. f. [kɔ̃kiljɔlɔʒi] (gr. *kogkhulion,* coquille, et *-logie*) Traité, histoire des coquilles.

CONCHYLIOLOGISTE, n. m. et n. f. [kɔ̃kiljɔlɔʒist] (*conchyliologie*) Personne qui s'occupe de conchyliologie.

CONCHYLIS, ■ n. m. ou n. f. [kɔ̃kilis] (radic. du gr. *kogkhulion,* coquille, pourpre, par analogie de couleur) Voy. COCHYLIS.

CONCIERGE, n. m. et n. f. [kɔ̃sjɛʀʒ] (prob. lat. vulg. *conservius,* du lat. *conservus,* compagnon d'esclavage) Personne qui a la garde d'un château, d'un hôtel, d'une prison. ♦ Portier. ♦ **Fig.** et **fam.** Personne curieuse de savoir ce qui se passe dans son entourage.

CONCIERGERIE, n. f. [kɔ̃sjɛʀʒəʀi] (*concierge*) Charge de concierge dans une grande maison. ♦ Le logement du concierge. ■ Prison attenante au palais de justice à Paris. ■ Service hôtelier chargé de veiller à l'accueil et au bien-être des clients. ■ **Québec** Immeuble collectif divisé en appartements, offrant des services communs et ayant une seule adresse.

CONCILE, n. m. [kɔ̃sil] (lat. *concilium,* union, assemblée) Assemblée d'évêques et de docteurs pour statuer sur des questions de doctrine, de discipline. ♦ Actes et décisions des conciles. *On a fait plusieurs éditions des conciles.*

CONCILIABLE, adj. [kɔ̃siljabl] (*concilier*) Qui se concilie avec une autre chose, qui ne l'exclut pas.

CONCILIABULE, n. m. [kɔ̃siljabyl] (lat. *conciliabulum,* lieu de réunion) Assemblée de prélats schismatiques ou convoqués irrégulièrement. ♦ Conférence secrète et où règnent d'ordinaire des sentiments de malveillance ou d'hostilité.

CONCILIAIRE, ■ adj. [kɔ̃siljɛʀ] (*concile*) Qui prend part à un concile. ■ Qui émane d'un concile.

CONCILIANT, ANTE, adj. [kɔ̃siljɑ̃, ɑ̃t] (*concilier*) Qui est propre à concilier. *Homme conciliant. Paroles conciliantes.*

CONCILIATEUR, TRICE, n. m. et n. f. [kɔ̃siljatœʀ, tʀis] (lat. *conciliator,* celui qui procure ; *conciliatrix,* celle qui gagne les bonnes grâces, entremetteuse) Celui, celle qui s'emploie pour concilier un différend. ♦ Adj. *Un esprit conciliateur.* ♦ **Dr.** *Le juge conciliateur.*

CONCILIATION, n. f. [kɔ̃siljasjɔ̃] (lat. *conciliatio,* association, inclination, acquisition) Action de concilier. *Un esprit de conciliation.* ♦ *Conciliation préalable,* comparution des parties, avant l'instance, devant un juge, spécialement le juge de paix, qui cherche à les concilier. ♦ Action de faire concorder ensemble des textes qui semblent en opposition.

CONCILIATOIRE, ■ adj. [kɔ̃siljatwaʀ] Qui vise à obtenir une conciliation. *Des mesures politiques conciliatoires.*

CONCILIÉ, ÉE, p. p. de concilier. [kɔ̃silje]

CONCILIER, v. tr. [kɔ̃silje] (lat. *conciliatum,* supin de *conciliare*) Faire disparaître les causes des différents. *Concilier des parties. Concilier les intérêts opposés.* ♦ Accorder des choses qui semblent contraires. *Concilier deux textes de lois.* ♦ Rendre favorable à, bien disposer. *Sa douceur lui a concilié la faveur de tous.* ♦ Se concilier, v. pr. Entrer en accord, s'entendre. ♦ N'avoir plus de contradictions avec.

CONCIS, ISE, adj. [kɔ̃si, iz] (lat. *concisus,* p. p. de *concidere,* coupé) Doué de concision. *Style concis. Écrivain concis.*

CONCISION, n. f. [kɔ̃sizjɔ̃] (lat. *concisio,* action de couper ; b. lat. gramm., syncope) Qualité du style qui dit ce qu'il veut dire en peu de mots.

CONCITOYEN, ENNE, n. m. et n. f. [kɔ̃sitwajɛ̃, ɛn] (*con-* et *citoyen*, d'après le b. lat. *concivis*) Celui, celle qui est de la même ville, du même État qu'un autre.

CONCLAVE, n. m. [kɔ̃klav] (lat. médiév. *conclave*, du lat. *conclave*, pièce fermée à clé, de *clavis*, clé) Lieu où les cardinaux s'assemblent, après la mort d'un pape, pour lui choisir un successeur. ◆ Assemblée des cardinaux procédant à l'élection d'un pape.

CONCLAVISTE, n. m. [kɔ̃klavist] (*conclave*) Ecclésiastique servant un cardinal, et enfermé avec lui pendant la durée du conclave.

CONCLU, UE, p. p. de conclure. [kɔ̃kly] Terminé, décidé.

CONCLUANT, ANTE, adj. [kɔ̃klyɑ̃, ɑ̃t] (*conclure*) Qui prouve sans réplique. *Expériences concluantes.*

CONCLURE, v. tr. [kɔ̃klyʀ] (lat. *concludere*, enclore, conclure) Arrêter, régler définitivement. *Conclure un accord, une affaire.* ◆ Terminer, en parlant d'un discours, d'un récit. ◆ **Absol.** *C'est assez parler, il faut conclure.* ◆ **Log.** Déduire, inférer d'une chose. « *De là que conclura-t-on ?* », Bossuet. ◆ **Absol.** *Conclure du particulier au général.* ◆ Avec un nom de chose pour sujet. « *Cette impuissance ne conclut autre chose que la faiblesse de notre raison* », Pascal. ◆ **V. intr.** Donner son avis, prendre une décision après délibération. *Conclure à la mort. Ils conclurent de faire...* ◆ **Dr. pénal et civ.** Demander les fins de sa demande, après avoir déduit le fait et les raisons. *L'avocat conclut à ce que, etc.* ◆ Présenter, prendre des conclusions. ◆ Être concluant. *L'argument conclut bien.* ◆ **Se conclure**, v. pr. Être conclu, arrêté. *La paix se conclut.* ◆ Être déduit. *Le vrai se conclut souvent du faux.* ◆ **Impers.** « *Il se conclut de ce passage que...* », Pascal.

CONCLUSIF, IVE, adj. [kɔ̃klyzif, iv] (lat. chrét. *conclusivus*, du lat. *concludere*) Qui indique une conclusion. *Proposition conclusive. Conjonction conclusive.*

CONCLUSION, n. f. [kɔ̃klyzjɔ̃] (lat. *conclusio*, action de fermer, art d'enfermer dans une période) Arrangement final d'une affaire. *La conclusion d'un traité.* ◆ **Par extens.** Résultat final, dénouement. ◆ Résultat d'une délibération. ◆ Déduction d'un raisonnement, d'un discours. *La conclusion d'un discours.* ◆ **Au pl.** Énoncé de ce qu'une partie demande à un tribunal de juger. ◆ Énoncé de ce qu'une partie demande contre son adversaire. ◆ *Conclusions du ministère public*, ses réquisitions. ■ **EN CONCLUSION**, loc. adv. Pour conclure, finalement.

CONCOCTER ■ v. tr. [kɔ̃kɔkte] (radic. de *concoction*) Élaborer avec recherche ou avec patience. *Il nous a concocté avec amour un bon repas.* « *Il allait expliquer à ses hôtes l'étonnant contrat qu'il venait de concocter au nom de Bertrand avec Brumerer* », Rheims.

CONCOCTION, n. f. [kɔ̃kɔksjɔ̃] (lat. *concoctio*, de *concoquere*, faire cuire, digérer) Dans l'ancienne physiologie, la digestion des aliments.

CONCOMBRE, n. m. [kɔ̃kɔ̃bʀ] (provenç. *cogombre*, du lat. *cucumis*) Plante potagère qui produit des fruits très gros et à peu près cylindriques. ◆ Le fruit de cette plante.

CONCOMITANCE, n. f. [kɔ̃kɔmitɑ̃s] (*concomitant*) Existence simultanée de deux ou de plusieurs choses.

CONCOMITANT, ANTE, adj. [kɔ̃kɔmitɑ̃, ɑ̃t] (b. lat. *concomitari*, accompagner, de *comes*, génit. *comitis*, compagnon) Qui se produit en même temps, qui accompagne. *Des événements concomitants.* ◆ **Méd.** *Symptômes ou signes concomitants*, ceux qui accompagnent les phénomènes essentiels et caractéristiques d'une maladie et ne sont qu'accessoires. ◆ *Sons concomitants*, sons harmoniques. ◆ **Théol.** *La grâce concomitante*, celle que Dieu donne dans le cours des actions pour les rendre méritoires.

CONCORDANCE, n. f. [kɔ̃kɔʀdɑ̃s] (*concorder*) Rapport de conformité. *La concordance des témoignages.* ◆ Nom donné à différents livres où l'on s'est proposé d'accorder certains passages des Écritures. ◆ **Gramm.** Accord des mots entre eux. ■ **Gramm.** *Concordance des temps*, relation de dépendance qui existe entre le temps d'une proposition subordonnée et celui de la proposition principale.

1 CONCORDANT, n. m. [kɔ̃kɔʀdɑ̃t] (substantivation de 2 *concordant*) Nom qu'on donnait à une espèce de voix entre la taille et la basse-taille, et qui pouvait chanter l'une et l'autre. ◆ **Rem.** On dit aujourd'hui *baryton*.

2 CONCORDANT, ANTE, adj. [kɔ̃kɔʀdɑ̃, ɑ̃t] (*concorder*) Où règne la concorde. ◆ Qui est en rapport. « *La doctrine catholique parfaitement concordante dans toutes ses parties* », Bossuet. ◆ **Dr.** Qui s'accorde. *Des présomptions concordantes.*

CONCORDAT, n. m. [kɔ̃kɔʀda] (lat. médiév. *concordatum*, accord, traité) Accord, traité fait entre le pape et un souverain concernant les affaires religieuses de l'État. ◆ Arrangement suivant lequel un failli obtient de ses créanciers facilité de paiement, tant par la remise d'une partie des créances que par les délais accordés.

CONCORDATAIRE, ■ adj. [kɔ̃kɔʀdatɛʀ] (*concordat*) Relatif à un concordat religieux. ■ Qui parvient à obtenir un concordat lors d'une faillite.

CONCORDE, n. f. [kɔ̃kɔʀd] (lat. *concordia*) Union des cœurs et des esprits.

CONCORDER, v. intr. [kɔ̃kɔʀde] (lat. *concordare*, de *concors*, uni de cœur, de *cum* et *cor*, génit. *cordis*, cœur) Vivre dans la concorde, s'accorder. ◆ Être en rapport, correspondre.

CONCOURANT, ANTE ■ adj. [kɔ̃kuʀɑ̃, ɑ̃t] (*concourir*) Qui vise un objectif commun. ■ **Math.** *Droites concourantes*, droites qui se rencontrent en un même point.

CONCOURIR, v. intr. [kɔ̃kuʀiʀ] (lat. *concurrere*, se rassembler en courant, se rencontrer, se heurter) Se joindre pour une action commune, pour un effet commun, pour une opinion commune. « *La conduite de Dieu est admirable pour faire concourir toutes choses à la gloire de sa vérité* », Pascal. ◆ Coïncider. « *Cette époque concourt avec le temps où...* », Bossuet. ◆ Avoir, en parlant de lignes, une direction telle qu'elles doivent se rencontrer. *Deux lignes qui concourent en un point.* ◆ Avoir les mêmes droits, la même condition. *Tous les officiers de l'armée concourent pour l'avancement.* ◆ **Dr.** Se dit en parlant des créanciers quand leur hypothèque est de même date. ◆ Être en concurrence. *Concourir pour le prix d'éloquence.* ◆ Subir les épreuves d'un concours.

CONCOURS, n. m. [kɔ̃kuʀ] (lat. *concursus*, course en masse vers un point, rencontre, choc) Action d'une foule qui se porte vers un point, affluence. *Le concours des curieux était très grand.* ◆ Action de se trouver ensemble, rencontre. *Un concours de voyelles formant un hiatus.* ◆ Coïncidence. *Le concours de deux époques.* ◆ **Géom.** *Le concours de deux lignes*, leur intersection. ◆ **Jurispr.** Se dit lorsque plusieurs prétendent droit à un même objet. *Concours entre créanciers.* ◆ Action de concourir, de coopérer à un résultat. *Prêter son concours à. Le concours de l'État dans des travaux publics.* ◆ Lutte dans laquelle plusieurs concurrents se disputent des prix, des primes, des chaires ; épreuve entre ceux qui prétendent à un emploi, à l'exécution d'une œuvre d'art.

CONCRET, ÈTE, adj. [kɔ̃kʀɛ, ɛt] (lat. *concretus*, épais, compact, de *concrescere*, croître ensemble, s'épaissir) Qui a une consistance plus ou moins solide, par opposition à fluide. ◆ **Gramm.** et **log.** *Terme concret*, celui qui exprime une qualité considérée dans un sujet, comme un papier rouge, par opposition à *abstrait*, comme le rouge. ◆ *Nombre concret*, nombre qui exprime l'espèce d'unités, par exemple, trente francs. ■ Qui peut être perçu par les sens. *Une réalité concrète.*

CONCRÉTÉ, ÉE, p. p. de se concréter. [kɔ̃kʀete]

CONCRÈTEMENT, ■ adv. [kɔ̃kʀɛt(ə)mɑ̃] (*concret*) Dans la pratique.

CONCRÉTER (SE), v. pr. [kɔ̃kʀete] (*concretus*) Se coaguler, se prendre.

CONCRÉTION, n. f. [kɔ̃kʀesjɔ̃] (lat. *concretio*, agrégation, de *concrescere*) Action de s'épaissir, de se solidifier. *La concrétion du lait.* ◆ Agrégation de parties solides. *Concrétion pierreuse.* ◆ **Méd.** Production de nouvelle formation organisée ou non, qui se forme dans l'épaisseur des tissus, dans les articulations, dans les conduits et réservoirs. *Concrétions biliaires.*

CONCRÉTIONNER (SE), v. pr. [kɔ̃kʀesjɔne] (*concrétion*) Se former en concrétion.

CONCRÉTISATION, ■ n. f. [kɔ̃kʀetizasjɔ̃] Réalisation matérielle de quelque chose. *La concrétisation d'un projet.*

CONCRÉTISER, ■ v. tr. [kɔ̃kʀetize] (*concret*) Réaliser, rendre matériel et effectif ce qui n'existait que sous une forme abstraite. *Il est enfin parvenu à concrétiser son projet.* ■ **Se concrétiser**, v. pr. *La campagne électorale s'est concrétisée par la réélection du maire.*

CONÇU, UE, p. p. de concevoir. [kɔ̃sy]

CONCUBIN, INE ■ n. m. et n. f. [kɔ̃kybɛ̃, in] (lat. *concubinus*, compagnon de lit, de *cum* et le radic. de *cubare*, être couché) Personne qui vit maritalement sans toutefois être mariée ni pacsée. ■ **Par extens.** Amant, maîtresse. ■ Adj. *Les couples concubins sont nombreux.* ■ **Rem.** On disait autrefois *concubinaire*.

CONCUBINAGE, n. m. [kɔ̃kybinaʒ] (*concubin*) État d'un homme et d'une femme non mariés qui vivent ensemble. ■ **Rem.** Au sens strict, on ne parlera pas de concubinage à propos de deux personnes pacsées.

CONCUBINAIRE, n. m. [kɔ̃kybinɛʀ] (lat. médiév. *concubinarius*, de *concubina*, concubin) Voy. CONCUBIN.

CONCUBINE, n. f. [kɔ̃kybin] (lat. *concubina*) Femme illégitime. ■ Femme qui vit maritalement avec quelqu'un, sans être mariée ni pacsée.

CONCUBINER, ■ v. intr. [kɔ̃kybine] (*concubin*) Vivre en concubinage.

CONCUPISCENCE, n. f. [kɔ̃kypisɑ̃s] (lat. chrét. *concupiscentia*, du lat. *concupiscere*, désirer ardemment) Inclination aux plaisirs illicites. ■ CONCUPISCENT, ENTE, adj. [kɔ̃kypisɑ̃, ɑ̃t]

CONCUPISCIBLE, adj. [kɔ̃kypisibl] (lat. chrét. *concupiscibilis*, de *concupiscere*, convoiter) *Appétit concupiscible*, l'inclination qui porte l'âme vers ce qu'elle considère comme un bien. ■ **Par méton.** Qui est enclin à faire naître le désir sexuel. *Les jambes concupiscibles de cette actrice sensuelle.*

CONCURREMMENT, adv. [kɔ̃kyʀamɑ̃] (*concurrent*) Par un concours mutuel, ensemble. *Ils ont agi concurremment.* ♦ En concurrence l'un de l'autre. ♦ **Pratiq.** Au même rang. *Ces créanciers viennent en ordre concurremment.*

CONCURRENCE, n. f. [kɔ̃kyʀɑ̃s] (*concurrent*) Prétention de plusieurs personnes à un même objet. *Entrer en concurrence avec quelqu'un.* ♦ Être en concurrence, être en balance, être incertain. ♦ *Entrer en concurrence avec,* balancer. « *Nul intérêt n'était jamais entré dans son âme en concurrence avec la vérité* », MASSILLON. ♦ **Comm.** Rivalité entre marchands ou fabricants ou entrepreneurs. *Soutenir la concurrence.* ♦ En économie politique, *le principe de la libre concurrence,* liberté pour les individus de concourir dans toutes les branches de la production. ♦ **Dr.** Égalité de droit, de position, d'ordre. *Venir en concurrence avec tel et tel créancier.* ♦ *Jusqu'à concurrence, jusqu'à concurrence de,* jusqu'à ce que telle somme soit remplie, acquittée.

CONCURRENCER, ■ v. tr. [kɔ̃kyʀɑ̃se] Être en concurrence avec quelque chose, quelqu'un. « *Civile ou pas, mon œuvre ne prétend concurrencer rien* », GIDE.

CONCURRENT, ENTE, n. m. et n. f. [kɔ̃kyʀɑ̃, ɑ̃t] (lat. *concurrens*, p. prés de *concurrere*, se rencontrer, en venir aux mains) Personne qui prétend à une chose en même temps qu'un autre. *Avoir des concurrents à l'empire.* ♦ **Comm.** et **adjudic.** Personne qui fait concurrence ; personne qui dispute une enchère. ■ **Adj.** *Des entreprises concurrentes.*

CONCURRENTIEL, IELLE, ■ adj. [kɔ̃kyʀɑ̃sjɛl] (*concurrence*) Qui a trait à la concurrence. *Une position concurrentielle.*

CONCUSSION, n. f. [kɔ̃kysjɔ̃] (lat. *concussio*, agitation ; b. lat. , extorsion) Exaction, malversation dans l'administration des deniers publics.

CONCUSSIONNAIRE, n. m. et n. f. [kɔ̃kysjɔnɛʀ] (*concussion*) Personne qui se rend coupable de concussion. ♦ **Adj.** *Ministre concussionnaire.*

CONDAMNABLE, adj. [kɔ̃danabl] (b. lat. *condemnabilis*) Qui mérite d'être condamné, d'être blâmé. *Action condamnable.*

CONDAMNATION, n. f. [kɔ̃danasjɔ̃] (lat. *condemnatio*) Action de condamner ; jugement qui condamne. *Condamnation à l'amende.* ♦ La chose à laquelle on est condamné. ♦ La peine infligée. *Subir sa condamnation.* ♦ *Passer condamnation,* consentir que la partie adverse obtienne jugement à son avantage. ♦ **Fig.** *Passer condamnation sur...* reconnaître qu'on a eu tort sur... *Passer condamnation sur un fait.* ♦ Blâme. *La condamnation de nos goûts.* ♦ Ce qui fait improuver, blâmer. *Sa conduite est la condamnation de ses principes.*

CONDAMNÉ, ÉE, p. p. de condamner. [kɔ̃dane] N. m. et n. f. *Un condamné, une condamnée ;* ne se dit qu'en matière criminelle. *Un condamné à mort.*

CONDAMNER, v. tr. [kɔ̃dane] (lat. *condemnare*, refait d'après *damnare*, condamner) **Dr.** Prononcer un jugement contre quelqu'un. *Condamner quelqu'un à mort, à l'amende.* ♦ En style judiciaire, on dit *condamner en,* quand il s'agit d'une somme d'argent. ♦ **Par extens.** Il se dit des choses qui portent condamnation. *Voilà les preuves qui l'ont condamné.* ♦ *Condamner un livre,* en interdire la lecture et en ordonner la saisie ou la destruction. ♦ **Fig.** Réduire, astreindre, obliger à. *Ses fonctions le condamnent à une extrême assiduité.* ♦ **Par anal.** blâmer, désapprouver, réfuter. ♦ *Condamner de...,* taxer, accuser. « *Il n'oserait condamner d'aucun péché un homme qui...* », PASCAL. ♦ *Condamner un malade,* prononcer qu'il ne réchappera pas de la maladie dont il est atteint. ♦ *Condamner une porte, une fenêtre,* la clore de manière qu'elle ne puisse être ouverte. ♦ *Se condamner,* v. pr. Être condamné. ♦ Donner des preuves contre soi. ♦ *Se condamner l'un l'autre.* ♦ S'astreindre, s'obliger à.

CONDÉ, ■ n. m. [kɔ̃de] (orig. obsc., p.-ê. m. fr. lieutenant du roi, du port. *conde,* comte, gouverneur) **Arg.** Consentement officiel de la police pour une activité en marge de la légalité en échange de services et d'informations. *Donner un condé.* ■ **Arg.** Celui qui accorde l'autorisation, policier ou commissaire. « *De temps en temps, un condé de passage interroge ses collègues à mon endroit* », BOUDARD.

CONDENSABILITÉ, n. f. [kɔ̃dɑ̃sabilite] (*condensable*) Propriété de pouvoir être condensé.

CONDENSABLE, adj. [kɔ̃dɑ̃sabl] (*condenser*) Qui peut être réduit à un moindre volume.

CONDENSAT, ■ n. m. [kɔ̃dɑ̃sa] (*condensat*) **Chim.** Corps liquide obtenu par condensation. *L'écoulement du condensat d'oxyde d'éthylène dans un bac.*

CONDENSATEUR, n. m. [kɔ̃dɑ̃satœʀ] (*condenser*) Condensateur de forces, appareil destiné à accumuler la puissance d'un moteur, pour la dépenser ensuite au fur et à mesure. ♦ **Phys.** Instrument dû à Volta et qui rend sensibles de très petites quantités d'électricité, en les accumulant. ♦ Machine qui sert à condenser un gaz dans un espace donné.

CONDENSATIF, IVE, adj. [kɔ̃dɑ̃satif, iv] (*condenser*) Qui a la propriété de condenser.

CONDENSATION, n. f. [kɔ̃dɑ̃sasjɔ̃] (b. lat. *condensation*) **Phys.** Action de rendre plus dense ; résultat de cette action. ■ Passage de l'état gazeux à l'état liquide ou solide. *La condensation fait apparaître la buée sur les vitres.* ■ **Psych.** Association de plusieurs représentations, événements, souvenirs, fantasmes, en une seule construction mentale. *La condensation s'opère dans le rêve où sont reliés des événements de la veille qui paraissaient indépendants.*

CONDENSÉ, ÉE, p. p. de condenser. [kɔ̃dɑ̃se]

CONDENSER, v. tr. [kɔ̃dɑ̃se] (lat. *condensare*, serrer, de *densus*, épais, compact) **Phys.** Rendre plus dense, en parlant des gaz, des vapeurs. ♦ **Milit.** *Condenser une colonne,* la mettre en colonne serrée. ♦ **Fig.** Rédiger en peu de paroles. ♦ *Se condenser,* v. pr. Devenir plus dense. ♦ **Milit.** *Se condenser,* se former en colonne serrée.

CONDENSEUR, n. m. [kɔ̃dɑ̃sœʀ] (angl. *condenser,* de *to condense,* condenser) Récipient dans lequel la vapeur est ramenée à l'état liquide par un jet d'eau froide.

CONDESCENDANCE, n. f. [kɔ̃desɑ̃dɑ̃s] (*condescendre*) Penchant à condescendre ; action de condescendre. « *Ils avaient pour le peuple une juste condescendance* », BOSSUET.

CONDESCENDANT, ANTE, adj. [kɔ̃desɑ̃dɑ̃, ɑ̃t] (*condescendre*) Qui a de la condescendance. ■ Qui, par son attitude, marque un sentiment de supériorité dédaigneuse sur une ou plusieurs autres personnes. *Son air condescendant, dès qu'il s'adressait à ses employés, était insupportable.*

CONDESCENDRE, v. intr. [kɔ̃desɑ̃dʀ] (lat. *condescendere,* se mettre au niveau de qqn) Se relâcher de ses droits, de son autorité, de ses prétentions envers quelqu'un. ♦ Céder en condescendant. *Je ne puis condescendre à ce que vous exigez de moi.*

CONDIMENT, n. m. [kɔ̃dimɑ̃] (lat. *condimentum,* de *condire* assaisonner) Substance d'une saveur prononcée que l'on mêle aux aliments. ■ **Par méton.** et fig. Ce qui rajoute de l'attrait, de l'intérêt, du piquant à une chose. *L'humour était un condiment nécessaire pour mieux faire comprendre ses explications.*

CONDIMENTAIRE, adj. [kɔ̃dimɑ̃tɛʀ] (lat. impér. *condimentarius*) Qui a rapport aux condiments.

CONDIMENTEUX, EUSE, adj. [kɔ̃dimɑ̃tø, øz] (*condiment*) Qui tient de la nature des condiments.

CONDISCIPLE, n. m. et n. f. [kɔ̃disipl] (lat. *condiscipulus*) Compagnon d'étude, de collège.

CONDITION, n. f. [kɔ̃disjɔ̃] (lat. *condicio,* disposition, manière d'être, de *condicere,* fixer en accord, convenir) Classe à laquelle appartient une personne dans la société par sa fortune, sa qualité, ses emplois, sa profession. *L'inégalité des conditions.* ♦ Dans le langage de l'histoire, *la condition des personnes et des terres.* ♦ *La condition des personnes,* l'état civil ou l'ensemble des droits. ♦ La manière d'être, en parlant des choses. ♦ Fondements, éléments. *Conditions constitutives.* ♦ Ensemble de rapports. *Conditions de température, de salubrité.* ♦ Qualité requise. *Conditions de capacité, de moralité.* ♦ Bonne ou mauvaise condition. *Marchandise de bonne condition.* ♦ **Absol.** Noblesse. La locution complète était *condition noble ;* l'usage a supprimé *noble. Faire l'homme de condition.* ♦ Service de domestique. *Être en condition.* Le sens propre, qui vient de la féodalité, était : personne affranchie avec la condition de fournir un certain service. ♦ Condition, situation, état. *La condition matérielle du peuple.* ♦ Position avantageuse ou désavantageuse dans une affaire. ♦ Clause, charge, obligation qu'on impose ou qu'on accepte. *Condition expresse, tacite, onéreuse.* ♦ **Absol.** « *Je vous la veux montrer, mais à condition* », LA FONTAINE. ♦ *Faire ses conditions,* stipuler d'abord et formellement ses avantages. ♦ *Vendre une chose sous condition,* la garantir ; *l'acheter sous condition,* l'acheter avec faculté de la rendre si elle n'est pas ce qu'elle doit être. ♦ *Vendre à condition,* à la charge de reprendre la chose si elle ne satisfait pas l'acheteur. ♦ *Condition sine qua non* (mots latins qui signifient : sans laquelle non), condition formelle et indispensable. ♦ **Dr.** *Conditions d'un legs, d'un contrat,* les clauses qui le déterminent. ♦ À CONDITION QUE, loc. conj. Qui régit le futur de l'indicatif, ou le subjonctif, ou le conditionnel, et signifie pourvu que. ♦ On dit aussi *à condition de,* avec l'infinitif. ■ *Mettre quelqu'un en condition,* le préparer psychologiquement pour l'amener à penser ou à agir d'une façon déterminée. ■ DANS CES CONDITIONS, loc. adv. S'il en est ainsi.

CONDITIONNÉ, ÉE, p. p. de conditionner. [kɔ̃disjɔne] Qui est en certaine condition. *Bien conditionné,* bien fait, en bon état. ♦ **Fig.** et absol. Pourvu des qualités requises en bien ou en mal. *Sottise conditionnée,* très grande. ♦ Soumis à une condition. *Des louanges conditionnelles.* ■ *Air conditionné,* air maintenu à une température et à un taux d'humidité déterminés grâce à un dispositif. ■ Qui a subi un conditionnement. *Produits conditionnés.*

CONDITIONNEL, ELLE, adj. [kɔ̃disjɔnɛl] (b. lat. *condicionalis*) Qui dépend de certaines conditions. *Promesse conditionnelle.* ◆ *Obligation, legs conditionnel*, soumis à une condition. ◆ *Mode conditionnel*, celui qui indique que l'idée exprimée par le verbe est subordonnée à une condition. ◆ N. m. *Le conditionnel*, le mode conditionnel. ▪ **Gramm.** *Proposition conditionnelle* ou n. f. *conditionnelle*, proposition qui énonce ce à quoi est soumise la réalisation d'un fait exprimé dans la principale.

CONDITIONNELLEMENT, adv. [kɔ̃disjɔnɛl(ə)mɑ̃] (*conditionnel*) Sous certaines conditions.

CONDITIONNEMENT, n. m. [kɔ̃disjɔn(ə)mɑ̃] (*conditionnement*) Action de conditionner. ◆ Action de dessécher la soie écrue. ▪ Contenant assurant la protection d'un produit. *Conditionnement et emballage.* ▪ *Conditionnement de l'air*, processus permettant d'obtenir de l'air conditionné.

CONDITIONNER, v. tr. [kɔ̃disjɔne] (*condition*) Faire, fabriquer une chose, de manière qu'elle soit en bonnes conditions. ◆ *Conditionner une soie*, la soumettre à la dessiccation. ◆ Se conditionner, v. pr. Être fabriqué selon les conditions requises. ◆ Recevoir la préparation dite conditionnement. ▪ Exercer une influence sur. *Ils ont été conditionnés par le gourou de la secte.*

CONDITIONNEUR, ▪ n. m. [kɔ̃disjɔnœr] (*conditionner*) Personne chargée de l'emballage des marchandises et ce en vue de leur commercialisation. ◆ Appareil, machine servant à ce conditionnement.

CONDOLÉANCE, n. f. [kɔ̃doleɑ̃s] (anc. fr. *condoloir*, s'affliger avec, du lat. chrét. *condolere*, d'après *doléance*) Témoignage par lequel on montre qu'on prend part à la douleur de quelqu'un, lors de la mort d'un de ses proches, et, en général, lors d'un malheur considérable quelconque qui lui arrive. *Lettre, devoirs de condoléance.* ▪ REM. S'emploie le plus généralement au pluriel.

CONDOM, ▪ n. m. [kɔ̃dɔm] (mot angl., prob. du radic du lat. *condere*, garder en sûreté) Préservatif masculin.

CONDOR, n. m. [kɔ̃dɔr] (esp. *condor*, du quichua *kuntur*) Genre de vautour de l'Amérique méridionale.

CONDOTTIERE ou **CONDOTTIÈRE**, n. m. [kɔ̃dɔtjɛr] (mot it., de *condotta*, troupe de mercenaires) Nom qu'on donnait en Italie aux capitaines de soldats mercenaires. ◆ Aujourd'hui, aventurier qui prend indifféremment du service militaire en vue de son avancement personnel. ◆ Au pl. *Des condottieres, des condottières* ou *des condottieri* (pluriel italien).

CONDOULOIR (SE), v. pr. [kɔ̃dulwar] (lat. *condolere*, souffrir vivement, puis souffrir ensemble) Ne se dit qu'à l'infinitif. *Se condouloir avec quelqu'un de quelque perte*, lui témoigner qu'on prend part à sa douleur.

CONDUCTANCE, ▪ n. f. [kɔ̃dyktɑ̃s] (lat. *conductum*, supin de *conducere*, conduire ensemble) **Phys.** Capacité d'un corps à diffuser du courant électrique. *Un appareil de mesure de conductance électrique.* ▪ Nombre inverse de la résistance d'un conducteur.

CONDUCTEUR, TRICE, n. m. et n. f. [kɔ̃dyktœr, tris] (lat. *conductor*, locataire, de *conducere*, prendre à bail ; b. lat. , guide, chef) Celui, celle qui conduit. *Le conducteur d'une barque. Moïse était le conducteur du peuple de Dieu.* ◆ **Fig.** Celui, celle qui dirige. « *Ces négociations avantageuses dont il fut le conducteur* », FLÉCHIER. ▪ **Ponts et chaussées** *Conducteur*, agent sous les ordres de l'ingénieur, ainsi dit parce qu'il est chargé de la conduite ou direction des travaux. ◆ *Conducteur des travaux*, sorte de contremaître qui dirige les travaux de bâtisse sous un entrepreneur ou un architecte. ◆ Homme qui, sans être nécessairement le cocher d'une voiture, la dirige et fait payer les voyageurs, etc. *Conducteur de diligence, d'omnibus.* ◆ Livre qui sert de guide. *Conducteur de l'étranger dans Paris.* ◆ **Phys.** Corps qui transmet le fluide électrique ou le calorique. Adj. *Thésée reçut d'Ariane un fil conducteur dans le labyrinthe. Corps conducteur du calorique ou de l'électricité.* ▪ **Fig.** *Fil conducteur*, thème récurrent qui guide. ▪ *Conducteur de presse*, ouvrier qui veille à la conduite et au bon fonctionnement d'une presse mécanique.

CONDUCTIBILITÉ, n. f. [kɔ̃dyktibilite] (*conductible*) **Phys.** Propriété dont jouissent les corps de propager la chaleur et l'électricité et de les communiquer aux corps voisins.

CONDUCTIBLE, adj. [kɔ̃dyktibl] (radic. du lat. *conductus* p. p. de *conducere*) Qui jouit de la conductibilité.

CONDUCTION, n. f. [kɔ̃dyksjɔ̃] (lat. *conductum*, supin de *conducere*, conduire ; b. lat. *conductio*, location) **Phys.** Passage du calorique d'une particule à une autre dans un même corps, et par extens. propriété de certains corps de transmettre facilement le calorique ou l'électricité. ◆ En droit romain, prise à loyer.

CONDUIRE, v. tr. [kɔ̃dɥir] (lat. *conducere*, conduire ensemble) Faire aller en allant soi-même. *Conduire un aveugle, un cheval.* ◆ Donner une certaine direction. *Conduire la main d'un enfant qui écrit.* ◆ Transporter d'un lieu à un autre. *Conduire du vin.* ◆ Faire aller une chose où elle doit aller.

Conduire une voiture, une barque. ◆ Absol. *Conduire* se dit pour conduire une voiture. *Ce cocher conduit bien.* ◆ **Fig.** et fam. *Conduire la barque*, avoir le gouvernement d'une affaire. ◆ *Bien conduire sa barque*, diriger ses affaires avec habileté. ◆ Faire aller devant soi. *Conduire les troupeaux aux champs.* ◆ Accompagner par honneur, par civilité. *Conduisez madame.* ◆ *Conduire une femme à l'autel*, l'épouser. ◆ Emmener. *Conduire en prison.* ◆ **Fig.** « *Souvent la peur d'un mal nous conduit dans un pire* », BOILEAU. ◆ *Conduire une chose à sa fin, à son terme.* ◆ Commander, gouverner. *Conduire une armée, un peuple.* ◆ Diriger la conduite. ◆ *Conduire une administration, une affaire, une négociation*, en avoir la direction. ◆ *Bien conduire, mal conduire l'intrigue d'une pièce, un drame, etc.*, enchaîner bien ou mal les scènes. ◆ *Bien conduire, mal conduire un raisonnement*, en enchaîner bien ou mal les parties. ◆ *Conduire une construction, des travaux*, les diriger. ◆ *Conduire un orchestre, une danse*, en diriger les mouvements. ◆ Faire aller jusqu'à un certain point une opération, un travail quelconque. ◆ *Conduire de l'eau*, l'amener et la distribuer par des conduits. ◆ **Géom.** *Conduire une ligne*, la faire passer par un certain point. ◆ Mener jusqu'à, en parlant d'un chemin. *Cette rue vous conduit au boulevard.* ◆ **Fig.** *Ses grandes actions l'ont conduit à la gloire.* ◆ *Conduire une futaie, une forêt*, l'aménager. ◆ *Conduire un arbre*, le tailler suivant ce qu'on en veut faire. ◆ V. intr. S'étendre jusqu'à, en parlant d'une route. *Ce chemin conduit à la ville.* ◆ **Fig.** « *Aucun chemin de fleurs ne conduit à la gloire* », LA FONTAINE. ◆ Se conduire, v. pr. Se diriger. ◆ Être conduit. ◆ **Fig.** Se comporter d'une certaine manière.

1 CONDUIT, n. m. [kɔ̃dɥi] (*conduire*) Canal étroit ou tuyau par lequel un liquide ou un fluide peut circuler. ◆ **Anat.** *Conduit auditif*, le pertuis qui est à l'oreille et qui conduit jusqu'au tympan.

2 CONDUIT, ITE, p. p. de conduire. [kɔ̃dɥi, it]

CONDUITE, n. f. [kɔ̃dɥit] (fém. substantivé du p. p. *conduit*) Action de conduire, de mener, de guider. « *À vous mettre en lieu sûr je m'offre pour conduite* », MOLIÈRE. ◆ **Mar.** Frais de route payés aux marins. ◆ Accompagnement avec cérémonie. *Être chargé de la conduite d'un ambassadeur. Faire la conduite à un camarade qui part.* ◆ Ce qui conduit, dirige. ◆ **Mar.** *Poulie de conduite*, poulie qui dirige certains cordages. ◆ Aqueduc, tuyau qui conduit les eaux. ◆ **Fig.** L'action de conduire, de diriger. *La conduite des âmes, d'une armée, d'une affaire, etc.* **Théol.** Voie divine, dessein divin (en ce sens *conduite* prend la prép. *sur*). « *La conduite de Dieu sur la vie et la maladie* », PASCAL. « *Les conduites de Dieu sur vous* », BOSSUET. ◆ Direction de travaux de construction, de fortification, de siège. ◆ Le plan et la marche d'un ouvrage d'esprit. **Peint.** Bonne ordonnance d'un tableau. ◆ Manière de se comporter, de se gouverner. *Avoir une bonne conduite.* ◆ Absol. Bonne conduite. *Avoir de la conduite.* ◆ Certaines façons dont on use. *Sa conduite est sans excuse.* ◆ Prudence, savoir-faire. « *Le malheur, par conduite, au bonheur cédera* », RÉGNIER. ◆ *Conduite accompagnée*, méthode d'apprentissage de la conduite sur route en présence d'un conducteur expérimenté. ◆ *S'acheter une conduite*, remédier à son comportement en lui donnant une orientation plus acceptable, s'assagir. ◆ *Code de conduite*, ensemble des règles que l'on choisit d'appliquer individuellement ou collectivement notamment dans ses relations avec les autres. *Le code de conduite de cet établissement. Il a son propre code de conduite.* ▪ **Autom.** *Conduite intérieure*, voiture entièrement recouverte par sa carrosserie.

CONDYLE, n. m. [kɔ̃dil] (gr. *kondulos*, renflement formé par les articulations) Éminence articulaire d'un *s*, arrondie en un sens et aplatie dans l'autre. ▪ **Biol.** Extrémité d'un os lui permettant d'être lié à un autre proche de lui.

CONDYLIEN, IENNE, ▪ adj. [kɔ̃diljɛ̃, jɛn] (*condyle*) Qui a trait au condyle. *Articulation condylienne.*

CONDYLOME, n. m. [kɔ̃dilom] (gr. *kondulôma*, grosseur calleuse) Excroissance charnue douloureuse, qui siège dans les régions anale et périnéale.

CÔNE, n. m. [kon] (lat. *conus*, du gr. *kônos*) Solide à base circulaire ou elliptique, et terminé en pointe. ◆ **Hist. nat.** Genre de coquillages univalves. ▪ **Zool.** Mollusque à coquille conique dont certaines variétés sont venimeuses.

CONFABULATION, n. f. [kɔ̃fabylasjɔ̃] (b. lat. *confabulatio*) Entretien familier.

CONFABULER, v. intr. [kɔ̃fabyle] (lat. *confabulari*) S'entretenir familièrement. ◆ Il est vieux ou du style marotique.

CONFECTION, n. f. [kɔ̃fɛksjɔ̃] (lat. *confectio*, de *conficere*, faire intégralement) Action de faire jusqu'à achèvement. *La confection d'une route.* ◆ **Pratiq.** Action d'établir, de dresser. *La confection d'un inventaire.* ◆ Fabrication, en grand et sans commande, d'objets d'arts mécaniques. ◆ **Cout.** *Faire la confection*, faire des habillements à l'avance et par assortiment. ◆ Le vêtement fait ainsi à l'avance et par assortiment, et en particulier, pour les femmes, un manteau, un mantelet, un châle garni. ◆ **Pharm.** Préparation pharmaceutique.

CONFECTIONNÉ, ÉE, p. p. de confectionner. [kɔ̃fɛksjɔne]

CONFECTIONNER, v. tr. [kɔ̃fɛksjɔne] (*confectionner*) Opérer la confection de quelque chose. ♦ Se confectionner, v. pr. Être confectionné.

CONFECTIONNEUR, EUSE, n. m. et n. f. [kɔ̃fɛksjɔnœʀ, øz] (*confectionner*) Personne qui confectionne, surtout en parlant des vêtements.

CONFÉDÉRAL, ALE, ■ adj. [kɔ̃federal] (radic. de confédération, d'après *fédéral*) Qui a trait à une confédération. *Comités confédéraux.*

CONFÉDÉRATEUR, TRICE, n. m. et n. f. [kɔ̃federatœʀ, tʀis] (*confédérer*) Personne qui organise une confédération.

CONFÉDÉRATIF, IVE, adj. [kɔ̃federatif, iv] (*confédérer*) Qui appartient à une confédération.

CONFÉDÉRATION, n. f. [kɔ̃federasjɔ̃] (b. lat. *confœderatio*, pacte) Union entre plusieurs États qui, tout en gardant une certaine autonomie, s'associent pour former un seul État à l'égard des puissances étrangères. *La confédération suisse.* ♦ Alliance de plusieurs puissances par un traité, pour soutenir une cause commune. ■ Regroupement de syndicats, de fédérations, etc.

CONFÉDÉRÉ, ÉE, p. p. de confédérer. [kɔ̃federe] Uni par confédération. ♦ N. m. et n. f. *Un confédéré, une confédérée.*

CONFÉDÉRER, v. tr. [kɔ̃federe] (b. lat. *confœderare*, unir par un traité, de *fœdus*, génit. *fœderis*, traité) Réunir par confédération. ♦ Se confédérer, v. pr. Se liguer par confédération.

CONFER, ■ n. m. [kɔ̃fɛʀ] (mot lat., 2ⁿᵈᵉ pers. de l'impératif de *conferre*, comparer) Voir à, se reporter à. ■ REM. Le mot est surtout employé sous sa forme abrégée *cf.*

CONFÉRÉ, ÉE, p. p. de conférer. [kɔ̃fere]

CONFÉRENCE, n. f. [kɔ̃feʀɑ̃s] (lat. médiév. *conferentia*, réunion, du lat. *conferre*, rassembler, comparer) Comparaison, collation. *Conférence des textes.* ♦ Action de traiter d'un objet quelconque entre deux ou plusieurs personnes. ♦ Réunion de diplomates pour traiter ensemble. ♦ Réunion où les jeunes étudiants s'exercent à la discussion. ♦ Sorte de leçons familières que donne un professeur. ♦ Instructions religieuses, faites sur un certain sujet et adressées à un certain public. *Les Conférences de Massillon.* ■ *Conférence de presse,* entretien qu'une personnalité accorde à plusieurs journalistes.

CONFÉRENCIER, IÈRE, ■ n. m. et n. f. [kɔ̃feʀɑ̃sje, jɛʀ] (*conférence*) Personne qui a la charge d'une intervention lors d'une conférence. *La conférencière invitée par l'association fut très applaudie.*

CONFÉRER, v. tr. [kɔ̃fere] (lat. *conferre*, rassembler, comparer, conférer, échanger des propos) Donner, accorder. *Conférer une charge, des privilèges, un bénéfice.* ♦ Comparer, faire collation, en parlant de textes. *Conférer un passage avec un autre.* ♦ V. intr. Raisonner avec quelqu'un de quelque chose. « *Après en avoir conféré avec plusieurs docteurs en théologie* », BOSSUET. ■ Discuter et débattre avec quelqu'un sur des sujets d'importance.

CONFERVE, n. f. [kɔ̃fɛʀv] (lat. *conferva*, de confervere, souder, pour l'action de ces plantes sur les fractures) Nom générique de certaines plantes aquatiques de la famille des algues.

CONFÈS, ESSE, adj. [kɔ̃fɛ, ɛs] (lat. *confessus*, p. p. de *confiteri*) ▷ Aujourd'hui inusité. Qui s'est confessé. *Mourir confès.* ◁

CONFESSE, n. f. [kɔ̃fɛs] (fém. substantivé de l'anc. part. *confès*, qui s'est confessé) Usité seulement dans la locution : *À confesse*, qui signifie à confession. *Aller à confesse.*

CONFESSÉ, ÉE, p. p. de confesser. [kɔ̃fese] Prov. *Péché confessé est à moitié pardonné,* l'aveu appelle l'indulgence.

CONFESSER, v. tr. [kɔ̃fese] (lat. *confessum*, supin de *confiteri*, avouer) Déclarer au tribunal de la pénitence. *Confesser ses péchés.* ♦ Avouer une chose, la reconnaître, en convenir. *Confesser son erreur.* ♦ Faire acte public d'adhésion à une doctrine, à une religion. *Confesser sa foi. Confesser Jésus-Christ,* proclamer hautement la foi chrétienne en face de la persécution. ♦ Absol. « *La religion dont le premier acte est de croire, comme le second est de confesser* », BOSSUET. ♦ *Confesser quelqu'un.* Absol. *Confesser,* se dit du prêtre qui reçoit la confession, et par extens. obtenir un aveu, un renseignement de quelqu'un. ♦ Fam. *C'est le diable à confesser,* se dit d'un aveu ou d'un résultat difficile à obtenir. ♦ Se confesser, v. pr. Faire sa confession au prêtre. ♦ S'avouer, se reconnaître tel ou tel. « *Qui se confesse traître est indigne de foi* », P. CORNEILLE. ■ Avouer ce qu'on aurait préféré taire. *Confesser sa superficialité.*

CONFESSEUR, n. m. [kɔ̃fesœʀ] (lat. chrét. *confessor*) Dans la primitive Église, celui qui, durant la persécution, avait confessé le nom de Jésus-Christ jusqu'à subir le martyre, mais sans en mourir. ♦ Prêtre à qui l'on se confesse.

CONFESSION, n. f. [kɔ̃fesjɔ̃] (lat. *confessio*, aveu) Déclaration que l'on fait de ses péchés au prêtre catholique. ♦ *Billet de confession,* attestation par laquelle un prêtre certifie avoir entendu quelqu'un en confession. ♦ Fig. et fam. *On lui donnerait le bon Dieu sans confession,* se dit des personnes qui par leurs dehors inspirent une entière confiance. ♦ *Confession auriculaire* ou *privée,* confession qui se fait à l'oreille du prêtre, par opposition à la *confession publique* qui a été usitée dans la primitive Église. ♦ *Confier quelque chose sous le sceau de la confession,* le confier à condition d'un secret absolu. ♦ Ouvrages de différents auteurs qui y font l'aveu des erreurs de leur vie. *Les Confessions de Saint Augustin.* ♦ Aveu, déclaration d'un fait. *La confession du crime rend la défense impossible.* ♦ Dr. Aveu de la partie adverse. ♦ Rhét. Figure qui consiste à avouer la faute dont on est accusé. ♦ Action de confesser Jésus-Christ. ♦ *Confession de foi* ou simplement *confession,* déclaration des articles de la foi de l'Église romaine et des autres Églises chrétiennes. *Signer une confession.* ♦ La prière nommée aussi Confiteor. ■ Religion qu'embrasse une personne. *Être de confession juive, musulmane, catholique.*

CONFESSIONNAL, n. m. [kɔ̃fesjɔnal] (*confession*; cf. lat. médiév. *confessionale*, qui sert pour la confession) Sorte de réduit clos où le confesseur reçoit le pénitent. *Les confessionnaux.* ■ *Les secrets du confessionnal,* aveu de fautes considérées comme ne devant pas sortir du cadre de la confession.

CONFESSIONNALISME, ■ n. m. [kɔ̃fesjɔnalism] (*confessionnel*) Au Liban, système de répartition des sièges du parlement en fonction des différentes confessions en présence sur le territoire. *On oppose souvent laïcité et confessionnalisme.*

CONFESSIONNEL, ELLE, ■ adj. [kɔ̃fesjɔnɛl] (*confession*) Qui a trait à la religion. *Enseignement confessionnel et enseignement laïc.* ■ *École confessionnelle,* par opposition à *école laïque*, école destinée à des élèves pratiquant une certaine religion.

CONFETTI, ■ n. m. [kɔ̃feti] (mot it., plur. de *confetto*, dragée, bonbon) Petit bout de papier coloré, en forme de rondelle, que l'on jette en l'air par poignées lors d'occasions festives, notamment au moment du carnaval. *Lancer des confettis.*

CONFIANCE, n. f. [kɔ̃fjɑ̃s] (lat. *confidentia*, d'après l'anc. fr. *fiance*) Sentiment qui fait qu'on se fie à quelqu'un ou à quelque chose. *Mettre sa confiance en Dieu.* ♦ *Homme, personne de confiance,* à qui l'on se confie entièrement. ♦ *Place de confiance,* place donnée à une personne en qui l'on se confie pleinement. ♦ *En confiance, en toute confiance,* sans crainte. *Parlez en confiance.* ♦ *De confiance,* sans se défier. *Acheter de confiance.* ♦ Absol. État des esprits qui ont confiance dans la stabilité d'un gouvernement, dans la situation des affaires commerciales et industrielles. *La confiance renaît.* ♦ Sentiment qui fait qu'on se fie en soi-même. *Prendre, perdre confiance.* ♦ Liberté honnête. *Aborder quelqu'un avec confiance.* ♦ Présomption. *Des airs de confiance.* ■ *Maison de confiance,* entreprise dont l'honnêteté fait que l'on peut s'y fier en toute sérénité.

CONFIANT, ANTE, adj. [kɔ̃fjɑ̃, ɑ̃t] (*confier*) Qui a de la confiance ou y est disposé. *Il est trop confiant et se laisse tromper.* ♦ N. m. et n. f. *Les confiants.* ♦ Qui est porté à confier ses secrets. *Présomptueux.*

CONFIDEMMENT, adv. [kɔ̃fidamɑ̃] (*confident*) En confidence. « *Je vous en ai parlé tantôt confidemment* », P. CORNEILLE.

CONFIDENCE, n. f. [kɔ̃fidɑ̃s] (lat. *confidentia*, confiance, avec infl. de *confident*) Communication d'une chose secrète. *Être, mettre quelqu'un dans la confidence.* ♦ *Fausse confidence,* prétendue révélation qu'on fait pour tromper quelqu'un, pour lui donner le change. ♦ *En confidence,* sous le sceau du secret. ♦ Confiance intime. « *Sa confidence auguste a mis entre mes mains Des secrets d'où dépend le destin des humains* », RACINE. ■ *Confidence(s) pour confidence(s),* confidence accordée en raison d'un climat de confiance à un interlocuteur qui en a lui-même fait une auparavant. « *Confidences pour confidences, c'est moi que j'aime à travers vous* », SCHULTHEIS.

CONFIDENT, ENTE, n. m. et n. f. [kɔ̃fidɑ̃, ɑ̃t] (lat. *confidens*, p. prés. de *confidere*, se fier à) Celui, celle à qui l'on fait la confidence de ses secrets, de ses pensées intimes. « *C'est à vous de choisir des confidents discrets* », RACINE. ♦ Théât. Personnage secondaire à qui le poète fait confier ou raconter ce que l'auditeur a besoin de savoir et qui ne se passe pas sous ses yeux. ♦ Adj. « *Surprendre les témoins les plus confidents de notre vie* », MASSILLON. ♦ Fig. et poétiq. *Rochers confidents de mes peines.* ■ N. m. Fauteuil présentant deux, ou trois places disposées en S et favorisant l'échange intime de paroles.

CONFIDENTIAIRE, n. m. [kɔ̃fidɑ̃sjɛʀ] (*confidence*) Celui qui a reçu une somme d'argent ou autre valeur avec l'engagement secret, mais d'honneur, de la rendre à une personne déterminée.

CONFIDENTIALITÉ, ■ n. f. [kɔ̃fidɑ̃sjalite] (*confidentiel*) Caractère de ce qui est confidentiel.

CONFIDENTIEL, ELLE, adj. [kɔ̃fidɑ̃sjɛl] (*confidence*; cf. lat. médiév. *confidentialis*, audacieux) Qui se communique en confidence. *Lettre confidentielle.* ■ Dont la diffusion se limite à un nombre restreint de personnes.

CONFIDENTIELLEMENT, adv. [kɔ̃fidɑ̃sjɛl(ə)mɑ̃] (*confidentiel*) D'une manière confidentielle.

CONFIÉ, ÉE, p. p. de confier. [kɔ̃fje]

CONFIER, v. tr. [kɔ̃fje] (lat. *confidere*, avoir confiance, d'après *fier*) Remettre avec confiance. *Confier un dépôt, un trésor.* ♦ *Fig. Confier sa destinée au hasard.* ♦ Déposer dans. *Confier des semences à la terre.* ♦ *Confier une chose à sa mémoire,* s'en reposer sur elle pour se souvenir. ♦ *Confier au papier,* consigner par écrit. ♦ Communiquer, faire part de. *Je vous confie mes soupçons, mes peines.* ♦ Se confier en, dans, sur à, v. pr. Se reposer sur, s'en remettre à. *Je me confie en vous, dans vos promesses. Se confier au hasard.* « *Sur l'équité des dieux osons nous confier* », RACINE. ♦ Faire des confidences, épancher son cœur. ♦ Être confié. ■ Attribuer à quelqu'un une mission, une tâche à accomplir. ■ Dire en confidence.

CONFIGURATION, n. f. [kɔ̃figyʁasjɔ̃] (lat. chrét. *configuratio*, ressemblance) Action de configurer ; résultat de cette action et forme extérieure. *La configuration d'un pays.* ■ **Inform.** Ensemble des caractéristiques d'un ordinateur définies par les composantes matérielles et le système d'exploitation. *Configuration minimum requise pour l'installation d'un logiciel.* ■ **Chim.** *Configuration moléculaire,* disposition des atomes au sein d'une molécule. ■ **Milit.** *Configuration de combat,* position occupée par les différents membres d'un groupe prêt au combat.

CONFIGURÉ, ÉE, p. p. de configurer. [kɔ̃figyʁe]

CONFIGURER, v. tr. [kɔ̃figyʁe] (lat. impér. *configurare*) Donner une certaine forme. *La cristallisation configure les sels.* ■ **Inform.** Paramétrer un périphérique, un logiciel afin d'en assurer le bon fonctionnement dans un environnement déterminé.

CONFINÉ, ÉE, p. p. de confiner. [kɔ̃fine] Relégué. ■ *Air confiné,* air stagnant dans le même endroit sans renouvellement.

CONFINEMENT, n. m. [kɔ̃fin(ə)mɑ̃] (*confiner*) Action de confiner, de reléguer. ♦ La peine de l'isolement dans les prisons.

CONFINER, v. intr. [kɔ̃fine] (*confins*) Toucher aux confins, aux limites. « *Damas qui confinait aux deux royaumes* », BOSSUET. ♦ V. tr. Reléguer quelqu'un dans un certain lieu. *On l'a confiné dans une île.* ♦ **Fig.** « *Qui dans un seul objet confina son génie* », VOLTAIRE. ♦ Se confiner, v. pr. Se retirer dans un lieu écarté pour y vivre dans la retraite. *Se confiner au fond d'une province.* ♦ *Confiner à,* être proche au point d'être accolé, limitrophe. *La Finlande confine à la Suède.* ■ **Fig.** Toucher de près à. *Cette attitude confine à la déraison.*

CONFINS, n. m. pl. [kɔ̃fɛ̃] (lat. *confinis*, contigu, voisin, de *finis*, limite) Parties d'un territoire, placées à l'extrémité de ce territoire et à la frontière d'un autre. *Les confins de la France.* ♦ *Aux confins de la Terre,* aux extrémités de la Terre, au bout du monde.

CONFIRE, v. tr. [kɔ̃fiʁ] (lat. *conficere*, faire intégralement) Mettre des fruits, des fleurs, des légumes dans un liquide qui les pénètre et s'y incorpore ou quelquefois se dessèche avec eux, et dans tous les cas, les conserve. ♦ Se confire, v. pr. Être confit.

CONFIRMAND, ANDE, ■ n. m. et n. f. [kɔ̃fiʁmɑ̃, ɑ̃d] (lat. chrét. *confirmandus*, adj. verbal de *confirmare*, confirmer) **Relig.** Personne qui est en voie de recevoir le sacrement de confirmation. *Le prêtre fit signe de croix sur le front du confirmand.*

CONFIRMATIF, IVE, adj. [kɔ̃fiʁmatif, iv] (b. lat. gramm. *confirmativus*, qui sert à affirmer) Qui a la force, le pouvoir de confirmer. *Arrêt confirmatif d'un jugement.* ♦ *Acte, titre confirmatif,* qui approuve ou ratifie un acte, un titre antérieur.

CONFIRMATION, n. f. [kɔ̃fiʁmasjɔ̃] (lat. *confirmatio*, action de consolider, d'encourager) Action de confirmer, de garantir, d'assurer une chose. *La confirmation d'un privilège, d'une nouvelle.* ♦ **Dr.** Approbation ou ratification d'un acte. ♦ Maintien d'une décision judiciaire par une juridiction supérieure. ♦ **Relig.** Sacrement dans lequel l'évêque forme le signe de la croix sur le front de l'homme baptisé et lui touche la joue de la main droite, pour l'affermir et le fortifier dans la grâce reçue au baptême. ♦ **Rhét.** Partie du discours où l'on prouve ce qu'on a avancé.

CONFIRMÉ, ÉE, p. p. de confirmer. [kɔ̃fiʁme]

CONFIRMER, v. tr. [kɔ̃fiʁme] (lat. *confirmare*, de *firmus*, solide) Rendre ferme, en parlant des choses. *Confirmer notre foi.* ♦ Rendre ferme, en parlant des personnes. « *Les vérités saintes qui confirment une âme dans le mépris du monde et dans l'amour des biens éternels* », MASSILLON. ♦ Sanctionner, attribuer par confirmation. *Le roi confirma les droits et privilèges de cette ville. La cour d'appel a confirmé le jugement rendu en première instance.* ♦ Attester, montrer. *Confirmer un bruit.* « *L'expérience confirme que la mollesse ou l'indulgence pour soi et la dureté pour les autres ne sont qu'un seul et même vice* », LA BRUYÈRE. ♦ Conférer le sacrement de la confirmation. ♦ *Fig. Dieu confirme en grâce,* Dieu assure la grâce à l'homme. ♦ **Fig. et fam.**

Confirmer quelqu'un, lui appliquer un soufflet. ♦ Se confirmer, v. pr. S'affermir. *Se confirmer dans une opinion.* ♦ Être confirmé. *La nouvelle se confirme.* ♦ Impers. *Il se confirme que,* le bruit qui courait prend de la consistance. ■ *L'exception confirme la règle,* à toute règle son exception.

CONFISCABLE, adj. [kɔ̃fiskabl] (*confisquer*) Qui peut être confisqué.

CONFISCANT, ANTE, adj. [kɔ̃fiskɑ̃, ɑ̃t] (*confisquer*) Qui confisque.

CONFISCATION, n. f. [kɔ̃fiskasjɔ̃] (b. lat. *confiscatio*) Action de confisquer. ♦ Biens confisqués.

CONFISCATOIRE, adj. [kɔ̃fiskatwaʁ] (*confisquer*) **Dr.** Qui provoque la confiscation. *Arrêté confiscatoire.*

CONFISERIE, n. f. [kɔ̃fiz(ə)ʁi] (radic. du p. prés. de *confire*) Art du confiseur ; son atelier ; son magasin ; un fonds de confiseur. ■ Au pl. Friandises. *Chocolats et confiseries.*

CONFISEUR, EUSE, n. m. et n. f. [kɔ̃fizœʁ, øz] (radic. du p. prés. de *confire*) Personne qui fait et vend des fruits confits, des sucreries diverses. ■ *La trêve des confiseurs,* ralentissement de l'activité politique durant les fêtes de fin d'année.

CONFISQUÉ, ÉE, p. p. de confisquer. [kɔ̃fiske] **Fam.** *C'est un homme confisqué,* c'est un homme dont la santé, la fortune est dans un mauvais état, ou qui est entièrement perdu pour le monde.

CONFISQUER, v. tr. [kɔ̃fiske] (lat. impér. *confiscare*, de *fiscus*, trésor, fisc) Attribuer au fisc pour cause de crime ou de contravention. ♦ Saisir des marchandises au nom d'un tiers. ♦ Prendre à un élève un objet dont l'usage n'est pas autorisé. ♦ Se confisquer, v. pr. Être confisqué.

CONFIT, ITE, p. p. de confire. [kɔ̃fi, it] *Fruits confits.* ♦ *Fruit confit sur l'arbre,* fruit en pleine maturité. ♦ *Fig.* « *Cet hymen sera tout confit en douceurs et plaisirs* », MOLIÈRE. ♦ *Être confit en dévotion,* affecter des airs de dévotion. ■ N. m. Viande cuite et conservée dans sa graisse. *Confit de canard.* ■ Adj. *Mine, figure confite,* visage affecté d'un air doucereux. *Sa mine confite ne me dit rien qui vaille.*

CONFITEOR ou **CONFITÉOR**, n. m. [kɔ̃fiteɔʁ] (lat. *confiteor*, j'avoue) Nom donné à la prière que font les catholiques avant de se confesser, à la messe, et dans d'autres circonstances. *Dire son confiteor.* ♦ Au pl. *Des confiteor* ou *des confiteors.*

CONFITURE, n. f. [kɔ̃fityʁ] (*confit*) On l'emploie souvent au pluriel. Fruits qu'on fait cuire avec du sucre, et qui se transforment en une sorte de marmelade ou compote. *Confitures de groseilles, de prunes.* ■ **Pop.** *Donner de la confiture aux cochons,* donner quelque chose de raffiné à une personne incapable de l'apprécier à sa juste valeur.

CONFITURERIE, ■ n. f. [kɔ̃fityʁəʁi] (*confiture*) Lieu où l'on fabrique, confectionne des confitures.

CONFITURIER, IÈRE, n. m. et n. f. [kɔ̃fityʁje, jɛʁ] (*confiture*) Celui, celle qui vend des confitures. ♦ On ne dit maintenant que confiseur. ■ Adj. *Marchand confiturier.* ■ N. m. Récipient décoré dans lequel on sert la confiture.

CONFLAGRATION, n. f. [kɔ̃flagʁasjɔ̃] (lat. impér. *conflagratio*, de *conflagrare*, être tout en feu) Embrasement général. *La conflagration du globe terrestre.* ♦ **Fig.** Bouleversement politique. *La conflagration générale qui suivit la Révolution française.*

CONFLICTUEL, ELLE, ■ adj. [kɔ̃fliktɥɛl] (lat. *conflictus*) Qui engendre ou qui comporte une opposition ou un fort litige. *Une situation conflictuelle.* ■ **Psych.** Désir contradictoire qui crée une tension psychique. *Pulsion conflictuelle.*

CONFLIT, n. m. [kɔ̃fli] (lat. *conflictus*, de *confligere*, heurter ensemble, se heurter) Choc de gens qui en viennent aux mains. *Le conflit de deux armées.* ♦ *Conflit de juridiction* ou simplement *conflit,* contradiction sur le droit de connaître d'une affaire entre deux juridictions de l'ordre judiciaire. ♦ **Fig.** « *Au milieu d'un conflit tumultueux de grands et petits intérêts* », FLÉCHIER.

CONFLUENCE, n. f. [kɔ̃flyɑ̃s] (b. lat. *confluentia*, afflux du sang, lat. médiév. affluence ; sens mod., *confluent*) **Méd.** La qualité d'être confluent. *La confluence de la petite vérole.* ♦ Fait de se diriger vers un même lieu. *Point de confluence.* ♦ **Fig.** Point de rencontre. *Une région qui se trouve à la confluence de deux traditions architecturales.*

1 **CONFLUENT**, n. m. [kɔ̃flyɑ̃] (lat. *confluens*, p. prés de *confluere*) Endroit où deux rivières se réunissent. ♦ **Anat.** *Confluent de deux veines.*

2 **CONFLUENT, ENTE**, adj. [kɔ̃flyɑ̃, ɑ̃t] (lat. *confluens*, p. prés de *confluere*) **Méd.** *Petite vérole confluente,* celle où les boutons sont si rapprochés qu'ils se touchent et se confondent.

CONFLUER, v. intr. [kɔ̃flye] (lat. *confluere*, couler ensemble) Se joindre dans le même lit, en parlant de deux rivières. *La Marne conflue avec la Seine.* ■ Par anal. *Confluer vers des objectifs communs.*

CONFONDANT, ANTE, ■ adj. [kɔ̃fɔ̃dɑ̃, ɑ̃t] (*confondre*) Qui trouble fortement. *Je restai stupéfait devant ces révélations confondantes.* ■ Qui crée la confusion. *Une question confondante.*

CONFONDRE, v. tr. [kɔ̃fɔ̃dʀ] (lat. *confundere*, verser ensemble) Réunir pêle-mêle, effacer les séparations. *La Seine et la Marne confondent leurs eaux.* ◆ Ne pas faire de distinction entre des personnes et des choses. *Confondre deux personnes*, une personne avec une autre. ◆ **Absol.** *Il est possible que je confonde.* ◆ Unir, identifier. *Confondons nos intérêts.* ◆ Faire échouer, réduire à l'impuissance. « *O Dieu, confonds l'audace et l'imposture!* », Racine. ◆ Par imprécation. « *Te confonde le ciel de me parler ainsi!* », Molière. ◆ Gâter, ruiner. *Un orage violent a confondu nos récoltes.* ◆ Mettre dans l'impossibilité de répondre, atterrer. *Confondre son adversaire.* ◆ Étonner, stupéfier. *Ce que vous dites là me confond.* ◆ **Absol.** *Il y a de quoi confondre.* ◆ Causer un sentiment excessif de modestie, d'humilité ; se dit par civilité. *Vous me confondez par vos louanges.* ◆ Se confondre, v. pr. Être mêlé. « *Ils se sont confondus avec d'autres peuples* », Bossuet. ◆ Tomber dans le désordre. « *Turenne meurt, tout se confond* », Fléchier. ◆ Ne pouvoir plus être distingué. *Mes idées se confondent.* ◆ S'humilier. « *C'est de vous confondre de vos faiblesses* », Bossuet. ◆ Se tromper. « *Il est très possible que je me confonde* », Mme de Sévigné. ◆ Demeurer interdit. « *Vous détournez les yeux et semblez vous confondre* », Racine. ◆ **Fam.** *Se confondre en excuses, en respects*, etc. multiplier les excuses, les respects, etc.

CONFONDU, UE, p. p. de confondre. [kɔ̃fɔ̃dy]

CONFORMATEUR, ■ n. m. [kɔ̃fɔʀmatœʀ] (*conformer*) Outil de chapelier destiné à connaître la mesure et la forme d'une tête.

CONFORMATION, n. f. [kɔ̃fɔʀmasjɔ̃] (lat. *conformatio*) Disposition naturelle de différentes parties d'un corps et particulièrement d'un corps organisé. ◆ **Méd.** *Vice de conformation*, tout dérangement apporté en naissant, dans l'ordre, le nombre ou la disposition des parties du corps. ■ **Chim.** *Conformation d'une molécule*, structure différente que peut prendre une même molécule et qui est déterminée par la position spatiale de ses atomes constitutifs, position qui peut varier par suite de rotation des atomes autour de liaisons simples.

CONFORMATIONNEL, ELLE, ■ adj. [kɔ̃fɔʀmasjɔnɛl] (*conformation*) **Chim.** *Analyse conformationnelle*, étude des différentes conformations que peut prendre une molécule dans un espace à trois dimensions.

CONFORME, adj. [kɔ̃fɔʀm] (b. lat. *conformis*, exactement semblable) Qui a la même forme, qui est semblable. *Copie conforme à l'original.* ◆ *Pour copie conforme*, formule de pratique certifiant l'exactitude d'une copie. ◆ Qui s'accorde avec. « *Conforme à son aïeul, à son père semblable* », Racine. « *Vos intérêts ici sont conformes aux nôtres* », Racine. ◆ **Absol.** *Nos avis sont conformes.* ◆ Qui convient. *Mener une vie conforme à sa profession.* ◆ **Absol.** « *Et ce choix plus conforme était mieux votre affaire* », Molière.

CONFORMÉ, ÉE, p. p. de conformer. [kɔ̃fɔʀme] Qui a une certaine conformation. *Enfant mal conformé.*

CONFORMÉMENT, adv. [kɔ̃fɔʀmemɑ̃] (*conforme*) En conformité avec. « *Vivez conformément à ce que vous croyez* », Massillon.

CONFORMER, v. tr. [kɔ̃fɔʀme] (lat. *conformare*) Donner la forme. *Les eaux ont conformé certaines portions de la surface du globe.* ◆ Rendre conforme. *Il conforma sa vie au modèle qu'il s'était choisi.* ◆ Se conformer, v. pr. Se rendre conforme, devenir conforme. « *Conformez-vous aux temps* », Voltaire. ◆ Se soumettre à. *Se conformer à un ordre.*

CONFORMISTE, n. m. et n. f. [kɔ̃fɔʀmist] (angl. *conformist*, de *to conform*, se conformer) En Angleterre, celui, celle qui se conforme au culte établi par les lois du pays. ■ Personne qui se conforme aux idées, à la conduite en usage dans son milieu. ■ **Adj.** *Un journal conformiste.* ■ **CONFORMISME**, n. m. [kɔ̃fɔʀmism] *Le conformisme de la presse.*

CONFORMITÉ, n. f. [kɔ̃fɔʀmite] (b. lat. *conformitas* ; angl. *conformity*) Qualité de ce qui est conforme. *La conformité des humeurs.* « *Avec lequel il n'avait qu'une conformité apparente* », Pascal. ◆ *En conformité de*, avec, conformément à. *Il agit en conformité des ordres qu'il a reçus.* ◆ Soumission. « *C'est la conformité à la volonté de Dieu qui fait tout le prix de vos sacrifices* », Massillon. ◆ En Angleterre, soumission à la religion dominante.

CONFORT, n. m. [kɔ̃fɔʀ] (*conforter*, aider ; angl. *comfort*, bien-être matériel) Secours, assistance. ◆ Tout ce qui constitue le bien-être matériel et les aisances de la vie. *Les Anglais aiment le confort.* ■ *Médicament de confort*, qui soulage un mal sans le soigner. ◆ *Confort moral*, bien-être moral.

CONFORTABLE, adj. [kɔ̃fɔʀtabl] (angl. *comfortable*, de l'anc. fr. *confortable*, consolant, secourable) Qui procure du confort. *Un logement confortable.* ◆ **N. m.** *Le confortable*, l'ensemble des choses qui constituent le confort. ◆ Sorte de fauteuil dont le bois est rembourré, recouvert et capitonné. ■ **Adj.** Qui contribue au bien-être moral. *Une situation confortable.*

CONFORTABLEMENT, adv. [kɔ̃fɔʀtabləmɑ̃] (*confortable*) D'une manière confortable.

CONFORTANT, ANTE, adj. [kɔ̃fɔʀtɑ̃, ɑ̃t] (*conforter*) **Méd.** Qui réconforte. *Remède confortant.* ◆ **N. m.** *Prendre un confortant.*

CONFORTATIF, IVE, adj. [kɔ̃fɔʀtatif, iv] (b. lat. *confortativus*, fortifiant) Syn. de confortant.

CONFORTATION, n. f. [kɔ̃fɔʀtasjɔ̃] (b. lat. *confortatio*, réconfort) **Méd.** Action de conforter.

CONFORTÉ, ÉE, p. p. de conforter. [kɔ̃fɔʀte]

CONFORTER, v. tr. [kɔ̃fɔʀte] (lat. chrét. *confortare*, renforcer, consoler, du lat. *fortis*, vigoureux) **Méd.** Relever les forces, donner du ton. ◆ **Fig.** Relever le moral. ◆ Se conforter, v. pr. « *Je vous donnerai une bouchée de pain, confortez-vous* », Voltaire. ■ Renforcer. *Cela me conforte dans mon sentiment.*

CONFRATERNEL, ELLE, adj. [kɔ̃fʀatɛʀnɛl] (*confrère*, d'après *fraternel*) De confrère, en parlant des membres d'une même confrérie, d'une même corporation, d'une même compagnie. *Égards confraternels.*

CONFRATERNITÉ, n. f. [kɔ̃fʀatɛʀnite] (*confrère*, d'après *fraternité* ; lat. médiév. *confraternitas*, confrérie) Relations amicales entre les membres d'un même corps.

CONFRÈRE, n. m. [kɔ̃fʀɛʀ] (*confrérie*, d'après *frère*) Chacun des membres d'une confrérie, d'une corporation, d'une compagnie. ■ Celui qui exerce la même profession libérale qu'un autre. *Un médecin et son confrère.*

CONFRÉRIE, n. f. [kɔ̃fʀeʀi] (lat. médiév. *confratria*, association charitable de laïques ; infl. de *frère*) Association formée par des laïques en vue d'une œuvre de piété, de charité, de dévotion.

CONFRONTATION, n. f. [kɔ̃fʀɔ̃tasjɔ̃] (lat. médiév. *confrontatio*, comparaison) **Dr.** Action de confronter. ◆ Par extens. *La confrontation des écritures.* ■ **Sp.** Rencontre entre deux sportifs, deux équipes. *La confrontation a eu lieu sur leur terrain.*

CONFRONTÉ, ÉE, p. p. de confronter. [kɔ̃fʀɔ̃te] **Hérald.** Se dit lorsque, l'écu étant parti, il y a dans chaque côté deux animaux qui se regardent. ■ **Fam.** *Être confronté à un problème*, se trouver devant un problème à résoudre.

CONFRONTER, v. tr. [kɔ̃fʀɔ̃te] (lat. médiév. *confrontare*, de *cum* et *frons*, génit. *frontis*, front) Mettre des personnes en présence pour comparer leurs dires. ◆ En matière criminelle, mettre en présence des témoins et des accusés pour constater leurs dires contradictoires. *Confronter les témoins à l'accusé, avec l'accusé.* ◆ Comparer des personnes, des choses pour saisir la conformité ou les différences. *Confronter deux écritures, la copie à ou avec l'original.* ◆ **Absol.** « *Une personne qui a lu, médité, consulté, confronté* », La Bruyère. ◆ **V. intr. Pratiq.** Être attenant. *Mon bois confronte au vôtre.*

CONFUCÉEN, ÉENNE, ■ adj. [kɔ̃fyseɛ̃, ɛn] (lat. *Confucius*, Khoung-fou-tseu, v. -500, philosophe chinois) **Philos.** Qui est en accord avec les idées de Confucius. *Un argument confucéen.*

CONFUCIANISME, ■ n. m. [kɔ̃fysjanism] (*Confucius*) **Philos.** Doctrine de Confucius.

CONFUCIANISTE, ■ adj. [kɔ̃fysjanist] (*confucianisme*) Qui se réclame du confucianisme, qui le pratique. ■ N. m. et n. f. *Un confucianiste, une confucianiste.*

CONFUS, USE, adj. [kɔ̃fy, yz] (lat. *confusus*, p. p. de *confundere*, mélanger) **Dr.** Confondu, réuni. *Ces droits sont confus et réunis en sa personne.* ◆ Où l'on ne peut faire de distinction, confondu, indistinct. *Un assemblage confus. Murmures confus.* ◆ Obscur, embrouillé. *Des notions vagues et confuses. Discours, style confus.* ◆ Embarrassé, en raison d'une faute, ou par la modestie, la pudeur. « *Et je suis plus confus, seigneur, de vos bontés* », P. Corneille. « *Le corbeau, honteux et confus, Jura, mais un peu tard, qu'on ne l'y prendrait plus* », La Fontaine. ◆ Se dit aussi par politesse. *Je suis confus de vos prévenances.*

CONFUSÉMENT, adv. [kɔ̃fyzemɑ̃] (*confus*) D'une manière confuse.

CONFUSION, n. f. [kɔ̃fyzjɔ̃] (lat. *confusio*, action de mêler, désordre) État de ce qui est confondu, pêle-mêle, indistinct. *Il n'y a point eu de confusion à cette fête.* ◆ *Confusion des pouvoirs*, état d'un gouvernement où les pouvoirs sont mal limités, et aussi où les pouvoirs empiètent les uns sur les autres. ◆ *Confusion du pouvoir spirituel et du pouvoir temporel*, état politique où la même main réunit ces deux pouvoirs. ◆ **Dr.** *Confusion de droits et d'actions* ou simplement *confusion*, Réunion en une même personne de droits concernant un même objet. ◆ *En confusion*, dans un état où les choses sont confondues. « *Les caractères de l'alphabet ayant été jetés en confusion* », Fénelon. ◆ *La confusion des langues*, l'impossibilité où les ouvriers de la tour de Babel furent de s'entendre. ◆ **Fig.** *C'est ici la confusion des langues*, se dit de gens entre lesquels il n'y a point d'entente. ◆ Troubles publics, ébranlement de l'ordre établi. *Les temps de confusion.* ◆ *En confusion,* en bouleversement. « *Les Grecques mirent tout en confusion* », BOSSUET. ◆ Manquement à reconnaître les distinctions, les différences. *Confusion de noms, de lieux, de personnes, etc.* ◆ Défaut d'ordre, de clarté. ◆ Embarras que cause la honte de quelque faute, de quelque méprise, ou la modestie, ou la pudeur. *Ma faute me couvre de confusion.* ◆ *En confusion,* confus, honteux. « *J'en suis en confusion pour lui* », MOLIÈRE. ◆ *À la confusion de,* à la grande honte, au grand dépit de. « *Je le dis à ma confusion* », MME DE SÉVIGNÉ. ■ Psych. *Confusion mentale,* trouble des fonctions psychiques entraînant une altération de la conscience et des perceptions.

CONFUTATION, n. f. [kɔ̃fytasjɔ̃] (b. lat. *confutatio,* du lat. *confutare,* arrêter, réfuter) ▷ Réfutation. ◁

CONGA, ■ n. f. [kɔ̃ga] (mot esp.) Mus. Instrument de musique dont le corps est creux et allongé et dont la tête est cerclée par une peau tendue sur laquelle frappe le musicien en vue d'en tirer différentes sonorités. *La conga est très présente dans la musique cubaine.* ■ Danse à quatre temps originaire de Cuba. ■ REM. Se trouve également au masculin.

CONGAÏ ou **CONGAYE**, ■ n. f. [kɔ̃gaj] (annamite *con gaï,* la fille) Femme d'une région centrale du Vietnam. *Des congaïs, des congayes.*

CONGE, n. m. [kɔ̃ʒ] (lat. *congius*) Mesure de capacité chez les Romains, valant 3,24 l. ◆ Vase de métal ou de bois où l'on mélange et où l'on chauffe les différents constituants d'une liqueur en vue de sa préparation.

CONGÉ, n. m. [kɔ̃ʒe] (lat. *commeatus,* de *commeare,* aller et venir, circuler) Libération temporaire ou définitive d'un service quelconque, d'une fonction. ◆ Dans le langage militaire, la durée légale du service militaire. ◆ Acte qui permet de quitter le service ou de s'absenter temporairement du corps. ◆ Pour les fonctionnaires, permission de s'absenter. ◆ Dans la marine, espèce de passeport dont doit se munir un capitaine pour aller en mer. ◆ Intervalle de temps pendant lequel les classes sont suspendues durant l'année scolaire. ◆ Permission, autorisation. *Il a fait cela sans mon congé. Donnez-moi congé de...* ◆ Permis donné par l'administration des contributions indirectes pour le transport d'une marchandise qui a payé les droits. ◆ Séparation d'avec une personne. *Donner congé à quelqu'un.* ◆ *Audience de congé,* audience qu'un ambassadeur obtient avant son départ. ◆ *Prendre congé,* aller avant de partir saluer les personnes à qui on doit du respect ou simplement faire ses adieux. ◆ Fig. *Prendre congé,* renoncer à. *Prendre congé des plaisirs.* ◆ Acte par lequel un propriétaire ou un locataire signifie qu'une location cesse. ◆ Sortie d'une personne à gage hors de condition. ◆ **Par extens.** *Donner à quelqu'un son congé,* cesser de le recevoir. ◆ **Archit.** Nom de quarts de rond creux, qui font raccordement entre le fût d'une colonne et la ceinture. ■ Au pl. *Congés payés,* rémunération perçue par un salarié durant sa période de congé.

CONGÉABLE, adj. [kɔ̃ʒeabl] (anc. fr. *congeer,* donner congé) *Bail, tenure à domaine congéable,* tenure avec faculté pour le bailleur de congédier à volonté le preneur, en lui remboursant son amélioration. ■ Qui peut être congédié.

CONGÉDIABLE, adj. [kɔ̃ʒedjabl] (*congédier*) Qui peut ou doit recevoir son congé. ◆ N. m. et n. f. *Tous les congédiables du régiment.*

CONGÉDIÉ, ÉE, p. p. de congédier. [kɔ̃ʒedje]

CONGÉDIEMENT, ■ n. m. [kɔ̃ʒedimɑ̃] (*congédier*) Action de congédier une personne. *Un congédiement abusif.*

CONGÉDIER, v. tr. [kɔ̃ʒedje] (altération de l'anc. fr. *congeer* sous l'infl. de l'ital. *congedo,* du fr. congé) Délivrer un congé à des soldats. *Congédier des troupes.* ◆ *Congédier un ambassadeur,* lui donner l'audience de congé. ◆ Indiquer qu'on veut que quelqu'un se retire. ◆ Écarter les prétentions. *Il recherchait telle fille en mariage, mais on l'a congédié.* ◆ Donner son congé à une personne en condition.

CONGELABLE, adj. [kɔ̃ʒ(ə)labl] (*congeler*) Qui peut se congeler.

CONGÉLATEUR, n. m. [kɔ̃ʒelatœr] (*congeler*) Appareil servant à congeler un liquide en l'entourant d'un mélange réfrigérant. ■ Appareil électrique utilisé pour la congélation et la conservation des aliments.

CONGÉLATIF, IVE, adj. [kɔ̃ʒelatif, iv] (*congeler*) Qui produit la congélation.

CONGÉLATION, n. f. [kɔ̃ʒelasjɔ̃] (lat. impér. *congelatio*) Action de congeler, résultat de cette action. ◆ Mortification des parties vivantes par l'effet du froid. *La congélation des orteils.* ◆ Action de se figer. *La congélation d'une huile.* ◆ Stalactite ou concrétion calcaire qui se forme dans certaines grottes. ◆ **Archit.** Ornements imitant les glaçons.

CONGELÉ, ÉE, p. p. de congeler. [kɔ̃ʒ(ə)le]

CONGELER, v. tr. [kɔ̃ʒ(ə)le] (lat. *congelare,* de *gelu,* gelée, glace) Faire passer un liquide à l'état de glace. *Le froid congèle l'eau.* ◆ Abusivement, figer,

coaguler. *Congeler l'huile d'olive.* ◆ Se congeler, v. pr. Être mis à l'état de glace. ◆ Se coaguler. ■ Soumettre un aliment à une température négative en vue de sa conservation. *La bonne conservation d'un aliment nécessite qu'on le congèle à une température inférieure à -18° C.*

CONGÉNÈRE, adj. [kɔ̃ʒener] (lat. impér. *congener*) Qui est de même genre. ◆ **Anat.** *Muscles congénères,* ceux qui concourent à produire le même effet. ◆ **Gramm.** Se dit des mots de la même famille. ■ N. m. et n. f. Personne du même genre qu'une autre. ■ REM. Souvent péj. dans cet emploi.

CONGÉNIAL, ALE, adj. [kɔ̃ʒenjal] (angl. *congenial,* de *genial,* conforme à la nature de) Qui s'accorde avec le génie de... *Des amusements congéniaux à son âge.* ◆ Ne confondez pas *congénial* avec *congénital.*

CONGÉNITAL, ALE, adj. [kɔ̃ʒenital] (radic. du lat. impér. *congenitus,* né avec) Méd. *Maladie congénitale.* ◆ Fig. et péj. Dont on ne peut se défaire. *Il est d'une imbécillité congénitale !*

CONGÉNITALEMENT, ■ adv. [kɔ̃ʒenital(ə)mɑ̃] (*congénital*) De façon congénitale.

CONGÈRE, ■ n. f. [kɔ̃ʒer] (lat. *congeries,* puis *congeria*) Agglomération de neige formée par le vent.

CONGESTIF, IVE, ■ adj. [kɔ̃ʒestif, iv] (*congestion*) Qui a trait à la congestion. *Une fièvre congestive.* ■ Qui est prédisposé à la congestion. *Un tempérament congestif.*

CONGESTION, n. f. [kɔ̃ʒestjɔ̃] (lat. impér. *congestio,* action d'entasser) Afflux de sang, dans une proportion anormalement élevée, dans les vaisseaux d'un organe d'ailleurs sain. ■ Fig. *La congestion de la circulation aux heures de pointe.*

CONGESTIONNÉ, ÉE, ■ p. p. de congestionner. [kɔ̃ʒestjɔne]

CONGESTIONNER, v. tr. [kɔ̃ʒestjɔne] (*congestion*) Amasser, accumuler par congestion. ◆ Se congestionner, v. pr. Recevoir par congestion un afflux de sang. ■ Fig. *Congestionner un réseau de communication.*

CONGIAIRE, n. m. [kɔ̃ʒjer] (lat. *congiarium*) Distribution extraordinaire d'argent ou de vivres que les empereurs romains faisaient au peuple. ◆ Vase qui tient un conge.

CONGLOBATION, n. f. [kɔ̃globasjɔ̃] (lat. *conglobatio*) Action d'entasser, d'accumuler diverses choses les unes sur les autres. ◆ Figure de rhét. Accumulation d'arguments, de preuves.

CONGLOBÉ, ÉE, p. p. de conglober. [kɔ̃globe] Adj. *Glandes conglobées,* les glandes lymphatiques.

CONGLOBER, v. tr. [kɔ̃globe] (lat. *conglobare,* mettre en boule) Réunir en globe, en boule. ◆ Se conglober, v. pr. Se réunir en boule.

CONGLOMÉRAT, n. m. [kɔ̃glomera] (lat. *conglomerare,* mettre en peloton) Agrégation de substances diverses. ■ **Écon.** Regroupement d'entreprises dont les activités sont très différentes. ■ Fig. *Un conglomérat d'idées.*

CONGLOMÉRATION, ■ n. f. [kɔ̃glomerasjɔ̃] (*conglomérer*) Action de conglomérer et résultat y correspondant. *La conglomération de leurs diverses activités, une conglomération urbaine.*

CONGLOMÉRÉ, ÉE, ■ p. p. de conglomérer. [kɔ̃glomere] **Anat.** *Glandes conglomérées,* nom donné aux glandes en grappe.

CONGLOMÉRER, v. tr. [kɔ̃glomere] (lat. *conglomerare,* de *glomus, glomeris,* pelote) Phys. Amasser en peloton, entasser. ◆ Se conglomérer, v. pr. Être congloméré.

CONGLUTINANT, ANTE, adj. [kɔ̃glytinɑ̃, ɑ̃t] (*congluriner*) Méd. Qui a la vertu de conglutiner. ◆ N. m. et n. f. *Les conglutinants.*

CONGLUTINATIF, IVE, adj. [kɔ̃glytinatif, iv] (*conglutiner*) Syn. de conglutinant.

CONGLUTINATION, n. f. [kɔ̃glytinasjɔ̃] (lat. *conglutinatio*) Action de conglutiner.

CONGLUTINÉ, ÉE, ■ p. p. de conglutiner. [kɔ̃glytine]

CONGLUTINER, v. tr. [kɔ̃glytine] (lat. *conglutinare,* coller ensemble, de *glutinum,* colle, glu) Joindre deux ou plusieurs corps par le moyen de quelque substance visqueuse. ◆ Se conglutiner, v. pr. Être conglutiné. *Les deux fragments de l'os se conglutinèrent.*

CONGLUTINEUX, EUSE, adj. [kɔ̃glytinø, øz] (b. lat. *conglutinosus*) Méd. Visqueux, gluant.

1 **CONGOLAIS, AISE**, ■ adj. [kɔ̃gole, ɛz] (*Congo*) Qui vient du Congo ou a trait au Congo. *Une chanson congolaise.* ■ N. m. et n. f. Personne qui habite au Congo ou en a la nationalité. *Notre ami basketteur est un Congolais de presque deux mètres.*

2 **CONGOLAIS**, ■ n. m. [kɔ̃gole] (1 *congolais*) Gâteau préparé avec de la noix de coco. *Les congolais ont le plus souvent la forme d'un petit rocher.*

CONGRATULANT, ANTE, adj. [kɔ̃gratylɑ̃, ɑ̃t] (*congratuler*) Qui congratule.

CONGRATULATEUR, TRICE, n. m. et n. f. [kɔ̃gratylatœr, tris] (*congratuler*) Personne qui congratule. ♦ Adj. *Ton congratulateur.*

CONGRATULATION, n. f. [kɔ̃gratylasjɔ̃] (lat. impér. *congratulatio*) Action de congratuler. ♦ Ce mot vieillit, présentement on se sert plutôt de *félicitation* ou de *compliment.* ■ REM. S'emploie le plus souvent au pluriel et de manière ironique.

CONGRATULATOIRE, adj. [kɔ̃gratylatwar] (*congratuler*) Qui contient une congratulation. *Épître congratulatoire.*

CONGRATULÉ, ÉE, p. p. de congratuler. [kɔ̃gratyle]

CONGRATULER, v. tr. [kɔ̃gratyle] (lat. *congratulari*) Faire un compliment de félicitation. « *Il congratule Théodème sur un discours* », LA BRUYÈRE. ♦ Se congratuler, v. pr. « *Chacun sortit en se congratulant* », J.-J. ROUSSEAU. ♦ On dit présentement *féliciter* ou *complimenter*, sauf quand il y a une nuance de plaisanterie.

CONGRE, n. m. [kɔ̃gr] (lat. *conger*) Poisson de mer, de forme semblable à celle de l'anguille, atteignant quelquefois deux mètres de longueur.

CONGRÉER, ■ v. tr. [kɔ̃gree] (anc. fr. *conreer*, arranger, mettre en ordre) Mar. Remplir à l'aide de brins, de fils peu épais les vides entre les torons d'un cordage. *On a dû congréer les cordages.*

CONGRÉGANISTE, n. m. et n. f. [kɔ̃greganist] (radic. de *congrégation*) Membre d'une congrégation de laïques, dirigée par des ecclésiastiques. ♦ Chez les jésuites, un écolier, un bourgeois qui est de la congrégation de ces pères. ♦ Adj. Aujourd'hui, dans le langage officiel, *écoles congréganistes*, écoles dirigées par les frères des écoles chrétiennes ou par les sœurs des diverses obédiences.

CONGRÉGATION, n. f. [kɔ̃gregasjɔ̃] (lat. *congregatio*, de *congregare*, rassembler) Réunion, assemblée. *La congrégation des fidèles*, l'Église romaine. ♦ Compagnie de religieux ou de prêtres séculiers soumis à une même règle. *Congrégation d'hommes, de filles.* ♦ Confrérie de dévotion mise sous l'invocation d'un saint. ♦ ▷ Certain nombre de cardinaux et d'ecclésiastiques choisis par le pape pour éclaircir ou décider quelque affaire qui regarde l'Église. *La congrégation de la Propagande.* ◁

CONGRÈS, n. m. [kɔ̃grɛ] (lat. *congressus*, rencontre, de *congredi*, aller trouver) Assemblée de ministres plénipotentiaires, qui se rassemble pour régler certains points de droit international. ♦ Nom collectif désignant le sénat et la chambre des représentants aux États-Unis et en Belgique. ♦ Réunion de personnes qui se rassemblent pour échanger leurs idées ou se communiquer leurs études sur un objet où elles sont compétentes. *Congrès scientifique, archéologique, etc.* ■ ▷ Rapport sexuel. ◁

CONGRESSISTE, ■ n. m. et n. f. [kɔ̃gresist] (*congrès*) Personne qui participe à un congrès.

CONGRÈVE, n. f. [kɔ̃grɛv] (angl. *Congreve['s rocket]*, fusée de Congreve, de W. Congreve, 1772-1828, colonel anglais) *Fusée à la congrève*, fusée qui, garnie d'une mèche inextinguible, lance, en éclatant, d'autres petites fusées très meurtrières.

CONGRU, UE, adj. [kɔ̃gry] (lat. *congruus*, conforme) Qui est conçu ou qui s'exprime en termes exacts et précis. *Réponse congrue.* ♦ Théol. *Grâce congrue*, grâce proportionnée à l'effet qu'elle doit produire, ou à la disposition de celui qui la reçoit. ♦ Dans le langage ecclésiastique, *portion congrue*, pension annuelle que le gros décimateur payait au curé pour sa subsistance. ♦ Par extens. *Portion congrue*, traitement fort exigu. *Mettre à la portion congrue.*

CONGRUENCE, ■ n. f. [kɔ̃gryɑ̃s] (lat. impér. *congruentia*, proportion, conformité) Math. Rapport entre deux nombres dont la différence est multiple d'un troisième. ■ Fait de coïncider, similitude. « *Une considération jusque-là entièrement inédite à propos des écrivains : celle de leur union de gravité émotionnel et imaginatif, et de son plus ou moins de congruence avec la structure de leurs œuvres* », GRACQ.

CONGRUENT, ENTE, adj. [kɔ̃gryɑ̃, ɑ̃t] (lat. *congruens*, p. prés. de *congruere*, concorder) Qui convient à.

CONGRUITÉ, n. f. [kɔ̃gryite] (lat. médiév. *congruitas*, conformité) Théol. Efficacité de la grâce qui agit, tout en conservant l'action du libre arbitre.

CONGRÛMENT ou **CONGRUMENT**, adv. [kɔ̃grymɑ̃] (*congru*) D'une manière congrue, correcte. « *Parler congrûment* », MOLIÈRE. ♦ Pertinemment. *Parler congrûment d'une chose, d'une affaire.* ♦ Régulièrement. « *Lui, c'est un homme d'ordre et qui vit congrûment* », REGNARD.

CONIDIE, ■ n. f. [kɔnidi] (lat. sav. *conidium*, du gr. *konis*, poussière) Bot. Spore participant à la reproduction asexuée des champignons.

CONIFÈRE, adj. [kɔnifɛr] (lat. *conifer*, qui porte des fruits en cône) Bot. Qui porte un fruit de figure de cône. ♦ N. m. *Les conifères.*

CONIQUE, adj. [kɔnik] (gr. *kônikos*) Qui a la forme d'un cône. ♦ *Les sections coniques* et elliptiquement *les coniques*, les courbes qui résultent des diverses sections du cône par un plan, savoir le cercle, l'ellipse, la parabole et l'hyperbole. ■ N. f. Géom. Intersection entre un cône de dimension infinie et un plan dans l'espace.

CONJECTURAL, ALE, adj. [kɔ̃ʒɛktyral] (lat. *conjecturalis*) Qui ne repose que sur des conjectures. *Un art conjectural. Raisonnements conjecturaux.*

CONJECTURALEMENT, adv. [kɔ̃ʒɛktyral(ə)mɑ̃] (*conjectural*) D'une manière conjecturale.

CONJECTURE, n. f. [kɔ̃ʒɛktyr] (lat. *conjectura*, de *conjicere*, réunir en un point) Opinion établie sur des probabilités. « *On peut sur le passé former ses conjectures* », P. CORNEILLE.

CONJECTURÉ, ÉE, p. p. de conjecturer. [kɔ̃ʒɛktyre]

CONJECTURER, v. tr. [kɔ̃ʒɛktyre] (*conjecture*) Juger par conjecture. *Conjecturer les choses futures.* ♦ Absol. « *Éternellement obligé de conjecturer sur des matières très douteuses* », FONTENELLE.

CONJOINDRE, v. tr. [kɔ̃ʒwɛ̃dr] (lat. *conjungere*, lier ensemble) Joindre avec. ♦ Unir par le mariage. ♦ Se conjoindre, v. pr. Être conjoint.

CONJOINT, OINTE, p. p. de conjoindre. [kɔ̃ʒwɛ̃, wɛ̃t] *Personnes conjointes*, personnes qui agissent dans le même intérêt ou comprises dans le même legs. *Légataires conjoints.* ♦ *Legs conjoint*, legs fait conjointement à plusieurs. ♦ Bot. *Feuilles, étamines conjointes*, celles qui paraissent comme soudées ensemble. ♦ Mus. *Intervalles, degrés conjoints*, intervalles de seconde, c'est-à-dire qui se suivent dans l'ordre de la gamme. ♦ N. m. et n. f. Chacun des époux, par rapport à l'autre. *Les futurs conjoints.*

CONJOINTEMENT, adv. [kɔ̃ʒwɛ̃t(ə)mɑ̃] (*conjoint*) D'une manière conjointe, ensemble, simultanément. *Les deux frères règnent conjointement.* ♦ *Legs fait conjointement*, legs fait à plusieurs légataires. ♦ De concert. *Agir conjointement avec...*

CONJONCTEUR-DISJONCTEUR, ■ n. m. [kɔ̃ʒɔ̃ktœrdisʒɔ̃ktœr] (*conjoncteur* et *disjoncteur*) Électr. Interrupteur présentant simultanément les caractéristiques d'un conjoncteur et d'un disjoncteur. *Des conjoncteurs-disjoncteurs.*

CONJONCTIF, IVE, adj. [kɔ̃ʒɔ̃ktif, iv] (b. lat. *conjunctivus*) Qui conjoint, qui unit. ♦ Gramm. Qui sert à rattacher un mot à un mot, une proposition à une proposition. *Locutions conjonctives*, conjonctions composées de plusieurs mots, telles que *c'est pourquoi. Les particules conjonctives*, et elliptiquement *les conjonctives*, les conjonctions *et, ni, ou. Pronoms ou adjectifs conjonctifs*, ainsi nommés parce qu'ils servent à unir deux propositions. ♦ N. m. Syn. de subjonctif. *La grammaire exige ici le conjonctif.* ■ Anat. *Tissu conjonctif*, tissu qui unit différents éléments de l'organisme. ■ *Syllogisme conjonctif*, syllogisme dont la majeure présente une affirmation presque identique à celle de la conclusion. *Si l'âme est simple elle est immortelle, or elle est simple, donc elle est immortelle* est un syllogisme connu.

CONJONCTION, n. f. [kɔ̃ʒɔ̃ksjɔ̃] (lat. *conjunctio*, union, liaison) L'acte ou l'action de conjoindre. ♦ Union conjugale. ■ Astron. Rencontre de deux planètes dans une ligne droite, par rapport à un certain point de la Terre. *Deux astres qui entrent en conjonction. Les conjonctions des planètes jouaient un grand rôle dans l'astrologie.* ■ Gramm. Mot invariable qui met deux phrases en rapport. *Car est une conjonction.* ♦ Coïncidence entre plusieurs faits. ■ *En conjonction avec*, conjointement avec.

CONJONCTIONNEL, ELLE, adj. [kɔ̃ʒɔ̃ksjɔnɛl] (*conjonction*) Gramm. Qui tient de la conjonction.

CONJONCTIVAL, ALE, ■ adj. [kɔ̃ʒɔ̃ktival] (*conjonctive*) Anat. Qui a trait à la conjonctive. *La muqueuse conjonctivale.*

CONJONCTIVE, n. f. [kɔ̃ʒɔ̃ktiv] (m. fr. (*telle*) *conjonctive*, toile conjonctive) Anat. Membrane muqueuse qui tapisse le devant de l'œil, excepté sur la cornée, et qui attache le globe de l'œil aux paupières. ■ Gramm. Abréviation courante utilisée pour parler d'une proposition subordonnée conjonctive.

CONJONCTIVITE, ■ n. f. [kɔ̃ʒɔ̃ktivit] (*conjonctive*) Méd. Inflammation de la conjonctive qui se traduit généralement par des rougeurs.

CONJONCTURE, n. f. [kɔ̃ʒɔ̃ktyr] (réfection, d'après le lat. *conjunctus*, de l'anc. fr. *conjoinure*, récit ordonné, de *conjoint*,) Rencontre de certains événements dans le même point. « *Toute confiance est dangereuse, si elle n'est entière ; il y a peu de conjonctures où il ne faille tout dire ou tout cacher* », LA BRUYÈRE. ♦ Ensemble des données qui caractérisent une situation, un état. *La conjoncture économique.*

CONJONCTUREL, ELLE, ■ adj. [kɔ̃ʒɔ̃ktyrɛl] (*conjoncture*) Qui a trait à la conjoncture. *Un problème conjoncturel.*

CONJONCTURISTE, ■ n. m. et n. f. [kɔ̃ʒɔ̃ktyrist] (*conjoncture*) Écon. Spécialiste qui prend en compte tous les paramètres d'une conjoncture pour en dresser un bilan et établir les éventuels bouleversements qui en découlent.

CONJOUIR (SE), v. pr. [kɔ̃ʒwir] (lat. chrét. *congaudere*) ▷ Se réjouir avec quelqu'un de ce qui lui est arrivé d'heureux. *Permettez que je me conjouisse avec vous*, etc. ◆ Il est vieux. ◁

CONJOUISSANCE, n. f. [kɔ̃ʒwisɑ̃s] (radic. du p. prés. de *conjouir*) Action de se conjouir.

CONJUGABLE, adj. [kɔ̃ʒygabl] (*conjuguer* ; b. lat. *conjugabilis*, qui peut être réuni) Qui peut être conjugué.

CONJUGAISON, n. f. [kɔ̃ʒygɛzɔ̃] (lat. *conjugatio*, alliage, union ; b. lat., conjugaison) Suite ordonnée des formes d'un verbe aux trois personnes du singulier et du pluriel dans tous les temps et dans tous les modes. ◆ Classes où l'on fait rentrer les verbes dont les terminaisons ont de l'analogie. ◆ **Anat.** Conjugaison de nerfs, paire de nerfs. Peu usité aujourd'hui en ce sens. ■ Action d'unir dans la poursuite d'un objectif commun. *La conjugaison des compétences.* ■ **Biol.** Forme de reproduction sexuée des organismes unicellulaires au cours de laquelle deux cellules effectuent un transfert de matériel génétique pour en former une troisième.

CONJUGAL, ALE, adj. [kɔ̃ʒygal] (lat. *conjugalis*, de *conjux*, époux, épouse) Qui tient à l'union entre le mari et la femme. *Les liens conjugaux. La foi conjugale.*

CONJUGALEMENT, adv. [kɔ̃ʒygal(ə)mɑ̃] (*conjugal*) Selon l'union qui existe entre le mari et la femme.

CONJUGATEUR, ■ n. m. [kɔ̃ʒygatœr] (*conjuguer*) **Inform.** Logiciel, qui à partir d'un mot-clé, donne les différentes conjugaisons du verbe souhaité. *Les traitements de textes sont en principe assortis d'un conjugateur.*

CONJUGUÉ, ÉE, p. p. de conjuguer. [kɔ̃ʒyge] **Grav.** *Pierres conjuguées*, pierres gravées où les têtes sont représentées sur le même profil. ◆ **Bot.** *Feuilles conjuguées*, feuilles composées, dont les folioles sont disposées par paires, des deux côtés du pétiole. ◆ **Phys.** *Foyers conjugués*, foyers d'un système de deux miroirs ou de deux lentilles, disposés de manière que les rayons qui partent de l'un arrivent à l'autre. ◆ *Acide conjugué*, acide que l'on considère comme formé de deux ou plusieurs autres, en proportions définies. ◆ Qui a reçu les flexions de la conjugaison. *Verbe conjugué.*

CONJUGUER, v. tr. [kɔ̃ʒyge] (lat. *conjugare*, unir, lat. imp. marier) Unir. Peu usité en ce sens. ◆ **Gramm.** Assembler dans un ordre déterminé les différentes inflexions ou terminaisons des modes, des temps, des personnes et des nombres d'un verbe. ◆ **Absol.** *Savoir conjuguer.* ◆ Se conjuguer, v. pr. Être conjugué. *Ce verbe se conjugue avec l'auxiliaire être.*

CONJUNGO, n. m. [kɔ̃ʒɔ̃go] ((*ego*) *conjungo* (*vos in matrimonium*), je vous unis en mariage, formule chrétienne) Mot latin qui se dit par plaisanterie pour la formule du mariage. *Prononcer le conjungo.* ◆ Le mariage lui-même.

CONJURATEUR, TRICE, n. m. et n. f. [kɔ̃ʒyratœr, tris] (suivant le sens, lat. médiév. *conjurator*, celui qui s'engage par serment, ou *conjurer* trans.) Personne qui forme, dirige une conjuration. Sens aujourd'hui inusité. ◆ Magicien qui conjurait les démons et les tempêtes. ■ **Adj.** Qui est capable de conjurer, d'enlever un mal. *Un médaillon au pouvoir conjurateur.* ■ **Par extens.** Conspirateur, comploteur.

CONJURATION, n. f. [kɔ̃ʒyrasjɔ̃] (suivant le sens, lat. *conjuratio*, conspiration, ou *conjurer* trans.) Complot contre le prince ou l'État. ◆ **Par extens.** Ligue, cabale. ◆ Exorcisme ou cérémonie pour chasser l'esprit malin et d'autres choses nuisibles. ◆ Paroles de sortilège. *Le magicien commença ses conjurations.* ◆ Au pl. Prières instantes, avec protestations, promesses.

CONJURATOIRE, ■ adj. [kɔ̃ʒyratwar] (*conjurer* trans.) Dont l'utilité est de conjurer un maléfice. *Un médaillon conjuratoire.*

CONJURÉ, ÉE, p. p. de conjurer [kɔ̃ʒyre] (lat. *conjuratus*, lié par serment) Qui prend part à un complot. ◆ N. m et n. f. *Un conjuré, une conjurée.*

CONJURER, v. tr. [kɔ̃ʒyre] (lat. *conjurare*, jurer ensemble, conspirer) Projeter par complot, par ligue. « *Les Juifs virent mille fois tout l'univers conjurer leur ruine* », MASSILLON. ◆ V. intr. *Ces deux puissances ont conjuré de le perdre. Cet ambitieux était toujours prêt à conjurer.* ◆ **Par extens.** *Conjurer contre quelqu'un*, se concerter avec d'autres contre les intérêts de quelqu'un. ◆ V. tr. Exorciser. *Conjurer les démons.* ◆ Détourner, soit par des cérémonies religieuses, soit par des pratiques magiques. *Conjurer la foudre.* ◆ **Fig.** *Conjurer l'orage*, détourner un péril, un malheur qui menace. *Conjurer la colère céleste.* ◆ Prier avec beaucoup d'instance. « *Ils conjuraient ce Dieu de veiller sur vos jours.* », RACINE. ◆ *Se conjurer*, se liguer. ■ **Par extens.** Écarter une difficulté, détourner un problème. *Conjurer un danger.*

CONNAISSABLE, adj. [kɔnesabl] (radic. du p. prés. de *connaître*) Qui peut être connu.

CONNAISSANCE, n. f. [kɔnesɑ̃s] (radic. du p. prés. de *connaître*) État de l'esprit de celui qui connaît et discerne. *La connaissance du bien et du mal.* ◆ *L'âge de connaissance*, l'âge où l'on agit avec discernement. ◆ *À ma connaissance, de ma connaissance*, c'est-à-dire je sais que. ◆ *Avoir connaissance de*, connaître, savoir, être au courant de. ◆ *Avoir connaissance de*, avoir des nouvelles de, des renseignements. ◆ *Donner connaissance*, faire connaître. ◆ *Venir à la connaissance*, être connu par une voie quelconque. ◆ *Prendre connaissance d'une chose*, l'examiner, s'en faire rendre compte. ◆ *Agir, parler en connaissance de cause*, avec connaissance de cause, pertinemment, pour raisons connues. ◆ *Avoir une grande connaissance des affaires*, y être très habile. ◆ *Avoir une grande connaissance des tableaux, des livres*, se connaître très bien en tableaux, en livres. ◆ État de celui qui se connaît lui-même, qui a le sentiment de son existence. *Avoir toute sa connaissance. Être sans connaissance.* ◆ **Dr.** *Droit de connaître et de juger. La connaissance de ce crime appartient à tel tribunal.* ◆ **Mar.** *On a connaissance des côtes par les divers signes qui s'y rencontrent, la couleur et hauteur des terres, caps et montagnes, nature du fond, etc.* ◆ *Avoir connaissance d'un navire*, l'apercevoir en mer de la côte sur laquelle on est. ◆ *Connaissance des temps*, almanach nautique publié depuis 1679 par le Bureau des longitudes. ◆ Au pl. Lumières acquises, savoir, érudition sur divers sujets. *Les connaissances humaines.* ◆ Liaison qui se fait entre des personnes qui se voient, qui se fréquentent. ◆ *Faire connaissance avec quelqu'un*, ou *faire la connaissance de quelqu'un*, nouer avec lui quelque liaison. ◆ *Gens de connaissance*, gens que l'on connaît ou qui se connaissent entre eux. ◆ *Une figure de connaissance*, une personne que l'on connaît. ◆ *Être en connaissance avec quelqu'un*, avoir des relations avec lui. *Renouveler connaissance avec quelqu'un.* ◆ Personne avec qui on a ce genre de liaison. *De vieilles connaissances.* ◆ On dit qu' *un homme est en pays de connaissance*, pour signifier qu'il est en un lieu où il a des connaissances, et fig. qu'il a à traiter des matières qui lui sont familières. ◆ Marques, traces du pied de la bête, au moyen desquelles on reconnaît son âge et sa grosseur, etc.

CONNAISSANT, ANTE, adj. [kɔnesɑ̃, ɑ̃t] (*connaître*) Qui connaît. *L'être sensible et connaissant*, c'est-à-dire l'individu humain.

CONNAISSEMENT, n. m. [kɔnes(ə)mɑ̃] (*connaître*) Acte, entre l'armateur et le capitaine, qui constate le chargement des marchandises sur un navire et les conditions du transport.

CONNAISSEUR, EUSE, n. m. et n. f. [kɔnesœr, øz] (*connaître*) Celui, celle qui se connaît à quelque chose. ◆ **Adj.** *Il porta un œil connaisseur sur ces tableaux.* ◆ Celui qui juge bien des productions des beaux-arts. *C'est un connaisseur.* ■ *En connaisseur*, avec l'autorité d'une personne qui a compétence en la matière. *Je vous le dis en connaisseur.*

CONNAÎTRE ou **CONNAITRE**, v. tr. [kɔnetr] (lat. *cognoscere*, apprendre à connaître, étudier) Savoir ce qu'est une personne ou une chose. ◆ *Se faire connaître*, dire son nom, dire son rang. ◆ *Se faire connaître*, appeler sur soi l'attention, montrer de quoi l'on est capable. ◆ *Se faire connaître*, venir à la connaissance, en parlant des choses. *La vérité se fait connaître.* ◆ *Ne vouloir pas être connu*, garder l'incognito. ◆ **Fam.** *Ne connaître ni Dieu, ni diable*, n'avoir point de religion. ◆ Avoir des relations d'affaires ou de société avec quelqu'un. ◆ **Fam.** *Connaître beaucoup de monde.* ◆ **Fam.** *Je ne le connais ni d'Ève ni d'Adam*, je ne le connais aucunement. ◆ *Ne plus connaître quelqu'un*, ne plus vouloir l'aborder ou en être abordé. ◆ Savoir, avoir appris, s'apercevoir. *Vous connaissez mon malheur.* « *Ils connaissent que la gloire ne peut s'accorder qu'avec le mérite* », BOSSUET. ◆ Être devenu habile en. *Il connaît les mathématiques.* ◆ **Fam.** *C'est un homme qui ne connaît rien*, c'est un ignorant. ◆ **Absol.** S'instruire, s'éclairer. *Le désir de connaître.* ◆ Discerner. *Connaître le bien et le mal.* ◆ Distinguer, reconnaître. *Il me connut à la voix.* ◆ **Absol.** « *Votre enfant embellit ; elle rit, elle connaît* », MME DE SÉVIGNÉ. ◆ **Fig.** *Je ne le connais plus*, ce n'est plus le même homme. ◆ Apprécier, juger. « *Je vous connaissais mal* », P. CORNEILLE. ◆ *Connaître son monde*, bien juger les gens à qui l'on a affaire. ◆ Admettre. *Ne connaître de bonheur que dans la vertu.* ◆ Ressentir, être sujet à. *On ne connaît point l'hiver à la Martinique.* « *Les dieux... Sont témoins si ma bouche a connu l'imposture* », VOLTAIRE. ◆ Se soumettre. *Il ne connaît plus rien*, sa passion l'emporte. « *Une liberté qui ne connaît aucune règle* », BOSSUET. ◆ Ne considérer que, tenir exclusivement à. *Ne connaître que son devoir.* ◆ **Fam.** *Je ne connais que cela*, c'est la seule chose à faire ◆ V. intr. **Dr.** *Connaître de*, avoir caractère pour juger ou faire des actes d'instruction en certaines causes. *Ce tribunal connaît des matières civiles.* ◆ *Se connaître*, v. pr. Savoir qui on est. ◆ *Se connaître*, avoir la connaissance de ses sentiments, de ses forces. *Connais-toi toi-même.* ◆ *Ce malade ne se connaît plus*, il n'a plus sa connaissance. ◆ *Ne plus se connaître*, être hors de soi. ◆ *Ne pas se connaître*, méconnaître sa condition. ◆ *Se connaître*, être de connaissance, être lié. ◆ *Se connaître à* ou *en*, pouvoir bien juger d'une matière. ◆ En parlant des choses, être jugé, apprécié. *L'arbre se connaît à ses fruits.* ■ **Impers.** *Il se connaît que*, on connaît, on voit que. ■ **Fam.** *S'y connaître en*, avoir les compétences pour. *Elle s'y connaît en informatique.* ■ **Fig.** et fam. *Connaître la chanson*, avoir entendu un grand nombre de fois la même chose au point d'en être lassé.

CONNARD, ASSE ou **CONARD, ASSE**, ■ n. m. et n. f. [kɔnar, as] (*con*, p.-ê. altération de *cornard*) Très fam. Imbécile, idiot.

CONNÉ, ÉE, adj. [kɔne] (lat. *connatus*, né avec) Qu'on apporte en naissant. *Maladie connée,* maladie congénitale. ♦ **Bot.** *Feuille connée,* celle qui est réunie par sa base avec une semblable qui lui est opposée.

CONNEAU, ■ n. m. [kɔno] (*con*) Très fam. Abruti, idiot.

CONNECTABLE, ■ adj. [kɔnɛktabl] (*connecter*) Qui est propre à être connecté. *Un lecteur de DivX connectable à Internet.*

CONNECTER, ■ v. tr. [kɔnɛkte] (lat. *conectere*, attacher ensemble) Rendre connexe, mettre en relation ou en contact, relier. *Il faut connecter les nouveaux abonnés au réseau téléphonique.* ■ Se connecter, v. pr. *Il s'est connecté à Internet.*

CONNECTEUR, ■ n. m. [kɔnɛktœʀ] (*connecter*) Appareil permettant d'établir des liaisons électriques entre plusieurs conducteurs. ■ **Télécomm.** Élément d'un central téléphonique servant à relier deux lignes. ■ **Ling.** Terme propre à relier deux phrases. *Connecteur logique.*

CONNECTIF, IVE, ■ adj. [kɔnɛktif, iv] (*connecter*) **Ling.** Qui crée une liaison grammaticale. ■ **N. m. Méd.** Syn. rare de conjonctif. ■ **Bot.** Chez certaines plantes, partie de l'étamine qui porte les anthères.

CONNECTIQUE, ■ n. f. [kɔnɛktik] (*connecter*) **Électr.** Ensemble des technologies et dispositifs utilisés pour permettre une liaison entre différents constituants électroniques. *Les accessoires de la connectique, une connectique vidéo.*

CONNERIE, ■ n. f. [kɔn(ə)ʀi] (*con*) Très fam. Sottise, ânerie. *Dire une connerie.*

CONNÉTABLE, n. m. [kɔnetabl] (b. lat. *comes stabuli*, comte de l'étable, grand écuyer) Titre du principal officier dans la maison des premiers rois de France et dans celle des grands feudataires. ♦ Titre du commandant général des armées. *La charge de connétable commença en 1218 et fut supprimée en 1627.* ♦ **N. f.** La femme du connétable. *Madame la connétable.* ■ **N. m.** Sous Napoléon Ier, haut dignitaire de l'empire.

CONNÉTABLIE, n. f. [kɔnetabli] (*connétable*) Autrefois, la juridiction des maréchaux de France sur les gens de guerre ; et aussi leur juridiction pour les affaires qui regardaient le point d'honneur. ♦ Les gens attachés au tribunal de la connétablie.

CONNEXE, adj. [kɔnɛks] (lat. *conexus*, p. p. de *conectare*, attacher ensemble) Qui a des rapport intimes avec d'autres choses. *Cause connexe à...* ♦ **Bot.** *Feuilles connexes,* feuilles dans lesquelles les pétioles opposés se soudent ensemble par la base. ■ **Dr.** *Affaires, causes connexes,* qui entretiennent un lien et qui sont jugées par le même tribunal.

CONNEXION, n. f. [kɔnɛksjɔ̃] (lat. *conexio*, enchaînement) Action de lier, d'unir des choses l'une avec l'autre ; résultat de cette action. ♦ **Fig.** La liaison, l'enchaînement d'une ou de plusieurs choses avec d'autres. *La connexion des idées.* ■ Action d'établir une liaison entre deux conducteurs, deux appareils, deux réseaux. ■ **Spécialt** Liaison établie avec le réseau Internet.

CONNEXITÉ, n. f. [kɔnɛksite] (*connexe*) Qualité de ce qui est connexe. ♦ **Dr.** Liaison entre des affaires qui demandent à être jugées par un même jugement.

CONNIVENCE, n. f. [kɔnivɑ̃s] (lat. *coniventia*, indulgence, de *conivere*, fermer les yeux) Action de conniver, et par suite, dessein prémédité de ne pas nuire, de cacher la faute d'un autre. ♦ Action de prêter les mains à quelque chose de secret ou de coupable. *Ils agirent de connivence.* ■ *Agir de connivence,* agir de concert et d'une façon plus ou moins cachée.

CONNIVENT, ENTE, adj. [kɔnivɑ̃, ɑ̃t] (lat. *conivens*, p. prés. de *conivere* au sens propre, se pencher ensemble) **Anat.** *Valvules conniventes,* replis circulaires très multipliés qui sont dans le canal intestinal de l'homme seul. ♦ **Bot.** Dont les sommets tendent à se rapprocher, en parlant des divisions de la corolle, du calice. ♦ **Entomol.** *Ailes conniventes,* ailes qui, étant redressées, se touchent par un point de leur face supérieure.

CONNIVER, v. intr. [kɔnive] (lat. *conivere*) ▷ Fermer les yeux sur ce qu'on n'ose pas ou ne veut pas apercevoir, et par suite dissimuler en justice les faits à la charge d'un accusé, et prendre ainsi part à une mauvaise action. *Conniver à un abus, à un crime.* ◁ ■ *Conniver avec quelqu'un, quelque chose. Il l'avait accusé de conniver avec le ministère.*

CONNOTATION, ■ n. f. [kɔnɔtasjɔ̃] (lat. scolast. *connotatio*, indication seconde) Propriété d'un terme de signifier en plus de son objet certaines significations secondaires. *Les diverses connotations d'un mot sont difficiles à répertorier dans un dictionnaire.* ■ **Ling.** Valeur affective et implicite d'un mot dans un contexte donné. *La connotation relève du discours et non de la langue. Connotation péjorative. Connotation méliorative.*

CONNOTER, ■ v. tr. [kɔnɔte] (lat. scolast. *connotare*) Indiquer une idée secondaire se rattachant à l'idée principale. *La nuit et l'hiver connotent souvent*

pour les poètes l'idée de silence et parfois de mort. « *Il n'est de blason ? fût-ce municipal ? que ne connote une devise* », LEIRIS.

CONNU, UE, p. p. de connaître. [kɔny] **Absol.** Célèbre. *C'est un homme très connu.* ♦ **Fam.** *Ni vu, ni connu,* sans que nul ne s'en aperçoive. ♦ **N. m.** Ce qui est connu. *Passer du connu à l'inconnu.*

CONOÏDE, adj. [kɔnoid] (gr. *kônoeidês*) Qui a la forme d'un cône. ♦ **N. m.** Solide formé par la révolution d'une section conique autour de son axe.

CONOPÉE, ■ n. m. [kɔnɔpe] (lat. médiév. *conopeum*, du lat. *conopeum,* gr. *kônôpeion,* moustiquaire) **Relig.** Étoffe couvrant le tabernacle.

CONQUE, n. f. [kɔ̃k] (lat. *concha,* gr. *kogkhê,* coquillage) Grande coquille marine, de l'espèce des bivalves. ♦ L'animal qui vit dedans. ♦ Coquille en spirale dont les tritons de la Fable se servaient comme de trompe. ♦ **Anat.** Cavité profonde que présente dans son milieu le pavillon de l'oreille, et dans laquelle est l'orifice du conduit auditif. ■ **Mus.** Instrument ayant la forme d'une grande coquille conique, concave et ouverte dans laquelle on soufflait. *Triton soufflait dans sa conque pour apaiser les flots.* ♦ **Archit.** Voûte ayant la forme d'un demi-cercle, notamment dans les édifices religieux. *Une conque absidale.*

1 CONQUÉRANT, ANTE, n. m. et n. f. [kɔ̃keʀɑ̃, ɑ̃t] (*conquérir*) Personne qui a fait de grandes conquêtes. « *Un conquérant est un homme que les dieux, irrités contre le genre humain, ont donné à la terre dans leur colère pour ravager les royaumes, pour répandre partout l'effroi...* », FÉNELON. *Zénobie fut une illustre conquérante.* ♦ **Fig.** Personne qui, par son air, par ses manières et par sa bonne mine, gagne les cœurs.

2 CONQUÉRANT, ANTE, adj. [kɔ̃keʀɑ̃, ɑ̃t] (*conquérir*) Qui conquiert, qui fait des conquêtes. *Un roi conquérant.* ♦ **Fam.** et **fig.** *Avoir un air conquérant,* tirer avantage de sa bonne mine, afficher de la présomption.

CONQUÉRIR, v. tr. [kɔ̃keʀiʀ] (lat. vulg. *conqærere,* du lat. *quærere,* chercher) Soumettre par les armes. *Les Français ont conquis l'Algérie.* ♦ **Absol.** « *Il aime à conquérir, mais il hait les batailles* », P. CORNEILLE. ♦ **Fig.** *Conquérir le ciel, les cœurs, l'estime.* ♦ Se conquérir, v. pr. Faire la conquête l'un de l'autre. ♦ Être conquis. *Ici la faveur se conquiert par le mérite.*

CONQUÊT, n. m. [kɔ̃kɛ] (lat. vulg. *conqæsitus,* p. p. de *conqærere*) Ce qu'on acquiert par son industrie, et qui ne vient point de succession. ♦ Acquêt fait durant la communauté des époux.

CONQUÊTE, n. f. [kɔ̃kɛt] (fém. de *conquêt*) Action de conquérir. *La conquête des Gaules par César.* ♦ Vivre comme dans un pays de conquête, vivre à discrétion, sans gêne. ♦ Résultat de la conquête ; terre, ville conquise. *Napoléon perdit ses conquêtes.* ♦ **Fig.** « *Ceux qui travaillent à la conquête des âmes* », BOSSUET. ♦ *Faire la conquête de quelqu'un,* lui inspirer de la sympathie. ♦ Victoire qui s'obtient sur un cœur, et aussi personne conquise. *C'est une jolie personne qui fera bien des conquêtes.* ♦ **Fam.** *Avoir, se donner des airs de conquête,* prendre des airs avantageux.

CONQUIS, ISE, p. p. de conquérir. [kɔ̃ki, iz] *Traiter une province en pays conquis,* la gouverner arbitrairement.

CONQUISTADOR, ■ n. m. [kɔ̃kistadɔʀ] (mot esp., de *conquista,* conquête) **Hist.** Conquérant espagnol parti coloniser le Nouveau Monde. ♦ **Fig.** Personne au tempérament aventureux qui se comporte avec panache. *Ce jeune homme est très ambitieux, un vrai conquistador. Des conquistadors* ou *des conquistadores* (pluriel espagnol).

CONSACRANT, adj. m. [kɔ̃sakʀɑ̃] (*consacrer*) *L'évêque consacrant* et n. m. le *consacrant,* celui qui en sacre un autre. ♦ Le prêtre qui dit la messe et qui consacre l'hostie. ■ **Rem.** Le terme *consécrateur,* qui a le même sens, est plus usité. *L'évêque consécrateur.*

CONSACRÉ, ÉE, p. p. de consacrer. [kɔ̃sakʀe] *Hostie consacrée,* celle sur laquelle le prêtre a prononcé les paroles sacramentelles. ♦ *La terre consacrée,* le cimetière chez les catholiques. ♦ Sanctionné. ♦ *Une expression consacrée par l'usage* ou absol. *une expression consacrée.* ♦ *Selon l'expression consacrée,* selon la formule en usage dans ce cas précis. *Ni vu ni connu, selon la formule consacrée.*

CONSACRER, v. tr. [kɔ̃sakʀe] (anc. fr. *cunsecrer,* du lat. *consecrare,* refait d'après *sacrer*) Dédier, dévouer à la divinité. ♦ Se consacrer, consacrer à soi. « *Les dépouilles que le Seigneur s'était consacrées* », MASSILLON. ♦ Convertir le pain et le vin en propre substance un corps et sang de Jésus-Christ. *Consacrer l'hostie.* ♦ **Absol.** *On ne consacre point le jour du Vendredi saint.* ♦ Par extension, rendre sacré, respectable, honorable. *Le sang des martyrs a consacré ce lieu. Consacrer ses erreurs.* ♦ En général, destiner, dévouer à. *Consacrer sa vie à l'étude.* ♦ Sanctionner. *L'usage a consacré cette locution.* ♦ Se consacrer, v. pr. *Se consacrer à Dieu, à l'étude.* ♦ Être consacré.

CONSANGUIN, INE, adj. [kɔ̃sɑ̃gɛ̃, in] (lat. *consanguineus*) Qui a parenté du côté paternel seulement. ♦ *Frère consanguin, sœur consanguine,* frère, sœur de père seulement. ♦ **N. m.** et n. f. *Les consanguins et les utérins.* ■ *Mariage consanguin,* contracté entre parents proches.

CONSANGUINITÉ, n. f. [kɔ̃sɑ̃ginite] (lat. *consanguinitas*) La parenté du côté du père. ■ Parenté entre personnes ayant des ancêtres communs.

CONSCIEMMENT, ■ adv. [kɔ̃sjamɑ̃] (*conscient*) En conscience, de manière lucide. *Le policier lui demanda s'il pouvait consciemment écouter la lecture de ses droits.* ■ **Par extens.** Volontairement. *Il est consciemment arrivé en retard à son rendez-vous.*

CONSCIENCE, n. f. [kɔ̃sjɑ̃s] (lat. *conscientia*, connaissance en commun, sentiment intime, sentiment moral) Sentiment de soi-même. « *Sitôt que nous avons la conscience de nos sensations* », J.-J. ROUSSEAU. ♦ Témoignage ou jugement secret de l'âme, qui donne l'approbation aux actions bonnes et qui fait reproche des mauvaises. *La voix de la conscience.* ♦ *Pénétrer dans la conscience,* savoir ce qui est dans le cœur d'autrui. ♦ *Opprimer les consciences,* empêcher par la force et l'intimidation la manifestation des sentiments religieux ou moraux. ♦ *La conscience publique,* l'ensemble des opinions morales d'une société, d'un peuple, d'une époque. ♦ *Sur ma conscience, en ma conscience, en conscience,* sorte de serment. ♦ *Avoir une chose sur la conscience,* se la reprocher. ♦ **Fam.** *Avoir sur la conscience,* répondre de. ♦ *J'en ai la conscience nette,* je n'ai point cela à me reprocher. ♦ *Avoir les mains pures et la conscience nette,* être irréprochable. ♦ *Dire tout ce qu'on a sur la conscience,* donner un libre cours à des plaintes qu'on croit fondées et qu'on retenait. ♦ *Décharger sa conscience,* soulager sa conscience, dire une pensée intime que l'on croit devoir dire. ♦ *Avoir de la conscience, être homme de conscience,* être incapable de forfaire à l'honneur, à la probité. ♦ *N'avoir point de conscience, être sans conscience,* ne se faire scrupule de rien. ♦ *Avoir la conscience large,* avoir peu de scrupules. ♦ *Faire conscience de, avoir conscience de,* avoir scrupule de, ne pas vouloir. ♦ Dans le même sens, *se faire une conscience de.* ♦ *Se faire une affaire de conscience,* regarder comme un devoir. ♦ *C'est conscience de, il y a conscience à faire telle chose,* c'est-à-dire on la ferait si la conscience ne s'y opposait. ♦ *En sûreté de conscience,* à l'abri des reproches que peut faire la conscience. ♦ *En conscience,* selon les règles de la conscience. ♦ *En bonne conscience,* signifie aussi avec franchise. ♦ *Par acquit de conscience,* proprement pour le seul effet d'acquitter la conscience, et par suite négligemment, sans intérêt. ♦ **Relig.** Le sentiment des fautes commises. *Faire son examen de conscience. Directeur de conscience.* ♦ *Cas de conscience,* difficulté sur ce que la religion permet ou défend en certaines circonstances. ♦ *Se faire un cas de conscience de quelque chose,* s'en faire scrupule. ♦ *Liberté de conscience,* liberté de ne pas professer la religion dominante dans un pays et de suivre en secret celle à laquelle on appartient ; elle diffère de la liberté des cultes, qui permet d'exercer le culte auquel on est attaché. ♦ *La région du cœur considérée comme le siège de la conscience ; ne s'emploie que dans la locution : Mettre la main sur ou à la conscience, s'examiner de bonne foi.* ♦ **Ellipt.** *La main sur la conscience,* en toute sincérité. ♦ **Fam.** *Se mettre quelque chose sur la conscience,* mettre quelque chose dans son estomac, l'avaler. ♦ En un sens restreint, soin minutieux. *J'ai fait ce travail en conscience.* ♦ **Impr.** Travail à la journée, sans autre mesure que la conscience de l'ouvrier. *Travailler en conscience, à la conscience.* ♦ *Avoir conscience de quelque chose,* s'en rendre clairement compte. *J'ai conscience de la difficulté de la tâche.* ♦ *Conscience professionnelle,* désir d'accomplir une tâche professionnelle honnêtement et avec soin. ■ *Avoir mauvaise* ou *bonne conscience,* avoir ou ne pas avoir quelque motif de remords. ■ **Relig.** *Directeur de conscience,* homme d'Église guidant la conduite morale des fidèles. ■ *En mon âme et conscience,* en toute honnêteté. ■ *Prise de conscience,* révélation par rapport à un état, à une situation passée.

CONSCIENCIEUSEMENT, adv. [kɔ̃sjɑ̃sjøz(ə)mɑ̃] (*consciencieux*) D'une manière consciencieuse.

CONSCIENCIEUX, EUSE, adj. [kɔ̃sjɑ̃sjø, øz] (*conscience*) Qui a de la conscience, en parlant des personnes. ♦ Conforme à la conscience, en parlant des choses. *Travail consciencieux.*

CONSCIENT, ENTE, adj. [kɔ̃sjɑ̃, ɑ̃t] (lat. *consciens*, p. prés. de *conscire,* avoir la connaissance de) **Philos.** Qui a la conscience de soi-même ; qui se sait exister. ■ Qui jouit de sa pleine conscience. *Le blessé n'était pas conscient lorsqu'on l'a transporté à l'hôpital.* ■ Qui se rend clairement compte de quelque chose. *Être conscient de la difficulté de la tâche.* ■ Que l'on fait volontairement, en connaissance de cause. ■ N. m. Partie consciente du psychisme. *Le conscient et l'inconscient.*

CONSCIENTISER, ■ v. tr. [kɔ̃sjɑ̃tize] (*conscient*) Rendre conscient, permettre l'émergence d'une conscience. *Des programmes destinés à conscientiser le public de l'importance de l'environnement.*

CONSCRIPTION, n. f. [kɔ̃skripsjɔ̃] (lat. *conscriptio,* rédaction, mémoire, avec infl. sém. de *conscrit*) ▷ Appel au service militaire, par voie du tirage au sort, des jeunes gens quand ils ont atteint un âge déterminé par la loi. *Tomber à la conscription,* avoir un numéro qui fait qu'on est compris dans la levée. ◁

CONSCRIT, n. m. [kɔ̃skri] (lat. *conscriptus,* p. p. de *conscribere,* inscrire sur une liste, enrôler) Jeune homme inscrit au rôle de la conscription. ♦ Jeune soldat. *Exercer des conscrits.* ♦ **Fam.** *Un conscrit,* un homme jeune et inexpérimenté. ♦ **Adj. m. Antiq.** *Les pères conscrits,* les sénateurs de l'ancienne Rome.

CONSÉCRATEUR, n. m. [kɔ̃sekratœr] (lat. chrét. *consecrator*) **Relig.** Celui qui consacre.

CONSÉCRATION, n. f. [kɔ̃sekrasjɔ̃] (lat. *consecratio,* action de vouer aux dieux) Détermination d'une chose ou d'une personne à quelque usage religieux. *La consécration d'un temple.* ♦ Dans le langage général, destination. *La consécration de ce bâtiment à un service public.* ♦ Action du prêtre qui consacre le pain et le vin à la messe. ♦ Action de consacrer un évêque, un prêtre, une religieuse. ■ Fait d'être reconnu et approuvé publiquement. *La consécration d'un travail.*

CONSÉCUTIF, IVE, adj. [kɔ̃sekytif, iv] (lat. *consecutus,* p. p. de *consequi,* venir après) Se dit de choses qui se suivent immédiatement l'une à l'autre. *Pendant trois jours consécutifs.* ♦ Qui est la suite de quelque chose. *Le dépérissement de santé consécutif à de longs chagrins.* ♦ **Méd.** *Phénomènes* ou *accidents consécutifs d'une maladie,* qui se développent après qu'elle a cessé. ■ **Gramm.** Qui exprime la conséquence. *Proposition, locution consécutive.* ■ *Consécutif à,* en conséquence de.

CONSÉCUTIVEMENT, adv. [kɔ̃sekytiv(ə)mɑ̃] (*consécutif*) D'une manière consécutive. ■ *Consécutivement à,* à la suite de. *Il est en congé consécutivement à de gros ennuis de santé.*

CONSEIL, n. m. [kɔ̃sɛj] (lat. *consilium,* consultation, résolution, conseil) Opinion exprimée pour engager à faire ou à ne pas faire. *Donner un conseil.* ♦ *Prendre conseil de quelqu'un,* le consulter. ♦ *Prendre conseil de quelque chose,* se déterminer en considération d'une chose. *Ne prendre conseil que de sa passion,* n'écouter qu'elle. ♦ *Écouter les conseils de la raison, de la passion,* etc. se laisser conduire par la raison, par la passion. ♦ *Être de bon conseil,* ou *être un homme de bon conseil,* avoir la prudence nécessaire pour donner de bons avis. ♦ **Relig.** Ce qui se conseille, par opposition à ce qui est de précepte, à ce qui se commande. *C'est une chose de conseil.* ♦ Résolution, parti, dessein. « *Le conseil le plus prompt est le plus salutaire* », RACINE. ♦ **Absol.** Résolution habile. « *Il ne laissait rien à la fortune de ce qu'il pouvait lui ôter par conseil et par prévoyance* », BOSSUET.. Au pl. Vues, principes qui dirigent. *Il n'y eut dès lors en ses conseils qu'irrésolution et faiblesse.* ♦ En parlant de la Providence, décrets. « *Qui est entré dans les conseils de Dieu ?* », BOSSUET. ♦ Se dit aussi au sing. *Êtes-vous entré dans le conseil de Dieu ?* ♦ La personne dont on prend avis. *Il est mon conseil.* ♦ Avocat chargé de la cause de quelqu'un. *Tout accusé a le droit de se choisir un conseil.* ♦ *Conseil judiciaire,* personne nommée pour assister un prodigue dans certains actes. ♦ Assemblée qui a à délibérer sur certaines affaires publiques ou privées. « *Les vieillards qui formaient le conseil* », FÉNELON. ♦ *Tenir conseil,* se consulter sur ce qu'il convient de faire. « *La sagesse n'était pas appelée au conseil de ce voyage* », MME DE SÉVIGNÉ. ♦ **Fig.** ♦ *Séance d'un conseil. Il allait au conseil.* ♦ *Chambre du conseil,* chambre où les juges se retirent pour délibérer. ♦ Nom de différents corps chargés de délibérer ou donner leur avis sur des affaires publiques. *Conseil d'administration, de surveillance, etc. Conseil général de département* ou *conseil général,* assemblée de notables élus par les administrés pour assister l'administration du préfet. *Conseil d'arrondissement,* assemblée de notables auprès du sous-préfet, chargée d'opérer la sous-répartition des impositions entre les communes. *Conseil de préfecture,* sorte de tribunal administratif dans chaque département. *Conseil municipal,* assemblée de notables qui assistent le maire dans l'administration de la commune. *Conseil académique,* conseil présidé par le recteur, et chargé, conjointement avec le recteur, d'administrer l'Académie. *Conseil de l'université,* conseil qui assiste le ministre de l'instruction publique dans ses fonctions. *Conseil de guerre,* assemblée des officiers généraux d'une armée pour délibérer sur le parti à prendre en des circonstances importantes ou difficiles. *Conseil de fabrique.* ♦ Nom de diverses juridictions. *Conseil de guerre,* tribunal qui exerce la justice militaire. *Conseil de révision,* tribunal militaire auquel on en appelle des arrêts des conseils de guerre. *Conseil des prises,* commission extraordinaire établie autrefois, en temps de guerre, pour juger les prises de navires capturés sur l'ennemi. *Conseil de discipline,* Voy. DISCIPLINE *Conseil de famille,* assemblée de parents, présidée par le juge de paix, pour régler les intérêts des mineurs et des interdits. *Conseil des Dix,* tribunal secret à Venise. ♦ Nom de différents conseils siégeant auprès du souverain. *Conseil des ministres* ou *le conseil,* la réunion des ministres assemblés pour délibérer sur les affaires de l'État. On dit aussi en ce sens *conseil de cabinet. Conseil d'État,* corps qui a dans ses attributions la charge de préparer les lois, ordonnances et règlements, de résoudre les difficultés en matière administrative et de juger les appels du contentieux administratif. *Conseil privé,* conseil particulier du souverain. ♦ **Prov.** *La nuit porte conseil,* il faut réfléchir avant de prendre une résolution. ♦ *Conseil de classe,* Réunion trimestrielle rassemblant le corps enseignant ainsi que les délégués des élèves et des parents d'élèves, au cours de laquelle est faite la synthèse du travail de chaque élève d'une classe.

CONSEILLÉ, ÉE, p. p. de conseiller. [kɔ̃seje]

1 **CONSEILLER**, v. tr. [kɔ̃seje] (lat. vulg. *consiliare*, du lat. *consiliari*, délibérer) Donner un conseil. ◆ Absol. « *Quand l'arrêt est porté, qui conseille est coupable* », VOLTAIRE. ◆ Suggérer par conseil quelque chose à quelqu'un. ◆ *Conseiller de*, avec l'infinitif. *Je lui conseille de se marier.* ◆ On l'emploie quelquefois avec *que* et le subjonctif. *Il conseilla que cela fût fait.* ◆ Se conseiller à ou avec, v. pr. Prendre conseil de. « *Si vous vous conseilliez à moi, je serais fort embarrassé* », MOLIÈRE. ◆ Prendre conseil de soi-même. « *Il est vrai que chacun volontiers se conseille* », P. CORNEILLE. ◆ Être conseillé. *Une pareille chose ne se conseille pas.*

2 **CONSEILLER, ÈRE**, n. m. et n. f. [kɔ̃seje, ɛR] (lat. *consiliarius*) Celui, celle qui donne conseil. ◆ Fig. *La passion est une conseillère dangereuse.* ◆ Dans le langage précieux, *le conseiller des grâces, le conseiller des dames*, un miroir. ◆ Membre d'un conseil ou de certains tribunaux. *Conseiller d'État, de préfecture, à la cour de cassation*, etc. ◆ N. f. *Conseillère*, la femme d'un conseiller. ■ Dont la profession consiste en partie à conseiller. *Conseiller de vente, conseiller financier.*

CONSEILLEUR, EUSE, n. m. et n. f. [kɔ̃sejœR, øz] (*conseiller*) Celui qui donne des conseils. ◆ Prov. *Les conseilleurs ne sont pas les payeurs*, celui qui donne un conseil n'a pas la responsabilité de la chose qu'il conseille.

CONSENSUEL, ELLE, adj. [kɔ̃sɑ̃sɥɛl] (radic. du lat *consensus*) *Contrat consensuel*, formé par le seul consentement des parties. ■ Qui tient du consensus, qui vise à charmer le plus grand nombre, qui ne prend pas de risque. *Une émission consensuelle.*

CONSENSUS, ■ n. m. [kɔ̃sɑ̃sys] ou [kɔ̃sɛ̃sys] (mot lat., accord) Entente entre plusieurs individus. *Au terme de longues délibérations, ils sont enfin parvenus à un consensus.* ■ Opinion d'une majorité. *Ce référendum a fait apparaître un consensus national.*

CONSENTANT, ANTE, adj. [kɔ̃sɑ̃tɑ̃, ɑ̃t] (*consentir*) Dr. Qui consent. ■ Se dit d'une personne qui répond favorablement aux avances amoureuses d'une autre.

CONSENTEMENT, n. m. [kɔ̃sɑ̃t(ə)mɑ̃] (*consentir*) Uniformité d'opinion. *Le consentement de tous les hommes sur ce point.* ◆ Action de consentir à quelque chose. ◆ Dr. *Consentement exprès*, consentement manifesté de vive voix ou par écrit. ◆ *Du consentement de tout le monde*, locution signifiant selon l'opinion unanime.

CONSENTI, IE, p. p. de consentir. [kɔ̃sɑ̃ti]

CONSENTIR, v. intr. [kɔ̃sɑ̃tiR] (lat. *consentire*, être de même sentiment) Se rendre à un sentiment, à une volonté, à une obligation. *Consentir à une proposition.* ◆ *Consentir à*, avec l'infinitif. *Je consens à partir.* ◆ *Consentir de*, avec l'infinitif. « *D'autres consentent d'être gouvernés par leurs amis, en des choses presque indifférentes* », LA BRUYÈRE. ◆ *Consentir avec que* et le subjonctif. « *Nous consentons que vous soyez le juge entre nous et l'incrédulité* », MASSILLON. ◆ L'usage constant des auteurs est de dire : *je consens que...* et non : *je consens à ce que*. ◆ Mar. Se courber sous un effort. *Cette vergue a consenti.* ◆ V. tr. Dr. *Consentir la vente d'une terre*, l'impôt. ◆ Prov. *Qui ne dit mot consent*, garder le silence peut passer pour un consentement. ■ Octroyer, concéder. *Consentir un prêt.*

CONSÉQUEMMENT, adv. [kɔ̃sekamɑ̃] (*conséquent*) D'une manière conséquente, qui se suit, s'enchaîne. « *Qui doute que les enfants ne raisonnent conséquemment ?* », LA BRUYÈRE. ◆ *Agir, parler conséquemment*, agir, parler conformément à ses vues. ◆ En conséquence. « *Ils décident en leur faveur et agissent conséquemment* », LA BRUYÈRE. ◆ *Conséquemment à*, en conséquence de. *Conséquemment à cette doctrine.*

CONSÉQUENCE, n. f. [kɔ̃sekɑ̃s] (lat. *consequentia*, suite, succession) Conclusion déduite d'un principe, d'un fait. *Tirer une conséquence d'un principe.* ◆ Fig. *Tirer à conséquence*, avoir des suites, être de quelque importance (ici *tirer* est pris d'une façon neutre). ◆ EN CONSÉQUENCE, loc. adv. Conséquemment, conformément à. *J'ai reçu votre lettre et j'agirai en conséquence.* ◆ *En conséquence de. J'agirai en conséquence de vos ordres.* ◆ Suites qu'une chose entraîne. « *Les moindres choses ont de grandes conséquences* », FÉNELON. *De conséquence*, en parlant des choses, qui a des suites, de l'importance. *Ces faits sont de la dernière conséquence.* ◆ *De conséquence*, en parlant des personnes, qui a de l'importance. *C'est un homme de conséquence.* ◆ *Sans conséquence*, sans qu'on doive faire attention à... « *On peut sans conséquence et sans honte ignorer beaucoup de choses hors de son état* », DIDEROT. ◆ *Un homme sans conséquence*, un homme auquel on ne doit pas faire attention, dont les actes et les opinions importent peu.

1 **CONSÉQUENT**, n. m. [kɔ̃sekɑ̃] (lat. *consequens*, ce qui suit) Log. La seconde proposition d'un enthymème, par rapport à antécédent. ◆ Dans un syllogisme, la conclusion même que l'on tire, tandis que la conséquence est la déduction qui la fait tirer. ◆ Math. Le second terme d'un rapport arithmétique ou géométrique. ◆ Gramm. Le deuxième terme d'un rapport. ◆ PAR CONSÉQUENT, loc. adv. En conséquence.

2 **CONSÉQUENT, ENTE**, adj. [kɔ̃sekɑ̃, ɑ̃t] (lat. *consequens*, p. prés. de *consequi*, venir après) Qui suit ou qui se suit, qui agit ou raisonne avec suite. Ne dites pas *conséquent* pour *considérable*. *Un esprit conséquent* signifie un esprit juste, qui raisonne bien. ◆ En parlant des choses. *Conduite conséquente à la doctrine.* ◆ Dans le langage philosophique, on a dit aussi *conséquent de.* ◆ Gramm. Qui suit. *Relatif conséquent.* ◆ N. f. Mus. Conséquente, la deuxième partie d'une fugue. ■ Adj. Géol. Qui suit son cours selon l'inclinaison des couches originelles. ■ Fam. Important. *Un salaire conséquent.*

CONSERVATEUR, TRICE, n. m. et n. f. [kɔ̃sɛRvatœR, tRis] (lat. *conservator*, sauveur ; infl. de l'angl. *conservative* sur le sens polit.) Celui, celle qui conserve. *Le prince est le conservateur des biens et de la liberté de ses sujets.* ◆ Titre de préposés à la garde de certaines choses, de certains droits. *Le conservateur des hypothèques.* ◆ Employé supérieur dans les musées, les bibliothèques, etc. ◆ Le principal agent de l'administration des eaux et forêts. ◆ Adj. Qui conserve. *Les lois conservatrices de la monarchie.* ◆ Dans le langage politique, *le parti conservateur*, celui qui est opposé au parti qui poursuit le renouvellement des sociétés. On dit aussi N. *il est un conservateur, les conservateurs.* ■ N. m. Additif qui permet d'assurer une meilleure conservation à un aliment. ■ Compartiment d'un réfrigérateur dans lequel on conserve les produits congelés ou surgelés.

CONSERVATION, n. f. [kɔ̃sɛRvasjɔ̃] (lat. *conservatio*) Action de conserver, de maintenir intact ou dans le même état. *Veiller à la conservation d'un monument, de ses droits.* ◆ *Conservation personnelle*, le soin que chacun prend de préserver sa vie. *Instinct de conservation.* ◆ État de ce qui est conservé. *La conservation de ces fruits est parfaite. Un tableau d'une belle conservation.* ◆ Charge de conservateur. *La conservation des hypothèques*, etc. ■ Phys. *Loi de conservation*, principe selon lequel, dans certaines conditions et dans un système donné, que les grandeurs physiques soient soumises à une réaction, ces dernières restent constantes. *La loi de conservation de l'énergie.*

CONSERVATISME, ■ n. m. [kɔ̃sɛRvatism] (radic. de *conservateur* ; infl. de l'angl. *conservatism*) Attitude d'une personne qui réprouve le changement ou l'évolution. ■ Doctrine politique qui vise à perpétuer l'ordre en place.

1 **CONSERVATOIRE**, ■ adj. [kɔ̃sɛRvatwaR] (*conserver*) Qui conserve. ■ *Acte conservatoire*, acte de procédure qui a pour objet d'empêcher qu'il ne soit porté préjudice à un droit. *Saisie conservatoire.*

2 **CONSERVATOIRE**, n. m. [kɔ̃sɛRvatwaR] (ital. *conservatorio*) Nom de certains établissements publics. *Le Conservatoire de musique*, École où l'on forme des sujets pour la musique, la danse, la déclamation. ◆ *Le Conservatoire des arts et métiers*, établissement où sont exposés des modèles de machines et où l'on fait des cours techniques.

CONSERVE, n. f. [kɔ̃sɛRv] (*conserver*) Sorte de confiture faite de substances végétales et de sucre. *Conserve de fruits, de légumes.* ◆ Substance alimentaire conservée dans des boîtes de fer-blanc ou des bouteilles privées d'air. *Conserves de gibier, de petits pois.* ◆ Mar. Navire qui fait route avec un autre pour le secourir. *Un vaisseau de conserve.* ◆ *De conserve*, ensemble. Naviguer de conserve. ◆ Fig. Voguer avec vous de conserve. ◆ Navire servant de dépôt dans un port. ◆ N. f. pl. Sorte de lunettes avec des verres de couleur pour ne pas fatiguer ou pour conserver la vue. ■ Par extens. Boîte qui contient un aliment sous forme de conserve. *Le rayon des conserves d'un supermarché.*

CONSERVÉ, ÉE, p. p. de conserver. [kɔ̃sɛRve] *Être bien conservé*, se dit des gens d'un certain âge qui semblent avoir encore un air de fraîcheur et de vigueur.

CONSERVER, v. tr. [kɔ̃sɛRve] (lat. *conservare*) Préserver de la destruction. ◆ Maintenir en état. *Conserver des fruits.* ◆ Ne pas perdre. *L'histoire conserve la mémoire des grands hommes. Il n'a conservé aucun de ses enfants.* ◆ Fam. *Conserver toute sa tête*, posséder ses facultés soit dans un âge avancé, soit dans une maladie. ◆ Fig. *Conservez-moi votre amitié.* ◆ Absol. *Ce n'est pas tout que d'acquérir, il faut savoir conserver.* ◆ En parlant des choses, avoir la propriété de conserver. *Les lunettes conservent la vue.* ◆ Ne pas se défaire de. *Il a conservé ses anciens domestiques.* ◆ Mar. *Conserver un vaisseau*, naviguer de manière à ne pas le perdre de vue. ◆ Se conserver, v. pr. Demeurer en bon état, garder sa beauté, ses forces. ◆ Continuer d'être tel ou tel. *Se conserver pur au milieu de la corruption générale.* ◆ Se maintenir, durer. *Cet usage s'est toujours conservé.* ◆ Être gardé dans la mémoire. ■ Ne pas exposer sa vie, ne pas compromettre sa santé. ■ Garder. *Je conserve ce document.* ■ Fam. Préserver dans un bon état de santé. *Cela nous conserve de faire de l'exercice chaque matin.*

CONSIDÉRABLE, adj. [kɔ̃sideRabl] (*considérer* ; lat. médiév. *considerabilis*, attesté) ▷ Qui a de la considération, du crédit, de l'autorité, de la puissance. *Un peuple puissant et considérable. Une personne considérable.* ◁ ◆ *Considérable à*, qui est un objet de considération pour quelqu'un. « *Vous m'en êtes plus chers et plus considérables* », P. CORNEILLE. ◁ ◆ Qui mérite considération, attention, en parlant des choses. *Un avantage considérable.*

♦ ▷ Qui tient au cœur, en parlant des choses. « *Le bien n'est pas considérable, lorsqu'il est question d'épouser une honnête personne* », MOLIÈRE. ◁

CONSIDÉRABLEMENT, adv. [kɔ̃siderabləmɑ̃] (*considérable*) En grande quantité, beaucoup.

CONSIDÉRANT, n. m. [kɔ̃siderɑ̃] (*considérer*) Motif qui précède le dispositif d'une loi, d'un arrêt. *Les considérants d'une loi.* ■ **Par extens.** Motif invoqué pour justifier une prise de décision. *Au détour d'un considérant laconique, il a justifié la décision prise sans concertation.*

CONSIDÉRATION, n. f. [kɔ̃siderasjɔ̃] (lat. *consideratio*) Action par laquelle on considère, on pèse quelque chose. ♦ *Cela est de peu de considération*, cela est de peu d'importance. ♦ *Mettre, faire entrer, prendre en considération*, tenir compte de. ♦ Circonspection dans ce qu'on dit ou dans ce qu'on fait. ♦ *Il agit sans considération.* ♦ Égard, estime que l'on a pour quelqu'un. *N'avoir aucune considération pour les gens.* ♦ Égard, estime dont jouit quelqu'un. *Un homme de considération. Cet homme a perdu toute sa considération.* ♦ *À la considération de*, par égard pour. ♦ *En considération de*, même sens. ♦ *De considération*, d'importance, en parlant des choses. *Des raisons de quelque considération.* ♦ ▷ En style épistolaire. *Je suis avec considération, avec une parfaite considération, avec une considération distinguée, etc.* formules par lesquelles on termine une lettre. ◁ ♦ Motif que chacun considère pour se diriger. *Diverses considérations l'ont porté à cette démarche.* ♦ Au pl. *Considérations*, titre de certains ouvrages. *Considérations sur les causes de la grandeur des Romains et de leur décadence par Montesquieu.* ■ *Par considération pour quelqu'un*, par égard pour cette personne. ■ Formule pour terminer une lettre : *Veuillez agréer, Monsieur, l'assurance de ma considération respectueuse.* ■ *Se perdre en considérations*, donner de l'importance à des réflexions ou des remarques futiles.

1 **CONSIDÉRÉ, ÉE**, p. p. de considérer. [kɔ̃sidere] **Pratiq.** *Ce considéré, il vous plaise...* ♦ **Adj.** Estimé. ■ *Tout bien considéré*, après avoir étudié le pour et le contre. *Tout bien considéré, ces deux arguments se valent.*

2 **CONSIDÉRÉ, ÉE**, adj. [kɔ̃sidere] (*considérer*) Réfléchi. « *Il n'y a rien de moins attentif ni de moins considéré que les enfants* », BOSSUET.

CONSIDÉRÉMENT, adv. [kɔ̃sideremɑ̃] (*considéré*) Avec circonspection. « *La raison doit aller considérément d'une chose à l'autre* », BOSSUET.

CONSIDÉRER, v. tr. [kɔ̃sidere] (lat. *considerare*, examiner attentivement) Regarder attentivement. ♦ **Fig.** Faire un examen attentif. ♦ Avoir égard à, tenir compte de. ♦ Estimer, faire cas de. ♦ Juger, réputer. *Les soldats le considéraient comme un père.* ♦ Se considérer, v. pr. Se regarder, s'examiner. ♦ S'estimer. ♦ Se juger. *Se considérer comme un personnage.* ♦ S'estimer mutuellement. ♦ *Être considéré*, aperçu. « *Le naturel de chacun se considère en deux manières* », PASCAL. ♦ *Être pris en considération*, être pesé.

CONSIGNATAIRE, n. m. [kɔ̃siɲatɛʀ] ou [kɔ̃sinjatɛʀ] (empr. au lat. *consignare*, supin *consignatum*, sceller, et suff. *-aire*) Dépositaire préposé à la réception et à la garde des dépôts et consignations. ♦ Négociant ou commissionnaire auquel on adresse un navire ou des marchandises.

CONSIGNATEUR, n. m. [kɔ̃siɲatœʀ] ou [kɔ̃sinjatœʀ] (antonyme de *consignataire*) Celui qui fait une consignation de marchandises dans une maison de commission.

CONSIGNATION, n. f. [kɔ̃siɲasjɔ̃] ou [kɔ̃sinjasjɔ̃] (*consigner*) Dépôt d'une somme ou autre objet entre les mains d'une personne publique. *Faire une consignation au greffe.* ♦ *La Caisse des dépôts et consignations*, caisse publique qui reçoit les dépôts et consignations des particuliers et les fonds de divers établissements. ♦ *Consignation d'amende*, dépôt, préalablement à certains actes, de l'amende qui peut être encourue. ♦ *Marchandises à la consignation d'un tel*, marchandises dont un tel est le consignataire. ■ Action d'établir une consigne spécialt. sur une bouteille. *Dans l'organisation d'une réception, la consignation consiste à mettre suffisamment de bouteilles à disposition et à reprendre les soldes, après les festivités, afin d'évaluer le nombre de bouteilles consommées.*

1 **CONSIGNE**, n. f. [kɔ̃siɲ] ou [kɔ̃sinj] (*consigner*, moy. fr. *consine*, témoignage écrit) Ordre et instruction qu'on donne à une sentinelle, à un chef de poste. *Donner, lever, observer, violer, forcer la consigne.* ♦ **Fam.** *Manger la consigne*, ne pas la faire observer. ♦ Défense de sortir par punition militaire ou par mesure d'ordre. ♦ Dans les écoles du gouvernement et les collèges, punition qui consiste en une privation de sortie. ♦ **Par extens.** Tout ordre donné à quelqu'un qui est chargé de garder l'entrée d'un lieu. ■ Instruction donnée en vue de l'accomplissement d'une tâche. ■ Lieu où l'on peut déposer provisoirement ses bagages. *Consigne automatique.* ■ Somme que l'on verse en échange d'un emballage. ■ Ce qu'il est demandé de faire dans un exercice scolaire. *Apprendre à repérer les consignes dans un énoncé.*

2 **CONSIGNE**, n. m. [kɔ̃siɲ] ou [kɔ̃sinj] (*consigner*) ▷ Celui qui est aposté à la porte d'une place de guerre, pour tenir registre de tous les étrangers qui s'y présentent. On dit aussi *portier-consigne.* ◁

CONSIGNÉ, ÉE, p. p. de consigner. [kɔ̃siɲe] ou [kɔ̃sinje]

CONSIGNER, v. tr. [kɔ̃siɲe] ou [kɔ̃sinje] (empr. au lat. *consignare*, sceller ; a. fr. délimiter par une borne) Déposer une somme en garantie, ou pour qu'elle soit délivrée en temps opportun. ♦ **Comm.** Mettre des marchandises en dépôt dans une maison comme nantissement d'une somme empruntée. ♦ Enregistrer des marchandises sur les livres des voituriers publics. ♦ **Comm. et mar.** Adresser un navire ou des marchandises à un consignataire. ♦ Citer, rapporter dans un écrit. ♦ Infliger la punition de la consigne ou la commander par mesure d'ordre. ♦ *Consigner quelqu'un*, donner ordre qu'il ne soit pas reçu. *Je l'ai consigné à ma porte.* ♦ **V. intr.** Donner une consigne à une sentinelle, à un gardien. ■ Déposer dans une consigne. *Consigner un bagage.* ■ Facturer un emballage et en garantir la reprise et le remboursement. *Consigner le conditionnement du lait.*

CONSISTANCE, n. f. [kɔ̃sistɑ̃s] (*consister*) État de stabilité, de solidité. « *Leur gloire n'a pas de consistance assurée* », MASSILLON. ♦ ▷ Le plus haut point de développement, en parlant des êtres vivants et particulièrement des animaux et de l'homme. *Âge, temps de consistance.* ◁ ♦ **Par extens.** En parlant des choses, *état de consistance*, le terme où elles se tiennent solidement, et ne montrent aucun signe de changement. ♦ *Un bruit sans consistance*, un bruit sans autorité. ♦ *Un homme sans consistance*, un homme sans considération, ni crédit. ♦ *Un esprit sans consistance*, un esprit sans fermeté. ♦ *Prendre, acquérir de la consistance*, en parlant des personnes, gagner en crédit, en tenue ; en parlant des choses, se confirmer. ♦ Degré de rapprochement ou de liaison des molécules d'un corps. *La cire a moins de consistance que la résine.* ♦ ▷ État, contenance. *La consistance de ce bois est de plus de cinq cents arpents.* ◁ ■ *Prendre de la consistance*, en parlant d'un liquide, s'épaissir. *Laissez la sauce prendre de la consistance et versez-la sur le rôti.*

CONSISTANT, ANTE, adj. [kɔ̃sistɑ̃, ɑ̃t] (*consister*) Qui a de la consistance. *Un homme consistant.* ♦ Qui a une certaine cohésion. *Un sirop consistant. Repas consistant*, copieux. ♦ Fondé sur une certitude ou en fonction d'une cohérence à garantir. *Un raisonnement consistant.*

CONSISTER, v. intr. [kɔ̃siste] (lat. *consistere*, se tenir ensemble) Subsister, se maintenir. « *Une église ne peut consister, sinon qu'il y ait des pasteurs qui aient la charge d'enseigner* », FÉNELON. ♦ Être constitué par. *Son revenu consiste en rentes sur l'État.* « *Ils doivent faire consister leur bonheur dans la modération* », FÉNELON. « *Le vrai courage consiste à envisager tous les périls et à les mépriser* », FÉNELON. ♦ *Le tout consiste à savoir*, c'est-à-dire ce qu'il y a de principal est, etc.

CONSISTOIRE, n. m. [kɔ̃sistwaʀ] (b. lat. *consistorium*, lieu de réunion) Assemblée de cardinaux convoquée par le pape ; lieu où elle se tient. ♦ Nom de la principale cour ou tribunal de Rome, dans laquelle le pape préside aux cardinaux. ♦ Parmi les protestants, *consistoire*, conseil composé de ministres et des anciens des églises. ♦ *Consistoire israélite*, conseil qui dirige les affaires de la religion judaïque.

CONSISTORIAL, ALE, adj. [kɔ̃sistɔʀjal] (*consistoire*) Qui appartient au consistoire tenu par le pape. *Bénéfices consistoriaux.* ♦ Qui appartient à un consistoire protestant ou israélite. ■ **N. m.** Personne membre d'un consistoire. *Les consistoriaux prennent la parole pour clarifier au mieux les idées et les données fournies par le rapport.*

CONSISTORIALEMENT, adv. [kɔ̃sistɔʀjal(ə)mɑ̃] (*consistorial*) En consistoire ; selon les formes du consistoire.

CONSŒUR, n. f. [kɔ̃sœʀ] (*cum* et *sœur*, calqué sur *confrère*) Se dit des femmes associées à une même confrérie, et des religieuses du même couvent ou du même ordre. ♦ Femme qui exerce la même profession libérale qu'une autre personne. *Le médecin et sa consœur.*

CONSOL, n. m. [kɔ̃sɔl] (orig. inc.) **Mar.** Technique de navigation radioélectrique qui était établie avec un récepteur radiotélégraphique et des cartes spécifiques. *Le consol, particulièrement utilisé par les Allemands pendant la Seconde Guerre mondiale, est aujourd'hui un système en voie de disparition.*

CONSOLABLE, adj. [kɔ̃sɔlabl] (lat. *consolabilis*) Qui peut être consolé. ♦ En parlant des choses. *Douleurs consolables.*

CONSOLANT, ANTE, adj. [kɔ̃sɔlɑ̃, ɑ̃t] (*consoler*) Qui console ou est propre à consoler. *Parole consolante.* ♦ **Fam.** *Cet homme-là n'est guère consolant*, ce qu'il dit n'est pas fait pour rassurer.

CONSOLATEUR, TRICE, n. m. et n. f. [kɔ̃sɔlatœʀ, tʀis] (lat. *consolator*) Celui, celle qui console. ♦ **Adj.** *Un espoir consolateur. Un Dieu consolateur.* ♦ ▷ *L'Esprit consolateur* ou simplement *le Consolateur*, le Saint-Esprit. ◁ ■ *La consolatrice des affligés*, la Vierge.

CONSOLATIF, IVE, adj. [kɔ̃sɔlatif, iv] (b. lat. *consolativus*) ▷ Qui a la vertu de consoler. « *Un discours consolatif* », PASCAL. ◁

CONSOLATION, n. f. [kɔ̃sɔlasjɔ̃] (lat. *consolatio*) Allégement de ce qui peine. *L'amitié est ma consolation.* ◆ Sujet de satisfaction ou d'allégement de peine. *C'est une grande consolation pour un père de voir ses enfants se porter au bien.* ◆ Raisons que l'on emploie pour consoler quelqu'un. *Adresser, recevoir des consolations.* ◆ Titre de quelques ouvrages de philosophie morale. *La Consolation de Boèce.* ◆ La personne ou la chose même qui peut consoler. *Vous êtes ma consolation.* « *Les malheureux dont elle fait la consolation* », MME DE SÉVIGNÉ. ◆ Au jeu, *fiche de consolation*, celle que l'on donne en surcroît de bénéfice. ◆ **Fig.** *Fiche de consolation*, dédommagement, adoucissement. ■ *Lot de consolation*, ce qui est attribué à quelqu'un essuyant un échec et en particulier dans les compétitions sportives ou les concours. *Après le tirage au sort, les ex æquo remporteront un lot de consolation.*

CONSOLATOIRE, adj. [kɔ̃sɔlatwaʀ] (lat. *consolatorius*) ▷ Qui a pour but de consoler. *Épître consolatoire.* ◁

CONSOLE, n. f. [kɔ̃sɔl] (forme réduite de *consolateur*, ces saillies offrant un appui) Pièce en saillie, dite aussi *corbeau*, qui sert à porter des vases, des figures, ou à soutenir une corniche, un balcon. ◆ Meuble sur lequel on pose des bronzes, des vases, etc. ◆ Enroulement de fer pour appuyer la balustrade d'un escalier, d'un balcon. ■ Table généralement ornée, munie de deux ou quatre pieds et dont l'un des côtés est droit pour permettre de l'appliquer contre un mur. *Une console demi-lune style Louis XVI.* ■ **Inform.** Écran et clavier reliés à une unité centrale. *La console permet de communiquer avec un ordinateur.* ■ *Console de jeux*, boîtier dans lequel on insère des cassettes ou des cédéroms de jeux vidéo. *Il bénéficie toujours du dernier cri des consoles de jeux.* ■ *Console de mixage*, table de mixage. ■ **Mus.** Partie d'un orgue contenant les claviers, le pédalier et les tirants de jeux. ■ **Mus.** Montant supérieur d'une harpe sur lequel sont fixées les chevilles. *La console, généralement en bois, contient la mécanique permettant d'obtenir les demi-tons.*

CONSOLÉ, ÉE, p. p. de consoler. [kɔ̃sɔle]

CONSOLER, v. tr. [kɔ̃sɔle] (lat. *consolari*) Alléger l'affliction, les souffrances. On dit : *Consoler quelqu'un dans ses peines, quelqu'un sur quelque chose, quelqu'un de quelque chose.* ◆ **Absol.** *Le temps console.* ◆ Donner de l'allégement aux sentiments pénibles. *Une douleur que rien ne pouvait consoler.* ◆ *Se consoler*, v. pr. Recevoir de la consolation, être consolé. « *Quiconque se plaint cherche à se consoler* », P. CORNEILLE. « *Calypso ne pouvait se consoler du départ d'Ulysse* », FÉNELON. ◆ *Se consoler*, se consoler l'un l'autre.

CONSOLIDABLE, adj. [kɔ̃sɔlidabl] (*consolider*) Qui peut, qui doit être consolidé.

CONSOLIDANT, ANTE, adj. [kɔ̃sɔlidɑ̃, ɑ̃t] (*consolider*) ▷ **Chir.** Qui tend à consolider les parties divisées d'une plaie, d'une fracture. *Appareil consolidant.* ◆ **N. m.** *Les consolidants.* ◁

CONSOLIDATION, n. f. [kɔ̃sɔlidasjɔ̃] (b. lat. *consolidatio*, sens médic. et jurid. dès l'a. fr.) Action de consolider. *La consolidation d'un bâtiment qui menace ruine.* ◆ **Méd.** *La consolidation d'une fracture, d'une cicatrice.* ◆ *Consolidation de la dette publique*, établissement de contributions suffisantes pour acquitter régulièrement les arrérages des rentes dues par l'État. ◆ *Consolidation de la dette flottante*, conversion de dettes remboursables de l'État en dette perpétuelle. ◆ Réunion en même personne de différents droits qui avaient été séparés. *La consolidation de l'usufruit à la propriété.* ■ **Comptab.** Présentation globale des finances et des comptes des sociétés d'un même groupe.

CONSOLIDÉ, ÉE, p. p. de consolider. [kɔ̃sɔlide] *Rentes consolidées.* ◆ **N. m. pl.** *Les consolidés*, fonds publics de la dette d'Angleterre. ■ **Comptab.** Qui concerne la présentation globale des comptes des sociétés d'un même groupe. *Disposer des éléments nécessaires pour lire et interpréter les comptes consolidés des entreprises.*

CONSOLIDEMENT, n. m. [kɔ̃sɔlid(ə)mɑ̃] (*consolider*) ▷ Action de consolider. ◁

CONSOLIDER, v. tr. [kɔ̃sɔlide] (lat. impér. *consolidare*) Rendre solide. *Consolider un mur.* ◆ **Fig.** Fortifier, affermir. *Consolider une alliance.* ◆ **Méd.** Rendre solide une partie qui a été affectée de solution de continuité. ◆ Assigner un fonds pour garantir le paiement périodique d'une dette publique. ◆ *Consolider l'usufruit à la propriété*, l'y réunir. ◆ *Se consolider*, v. pr. Devenir solide, s'affermir. ■ **Comptab.** Établir la consolidation d'un groupe industriel ou financier. *Consolider l'ensemble des comptes pour les présenter aux actionnaires de l'entreprise.*

CONSOMMABLE, adj. [kɔ̃sɔmabl] (*consommer*) Qui peut être consommé. ■ À usage unique. *Un cahier de coloriage consommable.* ■ **N. m.** Produit ou objet à usage unique. *Le papier et l'encre sont des consommables.* ■ **CONSOMMABILITÉ**, n. f. [kɔ̃sɔmabilite]

CONSOMMATEUR, TRICE, n. m. et n. f. [kɔ̃sɔmatœʀ, tʀis] (lat. chrét. *consummator*, celui qui accomplit, qui achève) **Théol.** Celui qui achève.

« *Jésus-Christ, auteur et consommateur de notre foi* », FÉNELON. ◆ Personne qui achète pour son usage, dit par opposition à *producteur*. ◆ Se dit aussi en parlant des cafés et cabarets. *À minuit on ne reçoit plus de consommateurs.* ■ **Adj.** Qui achète pour sa propre consommation. *Les pays consommateurs d'uranium.* ■ Qui concerne la consommation. *Un guide consommateur qui permet d'orienter les personnes dans leurs achats.*

CONSOMMATION, n. f. [kɔ̃sɔmasjɔ̃] (lat. impér. *consummatio*, accomplissement, accumulation) Achèvement, accomplissement. *La consommation d'une affaire, d'un sacrifice.* ◆ *La consommation des siècles, des temps*, ou **absol.** *la consommation*, la fin du monde. ◆ Emploi avec destruction. *Une grande consommation de bois.* ◆ **Jurispr.** *Prêt de consommation*, opposé à *prêt à usage*, prêt de choses destinées à être consommées, avec la condition d'en rendre d'équivalentes. ◆ *Ce qu'on a bu ou mangé dans un café.* ◆ **Écon. et polit.** Action de détruire l'utilité d'un produit que la production a créée. ◆ *Impôt, taxe de consommation*, droits perçus sur la production ou la vente des objets. ◆ *Droit de consommation*, l'un des droits dont se composent les droits sur les boissons. ■ *Biens de consommation*, produit fabriqué pour répondre directement à un besoin matériel. ■ *Société de consommation*, société qui incite sans cesse à la consommation et qui engendre ainsi des besoins nouveaux débouchant sur la création grandissante de produits à consommer. ■ *La consommation d'un mariage*, union charnelle entre les époux. ■ REM. On dit plutôt auj. *prêt à la consommation* ou *crédit à la consommation*.

1 CONSOMMÉ, n. m. [kɔ̃sɔme] (*consommer*) Bouillon succulent d'une viande très cuite.

2 CONSOMMÉ, ÉE, p. p. de consommer. [kɔ̃sɔme] *Tout est consommé*, c'en est fait, tout est fini. ◆ Parfait, accompli, éprouvé. On dit *consommé dans* ou *en*, et **absol.** *consommé*. *Un homme consommé dans les affaires.* « *Les vieillards consommés en vertu* », FÉNELON. *Un scélérat consommé.* ◆ En parlant des choses, *une habileté consommée.* ◆ *Une soupe bien consommée*, qui a cuit longtemps.

CONSOMMER, v. tr. [kɔ̃sɔme] (lat. *consummare*, faire la somme, accomplir, achever, de *summa*, somme) Achever, accomplir. *Consommer une affaire, un sacrifice, un crime.* ◆ **Par extens.** « *Il ne resterait plus, pour consommer la gloire de ce patriarche, que d'imiter ses actions* », FLÉCHIER. ◆ *Consommer son droit*, se dit lorsque le droit qu'on a à quelque chose a son effet. ◆ Donner la dernière perfection. ◆ Employer des choses qui se détruisent par l'usage. *Consommer des denrées, du vin, du bois, etc.* ◆ **Absol.** *On consomme beaucoup dans cette maison.* ◆ **Écon. et polit.** Détruire l'utilité d'une chose. « *Les peuples civilisés, riches et industrieux, consomment beaucoup plus que les autres, parce qu'ils produisent incomparablement davantage* », J.-B. SAY. ◆ **Par extens.** Il se dit des choses qui en absorbent d'autres. *Ces confitures consomment beaucoup de sucre.* ◆ **Par autre ext.** « *Ces divisions consommèrent du temps* », VOLTAIRE. ◆ *Consommer* et *consumer*, qui ont été longtemps confondus par les auteurs, se distinguent aujourd'hui en ce que le premier suppose une destruction utile, servant à quelque usage ; et le second, une destruction pure et simple. ◆ *Se consommer*, v. pr. Se parfaire. ◆ Se cuire de manière à faire un consommé, et avec ellipse du pronom personnel, *faire consommer la viande*, la faire tellement cuire que tout le suc passe dans le bouillon. ◆ *Être consommé*. *Les provisions qui se consomment dans une grande ville.* ■ *Consommer le mariage*, s'unir de manière charnelle à son époux ou son épouse. ■ Commander et boire une boisson dans un café. *Merci de libérer la table si vous ne comptez pas consommer.*

CONSOMPTIBLE, adj. [kɔ̃sɔ̃ptibl] (b. lat. *consumptibilis*, périssable) **Dr.** Dont l'utilisation aboutit inéluctablement à la destruction. *Un produit consomptible. Créer des fondations à capital consomptible.*

CONSOMPTIF, IVE, adj. [kɔ̃sɔ̃ptif, iv] (lat. médiév. *consumptivus*, qui détruit, lat. *consumere*, supin *consumptum*.) **Méd.** Qui est doué de la vertu de consumer, de détruire des chairs baveuses, exubérantes. ◆ **N. m.** *Un consomptif.* ◆ Il est vieux.

CONSOMPTION, n. f. [kɔ̃sɔ̃psjɔ̃] (lat. *consumptio*, action d'épuiser, destruction en lat. chrét., sens médic. en lat. médiév.) Action d'être consumé. *La victime fut brûlée jusqu'à l'entière consomption.* ◆ Diminution lente et progressive des forces et du volume de toutes les parties molles du corps, par l'influence de quelque maladie. *Mourir de consomption.*

CONSONANCE, n. f. [kɔ̃sɔnɑ̃s] (lat. *consonantia*, harmonie, concordance) Sons qui, entendus ensemble, sont agréables à l'oreille. *Consonances parfaites, l'octave et la quinte ; consonances imparfaites, la tierce et la sixte.* ◆ **Fig.** « *L'aube [du prêtre] offre de douces consonances avec les idées religieuses* », CHATEAUBRIAND. ◆ **Gramm.** Terminaison de deux ou plusieurs mots par les mêmes sons. *Évitez les consonances.* ◆ Association de sons successifs. *Un nom aux consonances russes.* ■ REM. Graphie ancienne : *consonnance*.

CONSONANT, ANTE, adj. [kɔ̃sɔnɑ̃, ɑ̃t] (lat. *consonans*, partic. prés. de *consonare*, être en harmonie) **Mus.** Qui produit une consonance ; qui est formé par des consonances. *Accord consonant.* ♦ **Gramm.** *Mots conso-nants*, mots qui ont une terminaison semblable. ■ REM. Graphie ancienne : *consonnant, ante.*

CONSONANTIQUE, ■ adj. [kɔ̃sɔnɑ̃tik] (p.-ê all. *konsonantisch*, de lat. *consonans*, consonne) **Phonét.** Qui a trait aux consonnes. *Le système conso-nantique d'une langue.*

CONSONANTISME, ■ n.m. [kɔ̃sɔnɑ̃tism] (*consonantique*) **Phonét.** Fonc-tionnement des consonnes d'une langue. *Le consonantisme du français compte 17 consonnes dont 9 occlusives.*

CONSONNE, n. f. [kɔ̃sɔn] (b. lat. *consona* ; a remplacé anc. fr. *consonant*, lat., *consonans*, consonne) Lettre qui n'a point de son par elle-même et ne se prononce qu'en s'appuyant sur une voyelle. ♦ **Adj.** *Les lettres consonnes.* ■ **Ling.** Phonème produit par l'obstruction totale ou partielle de l'air émis par le larynx. ■ Représentation graphique de ce phonème. *Les dyslexiques confondent les consonnes à la lecture.*

CONSONNER, v. intr. [kɔ̃sɔne] (lat. *consonare*, produire un son ensemble, résonner, être en harmonie) ▷ Former une consonance. ◁

CONSORT, n. m. m. pl. [kɔ̃sɔʀ] (lat. *consors*, en communauté de propriété) Au pl. Ceux qui ont un intérêt commun dans une affaire, dans un procès. *Un tel et consorts.* ♦ **Au pl. Par extens.** Gens d'une même cabale. ■ **Fam.** *Et consorts*, et ceux du même genre. ■ *Prince consort*, époux d'une souve-raine. *Le Prince Philippe, duc d'Édimbourg et époux de la reine Élizabeth II d'Angleterre, est Prince consort.*

CONSORTAGE, ■ n.m. [kɔ̃sɔʀtaʒ] (*consort*) **Suisse** Regroupement de plu-sieurs exploitations agricoles. *L'objectif du consortage est d'améliorer la ren-tabilité du bétail par la mise en commun des soins hivernaux et par d'autres mesures propres à diminuer les frais de production.*

CONSORTIAL, ALE, ■ adj. [kɔ̃sɔʀsjal] (*consortium*) Qui a trait à un consor-tium. *Prêts consortiaux.*

CONSORTIUM, ■ n. m. [kɔ̃sɔʀsjɔm] (all. *Konsortium*) Regroupement de plusieurs entreprises par ailleurs indépendantes qui mettent en commun des ressources sous l'égide d'une direction unique. *Consortium de banques.* ■ **Bot.** Regroupement dans un même lieu de plantes différentes vivant en symbiose.

CONSOUDE, n. f. [kɔ̃sud] (b. lat. *consolida*) Plante indigène de la famille des borraginées, employée en médecine contre les hémorragies et les diar-rhées. ♦ *Consoude royale*, nom du pied d'alouette des champs.

CONSPIRANT, ANTE, adj. [kɔ̃spiʀɑ̃, ɑ̃t] (*conspirer*) ▷ Qui concourt à un même effet. ♦ **Méc.** *Puissances conspirantes.* ◁

CONSPIRATEUR, TRICE, n. m. et n. f. [kɔ̃spiʀatœʀ, tʀis] (*conspirer* ; lat. médiév. *conspirator* attesté, même sens) Celui, celle qui conspire contre les pouvoirs publics. ■ **Adj.** Relatif à une conspiration. *Une thèse conspira-trice.*

CONSPIRATION, n. f. [kɔ̃spiʀasjɔ̃] (lat. *conspiratio*, union, complot) Des-sein formé secrètement entre plusieurs contre les pouvoirs publics. ♦ Cabale. *Il y a une conspiration contre vous.* ♦ *La conspiration du silence*, entente de plusieurs pour étouffer un fait, les opinions, les plaintes, les droits d'un homme. ♦ Concours vers un même effet.

CONSPIRÉ, ÉE, p. p. de conspirer. [kɔ̃spiʀe]

CONSPIRER, v. intr. [kɔ̃spiʀe] (lat. *conspirare*, être d'accord, comploter) Concourir au même but et comme de concert. *Conspirer au bien public.* « *Mes vœux avec les siens conspirent aujourd'hui* », P. CORNEILLE. ♦ Faire une conspiration. *Conspirer contre un tyran.* ♦ **V. tr.** Projeter, tramer quelque chose par voie de conspiration. *Conspirer la mort d'un tyran.* ■ **V. intr.** *Conspirer à*, concourir à la réalisation de quelque chose. *L'union de tous les membres leur permet de conspirer à une même fin.* ■ *Conspirer pour*, établir une entente pour réaliser quelque chose. *Comment aurais-je pu dor-mir quand tout semblait conspirer pour m'en empêcher ?*

CONSPUÉ, ÉE, p. p. de conspuer. [kɔ̃spɥe] ou [kɔ̃spye]

CONSPUER, v. tr. [kɔ̃spɥe] ou [kɔ̃spye] (lat. *conspuere*, salir avec des cra-chats) Honnir publiquement.

CONSTABLE, n.m. [kɔ̃stabl] (angl. *constable*, empr. à l'anc. fr. *conestable*) Nom des officiers de police en Angleterre.

CONSTAMMENT, adv. [kɔ̃stamɑ̃] (*constant*) Avec constance. « *Qui vit avec honneur doit mourir constamment* », ROTROU. « *On ne pense pas toujours constamment d'un même sujet ; l'entêtement et le dégoût se suivent de près* », LA BRUYÈRE. ♦ Invariablement, sans interruption.

CONSTANCE, n. f. [kɔ̃stɑ̃s] (lat. *constantia*) Force morale par laquelle on garde l'empire sur soi-même. « *Ce n'est point à l'heure de la mort le badi-nage qui sied bien, mais la constance* », LA BRUYÈRE. ♦ *Avoir la constance de*, être assez ferme pour, et aussi assez dur pour. ♦ **Par extens.** Insensibilité.

♦ Persévérance, stabilité dans les goûts. *Travailler avec constance.* ♦ Durée de l'affection, de l'amour. ■ Caractéristique de ce qui se reproduit ou de ce qui est durable et immuable. *La constance de son caractère si doux le rendait unique à nos yeux.*

CONSTANT, ANTE, adj. [kɔ̃stɑ̃, ɑ̃t] (lat. *constans*, ferme, de *constare*, se tenir solidement) Qui a de la constance. *Constant en amitié. Constant dans l'adversité.* « *Le peuple romain a été le plus constant dans ses maximes* », BOS-SUET. ♦ Qui a de la constance en amour. *Un homme constant.* ♦ En parlant des choses. *Une foi constante.* ♦ Qui ne varie pas. *Il n'y a rien de constant en ce monde. Vents constants.* ♦ **Math.** *Quantité constante* ou elliptiquement *constante*, quantité qui demeure la même. ♦ Certain, indubitable, bien éta-bli. *Une vérité constante. Il est constant que, etc.* ■ **N. f. Fig.** Caractéristique qui ne varie pas. *L'humour est une constante dans ses romans.*

CONSTANTAN, ■ n. m. [kɔ̃stɑ̃tɑ̃] (*constant*) Métal résultant de l'alliage de cuivre et de nickel utilisé dans la fabrication d'appareils électriques du fait de sa grande résistance à la chaleur. *Le constantan est utilisé entre autres pour la confection de fils de résistance électrique.*

CONSTANTINIEN, IENNE, ■ adj. [kɔ̃stɑ̃tinjɛ̃, jɛn] (*Constantin*) De l'em-pereur Constantin Ier le Grand. *Les conceptions nouvelles de la dynastie constantinienne en 306 ap. J.-C.*

CONSTAT, ■ n. m. [kɔ̃sta] (lat. *constat*, il est certain que, de *constare*, se tenir solidement) Acte administratif attestant d'un fait, dressé par une per-sonne ou une autorité habilitée. *Constat d'assurance.* ■ Constatation. *Il fait le triste constat de son infortune.* ■ *Constat amiable*, déclaration établie entre les victimes et les responsables d'un accident de la circulation. *En cas de carambolage, établissez un constat amiable avec chacun des conducteurs des véhicules entrés en collision avec le vôtre.*

CONSTATABLE, ■ adj. [kɔ̃statabl] (*constater*) Qui peut être constaté. *Des progrès constatables.*

CONSTATATION, n. f. [kɔ̃statasjɔ̃] (*constater*) L'action de constater. *Les constatations de l'expert.* ♦ La chose constatée. *Les constatations du procès-verbal.*

CONSTATÉ, ÉE, p. p. de constater. [kɔ̃state]

CONSTATER, v. tr. [kɔ̃state] (lat. *constat*) Rendre constant, certain. *Je veux constater le fait.* ♦ Relater dans un écrit, dans un acte. *Constater une chose par procès-verbal.* ♦ On dit aussi : *Le procès-verbal constate une chose.* ■ Ob-server, remarquer. *Constater une amélioration. Je constate que la situation s'est améliorée.*

CONSTELLATION, n. f. [kɔ̃stelasjɔ̃] (b. lat. *constellatio*, position respective des astres) Réunion d'étoiles, par lesquelles on fait passer des lignes imagi-naires et représentant un objet physique dont les astronomes anciens ont ensuite donné le nom au groupe entier. ♦ **Fig.** *Être né sous une heureuse constellation*, avoir du bonheur, de la chance dans ses entreprises ; et, en sens inverse, *être né sous une malheureuse constellation.* ■ **Fig.** Regroupe-ment de plusieurs choses éparses. *Une constellation de petites industries.* ■ Réunion d'objets brillants. *Une constellation de pierres précieuses.* ■ Rassem-blement de personnes illustres. *Une constellation de grands scientifiques pour la remise du prix Nobel.*

CONSTELLÉ, ÉE, adj. [kɔ̃stele] (lat. *constellatus*, situé dans la même constellation) **Astrol.** Qui a été fait ou fabriqué sous une constellation, ou qui en porte la marque, d'où certaines vertus supposées. *Un anneau constellé.* ♦ Qui est en forme d'étoile. *Pierre constellée.* ♦ Qui est parsemé d'étoiles.

CONSTELLER, ■ v. tr. [kɔ̃stele] (radic. de *constellation*) Parsemer d'objets brillants. *Les étoiles constellent le ciel ce soir.* ■ Couvrir d'une multitude de petites choses. *La nappe est constellée de taches de vin.*

CONSTER, v. intr. et v. impers. [kɔ̃ste] (lat. *constare*) ▷ **Jurispr.** Être bien établi, d'une façon certaine. « *Par lesquelles lettres il constera qu'il fait rémis-sion* », BOSSUET. ◁

CONSTERNANT, ANTE, ■ adj. [kɔ̃stɛʀnɑ̃, ɑ̃t] (*consterner*) Qui provoque la consternation. *Ses révélations sont consternantes.*

CONSTERNATION, n. f. [kɔ̃stɛʀnasjɔ̃] (lat. *consternatio*, affolement, émeute) Action de consterner, résultat de cette action. « *Nous étions dans la consternation* », MME DE SÉVIGNÉ.

CONSTERNÉ, ÉE, p. p. de consterner. [kɔ̃stɛʀne]

CONSTERNER, v. tr. [kɔ̃stɛʀne] (lat. *consternare*, épouvanter ; cf. *sternere*, répandre, terrasser) Frapper d'une épouvante mêlée d'abattement. ■ Sus-citer la surprise et la désolation. *Son comportement consterne l'ensemble des professeurs.*

CONSTIPANT, ANTE, ■ adj. [kɔ̃stipɑ̃, ɑ̃t] (*constiper*) Qui constipe.

CONSTIPATION, n. f. [kɔ̃stipasjɔ̃] (lat. *constipatio*, action de resserrer) État de celui qui ne peut aller librement à la selle.

CONSTIPÉ, ÉE, p. p. de constiper. [kɔ̃stipe] **Adj. Fig.** et **fam.** Qui manque d'aisance, de naturel. ■ Souffrant de constipation. *Donner un laxatif à un enfant constipé.* ■ **N. m.** et **n. f.** Personne souffrant de constipation. *Un constipé chronique.*

CONSTIPER, v. tr. [kɔ̃stipe] (lat. *constipare*, serrer, rassembler, de *stipare*, entasser) Causer la constipation. ◆ **Absol.** *Nourriture qui constipe.* ◆ Se constiper, v. pr. Devenir constipé.

CONSTITUANT, ANTE, adj. [kɔ̃stitɥɑ̃, ɑ̃t] (*constituer*) Qui entre dans la constitution ou composition de. *Les parties constituantes d'un corps.* ◆ **Chim.** *Molécules constituantes*, celles qui appartiennent aux corps composés, par opposition à molécules intégrantes. ◆ **Pratiq.** Qui donne procuration, qui établit une rente en faveur d'un autre, et **N. m.** et **n. f.** *le constituant, la constituante.* ◆ *Pouvoir constituant*, pouvoir qui seul a droit d'établir ou de changer la constitution. ◆ *Assemblée constituante*, assemblée qui a mission d'établir une constitution politique. ◆ **N. f.** *La constituante de 1789, de 1848.* ◆ *Un constituant*, un membre d'une assemblée constituante. ■ **N. m.** Élément qui entre dans la composition de quelque chose. *Nous n'avons pas réussi à isoler le constituant défectueux dans votre ordinateur. Les constituants d'un médicament.* ■ **Ling.** Élément entrant dans la structuration syntaxique d'un énoncé. *Le but de l'exercice est d'analyser les constituants de la phrase.*

CONSTITUÉ, ÉE, p. p. de constituer. [kɔ̃stitɥe] Légalement établi. *Les autorités constituées.* ◆ Qui a une certaine constitution politique. *Un État bien constitué.* ◆ *Rente constituée*, rente perpétuelle établie par un contrat, moyennant le paiement d'un capital. ◆ *Être bien, mal constitué*, être d'une constitution physique bonne, mauvaise.

CONSTITUER, v. tr. [kɔ̃stitɥe] (lat. *constituere*, placer debout, établir, organiser) Mettre dans. *Copernic a constitué le Soleil au centre du monde.* ◆ Donner charge. *Constituer quelqu'un en dignité.* ◆ Donner charge à quelqu'un de défendre en justice une cause, ou lui donner pouvoir d'agir en des affaires générales ou particulières. *Constituer avoué.* ◆ Établir en certaine qualité. *Qui vous a constitué juge ?* ◆ ▷ *Constituer quelqu'un en frais, en dépenses*, lui faire payer certaines sommes. ◁ ◆ *Constituer quelqu'un prisonnier*, le mettre en prison. ◆ Établir. *Constituer une rente, une pension, une dot.* ◆ Former un tout, en parlant des choses qui y entrent comme éléments essentiels. *L'âme et le corps constituent l'homme.* ◆ Faire l'essence d'une chose. « *Les contrariétés les plus bizarres entrent dans le même caractère et le constituent* », VAUVENARGUES. ◆ Organiser. *Constituer une société commerciale.* ◆ Se constituer, v. pr. Se donner une certaine constitution. *L'assemblée s'est constituée.* ◆ Se donner qualité de. *Se constituer juge dans sa propre cause.* ◆ *Se constituer prisonnier*, se livrer soi-même pour être mis en prison. ■ Rassembler et organiser pour former un ensemble. *Constituer une équipe de football.*

CONSTITUTIF, IVE, adj. [kɔ̃stitytif, iv] (lat. *constituere* ; supin *constitutum*) Qui entre dans la constitution d'un objet. *Les parties constitutives d'un végétal.* ◆ Qui établit un droit. *Titre constitutif de propriété.*

CONSTITUTION, n. f. [kɔ̃stitysjɔ̃] (lat. *constitutio*, situation, organisation, institution, de *constituere*) Acte de mettre dans. *La constitution du Soleil au centre du monde par Copernic.* ◆ *Constitution de procureur*, d'avoué, acte par lequel le procureur ou l'avoué déclare à son adversaire qu'il occupe pour une partie. ◆ *Constitution* se dit aussi pour le fait de constituer un pouvoir. ◆ Établissement d'une rente, d'une pension ; la rente même. ◆ *Contrat de constitution, constitution de rente*, contrat par lequel le débiteur constitue une rente au profit du prêteur qui aliène son capital. ◆ *Constitution de dot*, action d'établir une dot. ◆ On ne dit plus guère aujourd'hui *une constitution*, mais *une constitution de rente.* ◆ La nature d'un gouvernement en tant que son pouvoir est réglé. *Constitution monarchique. Établir, violer une constitution.* ◆ Loi fondamentale, soit ecclésiastique ou civile, soit générale ou particulière. *Les constitutions des papes, des empereurs.* ◆ Ce qui fait la substance d'un corps, la manière dont il est composé. *La constitution de l'air, du monde, des parties du corps humain. La constitution d'un discours.* ◆ *Constitution atmosphérique*, l'atmosphère considérée relativement à son influence sur l'économie animale. ◆ État général de l'organisation particulière de chaque individu, d'où résultent sa force, sa santé, sa vitalité. *Une bonne constitution.* ■ Fondation de quelque chose. *La constitution d'une société immobilière.*

CONSTITUTIONNALISER, ■ v. tr. [kɔ̃stitysjɔnalize] (*constitutionnel*) Donner une conformité à un document par rapport à la constitution d'un pays. *Constitutionnaliser un texte de loi.* ■ CONSTITUTIONNALISATION, n. f. [kɔ̃stitysjɔnalizasjɔ̃] *La position d'un pays sur la constitutionnalisation de l'Union européenne.*

CONSTITUTIONNALISTE, ■ n. m. et n. f. [kɔ̃stitysjɔnalist] (*constitutionnel*) Juriste en droit constitutionnel. *L'Association française des constitutionnalistes regroupe les constitutionnalistes français ou étrangers s'intéressant au droit constitutionnel français et elle organise, à cet effet, des réunions de travail régulières.*

CONSTITUTIONNALITÉ, n. f. [kɔ̃stitysjɔnalite] (*constitutionnel*) Qualité de ce qui est conforme à la constitution. *La constitutionnalité d'une loi.*

CONSTITUTIONNEL, ELLE, adj. [kɔ̃stitysjɔnɛl] (*constitution*) Qui est réglé par une constitution. *Gouvernement constitutionnel*, celui où des assemblées participent au gouvernement. ◆ Qui tient à la constitution. *Pacte constitutionnel.* ◆ Conforme à la constitution. *Cet acte n'est pas constitutionnel.* ◆ Qui est partisan de la constitution. *Le parti constitutionnel* et n. m. *un constitutionnel.* ◆ **Méd.** Qui tient à la constitution de l'individu. *Maladie constitutionnelle.*

CONSTITUTIONNELLEMENT, adv. [kɔ̃stitysjɔnɛl(ə)mɑ̃] (*constitutionnel*) D'une manière constitutionnelle, en conformité avec la constitution. *Agir, gouverner constitutionnellement.*

CONSTRICTEUR, adj. [kɔ̃striktœr] (lat. *constringere*, supin *constrictum*, serrer, réprimer) Qui resserre en agissant circulairement. ◆ *Le boa constricteur*, nom d'une espèce de boa. ◆ *Les muscles constricteurs du pharynx* et n. m. *les constricteurs.* ■ REM. On dit aussi *boa constrictor.*

CONSTRICTIF, IVE, ■ adj. [kɔ̃striktif, iv] (b. lat. méd. *constrictivus*, qui a la propriété de resserrer, de *constringere*) **Méd.** Qui provoque une sensation de serrement. *Éprouver une douleur constrictive dans la poitrine.* ■ **Phonét.** *Une consonne constrictive* ou ■ *une constrictive*, consonne produite du fait de l'occlusion partielle du canal vocal. *Les fricatives et les vibrantes sont des consonnes constrictives.*

CONSTRICTION, n. f. [kɔ̃striksjɔ̃] (b. lat. *constrictio*, resserrement) Action de diminuer le diamètre d'un objet, en exerçant une pression circulaire. *Les corsets exercent une constriction.*

CONSTRICTOR, ■ adj. m. [kɔ̃striktɔr] Voy. CONSTRICTEUR.

CONSTRINGENT, ENTE, adj. [kɔ̃strɛ̃ʒɑ̃, ɑ̃t] (lat. *constringens*, partic. prés. de *constringere*, resserrer) ▷ **Méd.** Qui opère une constriction. ◁

CONSTRUCTEUR, TRICE, n. m. et n. f. [kɔ̃stryktœr, tris] (b. lat. *constructor*) Personne qui construit, qui sait l'art de construire. *Le constructeur d'une maison, d'un pont, etc.* ◆ Adj. *Mécanicien constructeur.*

CONSTRUCTIBLE, ■ adj. [kɔ̃stryktibl] (radic. du supin *constructum*, du lat. *construere*, entasser par couches, bâtir) Où rien ne s'oppose à la construction d'un bâtiment. *Zone constructible. Terrain constructible.* ■ Qui peut être construit. *Cette maison n'est constructible que par des professionnels.* ■ CONSTRUCTIBILITÉ, n. f. [kɔ̃stryktibilite]

CONSTRUCTIF, IVE, ■ adj. [kɔ̃stryktif, iv] (b. lat. *constructivus*) Relatif à la construction. ■ **Fig.** Dont l'objectif est d'apporter une amélioration ou de construire. *Une discussion, une remarque constructive.*

CONSTRUCTION, n. f. [kɔ̃stryksjɔ̃] (lat. *constructio*) Action de construire. *La construction d'une maison.* ◆ L'art du constructeur. *Il entend bien la construction.* ◆ Bâtisse. *Faire de nouvelles constructions.* ◆ Manière dont une chose est construite. « *Chaque espèce d'animaux est d'une construction différente des autres* », FÉNELON. ◆ **Par extens.** *La construction d'un poème.* ◆ *Une grande construction philosophique, scientifique*, grand système dans la philosophie, grande théorie dans la science. ◆ **Gramm.** Arrangement des mots, place des termes et des propositions. *Construction directe, inverse, elliptique.* ◆ *Construction analytique ou logique*, celle où les mots sont placés dans l'ordre rationnel : le sujet, le verbe et l'attribut. ◆ *Faire la construction d'une phrase latine ou grecque*, mettre dans l'ordre analytique ou direct les mots qui sont construits dans un ordre inverse. ◆ **Géom.** Figure, ligne qu'on trace pour arriver à une démonstration. ■ Domaine de l'industrie touchant à la fabrication d'objets, de véhicules, de bâtiments ou de matériaux. *La construction navale.* ■ *Jeu de construction*, jeu consistant à assembler et emboîter des pièces de différentes formes pour construire une structure. *Les jeux de construction représentent une très bonne activité manuelle pour les enfants tout en développant leur imaginaire.*

CONSTRUCTIVISME, ■ n. m. [kɔ̃stryktivism] (*constructif*) Courant artistique russe du début du XXe siècle prônant l'utilisation de formes géométriques. *Associé dans ses débuts avec le mouvement marxiste de la Révolution, le constructivisme est l'expression artistique de cette doctrine qui entend construire une nouvelle société.*

CONSTRUCTIVISTE, ■ adj. [kɔ̃stryktivist] (*constructivisme*) Qui a trait au constructivisme. *À partir des années 20, l'idée constructiviste inspire l'architecture, la sculpture, les arts appliqués en favorisant le développement du design.* ■ N. m. et n. f. Artiste adepte du constructivisme. *Les constructivistes ont pressenti les impératifs du développement d'une société nouvelle.*

CONSTRUIRE, v. tr. [kɔ̃strɥir] (lat. *construere*, entasser par couches, bâtir) Faire quelque chose qui ait structure. *Construire une maison, une machine, un instrument de physique.* ◆ **Par extens.** *Construire un poème*, en disposer les parties dans un certain ordre. ◆ *Construire une théorie, un système,* disposer des idées théoriques, systématiques, en un ordre conséquent. ♦ **Gramm.** *Construire une phrase*, en distribuer les mots dans l'ordre grammatical. ♦ **Géom.** *Construire une figure*, la tracer régulièrement. *Construire une carte géographique.* ♦ Se construire, v. pr. Être construit. ♦ Entrer dans la structure d'une phrase. *Sûr se construit avec de.* ♦ Faire construire, faire bâtir une maison. *Ils font construire dans la rue voisine.* ■ *Permis de construire*, document administratif validant le plan d'un bâtiment et en autorisant la construction. *Obtenir un permis de construire auprès de la mairie pour bâtir une dépendance.*

CONSTRUIT, UITE, p. p. de construire. [kɔ̃stʀɥi, ɥit]

CONSUBSTANTIALITÉ, n. f. [kɔ̃sybstɑ̃sjalite] (lat. chrét. *consubstantialitas*) **Théol.** Qualité de ce qui est consubstantiel. *Les ariens niaient la consubstantialité du Fils avec le Père.*

CONSUBSTANTIATION, ■ n. f. [kɔ̃sybstɑ̃sjasjɔ̃] (lat. chrét. *consubstantiatio*, de *cum* et *substantia*) **Théol.** Dogme selon lequel le Christ est réellement présent dans le pain et le vin de l'eucharistie. *Les protestants reconnaissent la consubstantiation, et les catholiques la transsubstantiation.*

CONSUBSTANTIEL, ELLE, adj. [kɔ̃sybstɑ̃sjɛl] (lat. chrét. *consubstantialis*) **Théol.** Qui est un par la substance. Il se dit des trois personnes de la Trinité. *Le Fils est consubstantiel au Père ou avec le Père.*

CONSUBSTANTIELLEMENT, adv. [kɔ̃sybstɑ̃sjɛl(ə)mɑ̃] (*consubstantiel*) D'une manière consubstantielle.

CONSUL, n. m. [kɔ̃syl] (lat. *consul*, magistrat romain ; en lat. médiév. magistrat du roi, d'une municipalité) Nom de deux magistrats qui exerçaient l'autorité suprême dans la république romaine. ♦ Agent chargé de protéger ses nationaux, et spécialement les intérêts commerciaux en pays étranger. ♦ Autrefois, nom, dans certaines municipalités de la France méridionale, des magistrats dits dans le Nord *échevins*. ♦ Autrefois, juge pris parmi les marchands pour connaître d'affaires commerciales. *Un juge-consul.* ♦ La juridiction des consuls. *Avoir une affaire aux consuls.* ♦ Les trois magistrats auxquels la constitution de l'an VIII avait confié le gouvernement de la république française.

CONSULAIRE, adj. [kɔ̃sylɛʀ] (lat. *consularis*) Qui appartient aux consuls. *La pourpre consulaire. Le gouvernement consulaire.* ♦ *Comices consulaires*, comices pour l'élection des consuls. ♦ *Provinces consulaires*, celles où Rome envoyait des consuls. ♦ *Homme, personnage consulaire* et N. m. *consulaire*, celui qui a été revêtu du consulat. ♦ *Juridiction consulaire*, la juridiction des juges-consuls ; la juridiction commerciale.

CONSULAIREMENT, adv. [kɔ̃sylɛʀ(ə)mɑ̃] (*consulaire*) Par la juridiction consulaire. *Demande jugée consulairement*

CONSULAT, n. m. [kɔ̃syla] (lat. *consulatus*) Dignité de consul. ♦ Gouvernement consulaire. ♦ Le temps ou l'exercice de cette charge. ♦ Charge de juge ou de consul de commerce à l'étranger ; lieu où siège le consul. ♦ Emploi des officiers municipaux qui portaient le nom de consuls. ♦ Le corps des consuls. ♦ En France, le gouvernement consulaire et le temps pendant lequel il a existé.

CONSULTABLE, ■ adj. [kɔ̃syltabl] (*consulter*) Dont la consultation est possible. *Une revue consultable uniquement sur Internet.*

CONSULTANT, ANTE, adj. [kɔ̃syltɑ̃, ɑ̃t] (*consulter*) Qui donne des consultations. *Avocat consultant. Médecin consultant.* ♦ N. m. et n. f. Personne qui donne une consultation. ♦ L'auteur d'une consultation. ♦ ▷ En un sens opposé, celui qui demande une consultation. « *Écoutez tout le monde, assidu consultant* », BOILEAU. ◁

CONSULTATIF, IVE, adj. [kɔ̃syltatif, iv] (*consulter*) Que l'on consulte, qui est institué pour donner des avis. *Comité consultatif.* ♦ *Voix consultative*, Droit d'opiner, mais non de voter.

CONSULTATION, n. f. [kɔ̃syltasjɔ̃] (lat. *consultatio*, délibération, question posée) Action de consulter. ♦ Avis motivé d'un ou de plusieurs jurisconsultes sur un point de droit. ♦ Réunion de médecins auprès d'un malade pour délibérer sur les moyens de le secourir. ♦ Avis que donne un médecin que l'on vient consulter. ♦ Le lieu et le temps consacrés aux consultations. *Aller à la consultation du médecin.* ■ Fait de recueillir l'avis de personnes. *La consultation de l'opinion publique.* ■ Action de rechercher un renseignement dans un ouvrage. *La consultation d'un dictionnaire.*

CONSULTE, n. f. [kɔ̃sylt] (ital. *sacra consulta*, conseil d'état du pape, de *consultare*) Action de consulter. ♦ Vieux en ce sens. ♦ Assemblée administrative, conseil, sénat, en Italie dans certains cantons de la Suisse. *Consulte sacrée*, sorte de conseil administratif et judiciaire à Rome. ■ **Corse** Vaste réunion dont le but est de traiter un problème d'intérêt général. *La constitution nationale corse votée à la consulte de Corte.*

CONSULTÉ, ÉE, p. p. de consulter. [kɔ̃sylte] À qui on a demandé un avis. ♦ Sur quoi on a demandé avis. « *L'affaire est consultée* », LA FONTAINE.

CONSULTER, v. tr. [kɔ̃sylte] (lat. *consultare*, délibérer, interroger) Prendre conseil de quelqu'un. ♦ *Consulter son miroir*, s'y regarder. ♦ *Consulter les astres, l'histoire*, les examiner attentivement pour y chercher des indices. ♦ Se diriger par. « *Je n'ai pour lui parler consulté que mon cœur* », RACINE. ♦ *Consulter ses forces*, examiner si l'on est capable de faire une chose. ♦ *Consulter ses intérêts*, se diriger d'après ce qu'ils suggèrent. ♦ Dans le paganisme, *consulter l'oracle*, les dieux, les interroger. ♦ **Par extens.** *Consulter le sorcier, la devineresse, la somnambule.* ♦ Mettre en délibération, soumettre à l'examen de quelqu'un. *Consulter une affaire à un avocat.* « *J'ai ici un ancien de mes amis, avec lequel je serai bien aise de consulter sa maladie* », MOLIÈRE. ♦ V. intr. Conférer, délibérer seul ou avec d'autres pour aviser. « *Il est bien plus naturel à la peur de consulter que de décider* », RETZ. ♦ Se consulter, v. pr. Délibérer avec soi-même. ♦ Se consulter l'un l'autre. ♦ Être consulté. « *La voix de la raison jamais ne se consulte* », P. CORNEILLE. ■ Rechercher dans un ouvrage. *Consulter les pages jaunes de l'annuaire.* ■ V. intr. Recevoir des patients en consultation. *Le médecin consulte tous les matins.*

CONSULTEUR, n. m. [kɔ̃syltœʀ] (*consulter*, sur modèle de lat. *consultor*, conseiller) Celui que l'on consulte. *Consulteur du saint-office.*

CONSUMABLE, adj. [kɔ̃symabl] (*consumer*) Qui peut être consumé.

CONSUMANT, ANTE, adj. [kɔ̃symɑ̃, ɑ̃t] (*consumer*) Qui consume.

CONSUMÉ, ÉE, p. p. de consumer. [kɔ̃syme]

CONSUMER, v. tr. [kɔ̃syme] (lat. *consumere*, dépenser, épuiser, détruire) Détruire en usant, en réduisant à rien. *Le feu consuma ce grand édifice.* « *Ceux dont notre guerre a consumé la vie* », P. CORNEILLE. ♦ *Consumer son patrimoine*, le dissiper. ♦ **Fig.** *L'oisiveté d'un camp consume leur vigueur* », RACINE. ♦ **Par anal.** *Le regret de sa faute le consume.* « *C'en est fait, le poison me consume* », MONTESQUIEU. ♦ Employer sans réserve, en parlant du temps. « *Nous autres hommes c'est souvent par vanité, quelquefois par intérêt, que nous consumons notre vie dans la culture des arts* », VOLTAIRE. ♦ Se consumer, v. pr. Être consumé. *Se consumer de travail et d'inquiétude.* « *Je me consumais en regrets inutiles* », FÉNELON. ♦ **Absol.** Faire de vains efforts. ♦ Dépérir.

CONSUMÉRISME, ■ n. m. [kɔ̃symerism] (angl. *consumerism*, de *consumer*, consommateur) Défense des consommateurs à l'initiative d'associations. *Le consumérisme a pour but de faire prendre les points de vue des associations des consommateurs en considération par les pouvoirs publics et par les professionnels.*

CONSUMÉRISTE, ■ adj. [kɔ̃symerist] (*consumérisme*) Qui a trait au consumérisme. *Une législation consumériste.* ■ N. m. et n. f. Personne qui adhère à une association de défense des consommateurs. *Les consuméristes sont à l'origine de beaucoup de contrôles qualité pour le bien-être des consommateurs.*

CONTACT, n. m. [kɔ̃takt] (lat. *contactus*, de *contingere*, toucher) État de deux ou plusieurs corps qui se touchent. *Point de contact*, point par lequel deux corps se touchent. ♦ **Par extens.** Relation, rapport. *Le commerce met en contact les peuples les plus éloignés* ♦ *Point de contact*, sentiment, idée par lesquels des personnes se touchent, s'accordent. ■ Aptitude à établir des liens avec autrui. *Être facile de contact.* ■ *Prise de contact*, premier échange avec quelqu'un. *La prise de contact avec son futur employeur a été très positive.* ■ Personne de connaissance. *Nous avons de nombreux contacts dans la profession.* ■ *Au contact de quelqu'un*, en partageant le quotidien ou en travaillant avec quelqu'un. *Il a beaucoup changé au contact de sa seconde épouse.* ■ Personne servant de relais ou d'informateur pour un agent secret. *Notre contact nous a confirmé l'existence de cette nouvelle organisation terroriste.* ■ Dispositif qui permet de mettre en marche un moteur d'un véhicule. *La clé de contact.* ■ *Mettre le contact*, démarrer. ■ **Électr.** *Faux contact*, mauvaise connexion dans un circuit électrique. ■ *Verres de contact*, verres correcteurs. ■ *Lentilles de contact*, lentilles correctrices placées directement sur l'œil. *Il est nécessaire de nettoyer chaque soir ses lentilles de contact.* ■ *Contact radio*, liaison par radio spécial. entre un pilote et une tour de contrôle. *Différents contacts radio sont prévus entre la station spatiale internationale et la Terre.*

CONTACTER, ■ v. tr. [kɔ̃takte] (*contact*) Se mettre en relation avec quelqu'un. *Il a fait tout son possible pour nous contacter.* ■ Toucher, adhérer à. *La main de l'alpiniste contacte la paroi de la falaise.*

CONTACTEUR, ■ n. m. [kɔ̃taktœʀ] (*contact*) **Électr.** Dispositif permettant ou non d'établir le passage du courant électrique dans un circuit et actionné au moyen d'un interrupteur. *Lorsque la bobine est alimentée, le contacteur se ferme et établit le circuit entre le réseau d'alimentation et le récepteur.*

CONTACTOLOGIE, ■ n. f. [kɔ̃taktɔlɔʒi] (*contact* et *-logie*) Domaine de l'ophtalmologie traitant de la fabrication et de l'amélioration des verres et lentilles de contact. *Grâce aux nouvelles technologies ophtalmologiques, le marché de la contactologie se développe rapidement.* ■ CONTACTOLOGIQUE, adj. [kɔ̃taktɔlɔʒik] ■ CONTACTOLOGISTE, n. m. et n. f. [kɔ̃taktɔlɔʒist]

CONTAGE, ■ n. m. [kɔ̃taʒ] (lat. *contagium*, contagion, de *cum* et *tangere*, toucher) **Méd.** Cause organique facteur de contagion. *Le problème du personnel hospitalier et du contage tuberculeux au sein des hôpitaux.*

CONTAGIEUX, EUSE, adj. [kɔ̃taʒjø, øz] (b. lat. *contagiosus*, de *contagio*) Au sens passif, transmissible par contact ou par une communication qui ressemble au contact. *Le rire est contagieux. Des vices contagieux.* ♦ **Méd.** Transmissible d'un corps malade à un corps bien portant, par l'intermédiaire d'un virus. *Les maladies contagieuses.* ♦ Au sens actif, qui transmet la contagion. *Air contagieux.* « *Des gens contagieux, toujours attentifs à vous séduire et à vous inspirer le poison qu'ils portent dans l'âme* », MASSILLON.

CONTAGION, n. f. [kɔ̃taʒjɔ̃] (lat. *contagio*, de *cum* et *tangere*, toucher) Communication par contact ou par ce qui ressemble au contact. *La contagion du vice, de l'hérésie.* ♦ *La contagion des idées*, l'extension que certaines idées religieuses, sociales, politiques, prennent parmi les peuples à un moment donné. ♦ Par extens. Communication d'une maladie par contact médiat ou immédiat. ♦ Par extens. *Maladie contagieuse.*

CONTAGIOSITÉ, ■ n. f. [kɔ̃taʒjozite] (*contagieux*) Qualité de ce qui peut être transmis par contagion. *Les infirmières s'interrogent sur la contagiosité de la tuberculose en milieu hospitalier.*

CONTAINER, ■ n. m. [kɔ̃tenɛʀ] Voy. CONTENEUR.

CONTAINÉRISATION, ■ n. f. [kɔ̃tenerizasjɔ̃] Voy. CONTENEURISATION.

CONTAINÉRISER, ■ v. tr. [kɔ̃tenerize] Voy. CONTÉNEURISER.

CONTAMINATION, n. f. [kɔ̃taminasjɔ̃] (lat. chrét. *contaminatio*, contact impur, maladie) Souillure. ■ **Ling.** Phénomène par lequel la graphie, le sens ou la construction d'un mot change par analogie avec un autre mot. *Le mot* fruste *avait le sens de* usé, *par contamination avec* rustre, *il a changé de sens.* ■ Introduction d'agents pathogènes dans un organisme ou un milieu. *La transmission du* VIH *par voie sexuelle est le mode de contamination prédominant.* ■ Présence d'agents radioactifs dans un organisme ou un milieu. *La contamination radioactive dans les centrales nucléaires à risques.* ■
CONTAMINATEUR, TRICE, n. m. et n. f. [kɔ̃taminatœʀ, tʀis]

CONTAMINÉ, ÉE, p. p. de contaminer. [kɔ̃tamine] **Méd.** Où règne une maladie contagieuse. *Localités contaminées.*

CONTAMINER, v. tr. [kɔ̃tamine] (lat. *contaminare*, mélanger, puis souiller par contact) Souiller. ■ Introduire des agents pathogènes dans un organisme ou un milieu. *Il a été contaminé par le virus du sida lors d'une transfusion.* ■ Transmettre la radioactivité à quelque chose. *L'incident dans le réacteur de la centrale risque de contaminer l'eau de la rivière.* ■ Avoir une influence néfaste sur quelqu'un. *L'esprit d'indécision de son patron l'a contaminé.* ■
CONTAMINANT, ANTE, adj. [kɔ̃taminɑ̃, ɑ̃t]

CONTE, n. m. [kɔ̃t] (*conter*) Récit, rapport, et particulièrement récit de quelque anecdote, de quelque aventure. ♦ Récit d'aventures merveilleuses ou autres, fait en vue d'amuser. *Les contes de fées.* ♦ **Contes bleus**, contes de fées et autres récits de ce genre, ainsi dits parce qu'ils étaient d'ordinaire couverts d'un papier bleu ; et par ext. récits imaginaires, raisons sans fondement, billevesées. ♦ **Par extens.** Discours ou récit mensonger, peu vraisemblable et auquel on ne croit pas. « *Jugez par là combien ce conte est ridicule* », P. CORNEILLE. ♦ **Faire des contes**, dire des choses qui sont sans fondement. ♦ On dit aussi : **conte de bonne femme, conte borgne, conte à dormir debout, conte de vieille, conte d'enfant, etc** [1]. ♦ **Conte en l'air**, mensonge, duperie. ♦ *Conte fait à plaisir*, récit inventé de toute pièce. ■ REM. 1 : *Conte de bonne femme, conte de vieille* et *conte d'enfant* sont des expressions dépréciatives à l'égard des femmes et des enfants.

CONTÉ, ÉE, p. p. de conter. [kɔ̃te]

CONTEMPLATEUR, TRICE, n. m. et n. f. [kɔ̃tɑ̃platœʀ, tʀis] (lat. *contemplator*, observateur) Celui, celle qui contemple. *Contemplateur des merveilles de la nature.* ♦ L'homme contemplatif. « *Le contemplateur, mollement couché dans une chambre tapissée, invective contre le soldat* », VAUVENARGUES.

CONTEMPLATIF, IVE, adj. [kɔ̃tɑ̃platif, iv] (lat. *contemplativus*, aux sens de spéculatif chez Sénèque, de mystique chez les aut. chrét.) Qui se plaît dans la contemplation. *Esprit contemplatif.* ♦ Intellectuel. **Facultés contemplatives**, par opposition à *facultés affectives* ou *actives*. ♦ **Vie contemplative**, inactivité du corps et de l'esprit, si ce n'est pour la méditation ou la prière. ♦ N. m. et n. f. Celui qui est livré à la contemplation. ♦ **Théol.** *Les extases des contemplatifs.* ♦ *Ordre contemplatif*, ordre religieux caractérisé par le cloître et la contemplation. *L'ordre contemplatif allie la rigueur d'une vie solitaire avec la vie fraternelle et donc communautaire.* ■ N. m. et n. f. Religieux ou religieuse de ce type d'ordre. *Les carmélites sont des contemplatives.*

CONTEMPLATION, n. f. [kɔ̃tɑ̃plasjɔ̃] (lat. *contemplatio*, action de regarder attentivement) Action de contempler. *Être en contemplation devant un tableau.* ♦ Profonde application de l'esprit à quelque objet, surtout aux objets purement intellectuels. ♦ Habitude d'esprit qui fait rêver et méditer. *Le goût de la solitude et de la contemplation.* ♦ Dans la vie spirituelle, méditations relevées, qui vont jusqu'à rompre toute communication de l'esprit et du corps avec les choses sensibles.

CONTEMPLATIVEMENT, adv. [kɔ̃tɑ̃plativ(ə)mɑ̃] (*contemplatif*) D'une manière contemplative.

CONTEMPLÉ, ÉE, p. p. de contempler. [kɔ̃tɑ̃ple]

CONTEMPLER, v. tr. [kɔ̃tɑ̃ple] (lat. *contemplari*, regarder attentivement, de *cum* et *templum*, espace découvert) Considérer attentivement, avec amour ou admiration. ♦ Examiner par la pensée. *Contempler les choses divines.* ♦ **Absol.** *Passer sa vie à contempler*, à méditer. ♦ Se contempler, v. pr. Tourner la contemplation sur soi-même. ♦ Se contempler l'un l'autre.

CONTEMPORAIN, AINE, adj. [kɔ̃tɑ̃pɔʀɛ̃, ɛn] (b. lat. *contemporaneus*, de *cum* et *tempus*, période) Qui est du même temps. *Hésiode a-t-il été contemporain d'Homère ?* ♦ *Historien contemporain*, historien qui écrit les événements de son temps. ♦ *L'histoire contemporaine*, l'histoire qui s'écrit au temps même des hommes et des choses. ♦ N. m. et n. f. *Un contemporain. Les contemporains.* ■ De l'époque actuelle.

CONTEMPORANÉITÉ, n. f. [kɔ̃tɑ̃pɔʀaneite] (*contemporain*) Existence simultanée, à une certaine époque.

CONTEMPTEUR, TRICE, n. m. et n. f. [kɔ̃tɑ̃ptœʀ, tʀis] (lat. *contemptor*, de *contem(p)no*, supin *contemptum*, mépriser) Celui, celle qui méprise, qui a l'esprit méprisant. « *Les protecteurs du vice et les contempteurs de la vertu* », MASSILLON.

CONTEMPTIBLE, adj. [kɔ̃tɑ̃ptibl] (b. lat. *contemptibilis*) Qui mérite le mépris. « *Rien de contemptible à ton cœur* », P. CORNEILLE.

CONTENANCE, n. f. [kɔ̃t(ə)nɑ̃s] (*contenir*) Quantité de ce qui est contenu : capacité. *Un vase de la contenance de deux litres.* ♦ Étendue, superficie. *Ce parc est de la contenance de sept hectares.* ♦ Maintien, manière de se tenir, de se montrer. *Une humble contenance.* ♦ *Se faire une contenance, retrouver sa contenance*, se remettre d'un embarras. ♦ *N'avoir point de contenance*, être embarrassé de sa personne. ♦ *Se donner une contenance*, se donner un maintien. ♦ *Par contenance*, pour se donner un maintien. ♦ *Faire bonne contenance*, témoigner de la fermeté et de la résolution. ♦ *Perdre contenance*, être subitement déconcerté et confus.

CONTENANT, ANTE, adj. [kɔ̃t(ə)nɑ̃, ɑ̃t] (*contenir*) Qui contient. *La chose contenante et la chose contenue.* ♦ N. m. *Le contenant.*

CONTENDANT, ANTE, adj. [kɔ̃tɑ̃dɑ̃, ɑ̃t] (anc. fr. *contendre*, du lat. *contendere*, rivaliser) ▷ Qui débat, dispute avec un autre. *Puissances, parties contendantes.* ♦ N. m. et n. f. « *Un des contendants* », VOLTAIRE. ◁

CONTENEUR, ■ n. m. [kɔ̃t(ə)nœʀ] (*contenir*) Caisse en métal, de grande dimension et au gabarit standardisé, servant au transport des marchandises. ■ Récipient pour le tri sélectif des déchets. ■ REM. Recommandation officielle pour *container*.

CONTENEURISATION, ■ n. f. [kɔ̃t(ə)nøʀizasjɔ̃] (*conteneuriser*) Action de stocker dans un conteneur. *La conteneurisation a été l'une des conditions de la croissance des échanges et le moyen de lutter contre l'asphyxie des grands ports.* ■ REM. Recommandation officielle pour *containérisation*.

CONTENEURISER, ■ v. tr. [kɔ̃t(ə)nøʀize] (*conteneur*) Stocker ou ranger dans un conteneur avant le transport. *Les dimensions des colis devront être optimisées en fonction du type de déchets à conteneuriser.* ■ REM. Recommandation officielle pour *containériser*.

CONTENIR, v. tr. [kɔ̃t(ə)niʀ] (lat. *continere*, de *cum* et *tenere*) Avoir une certaine contenance, une certaine étendue. *Ce vase contient dix litres. Ce terrain contient trois hectares.* ♦ Renfermer. *Les prisons ne pouvaient contenir les prisonniers.* ♦ Avoir, être composé de. *Ce volume contient quatre cents pages.* ♦ Par extens. *6 contient deux fois le nombre 3. Cette maxime contient toutes les autres.* ♦ Retenir. *Les gardes contenaient la foule.* ♦ **Fig.** Maintenir dans le calme, la modération, le devoir. *Contenir sa joie. Contenir dans le devoir.* ♦ **Absol.** *Il est plus aisé d'opprimer que de contenir.* ♦ Se contenir, v. pr. Se retenir, se maîtriser. ♦ Se modérer sur les choses préjudiciables à la santé. *Il est plus aisé de s'abstenir que de se contenir.* ♦ Être un obstacle, un frein l'un à l'autre. « *Les deux nations se contiennent l'une l'autre* », MONTESQUIEU.

CONTENT, ENTE, adj. [kɔ̃tɑ̃, ɑ̃t] (lat. *contentus*, satisfait, p. de *continere*) Qui se contente de, s'accommode de, se borne à. *Content de son sort. Content de peu.* ♦ **Absol.** *Vivre content.* ♦ Satisfait. « *Celui qui sort de votre entretien content de soi et de son esprit, l'est de vous parfaitement* », LA BRUYÈRE. ♦ Qui éprouve un sentiment de plaisir intérieur. « *Je ne l'ai jamais vu ni gai, ni triste, mais toujours content* », J.-J. ROUSSEAU. ♦ *Avoir l'air, le visage content*, avoir le contentement peint sur le visage. ♦ *Être content de soi*, se plaire dans sa situation, n'avoir pas de reproche à se faire. ♦ *Être content de soi*, être convaincu des avantages de corps ou d'esprit que l'on possède. ♦ *Être content de sa personne*, de sa petite personne, avoir un air avantageux. ♦ *Être content de quelqu'un*, avoir lieu d'être satisfait de ses procédés, de sa conduite. ♦ *Être content de quelque chose*, en éprouver de la satisfaction. ♦ N. m. **Fam.** *Avoir son content de quelque chose*, en avoir tout ce qu'on en désire, et par ironie, *avoir son content d'une chose très désagréable*, comme de coups, de disgrâces. ■ *Non content de...*, il, elle ne se contente pas de... *Non content de mépriser ses subordonnés, le directeur néglige aussi ses clients.*

CONTENTÉ, ÉE, p. p. de contenter. [kɔ̃tɑ̃te] Rendu content.

CONTENTEMENT, n. m. [kɔ̃tɑ̃t(ə)mɑ̃] (*contenter*) Action de contenter; résultat de cette action. ♦ Éclaircissement, réussite. *Vous aurez contentement sur ce sujet.* ♦ Sentiment de plaisir intérieur. *Ses enfants lui donnent du contentement.* ♦ Au pl. « *Toujours quelques soucis en ces événements Troublent la pureté de nos contentements* », P. CORNEILLE. ♦ Prov. *Contentement passe richesse.*

CONTENTER, v. tr. [kɔ̃tɑ̃te] (*content*) Rendre content. *On ne peut contenter tout le monde.* ♦ En parlant des choses. *Contenter ses désirs.* ♦ Apaiser quelqu'un en lui accordant une chose. *Cet homme ira se plaindre partout si on ne le contente pas.* ♦ Payer. « *Vous serez pleinement contentés de vos soins* », MOLIÈRE. ♦ ▷ Plaire à. *Cette musique ne contente pas l'oreille.* ◁ ♦ Se contenter, v. pr. Satisfaire son envie, ses désirs. ♦ S'accommoder de, se borner à. *Se contenter de peu. Se contenter de vivre.* ♦ ▷ *Se contenter que*, avec le subj. « *Je me contente que vous ayez vu que...* », BOSSUET. ◁ ♦ En demeurer là, ne pas vouloir faire plus que ce qu'on a fait. *Je me contente de lui avoir prêté de l'argent, et ne veux pas le cautionner.*

CONTENTIEUSEMENT, adv. [kɔ̃tɑ̃sjøz(ə)mɑ̃] (*contentieux*) Par voie contentieuse.

CONTENTIEUX, EUSE, adj. [kɔ̃tɑ̃sjø, øz] (lat. *contentiosus*, chicaneur) Sur lequel on dispute. « *Avoir l'art d'abréger les affaires les plus contentieuses* », VAUVENARGUES. ♦ Qui aime à disputer. « *Des cœurs hautains, contentieux et desséchés* », FÉNELON. ♦ N. m. Admin. L'ensemble des affaires contentieuses. *Être chargé du contentieux. Bureau du contentieux.* ♦ *Contentieux administratif*, matière dont le jugement appartient aux tribunaux administratifs. ■ Dispute ou désaccord non résolu. *Un important contentieux les oppose.*

CONTENTIF, IVE, adj. [kɔ̃tɑ̃tif, iv] (*continere*, supin *contentum*, maintenir) Chir. Qui contient. *Bandage contentif*, bandage qui sert à maintenir en place un appareil. *Appareil contentif.*

1 **CONTENTION**, n. f. [kɔ̃tɑ̃sjɔ̃] (lat. *contentio*, effort, lutte) Effort qu'on fait pour exécuter quelque chose, ou pour parvenir à quelque but. « *Ne croyez pas qu'il faille se donner beaucoup de contention afin de prier Dieu* », FÉNELON. ♦ *Contention d'esprit*, et absol. contention, application forte et continue. ♦ Débat, dispute. « *Ils font de la vérité un sujet de contention* », MASSILLON. ♦ Chaleur, véhémence dans la dispute.

2 **CONTENTION**, n. f. [kɔ̃tɑ̃sjɔ̃] (lat. méd. XVIIIᵉ s., tension, application) Chir. Action de maintenir en place des parties désunies et fracturées. ♦ *Des bas de contention*, bas enserrant souplement la jambe pour améliorer la circulation sanguine et lymphatique. *Des bas de contention sélectionnés pour assurer une compression efficace et un confort optimum pour les personnes constamment en station debout.*

1 **CONTENU**, n. m. [kɔ̃t(ə)ny] (*contenir*) Ce qui est renfermé dans quelque chose. *Le contenant et le contenu.* ♦ La teneur. *Le contenu d'une lettre, d'un arrêt.* ■ Ling. Dans un signe linguistique, ce qui correspond au sens et non à la forme du mot. *Faire une analyse de contenu dans un énoncé.*

2 **CONTENU, UE**, p. p. de contenir. [kɔ̃t(ə)ny] Qui se maîtrise, s'observe. ♦ *Style contenu*, style dans lequel l'auteur s'observe pour ne pas se laisser aller à ses émotions.

CONTER, v. tr. [kɔ̃te] (anc. fr. *compter*, narrer, lat. *computare*, calculer de *cum* et *putare*; la distinction avec la réfection étymologique *compter* n'est définitive qu'au XVIIᵉ s.) Faire un récit. *Conter une histoire.* ♦ Absol. *Les vieillards aiment à conter.* ♦ Dire, relater. ♦ Fam. *Conter ses raisons*, entrer dans un détail familier. ♦ Ironiq. *Que venez-vous me conter là?* c'est-à-dire : quelles sornettes venez-vous me débiter? ♦ *En conter de belles* ou simplement *en conter*, conter des sornettes, des choses vaines, frivoles. ♦ *En conter de belles*, se dit aussi quand on apprend à quelqu'un des choses inattendues. ■ *En conter à quelqu'un*, le tromper par de belles paroles. ■ *S'en laisser conter*, se laisser séduire par des paroles trompeuses. ■ *Conter fleurette à quelqu'un*, séduire quelqu'un par des paroles galantes.

CONTESTABLE, adj. [kɔ̃tɛstabl] (*contester*) Qui peut être contesté.

CONTESTANT, ANTE, adj. [kɔ̃tɛstɑ̃, ɑ̃t] (*contester*) Qui conteste en justice. *Les parties contestantes.* ♦ En général, qui dispute. *Un esprit contestant.* ♦ N. m. et n. f. « *Aussitôt qu'à peine il vit les contestants...* », LA FONTAINE. ♦ *Contestant* se dit de celui qui attaque un règlement entre des créanciers.

CONTESTATAIRE, ■ adj. [kɔ̃tɛstatɛʁ] (radic. de *contestation*) Qui forme une critique à l'encontre du système social, politique ou institutionnel en place. *Idées contestataires de mai 68.* ■ N. m. et n. f. *Un, une contestataire.*

CONTESTATEUR, TRICE, ■ adj. [kɔ̃tɛstatœʁ, tʁis] (radic. de *contestation*) Qui émet ou traduit une contestation. *Une remarque contestatrice.*

CONTESTATION, n. f. [kɔ̃tɛstasjɔ̃] (b. lat. jurid. *contestatio*, ouverture d'un procès par appel des témoins, de lat. *testis*, témoin) Action de contester, de refuser d'accéder. ♦ Opposition. *Obtenir sans contestation.* ♦ Débat de parole entre deux ou plusieurs personnes sur quelque affaire. ♦ *Mettre en contestation*, contester, révoquer en doute. ♦ Débat entre des particuliers ou débat politique entre les puissances. ■ Remise en question d'un système, d'une idéologie en vigueur dans la société. *Le mouvement de contestation s'explique, selon les manifestants, par les promesses non tenues par l'employeur.*

CONTESTE, n. f. [kɔ̃tɛst] (*contester*) Contestation, procès. ♦ Ce mot ne s'emploie plus guère que dans la locution : *Sans conteste*, sans débat, sans dispute, sans contredit.

CONTESTÉ, ÉE, p. p. de contester. [kɔ̃tɛste]

CONTESTER, v. tr. [kɔ̃tɛste] (lat. *contestari*, prendre à témoin, produire les témoins, de *cum* et *testis*, témoin) Ne pas reconnaître le droit ou la prétention de quelqu'un à une chose. *Il me conteste ma qualité. On lui conteste cette succession.* ♦ Jurispr. *Contester une créance*, en nier l'existence ou la validité. ♦ Nier un fait, un principe. ♦ V. intr. Disputer, élever une contestation. *Sans contester.* « *La mouche et la fourmi contestaient de leur prix* », LA FONTAINE. « *Nous contestons contre les décisions de l'Église* », MASSILLON. ♦ Se contester, v. pr. Être contesté. ■ V. tr. Émettre des doutes au sujet de quelque chose. *Contester un témoignage, un fait.* ■ Critiquer le fondement ou les applications d'un système, d'une idéologie. *Les manifestants contestent la mise en place de la nouvelle réforme.*

CONTEUR, EUSE, n. m. et n. f. [kɔ̃tœʁ, øz] (*conter*) Celui, celle qui narre habituellement. *Un conteur agréable.* ♦ Celui qui compose, écrit des contes. *Les conteurs orientaux.* ♦ Celui, celle qui débite des choses fausses ou frivoles. *C'est un conteur, un conteur de fagots, un conteur de sornettes, un conteur de chansons.* ♦ Adj. *La vieillesse conteuse.*

CONTEXTE, n. m. [kɔ̃tɛkst] (lat. *contextus*, assemblage, de *contexere*, entrelacer, relier) ▷ Ensemble d'un acte par rapport à l'enchaînement des dispositions et des clauses. *Les actes notariés doivent être écrits en un seul et même contexte.* ◁ L'enchaînement d'idées qu'un texte présente. ♦ Fig. Ensemble des circonstances dans lesquelles se déroule un événement. *Déclenchement d'une grève dans un contexte social agité.* ■ Ce qui entoure directement une unité lexicale ou linguistique et lui donne pleinement son sens. *Les exemples dans un dictionnaire permettent de mettre en contexte le mot défini.*

CONTEXTUALISATION, ■ n. f. [kɔ̃tɛkstɥalizasjɔ̃] (*contextualiser*) Fait de situer un événement ou un mot dans son contexte. *Étudier la contextualisation d'un syntagme dans un corpus linguistique.*

CONTEXTUALISER, ■ v. tr. [kɔ̃tɛkstɥalize] (*contextuel*) Mettre un événement ou un mot dans son contexte pour lui donner toute sa valeur et son sens. *Dans la gestion de documents électroniques, contextualiser un document, c'est lui conférer une connaissance dans un contexte donné pour en permettre une meilleure exploitation.*

CONTEXTUEL, ELLE, adj. [kɔ̃tɛkstɥɛl] (*contexte*, d'après *textuel*) Lié aux circonstances. ■ Lié au contexte d'un mot. *Analyser l'environnement contextuel d'un syntagme.*

CONTEXTURE, n. f. [kɔ̃tɛkstyʁ] (*contexte*, d'après *texture*) Tissure de parties formant un tout. *La contexture des muscles, des os.* ♦ Fig. Liaison entre les diverses parties d'un ouvrage d'esprit. *La contexture de ce poème est bien entendue.*

CONTIGU, UË, adj. [kɔ̃tigy] (lat. *contiguus*, de *contingo*, toucher) Qui touche à. *Sa maison est contiguë à la mienne.* ♦ Fig. *Idées contiguës*, idées qui touchent l'une à l'autre. ♦ Géom. *Côtés contigus*, côtés passant par un même point. *Angles contigus*, angles qui ont un côté commun. ■ REM. On peut aussi écrire *contigüe.*

CONTIGUÏTÉ ou **CONTIGÜITÉ**, n. f. [kɔ̃tigɥite] (*contigu*) État de deux choses contiguës. *La contiguïté de ces deux édifices.*

CONTINENCE, n. f. [kɔ̃tinɑ̃s] (lat. *continentia*, maîtrise de soi; sens mod. à partir des aut. chrét.) Abstinence des plaisirs de l'amour. *Vivre dans la continence.* ■ Méd. Bon fonctionnement des sphincters. *Continence anale.*

1 **CONTINENT**, n. m. [kɔ̃tinɑ̃] (lat. *continens [terra]*, [terre] ininterrompue, de *continere*, maintenir uni) Grande étendue de terre. ♦ *L'ancien continent*, l'Europe, l'Asie et l'Afrique. *Le nouveau continent*, l'Amérique. ♦ La terre ferme, par rapport aux îles voisines. ♦ *Le continent*, le continent européen, par rapport à l'Angleterre.

2 **CONTINENT, ENTE**, adj. [kɔ̃tinɑ̃, ɑ̃t] (lat. *continens*, partic. prés. de *continere*, réfréner) Qui observe la continence. ♦ Méd. *Fièvre continente*, fièvre qui n'a point de rémission ni d'exacerbation sensible. ■ Dont le fonctionnement est normal, en parlant des sphincters. *Un anus continent.*

CONTINENTAL, ALE, adj. [kɔ̃tinɑ̃tal] (1 *continent*) Qui appartient à un continent, et plus particulièrement au continent de l'Europe. *Les puissances continentales. Les marchés continentaux.* ■ *Climat continental*, climat typique de l'intérieur des terres, caractérisé par des saisons très marquées. ■ N. m. et n. f. Personne qui vit sur le continent. *Les continentaux et les insulaires.*

CONTINENTALITÉ, ■ n. f. [kɔ̃tinɑ̃talite] (*continental*) Ce qui est continental. *La continentalité et l'insularité.* ■ Ce qui résulte ou est caractéristique du climat continental. *L'Eurasie est le siège de régions de hautes pressions, dues à l'accumulation d'air rendu très froid par les effets combinés de l'altitude, de la latitude et de la continentalité.*

CONTINGENCE, n. f. [kɔ̃tɛ̃ʒɑ̃s] (b. lat. *contingentia*, hasard, partic. prés. plur. neutre de *contingere*, arriver par hasard) **Philos.** Possibilité qu'une chose arrive ou n'arrive pas. ◆ Dans le langage général, éventualité. *Selon la contingence des cas.* ◆ **Géom.** *Angle de contingence*, celui que forme une ligne droite avec une courbe qu'elle touche, ou que forment deux courbes qui passent par un même point. ■ N. f. pl. Ce qui est peu important et facilement sujet à des modifications. *C'est une personne artificielle, qui ne s'intéresse qu'aux contingences matérielles de la vie.*

CONTINGENT, ENTE, adj. [kɔ̃tɛ̃ʒɑ̃, ɑ̃t] (lat. *contingens*, partic. prés. de *contingere*, arriver par hasard) **Philos.** Qui peut arriver ou ne pas arriver, éventuel. *Les événements contingents.* « *Il y a deux sortes de vérités, les unes sont nécessaires, et les autres contingentes* », MALEBRANCHE. ◆ *Proposition contingente*, celle qui énonce une chose qui peut être ou n'être pas. ◆ **Dr.** *Portion contingente*, la part de chacun dans un partage ou dans une contribution. ◆ N. m. *Le contingent* ou *le futur contingent*, ce qui peut arriver ou n'arriver pas. ◆ *Le contingent*, la partie qui tombe à quelqu'un, dans la division de quelque chose. *Il lui revient tant pour son contingent.* ◆ Quantité de soldats qui doit être fournie. ■ N. m. Quantité soumise à certaines limitations ou obligations. *L'employeur dispose d'un contingent d'heures supplémentaires qu'il peut faire exécuter.*

CONTINGENTER, ■ v. tr. [kɔ̃tɛ̃ʒɑ̃te] (*contingent*) Réglementer les quantités de production, d'exportation et d'importation d'un produit. ■ CONTINGENTEMENT, n. m. [kɔ̃tɛ̃ʒɑ̃t(ə)mɑ̃]

CONTINU, UE, adj. [kɔ̃tiny] (lat. *continuus*, sans interruption, de *continere*, maintenir) Dont les parties se tiennent sans solution. *Étendue, quantité continue.* ◆ ▷ **Math.** *Proportion continue*, celle où le conséquent du premier rapport est l'antécédent du second, par exemple, *5 : 15 : :15 : 45.* ◁ ◆ **Mus.** *Basse continue*, la partie d'accompagnement qui est la plus basse, et qui se fait entendre pendant tout le morceau. ◆ **Méd.** *Fièvre continue*, fièvre qui ne présente dans son cours ni intermission ni rémission caractérisée. ◆ Qui n'est pas interrompu dans sa durée ou sa suite. *Jet continu. Dix jours continus de pluie.* ◆ *Servitudes continues*, celles qui n'ont pas besoin, pour s'exercer, du fait actuel de l'homme : tels sont les égouts, les vues. ◆ N. m. **Philos.** Ce qui n'offre aucune interruption. *Le continu est divisible à l'infini.* ◆ À LA CONTINUE, loc. adv. À la longue, à force de faire toujours la même chose. ■ *En continu*, sans arrêt. *Son ordinateur est allumé en continu.* ■ *Journée continue*, journée de travail simplement coupée par une courte pause pour le déjeuner.

CONTINUATEUR, TRICE, n. m. et n. f. [kɔ̃tinɥatœr, tris] (*continuer*) Celui, celle qui continue. *Le continuateur de Don Quichotte.*

CONTINUATION, n. f. [kɔ̃tinɥasjɔ̃] (lat. *continuatio*) Action de continuer. *La continuation d'une histoire.* ◆ Action de prolonger. *La continuation d'un bail à un fermier.* ◆ Prolongement. *La continuation d'une muraille.* ◆ État de ce qui est continué. *La continuation de la guerre.* ◆ **Phys.** *Continuation du mouvement.*

CONTINUÉ, ÉE, p. p. de continuer. [kɔ̃tinɥe] ou [kɔ̃tinye]

CONTINUEL, ELLE, adj. [kɔ̃tinɥɛl] (*continu*) Qui dure sans interruption. *Travail continuel.* ■ Qui se répète fréquemment. *De continuelles erreurs.*

CONTINUELLEMENT, adv. [kɔ̃tinɥɛl(ə)mɑ̃] (*continuel*) Sans interruption.

CONTINUER, v. tr. [kɔ̃tinɥe] ou [kɔ̃tinye] (lat. *continuare*, ranger à la suite, faire succéder sans interruption) Ne pas interrompre. *Continuer sa lecture.* ◆ Prolonger, étendre. *Continuer un mur, un bail à un fermier, etc.* ◆ *Continuer un ouvrage*, y donner une suite. ◆ *Continuer quelqu'un*, être son continuateur, suivre les mêmes voies, les mêmes idées que lui. ◆ ▷ Maintenir quelqu'un dans une place. *On le continua dans son emploi.* ◁ ◆ V. intr. Ne pas s'arrêter, ne pas s'interrompre. *Continuez, je vous prie.* ◆ *Continuer à*, avec un infinitif. « *Pensez-vous que Chalcas continue à se taire?* », RACINE. ◆ *Continuer de*, avec un infinitif. « *Laissez parler, et continuez d'agir* », LA BRUYÈRE. ◆ S'étendre ou se prolonger. *Cette côte continue depuis tel endroit jusqu'à tel autre.* ◆ Se continuer, v. pr. Être continué. *Cet ouvrage se continue.* ◆ Se prolonger, s'étendre.

CONTINUITÉ, n. f. [kɔ̃tinɥite] (*continu*) État de ce qui est d'une seule tenue. *La continuité des parties.* ◆ *Solution de continuité*, interruption qui se présente dans l'étendue d'un corps. ◆ **Fig.** « *Il n'y a que de grandes maladies qui fassent solution de continuité dans la mémoire* », J.-J. ROUSSEAU. ◆ Durée

continue. *La continuité d'un bruit, des guerres, etc.* ◆ Répétition incessante. « *Pour interrompre la continuité de nos bâillements* », MME DE SÉVIGNÉ.

CONTINÛMENT OU CONTINUMENT, adv. [kɔ̃tinymɑ̃] (*continu*) D'une manière continue, sans relâche. *Il y faut travailler continûment.*

CONTINUO, ■ n. m. [kɔ̃tinyo] ou [kɔ̃tinuo] (mot it.) **Mus.** Partie d'instrument à clavier ou de violoncelle destinée à accompagner et soutenir (un soliste ou un petit ensemble instrumental) tout au long d'un morceau. *Faire le continuo dans une cantate de Bach. Des continuos.*

CONTINUUM, ■ n. m. [kɔ̃tinɥɔm] (neutre de l'adj. lat. *continuus*) Ensemble d'éléments qui permettent d'établir une transition. *Un continuum de soin pour les patients opérés.* ■ **Math.** et **philos.** Espace ou phénomène continu qui ne connaît aucune interruption. *Des continuums.*

CONTONDANT, ANTE, adj. [kɔ̃tɔdɑ̃, ɑ̃t] (*contondre*) **Chir.** Qui blesse, comme tout corps mousse, sans percer ni couper. ■ *Arme contondante*, qui blesse sans faire de plaie ouverte.

CONTONDRE, v. tr. ◁ [kɔ̃tɔdʀ] (lat. *contundere*, écraser, meurtrir) ▷ Produire des contusions. ◁

CONTORNIATE, adj. f. [kɔ̃tɔʀnjat] (lat. *cum* et *tornus*, tour) ▷ Se dit des médailles de cuivre terminées à la circonférence par un cercle d'une ou de deux lignes de largeur. ◁

CONTORSION, n. f. [kɔ̃tɔʀsjɔ̃] (lat. *contortio*, entortillement, de *contorquere*, supin -*tortum*, faire tourner) Action de tordre. « *La contorsion de son épée* », MME DE SÉVIGNÉ. ◆ Contraction irrégulière des muscles, torsion des membres. ◆ **Peint.** Attitude forcée, expression outrée dans une figure. ◆ **Fig.** « *C'est là la première contorsion qu'il faut donner à son esprit* », BOSSUET. ◆ Geste ou mouvement déréglé, ridicule, exagéré.

CONTORSIONNER (SE), ■ v. pr. [kɔ̃tɔʀsjɔne] (*contorsion*) Contracter une partie de son corps de manière à produire une posture ou une figure peu naturelle. *La façon dont se contorsionne cet artiste de cirque est impressionnante!* ■ Adopter une attitude peu naturelle. *Elle a l'air très gênée, elle se contorsionne dans tous les sens.*

CONTORSIONNISTE, ■ n. m. et n. f. [kɔ̃tɔʀsjɔnist] (*contorsionner*) Artiste gymnaste qui réalise des figures d'une extrême souplesse. *Un numéro de contorsionniste.*

CONTOUR, n. m. [kɔ̃tuʀ] (*contourner*) Ce qui marque le tour de quelque chose ; circuit. *Le contour d'une colonne, de Paris, etc.* ■ **Peint.** et **sculpt.** *Les contours d'un corps. Les contours d'une draperie*, les tours qu'elle fait aux endroits où elle est relevée. ■ Ligne courbe. *Les contours d'une rivière.*

CONTOURNABLE, adj. [kɔ̃tuʀnabl] (*contourner*) Qui peut être contourné.

CONTOURNÉ, ÉE, p. p. de contourner. [kɔ̃tuʀne] **Fig.** *Cet auteur est obscur, bizarre et contourné.* ◆ **Hérald.** Se dit des animaux qui ont la tête tournée vers la gauche de l'écu.

CONTOURNEMENT, n. m. [kɔ̃tuʀnəmɑ̃] (*contourner*) Action de contourner ; manière dont une chose est contournée.

CONTOURNER, v. tr. [kɔ̃tuʀne] (lat. vulg. *contornare*) **Peint.** et **sculpt.** Marquer avec des traits et des lignes les contours d'une figure. ◆ Donner à une figure le contour qu'elle doit avoir. *Savoir bien contourner une figure.* ◆ **Métall.** Arrondir. ◆ Passer autour de quelque chose, faire le tour de. *Ce fleuve contourne la ville. Je contourne le coteau.* ◆ Tourner de travers. *Cette position finit par contourner les jambes.* ◆ Donner à une figure, à un ouvrage une position forcée et maladroite. ◆ Se contourner, v. pr. Être tourné de travers. ■ **Fig.** Éluder quelque chose en utilisant un moyen détourné. *Il a réussi à contourner la difficulté.*

CONTRA, ■ n. m. [kɔ̃tʀa] (mot esp., contre) **Hist.** Combattant nicaraguayen engagé dans la guérilla menée contre le régime politique sandiniste. *Des contras financés pour déstabiliser le régime socialiste nicaraguayen.*

CONTRACCUSATION, ■ n. f. [kɔ̃tʀakyzasjɔ̃] Voy. CONTRE-ACCUSATION.

CONTRACEPTIF, IVE, ■ adj. [kɔ̃tʀasɛptif, iv] (angl. *contraceptive*) Qui concerne la contraception. *Les méthodes contraceptives.* ■ Qui empêche la fécondation. *Pilule contraceptive.* ■ N. m. Produit qui empêche la fécondation.

CONTRACEPTION, ■ n. f. [kɔ̃tʀasɛpsjɔ̃] (mot angl., de *contra* et *conception*, conception) Moyens et techniques permettant d'éviter une fécondation. *Contraception orale.*

CONTRACTANT, ANTE, adj. [kɔ̃tʀaktɑ̃, ɑ̃t] (1 *contracter*) Qui contracte. *Les parties contractantes.* ◆ N. m. et n. f. *Les contractants.*

CONTRACTATION, n. f. [kɔ̃tʀaktasjɔ̃] (1 *contracter*) **Dr.** L'action de contracter. *La contractation du mariage.*

CONTRACTE, adj. [kɔ̃tʀakt] (lat. *contractus*, p. p. de *contrahere*, resserrer) **Gramm.** Qui est soumis à la contraction. *Nom, adjectif, verbe contracte.*

CONTRACTÉ, ÉE, p. p. des deux verbes contracter. [kɔ̃tʀakte]

1 **CONTRACTER**, v. tr. [kɔ̃tʀakte] (b. lat. jurid. *contractus,* convention, de *contrahere,* avoir un lien) S'engager par contrat ou par convention. « *L'alliance que Dieu avait contractée avec cette race* », Bossuet. ♦ **Absol.** *Un mineur ne peut pas contracter.* ♦ *Contracter des dettes,* s'endetter. ♦ *Contracter des obligations envers quelqu'un,* recevoir de lui des services qui engagent. ♦ **Par extens.** Joindre à soi, attacher à soi. *Contracter un vice, une maladie, une bonne habitude, amitié, etc.* ♦ **Par anal.** *Ce vin a contracté un goût désagréable.* ♦ *Se contracter,* v. pr. Être fait par obligation. *Cet engagement se contracte au pied des autels.* ♦ **Par extens.** *Les dettes se payent moins aisément qu'elles ne se contractent.* ♦ Être acquis. *C'est une bonne habitude qui se contracte par la persévérance.* ♦ Survenir, en parlant de maladies.

2 **CONTRACTER**, v. tr. [kɔ̃tʀakte] (*contractus,* p. p. de *contrahere,* resserrer) Resserrer, réduire le volume. ♦ **Gramm.** Réunir deux voyelles ou deux syllabes en une seule. ♦ *Se contracter,* v. pr. Devenir plus court par resserrement. *Les muscles se contractent pour agir.* ♦ **Gramm.** Se confondre, se réunir. *Ces deux syllabes se contractent en une seule.* ■ Se crisper sous l'effet d'une émotion ou d'une tension nerveuse. *Son visage se contracta à l'annonce de la nouvelle.*

CONTRACTIF, IVE, adj. [kɔ̃tʀaktif, iv] (2 *contracter*) Qui détermine une contraction. *Force contractive.*

CONTRACTILE, adj. [kɔ̃tʀaktil] (radic. du lat. *contractus,* sur le modèle de *ductile,* etc.) **Physiol.** Qui est susceptible de contraction. *La fibre musculaire est contractile.*

CONTRACTILITÉ, n. f. [kɔ̃tʀaktilite] (*contractile*) **Physiol.** Propriété vitale élémentaire, caractérisée par ce fait que la substance organisée qui en jouit se raccourcit dans un sens, et augmente de diamètre dans l'autre.

CONTRACTION, n. f. [kɔ̃tʀaksjɔ̃] (lat. *contractio,* action de contracter, de serrer) Resserrement, rapprochement des molécules d'un corps. ♦ **Physiol.** Raccourcissement produit par la contractilité. ♦ *Contraction des traits,* état de la face dans lequel les traits sont tirés, et qui exprime soit la colère, soit la répugnance, soit l'horreur. ♦ **Gramm.** Réduction de deux voyelles ou de deux syllabes en une seule. ♦ *Contraction de texte,* exercice scolaire consistant à résumer un texte tout en gardant le style de l'auteur. ■ *Contractions utérines* ou *contractions,* mouvements de resserrement de l'utérus qui provoquent et accompagnent l'accouchement. *Ressentir les premières contractions.*

CONTRACTUALISER, ■ v. tr. [kɔ̃tʀaktɥalize] (*contractuel*) Constituer de manière formelle, par contrat. *Contractualiser un projet.* ■ Attribuer à quelqu'un le statut de contractuel. ■ **CONTRACTUALISATION**, n. f. [kɔ̃tʀaktɥalizasjɔ̃] *La contractualisation d'un vacataire du service public.*

CONTRACTUEL, ELLE, adj. [kɔ̃tʀaktɥɛl] (lat. *contractus,* contrat) Qui se fait par contrat, qui a son origine dans un contrat. *Un lien contractuel. Succession contractuelle. Héritier contractuel.* ■ **N. m.** et n. f. Agent de police chargé de verbaliser les véhicules en stationnement non réglementaire. ■ Agent non titulaire et sous contrat dans la fonction publique. *Les vacataires, les contractuels et les titulaires.*

CONTRACTUELLEMENT, adv. [kɔ̃tʀaktɥɛl(ə)mɑ̃] (*contractuel*) Par contrat.

CONTRACTURE, n. f. [kɔ̃tʀaktyʀ] (lat. *contractura,* réduction de colonnes ; b. lat. contraction de muscles) **Archit.** Rétrécissement ou diminution du fût d'une colonne dans sa partie supérieure. ♦ **Méd.** État de rigidité auquel les muscles arrivent à la suite de rhumatismes, de névralgies, de convulsions.

CONTRACTURER, v. tr. [kɔ̃tʀaktyʀe] (*contracture*) **Archit.** Opérer un resserrement dans les parties supérieures des colonnes. ♦ **Méd.** Déterminer la contracture d'un muscle. ♦ *Se contracturer,* v. pr. Devenir contracté.

CONTRADICTEUR, n. m. [kɔ̃tʀadiktœʀ] (lat. jurid. *contradictor,* opposant) Celui qui contredit. ♦ **Dr.** *Légitime contradicteur,* celui qui a qualité ou droit d'intervenir pour contredire.

CONTRADICTION, n. f. [kɔ̃tʀadiksjɔ̃] (lat. *contradictio,* objection) Action de contredire. ♦ *Esprit de contradiction,* disposition à contredire. ♦ **Dr.** Contestation élevée contre un droit ou une prétention. ♦ Action de se contredire. *Être en contradiction avec soi-même. Les contradictions de cet accusé l'ont perdu. Les contradictions de l'esprit humain.* ♦ Opposition à un sentiment, à une doctrine, à un obstacle. ♦ **Log.** Rapprochement de deux énoncés qui s'opposent mutuellement d'un point de vue sémantique.

CONTRADICTOIRE, adj. [kɔ̃tʀadiktwaʀ] (b. lat. *contradictorius,* qui contredit) **Dr.** Qui a subi contradiction. *Arrêt, condamnation contradictoire,* décisions rendues après débat ou conclusions, par opposition à décision rendue par défaut ou par contumace. ♦ Qui se contredit, qui implique contradiction. *Des nouvelles contradictoires. Une proposition contradictoire à telle autre.* ♦ **N. f. Philos.** *Proposition contradictoire.* ♦ **N. m. Philos.** *Les contradictoires,* sorte d'opposés, comme *voir* et *ne voir pas.* ♦ Dans le langage général, *les contradictoires,* les choses qui s'excluent.

CONTRADICTOIREMENT, adv. [kɔ̃tʀadiktwaʀ(ə)mɑ̃] (*contradictoire*) Après avoir entendu les parties. *Arrêt rendu contradictoirement.* ♦ Dans le langage général. D'une manière contradictoire.

CONTRAGESTIF, IVE, ■ adj. [kɔ̃tʀaʒɛstif, iv] (*contra-* et radic. de *gestation*) Qui empêche l'œuf de s'implanter dans l'utérus. *Prescrire une pilule contragestive.* ■ **N. m.** *La pilule du lendemain est un contragestif.*

CONTRAIGNABLE, adj. [kɔ̃tʀɛɲabl] ou [kɔ̃tʀɛnjabl] (radic. du partic. prés. de *contraindre*) **Dr.** Qui peut être contraint par quelque voie de droit. *Contraignable par corps.*

CONTRAIGNANT, ANTE, adj. [kɔ̃tʀɛɲɑ̃, ɑ̃t] ou [kɔ̃tʀɛnjɑ̃, ɑ̃t] (partic. prés. de *contraindre*) Qui contraint, qui gêne.

CONTRAINDRE, v. tr. [kɔ̃tʀɛ̃dʀ] (lat. *constringere,* lier ensemble, contenir) Serrer, presser, mettre à l'étroit. ♦ Vieux en ce sens. ♦ Tenir dans la contrainte, gêner. *Contraindre ses larmes.* « *Tout ce qui vous passe et vous égale vous contraint et vous gêne* », Massillon. ♦ Forcer quelqu'un à agir contre sa volonté. ♦ *Contraindre à,* avec un infinitif. « *Non, je ne vous veux pas contraindre à l'oublier* », Racine. ♦ *Contraindre de,* avec un infinitif. « *Deux horribles naufrages contraignirent les Romains d'abandonner l'empire de la mer aux Carthaginois* », Bossuet. ♦ Forcer quelqu'un par voie de justice. *Contraindre par corps, par saisie de biens.* ♦ *Se contraindre,* v. pr. Se gêner, se retenir. « *Mon père est satisfait, cesse de te contraindre* », P. Corneille. « *Mais hélas! leur fureur ne pouvait se contraindre* », Racine. ♦ ▷ *Se contraindre d'une chose,* ne pas la faire. ◁ ♦ ▷ *Se contraindre de,* suivi d'un infinitif. « *Je ne me contraignis pas de répandre des larmes* », Mme de Sévigné. ◁ ■ *Se contraindre à faire quelque chose,* s'obliger, se forcer à la faire. ■ **Inform.** Établir des contraintes pour effectuer des recherches sur Internet afin d'optimiser et de limiter les résultats. *Contraindre une recherche documentaire.*

CONTRAINT, AINTE, p. p. de contraindre. [kɔ̃tʀɛ̃, ɛ̃t] **Adj.** Serré, mis à l'étroit. *Contraint dans son habit.* ♦ Gêné, mal à l'aise. *Manières contraintes. Style contraint.*

CONTRAINTE, n. f. [kɔ̃tʀɛ̃t] (p. p. substantivé de *contraindre*) ▷ L'état d'être trop à l'étroit. ◁ ♦ **Fig.** Gêne, difficulté. *La contrainte de la rime.* ♦ Violence exercée sur les actions. ♦ Acte judiciaire par lequel on contraint quelqu'un à une chose. ♦ *Contrainte par corps,* voie d'exécution par laquelle un créancier privait son débiteur de sa liberté pour le forcer à remplir ses engagements. ♦ *Contrainte morale,* celle qui agit seulement sur la volonté. ♦ *Contrainte* ou *contrainte administrative,* mandement exécutoire décerné contre celui qui doit au fisc. ♦ État de celui à qui l'on fait violence. *Tenir en contrainte.* ♦ Retenue qu'imposent le respect, les convenances, des circonstances particulières. ♦ **Phys.** Force interne ou externe exercée sur un solide. *À contrainte égale, un matériau ayant un module d'élasticité élevé subira une déformation plus faible qu'un matériau ayant un module d'élasticité peu élevé.*

CONTRAIRE, adj. [kɔ̃tʀɛʀ] (lat. *contrarius*) Qui est l'opposé de. *Le froid et le chaud sont contraires.* ♦ Qui est dans une direction opposée. ♦ **Mar.** *Vent contraire,* vent qui oblige à orienter les voiles au plus près à courir des bordées. ♦ **Bot.** Syn. d'opposé. ♦ Qui contrarie, qui combat, qui diffère du tout au tout. *Deux arrêts contraires.* « *Les hommes ne sont contraires à la raison que lorsqu'ils trouvent que la raison leur est contraire* », Dumarsais. ♦ *Être contraire à soi-même,* avoir des volontés qui se contrarient. ♦ **Log.** *Propositions contraires,* propositions universelles qui se contredisent dans la qualité seulement, comme : *Tout homme est mortel, tout homme est immortel.* ♦ **Mus.** *Mouvement contraire,* mouvement de deux parties qui marchent ensemble, l'une en montant, l'autre en descendant. ♦ **Dr.** Les parties sont *contraires en faits,* quand sur les faits elles énoncent des assertions opposées. ♦ Nuisible. *Le café vous est contraire.* ♦ Défavorable, *avoir la fortune contraire. Vous n'êtes contraire.* ♦ **N. m.** L'opposé. « *La vanité se cache souvent sous les apparences du contraire* », La Bruyère. ♦ **Philos.** Les *contraires,* sorte d'opposés, comme le froid et le chaud. ♦ AU CONTRAIRE DE, loc. prép. Contrairement à. Aller au contraire d'une chose, s'y opposer, s'y contredire. « *J'ai jugé au contraire de ce que vous jugez* », Pascal. « *Tout au contraire d'Euripide* », Racine. ♦ AU CONTRAIRE, TOUT AU CONTRAIRE, BIEN AU CONTRAIRE, loc. adv. Tout autrement ; loin de là.

CONTRAIREMENT, adv. [kɔ̃tʀɛʀ(ə)mɑ̃] (*contraire*) En opposition. *Agir contrairement aux dispositions de la loi.*

CONTRALLÉE, ■ n. f. [kɔ̃tʀale] Voy. CONTRE-ALLÉE.

CONTRALTO, n. m. [kɔ̃tʀalto] (mot ital.) La plus grave des voix de femme. ♦ On dit aussi fort souvent et avec raison, *contralte,* francisant le mot. ♦ Au pl. *Des contralto* ou *des contraltes.* ■ **N. f.** Femme qui chante cette voix.

CONTRAMIRAL, ■ n. m. [kɔ̃tʀamiʀal] Voy. CONTRE-AMIRAL.

CONTRAPONTIQUE ou **CONTRAPUNTIQUE**, ■ adj. [kɔ̃tʀapɔ̃tik] (ital. *contrappunto*) Selon des règles du contrepoint. *Étudier l'écriture contrapontique d'une œuvre.*

CONTRAPONTISTE ou **CONTRAPUNTISTE**, n. m. et n. f. [kɔ̃tʀapɔ̃tist] (ital. *contrappunto*) Compositeur qui connaît les règles du contrepoint. ■ Rᴇᴍ. On disait aussi *contrepointiste*.

CONTRAPPEL, ■ n. m. [kɔ̃tʀapɛl] Voy. ᴄᴏɴᴛʀᴇ-ᴀᴘᴘᴇʟ.

CONTRAPPROCHE, ■ n. f. [kɔ̃tʀapʀɔʃ] Voy. ᴄᴏɴᴛʀᴇ-ᴀᴘᴘʀᴏᴄʜᴇ.

CONTRARC, ■ n. m. [kɔ̃tʀaʀk] Voy. ᴄᴏɴᴛʀᴇ-ᴀʀᴄ.

CONTRARIANT, ANTE, adj. [kɔ̃tʀaʀjɑ̃, ɑ̃t] (*contrarier*) Qui se plaît à contrarier. *Homme, esprit contrariant.* ♦ Qui est de nature à contrarier. *Cela est bien contrariant.*

CONTRARIÉ, ÉE, p. p. de contrarier. [kɔ̃tʀaʀje]

CONTRARIER, v. tr. [kɔ̃tʀaʀje] (b. lat. *contrariare*, contredire) Dire, vouloir, faire le contraire de. *Il me contrarie toujours. Contrarier une opinion.* ♦ Absol. *Il aime à contrarier.* ♦ Faire obstacle. *Cela contrarie mes projets.* ♦ Fam. Causer du dépit. *Cela me contrarie.* ♦ Se contrarier, v. pr. Se causer réciproquement de la contrariété. ♦ *Se contrarier,* éprouver de la contrariété. ♦ Être en contradiction. ♦ Se faire obstacle. ■ V. tr. Créer un contraste en opposant des couleurs ou des formes. *Contrarier une œuvre picturale.*

CONTRARIÉTÉ, n. f. [kɔ̃tʀaʀjete] (b. lat. *contrarietas*, opposition) ▷ État de choses qui sont contraires. *La contrariété des intérêts.* ◁ ♦ *Esprit de contrariété,* disposition à contrarier. ♦ Divergence d'opinion. *La contrariété des avis.* ♦ Contradiction. « Concilier des contrariétés », Vᴏʟᴛᴀɪʀᴇ. ♦ Jurispr. *Contrariété d'arrêts,* opposition entre deux décisions rendues. ♦ Peint. *Contrariété de couleurs,* mélange de couleurs rudes à la vue. ♦ Obstacle, empêchement, contretemps. ♦ Fam. Dépit, humeur. *Cela m'a causé une vive contrariété.*

CONTRAROTATIF, IVE, ■ adj. [kɔ̃tʀaʀotatif, iv] (*contra-* et *rotatif*) Techn. Qui tourne sur soi-même et dans le sens inverse d'un autre élément. *Un hélicoptère à double rotor contrarotatif.*

CONTRASSURANCE, ■ n. f. [kɔ̃tʀasyʀɑ̃s] Voy. ᴄᴏɴᴛʀᴇ-ᴀssᴜʀᴀɴᴄᴇ.

CONTRASTANT, ANTE, adj. [kɔ̃tʀastɑ̃, ɑ̃t] (*contraster*) Qui contraste. *Figures contrastantes.*

CONTRASTE, n. m. [kɔ̃tʀast] (ital. *contrasto*, de *contrastare*, s'opposer) Opposition de deux choses, dont l'une sert à faire remarquer l'autre. *Contraste d'ombre et de lumière. Le contraste d'une chose avec une autre.* ♦ Peint. Variété qui doit être dans les actions, les attitudes et le coloris des figures. ♦ *L'art des contrastes,* l'art d'imaginer, d'établir des oppositions qui produisent de l'effet. ♦ Littér. Opposition entre les situations, des discours ou portions de discours. ■ Rapport entre les parties les plus claires et celles qui sont les plus foncées sur un écran. *Régler le contraste de son écran d'ordinateur.* ■ Méd. *Produit de contraste,* substance que l'on introduit dans l'organisme et qui sert de révélateur en radiologie. *L'iode est un produit de contraste.*

CONTRASTÉ, ÉE, p. p. de contraster. [kɔ̃tʀaste]

CONTRASTER, v. intr. [kɔ̃tʀaste] (réfection, sous infl. de ital. *contrastare,* de anc. fr. *contrester,* de lat. pop. *contra stare,* se tenir contre, s'opposer) Être en contraste. *Sa conduite contraste avec son état.* ♦ Art et littér. Faire contraste. *Ces figures contrastent.* ♦ V. tr. Peint. et sculpt. Mettre en contraste. ♦ Varier par des contrastes.

CONTRAT, n. m. [kɔ̃tʀa] (b. lat. jurid. *contractus,* convention, de *contrahere,* prendre engagement) Accord de deux ou plusieurs volontés, qui a pour objet la création ou l'extinction d'une obligation. *Contrat de vente, de louage, etc.* ♦ *Contrat de mariage* ou absol. *contrat,* acte qui règle les conditions pécuniaires du futur mariage. ♦ Dans la pratique on désigne aussi sous le nom de *contrat* non pas seulement la convention, mais l'acte qui la constate, lorsque cet acte est rédigé par un notaire. ♦ *Contrat social,* convention expresse ou tacite entre les gouvernants et les gouvernés, ou entre les membres de la société. ♦ Au jeu, fiche beaucoup moins longue que la fiche ordinaire, et à laquelle on attribue une valeur convenue. ■ *Contrat moral,* engagement moral pris vis-à-vis d'une personne. ■ Fig. *Remplir son contrat,* effectuer ce qui était convenu. *Il a rempli son contrat : il a eu son bac, donc il peut sortir avec ses amis.* ■ Fam. Élimination d'une personne par un tueur à gages. *Une fois le contrat terminé, le tueur voulait quitter le pays mais il a été arrêté.*

CONTRATTAQUE, ■ n. f. [kɔ̃tʀatak] Voy. ᴄᴏɴᴛʀᴇ-ᴀᴛᴛᴀǫᴜᴇ.

CONTRAVENTION, n. f. [kɔ̃tʀavɑ̃sjɔ̃] (lat. *contravenire,* supin *contraventum,* s'opposer) Action d'agir contre une prescription. *Une contravention au traité.* ♦ Infraction à une loi, à un règlement, à un contrat, à une décision judiciaire. ♦ Spécialement, infraction punie d'une peine de simple police, par opposition au délit et au crime. ♦ Infraction aux lois fiscales. *Être en contravention.* ■ La peine elle-même. *Il a eu une contravention.* ■ Le procès-verbal attestant de l'infraction. *Il fit une grimace en voyant la contravention déposée sur le pare-brise sous l'essuie-glace.*

CONTRAVEU, ■ n. m. [kɔ̃tʀavø] Voy. ᴄᴏɴᴛʀᴇ-ᴀᴠᴇᴜ.

CONTRAVIS, n. m. [kɔ̃tʀavi] (*contre* et *avis*) Avis opposé à un autre avis. ■ Rᴇᴍ. Graphie ancienne : *contre-avis.*

CONTRE, prép. [kɔ̃tʀ] (lat. *contra,* en face de) En opposition à, pour se défendre de. *Agir contre sa conscience. Le travail est la meilleure ressource contre l'ennui.* ♦ *Contre vents et marées,* malgré l'obstacle qu'opposent le vent et la marée, et fig. en dépit de tous les obstacles. ♦ *Envers et contre tous,* malgré l'opposition universelle. ♦ *Tenir contre,* résister. ♦ *Avoir contre soi quelqu'un, quelque chose,* trouver un obstacle en une personne, en une chose. ♦ *Contre,* exprimant une idée d'hostilité, d'inimitié, de blâme, etc. *Se révolter contre son souverain.* ♦ *S'élever contre le vice.* ♦ *Contre,* marquant une comparaison numérique. *Il y a mille à parier contre un.* ♦ En face de. ♦ Auprès, proche de. ♦ Adv. En face. ♦ En opposition. *Il s'est levé contre.* ♦ ᴛᴏᴜᴛ ᴄᴏɴᴛʀᴇ, loc. adv. Tout près. ♦ *Par contre,* en compensation, terme du langage commercial qui doit être évité dans le langage général. ♦ ᴄɪ-ᴄᴏɴᴛʀᴇ, loc. adv. En regard, vis-à-vis. ♦ ʟᴀ ᴄᴏɴᴛʀᴇ, loc. adv. Contre cela. « *Qui diantre peut aller là contre ?* », Mᴏʟɪèʀᴇ. *Faire contre,* se dit au jeu, lorsque l'un des joueurs faisant jouer, un des autres déclare ensuite qu'il joue aussi. ♦ n. *Le contre,* celui qui a fait contre. ♦ N. m. *Le contre,* le contraire, l'opposé. *Il y a du pour et du contre. Soutenir le pour et le contre.* ♦ Sp. *Parer un contre,* parer en dégageant. ♦ Au jeu de billard, se dit lorsque la bille du joueur se trouve repoussée par la bille sur laquelle il joue. ♦ Vx Mus. Voix d'alto. ■ En échange de quelque chose. *Je te donne ce pantalon contre ton pull bleu.* ♦ ᴘᴀʀ ᴄᴏɴᴛʀᴇ, loc. adv. En revanche, à l'inverse. *Tu as une belle voiture, par contre elle s'est éraflée sur la porte.*

CONTRE-ACCUSATION ou **CONTRACCUSATION**, n. f. [kɔ̃tʀakuzasjɔ̃] (*contre* et *accusation*) ▷ Réponse à une accusation par une accusation. ♦ Au pl. *Des contre-accusations.* ◁

CONTRE-À-CONTRE, adv. [kɔ̃tʀakɔ̃tʀ] (*contre*) ▷ *Être contre-à-contre,* se dit de navires ou autres objets, très près les uns des autres et parallèlement à la longueur, mais sans se toucher. ◁

CONTRE-ALLÉE ou **CONTRALLÉE**, n. f. [kɔ̃tʀale] (*contre* et *allée*) Petite allée latérale à une allée principale. ♦ Au pl. *Des contre-allées* ou *des contrallées.*

CONTRE-AMIRAL ou **CONTRAMIRAL**, n. m. [kɔ̃tʀamiʀal] (*contre* et *amiral*) Celui qui est revêtu du quatrième grade d'officier général dans la marine. ♦ Au pl. *Des contre-amiraux.* ♦ Le vaisseau que monte le contre-amiral.

CONTRE-APPEL ou **CONTRAPPEL**, n. m. [kɔ̃tʀapɛl] (*contre* et *appel*) Second appel ayant pour but de constater si un appel a été régulièrement fait. ♦ Escrime L'appel qui répond à un appel de l'adversaire. ♦ Au pl. *Des contre-appels* ou *des contrappels.*

CONTRE-APPROCHES ou **CONTRAPPROCHES**, n. f. pl. [kɔ̃tʀapʀɔʃ] (*contre* et *approche*) ▷ Travaux que les assiégés établissent contre les approches des assiégeants. ◁

CONTRE-ARC ou **CONTRARC**, ■ n. m. [kɔ̃tʀaʀk] (*contre* et *arc*) Mar. Courbure anormale de la coque d'un bateau conduisant à l'affaissement de la quille par rapport aux extrémités. *Si l'on charge sur un navire les citernes des extrémités avant les citernes centrales, cela provoque des arcs et des contre-arcs.*

CONTRE-ASSURANCE ou **CONTRASSURANCE**, ■ n. f. [kɔ̃tʀasyʀɑ̃s] (*contre* et *assurance*) Assurance secondaire contractée pour élargir les garanties d'une assurance principale. *Des contre-assurances chômage.*

CONTRE-ATTAQUE ou **CONTRATTAQUE**, n. f. [kɔ̃tʀatak] (*contre* et *attaque*) ▷ Travaux que les assiégés exécutent en opposition aux lignes d'attaque. Au pl. *Des contre-attaques.* ◁ ■ Par extens. *La contre-attaque de l'équipe adverse.* ■ CONTRE-ATTAQUER ou CONTRATTAQUER, v. tr. [kɔ̃tʀatake]

CONTRE-AVEU ou **CONTRAVEU**, n. m. [kɔ̃tʀavø] (*contre* et *aveu*) ▷ Aveu opposé à un aveu précédent. ♦ Au pl. *Des contre-aveux.* ◁

CONTRE-AVIS, n. m. [kɔ̃tʀavi] *Des contre-avis.* Voy. ᴄᴏɴᴛʀᴀᴠɪs.

CONTREBALANCÉ, ÉE, p. p. de contrebalancer. [kɔ̃tʀəbalɑ̃se] Rᴇᴍ. Graphie ancienne : *contre-balancé.*

CONTREBALANCER, v. tr. [kɔ̃tʀəbalɑ̃se] (*contre* et *balancer*) Faire équilibre à. *Un poids qui en contrebalance un autre.* ♦ Fig. *Son autorité contrebalance la mienne.* ♦ Se contrebalancer, v. pr. S'équilibrer. ♦ Fig. *Le bien et le mal se contrebalancent.* ■ Fam. *S'en contrebalancer,* s'en moquer totalement. *Ton argent, je m'en contrebalance !* ■ Rᴇᴍ. Graphie ancienne : *contre-balancer*

1 CONTREBANDE, n. f. [kɔ̃tʀəbɑ̃d] (ital. *contrabbando,* contre le ban) En général, le commerce qui se fait contre les lois d'un pays. ♦ Spécialement, action d'introduire dans un pays, par voie secrète et sans payer de droits, des marchandises prohibées. ♦ Ces marchandises mêmes. ♦ *Contrebande de guerre,* introduction d'objets de guerre, par un navire neutre, dans le territoire de l'une des puissances belligérantes ; et aussi les objets mêmes. ♦ *Être de contrebande,* être prohibé. ♦ Fig. *De contrebande,* qui n'est pas légitime, qui n'est pas permis ; qui se fait en cachette.

2 CONTREBANDE, n. f. [kɔ̃tʀəbɑ̃d] (*contre* et *bande*) **Hérald.** Bande divisée en deux parties de différents métaux. ■ REM. Graphie ancienne : *contre-bande.*

CONTREBANDIER, IÈRE, n. m. et n. f. [kɔ̃tʀəbɑ̃dje, jɛʀ] (1 *contrebande*) Celui, celle qui fait la contrebande. ♦ N. m. Navire qui fait la contrebande.

CONTREBARRE, n. f. [kɔ̃tʀəbaʀ] (*contre* et *barre*) **Hérald.** Barre divisée en deux demi-barres, dont l'une est de métal et l'autre de couleur. ■ REM. Graphie ancienne : *contre-barre.*

CONTREBAS, adv. [kɔ̃tʀəba] (*contre* et *bas*) Dans une direction vers le bas. ♦ *En contrebas,* du bas en haut, opposé à *en contre-haut. Poser une pièce en contrebas.* ♦ À un niveau inférieur. *Le fond de la rivière est en contrebas de la berge.* ■ REM. Graphie ancienne : *contre-bas.*

CONTREBASSE, n. f. [kɔ̃tʀəbas] (ital. *contrabbasso*) Grand instrument de la famille du violon, et qui descend à une sixte au-dessous du violoncelle. ♦ *Une contrebasse,* le musicien qui joue de la contrebasse. ■ Instrument le plus grave de la famille des cordes frottées. *Un concerto pour violon et contrebasse.* ■ Jeu d'orgue de seize pieds. ♦ **Adj.** Dont la tessiture est la plus grave d'une famille d'instruments. *Une partition contrebasse.* ■ REM. Graphie ancienne : *contre-basse.*

CONTREBASSISTE, n. m. et n. f. [kɔ̃tʀəbasist] (*contrebasse*) Musicien qui joue de la contrebasse. ■ REM. Graphie ancienne : *contre-bassiste.* ■ REM. On disait aussi *contre-bassier.*

CONTREBASSON, ■ n. m. [kɔ̃tʀəbasɔ̃] (*contre* et *basson*) Instrument de musique plus grand que le basson et dont la tessiture s'étend d'un octave en dessous de celle du basson. *Le contrebasson est un instrument à vent, en bois, à hanches doubles et composé de deux tuyaux accolés et reliés.*

CONTREBATTERIE, n. f. [kɔ̃tʀəbat(ə)ʀi] (*contrebattre,* calqué sur *batterie*) **Fortif.** Batterie dressée contre une autre. ♦ Batterie destinée à la protection d'une batterie de brèche. ♦ **Fig.** Ce qu'on fait pour rompre des menées hostiles. *Faire une contrebatterie pour déjouer une intrigue.* ■ REM. Graphie ancienne : *contre-batterie.*

CONTREBATTRE, v. tr. [kɔ̃tʀəbatʀ] (*contre* et *battre*) Battre ce qui bat ; dresser une contrebatterie. ■ REM. Graphie ancienne : *contre-battre.*

CONTREBORD (À), loc. adv. [kɔ̃tʀəbɔʀ] (*contre* et *bord*) ▷ Aller à contre-bord, en parlant de bâtiments, aller à l'encontre l'un de l'autre. ■ REM. Graphie ancienne : *contre-bord.*

CONTREBORDÉE, n. f. [kɔ̃tʀəbɔʀde] (*contre* et *bordée*) ▷ Bordée courue en sens opposé de celle qu'on courait précédemment, ou de celle que court un autre navire. ■ REM. Graphie ancienne : *contre-bordée.* ◁

CONTREBOUTANT, n. m. [kɔ̃tʀəbutɑ̃] (*contrebouter*) ▷ Pièce de bois de construction qui sert d'appui. ♦ Adj. Qui contreboute. *Une poutre contreboutante.* ■ REM. Graphie ancienne : *contre-boutant.* ◁

CONTREBOUTÉ, ÉE, p. p. de contrebouter. [kɔ̃tʀəbute] ▷ REM. Graphie ancienne : *contre-bouté.* ◁

CONTREBOUTER ou **CONTREBUTER**, v. tr. [kɔ̃tʀəbute, kɔ̃tʀəbyte] (*contre* et *bouter*) ▷ Appuyer un mur par un autre mur posé à angle droit. ■ REM. Graphie ancienne : *contre-bouter.* ◁

CONTREBRAQUER ou **CONTRE-BRAQUER**, v. intr. [kɔ̃tʀəbʀake] (*contre* et *braquer*) Positionner les roues avant d'un véhicule dans le sens contraire de l'orientation des roues arrière. *Contrebraquer pour faire un créneau.* ■ CONTREBRAQUAGE, n. m. [kɔ̃tʀəbʀakaʒ]

CONTREBUTEMENT, ■ n. m. [kɔ̃tʀəbyt(ə)mɑ̃] (*contrebuter*) **Constr.** Dispositif permettant de contrebuter une construction. *Le contrebutement peut être assuré par de fortes piles directement accolées aux murs portants.* ■ **Constr.** Fait de contrebuter une construction.

CONTRECALQUÉ, ÉE, p. p. de contrecalquer. [kɔ̃tʀəkalke] ▷ REM. Graphie ancienne : *contre-calqué.* ◁

CONTRECALQUER, v. tr. [kɔ̃tʀəkalke] (*contre* et *calquer*) ▷ Calquer un calque en le retournant, pour obtenir le dessin en sens contraire. ♦ Se contrecalquer, v. pr. Être contrecalqué. ■ REM. Graphie ancienne : *contre-calquer.* ◁

CONTRECARRÉ, ÉE, p. p. de contrecarrer. [kɔ̃tʀəkaʀe]

CONTRECARRER, v. tr. [kɔ̃tʀəkaʀe] (moy. fr. *contre-carre,* résistance par voie de faits ou de parole, de lat. *carre,* côté) S'opposer en face, directement à quelqu'un. *Il aime à me contrecarrer ; il contrecarre mes projets.* ♦ Se contrecarrer, v. pr. Se faire obstacle l'un à l'autre.

CONTRECHAMP, ■ n. m. [kɔ̃tʀəʃɑ̃] (*contre* et *champ*) **Cin.** Prise de vue inverse par rapport au champ. ■ Plan de cette prise de vue. ■ REM. Graphie ancienne : *contre-champ.*

CONTRÉCHANGE, ■ n. m. [kɔ̃tʀəʃɑ̃ʒ] Voy. CONTRE-ÉCHANGE.

CONTRECHANT ou **CONTRE-CHANT**, ■ n. m. [kɔ̃tʀəʃɑ̃] (*contre* et *chant*) Ligne mélodique superposée au chant.

CONTRECHARME, n. m. [kɔ̃tʀəʃaʀm] (*contre* et *charme*) ▷ Charme qui en détruit un autre. ■ REM. Graphie ancienne : *contre-charme.* ◁

CONTRECHÂSSIS, n. m. [kɔ̃tʀəʃasi] (*contre* et *châssis*) Châssis de verre ou de papier qu'on met devant un châssis ordinaire. ■ REM. Graphie ancienne : *contre-châssis.*

CONTRECHOC ou **CONTRE-CHOC**, ■ n. m. [kɔ̃tʀəʃɔk] (*contre* et *choc*) Choc résultant d'un autre choc survenu précédemment. *Une campagne d'économies d'énergie délaissée après un contrechoc pétrolier.*

CONTRECLÉ ou **CONTRECLEF**, n. f. [kɔ̃tʀəkle] (*contre* et *clé*) ▷ Le voussoir posé immédiatement à gauche ou à droite de la clé d'une voûte. ■ REM. Graphie ancienne : *contre-clef.* ◁

1 CONTRECŒUR, n. m. [kɔ̃tʀəkœʀ] (*contre* et *cœur*) Aversion. ♦ À CONTRECŒUR, loc. adv. Malgré soi. *Faire une chose à contrecœur.* ■ REM. Graphie ancienne : *contre-cœur.*

2 CONTRECŒUR, n. m. [kɔ̃tʀəkœʀ] (*contre* et *cœur*) Partie de la cheminée qui est entre les deux jambes depuis l'âtre jusqu'au tuyau. ♦ Plaque contre laquelle est appliqué le bois qui brûle. ■ REM. Graphie ancienne : *contre-cœur.*

CONTRECOLLÉ, ÉE, adj. [kɔ̃tʀəkole] (*contre* et *collé*) **Techn.** Renforcé par la superposition et le collage de plusieurs épaisseurs. *Du tissu contrecollé.* ■ CONTRECOLLER, v. tr. [kɔ̃tʀəkole] ■ CONTRECOLLAGE, n. m. [kɔ̃tʀəkolaʒ]

CONTRECOUP, n. m. [kɔ̃tʀəku] (*contre* et *coup*) Répercussion d'un corps sur un autre. *La balle a donné contre la muraille, et il a été blessé du contre-coup.* ♦ Impression produite par un coup dans la partie opposée à celle qui a été atteinte. *Le contrecoup rompit la poutre.* ♦ **Chir.** Ébranlement qu'éprouvent certaines parties du corps à l'occasion d'un choc reçu dans d'autres parties. ♦ **Fig.** Événement fâcheux déterminé par un autre. « *Les plus légères fautes ont de violents contrecoups* », FÉNELON. ♦ *Par contrecoup,* par une voie indirecte. ■ REM. Graphie ancienne : *contre-coup.*

CONTRECOURANT ou **CONTRE-COURANT**, n. m. [kɔ̃tʀəkuʀɑ̃] (*contre* et *courant*) Courant qui se fait en sens contraire d'un autre courant. ■ À CONTRECOURANT, loc. adv. Dans le sens opposé au courant. *Pagayer à contre-courant.* ♦ **Fig.** *Des idées à contrecourant.*

CONTRECOURBE ou **CONTRE-COURBE**, ■ n. f. [kɔ̃tʀəkuʀb] (*contre* et *courbe*) Courbe dont l'orientation s'oppose à celle d'une autre courbe. *Une voûte en forme de courbe et de contrecourbe.*

CONTRÉCROU, ■ n. m. [kɔ̃tʀekʀu] Voy. CONTRE-ÉCROU.

CONTRECULTURE ou **CONTRE-CULTURE**, ■ n. f. [kɔ̃tʀəkyltyʀ] (*contre* et *culture*) Idéologie et ensemble d'actions s'opposant aux valeurs culturelles d'une société. *La prise en main de son destin par une partie de la jeunesse, l'émergence d'une identité jeune, furent présagées par la contreculture des années 1960.*

CONTREDANSE, n. f. [kɔ̃tʀədɑ̃s] (*contre* et *danse*) Danse de salon où des couples de danseurs placés en vis-à-vis font, à l'opposite les uns des autres, des pas et des figures semblables. ♦ Air de contredanse. *Jouer une contredanse.* ■ **Fam.** Contravention. *Payer une contredanse pour s'être mal garé.*

CONTREDATÉ, ÉE, p. p. de contredalquer. [kɔ̃tʀədate] ▷ REM. Graphie ancienne : *contre-daté.* ◁

CONTREDATER, v. tr. [kɔ̃tʀədate] (*contre* et *dater*) ▷ Dater autrement qu'on n'avait fait d'abord. ■ REM. Graphie ancienne : *contre-dater.* ◁

CONTREDÉCLARATION, n. f. [kɔ̃tʀədeklaʀasjɔ̃] (*contre* et *déclaration*) ▷ Déclaration contraire à une déclaration précédente. ■ REM. Graphie ancienne : *contre-déclaration.* ◁

CONTREDIGUE ou **CONTRE-DIGUE**, n. f. [kɔ̃tʀədig] (*contre* et *digue*) Digue qui en renforce une autre ; ouvrage destiné à garantir une digue.

CONTREDIRE, v. tr. [kɔ̃tʀədiʀ] (lat. *contradicere*) Dire, prétendre le contraire de quelqu'un ou de quelque chose. *Contredire un témoin, une proposition.* ♦ ▷ *Contredire quelque chose à quelqu'un,* ou *quelqu'un de quelque chose.* ◁ **Absol.** *Il aime à contredire.* ♦ **Dr.** Combattre par des écritures les conclusions et les moyens de la partie adverse. ♦ **Fig.** Être en opposition, ne pas répondre à. « *Et bien souvent l'effet contredit l'apparence* », RÉGNIER. ♦ V. intr. « *Le seul moyen de leur contredire* », P. CORNEILLE. ♦ Se contredire, v. pr. Être en contradiction avec soi-même. ♦ Être en contradiction. *Des préceptes qui se contredisent.* ♦ Être en contradiction les uns avec les autres.

CONTREDISANT, ANTE, adj. [kɔ̃tʀədizɑ̃, ɑ̃t] (*contredire*) Qui aime à contredire. *Une humeur contredisante.*

1 CONTREDIT, n. m. [kɔ̃tʀədi] (*contredire*) **Dr.** Écritures que fournit une partie contre la production de l'autre ; réponse à son dire. ♦ **Par anal.** « *Tout ceci a passé sans contredit* », BOSSUET. ♦ SANS CONTREDIT, loc. adv. Sans qu'on puisse contredire, certainement, assurément.

2 CONTREDIT, ITE, p. p. de contredire. [kɔ̃tʀədi, it]

CONTRÉE, n. f. [kɔ̃tʁe] (lat. vulg. *contrata (regio)*, le pays qui fait face, de *contra*) Étendue de pays. *Contrée fertile.* ◆ Se dit aussi de fractions de pays très diverses. *La vigne a gelé dans nos contrées.* ◆ ▷ **Sylvic.** Endroit assigné aux usagers pour le pâturage. ◁

CONTRE-ÉCHANGE ou **CONTRÉCHANGE**, n. m. [kɔ̃tʁeʃɑ̃ʒ] (*contre* et *échange*) Échange pour échange. ◆ Au pl. *Des contre-échanges.*

CONTRE-ÉCROU ou **CONTRÉCROU**, ■ n. m. [kɔ̃tʁekʁu] (*contre* et *écrou*) **Techn.** Écrou permettant d'en maintenir un autre serré. *Serrer des contre-écrous de blocage.*

CONTRE-ÉLECTROMOTRICE ou **CONTRÉLECTROMOTRICE**, ■ adj. f. [kɔ̃tʁelɛktʁomotʁis] (*contre* et *électromotrice*) **Électr.** *Force contre-électromotrice*, opposition entre les forces électromotrices interne et externe dans un bobinage. ■ **Abrév.** fcem. *La fcem provoque le courant nécessaire pour faire tourner un moteur.*

CONTRE-EMPLOI ou **CONTREMPLOI**, ■ n. m. [kɔ̃tʁɑ̃plwa] (*contre* et *emploi*) Rôle inadapté aux compétences ou au physique d'un acteur. *Des contre-emplois. Un rôle en contre-emploi.*

CONTRE-EMPREINTE ou **CONTREMPREINTE**, ■ n. f. [kɔ̃tʁɑ̃pʁɛ̃t] (*contre* et *empreinte*) **Techn.** Empreinte moulée ou relevée à partir d'une empreinte en creux. ■ **Géol.** Dépôt formé dans l'empreinte d'un relief. *Des contre-empreintes. L'étude d'un squelette presque complet d'un petit amniote, préservé sous forme d'empreinte et de contre-empreinte dans des dalles calcaires du Carbonifère supérieur.*

CONTRE-ENQUÊTE ou **CONTRENQUÊTE**, n. f. [kɔ̃tʁɑ̃kɛt] (*contre* et *enquête*) Enquête opposée à celle de la partie qui demande l'enquête. ◆ Au pl. *Des contre-enquêtes.*

CONTRE-ÉPAULETTE ou **CONTRÉPAULETTE**, n. f. [kɔ̃tʁepolɛt] (*contre* et *épaulette*) Corps d'épaulette dépourvu de frange. ◆ Au pl. *Des contre-épaulettes.*

CONTRE-ÉPREUVE ou **CONTRÉPREUVE**, n. f. [kɔ̃tʁepʁœv] (*contre* et *épreuve*) Estampe qui, tirée sur une épreuve fraîchement sortie de la presse sert à donner l'estampe du même sens que le dessin. ◆ **Fig.** Ouvrage qui est une faible imitation d'un autre. ◆ Vote auquel on procède dans une assemblée délibérante, contre la proposition qui a été mise aux voix. ◆ Au pl. *Des contre-épreuves.* ■ Épreuve de vérification. *À titre de contre-épreuve, une expérience parallèle a été réalisée sur un certain nombre de sujets, permettant de vérifier les résultats annoncés préalablement.*

CONTRE-ÉPREUVÉ, ÉE ou **CONTRÉPREUVÉ, ÉE**, p. p. de contre-épreuver. [kɔ̃tʁepʁeve]

CONTRE-ÉPREUVER ou **CONTRÉPREUVER**, v. tr. [kɔ̃tʁepʁøve] (*contré-preuve*) Faire une contre-épreuve.

CONTRE-ESPALIER ou **CONTRESPALIER**, n. m. [kɔ̃tʁɛspalje] (*contre* et *espalier*) Suite d'arbres plantés en ligne dans la platebande qui fait face à celle de l'espalier. ◆ Au pl. *Des contre-espaliers.*

CONTRE-ESPIONNAGE ou **CONTRESPIONNAGE**, ■ n. m. [kɔ̃tʁɛspjonaʒ] (*contre* et *espionnage*) Surveillance et contrôle des espions étrangers dans un pays. *Le contre-espionnage est une prévention d'espionnage.* ■ Service chargé de cette surveillance. *Le service de contre-espionnage réprime les diverses activités d'espionnage traditionnelles ou nouvelles qui représentent une menace pour la sécurité du pays.*

CONTRE-ESSAI ou **CONTRESSAI**, ■ n. m. [kɔ̃tʁesɛ] (*contre* et *essai*) Essai de vérification. *Des résultats confirmés par des contre-essais.*

CONTRE-EXEMPLE ou **CONTREXEMPLE**, ■ n. m. [kɔ̃tʁɛgzɑ̃pl] (*contre* et *exemple*) Exemple qui rend caduque une règle, une théorie ou une définition en démontrant le contraire de l'énoncé. *Des contre-exemples.*

CONTRE-EXPERTISE ou **CONTREXPERTISE**, n. f. [kɔ̃tʁɛkspɛʁtiz] (*contre* et *expertise*) Expertise destinée à en contrôler une autre. ◆ Au pl. *Des contre-expertises.*

CONTRE-EXTENSION ou **CONTREXTENSION**, ■ n. f. [kɔ̃tʁɛkstɑ̃sjɔ̃] (*contre* et *extension*) **Méd.** Réduction d'une luxation ou d'une fracture pratiquée en immobilisant la partie supérieure d'un membre. *Pour remettre en place une épaule luxée, il opérait en force, par extension et contre-extension.*

CONTREFAÇON, n. f. [kɔ̃tʁəfasɔ̃] (*contrefaire*, sur le modèle de *façon*) Action de reproduire une œuvre littéraire, artistique ou industrielle au préjudice de l'auteur ou de l'inventeur. *Il y a plusieurs contrefaçons de cet ouvrage.* ◆ L'ouvrage ainsi contrefait. *Suivant l'Académie, il est quelquefois syn. de contrefaction. Contrefaçon du sceau de l'État.*

CONTREFACTEUR, TRICE, n. m. et n. f. [kɔ̃tʁəfaktœʁ, tʁis] (*contrefaction*) Personne qui se rend coupable de contrefaçon. *La loi punit les contrefacteurs.*

CONTREFACTION, n. f. [kɔ̃tʁəfaksjɔ̃] (*contrefaire*) Imitation pour tromper, des effets publics, des monnaies, des poinçons de l'État. ◆ Faux en écriture privée. *La contrefaction d'un billet.*

CONTREFAIRE, v. tr. [kɔ̃tʁəfɛʁ] (*contre* et *faire*) Reproduire, par imitation, quelqu'un ou quelque chose. « Il ne put du pasteur contrefaire la voix », LA FONTAINE. « Une candeur que rien ne peut contrefaire », FÉNELON. ◆ **Absol.** « Combien il y a de distance entre faire et contrefaire », BUFFON. ◆ Imiter par moquerie, pour faire rire, pour donner du ridicule. ◆ **Absol.** *Le talent de contrefaire.* ◆ Feindre d'être ce qu'on n'est pas. « Celle-ci Contrefait la boiteuse », LA FONTAINE. ◆ **Par extens.** Déguiser. *Contrefaire sa voix, son écriture.* ◆ **Dr. crimin.** Pratiquer la contrefaçon ou la contrefaction. *Contrefaire un ouvrage, un billet, etc.* ◆ Défigurer. *Les convulsions lui ont contrefait tout le visage.* ◆ Se contrefaire, v. pr. Se donner pour ce qu'on n'est pas. ■ Être contrefait, imité par fraude.

CONTREFAISEUR, EUSE, n. m. et n. f. [kɔ̃tʁəfəzœʁ, øz] (*contrefaire*) Celui, celle qui contrefait la voix, les gestes des personnes, le cri des animaux.

CONTREFAIT, AITE, p. p. de contrefaire et adj. [kɔ̃tʁəfɛ, ɛt] *Ouvrage contrefait.* ◆ Difforme. *Homme contrefait.*

CONTREFASCE, n. f. [kɔ̃tʁəfas] (*contre* et *fasce*) **Héral.** Fasce opposée à une autre, et aussi fasce divisée en deux demi-fasces de deux émaux différents. ■ **REM.** Graphie ancienne : *contre-fasce.*

CONTREFENÊTRE ou **CONTRE-FENÊTRE**, n. f. [kɔ̃tʁəf(ə)nɛtʁ] (*contre* et *fenêtre*) Fenêtre apposée devant une autre, l'ensemble formant ainsi une double fenêtre.

CONTREFER ou **CONTRE-FER**, ■ n. m. [kɔ̃tʁəfɛʁ] (*contre* et *fer*) **Techn.** Partie métallique située dans la partie coupante d'un rabot et permettant d'éliminer facilement les copeaux. *Des contrefers.*

CONTREFEU ou **CONTRE-FEU**, ■ n. m. [kɔ̃tʁəfø] (*contre* et *feu*) Feu déclenché volontairement pour limiter la propagation d'un incendie de forêt en créant une zone déjà calcinée. *Plusieurs contrefeux furent tentés par les pompiers mais en vain, le feu continuait à avancer.* ■ Plaque de fonte garnissant le fond d'un âtre. *Un contrefeu ciselé.* ■ **Fig.** Procédé de diversion. *Un contrefeu au problème du chômage.*

CONTREFICHE ou **CONTRE-FICHE**, n. f. [kɔ̃tʁəfiʃ] (*contre* et *fiche*) Pièce de bois posée obliquement contre un pan de bois ou contre un mur pour le soutenir.

CONTREFICHER (SE) ou **CONTREFICHE (SE)**, ■ v. pr. [kɔ̃tʁəfiʃe, kɔ̃tʁəfiʃ] (*contre* et *se fiche*) **Fam.** Se moquer éperdument de quelque chose. *Il se contrefiche éperdument des autres.*

CONTREFIL ou **CONTRE-FIL**, n. m. [kɔ̃tʁəfil] (*contre* et *fil*) Le sens contraire d'une chose. *Le contrefil de l'eau.* ◆ À CONTREFIL, loc. adv. À rebours.

CONTREFILET ou **CONTRE-FILET**, ■ n. m. [kɔ̃tʁəfilɛ] (*contre* et *filet*) Pièce de bœuf aussi appelée *faux-filet*. *Un contre-filet saignant au beurre d'ail.*

CONTREFINESSE, n. f. [kɔ̃tʁəfinɛs] (*contre* et *finesse*) Finesse opposée à une autre. ■ **REM.** Graphie ancienne : *contre-finesse.*

CONTREFORT, n. m. [kɔ̃tʁəfɔʁ] (*contre* et 1 *fort*) Mur contreboutant destiné à renforcer un mur qui supporte quelque charge. ◆ Espèce de pilier au-dedans d'un mur de quai ou de terrasse. ◆ Petites chaînes de montagnes latérales qui semblent servir d'appui à une chaîne principale. ◆ Pièce de cuir dont on renforce le derrière d'un soulier ou d'une botte. ◆ **Mar.** Fortes pièces de bois qui lient les estains avec l'étambot. ■ **REM.** Gaphie ancienne : *contre-fort.*

CONTREFOUTRE (SE), ■ v. pr. [kɔ̃tʁəfutʁ] (*contre* et *se foutre*) **Vulg.** Se moquer éperdument de quelque chose. *Il se contrefoutait des règles à respecter.*

CONTREFUGUE ou **CONTRE-FUGUE**, n. f. [kɔ̃tʁəfyg] (*contre* et *fugue*) Fugue à contresens, ou qui se fait par des progrès contraires à la fugue naturelle.

CONTREGARDE, n. f. [kɔ̃tʁəgaʁd] (*contre* et *garde*) ▷ Ouvrage construit autour d'un bastion, d'une demi-lune, etc. ■ **REM.** Graphie ancienne : *contre-garde.*

CONTRE-HACHÉ, ÉE, p. p. de contre-hacher. [kɔ̃tʁəaʃe]

CONTRE-HACHER, v. tr. [kɔ̃tʁəaʃe] (*contre* et *hacher*) ▷ Croiser des hachures par d'autres hachures. ◁

CONTRE-HACHURE, n. f. [kɔ̃tʁəaʃyʁ] (*contre-hacher*) ▷ Hachure qui en croise d'autres. ◆ Au pl. *Des contre-hachures.* ◁

CONTRE-HÂTIER, n. m. [kɔ̃tʁəɑtje] (*contre* et *hâtier*) ▷ Grand chenet de cuisine, garni de crochets et de chevilles. ◆ On dit aussi simplement *hâtier*. ◆ Au pl. *Des contre-hâtiers.* ◁

CONTRE-HAUT (EN), loc. adv. [kɔ̃tʀəo] (*contre* et *haut*) De haut en bas. ◆ À un niveau supérieur. *Berge en contre-haut de la rivière.*

CONTRE-HERMINE, ■ n. f. [kɔ̃tʀɛʀmin] (*contre* et *hermine*) **Hérald.** Fourrure inversant les couleurs de l'hermine, c'est-à-dire présentant des points argent sur un fond sable. *Une toque de velours noir, retroussée de contre-hermine.*

CONTRE-INDICATION ou **CONTRINDICATION**, n. f. [kɔ̃tʀɛ̃dikasjɔ̃] (*contre* et *indication*) **Méd.** Indication qui est contraire à l'emploi de tel ou tel moyen qui paraissait indiqué. ◆ Au pl. *Des contre-indications.*

CONTRE-INDIQUÉ, ÉE ou **CONTRINDIQUÉ, ÉE**, ■ adj. [kɔ̃tʀɛ̃dike] (*contre-indiquer*) Dont l'usage est déconseillé ou interdit. *L'utilisation de ce médicament pendant la grossesse est contre-indiquée.*

CONTRE-INDIQUER ou **CONTRINDIQUER**, ■ v. tr. [kɔ̃tʀɛ̃dike] (*contre* et *indiquer*) Établir une contre-indication. *Le médecin lui a contre-indiqué ce médicament.* ■ **Fig.** Déconseiller. *On lui a contre-indiqué cette manière de faire.*

CONTRE-INTERROGATOIRE ou **CONTRINTERROGATOIRE**, ■ n. m. [kɔ̃tʀɛ̃teʀogatwaʀ] (*contre* et *interrogatoire*) Ensemble de questions posées à l'accusé, lors d'un procès, par la partie adverse. *Des contre-interrogatoires.*

CONTREJOUR ou **CONTRE-JOUR**, ■ n. m. [kɔ̃tʀəʒuʀ] (*contre* et *jour*) Lumière ou fenêtre opposée à un objet et qui le fait paraître désavantageusement. *Le contrejour nuit aux tableaux.* ◆ À CONTREJOUR, loc. adv. Dans un jour contraire, défavorable.

CONTRE-LA-MONTRE, ■ n. m. inv. [kɔ̃tʀəlamɔ̃tʀ] (*contre* et *montre*) **Sp.** Course cycliste chronométrée. *Des contre-la-montre.* ■ Adj. *Une course contre-la-montre.*

CONTRELATTE, n. f. [kɔ̃tʀəlat] (*contre* et *latte*) Tringle de bois, qui se met de haut en bas, entre les chevrons d'un toit, pour soutenir les lattes. ■ REM. Graphie ancienne : *contre-latte.*

CONTRELATTÉ, ÉE, p. p. de contrelatter. [kɔ̃tʀəlate] REM. Graphie ancienne : *contre-latté.*

CONTRELATTER, v. tr. [kɔ̃tʀəlate] (*contre* et *latter*) Garnir de contrelattes. ■ REM. Graphie ancienne : *contre-latter.*

CONTRÉLECTROMOTRICE, ■ adj. f. [kɔ̃tʀelɛktʀomotʀis] Voy. CONTRE-ÉLECTROMOTRICE.

CONTRELETTRE ou **CONTRE-LETTRE**, n. f. [kɔ̃tʀəlɛtʀ] (*contre* et *lettre*) Acte secret par lequel on déroge aux stipulations d'un acte public.

CONTRELIGNE, n. f. [kɔ̃tʀəliɲ] ou [kɔ̃tʀəliɲj] (*contre* et *ligne*) ▷ Fossé bordé d'un parapet, qui couvre les assiégeants du côté de la place. ■ REM. Graphie ancienne : *contre-ligne.* ◁

CONTREMAÎTRE, ESSE ou **CONTRE-MAITRE, ESSE**, n. m. et n. f. [kɔ̃tʀəmɛtʀ, ɛs] (*contre* et *maître*) **Mar.** Autrefois, le troisième officier de manœuvre à bord. ◆ Personne qui dirige les ouvriers dans les grandes fabriques. ■ **Par extens.** Personne en charge d'une équipe d'ouvriers. *Un contremaître forestier.* ■ REM. Graphie ancienne : *contre-maître.*

CONTREMANDAT, n. m. [kɔ̃tʀəmɑ̃da] (*contre* et *mandat*) Mandat contraire à un autre. ■ REM. Graphie ancienne : *contre-mandat.*

CONTREMANDÉ, ÉE, p. p. de contremander. [kɔ̃tʀəmɑ̃de]

CONTREMANDEMENT, n. m. [kɔ̃tʀəmɑ̃d(ə)mɑ̃] (*contremander*) Action de contremander.

CONTREMANDER, v. tr. [kɔ̃tʀəmɑ̃de] (*contre* et *mander*) Révoquer un ordre, une demande, une commande. *Il a contremandé son bal, sa voiture, etc. J'ai été contremandé.*

CONTREMANIFESTANT, ANTE ou **CONTRE-MANIFESTANT, ANTE**, ■ n. m. et n. f. [kɔ̃tʀəmanifɛstɑ̃, ɑ̃t] (*contre* et *manifestant*) Personne qui participe à une contremanifestation. *Des contremanifestants violents arrêtés par la police.*

CONTREMANIFESTATION ou **CONTRE-MANIFESTATION**, ■ n. f. [kɔ̃tʀəmanifɛstasjɔ̃] (*contre* et *manifestation*) Manifestation organisée en opposition à une autre. *La contremanifestation a engendré de violentes altercations.*

CONTREMANIFESTER ou **CONTRE-MANIFESTER**, ■ v. intr. [kɔ̃tʀəmanifɛste] (*contre* et *manifester*) Organiser ou adhérer à une contremanifestation. *Ils ont décidé de contremanifester dans le calme.*

CONTREMARCHE, n. f. [kɔ̃tʀəmaʀʃ] (*contre* et *marche*) Mouvement d'une armée, contraire à un mouvement antérieur. ◆ Évolution d'une troupe qui fait volte-face. ◆ Hauteur de chaque marche d'un escalier ; planche qui forme cette hauteur. ■ REM. Graphie ancienne : *contre-marche.*

CONTREMARÉE, n. f. [kɔ̃tʀəmaʀe] (*contre* et *marée*) Marée dont la direction est opposée à la direction ordinaire. ■ REM. Graphie ancienne : *contre-marée.*

CONTREMARQUE, n. f. [kɔ̃tʀəmaʀk] (*contre* et *marque*) Seconde marque opposée à un ballot de marchandises, à des ouvrages d'or ou d'argent, à une pièce de monnaie. ◆ Second billet délivré dans les théâtres à ceux qui sortent pour rentrer. ◆ ▷ Fausse marque que les maquignons creusent avec un burin sur la table des incisives du cheval, pour faire paraître l'animal plus jeune. ◁ ■ REM. Graphie ancienne : *contre-marque.*

CONTREMARQUÉ, ÉE, p. p. de contremarquer. [kɔ̃tʀəmaʀke] REM. Graphie ancienne : *contre-marqué.*

CONTREMARQUER, v. tr. [kɔ̃tʀəmaʀke] (*contre* et *marquer*) Apposer une seconde marque à un ballot de marchandises, à des ouvrages d'or ou d'argent, etc. ◆ ▷ Faire une contremarque à un cheval. ◁ ■ REM. Graphie ancienne : *contre-marquer.*

CONTREMINE ou **CONTRE-MINE**, n. f. [kɔ̃tʀəmin] (*contre* et *mine*) Ouvrage souterrain fait pour éventer la mine de l'ennemi ou en empêcher l'effet. ◆ Mine pratiquée sous les défenses d'une place pour faire sauter les assaillants. ◆ **Fig.** Manœuvres pour déjouer une entreprise, une intrigue.

CONTREMINÉ, ÉE, p. p. de contreminer. [kɔ̃tʀəmine] REM. Graphie ancienne : *contre-miné.*

CONTREMINER, v. tr. [kɔ̃tʀəmine] (*contre* et *miner*) Faire une contremine. ◆ **Fig.** S'opposer aux intrigues. ■ REM. Graphie ancienne : *contre-miner.*

CONTREMINEUR, n. m. [kɔ̃tʀəminœʀ] (*contre* et *mineur*) Personne qui travaille à une contremine. ■ REM. Graphie ancienne : *contre-mineur.*

CONTREMONT, loc. adv. [kɔ̃tʀəmɔ̃] (*contre* et *mont*) Vers le haut. *Gravir contremont. Ce bateau va à contremont,* il remonte la rivière. ◆ À contresens. *Des graines plantées contremont.* ■ REM. Graphie ancienne : *contre-mont.*

CONTREMOULAGE, n. m. [kɔ̃tʀəmulaʒ] (*contre* et *moulage*) Contrefaçon d'un ouvrage de sculpture. ■ REM. Graphie ancienne : *contre-moulage.*

CONTREMOULE, n. m. [kɔ̃tʀəmul] (*contre* et *moule*) Moule qui enveloppe un autre moule, pour servir à défaut du premier. ■ REM. Graphie ancienne : *contre-moule.*

CONTREMOULER, v. tr. [kɔ̃tʀəmule] (*contre* et *mouler*) Faire un contremoulage. ■ REM. Graphie ancienne : *contre-mouler.*

CONTREMPLOI, ■ n. m. [kɔ̃tʀɑ̃plwa] Voy. CONTRE-EMPLOI.

CONTREMPREINTE, ■ n. f. [kɔ̃tʀɑ̃pʀɛ̃t] Voy. CONTRE-EMPREINTE.

CONTREMUR ou **CONTRE-MUR**, n. m. [kɔ̃tʀəmyʀ] (*contre* et *mur*) Petit mur bâti latéralement à un autre qu'il soutient et fortifie.

CONTREMURÉ, ÉE, p. p. de contremurer. [kɔ̃tʀəmyʀe] REM. Graphie ancienne : *contre-muré.*

CONTREMURER, v. tr. [kɔ̃tʀəmyʀe] (*contre* et *murer*) Faire un contremur. ■ REM. Graphie ancienne : *contre-murer.*

CONTRENQUÊTE, ■ n. f. [kɔ̃tʀɑ̃kɛt] Voy. CONTRE-ENQUÊTE.

CONTRE-OFFENSIVE ou **CONTROFFENSIVE**, ■ n. f. [kɔ̃tʀofɑ̃siv] (*contre* et *offensive*) Action qui consiste à répondre à une attaque par une autre attaque. *Des contre-offensives.*

CONTRE-OPPOSITION ou **CONTROPPOSITION**, n. f. [kɔ̃tʀopozisjɔ̃] (*contre* et *opposition*) Opposition qui résiste à une opposition. ◆ Dans le langage parlementaire, minorité de l'opposition qui se détache et vote à part. ◆ Au pl. *Des contre-oppositions.*

CONTRE-ORDRE, n. m. [kɔ̃tʀɔʀdʀ] Voy. CONTRORDRE.

CONTREPAL ou **CONTRE-PAL**, n. m. [kɔ̃tʀəpal] (*contre* et *pal*) **Hérald.** Pal divisé en deux parties de couleurs différentes. *Des contrepals.*

CONTREPARTIE, n. f. [kɔ̃tʀəpaʀti] (*contre* et *partie*) Double d'un registre, sur lequel toutes les parties du compte sont enregistrées. ◆ Écritures servant de vérification. ◆ **Mus.** Partie de composition opposée à une autre, comme la basse au dessus. ◆ La partie du second dessus. ◆ **Fig.** Opinion contraire. *Soutenir la contrepartie.* ◆ *Faire la contrepartie d'un ouvrage,* traiter le même sujet dans des vues opposées. ◆ Ce qui reste d'un dessin de marqueterie lorsqu'on l'a évidé pour un placage. ◆ Ce qui équilibre ou dédommage. ◆ EN CONTREPARTIE, loc. adv. En échange. ■ REM. Graphie ancienne : *contre-partie.*

CONTREPASSATION ou **CONTRE-PASSATION**, ■ n. f. [kɔ̃tʀəpasasjɔ̃] (*contre* et *passation*) **Financ.** Opération financière qui permet d'annuler une écriture portée en compte par une écriture en sens inverse. *Une contrepassation de frais de restructuration.*

CONTREPASSER ou **CONTRE-PASSER**, ■ v. tr. [kɔ̃tʀəpase] (*contre* et *passer*) **Financ.** Procéder à l'annulation d'une écriture comptable pour la remplacer par une écriture contraire. *Contrepasser une écriture consiste en une annulation simple d'écriture dans un livre de comptes.*

CONTRÉPAULETTE, ■ n. f. [kɔ̃tʀepolɛt] Voy. CONTRE-ÉPAULETTE.

CONTREPENTE ou **CONTRE-PENTE**, ▪ n. f. [kɔ̃tʀəpɑ̃t] (*contre* et *pente*) **Géogr.** Pente dans le sens contraire de celui d'une pente principale. *Faire du ski en contrepente.* ▪ *À contrepente,* dans une autre direction. *Il est toujours à contrepente.*

CONTREPERFORMANCE ou **CONTRE-PERFORMANCE**, ▪ n. f. [kɔ̃tʀəpɛʀfɔʀmɑ̃s] (*contre* et *performance*) Performance, notamment d'un sportif, très inférieure à ses véritables possibilités et souvent vécu comme un échec. *La contreperformance du coureur cycliste qui détenait le maillot jaune.* ▪ **Par extens.** *Les contreperformances d'un homme politique.*

CONTREPESÉ, ÉE, p. p. de contrepeser. [kɔ̃tʀəpəze] **Rem.** Graphie ancienne : *contre-pesé.*

CONTREPESER, v. tr. [kɔ̃tʀəpəze] (*contre* et *peser*) Faire contrepoids. « *Il faudrait toujours un même poids pour contrepeser l'eau* », Pascal. ◆ **Fig.** « *L'orgueil contrepèse toutes nos misères ; car ou il les cache, ou, s'il les découvre, il se glorifie de les connaître* », Pascal. ▪ **Rem.** Graphie ancienne : *contre-peser.*

CONTREPET, ▪ n. m. [kɔ̃tʀəpɛ] (*contrepèterie,* d'après *pet*) Art d'inventer, parfois involontairement, des contrepèteries ou de les déchiffrer. *Pratiquer le contrepet est tout un art !*

CONTREPÈTERIE, ▪ n. f. [kɔ̃tʀəpɛt(ə)ʀi] (de moy. fr. *contrepeter,* équivoquer, contrefaire, de *contre* et *péter*) Jeu de mots consistant à permuter des lettres ou des syllabes dans un énoncé pour en créer un autre plus amusant et souvent obscène. *Lorsque Rabelais transforme* Les folles de la messe *en* Les molles de la fesse*, il réalise une contrepèterie.* « *Bien qu'essentiellement gauloise, la contrepèterie est une auberge espagnole : chacun y trouve ce qu'il veut bien apporter* », Martin.

CONTREPIED ou **CONTRE-PIED,** n. m. [kɔ̃tʀəpje] (*contre* et *pied*) Voie que la bête a suivie, et que les chiens, se trompant, prennent au lieu de la voie que la bête continue. ◆ **Fig.** Le contraire d'une chose. « *Il faut prendre le contrepied de tout ce que vous avez fait* », J.-J. Rousseau. ◆ À CONTREPIED, loc. adv. *Aller tout à contrepied de, etc.*

CONTREPLACAGE, ▪ n. m. [kɔ̃tʀəplakaʒ] (*contre* et *plaquer*) Fait de superposer et de coller des feuilles de bois minces dont les fibres sont perpendiculaires à une feuille à l'autre ; le matériau ainsi obtenu. *Réaliser un contreplacage pour fabriquer un meuble.* ▪ **Rem.** Graphie ancienne : *contre-placage.*

CONTREPLAQUÉ, ▪ n. m. [kɔ̃tʀəplake] (*contre* et *plaqué*) Matériau composé d'au moins trois couches de bois superposées et collées les unes aux autres et dont les fibres ont des orientations décalées. ▪ **Adj.** *Contreplaqué, ée. Planche contreplaquée.* ▪ **Rem.** Graphie ancienne : *contre-plaqué.*

CONTREPLAQUER, ▪ v. tr. [kɔ̃tʀəplake] (*contre* et *plaquer*) Pratiquer la technique du contreplacage. *Une presse à contreplaquer.* ▪ **Rem.** Graphie ancienne : *contre-plaquer.*

CONTREPLATINE, n. f. [kɔ̃tʀəplatin] (*contre* et *platine*) Pièce de métal placée du côté opposé au corps de platine d'un fusil et percée à ses deux extrémités pour recevoir la tête des vis qui retiennent le corps de platine. ▪ **Rem.** Graphie ancienne : *contre-platine.*

CONTREPLONGÉE ou **CONTRE-PLONGÉE,** ▪ n. f. [kɔ̃tʀəplɔ̃ʒe] (*contre* et *plongée*) **Cin.** et **audiov.** Technique de prise de vue selon laquelle la caméra est placée sous l'objet filmé. *Filmer en contreplongée.*

CONTREPOIDS, ▪ n. m. [kɔ̃tʀəpwa] (*contre* et *poids*) Poids contrebalançant l'action d'un poids ou d'une force. *Le contrepoids d'une horloge.* ◆ Équilibre. « *Demeurer en contrepoids* », Pascal. ◆ Balancier dont les funambules se servent pour se tenir en équilibre. ◆ **Fig.** Ce qui contrebalance, ce qui compense. ▪ **Rem.** Graphie ancienne : *contre-poids.*

CONTREPOIL ou **CONTRE-POIL,** n. m. [kɔ̃tʀəpwal] (*contre* et *poil*) Le sens contraire à l'inclinaison naturelle du poil. ◆ À CONTREPOIL, loc. adv. *Étriller un cheval à contrepoil.* ◆ **Fig.** *Prendre une affaire à contrepoil,* la prendre du côté le moins favorable. ◆ *Prendre quelqu'un à contrepoil,* agir avec lui de manière à le choquer, à lui déplaire.

CONTREPOINT, n. m. [kɔ̃tʀəpwɛ̃] (*contre* et *point*) **Mus.** L'art de composer la musique à plusieurs parties. ◆ La musique même qui est écrite en contrepoint. ◆ Composition à deux ou plusieurs voix, écrite sur un chant donné. ▪ **Rem.** Graphie ancienne : *contre-point.*

CONTREPOINTÉ, ÉE, p. p. de contrepointer. [kɔ̃tʀəpwɛ̃te] **Rem.** Graphie ancienne : *contre-pointé.*

CONTREPOINTER, v. tr. [kɔ̃tʀəpwɛ̃te] (*contre* et *pointer*) Piquer une étoffe des deux côtés. ◆ **Artill.** Opposer une batterie à une autre. ◆ **Hérald.** Mettre pointe contre pointe sur l'écu. ▪ **Rem.** Graphie ancienne : *contre-pointer.*

CONTREPOINTISTE, n. m. et n. f. [kɔ̃tʀəpwɛ̃tist] Voy. CONTRAPONTISTE.

CONTREPOISON, n. m. [kɔ̃tʀəpwazɔ̃] (*contre* et *poison*) Substance qui, ingérée dans les voies digestives, y neutralise le poison. ◆ **Fig.** *Ce livre est le contrepoison des nouvelles doctrines.* ▪ **Rem.** Graphie ancienne : *contre-poison.*

CONTREPOLICE, n. f. [kɔ̃tʀəpolis] (*contre* et *police*) Police secrète qui surveille la police et en contrôle les rapports. ▪ **Rem.** Graphie ancienne : *contre-police.*

CONTREPORTE ou **CONTRE-PORTE,** n. f. [kɔ̃tʀəpɔʀt] (*contre* et *porte*) **Fortif.** Seconde porte d'une place. ◆ Porte légère, placée devant la porte ordinaire pour augmenter la protection contre le froid et le vent. ▪ **Par extens.** Intérieur d'une porte aménagé en petits rangements. *Une contreporte de voiture. La contreporte d'un réfrigérateur.*

CONTRE-POUVOIR, ▪ n. m. [kɔ̃tʀəpuvwaʀ] (*contre* et *pouvoir*) Pouvoir qui s'oppose à un autre pouvoir en le conditionnant et en le contrôlant.

CONTREPRÉPARATION ou **CONTRE-PRÉPARATION,** ▪ n. f. [kɔ̃tʀəpʀeparasjɔ̃] (*contre* et *préparation*) **Milit.** Tir d'artillerie destiné à neutraliser l'effort de l'artillerie adverse préparant une offensive. *Notre contrepréparation débuta en pleine nuit, semant la déroute chez l'ennemi.*

CONTREPRESTATION ou **CONTRE-PRESTATION,** ▪ n. f. [kɔ̃tʀəpʀɛstasjɔ̃] (*contre* et *prestation*) **Ethnol.** Fête rituelle de certaines tribus indiennes de la côte ouest des États-Unis, au cours de laquelle on procède à des échanges de cadeaux. ▪ **Par extens.** Échange d'un bien contre un autre. *Un système de contreprestations entre des États.*

CONTRÉPREUVE, ▪ n. f. [kɔ̃tʀepʀœv] Voy. CONTRE-ÉPREUVE.

CONTRÉPREUVER, ▪ v. tr. [kɔ̃tʀepʀøve] Voy. CONTRE-ÉPREUVER.

CONTREPRODUCTIF, IVE ou **CONTRE-PRODUCTIF, IVE,** ▪ adj. [kɔ̃tʀəpʀodyktif, iv] (*contre* et *productif*) Qui produit l'inverse de ce qui est attendu. *Une employée contreproductive. Des ordres contreproductifs.*

CONTREPROJET ou **CONTRE-PROJET,** n. m. [kɔ̃tʀəpʀoʒɛ] (*contre* et *projet*) Projet formé pour en déjouer un autre. ◆ Projet différent d'un autre projet.

CONTREPROMESSE, n. f. [kɔ̃tʀəpʀomɛs] (*contre* et *promesse*) ▷ Écrit par lequel celui au profit de qui on a fait une promesse, déclare qu'il n'en prétend tirer aucun avantage. ▪ **Rem.** Graphie ancienne : *contre-promesse.* ◁

CONTREPROPAGANDE ou **CONTRE-PROPAGANDE,** ▪ n. f. [kɔ̃tʀəpʀopagɑ̃d] (*contre* et *propagande*) Propagande cherchant à contrôler ou détruire une propagande adverse. *Une contrepropagande idéologique. Des contrepropagandes.*

CONTREPROPOSITION ou **CONTRE-PROPOSITION,** n. f. [kɔ̃tʀəpʀopozisjɔ̃] (*contre* et *proposition*) Proposition opposée à une autre.

CONTREPUBLICITÉ ou **CONTRE-PUBLICITÉ,** ▪ n. f. [kɔ̃tʀəpyblisite] (*contre* et *publicité*) Publicité destinée à contrer une autre publicité souvent concurrente. *Leur contrepublicité a dû déstabiliser leur concurrent.* ▪ Publicité dont le but escompté n'est pas atteint et qui dessert souvent le produit représenté. *Cette affiche leur fait une contrepublicité.*

CONTRER, ▪ v. tr. [kɔ̃tʀe] (*contre*) S'opposer à. *Contrer la prostitution.* ▪ Faire barrage à. *Contrer les tempêtes hivernales.* ▪ **Sp.** Parer une offensive. ▪ **V. intr.** Aux cartes, défier l'équipe qui a pris le jeu. ▪ Réussir un chelem contré, au bridge.

CONTRERAIL ou **CONTRE-RAIL,** n. m. [kɔ̃tʀəʀaj] (*contre* et *rail*) Rail placé parallèlement à un autre rail.

CONTRERÉACTION ou **CONTRE-RÉACTION,** ▪ n. f. [kɔ̃tʀəʀeaksjɔ̃] (*contre* et *réaction*) **Techn.** et **électron.** Fait de réinjecter, en opposition de phase, la sortie d'un amplificateur à son entrée. *Un circuit électronique de contreréaction.*

CONTRERÉFORME ou **CONTRE-RÉFORME,** ▪ n. f. [kɔ̃tʀəʀefɔʀm] (*contre* et *réforme*) Réforme de l'Église catholique en Europe à la fin du XVIe siècle ayant pour but de corriger les abus au sein de l'Église, de redéfinir les doctrines et d'empêcher la propagation du protestantisme. *La contreréforme est également appelée la Réforme catholique.*

CONTRERÉFORMISTE, ▪ adj. [kɔ̃tʀəʀefɔʀmist] (*contre* et *réforme*) Qui est opposé à la réforme. *Un parti contreréformiste.* ▪ **Rem.** Graphie ancienne : *contre-réformiste.*

CONTREREJET ou **CONTRE-REJET,** ▪ n. m. [kɔ̃tʀəʀəʒɛ] (*contre* et *rejet*) **Versif.** Opération consistant à rejeter en fin de vers un mot amorçant une phrase qui se prolonge dans le vers suivant, afin de mettre en relief ce mot ou une idée. *Un contrerejet implique un rejet qui le précède immédiatement.*

CONTRERÉVOLUTION ou **CONTRE-RÉVOLUTION,** n. f. [kɔ̃tʀəʀevolysjɔ̃] (*contre* et *révolution*) Révolution qui tend à détruire les résultats d'une révolution antécédente. ◆ Particulièrement, le mouvement qui tend à annuler la Révolution française.

CONTRERÉVOLUTIONNAIRE ou **CONTRE-RÉVOLUTIONNAIRE,** adj. [kɔ̃tʀəʀevolysjɔnɛʀ] (*contre* et *révolution*) Qui est favorable, qui tend à la contrerévolution. *Mesures contrerévolutionnaires.* ♦ **N. m. et n. f.** *Un contre-révolutionnaire.*

CONTRERUSE, n. f. [kɔ̃tʀəʀyz] (*contre* et *ruse*) Ruse opposée à une autre. ▪ Rᴇᴍ. Graphie ancienne : *contre-ruse.*

CONTRESANGLON, n. m. [kɔ̃tʀəsɑ̃glɔ̃] (*contre* et *sanglon*) Courroie clouée sur l'arçon de la selle, qui sert à arrêter la boucle de la sangle. ♦ *Contresanglon de giberne.* ▪ Rᴇᴍ. Graphie ancienne : *contre-sanglon.*

CONTRESCARPE, n. f. [kɔ̃tʀeskaʀp] (*contre* et *escarpe*) Pente du mur extérieur du fossé, celle qui fait face à l'escarpe. ♦ **Par extens.** Le chemin couvert et le glacis.

CONTRESCEL, n. m. [kɔ̃tʀəsel] (*contre* et *sceau*) ▷ Petit sceau apposé sur le tiret de parchemin qui attache les lettres scellées en chancellerie. ♦ Figure imprimée au revers du sceau principal. ▪ Rᴇᴍ. Graphie ancienne : *contre-scel.* ◁

CONTRESCELLÉ, ÉE, p. p. de contresceller. [kɔ̃tʀəsele] Rᴇᴍ. Graphie ancienne : *contre-scellé.*

CONTRESCELLER, v. tr. [kɔ̃tʀəsele] (*contre* et *sceau*) Mettre le contrescel. ▪ Rᴇᴍ. Graphie ancienne : *contre-sceller.*

CONTRESEING, n. m. [kɔ̃tʀəsɛ̃] (*contre* et *seing*) Signature de celui qui contresigne. *Avoir le contreseing d'un ministre,* avoir l'autorisation de signer au nom d'un ministre. ♦ Droit de contresigner les lettres et les paquets pour qu'ils soient exempts de frais de poste. ♦ Apposition de ce contreseing. *Envoyer sous le contreseing.* ▪ Rᴇᴍ. Graphie ancienne : *contre-seing.*

CONTRESENS, n. m. [kɔ̃tʀəsɑ̃s] (*contre* et *sens*) Erreur que l'on commet soit dans l'expression de sa propre pensée, soit dans la traduction de la pensée d'un autre. *Vous prenez le contresens de mes paroles.* ♦ Interprétation opposée au véritable sens d'un texte. *Traduction pleine de contresens.* ♦ Manière de lire, de déclamer, en désaccord avec le sens des paroles. ♦ **Fig.** « *C'est un des contresens des éducations communes* », J.-J. Rᴏᴜssᴇᴀᴜ. ♦ À ᴄᴏɴᴛʀᴇsᴇɴs, loc. adv. Contrairement au sens. Prendre les choses à contresens. ♦ La direction contraire à celle dans laquelle certaines choses doivent être prises. *Les contresens de l'étoffe.* ♦ *Prendre le contresens d'une affaire,* la prendre à contrepied. ♦ À ᴄᴏɴᴛʀᴇsᴇɴs, loc. adv. Dans la direction opposée. *Une dentelle cousue à contresens.* ♦ **Fig.** « *Cette méthode est à contresens* », J.-J. Rᴏᴜssᴇᴀᴜ. ▪ Rᴇᴍ. Graphie ancienne : *contre-sens.* ▪ Rᴇᴍ. On prononçait autrefois [kɔ̃tʀəsɑ̃] sans faire entendre le *s.*

CONTRESIGNATAIRE, ▪ n. m. et n. f. [kɔ̃tʀəsiɲateʀ] ou [kɔ̃tʀəsinjateʀ] (*contre* et *signataire*) Personne qui contresigne un document, un acte. *La signature des différents contresignataires pour amender une loi.* ▪ Adj. *Un délégué consignataire.*

CONTRESIGNÉ, ÉE, p. p. de contresigner. [kɔ̃tʀəsiɲe] ou [kɔ̃tʀəsinje] Rᴇᴍ. Graphie ancienne : *contre-signé.*

CONTRESIGNER, v. tr. [kɔ̃tʀəsiɲe] ou [kɔ̃tʀəsinje] (*contre* et *signer*) Signer une pièce après celui dont elle émane. *Un ministre contresigne les ordonnances du souverain.* ♦ Apposer sa signature à un acte pour en attester l'authenticité. ♦ Mettre le contreseing sur l'enveloppe des lettres ou des paquets, afin qu'ils soient exempts des frais de poste. ▪ Rᴇᴍ. Graphie ancienne : *contre-signer.*

CONTRESOCIÉTÉ ou **CONTRE-SOCIÉTÉ,** ▪ n. f. [kɔ̃tʀəsosjete] (*contre* et *société*) Ensemble de personnes défendant une idéologie contraire à celle de la société dans laquelle elles évoluent. *Une contresociété mise en place par des anarchistes.*

CONTRESPALIER, ▪ n. m. [kɔ̃tʀespalje] Voy. ᴄᴏɴᴛʀᴇ-ᴇsᴘᴀʟɪᴇʀ.

CONTRESPIONNAGE, ▪ n. m. [kɔ̃tʀespjɔnaʒ] Voy. ᴄᴏɴᴛʀᴇ-ᴇsᴘɪᴏɴɴᴀɢᴇ.

CONTRESSAI, ▪ n. m. [kɔ̃tʀese] Voy. ᴄᴏɴᴛʀᴇ-ᴇssᴀɪ.

CONTRESUJET ou **CONTRE-SUJET,** n. m. [kɔ̃tʀəsyʒe] (*contre* et *sujet*) **Mus.** Second ou troisième sujet dans une fugue qui en admet plusieurs.

1 **CONTRETAILLE** ou **CONTRE-TAILLE,** ▪ n. f. [kɔ̃tʀətaj] (*contre* et *taille*) En escrime, partie opposée au tranchant de la lame d'une épée. *Une attaque de contretaille.*

2 **CONTRETAILLE** ou **CONTRE-TAILLE,** ▪ n. f. [kɔ̃tʀətaj] (*contre* et *taille*) **Grav.** Taille qui vient en recouper une autre, perpendiculairement ou obliquement. *La contretaille est caractérisée par des traits qui se croisent à 45° et qui donnent le relief, l'ombre de la gravure.*

CONTRETEMPS ou **CONTRE-TEMPS,** ▪ n. m. [kɔ̃tʀətɑ̃] (*contre* et *temps*) Inopportunité. « *Dans quel contretemps êtes-vous revenue ?* », P. Cᴏʀɴᴇɪʟʟᴇ. ♦ *Tomber dans un contretemps,* se trouver inopinément dans des circonstances qui dérangent les mesures prises. ♦ Accident inopiné qui rompt les mesures prises, qui dérange les projets. « *Il est des contretemps qu'il faut qu'un sage essuie* », Rᴀᴄɪɴᴇ. ♦ À ᴄᴏɴᴛʀᴇᴛᴇᴍᴘs, loc. adv. En prenant mal son temps, mal à propos. ♦ **Mus.** La partie faible de la mesure ou du temps. ♦ *Aller à*

contretemps, se dit lorsque l'exécutant manque à la mesure. ♦ On dit aussi qu'une mesure est à *contretemps fort.* ♦ En danse, action de sauter sur un pied, avant de poser l'autre qui est en l'air.

CONTRETÉNOR, ▪ n. m. [kɔ̃tʀətenɔʀ] (*contre* et *ténor*) **Mus.** Voix aiguë du ténor, qui chante en voix de tête. *Une partition de contreténor.* ▪ Chanteur qui possède ce style de voix. *Des contreténors à l'opéra.* ▪ Rᴇᴍ. Graphie ancienne : *contre-ténor.*

CONTRETERRASSE, n. f. [kɔ̃tʀəteʀas] (*contre* et *terrasse*) Terrasse appuyée contre une autre plus élevée. ▪ Rᴇᴍ. Graphie ancienne : *contre-terrasse.*

CONTRETERRORISME ou **CONTRE-TERRORISME,** ▪ n. m. [kɔ̃tʀəteʀɔʀism] (*contre* et *terrorisme*) **Milit.** Stratégie offensive permettant de lutter contre le terrorisme en utilisant des moyens similaires. *Des patrouilleurs formés au contreterrorisme.* ▪ CONTRETERRORISTE ou CONTRE-TERRORISTE, n. m. et n. f. ou adj. [kɔ̃tʀəteʀɔʀist] *Une action contreterroriste.*

CONTRETIMBRE ou **CONTRE-TIMBRE,** ▪ n. m. [kɔ̃tʀətɛ̃bʀ] (*contre* et *timbre*) **Dr.** Nouvelle empreinte faite sur du papier timbré. *Des contretimbres.*

CONTRETIRÉ, ÉE, p. p. de contretirer. [kɔ̃tʀətiʀe] Rᴇᴍ. Graphie ancienne : *contre-tiré.*

CONTRETIRER, v. tr. [kɔ̃tʀətiʀe] (*contre* et *tirer*) Faire la contre-épreuve d'une estampe ou d'un dessin. ▪ Rᴇᴍ. Graphie ancienne : *contre-tirer.*

CONTRETORPILLEUR ou **CONTRE-TORPILLEUR,** ▪ n. m. [kɔ̃tʀətɔʀpijœʀ] (*contre* et *torpilleur*) Bâtiment de guerre chargé de livrer bataille à d'autres torpilleurs ennemis. *Des contretorpilleurs ennemis.*

CONTRETRANSFERT ou **CONTRE-TRANSFERT,** ▪ n. m. [kɔ̃tʀətʀɑ̃sfeʀ] (*contre* et *transfert*) **Psych.** Réaction émotionnelle du thérapeute à l'égard de son patient conduisant à une réduction de la capacité d'objectivité du thérapeute. *Le contretransfert peut contribuer à effectuer un espace analytique.*

CONTRETYPE, ▪ n. m. [kɔ̃tʀətip] (*contre* et *type*) **Phot.** Cliché négatif obtenu d'après un autre négatif, soit par copie, soit par inversion. *Les chromistes peuvent travailler les contretypes obtenus pour finaliser leur ouvrage.* ▪ **Audiov.** Partie d'une source vidéo ou de film dupliquée une ou plusieurs fois dans une séquence montée. ▪ Rᴇᴍ. Graphie ancienne : *contre-type.* ▪ CONTRETYPER, v. tr. [kɔ̃tʀətipe] Rᴇᴍ. Graphie ancienne : *contre-typer.*

CONTRE-UT, ▪ n. m. [kɔ̃tʀyt] (*contre* et *ut*) **Mus.** Note plus élevée d'une octave que l'ut supérieur du registre normal. *Des contre-ut ou des contre-uts.*

CONTREVAIR ou **CONTRE-VAIR,** ▪ n. m. [kɔ̃tʀəveʀ] (*contre* et *vair*) **Hérald.** Fourrure à petits clochetons d'azur et d'argent réunis deux par deux. *Une toque de velours noir, retroussée de contrevair.*

CONTREVALEUR ou **CONTRE-VALEUR,** ▪ n. f. [kɔ̃tʀəvalœʀ] (*contre* et *valeur*) **Financ.** Valeur commerciale échangée contre une autre. *Des contrevaleurs de biens expropriés.*

CONTREVALLATION, n. f. [kɔ̃tʀəvalasjɔ̃] (*contre* et lat. *vallatio,* retranchement) Fossé et retranchement qu'on fait tout autour d'une place assiégée, pour en couper les communications. *Lignes de contrevallation.*

CONTREVENANT, ANTE, n. m. et n. f. [kɔ̃tʀəv(ə)nɑ̃, ɑ̃t] (*contrevenir*) Personne qui contrevient, qui enfreint une défense de police.

CONTREVENIR, v. intr. [kɔ̃tʀəv(ə)niʀ] (lat. jurid. *contravenire*) **Dr.** Agir contre. *Il a contrevenu à vos ordres.*

CONTREVENT, n. m. [kɔ̃tʀəvɑ̃] (*contre* et *vent*) Grand volet de bois mis par dehors et qui se ferme par les fenêtres.

CONTREVENTEMENT, ▪ n. m. [kɔ̃tʀəvɑ̃t(ə)mɑ̃] (*contrevent*) Ensemble d'éléments assurant la stabilité d'un bâtiment, d'une ossature, s'opposant à la déformation, au déversement ou au renversement des constructions sous l'action des forces horizontales. *Un contreventement en fil d'acier.*

CONTREVENTER, ▪ v. tr. [kɔ̃tʀəvɑ̃te] (*contrevent*) Placer une pièce de bois ou de métal obliquement contre une autre pour la rendre stable. *Contreventer un bâtiment.*

CONTREVENU, p. p. inv. de contrevenir. [kɔ̃tʀəv(ə)ny]

CONTREVÉRITÉ ou **CONTRE-VÉRITÉ,** n. f. [kɔ̃tʀəveʀite] (*contre* et *vérité*) Paroles exprimant un sens contraire à celui qu'on veut faire entendre. *Son blâme était une contrevérité et une flatterie ingénieuse.* ♦ Plus particulièrement, satire en prose ou en vers où l'on se moque d'une personne, en lui attribuant les qualités que visiblement elle n'a pas.

CONTREVISITE ou **CONTRE-VISITE,** ▪ n. f. [kɔ̃tʀəvizit] (*contre* et *visite*) Visite médicale destinée à contrôler ou à compléter un examen fait préalablement. *Faire des contrevisites médicales.* ♦ Examen d'un véhicule après un premier contrôle préalable. *Une contrevisite est obligatoire lorsque des anomalies ont été signalées lors du premier contrôle.*

CONTREVOIE (À) ou **CONTRE-VOIE (À),** ▪ n. f. [kɔ̃tʀəvwa] (*contre* et *voie*) **Ch. de fer.** Dans la direction inverse. *Circulation à contrevoie.* ▪ *Monter* ou *descendre à contrevoie,* à l'opposé du quai.

CONTREXEMPLE, ■ n. m. [kɔ̃tʀɛgzɑ̃pl] Voy. CONTRE-EXEMPLE.

CONTREXPERTISE, ■ n. f. [kɔ̃tʀɛkspɛʀtiz] Voy. CONTRE-EXPERTISE.

CONTREXTENSION, ■ n. f. [kɔ̃tʀɛkstɑ̃sjɔ̃] Voy. CONTRE-EXTENSION.

CONTRIBUABLE, adj. [kɔ̃tʀibyabl] (*contribuer*, avec infl. de *contribution*) Sujet à contribution. *Pays contribuable*. ♦ N. m. et n. f. Personne qui doit payer l'impôt.

CONTRIBUANT, n. m. [kɔ̃tʀibɥɑ̃] (*contribuer*) ▷ Personne qui contribue. ◁

CONTRIBUER, v. intr. [kɔ̃tʀibɥe] ou [kɔ̃tʀibye] (lat. *contribuere*, fournir sa part) Payer sa part d'une dépense ou d'une charge commune. *Contribuer pour un tiers. Contribuer par tête. Contribuer aux charges publiques.* ♦ **Absol.** Payer à l'ennemi une somme d'argent pour se garantir des exécutions militaires. ♦ Avoir part à un certain résultat. « *Il faut contribuer autant qu'on le peut au divertissement des personnes avec qui on veut vivre* », LA RO-CHEFOUCAULD. ♦ Les auteurs du siècle de Louis XIV emploient *contribuer* activement. « *Si je pouvais contribuer quelque chose à soulager...* », BOSSUET. « *Obliger les citoyens de contribuer ce qui est nécessaire pour satisfaire aux besoins de la patrie* », FÉNELON.

CONTRIBUTEUR, TRICE, ■ n. m. et n. f. [kɔ̃tʀibytœʀ, tʀis] (*contribuer*) Personne qui contribue. *Le contributeur a présenté sa participation.*

CONTRIBUTION, n. f. [kɔ̃tʀibysjɔ̃] (lat. jurid. *contributio*, participation à une dépense commune) Ce que chacun donne pour sa part dans une charge commune. ♦ ▷ *Contribution au sou la livre* (c'est-à-dire d'un sou pour une livre), *au marc la livre, au marc le franc*, répartition de ce qui doit être payé par chacun proportionnellement à une certaine quotité. ◁ ♦ ▷ Distribution judiciaire de deniers entre créanciers chirographaires, par opposition à ordre, qui est la distribution de deniers entre créanciers hypothécaires. ◁ ♦ Action de contribuer. *Contribution aux charges d'une succession.* ♦ Impôt. *Contributions directes*, les impôts directement établis sur les biens ou sur les personnes. *Contributions indirectes*, les impôts établis sur les objets de consommation ou sur certaines choses d'un besoin éventuel ; tels sont les droits d'octroi, les droits sur les boissons, sur le tabac, les droits de douane, de timbre, d'enregistrement, etc. ♦ Ce qu'on donne à l'ennemi pour se garantir des exécutions militaires. *Mettre tout le pays à contribution.* ♦ **Par extens.** *Mettre à contribution*, faire contribuer. *Mettre ses amis à contribution.* ♦ **Fig.** *Mettre à contribution la curiosité publique.* ♦ *Mettre un auteur à contribution*, puiser abondamment dans ses ouvrages. ♦ *Contribution sociale généralisée*, retenue sur les revenus versée à la Sécurité sociale. ■ **Par méton.** *Les contributions*, l'administration qui est en charge de la répartition des contributions.

CONTRINDICATION, ■ n. f. [kɔ̃tʀɛ̃dikasjɔ̃] Voy. CONTRE-INDICATION.

CONTRINDIQUÉ, ÉE, ■ adj. [kɔ̃tʀɛ̃dike] Voy. CONTRE-INDIQUÉ.

CONTRINDIQUER, ■ v. tr. [kɔ̃tʀɛ̃dike] Voy. CONTRE-INDIQUER.

CONTRINTERROGATOIRE, ■ n. m. [kɔ̃tʀɛ̃teʀogatwaʀ] Voy. CONTRE-INTERROGATOIRE.

CONTRISTÉ, ÉE, p. p. de contrister. [kɔ̃tʀiste]

CONTRISTER, v. tr. [kɔ̃tʀiste] (lat. *contristare*) Causer une tristesse profonde. « *Les scandales qui nous contristent* », MASSILLON. ♦ *Contrister le Saint-Esprit*, retomber dans le péché après avoir reçu les grâces du Saint-Esprit. ♦ Se contrister, v. pr. Devenir contristé.

CONTRIT, ITE, adj. [kɔ̃tʀi, it] (lat. *contritus*, usé par le frottement, banal) **Théol.** Qui est touché du regret de ses péchés. *Un cœur contrit. Contrits de leurs péchés.* ♦ En général, mortifié, chagrin. *Il est bien contrit de cette action.*

CONTRITION, n. f. [kɔ̃tʀisjɔ̃] (lat. *contritio*, action de fouler aux pieds, de broyer) **Théol.** Douleur vive et sincère d'avoir offensé Dieu, laquelle vient moins de la crainte du châtiment que d'un sentiment d'amour et de reconnaissance. *Faire un acte de contrition. Contrition parfaite, imparfaite.* ■ **Litt.** Remords.

CONTROFFENSIVE, ■ n. f. [kɔ̃tʀofɑ̃siv] Voy. CONTRE-OFFENSIVE.

CONTRÔLABILITÉ, ■ n. f. [kɔ̃tʀolabilite] (*contrôlable*) Caractère de ce qui est potentiellement contrôlable et qui a des moyens de contrôle. *La contrôlabilité d'une organisation.*

CONTRÔLABLE, ■ adj. [kɔ̃tʀolabl] (*contrôler*) Qui peut être soumis à un contrôle ou à une vérification. *Ses dires ne sont pas contrôlables.* ■ Que l'on peut maîtriser. *Cette petite crise économique est contrôlable.*

CONTRÔLAGE, n. m. [kɔ̃tʀolaʒ] (*contrôler*) ▷ **Admin.** Action de contrôler. ◁

CONTROLATÉRAL, ALE, ■ adj. [kɔ̃tʀolateʀal] (*contre* et *latéral*) **Méd.** Qui affecte le côté opposé. *Une paralysie controlatérale. Ganglions controlatéraux.*

CONTRÔLE, n. m. [kɔ̃tʀol] (contraction de *contre rôle*, les deux formes co-existant jusqu'au XVIIᵉ s.) Registre double qu'on tient pour la vérification d'un autre. ♦ Le droit payé pour le contrôle, l'enregistrement. ♦ Le bureau du contrôle. ♦ Bureau où se tiennent les contrôleurs du théâtre. ♦ Vérification administrative. *Le contrôle d'une perception. Contrôle financier. Contrôle des billets de chemin de fer. Contrôle de police. Contrôle sanitaire.* ♦ Dans le langage politique et administratif, le contrôle est opposé à l'action. ♦ Marque sur les ouvrages d'or et d'argent, faisant foi qu'ils sont au titre et ont payés les droit du fisc. ♦ **Fig.** Examen, censure. « *Invoquons sans cesse le contrôle universel* », MIRABEAU. ♦ État nominal des personnes qui appartiennent à un corps. *Les contrôles de l'armée.* ■ Maîtrise, domination. *Le contrôle de soi. Perdre le contrôle de sa voiture. Prendre le contrôle d'une société.* ■ *Contrôle technique*, vérification du bon fonctionnement d'un véhicule. ■ *Contrôle des naissances*, planning familial. ■ *Contrôle continu*, système, dans l'enseignement supérieur, qui répartit la notation sur la durée de l'enseignement, la durée du module. ■ Surveillance. *Un contrôle de vitesse. Un contrôle antidopage.* ■ **Chim.** Système de régulation de l'activité d'une enzyme.

CONTRÔLÉ, ÉE, p. p. de contrôler. [kɔ̃tʀole]

CONTRÔLEMENT, n. m. [kɔ̃tʀol(ə)mɑ̃] (*contrôler*) ▷ **Admin.** Action d'exercer un contrôle. ◁

CONTRÔLER, v. tr. [kɔ̃tʀole] (*contrôle*) Porter sur le contrôle. *Contrôler des exploits, des actes.* ♦ **Admin.** Vérifier. ♦ Mettre le contrôle ou la marque sur les ouvrages d'or et d'argent. « *Tu contrôleras tous ceux qui se présenteront* », FÉNELON. ♦ **Fig.** Examiner, censurer. « *Il contrôlent un chacun* », RÉGNIER. ♦ **Absol.** *Il contrôle sur tout.* ■ Maîtriser. *Contrôler son comportement.* ■ Se contrôler, v. pr. Se maîtriser. *Il m'énerve, il faut que je me contrôle.*

1 **CONTRÔLEUR, EUSE**, n. m. et n. f. [kɔ̃tʀolœʀ, øz] (*contrôler*) Fonctionnaire chargé de tenir registre de certaines choses ou de faire une vérification. *Contrôleur des douanes, des contributions indirectes, des ouvrages d'or ou d'argent. Contrôleur des chemins de fer.* ♦ **Fig.** *Contrôleur, contrôleuse*, personne qui examine, critique les actions d'autrui. *C'est un contrôleur perpétuel.*

2 **CONTRÔLEUR**, ■ n. m. [kɔ̃tʀolœʀ] (*contrôler*) Dispositif permettant de faire des contrôles, des vérifications. *Un contrôleur de vitesse. Un contrôleur de vol.*

CONTROPPOSITION, ■ n. f. [kɔ̃tʀopozisjɔ̃] Voy. CONTRE-OPPOSITION.

CONTRORDRE, ■ n. m. [kɔ̃tʀoʀdʀ] (*contre* et *ordre*) Annulation d'un ordre donné. *Cette lettre doit être envoyée demain sauf contrordre.* ■ REM. Graphie ancienne : *contre-ordre.*

CONTROUVÉ, ÉE, p. p. de controuver. [kɔ̃tʀuve] *Une rumeur controuvée.*

CONTROUVER, v. tr. [kɔ̃tʀuve] (*con* et *trouver*) Inventer une chose fausse. *Controuver un fait.*

CONTROVERSABLE, adj. [kɔ̃tʀovɛʀsabl] (*controverser*) Qui est susceptible de controverse. *Opinions controversables.*

CONTROVERSE, n. f. [kɔ̃tʀovɛʀs] (lat. *controversia*) Dispute en règle sur une question, une opinion religieuse ou philosophique. ♦ ▷ En un sens plus étroit, dispute qui se fait entre les catholiques et les protestants sur des points de foi. *Matières, livres de controverse.* ◁

CONTROVERSÉ, ÉE, p. p. de controverser. [kɔ̃tʀovɛʀse] *Matière controversée.*

CONTROVERSER, v. tr. [kɔ̃tʀovɛʀse] (*controverse*) Discuter quelque question dans une controverse. ♦ **Absol.** *On controversa longtemps.* ♦ Se controverser, v. pr. Être l'objet d'une controverse.

CONTROVERSISTE, n. m. et n. f. [kɔ̃tʀovɛʀsist] (*controverse*) Personne qui traite des matières de controverse religieuse.

1 **CONTUMACE**, n. f. [kɔ̃tymas] (lat. *contumacia*, opiniâtreté) **Dr.** Non-comparution d'un prévenu devant le tribunal où il est déféré. *Juger, condamner par contumace. Purger sa contumace.* ♦ En matière correctionnelle, on dit défaut. ♦ **Par extens.** Révolte. « *L'esprit de contumace est dans cette famille* », RACINE.

2 **CONTUMACE**, ■ n. m. et n. f. [kɔ̃tymas] (lat. *contumax*, orgueilleux, opiniâtre) Personne qui est en contumace. ♦ Spécialement, personne qui, mise en accusation, ne se présente pas. ♦ En matière correctionnelle on dit *défaillant*.

CONTUMACÉ, ÉE, p. p. de contumacer. [kɔ̃tymase]

CONTUMACER, v. tr. [kɔ̃tymase] (*contumace*) ▷ Poursuivre, juger par contumace. ♦ Peu usité. ◁

CONTUMAX, adj. [kɔ̃tymaks] (lat. *contumax*, orgueilleux, opiniâtre) **Dr.** et crimin. Qui fait défaut. ■ N. m. *Le contumax.* ♦ On ne dit plus aujourd'hui que *contumace* Voy. CONTUMACE. ♦ Personne qui refuse d'obéir aux ordonnances de l'Église, malgré les monitions et la menace de censure.

CONTUS, USE, adj. [kɔ̃ty, yz] (lat. *contusus*, p. p. de *contundere*, écraser, assommer) Qui a éprouvé une contusion. *Une partie, une plaie contuse.*

CONTUSION, n. f. [kɔ̃tyzjɔ̃] (lat. *contusio*, action d'écraser, de *contundere*) Lésion produite dans les tissus vivants par le choc des corps durs et mousses, sans déchirure de la peau. ♦ Pharm. Action de broyer dans un mortier avec le pilon.

CONTUSIONNER, v. tr. [kɔ̃tyzjɔne] (*contusion*) Faire des contusions, blesser quelqu'un par contusion. *Elle a été contusionnée dans la bagarre.*

CONURBATION, ■ n. f. [kɔnyʀbasjɔ̃] (*con-*, radic. du lat. *urbs*, ville) Ensemble urbain formé autour d'une métropole centrale et constitué de plusieurs villes voisines et individualisées.

CONVAINCANT, ANTE, adj. [kɔ̃vɛ̃kɑ̃, ɑ̃t] (de *convaincre*) Qui porte conviction. *La preuve est convaincante.* ■ Qui convainc un auditoire. *Un avocat très convaincant. Une personne convaincante.*

CONVAINCRE, v. tr. [kɔ̃vɛ̃kʀ] (lat. *convincere*, vaincre entièrement) Forcer quelqu'un par des raisons à reconnaître que... *Convaincre quelqu'un de quelque chose. Cela doit suffire pour vous convaincre que je n'ai pas voulu mal faire.* ♦ Absol. *On ne peut réellement convaincre, sans être convaincu soi-même.* ♦ Par extens. « *Je puis convaincre enfin sa haine d'impuissance* », RACINE. ♦ *Convaincre de*, prouver coupable de. ♦ Faire entrer dans l'esprit une opinion. « *Il l'exhorte, il le redresse, il le convainc* », FLÉCHIER. ♦ Se convaincre, v. pr. Devenir convaincu. ♦ *Se rendre convaincu l'un de l'autre.*

CONVAINCU, UE, p. p. de convaincre. [kɔ̃vɛ̃ky] Qui a la croyance que... ♦ Qui marque la conviction. *Un ton convaincu.* ■ Reconnu coupable. *Atteint et convaincu*, formule par laquelle on déclare un accusé coupable. ♦ Fig. *Doctrine convaincue d'erreur.*

CONVALESCENCE, n. f. [kɔ̃valesɑ̃s] (b. lat. *convalescentia*) Période de transition entre la maladie qui n'existe plus et le retour parfait de la santé. *Entrer en convalescence.* ■ Fig. Reprise fragile d'une activité. *Une convalescence politique.*

CONVALESCENT, ENTE, adj. [kɔ̃valesɑ̃, ɑ̃t] (lat. *convalescere*, prendre des forces) Qui relève de maladie. ♦ N. m. et n. f. *Un convalescent. Une convalescente.*

CONVALLAIRE, n. f. [kɔ̃valɛʀ] (lat. *convallis*, vallée encaissée) Bot. *Convallaire de mai*, dite aussi muguet. Lis de mai et lis des vallées.

CONVECTEUR, ■ n. m. [kɔ̃vɛktœʀ] (*convection*) Électr. Appareil de chauffage qui diffuse de la chaleur transportée par l'air en mouvement, la convection. *Convecteur électrique.* ■ Appareil qui transporte de l'énergie.

CONVECTION ou **CONVEXION,** ■ n. f. [kɔ̃vɛksjɔ̃] (lat. *convehere*, supin *convectum*, transporter) Électr. Transfert de chaleur avec transfert de matière. *Convection naturelle d'un liquide. Convection forcée des chauffages électriques.*

CONVENABLE, adj. [kɔ̃v(ə)nabl] (*convenir*) Qui convient. *Un mariage convenable.* « *Qu'y a-t-il de plus convenable à la puissance que de secourir la vertu ?* », BOSSUET. ♦ *Une tenue, une mise convenable*, tenue, mise décente. ♦ *Une personne convenable*, personne qui a de bonnes manières. ♦ *Il est convenable que...*, avec le subjonctif. ♦ N. m. *Le convenable*, ce qui convient. *Les règles du convenable.* ♦ Conforme, proportionné à. *Faire une dépense convenable à sa fortune.*

CONVENABLEMENT, adv. [kɔ̃v(ə)nabləmɑ̃] (*convenable*) D'une manière convenable. *Gagner sa vie convenablement.* ♦ Conformément. *J'agirai convenablement à vos vues.* ■ De manière appropriée. *Être convenablement équipé pour une randonnée.*

CONVENANCE, n. f. [kɔ̃v(ə)nɑ̃s] (lat. *convenientia*, accord parfait) Rapport, conformité. *Convenance d'une chose avec une autre*, ou *entre deux choses.* ♦ *Mariage de convenance*, mariage où les conjoints se conviennent par rapport à la fortune et à la position. ♦ Qualité de ce qui est convenable. *La convenance et la clarté de l'élocution.* ♦ Au pl. Bienséance. *Observer, violer les convenances.* ♦ On dit aussi au singulier : *Il a été d'une convenance parfaite.* ♦ *Raisons de convenance*, motifs de pure bienséance. ♦ *Convenances oratoires*, juste rapport entre le style, le langage, et le sujet, les circonstances, les personnes, etc. ♦ Commodité particulière. *Avoir une chose à sa convenance.*

1 **CONVENANT,** n. m. [kɔ̃v(ə)nɑ̃] (*convenir*) ▷ Convention faite. ♦ Il a vieilli. ♦ Syn. de covenant. ◁

2 **CONVENANT, ANTE,** adj. [kɔ̃v(ə)nɑ̃, ɑ̃t] (*convenir*) ▷ Qui convient. ◁

CONVENIR, v. intr. [kɔ̃v(ə)niʀ] (lat. *convenire*, venir ensemble, s'adapter, être l'objet d'un accord) conjugué avec *être*. Reconnaître la vérité de. *Il est convenu qu'il s'était trompé.* « *Vous convenez des devoirs que la religion impose* », MASSILLON. ♦ *Convenir*, dans le sens d'avouer et dans une phrase affirmative, construit avec *que*, veut l'indicatif : *Il convient que cela est.* Dans une phrase négative ou interrogative, il veut le subjonctif : *Convient-il que*

cela soit ? ♦ S'accorder. « *Je pense convenir avec tous les théologiens* », DESCARTES. « *Des témoins qui conviennent sans s'être entendus* », BOSSUET. ♦ S'entendre sur une chose. *Ils sont convenus de se trouver en tel lieu. Convenir du prix de quelque chose.* ♦ Avec *que* il faut le subjonctif ou le conditionnel : *Ils convinrent que cela fût fait, ou serait fait au plus tôt.* ♦ En parlant des choses, être conforme. *Voir si des pièces mises les unes sur les autres conviennent en grandeur.* « *Les temps et les autres marques ne convenaient pas* », BOSSUET. ♦ *Convenir* conjugué avec *avoir*. Être propre, convenable à. *Ce parti convient à votre fille. Ce projet ne lui a pas convenu.* ♦ Plaire, être accepté. « *Un homme habile sent s'il convient ou s'il ennuie* », LA BRUYÈRE. ♦ *Se convenir*, se plaire réciproquement. ♦ Être à la convenance. *Cette maison m'a convenu.* ♦ Être convenable, expédient. *Que convient-il de faire dans une telle occurrence ?* ♦ V. impers. *Il convient*, avec de et l'infinitif. *Il ne convient qu'aux enfants de pleurer.* ♦ Avec *que* et le subjonctif. « *Il convient que l'impôt soit payé par celui qui emploie la chose taxée plutôt que par celui qui la vend* », J.-J. ROUSSEAU. ♦ V. intr. Se mettre d'accord sur quelque chose. *Ils ont convenu d'un rendez-vous.*

CONVENT, ■ n. m. [kɔ̃vɑ̃] (lat. *conventus*, réunion, de *convenire*, supin *conventum* ; anc. forme de *couvent* jusqu'au XVIIᵉ s.) Assemblée générale de franc-maçonnerie, spécialement pour les loges écossaises. *Des règles maçonniques adoptées lors d'un convent.*

CONVENTICULE, n. m. [kɔ̃vɑ̃tikyl] (lat. *conventiculum*, dimin. de *conventus*) Petite assemblée. ♦ Le plus souvent assemblée secrète et illicite.

CONVENTION, n. f. [kɔ̃vɑ̃sjɔ̃] (lat. *conventio*, réunion, pacte, de *convenire*, supin *conventum*) Dr. Accord de volontés entre deux ou plusieurs personnes. *Convention verbale, écrite.* ♦ *Être de difficile convention*, être difficile en affaires. ♦ Au pl. Clauses diverses d'un pacte. ♦ *Conventions matrimoniales* ou simplement *conventions*, les articles accordés à une femme par contrat de mariage. ♦ Dans le langage général, ce qui est convenu entre les hommes. *Les conventions sociales.* ■ Bx-arts Accord tacite pour admettre certaines fictions ou certains procédés. *La peinture, le théâtre offrent plusieurs conventions.* ♦ Manière fausse de certains artistes. *Dessin, couleur de convention.* ♦ DE CONVENTION, loc. adv. Qui est admis, mais qui n'est pas réel. *Signes, langage de convention.* ♦ *Monnaie de convention*, monnaie qui a cours d'après une convention du gouvernement. ♦ Assemblée exceptionnelle des représentants d'un peuple, ayant pour objet d'établir une constitution ou de la modifier. ♦ *La Convention nationale* ou simplement *la Convention*, l'assemblée qui établit la république en 1792. ■ *Convention collective*, ensemble des accords passés entre les dirigeants et les syndicats, qui régit le droit des salariés d'un secteur professionnel, d'une entreprise. *La convention collective de l'édition.* ■ Polit. Congrès organisé par un parti politique pour choisir un candidat à la présidence, aux États-Unis. *La convention républicaine a choisi son candidat.*

CONVENTIONNALISME, ■ n. m. [kɔ̃vɑ̃sjɔnalism] (*conventionnel*) Propension à ce qui est conventionnel. *Le conventionnalisme d'un comportement.* ■ Philos. Doctrine philosophique qui affirme que toute théorie est convention.

CONVENTIONNÉ, ÉE, ■ adj. [kɔ̃vɑ̃sjɔne] (*convention*) Lié par une convention de tarifs avec un organisme officiel, notamment la Sécurité sociale. *Clinique conventionnée. Dentiste conventionné.* ■ Lié par un accord entre deux parties portant sur un fait précis. *Stage conventionné.*

CONVENTIONNEL, ELLE, adj. [kɔ̃vɑ̃sjɔnɛl] (*convention*) Qui résulte d'une convention. *Valeur conventionnelle.* ♦ En droit, opposé à légal ou à judiciaire. *Classe conventionnelle.* ♦ Qui n'est que de convention. *Des bienséances conventionnelles.* ♦ N. m. et n. f. Membre d'une convention, de la Convention nationale.

CONVENTIONNELLEMENT, adv. [kɔ̃vɑ̃sjɔnɛl(ə)mɑ̃] (*conventionnel*) Par convention. ■ De manière conventionnelle.

CONVENTIONNEMENT, ■ n. m. [kɔ̃vɑ̃sjɔn(ə)mɑ̃] (*conventionner*) Fait de conventionner. *Le conventionnement du logement d'un étudiant.* ■ Fait d'adhérer à la convention nationale de la Sécurité sociale. ■ Pour des propriétaires de logements locatifs, fait de signer une convention avec l'État, selon laquelle ils s'engagent pendant une période minimale à louer le ou les logements concernés à des ménages dont les revenus ne dépassent pas un certain plafond.

CONVENTIONNER, ■ v. tr. [kɔ̃vɑ̃sjɔne] (*convention*) Suivre une convention de tarifs dépendant de la Sécurité sociale. *Conventionner l'offre de soins.*

CONVENTUALITÉ, n. f. [kɔ̃vɑ̃tɥalite] (*conventuel*) ▷ Société de moines ou de religieuses qui vivent ensemble et sous la règle.

CONVENTUEL, ELLE, adj. [kɔ̃vɑ̃tɥɛl] (lat. médiév. *conventualis*) Du couvent. *Assemblée conventuelle. La maison conventuelle.* ♦ *Un religieux conventuel* et n. m. et n. f. *un conventuel*, personne qui est à demeure dans le couvent.

CONVENTUELLEMENT, adv. [kɔ̃vɑ̃tɥɛl(ə)mɑ̃] (*conventuel*) Selon les règles du couvent. *Vivre conventuellement.*

CONVENU, UE, p. p. de convenir. [kɔ̃v(ə)ny] **Adj.** Qui est de convention, opposé à naturel. ■ *Comme convenu*, comme prévu.

CONVERGENCE, n. f. [kɔ̃vɛʀʒɑ̃s] (*convergent*) Disposition de lignes qui convergent vers un même point. ■ **Fig.** Fait de chercher à tendre vers les mêmes résultats. *La convergence d'un travail. La convergence des efforts. La convergence de la biologie et de l'informatique.* ■ **Math.** *Convergence d'une intégrale*, intégrale dont la limite tend vers une valeur finie. ■ **Biol.** *Zone de convergence*, zone d'un écosystème pélagique arrivé au dernier stade de sa maturité.

CONVERGENT, ENTE, adj. [kɔ̃vɛʀʒɑ̃, ɑ̃t] (*converger*) **Géom.** Qui converge. *Des lignes convergentes.* ♦ **Phys.** *Rayons de lumière convergents.* ♦ **Artill.** *Feux convergents.* ♦ **Fig.** *Des opinions convergentes.* ♦ Abusivement, qui a la propriété de faire converger. *Une lentille convergente.* ■ **Fig.** Qui tend vers les mêmes résultats. *Des efforts convergents.* ■ **Math.** Qui converge vers une valeur finie. *Des fonctions convergentes.*

CONVERGER, v. intr. [kɔ̃vɛʀʒe] (b. lat. *convergere*, de con- et *vergere*, incliner vers) **Géom.** et phys. En parlant des directions, tendre vers un point commun. *Les rayons lumineux convergent vers le foyer de la lentille.* ♦ **Fig.** *Nos efforts convergent au même but.*

CONVERS, ERSE, adj. [kɔ̃vɛʀ, ɛʀs] (lat. chrét. *conversus*, p. p. de *convertere*, convertir) **Relig.** *Frère convers*, frère lai, qui n'a point d'ordres, et qui sert en divers offices subalternes de la maison. ♦ *Les sœurs converses sont dans les couvents de femmes ce que les frères convers sont dans les couvents d'hommes.*

CONVERSATION, n. f. [kɔ̃vɛʀsasjɔ̃] (lat. *conversatio*, fréquentation, de *conversari*, vivre avec) Échange de propos sur tout ce que fournit la circonstance. *Avoir une conversation, entrer en conversation, faire une conversation avec quelqu'un.* ♦ *Changer la conversation*, faire quitter à la conversation un sujet, pour un motif ou un autre. ♦ *Être à la conversation*, y prendre part, y être attentif. ■ ▷ *Maison de conversation*, local où les étrangers se réunissent. ◁ ♦ *Manière de converser. N'avoir point de conversation.* « *Il me parut homme de conversation* », MME DE SÉVIGNÉ. ■ *Avoir de la conversation*, avoir des choses intéressantes à dire et avoir une certaine aisance conversationnelle. ■ **Cuis.** *Gâteau fourré à la frangipane.*

CONVERSATIONNEL, ELLE, ■ adj. [kɔ̃vɛʀsasjɔnɛl] (*conversation*) **Inform.** *Programme conversationnel*, programme interactif qui propose des choix en direct lors de son utilisation, généralement sous forme de petits menus déroulants.

CONVERSE, adj. [kɔ̃vɛʀs] (lat. *conversa*, p. p. fém. de *convertere*, convertir) **Log.** *Proposition converse*, proposition dont on a changé l'attribut en sujet et le sujet en attribut. ■ **N. f.** *Une converse.* « *Les grands hommes sont mes rois ; mais la converse n'a pas lieu ici : les rois ne sont pas mes grands hommes* », VOLTAIRE.

CONVERSER, v. intr. [kɔ̃vɛʀse] (lat. *conversari*) Vivre avec. « *Nous ne conversons plus qu'avec des ours affreux* », LA FONTAINE. ♦ **Fig.** *Converser avec les livres, avec les morts*, s'adonner à la lecture des auteurs du temps passé. ♦ Avoir conversation avec. *Se plaire à converser avec les savants.*

CONVERSION, n. f. [kɔ̃vɛʀsjɔ̃] (*convertir*) Action de tourner ; mouvement qui fait tourner. ♦ *Centre de conversion*, point autour duquel tourne un corps, quand il est sollicité au mouvement. ♦ **Milit.** Changement de front. ♦ **Mar.** Mouvement circulaire exécuté par un corps de bâtiments évoluants. ♦ Transmutation. *La conversion des métaux vils en or.* ♦ Changement dans la forme. *La conversion des toises en mètres.* ♦ *La conversion des rentes*, l'élévation ou l'abaissement du taux ancien. ♦ **Jurispr.** Changement d'un acte, d'une procédure en une autre. *La conversion d'une obligation en rentes, etc.* ♦ **Méd.** *Conversion des maladies*, changement d'une maladie en une autre. ♦ **Log.** Changement qu'on opère dans les propositions, en faisant de l'attribut le sujet et du sujet l'attribut. ♦ Action de tirer les âmes hors d'une religion qu'on croit fausse pour les faire entrer dans une religion qu'on croit vraie. *La conversion des gentils, des protestants au catholicisme.* ♦ **Par extens.** Retour à une bonne conduite. *La conversion d'un mauvais sujet.* ♦ Changement d'avis sur quelque point important. ■ **Écon.** Fait de s'adapter à une nouvelle activité ou à des modifications économiques, politiques ou environnementales. *Une conversion industrielle.* ■ **Financ.** Changement d'unité monétaire. *La conversion des francs en euros.* ■ **Math.** *Conversion d'un nombre décimal en hexadécimal.* ■ **Inform.** Action consistant à convertir des données informatiques (code). ■ **Sp.** Au ski, demi-tour sur place. ■ **Psych.** Conflit psychique inconscient se manifestant par des symptômes corporels, comme une paralysie, des convulsions, etc. *Conversion hystérique.*

CONVERTI, IE, p. p. de convertir. [kɔ̃vɛʀti] Amené d'une religion à une autre. ♦ **N. m.** et n. f. *Un converti, une convertie.* ♦ **Fig.** *Prêcher un converti*, chercher à convaincre quelqu'un qui est de notre avis. ■ Qui a changé d'opinion ou de comportement.

CONVERTIBILITÉ, ■ n. f. [kɔ̃vɛʀtibilite] (*convertible*) **Financ.** Caractère de ce que l'on peut convertir. *La convertibilité de l'euro en une autre monnaie.*

CONVERTIBLE, adj. [kɔ̃vɛʀtibl] (*convertir*) Qui peut être converti en une autre chose. ♦ **Log.** *Proposition convertible*, proposition qui peut avoir sa converse sans cesser d'être vraie. ■ **Financ.** Qui peut être converti. *Une monnaie convertible.* ■ Qui est transformable pour en faire un autre usage. *Un canapé convertible en lit.* ■ **N. m.** On dit aussi *un convertible.*

CONVERTIR, v. tr. [kɔ̃vɛʀtiʀ] (lat. *convertere*, retourner, changer complètement, faire tourner) Transmuer une chose en une autre. *Les alchimistes espéraient convertir en or les métaux qu'ils appelaient imparfaits.* ♦ **Fig.** *Convertir le doute en certitude.* ♦ **Dr.** Changer la nature, l'espèce. *Convertir une obligation en contrat de constitution, une peine corporelle en peine pécuniaire.* ♦ Retirer d'une religion et amener à une autre. ♦ Amener quelqu'un à des sentiments qu'il n'avait pas. *Je l'ai converti à mon opinion.* ♦ *On fait des missions, on prêche, on convertit.* ♦ *Se convertir*, v. pr. Se transmuer. ■ **Fig.** *Son amour se convertit en haine.* ♦ **Log.** *Ces deux propositions se convertissent*, sont la converse l'une de l'autre. ♦ Quitter une fausse religion pour la vraie. ♦ Rentrer dans le sein de la religion qu'on avait négligée. « *Ils se convertiront de leurs péchés* », BOSSUET. ■ Changer d'unité. *Convertir des mètres en centimètres, des euros en dollars.*

CONVERTISSABLE, adj. [kɔ̃vɛʀtisabl] (rad. du partic. prés. de *convertir*) Qui peut être converti, transmué. ♦ Qui peut être ramené à la vraie foi.

CONVERTISSAGE, ■ n. m. [kɔ̃vɛʀtisaʒ] (rad. du partic. prés. de *convertir*) **Techn.** Opération de fusion au cours de laquelle les impuretés sont éliminées de la matte de cuivre en fusion. *Un convertissage réalisé à environ 1 300° C.*

CONVERTISSEMENT, n. m. [kɔ̃vɛʀtis(ə)mɑ̃] (rad. du partic. prés. de *convertir*) ▷ Action de convertir des valeurs en espèces, une obligation en contrat de constitution. ◁

CONVERTISSEUR, n. m. [kɔ̃vɛʀtisœʀ] (rad. du partic. prés. de *convertir*) Personne qui convertit des âmes à la religion qu'elle croit vraie. ♦ Personne qui ramène des pécheurs à de meilleurs sentiments de religion et de morale. ♦ Personne qui se charge des convertissements. ■ Calculatrice, logiciel qui convertit une autre monnaie. *Installer un convertisseur sur son ordinateur.* ■ **Techn.** Appareil destiné au traitement et plus particulièrement à l'affinage d'alliages, en général de fonte, à l'état liquide, par soufflage d'air ou d'oxygène.

CONVEXE, adj. [kɔ̃vɛks] (lat. *convexus*, arrondi) Qui présente une courbure en saillie. *Un verre convexe.*

CONVEXION, ■ n. f. [kɔ̃vɛksjɔ̃] Voy. CONVECTION.

CONVEXITÉ, n. f. [kɔ̃vɛksite] (lat. *convexitas*) Qualité de ce qui est convexe. *La convexité d'un globe, d'une ligne courbe.*

CONVICT, ■ n. m. [kɔ̃vikt] (lat. *convictus*, de *convincere*, convaincre de culpabilité) **Dr. angl.** Criminel déporté.

CONVICTION, n. f. [kɔ̃viksjɔ̃] (lat. chrét. *convictio*, démonstration convaincante) ▷ Nécessité où l'on met quelqu'un, par des preuves, de reconnaître la vérité qu'on lui présente. *La conviction du coupable.* ◁ ♦ Certitude raisonnée. *Avoir l'intime conviction d'une chose.* ■ *Sans conviction*, sans entrain, sans enthousiasme. ■ Conscience, sérieux. *Il a fait ce travail avec conviction.* ■ Certitude, croyance. *Des convictions personnelles.*

CONVIÉ, ÉE, p. p. de convier. [kɔ̃vje] N. m. et n. f. Personne qui est invitée à un repas, à une réception.

CONVIER, v. tr. [kɔ̃vje] (orig. incert. ; *convitare* attesté en b. lat. et lat. médiév., p.-ê. par croisement du lat. *invitare*, inviter, et *convivium*, convive) Inviter quelqu'un à un repas, à une cérémonie. *Convier à un festin, à une assemblée.* ♦ **Par extens.** Engager, exciter à. « *Puisque mon roi lui-même à parler me convie* », RACINE.

CONVIVE, n. m. et n. f. [kɔ̃viv] (lat. *conviva*) Personne qui se trouve avec d'autres à un festin. ♦ **Fam.** *C'est un bon, un agréable convive*, se dit d'un homme agréable à table et qui fait honneur au repas. ♦ *Convive du roi*, nom, sous les rois francs, d'un personnage qui était dans la familiarité du roi, au nombre de ses fidèles.

CONVIVIAL, ALE, ■ adj. [kɔ̃vivjal] (*convive*) Qui concerne la convivialité, chaleureux. *Repas conviviaux.* ■ **Inform.** Dont l'utilisation est facile pour un non-professionnel.

CONVIVIALISER, ■ v. tr. [kɔ̃vivjalize] (*convivial*) Apporter de la convivialité à un lieu, une ambiance, etc. *Convivialiser son salon.*

CONVIVIALISTE, ■ n. m. et n. f. [kɔ̃vivjalist] (lat. impér. *convivialis*, lat. *convivalis*) **Inform.** Personne chargée de rendre l'interface des outils informatiques conviviale.

CONVIVIALITÉ, ■ n. f. [kɔ̃vivjalite] (*convivial*) Ensemble des bons rapports entretenus par les membres d'une société. ■ Caractère enjoué d'un repas ou d'une réunion. *Il régnait une belle convivialité dans cette assemblée.* « *La gourmandise... étend graduellement cet esprit de convivialité qui* *réunit chaque jour les divers états, les fond en un seul tout, anime la conversation et adoucit les angles »*, Brillat-Savarin. ■ **Inform.** Caractère d'un système informatique dont l'utilisation est facile pour un non-professionnel ou agréable à utiliser. *La convivialité d'un logiciel.*

CONVOCABLE, ■ adj. [kɔ̃vokabl] (*convoquer*) Que l'on peut convoquer. *Tout suspect dans une affaire de justice est convocable.*

CONVOCATEUR, n. m. [kɔ̃vokatœr] (*convoquer*) ▷ Personne qui convoque. ◁

CONVOCATION, n. f. [kɔ̃vokasjɔ̃] (lat. *convocatio*, appel) Action de convoquer. *La convocation d'une assemblée.* ■ Document sur lequel figure la convocation. *Veuillez vous munir de la présente convocation.*

CONVOI, n. m. [kɔ̃vwa] (*convoyer*) **Milit.** Un certain nombre de chariots qui portent des vivres, des munitions, sous la protection d'une escorte. ◆ L'escorte du convoi. ◆ Le corbillard, les voitures et les personnes qui accompagnent un défunt au cimetière. ◆ Dans les chemins de fer, suite de voitures attachées les unes aux autres, qui accomplissent un voyage. ◆ Nombre de bâtiments de commerce qui naviguent sous la protection de vaisseaux de guerre. *Un convoi de blé.* ◆ L'escorte même. ■ Ensemble des poids lourds et de leur escorte qui font route ensemble. *Attention, convoi exceptionnel.*

CONVOITABLE, adj. [kɔ̃vwatabl] (*convoiter*) Que l'on peut convoiter.

CONVOITÉ, ÉE, p. p. de convoiter. [kɔ̃vwate] *Une femme convoitée.*

CONVOITER, v. tr. [kɔ̃vwate] (anc. fr. *coveitier*, du lat. vulg. *cupedietare*, de *cupedietas*, altération de *cupiditas*, désir ; la première syllabe a été refaite d'après le préfixe *con...*) Désirer avidement. *Convoiter le bien d'autrui.*

CONVOITEUR, EUSE, n. m. et n. f. [kɔ̃vwatœr, øz] (*convoiter*) ▷ Personne qui convoite. *« Maints convoiteurs de biens »*, Delavigne. ◁

CONVOITEUX, EUSE, adj. [kɔ̃vwatø, øz] (*convoiter*) ▷ Qui convoite. *Convoiteux de gloire, de richesse.* ◆ N. m. et n. f. *Un convoiteux.* ◁

CONVOITISE, n. f. [kɔ̃vwatiz] (lat. *convoiter*) Désir immodéré de posséder quelque chose. *Regarder d'un œil de convoitise.*

CONVOL, n. m. [kɔ̃vɔl] (*con-* et *vol* ; convoler) ▷ Action de contracter un second mariage. ◁

CONVOLER, v. intr. [kɔ̃vole] (lat. jurid. *convolare ad secundas nuptias*, de *volare*, aller et venir) *Convoler en secondes, en troisièmes noces*, se marier pour la deuxième, pour la troisième fois. ◆ Absol. *Cette veuve a convolé.* ■ *Convoler en justes noces*, se marier.

CONVOLUTÉ, ÉE, adj. [kɔ̃volyte] (lat. *convolutus*, p. p. de *convolvere*, s'enrouler autour) **Bot.** Qui est roulé sur soi-même ou autour d'un autre corps, de manière à former un cornet. *Feuilles convolutées.*

CONVOLVULACÉES, n. f. pl. [kɔ̃volvylase] (lat. *convolvulus*, ver-coquin, liseron) Famille de plantes dicotylédones monopétales à étamines hypogynes, à laquelle le liseron, *convolvulus*, a donné son nom.

CONVOLVULUS, n. m. [kɔ̃volvylys] (lat. *convolvulus*) Le liseron.

CONVOQUÉ, ÉE, p. p. de convoquer. [kɔ̃voke]

CONVOQUER, v. tr. [kɔ̃voke] (lat. *convocare*) Faire assembler. *Convoquer les assemblées électorales.* ◆ S'emploie aussi dans le langage familier pour : mander, inviter. ■ Rem. N'est plus familier aujourd'hui. ■ Demander expressément la venue de quelqu'un. *Le directeur l'a convoqué immédiatement dans son bureau.*

CONVOYAGE, ■ n. m. [kɔ̃vwajaʒ] (*convoyer*) Acheminement d'un véhicule, d'un navire ou d'un avion depuis le lieu de fabrication jusqu'au lieu de livraison. *Faire appel à une entreprise spécialisée pour le convoyage des véhicules industriels.* ■ Par extens. Action d'acheminer des marchandises à leur point de livraison. *Convoyage de fonds, de combustible nucléaire.* ■ Rem. On disait aussi *convoiement.*

CONVOYÉ, ÉE, p. p. de convoyer. [kɔ̃vwaje]

CONVOYER, v. tr. [kɔ̃vwaje] (lat. vulg. *conviare*, b. lat. *viare*, faire route) **Milit.** et **mar.** Accompagner, escorter un convoi. *Convoyer des navires.* ■ Par extens. Transporter.

CONVOYEUR, n. m. [kɔ̃vwajœr] (*convoyer*) Bâtiment qui convoie. ◆ Adj. *Vaisseau convoyeur.* ■ N. m. et n. f. *Convoyeur de fonds*, personne chargée du transport de fonds. ■ N. m. **Techn.** Instrument de manutention utilisé pour transporter des charges.

CONVULSÉ, ÉE, p. p. de convulser et adj. [kɔ̃vylse]

CONVULSER, v. tr. [kɔ̃vylse] (lat. *convulsus*, qui a des convulsions, p. p. de *convello*, arracher) **Méd.** Contracter par des convulsions. ◆ *Se convulser*, v. pr. Être convulsé.

CONVULSIF, IVE, adj. [kɔ̃vylsif, iv] (radic. de *convulsion*) **Méd.** Qui peut donner des convulsions. *Des causes convulsives.* ◆ Qui se fait avec convulsions ; qui est accompagné de convulsions. *Toux convulsive.* ◆ Par extens. Accompagné de violents mouvements musculaires. *Des mouvements convulsifs.*

CONVULSION, n. f. [kɔ̃vylsjɔ̃] (lat. *convulsio*, de *convellere*, supin *convulsum*, arracher) **Méd.** Contraction involontaire et saccadée des muscles. *Tomber, être en convulsion.* ◆ Par extens. Violents mouvements musculaires déterminés par une cause quelconque. *Les convulsions de la rage, du désespoir.* ◆ Au pl. Maladie de nature convulsive produite par une exaltation religieuse. ◆ *Convulsions des enfants*, maladie dite aussi *éclampsie*, qui se caractérise par des convulsions sympathiques ou idiopathiques, avec abolition momentanée des facultés intellectuelles. ◆ Fig. Troubles qui agitent les États, le monde physique. *Convulsions politiques.*

CONVULSIONNAIRE, n. m. et n. f. [kɔ̃vylsjɔnɛr] (*convulsion*) Personne qui a les convulsions ; ne se dit qu'en parlant des fanatiques religieux. *Les convulsionnaires de Saint-Médard.* ■ Adj. *La singularité des phénomènes convulsionnaires.*

CONVULSIONNER, ■ v. tr. [kɔ̃vylsjɔne] (*convulsion*) **Méd.** Provoquer des convulsions. ■ Par extens. (au part. passé) Soumis aux convulsions. *Un visage convulsionné.* ■ Fig. Déformé. *Un terrain convulsionné.*

CONVULSIVEMENT, adv. [kɔ̃vylsiv(ə)mã] (*convulsif*) D'une manière convulsive.

CONVULSIVOTHÉRAPIE, ■ n. f. [kɔ̃vylsivoterapi] (*convulsif* et *thérapie*) **Psych.** Méthode de traitement psychiatrique qui provoque volontairement des convulsions par électrochoc.

COOBLIGÉ, ÉE, n. m. et n. f. [koobliʒe] (*co-* et *obligé*) Personne qui est obligée avec d'autres en vertu d'un contrat.

COOCCUPANT, ANTE, ■ n. m. et n. f. [kookypã, ãt] (*co-* et *occupant*) Personne qui occupe le même lieu qu'une ou plusieurs personnes. *Un des cooccupants de la maison.* ■ Adj. *Une locataire cooccupante.*

COOCCURRENCE, ■ n. f. [kookyrãs] (*co-* et *occurrence*) **Ling.** Ensemble d'unités linguistiques dans une phrase ou un énoncé. *Une analyse linguistique fondée sur la cooccurrence lexicale.* ■ Relation entre ces unités linguistiques. *Le calcul de la fréquence de cooccurrence de deux unités lexicales.* ■ COOCCURRENT, ENTE, adj. [kookyrã, ãt]

COOKIE, ■ n. m. [kuki] (mot angl.) Petit biscuit sec et rond dont la pâte est généralement garnie de pépites de chocolat, de nougatine ou de fruits secs. *Faire cuire des cookies.* ■ **Inform.** Données transmises par un serveur au navigateur lorsqu'un internaute visite un site Internet et qui peuvent être récupérées par ce serveur lors des visites suivantes. *Lorsque on se connecte à un site personnalisable, il nous y est posé quelques questions afin de dresser notre profil, puis ces données personnelles sont stockées dans un cookie.*

COOL, ■ adj. inv. [kul] (mot angl.) Fam. Décontracté, détendu. *Cette fille est cool !* ■ *Cool Raoul*, du calme !

COOLIE, n. m. [kuli] (angl. *coolee*) Nom donné à des Hindous qui contractent des engagements pour aller travailler dans les diverses colonies européennes. *Des coolies.* ◆ Porteur, travailleur employé à des tâches pénibles dans les pays d'Extrême-Orient. *Les pousse-pousse tirés par les coolies.* ■ Rem. Graphie ancienne : *coolis.* ■ Rem. *oo* se prononce *ou.*

COOPÉRANT, ANTE, ■ adj. [kooperã, ãt] (*coopérer*) Qui travaille conjointement avec une autre personne. ■ N. m. et n. f. Personne qui participe à une œuvre commune. ■ Spécialiste chargé d'aider au développement économique et culturel. *Le coopérant est chargé d'une mission d'assistance à l'étranger.*

COOPÉRATEUR, TRICE, n. m. et n. f. [kooperatœr, tris] (lat. chrét. *cooperator*, qui agit conjointement avec) Personne qui coopère à quelque chose. ◆ Adj. *« Un corps soumis et coopérateur à ses volontés »*, Pascal.

COOPÉRATIF, IVE, adj. [kooperatif, iv] (b. lat. *cooperativus*) Qui réunit les efforts des intéressés. *Société coopérative.* ■ Qui participe volontiers à une tâche. *Il ne s'est pas montré très coopératif.* ■ N. f. Entreprise industrielle ou commerciale regroupant des personnes qui se répartissent les apports, le travail et les bénéfices.

COOPÉRATION, n. f. [kooperasjɔ̃] (lat. chrét. *cooperatio*, part prise à une œuvre commune) Action de coopérer. *La coopération des sociétés coopératives.* ■ Ensemble des actions visant à apporter de l'aide en matière économique, scientifique, technique et culturelle aux pays en voie de développement ; cette aide. *Partir en coopération.*

COOPÉRATISME, ■ n. m. [kooperatism] (*coopération*) **Écon.** Système économique selon lequel le rôle des coopératives est prépondérant dans l'amélioration des problèmes sociaux. *Le coopératisme agricole.*

COOPÉRER, v. intr. [kɔɔpeʀe] (lat. chrét. *cooperari*, agir conjointement avec) Opérer conjointement avec quelqu'un. « *Nous ne coopérons en aucune sorte à notre salut* », PASCAL. ♦ Théol. *Coopérer à la grâce*, y correspondre, en suivre les mouvements. ♦ Contribuer à. « *Tout coopère à l'exécution de ses desseins* », BOSSUET.

COOPTATION, n. f. [kɔɔptasjɔ̃] (lat. *cooptatio*, choix de ses membres par un corps, un collège) Admission dans un corps avec dispense des formalités d'admission.

COOPTÉ, ÉE, p. p. de coopter. [kɔɔpte] *Un membre coopté.*

COOPTER, v. tr. [kɔɔpte] (lat. *cooptare*, droit pour les membres d'un corps de choisir eux-mêmes leurs collègues) Recevoir quelqu'un dans un corps en le dispensant des conditions d'admission.

COORDINATEUR, TRICE, ▪ n. m. et n. f. [kɔɔʀdinatœʀ, tʀis] (*coordination*) Personne chargée de coordonner, d'organiser des personnes ou des événements dans un but déterminé. ▪ Adj. Qui est capable d'ordonner, d'assembler des contenus afin de composer un ensemble homogène. *Activité coordinatrice.*

COORDINATION, n. f. [kɔɔʀdinasjɔ̃] (b. lat. *coordinatio*, arrangement) Action de coordonner ; état des choses coordonnées. ▪ Gramm. *Conjonction de coordination*, conjonction qui relie deux éléments coordonnés. ▪ *Coordination des mouvements*, mouvements cohérents du corps. ▪ Rassemblement spontané de personnes revendicatives. *Une coordination devant la mairie.*

COORDINENCE, n. f. [kɔɔʀdinɑ̃s] (radic. de *coordination*) Chim. Dans une entité moléculaire, ensemble d'atomes, de molécules ou d'ions directement liés à un atome central. *Chaque atome d'uranium est au centre d'un cube, entouré de 8 autres atomes : la coordinence est alors égale à 8.*

COORDONNABLE, adj. [kɔɔʀdɔnabl] (*coordonner*) Qui peut être coordonné. *Des tissus coordonnables.*

COORDONNANT, ANTE, adj. [kɔɔʀdɔnɑ̃, ɑ̃t] (*coordonner*) ▷ Qui coordonne. ◁

COORDONNATEUR, TRICE, adj. [kɔɔʀdɔnatœʀ, tʀis] (*coordonner*) Qui coordonne. *Un esprit coordonnateur.* ▪ N. m. et n. f. *Un coordonnateur, une coordonnatrice.*

COORDONNÉ, ÉE, p. p. de coordonner. [kɔɔʀdɔne] Gramm. *Propositions coordonnées*, propositions qui se correspondent. ♦ N. f. pl. Géom. *Les coordonnées*, système de lignes droites ou courbes, qui servent à déterminer un point, soit sur une surface, soit dans l'espace. ▪ N. f. pl. Fam. Informations qui permettent de savoir où joindre quelqu'un. *Laissez-moi vos coordonnées.* ▪ Adj. Assorti. *Des rideaux et des coussins coordonnés.* ▪ N. m. *Dans les tissus, les coordonnés se vendent bien.*

COORDONNER, v. tr. [kɔɔʀdɔne] (*co-* et *ordonner*) Disposer selon certains rapports. *Coordonner toutes les parties d'un système*, une chose à une autre. ♦ *Se coordonner*, v. pr. Être coordonné. ▪ Gramm. Lier un ensemble de mots à l'aide d'une conjonction de coordination. *Coordonner deux propositions relatives.*

COPAHIER, n. m. [kɔpaje] Voy. COPAYER.

COPAHU, n. m. [kɔpay] (mot brésilien) Oléorésine qui découle du copayer.

COPAÏER, n. m. [kɔpaje] Voy. COPAYER.

COPAIN, COPINE, ▪ n. m. et n. f. [kɔpɛ̃, kɔpin] (anc. fr. *compain*, de *com-* et *pain*) Fam. Ami, camarade (de classe, de jeu, etc.). *Une très bonne copine.* ▪ *Un petit copain, une petite copine*, un amoureux, une amoureuse. *Elle a un petit copain en ce moment.* ▪ Adj. *Être très copain* ou *copine avec quelqu'un*, très bien s'entendre avec cette personne.

COPAL n. m. ou **COPALE**, n. f. [kɔpal] (mot mexicain) Résine qu'on tire par incision de divers arbres des tropiques.

COPALINE, n. f. [kɔpalin] (*copal*) Principe immédiat de la résine copale.

COPARENT, ENTE, ▪ n. m. et n. f. [kɔpaʀɑ̃, ɑ̃t] (*co-* et *parent*) Personne qui exerce avec une autre l'autorité parentale. *Des coparents responsables.* ▪ COPARENTALITÉ, n. f. [kɔpaʀɑ̃talite] ▪ COPARENTAL, ALE, adj. [kɔpaʀɑ̃tal] *Une éducation coparentale. Les rapports coparentaux.*

COPARTAGE, n. m. [kɔpaʀtaʒ] (*co-* et *partage*) Dr. Partage fait entre plusieurs.

COPARTAGEANT, ANTE, adj. [kɔpaʀtaʒɑ̃, ɑ̃t] (*co-* et *partager*) Qui entre en partage de quelque chose avec d'autres. ♦ N. m. et n. f. *Un copartageant. Une copartageante.*

COPARTAGER, v. tr. [kɔpaʀtaʒe] (*co-* et *partager*) Partager avec. *Copartager un bien.*

COPARTICIPANT, ANTE, ▪ n. m. et n. f. [kɔpaʀtisipɑ̃, ɑ̃t] (*co-* et *participer*) Personne qui participe à une action avec d'autres personnes. *Des coparticipants.* ▪ Adj. *Un collègue coparticipant.*

COPARTICIPATION, ▪ n. f. [kɔpaʀtisipasjɔ̃] (*co-* et *participation*) Participation commune de plusieurs personnes à une action. *Avancer un projet grâce à la coparticipation des entreprises.*

COPATERNITÉ, ▪ n. f. [kɔpatɛʀnite] (*co-* et *paternité*) Dr. Paternité reconnue légalement pour deux ou plusieurs hommes. *La copaternité pose souvent des problèmes de droits pour l'enfant.* ▪ Fig. Fait, pour deux personnes, d'être ensemble à l'initiative d'une action, d'un projet, etc. *La copaternité d'une invention.*

COPAYER, n. m. [kɔpaje] (*copahu*) Nom de genre de l'arbre d'Amérique tropicale qui fournit le copahu. ▪ REM. Graphies anciennes : *copahier, copaïer.*

COPEAU, n. m. [kɔpo] (anc. fr. *cospel*, du lat. *cuspis*, pointe, objet pointu) Morceau, éclat enlevé d'une pièce de bois par un instrument tranchant, tel que le rabot, la hache, etc. ♦ *Vin de copeau*, vin nouveau dans lequel on fait tremper des copeaux pour l'éclaircir. ▪ Par extens. *Copeaux de chocolat.*

COPECK, n. m. [kɔpɛk] Voy. KOPECK.

COPÉPODE, ▪ n. m. [kɔpepɔd] (gr. *kôpê*, rame et *-pode*) Petit crustacé planctonique marin ou dulcicole. *Les copépodes forment 60 % de la biomasse du zooplancton.*

COPERMUTANT, n. m. [kɔpɛʀmytɑ̃] (*co-* et *permutant*) Chacun de ceux qui permutent ou qui font un échange.

COPERMUTATION, n. f. [kɔpɛʀmytasjɔ̃] (*co-* et *permutation*) Action de copermuter.

COPERMUTER, v. tr. [kɔpɛʀmyte] (*co-* et *permuter*) Dans le langage ecclésiastique, échanger un bénéfice contre un autre.

COPERNICIEN, IENNE, adj. [kɔpɛʀnisjɛ̃, jɛn] (*Copernic*) Relatif à l'astronome polonais, Nicolas Copernic. ♦ *Révolution copernicienne*, nouveau système proposé par Nicolas Copernic appelé *héliocentrisme* qui bouleversa la théorie de l'univers. ▪ Par extens. Découverte fondamentale. *Un événement scientifique copernicien.*

COPHTE, n. m. [kɔpt] Voy. COPTE.

COPIAGE, ▪ n. m. [kɔpjaʒ] (*copier*) Fait de copier ou d'imiter quelqu'un ou quelque chose. ▪ Méc. Reproduction automatique d'une pièce par une machine. *Opération de copiage. Fraise de copiage.*

COPIE, n. f. [kɔpi] (lat. *copia*, grande quantité ; p.-ê. infl. du lat. médiév. *copiare*, transcrire en grande quantité) Écrit fait d'après un autre. *Donner, prendre, garder copie d'une pièce.* ♦ *Copie de pièces*, copie signifiée en tête d'un exploit ou d'un acte d'avoué à avoué. ♦ Par extens. Reproduction d'un ouvrage d'art. *Une copie de la Vénus de Médicis.* ▪ Fig. Portrait. *La copie ne vaut pas l'original.* ♦ Simple imitation. *Ce tel édifice, ce poème n'est qu'une copie de tel autre.* ♦ Personne qui reproduit ou imite les manières d'une autre. *Ce jeune homme est en tout la copie de son père.* ♦ Fam. *Un original sans copie*, un homme singulier dont on ne trouverait pas le pareil. ♦ Impr. Texte manuscrit sur lequel travaillent les compositeurs. ♦ Au collège, devoir que l'écolier remet au professeur, et qui est la transcription au net d'une première élaboration. ▪ Feuille sur laquelle les élèves font leurs devoirs. *Acheter un paquet de copies doubles.* ▪ *Copie blanche*, sur laquelle on n'a rien écrit par manque de connaissances ou d'inspiration. ▪ Action de copier un fichier informatique. *Faire une copie de sauvegarde.* ▪ *Revoir sa copie*, revoir un projet initial pour le modifier.

COPIÉ, ÉE, p. p. de copier. [kɔpje]

COPIER, v. tr. [kɔpje] (lat. médiév. *copiare*, transcrire en grande quantité, avec infl. des sens propres pris par *copie*) Faire une copie. *Copier fidèlement un texte.* ♦ Par extens. Reproduire une œuvre d'art. *Copier un tableau, une statue.* ♦ *Copier un auteur, un artiste*, imiter son style, sa manière. ♦ On dit qu'un écrivain, qu'un artiste copie la nature, quand ses productions ont un cachet de naturel et de vérité. ♦ Absol. « *Oui, c'est être inventeur que si bien copier* », LA MOTTE. ♦ Imiter les manières d'une autre personne. « *On croit, en copiant les mœurs des grands, entrer en part de leur grandeur* », MASSILLON. ♦ Au collège, *copier*, c'est, au lieu de faire son devoir, copier celui d'un camarade. ♦ Contrefaire. *Il n'est pas bien de copier les gens.* ♦ *Se copier*, v. pr. S'imiter soi-même. ♦ *Se copier*, s'imiter les uns les autres. ▪ *Copier sur quelqu'un*, tricher.

COPIER-COLLER, v. tr. [kɔpjekɔle] (*copier* et *coller*) Dans un système informatique, sélectionner et enregistrer afin de reproduire à un autre endroit. ▪ N. m. *Utiliser le copier-coller dans un traitement de texte. Des copier-coller* ou *des copiers-collers.*

COPIEUR, EUSE, ▪ n. m. et n. f. [kɔpjœʀ, øz] (*copier*) Personne, et spécialement élève, qui copie frauduleusement. ▪ Méc. Machine permettant de reproduire des pièces.

COPIEUSEMENT, adv. [kɔpjøz(ə)mɑ̃] (*copieux*) D'une manière copieuse.

COPIEUX, EUSE, adj. [kɔpjø, øz] (lat. *copiosus*, de *copia*, grande quantité) Abondant. *Un repas copieux.*

COPILOTE, ■ n. m. et n. f. [kopilɔt] (*co-* et *pilote*) **Aéronaut.** Deuxième pilote dans la liste des membres d'équipage dont le rôle est d'assister le commandant de bord dans toutes les tâches nécessitées par le vol. ■ **Sp.** Pilote qui assiste le pilote titulaire. *Copilote d'un rallye.*

COPINAGE, ■ n. m. [kopinaʒ] (*copiner*) **Fam.** Fait d'être copain, relations complices entre amis. *Profiter du copinage.* ■ **Par extens., fam. et péj.** Entente particulière entre personnes au profit d'autres, généralement dans les entreprises.

COPINE, ■ n. f. [kopin] Voy. COPAIN.

COPINER, ■ v. intr. [kopine] (*copain*) **Fam.** Être copain avec. *Il cherche à copiner avec elle.*

COPINERIE, ■ n. f. [kopin(ə)ʀi] (*copiner*) **Fam.** Fait d'être copain. ■ Ensemble de copains réunis. *Cette bande là, c'est une sacrée copinerie !*

COPING, ■ n. m. [kopiŋ] (mot angl.) **Psych.** Ensemble des processus qu'un individu interpose entre un événement éprouvant et lui, afin d'en maîtriser ou diminuer l'impact sur son bien-être physique et psychique.

COPION, ■ n. m. [kopjɔ̃] (*copier*) **Pop. Belg.** Antisèche.

COPISTE, ■ n. m. et n. f. [kopist] (*copier*) Personne qui copie. *Un copiste de musique.* ◆ En parlant des littérateurs et des artistes, personne qui imite, qui n'a point d'originalité. ◆ **Par extens.** Personne qui imite une autre personne.

COPLA, ■ n. f. [kopla] (mot esp. ; cf. a. provenç. *cobla*, couplet, chanson, et anc. fr. *couble, couple*, couplet) Composition poétique courte, dotée de rimes et qui sert de texte aux chansons populaires espagnoles. *Les Coplas Sefardies représentent un recueil de chansons judéo-espagnoles pour voix et piano.*

COPLANAIRE, ■ adj. [koplaneʀ] (*co-* et *plan*) **Géom.** Qui se situe sur un même plan ou qui appartient à un même plan. *Droites coplanaires. Structure coplanaire.*

COPOLYMÈRE, ■ n. m. [kopolimeʀ] (*co-* et *polymère*) **Chim.** Polymère formé de plusieurs types de motifs de répétition. *Des copolymères séquencés.*

COPOLYMÉRISATION, ■ n. f. [kopolimeʀizasjɔ̃] (*co-* et *polymérisation*) **Chim.** Polymérisation d'un composé organique au cours de laquelle se forme un copolymère.

COPOSSÉDER, ■ v. tr. [koposede] (*co-* et *posséder*) **Dr.** Posséder quelque chose en même temps que d'autres personnes. *Coposséder un bien.*

COPPA, ■ n. f. [kopa] (mot ital.) Spécialité charcutière italienne salée, roulée et fumée, fabriquée à partir du faux-filet de porc. *Des tranches de coppa.*

COPRA ou **COPRAH**, ■ n. m. [kopʀa] (mot port.) Amande de coco décortiquée et prête à être mise au moulin pour l'extraction de l'huile. *De l'huile de coprah.*

COPRÉSIDENCE, ■ n. f. [kopʀezidɑ̃s] (*co-* et *présidence*) Présidence assurée par deux ou plusieurs présidents. *La coprésidence d'une association.* ■ COPRÉSIDENT, ENTE, n. m. et n. f. [kopʀezidɑ̃, ɑ̃t]

COPRIN, ■ n. m. [kopʀɛ̃] (gr. *koprinos*, qui vit dans les excréments, de *kopros*, excrément) Espèce de champignon blanc, au chapeau ovoïde lorsqu'il est jeune, et en forme de pagode par la suite, à la chair blanche et rosée. *Le coprin est un champignon inoffensif, sans intérêt gastronomique et d'odeur désagréable.*

COPROCESSEUR, ■ n. m. [kopʀosesœʀ] (angl. *coprocessor*) **Inform.** Processeur additionnel chargé d'effectuer certains calculs pour lesquels il a été spécialement conçu et qui permet de décharger le processeur central et d'augmenter sa vitesse. *Le coprocesseur est destiné à rendre plus efficace l'exécution d'un jeu particulier d'instructions.*

COPROCULTURE, ■ n. f. [kopʀokyltyʀ] (*copro-* et *culture*) **Méd.** Culture de selles dans le but d'isoler et d'identifier les agents pathogènes responsables d'une infection digestive. *On pratique systématiquement une coproculture en cas de diarrhées aiguës pour détecter des germes nocifs.*

COPRODUCTION, ■ n. f. [kopʀodyksjɔ̃] (*co-* et *production*) Association de deux ou plusieurs producteurs ayant pour but de réaliser un film, un téléfilm ou un spectacle. *Un film en coproduction.* ■ **Par extens.** Résultat de cette association de coproducteurs. *Une coproduction franco-belge.*

COPRODUIRE, ■ v. tr. [kopʀodɥiʀ] (*co-* et *produire*) Produire, réaliser avec d'autres personnes. *Ce film a été coproduit.*

COPROLALIE, ■ n. f. [kopʀolali] (*copro-* et *-lalie*) **Méd.** Émission involontaire de mots obscènes, vulgaires, souvent d'ordre scatologique. *La coprolalie est un des symptômes précurseurs du syndrome de Gilles de la Tourette.*

COPROLITHE, ■ n. m. [kopʀolit] (*copro-* et *-lithe*) Excrément fossilisé d'animaux ayant disparu de la Terre. *Un coprolithe de tyrannosaure rex.* ■

Méd. Formation calcaire dans les matières fécales. *Un coprolithe peut provoquer des occlusions intestinales graves.*

COPROLOGIE, ■ n. f. [kopʀoloʒi] (*copro-* et *-logie*) **Méd.** Étude des matières fécales en laboratoire d'analyse. ■ COPROLOGIQUE, adj. [kopʀoloʒik]

COPROPHAGE, ■ adj. [kopʀofaʒ] (*copro-* et *-phage*) Qui s'alimente avec des excréments. *Des insectes coprophages.* ■ **N. m. et n. f.** *Un coprophage.* ■ COPROPHAGIE, n. f. [kopʀofaʒi]

COPROPHILE, ■ n. m. et n. f. [kopʀofil] (*copro-* et *-phile*) **Zool.** Organisme vivant dans les excréments. *Les coprophiles se nourrissent des excréments dans lesquels ils vivent.* ■ **Psych.** Personne atteinte de coprophilie. *Les coprophiles montrent paradoxalement un grand intérêt pour les parfums.* ■ **Adj.** Qui vit dans les excréments. *Un insecte coprophile.*

COPROPHILIE, ■ n. f. [kopʀofili] (*copro-* et *-philie*) **Psych.** Excitation et intérêt sexuels pour les matières fécales. *Un patient atteint de coprophilie.*

COPROPRIÉTAIRE, n. m. et n. f. [kopʀopʀijeteʀ] (*co-* et *propriétaire*) Personne qui possède une propriété par indivis avec une ou plusieurs personnes.

COPROPRIÉTÉ, n. f. [kopʀopʀijete] (*co-* et *propriété*) Propriété commune entre plusieurs personnes. ■ Immeuble dont chaque appartement est la propriété de personnes différentes. *Un immeuble en copropriété.*

COPS, ■ n. m. [kɔps] (mot angl.) **Text.** Fait d'enrouler des fils autour d'un cylindre de machine à tisser. ■ Canette, cylindre autour duquel est enroulé du fil.

COPTE, ■ n. m. et n. f. [kɔpt] (aphérèse du gr. *Aiguptos*) Nom des chrétiens d'Égypte. ◆ **Adj.** *Un moine copte.* ◆ La langue *copte* ou simplement *le copte*, l'idiome de transition qui s'est parlé en Égypte depuis l'introduction du christianisme, qui est éteint maintenant, et qui a les plus grandes ressemblances avec l'ancien égyptien. ■ **Rem.** On disait aussi autrefois *cophte*.

COPTÉ, ÉE, p. p. de copter. [kɔpte]

COPTER, v. tr. [kɔpte] (syncope de *copeter*, de anc. fr. *cop*, coup) Frapper une cloche d'un seul côté avec le battant.

COPULATEUR, ■ adj. m. [kopylatœʀ] (b. lat. *copulator*, celui qui unit, de *copulare*, attacher) *Organe copulateur*, organe permettant la copulation chez les invertébrés. *Chez les escargots, l'organe copulateur est élastique, de couleur blanche et mesure environ trois cm.*

COPULATIF, IVE, adj. [kopylatif, iv] (b. lat. *copulativus*, qui sert à joindre, de *copulare*, attacher) **Gramm. et log.** Qui indique liaison entre les idées ou entre les mots. *Particule, conjonction copulative*, et n. f. *une copulative*.

COPULATION, ■ n. f. [kopylasjɔ̃] (lat. *copulatio*, assemblage, union des sexes, de *copulare*, attacher) En parlant des animaux, accouplement du mâle et de la femelle. ■ **Fam. et plais.** Acte sexuel chez un homme et une femme.

COPULATIVEMENT, adv. [kopylativ(ə)mɑ̃] (*copulatif*) ▷ D'une manière copulative. ◁

COPULE, n. f. [kopyl] (lat. *copula*, tout ce qui sert à attacher, de *cum* et *apere*, attacher) Mot qui lie le sujet d'une proposition avec l'attribut ; c'est le verbe *être*.

COPULER, ■ v. intr. [kopyle] (lat. *copulare*, attacher, associer, de *copula*, lien) **Biol.** S'accoupler en parlant d'un mâle et d'une femelle. ■ **Fam. et plais.** Se livrer à l'acte sexuel.

COPYRIGHT, ■ n. m. [kopiʀajt] (mot angl.) Droit exclusif de publication d'une œuvre littéraire, artistique ou scientifique pour une durée déterminée. *Des copyrights.* ■ Marque de ce droit (symbole ©).

1 COQ, ■ n. m. [kɔk] (lat. impér. *cococo*, onomat. qui a supplanté anc. fr. *jal*, du lat. *gallus*) Le mâle de la poule. ◆ **Par extens.** Le mâle de plusieurs gallinacés. *Coq d'Inde. Coq faisan.* ◆ *Fier comme un coq*, très fier. ◆ **Fam.** *Être rouge comme un coq*, être extrêmement rouge. ◆ *Être comme un coq en pâte*, avoir toutes ses aises. ◆ Figure de coq qui se met au plus haut d'un clocher pour servir de girouette. ◆ *Coq gaulois*, un des insignes de la nation française. ◆ **Fam.** Personnage le plus riche ou le plus important d'un lieu. *Il est le coq de son village.* ◆ *Coq de bruyère* ou *des bois*, espèce de coq sauvage, du genre *tétras*. ◆ *Coq de marais*, un des noms vulgaires du *tétras bonasie*, dit aussi *gelinotte*. ◆ **Bot.** *Coq des jardins*, menthe de coq ou *herbe au coq*, plante corymbifère d'une odeur agréable. ◆ **Prov.** *La poule ne doit pas chanter avant le coq*, il faut que l'autorité appartienne au mari. ■ Homme fier qui cherche à séduire. *C'est un vrai coq.* ■ *Avoir des jambes de coq*, avoir des jambes très fines, et particulièrement, des mollets très fins. ■ *Passer du coq à l'âne*, Voy. COQ-À-L'ÂNE. ◆ *Poids coq*, en boxe, catégorie de boxeurs pesant entre 50 kg et 53 kg.

2 COQ, ■ n. m. [kɔk] (néerl. *kok*, du lat. *coquus*) **Mar.** Le cuisinier à bord des grands bâtiments.

COQ-À-L'ÂNE, n. m. inv. [kɔkalɑn] (orig. incert. ; cf. angl. *cock-and-bull-story*, histoire de coq et de taureau) Discours sans liaison, passant d'un sujet à l'autre. ◆ Au pl. *Des coq-à-l'âne.*

COQ-HÉRON, n. m. [kɔkeʀɔ̃] (*coq* et *héron*) Ancien nom du héron mâle. *Des coqs-hérons.*

COQUARD ou **COQUART**, ■ n. m. [kɔkaʀ] (*coque*, objet rond, globuleux ; mais aussi coup, et croisement avec les dérivés de *coq*) Fam. Ecchymose à l'œil provoquée par un coup violent. *Après la bagarre, il est revenu avec un beau coquard noir.*

COQUE, n. f. [kɔk] (orig. obscure : p.-ê. lat. *coccum*, gr. *kokkos*, cochenille déposant sur les arbres une excroissance globuleuse ; ou radic. expressif?) Enveloppe extérieure de l'œuf. ♦ *Ne faire que sortir de la coque*, être encore trop jeune pour certaines choses. ♦ *Œufs à la coque*, œufs légèrement cuits dans leur coque même. ♦ Enveloppe où s'enferment certaines chrysalides. *La coque d'un ver à soie.* ♦ **Fig.** *« Il se renfermait... Dedans sa coque »*, La Fontaine. ♦ Par analogie, enveloppes ligneuses de certains fruits. *Coque de noix, d'amande.* ♦ *Coque du Levant*, nom des drupes desséchées d'un arbuste du Malabar et des Moluques, qui a la propriété d'enivrer le poisson. ♦ *Coque de ruban*, ruban dont les deux bouts mis l'un sur l'autre, et plissés légèrement ensemble, servent à faire un nœud ou un ornement. ♦ *Coque de cheveux*, cheveux tournés en coque. ♦ *La coque d'un navire*, l'enveloppe des bordages, le corps. ♦ Sorte de coquillage bon à manger ; c'est le nom vulgaire de la bucarde. ■ *Coque de noix*, petite embarcation. ■ *Coque d'un avion*, corps de l'avion. ■ Carrosserie d'une voiture.

COQUECIGRUE, n. f. [kɔk(ə)siɡʀy] (orig. incert. : p.-ê. *coq* et *grue*, et croisement avec *cigogne*) Animal imaginaire dont le nom est employé dans diverses locutions. *Cela arrivera à la venue des coquecigrues*, n'arrivera jamais. *Vous aurez des coquecigrues*, se dit en raillant à quelqu'un qui demande quelque chose. ♦ Personne qui ne dit que des balivernes. *Raisonner comme une coquecigrue.* ♦ Baliverne, conte en l'air. ■ Rem. On écrivait aussi *coccigrue*.

COQUELET, ■ n. m. [kɔk(ə)lɛ] (*coq*) Jeune coq. ■ Très jeune poulet d'élevage. *Coquelet rôti.*

COQUELEUX, EUSE, ■ n. m. et n. f. [kɔk(ə)lø, øz] (*coq*) Nord et Belg. Personne spécialisée dans l'élevage de coqs de combat.

COQUELICOT, n. m. [kɔk(ə)liko] (var. de l'anc. fr. *coquerico* ; cf. *cocorico*) Espèce de petit pavot à fleur rouge qui croît dans les champs. ♦ *Rouge comme un coquelicot*, extrêmement rouge, d'embarras, de colère, etc.

COQUELOURDE, n. f. [kɔk(ə)luʀd] (orig. incert. : de *coq* ou *coque*) Nom vulgaire de l'anémone pulsatille et de différentes plantes.

COQUELUCHE, n. f. [kɔk(ə)lyʃ] (du nom, lui-même obscur, du capuchon, dont les malades se recouvraient la tête) ▷ Sorte de capuchon. ◁ ♦ **Fig.** et **fam.** *Être la coqueluche du lieu, du pays*, y être hautement loué, vanté, y être en vogue, fêté, choyé (coqueluche signifiant un capuchon, cette locution est équivalente à être coiffé de quelque chose). ♦ **Méd.** Maladie caractérisée par une toux convulsive, et qui attaque particulièrement les enfants.

COQUELUCHEUX, EUSE, ■ n. m. et n. f. [kɔk(ə)lyʃø, øz] (*coqueluche*) Personne atteinte de coqueluche. ■ Adj. Relatif à la coqueluche. *Un enfant coquelucheux.*

COQUELUCHON, n. m. [kɔk(ə)lyʃɔ̃] (m. fr. ; de *coqueluche*, capuchon) Capuchon. ♦ *Coqueluchon de moine*, nom vulgaire d'un certain mollusque.

COQUEMAR, n. m. [kɔk(ə)maʀ] (orig. obscure : p.-ê. lat. *cucuma*, marmite, bain privé) Pot à anse de terre ou d'étain, ou de cuivre, qui sert à faire bouillir l'eau.

1 **COQUERELLE**, ■ n. f. [kɔk(ə)ʀɛl] (*coque*, noix) Hérald. Groupe de trois noisettes jointes dans leurs gousses, dont une droite et les deux autres posées horizontalement. *Une coquerelle sur des armoiries.*

2 **COQUERELLE**, ■ n. f. [kɔk(ə)ʀɛl] (*coque*) Québec Blatte.

COQUERET, n. m. [kɔk(ə)ʀɛ] Voy. alkékenge.

COQUERICO, n. m. [kɔk(ə)ʀiko] Voy. cocorico.

COQUERON, n. m. [kɔk(ə)ʀɔ̃] (angl. *cook-room*) Mar. Petite citerne située dans les fonds d'un navire et exclusivement réservée au ballastage.

COQUES, n. f. pl. [kɔk] (*coque*, noix) Hérald. Espèce de noisettes vertes et en fourreau.

COQUET, ETTE, adj. [kɔkɛ, ɛt] (*coq*, pour le comportement attribué au coq) Qui a de la coquetterie ; qui cherche à plaire. *Des manières coquettes. Femme coquette.* ♦ N. m. et n. f. *Faire le coquet, la coquette.* ♦ **Théât.** *La grande coquette*, la comédienne qui joue les grands rôles de femme dans la comédie de caractère. *C'est la grande coquette qui fait Célimène dans Le Misanthrope.* On disait aussi *jouer les coquettes.* ♦ Dont l'aspect est plaisant, soigné. *Un jardin coquet.* ♦ Important, en parlant d'une somme d'argent. *Cela m'a coûté la coquette somme de mille euros.*

COQUETEL, n. m. [kɔk(ə)tɛl] (calque phonétique de *cocktail*) Québec Cocktail.

COQUETER, v. intr. [kɔk(ə)te] (*coquet*) Faire des coquetteries, minauder.

COQUETIER, n. m. [kɔk(ə)tje] (*coque*, œuf) Marchand d'œufs, de volailles. ♦ Petit ustensile de table où l'on met l'œuf que l'on mange à la coque.

COQUETIÈRE, ■ n. f. [kɔk(ə)tjɛʀ] (*coque*, œuf) Ustensile de cuisine permettant de cuire les œufs à la coque.

COQUETTEMENT, adv. [kɔkɛt(ə)mã] (*coquet*) D'une façon coquette.

COQUETTERIE, n. f. [kɔkɛt(ə)ʀi] (*coquet*) Désir d'attirer en plaisant. *Avoir de la coquetterie.* ♦ Goût de la parure pour plaire. ♦ Manières, paroles d'une personne coquette. *« Si elle faisait la moindre coquetterie »*, Mme de Sévigné. ♦ **Fig.** *Son style, sa conversation a de la coquetterie.* ■ Fam. *Avoir une coquetterie dans l'œil*, loucher légèrement.

COQUILLAGE, n. m. [kɔkijaʒ] (*coquille*) Animal revêtu d'une coquille. ♦ La coquille même. *Coquillages fossiles.*

COQUILLARD, ■ n. m. [kɔkijaʀ] (*Coquille*, nom d'une association de malfaiteurs du XVᵉ s.) Hist. Mendiant ou voleur dont les vêtements étaient parés de coquilles pour se faire passer pour des pèlerins. *Les coquillards s'organisaient en bande.*

COQUILLART, n. m. [kɔkijaʀ] (*coquille*) Minér. Pierre calcaire parsemée de coquilles.

COQUILLE, n. f. [kɔkij] (lat. vulg. *conchilia*, gr. *kogkhulion*) Enveloppe calcaire des mollusques testacés. ♦ *Coquille de Saint-Jacques*, espèce du genre peigne. ♦ *Or en coquilles, or de coquille*, sorte de pâte faite de miel et de feuilles d'or réduites en poudre. ♦ Coquille qu'on rapporte de certains pèlerinages. *Les pèlerins du Mont-Saint-Michel en Normandie rapportaient des coquilles à leur chapeau.* ♦ ▷ **Fig.** *À qui vendez-vous vos coquilles ? À ceux qui viennent du Mont-Saint-Michel ;* ou simplement : *À qui vendez-vous vos coquilles ?* c'est-à-dire à qui vous jouez-vous ? On dit dans le même sens : *Portez vos coquilles ailleurs.* ◁ ♦ *Bien vendre, faire valoir, ne pas donner ses coquilles*, tirer un profit exagéré d'une opération ou d'un service. ♦ Coque qui enveloppe l'œuf. ♦ **Fig.** *Ne faire que sortir de la coquille*, être jeune et inexpérimenté. ♦ *Rentrer dans sa coquille*, céder prudemment dans une affaire fâcheuse. ♦ Par extens. Coque qui enveloppe la noix, l'amande, etc. ♦ Objet en forme de coquille. *Vase en coquille.* ♦ **Archit.** Petit ornement taillé sur le contour d'un quart de rond. ♦ *Coquille d'escalier*, l'intrados de la voûte rampante d'un escalier tournant. ♦ Sorte de fourneau vertical qui sert à rôtir la viande. ♦ *Coquille*, papier collé qui porte l'empreinte d'une coquille, et Adj. *papier coquille.* ■ **Impr.** Toute faute consistant dans la substitution d'une lettre à une autre. ♦ *Coquille de noix*, petite embarcation. *Leur coquille de noix n'est pas assez solide pour affronter le large !*

COQUILLETTE, ■ n. f. [kɔkijɛt] (*coquille*) Pâte alimentaire en forme de coquille. *Un plat de coquillettes.*

1 **COQUILLIER**, n. m. [kɔkije] (*coquille*) Collection de coquilles. ♦ Montre qui les renferme.

2 **COQUILLIER, IÈRE**, adj. [kɔkije, jɛʀ] (*coquille*) Qui renferme des coquilles. *Pierre coquillière. Terrain coquillier.*

COQUIN, INE, n. m. et n. f. [kɔkɛ̃, in] (orig. discutée : lat. *coquinus*, marmiton, de *coquus*, cuisinier ; *coq*?) Personne qui a un caractère bas et fripon[1]. ♦ Un lâche. *Il a fui comme un coquin[2].* ♦ Un paresseux, un valet qui ne sert que de parade[3]. ♦ N. f. Une femme méchante, vicieuse[4]. ♦ Adj. *Cette femme est bien coquine[5].* ♦ T. de colère sans signification déterminée. *Une coquine de servante. « Tous les jours le coquin lasse ma patience »*, Regnard. ♦ Par plaisanterie et pour indiquer seulement ce qu'il peut y avoir de malicieux. *Cet enfant est un aimable petit coquin.* ♦ *Métier coquin*, métier qui ne donne aucune peine. *Vie coquine*, vie inoccupée, fainéante. ■ Grivois. *Une plaisanterie coquine.* ■ Rem. 1 à 5 : Terme péjoratif dans tous ces sens.

COQUINERIE, n. f. [kɔkin(ə)ʀi] (*coquin*) Action de coquin. ♦ Le caractère du coquin. *Sa coquinerie est bien connue.*

1 **COR**, n. m. [kɔʀ] (anc. fr. *cor(n)*, matière cornée, du lat. *cornu*) Tumeur épidermique, dure et circonscrite qui se forme aux pieds.

2 **COR**, n. m. [kɔʀ] (lat. *cornu*) Mus. Instrument à vent en cuivre, contourné en spirale et terminé par un large pavillon. *Cor de chasse*, dit aussi *trompe. Donner, sonner, jouer du cor.* ♦ *Cor d'harmonie* ou *cor proprement dit*, cor garni de coulisses qui permettent de l'accorder avec d'autres instruments, et de corps de rechange à l'aide desquels on peut jouer dans tous les tons. ♦ *Cor anglais*, instrument à anche qui est la quinte au-dessous du hautbois. ♦ *Chasser à cor et à cri*, chasser au son du cor et à la huée, comme pour les bêtes fauves. ♦ **Fig.** À cor et à cri, loc. adv. Vivement ; avec éclat. *Demander une chose à cor et à cri.* ♦ *Cor* se dit aussi du musicien.

CORACIIFORME, ■ n. m. [kɔʀasiifɔʀm] (*coracii*- et *-forme*) Espèce d'oiseau au plumage très coloré. *L'ordre des coraciiformes comprend dix familles d'oiseaux.*

CORACOÏDE, ■ adj. [kɔʀakoid] (gr. *koraks*, corbeau et *-oïde*) **Anat.** Pointu. ■ *Apophyse coracoïde* ou n. f. *coracoïde*, excroissance naturelle osseuse de la partie supérieure de l'omoplate.

CORAIL, n. m. [kɔʀaj] (lat. *corallium*, gr. *korallion*) Production marine calcaire, remarquable par sa forme rameuse et souvent par sa couleur d'un rouge éclatant. ♦ **Fig.** *Bouche, lèvres de corail*, bouche, lèvres fraîches et vermeilles. ♦ *Au pl. Coraux*, collection de pièces de corail. *Il y a dans ce cabinet des coraux très rares.* ■ Partie rouge comestible de certains coquillages ou crustacés. *Noix de Saint-Jacques avec leur corail.*

CORAILLEUR, EUSE, n. m. et n. f. [kɔʀajœʀ, øz] (*corail*) Personne qui va à la pêche du corail. ♦ Adj. *Un navire corailleur.*

CORALLIEN, IENNE, ■ adj. [kɔʀaljɛ̃, jɛn] (radic du lat. *corallium*) Formé de coraux. *Massif corallien.*

CORALLIFÈRE, ■ adj. [kɔʀalifɛʀ] (lat. *corallium* et *-fère*) Qui contient des coraux. *Barrière corallifère. Algue corallifère.*

CORALLIN, INE, adj. [kɔʀalɛ̃, in] (lat. tardif *corallinus* ou radic. de *corallium*?) Rouge comme du corail. *Les lèvres corallines.*

CORALLINE, n. f. [kɔʀalin] (lat. sav. du XVIᵉ s., radic de *corallium*) Plante cryptogame de la classe des algues, à rameaux incrustés d'une matière calcaire.

CORAN, n. m. [kɔʀɑ̃] (ar. *koran*, lecture) Livre qui contient la loi religieuse de Mahomet Voy. ALCORAN. ■ CORANIQUE, adj. [kɔʀanik] *École coranique.*

CORBEAU, n. m. [kɔʀbo] (a. fr., *corf, corp*, du lat. *corvus* et var. *corbus*) Gros oiseau carnassier de la famille des passereaux ; il a un plumage très noir. ♦ *Noir comme un corbeau*, se dit d'une personne qui a les cheveux noirs. ♦ Le corbeau passait pour être de mauvais augure ; de là familièrement on dit en parlant des personnes : *Quel corbeau de mauvais augure !* ♦ ▷ Autrefois, nom donné à des gens qui dans un temps de contagion enlevaient les morts. ◁ ♦ Constellation de l'hémisphère austral. ■ **Archit.** Grosse console, moindre en hauteur qu'en saillie, dont l'usage est de soulager la portée d'une poutre. ♦ ▷ Dans l'ancien art militaire, espèce de grappin et de pont volant. ◁ ♦ *Corbeau de mer*, poisson qui a le dos bleu, le ventre blanc. ■ **Fam.** Auteur de lettres ou d'appels téléphoniques anonymes.

CORBEILLE, n. f. [kɔʀbɛj] (b. lat. *corbicula*) Sorte de panier léger fait ordinairement d'osier. ♦ ▷ *Corbeille de mariage*, parures et bijoux que le futur envoie à sa fiancée dans une corbeille d'ornement. ◁ ♦ Se dit aussi d'un espace de terre couvert de fleurs et disposé en forme de corbeille, et par extens. d'une contrée verdoyante et fleurie. ♦ **Archit.** Ouvrage en forme de panier rempli de fleurs ou de fruits. ♦ Espace réservé, à la Bourse de Paris, au milieu de la salle commune, où se tiennent les agents de change pour les transactions. ♦ **Bot.** *Corbeille-d'or*, nom vulgaire de l'alysson des jardins. ■ *Corbeille-d'argent*, crucifère à fleurs blanches et au feuillage d'un vert très clair.

CORBEILLÉE, n. f. [kɔʀbeje] (*corbeille*) ▷ Le contenu d'une corbeille. ◁

CORBIÈRES, ■ n. m. [kɔʀbjɛʀ] (*Corbières*, chaîne des Pyrénées-Orientales) Vin rouge provenant des Corbières. *La diversité des vins de corbières se traduit par la distinction de onze terroirs répartis sur l'ensemble de l'appellation.*

CORBILLARD, n. m. [kɔʀbijaʀ] (*Corbeil*, ville de l'Essone) ▷ Nom donné autrefois au coche d'eau de Paris à Corbeil. ◁ ♦ Voiture dans laquelle on transporte les morts pour les conduire jusqu'à leur tombe.

CORBILLAT, n. m. [kɔʀbija] (*corbeau*) Le petit du corbeau.

CORBILLON, n. m. [kɔʀbijɔ̃] (dim. de *corbeille*) Sorte de petite corbeille. ♦ Jeu de société, où l'on doit répondre par un mot rimant en *on* à la demande : *Que met-on dans mon corbillon?*

CORBIN, n. m. [kɔʀbɛ̃] (lat. *corvinus*, de corbeau) Corbeau. ♦ Inusité en ce sens. ♦ Voy. BEC-DE-CORBIN.

CORBLEU, [kɔʀblø] (altération de *corps Dieu*, c'est-à-dire par le corps de Dieu) Sorte de juron.

CORCELET, n. m. [kɔʀsəlɛ] Voy. CORSELET.

CORDAGE, n. m. [kɔʀdaʒ] (*corde* ou *corder*) Toute corde qui sert à la manœuvre d'un navire, au jeu d'une machine, etc. ♦ Manière de mesurer le bois à la corde. ♦ Ensemble des cordes d'une raquette de tennis. *Refaire un nouveau cordage.* ■ Pose de ces cordes.

CORDE, n. f. [kɔʀd] (lat. *chorda*, gr. *khordê*, boyau, corde) Partie de boyau de mouton préparée pour être montée sur certains instruments tels que violon et guitare ; et aussi fil de métal passé par les filières qu'on monte sur certains instruments tels que la harpe, le piano, etc. ♦ *Double corde*, manière de jouer du violon ou du violoncelle, en touchant deux cordes à la fois. ♦ **Fig.** *Ce poète a brisé les cordes de sa lyre.* ♦ *La grosse corde*, le sol argenté du violon. ♦ **Fig.** *Toucher la grosse corde*, parler de ce qu'il y a de

principal dans une affaire. ♦ *Toucher la corde sensible*, parler de ce qui intéresse le plus. ♦ **Anat.** *Cordes vocales*, les ligaments inférieurs de la glotte. ♦ Notes de la gamme. *La voix de ce chanteur est belle dans les cordes élevées.* ♦ Tortis fait de matière textile. *La corde d'un puits, d'une cloche.* ♦ *Mettre une chose en corde*, lui donner la forme d'une corde. *Tabac en corde.* ♦ **Fig.** *Si la corde ne rompt*, si les moyens employés pour réussir ne manquent pas. ♦ *Tirer sur la même corde*, agir de concert. ♦ *Corde sans fin*, la corde qui entoure la roue des tours, des rouets à filer, etc. ♦ *Corde nouée* ou *corde à nœuds*, grosse corde garnie de nœuds pour monter le long des murs. ♦ Corde qu'on suspend en guise de rampe dans un escalier. ♦ *Corde à sauter*, corde dont les enfants se servent pour sauter. ♦ *Corde de jeu de paume*, grosse corde tendue au milieu du jeu de paume et garnie de filets jusqu'en bas pour arrêter la balle qui ne passe pas par-dessus. ♦ **Fig.** *Friser la corde*, courir un grand danger. ♦ Corde qui dans les hippodromes sert à limiter le champ de course. *Tenir la corde* se dit de l'écuyer qui est le plus près de la corde, et fig. d'une personne qui a une avance ou un avantage sur les autres. ♦ Gros câble tendu en l'air sur lequel certains bateleurs font des exercices. *Danser sur la corde*, danser sur une corde tendue à une hauteur plus ou moins grande, et fig. être engagé dans quelque chose de hasardeux. ♦ Corde qu'on met aux arcs et aux arbalètes. ♦ **Fig.** *Avoir deux cordes, plusieurs cordes, plus d'une corde à son arc*, avoir plusieurs ressources. ♦ **Géom.** *La corde d'un arc*, la ligne droite qui joint les deux extrémités de cet arc. ♦ Corde pour étrangler ou pendre ; mort par la strangulation ; supplice de la potence. *Mériter la corde.* ♦ *La corde au cou*, dans l'attitude d'un criminel qui va être pendu, et fig. sans condition, à merci. ♦ *Mettre la corde au cou à quelqu'un*, le perdre, le ruiner. ♦ *Filer sa corde*, se livrer à des actes qui doivent conduire à la potence, à la ruine. ♦ *Avoir de la corde de pendu dans sa poche*, se dit de celui qui gagne toujours, qui a constamment du bonheur. ♦ *Un homme de sac et de corde*, un homme capable de tout, ainsi dit parce qu'on pendait avec la corde ou noyait dans un sac les scélérats. ♦ **Text.** Fil dont une étoffe est tissée. *Habit usé jusqu'à la corde.* ♦ **Fig.** *Cela est usé jusqu'à la corde*, cela est rebattu à satiété. ♦ *Cet homme montre la corde*, laisse voir l'embarras de sa position, de ses affaires. ♦ Mesure de bois à brûler. *La corde de Paris valait 3,8 stères.* ♦ **Chir.** Tension d'un muscle causée par quelque lésion. ♦ **SOUS CORDE, loc. adv.** En ballot, sans défaire la corde qui lie le ballot. ♦ **Prov.** *Il ne faut point parler de corde dans la maison d'un pendu*, il ne faut point parler en une compagnie d'une chose qui puisse faire à quelqu'un un secret reproche. ■ Grosse corde fixée à un portique. *Corde lisse. Corde à nœuds.* ■ **Fam.** *C'est dans mes cordes*, dans mon domaine de compétences. ■ **Fam.** *Tirer sur la corde*, abuser, exagérer. ■ **Zool.** Corde ou *chorde dorsale*, axe dorsal des vertébrés primitifs ; ébauche de la colonne vertébrale des embryons.

1 CORDÉ, ÉE, adj. [kɔʀde] (lat. *cor*, génit. *cordis*, cœur) Qui a la forme d'un cœur. *Des feuilles cordées.*

2 CORDÉ ou **CHORDÉ**, ■ n. m. [kɔʀde] (*corde*) **Zool.** Animal présentant une corde dorsale à un certain stade de son évolution. *Les cordés, auxquels appartiennent tous les vertébrés et quelques invertébrés, forment un embranchement.*

CORDEAU, n. m. [kɔʀdo] (dim. de *corde* ; anc. fr. *cordel*) Petite corde pour mesurer et aligner. *Des rues tirées au cordeau.* ♦ Corde menue dont on se sert pour conduire un bateau. *Tirer au cordeau.* ♦ Corde dont on se servait pour étrangler. On dit aujourd'hui de préférence *cordon*.

CORDÉE, ■ n. f. [kɔʀde] (*corde*) Groupe d'alpinistes reliés les uns aux autres par une corde. *La cordée à deux est plus sûre, chaque grimpeur prenant alternativement la tête ; à trois, le meilleur marche en tête, le plus faible au milieu ; à la descente, le meilleur reste le dernier pour assurer ses deux compagnons.*

CORDELÉ, ÉE, p. p. de cordeler. [kɔʀdəle] **Hist. nat.** Qui est marqué comme de tours de corde.

CORDELER, v. tr. [kɔʀdəle] (anc. fr. *cordel* ; *cordeau*) Tordre ou tresser en forme de corde. *Cordeler des cheveux.*

CORDELETTE, n. f. [kɔʀd(ə)lɛt] (dim. de *cordelle*) Petite corde.

CORDELIER, IÈRE, n. m. et n. f. [kɔʀdəlje, jɛʀ] (*cordelle*) Nom des religieux de l'ordre de Saint-François d'Assise, ainsi dits parce qu'ils ont une ceinture de corde ; on les appelle aussi franciscains et frères mineurs. ♦ *Aller sur la mule des cordeliers*, voyager le bâton à la main. ♦ *Avoir la conscience large comme la manche d'un cordelier*, être peu scrupuleux.

CORDELIÈRE, n. f. [kɔʀdəljɛʀ] (*cordelle*) Corde à plusieurs nœuds que les religieux et religieuses de Saint-François portent autour du corps. ♦ Par analogie, corde en laine ou en soie pour serrer une robe de chambre autour du corps. ♦ Torsade de soie, d'argent ou d'or. ♦ **Archit.** Baguette sculptée en forme de corde.

CORDELLE, n. f. [kɔʀdɛl] (dimin. de *corde*) Corde dont on se sert pour le halage des bateaux en rivière et sur mer, pour divers usages des chaloupes.

CORDER, v. tr. [kɔʀde] (*corde*) Mettre en corde. *Corder du chanvre, des cheveux.* ♦ *Corder du tabac,* rouler des feuilles ensemble. *Corder un ballot,* le ficeler. ♦ *Mesurer à la corde. Corder du bois.* ♦ *Se corder,* v. pr. Se tresser en corde. ♦ Se durcir au milieu, en parlant de plantes, de racines. ♦ Être mesuré à la corde, en parlant du bois. ◾ Garnir une raquette de tennis de cordes.

CORDERIE, n. f. [kɔʀdʀi] (radic. de *cordier*) Atelier où l'on fabrique des cordes. ♦ L'art du cordier.

CORDIAL, ALE, adj. [kɔʀdjal] (lat. médiév. *cordialis,* de *cor,* génit. *cordis,* qui se rapporte au cœur, qui a des qualités de cœur) **Méd.** Réconfortant. *Potion cordiale. Des remèdes cordiaux.* ♦ **N. m.** *Les cordiaux,* médicaments qui ont la propriété d'augmenter promptement la chaleur générale du corps et l'action du cœur et de l'estomac. ♦ **Fig.** Qui est dévoué de cœur, qui vient du cœur. *Un ami cordial. Accueil cordial.*

CORDIALEMENT, adv. [kɔʀdjal(ə)mɑ̃] (*cordial*) D'une manière cordiale. *Je vous embrasse cordialement. Très cordialement* (en fin de lettre). ♦ Par antiphrase, *haïr cordialement quelqu'un,* franchement et ouvertement.

CORDIALITÉ, n. f. [kɔʀdjalite] (*cordial*) Bienveillance ouverte et sincère, franche. *Accueillir, parler avec cordialité.*

1 **CORDIER**, ◾ n. m. [kɔʀdje] (*corde*) Plaque de bois légèrement arrondie et de forme trapézoïdale servant de point d'attache aux cordes d'un violon. *Les cordes viennent se fixer sur le cordier généralement en ébène, lui-même maintenu par une grosse corde de boyau ou de métal fixée au bouton, au bas de la caisse.*

2 **CORDIER, IÈRE**, n. m. et n. f. [kɔʀdje, jɛʀ] (*corde*) Fabricant et marchand de cordes.

CORDIÉRITE, ◾ n. f. [kɔʀdjeʀit] (Louis *Cordier,* 1777-1861) **Minér.** Silicate d'aluminium, de fer et de magnésium formé à partir de roches argileuses. *On rencontre la cordiérite dans des granits produits de la fusion de la croûte continentale.*

CORDIFORME, adj. [kɔʀdifɔʀm] (*cordi-* et *-forme*) **Bot.** Qui est en forme de cœur.

CORDILLÈRE, ◾ n. f. [kɔʀdijɛʀ] (esp. *cordillera,* corde) Chaîne de montagnes élevées en Amérique. *La cordillère des Andes.*

CORDITE, ◾ n. f. [kɔʀdit] (mot angl., de *cord,* corde) **Techn.** Charge propulsive à base de nitroglycérine et de nitrocellulose et qui brûle sans provoquer de fumée. *Ce sont les Britanniques qui commencèrent à produire de la cordite, en 1891.*

CORDOBA, ◾ n. m. [kɔʀdoba] (mot esp. *cordoba*) Monnaie du Nicaragua. *En 2005, 1 euro équivalait à 22 cordobas.*

CORDON, n. m. [kɔʀdɔ̃] (dimin. de *corde*) Une des petites cordes partielles dont la corde est composée. ♦ Sorte de petite corde. « *La bête scélérate À de certains cordons se tenait par la patte* », LA FONTAINE. ♦ Corde par laquelle un portier ouvre, de sa loge, la porte. ♦ Tissu fait ordinairement d'une matière plus précieuse que le chanvre. *Cordon de fil, de soie, de coton, de laine. Cordon de montre. Cordon de chapeau. Cordons de souliers.* ♦ ▷ **Fig.** *N'être pas digne de dénouer les cordons des souliers de quelqu'un,* lui être très inférieur en mérite. ◁ ♦ ▷ *Les cordons de la bourse,* les liens qui la ferment. ◁ ♦ **Fig.** *Tenir les cordons de la bourse,* avoir le maniement de l'argent dans le ménage. ♦ *Délier, desserrer, dénouer les cordons de la bourse,* donner de l'argent. ♦ Lacet de soie qui sert à étrangler. ♦ *Cordon d'un ordre de chevalerie,* ruban auquel on porte attachées les marques de cet ordre, passé ordinairement en écharpe, de droite à gauche, ou de gauche à droite. *Le grand cordon de la Légion d'honneur.* ♦ Le cordon bleu était l'insigne des chevaliers de l'ordre du Saint-Esprit. *Un cordon bleu,* un homme décoré du cordon de cet ordre. ♦ **Fam.** *Un cordon-bleu,* Voy. CORDON-BLEU. ◾ **Anat.** *Cordon ombilical* et absol. *cordon,* le cordon qui unit le placenta au fœtus. ♦ **Hortic.** *Cordon,* forme donnée à certains arbres fruitiers, pour en faire des bordures. ♦ Forme donnée à la vigne en treille. ♦ Rangée d'objets placés en file. *Un cordon de lampions.* ♦ **Archit.** Ornement des murs, consistant dans une bande extérieure de pierre arrondie, qui règne dans toute sa longueur. ♦ **Milit.** Suite de postes établis pour couper certaines communications. ♦ *Cordon sanitaire,* ligne de troupes ayant pour consigne de s'opposer à l'introduction des hommes, des animaux et de tous autres objets suspects provenant des lieux où règne une maladie contagieuse. ♦ Bord façonné qui règne autour d'une pièce de monnaie.

CORDON-BLEU, ◾ n. m. [kɔʀdɔ̃bløø] (*cordon* et *bleu* : référence plaisante au cordon bleu des chevaliers de l'ordre du Saint-Esprit) **Fig.** et **fam.** Cuisinier très habile et fin. *Cette cuisinière est un vrai cordon-bleu. Des cordons-bleus.*

CORDONNÉ, ÉE, p. p. de cordonner. [kɔʀdɔne]

CORDONNER, v. tr. [kɔʀdɔne] (*cordon*) Tordre en forme de cordon. *Cordonner des cheveux.*

CORDONNERIE, n. f. [kɔʀdɔn(ə)ʀi] (anc. fr. *cordouannerie,* de *cordouannier, cordonnier*) Le métier de cordonnier. ♦ Atelier de cordonnier. ♦ Magasin de chaussures. ♦ Dans certains établissements, lieu où l'on dépose les chaussures.

CORDONNET, n. m. [kɔʀdɔnɛ] (dim. de *cordon*) Petit cordon pour attacher, nouer ou enfiler quelque chose. ♦ Grosse soie torse pour coudre. ♦ Ganse de soie ou de fil ferrée par un bout. ♦ Marque empreinte sur la tranche des pièces d'or ou d'argent.

CORDONNIER, IÈRE, n. m. et n. f. [kɔʀdɔnje, jɛʀ] (anc. fr. *cordouan,* cuir, ainsi dit de la ville de *Cordoue*) Personne qui fait ou répare les chaussures. ♦ **Prov.** *Les cordonniers sont les plus mal chaussés,* c'est-à-dire ceux qui ont les choses en main négligent de s'en servir, d'en tirer parti.

1 **CORDOUAN, ANE**, ◾ n. m. et n. f. [kɔʀdwɑ̃, an] (*Cordoue*) Habitant de la ville de Cordoue. *Les Cordouans.* ◾ **Adj.** Relatif à la ville de Cordoue. *Une spécialité culinaire cordouane.*

2 **CORDOUAN**, ◾ n. m. [kɔʀdwɑ̃] (*Cordoue*) Cuir fin de chèvre ou de mouton travaillé originairement dans la ville de Cordoue, en Espagne. *L'appellation de cordouan était réservé à la peau que l'on appelle aujourd'hui maroquin.*

CORÉ, ◾ n. f. [kɔʀe] Voy. KORÊ.

CORÉE, n. f. [kɔʀe] Voy. CHORÉE.

CORÉEN, ENNE, ◾ n. m. et n. f. [kɔʀeɛ̃, ɛn] (*Corée*) Habitant de la Corée. *Les Coréens.* ◾ **Adj.** Relatif à la Corée. *La cuisine coréenne.* ◾ **N. m.** *Le coréen,* langue parlée en Corée.

CORÉGONE, ◾ n. m. [kɔʀegɔn] (gr. *korê,* pupille et *-gone*) Poisson des lacs de montagne au corps épais, caractérisé par une tête petite, pourvue d'un museau arrondi surplombant la mâchoire inférieure et dont la chair délicate est très recherchée. *La féra, poisson du lac d'Annecy, est un corégone.*

CORELIGIONNAIRE, n. m. et n. f. [kɔʀ(ə)liʒjɔnɛʀ] (*co-* et *religion*) Personne qui professe la même religion qu'une autre.

CORÉOPSIS, ◾ n. m. [kɔʀeɔpsis] (du gr. *koris,* punaise et *opsis,* apparence) **Bot.** Plante herbacée d'Europe à belles fleurs jaunes dont l'usage est principalement ornemental. *Le coréopsis est une plante peu exigeante, qui a une remarquable floraison jaune qui dure tout l'été.*

CORÉPRESSEUR, ◾ n. m. [kɔʀepʀesœʀ] (*co-* et *répresseur*) **Biol.** Molécule déclenchant la répression de la transcription de gènes spécifiques en se fixant au répresseur. *Les corépresseurs sont capables de réprimer activement la transcription des gènes et interagissent en l'absence de ligand avec certains récepteurs nucléaires.*

CORESPONSABLE, ◾ adj. [kɔʀespɔ̃sabl] (*co-* et *responsable*) Qui est responsable de quelque chose en même temps que d'autres personnes. *Ils sont coresponsables de cette organisation.* ◾ CORESPONSABILITÉ, n. f. [kɔʀespɔ̃sabilite]

CORIACE, adj. [kɔʀjas] (b. lat. *coriaceus,* de cuir, de *corium,* cuir) Qui est dur comme du cuir. *Viande coriace.* ♦ **Fig.** *C'est un homme coriace,* se dit d'un avare de qui on a peine à tirer quelque chose. ◾ **Fig.** et **fam.** Que l'on fait difficilement changer d'avis.

CORIACÉ, ÉE, adj. [kɔʀjase] (*coriace*) ▷ Qui a la résistance, la ténacité du cuir. ♦ Peu usité.

CORIAMBE, n. m. [kɔʀjɑ̃b] Voy. CHORIAMBE.

CORIANDRE, n. f. [kɔʀjɑ̃dʀ] (lat. *coriandrum,* gr. *koriandron,* réfection par étym. pop. de *koriannon,* prob. méditerranéen) Plante aromatique de la famille des ombellifères, dont les graines sèches ont un goût très agréable. *Dragées de coriandre.*

CORICIDE, ◾ n. m. [kɔʀisid] (1 *cor* et *-cide*) Substance utilisée localement pour lutter contre l'épaississement de l'épiderme, notamment aux pieds. *Un coricide contre les cors aux pieds.*

CORINDON, ◾ n. m. [kɔʀɛ̃dɔ̃] (mot indien) **Minér.** Pierre précieuse, la plus dure et la plus estimée après le diamant.

CORINTHIEN, IENNE, adj. [kɔʀɛ̃tjɛ̃, jɛn] (*Corinthe*) **Archit.** Se dit du plus riche des quatre ordres que les Grecs comptaient : le chapiteau est orné de deux rangs de feuilles, entre lesquelles s'élèvent de petits rangs qui forment les volutes. ♦ **N. m.** *Le corinthien,* l'ordre corinthien. ◾ Relatif à la ville de Corinthe. *L'architecture corinthienne.* ◾ **Archit.** De style corinthien. *Un temple corinthien.*

CORIOLIS (FORCE DE), ◾ n. f. [kɔʀjolis] (Gustave *Coriolis,* 1792-1843, mathématicien) Phénomène selon lequel les fluides en mouvement sont déviés vers la droite dans l'hémisphère Nord et vers la gauche dans l'hémisphère Sud. *La force de Coriolis est due à la rotation de la Terre.*

CORIS, n. m. [kɔʀi] Voy. CAURI.

CORME, n. f. [kɔʀm] (gaul. *corma*) Fruit du cormier.

CORMIER, n. m. [kɔʀmje] (*corme*) Nom du sorbier domestique.

CORMOPHYTE, ■ n. m. [kɔʀmofit] (gr. *kormos*, tronc et *-phyte*) Végétal constitué d'une racine, d'une tige et de feuilles. *Les cormophytes, premières plantes terrestres découvertes, se sont développées principalement dans les zones côtières et marécageuses.*

CORMORAN, n. m. [kɔʀmɔʀɑ̃] (anc. fr. *corp*, cobeau, et germ. *mareng*, du lat. *mare*; infl. du bret. *mor*, mer) Oiseau aquatique de l'ordre des palmipèdes.

CORNAC, n. m. [kɔʀnak] (port. *cornaca*, du cinghal. *kurawa-nayaka*, dresseur d'éléphants) Conducteur d'un éléphant. ◆ Fig. et par moquerie Homme qui se fait l'introducteur, le prôneur d'un autre.

CORNACÉE, ■ n. f. [kɔʀnase] (*cornaceae*) Arbre, arbuste ou plante herbacée des régions tempérées, subtropicales et des montagnes tropicales, aux baies rouges comestibles. *Les cornacées forment une famille proche des rhizophoracées et comprennent essentiellement les cornouillers, le lierre et les aucubas.*

CORNAGE, n. m. [kɔʀnaʒ] (1 *corner*) Bruit que les chevaux poussifs font entendre en respirant et que l'on a comparé à celui que produit une corne dans laquelle on souffle.

CORNALINE, n. f. [kɔʀnalin] (lat. *cornu*, à cause de la couleur semblable à l'ongle rosé du doigt) Minér. Agate demi-transparente, et ordinairement d'un rouge foncé.

CORNAQUER, ■ v. tr. [kɔʀnake] (*cornac*) Fam. Guider quelqu'un en l'accompagnant. *Cornaquer ses amis dans les ruelles sinueuses.*

1 **CORNARD**, n. m. [kɔʀnaʀ] (*corne*) Qui a des cornes. *Un diable cornard.* ■ Par extens. et fam. Homme ou mari trompé par sa femme. « *La malheureuse fut traînée sur la place publique Par le cruel cornard armé du radis symbolique* », BRASSENS.

2 **CORNARD**, adj. m. [kɔʀnaʀ] (*corne*) *Cheval cornard*, Voy. CORNEUR.

1 **CORNE**, n. f. [kɔʀn] (du lat. *cornu*) Nom d'éminences coniques et dures qui naissent sur le front des ruminants. *Les bêtes à cornes*, les bœufs, les vaches, les chèvres. ◆ Fig. *Attaquer, prendre le taureau par les cornes*, entamer une affaire par le côté le plus difficile, et aussi attaquer en face les difficultés. ◆ *Montrer les cornes*, se mettre en état de défense. ◆ *Montrer les cornes, faire les cornes à quelqu'un*, faire avec les doigts un geste de raillerie et injurieux. ◆ ▷ *Mettre des cornes à un enfant en punition*, lui placer derrière les oreilles des feuillets de papier roulés en forme de cornes. ◁ ◆ Attribut que la mythologie donnait aux représentations des fleuves et aux satyres, et que la légende chrétienne a donné aux diables. ◆ *Corne de cerf*, le bois du cerf lorsqu'il est employé dans les arts. ◆ *Corne de narval* ou *de licorne de mer*, dent conique, droite et longue de la mâchoire supérieure d'un cétacé. ◆ La partie dure qui est aux pieds du cheval, de l'âne, etc. ◆ Substance cornée. *Tabatière, peigne de corne.* ◆ *C'est de la corne*, se dit d'une viande qui est dure. ◆ Nom de différents ustensiles. ◆ Jeu *Tenir la corne* (pour *cornet*), avoir les dés et jouer pour son compte. ◆ Petite palette de corne, dite aussi *chausse-pied*, dont on se sert pour mettre ses souliers. ◆ Instruments à vent dont se servent les vachers. ◆ Prolongement qui surmonte la tête ou le corselet de divers insectes. ◆ *Corne d'abondance*, corne de la chèvre Amalthée, de laquelle il sort abondance de toutes sortes de biens. ◆ *Chapeau à trois cornes*, chapeau dont le bord a été relevé en trois parties, de manière à présenter trois pointes ou cornes. ◆ *Faire une corne à un livre*, y faire une marque en pliant le coin d'une page. ◆ *Cornes du croissant de la lune*, les parties du croissant qui sont tournées vers la région du ciel opposée au Soleil. ◆ *Corne d'artimon*, vergue qui porte la voile du mât de ce nom. ◆ Fortif. *Ouvrage à cornes*, pièce extérieure dont la tête est fortifiée de deux demi-bastions, joints par une courtine. ◆ *Corne d'Ammon*, Voy. AMMONITE. ■ *Corne de gazelle*, petit gâteau oriental en forme de corne, à base de pâte d'amandes et de miel. *Les cornes de gazelle sont de délicieuses pâtisseries qui accompagnent très souvent un thé au Maroc.*

2 **CORNE**, n. f. [kɔʀn] (lat. pop. *corna*, plur. de *cornum*, cornouille) Fruit du cornouiller, dit aussi cornouille.

1 **CORNÉ, ÉE**, p. p. de corner. [kɔʀne] *Les chiens cornés par le veneur.* ◆ Fig. *Mauvais propos cornés dans toute la ville.*

2 **CORNÉ, ÉE**, p. p. de corner. [kɔʀne] À quoi on a fait une corne. *Carte cornée.*

3 **CORNÉ, ÉE**, adj. [kɔʀne] Qui est de la nature ou qui a l'apparence de la corne. ◆ Anat. *Tissu corné*, les ongles, les cornes, les sabots. ◆ Chim. *Lune cornée, argent corné*, le chlorhydrate d'argent. ◆ *Pierre cornée*, pierre de la nature du jaspe.

CORNED-BEEF, ■ n. m. [kɔʀnɛdbif] ou [kɔʀnbif] (mot angl.) Viande de bœuf en conserve, souvent salée. *Des corned-beefs.*

CORNÉE, n. f. [kɔʀne] (lat. médiév. *cornea tunica*, traduit en 1314 par *tunique cornée*) La tunique transparente de l'œil et la plus épaisse, par laquelle pénètrent les rayons lumineux et qui laisse voir la couleur du fond de l'œil. ■ CORNÉEN, ENNE, adj. [kɔʀneẽ, ɛn]

CORNÉENNE, n. f. [kɔʀneɛn] (3 *corné*) Substance pierreuse qui fait la base des diverses roches mélangées.

CORNEILLE, n. f. [kɔʀnɛj] (lat. *cornicula*, petite corneille, dimin. de *cornix*) Oiseau plus petit que le corbeau et noir comme lui. ◆ Fig. *Bayer aux corneilles*, Voy. BAYER. ◆ Fam. *Y aller comme une corneille qui abat des noix*, s'employer à quelque chose avec zèle, mais avec maladresse et sans réflexion.

CORNÉLIEN, IENNE, ■ adj. [kɔʀneljẽ, jɛn] (*Corneille*, dramaturge français) Relatif aux œuvres de Pierre Corneille. *L'univers cornélien.* ■ Qui constitue un dilemme douloureux. *Une situation cornélienne.*

CORNEMENT, n. m. [kɔʀnəmɑ̃] (1 *corner*) ▷ État des oreilles qui cornent. ◆ Bruit que fait un tuyau quand la soupape est ouverte. ◁

CORNEMUSE, n. f. [kɔʀnəmyz] (1 *corne* et *muse*, musette) Instrument de musique champêtre formé d'une espèce de sac de cuir plein d'air auquel sont adaptés deux tuyaux.

CORNEMUSEUR, EUSE, ■ n. m. et n. f. [kɔʀnəmyzœʀ, øz] (*cornemuse*) Personne qui joue de la cornemuse. *Une parade de cornemuseurs en Écosse.* ■ REM. On dit aussi *cornemuseux, euse.*

1 **CORNER**, v. intr. [kɔʀne] (1 *corne*) Sonner du cornet, d'une corne ou d'une trompe. ◆ ▷ Parler dans un cornet pour se faire entendre au loin ou à un sourd. ◁ ◆ Bourdonner, en parlant des oreilles percevant un bruit qui n'a rien de réel. *Les oreilles me cornent.* ◆ Fig. *Les oreilles vous cornent*, se dit à quelqu'un qui croit entendre ce qu'un qui n'est pas ou un bruit qui n'est pas réel. ◆ *Les oreilles ont bien dû vous corner*, on a bien souvent parlé de vous. ◆ V. tr. Fig. Publier partout. *Corner une nouvelle par la ville.* ◆ Rebattre sans cesse la même chose. « *J'entends sans cesse corner à mes oreilles : L'homme est un animal raisonnable* », LA BRUYÈRE. ◆ *Corner les chiens*, sonner du cor pour les exciter ou pour les rappeler.

2 **CORNER**, v. tr. [kɔʀne] (1 *corne*) Faire une corne à. *Il a corné ce livre.*

3 **CORNER**, v. tr. [kɔʀne] (1 *corne*) Frapper avec la corne. *Cette vache m'a corné.* ◆ Se corner, v. pr. Se battre à coups de cornes.

4 **CORNER**, ■ n. m. [kɔʀnɛʀ] (mot angl.) Au football, tir fait à partir d'un angle du terrain de jeu.

5 **CORNER (SE)**, v. pr. [kɔʀne] (1 *corne*) Prendre la forme et la consistance d'une corne.

CORNET, n. m. [kɔʀne] (dim. de 1 *corne*) Petite trompe rustique. *Cornet de vacher.* ◆ Sorte de petit cor. *Cornet de postillon.* ◆ *Cornet à piston*, petit cor où sont adaptés des pistons. ◆ *Cornet à bouquin*, Voy. BOUQUIN. ◆ Personne qui joue de la cornette. ◆ *Cornet acoustique*, petit instrument évasé par un bout, resserré à l'autre, dont se servent les personnes atteintes de dureté d'ouïe. ◆ Carré de papier roulé en cône. *Cornet de papier, de dragées.* ◆ Sorte de godet en corne ou en cuir qui sert à agiter les dés. ◆ La partie de l'écritoire dans laquelle on met l'encre. ◆ *Cornet de faïence, de porcelaine*, vase en forme de cornet. ◆ *Cornets du nez*, lames osseuses des fosses nasales.

CORNETTE, n. f. [kɔʀnɛt] (1 *corne*) ▷ Sorte de coiffure de femme en déshabillé. ◁ ◆ ◆ Fig. *Laver la cornette à une femme*, la gronder. ◁ ◆ ▷ Autrefois, étendard de compagnie de cavalerie et de dragons. ◁ ◆ ▷ Compagnie de cavalerie. ◁ ◆ ▷ N. m. *Cornette*, l'officier qui portait l'étendard dans chaque compagnie de cavalerie et de dragons. ◁ ◆ ▷ Officier de certains corps de la maison du roi, mais ne portant point l'étendard. ◁ ◆ ▷ N. f. Emploi de cornette dans la maison du roi. *Acheter une cornette.* ◁ ◆ Mar. Sorte de long pavillon à deux pointes, insigne du commandement d'une division de trois bâtiments au moins. ■ N. f. Coiffe de religieuse.

CORNETTISTE, ■ n. m. et n. f. [kɔʀnetist] (*cornet*) Personne qui joue du cornet. *La Nouvelle-Orléans compte trois cornettistes de légende : Freddie Keppard, Buddy Bolden et King Oliver.*

CORNEUR, EUSE, ■ n. m. et n. f. [kɔʀnœʀ, øz] (1 *corner*) Personne qui donne du cor. ◆ Il se dit populairement d'un pleureur, d'un braillard. ◆ Adj. *Cheval corneur, jument corneuse*, animal qui est atteint de cornage. ◆ On dit aussi *cornard* et *siffleur.*

CORN-FLAKES, ■ n. m. pl. [kɔʀnflɛks] (mot angl.) Flocons de maïs séchés et grillés. *Prendre des corn-flakes au petit-déjeuner avec du lait.*

CORNIAUD, ■ n. m. [kɔʀnjo] (1 *corne*, au sens de *coin* : né au coin d'une rue ; cf. lat. médiéval *cornarium*, coin ; influence sémantique de *cornard*) Chien bâtard le plus souvent d'origine inconnue. *Il possède un corniaud comme chien de chasse.* ■ Fam. et péj. Personne niaise, imbécile. *Quel corniaud !* ■ REM. Graphie ancienne : *corniot.*

1 **CORNICHE**, n. f. [kɔʀniʃ] (ital. *cornice*) Proprement, avance qui règne autour d'un bâtiment. ◆ Partie composée de moulures en saillie l'une au-dessus de l'autre et qui règne comme couronnement autour de toutes sortes d'ouvrages. *Corniche corinthienne*, etc. ■ Nom donné à tout ornement saillant en menuiserie ou en maçonnerie qui règne au-dessus des portes, des armoires, au-dessous d'un plafond. ■ *Route en corniche* ou *corniche*, route à flanc de montagne.

2 CORNICHE, ■ n. f. [kɔʀniʃ] (*cornichon* : origine obsc.) **Arg.** Classe préparatoire à l'école militaire de Saint-Cyr. *Depuis 1973, une citation symbolique est lue chaque année devant les élèves de la corniche à l'occasion de l'anniversaire de la bataille d'Austerlitz.*

CORNICHON, n. m. [kɔʀniʃɔ̃] (dim. de 1 *corne*) Petite corne. *Les cornichons d'un chevreau.* ♦ Syn. d'andouiller. ♦ Petit concombre propre à confire dans le vinaigre. ♦ **Pop.** *Un cornichon,* un homme niais, qui se laisse attraper.

1 CORNIER, n. m. [kɔʀnje] (2 *corne*) Cornouiller.

2 CORNIER, IÈRE, adj. [kɔʀnje, jɛʀ] (1 *corne* ; cf. lat. médiév. *cornarium,* coin) Qui est à la corne, à l'angle du corps de bâtiment. *Pilastre, poteau cornier.* ♦ *Arbre cornier,* arbre qui marque le coin d'une coupe en forêt.

1 CORNIÈRE, n. f. [kɔʀnjɛʀ] (1 *corne*) Rangée de tuiles commune à deux pentes de toits qui se joignent, et servant à l'écoulement des eaux pluviales. ♦ Adj. *Une jointure cornière.*

2 CORNIÈRE, n. f. [kɔʀnjɛʀ] (1 *corne* ; cf. lat. médiév. *cornarium,* coin) Équerre de fer attachée à l'angle d'un coffre. ■ N. f. pl. Équerres de fer attachées aux angles du marbre d'une presse d'imprimerie pour fixer et maintenir la forme.

CORNIGÈRE, adj. [kɔʀniʒɛʀ] (*corne* et *-gère*) **Zool.** Qui porte des cornes sur la tête. ♦ **Bot.** Qui a des tubercules semblables à des cornes.

CORNILLAS, n. m. [kɔʀnija] (*corneille*) Petit d'une corneille.

CORNILLON, ■ n. m. [kɔʀnijɔ̃] (*corne*) **Zool.** Partie osseuse de la corne de certains ongulés. *Les cornillons ont un rôle thermorégulateur chez les moutons.*

CORNIOT, ■ n. m. [kɔʀnjo] Voy. CORNIAUD.

CORNIQUE, ■ adj. [kɔʀnik] (angl. *cornish*) Relatif à la Cornouaille. *Un paysage cornique.* ■ N. m. *Le cornique,* langue celtique insulaire de la famille des langues indo-européennes et parlée en Cornouailles.

CORNISTE, n. m. et n. f. [kɔʀnist] (2 *cor,* d'après le lat. *cornu*) Musicien qui joue du cor.

CORNOUILLE, n. f. [kɔʀnuj] (lat. *cornulla,* de *cornum*) Le fruit du cornouiller.

CORNOUILLER, n. m. [kɔʀnuje] (*cornouille*) Arbre à bois très dur, qui porte la cornouille.

CORN-PICKER, ■ n. m. [kɔʀnpikœʀ] (mot angl.) **Agric.** Machine agricole utilisée pour récolter le maïs en le cueillant. *Des corn-pickers.*

CORN-SHELLER, ■ n. m. [kɔʀnʃelœʀ] (mot angl.) **Agric.** Machine agricole utilisée pour récolter le maïs en le cueillant et en égrenant les épis. *Des corn-shellers.*

CORNU, UE, adj. [kɔʀny] (lat. *cornutus,* de *cornu,* corne) Qui a des cornes. ♦ **Log.** *Argument cornu,* sorte d'argument. ♦ On appelait aussi de ce nom le dilemme. ♦ **Fig.** *Lièvres cornus,* idées folles, extravagantes. ♦ *Raisons cornues,* bizarres, étranges. ♦ *Visions cornues,* idées folles, extravagantes. ♦ **Bot.** Dont le style ou les anthères sont en forme de corne. ♦ *Blé cornu,* blé affecté de l'ergot.

CORNUE, n. f. [kɔʀny] (fém. substantivé de *cornu* ; cf. anc. provenç. *cornuda*) Vaisseau, ordinairement de verre ou de grès, qui sert pour certaines distillations.

COROLLAIRE, n. m. [kɔʀɔlɛʀ] (lat. *corollarium,* petite couronne donnée en gratification aux acteurs, supplément) Ce qu'on ajoute à l'appui des raisons dont on s'est servi. « *J'y ajouterai ce corollaire que...* », BOSSUET. ■ **Math.** Conséquence découlant d'une proposition qui vient d'être démontrée. ■ Conséquence naturelle. *L'obésité, un des corollaires de l'hypercholestérolémie.*

COROLLE ou **COROLE**, n. f. [kɔʀɔl] (lat. *corolla,* petite couronne, dimin. de *corona*) **Bot.** Enveloppe immédiate des étamines et du pistil.

COROLLIFÈRE, adj. [kɔʀɔlifɛʀ] (*corolle* et *-fère*) **Bot.** Qui porte une corolle.

CORON, ■ n. m. [kɔʀɔ̃] (dial. du Nord, de l'anc. fr. *cor,* coin) Quartier de maisons identiques construites pour les mineurs par les compagnies houillères, dans le nord de la France et le sud de la Belgique. « *Au nord, c'étaient les corons, La terre c'était le charbon* », BACHELET.

CORONAIRE, adj. [kɔʀɔnɛʀ] (lat. *coronarius,* en forme de couronne) **Antiq. rom.** *Or coronaire,* couronne d'or donnée à un général vainqueur par les provinces, les nations alliées ou amies du peuple romain. ♦ **Anat.** *Artères, veines coronaires,* artères, veines qui effectuent la circulation du sang du cœur.

CORONAL, ALE, adj. [kɔʀɔnal] (lat. impér. *coronalis,* qui a rapport à une couronne, de *corona*) **Anat.** *Os coronal,* l'os qui forme la partie antérieure du front. N. m. *Le coronal, les coronaux.* ■ **Astron.** Relatif à la couronne solaire. *À la suite d'un réarrangement soudain du champ magnétique coronal,*

une partie importante de la couronne s'échappe du Soleil et accompagne le vent solaire.

CORONARIEN, IENNE, ■ adj. [kɔʀɔnaʀjɛ̃, jɛn] (dér. sav de *coronaire*) Relatif aux artères coronaires. *Une maladie coronarienne.*

CORONARITE, ■ n. f. [kɔʀɔnaʀit] (radic. de *coronaire*) **Méd.** Constriction pathologique des artères coronaires. *La coronarite est une maladie cardiaque qui résulte de l'obstruction des artères du cœur par des dépôts graisseux dans la paroi.*

CORONAROGRAPHIE, ■ n. f. [kɔʀɔnaʀɔgʀafi] (radic. de *coronaire* et *-graphie*) **Méd.** Radiographie des artères coronaires utilisant un produit de contraste à base d'iode injecté dans le sang. *La coronarographie est un examen qui nécessite de ponctionner une artère afin de pouvoir y introduire un tuyau par lequel sera injecté un produit opaque aux rayons X, faisant apparaître un contraste visible sur la radiographie.* ■ REM. On dit aussi *coronographie.*

CORONAROPATHIE, ■ n. f. [kɔʀɔnaʀɔpati] (radic. de *coronaire* et *-pathie*) **Méd.** Affection des artères coronaires rétrécies ou obstruées par des dépôts de graisse. *Le rétrécissement des artères lié à la coronaropathie entraîne une réduction du débit sanguin vers le muscle cardiaque qui ne reçoit plus le sang riche en oxygène dont il a besoin.*

CORONELLE, ■ n. f. [kɔʀɔnɛl] (lat. *corona,* couronne) Espèce de couleuvre inoffensive, très fine et à petite tête, vivant en Europe. *Les coronelles femelles gestantes s'exposent au soleil pour favoriser le développement de leur progéniture.*

CORONER, n. m. [kɔʀɔnɛʀ] (angl. *coroner*) Officier de justice anglaise, qui a dans ses attributions de prendre des informations avec le jury et douze voisins sur la cause de toute mort violente, ainsi que sur les découvertes de trésors et les débris de naufrages.

CORONILLE, n. f. [kɔʀɔnij] (esp. *coronilla,* de corona, *couronne*) Genre de plantes légumineuses, dont les fleurs sont disposées en couronne.

CORONOGRAPHE, ■ n. m. [kɔʀɔnɔgʀaf] (lat. *corona,* couronne et *-graphe*) **Astron.** Dispositif optique destiné à occulter entièrement la photosphère afin d'observer les protubérances et, quand les conditions d'observations sont excellentes, la couronne solaire. *Le coronographe permet d'obtenir une éclipse de soleil en plaçant un cône occulteur sur le foyer de l'objectif d'une lunette de façon à masquer l'image primaire du soleil.*

CORONOGRAPHIE, ■ n. f. [kɔʀɔnɔgʀafi] Voy. CORONAROGRAPHIE.

CORONOÏDE, adj. [kɔʀɔnɔid] (gr. *korônê,* corneille et *-oïde*) **Anat.** *Apophyses coronoïdes,* éminences osseuses.

COROSSOL, ■ n. m. [kɔʀɔsɔl] (créole) Fruit originaire d'Amérique tropicale, vert et hérissé de pointes tendres, à la pulpe blanchâtre, épaisse et légèrement acide. *Les corossols, principalement utilisés pour la fabrication de jus frais, de sorbets et de glaces, peuvent aussi se consommer frais.*

COROSSOLIER, ■ n. m. [kɔʀɔsɔlje] (créole) Petit arbre d'Amérique tropicale produisant les corossols. *Les feuilles du corossolier ont des vertus fébrifuges, sédatives et anti-inflammatoires.*

COROZO, ■ n. m. [kɔʀɔzo] (mot hispano-amér.) Albumen, très dur, provenant des graines d'un palmier d'Amérique tropicale, utilisé dans la confection de petits objets et appelé également *ivoire végétal. Le corozo est utilisé dans la boutonnerie dès 1867.*

CORPORAL, n. m. [kɔʀpɔʀal] (lat. chrét. *corporale,* neutre substantivé de l'adj. lat. *corporalis,* relatif au corps) Nom d'un linge consacré aux usages ecclésiastiques, qui se met sur l'autel pour y poser l'hostie. ♦ Au pl. *Des corporaux.*

CORPORALITÉ, n. f. [kɔʀpɔʀalite] (lat. chrét. *corporalitas*) **Théol.** Qualité de ce qui est corporel.

CORPORATIF, IVE, adj. [kɔʀpɔʀatif, iv] (*corporation*) Qui a rapport aux corporations ; qui est de la nature des corporations.

CORPORATION, n. f. [kɔʀpɔʀasjɔ̃] (angl. *corporation,* du lat. médiév. *corporatio*) Réunion de personnes qui forment un corps ayant des règlements, des droits ou privilèges particuliers. ♦ Association d'ouvriers unis par des droits et des devoirs réciproques.

CORPORATISME, ■ n. m. [kɔʀpɔʀatism] (*corporation*) **Écon.** et **polit.** Doctrine qui encourage les associations des personnes exerçant la même profession. ■ Attitude qui consiste à défendre uniquement les intérêts de sa corporation.

CORPORATISTE, ■ adj. [kɔʀpɔʀatist] (*corporation*) Relatif au corporatisme. *Une attitude corporatiste.* ■ N. m. et n. f. Personne adepte du corporatisme. *Des corporatistes.*

CORPOREL, ELLE, adj. [kɔʀpɔʀɛl] (lat. *corporalis*) Qui a un corps, par opposition à spirituel. *Dieu n'est point corporel.* ♦ Qui appartient au corps ou qui le concerne. *Les infirmités corporelles. Peine, punition corporelle. Expression corporelle.*

CORPORELLEMENT, adv. [kɔʀpɔʀɛl(ə)mɑ̃] (*corporel*) D'une manière corporelle. *Punir corporellement.* ✦ **Cathol.** En corps même. *Manger, recevoir le corps de Jésus-Christ réellement et corporellement.*

CORPORIFIÉ, ÉE, p. p. de corporifier. [kɔʀpɔʀifje]

CORPORIFIER, v. tr. [kɔʀpɔʀifje] (lat. *corpus* et le suffixe *ficare*) **Théol.** Supposer, donner un corps à ce qui est esprit. ✦ ▷ **Chim.** Fixer en corps les parties éparses d'une substance. *Corporifier du mercure.* ◁ ✦ Se corporifier, v. pr.

CORPS, n. m. [kɔʀ] (lat. *corpus*) Ce qui fait l'existence matérielle d'un homme ou d'un animal, vivant ou mort. ✦ *N'être qu'un en deux corps*, être lié par une étroite amitié. ✦ **Fam.** *Il faut voir ce que cet homme a dans le corps*, il faut tâcher de découvrir ses opinions, ses sentiments. ✦ *Passer sur le corps d'une troupe ennemie*, la renverser. ✦ **Fig.** *Passer sur le corps de quelqu'un*, obtenir un emploi auquel son rang lui donnait droit. ✦ *Avoir le diable au corps*, être d'une audace extrême, et encore être singulièrement habile, ingénieux. ✦ *Un corps mort*, un cadavre d'homme ou de femme. ✦ À BRAS-LE-CORPS, loc. adv. En passant les bras autour du corps d'un autre. *Saisir à bras-le-corps* (c.-à-d. saisir le corps avec les bras). ✦ CORPS À CORPS, loc. adv. En attaquant de près son adversaire. ✦ **Fig.** *Engager une lutte corps à corps avec Pascal et Bossuet.* ✦ Plus particulièrement, la partie du corps humain qui est entre le cou et les hanches, le tronc. ✦ *À mi-corps*, par la moitié du corps. ✦ Le corps considéré par opposition à l'âme ; la partie sensuelle de l'être humain. *Mortifier son corps.* ✦ *Se donner à quelqu'un corps et âme* ou *de corps et d'âme*, se dévouer entièrement à lui. ✦ *Un corps sans âme*, un homme qui ne sait que faire, que devenir. ✦ *Un corps sans âme*, un parti, une armée sans chef. ✦ **Fig.** *Le corps d'une devise*, la figure qui y est représentée, par opposition à la légende, qui est l'âme de la devise. ✦ La personne même. *Un drôle de corps*, un homme original. ✦ *C'est un pauvre corps*, c'est un homme sans esprit ni vigueur. ✦ **Fig.** *Avoir une mauvaise affaire sur le corps*, être impliqué dans quelque affaire compromettante, dangereuse. ✦ La personne du prince. *Les gardes du corps.* **Jurispr.** La personne, par opposition aux biens ou aux marchandises. *Séparation de corps et de biens.* ✦ **Mar.** *Périr corps et cargaison, corps et biens*, vaisseau et marchandises. ✦ À CORPS PERDU, loc. adv. Sans ménagement pour sa personne, sans circonspection. ✦ À SON CORPS DÉFENDANT, loc. adv. En résistant à une attaque, et fig. malgré soi, à regret. ✦ *Bon corps, mauvais corps*, bon état, mauvais état de la constitution. ✦ **Absol.** *Corps*, l'embonpoint. *Prendre du corps.* ✦ **Théol.** Il se dit en parlant du sacrement de l'Eucharistie. *Recevoir le corps de Notre-Seigneur.* ✦ *Corps saint*, le corps d'un saint. ✦ *Enlever un homme comme un corps saint*, l'enlever de vive force et sans qu'il ait le temps de résister Voy. CORSIN. ✦ Partie des vêtements qui s'applique à la partie supérieure du corps. *Un corps de jupe.* ✦ Corset. *Corps de baleine.* ✦ *Corps de cuirasse.* ✦ **Par extens.** Tout ce qui frappe nos sens par des qualités spéciales. *L'air, la terre sont des corps. L'or est un corps simple. Les corps célestes. Un corps organisé.* ✦ *Prendre l'ombre pour le corps*, prendre l'apparence pour la réalité. ✦ Au propre et au fig. *Faire corps*, se dit des choses unies ou adhérentes. ✦ **Dr.** *Corps de délit*, fait matériel qui constate le crime. ✦ La partie principale de certains objets. *Le corps d'une pompe, d'un carrosse, etc.* ✦ Dans l'écriture, *le corps d'une lettre*, le principal trait de cette lettre. ✦ Collection, recueil de pièces. *Le corps du droit civil.* ✦ *Corps de doctrine*, ensemble de principes religieux ou philosophiques. ✦ **Jurispr.** *Corps de preuves*, Réunion de plusieurs sortes de preuves qui concourent à former une preuve complète. ✦ Épaisseur ou consistance que présentent certaines choses. *Ce papier, cette étoffe, etc. n'a pas de corps.* ✦ Réunion de personnes vivant sous les mêmes lois. *L'État est un corps politique dont le souverain est le chef.* ✦ *Le corps de l'Église*, l'ensemble des fidèles. ✦ Compagnie qui, réunie par un certain lien, a une existence et une fonction dans l'État ou dans l'Église. *Les grands corps de l'État.* ✦ *Le corps diplomatique*, les ambassadeurs et les ministres étrangers. ✦ *Corps de métier*, Réunion des ouvriers d'un même état. ✦ *Corps d'état*, Réunion des personnes d'un même état. ✦ *Esprit de corps*, opinions communes aux divers membres d'une corporation. ✦ *Repas de corps*, repas d'apparat où se réunissent les membres d'un corps. ✦ EN CORPS, loc. adv. En masse, collectivement. ✦ *Corps d'armée*, grande division d'une armée. ✦ L'ensemble de ceux qui appartiennent à certaines armes spéciales. *Le corps du génie.* ✦ *Corps de garde*, petite troupe qui monte la garde ; lieu où elle se tient. *Plaisanterie de corps de garde*, plaisanterie grossière. ✦ *Corps d'harmonie*, corps de musique militaire. ✦ *Le corps de ballet*, la troupe des danseurs et danseuses qui exécutent un ballet. *Corps de ballet* désigne aussi la troupe des danseurs. ✦ *Corps de logis*, la masse ou la partie principale d'un bâtiment. ✦ **Mar.** *Corps mort*, objet établi solidement sur le rivage ou sur le fond d'une rade pour l'amarrage des navires. ✦ *Corps de voile*, voile principale. ✦ *Corps de voilure*, la voilure entière. ✦ **Anat.** Nom de certaines parties. *Le corps calleux.* ✦ **Bot.** *Le corps ligneux*, le bois. ■ *Corps gras*, matière grasse. *Consommer trop de corps gras peut provoquer des maladies cardio-vasculaires.*

CORPULENCE, n. f. [kɔʀpylɑ̃s] (lat. impér. *corpulentia*, embonpoint) La grandeur et la grosseur de l'homme considérées ensemble. *Cet homme est d'une grosse, d'une petite corpulence.* ■ Embonpoint. *Sa corpulence l'empêche de se mouvoir.*

CORPULENT, ENTE, adj. [kɔʀpylɑ̃, ɑ̃t] (lat. impér. *corpulentus*, gros) Qui a beaucoup de corpulence. *Un homme corpulent.*

CORPUS, ■ n. m. [kɔʀpys] (mot lat., corps) **Sc. hum.** Recueil de documents d'un genre donné en vue d'une étude scientifique. *Un corpus littéraire.* ■ **Inform.** Ensemble de données exploitables en vue d'analyse ou de recherche automatique d'informations. *Des corpus.* ■ REM. On prononce le s.

CORPUSCULAIRE, adj. [kɔʀpyskylɛʀ] (*corpuscule*) Qui est relatif aux corpuscules ou atomes. *Rayonnement corpusculaire.* ✦ *Philosophie* ou *théorie corpusculaire*, système de physique où l'on explique les phénomènes par les mouvements, le repos, des corpuscules.

CORPUSCULE, n. m. [kɔʀpyskyl] (lat. *corpusculum*, petit corps) **Phys.** Corps d'une extrême ténuité. ✦ *Corpuscules aériens*, poussière très fine tenue en suspension dans l'atmosphère. ■ **Biol.** Organe de très petite taille. *Des corpuscules rénaux.* ✦ *Corpuscule de Barr*, masse chromatinienne accolée à la membrane dans le noyau d'une cellule. *Chaque individu a dans ses cellules autant de corpuscules que de chromosomes X moins un : les garçons XY n'en ont pas, les filles XX en ont un.* ■ **Biol.** Récepteur sensoriel présent dans la peau.

CORRAL, ■ n. m. [kɔʀal] (mot hispano-amér.) Petit enclos utilisé pour enfermer le bétail notamment pour le marquer ou le vacciner. *Des corrals.* ■ Enclos à l'intérieur duquel on enferme les taureaux avant de leur permettre d'entrer dans l'arène.

CORRASION, ■ n. f. [kɔʀazjɔ̃] (lat. *corradere*, supin *corrasum*, enlever en raclant) **Géol.** Érosion due au choc des grains de sable transportés par le vent. *La corrasion est une action mécanique exercée par des vents violents chargés de particules abrasives, des quartz par exemple, ou des cristaux de glace.*

CORRECT, ECTE, adj. [kɔʀɛkt] (lat. *correctus*, p. p. de *corrigere*, qui a été redressé ; m. fr., conforme aux règles) Qui a été corrigé. *Copie, écriture correcte. Écrivain correct.* ✦ Conforme aux règles. *Phrase, locution correcte.* ■ **Fam.** De qualité convenable. *C'est correct, mais sans plus.* ■ **Fam.** En qui on peut avoir confiance. *C'est quelqu'un de correct.* ■ *Politiquement correct*, façon acceptable de s'exprimer dans un contexte politique en bannissant tout ce qui pourrait blesser un groupe minoritaire ; péj. forme de langue de bois conçue pour ne déplaire à personne et éviter toute difficulté par le recours à l'euphémisme. *Un texte politiquement correct.*

CORRECTEMENT, adv. [kɔʀɛktəmɑ̃] (*correct*) D'une manière correcte, convenable. *Parler, écrire dessiner correctement.* ■ De manière acceptable. *Il est payé correctement pour ce travail.*

CORRECTEUR, TRICE, n. m. et n. f. [kɔʀɛktœʀ, tʀis] (lat. *corrector*, celui qui redresse) Personne qui corrige. *Sévère correcteur.* ✦ *Correcteur d'imprimerie*, personne qui lit les épreuves pour corriger les fautes de composition. ✦ ▷ *Correcteur des classes*, garçon qui fouettait les écoliers. ◁ ■ **Adj.** Qui apporte une correction. *Des verres correcteurs.* ■ **Inform.** Logiciel permettant la correction des fautes d'orthographe ou de grammaire. *Un correcteur grammatical. Un correcteur orthographique.*

1 CORRECTIF, n. m. [kɔʀɛktif] (b. lat. *correctivus*, qui a le pouvoir de corriger) Ce qui corrige, tempère. *Le sucre est le correctif des acides.* ✦ **Pharm.** Ce que l'on ajoute à un médicament pour en adoucir ou en modifier l'action. ✦ **Fig.** Termes par lesquels on adoucit ce qu'il y a de trop dur ou d'excessif dans l'expression. *Ce dernier mot de ma lettre servira de correctif au premier.* ■ Texte qui modifie ce qui a été écrit précédemment. *Apporter un correctif à un règlement.*

2 CORRECTIF, IVE, adj. [kɔʀɛktif, iv] (b. lat. *correctivus*, qui a le pouvoir de corriger) Qui a la vertu de corriger. « *Châtiments correctifs* », BOSSUET.

CORRECTION, n. f. [kɔʀɛksjɔ̃] (lat. *correctio*, redressement, réforme) Action de corriger ou de changer en mieux. *Faire des corrections à un devoir de grammaire. La correction des défauts, des abus, des erreurs.* ✦ Les changements mêmes qu'on fait à un ouvrage d'esprit ou d'art. ✦ *Recevoir une pièce de théâtre à correction*, la recevoir à la condition que l'auteur y fera des corrections. ■ **Impr.** *Correction des épreuves*, action d'indiquer les fautes de composition ou les changements à faire au texte avant le tirage, et aussi action de faire disparaître ces fautes sur le caractère. ✦ **Astron.** et **phys.** Quantité qu'il faut ajouter à une mesure, etc. ou en retrancher, pour obtenir le vrai résultat. ✦ **Rhét.** Figure par laquelle l'orateur semble se reprendre pour rétracter plus ou moins ce qu'il a dit. ✦ *Sauf correction, sous correction*, locution dont on se sert pour modifier ce qu'on vient de dire. *Je pense, sauf correction, que, etc.* ✦ **Pharm.** Opération où l'on fait usage d'un correctif pour tempérer la force de certaines substances. ✦ Réprimande, admonition. ✦ Punition, châtiment. ✦ *Maison de correction*, lieu destiné à enfermer par autorité publique les personnes dont la conduite est déréglée, et les enfants acquittés pour défaut de discernement. ✦ Autorité, pouvoir de réprimander, de corriger. *Les enfants sont sous la correction* du père. ♦ Forme exacte et pure. *La correction du style, du dessin.* ■ Comportement conforme au savoir-vivre. *Manquer de correction.* ■ Rectification ou compensation artificielle d'une déficience physique. *La correction de la myopie. La correction de la position de la colonne vertébrale.*

CORRECTIONNALISER, ■ v. tr. [kɔrɛksjɔnalize] (*correctionnel*) **Dr.** Présenter un crime devant le tribunal correctionnel afin de le réduire au rang de délit. *Correctionnaliser une peine.*

CORRECTIONNEL, ELLE, adj. [kɔrɛksjɔnɛl] (*correction*) **Dr.** Qui appartient aux actes qualifiés de délits par la loi. *Tribunal de police correctionnelle. Peine correctionnelle.* ♦ **Pop.** N. f. *La correctionnelle,* Le tribunal de police correctionnelle.

CORRECTIONNELLEMENT, adv. [kɔrɛksjɔnɛl(ə)mɑ̃] (*correctionnel*) ▷ D'une manière correctionnelle ; devant un tribunal correctionnel. ◁

CORRÉGIDOR ou **CORREGIDOR**, n. m. [kɔreʒidɔr] (esp. *corregidor* ; m. fr.) En Espagne, le premier officier de justice d'une ville, d'une province. ■ Rem. Le titre de corrégidor s'est maintenu du XVᵉ au XIXᵉ s.

CORRÉLAT, ■ n. m. [kɔrela] (*corrélation*) **Didact.** Terme en corrélation avec d'autres.

CORRÉLATIF, IVE, adj. [kɔrelatif, iv] (lat. médiév. *correlativus*) Qui est dans une relation telle avec un autre objet, que l'un suppose l'autre. *Termes corrélatifs.* ♦ **Dr.** *Obligation corrélative,* obligation relative à une autre obligation. ♦ N. m. **Gramm.** *Le corrélatif d'un terme, d'une proposition.* ♦ N. f. *Une corrélative,* une proposition corrélative.

CORRÉLATION, n. f. [kɔrelasjɔ̃] (lat. médiév. *correlatio*) Qualité de ce qui est corrélatif. ■ **Philos.** Rapport réciproque entre deux phénomènes qui varient en fonction de l'un ou de l'autre. ■ **Ling.** Ensemble de paires de phonèmes qui s'opposent les unes des autres par l'absence ou la présence d'une particularité phonique commune appelée *marque de corrélation. La corrélation relative au voisement des paires de phonèmes /p/ et /b/, /t/ et /d/, etc.* ■ **Math.** Quotient de la covariance par le produit des écarts-types. ♦ *Coefficient de corrélation,* mesure de la force de dépendance qui existe entre deux variables numériques. ■ **Log.** Liaison logique qui existe entre deux éléments. *Il y a corrélation entre la vitesse d'un véhicule et sa distance de freinage.*

CORRÉLATIONNEL, ELLE, ■ adj. [kɔrelasjɔnɛl] (*corrélation*) Relatif à la corrélation. *Une étude corrélationnelle.*

CORRÉLATIVEMENT, adv. [kɔrelativ(ə)mɑ̃] (*corrélatif*) D'une manière corrélative.

CORRÉLÉ, ÉE, ■ p. p. de corréler. [kɔrele] *Des phénomènes corrélés.*

CORRÉLER, ■ v. tr. [kɔrele] (*corrélation*) **Didact.** Mettre en corrélation deux éléments. *Corréler des fichiers informatiques.* ■ Être en corrélation avec quelque chose. *Des électrons corrélés.*

CORRESPONDANCE, n. f. [kɔrɛspɔ̃dɑ̃s] (*correspondre* ; lat. médiév. *correspondentia* attesté, accord mutuel) Échange de lettres. *Avoir une correspondance,* être en correspondance avec quelqu'un. ♦ Les lettres mêmes. *La correspondance de Voltaire.* ♦ Relations avec des personnes éloignées. *Entretenir des correspondances avec l'ennemi. Ce journal a d'excellentes correspondances.* ■ **Comm.** Rapport d'affaires entre négociants de pays différents. *Ce négociant a des correspondances dans toutes les villes de l'Europe.* ♦ Moyen de communication d'un lieu à un autre. *La correspondance entre ces deux villes a lieu par mer.* ♦ ▷ *Voiture de correspondance,* voiture qui prend les voyageurs amenés par les chemins de fer. ◁ ♦ Se dit aussi des autobus. *Prendre la correspondance.* ♦ *Billet ou bulletin de correspondance.* ♦ Conformité d'une chose à une autre. « *On trouvera une correspondance parfaite entre ces choses* », Pascal. ♦ **Peint.** et sculpt. Rapport naturel entre les diverses parties d'une figure. ♦ En parlant des personnes, réciprocité de sentiments. « *Ce n'est qu'une harmonie et une correspondance parfaite entre un père et un précepteur, qui peut assurer le succès d'une bonne éducation* », J.-J. Rousseau. ♦ *Par correspondance,* qui se fait au moyen de la correspondance. *Vente, enseignement par correspondance.* ■ **Log.** Lien logique entre un ensemble et d'autres ensembles. ■ *Théorie des correspondances,* théorie selon laquelle l'univers est composé d'une suite de règnes similaires dont chaque élément correspond à un élément d'un règne antérieur. ■ Moyen de transport qui assure la liaison avec un autre moyen de transport. *À la gare du Nord, prendre la correspondance jusqu'à la gare de Lyon.* ■ Station de métro comprenant plusieurs lignes qui se croisent.

1 **CORRESPONDANT, ANTE**, n. m. et n. f. [kɔrɛspɔ̃dɑ̃, ɑ̃t] (*correspondre*) Personne avec qui on entretient un commerce de lettres. *Avoir un correspondant allemand.* ♦ Personne qu'on a chargée de quelque affaire dans un lieu où l'on n'est pas, de laquelle on reçoit des informations régulières. ▷ Personne qui est chargée de pourvoir aux besoins d'un jeune homme éloigné de sa famille. ◁ ♦ Personne qui est en relation avec un corps savant. *Un correspondant de l'Académie.* ♦ Membre de l'Institut qui ne réside

pas à Paris. ■ Personne avec laquelle on est en relation téléphonique. *Votre correspondant est occupé, veuillez rappeler ultérieurement.* ■ Personne étrangère avec laquelle on entretient une correspondance épistolaire régulière et avec laquelle on peut procéder à des échange pour des séjours linguistiques dans les pays respectifs. *Accueillir son correspondant anglais.* ■ Dans la presse, journaliste chargé de donner, à un journal ou à une agence de presse, des nouvelles d'une ville, d'une région ou d'un pays éloigné dans lequel il vit. *Un correspondant spécial. Une correspondante permanente à Berlin.* ■ Personne chargée de surveiller un élève d'internat pendant ses sorties.

2 **CORRESPONDANT, ANTE**, adj. [kɔrɛspɔ̃dɑ̃, ɑ̃t] (*correspondre*) Qui se correspond. *Angles correspondants.* ♦ *Membre correspondant de l'Institut,* Voy. correspondant. ♦ Qui est en rapport, en relation de correspondance. *Une civilisation correspondante aux conditions de temps et de pays.*

CORRESPONDRE, v. intr. [kɔrɛspɔ̃dr] (lat. médiév. *correspondere,* s'harmoniser, payer de retour, rendre compte) Entretenir une correspondance, un commerce de lettres. ♦ Avoir des communications d'un lieu à un autre. ♦ Communiquer avec, en parlant des choses. *Cette chambre correspond à ou avec telle autre.* ♦ *Se correspondre,* communiquer l'un avec l'autre. ♦ **Fig.** Rendre sentiment pour sentiment, action pour action, etc. *Correspondre aux desseins de Dieu.* ♦ Être en rapport, en symétrie avec. ♦ **Par extens.** Se rapporter à, être en conformité avec. *Cet article correspond à tel autre.*

CORRIDA, ■ n. f. [kɔrida] (mot esp.) Course de taureaux. *Des corridas.* ■ **Fam.** Agitation. « *Tout devait se passer sans casse et je n'ai jamais vu pareille corrida* », Malet. ■ **Fam.** Bousculade. ■ **Fam.** Dispute.

CORRIDOR, n. m. [kɔridɔr] (ital. *corridore*) Allée le long des chambres ou des appartements d'une maison. ♦ Galerie qui tourne autour d'un bâtiment. ♦ **Géogr.** Petit territoire en forme de couloir entre deux états et qui est souvent le prolongement d'un autre état, lui permettant de communiquer vers l'extérieur. *Le corridor naturel appalachien au sud du Québec.*

CORRIGÉ, ÉE, p. p. de corriger. [kɔriʒe] N. m. *Corrigé,* la composition corrigée que le professeur communique aux écoliers, après qu'ils ont fait eux-mêmes le devoir. ■ *Une édition revue et corrigée.*

CORRIGEABLE, ■ adj. [kɔriʒabl] (*corriger*) Que l'on peut corriger. *Ce devoir est si sale qu'il n'est pas corrigeable. Un défaut corrigeable. Une scoliose corrigeable.*

CORRIGEANT, ANTE, adj. [kɔriʒɑ̃, ɑ̃t] (*corriger*) ▷ Qui corrige, qui aime à corriger. ◁

CORRIGER, v. tr. [kɔriʒe] (lat. *corrigere,* redresser) Ramener au bien ce qui est mal, à la règle ce qui s'en écarte, redresser. *On corrige les défauts d'une personne, et on corrige une personne de ses défauts.* ♦ Redresser ce qui est fautif ou défectueux. *Corriger un devoir, un livre.* ♦ **Impr.** *Corriger des épreuves,* indiquer par certains signes les fautes de composition ou les changements à faire, et aussi exécuter les corrections indiquées. ♦ Tempérer, adoucir le mélange de certaines substances. *On corrige la crudité de l'eau par un peu de vin.* ♦ **Fig.** Rectifier. *Il corrigea ce que ses paroles avaient de trop dur.* ♦ *Corriger la fortune,* se dit d'un joueur qui répare ses pertes en trichant avec adresse. ♦ Punir. *Corriger un enfant.* ♦ **Se corriger,** v. pr. Amender en soi ce qui est mal. « *Il coûte moins à certains hommes de s'enrichir de mille vertus que de se corriger d'un seul défaut* », La Bruyère. ♦ Se rectifier l'un à l'autre, réciproquement. ♦ Être corrigé, en parlant des choses. *Les vices de l'esprit peuvent se corriger.* ♦ Être tempéré, adouci. *L'acidité du citron se corrige par le sucre.* ♦ **V. tr.** Appliquer une sanction par châtiment corporel, battre. *Corriger un prisonnier rebelle.*

CORRIGIBLE, adj. [kɔriʒibl] (*corriger*) Qui peut être corrigé, en parlant des personnes. ♦ Qui peut recevoir une émendation, une correction. *Ce texte n'est pas corrigible sans manuscrit.*

CORROBORANT, ANTE, adj. [kɔrɔbɔrɑ̃, ɑ̃t] (*corroborer*) Qui corrobore, qui fortifie. ♦ **Méd.** *Moyens corroborants,* les moyens qui, suffisamment prolongés, ont la vertu d'augmenter la force de la constitution. ♦ N. m. *Un corroborant.*

CORROBORATIF, IVE, adj. [kɔrɔbɔratif, iv] (*corroborer*) Qui a la vertu de corroborer. *Un moyen corroboratif* et n. m. *Un corroboratif.* ♦ **Gramm.** Qui ajoute quelque force à l'expression.

CORROBORATION, n. f. [kɔrɔbɔrasjɔ̃] (b. lat. *corroboratio*) Action de corroborer, d'affirmer, état de ce qui est corroboré.

CORROBORÉ, ÉE, p. p. de corroborer. [kɔrɔbɔre] *Un fait corroboré.*

CORROBORER, v. tr. [kɔrɔbɔre] (lat. *corroborare,* fortifier) ▷ **Méd.** Donner de la force, du ton. ◁ ♦ **Absol.** *Il faut donner à cet enfant tout ce qui corrobore.* ♦ En général, donner appui, force. *Ces faits corroborent mon système.*

CORRODANT, ANTE, adj. [kɔrɔdɑ̃, ɑ̃t] (*corroder*) Qui corrode. ♦ N. m. *Les corrodants. L'eau-forte est un corrodant.*

CORRODÉ, ÉE, p. p. de corroder. [kɔʀode]

CORRODER, v. tr. [kɔʀode] (lat. *corrodere*) Ronger, faire des trous, des entamures par une action chimique. *La rouille corrode le fer.* ◆ Se corroder, v. pr. Être rongé. ■ **Fig.** *La haine corrode l'âme.* ■ **Fig.** Endommager ; miner. *L'angoisse corrode l'état mental d'une personne.*

CORROI, n. m. [kɔʀwa] (*corroyer*) ▷ Façon que le corroyeur donne au cuir. ◆ Épaisseur de terre glaise qui sert à retenir les eaux des fontaines, des réservoirs, etc. ◁

CORROIERIE, n. f. [kɔʀwaʀi] (*corroyer*) Atelier, art du corroyeur.

CORROMPRE, v. tr. [kɔʀɔ̃pʀ] (lat. *corrumpere*, supin *corruptum*, mettre en pièces) Rompre l'ensemble, et par suite gâter, détruire. « *Arsanes mit le feu partout et corrompit tout ce qui pouvait servir à l'usage des hommes* », VAUGELAS. ◆ **Fig.** *Corrompre la joie.* « *Fi du plaisir que la crainte peut corrompre !* », LA FONTAINE. ◆ Gâter par décomposition putride. *La décomposition de substances organiques corrompt les eaux.* ◆ Dépraver. *Corrompre les mœurs.* ◆ Altérer, modifier en mal, en parlant de la langue, du goût, etc. *La lecture de mauvais auteurs corrompt le goût. Corrompre une langue, un texte.* ◆ **Fig.** Gagner quelqu'un par dons ou promesses. *Corrompre ses juges, des témoins.* ◆ **Absol.** « *Philippe savait diviser pour réduire et corrompre pour asservir* », MARMONTEL. ◆ Se corrompre, v. pr. Se putréfier. ◆ Se dépraver, s'altérer. *Les mœurs, la langue se corrompent.* ■ **Inform.** Attaquer un fichier, un système informatique, en parlant d'un virus.

CORROMPU, UE, p. p. de corrompre. [kɔʀɔ̃py] ▷ En décomposition. *Une viande corrompue.* ◁ ■ Qui est dépravé. *Une jeunesse corrompue.* ■ Que l'on a soudoyé. *Un juge corrompu.*

CORROSIF, IVE, adj. [kɔʀozif, iv] (*corrodere*, supin *corrosum*, ronger) lat. médiév. *corrosivus* attesté) Qui corrode. *Substances corrosives*, substances qui, mises en contact avec les parties vivantes, les désorganisent peu à peu. ◆ **N. m.** *les corrosifs. Le nitrate d'argent est un puissant corrosif.* ◆ **Fig.** *La parole corrosive de ce calomniateur.*

CORROSION, n. f. [kɔʀozjɔ̃] (b. lat. *corrosio*) Action, effet de ce qui est corrosif. *La corrosion de l'estomac par l'arsenic.* ◆ **Par extens. Géol.** Se dit de l'effet des eaux sur leurs rivages.

CORROYAGE, n. m. [kɔʀwajaʒ] (*corroyer*) Art du corroyeur ; dernière préparation que le corroyeur donne au cuir pour l'assouplir. ◆ Souder ensemble à la forge deux barres ou lames d'acier. *Le corroyage est généralement pratiqué avant de soumettre les barres métalliques à un nouveau laminage ou étirage.* ■ **Techn.** Opération d'usinage consistant à dégrossir et raboter le bois avant de le façonner. *Le corroyage permet de donner au bois une forme parfaitement géométrique et lisse.*

CORROYÉ, ÉE, p. p. de corroyer. [kɔʀwaje]

CORROYER, v. tr. [kɔʀwaje] (anc. fr. *conreer*, préparer le corps d'un défunt, du lat. pop. *conredare*, du goth. *garedan*, pourvoir) Préparer le cuir pour les divers usages auxquels il est destiné. ◆ *Corroyer du bois*, le dégrossir extérieurement. ◆ *Corroyer du fer*, le battre à chaud ; souder ensemble plusieurs tiges au marteau. ◆ ▷ Pétrir soigneusement le sable, la chaux, etc. avec de l'eau, pour en faire du meilleur mortier ; ou battre de la terre glaise pour en faire un corroi. ◁ ◆ ▷ *Corroyer un canal, un bassin*, le garnir d'un corroi. ◁

CORROYEUR, EUSE, n. m. et n. f. [kɔʀwajœʀ, øz] (*corroyer*) Personne qui corroie les cuirs.

CORRUPTEUR, TRICE, n. m. et n. f. [kɔʀyptœʀ, tʀis] (lat. *corruptor*) Personne qui corrompt les mœurs, l'esprit ou le goût. ◆ Personne qui par dons ou promesses détourne quelqu'un de son devoir. *Les corrupteurs de témoins.* ◆ Personne qui altère un texte. ◆ **Adj.** *Une doctrine corruptrice. Présents corrupteurs.*

CORRUPTIBILITÉ, n. f. [kɔʀyptibilite] (lat. chrét. *corruptibilitas*) État, nature de ce qui est corruptible.

CORRUPTIBLE, adj. [kɔʀyptibl] (b. lat. et lat. chrét. *corruptibilis*) Qui est sujet à corruption, qui se décompose. *Matière corruptible.* ◆ Qu'on peut corrompre, en parlant des personnes. *Un homme corruptible.*

CORRUPTIF, IVE, adj. [kɔʀyptif, iv] (lat. chrét. *corruptivus*) Qui a la propriété de corrompre.

CORRUPTION, n. f. [kɔʀypsjɔ̃] (lat. *corruptio*, altération, séduction) Rupture d'un ensemble, altération en général. « *Les uns ont considéré la comédie dans sa pureté, lorsque les autres l'ont regardée dans sa corruption* », MOLIÈRE. ◆ Altération dans un texte. ◆ Altération du langage, du goût. *La corruption du latin.* ◆ **Par extens.** *Ce mot est formé de tel autre par corruption.* ◆ Décomposition putride. *La corruption de la viande, de l'air.* ◆ **Fig.** Dépravation. *La corruption des mœurs, du siècle.* ◆ Au sens actif, moyen qu'on emploie pour déterminer quelqu'un à agir contre son devoir et la justice. *La corruption d'un témoin par l'accusé.* ◆ Au sens passif. *Ce juge est soupçonné de corruption*, d'avoir été corrompu. ◆ **Dr.** Crime du fonctionnaire qui trafique de son autorité, et crime de ceux qui cherchent à le corrompre.

1 CORS, n. m. pl. [kɔʀ] (anc. fr. *cor(n)*, du lat. *cornu*, corne) Syn. d'andouillers ou chevilles sortant de la corne du cerf. *Un cerf de dix cors*, et plus ordinairement *un cerf dix cors*, est celui qui a dix de ces chevilles, cinq de chaque côté. Voy. COR. ◆ *Un cors*, Voy. JEUNEMENT.

2 CORS, ■ n. m. pl. [kɔʀ] (lat. *cornu*) Ramification des bois des cerfs. *Le cerf adulte possède cinq cors sur chaque bois, on le nomme alors dix-cors.*

CORSAGE, n. m. [kɔʀsaʒ] (*corser*) La taille ou le buste, depuis les hanches jusqu'aux épaules. « *Achille était haut de corsage* », MALHERBE. ◆ ▷ Il se dit aussi du cerf, du lévrier, du cheval, etc. *Ce cheval a un beau corsage.* ◁ ◆ *Le corsage d'une robe*, la partie qui embrasse le corsage. ■ Chemisier de femme. *Un corsage en soie.*

CORSAIRE, n. m. [kɔʀsɛʀ] (provenç. *corsari*, de ital. *corsaro*, du lat. *cursus*, cours) ▷ Vaisseau armé en course par des particuliers, mais avec l'autorisation du gouvernement. ◁ ◆ ▷ S'est dit des vaisseaux équipés dans les pays barbaresques, et qui faisaient en tout temps la course contre les chrétiens ◁ ◆ **Adj.** *Capitaine corsaire.* ◆ **N. m.** Les hommes qui montent ces vaisseaux de course. ◆ **Fig.** Homme dur, impitoyable par cupidité. « *Endurcis-toi le cœur, sois arabe, corsaire* », BOILEAU. ◆ Épervier. ◆ **Prov.** *À corsaire, corsaire et demi*, envers un homme agressif, difficile, on se montre encore plus agressif, plus difficile. ◆ *Pantalon corsaire* ou *corsaire*, pantalon de femme, très ajusté, descendant jusqu'à mi-mollet.

CORSE, ■ adj. [kɔʀs] (*Corse*) Relatif à la Corse. *Du fromage corse.* ■ **N. m.** et n. f. Habitant de la Corse. *Les Corses.* ■ **N. m.** *Le corse*, dialecte italo-roman parlé en Corse et au nord de la Sardaigne.

CORSÉ, ÉE, adj. [kɔʀse] (*corser*) Qui a du corps, de la solidité, de la consistance. *Drap très épais. Vin corsé*, vin qui a de la force. ◆ Dans le langage vulgaire, *repas corsé*, repas abondant. ◆ Qui est fort au goût, très épicé. *Une sauce corsée.* ■ **Fig.** Qui présente de nombreuses difficultés, compliqué. *Un problème corsé.* ■ **Fam.** Dont le montant est jugé exagéré. *Une note corsée.*

CORSELET, n. m. [kɔʀsəlɛ] (anc. fr. *cors*, corps, buste) ▷ Léger corps de cuirasse. ◁ ◆ ▷ Petite cuirasse que portaient les piquiers. ◁ ◆ **Hist. nat.** La partie du corps des insectes qui correspond au thorax des vertébrés. ■ **Par extens.** *Le corselet d'une écrevisse, d'un homard.* ■ Pièce de vêtement féminin folklorique couvrant le buste que l'on lace sur le devant ou dans le dos. ■ REM. On écrivait aussi *corcelet.*

CORSER, ■ v. tr. [kɔʀse] (anc. fr. *cors*, corps) Donner du corps à quelque chose. *Corser un vin par ajout d'alcool.* ◆ Épicer un plat pour le relever davantage. *Corser un ragoût par adjonction de piments rouges.* ■ **Fig.** Intensifier l'intérêt d'une intrigue, d'un propos. *Corser l'intrigue d'une pièce de théâtre.* ■ Se corser, v. pr. Rendre compliqué, plus complexe. *La suite de mon histoire se corse.*

CORSET, n. m. [kɔʀsɛ] (anc. fr. *cors*, corps, buste) ▷ Espèce de corsage baleiné lacé, que les femmes portent en dessous de leurs robes, et qui enveloppe, serre la taille et suit les formes du buste. *Mettre son corset.* ◁ ◆ Le corps d'une cotte villageoise. ◆ *Corset médical*, appareil servant à immobiliser tout ou partie du buste dans un but thérapeutique. ■ Partie de costume folklorique que l'on superpose à une chemise et que l'on resserre à l'aide de lacets. *Un corset de velours.* ■ **Par extens.** *Corset de fer*, quelque chose qui oppresse. *Les remboursements qui enferment les finances publiques dans un corset de fer.* ■ Pièce métallique enserrant le moule d'une cloche.

CORSETÉ, ÉE, ■ p. p. de corseter. [kɔʀsəte] Rigide, guindé. « *Pendant quatre heures, ce rôle corseté de prince du mal : je suis flapi* », SARTRE.

CORSETER, ■ v. tr. [kɔʀsəte] (*corset*) Vx Se vêtir d'un corset. ■ Serrer un corset. ■ **Par extens. et fig.** Enfermer dans un cadre. *Corseter des dépenses.*

CORSETIER, IÈRE, n. m. et n. f. [kɔʀsətje, jɛʀ] (*corset*) Personne qui fait et vend des corsets. ◆ **Adj.** *Une apprentie corsetière.*

CORSIN, n. m. [kɔʀsɛ̃] (provenç. *chaorcin*, usurier de *Caorsa* en Piémont) ▷ Usurier, négociant en argent. Usité seulement dans cette locution : *Enlever quelqu'un comme un corsin* (écrit d'ordinaire et à tort *corps saint*), l'enlever de vive force, sans qu'il ait le moyen de résister.

CORSO, ■ n. m. [kɔʀso] (ital. *corso*, cours, avenue) Cortège de chars qui défilent dans les rues à l'occasion d'une fête. *Des défilés de corsos fleuris à thèmes.*

CORTÈGE, n. m. [kɔʀtɛʒ] (ital. *corteggio*, de *corte*, cour) Suite de personnes qui en accompagnent une autre pour lui faire honneur dans une cérémonie. ◆ Réunion de personnes qui marchent en cérémonie. ◆ **Par extens.** Toute suite nombreuse de personnes. *Un cortège nombreux d'amis.* ◆ **Poétiq.** *La nuit, avec son cortège d'étoiles.* ◆ **Fig.** *Les infirmités sont le cortège de la vieillesse.*

CORTÈS, n. f. pl. [kɔʀtɛs] (esp. *cortes*, les cours) Assemblée représentative en Espagne et en Portugal. ■ En Espagne, parlement constitué de deux chambres. *Le pouvoir législatif espagnol est exercé par les cortès générales (le*

Parlement), composées de deux chambres élues pour quatre ans : le Congrès des députés et le Sénat.

CORTEX, ■ n. m. [kɔʀtɛks] (lat. *cortex,* écorce) **Anat.** Substance grise des hémisphères cérébraux. *Cortex cérébral,* écorce du cerveau dans laquelle l'information reçue est triée et interprétée. ■ Couche supérieure de certains organes. *Cortex surrénal.* ■ *Cortex visuel,* région du cortex située à l'arrière du cerveau qui reçoit et interprète les messages nerveux provenant des yeux.

CORTICAL, ALE, adj. [kɔʀtikal] (lat. *cortex,* génit. *corticis*) **Bot.** Qui appartient à l'écorce. *Couches corticales. Pores corticaux.* ♦ *Substance corticale du cerveau,* substance externe et grise, qui enveloppe la substance blanche, dite médullaire.

CORTICOÏDE, ■ n. m. [kɔʀtikoid] (lat. *cortex* et *-oïde*) **Biol.** Hormone sécrétée par le cortex situé au-dessus des reins. *Le cortex surrénal sécrète le corticoïde.* ■ **Chim.** Dérivé ou succédané de cette hormone. ■ REM. On dit aussi *corticostéroïde.*

CORTICOSTÉROÏDE, ■ n. m. [kɔʀtikosteroid] Voy. CORTICOÏDE.

CORTICOSTIMULINE, ■ n. f. [kɔʀtikostimylin] (*cortex* et *stimulus*) **Méd.** Hormone qui stimule l'activité de la glande corticosurrénale. *La corticostimuline est sécrétée, en fonction des informations reçues par le système nerveux central, pour stimuler la sécrétion d'autres hormones et en particulier le cortisol.*

CORTICOSURRÉNAL, ALE, ■ adj. [kɔʀtikosyʀʀenal] (*cortex* et *surrénal*) Qui concerne le cortex surrénal. *Hormones, glandes corticosurrénales. Des problèmes corticosurrénaux.* ■ N. f. Enveloppe de la glande surrénale.

CORTICOTHÉRAPIE, ■ n. f. [kɔʀtikoteʀapi] (*cortex* et *thérapie*) **Méd.** Traitement médical utilisant des hormones corticosurrénales. *La corticothérapie est souvent indiquée dans les cas d'asthme aigu.*

CORTINAIRE, ■ n. m. [kɔʀtinɛʀ] (*cortine*) Espèce de champignon à chapeau globuleux brun roux, à lames larges et épaisses, à chair blanche épaisse et ferme, que l'on trouve abondamment dans les bois. *Les cortinaires sont des champignons comestibles.*

CORTINE, ■ n. f. [kɔʀtin] (lat. *cortina,* vase rond) Voile fin constitué de filaments et tendu entre le pied et la marge du chapeau de certains champignons. *Chez certains champignons, la cortine disparaît à l'âge adulte en ne laissant qu'une trace légère dans la partie supérieure du pied.*

CORTISOL, ■ n. m. [kɔʀtizɔl] (*cortex* et *-ol*) **Biol.** Hormone sécrétée par la glande surrénale et intervenant principalement dans la réponse aux états de fatigue physique ou psychique. *En excès, le cortisol peut favoriser des infections.*

CORTISONE, ■ n. f. [kɔʀtizɔn] (mot angl. formé de *cortico-stérone*) Hormone anti-inflammatoire et antiallergique produite par des glandes situées au-dessus des reins.

CORTON, ■ n. m. [kɔʀtɔ̃] (*Aloxe-Corton,* commune de la Côte-d'Or) Vin rouge de Bourgogne de grande renommée. *Le corton est un vin puissant, corsé, avec des arômes de violette qui peuvent se développer pendant des années.*

CORUSCANT, ANTE, ■ adj. [kɔʀyskɑ̃, ɑ̃t] (lat. *coruscans,* partic. de *coruscare,* s'agiter, étinceler) **Litt.** Qui brille d'un éclat étincelant. *Une orfèvrerie coruscante.* ■ N. m. « *Le côté frappant de cette exposition, c'est l'introduction dans la peinture de tout ce brillant, de tout le cliquetant, de tout le coruscant du bric-à-brac* », GONCOURT.

CORUSCATION, n. f. [kɔʀyskasjɔ̃] (b. lat. *coruscatio,* fulguration) **Phys.** Vif éclat de lumière.

CORVÉABLE, adj. [kɔʀveabl] (lat. médiév. *corveabilis,* de *corvea,* corvée) Qui est sujet aux corvées. *La gent corvéable.* ■ N. m. et n. f. *Les corvéables.*

CORVÉE, n. f. [kɔʀve] (b. lat. *corvada,* du lat. *corrogata opera,* travail auquel il est demandé de prendre part) **Féod.** Journée de travail gratuit que les vassaux devaient à leur seigneur. ■ ▷ Aujourd'hui, prestation de travail personnel pour l'entretien des chemins. ◁ ♦ **Milit.** Travaux que font tour à tour les hommes d'une compagnie. *Cent hommes de corvée.* ♦ Nom que les ouvriers donnent à de petits travaux qu'ils vont faire en ville. ♦ **Par extens.** Travail obligé et gratuit ; chose qu'on est requis ou prié de faire, et qui est une charge. ■ **Canada** Travail ou effort ponctuel entre amis.

CORVETTE, n. f. [kɔʀvɛt] (du néerl. *corf,* bateau de pêche, du lat. *corbis,* panier ; p.-ê. par intermédiaire de moy. fr. *corbe*) **Mar.** Bâtiment de guerre entre le brick et la frégate. ■ **Mar.** Petit navire d'escorte utilisé dans la lutte anti-sous-marine pendant la Seconde Guerre mondiale.

CORVIDÉ, ■ n. m. [kɔʀvide] (lat. *corvus,* corbeau) Oiseau de taille moyenne dont le corbeau et la pie sont le type. *Les corvidés ont la réputation d'être des oiseaux très intelligents.*

CORYBANTE, n. m. [kɔʀibɑ̃t] (gr. *korubas,* génit. *korubantos*) **Antiq.** Nom des prêtres de la déesse Cybèle, très fameux dans l'ancien paganisme pour certaines dévotions violentes.

CORYMBE, n. m. [kɔʀɛ̃b] (lat. *corymbus,* grappe de lierre, gr. *korumbos,* extrémité, sommet, grappe de fruits) **Bot.** Assemblage de fleurs ou de fruits qui, bien que les rameaux ou pédoncules naissent de divers points de la tige, s'élèvent au même niveau. *La fleur du lierre est en corymbe.*

CORYMBÉ, ÉE ou **CORYMBEUX, EUSE**, adj. [kɔʀɛ̃be, kɔʀɛ̃bø, øz] (*corymbe*) Qui est disposé en corymbe.

CORYMBIFÈRE, adj. [kɔʀɛ̃bifɛʀ] (*corymbe* et *-fère* ; lat. poétiq. *corymbifer* signifiant couronné de grappes de lierre) Qui porte sa fleur en corymbe. ♦ N. f. pl. Famille de plantes à fleurs composées.

CORYPHÉE, n. m. [kɔʀife] (lat. *coryphæus,* du gr. *koruphaios,* de *koruphê,* sommet de la tête) **Antiq.** Personne qui dirigeait les chœurs dans les pièces du théâtre grec. ♦ Chef des chœurs dans nos opéras ; personne qui chante à la fois les chœurs et les solos qui s'y trouvent. ♦ Chef des chœurs de danseurs ou de danseuses dans les ballets. ♦ **Fig.** Personne qui se distingue le plus, qui est au premier rang. *Pétrarque était le coryphée des poètes de son siècle.*

CORYZA, n. m. [kɔʀiza] (gr. *koruza,* écoulement nasal) **Méd.** Inflammation catarrhale de la membrane muqueuse des fosses nasales, dite vulgairement rhume de cerveau. ♦ *Coryza dans l'espèce chevaline. Coryza des bêtes ovines,* morve des moutons. *Coryza des porcs,* dit aussi ronflement.

1 COS, ■ n. m. [seoɛs] (sigle de *coefficient d'occupation des sols*) Coefficient qui fixe le nombre de m² de surface nette pouvant être construite sur un terrain donné. *Le COS est fixé dans le plan d'occupation des sols (POS).*

2 COS, ■ n. m. [seoɛs] (sigle de *complément d'objet second*) **Gramm.** Mot ou groupe de mots qui se joint au verbe sans préposition pour en compléter le sens. *Dans nous aiderons le stagiaire à prendre sa décision, le stagiaire est COD du verbe aiderons,* et *à prendre une décision en est le COS.*

COSAQUE, n. m. [kozak] (pol. et ukrain. *kozak,* du turc *quzzak,* aventurier) Homme appartenant à un peuple de l'Ukraine qui fournit à la Russie une cavalerie irrégulière [1]. ♦ **Fig.** et **fam.** Un homme brutal et dur [2]. ♦ N. f. *La cosaque,* sorte de danse imitée de la manière de danser des cosaques. ♦ Adj. *Une tribu cosaque.* ■ *À la cosaque,* durement, brutalement [3]. ■ REM. 1 : Les Cosaques ont servi l'armée russe jusqu'à la fin de la Seconde Guerre mondiale. ■ REM. 2 : A une valeur discriminative dans ce sens. ■ REM. 3 : Cette expression a une connotation discriminative.

COSÉCANTE, n. f. [kosekɑ̃t] (*co-* et *sécante*) **Géom.** La sécante du complément d'un angle.

COSEIGNEUR, n. m. [kosɛɲœʀ] ou [kosɛɲœʀ] (*co-* et *seigneur*) Individu qui possédait un fief avec un autre.

COSIGNATAIRE, ■ n. m. et n. f. [kosiɲatɛʀ] ou [kosiɲatɛʀ] (*co-* et *signataire*) Personne qui signe un document en même temps que d'autres personnes. *Les cosignataires d'une pétition.* ■ Adj. *Des présidents cosignataires.*

COSIGNER, ■ v. tr. [kosiɲe] ou [kosiɲe] (*co-* et *signer*) Signer un document avec d'autres personnes. *Cosigner un formulaire.*

COSINUS, n. m. [kosinys] (*co-* et *sinus*) **Géom.** Le sinus du complément d'un angle.

1 COSMÉTIQUE, adj. [kɔsmetik] (gr. *kosmêtikos,* de *kosmein,* orner, parer) Propre à embellir la peau, à entretenir les dents, les cheveux, les mains. *Préparations cosmétiques.* ♦ N. m. *Les cosmétiques,* nom donné aux pommades, aux eaux de senteur, aux savons parfumés et à différentes préparations pour la toilette et la beauté.

2 COSMÉTIQUE, n. f. [kɔsmetik] (gr. *kosmêtikê tekhnê,* art de la parure) La partie de l'hygiène qui enseigne à faire usage des cosmétiques. ■ REM. On dit auj. *cosmétologie.* ■ COSMÉTIQUER, v. tr. [kɔsmetike]

COSMÉTOLOGIE, ■ n. f. [kɔsmetolɔʒi] (radic. de *cosmétique* et *-logie*) Étude de la fabrication et de l'usage des produits cosmétiques. *Un laboratoire de cosmétologie marine.* ■ COSMÉTOLOGUE, n. m. et n. f. [kɔsmetolɔg] Spécialiste en cosmétologie.

COSMIQUE, adj. [kɔsmik] (gr. *kosmikos,* qui concerne l'univers) Qui appartient à l'ensemble de l'univers. *Les espaces cosmiques. Corps cosmique,* corps qui roule dans l'espace à la façon des planètes ou des comètes. *Matière cosmique,* matière dont se forment les mondes. ♦ *Lever, coucher cosmique d'une étoile,* se dit quand une étoile se lève ou se couche avec le soleil levant, par opposition à acronyque. ■ **Phys.** *Rayonnement cosmique,* rayonnement ionisant venu du cosmos comprenant des particules de très haute énergie et des particules engendrées par l'interaction des particules de haute énergie avec les hautes couches de l'atmosphère.

COSMODROME, ■ n. m. [kɔsmodʀom] (*cosmo-* et *-drome*) Base de lancement de véhicules spatiaux et de satellites artificiels, généralement en Russie. *Le cosmodrome de Baïkonour.*

COSMOGONIE, ■ n. f. [kɔsmogoni] (gr. *kosmogonia,* création du monde) Description hypothétique de la manière dont l'univers ou un monde en particulier a été formé. ◆ Idée que se firent de l'origine du monde les anciens poètes et les sages de la Grèce.

COSMOGONIQUE, adj. [kɔsmɔgɔnik] (*cosmogonie*) Qui se rapporte à la cosmogonie. *Le système cosmogonique de Buffon.*

COSMOGRAPHE, n. m. [kɔsmɔgraf] (b. lat. *cosmographus*, gr. tard. *cosmographos*, géographe) Personne qui traite de la cosmographie.

COSMOGRAPHIE, n. f. [kɔsmɔgrafi] (b. lat. *cosmographia*, du gr. *kosmographia*) Description astronomique du monde ou astronomie descriptive.

COSMOGRAPHIQUE, adj. [kɔsmɔgrafik] (*cosmographie*) Qui se rapporte à la cosmographie.

COSMOLOGIE, n. f. [kɔsmɔlɔʒi] (*cosmo-* et *-logie*) Science des lois générales qui gouvernent le monde physique.

COSMOLOGIQUE, adj. [kɔsmɔlɔʒik] (*cosmologie*) Qui se rapporte à la cosmologie.

COSMOLOGISTE, ■ n. m. et n. f. [kɔsmɔlɔʒist] (*cosmologie*) Personne qui traite de la cosmologie. *Les cosmologistes sont des physiciens ayant une formation de mathématiciens ou d'astronomes et s'étant spécialisés en cosmologie.* ■ Rem. On dit aussi *cosmologue.*

COSMOLOGUE, ■ n. m. et n. f. [kɔsmɔlɔg] Voy. COSMOLOGISTE.

COSMONAUTE, ■ n. m. et n. f. [kɔsmɔnot] (*cosmo-* et *-naute*) Pilote ou passager d'un véhicule spatial soviétique, et par extens. de tout véhicule spatial.

COSMOPOLITE, n. m. [kɔsmɔpɔlit] (gr. *kosmopolitēs*, citoyen du monde) Personne qui se considère comme citoyenne de l'univers. ◆ Par extens. Personne qui vit tantôt dans un pays, tantôt dans un autre ; qui adopte facilement les usages des divers pays. ◆ Adj. *Un philosophe, une existence cosmopolite.* ■ Qui accueille des personnes de différentes nationalités. *Une ville, une assemblée cosmopolite.* ■ Écol. Se dit d'une espèce vivante répandue dans le monde entier. *Une espèce cosmopolite.*

COSMOPOLITISME, n. m. [kɔsmɔpɔlitism] (*cosmopolite*) Disposition d'esprit qui fait qu'on trouve une patrie aussi bien ailleurs que dans son propre pays. ◆ Disposition opposée à l'esprit de patriotisme exclusif. ■ Écol. Caractère d'une espèce vivante répandue dans le monde entier.

COSMOS, ■ n. m. [kɔsmɔs] (gr. *kosmos*, bon ordre, monde, univers) **Philos.** L'Univers considéré comme un tout organisé. ■ L'espace extraterrestre. *Voyage dans le cosmos.*

COSSARD, ARDE, ■ n. m. et n. f. ou adj. [kɔsar, ard] (orig. inc. : de *cossu*, assez riche pour ne pas travailler) **Fam.** Personne paresseuse. *Il dort tout le temps, c'est un vrai cossard !*

1 **COSSE**, n. f. [kɔs] (lat. pop. *coccia*, coque, de *cochlea*, escargot) Enveloppe de certaines graines légumineuses. *Cosse de pois. Des pois en cosse.* ◆ Fruit de quelques arbustes. *Une cosse de genêt.*

2 **COSSE**, ■ n. f. [kɔs] (flam. *schosse*) **Électr.** Anneau conducteur qui sert à connecter. *Les cosses d'une batterie.*

3 **COSSE**, ■ n. f. [kɔs] (de *cossard*) **Fam.** Paresse.

COSSER, v. intr. [kɔse] (ital. *cozzare*) Se heurter la tête l'un contre l'autre, en parlant des béliers.

COSSETTE, ■ n. f. [kɔsɛt] (1 *cosse*) Petite cosse. ■ Techn. Racine de plante comestible coupée en lamelles ou en morceaux en vue d'un traitement ultérieur. *Réduire des cossettes d'ignames en farine. Traitement des cossettes de betterave dans la fabrication du sucre.*

1 **COSSON**, n. m. [kɔsɔ̃] (lat. *cossus*, ver du bois) Genre de coléoptères qui vivent sous l'écorce des arbres.

2 **COSSON**, n. m. [kɔsɔ̃] (anc. fr. *acorcier*, raccourcir, de *cort*, court) Le nouveau sarment que donne la vigne après qu'on l'a taillée.

COSSU, UE, adj. [kɔsy] (*cosse*) ▷ Qui a beaucoup de cosses, en parlant des tiges de pois, de fèves. ◁ ◆ Fig. et pop. Riche. *Un homme cossu. Une toilette cossue.* ■ Qui montre une certaine aisance, une opulence. *Une famille cossue.*

COSSUS, ■ n. m. [kɔsys] (lat. scient. *cossus*) Grand papillon nocturne à ailes grisâtres ou brunes, au corps massif et recouvert de poils, et dont la chenille se nourrit de bois. *Le cossus est communément appelé gâte-bois.*

COSTAL, ALE, adj. [kɔstal] (b. lat. *costalis*, de *costa*, côte) **Anat.** Qui appartient aux côtes. *Nerfs costaux.*

COSTARD, ■ n. m. [kɔstar] (radic de *costume*) **Fam.** Costume d'homme, complet. ■ Fig. *Tailler un costard à quelqu'un*, en parler en mal en son absence.

COSTARICAIN, AINE, ■ adj. [kɔstarikɛ̃, ɛn] (*Costa Rica*) Relatif au Costa Rica. *Du café costaricain.* ■ N. m. et n. f. Habitant du Costa Rica. *Des Costaricaines.*

COSTAUD, AUDE, ■ adj. [kɔsto, od] (provenç. *costo*, côte : qui a de fortes côtes, vigoureux) **Fam.** Qui est de très bonne constitution physique, fort, robuste. *Un homme costaud.* ■ Qui est solide, résistant. *Un tissu costaud.* ■ Qui est corsé. *Un alcool costaud.* ■ N. m. et n. f. *Un costaud, une costaude.*

COSTIÈRE, ■ n. f. [kɔstjɛr] (anc. fr. *costiere*, côté) **Techn.** Rainure dissimulée dans le plancher de scène, correspondant à des rails et qui permet de manœuvrer des chariots portant les châssis pendant les changements de décor.

COSTUME, n. m. [kɔstym] (ital. *costume* ; XVIIᵉ s.) ▷ Vérité de coutumes, mœurs, usages, qui se reproduite par les poètes, les écrivains ou les artistes. *C'est la fidélité au costume qui fait le mérite des compositions de ce poète.* ◁ ◆ ▷ Peint. Fidélité à reproduire les édifices, les meubles, les armes d'un temps. *Observer le costume.* ◁ ■ Manière de se vêtir dans un pays, à une époque. *Le costume français.* ■ Habillement spécial ou de cérémonie. *Costume de bal, de théâtre, de carnaval.* ■ Vêtement d'homme constitué d'un pantalon et d'une veste assortis. *Un costume de lin.* ■ En costume d'Adam, d'Ève, complètement nu.

COSTUMÉ, ÉE, p. p. de costumer. [kɔstyme] *Bal costumé*, bal où les danseurs et assistants portent des travestissements.

COSTUMER, v. tr. [kɔstyme] (*costume*) Revêtir d'un certain costume. *Elle avait costumé sa fille en bergère.* ◆ ▷ Peint. *Ce peintre costume bien ses personnages.* ◁ ■ Se costumer, v. pr. *Cet acteur se costume bien. Il s'est costumé en lapin pour la soirée déguisée.*

COSTUMIER, IÈRE, ■ n. m. et n. f. [kɔstymje, jɛr] (*costume*) Personne qui vend ou qui loue des costumes de théâtre, de bal. ◆ Personne qui a la garde des costumes dans un théâtre.

1 **COSY**, ■ adj. inv. [kozi] (mot angl.) Confortable, douillet. *Un intérieur de maison cosy.*

2 **COSY** ou **COSY-CORNER**, ■ n. m. [kozi, kozikɔrnɛr] (mot angl.) **Vx** Ensemble constitué d'un divan encastré dans un meuble d'angle formé d'étagères. *Des cosys, des cosy-corners.*

COTABLE, ■ adj. [kɔtabl] (*coter*) **Financ.** Que l'on peut coter en bourse. *Des sociétés cotables.*

COTANGENTE, n. f. [kɔtɑ̃ʒɑ̃t] (*co-* et *tangente*) **Géom.** La tangente du complément d'un angle.

COTATION, ■ n. f. [kɔtasjɔ̃] (*coter*) **Financ.** Détermination du prix d'une transaction. ■ Inscription du montant de la valeur boursière d'une action. ■ Comm. Calcul d'un prix pour le fret. *Une cotation de fret.*

COTE, n. f. [kɔt] (lat. médiév. *quota pars*, part qui revient à chacun, interrog. lat. *quotus* signifiant : en quel nombre ?) La part imposée à chaque contribuable. *Cote mobilière, foncière.* ◆ *Cote mal taillée*, arrêté de compte approximatif (locution prise de l'usage de marquer ce qui est à payer sur un morceau de bois auquel on fait une entaille). ◆ Indication du prix des effets publics, des valeurs de bourse, du change, etc. ◆ Marque alphabétique ou numérale servant à classer chaque pièce d'un procès ou d'un dossier. ■ Chiffre qui dans les nivellements indique les différences de niveau. ■ Appréciation que l'opinion publique porte à une personnalité politique. *La cote du Premier ministre est en hausse, en baisse.* ■ Fam. *Avoir la cote auprès de quelqu'un*, en être bien vu. ■ Estimation d'un prix ou d'une valeur. *La cote d'un cheval.*

COTÉ, ÉE, p. p. de coter. [kɔte] Marqué d'une cote. *Un artiste coté.* ■ *Coté en Bourse*, qui est enregistré officiellement à la Bourse des valeurs. ■ *Véhicule coté à l'Argus*, dont la valeur est évaluée par l'Argus.

CÔTE, n. f. [kot] (lat. *costa*) Os plat et courbé, situé obliquement sur les parties latérales de la poitrine. *Vraies côtes*, côtes d'en haut qui se joignent au sternum. *Fausses côtes* ou *côtes flottantes*, côtes d'en bas qui n'aboutissent point directement à cet os. ◆ Fam. *Rire à s'en tenir les côtes*, rire excessivement. ◆ Par exagération. *Rompre les côtes à quelqu'un*, le battre à outrance. ◆ *Nous sommes tous de la côte d'Adam*, nous avons tous une même origine. ◆ *Il s'imagine être de la côte de saint Louis*, être issu d'une noble race. ◆ Fig. *Serrer les côtes à quelqu'un*, le presser vivement, le poursuivre avec chaleur. ◆ *CÔTE À CÔTE*, loc. adv. Tout à côté l'un de l'autre. *Ils marchaient côte à côte.* ◆ Spécial *Côtes couvertes du bœuf*, morceau qui se trouve entre l'aloyau et le paleron, des deux côtés de l'échine. *Côtes découvertes*, côtes qui sont situées sous le paleron. ◆ *Côtes d'aloyau*, côtes du bœuf, ayant un peu de filet jusqu'aux côtes couvertes. *Des côtes de bœuf, d'agneau, de porc.* ◆ *Plats de côtes découvertes*, la partie placée sous l'épaule et le paleron. *Plats de côtes couverts*, la partie inférieure de l'entrecôte et des côtes, près de la poitrine. ◆ Saillie longitudinale de la surface de beaucoup de tiges et de fruits. *Pomme, melon à côtes.* ◆ Nervure médiane et principale dans un grand nombre de feuilles. *Des côtes de salade.* ◆ Fig. Le penchant d'une colline. *Côte fertile.* ◆ *À mi-côte*, à mi-chemin sur le penchant d'une colline. ◆ Mar. Rivage de la mer. *Une côte basse.* ◆ Se dit, par extension, des approches de la terre, jusqu'à une certaine distance au large. *Une côte pleine d'écueils.* ♦ *Faire côte,* faire naufrage à la côte. ♦ *Gardes-côtes,* Voy. GARDE. ♦ Au pl. Les contrées voisines de la mer. ■ *On lui voit les côtes,* se dit d'une personne très maigre. ■ **Archit.** Saillie d'une surface concave ou convexe. *Les côtes d'une voûte, d'une colonne.* ■ Rayure saillante dans un tissu. *Du velours à côtes.* ♦ Coteau sur lequel est cultivée une vigne. *Côte de Provence.*

CÔTÉ, n. m. [kote] (lat. vulg. *costatum,* du lat. *costa*) La partie droite ou gauche du corps des animaux, de l'aisselle à la hanche, et, par extension, la partie droite ou gauche de tout le corps. ♦ *Se tenir les côtés de rire,* rire immodérément. ♦ *Il est sur le côté,* il est si malade qu'il ne peut bouger, et fig. il est en voie de disgrâce, il est abattu. ♦ *Mettre, jeter quelqu'un sur le côté,* le coucher, le renverser par terre. ♦ *Mettre quelque chose sur le côté,* donner à cette chose une position inclinée. ♦ *Être aux côtés de quelqu'un,* être auprès de sa personne. ♦ *Le côté de l'épée,* le côté gauche du corps. ♦ *Fig. Mettre quelque chose du côté de l'épée,* mettre à couvert quelque somme. ♦ *Le côté du cœur,* le côté gauche du corps, et fig. l'affection. ♦ *Point de côté,* douleur aiguë qui se fait sentir dans la région des côtes. ♦ **Mar.** *Mettre un bâtiment sur le côté,* l'incliner d'un côté. ♦ *Mettre un bâtiment sur le côté,* l'abattre en carène. ♦ Partie latérale. *Les côtés du chemin.* ♦ *Les bas-côtés d'une église,* les nefs latérales. ♦ *Les bas-côtés d'une route, d'un boulevard, d'une promenade,* les voies latérales moins hautes que la chaussée. ♦ *Le côté droit, le côté gauche d'une assemblée délibérante,* personne qui est à la droite, personne qui est à la gauche du président. ♦ *Le côté de l'épître, le côté de l'évangile,* le côté droit, le côté gauche de l'autel. ♦ *Le côté du roi, le côté de la reine* désignaient autrefois le côté droit, le côté gauche du théâtre. ♦ **Archit.** *Le côté droit ou gauche d'un bâtiment* s'entend par rapport au bâtiment même. ♦ Point opposé à un autre. *Le côté espagnol des Pyrénées.* ♦ *Fig.* « *Tout le tort est de son côté* », MME DE SÉVIGNÉ. ♦ **Fam.** *De l'autre côté,* dans la pièce voisine. ♦ Face, pan d'un objet. *Les côtés d'une pyramide.* ♦ En parlant des étoffes, *le côté de l'envers, de l'endroit.* ♦ *Fig.* Aspect sous lequel on envisage les personnes et les choses. « *Quand sur une personne on prétend se régler, C'est par les beaux côtés qu'il lui faut ressembler* », MOLIÈRE. « *Il prend tout du bon côté* », BOSSUET. ♦ Ligne qui circonscrit quelque chose. *Les trois côtés d'un triangle.* ♦ Dans le sens le plus indéterminé, partie d'une chose, endroit. *Attaquer la place du côté le plus faible.* ♦ **Fig.** *Le côté faible d'une chose,* ce en quoi elle pèche. *Le côté faible d'une personne,* son défaut habituel, ou ce qui l'affecte le moins, ou sa passion dominante. ♦ *Du côté de...,* dans les rangs de, parmi. ♦ *D'un côté,* d'une part ; *d'autre côté,* d'autre part. ♦ *De ce côté,* de cette part. *Je n'ai rien à craindre de ce côté.* ♦ *De côté et d'autre,* des deux côtés. ♦ Direction. *De quel côté vient le vent ?* ♦ *Fig. Ne savoir de quel côté tourner,* ne savoir que faire, que devenir. ♦ *De tous côtés,* de partout. ♦ *Fig. Regarder de quel côté vient le vent,* observer les conjonctures pour régler sa conduite. ♦ Parti. *Le côté le plus juste. Avoir quelqu'un de son côté.* ♦ *Mettre les rieurs de son côté,* faire, dans une discussion, que les assistants rient de la personne avec qui l'on discute. ♦ Ligne de parenté. *Ils sont parents du côté du père.* ♦ DU CÔTÉ DE, **loc. prép.** Vers, en faveur de, quant à. ♦ DE CÔTÉ, **loc. adv.** En biais, obliquement. ♦ *Regarder de côté,* du coin de l'œil. ♦ *Fig. Regarder de côté,* regarder avec dédain, ressentiment ou embarras. ♦ *De côté,* à droite ou à gauche, pour que l'espace reste libre. *Mettez ce fauteuil de côté.* ♦ *De côté,* en passant, négligemment. *Un mot dit de côté.* ♦ À part, en réserve. ♦ À l'écart. ♦ *Mettre, laisser de côté,* abandonner, ne pas se servir de. ♦ À CÔTÉ, **loc. adv.** Dans une direction latérale, oblique. ♦ *Donner à côté,* s'éloigner du but, et aussi se méprendre. ♦ À peu de distance. ♦ À CÔTÉ DE, **loc. prép.** Tout auprès, à droite ou à gauche. ♦ *Passer à côté d'une difficulté, d'une question,* ne pas l'aborder. *Être à côté de la question,* ne pas bien la saisir, s'en écarter. ■ **Fam.** *Être à côté de la plaque, de ses pompes,* être dans les nuages, à côté de la réalité. ♦ *Côté cœur, côté argent, côté travail, etc.,* en ce qui concerne le cœur, l'argent, le travail, etc.

COTEAU ou **CÔTEAU,** n. m. [koto] (anc. fr. *costel,* du b. lat. *costale,* du lat. *costa,* côte) Penchant d'une colline ; petite colline. ■ Vin provenant d'un coteau. *Un coteau du Layon.*

CÔTELÉ, ÉE, adj. [kot(ə)le] (*côte*) Qui est à côtes. *Fruit côtelé. Velours côtelé.*

CÔTELETTE, n. f. [kot(ə)lɛt] (dimin. de *côte*) Côte de mouton, de veau, de porc. ■ **Fam.** Côte d'homme.

COTEPALIS, n. m. [kɔt(ə)pali] (orig. inconnue) ▷ Étoffe légère, de soie et de poil de chèvre. ◁

COTER, v. tr. [kote] (*cote*) Indiquer la cote du prix d'une marchandise, du taux d'une valeur. *Coter le cours des effets publics.* ♦ Noter. *Coter à la marge le numéro d'un article.* ♦ Classer au moyen d'une cote alphabétique ou numérique. ♦ Écrire sur un plan, sur une élévation géométrale, les mesures de chaque partie. ♦ **Techn.** Noter les niveaux. ■ V. intr. **Bourse** Avoir une cotation. *Une monnaie qui cote en baisse.*

COTERIE, n. f. [kɔt(ə)ʀi] (anc. fr. *cotier,* tenancier d'une petite tenure rurale, de l'a. norm. *kot,* cabane) ▷ Mot ancien, qui signifiait un certain

nombre de paysans, unis ensemble pour tenir les terres d'un seigneur. ◁ ♦ **Péj.** Aujourd'hui, compagnie de personnes qui vivent entre elles familièrement, ou qui cabalent dans un intérêt commun. *Les coteries littéraires.*

CÔTE-RÔTIE, n. m. [kot(ə)ʀoti] (*côte* et *rôtir*) ▷ Vin fort estimé du Rhône. *Du vieux* (sous-entendu vin de) *côte-rôtie. Des côtes-rôties.* ◁

CÔTES-DU-RHÔNE, ■ n. m. inv. [kot(ə)dyʀon] (*côte* et *Rhône*) Appellation d'origine contrôlée d'un vin des côtes de la vallée du Rhône. *Une bouteille de côtes-du-rhône.*

COTHURNE, n. m. [kotyʀn] (lat. *cothurnus,* du gr. *kothornos*) **Antiq.** Chaussure élevée des anciens, qui était employée particulièrement au théâtre dans la représentation des tragédies. ♦ **Fig.** Le genre tragique. *Chausser le cothurne,* composer des tragédies ; enfler son style.

COTI, IE, p. p. de cotir. [koti] *Des fruits cotis.*

COTICE, n. f. [kotis] (prob. anc. fr. *costice,* de *coste,* côte) **Hérald.** Nom de bandes qui en côtoient d'autres, et qui prennent ce nom lorsqu'elles passent le nombre de huit.

COTIDAL, ALE, ■ adj. [kotidal] (mot angl. *cotidal,* de *tide,* marée) *Ligne cotidale,* courbe passant par les points où la pleine mer a lieu à la même heure. *Les lignes cotidales concourent parfois toutes en un point où l'heure est indéterminée parce que la marée y est nulle à chaque instant.*

CÔTIER, IÈRE, adj. [kotje, jɛʀ] (*côte*) Qui a rapport aux côtes, qui habite les côtes. *Population côtière. Navigation côtière,* le cabotage. ♦ *Pilote côtier* et subst. *un côtier,* pilote qui connaît parfaitement les côtes, et qui entend la manière d'y gouverner les vaisseaux. ♦ *Fleuve côtier,* fleuve qui longe un bassin.

CÔTIÈRE, n. f. [kotjɛʀ] (*côte*) ▷ Suite de côtes de mer. *Il croise sur cette côtière.* ♦ Peu usité. ◁

COTIGNAC, n. m. [kotiɲak] ou [kotiɲak] (anc. provenç. *codonh,* coing, du lat. *cotoneum*) Confiture de coings. ■ Pâte de coing. ■ **Rem.** On prononçait autrefois [kotiɲa].

COTILLON, n. m. [kotijɔ̃] (dim. de *cotte*) ▷ Cotte ou jupe de dessous. ◁ ♦ ▷ Jupon des paysannes. ◁ ♦ Sorte de branle, où la danse est fréquemment interrompue par de petites actions partielles et plaisantes. *Danser, mener un cotillon.* ♦ Air pour cette danse. ■ N. m. pl. Accessoires de papier, de carton, tels que masques, chapeaux, serpentins, etc. utilisés lors d'un carnaval ou d'une fête. *Acheter des cotillons pour le réveillon du Nouvel An.*

COTINGA, ■ n. m. [kotɛ̃ga] (mot amér.) Oiseau arboricole d'Amérique du Sud ou d'Amérique centrale dont le plumage est très coloré et souvent agrémenté d'ornements très voyants.

COTIR, v. tr. [kotiʀ] (lat. vulg. *cottire,* du gr. *koptein,* frapper) Meurtrir, en parlant des fruits. *La grêle a coti ces poires.*

COTISANT, ANTE, ■ adj. [kotizɑ̃, ɑ̃t] (*cotiser*) Qui verse une cotisation à un organisme ou à une organisation afin de bénéficier des avantages proposés, tels que la protection sociale. *Des salariés cotisants.* ■ N. m. et n. f. *Un cotisant, une cotisante.*

COTISATION, n. f. [kotizasjɔ̃] (*cotiser*) Action de cotiser, de se cotiser. ♦ Contribution par quote-part. *J'ai payé ma cotisation.* ■ Versement régulier à un organisme ou à une organisation pour bénéficier des avantages qu'ils proposent. *Cotiser à la Sécurité sociale.*

COTISÉ, ÉE, p. p. de cotiser. [kotize]

COTISER, v. tr. [kotize] (*cote*) Régler la cotisation de quelqu'un. *On l'a cotisé à tant.* ■ Se cotiser, v. pr. Fournir sa quote-part. *Se cotiser selon ses moyens.* ■ Verser régulièrement une somme d'argent à un organisme ou à une organisation pour bénéficier des avantages proposés. *Cotiser à une mutuelle.*

COTISSURE, n. f. [kotisyʀ] (*cotir*) Meurtrissure faite à des fruits.

CÔTOIEMENT, ■ n. m. [kotwamɑ̃] (*côtoyer*) **Litt.** Fait de fréquenter quelqu'un.

COTON, n. m. [kotɔ̃] (ar. *qutun*) Sorte de bourre végétale qui environne les semences du cotonnier. *Champ de coton.* ♦ Toile, étoffe de coton. *Vêtu de coton.* ♦ Tricot de coton. *Bonnet de coton.* ♦ *Jeter son coton,* se dit de certaines étoffes qui se couvrent d'une sorte de bourre. ♦ **Fig.** *Cet homme jette un vilain coton, file un mauvais coton,* sa santé, son crédit, sa réputation est fortement compromise. ♦ **Fig.** *Élever un enfant dans du coton,* l'élever trop mollement. ♦ Duvet qui recouvre la surface de certaines feuilles ou d'autres parties de quelques végétaux. ♦ Poil follet qui vient aux joues et au menton des jeunes gens. « *À peine son menton S'était vêtu de son premier coton* », LA FONTAINE. ♦ *Coton-poudre,* ou *coton azotique,* ou *fulmicoton,* substance explosive qu'on obtient par l'action de l'acide azotique sur le coton. ■ **Fam.** *Avoir les jambes en coton,* se sentir flageolant. ♦ *Coton hydrophile* ou *coton,* coton traité que l'on utilise pour les soins médicaux ou les soins d'hygiène. *Un coton à démaquiller.* ■ Adj. inv. **Fam.** Difficile. *Il était coton, le problème de math.* ■ Fil de coton. *Coton à broder.*

COTONÉASTER, ■ n.m. [kɔtɔneastɛʀ] (lat. mod.) **Bot.** Petit arbuste, à petit feuillage persistant, à baies rouges ou noires, originaire d'Afrique du Nord, d'Asie et des régions montagneuses tempérées européennes. *Les fruits consommés du cotonéaster peuvent provoquer des troubles digestifs.*

COTONNADE, n.f. [kɔtɔnad] (*coton*) Toutes sortes d'étoffes de coton. *Jupe en cotonnade.*

COTONNÉ, ÉE, p.p. de cotonner. [kɔtɔne]

COTONNER, v.tr. [kɔtɔne] (*coton*) Remplir de coton. ♦ Se cotonner, v.pr. En parlant de certaines étoffes, se couvrir d'une certaine bourre. ♦ **Absol.** *Ce drap cotonne.* ♦ Se couvrir d'une sorte de coton ou duvet. *Ses joues commencent à se cotonner.* ♦ En parlant des fruits, prendre une pulpe molle et spongieuse.

COTONNERIE, n.f. [kɔtɔn(ə)ʀi] (*coton*) Culture du coton ; plantation de cotonniers.

COTONNEUX, EUSE, adj. [kɔtɔnø, øz] (*coton*) Recouvert d'une sorte de coton ou de duvet. *Tige, feuille cotonneuse.* ♦ Dont la pulpe est devenue mollasse et spongieuse. *Pêches cotonneuses.* ♦ **Fig.** *Style cotonneux*, style mou et filandreux.

1 **COTONNIER**, n.m. [kɔtɔnje] (*coton*) Plante de la famille des malvacées qui produit le coton.

2 **COTONNIER, IÈRE**, adj. [kɔtɔnje, jɛʀ] (*coton*) Qui se rapporte au coton. *L'industrie cotonnière.* ♦ Fabricant de toiles, d'étoffes de coton.

COTONNINE, n.f. [kɔtɔnin] (prob. de ital. *cottonnina*) ▷ Grosse toile à chaîne de coton et à trame de chanvre, dont on faisait des voiles. ◁

COTON-POUDRE, ■ n.m. [kɔtɔ̃pudʀ] Voy. COTON.

COTON-TIGE, ■ n.m. [kɔtɔ̃tiʒ] (nom déposé, de *coton* et *tige*) Petite tige dont les extrémités sont enrobées de coton pour les soins d'hygiène et de toilette, plus spécifiquement pour les oreilles et le nez. *Des cotons-tiges.*

CÔTOYÉ, ÉE, p.p. de côtoyer. [kotwaje]

CÔTOYER, v.tr. [kotwaje] (anc. fr. *costeier*, aller le long des côtes) ▷ Aller côte à côte de quelqu'un. ◁ ♦ *Côtoyer une armée*, marcher sur son flanc. ♦ Aller le long de. *Leurs navires côtoyaient le rivage.* ♦ **Absol.** *Ils ne firent que côtoyer.* ♦ **Fig.** Se tenir très près de. *Il a côtoyé un sujet très délicat.* ♦ Se côtoyer, v.pr. Se suivre en marchant l'un à côte de l'autre ; fréquenter quelqu'un. *Ils se côtoient depuis longtemps.* ♦ **V.tr.** *Côtoyer quelqu'un*, le fréquenter. *Elle côtoie un homme étrange en ce moment.*

1 **COTRE**, n.m. [kɔtʀ] Voy. CUTTER.

2 **COTRE**, ■ n.m. [kɔtʀ] (angl. *cut*, couper) Voilier très fin à un mât. *Les cotres sont apparus en Angleterre au XVIIᵉ siècle.* ■ Bâtiment de pêche à un mât et plusieurs focs, gréé en goélette, utilisé dans plusieurs pays pour le cabotage, avec des charges pouvant aller jusqu'à 100 tonnes.

COTRET, n.m. [kɔtʀɛ] (anc. fr. *costerais*, petit morceau de bois, probabl. de *costa*, côté) ▷ Fagot de bois court et de médiocre grosseur. *Allumer son feu avec des cotrets.* ◁ ♦ Chacun des bâtons qui composent le fagot. ♦ **Fam.** *Un coup de cotret, de l'huile de cotret*, des coups de bâton. ♦ ▷ *Être sec comme un cotret*, être fort maigre. ◁

COTRIADE, ■ n.f. [kɔtʀijad] (mot bret., d'orig. obscure) Soupe du littoral breton à base de poisson, de pommes de terre, d'oignons et de beurre. *Une cotriade de maquereaux.*

COTTAGE, n.m. [kɔtaʒ] ou [kɔtɛdʒ] (angl. *cottage*) Petite maison de campagne d'une simplicité rustique, mais élégante.

1 **COTTE**, ■ n.f. [kɔt] (frq. *kotta*) ▷ Jupe de paysanne, plissée par le haut à la ceinture. ◁ ♦ Toute espèce de jupe. ◁ ♦ *Cotte d'armes*, habillement que mettaient autrefois les chevaliers sur leurs armes, tant à la guerre que dans les tournois. ♦ *Cotte de mailles* ou *cotte d'armes*, armure défensive faite en forme de chemise, et tissée de plusieurs petits anneaux ou mailles de fer. Vêtement de travail couvrant l'ensemble du corps. *La cotte d'un mécanicien.*

2 **COTTE**, ■ n.m. [kɔt] (gr. *kottos*) Poisson à grosse tête et à large bouche également appelé *chabot*.

COTTERON, n.m. [kɔt(ə)ʀɔ̃] (dim. de *cotte*) ▷ Petite cotte courte et étroite. ♦ Il est vieux. ◁

COTUTEUR, TRICE, n.m. et n.f. [kɔtytœʀ, tʀis] (*co-* et *tuteur*) Personne qui est chargée d'une tutelle conjointement avec une autre.

1 **COTYLE**, n.f. [kɔtil] (gr. *kotulê*) ▷ Mesure de capacité chez les anciens pour les liquides et les choses sèches, valant 0 lit. 27. ◁

2 **COTYLE**, n.m. [kɔtil] (gr. *kotulê*, cavité) **Anat.** Cavité d'un os dans laquelle la tête d'un os s'articule. ■ **Anat.** En partic. Cavité de l'os du bassin formant l'articulation de la hanche avec la tête du fémur.

COTYLÉDON, n.m. [kɔtiledɔ̃] (gr. *kotulêdôn*, cavité) **Bot.** Nom des lobes séminaux ou feuilles séminales, l'une des quatre parties essentielles de l'embryon des végétaux phanérogames. ♦ Genre de plantes à feuilles charnues et concaves. ■ **Biol.** Ensemble des masses charnues situées sur la face utérine du placenta. *Le placenta et les cotylédons sont normalement expulsés au moment de l'accouchement.*

COTYLÉDONAIRE, adj. [kɔtiledɔnɛʀ] (*cotylédon*) Qui a rapport aux cotylédons.

COTYLÉDONÉ, ÉE, adj. [kɔtiledone] (*cotylédon*) Pourvu de cotylédons.

COTYLOÏDE, adj. [kɔtiloid] (gr. *kotulê* et *-oïde*) **Anat.** Qui est en forme de cotyle. *Cavité cotyloïde*, cavité de l'os iliaque dans laquelle s'articule la tête du fémur.

COU, n.m. [ku] (anc. fr. *col*, v. 1100, du lat. *collum*) La partie du corps qui unit la tête au tronc. ♦ **Fig.** *Un cou de grue*, un cou long et grêle. ♦ *Un cou de cygne*, un cou blanc et gracieux. On dit aussi : *Cou d'ivoire, d'albâtre, de lis.* ♦ *Se jeter au cou de quelqu'un*, l'embrasser avec effusion. ♦ *Mettre la corde au cou*, passer la corde autour du cou de quelqu'un pour le pendre, et fig. le ruiner, le perdre. ♦ *Se mettre la corde au cou*, se perdre soi-même. ♦ *Mettre le pied sur le cou de quelqu'un*, lui faire violence. ♦ *Couper le cou*, trancher la tête. ♦ *Tordre le cou*, donner la mort. ♦ **Fig.** *Tendre le cou*, s'offrir comme une victime, subir quelque grande violence ou injustice sans résister. ♦ **Fig.** *Rompre le cou à quelqu'un*, à une affaire, l'empêcher de réussir. ♦ *Se rompre, se casser le cou*, se blesser grièvement en tombant, et fig. perdre tous ses avantages, toutes ses espérances. ♦ *Prendre ses jambes à son cou*, s'enfuir au plus vite. ♦ *Le cou* ou *le col d'une bouteille*, la partie longue et étroite dans l'emplit et on la vide. ♦ *Cou de chemise*, Voy. COL. ♦ *Cou de cygne*, partie courbée de l'avant-train d'une voiture. ♦ **Zool.** *Cou blanc*, nom du motteux. ♦ *Cou tors*, le torcol. ♦ *Col* est une forme archaïque qui ne s'emploie qu'en poésie ou quand il s'agit du goulot d'un vase, d'un passage dans une montagne, de la partie d'une chemise qui entoure le cou, etc. ♦ **Fig.** *Jusqu'au cou*, complètement, entièrement. *Être plongé dans une étude jusqu'au cou.* ♦ *Cou rouge*, rouge-gorge. ■ **Rem.** On disait aussi autrefois *col* dans certains emplois.

COUAC, ■ n.m. [kwak] (onom.) Note fausse et discordante produite par un instrument de musique ou par la voix. ■ **Fig.** et **fam.** Acte ou parole rompant l'harmonie et le bon déroulement d'un discours, d'un événement. *Des couacs.*

COUARD, ARDE, n.m. et n.f. [kwaʀ, aʀd] (anc. fr. *coue*, queue) **Litt.** Poltron, lâche. ♦ **Adj.** *Un homme couard.* ♦ **Hérald.** *Lion couard*, lion qui porte la queue entre les jambes.

COUARDEMENT, adv. [kwaʀdəmɑ̃] (*couard*) **Litt.** D'une manière couarde.

COUARDISE, n.f. [kwaʀdiz] (*couard*) **Litt.** Poltronnerie, lâcheté.

COUCHAGE, ■ n.m. [kuʃaʒ] (1 *coucher*) Fait de coucher quelqu'un ou de se coucher. ■ Ensemble du matériel permettant de se coucher constitué de matelas, de draps, d'oreillers, etc. ■ *Sac de couchage*, sac de toile dont on se sert pour se coucher en s'y glissant à l'intérieur, généralement utilisé pour camper. ■ **Impr.** Opération réalisée lors de l'élaboration des papiers couchés et consistant à enduire la feuille de papier ou de carton d'une substance composée de matières minérales additionnées d'un adhésif afin d'en accroître la régularité de surface et la microporosité.

COUCHAILLER, ■ v.intr. [kuʃaje] (1 *coucher*) **Fam.** et **péj.** Avoir différentes relations sexuelles pour le simple plaisir, sans sentiment amoureux. *Depuis leur divorce, il couchaille à droite, à gauche.*

COUCHANT, ANTE, adj. [kuʃɑ̃, ɑ̃t] (1 *coucher*) Qui se couche ; ne se dit qu'avec *chien* et *soleil*. ♦ *Chien couchant*, chien d'arrêt, qui se baisse quand il sent le gibier. ♦ ▷ **Fig.** *Faire le chien couchant auprès de quelqu'un*, tâcher de capter sa bienveillance par de basses soumissions. ◁ ♦ *Soleil couchant*, qui est près de disparaître sous l'horizon. ♦ **Fig.** *On adore plutôt le soleil levant que le soleil couchant*, on flatte plutôt la puissance à son début qu'à son déclin. ■ **N.m.** **Litt.** L'occident, l'ouest. *Du levant au couchant.* ♦ **Fig.** et **poétiq.** Vieillesse, déclin. « *Tant de choses éclatantes ont eu leur orient et leur couchant* », VOLTAIRE. ♦ *Le couchant*, aspect du soleil qui se couche.

COUCHE, n.f. [kuʃ] (1 *coucher*) Lit dans le style poétique et soutenu. ♦ **Fam.** Bois de lit. *Couche de bois de noyer.* ♦ Mariage. *Dieu a béni leur couche*, leur a donné des enfants. ♦ Linge dont on enveloppe les petits enfants. ♦ Enfantement. *Être en couche. Faire ses couches. Relever de couche*, se dit du rétablissement de la santé après l'enfantement. ♦ On dit également *couche* ou *couches* pour indiquer un seul enfantement. ♦ *Fausse couche*, couche avant terme. ♦ **Agric.** Planche relevée, faite de fumier, de terreau ou de toutes autres matières susceptibles de s'échauffer et de conserver leur chaleur pendant un certain temps. ♦ Se dit des choses qu'on met par lits, surtout de certains aliments, de certains médicaments, etc. *Une couche de beurre, de confiture.* ♦ Lame ou lit de substances qui ont, relativement, de l'étendue et peu d'épaisseur. *Les couches de l'atmosphère.* ◆ *Couches géologiques,* lits de substances terreuses ou pierreuses. ◆ Substance étendue qu'on applique sur une autre pour la couvrir. *Une couche de plâtre.* ◆ **Peint.** Enduit. *Donner une couche de blanc.* ◆ *Couche de teinte,* la dernière couche de peinture. ◆ À certains jeux, l'enjeu qu'on met sur une carte. *La couche était de 20 euros.* ◆ *Couche de fusil,* disposition plus ou moins courbée d'une crosse. ■ **Très fam.** et **péj.** *En tenir, en avoir une couche,* être complètement idiot, ne rien comprendre. ■ **N. f. pl.** Ensemble des personnes formant une catégorie sociale. *Les couches sociales défavorisées.* ■ **Chim.** Faible épaisseur de matière à la surface ou au sein d'un film, d'un liquide ou d'un solide. ■ **Inform.** Ensemble des éléments qui divisent un réseau et ayant chacun une fonction spécifique. ■ **N. f. pl.** *Couches,* accouchement. ■ *Retour de couches,* retour de la menstruation après un accouchement.

COUCHÉ, ÉE, p. p. de coucher. [kuʃe] **Hérald.** *Pièce couchée,* pièce dont la face regarde le côté droit de l'écu. ◆ **Bot.** *Plante couchée,* plante qui étale ses rameaux sur la terre, sans que ceux-ci y envoient des racines. ◆ *À soleil couché,* un peu après que le soleil est couché. ◆ Penché, incliné. *Une écriture couchée.* ■ **Impr.** *Pli couché,* en couture, pli standard plat d'un tissu. ■ **Impr.** *Papier couché,* papier composé de pâte chimique pure caractérisé par une grande blancheur et qui dispose de hautes qualités d'opacité, de microporosité et d'excellentes aptitudes à l'impression. ■ **Interj.** *Couché !* Ordre donné à un chien pour qu'il se couche.

COUCHE-CULOTTE, ■ n. f. [kuʃ(ə)kylɔt] (*couche* et *culotte*) Culotte jetable absorbante pour bébé, servant de couche. *Des couches-culottes.*

COUCHÉE, n. f. [kuʃe] (1 *coucher*) ▷ L'endroit où l'on couche en voyage. *Il n'y a qu'une couchée d'ici à…* ◆ Le souper et le logement des voyageurs dans une hôtellerie. ◁

1 COUCHER, v. tr. [kuʃe] (lat. *collocare,* placer, établir) Mettre au lit. *Coucher un enfant.* ◆ Étendre quelqu'un ou quelque chose tout de son long sur la terre ou sur quoi que ce soit. ◆ Plier les rameaux jusqu'à terre et les couvrir de terre pour qu'ils prennent racine. ◆ **Fig.** *Coucher quelqu'un sur le carreau,* l'étendre sur la place mort ou grièvement blessé. ◆ Incliner, pencher, rabattre quelque chose. *La pluie et le vent couchent les blés.* ◆ **Mar.** *Coucher un bâtiment,* l'incliner pour le caréner. On dit aussi que *le vent couche un bâtiment,* quand il l'incline sur le côté. ◆ Ranger avec la brosse le poil sur un drap tondu à fin. ◆ **Fig.** *Coucher le poil à quelqu'un,* le flatter. ◆ *Coucher en joue,* ajuster le fusil à l'épaule et contre la joue pour tirer. ◆ Étendre en couche. *Coucher une couleur, de l'or sur…* ◆ **Peint.** *Coucher des couleurs,* les étendre avec le pinceau l'une à côté de l'autre avant de les fondre. ◆ *Coucher quelque chose par écrit,* mettre par écrit. ◆ Inscrire. *Coucher quelqu'un sur une liste, un article en recette, en dépense.* ◆ **Jeu** Mettre comme enjeu. *Coucher gros,* jouer très gros jeu, et fig. risquer beaucoup. ◆ On dit, au neutre, *coucher de tant.* ■ **V. intr.** Prendre son repos de nuit. *Coucher sur un matelas, sur la dure. Chambre à coucher.* ◆ Loger ou passer la nuit. ◆ *Coucher à la belle étoile,* et populairement *coucher à l'enseigne de la lune,* coucher en plein air. ◆ Se coucher, v. pr. Se mettre au lit. ◆ **Fam.** *Se coucher comme les poules,* se mettre au lit de très bonne heure. ◆ **Pop.** *Allez vous coucher,* c.-à-d. laissez-moi tranquille. ◆ S'étendre. ◆ *Se coucher à terre.* ◆ Être couché, étendu. *Ce collet se couche pas bien sur l'habit.* ◆ Passer au-dessous de l'horizon, en parlant des astres. ◆ **Prov.** *Comme on fait son lit on se couche,* il faut se résigner à subir les conséquences de sa conduite. ■ Dormir auprès de quelqu'un, partager son lit avec quelqu'un. ■ **Fam.** Avoir des relations sexuelles avec quelqu'un. *Ils ont couché ensemble.*

2 COUCHER, n. m. [kuʃe] (substantivation de 1 *coucher*) Action de se mettre au lit. ◆ **Hist.** *Le coucher du roi* ou simplement *le coucher,* réception qui précédait le coucher du roi. ◆ **Hist.** *Petit coucher,* l'intervalle de temps entre le bonsoir que le roi donnait à tout le monde et le moment où il se couchait effectivement. ◆ On écrit aussi *couché. Être au petit couché.* ◆ Position d'une personne étendue horizontalement. ◆ Couchée. *Il ne paya rien pour son coucher.* ◆ Manière dont on couche. *Il est délicat pour le coucher.* ◆ La garniture du lit, matelas, etc. ◆ **Astron.** Moment où un astre passe sous l'horizon. ◆ Se dit aussi des tableaux qui représentent le soleil couchant. *Il a dans sa galerie un beau coucher de soleil.*

COUCHERIE, ■ n. f. [kuʃ(ə)ʀi] (1 *coucher*) **Fam.** et **péj.** Fait d'avoir des relations sexuelles sans sentiment amoureux, uniquement pour se procurer du plaisir. *Une coucherie sans lendemain.*

COUCHE-TARD, ■ n. m. et n. f. inv. [kuʃ(ə)taʀ] (1 *coucher* et *tard*) **Fam.** Personne qui se couche à une heure tardive. *Des couche-tard.*

COUCHE-TÔT, ■ n. m. et n. f. inv. [kuʃ(ə)to] (1 *coucher* et *tôt*) **Fam.** Personne qui se couche de bonne heure. *C'est une couche-tôt.*

COUCHETTE, n. f. [kuʃɛt] (dim. de *couche*) ▷ Bois de lit, et surtout petit lit, comme ceux des enfants. *Une couchette de bois de noyer.* ◁ ◆ ▷ Couche. *En quittant sa couchette.* ◁ ■ Lit de bateau, de train. *Un train à couchettes.*

COUCHEUR, EUSE, n. m. et n. f. [kuʃœʀ, øz] (1 *coucher*) Personne qui couche avec une autre personne. ◆ *Un mauvais coucheur,* personne qui découvre son camarade, qui l'empêche de dormir, et fig. et fam. personne difficile à vivre, querelleuse.

COUCHEUSE, ■ n. f. [kuʃøz] (1 *coucher*) **Impr.** Machine destinée au couchage du papier qui peut être installée sur la machine à papier ou constituer une installation distincte. *Une coucheuse industrielle.*

COUCHIS, n. m. [kuʃi] (1 *coucher*) **Techn.** Couche de sable et de terre sur laquelle on établit le pavé d'un pont. ◆ *Couchis de lattes,* le lattis d'un plancher. ◆ **Syn.** de marcotte.

1 COUCHITIQUE, ■ adj. [kuʃitik] (*Couch*) Relatif à l'ancien royaume de Couch, dans l'actuelle Nubie. *L'empire couchitique.* ■ *Langues couchitiques,* certaines langues parlées en Éthiopie et en Somalie. ■ De langue couchitique. *Les peuples couchitiques de Somalie.*

2 COUCHITIQUE, ■ adj. [kuʃitik] (1 *coucher*) **Bot.** Qui se développe de façon horizontale et couvrante, en parlant d'une plante.

COUCHOIR, ■ n. m. [kuʃwaʀ] (1 *coucher*) Cône de bois dans les rainures duquel on insère les torons pour fabriquer des cordages. ■ **Techn.** Palette de bois utilisée par un doreur pour étendre l'or en fines couches.

COUCI-COUÇA, ■ loc. adv. [kusikusa] (ital. *cosi, cosí*) **Fam.** À peu près, ni bien ni mal. « *Je dis qu'il plaisante… qu'il a un terrible sens de l'humour, elle apprécie couci-couça* », BENOZIGLIO. ■ Comme ci, comme ça. *Tu es en forme?? Couci-couça.* ■ **Rem.** On disait autrefois *couci-couci.*

COUCI-COUCI, loc. adv. [kusikusi] Voy. COUCI-COUÇA.

COUCOU, n. m. [kuku] (onomatopée) Oiseau du genre des pies qui dépose ses œufs dans le nid des autres oiseaux. ◆ *Pendule à coucou* ou simplement *coucou,* nom d'horloges qui, au lieu de sonner l'heure, font entendre le cri du coucou. ◆ Se dit aussi, par extension, de toutes ces petites horloges de bois qui ne sonnent pas l'heure, mais auxquelles on adapte souvent un réveille-matin. ◆ ▷ Petite voiture publique pour les environs de Paris. ◁ ◆ **Bot.** Le narcisse des bois. ◆ *La lychnide fleur de coucou.* ◆ *Pain de coucou,* la primevère officinale. ◆ **Interj.** *Coucou !* cri que fait en jouant l'enfant qui croit être bien caché. ◆ **Fam.** et **péj.** Petit avion, généralement ancien, qui semble en mauvais état. *Des coucous.*

COUCOUMELLE, ■ n. f. [kukumɛl] (provenç. *coucoumelo*) **Proven.** Espèce de champignon comestible à chapeau ovoïde et à lames blanches. *Les coucoumelles poussent dans les sous-bois calcaires en été et en automne.*

COU-COUPÉ, n. m. [kukupe] (*cou* et *coupé*) Nom vulgaire du gros-bec fascié, oiseau qui vient du Sénégal. ◆ Au pl. *Des cous-coupés.*

COUDE, n. m. [kud] (lat. *cubitus*) **Anat.** La partie de l'articulation du bras avec l'avant-bras qui est opposée à la saignée. ◆ *Coude à coude,* si près qu'on se touche les coudes. ◆ **Fig.** *Mettre les mains jusqu'au coude dans quelque chose,* en prendre sans réserve, et aussi s'enfoncer tout à fait dans quelque chose, dans quelque sujet. On dit dans le même sens : *Mettre le bras jusqu'au coude.* ◆ **Fig.** *Hausser, lever le coude,* aimer à boire, faire un excès de boisson. ◆ Endroit de la manche qui correspond au coude. *Un habit percé au coude.* ◆ Angle saillant, brusque changement de direction. *Cette muraille, la rivière fait un coude.* ◆ Bout de tuyau de plomb servant à raccorder, pour le tournant d'une conduite, les tuyaux de fer. ◆ Bout de tuyau en tôle par lequel on change la direction d'une suite de tuyaux de poêle. ◆ **Prov.** *Il ne se mouche pas du coude, on le voit bien sur sa manche,* locution par laquelle on fait valoir d'une façon très familière et quelquefois ironique l'habileté de quelqu'un. ■ *Se serrer les coudes,* faire preuve de solidarité dans les moments difficiles. ■ **Fig.** et **fam.** *Sous le coude,* en attente d'un traitement. *Avoir plusieurs projets sous le coude.* ■ *Au coude-à-coude,* côte à côte ; avec solidarité. ■ *Jouer des coudes,* tenter de se frayer un chemin dans une foule en poussant avec ses coudes. *Il jouait des coudes dans la foule pour arriver jusqu'à elle.* ■ *Huile de coude,* entrain, énergie. *Mets un peu d'huile de coude et travaille !*

COUDÉ, ÉE, p. p. de couder. [kude] *Arbre* ou *essieu coudé,* essieu qui porte les grandes roues de la locomotive. ■ En forme de coude. *Un tuyau coudé.*

COUDÉE, n. f. [kude] (*coude*) Mesure de longueur d'environ un pied et demi. ◆ **Fam.** *Coudée* dans le sens de coude est usité seulement dans : *Avoir ses coudées franches,* avoir, quand on est assis avec plusieurs personnes, quelque espace autour de soi, de manière à n'être pas gêné par ses voisins, et fig. n'être ni contraint ni gêné dans ce qu'on veut faire. ■ *Être à cent coudées au-dessus de quelqu'un,* dépasser quelqu'un de cent coudées, se sentir très supérieur à quelqu'un.

COU-DE-PIED, n. m. [kud(ə)pje] (*cou* et *pied*) **Anat.** Articulation de la jambe avec le pied. ◆ Dans le langage ordinaire, partie antérieure et supérieure du pied, sur laquelle se noue ordinairement la chaussure. ◆ Au pl. *Des cous-de-pied.*

COUDER, v. tr. [kude] (*coude*) Plier en forme de coude. *Une pince à couder.* ♦ Se couder, v. pr. Prendre la forme d'un coude.

COUDIÈRE, ■ n. f. [kudjɛʀ] (*coude*) Dispositif sur un équipement sportif, professionnel ou médical destiné à protéger le coude ou l'articulation du coude. *Pour pratiquer le roller, il faut s'équiper de genouillères et de coudières.*

COUDOIEMENT, n. m. [kudwamɑ̃] (du radic. de *coudoyer*) L'action de coudoyer les autres. ■ Fréquentation régulière d'une personne. « *Il prit ainsi l'habitude de la brasserie où le coudoiement continu des buveurs met près de vous un public familier et silencieux* », MAUPASSANT. ■ REM. Est littéraire aujourd'hui.

COUDOYÉ, ÉE, p. p. de coudoyer. [kudwaje] Heurté du coude.

COUDOYER, v. tr. [kudwaje] (*coude*) Heurter quelqu'un du coude. ♦ Fig. et litt. Fréquenter. *On n'est pas tous les jours coudoyé par un homme de génie.* ♦ Se coudoyer, v. pr. Se toucher l'un l'autre du coude.

COUDRAIE, n. f. [kudʀɛ] (*coudre*) Lieu planté de coudriers. ♦ **Par extens.** Toute espèce de bocage.

1 COUDRE, n. m. [kudʀ] (lat. pop. *colurus,* du lat. *corylus*) ▷ Coudrier, noisetier. ◁

2 COUDRE, v. tr. [kudʀ] (lat. *consuere,* coudre) Attacher au moyen d'un fil passé dans une aiguille. *Coudre deux morceaux d'étoffe, une pièce à un vêtement. Coudre un vêtement à la machine. Coudre une semelle.* ♦ **Absol.** *Elle coud bien.* ♦ Fig. *On ne sait quelle pièce y coudre,* quel remède y apporter. ♦ *Coudre la peau du renard à celle du lion,* joindre la ruse à la force. ♦ Fig. Assembler, mettre bout à bout. « *Si l'on cousait ensemble toutes les heures que l'on passe avec ce qui plaît, à peine ferait-il d'un grand nombre d'années une vie de quelques mois* », LA BRUYÈRE. ♦ Assembler sans art. « *Je sais coudre une rime au bout de quelques vers* », BOILEAU. « *On coud des lambeaux qui ne sont point faits les uns pour les autres* », FÉNELON.

COUDRETTE, n. f. [kudʀɛt] (1 *coudre*) ▷ Coudraie. *On dansa sous la coudrette.* ◁

COUDRIER, n. m. [kudʀije] (1 *coudre*) Noisetier.

COUÉ (MÉTHODE), ■ [kwe] (Émile *Coué,* 1857-1926) Méthode, inventée par le pharmacien Émile Coué, qui repose sur le principe de l'autosuggestion en essayant de penser positivement pour améliorer son propre bien-être psychique. *Accueillie avec succès aux États-Unis et en Allemagne plus qu'en France, la méthode Coué a donné naissance, entre autres, à la pensée positive, l'autosuggestion, la sophrologie, etc.*

COUENNE, n. f. [kwan] ou [kwɛn] (lat. pop. *cutinna,* du lat. *cutis,* peau) La peau du cochon raclée. *Couenne de lard.* ♦ Méd. Nom donné quelquefois à certaines taches congénitales ou altérations locales de la peau. ♦ Peau qui se forme à la surface du sang provenant d'une saignée. ■ **Suisse** Croûte de fromage.

COUENNEUX, EUSE, adj. [kwanø, øz] ou [kwɛnø, øz] (*couenne*) Couvert d'une couenne. *Sang couenneux. Angine couenneuse,* maladie très grave dont un des caractères est la formation d'une fausse membrane à la gorge.

1 COUETTE, ■ n. f. [kwɛt] (lat. *culcita,* matelas) Lit de plumes. ■ Édredon que l'on recouvre d'une housse et dont on se sert pour faire un lit. ■ **Techn.** Pièce de bois sur laquelle on fait glisser un navire pour le mettre à l'eau. ■ Techn. Pièce de métal sur laquelle on fait pivoter un arbre coupé. ■ REM. On disait aussi *coite.*

2 COUETTE, ■ n. f. [kwɛt] (anc. fr. *coue,* queue) Touffe de cheveux noués de chaque côté de la tête. *Se faire des couettes.*

COUFFE, n. m. [kuf] (provenç. *coufo,* de ar. *quffa,* du lat. *cophinus,* du gr. *kophinos,* corbeille) ▷ Sorte de balle, de panier usité à Marseille et dans le Levant. *Couffe de riz.* ♦ On trouve aussi *couffle.* ◁

COUFFIN, ■ n. m. [kufɛ̃] (a. provenç. *coffin,* du lat. *cophinus,* du gr. *kophinos,* corbeille) Grand panier souple à anses, généralement en paille tressée, utilisé pour les petits transports. ■ Panier portatif aménagé en berceau.

COUFIQUE, ■ adj. [kufik] (*Coufa,* ville d'Irak) *Écriture coufique,* écriture arabe angulaire datant du quatrième siècle de l'hégire et utilisée dans les textes sacrés du Coran. ■ REM. On écrit aussi *kufique.*

COUGUAR ou **COUGOUAR**, ■ n. m. [kugar, kugwaʀ] (port. *cucuarana,* du tupi *susuarana*) Espèce de puma, très bon chasseur, de couleur unie, grise ou fauve, vivant dans les forêts de conifères, les forêts mixtes, les régions montagneuses, les vallées boisées. *Lorsque le couguar tue une proie, il la mange puis enterre les restes.*

COUIC, ■ interj. [kwik] (onomatopée) Onomatopée imitant le bruit d'un petit cri étranglé et dont le geste associé est de tordre le cou à quelqu'un ou à un animal. *Si tu ne lui donnes pas cet argent demain, couic !*

COUILLE, ■ n. f. [kuj] (lat. vulg. *colea,* lat. *coleus*) Testicule. ■ Un ennui. *Il y a une couille dans cette histoire.* ■ *Avoir des couilles,* avoir du courage.

Casser les couilles à quelqu'un, agacer, énerver quelqu'un. ■ *En avoir plein les couilles,* en avoir assez. ■ *Partir en couilles,* dégénérer. ■ *Avoir* ou *se faire des couilles en or,* avoir de la chance, gagner de l'argent. ■ REM. Terme vulgaire dans tous ses emplois.

COUILLON, ONNE, ■ n. m. et n. f. [kujɔ̃, ɔn] (*couille*) Très fam. Personne sotte. ■ Adj. *Un garçon couillon, une fille couillonne.*

COUILLONNADE, ■ n. f. [kujɔnad] (*couillon*) Très fam. Imbécillité, sottise. « *La couillonnade transcendante qui règne sur les humains* », FLAUBERT. ■ Parole de celui qui est couillon. *Encore une de ses couillonnades !* ■ Duperie. *Cette affaire est une vraie couillonnade.*

COUILLONNÉ, ÉE, ■ p. p. de couillonner. [kujɔne] *Il s'est fait couillonné par son patron.*

COUILLONNER, ■ v. tr. [kujɔne] (*couillon*) Très fam. Tromper, duper quelqu'un. *Se faire couillonner dans une affaire commerciale.*

COUILLU, UE, ■ adj. [kujy] (*couille*) Très fam. Courageux ; ambitieux. *Un projet couillu.*

COUINEMENT, ■ n. m. [kwin(ə)mɑ̃] (*couiner*) Zool. Cri de certains mammifères comme le lapin, le lièvre ou la souris. ■ **Par extens.** Petit grincement bref et souvent aigu. *Le couinement d'une porte.*

COUINER, ■ v. intr. [kwine] (onomatopée, dial. de Centre et Ouest) Zool. Pousser un couinement, de petits cris. ■ **Par extens.** Gémir, pleurnicher. ■ Grincer. *Les verrous de la porte couinèrent.*

COULABILITÉ, ■ n. f. [kulabilite] (*couler*) Capacité d'un métal en fusion ou d'une poudre à remplir un moule prévu à cet effet. *La coulabilité des poudres est une propriété dont découle très souvent, lors de la fabrication, la qualité du produit.*

COULAGE, n. m. [kulaʒ] (*couler*) Action de s'écouler, de se perdre. *Tenir compte du coulage.* ♦ ▷ Action de couler la lessive. ◁ ♦ Introduction dans un moule d'un métal en fusion. ♦ Fig. Déchet, perte résultat d'un gaspillage quelconque. *Il y a beaucoup de coulage dans cette maison.* ◁

COULAMMENT, adv. [kulamɑ̃] (*couler*) D'une manière coulante, aisée. *Il écrit coulamment.*

1 COULANT, n. m. [kulɑ̃] (*couler*) Pierre fine qui coule le long d'un collier, d'un cordon, et qui peut le resserrer ou le relâcher à volonté. ♦ Anneau au moyen duquel on serre et l'on desserre une chose. *Des coulants de bourse.*

2 COULANT, ANTE, adj. [kulɑ̃, ɑ̃t] (*couler*) Qui coule. « *Quelques-unes des plus coulantes parties du sang* », DESCARTES. ♦ *Vin coulant,* vin léger et agréable à boire. ♦ *Nœud coulant,* nœud qui se serre et se desserre sans se dénouer. ♦ Qui verse en abondance. « *Cette Terre coulante de lait et de miel* », BOSSUET. ♦ Fig. Littér. Aisé, naturel. *Ses vers sont coulants.* ♦ *Être coulant en affaires,* être facile, accommodant.

1 COULE, ■ n. f. [kul] (lat. chrét. *cuculla,* lat. impér. *cucullus,* capuchon) Vêtement long à capuche porté par certains moines.

2 COULE (À LA), ■ loc. adv. [kul] (*couler*) Pop. *Être à la coule,* avoir ou offrir une vie tranquille, aisée, sans difficulté. *Ses parents sont à la coule avec lui.* ■ Être au courant des moyens qui permettent de tirer profit d'une situation. *Mettre quelqu'un à la coule.*

1 COULÉ, n. m. [kule] (*couler*) Mus. Passage qui se fait d'une note à une autre, en les liant par le même coup de gosier, de langue ou d'archet. ♦ Sorte de pas de danse, qui n'est autre chose que le glissé. ♦ Techn. Ouvrage jeté en moule. ♦ *Un coulé,* une liaison de la coulée, écriture. ♦ *Un coulé,* se dit au billard de l'action de couler.

2 COULÉ, ÉE, p. p. de couler. [kule] Fam. *Un homme coulé,* perdu, ruiné. ♦ Grav. *Traits coulés, tailles coulées,* traits, tailles qui suivent avec aisance la direction d'un contour. ♦ Qui n'a pas noué, en parlant des fleurs et des boutons à fruit des plantes. *Fruits coulés.*

COULÉE, n. f. [kule] (*couler*) Action de couler. *La coulée d'une lessive, des laves d'un volcan.* ♦ Opération du coulage d'un métal. ♦ Flot de lave, de métal ou de verre à l'état de fusion. ♦ Sorte d'écriture penchée dont toutes les lettres sont unies par des liaisons, et adj. *une écriture coulée.* ♦ Chemin étroit que le cerf suit pour se rendre dans son réduit. ♦ En général, faux chemins que les animaux tracent dans les bois. ■ *Coulée verte,* sentier boisé aménagé en milieu urbain pour les promenades.

COULEMELLE, ■ n. f. [kul(ə)mɛl] (lat. *columella,* petite colonne) Espèce de champignon blanc crème de grande taille, au chapeau en forme de parasol mamelonné et que l'on trouve principalement dans les clairières. *La cueillette de la coulemelle est pratiquée surtout aux mois de septembre et octobre.*

COULER, v. intr. [kule] (lat. *colare*) Se mouvoir, en parlant des liquides. ♦ *Faire couler le sang,* engager une lutte, une bataille. ♦ Fig. « *Quand l'âge dans mes nerfs a fait couler sa glace* », P. CORNEILLE. « *Elle sentit la flamme qui coulait déjà dans son sein* », FÉNELON. « *La douce persuasion coulait de ses lèvres* », FÉNELON. ♦ **Par extens.** Laisser échapper, en parlant d'un vase, d'un tonneau. *Ce tonneau coule.* ♦ *La chandelle coule*, c'est-à-dire du suif qui ne brûle pas avec la mèche, coule et se répand le long de la chandelle. ♦ Être plus ou moins fluide. *Cette encre ne coule pas assez.* ♦ Passer, en parlant du temps. « *Vos jours toujours sereins coulent dans les plaisirs* », RACINE. ♦ Découler, résulter. « *Si je puis une fois établir ce principe, on en verra couler les lois comme de leur source* », MONTESQUIEU. ♦ Avoir une facile et heureuse abondance, en parlant du style. *Un style qui coule de source.* ♦ Fonderie *Cette cloche a coulé*, le métal s'est échappé par quelque fente du moule. ♦ **Agric.** Ne pas venir à bien, en parlant des fleurs qui ne nouent pas et tombent sans se former en fruit. ♦ Glisser, s'échapper. *L'échelle coula.* ♦ Au billard, jouer de telle façon que la bille du joueur, au lieu de faire un angle après le choc, suive la bille atteinte. ♦ Glisser le long d'une chose. Passer sans bruit et à la dérobée. ♦ **Fig.** *Couler sur quelque chose*, en parler à peine, ne pas s'y arrêter. ♦ Aller au fond de l'eau, en parlant des barques et navires qui s'emplissent d'eau. ♦ **V. tr.** Passer au filtre. ♦ ▷ *Couler la lessive*, faire la lessive. ◁ ♦ **Fonderie** Fondre et mouler. *Couler une statue, une pièce de canon.* ♦ *Couler bas* ou simplement *couler un vaisseau*, le faire aller au fond de l'eau, en le perçant. ♦ **Fig.** *Couler une question à fond*, la traiter sans rien omettre. *Couler une affaire à fond*, la conclure définitivement. *Couler quelqu'un à fond*, le confondre dans une discussion, ruiner son crédit, son influence. ♦ Passer, en parlant du temps que l'on passe. « *La douce chose de couler ses jours dans le sein d'une tranquille amitié* », J.-J. ROUSSEAU. ♦ **Mus.** Exécuter des notes en les liant. ♦ En danse, exécuter un pas en glissant. ♦ Faire glisser, faire arriver furtivement. *Couler quelques pièces de monnaie dans la main*, quelques paroles dans l'oreille. ♦ Se couler, **v. pr.** S'introduire à la dérobée, s'avancer furtivement. ♦ **Fig.** « *Ces sentiments se coulaient insensiblement parmi le peuple* », BOSSUET. ♦ **Fig. et fam.** *Se couler*, se perdre de réputation ou de fortune. ■ **Fam.** *Se la couler douce*, se laisser vivre tranquillement, sans souci.

COULEUR, n. f. [kulœʀ] (lat. *color*) Sensation que produit sur l'organe de la vue la lumière diversement réfléchie par les corps. *Les couleurs sont le produit de la décomposition de la lumière.* ♦ *Couleurs primitives*, les sept couleurs qui se montrent dans la décomposition de la lumière. ♦ *Juger, parler d'une chose comme un aveugle des couleurs*, en parler sans la moindre connaissance. ♦ *Couleur* se prend au masculin dans les expressions comme celles-ci : *Le couleur de rose, de chair, etc.* Après un substantif ces locutions s'emploient comme un adjectif invariable : *Des souliers couleur de rose.* ♦ Substance ou matière colorante dont on se sert en teinture, peinture, etc. ♦ *Couleur locale*, couleur propre à chaque objet indépendamment de la distribution de la lumière, et par extens. *couleur locale*, art de représenter, soit en peinture, soit dans une composition littéraire, certains détails qu'on croit caractériser ou avoir caractérisé un pays, un temps, etc. ♦ *Mettre en couleur*, peindre un carreau, un parquet, etc. ♦ En parlant des vêtements, toute autre couleur que le blanc et le noir. *Une robe de couleur.* ♦ *Couleurs de blason*, dites émaux ; on en distingue cinq gueules ou rouge, azur ou bleu, sinople ou vert, sable ou noir, et le pourpre qui est mélangé de gueules et d'azur. ♦ Anciennement, livrées. *Cet homme a porté les couleurs*, il a été laquais. ♦ *Porter les couleurs d'une dame*, porter des couleurs semblables à celles qu'elle affectionne le plus. ♦ Drapeau. *Les couleurs nationales. Les trois couleurs*, le drapeau ou la cocarde tricolore. ♦ **Mar.** *Couleurs*, n. f. pl. Pavillon, drapeau national. ♦ **Fig.** Caractère propre à telle ou telle opinion. *Ses opinions ont changé de couleur. La couleur d'un journal.* ♦ Au jeu de cartes, le rouge et le noir, et chacune des quatre marques : pique, trèfle, cœur et carreau. ♦ Le teint, la couleur du visage. *Sans changer de couleur.* « *Sans force et sans couleur* », P. CORNEILLE. ♦ *Être haut en couleur*, avoir la figure très colorée. ♦ *Reprendre couleur*, perdre sa pâleur, revenir à la vie, et fig. rentrer en faveur, reparaître dans le monde. ♦ *Un homme, une femme de couleur*, personne qui n'est pas blanche de peau. ♦ **Méd.** *Les pâles couleurs*, la chlorose. ♦ Apparence colorée qu'on donne à la viande et au pain par le moyen du feu. *Ce rôti a pris couleur.* ♦ **Fig.** *L'affaire prend couleur*, commence à bien aller. ♦ Coloris, en parlant d'un tableau. *Ce tableau a une bonne couleur.* ♦ Éclat, brillant du style. *Son style a de la couleur.* ♦ Expressions considérées en tant qu'elles peignent. *Je ne trouve pas de couleurs assez noires pour représenter ces histoires.* ♦ Certain caractère des choses. *Aux yeux du mélancolique, tout revêt de sombres couleurs. Voir tout couleur de rose*, voir tout en beau. ♦ *Je ne sais de quelle couleur est son argent*, il m'a payé ce qu'il me devait. ♦ *Je ne connais pas la couleur de ses paroles*, il ne m'a pas parlé. ♦ Apparence, prétexte. *Sous couleur d'amitié.* « *Des gens qui sachent donner au mensonge de belles couleurs* », BOSSUET. ♦ **Pop.** Mauvaise raison, mensonge. *Quelle couleur !* ♦ **Fig.** *Annoncer la couleur*, expliquer sans ambiguïté quelles sont ses intentions. ■ **Fig. et fam.** *En faire voir de toutes les couleurs à quelqu'un*, lui causer de nombreux soucis. ■ Très coloré, original. *Ce tableau est haut en couleur.*

COULEUVRE, n. f. [kulœvʀ] (lat. *colubra*) Reptile de la famille des serpents. ♦ Nom, dans l'histoire naturelle, de plusieurs serpents dépourvus de glandes à venin et de crochets mobiles venimeux. ♦ *Couleuvre d'eau, couleuvre à collier* et serpent nageur. ♦ **Fig.** *Avaler des couleuvres*, éprouver des mortifications, des dégoûts ; croire tout ce qui est dit. ■ *Être paresseux comme une couleuvre*, être très paresseux.

COULEUVREAU, n. m. [kulœvʀo] (*couleuvre*) Petit de couleuvre. *Des couleuvreaux.*

COULEUVRÉE, n. f. [kulœvʀe] (*couleuvre*) Plante de la famille des cucurbitacées, dite aussi vigne blanche, vigne vierge.

COULEUVRINE, n. f. [kulœvʀin] (*couleuvre*) Espèce de canon plus long que les pièces ordinaires.

1 COULIS, n. m. [kuli] (*couler*) Suc d'une substance consommée par une cuisson lente. *Coulis de perdrix, de pois. Coulis de fraises.* ♦ *Coulis d'écrevisses*, purée obtenue en pilant des écrevisses. ■ Mélange fluide de ciment et de mortier employé pour remplir les joints et les cavités dans un ouvrage de maçonnerie.

2 COULIS, adj. m. [kuli] (*couler*) *Vent coulis*, vent qui se glisse à travers les petites ouvertures, les fentes, etc.

COULISSE, n. f. [kulis] (fém. substantivé de 2 *coulis*) Rainure par laquelle on fait couler un châssis, un tiroir, etc. ♦ **Théât.** Châssis mobile garni de toiles peintes, qui sert à la décoration latérale ; l'espace qui est entre ces châssis et où se tiennent les acteurs avant de rentrer en scène. ♦ **Fig.** Se dit de ce qui est propre aux gens de théâtre. *Langage, intrigue de coulisses.* ♦ Le derrière des affaires. *On agit, mais lui se tient dans la coulisse.* ♦ Rempli qu'on fait à un vêtement pour le serrer au moyen de cordons. ♦ **Fam.** *Faire les yeux en coulisse, regarder en coulisse*, regarder de côté, à la dérobée. ♦ **Financ.** Petit parquet, non reconnu par la loi, où des courtiers non autorisés font l'office d'agents de change. ■ *Être dans la coulisse*, être caché. ■ Ourlet dans lequel on fait passer un cordon ou un fil pour froncer le tissu. *Un cordon de coulisse.*

COULISSÉ, ÉE, adj. [kulise] (*coulisser*) Qui a des coulisses.

COULISSEAU, n. m. [kuliso] (*coulisse*) *Les coulisseaux*, double coulisse de bois sur laquelle repose un lit à roulettes. ♦ Bâti dans lequel on place des tiroirs.

COULISSEMENT, ■ n. m. [kulis(ə)mɑ̃] (*coulisser*) Action de coulisser quelque chose. *Le coulissement d'une porte. Des systèmes de coulissement.*

COULISSER, ■ v. tr. [kulise] (*coulisse*) **Menuis.** Garnir de supports permettant à une pièce mobile de glisser. *Coulisser une vitre.* ♦ **V. intr.** Glisser sur une coulisse. *La porte coulisse sans bruit.* ■ Faire glisser un tissu sur un cordon de coulisse pour le froncer.

COULISSIER, n. m. [kulisje] (*coulisse*) ▷ **Financ.** Personne qui fait des affaires à la coulisse. ◁

COULOIR, n. m. [kulwaʀ] (*couler*, glisser ; anc. fr. *coledoir*, écuelle à filtrer [v. 1100] ; sens de passage v. 1700) ▷ Sorte d'écuelle à fond de toile, par où l'on coule le lait qu'on vient de traire. ◁ ♦ **Archit.** Passage intérieur peu large, servant au dégagement, à la circulation. ♦ Le couloir dans les assemblées politiques, le passage qui conduit à la salle des séances et où l'on s'arrête pour causer. *Intrigues de couloir.* ■ *Couloir de circulation*, partie de la chaussée réservée à la circulation des autobus, des taxis et des véhicules prioritaires. *Un couloir d'autobus.* ■ *Couloir aérien*, itinéraire que doit suivre un avion. ■ *Bruits, conversations de couloir*, rumeurs qui circulent au sein d'une entreprise, d'un groupe de personnes.

COULOIRE, n. f. [kulwaʀ] (*couler*, glisser) ▷ Vaisseau disposé, à son fond, de manière à laisser s'écouler la partie la plus liquide de certaines préparations. ◁

COULOMB, ■ n. m. [kulɔ̃] (Charles *Coulomb*, 1736-1806) **Phys.** Quantité d'électricité transportée en une seconde par un courant de 1 ampère (symbole C). *Le coulomb est une unité de charge électrique du système international (SI).*

COULOMMIERS, ■ n. m. [kulɔmje] (*Coulommiers*, ville de Brie) Fromage à base de lait de vache, à pâte molle et à croûte fleurie, proche du camembert.

COULON, ■ n. m. [kulɔ̃] (lat. *colombus*) **Nord** et **Belg.** Pigeon voyageur.

COULPE, n. f. [kulp] (lat. *culpa*) La souillure du péché qui fait perdre la grâce. « *Il fallait détruire la coulpe et la peine du péché* », BOSSUET. *Dire sa coulpe d'une chose*, en témoigner son repentir. ♦ *Battre sa coulpe*, dans le style ancien et poétique, se frapper la poitrine en disant son *mea culpa*. ♦ D'une façon générale, faute. « *Quelque grande qu'ait été mon offense, je crains peu d'en emporter la coulpe avec moi* », J.-J. ROUSSEAU.

COULURE, n. f. [kulyʀ] (*couler*) Mouvement d'une chose, d'un liquide qui coule. *La coulure du métal hors du moule.* ♦ Accident qui arrive à la grappe en fleur et qui fait que tout ou partie des grains de raisin coule. ■ Métal en fusion qui sort des joints du moule lors d'une coulée.

COUMARINE, ■ n. f. [kumaʀin] (mot guyanais *coumarou*, nom d'un arbre) **Chim.** Substance naturelle très odorante utilisée en pharmacie pour le traitement anticoagulant du sang. *La toxicité de la coumarine pour le foie est connue et certains la suspectent d'être cancérigène.*

COUNTRY, ■ n.m. ou n.f.inv. [kuntri] ou [kawntri] (mot angl., pays, campagne) Style de musique populaire apparu vers 1920 qui puise sa source dans la musique du sud des États-Unis, dérivée essentiellement des traditions anglaise et irlandaise. ■ Adj. inv. *La musique country.*

COUP, n.m. [ku] (lat. *colpus*, de *colaphus*, coup de poing, du gr. *kolaphos*, soufflet) Impression qu'un corps fait sur un autre en le heurtant. *Un coup de bâton.* ♦ *Se donner un coup contre un mur*, se faire une confusion en se heurtant. ♦ *Faire le coup de poing, donner un coup de poing*, se battre avec le poing fermé. ♦ *Coup de poing*, instrument pour percer les tonneaux ; espèce de pistolet fort petit. ♦ *Faire d'une pierre deux coups*, venir à bout de deux choses par un seul moyen. ♦ *Frapper les grands coups*, employer les moyens décisifs. ♦ *Frapper des coups en l'air* ; perdre sa peine. ♦ *C'est un coup dans l'eau, c'est un coup d'épée dans l'eau*, c'est d'une tentative inutile. ♦ *Avoir un coup de hache à la tête*, ou simplement *avoir un coup de hache, un coup de marteau*, être un peu fou. ♦ *Coup de fouet*, coup porté avec un fouet. ♦ *Coup de fouet*, rupture de fibres musculaires ou de muscles minces, qui survient à la jambe pendant un effort. ♦ Dans le langage général, *coup de fouet*, effort redoublé par lequel on tente d'obtenir ou d'emporter quelque chose. ■ **Mar.** *Coup de fouet*, la dernière crise du coup de vent, ou le coup de vent lui-même, s'il est de peu de durée. ♦ *Coup pour coup*, en escrime, action de deux tireurs qui se touchent en même temps. *Coup de temps*, coup pris d'opposition sur un développement, et fig. circonstance inopinée, ou occasion qui passe vite. ♦ *Coup fourré*, dans un combat au fleuret, à l'épée, se dit quand chacun des deux adversaires en même temps donne et reçoit un coup, et fig. *faire un coup fourré*, se rendre mutuellement et en même temps de mauvais offices. ♦ Dans un autre sens, *porter un coup fourré*, rendre en secret un mauvais office. ■ **Constr.** *Un mur prend coup*, il fait ventre, il n'est plus à plomb. ♦ *Les coups*, le combat. *En venir aux coups.* ♦ Fig. *Juger des coups*, rester spectateur d'une lutte, d'un débat. ♦ *Sans coup férir*, sans combattre, et fig. sans résistance. ♦ Blessure, contusion. *Tout couvert de coups.* ♦ *Coup de feu*, plaie produite par une arme à feu ; bruit de l'arme à feu avec laquelle on a tiré. ♦ *Le coup de la mort*, la blessure, l'accident qui la détermine. ♦ *Le coup de grâce*, coup par lequel le bourreau achevait le patient, et fig. ce qui consomme la ruine de quelqu'un. ♦ La décharge d'une arme à feu. *Un coup de canon.* *Fusil à deux coups*, fusil à double canon. ♦ ▷ *Faire le coup de fusil*, prendre part à un combat d'infanterie, se battre en tirailleurs. ◁ ♦ Se dit aussi de la charge de l'arme. *J'ai encore deux coups de poudre.* ♦ **Chasse** *Coup double*, coup qui tue deux pièces de gibier, et fig. action d'obtenir deux effets. ■ **Par extens.** *Coup de tonnerre*, bruit violent qui accompagne une décharge d'électricité dans un orage. ♦ *Coup de foudre*, coup que frappe l'électricité dans un orage. ♦ **Fig.** Amour soudain pour quelqu'un. « *Ce coup de foudre est grand* », P. CORNEILLE. ♦ **Fig.** Atteinte, attaque, blessure morale. « *À l'honneur de tous deux il porte un coup mortel* », P. CORNEILLE. ♦ *Le dernier coup*, ce qui achève d'accabler, de ruiner, etc. ♦ *Tenir coup*, tenir tête. ♦ *Le coup de pied de l'âne*, insulte que l'on adresse à un homme jadis puissant et maintenant hors d'état de se venger (locution tirée de la fable de l'Âne et du Lion mourant). ♦ *Coup de jarnac*, manœuvre perfide, déloyale, par allusion au coup imprévu dont Jarnac tua en duel la Chataigneraie, sous Henri II. ♦ Son, bruit que rendent certains corps par le choc. *Un coup de cloche. Au coup de minuit.* ♦ **Fam.** *N'être pas sujet au coup de cloche. Au coup de marteau*, être libre et maître de son temps. ♦ Action rapide d'un organe, d'un instrument, etc. *Un coup de langue. Quelques coups de balai.* ♦ *Un coup de dent*, action de faire aller la mâchoire pour manger. ♦ *Coup de pinceau*, application du pinceau pour peindre, et fig. description. ♦ *Coup de chapeau*, salutation donnée au passage. ♦ *Coups de ciseaux*, coupures qu'on fait avec des ciseaux dans quelque écrit pour les insérer textuellement dans une composition. ♦ *Donner à quelqu'un un coup de main, d'épaule*, lui venir en aide momentanément. ♦ **Fam.** *Donner un coup de pied jusqu'à tel endroit*, y aller. ■ **Mus.** *Coup de langue, de gosier, d'archet*, manière de lancer le son. ♦ *Coup de bec, de dent, de langue, de patte*, propos médisant. ♦ *Coup de filet*, action de lancer le filet, et résultat de cette action, prise de poisson, et fig. une capture, un gain. ♦ *Coup de main*, expédition, attaque de vive force, et en général toute espèce d'entreprise hardie. ♦ *Coup d'œil*, vue, regard. *Jetez un coup d'œil sur ce tableau.* ♦ **Fig.** *Coup d'œil*, sûreté dans l'appréciation des choses. ♦ *Coup d'œil*, aspect. « *La vertu n'a de triste que le premier coup d'œil* », MASSILLON. ♦ *Un coup de vent*, action vive, effet subit de certaines choses. *Un coup de vent.* ♦ *Coup de mer*, choc d'une grosse lame. ♦ **Méd.** *Coup de sang*, attaque d'apoplexie et aussi congestion momentanée du sang vers la tête. ♦ *Coup de lumière*, effet subit d'une lumière qui apparaît. ♦ *Coup de soleil*, effet produit sur une partie quelconque d'un être vivant, animal ou végétal, par l'action d'un soleil ardent. ♦ *Coup de soleil*, sorte d'érysipèle causé par le soleil. ♦ **Pop.** *Coup de soleil*, action de rougir soudainement par honte ou par embarras. ♦ *Coup d'air*, fluxion ou douleur causée par un courant d'air. ♦ **Techn.** *Coup de feu*, action d'activer le feu pour la cuisson ou la fusion de différentes matières, et fig. moment de

presse. ♦ *Coup de feu*, action d'un feu trop ardent sur une préparation culinaire. ♦ Chance favorable ou défavorable, circonstance imprévue. *Coup du ciel, de bonheur.* ♦ Action. *Un coup de désespoir. Un coup hardi.* ♦ *Faire le coup*, faire l'action dont il s'agit, en parlant d'une action mauvaise ou tout au moins d'une action hardie. ♦ *Faire de bons coups*, faire de bons tours. ♦ *Faire un mauvais coup*, une mauvaise action. ♦ *Faire un coup de tête*, faire étourdiment une chose hardie ou extravagante. ♦ *Faire un coup de sa tête*, ne demander conseil à personne. ♦ *Un coup de maître*, une action digne d'un maître, d'un homme habile, vaillant, etc. ♦ *Coup d'essai*, la première fois qu'on tente une chose. ♦ *Coup d'éclat*, action qui fait grand bruit, qui attire beaucoup de renom, et aussi action qui rompt avec des habitudes, avec une situation, etc. ♦ *Coup monté*, coup préparé à l'avance, prémédité. ♦ *Manquer son coup*, ne pas réussir. ♦ Dans un sens opposé, *porter coup*, sans régime, produire un effet considérable. « *Il s'en faut bien que toutes nos habiletés ou toutes nos fautes portent coup* », VAUVENARGUES. ♦ *Porter coup*, nuire, faire tort. *Le coup est porté, le mal est fait.* ♦ *Être sous le coup*, être menacé par, être en butte à. ♦ *Coup d'État*, mesure violente à laquelle un gouvernement a recours ; entreprise violente par laquelle un personnage s'empare du pouvoir. ♦ **Fig.** Tout ce qui est décisif dans quelque affaire importante. ♦ *Coup d'autorité*, usage extraordinaire qu'une personne fait de son autorité envers ceux qui lui résistent. ♦ *Coup de théâtre*, se dit d'un événement ou d'une situation qui frappe tout d'un coup l'esprit, parce qu'on ne s'y attendait pas. ♦ Fois, occasion, moment. « *Les hommes valeureux le sont du premier coup* », P. CORNEILLE. ♦ *Coup de vin*, ce qu'on boit de vin en une fois. ♦ *Le coup de l'étrier*, le coup qu'on boit en montant à cheval pour partir. ♦ **Fam.** *Boire un coup*, un verre de vin. ♦ *Boire à petits coups*, peu à la fois, mais souvent. ♦ *Boire un coup*, faire un excès de vin. ♦ **Pop.** *Boire un coup*, être en danger de se noyer. ♦ Manière de jouer, chance du jeu. *Il a fait un beau coup.* ♦ *Le donner en trois coups, quatre coups, etc.* se dit pour exprimer qu'on défie quelqu'un de faire la chose dont il s'agit. ♦ *Coup* se dit de chaque fois qu'un des joueurs a donné une carte, lancé des dés, etc. ♦ À COUP SÛR, **loc. adv.** Immanquablement, avec certitude de gain, de succès. ♦ *c'est un coup de dés* ou *de dé*, c'est une affaire où le hasard aura beaucoup de part. ♦ *Rompre le coup*, arrêter, détourner une chance des dés, en les empêchant de rouler librement, et fig. empêcher le succès d'une entreprise. ♦ *Coup de bourse*, opération de bourse qui réussit, qui apporte un grand profit. ♦ TOUT À COUP, **loc. adv.** tout en une fois, à la fois, du premier coup. Dans le sens de *tout à coup. Tout d'un coup son visage a pâli.* ♦ COUP SUR COUP, **loc. adv.** Successivement et sans interruption. ♦ APRÈS COUP, **loc. adv.** Après que la chose est faite. ♦ À TOUS COUPS, **loc. adv.** À tous propos, chaque fois. ♦ POUR LE COUP, **loc. adv.** Pour cette fois. ♦ Expression d'impatience et d'humeur. *Pour le coup, c'en est trop !* ♦ ENCORE UN COUP, **loc. adv.** Encore une fois. ♦ *Coup bas*, à la boxe, coup porté en dessous de la ceinture. ♦ **Fig.** Action déloyale. ■ *Tenter le coup*, faire un essai sans être sûr du résultat. ■ *Prendre un coup de froid*, être malade suite à un refroidissement. ■ SUR LE COUP, **loc. adv.** Au moment même, immédiatement. *Sur le coup, je n'avais pas vu mon erreur. Il a été tué sur le coup.* ■ *Coup dur*, épreuve dans la vie. ■ **Fam.** *Avoir un coup dans le nez*, être ivre. ■ **Fam.** *Coup de fil*, appel téléphonique. *Passer un coup de fil.* ■ **Fam.** *Avoir un coup de pompe, de barre*, être soudainement fatigué. ■ *Avoir un coup de cœur pour quelqu'un* ou *quelque chose*, être enthousiaste. *J'ai eu un coup de cœur pour cette vieille malle.* ■ *Passer en coup de vent*, ne faire que passer et repartir aussitôt. ■ *Tenir le coup*, résister à un état de fatigue, d'anxiété. *Il est épuisé mais il tient quand même le coup.* ■ **Fam.** *Être dans le coup*, être au courant de quelque chose ; *mettre quelqu'un dans le coup*, le mettre au courant. ■ *Valoir le coup*, valoir la peine. ■ *Coup franc*, au football et au rugby, sanction. ■ *Coup de pied de coin*, au football, remise en jeu effectuée au bénéfice de l'équipe attaquante, à partir d'un des angles de la surface du terrain. ■ REM. *Coup de pied de coin* est la recommandation officielle pour traduire *corner*.

COUPABLE, adj. [kupabl] (lat. chrét. *culpabilis*, du lat. *culpa*, faute) Qui a commis un crime, un délit, une faute. « *Quiconque tue est coupable d'homicide* », PASCAL. ♦ ▷ Se rendre coupable du corps et du sang de Jésus-Christ, recevoir la communion quand on en est indigne. ◁ ♦ On le dit aussi des choses. *Un dessein coupable.* ■ N.m. et n.f. *Les coupables furent condamnés.*

COUPABLEMENT, adv. [kupabləmã] (*coupable*) D'une manière coupable.

COUPAGE, n.m. [kupaʒ] (*couper*) Action de couper, d'atténuer une liqueur forte par une moins forte ; mélange de vins.

COUPAILLER, ■ v. tr. [kupaje] (*couper*) **Fam.** Mal couper quelque chose.

COUPANT, ANTE, adj. [kupã, ãt] (*couper*) Qui coupe. *Un couteau très coupant.* ♦ N.m. Tranchant. *Le coupant d'un sabre.* ■ **Fig.** *Une remarque coupante*, remarque brutale, tranchante.

COUP-DE-POING, ■ n.m. [kud(ə)pwɛ̃] (*coup* et *poing*) Arme métallique que l'on enfile sur les dernières phalanges d'une main. *Des coups-de-poing* américains. ■ **En appos. Fig.** *Un document coup-de-poing,* qui est violent et soudain.

1 COUPE, n. f. [kup] (*couper*) Action de couper. *La coupe d'un bois, des blés, des cheveux, etc.* ♦ *Coupe de bois,* étendue de forêt abattue ou à abattre. *Coupes réglées,* aménagements suivant lesquels on coupe chaque année une portion de bois déterminée. ♦ *Coupe sombre* ou *d'ensemencement,* opération qui consiste à enlever, dans un massif, une partie des arbres qui le composent de manière à permettre à ceux qu'on laisse sur pied d'ensemencer ce sol. ♦ **Fig.** *Mettre quelqu'un en coupe réglée,* imposer à quelqu'un, d'une façon régulière, des privations, des sacrifices d'argent. ♦ Endroit où une chose a été coupée. *Ce drap est beau à la coupe.* ♦ **À LA COUPE, loc. adv.** À la condition de couper pour essayer. *Acheter un melon à la coupe.* ♦ **Archit.** Plan qu'on suppose couper l'intérieur d'une construction, pour en montrer les dimensions relatives et les détails intérieurs. *Coupe perpendiculaire.* ♦ L'art de tailler les pierres. ♦ Manière dont la coupe est pratiquée, disposition qui en résulte. *La coupe d'un cintre.* ♦ **Par extens.** *La coupe du visage.* « *Coupe de corps élégante [du cygne]* », BUFFON. ♦ Manière de découper les étoffes. *La coupe d'un habit. On vante cet ouvrier pour l'habileté de sa coupe.* ♦ **Fig.** Division, distribution. *La coupe d'un poème, d'un ouvrage.* ♦ Arrangement des repos dans le vers, dans la phrase. ♦ Séparation qu'on fait en deux parties du jeu de cartes qu'un joueur a mêlées. ♦ *Faire sauter la coupe,* rétablir avec dextérité les deux paquets comme ils étaient avant d'avoir fait couper. ♦ *Être sous la coupe de quelqu'un,* être le premier en carte, le premier après la coupe. ♦ **Fig.** *Être sous la coupe de quelqu'un,* être dans sa dépendance, être exposé à son ressentiment. ♦ **Grav.** Action et manière d'entamer la planche avec le burin. ♦ Manière de nager, qui consiste à porter alternativement chaque bras en avant et à le ramener le long du corps, d'avant en arrière. ■ Façon dont sont coupés les cheveux. *Une coupe en brosse.* ■ Aux cartes, fait de ne pas avoir une couleur dans son jeu. *Avoir une coupe à trèfle.* ■ **Cin.** *Coupe sèche,* coupure brusque et nette du plan sonore ou du visuel. ■ REM. Recommandation officielle de *montage cut.* ■ *Coupe sombre,* fait de n'abattre que quelques arbres pour en semer de nouveaux ; *coupe claire,* abattage d'un grand nombre d'arbres pour donner de la lumière aux jeunes arbres. ■ **Par extens. Financ.** Réduction importante du budget. *Des recherches médicales et scientifiques mises en péril par l'annonce d'une coupe budgétaire par le gouvernement.*

2 COUPE, n. f. [kup] (b. lat. *cuppa,* coupe, du lat. *cupa,* tonneau) Vase à boire, ordinairement plus large que profond. Il se dit surtout en poésie. ♦ **Fig.** *Boire à la coupe du plaisir.* ♦ *Boire la coupe jusqu'à la lie,* souffrir une humiliation, une infortune complète. ♦ La partie de la communion de l'eucharistie qui se fait avec le vin. ♦ **Archit.** *Coupe de fontaine,* petit bassin en marbre ou en pierre recevant l'eau du jet. ♦ **Astron.** Constellation de l'hémisphère austral. ■ Trophée en forme de coupe remis au vainqueur d'une compétition sportive. ■ La compétition elle-même. *La coupe Davis.* ■ *La coupe est pleine,* ne pouvoir rien supporter de plus. *Par trois fois, tu es arrivé en retard, mais cette fois, la coupe est pleine !*

1 COUPÉ, n. m. [kupe] (substantivation du p. p. *coupé*) ▷ Voiture bourgeoise, dont la caisse n'a qu'un fond. ◁ ♦ **Adj.** *Carrosse coupé.* ▷ Compartiment antérieur d'une diligence. ◁ ♦ Dans les chemins de fer, *coupé-lit,* wagon disposé pour le transport de malades ou de blessés. *Coupé simple,* compartiment où l'on n'a pas de vis-à-vis. ◁ ♦ ▷ Pas de danse autrefois fort en usage. ◁ ♦ **Hérald.** Une des quatre partitions de l'écu. ■ Automobile sans porte latérale arrière, plus courte que le modèle standard.

2 COUPÉ, ÉE, p. p. de couper. [kupe] **Archit.** *Pan coupé,* surface qui remplace l'angle à la rencontre de deux pans de mur. ♦ **Littér.** *Style coupé,* style à phrases courtes ou incomplètes. ♦ *Phrase, strophe bien coupée,* où les repos sont bien ménagés. ♦ *Point coupé,* espèce de dentelle faite avec des feuilles pointues. ♦ **Hérald.** *Écu coupé,* écu divisé par le milieu, de droite à gauche, par une ligne horizontale ou dans le sens de la face.

COUPEAU, n. m. [kupo] (anc. fr. *cupel,* du b. lat. *cuppa,* coupe, p.-ê. par analogie de forme avec une coupe renversée) ▷ Sommet d'un coteau, d'une montagne. ♦ Il est vieux. ◁

COUPE-CHOU, ■ n. m. [kup(ə)ʃu] (*couper* et *chou*) **Fam.** Sabre court. *Des coupe-choux.*

COUPE-CIGARE, ■ n. m. [kup(ə)sigaʁ] (*couper* et *cigare*) Instrument permettant de couper les bouts de cigares avant leur consommation. *Des coupe-cigares.*

COUPE-CIRCUIT, ■ n. m. [kup(ə)siʁkɥi] (*couper* et *circuit*) Dispositif de sécurité permettant de couper instantanément le courant électrique dans un circuit lorsque l'intensité dépasse un certain degré. *Des coupe-circuits.*

COUPE-COUPE ou **COUPECOUPE,** ■ n. m. [kup(ə)kup] (*couper*) Sabre utilisé pour couper des branches afin d'ouvrir un chemin en forêt. *Des coupe-coupe, des coupe-coupes,* ou *des coupecoupes.*

COUPÉE, ■ n. f. [kupe] (substantivation de 2 *coupé*) Ouverture pratiquée sur le flanc d'un navire permettant d'y pénétrer ou d'en sortir. *La coupée*

donne accès soit à une passerelle de descente aboutissant au quai, soit à une échelle inclinée permettant de descendre dans une embarcation.

COUPE-FAIM, ■ n. m. [kup(ə)fɛ̃] (*couper* et *faim*) Petite collation prise pour couper momentanément la faim. ■ Médicament permettant de réduire la faim et donc la prise de poids. *Des coupe-faim* ou *des coupe-faims.*

COUPE-FEU, ■ n. m. [kup(ə)fø] (*couper* et *feu*) Obstacle artificiel ou naturel destiné à ralentir ou arrêter la propagation d'un feu. *Des coupe-feu* ou *coupe-feux.* ■ **En appos.** *Des portes coupe-feu* ou *coupe-feux.*

COUPE-FILE, ■ n. m. [kup(ə)fil] (*couper* et *file*) Carte officielle permettant une priorité de circulation à celui qui la détient. *Des coupe-files.* ■ En appos. *Des billets de spectacles coupe-files.*

COUPE-GORGE, n. m. [kup(ə)gɔʁʒ] (*couper* et *gorge*) Endroit écarté, maison mal famée où l'on court risque d'être assassiné ou volé. ♦ **Par extens.** *Les académies de jeux sont des coupe-gorge.* ♦ Au lansquenet, *coupe-gorge* se dit quand celui qui donne tire sa carte la première : ce qui lui fait perdre tout ce qui est sur le tapis. ♦ Au pl. *Des coupe-gorges.*

COUPE-JAMBON, ■ n. m. [kup(ə)ʒɑ̃bɔ̃] (*couper* et *jambon*) Appareil mécanique ou électrique destiné à couper en tranches du jambon désossé. *Des coupe-jambons.*

COUPE-JARRET, ■ n. m. [kup(ə)ʒaʁɛ] (*couper* et *jarret*) Brigand, assassin de profession. ♦ Au pl. *Des coupe-jarrets.*

COUPE-LÉGUME, ■ n. m. [kup(ə)legym] (*couper* et *légume*) Appareil destiné à couper les légumes en morceaux. *Des coupe-légumes.*

COUPELLATION, n. f. [kupelasjɔ̃] (*coupeller*) Opération par laquelle on sépare l'argent des autres métaux avec lesquels il est uni, excepté de l'or.

COUPELLE, n. f. [kupɛl] (b. lat. *cupella*) Petit vase fait avec des os calcinés, dont on se sert pour la coupellation. *Mettre, passer à la coupelle.* ♦ Or ou *argent de coupelle,* or, argent très fin. ♦ **Fig.** « *Mon cœur s'est purifié à la coupelle de l'adversité* », J.-J. ROUSSEAU. ■ Pièce de vaisselle en forme de petite coupe.

COUPELLÉ, ÉE, p. p. de coupeller. [kupele]

COUPELLER, v. tr. [kupele] (*coupelle*) ▷ Passer un métal à la coupelle. ◁

COUPE-ONGLE, ■ n. m. inv. [kupɔ̃gl] (*couper* et *ongle*) Petit instrument de toilette servant à couper les ongles. *Des coupe-ongles.*

COUPE-PAILLE, ■ n. m. [kup(ə)paj] (*couper* et *paille*) Instrument pour couper la paille en fragments très petits. ♦ Au pl. *Des coupe-pailles.*

COUPE-PAPIER, ■ n. m. [kup(ə)papje] (*couper* et *papier*) Instrument muni d'une lame pour couper le papier, pour séparer les feuillets d'un livre, etc. *Des coupe-papiers.*

COUPE-PÂTE, ■ n. m. [kup(ə)pɑt] (*couper* et *pâte*) ▷ Instrument pour couper la pâte. ♦ Au pl. *Des coupe-pâtes.* ◁

COUPER, v. tr. [kupe] (*coup*) Diviser un corps avec un instrument tranchant. *Couper du pain avec un couteau.* ♦ **Fam.** *À couper au couteau,* se dit de choses épaisses, d'un liquide plus consistant qu'il ne doit l'être. ♦ **Absol.** *Ce rasoir coupe bien.* ♦ *Couper la bourse à quelqu'un,* lui voler sa bourse. ♦ *Couper la gorge à quelqu'un,* le tuer. ♦ **Fig.** *Couper la gorge à quelqu'un,* lui causer un grand dommage. ♦ **Fig.** *Couper le sifflet à quelqu'un,* le rendre muet. ♦ **Fam.** *Je lui couperai les oreilles,* se dit par menace. ♦ *Couper le visage à quelqu'un d'un coup de cravache,* lui asséner un coup de cravache à travers la figure. ♦ **Fig.** *Couper l'herbe sous le pied à quelqu'un,* le supplanter dans une affaire. ♦ *Couper pied à un abus,* en ôter la cause. ♦ **Fig.** *Couper bras et jambes à quelqu'un,* lui ôter tout moyen d'agir efficacement, et aussi lui causer une consternation grande. ♦ *Couper le mal à sa racine,* l'extirper. ♦ *Se couper,* couper à soi-même. *Se couper les ongles. Se couper la gorge.* ♦ *Se couper la gorge avec quelqu'un,* se battre en duel avec lui. ♦ Tailler d'une certaine façon. *Couper un habit.* ♦ **Grav.** Conduire d'une certaine manière le burin. ♦ Enlever, retrancher une partie d'une chose. *Couper un pan de bois.* ♦ **Chir.** *Couper un membre,* l'amputer. *Couper dans le vif,* couper, pour mieux extirper un mal, tout autour dans les chairs vives. ♦ **Fig.** *Couper dans le vif,* prendre des mesures énergiques pour mettre fin à une situation mauvaise. ♦ Barrer, détourner, intercepter. *Couper une route, un passage, un pont.* ♦ *Couper le chemin à quelqu'un,* le lui barrer, passer devant lui. ♦ *Couper les communications, les vivres à une place assiégée,* empêcher qu'elle ne communique avec le dehors, qu'elle ne se ravitaille. ♦ *Couper les vivres à quelqu'un,* cesser de subvenir à ses dépenses. ♦ *Couper le feu,* circonscrire l'action de l'incendie. ♦ Par analogie. *Couper la fièvre,* empêcher le retour des accès. ♦ **Fig.** « *Je coupe en lui tout intérêt de mentir* », J.-J. ROUSSEAU. ♦ Passer devant quelqu'un en le séparant de la personne ou de la chose vers laquelle il va. ♦ Séparer, diviser. *Couper une pièce en deux par une cloison.* ♦ Se croiser avec. *Ce chemin coupe la route d'Orléans.* ♦ *Couper l'eau, le courant,* aller en travers ou en remontant. ♦ **Fig.** *Couper à quelqu'un sa journée,* déranger le plan de ses occupations. ♦ **Mar.** *Le vaisseau coupe la lame,* quand l'avant court sur la lame et la traverse. ♦ *Couper la ligne de* *l'ennemi*, la traverser et la séparer en deux. ◆ **Fig.** *Couper l'équateur*, traverser l'équateur. ◆ Au jeu de cartes, prendre avec l'atout une carte de son adversaire. ◆ **Absol.** *Je coupe à carreau.* ◆ Empêcher, en parlant de la voix, de la parole. *La douleur lui coupe la voix.* ◆ *Couper la parole à quelqu'un*, l'interrompre en prenant la parole soi-même. ◆ Gercer, en parlant du froid. *Le froid m'a coupé les lèvres.* ◆ *Ce vent coupe la figure*, il est vif et froid. ◆ Tempérer un liquide par un autre. *Couper du vin blanc avec du vin rouge.* ◆ **Absol.** *Couper*, mélanger d'eau. *Couper le bouillon.* ◆ *Couper le style*, faire des phrases courtes et d'où les liaisons sont absentes. ◆ Mettre les repos dans les phrases, dans les vers. ◆ *Couper court*, abréger. ◆ **Absol.** *Couper court au discours*, et elliptiquement *couper au discours*. ◆ **Par extens.** Mettre un terme. *Coupons court aux erreurs de la jeunesse.* ◆ *Couper court à quelqu'un*, le quitter brusquement en lui faisant une réponse brève et décisive. ◆ **Absol.** *Coupons court.* ◆ **V. intr.** Passer la racloire sur une mesure de grains qui est comble. ◆ *Couper à travers champs*, par le plus court chemin, se diriger par la ligne la plus courte. ◆ Séparer en deux un jeu de cartes, après que celui qui les tient les a bien mêlées. ◆ *Se couper*, **v. pr.** Se blesser avec un instrument tranchant. ◆ Être coupé. ◆ En parlant des étoffes, se gâter par les plis. *Certaines étoffes se coupent.* ◆ S'entrecroiser. *Ces deux routes se coupent.* ◆ Se contredire dans ses assertions. ◆ *Avoir le souffle coupé*, être essoufflé ; fig. être fortement surpris. ◆ *Couper la faim*, l'appétit à quelqu'un, faire en sorte qu'il n'ait plus faim, plus d'appétit. ■ Interrompre le courant dans un circuit électrique. ■ Castrer. *Faire couper son chat.* ■ **Fam.** *Couper quelqu'un*, lui couper la parole. ■ **Fam.** *Ne pas y couper*, être obligé de s'y soumettre.

COUPE-RACINE, n. m. [kup(ə)ʀasin] (*couper* et *racine*) Instrument propre à couper, à diviser en tranches plus ou moins minces les racines charnues. ◆ Au pl. *Des coupe-racines*.

COUPER-COLLER, ■ v. tr. [kupekole] (*couper* et *coller*) Supprimer des données numériques en les enregistrant pour les insérer à un autre endroit. N. m. *Faire un couper-coller dans un traitement de texte. Des couper-coller ou des coupers-collers.*

COUPERET, n. m. [kup(ə)ʀɛ] (*couper*) Sorte de large et lourd couteau pour trancher ou hacher la viande. ◆ Lame de guillotine. ■ **Fig.** *Le couperet est tombé*, la sanction a été prise.

1 **COUPEROSE**, n. f. [kup(ə)ʀoz] (p.-ê. lat. médiév. *cuperosum*, de *cupri rosa*, rose de cuivre, à cause des couleurs produites par la fusion du cuivre) Nom ancien de divers sulfates : *couperose verte*, sulfate de fer ; *couperose blanche*, sulfate de zinc ; *couperose bleue*, sulfate de cuivre.

2 **COUPEROSE**, n. f. [kup(ə)ʀoz] (emploi figuré de 1 *couperose*) **Méd.** Inflammation chronique des glandes cutanées de la face, caractérisée par des pustules peu étendues, séparées, environnées d'une aréole rosée.

COUPEROSÉ, ÉE, adj. [kup(ə)ʀoze] (*couperose*) **Méd.** Atteint de couperose. *Teint, visage couperosé.*

COUPEROSER, v. tr. [kup(ə)ʀoze] (*couperose*) Rendre couperosé. ◆ *Se couperoser*, v. pr. Devenir couperosé.

COUPE-TÊTE, n. m. [kup(ə)tɛt] (*couper* et *tête*) Celui qui coupe des têtes. ◆ ▷ Sorte de jeu où les enfants sautent tour à tour les uns par-dessus les autres. *Jouer à coupe-tête.* ◁ ■ Le jeu s'appelle aujourd'hui *saute-mouton*. Au pl. *Des coupe-têtes*.

COUPEUR, EUSE, n. m. et n. f. [kupœʀ, øz] (*couper*) Celui, celle qui coupe des étoffes ou des cuirs dans un atelier. ◆ Tailleur d'habits chargé de la coupe de l'étoffe. ◆ Celui, celle qui coupe les grappes en vendange. ◆ Joueur au lansquenet. ◆ ▷ *Coupeur de bourses*, un adroit filou. ◁

COUPE-VENT, ■ n. m. [kup(ə)vɑ̃] (*couper* et *vent*) Vêtement d'extérieur qui recouvre le haut du corps, confectionné dans un tissu léger et généralement imperméable et que l'on porte pour se protéger du vent. *Des coupe-vents*.

COUPLAGE, n. m. [kuplaʒ] (*coupler*) **Méc.** Assemblage. ◆ Bateaux attachés latéralement deux par deux. ■ **Électr.** Façon dont des dispositifs électriques sont connectés. *Un couplage en série, en parallèle.*

COUPLE, n. f. [kupl] (lat. *copula*, lien, chaîne) ▷ Lien pour attacher ensemble deux ou plusieurs choses pareilles. ◁ ◆ Lien dont on attache deux chiens de chasse ensemble. ◆ **Par extens.** Se dit de deux choses de même espèce, prises ensemble. *Une couple d'œufs, de serviettes, de pigeons.* N. m. Le mari et la femme, ou deux personnes vivant ensemble dans des relations d'amitié ou d'intérêt. « *Certain couple d'amis* », La Fontaine. ◆ **Par extens.** *Un couple de chiens, de pigeons*, le mâle et la femelle. ◆ **Mar.** Deux pièces liées entre elles qui, placées sur un double rang, forment la membrure. ◆ *Un couple*, au masculin, se dit de deux personnes unies ensemble et même de deux animaux. *Une couple*, au féminin, se dit de deux choses quelconques de même espèce, et qui ne sont unies qu'accidentellement. ■ N. m. **Math.** Paire ordonnée. *Le couple (3 ; 2) est différent du couple (2 ; 3).* ■ **Phys.** Ensemble de deux forces parallèles, d'intensité égale mais de sens

contraire, portant sur deux points différents d'un même corps. ■ Rem. Auj. *couple* en tant que nom féminin n'est plus employé que pour désigner le lien dont on attache deux chiens de chasse.

COUPLÉ, ÉE, p. p. de coupler. [kuple] **Ch. de fer.** *Roues couplées*, roues accouplées.

COUPLER, v. tr. [kuple] (lat. *copulare*, lier ensemble) Attacher deux à deux des chiens de chasse. ◆ **Techn.** Relier deux à deux des pièces en mouvement. *Coupler des roues de locomotive.* ■ **Électr.** Assembler par un couplage. *Coupler deux circuits électriques.*

COUPLET, n. m. [kuplɛ] (anc. fr. *couble*, couple) **Techn.** Nom de deux pièces de fer jointes ensemble avec des charnières et des rivures, dans une serrure. ◆ **Fig. Théât.** Tirade. ◆ Dans les chansons de geste, nom donné à une suite plus ou moins longue de vers sur une même rime. ◆ Stance d'une chanson. ◆ Au pl. Chanson. *De joyeux couplets.*

COUPLETÉ, ÉE, p. p. de coupleter. [kupləte]

COUPLETER, v. tr. [kupləte] (*couplet*) ▷ Faire des couplets contre quelqu'un. ◆ Vieux ; on dit aujourd'hui *chansonner*. ◁

COUPLEUR, ■ n. m. [kuplœʀ] (*coupler*) **Techn.** Dispositif permettant de coupler deux pièces, deux organes, deux circuits. *Le coupleur permet, entre autres, de faire transiter dans un seul câble coaxial les signaux d'une antenne hertzienne.*

COUPOIR, n. m. [kupwaʀ] (*couper*) Instrument propre à couper, à rogner. ◆ Instrument de monnayage, qui sert à couper des lames d'or, d'argent ou de cuivre pour en faire des flans.

COUPOLE, n. f. [kupɔl] (ital. *cupola*, dimin. du lat *cupa*, cuve) **Archit.** La partie concave d'un dôme. *La coupole du Panthéon.* ◆ Le dôme même. *La coupole de Saint-Pierre à Rome.* ◆ **Fig.** *La vaste coupole d'un ciel bleu.* ■ *La Coupole*, l'Académie française. ■ **Milit.** Partie supérieure arrondie d'un véhicule blindé. *Une coupole de tir.*

COUPON, n. m. [kupɔ̃] (*couper*) Petit reste d'une pièce d'étoffe. ◆ *Coupon d'action*, portion de la division d'une action. ◆ *Coupon d'intérêts*, promesse d'intérêts jointe à une action et qu'on détache à l'échéance. ◆ **Théât.** *Coupon de loge*, le billet qui donne droit à une loge. ■ **Par extens.** Petite carte attestant le droit à certaines prestations, certains avantages. *Le prix du coupon hebdomadaire de la carte orange. Un coupon de réduction.*

COUPONNAGE, ■ n. m. [kupɔnaʒ] (*coupon*) **Comm.** Promotion d'un produit réalisée à l'aide de coupons-réponse donnant droit à une réduction. *En France, le couponnage n'apparaît que vers 1970, stimulé par l'implantation de multinationales et le développement des grandes marques de grande consommation.*

COUPONNÉ, ÉE, adj. [kupɔne] **Hérald.** Partagé.

COUPON-RÉPONSE, ■ n. m. [kupɔ̃ʀepɔ̃s] (*coupon* et *réponse*) Partie d'une lettre contenant un formulaire à remplir, que l'on découpe et que l'on renvoie en guise de réponse. *Nous avons déjà reçu plusieurs coupons-réponse ou coupons-réponses.* ■ **Par extens.** *Un coupon-réponse électronique.*

COUPURE, n. f. [kupyʀ] (*couper*) Division faite par un instrument tranchant. *Une coupure au doigt.* ◆ Fossé qu'on ouvre pour faire écouler des eaux. ◆ **Fortif.** Fossé retranché qui, fait en arrière d'une brèche, coupe tout accès aux assaillants. ◆ Suppression qu'on fait dans une œuvre littéraire. ◆ *Coupure des monnaies*, fraction de l'unité monétaire, du billet de banque type. ■ **Par extens.** Billet de banque. *Payer en petites coupures.* ■ *Coupure de presse*, article découpé dans un journal. ■ Fait d'interrompre l'alimentation d'un circuit. *Une coupure d'eau, de courant.* ■ Interruption dans une activité. *Faire une coupure à l'heure du déjeuner.*

COUQUE, ■ n. f. [kuk] (mot wallon et picard, du néerl. *koek*, gâteau, pain d'épices) Pâtisserie à base de pain d'épices ou de brioche. *La couque traditionnelle de saint Nicolas.*

COUR, n. f. [kuʀ] (b. lat. *curtis*, enclos comprenant jardin et habitations, du lat. *cohors*, cour de ferme) Terrain enfermé de murs et à découvert qui fait partie d'une habitation et de ses commodités. ◆ *Cour d'honneur*, la principale cour d'un palais, d'un château. ◆ *Basse-cour*, Voy. BASSE-COUR. ◆ Dans les grandes villes, cour, nom de certains passages, et aussi d'enceintes de maisons. ◆ Le palais du prince. ◆ Le prince et son conseil. *Recevoir un ordre de la cour.* ◆ *Être bien en cour*, être en faveur. ◆ Le gouvernement du prince dans ses rapports diplomatiques. *La cour de France.* ◆ Les principales personnes qui composent l'entourage d'un prince, et aussi l'air, le ton de la cour, la manière d'y vivre. ◆ *Homme de cour*, celui qui fait partie de la cour, qui en a les manières. ◆ ▷ *Savoir la cour*, être au fait des manières de la cour. ◁ ◆ En mauvaise part et indiquant frivolité, complaisance servile, etc. *Abbé de cour. Un ami de cour*, Voy. AMI. ◁ ◆ *De l'eau bénite de cour*, Voy. BÉNIT. ◆ *Cour plénière*, grande assemblée de vassaux que convoquaient les anciens rois de France. ◆ ▷ **Fig. et fam.** *Avoir, tenir cour plénière*, avoir chez soi plus de monde qu'à l'ordinaire recevoir très nombreuse compagnie. ◁ ◆ *La cour du roi Pétaud*, endroit où chacun commande et où tout est confusion, et aussi où tout le monde veut parler à la fois ♦ **Fig.** Entourage de gens empressés à plaire à une personne. ♦ **Par extens.** Respects et hommages qu'on rend à une personne, assiduités qu'on a auprès d'elle pour gagner ses bonnes grâces. *Faire la cour aux grands.* ♦ ▷ *Faire la cour de quelqu'un,* lui rendre un bon office auprès d'un tiers. ◁ ♦ ▷ *Faire sa cour aux dépens de quelqu'un,* chercher à le desservant. ◁ ♦ ▷ *Faire sa cour d'une chose à quelqu'un* ou *auprès de quelqu'un,* se faire un mérite auprès de lui, de lui annoncer une chose qui l'intéresse. ◁ ♦ Siège de justice où l'on plaide. Autrefois, il se disait de la plupart des tribunaux ; aujourd'hui, on ne le dit que des tribunaux supérieurs. *Cour d'assises. Cour d'appel. Cour de cassation.* ♦ *Haute cour,* tribunal exceptionnel de haute justice. ♦ *Cour des comptes,* juridiction chargée de juger les comptes des comptables de deniers publics et de surveiller l'exécution des lois de finances. ♦ Autrefois, en matière criminelle, *hors de cour* signifiait qu'il n'y avait pas assez de preuves pour asseoir une condamnation. ♦ Aujourd'hui, *mettre hors de cour, mettre hors de cause,* déclarer qu'il n'y a pas lieu à suivre. ■ **N. m.** *Un hors de cour. Prononcer un hors de cour.* ♦ Les membres d'une cour. *La cour va en délibérer.* ♦ Lieu où siège une cour de justice. *Je vais à la cour.* ■ *La cour des Miracles,* autrefois, lieu où se rassemblaient les malfaiteurs et les mendiants ; auj. fig. endroit malfamé. ■ *Cour de récréation* ou *cour,* espace en plein air d'un établissement scolaire réservé aux moments de détente des élèves. ♦ **Fig.** (par allusion à la cour réservée aux élèves plus âgés) *La cour des grands,* ensemble des personnes qui occupent une place importante dans un milieu. ♦ *Faire la cour à une jeune fille, à une femme,* lui être plaisant pour la séduire.

COURAGE, n. m. [kuraʒ] (*cœur,* pris dans le sens de siège des sentiments) ▷ L'ensemble des passions qu'on rapporte au cœur. « *Que tu pénètres mal le fond de mon courage !* », P. CORNEILLE. « *La honte suit de près les courages timides* », RACINE. ◁ ♦ ▷ La personne même, considérée au point de vue de la passion qui l'anime. « *Ce grand prince calma les courages émus* », BOSSUET. ◁ ♦ Zèle, bonne volonté, ardeur. *Je vous servirai de grand courage. Donner courage aux faibles.* ♦ Fermeté qui fait supporter ou braver le péril, la souffrance, les revers, etc. « *La vraie épreuve du courage N'est que dans le danger que l'on touche du doigt* », LA FONTAINE. ♦ *Courage d'esprit,* fermeté de l'intelligence qui fait saisir les idées hardies. ♦ *Courage de cœur,* qui fait braver les périls présents. *Donner, prendre, reprendre, perdre courage.* ♦ Il se dit aussi des animaux. *Ce chien a du courage.* ■ **Fam.** *Prendre, tenir son courage à deux mains,* faire effort pour s'affermir dans une résolution. ♦ *Courage !* interjection d'encouragement, d'excitation. *Allons, courage !* ♦ Dureté de cœur. *Je n'ai pas le courage de lui refuser cela.*

COURAGEUSEMENT, adv. [kuraʒøz(ə)mɑ̃] (*courageux*) Avec courage, fermeté.

COURAGEUX, EUSE, adj. [kuraʒø, øz] (*courage*) Qui a du courage. *Se montrer courageux dans le malheur. Une âme courageuse.* ♦ **N. m.** et n. f. « *Le courageux est assuré contre les périls dans les entreprises considérables* », BOSSUET. ♦ Qui dénote du courage. *Trait courageux. Un courageux dévouement.*

COURAILLER, ■ v. intr. [kuraje] (*courir*) **Vieilli** et **fam.** Passer souvent d'une relation amoureuse à une autre. *Depuis son divorce, il couraille.* ■ **Fam.** Perdre son temps à courir çà et là. *Courailler dans les rayons des grandes surfaces.*

COURAMMENT, adv. [kuramɑ̃] (*courant*) D'une manière courante, avec facilité. *Lire, écrire couramment.*

COURANT, ANTE, adj. [kurɑ̃, ɑ̃t] (p. prés. de *courir*) Qui court. ♦ ▷ **Adv.** *Tout courant,* en grande hâte. *Elle envoie tout courant savoir si...* ♦ ▷ *Tout courant,* sans hésiter, sans peine. *Il lit tout courant.* ◁ ♦ *Chien courant,* chien qui court le lièvre, le cerf, etc. *Une chienne courante.* ♦ Qui coule continûment. *Eau courante.* ♦ *Écriture courante,* Voy. COURANTE. ♦ **Mar.** *Manœuvres courantes,* les cordages qui servent constamment à la manœuvre. ♦ Qui est en cours. *Le mois courant. L'intérêt courant.* ♦ Qui a cours. *Acheter au prix courant.* ♦ ▷ *Compte courant,* situation de deux personnes qui font l'une pour l'autre des versements et des encaissements, sous la condition de régler à une certaine époque leur situation réciproque ; état de leurs opérations. ◁ ♦ *Main courante,* Voy. BROUILLARD. ♦ En parlant des mesures, *mètre courant,* mesure prise avec le mètre et considérée par rapport à sa longueur, sans avoir égard à la largeur. ♦ **Impr.** *Titre courant,* titre qui se répète au haut de chaque page. ♦ Ordinaire, habituel. *Les affaires courantes.* ♦ **N. m.** *Courant,* le cours, la direction d'une eau vive. « *Le courant d'une onde pure* », LA FONTAINE. ♦ **Mar.** Direction particulière du mouvement des eaux qui se portent vers un point fixe. *Il y a sur cette côte des courants dangereux.* ♦ **Fig.** « *Suivez le courant des plaisirs qu'on peut avoir en province* », MME DE SÉVIGNÉ. ♦ *Les grands courants de l'opinion,* les idées qui, à certains moments et dans certains pays, deviennent générales et entraînent tout. ♦ *Courant d'air,* vent. ♦ **Phys.** *Courant atmosphérique,* vents qui suivent une direction déterminée. ♦ **Phys.** *Courant électrique.* ♦ La période de temps qui court. *Dans le courant de la semaine, de l'année.* ♦ *Le courant,* le mois qui court. *Le 8 du courant* ▷ ou elliptiquement ◁ *le 8 courant.* Fin

courant, fin du mois courant. ♦ ▷ En matière de rente, d'intérêt, le terme qui court. *Il me doit les arrérages et le courant.* ◁ ♦ ▷ La manière ordinaire de se comporter. « *Suivez le courant de la maison pour la pauvreté* », BOSSUET. ◁ ♦ ▷ *Le courant du monde,* la manière ordinaire du monde. ◁ ♦ ▷ *Le courant du marché,* le prix actuel des denrées. ◁ ♦ ▷ *Le courant des affaires,* les affaires ordinaires, par opposition aux affaires extraordinaires. ◁ ♦ ▷ *Un courant d'affaires,* une masse d'affaires à traiter. ◁ ♦ ▷ *Être au courant des affaires,* connaître bien celles qui se font régulièrement tous les jours. ♦ *Mettre, tenir quelqu'un au courant d'une affaire,* lui en donner connaissance exacte. ♦ ▷ *Être au courant,* n'avoir plus d'arriéré, soit comme travail, soit comme dettes. ◁ ■ **N. m. Fig.** et **fam.** *Un courant d'air,* se dit d'une personne qui ne fait que de brèves apparitions, qui passe toujours en coup de vent. ■ Mouvement de l'électricité dans un circuit. ♦ **Par méton.** L'électricité elle-même. *Il n'y a plus de courant.* ■ *Prise de courant,* prise sur laquelle on peut brancher un appareil pour l'alimenter en électricité. ■ **Fig.** et **fam.** *Le courant passe entre eux,* ils s'entendent suffisamment bien pour pouvoir communiquer aisément.

1 **COURANTE,** n. f. [kurɑ̃t] (féminin substantivé du p. prés. de *courir*) Ancienne danse très grave. ♦ L'air à trois temps sur lequel on la dansait.

2 **COURANTE,** n. f. [kurɑ̃t] (1 *courante*) **Pop.** Diarrhée. *Avoir la courante.*

3 **COURANTE,** n. f. [kurɑ̃t] (1 *courante*) ▷ Sorte d'écriture cursive. ◁

COURANT-JET, ■ n. m. [kurɑ̃ʒɛ] (*courant* et *jet,* d'après l'angl. *jet stream*) **Météorol.** Courant aérien soufflant d'ouest en est, prenant la forme de tubes horizontaux aplatis et constituant des zones de vent fort ou très fort. *Les courants-jets se situent aux confins de la tropopause.* ■ REM. Recommandation officielle pour *jet-stream.*

COURBAGE, ■ n. m. [kurbaʒ] Voy. COURBEMENT.

COURBARIL, n. m. [kurbaril] (on prononce le *l* ; orig. inc.) Le cœur du bois de l'*hymenaea courbaril,* dont l'écorce laisse écouler une résine dite animé occidental ou copal tendre. ■ REM. On prononçait autrefois [kurbari].

COURBARINE, n. f. [kurbarin] (*courbaril*) Résine de courbaril.

COURBATU, UE ou **COURBATTU, UE,** adj. [kurbaty] (*court* pris adverbialement et *battu*) ▷ Se dit d'un cheval qui n'a pas la respiration et les membres libres, par suite d'une grande fatigue. ◁ ♦ **Par extens.** Se dit des personnes qui éprouvent une grande lassitude.

COURBATURE ou **COURBATTURE,** n. f. [kurbatyr] (*courbatu*) ▷ Malaise d'un cheval courbatu. ◁ ♦ Chez l'homme, indisposition caractérisée par une sensation de brisement ou de contusion des muscles et des membres et une extrême lassitude.

COURBATURÉ, ÉE ou **COURBATTURÉ, ÉE,** p. p. de courbaturer. [kurbatyre]

COURBATURER ou **COURBATTURER,** v. tr. [kurbatyre] (*courbature*) Donner, causer une courbature. ♦ *Se courbaturer,* v. pr. Se donner une courbature.

COURBE, adj. [kurb] (lat. vulg. *curbus,* de lat. *curvus*) Qui est en forme d'arc ou de sinuosité, ou, suivant la définition géométrique, qui n'est ni droit ni composé de lignes droites. *Une ligne, une surface courbe.* ♦ **N. f. Géom.** Ligne courbe. *Décrire une courbe.* ■ **Archit.** *Courbe rampante,* se dit du limon courbe d'un escalier. ♦ *Les courbes,* en charpenterie, sont des pièces de bois coupées en arc. ♦ Tumeur osseuse qui vient aux jambes des chevaux. ◁ ■ **Math.** *Courbe de Gauss* ou *courbe en cloche,* représentation graphique d'une fonction, symétrique par rapport à un axe vertical et qui prend la forme d'une cloche. ■ *Courbe de niveau,* Voy. NIVEAU.

COURBÉ, ÉE, p. p. de courber. [kurbe] Infléchi, en parlant des personnes. *Courbé sous le poids des années.*

COURBEMENT, n. m. [kurbəmɑ̃] (*courber*) Action de courber ; état de ce qui est courbé. ■ REM. Le synonyme courbage, quoique attesté, est moins courant.

COURBER, v. tr. [kurbe] (lat. vulg. *curbare,* de lat. *curvare*) Rendre courbe. *Courber un bâton.* « *La vieillesse viendra courber ton corps* », FÉNELON. ♦ Fléchir, baisser. *Courber les genoux devant quelqu'un. Courber la tête.* ♦ **Fig.** « *Las de courber mon front sous un injuste empire* », DELAVIGNE. ♦ **V. intr.** *Courber sous le faix, sous le poids,* plier, fléchir. ♦ *Se courber,* v. pr. Devenir courbe. ♦ Avec suppression du pronom réfléchi. « *On fit courber par force des arbres l'un vers l'autre* », ROLLIN. ♦ Plier le corps. *Se courber pour ramasser quelque chose.* ♦ S'incliner. « *L'insolent devant moi ne se courba jamais* », RACINE. ♦ S'humilier sous la volonté d'un supérieur. *Tout se courbe devant cet homme.* ■ **V. intr. Suisse** Ne pas aller en classe, en cours.

COURBETTE, n. f. [kurbet] (*courber* ; XVIᵉ siècle) Air relevé de manège consistant en un saut dans lequel le cheval lève ses deux membres antérieurs, pendant que, tenant les hanches basses, il les avance sous le ventre. *Faire aller le cheval à courbettes.* ♦ **Fig.** ▷ *Faire aller un homme à* *courbettes*, avoir plein pouvoir sur lui, le gourmander. ◁ ♦ **N. f. pl. Fig.** Politesses, prévenances trop humbles. ♦ *Faire des courbettes*, ramper devant quelqu'un.

COURBURE, n. f. [kuʀbyʀ] (*courber*) État, forme d'une chose courbée. *La courbure d'un arc, de la terre, etc.*

COURCAILLER, ■ v. intr. [kuʀkaje] Voy. CARCAILLER.

COURCAILLET, n. m. [kuʀkajɛ] (*cour*, onomatopée, et *caillet*, de caille) Le cri des cailles. ♦ Appeau qui imite ce cri pour les attirer.

COURCIVE, n. f. [kuʀsiv] ▷ Voy. COURSIVE. ◁

COURÇON, ■ n. m. [kuʀsɔ̃] Voy. COURSON.

1 COURÉE, n. f. [kuʀe] (*corroi*) Mélange de suif, de soufre et de résine, dont on enduit la carène des bâtiments, des bateaux.

2 COURÉE, ■ n. f. [kuʀe] (*cour*, lieu clos) **Nord** Ensemble de petites habitations modestes regroupées autour d'une cour commune. *Habitat typique du Nord, hérité de la grande époque industrielle, les courées de la métropole lilloise abritent encore de nombreuses familles disposant pour la plupart de revenus modestes.*

COURETTE, n. f. [kuʀɛt] (dimin. de *cour*) Petite cour.

COUREUR, EUSE, n. m. et n. f. [kuʀœʀ, øz] (*courir*) Personne qui est exercée à la course. *Un bon coureur.* ♦ ▷ Valet qui accompagne à pied la voiture. ◁ ♦ Personne qui va et vient sans cesse d'un endroit à un autre. *C'est un grand coureur, on ne le trouve jamais à la maison.* ♦ *Coureur de bois*, nom, en Canada, de ceux qui vont faire la traite des peaux de castor et autres pelleteries. ♦ **Fam.** *Coureur de bals, de spectacles*, celui qui est de tous les bals, qui suit tous les spectacles. ♦ ▷ **Au pl.** Cavaliers détachés qui, en temps de guerre, battent le pays et éclairent l'armée. ◁ ♦ *Coureur*, cheval de selle propre pour la course et la chasse. ♦ **Zool.** *Les coureurs*, ▷ famille de l'ordre des rongeurs, à laquelle appartient le lièvre ; ordre de la classe des oiseaux qui ne volent pas et qui courent très vite. ◁ ♦ **N. f.** *Coureuse*, jument légère. ♦ **Adj.** Qui est bon à la course. *Chevaux coureurs*, chevaux de relais qui courent la chasse. ♦ *Oiseaux coureurs*, oiseaux dont les jambes sont demi-nues, et qui sont très vites à la course, comme l'autruche. ■ **N. m., n. f.** *Un coureur, une coureuse cycliste*, sportif, sportive spécialisé dans les courses de vélo. ■ **N. m. Fam.** Homme qui recherche les aventures amoureuses. *Un coureur de jupons.* ■ **Adj.** *Il a toujours été coureur.*

COURGE, n. f. [kuʀʒ] (lat. *cucurbita*, courge, potiron) Genre de la famille des cucurbitacées. ♦ Fruit de ces plantes.

COURGETTE, ■ n. f. [kuʀʒɛt] (dimin. de *courge*) Fruit d'une variété de courge, de forme oblongue, de couleur verte et de petite taille, consommé généralement cuit.

COURIR, v. intr. [kuʀiʀ] (lat. *currere*) Aller avec une grande vitesse. ♦ **Mar.** Faire route. *Courir au nord.* ♦ *Courir sus à quelqu'un*, en termes d'ordonnances, de déclarations, se jeter sur lui pour l'arrêter, pour le tuer, et fig. poursuivre, persécuter. ◁ ▷ On dit dans le même sens : *Courir sur. Courir sur les malheureux.* ◁ ♦ *Courir sur*, faire la course comme corsaire. ♦ ▷ *Courir à.* « *Peuple, vengez mon père et courez ce traître* », VOLTAIRE. ◁ ♦ Jouter à la course, participer à une épreuve de course. ♦ Se dit aussi des chevaux qui disputent le prix de la course. *Faire courir*, envoyer des chevaux sur le turf pour y courir. ♦ **Fig.** *Courir à sa perte, à la gloire, etc.* ♦ *Courir au plus pressé*, faire d'abord ce qui est le plus urgent. ♦ Marcher vite sans précisément courir, aller en hâte, se dépêcher, s'empresser. *Courir aux armes.* ♦ *En courant*, à la hâte, d'une manière superficielle, fugitive. *Lire en courant.* ♦ *Courir après quelqu'un* ou *quelque chose*, aller à sa recherche. ♦ **Fig.** « *Qui ne court après la fortune ?* » LA FONTAINE. ♦ ▷ *Courir après l'esprit*, affecter d'en montrer sans trop y réussir. ◁ ♦ *Courir après son argent*, continuer à jouer pour tâcher de regagner ce qu'on a perdu, et aussi aller relancer ses débiteurs. ♦ *Courir après l'argent*, chercher toutes les occasions d'en gagner. ♦ Aller et venir çà et là. *Il est toujours à courir.* ♦ Faire des courses, des démarches. *Il a couru toute la journée pour ses affaires.* ♦ *Faire courir quelqu'un*, lui faire perdre son temps en courses, en différentes tâches. ♦ Avoir un mouvement de progression, en parlant des choses. *Sa plume courait sur le papier.* ♦ *Laisser courir sa plume*, se livrer en écrivant au cours de ses idées. ♦ **Mar.** *Faire courir une manœuvre dans les poulies*, faciliter le jeu des cordages. ♦ Couler. *Le sang court dans les veines.* ♦ Être répandu, passer de main en main. « *Il court parmi le monde un livre abominable* », MOLIÈRE. ♦ ▷ *Faire courir un papier, une brochure, un livre*, le remettre à quelqu'un en lui recommandant de le remettre à d'autres et ainsi de suite. ◁ ♦ *Courir* se dit aussi des bruits qui circulent, des paroles qui se répandent. *Le bruit court que...* ♦ **Impers.** *Il court des bruits désavantageux sur lui.* ♦ En parlant de maladies, sévir d'une façon épidémique. *Les maladies qui courent.* ♦ Être en voie de, être près d'arriver au terme. *Ma provision de bois court à sa fin.* ♦ Se passer, en parlant du temps. *L'année qui court. On lui a donné trois mois qui courent à partir de tel jour.* ♦ **Fam.** *Par le temps qui court*, d'après ce qui se passe, dans les circonstances

où nous sommes. ♦ Être compté, en parlant des intérêts, loyers, appointements. *Ses gages courent depuis un an.* ♦ S'étendre, se prolonger. *Cette côte court est-ouest*, va droit d'orient en occident. ♦ **V. tr.** Poursuivre à la course. *Courir un lièvre, un cerf.* ♦ **Fig.** *Ils courent le même lièvre*, ils prétendent à la même chose. ♦ *Il ne faut pas courir deux lièvres à la fois*, il ne faut s'occuper à la fois que d'une chose. ♦ ▷ En parlant des personnes qu'on poursuit. *Courir quelqu'un l'épée à la main.* ◁ ♦ **Fig.** Rechercher avec empressement. *Courir les honneurs.* ♦ ▷ Il se dit des personnes. « *Nous courons quelquefois les hommes qui nous ont imposé par leurs dehors* », VAUVENARGUES. ◁ ♦ ▷ S'exercer dans une lice, un combat à différents jeux d'adresse. *Courir la bague, la tête*, courir en essayant d'atteindre avec une lance une bague, une tête. ◁ ♦ *Courir un prix*, en parlant des courses de chevaux, faire courir un cheval pour avoir ce prix. ♦ Parcourir. *J'ai couru toute la ville, sans le trouver.* ♦ *Courir le monde*, voyager en divers pays. ♦ ▷ *Courir la poste*, voyager en poste, aller fort vite, et fig. se dépêcher outre mesure. ◁ ♦ On dit dans le même sens : *Courir le grand galop.* ♦ **Milit.** Faire une incursion rapide. *Courir le plat pays.* ♦ **Mar.** *Courir des bordées*, ou *courir des bords*, aller alternativement à droite et à gauche. ♦ *Courir la mer*, y faire la course comme corsaire ou pirate. ♦ Suivre une profession où l'on a des émules. *Courir la carrière littéraire.* ♦ ▷ Être en train d'accomplir une certaine année de son âge. « *J'ai l'honneur de courir ma 50e année* », VOLTAIRE. ◁ ♦ *Courir les aventures*, se disait des chevaliers qui allaient à la recherche des exploits guerriers. ♦ Dans un sens général, avoir des aventures, quelles qu'elles soient. ♦ **Par extens.** Être exposé à. *Il a couru le risque de périr.* ♦ *Courir fortune*, hasard, s'exposer à certaines éventualités. ♦ ▷ *Courir même fortune*, être exposé aux mêmes risques et périls. ◁ ♦ *Courir une belle fortune*, être en passe d'arriver à quelque chose de grand. ◁ ♦ Hanter, fréquenter. *Courir les bals, les théâtres, les salons, etc.* ♦ *Courir la prétentaine*, aller et venir sans objet bien déterminé. ♦ Être répandu, propagé. *Cette aventure court les salons.* ♦ *Courir les rues*, être su de tout le monde, être commun, vulgaire. *L'esprit court les rues.* ■ **Fam.** On dit auj. sans que cela soit familier, *par les temps qui courent.* ♦ **V. intr. Prov.** *Rien ne sert de courir, il faut partir à point*, le temps perdu ne peut jamais être rattrapé. ■ **Fam.** *Laisse courir*, n'y attache pas d'importance. ■ **Fam.** *Cours toujours* ou *tu peux toujours courir*, se dit à quelqu'un pour lui signifier qu'il n'aura pas ce qu'il attend. ♦ **Fam.** *Ne pas courir après quelque chose*, ne pas aimer. *Je ne cours pas après les escargots.* ♦ **V. tr.** *Courir la prétentaine*, passer souvent d'une relation amoureuse à une autre. ■ **Fam.** *Il commence à me courir* ou *à me courir sur le haricot*, se dit de quelqu'un qu'on finit par ne plus supporter. ■ Participer à une épreuve de course (automobile, cycliste, à pied, etc.) *Courir le Grand Prix de Monaco Formule 1.* ■ Se courir, **v. pr.** Se dérouler, en parlant d'une épreuve de course. *Le Grand Prix se court à Monaco.*

COURLIS, n. m. [kuʀli] (onomatopée tirée du cri de l'oiseau) Oiseau aquatique du genre des échassiers. ■ **REM.** On disait aussi autrefois *courlieu*.

COURONNE, n. f. [kuʀɔn] (lat. *corona*, du gr. *korônê*, corneille, fig. objet recourbé) Ornement de tête fait de feuillage ou de fleurs. *Une couronne de feuilles de chêne, de laurier.* ♦ **Poétiq.** *La couronne de l'innocence.* ♦ **Antiq. rom.** *Couronne triomphale, obsidionale, civique, navale, murale.* ♦ Aujourd'hui, *couronne académique* ou simplement *couronne*, prix remporté dans les concours académiques. ♦ Se dit aussi de la couronne qu'on donne dans les collèges aux écoliers qui ont remporté un prix. ♦ **Fig.** Prix, récompense, ornement. « *Il y a de fausses vaillances qui ont leur couronne* », BOSSUET. ♦ Ornement de tête, signe de dignité. *La couronne est l'insigne de la puissance royale et de diverses dignités féodales. Couronne de duc, de comte, de baron.* ♦ *La triple couronne*, la tiare du pape. ♦ *La couronne d'épines*, celle que l'on mit sur la tête de Jésus-Christ par dérision, et fig. ce qui cause un vif déplaisir, une profonde douleur. *Cela lui est une couronne d'épines.* ♦ **Absol.** La puissance royale impériale. *Les prérogatives de la couronne.* ♦ *Mettre la couronne sur la tête de quelqu'un*, lui donner la puissance souveraine. ♦ *Discours de la couronne*, discours prononcé par le souverain à l'ouverture d'une session législative. ♦ **Fig.** *C'est un des plus beaux fleurons de sa couronne*, c'est une des plus riches possessions ou une des plus nobles prérogatives du prince, et aussi c'est ce qu'une personne a de plus considérable, de plus avantageux. ♦ État gouverné par un monarque. *La Lorraine jointe à la couronne de France.* ♦ Le souverain même. *Les officiers, le domaine de la couronne. Traiter de couronne à couronne.* ♦ **Théol.** *La couronne de gloire*, la béatitude éternelle. ♦ *La couronne du martyre*, la récompense qui est réservée aux martyrs. ♦ **Peint.** Ornement que l'on place sur la tête de la Vierge et des saints. ♦ *Couronne ou tonsure cléricale*, petit rond de cheveux que l'on rase au sommet de la tête. ♦ *Couronne impériale*, fleur rouge ou jaune, composée de plusieurs petites cloches qui lui donnent l'apparence d'une couronne. ♦ **Anat.** *Couronne des dents*, partie des dents qui se trouve hors des gencives et qui est revêtue d'émail. ♦ **Fortif.** *Ouvrage à couronne* ou simplement *couronne*, ouvrage fait en forme de couronne qui est avancé vers la campagne. ♦ **Hérald.** Représentation des ornements qu'on met pour timbre aux armoiries, afin de marquer la dignité de la personne. ♦ *Couronne*, sorte de papier qui est marqué d'une couronne. ♦ **Adj.** *Papier* *couronne.* ♦ ▷ Monnaie d'argent d'Angleterre, qui vaut 5 fr. 81 cent. ◁ ♦ Ancienne monnaie de France. ■ *En couronne,* disposé en cercle. *Un pain tressé en couronne. Un moule en couronne.* ■ **Hortic.** *Greffe en couronne,* dans laquelle les greffons sont disposés en cercle sur le tronc. ■ Chez les ongulés, partie qui sépare le paturon du sabot. ■ Prothèse dentaire recouvrant la partie visible de la dent ou s'y substituant. ■ *La petite couronne,* proche banlieue d'une grande ville. ■ *La grande couronne,* banlieue éloignée d'une grande ville. ■ Unité monétaire de différents pays, en particulier des pays nordiques. *La couronne suédoise, danoise.* ■ **Astron.** *Couronne solaire,* phénomène optique composé d'une série d'anneaux colorés centrés sur le Soleil ou la Lune. ■ **Bot.** Cime d'un arbre.

COURONNÉ, ÉE, p. p. de couronner. [kuʀɔne] Orné d'une couronne. ♦ *Tête couronnée,* un roi, une empereur. ♦ **Hérald.** *Armoiries couronnées,* armoiries surmontées d'une couronne. ♦ **Fortif.** *Ouvrage couronné,* Voy. COURONNE. ♦ *Cheval couronné,* cheval qui a aux genoux une place circulaire dépouillée de poils ; ce qui provient d'une chute. ♦ *Arbre couronné,* arbre sur son retour et qui ne pousse plus de bois qu'à l'extrémité de ses branches. ■ *Genou couronné,* marqué d'une plaie due à une chute. ■ Qui a obtenu un prix, une récompense. *Son dictionnaire des synonymes a été couronné par l'Académie française.* ■ *Couronné de succès,* qui a amené au succès. *Une initiative couronnée de succès.*

COURONNEMENT, n. m. [kuʀɔn(ə)mɑ̃] (*couronner*) Action de couronner et particulièrement de mettre la couronne sur la tête d'un souverain. ♦ **Hérald.** Ornement qui se met en tête d'un écusson. ♦ **Fig.** Achèvement. « *Son sacrifice a reçu son couronnement* », PASCAL. « *Pour le couronnement de toutes ses sottises* », MOLIÈRE. ■ **Archit.** Ornement terminant un édifice ou l'une des parties d'un édifice. ♦ Maladie d'un arbre qui se couronne. ♦ Lésion du cheval couronné.

COURONNER, v. tr. [kuʀɔne] (*couronne,* d'après lat. *coronare,* entourer, ceindre) Orner d'une couronne. ♦ **Fig.** « *Ô Dieu que la gloire couronne* », RACINE. ■ Mettre solennellement la couronne sur la tête d'un souverain. *Couronner un pape, un roi.* ♦ Donner le titre de roi, de reine. ♦ *Être couronné,* recevoir ou avoir le titre de roi, de reine. ♦ **Absol.** Faire roi. « *C'est le dieu qui règne et qui couronne* », LAMARTINE. ♦ Décerner une couronne, un prix, soit dans les jeux gymnastiques, soit dans un concours littéraire ou classique. *Couronner le vainqueur à la course, à la lutte, au ceste. Couronner un auteur, un élève, un discours.* ♦ Honorer, récompenser. « *Le ciel va couronner aussi votre vertu* », P. CORNEILLE. ♦ **Archit.** Former le couronnement. *Un entablement couronne l'édifice.* ♦ Dominer, surmonter. « *Ces bois semblaient couronner ces belles prairies* », FÉNELON. ♦ **Milit.** Garnir de troupes quelque point élevé. ♦ *Couronner un cheval,* le laisser tomber de façon qu'il se blesse aux genoux. ♦ **Fig.** Combler, accomplir. « *Ces morts précieuses qui couronnent une belle vie* », FLÉCHIER. ■ Se couronner, v. pr. Se mettre une couronne. *Se couronner de fleurs.* ♦ Se faire roi. ♦ *Cet arbre se couronne,* il vieillit et la tête s'en dessèche. ♦ *Ce cheval s'est couronné,* il s'est fait la lésion dite *couronnement.* ♦ *La fin couronne l'œuvre,* se dit pour exprimer que l'on doit persévérer jusqu'à la fin, ou simplement pour exprimer qu'une œuvre est enfin achevée. ■ **Fam.** *Et pour couronner le tout,* se dit lorsqu'un événement fâcheux vient s'ajouter à d'autres. *Et pour couronner le tout, il nous a annoncé qu'il quittait la France.*

COUROS, ■ n. m. [kuʀɔs] Voy. KOUROS.

1 COURRE, n. m. [kuʀ] (2 *courre*) ▷ Endroit où l'on place les chiens, quand on chasse le sanglier, le loup, etc. ◁

2 COURRE, v. intr. [kuʀ] (lat. *currere*) Infinitif ancien du verbe *courir ;* n'est plus usité qu'en termes de chasse. Se dit des chiens qui poursuivent les bêtes. ♦ *Chasse à courre,* chasse qui se fait avec des chiens courants et à cheval. ♦ *Laisser courre les chiens,* ou simplement *laisser courre,* découpler les chiens. ♦ *Le laisser-courre,* n. m. Le lieu où l'on découple les chiens. ♦ Se dit aussi de l'air de cor quand on découple les chiens. *Sonner le laisser-courre.* ♦ V. tr. Poursuivre la bête. *Courre un cerf.*

COURRIEL, ■ n. m. [kuʀjɛl] (québécois, abrév. de *courrier électronique*) Messagerie électronique. *Une adresse de courriel.* ■ Message électronique. *Envoyer un courriel.* ■ **REM.** Recommandation officielle pour *e-mail, mail.*

COURRIER, n. m. [kuʀje] (ital. *corriere,* porteur, dérivé de *correre,* courir ; XIVᵉ siècle, *corier*) Porteur de dépêches. ♦ *Courrier de cabinet,* courrier envoyé par les ministres pour les affaires publiques. ♦ **Fam.** *Courrier de malheur,* celui qui annonce une fâcheuse nouvelle. ◁ ♦ ▷ *Tout homme qui court la poste à cheval. Voyager en courrier.* ◁ ♦ Le préposé à la malle-poste, qui portait les lettres. *Répondre courrier par courrier.* ♦ La voiture où était le courrier. *Voyager par le courrier.* ♦ La totalité des lettres qu'on envoie ou qu'on reçoit par un même ordinaire de poste. *Faire, lire son courrier.* ♦ Nom qu'ont pris un grand nombre de journaux. ♦ ▷ Petit bâtiment armé. ◁ ■ *Courrier électronique,* échange de messages par l'intermédiaire d'un réseau électronique, et spécialement via Internet.

COURRIÈRE, n. f. [kuʀjɛʀ] (féminin de *courrier*) ▷ Mot qui n'appartient guère qu'à la poésie. « *Des mois l'inégale courrière* », MALHERBE. ◁

COURRIÉRISTE, ■ n. m. et n. f. [kuʀjeʀist] (*courrier*) Rédacteur, rédactrice en charge d'une rubrique dans un journal. *Un courriériste littéraire.* ■ **Canada** *Courriériste parlementaire,* journaliste affecté à la couverture des travaux parlementaires.

COURROIE, n. f. [kuʀwa] (lat. *corrigia*) Lanière de cuir. ♦ ▷ **Fig.** *Allonger, étendre la courroie,* user avec économie de ses ressources, et aussi étendre les profits d'un emploi au-delà de ce qui est permis. ◁ ♦ ▷ *Serrer la courroie à quelqu'un,* restreindre les ressources qu'on lui procure. ◁ ♦ ▷ *Lâcher la courroie,* laisser faire, donner des facilités. ◁ ■ **REM.** On dit auj. *serrer la ceinture à quelqu'un.* ■ **Techn.** *Courroie de transmission* ou *courroie,* bande souple, fermée sur elle-même, reliant les poulies entre elles pour assurer la transmission du mouvement. *Une courroie d'alternateur.*

COURROUCÉ, ÉE, p. p. de courroucer. [kuʀuse] *Dieu courroucé contre son peuple.* ♦ **Fig.** *Les flots courroucés.*

COURROUCER, v. tr. [kuʀuse] (anc. fr. *corecier, corrocier,* du lat. pop. *corruptiare,* de *corrumpere,* détruire, altérer) Mettre en courroux. *Cette conduite courrouça son père contre lui.* ♦ **Fig.** « *Déchaîner la tempête et courroucer les flots* », DELILLE. ■ Se courroucer, v. pr. Se mettre en courroux. ♦ **Fig.** *La mer se courrouce.*

COURROUX, n. m. [kuʀu] (anc. fr. *corropt, corroz,* colère, de *corrocier,* courroucer) Sentiment d'irritation ; s'emploie en poésie et dans le style soutenu. *Allumer le courroux. Se mettre en courroux.* ♦ Il se dit aussi de quelques animaux nobles ou féroces. *Le courroux du lion.* ♦ **Fig.** *La vague en courroux.*

COURS, n. m. [kuʀ] (lat. *cursus,* action de courir, parcours) Action de courir, cheminement, progrès, au propre et au figuré. *Le cours d'un entretien, des desseins de Dieu, etc.* ♦ *Interrompre le cours d'une chose,* l'arrêter, l'empêcher. ♦ **Mar.** *Voyage de long cours,* longue traversée par opposition à *cabotage.* ♦ *Capitaine au long cours,* celui qui commande les navires qui font le long cours. ♦ Mouvement réel ou apparent des astres. *Le cours du Soleil.* ♦ Mouvement d'écoulement, et aussi étendue que parcourt un fleuve, etc. *Cette rivière a un cours rapide, un long cours.* ♦ *Un cours d'eau,* un ruisseau, une rivière. ♦ ▷ *Donner cours à ses larmes,* les laisser couler. ◁ ♦ **Fig.** *Donner cours à ses transports, à sa fureur.* ♦ *Prendre son cours,* se dit d'une eau qui prend sa pente, et fig. avoir origine. ♦ ▷ Par comparaison avec le cours d'un fleuve, on dit *le cours d'une chaîne de montagnes.* ◁ ♦ ▷ Par analogie. *Le cours du sang.* ◁ ♦ ▷ *Cours de ventre,* diarrhée. ◁ ♦ Développement, enchaînement. *Le cours des saisons, des événements.* « *Il n'y a qu'à laisser aller les choses leur cours naturel* », MASSILLON. ♦ Durée. *La nuit est au milieu de son cours. Le cours de notre existence.* ♦ *Cours de la Lune,* le temps qui s'écoule depuis la nouvelle Lune jusqu'à la pleine Lune. ♦ On dit qu'*une maladie a son cours* quand elle passe par certaines périodes. ♦ Enseignement suivi sur une matière. *Un cours de chimie, de littérature.* ♦ Traité spécial sur un enseignement. *Ce professeur a publié un Cours de philosophie.* ♦ Études universitaires. *Ce jeune homme a fini ses cours.* ◁ ♦ Circulation, crédit. *Cette monnaie n'a plus cours. Donner cours forcé aux billets.* ■ **Par extens.** Se dit des écrits ou idées qui ont circulation et crédit. « *Les erreurs qui ont aujourd'hui cours dans le monde* », MASSILLON. ♦ *Donner cours à une monnaie, à un papier.* **Par extens.** *Donner cours à un bruit, à une opinion.* ♦ **Comm.** Valeur sur le marché. *Acheter des marchandises au cours de la place ou du marché.* **Bourse** *Le cours du change, de la rente, des obligations. Les cours sont élevés.* ♦ Lieu agréable qui est un rendez-vous pour se promener à certaines heures à cheval ou en voiture. « *Il se promène à la plaine ou au cours* », LA BRUYÈRE. ■ Nom de promenades publiques dans certaines villes. ♦ *Suivre son cours,* progresser comme prévu. *Le projet suit son cours.* ■ Nom donné aux différentes années d'enseignement de l'école élémentaire. *Cours préparatoire,* première année. *Cours élémentaire,* deuxième et troisième années. *Cours moyen,* quatrième et cinquième années. ■ AU COURS DE, loc. prép. Pendant, durant. ■ *En cours,* qui est en train de se réaliser. *Nous pouvons vous donner tous les renseignements utiles sur les travaux en cours ou prévus sur notre réseau. Une société en cours de liquidation.*

COURSE, n. f. [kuʀs] (forme fém. de *cours,* p.-ê. sous infl. de ital. *corsa,* course) Action de courir. ♦ ▷ *Prendre sa course,* se mettre à courir. ◁ ♦ *Pas de course,* pas militaire plus vite que le pas accéléré. ♦ Marche très rapide, sans que pour cela on coure précisément. ♦ **Fig.** « *Les apôtres n'avaient pas encore achevé leur course* », BOSSUET. ♦ Joute où l'on s'efforce de l'emporter par la vitesse. *Course à pied, en char.* ♦ Épreuves que l'on fait subir aux chevaux pour juger de la vitesse de leurs allures et de leur vigueur à franchir les obstacles. *Courses plates,* sur un terrain non accidenté. *Courses des barrières. Course au clocher,* Voy. CLOCHER. ♦ Allées et venues, démarches pour une affaire. *Ce commis ne fait que les courses.* ♦ Excursion. *Les courses des savants dans les montagnes.* ♦ ▷ Trajet, distance. *Il y a une très longue course d'ici chez vous.* ◁ ♦ Trajet que fait une voiture de place d'un endroit à un autre. *Prendre un fiacre à la course.* ♦ Ce que gagne un courrier, un cocher, un portefaix pour le chemin qu'il a parcouru. ♦ Cours des astres, des fleuves. ♦ ▷ **Milit.** Expédition qu'une troupe fait en pays ennemi, en vue du butin. ◁ ♦ **Mar.** Expédition de corsaires. *Armer un navire en course.* ♦ Quantité dont un pêne de serrure peut avancer ou reculer. ♦ L'aller et le venir d'une navette, d'un piston, déplacement d'une pièce dans un mécanisme. ■ N. f. pl. Courses de chevaux donnant lieu à des paris. *Jouer aux courses.* ■ DE COURSE, loc. adj. Spécialement conçu pour les épreuves de course. *Vélo, voilier de course.* ■ *Tapis de course,* appareil domestique de fitness, muni d'un tapis motorisé simulant la course naturelle. ■ REM. Adj. on parle plutôt de *courses de plat* que de *courses plates.* ■ **Fig.** *À bout de course,* très fatigué, sans plus de force. ■ **Fig.** et **fam.** *Être dans la course,* être au fait de ce qui se pratique. *Cet industriel automobile est dans la course avec cette nouvelle technologie.* ■ N. f. pl. Achat de produits de consommation courante. *Faire les courses.* ■ Par méton. Ces produits achetés. *Ranger les courses.* ■ *En fin de course,* près de la limite à atteindre ; fig. dont on ne peut plus rien attendre. *Un directeur senior en fin de course.*

COURSE-CROISIÈRE, ■ n. f. [kurs(ə)krwazjɛr] (*course* et *croisière*) **Sp.** Compétition de voiliers en haute mer sur un long parcours. *Des courses-croisières.*

COURSE-POURSUITE, ■ n. f. [kurs(ə)pursɥit] (*course* et *poursuite*) Course menée pour rattraper une ou plusieurs personnes, et généralement marquée par différentes péripéties. *La course-poursuite s'est terminée par une fusillade. Des courses-poursuites.*

COURSER, ■ v. tr. [kurse] (*course*) **Fam.** Poursuivre quelqu'un à la course pour le rattraper. *Il l'a coursé sur quelques mètres puis s'est écroulé.*

1 COURSIER, n. m. [kursje] (anc. fr. *cors,* allure rapide) Grand et fort cheval de tournoi ou de bataille. ♦ **Poétiq.** Un noble et beau cheval. ♦ **Mar.** Canon de chasse placé à l'avant. ♦ Conduit qui, amenant l'eau d'un biez de moulin, la fait passer au-dessous de la roue.

2 COURSIER, IÈRE, ■ n. m. et n. f. [kursje, jɛr] (*course*) Personne chargée du transport des plis pour le compte d'une entreprise. *Les coursiers sont généralement équipés d'un système de géolocalisation afin de rentabiliser leur temps de course.*

COURSIVE, n. f. [kursiv] (anc. fr. *coursie,* de ital. *corsio,* rapide) **Mar.** Demi-pont qu'on fait de chaque côté sur les petits bâtiments, les petits bateaux qui ne sont pas pontés. ♦ Tout passage pratiqué entre des soutes dans le sens de la longueur du bâtiment. ■ REM. On écrivait également autrefois *courcive.*

COURSON, n. m. ou **COURSONNE,** n. m. et n. f. [kurso, kursɔn] (anc. fr. *acorcier,* raccourcir) **Hortic.** Branche taillée courte. ♦ Bois de la vigne qu'on taille tous les ans, et qui porte l'œil. ♦ *Branches coursonnes sur le pêcher,* celles qui portent la branche à fruit de l'année. ■ REM. On écrit aussi *courçon.*

COURSONNE, ■ adj. et n. f. [kursɔn] Voy. COURSON.

1 COURT, COURTE, adj. [kur, kurt] (lat. *curtus,* écourté, incomplet) Qui a peu de longueur. *Cheveux courts.* ♦ ▷ **Fig.** *Son épée est trop courte,* il n'a pas assez de crédit, de capacité, de force pour... On dit dans le même sens : *Il a les bras trop courts.* ◁ ♦ *Tenir quelqu'un de court,* lui laisser peu de liberté. ♦ *Prendre quelqu'un de court,* ne pas lui laisser assez de temps pour faire la chose dont il s'agit. ♦ T. de potier. *Pâte courte,* pâte qui ne s'étend pas beaucoup. ♦ Qui a peu de taille. ♦ *Cheval court,* celui dont le corps a peu de longueur du garrot à la croupe. ♦ Insuffisant. « *Mes finances ont souvent été fort courtes* », J.-J. ROUSSEAU. ♦ *Avoir la vue courte,* ne pas voir de loin, et fig. n'avoir pas assez de sagacité, de prévoyance. *Un homme à courte vue. Il n'a que des vues courtes.* ♦ **Fig.** *La sagesse humaine est toujours courte par quelque endroit.* ♦ En parlant des personnes, *être court de,* manquer de. *Être court de mémoire, d'argent* (être à court d'argent est une locution fautive). ♦ Qui est de peu de durée. *En hiver les jours sont courts.* ♦ ▷ **Comm.** *Lettre de change à courts jours,* celle qui n'a plus que peu de jours à courir. *Tirer à courts jours.* ◁ ♦ *Avoir l'haleine courte,* la respiration courte, respirer peu profondément et coup sur coup ; être facilement essoufflé. ♦ Bref. *Courte harangue.* ♦ *Être court,* ne pas parler longuement. ♦ *Pour le faire court,* pour abréger. ♦ Prompt et facile. *Le moyen le plus court pour réussir.* ♦ *Courte honte* (c.-à-d. une honte avec laquelle on demeure court), refus, affront, insuccès. *Il en a eu la courte honte.* ♦ N. m. *Le court,* ▷ ce qui est court. ♦ *Savoir le court et le long d'une chose,* en connaître tous les détails. ♦ *Le plus court,* le chemin le plus court. ♦ **Fig.** *Le plus court,* ce qu'il y a de plus simple, de plus facile. ♦ Adv. *Couper court,* abréger, ou même interrompre. « *Pour trancher court toute cette dispute* », MOLIÈRE. « *Coupons court Aux erreurs de la jeunesse* », BÉRANGER. ♦ ▷ *Couper court à quelqu'un,* le quitter brusquement. ◁ ♦ *Se trouver court,* être arrêté tout à coup dans une entreprise, faute de moyens, de ressources, de capacité. ♦ *Rester court, tout court,* manquer de mémoire, être confondu. ♦ *Tourner court,* en parlant d'un cocher qui ne se donne pas assez d'espace pour faire

tourner sa voiture. ♦ **Par extens.** *Tourner court,* faire un brusque changement de direction, être interrompu brusquement. ♦ **Fig.** *Tourner court,* ne pas ménager les transitions dans sa conduite, dans son langage. ♦ *Court-vêtu,* qui a un vêtement court. « *Légère et court-vêtue...* », LA FONTAINE. ♦ *Être pendu haut et court,* être exécuté à la potence. ♦ TOUT COURT, loc. adv. Sans ajouter un mot, sans plus d'explication. ♦ Brusquement, subitement. ♦ **Prov.** *Les plus courtes folies sont les meilleures,* il convient de se retirer le plus tôt possible d'une mauvaise affaire où l'on est engagé. ♦ *Le chemin le plus long est quelquefois le plus court,* en se détournant de la route directe on évite parfois des obstacles et on arrive plus vite au but. ■ REM. *Être à court de* n'est plus considéré comme fautif aujourd'hui. ♦ *Faire la courte échelle à quelqu'un,* Voy. ÉCHELLE. ■ *Tirer à la courte paille,* Voy. PAILLE.

2 COURT, ■ n. m. [kur] (mot angl.) Terrain de tennis.

COURTAGE, n. m. [kurtaʒ] (*courtier*) Profession de courtier. ♦ Prime qui sert de rétribution au courtier. On dit aussi : *droit de courtage.*

COURTAUD, AUDE, n. m. et n. f. [kurto, od] (1 *court*) Personne de taille courte et ramassée. ♦ ▷ Par dénigrement. *Courtaud de boutique,* commis marchand. ◁ ♦ Cheval, chien à qui l'on a coupé les oreilles et la queue. ■ Adj. *Un cheval, un chien courtaud.*

COURTAUDÉ, ÉE, p. p. de courtauder. [kurtode]

COURTAUDER, v. tr. [kurtode] (*courtaud*) Couper la queue et les oreilles à un cheval, à un chien.

COURT-BOUILLON, n. m. [kurbujõ] (1 *court* et *bouillon*) Liquide composé dans lequel on fait cuire le poisson, ainsi dit parce que le poisson est cuit dès que le liquide a jeté un bouillon, a commencé à bouillonner. ♦ Au pl. *Des courts-bouillons.* ■ Par extens. Ce type de liquide préparé avec une viande, des légumes. *Un court-bouillon de volaille.*

COURT-CIRCUIT, ■ n. m. [kursirkɥi] (1 *court* et *circuit*) Mise en contact de deux fils conducteurs d'un circuit électrique, créant une élévation dangereuse de l'intensité. ■ Coupure de courant résultant de ce contact. *Des courts-circuits.*

COURT-CIRCUITER, ■ v. intr. [kursirkɥite] (*court-circuit*) **Électr.** Mettre en court-circuit. ■ **Fam.** Ne pas passer par un intermédiaire normalement prévu. *Certaines maisons de disques cherchent à court-circuiter leurs distributeurs.*

COURT-COURRIER, ■ n. m. [kurkurje] (1 *court* et *courrier,* avion spécialisé dans le transport du courrier) Avion qui assure des transports sur des distances inférieures à 1 000 km. *Des court-courriers.*

COURTE-BOTTE, ■ n. m. [kurtəbot] (1 *court* et *botte,* personne trapue, p.-ê. par altération pop. de *courtibaut,* dalmatique, de *court*) ▷ Tout homme de petite taille. ♦ Au pl. *Des courtes-bottes.* ◁

COURTEMENT, adv. [kurtəmã] (1*court*) D'une manière brève. « *Il racontait si bien les choses passées qu'on croyait les voir, mais il les racontait courtement* », FÉNELON.

COURTEPOINTE, n. f. [kurtəpwɛt] (altération de *coute, couette,* lit de plume, et p. p. de *poindre,* piquer : cf. *coute pointe,* couverture de lit ouatée et piquée) Couverture de lit pour la parade. ■ REM. Graphie ancienne : *une courte-pointe, des courtes-pointes*

COURTE-QUEUE, n. f. [kurtəkø] (1 *court* et *queue*) ▷ Espèce de tortue. ♦ Variété de cerise. ♦ Au pl. *Des courtes-queues.* ◁

COURTER, v. intr. [kurte] (*courtier*) ▷ Faire le courtage ; chercher à vendre une chose. ♦ V. tr. *Courter une marchandise.* ◁

COURTIER, n. m. [kurtje] (prob. dérivé de anc. fr. *corre, courre,* courir) Agent qui s'entremet pour l'achat ou la vente des marchandises, pour les placements de fonds, les opérations de bourse, etc. ♦ *Courtier marron,* celui qui exerce sans titre. ♦ ▷ *Courtier électoral,* personne qui agit auprès des électeurs au nom et en faveur de quelqu'un. ◁ ♦ **Fig.** *Une courtière de mariage.* ◁ ■ REM. Recommandation officielle pour *broker.*

COURTIL, n. m. [kurti] (b. lat. *cohortile,* dérivé de *cohors,* cour de ferme) Petit jardin attenant à une maison de paysan.

COURTILIÈRE, n. f. [kurtiljɛr] (*courtil*) Taupe-grillon, insecte qui vit sous terre et fait du dégât dans les jardins.

COURTINE, n. f. [kurtin] (b. lat. *cortina,* rideau) Rideau de lit. ♦ N. f. pl. **Héral.** Partie du pavillon qui forme le manteau. ♦ Front de la muraille d'une place, entre deux bastions.

COURTISAN, n. m. [kurtizã] (ital. *cortigiano,* de *corte,* cour) Celui qui fait partie de la cour du prince. « *Qui est plus esclave qu'un courtisan assidu, si ce n'est un courtisan plus assidu ?* », LA BRUYÈRE. ♦ Celui qui cherche à gagner par des prévenances ou des flatteries les bonnes grâces de quelqu'un. ♦ Au f. « *La vertu... devient courtisane* », RÉGNIER. ♦ Adj. « *L'esprit courtisan* », J.-J. ROUSSEAU. « *La souplesse courtisane* », J.-J. ROUSSEAU.

COURTISANE, n. f. [kuʀtizan] (ital. *cortigiana,* dame de la cour ; v. 1500, *courtisienne,* femme ayant les manières de la cour) Femme de mœurs déréglées [1]. ▪ Litt. Femme entretenue de la haute société. *Les courtisanes grecques de l'Antiquité.* ▪ REM. 1 : Terme péjoratif dans ce sens.

COURTISANERIE, n. f. [kuʀtizan(ə)ʀi] (*courtisan* ; a supplanté *courtisanie*) Adulation de courtisan.

COURTISANESQUE, adj. [kuʀtizanɛsk] (ital. *courtigianesco,* de *cortigiano*) Qui est à la façon des courtisans, peu naturel. « *La langue courtisanesque* », P.-L. COURIER.

COURTISÉ, ÉE, p. p. de courtiser. [kuʀtize] N. m. et n. f. *Le courtisan et le courtisé.*

COURTISER, v. tr. [kuʀtize] (ital. *corteggiare,* appartenir à la cour d'un personnage important) Faire sa cour à une personne. *Courtiser le peuple.* ♦ *Courtiser quelqu'un,* chercher à lui plaire. ♦ *Courtiser les Muses,* s'adonner à la poésie. *Courtiser la gloire, la fortune.* ♦ *Courtiser le malheur,* rendre un juste hommage à une noble infortune. ▪ Spécialt Se montrer assidu auprès d'une femme pour la conquérir. *Voilà un an qu'il l'a courtise, en vain.*

COURT-JOINTÉ, ÉE, adj. [kuʀʒwɛte] (1 *court,* en tant qu'adv., et *jointé*) On dit qu'un cheval est court-jointé, quand il a le paturon court. ▪ Au pl. *Des juments court-jointées.*

COURT-JUS, ▪ n. m. [kuʀʒy] (1 *court* et *jus,* courant électrique) Fam. Incident provoqué par un court-circuit. *Des courts-jus.*

COURT-MÉTRAGE ou **COURT MÉTRAGE**, ▪ n. m. [kuʀmetʀaʒ] (1 *court* et *métrage*) Film dont la pellicule mesure entre 300 et 600 mètres et dont la durée n'excède pas généralement les vingt minutes. ▪ Par extens. Courte vidéo. ▪ *Des courts-métrages* ou *des courts métrages.*

COURT-MONTÉ, ÉE, adj. [kuʀmɔ̃te] (1 *court,* en tant qu'adv., et *monté*) ▷ *Cheval court-monté,* cheval qui a les reins bas. ▪ Au pl. *Des juments court-montées.* ◁

COURTOIS, OISE, adj. [kuʀtwa, waz] (anc. fr. *court,* résidence d'un souverain) Gracieux dans ses discours et ses manières. « *Ils sont toujours parfaitement courtois envers un chacun* », DESCARTES. ♦ En parlant de choses, qui a le caractère de la courtoisie. *Façons peu courtoises.* ▪ En langage de chevalerie, *armes courtoises,* armes qui ne pouvaient blesser, par opposition aux armes à outrance. ▪ Qui se rapporte au code de la chevalerie moyenâgeuse. *L'amour courtois. La littérature courtoise.*

COURTOISEMENT, adv. [kuʀtwaz(ə)mɑ̃] (*courtois*) D'une manière courtoise.

COURTOISIE, n. f. [kuʀtwazi] (*courtois*) Civilité relevée d'élégance ou de générosité. ♦ ▷ Bon office gracieusement rendu. *Je vous remercie de votre courtoisie.*

COURT-PENDU, ▪ n. m. [kuʀpɑ̃dy] (probabl. altération pop. de *Capendu,* commune du Pas-de-Calais, produisant une pomme à la queue très courte) Espèce de pomme rouge à courte queue, dite aussi *capendu.* ▪ Au pl. *Des court-pendus.*

COURT-VÊTU, UE, adj. [kuʀvety] Voy. COURT.

COURU, UE, p. p. de courir. [kuʀy]

COUSCOUS, ▪ n. m. [kuskus] (ar. *kuskus,* lui-même emprunté au berbère) Blé dur en grains. *Couscous moyen, couscous fin.* ▪ Spécialité culinaire de l'Afrique du Nord composée d'un ragoût de viande mijoté avec divers légumes et servi avec de la semoule de blé dur cuite à la vapeur et de la harissa.

COUSCOUSSIER, ▪ n. m. [kuskusje] (*couscous*) Ustensile de cuisine spécialement conçu pour la cuisson du couscous.

COUSEUR, EUSE, n. m. et n. f. [kuzœʀ, øz] (*coudre*) Personne qui coud, et particulièrement femme qui coud les livres pour les brocher. ♦ Machine qui coud et fait la besogne des couseuses.

1 COUSIN, INE, n. m. et n. f. [kuzɛ̃, in] (lat. pop. *co[n]sinus,* altération enfantine de lat. *consobrinus,* cousin germain du côté maternel) Se dit de tous les parents ou alliés autres que ceux qui ont un nom spécial. *Les cousins germains sont les cousins issus de frères ou sœurs. Les cousins issus de germains sont les cousins au second degré. Cousins au troisième, au quatrième degré, au sixième degré,* parents à ce degré. ♦ *Mon cousin,* titre que le roi de France donnait, dans ses lettres, aux princes du sang, aux cardinaux, aux pairs, aux ducs, aux maréchaux de France. ♦ Fig. *Si cette fortune lui arrivait, le roi ne serait pas son cousin,* il en ressentirait un orgueil excessif. ♦ Fam. *Cousins,* personnes qui vivent comme bons amis. *Si vous faites telle chose, nous ne serons pas cousins.* ▪ Ironiq. *Cousin à la mode de Bretagne,* parent éloigné dont on ignore les véritables liens de parenté.

2 COUSIN, n. m. [kuzɛ̃] (p.-ê. anc. fr. *couç,* du lat. *culex,* moustique) Moucheron dont la piqûre est fort incommode. ♦ ▪ Fig. *Chasser les cousins,* éloigner les parasites qui prennent prétexte de parenté ou d'amitié, par un jeu de mot sur le double sens que présente *cousin.* ◁ ▪ Grand moustique.

COUSINAGE, n. m. [kuzinaʒ] (1 *cousin*) Parenté entre cousins. ♦ Tous les parents. Il pria tout son cousinage.

COUSINÉ, ÉE, p. p. de cousiner. [kuzine]

COUSINER, v. tr. [kuzine] (1 *cousin*) Traiter de cousin. *Je le cousine.* ♦ Absol. *Il aime à cousiner.* ♦ ▷ Faire l'office de cousin. « *Guitaud me reconduira en cousinant jusques à une journée de Nevers* », MME DE SÉVIGNÉ. ◁ ▪ V. intr. Faire le parasite sous prétexte de cousinage. ♦ Fig. *Ils ne cousinent pas ensemble,* ils sont mal disposés l'un contre l'autre. ♦ Se cousiner, v. pr. Se traiter réciproquement de cousins.

COUSINIÈRE, n. f. [kuzinjɛʀ] (2 *cousin*) ▷ Rideau de gaze dont on entoure un lit pour se défendre des cousins. ♦ On dit aujourd'hui plus habituellement *moustiquaire.* ◁

COUSSIN, n. m. [kusɛ̃] (b. lat. *coxinus,* du lat. *coxa,* cuisse) Sorte de sac rempli de plumes, de crin ou de bourre, et qui sert à supporter quelque partie du corps dans le repos. *Coussin de canapé, de voiture.* ♦ Partie du collier qui s'applique contre l'épaule de l'animal attelé. ♦ Syn. de coussinet, dans la machine électrique. ▪ *Coussin d'air,* couche d'air entre un véhicule et la surface au-dessus de laquelle il se déplace. *Le coussin d'air d'un aéroglisseur.*

COUSSINET, n. m. [kusinɛ] (dim. de *coussin*) Petit coussin. *Coussinet de selle.* ♦ Dans une machine électrique, coussin sur lequel frotte le plateau circulaire de verre. ▪ Renflement recouvert de corne, situé sous les pattes de certains mammifères. *Les coussinets du chat.*

COUSU, UE, p. p. de coudre. [kuzy] Fig. *Des finesses cousues de fil blanc, de gros fil,* des finesses grossières et faciles à reconnaître. ♦ *Bouche cousue,* se dit pour recommander de ne pas divulguer un secret. ♦ ▷ *Avoir les joues cousues,* ▷ avoir le visage très maigre. ◁ *Ce cheval a les flancs cousus,* il est maigre et efflanqué. ◁ *Être tout cousu de...* Avoir une grande quantité. *Un livre cousu de passages grecs.* ♦ ▷ *Être tout cousu d'or,* avoir en ornements beaucoup d'or sur ses habits. ◁ ▪ Fig. *Être tout cousu d'or,* être fort riche. ♦ ▷ *Avoir le visage cousu de petite vérole,* être très marqué de petite vérole. ◁ ▪ *Cousu main,* dont la couture a été faite manuellement. ♦ Fam. *C'est du cousu main,* fait avec beaucoup d'application, de soin ; c'est quelque chose de facile à réaliser. *Ce meuble est parfaitement monté, c'est du cousu main !*

COÛT ou **COUT**, n. m. [ku] (*coûter*) Ce que coûte une chose ; ne se dit guère qu'au palais. *Le coût de l'acte est de tant.* ▪ REM. *Coût* est d'un usage courant aujourd'hui. *Le coût de la vie. Coût élevé.* ♦ Fig. Conséquence fâcheuse d'une action. *Le coût de sa négligence.*

COÛTANT ou **COUTANT**, adj. m. [kutɑ̃] (*coûter*) Usité seulement dans : *Prix coûtant,* le prix qu'une chose a coûté. *Céder au prix coûtant.*

COUTEAU, n. m. [kuto] (lat. *cultellus,* petit couteau, dim. de *culter,* coutre) Instrument tranchant composé d'une lame et d'un manche. ♦ ▷ Fig. *Porter le couteau sur,* supprimer sans miséricorde. « *Il veut porter le couteau jusqu'aux inclinations les plus naturelles* », BOSSUET. ◁ ♦ Chir. Instrument tranchant dont on se sert pour diviser les parties molles. ♦ Poétiq. Coutelas, poignard. « *Qu'on lui fasse en mon sein enfoncer le couteau* », RACINE. ♦ Fig. *Plonger le couteau dans le sein de quelqu'un,* lui causer un violent chagrin. ♦ *Être sous le couteau,* ▷ avoir le couteau sur la gorge, ◁ être contraint par force ou par menace. ♦ On dit dans le même sens : *Mettre le couteau sur la gorge.* ♦ Instrument de supplice. *Le couteau de la guillotine.* ♦ *Couteau de chasse,* courte épée qui ne tranche ordinairement que d'un côté. ♦ Courte épée. Vieux en ce sens. ♦ Fig. *En être aux couteaux tirés,* ▷ être à couteaux tirés, ◁ être en inimitié ouverte. ♦ ▷ *Aiguiser ses couteaux,* se préparer au combat, à la dispute. ◁ ♦ *Jouer des couteaux,* se battre à l'épée. ♦ *Couteau à papier,* ustensile en bois ou en ivoire qui sert à couper le papier. ♦ *Couteau de Saint-Jacques,* coquillage bivalve. ♦ ▷ Prov. *C'est comme le couteau de Jeannot,* se dit d'une chose qui conserve le même nom, mais qui n'a plus rien de ce qui la constituait autrefois. ◁ ▪ *Couteau suisse,* couteau de poche muni de différents accessoires tels qu'un tire-bouchon, une lime, des ciseaux, etc. que l'on replie dans le manche. ♦ Outil muni d'un manche et d'une lame tranchante ou non. *Couteau de peintre, de vitrier.* ▪ Lame tranchante d'un robot ménager. ▪ Fig. *Retourner* ou *remuer le couteau dans la plaie,* raviver une blessure morale. ▪ *En lame de couteau,* fin et allongé. *Un visage en lame de couteau.* ▪ Fig. *Deuxième* ou *second couteau,* second rôle au cinéma, au théâtre. ▪ Pièce en forme de prisme portant le fléau et les deux plateaux d'une balance. ▪ REM. On dit aussi auj. *Avoir le couteau sous la gorge.*

COUTEAU-SCIE, ▪ n. m. [kutosi] (*couteau* et *scie*) Couteau de table dont la lame est munie de dents. *Des couteaux-scies.*

COUTELAS, n. m. [kut(ə)la] (anc. fr. *coutel,* couteau ; a remplacé le fém. *coutellesse, coutelasse*) Sorte d'épée courte, large et tranchante d'un seul côté. ♦ Grand couteau de cuisine. ♦ Outil de papetier, propre à rogner.

COUTELIER, IÈRE, n. m. et n. f. [kutǝlje, jɛʀ] (anc. fr. *coutel*, couteau) Celui, celle qui fabrique ou vend des couteaux, des ciseaux, des rasoirs, etc. ◆ Adj. *Maître, apprenti coutelier.*

COUTELIÈRE, n. f. [kut(ǝ)ljɛʀ] (anc. fr. *coutel*, couteau) ▷ Étui à couteaux de table. ◆ On dit à présent *boîte à couteaux.* ◁

COUTELLERIE, n. f. [kutɛl(ǝ)ʀi] (anc. fr. *coutel*, couteau) L'art du coutelier. ◆ Fabrique de couteaux. ◆ Objets de coutellerie.

COÛTER ou **COUTER**, v. intr. [kute] (lat. *constare*, être fixé, être à tel prix) Être acquis à un certain prix. ◆ Causer des frais, de la dépense. *Combien coûte un cheval à nourrir?* ◆ ▷ *Il m'en coûte bon*, j'ai payé fort cher, et fig. *cela m'a été très onéreux, très pénible.* ◁ ◆ *Coûter cher*, revenir à un prix élevé. ◆ **Fig.** *Cette sottise lui coûtera cher*, il en sera cruellement puni. ◆ **Absol.** *Les voyages coûtent.* ◆ Être cause de quelque perte, de quelque effort, de quelque sacrifice. ◆ *Coûter la vie*, être cause de la mort. ◆ On dit qu'une chose ne coûte guère, à un homme qui la prodigue, sans y attacher d'importance ou cherche à tromper. ◆ *Coûter des larmes*, être cause d'une grande douleur. ◆ Être fait à regret ou avec difficulté. *Cette résolution m'a coûté à prendre.* ◆ **Absol.** « *Les mortifications coûtent, les observances deviennent pénibles* », MASSILLON. ◆ ▷ *Rien ne lui coûte*, il n'épargne rien. ◆ *Tout lui coûte*, il a de la peine à faire tout ce qu'il fait. ◆ **Impers.** *Je voudrais qu'il m'eût coûté mille écus et pouvoir, etc.* ◆ **Fig.** « *Il coûte si peu aux grands à ne donner que des paroles* », LA BRUYÈRE. ◆ *Coûte que coûte*, à quelque prix que ce soit, quoi qu'il puisse arriver. ◆ **Impers.** avec le pronom *en*. « *Ce sont vingt mille francs qu'il m'en pourra coûter* », MOLIÈRE. ◆ **Fig.** « *Il m'en coûte la vie, il m'en coûte la gloire* », P. CORNEILLE. ◆ *Coûter* est un verbe neutre, et quand on dit : *Cela m'a coûté dix francs, quelques larmes, francs, larmes* ne sont point des régimes directs ; il y a une ellipse, et la locution entière est : *cela m'a coûté (pour) dix francs, (pour) quelques larmes.* ◆ *Coûter* n'étant pas actif, il faut dire : *La somme que cette maison a coûté*, et non *coûtée ; Les pleurs que la mort de cet enfant a coûté à sa mère*, et non *coûtés*, etc. Cependant l'Académie, qui dit bien que *coûté* est toujours invariable, note que plusieurs écrivains ont accordé *coûté.* On ne peut considérer ces exemples que comme des licences. ■ REM. Aujourd'hui, les grammaires préconisent l'accord dans ce cas. *Les pleurs que la mort de cet enfant a coûtés à sa mère.* ■ **Fam.** *Coûter les yeux de la tête*, coûter très cher.

COÛTEUSEMENT ou **COUTEUSEMENT**, adv. [kutoz(ǝ)mã] (*coûteux*) D'une manière coûteuse.

COÛTEUX, EUSE ou **COUTEUX, EUSE**, adj. [kutø, øz] (*coût*) Qui cause de la dépense. *Les voyages sont coûteux.* ◆ **Fig.** *Une victoire coûteuse.*

COUTIER, IÈRE, n. m. et n. f. [kutje, jɛʀ] (anc. fr. *coute*, variante de *couette*) Tisseur, tisseuse en coutil.

COUTIL, n. m. [kuti] (anc. fr. *coute*, variante de *couette*) Toile serrée et lissée, propre à envelopper des matelas, des oreillers, à faire des tentes, des habits d'été, des robes.

COUTRE, n. m. [kutʀ] (lat. *culter*, coutre) Espèce de fort couteau adapté en avant du soc de la charrue, et servant à fendre la terre. ◆ Fer tranchant pour fendre le bois à échalas. ◆ Outil de fer, dit vulgairement merlin, qui sert à fendre le bois.

COUTUME, n. f. [kutym] (*consuetudinem*, accus. du lat. *consuetudo*, habitude) Manière à laquelle la plupart se conforment. *Cela est passé en coutume.* ◆ **Jurispr.** et **féod.** Législation introduite par l'usage seul en certaines provinces, par opposition à droit écrit. *La coutume de Normandie.* ◆ Recueil de droit coutumier particulier à un pays. ◆ Manière ordinaire d'agir, de se comporter, de parler, etc. « *Vous savez sa coutume* », RACINE. ◆ ▷ *Avoir la coutume*, faire comme chose déterminée par une coutume. *Il a coutume de se faire attendre.* ◁ ◆ *Avoir coutume*, faire d'ordinaire. *Les gens qui ont coutume d'exagérer perdent toute créance.* ◆ DE COUTUME, loc. adv. À l'ordinaire. *Il en use comme de coutume.* ◆ En parlant des choses. *Ce pommier a coutume de donner du fruit.* ◆ **Prov.** *Une fois n'est pas coutume.*

1 COUTUMIER, IÈRE, adj. [kutymje, jɛʀ] (*coutume*) Qui a coutume de faire quelque chose. *Il est coutumier de mentir.* ◆ *Être coutumier du fait*, se dit de quelqu'un qui commet souvent un acte blâmable. ◆ Habituel. « *L'inconstance à nos ans coutumière* », MALHERBE. ◆ Qui appartient à la coutume ou droit non écrit. *Droit coutumier.* ◆ Régi par la coutume. *Pays coutumier.* ◆ Établi par la coutume. *Douaire coutumier.*

2 COUTUMIER, n. m. [kutymje] (1 *coutumier*) Recueil de la coutume d'un pays.

COUTUMIÈREMENT, adv. [kutymjɛʀ(ǝ)mã] (1 *coutumier*) D'une façon coutumière. ◆ Suivant la coutume. *Partager coutumièrement.*

COUTURE, n. f. [kutyʀ] (lat. pop. *co[n]sutura*, de *consuere*, supin *consutum*, coudre) Action de coudre. ◆ Manière de coudre. ◆ L'art de coudre. *Apprendre la couture.* ◆ Assemblage de deux pièces d'étoffe ou de cuir, par leurs bords, fait avec l'aiguille ou l'alêne. *Couture à grands points, en surjet,* etc. ◆ *Rabattre les coutures*, les replier et les abattre sous le carreau, le fer à repasser, par une extension plaisante, battre quelqu'un, et fig. rabaisser l'orgueil, les prétentions de quelqu'un. ◆ À PLATE COUTURE, loc. adv. En rabattant à plat les coutures qu'on frappe, et de là fig. *battre une armée à plate couture*, la défaire complètement. ◆ Nom donné vulgairement à certaines cicatrices produites par une balafre et surtout par la petite vérole. *Visage plein de coutures.* ■ Industrie et commerce de la confection. *Travailler dans la couture.* ■ *La haute couture*, confection de luxe. ■ **Fam.** Suture des lèvres d'une plaie. ■ **Fig.** *Sous toutes les coutures*, envisagé sous tous les angles, sous tous les aspects. *Avant de signer son contrat, il l'a étudié sous toutes les coutures.*

COUTURÉ, ÉE, p. p. de couturer. [kutyʀe] *Visage couturé.*

COUTURER, v. tr. [kutyʀe] (*couture*) Couvrir de cicatrices ou coutures.

COUTURIER, n. m. [kutyʀje] (*couture*) Celui qui fait métier de coudre du linge ou des vêtements. ◆ Cet emploi a vieilli ; on dit *tailleur.* ◆ ▷ Celui qui coud bien. *Ce garçon est bon couturier.* ◁ ■ Personne qui dirige une entreprise de confection.

COUTURIÈRE, n. f. [kutyʀjɛʀ] (*couture*) Autrefois, ouvrière en linge. ◆ Aujourd'hui, ouvrière en robes. ◆ Celle qui dirige un atelier où l'on confectionne des vêtements de femme. ■ **Théât.** Répétition qui précède la générale, où l'on fait faire les costumes.

COUVADE, ■ n. f. [kuvad] (*couver*) **Ethnol.** Pratique consistant à faire participer de façon symbolique un père à l'accouchement de sa femme. *Selon les rites de la couvade, le père s'alite et reçoit des soins.*

COUVAIN, n. m. [kuvɛ̃] (*couver*) Amas d'œufs d'abeilles ou d'autres insectes. ◆ Rayon de cire des abeilles, ne contenant que des œufs et des larves.

COUVAISON, n. f. [kuvezɔ̃] (*couver*) Temps pendant lequel couvent les oiseaux de basse-cour. ■ **Par extens.** Ce temps pour tous les oiseaux. *Chez la mouette, la couvaison dure entre vingt et trente jours.*

COUVÉ, ÉE, p. p. de couver. [kuve] **Fig.** *Des desseins longtemps couvés éclatèrent enfin.*

COUVÉE, n. f. [kuve] (*couver*) Les œufs qu'une femelle d'oiseau couve en même temps. ◆ Les petits éclos. ◆ ▷ **Fig.** et **fam.** Il se dit de certaines gens et de leur famille. ◁ ■ **Fam.** Ensemble des enfants d'une famille, généralement nombreuse. *Ils sont partis à la plage avec toute leur couvée.* ■ **Fig.** *Ne pas être né de la dernière couvée*, avoir une bonne expérience.

COUVENT, n. m. [kuvã] (lat. *conventum*, assemblée) Maison religieuse d'hommes ou de femmes. ◆ Les religieux, les religieuses qui composent la communauté. ◆ ▷ Pensionnat tenu par des religieuses pour des jeunes filles du monde. ◁

COUVENTINE, ■ n. f. [kuvãtin] (*couvent*) Religieuse d'un couvent. ■ Jeune fille pensionnaire dans un établissement scolaire tenu par des religieuses. *Une ancienne couventine du collège Saint-Joseph.*

COUVER, v. tr. [kuve] (lat. *cubare*, être couché ; lat. vulg., faire éclore les œufs) Se tenir sur les œufs pour les faire éclore, en parlant des femelles des oiseaux. ◆ **Absol.** *Cette poule veut couver.* ◆ **Fig.** Entretenir avec soin et mystère. *Couver de mauvais desseins.* « *Vous avez couvé le feu profane dans votre cœur* », MASSILLON. ◆ *Couver des yeux*, regarder avec plaisir, avec convoitise. ◆ Préparer, renfermer dans son sein. « *L'air calme couve une pluie* », DESCARTES. ◆ **Fam.** *Couver une maladie*, porter en soi les germes d'une maladie. ◆ **V. intr.** Être entretenu sourdement, préparé en silence, sans paraître. *Le feu couve sous la cendre.* ◆ **Fig.** *C'est un feu qui couve sous la cendre*, se dit d'une passion prête à se réveiller. ◆ *Il faut laisser couver cela*, il ne faut le faire qu'après de mûres réflexions. ◆ Se couver, v. pr. Être en sourde préparation. *Il se couvait quelque complot.* ■ **V. tr.** Protéger de façon excessive. *Une mère couve ses enfants.*

COUVERCLE, n. m. [kuvɛʀkl] (lat. *coopercûlum*, de *cooperire*, couvrir complètement) Ce qui est pour couvrir et fermer. *Le couvercle d'une boîte, d'un pot.*

1 COUVERT, n. m. [kuvɛʀ] (*couvrir*) Logis où l'on est couvert des intempéries. *Avoir le vivre et le couvert.* ◆ **Hérald.** Château ou tour avec un comble. ◆ Ombrage que donne un massif d'arbres. *Ce jeune bois donne un beau couvert.* ◆ *Sous le couvert*, avec une enveloppe qui porte l'adresse d'un tiers. *On m'a adressé quelques volumes sous le couvert de*, etc. ◆ **Fig.** *Sous le couvert de l'amitié*, en prenant les dehors de l'amitié. ◆ À COUVERT, loc. adv. *Mettre à couvert son troupeau.* ◆ **Fig.** « *Mettre à couvert son honneur* », LA FONTAINE. « *Pour mettre la conscience à couvert* », BOSSUET. ◆ *Mettre son bien, sa fortune à couvert*, à l'abri contre les dangers de le perdre. ◆ **Comm.** Être à couvert, avoir des garanties sûres pour les avances faites à quelqu'un. ◆ ▷ À COUVERT DE, loc. prép. Dans une situation où l'on est couvert et défendu contre quelque chose. *Être à couvert du canon, de l'orage*, etc. ◆ **Fig.** *À couvert des outrages du temps.* ◁

2 COUVERT, n. m. [kuvɛʁ] (*couvrir*, parce qu'autrefois presque tous les plats étaient couverts lorsqu'on les apportait à table pour les maintenir au chaud) Ce dont on couvre une table, nappe, assiettes, cuillers, fourchettes, etc. avant de servir les mets. *Mettre le couvert.* ◆ ▷ *Grand couvert,* repas qu'un monarque fait en public avec un certain cérémonial. ◁ ◆ ▷ *Petit couvert,* repas sans cérémonie des rois et princes. ◁ ◆ L'assiette, la serviette, la cuiller, la fourchette, le couteau et le verre de chaque convive. ◆ *Avoir toujours son couvert mis chez quelqu'un,* être certain qu'on y sera toujours reçu à dîner. ◆ La cuiller et la fourchette réunies. ◆ Étui garni d'un couvert et du couteau. ◆ Cuillère, fourchette et couteau réunis. *Le panier à couverts d'un lave-vaisselle.*

3 COUVERT, ERTE, p. p. de couvrir. [kuvɛʁ, ɛʁt] ▷ *Clos et couvert,* logé dans une maison qui est bien close et qui a bonne toiture. ◁ ◆ **Fig.** *Se tenir clos et couvert,* se tenir en lieu de sûreté. ◁ ◆ **Mar.** *Batterie couverte,* batterie de bouches à feu renfermée entre deux ponts. ◆ Vêtu. *Un homme bien couvert.* ◆ Qui a son chapeau sur la tête. ◆ ▷ *Mots couverts,* paroles qui cachent un sens différent de celui qu'elles expriment. ◁ ◆ *Allée couverte,* allée taillée en berceau. ◆ *Pays couvert,* pays très boisé. ◆ Protégé, défendu. *La France est couverte de toutes parts.* ◆ **Milit.** *Chemin couvert,* chemin sur le bord extérieur du fossé et où l'assiégé est à l'abri du feu des assiégeants. ◆ Caché. *Écueils, ennemis couverts.* ◆ Dissimulé. *Un homme couvert.* ◆ ▷ *Se tenir couvert,* cacher ses pensées, ses projets. ◁ ◆ *Vin couvert,* vin d'une couleur rouge foncé. ◆ ▷ *Drap couvert,* drap qui n'a pas été tondu d'assez près. ◁ ◆ À MOTS COUVERTS, loc. adv. En utilisant des mots qui cachent un sens différent de celui qu'ils expriment. *J'ai senti ses reproches à mots couverts.* ▪ Pris en charge par un organisme réglant certains types de dépenses. *Il est couvert par la Sécurité sociale.*

COUVERTE, n. f. [kuvɛʁt] (*couvrir*) L'émail dont est revêtue la terre mise en œuvre, faïence ou porcelaine.

COUVERTEMENT, adv. [kuvɛʁtəmɑ̃] (3 *couvert*) ▷ D'une manière cachée. ◁

COUVERTURE, n. f. [kuvɛʁtyʁ] (b. lat. *coopertura*) Toile, drap, étoffe quelconque qu'on étend sur une chose pour la couvrir. ◆ Papier, peau, etc. qui sert à couvrir un livre. ◆ On dit plutôt reliure, quand la couverture est en peau. ◆ **Absol.** *La couverture d'un lit. Une couverture de laine.* ◆ ▷ *Faire la couverture,* replier le drap et la couverture et préparer le lit de façon qu'il n'y ait qu'à se glisser dedans. ◁ ◆ **Fig.** *Tirer la couverture à soi,* de son côté, se faire sa part plus grosse qu'il ne serait juste. ◆ Ce qui forme la surface extérieure d'un toit. *Couverture en tuile, en chaume, etc.* ◆ **Fig.** Prétexte, masque. « *Il fallait trouver quelque couverture à un défaut si visible* », BOSSUET. ◆ **Banque** et **comm.** Provisions, cautions données pour assurer un paiement. ◆ À la Bourse, dépôt de titres ou d'espèces exigé souvent du client par l'intermédiaire. ◆ **N. f. pl.** Plumes recouvrant le dessus et le dessous des pennes des ailes et de la queue des oiseaux. ▪ *Couverture chauffante,* dans laquelle est insérée une résistance électrique qui permet de la chauffer. ▪ *Quatrième de couverture,* partie de la couverture qui constitue le dessous de la publication. *Le code-barre figure sur la quatrième de couverture.* ▪ **Milit.** Ensemble des dispositifs mis en place pour assurer la protection d'un site. *La couverture du consulat irakien à Paris.* ▪ Façon dont un événement est relaté dans la presse. *L'ensemble des quotidiens ont assuré la couverture des élections présidentielles.* ▪ *Couverture sociale,* ensemble des prestations qui garantissent la protection sociale d'un assuré. ▪ Zone couverte par un réseau de télécommunications. *Un fournisseur d'accès qui étend sa couverture ADSL.*

COUVERTURIER, n. m. [kuvɛʁtyʁje] (*couverture*) ▷ Fabricant ou marchand de couvertures de lit. ◁

COUVET, n. m. [kuvɛ] (*couver*) ▷ Petit pot de cuivre ou de terre qui sert de chaufferette aux marchandes qui se tiennent en plein air. ◁

COUVEUSE, n. f. [kuvøz] (*couver*) Poule qui couve. ◆ Four hydraulique où l'on fait les couvaisons artificielles, soit de graine des vers à soie, soit d'œufs de poule. ▪ Espace clos et stérile dans lequel on place un nouveau-né qui a besoin d'une température constante.

COUVI, adj. m. [kuvi] (*couver*) *Des œufs couvis,* œufs gâtés.

COUVOIR, n. m. [kuvwaʁ] (*couver*) ▷ Appareil à couver des œufs. ◁ ▪ Établissement spécialisé dans l'incubation artificielle des œufs. *Un couvoir de pintades.*

COUVRANT, ANTE, ▪ adj. [kuvʁɑ̃, ɑ̃t] (*couvrir*) Qui recouvre sans laisser paraître ce qui est en dessous. *Une peinture à fort pouvoir couvrant.*

COUVRE-CHEF, n. m. [kuvʁəʃɛf] (*couvrir* et *chef,* tête) Bonnet, chapeau ; ne se dit plus que par plaisanterie. ◆ ▷ **Chir.** Bandage pour la tête. ◁ ◆ Au pl. *Des couvre-chefs.*

COUVRE-FEU, n. m. [kuvʁəfø] (*couvrir* et *feu*) Ustensile dont on se sert pour couvrir le feu et le conserver. ◆ Coup de cloche qui marquait l'heure

de se retirer chez soi et d'éteindre feu et lumière. *Sonner le couvre-feu.* ◆ Au pl. *Des couvre-feux* ou *des couvre-feu.*

COUVRE-JOINT, ▪ n. m. [kuvʁəʒwɛ̃] (*couvrir* et *joint*) **Techn.** Pièce destinée à protéger ou à dissimuler les joints. *Des couvre-joints.*

COUVRE-LIT, ▪ n. m. [kuvʁəli] (*couvrir* et *lit*) Couverture, pièce d'étoffe légère servant à recouvrir un lit. *Des couvre-lits.*

COUVRE-LIVRE, ▪ n. m. [kuvʁəlivʁ] (*couvrir* et *livre*) Protection amovible dont on recouvre les livres. *Des couvre-livres.*

COUVREMENT, ▪ n. m. [kuvʁəmɑ̃] (*couvrir*) **Archit.** Ensemble des pièces qui limitent par le haut un édifice ; façon dont ces pièces sont disposées. *Des systèmes de couvrement différents employés aux arènes d'Arles et de Nîmes.*

COUVRE-NUQUE, ▪ n. m. [kuvʁənyk] (*couvrir* et *nuque*) Pièce d'un casque de sécurité protégeant la nuque. *Des couvre-nuques.*

COUVRE-OBJET, ▪ n. m. [kuvʁɔbʒɛ] (*couvrir* et *objet*) Fine lamelle de verre dont on recouvre une préparation observée au microscope. *Des couvre-objets.*

COUVRE-PIED ou **COUVREPIED,** n. m. [kuvʁəpje] (*couvrir* et *pied*) Petite couverture qui sert à couvrir les pieds. ◆ Couverture qui s'étend sur le lit pour l'orner et cacher le dessous. ◆ Au pl. *Des couvre-pieds.*

COUVRE-PLAT, ▪ n. m. [kuvʁəpla] (*couvrir* et *plat*) Couvercle, cloche dont on recouvre un plat ou une assiette pour en maintenir le contenu au chaud. *Des couvre-plats.*

COUVREUR, EUSE, n. m. et n. f. [kuvʁœʁ, øz] (*couvrir*) Ouvrier, ouvrière qui fait ou répare les couvertures de maison. ◆ Adj. *Compagnon couvreur.*

COUVRIR, v. tr. [kuvʁiʁ] (lat. *cooperire,* couvrir entièrement) Garantir à l'aide d'une chose qu'on met ou étend sur une chose. *Couvrir une voiture avec la bâche.* ◆ *Se couvrir,* couvrir à soi. *Elle s'était couvert la tête de son voile.* ◆ Mettre le couvercle. *Couvrir la marmite.* ◆ Garnir d'un toit. *Couvrir une maison en ardoises, en tuiles.* ◆ Envelopper. *Couvrir un livre.* ◆ *Couvrir une carte,* aux cartes, mettre une carte sur une autre ; mettre de l'argent sur une carte. ◁ ◆ *Couvrir le feu,* mettre de la cendre dessus pour le conserver. ◆ ▷ *Couvrir les pauvres,* leur donner des vêtements. ◁ ◆ *Couvrir quelqu'un,* augmenter ses vêtements pour qu'il n'ait pas froid. ◆ Charger, remplir à l'extérieur. *Couvrir un habit d'or. Ce cabriolet m'a couvert de boue.* ◆ **Fig.** *Couvrir de honte.* ◆ Être répandu sur, être étendu sur. *La foule couvrait la place.* ◆ **Absol.** On dit qu'une encre couvre quand elle a une bonne teinte noire sur le papier qu'on imprime. ◆ Interposer une chose comme défense ou rempart. *Il le couvrit de son corps.* « *L'armée qui nous couvrait des ennemis était invincible* », LA BRUYÈRE. ◆ *Le pavillon couvre la marchandise,* un navire de commerce ne peut être visité par aucun vaisseau de guerre d'une autre nation. ◆ **Fig.** *Couvrir quelqu'un de sa protection.* ◆ Cacher. « *Le voile de la nature qui couvre Dieu* », PASCAL. « *L'amour-propre que l'on couvre du beau nom de l'amour de la vérité* », MME DE SÉVIGNÉ. ◆ **Milit.** *Couvrir sa marche,* la cacher, la dérober à l'ennemi. ◆ fig. cacher sa conduite, ses démarches, ses vues, etc. ◆ *Couvrir son jeu,* tenir les cartes que l'on a en main, de manière qu'elles ne soient pas vues des autres joueurs, et fig. cacher ses intentions, ses actions. ◆ Pallier, excuser. « *Non, vous voulez en vain couvrir son attentat* », RACINE. ◆ Effacer, réparer, en parlant des fautes, des manquements. *Une amnistie a couvert le délit.* ◆ **Dr.** *Couvrir la prescription,* l'interrompre. *Couvrir une nullité,* l'écarter de manière qu'elle ne puisse plus être opposée. ◁ ◆ Dominer, étouffer. *Le bruit couvrait la voix de l'orateur.* ◆ Suffire à. *Le produit de la recette n'a pas couvert les frais.* ◆ *Couvrir une enchère,* enchérir au-dessus de quelqu'un. ◆ En parlant des animaux, s'accoupler avec la femelle. ◆ *Se couvrir,* v. pr. se vêtir, s'envelopper. *Se couvrir d'un manteau.* ◆ *Se couvrir,* mettre un vêtement qui garantisse du froid. ◆ *Se couvrir de diamants,* s'en parer avec profusion. ◆ **Fig.** *Se couvrir des apparences, du manteau de la vertu,* cacher ses vices sous des apparences d'honnêteté. ◆ Mettre sur sa tête quelque chose qui coiffe. ◆ **Absol.** *Couvrez-vous, monsieur.* ◆ **Fig.** *Se couvrir de lauriers,* remporter d'éclatantes victoires. ◆ Être rempli. *La place se couvrit de curieux.* ◆ *Se couvrir du sang de quelqu'un,* le tuer ou le faire tuer. ◆ **Fig.** *Se couvrir de gloire, de honte, de boue, etc.* ◆ *Le ciel, le temps se couvre de nuages,* ou absol. *le ciel, le temps se couvre,* des nuages s'étendent sur le ciel. ◆ **Fig.** *L'horizon se couvre,* il survient des obstacles, des circonstances difficiles. ◆ **Milit.** *Se couvrir d'un bois, d'un retranchement, etc.,* s'en faire un abri contre l'ennemi. ◆ **Sp.** *Se couvrir,* tenir la pointe de l'épée de son adversaire hors de la ligne du corps. ◆ **Par extens.** Se défendre, se protéger. « *En vain vous vous couvrez des vertus de vos pères* », BOILEAU. ◆ *Se couvrir de,* se cacher sous. « *Jésus s'est encore plus caché en se couvrant de l'humanité* », PASCAL. ▪ Relater dans un journal. *La presse a couvert très largement le procès.* ▪ **Télécomm.** Assurer la diffusion des ondes dans une zone. *Notre réseau couvre les trois quarts du pays.*

COUVRURE, ■ n. f. [kuvʀyʀ] (*couvrir*) **Impr.** Assemblage de la couverture à une publication. ■ **Impr.** Application d'une matière spéciale sur les plats et les dos d'une couverture. *Une couvrure de toile fine ou de papier.*

COVALENCE, ■ n. f. [kovalɑ̃s] (mot angl.) **Chim.** Liaison entre deux atomes qui mettent chacun en commun un électron libre. *Les molécules liées par covalence tendent à former des formes caractéristiques possédant des angles de liaison spécifiques.* ■ COVALENT, ENTE, adj. [kovalɑ̃, ɑ̃t] *Un rayon covalent.*

COVARIANCE, ■ n. f. [kovaʀjɑ̃s] (*co-* et *variance*) **Math.** Valeur servant à mesurer la dépendance existant entre deux variables aléatoires. *La covariance de deux variables réelles permet de mesurer leur dépendance linéaire, c'est-à-dire la façon dont elles varient simultanément.*

COVENANT, n. m. [kov(ə)nɑ̃] (angl. *covenant*) Ligue ou convention que les Écossais firent ensemble pour maintenir leur religion telle qu'elle était en 1580.

COVENANTAIRE, n. m. et n. f. [kov(ə)nɑ̃tɛʀ] (*covenant*) Personne qui avait adhéré au covenant.

COVENDEUR, EUSE, n. m. et n. f. [kovɑ̃dœʀ, øz] (*co-* et *vendeur*) Personne qui vend avec un autre un objet possédé en commun.

COVER-GIRL ou **COVERGIRL**, ■ n. f. [kovœʀgœʀl] (angl., *cover*, couverture et *girl*, fille) Jeune femme posant pour la couverture ou l'illustration de magazines. *Des cover-girls.*

COVOITURAGE, ■ n. m. [kovwatyʀaʒ] (*co-* et *voiture*) Mode de transport qui consiste pour plusieurs passagers à utiliser un seul véhicule lors d'un déplacement. *Covoiturage entre voisins.*

COVOITUREUR, EUSE, ■ n. m. et n. f. [kovwatyʀœʀ, øz] (*covoiturage*) Personne qui pratique le covoiturage. *Chaque covoitureur participe aux frais de transport.*

COW-BOY ou **COWBOY**, ■ n. m. [kobɔj] (de angl. *cow*, vache, et *boy*, garçon) Cavalier assurant la garde d'un troupeau de bœufs, de vaches dans les ranchs d'Amérique du Nord. *Des cow-boys.* ■ Héros de western. *Jouer aux cow-boys et aux Indiens.*

COWPER, ■ n. m. [kopœʀ] (*Cowper*, nom de l'inventeur) **Techn.** Dispositif de récupération de chaleur dans les hauts fourneaux.

COWPOX ou **COW-POX**, ■ n. m. [kopɔks] (angl. *cowpox*, de *cow*, vache et *pox*, variole) Éruption qui se manifeste sur les trayons des vaches, et qui contient le virus vaccin, préservatif de la petite vérole. ■ REM. On prononçait autrefois [kupɔks].

COXAL, ALE, adj. [kɔksal] (lat. *coxa*, cuisse) **Anat.** Qui appartient à la hanche. *Les muscles coxaux.*

COXALGIE, n. f. [kɔksalʒi] (lat. *coxa*, cuisse et *-algie*) Douleur ou maladie de la hanche.

COXALGIQUE, adj. [kɔksalʒik] (*coxalgie*) Qui a rapport à la coxalgie.

COXOFÉMORAL, ALE, ■ adj. [kɔksofemoʀal] (*coxal* et *fémur*) **Anat.** Qui est à la jointure de la hanche et du fémur. *Les ligaments coxofémoraux.*

COYOTE, ■ n. m. [kojɔt] (nahuatl *coyotl*) Mammifère carnivore d'Amérique du Nord, au pelage brun-grisâtre épais et serré, proche du chacal et du loup, vivant dans les déserts, les montagnes voire à la périphérie des villes.

CP, ■ n. m. [sepe] (sigle de *cours préparatoire*) Deuxième année du cycle 2 de l'école primaire dans le système scolaire français et première année de l'école élémentaire consacrée essentiellement à l'apprentissage de la lecture et de l'écriture. *Rentrer au CP.*

CQFD, ■ [sekyɛfde] (sigle de *ce qu'il fallait démontrer*) Formule qui conclut une démonstration.

CRABE, n. m. [kʀab] (anc. nord. *krabbi*, et moyen néerl. *crabbe*) Nom du principal genre des crustacés décapodes. ◆ Dans le langage vulgaire, nom du crabe commun. ■ *Marcher en crabe*, de côté. ■ **Fam.** *Panier de crabes*, groupe de personnes qui cherchent à se nuire mutuellement.

CRABIER, n. m. [kʀabje] (*crabe*) Espèce de héron d'Amérique.

CRABOT ou **CLABOT**, ■ n. m. [kʀabo, klabo] (origine inconnue) **Techn.** Dent d'un système dans laquelle viennent s'insérer les dents d'un autre système. *Un embrayage à crabots.*

CRABOTER ou **CLABOTER**, ■ v. tr. [kʀabote, klabote] (*crabot*) Assembler deux pièces munies de crabots. *Craboter des rouages.* ■ CRABOTAGE ou CLABOTAGE, n. m. [kʀabotaʒ, klabotaʒ]

CRAC, interj. [kʀak] (onomatopée ; xviᵉ siècle) Mot exprimant le bruit sec que font les corps durs se rompant ou s'entrechoquant. ◆ **Interj. Fam.** Exprime la soudaineté d'un fait. *Crac ! le voilà par terre.*

CRACHAT, n. m. [kʀaʃa] (*cracher*) Matière évacuée par la bouche après les efforts de l'expectoration. ◆ ▷ **Fig.** *Se noyer dans un crachat*, échouer, se

perdre en des cas où rien n'était si facile que de réussir. ◁ ◆ ▷ *Maison faite de boue et de crachat*, maison bâtie de matériaux très peu solides. ◁ ◆ **Pop.** Nom des plaques des grades supérieurs dans les ordres de chevalerie.

CRACHÉ, ÉE, p. p. de cracher. [kʀaʃe] *C'est son portrait tout craché*, se dit d'une personne qui ressemble parfaitement à une autre.

CRACHEMENT, n. m. [kʀaʃ(ə)mɑ̃] (*cracher*) Action de cracher. *Crachement de sang.* ◆ Sortie de gaz et de vapeurs par la lumière d'une arme à feu mal fabriquée ou détériorée.

CRACHER, v. intr. [kʀaʃe] (lat. pop. *craccare*, sur radic. onomat. *krakk-*) Rejeter hors de la bouche. *Il ne fait que cracher.* ◆ **Fig.** *Cracher au nez, au visage de quelqu'un*, l'insulter. ◆ *Cela est à cracher dessus*, cela mérite tout mépris. ◆ **Pop.** *Il a craché en l'air et cela lui est retombé sur le nez*, ce qu'il a fait a tourné à son désavantage. ◆ **Absol.** et dans le même sens, *cracher en l'air.* ◆ *Une arme à feu crache*, quand des grains de poudre et des étincelles sont jetés au-dehors par la lumière. ◆ *Cette plume crache*, se dit d'une plume dont le bec fait jaillir l'encre en écrivant. ◆ **V. tr.** Expectorer, rejeter de la bouche. *Cracher du sang.* ◆ *Cracher du latin*, faire des citations latines. ◆ *Cracher des injures*, se répandre en injures. ◆ *Cracher son fait à quelqu'un*, lui dire sans ménagement, injurieusement ce qu'on pense de sa conduite. ■ **Fam.** *Cracher dans la soupe*, dénigrer ce dont on tire profit. ■ **Fam.** *Ne pas cracher sur*, apprécier.

CRACHEUR, EUSE, n. m. et n. f. [kʀaʃœʀ, øz] (*cracher*) Celui, celle qui ne fait que cracher. ■ *Cracheur de feu*, artiste de cirque, de rue, qui emplit sa bouche d'un liquide inflammable et le projette ensuite sur une torche.

CRACHIN, ■ n. m. [kʀaʃɛ̃] (norm. *crachiner*, de lat. *crassus*, épais, gras) Petite pluie fine et pénétrante. *Tous les matins, il y a eu du crachin. Le crachin breton.*

CRACHINER, ■ v. impers. [kʀaʃine] (*crachin*) Pleuvoir du crachin. *Il a crachiné toute la matinée.*

CRACHOIR, n. m. [kʀaʃwaʀ] (*cracher*) Sorte de vase où l'on crache, dans les appartements. ■ **Fam.** *Tenir le crachoir*, parler sans cesse.

CRACHOTANT, ANTE, ■ adj. [kʀaʃɔtɑ̃, ɑ̃t] (*crachoter*) Qui crachote. *Une radio crachotante.*

CRACHOTEMENT, n. m. [kʀaʃɔt(ə)mɑ̃] (*crachoter*) Action de crachoter. ■ Bruit émis par un appareil qui crachote. *Les crachotements d'une radio.*

CRACHOTER, v. intr. [kʀaʃɔte] (fréquent. *cracher*) Cracher souvent et peu à la fois. ■ Émettre des bruits parasites, des crépitements. *Dès qu'il y a du vent, la radio crachote.*

CRACHOUILLER, ■ v. intr. [kʀaʃuje] (*cracher*) **Fam.** Crachoter.

1 CRACK, ■ n. m. [kʀak] (angl. *to crack*, casser) Dérivé très toxique de la cocaïne, en forme de petits cristaux blanchâtres.

2 CRACK, ■ n. m. [kʀak] (mot angl., *fameux*) Poulain, cheval favori d'une écurie de course. ■ **Fam.** Personne qui se distingue par ses compétences remarquables dans un sport ou, par extens., dans tout autre domaine. *Un crack de l'informatique.*

1 CRACKER, ■ n. m. [kʀakœʀ] (mot angl.) Petit gâteau sec, salé et croustillant. *Servir des crackers à l'apéritif.*

2 CRACKER, ■ n. m. [kʀakœʀ] (mot angl.) Pirate informatique. *Certains crackers pénètrent un système informatique et détériorent la couche logicielle, en la modifiant, la détruisant, en lui implantant un virus, etc.*

CRACKING, ■ n. m. [kʀakiŋ] Voy. CRAQUAGE.

CRACOVIENNE, n. f. [kʀakovjɛn] (*Cracovie*) Danse polonaise vive et légère.

CRACRA, ■ adj. [kʀakʀa] (redoublement onomat. du radical de *crasse*) **Fam.** Très sale. *Des habits cracra ou cracras.*

CRADE, ■ adj. [kʀad] (*crasseux*) **Fam.** Qui est crasseux, très sale. ■ **N. m.** et n. f. **Fam.** Personne qui manque de propreté corporelle ou vestimentaire, ou dont le comportement suscite le dégoût par son aspect malpropre. ■ REM. On trouve également les variantes *cradingue* ou *crado*.

CRADINGUE, ■ adj. [kʀadɛ̃g] Voy. CRADE.

CRADO, ■ adj. [kʀado] Voy. CRADE.

CRAIE, n. f. [kʀɛ] (lat. *creta*) Carbonate de chaux amorphe qu'on trouve dans le sein de la terre, où il forme des bancs plus ou moins épais. ◆ *Crayon de craie* ou simplement *craie*, petit morceau de craie taillé en crayon. ■ REM. Auj. les bâtonnets de craie sont faits à partir de plâtre moulé.

CRAIGNANT, p.prés.inv. [kʀɛɲɑ̃] ou [kʀɛɲɑ̃] (*craindre*) ▷ Employé autrefois dans cette locution : *Une personne très craignant Dieu.* ◁

CRAIGNOS, ■ adj. [kʀɛɲos] ou [kʀɛɲos] (*craindre*) Très fam. Qui inspire la crainte, qui déplaît profondément. *Plutôt craignos comme situation !*

CRAILLER, ■ v. intr. [kʀaje] (radic. onomat. *krakk*, p.-ê. avec infl. de *grailler*, crier, du lat. *gracula*, femelle du choucas) Pousser son cri, en parlant de la corneille.

CRAINDRE, v. tr. [kʀɛ̃dʀ] (lat. *tremere*, trembler, altéré en gallo-roman en *cremere*, par croisement avec radic. celt. *krit-*) Éprouver le sentiment qui fait reculer, hésiter devant quelque chose qui menace. « *Qui ne craint pas la mort ne craint pas les menaces* », P. Corneille. ♦ Absol. « *Craindre, c'est se voir menacé d'un mal* », Condillac. ♦ *Craindre pour quelqu'un, pour quelque chose*, craindre qu'il ne lui arrive quelque mal, quelque dommage. ♦ *Se faire craindre*, inspirer la crainte. ♦ Révérer, respecter. *Craindre Dieu.* ♦ Fam. *Ne craindre ni Dieu ni diable*, se dit d'un homme méchant et capable de tout. ♦ Par extens. *Ce cheval craint l'éperon*, il obéit à l'éperon. ♦ En parlant des choses inanimées, éprouver du dommage, ne pas résister. *Ces plantes craignent la gelée.* ♦ V. intr. *Craindre* avec de et l'infinitif, hésiter, ne pas oser. *Ne craignons pas de parler en cette circonstance.* ♦ Avec le subjonctif accompagné de la particule ne. *Craignez-vous qu'il ne vienne?* ♦ Sans la particule ne (licence qui n'est permise qu'à la poésie). « *Oui, mais qui rit d'autrui Doit craindre qu'à son tour on rie aussi de lui* », Molière. ♦ On peut aussi supprimer *ne* quand la construction est interrogative ou implique un sens négatif. « *Peut-on craindre que des choses si généralement détestées fassent quelque impression dans les esprits?* », Molière. « *On peut prendre du profit, sans craindre qu'il soit usuraire* », Pascal. ♦ *Ne pas craindre*, suivi de *que*, veut le subjonctif, mais sans la particule *ne*. *Je ne crains pas qu'il fasse cette faute.* ♦ Si *ne pas craindre* est dit interrogativement, le *que* suivant est suivi de *ne* : *Ne craignez-vous pas qu'il ne vienne?* ♦ ▷ *Se craindre*, v. pr. Avoir crainte de soi-même. *Il se craint lui-même.* ■ *Ne craindre ni Dieu ni diable*, n'est plus considéré comme familier auj. ■ Rem. L'absence de *ne* explétif est auj. possible ailleurs qu'en poésie. ■ V. intr. Fam. *Ça craint!* cela présente des risques ; par extens. c'est mauvais, déplaisant, insupportable. ◁

CRAINT, AINTE, p. p. de craindre. [kʀɛ̃, ɛ̃t]

CRAINTE, n. f. [kʀɛ̃t] (*craindre*) Sentiment par lequel on craint. « *L'homme qui est toujours en crainte* », Pascal. ♦ Sentiment de crainte respectueuse. *La crainte de Dieu. Crainte filiale.* ♦ Sentiment d'un respect mal placé. « *Rappelé d'un côté par la voix de Dieu, de l'autre retenu par la crainte des hommes* », Massillon. ♦ *Dans la crainte de*, avec l'infinitif, ou *dans la crainte que*, avec le subjonctif et la particule *ne. Dans la crainte de tomber. Dans la crainte que l'orage ne survienne.* ♦ C'est une licence de ne pas mettre *ne*. ♦ *De crainte de*, avec l'infinitif. « *De crainte de le perdre* », P. Corneille. ♦ *De crainte que*, avec le subjonctif et la particule *ne*, en craignant que. *De crainte que l'on ne vous trompe.* ♦ C'est une licence de ne pas mettre *ne*. ♦ ▷ Ellipt. *Crainte de*. « *Il n'a crainte du chaud, que l'air pour couverture* », Régnier. ◁ ♦ *Crainte de*, pris ainsi adv. se dit des choses et jamais des personnes : *Il a fait cela crainte de pis* ; on ne dirait pas : *crainte de vous*. ♦ Cette locution s'emploie avec un substantif pour complément plutôt qu'avec un infinitif. Elle ne s'emploie pas avec *que* : *De crainte qu'on ne nous dérange*, et non : *Crainte qu'on ne nous dérange*. ■ Rem. L'emploi du *ne* explétif est facultatif auj. On peut dire aussi *dans la crainte que l'orage survienne.*

CRAINTIF, IVE, adj. [kʀɛ̃tif, iv] (*crainte*) Qui craint. *Une femme craintive.* ♦ Mêlé de crainte. *Une espérance craintive.*

CRAINTIVEMENT, adv. [kʀɛ̃tiv(ə)mɑ̃] (*craintif*) D'une manière craintive.

CRAMBE, n. m. [kʀɑ̃b] (gr. *krambê*, chou) Bot. Nom du chou en général, et en particulier du colza. ■ Chou marin. ■ Rem. On disait aussi *crambé*.

CRAMER, ■ v. tr. [kʀame] (anc. provenç. *cramar*, du lat. *cremare*, brûler) Fam. Brûler légèrement, roussir. *Il a cramé sa chemise en la repassant.* ■ V. intr. Fam. Brûler partiellement ou totalement, se consumer. *Ma voiture a cramé.*

CRAMINE, ■ n. f. [kʀamin] (orig. inc.) Fam. Suisse Froid intense, très vif. *Il fait une de ces cramines dehors!*

CRAMIQUE, ■ n. m. [kʀamik] (flam. *kraammik*) Belg. Pain brioché contenant des raisins secs. *Le cramique est devenu dans certaines familles belges une institution du dimanche.*

1 CRAMOISI, n. m. [kʀamwazi] (2 *cramoisi*) Couleur d'un rouge foncé. ♦ Sorte de teinture qui rend les couleurs plus vives et plus durables.

2 CRAMOISI, IE, adj. [kʀamwazi] (probl. de l'it. *cremisi*, de l'ar. *qirmizi*, de la couleur de la cochenille) Qui a la couleur du cramoisi. ♦ Fam. *Devenir tout cramoisi*, rougir de honte ou de colère.

CRAMPE, n. f. [kʀɑ̃p] (anc. b. frq. *krampa*, d'un radic. germ. *kramp-*, courbé) Contraction involontaire et douloureuse de muscles isolés. *Avoir des crampes. Il lui prit une crampe.* ♦ ▷ Fig. *Avoir la crampe*, être lent. *N'avoir pas la crampe*, être vif, être éveillé sur ses intérêts. ◁ ♦ *Crampe nerveuse de l'estomac* ou simplement *crampe d'estomac*, douleur vive dans les parois de ce viscère.

CRAMPILLON, ■ n. m. [kʀɑ̃pijɔ̃] (*crampon*) Techn. Clou recourbé en forme de U dont chaque extrémité porte une pointe. *Planter des crampillons dans un mur pour fixer un câble électrique.*

CRAMPON, n. m. [kʀɑ̃pɔ̃] (anc. b. frq. *krampo*, crochet, de radic. germ. *kramp-*, courbé) Attache en fer qui a un bout recourbé. ♦ Bout de fer recourbé à l'extrémité du fer à cheval, afin d'assurer la stabilité des bêtes de trait sur le sol. ♦ N. m. pl. Impr. Pièces de cuivre en demi-cercle fixées au coffre de la presse et glissant sur les bandes pour procéder au foulage. ♦ Bot. Appendice de la tige par lequel elle s'accroche aux corps voisins. ♦ *Chaussures à crampons*, dont la semelle est munie de petites pointes permettant une meilleure adhérence au sol. ■ Fam. Personne dont on ne peut se défaire. *Quel crampon, celle-là!*

CRAMPONNÉ, ÉE, p. p. de cramponner. [kʀɑ̃pɔne] Fig. et fam. *Avoir l'âme cramponnée dans le corps*, avoir la vie dure.

CRAMPONNEMENT, ■ n. m. [kʀɑ̃pɔn(ə)mɑ̃] (*cramponner*) Action de cramponner, de se cramponner. *La maîtrise du cramponnement en varappe.*

CRAMPONNER, v. tr. [kʀɑ̃pɔne] (*crampon*) Fixer au moyen d'un crampon. ♦ *Cramponner des fers de cheval*, y faire des crampons. ♦ *Cramponner un cheval*, le ferrer à crampons. ♦ *Se cramponner*, v. pr. S'accrocher. *La joubarbe se cramponne dans le ciment.* ♦ *Se cramponner à la fenêtre, à un barreau, etc.* se dit en parlant de quelqu'un qui s'y fixe fortement à l'aide des mains. ♦ Fig. S'attacher obstinément à quelqu'un pour en obtenir ce qu'on désire. ♦ *Se cramponner à une chose*, faire tous ses efforts pour ne pas la quitter, pour ne pas la perdre. *Se cramponner à un espoir, à la vie.* ■ V. tr. Fam. *Cramponner quelqu'un*, rechercher continuellement sa compagnie au point d'en devenir importun. *Depuis que son amie l'a quitté, il me cramponne sans arrêt.*

CRAMPONNET, n. m. [kʀɑ̃pɔne] (dim. de *crampon*) Petit crampon. ♦ La partie d'une serrure où se meut le pêne.

1 CRAN, n. m. [kʀɑ̃] (*créner*, entailler) Petite entaille dans un corps dur servant à y accrocher ou y arrêter quelque chose. *Le cran d'une arbalète. Baisser une crémaillère d'un cran.* ♦ Fig. *Monter, descendre d'un cran*, passer à quelque chose de supérieur ou d'inférieur. ■ Impr. Petite entaille pratiquée vers le pied de chaque caractère, pour en indiquer le sens. ■ Petit trou pratiqué dans une sangle, une ceinture, destiné à recevoir l'ardillon. ■ Ondulation fortement marquée d'une chevelure. *Faire des crans et des boucles plates sur une chevelure.* ■ *Couteau à cran d'arrêt*, muni d'une vérole de sécurité empêchant la lame de se replier accidentellement. ■ Courage, hardiesse. *Avoir du cran.* ■ Fam. *Être à cran*, être de mauvaise humeur, excédé.

2 CRAN, n. m. [kʀɑ̃] (orig. inc.) Nom vulgaire du cochléaria rustique, appelé aussi *raifort sauvage.*

CRANCELIN, n. m. [kʀɑ̃s(ə)lɛ̃] (all. *Kräntzlein*) Hérald. Portion de couronne en bande à travers un écu, du chef à la pointe. ■ Rem. On disait aussi *cancerlin* ou *crantzelin.*

CRÂNE, n. m. [kʀɑn] (lat. médiév. *cranium*, du gr. *kranion*, boîte crânienne) Assemblage des os qui renferment le cerveau et le garantissent. ♦ Fig. *Avoir le crâne étroit*, avoir peu de moyens. ♦ Fig. et pop. Homme hardi et querelleur. *C'est un crâne. Faire le crâne.* ♦ Adj. *Avoir l'air crâne.* ■ Par méton. Partie supérieure de la tête d'un être humain. *Il n'a plus un cheveu sur le crâne.* ■ *Avoir mal au crâne*, à la tête. ■ Fam. *Bourrage de crâne*, Voy. bourrage.

CRÂNEMENT, adv. [kʀɑn(ə)mɑ̃] (*crâne*, adj.) Pop. En crâne, hardiment et vigoureusement. ♦ ▷ Pop. Beaucoup, très. ◁ ■ Rem. N'est plus jugé comme populaire auj.

CRÂNER, ■ v. intr. [kʀɑne] (*crâne*, adj.) Fam. Affecter le courage et l'assurance en cachant ou en dominant sa peur. ■ Par extens. Se vanter, avoir un air hautain et supérieur. *Il crâne devant nous, mais c'est un poltron.* « *Une idée de merdeux qui me traverse d'aller crâner avec le flouze* », Céline.

CRÂNERIE, n. f. [kʀɑnʀi] (*crâne*, adj.) Caractère, acte de crâne, bravade, mépris affecté du danger.

CRÂNEUR, EUSE, ■ adj. [kʀɑnœʀ, øz] (*crâner*) Fam. Qui affecte le mépris du danger. ■ N. m. et n. f. *Il fait son crâneur maintenant, mais quand il y sera, ce sera autre chose!*

CRÂNIEN, IENNE, adj. [kʀɑnjɛ̃, jɛn] (*crâne*) Qui a rapport au crâne.

CRANIOLOGIE, n. f. [kʀanjɔlɔʒi] (gr. *kranion* et *-logie*) ▷ Art au moyen duquel on prétend reconnaître l'intelligence et le moral d'un homme, par l'inspection des différents points de la surface de son crâne. ■ Rem. On disait aussi *craniologie des sens*. ■ Branche de l'anatomie spécialisée dans l'étude du crâne. *La craniologie bénéficie aujourd'hui de techniques avancées comme le scanner pour réaliser des analyses.*

CRANIOLOGIQUE, adj. [kʀanjɔlɔʒik] (*craniologie*) Qui a rapport à la craniologie.

CRANIOLOGISTE ou **CRANIOLOGUE**, n. m. et n. f. [kʀanjɔlɔʒist, kʀanjɔlɔg] (*craniologie*) Personne qui s'occupe de la craniologie ; partisan de la craniologie.

CRANIOPHARYNGIOME, ■ n. m. [kʀanjofaʀɛ̃ʒjom] (*crâne, pharynx* et -*ome*) Méd. Tumeur congénitale non cancéreuse se développant au niveau de l'hypophyse. *Les conséquences d'un craniopharyngiome sont nombreuses : hypertension intracrânienne, insuffisance des sécrétions hormonales au niveau de l'hypophyse, etc.*

CRANIOSTÉNOSE, ■ n. f. [kʀanjostenoz] (*crâne* et *sténose*) Méd. Malformation de la boîte crânienne due à la fermeture précoce des os du crâne. *La craniosténose provoque l'arrêt du développement de l'encéphale.*

CRANOLOGIE, n. f. [kʀanoloʒi] Voy. CRANIOLOGIE.

CRANSON, ■ n. m. [kʀɑ̃sɔ̃] (orig. inc.) Autre nom du cochléaria. ■ *Cranson officinal,* raifort sauvage.

CRANTER, ■ v. tr. [kʀɑ̃te] (*cran*) Techn. Faire des crans sur ou à quelque chose. ■ P. p. adj. *Une roue crantée.*

CRANTEUR, ■ adj. m. [kʀɑ̃tœʀ] (*cranter*) *Ciseaux cranteurs,* dont une des deux lames est munie de dents et dont on sert pour faire des crans en découpant.

CRANTZELIN, ■ n. m. [kʀɑ̃s(ə)lɛ̃] Voy. CRANCELIN.

CRAPAHUTER, ■ v. intr. [kʀapayte] (*crapaud ;* diérèse sur la syllabe finale par analogie avec les mouvements de reptation, et p.-ê. avec *chahut, chahuter*) Se déplacer, progresser en terrain difficile. « *C'est pas parce que tu es le plus petit que tu vas te rouler les pouces pendant que je crapahute* », JOFFO.

CRAPAUD, n. m. [kʀapo] (p.-ê. anc. fr. *crape,* grappe, crampon du germ. *krappa,* crochet ; fin XIIᵉ siècle, *crapot*) Reptile batracien. ♦ *Pierre de crapaud,* sorte de pierre qu'on disait se trouver dans la tête du crapaud, et à laquelle on attribuait des vertus particulières ♦ ▷ Pop. *Sauter comme un crapaud,* sauter d'une manière lourde. ◁ ♦ *Un vilain crapaud,* un petit homme fort laid. ♦ Fig. et fam. *Avaler un crapaud,* faire quelque chose de désagréable, qui coûte beaucoup. ♦ *Crapaud,* nom vulgaire de certains poissons. ♦ *Crapaud volant,* nom vulgaire de l'engoulevent, oiseau. ♦ Vétér. Maladie du sabot. ♦ Petit fauteuil très bas. ■ Défaut dans une pierre précieuse. ▪ Prov. *La bave du crapaud n'atteint pas la blanche colombe.* ■ Canon trapu, bas et sans roue. « *L'on doit avoir à portée de la batterie, contre l'épaulement, une chèvre, deux roues de rechange, [...] et un crapaud pour deux mortiers* », BONAPARTE. ■ Petit piano à queue. *La restauration d'un piano crapaud de 1937.*

CRAPAUDAILLE, n. f. [kʀapodaj] Voy. CRÉPODAILLE.

CRAPAUD-BUFFLE, ■ n. m. [kʀapobyfl] (*crapaud,* et *buffle,* à cause de son cri) Grande grenouille des régions tropicales dont le cri rappelle le meuglement du buffle. *Des crapauds-buffles.*

CRAPAUDIÈRE, n. f. [kʀapodjɛʀ] (*crapaud*) Lieu plein de crapauds. ♦ ▷ Lieu bas, humide, malpropre. ◁

CRAPAUDINE, n. f. [kʀapodin] (*crapaud,* pierre) Espèce de pierre qu'on croyait se trouver dans la tête des crapauds et qui est la dent pétrifiée du loup marin. ♦ Manière d'accommoder les pigeons. *Pigeons à la crapaudine.* ♦ Vétér. Ulcération située sur la couronne des chevaux, ânes, mulets. ♦ *À la crapaudine* s'emploie pour toutes les volailles que l'on ouvre en deux et que l'on aplatit avant de les passer au gril. *Un coquelet à la crapaudine.*

CRAPAUDUC, ■ n. m. [kʀapodyk] (*crapaud,* sur le modèle d'*aqueduc*) Souterrain aménagé sous une route, permettant aux batraciens et autres petits animaux de passer d'un côté à l'autre de la voie en sécurité. *Souvent construits en dur, les crapauducs forment une sorte de palissade de chaque côté de la route guidant les batraciens vers un tunnel qui passe sous le bitume.*

CRAPETTE, ■ n. f. [kʀapɛt] (orig. incert.) Jeu opposant deux joueurs munis chacun d'un jeu de cinquante-deux cartes, et dont le vainqueur est celui qui a posé le premier tout son jeu sur le tapis.

CRAPOTEUX, EUSE, ■ adj. [kʀapotø, øz] (radical de *crasse*) Fam. Très sale. *Tu étais où ? tu es tout crapoteux !* ■ Qui inspire le dégoût. *Des propos crapoteux.*

CRAPOUILLOT, ■ n. m. [kʀapujo] (*crapaud,* au sens de *canon*) Petit canon utilisé dans les guerres de tranchées, en particulier durant la Première Guerre mondiale. *À l'origine, les crapouillots désignait le mortier à bombe ronde de la monarchie de Juillet.*

CRAPOUSSIN, INE, n. m. et n. f. [kʀapusɛ̃, in] (*crapaud*) Pop. Personne courte, grosse et mal faite. ■ REM. Vieilli auj.

CRAPULE, n. f. [kʀapyl] (lat. *crapula,* ivresse) ▷ Grossière débauche, surtout dans le boire. « *Le grand s'enivre de meilleur vin que l'homme du peuple : seule différence que la crapule laisse entre les conditions les plus disproportionnées* », LA BRUYÈRE. ◁ ♦ Gens crapuleux. *Ne fréquentez pas la crapule.* ♦ *Une crapule,* une personne malhonnête. *Cette crapule traîne encore dans le quartier, méfions-nous !*

CRAPULER, ■ v. intr. [kʀapyle] (*crapule ;* déb. XVIᵉ siècle) Vivre dans la crapule. ♦ Peu usité.

CRAPULERIE, ■ n. f. [kʀapyl(ə)ʀi] (*crapule ;* XIXᵉ siècle) Action malhonnête. *Un acte de crapulerie. Une crapulerie politique.*

CRAPULEUSEMENT, adv. [kʀapylœz(ə)mɑ̃] (*crapuleux*) D'une manière crapuleuse.

CRAPULEUX, EUSE, adj. [kʀapylø, øz] (b. lat. *crapulosus,* adonné à l'ivresse) Qui se plaît, qui vit dans la crapule. *Un homme crapuleux.* ♦ En parlant des choses. *Goûts crapuleux. Une vie crapuleuse.*

CRAQUAGE, ■ n. m. [kʀakaʒ] (3 *craquer*) Techn. Procédé de raffinage des hydrocarbures par modification de la structure moléculaire sous l'effet de la chaleur, de la pression et parfois d'un catalyseur. ■ Inform. Opération consistant à rendre inefficace la protection d'un logiciel pour en faire une copie illicite ; par méton. cette copie. *Le craquage est illégal et puni par la loi.* ■ REM. Recommandation officielle pour *cracking* (pour les deux sens).

CRAQUANT, ANTE, ■ adj. [kʀakɑ̃, ɑ̃t] (1 *craquer*) Qui produit un bruit sec. ■ Fam. Qui est mignon, irrésistible. *Un bébé craquant.*

CRAQUE, n. f. [kʀak] (2 *craquer*) Pop. Mensonge par exagération et par gasconnade.

CRAQUÉE, ■ n. f. [kʀake] (orig. inc.) Fam. Suisse Grande quantité. *Elle a une craquée de copines.*

CRAQUELAGE, n. m. [kʀak(ə)laʒ] (*craqueler*) Procédé par lequel on craquelle la porcelaine.

CRAQUELÉ, ÉE, ■ p. p. de craqueler. [kʀak(ə)le] *Vases craquelés.* ■ N. m. *C'est du craquelé.*

CRAQUÈLEMENT ou **CRAQUELLEMENT**, ■ n. m. [kʀakɛl(ə)mɑ̃] (*craqueler*) Fait de craqueler, de se craqueler. *Le craquèlement d'un glacier, d'une peinture, d'un vernis.*

CRAQUELER, v. tr. [kʀak(ə)le] (1 *craquer*) Donner à la porcelaine un émail fendillé. ■ V. intr. ou v. pr. Se recouvrir de craquelures.

CRAQUELIN, ■ n. m. [kʀak(ə)lɛ̃] (moyen néerl. *crackelinc*) Sorte de biscuit qui craque sous la dent. *Craquelin au beurre.*

CRAQUELLEMENT, ■ n. m. [kʀakɛl(ə)mɑ̃] Voy. CRAQUÈLEMENT.

CRAQUELURE, ■ n. f. [kʀak(ə)lyʀ] (*craqueler*) Peint. Défaut du vernis et de la couleur qui s'écaillent. ■ Petite fente apparaissant sur une surface. *Des craquelures sur un hublot de plexiglas.*

CRAQUEMENT, ■ n. m. [kʀak(ə)mɑ̃] (1 *craquer*) Bruit que font certains corps en craquant. *Le craquement d'une poutre.* ♦ *Craquement des dents,* bruit produit par un mouvement des mâchoires pressées l'une contre l'autre.

1 CRAQUER, v. intr. [kʀake] (onomat. *crac*) Produire un bruit sec, en se déchirant ou en se froissant. *La glace craquait sous les pieds. Le biscuit craque sous la dent. Faire craquer ses doigts.* ♦ Fig. *Tout craquait en Europe après la Révolution.* ■ Fam. *Cette affaire craque,* elle menace de ne pas réussir. ■ Fam. *Plein à craquer,* comble. ■ Fam. Ne plus avoir de force physique ou morale. *Si elle ne prend pas un peu de repos, elle va craquer.* ■ Se laisser séduire, se laisser tenter. *Ce bout de chou me fait craquer.* ■ V. tr. Fam. Déchirer. *J'ai craqué ma chemise.* ■ *Craquer une allumette,* la frotter pour l'enflammer.

2 CRAQUER, v. intr. [kʀake] (1 *craquer*) ▷ Pop. Dire des hâbleries. ◁

3 CRAQUER, ■ v. tr. [kʀake] (d'après l'angl. *to crack,* casser) Techn. Procéder au craquage d'un produit pétrolier. ■ Inform. Rendre inefficace le système de protection d'un logiciel pour le dupliquer. *Craquer des logiciels est puni par la loi.* ■ Par extens. Faire une copie illicite. *Un traitement de texte craqué.*

CRAQUERIE, n. f. [kʀak(ə)ʀi] (2 *craquer*) Pop. Menterie, conte en vue d'attraper, d'en faire accroire.

CRAQUÈTEMENT ou **CRAQUETTEMENT**, ■ n. m. [kʀakɛt(ə)mɑ̃] (*craqueter*) Action de craqueter ; bruit produit par ce qui craquète. ♦ Cri de la cigogne.

CRAQUETER, v. intr. [kʀak(ə)te] (fréq. de 1 *craquer*) Produire un craquement fréquemment répété ou un petit craquement. ♦ Il se dit du cri de certains oiseaux. *La cigogne craquète.*

CRAQUETTEMENT, ■ n. m. [kʀakɛt(ə)mɑ̃] Voy. CRAQUÈTEMENT.

1 CRAQUEUR, EUSE, n. m. et n. f. [kʀakœʀ, øz] (2 *craquer*) Pop. Menteur, hâbleur.

2 CRAQUEUR, ■ n. m. [kʀakœʀ] (3 *craquer*) Ensemble des installations servant au craquage des produits pétroliers. *La construction d'un craqueur d'une capacité de plusieurs millions de tonnes d'éthylène par an.*

CRASE, n. f. [kʀaz] (gr. *krasis,* mélange) Contraction de syllabes où le son des éléments disparaît. Au *pour à le est une crase.* ♦ ▷ Physiol. *Crase du sang, des humeurs,* juste mélange des parties constituantes des liquides de l'économie animale. ◁ ♦ ▷ Tempérament, constitution. ◁

CRASH, ■ n. m. [kʀaʃ] (angl. *to crash*, s'écraser) Atterrissage forcé et brutal d'un avion, train rentré. *Des crashs* ou *des crashes* (pluriel anglais). ■ **Par extens.** Écrasement au sol. ■ Onomatopée signifiant cet écrasement.

CRASHER (SE), ■ v. pr. [kʀaʃe] (*crash*) S'écraser au sol, en parlant d'un engin volant. *La sonde s'est crashée sur le sol de la planète.* ■ **Par extens.** et **fam.** Subir un choc violent avec écrasement. *Ils se sont crashés en voiture.*

CRASSANE, n. f. [kʀasan] (orig. inconnue) Sorte de poire fondante, dite aussi *bergamote crassane*. ♦ L'Académie, au mot *cresane*, dit que *crassane* est plus exact. ■ REM. On trouvait aussi la forme *cressane*.

1 **CRASSE**, adj. f. [kʀas] (fém. de l'anc. adj. *cras*, du lat. *crassus*, gras, grossier) ▷ Épaisse. *Humeur crasse et visqueuse.* ◁ ♦ Fig. Grossière. *Ignorance crasse.*

2 **CRASSE**, n. f. [kʀas] (1 *crasse* ; déb. XIVᵉ siècle) Ordure qui s'amasse sur la peau, sur le linge de corps, sur un objet quelconque. *Il est plein de crasse. La crasse du linge, des vêtements.* ♦ Scorie d'un métal en fusion. ♦ ▷ Condition sociale tout à fait inférieure. *Être né dans la crasse.* ◁ ▷ **Fam.** *La crasse du collège*, manières gauches et dépourvues d'urbanité. ◁ ♦ Avarice sordide. « *Mais pour bien mettre ici leur crasse en tout son lustre* », BOILEAU. ■ **Fam.** Action malveillante faite à l'encontre de quelqu'un. *Il m'a fait une sale crasse.*

CRASSEMENT, n. m. [kʀas(ə)mɑ̃] (*crasser*) ▷ Action de crasser une arme ; état d'une arme remplie de crasse. ◁

CRASSER, v. tr. [kʀase] (2 *crasse*) ▷ Remplir de crasse une arme à feu. ♦ Se crasser, v. pr. Se remplir de crasse. *Ce fusil se crasse.* ◁

CRASSES, n. f. pl. [kʀas] (2 *crasse*) ▷ Écailles qui se séparent de quelques minéraux, quand on les bat avec le marteau. ♦ Petites paillettes qui se forment sur le fer rouge tandis qu'on le forge. ♦ Écume de métaux en fusion. ◁

CRASSEUX, EUSE, adj. [kʀasø, øz] (2 *crasse*) Couvert de crasse. *Visage crasseux. Mains crasseuses. Bonnet crasseux.* ♦ ▷ Sordidement avare. ◁ ♦ n. *Un crasseux*, un homme couvert de crasse. ♦ **Par extens.** Un homme désagréable. *Un vilain crasseux.* ♦ ▷ **Fig.** Avare. *Vivre en crasseux.* ◁

CRASSIER, ■ n. m. [kʀasje] (2 *crasse*, scorie de métal) Monticule formé par les scories et les déchets des hauts fourneaux. *Un crassier situé dans des houillères.*

CRASSULACÉES, n. f. pl. [kʀasylase] (crassule) **Bot.** Famille de plantes, qui tire son nom du genre *crassula*. ■ Au sing. *L'orpin est une crassulacée.*

CRASSULE, n. f. [kʀasyl] (lat. médiéval *crassula*, de *crassus*, gras) **Bot.** Genre de plantes grasses, qui sert de type à la famille des crassulacées, et où l'on distingue la *crassula arborescens*.

CRATÈRE, n. m. [kʀatɛʀ] (lat. *crater*, du gr. *kratêr*) **Antiq.** Vase à boire, en forme de coupe. ♦ Ouverture par laquelle un volcan rejette les matières enflammées. ■ Par anal. *Cratère laissé sur le sol par un obus. Les cratères de la Lune.*

CRATERELLE, ■ n. f. [kʀat(ə)ʀɛl] (dimin. de *cratère*) Autre nom de la trompette-de-la-mort. *La craterelle récoltée dans les bois est un excellent comestible et elle a la particularité de bien supporter la dessiccation pour se conserver d'une année sur l'autre.*

CRATÉRIFORME, ■ adj. [kʀateʀifɔʀm] (*cratère* et *-forme*) Dont la forme rappelle celle d'un cratère. *Une ulcération cratériforme.*

CRATÉRISÉ, ÉE, ■ adj. [kʀateʀize] (*cratère*) **Didact.** Qui présente de nombreux cratères. *Un terrain cratérisé.*

CRATICULER, v. tr. [kʀatikyle] Voy. GRATICULER.

CRATON, ■ n. m. [kʀatɔ̃] (orig. inc.) **Géol.** Portion de croûte continentale stable. *Au Canada, la masse continentale couvre une des plus grandes étendues de craton au monde.*

CRAVACHE, n. f. [kʀavaʃ] (all. *Karbatsche*, du turc *kirbac*, fouet) Sorte de fouet de cavalier, formé d'une badine courte et flexible. *Coup de cravache.* ■ **Fig.** *Mener quelqu'un à la cravache*, faire preuve d'une autorité excessive à son égard. *Le patron pensait bien à tort qu'il fallait mener à la cravache ses employés.*

CRAVACHER, ■ v. tr. [kʀavaʃe] (*cravache*) Fouetter son cheval avec une cravache. ■ V. intr. **Fam.** Exécuter rapidement une tâche, se dépêcher. *Si tu veux avoir fini pour demain, va falloir que tu cravaches !*

CRAVAN, n. m. [kʀavɑ̃] (p.-ê. de racine gaul. *kraganno*, attestée en b. lat. *cracatius*, espèce d'esturgeon) Nom vulgaire et spécifique de l'oie cravan. ♦ Nom vulgaire du genre anatife.

1 **CRAVATE**, n. f. [kʀavat] (2 *cravate*) Pièce d'étoffe légère que les hommes et quelquefois les femmes se mettent autour du cou. ♦ **Fig.** *Une cravate de chanvre*, la corde avec laquelle on pend un homme. ♦ *La cravate d'un drapeau*, sorte d'écharpe brodée dont on orne la hampe d'un drapeau. ♦ Nom

de divers oiseaux. ■ **Fam.** *S'en jeter un derrière la cravate*, boire un verre de vin, d'alcool. « *Je pourrais m'en jeter deux litres par jour derrière la cravate* », SARTRE.

2 **CRAVATE**, n. m. [kʀavat] (autre forme de *croate*, du slave *hrvat*, ou all. dialectal *krawat*) ▷ Cheval de Croatie. ♦ **Adj.** *Cheval cravate.* ♦ Soldat de cavalerie légère. ■ REM. On disait également *croate*. ◁

CRAVATÉ, ÉE, ■ p. p. de cravater. [kʀavate] Qui a une cravate.

CRAVATER, v. tr. [kʀavate] (1 *cravate*) Mettre une cravate. ♦ Se cravater, v. pr. Mettre sa cravate.

CRAVE, ■ n. m. [kʀav] (orig. inc.) *Crave à bec rouge*, oiseau montagnard et des côtes, de la même famille que la corneille, au plumage noir, aux pattes et au bec rouges. *Les craves sont réputés pour leurs acrobaties aériennes en tous genres pour lesquelles ils montrent une très grande adresse.*

CRAW-CRAW ou **CROW-CROW**, ■ n. m. [kʀɔkʀɔ] (mot créé par O'Neil) **Afriq.** Pseudo-gale croûteuse. *Des craw-craw* ou *des craw-craws.*

CRAWL, ■ n. m. [kʀol] (angl. *to crawl*, ramper) Nage rapide sur le ventre qui consiste à exécuter un battement continu des jambes et à projeter les bras à la verticale, alternativement, en un mouvement régulier de rotation.

CRAWLÉ, ■ adj. m. [kʀole] (*crawl*) *Dos crawlé*, nage sur le dos, apparentée au crawl.

CRAWLER, ■ v. intr. [kʀole] (*crawl*) Nager le crawl.

CRAWLEUR, EUSE, ■ n. m. et n. f. [kʀolœʀ, øz] (*crawler*) Personne qui nage le crawl. *Un crawleur médaillé d'or.*

CRAYEUX, EUSE, adj. [kʀejø, øz] (*craie*) Qui tient de la nature de la craie. *Une terre crayeuse.* ■ Dont la couleur rappelle celle de la craie. *Avoir le teint crayeux.*

CRAYON, n. m. [kʀejɔ̃] (*craie*) Petit morceau de minerai, propre à écrire ou à dessiner. *Crayon noir, blanc. Dessin au crayon.* ♦ **Fig.** « *Muses, pour le tracer, cherchez tous vos crayons* », BOILEAU. ♦ *Le crayon d'un censeur, d'un critique*, la note critique qu'il met à un passage. ♦ Petite baguette de bois ou de métal garnie d'un crayon. ♦ La manière d'un dessinateur. *Cela est d'un crayon large.* ♦ Tout dessin fait au crayon. *Un beau crayon.* ♦ Portrait fait au crayon. *Il a fait le crayon d'un tel.* ♦ ▷ La description qu'on fait de quelque personne. *Vous nous avez fait un fidèle crayon de cet homme.* ◁ ♦ La première idée, la première esquisse d'un tableau qui se fait au crayon. ♦ ▷ **Fig.** Esquisse, en parlant des écrits et des discours. « *Ce n'est ici qu'un simple crayon, un petit impromptu* », MOLIÈRE. ◁ ■ Accessoire servant au maquillage des yeux. ♦ *Crayon optique*, appareil en forme de crayon utilisé pour la lecture des codes-barres.

CRAYON-FEUTRE, ■ n. m. [kʀejɔ̃føtʀ] (*crayon* et *feutre*) Crayon dont la pointe de feutre est imbibée d'une matière colorante. *Une boîte de crayons-feutres.*

CRAYONNAGE, ■ n. m. [kʀejɔnaʒ] (*crayonner*) Action de crayonner. *Des crayonnages grossiers sur un brouillon.* ■ Esquisse, dessin fait au crayon. *La précision des traits d'un crayonnage.*

CRAYONNÉ, ÉE, ■ p. p. de crayonner. [kʀejɔne]

CRAYONNER, v. tr. [kʀejɔne] (*crayon*) Esquisser, dessiner au crayon. *Crayonner une tête.* ♦ **Fig.** « *Ce roi... Voulut bien que ma main crayonnât ses exploits* », BOILEAU. ♦ Tracer, écrire rapidement. *Il ne fit que crayonner sa réponse.*

CRAYONNEUR, EUSE, n. m. et n. f. [kʀejɔnœʀ, øz] (*crayonner*) Celui qui dessine ou peint mal.

CRAYONNEUX, EUSE, adj. [kʀejɔnø, øz] (*crayon*) ▷ Qui est de la nature du crayon. *Pierre crayonneuse.* ◁ ■ **N. m.** et **n. f.** Illustrateur, illustratrice, en particulier infographiste, de peu de talent. *Réaliser un portrait n'est pas à la portée du premier crayonneux !*

CRÉABLE, adj. [kʀeabl] (*créer*) Qui peut être créé.

1 **CRÉANCE**, n. f. [kʀeɑ̃s] (*créant*, p. prés. de anc. fr. *creire*, croire, du lat. *credere*) Action de croire, d'ajouter foi. « *Les opinions que j'avais reçues en ma créance* », DESCARTES. ♦ « *Si vous avez créance à sa doctrine* », BOSSUET. ♦ ▷ *Hors de créance*, invraisemblable. ◁ ♦ *Donner créance à une chose*, la rendre croyable. « *Son caractère donne créance à ses paroles* », LA BRUYÈRE. ♦ *Donner créance, ajouter créance*, croire. ♦ Croyance religieuse. « *Il aura vécu conformément à sa créance et à sa religion* », BOURDALOUE. ♦ Confiance qu'on inspire et qui fait qu'on est cru. *Perdre toute créance. Mériter créance.* ♦ Instruction secrète qui, remise à un ambassadeur, lui permet de conférer avec le souverain auprès duquel il est envoyé. ♦ *Lettres* ou *lettre de créance*, lettre par laquelle un ambassadeur justifie de sa mission. ♦ ▷ **Par extens.** *Lettre de créance*, lettre par laquelle un négociant ou un banquier autorise un tiers à toucher de l'argent selon ses besoins ou jusqu'à concurrence d'une somme déterminée. ◁

2 CRÉANCE, n. f. [kʀeɑ̃s] (1 *créance*) Droit d'exiger l'accomplissement d'une obligation. *Exercer un simple droit de créance.* ♦ Dans l'usage ordinaire, droit d'exiger le paiement d'une somme d'argent. *Avoir une créance sur quelqu'un.* ♦ Dette active fondée sur un titre. *Sa créance est bonne.* ♦ Le titre même. *Transférer sa créance.*

CRÉANCIER, IÈRE, n. m. et n. f. [kʀeɑ̃sje, jɛʀ] (2 *créance*) Celui, celle qui a une créance sur quelqu'un. *Créancier privilégié.*

CRÉAT, n. m. [kʀea] (*creato*, serviteur, du lat. *creare*) ▷ Le sous-écuyer dans une école d'équitation. ◁

CRÉATEUR, TRICE, n. m. et n. f. [kʀeatœʀ, tʀis] (lat. *creator*, fondateur, père) Celui qui crée ; Dieu. *Le créateur du ciel et de la terre.* ♦ *Le souverain créateur de toutes choses* et absol. *le Créateur*, Dieu. ♦ ▷ *Recevoir son Créateur*, communier. ◁ ♦ Quand *créateur* est pris absolument pour signifier Dieu, on y met un grand *C*. ♦ Par extens. L'inventeur, le premier auteur de quelque chose. « *Corneille qui fut parmi nous le créateur de la tragédie* », VOLTAIRE. ♦ N. f. Créatrice, celle qui crée. ♦ Celui qui produit. *Le créateur d'un produit.* ♦ Adj. *Un esprit créateur. L'imagination créatrice.* ■ N. m. et n. f. Interprète qui crée un rôle. *Mary Garden fut la créatrice du rôle de Mélisande dans l'opéra de Claude Debussy.*

CRÉATIF, IVE, ■ adj. [kʀeatif, iv] (radic. de lat. *creatum*, de *creare*, créer) Qui a des aptitudes pour créer, qui fait preuve de créativité. *Un esprit créatif.* ■ Qui incite à la création. *Des loisirs créatifs.*

CRÉATINE, ■ n. f. [kʀeatin] (gr. *kreas*, génit. *kreatos*, chair saignante) Biol. Constituant azoté de l'organisme présent en particulier dans les muscles. *Certains produits dopants à base de créatine sont très utilisés par les sportifs pour améliorer leurs performances.*

CRÉATION, n. f. [kʀeasjɔ̃] (lat. *creatio*, élection, procréation) Action de Dieu qui crée. *La création du monde* et absol. *la création.* ♦ L'univers visible. *Les merveilles de la création.* ♦ Action d'établir une rente, etc. *La création du trois pour cent.* ♦ Action d'inventer, de fonder, de produire, de nommer un emploi. *La création d'un genre littéraire, d'une chaire, etc. Les créations de l'industrie.* ♦ *Cela est de sa création*, il a imaginé, supposé la chose. ♦ *Création d'un rôle*, se dit de celui qui le joue pour la première fois. ♦ Ouvrage d'art ou de littérature, établissement politique, social, etc. *Les salles d'asile sont une création utile.*

CRÉATIONNISME, ■ n. m. [kʀeasjɔnism] (*création*, fin XIXᵉ siècle) Théorie selon laquelle les espèces animales et végétales sont le fruit d'une création divine sans connaître d'évolution possible. *Darwin s'est opposé au créationnisme.* ■ CRÉATIONNISTE, adj. ou n. m. et n. f. [kʀeasjɔnist]

CRÉATIVITÉ, ■ n. f. [kʀeativite] (*créatif*, de *creare*, supin *creatum*) Pouvoir, capacité de création, d'imagination et d'innovation d'un individu.

CRÉATURE, n. f. [kʀeatyʀ] (lat. chrét. *creatura*, ce qui est créé) Tout ce qui est créé. *Les créatures inanimées, animées.* ♦ L'homme, par opposition à Dieu. ♦ Une personne. « *Les arbres et les plantes Sont devenus chez moi créatures parlantes* », LA FONTAINE. ♦ *Une jeune créature*, une jeune femme. ♦ Une femme dont on parle sans considération. « *Cette créature-là parlait mal de vous* », MME DE SÉVIGNÉ. ♦ Personne qu'on a gagnée par des bienfaits, des présents, et qu'on protège par son crédit. *Se faire des créatures.* ▷ Il se dit des cardinaux, en tant qu'ils sont de la création de tel pape. ◁

CRÉCELLE, n. f. [kʀesɛl] (orig. incert. : p.-ê. lat. *crepitaculum*, hochet, ou onomat.) Instrument de bois, qui sert à faire du bruit. ♦ Instrument dont se servaient les lépreux pour avertir de leur approche. ♦ Jouet d'enfant. ■ *Voix de crécelle*, voix désagréable parce que perçante, aiguë. *Je préfère qu'elle se taise, sa voix de crécelle est insupportable !*

CRÉCERELLE, n. f. [kʀes(ə)ʀɛl] (*crécelle*) Oiseau de proie du genre faucon.

CRÈCHE, n. f. [kʀɛʃ] (anc. b. frq. *krippja*) Mangeoire pour les bœufs, des brebis, etc. ♦ *La crèche, la sainte crèche*, celle où Jésus fut mis au moment de sa naissance. ◁ ▷ Nom de quelques hôpitaux où l'on reçoit les enfants trouvés. ◁ ♦ ▷ Établissement où l'on donne asile pendant le jour aux petits enfants pauvres âgés de moins de deux ans. ◁ ■ Représentation de la sainte crèche. *Mettre une crèche au pied du sapin. Une crèche vivante.* ■ Établissement accueillant durant la journée les enfants en bas âge dont les parents travaillent. ■ *Crèche familiale*, famille agréée qui tient le rôle de crèche.

CRÉCHER, ■ v. intr. [kʀeʃe] (*crèche*) Fam. Loger quelque part, chez quelqu'un. *Il crèche chez un ami.*

CRÉCY, n. f. [kʀesi] (*Crécy* en Picardie) ▷ Variété de carotte très estimée. *Potage, purée à la crécy.* ◁

CRÉDENCE, n. f. [kʀedɑ̃s] (ital. *credenza*, confiance, parce que c'était au buffet que se faisait l'épreuve des liqueurs) Meuble sur lequel on place les verres qui doivent servir à table ; buffet, garde-manger. ♦ L'endroit où l'on tient les provisions de bouche dans un séminaire. ♦ Sorte de petite table placée au côté de l'autel, où l'on met les burettes et le bassin servant à la messe.

CRÉDENCIER, n. m. [kʀedɑ̃sje] (*crédence*) Celui qui dans un séminaire a la garde et la distribution des provisions.

CRÉDIBILISER, ■ v. tr. [kʀedibilize] (*crédible*) Rendre crédible. *Crédibiliser quelqu'un*, faire en sorte que l'on croit les dires de cette personne.

CRÉDIBILITÉ, n. f. [kʀedibilite] (*crédible*) Ce qui rend une chose digne de croyance. *Les raisons de crédibilité.*

CRÉDIBLE, ■ adj. [kʀedibl] (lat. class. *credibilis*, qui peut être cru) Que l'on peut croire, qui mérite la confiance. *Une histoire, une personne crédible.*

CRÉDIRENTIER, IÈRE, ■ n. m. et n. f. [kʀediʀɑ̃tje, jɛʀ] (*crédit* et *rentier*) Personne qui touche une rente viagère versée par un débirentier. *Afin de protéger le crédirentier contre les risques d'inflation, la rente peut être indexée sur la variation de l'indice mensuel des prix à la consommation des ménages urbains ou sur celle de l'indice trimestriel du coût de la construction.*

CRÉDIT, n. m. [kʀedi] (ital. *credito*, dette, du lat. *credere*, supin *creditum*, confier en prêt) Confiance en la solvabilité. *Le crédit est l'âme du commerce.* ♦ Faculté d'obtenir des prêts ; disposition des détenteurs de capitaux en faire l'avance à ceux qui les demandent. ♦ *Crédit agricole, industriel, commercial, foncier*, celui qui procure des avances à l'agriculture, à l'industrie, au commerce, qui prête à la propriété foncière ; noms de différentes sociétés de crédit. ♦ *Société générale du crédit mobilier*, société destinée à faire des prêts sur dépôts de valeurs mobilières, actions, coupons de rentes, etc. ♦ *Crédit public*, confiance dont jouit un gouvernement pour le paiement des intérêts de sa dette, pour les emprunts à faire, etc. ♦ *Prêter son crédit à quelqu'un*, s'obliger pour faire emprunter à quelqu'un une somme. ♦ *Crédit est mort*, on ne prête plus, c'est-à-dire on ne vend que contre argent. ♦ Fig. « *Notre siècle vit sur le crédit du siècle de Louis XIV* », VOLTAIRE. ♦ Terme que le créancier accorde à son débiteur. *Acheter, vendre à crédit.* ♦ Fam. *Faire crédit de la main à la bourse*, ne livrer sa marchandise que contre paiement. ♦ Fig. *Faire crédit d'une chose*, par exemple de reconnaissance, en dispenser. ♦ Fig. *À crédit*, inutilement, sans fondement. ♦ Somme mise à la disposition de quelqu'un dans une banque, chez un commerçant. *Ouvrir un crédit à quelqu'un*, et aussi *faire un crédit à quelqu'un. Avoir un crédit chez un banquier.* ♦ *Lettre de crédit*, lettre dont le porteur peut toucher de l'argent chez ceux à qui elle est adressée. ♦ Admin. Somme allouée pour tel sujet déterminé, par voie de budget. *Crédit ordinaire, supplémentaire, extraordinaire, etc.* ♦ La page droite d'un livre de compte où s'intitule *avoir*, et où l'on écrit ce qui est dû à quelqu'un, ce qu'on a reçu de quelqu'un. *Tout compte courant est tenu par crédit et par débit.* ♦ Comm. et banque Confiance dont jouissent certains effets sur la place. ♦ Considération, influence dont jouit une personne. *Avoir du crédit à la cour, auprès du prince.* ♦ Autorité dont jouit une chose. *Mettre une nouvelle en crédit*, la répandre, lui donner de l'autorité ; lui donner du crédit, la confirmer. ♦ Créance, confiance. « *Des gens à qui l'on peut donner quelque crédit* », MOLIÈRE. ■ *Perdre tout crédit auprès de ses proches*, se discréditer. ■ *Faire crédit à quelqu'un*, autoriser le client à ne pas payer immédiatement sa somme complète d'un bien. *Notre concessionnaire nous a fait crédit.* ■ *Acheter à crédit*, acheter avec un paiement différé et qui peut s'échelonner sur plusieurs mensualités. ■ *Vendre à crédit, vente à crédit.* ■ *Établissement de crédit*, banque. ■ *Carte de crédit*, carte bancaire à puce qui permet de retirer de l'argent ou de payer des produits de consommation courants. *Le retrait d'espèces s'effectue sur tout appareil de billetterie automatique au moyen d'une carte de crédit. Carte de crédit à débit immédiat, à débit différé.*

CRÉDIT-BAIL, ■ n. m. [kʀedibaj] (*crédit* et *bail*) Contrat qui permet de louer un bien pendant une certaine durée au terme de laquelle le locataire peut devenir acquéreur. *Des crédits-bails mobiliers ou immobiliers.* ■ CRÉDIT-BAILLEUR, n. m. [kʀedibajœʀ] *Des crédits-bailleurs.*

CRÉDITÉ, ÉE, [kʀedite] ▷ P.p. de créditer. ♦ N. m. Celui auquel on a ouvert un crédit. ◁

CRÉDITER, v. tr. [kʀedite] (*crédit*) Inscrire au crédit ce qu'on doit à quelqu'un, ce qu'on a reçu de lui. *Je l'ai crédité de 500 fr.* ■ *Créditer un compte*, déposer de l'argent sur un compte bancaire. ■ *Créditer quelqu'un*, reconnaître les qualités d'une personne, avoir confiance en elle.

CRÉDITEUR, TRICE, ■ n. m. et n. f. [kʀeditœʀ, tʀis] (lat. *creditor*, créancier, de *credere*, confier en prêt) Celui qui a des sommes portées à son crédit. ■ *Compte créditeur, solde créditeur.*

CREDO ou **CRÉDO**, n. m. [kʀedo] (lat. *credo*, je crois) Le premier mot et le nom du Symbole des apôtres. ♦ *Apprendre son Credo*, apprendre les premiers éléments de sa religion. ♦ Par extens. Ce que l'on prend pour règle de ses opinions. *Des credo* ou *des credos.*

CRÉDULE, adj. [kʀedyl] (lat. *credulus*, de *credere*, avoir confiance) Qui croit trop facilement. *Homme, esprit crédule. Trop crédule aux paroles de, etc.* ■ N. m. et n. f. « *Qui est ici le crédule ?* », MASSILLON. ♦ En parlant des choses. *Un espoir crédule.* « *Avec une facilité trop crédule* », PASCAL.

CRÉDULEMENT, adv. [kʀedyl(ə)mɑ̃] (*crédule*) ▷ D'une manière crédule. ◁

CRÉDULITÉ, n. f. [kredylite] (lat. *credulitas*, de *credulus*) État d'esprit du crédule. *La crédulité du vulgaire.*

CRÉÉ, ÉE, p. p. de créer. [kree] N. m. Celui qui est créé. ♦ *Le créé*, l'ensemble des créatures.

CRÉER, v. tr. [kree] (lat. *creare*) Tirer quelque chose du néant. *Dieu a créé le Ciel et la Terre.* ♦ Absol. *Créer pour détruire.* ♦ Inventer, imaginer, en parlant de l'homme. *Créer des mots, une science, etc.* ♦ **Hist. nat.** *Créer un genre, une espèce*, l'établir en en indiquant les caractères particuliers. ♦ *Créer un rôle*, se dit, au théâtre, de celui qui le joue le premier. ♦ Produire, susciter. *L'ordre de choses que la Révolution a créé en France. Créer une armée.* ♦ *Se créer*, créer à soi. *Se créer des ressources.* ♦ Fonder, instituer. *Créer une académie, des emplois, une rente, une pension, des actions, etc.* ♦ Nommer à un emploi qui n'existait pas. *On créa des préfets.* ♦ Se créer, v. pr. Être créé. ■ Fabriquer un nouveau produit. *Créer un site web, un logo, un robot.* ■ « *Rien ne se crée, rien ne se perd, tout se transforme* », LAVOISIER.

CRÉMAILLÈRE, n. f. [kremajɛr] (anc. fr. *cramail* ; b. lat. *cremaculus*, du radic. gr. *kremannumi*, suspendre) Pièce de fer plate, dentelée et recourbée par le bas, qu'on suspend dans les cheminées pour soutenir la marmite et d'autres vaisseaux sur le feu. ♦ *Pendre la crémaillère*, donner un repas pour célébrer son installation dans un nouveau logement. ♦ **Méc.** Pièce munie de crans, qui sert à relever ou à abaisser une partie mobile. ■ Rail muni de dents. *Trains, funiculaires à crémaillère.*

CRÉMAILLON, n. m. [kremajɔ̃] (anc. fr. *cramail*) Petite crémaillère qui s'accroche à une autre plus grande.

CRÉMANT, ■ n. m. [kremɑ̃] (*crémer*) Vin blanc pétillant. *Crémant d'Alsace, de Bourgogne, du Luxembourg. Le crémant rosé est issu du pinot noir alsacien.*

CRÉMATION, n. f. [kremasjɔ̃] (lat. *crematio*, de *cremare*, faire brûler) Usage de brûler les corps des défunts, par opposition à inhumation.

CRÉMATISTE, ■ n. m. et n. f. [krematist] (*crémation*) Partisan de la crémation. ■ Adj. *Un testament crématiste. Une cérémonie crématiste.*

CRÉMATOIRE, ■ adj. [krematwar] (dér. savant du radic. *cremat-* du supin lat. *cremare*) Relatif à la crémation. ■ *Four crématoire*, four dans lequel on incinère les cadavres afin de les réduire en cendres. ■ N. m. Lieu où l'on brûle les morts. ■ REM. On préfère en général à *crématoire* le terme plus neutre de *crématorium*, du fait des actes de barbarie menés par les nazis dans les camps de concentration.

CRÉMATORIUM, ■ n. m. [krematorjɔm] (réfection de *crématoire* avec suff. latin *-orium*) Lieu dans lequel on incinère les cadavres. *Des crématoriums.*

CRÈME, n. f. [krɛm] (b. lat. *crama*, crème, d'origine gaul., croisé avec *cresme*, de gr. *khrisma*, onguent) Matière épaisse, onctueuse, d'un blanc jaunâtre, agréable au goût, qui s'élève à la surface du lait abandonné à lui-même, et de laquelle on extrait le beurre. ♦ *Crème fouettée*, crème qui, à force d'être battue, devient tout en écume. ♦ Fig. *Ce n'est que de la crème fouettée*, se dit d'un écrit brillant, mais dépourvu de qualités solides. ♦ Fig. Ce qu'il y a de meilleur en certaines choses. *Cette famille est la crème des honnêtes gens.* ♦ Mets composé de lait, de sucre et d'œufs. *Crème à la vanille, au café.* ♦ Pellicule qui se forme sur le lait chaud. ♦ Nom des diverses préparations que l'on prescrit souvent aux malades dans les convalescences. *Crème de pain, de riz, etc.*, espèces de bouillies. ♦ Nom de certaines liqueurs qui sont des ratafias. *Crème de moka, de vanille, de noyau, etc.* ♦ **Anc. chim.** Substance se réunissant à la surface de certaines dissolutions. *Crème de chaux*, pellicule qui se forme à la surface de l'eau de chaux au contact de l'air. ♦ *Crème de tartre*, tartrate acide de potasse. ■ Adj. inv. De couleur blanc cassé. ■ Produit cosmétique de consistance onctueuse. *Se passer une crème hydratante sur les mains.* ♦ *Crème solaire*, produit cosmétique que l'on passe sur le visage et sur le corps pour les protéger des rayons du soleil. ■ Potage onctueux, velouté. *Crème d'asperges, de champignons.* ■ N. m. Café auquel on ajoute un peu de crème ou du lait. *Garçon ! Un crème, s'il vous plaît !*

CRÉMENT, n. m. [kremɑ̃] (lat. *crementum*, accroissement) **Gramm. lat.** Nombre de syllabes qu'un nom a de plus à ses autres cas qu'au nominatif, ou qu'un verbe a de plus qu'à la seconde personne du présent de l'indicatif.

CRÉMER, v. intr. [kreme] (*crème*) Se couvrir de crème, en parlant du lait. ■ Se crémer, v. pr. S'enduire le visage ou le corps de crème. *Il faut bien se crémer pour éviter les coups de soleil.*

CRÉMERIE ou **CRÉMERIE**, n. f. [krem(ə)ri] (*crème*) Établissement où l'on vend de la crème, du laitage, des œufs. ■ *Changer de crèmerie*, quitter un lieu que l'on avait l'habitude de fréquenter pour un autre.

CRÉMEUX, EUSE, adj. [kremø, øz] (*crème*) Qui a beaucoup de crème. ■ Qui est onctueux comme une crème. *Un fromage crémeux.*

CRÉMIER, IÈRE, n. m. et n. f. [kremje, jɛr] (*crème*) Celui, celle qui tient une crémerie.

CRÉMONE, ■ n. f. [kremɔn] (prob. *Crémone*, nom d'une ville d'Italie) Pièce de serrurerie permettant l'ouverture et la fermeture des fenêtres et des portes au moyen d'une poignée. *Tourner la crémone. Crémone ouverte, crémone fermée. Fenêtre à crémone. Crémone à béquille, à levier, à bouton.*

CRÉNAGE, n. m. [krenaʒ] (*créner*) Action de créner des caractères d'imprimerie.

CRÉNÉ, ÉE, p. p. de créner. [krene] N. f. *Une crénée*, une lettre crénée. ♦ **Bot.** Pourvu de crans ou crénelures.

CRÉNEAU, n. m. [kreno] (*cren*, cran) Toute ouverture pratiquée au sommet d'une tour ou d'une courtine et qui servait à la défense. ♦ Aujourd'hui, meurtrière. ♦ Intervalle entre deux hommes, deux pelotons dans l'ordre de bataille. ■ Fam. *Monter au créneau*, s'engager pour défendre une cause. ■ Manœuvre exécutée pour garer son véhicule dans l'espace laissé libre entre deux autres véhicules le long de la chaussée. *Faire un créneau.* ■ Période de temps libre entre deux activités. *Créneau horaire.* ■ Secteur du marché où la concurrence est faible.

CRÈNELAGE ou **CRÉNELAGE**, n. m. [krɛn(ə)laʒ] (*créneler*) Opération par laquelle on fait un cordon sur l'épaisseur d'une pièce de monnaie.

CRÈNELÉ, ÉE ou **CRÉNELÉ, ÉE**, p. p. de créneler. [krɛn(ə)le] Garni de créneaux. ♦ **Hérald.** *Pièces crènelées*, pièces qui ont des créneaux sur l'un des bords. ♦ **Hist. nat.** *Ailes crènelées*, ailes d'insectes, légèrement incisées sur les bords. ♦ **Bot.** *Feuille crènelée*, feuille garnie de crénelures.

CRÈNELER ou **CRÉNELER**, v. tr. [krɛn(ə)le] (anc. fr. *crenel*, créneau) Munir de créneaux. *Créneler un mur.* ♦ *Créneler une roue*, y faire des dents. ♦ Faire un cordon sur l'épaisseur d'une monnaie, d'une médaille.

CRÈNELURE ou **CRÉNELURE**, n. f. [krɛn(ə)lyr] (*créneler*) Division en forme de créneaux. *Dentelles en crènelure.* ♦ **Anat.** Division fine des bords des os qui s'unissent par suture dentée. ♦ **Bot.** Découpure obtuse, droite, perpendiculaire au bord des feuilles ou des pétales. ♦ **Archit.** Dentelure faite à des créneaux.

CRÉNER, v. tr. [krene] (gaul. *crinare* : cf. anc. irl. *ar-a-chrinin*, disparaître) Évider la partie qui déborde le corps d'une lettre. ♦ Marquer d'un cran, d'une entaille, la tige d'une lettre, d'un filet. ■ CRÉNAGE, n. m. [krenaʒ]

CRÉNOM, interj. [krenɔ̃] (*sacré nom de Dieu*) Pop. Juron qui manifeste l'exaspération, l'indignation, la surprise. *Crénom ! Quelle honte !*

CRÉNOTHÉRAPIE, ■ n. f. [krenoterapi] (gr. *krênê*, source, fontaine et *thérapie*) Traitement thérapeutique par des eaux thermales et médicinales. *Les vapeurs et gaz thermaux peuvent être utilisés en crénothérapie.*

CRÉODONTE, ■ n. m. [kreodɔ̃t] (gr. *kreas*, chair et *odous*, génit. *odontos*, dent) Paléont. Ordre des mammifères carnivores fossiles de l'ère tertiaire. *Les créodontes sont les premiers carnivores connus.*

CRÉOLE, n. m. et n. f. [kreɔl] (esp. *criollo*, du port. *crioulo*, métis, Noir né au Brésil, serviteur né dans la maison) Homme blanc, femme blanche originaire des colonies [1]. ♦ Adj. *Une femme créole.* ♦ *Nègre créole*, nègre né aux colonies [2]. ■ Propre aux créoles. *La cuisine créole.* ■ N. m. Langue issue du contact d'une langue européenne avec des langues indigènes. *Le créole haïtien, portugais.* ■ N. m. et n. f. Personne qui a adopté les mœurs des créoles et qui vit comme eux. ■ N. f. Grand anneau porté aux oreilles. *Une paire de créoles en or.* ■ REM. 1 : Il n'existe plus de colonies françaises aujourd'hui. ■ REM. 2 : À l'époque de Littré, *nègre* n'était pas un terme raciste et injurieux.

CRÉOLISATION, ■ n. f. [kreolizasjɔ̃] (*créoliser*) Modifications que subit une langue pour devenir la langue principale d'une communauté. *La créolisation du français.*

CRÉOLISER (SE), ■ v. pr. [kreolize] (*créole*) Devenir, au sein d'une communauté, la langue principale. *Une langue se créolise.* ■ Adopter les mœurs créoles. *Nous nous sommes créolisés depuis que nous vivons en Guadeloupe !*

CRÉOLISME, ■ n. m. [kreolism] (*créole*) Mot ou expression propre à l'ensemble des parlers créoles. *Certains élèvent le créolisme au rang de procédé littéraire.*

CRÉOLOPHONE, ■ n. m. et n. f. [kreolofɔn] (*créole* et *-phone*) Personne qui parle un créole. ■ Adj. *Les territoires créolophones.*

CRÉOSOTAGE, ■ n. m. [kreozotaʒ] (*créosoter*) Action de créosoter. *Procédé de créosotage.*

CRÉOSOTE, n. f. [kreozɔt] (all. *Kreosot*, du gr. *kreas*, chair, viande et *sôtêr*, qui sauve, qui protège) Liquide huileux incolore mais jaunissant à l'air, très caustique, issu de la distillation du goudron de houille ou de bois et utilisé comme antiseptique ou pour rendre le bois imputrescible. *Créosote de hêtre, de bouleau. Créosote de bois feuillus. Créosote du goudron de houille. La créosote a la propriété de préserver la viande et les poissons par fumaison.*

CRÉOSOTER, ■ v. tr. [kreozote] (*créosote*) Imprégner le bois de créosote afin d'en éviter la décomposition. *Créosoter les poteaux télégraphiques.*

CRÉOSOTEUSE, ■ n. f. [kreozotøz] (*créosote*) Engin qui répand sur la chaussée de la créosote. *L'emploi d'une créosoteuse pour l'entretien et la construction de voies ferrées.*

CRÊPAGE, n. m. [krɛpaʒ] (*crêper*) Apprêt qu'on donne au crêpe. ■ Action de se crêper les cheveux. ■ *Fam.* Crêpage de chignon, querelle de femmes qui s'agrippent violemment les cheveux. *Ces femmes en sont venues au crêpage de chignon.* ■ Rem. Graphie ancienne : *crépage.*

1 CRÊPE, n. m. [krɛp] (substantivation de adj. en anc. fr. *cresp[e]*, du lat. *crispus*, frisé, ondulé) Sorte d'étoffe claire, légère et comme frisée. *Crêpe blanc, rose. Robe, voile de crêpe.* ◆ *Crêpe lisse*, celui qui n'est pas frisé. ◆ *Porter un crêpe*, porter en signe de deuil un crêpe noir au chapeau, au bras ou à l'épée. ◆ **Poétiq.** *Le crêpe de la nuit*, les ombres de la nuit. ◆ **Fig.** « *Un crêpe noir que votre absence avait mis sur ma vie* », Mme de Sévigné. ◆ *Crêpe de Chine*, espèce de châle d'été en soie. ◆ *Cheveux nattés et frisés par le bout.*

2 CRÊPE, n. f. [krɛp] (substantivation du fém., de adj. en anc. fr. *cresp[e]*, du lat. *crispus*, frisé, ondulé) Sorte de petite galette faite avec la farine de froment, à laquelle on joint souvent du sucre, des œufs et quelque aromate, et que l'on fait cuire à la poêle avec un morceau de beurre ou de graisse. ■ *Pâte à crêpe.*

CRÊPÉ, ÉE, p. p. de crêper. [krepe] Étoffe crêpée. *Cheveux crêpés.* ◆ **N. m.** *Un crêpé*, un paquet de cheveux crêpés.

CRÊPELÉ, ÉE ■ adj. [krɛp(ə)le] (*p. p.* de *crêpeler*) Qui est ondulé, frisé très légèrement. *Des cheveux crêpelés.*

CRÊPELURE, ■ n. f. [krɛp(ə)lyr] (*crêpelé*) Chevelure crêpelée, frisée légèrement, ondulée. *Son visage lisse et délicatement modelé contrastait avec la crêpelure de ses cheveux.*

CRÊPE-PARTY, ■ n. f. [krɛp(ə)parti] (*crêpe* et angl. *party*) Réception chez un particulier où le repas est essentiellement constitué de crêpes salées et sucrées. *Avec un peu de snobisme, il évoquait les crêpes-partys qu'il donnait.*

CRÊPER, v. tr. [krepe] (lat. *crispare*, friser, ou de l'anc. fr. *cresp[e]*) Friser en manière de crêpe. *Crêper une étoffe, des cheveux.* ■ Se crêper, v. pr. Devenir crépu. ◆ *Se crêper*, crêper ses cheveux. ■ **Fig.** et **fam.** *Se crêper le chignon*, se quereller, en parlant de femmes.

CRÊPERIE, ■ n. f. [krɛp(ə)ri] (2 *crêpe*) Restaurant spécialisé principalement dans la préparation et la vente de crêpes. *Crêperie bretonne.*

1 CRÉPI, n. m. [krepi] (anc. fr. *crespeiz, crespis*, de *crespe*, prob. confondu avec p. p. de *crépir*) Enduit de muraille en mortier ou en plâtre. *Faire un crépi.*

2 CRÉPI, IE, p. p. de crépir. [krepi]

CRÊPIER, IÈRE, ■ n. m. et n. f. [krepje, jɛr] (*crêpe*) Personne qui prépare et qui vend des crêpes salées et sucrées. ■ N. f. Appareil électroménager à plaques chauffantes servant à faire cuire les crêpes chez soi. ■ Poêle de diamètre moyen, très plate, à bords peu élevés où l'on fait cuire ses crêpes.

CRÉPIN, n. m. [krepɛ̃] (*saint Crépin*, patron des cordonniers) Nom de tous les outils et de toutes les marchandises qui servent au métier de cordonnier, excepté les cuirs. ◆ *Saint-crépin*, nom du sac dans lequel tout cela est renfermé. ◆ **Fig.** *Perdre tout son saint-crépin*, tout ce qu'on possède. ◆ **N. f.** *La Saint-Crépin*, la fête de saint Crépin.

CRÉPINE, n. f. [krepin] (anc. fr. *cresp[e]*, frisé) Sorte de frange tissue et ouvragée par le haut, qu'on emploie pour l'ornement des dais, des lits, etc. ◆ Espèce de petite toile de graisse qui couvre la panse de l'agneau, du veau et du porc. ■ Filtre placé à l'extrémité d'un tuyau d'aspiration pour y empêcher l'entrée de corps étrangers. *Les piscines sont généralement équipées de crépines pour maintenir l'eau propre.*

CRÉPINETTE, ■ n. f. [krepinɛt] (*crépine*) Saucisse ronde et plate enveloppée dans de la crépine. *Des crépinettes au vin blanc et aux échalotes.*

CRÉPIR, v. tr. [krepir] (anc. fr. *cresp[e]*) Enduire de plâtre ou de mortier un mur. ◆ **Corroy.** Prendre un cuir, lorsqu'il est sorti de l'eau, et lui faire venir le grain. ◆ *Crépir du crin*, le faire bouillir pour le friser.

CRÉPISSAGE ou **CRÉPISSEMENT**, n. m. [krepisaʒ, krepis(ə)mɑ̃] (*crépir*) Action de crépir.

CRÉPISSURE, n. f. [krepisyr] (*crépir*) Résultat de l'action de crépir.

CRÉPITANT, ANTE, adj. [krepitɑ̃, ɑ̃t] (*crépiter*) Qui produit un bruit de crépitation. ■ **Méd.** *Râle crépitant*, bruit que fait entendre la respiration dans la pneumonie au premier degré.

CRÉPITATION, n. f. [krepitasjɔ̃] (b. lat. *crepitatio*, bruit sec) Bruit réitéré d'une flamme qui pétille, ou de certains sels projetés sur le feu. ◆ **Chir.** Bruit que produisent les fragments d'un os, lorsqu'on leur communique quelques mouvements. ◆ Bruit que produit l'air dans les canalicules pulmonaires, en cas de pneumonie commençante ou déclinante et d'emphysème. ■ Rem. On réserve auj. *crépitation* au sens médical et on emploie *crépitement* au sens général.

CRÉPITEMENT, ■ n. m. [krepit(ə)mɑ̃] (*crépiter*) Succession de petits bruits secs, craquement. *Le crépitement du feu. Le crépitement des balles. Le crépitement de la pluie.*

CRÉPITER, v. intr. [krepite] (lat. *crepitare*, faire entendre un bruit sec et répété) Faire un bruit comme de pétillement. *Le sel crépite dans le feu.*

CRÉPON, n. m. [krepɔ̃] (adj. de l'anc. fr. *cresp, crespe*) Sorte d'étoffe légère faite de la plus fine laine. ◆ Petit morceau d'étoffe pour étendre le fard sur la figure. ■ *Papier crépon* ou *crépon*, papier fortement de couleur, souple et d'aspect gaufré. ◆ *Faire des fleurs en crépon.*

CRÉPU, UE, adj. [krepy] (adj. de l'anc. fr. *cresp, crespe*) Très frisé, crêpé. *Des cheveux crépus. De la laine crépue.* ◆ **Bot.** *Feuilles crépues*, feuilles dont le bord est ondulé.

CRÊPURE, n. f. [krepyr] (*crêper*) ▷ Action de crêper ; qualité de ce qui est crêpé. ◁

CRÉPUSCULAIRE, adj. [krepyskylɛr] (*crépuscule*) **Astron.** Qui appartient au crépuscule. *Lumière crépusculaire.* ◆ *Cercle crépusculaire*, cercle de la sphère qui passe par le degré où cesse le crépuscule. ◆ **Zool.** Qui ne se montre que le soir. *Des papillons crépusculaires.*

CRÉPUSCULE, n. m. [krepyskyl] (lat. *crepusculum*) Nom donné à la lumière qui reste après le coucher du soleil. ◆ **Fig.** *Le crépuscule de la vie*, la vieillesse. « *Le crépuscule de mes jours S'embellira de votre aurore* », Voltaire. ◆ *Crépuscule* se dit aussi par abus pour la lumière qui précède le lever du soleil ; il faut dire *l'aube.*

CRÈQUE, n. f. [krɛk] (normanno-pic., m. néerl. de l'est *crieke*, prune) Fruit du créquier.

CRÉQUIER, n. m. [krekje] (normanno-pic. *creque*) Prunier épineux, prunellier, dans la basse Picardie. ◆ **Hérald.** Prunier sauvage, qui ressemble à un chandelier à sept branches.

CRESANE, n. f. [krəzan] Voy. CRASSANE.

CRESCENDO, n. m. [krefɛndo] (mot ital.) **Mus.** Augmentation progressive des sons de la voix et des instruments. *Ce crescendo est magnifique.* ◆ **Adv.** *Ce passage doit être exécuté crescendo.* ◆ **Fig.** *Ce fut un crescendo de louanges.* ■ *Des crescendos et des decrescendos.* ■ Rem. On prononçait autrefois [kresɛ̃do] en faisant entendre *sin* et non *chèn.*

CRÉSOL, ■ n. m. [krezol] (*créosote*) Substance extraite des goudrons de gaz utilisée comme désinfectant en médecine et dans l'industrie chimique. *Le crésol peut polluer l'environnement.*

CRESSANE, n. f. [kresan] Plusieurs personnes disent *cressane* au lieu de *cresane*, Voy. CRESANE.

CRESSON, n. m. [kresɔ̃] (anc. b. frq. *kresso*) Plante qui croît dans les eaux vives, dite vulgairement *cresson de fontaine.* ◆ *Cresson alénois*, Voy. ALÉNOIS.

CRESSONNETTE, ■ n. f. [kresonɛt] (*cresson*) Cresson des prés, cardamine. *Les fleurs claires de la cressonnette sont les premières à annoncer le retour des beaux jours.*

CRESSONNIÈRE, n. f. [kresonjɛr] (*cresson*) Endroit sur le bord des ruisseaux où le cresson pousse en abondance.

CRÉSUS, n. m. [krezys] (lat. *Cræsus*) Nom d'un roi de Lydie renommé par ses richesses ; de là fig. homme extrêmement riche. *C'est un Crésus.* ■ *Être riche comme Crésus*, être très riche.

CRÉSYL, ■ n. m. [krezil] (nom déposé) Produit désinfectant composé à partir de trois crésols. *Désinfecter un poulailler au crésyl.* ■ **CRÉSYLÉ, ÉE**, adj. [krezile] *Un terrain crésylé.*

CRÊT, ■ n. m. [krɛ] (lat. médiév. *crestum*, dial. jurassien *crest roset*, doublet m. de *crête*) **Suisse, Jura** et **Savoie** Crête montagneuse. ■ Escarpement monoclinal d'un terrain sédimentaire plissé où alternent des couches résistantes et des couches tendres. *Le crêt des Neiges du Jura.*

CRÉTACÉ, ÉE, adj. [kretase] (lat. *cretaceus*) Qui est de la nature de la craie ; qui est formé de craie. *Terrain crétacé.* ■ *Le Crétacé*, période géologique de la fin de l'ère secondaire au cours de laquelle se sont formés les terrains calcaires.

CRÊTE, n. f. [krɛt] (lat. *crista*) Excroissance charnue que les coqs et quelques autres gallinacés ont sur la tête. ◆ **Fig.** *Lever la crête*, témoigner de l'audace, de l'outrecuidance. ◆ *Baisser la crête*, perdre de sa confiance, de ses forces. ◆ *Rabaisser la crête à quelqu'un, donner sur la crête à quelqu'un*, l'humilier. ◆ Proéminence charnue sur la tête de quelques reptiles. ■ Huppe qui orne la tête de divers oiseaux. *La crête d'une alouette.* ◆ Pièce de fer en forme de crête qui surmonte un casque ou une autre coiffure semblable. ◆ Cime, sommet. *La crête d'un toit, d'une montagne.* ◆ **Archit.** L'ensemble des tuiles placées sur un toit. ■ Le chaperon d'une muraille. ◆ **Anat.** Saillie osseuse, étroite et allongée. *La crête de l'os des îles.* ◆ Petite passementerie à dent servant à border ou encadrer des rideaux, des sièges, etc. ■ Haut des vagues. *La crête et le creux des vagues.*

CRÊTÉ, ÉE, adj. [kʁete] (*crête*) Qui a une crête. ♦ **Hist. nat.** Qui a la forme d'une crête, qui imite une crête.

CRÊTE-DE-COQ, n. f. [kʁɛt(ə)dəkɔk] (*crête* et *coq*) Un des noms vulgaires de la célosie à crête (amarantacées) et du rhinanthe crête-de-coq (rhinanthacées). ♦ **Au pl.** *Des crêtes-de-coq.* ■ Condylome.

CRÉTELLE, ■ n. f. [kʁetɛl] (*crête*) Graminée fourragère des pays tempérés dont les touffes sont riches en feuilles. *La crételle hérissée. La crételle épineuse. La crételle à crête.*

CRÉTIN, INE, n. m. et n. f. [kʁetɛ̃, in] (lat. *christianus*, employé d'abord par commisération, puis péj.) Nom d'individus de l'espèce humaine disgraciés de la nature, et affectés de l'idiotisme le plus complet. ♦ **Fig.** Homme stupide. *Quelle bande de crétins!*

CRÉTINERIE, ■ n. f. [kʁetin(ə)ʁi] (*crétin*) **Fam.** Stupidité, imbécillité. *Quelle crétinerie!*

CRÉTINISANT, ANTE, ■ adj. [kʁetinizɑ̃, ɑ̃t] (*crétiniser*) Qui rend stupide, bête. *Certains programmes de télévision sont vraiment crétinisants!*

CRÉTINISATION, ■ n. f. [kʁetinizasjɔ̃] (*crétiniser*) Action de crétiniser. *La crétinisation des téléspectateurs par quelques programmes de télévision avilissants.* ■ Résultat de cette action.

CRÉTINISER, v. tr. [kʁetinize] (*crétin*) Rendre crétin, faire tomber dans l'idiotisme. ♦ Se crétiniser, v. pr. Devenir crétin.

CRÉTINISME, n. m. [kʁetinism] (*crétin*) Vice de conformation des crétins. ♦ **Fig. et fam.** Sottise profonde, imbécillité. ■ **Méd.** Arriération mentale, intellectuelle et parfois physique due à une insuffisance thyroïdienne. *Le crétinisme, autrefois présent dans les hautes vallées des Alpes, était lié au manque d'iode.*

CRÉTOIS, OISE, ■ adj. [kʁetwa, waz] (*Crète*, île de la Méditerranée orientale) Relatif à l'île de Crète. *La civilisation crétoise.* ■ N. m. et n. f. Habitant, habitante de l'île de Crète. *Les Crétois.* ■ N. m. Langue parlée dans la Crète antique. *Le corpus hiéroglyphique du crétois est spectaculairement pauvre et lacunaire puisque très peu de textes en crétois ont été retrouvés.*

CRETONNE, n. f. [kʁətɔn] (orig. obsc. *Courtonne* peut être le nom de la manufacture de toiles d'Alençon ou bien le lieu des filatures de chanvre, non loin desquelles se trouvaient les tissages de cretonne d'Alençon.) Toile blanche très forte.

CRETONS, n. m. pl. [kʁətɔ̃] (prob. m. néerl. *kerte*, entaille d'après l'aspect des cretons) Partie grossière des graisses de bœuf et de mouton, qu'on met en pains pour la nourriture des chiens de basse-cour ou de chasse.

CREUSAGE, n. m. [kʁøzaʒ] (*creuser*) Action de creuser, principalement chez les graveurs ; on dit aussi *le creusage d'un puits.* ■ Résultat de cette action. ■ Rem. Auj. *creusement* est plus courant que *creusage.*

1 CREUSÉ, n. m. [kʁøze] (*creuser*) Résultat de l'action de creuser.

2 CREUSÉ, ÉE, p. p. de creuser. [kʁøze] **Fig.** Étudié avec soin. *Une question creusée par un homme habile.*

CREUSEMENT, n. m. [kʁøz(ə)mɑ̃] (*creuser*) Action de creuser. ■ Action de rendre concave. *Le creusement des rides, des fossettes. Le creusement des reins.* ■ Rem. Auj. *creusement* est plus courant que *creusage.*

CREUSER, v. tr. [kʁøze] (*creux*) Pratiquer une cavité. *Creuser un puits, la terre, etc.* ♦ **Fig.** *Creuser sa fosse en son tombeau*, altérer sa santé par des excès. ♦ **Fig.** *Creuser un abîme, un précipice*, causer la perte, la ruine. ♦ **Grav.** Revenir sur une taille pour la rendre plus profonde. Dans la gravure sur bois, évider. ♦ *Se creuser le cerveau, l'esprit, la tête, la cervelle*, se donner beaucoup de peine pour découvrir, comprendre, imaginer. ♦ *Creuser le visage, les traits*, les amaigrir. ♦ **Fig.** Étudier avec soin, pénétrer avant dans un sujet. *Creuser une question.* ♦ **Absol.** Faire un creux. *Creuser en terre, sous terre.* ♦ **Fig.** « *Tacite creuse pour découvrir les plus grands raffinements dans les conseils de l'empereur* », FÉNELON. ♦ Se creuser., v. pr. Devenir creux. *Cet arbre se creuse. Ses yeux se creusent.* ♦ **Fig.** *Se creuser*, penser beaucoup à une chose, à quelqu'un. ♦ *Creuser l'estomac* ou, ellipt. et fam., *creuser*, ouvrir l'appétit. *Le grand air, ça creuse.*

CREUSET, n. m. [kʁøze] (anc. fr. *croisuel*, lampe, p.-ê. du gallo-rom. *crocceolus*, ou anc. b. frq. *krok*, crochet, auquel on suspendait la lampe ; infl. de *creux*) Vaisseau de terre ou de métal, destiné à être mis au milieu du feu, pour obtenir la fusion des corps très réfractaires. ♦ *Creusets brasqués*, Voy. BRASQUER. ♦ Partie inférieure et distincte d'un fourneau, dans laquelle se tient le métal fondu. ♦ **Fig.** « *Sa main est un creuset qui fond l'argent* », MME DE SÉVIGNÉ. « *Raffinez sur tous les plaisirs, subtilisez-les, mettez-les dans le creuset* », MASSILLON. ■ **Fig.** Lieu où se mêlent des éléments de différentes natures. *Le creuset méditerranéen.*

CREUSEUR, n. m. [kʁøzœʁ] (*creuser*) Celui qui creuse, approfondit, va au fond des choses. « *Des creuseurs d'antiquité* », VOLTAIRE.

CREUTZFELDT-JAKOB (MALADIE DE), ■ n. f. [kʁøtsfɛltʒakɔb] (Hans-Gerhard *Creutzfeldt*, 1885-1964, et Alfons Maria *Jakob*, 1884-1931, médecins allemands) **Méd.** Affection encéphalique (encéphalopathie spongiforme) due à un prion (protéine infectieuse) qui détruit progressivement les cellules nerveuses et qui amène le malade vers la démence. *La maladie de Creutzfeldt-Jakob existe sous quatre formes bien distinctes : la forme familiale (transmise génétiquement), la forme iatrogène (acquise lors d'un acte médical), la forme sporadique (maladie rare qui n'atteint que des individus isolément) et celle transmise par la viande des bovins atteints d'encéphalopathie spongiforme bovine.* ♦ Forme de la maladie de Creutzfeldt-Jakob transmise à l'homme par la consommation de viande bovine infectée provenant d'animaux atteints de l'encéphalopathie spongiforme bovine.

1 CREUX, n. m. [kʁø] (prob. orig. celt., du lat. *crosus*) Cavité. *Faire un creux en terre. Le creux d'un arbre.* ♦ Partie concave. *Le creux de la main, de l'estomac. Plein le creux de la main*, se dit d'une petite quantité de quelque chose. ♦ *Avoir un beau creux, avoir un creux*, avoir une voix qui descend fort bas. ♦ **Sculpt.** Moule dans lequel on coule les substances qui en doivent prendre la forme en relief. ♦ Matrice du coin à frapper les médailles. *Graver en creux.* ♦ Vide. « *Je trouve un grand creux dans ces fictions de l'esprit humain* », BOSSUET. ♦ *Le creux de la vague*, la période la plus difficile. ■ **Fam.** *Avoir un creux*, avoir faim. ♦ Ralentissement des activités. *Le creux des vacances scolaires.* ■ N. f. *Creuse*, huître dont la coquille est très profonde. *Les creuses du bassin d'Arcachon, de Bretagne, du Japon, du Portugal.*

2 CREUX, EUSE, adj. [kʁø, øz] (prob. orig. celt., du lat. *crosus*) Qui a une cavité intérieure. *Une roche creuse. Un arbre creux.* ♦ On dit d'un repas insuffisant, qu'*il n'y en a pas pour la dent creuse de quelqu'un*, fig. il n'y a pas de quoi le satisfaire. ♦ Profond. *Fossé, chemin creux.* ♦ *Assiettes creuses*, assiettes plus profondes que les autres, et dans lesquelles on sert la soupe. ♦ Amaigri, cave. *Des joues creuses. Des yeux creux.* ♦ Vide. *Avoir le ventre creux*, n'avoir pas mangé depuis longtemps. ♦ *Viande creuse*, viande peu substantielle, mets qui nourrit peu. ♦ **Fig.** *La musique est une viande bien creuse pour un homme affamé.* ♦ *Se repaître de viandes creuses*, s'infatuer d'idées chimériques, d'espérances folles. ♦ Vain, vide, chimérique. « *Que le cœur de l'homme est creux!* », PASCAL. « *Des spéculations creuses* », FLÉCHIER. *Une tête creuse, un esprit creux*, un homme qui a peu de bon sens. ♦ **Adv.** *Sonner creux*, se dit du son que rendent les corps creux et vides. ♦ *Songer creux*, se laisser aller à de vaines rêveries, poursuivre en idée des chimères. ■ Qui est marqué par un ralentissement des activités. *Les heures creuses. Saison creuse.*

CREVAISON, n. f. [kʁəvɛzɔ̃] (*crever*) **Trivial** Mort. *Il a fait sa crevaison.* ■ Le fait d'éclater, de crever. *Réparer une crevaison.*

CREVANT, ANTE, ■ adj. [kʁəvɑ̃, ɑ̃t] (*crever*) **Fam.** Qui fatigue, éreinte. ■ **Vieilli** Qui est drôle, désopilant. *Cette histoire est crevante!*

CREVARD, ARDE, ■ adj. [kʁəvaʁ, aʁd] (*crever*) **Fam.** Maladif, faible. ■ N. m. et n. f. Personne d'une santé fragile. *Un crevard habitué aux séjours hospitaliers.*

CREVASSE, n. f. [kʁəvas] (*crever*) Fente étroite à la surface des corps. *La sècheresse fait des crevasses à la terre. Avoir des crevasses aux mains.*

CREVASSÉ, ÉE, p. p. de crevasser. [kʁəvase]

CREVASSER, v. tr. [kʁəvase] (*crevasse*) Faire des crevasses. *Le froid lui a crevassé les mains.* ♦ Se crevasser, v. pr. Être crevassé. *La muraille, le navire se crevasse.*

CREVÉ, ÉE, p. p. de crever. [kʁəve] N. m. et n. f. *Un gros crevé*, un homme fort gros. ♦ *Manger, boire, ronfler, rire comme un crevé*, avec excès. ♦ N. m. Ouverture longitudinale pratiquée aux manches de certains vêtements. ■ Adj. **Fam.** Extrêmement fatigué. ■ Qui vient de crever, qui présente un trou. *Pneu crevé.* ■ **Fam.** Mort. *Un sapin crevé. Un chien crevé.*

CRÈVE, ■ n. f. [kʁɛv] (*crever*) **Fam.** Rhume. *Attraper, avoir la crève.*

CRÈVE-CŒUR, ■ n. m. [kʁɛv(ə)kœʁ] (*crever* et *cœur*) Grand déplaisir, déboire mêlé de dépit. ♦ **Au pl.** *Des crève-cœurs.*

CRÈVE-LA-FAIM, ■ n. m. inv. et n. f. inv. [kʁɛv(ə)lafɛ̃] (*crever de faim* et *crever la faim*) Personne qui crève de faim, miséreux. *Des crève-la-faim.* « *Et qu'est-ce que c'est, ce merle-là? Un va-nu-pieds, un sans-le-sou, un couche-dehors, un crève-la-faim* », MAUPASSANT.

CREVER, v. intr. [kʁəve] (lat. *crepare*, rendre un son sec, éclater) Se conjugue avec *être* ou *avoir* suivant le sens. Se rompre par excès de tension. *Le ballon a crevé, est crevé.* ♦ Se dit des œillets et de leur étui quand la quantité des feuilles les fait ouvrir et éclater. ♦ Éclater avec explosion. *Le fusil creva.* « *Reine, n'attendez pas que le nuage crève* », RACINE. ♦ *Crever dans la main*, se dit d'une arme à feu qui éclate dans la main au moment où on la tire, et fig. n'être d'aucun service. ♦ **Méd.** Aboutir. *L'abcès a crevé, est crevé.* ♦ *Crever de graisse* ou *d'embonpoint*, être excessivement gras. ♦ *Crever* se dit de ceux qui ont trop mangé. « *Ils mangeront jusqu'à crever* », J.-J.

ROUSSEAU. ◆ *Crever dans sa peau*, être d'un embonpoint excessif, et fig. enrager en secret de quelque grand dépit. ◆ **Par extens.** *Crever de sa santé*, avoir une santé florissante et de l'embonpoint. ◆ Être en proie à quelque passion qui cause du tourment, à quelque sentiment qui cause de l'impatience. *Crever de dépit, de honte, etc.* ◆ *Crever de rire*, rire excessivement. ◆ *Crever de faim*, avoir grand-faim, être dans le dénuement. ◆ Mourir, en parlant des bêtes, et aussi par dédain ou colère, en parlant des hommes. ◆ *Faire crever le riz*, le faire gonfler à l'eau bouillante ou à la vapeur. ◆ À certains jeux, *crever*, perdre la partie, parce qu'on a fait plus de points qu'il n'en fallait pour gagner. ◆ **V. tr.** Faire éclater, rompre avec effort, violence. *Cette charge creva le canon.* ◆ Faire manger à l'excès. *Il les creva de bonne chère.* ◆ *Crever les yeux, crever le globe de l'œil.* ◆ *Se crever les yeux*, se percer les yeux ou se les détruire d'une façon quelconque. ◆ *Fig. Crever les yeux*, se dit des choses qui sont sous les yeux et que cependant on n'aperçoit pas. *Cela crève les yeux*, cela est d'une évidence palpable. ◆ *Crever le cœur*, faire dans la région de l'estomac une plaie qui cause la mort. ◆ **Fig.** Exciter une vive compassion. « *Cela nous creva le cœur* », MME DE SÉVIGNÉ. ◆ *Crever un cheval*, le fatiguer à le faire mourir, le rendre fourbu. ◆ Se crever, v. pr. Éprouver une rupture à force de distension. ◆ *Se crever de boire et de manger*, ou simplement *se crever.* « *Le jeune renard mange tant qu'il se crève* », FÉNELON. ◆ Être fatigué outre mesure. *Se crever de travail*, travailler avec excès.

CREVETTE, n. f. [kʀəvɛt] (forme normanno-picarde de *chevrette*, d'après les sauts que fait une *chèvre*) Petite écrevisse de mer, dite aussi *chevrette* ou *salicoque*. ■ *Fig. et fam.* Tout petit bébé. ■ Enfant menu.

CREVETTIER, ■ n. m. [kʀəvetje] (*crevette*) Filet pour attraper les crevettes. ■ Bateau pour la pêche à la crevette.

CREVOTER, ■ v. intr. [kʀəvote] (dimin. et dépréciatif de *crever*, lat. *crepare*, craquer) **Suisse rom.** Dépérir, végéter, stagner. *Il crevotait en silence.*

CRI, n. m. [kʀi] (crier) Voix poussée avec effort, de manière à être entendue au loin ; voix inarticulées que nous arrache la douleur ou une passion violente ; voix confuses d'une multitude qui demande une chose ; paroles emphatiques ou trop enflées d'un orateur ou d'un poète. *Pousser, jeter, faire des cris. Des cris de douleur, d'allégresse, etc.* ◆ *N'avoir qu'un cri, ne jeter qu'un cri*, crier constamment, se plaindre sans discontinuer. ◆ *Ne faire qu'un cri*, pousser un seul cri. ◆ *Fig. Jeter, pousser les hauts cris, crier les hauts cris, faire les hauts cris*, se récrier, se plaindre amèrement. ◆ Paroles prononcées en criant de manière à être entendues au loin. *Cri de guerre, de ralliement, d'alarme.* ◆ *Cris de Paris*, cris des petits marchands de la rue. ◆ Acclamation. *Les cris de vive le roi !* ◆ *Cri public*, ce qu'on publie à son de trompe par ordre de justice. *Il est défendu par cri public.* ◆ *Les cris de l'école*, les paroles bruyantes qui se font entendre dans les argumentations des écoles. ◆ **Chasse** Mots que prononcent les chasseurs quand ils parlent aux chiens pour les flatter ou les exciter à poursuivre la bête. *Chasser à cor et à cri*, chasser avec le cor et les chiens. ◆ *Fig. Demander à cor et à cri*, demander à haute voix, d'une voix pressante. ◆ **Hérald.** *Cri d'armes, cri de guerre*, ou simplement *cri*, un ou plusieurs mots en forme de devise qu'on place ordinairement au cimier des armes. ◆ Gémissement, plainte, accusation. *Les cris des veuves et des orphelins.* ◆ Opinion publique. *Le cri public. Il n'y a qu'un cri contre lui.* ◆ *Fig.* Appel qui émane des choses, des sentiments. *Le cri de la conscience, de l'innocence, du remords, de l'honneur.* ◆ Voix propre à chaque animal. *Le cri de la corneille annonce de la pluie.* ◆ Bruit strident. *Le cri de la scie.* ◆ *Poétiq. Les cris de la tempête.* ◆ *Le cri de l'étain*, craquement que ce métal fait entendre quand on le plie. ■ *Le dernier cri*, ce qui est le plus récent, le plus à la mode. ■ *Pousser son premier cri*, naître.

CRIAILLEMENT, ■ n. m. [kʀiaj(ə)mã] (*criailler*) Action de criailler, braillement, cri désagréable. *Le criaillement des enfants dans une cour d'école.*

CRIAILLER, v. intr. [kʀiaje] (*crier*) Crier fréquemment d'une manière désagréable. ◆ Crier fréquemment après quelqu'un, se répandre en gronderies, en plaintes. *Criailler contre quelqu'un.* ■ Crier, en parlant de certains oiseaux. *Le faisan, l'oie, le paon, la perdrix, le perroquet et la pintade criaillent.*

CRIAILLERIE, n. f. [kʀiaj(ə)ʀi] (rad. de *criailler*) Action de criailler. « *Ce qui nourrit les criailleries des enfants, c'est l'attention qu'on y fait* », J.-J. ROUSSEAU. ◆ Action d'importuner par des plaintes et des récriminations. « *Délivrez-moi, monsieur, de la criaillerie* », MOLIÈRE.

CRIAILLEUR, EUSE, n. m. et n. f. [kʀiajœʀ, øz] (rad. de *criailler*) Celui, celle qui ne fait que criailler.

CRIANT, ANTE, adj. [kʀijã, ãt] (*crier*) Qui crie. *Une voix criante.* ◆ Peu usité ; on dit de préférence *criard*. ◆ *Par extens.* Qui excite à se plaindre hautement, en parlant des choses. *Des injustices criantes. Un passe-droit criant.* ■ Évident. *Des inégalités sociales criantes.*

CRIARD, ARDE, adj. [kʀijaʀ, aʀd] (rad. de *crier*) Qui crie souvent. *Un enfant criard.* ◆ *Oiseaux criards*, les oiseaux niais qui n'ont qu'un cri désa-

gréable. ◆ *Dettes criardes*, petites dettes que l'on contracte chez les fournisseurs d'objets de première nécessité. ◆ Aigre. *Voix criarde. Sons criards. Instrument criard.* ◆ **Fig. Peint.** *Tons criards, couleurs criardes*, tons, couleurs qui tranchent trop fortement. ◆ Qui gronde sans cesse et à grand bruit. *Cette femme est criarde. Humeur criarde.* ■ N. m. et n. f. *C'est un grand criard.*

CRIB, ■ n. m. [kʀib] (angl.) **Canada** Espèce de cage grillagée qui permet le séchage des épis de maïs. *Crib en bois. Crib métallique.* ■ Coffre, en bois ou en pierre, placé au fond d'un lac ou dans le lit d'une rivière pour protéger une prise d'eau ou pour supporter un quai.

CRIBLAGE, n. m. [kʀibla3] (*cribler*) Action ou opération de cribler.

CRIBLE, n. m. [kʀibl] (b. lat. *criblum*, dissimilation du lat. *cribrum*, tamis) Instrument percé d'un grand nombre de trous, par lesquels on sépare ce qui est plus fin de ce qui est plus gros. ◆ *Percé comme un crible*, percé de tous les côtés. ■ *Passer au crible*, examiner avec attention pour ne retenir que ce qui est bon.

CRIBLÉ, ÉE, p. p. de cribler. [kʀible] *Fig. Être criblé de dettes, de ridicules*, avoir beaucoup de dettes, de ridicules. ■ Couvert. *Le sol de cette planète est criblé de cratères.*

CRIBLER, v. tr. [kʀible] (b. lat. *criblare*, dissimilation du lat. *cribrare*, passer au crible) Passer au crible. « *Il faut cribler le froment et rejeter l'ivraie* », VOLTAIRE. ◆ *Fig.* « *Et criblant mes raisons pour en faire un bon choix* », RÉGNIER. ◆ Percer de trous nombreux. *Cribler quelqu'un de coups de stylet.* Se cribler, v. pr. Être criblé. ◆ Se percer l'un l'autre de beaucoup de coups. ■ *Cribler quelqu'un d'injures*, l'injurier.

CRIBLEUR, EUSE, n. m. et n. f. [kʀiblœʀ, øz] (*cribler*) Celui, celle qui crible. ■ N. m. ou n. f. Machine à cribler. *Cribleur à grains. Cribleur de sable. Cribleuse pour sable sec.*

CRIBLURE, n. f. [kʀiblyʀ] (*cribler*) Tout ce qui, étant le plus gros, ne passe pas au crible.

CRIBRATION, n. f. [kʀibʀasjõ] (radic. de lat. *cribrare*, tamiser) **Pharm.** Opération par laquelle on sépare les parties menues ou fines de certains médicaments d'avec les parties plus grossières.

1 **CRIC,** n. m. [kʀi] (m. h. all. *kriec*) Instrument de mécanique, servant à lever toutes sortes de fardeaux.

2 **CRIC,** n. m. [kʀik] (onomat., var. par dissimilation de *crac*) Onomatopée qui exprime le bruit d'une chose qu'on déchire. ◆ N. m. *On entendit un léger cric.*

CRIC-CRAC, n. m. [kʀikkʀak] Onomatopée qui exprime le bruit que font certains corps solides en se brisant ou en se déchirant. ■ Au pl. *Des cric-cracs.*

CRICKET, ■ n. m. [kʀiket] (mot angl., bâton) Sport d'équipe, inventé et développé par les Anglais, se pratiquant avec des battes plates en bois et une balle. *Le cricket est un sport très populaire en Angleterre. Le terrain de cricket. Les guichets du cricket.*

CRICOÏDE, ■ adj. [kʀikoid] (gr. *krikoeidês*, en forme d'anneau) Qui est en forme d'anneau. *Cartilage cricoïde.* ■ N. m. Anneau cartilagineux qui forme la partie inférieure du larynx. *Situé immédiatement au-dessus de la trachée, le cricoïde est un cartilage d'un diamètre interne d'environ 1,9 cm chez la femme adulte et 2,4 cm chez l'homme adulte.*

CRICRI ou **CRI-CRI,** n. m. [kʀikʀi] (onomatopée du chant du grillon) Le grillon domestique. ◆ Au pl. *Des cricris ou des cri-cris.* ■ Bruit que font les grillons ou les cigales avec leurs élytres.

CRID, n. m. [kʀid] Voy. CRISS qui est plus correct.

CRIÉ, ÉE, p. p. de crier. [kʀije]

CRIÉE, n. f. [kʀije] (p. p. fém. substantivé de *crier*) Proclamation pour annoncer la vente des biens en justice. ◆ Vente publique aux enchères. ◆ *Audience des criées*, celle où l'on vend les biens dont la vente a lieu devant le tribunal. ■ Lieu public où l'on vend les poissons. *La fonction de la criée est d'assurer la vente des produits de la pêche. La criée de Saint-Jean-de-Luz.*

CRIER, v. intr. [kʀije] (lat. *quiritare*, appeler ; crier au secours ; protester à grands cris) Faire un ou plusieurs cris. ◆ *Fig. Plumer* ou *tuer la poule sans la faire crier*, exiger sans bruit et sans éclat des choses qui ne sont pas dues. ◆ **Fam.** *Il crie comme si on l'écorchait*, ou *comme un aveugle qui a perdu son bâton*, il pousse de grands cris. *Crier comme un perdu, à corps perdu, comme un fou, comme un enragé, comme un beau diable*, crier très fort. ◆ *Crier à pleine tête, à tue-tête, du haut de sa tête*, crier de toute sa force. ◆ *Crier se dit des chiens quand ils chassent.* ◆ *Parler fort haut ou trop haut. Il ne saurait discuter sans crier.* ◆ Discuter avec aigreur. ◆ Dire en criant. ◆ Avertir avec instance. *Il y a longtemps que je lui crie d'être sage.* ◆ Prononcer un ou plusieurs mots en criant. *Crier au voleur, au feu. Crier victoire.* ◆ *Crier famine, crier misère*, se plaindre hautement de la gêne où l'on se trouve.

◆ *Crier famine sur un tas de blé*, se plaindre de manquer des choses dont on est amplement pourvu. ◆ *Crier vengeance*, faire appel à la vengeance. ◆ En parlant des choses. *Son sang crie vengeance.* ◆ Anciennement, *crier haro*, Voy. HARO. ◆ *Crier pour*, intercéder. « *La voix du sang de Jésus-Christ crie pour vous* », MASSILLON. ◆ Faire appel aux sentiments. « *Le sang de nos rois crie et n'est point écouté* », RACINE. ◆ *La chose crie ; vous en serez révolté.* ◆ Répéter de tous côtés. ◆ *Crier après quelqu'un*, le réprimander d'une manière aigre et bruyante. ◆ Faire entendre hautement le blâme, la plainte. *Crier contre les abus. Cet impôt fait crier le peuple.* ◆ *Crier vers Dieu*, l'implorer. ◆ *Crier à*, crier contre. *Crier à l'injustice, à l'oppression, au tyran, etc.* ◆ Se récrier à cause de quelque chose. *Crier au miracle, au paradoxe.* ◆ Proférer un cri de ralliement, une acclamation. *Les Français criaient autrefois Montjoie !* ◆ Produire un bruit strident. *Cette porte crie.* ◆ *Ses boyaux lui crient*, se dit du bruit que font les entrailles. ◆ *Publier à cri*, annoncer au nom de l'autorité. *On a crié à son de trompe que, etc.* ◆ **Impers.** *passif. Il fut crié de par le maire, que, etc.* ◆ **V. tr.** *Crier les hauts cris*, jeter de grands cris. ◆ *Crier un air*, le chanter d'une manière criarde. ◆ Prononcer en criant. Demander en criant. ◆ Dire une chose hautement, proclamer. *Il ira crier cela partout.* ◆ *Crier un objet perdu*, annoncer qu'un objet a été perdu, afin qu'il soit rapporté. *Crier une marchandise*, annoncer le prix auquel elle se vend. ◆ Se crier, v. pr. Être crié. ◆ **Prov.** *Il est comme les anguilles de Melun, il crie avant qu'on l'écorche*, il se plaint d'avance par peur. ■ Pousser un cri. *Les oiseaux crient.*

CRIERIE, n. f. [kʁiʁi] (*crier*) ▷ Cris importuns. « *Il ne peut plus supporter cette crierie des avocats* », LA BRUYÈRE. ■ Criée. ◁

CRIEUR, EUSE, n. m. et n. f. [kʁijœʁ, øz] (*crier*) Celui, celle qui crie, qui élève la voix. ◆ Celui qui fait la proclamation des ordonnances, l'annonce des enchères, etc. *Un crieur public.* ◆ Celui, celle qui court habituellement les rues en annonçant par un cri ce qu'il vend. *Les crieurs des rues.*

CRIME, n. m. [kʁim] (lat. *crimen*, génitif *criminis*, accusation ; crime, méfait) Très grave infraction à la morale ou à la loi, ou punie par les lois, ou réprouvée par la conscience. *Le crime de meurtre, de faux, de trahison.* ◆ *Crime contre nature*, crime qui outrage la nature, par exemple le parricide. ◆ *Crime d'État*, crime commis contre la sûreté de l'État, et aussi *crime politique*, crime qui a pour but de conserver ou de prendre le pouvoir. ◆ **Fig.** *Faire un crime d'État de quelque chose*, y attacher un blâme excessif, injuste. ◆ **Jurispr.** Infraction punie d'une peine afflictive ou infamante et jugée par la cour d'assises, par opposition à délit ou simple contravention. ◆ En général, faute, acte répréhensible. *L'ingratitude est un crime.* ◆ Par exagération, action blâmable. *C'est un crime d'avoir abattu de si beaux arbres.* ◆ *Faire un crime à quelqu'un d'une chose*, l'en blâmer et souvent avec injustice. ◆ *Son crime est*, se dit de légers manquements qu'on veut atténuer. ◆ *Tenir à crime*, regarder comme un crime. ◆ **Au sing. Fig.** Nom collectif de ceux qui sont criminels. *Le crime vit en paix.* ◆ Vie de désordre. *L'habitude du crime. Vivre dans le crime.* ■ *Crime de lèse-majesté.* ■ *Crimes contre l'humanité. Crimes de guerre.* ■ Meurtre, assassinat. *Crime passionnel.* ◆ **Prov.** *Le crime ne paie pas.*

CRIMINALISÉ, ÉE, p. p. de criminaliser. [kʁiminalize]

CRIMINALISER, v. tr. [kʁiminalize] (b. lat. *criminalis*) **Jurispr.** Changer un procès civil ou correctionnel en un procès criminel. *Criminaliser une affaire.* ◆ Se criminaliser, v. pr. Passer de l'état civil à l'état criminel.

CRIMINALISTE, n. m. et n. f. [kʁiminalist] (b. lat. *criminalis*) Juriste qui écrit sur les matières criminelles ou qui est très savant en ces matières.

CRIMINALISTIQUE, ■ n. f. [kʁiminalistik] (*criminaliste*) Science qui fait partie de la criminologie et qui, par des procédés d'investigation policière et juridique, recherche les preuves et les auteurs des crimes. *La criminalistique enquête à partir des faits et recherche la preuve de l'infraction.* ■ **Adj.** Relatif à la criminalistique, aux criminalistes. *Techniques et théories criminalistiques.*

CRIMINALITÉ, n. f. [kʁiminalite] (b. lat. *criminalis*) Qualité de ce qui est criminel. ■ Ensemble des actes criminels d'une ville, d'un pays.

CRIMINEL, ELLE, adj. [kʁiminɛl] (b. lat. *criminalis*) Qui est coupable d'un crime ou de toute grave infraction à la morale. *Un homme criminel. Une âme criminelle.* ◆ **Fig.** Qui appartient à une personne criminelle, qui lui sert à commettre, à concevoir le crime. *Des mains, des regards criminels.* ◆ En parlant des choses. *Une passion, une vie criminelle.* ◆ **Dr.** Qui a rapport au jugement des crimes. *Tribunal, juge criminel. Procédure criminelle.* ◆ Qui a rapport au crime, par opposition à délit. *Une affaire criminelle.* ◆ **N. m.** Celui, celle qui a commis un crime. *Une criminelle.* ◆ **N. m. Dr.** Juridiction criminelle. *Procéder au criminel.* ◆ **Fig.** *Au criminel*, en mauvaise part. « *Ces exemples leur devraient apprendre à ne prendre pas au criminel d'autres expressions aussi fortes* », BOSSUET.

CRIMINELLEMENT, adv. [kʁiminɛl(ə)mɑ̃] (*criminel*) D'une manière criminelle. *Agir criminellement.* ◆ **Dr.** Par-devant la juridiction criminelle. *Poursuivre criminellement.*

CRIMINOGÈNE, ■ adj. [kʁiminoʒɛn] (lat. *crimen* et *-gène*) Qui a tendance à favoriser le crime, à étendre la criminalité. *Un comportement criminogène.*

CRIMINOLOGIE, ■ n. f. [kʁiminoloʒi] (lat. *crimen* et *-logie*) Science qui étudie les phénomènes criminels, notamment leurs causes sociologiques et psychologiques.

CRIMINOLOGISTE, ■ n. m. et n. f. [kʁiminoloʒist] (*criminologie*) Personne qui est spécialiste de criminologie. ■ **Rem.** Le nom *criminologue* est plus employé que *criminologiste*. ■ **Adj.** *Des compétences criminologistes.*

CRIMINOLOGUE, ■ n. m. et n. f. [kʁiminolɔg] (*criminologie*) Personne qui est spécialiste de criminologie. ■ **Rem.** Le nom *criminologue* est plus employé que *criminologiste*.

CRIN, n. m. [kʁɛ̃] (lat. *crinis*, cheveu, chevelure) **Fam.** et péj. Les cheveux de l'homme. *Se prendre aux crins*, se saisir l'un l'autre par les cheveux, se battre. ◆ **Poétiq.** Cheveux, en parlant des cheveux de l'homme. « *La discorde aux crins de couleuvre* », MALHERBE. ◆ Nom donné aux poils qui garnissent l'encolure et la queue du cheval, le bout de la queue des espèces du genre bœuf. ◆ *Cheval à tous crins*, cheval à qui on n'a point coupé de crins. ◆ *À tous crins* se dit familièrement aussi en parlant d'une personne qui porte ses cheveux longs et en désordre. ◆ *Faire les crins*, couper avec des ciseaux les crins de la partie inférieure des membres du cheval. ◆ **Pop.** *Être comme un crin*, être irritable. ◆ **Par extens.** Poils de quelques autres animaux. *Les crins d'un lion.* ◆ **Bot.** *Crin végétal*, nom donné aux feuilles de la zostère marine et de la zostère méditerranéenne. ◆ **Fam.** *À tous crins*, complet, intégral. *Un optimisme à tous crins.* ◆ Poil utilisé pour des usages ménagers et courants. *Gant de crin. Pinceaux en crin de cheval.*

CRINCRIN, n. m. [kʁɛ̃kʁɛ̃] (probabl. réduplication de *crin*) Mauvais violon. Mauvais violoniste. ◆ Au pl. *Des crincrins.* ■ Son désagréable du mauvais violon. *Il ne produit que des crincrins avec son violon.*

CRINIER, n. m. [kʁinje] (*crin*) Celui qui travaille le crin.

CRINIÈRE, n. f. [kʁinjɛʁ] (*crin*) Les crins du cou de certains animaux. « *Le lion hérissa sa crinière* », FÉNELON. ◆ Assemblage de crins garnissant dans le cheval tout le bord supérieur de l'encolure. ◆ **Par extens.** *La crinière d'un casque*, ornement en crins de cheval que l'on adapte à un casque et qui est flottant. ◆ Par dénigrement ou par plaisanterie, chevelure grande. « *Ce nouvel Adonis à la blonde crinière* », BOILEAU.

CRINOÏDE, ■ n. m. [kʁinoid] (gr. *krinon*, lis, et suff. *-oïde*) Échinoderme marin constitué d'une thèque à symétrie axiale, de bras et parfois d'un pédoncule assurant la fixation de l'animal. ■ **N. m. pl.** Classe des échinodermes marins. *Les crinoïdes sont les plus anciens échinodermes et sont apparus dès l'ère primaire, il y a plus de 350 millions d'années.*

CRINOLINE, n. f. [kʁinolin] (ital. *crinolino*, de *crino*, crin, et *lino*, lin) Étoffe de crin dont on fait des cols, des sacs, des jupons ; la chaîne de l'étoffe est en fil noir et la trame en crin. ◆ Espèce de jupon que les femmes mettent dessous pour gonfler les robes.

CRIOCÈRE, ■ n. m. [kʁijosɛʁ] (gr. *krios*, bélier et *keras*, corne) Insecte coléoptère nuisible vivant sous un revêtement formé de ses excréments et de dépouilles larvaires. *Le criocère des céréales, de l'asperge, du lis. Criocère à douze points.*

CRIQUE, n. f. [kʁik] (anc. nord. *kriki*, creux ; anse : cf. n. isl. *kriki*, norv. *krikie*, angle, mot angl. *crike, creke*, anse, crique) Petite anse dans les anfractuosités d'un rivage.

1 CRIQUET, n. m. [kʁikɛ] (*krikk*, onomat. ; cf. néerl. *krekel*, grillon) Insecte du genre acridion qui, sous le nom abusif de sauterelle, ravage souvent de vastes étendues de pays. ◆ Nom vulgaire d'un insecte qui vit dans les murs des cheminées et des fours et qui fait entendre un petit cri aigu.

2 CRIQUET, n. m. [kʁikɛ] (*krikk*, onomat. ; cf. dan. *krikke*, cheval malade) Petit cheval faible et de vil prix. ◆ **Par extens.** Homme faible et de petite taille. ◆ **Pop.** Petit vin.

3 CRIQUET, n. m. [kʁikɛ] (p.-ê. de *krikk*, onomat.) Jeu d'adresse. Voy. CROSSE.

CRISE, n. f. [kʁiz] (gr. *krisis*, phase grave d'une maladie, de *krinein*, décider) **Méd.** Changement qui survient dans le cours d'une maladie. *Crise heureuse, funeste.* ◆ Dans le langage commun, *crise nerveuse*, attaque de nerfs ◆ **Fig.** Moment périlleux et décisif, trouble. *Les affaires sont dans un état de crise. Crise industrielle, commerciale, financière, etc.* ◆ *Crise de la nature*, grandes convulsions qui surviennent dans le globe terrestre. ■ Manifestation physique d'une vive émotion. *Crise de larmes, de fou rire.* ◆ **Fam.** *Piquer une crise*, se mettre brusquement et très fortement en colère. ■ Manifestation ou aggravation soudaine et brutale d'un état maladif. *Crise cardiaque. Crise d'appendicite, d'asthme. Crise rhumatismale.*

CRISPANT, ANTE, ■ adj. [kʀispɑ̃, ɑ̃t] (p. prés. de *crisper*) Qui irrite, agace et provoque un état de tension nerveuse. *Une situation crispante.*

CRISPATION, n. f. [kʀispasjɔ̃] (*crisper*) L'effet que l'approche du feu produit sur les parties extérieures des choses en les resserrant et en les repliant sur elles-mêmes. ♦ Même effet produit par le froid, par le vent, etc. ♦ **Méd.** État de spasme qui survient quelquefois chez les personnes nerveuses. ♦ **Fig.** *Causer, donner des crispations*, causer une vive impatience, une vive irritation.

CRISPÉ, ÉE, p. p. de crisper. [kʀispe]

CRISPER, v. tr. [kʀispe] (lat. *crispare*, de *crispus*, frisé, faire onduler, hérisser) Causer la crispation. *Le froid crispe la peau.* ♦ **Par extens.** Donner au visage une apparence comparée à la crispation. *Le mécontentement crispa son visage.* ♦ **Fig.** Causer une vive impatience. ♦ Se crisper, v. pr. *Les cheveux se crispent à une forte chaleur.* ♦ Éprouver et manifester une irritation.

CRISPIN, n. m. [kʀispɛ̃] (*Crispin*, nom d'un valet dans l'*Écolier de Salamanque* de Scarron, emprunté à l'ital. *Crispino*, nom de valet dans la Commedia dell'Arte, de *San Crispino*, patron des cordonniers d'apr. le costume de ce personnage de comédie) Valet de comédie avec un costume et un caractère convenus. ♦ **Fig.** *C'est un Crispin*, se dit d'un homme qui a des allures du Crispin de la comédie. ♦ Petit manteau. ■ Revers cousu sur un gant servant de protection du poignet. *Gants à crispin d'escrimeur.* ■ En appos. *Gants crispin.*

CRISS ou **KRISS**, n. m. [kʀis] (mot malais *keris* ou *kris*) Poignard à l'usage des Malais. ■ **Rem.** On disait aussi *crid.*

CRISSEMENT, ■ n. m. [kʀis(ə)mɑ̃] (*crisser*) Bruit aigu et grinçant. *Le crissement d'un pneu.*

CRISSER, v. intr. [kʀise] (probabl. anc. b. frq. *kriskjan*, de *krisan* : cf. m. néerl. *criselen*, grincer, spécialement des dents, d'où anc. fr. *crisner*, grincer, crisser) Produire un son aigre, en parlant des dents qui glissent les unes sur les autres. ■ **Par extens.** *La craie crisse sur le tableau.*

CRISTAL, n. m. [kʀistal] (lat. *crystallus*, glace, cristal de roche, objet en cristal, gr. *krustallos*, de *kruos*, froid qui glace) *Cristal de roche* ou simplement *cristal*, quartz hyalin incolore. ♦ Par anal. Nom d'un verre blanc d'une grande transparence, qui contient de l'oxyde de plomb. *Flacon de cristal.* ♦ Objet en cristal. *De beaux cristaux.* ♦ **Poétiq.** *Cristal se prend pour limpidité. Le cristal d'une onde pure.* ♦ **Minér.** Solide polyédrique terminé par des facettes planes, unies, régulières, qui sont placées symétriquement les unes par rapport aux autres. ■ **N. m. pl.** Forme cristalline que prend l'eau à l'état solide. *Des cristaux de neige, de glace.* ■ *Cristal liquide*, substance possédant à la fois certaines caractéristiques des solides et des liquides. *Affichage à cristaux liquides sur un écran.* ■ *Une voix de cristal*, une voix claire, qui évoque la pureté sonore du cristal frappé. *Cette cantatrice a une voix de cristal.*

CRISTALLERIE, n. f. [kʀistal(ə)ʀi] (*cristal*) Art de fabriquer des objets en cristal. ♦ Fabrique de cristaux. ■ Ensemble des objets fabriqués en cristal. *De la cristallerie exposée dans un vaisselier.*

CRISTALLIN, INE, adj. [kʀistalɛ̃, in] (lat. impér. *crystallinus*, qui a l'aspect du cristal) Qui a la transparence du cristal. *Des eaux cristallines.* ♦ **Anat.** *Lentille cristalline*, le cristallin. ♦ **Minér.** Qui appartient aux cristaux. *Formes cristallines.* ♦ *Système cristallin*, ensemble de lois qui régissent les formes cristallines. ♦ **N. m. Anat.** Petit corps transparent et de forme lenticulaire, situé à la partie antérieure de l'humeur vitrée de l'œil. ♦ **Astron. anc.** Chacun des cieux transparents et concentriques, qui, suivant Ptolémée, enveloppent la Terre au-delà des cercles des planètes. ■ **Adj.** Qui évoque la pureté sonore du cristal frappé. *Une voix cristalline.* ■ **CRISTALLINITÉ**, n. f. [kʀistalinite] *Un état de cristallinité. Une étude du degré de cristallinité.*

CRISTALLINIEN, IENNE, ■ adj. [kʀistalinjɛ̃, jɛn] (*cristallin*, n. m.) **Anat.** Relatif au cristallin de l'œil. *Lentilles cristalliniennes.*

CRISTALLISABILITÉ, n. f. [kʀistalizabilite] (*cristallisable*) ▷ Propriété de se cristalliser. ◁

CRISTALLISABLE, adj. [kʀistalizabl] (*cristalliser*) **Chim.** Qui est susceptible de se cristalliser, de prendre une forme cristalline.

CRISTALLISANT, ANTE, adj. [kʀistalizɑ̃, ɑ̃t] (*cristalliser*) **Chim.** Qui se cristallise, qui est propre à se cristalliser.

CRISTALLISATION, n. f. [kʀistalizatjɔ̃] (*cristalliser*) **Chim.** Opération intime et moléculaire, par laquelle les corps prennent une forme régulière et polyédrique. ♦ **Minér.** Concrétion de cristaux. *De belles cristallisations.* ■ **Litt.** Action de se cristalliser, en parlant de sentiments, d'idées. *La cristallisation des sentiments. « Rien n'est plus recueilli, plus mystérieux, plus éternellement un dans son objet, que la cristallisation de l'amour »*, Stendhal.

CRISTALLISÉ, ÉE, p. p. de cristalliser. [kʀistalize]

CRISTALLISER, v. tr. [kʀistalize] (*cristal*) Condenser en cristal. ♦ V. intr. Se former en cristal. *Le sel marin cristallise en cubes.* ♦ Se cristalliser, v. pr. Se condenser en cristal. ♦ Avec suppression du pronom *se*. Faire cristalliser un sel. ■ V. intr. **Litt.** Concrétiser, se préciser et se fixer, en parlant d'idées, de sentiments. *La passion entre ces deux êtres se cristallise.*

CRISTALLISOIR, ■ n. m. [kʀistalizwaʀ] (*cristalliser*) **Chim.** Récipient en verre, cylindrique, à bords bas où s'effectue la cristallisation. *Le cristallisoir d'un laboratoire. Le sel se dépose au fond du cristallisoir.*

CRISTALLITE, ■ n. f. [kʀistalit] (*cristal*) **Minér.** Cristal microscopique présent dans les roches éruptives. *La taille d'un cristallite peut varier de quelques nanomètres à plusieurs millimètres.*

CRISTALLOCHIMIE, ■ n. f. [kʀistaloʃimi] (*cristallo*- et *-chimie*) Branche de la chimie qui étudie les cristaux et leurs milieux. *Un laboratoire de cristallochimie.* ■ **CRISTALLOCHIMIQUE**, adj. [kʀistaloʃimik] *Une classification cristallochimique.*

CRISTALLOGENÈSE, ■ n. f. [kʀistaloʒenɛz] (*cristallo*- et *-genèse*) Formation d'un cristal. *La cristallisation est le passage d'un état désordonné liquide à un état ordonné solide, contrôlé par des lois cinétiques complexes.* ■ CRISTALLOGÈNE, adj. [kʀistaloʒɛn]

CRISTALLOGÉNIE, ■ n. f. [kʀistaloʒeni] (*cristallo*- et *-génie*) Étude de la formation d'un cristal, de la cristallogenèse. ■ CRISTALLOGÉNIQUE, adj. [kʀistaloʒenik] ■ CRISTALLOGÉNÉTIQUE, adj. [kʀistaloʒenetik]

CRISTALLOGRAPHE, n. m. et n. f. [kʀistalogʀaf] (*cristallographie*) Personne qui s'occupe de cristallographie.

CRISTALLOGRAPHIE, n. f. [kʀistalogʀafi] (*cristallo*- et *-graphie*) Science qui apprend à décrire les cristaux.

CRISTALLOGRAPHIQUE, adj. [kʀistalogʀafik] (*cristallographie*) Qui a rapport à la cristallographie.

CRISTALLOÏDE, adj. [kʀistaloid] (*cristallo*- et *-oïde*) **Hist. nat.** Qui a l'apparence d'un cristal. ♦ **N. f. Anat.** *La cristalloïde*, la capsule cristalline ou du cristallin.

CRISTALLOMANCIE, ■ n. f. [kʀistalomɑ̃si] (*cristallo*- et *-mancie*) Art divinatoire à partir d'objets en cristal ou en verre. *La cristallomancie l'une des plus anciennes méthodes de divination.*

CRISTALLOPHYLLIEN, IENNE, ■ adj. [kʀistalofiljɛ̃, jɛn] (*cristallo*- et *-phyllie*) **Géol.** *Roche cristallophyllienne* ou *roche métamorphique*, roche dont les cristaux sont disposés en feuillets.

CRISTE-MARINE, ■ n. f. [kʀistəmaʀin] (adaptation du lat. médiév. *creta marina*, ou *creta*, par confusion avec *crista*, crête, alter. du lat. *crethmos*, fenouil de mer, du gr. *krêthmon*, perce-pierre) **Bot.** Plante qui pousse dans les zones rocheuses et sablonneuses, notamment sur le littoral atlantique et dont les feuilles persistantes et comestibles sont riches en vitamine C et en sels minéraux. *La criste-marine est aussi appelée casse-pierre, crithme, fenouil marin ou perce-pierre. Les cristes-marines sont aujourd'hui utilisées en cosmétologie.* ■ **Rem.** Graphie ancienne : *christe-marine.*

CRISTOPHINE, ■ n. f. [kʀistofin] (orig. inc.) **Antilles** Cucurbitacée piriforme de couleur blanche ou verdâtre produite principalement aux Antilles, qui est parfois recouverte de petites épines et dont la chair est blanche et aqueuse. *La cristophine est appelée chouchou à la Réunion et chayote dans le sud de la France.*

CRITÈRE, ■ n. m. [kʀitɛʀ] (b. lat. *criterium*, gr. *kritêrion*, ce qui sert à juger, de *krinein*, distinguer, juger) Caractère, principe ou élément de référence permettant de juger, d'apprécier, de distinguer une personne ou une chose. *Des critères de sélection.*

CRITERIUM ou **CRITÉRIUM**, n. m. [kʀiteʀjɔm] (b. lat. *criterium*, gr. *kritêrion*) **Philos.** Marque qui fait discerner, juger. *Le criterium de la vérité.* ♦ Au pl. *Des criteriums.* ■ **Sp.** Nom donné à différentes compétitions sportives. ■ Crayon porte-mine jetable muni d'une gomme. *Un criterium jaune.*

CRITHME, n. m. [kʀitm] (lat. *crethmos*, fenouil de mer, gr. *krêthmon*, perce-pierre) Ombellifère dont les feuilles charnues sont comestibles et qui pousse sur le littoral. *Le crithme marin est fréquent dans les marais salants asséchés et cela lui a valu son surnom de perce-pierre.*

CRITICAILLER, ■ v. intr. [kʀitikaje] (*critiquer*) **Fam.** Critiquer sans raison. *Il passe son temps à tout criticailler et ne propose jamais rien !*

CRITICISME, ■ n. m. [kʀitisism] (*critique*) **Philos.** Doctrine philosophique propre à Kant qui a pour fondement la critique de la connaissance. *Le criticisme a donné tort aux sceptiques, puisque ceux-ci contestaient la possibilité de démêler le vrai d'avec le faux dans la connaissance humaine.* ■ **Par extens.** Critique systématique des règles et des principes. ■ CRITICISTE, adj. [kʀitisist] *Une idéologie criticiste.*

CRITIQUABLE, adj. [kʀitikabl] (*critiquer*) Qu'on peut critiquer.

1 **CRITIQUE**, adj. [kʀitik] (gr. *kritikos*, qui concerne le jugement, décisif, de *krinein*, juger, décider) Qui a rapport à la critique, en fait d'ouvrages d'esprit ou d'art. *Observations, dissertations critiques.* ♦ Porté à la censure. « *Toute parole libre lui paraît critique et séditieuse* », FÉNELON. ♦ *Un esprit critique*, homme qui voit tout ce qui est dans les endroits faibles et qui s'en explique librement. ♦ **Philos.** *L'esprit critique*, l'esprit qui s'occupe d'examiner librement les doctrines et les institutions. ♦ **Méd.** Qui indique une crise. *Phénomènes critiques.* ♦ *Temps* ou *âge critique*, époque de la vie ainsi nommée à cause des indispositions ou des maladies plus ou moins graves qui y sont fréquentes. ♦ *Jour critique*, jour dans lequel une crise survient d'ordinaire. ♦ **Par extens.** Difficile, dangereux, décisif. *L'instant critique. Les moments critiques de la vie.* ■ Relatif à la critique kantienne. ■ **Phys.** et **chim.** Qui est caractérisé par un seuil au-delà duquel se produit un changement dans les propriétés du corps. *Température, masse critique.*

2 **CRITIQUE**, n. m. et n. f. [kʀitik] (gr. *kritikos*, capable de juger, de *krinein*, juger) Celui ou celle qui juge des ouvrages d'esprit ou d'art. ♦ Celui ou celle qui s'occupe de la discussion des anciens faits et des anciens textes. ♦ Personne qui censure la conduite d'autrui. *C'est un critique fâcheux.*

3 **CRITIQUE**, n. f. [kʀitik] (gr. *kritikê [tekhnê]*, art de juger) L'art de juger les productions littéraires, les ouvrages d'art, etc. *Critique grammaticale, littéraire.* ♦ Jugement porté par un critique. « *Il y a peu de bons livres dont on ne puisse faire une critique très bonne* », D'OLIVET. ♦ Discussion des faits et des textes. *Critique historique.* ♦ Ce qui fait ressortir indirectement les défauts d'une chose. *Sa conduite est une critique de la vôtre.* ♦ Blâme qu'on déverse sur autrui. « *La jeunesse se livre à une critique présomptueuse* », FÉNELON. ♦ Les gens qui critiquent. *Il ne peut échapper aux traits de la critique.* ■ Article de presse qui juge une œuvre littéraire, un film, un objet d'art. *Critique cinématographique. Critique musicale.* ■ **Prov.** *La critique est aisée et l'art est difficile.* ■ Jugement moral sur une production littéraire ou artistique. *La Critique de la raison pure est un ouvrage de Kant. Nous étions soumis à sa critique.*

CRITIQUÉ, ÉE, p. p. de critiquer. [kʀitike]

CRITIQUER, v. tr. [kʀitike] (2 *critique*) Faire l'examen critique des ouvrages d'art ou d'esprit. *Critiquer un ouvrage, un auteur.* ♦ **Absol.** *Il vaut mieux admirer à tort que critiquer sans raison.* ♦ Blâmer. *Critiquer les actes d'un ministre. Il critique tout le monde.* ♦ *Se critiquer*, v. pr. Faire la critique de soi-même. ♦ *Se critiquer l'un l'autre.*

CRITIQUEUR, EUSE, n. m. et n. f. [kʀitikœʀ, øz] (*critiquer*) Celui ou celle qui a la manie de critiquer. « *Les critiqueurs sont un peuple sévère* », LA FONTAINE.

CROASSANT, ANTE, adj. [kʀoasã, ãt] (p. prés. de *croasser*) Qui croasse. *Le peuple croassant*, les corbeaux. ♦ **Fig.** Se dit de mauvais poètes.

CROASSEMENT, n. m. [kʀoas(ə)mã] (*croasser*) Le cri des corbeaux. ♦ **Fig.** *Les croassements de l'envie.* ■ Cri rauque.

CROASSER, v. intr. [kʀoase] (onomatopée, *kro-*, cri du corbeau.) Se dit des corbeaux qui crient. ♦ **Fig.** « *Ses rivaux obscurcis autour de lui croassent* », BOILEAU. ■ CROASSEUR, EUSE, n. m. et n. f. [kʀoasœʀ, øz]

1 **CROATE**, n. m. [kʀoat] Voy. CRAVATE.

2 **CROATE**, ■ n. m. [kʀoat] (*Croatie*) Langue du groupe méridional des langues slaves parlée en Croatie, en Bosnie, et également en Hongrie, en Autriche et en Roumanie. ■ Adj. ou n. m. et n. f. Relatif à la Croatie ou à ses habitants. *L'art culinaire croate. Les Croates.*

CROBAR ou **CROBARD**, ■ n. m. [kʀobaʀ] (*cro-*, apocope de *croquis*) **Fam.** Croquis, schéma. *Dès qu'il a le temps, il dessine quelques crobards sur du brouillon.*

1 **CROC**, n. m. [kʀɔk] (onomat.) Mot qui exprime le bruit que fait une chose qui se brise sous la dent, sous le pied, etc. *Cela fait croc sous la dent.*

2 **CROC**, n. m. [kʀo] (anc. b. frq. *krok*, cf. lat. médiév. *croccus*, crochet) Sorte de grappin de fer ou de bois auquel on suspend quelque chose. *Pendre de la viande au croc.* ♦ **Fig.** *Pendre son épée au croc*, mettre les armes au croc, quitter le métier des armes. *Mettre un procès au croc*, le pendre au croc, cesser de le poursuivre. ♦ *Avoir à son croc*, avoir certaines choses utiles accrochées au croc. ♦ Longue perche dont le bout est armé d'un crochet. *Un croc de batelier.* ♦ **Mar.** L'extrémité recourbée d'un grand nombre d'ustensiles de fer. ♦ Dents recourbées ou pointues de certains animaux. *Ce mâtin a de grands crocs.* ♦ **Au pl.** Moustaches recourbées en crochet. ♦ **Fig.** *Montrer les crocs*, exprimer des menaces. ■ **Fam.** *Avoir les crocs*, avoir faim.

CROC-EN-JAMBE, n. m. [kʀɔkãʒãb] (*croc*, *en* et *jambe*) Tour dans la lutte qui consiste à faire manquer le pied à l'adversaire en passant la jambe derrière la sienne. *Donner le croc-en-jambe, renverser son adversaire d'un croc-en-jambe.* ♦ **Fig.** Manière adroite de supplanter quelqu'un. *Un courtisan lui a donné un croc-en-jambe.* ♦ **Au pl.** *Des crocs-en-jambe*, que l'on prononce comme au singulier. ■ *Faire des crocs-en-jambe à quelqu'un*, manœuvrer sournoisement pour lui nuire.

1 **CROCHE**, adj. [kʀɔʃ] (emploi adject. du subst. *croche*, crochet) Courbé en crochet. *Jambes croches.* ♦ **Fig.** *Avoir la main croche*, être d'un naturel rapace.

2 **CROCHE**, n. f. [kʀɔʃ] (prob. réduction de *note croche*) **Mus.** Note qui vaut le quart d'une blanche ou la moitié d'une noire. *Double, triple, quadruple croche*, notes qui n'ont que la moitié, le quart, le huitième de la valeur d'une croche.

CROCHE-PATTE, ■ n. m. [kʀɔʃ(ə)pat] (*crocher* et *patte*, sur le modèle de *croche-pied*) **Fam.** Croche-pied. *Des croche-pattes.*

CROCHE-PIED ou **CROCHEPIED**, ■ n. m. [kʀɔʃ(ə)pje] (*crocher* et *pied*) Action d'accrocher au passage la jambe de quelqu'un, dans le but de le faire tomber. *Des croche-pieds.*

CROCHER, ■ v. tr. [kʀɔʃe] (*croc*) Suspendre par un crochet, accrocher. *Le jambon est croché dans l'arrière-boutique. Va crocher ton manteau !* ■ **Mar.** Saisir avec un croc.

CROCHET, n. m. [kʀɔʃɛ] (*croc*) Petit croc. *Un crochet de fer.* ♦ *Clou à crochet*, clou dont la tête a la forme d'un crochet. ♦ *Broder au crochet*, broder avec une aiguille à pointe recourbée et à manche. ♦ *Crochet de serrurier*, dont on se sert pour ouvrir les serrures. ♦ *Crochet de chiffonnier*, bâton armé d'un petit croc en fer pour ramasser les chiffons. ♦ Instrument dont on se sert pour peser. ♦ Dents aiguës de quelques animaux. *Les crochets venimeux d'un serpent. Crochets ou dents angulaires chez le cheval et les espèces du même genre.* ♦ Syn. d'accroche-cœur. « *Les deux crochets que ses cheveux noirs faisaient sur les tempes* », J.-J. ROUSSEAU. ♦ *Les crochets d'un commissionnaire*, sorte de support sur lequel les portefaix placent les objets qu'ils portent à dos. ♦ **Fig.** *Être sur les crochets, être aux crochets de quelqu'un*, vivre à ses dépens. ♦ Brusque changement de direction. *La route fait un crochet. Il a fait un crochet pour m'éviter.* ♦ **Au pl. Impr.** *Les crochets*, signes qui se font ainsi [ ] et qui ont la même valeur que les parenthèses. ♦ **Au pl. Archit.** Ornements terminés par des feuillages et des bourgeons enroulés. ■ En boxe, coup de poing porté avec le bras courbé. *Le boxeur vient de se prendre un crochet du droit et esquive un crochet du gauche.*

CROCHETABLE, adj. [kʀɔʃ(ə)tabl] (*crocheter*) Qui peut être ouvert avec des crochets de serrurier. *Serrure crochetable.*

CROCHETAGE, n. m. [kʀɔʃ(ə)taʒ] (*crocheter*) Action de crocheter.

CROCHETÉ, ÉE, p. p. de crocheter. [kʀɔʃ(ə)te]

CROCHETER, v. tr. [kʀɔʃ(ə)te] (*crochet*) Ouvrir une serrure avec un crochet. ♦ **Par extens.** *Crocheter une porte*, l'ouvrir avec effraction. ■ Réaliser un ouvrage au crochet. *Métier à crocheter.* ■ Accrocher, saisir quelque chose au moyen d'un crochet. *Crocheter un morceau de viande dans le réfrigérateur.*

CROCHETEUR, n. m. [kʀɔʃ(ə)tœʀ] (*crochet*) Portefaix qui fait usage de crochets. ♦ *Santé de crocheteur*, santé robuste. ♦ *Crocheteur de serrures, de portes*, voleur avec effraction.

CROCHEUR, EUSE, ■ adj. [kʀɔʃœʀ, øz] (*crocher*) **Suisse** Travailleur, tenace, battant. ■ *Être crocheur, crocheuse*, avoir une volonté de fer. ■ N. m. et n. f. *C'est une crocheuse, cette femme-là !*

CROCHU, UE, adj. [kʀɔʃy] (*croc*) Recourbé en croc. *Un fer crochu. Nez, bec, ongles crochus.* ♦ **Fig.** *Avoir les mains crochues*, être porté à dérober. ■ *Avoir des atomes crochus avec quelqu'un*, éprouver de la sympathie pour quelqu'un, de l'attirance. *J'aime bien cette fille, on a plein d'atomes crochus !*

CROCINE, n. f. [kʀɔsin] (lat. *crocus*, safran) **Chim.** Jaune de safran.

CROCO, ■ n. m. [kʀoko] (apocope de *crocodile*) **Fam.** Peau tannée du crocodile. *Ces bottes sont en croco. De la maroquinerie en croco.*

CROCODILE, n. m. [kʀokodil] (lat. *crocodilus*) Espèce de grand lézard amphibie qui habite les contrées chaudes. ♦ **Fig.** *C'était s'attendre à la pitié d'un crocodile* « *Crocodile trompeur* », MOLIÈRE. ♦ *Larmes de crocodile*, larmes d'hypocrite, douleur feinte par le moyen de laquelle on s'efforce de surprendre (locution tirée de la fable d'après laquelle le crocodile pleurait pour attirer les passants).

CROCODILIEN, ■ n. m. [kʀokodiljɛ̃] (*crocodile*) **Zool.** Grand reptile aquatique, plutôt nocturne, essentiellement carnassier, à forte mâchoire, à quatre pattes garnies de griffes, à longue queue et au corps recouvert d'écailles très dures. *L'ordre des crocodiliens comprend les alligators, les caïmans, les crocodiles, les gavials et de nombreuses espèces fossiles.*

CROCUS, ■ n. m. [kʀokys] (lat. *crocus*, safran) Plante bulbeuse, à longues feuilles étroites qui fleurit en automne ou au printemps et dont une espèce est le safran (safran médicinal) qui est utilisé comme aromate ou comme colorant. *Les crocus font partie des premières plantes à fleurir dès le début du printemps.* ■ Fleur de cette plante. *Crocus à fleurs blanches, jaunes ou violettes.*

CROHN (MALADIE DE), n. f. [kʀɔn] (Burril B. *Crohn*, 1884-1956, gastroentérologue amér.) **Méd.** Maladie inflammatoire intestinale chronique localisée le plus souvent à la moitié terminale de l'intestin grêle (l'iléon), dont les symptômes (apparaissant souvent à l'adolescence ou au début de l'âge adulte) sont des diarrhées, des douleurs abdominales, de la fatigue et un amaigrissement. *Cette maladie a été décrite par le gastroentérologue Burril B. Crohn en 1932. Environ 100 000 Français sont aujourd'hui atteints par la maladie de Crohn.*

CROIRE, v. tr. [krwar] (lat. *credere*, au sens propre, confier en prêt, et au fig. se fier, avoir confiance, admettre pour vrai) Être persuadé qu'une chose est vraie et réelle. « *Les uns croient la providence, les autres la nient* », Fénelon. ♦ *Croire une chose comme l'Évangile*, comme un article de foi, la croire fermement. ♦ *Croire tout comme article de foi*, être extrêmement crédule. ♦ **Fam.** *J'aime mieux le croire que d'y aller voir*, se dit de choses qu'on dédaigne de vérifier, ou qu'on n'a pas le temps ou le moyen de vérifier. ♦ *Faire croire une chose*, la persuader. ♦ *Se faire croire*, obtenir créance. ♦ *Se faire croire une chose*, se la persuader à soi-même. ♦ Ajouter foi à, obéir à, suivre l'avis. *Je vous crois. Il ne croit pas les médecins.* « *Un honnête homme qui dit oui et non mérite d'être cru* », La Bruyère. ♦ *En croire*, locution dans laquelle *en*, signifiant proprement *sur cela*, est devenu explétif. « *Les enfants n'en veulent plus croire leurs grands-pères* », Bossuet. ♦ *À l'en croire*, s'il faut l'en croire, locutions qui expriment le doute. ♦ **Par extens.** « *Que vois-je! En croirai-je ma vue?* », Voltaire. ♦ *En faire croire*, dire des mensonges, tromper la crédulité. ♦ Penser, présumer, s'imaginer. *Que va-t-on croire de moi?* « *Mais c'est un jeune fou qui se croit tout permis* », Boileau. « *Les grands ne comptent le reste des hommes pour rien et ne croient être nés que pour eux-mêmes* », Massillon. ♦ *Trop croire de*, avoir une trop haute opinion de. ♦ *Je crois, à ce que je crois*, d'après mon opinion, selon mon sentiment. *Vous ferez bien, je crois, de vous taire.* ♦ Regarder comme. « *Il ne faut presque rien pour être cru fier, incivil* », La Bruyère. ♦ *Croire quelque chose à quelqu'un*, croire qu'il possède cette chose. *Je lui crois beaucoup d'habileté*, une grande fortune. ♦ S'en rapporter à, compter sur. *Je crois ses conseils. Si l'on croit l'apparence.* ♦ **V. intr.** Ajouter foi. « *Vous ne vouliez pas croire, et l'on ne vous croit pas* », Molière. ♦ Être porté à se soumettre aux autorités supérieures, célestes. « *Partout c'est le besoin d'adorer et de croire* », Delille. ♦ Avoir la foi. « *Je vois, je sais, je crois, je suis désabusée* », P. Corneille. ♦ *Croire à*, avoir confiance en, ajouter foi à. *Croire aux devins.* ♦ *Croire à*, être persuadé de l'existence de, de la vérité de. *Croire aux miracles.* ♦ *Croire en*, être persuadé de l'existence de. *Croire en Dieu.* ♦ *Croire en soi*, avoir une idée exagérée de son mérite. ♦ *Se croire*, v. pr. Avoir certaine opinion de soi. *Cet homme se croit habile.* ♦ Penser quelque chose au sujet de soi. *Il se croyait au moment de réussir.* ♦ Avoir confiance en soi. « *Gardez-vous bien de vous croire trop vous-même* », Fénelon. ♦ Être cru. *Ce qui se dit souvent finit par se croire.* ♦ *S'en croire*, obéir au sentiment qu'on a. *Si je m'en croyais, je...* ♦ *S'en croire beaucoup, beaucoup trop*, avoir en ses forces ou son mérite une confiance exagérée. ■ *Croire quelqu'un*, prendre ce qu'il dit pour vrai. ■ **Fam.** *Ne pas en croire ses oreilles, ses yeux*, ne pouvoir ajouter foi à ce que l'on vient d'entendre, de voir. ■ **V. tr.** *Croire que*, considérer comme probable. *Je crois que je vais être malade.*

CROISADE, n. f. [krwazad] (issu, par substitution du suff. *-ade*, des termes anc. fr. de même sens *croisement, croiserie, croisière, croisée* sous l'infl. de anc. provenç. *crozata* et accessoirement de l'anc. esp. *cruzada*) Expédition contre les mahométans entreprise par les chrétiens pour le recouvrement de la Palestine. *Prêcher la croisade.* ♦ **Fig.** Tentative pour diriger l'opinion sur ou contre quelque chose. *Croisade contre les préjugés.*

1 CROISÉ, n. m. [krwaze] (p. p. de *croiser*) Celui qui prenait la croix pour combattre les infidèles.

2 CROISÉ, n. m. [krwaze] (p. p. de *croiser*, sorte d'étoffe) Voy. croisé.

3 CROISÉ, ÉE, p. p. de croiser. [krwaze] *Avoir les bras croisés*, croiser ses bras sur sa poitrine. ♦ **Fig.** *Demeurer les bras croisés*, demeurer dans l'inaction. ♦ *Étoffe croisée* et subst. *du croisé*, étoffe fabriquée à quatre marches au moins et dont les fils de la trame sont plus serrés que dans l'étoffe à deux marches. ♦ *Rimes croisées*, celles qui sont alternées. ♦ *Vers croisés*, ceux où des vers de mesure inégale reviennent à tour de rôle. ♦ *Feux croisés*, feux convergents qui prennent en écharpe les points battus. ♦ *Chassé croisé*, chassé que le danseur et la danseuse font en même temps, l'un à droite, l'autre à gauche. ♦ *Race croisée*, race qui est le résultat d'un croisement [1]. ♦ *Mots croisés*, grille qu'il faut remplir avec des mots dont on donne la définition sous forme de devinette. ■ Dont les bords se croisent. *Une veste de costume croisée.* ■ *Tirs, feux croisés*, tirés de différents endroits mais convergeant vers une même cible. *Des tirs croisés dans une ville assiégée.* ■ **Rem. 1** : Appliquée aux humains, la notion de race ne repose sur aucun fondement scientifique et a une connotation raciste.

CROISÉE, n. f. [krwaze] (*croiser*) Fenêtre en croix, où l'espace total était divisé en quatre par une croix de pierre. ♦ Aujourd'hui, châssis vitré qui clôt une fenêtre. ♦ **Par extens.** Ouverture pratiquée dans le mur d'un édifice pour donner du jour à l'intérieur, et que clôt le châssis. ♦ Endroit où se croisent les chemins. « *À la première croisée de chemins qu'elle rencontra* », La Fontaine.

CROISEMENT, n. m. [krwaz(ə)mã] (*croiser*) Action par laquelle deux choses se croisent. *Le croisement de deux chemins.* ♦ *Le croisement du fer*, action de se mettre en garde contre son adversaire. ♦ Action d'accoupler des animaux de même genre, mais de races différentes.

CROISER, v. tr. [krwaze] (*croix*) Disposer deux choses en croix. *Croiser les jambes.* ♦ *Se croiser les bras*, mettre ses bras en croix sur sa poitrine, et fig. demeurer dans l'inaction. ♦ *Croiser son habit, son châle*, rapprocher les devants d'un habit, d'un châle, de manière à s'envelopper entièrement. ♦ *Croiser le fer*, engager les épées et aussi se battre à l'épée. ♦ *Croiser la baïonnette*, en présenter la pointe en avant. ♦ *Croiser une étoffe*, faire passer des fils de la trame dans une étoffe dans une double trame. ♦ *Croiser les vers, croiser les rimes*, écrire une pièce en vers ou en rimes croisés. ♦ Couper, traverser en parlant d'une route, d'une ligne. *Cette route croise celle qui va de Paris à Lyon.* ♦ **Grav.** *Croiser*, couper une suite de tailles par d'autres tailles. ♦ On dit qu' *une lettre, qu'un courrier en croise un autre*, quand deux lettres, deux courriers, partis de points opposés, passent l'un à côté de l'autre, en suivant une direction inverse. ♦ **Fig.** *Croiser quelqu'un*, le traverser dans ses desseins. ♦ Biffer, effacer en raturant. ♦ Accoupler des animaux de même genre, mais d'espèces différentes. *Croiser des moutons français avec des mérinos.* ♦ **V. intr.** Passer l'un sur l'autre, en parlant des pans d'un vêtement. *Cet habit croise trop.* ♦ **Mar.** Il se dit des navires qui vont et viennent dans un même parage. *Croiser à vue de terre, au large.* ♦ *Se croiser*, v. pr. Être ou se mettre en travers l'un sur l'autre. *Les épées se croisent. Le point où deux chemins se croisent.* ♦ Aller dans une direction différente ou opposée. *Nous nous croisâmes en route.* ♦ **Fig.** *Des intrigues qui se mêlent et se croisent.* ♦ *Ils se croisent dans leurs prétentions, ils se font mutuellement obstacle.* ♦ S'engager dans une croisade. *Saint Louis se croisa deux fois.* ♦ S'accoupler par croisement. *Le loup se croise avec le chien.* ■ **Fig.** *Croiser quelqu'un*, rencontrer par hasard cette personne. *Cet après-midi, j'ai croisé mon professeur de français au cinéma d'arts et d'essais.*

CROISETÉ, ÉE, adj. [krwaz(ə)te] **Hérald.** *Croix croisetée*, croix garnie d'une croisette.

CROISETTE, n. f. [krwazet] (dimin. de *croix*) **Hérald.** Petite croix. ♦ **Bot.** Plante, dite aussi *croix de Saint-André*.

CROISEUR, n. m. [krwazœr] (*croiser*) Vaisseau de guerre qui est en croisière. ♦ **Adj.** *Un bâtiment croiseur.* ♦ Capitaine d'un vaisseau croiseur. ♦ Hirondelle de mer.

CROISIÈRE, n. f. [krwazjɛr] (*croiser*) **Mar.** Action de croiser. *Tenir la croisière.* ♦ Parages où l'on croise. *La Manche est une mauvaise croisière.* ♦ Vaisseaux qui croisent. *Une forte, une nombreuse croisière.* ■ Voyage d'agrément que l'on fait à bord d'un bateau. *Une croisière en Méditerranée, sur le Nil.* ■ *Vitesse de croisière*, rythme de rendement acquis après une phase d'adaptation, correspondant au rythme attendu. *Je n'ai pas encore atteint ma vitesse de croisière.*

CROISIÉRISTE, ■ n. m. et n. f. [krwazjerist] (*croisière*) Touriste qui effectue un voyage d'agrément sur un bateau de plaisance. *Mes voisins sont des croisiéristes invétérés!* ■ **N. m.** Compagnie spécialisée dans l'organisation de croisières.

CROISILLON, n. m. [krwazijõ] (*croix*) La traverse d'une croix, d'une fenêtre.

CROISSANCE, n. f. [krwasãs] (rad. du p. prés. de *croître*) Développement progressif des corps vivants, particulièrement en hauteur. *Prendre sa croissance. L'âge de croissance.* ■ Développement, augmentation. *La croissance d'un secteur d'activité.*

1 CROISSANT, n. m. [krwasã] (p. prés. substantivé de *croître*) Temps pendant lequel la lune croît, c'est-à-dire à une augmentation apparente, et par extension temps depuis la lune nouvelle jusqu'à la pleine lune. ♦ Par restriction à la forme, *croissant*, la figure échancrée de la lune plus petite que le demi-cercle. *La lune est dans son croissant.* ♦ Les armes de l'empire turc. *Mahomet II arbora le croissant sur les murs de Constantinople.* ♦ La Turquie. « *Faire trembler Memphis ou pâlir le croissant* », Boileau. ♦ Ce qui a la forme du croissant de la lune. *Cela est en forme de croissant.* ♦ Nom d'ouvrages dans les places de guerre. ♦ Instrument de fer en arc, emmanché dans un long bâton, qui sert à tondre les charmilles et autres palissades. ♦ Petit pain ou petit gâteau qui a la forme d'un croissant.

2 CROISSANT, ANTE, adj. [krwasã, ãt] (p. prés. de *croître*) Qui croît. *Fureur croissante. Une population croissante. Un bruit croissant.*

CROISSANTERIE, ■ n. f. [krwasãt(ə)ri] (1 *croissant*) Magasin où l'on fabrique et où l'on vend des croissants, de la viennoiserie.

CROISSEMENT, n. m. [krwas(ə)mã] (*croître*) ▷ Action de croître. ◁

CROISURE, n. f. [krwazyr] (*croiser*) La tissure de la serge qui se fait en croix, par opposition à celle du drap qui se dit *filure*. ♦ **Mar.** Croix que les vergues font avec les mâts. ♦ Action de croiser les rimes des vers de différentes mesures. ♦ **Hérald.** Centre d'un écu divisé en quatre quartiers.

CROÎT ou **CROIT**, n. m. [kʀwa] (*croître*) Augmentation d'un troupeau par les naissances de chaque année. ♦ **Dr.** Le croît des animaux. *Bail à croît,* bail de bétail fait à charge d'en partager le produit.

CROÎTRE, v. intr. [kʀwatʀ] (lat. *crescere,* naître, d'où pousser en parlant des plantes, et grandir, augmenter, au sens propre et au fig.) Se conjugue avec *être* ou *avoir,* suivant le sens. Acquérir une taille plus grande, se développer, en parlant des êtres animés. *Cet enfant a crû de trois centimètres, il est crû de deux centimètres. Cette pluie a fait croître les blés.* ♦ *Ne faire que croître et embellir,* se dit d'une jeune personne qui devient plus belle en devenant plus grande. ♦ *Il est crû comme un champignon, tout en une nuit,* se dit d'un homme de néant qui a fait une grande fortune en peu de temps. ♦ **Par extens.** *Croître en beauté, en sagesse, en vertu,* etc. acquérir progressivement plus de beauté, plus de sagesse, plus de vertu, etc. ♦ Provenir, en parlant des végétaux. *Il ne croît pas de blé en ce pays.* ♦ Devenir plus grand, en parlant des choses inanimées. *Les pluies ont fait croître la rivière. La lune commence à croître. Sa faveur croît de jour en jour.* « *Les persécutions feront croître l'Église* », BOSSUET. ♦ **V. tr.** Augmenter, accroître (cet emploi de *croître* est archaïque). « *Loin de me soulager, vous croissez mes tourments* », P. CORNEILLE. « *Que ce nouvel honneur va croître son audace !* », RACINE. ♦ **Prov.** *Mauvaise herbe croît toujours,* se dit par plaisanterie des enfants qui grandissent beaucoup.

CROIX, n. f. [kʀwa] (lat. *crux,* génitif *crucis,* croix, gibet) Sorte de gibet où l'on attachait dans l'Antiquité certains criminels. *Il le fait attacher en croix.* ♦ Le bois même où Jésus-Christ fut attaché. *La vraie croix, la sainte croix.* ♦ *Invention de la sainte croix, exaltation de la sainte croix,* nom de deux fêtes. ♦ **Fig.** *Mettre une injure, une disgrâce, son ressentiment au pied de la croix,* se résigner, pardonner pour l'amour de Dieu. ♦ **Par extens.** Le christianisme. *Faire triompher la croix.* ♦ Affliction que Dieu envoie aux hommes pour les éprouver. « *La loi la plus propre à l'Évangile est celle de porter sa croix* », BOSSUET. « *Les croix que Dieu nous envoie* », BOSSUET. ♦ *Chacun a sa croix,* chacun a ses peines, ses souffrances. ♦ Simulacre représentant la croix de Jésus-Christ. *Élever une croix.* ♦ *Aller, marcher avec la croix et la bannière de l'Église,* se dit quand, en procession et avec la croix et la bannière de l'Église, on va recevoir un grand dignitaire de l'Église, un évêque, un cardinal, etc. ♦ **Fig.** *Aller au-devant de quelqu'un avec la croix et la bannière,* aller à sa rencontre, le recevoir avec beaucoup d'appareil. ♦ Jurisprudence des temps barbares et du Moyen Âge. *Jugement de la croix,* jugement qui se faisait par la croix, sans qu'on sache exactement en quoi l'épreuve consistait. ♦ *Croix de Saint-André* ou *croix de Bourgogne,* croix en forme d'X. ♦ Dans la charpente, *croix de Saint-André,* l'assemblage de poteaux ou de pièces de bois qui se coupent diagonalement et qui arc-boutent les pièces d'un pan de charpente. ♦ *Croix de Saint-André,* pièces de bois disposées en croix de Saint-André, sur lesquelles le bourreau étendait le criminel qu'il allait rouer. ♦ *Croix grecque,* croix dont les quatre branches sont d'égale longueur. *Croix latine,* croix dont la branche inférieure est plus longue que les trois autres. ♦ Petit ornement en forme de croix qui se porte ordinairement au cou. ♦ *Croix pectorale,* Voy. PECTORAL. ♦ *Prendre la croix,* s'enrôler dans une croisade. ♦ *Le signe de (la) croix,* signe que les chrétiens font en portant la main au front, à la poitrine, puis à l'une et à l'autre épaule. ♦ *Croix de par Dieu, croix de par Jésus,* alphabet où l'on apprenait à lire aux enfants, ainsi dit parce que le titre est orné d'une croix, qui se nommait croix par Dieu, c'est-à-dire croix faite au nom de Dieu. ♦ **Fig.** Les commencements tout à fait élémentaires. *Prétend-il nous renvoyer à la croix de par Dieu ?* ♦ *En être encore à la croix de par Dieu,* être obligé de recommencer une affaire, quelque procédure mal faite. ♦ Disposition en forme de croix. *Avoir, mettre les jambes en croix.* ♦ *La croix de l'épée,* sorte de croix que formait la poignée des épées des chevaliers. ♦ **Bot.** *Croix de Calatrava* ou *de Saint-Jacques,* espèce d'amaryllis. ♦ *Croix de chevalier de Jérusalem* ou *de Malte,* ou simplement *croix de Jérusalem,* plante d'ornement. ♦ *Croix de Saint-André,* croisette. ♦ *Croix de Lorraine,* espèce de cactus. ♦ Marque formée de deux traits croisés. *Faire une croix quand on ne sait pas signer.* ♦ **Fig.** *Il faut faire la croix, faire une croix à la cheminée,* se dit quand quelqu'un fait quelque chose de singulier, qui ne lui est pas habituel. ♦ Décoration de divers ordres de chevalerie. *La croix de Saint-Louis, de la Légion d'honneur.* ♦ **Absol.** *La croix,* celle de la Légion d'honneur. ♦ **N. m.** *Grand-croix,* celui qui a le grade le plus élevé dans les ordres de chevalerie dont une croix est l'insigne. ♦ **N. f.** *Grand-croix,* la décoration même que portent les grands-croix. *La grand-croix de la Légion d'honneur.* ♦ Le côté d'une pièce de monnaie opposé à la face et marqué autrefois d'une croix. *Croix ou pile.* ♦ *Croix ou pile, croix et pile, croix-pile,* sorte de jeu de hasard où l'un des joueurs jette une pièce de monnaie en l'air, l'autre nommant le côté qu'il veut de la pièce et gagnant si la pièce tombée présente ce côté. ♦ *Je les jetterais à croix ou à pile, à croix et à pile, à croix-pile,* se dit de deux choses dont le choix est indifférent. ♦ **Astron.** *Croix australe, Croix du Sud,* noms d'une constellation de l'hémisphère austral. ♦ **Hérald.** La réunion du pal et de la fasce. ♦ *Croix de Lorraine,* croix qui a deux traverses ou croisillons. ■ **Fam.** *C'est la croix et la bannière,* c'est très difficile, très compliqué. *C'est la croix et la bannière pour obtenir ce duplicata.* ■ **Fam.** *Croix de bois, croix de fer, si je mens, je vais en enfer,* ritournelle enfantine. ■ *Croix gammée* ou *le svastika,* croix à quatre branches égales, chaque branche rappelant la forme de la lettre grecque gamma (Γ). *La croix gammée est l'emblème du parti national-socialiste allemand.* ■ *Croix de Lorraine,* emblème de la France libre pendant la Seconde Guerre mondiale, adopté pour lutter contre la Croix gammée. ■ *Croix de guerre,* distinction militaire en forme de croix. ■ *Croix de fer,* distinction militaire établie par le roi Frédéric-Guillaume III de Prusse en 1813 lors des guerres napoléoniennes. ■ *Croix-Rouge,* organisation internationale à caractère humanitaire. *Saluer le travail humanitaire de la Croix-Rouge au profit des plus démunis.* ■ *Point de croix,* point de broderie. *Des points de croix et des points de bourdon.* ■ **Fig.** *Faire une croix sur quelque chose* ou *quelqu'un,* y renoncer définitivement. *Si tu ne travailles pas, tu peux faire une croix sur tes sorties.*

CROIX-PILE, n. f. [kʀwapil] Voy. CROIX.

CROLLE, ■ n. m. [kʀɔl] (néerl. *krul,* boucle) **Fam. Belg.** Boucle de cheveux. *De longues crolles serrées encadraient son visage.*

CROLLÉ, ÉE, ■ adj. [kʀole] (*crolle*) **Fam. Belg.** Bouclé, en parlant de cheveux.

CROMALIN, ■ n. m. [kʀomalɛ̃] (marque déposée par la société américaine Du Pont de Nemours) Épreuve en couleurs obtenue à partir des films réalisés pour la fabrication des plaques d'impression, et qui sert de référence pour l'imprimeur. *Demander des corrections sur cromalin. Avec l'introduction de l'impression numérique, les cromalins tendent à disparaître.*

CROMLECH, n. m. [kʀɔmlɛk] (angl. *cromlegh,* dolmen, gall. *cromlech,* de *crom,* fém. de *crwn,* courbé, et *llech,* pierre plate) Pierres verticales disposées symétriquement en cercle et qu'on attribue aux anciens habitants des Gaules. ■ **Rem.** Graphie ancienne : *cromlek.*

CROMORNE, n. m. [kʀomɔrn] (all. *Krummhorn,* de *Krumm,* courbe, et *Horn,* cor) Ensemble des tuyaux qui entrent dans un des jeux de l'orgue. ♦ Sorte de trompette.

CROONER ou **CROONEUR, EUSE**, ■ n. m. et rare f. [kʀunœr, øz] (angl. *to croon,* fredonner) Chanteur, chanteuse de charme.

CROQUADE, n. f. [kʀokad] (*croquer*) **Peint.** Composition faite à la hâte et comme en fait un croquis, qui, lui, est non pas une composition, mais l'esquisse rapide d'une composition.

1 **CROQUANT**, n. m. [kʀokɑ̃] (orig. incert., p.-ê. du provenç. *crouquant,* paysan) Un homme de rien, sans consistance, sans valeur[1]. « *Passe un certain croquant qui marchait les pieds nus* », LA FONTAINE. ■ Paysan qui s'est révolté dans le Limousin, le Quercy et le Périgord sous Henri IV. *La dernière révolte des croquants s'acheva en 1641.* ■ **Rem. 1** : Terme péjoratif dans ce sens.

2 **CROQUANT, ANTE**, adj. [kʀokɑ̃, ɑ̃t] (p. prés. de *croquer*) Qui croque. *Biscuit croquant.* ♦ **N. f.** *Croquante,* sorte de tourte croquante. ♦ **N. f. pl.** Gâteau d'amandes séchées au four. ♦ **N. m.** Nom des cartilages dans la viande de boucherie.

CROQUÉ, ÉE, p. p. de croquer. [kʀoke] Mangé. ♦ Esquissé.

CROQUE AU SEL (À LA) ou **CROQUE-AU-SEL (À LA)**, ■ loc. adv. [kʀokosɛl] Voy. CROQUER.

CROQUE-MADAME ou **CROQUEMADAME**, ■ n. m. [kʀok(ə)madam] (*croquer* et *madame,* sur le modèle de *croque-monsieur*) Croque-monsieur avec un œuf sur le plat posé dessus. *Des croque-madame* ou *des croque-madames.*

CROQUEMBOUCHE, n. m. [kʀokɑ̃buʃ] (*croquer, en* et *bouche*) Toute sorte de pâtisserie croquante, et particulièrement petits bonbons glacés qu'on met comme ornement sur certaines pâtisseries.

CROQUEMENT, n. m. [kʀok(ə)mɑ̃] (*croquer*) ▷ Action de faire le bruit qui se produit quand on croque quelque chose. ◁

CROQUE-MITAINE ou **CROQUEMITAINE**, ■ n. m. [kʀok(ə)mitɛn] (*croquer* et un 2ᵉ terme d'orig. incert. : chat du moyen fr. *grippeminaud,* ou *mitaine* au sens attesté de gifle, injure) Monstre imaginaire et dont on fait peur aux petits enfants. ♦ Avec le sens général d'épouvantail. *C'est mon croquemitaine.* ♦ Au pl. *Des croque-mitaines.*

CROQUE-MONSIEUR ou **CROQUEMONSIEUR**, ■ n. m. [kʀok(ə)møsjø] (*croquer* et *monsieur*) Sandwich chaud carré constitué de deux tranches de pain de mie grillées, au fromage fondu et au jambon. *Des croque-monsieur* ou *des croque-monsieurs.* ♦ **Abrév.** *Croque.*

CROQUE-MORT ou **CROQUEMORT**, n. m. [kʀok(ə)mɔr] (*croquer,* au sens de faire disparaître, et *mort*) Nom donné par plaisanterie ou moquerie à celui qui transporte les morts au cimetière. ♦ Au pl. *Des croque-morts.*

CROQUENOT, ■ n. m. [kʀok(ə)no] (orig. obsc.) **Fam.** Grosse chaussure. *Porter des croquenots.*

CROQUE-NOTE ou **CROQUENOTE**, n. m. [kʀɔk(ə)nɔt] (*croquer* et *note*) Par dénigrement, musicien pauvre et musicien sans talent et sans ressources. ◆ Par dénigrement aussi, musicien habile à croquer les notes, c'est-à-dire qui exécute assez bien, mais sans autre mérite. ◆ Au pl. *Des croque-note* ou *croque-notes*.

CROQUER, v. intr. [kʀɔke] (radic onomat. *krokk-*, exprimant un bruit sec) Faire un bruit sec, en parlant des choses que l'on broie en mâchant. ◆ V. tr. Manger des choses croquantes. *Croquer des pralines.* ◆ **Par extens.** Dévorer. ◆ **Fig. et fam.** *N'en croquer que d'une dent*, être loin d'avoir obtenu ce qu'on désirait. ◆ Faire l'esquisse d'un tableau, d'un portrait. ◆ *Croquer le marmot*, maugréer en attendant quelqu'un qui ne se presse pas (locution venue, selon Furetière, de ce que les compagnons peintres, quand ils attendent quelqu'un, s'amusent à faire sur les murailles des croquis de marmots). ◆ *Gentil à croquer*, d'une gentillesse extrême. ◆ Faire l'esquisse, l'abrégé d'un discours, d'un récit. « *Je gâte cette pièce par la grossièreté dont je la croque* », Mme de Sévigné. ◆ **Mus.** *Croquer des notes*, ne pas faire entendre toutes les notes d'un morceau. ◆ À LA CROQUE AU SEL, loc. adv. Sans autre assaisonnement que du sel. ■ *Joli(e), mignon(ne) à croquer*, dont on a envie de faire un portrait, un croquis ; et fig. très joli(e), mignon(ne). ■ Dilapider, gaspiller. *Croquer son héritage.*

CROQUE-SOL ou **CROQUESOL**, n. m. [kʀɔk(ə)sɔl] (*croquer* et *sol*, note de musique) Syn. de croque-note dans la seconde acception. ■ Au pl. *Des croque-sols.*

1 **CROQUET**, n. m. [kʀɔkɛ] (*croquer*) Sorte de biscuit fort dur, garni d'amandes. ◆ **Fig. et pop.** *Être comme un croquet*, être irritable, impatient, à cause de quelque chose qui a contrarié ou blessé.

2 **CROQUET**, ■ n. m. [kʀɔkɛ] (angl. *croquet*, lui-même empr. soit à une forme normanno-pic. de *crochet*, soit plus prob. au moy. fr. *croquet*, coup sec, de *croquer*, frapper) Jeu qui consiste à faire passer une boule, au moyen d'un maillet, sous des arceaux plantés dans le sol, en suivant un parcours délimité par deux piquets. *Faire une partie de croquet.*

3 **CROQUET**, n. m. [kʀɔkɛ] (prob. dér. normanno-pic. de *croc*) Petit galon dentelé qui sert à décorer des vêtements. *Une robe à volants en satin bleu, à pois blancs, rehaussée de croquet blanc.*

CROQUETTE, n. f. [kʀɔkɛt] (*croquer*) Boulette de riz ou de pâte de pommes de terre, frite dans la poêle. ◆ Aliment pour animaux domestiques se présentant sous la forme de boulettes croquantes.

CROQUEUR, EUSE, n. m. et n. f. [kʀɔkœʀ, øz] (*croquer*) Celui, celle qui croque quelque chose. « *Un vieux renard... Grand croqueur de poulets* », La Fontaine. ■ N. f. **Péj.** *Une croqueuse de diamants*, femme purement intéressée par la fortune de ses amants et qui dilapide leur argent.

CROQUIGNOLE, n. f. [kʀɔkiɲɔl] ou [kʀɔkiɲjɔl] (orig. incert. : p.-ê. *croquer*, broyer sous la dent, et *frapper* ; formation obsc.) Sorte de pâtisserie sèche et très dure. ◆ Chiquenaude donnée sur la tête ou sur le nez.

CROQUIGNOLET, ETTE, ■ adj. [kʀɔkiɲɔlɛ, ɛt] ou [kʀɔkiɲjɔlɛ, ɛt] (*croquignole*) **Fam.** Mignon. *Cette enfant est si croquignolette !*

CROQUIS, n. m. [kʀɔki] (*croquer*) **Peint.** Ouvrage fait à la hâte, qui n'a que les premiers traits, au-dessous encore de l'esquisse. *Faire le croquis d'une figure.* ◆ Esquisse d'un ensemble dont les détails ne sont pas terminés. ◆ **Par extens.** *Jeter sur le papier un croquis de son poème.*

CROSKILL, ■ n. m. [kʀɔskil] (du nom de l'inventeur) **Agric.** Rouleau brise-mottes. *Des rouleaux croskills.*

CROSNE, ■ n. m. [kʀon] (*Crosnes*, village de l'Essonne où la plante fut acclimatée pour la première fois) Plante originaire du Japon, aux tubercules comestibles. ■ Tubercules de cette plante. *Des crosnes frits.*

CROSS ou **CROSS-COUNTRY**, ■ n. m. [kʀɔs, kʀɔskuntʀi] (angl. *across*, à travers et *country*, campagne) Course à pied en terrain difficile et pourvu d'obstacles. ◆ Épreuve de course sur un parcours accidenté ou difficile. *Faire du cross.* ■ *Des cross-countrys.*

CROSSE, n. f. [kʀɔs] (germ. *krukja*, bâton à extrémité recourbée : cf. anc. h. all. *krucka*, anc. saxon *krukka*, et m. néerl. *crucke*) Le bâton pastoral des évêques. ◆ La partie recourbée d'une tête de canne. ◆ Bâton recourbé, avec lequel les enfants s'amusent à chasser une pierre ou une boule. ◆ La partie, la plus grosse du reste, qui termine le bois d'un fusil. ■ *Mettre la crosse en l'air*, ce qui est, de la part d'une troupe, le signe qu'elle cesse de combattre ou qu'elle se rend. ◆ *Inflorescence en crosse*, fleurs portées par un axe recourbé sur lui-même, comme dans les borraginées. ■ On disait aussi *criquet* pour évoquer le bâton utilisé pour jouer.

1 **CROSSÉ, ÉE**, adj. [kʀose] (*crosse*) Qui a droit de porter la crosse. *Abbé crossé.*

2 **CROSSÉ, ÉE**, p. p. de crosser. [kʀose]

CROSSER, v. intr. [kʀose] (*crosse*) Jouer à la crosse. ◆ V. tr. *Crosser une balle, une pierre*, la pousser avec la crosse. ◆ **Fig. et fam.** Traiter durement, avec mépris. ◆ Se crosser, v. pr. Se battre, se chamailler.

CROSSETTE, n. f. [kʀosɛt] (*crosse* : cf. pic. *crochette*, bâton recourbé) Branche de vigne ou de figuier, portant un peu de bois de l'année précédente, et qui sert à faire des boutures.

CROSSEUR, EUSE, n. m. et n. f. [kʀosœʀ, øz] (*crosser*) Personne qui joue à la crosse.

CROSSING-OVER, ■ n. m. [kʀosiŋovœʀ] (angl., *cross* et *over*) **Biol.** Entrecroisement de chromosomes homologues (ou de séquences d'ADN homologues) avec échange de fragments génétiques qui aboutit à une recombinaison génétique et qui se produit au moment de la méiose et très rarement au moment de la mitose. *Des crossing-over.* ■ REM. Bien que *crossing-over* soit fréquemment utilisé en français, son usage est déconseillé et il est préférable d'utiliser le terme *enjambement chromosomique*.

CROSSMAN, ■ n. m. [kʀɔsman] (angl., *cross* et *man*) Coureur de cross. *Des crossmans* ou *des crossmen* (pluriel anglais).

CROSSOPTÉRYGIENS, ■ n. m. pl. [kʀosɔpteʀiʒjɛ̃] (lat. savant *crossopterygii*, du gr. *krossos*, frange, et *pterugion*, nageoire de poisson) **Zool.** Sous-classe de poissons essentiellement fossiles que l'on croyait éteints depuis le crétacé supérieur mais dont il existe encore un seul représentant : le cœlacanthe, poisson marin très primitif. *Les membres pairs des crossoptérygiens permettent à l'animal non seulement de bien nager, mais surtout soutiennent son corps quand il rampe sur la terre ferme.*

CROSSWOMAN, ■ n. f. [kʀoswuman] (angl., de *cross* et *woman*) Coureuse de cross. *Des crosswomans* ou *des crosswomen* (pluriel anglais).

CROTALE, n. m. [kʀotal] (gr. *krotalon*, castagnette, de *krotos*, bruit fait en frappant sur quelque chose) **Antiq.** Sorte de cliquette. ◆ Nom de serpents qui ont des crochets cannelés et fistuleux sur l'os sous-maxillaire, lequel ne porte pas d'autre dent, et auxquels appartient le serpent à sonnette.

CROTALIDÉ, ÉE, adj. [kʀotalide] (*crotale*) Qui ressemble à un crotale. ◆ N. m. pl. *Crotalidés*, famille de l'ordre des reptiles ophidiens.

CROTALOÏDE, adj. [kʀotaloid] (*crotale* et suff. *-oïde*) **Zool.** Qui a la forme du crotale, serpent. ◆ N. m. pl. *Les crotaloïdes*, famille de reptiles qui a pour type le genre crotale.

CROTON, n. m. [kʀotɔ̃] (lat. impér. *croton*, ricin) Nom vulgaire de *croton tiglium*, dont les graines donnent par expression l'huile connue sous le nom d'huile de croton.

CROTTE, n. f. [kʀɔt] (prob. anc. b. frq. *krotta* : cf. rhénan *krotz*, primitivement fiente de chèvre, de lapin, et m. angl. *crote*, fragment) Fiente globuleuse de certains animaux. *Crottes de chèvre.* ◆ Boue des rues. *Il fait bien de la crotte. Il y a de la crotte sur votre habit. Les chiens ont mangé les crottes ou la crotte*, se dit quand la gelée a séché les rues. ◆ **Fig.** *Être, tomber dans la crotte*, dans une condition basse et misérable. ■ *Crotte en chocolat*, Confiserie faite de pâte de chocolat roulée. ■ *Crottes de nez*, mucosités nasales sèches.

CROTTÉ, ÉE, p. p. de crotter. [kʀote] **Fam.** *Être crotté comme un barbet, jusqu'aux oreilles, jusqu'à l'échine*, l'être beaucoup. ◆ *Il fait bien crotté dans les rues*, il y a beaucoup de boue. ◆ **Fig.** Qui a l'air misérable et sale. *Il a l'air crotté.* ◆ *Poète crotté*, un poète misérable.

CROTTER, v. tr. [kʀote] (*crotte*) Salir de crotte. ◆ Se crotter, v. pr. Se salir avec de la boue. ■ V. intr. **Fam.** Faire des crottes. *Son chien crotte toujours dans mon jardin !*

CROTTIN, n. m. [kʀotɛ̃] (*crotte*) Nom donné aux excréments formés d'un certain nombre de petites parcelles ou pelotes, comme ceux du mouton, du cheval. ◆ Fromage de chèvre se présentant sous forme de petite galette épaisse. *Un crottin de Chavignol.*

CROULANT, ANTE, adj. [kʀulɑ̃, ɑ̃t] (p. prés. de *crouler*) Qui croule ou est prêt à crouler. *Un édifice croulant.* ◆ **Fig.** *Une société croulante*, une société dont une cause quelconque sape les appuis. ■ N. m. et n. f. Vieillard. *Un croulant.*

CROULE, ■ n. f. [kʀul] (*crouler*, roucouler) Cri de la bécasse au crépuscule pendant la période des amours. ■ *Chasse à la croule*, chasse à la bécasse au crépuscule, pendant la période des amours.

CROULEMENT, n. m. [kʀul(ə)mɑ̃] (*crouler*) Action de crouler. *Le croulement d'un bastion, d'une terrasse.*

CROULER, v. intr. [kʀule] (plutôt du lat. vulg. *crotalare*, secouer, du lat. impér. *crotalum*, castagnette, que du *corrotare*, s'écrouler, de *rota*, roue) Se conjugue avec *être* ou *avoir*, suivant le sens. S'affaisser avec fracas, en parlant de masses solides qui tombent. *La maison a croulé, est croulée depuis cette nuit.* « *Tes greniers crouleront sous tes grains entassés* », Delille. ◆

Fig. *« Tous leurs systèmes croulent par quelque endroit »,* Voltaire. ♦ **V. tr.** Agiter, secouer. *« Jupin croulant la Terre »,* La Fontaine. ♦ En ce sens il a vieilli. ♦ **Vén.** *Crouler la queue,* remuer la queue, en parlant d'une bête qui s'effraye. ■ **V. intr.** *Crouler sous quelque chose,* être écrasé sous, être submergé de. ■ **Par extens.** *Elle croule sous le travail.* ■ Pousser un cri, en parlant de la bécasse.

CROULIER, IÈRE, adj. [kʀulje, jɛʀ] (*crouler*) Qui s'enfonce sous les pieds, qui s'éboule, qui est mouvant, en parlant de la terre. *Terre croulière. Prés crouliers.*

CROULIÈRE, n. f. [kʀuljɛʀ] (*crouler*) Terrain qui est mouvant.

CROUP, n. m. [kʀup] (angl. *croup,* de *to croup,* crier d'une voix rauque, prob. orig. onomat., appellation pop. de cette maladie dans le sud-est de l'Écosse) Sorte d'angine commune chez les enfants, se caractérisant par le développement de fausses membranes dans les voies respiratoires et par une toux qu'on a comparée au cri d'un jeune coq. ♦ *Faux croup,* maladie qui présente les principaux symptômes du croup, mais où il n'y a point de fausses membranes.

CROUPADE, n. f. [kʀupad] (*croupe*) Saut d'un cheval, qu'il fait en troussant les jambes de derrière sous le ventre, sans montrer ses fers, et qui est plus relevé que la courbette.

CROUPAL, ALE, adj. [kʀupal] (*croup*) Qui a le caractère du croup.

CROUPE, n. f. [kʀup] (anc. b. frq. *kruppa :* cf. anc. b. all. *kropf,* m. néerl. *crop,* anglo-sax. *cropp* et anc. nord. *kroppr,* jabot, panse, bosse) Partie du cheval et de quelques autres animaux qui s'étend depuis la région lombaire jusqu'à l'origine de la queue. ♦ *Monter en croupe,* monter à cheval derrière la personne qui est en selle. ♦ *Prendre quelqu'un en croupe,* le mettre derrière soi à cheval. ♦ **Fig.** *« Le chagrin monte en croupe et galope avec lui »,* Boileau. ♦ Partie renflée d'une montagne. ♦ Partie arrondie du comble qui surmonte le chevet d'une église. ♦ Intérêt qu'on donne à quelqu'un dans les profits d'une place ou d'une entreprise financière. ♦ **Fam.** Fesses, en particulier de femmes. *« L'amante de celui-ci Jalouse le suivait aussi, Tortillant de la croupe et claquetant de la semelle »,* Brassens.

CROUPÉ, ÉE, adj. [kʀupe] (*croupe*) Qui a une croupe formée de telle manière. *Un cheval bien croupé.*

CROUPETONS (À), ■ loc. adv. [kʀup(ə)tɔ̃] (*croupe*) Dans une position accroupie. *Pour observer les fourmis, il se mit à croupetons.*

CROUPEUX, EUSE, adj. [kʀupø, øz] (*croup*) Qui appartient au croup ; qui est affecté du croup.

CROUPI, IE, p. p. de croupir. [kʀupi] *De l'eau croupie.*

CROUPIER, IÈRE, n. m. et n. f. [kʀupje, jɛʀ] (*croupe :* cf. anc. fr. *croupier,* sédentaire, celui qui demeure assis) ▷ Personne qui est associée avec le joueur tenant la carte ou le dé. ◁ ♦ Le commis qui tient le jeu pour le banquier dans les établissements de jeu. ♦ Personne qui a un intérêt dans la part d'un associé ; un sous-associé. ♦ **Fig.** Personne qui est dans les intérêts d'un autre et les soutient secrètement.

CROUPIÈRE, n. f. [kʀupjɛʀ] (*croupe*) Partie du harnais qui, passant pardessous la queue du cheval, vient se rattacher à la selle par-dessus la croupe. ♦ *Tailler des croupières,* se dit des cavaliers qui en poursuivent d'autres l'épée dans les reins, d'assez près pour couper les croupières des chevaux. ■ **Fig.** *Tailler des croupières,* malmener quelqu'un, lui susciter des embarras. ■ Partie de la croupe par où passe la croupière.

CROUPION, n. m. [kʀupjɔ̃] (*croupe*) Nom donné à la partie inférieure du tronc des oiseaux. ♦ Dans les mammifères, la base de la queue. ♦ Chez l'homme, nom vulgaire de la partie inférieure et postérieure du bassin, formée par la base du sacrum et par l'os coccyx. ■ **Spécialt** Croupion d'une volaille que l'on mange. *Je te laisse le croupion.*

CROUPIR, v. intr. [kʀupiʀ] (*croupe :* cf. anc. fr. *cropir,* s'accroupir) Se conjugue avec *être* ou *avoir,* ▷ suivant les sens. Être dans l'ordure, en parlant des enfants, des malades. ◁ *Cet enfant croupit dans ses langes.* ♦ **Fig.** Demeurer en des conditions comparées à l'état d'un enfant qui croupit dans l'ordure. *Croupir dans le péché, dans la misère, dans l'ignorance, etc.* En parlant des eaux, être stagnant, se corrompre par la stagnation. *Cette eau a croupi longtemps ; elle est croupie.* ♦ Demeurer dans des conditions de putréfaction, en parlant de matières végétales. *De la paille qui croupit.*

CROUPISSANT, ANTE, adj. [kʀupisɑ̃, ɑ̃t] (p. prés. de *croupir*) Qui croupit.

CROUPISSEMENT, n. m. [kʀupis(ə)mɑ̃] (radic. du p. prés. de *croupir*) État de ce qui croupit.

CROUPON, ■ n. m. [kʀupɔ̃] (*croupe :* cf. anc. fr. *crepon,* croupe d'un animal) Cuir épais tiré du dos et de la croupe du bœuf. *Des mocassins en croupon.*

CROUSILLE, ■ n. f. [kʀuzij] (lat. pop. *crosus,* creux) **Suisse** Tirelire.

CROUSTADE, ■ n. f. [kʀustad] (prob. ital. *crostata,* dér. de *crosta,* croûte) Mets à base de pâte feuilletée, garnie de préparations diverses. *Une croustade aux pommes.*

CROUSTILLANT, ANTE, adj. [kʀustijɑ̃, ɑ̃t] (p. prés. de *croustiller*) Qui croque comme la croûte. ■ Légèrement grivois. *Détails croustillants.*

CROUSTILLE, n. f. [kʀustij] (*croustiller*) Petite croûte. ♦ **Par extens.** Petit repas. ♦ ▷ Sorte d'agrément qu'on mettait aux coiffures des femmes. ◁

CROUSTILLER, v. intr. [kʀustije] (provenç. *croustilha,* croustiller, de *crousta*) Accompagner une boisson de petites croûtes de pain. ♦ **V. tr.** *« J'étais occupé À croustiller là-bas les restes du souper »,* Legrand. ■ **V. intr.** Craquer légèrement sous la dent.

CROUSTILLEUSEMENT, adv. [kʀustijøz(ə)mɑ̃] (*croustilleux*) D'une manière plaisante, graveleuse.

CROUSTILLEUX, EUSE, adj. [kʀustijø, øz] (*croustiller*) ▷ **Fam.** Plaisant, graveleux, dangereux. *Anecdote croustilleuse.* ■ **REM.** On dit auj. *croustillant.* ◁

CROÛTE ou **CROUTE,** n. f. [kʀut] (lat. *crusta,* couche qui enveloppe ou recouvre, notamment en parlant du pain, d'une plaie) La partie extérieure du pain, durcie par la cuisson. ♦ **Fam.** *Casser la croûte, une croûte avec quelqu'un,* manger amicalement et sans façon avec lui. ♦ **Absol.** *Casser la croûte,* manger un morceau. ♦ **Fig.** *Ne manger que des croûtes,* faire maigre chère. ♦ **Absol.** Gros morceau de pain que l'on fait tremper dans le pot-au-feu. *Une croûte au pot.* ♦ La pâte cuite qui enferme un pâté, une tourte, un vol-au-vent. ♦ Le dessus de certaines choses. *Il s'est fait une croûte de tartre autour du tonneau.* ♦ *Croûte terrestre,* la portion superficielle du globe terrestre, que l'on suppose portée sur un noyau central de matières en fusion. ♦ **Fig.** *Une croûte d'ignorance et d'avarice.* ♦ Nom vulgaire de petites plaques formées sur la peau ou à l'origine des membranes muqueuses par une humeur muqueuse ou purulente qui se dessèche et se solidifie. *Croûtes varioleuses, vaccinales, dartreuses.* ♦ **Peint.** Vieux tableau noirci et gercé par le temps. ♦ Mauvais tableau. ♦ **Pop.** *C'est une croûte, c'est une vieille croûte,* se dit d'un homme encroûté dans la routine, dans des idées arriérées. ♦ **Fam.** *Gagner sa croûte,* travailler pour subvenir à ses besoins. ■ Partie extérieure du fromage. *La croûte du camembert peut se manger, en revanche il est préférable d'enlever la croûte du gruyère.*

CROÛTELETTE ou **CROUTELETTE,** n. f. [kʀut(ə)lɛt] (*croûte*) Petite croûte, petit morceau de pain.

CROÛTER ou **CROUTER,** ■ v. tr. [kʀute] (*croûte* ; anc. fr. *croster,* couvrir d'une croûte) **Fam.** Manger. *Il est midi, je vais croûter.* ■ **Fam.** Se croûter, v. pr. Tomber à terre. *Elle s'est croûtée en se prenant les pieds dans le tapis.*

CROÛTEUX, EUSE ou **CROUTEUX, EUSE,** adj. [kʀutø, øz] (*croûte*) Qui a des croûtes, des galles.

CROÛTIER ou **CROUTIER,** n. m. [kʀutje] (*croûte*) Mauvais peintre qui ne fait que des croûtes. ♦ Brocanteur de vieux et mauvais tableaux.

CROÛTON ou **CROUTON,** n. m. [kʀutɔ̃] (*croûte*) Le bout du pain avant qu'il soit entamé, et aussi un morceau de pain entouré de croûte. ♦ Petites croûtes grillées ou frites. *Purée aux croûtons.* ♦ **Pop.** Mauvais peintre. ♦ **Pop.** Celui qui est entiché de routine, d'idées arriérées.

CROW-CROW, ■ n. m. [kʀokʀo] Voy. craw-craw.

CROWN-GLASS ou **CROWN,** n. m. [kʀonglas, kʀon] (angl. *crown-glass,* verre de couronne) Verre blanc de la plus belle qualité, qui est employé dans les lunettes achromatiques.

CROYABLE, adj. [kʀwajabl] (*croire*) Digne d'être cru, en parlant des personnes et des choses. ■ **N. m.** *Tout renchérit au-delà du croyable.*

CROYANCE, n. f. [kʀwajɑ̃s] (b. lat. *credentia,* de *credere*) Action de croire, confiance. *Au-delà de toute croyance. « Donnez moins de croyance à votre passion »,* P. Corneille. ♦ Crédibilité. *« L'effet à tes discours ôte toute croyance »,* P. Corneille. ♦ Opinion, attente, prévision. *Cela est arrivé contre la croyance de tout le monde.* ♦ Persuasion ou conviction intime. *La croyance de n'être entendu de personne.* ♦ Foi religieuse. ♦ **Par extens.** Adhésion accordée comme une espèce de foi à des opinions qui ne sont pas religieuses. *Croyances philosophiques, morales.*

CROYANT, ANTE, adj. [kʀwajɑ̃, ɑ̃t] (p. prés. de *croire*) Qui a la foi religieuse. *Les âmes croyantes. Une nation croyante.* ♦ **N. m.** et n. f. Fidèle, en parlant de la religion judaïque ou chrétienne. *« Abraham mérita d'être le père des croyants »,* Massillon. ♦ Les sectateurs de la religion musulmane se donnent aussi le titre de croyants. *Commandeur ou chef des croyants était le titre que prenaient les califes.* ■ **REM.** Sectateur est à prendre ici au sens de *adepte.* Le terme *croyant* s'applique aujourd'hui à toutes les religions, sans distinction.

CRS, ■ n. m. [seɛʀɛs] (sigle de *compagnies républicaines de sécurité,* corps de police créé en 1945) Policier d'une compagnie républicaine de sécurité. ■ **N. f.** Ensemble des policiers d'une compagnie. *Le lieutenant de police d'une* CRS. *Au long de leurs 60 ans d'existence, les* CRS *ont vu leur mission se diversifier,* *et aujourd'hui l'ordre étant restauré, elles assistent la plupart des missions de la Police et de la Gendarmerie.*

1 CRU, n. m. [kʀy] (*crû*, p. p. de *croître*, anc. fr. *creu*) La quantité dont une chose a crû, a pris croissance. *Ces arbres ont bien poussé, voilà le cru de cette année.* ◆ Production. « *Son vin est du cru de sa vigne* », J.-J. Rousseau. ◆ Terroir considéré comme ce qui fait croître les végétaux et leurs produits. *Ce vin-là est d'un bon cru.* ◆ *Vin du cru,* vin fait sur le lieu même où il est bu. ◆ Fig. *Cet ouvrage est une compilation, l'auteur n'y a rien mis de son cru.* « *C'est de votre cru que vous dites cela* », Bossuet. ■ **Spécialt** Vin issu d'un vignoble précis, d'un terroir ou d'une région de production déterminés. *Les dix-sept grands crus de la Champagne.*

2 CRU, UE, adj. [kʀy] (lat. class. *crudus,* saignant ; cru, non travaillé, en parlant du cuir) Qui n'est point cuit. *De la viande crue. Des fruits crus.* ◆ Fig. « *Ils n'en suivaient pas la doctrine toute crue* », Bossuet. ◆ Qui est d'une digestion difficile. ◆ *De l'eau crue,* eau chargée de sels et qui ne peut dissoudre le savon ni cuire les légumes. ◆ Qui n'a pas encore subi de préparation. *Cuir cru. Soie crue. Métal cru.* ◆ *Chanvre cru,* chanvre qui n'a pas été trempé dans l'eau. ◆ **Méd.** *Humeurs crues, matières crues,* celles qui n'ont pas reçu le degré de coction nécessaire. ◆ Qui est à l'état de simple ébauche, en parlant des choses de l'esprit. « *C'était un langage [celui de Ronsard] cru et informe* », Fénelon. ◆ **Peint.** *Un ton cru,* ton qui ne se fond pas avec les autres. *Couleur crue,* couleur trop tranchante. ◆ Choquant, dur, en parlant des expressions, du langage. *Cela est bien cru.* ◆ *À cru,* d'une façon crue. *Un mot dit à cru.* ◆ Peu décent, trop libre. *Des discours trop crus.* ◆ **À CRU,** loc. adv. Sur la peau nue. *Être botté à cru.* ◆ *Monter à cru,* monter un cheval sans selle ni couverture. ◆ **Archit.** *Une construction porte à cru,* quand elle repose sur le sol même, et non sur des fondements.

3 CRU, UE, p. p. de croire. [kʀy]

CRÛ, UE, p. p. de croître. [kʀy]

CRUAUTÉ, n. f. [kʀyote] (lat. *crudelitas,* la finale *-auté* s'expliquant soit par attraction de *loyauté, féauté,* soit par lat. pop. *crudalitas* parallèle à *crudalis*) Penchant à infliger des souffrances et la mort. *Exercer sa cruauté contre des innocents.* ◆ Action cruelle. « *Il exerce des cruautés inouïes* », Bossuet. ◆ Chose fâcheuse ; acte rigoureux. *Quelle cruauté de se voir trahi par un ami ! Les cruautés du sort.*

CRUCHE, n. f. [kʀyʃ] (anc. b. frq. *krûkka,* var. de *krucka,* tous deux attestés par plusieurs mots du domaine germ. ; anc. fr. *cruie* provient d'une forme romanisée plus ancienne, comme anc. provenç. *cruga*) Vase en poterie à large panse. ◆ Quantité de liquide contenue dans une cruche. *Une cruche d'huile.* ◆ **Fam.** Personne ignorante et stupide. « *Vous me prenez pour cruche* », La Fontaine. ◆ **Prov.** *Tant va la cruche à l'eau qu'à la fin elle se casse* ou *qu'enfin elle se brise,* quand on s'expose souvent à quelque danger, à quelque tentation, on y succombe.

CRUCHÉE, n. f. [kʀyʃe] (*cruche*) La quantité de liquide que contient une cruche. *Une cruchée de vin.*

CRUCHETTE, n. f. [kʀyʃɛt] (*cruche*) Petite cruche.

CRUCHON, n. m. [kʀyʃɔ̃] (dérivé de *cruche*) Petite cruche. ◆ Le contenu d'un cruchon. *Un cruchon de bière.*

CRUCIAL, ALE, adj. [kʀysjal] (lat. *crux,* génitif *crucis,* croix : le sens philosophique provient de l'angl. *crucial*) Qui est fait en croix. *Des ferrements cruciaux. Une incision cruciale.* ■ Très important, décisif. *Une étape cruciale dans un processus.*

CRUCIFÈRE, adj. [kʀysifɛʀ] (radic. du lat. *crux* et *-fère*) *Colonne crucifère,* monument de religion, qui porte une croix, dans les cimetières et sur les grands chemins. ◆ **Bot.** *Plantes crucifères,* plantes ainsi nommées à cause de la disposition de leurs pétales, qui est en forme de croix. ◆ N. f. pl. *La famille des crucifères.*

CRUCIFIANT, ANTE, adj. [kʀysifjɑ̃, ɑ̃t] (p. prés. de *crucifier*) Qui crucifie, qui mortifie. « *Ôtez de la morale les maximes crucifiantes, la violence, l'humilité* », Massillon.

CRUCIFIÉ, ÉE, p. p. de crucifier. [kʀysifje] La religion d'un Dieu crucifié. ◆ N. m. et f. « *Suis du crucifié les douloureuses traces* », P. Corneille. ◆ Mortifié. « *Une vie souffrante et crucifiée* », Fléchier. ◆ Fig. *Être crucifié avec Jésus-Christ,* être entièrement mort au monde.

CRUCIFIEMENT, n. m. [kʀysifimɑ̃] (*crucifier*) Action de crucifier et aussi le supplice de la croix. ◆ Tableau représentant Jésus-Christ sur la croix. *Le Crucifiement de Rubens.* ◆ Fig. Mortification. *Le crucifiement de la chair.* ■ Rem. Graphie ancienne : *crucifîment.*

CRUCIFIER, v. tr. [kʀysifje] (lat. *crucifigere,* de *cruci-* et *figere,* ficher, fixer, avec attraction des verbes en *-fier*) Infliger le supplice de la croix. *Les Juifs crucifièrent Jésus.* ◆ *Se faire crucifier pour quelqu'un,* lui être complètement dévoué. ◆ *Se faire crucifier pour quelque chose,* souffrir tout pour cette chose. ◆ Fig. Mortifier, sacrifier. « *Les macérations vivifient*

l'âme en crucifiant le corps et la chair », Patru. ◆ **Absol.** « *Elle est menée par une autre voie, par celle qui crucifie davantage* », Bossuet.

CRUCIFIX, n. m. [kʀysifi] (lat. *crucifixus,* p. p. substantivé de *crucifigere,* crucifier) Représentation de Jésus-Christ attaché à la croix. *Un crucifix de bois. Baiser le crucifix.* ◆ *Mettre une injure au pied du crucifix,* la souffrir patiemment pour l'amour de Dieu.

CRUCIFIXION, ■ n. f. [kʀysifiksjɔ̃] (lat. chrét. *crucifixio,* crucifiement du Christ) Supplice de la mise en croix. ■ **Par extens.** Œuvre d'art représentant la figure du Christ sur la croix.

CRUCIFORME, adj. [kʀysifɔʀm] (radic de lat. *crux* et *-forme*) Qui est en forme de croix.

CRUCIVERBISTE, ■ n. m. et n. f. [kʀysivɛʀbist] (radic. de lat. *crux,* croix, et *verbum,* mot) Amateur de mots croisés.

CRUDITÉ, n. f. [kʀydite] (lat. class. *cruditas,* indigestion et au plur. aliments non cuits) Rare État de ce qui est cru. *La crudité des fruits, des viandes.* ◆ *Aliments crus. Manger des crudités.* ◆ **Méd.** *La crudité des humeurs,* l'état des humeurs qui ne sont pas encore arrivées à ce que les anciens médecins nommaient coction. ◆ Mal d'estomac venant de la mauvaise qualité de certains aliments dont la digestion est difficile. ◆ Fig. *Crudité de l'eau,* état de l'eau qui contient une forte proportion de sels calcaires et qui est froide, indigeste. ◆ **Peint.** Effet dur et tranchant des tons crus. ◆ Expression trop libre ou grossière. *Les crudités sont de mauvais goût.*

CRUE, n. f. [kʀy] (fém. substantivé du part. *crû*) Élévation du niveau des eaux d'un cours d'eau, par suite de pluies ou de fonte de neiges. ◆ Croissance. *Cet enfant, cet arbre n'a pas pris toute sa crue.*

CRUEL, ELLE, adj. [kʀyɛl] (lat. *crudelis*) Qui aime à infliger des souffrances, la mort. *Un tyran cruel.* ◆ On dit cruel à et cruel envers quelqu'un. « *Valérien ne fut cruel qu'aux chrétiens* », Bossuet. ◆ Il se dit de quelques animaux. *Le tigre est un animal cruel.* ◆ Qui a un caractère de cruauté, en parlant des choses. *Un ordre cruel. Une politique cruelle et ambitieuse.* ◆ Dur, sévère, rigoureux, en parlant des personnes et des choses. *Père cruel. Une peine cruelle. Des devoirs cruels à remplir.* « *Les dieux depuis longtemps me sont cruels et sourds* », Racine. ◆ Douloureux, fâcheux. *C'est une chose cruelle que d'être abandonné de ses amis.* ◆ Destin, sort cruel, destin tout à fait contraire. ◆ Insensible. *Beauté cruelle.* ◆ ▷ *Un cruel homme,* un fâcheux, un ennuyeux personnage ; *une cruelle femme,* une femme bien insupportable. ◁ ◆ N. m. et n. f. *Un cruel. Une cruelle.* ◆ **Fam.** *Faire le cruel,* se montrer dédaigneux.

CRUELLEMENT, adv. [kʀyɛl(ə)mɑ̃] (*cruel*) D'une manière cruelle, avec cruauté. ◆ D'une façon douloureuse. *Cruellement humilié.* « *Cruellement blessé, mais trop fier pour me plaindre* », Voltaire. ◆ **Fam.** *Cruellement laid,* très laid.

CRUENTÉ, ÉE, ■ adj. [kʀyɑ̃te] (lat. *cruentus,* sanglant, de *cruor,* sang) **Méd.** Dont le revêtement normal a été abrasé, laissant ainsi apparaître une surface hémorragique. *Estomac cruenté. Vésicule biliaire cruentée.*

CRUISER, ■ n. m. [kʀuzœʀ] (mot angl. *cruiser,* croiseur) Petit yacht de croisière à moteur.

CRUMBLE, ■ n. m. [kʀœmbœl] (angl. *to crumble,* émietter) Gâteau aux fruits de saison recouverts de pâte sablée croquante, et cuit au four.

CRÛMENT ou **CRUMENT,** adv. [kʀymɑ̃] (2 *cru*) D'une manière crue, sans ménagement ni correctif. *Je vous le dis crûment.*

CRURAL, ALE, adj. [kʀyʀal] (lat. *cruralis,* de la jambe, de *crus,* génit. *cruris,* jambe) Qui appartient à la cuisse. *L'artère crurale. Les nerfs cruraux.*

CRUSTACÉ, ÉE, adj. [kʀystase] (lat. scient., du lat. *crusta,* croûte) **Zool.** Qui a l'apparence d'une espèce de croûte. *Les œufs des oiseaux sont crustacés.* ◆ Qui est revêtu d'une sorte de croûte, d'une écaille. ◆ N. m. pl. Nom d'une classe comprenant tous les animaux articulés, qui ont la tête confondue avec le thorax, une croûte extérieure plus ou moins calcaire ; comme les homards, les écrevisses, etc. ◆ **Méd.** Qui est accompagné de croûtes à la peau. *Dartre crustacée.*

CRUZADE, n. f. [kʀyzad] (port. *cruzado,* du lat. *crux,* croix) Monnaie d'or des Portugais.

CRYO..., ■ [kʀijo] Préfixe tiré du gr. *kruos,* qui signifie froid.

CRYOCHIMIE, ■ n. f. [kʀijoʃimi] (*cryo-* et chimie) Science de la chimie ayant recours aux cryotempératures dans l'application de ses procédés.

CRYOCHIRURGIE, ■ n. f. [kʀijoʃiʀyʀʒi] (*cryo-* et chirurgie) Technique d'intervention chirurgicale consistant à traiter par le froid certaines maladies graves, en particulier, les tumeurs cancéreuses. *La cryochirurgie utilise le froid de la neige carbonique ou de l'azote liquide pour détruire de petites lésions superficielles précancéreuses.* ■ CRYOCHIRURGICAL, ALE, adj. [kʀijoʃiʀyʀʒikal]

CRYOCLASTIE, ■ n. f. [kʀijoklasti] (*cryo-* et gr. *klastos,* brisé) **Géol.** Fragmentation ou éclatement d'une roche dû au gel et au dégel. *Le phénomène* *de cryoclastie est très fréquent sur les glaciers.* ■ CRYOCLASTIQUE, adj. [kʀijoklastik]

CRYOCONDUCTEUR, TRICE, ■ adj. [kʀijokɔ̃duktœʀ, tʀis] (*cryo-* et *conducteur*) Techn. Se dit d'un corps conducteur exposé à de très basses températures afin de diminuer sa résistance électrique. ■ N. m. *Un cryoconducteur.*

CRYOCONSERVATION, ■ n. f. [kʀijokɔ̃sɛʀvasjɔ̃] (*cryo-* et *conservation*) Congélation et conservation d'embryons ou d'échantillons, notamment cellulaires ou végétaux. *La cryoconservation de spermatozoïdes pour réaliser ultérieurement une procréation médicalement assistée.*

CRYODESSICCATION, ■ n. f. [kʀijodesikasjɔ̃] (*cryo-* et *dessication*) Procédé faisant intervenir une congélation à basse température, entre -40 °C et - 80 °C pour conserver certains produits biologiques fragiles tels que des vaccins, des enzymes, du plasma, etc.

CRYOFRACTURE, ■ n. f. [kʀijofʀaktyʀ] (*cryo-* et *fracture*) Biol. Fracture d'un échantillon biologique congelé dans l'azote liquide et placé dans une enceinte sous vide, afin d'en examiner les structures cellulaires au microscope.

CRYOGÈNE, ■ adj. [kʀijoʒɛn] (*cryo-* et *-gène*) Phys. Qui produit de très basses températures. *Un spray cryogène.*

CRYOGÉNIE, ■ n. f. [kʀijoʒeni] (*cryogène*) Phys. Technique scientifique et industrielle de production de très basses températures. *On parle de cryogénie à partir de températures inférieures à -150 ° C.* ■ CRYOGÉNIQUE, adj. [kʀijoʒenik] *Un nettoyage industriel cryogénique.*

CRYOLITE ou **CRYOLITHE,** ■ n. f. [kʀijolit] (*cryo-* et *-lithe*) Fluorure d'aluminium et de sodium.

CRYOLITHE, ■ n. f. [kʀijolit] Voy. cryolite.

CRYOLOGIE, ■ n. f. [kʀijoloʒi] (*cryo-* et *-logie*) Ensemble des sciences de la physique qui étudient les très basses températures et leurs effets. *La cryologie s'applique aussi à l'étude des propriétés de la neige, de la glace et des sols gelés.* ■ CRYOLOGIQUE, adj. [kʀijoloʒik]

CRYOLOGISTE ou **CRYOLOGUE,** ■ n. m. et n. f. [kʀijoloʒist, kʀijolog] (*cryologie*) Spécialiste en cryologie. *Un cryologue procède, entre autres, à la mesure des propriétés d'un glacier en vue de calculer son bilan massique.*

CRYOLUMINESCENCE, ■ n. f. [kʀijolyminesɑ̃s] (*cryo-* et *luminescence*) Production ou augmentation de la lumière d'un corps soumis à une très basse température.

CRYOMÉTRIE, ■ n. f. [kʀijometʀi] (*cryo-* et *-métrie*) Phys. Mesure du degré de congélation d'une solution. *Effectuer des mesures de cryométrie revient à comparer la température de congélation d'un solvant pur à celles du même solvant contenant diverses masses de solutés divers dissous séparément dans ce solvant.* ■ CRYOMÉTRIQUE, adj. [kʀijometʀik]

CRYOPHYSIQUE, ■ n. f. [kʀijofizik] (*cryo-* et *physique*) Étude physique des phénomènes liés aux très basses températures. *Un laboratoire de cryophysique appliquée.*

CRYOSCOPIE, ■ n. f. [kʀijoskopi] (*cryo-* et *-scopie*) Phys. Détermination du point de congélation d'une solution. *La cryoscopie permet de déterminer la masse molaire d'un soluté.* ■ Chim. Mesure de la masse moléculaire d'une substance dissoute dans un solvant par abaissement de son point de congélation. ■ CRYOSCOPIQUE, adj. [kʀijoskopik]

CRYOSTAT, ■ n. m. [kʀijosta] (*cryo-* et *-stat*) Enceinte aux parois métalliques permettant de conserver des produits à très basses températures, tels que l'azote et l'hélium liquides. *Les parois métalliques du cryostat permettent de réfléchir les rayonnements externes, et ainsi de limiter les échanges thermiques avec l'extérieur.*

CRYOTECHNIQUE, ■ n. f. [kʀijotɛknik] (*cryo-* et *technique*) Phys. Ensemble des techniques produisant et employant les très basses températures. ■ Adj. *Un moteur, un étage cryotechnique,* qui utilise comme ergols des gaz liquéfiés, généralement de l'oxygène et de l'hydrogène liquides. *L'étage cryotechnique d'un lanceur de fusée.*

CRYOTEMPÉRATURE, ■ n. f. [kʀijotɑ̃peʀatyʀ] (*cryo-* et *température*) Très basse température, située en dessous de 120° Kelvin (soit environ -153° Celsius).

CRYOTHÉRAPIE, ■ n. f. [kʀijoteʀapi] (*cryo-* et *thérapie*) Méd. Traitement thérapeutique par le froid. *La cryothérapie permet de réduire le calibre des vaisseaux en cas de problèmes de circulation sanguine ou de soulager la douleur et d'aider à résorber les hématomes.* ■ CRYOTHÉRAPIQUE, adj. [kʀijoteʀapik]

CRYOTURBATION, ■ n. f. [kʀijotyʀbasjɔ̃] (*cryo-* et *perturbation*) Géol. Processus pédologique causé par le gel et le dégel, modifiant la structure des sols. *La cryoturbation provoque des mouvements de matière dans le sol, ce qui en modifie la structure.*

CRYPTAGE, ■ n. m. [kʀiptaʒ] (*crypter*) Opération consistant à transformer par codification un message clair de façon à le rendre inintelligible. *L'opération de cryptage permet de s'assurer que seules les personnes auxquelles les informations sont destinées pourront y accéder.* ■ Système de brouillage de chaînes télévisuelles pour en restreindre l'accès aux seuls abonnés. *Les chaînes télévisuelles qui utilisent un système de cryptage pour les non-abonnés sont payantes.*

CRYPTE, ■ n. f. [kʀipt] (lat. *crypta*, du gr. *kruptê*, de *kruptein*, couvrir, cacher) Caveau souterrain servant de sépulcre dans certaines églises. ♦ N. f. ou n. m. Anat. Syn. de follicule, sorte de petite glande caractérisée par sa forme en sac.

CRYPTER, ■ v. tr. [kʀipte] (*crypte*) Rendre indéchiffrable ou incompréhensible un message. ■ Adj. *Une chaîne cryptée.*

CRYPTIQUE, ■ adj. [kʀiptik] (gr. *kruptikos*, propre à cacher) Relatif à la crypte. ■ Zool. Se dit de la coloration changeante du plumage d'un oiseau ayant pour effet de le camoufler dans son milieu naturel pour se protéger des prédateurs. *Un plumage cryptique de la femelle du faisan de Colchide.*

CRYPTO..., ■ [kʀipto] Préfixe qui signifie caché, du gr. *kruptos.*

CRYPTOCOMMUNISTE, ■ n. m. et n. f. [kʀiptokomynist] (*crypto-* et *communiste*) Personne adhérant secrètement aux idées du Parti communiste, en particulier durant la Seconde Guerre mondiale. *Grâce à un journaliste en mal de scoop, une lettre privée à une amie est devenue la soi-disant preuve qu'Orwell aurait offert aux Services secrets britanniques une liste d'écrivains soupçonnés d'être des cryptocommunistes.* ■ Adj. *La presse cryptocommuniste.*

CRYPTOGAME, ■ adj. [kʀiptogam] (*crypto-* et élément formant *-game*) Bot. Qui a les organes de la fructification cachés. ♦ N. m. ou n. f. *Les mousses, les fougères sont des cryptogames.*

CRYPTOGAMIE, ■ n. f. [kʀiptogami] (*cryptogame*) Classe des plantes cryptogames. ■ Étude des plantes cryptogames.

CRYPTOGAMIQUE, ■ adj. [kʀiptogamik] (*cryptogame*) Qui appartient à la cryptogamie.

CRYPTOGRAMME, ■ n. m. [kʀiptogʀam] (*crypto-* et suff *-gramme*) Document ou message secret rendu inintelligible par un ou plusieurs procédés de cryptage. *Le cryptogramme d'une carte bancaire permet de renforcer la sécurité des paiements en ligne.*

CRYPTOGRAPHE, ■ n. m. et n. f. [kʀiptogʀaf] (*cryptographie*) Spécialiste de la cryptographie. *Le cryptographe essaie toutes les combinaisons de clés possibles jusqu'à l'obtention d'un texte clair.*

CRYPTOGRAPHIE, n. f. [kʀiptogʀafi] (*crypto-* et *-graphie*) Art d'écrire en caractères secrets qui sont ou de convention ou le résultat d'une transposition de lettres de l'alphabet ; c'est la même chose que l'écriture en chiffres. ■ CRYPTOGRAPHIQUE, adj. [kʀiptogʀafik]

CRYPTOLOGIE, ■ n. f. [kʀiptoloʒi] (*crypto-* et suff. *-logie*) Science qui étudie les méthodes de cryptage et de décryptage de messages. *Un service de cryptologie dans les services secrets.* ■ CRYPTOLOGIQUE, adj. [kʀiptoloʒik]

CRYPTOPHYTE, ■ n. f. [kʀiptofit] (*crypto-* et *-phyte*) Bot. Plante dont les bourgeons sont souterrains et subsistent durant les périodes de froid. ■ Adj. *Une végétation cryptophyte.*

CRYPTORCHIDIE, ■ n. f. [kʀiptoʀkidi] (*crypto-* et du gr. *orkhis*, testicule) Méd. Absence du testicule dans la bourse à la palpation. *La cryptorchidie résulte d'un défaut de migration du testicule qui reste en position intra-abdominale ou au niveau du canal inguinal.* ■ Rem. La cryptorchidie est aussi appelée *ectopie.*

CRYSTAL, ■ n. m. [kʀistal] Pour ce mot et ses dérivés, Voy. cristal, etc.

CSARDAS ou **CZARDAS,** ■ n. f. [ksaʀdas] (mot hongrois) Danse populaire hongroise, d'abord lente puis rapide, exécutée en couple sur une musique à deux ou quatre temps. *Le pas de csardas qui est un pas latéral marché.*

CSG, ■ n. f. [seɛsʒe] Voy. contribution.

C-SOL-UT, ■ [sesɔlyt] (le *c* distingue l'ut dans la suite des notes représentées par des lettres.) Anc. mus. Le ton d'ut.

CTÉNAIRE ou **CTÉNOPHORE,** ■ n. m. [ktenɛʀ, ktenofɔʀ] (radic. *kten-* du gr. *kteis*, peigne) Zool. Invertébré marin diploblastique et carnivore, ressemblant à une méduse translucide et pourvu de palettes natatoires. *Les cténaires ne sont pas urticants.*

CTÉNITE, ■ n. m. [ktenit] (radic. *kten-*, du gr. *kteis*, peigne) Coquillage du genre peigne.

CU, ■ n. m. [ky] Voy. cul.

CUADRO, ■ n. m. [kwadʀo] (mot esp. signifiant *cadre*) Formation constituée de chanteurs, musiciens et danseurs de flamenco. *Un spectacle organisé par des cuadros flamencos.*

CUBAGE, ■ n. m. [kybaʒ] (*cube*) Action de cuber. ♦ Méthode pour cuber. ♦ Quantité d'unités cubiques que renferme un volume donné.

CUBAIN, AINE, ■ n. m. et n. f. [kybɛ̃, ɛn] (*Cuba*) Habitant de Cuba. *Les Cubains.* ■ Adj. Relatif à Cuba. *La musique cubaine.*

CUBATURE, n. f. [kybatyʀ] (lat. *cubus*, cube, formé d'apr. *quadratura*) Réduction géométrique d'un solide quelconque à un cube équivalent en volume.

CUBE, n. m. [kyb] (lat. *cubus*, du gr. *kubos*, dé à jouer) Solide à six faces qui sont des carrés égaux. *Les dés ont la forme du cube.* ◆ Le produit d'un nombre par son carré. *Si on multiplie 4 par 2, le produit 8 prend le nom de cube.* ◆ Adj. *Mètre, pied cube*, mesure qui a un mètre, un pied, dans les trois dimensions. ◆ *La racine cube* (on dit plutôt *cubique*) *d'un nombre*, le nombre qui, multiplié deux fois par lui-même, reproduit le nombre donné. *2 est la racine cube de 8.* ■ **Arg. scol.** Dans les classes préparatoires aux grandes écoles, étudiant redoublant sa deuxième année. ■ Mesure représentative du volume d'un corps (signifiée par un 3 en exposant). *Un silo de 5 m³. Une voiture de 1 600 cm³.* ■ *Gros cube*, moto de puissante cylindrée. ■ *Rubik's cube*, casse-tête sous forme d'un cube constitué de 54 facettes multicolores, inventé par l'architecte hongrois Erno Rubik. *Le Rubik's cube connut d'abord un grand succès dans son pays d'origine, puis un véritable triomphe dans le monde entier à partir des années 1980.*

CUBÉ, ÉE, p. p. de cuber. [kybe]

CUBÈBE, ■ n. m. [kybɛb] (l'ar. *kubbâba*) **Bot.** Plante vivace grimpante originaire d'Indonésie, proche du poivrier, aux feuilles pointues, dont les baies brun foncé possèdent des vertus médicinales. *Le cubèbe est aussi appelé poivre à queue.* ■ Fruit de cette plante. *La poudre des baies de cubèbe moulues est utilisée dans la constitution du curry.*

CUBER, v. tr. [kybe] (*cube*) Évaluer le volume d'un solide. ◆ Élever un nombre au cube ou troisième puissance. ◆ Se cuber, v. pr. Être cubé. ■ **Fam.** Constituer une quantité importante. *Tous ces frais, ça cube !* ■ **Arg. scol.** Dans les classes préparatoires aux grandes écoles, redoubler sa deuxième année. *Il vient d'apprendre qu'il cube cette année.*

CUBILOT, ■ n. m. [kybilo] (angl. *cupilo*, var. de *cupola*, abrév. de *cupola-furnace*, fourneau en forme de coupole) Four vertical cylindrique à creuset de métal, servant à la préparation de la fonte de seconde fusion. *Les matériaux à fondre sont mélangés, dans un cubilot, avec le produit de la combinaison (air) et avec le combustible lui-même appelé le coke.*

CUBIQUE, adj. [kybik] (gr. *kubikos*, de forme cubique) Qui appartient au cube. *Forme cubique.* ◆ *La racine cubique d'un nombre*, le nombre qui, multiplié deux fois par lui-même, donne le nombre proposé. *3 est la racine cubique de 27.*

CUBISME, ■ n. m. [kybism] (*cube*) Mouvement artistique du début du xxᵉ siècle dont les œuvres picturales et sculpturales représentaient la réalité sous forme géométrique, plus spécialement cubique. *Le cubisme est l'invention d'un langage artistique qui permet à l'artiste de représenter dans un tableau la multiplicité des notions mentales et des données étroitement connexes à l'objet de la vision.*

CUBISTE, ■ adj. [kybist] (*cubisme*) Qui est relatif ou appartient au cubisme. *Les peintres cubistes, comme Braque ou Picasso, s'appliquaient à rompre la forme réelle de l'objet pour l'inscrire dans ses formes géométriques, en présentant simultanément plusieurs aspects du même objet ou un corps de face, de profil et de dos.* ■ N. m. et n. f. *Les cubistes.*

CUBITAINER, ■ n. m. [kybitɛnɛʀ] (nom déposé, troncation de *cubique* et *container*) Bonbonne, récipient en plastique de forme cubique, que l'on utilise pour le transport de liquides. *Du vin conditionné en cubitainers.*

CUBITAL, ALE, adj. [kybital] (lat. *cubitalis*, haut d'une coudée) Qui appartient au cubitus ou à la partie de l'avant-bras où cet os se trouve. *Nerf cubital. Muscles cubitaux.* ◆ Qui a une coudée de longueur.

CUBITIÈRE, ■ n. f. [kybitjɛʀ] (lat. *cubitus*) Partie métallique d'une armure couvrant le coude. *La cubitière apparaît au milieu du xiiiᵉ siècle, elle est alors formée de petits disques d'acier protégeant le coude.*

CUBITUS, n. m. [kybitys] (lat. *cubitus* ; gr. *kubiton*, est sicilien et p.-ê empr. au latin) Os de l'avant-bras, qui en occupe la partie interne et s'étend du coude au carpe.

CUBOÏDE, adj. [kyboid] (gr. *kuboeidès*) Qui a la forme d'un cube. *L'os cuboïde*, ou simplement *le cuboïde*, os court et cubique, situé à la partie antérieure et supérieure du tarse, et articulé avec le calcanéum.

CUBOMÉDUSE, ■ n. f. [kybomedyz] (*cube* et *méduse*) **Zool.** Méduse au corps translucide de forme cubique et aux longs tentacules, évoluant dans les eaux tropicales, et dont la piqûre est mortelle. *La cuboméduse, encore appelée piqueur marin ou guêpe de mer, est l'une des créatures les plus venimeuses de la terre.*

CUCUBALE, n. m. [kykybal] (lat. *cucubalus*) Genre de plantes qui, ayant été démembré, ne contient plus qu'une espèce, le *cucubalus baccifer.*

CUCUL ou **CUCU**, ■ adj. inv. [kyky] (redoubl. de *cul*) **Fam.** Niais, un peu ridicule. *Une discussion cucul. Un film cucul la praline.*

CUCURBITACÉE, adj. f. [kykyʀbitase] (lat. *cucurbita*, courge) Se dit des plantes herbacées, à tiges rampantes, telles que les melons, les concombres, etc. ■ N. f. pl. *Les cucurbitacées*, famille de plantes dont la courge est le type.

CUCURBITAIN ou **CUCURBITIN**, ■ n. m. [kykyʀbitɛ̃] (radic. de lat. *cucurbita*, courge) **Zool.** Anneau ou segment renfermant les œufs d'un ver parasite, tel que le ténia. *Le nom du cucurbitain vient du fait que sa forme est comparée à un pépin de courge.*

CUCURBITE, n. f. [kykyʀbit] (lat. *cucurbita*, courge) Partie de l'alambic dans laquelle on met la matière à distiller.

CUCURBITÉ, ÉE, adj. [kykyʀbite] (radic. de lat. *cucurbita*) Qui est en forme de courge.

CUCURBITIN, INE, adj. [kykyʀbitɛ̃, in] (radic. de lat. *cucurbita*) Qui a de la ressemblance avec un potiron, en parlant des baies de certaines plantes. ◆ N. m. Nom donné au taenia, parce qu'il est composé d'anneaux qui ressemblent à des semences de courge.

CUEILLAGE, n. m. [kœjaʒ] (*cueillir*) Action de cueillir les fruits. ◆ Saison où on les cueille. ◆ Action d'enlever le verre en fusion avec la sarbacane.

CUEILLAISON, n. f. [kœjɛzɔ̃] (*cueillir*) Époque de cueillir.

CUEILLE, n. f. [kœj] (*cueillir*) L'action de cueillir. *La cueille est faite.*

CUEILLETTE, n. f. [kœjɛt] (lat. *collecta*, contribution, p. p. fém. de *colligere*, cueillir ensemble, rassembler, du lat. médiév., récolte) Récolte de certains fruits. *La cueillette des olives, des pommes.* ◆ Collecte, produit d'une quête. ◆ *Charger un navire en cueillette, à la cueillette*, le charger de marchandises de diverses origines. ◆ Récolte des chiffons à faire le papier.

CUEILLEUR, EUSE, n. m. et n. f. [kœjœʀ, øz] (*cueillir*) Personne qui cueille.

CUEILLI, IE, p. p. de cueillir. [kœji]

CUEILLIR, v. tr. [kœjiʀ] (lat. *colligere*) Détacher des fruits, des fleurs, des feuilles de la tige. *Cueillir des fruits, des fraises, des raisins.* ◆ *Cueillir un bouquet*, cueillir des fleurs pour en faire un bouquet. ◆ **Fig.** *Cueillir des palmes, des lauriers*, remporter des victoires. ◆ *Cueillir un baiser*, prendre un baiser. ◆ Se cueillir, v. pr. Être cueilli. ■ **Fam.** Arrêter un malfaiteur. *Il s'est fait cueillir dans sa cachette.* ■ **Fam.** Aller chercher. *J'irai te cueillir à la sortie du bureau.*

CUEILLOIR, n. m. [kœjwaʀ] (*cueillir*) Panier où l'on met la cueillette. ◆ Corbeille attachée au bout d'un long bâton pour cueillir les fruits des hautes branches. ◆ Espèce de cisaille pour cueillir des fruits délicats.

CUESTA, ■ n. f. [kwɛsta] (mot esp., côte) **Géol.** Relief caractérisé par l'alternance de roches sédimentaires dures et tendres, les couches dures saillantes formant une pente raide appelée *front* et les couches tendres creusées par l'érosion formant une pente douce appelée *revers*. *Les cuestas ont émergé en quelques milliers d'années du fait du relèvement isostatique, conséquence du passage des glaciers.*

CUEVA ou **CUÉVA**, ■ n. f. [kweva] (mot esp., cave) Habitation creusée et aménagée dans une falaise, typique de l'Andalousie. *Les cuevas ont été introduites par les Maures qui occupèrent l'Andalousie du viiiᵉ au xvᵉ siècle.*

CUI-CUI, ■ n. m. inv. [kɥikɥi] (onomat.) **Fam.** Onomatopée exprimant le piaillement des oiseaux. *Dès le lever du soleil, on entendait les cui-cui des oiseaux.*

CUIDER, v. intr. [kɥide] (lat. *cogitare*, penser) Vieilli et tombé en désuétude. Croire, penser.

CUILLER ou **CUILLÈRE**, n. f. [kɥijɛʀ] (lat. *cochlear(e)*, instrument pointu servant à manger les escargots, puis cuiller, de *cochlea*, escargot, de gr. *kokhlos*, coquillage) Petite palette creuse tenue par un manche, dont on se sert pour porter à sa bouche les aliments peu consistants ou pour les servir à table. *Cuiller d'argent, d'étain, à potage, à ragoût.* ◆ *Cuiller à pot*, cuiller large et profonde, avec laquelle on prend le bouillon dans le pot-au-feu pour tremper la soupe. ◆ *Petite cuiller*, cuiller à café. ◆ *Biscuit à la cuiller*, biscuit long et mince, fort léger, ainsi nommé parce que pour le faire on en répand la pâte en long sur le papier avec la cuiller. ◆ **Bot.** *Pétales, feuilles en cuiller*, pétales, feuilles qui en ont la forme. ◆ **Par extens.** Nom d'instruments de formes diverses employés dans les arts. ■ **Fam.** *Il n'y va pas avec le dos de la cuillère*, il agit de façon démesurée. ■ *En deux ou en trois coups de cuillère à pot*, rapidement, en un instant et sans difficulté. *Il a réparé sa voiture en trois coups de cuillère à pot.* ■ *Être à ramasser à la petite cuillère*, être dans un état déplorable. *Il était tellement ivre qu'on pouvait le ramasser à la petite cuillère.* ■ *Naître avec une cuillère en argent dans la bouche*, être né et avoir vécu dans une famille aisée. ■ Leurre métallique accroché à l'hameçon d'une ligne, utilisé pour la pêche des carnassiers. *La pêche à la cuillère.* ■ Levier d'une grenade dont le dégagement déclenche l'explosion.

CUILLÉRÉE ou **CUILLERÉE**, n. f. [kɥijere, kɥijəʀe] (*cuillère*) Quantité contenue dans une cuillère. *Une cuillerée de potage, de sirop.*

CUILLERON, n. m. [kɥij(ə)ʀɔ̃] (*cuillère*) Partie creuse d'une cuillère.

1 CUIR, n. m. [kɥiʀ] (lat. *corium*) Peau épaisse de certains animaux. ♦ *Cuir chevelu*, la peau qui recouvre le crâne et où naissent les cheveux. ♦ Peau des animaux séparée de la chair et corroyée. *Cuir de vache.* ♦ *Cuir cru*, cuir qui n'a reçu aucune préparation. ♦ *Cuir bouilli*, cuir cuit et préparé qu'on emploie sous diverses formes. ♦ *Un visage de cuir bouilli*, visage de mauvaise couleur. ♦ *Cuir de Russie*, cuir de vache préparé en Russie. ♦ *Cuir à rasoir* ou simplement *cuir*, bande de cuir tendue sur une palette pour donner le fil aux rasoirs. ♦ **Fam.** La peau. « *Le beau corps, le beau cuir!* », LA FONTAINE. ♦ *Entre cuir et chair*, sous la peau. ♦ **Fig.** et **fam.** *Pester entre cuir et chair*, s'impatienter sans oser le faire paraître. ♦ *Cuir de laine*, épaisse et forte étoffe croisée. ■ Vêtement en cuir. *Il est sorti sans son cuir.*

2 CUIR, n. m. [kɥiʀ] (lat. *corium*, p.-ê. à partir de express. écorcher un mot) Faute de langage qui consiste à prononcer, à la fin d'un mot qu'on lie à un autre, un *t* pour un *s*, *j'étais à la campagne*, et réciproquement, *il étai-z à la campagne*, ou à intercaler une liaison là où il n'en faut point, *j'ai-z été*. *Faire un cuir, des cuirs.*

CUIRASSE, n. f. [kɥiʀas] (b. lat. *coriacea [vestis]*, vêtement de cuir, de *corium*, cuir) Arme défensive qui recouvre le buste. *Cuirasse de cuir, d'acier.* ♦ *Endosser la cuirasse*, prendre le parti des armes. ♦ *Le défaut de la cuirasse*, l'intervalle entre le bord de la cuirasse et les autres pièces qui s'y joignent. ♦ **Fig.** *Trouver le défaut de la cuirasse*, trouver l'endroit faible, le côté sensible. ♦ Sorte de revêtement osseux que produisent les écailles serrées de certains poissons. ♦ Revêtement en fer qui protège les navires contre l'action du boulet.

CUIRASSÉ, ÉE, p. p. de cuirasser. [kɥiʀase] **Zool.** Revêtu d'une sorte de cuirasse. ♦ **Fig.** *Âme cuirassée contre les revers.* ♦ En un mauvais sens, dont l'âme est endurcie. *Cuirassé aux affronts*, contre les remords. ■ N. m. Navire de guerre blindé.

CUIRASSEMENT, ■ n. m. [kɥiʀas(ə)mã] (*cuirasser*) Action d'équiper et de renforcer par des pièces métalliques. *Le cuirassement d'un navire, d'un fort.*

CUIRASSER, v. tr. [kɥiʀase] (*cuirasse*) Armer, revêtir d'une cuirasse. ♦ Se cuirasser, v. pr. Se revêtir d'une cuirasse. ♦ **Fig.** *Se cuirasser contre la pitié, contre les remords.*

CUIRASSIER, n. m. [kɥiʀasje] (*cuirasse*) Soldat armé d'une cuirasse. ♦ Aujourd'hui, cavalier portant casque et cuirasse.

CUIRE, v. tr. [kɥiʀ] (b. lat. *cocere*, de lat. *coquere*) Préparer les aliments par l'action de la chaleur. ♦ *Par extens.* Il se dit de la préparation qu'on donne à de certaines choses par l'action du feu. *Cuire du plâtre, de la chaux, etc.* Opérer la cuisson, en parlant du feu, de la chaleur. *Un feu doux et modéré cuit un rôti à point.* ♦ **Absol.** *Ce boulanger cuit deux fois par jour*, il met deux fois une fournée de pain à cuire. ♦ Amener à maturité, en parlant du soleil et de la chaleur. ♦ **Méd.** Digérer, élaborer. *C'est des aliments que l'estomac a peine à cuire. Cuire un rhume.* ♦ **V. intr.** Devenir cuit. *Il faut que cette viande cuise dans son jus.* ♦ Causer une douleur brûlante. *Je me suis brûlé, la main me cuit. Les yeux me cuisent.* ♦ **EN CUIRE**, v. impers. Être l'occasion d'un désagrément, d'un regret, d'un repentir. *Il vous en cuira quelque jour.* ♦ Se cuire, v. pr. Devenir cuit. ♦ **Prov.** *Trop gratter cuit, trop parler nuit*, il faut se garder de trop parler. ■ N. m. et n. f. **Fam.** *Un dur, une dure à cuire*, personne très résistante physiquement.

CUISANT, ANTE, adj. [kɥizã, ãt] (p. prés. de *cuire*) Qui se cuit facilement. *Ces légumes sont cuisants.* ♦ Qui cause une douleur brûlante, vive. *Douleur cuisante. Les froids les plus cuisants.* ♦ **Fig.** Qui cause une vive peine morale. *Des remords cuisants. Mal cuisant. Chagrins cuisants.*

CUISEUR, EUSE, ■ n. m. et n. f. [kɥizœʀ, øz] (radic. de p. prés. de *cuire*) Personne chargée de la cuisson de divers produits. *Cuiseur de malt, de briques.* ■ Appareil servant à la cuisson d'aliments en grande quantité. *Un cuiseur à vapeur.*

CUISINE, n. f. [kɥizin] (b. lat. *cocina*, altér. de lat. *coquina*, art culinaire) Pièce d'une maison où l'on fait cuire les mets. ♦ *Fonder la cuisine*, pourvoir à la subsistance. ♦ **Fig.** *La cuisine est bien froide dans cette maison*, on y fait maigre chère. ♦ *Faire aller, faire rouler la cuisine*, avoir soin de ce qui regarde la dépense ordinaire de la table. ♦ **Fam.** *Du latin de cuisine*, du latin mauvais et plat, tel que le faisaient les cuisiniers et les marmitons dans les anciens collèges, où c'était la règle que tout le monde parlât latin. ♦ Le personnel de la cuisine. *Il a laissé sa cuisine à Paris.* ♦ L'ordinaire d'une maison, la chère qu'on y fait. *Faire maigre cuisine.* ♦ Faire la cuisine, apprêter à manger. ♦ L'art d'apprêter les mets. *Savoir la cuisine. La cuisine française.* ♦ **Fig.** et **fam.** *Cuisine* se dit quelquefois des tripotages pour les affaires. *La cuisine politique.* ♦ *Cuisine américaine*, cuisine jointe à la salle à manger, sans mur de séparation.

CUISINÉ, ÉE, ■ p. p. adj. [kɥizine] (*cuisine*) Accommodé selon des règles culinaires. *Des plats cuisinés*, vendus tout préparés.

CUISINER, v. intr. [kɥizine] (*cuisine*) Faire la cuisine. ■ **Fam.** *Cuisiner quelqu'un*, l'interroger avec insistance pour soutirer des informations ou des aveux. *Je l'ai cuisiné un peu et j'ai enfin obtenu ce que je voulais savoir.*

CUISINETTE, ■ n. f. [kɥizinɛt] (dimin. de *cuisine*) Petit coin cuisine. ■ REM. Recommandation officielle pour *kitchenette*.

CUISINIER, IÈRE, n. m. et n. f. [kɥizinje, jɛʀ] (*cuisine*) Personne dont la fonction est de faire la cuisine. ♦ **Fig.** « *La gaieté, les travaux rustiques sont les premiers cuisiniers du monde* », J.-J. ROUSSEAU. ♦ Personne qui sait faire la cuisine. ♦ *Le Parfait Cuisinier, la Cuisinière bourgeoise*, livres où l'on traite de la cuisine.

CUISINIÈRE, n. f. [kɥizinjɛʀ] (*cuisine*) Ustensile de fer-blanc où l'on met la viande rôtir à la broche. On l'appelle aussi *rôtissoire*. ■ Combiné rassemblant des plaques de cuisson et un four. *Une cuisinière électrique, une cuisinière à gaz.*

CUISINISTE, ■ n. m. et n. f. [kɥizinist] (*cuisine*) Personne dont le métier est de fabriquer, de vendre ou d'installer du mobilier de cuisine.

CUISSAGE, ■ n. m. [kɥisaʒ] (*cuisse*) **Hist.** *Droit de cuissage*, droit que possédait le seigneur du Moyen Âge, consistant à passer avec la femme d'un de ses vassaux ou de ses serfs la première nuit de ses noces. ■ **Fam.** *Droit de cuissage*, droit que donne un homme de harceler une femme, qui lui est généralement subordonnée, afin d'obtenir des faveurs sexuelles.

CUISSARD, n. m. [kɥisaʀ] (*cuisse*) Partie de l'armure qui couvrait les cuisses de l'homme d'armes. ■ Culotte collante d'un cycliste.

CUISSARDE, ■ n. f. [kɥisaʀd] (*cuisse*) Botte couvrant toute la jambe. ■ Adj. *Des bottes cuissardes.*

CUISSE, n. f. [kɥis] (lat. impérial *coxa*, os de la hanche ; cuisse, qui a remplacé lat. *femur*) La partie du corps de l'homme et des animaux qui s'étend de la hanche jusqu'au genou. ♦ Chez les ruminants et les solipèdes, la partie qu'on nomme vulgairement cuisse est à proprement parler la jambe. ♦ *Une cuisse de noix*, un des quartiers de la noix. ♦ *Se croire sorti de la cuisse de Jupiter*, être très prétentieux.

CUISSEAU, n. m. [kɥiso] (*cuisse*) T. de boucherie. Partie du veau prenant un peu au-dessous de la queue dans toute la circonférence de l'animal, et se prolongeant jusque vers le rognon.

CUISSE-MADAME, n. f. [kɥis(ə)madam] (*cuisse* et *madame*) Poire de forme allongée et de couleur fauve. ♦ On dit aussi *cuisse-dame*. ♦ Au pl. *Des cuisses-madame.*

CUISSON, n. f. [kɥisɔ̃] (lat. *coctio*, avec infl. de *cuire* sur l'initiale) Action de cuire. ♦ *Pain de cuisson*, le pain de ménage que l'on fait chez soi. ♦ *Cuisson du sucre*, préparation du sirop de sucre. ♦ Espèce de douleur qui est causée par une brûlure légère, par la piqûre des orties, par certaines affections cutanées, etc.

CUISSON-EXTRUSION, ■ n. f. [kɥisɔ̃ɛkstʀyzjɔ̃] (*cuisson* et *extrusion*) **Techn.** Procédé de transformation de matières premières alimentaires généralement à base de farine, permettant d'obtenir des produits expansés (biscuits), combinant un traitement thermique à haute température et un traitement mécanique à haute pression. *Des cuissons-extrusions.*

CUISSOT ou **CUISSEAU**, n. m. [kɥiso] (*cuisse*) Cuisse de cerf, de chevreuil, de sanglier.

CUISTANCE, ■ n. f. [kɥistãs] (*cuisine* ; suff. analogique de *béquetance*) **Fam. Cuis.** « *Comme ça ils mettront un peu plus de goût à préparer la cuistance des poilus* », BARBUSSE.

CUISTOT, ■ n. m. [kɥisto] (radic. de *cuistance*) **Fam.** Cuisinier. *Le cuistot d'un restaurant.*

CUISTRE, n. m. [kɥistʀ] (probabl. de l'anc. fr. *questre*, du b. lat. *coquistro*, marmiton, valet de cuisine, de *coquere*, cuire) Valet de collège. ♦ Par extens. Pédant encrassé.

CUISTRERIE, ■ n. f. [kɥistʀəʀi] (*cuistre*) Caractère pédant et vaniteux d'une personne. *Sa cuistrerie dépasse les bornes!*

CUIT, ITE, p. p. de cuire. [kɥi, it] **Fig.** *Avoir du pain cuit*, avoir une fortune assurée et pouvant dispenser de tout travail. ♦ Qui a subi par le feu une préparation comparée à la cuisson. *Vase de terre cuite.* ♦ **Fam.** *C'est un homme cuit*, sa fortune est ruinée, son crédit est perdu ou, dans un langage plus que familier, il va mourir. ■ **Fam.** Exténué. *Il est complètement cuit.* ■ **Fam.** Ivre. *Ils sont cuits.* ■ **Fam.** *C'est cuit*, c'est raté. *C'est cuit, je ne serai jamais à l'heure à mon rendez-vous.* ■ **Fam.** *C'est du tout cuit*, c'est facile, gagné d'avance. *Il a bien révisé, alors cet examen, c'est du tout cuit!*

CUITE, n. f. [kɥit] (p. p. fém. substantive de *cuire*) Sorte de cuisson donnée à la porcelaine, aux briques, au plâtre, etc. ♦ Ce qu'on cuit en une fournée. ♦ *Maître de cuite*, celui qui dirige cette opération. ♦ Concentration d'un liquide. *La cuite d'un sirop.* ■ **Fam.** État d'ivresse.

CUITER (SE), ■ v. pr. [kɥite] (*cuite*) **Fam.** Prendre une cuite, se soûler. *Il se cuite tous les soirs.*

CUIVRAGE, n. m. [kɥivraʒ] (*cuivrer*) Action de cuivrer, de recouvrir de cuivre ; résultat de cette action.

CUIVRE, n. m. [kɥivr] (lat. *cyprium (æs)*, bronze de Chypre) Métal rougeâtre moins dur que le fer. ♦ *Cuivre jaune*, Voy. LAITON. ♦ **Grav.** Planche gravée sur cuivre. ♦ *Couper le cuivre*, manier le burin. ♦ Monnaie de cuivre. ♦ **Mus.** *Les cuivres*, l'ensemble des instruments à vent dont le corps est métallique. ■ **Chim.** Élément chimique de numéro atomique 29 et de masse atomique 63,54, noté Cu. *Le cuivre pourrait bien être le premier métal à avoir été utilisé, étant donné que des pièces de cuivre datant de 8700 avant J.-C. ont été trouvées.*

CUIVRÉ, ÉE, adj. [kɥivre] (*cuivre*) De couleur de cuivre, rougeâtre. *Teint cuivré. Peau cuivrée.* ♦ *Voix cuivrée*, voix qui a un timbre éclatant, métallique.

CUIVRER, v. tr. [kɥivre] (*cuivre*) Revêtir de cuivre en feuilles. ♦ Pratiquer l'opération du cuivrage. ♦ *Se cuivrer*, v. pr. Être revêtu de cuivre.

CUIVREUX, EUSE, adj. [kɥivrø, øz] (*cuivre*) Qui a rapport au cuivre, qui en est formé. ♦ **Mus.** Qui a le son du cuivre. ♦ **Peint.** Qui approche de la couleur du cuivre. *Tons cuivreux.*

CUIVRIQUE, adj. [kɥivrik] (*cuivre*) **Chim.** Qui a rapport au cuivre. *Oxyde cuivrique*, deutoxyde de cuivre.

CUL, n. m. [ky] (lat. *culus*) Le derrière de l'homme et des animaux. ♦ *Cul par-dessus tête*, chute dans laquelle on fait la culbute. ♦ *Avoir toujours le cul sur une chaise*, être constamment assis. ♦ *Avoir le cul sur la selle*, être à cheval. ♦ *Demeurer entre deux selles le cul par terre*, échouer dans la poursuite de deux choses. ♦ *Jouer à cul levé*, c'est-à-dire que celui qui perd s'en va. ♦ *Aller de cul et de tête*, s'y prendre avec ardeur, mais sans précaution et sans mesure. ♦ *Montrer le cul*, avoir des habits très mauvais. ♦ *Montrer le cul*, avoir peur, se sauver. ♦ *Être à cul*, être sans ressources. ♦ L'anus par où sortent les excréments. ♦ La personne. *Cul de plomb*, homme sédentaire. ♦ *Cul-de-jatte*, personne estropiée qui ne peut faire usage de ses jambes. *Des culs-de-jatte.* ♦ **Fig.** et **fam.** *Faire le cul-de-poule*, faire une espèce de moue en avançant et pressant les lèvres. ♦ Le dos. « On campa le cul à Mannheim et la gauche appuyée au bord du Necker », SAINT-SIMON. ♦ *Cul* s'est dit de certains jupons rembourrés, qu'aujourd'hui on nomme plus décemment tournure. ♦ **Par extens.** La base, le fond de certains objets. *Le cul d'une bouteille, d'une barrique.* ♦ *Mettre un tonneau sur le cul*, le lever sur son fond, et aussi le vider. ♦ *Cul de bouteille*, se dit de la couleur d'un vert très foncé. ♦ *Cul d'artichaut*, la partie charnue d'un artichaut, celle qui porte le foin. ♦ Le derrière d'une charrette. *Mettre une charrette à cul*, la mettre les limons en l'air. ♦ *Cul de basse-fosse*, cachot souterrain creusé dans la basse-fosse même. ♦ *Cul-de-sac*, rue qui n'a qu'une issue ; maintenant de préférence on dit impasse. ♦ **Par extens.** *Un cul-de-sac*, un lieu qui n'a pas d'issue. ♦ **Fig.** *Un cul-de-sac*, un emploi qui ne peut mener à rien. ♦ **Archit.** *Cul-de-lampe*, tout support en encorbellement qui n'est pas un corbeau, c'est-à-dire qui ne présente pas deux faces parallèles perpendiculaires au mur. ♦ *Cul-de-lampe*, ornement qui sert à remplir un blanc de page. *Des culs-de-lampe.* ♦ **Mar.** *Le cul*, l'arrière d'un vaisseau, la poupe. ♦ *Paille-en-cul*, oiseau de mer, dit aussi *paille-en-queue*, qui a deux longues plumes à la queue. ♦ *Des paille-en-cul, des paille-en-queue.* ♦ *Cul-blanc*, nom de la bécassine et d'un autour. *Des culs-blancs.* ■ **REM.** *Cul* est auj. jugé vulgaire dans ses emplois autres que techniques. ♦ **Vulg.** *Le cul*, le sexe. *Un film de cul.* ♦ **Fam.** *Avoir le feu au cul*, Voy. FEU. ♦ **Vulg.** *L'avoir dans le cul*, être trompé, avoir échoué. ♦ **Fam.** *En avoir plein le cul*, Voy. PLEIN. ♦ **Fam.** *Être comme cul et chemise*, être inséparables. ■ **REM.** Graphie ancienne : *cu.*

CULARD, ARDE, n. m. et n. f. [kylar, ard] (*cul*) Animal de boucherie se caractérisant par une viande très maigre et présentant une anomalie génétique de l'arrière-train (hypertrophie musculaire), très recherchée. *La viande de culard est très diététique.* ■ **Adj.** *Une race cularde.*

CULART, n. m. [kylar] (*cul*) Partie de l'équipage d'un gros marteau de forge.

CULASSE, n. f. [kylas] (*cul*) La partie qui fait le fond du canon d'une arme à feu. ♦ Le gros de la vergue d'une ancre. ♦ **Techn.** Pièce qui ferme la partie supérieure du cylindre d'un moteur à explosion. ♦ Partie inférieure d'une pierre taillée, d'un diamant. *Le diamant taillé se décompose en quatre grandes parties : la table, la couronne, le rondiste et la culasse.*

CUL-BLANC, n. m. [kyblã] Voy. CUL.

CULBUTABLE, adj. [kylbytabl] (*culbuter*) Qui peut être culbuté, renversé.

CULBUTAGE ou **CULBUTEMENT**, ■ n. m. [kylbytaʒ, kylbyt(ə)mã] (*culbuter*) Action de culbuter, de faire renverser. *Pour éviter le culbutement, le transport de cet équipement ne doit être réalisé que dans la position la plus basse.*

CULBUTE, n. f. [kylbyt] (*culbuter*) Sorte de saut qui consiste à faire un tour sur soi-même, en se renversant en avant ou en arrière. ♦ *Faire la culbute*,

tomber en roulant, et fig. tomber de la faveur dans la disgrâce, de la richesse dans la pauvreté. ♦ *À la culbute*, en désordre, à la diable. ♦ **Prov.** *Au bout du fossé la culbute*, se dit lorsqu'on se résigne aux suites de sa conduite.

CULBUTÉ, ÉE, p. p. de culbuter. [kylbyte]

CULBUTER, v. tr. [kylbyte] (*culer*, frapper au cul, et *buter*, heurter) Faire faire la culbute à quelqu'un, le renverser violemment. ♦ **Par extens.** *Culbuter l'ennemi*, le rompre et le mettre en fuite. ♦ **Fig.** *Culbuter quelqu'un*, le faire tomber du pouvoir, ruiner son crédit. ♦ **V. intr.** Tomber, faire la culbute. *Il fit un faux pas et culbuta.* ♦ **Fig.** Tomber du pouvoir ou de la richesse. ♦ *Se culbuter*, v. pr. Faire la culbute.

CULBUTEUR, ■ n. m. [kylbytœr] (*culbuter*) **Techn.** Appareil sur lequel viennent buter les wagons ou berlines pour déverser leur contenu. ■ Pièce du moteur placée sur le cylindre, permettant l'ouverture et la fermeture d'une soupape.

CULBUTIS, n. m. [kylbyti] (*culbuter*) Amas confus de choses culbutées, en désordre. ♦ Action de culbuter, culbute.

CUL-DE-FOUR, ■ n. m. [kyd(ə)fur] (*cul* et *four*) **Archit.** Voûte en forme de demi-coupole. *Une abside voûtée en cul-de-four. Des culs-de-four.*

CUL-DE-JATTE, n. m. [kyd(ə)ʒat] Voy. CUL.

CUL-DE-LAMPE, n. m. [kyd(ə)lãp] Voy. CUL.

CUL-DE-PORC, ■ n. m. [kyd(ə)pɔr] (*cul* et *porc*) Nœud marin dont l'extrémité en forme de bouchon empêche la corde de s'effilocher. *Des culs-de-porc.*

CUL-DE-POULE, n. m. [kyd(ə)pul] Voy. CUL.

CUL-DE-SAC, n. m. [kyd(ə)sak] Voy. CUL.

CULÉE, n. f. [kyle] (*cul*) **Archit.** Massif de maçonnerie qui soutient dans leur poussée les voûtes des dernières arches d'un pont. ♦ *Culée d'arc-boutant*, pilier qui soutient les retombées d'un arc-boutant d'église. ♦ **Mar.** Action de culer, chemin fait par l'arrière ; coup que la quille d'un vaisseau donne contre le fond.

CULER, v. intr. [kyle] (*cul*) **Mar.** Aller en arrière. ♦ *Le vent cule*, il souffle d'une direction plus d'arrière qu'auparavant. ♦ On dit aussi : *la charrette cula.*

CULERON, ■ n. m. [kyl(ə)rõ] (*cul*) Pièce de cuir arrondie de la croupière, fermée ou avec boucle, entourant la queue d'un animal de trait. *Le culeron empêche la selle de glisser vers l'avant dans les descentes.*

CULIER, adj. m. [kylje] (*cul*) Usité seulement dans *boyau culier*, le rectum.

CULIÈRE, n. f. [kyljɛr] (*cul*) Sangle de cuir au derrière d'un cheval pour maintenir le harnais. ♦ Pierre creuse qui reçoit la chute des eaux d'un tuyau de descente.

CULINAIRE, adj. [kyliner] (lat. *culinarius*) Qui se rapporte à la cuisine. *Préparation culinaire. L'art culinaire.*

CULMINANT, ANTE, adj. [kylminã, ãt] (*culminer*) **Astron.** *Point culminant*, point du ciel où un astre atteint sa plus grande hauteur sur l'horizon. ♦ **Par extens.** *Le mont Blanc est le point culminant des Alpes.* ♦ **Fig.** Le plus haut degré. *Le point culminant de sa fortune.*

CULMINATION, n. f. [kylminasjõ] (*culminat-*, de b. lat. *culminare*, supin *culminatum*, de *culmen*, sommet) **Astron.** La plus grande élévation qu'un astre atteigne au-dessus de l'horizon ; le moment de cette grande élévation.

CULMINER, v. intr. [kylmine] (b. lat. *culminare*, mettre le comble, de *culmen*, sommet) **Astron.** Atteindre son point culminant, en parlant d'un astre. ■ **Par extens.** *La chaîne kabyle culmine à 2 308 m.* ♦ **Fig.** *Au moment où sa gloire culminait.*

CULOT, n. m. [kylo] (*cul*) La partie la plus basse d'une lampe d'église. ♦ **Techn.** Lingot qui reste au fond du creuset après la fonte. ♦ Résidu noirâtre qui s'amasse au fond d'une pipe. ♦ **Archit.** Ornement de sculpture et d'architecture approchant de la forme d'une tige d'où naissent des fleurs, des feuillages. ♦ La partie d'une bombe diamétralement opposée à la fusée et où le métal a le plus d'épaisseur. ♦ Nom vulgaire du dernier éclos d'une couvée. ♦ **Pop.** Le dernier né des enfants dans une famille. ♦ **Fam.** Audace empreinte d'impertinence. *Il ne manque pas de culot !* ■ Partie métallique et cylindrique d'une ampoule se vissant ou se fixant dans la douille d'un appareil électrique. *Un culot à visser, un culot à baïonnette.* ■ *Culot de centrifugation*, partie la plus dense d'un liquide, déposée au fond d'un récipient par la force centrifuge.

CULOTTAGE, n. m. [kylotaʒ] (*culotter*) **Pop.** Action de noircir, en fumant, le bas du fourneau d'une pipe. ■ **Par extens.** État de ce qui est noirci. *Le culottage d'une théière.*

CULOTTE, n. f. [kylɔt] (*cul* ou *culot*) Vêtement d'homme qui couvre depuis la ceinture jusqu'au bas des jambes. ♦ *Culotte courte*, et par abréviation *culotte*, vêtement qui couvre depuis la ceinture jusqu'au dessous des genoux. ♦ *Culotte de peau,* culotte faite en peau qui a été autrefois à l'usage des militaires, et fig. et fam. un militaire qui n'a rien d'élevé au-dessus de sa profession. *Une vieille culotte de peau.* ♦ **Fig.** *Porter la culotte,* se dit de la femme qui est plus maîtresse que son mari. ♦ On dit aussi *une paire de culottes,* ou simplement *des culottes.* ♦ **Bouch.** Partie de la cuisse du bœuf qui comprend l'échine depuis le dessus de la queue jusqu'au filet. ♦ *Culotte de suisse,* variété de poire de la forme de la poire d'Angleterre, mais rayée de bandes vertes et jaunes qui alternent. ♦ **Mar.** *Culotte* ou *paire de culottes,* sorte d'étendard. ♦ *Tailler des culottes à un navire,* le forcer à mettre toutes ses voiles dehors pour la fuite. ■ Sous-vêtement féminin qui couvre de la ceinture jusqu'au haut des cuisses. ♦ *Petite culotte,* ce sous-vêtement pour les enfants. ■ *Culotte de cheval,* pantalon de cavalier ; fig. bourrelet adipeux situé aux hanches et sur les cuisses.

CULOTTÉ, ÉE, p. p. de culotter. [kylote] **Fam.** Qui fait preuve de culot. ■ Qui est noirci, couvert d'un enduit noir. *Une théière culottée.*

CULOTTER, v. tr. [kylote] (*culotte*) Mettre, attacher la culotte à quelqu'un. *Culotter un enfant.* ♦ **Absol.** *Ce tailleur culotte bien,* il fait des culottes qui vont bien. ♦ **Pop.** *Culotter une pipe,* lui donner, à force de fumer dedans, un certain enduit noir dans le bas du fourneau. ♦ Se culotter, v. pr. Mettre sa culotte. ♦ Devenir culotté. *Cette pipe commence à se culotter.*

CULOTTEUR, EUSE, n. m. et n. f. [kylotœr, øz] (*culotte*) **Pop.** Personne qui culotte des pipes. ■ **Rem.** L'emploie au féminin est très rare.

CULOTTIER, IÈRE, n. m. et n. f. [kylotje, jɛr] (*culotte*) Personne qui fait et qui vend des culottes de peau, des gants, des guêtres de cuir, etc. ♦ **Adj.** *Marchand culottier.*

CULPABILISANT, ANTE, ■ adj. [kylpabilizɑ̃, ɑ̃t] (*culpabiliser*) Qui procure un sentiment de culpabilité. *Un discours culpabilisant.*

CULPABILISER, ■ v. tr. [kylpabilize] (b. lat. *culpabilis,* coupable) Donner un sentiment de culpabilité à quelqu'un. ♦ Se culpabiliser, v. pr. Se sentir coupable. *Il se culpabilise très facilement.* ■ CULPABILISATION, n. f. [kylpabilizasjɔ̃]

CULPABILITÉ, n. f. [kylpabilite] (b. lat. *culpabilis*) État de celui qui est coupable, ou de ce qui est coupable. *La culpabilité d'un accusé. La culpabilité d'une action.*

CULTE, n. m. [kylt] (lat. *cultus,* de colere, supin *cultum,* honorer) Honneur qu'on rend à la divinité. *Le culte du vrai Dieu.* ♦ Dans les religions polythéistes, honneurs qu'on rend aux dieux. *Le culte des idoles, des faux dieux.* ♦ **Fig.** *Se vouer au culte des Muses,* s'adonner à la poésie, aux arts libéraux. ♦ Religion considérée dans ses manifestations extérieures. *La liberté des cultes.* ♦ *Le culte extérieur,* les cérémonies qui se pratiquent au-dehors des temples. ♦ *Le culte domestique,* les prières, les lectures pieuses, etc. qui se font en commun dans la famille. ♦ **Par extens.** Vénération profonde. *Ils rendaient à sa mémoire une sorte de culte.* ■ En appos. *Lieu culte. Livre culte.*

CUL-TERREUX, ■ n. m. [kyterø] (*cul* et *terreux*) **Fam.** et **péj.** Paysan. *Des culs-terreux.*

CULTIPACKER, ■ n. m. [kyltipakœr] (angl. *to cultivate,* défricher et *packer,* emballeur) **Agric.** Rouleau d'attelage constitué de disques à arête tranchante, utilisé pour le labour de la terre. *Des cultipackers.*

CULTISME ou **CULTÉRANISME,** ■ n. m. [kyltism, kylteranism] (esp. *culto,* savant, du lat. *cultus,* cultivé) **Littér.** Style poétique précieux et affecté, apparu en Espagne au début du XVIIᵉ siècle et initié par Luis de Góngora. *Le cultisme est aussi appelé gongorisme.* ■ CULTISTE, adj. [kyltist]

CULTIVABLE, adj. [kyltivabl] (*cultiver*) Susceptible de culture.

CULTIVAR, ■ n. m. [kyltivar] (*cultivé* et *variété*) **Bot.** Variation d'une plante obtenue par sélection ou hybridation en culture naturelle ou artificielle, généralement par voie asexuée. *Le choix de cultivars de pleine saison permet de tirer parti au maximum de la saison de croissance et offre l'occasion d'obtenir un rendement maximal.* ■ **Abrév.** CV.

CULTIVATEUR, TRICE, n. m. et n. f. [kyltivatœr, tris] (*cultiver*) Personne qui cultive la terre ou un certain produit de la terre. *Un habile cultivateur.* ♦ Dans certaines provinces, celui, celle qui est à la tête d'une exploitation agricole[1]. ♦ **Adj.** *Les peuples cultivateurs.* ♦ **N. m.** *Cultivateur,* charrue légère, remplaçant la houe dans les binages. ♦ Nom donné dans la pratique aux binoirs, aux buttoirs, aux houes à cheval, aux ratissoirs, aux scarificateurs, aux extirpateurs, qui remplacent le cultivateur proprement dit. ■ **Rem. 1 :** L'emploi de *cultivateur* dans ce sens n'est plus réservé à certaines régions, il s'est généralisé.

CULTIVÉ, ÉE, p. p. de cultiver. [kyltive] **Fig.** *Un esprit cultivé,* un homme instruit, orné de connaissances agréables.

CULTIVER, v. tr. [kyltive] (réfection savante sur le lat. *cultus,* p. p. de *colere,* de l'anc. fr. *coutiver*) Travailler la terre pour lui faire produire les végétaux utiles aux besoins de l'homme et des animaux domestiques. *Cultiver un jardin.* ♦ Se livrer, s'adonner à la culture de certaines plantes. *Cultiver la vigne.*

♦ **Fig.** *Cultiver la poésie, la musique.* ♦ Former, développer. *Cultiver sa mémoire, ses talents, etc.* ♦ Entretenir des relations amicales et bienveillantes avec quelqu'un. « *Il est doux de voir ses amis par goût et par estime ; il est pénible de les cultiver par intérêt* », LA BRUYÈRE. ♦ *C'est un homme qu'il faut cultiver, c'est une connaissance à cultiver,* un homme dont il faut entretenir la bienveillance. ♦ Se cultiver, v. pr. Être cultivé. « *L'amitié qui se cultive aux dépens du devoir, n'a plus de charmes* », J.-J. ROUSSEAU.

CULTUEL, ELLE, ■ adj. [kyltɥɛl] (*culte*) Qui est relatif au culte. *Une association cultuelle.*

CULTURAL, ALE, ■ adj. [kyltyral] (*culture*) Relatif au travail, à la culture de la terre. *Des procédés culturaux.*

CULTURALISME, ■ n. m. [kyltyralism] (*culturel*) **Anthrop.** Courant anthropologique né aux États-Unis, mettant en avant l'importance de la culture sur la formation des sociétés et l'influence que celle-ci exerce sur la personnalité, le comportement et les actions des individus. *Le culturalisme, encore appelé thèse de la table rase, a également été développé au XVIIIᵉ siècle par l'abbé Étienne de Condillac vers 1760.*

CULTURALISTE, ■ n. m. et n. f. [kyltyralist] (*culturalisme*) Partisan du culturalisme. *Les naturalistes mettent plutôt l'accent sur les causes biophysiologiques alors que les culturalistes donnent plutôt la primauté aux causes psychosociales.* ■ **Adj.** Relatif au culturalisme. *La pensée culturaliste.*

CULTURE, n. f. [kyltyr] (lat. *cultura,* avec influence, sur le sens fig., de all. *Kultur* et angl. *culture*) Travail de la terre, ensemble des opérations propres à obtenir du sol les végétaux dont l'homme et les animaux domestiques ont besoin. ♦ *Grande culture,* exploitation d'un vaste terrain, d'une grande ferme, d'après les meilleurs procédés et avec l'emploi des machines. *Petite culture,* celle des petites parcelles, qui se fait généralement à bras. ♦ Mode d'exploitation du sol. *Culture jardinière, maraîchère.* ♦ *Culture* a aussi la signification générale d'agriculture ; c'est en ce sens qu'on dit *la culture pastorale.* ♦ Terrain cultivé. *L'étendue des cultures.* ♦ Action de cultiver un végétal, un produit de la terre. *Culture du blé, de la vigne.* ♦ *Les cultures,* nom donné, dans certaines colonies, à la culture des plantes particulières, telles que la canne à sucre, le café, le poivre, etc. ♦ **Fig.** *La culture des lettres, des sciences, des beaux-arts.* ♦ Instruction, éducation. *Un esprit sans culture. La culture du cœur, des sentiments.* ■ ▷ *Culture physique,* gymnastique. ◁ ■ *Culture générale,* connaissances que l'on a dans les différents domaines. ■ Patrimoine intellectuel, artistique et éthique propre à une société ou un groupe de sociétés. *La culture occidentale.* ■ **Biol.** Technique de laboratoire consistant à créer un milieu susceptible de faire vivre, développer ou croître des cellules, tissus ou microorganismes. *Culture cellulaire, microbienne.* ■ *Culture de masse,* culture propagée par les médias au sein d'une population.

CULTUREL, ELLE, ■ adj. [kyltyrɛl] (*culture*) Qui est relatif à la culture, à l'enrichissement intellectuel par l'acquisition de connaissances. *Un projet culturel, une émission culturelle.*

CULTURELLEMENT, ■ adv. [kyltyrɛl(ə)mɑ̃] (*culturel*) Sur le plan culturel. *Un site culturellement riche.*

CULTURISME, ■ n. m. [kyltyrism] (*culture*) Activité physique qui consiste à développer à des fins esthétiques certains muscles ou groupes musculaires.

CULTURISTE, ■ n. m. et n. f. [kyltyrist] (*culturisme*) Adepte du culturisme. *Lors des compétitions, les culturistes professionnels doivent défiler devant un jury qui évaluent leur développement musculaire et attribuent des points.* ■ **Adj.** *Pratique culturiste.*

CUMIN, n. m. [kymɛ̃] (lat. *cuminum,* du gr. *kuminon,* de l'hébr. *kamon*) Plante ombellifère, dont les graines sont quelquefois employées pour aromatiser le pain, le fromage.

CUMUL, n. m. [kymyl] (*cumuler*) **Dr.** Action de cumuler une chose avec une autre. *Le cumul des peines.* ♦ Dans la langue générale, jouissance simultanée de plusieurs emplois ou de plusieurs traitements.

CUMULABLE, ■ adj. [kymylabl] (*cumuler*) Que l'on peut cumuler. *Une offre non cumulable.*

CUMULARD, ARDE, n. m. et n. f. [kymylar, ard] (*cumuler*) **T. familier** toujours pris avec un sens de reproche. Personne qui occupe simultanément plusieurs places rétribuées. ■ **Adj.** *Un politicien cumulard.*

CUMULATIF, IVE, adj. [kymylatif, iv] (*cumuler*) **Dr.** Qui cumule. *Disposition cumulative,* disposition de loi répétant une autre disposition qui a le même objet.

CUMULATION, n. f. [kymylasjɔ̃] (*cumuler*) Action de cumuler. *Système de la cumulation des peines.*

CUMULATIVEMENT, adv. [kymylativ(ə)mɑ̃] (*cumulatif*) Avec cumul, à la fois. *Statuer cumulativement.*

CUMULÉ, ÉE, p. p. de cumuler. [kymyle]

CUMULER, v. tr. [kymyle] (lat. *cumulare*, amasser) **Dr.** Assembler, réunir. *Cumuler des droits, des actions, etc.* ♦ Dans le langage général, avoir simultanément la jouissance de plusieurs emplois, de plusieurs traitements. ♦ **Absol.** Occuper plusieurs emplois. *Il cumule.*

CUMULET, ▪ n. m. [kymylɛ] (orig. inc., p.-ê. de *cumul*) **Belg.** Culbute.

CUMULO-DÔME ou **CUMULODÔME**, ▪ n. m. [kymylodom] (*cumulus* et *dôme*) **Géol.** Dôme formé par l'extrusion de lave visqueuse au-dessus de la bouche d'un volcan. *Le Puy de Dôme est un cumulo-dôme péléen âgé de 10 000 ans.* ▪ Nom de ce type de volcans. *Des cumulo-dômes.*

CUMULONIMBUS, ▪ n. m. [kymylonɛ̃bys] (*cumulus* et *nimbus*) **Météorol.** Nuage bas épais à base sombre et de grandes dimensions, pouvant atteindre au sommet 15 000 mètres d'altitude, porteur le plus souvent de pluies, d'orages et de grêles. *Les cumulonimbus résultent de mouvements verticaux violents engendrés par le réchauffement de l'air au voisinage du sol.*

CUMULUS, n. m. [kymylys] (lat. *cumulus*, amas) **Météorol.** Nom des nuages, communs dans les beaux jours d'été, qui ressemblent à des montagnes de neige lorsqu'ils sont à l'horizon.

CUNÉIFORME, adj. [kyneifɔrm] (lat. *cuneus*, coin et *forme*) Qui est en forme de coin. ♦ *Écriture cunéiforme,* écriture des Assyriens, des Mèdes, des Perses, formée de figures en fer de lance ou en clous, diversement combinées. ♦ **Bot.** *Feuilles, pétales cunéiformes.* ♦ **Anat.** *Les os cunéiformes* et n. m. pl. *les cunéiformes,* nom de trois os de la seconde rangée du tarse.

CUNICULICULTEUR, TRICE, ▪ n. m. et n. f. [kynikylikyltœr, tris] (*cuniculiculture*) Éleveur de lapins.

CUNICULICULTURE, ▪ n. f. [kynikylikyltyr] (lat. *cuniculus*, lapin, et *culture*) Élevage de lapins. *Certaines organisations assurent un contact permanent avec les éleveurs bénévoles pour les associer à la définition de leur activité dans le cadre d'une action pour la sauvegarde et la promotion du patrimoine de cuniculiculture.*

CUNNILINCTUS ou **CUNNILINGUS**, ▪ n. m. [kynilɛ̃ktys, kynilɛ̃gys] (lat. *cunnus*, con et *linctus*, sucé, léché) Pratique sexuelle visant à exciter buccalement les organes génitaux de la femme. *La fellation et le cunnilingus.*

CUPIDE, adj. [kypid] (lat. *cupidus*) Qui a de la cupidité. *Un administrateur cupide. Une cupide ardeur.*

CUPIDEMENT, adv. [kypid(ə)mã] (*cupide*) D'une façon cupide.

CUPIDITÉ, n. f. [kypidite] (lat. *cupiditas*) Passion ardente de posséder quelque chose. « *Les hommes ne veulent pas combattre leurs cupidités et leurs passions* », Bossuet. ♦ En particulier, désir immodéré de fortune, d'argent. « *Il n'est rien d'indigne et de bas que la cupidité n'engendre* », Marmontel.

CUPIDON, n. m. [kypidɔ̃] (lat. *Cupido*) Dans la mythologie, le dieu de l'amour. ♦ Au pl. *Les Cupidons,* petits génies ailés qui accompagnent l'Amour et Vénus. ♦ **Fig.** Homme qui se croit beau et qui fait l'aimable.

CUPRESSACÉE, n. f. [kypresase] (dér. du lat. *cupressus*, cyprès) **Bot.** Résineux, de l'ordre des conifères, tel que le cyprès, le séquoia et le genévrier. *Les cupressacées comprennent des arbres et arbrisseaux à feuilles généralement écailleuses, et dont les cônes sont formés d'écailles soudées aux bractées correspondantes.*

CUPRIFÈRE, adj. [kyprifɛr] (*cupri-* et *-fère*) Qui contient du cuivre. *Un gisement cuprifère.* ▪ Relatif au cuivre. *Une exploitation cuprifère.*

CUPRIQUE, adj. [kyprik] (dér. du lat. *cuprum*, cuivre) Qui est relatif au cuivre, ou contient du cuivre. *Un acide cuprique.*

CUPRITE, ▪ n. f. [kyprit] (all. *Cuprit*, dér. du lat. *cuprum*, cuivre) Oxyde de cuivre. *Les cristaux de cuprite sont octaédriques et verts.*

CUPROALLIAGE, ▪ n. m. [kyproaljaʒ] (*cupro-* et *alliage*) Alliage dont la base est le cuivre, tel que le bronze, l'airain, le laiton, etc.

CUPROALUMINIUM, ▪ n. m. [kyproalyminjɔm] (*cupro-* et *aluminium*) Alliage du cuivre et de l'aluminium, résistant à la corrosion chimique et marine. *Des hélices en cuproaluminium.*

CUPROAMMONIAQUE, ▪ n. f. [kyproamonjak] (*cupro-* et *ammoniaque*) Solvant ammoniacal d'oxyde de cuivre. ▪ CUPROAMMONIACAL, ALE, adj. [kyproamonjakal]

CUPRONICKEL, ▪ n. m. [kypronikɛl] (*cupro-* et *nickel*) Alliage du cuivre et du nickel, résistant à la corrosion marine. *Une monnaie en cupronickel.*

CUPROPLOMB, ▪ n. m. [kyproplɔ̃] (*cupro-* et *plomb*) Alliage de cuivre et de plomb, appelé aussi *métal rose,* utilisé pour sa résistance au frottement. *On utilise du cuproplomb dans la fabrication de certaines pièces de moteurs.*

CUPULE, n. f. [kypyl] (lat. *cupula,* dim. de *cupa,* tonneau) Assemblage de petites bractées, soudées entre elles par la base, formant une espèce de coupe ou godet qui entoure les fleurs et persiste autour du fruit.

CUPULIFÈRE, ▪ n. f. [kypylifɛr] (*cupule* et *-fère*) **Bot.** Plante généralement arborescente et à deux cotylédons, dont les fruits sont enveloppés dans une cupule. *La famille des cupulifères comprend le hêtre, le chêne, le châtaignier.* ▪ Adj. *Un arbre cupulifère.*

CURABILITÉ, n. f. [kyrabilite] (*curable*) Qualité de ce qui est curable.

CURABLE, adj. [kyrabl] (lat. *curabilis*) Qui peut être guéri. *Ce mal est curable.*

CURAÇAO, n. m. [kyraso] (*Curaçao,* une île des Antilles) Liqueur qui est faite avec de l'eau-de-vie, de l'écorce d'oranges amères et du sucre. ▪ Au pl. *Des curaçaos.*

1 CURAGE, n. m. [kyraʒ] (*curer*) Action de curer ; résultat de cette action.

2 CURAGE, n. m. [kyraʒ] (*curer*) Nom vulgaire du *polygonum* poivre d'eau, dit aussi *persicaire âcre, persicaire brûlante.*

CURAILLON ou **CURETON**, ▪ n. m. [kyrajɔ̃, kyr(ə)tɔ̃] (*curé*) **Péj.** Curé, prêtre. « *Je sais pas ce qu'il aime ce cureton ! ... Un curé qu'est-ce que ça picole?* », Céline.

CURARE, n. m. [kyrar] (mot caribéen) Poison avec lequel les indigènes de l'Amérique méridionale empoisonnent leurs flèches et qui est d'une extrême énergie.

CURARINE, n. f. [kyrarin] (*curare*) Principe extrait du curare.

CURARISANT, ANTE, ▪ adj. [kyrarizã, ãt] (*curare*) Qui agit comme le curare, ou produit les mêmes effets que le curare. *Une substance curarisante végétale ou de synthèse.* ▪ N. m. *Un curarisant.*

CURARISATION, ▪ n. f. [kyrarizasjɔ̃] (*curariser*) **Méd.** Traitement à base de curare, utilisé notamment lors des anesthésies pour provoquer le relâchement des muscles. *La curarisation facilite l'intubation endotrachéale à condition d'injecter une dose de curare suffisante pour obtenir un relâchement musculaire complet.* ▪ Empoisonnement par le curare.

CURATELLE, n. f. [kyratɛl] (lat. médiév. *curatella*) Charge de curateur ou de curatrice.

CURATEUR, TRICE, n. m. et n. f. [kyratœr, tris] (b. lat. *curator,* celui qui a soin de) Personne qui est chargée d'assister un incapable, de régir les biens par autorité de justice. *Curateur d'un mineur émancipé, d'une succession vacante.* ♦ **Fig.** *Il faudrait lui donner un curateur,* se dit d'un homme qui fait des dépenses excessives.

CURATIF, IVE, adj. [kyratif, iv] (lat. médiév. *curativus,* du lat. *curare,* supin *curatum*) Qui a rapport à la cure d'une maladie. *Moyens curatifs. Traitement curatif,* traitement qui est employé pour obtenir la guérison, par opposition à traitement préservatif. ▪ N. m. *Un curatif.*

CURATION, n. f. [kyrasjɔ̃] (lat. *curatio*) Ensemble des moyens employés pour obtenir la guérison d'une maladie.

CURCULIONIDÉ, ▪ n. m. [kyrkyljonide] (lat. *curculio, -onis,* charançon) **Zool.** Insecte coléoptère à carapace dure, au rostre long et robuste. *Le charançon est l'espèce la plus connue de la famille des curculionidés.*

CURCUMA, n. m. [kyrkyma] (ar. *kurkum,* safran) Plante dont la racine est appelée dans le commerce *safran des Indes,* donnant une matière colorante jaune que les alcalis changent en rouge de sang, et qui devient par là un réactif chimique.

1 CURE, n. f. [kyr] (lat. *cura*) Soin, souci. Ce mot ne se dit guère qu'avec le verbe *avoir* et sans article. *N'avoir cure de rien.* ♦ **Méd.** Traitement d'une maladie, d'une blessure, qui en produit la guérison. ♦ *Cure radicale,* cure qui consiste à faire disparaître complètement une affection interne ou chirurgicale. ♦ *Cure d'eaux minérales,* cure de bains de mer, saison passée aux eaux, afin d'en suivre un emploi méthodique pour un but déterminé. ♦ On dit de même : *cure de petit-lait ;* etc.

2 CURE, n. f. [kyr] (*curé*) Anciennement, bénéfice ; aujourd'hui, charge ecclésiastique dont le titulaire a soin de la conduite des âmes dans une certaine étendue de pays qu'on nomme paroisse. ♦ Le presbytère, l'habitation du curé.

1 CURÉ, ÉE, p. p. de curer. [kyre] Nettoyé.

2 CURÉ, n. m. [kyre] (lat. médiév. *curatus,* qui a charge des âmes, du lat. *cura*) Prêtre placé à la tête d'une paroisse. ♦ *C'est Gros-Jean qui remontre à son curé,* se dit d'un ignorant qui prétend conseiller un plus habile que lui.

CURE-DENT, n. m. [kyr(ə)dã] (*cure* et *dent*) Instrument étroit et pointu dont on se sert pour ôter des dents ce qui s'y est engagé. ♦ Au pl. *Des cure-dents.*

CURÉE, n. f. [kyre] (*cuir,* peau, sur laquelle on étendait les morceaux donnés aux chiens) Portion de la bête que l'on donne aux chiens après qu'elle est prise. *Donner la curée aux chiens. Curée chaude,* morceau de la bête qu'on donne aux chiens aussitôt qu'ils l'ont prise. *Curée froide,* curée qui se fait de morceaux de pain trempés au sang de la bête, qu'on met sur sa peau avec quelques morceaux de chair. ✦ *Sonner la curée,* sonner du cor pour appeler les chiens à la curée. ✦ *Faire curée,* se dit des chiens qui dévorent la bête avant l'arrivée du veneur. ■ **Par extens.** Toute espèce de pitance. ✦ **Fig.** *Être âpre à la curée,* être très avide de butin, de lucre. ✦ *Curée des places,* la poursuite des places, particulièrement après un changement de régime qui fait beaucoup de vacances.

CURE-MÔLE, n. m. [kyʀ(ə)mol] (*cure* et *môle*) Machine servant à curer un port. ✦ Au pl. *Des cure-môles.*

CURE-ONGLE, ■ n. m. [kyʀɔ̃gl] (*cure* et *ongle*) Petit instrument pointu qui sert à ôter les saletés prises sous les ongles. ■ Au pl. *Des cure-ongles.*

CURE-OREILLE, ■ n. m. [kyʀɔʀɛj] (*cure* et *oreille*) Petit instrument dont on se sert pour nettoyer les oreilles. ✦ Au pl. *Des cure-oreilles.*

CURE-PIPE, ■ n. m. [kyʀ(ə)pip] (*cure* et *pipe*) Outil servant à nettoyer les pipes. ■ Au pl. *Des cure-pipes.*

CURER, v. tr. [kyʀe] (lat. *curare,* nettoyer, soigner) Enlever des immondices accumulées. *Curer un puits, un port.* ✦ *Curer la charrue,* la débarrasser de la terre qui s'y attache. ✦ V. pr. *Se curer les dents, les oreilles, avec un cure-dent, un cure-oreille.*

CURETER, ■ v. tr. [kyʀ(ə)te] (*curette*) **Méd.** Nettoyer une cavité naturelle par grattage avec une curette. ■ CURETAGE, n. m. [kyʀ(ə)taʒ]

CURETON, ■ n. m. [kyʀ(ə)tɔ̃] Voy. CURAILLON.

CURETTE, ■ n. f. [kyʀɛt] (*curer*) **Méd.** Petit instrument en forme de cuillère qui sert au curetage.

CUREUR, EUSE, n. m. et n. f. [kyʀœʀ, øz] (*curer*) ▷ Personne qui cure et nettoie les puits, etc. ◁

CURIAL, ALE, adj. [kyʀjal] (*cure*) Qui concerne une cure ecclésiastique. *Fonction curiale. Droits curiaux.* ✦ *La maison curiale,* le presbytère.

CURIALE, ■ n. m. [kyʀjal] (lat. *curialis*) **Hist.** Membre de la classe appelée aux honneurs et aux charges des cités sous l'Empire.

1 CURIE, ■ n. f. [kyʀi] (lat. *curia*) **Hist.** Division de la tribu chez les Romains. ✦ *Comices par curies,* l'assemblée des patriciens. ✦ Le lieu où s'assemblait le sénat. ✦ Le sénat des villes municipales. ✦ La classe des curiales.

2 CURIE, ■ n. f. [kyʀi] (Pierre et Marie *Curie,* physiciens qui ont découvert le radium) Ancienne mesure de radioactivité remplacée aujourd'hui par le becquerel.

CURIETHÉRAPIE, ■ n. f. [kyʀiteʀapi] (*curie* et *thérapie*) **Méd.** Radiothérapie consistant à introduire dans l'organisme des sources radioactives scellées, mises en contact avec les cellules cancéreuses, afin de les détruire. *La curiethérapie n'est pratiquée que pour les cancers qui ne se sont pas propagés dans d'autres parties du corps.* ■ CURIETHÉRAPIQUE, adj. [kyʀiteʀapik]

CURIEUSEMENT, adv. [kyʀjøz(ə)mã] (*curieux*) Avec soin. « *Les Égyptiens conservaient curieusement les corps morts* », BOSSUET. ✦ Avec soin et délicatesse. *Tablette curieusement sculptée.* ✦ Avec curiosité, avec désir de voir et de savoir. *Observer, s'enquérir curieusement.*

CURIEUX, EUSE, adj. [kyʀjø, øz] (lat. *curiosus,* soigneux, avide de savoir) Qui a cure de, soin de, souci de. « *Elle n'est curieuse que d'une propreté fort simple* », MOLIÈRE. « *Nous sommes curieux de montrer que nous savons beaucoup de choses* », CONDILLAC. ✦ En parlant des choses. *Un soin curieux.* ✦ Qui désireux de voir et de savoir. *Je suis curieux de la fin de cette affaire.* ✦ **Absol.** « *Vous êtes curieuse et voulez trop savoir* », P. CORNEILLE. ✦ En parlant des choses. « *Ah! que vous enflammez mon désir curieux!* », RACINE. « *Télémaque qui fit diverses questions curieuses* », FÉNELON. ✦ Indiscret, qui cherche à pénétrer ce qui ne le regarde pas. *Ne soyez pas si curieux que de, etc.* ✦ En bonne part. *C'est un homme curieux,* qui ne néglige aucune occasion de s'instruire. ✦ Qui recherche, rassemble des objets rares, précieux. *Il est curieux de tableaux, de vieux livres.* ✦ Digne de curiosité. *Un livre curieux.* ✦ *Bête curieuse,* animal rare et qui excite la curiosité. ■ **Fig.** et **fam.** Personne qu'on veut voir comme une bête de ce genre. ■ N. m. Ce qu'il y a de remarquable, de digne de curiosité. *Le curieux de l'affaire est que...* ■ Personne qui a de la curiosité. ■ Amateur de curiosités. *Le cabinet d'un curieux.* ■ N. m. et n. f. *Un curieux, une curieuse.*

CURION, n. m. [kyʀjɔ̃] (lat. *curio,* génitif *curionis*) Prêtre qui présidait aux sacrifices d'une curie. ✦ Le chef d'une curie.

CURIOSITÉ, n. f. [kyʀjozite] (lat. *curiositas,* désir de connaître) Souci, soin. ✦ Penchant à voir et à savoir. *Satisfaire, contenter sa curiosité. Avoir la curiosité de savoir ce qui, etc.* ✦ *La curiosité d'une chose,* l'intérêt qu'elle excite en tant que chose curieuse. ✦ **Fam.** *Pour la curiosité du fait,* pour s'assurer si une chose dont on doute est réelle. *Pour la curiosité du fait,* se dit aussi pour exprimer qu'on voudrait être témoin de quelque chose. ✦ Indiscrétion, espionnage. *Sa curiosité fut punie. Il eut la curiosité d'écouter à la porte.*

✦ Goût d'amateur pour certaines choses. ✦ Choses rares, nouvelles, singulières. *Magasin de curiosités.* ✦ Se dit aussi des passages rares, peu connus, intéressants, dans les auteurs. ✦ *La curiosité,* les curieux, les amateurs de choses curieuses.

CURISTE, ■ n. m. et n. f. [kyʀist] (*cure*) Personne suivant une cure dans une station thermale. *Les curistes retrouvent le bénéfice des bienfaits des eaux thermales, les soins exclusifs des stations thermales, notamment le bain de boue.*

CURIUM, ■ n. m. [kyʀjɔm] (*Curie*) **Phys.** Élément chimique radioactif de la famille des transuraniens, noté Cm et de numéro atomique 96. *Le curium ne se produit pas naturellement : il est produit artificiellement, dans des réacteurs nucléaires, par des captures successives de neutron par des isotopes.*

CURLING, ■ n. m. [kœʀliŋ] (angl. *to curl,* enrouler) Jeu des pays nordiques, se pratiquant sur la glace et qui consiste à faire glisser un lourd palet vers une cible.

CURRENTE CALAMO, [kyʀɛtekalamo] (lat. *currente,* courant et *calamo,* plume à écrire) Expression latine adverbiale signifiant *au courant de la plume.*

CURRICULUM VITAE ou **CURRICULUM,** ■ n. m. inv. [kyʀikylɔmvite, kyʀikylɔm] (mots lat., carrière de la vie) Ensemble d'informations concernant l'état civil, les diplômes, les compétences et le parcours professionnel d'un candidat. « *Ils écriront, pleins d'espoir, des curriculum vitae soigneusement pesés* », PEREC. ■ **Abrév.** CV. *Des CV.*

CURRY ou **CARY,** ■ n. m. [kyʀi, kaʀi] (tamoul *kari,* sauce) Mélange de poudres d'épices telles que le cumin, le piment, le gingembre, le safran, etc. servant de condiment dans la cuisine indienne. *Ajouter du curry au moment de la cuisson.* ■ **Par méton.** Plat assaisonné de ce condiment. *Un curry d'agneau, de lentilles.* ■ **Rem.** On trouve aussi, mais plus rarement, les graphies *carry* et *cari.*

CURSEUR, ■ n. m. [kyʀsœʀ] (lat. *cursor,* coureur, messager) Petit corps qui glisse dans une fente pratiquée au milieu d'une règle, d'un compas. ■ Marque mobile, généralement clignotante, qui indique sur l'écran l'endroit où se fera la prochaine opération.

CURSIF, IVE, adj. [kyʀsif, iv] (lat. *cursum,* supin de *currere*) Qu'on écrit à la main courante. *Écriture cursive. Lettres cursives.* ■ N. f. *La cursive,* écriture courante, sorte d'écriture autrement nommée anglaise. Voy. ce mot.

CURSUS, ■ n. m. [kyʀsys] (mot lat. signifiant *cours*) Ensemble graduel des études universitaires dans un domaine. *Cursus universitaire.* ■ *Cursus professionnel,* lié au parcours professionnel.

CURULE, adj. [kyʀyl] (lat. *curulis,* relatif au char, puis curule) *Chaise curule,* fauteuil d'ivoire sur lequel les premiers magistrats de Rome s'asseyaient. ✦ *Magistrats curules,* ceux qui siégeaient sur une chaise curule. ✦ *Édilité curule,* édilité qui donnait droit à une chaise curule.

CURVILIGNE, adj. [kyʀvilin] ou [kyʀvilinj] (*curve,* du lat. *curvus,* courbe, et *ligne*) **Géom.** Formé par des lignes courbes. *Figure curviligne.* ■ *Abscisse curviligne,* longueur algébrique d'un arc de courbe notée *s,* entre un point M et un point de référence situés sur cette courbe.

CURVIMÈTRE, ■ n. m. [kyʀvimɛtʀ] (*curve,* du lat. *curvus,* courbe et *-mètre*) Instrument de mesure des courbes comportant à son extrémité une roulette avec laquelle on suit la courbe à mesurer, la rotation de la roulette étant transmise à une aiguille mobile devant un cadran gradué. *Utilisation du curvimètre pour mesurer une distance sur une carte.*

CUSCUTE, n. f. [kyskyt] (lat. médiév. *cuscuta,* empr. à l'ar. *kusut,* traduit du gr. *kassuthas*) Plante parasite (convolvulacées).

1 CUSTODE, n. f. [kystɔd] (lat. *custos,* génitif *custodis,* gardien) Rideau. ✦ Vieux en ce sens. ✦ **Fig.** *Donner le fouet sous la custode,* réprimander en secret. ✦ Courtine à côté du maître-autel. ✦ Pavillon qu'on met sur le saint ciboire. ■ Panneau latéral arrière de la carrosserie d'une automobile.

2 CUSTODE, n. m. [kystɔd] (lat. *custos,* génitif *custodis,* gardien) Dans les couvents de capucins et de récollets, religieux qui fait l'office du provincial en l'absence de celui-ci. ✦ Titre de dignité dans quelques églises. ✦ En Italie, nom des gardiens des monuments, des musées.

CUSTODI-NOS, n. m. [kystodinos] (lat. *custodi nos*) Prête-nom qui garde un bénéfice ou un office pour le rendre à un autre dans un certain temps et qui, n'en ayant que le titre, laisse les fruits au possesseur.

CUSTOM, ■ n. m. [kœstɔm] (mot angl.) Véhicule ou engin personnalisé par l'ajout ou la modification d'éléments esthétiques ou mécaniques sur la base d'origine. *Des customs.*

CUSTOMISER, ■ v. tr. [kœstomize] (angl. *to customize*) Personnaliser un objet courant en un objet unique. *Customiser une voiture.* ■ CUSTOMISATION, n. f. [kœstomizasjɔ̃]

CUT, ■ n. m. [kœt] (angl. *to cut,* couper) **Cin.** Passage instantané d'un plan à un autre, sans effet de transition. L'emploi de *coupe franche* ou *sèche* est conseillé. ■ *Final cut,* aux États-Unis, droit de modification que possède le producteur à la fin du montage d'une œuvre cinématographique. *Des final cuts.*

CUTANÉ, ÉE, adj. [kytane] (lat. *cutis*, peau) **Méd.** Qui appartient à la peau. *Maladie cutanée.*

CUTICULE, n. f. [kytikyl] (lat. *cuticula*, petite peau) **Anat.** Épiderme. ■ **Bot.** Mince pellicule contenant de la cutine, qui protège les tiges et les feuilles de certaines plantes. *La cuticule est imperméable.*

CUTINE, ■ n. f. [kytin] (lat. *cutis*, peau) **Bot.** Substance grasse et imperméable se déposant sur la cuticule des végétaux et limitant leur perte d'eau. *Les lamelles de cutine constituent la cuticule des végétaux.*

CUTIRÉACTION ou **CUTI**, ■ n. f. [kytiʀeaksjɔ̃, kyti] (lat. *cutis*, peau et *réaction*) **Méd.** Réaction cutanée au dépôt d'une substance après scarification. *Faire une cuti.* ■ *Fam.* *Virer sa cuti*, réagir nouvellement à quelque chose.

1 CUTTER, n. m. [kœtœʀ] (angl. *cutter*) **Mar.** Petit navire de guerre à un seul mât. ■ **Rem.** On écrivait aussi *cotre*, d'où la prononciation ancienne [kɔtʀ].

2 CUTTER, ■ n. m. [kœtœʀ] (mot angl., de *to cut*, couper) Instrument muni d'une lame mobile, très tranchante, servant à couper des matériaux souples. *Couper de la moquette au cutter.*

CUVAGE n. m. ou **CUVAISON**, n. f. [kyvaʒ, kyvezɔ̃] (*cuver*) Endroit où on met les cuves. ◆ Les cuves dont un héritage est garni. ◆ Action de cuver le vin. ■ Opération de fermentation et de macération du moût de raisin, de la pomme ou de la poire dans des cuves, afin d'en tirer du vin, du cidre ou du poiré. *Pour un vin rosé, la durée de cuvaison est de quelques heures, de quelques jours pour un vin rouge.*

CUVE, n. f. [kyv] (lat. *cupa*, coupe) Grand vaisseau de bois qui n'a de fond que d'un côté, composé de douves, lié avec des cerceaux de bois ou de fer. ◆ *Fossé à fond de cuve*, fossé qui n'a point de talus. ◆ *Cuve de vendange. Cuve de brasseur, de teinturier.* ◆ Grand vase de pierre, de marbre, de bronze, destiné à contenir de l'eau, tel que les baignoires, les fonts baptismaux. ◆ Nom de vases rectangulaires, en bois ou en pierre, remplis d'eau ou de mercure, et dans lesquels on manipule les gaz. ◆ Grand récipient destiné à recevoir divers produits industriels, agricoles ou domestiques. ■ *Cuve d'un lave-linge, d'un lave-vaisselle.*

CUVÉ, ÉE, p. p. de cuver. [kyve]

CUVEAU, n. m. [kyvo] (*cuve*) Petite cuve.

CUVÉE, n. f. [kyve] (*cuve*) Quantité de vin qui se fait à la fois dans une cuve. ◆ *La première, la seconde, la troisième cuvée*, expressions qui indiquent des époques différentes de cuvage du vin, ou bien aussi des qualités différentes. ◆ **Fig.** et **fam.** *Seconde cuvée*, nouvelle façon. ◆ Mélange de vins que font certains marchands.

CUVELAGE, n. m. [kyv(ə)laʒ] (*cuveler*) Ensemble des étais et des planches dont on garnit l'intérieur des puits de mine, afin de prévenir les éboulements ou l'irruption des eaux.

CUVELÉ, ÉE, p. p. de cuveler. [kyv(ə)le]

CUVELER, v. tr. [kyv(ə)le] (*cuve*) Faire le cuvellement d'un puits. ◆ Se cuveler, v. pr. Être cuvelé.

CUVELLEMENT, n. m. [kyvɛl(ə)mɑ̃] (*cuveler*) Opération qui consiste à garnir d'étais et de planches un puits de mine.

CUVER, v. intr. [kyve] (*cuve*) Séjourner dans la cuve, en parlant de la vendange. ◆ V. tr. **Fig.** et **fam.** *Cuver son vin*, dissiper son ivresse en dormant, et aussi se calmer, revenir à la raison. ◆ On dit dans le même sens : *cuver sa colère.* ◆ Mêler plusieurs sortes de vins.

CUVETTE, n. f. [kyvɛt] (dim. de *cuve*) Vase large à bords très évasés. *Cuvette de toilette.* ■ **Archit.** Sorte d'entonnoir où affluent les eaux de descente pour s'écouler par un tuyau. ◆ *La cuvette d'un baromètre*, la partie inférieure du tube où se met le mercure. ◆ Petit fossé creusé entre chaque arbre bordant une route ou une avenue. ◆ Appareil adapté aux sièges de garde-robe pour empêcher les mauvaises odeurs. ◆ Plaque de cuivre qui couvre en arrière le mouvement de certaines montres. ■ Dépression du sol. *Village établi au fond d'une cuvette.*

CUVIER, n. m. [kyvje] (*cuve*) Cuve pour la lessive.

1 CV, ■ n. m. [seve] (abrév. de *cheval fiscal*) Unité de tarification fiscale pour la puissance d'un moteur. ■ N. f. *Une quatre-chevaux, 4 CV*, voiture dont la puissance du moteur est de quatre chevaux.

2 CV, ■ n. m. [seve] Voy. curriculum vitae.

CX, ■ n. m. [seiks] Coefficient de traînée, non dimensionnel, de la résistance à l'avancement, qui permet de calculer la pénétration dans l'air et connaître la fluidité aérodynamique d'un objet.

CYAN, ■ adj. [sjɑ̃] (mot angl., du gr. *kuanos*, bleu sombre) Qui est de couleur bleu-vert. ■ N. m. *Le cyan est utilisé en imprimerie et en photographie.* ■ CYANÉ, ÉE, adj. [sjane]

CYANAMIDE, ■ n. m. [sjanamid] (*cyan(o)*- et *amide*) **Chim.** Amine qui dérive de l'ammoniac. ■ *Cyanamide calcique*, fertilisant contenant un mélange de carbure de calcium et d'azote.

CYANATE, n. m. [sjanat] (*cyan*) Sel produit par la combinaison de l'acide cyanique avec une base.

CYANE, n. m. [sjan] (*cyan*) Syn. de cyanogène.

CYANÉE ou **CYANEA**, ■ n. f. [sjane, sjanea] (*cyan*) **Zool.** Grande méduse des mers froides de couleur bleu-violet, dont les tentacules peuvent mesurer jusqu'à 30 mètres.

CYANELLE, ■ n. f. [sjanɛl] (*cyan*) **Biol.** Plaste possédant des pigments bleu-vert, vivant dans certaines algues. *Les cyanelles sont indispensables pour la vie de certaines algues.*

CYANEUX, adj. m. [sjanø] (*cyan*) *Acide cyaneux*, un des acides du cyanogène.

CYANHYDRIQUE, adj. [sjanidʀik] (*cyane* et *hydrogène*) *Acide cyanhydrique*, produit de la combinaison de l'hydrogène avec le cyanogène, dit anciennement *acide prussique*.

CYANI..., **CYANO...**, [sjani, sjano] Signifie bleu et vient du gr. *kuanos*.

CYANIQUE, adj. [sjanik] (*cyan*) *Acide cyanique*, acide obtenu par la dissolution de l'acide cyanurique.

CYANITE, n. m. [sjanit] (*cyan*) Sel produit par la combinaison de l'acide cyaneux avec une base.

CYANOACRYLATE, ■ n. m. [sjanoakʀilat] (*cyano*- et *acrylate*) Adhésif à collage instantané, utilisé dans les travaux de précision. *Les cyanoacrylates sont souvent utilisés pour assembler des prototypes de circuits électroniques, des modèles réduits, ou pour bloquer des boulons ou écrous en mécanique.*

CYANOBACTÉRIE, ■ n. f. [sjanobakteʀi] (*cyano*- et *bactérie*) **Biol.** Bactérie procaryote marine de couleur bleu-vert, capable de fixer l'azote de l'air et de produire de l'oxygène par photosynthèse. *Les cyanobactéries sont aussi appelées algues bleues.*

CYANOGÈNE, n. m. [sjanoʒɛn] (*cyano*- et *-gène*, qui engendre) Gaz incolore, d'une odeur pénétrante, composé d'azote et de carbone, mais qui a la propriété de se comporter comme un corps simple.

CYANOSE, n. f. [sjanoz] (gr. *kuanôsis*) **Méd.** Coloration bleue, quelquefois noirâtre ou livide de la peau, produite par différentes affections. ■ N. m. *Le cyanose*, le cuivre sulfuré.

CYANOSÉ, ÉE, p. p. de cyanoser. [sjanoze] *Peau cyanosée.*

CYANOSER, v. tr. [sjanoze] (*cyanose*) **Méd.** Donner une couleur tirant sur le bleu. *Le choléra cyanose la peau.*

CYANURATION, ■ n. f. [sjanyʀasjɔ̃] (*cyanurer*) Procédé d'extraction de l'or et de l'argent d'un minerai par dissolution dans une solution de cyanures alcalins. *Le procédé de cyanuration a été mis au point à la fin du XIXᵉ siècle.*

CYANURE, n. m. [sjanyʀ] (*cyan(o)*- et *-ure*) Combinaison du cyanogène avec un corps simple.

CYANURER, ■ v. tr. [sjanyʀe] (*cyanure*) Traiter par le cyanure. *Cet or a été cyanuré.* ■ CYANURÉ, ÉE, adj. [sjanyʀe]

CYANURIQUE, adj. [sjanyʀik] (*cyanure*) *Acide cyanurique*, acide découvert dans les produits de distillation de l'acide urique.

CYATHE, n. m. [sjat] (gr. *kuathos*, vase, coupe) **Antiq.** Espèce de gobelet. ◆ Sorte de mesure pour les liquides.

CYBER..., ■ [sibɛʀ] (tiré du gr. *kubernêtikê* qui signifie art du pilotage.) Ce mot se rapporte à tout ce qui a trait aux nouvelles technologies via Internet.

CYBERCAFÉ, ■ n. m. [sibɛʀkafe] (*cyber* et *café*) Établissement public où l'on peut consommer des boissons et consulter Internet sur des microordinateurs mis à disposition. *Faire une recherche sur Internet dans un cybercafé.*

CYBERESPACE, ■ n. m. [sibɛʀɛspas] (*cyber* et *espace*) **Inform.** Environnement informatique qui permet aux utilisateurs d'échanger des informations via Internet. ■ **Rem.** On dit aussi le *cybermonde*.

CYBERNAUTE, ■ n. m. et n. f. [sibɛʀnot] (*cyber* et *internaute*) Personne qui utilise le réseau Internet.

CYBERNÉTICIEN, IENNE, ■ n. m. et n. f. [sibɛʀnetisjɛ̃, jɛn] (*cybernétique*) **Inform.** Technicien, chercheur ou ingénieur en cybernétique. *Ce robot avait été conçu par les cybernéticiens pour ressembler le plus possible à l'homme.*

CYBERNÉTIQUE, ■ n. f. [sibɛʀnetik] (gr. *kubernêtikê (tekhnê)*, art du pilotage, de *kubernan*, diriger) Science dont le champ d'action s'applique au processus de commande et de communication chez les êtres vivants et les machines. ■ Adj. *Un modèle cybernétique.*

CYCADÉE ou **CYCADALE**, ▪ n. f. [sikade, sikadal] (lat. scient. *cycas*) **Bot.** Arbre ou arbrisseau gymnosperme des régions tropicales, au tronc non ramifié et aux feuilles persistantes pennées disposées en spirale, ayant l'aspect d'un palmier. *La famille des cycadées comporte 275 espèces.*

CYCAS, ▪ n. m. [sikas] (lat. scient. *cycas*, du gr. *kuĩks*, génitif *kuĩkos*) **Bot.** Plante, arbre ou arbuste ornemental originaire d'Asie proche du palmier, au long feuillage persistant et pouvant atteindre une hauteur de 4 mètres. *Le cycas appartient à l'ordre des cycadées.*

CYCLABLE, ▪ adj. [siklabl] (angl. *cycle*) Réservé aux bicyclettes et aux cyclomoteurs. *Une piste cyclable.*

CYCLADIQUE, ▪ adj. [sikladik] (*Cyclades*) Relatif aux Cyclades. *La civilisation cycladique.* ▪ N. m. *Le cycladique ancien,* période relative à la civilisation et à l'art des Cyclades, allant de 3200 à 2000 av. J.-C.

CYCLAMEN, ▪ n. m. [siklamɛn] (lat. *cyclamen*, du gr. *kuklaminos*) Genre de plantes communes à racines vivaces. *Des cyclamens.* ▪ Rᴇᴍ. On disait aussi autrefois *cyclame.*

CYCLAMOR, ▪ n. m. [siklamɔr] (*cycle* et anc. fr. *orle*, ourlet) **Hérald.** Espèce de bordure, dite aussi *orle rond.*

1 CYCLE, ▪ n. m. [sikl] (gr. *kuklos*, cercle) **Astron.** Période ou révolution toujours égale d'un certain nombre d'années, à la fin de laquelle des phénomènes astronomiques doivent se présenter dans le même ordre que précédemment. ◆ *Cycle épique,* l'ensemble des poèmes (la plupart perdus et dont l'*Iliade* et l'*Odyssée* faisaient partie) où est célébrée l'histoire des temps fabuleux de la Grèce et celle de la guerre de Troie. ◆ **Par extens.** Tout ensemble d'épopées qui se rapportent à une même époque. *Le cycle de Charlemagne, de la Table ronde.* ▪ Répétition constante d'un phénomène à intervalle régulier. *Le cycle des saisons. Cycle menstruel.* ▪ Série de transformations qui ramènent à l'état initial. *Le cycle de l'eau.* ▪ Division de l'enseignement. *Le premier cycle de l'enseignement élémentaire. Être en troisième cycle.* ▪ *Cycle économique,* mouvement économique d'une société, alternant phase de croissance et phase de dépression.

2 CYCLE, ▪ n. m. [sikl] (*bicycle*) Moyen de locomotion comprenant deux roues. *Un marchand de cycles.*

CYCLIQUE, adj. [siklik] (gr. *kuklikos*) **Astron.** Qui se rapporte à un cycle. ◆ *Poètes cycliques,* ceux qui racontèrent l'histoire des temps fabuleux de la Grèce ; *poésies cycliques,* leurs compositions. ◆ **N. m.** et n. f. *Les cycliques.* ▪ Qui se manifeste à intervalles réguliers. *Une crise cyclique.* ▪ **Fam.** *C'est cyclique chez lui.* ▪ CYCLICITÉ, n. f. [siklisite]

CYCLIQUEMENT, ▪ adv. [siklik(ə)mã] (*cyclique*) De manière cyclique ; périodiquement.

CYCLISATION, ▪ n. f. [siklizasjõ] (*cycliser*) Dans un composé moléculaire, transformation d'une chaîne ouverte en chaîne fermée. *Au cours de la cyclisation, un atome réactif vient former une liaison selon un certain angle d'attaque qui dépend du type de cyclisation que l'on veut faire.*

CYCLISER, ▪ v. tr. [siklize] (1 *cycle*) Procéder à la cyclisation de. ▪ Se cycliser, v. pr. Se transformer en chaîne fermée.

CYCLISME, ▪ n. m. [siklism] (2 *cycle*) Pratique de la bicyclette. ▪ **Spécialt** Sport de courses de bicyclettes. *Cyclisme professionnel ou amateur.*

CYCLISTE, ▪ n. m. et n. f. [siklist] (2 *cycle*) Personne qui pratique le sport du cyclisme ou circule à bicyclette. *Des voies aménagées spécialement pour les cyclistes.* ▪ N. m. Pantalon collant très court, s'arrêtant à mi-cuisse, porté par les cyclistes professionnels ou amateurs. ▪ Adj. Qui est relatif au cyclisme. *Une épreuve cycliste.*

CYCLOCROSS, ▪ n. m. [siklokrɔs] (*cyclo-* et *cross*) Épreuve de cyclisme se déroulant en hiver et sur terrain accidenté. *Les circuits de cyclocross comprennent des chemins, des prairies, des routes et des obstacles artificiels.*

CYCLOÏDAL, ALE, adj. [sikloidal] (*cycloïde*) **Géom.** Qui appartient à la cycloïde ; qui en a la forme ; qui décrit une cycloïde. ◆ N. f. *La cycloïdale,* syn. de la cycloïde.

CYCLOÏDE, n. f. [sikloid] (gr. *kukloeidês*, circulaire) Ligne courbe produite par l'entière révolution d'un point appartenant à un cercle qui tourne sur le plan.

CYCLOMOTEUR, ▪ n. m. [siklomotœr] (*cyclo-* et *moteur*) Bicyclette à moteur ne pouvant dépasser la vitesse de 45 km/h et dont la cylindrée n'excède pas 49,9 cm³.

CYCLOMOTORISTE, ▪ n. m. et n. f. [siklomotorist] (*cyclomoteur*) Personne circulant à cyclomoteur. *Une nouvelle campagne de sensibilisation en matière de lutte contre l'insécurité des motocyclistes et des cyclomotoristes.*

CYCLONAL, ALE, adj. [siklonal] (*cyclone*) Qui appartient au cyclone.

CYCLONE, n. m. [siklon] (gr. *kuklos*) Tempête tournante, qui balaye la terre ou la mer en tournant sur elle-même. ▪ **Fig.** *Cet homme est un vrai cyclone !* ◆ *Œil du cyclone,* Centre du cyclone, caractérisé par des vents faibles

et un temps clair. ▪ **Fig.** *Être dans l'œil du cyclone,* être au cœur de problèmes ou de difficultés. ▪ Rᴇᴍ. On ne rencontre jamais le pluriel.

CYCLOPE, n. m. [siklɔp] (gr. *kuklôps*, probabl. de *kuklos* et *ôps*, œil) **Mythol.** Espèce de géants qui n'avaient qu'un œil rond au milieu du front, qui habitaient la Sicile, et que certains récits mythologiques donnaient pour aides à Vulcain dans ses forges de l'Etna. ▪ **Zool.** Petit crustacé d'eau douce doté d'un seul œil. *Le cyclope est un plancton.*

CYCLOPÉEN, ENNE, adj. [siklopeɛ̃, ɛn] (*cyclope*) Se dit de constructions et de monuments de temps très reculés, appelés aussi *pélasgiques* et faits avec des blocs de pierre énormes. ▪ Qui est relatif aux cyclopes. *Une antre cyclopéenne.*

CYCLOPOUSSE, ▪ n. m. [siklopus] (*cyclo-* et *pousse*) Pousse-pousse tracté par un cycliste. *Le cyclopousse est un des moyens de transport les plus utilisés en Chine.*

CYCLORAMA, ▪ n. m. [siklorama] (*cyclo-* et (*o*)*rama*, vue) Rideau de fond tendu, circulaire ou semi-circulaire, utilisé notamment au théâtre et où sont projetés des effets lumineux, images ou vidéos. *Des cycloramas sur rails.* ▪ **Abrév.** Cyclo.

CYCLORAMEUR, ▪ n. m. [sikloramœr] (*cyclo-* et *rameur*) Tricycle mû par la traction de leviers.

CYCLOSPORINE, ▪ n. f. [siklosporin] Voy. ᴄɪᴄʟᴏsᴘᴏʀɪɴᴇ.

CYCLOSTOME, ▪ n. m. [siklostom] (*cyclo-* et gr. *stoma*, bouche) **Zool.** Bryozoaire très ramifié et entièrement calcifié, de la classe des agnathes. *Les cyclostomes font partie des vertébrés les plus primitifs.*

CYCLOTHYMIE, ▪ n. f. [siklotimi] (*cyclo-* et gr. *thumos*, cœur) **Psych.** État d'humeur caractérisé par des passages de phases euphoriques à des phases de dépression. ▪ Psychose maniaco-dépressive. ▪ CYCLOTHYMIQUE, n. m. et n. f. ou adj. [siklotimik]

CYCLOTOURISME, ▪ n. m. [sikloturism] (*cyclo-* et *tourisme*) Tourisme à vélo. *Pour faire du cyclotourisme, on a essentiellement besoin de deux choses : un vélo bien équipé et le goût de voir du pays.* ▪ CYCLOTOURISTE, n. m. et n. f. [sikloturist]

CYCLOTRON, ▪ n. m. [siklotrõ] (*cyclo-* et *électron*) **Phys.** Accélérateur circulaire de particules. *Toutes les expériences effectuées à l'aide du cyclotron débutent par le bombardement d'une cible avec le faisceau d'ions en provenance de l'accélérateur.*

CYGNE, n. m. [siɲ] ou [sinj] (lat. *cygnus*, du gr. *kuknos*) Oiseau palmipède, aquatique, du genre de l'oie. ◆ *Avoir la blancheur du cygne,* être d'une blancheur éclatante. ◆ *Il est blanc comme un cygne,* se dit d'un homme qui a la barbe et les cheveux tout blancs. ◆ *Cou de cygne,* en parlant d'une femme, cou élégant et flexible. ◆ **Fig.** *Faire un cygne d'un oison,* louer une personne, une chose démesurément. ◆ *Le chant du cygne,* chant mélodieux que l'Antiquité attribuait au cygne près de mourir. ◆ **Fig.** *Le chant du cygne,* la dernière composition d'un musicien, d'un poète. ◆ **Fig.** Poète, orateur, musicien illustre surtout par la beauté et le fini de ses compositions. *Le cygne de Mantoue,* Virgile. ◆ Constellation de l'hémisphère septentrional. ◆ *Cou de cygne,* partie de l'avant-train d'une voiture à quatre roues, qui est courbée afin de laisser passer les roues de devant quand la voiture tourne.

CYLINDRAGE, n. m. [silɛ̃draʒ] (*cylindrer*) Pression du cylindre sur les corps qu'on lui soumet, et résultat de cette action.

CYLINDRE, n. m. [silɛ̃dr] (gr. *kulindros*, de *kuliein*, rouler) Corps arrondi, allongé, et d'un diamètre égal dans toute sa longueur. ◆ **Géom.** Surface décrite par une ligne droite assujettie à être toujours parallèle à elle-même et à se mouvoir le long d'une circonférence. ◆ Rouleau armé de lames de fer, qui sert à broyer, à allonger. *Les cylindres d'un laminoir.* ◆ *Cylindre à lustrer,* cylindre employé dans les fabriques d'étoffes. ◆ *Cylindre gravé,* cylindre servant à l'impression des toiles peintes. ◆ **Agric.** Rouleau dont on se sert pour écraser les mottes, pour aplanir les allées. ◆ Vase de métal rempli de braise pour chauffer un bain. ▪ Organe d'un moteur à explosion dans lequel coulisse le piston. ▪ **Par méton.** *Une huit cylindres,* voiture dont le moteur comporte huit cylindres. ▪ **Méd.** *Cylindre urinaire,* cylindre microscopique constitué de diverses protéines et présent dans l'urine, symptomatique d'une néphropathie. *Les cylindres urinaires microscopiques apparaissent dans les tubules rénaux ou tube urinifères.*

CYLINDRÉE, ▪ n. f. [silɛ̃dre] (*cylindre*) **Autom.** Volume engendré par la course du piston dans un cylindre de moteur ou de pompe. *Cette moto a une cylindrée de 750 cm³.*

CYLINDRER, v. tr. [silɛ̃dre] (*cylindre*) Donner la forme d'un cylindre. ◆ Faire passer au rouleau, au cylindre.

CYLINDRE-SCEAU, n. m. [silɛ̃draso] (*cylindre* et *sceau*) Sceau cylindrique, le plus souvent en pierre, en usage en Mésopotamie au IVᵉ millénaire av. J.-C., gravé d'inscriptions et de scènes iconographiques, dont le déroulement sur de l'argile faisait office de cachet. *« Le Seigneur me dit : "Prends* *un grand cylindre-sceau et écris dessus avec un burin ordinaire" »*, ÉSAÏE, 8.1. ■ Au pl. *Des cylindres-sceaux.* ■ REM. On dit aussi *sceau-cylindre.*

CYLINDREUR, EUSE, ■ n. m. et n. f. [silɛ̃dʀœʀ, øz] (*cylindrer*) Ouvrier, ouvrière spécialisé dans les travaux de cylindrage. *Le cylindreur de semelle.*

CYLINDRIQUE, adj. [silɛ̃dʀik] (gr. *kulindrikos*) Qui a la forme d'un cylindre.

CYLINDRIQUEMENT, adv. [silɛ̃dʀik(ə)mɑ̃] (*cylindrique*) En forme de cylindre.

CYLINDROÏDE, ■ adj. [silɛ̃dʀoid] (*cylindre*) D'une forme proche de celle d'un cylindre. *Des os cylindroïdes.*

CYMAISE, n. f. [simɛz] Voy. CIMAISE.

CYMBALAIRE, n. f. [sɛ̃balɛʀ] (lat. médiév. *cymbalaria*) Nom vulgaire de la *linaria cymbalaria* (scrofulariacées) et de la *saxifraga cymbalaria* (saxifragacées). ■ REM. On écrivait aussi *cimbalaire.*

CYMBALE, n. f. [sɛ̃bal] (gr. *kumbalon*) Chez les anciens, instrument de percussion fait d'airain. ◆ Dans le langage de l'Écriture, bruit éclatant et vain. « *Les vérités les plus terribles ne sont plus pour eux qu'un airain sonnant et une cymbale retentissante »*, MASSILLON. ◆ Au pl. Aujourd'hui, instruments de percussion consistant en deux disques ou plateaux que l'on frappe l'un contre l'autre. *Jouer des cymbales. Une cymbale,* l'un des deux disques. ■ *Cymbale charleston,* double cymbale actionnée par une pédale.

CYMBALIER, IÈRE, n. m. [sɛ̃balje, jɛʀ] (*cymbale*) Personne qui joue des cymbales.

CYMBALUM ou **CZIMBALUM,** ■ n. m. [sɛ̃baləm] (hongr. *czimbalom,* issu du lat. *cymbalum,* cymbale) Mus. Instrument à cordes frappées, de la famille des cithares, typique de la musique traditionnelle hongroise. *Les cymbalums font partie de la famille des cithares.*

CYME ou **CIME,** n. f. [sim] (lat. *cyma,* tendron de chou) Mode d'inflorescence où les pédoncules, nés d'un même point de la tige, se ramifient ensuite irrégulièrement et se terminent tous à peu près à la même hauteur.

CYNANCHE ou **CYNANCIE,** n. f. [sinɑ̃ʃ, sinɑ̃si] (gr. *kunagkhê,* collier de chien, de *kuôn,* chien, et *agkhein,* étrangler) Espèce d'angine, dans laquelle les malades tirent la langue comme un chien haletant. ◆ Présentement, on dit *angine.* ■ REM. On disait aussi *kynancie.*

CYNÉGÉTIQUE, adj. [sineʒetik] (gr. *kunêgetikos,* de *kuôn,* chien, et *hêgeisthai,* conduire) Qui regarde la chasse et les chiens. *Les exercices cynégétiques.* ◆ N. f. Arts de la chasse avec les chiens, et aussi de la chasse en général.

CYNIPIDÉ, ■ n. m. [sinipide] (*cynips*) Zool. Hyménoptère parasite, muni d'une longue tarière.

CYNIPS, ■ n. m. [sinips] (lat. scient. *cynips,* du gr. *kuôn,* chien et *ips,* ver) Zool. Insecte hyménoptère parasite et galligène, pondant ses œufs sur les feuilles ou les tiges d'arbres, notamment de chênes et d'églantiers. *Ce sont les piqûres et les morsures des larves des cynips qui entraînent une modification cellulaire du tissu de certains végétaux provoquant une galle.*

CYNIQUE, adj. [sinik] (lat. *cynicus,* du gr. *kunikos,* qui concerne le chien, par référence au juron de Diogène et ses disciples « *par le chien* » ou à leur mépris des convenances) ◆ De chien. « *Soif plus que cynique »*, J.-B. ROUSSEAU. ◁ ◆ Peu usité en ce sens. ◆ Qui appartient à une philosophie affectant de braver les convenances. *Diogène, philosophe cynique.* ◆ Par extens. Effronté. *Homme cynique. Des discours cyniques.* ◆ Obscène. *Être cynique dans son langage. Des vers cyniques.* ◆ N. m. Philosophe cynique. « *Quoique je ne fisse pas profession de mépriser la gloire en cynique »*, DESCARTES. ◆ Homme effronté et sans pudeur.

CYNIQUEMENT, adv. [sinik(ə)mɑ̃] (*cynique*) D'une manière cynique.

CYNISME, n. m. [sinism] (gr. *kunismos*) La philosophie des cyniques. ◆ Par extens. Effronterie, impudence, obscénité. *Le cynisme de sa conduite, de son langage.*

CYNOCÉPHALE, n. m. [sinosefal] (gr. *kunokephalos,* singe à tête de chien) Genre de singes.

CYNODROME, ■ n. m. [sinodʀom] (*cyno-* et *-drome*) Piste ovale utilisée pour les courses de lévriers. *Une piste de cynodrome.*

CYNOGLOSSE, n. f. [sinoɡlɔs] (gr. *kunoglôsson,* de *kuôn-* et *glossa,* langue) Langue-de-chien, plante ainsi appelée à cause de la forme de ses feuilles.

CYNOPHILE, ■ adj. [sinofil] (*cyno-,* et *-phile*) Qui utilise des chiens dressés. *Brigade cynophile.* ■ N. m. et n. f. Personne qui aime les chiens.

CYNORHODON ou **CYNORRHODON,** n. m. [sinoʀodɔ̃] (gr. *kunorhodon,* de *kuôn* et *rhodon,* fleur d'églantier, *rose de chien,* ainsi appelée car utilisée par les anciens comme remède contre les morsures de chien) Bot. Nom ancien du rosier sauvage ; maintenant, nom du fruit de cet arbrisseau, ovoïde, d'un rouge vif. *Conserve de cynorhodon.*

CYNOSURE, n. f. [sinozyʀ] (gr. *Kunosoura, kuôn* et *oura,* queue de chien) Nom d'une constellation du pôle Nord, dite aussi *Petite Ourse.* ◆ Adj. Zool. Qui a une queue semblable à celle du chien. ◆ N. f. Bot. Genre de graminées dont plusieurs espèces croissent en France et y portent le nom de crételles.

CYPÉRACÉ, ÉE, adj. [siperase] (gr. *kuperos,* souchet) Qui ressemble à un souchet. ◆ N. f. pl. Famille de plantes monocotylédones dont le *cyperus,* souchet, est le type.

CYPÉROÏDÉES, n. f. pl. [siperoide] (lat. *cyperum*) Syn. de cypéracées.

CYPHOSCOLIOSE, ■ n. f. [sifoskoljoz] (*cypho-* et *scoliose*) Méd. Cyphose associée à une déformation du haut de la colonne vertébrale. *La cyphoscoliose peut provoquer des troubles ventilatoires.*

CYPHOSE, ■ n. f. [sifoz] (gr. *kuphôsis,* bosse) Méd. Déviation de la colonne vertébrale engendrée par une trop grande convexité vers l'arrière. *Véritable problème de santé publique médiatisé à chaque rentrée scolaire par le poids du cartable, la cyphose s'accentue progressivement à l'âge adulte.*

CYPHOTIQUE, ■ adj. [sifotik] (*cyphose*) Qui est relatif à la cyphose, ou est atteint de cyphose. *Une attitude cyphotique.*

CYPRÈS, ■ n. m. [sipʀɛ] (lat. *cupressus,* du gr. *kuparissos*) Plante de la famille des conifères. *Le cyprès est un arbre funéraire qu'on plante sur les tombes.* ◆ Fig. La mort, le deuil, la tristesse. ◆ *Changer les lauriers en cyprès,* changer la victoire en deuil. ◆ *Petit cyprès,* espèce de santoline.

CYPRIÈRE, n. f. [sipʀijɛʀ] (*cyprès*) Bois de cyprès.

CYPRIN, ■ n. m. [sipʀɛ̃] (lat. *cyprinus,* carpe) Genre de poissons d'eau douce qui a pour type la carpe. ■ *Cyprin doré,* nom du poisson rouge, appelé aussi *carassin doré.*

CYPRINIDÉ, ■ n. m. [sipʀinide] (*cyprin*) Zool. Poisson d'eau douce, tel que l'ablette, la carpe ou le goujon. *La famille des cyprinidés.*

CYPRIOTE ou **CHYPRIOTE,** ■ n. m. et n. f. [sipʀijɔt, ʃipʀijɔt] (*Chypre*) Habitant ou personne originaire de Chypre. *Les Chypriotes.* ■ Adj. Relatif à Chypre. *La communauté chypriote.*

CYPRIS, ■ n. m. [sipʀis] (lat. scient. *cypris*) Zool. Crustacé ostracode, pourvu de petits tentacules lui permettant de se mouvoir et de saisir sa nourriture. ◆ Larve microscopique bivalve et pourvue d'antennes.

CYRÉNAÏQUE, ■ adj. [siʀenaik] (lat. *cyrenaicus,* du gr. *kurênaïkos,* de Cyrène) De Cyrène, principale ville de l'ancienne Cyrénaïque. ■ *École cyrénaïque,* école philosophique créée en Grèce par Aristippe de Cyrène au Vᵉ siècle av. J.-C., inspirée de l'enseignement socratique, et ayant comme objectif la recherche du plaisir et la volupté parfaite. ■ N. m. et n. f. *Les Cyrénaïques.*

CYRILLIQUE, ■ adj. [siʀilik] (*saint Cyrille*) Relatif aux signes d'écriture d'un alphabet utilisé dans les langues slaves comme le russe, le serbe, le bulgare. *L'alphabet cyrillique.* ■ N. m. *Le cyrillique,* l'écriture cyrillique.

CYSTECTOMIE, ■ n. f. [sistɛktomi] (*cysto-,* vessie et *-ectomie*) Méd. Ablation partielle ou totale de la vessie. *La nécessité d'une cystectomie chez l'homme est controversée en l'absence d'atteinte urétrale ou du col vésical, du fait du risque de récidive à ce niveau.*

CYSTÉINE, ■ n. f. [sistein] (*cystine*) Chim. Acide aminé protéique, non essentiel et facilement oxydable. *La cystéine est composée de souffre, lequel est nécessaire pour le maintien de la structure protéique, l'activité enzymatique, et le métabolisme.*

CYSTEUX, EUSE, adj. [sistø, øz] (gr. *kustis,* vessie) Qui est rempli de vessies ou kystes.

CYSTICERQUE, ■ n. m. [sistisɛʀk] (*cysto-,* vessie et du gr. *kerkos,* queue) Zool. Larve vésiculeuse translucide d'un ver parasite tel que le ténia, se développant sous forme de kyste dans le tissu musculaire, l'œil ou le cerveau des mammifères et de l'homme. *Les kystes provoqués par les cysticerques sont susceptibles de se développer dans tous les organes mais ils se localisent surtout dans le foie.*

CYSTIQUE, adj. [sistik] (gr. *kustis,* vessie) Qui appartient à la vessie ou à la vésicule biliaire. ◆ *Vers cystiques,* sorte d'entozoaires dits aussi *cestoïdes.* ◆ *Tumeurs cystiques,* tumeurs principalement composées de kystes multiples.

CYSTITE, n. f. [sistit] (gr. *kustis,* vessie) Inflammation de la vessie.

CYSTOSCOPIE, ■ n. f. [sistoskopi] (*cysto-,* vessie, et *-scopie*) Méd. Examen de la paroi interne de la vessie. *La cystoscopie est indiquée dans les cas d'antécédents familiaux de cancer de la vessie, de présence de sang dans les urines ou d'infections urinaires à répétition sans cause évidente.*

CYSTOSTOMIE, ■ n. f. [sistostomi] (*cysto-,* vessie, et *-stomie,* ouverture) Méd. Abouchement de la vessie à la paroi abdominale.

CYSTOTOME, n. m. [sistotom] (*cysto-,* vessie, et *-tome,* instrument servant à couper ou inciser) Instrument dont on se sert pour inciser le périnée et la vessie, dans l'opération de la taille. ■ REM. On disait aussi *kystotome.*

CYSTOTOMIE, n. f. [sistotomi] (*cysto-*,vessie, et *-tomie*) Opération appelée aussi *lithotomie* ou *taille*, dont le but est de frayer une route à travers les tissus pour arriver jusqu'à la vessie, afin d'en extraire les calculs ou autres corps étrangers. ■ REM. On disait aussi *kystotomie*.

CYTAPHÉRÈSE, ■ n. f. [sitafeʀɛz] (*cyto-* et *aphérèse*) **Méd.** Technique de prélèvement sélectif de cellules dans le sang d'un donneur, permettant le traitement des cancers. *Un seul don de plaquettes prélevées par cytaphérèse remplace douze dons de sang classiques.*

CYTISE, n. m. [sitiz] (lat. *cytisus*, du gr. *kutisos*) Genre de plantes légumineuses, dont le *cytisus laburnum*, faux-ébénier, est le type. ♦ *Faux cytise*, nom vulgaire de l'anthyllide cytosoïde.

CYTOCHROME, ■ n. m. [sitokʀom] (*cyto-* et *-chrome*, couleur) **Biol.** Protéine pigmentée contenant du fer, jouant un rôle important dans la production d'énergie et la respiration cellulaires. *Les cytochromes ont une action de transformation et d'élimination des médicaments dans l'organisme.* ■ CYTOCHROMIQUE, adj. [sitokʀomik]

CYTODIAGNOSTIC, ■ n. m. [sitodjagnɔstik] (*cyto-* et *diagnostic*) **Méd.** Diagnostic établi après examen au microscope de cellules. *Le cytodiagnostic vise à rechercher diverses formes de cellules que celles-ci soient normales ou pathologiques.*

CYTOGÉNÉTIQUE, ■ n. f. [sitoʒenetik] (*cyto-* et *génétique*) **Biol.** Partie de la génétique qui étudie la structure des chromosomes et des gènes, ainsi que leur rôle dans la transmission des maladies héréditaires. *La cytogénétique moléculaire constitue une utilisation de la spécificité de l'appariement base à base de la molécule d'ADN pour identifier précisément un chromosome entier ou même un simple fragment.* ■ Adj. *Les anomalies cytogénétiques.*

CYTOKINE, ■ n. f. [sitokin] (*cyto-* et du gr. *kinein*, bouger) **Biol.** Substance glycoprotéique produite par les cellules de défense telles que les lymphocytes, régulant et modulant le système immunitaire de l'organisme. *En particulier, les cytokines régulent localement la réponse immunitaire et assurent l'activation et le recrutement de nouvelles cellules dans les tissus intestinaux.*

CYTOLOGIE, ■ n. f. [sitoloʒi] (*cyto-*, cellule et *-logie*) Science de la biologie qui étudie les cellules sous tous leurs aspects (structure, organisation, fonctionnement, etc.). *La cytologie du col utérin.* ■ CYTOLOGIQUE, adj. [sitoloʒik]

CYTOLOGISTE, ■ n. m. et n. f. [sitoloʒist] (*cytologie*) Spécialiste en cytologie. *Le cytologiste doit posséder une connaissance précise de la morphologie normale et pathologique des systèmes pulmonaire, urogénital, gastrique, mammaire.*

CYTOLYSE, ■ n. f. [sitoliz] (*cyto-* et *-lyse*) **Biol.** Destruction d'une cellule par défragmentation des éléments qui la constituent. *Une cytolyse hépatique désigne par exemple une destruction des cellules du foie.*

CYTOLYTIQUE, ■ adj. [sitolitik] (*cytolyse*) Se dit d'une substance ou d'un microorganisme qui possède un pouvoir de cytolyse. *Une toxine cytolytique.*

CYTOMÉGALOVIRUS, ■ n. m. [sitomegaloviʀys] (*cyto-* et *mégalovirus*) **Méd.** Virus appartenant à la famille de l'herpès, bénin pour l'adulte en bonne santé mais pouvant provoquer des infections graves chez le nouveau-né et les malades immunodéprissifs. *La réactivation du cytomégalovirus, l'infection ou la surinfection peuvent survenir principalement chez les sujets immunodéprissifs.*

CYTOPLASME, ■ n. m. [sitoplasm] (*cyto-* et *protoplasme*, mot créé par l'embryologiste suisse R. A. von Kölliker) **Biol.** Partie de cellule située entre le noyau et la membrane. *On trouve dans le cytoplasme toutes les substances chimiques vitales en dispersion, notamment les sels, les ions, les sucres, des enzymes et des protéines, et une grande partie de l'ARN, l'eau constituant à elle seule près de 80 % du cytoplasme.* ■ CYTOPLASMIQUE, adj. [sitoplasmik]

CYTOSINE, ■ n. f. [sitozin] (*cyto-* et *-ine*) **Biol.** Base pyrimidique présente dans l'ADN, de code C, constituant une unité fondamentale dans la structure des acides nucléiques. *La cytosine s'apparie avec une autre base, la guanine, de code G, une suite de trois bases constituant un code pour un acide aminé particulier.*

CYTOSQUELETTE, ■ n. m. [sitoskəlɛt] (*cyto-* et *squelette*) **Biol.** Ensemble des filaments protéiques internes d'une cellule, lui conférant sa structure et sa forme, assurant sa mobilité et son élasticité. *Le cytosquelette est un réseau de fibres intracellulaires constitué de trois grandes familles de protéines, très conservées dans l'évolution : les filaments épais de tubuline ou microtubules, les filaments fins d'actine ou microfilaments et les filaments intermédiaires.*

CYTOTOXIQUE, ■ adj. [sitotɔksik] (*cyto-* et *toxique*) Se dit d'une substance ou d'un microorganisme exerçant des effets très nocifs et destructeurs sur les cellules. *Le lymphocyte T est une cellule cytotoxique.*

CYZICÈNE, n. m. [sizisɛn] (lat. *cyzicenus*) Nom qu'on donnait chez les Grecs à une grande salle exposée au nord et qui répondait au cénacle des Latins.

CZ, ■ n. m. [sezɛd] Coefficient sans unité, mesurant l'intensité de la portance exercée sur un aéronef ou une partie d'un aéronef.

CZAR, CZARIENNE, CZARINE, CZAROWITZ, [ksaʀ, ksaʀjɛn, ksaʀin, ksaʀovitʃ] (*kzar*) Voy. TSAR, TSARIENNE, TSARINE, TSAROWITZ, qui est la vraie orthographe russe.

CZARDAS, ■ n. f. [ksaʀdas] Voy. CSARDAS.

CZIMBALUM, ■ n. m. [sɛ̃balɔm] Voy. CYMBALUM.

d

D, n. m. [de] (lat. *d*) La quatrième lettre de l'alphabet et la troisième des consonnes. ♦ Signe de 500, dans la numération romaine, et de 5000 quand il est surmonté d'un trait. ▪ *2D, 3D*, deux dimensions, trois dimensions. *Un jeu en 3D.* ▪ **Math.** Ensemble des nombres décimaux. ▪ **Mus.** Ré, dans la notation anglo-saxonne.

DA, interj. [da] (*diva*, composé des impér. de *dire*, dis et *aller*, va) Particule qui se joint à *oui, non, nenni*, et donne plus de force à l'affirmation ou à la négation. *Oui-da.*

1 DAB ou **DABE**, ▪ n. m. [dab] (lat. *dabo*, je donnerai) ▷ **Arg.** Maître, roi. ◁ ▪ Père. ▪ Au pl. *Les dabs*, les parents.

2 DAB, ▪ n. m. [dab] (acronyme de l'angl. *Digital Audio Broadcasting*) Système de radiodiffusion numérique, destiné à remplacer la bande FM. *Une zone de couverture dab. Des récepteurs dab.*

3 DAB, ▪ n. m. [dab] (acronyme de *distributeur automatique de billets*) Dispositif permettant de retirer de l'argent liquide au moyen d'une carte bancaire. *Une agence bancaire munie d'un DAB.*

DABA, ▪ n. f. [daba] (mot mandingue) Houe utilisée par les agriculteurs d'Afrique.

D'ABORD, loc. adv. [dabɔʀ] Voy. ABORD.

DA CAPO, loc. adv. [dakapo] (ital. *da capo*) T. de musique signifiant qu'il faut reprendre au commencement du morceau pour aller jusqu'au point final. ▪ REM. Graphie ancienne : *da-capo*.

DACE, ▪ adj. [das] (*Dacie*) De la Dacie (actuelle Roumanie). ▪ N. m. et n. f. *Un, une Dace.*

DACQUOIS, OISE, ▪ adj. [dakwa, waz] (*Dax*) De la ville de Dax, station thermale. *Les eaux thermales dacquoises.* ▪ N. m. et n. f. *Un Dacquois, une Dacquoise.*

DACRON, ▪ n. m. [dakʀɔ̃] (nom déposé) Tissu en polyester, imperméable, infroissable et très résistant. *Le dacron est la marque de commerce déposée de ce polyester fabriqué par DuPont.*

DACRYOCYSTITE, ▪ n. f. [dakʀijosistit] (gr. *dakruon*, larme et *kustis*, vessie) **Méd.** Infection localisée dans le sac lacrymal. *La dacryocystite se présente généralement sous la forme d'une enflure dans le coin nasal de l'œil, sous la peau.*

DACTYLE, n. m. [daktil] (lat. *dactylus*, du gr. *daktulos*) Dans la versification grecque et latine, pied de vers formé d'une syllabe longue suivie de deux brèves. ▪ **Bot.** Graminée fourragère à croissance vigoureuse, vivant dans les régions tempérées. *Le dactyle est une plante vivace qui produit des talles denses avec un système racinaire profond.* ▪ Voy. DATTE.

DACTYLO ou **DACTYLOGRAPHE**, ▪ n. m. et n. f. [daktilo, daktilograf] (*dactylo-*, doigt et *-graphe*, écrire) Personne dont le métier était de transcrire des textes sur une machine à écrire.

DACTYLOGRAMME, ▪ n. m. [daktilogʀam] (*dactylo-*, doigt et *-gramme*) Texte, document sur lequel figurent les empreintes digitales d'un individu.

DACTYLOGRAPHIE, ▪ n. f. [daktilografi] (*dactylographe*) Moyen de communication par le toucher utilisé par les sourds aveugles. ▪ Technique d'écriture d'un texte tapé à la machine à écrire ou au clavier. *Une méthode d'apprentissage de dactylographie.* ▪ Texte tapé à la machine ou au clavier. *La dactylographie d'une lettre.* ▪ DACTYLOGRAPHIQUE, adj. [daktilografik]

DACTYLOGRAPHIER, ▪ v. tr. [daktilografje] (*dactylographie*) Taper un texte à la machine à écrire ou sur un ordinateur. *Dactylographier une lettre de motivation.*

DACTYLOLOGIE ou **DACTYLOPHASIE**, ▪ n. f. [daktiloloʒi, daktilofazi] (*dactylo-* et *-logie*, *dactylo-* et *-phasie*, parole) Langage manuel représentant chaque lettre de l'alphabet, employé par les sourds pour communiquer. *En 1760, l'abbé de l'Épée s'interroge sur l'usage possible des gestes naturels des sourds et crée la dactylologie.*

DACTYLOPTÈRE, adj. [daktiloptɛʀ] (gr. *daktulos* et *pteron*, aile) Qui a les ailes ou les nageoires munies de rayons libres que l'on compare à des doigts. ♦ N. m. Nom de genre des poissons acanthoptérygiens, appelés *poissons volants.*

DACTYLOSCOPIE, ▪ n. f. [daktiloskopi] (*dactylo-* et *-scopie*) Examen des empreintes digitales d'un individu permettant son identification. *La dactyloscopie est utilisée essentiellement en anthropométrie judiciaire et en génétique.*

1 DADA, n. m. [dada] (onomat.) Cheval, dans le langage des enfants. *Aller à dada.* ♦ Bâton sur lequel un enfant se met à cheval. ♦ Fig. et fam. *C'est son dada*, son idée favorite.

2 DADA, ▪ n. m. [dada] (mot dépourvu de sens choisi par les fondateurs du mouvement en signe de défi à l'absurdité universelle) Mouvement de révolte artistique et intellectuel né en 1916. ▪ DADAÏSME, n. m. [dadaism]

DADAIS, ▪ n. m. [dadɛ] (l'onomat. *dad*, qui exprime l'étonnement) Jeune garçon, homme qui est à la fois niais d'esprit et gauche de maintien. *Un grand dadais.*

DADAÏSTE, ▪ n. m. et n. f. [dadaist] (*dada*) Personne appartenant au mouvement dada. *La plupart des dadaïstes ont utilisé le collage selon leur tempérament propre ; ce procédé identifie son auteur tout aussi exactement que la plume ou le pinceau.* ▪ Adj. Relatif au dadaïsme.

DAGUE, n. f. [dag] (orig. incert., p.-ê. celtique : cf. ancienneté de angl. *dagger*) Espèce de poignard, qui se porte dans plusieurs pays pendu à la ceinture du côté droit. ♦ *Les dagues du cerf*, la première tête qu'il porte à la seconde année, où il n'a que deux petites cornes pointues. ♦ N. f. pl. Se dit quelquefois des défenses du sanglier.

DAGUÉ, EE, p. p. de daguer. [dage]

DAGUER, v. tr. [dage] (*dague*) Frapper à coups de dague.

DAGUERRÉOTYPAGE, n. m. [dageʀeotipaʒ] (*daguerréotyper*) Action de daguerréotyper.

DAGUERRÉOTYPE, n. m. [dageʀeotip] (*Daguerre*, nom de l'inventeur, et *type*) Art de fixer les images de la chambre obscure sur une plaque de métal préparée. ♦ L'instrument employé pour ces sortes de reproductions. ♦ Reproduction ainsi obtenue.

DAGUERRÉOTYPÉ, ÉE, p. p. de daguerréotyper. [dageʀeotipe]

DAGUERRÉOTYPER, v. tr. [dageʀeotipe] (*daguerréotype*) Reproduire une image au moyen du daguerréotype.

DAGUERRÉOTYPIE, n. f. [dageʀeotipi] (*daguerréotyper*) Art de daguerréotyper.

DAGUERRIEN, IENNE, adj. [dageʀjɛ̃, jɛn] (nom de *Daguerre*) Qui est obtenu par le daguerréotype.

DAGUES, n. f. pl. [dag] Voy. DAGUE.

DAGUET, n. m. [dagɛ] (*dague*) Nom du jeune cerf, depuis un an jusqu'à dix-huit mois.

DAHLIA, n. m. [dalja] (*Dahl*, botaniste suédois) Plante qui porte de très belles fleurs, et qui est recherchée comme plante d'ornement.

DAHOMÉEN, ENNE, ▪ adj. [daomeɛ̃, ɛn] (*Dahomey*) Du Dahomey (actuel Bénin). ▪ N. m. et n. f. *Un Dahoméen, une Dahoméenne.*

DAHU, ▪ n. m. [day] (orig. incert., p.-ê de *da* et *hue*, de huer) Animal imaginaire dont la chasse, souvent nocturne, est proposée aux enfants ou aux personnes crédules. *Aller à la chasse au dahu.*

DAIGNER, v. intr. [deɲe] ou [denje] (lat. vulg. *dignare*, juger digne, vouloir bien, du lat. *dignari*) Condescendre à, en regardant la chose comme digne de soi ou comme n'étant pas indigne. « *Calliope ne daigna pas leur parler* », BOILEAU. ♦ Ce verbe est d'un fréquent usage à la fin des lettres. *Daignez agréer mes respectueux hommages.*

D'AILLEURS, loc. adv. [dajœʀ] Voy. AILLEURS.

DAIM, n. m. [dɛ̃] (lat. *dama*) Bête fauve plus petite que le cerf. ♦ *La peau du daim. Des gants de daim.*

DAÏMIO, ▪ n. m. [dajmjo] (mot japonais) Aristocrate, dans l'ancien Japon. *Des daïmios.*

DAINE, n. f. [dɛn] (*daim*) La femelle du daim. ▪ REM. Les chasseurs disent *dine.*

DAÏQUIRI, ▪ n. m. [dajkiʀi] (nom d'un village de Cuba) Punch à base de rhum blanc et de citron. *Des daïquiris au goût unique.*

DAÏRI ou **DAÏRO**, n. m. [dajʀi, dajʀo] (mot jap.) Le souverain spirituel au Japon. ▪ Au pl. *Des daïris, des daïros.*

DAIS, n. m. [dɛ] (lat. *discus*, disque, plateau) Ouvrage dans la forme des anciens ciels de lit et qui sert de couronnement à un autel, à un trône, etc. ♦

Poétiq. *Sous le dais*, sur le trône, au sein des grandeurs. ◆ *Toute espèce de voûte de verdure. Un dais de feuillage.* ◆ Poêle soutenu de deux ou quatre petites colonnes sous lequel on porte le saint sacrement dans les processions, et sous lequel on reçoit les rois, les princes, lorsqu'ils font une entrée solennelle. ◆ Estrade, lieu élevé.

DAKIN (SOLUTION ou **LIQUEUR DE)**, ■ [dakɛ̃] Antiseptique à base d'hypochlorite de sodium, appliqué sur la peau, les muqueuses et les plaies. *L'eau de dakin a une couleur rose et une odeur chlorée.*

DAL (QUE), ■ loc. adv. [dal] Voy. DALLE.

DALAÏ-LAMA, ■ n. m. [dalailama] (mongol *dalaï*, océan, et tibét. *lama*) Souverain du Tibet et chef spirituel du bouddhisme tibétain. *Des dalaï-lamas.*

DALEAU ou **DALOT**, n. m. [dalo] (*dalle*) Ouverture pratiquée dans la muraille d'un navire et servant à l'écoulement des eaux. ■ **Arg.** Gosier. *Il a l'habitude de se rincer le dalot après les repas.*

DALER, n. m. [dalɛʀ] Voy. THALER.

DALLAGE, n. m. [dalaʒ] (*daller*) Pavé en dalles. ◆ Action de daller.

1 **DALLE**, n. f. [dal] (orig. norm., probabl. de anc. nord. *daela*, rigole d'écoulement) Tablette de pierre, de peu d'épaisseur, qui sert à paver les salles à manger, les églises, les vestibules et les voies réservées aux piétons. ■ *Dalle de béton*, grande plaque de béton coulée au sol et pouvant servir de support à un revêtement de sol. ■ Vaste ensemble d'immeubles et de commerces situé généralement au-dessus du niveau de la chaussée. *Il habite sur la dalle.* ■ **Fam.** *Avoir, crever la dalle*, avoir faim. ■ *Se rincer la dalle*, boire.

2 **DALLE (QUE)** ou **DAL (QUE)**, ■ loc. adv. [dal] (orig. obsc., p.-ê. du bret. *dall*, aveugle) **Fam.** Rien. *Il ne comprend que dalle !*

DALLÉ, ÉE, p. p. de daller. [dale]

DALLER, v. tr. [dale] (*dalle*) Paver avec des dalles ; couvrir de dalles.

DALLEUR, ■ n. m. [dalœʀ] (*daller*) Ouvrier qui pose des dalles.

DALMATE, ■ adj. [dalmat] (lat. *Dalmata*) De la Dalmatie. ■ N. m. et n. f. *Un, une Dalmate.*

DALMATIEN, IENNE, ■ n. m. et n. f. [dalmasjɛ̃, jɛn] (angl. *dalmatian*) Chien de taille moyenne, à poils ras et dont la robe blanche est constellée de taches noires ou brunes. *Les dalmatiens doivent leur nom à la Dalmatie, région proche de la mer Adriatique, où ces chiens firent leur première apparition au XVIIIᵉ siècle.*

DALMATIQUE, n. f. [dalmatik] (lat. *dalmatica (vestis)*) Tunique blanche et bordée de pourpre que l'on fabriquait en Dalmatie. ◆ Vêtement que les diacres et sous-diacres portent par-dessus l'aube, dans les fonctions de leur ministère.

DALOT, ■ n. m. [dalo] Voy. DALEAU.

DALTONIEN, IENNE, ■ n. m. et n. f. [daltɔnjɛ̃, jɛn] (nom de *Dalton*) Personne qui souffre de daltonisme. ■ Adj. *Une personne daltonienne.*

DALTONISME, n. m. [daltɔnism] (*Dalton*, physicien anglais) Vice de la vue qui empêche de distinguer les couleurs.

DAM, n. m. [dam] (lat. *damnum*) Dommage, préjudice. Il n'est guère usité que dans : *à son dam, à votre dam, à mon dam.* « *C'est marché fait ; il est fol à son dam* », LA FONTAINE. ◆ **Relig.** Peine des damnés, privation de la vue de Dieu. *La peine du dam.* ■ REM. On prononçait autrefois [dã].

DAMAGE, ■ n. m. [damaʒ] (*damer*) Action de damer ; résultat de cette action. *Le damage des pistes de ski.*

DAMALISQUE, ■ n. m. [damalisk] (radic. gr. *dama(l)*-, dompter, et suff. diminutif *-iskos* : jeune animal qu'on dompte) **Zool.** Antilope d'Afrique à robe brune et aux cornes annelées, appartenant à la famille des bovidés. *Le damalisque est aussi appelé topi.*

DAMAN, ■ n. m. [damã] (ar. *damân*, agneau) **Zool.** Petit mammifère plantigrade d'Afrique et d'Asie mineure, ressemblant à une marmotte, se déplaçant agilement sur les arbres et les rochers. *Le daman est un proche parent de l'éléphant.*

DAMAS, n. m. [dama] (*Damas*) Étoffe de soie à fleurs ou à dessins en relief où le satin et le taffetas sont mêlés ensemble et qui se fabriquait originairement à Damas, en Syrie. ◆ *Damas de table*, linge ouvré pour service de table. ◆ **Par extens.** Étoffe de laine, de coton ou de fil de lin damassée. ◆ Sabre fabriqué à Damas et qui est une lame de fer recouverte, sur tout le fil, d'un tranchant d'acier. ◆ *Acier damassé.* ◆ Espèce de prune. ◆ *Raisin de Damas* ou simplement *damas*, sorte de raisin.

DAMASQUINAGE, ■ n. m. [damaskinaʒ] (*damasquiner*) Action de damasquiner.

DAMASQUINÉ, ÉE, p. p. de damasquiner. [damaskine]

DAMASQUINER, v. tr. [damaskine] (anc. fr. *damasquin*, de l'ital. *damaschino*, de Damas) Incruster de l'or ou de l'argent dans de l'acier. *Damasquiner une épée.*

DAMASQUINERIE, n. f. [damaskin(ə)ʀi] (*damasquiner*) L'art de damasquiner.

DAMASQUINEUR, n. m. [damaskinœʀ] (*damasquiner*) Ouvrier qui damasquine.

DAMASQUINURE, n. f. [damaskinyʀ] (*damasquiner*) Travail damasquiné. *Une belle damasquinure.*

DAMASSÉ, ÉE, p. p. de damasser. [damase] N. m. *Un service de damassé.* ◆ Adj. *Acier damassé*, acier d'alliage employé en Orient et surtout à Damas, pour la fabrication des armes blanches ; dit aussi *acier woots* ou *indien* ; il présente un beau moiré métallique. ◆ *Linge damassé*, linge tissé avec des dessins en relief, comme le damas.

DAMASSER, v. tr. [damase] (*damas*) Fabriquer une étoffe de linge ouvré. ◆ Préparer de l'acier à la façon de Damas.

DAMASSERIE, n. f. [damas(ə)ʀi] (*damasser*) Fabrique de linge damassé.

DAMASSEUR, n. m. [damasœʀ] (*damasser*) Ouvrier qui fabrique du linge damassé.

DAMASSINE, ■ n. f. [damasin] (*Damas*, lieu d'origine du fruit) Prune des vergers jurassiens. *Les damassines sont récoltées l'été.* ■ Eau-de-vie tirée de cette prune. *Boire une damassine au parfum prononcé et au caractère onctueux.*

DAMASSURE, n. f. [damasyʀ] (*damasser*) Travail qu'a subi la toile damassée dans le tissage. ◆ Dessin sur toile damassée.

1 **DAME**, n. f. [dam] (lat. *domina*, maîtresse de maison) Titre qu'on donnait à la femme d'un seigneur, d'un châtelain, d'un chevalier, d'un gentilhomme, par opposition aux femmes mariées de la bourgeoisie, qui portaient le nom de demoiselles. ◆ Titre qu'on donnait à la femme qui possédait une seigneurie. ◆ *Notre-Dame*, la Sainte Vierge. ◆ La femme noble à laquelle un chevalier consacrait ses soins. *Combattre, mourir pour sa dame. La dame de ses pensées.* ◆ Aujourd'hui, titre donné à toute femme mariée. *C'est une dame fort estimable.* ◆ *Devenir dame*, se marier. ◆ Par civilité et politesse, *dame* se dit de toutes les femmes, qu'elles soient mariées ou non. *Être poli envers les dames.* ◆ *Grande dame*, dame appartenant à la haute société. *Faire la grande dame.* ◆ Titre d'honneur ou d'office donné à certaines femmes. *Les dames de France*, les filles du roi. ◆ Titre donné à certaines religieuses et aux chanoinesses. *Les dames du Sacré-Cœur.* ◆ *Dames de charité*, dames qui forment une association chargée de recueillir et de distribuer les aumônes. ◆ *Dame du palais, dame d'honneur, dame d'atour, dame de compagnie*, femmes de qualité qui remplissent diverses fonctions auprès des reines et des princesses. ◆ *Dame de compagnie*, dame qui demeure dans une maison pour y tenir compagnie à une autre dame ou pour faire les honneurs de la maison d'un homme âgé. ◆ *Les dames de la halle*, la corporation des marchandes de fruits, de légumes ou de poisson. ◆ *Dames blanches*, êtres surnaturels dans les anciennes croyances des Écossais et des Allemands. ◆ Figure du jeu de cartes. *La dame de cœur.* ◆ Aux échecs, la pièce la plus considérable après le roi. ◆ *Jeu de dames*, jeu qui se joue sur l'échiquier avec de petites rondelles, les unes blanches, les autres noires, dites pions. ◆ *Aller à dame*, mener un pion, conduire un de ses pions sur une des cases de la dernière rangée du côté de l'adversaire ; le pion devient alors *dame damée* ou simplement *dame*. ◆ Au jeu de trictrac, nom des rondelles avec lesquelles on joue. ◆ Nom vulgaire de différents oiseaux : le grèbe huppé, l'effraye, la hulotte, la mésange. ◆ *Belle-dame* ou *bonne-dame*, nom d'un papillon. ◆ **Bot.** *Dame-d'onze-heures*, plante liliacée à fleurs blanches. ◆ *Belle-dame* ou *bonne-dame*, l'arroche des jardins. ■ Lourde masse munie d'un manche dont on se sert pour tasser le sol.

2 **DAME**, interj. [dam] (*Notre-Dame !*) Interjection explétive qui est une formule d'affirmation. *Mais dame, oui. Oh ! dame, non.*

3 **DAME**, n. f. [dam] (néerl. *dam*, digue) Nom qu'on donne, en creusant les terres et particulièrement un canal, à de petites digues qu'on laisse d'espace en espace pour arrêter l'eau.

DAMÉ, ÉE, p. p. de damer. [dame] *Une dame damée peut aller en tous sens.* ◆ *Fig.* et *fam.* *Femme damée*, femme mariée.

DAME-D'ONZE-HEURES, ■ n. f. [dam(ə)dɔ̃zœʀ] Voy. DAME.

DAME-JEANNE, n. f. [dam(ə)ʒan] (*dame* et moy. fr. *jane*, bouteille, dont la forme rebondie a amené l'altération en prénom féminin) Sorte de très grosse bouteille de terre ou de verre. ◆ Au pl. *Des dames-jeannes.*

DAMER, v. tr. [dame] (*dame*) Au jeu d'échecs, *damer un pion*, mener un pion dans une des cases de la dernière rangée de l'échiquier. ◆ Au jeu de dames, *damer un pion*, et moins exactement *damer une dame*, mener un de ses pions sur la rangée qui est la plus près de l'adversaire. ◆ **Fam.** *Damer le* *pion à quelqu'un*, le supplanter, avoir l'avantage sur lui. ◆ Anciennement, accorder à une demoiselle le titre de dame. ■ Tasser, aplanir le sol avec une dame ou une dameuse. *Damer des pistes de ski.*

DAMERET, n. m. [dam(ə)ʀɛ] (*dame*) Homme dont la toilette et la galanterie ont de l'affectation. ◆ Adj. « *Peindre Caton galant et Brutus dameret* », Boileau.

DAMEUSE, ■ n. f. [damøz] (*damer*) Véhicule muni de chenilles qui dame la neige sur les pistes de ski.

DAMIER, n. m. [damje] (*dame*) Tableau divisé en 100 cases sur lequel on joue aux dames. ◆ Nom vulgaire du pétrel tacheté. ◆ Nom de quelques papillons diurnes. ◆ **Archit.** Moulure romane composée de petits carrés alternativement saillants et creux. ■ **Par extens.** Toute surface composée de petits carrés, généralement de couleur. *Un drapeau à damier.*

DAMNABLE, adj. [danabl] (lat. chrét. *damnabilis*) Qui mérite, qui attire la damnation, en parlant des choses. *Une opinion, une doctrine damnable.* ◆ Qui mérite d'être damné, en parlant des personnes. ◆ Qui mérite la réprobation, abominable. *L'art damnable de la magie.*

DAMNABLEMENT, adv. [danabləmɑ̃] (*damnable*) D'une manière damnable.

DAMNATION, n. f. [danasjɔ̃] (lat. *damnatio*, condamnation judiciaire ; lat. chrét., damnation) Condamnation aux peines de l'enfer après la mort et dans une autre vie. *Sous peine de damnation.* « *Il serait en état de damnation* », Pascal. ◆ Sorte d'imprécation arrachée par la colère ou le désespoir. *Mort et damnation !*

DAMNÉ, ÉE, p. p. de damner. [dane] **Fam.** *C'est son âme damnée*, se dit d'une personne aveuglément dévouée aux sentiments, aux volontés d'une autre. ◆ Fam. et comme expression d'impatience. *Cette damnée affaire.* ◆ N. m. et n. f. Les démons et ceux des hommes qui ont mérité les peines éternelles. ◆ *Souffrir comme un damné*, ou *comme une âme damnée*, d'une manière excessive, horrible.

DAMNER, v. tr. [dane] (lat. *damnare*, condamner en justice, ; lat. chrét., réprouver, condamner de Dieu) Condamner aux peines de l'enfer. *Dieu damnera les méchants.* ◆ *Loc. interj. Dieu me damne !* ◆ Causer la damnation. « *On peut dire que l'ignorance damne plus de princes et de grands que de personnes de la condition la plus vile* », Massillon. ◆ Réputer digne de la damnation. « *Vous damnez les gens de bien, parce qu'ils ajoutent à leur piété quelques endroits qui vous ressemblent* », Massillon. ◆ **Fig.** *Faire damner quelqu'un*, le tourmenter, l'impatienter à l'excès. ■ *Se damner*, v. pr. Attirer sur soi les peines de l'enfer. ◆ **Fig.** *Se damner*, s'impatienter au point de jurer.

DAMOISEAU, n. m. [damwazo] (lat. vulg. *dominicellus*, dimin. de *dominus*) Titre donné autrefois à un jeune gentilhomme qui n'était pas encore reçu chevalier. ◆ On disait aussi *damoisel*. ◆ Jeune homme empressé et galant.

DAMOISEL, n. m. [damwazɛl] Voy. DAMOISEAU.

DAMOISELLE, n. f. [damwazɛl] (fém. de *damoisel*) Titre qu'on donnait autrefois aux actes aux filles nobles. ◆ **Fig.** et **fam.** « *Damoiselle belette au corps long et fluet* », La Fontaine.

DAMPER, ■ n. m. [dɑ̃pœʀ] (mot angl.) Amortisseur de vibration d'un moteur ou d'un mécanisme. *Une poulie damper.* ■ Pain de farine et d'eau non levé, consommé en Australie. *Les dampers sont cuits sous la braise et dégustés ensuite avec des tranches de viande salée.*

DAN, ■ n. m. [dan] (mot jap.) Grade obtenu par une ceinture noire dans certains arts martiaux, pouvant aller de 1 à 10, le chiffre correspondant au nombre d'années nécessaires à son obtention. *Il est ceinture noire 3ᵉ dan.*

DANAÏDE, ■ n. f. [danaid] (gr. *Danaïs*, génit. *Danaïdos*, nom myth. des cinquante filles de Danaos, roi d'Argos) **Zool.** Papillon diurne tropical, aux ailes très colorées.

DANCING, ■ n. m. [dɑ̃siŋ] (mot angl.) Établissement où l'on vient danser. *Ils vont au dancing tous les dimanches.* ■ **Québec** Salle de danse.

DANDIN, INE, n. m. et rare n. f. [dɑ̃dɛ̃, in] (radic. onomat. dand-, mouvement de balancement : cf. angl. *to dandle*, dandiner) Homme niais et sans contenance [1]. ◆ *Perrin Dandin*, un juge ridicule et rapace. ◆ *George Dandin*, paysan enrichi qu'un sot orgueil a porté à s'allier à la noblesse et en est puni. ■ *Pêche à la dandine* ou *à la dandinette*, pêche verticale aux carnassiers, utilisant un leurre animé. ■ **Rem.** 1 : Terme péjoratif dans ce sens.

DANDINANT, ANTE, adj. [dɑ̃dinɑ̃, ɑ̃t] (*dandiner*) Qui dandine. *Une démarche dandinante.*

DANDINEMENT, n. m. [dɑ̃din(ə)mɑ̃] (*dandiner*) Balancement gauche et nonchalant du corps.

DANDINER, v. intr. [dɑ̃dine] (*dandin*) Balancer son corps d'une manière nonchalante et gauche. ◆ *Se dandiner*, v. pr. Se porter sur son corps de côté et d'autre.

DANDINETTE, ■ n. f. [dɑ̃dinɛt] Voy. DANDIN.

DANDY, n. m. [dɑ̃di] (angl. *dandy*) Homme recherché dans sa toilette et exagérant les modes jusqu'au ridicule. *Les dandys.*

DANDYSME, n. m. [dɑ̃dism] (*dandy*) Manières et habitudes du dandy.

DANGER, n. m. [dɑ̃ʒe] (b. lat. *dominiarium*, possession, puissance ; le sens de péril vient p.-ê. de l'expression *estre en dangier*, être à la merci de qqn) Dans le droit féodal, *fief de danger*, celui dont on ne peut prendre possession sans avoir fait hommage et payé les droits au seigneur, à peine de confiscation. ◆ Situation, conjoncture, circonstance, qui compromettent la sûreté, l'existence d'une personne ou d'une chose. *Il y a du danger à suivre cette entreprise. Être en danger de sa vie.* ◆ **Mar.** Toute roche, tout écueil, etc., à l'approche ou au contact duquel un navire peut courir un danger. Au sens actif, en parlant des choses, le péril qu'elles produisent. *Le danger des mauvaises doctrines.* ◆ **Fam.** Inconvénient. *Il n'y a pas de danger d'entrer, vous ne les dérangerez pas.* ◆ **Pop.** et **ironiq.** *Il n'y a pas de danger.* c.-à-d. soyez sûr qu'on n'en fera rien. ■ *Un danger public*, personne qui par sa conduite, son imprudence, expose son entourage à un danger.

DANGEREUSEMENT, adv. [dɑ̃ʒ(ə)ʀøz(ə)mɑ̃] (*dangereux*) D'une manière dangereuse.

DANGEREUX, EUSE, adj. [dɑ̃ʒ(ə)ʀø, øz] (*danger*) Qui expose à un danger. *De dangereuses liaisons.* « *Rien n'est si dangereux qu'un ignorant ami ; Mieux vaudrait un sage ennemi* », La Fontaine. ◆ Qui met en danger la religion, les mœurs. *Un livre dangereux.* ◆ Qui a pouvoir de nuire, en qui on ne peut se fier, en parlant des personnes. *Un ami dangereux.* « *Dangereux à lui-même, à ses voisins terrible* », Voltaire.

DANGEROSITÉ, ■ n. f. [dɑ̃ʒ(ə)ʀozite] (*dangereux*) Fait qui peut être dangereux, risqué. « *Il y a une certaine dangerosité du narcissisme dans l'obsession de la séduction* », Bedos.

1 **DANOIS, OISE**, ■ adj. [danwa, waz] (frq. *danisk*) Du Danemark. ■ N. m. et n. f. *Les Danois.*

2 **DANOIS**, n. m. [danwa] (frq. *danisk*) Chien de chasse à poil ras, ordinairement blanc, tacheté de noir, d'origine danoise, dit aussi *arlequin*. ◆ *Cheval danois*, cheval qui vient du Danemark.

DANS, prép. [dɑ̃] (l'anc. fr. *denz*, du b. lat. *deintus*, dedans, du lat. *de* et *intus*) À l'intérieur d'un lieu ou de ce qui peut être comparé à un lieu. *L'ennemi est dans nos murs.* ◆ Au sein de. « *Ou couché sans honneur dans une foule obscure* », Racine. ◆ **Fig.** Être habile dans un art. *S'illustrer dans les combats.* « *Ils voient leurs fautes dans toute leur énormité* », Fénelon. ◆ *Il est dans*, se dit parfois pour signifier : il appartient à, c'est le propre de. *Il est dans son caractère de faire des imprudences.* ◆ *Dans le besoin*, c'est-à-dire si la chose est nécessaire. ◆ *Dans*, marquant l'état, la disposition physique ou morale. *Être dans une posture contrainte, dans la joie, dans la douleur, dans la misère.* ◆ *Dans*, exprimant un rapport de lieu, avec l'idée qu'on va dans le lieu. *Il entra dans l'appartement.* ◆ **Par extens.** « *Rétablir Argos dans son ancienne liberté* », Rollin. ◆ **Fig.** *Dans*, indiquant une direction vers. *Faire une chose dans l'intention d'être utile.* ◆ *Dans*, indiquant un rapport de temps. *Dans le temps et dans l'éternité. Dans cent ans.* ◆ Selon. *Cela est vrai dans les principes d'Aristote.* ■ **Fam.** Environ. *Il a dans les cinquante ans. Cela coûte dans les trente euros.*

DANSANT, ANTE, adj. [dɑ̃sɑ̃, ɑ̃t] (*danser*) Qui danse ; qui aime à danser. « *Jamais je n'ai vu une petite fille si dansante naturellement* », Mme de Sévigné. ◆ Propre à faire danser. *Musique dansante. Airs dansants.* ◆ Consacré à la danse. *Une soirée dansante.*

DANSE, n. f. [dɑ̃s] (*danser*) Suite de sauts et de pas réglés par une cadence et habituellement dirigés par la musique. ◆ Manière de danser. *Il a une danse noble.* ◆ Action de plusieurs personnes qui dansent. *Commencer la danse.* ◆ *Entrer en danse*, se mettre du nombre de ceux qui dansent. ◆ **Fig.** et **fam.** *Entrer en danse*, se mettre d'une entreprise, d'une affaire, d'une guerre, etc. dont on était jusque-là simple spectateur. ◆ *En danse*, à l'œuvre. ◆ *Commencer la danse, mener la danse*, être le premier à faire ou à souffrir quelque chose de fâcheux. ◆ **Fam.** *Avoir l'air à la danse*, être en disposition de beaucoup danser, et fig. être tout disposé à la circonstance, ou avoir l'air vif, éveillé. ◆ *Avoir le cœur à la danse*, être dispos, de bonne humeur. *N'avoir pas le cœur à la danse*, être triste. ◆ **Fig.** et **pop.** *Donner une danse à quelqu'un*, le bien battre. ◆ *Air de danse.* Jouer toutes sortes de danses. ◆ **Pop.** Le lieu où l'on danse. *Aller à la danse.* ◆ *Danse d'expression*, sorte de pantomime. ◆ *Danse sur la corde*, sorte de voltige ou de tours d'adresse et d'équilibre. ◆ *Danse sur les chevaux*, voltige. ◆ *Danse macabre*, Voy. MACABRE. ◆ *Danse de Saint-Guy*, nom vulgaire de la chorée, dite aussi *Danse de Saint-Witt*, parce que, pour la guérir, on s'adressait à saint Guy ou saint Witt.

DANSÉ, ÉE, p. p. de danser. [dɑ̃se]

DANSER, v. intr. [dɑ̃se] (l'anc. fr. *dancier*, de l'anc. h. all. *dansôn*, par interméd. de variante *dansjan*) Mouvoir le corps suivant les règles de la danse. ♦ **Fig. et fam.** *Ne savoir sur quel pied danser*, être incertain du parti à prendre, de la conduite à tenir. ♦ **Fig.** *Son cœur danse de joie*, il est dans une joie extrême. ♦ **Fig.** *Faire danser quelqu'un*, lui faire danser sans violon, lui susciter des embarras, des désagréments ; se venger de lui, et aussi s'amuser de lui. ♦ **Fig.** *Du vin à faire danser les chèvres*, du vin très aigre. ♦ *Faire danser les écus*, dépenser beaucoup. ♦ *Faire danser l'anse du panier*, Voy. ANSE. ♦ *Danser sur la corde*, exécuter des pas cadencés, des sauts sur la corde tendue, et fig. être engagé dans une affaire très scabreuse, et aussi agir en homme de peu de scrupule et qui cherche à éblouir. ♦ **V. tr.** Exécuter une danse. *Danser une contredanse, une valse.* ♦ **Fig. et pop.** *La danser*, recevoir une forte correction, être bien battu. ♦ *Se danser*, v. pr. Être dansé. *La valse se danse à trois temps.* ■ **Fig.** *Les flammes dansent dans la cheminée.*

DANSEUR, EUSE, n. m. et n. f. [dɑ̃sœʀ, øz] (*danser*) Personne qui danse. ♦ Personne qui aime à danser. *Un infatigable danseur.* ♦ Personne qui fait profession de danser. *Danseur, danseuse de l'opéra. Danseur de corde.*

DANSOTER ou **DANSOTTER**, ■ v. intr. (*danser*) Danser vaguement, de manière gauche. ■ **Fig.** Faire bouger quelque chose en donnant l'apparence d'une danse. *Le bateau dansotait dans le port. Une mèche folle dansotait sur son front.*

DANTESQUE, adj. [dɑ̃tɛsk] (*Dante*) Qui imite le caractère sombre et sublime que Dante a imprimé à ses poèmes.

DANUBIEN, IENNE, ■ adj. [danybjɛ̃, jɛn] (*Danube*) Du Danube. ■ **N. m.** Période préhistorique située entre 5500 et 4300 av. J.-C., correspondant à la diffusion du néolithique de la vallée du Danube au nord-ouest de l'Europe. *Des fouilles dans le danubien du Nord de la France et de l'Ouest de la Belgique.* ■ **Zool.** Cheval de trait bulgare, issu d'un croisement entre un étalon et une jument anglo-arabe. *Le danubien, créé au XIXᵉ siècle au haras d'État de Pleven en Bulgarie, est issu d'étalons nonius croisés avec des juments anglo-arabes.*

DAO, ■ n. m. [dao] Voy. TAO.

DAPHNÉ, n. m. [dafne] (gr. *daphnê*) Arbuste dont les tiges servent à faire les chapeaux dits de paille blanche ; on le nomme aussi lauréole mâle. Le *daphne mezereum*, dit vulgairement *lauréole femelle, bois gentil, garou des bois*, etc.

DAPHNIE, ■ n. f. [dafni] (lat. scient. *daphnia*, de lat. *daphnia*, sorte de pierre précieuse) **Zool.** Petit crustacé à coquille bivalve transparente, évoluant en eau douce, appelé aussi *puce d'eau* pour sa nage saccadée. ■ **N. f. pl.** Aliment composé de daphnies séchées donné aux poissons d'aquarium.

D'APRÈS, loc. adv. [dapʀɛ] Voy. APRÈS.

DARAISE, ■ n. f. [daʀɛz] (mot gaulois) Grille équipant la vanne d'un étang, empêchant le poisson de fuir.

DARBOUKA ou **DERBOUKA**, ■ n. f. [daʀbuka, dɛʀbuka] (ar. *darbukka*) Instrument à percussion traditionnel du Maghreb et du Moyen-Orient, recouvert d'une peau tendue que les doigts ou les mains viennent frapper. *Autrefois, la darbouka était faite de peau de poisson ou d'animal et de terre cuite.*

DARBYSME, ■ n. m. [daʀbism] (*Darby*) **Relig.** Doctrine ecclésiastique fondée au XIXᵉ siècle par le prêtre anglican John Nelson Darby, contestant la succession apostolique et l'organisation des ministères. *En 1865, une scission a conduit à la création de deux branches du darbysme, les frères étroits et les frères larges, plus ouverts à l'œcuménisme.*

DARBYSTE, ■ n. m. [daʀbist] (*darbysme*) Partisan du darbysme. ■ Adj. *Les assemblées darbystes.*

DARCE, n. f. [daʀs] Voy. DARSE.

DARD, n. m. [daʀ] (anc. b. frq. *daroth* ; le nom poisson tire son nom de lat. médiév. *darsus*, probabl. d'origine celt.) Sorte d'arme qui est un bâton garni d'une pointe de fer et se lance avec la main. ♦ **Fig.** « *Et toutes ses raisons... Étaient autant de dards qui me traversaient l'âme* », P. CORNEILLE. ♦ Partie essentielle de l'aiguillon des insectes hyménoptères. *Le dard d'une abeille.* ♦ Extrémité de la queue des scorpions. ♦ La langue des serpents. ♦ **Fig.** Trait vif et mordant. ♦ **T.** de jardinier. Pistil. ♦ Nom d'une espèce de carpe, dite aussi *vaudoise* ou *vandoise*.

DARDÉ, ÉE, p. p. de darder. [daʀde]

DARDER, v. tr. [daʀde] (*dard*) Frapper avec un dard. *Darder la baleine.* ♦ Lancer comme un dard. *Darder un javelot, un poignard.* ♦ **Par extens.** *L'abeille darde son aiguillon. Le serpent darde sa langue.* ♦ Il se dit aussi des rayons, des flammes lancées comme des dards. *Le soleil darde ses rayons.* ♦ **Absol.** *Le soleil dardait sur notre tête.* ♦ **Fig.** *Darder un regard*, lancer un coup d'œil vif de colère, de ressentiment. *Darder un sarcasme*, lancer un mot piquant.

DARE-DARE, ■ adv. [daʀ(ə)daʀ] (orig. obscure : p.-ê. redoubl. expressif du radic. de *(se) darer*, s'élancer, var. de *darder*) **Fam.** Avec précipitation, rapidement. *On va être en retard, il faut partir dare-dare.*

DARIOLE, n. f. [daʀjɔl] (orig. incert., p.-ê. altér. de *doriole*, de pic et wall. *doré*, p. p. de *dorer* désignant une pâtisserie enduite de beurre) Petite pièce de pâtisserie contenant de la crème.

DARIQUE, n. f. [daʀik] (gr. *dareikos*) Monnaie d'or des anciens Perses, portant l'effigie de Darius 1ᵉʳ, roi des Perses.

DARNE, n. f. [daʀn] (mot celtique, du bret. *darn*, morceau) Tranche de saumon ou d'alose. ■ **Par extens.** Toute tranche de poisson. *Une darne de cabillaud.*

DARSE ou **DARCE**, n. f. [daʀs] (ital. *darsena*, de l'ar. *dâr sinaa*, maison où l'on construit) Abri, bassin pratiqué dans un port.

DARSHANA ou **DARSANA**, ■ n. m. [daʀʃana] (mot sanskrit signifiant *vision*) Nom désignant l'ensemble des écoles de pensée philosophique hindoues. *Dans un sens plus populaire, le darshana est la vision d'un homme saint ou encore d'un Maître, appelé guru.*

DARTOIS, ■ n. m. [daʀtwa] (orig. inc.) **Cuis.** Feuilleté strié garni d'une préparation sucrée ou salée. *Un dartois aux pommes.*

DARTRE, n. f. [daʀtʀ] (b. lat. *derbita*, probabl. d'orig. celt.) Maladie généralement chronique de la peau. *Dartre vive. Dartre farineuse.*

DARTREUX, EUSE, adj. [daʀtʀø, øz] (*dartre*) Qui est de la nature des dartres, qui tient de la dartre. *Affection dartreuse.* ♦ Qui a des dartres. *Un enfant dartreux* ♦ N. m. et n. f. *Un dartreux.*

DARTROSE, ■ n. f. [daʀtʀoz] (*dartre*) Maladie de la pomme de terre provoquée par un champignon microscopique.

DARWINIEN, IENNE ou **DARWINISTE**, ■ n. m. et n. f. [daʀwinjɛ̃, jɛn, daʀwinist] (*Darwin*) Partisan de la théorie du darwinisme. *Les darwinistes pensent que la vie s'est formée par hasard dans l'eau par suite d'effets naturels.* ■ Adj. Relatif au darwinisme.

DARWINISME, ■ n. m. [daʀwinist] (*Darwin*, naturaliste angl.) Ensemble des théories de Darwin selon lesquelles l'évolution biologique des espèces est inhérente à la sélection naturelle par la lutte pour la survie. ■ *Darwinisme social*, sélection naturelle, dans les sociétés humaines, souvent fondée sur les inégalités.

DASYURE, ■ n. m. [dazjyʀ] (gr. *dasus*, velu et *oura*, queue) **Zool.** Petit marsupial arboricole d'Australie et de Nouvelle-Guinée, à robe fauve tachetée de blanc. *Le dasyure appartient à la famille des dasyuridés.*

DAT, ■ n. m. inv. [deate] (abrév. de *digital audio tape*) Bande d'enregistrement magnétique permettant d'archiver des données numériques. ■ *Cassette DAT*, cassette qui utilise ce type de bande d'enregistrement.

DATABLE, ■ adj. [databl] (*dater*) Que l'on peut dater. *Des fossiles datables.*

DATAGE, ■ n. m. [dataʒ] Voy. DATATION.

DATAIRE, n. m. [datɛʀ] (lat. ecclés. *datarius*) Titre d'office à la chancellerie de Rome et qui vient de ce qu'autrefois le dataire marquait la date des suppliques. ♦ Adj. *Cardinal dataire.*

DATATION, ■ n. f. [datasjɔ̃] (*dater*) Action de mettre une date sur un document. ■ Détermination de l'âge d'un objet. *La datation des fossiles au carbone quatorze.* ■ Date attribuée, donnée.

DATCHA, ■ n. f. [datʃa] (russe *datscha*) En Russie, maison de campagne près d'une grande ville.

DATE, n. f. [dat] (lat. *data littera*, premiers mots de la formule indiquant la date de rédaction) Époque précise où une chose a été faite. ♦ *Une lettre de change à vingt jours de date*, dont le paiement est exigible vingt jours après le jour de sa date. ♦ *Sans date*, non daté. ♦ *De nouvelle, de fraîche date*, qui est récent. ♦ Dans un sens opposé. *Une amitié, une noblesse d'ancienne, de vieille date.* ♦ *Faire date*, commencer une période. ♦ *Date*, jour de l'enregistrement d'une supplique pour obtenir un bénéfice en cour de Rome. *Prendre date*, prendre une date de tel jour. ♦ **Par extens.** *Prendre date*, retenir date, consigner, constater l'époque où une chose doit se faire. ♦ **Fig.** *Être le premier en date*, avoir par ancienneté droit sur quelqu'un ou sur quelque chose. ■ Moment important dans l'Histoire. *Les grandes dates de la Révolution.* ■ *Faire date*, être retenu comme moment important, décisif. *Ce scandale fera date dans l'histoire de leur parti.* ■ *De longue date*, vieux, depuis longtemps. *Un ami de longue date.*

DATÉ, ÉE, p. p. de dater. [date]

DATER, v. tr. [date] (*date*) Mettre la date. *Dater une lettre, un contrat.* ♦ **Absol.** Dater. ♦ **V. intr.** Avoir eu son commencement à... *Notre amitié date* *de ce jour.* ◆ **Fam.** *Cet homme ne date pas d'hier,* il date de loin, il est très âgé. ◆ Commencer à compter d'une certaine époque. *À dater de ce jour.* ◆ *Dater* se dit, en parlant de la toilette des femmes, de ce qui attire les yeux et l'attention, comme se rapportant à une certaine époque. *Ne prenez pas cette étoffe ; elle datera.* ◆ *Se dater,* v. pr. Être daté. ▪ Déterminer la date d'apparition de quelque chose. *Dater un mot, une peinture rupestre.* ▪ Paraître démodé, ancien. *Des illustrations qui datent dans un ouvrage.*

DATERIE, n. f. [dat(ə)ʀi] (lat. ecclés. *dataria*) Chancellerie à Rome où l'on date les expéditions des bénéfices, les rescrits et autres choses qu'on expédie. ◆ Office de dataire.

DATEUR, EUSE, ▪ adj. [datœʀ, øz] (*dater*) Qui indique la date. *Une montre dateuse.* ▪ *Un tampon dateur,* tampon dont les caractères sont amovibles et qui permet de marquer la date. ▪ **N. m.** Dispositif qui inscrit la date ou un code sur l'emballage de denrées périssables ou sur le courrier.

1 **DATIF,** n. m. [datif] (lat. impér. gramm. *dativus (casus),* de *dare,* donner) Un des cas des noms et des adjectifs grecs et latins, celui qui sert à marquer le rapport d'attribution. ▪ Ce même cas en allemand. ▪ **Gramm.** *Datif éthique,* emploi du pronom personnel dont l'absence ne nuirait pas à la grammaticalité de la phrase et qui permet au locuteur de montrer l'intérêt qu'il prend à l'action exprimée (par exemple, *apprenez-moi vos leçons pour demain*).

2 **DATIF, IVE,** adj. [datif, iv] (lat. *dativus,* qui est donné) **Dr.** Donné, établi par le juge ou par testament, par opposition à *légal,* établi par la loi. *Tuteur datif. Curatelle dative.* ▪ **Phys.** *Liaison dative,* liaison par laquelle un atome s'adjoint à un autre par association de leurs électrons.

DATION, n. f. [dasjɔ̃] (lat. *datio*) **Pratiq.** Action de donner. *Dation de tuteur.* ◆ *Dation en paiement,* action de donner en paiement d'une dette une chose autre que la chose due.

DATISME, n. m. [datism] (Datis, personnage de *La Paix* d'Aristophane, qui multiplie les tautologies) Manière de parler ennuyeuse, dans laquelle on entasse plusieurs synonymes pour exprimer la même chose.

DATTE, n. f. [dat] (anc. provenç. *datil,* du lat. *dactylus,* gr. *daktulos,* doigt, objet allongé) Fruit du dattier. ◆ Sorte de coquillage dit plus souvent *dactyle.*

DATTIER, n. m. [datje] (*datte*) Palmier qui produit les dattes. ◆ Oiseau commun en Barbarie. ▪ **Rem.** On dit aussi *palmier dattier.*

DATURA, n. m. [datyʀa] (sansc. *dhattura*) Genre de plantes solanées.

DAUBE, n. f. [dob] (ital. *dobba,* marinade) Manière de cuire certaines viandes à petit feu et à l'étouffée. *Mettre un gigot en daube.* ◆ Le ragoût de ce nom. ▪ **Fam.** et péj. Chose de peu de valeur, sans intérêt. *C'est de la daube son film !*

DAUBÉ, ÉE, p. p. de dauber. [dobe]

DAUBER, v. tr. [dobe] (orig. incert.) Frapper à coups de poing. ◆ **Fig.** et fam. Railler quelqu'un, mal parler de lui, l'injurier. ◆ *Mettre en daube, faire une daube.* ◆ *Se dauber,* v. pr. Se battre.

DAUBEUR, EUSE, n. m. et n. f. [dobœʀ, øz] (*dauber*) Personne qui raille les gens, qui en parle mal. « *Les daubeurs ont leur tour* », La Fontaine.

DAUBIÈRE, n. f. [dobjɛʀ] (*daube*) Vase dans lequel on cuit une daube.

DAUPHIN, n. m. [dofɛ̃] (lat. *delphinus*) Gros poisson de mer de la famille des cétacés. ◆ Constellation de l'hémisphère septentrional. ◆ Espèce de papier. ◆ Sorte d'étoffe de laine. ◆ Pierre creusée d'un trou recourbé pour le passage de l'eau. ◆ Titre attaché à certaines seigneuries. *Dauphin d'Auvergne. Dauphin du Viennois.* ◆ Titre donné, à partir de Jean le Bon, au fils aîné des rois de France, après la réunion du Dauphiné à la couronne. ◆ Personne susceptible de succéder à un personnage important. *Elle est le dauphin du P-DG.* ◆ Élément courbe fixé au bas d'un tuyau de descente et permettant l'évacuation des eaux pluviales vers le caniveau. ▪ **Rem.** Le dauphin n'est pas un poisson, mais un mammifère.

DAUPHINE, n. f. [dofin] (*Dauphin*) La femme du Dauphin de France. ◆ *Pomme dauphine,* boulette composée de pomme de terre et de pâte à chou que l'on fait cuire au four ou à la friteuse.

DAUPHINELLE, ▪ n. f. [dofinɛl] (lat. sav. *delphinium*) **Bot.** Plante herbacée aussi appelée *delphinium* ou *pied d'alouette,* qui est surtout cultivée pour ses qualités ornementales.

DAUPHINOIS, ▪ adj. [dofinwa, waz] (*Dauphiné*) De la province du Dauphiné. ▪ *Gratin dauphinois,* gratin à base de pommes de terre émincées liées par un appareil de crème et de lait. ▪ **N. m.** et n. f. *Un Dauphinois, une Dauphinoise.*

DAURADE ou **DORADE,** n. f. [doʀad] (esp. *dorada,* du lat. impér. *aurata,* daurade) Poisson de la famille des sparoïdes et qu'il ne faut pas confondre avec la dorade.

D'AUTANT, [dotɑ̃] Voy. AUTANT.

DAVANTAGE, adv. [davɑ̃taʒ] (*de* et *avantage*) Plus. « *Vous promettez beaucoup et donnez davantage* », P. Corneille. ◆ Davantage avec *de* et un substantif. « *Sans m'obliger à déclarer davantage de mes principes* », Descartes. ◆ Cette tournure vieillit. ◆ *N'en pouvoir davantage,* n'en pouvoir mais, n'être pas à cause de ce qui arrive. ◆ Plus longtemps. « *Ne me rompez pas davantage la tête* », Molière. ◆ Les grammairiens modernes ont décidé que *davantage* ne pouvait être suivi de *que.* Toutefois cette décision est en contradiction avec l'usage des meilleurs écrivains. « *Je puis dire devant Dieu qu'il n'y a rien que je déteste davantage que de blesser la vérité* », Pascal.

DAVIDIEN, IENNE, ▪ adj. [davidjɛ̃, jɛn] (Jacques *David,* 1748-1825, peintre français) **Peint.** Dans le style de David.

DAVIER, n. m. [davje] (*daviet,* instrument de menuiserie, prob. de David, nom de pers.) Pince recourbée dont les dentistes se servent pour arracher les dents. ◆ Instrument de menuisier pour assembler et serrer les pièces.

DAZIBAO, ▪ n. m. [dazibao] (mot chinois) En Chine, journal écrit à la main en grands caractères, collé sur les murs dans les endroits publics pour susciter l'adhésion populaire. *Les dazibaos revêtent souvent une fonction politique.*

DB, ▪ [debe] Symbole de décibel.

DBO, ▪ n. f. [debeo] (sigle de *demande biochimique en oxygène*) **Biol.** Consommation d'oxygène des molécules facteur de la dégradation des substances organiques présentes dans l'eau. *La DBO contribue à l'auto-épuration de l'eau.* ▪ Quantité d'oxygène nécessaire à une bactérie pour effectuer la décomposition d'une substance biodégradable.

DCA, ▪ n. f. [desea] (sigle de *défense contre avions*) Système de défense contre les attaques aériennes.

DCO, ▪ n. f. [deseo] (sigle de *demande chimique en oxygène*) Quantité d'oxygène nécessaire à l'oxydation d'une substance organique. ▪ Concentration d'oxygène correspondant à la quantité d'oxydant utilisée pour désagréger les substances organiques présentes dans l'eau.

DDT, ▪ n. m. [dedete] (sigle de *dichloro-diphényl-trichloréthane*) Insecticide synthétique. *Le DDT est interdit en France.*

DE, prép. [də] (lat. *de*) Entre un substantif et un autre substantif, marque un rapport d'appartenance : *le livre de Pierre* ; le sentiment qu'on a pour quelqu'un ou quelque chose. *Le respect des autels* ; un rapport d'origine, de dérivation : *le vent du nord* ; *les peuples du Midi* ; l'objet, le but, la fin, la nature, la qualité : *acte de vente* ; *un homme de génie* ; l'instrument : *un coup de fusil* ; *un signe de tête* ; la destination : *une salle de spectacle* ; *un habit de ville* ; la profession : *un homme de guerre* ; la matière : *une table de marbre* ; le contenu : *une pièce de vin* ; la durée : *une guerre de vingt ans* ; la date : *un lièvre de trois jours* [tué depuis trois jours] ; la dimension : *un voile de deux aunes* ; la valeur : *une pièce de cent sous* ; la quantité : *une armée de cent mille hommes.* ◆ *De* sert à unir le nom commun d'une chose avec le mot particulier qui la distingue d'une autre chose semblable. *La ville de Paris.* ◆ *Un fripon d'enfant,* c'est un fripon qui est un enfant. ◆ *De,* placé entre les titres et les noms propres de famille, s'emploie comme signe de noblesse. *Madame de Sévigné.* ◆ *De,* qualification nobiliaire, pris substantivement. *Il a ajouté un de à son nom.* ◆ *De,* placé entre un mot et ce même mot répété, exprime l'excellence. *Le saint des saints, le lieu le plus saint dans le temple de Jérusalem.* ◆ *De* entre un substantif et un verbe à l'infinitif. *L'art de bien dire.* ◆ Entre un substantif et quelques mots considérés habituellement comme des adverbes. *La journée de demain.* ◆ Entre un substantif et une préposition. *Le pays d'au-delà la Loire.* ◆ *De,* pris partitivement. *Des hommes m'ont dit.* ◆ *De,* pris partitivement devant un nom singulier. *Je n'ai point d'argent.* ◆ *De,* pris partitivement dans une phrase négative avec *que,* construction dont le sens est *pas autre.* « *Nous n'avons point de roi que César* », Bossuet. ◆ *De,* pris partitivement devant *certain. Nous bûmes de certain vin.* ◆ *De,* employé partitivement devant *aucuns, aucunes,* dans le XVIIe siècle, et signifiait quelques-uns, de certaines personnes. *Il y ena d'aucuns qui...* ◆ *De* explétif devant des adjectifs ou des participes. *Il y eut cent hommes de tués.* ◆ *De* se construit de même partitivement et explétivement avec les mots *mieux, pis, plus, moins. Rien de plus.* ◆ *De,* pris absolument devant un substantif, exprime la manière, la disposition, l'état, la situation. *De gaieté de cœur. De colère. De côté et d'autre.* ◆ *D'honneur, d'homme d'honneur,* sorte d'affirmation interjective signifiant sur mon honneur, sur la parole d'un homme d'honneur. ◆ *De* exprimant qu'il est question, qu'il est traité d'une matière. *De la chasse.* ◆ Pendant. *De nuit.* ◆ À partir de. *Du moment que,* etc. ◆ *De* indique le changement d'état, de condition. *De commis il devint directeur. De pauvre il devint riche.* ◆ *De... en...* exprime que l'on va d'un lieu, d'un objet en un autre. « *Errer, un livre en main, de bocage en bocage* », A. Chénier. ◆ *De... à...* exprime, au physique ou au figuré, l'intervalle, le passage d'une chose à une autre. *De l'Elbe à la mer Baltique.* ◆ *Ils étaient de trente à quarante,* leur nombre était entre trente et quarante. ◆ *De... à... D'homme à homme,* c'est-à-dire entre deux hommes. ◆ *De vous à moi,* c'est-à-dire entre vous et moi. ◆ *De... en... De point en point,* tout à fait, complètement. ◆ *De* entre un adjectif et un substantif ou un pronom personnel. *Avide de gloire. Mécontent de soi.* ◆ *De* se construit avec le superlatif. *Le meilleur des hommes.* ◆ *De* entre un adjectif et un verbe. *Désireux de voir.* ◆ *De* entre un adjectif et un infinitif, signifiant à cause que, vu que. « *Mais suis-je pas bien fat de vouloir raisonner...?* », Mo-lière. ◆ *De* ou *que de* entre un adjectif, construit avec *si* et un verbe, et signifiant assez... pour... « *Je n'aurais pas été si hardi que d'entreprendre...* », Voltaire. ◆ *De* construit avec un pronom personnel. *On n'agit pas toujours de soi-même.* ◆ *De soi,* par sa propre vertu, naturellement. *Cela va de soi.* ◆ *De* devant un pronom démonstratif. *De celui-ci allons à celui-là.* ◆ *De cela même,* à cause de cela même. ◆ *De* entre un pronom conjonctif et un autre mot. *Lequel des deux était le plus éloquent, de César ou de Cicéron?* ◆ *De* entre un nom de nombre et un autre mot. *L'un des deux.* ◆ *De* avec ellipse de *un. Il vint des derniers,* c.-à-d. un des derniers. ◆ *Et de,* pris absolument devant un nom de nombre, exprime que comptant quelque chose on signale particulièrement le nombre indiqué. *Et de trois.* ◆ *De* entre un verbe et un nom exprimant les compléments des verbes. *Traiter de la paix. Différer d'avis.* ◆ *De* entre un verbe et un substantif et composant avec ce substantif une sorte de locution adverbiale. *Il me parla d'un ton menaçant.* ◆ *De* entre un verbe passif et un substantif et faisant fonction de complément passif. « *Je suis vaincu du temps* », Malherbe. « *Animé d'un regard, je puis tout entreprendre* », Racine. ◆ *De* entre un verbe et un substantif, signifiant avec, à cause de, avec. « *En vain suis-je séparé du monde d'habit, d'état, si mon esprit et mon cœur y sont attachés* », Bourdaloue. ◆ *De* entre un verbe et un adjectif. *Il s'est laissé traiter de lâche.* ◆ Même emploi avec un substantif. *On le traita d'homme sans foi.* ◆ *De* entre un verbe et un autre verbe qui sert de complément au premier. *On l'accusa d'avoir conspiré.* ◆ *De* entre deux verbes, a un sens équivalent à : *de ce que, vu que, puisque, quand, comme si.* « *Ah! voilà qui me plaît de parler de la sorte!* », Molière. ◆ *De* entre un verbe pris impersonnellement et un infinitif. *Il est bon de s'amuser.* ◆ *De* devant un infinitif et pris absolument. *On les appela ; eux de courir* (c.-à-d. commencèrent de courir). ◆ *De* entre le verbe *être* ou tout autre verbe marquant un état, et un substantif, construction où il indique que la chose dont il s'agit devient nôtre. *Nous sommes de la maison. Il est de votre âge.* ◆ *Il est de...* C'est le propre de, le caractère de. ◆ *Il est de... comme...* impersonnellement, avec un substantif ou un pronom, signifiant qu'une chose se comporte comme une autre. *Il est de ceci comme de...* ◆ *Qu'est-ce...* avec *de* ou *que de. Qu'est-ce de ce langage-là?* C'est-à-dire que faut-il penser de ce langage-là? ◆ *Fam. Ce que c'est que de nous !* C'est-à-dire voyez la misérable condition humaine. ◆ Dans une phrase affirmative. *Nous ne savons ce que c'est que de tromperie, ou de tromper.* ◆ *De* placé entre un adverbe et un nom. *Loin de la patrie. Près de la maison.* ◆ *Voici, voilà,* avec *de. Voilà de quel ton il a parlé.* ◆ *De* placé entre un adverbe et un verbe. *Bien loin de céder.* ◆ *De* construit avec un adverbe, en tant que nom abstrait de lieu, de temps, de quantité, etc. *De là, d'ici. De près, de loin. De trop.* ◆ *De* construit avec *plus* ou *moins,* au sens de *que. Il ne s'y trouva pas moins de trente personnes.* ◆ *De* marque la séparation. *Distinguer l'ami d'avec le flatteur.* ◆ *De par le roi* (c'est l'ancienne forme *de part le roi,* c'est-à-dire de la part du roi), en vertu de l'autorité du roi, et familièrement, *cela s'est fait de par ma volonté.* ◆ *De* construit avec la conjonction *quand. De quand est cette lettre?* ◆ *De ce que,* conjonction composée qui signifie parce que, à cause que. *De ce que je n'en parle pas, cela ne veut pas dire que,* etc.

1 DÉ, ■ n. m. [de]ʹ (prob. lat. *datum,* ce qui est jeté sur la table) Petit morceau d'os ou d'ivoire, de figure cubique, marqué sur chaque face d'un différent nombre de points, et servant à jouer. *Jeter les dés.* ◆ *Coup de dé* ou *coup de dés,* le nombre de points qu'on amène en jetant une fois les dés, et fig. coup de hasard. « *Tout est coup de dé dans ce monde* », Voltaire. ◆ *Avoir le dé,* être le premier à jouer. *À vous le dé,* c'est à vous de jouer, construction du jeu ; *à vous le dé,* c'est à vous de parler, d'agir. ◆ *Tenir le dé,* avoir les dés en main pour jouer, et fig. *tenir le dé dans la conversation,* se rendre maître de la conversation, la diriger. ◆ *Le dé en est jeté,* la résolution en est prise. ◆ *Au pl. Dés,* Jeu de dés. ◆ Syn. de domino, au jeu qui porte ce nom. ◆ **Archit.** La partie cubique d'un piédestal. ◆ Petit cube de pierre qu'on place sous des poteaux, des colonnes, des vases pour les isoler de terre. ◆ Petit morceau coupé en cube. *Des dés de jambon, de gruyère. Couper du lard en dés.* ■ Rem. On dit auj. *Les dés en sont jetés.*

2 DÉ, ■ n. m. [de] (b. lat. *digitale,* neutre de *digitalis,* du doigt) Petit cylindre de métal ou d'ivoire, qu'on met au bout du troisième doigt pour pousser l'aiguille. *Dé à coudre.*

3 DÉ..., [de] Signifie l'action d'ôter, de défaire, de sortir, de descendre, etc., comme : faire, défaire, etc., et qui est le représentant de la préposition latine *de.*

DEA, ■ n. m. [deəa] ou [deɔa] (sigle de *diplôme d'études approfondies*) Diplôme universitaire sanctionnant un troisième cycle d'études et précédant le doctorat. *Un* DEA *de linguistique.*

DEAD-HEAT, ■ n. m. [dɛdit] (mot angl., de *dead,* mort(e), et *heat,* course) **Sp.** Dans une course hippique, arrivée simultanée de deux ou plusieurs chevaux qui ne peuvent être départagés que par la photographie. *Des dead-heats.*

DEAL, ■ n. m. [dil] (mot angl., transaction) **Fam.** Arrangement, accord. *C'est un deal entre eux. Des deals.*

1 DEALER ou **DEALEUR,** ■ n. m. [dilœr] (angl. *dealer,* trafiquant) Personne qui revend de la drogue.

2 DEALER, ■ v. tr. [dile] (angl. *(to) deal,* trafiquer) Revendre de la drogue en petite quantité.

DÉAMBULATEUR, ■ n. m. [deãbylatœr] (*déambuler*) Appareil formé d'un cadre métallique, tenu à deux mains devant soi et sur lequel les personnes à mobilité réduite peuvent s'appuyer pour marcher.

DÉAMBULATION, ■ n. f. [deãbylasjɔ̃] (lat. *deambulatio*) Promenade sans hâte et au hasard. « *Vingt fois dans sa longue et imprudente déambulation de la rue de Bellechasse au square Sainte-Clotilde, Patrick s'était arrêté à épier cette fine silhouette* », Bourget.

DÉAMBULATOIRE, ■ n. m. [deãbylatwar] (b. lat. *deambulatorium,* galerie) **Archit.** Passage qui relie les bas-côtés d'une église en tournant autour du chœur.

DÉAMBULER, ■ v. intr. [deãbyle] (lat. *deambulare*) Se promener, flâner.

DÉB, ■ n. m. et n. f. [dɛb] (apocope de *débutant(e)*) **Fam.** Abréviation pour *débutant* ou *débutante. Le bal des débs.*

DÉBÂCHER, ■ v. tr. [debaʃe] (*dé-* et *bâcher*) Replier et ôter la bâche qui recouvre quelque chose. *Débâcher un semi-remorque.*

DÉBÂCLAGE, n. m. [debaklaʒ] (*débâcler*) Action de débâcler, de débarrasser un port, une rivière.

DÉBÂCLE, n. f. [debakl] (*débâcler*) Débâclage. ◆ Peu usité en ce sens. ◆ Rupture subite des glaces qui, couvrant une rivière, en interrompaient le cours. *La débâcle de la Seine.* ◆ **Fig.** et **fam.** Changement fâcheux qui emporte la fortune d'un particulier, la prospérité d'un gouvernement, les opinions, les mœurs. *Cet accident commença la débâcle de sa fortune.* ■ Rupture soudaine d'un mouvement organisé de personnes. *La manifestation s'est terminée en débâcle totale.*

DÉBÂCLÉ, ÉE, p. p. de débâcler. [debakle]

DÉBÂCLEMENT, n. m. [debakləmã] (*débâcler*) L'action de débâcler un port, des bateaux. ◆ Le moment de la débâcle des glaces.

DÉBÂCLER, v. tr. [debakle] (*dé-* et *bâcler*) ▷ Faire retirer d'un port les navires vides, pour que l'accès soit libre aux navires chargés qui arrivent. ◁ Ouvrir ce qui était bâclé. *Débâcler une porte.* ◆ V. intr. Se conjugue avec *être* ou *avoir,* suivant le sens. Il se dit d'une rivière dont les glaces se rompent. *La rivière a débâclé.* ◆ ▷ Ôter et déménager les marchandises, en parlant des marchands qui sont venus à une foire. *La foire finie, les marchands débâclent.* ◁

DÉBÂCLEUR, n. m. [debaklœr] (*débâcler*) ▷ Officier préposé au débâclage d'un port. ◁

DÉBAGOULER, v. intr. [debagule] (*dé-* augment. et anc. fr. *bagouler,* railler grossièrement) Vomir. ◆ V. tr. **Fig.** *Débagouler un torrent d'injures.*

DÉBAGOULEUR, n. m. [debagulœr] (*débagouler*) **Péj.** Celui qui vomit tous les mauvais propos qui lui viennent à la bouche.

DÉBÂILLONNER, v. tr. [debajɔne] (*dé-* et *baillonner*) Ôter un bâillon. ◆ **Fig.** *Débâillonner la presse.*

DÉBALLAGE, n. m. [debalaʒ] (*déballer*) Action de déballer. ◆ Marchandise déballée par des marchands de passage dans une ville. ■ Expression de choses tenues secrètes. *Un déballage de confidences.*

DÉBALLÉ, ÉE, p. p. de déballer. [debale]

DÉBALLER, v. tr. [debale] (*dé-* et *balle*) Défaire une balle, tirer les marchandises de l'emballage. ◆ **Absol.** *On déballe.* ◆ **Absol.** Étaler des marchandises. ■ **Fig.** et **fam.** Dire tout ce que l'on a à dire. *Je lui ai déballé ses quatre vérités.*

DÉBALLONNER (SE), v. intr. [debalɔne] (*dé-* et *ballon*) **Fam.** Perdre son courage au moment d'agir.

DÉBANALISER, ■ v. tr. [debanalize] (*dé-* et *banaliser*) Rendre moins banal et améliorer l'image de quelque chose. *Débanaliser les produits d'usage courant.* ■ **DÉBANALISATION,** n. f. [debanalizasjɔ̃]

DÉBANDADE, n. f. [debãdad] (2 *débander*) Action de se débander, de rompre les rangs. *La débandade fut générale.* ◆ À LA DÉBANDADE, loc. adv. Sans ordre, confusément. ◆ ▷ **Fam.** *Mettre tout à la débandade,* mettre tout en désordre, en confusion. *Laisser tout à la débandade,* abandonner tout au hasard. *Tout va à la débandade,* tout va mal et en confusion. ◁ ◆

▷ *À la débandade,* sans réflexion, tête baissée. ◁ ✦ ▷ *Vivre à la débandade,* ne mettre ni règle ni suite dans sa conduite. ◁

DÉBANDÉ, ÉE, p. p. des deux verbes débander. [debɑ̃de]

DÉBANDEMENT, n. m. [debɑ̃d(ə)mɑ̃] (2 *débander*) ▷ Action des troupes qui se débandent. ◁

1 **DÉBANDER,** v. tr. [debɑ̃de] (*dé-* et *bande,* bandeau) Ôter une bande. *Débander une plaie.* ✦ Ôter un bandeau des yeux. ✦ Ôter des bandeaux qui ornent ou couvrent la tête. ✦ Détendre. *Débander un arc.* ✦ ▷ **Fig.** *Se débander l'esprit,* donner à son esprit fatigué quelque relâche. ◁ ✦ Se débander, v. pr. Ôter le bandeau qu'on a sur les yeux. ✦ Se détendre, en parlant des armes. *Son arc débanda.* ✦ ▷ **Fig.** *Le temps se débande,* la température s'adoucit. ◁ **Fam.** Ne plus être en érection.

2 **DÉBANDER,** v. tr. [debɑ̃de] (*dé-* et *bande,* troupe) Mettre en désordre, disperser, en parlant d'une troupe. ✦ Se débander, v. pr. Se disperser confusément, en parlant d'une troupe. ✦ Avec ellipse du pronom réfléchi. « *Le défaut d'argent pourrait faire débander une armée* », Fᴇ́ɴᴇʟᴏɴ. ✦ Se séparer d'un corps dont on fait partie, en parlant des individus.

DÉBANQUÉ, ÉE, p. p. de débanquer. [debɑ̃ke]

DÉBANQUER, v. tr. [debɑ̃ke] (*dé-* et *banque*) Au pharaon et dans d'autres jeux, gagner tout l'argent du banquier.

DÉBAPTISÉ, ÉE, p. p. de débaptiser. [debatize]

DÉBAPTISER, v. tr. [debatize] (*dé-* et *baptiser*) Changer le nom de quelqu'un. ✦ Se débaptiser, v. pr. Se donner un nouveau nom. ✦ ▷ **Fig.** et **fam.** *Se faire débaptiser,* accepter toutes les extrémités. *Je me ferais plutôt débaptiser que de, etc.* ◁ ✦ Changer le nom d'un lieu. *Débaptiser un bâtiment.*

DÉBARBOUILLAGE, ▪ n. m. [debaʀbujaʒ] (*débarbouiller*) Action de se nettoyer le visage ou de nettoyer le visage de quelqu'un. *Un débarbouillage très sommaire.*

DÉBARBOUILLÉ, ÉE, p. p. de débarbouiller. [debaʀbuje]

DÉBARBOUILLER, v. tr. [debaʀbuje] (*dé-* et *barbouiller*) Nettoyer, laver le visage. ✦ ▷ **Fig.** et **fam.** Tirer quelqu'un d'affaire, le dégager d'un mauvais pas. ◁ ✦ Se débarbouiller, v. pr. Se nettoyer le visage. ✦ **Fig.** « *La nation commence à se débarbouiller ; presque tout le ministère est composé de philosophes* », Vᴏʟᴛᴀɪʀᴇ. ✦ ▷ **Pop.** *Débarbouille-toi comme tu pourras,* tire-toi seul de cette affaire. ◁

DÉBARBOUILLETTE, ▪ n. f. [debaʀbujɛt] (*débarbouiller*) **Québec** Carré d'éponge utilisé pour se laver.

DÉBARBOUILLOIR n. m. ou **DÉBARBOUILLOIRE,** n. f. [debaʀbujwaʀ] (*débarbouiller*) ▷ Serviette à débarbouiller. ◁

DÉBARCADÈRE, n. m. [debaʀkadɛʀ] (*débarquer,* d'après *embarcadère*) Endroit d'une côte ou du quai d'un port qu'on peut accoster pour y débarquer hommes, animaux ou marchandises. ✦ ▷ Sur les chemins de fer, lieu de départ et d'arrivée. ◁ ▪ On dit aussi *embarcadère.*

DÉBARDAGE, n. m. [debaʀdaʒ] (*débarder*) Action de débarder. ▪ Ensemble des opérations de déchargement d'une marchandise. ▪ **Sylvic.** Opération consistant à transporter les arbres abattus ou les billes de bois depuis leur point de chute jusqu'à l'emplacement de stockage et d'embarquement.

DÉBARDÉ, ÉE, p. p. de débarder. [debaʀde]

DÉBARDER, v. tr. [debaʀde] (*dé-* et *bard,* chariot) Tirer du bois hors des bateaux ou des trains de flottage, et le porter sur le bord. ✦ Par extens. Débarquer toutes sortes de marchandises. ✦ Décharger des bateaux hors de service. ▪ Transporter le bois abattu hors de l'endroit où il a été coupé.

DÉBARDEUR, n. m. [debaʀdœʀ] (*débarder*) Ouvrier qui débarde. ✦ Se dit en carnaval d'un costume semblable à celui des débardeurs de bois, et de celui qui porte ce costume. ▪ Maillot de corps, tee-shirt sans manche, à encolure très échancrée. *Porter des débardeurs en été.*

DÉBARQUÉ, ÉE, p. p. de débarquer. [debaʀke] **Par extens.** *Nouveau débarqué, fraîchement débarqué,* se dit d'un homme qui arrive récemment d'un lieu.

DÉBARQUEMENT, n. m. [debaʀk(ə)mɑ̃] (*débarquer*) Action de débarquer, de mettre à terre des passagers, des marchandises. ✦ *Troupes de débarquement,* troupes mises à bord des vaisseaux pour être débarquées sur un point et y agir. ✦ L'action d'une personne qui débarque.

DÉBARQUER, v. tr. [debaʀke] (*dé-* et *barque*) Faire sortir d'un navire, d'un bateau, mettre à terre des passagers, des troupes, des marchandises. ✦ V. intr. Quitter un navire, descendre à terre. ✦ Arriver. ✦ ▷ N. m. *Au débarquer,* dans le temps même du débarquement, de l'arrivée. ◁ ▪ **Fam.** Arriver à l'improviste chez quelqu'un. *Il a débarqué à minuit chez moi.* ▪ **Fig.** et **fam.** Être tout nouveau dans une action déjà engagée. *Je débarque tout juste, il faut me mettre au courant du projet.*

DÉBARRAS, n. m. [debaʀa] (*débarrasser*) Délivrance de ce qui embarrassait. *Les voilà partis, c'est un grand débarras.* ▪ Petite pièce, petit local servant au rangement d'objets divers. *Les produits d'entretien sont dans le débarras.*

DÉBARRASSÉ, ÉE, p. p. de débarrasser. [debaʀase]

DÉBARRASSER, v. tr. [debaʀase] (moy. fr. *desembarrasser,* de l'esp. *desembarazar*) Ôter ce qui embarrasse, au propre et au figuré. *Débarrasser la voie publique. Cette nouvelle l'a débarrassé d'une grande inquiétude.* ✦ Par plais. *Des voleurs le débarrassèrent de son argent.* ✦ *Débarrasser de quelqu'un,* délivrer de quelqu'un en l'écartant, l'éloignant ou même le faisant mourir. ✦ Se débarrasser, v. pr. Se délivrer de ce qui embarrasse. ✦ *Se débarrasser de quelqu'un,* éloigner de soi quelqu'un qui gêne ou qui est à charge, et aussi le faire mourir. ▪ Ôter le couvert après un repas. ▪ *Débarrasser quelqu'un,* le décharger de son manteau et de ce qui peut l'encombrer dans un intérieur.

DÉBARRÉ, ÉE, p. p. de débarrer. [debaʀe]

DÉBARRER, v. tr. [debaʀe] (*dé-* et *barrer*) Ôter la barre. *Débarrer une porte.* ✦ *Débarrer un violon,* en ôter l'âme. ▪ **Québec** Ouvrir une porte verrouillée.

DÉBARRICADÉ, ÉE, p. p. de débarricader. [debaʀikade]

DÉBARRICADER, v. tr. [debaʀikade] (*dé-* et *barricader*) Ôter les barricades. *Débarricader une porte.*

DÉBAT, n. m. [deba] (*débat*) Différend dans lequel de part et d'autre on allègue des paroles ou des raisons. *Être en débat.* « *Petits princes, videz vos débats entre vous* », Lᴀ Fᴏɴᴛᴀɪɴᴇ. ✦ Action de débattre, de discuter. « *Le peuple en corps avait le débat des affaires* », Mᴏɴᴛᴇsǫᴜɪᴇᴜ. ✦ *Débat de compte,* discussion entre deux intéressés sur un article de compte. ✦ Au pl. Discussions des assemblées politiques. *Les débats du parlement anglais.* ▪ **Dr.** La partie de l'instruction judiciaire qui est publique, y compris les plaidoiries. *Ouvrir, fermer les débats.* ▪ Réflexion conflictuelle et intérieure.

DÉBÂTÉ, ÉE, p. p. de débâter. [debate] *Un âne débâté.*

DÉBATELAGE, n. m. [debat(ə)laʒ] (*débateler*) ▷ Décharge des bateaux, des navires. ◁

DÉBATELER, v. tr. [debat(ə)le] (*dé-* et anc. fr. *batel,* bateau) Faire le débatelage.

DEBATER, ▪ n. m. [debatœʀ] Voy. ᴅᴇ́ʙᴀᴛᴛᴇᴜʀ.

DÉBÂTER, v. tr. [debate] (*dé-* et *bâter*) Ôter le bât.

DÉBÂTI, IE, p. p. des deux verbes débâtir. [debati]

1 **DÉBÂTIR,** v. tr. [debatiʀ] (*dé-* et *bâtir*) ▷ Démolir ce qu'on a bâti. « *Quelle rage est la sienne de bâtir et de débâtir ?* », Mᴍᴇ ᴅᴇ Sᴇ́ᴠɪɢɴᴇ́. ◁

2 **DÉBÂTIR,** v. tr. [debatiʀ] (*dé-* et *bâtir*) Ôter les bâtis d'un corsage. *Débâtir un corsage.*

DÉBATTEMENT, ▪ n. m. [debat(ə)mɑ̃] (*dé-* et *battement*) Amplitude du mouvement d'un élément mobile autour de son axe. ▪ **Autom.** Mouvement d'un essieu de part et d'autre de son axe par rapport au châssis.

DÉBATTEUR ou **DEBATER,** ▪ n. m. [debatœʀ] (angl. *debater,* de *to debate,* débattre) Personne habile à l'oral qui participe ou anime des débats. ▪ **Rem.** La variante *debater* est un anglicisme.

DÉBATTRE, v. tr. [debatʀ] (*dé-* augment. et *battre*) Lutter pour, disputer, contester. *Débattre le prix de la vertu.* ✦ Se dit de deux ou plusieurs personnes qui soumettent une chose, un point à une contestation. *Débattre le prix d'un objet.* ✦ Absol. Avoir une contestation. *S'amuser à débattre. Être débattu.* ✦ Se débattre, v. pr. S'agiter vivement, faire de grands efforts pour résister, pour se dégager. « *Quoique la victime se débatte devant les autels* », Bᴏssᴜᴇᴛ. ✦ **Fig.** « *Les sauvages se débattent fort peu contre la mort* », J.-J. Rᴏᴜssᴇᴀᴜ. ✦ *Se débattre,* avoir un débat avec quelqu'un. *Ils se sont longtemps débattus entre eux.* ✦ Être débattu. *Cette question se débat en ce moment.* ▪ Lutter avec force pour résoudre ou se sortir d'une situation problématique. *Se débattre dans des difficultés professionnelles.*

DÉBATTU, UE, p. p. de débattre. [debaty] ▷ **Fig.** *Tout débattu,* après avoir examiné la chose de tous les côtés. ◁

DÉBATTUE, n. f. [debaty] (romand *débattre,* battre) **Suisse** Engourdissement des doigts provoqué par le froid.

DÉBAUCHAGE, ▪ n. m. [deboʃaʒ] (*débaucher*) Pratique qui consiste à recruter un futur employé parmi ceux d'entreprises concurrentes.

DÉBAUCHE, n. f. [deboʃ] (*débaucher*) ▷ Excès condamnable dans le boire et le manger. ◁ ✦ ▷ Excès inaccoutumé de table, partie de table. *Ils aiment à faire de temps en temps une petite débauche.* ◁ ▷ *Être en débauche,* se livrer à quelques excès ou parties de table. ◁ ✦ ▷ N. m. *Au débarquer,* Fig. « *Vous n'y ferez pas débauche de sincérité* », Mᴍᴇ ᴅᴇ Sᴇ́ᴠɪɢɴᴇ́. ▪ Dérèglement de mœurs. ✦ **Fig.** *Débauche d'esprit, d'imagination, etc.,* usage déréglé de son esprit, etc.

DÉBAUCHÉ, ÉE, p. p. de débaucher. [deboʃe] N. m. et n. f. *C'est un débauché.*

DÉBAUCHEMENT, n. m. [deboʃ(ə)mã] (*débaucher*) ▷ Action de débaucher. ◁

DÉBAUCHER, v. tr. [deboʃe] (*dé-* et anc. fr. *bauc, bauche*, poutre, dégrossir du bois pour en faire des poutres, fendre, puis écarter de son travail ou de son devoir) Jeter dans la débauche. ◆ Détourner de ses devoirs, de la bonne conduite. ◆ Détourner d'un travail, d'une occupation. *Débaucher un ouvrier, un domestique.* ◆ Provoquer à la défection. « *Il débauchait par promesses et par argent les troupes même de l'Empire* », Fléchier. ◆ En bonne part, faire quitter un moment le travail pour le plaisir. *Un de ces jours j'irai vous débaucher.* ◆ Se débaucher, v. pr. Se jeter dans la débauche. ◆ Quitter ses occupations. *Se débaucher de ses études.* ▪ Procéder au licenciement d'employés faute de travail. ▪ Recruter un employé parmi ceux d'entreprises concurrentes.

DÉBAUCHEUR, EUSE, n. m. et n. f. [deboʃœr, øz] (*débaucher*) Celui, celle qui excite à la débauche.

DÉBECTER ou **DÉBECQUETER**, ▪ v. tr. [debɛkte] (*dé-* et *becqueter*, manger) Fam. Dégoûter. *Il me débectait par sa façon de manger.* ▪ Rem. Graphie ancienne : *débequeter*. ▪ **DÉBECTANT, ANTE**, adj. [debɛktã, ãt]

DÉBET, n. m. [debɛ] (lat. *debet*, 3ᵉ pers. du sing. de *debere*, devoir) Financ. Ce qui reste dû après un arrêté de compte. *Les débets. Voici le débet de votre compte.* ◆ *Être en débet*, n'avoir pas pu solder un compte complètement. ◆ *Payer une charge en débet*, la payer en acquittant les dettes du vendeur.

DÉBIFFÉ, ÉE, p. p. de débiffer. [debife] *Traits débiffés.*

DÉBIFFER, v. tr. [debife] (p.-ê. *dé-* et *biffé*) Très fam. Mettre en mauvais état. *Débiffer l'estomac.*

DÉBILE, adj. [debil] (lat. *debilis*) Qui manque de force, au physique et au moral. *Mes débiles mains. Une voix faible et débile. Raison, volonté débile.* ▪ N. m. et n. f. Personne dont les capacités intellectuelles sont réduites. *Un débile léger, profond.* ▪ Rem. Peut être pris péjorativement dans ce sens. ▪ Adj. Fam. Complètement idiot, qui va contre le bon sens. *C'est débile ce truc!*

DÉBILEMENT, adv. [debil(ə)mã] (*débile*) D'une manière débile.

DÉBILITANT, ANTE, adj. [debilitã, ãt] (*débiliter*) Méd. Qui est propre à débiliter, à diminuer l'énergie des organes et particulièrement celle des muscles. *Remède débilitant.* ◆ N. m. *Les antiphlogistiques sont des débilitants.*

DÉBILITATION, n. f. [debilitasjɔ̃] (lat. *debilitatio*) Action d'ôter les forces ; résultat de cette action.

1 **DÉBILITÉ**, n. f. [debilite] (lat. *debilitas*) État débile, manque de force. ◆ Fig. *La débilité de l'esprit, du pouvoir.*

2 **DÉBILITÉ, ÉE**, p. p. de débiliter. [debilite]

DÉBILITER, v. tr. [debilite] (lat. *debilitare*, blesser, estropier) Rendre débile. *Débiliter l'estomac.* ◆ Se débiliter, v. pr. Être, devenir débile.

DÉBILLARDER, ▪ v. tr. [debijarde] (*dé-* et *billard*, pièce de bois) Débiter une pièce de bois ou de pierre en diagonale pour ensuite l'arrondir.

DÉBINE, n. f. [debin] (*débiner*, être dans la misère) Pop. État d'une personne qui fait mal ses affaires. *Il est tombé dans la débine.*

DÉBINER, v. tr. [debine] (étym. obsc. : cf. moy. fr. *rebineur*, qui se rétracte) Pop. Mettre en débine ou dans un désarroi quelconque. ◆ Dire du mal de quelqu'un. ▪ Se débiner, v. pr. Fam. S'enfuir. ▪ Fam. Renoncer à faire quelque chose, généralement par crainte de la difficulté.

DÉBIRENTIER, IÈRE, ▪ n. m. et n. f. [debirãtje, jɛr] (*débit* et *rente*) Personne physique ou morale qui doit une rente à un créancier.

DÉBIT, n. m. [debi] (lat. *debitum*, p. p. neutre substantivé de *debere*, devoir) Vente continue qui se fait dans une boutique, dans un magasin. *Le débit des marchandises. Cette marchandise a du débit.* ◆ Commerce en détail et en boutique des boissons, vin, bière, cidre, eau-de-vie, etc. ◆ Boutique d'un débitant, lieu où l'on débite. ◆ Boutique où l'on vend certaines marchandises monopolisées par le gouvernement. *Un débit de tabac.* ◆ Comm. Partie d'un compte où l'on porte ce qui a été fourni à quelqu'un ou payé à quelqu'un, par opposition à crédit. ◆ Coupe de bois selon ses diverses destinations, par exemple en poutres, planches, échalas, etc. ◆ Action de raconter, de réciter. ◆ Manière de parler, de raconter, de réciter. *Il a un débit pénible.* ◆ *Débit d'une fontaine, d'une conduite d'eau, de gaz*, la quantité qu'elle fournit dans une certaine unité de temps. ▪ Volume déplacé ou échangé en un temps déterminé. *Un important débit d'informations.* ▪ Nombre d'entités véhiculées en un temps donné sur une zone déterminée. *Le débit des autoroutes s'accroît au moment des départs en vacances.* ▪ Vitesse d'échange et de transmission d'informations sur Internet. *Une connexion haut débit, bas débit.*

DÉBITABLE, adj. [debitabl] (*débiter*) Qui peut être débité, coupé suivant certains procédés.

DÉBITAGE, n. m. [debitaʒ] (*débiter*) Action de débiter les bois suivant les formes exigées.

DÉBITANT, ANTE, n. m. et n. f. [debitã, ãt] (*débiter*) Celui, celle qui vend des marchandises en détail. ◆ Particulièrement, celui, celle qui vend des boissons. *Une débitante de vin.* ◆ Plus particulièrement, celui, celle qui vend une des marchandises monopolisées par l'État. *Débitant de tabac.*

DÉBITÉ, ÉE, p. p. de débiter. [debite]

DÉBITER, v. tr. [debite] (*dé-* et *bitte* ; sens comm., *débit*) Vendre en détail ou fréquemment. *Débiter des denrées.* « *Les librairies ne m'ont ni envoyé le livre, ni averti qu'ils le débitaient* », Voltaire. ◆ Fig. *Débiter sa marchandise*, avoir du succès, réussir. ◆ *Il débite bien sa marchandise*, il sait faire valoir ce qu'il dit. ◆ Absol. Détailler. ◆ Comm. Inscrire quelqu'un comme débiteur d'un article ou d'une somme. *Je vous ai débité de mille francs.* ◆ *Débiter le bois*, le couper de longueur, après avoir refendu les pièces. *Débiter le bois en planches, en poutres, en cerceaux. Débiter la pierre, le marbre.* ◆ *Débiter un bœuf*, le couper en pièces de boucherie. ◆ Pop. *Débiter de l'ouvrage*, en exécuter beaucoup. ◆ Réciter. *Débiter des vers.* ◆ Dire, exposer, mais avec un sens péjoratif d'ironie ou de blâme. *Débiter une morale pernicieuse, le mensonge.* ◆ Fournir une certaine quantité d'eau en un temps donné, en parlant d'une fontaine ou d'un cours d'eau. ◆ Se débiter, v. pr. Être vendu. ◆ Être coupé, taillé. ▪ Produire sur un intervalle de temps déterminé.

1 **DÉBITEUR, EUSE**, n. m. et n. f. [debitœr, øz] (*débiter*) Celui, celle qui débite, répand des nouvelles, des contes, etc.

2 **DÉBITEUR, TRICE**, n. m. et n. f. [debitœr, tris] (lat. *debitor, debitrix*, de *debere*, devoir) Celui, celle qui doit. *Un débiteur insolvable.* ◆ Personne qui est tenue d'une obligation. *Débiteur hypothécaire.* ◆ Adj. *Compte débiteur*, compte qui est mis à la page dite débit.

DÉBITMÈTRE, ▪ n. m. [debimɛtr] (*débit* et *-mètre*) Appareil de contrôle, de mesure et de réglage du débit d'un liquide ou d'un gaz. ▪ **DÉBITMÉTRIE**, n. f. [debimetri]

DÉBLAI, n. m. [deblɛ] (*déblayer*) Les terres, les décombres qu'on retire d'un endroit quand on fait un déblaiement. ◆ Le résultat produit par l'enlèvement des déblais. *Cet endroit de la route est en déblai*, se dit de l'endroit d'une route où il a fallu faire un déblai. ◆ Action de déblayer. *Le déblai du terrain.*

DÉBLAIEMENT ou **DÉBLAYAGE**, n. m. [deblɛmã, deblɛjaʒ] Action de déblayer, d'enlever des terres pour faire un nivellement, d'enlever des décombres pour dégager quelque chose. ▪ Rem. Graphie ancienne : *déblayement*.

DÉBLATÉRER, v. intr. [deblatere] (lat. *deblaterare*, de *blaterare*, bavarder, d'orig. onomat.) Parler longtemps et avec violence contre quelqu'un.

DÉBLAYAGE, ▪ n. m. [deblɛjaʒ] (*déblayer*) Voy. déblaiement.

DÉBLAYÉ, ÉE, p. p. de déblayer. [deblɛje]

DÉBLAYEMENT, n. m. [deblɛmã] (*déblayer*) Voy. déblaiement.

DÉBLAYER, v. tr. [deblɛje] (*dé-* et *blé* ; cf. anc. fr. *desbleer*, moissonner) Ôter, enlever des terres, des décombres. ◆ Débarrasser un lieu des objets qui l'encombrent. *Déblayer une maison, une cour.* ◆ Fig. *Déblayer le terrain*, aplanir les difficultés. ◆ Se déblayer, v. pr. Être déblayé.

DÉBLOCAGE, n. m. [deblokaʒ] (*débloquer*) Impr. Action de débloquer. ▪ Par extens. *Le déblocage d'un tiroir.* ▪ Fig. *Le déblocage des salaires.*

DÉBLOCUS, n. m. [deblokys] (*dé-* et *blocus*) ▷ Action de lever ou de faire lever un blocus. ◁

DÉBLOQUÉ, ÉE, p. p. de débloquer. [debloke]

DÉBLOQUEMENT, n. m. [deblɔk(ə)mã] (*débloquer*) Action de débloquer une ville ; résultat de cette action.

DÉBLOQUER, v. tr. [debloke] (*dé-* et *bloquer*) Obliger l'ennemi à lever un blocus. *Débloquer une place.* ◆ Impr. Remplacer des lettres bloquées par celles qui conviennent. ◆ Se débloquer, v. pr. Faire lever soi-même le blocus. ◆ Au jeu de billard, *se débloquer*, ressortir d'une blouse après y avoir été bloqué, en parlant d'une bille. ▪ Supprimer la cause d'un blocage et permettre ainsi un fonctionnement normal. *Débloquer un tiroir coincé.* ▪ Fig. *Débloquer des crédits, les salaires. Débloquer une situation.* ▪ Se débloquer, v. pr. Être débloqué. *Les choses vont se débloquer petit à petit.* ▪ Fam. Raconter n'importe quoi. *Il commence à débloquer sérieusement.*

DÉBOBINER, ▪ v. tr. [debobine] (*dé-* et *bobine*) Démonter une bobine de fil. ▪ Techn. Dérouler les fils électriques d'un appareil ou d'une installation électrique.

DÉBOGAGE, ▪ n. m. [debogaʒ] (*déboguer*) Résolution d'un bogue informatique.

DÉBOGUER, ▪ v. tr. [deboge] (angl. (*to*) *debug*) Résoudre un bogue informatique. ▪ **DÉBOGUEUR, EUSE**, n. m. et n. f. [debogœr, øz]

DÉBOIRE, n. m. [debwaʀ] (*dé-* et *boire*) ▷ Goût désagréable qu'une boisson laisse dans la bouche. ◁ **Fig.** Regret, dégoût, mortification. « *Toute l'amertume et tout le déboire de mille événements fâcheux* », BOURDALOUE. ▪ **N. m. pl.** Incident, événement fâcheux mais sans grande gravité. *Nous avons eu quelques déboires.*

DÉBOISÉ, ÉE, p. p. de déboiser. [debwaze]

DÉBOISEMENT, n. m. [debwaz(ə)mɑ̃] (*déboiser*) Action de déboiser ; résultat de cette action.

DÉBOISER, v. tr. [debwaze] (*dé-* et *boiser*) Détruire les bois ou les forêts qui couvrent le sol. *Déboiser un pays.* ◆ Se déboiser, v. pr. Devenir déboisé.

DÉBOÎTÉ, ÉE ou **DÉBOITÉ, ÉE**, p. p. de déboîter. [debwate]

DÉBOÎTEMENT ou **DÉBOITEMENT**, n. m. [debwat(ə)mɑ̃] (*déboîter*) Déplacement d'un os sorti de son articulation. ▪ Action de déboîter.

DÉBOÎTER ou **DÉBOITER**, v. tr. [debwate] (*dé-* et *boîte*) Faire sortir un os de son articulation. ◆ Démonter, déjoindre. *Déboîter une porte, une cloison.* ◆ Séparer des tuyaux entrés l'un dans l'autre. ◆ Se déboîter, v. pr. Sortir de son articulation, de son agencement. *L'os se déboîta.* ▪ V. intr. Faire sortir son véhicule d'une file pour se placer dans celle d'à côté. *Mettre son clignotant avant de déboîter.*

DÉBONDÉ, ÉE, p. p. de débonder. [debɔ̃de]

DÉBONDER, v. tr. [debɔ̃de] (*dé-* et *bonde*) Ôter la bonde. *Débonder un tonneau.* ◆ **Fig.** *Débonder son cœur*, décharger son cœur, s'épancher sans réserve. ▪ V. intr. S'écouler abondamment et rapidement. *L'eau a débondé cette nuit par une ouverture.* ◆ **Fig.** et **fam.** S'épancher tout à coup et sans réserve. ◆ Évacuer par bas. ◆ Se débonder, v. pr. Se vider par un écoulement rapide.

DÉBONDONNÉ, ÉE, p. p. de débondonner. [debɔ̃dɔne]

DÉBONDONNEMENT, n. m. [debɔ̃dɔn(ə)mɑ̃] (*débondonner*) ▷ Action de débondonner. ◁

DÉBONDONNER, v. tr. [debɔ̃dɔne] (*dé-* et *bondon*) ▷ Ôter le bondon d'un tonneau. ◁

DÉBONNAIRE, adj. [debɔnɛʀ] (*de bon(ne) aire*, de bonne souche, noble) Qui joint douceur et bonté. *Une humeur débonnaire. Vainqueur débonnaire.* ◆ **N. m.** *Louis le Débonnaire.*

DÉBONNAIREMENT, adv. [debɔnɛʀ(ə)mɑ̃] (*débonnaire*) D'une façon débonnaire.

DÉBONNAIRETÉ, n. f. [debɔnɛʀ(ə)te] (*débonnaire*) Qualité du débonnaire.

DÉBORD, n. m. [debɔʀ] (*déborder*) La partie d'une pièce de monnaie qui passe les bords du flan. ◆ Partie d'une route qui borde le pavé. ◆ La partie de la doublure qui excède l'étoffe, en forme de passepoil. ◆ **Par extens.** Éruption, en parlant des humeurs, de la bile. *Un débord de bile.* ▪ **Impr.** Partie d'un texte qui ne rentre pas dans la page. *Il y a trois lignes de débord.* ▪ **Comm.** Surplus de marchandise stocké ailleurs que sur le point de vente.

DÉBORDANT, ANTE, adj. [debɔʀdɑ̃, ɑ̃t] (*déborder*) Qui va au-delà des limites ou du cadre fixé. *Une haie débordante.* ▪ Qui se caractérise par une importante vigueur et une impossibilité à être contenu. *Une activité débordante, une joie débordante.*

DÉBORDÉ, ÉE, p. p. de déborder. [debɔʀde] ▷ **Fig.** Dissolu. *Vie, conduite débordée.* ◁ ▪ **N. m.** et **n. f.** « *Vous retenez dans l'Église les plus débordés* », PASCAL. ◆ **Fig.** Dépassé dans les idées, devancé dans l'opinion. ◆ Surchargé de travail, d'occupations. *Je n'ai pas le temps de m'occuper de cela pour le moment, je suis débordée.*

DÉBORDEMENT, n. m. [debɔʀd(ə)mɑ̃] (*déborder*) État d'un fleuve, d'une rivière qui franchit les bords de son lit. ◆ **Par extens.** Évacuation prompte et copieuse de quelque matière excrémentielle. ◆ **Fig.** Irruption de multitudes. *Le débordement des barbares dans l'empire romain.* ◆ Excès des passions, des crimes. « *Leurs mœurs corrompues et leurs débordements* », BOURDALOUE. « *Un débordement de vices* », MASSILLON. ◆ Dissolution de mœurs. *Vivre dans le débordement.* ◆ Effusion. *Débordement de paroles.* ◆ *Débordement d'écrits, de pamphlets, etc.*, se dit d'écrits, de pamphlets, etc., qui se multiplient et se répandent. ▪ Fait d'agir en allant au-delà du cadre d'activité ou de ses convictions. *Le débordement à droite d'un parti à tendance communiste.* ▪ **Sp.** Franchissement de la ligne de défense du camp adverse en la contournant. ▪ **Inform.** Excès d'informations transmises à un système informatique. ▪ **Inform.** Procédé de piratage informatique qui consiste à envoyer plus d'informations qu'un système ne peut en recevoir, pour obtenir une réponse et ainsi en prendre le contrôle.

DÉBORDER, v. intr. [debɔʀde] (suivant le sens, *dé-* et *bord* (dépasser les bords), ou *dé-* et *border* (ôter la bordure)) Se conjugue avec *être* ou *avoir*, suivant le sens. Dépasser les bords, sortir de son lit. ◆ **Par extens.** Faire

éruption hors du corps. *La bile déborde.* ◆ **Fig.** *La colère déborde de son cœur. Son cœur déborde.* ◆ Accourir en foule. ◆ Dépasser le bord d'une autre chose. ◆ **Mar.** Quitter le bord d'un navire, en parlant des embarcations. ▪ **V. tr.** Dépasser par le bord une chose. ▪ **Milit.** Dépasser le flanc d'un corps de troupes. ◆ **Fig.** Dépasser, aller au-delà. *Si vous soulevez le flot populaire, il vous débordera.* ◆ Ôter la bordure. *Déborder une robe, des souliers.* ◆ *Déborder un lit*, faire sortir le bord de la couverture repliée sous les matelas ou au-dedans du bois de lit. ◆ Se déborder, v. pr. Monter au-dessus de ses bords. *Le Rhin s'était débordé tout à coup.* ◆ **Par extens.** Faire éruption hors du corps. *La bile se déborde.* ◆ **Fig.** « *Pour arrêter la malice qui se déborde* », FLÉCHIER. Faire irruption, en parlant des multitudes. « *Il ne put d'abord arrêter le torrent qui se débordait sur sa patrie* », VOLTAIRE. ◆ Se laisser aller à l'expansion, à des effusions. ◆ *Se déborder en injures contre quelqu'un*, l'en accabler. ◆ Faire sortir, en se remuant dans son lit, le bord de la couverture de dessous les matelas. ◆ **Mar.** Se détacher, en parlant d'un vaisseau, du bord d'un autre qui l'avait abordé ou du bord d'un brûlot. ◆ *C'est la goutte d'eau qui fait déborder le vase*, c'est l'élément en trop qui fait exploser une situation tendue. ▪ Aller au-delà des limites de quelque chose. *Déborder un sujet, une question.*

DÉBOSSELER, ▪ v. tr. [debɔs(ə)le] (*dé-* et *bosseler*) Rendre son aspect lisse à une surface en éliminant les bosses. ▪ DÉBOSSELAGE, n. m. [debɔs(ə)laʒ]

DÉBOTTÉ, ÉE, p. p. de débotter. [debote] N. m. Le moment où l'on quitte ses bottes, et particulièrement le moment où le prince quitte ses bottes. On écrit *débotté* et *débotté*. ◆ *Au débotté* ou *au débotter*, de façon soudaine et à l'improviste.

DÉBOTTER, v. tr. [debote] (*dé-* et *botter*) Tirer les bottes à quelqu'un. ▪ N. m. Le moment de l'arrivée, l'instant où l'on ôte ses bottes. *Le débotter du roi.* ◆ Se débotter, v. pr. Quitter ses bottes. ▪ *Au débotter*, Voy. DÉBOTTÉ.

DÉBOUCHAGE ou **DÉBOUCHEMENT**, ▪ n. m. [debuʃaʒ, debuʃ(ə)mɑ̃] (1 *déboucher*) Action d'ôter ce qui bouche.

1 DÉBOUCHÉ, n. m. [debuʃe] (2 *déboucher*) Extrémité d'un défilé, d'une gorge, d'une vallée, etc. *Au débouché d'un fourré, des montagnes.* ◆ **Fig.** Expédient pour sortir de difficultés, d'embarras. *Chercher un débouché pour se tirer d'affaire.* ◆ Endroit, point d'exportation pour les marchandises. *L'Amérique est un de nos meilleurs débouchés.* ◆ **Fig.** Moyen de placement, d'écoulement de marchandises. « *Les denrées y sont abondantes, sans aucun débouché au-dehors* », J.-J. ROUSSEAU. ◆ Issue, perspective qu'ont les gens pour faire leur carrière. *Des études qui offrent peu de débouchés.*

2 DÉBOUCHÉ, ÉE, p. p. des deux verbes déboucher. [debuʃe]

1 DÉBOUCHEMENT, n. m. [debuʃ(ə)mɑ̃] (1 *déboucher*) Voy. DÉBOUCHAGE.

2 DÉBOUCHEMENT, n. m. [debuʃ(ə)mɑ̃] (2 *déboucher*) Point de communication d'un endroit resserré avec un lieu plus ouvert.

1 DÉBOUCHER, v. tr. [debuʃe] (*dé-* et *bouche*) Ôter ce qui bouche. *Déboucher une bouteille.* ◆ Enlever ce qui obstrue. *Déboucher un passage.* ◆ **Fig.** Déboucher les oreilles. ◆ Se déboucher, v. pr. Cesser d'être bouché.

2 DÉBOUCHER, v. intr. [debuʃe] (*dé-* et *bouche*, orifice) Sortir d'un endroit resserré. *L'armée déboucha.* ◆ Avoir son embouchure. *Le Rhône débouche dans la Méditerranée.* ◆ **Par extens.** *Une rue, un boulevard débouche sur telle place.* ◆ **Fig.** Aboutir. *Stage pouvant déboucher sur un poste.*

DÉBOUCHEUR, ▪ n. m. [debuʃœʀ] (1 *déboucher*) Produit à base de soude ou d'acide utilisé pour détruire ce qui obstrue les canalisations.

DÉBOUCHOIR, ▪ n. m. [debuʃwaʀ] (1 *déboucher*) Objet constitué d'un manche et d'une ventouse permettant d'aspirer ce qui obstrue une canalisation pour la déboucher. ▪ Outil utilisé par les lapidaires.

DÉBOUCLÉ, ÉE, p. p. de déboucler. [debukle]

DÉBOUCLER, v. tr. [debukle] (suivant le sens, *dé-* et *boucle* (détacher), ou *dé-* et *boucler* (déranger des boucles)) Dégager, détacher l'ardillon d'une boucle. ◆ Ôter une boucle, défaire des boucles. ◆ *Déboucler un prisonnier*, lui ôter ses fers. ▪ **Mar.** *Déboucler un port*, en dégager l'entrée. ◆ Déranger les boucles d'une chevelure, défriser. ◆ Se déboucler, v. pr. Être débouclé.

1 DÉBOUILLI, n. m. [debuji] (*débouillir*) Action de débouillir une étoffe.

2 DÉBOUILLI, IE, p. p. de débouillir. [debuji] *Étoffe débouillie.*

DÉBOUILLIR, v. tr. [debujiʀ] (*dé-* et *bouillir*) Mettre à l'épreuve la bonté d'une teinture, en faisant bouillir un échantillon dans un mélange de plusieurs drogues. ◆ On fait aussi débouillir les étoffes de soie pour les reteindre.

DÉBOUILLISSAGE, n. m. [debujisaʒ] (*débouillir*) ▷ Action de débouillir. ◁

DÉBOULÉ, ▪ n. m. [debule] (*débouler*) Danse Figure consistant à effectuer rapidement des demi-tours sur les demi-pointes ou les pointes. ▪ **Sp.** Sprint au cours d'un match. ▪ Départ brusque du gibier. ▪ *Tirer au déboulé*, lorsque l'animal sort de sa tanière.

DÉBOULER, ■ v. intr. [debule] (*dé-* et *bouler*) Tomber dans une pente en roulant comme une boule. *Les rochers déboulaient la pente.* ■ **Fam.** Arriver ou fuir précipitamment. *Les lapins déboulaient à l'approche des chiens.*

DÉBOULONNAGE ou **DÉBOULONNEMENT**, ■ n. m. [debulɔnaʒ, debulɔn(ə)mɑ̃] (*déboulonner*) Action d'ôter les boulons pour démonter quelque chose. *Déboulonner une statue.* ♦ Fait d'anéantir méthodiquement le prestige de quelque chose, quelqu'un. « *Dialogues simples mais efficaces, déboulonnage de la société petite-bourgeoise anglaise sont les ingrédients clefs de ces histoires faussement banales* », *L'Express livres*, 2005.

DÉBOULONNER, ■ v. tr. [debulɔne] (*dé* et *boulonner*) Ôter les boulons de. ■ **Fam.** Déloger une personne de son poste et anéantir son prestige. *Il a été déboulonné de son poste de directeur.*

DÉBOUQUÉ, ÉE, p. p. de débouquer. [debuke]

DÉBOUQUEMENT, n. m. [debuk(ə)mɑ̃] (*débouquer*) Action de débouquer. ♦ Canal, détroit, passage entre des îles.

DÉBOUQUER, v. intr. [debuke] (*dé-* et *bouque*, passe étroite) **Mar.** Sortir des bouches, des canaux qui séparent les îles.

DÉBOURBAGE, n. m. [deburbaʒ] (*débourber*) **Techn.** Action d'ôter la bourbe, la gangue.

DÉBOURBÉ, ÉE, p. p. de débourber. [deburbe]

DÉBOURBER, v. tr. [deburbe] (*dé-* et *bourbe*) Ôter la bourbe. *Débourber un étang.* ♦ Tirer de la bourbe. *Débourber une charrette.* ♦ *Débourber et aussi faire débourber le poisson*, le mettre dans l'eau claire pour qu'il perde le goût de bourbe. ♦ Se débourber, v. pr. Sortir de la bourbe. ♦ **Fig.** Sortir d'une position embarrassante. ■ Laisser un liquide se décanter. ■ Nettoyer un minerai de l'argile qui l'entoure.

DÉBOURBEUR, ■ n. m. [deburbœr] (*débourber*) Appareil qui nettoie les minerais en ôtant la boue.

DÉBOURGEOISÉ, ÉE, p. p. de débourgeoiser. [deburʒwaze]

DÉBOURGEOISER, v. tr. [deburʒwaze] (*dé-* et *bourgeois*) Faire perdre à quelqu'un les manières bourgeoises. ♦ Se débourgeoiser, v. pr. Quitter les manières bourgeoises.

DÉBOURRAGE, ■ n. m. [deburaʒ] (*débourrer*) Action d'ôter la bourre de quelque chose. ■ Son résultat.

DÉBOURRÉ, ÉE, p. p. de débourrer. [debure]

DÉBOURREMENT, ■ n. m. [debur(ə)mɑ̃] (*débourrer*) **Hortic.** Ouverture et croissance des bourgeons sur les arbres fruitiers et spécialement de la vigne.

DÉBOURRER, v. tr. [debure] (*dé-* et *bourre*) Ôter la bourre. *Débourrer une pipe*, ôter le tabac qu'elle contient. *Débourrer un fusil*, ôter la bourre. ♦ ▷ **Fig.** *Débourrer un jeune homme*, lui donner les manières, les habitudes du monde. ♦ **Fig.** Se débourrer, v. pr. Perdre des manières incultes et se façonner à celles du monde. ◁ ♦ Commencer le dressage d'un cheval. *Débourrer une pouliche.* ■ V. intr. S'épanouir, en parlant des bourgeons.

DÉBOURS, n. m. [debur] (*débourser*) Argent avancé pour le compte d'un autre. *Je ne suis pas rentré dans mes débours.* ■ Rem. On disait autrefois *déboursés*.

DÉBOURSÉ, ÉE, p. p. de débourser. [deburse] ▷ N. m. pl. *Déboursés*, argent dépensé pour frais, pour avances. ◁

DÉBOURSEMENT, n. m. [debursəmɑ̃] (*débourser*) Action de débourser.

DÉBOURSER, v. tr. [deburse] (*dé-* et *bourse*) Tirer de l'argent de sa bourse, de sa caisse pour un paiement. ♦ **Absol.** *Sans débourser.*

DÉBOUSSOLER, ■ v. tr. [debusole] (*dé-* et *boussole*) **Fam.** Décontenancer une personne de telle façon qu'elle ne sache plus où elle en est. *Être complètement déboussolé.*

DEBOUT, adv. [dəbu] (*de* et *bout*) Se dit de ce qui est dressé et posé sur un de ses bouts. *Mettre une colonne debout.* ♦ *Pièce de bois placée debout*, pièce placée de manière à résister suivant le sens des fibres du bois. ♦ *Être encore debout*, se dit des choses qui ont échappé à une destruction presque inévitable. ♦ **Fig.** *Ce vieil empire était encore debout.* ♦ Être droit sur ses pieds, en parlant d'une personne. *Debout ou assis. Se tenir debout.* ♦ DE-BOUT !, loc. interj. Lève-toi, levez-vous. ♦ *Laisser quelqu'un debout*, ne pas le faire asseoir. ♦ **Fig.** et **fam.** *Il ne peut que tomber debout*, se dit d'un homme qui a des ressources pour se soutenir en dépit des disgrâces. On dit dans le même sens : tomber sur ses pieds. ♦ *Être debout*, se tenir sur les pieds de derrière, en parlant des animaux. ♦ **Hérald.** *Debout*, se dit des animaux qui sont représentés droits et posés sur les pieds de derrière. ♦ *Être debout*, être levé, hors de son lit. ♦ **Fig.** « *Il crut qu'un évêque plus qu'un empereur devait mourir debout et dans l'exercice de sa charge* », Fléchier. ♦ *Dormir debout*, éprouver un extrême besoin de sommeil. ♦ *Conte à dormir debout,*

récit ennuyeux, promesses en l'air. ♦ On dit que *du bétail passe debout dans une ville*, quand il n'y couche point, n'y est point vendu et n'y doit rien les droits d'entrée, et par extension *passer debout* se dit des marchandises qui, traversant une ville ou un pays, y passent sans payer de droit ou sans être visitées. ♦ **Mar.** *Avoir vent debout*, ou *de bout*, suivant l'orthographe de quelques-uns, avoir vent contraire, vent soufflant sur la proue du vaisseau. ♦ *Être debout au vent, à la lame, au courant*, y présenter l'avant du vaisseau. ♦ *Bois debout*, bois coupé, scié, travaillé perpendiculairement au fil. ♦ **Prov.** *On est plus couché que debout*, c'est-à-dire la vie est bien courte en regard de l'éternité. ♦ *Ne pas tenir debout*, être trop fatigué ou trop ivre pour se tenir sur ses jambes, et fig. manquer de logique et de cohérence. *Un exposé qui ne tient pas debout.*

DÉBOUTÉ, ÉE, p. p. de débouter. [debute] N. m. et n. f. Personne dont la demande a été rejetée. *Les déboutés du droit d'asile.*

DÉBOUTEMENT, n. m. [debut(ə)mɑ̃] (*débouter*) Action de débouter.

DÉBOUTER, v. tr. [debute] (*dé-* et *bouter*) Déclarer par arrêt une personne déchue d'une demande. *Le tribunal l'a débouté de sa demande.*

DÉBOUTONNAGE, ■ n. m. [debutɔnaʒ] (*déboutonner*) Action d'ouvrir un vêtement en faisant sortir les boutons de leur boutonnière.

DÉBOUTONNÉ, ÉE, p. p. de déboutonner. [debutɔne] **Fam.** *Rire, manger à ventre déboutonné*, avec excès.

DÉBOUTONNER, v. tr. [debutɔne] (*dé-* et *boutonner*) Faire sortir les boutons hors de la boutonnière. ♦ *Déboutonner un fleuret*, en ôter le bouton. ♦ Se déboutonner, v. pr. Défaire ses boutons. ♦ On le dit aussi en parlant des vêtements. *Mon habit s'est déboutonné.* ♦ **Fig.** Dire sans réserve ou réticence ce qu'on pense.

DÉBRAGUETTER, ■ v. tr. [debragete] (*dé-* et *braguette*) Ouvrir la braguette de quelqu'un ou d'un vêtement. ■ Se débraguetter, v. pr. **Fam.** Ouvrir sa braguette. *Se débraguetter en public.*

DÉBRAILLÉ, ÉE, p. p. de débrailler. [debraje] **Fig.** Négligé et trop libre, en parlant des personnes et des manières. *Un jeune homme débraillé. Des manières débraillées.* ♦ N. m. *Il ne faut pas aller jusqu'au débraillé.*

DÉBRAILLER (SE), ■ v. pr. [debraje] (*dé-* et anc. fr. *braiel*, ceinture qui retient les braies) Déranger d'une manière peu convenable les vêtements qui couvrent la poitrine et le ventre. ♦ V. tr. Rendre débraillé ; déranger la mise. ■ Perdre sa réserve, oublier les usages et la bienséance. *Le propos commençait à se débrailler.*

DÉBRANCHEMENT, ■ n. m. [debrɑ̃ʃ(ə)mɑ̃] (*débrancher*) Action de déconnecter un appareil électrique du dispositif qui l'alimente.

DÉBRANCHER, ■ v. tr. [debrɑ̃ʃe] (*dé-* et *brancher*) Déconnecter un branchement électrique. ■ **Ch. de fer.** *Débrancher les wagons*, séparer et ranger les wagons dans une gare de triage.

DÉBRAYAGE, ■ n. m. [debrejaʒ] (*débrayer*) Action d'appuyer sur la pédale d'embrayage pour passer une vitesse. ■ Arrêt temporaire du travail en signe de protestation.

DÉBRAYER, ■ v. tr. [debreje] (antonyme de *embrayer* par chang. de préfixe) **Méc.** Séparer un arbre mobile d'un arbre moteur. ■ V. intr. **Spécialt** Utiliser la pédale de débrayage pour passer une vitesse. ■ V. intr. **Fam.** Interrompre le travail dans une usine, une entreprise. *En cas de grève, on débrayera dès quatorze heures.*

DÉBREDOUILLÉ, ÉE, p. p. de débredouiller. [debrəduje]

DÉBREDOUILLER, v. tr. [debrəduje] (*dé-* et *bredouille*) Au trictrac, ôter la bredouille à son adversaire. ♦ ▷ **Fig.** et **fam.** Changer en bien une chance longtemps contraire. ◁ ♦ Se débredouiller, v. pr. S'ôter la bredouille.

DÉBRIDÉ, ÉE, p. p. de débrider. [debride] **Fig.** Qui ne connaît pas de limite. *Une imagination débridée.*

DÉBRIDEMENT, n. m. [debrid(ə)mɑ̃] (*débrider*) Action de débrider, d'ôter la bride à un cheval. ♦ **Chir.** Opération consistant à enlever les brides ou filaments dont la présence dans une plaie met obstacle à la libre sortie du pus. ■ Augmentation ou amplification soudaines sans limite. *Le débridement de la haine.*

DÉBRIDER, v. tr. [debride] (*dé-* et *brider*) Ôter la bride à un cheval, à une bête de somme. ♦ **Absol.** Ôter la bride avec l'idée de halte. *Nous débriderons à deux lieues d'ici.* ♦ **Fig.** et **fam.** *Sans débrider*, sans interruption. ♦ *Débrider*, faire une chose avec précipitation. ♦ **Chir.** Pratiquer l'opération du débridement. ■ Ôter à un moteur ce qui le bride. *Ces adolescents ont débridé leur vélomoteur.* ■ **Cuis.** *Débrider une volaille*, ôter les ficelles qui la maintenaient pendant la cuisson.

DÉBRIEFER, ■ v. tr. [debrife] (*débriefing*) Établir un bilan critique à partir d'un questionnement oral. *Débriefer les rescapés du tremblement de terre.*

DÉBRIEFING, ▪ n. m. [debʀifiŋ] (mot angl., réunion de bilan, de *to debrief*, faire un compte-rendu) Réunion provoquée après une action concertée et au cours de laquelle les participants expriment successivement leurs remarques dans le but de dresser un bilan constructif.

DÉBRIS, n. m. [debʀi] (a. et moy. fr. *desbris(i)er*, mettre en pièces) Reste d'une chose brisée. *Les débris d'un navire.* « *Du débris d'un vieux vase, autre injure des ans* », LA FONTAINE. ♦ **Fig.** Ce qui reste de ce qui a été détruit. *Les débris d'une armée, du sénat, de sa fortune, etc.* ♦ Les restes d'une chose consommée. *Les débris d'un repas, d'un pâté.* ♦ Action de briser, perte, destruction, ruine ; en ce sens, il ne s'emploie qu'au singulier. « *Les royaumes sortis du débris du premier empire* ». « *Convenons qu'au milieu de la dépravation et de la décadence des mœurs publiques, le monde a encore sauvé du débris des restes d'honneur et de droiture* », MASSILLON. ♦ **Poétiq.** Les restes mortels de l'homme. *Là reposent les débris de nos aïeux.* ▪ **Péj.** *Un vieux débris*, une vieille personne peu vaillante.

DÉBROCHAGE, ▪ n. m. [debʀoʃaʒ] (*débrocher*) Action d'ôter la couverture d'un livre.

DÉBROCHÉ, ÉE, p. p. de débrocher. [debʀoʃe]

DÉBROCHER, v. tr. [debʀoʃe] (*suivant le sens, dé-* et *broche*, ou *dé-* et *brocher*) Retirer de la broche. ♦ Enlever la couverture d'un livre broché.

DÉBROUILLAGE ou **DÉBROUILLEMENT**, ▪ n. m. [debʀuj(ə)mɑ̃, debʀujaʒ] (*débrouiller*) Action de démêler une chose embrouillée. *Le débrouillage d'un quiproquo.*

DÉBROUILLARD, ARDE, ▪ adj. [debʀujaʀ, aʀd] (*débrouiller*) Qui fait preuve d'adresse et de débrouillardise. *Un enfant débrouillard.* ▪ N. m. et n. f. « *Tu as du culot, tu sais faire parler les gens, tu es débrouillarde, tu passerais partout* », BEAUVOIR.

DÉBROUILLARDISE ou **DÉBROUILLE**, ▪ n. f. [debʀujaʀdiz, debʀuj] (*débrouillard*) Aptitude à se sortir facilement de difficultés. *Utiliser la débrouillardise et le système D.*

DÉBROUILLÉ, ÉE, p. p. de débrouiller. [debʀuje]

DÉBROUILLEMENT, n. m. [debʀuj(ə)mɑ̃] (*débrouiller*) Voy. DÉBROUILLAGE.

DÉBROUILLER, v. tr. [debʀuje] (*dé-* ... et *brouiller*) Démêler ce qui est embrouillé. *Débrouiller du fil.* ♦ Mettre en ordre ce qui était en confusion. *Débrouiller des papiers.* ♦ **Fig.** Tirer hors de la confusion. *Débrouiller le chaos.* « *Débrouillons ce mystère* », MOLIÈRE. ♦ Se débrouiller, v. pr. Devenir moins confus, plus facile à comprendre. *Le sens de cette phrase se débrouille. Les affaires se débrouilleront.* ♦ *Se débrouiller se dit du temps qui s'embellit.* ♦ **Fam.** *Laissons-le se débrouiller*, laissons-le se tirer comme il pourra de l'embarras où il est. ♦ *Se débrouiller*, se dit aussi de l'intelligence qui vient à mesure que l'on s'instruit ou que l'on gagne de l'expérience. ▪ *Se débrouiller avec quelqu'un ou quelque chose*, trouver un habile compromis pour régler un différend.

DÉBROUILLEUR, n. m. [debʀujœʀ] (*débrouiller*) Celui qui débrouille. « *Ces grands débrouilleurs de la politique* », CHATEAUBRIAND.

DÉBROUSSAILLAGE ou **DÉBROUSSAILLEMENT**, ▪ n. m. [debʀusaj(ə)mɑ̃, debʀusajaʒ] (*débroussailler*) Nettoyage d'un lieu encombré par les broussailles. *Effectuer le débroussaillage d'un talus.* ▪ Étude préalable qui permet d'éclaircir un problème.

DÉBROUSSAILLANT, ANTE, ▪ adj. [debʀusajɑ̃, ɑ̃t] (*débroussailler*) Utilisé pour débroussailler chimiquement. *Un produit débroussaillant.* ▪ N. m. Produit chimique qui détruit les broussailles.

DÉBROUSSAILLER, ▪ v. tr. [debʀusaje] (*dé-* et *broussaille*) Enlever les broussailles. *Débroussailler un terrain.* ▪ **Fig.** Préparer l'approche d'un problème par une étude préalable. *Débroussailler une question difficile.*

DÉBROUSSAILLEUR, EUSE, ▪ n. m. et n. f. [debʀusajœʀ, øz] (*débroussailler*) Personne qui débroussaille en forêt. ▪ N. f. Machine qui permet de débroussailler. *Passer la débroussailleuse.*

DÉBRUTI, IE, p. p. de débrutir. [debʀyti]

DÉBRUTIR, v. tr. [debʀytiʀ] (*dé-* et *brut*) ▷ Ôter la partie brute, commencer à la polir. *Débrutir une glace, un marbre.* ◁

DÉBRUTISSEMENT, n. m. [debʀytis(ə)mɑ̃] (*débrutir*) ▷ Action de débrutir ; le résultat de cette action. ◁

DÉBUCHER, v. intr. [debyʃe] (*dé-* et anc. fr. *bûche*, bois, forêt) Se conjugue avec *être* ou *avoir*, suivant le sens. Sortir du bois ou du buisson, en parlant du gros gibier. *Le cerf a débuché.* ▪ N. m. Sortie de la bête de son fort. *Sonner le débucher.* ♦ V. tr. Faire sortir une bête fauve de son fort.

DÉBUDGÉTISATION, ▪ n. f. [debydʒetizasjɔ̃] (*débudgétiser*) **Écon.** Transfert d'une dépense du budget de l'État à celui d'un autre organisme.

DÉBUDGÉTISER, ▪ v. tr. [debydʒetize] (*dé-* et *budgétiser*) **Écon.** Transférer une dépense prise en charge par l'État à un autre organisme public.

DÉBUREAUCRATISER, ▪ v. tr. [debyʀokʀatize] (*dé-* et *bureaucratiser*) Diminuer les activités bureaucratiques d'un État ou d'un organisme. « *Il doit maintenant s'atteler à deux chantiers d'envergure : libéraliser le secteur non marchand et débureaucratiser le pays* », LES ÉCHOS, 2004.

DÉBUSQUÉ, ÉE, p. p. de débusquer. [debyske]

DÉBUSQUEMENT, n. m. [debyskəmɑ̃] (*débusquer*) Action de débusquer.

DÉBUSQUER, v. tr. [debyske] (réfection de *débucher* sur le modèle de *embusquer*) Chasser d'un poste avantageux. ♦ **Fig.** Déposséder quelqu'un d'un emploi, d'un poste. ♦ V. intr. Sortir du bois, en parlant du loup.

DÉBUT, n. m. [deby] (*débuter*) Premier coup à certains jeux, comme à la boule, au billard, pour savoir qui jouera le premier. *Faire un beau début.* ♦ **Fig.** *Le voilà en beau début.* ♦ **Fig.** Commencement d'une affaire, d'un ouvrage, d'un discours. ♦ Formule initiale d'une charte, d'un diplôme, etc. ♦ Entrée dans une carrière. *On réussit rarement dès le début.* ♦ Premier ouvrage d'un auteur. ♦ Au pl. *Les débuts*, premiers essais d'un acteur sur le théâtre. *Faire ses débuts sur une scène de province.* ▪ *Un début de quelque chose*, son commencement. ▪ *Du début à la fin*, dans son intégralité.

DÉBUTANT, ANTE, n. m. et n. f. [debytɑ̃, ɑ̃t] (*débuter*) Celui, celle qui débute sur un théâtre. ♦ **Fam.** *Un débutant*, un homme sans expérience. ♦ Se dit aussi en général de tous ceux qui entrent dans une carrière, qui font pour la première fois un travail. ♦ Adj. Qui commence, qui débute dans une profession. *Un ingénieur débutant.* ▪ N. f. Jeune fille issue de l'aristocratie qui participe pour la première fois à une soirée mondaine ou un rallye. *Le bal des débutantes.* ▪ **Abrév.** Déb.

DÉBUTÉ, ÉE, p. p. de débuter. [debyte] ▷ *Boule débutée*, boule chassée du but, d'auprès du but. ◁

DÉBUTER, v. intr. [debyte] (*dé-* et *but*) Jouer le premier coup à la boule, au billard, etc. ♦ **Fig.** Commencer. *Il débuta par des invectives.* ♦ Faire ses premiers pas dans une carrière, dans une entreprise, etc. *Débuter dans les sciences, dans les lettres.* ♦ *Débuter dans le monde*, y paraître pour la première fois. ♦ Au passif et impers. *C'est bien, c'est mal débuté.* ♦ **Absol.** *Débuter*, jouer pour la première fois sur un théâtre. ♦ Donner son premier ouvrage. ♦ ▷ V. tr. Éloigner du but. *Débuter une boule.* ◁ ▪ V. tr. **Fam.** Commencer. *Débuter une nouvelle recherche.*

DEBYE, ▪ n. m. [dəbaj] (Petrus *Debye*, 1884-1966, physicien néerlandais) **Phys.** Unité utilisée pour évaluer le moment des molécules.

DEÇÀ, adv. [dəsa] (*de* et *çà*) De ce côté-ci, par opposition à *delà*, de ce côté-là. *La Provence est deçà les Alpes.* ♦ ▷ Loc. adv. *Être assis jambe deçà jambe delà*, une jambe d'un côté, une jambe de l'autre à califourchon. ◁ ▪ DEÇÀ ET DELÀ, loc. adv. De côté et d'autre. « *Peuples qui erraient deçà et delà sur des chariots* », BOSSUET. ♦ ▷ DE DEÇÀ DE, loc. prép. De ce côté-ci. *De deçà, par deçà la montagne.* ◁ ▪ DE DEÇÀ, PAR-DEÇÀ, loc. adv. *Rester de deçà. Venez par-deçà.* ▪ EN DEÇÀ DE, loc. prép. De ce côté-ci de. *Il demeure en deçà du pont.* ♦ EN DEÇÀ, loc. adv. *Être situé en deçà.*

DÉCA, ▪ n. m. [deka] (apocope de *décaféiné*) Voy. DÉCAFÉINÉ.

DÉCA..., ▪ [deka] (gr. *deka*) Joint au nom des mesures du système métrique, désigne une unité dix fois plus grande que l'unité génératrice : *décalitre*, dix litres, etc.

DÉCACHETAGE, n. m. [dekaʃ(ə)taʒ] (*décacheter*) Action de décacheter.

DÉCACHETÉ, ÉE, p. p. de décacheter. [dekaʃ(ə)te]

DÉCACHETER, v. tr. [dekaʃ(ə)te] (*dé-* et *cacheter*) Rompre un cachet, ouvrir ce qui était cacheté. *Décacheter une lettre.* ♦ Se décacheter, v. pr. Perdre le cachet, s'ouvrir.

DÉCACHETTEMENT ou **DÉCACHÈTEMENT**, n. m. [dekaʃɛt(ə)mɑ̃] (*décacheter*) Action de décacheter.

DÉCADAIRE, ▪ adj. [dekadɛʀ] (*décade*) Relatif aux décades du calendrier républicain. *Les fêtes décadaires.* ▪ Qui a lieu ou se produit tous les dix jours. *Une réunion décadaire.*

DÉCADE, n. f. [dekad] (gr. *dekas*, génit. *dekados*) Dizaine. *Les Racines grecques ont été divisées par décade* (par groupe de dix vers). ♦ Espace de dix jours. *La décade républicaine, dans l'ancienne république française, avait remplacé la semaine.* ♦ Période de dix jours. ♦ **Rem.** L'erreur est souvent commise de confondre *une décade* et *une décennie*, période de dix ans.

DÉCADENASSER, ▪ v. tr. [dekad(ə)nase] (*dé-* et *cadenasser*) Déverrouiller et ôter le cadenas pour ouvrir quelque chose. *Décadenasser une grille.*

DÉCADENCE, n. f. [dekadɑ̃s] (lat. médiév. *decandentia*, du lat. *decidere*, déchoir) État de ce qui commence à choir, à tomber. « *Les plus fermes bâtiments tombent enfin en décadence* », DESCARTES. ♦ Cet emploi au propre est maintenant peu usité. ♦ État de ce qui déchoit, au propre. *La décadence du corps, de l'esprit.* ♦ **Fig.** En parlant des choses abstraites. *Les décadences des mœurs.* « *Toutes les institutions étaient allées en décadence* », BOSSUET. ♦ Décadence se dit quelquefois absolument de l'abaissement des choses littéraires, intellectuelles, scientifiques. « *N'espérez pas rétablir le bon goût ;*

nous sommes dans le temps de la plus horrible décadence », VOLTAIRE. ♦ **Absol.** *La décadence,* l'époque de la littérature latine qui comprend les derniers siècles de l'empire romain. *Les poètes de la décadence.*

DÉCADENT, ENTE, ■ adj. [dekadɑ̃, ɑ̃t] (*décadence*) Qui est en décadence. *Un style, un poète décadent.* ■ **N. m. et n. f.** Personne dont la pensée marginale et pessimiste s'apparente au mouvement décadent né à la fin du XIXᵉ siècle. *Les décadents.*

DÉCADI, n. m. [dekadi] (*déca-* et *di,* du lat. *dies* d'après *lundi,* etc.) Le deuxième et le dernier jour de la décade, dans le calendrier républicain, jour de repos.

DÉCADRAGE, ■ n. m. [dekadraʒ] (*dé-* et *cadrage*) **Audiov.** Processus qui consiste à modifier le cadrage dès qu'un personnage ou un acteur sort du cadre. ■ Erreur de cadrage d'une photographie ou d'une scène au cinéma. ■ **DÉCADRER,** V. intr. [dekadre]

DÉCAÈDRE, adj. [dekaɛdr] (*déca-* et *-èdre*) **Géom.** Qui a dix faces. ♦ **N. m.** *Un décaèdre,* un solide de dix faces.

DÉCAFÉINÉ, ÉE, ■ adj. [dekafeine] (*dé-* et *caféine*) Qui est débarrassé de sa caféine, en parlant du café en tant que boisson. *Je ne prends que du café décaféiné.* ■ **N. m.** *Une tasse de décaféiné.* ■ **Abrév.** Déca.

DÉCAGONAL, ALE, adj. [dekagonal] (*décagone*) **Géom.** Qui a dix angles. *Des axes décagonaux.* ♦ Dont la base est un décagone. *Pyramide décagonale.*

DÉCAGONE, n. m. [dekagon] (b. lat. *deagonus,* du gr. *deka,* dix, et *gônia,* angle) **Géom.** Figure qui a dix angles et dix côtés. ♦ **Adj.** *Un bassin décagone.* ♦ **Fortif.** Place munie de dix bastions.

DÉCAGRAMME, n. m. [dekagram] (*déca-* et *gramme*) Poids de dix grammes.

DÉCAISSÉ, ÉE, p. p. de décaisser. [dekese]

DÉCAISSEMENT, ■ n. m. [dekɛs(ə)mɑ̃] (*décaisser*) Retrait d'argent dans une caisse. *Un décaissement de fonds.*

DÉCAISSER, v. tr. [dekese] (*dé-* et *caisse*) Tirer d'une caisse. ♦ Enlever un arbuste de sa caisse pour le transplanter.

DÉCALAGE, ■ n. m. [dekalaʒ] (*décaler*) Enlèvement d'une cale. ■ Écart qui résulte d'un déplacement dans le temps ou l'espace. *Décalage horaire.* ■ **Fig.** Manque de concordance entre deux choses. *Décalage d'opinion.* ■ **Astron.** *Décalage vers le rouge,* déplacement des raies vers le rouge dans le spectre de la lumière d'une étoile par rapport à un spectre terrestre.

DÉCALAMINER, ■ v. tr. [dekalamine] (*dé-* et *calamine*) Ôter la calamine apparue sur une surface métallique après un traitement à température très élevée. ■ **DÉCALAMINAGE,** n. m. [dekalaminaʒ]

DÉCALCIFIANT, ANTE, ■ adj. [dekalsifjɑ̃, ɑ̃t] (*décalcifier*) Qui provoque une décalcification. *Un régime décalcifiant.*

DÉCALCIFICATION, ■ n. f. [dekalsifikasjɔ̃] (*décalcifier*) Diminution de la quantité de calcium dans l'organisme et spécialement au niveau du squelette.

DÉCALCIFIER, ■ v. tr. [dekalsifje] (dé- et radic. de *calcium*) Priver un organisme de son calcium. ■ Se décalcifier, v. pr. Perdre son calcium.

DÉCALCOMANIE, ■ n. f. [dekalkomani] (*décalquer* et *-manie*) Procédé de transfert d'une image sur papier sur une autre surface telle que la peau, un tissu, du papier, du verre... *Il s'était fait une décalcomanie sur l'épaule.* ■ **Abrév.** Décalco.

DÉCALÉ, ÉE, p. p. de décaler. [dekale] *Meuble décalé.* ■ **Adj.** En décalage avec la réalité ou la norme.

DÉCALER, v. tr. [dekale] (*dé-* et *caler*) Ôter les cales. ■ Déplacer dans le temps. *Décaler un rendez-vous.* ■ Déplacer par rapport à un point donné. *Décaler un paragraphe.* ■ Se décaler, v. pr. *Décalez-vous d'une place.*

DÉCALITRE, n. m. [dekalitr] (*déca-* et *litre*) Mesure de dix litres.

DÉCALOGUE, n. m. [dekalɔg] (gr. *dekalogos*) Les dix commandements que Moïse rapporta du Sinaï gravés sur des tables.

DÉCALOTTÉ, ÉE, p. p. de décalotter. [dekalote]

DÉCALOTTER, v. tr. [dekalote] (*dé-* et *calotte*) **Techn.** Ôter le dessus d'une chose. ♦ Se décalotter, v. pr. Perdre le dessus, la calotte. ■ Découvrir le gland en remontant le prépuce vers la base du pénis. ■ Se décalotter, v. pr. *Apprendre à un enfant à se décalotter.*

DÉCALQUAGE ou **DÉCALQUE,** n. m. [dakalkaʒ, dekalk] (*décalquer*) Action de décalquer.

DÉCALQUÉ, ÉE, p. p. de décalquer. [dekalke]

DÉCALQUER, v. tr. [dekalke] (*dé-* et *calquer*) Reporter les traits d'un dessin calqué sur un autre papier. ■ *Papier à décalquer,* papier translucide qui permet de calquer un dessin.

DÉCALVANT, ANTE, ■ adj. [dekalvɑ̃, ɑ̃t] (*dé-* et radic. du lat. *calvus,* chauve) **Méd.** Qui provoque la chute des cheveux. *Un traitement décalvant.*

DÉCAMÉRON, n. m. [dekamerɔ̃] (gr. *deka,* dix, et *hêmera,* journée) Ouvrage contenant une suite de récits faits en dix jours. *Le Décaméron de Boccace.*

DÉCAMÈTRE, n. m. [dekametr] (*déca-* et *mètre*) Mesure de dix mètres. ♦ En arpentage, on nomme spécialement décamètre une chaîne de dix mètres de longueur.

DÉCAMPÉ, ÉE, p. p. de décamper. [dekɑ̃pe]

DÉCAMPEMENT, n. m. [dekɑ̃p(ə)mɑ̃] (*décamper*) Action de décamper.

DÉCAMPER, v. intr. [dekɑ̃pe] (*dé-* et *camper*) Se conjugue avec *être* ou *avoir,* suivant le sens. Lever le camp. ♦ **Par extens.** Se retirer précipitamment. *Décampons; il est temps.*

DÉCAN, n. m. [dekɑ̃] (b. lat. *decanus,* étoile principale qui occupe dix degrés du Zodiaque) **Astron.** Nom que l'on a donné à chaque dizaine de degrés ou au tiers de chaque signe du zodiaque.

DÉCANAILLER, v. tr. [dekanaje] (*dé-* et *canaille*) Tirer hors de la canaille.

DÉCANAL, ALE, adj. [dekanal] (lat. chrét. *decanus,* chef d'un groupe de dix moines, puis charge de doyen) Qui appartient au doyen, au décanat. *Juridiction décanale. Districts décanaux.*

DÉCANAT, n. m. [dekana] (lat. médiév. ecclés. *decanatus*) Dignité de doyen, soit dans un corps ecclésiastique, soit dans une faculté de lettres, de droit, de médecine. ♦ Exercice des fonctions de doyen. *Pendant son décanat.*

DÉCANDRIE, n. f. [dekɑ̃dri] (lat. sav. *decandria*(Linné), du gr. *deka,* dix, et *anêr,* mâle) Nom de plusieurs classes du système de Linné qui renferment les plantes dont la fleur a dix étamines.

DÉCANILLER, v. intr. [dekanije] (prob. lyonnais *se decanilli,* se hâter de fuir, de l'arg. *cannes,* jambes.) **Pop.** S'en aller malgré soi, avec quelque rebuffade.

DÉCANTAGE, n. m. [dekɑ̃taʒ] (*décanter*) Action de décanter.

DÉCANTATION, n. f. [dekɑ̃tasjɔ̃] (lat. des alchimistes, *dec(h)antatio*) Opération par laquelle, après avoir laissé déposer une liqueur, on la verse doucement en penchant le vase et séparant ainsi la partie claire, qui est au-dessus, de celle qui s'est précipitée. ■ Épuration des eaux usagées obtenue en alternant les filtrages et les repos qui laissent les substances organiques se déposer. *Un bassin de décantation d'une station d'épuration.*

DÉCANTÉ, ÉE, p. p. de décanter. [dekɑ̃te]

DÉCANTER, v. tr. [dekɑ̃te] (lat. des alchimistes *decant(h)are,* du lat. *de-* et *canthus,* bec de cruche, goulet) Opérer la décantation. ■ Se décanter, v. pr. Être décanté. ■ V. intr. **Fig.** Laisser quelque chose de côté afin qu'elle devienne moins confuse. *Une fois que le problème aura décanté, nous y verrons plus clair.* ■ Se décanter, v. pr. *Laissons la situation se décanter.*

DÉCAPAGE, n. m. [dekapaʒ] (1 *décaper*) Opération consistant dans l'enlèvement, au moyen d'un dissolvant ordinairement acide, des impuretés qui recouvrent une surface métallique.

DÉCAPANT, ANTE, ■ adj. [dekapɑ̃, ɑ̃t] (1 *décaper*) Qui permet de décaper. *Un produit décapant.* ■ **Fig.** Qui apporte de la nouveauté et change les habitudes. *Un projet décapant.* ■ **N. m.** Produit chimique dont le principe actif est de décaper. *Un décapant pour enlever le vernis.*

DÉCAPÉ, ÉE, p. p. de décaper. [dekape] *Lame de fer décapée.*

1 **DÉCAPER,** v. tr. [dekape] (*dé-* et *cape,* chape) Pratiquer l'opération du décapage.

2 **DÉCAPER,** v. intr. [dekape] (*dé-* et *cap*) Dépasser les caps qui s'avancent le plus au large; prendre la haute mer.

DÉCAPEUR, ■ n. m. [dekapœr] (1 *décaper*) Ouvrier métallurgiste qui décape les métaux. ■ Outil de bricolage dont le souffle d'air chaud ramollit la couche de peinture ou de vernis et permet de l'ôter plus facilement. *Décapeur thermique.*

DÉCAPEUSE, ■ n. f. [dekapøz] (1 *décaper*) Engin de terrassement qui permet d'araser le sol.

DÉCAPITALISER, ■ v. intr. [dekapitalize] (*dé-* et *capitaliser*) Soustraire la valeur du capital initial après une opération de placement. ■ Réduire la valeur du capital d'une société, d'une entreprise. ■ Reprise de la totalité ou d'une partie d'un capital précédemment investi dans une entreprise.

DÉCAPITATION, n. f. [dekapitasjɔ̃] (*décapiter*) Action de décapiter.

DÉCAPITÉ, ÉE, p. p. de décapiter. [dekapite] **N. m. et n. f.** *Un décapité.*

DÉCAPITER, v. tr. [dekapite] (b. lat. *decapitare,* de *de-* et lat. *caput,* génit. *capitis*) Trancher la tête à un condamné. ♦ **Fig.** *Décapiter un parti,* le priver de ses chefs. ♦ Ôter la tête, le bout supérieur de quelque chose.

DÉCAPODE, ■ n. m. [dekapɔd] (*déca-* et *-pode*) Crustacé doté de cinq paires de pattes pour se déplacer.

DÉCAPOTABLE, ■ adj. [dekapotabl] (*décapoter*) Dont on peut ôter la capote. ■ N. f. Voiture décapotable. *Cette décapotable est magnifique.*

DÉCAPOTER, ■ v. tr. [dekapote] (*dé-* et *capote*) Replier sur elle-même la capote d'une voiture.

DÉCAPSULER, ■ v. tr. [dekapsyle] (*dé-* et *capsule*) Enlever la capsule d'un récipient. *Décapsuler une bouteille.* ■ **Chir.** *Décapsuler un organe,* en retirer la capsule. *Décapsuler un rein.* ■ DÉCAPSULAGE, n. m. [dekapsylaʒ]

DÉCAPSULEUR, ■ n. m. [dekapsylœr] (*décapsuler*) Petit ustensile en métal qui permet d'ouvrir les bouteilles fermées par une capsule.

DÉCAPUCHONNER, ■ v. tr. [dekapyʃone] (*dé-* et *capuchon*) Dévisser et ôter le capuchon qui maintient fermé quelque chose. *Décapuchonner un feutre.*

DÉCARBONATÉ, ÉE, p. p. de décarbonater. [dekarbonate]

DÉCARBONATER, v. tr. [dekarbonate] (*dé-* et *carbonate*) Retirer l'acide carbonique de combinaison. *Chaux décarbonatée.* ◆ Se décarbonater, v. pr. Devenir décarbonaté.

DÉCARBONISER, v. tr. [dekarbonize] (*dé-* et *carbone*) Ôter d'une substance le carbone qu'elle contient.

DÉCARBOXYLASE, ■ n. f. [dekarbɔksilaz] (*dé-* et *carboxylase*) **Biol.** Enzyme qui catalyse le détachement de gaz carbonique d'un molécule.

DÉCARBOXYLATION, ■ n. f. [dekarbɔksilasjɔ̃] (*dé-* et *carboxyle*) **Biol.** Réaction chimique catalysée par une enzyme et qui aboutit au détachement du gaz carbonique d'une molécule.

DÉCARBURATION, n. f. [dekarbyrasjɔ̃] Destruction de l'état de carburation d'une substance.

DÉCARBURER, v. tr. [dekarbyre] (*dé-* et *carbure*) Enlever le carbone mêlé à d'autres substances. ◆ Séparer le carbone de la fonte par l'affinage. ◆ Ôter à l'acier une partie de son carbone sous une haute température. ◆ Se décarburer, v. pr. *L'acier se décarbure à une haute température.*

DÉCARCASSER (SE), ■ v. pr. [dekarkase] (*dé-* et *carcasse*) **Fam.** Se donner de la peine pour réussir quelque chose. *Se décarcasser pour construire une maquette.*

DÉCARÊMER, (SE), v. pr. [dekarɛme] (*dé-* et *carême*) ▷ Se dédommager par un bon repas de l'abstinence du carême ou en général d'une abstinence quelconque. ◁

DÉCARRELAGE, n. m. [dekar(ə)laʒ] (*décarreler*) Action de décarreler.

DÉCARRELÉ, ÉE, p. p. de décarreler. [dekar(ə)le]

DÉCARRELER, v. tr. [dekar(ə)le] (*dé-* et *carreler*) Ôter les carreaux qui pavent une chambre, un corridor, etc.

DÉCARTELLISATION, ■ n. f. [dekartelizasjɔ̃] (*dé-* et *cartel*) Démantèlement légal d'un cartel d'industriels. ■ Son résultat.

DÉCASTÈRE, n. m. [dekastɛr] (*déca-* et *stère*) Mesure de la valeur de dix stères.

DÉCASTYLE, n. m. [dekastil] (gr. *dekastulos,* de *deka,* dix, et *stulos,* colonne) Édifice à dix colonnes de face.

DÉCASYLLABE, adj. [dekasilab] (*déca-* et *syllabe*) Qui a dix syllabes. *Vers décasyllabe.* ◆ N. m. *Un décasyllabe.*

DÉCASYLLABIQUE, adj. [dekasilabik] (*décasyllabe*) Qui est de dix syllabes.

DÉCATHLON, ■ n. m. [dekatlɔ̃] (*déca-,* et gr. *athlon,* lutte, épreuve des Jeux) Ensemble de dix compétitions sportives disputées par les mêmes athlètes comprenant des épreuves de course (100 m, 400 m, 1 500 m, 110 m haies), de lancer (poids, javelot, disque) et de saut (hauteur, longueur, perche).

DÉCATHLONIEN, ■ n. m. [dekatlɔnjɛ̃] (*décathlon*) Sportif qui pratique le décathlon.

DÉCATI, IE, p. p. de décatir. [dekati]

DÉCATIR, v. tr. [dekatir] (*dé-* et *catir*) Ôter le cati. ◆ Séparer les brins d'un écheveau collés ensemble. ■ Se décatir, v. pr. Perdre de sa beauté physique en vieillissant.

DÉCATISSAGE, n. m. [dekatisaʒ] (radic. du p. prés. de *décatir*) Action de décatir ; résultat de cette action.

DÉCATISSEUR, n. m. [dekatisœr] (radic. du p. prés. de *décatir*) Celui qui fait le décatissage.

DÉCAUSER, ■ v. intr. [dekoze] (*dé-* et *causer*) **Belg.** Médire sur quelqu'un. *Décauser ses collègues de travail.*

DECAUVILLE, ■ n. m. [dəkovil] (Paul *Decauville,* 1846-1922, inventeur de ce matériel) Voie ferrée de faible largeur facilement démontable et transportable sur des chantiers d'exploitation minière.

DÉCAVAILLONNER, ■ v. tr. [dekavajone] (*dé-* et *cavaillon*) **Agric.** Labourer les espaces entre les pieds de vigne.

DÉCAVAILLONNEUSE, ■ n. f. [dekavajonøz] (*décavaillonner*) **Agric.** Charrue utilisée pour labourer entre les pieds de vigne.

DÉCAVÉ, ÉE, p. p. de décaver. [dekave]

DÉCAVER, v. tr. [dekave] (*dé-* et 2 *cave*) Gagner toute la cave d'un joueur, tout l'argent qu'il a devant lui. ◆ Se décaver, v. pr. Perdre sa cave.

DECCA, ■ n. m. [deka] (*Decca,* firme qui a conçu ce système) Système de radionavigation utilisant le recoupement de trois différentes fixes.

DÉCÉDÉ, ÉE, p. p. de décéder. [desede] ■ N. m. et n. f. *Les décédés.*

DÉCÉDER, v. intr. [desede] (lat. *decedere,* s'éloigner, mourir) Se conjugue avec *être.* Mourir de mort naturelle, en parlant des personnes.

DÉCEINDRE, v. tr. [desɛ̃dr] (*dé-* et *ceindre*) Défaire ce qui est ceint. *Déceindre son épée.*

DÉCELABLE, ■ adj. [des(ə)labl] (*déceler*) Dont on peut déceler la présence ou l'existence. *Une fuite de gaz aisément décelable.*

DÉCELÉ, ÉE, p. p. de déceler. [des(ə)le]

DÉCÈLEMENT, n. m. [desɛl(ə)mɑ̃] (*déceler*) Action de déceler.

DÉCELER, v. tr. [des(ə)le] (*dé-* et *celer*) Découvrir la personne ou la chose qui était celée, cachée. « *Ciel ! si quelque infidèle, Écoutant nos discours, nous allait déceler* », RACINE. ◆ Faire connaître, être l'indice de. ◆ Se déceler, v. pr. Se faire connaître, être l'indice de. Se trahir. *Il se décela par une parole imprudente.* ◆ Se dénoncer l'un l'autre.

DÉCÉLÉRATION, ■ n. f. [deselerasjɔ̃] (*décélérer*) Diminution de la vitesse d'un objet mobile. ■ Tassement de l'évolution d'un phénomène. *La décélération de la croissance.*

DÉCÉLÉRER, ■ v. intr. [deselere] (antonyme de *accélérer* par chang. de préf.) Réduire sa vitesse. *Une navette spatiale qui décélère.* ■ Ne plus soumettre à l'accélération. *Décélérez avant d'aborder le virage.* ■ **Fig.** Cesser d'augmenter. *L'inflation décélère.*

DÉCELEUR, n. m. [des(ə)lœr] (*déceler*) Celui qui décèle.

DÉCEMBRE, n. m. [desɑ̃br] (lat. *december,* de *decem,* dix, dixième mois de l'année romaine) Le douzième et dernier mois de l'année. ◆ **Poétiq.** La mauvaise saison.

DÉCEMMENT, adv. [desamɑ̃] (*décent*) D'une manière décente. ◆ D'une manière morale. *Vivre décemment.* ◆ Convenablement, d'après la bienséance.

DÉCEMVIR, n. m. [desɛmvir] (lat. *decemvir*) Nom de magistrats chargés, l'an 304 de Rome, de rédiger un code de lois, dit lois des Douze Tables. ◆ Membres de toute espèce de commission composée de dix personnes.

DÉCEMVIRAL, ALE, adj. [desɛmviral] (lat. *decemviralis*) Qui appartient aux décemvirs. *Pouvoir décemviraux.*

DÉCEMVIRAT, n. m. [desɛmvira] (lat. *decemviratus*) Office de décemvir. ◆ Durée du décemvirat.

DÉCENCE, n. f. [desɑ̃s] (lat. *decentia,* convenance) Honnêteté qu'on doit garder dans les actions, les discours, les habits, la contenance, etc. ◆ *Décence oratoire,* accord de la contenance, des gestes et de la voix de l'orateur avec la nature de son discours. ◆ Honnêteté dans le langage, les manières, en ce qui concerne la pudeur. ◆ Façon convenable. *Un revenu suffisant pour vivre avec décence.*

DÉCENNAL, ALE, adj. [desenal] (lat. *decennalis,* de *decem,* dix, et *annus,* année) Qui dure dix ans. ◆ *Prescription décennale,* prescription qui se fait par dix ans. ◆ Qui revient tous les dix ans. *Prix décennaux.*

DÉCENNIE, n. f. [deseni] (radic. de *décennal*) Période de dix ans. *L'informatique s'est développée durant la dernière décennie.*

DÉCENT, ENTE, adj. [desɑ̃, ɑ̃t] (lat. *decens,* convenable, séant) Qui est conforme à la décence. *Mise décente. Soyez décents.* ◆ Qui est conforme à une réserve pudique. *Propos décent. Conduite décente.* ◆ ▷ N. m. *Le décent,* ce qui est décent. ◁

DÉCENTRAGE, ■ n. m. [desɑ̃traʒ] (*décentrer*) Action de déplacer quelque chose pour le décentrer. ■ Son résultat. *Le décentrage d'un instrument d'optique.* ■ Voy. DÉCENTREMENT.

DÉCENTRALISABLE, adj. [desɑ̃tralizabl] (*décentraliser*) Qui peut, qui doit être décentralisé.

DÉCENTRALISATEUR, TRICE, ■ adj. [desɑ̃tralizatœr, tris] (*décentraliser*) Conforme à la décentralisation. ■ N. m. et n. f. Personne partisane de la décentralisation ou qui œuvre à la décentralisation.

DÉCENTRALISATION, n. f. [desɑ̃tralizasjɔ̃] (*décentraliser*) Action de détruire la centralisation. *La décentralisation des pouvoirs, des affaires.* ♦ État de choses opposé à la centralisation. ▪ **Spécialt** Système qui consiste à transférer des compétences de gestion, d'administration et de pouvoir de l'État aux régions et aux collectivités locales. ▪ Application et organisation de ce système.

DÉCENTRALISER, v. tr. [desɑ̃tralize] (*dé-* et *centraliser*) Opérer la décentralisation. *Décentraliser l'administration.* ♦ Se décentraliser, v. pr. Cesser d'être centralisé.

DÉCENTRATION, n. f. [desɑ̃trasjɔ̃] (*décentrer*) Voy. DÉCENTREMENT.

DÉCENTREMENT, ▪ n. m. [desɑ̃trəmɑ̃] (*décentrer*) **Art** Action de décentrer. ▪ **Opt.** Action, état par lequel les centres de lentilles ne concourent pas. ▪ **Phot.** Déplacement horizontal ou vertical de l'objectif d'un appareil photo pour modifier la position de l'image. ▪ **REM.** On disait aussi *décentrage* et *décentration*.

DÉCENTRER, v. tr. [desɑ̃tre] (*dé-* et *centrer*) **Art** Déplacer parallèlement les deux bouts d'un tube, après qu'il a été ramolli vers son milieu. ♦ **Opt.** Opérer, produire la décentration. ♦ Se décentrer, v. pr. Être décentré. ▪ Modifier en faisant varier le centre ou l'axe de quelque chose. ▪ **Phot.** Régler l'objectif d'un appareil photographique de manière à éliminer toute déformation causée par la perspective. ▪ **Fig.** Modifier la manière dont on perçoit et organise les choses environnantes. *Décentrer sa conception du monde.*

DÉCEPTION, n. f. [desɛpsjɔ̃] (b. lat. *deceptio*, de *decipere*, tromper) Action de décevoir, tromperie. ♦ Erreur, fausse attente. *Il a éprouvé de grandes déceptions.* ▪ Ce qui provoque le sentiment ressenti lorsqu'on est déçu. *Cette révélation fut pour moi une épouvantable déception.*

DÉCERCLER, v. tr. [deserkle] (*dé-* et *cercler*) Ôter les cercles.

DÉCÉRÉBRATION, ▪ n. f. [deserebrasjɔ̃] (*décérébrer*) Ablation du cerveau d'un animal. ▪ Section d'un axe nerveux interrompant la transmission nerveuse entre le cerveau et le reste du corps.

DÉCÉRÉBRÉ, ÉE, ▪ adj. [deserebre] (*décérébrer*) Privé de cerveau.

DÉCÉRÉBRER, ▪ v. tr. [deserebre] (*dé-* et lat. *cerebrum*, cerveau) Prélever le cerveau d'un animal.

DÉCERNÉ, ÉE, p. p. de décerner. [deserne] *Prix décerné.*

DÉCERNEMENT, n. m. [desernəmɑ̃] (*décerner*) Action de décerner.

DÉCERNER, v. tr. [deserne] (lat. *decernere*, décider) Prononcer une peine, en parlant de la loi. *Les lois ne décernent aucune peine contre ce méfait. Le parlement décerna que...* ♦ Enjoindre par un acte juridique certaines mesures. *Décerner une contrainte, un mandat d'amener.* ♦ Accorder certaines récompenses, certaines distinctions honorifiques, en parlant de l'autorité publique. *Décerner des honneurs, des statues, des couronnes.* ♦ **Par extens.** Accorder un prix, en parlant de certaines compagnies. *Les prix que l'Académie décerne.* ♦ Il se dit aussi des prix des collèges. ♦ **Fig.** *Décerner la palme à quelqu'un,* déclarer sa supériorité sur ses rivaux. ♦ Se décerner, v. pr. Être décerné.

DÉCERVELER, ▪ v. tr. [deservəle] (*dé-* et *cervelle*) Extraire sa cervelle à quelqu'un. ▪ **Fig.** Rendre bête. ▪ Se décerveler, v. pr. Se priver de ses têtes pensantes. ▪ DÉCERVELEUR, EUSE, n. m. et n. f. [deservəlœr, øz] ▪ DÉCERVELAGE, n. m. [deservəlaʒ]

DÉCÈS, n. m. [desɛ] (lat. *decessus*, départ, retrait) Mort naturelle d'une personne, surtout en termes de jurisprudence. ♦ *Acte de décès,* acte qui constate la mort d'une personne. ▪ **REM.** Aujourd'hui, *décès* s'emploie également à propos d'une mort non naturelle.

DÉCEVABLE, adj. [des(ə)vabl] (*décevoir*) Facile à décevoir, sujet à être déçu.

DÉCEVANT, ANTE, adj. [des(ə)vɑ̃, ɑ̃t] (*décevoir*) Qui déçoit, qui abuse. *Des promesses décevantes. Un espoir décevant.*

DÉCEVOIR, v. tr. [des(ə)vwar] (lat. *decipere*, tromper) Abuser par quelque chose d'apparent, de spécieux ou d'engageant. « *Notre raison est toujours déçue par l'inconstance des apparences* », PASCAL. ♦ Se décevoir, v. pr. S'abuser soi-même. ▪ **Par extens.** Ne pas être à la hauteur des espérances de quelqu'un. *Ses résultats nous ont déçus.*

DÉCHAÎNÉ, ÉE ou **DÉCHAINÉ, ÉE**, p. p. de déchaîner. [deʃene] Dont les chaînes sont ôtées. ◁ ▷ **Fig.** et **fam.** *Le diable est déchaîné,* se dit de quelque chose qui cause trouble, tumulte, confusion. ◁ ♦ ▷ *C'est un diable déchaîné,* se dit d'un méchant homme qui permet tout, d'un enfant mutin qui est rebelle à toute remontrance. ◁ ♦ **Par extens.** « *Il semble que tout l'enfer en cette triste journée fût déchaîné* », BOURDALOUE. ♦ **Fig.** *Les vents déchaînés. Des passions déchaînées.* ▪ Très excité. *Il était déchaîné et on ne pouvait plus l'arrêter.*

DÉCHAÎNEMENT ou **DÉCHAINEMENT**, n. m. [deʃen(ə)mɑ̃] (*déchaîner*) Action de déchaîner ; état de ce qui est déchaîné. ♦ **Par extens.** *Le déchaînement des vents, des tempêtes.* ♦ **Fig.** Emportement, fureur, haine violente. *Le déchaînement de l'envie contre le mérite.*

DÉCHAÎNER ou **DÉCHAINER**, v. tr. [deʃene] (*dé-* et *chaîne*) Ôter la chaîne ; détacher de la chaîne. *Déchaîner des captifs. Déchaîner un chien.* ♦ **Fig.** Exciter, irriter, soulever. *Déchaîner la colère, les passions.* ♦ Se déchaîner, v. pr. Se dégager de sa chaîne. *Les chiens se sont déchaînés.* ♦ **Par extens.** *Les vents se déchaînèrent.* ♦ **Fig.** S'emporter avec violence. *Se déchaîner contre ses rivaux.*

DÉCHANT, n. m. [deʃɑ̃] (*dé-* et *chant*) Sorte de broderies très longues et de mauvais goût, et presque toujours discordantes entre elles, que les chantres exécutaient sur les notes du plain-chant servant de pédale, lorsque les règles de l'harmonie n'étaient pas encore connues.

DÉCHANTER, v. intr. [deʃɑ̃te] (*déchant*) ▷ **Mus.** Chanter en partie ; exécuter le déchant. ◁ ♦ **Fig.** Changer de ton, rabattre de ses prétentions, de ses espérances. « *Tu vois qu'à chaque instant il te fait déchanter* », MOLIÈRE.

DÉCHAPERONNÉ, ÉE, p. p. de déchaperonner. [deʃap(ə)rɔne]

DÉCHAPERONNER, v. tr. [deʃap(ə)rɔne] (*dé-* et *chaperon*) Ôter à un oiseau dressé pour le vol le chaperon mis sur ses yeux. ♦ *Déchaperonner un mur,* en ôter le chaperon.

DÉCHARGE, n. f. [deʃarʒ] (*décharger*) Action de décharger des marchandises, des ballots, etc., placés sur une voiture, un bateau, une bête de somme. ♦ Action de diminuer la charge, le faix. *La décharge d'un plancher.* ♦ **Archit.** Pièce de bois posée obliquement dans une cloison ou dans un cintre pour diminuer la charge du point d'appui. ♦ Action de tirer à la fois plusieurs armes à feu. *Décharge de mousqueterie, d'artillerie.* ♦ **Fam.** *Une décharge de coups de bâton.* ♦ Ouverture par laquelle on donne issue aux eaux d'un étang, d'un bassin. *Tuyau de décharge.* ♦ Réservoir destiné à recevoir le trop-plein d'une rivière, d'une fontaine, d'une citerne. ♦ **Fig.** *Décharge d'humeurs,* écoulement des humeurs du corps. ◁ ♦ ▷ Lieu d'une maison où l'on serre ce qui n'est pas d'un usage ordinaire. ◁ ♦ ▷ On dit dans le même sens. *Pièce de décharge.* ◁ ♦ Lieu où l'on décharge les décombres. *Décharge publique.* ♦ **Jurispr.** Acte de quittance en libération d'une dette. *Obtenir quittance et décharge. Je vous donne décharge de ce que vous me deviez.* ♦ **Comm.** *Porter une somme en décharge,* l'inscrire comme reçue. *Payer tant à la décharge de quelqu'un, à la décharge d'un compte.* ♦ Soulagement, allègement. *C'est une décharge pour l'État.* « *Il faut craindre de faire de la confession une décharge de cœur sans se corriger* », FÉNELON. *La décharge de la conscience, l'acquit, le soulagement de la conscience.* ♦ **Jurispr.** et **crimin.** Témoignages, preuves favorables à un accusé. *Témoin à décharge.* ▪ *À sa décharge,* pour l'excuser. *Je dirais à sa décharge que personne ne l'avait informé du changement.* ▪ Attestation par laquelle on décharge quelqu'un d'une responsabilité. *Signer une décharge.* ▪ *Décharge électrique ou électricité,* passage d'un courant électrique d'un corps dans un autre. *Il a reçu une décharge.*

DÉCHARGÉ, ÉE, p. p. de décharger. [deʃarʒe]

DÉCHARGEMENT, n. m. [deʃarʒəmɑ̃] (*décharger*) Action de décharger des bâtiments, des voitures de transport, etc. ♦ *Déchargement d'un canon,* action d'en retirer la charge.

DÉCHARGEOIR, n. m. [deʃarʒwar] (*décharger*) ▷ Cylindre autour duquel le tisserand roule la toile à mesure qu'il la fait. ♦ Vanne qui tire de fond pour vider un bief. ◁

DÉCHARGER, v. tr. [deʃarʒe] (*dé-* et *charger* cf. b. lat. *discaregare*) Ôter la charge, enlever des marchandises, des denrées, etc., d'un navire ou d'une voiture. ♦ **Par extens.** *Décharger un navire, une voiture, un cheval, un portefaix.* ♦ **Absol.** *Les voitures déchargent à la barrière.* ♦ Ôter un poids, un fardeau qui surcharge. *Décharger un plancher, une poutre qui fléchit.* ♦ ▷ *Décharger un arbre,* lui ôter des rameaux inutiles, des fruits en excès. ◁ ♦ *Décharger le cerveau,* le débarrasser de ce qui l'incommode. ♦ *Décharger son estomac, son ventre,* le soulager par quelque évacuation. ♦ Soulager d'une charge, débarrasser, dispenser. *Décharger son cœur de l'ennui.* « *Ils déchargèrent le menu peuple de tout impôt* », BOSSUET. ♦ *Décharger sa conscience,* mettre sa responsabilité morale à couvert. ♦ *Décharger son cœur,* découvrir les sentiments qu'on retenait ou renfermait en soi-même. ♦ *Décharger sa bile, sa colère,* donner issue à sa mauvaise humeur, faire sentir les effets de sa colère. ♦ *Décharger un accusé,* porter un témoignage en sa faveur. ♦ *Décharger quelqu'un d'une dette,* l'en déclarer quitte. ♦ *Décharger un compte,* en rayer les sommes qui ont été payées. ♦ *Décharger la feuille d'un messager,* y mettre le récépissé. ♦ Faire partir le coup d'une arme à feu. ♦ Retirer la charge avec un tire-bourre. ♦ *Décharger un pistolet,* l'assener. ♦ **Typogr.** *Décharger les balles une forme,* ôter l'encre qui se trouve dessus. ♦ **V. intr.** Maculer, faire des taches. *Cette encre décharge.* ♦ **Teint.** *Une couleur décharge* quand elle déteint. ♦ Se décharger, v. pr. Se débarrasser. *Se décharger d'un* *fardeau.* ◆ **Fig.** « *Il allait se décharger du poids de sa dignité* », FLÉCHIER. ◆ *Se décharger sur quelqu'un d'une affaire,* lui en abandonner le soin, la direction. ◆ *Se décharger d'une faute sur un autre,* la lui imputer. ◆ *Se décharger,* se dit de l'électricité qui s'échappe, d'un orage qui éclate, d'une nuée qui lance la foudre. ◆ S'écouler, en parlant des eaux. ◆ Déteindre, en parlant des couleurs. ■ Perdre sa charge d'énergie électrique. *La batterie de mon téléphone se décharge rapidement.*

DÉCHARGEUR, n. m. [deʃaʁʒœʁ] (*décharger*) ▷ Celui qui décharge une voiture ou toute autre chose, qui décharge les marchandises. ◁

DÉCHARNÉ, ÉE, p. p. de décharner. [deʃaʁne] Dépouillé de chair. *Des os décharnés.* ◆ Amaigri. *Visage décharné.* ◆ **Fig.** Qui n'a ni l'ampleur ni les développements ni les ornements nécessaires, en parlant des choses littéraires. *Un style décharné.* « *Un récit sec et décharné* », BOSSUET. ◆ *Sol décharné,* sol stérile.

DÉCHARNEMENT, n. m. [deʃaʁnəmã] (*décharner*) État de ce qui est décharné.

DÉCHARNER, v. tr. [deʃaʁne] (*dé-* et anc. fr. *charn,* chair) Dépouiller les os de la chair. ◆ Amaigrir. ◆ **Fig.** *Décharner son style,* le dépouiller d'agréments, d'ornements. ◆ Se décharner, v. pr. Devenir décharné.

DÉCHASSÉ, n. m. [deʃase] (p. p. substantivé de *déchasser*) ▷ Pas de danse que l'on fait vers la gauche, par opposition au *chassé* qui se fait à droite. ◁

DÉCHASSER, v. intr. [deʃase] (*dé-* augment. et *chasser*) ▷ **Danse** Faire un chassé à gauche, après en avoir fait un à droite. ◁

DÉCHAUMAGE, n. m. [deʃomaʒ] (*déchaumer*) Action de déchaumer une terre. ◆ Sorte de labour.

DÉCHAUMÉ, ÉE, p. p. de déchaumer. [deʃome]

DÉCHAUMER, v. tr. [deʃome] (*dé-* et *chaume*) Enlever le chaume qu'on a laissé en moissonnant des céréales. ◆ Donner un premier labour après la récolte des céréales.

DÉCHAUMEUSE, ■ n. f. [deʃomøz] (*déchaumer*) **Agric.** Charrue utilisée pour un labour superficiel après la moisson.

DÉCHAUSSAGE, n. m. [deʃosaʒ] (*déchausser*) Syn. de déchaussement.

DÉCHAUSSÉ, ÉE, p. p. de déchausser. [deʃose] *Moines déchaussés,* moines qui portent des sandales sans bas.

DÉCHAUSSEMENT ou **DÉCHAUSSAGE**, n. m. [deʃos(ə)mã, deʃosaʒ] (*déchausser*) Action d'ôter les souliers ◆ État d'une construction qui est déchaussée, et action de la déchausser. ◆ Action de détacher du collet d'une dent qu'on veut arracher, la gencive qui y est adhérente. ◆ État des dents dont les gencives n'enveloppent plus la base. ◆ Action de déchausser, d'enlever la terre qui protège le pied d'un arbre, d'une plante quelconque.

DÉCHAUSSER, v. tr. [deʃose] (*dé-* et *chausser*; cf. lat. pop. *discalceare*) Tirer à quelqu'un sa chaussure. ◆ **Fig.** *N'être pas digne de déchausser quelqu'un,* ne pouvoir se comparer à lui. ◆ *Déchausser un mur,* enlever la terre qui est autour de ses fondations. ◆ *Déchausser une dent,* en détacher la gencive. ◆ *Déchausser un arbre,* en mettre à découvert le pied et les racines. ◆ Se déchausser, v. pr. Ôter ses chaussures. ◆ *Cette dent se déchausse,* elle se décolle de la gencive. ■ V. intr. Perdre un ski. ■ **Agric.** Casser les buttes aménagées autour des pieds de vigne avant l'hiver.

DÉCHAUSSEUSE, ■ n. f. [deʃosøz] (*déchausser*) **Agric.** Charrue utilisée pour ôter la terre accumulée autour des pieds de vigne.

DÉCHAUSSOIR, n. m. [deʃoswaʁ] (*déchausser*) Lame d'acier qui sert à déchausser les dents. ■ **Agric.** Outil servant à déchausser les arbres.

DÉCHAUX, adj. [deʃo] (lat. *discalceus,* déchaussé, de *discalceatus*) Qui porte des sandales sans bas. *Déchaux ne se dit que des carmes.*

DÈCHE, ■ n. f. [deʃ] (a. provenç. *deca,* de *decazer,* déchoir) **Fam.** État de misère. *C'est la dèche chez eux.* ◆ *Être dans la dèche,* ne plus avoir d'argent.

DÉCHÉANCE, n. f. [deʃeãs] (*déchoir*) Action de déchoir, dégénération. **Jurispr.** Perte d'un droit, pour défaut d'accomplissement d'une formalité dans un délai déterminé. ◆ Perte de la couronne, du trône.

DÉCHET, n. m. [deʃɛ] (anc. part. *déchié* de *déchoir,* confondu avec la 3ᵉ personne *il déchet*) Perte qu'une chose éprouve dans sa quantité, sa qualité, sa valeur. ◆ ▷ **Fig.** Diminution, discrédit. « *Heureux le fidèle qui met toute son étude et toute son application à se pourvoir pour le salut ; qui ne peut souffrir sur cela le moindre déchet* », BOURDALOUE. ◁ ■ **N. m. pl.** Restes inutilisables d'un matériau que l'on a travaillé. *Les déchets d'un tissu. Déchets radioactifs.* ■ Détritus impropres à la consommation. *Trier les déchets.* ■ **Au sing. Fig.** et **vulg.** Personne misérable.

DÉCHETTERIE ou **DÉCHÈTERIE**, ■ n. f. [deʃet(ə)ʁi] (*déchet*) Lieu public aménagé pour la réception des déchets et objets encombrants en vue de leur recyclage.

DÉCHEVELÉ, ÉE, p. p. de décheveler. [deʃəv(ə)le]

DÉCHEVELER, v. tr. [deʃəv(ə)le] (*dé-* et *cheveu*) ▷ Mettre en désordre la chevelure de quelqu'un. ◆ Se décheveler, v. pr. Mettre ses cheveux en désordre. ◁

DÉCHEVÊTRER, v. tr. [deʃəvɛtʁe] (*dé-* et a. et m. fr., *chevêtre,* du lat. *capistrum,* muselière) ▷ Ôter le chevêtre d'une bête de somme. ◁

DÉCHEVILLER, v. tr. [deʃ(ə)vije] (*dé-* et *cheville*) Ôter les chevilles. ◆ Se décheviller, v. pr. Perdre ses chevilles.

DÉCHIFFONNER, v. tr. [deʃifɔne] (*dé-* et *chiffonner*) Ôter les faux plis d'un vêtement ou d'un tissu précédemment chiffonné.

DÉCHIFFRABLE, adj. [deʃifʁabl] (*déchiffrer*) Qui peut être déchiffré.

DÉCHIFFRAGE, ■ n. m. [deʃifʁaʒ] (*déchiffrer*) **Mus.** Première lecture d'une partition. *Travailler l'interprétation après une séance de déchiffrage.*

DÉCHIFFRÉ, ÉE, p. p. de déchiffrer. [deʃifʁe]

DÉCHIFFREMENT, n. m. [deʃifʁəmã] (*déchiffrer*) Action de déchiffrer ; résultat de cette action.

DÉCHIFFRER, v. tr. [deʃifʁe] (*dé-* et *chiffre*) Expliquer ce qui est écrit en chiffres. *Déchiffrer une dépêche.* ◆ **Par extens.** Déterminer la valeur des lettres et des mots dans des écritures inconnues. ◆ **Par extens.** Lire une écriture mauvaise, un texte presque illisible. ◆ **Fig.** Démêler, pénétrer ce qu'il y a de compliqué et d'obscur dans une chose. « *Déchiffrez les secrets de la Terre et des cieux* », RÉGNIER. ◆ **Fam.** *Déchiffrer quelqu'un,* se rendre compte de son caractère. ◆ Lire de la musique à première vue ; lire une musique assez compliquée. ◆ **Absol.** *Ce musicien déchiffre bien.* ◆ Se déchiffrer, v. pr. Être déchiffré.

DÉCHIFFREUR, EUSE, n. m. et n. f. [deʃifʁœʁ, øz] (*déchiffrer*) Personne qui a la clé d'un chiffre. ◆ Personne qui a le talent d'expliquer ce qui est écrit en chiffres. ◆ **Par extens.** et **fam.** Personne qui sait lire les mauvaises écritures. ◆ *Déchiffreur, déchiffreuse,* celui, celle qui lit couramment la musique ; ne se dit guère qu'avec une épithète : *Un habile, un mauvais déchiffreur.*

DÉCHIQUETAGE, ■ n. m. [deʃik(ə)taʒ] (*déchiqueter*) Action de mettre en pièces quelque chose. ■ Son résultat.

DÉCHIQUETÉ, ÉE, p. p. de déchiqueter. [deʃik(ə)te] **Bot.** *Feuille déchiquetée,* feuille découpée dont les découpures sont elles-mêmes partagées en segments de forme irrégulière. ◆ **Fig.** « *De petites phrases isolées, décousues, hachées, déchiquetées* », D'OLIVET.

DÉCHIQUETER, v. tr. [deʃik(ə)te] (*dé-* augmentatif et anc. fr. *escheequeré,* divisé en carrés de différentes couleurs) Découper en petits morceaux, en faisant diverses taillades. *Déchiqueter une feuille de papier, une volaille.* ◆ Se déchiqueter, v. pr. Se faire des entailles. *Ce fou se déchiqueta à coups de couteau.* ◆ **Fig.** « *Elles voudraient pour ainsi dire se déchiqueter par des austérités* », BOSSUET. ◆ **Fig.** Démolir point par point une idée ou un argument.

DÉCHIQUETEUR, n. m. ou **DÉCHIQUETEUSE**, ■ n. f. [deʃik(ə)tœʁ, deʃik(ə)tøz] (*déchiqueter*) Machine qui réduit en petits morceaux. *Une déchiqueteuse à papier.*

DÉCHIQUETURE, n. f. [deʃik(ə)tyʁ] (*déchiqueter*) Taillade faite dans une étoffe.

DÉCHIRAGE, n. m. [deʃiʁaʒ] (*déchirer*) Action de défaire un train de bois flotté, ou de désassembler les planches des vieux bateaux. ◆ *Bois de déchirage* ou simplement *déchirage,* le bois qui provient de la démolition d'un bateau.

DÉCHIRANT, ANTE, adj. [deʃiʁã, ãt] (*déchirer*) Qui déchire l'âme, qui émeut fortement. *Situation déchirante. Cris déchirants.*

DÉCHIRÉ, ÉE, p. p. de déchirer. [deʃiʁe] *Être déchiré,* avoir ses vêtements en lambeaux. ◆ Se dit aussi des terrains qui présentent comme des déchirures. *Des montagnes arides et déchirées.* ◆ **Fig.** *Un cœur déchiré par le remords.*

DÉCHIREMENT, n. m. [deʃiʁ(ə)mã] (*déchirer*) Action de déchirer, résultat de cette action. *Le déchirement des habits était une marque de douleur et d'indignation parmi les Juifs.* ◆ **Fig.** *Déchirement de cœur,* violente douleur. ◆ *Déchirement d'entrailles,* colique violente. ◆ **N. m. pl.** Troubles, discordes que causent les factions, les guerres. *L'Europe est en proie à de grands déchirements.*

DÉCHIRER, v. tr. [deʃiʁe] (*dé-* augment. et anc. fr. *eschirer,* déchirer, de l'anc. b. frq. *skerian,* séparer, diviser) Mettre en pièces sans se servir d'un instrument tranchant. *Déchirer ses vêtements en signe d'affliction. Le tigre déchire sa proie.* ◆ *Déchirer un acte, un contrat,* le mettre en pièces, et fig. les anéantir. ◆ **Poétiq.** *Déchirer les entrailles de la terre,* la fouiller soit pour y chercher les métaux, soit pour la labourer. ◆ *Déchirer un bateau,* en déchirer les parties, les planches. ◆ *Déchirer de coups,* donner tant de coups ou des coups si violents que la peau s'enlève. ◆ *Déchirer une blessure,* la rouvrir, la rendre plus grande, et fig. renouveler une douleur. ◆ *Déchirer,* en un sens plus restreint, faire une déchirure. *Elle a déchiré sa robe.* ◆ On dit aussi *déchirer* pour séparer, diviser. *Déchirer une feuille de papier en deux.*

♦ **Fig.** Troubler par des déchirements, par des divisions. *Déchirer la société en partis opposés.* « *Jérusalem était déchirée par trois factions* », Bossuet. ♦ Causer une vive douleur physique. ♦ **Fig.** *Déchirer le cœur, l'âme,* causer une vive, une profonde affliction. ♦ Ellipt. et en sous-entendant *le cœur, l'âme...* « *Hélas ! que vous me déchirez* », Racine. ♦ *Déchirer quelqu'un à belles dents,* en médire outrageusement. ♦ **Absol.** Diffamer. *Déchirer quelqu'un. Déchirer la réputation, la mémoire de quelqu'un.* ♦ **Absol.** « *Une duplicité indigne qui loue en face et déchire en secret* », Massillon. ♦ *Déchirer la main qui nous protège,* rendre le mal pour le bien. ♦ **Fig.** et **fam.** *Déchirer l'oreille, les oreilles,* affecter le sens de l'ouïe d'une manière désagréable. ♦ *Se déchirer,* v. pr. Se mettre en pièces. « *Le malheureux lion se déchire lui-même* », La Fontaine. ♦ *Être déchiré,* se faire une déchirure. ♦ *Se diviser régulièrement.* ♦ **Fig.** Médire les uns des autres. ■ **Très fam.** Produire des sensations fortes. *Les montagnes russes, ça déchire !* ■ Se détruire et causer une grande souffrance morale. *Leur couple s'est déchiré rapidement.*

DÉCHIRURE, n. f. [deʃiʁyʁ] (*déchirer*) Rupture faite en déchirant. *Elle a fait une déchirure à sa robe. La déchirure d'une plaie.* ■ Vive douleur morale consécutive à une séparation. *La déchirure d'un divorce.* ◁

DÉCHLORURER, ■ v. tr. [dekloʁyʁe] (*dé-* et *chlorure*) Purifier une eau ou un aliment du chlorure qu'ils peuvent contenir.

DÉCHOIR, v. intr. [deʃwaʁ] (b. lat. *decadere,* tomber, du lat *decidere*) Se conjugue avec *être* ou *avoir,* suivant les sens. Tomber dans un état inférieur à celui où l'on était. ♦ *Déchoir de,* ne pas conserver. « *La perfidie du disciple qui déchoit de son apostolat* », Massillon. ♦ **Théol.** *Déchoir de l'état de grâce,* perdre la grâce. ♦ Diminuer, s'affaiblir. *Son crédit commence à déchoir.* ♦ ▷ *Commencer à déchoir,* avancer en âge. ◁

DÉCHOQUAGE, ■ n. m. [deʃokaʒ] (*dé-* et *choqué*) **Méd.** Intervention d'urgence auprès d'un blessé ou d'un malade en état de choc. ■ DÉCHOQUER, v. tr. [deʃoke]

DÉCHOUÉ, ÉE, p. p. de déchouer. [deʃwe]

DÉCHOUER, v. tr. [deʃwe] (*déséchouer,* de *dés-* et *échouer*) ▷ Remettre à flot un bâtiment échoué. ◁

DÉCHRISTIANISATION, ■ n. f. [dekʁistjanizasjɔ̃] (*déchristianiser*) Recul de la pratique et de la croyance chrétienne.

DÉCHRISTIANISER, ■ v. tr. [dekʁistjanize] Réduire l'influence de la religion chrétienne.

DÉCHU, UE, p. p. de déchoir. [deʃy] Qui a perdu la dignité qu'il possédait. *Roi déchu.* ♦ **Théol.** *Déchu de la grâce,* qui a perdu la grâce divine. ♦ **Absol.** *L'homme déchu,* l'homme déchu de l'état d'innocence par le péché d'Adam. ♦ *Les anges déchus,* les anges rebelles à Dieu. ♦ Qui est privé d'un droit. *Un père déchu de l'autorité parentale.* ◁

1 DÉCI, ■ n. m. [desi] **Suisse** Mesure de vin correspondant à un demi-litre, servie dans les débits de boisson.

2 DÉCI..., [desi] (lat. *deci(mus),* dixième) Emprunté au latin et employé dans les noms des mesures du système métrique pour exprimer la dixième partie de l'unité.

DÉCIARE, n. m. [desjaʁ] (*déci-* et *are*) La dixième partie d'un are.

DÉCIBEL, ■ n. m. [desibɛl] (*déci-* et A. G. *Bell,* 1847-1922, inventeur du téléphone) Unité servant à mesurer l'intensité d'un son. *Étude comparative du nombre de décibels produits par des appareils électroménagers.* ■ **Fam.** Bruit fort. *Il y a trop de décibels dans cette boîte de nuit !* ■ **Abrév.** dB.

DÉCIDÉ, ÉE, p. p. de décider. [deside] Dont la solution est donnée. ♦ Qui n'a rien de vague, d'incertain. ♦ Signalé. *Une préférence décidée.* ♦ Arrêté, résolu. ♦ Qui a pris sa résolution. ♦ Plein de résolution. *Homme, langage décidé.*

DÉCIDÉMENT, adv. [desidemɑ̃] (*décidé*) D'une manière décidée, ferme. ♦ En tête d'un membre de phrase, *décidément* exprime une ferme résolution. *Décidément, je n'en ferai rien.* ■ Tout bien considéré, en définitive. *Décidément, tu n'as pas de chance !*

DÉCIDER, v. tr. [deside] (lat. *decidere,* détacher en coupant, trancher, décider) Porter un jugement sur une chose douteuse ou contestée. ♦ Mener à conclusion. *Décider une affaire.* ♦ Déterminer à. *Cette raison l'a décidé à ne rien entreprendre.* ♦ *Décider une chose,* en prendre la résolution. ♦ **V. intr.** Porter des jugements. *Ne décidons jamais à la légère.* ♦ *C'est un homme qui aime à décider,* qui prononce des jugements sans être suffisamment informé, instruit. ♦ *Décider de,* ordonner, disposer de. « *Les dieux décident de tout* », Fénelon. ♦ *Décider de,* donner une solution, une conclusion à un événement, à une intention, etc. « *Ces événements qui décident de la fortune des empires* », Bossuet. ♦ *Décider sur un jugement sur.* *Décider sur tout, de tout.* ♦ *Décider de,* avec un infinitif, prendre la résolution de. *Il a décidé de renvoyer son domestique.* ♦ *Se décider,* v. pr. Recevoir une solution, une conclusion. *La bataille ne se décidait pas. Son sort se décide.*

♦ *Se décider à,* prendre une résolution. ♦ *Se décider pour quelqu'un, pour quelque chose,* donner la préférence, se prononcer pour.

DÉCIDEUR, EUSE, ■ n. m. et n. f. [desidœʁ, øz] (*décider*) Personne qui a le pouvoir de prendre une décision concernant le secteur dont elle a la charge. *Le décideur d'un groupe industriel, bancaire.*

DÉCIDU, UE, ■ adj. [desidy] (lat. *deciduus,* qui tombe) **Bot.** Caduc. *Un arbre à feuilles décidues. Forêt dense à feuilles caduques ou forêt décide.*

DÉCIDUAL, ALE, ■ adj. [desidɥal] (lat. *deciduus,* qui tombe) **Anat.** Relatif au placenta, membrane caduque. *Liquide, tissu décidual.* ■ **Méd.** *Hématome décidual,* caillot qui se forme parfois pendant la grossesse, limitant les échanges entre la mère et son fœtus. *Des hématomes déciduaux.*

DÉCIGRAMME, n. m. [desigʁam] (*déci-* et *gramme*) Mesure légale de poids qui vaut la dixième partie du gramme.

DÉCILE, ■ n. m. [desil] (lat. *decem,* dix) **Math.** Chacune des dix parties égales d'une distribution statistique. *Le premier décile. Le cinquième décile.*

DÉCILITRE, n. m. [desilitʁ] (*déci-* et *litre*) Mesure de capacité qui vaut la dixième partie du litre.

DÉCILLER, v. tr. [desije] Voy. DESSILLER.

DÉCIMABLE, adj. [desimabl] (*décimer*) Sujet à la dîme.

DÉCIMAL, ALE, adj. [desimal] (lat. *decimus*) ▷ Qui regarde les dîmes. ◁ ♦ **Arithm.** Qui procède par dix. *Calcul décimal. Nombres décimaux.* ♦ *Système décimal,* le nouveau système de poids et mesures établi par la Convention, dit aussi système métrique. ♦ *Fraction décimale,* fraction composée de dixièmes, centièmes, millièmes, etc., d'unités. ♦ **N. f.** *Décimale,* nom donné à chacun des chiffres d'une fraction décimale. ■ Rem. Le système décimal a largement cours aujourd'hui, sauf dans les pays anglophones.

DÉCIMALISATION, ■ n. f. [desimalizasjɔ̃] (*décimal*) Action de décimaliser. *Loi relative à la décimalisation de l'euro.*

DÉCIMALISER, ■ v. tr. [desimalize] (*décimal*) Appliquer le système décimal à une valeur. *Décimaliser une monnaie.*

DÉCIMATEUR, n. m. [desimatœʁ] (lat. *decimus*) Personne qui avait le droit de lever la dîme.

DÉCIMATION, n. f. [desimasjɔ̃] (b. lat. *decimatio*) Châtiment militaire, en usage chez les Romains, qui consistait à punir de mort un soldat sur dix. ■ Action de décimer.

1 DÉCIME, n. f. [desim] (lat. *decima pars,* dixième partie) Taxe que le roi levait ordinairement ou extraordinairement sur le clergé du royaume. ♦ N. f. pl. Ce que les bénéficiers payaient annuellement au roi sur leur revenu.

2 DÉCIME, n. m. [desim] (lat. *decimus*) ▷ Valeur monétaire qui est la dixième partie du franc. ◁

DÉCIMÉ, ÉE, p. p. de décimer. [desime]

DÉCIMER, v. tr. [desime] (lat. impér. *decimare*) Infliger la peine de la décimation. *Décimer une armée.* ♦ **Fig.** Faire périr une partie, un certain nombre de personnes. *Le feu de l'ennemi décimait ce régiment.*

DÉCIMÈTRE, n. m. [desimɛtʁ] (*déci-* et *mètre*) Mesure de longueur qui vaut la dixième partie du mètre. ■ *Double décimètre,* règle graduée de 20 cm. ■ DÉCIMÉTRIQUE, adj. [desimetʁik]

DÉCIMO, adv. [desimo] (lat. *decimo (loco)*) Dixièmement.

DÉCINTRAGE, n. m. [desɛ̃tʁaʒ] (*décintrer*) Action de décintrer.

DÉCINTRÉ, ÉE, p. p. de décintrer. [desɛ̃tʁe]

DÉCINTREMENT, n. m. [desɛ̃tʁəmɑ̃] (*décintrer*) Action de décintrer.

DÉCINTRER, v. tr. [desɛ̃tʁe] (*dé-* et *cintrer*) Ôter les cintres qu'on avait placés pour la construction d'une voûte.

DÉCISIF, IVE, adj. [desizif, iv] (lat. *decisum,* supin de *decidere*) Qui décide, qui fait cesser toute indécision. *Un esprit décisif. Une raison décisive.* ♦ Qui résout, qui donne la solution. « *Cette expérience est décisive de la question* », Pascal. ♦ Qui termine une querelle, un débat, une guerre. *Un arrêt décisif. Une bataille décisive.* ♦ *Le moment décisif,* le moment dans lequel les choses se décident. ♦ *Qui annonce la décision,* la résolution. *Des manières décisives.* ♦ En parlant des hommes, qui décide hardiment, avec autorité, avec un air d'importance. *Rien n'est si décisif que l'ignorance.*

DÉCISION, n. f. [desizjɔ̃] (lat. *decisio*) Action de décider ; résultat de cette action ; jugement prononcé ; opinion exprimée. *Une décision judiciaire. La décision d'une affaire.* « *Ne voulant d'autre règle de la foi que les décisions du concile de Nicée* », Fléchier. ♦ Parti que l'on prend, résolution. *Prendre ou former une décision.* ♦ Fermeté avec laquelle on prend un parti. *Il y a de la décision dans son esprit, dans sa conduite, dans son langage.*

DÉCISIONNAIRE, ■ adj. [desizjɔnɛʁ] (*décision*) En relation avec la prise de décision. *Le pouvoir décisionnaire.* ■ Qui détient un pouvoir de décision. *Un organisme, un cadre décisionnaire.* ■ N. m. et n. f. *Un, une décisionnaire.*

DÉCISIONNEL, ELLE, ■ adj. [desizjɔnɛl] (*décision*) Destiné à assister l'encadrement d'une entreprise dans ses prises de décision stratégiques. *Un système décisionnel. L'informatique décisionnelle.*

DÉCISIVEMENT, adv. [desiziv(ə)mɑ̃] (*décisif*) D'une manière décisive.

DÉCISOIRE, adj. [desizwar] (lat. *decisum*, supin de *decidere*) **Jurispr.** Qui a la vertu de décider ; se dit d'un fait qui seul amène la décision d'un procès. *Serment décisoire.*

DÉCISTÈRE, n. m. [desistɛr] (*déci-* et *stère*) ▷ La dixième partie du stère ou du mètre cube. ◁

DÉCITEX, ■ n. m. [desitɛks] (*déci-* et *tex*) Dans l'industrie textile, unité mesurant la grosseur des fils. *Des fils titrant moins de 200 décitex.*

DÉCLAMATEUR, TRICE, n. m. et n. f. [deklamatœr, tris] (lat. *declamator*) Personne qui déclame. ◁ ▷ Rhéteur qui faisait des exercices d'éloquence dans une école. ◁ ◆ Orateur, écrivain emphatique. ◆ Adj. *Un style, un ton déclamateur.*

DÉCLAMATION, n. f. [deklamasjɔ̃] (lat. *declamatio*, exercice de la parole) L'art de la prononciation dans les discours publics, avec les accompagnements de la contenance et des gestes. ◆ Chez les Romains, exercice qu'on faisait faire aux jeunes gens, pour les disposer à l'éloquence du barreau. ◆ Emploi vicieux d'expressions et de phrases pompeuses. *Tomber dans la déclamation.* ◆ Discours, écrit plein de recherche et d'affectation et vide de choses. *Ce discours n'est qu'une déclamation.* ◆ Discours injurieux, violent. *Son plaidoyer ne contient que des déclamations contre sa partie.*

DÉCLAMATOIRE, adj. [deklamatwar] (lat. *declamatorius*) Qui appartient à la déclamation. *Art déclamatoire.* ◆ Rempli de déclamations. *Style déclamatoire.*

DÉCLAMÉ, ÉE, p. p. de déclamer. [deklame]

DÉCLAMER, v. tr. [deklame] (lat. *declamare*, s'exercer à la parole, invectiver) Réciter à haute voix en donnant aux mots et aux phrases toutes les intonations exigées par l'accent grammatical et l'accent oratoire. *Déclamer un discours, un rôle.* ◆ Absol. « *N'allez pas lui apprendre, comme on dit, à déclamer* », J.-J. Rousseau. ◆ V. intr. Parler avec violence contre quelqu'un, contre quelque chose. « *Après avoir déclamé contre le monde, ils en sont toujours épris* », Bourdaloue. ◆ Se déclamer, v. pr. Être déclamé.

DÉCLARANT, ANTE, ■ n. m. et n. f. [deklarɑ̃, ɑ̃t] (*déclarer*) Personne qui établit une déclaration, en particulier à un officier de l'état civil. *Déclarant en douane.*

DÉCLARATIF, IVE, adj. [deklaratif, iv] (lat. *declarativus*, qui fait voir clairement) **Jurispr.** Qui porte déclaration. *Titre, acte déclaratif.* ■ **Gramm.** Qui tient l'assertion. *Une proposition déclarative.* ■ *Verbe déclaratif*, qui sert à exprimer que l'on affirme quelque chose. Expliquer, signaler, dire *sont des verbes déclaratifs.*

DÉCLARATION, n. f. [deklarasjɔ̃] (lat. *declaratio*, action de montrer) Action de déclarer ; discours, acte écrit, par lequel on déclare. *Déclaration publique.* ◆ *Déclaration de guerre*, acte par lequel une puissance déclare la guerre à une autre. ◆ *Déclaration de naissance, de décès*, déclaration faite à la municipalité d'une naissance, d'un décès. ◆ En matière fiscale, déclaration de la valeur sur laquelle se règle la perception des droits. ◆ **Comm.** Énoncé que fait un débitant de l'état de sa vente. ◆ **Jurispr.** Manifestation faite par une personne de sa volonté ou d'un fait qui est à sa connaissance, ou en général constatation d'un fait par le juge. ◆ *Déclaration du jury*, réponse aux questions qui lui sont posées. ◆ Énonciation, état exact. *Donner sa déclaration de son bien. Déclaration de frais et de dépens.* ◆ ▷ **Dr.** Mémoire. *Produire une déclaration.* ◁ ◆ Aveu de l'amour qu'un homme éprouve. Rem. Se dit aussi aujourd'hui pour une femme. *Déclaration d'amour.* ■ *Déclaration d'impôts*, formulaire sur lequel on indique ses revenus imposables. *Remplir sa déclaration d'impôts.*

DÉCLARATOIRE, adj. [deklaratwar] (*déclarer*) Qui porte déclaration juridique d'une chose. *Acte, sentence déclaratoire.*

DÉCLARÉ, ÉE, p. p. de déclarer. [deklare] *Une guerre déclarée.* ◆ Avoué, connu. *Ennemi, ami déclaré.*

DÉCLARER, v. tr. [deklare] (lat. *declarare*, faire voir clairement) Faire connaître par des paroles expresses ou par quelque chose de significatif. *Déclarer ses intentions.* ◆ *Déclarer des marchandises à l'octroi, à la douane*, dire qu'on a avec soi des marchandises sujettes aux droits. ◆ *Déclarer un décès, une naissance*, faire à la municipalité l'annonce d'un décès, d'une naissance. ◆ Prononcer par acte public ou autrement. *Déclarer un mariage nul. Déclarer rebelle.* ◆ *Déclarer la guerre*, annoncer par acte public que la guerre va commencer. ◆ **Fig.** *Déclarer la guerre à quelqu'un ou à quelque chose*, l'attaquer. ◆ Dénoncer. *Déclarer ses complices.* ◆ Se déclarer, v. pr. Être manifeste. « *La colère de Dieu se déclare* », Bossuet. ◆ Apparaître, survenir. « *L'orage se déclare* », Racine. ◆ S'expliquer, énoncer son intention. ◆ **Fig.** Se dit des choses dont la nature devient manifeste. *L'hiver se déclare.* ◆ Se déclarer,

avec un nom ou un adjectif, se donner la qualité de. *Se déclarer le disciple de Jésus.* ◆ Déclarer son amour. « *J'allais me déclarer* », P. Corneille. ◆ Se prononcer, prendre parti pour ou contre quelqu'un. « *Que Rome se déclare ou pour ou contre nous* », P. Corneille. ◆ Absol. *C'est à vous d'opter et de vous déclarer.* ■ *Déclarer sa flamme à quelqu'un*, lui avouer son amour. *Elle a rougi lorsque je lui ai déclaré ma flamme.*

DÉCLASSÉ, ÉE, p. p. de déclasser. [deklase] N. m. et n. f. *Un déclassé.*

DÉCLASSEMENT, n. m. [deklas(ə)mɑ̃] (*déclasser*) Action de déclasser, de défaire un classement. ◆ Mutation dans les classes sociales. ◆ État des choses ou des personnes déclassées. ◆ *Déclassement d'inscriptions de rente, d'actions, etc.*, se dit quand il survient des ventes nombreuses qui les font sortir des portefeuilles et venir sur le marché.

DÉCLASSER, v. tr. [deklase] (*dé-* et *classer*) Déranger ce qui est classé. ◆ Faire sortir un individu ou un groupe d'individus de la classe sociale à laquelle ils appartiennent. ◆ Rayer un marin du registre des classes. ◆ Se déclasser, v. pr. Sortir de sa classe. ◆ Subir le déclassement. *Les rentes se déclassent.*

DÉCLASSIFIER, ■ v. tr. [deklasifje] (*dé-* et *classifier*) Sortir un document, un dossier, de son état confidentiel. *Déclassifier un dossier ultrasecret.* ■ **DÉCLASSIFICATION**, n. f. [deklasifikasjɔ̃]

DÉCLAVETER, ■ v. tr. [deklav(ə)te] (*dé-* et *claveter*) **Techn.** Enlever les clavettes. *Déclaveter une roue.* ■ **Par extens.** Ouvrir. *Déclaveter une fenêtre.*

DÉCLENCHEMENT, ■ n. m. [deklɑ̃ʃ(ə)mɑ̃] (*déclencher*) Action de déclencher. *Le déclenchement préventif d'une avalanche.*

DÉCLENCHER, ■ v. tr. [deklɑ̃ʃe] (*dé-* et *clenche*) Mettre en mouvement un dispositif par le déblocage d'une pièce, d'un mécanisme. *Déclencher le système d'alarme.* ■ Provoquer un événement aux conséquences importantes comparé à ce qui en est la cause. *L'assassinat de l'archiduc François-Ferdinand déclencha la Première Guerre mondiale.*

DÉCLENCHEUR, EUSE, ■ adj. [deklɑ̃ʃœr, øz] (*déclencher*) Qui est à l'origine d'un mouvement, d'un phénomène. *L'élément déclencheur de la crise.* ■ N. m. Dispositif permettant d'actionner un mécanisme. *Le déclencheur d'un appareil photo.*

DÉCLIC, n. m. [deklik] (*décliquer*) ▷ Ressort ou crochet qui, étant retiré, fait qu'une machine entre en mouvement. ◁ ◆ Bruit sec provoqué par l'enclenchement d'un mécanisme. *Entendre le déclic d'un appareil de photo.* ◆ Prise de conscience soudaine qui débloque une situation. *Avoir le déclic.*

DÉCLIMATER, v. tr. [deklimate] (*dé-* et *climat*) Ôter à un animal, à une plante, à un homme la manière d'être qui provient du pays natal.

DÉCLIN, n. m. [deklɛ̃] (*décliner*) État d'une chose qui penche vers sa fin, qui perd de sa force, de son éclat. *Au déclin de la vie. Pencher vers son déclin.* ◆ *Déclin de la Lune*, décroissement de la Lune, après qu'elle a pris son plein. ◆ Le ressort par lequel le chien d'un pistolet, d'un fusil, s'abat sur le bassinet.

DÉCLINABLE, adj. [deklinabl] (b. lat. gramm. *declinabilis*) **Gramm.** Qui peut être décliné. *Nom déclinable.* ◆ *Déclinable* se dit aussi des verbes passant par les formes de leur conjugaison.

DÉCLINAISON, n. f. [deklinezɔ̃] (lat. *declinatio*, inflexion, écart) **Astron.** Arc d'un grand cercle de la sphère, compris entre l'astre qu'on observe et l'équateur. ◆ **Phys.** *Déclinaison de l'aiguille aimantée*, mesure de l'angle qui est formé entre la direction du méridien et celle d'une aiguille aimantée. ◆ **Gramm.** Dans les langues qui ont des cas, les désinences propres aux noms, aux pronoms et aux adjectifs dans leurs différents cas. ◆ Classes ou divisions établies parmi les noms et adjectifs d'une langue, d'après les séries des terminaisons. *Les cinq déclinaisons latines.* ■ Action de décliner un produit. ■ **Rare** Action de décliner, de refuser. *Déclinaison d'une offre.*

DÉCLINANT, ANTE, adj. [deklinɑ̃, ɑ̃t] (*décliner*) Qui décline vers. ◆ *Cadran déclinant*, le cadran qui ne regarde pas directement un des points cardinaux. ◆ Qui penche vers son déclin.

DÉCLINATOIRE, adj. [deklinatwar] (*décliner*) **Dr.** Qui est allégué pour décliner une juridiction. *Moyen déclinatoire.* ◆ N. m. Exception par laquelle le défendeur demande son renvoi devant une autre juridiction. *Élever un déclinatoire.*

DÉCLINÉ, ÉE, p. p. de décliner. [dekline]

DÉCLINEMENT, n. m. [deklin(ə)mɑ̃] (*décliner*) Action de décliner.

DÉCLINER, v. intr. [dekline] (lat. *declinare*, détourner, éviter, s'écarter) S'écarter en un sens ou un autre d'un point fixe, d'une ligne fixe. ◆ **Astron.** S'éloigner de l'équateur, en parlant d'un astre. ◆ **Phys.** S'écarter du nord vrai, en parlant de l'aiguille aimantée. ◆ **Fig.** Pencher vers son déclin, vers sa fin. *Toute puissance finit par décliner. Je décline vers la vieillesse.* ◆ V. tr. **Dr.** Ne pas reconnaître. *Décliner une juridiction.* ◆ **Fig.** Écarter, éloigner, éviter. *Décliner un honneur.* ◆ **Gramm.** Faire passer un nom, un pronom, un adjectif par tous ses cas et flexions. ◆ **Fig.** *Décliner son nom*, dire qui l'on est. ♦ **Se décliner**, v. pr. Être écarté, évité. ♦ Subir les flexions de la déclinaison, en parlant d'un nom, d'un adjectif. ■ Refuser. *Décliner une invitation.* ■ Présenter un même produit sous des formes ou des formats différents.

DÉCLIQUER, v. tr. [deklike] (*dé-* et anc. fr. *clique*, loquet) ▷ **Méc.** Lâcher un déclic. ◁

DÉCLIQUETER, ■ v. tr. [deklik(ə)te] (*dé-* et *cliquet*) **Techn.** Dégager un cliquet. *Décliqueter un engrenage.* ■ DÉCLIQUETAGE, n. m. [deklik(ə)taʒ]

DÉCLIVE, adj. [dekliv] (lat. *declivis*) ▷ Qui est en pente. *Un terrain déclive.* ◁

DÉCLIVITÉ, n. f. [deklivite] (*declivitas*) Situation d'une chose qui est en pente. *Les déclivités des montagnes.*

DÉCLOISONNER, ■ v. tr. [deklwazɔne] (*dé-* et *cloisonner*) Faire communiquer en supprimant ce qui empêche les relations entre différents groupes, différentes disciplines. *Décloisonner les enseignements dans une classe.* ■ DÉCLOISONNEMENT, n. m. [deklwazɔn(ə)mã]

DÉCLORE, v. tr. [deklɔʀ] (*dé-* et *clore*) Ôter la clôture. ■ **Rare** Ouvrir ce qui était fermé. *Déclore la bouche.*

DÉCLOS, OSE, p. p. de déclore. [deklo, oz] *Un parc déclos.*

DÉCLÔTURE, n. f. [deklotyʀ] (*dé-* et *clôture*) ▷ Action de déclore. ◁

DÉCLOUÉ, ÉE, p. p. de déclouer. [deklue]

DÉCLOUER, v. tr. [deklue] (*dé-* et *clouer*) Défaire ce qui était cloué. ♦ **Se déclouer**, v. pr. N'être plus cloué.

DÉCO, ■ n. f. [deko] Voy. DÉCORATION.

DÉCOCHAGE, ■ n. m. [dekoʃaʒ] (*décocher*) **Techn.** Action de décocher. *Décochage d'une flèche. Décochage en fonderie.*

DÉCOCHÉ, ÉE, p. p. de décocher. [dekoʃe]

DÉCOCHEMENT, n. m. [dekoʃ(ə)mã] (*décocher*) Action de décocher une flèche. ♦ **Fig.** *Le décochement d'une épigramme.*

DÉCOCHER, v. tr. [dekoʃe] (*dé-* et *coche*) Tirer une flèche à l'aide d'un arc, d'une arbalète. ♦ On dit aussi que l'arc décoche une flèche. ♦ **Fig.** *Décocher un trait de satire, une épigramme*, lancer un trait mordant, faire une épigramme. ♦ On dit aussi *décocher un compliment, une œillade.* ♦ **Se décocher**, v. pr. Être décoché. ■ **Par extens.** *Décocher un coup de poing.* ■ **Techn.** Démouler une pièce fondue.

DÉCOCTION, n. f. [dekɔksjɔ̃] (b. lat. *decoctio*) ▷ Opération qui consiste à faire bouillir dans un liquide des substances médicamenteuses dont on veut extraire les principes solubles. ♦ Le produit liquide de cette opération. *Une décoction de persil, de tilleul, etc.*

DÉCODAGE, ■ n. m. [dekodaʒ] (*décoder*) Action de décoder. *Décodage d'un message secret.* ♦ *Clé de décodage*, clé permettant de décoder un signal.

DÉCODER, ■ v. tr. [dekode] (*dé-* et *coder*) Transcrire en langage clair ce qui était dans un langage codé. *Décoder un message secret, les émissions des chaînes cryptées.* ■ **Fig.** Interpréter pour rendre compréhensible. *Décoder le comportement d'une personne.*

DÉCODEUR, ■ n. m. [dekodœʀ] (*décoder*) Appareil permettant de voir en clair les émissions de télévision des chaînes cryptées. *Brancher le décodeur.*

DÉCOFFRER, ■ v. tr. [dekofʀe] (*dé-* et *coffrer*) Enlever le coffrage d'une pièce en béton. *Décoffrer un ouvrage en béton armé.* ■ DÉCOFFRAGE, n. m. [dekofʀaʒ] *Brut de décoffrage*, Voy. BRUT.

DÉCOIFFÉ, ÉE, p. p. de décoiffer. [dekwafe]

DÉCOIFFER, v. tr. [dekwafe] (*dé-* et *coiffer*) Ôter ce qui coiffe. ♦ Déranger la coiffure, les cheveux, les mettre en désordre. ♦ *Décoiffer une bouteille*, ôter l'enveloppe qui entoure le bouchon ; la déboucher. ♦ *Décoiffer une fusée*, déchirer la garniture qui la préserve contre les accidents du feu. ♦ **Se décoiffer**, v. pr. Déranger sa coiffure. ♦ *Se décoiffer*, déranger la coiffure l'un de l'autre. ■ **Fig.** et **fam.** *Ça décoiffe*, ça surprend, ça change du quotidien.

DÉCOINCER, ■ v. tr. [dekwɛse] (*dé-* et *coincer*) Débloquer ce qui était coincé. *Décoincer une porte.* ■ **Fam.** Mettre à l'aise en décomplexant. *Ce nouveau job l'a un peu décoincé.* ■ DÉCOINCEMENT, n. m. [dekwɛs(ə)mã]

DÉCOLÉRER, v. intr. [dekoleʀe] (*dé-* et *colère*) **Vulg.** Cesser d'être en colère. ■ **Rem.** Ce terme n'est plus vulgaire aujourd'hui.

DÉCOLLAGE, ■ n. m. [dekolaʒ] (*décoller*) Action de retirer ce qui était collé. *Le décollage du papier peint.* ■ Moment où un engin volant quitte le sol. *Maintenez votre ceinture de sécurité attachée durant le décollage.* ■ **Écon.** Moment à partir duquel une croissance économique entre en plein développement. *Le décollage de la téléphonie mobile.*

DÉCOLLATION, n. f. [dekolasjɔ̃] (b. lat. *decollatio*) ▷ Action de couper le cou. ♦ Se dit du martyre de saint Jean-Baptiste. *La décollation de saint Jean-Baptiste.* ◁

DÉCOLLÉ, ÉE, p. p. des deux verbes décoller. [dekole] *Avoir les oreilles décollées.*

1 DÉCOLLEMENT, n. m. [dekɔl(ə)mã] (1 *décoller*) **Art** Action de couper une partie de quelque chose. *Faire un décollement à un tenon.*

2 DÉCOLLEMENT, n. m. [dekɔl(ə)mã] (2 *décoller*) Action de décoller, de défaire ce qui est collé ; état de ce qui est décollé. ♦ **Chir.** État d'un organe séparé, par la destruction du tissu lamineux, des parties auxquelles il adhérait naturellement.

1 DÉCOLLER, v. tr. [dekole] (lat. *decollare*, de *collum*, cou) ▷ Couper le cou à quelqu'un. *On ne décollait autrefois que les gentilshommes.* ◁

2 DÉCOLLER, v. tr. [dekole] (*dé-* et *coller*) Détacher une chose qui était collée. ♦ Au jeu de billard, *décoller une bille*, la détacher de la bande. ♦ **Se décoller**, v. pr. Cesser d'être collé. ♦ Au billard, écarter sa bille de la bande. ■ S'élever dans l'air, en parlant d'un aéronef. *L'avion a décollé avec une demi-heure de retard.* ■ **Par méton.** *Nous avons décollé à dix heures.* ■ **Fam.** Partir d'un endroit. *Il faudrait décoller à huit heures pour être à l'heure au rendez-vous.* ♦ Connaître un bel essor. *Nos ventes ont décollé ces trois derniers mois.* ■ **Fam.** Perdre beaucoup de poids. *La maladie l'a fait décoller.*

DÉCOLLETAGE, n. m. [dekɔl(ə)taʒ] (*décolleter*) ▷ **Cout.** Manière de décolleter une robe. ◁ **Techn.** Industrie des pièces mécaniques miniatures. *Cluses est la capitale du décolletage.*

DÉCOLLETÉ, ÉE, p. p. de décolleter. [dekɔl(ə)te] **Fig.** *Propos décolleté*, propos trop libre. ■ **N. m.** *Le décolleté d'une robe.* ■ Partie du buste que laisse apparaître un décolleté. *Elle a un beau décolleté.*

DÉCOLLETER, v. tr. [dekɔl(ə)te] (*dé-* et *collet.* Prononcez : je décolette, je décolletterai, etc. et non : je décolte, je décolterai, etc.) Couper un vêtement de manière qu'il dégage le cou et les épaules. *Décolleter une robe.* ♦ Rabattre le vêtement de manière à découvrir le cou. ♦ **Se décolleter**, v. pr. Se découvrir le cou, les épaules.

DÉCOLLETEUR, EUSE, ■ n. m. et n. f. [dekɔl(ə)tœʀ, øz] (*décolleter*) Ouvrier travaillant dans le décolletage. ■ **N. f.** Machine agricole destinée au décolletage. *Décolleteuse de betteraves.*

DÉCOLLEUSE, ■ n. f. [dekoløz] (2 *décoller*) Appareil projetant de la vapeur afin de faciliter le décollage d'un revêtement mural. *Ôter du papier peint à l'aide d'une décolleuse.*

DÉCOLONISATION, ■ n. f. [dekolonizasjɔ̃] (*dé-* et *colonie*) Processus par lequel un État, une région accède à l'indépendance et cesse d'être colonisé. *La décolonisation de l'Afrique noire. La décolonisation de l'Empire colonial français s'est déroulée de 1945 à 1968.* ■ DÉCOLONISER, v. tr. [dekolonize]

DÉCOLORANT, ANTE, ■ adj. [dekolorã, ãt] (*décolorer*) Qui a le pouvoir de faire perdre sa couleur. *Crème décolorante pour les duvets.* ■ **N. m.** Produit décolorant. *Un décolorant pour le bois.*

DÉCOLORATION, n. f. [dekolorasjɔ̃] (lat. *decoloratio*) Opération qui a pour but d'enlever à un corps sa couleur. ♦ Perte de la couleur naturelle. ♦ **Fig.** *Décoloration du style.*

DÉCOLORÉ, ÉE, p. p. de décolorer. [dekolore] **Fig.** *Un style décoloré*, un style qui est terne et sans éclat. ■ *Des cheveux décolorés*, blondis.

DÉCOLORER, v. tr. [dekolore] (lat. *decolorare*) Ôter, altérer la couleur. ♦ **Fig.** *La souffrance décolorait pour lui la nature.* ♦ **Se décolorer**, v. pr. Perdre sa couleur. ♦ **Fig.** *Son style s'est décoloré.*

DÉCOMBRÉ, ÉE, p. p. de décombrer. [dekɔ̃bre]

DÉCOMBRER, v. tr. [dekɔ̃bre] (antonyme de *encombrer* par changement de préfixe) ▷ Ôter les décombres, enlever les débris, les plâtras, les ordures. ◁

DÉCOMBRES, n. m. pl. [dekɔ̃bʀ] (*décombrer*) Matériaux brisés qui demeurent après qu'un bâtiment est démoli. ♦ **Fig.** *Les décombres qu'une révolution laisse après elle.*

DÉCOMMANDER, v. tr. [dekomãde] (*dé-* et *commander*) Contremander une demande. Annuler un ordre, une invitation, par un ordre, une invitation contraire. ■ **Par extens.** *Décommander une réservation*, l'annuler. ■ **Ellipt.** *Décommander le restaurant.*

DÉCOMMETTRE, v. tr. [dekometʀ] (*dé-* et *commettre*, au sens de fabriquer un cordage) **Mar.** Détorsader un cordage afin d'en séparer les torons. *Décommettre des cordes.*

DE COMMODO ET INCOMMODO, [dekomodoɛtɛ̃komodo] Voy. COMMODO.

DÉCOMPLÉTER, v. tr. [dekɔ̃plete] (*dé-* et *complet*) ▷ Rendre incomplet. *Décompléter une collection.* ◁

DÉCOMPLEXER, ■ v. tr. [dekɔ̃plɛkse] (*dé-* et *complexe*) Ôter tout sentiment d'infériorité. *Décomplexer un enfant en échec scolaire.* ■ **Se décomplexer**, v. pr. **Fam.** Vaincre sa timidité, ses inhibitions. *Trouvez un truc pour vous décomplexer.*

DÉCOMPOSABLE, adj. [dekɔ̃pozabl] (*décomposer*) Qui peut être décomposé.

DÉCOMPOSANT, ANTE, adj. [dekɔ̃pozɑ̃, ɑ̃t] (*décomposer*) Qui décompose, qui amène la décomposition.

DÉCOMPOSÉ, ÉE, p. p. de décomposer. [dekɔ̃poze]

DÉCOMPOSER, v. tr. [dekɔ̃poze] (*dé-* et *composer*) Séparer un corps en ses parties simples. ♦ *Par extens.* Décomposer *la lumière*, y faire apparaître, par le moyen du prisme, les sept couleurs fondamentales qui la composent. ♦ **Absol.** *Les sciences décomposent et recomposent.* ♦ **Math.** Changer, convertir. *Décomposer un polygone en triangles, un produit en ses facteurs.* ♦ *Décomposer un discours, une phrase, une idée*, les résoudre en leurs éléments. ♦ Altérer profondément une substance. *La chaleur décompose les matières animales.* ♦ Se dit aussi en parlant des traits du visage. *La douleur l'avait décomposé.* ♦ **Se décomposer**, v. pr. Se partager en ses parties simples. ♦ Se corrompre. *Cette liqueur se décompose.* ♦ S'altérer, en parlant de la face.

DÉCOMPOSITION, n. f. [dekɔ̃pozisjɔ̃] (*décomposer*) **Chim.** Résolution d'un corps en ses principes ou parties simples. ♦ **Fig.** Réduction à des parties plus simples. *Décomposition d'une idée, d'une phrase.* ♦ Corruption. *La décomposition des substances animales.* ♦ **Fig.** *La décomposition des idiomes.* ♦ Altération profonde. *La décomposition du visage, des traits.*

DÉCOMPRESSER, ■ v. tr. [dekɔ̃prese] (*dé-* et *compresser*) **Inform.** Redonner sa taille originale à un fichier qui a été compressé afin de pouvoir lire les données qu'il contient. ■ **V. intr.** **Fam.** Se détendre pour faire cesser les tensions nerveuses. *Profitons de ces vacances pour décompresser.*

DÉCOMPRESSEUR, ■ n. m. [dekɔ̃presœr] (*dé-* et *compresseur*) Dispositif servant à supprimer la compression d'un gaz. ■ **Inform.** Programme servant à redonner sa taille originale à un fichier.

DÉCOMPRESSION, ■ n. f. [dekɔ̃presjɔ̃] (*dé-* et *compression*) Diminution ou suppression de la pression exercée sur un corps. *La décompression observée par les plongeurs sous-marins lors de leur remontée.* ■ **Inform.** Action de rendre à un fichier sa taille originale.

DÉCOMPRIMER, ■ v. tr. [dekɔ̃prime] (*dé-* et *comprimer*) Arrêter ou réduire la compression de. *Décomprimer de l'air.* ■ **Inform.** Décompresser. *Décomprimer un fichier.*

DÉCOMPTE, n. m. [dekɔ̃t] (*décompter*) Ce qu'il y a à rabattre sur la somme qu'on paye. *Faire le décompte.* ♦ Retenue qu'on fait à des gens, en leur payant le dû pour travail ou journées, et qui est l'équivalent de certaines fournitures. *Payer le décompte*, payer ce qui est dû, en retenant les avances qu'on a faites. ♦ **Fig.** Déception. ♦ Détail d'une somme à payer. ■ Compte à rebours. *Le décompte des jours avant un anniversaire.* ■ Compte. *Le décompte des heures du travail d'une employée.*

DÉCOMPTÉ, ÉE, p. p. de décompter. [dekɔ̃te]

DÉCOMPTER, v. tr. [dekɔ̃te] (*dé-* et *compter*) Déduire, rabattre. *Décompter une somme.* ♦ **Fig.** et **absol.** Rabattre de l'opinion qu'on avait, ne pas trouver l'avantage qu'on espérait. « *Outre qu'on trouverait beaucoup à décompter des espérances qu'on aurait conçues...* », BOURDALOUE. ♦ **Jeu** Perdre ses points, les démarquer. ■ Compter à rebours. *On décompte les secondes avant le décollage d'une fusée.*

DÉCONCENTRATION, ■ n. f. [dekɔ̃sɑ̃trasjɔ̃] (*dé-* et *concentration*) Perte de la concentration. *Déconcentration d'un produit dilué.* ■ État d'une personne déconcentrée. *La déconcentration d'un élève.* ■ **Admin.** Transfert du pouvoir de décision à des représentants locaux du pouvoir. *Déconcentration et décentralisation.*

DÉCONCENTRER, ■ v. tr. [dekɔ̃sɑ̃tre] (*dé-* et *concentrer*) **Admin.** Transférer les pouvoirs d'une administration centrale à ses représentants locaux. *Déconcentrer la gestion du personnel enseignant.* ■ Réduire la concentration autour d'un pôle unique. *Déconcentrer le trafic aérien.* ■ Faire perdre momentanément à quelqu'un ses facultés de concentrer son attention. *Ne pas se laisser déconcentrer.* ■ **Se déconcentrer**, v. pr. *Un enfant qui se déconcentre facilement.*

DÉCONCERTANT, ANTE, ■ adj. [dekɔ̃sertɑ̃, ɑ̃t] (*déconcerter*) Qui surprend au point de faire perdre contenance. *Une réponse déconcertante.*

DÉCONCERTÉ, ÉE, p. p. de déconcerter. [dekɔ̃serte]

DÉCONCERTEMENT, n. m. [dekɔ̃sertəmɑ̃] (*déconcerter*) Action de déconcerter. *Le déconcertement des mesures qu'il avait prises.* ♦ Perte de contenance.

DÉCONCERTER, v. tr. [dekɔ̃serte] (*dé-* et *concerter*) ▷ Troubler un concert de voix ou d'instruments. *Il ne faut qu'une voix discordante pour déconcerter toutes les autres.* ◁ ♦ Déranger, disjoindre, désajuster. « *Déconcertez tout cet appareil étudié qui trompe les hommes* », MASSILLON. ♦ **Fig.** Rompre les mesures, les projets de quelqu'un. ♦ Troubler, interdire quelqu'un, lui faire perdre contenance. ♦ **Se déconcerter**, v. pr. Perdre le concert. *Des voix qui*

se déconcertent. ♦ Se déranger, en parlant d'un mécanisme. ♦ **Fig.** « *Il se déconcerte, il s'étourdit, c'est une courte aliénation* », LA BRUYÈRE. ♦ Perdre contenance.

DÉCONDITIONNER, ■ v. tr. [dekɔ̃disjɔne] (*dé-* et *conditionner*) Perdre son conditionnement psychologique. *Déconditionner un animal de son état sauvage.* ■ **Cuis.** Faire perdre son conditionnement à un aliment. *Déconditionner un produit surgelé afin de le préparer.* ■ **DÉCONDITIONNEMENT**, n. m. [dekɔ̃disjɔn(ə)mɑ̃]

DÉCONFIRE, v. tr. [dekɔ̃fir] (a. fr. briser complètement, de *dé-* et *confire*) Défaire complètement l'ennemi. ♦ **Fam.** *Déconfire quelqu'un*, l'embarrasser, le réduire au silence. *Sa déconfiture est complète.* ♦ **Dr.** État du débiteur non commerçant dans l'impossibilité de payer ses dettes. *Tomber en déconfiture.* ♦ Par extens. Ruine d'une affaire. ♦ Délabrement, mauvaise condition.

DÉCONFIT, ITE, p. p. de déconfire. [dekɔ̃fi, it]

DÉCONFITURE, n. f. [dekɔ̃fityr] (*déconfire*) Défaite entière, complète. ♦ *Faire déconfiture de*, détruire, exterminer. ♦ **Fig.** et **fam.** Grande consommation. *On fit une grande déconfiture de pâtés.* ♦ Ruine, insolvabilité d'un débiteur.

DÉCONFORT, n. m. [dekɔ̃fɔr] (*déconforter*) Perte de confort, de courage, de secours.

DÉCONFORTÉ, ÉE, p. p. de déconforter. [dekɔ̃fɔrte]

DÉCONFORTER, v. tr. [dekɔ̃fɔrte] (*dé-* et *conforter*) Ôter le confort, le courage, abattre, affliger. ♦ **Se déconforter**, v. pr. Se désoler, perdre courage.

DÉCONGELER, ■ v. tr. [dekɔ̃ʒ(ə)le] (*dé-* et *congeler*) Porter à une température supérieure à celle de la congélation. *Décongeler une viande avant de la faire cuire.* ■ **DÉCONGÉLATION**, n. f. [dekɔ̃ʒelasjɔ̃]

DÉCONGESTION, ■ n. f. [dekɔ̃ʒestjɔ̃] (*dé-* et *congestion*) Diminution de l'afflux d'une substance dans l'organisme. *Un baume pour la décongestion nasale.*

DÉCONGESTIONNER, ■ v. tr. [dekɔ̃ʒestjɔne] (de *congestionner*) **Méd.** Diminuer l'afflux anormal de sang, et par extens. d'une autre substance. *Décongestionner le nez d'une personne enrhumée.* ■ **Fig.** Diminuer l'encombrement de. *Décongestionner un aéroport.*

DÉCONNADE, ■ n. f. [dekɔnad] (*déconner*) **Fam.** Partie de plaisir où l'on s'amuse beaucoup. *Une bonne déconnade !* « *On s'engueule tous un peu et puis quelques godets de narpi (pinard) plus loin, tout va mieux, de la déconnade. Rien d'autre* », LASAYGUE.

DÉCONNECTER, ■ v. tr. [dekɔnekte] (*dé-* et *connecter*) Débrancher pour rompre une connexion électrique. *Déconnecter un câble.* ■ **Par extens.** Rompre la liaison à un système informatique. *Déconnecter un périphérique.* ■ **Se déconnecter**, v. pr. *Se déconnecter automatiquement. Se déconnecter d'Internet.* ■ **Fig.** et **fam.** Séparer quelque chose d'un tout, de son environnement. *Déconnecter le problème des retraites de celui de l'emploi.* ■ **Fam.** Être *déconnecté de la réalité.* ■ **V. intr.** **Fam.** Ne plus penser à ses préoccupations, le plus souvent professionnelles. *En vacances, je déconnecte.*

DÉCONNER, ■ v. intr. [dekɔne] (*dé-* et *con*) Très fam. Parler ou agir bêtement. « *Ce que je pouvais déconner pardon : dire des bêtises quand j'étais môme* », QUENEAU. ■ Ne pas fonctionner correctement. *Mon ordinateur déconne en ce moment.* ■ S'amuser sans retenue. *On a déconné toute la soirée.*

DÉCONNEUR, EUSE, ■ n. m. et n. f. [dekɔnœr, øz] (*déconner*) **Fam.** Personne qui aime s'amuser, dire ou faire des bêtises. « *C'est un sacré déconneur, il nous fait beaucoup rire!* « *Moi au fast-food ? j'aime pas les déconneurs, j'vaux plus que deux frites, un soda, un cheeseburger. Si tu m'aimes vraiment, s'il te plaît, mets le prix* », MC SOLAAR.

DÉCONNEXION, ■ n. f. [dekɔneksjɔ̃] (*dé-* et *connexion*) Interruption d'une communication entre deux systèmes. *Déconnexion automatique dès que les messages électroniques sont tous envoyés.*

DÉCONSEILLÉ, ÉE, p. p. de déconseiller. [dekɔ̃seje]

DÉCONSEILLER, v. tr. [dekɔ̃seje] (*dé-* et *conseiller*) Détourner par conseil. ♦ Conseiller de ne pas faire quelque chose. *La prudence déconseille cette entreprise.*

DÉCONSIDÉRATION, n. f. [dekɔ̃siderasjɔ̃] (*dé-* et *considération*) Perte de l'estime et de la considération publique.

DÉCONSIDÉRÉ, ÉE, adj. [dekɔ̃sidere] (*déconsidérer*) Qui a perdu considération et estime.

DÉCONSIDÉRER, v. tr. [dekɔ̃sidere] (*dé-* et *considérer*) Ôter la considération, l'estime. ♦ **Absol.** *Cela déconsidère.* ♦ **Se déconsidérer**, v. pr. Perdre la considération.

DÉCONSIGNER, ■ v. tr. [dekɔ̃siɲe] ou [dekɔ̃siɲje] (*dé-* et *consigner*) Retirer de la consigne. *Déconsigner ses bagages.* ■ Rendre l'emballage d'un objet consommé à son point de vente pour le recycler et pour en toucher la consigne. *Déconsigner une bouteille.*

DÉCONSTRUCTION, ■ n. f. [dekɔ̃stryksjɔ̃] (*déconstruire*) Action de déconstruire, de démonter. *La déconstruction d'un immeuble. La déconstruction d'un mythe.* « *Jamais..., la déconstruction du personnage, dans son caractère au profit de l'expression poétique, n'avait, dans le roman été tentée de manière si hardie* », YOURCENAR.

DÉCONSTRUIRE, v. tr. [dekɔ̃stryir] (*dé-* et *construire*) Désassembler les parties d'un tout. *Déconstruire une machine.* ♦ **Gramm.** *Déconstruire des vers,* les rendre, par la suppression de la mesure, semblables à de la prose. ♦ *Se déconstruire,* v. pr. Perdre sa construction.

DÉCONSTRUIT, ITE, p. p. de déconstruire. [dekɔ̃stryi, it]

DÉCONTAMINER, ■ v. tr. [dekɔ̃tamine] (*dé-* et *contaminer*) Réduire ou supprimer la présence d'agents de contamination, notamment d'éléments radioactifs. *Décontaminer une zone d'essais nucléaires.* ■ DÉCONTAMINATION, n. f. [dekɔ̃taminasjɔ̃]

DÉCONTENANCÉ, ÉE, p. p. de décontenancer. [dekɔ̃t(ə)nɑ̃se]

DÉCONTENANCEMENT, n. m. [dekɔ̃t(ə)nɑ̃s(ə)mɑ̃] (*décontenancer*) Action de décontenancer. ♦ État d'une personne décontenancée.

DÉCONTENANCER, v. tr. [dekɔ̃t(ə)nɑ̃se] (*dé-* et *contenance*) Faire perdre contenance à quelqu'un. ♦ *Se décontenancer,* v. pr. Perdre contenance.

DÉCONTRACTÉ, ÉE, ■ adj. [dekɔ̃trakte] (*décontracter*) Qui est détendu physiquement ou psychologiquement. *Un visage décontracté.* ■ **Fig.** et **fam.** Qui dénote de la désinvolture. *Une attitude décontractée.*

DÉCONTRACTER, ■ v. tr. [dekɔ̃trakte] (*dé-* et *contracter*) Relâcher la tension exercée sur les muscles de. *Décontracter sa nuque.* ■ Atténuer un état de tension nerveuse. *Chercher à décontracter un candidat anxieux.* ■ *Se décontracter,* v. pr. Se mettre dans un état de détente physique ou psychologique. *Fermez les yeux et décontractez-vous.* ■ DÉCONTRACTION, n. f. [dekɔ̃traksjɔ̃]

DÉCONVENUE, n. f. [dekɔ̃v(ə)ny] (*dé-* et anc. fr. *co(n)venue,* rencontre, situation, p. p. substantivé de *co(n)venir*) Mauvais succès qui fait que notre attente ne s'accomplit pas.

DÉCOR, n. m. [dekɔr] (*décorer*) Ce qui décore, en parlant du papier, de la peinture, des glaces des appartements. *Peintre en décor.* ♦ Décoration d'une pièce, d'un acte de théâtre. ♦ **Au pl.** L'ensemble des décorations d'un théâtre. *Les décors de l'Opéra.* ■ Ce qui entoure un lieu. *Notre hôtel se trouve dans un décor très agréable.* ■ *Planter le décor,* définir le cadre d'une action. ■ **Fam.** *Rentrer dans le décor,* quitter la chaussée accidentellement. *Sa voiture est rentrée dans le décor mais il n'est pas blessé.* ■ **Fam.** *Faire partie du décor,* être de ceux auxquels on ne prête aucune attention. *Personne ne lui a adressé la parole, il faisait partie du décor.*

DÉCORABLE, adj. [dekɔrabl] (*décorer*) Qui peut être décoré.

DÉCORATEUR, TRICE, n. m. et n. f. [dekɔratœr, tris] (*décorer*) Personne dont la profession est d'orner l'intérieur des appartements, ou personne qui fait des décorations sur les théâtres, les fêtes. ♦ **Adj.** *Peintre décorateur.* ♦ **Fig.** « *La folie est la décoratrice, l'enchanteresse et la reine du monde* », DE SÉGUR.

DÉCORATIF, IVE, adj. [dekɔratif, iv] (*décorer*) Qui sert à décorer ; qui décore bien. ♦ *Les arts décoratifs,* la sculpture d'ornementation, les tapisseries, l'ébénisterie de luxe, etc.

DÉCORATION, n. f. [dekɔrasjɔ̃] (b. lat. *decoratio,* ornement) Action de décorer ; résultat de cette action. ♦ Ornements d'architecture, de peinture, de sculpture, qu'on emploie dans les appartements et les jardins. ♦ **Fig.** « *Les ténèbres et la lumière, les saisons, la marche des astres... varient les décorations du monde* », CHATEAUBRIAND. ■ **Théât.** La représentation des lieux où l'action est supposée se passer. *Un changement de décoration.* ■ **Au pl.** Les toiles peintes qui forment l'ensemble d'une décoration. ■ Marque d'honneur, insigne de décoration. ■ **Absol.** La croix d'honneur. ■ **Abrév.** Déco.

DÉCORDÉ, ÉE, p. p. de décorder. [dekɔrde]

DÉCORDER, v. tr. [dekɔrde] (*dé-* et *corde*) Séparer les petites cordes dont une corde plus grosse est composée.

DÉCORÉ, ÉE, p. p. de décorer. [dekɔre] N. m. *Un décoré, les décorés,* personnes qui portent une décoration

DÉCORER, v. tr. [dekɔre] (lat. *decorare*) Orner, parer. *Décorer un édifice, un théâtre.* ♦ **Fig.** *Cette multitude d'étoiles qui décorent le firmament.* ♦ Cacher sous des dehors trompeurs. *Ils ont décoré du nom de sagesse leur insensibilité.* ♦ Donner une décoration, l'insigne d'un ordre de chevalerie. ♦ *Décorer quelqu'un de l'ordre du Saint-Esprit.* ♦ **Absol.** Donner la Légion d'honneur. ■ *Se décorer,* v. pr. Devenir orné. ♦ Prendre pour soi un honneur. *Il se décora d'un titre qu'il n'avait pas mérité.*

DÉCORNER, v. tr. [dekɔrne] (*de-* et *corne*) Faire tomber les cornes. *Une vache décornée.* ♦ *Il vente à décorner les bœufs,* le vent est très violent. ♦ Défaire les cornes faites aux pages d'un livre, à une carte à jouer.

DÉCORTICAGE, ■ n. m. [dekɔrtikaʒ] (*décortiquer*) Action de décortiquer. *Décorticage des grains. Décorticage des langoustines.*

DÉCORTICANT, ANTE, adj. [dekɔrtikɑ̃, ɑ̃t] (*décortiquer*) **Hist. nat.** Qui détache l'écorce des arbres.

DÉCORTICATION, n. f. [dekɔrtikasjɔ̃] (lat. *decorticatio*) Séparation naturelle ou accidentelle de l'écorce de la tige ou des racines des arbres. ♦ **Pharm.** Opération qui consiste à enlever l'écorce d'une substance végétale. *La décortication des légumes.*

DÉCORTIQUÉ, ÉE, p. p. de décortiquer. [dekɔrtike]

DÉCORTIQUER, v. tr. [dekɔrtike] (lat. *decorticare*) Ôter l'écorce des végétaux, des graines, etc. ♦ *Se décortiquer,* v. pr. Perdre son écorce. ■ Étudier de façon minutieuse, en analysant tous les points. ■ Enlever la carapace d'un crustacé que l'on mange. *Décortiquer des crevettes.*

DÉCORUM, n. m. sans pl. [dekɔrɔm] (*um* se prononce *om.* lat. *decorum*) Ce qui convient et décore. *Observer, garder le décorum.*

DÉCOTE, ■ n. f. [dekɔt] (*dé-* et *cote*) **Financ.** Réduction du montant de l'impôt à payer. ■ Minoration dans une estimation de prix. *Ils ont appliqué une décote pour vétusté.*

DÉCOUCHÉ, ÉE, p. p. de découcher. [dekuʃe]

DÉCOUCHER, v. intr. [dekuʃe] (*de-* et *coucher*) Coucher hors de son lit. ♦ Coucher hors de chez soi. ♦ **V. tr.** Obliger quelqu'un à céder le lit où il couche.

DÉCOUDRE, v. tr. [dekudr] (*dé-* et *coudre*) Défaire une couture, ce qui est cousu. ♦ **Absol.** *Ayant passé la plus grande partie de la nuit à coudre et à découdre.* ♦ **Mar.** Déclouer quelque partie du bordage qu'on lève pour en visiter les défauts. ♦ **Chasse** Déchirer, en parlant des plaies qu'un sanglier fait au ventre d'un chien ou d'un homme. ♦ **V. intr. Fam.** *En découdre,* se battre, lutter, contester, disputer. ♦ *Se découdre,* v. pr. Se détacher par les coutures. ♦ **Fig.** *Leur amitié se découdra bientôt.*

DÉCOULANTE, adj. f. [dekulɑ̃t] (*découler*) ▷ Qui n'est en usage que dans cette phrase de l'Écriture sainte : *La terre de promission était une terre découlante de lait et de miel.* ◁

DÉCOULÉ, ÉE, p. p. de découler. [dekule] Qui a coulé de. ♦ **Fig.** Qui provient de. « *Cela serait véritable, si la liberté de l'homme était une liberté première et indépendante, et non une liberté découlée d'ailleurs* », BOSSUET.

DÉCOULEMENT, n. m. [dekul(ə)mɑ̃] (*découler*) Action de découler ; mouvement de ce qui découle lentement.

DÉCOULER, v. intr. [dekule] (*dé-* augment. et *couler*) ▷ Se conjugue avec *être* ou *avoir,* suivant le sens. Couler peu à peu, goutte à goutte. *La sueur découle du front.* ◁ ♦ ▷ **Fig.** « *Les premiers bienfaits qui nous sont découlés de la croix* », MASSILLON. ◁ ♦ Dériver, procéder. *Une conséquence découle des principes.*

DÉCOUPAGE, n. m. [dekupaʒ] (*découper*) Action de découper. ♦ *Découpage à l'emporte-pièce,* opération par laquelle on débite mécaniquement des tôles d'acier fondu, des planches de bois.

DÉCOUPE, ■ n. f. [dekup] (*découper*) **Techn.** Découpage précis. *La découpe au laser. La découpe industrielle.*

DÉCOUPÉ, ÉE, p. p. de découper. [dekupe] **Hérald.** Se dit des pièces qui sont découpées en feuilles d'acanthe. ♦ **Bot.** *Feuilles découpées,* feuilles dont le bord semble avoir été rogné en divers sens. ♦ *Parterre bien découpé,* parterre bien dessiné. ■ **N. m.** *Un beau découpé.*

DÉCOUPER, v. tr. [dekupe] (*dé-* augment. et *couper*) Couper par morceaux, diviser par membres. *Découper un morceau de bœuf.* ♦ Faire des entailles. *Se découper le bras avec un couteau.* ♦ Couper avec art, à petites taillades, des étoffes, enlevant ou n'enlevant pas la pièce coupée. *Découper du taffetas.* ♦ *Découper une broderie,* couper, une fois la broderie faite, le jaconas, le tulle ou la mousseline qui est de trop. ♦ Couper du carton, du papier de manière que ce qui reste ait une forme déterminée. ♦ On dit dans le même sens : *découper une figure.* ♦ **Absol.** *Découper à l'emporte-pièce.* ■ Enlever, en coupant tout autour, les figures qui sont représentées sur une toile sur du papier. *Découper des fleurs.* ♦ *Se découper,* v. pr. Être découpé. ♦ Présenter des apparences semblables à des dessins découpés. *Les galeries se découpaient sur le ciel.*

DÉCOUPEUR, EUSE, n. m. et n. f. [dekupœr, øz] (*découper*) Personne qui découpe.

DÉCOUPLAGE, ■ n. m. [dekuplaʒ] (*découpler*) Action de découpler. *Le découplage des chiens. Le découplage de deux circuits électriques.*

DÉCOUPLE ou **DÉCOUPLER**, n. m. [dekupl, dekuple] (*couple,* nom féminin) Action de détacher les chiens pour qu'ils courent après la bête.

DÉCOUPLÉ, ÉE, p. p. de découpler. [dekuple] Qu'on a débarrassé de la couple. ♦ **Fig.** *Être bien découplé,* avoir un corps libre et agile en ses mouvements et de belle taille.

DÉCOUPLER, v. tr. [dekuple] (*dé-* et *couple*) Détacher des chiens couplés, attachés deux à deux. ♦ **Absol.** *Dès qu'on fut arrivé, on découpla.* ■ **Par extens.** Séparer ce qui était réuni par deux. *Découpler deux circuits électriques.*

DÉCOUPOIR, n. m. [dekupwaʀ] (*découper*) Instrument qui sert à faire des découpures.

DÉCOUPURE, n. f. [dekupyʀ] (*découper*) Action de découper une étoffe, de la toile, du papier. ♦ Amusement qui consiste à découper avec des ciseaux des figures en papier, en suivant tous les traits de la peinture ou de la gravure. ♦ Estampe enluminée faite exprès pour être découpée. ♦ La chose découpée. ♦ **Bot.** Division des bords d'une feuille.

DÉCOURAGÉ, ÉE, p. p. de décourager. [dekuʀaʒe]

DÉCOURAGEANT, ANTE, adj. [dekuʀaʒã, ãt] (*décourager*) Qui est de nature à décourager. *Une nouvelle décourageante.*

DÉCOURAGEMENT, n. m. [dekuʀaʒ(ə)mã] (*décourager*) Perte de courage. *Être, tomber, rester dans le découragement. Se laisser aller au découragement.*

DÉCOURAGER, v. tr. [dekuʀaʒe] (*dé-* et *courage*) Ôter le courage, l'énergie morale. ♦ Ôter l'envie, le désir de faire quelque chose. ♦ En ce sens, il prend la préposition *de* : *ses amis le décourageront d'une entreprise si hasardeuse.* ♦ **Se décourager**, v. pr. Perdre courage.

DÉCOURONNÉ, ÉE, p. p. de découronner. [dekuʀɔne]

DÉCOURONNEMENT, n. m. [dekuʀɔn(ə)mã] (*découronner*) L'action de découronner, d'enlever la couronne.

DÉCOURONNER, v. tr. [dekuʀɔne] (*dé-* et *couronne*) Ôter la couronne. ■ **Fig.** Ôter le prestige, déshonorer. *Découronner un héros.* ■ **Fig.** Ôter le sommet. *Découronner une maison de son toit.*

DÉCOURS, n. m. [dekuʀ] (lat. *decursus*) Décroissement de la lune ; le temps qui s'écoule de la pleine lune à la nouvelle. ♦ Se dit quelquefois du déclin des maladies.

DÉCOUSU, UE, p. p. de découdre. [dekuzy] **Fig.** Qui est sans suite, sans liaison. *Style décousu. Paroles décousues.* ♦ **N. m.** *Rien n'égale le décousu de son style.* ♦ **Chasse** *Chien décousu,* chien blessé d'un coup d'andouiller de cerf ou de défense de sanglier.

DÉCOUSURE, n. f. [dekuzyʀ] (*décousu,* p. p. de *découdre*) Partie décousue. ♦ Plaie faite au chien par les défenses du sanglier.

DÉCOUVERT, ERTE, p. p. de découvrir. [dekuvɛʀ, ɛʀt] Qui a la tête découverte. *Se tenir découvert.* ♦ *Allée découverte,* allée dont les arbres ne se joignent pas par en haut. ♦ *À visage découvert,* sans masque, sans voile. ♦ **Fig.** *Agir, se montrer à visage découvert.* ♦ **Mar.** *Bateau découvert,* bateau non ponté. *Batterie découverte,* batterie à feu placée sur le pont supérieur. ♦ Peu boisé, en parlant des lieux. ♦ Exposé. « *Nous sommes trop découverts aux attaques, de la fortune* », BOSSUET. ♦ **Milit.** Exposé aux attaques, non défendu. *Cette ville est découverte du côté du levant.* ♦ **N. m.** Ce que l'on doit à un payeur, sans avoir en caisse les fonds nécessaires. ♦ À DÉCOUVERT, loc. adv. Sans être couvert. *Il n'y avait ni portes ni fenêtres ; nous étions à découvert.* ♦ Sans être garanti. ♦ Sans rien qui cache. ♦ **Fig.** Clairement, sans ambiguïté. « *J'ai vu son cœur à découvert* », MME DE SÉVIGNÉ. ♦ **Comm.** *Être à découvert,* n'avoir aucune garantie des avances faites. ♦ **Financ.** Opérer, *vendre à découvert,* opérer, vendre, sans posséder les valeurs. ♦ **N. m.** Solde débiteur d'un compte en banque. *Combler son découvert. Je suis à découvert de cent euros.*

DÉCOUVERTE, n. f. [dekuvɛʀt] (*découverte,* p.p. féminin de *découvrir*) Action de découvrir, de trouver, de faire connaître ce qui n'était pas connu. *La découverte d'un trésor, d'un pays.* ♦ **Fig.** Chose nouvelle qu'on aperçoit dans un sujet quelconque. ♦ ▷ *Voyage de découvertes,* Navigation dont le but est de trouver des terres, des îles, des baies, des roches, ou, en général, des objets qui étaient ignorés des navigateurs, des géographes, des naturalistes. ◁ ♦ ▷ *Aller à la découverte,* aller en avant d'une armée navale ou de terre pour reconnaître les forces de l'ennemi et savoir la route qu'il tient. ◁ ♦ ▷ Aller observer ce qui se passe. ◁ ♦ ▷ *Être à la découverte,* être à la recherche. ◁

DÉCOUVREUR, EUSE, n. m. et n. f. [dekuvʀœʀ, øz] (*découvrir*) Personne qui fait des découvertes. « *Colomb, le découvreur de l'Amérique* », VOLTAIRE.

DÉCOUVRIR, v. tr. [dekuvʀiʀ] (b. lat. *discooperire,* mettre à découvert) Ôter ce qui couvrait une chose ou une personne. *Découvrir un plat, une maison, un malade, etc.* ♦ **Fig.** *Découvrir le pot aux roses,* découvrir ce qu'il y a de secret dans quelque intrigue. ♦ *Découvrir son jeu,* le montrer, et fig. laisser pénétrer ses desseins. ♦ *Découvrir,* se dit de la mer qui laisse à sec. ♦ Dégarnir de ce qui protégeait. *Découvrir la frontière.* ♦ **Fig.** « *Cette vanité vous découvre à l'ennemi* », BOSSUET. ♦ Au jeu d'échecs, *découvrir une pièce,* ôter de devant elle une autre moins importante qui la défendait. ♦ Au trictrac, *découvrir une dame,* la laisser seule dans une case exposée à

être battue. ♦ Trouver ce qui n'était pas connu, ce qui était resté ignoré. *Découvrir un trésor, une source.* ♦ Parvenir à connaître ce qui était caché. *On a découvert le mystère.* ♦ Faire une découverte dans les sciences, les arts. ♦ **Absol.** *L'art de découvrir.* ♦ Reconnaître un pays nouveau. *Colomb a découvert l'Amérique.* ♦ Manifester, montrer, en parlant des choses qui font connaître. « *Tous les hommes sont semblables pour les paroles ; ce n'est que les actions qui les découvrent différents* », MOLIÈRE. ♦ Révéler, dénoncer. *Il découvrit au gouvernement la conspiration.* ♦ Voir, apercevoir. *On découvrait la côte.* ♦ **Fig.** Apercevoir des yeux de l'esprit. « *Les yeux d'une mère sage, tendre et chrétienne, découvrent ce que d'autres ne peuvent découvrir* », FÉNELON. ♦ Trouver quelqu'un qui se cache ou dont on a perdu la trace. *Découvrir quelqu'un,* le faire connaître. « *Il ne m'a jamais vu, ne me découvrez pas* », P. CORNEILLE. ♦ **V. intr. Mar.** Être laissé à découvert par la mer en se retirant. *Ce rocher découvre beaucoup.* ♦ **Se découvrir**, v. pr. Ôter ce qui nous couvre. *Ce malade s'est découvert.* ♦ Ôter son chapeau, son bonnet en signe de respect. ♦ **Escrime** Ne pas se mettre bien en garde. ♦ **Milit.** S'exposer. ♦ Se manifester. « *Ces beaux talents se découvrent en eux du premier coup d'œil* », LA BRUYÈRE. ♦ **Fig.** Être vu, être aperçu. *Les pyramides d'Égypte se découvrent de très loin.* ♦ Être trouvé comme découverte. « *Si une fatale invention venait à se découvrir, elle serait bientôt prohibée par le droit des gens* », MONTESQUIEU. ♦ Se faire connaître, s'expliquer. *Dieu se découvre aux hommes.* ♦ Se découvrir à quelqu'un d'un projet. ■ S'éclaircir, se débarrasser des nuages. *Le ciel, le temps se découvre.*

DÉCRAMPONNER, v. tr. [dekʀãpɔne] (*dé-* et *crampon*) Faire que deux objets ne soient plus cramponnés. ♦ **Fig.** Faire lâcher prise à quelqu'un qui s'est cramponné. ♦ **Se décramponner**, v. pr. Cesser de se cramponner.

DÉCRASSAGE ou **DÉCRASSEMENT**, n. m. [dekʀasaʒ, dekʀas(ə)mã] (*décrasser*) Action de décrasser. *Le décrassement d'un fusil.* ♦ ▷ **Fig.** Ce qui relève, et particulièrement ce qui fait passer de la roture à la noblesse. ◁

DÉCRASSÉ, ÉE, p. p. de décrasser. [dekʀase]

DÉCRASSER, v. tr. [dekʀase] (*dé-* et *crasse*) Ôter la crasse. *Décrasser la tête d'un enfant.* ♦ *Décrasser du linge,* en ôter la partie la plus sale avec une première eau. ♦ Restaurer un tableau. ♦ ▷ **Fig.** Donner à quelqu'un une certaine instruction dont il ne peut manquer sans honte. ◁ ♦ ▷ Former aux habitudes du monde. ◁ ♦ ▷ Revêtir d'une charge, d'un titre une personne de basse condition. ◁ ♦ **Se décrasser**, v. pr. Ôter la crasse dont on est couvert. ♦ ▷ **Fig.** Se former, se faire aux manières du monde. ◁

DÉCRAVATER, v. tr. [dekʀavate] (*dé-* et *cravate*) ▷ Ôter la cravate. ♦ **Se décravater**, v. pr. Ôter sa cravate. ◁

DÉCRÉDIBILISER, ■ v. tr. [dekʀedibilize] (*dé-* et *crédibiliser*) Rendre moins digne de confiance. *Ses théories farfelues décrédibilisent son travail.*

DÉCRÉDITÉ, ÉE, p. p. de décréditer. [dekʀedite]

DÉCRÉDITEMENT, n. m. [dekʀedit(ə)mã] (*décréditer*) Action de décréditer ; état de ce qui est décrédité.

DÉCRÉDITER, v. tr. [dekʀedite] (*dé-* et *crédit*) Faire perdre le crédit. *La mauvaise foi décrédite un négociant.* ♦ **Fig.** Faire perdre l'autorité, la considération. ♦ **Absol.** *L'inconsistance décrédite.* ♦ **Se décréditer**, v. pr. Perdre le crédit, la considération.

DÉCRÉMENT, ■ n. m. [dekʀemã] (angl. *decrement,* lat. *decrescere,* décroître) **Inform.** Diminution de la valeur d'une variable à chaque exécution. *Décrément s'oppose à incrément.*

DÉCRÊPER, ■ v. tr. [dekʀepe] (*dé-* et *crêper*) Lisser une chevelure crépue. *Décrêper ses cheveux.* ■ **DÉCRÊPAGE**, n. m. [dekʀepaʒ]

DÉCRÉPIR, ■ v. tr. [dekʀepiʀ] (*crépir*) Retirer le crépi. *Décrépir un mur.* ■ **DÉCRÉPISSAGE**, n. m. [dekʀepisaʒ]

DÉCRÉPIT, ITE, adj. [dekʀepi, it] (lat. *decrepitus*) Qui est dans la décrépitude. *Vieillard décrépit. Vieillesse décrépite.* ♦ *Âge décrépit,* âge de la décrépitude. ♦ **N. m.** et n. f. *Un décrépit.*

DÉCRÉPITATION, n. f. [dekʀepitasjɔ̃] **Chim.** Pétillement que font entendre quelques sels quand on les jette dans le feu.

DÉCRÉPITÉ, ÉE, p. p. de décrépiter. [dekʀepite]

DÉCRÉPITER, v. intr. [dekʀepite] (*dé-* et lat. *crepitare*) Pétiller par suite de l'action du feu.

DÉCRÉPITUDE, n. f. [dekʀepityd] (*décrépit*) Dernier terme de la vieillesse, période de la vie humaine qui commence vers quatre-vingts ans et qui se caractérise par une altération profonde de la forme humaine. ■ État de dégénérescence d'un objet.

DECRESCENDO ou **DÉCRESCENDO**, adv. [dekʀeʃɛndo] (*sc* se prononce *ch*. ital. *decrescendo*) **Mus.** En diminuant l'intensité des sons. ♦ **N. m.** *Un decrescendo.* ♦ **Fam.** En décroissant. *Sa réputation va decrescendo.* ■ **REM.** On prononçait autrefois [dekʀesɛ̃do] en faisant entendre *s* et non *ch* et *in* et non *èn*.

DÉCRET, n. m. [dekʀɛ] (lat. *decretum*) Décision par laquelle on ordonne ou règle quelque chose. ♦ Décision du chef de l'État, plus spécialement comme chef du pouvoir exécutif. ♦ Des assemblées rendent également des décrets. *Décret de la Convention.* ♦ Acte de l'autorité ecclésiastique. *Les décrets des conciles.* ♦ Le Décret, recueil d'anciens canons, de constitutions des papes et de sentences des Pères de l'Église. ♦ **Fig.** *Les décrets de la Providence.* ♦ Anciennement, ordonnance portant saisie ou prise de corps. « *Il y avait contre lui un décret de prise de corps* », MME DE SÉVIGNÉ.

DÉCRÉTALE, n. f. [dekʀetal] (lat. *decretalis*) Lettre et constitution des anciens papes en réponse à des consultations qui leur étaient adressées. ♦ Au pl. *Recueil de décrétales.*

DÉCRÉTÉ, ÉE, p. p. de décréter. [dekʀete]

DÉCRÉTER, v. tr. [dekʀete] (*décret*) Ordonner par un décret. *Décréter une levée en masse.* ♦ Lancer un décret contre quelqu'un. *Décréter quelqu'un d'ajournement, de prise de corps.* ♦ **Absol.** *Décréter contre quelqu'un.* ♦ Rendre des décrets. ♦ ▷ Faire vendre par arrêt de justice. *Décréter une propriété.* ◁ ♦ Décider de façon autoritaire. *Il a décrété que je ne sortirai pas.*

DÉCRET-LOI, ■ n. m. [dekʀɛlwa] (*décret* et *loi*) **Hist.** Décret faisant office de loi. *Des décrets-lois transmis à la Cour constitutionnelle.*

DÉCREUSER, ■ v. tr. [dekʀøze] (dauphinois moyen *deskroesa*, décruser) Lessiver un fil textile. *Décreuser la soie.* ■ DÉCREUSAGE, n. m. [dekʀøzaʒ]

DÉCRI, n. m. [dekʀi] (*dé-* et *cri*) Perte de réputation, d'estime. « *Être de leurs adhérents, c'est le souverain mérite ; n'en être pas, c'est le souverain décri* », BOURDALOUE. *Tomber dans le décri.* ♦ ▷ Proclamation concernant la suppression ou la réduction d'une monnaie. ◁

DÉCRIÉ, ÉE, p. p. de décrier. [dekʀije] *Conduite décriée. Des auteurs décriés.* ♦ ▷ *Monnaie décriée.* ◁

DÉCRIER, v. tr. [dekʀije] (*dé-* et *crier*) Rabaisser en criant, ôter par des paroles l'estime, la considération des personnes, le crédit des choses. ♦ Causer le décri, en parlant des choses. « *Il faut confesser que toutes ces contestations nous ont décriés depuis peu d'étrange manière* », MOLIÈRE. ♦ ▷ Supprimer ou réduire une monnaie. *On a décrié les pièces de six livres.* ◁ ♦ ▷ *Être décrié comme de la vieille monnaie,* n'avoir ni crédit ni estime dans le monde. ◁ ♦ Se décrier, v. pr. S'attirer le décri. ♦ Attirer l'un sur l'autre le décri. ■ Critiquer. *C'est un auteur très décrié.*

DÉCRIRE, v. tr. [dekʀiʀ] (lat. *describere*) Représenter, dépeindre par le discours. *Décrire une plante, une tempête, etc.* ♦ **Géom.** Tracer. *Décrire une courbe.* ♦ **Par extens.** *L'orbite qu'une planète décrit autour du Soleil.* ♦ Se décrire, v. pr. Être décrit. *Ce spectacle ne peut se décrire.* ♦ Faire la description, la peinture de soi-même.

DÉCRISPER, ■ v. tr. [dekʀispe] (*dé-* et *crisper*) Atténuer le sentiment de crise au sein d'un groupe. *Décrisper l'atmosphère. Relations internationales qui se décrispent.* ■ DÉCRISPATION, n. f. [dekʀispasjɔ̃]

DÉCRIT, ITE, p. p. de décrire. [dekʀi, it]

DÉCRIVANT, ANTE, adj. [dekʀivɑ̃, ɑ̃t] (*décrire*) **Géom.** Qui par son mouvement décrit une ligne courbe. *Point décrivant.*

DÉCROCHAGE, ■ n. m. [dekʀɔʃaʒ] (*décrocher*) Action de décrocher. *Le décrochage d'un tableau.* ■ **Télécomm.** Action d'émettre sur un autre réseau. *Le décrochage régional du journal télévisé.*

DÉCROCHÉ, ÉE, p. p. de décrocher. [dekʀɔʃe]

DÉCROCHEMENT, n. m. [dekʀɔʃ(ə)mɑ̃] (*décrocher*) Action de décrocher.

DÉCROCHER, v. tr. [dekʀɔʃe] (*dé-* et *croc*) Détacher une chose qui était accrochée. ♦ **Financ.** *Décrocher un cours,* tomber au-dessous de ce cours. *La rente a décroché 72 francs.* ♦ Se décrocher, v. pr. Se détacher. ■ **Fam.** Obtenir quelque chose de positif. *Elle a décroché le gros lot.* ■ V. intr. Répondre au téléphone. ■ **Fam.** Cesser de s'intéresser à quelque chose. *Il a décroché en math.* ■ **Fam.** Cesser une activité. *Un sportif qui décroche.* ■ **Fam.** Ne plus être dépendant d'une drogue. ■ **Télécomm.** Émettre sur un autre réseau.

DÉCROCHEZ-MOI-ÇA, ■ n. m. inv. [dekʀɔʃemwasa] (*décrocher, moi* et *ça*) Vx et fam. Boutique de vieux vêtements. *J'ai trouvé cette veste dans un décrochez-moi-ça. Des décrochez-moi-ça.*

DÉCROIRE, v. intr. [dekʀwaʀ] (*dé-* et *croire*) ▷ Ne pas croire. N'est usité que dans cette phrase : *Je ne crois ni ne décrois.* ◁

DÉCROISER, v. tr. [dekʀwaze] (*dé-* et *croiser*) Faire cesser le croisement. ♦ Se décroiser, v. pr. Cesser d'être croisé. ■ DÉCROISEMENT, n. m. [dekʀwaz(ə)mɑ̃]

DÉCROISSANCE, n. f. [dekʀwasɑ̃s] (*décroître*) État de ce qui est décroissant.

DÉCROISSANT, ANTE, adj. [dekʀwasɑ̃, ɑ̃t] (*décroître*) Qui décroît. ■ *Dans l'ordre décroissant,* du plus grand au plus petit.

DÉCROISSEMENT, n. m. [dekʀwas(ə)mɑ̃] (*décroître*) Action de décroître. *Le décroissement des jours, de la rivière, etc.*

DÉCROÎT ou **DÉCROIT**, n. m. [dekʀwa] (*dé-* et *croît*) ▷ Diminution du capital en bestiaux, dans les baux à cheptel. ♦ Décroissement de la lune, lorsqu'elle entre dans son dernier quartier. ◁

DÉCROÎTRE ou **DÉCROITRE**, v. intr. [dekʀwatʀ] (*croître*) Se conjugue avec *être* ou *avoir*, suivant le sens. Devenir moindre. *Les jours décroissent. Mes forces décroissent. Sa raison décroît.*

DÉCROTTAGE, n. m. [dekʀɔtaʒ] (*décrotter*) Action de décrotter.

DÉCROTTÉ, ÉE, p. p. de décrotter. [dekʀɔte]

DÉCROTTER, v. tr. [dekʀɔte] (*dé-* et *crotte*) Ôter la crotte. *Décrotter des souliers, un manteau, etc.* ♦ **Fig.** et très fam. Décrasser, ôter ce qui est le résultat du défaut de manières ou d'instruction. ♦ Se décrotter, v. pr. Ôter la crotte dont on est couvert.

DÉCROTTEUR, n. m. [dekʀɔtœʀ] (*décrotter*) Personne qui fait métier de décrotter, de cirer les souliers et les bottes.

DÉCROTTOIR, n. m. [dekʀɔtwaʀ] (*décrotter*) ▷ Lame de fer ou boîte garnie de brosses, sur laquelle les personnes qui entrent dans une maison, peuvent décrotter leur chaussure. ◁

DÉCROTTOIRE, n. f. [dekʀɔtwaʀ] (*décrotter*) ▷ Brosse à décrotter les souliers. ◁

DÉCRU, UE, p. p. de décroître. [dekʀy]

DÉCRUAGE, n. m. [dekʀyaʒ] (*décruer*) Action de décruer.

DÉCRUE, n. f. [dekʀy] (*décru*) Quantité dont une chose a décru. *La décrue des eaux est considérable.*

DÉCRUÉ, ÉE, p. p. de décruer. [dekʀye]

DÉCRUER, v. tr. [dekʀye] (*dé-* et *cru*) Lessiver le fil cru avec des cendres et le laver en eau claire avant de le teindre.

DÉCRÛMENT ou **DÉCRUMENT**, n. m. [dekʀymɑ̃] (de *décruer*) ▷ Action de décruer le fil. ◁

DÉCRUSAGE, n. m. [dekʀyzaʒ] Voy. DÉCRUSEMENT.

DÉCRUSÉ, ÉE, p. p. de décruser. [dekʀyze]

DÉCRUSEMENT, n. m. [dekʀyz(ə)mɑ̃] (*décruser*) Action de décruser.

DÉCRUSER, v. tr. [dekʀyze] (dauph. *descrusa*, décreuser) Lessiver la soie écrue pour lui enlever la gomme qu'elle contient, et la disposer à recevoir plus facilement la matière colorante. ♦ Mettre les cocons dans l'eau bouillante pour les dévider.

DÉCRYPTER, ■ v. tr. [dekʀipte] (*crypter*) Trouver le code permettant de déchiffrer. *Décrypter un code secret.* ■ Trouver le sens de ce qui semble obscur, caché. *Décrypter la pensée d'autrui.* ■ DÉCRYPTAGE, n. m. [dekʀiptaʒ]

DÉÇU, UE, p. p. de décevoir. [desy] ▷ AU DÉÇU, loc. adv. En décevant. *Au déçu de mon père.* ♦ Cette locution vieillit. ◁

DÉCUBITUS, ■ n. m. [dekybitys] (supin du lat. *decumbere*, se coucher) Position allongée du corps. *Décubitus ventral, dorsal.*

DÉCUIRE, v. tr. [dekɥiʀ] (*dé-* et *cuire*) Corriger l'excès de cuisson des sirops et des confitures en y mettant de l'eau. ♦ Se décuire, v. pr. Se liquéfier, en parlant des confitures, faute d'avoir été assez cuites.

DÉCUIT, ITE, p. p. de décuire. [dekɥi, it] N. m. *Le décuit d'un sirop,* l'état d'un sirop décuit.

DÉCUIVRER, ■ v. tr. [dekɥivʀe] (*dé-* et *cuivrer*) Vx Ôter le cuivrage. *Décuivrer une arme, du fer.*

DE CUJUS, ■ n. m. inv. [dekyjys] (lat. *de cujus successione agitur*) **Dr.** Personne décédée dont la succession est ouverte. *Les héritiers présumés du de cujus.*

DÉCULOTTÉE, ■ n. f. [dekylote] (*déculotter*) **Fam.** Importante défaite. *Prendre, flanquer une déculottée à la belote.* ■ Adj. Sans culotte. *Une fessée déculottée.*

DÉCULOTTER, v. tr. [dekylote] (*dé-* et *culotte*) Ôter la culotte. ♦ Se déculotter, v. pr. Ôter sa culotte.

DÉCULPABILISER, ■ v. tr. [dekylpabilize] (*dé-* et *culpabiliser*) Ôter tout sentiment de culpabilité à. « *Les médias travaillent à déculpabiliser de nombreux comportements : tout y est montré, tout y est dit, mais sans jugement normatif* », LIPOVETSKY. *Chercher à se déculpabiliser.* ■ DÉCULPABILISATION, n. f. [dekylpabilizasjɔ̃]

DÉCULTURATION, ■ n. f. [dekyltyʀasjɔ̃] (*dé-* et *culture*, antonyme de *acculturation*) **Sociol.** Perte de culture chez un individu ou dans un groupe éloigné de son milieu originel. *Déculturation linguistique.*

DÉCUPLE, adj. [dekypl] (lat. *decuplus*) Qui vaut dix fois autant. *Nombre décuple.* ♦ N. m. *Le décuple de mes avances.*

DÉCUPLÉ, ÉE, p. p. de décupler. [dekyple]

DÉCUPLER, v. tr. [dekyple] (lat. *decuplare*) Rendre dix fois aussi grand. ◆ Se décupler, v. pr. Devenir décuple. ■ **Fig.** Rendre beaucoup plus important. *Ces encouragements ont décuplé son énergie.* ■ **DÉCUPLEMENT**, n. m. [dekyplǝmã]

DÉCURIE, n. f. [dekyʀi] (lat. *decuria*) **Antiq. rom.** Troupe composée de dix soldats. ◆ Division de certaines classes, contenant d'abord dix personnes, puis un nombre indéterminé.

DÉCURION, n. m. [dekyʀjɔ̃] (lat. *decurio*) **Antiq. rom.** Le chef d'une décurie civile ou militaire. ◆ Nom des magistrats des cités de l'empire, tirés de la classe des curiales.

DÉCUSSÉ, ÉE, ■ adj. [dekyse] (lat. *decussatus*, croisé en forme d'X) **Bot.** *Feuilles décussées,* paires de feuilles se croisant à angle droit le long de la tige.

DÉCUVAISON ou **DÉCUVAGE**, ■ n. f. [dekyvɛzɔ̃, dekyvaʒ] (*décuver*) Action de décuver le vin. *Décuvage du vin après fermentation.*

DÉCUVER, v. tr. [dekyve] (*dé-* et *cuve*) Mettre la vendange, le vin hors de la cuve. ■ **Fam.** Dessoûler. *Une bonne nuit pour décuver !*

DÉDAIGNABLE, ■ adj. [dedɛɲabl] ou [dedɛɲjabl] (*dédaigner*) Qui mérite du dédain. *Un défaut dédaignable.* ■ S'emploie le plus souvent en tournure négative. *Un avantage non dédaignable.* ■ *Ce n'est pas dédaignable,* c'est à prendre en considération.

DÉDAIGNÉ, ÉE, p. p. de dédaigner. [dedɛɲe] ou [dedɛɲje]

DÉDAIGNER, v. tr. [dedɛɲe] ou [dedɛɲje] (lat. *dedignari*) Marquer du dédain pour quelqu'un ou quelque chose. « *Les grands dédaignent les gens d'esprit qui n'ont que de l'esprit* », LA BRUYÈRE. ◆ Avec de et un infinitif. *Il dédaignait de nous parler.* ■ Refuser avec un certain mépris. *Dédaigner une offre.* ■ Négliger. *Ne dédaignez aucun détail.*

DÉDAIGNEUSEMENT, adv. [dedɛɲøz(ǝ)mã] ou [dedɛɲjøz(ǝ)mã] (*dédaigneux*) D'une manière dédaigneuse. *Regarder, traiter dédaigneusement.*

DÉDAIGNEUX, EUSE, ■ adj. [dedɛɲø, øz] ou [dedɛɲjø, øz] (*dédaigner*) Qui a du dédain. « *Cet homme est dédaigneux, et semble toujours rire en lui-même de ceux qu'il croit ne le valoir pas* », LA BRUYÈRE. ◆ **N. m.** et n. f. *Faire le dédaigneux.* ◆ Se dit, en parlant des femmes, de celles qui n'ont aucun regard pour les hommages des adorateurs. ◆ **N. m.** et n. f. « *Car les précieuses font dessus tout les dédaigneuses* », LA FONTAINE. ◆ Qui exprime le dédain. *Une réponse dédaigneuse. Air dédaigneux.* ◆ *Dédaigneux de,* qui dédaigne, qui néglige. *Dédaigneux de s'instruire. Dédaigneux de sa vie.*

DÉDAIN, n. m. [dedɛ̃] (*dédaigner*) Sorte de mépris qu'on exprime par l'air, le ton et les manières. *Regarder avec dédain.* ◆ *Prendre en dédain,* concevoir du dédain pour quelqu'un ou pour quelque chose.

DÉDALE, n. m. [dedal] (gr. *Daidalos*) Lieu où l'on s'égare, à cause de la complication des voies et des détours. *Un dédale de rues.* ◆ **Fig.** Embarras, complication. *Un dédale de difficultés.* « *On y voit tous les jours l'innocence aux abois errer dans les détours d'un dédale de lois* », BOILEAU.

DÉDALÉEN, ENNE, ■ adj. [dedaleɛ̃, ɛn] (*dédale*) Confus, embrouillé, où l'on se perd. *Des explications dédaléennes.* « *Ces deux grandes voies, croisées avec les deux premières, formaient le canevas sur lequel reposait, noué et serré en tous sens, le réseau dédaléen des rues de Paris* », HUGO.

DÉDALLER, v. tr. [dedale] (*dé-* et *dalle*) Enlever les dalles d'une salle, d'un trottoir.

DÉDAMER, v. intr. [dedame] (*dé-* et *dame*) Jeu de dames. Déplacer une des dames qui occupent le rang le plus proche de celui qui joue. ◆ v. tr. Ôter une des deux dames qui font la dame damée, si elle a été damée à tort.

DEDANS, adv. [dǝdã] (*de* et *dans*) Dans l'intérieur. *Je suis dedans.* ◆ *Donner dedans...,* aller se jeter dans, se heurter contre. ◆ **Fig.** et **fam.** *Donner dedans,* se laisser sottement tromper. ◆ **Fam.** *Mettre quelqu'un dedans,* l'emprisonner, et fig. le tromper. ◆ *Être dedans,* être en prison. ◆ *Mettre dedans,* enivrer ; *être dedans,* être ivre. ◆ **Fig.** *Il faut être dedans ou dehors,* il faut avoir une situation nette. ◆ **prép.** *Dedans,* dans l'âme. ■ LÀ-DEDANS, loc. adv. Dans ce lieu. *Il est là-dedans.* ◆ EN DEDANS, loc. adv. Dans l'intérieur, par opposition aux limites mêmes. ◆ **Fig.** *Que je souffre en dedans !* *En dedans,* vers le côté intérieur. *Avoir les pieds en dedans.* ◆ *En dedans,* enfoncé. *Des yeux un peu en dedans.* ◆ **Fig.** *Avoir l'esprit en dedans,* être timide à montrer ce qu'on vaut. ◆ *Être tout en dedans,* être peu communicatif. ■ EN DEDANS DE, loc. prép. *En dedans et en dehors de la ville.* ■ AU-DEDANS, loc. adv. À l'intérieur, par opposition à *au-dehors.* ◆ **Fig.** *Au-dedans,* au fond de l'âme. ◆ AU-DEDANS DE, loc. prép. *Au-dedans et au-dehors du royaume.* ◆ PAR-DEDANS, loc. adv. PAR-DEDANS, loc. prép. Par l'intérieur de. ■ DE DEDANS, loc. adv. De l'intérieur. *Il vient de dedans.* ■ DEDANS, n. m. L'intérieur d'une chose. *Les dedans d'une maison.* ◆ L'intérieur, en parlant d'une maison, du ménage. *Les affaires du dedans.* ◆ **Fig.** « *Et laissons le dedans [le cœur] à pénétrer aux dieux* », P. CORNEILLE. ◆ Au XVIIᵉ siècle, *dedans* était employé

comme préposition. « *À parler dignement de Dieu, il n'est ni dedans ni dehors le monde* », FÉNELON.

DÉDICACE, n. f. [dedikas] (lat. *dedicare*) Consécration du temple de Jérusalem chez les Juifs. ◆ Consécration d'une église ou d'une chapelle qu'on dédie à quelque saint. *Faire la dédicace d'une église.* ◆ **Fig.** Hommage qu'on fait d'un livre à quelqu'un par une épître imprimée en tête de l'ouvrage ou par une simple suscription.

DÉDICACER, ■ v. tr. [dedikase] (*dédicace*) Inscrire une formule suivie de sa signature en hommage à un destinataire. *Dédicacer un livre, un programme.*

DÉDICATAIRE, ■ n. m. et n. f. [dedikatɛʀ] (lat. *dedicatum*, supin de *dedicare*, dédier) Personne qui reçoit une dédicace. *Dédicataire d'une chanson, d'un poème. Demander le prénom du dédicataire.*

DÉDICATOIRE, adj. [dedikatwaʀ] (lat. *dedicatorius*) Qui contient la dédicace d'un livre. *Épître dédicatoire.*

DÉDIÉ, ÉE, p. p. de dédier. [dedje]

DÉDIER, v. tr. [dedje] (lat. *dedicare*) Consacrer au culte divin, mettre sous la protection de Dieu, sous l'invocation d'un saint. *Dédier une église.* ◆ Faire à quelqu'un hommage d'un ouvrage ou par une épître ou par une simple suscription. ◆ Adresser en reconnaissance à une personne. *Je dédie ma victoire à ceux qui m'ont soutenu. Un chanteur qui dédie une chanson à ses enfants.*

DÉDIRE, v. tr. [dediʀ] (*dé-* et *dire*) Désavouer quelqu'un de ce qu'il a dit ou fait. *Il ne m'en dédira pas.* « *Les rois impunément dédisent leurs sujets* », P. CORNEILLE. ◆ Par extens. *Dédire quelque chose,* ne pas se conformer à ce que cette chose exige. ◆ Se dédire, v. pr. Désavouer ce qu'on a dit. « *De tout ce que j'ai dit, je me dédis ici* », MOLIÈRE. ◆ Ne pas tenir sa parole, revenir sur un engagement pris. ◆ **Fam.** *Il n'y a pas à s'en dédire,* la chose est trop avancée pour reculer.

1 **DÉDIT**, n. m. [dedi] (*dédire*) Révocation d'une parole donnée. ◆ ▷ **Fig.** *Cet homme a son dit et son dédit,* c'est-à-dire on ne peut se fier à sa parole. ◁ ◆ Somme stipulée et due par une personne qui ne remplit pas les termes d'une convention. ◆ Acte qui garantit cette stipulation.

2 **DÉDIT, ITE**, p. p. de dédire. [dedi, it] Qui a été désavoué.

DÉDOMMAGÉ, ÉE, p. p. de dédommager. [dedomaʒe]

DÉDOMMAGEMENT, n. m. [dedomaʒ(ǝ)mã] (*dédommager*) Réparation d'un dommage. ◆ **Fig.** Compensation. « *Nous trouvons mille dédommagements humains à nos malheurs* », MASSILLON.

DÉDOMMAGER, v. tr. [dedomaʒe] (*dé-* et *dommage*) Indemniser d'un dommage souffert. ◆ **Fig.** *Vos bontés me dédommagent de cette injustice.* ◆ Se dédommager, v. pr. Être dédommagé. « *L'orgueil se dédommage toujours et ne perd rien, lors même qu'il renonce à la vanité* », LA ROCHEFOUCAULD.

DÉDORÉ, ÉE, p. p. de dédorer. [dedoʀe]

DÉDORER, v. tr. [dedoʀe] (*dé-* et *dorer*) Enlever la dorure. ◆ Se dédorer, v. pr. Perdre sa dorure.

DÉDORURE, n. f. [dedoʀyʀ] (*dédorer*) Action de dédorer ou de se dédorer.

DÉDOUANER, ■ v. tr. [dedwane] (*dé-* et *douane*) Faire franchir la douane en acquittant les droits. *Dédouaner sa valise.* ■ **Fig.** Faire sortir du discrédit en justifiant. *Dédouaner un débutant.* ■ **DÉDOUANEMENT**, n. m. [dedwan(ǝ)mã]

DÉDOUBLAGE, n. m. [dedublaʒ] (*dédoubler*) Action de dédoubler. ◆ ▷ *Dédoublage de l'alcool,* action de le couper par un mélange d'eau. ◁

DÉDOUBLANT, ANTE, adj. [dedublã, ãt] **Chim.** Qui dédouble. *Catalyse dédoublante,* celle qui sépare une substance composée en deux substances plus simples.

1 **DÉDOUBLÉ**, n. m. [deduble] (*dédoubler*) Nom qu'on donne aux eaux-de-vie préparées par mixtion d'alcool concentré avec de l'eau pure. ◆ On dit aussi *recoupe.*

2 **DÉDOUBLÉ, ÉE**, p. p. de dédoubler. [deduble]

DÉDOUBLEMENT, n. m. [dedublǝmã] (*dédoubler*) Action de dédoubler. ◆ *Le dédoublement des rangs,* en parlant de soldats qui, rangés sur deux rangs, se mettent sur un seul. ◆ **Chim.** Réduction d'une substance composée en deux autres substances. ◆ **Bot.** Production d'appendices que présentent des feuilles, des pétales, des étamines. ■ *Dédoublement de la personnalité,* fait pour un même individu d'avoir deux personnalités et par conséquent deux types de comportement très distincts.

DÉDOUBLER, v. tr. [deduble] (*dé-* et *doubler*) ▷ Défaire le double. *Dédoublez cette serviette pliée en double.* ◁ ◆ *Dédoubler les rangs,* faire mettre sur un seul rang des soldats placés sur deux rangs. ◆ Partager en deux. *Dédoubler une classe de collège.* ◆ **Chim.** *Dédoubler une substance,* la résoudre en deux autres par la catalyse. ◆ Ôter la doublure. *Dédoubler un habit.* ◆ Se

dédoubler, v. pr. Perdre sa doublure. ♦ Devenir moindre de moitié. ♦ Se partager en deux substances par la catalyse. ♦ *Se dédoubler*, être partagé en deux.

DÉDRAMATISER, ■ v. tr. [dedramatize] (*dé-* et *dramatiser*) Chercher à occulter l'aspect dramatique d'une situation. *Dédramatiser son dépôt de bilan. Dédramatisons, ce n'est pas si grave.* ■ Voir le côté positif d'une situation dramatique. *Ce n'est pas si grave, essaie de dédramatiser.*

DÉDUCTIBILITÉ, ■ n. f. [dedyktibilite] (*déductible*) Caractère de ce qui peut être déduit d'un compte. *Déductibilité de la pension alimentaire.*

DÉDUCTIBLE, ■ adj. [dedyktibl] (lat. *deductum*, supin de *deducere*, faire descendre) Que l'on peut déduire. *Montant déductible.* ■ **Spécialt** Que l'on peut retrancher dans une déclaration fiscale. *La part déductible de la CSG. Ce don est déductible des impôts.*

DÉDUCTIF, IVE, adj. [dedyktif, iv] (lat. *deductum*, supin de *deducere*, faire descendre) **Philos.** Qui tient à la déduction. *Méthode déductive.*

DÉDUCTION, n. f. [dedyksjɔ̃] (lat. *deductio*) Soustraction, retranchement. *Faire une déduction.* ♦ ▷ Récit détaillé, exposition minutieuse. ◁ ♦ Conséquence tirée d'un raisonnement. ♦ Raisonnement où l'on va de la cause aux effets, du principe aux conséquences ; elle est opposée à l'induction.

DÉDUIRE, v. tr. [dedɥir] (lat. *deducere*, faire descendre) Soustraire, retrancher une somme d'une autre. *Il y a plus de la moitié à déduire sur ce compte.* ♦ ▷ Énumérer, exposer en détail. « *Les raisons en seraient trop longues à déduire* », LA FONTAINE. ◁ ♦ Inférer, tirer comme conséquence. « *J'en déduirai plus au long les conséquences* », BOSSUET. ♦ Se déduire, v. pr. Être déduit.

1 DÉDUIT, n. m. [dedɥi] (anc. fr. *déduire*, divertir) ▷ T. du style badin. Divertissement, occupation agréable. « *Il avait dans la terre une somme enfouie, Son cœur avec, n'ayant autre déduit Que d'y ruminer jour et nuit* », LA FONTAINE. ◁

2 DÉDUIT, ITE, p. p. de déduire. [dedɥi, it]

DÉESSE, n. f. [deɛs] (*dieu*) Divinité mythologique représentée sous les traits d'une femme. ♦ *La déesse aux cent voix, aux cent bouches*, la Renommée personnifiée. ♦ *La déesse du matin*, l'Aurore. ♦ *Déesse* se dit des êtres féminins abstraits que l'on personnifie. *La déesse de la raison ou la déesse Raison.* ♦ *Déesse de la liberté*, femme qui figurait, dans certaines fêtes de la première Révolution, comme la représentation de la liberté. ♦ *Elle a l'air et le port d'une déesse*, se dit d'une femme qui dans sa taille et sa démarche a de la majesté et de la noblesse. ♦ **Fig.** et absol. *Une déesse*, une femme d'une grande beauté.

DÉFÂCHÉ, ÉE, p. p. de défâcher. [defɑʃe]

DÉFÂCHER (SE), v. pr. [defɑʃe] (*dé-* et *fâcher*) ▷ S'apaiser après s'être mis en colère. ■ V. tr. Ôter la fâcherie. *Il le défâcha par une réponse pleine d'à-propos.* ◁

DÉFAÇONNER (SE), v. pr. [defasɔne] (*dé-* et *façon*) ▷ Perdre la façon, les bonnes façons. ◁

DE FACTO, ■ loc. adv. [defakto] (lat. *de facto*, de fait) S'emploie pour qualifier une situation attestée mais sans fondement légal. *Admettre quelque chose de facto.* ■ *Un accord de facto*, de principe.

DÉFAILLANCE, n. f. [defajɑ̃s] (*défaillir*) État de ce qui fait défaut. « *La défaillance de la race masculine d'Aaron* », FÉNELON. ♦ **Jurispr.** Défaut d'accomplissement d'une clause au temps fixé. ♦ ▷ *Défaillance de la nature*, état d'une personne en qui l'âge, les fatigues, les maladies ont usé les forces vitales. « *Seigneur, soutenez mon cœur, malgré les défaillances de la nature* », FÉNELON. ◁ ♦ Évanouissement ou plus précisément diminution soudaine de l'action du cœur, qui constitue le premier degré de la syncope. *Il lui prit une défaillance. Tomber en défaillance.* ♦ **Fig.** « *Mon cœur tombait en défaillance* », FÉNELON.

DÉFAILLANT, ANTE, adj. [defajɑ̃, ɑ̃t] (*défaillir*) Qui fait défaut, qui manque. *Ligne défaillante*, ligne qui n'a plus d'héritiers. ♦ Qui fait défaut en justice. *Un témoin défaillant.* ♦ N. m. et n. f. Personne qui n'a pas comparu en justice. ♦ Adj. Qui s'affaiblit. *Une main défaillante. Ma force défaillante.*

DÉFAILLI, IE, p. p. de défaillir. [defaji]

DÉFAILLIR, v. intr. [defajir] (*dé-* augment. et *faillir*) Être en moins, faire défaut, manquer. *Toutes choses commençaient à leur défaillir.* « *À qui le désir manque aucun bien ne défaut* », ROTROU. ♦ *Se défaillir à soi-même*, se manquer à soi-même. ♦ S'affaiblir. *Il voit défaillir son corps avant son esprit.* ♦ Tomber en faiblesse, s'évanouir.

DÉFAIRE, v. tr. [defɛr] (*dé-* et *faire*) Changer l'état d'une chose, de manière qu'elle ne soit plus ce qu'elle était. *Défaire un portemanteau, un lit, un nœud, etc.* ♦ **Par extens.** *Défaire un mariage, un marché*, le rompre. ♦

Absol. *On ne fait point sans défaire.* ♦ Abattre, affaiblir, amaigrir. *La maladie l'a défait.* ♦ Mettre en déroute, tailler en pièces, vaincre. *César défit Pompée à Pharsale.* ♦ Faire mourir. ♦ Débarrasser de personnes, de choses qui gênent. *Défaites-moi de cet importun.* ♦ Plus particulièrement, débarrasser par la mort ou le meurtre. ♦ Se défaire, v. pr. Être défait, en parlant de ce qui était fait, arrangé. *Ma coiffure s'est défaite. Le mariage s'est défait.* ♦ Se décomposer, s'affaiblir. ♦ Se déconcerter, perdre contenance. « *Courage, seigneur... ne vous défaites pas* », MOLIÈRE. ♦ *Se défaire de*, se tirer de ce qui serre, enlace. *Il s'est défait de ses liens.* ♦ Se désaccoutumer, se corriger d'une chose. « *Qu'ils se défassent de cette pitoyable maxime* », BOSSUET. ♦ *Se défaire de*, avec un infinitif. « *Défaisons-nous de croire que...* », MME DE SÉVIGNÉ. ♦ *Se défaire d'une chose*, s'en débarrasser. ♦ *Se défaire d'une personne*, faire qu'elle nous quitte, et aussi rompre les rapports habituels qu'on avait avec elle. ♦ ▷ *Se défaire d'un domestique*, le mettre dehors. ◁ ♦ Renoncer à la possession d'une chose par vente, échange ou autrement. *Se défaire de sa marchandise, de sa charge, etc.* ♦ Abandonner, renoncer à. *Se défaire de l'empire.* ♦ Écarter, faire disparaître. *Se défaire de son rival.* ♦ Plus particulièrement, faire mourir. ♦ Se donner la mort. « *Dire qu'il était mort d'apoplexie, lorsqu'il était évident qu'il s'était défait lui-même* », VOLTAIRE.

DÉFAISEUR, EUSE, n. m. et n. f. [defəzœr, øz] (*défaire*) Personne qui défait. « *Le faiseur et le défaiseur de rois* », CHATEAUBRIAND.

DÉFAIT, AITE, p. p. de défaire. [defɛ, ɛt]

DÉFAITE, n. f. [defɛt] (*défaire*, au sens de mettre en déroute) Perte d'une bataille. ♦ ▷ Débit d'une marchandise, facilité de placement. *La bonne marchandise est toujours de défaite.* ♦ **Fam.** *Cette fille est de défaite*, elle est belle, ou riche, ou instruite, et on peut aisément la marier. ◁ ♦ Excuse, échappatoire, prétexte. ■ Échec lors d'un enjeu. *Défaite électorale. La défaite de notre équipe.*

DÉFAITISME, ■ n. m. [defetism] (*défaite*) Attitude des personnes qui refusent de croire à la victoire d'un conflit ou qui contribuent à sa défaite. *Défaitisme révolutionnaire.* ■ Pessimisme, manque de confiance d'une personne persuadée que ses projets vont échouer. *Le défaitisme de son entraîneur n'est pas encourageant.*

DÉFAITISTE, ■ n. m. et n. f. [defetist] (*défaite*) Partisan du défaitisme. *Les défaitistes ont fait perdre la guerre.* ■ Personne qui refuse d'envisager le succès d'une entreprise. *Ne sois pas défaitiste, tu vas y arriver !* ■ Adj. *Des propos défaitistes.*

DÉFALCATION, n. f. [defalkasjɔ̃] (*défalquer*) Action de défalquer.

DÉFALQUÉ, ÉE, p. p. de défalquer. [defalke]

DÉFALQUER, v. tr. [defalke] (*dé-* et lat. *falx*, faux) Retrancher d'une somme, d'une quantité. ♦ Se défalquer, v. pr. Être défalqué.

DÉFANANT, ■ n. m. [defanã] (*dé-* et *fane*) **Agric.** Produit détruisant les fanes des pommes de terre. *Un défanant à action rapide.*

DÉFATIGUER, v. tr. [defatige] (*dé-* et *fatigue*) Ôter la fatigue. *Les bains de pieds défatiguent.* ♦ Se défatiguer, v. pr. Cesser d'être fatigué.

DÉFAUFILER, v. tr. [defofile] (*dé-* et *faufiler*) Défaire une faufilure.

DÉFAUSSE, ■ n. f. [defos] (*défausser*) Aux jeux de cartes, action de se défausser. *Défausse du carreau, du pique.* ■ La carte défaussée.

DÉFAUSSER, v. tr. [defose] (*dé-* et *faux*, adj.) Redresser ce qui a été faussé. ♦ Se défausser, v. pr. Se débarrasser de ses fausses cartes, c'est-à-dire quand on n'a pas de cartes de la couleur qui se joue, jeter les cartes qu'on croit être les moins utiles. *Je me suis défaussé à cœur.*

DÉFAUT, n. m. [defo] (*dé-* et *faillir*) Action de défaillir ; privation de quelque chose. *Le défaut de subsistances. Défaut d'esprit. Défaut de naissance.* ♦ À DÉFAUT DE, AU DÉFAUT DE, loc. prép. Faute de, dans le cas où la chose en question manquerait. *À défaut de vin, nous boirons de l'eau.* « *Au défaut de ton bras, prête-moi ton épée* », RACINE. ♦ ▷ *Le défaut des côtes*, l'endroit où elles se terminent, ou l'espace entre deux côtes. ◁ ♦ ▷ *Le défaut de la cuirasse*, l'intervalle entre les deux pièces d'une cuirasse, et fig. le côté faible, sensible d'une personne. ◁ ♦ **Dr.** Manquement à une assignation donnée, refus de comparaître. *Faire défaut. Jugement par défaut.* ♦ Donner défaut, donner acte de la non-comparution. ♦ **Chasse** Le moment même où les chiens, perdant la voie, cessent de chasser. *Les chiens sont en défaut. Mettre les chiens en défaut.* ♦ **Fig.** *Être en défaut*, faillir. ♦ *Mettre, prendre, trouver quelqu'un en défaut*, le mettre, le prendre, le trouver, en un manquement quelconque. ♦ *Mettre en défaut*, rendre inutile, déjouer. ♦ Imperfection physique. *Les défauts du corps.* ♦ ▷ En parlant des animaux domestiques, les imperfections du corps et les irrégularités de proportion. ◁ ♦ Imperfection morale. « *Où trouverez-vous un homme sans défaut ?* », FÉNELON. ♦ ▷ En parlant des animaux domestiques et particulièrement du cheval, vice de leur caractère, comme la rétivité, la méchanceté. ◁ ♦ Ce qui est contraire aux règles de l'art, aux saines doctrines. *Les défauts des ouvrages d'esprit.* « *Un sonnet sans défaut vaut seul un long poème* », BOILEAU. ♦ **Rhét.**

Les défauts du style, vices opposés aux qualités qu'on désire y trouver. *Le défaut de clarté.* ◆ ▷ Dans les arts et métiers, parties faibles en une matière, et par extension en un ouvrage quelconque. ◁ ■ *Faire défaut,* manquer. *La boisson commence à faire défaut.*

DÉFAVEUR, n. f. [defavœʀ] (*dé-* et *faveur*) Perte de la faveur. *Être en défaveur.* ◆ Discrédit. *La défaveur de la rente.*

DÉFAVORABLE, adj. [defavoʀabl] (*dé-* et *favorable*) Qui n'est pas favorable. *Opinion défavorable.*

DÉFAVORABLEMENT, adv. [defavoʀabləmã] (*défavorable*) D'une manière défavorable, fâcheuse. *On l'a jugé défavorablement.*

DÉFAVORISER, ■ v. tr. [defavoʀize] (*dé-* et *favoriser*) Apporter un handicap, et spécialement un handicap financier. *Ces mesures défavorisent les petites entreprises.* ■ DÉFAVORISÉ, ÉE, n. m. et n. f. et adj. [defavoʀize] *Milieu défavorisé.*

DÉFÉCATION, n. f. [defekasjõ] (lat. *defæcatio*) Dépuration d'une liqueur qui, soumise à l'évaporation, laisse se précipiter les parties qui la rendent trouble. ◆ Physiol. Expulsion des matières fécales hors du corps par la voie naturelle.

DÉFECTIF, IVE, adj. [defɛktif, iv] (lat. *defectivus*) Gramm. Qui n'a pas tous ses temps, tous ses modes ou toutes ses personnes, en parlant d'un verbe. *Choir est un verbe défectif.* ◆ On dit aussi, mais moins bien, *défectueux.* ◆ Se dit aussi des noms et adjectifs qui n'ont pas tous les cas, tous les nombres ou tous les genres. *Ténèbres est défectif du singulier.*

DÉFECTION, n. f. [defɛksjõ] (lat. *defectio*) Action d'abandonner un parti auquel on appartient. ◆ Par extens. « *Que fera Dieu pour punir l'âme de sa défection?* », BOSSUET.

DÉFECTUEUSEMENT, adv. [defɛktɥøz(ə)mã] (*défectueux*) D'une manière défectueuse.

DÉFECTUEUX, EUSE, adj. [defɛktɥø, øz] (lat. *defectuosus*) Qui est entaché de quelque imperfection. *Phrase défectueuse. Ce qu'il y a de défectueux et de vicieux en nous.* ◆ Qui manque des formalités requises. *Acte défectueux.* ◆ Gramm. S'est dit, en parlant d'un verbe qui n'a pas tous ses temps, tous ses modes ou toutes ses personnes. ◆ En ce sens, on dit aujourd'hui de préférence *défectif.*

DÉFECTUOSITÉ, n. f. [defɛktɥozite] (lat. *defectuosus*) Condition défectueuse. « *Avoir de notables défectuosités de corps* », BOSSUET. « *On alléguait la défectuosité de sa naissance* », FLÉCHIER. ◆ Chez les animaux domestiques, défaut de formes, de conformation.

DÉFENDABLE, adj. [defãdabl] (*défendre*) Qui peut être défendu.

DÉFENDEUR, ERESSE, n. m. et n. f. [defãdœʀ, (ə)ʀɛs] (*défendre*) Dr. Personne qui se défend contre une demande judiciaire. *Défendeur est opposé à demandeur.*

DÉFENDRE, v. tr. [defãdʀ] (lat. *defendere*) Venir au secours, en aide de ce qui est attaqué, personnes ou choses. *Défendre son honneur, ses jours, etc.* « *Je défendrai ta mémoire Du trépas injurieux* », MALHERBE. ◆ Il se dit aussi des animaux. *La poule défend ses poussins.* ◆ À SON CORPS DÉFENDANT, loc. adv. En se défendant contre une attaque. *Il a tué l'agresseur à son corps défendant.* ◆ Fig. et fam. À contrecœur, avec répugnance. *J'ai fait cela à mon corps défendant.* ◆ Dr. En parlant d'un accusé, exposer ses moyens de défense. *Défendre un prévenu.* ◆ Dans un sens analogue, intercéder pour quelqu'un. ◆ Empêcher que l'ennemi ne puisse entrer dans un lieu ou en approcher. *Défendre une place.* ◆ Protéger, garantir. *La montagne défend cette maison des vents du nord.* ◆ Interdire, prohiber. *Défendre le vin à un malade.* ◆ En ce sens, *défendre* veut *de* devant un infinitif ou *que* et le subjonctif; et dans les deux cas on ne se sert pas de la particule *ne : Il défend d'aller ; il défend qu'on aille.* ◆ ▷ *Défendre sa porte,* faire défendre sa porte à quelqu'un, dire de ne pas le laisser entrer s'il se présente. ◁ ◆ *Se défendre,* défendre à soi-même, s'interdire, s'empêcher de. « *Ils se sont défendu les excès* », MASSILLON. ◆ Enjoindre de ne pas faire. « *Il défendit qu'aucun étranger entrât dans la ville* », VOLTAIRE. ◆ Défendre, v. intr. Dr. Fournir les défenses aux demandes de la partie adverse. *Il a été condamné faute de défendre.* ◆ Avoir le rôle de défendeur dans un procès. *Défendre à une action en paiement.* ◆ Se défendre, v. pr. Repousser la force par la force. ◆ Manège *Un cheval se défend* quand il refuse d'obéir. ◆ *Cette place se défend d'elle-même; et il est facile à défendre ;* elle n'est pas en état de se défendre, elle ne peut résister à une attaque sérieuse. ◆ Mar. *Se défendre bien à la mer,* recevoir peu d'eau à bord par un gros temps. ◆ Se justifier, repousser les accusations, les reproches, les critiques. *Ils ne se défendent pas contre ou de cette accusation.* ◆ Se garantir, se préserver. *Se défendre du froid ou contre le froid.* ◆ Repousser, refuser, se dispenser de. *Il s'est défendu de mes bontés.* « *Il se défend fort de se mêler de l'affaire* », BOSSUET. ◆ Se cacher d'une chose, la nier. « *Vous vous défendez d'être médecin* », MOLIÈRE. ◆ S'excuser de. ◆ S'empêcher de. « *Il ne peut se défendre d'aimer cette vertu douce* », FÉNELON.

DÉFENDS, n. m. [defã] (lat. *defensum,* chose défendue) *Bois en défends,* se dit d'un bois dont, à cause de sa jeunesse, l'entrée est défendue aux bestiaux. ■ REM. Graphie ancienne : *défens.*

DÉFENDU, UE, p. p. de défendre. [defãdy] Prov. *Bien attaqué, bien défendu,* c'est-à-dire la défense et l'attaque ont été aussi bien conduites l'une que l'autre.

DÉFENESTRER, ■ v. tr. [defənɛstʀe] (*dé-* et *fenêtre*) Précipiter quelqu'un par la fenêtre en vue de le tuer. *Pris de rage, il a défenestré son ami. Le désespoir l'a conduit à se défenestrer.* ■ DÉFENESTRATION, n. f. [defənɛstʀasjõ]

DÉFENSE, n. f. [defãs] (lat. *defensa*) Action de défendre quelqu'un ou quelque chose ou de se défendre. ◆ Embrasser la défense de quelqu'un. « *Il prend l'humble sous sa défense* », RACINE. ◆ *Se mettre en défense,* se mettre en état de se défendre. ◆ ▷ *Être en défense, être hors de défense,* être, n'être plus en état de se défendre. ◁ ◆ Manège Action d'un cheval qui se défend. ◆ Eaux et forêts. *Ce bois est en défense,* il est assez crû pour qu'on puisse sans dommage y laisser aller les bestiaux. ◆ Ce qui sert à la défense. « *Sans gardes, sans défense, il marche à cette fête* », RACINE. ◆ Longue dent qui sort de la bouche de quelques animaux, et qui leur sert de moyen de défense ou d'attaque. *Les défenses d'un sanglier, d'un éléphant.* ◆ N. f. pl. Hist. nat. Ensemble des moyens de se protéger dont sont pourvus les végétaux ou les animaux. ◆ Action de défendre une place. *Ce général a fait une belle défense.* ◆ Fig. et fam. *Faire une belle défense,* résister longtemps à des propositions tentantes, à des sollicitations pressantes. ◆ *Place en état de défense,* place bien fortifiée. ◆ *Cette place est de défense,* elle peut soutenir un *siège.* ◆ N. f. pl. Nom donné à tous les ouvrages d'une place de guerre qui servent à couvrir ou à défendre les postes. ◆ Au pl. Ce qu'on répond, par écrit et par ministère d'avoué, à la demande de sa partie. *Faire signifier ses défenses.* ◆ Au sing. Exposition et développement des moyens qu'une partie emploie pour appuyer sa cause. *La défense est présentée par un avocat.* ◆ La situation de celui qui se défend ou qui défend un autre. *On oppose la défense à l'accusation.* ◆ Par extens. Justification, excuse. ◆ Injonction de ne pas faire une chose. *Défense d'afficher sur ce mur.* ◆ *Jugement, arrêt de défense* ou *de défenses* ou simplement *défenses,* jugement qui défend de passer outre à l'exécution de quelque chose. *Faire signifier des défenses.* ■ Ensemble des moyens militaires dont dispose une nation qui assurent sa protection. *La défense nationale. Le ministère de la Défense.* ■ Sp. Jeu qui contre une offensive de l'équipe adverse. *La défense et l'attaque.* ■ Par méton. Équipe qui assure ce jeu. *Le footballeur a trompé la défense.*

DÉFENSEUR, n. m. [defãsœʀ] (lat. *defensor*) Personne qui défend, qui protège. « *Il est le défenseur de l'orphelin timide* », RACINE. ◆ Par extens. Personne qui soutient la cause de quelqu'un ou d'une doctrine. ◆ Avocat. ◆ *Défenseur officieux,* personne qui défend un accusé devant les conseils de guerre. ◆ *Défenseur d'office,* personne que le président désigne pour défendre un accusé qui n'a pas fait choix d'un défenseur. ■ Sp. Sportif chargé de défendre son équipe contre les offensives de l'équipe adverse. *Les défenseurs et les attaquants.* ■ *Défenseur de la veuve et de l'orphelin,* personne qui protège les faibles sans défense.

DÉFENSIF, IVE, adj. [defãsif, iv] (lat. *defensum,* supin de *defendere*) Fait pour la défense. *Ligue défensive. Armes défensives.* ◆ Position défensive, position dans laquelle on ne fait que se défendre. ◆ N. f. *La défensive,* ensemble de la défense ; attitude de défense ; disposition à ne faire que se défendre. *Soutenir la défensive. Être, se tenir sur la défensive.* ◆ Par extens. *Être sur la défensive,* se défendre contre quelqu'un qui attaque, qui empiète.

DÉFENSIVEMENT, adv. [defãsiv(ə)mã] (*défensif*) En se défendant.

DÉFÉQUÉ, ÉE, p. p. de déféquer. [defeke]

DÉFÉQUER, v. tr. [defeke] (lat. *defæcare,* de *fæx,* lie, résidu) Chim. Clarifier, séparer les parties subtiles d'avec les grossières, par les distillations ou autres opérations. *Déféquer des sucs.*

DÉFÉRÉ, ÉE, p. p. de déférer. [defere]

DÉFÉRENCE, n. f. [deferãs] (lat. *deferens,* p. prés. de *deferre*) Condescendance mêlée d'égards et dictée par un motif de respect. *Avoir de la déférence pour quelqu'un, pour son mérite.* ◆ Acte de déférence. *Le parti le plus sûr est la soumission et les déférences.*

DÉFÉRENT, ENTE, adj. [deferã, ãt] (*déférer*) Qui défère, cède, condescend. *Esprit déférent. Humeur douce et déférente.* ■ REM. Graphie ancienne : *déférant.*

DÉFÉRER, v. tr. [defere] (lat. *deferre,* porter plus bas, porter à la connaissance) Accorder, en parlant d'honneurs, de dignités. « *Il défère le commandement de l'armée à Polymène* », FÉNELON. ◆ Porter devant une juridiction. « *Les rois déféraient au peuple le jugement souverain* », BOSSUET. ◆ Traduire devant un tribunal, devant un juge. *Déférez le traître aux tribunaux.* ◆ *Déférer le serment à quelqu'un,* s'en rapporter à ce qu'il témoigne sous serment. ◆ V. intr. Condescendre, céder par respect. *Déférer à l'usage.* « *Je vous défère assez pour n'en vouloir rien lire* », P. CORNEILLE. ◆ Se déférer, v. pr. Être déféré, accordé. *Les récompenses qui se défèrent à ceux qui les méritent.*

DÉFERLAGE, n. m. [defɛʁlaʒ] (*déferler*) Action de déferler ; résultat de cette action.

DÉFERLANTE, ■ n. f. [defɛʁlɑ̃t] (*déferler*) Vague qui se brise sur elle-même. ■ **Fig.** Événement soudain et de grande ampleur. *La déferlante des jeux vidéo.*

DÉFERLÉ, ÉE, p. p. de déferler. [defɛʁle]

DÉFERLER, v. tr. [defɛʁle] (*dé-* et *ferler.*) **Mar.** Déployer, en parlant des voiles. *Déferler les voiles.* ◆ **V. intr.** *La mer déferle,* quand elle déploie ses lames sur les rivages et s'y brise en jetant son écume. ◆ **Se déferler**, v. pr. Même sens que *déferler,* v. intr.. *Les vagues se déferlaient.* ■ **Fig.** Arriver en grand nombre. *Les vacanciers déferlent sur les plages dès les premiers jours de l'été.* ■ **DÉFERLEMENT**, n. m. [defɛʁləmɑ̃]

DÉFERRÉ, ÉE, p. p. de déferrer. [defere]

DÉFERREMENT, n. m. [defɛʁ(ə)mɑ̃] (*déferrer*) Action de déferrer ; résultat de cette action. ■ **Rem.** On dit aussi *déferrage.*

DÉFERRER, v. intr. [defere] (*dé-* et *ferrer*) Ôter une ferrure, le fer appliqué sur un objet. *Déferrer une caisse, un lacet.* ◆ Ôter le fer du pied d'un cheval, d'un mulet. ◆ **Fig.** et **fam.** Déconcerter, interdire. ◆ **Se déferrer**, v. pr. Perdre son fer. ◆ **Fig.** Se déconcerter.

DÉFERRURE, n. f. [deferyʁ] (*déferrer*) Action de déferrer ou de se déferrer.

DÉFERVESCENCE, ■ n. f. [defɛʁvesɑ̃s] (lat. *defervescens,* p. prés. de *defervescere,* cesser de bouillir) **Méd.** Diminution ou disparition de la fièvre. *Défervescence des affections aiguës. Défervescence brutale, graduelle.*

DÉFET, n. m. [defɛ] (lat. *defectus*) **Libr.** Feuilles d'un livre qui ne se suivent pas et qui servent à compléter des exemplaires défectueux.

DÉFEUILLAISON, ■ n. f. [defœjɛzɔ̃] (*défeuiller*) **Bot.** Chute des feuilles. *Défeuillaison des arbres. Défeuillaison précoce, totale.*

DÉFEUILLÉ, ÉE, p. p. de défeuiller. [defœje]

DÉFEUILLER, v. tr. [defœje] (*dé-* et *feuille*) Enlever les feuilles d'un arbre. ◆ **Se défeuiller**, v. pr. Perdre ses feuilles.

DÉFEUTRER, ■ v. tr. [deføtʁe] (*dé-* et *feutre*) Traiter la laine pour la rendre utilisable. *Défeutrer un lainage.*

DÉFI, n. m. [defi] (*défier*) Provocation à un combat singulier. *Porter un défi. Faire un défi à quelqu'un.* ◆ Toute provocation. *Accepter, relever un défi.* ◆ Déclaration provocatrice, par laquelle on exprime à quelqu'un qu'on le juge hors d'état de faire quelque chose. *On le mit au défi de, etc.* ◆ **Se porter défi**, en parlant des choses, se valoir, être de même grosseur, grandeur, etc.

DÉFIANCE, n. f. [defjɑ̃s] (*défiant*) Crainte, doute qui fait qu'on ne se confie qu'après examen et réflexion. *Être sans défiance.* « *L'excès de ce bonheur me met en défiance, de votre bonne foi* », P. **Corneille**. « *Ces personnes n'entrent pas en défiance de votre bonne foi* », **Pascal**. « *Il n'oublia rien pour jeter quelque défiance dans mon esprit* », **Fénelon**. ◆ *Défiance de soi-même,* manque de confiance en soi. *Avoir une juste défiance de ses propres forces.* ◆ **Prov.** *La défiance est mère de sûreté.*

DÉFIANCER, v. tr. [defijɑ̃se] (*dé-* et *fiancer*) Rompre des fiançailles. ◆ **Se défiancer**, v. pr. Rompre ses fiançailles.

DÉFIANT, ANTE, adj. [defjɑ̃, ɑ̃t] (*défier*) Qui a de la défiance. *Un homme défiant.* ◆ En parlant des choses. *Un caractère défiant.*

DÉFIBRER, ■ v. tr. [defibʁe] (*dé-* et *fibre*) Disjoindre les fibres d'une matière. *Défibrer du chanvre. Meule à défibrer.* ■ **DÉFIBRAGE**, n. m. [defibʁaʒ]

DÉFIBREUR, ■ n. m. [defibʁœʁ] (*défibrer*) Dans la fabrication du papier, machine défibrant le bois. *Pâte mécanique de défibreur.*

DÉFIBRILLATEUR, ■ n. m. [defibʁilatœʁ] (*défibrillation*) **Méd.** Appareil produisant des chocs électriques utilisés pour la défibrillation. *Défibrillateur automatique implantable.*

DÉFIBRILLATION, ■ n. f. [defibʁilasjɔ̃] (*dé-* et *fibrillation*) **Méd.** Choc électrique sur la poitrine d'une personne dont le cœur s'est arrêté de battre ou bat irrégulièrement, pour le stimuler et le faire battre à nouveau. *Défibrillation cardiaque. Électrodes de défibrillation.*

DÉFICELER, v. tr. [defis(ə)le] (*dé-* et *ficelle*) Ôter la ficelle. *Déficeler un paquet.*

DÉFICIENCE, ■ n. f. [defisjɑ̃s] (lat. *deficiens,* manquant) Insuffisance pathologique portant atteinte au bon fonctionnement d'un organe, d'une faculté. *Déficience auditive, intellectuelle.* ■ **Par extens.** Insuffisance entraînant une certaine faiblesse. *Les déficiences d'un enseignement.*

DÉFICIENT, ENTE, ■ adj. [defisjɑ̃, ɑ̃t] (lat. *deficiens,* manquant) Atteint de déficience. *Souffrir d'une audition déficiente.* « *Le vague souvenir de ses voisins de campagne..., dont le français un peu déficient amusait et irritait mon grand-père* », d'**Ormesson**. ■ **N. m.** et **n. f.** *Un déficient mental.* « *Pendant qu'il va chercher son instrument, je sermonne le père, je lui fais remarquer qu'un déficient doit être ménagé* », **Bazin**.

DÉFICIT, n. m. [defisit] (on prononce le *t* lat. *deficit,* il manque, de *deficere*) Ce qui est en moins dans un compte, dans une recette, etc. *Être en déficit.* ◆ Situation financière dans laquelle les dépenses excèdent les recettes. ◆ **Au pl.** *Des déficit* selon l'Académie ou *des déficits* suivant l'usage général. ■ **Par extens.** Insuffisance, manque. *Déficit immunitaire.*

DÉFICITAIRE, ■ adj. [defisitɛʁ] (*déficit*) Qui se trouve en situation de déficit. *Un budget déficitaire.*

DÉFIÉ, ÉE, p. p. de défier. [defje]

DÉFIER, v. tr. [defje] (*dé-* et *fier*) Provoquer à un combat, à une lutte. ◆ **Par extens.** *Défier quelqu'un à la course, à boire, etc.* ◆ En ce sens, il veut *à.* ◆ **Fig.** *Son teint peut défier la rose.* ◆ Déclarer à quelqu'un qu'on ne le croit pas en état de faire une chose. ◆ En ce sens, il veut *de* : *Je vous en défie. Je vous défie de deviner cette énigme.* ◆ Affronter, braver. *Défier les vents, la fortune, la mort, etc.* ◆ **Mar.** *On défie une embarcation d'un choc,* en en modérant la vitesse, ou en l'éloignant au moyen d'une gaffe. ◆ **Se défier**, v. pr. Se provoquer. ◆ Avoir de la défiance, être en garde contre. *Il est plus honteux de se défier de ses amis que d'en être trompé.* ◆ **Absol.** *Défiez-vous, soyez sur vos gardes.* ◆ Avoir peu de confiance dans. « *De mes faibles efforts ma vertu se défie* », **Racine**. ◆ *Se défier de soi-même, de ses forces, etc.,* avoir peu de confiance en soi, en ses forces. ◆ Ne pas croire. ◆ En ce sens, il se construit avec *que* : *Je me défierai toujours que, etc.* ◆ Se douter, soupçonner, prévoir. « *Une chose vous manque, vous ne vous en défiez pas, c'est l'esprit* », **La Bruyère**. ◆ En ce sens, il se construit aussi avec *que.* « *Qu'il est difficile, quand on peut tout, de se défier qu'on peut aussi trop entreprendre !* », **Massillon**.

DÉFIGER, v. tr. [defiʒe] (*dé-* et *figer*) Rendre liquide ce qui était figé. ◆ **Se défiger**, v. pr. Cesser d'être figé.

DÉFIGURÉ, ÉE, p. p. de défigurer. [defigyʁe]

DÉFIGURER, v. tr. [defigyʁe] (*dé-* et *figure*) Gâter la figure. *La maladie défigure l'homme.* ◆ **Fig.** *Défigurer quelqu'un,* lui attribuer en mal un caractère qu'il n'a pas. *Ils m'ont défiguré à vos yeux.* ◆ Gâter la forme d'une chose. *Défigurer un tableau en le retouchant.* ◆ Altérer, dénaturer. *Défigurer la vérité.* « *Ils ont défiguré l'histoire du monde* », **Massillon**. ◆ **Se défigurer**, v. pr. Se gâter la figure. *Cette femme s'est défigurée.* ◆ Perdre sa première forme. « *Ce visage si tendre se défigurera* », **Fénelon**.

DÉFILADE, n. f. [defilad] (*défiler*) ▷ **Mar.** Action de défiler. ◆ *Feu de défilade,* feu de vaisseaux qui tirent à mesure qu'ils défilent. ◆ **Fig.** et **fam.** Il se dit de morts arrivant coup sur coup dans une compagnie. ◁

1 DÉFILÉ, n. m. [defilo] (3 *défiler*) Marche en colonne d'une troupe qui défile devant un chef. *La revue se termina par un défilé.* ◆ Colonne de personnes qui marchent les unes derrière les autres. *Le défilé du carnaval.* ■ **Rem.** Graphie ancienne : *défiler.*

2 DÉFILÉ, n. m. [defile] (3 *défiler*) Passage étroit par où il faut aller à la file. ◆ **Fig.** Situation embarrassante. « *On les fait passer par un défilé bien étroit, je veux dire entre la vie et leur argent* », **Montesquieu**.

3 DÉFILÉ, ÉE, p. p. de 1 défiler. [defile] Qui n'est plus enfilé.

4 DÉFILÉ, ÉE, p. p. de 2 défiler. [defile] *Un ouvrage bien défilé.*

DÉFILEMENT, n. m. [defil(ə)mɑ̃] (*défiler*) ▷ Opération, tracé ou construction pour parvenir à ce que, dans un ouvrage de fortification, le défenseur se trouve à l'abri des projectiles de l'assaillant ; résultat de cette opération. ◁

1 DÉFILER, v. tr. [defile] (*dé-* et *fil*) Ôter le fil passé dans quelque chose. *Défiler des perles.* ◆ *Défiler son chapelet,* Voy. **chapelet**. ◆ **Se défiler**, v. pr. *Les perles de son collier se sont défilées.*

2 DÉFILER, v. tr. [defile] (*dé-* et *fil,* direction) **Fortif.** *Défiler un ouvrage,* le garantir d'enfilade.

3 DÉFILER, v. intr. [defile] (*dé-* et *file*) Aller l'un après l'autre à la file. *Défiler un à un.* ◆ Marcher par pelotons dans une revue. ◆ ▷ *Défiler la parade, défiler après la parade.* ◆ **Fig.** Dans un langage vulgaire, *défiler la parade,* mourir. ◁ ◆ **N. m.** Voy. **défilé**. ◆ **Fam.** Mourir à peu d'intervalle les uns des autres. « *Notre académie défile* », **Voltaire**. ◁ ◆ Se succéder sans interruption. *Les jours défilent vite.*

DÉFINI, IE, p. p. de définir. [defini] **N. m.** La chose définie. « *Vous voulez que je substitue la définition à la place du défini* », **Pascal**. ◆ **Gramm.** Déterminé. *Sens défini.* ◆ *Article défini,* celui qui donne aux noms un sens précis : *le, la, les,* est un article défini, par opposition à *un, une,* article indéfini. ◆ *Modes définis,* les modes personnels. ◆ *Passé* ou *prétérit défini,* temps qui exprime un passé déterminé. ◆ **Chim.** *Composés définis,* ceux qui sont formés d'éléments unis en proportions fixes et invariables. *Proportions définies,* celles qui offrent des rapports simples d'un atome à un, deux, trois, quatre, etc. ◆ **Bot.** Déterminé, en parlant du nombre de certains organes.

DÉFINIR, v. tr. [definiʁ] (*dé-* et *finir*) Déterminer, fixer. *Définir une époque.* ◆ Expliquer une chose par des attributs qui la distinguent. « *Ils définissaient la vertu par le plaisir* », **Bossuet**. ◆ **Absol.** *Pour raisonner juste, il faut bien* *définir.* ◆ *Définir un mot, une expression,* en expliquer le véritable sens. ◆ *Définir une personne,* la faire connaître par les qualités qui la distinguent. ◆ En style dogmatique, décider. *Les conciles ont défini que...* ◆ Se définir, v. pr. Être défini. ◆ Se rendre compte de soi-même. « *Tel homme au fond et en lui-même ne se peut définir* », LA BRUYÈRE.

DÉFINISSABLE, adj. [definisabl] (*définir*) Que l'on peut définir.

DÉFINITEUR, n. m. [definitœʀ] (restriction en lat. médiév du lat. imp. et b. lat. *definitor,* celui qui définit, puis celui qui prescrit) Dans quelques ordres religieux, le conseiller du général ou d'un provincial.

DÉFINITIF, IVE, adj. [definitif, iv] (lat. *definitivus,* relatif à la définition, b. lat., décisif) Qui termine une chose, une affaire. *Règlement, résultat définitif.* ◆ **Dr.** *Jugement définitif,* jugement qui statue sur le fond, soit par défaut, soit contradictoirement, par opposition à jugement préparatoire ou interlocutoire. ◆ EN DÉFINITIVE, loc. adv. Par jugement définitif. *Il a gagné son procès en définitive* (sous-entendu *sentence*). ◆ **Par extens.** Finalement, décidément. *En définitive, que ferez-vous?* ◆ En définitif, bien que correct grammaticalement, n'a pas pour soi l'usage. ▪ Qui n'a plus à subir de modification. *La version définitive d'un manuscrit.*

DÉFINITION, n. f. [definisjɔ̃] (lat. *definitio,* délimitation, définition) Énonciation des attributs qui distinguent une chose, qui lui appartiennent à l'exclusion de toute autre. ◆ *Définition d'un mot,* explication de son véritable sens. ◆ *Définition,* figure de rhétorique, sorte d'exposition des divers aspects par lesquels on peut considérer une chose et qui la fait connaître au moins en partie. ◆ En style dogmatique, décision. *Les définitions des conciles.* ▪ *Par définition,* de par sa nature même. *La jurisprudence est par définition un domaine en constante évolution.* ▪ **Techn.** Qualité de restitution d'une image. *La définition d'un écran d'ordinateur, d'une imprimante.*

DÉFINITIONNEL, ELLE, ▪ adj. [definisjɔnɛl] (*définition*) Qui est de nature à définir. *Des critères définitionnels.*

DÉFINITIVEMENT, adv. [definitiv(ə)mɑ̃] (*définitif*) D'une manière définitive. ◆ Par jugement définitif.

DÉFINITOIRE, ▪ adj. [definitwaʀ] (*définir*) Qui contient une définition. *Un énoncé définitoire.*

DÉFISCALISER, ▪ v. tr. [defiskalize] (*dé-* et *fiscaliser*) Ne plus soumettre au régime de l'impôt. ▪ DÉFISCALISATION, n. f. [defiskalizasjɔ̃]

DÉFLAGRANT, ANTE, ▪ adj. [deflagʀɑ̃, ɑ̃t] (*déflagrer*) Qui peut déflagrer. *Les pétards, les feux d'artifice, les détonateurs contiennent des substances détonantes et déflagrantes.*

DÉFLAGRATION, n. f. [deflagʀasjɔ̃] (lat. *deflagratio,* combustion, incendie) Explosion de flammes qui consument tout. « *Que l'univers finirait par une déflagration générale* », DIDEROT. ◆ **Chim.** Combustion très active avec projection de vives étincelles.

DÉFLAGRER, ▪ v. intr. [deflagʀe] ou [deflagʀe] (lat. *deflagrare,* se consumer ; infl. sém. de *déflagration*) **Chim.** Exploser. *Des substances et des mélanges explosibles ou susceptibles de déflagrer.*

DÉFLATION, ▪ n. f. [deflasjɔ̃] (angl. *deflation*) **Écon.** Baisse des prix à la consommation s'accompagnant d'une récession économique. *La déflation est la traduction d'un net ralentissement ou d'une baisse de la demande.* ▪ DÉFLATIONNISTE, n. m. et n. f. ou adj. [deflasjɔnist]

DÉFLÉCHI, IE, p. p. de défléchir. [defleʃi] *Tige défléchie.*

DÉFLÉCHIR, v. tr. [defleʃiʀ] (*dé-* et *fléchir*) ▷ Détourner de la direction. ◁ ◆ ▷ V. intr. Changer de direction, se détourner de sa direction naturelle. ◁ ◆ **Bot.** Retomber en décrivant un arc après s'être élevé un peu.

DÉFLECTEUR, ▪ n. m. [deflɛktœʀ] (lat. *deflectere,* détourner) ▷ Petite vitre mobile au moyen de laquelle on règle l'aération d'une automobile. ◁ ▪ **Méc.** Dispositif qui dévie la direction d'un écoulement.

DÉFLEGMATION, n. f. [deflɛgmasjɔ̃] (*déflegmer*) **Chim.** Nouvelle distillation à laquelle on soumet une liqueur, obtenue à l'aide du feu, dans la vue d'en séparer les parties les plus aqueuses, qui distillent les premières.

DÉFLEGMÉ, ÉE, p. p. de déflegmer. [deflɛgme]

DÉFLEGMER, v. tr. [deflɛgme] (*dé-* et *flegme,* eau, dans la langue des anciens chimistes) Enlever la partie aqueuse d'une substance.

DÉFLEURAISON, n. f. [deflœʀɛzɔ̃] (*défleurir*) Chute des fleurs d'une plante.

DÉFLEURI, IE, p. p. de défleurir. [deflœʀi]

DÉFLEURIR, ▪ v. intr. [deflœʀiʀ] (*dé-* et *fleurir*) Perdre ses fleurs. ◆ V. tr. Abattre les fleurs. *La grêle a défleuri tous les arbres fruitiers.* ◆ Ôter le velouté de certains fruits en les touchant. ◆ **Fig.** Détruire la fleur, la fraîcheur d'une chose. ◆ Se défleurir, v. pr. Perdre fleurs ou sa fleur.

DÉFLEXION, ▪ n. f. [deflɛksjɔ̃] (b. lat. *deflexio,* écart) **Phys.** Déviation d'un faisceau. *Déflexion de la lumière.*

DÉFLORAISON, n. f. [deflɔʀɛzɔ̃] (*défleurir*) Le même que défleuraison.

DÉFLORATION, ▪ n. f. [deflɔʀasjɔ̃] (b. lat. *defloratio,* action de prendre la fleur) Action de déflorer, retirer la virginité.

DÉFLORÉ, ÉE, p. p. de déflorer. [deflɔʀe]

DÉFLORER, v. tr. [deflɔʀe] (*dé-* et *fleur* ; calqué sur b. lat. *deflorare,* prendre la fleur, choisir, flétrir) Ôter à un sujet sa fraîcheur, sa nouveauté. ▪ Faire perdre sa virginité à une jeune fille.

DÉFLUENT, ▪ n. m. [deflyɑ̃] (lat. *defluere,* couler d'en haut, sur le modèle de *confluent*) **Géogr.** Bras d'un delta fluvial. *La formation d'un vaste défluent de crue.*

DÉFLUVIATION, ▪ n. f. [deflyvjasjɔ̃] (*dé-* et lat. *fluvius,* fleuve) **Géogr.** Changement de trajet d'un cours d'eau. *Des couloirs de défluviation.*

DÉFOLIANT, ANTE, ▪ adj. [defɔljɑ̃, ɑ̃t] (*dé-* et lat. *folium*) **Agric.** Qui provoque la défoliation. ▪ N. m. Produit défoliant. *L'agent orange, poison utilisé lors de la guerre du Vietnam, est un défoliant.*

DÉFOLIATION, n. f. [defɔljasjɔ̃] (b. lat. *defoliare,* de *folium,* feuille) Chute des feuilles d'un arbre, avant la saison. ▪ **Agric.** Destruction volontaire de la végétation parasite.

DÉFOLIER, ▪ v. tr. [defɔlje] (amér. *to defoliate*) Détruire les feuilles d'un végétal. *Une machine à défolier.*

DÉFONÇAGE, n. m. [defɔ̃saʒ] (*défoncer*) ▷ Action de défoncer un terrain. ◁

DÉFONCE, ▪ n. f. [defɔ̃s] (*défoncer*) **Fam.** État souvent hallucinatoire dans lequel se trouve un drogué. *La défonce, c'est son quotidien.* ▪ Fait de se droguer. ▪ **Fig.** Pratique excessive de quelque chose. *La défonce au travail.*

DÉFONCÉ, ÉE, p. p. de défoncer. [defɔ̃se]

DÉFONCEMENT, n. m. [defɔ̃s(ə)mɑ̃] (*défoncer*) ▷ Action de défoncer. *Le défoncement d'un tonneau.* ◆ Action de creuser méthodiquement un terrain plus profondément que ne le font les labours ordinaires pour ramener vers la surface les parties profondes, les diviser ou les mêler. ◁

DÉFONCER, v. tr. [defɔ̃se] (*dé-* et *foncer*) ▷ Enlever le fond d'un tonneau, etc. ◁ ◆ Crever le fond d'une voile, en parlant du vent. ◆ ▷ *Défoncer une route,* y faire des trous qui la rendent impraticable. ◁ ◆ ▷ *Défoncer un terrain,* en opérer le défoncement. ◁ ◆ **Milit.** Rompre et mettre en désordre. ◆ V. intr. « *De peur... Que son lit ne défonce, il dort dessus la dure* », RÉGNIER. ◆ Se défoncer, v. pr. Être défoncé. ▪ V. tr. Détériorer par enfoncement. *Défoncer une porte. Un fauteuil défoncé.* ▪ Se défoncer, v. pr. **Fam.** S'adonner entièrement à une activité. ▪ **Fam.** Se droguer.

DÉFONCEUSE, n. f. [defɔ̃søz] (*défoncer*) Sorte de charrue sans versoir.

DÉFORCER, ▪ v. tr. [defɔʀse] (*force*) **Belg.** Faire perdre ses forces à quelqu'un, l'épuiser.

DÉFORESTATION, ▪ n. f. [defɔʀɛstasjɔ̃] (b. lat. *forestis,* forêt) Abattage d'une étendue d'arbres plus ou moins grande dans une forêt. *La déforestation en Amazonie peut avoir de graves conséquences sur la couche d'ozone.*

DÉFORMANT, ANTE, ▪ adj. [defɔʀmɑ̃, ɑ̃t] (*déformer*) Qui déforme. *Miroir déformant. Voir le monde à travers le prisme déformant de la subjectivité.*

DÉFORMATION, n. f. [defɔʀmasjɔ̃] (lat. *deformatio*) Altération de la forme. ◆ **Anat.** Altération de la forme des organes. ◆ **Bot.** Monstruosité végétale. ◆ Altération de la nature de quelque chose. *La déformation de la pensée d'un auteur.* ▪ *Déformation professionnelle,* ensemble des habitudes acquises lors de l'exercice d'une profession, qui se retrouvent de façon déplacée en dehors du cadre professionnel.

DÉFORMÉ, ÉE, p. p. de déformer. [defɔʀme]

DÉFORMER, v. tr. [defɔʀme] (lat. *deformare,* défigurer, enlaidir) Altérer la forme. *Un corset déforme la taille. Déformer un chapeau, des souliers.* ◆ Se déformer, v. pr. Perdre sa forme. ◆ Altérer la nature de quelque chose. *Vous déformez mes propos.* ▪ DÉFORMABLE, adj. [defɔʀmabl]

DÉFOULEMENT, ▪ n. m. [deful(ə)mɑ̃] (*défouler*) Action de se défouler. *Le sport est un bon défoulement après le travail.*

DÉFOULER, ▪ v. tr. [defule] (*dé-* et *fouler,* pris ensuite comme antonyme de *refouler*) Libérer quelqu'un de ses tensions, de sa violence. ▪ Se défouler, v. pr. *Se défouler en dansant.*

DÉFOULOIR, ▪ n. m. [defulwaʀ] (*défouler*) Endroit où l'on peut se défouler. ▪ Activité qui permet de se défouler. *Le rugby est un défouloir.*

DÉFOURNÉ, ÉE, p. p. de défourner. [defurne]

DÉFOURNEMENT, n. m. [defurnəmɑ̃] (*défourner*) Action de défourner.

DÉFOURNER, v. tr. [defurne] (*dé-* et *four*) Tirer d'un four. *Défourner du pain.* ◆ **Absol.** *On défournera à neuf heures.*

DÉFRAGMENTER, ▪ v. tr. [defʀagmɑ̃te] (*dé-* et *fragmenter*) **Inform.** Réorganiser les différents fragments des fichiers d'un ordinateur pour que les informations soient contiguës sur le disque, permettant ainsi d'optimiser la vitesse d'accès aux fichiers. *Défragmenter son disque dur.* ■ DÉFRAGMENTATION, n. f. [defʁagmɑ̃tasjɔ̃]

DÉFRAÎCHIR ou **DÉFRAICHIR**, v. tr. [defʁeʃiʀ] (*dé-* et radic. de *fraîche*, fém. de *frais*) Ôter la fraîcheur, le brillant de quelque chose qui n'a encore été ni manié ni porté. *Défraîchir une étoffe, une robe.* ♦ Se défraîchir, v. pr. Être défraîchi.

DÉFRAIEMENT, n. m. [defʁemɑ̃] (*défrayer*) L'action de défrayer. ■ REM. Graphie ancienne : *défrayement.*

DÉFRAYÉ, ÉE, p. p. de défrayer. [defʁeje]

DÉFRAYER, v. tr. [defʁeje] (*dé-* et anc. fr. *frayer*, dépenser, de *frais*) Payer la dépense de quelqu'un. « *Ils voulurent défrayer tout le train* », Mme DE SÉVIGNÉ. ♦ Fournir ce qu'il faut pour repas ou entretien. ♦ ▷ *Fig. Défrayer de bons mots, de plaisanteries,* amuser, faire rire par de bons mots, des plaisanteries. ◁ ♦ Absol. *Défrayer la compagnie,* amuser, faire rire ; faire rire à ses dépens ; et dans un autre sens, payer la dépense faite par une compagnie. ♦ *Défrayer la conversation,* parler le plus dans une conversation et aussi être l'objet d'une conversation. ♦ Se défrayer, v. pr. Payer les frais que l'on fait. ■ *Défrayer la chronique,* faire beaucoup parler de soi.

DÉFRICHAGE, n. m. [defʁiʃaʒ] (*défricher*) Action de défricher un terrain.

DÉFRICHÉ, ÉE, p. p. de défricher. [defʁiʃe]

DÉFRICHEMENT, n. m. [defʁiʃ(ə)mɑ̃] (*défricher*) Opération qui a pour but de mettre en culture réglée les landes, bruyères, bois, terres incultes, etc.

DÉFRICHER, v. tr. [defʁiʃe] (*dé-* et *friche*) Mettre en culture ce qui était en friche. ♦ Fig. « *Le royaume de Dieu est un champ qu'il faut défricher* », MASSILLON. ♦ Fig. Éclaircir une chose embrouillée, difficile ; commencer à cultiver, expliquer, rendre plus facile. *Défricher une langue, une affaire, une besogne, un auteur, etc.* ■ DÉFRICHABLE, adj. [defʁiʃabl]

DÉFRICHEUR, EUSE, n. m. et n. f. [defʁiʃœʀ, øz] (*défricher*) Personne qui défriche une terre. ■ Personne qui défriche un domaine inconnu.

DÉFRIPER, ■ v. tr. [defʁipe] (*dé-* et *friper*) Déchiffonner. *Défriper des vêtements achetés aux puces.*

DÉFRISÉ, ÉE, p. p. de défriser. [defʁize]

DÉFRISEMENT, n. m. [defʁiz(ə)mɑ̃] (*défriser*) Action de défriser. ♦ Pop. Désappointement.

DÉFRISER, v. tr. [defʁize] (*dé-* et *friser*) Défaire la frisure. *Défriser une perruque.* ♦ Fig. et pop. Désappointer, déconcerter. ♦ Se défriser, v. pr. Perdre la frisure. ♦ Fig. Être désappointé.

DÉFROISSER, ■ v. tr. [defʁwase] (*dé-* et *froisser*) Rendre son état originel à ce qui est froissé. *Défroisser des étoffes.*

DÉFRONCÉ, ÉE, p. p. de défroncer. [defʁɔ̃se]

DÉFRONCEMENT, n. m. [defʁɔ̃s(ə)mɑ̃] (*défroncer*) Action de défroncer ; état de ce qui est défroncé.

DÉFRONCER, v. tr. [defʁɔ̃se] (*dé-* et *froncer*) Défaire les plis d'une étoffe froncée. ♦ *Défroncer le sourcil,* effacer les plis du sourcil, et fig. se dérider, prendre un air serein. ♦ Se défroncer, v. pr. Être défroncé.

DÉFROQUE, n. f. [defʁɔk] (*défroquer*) Le peu de meubles et d'argent qu'un religieux laisse en mourant. ♦ Par extens. Meubles, effets que quelqu'un abandonne, surtout avec le sens de peu de valeur. ♦ Vêtement hors d'usage.

DÉFROQUÉ, ÉE, p. p. de défroquer. [defʁoke] Fig. et en mauvaise part, *prêtre défroqué,* prêtre qui a renoncé à l'état ecclésiastique. ♦ N. m. *Un défroqué.*

DÉFROQUER, v. tr. [defʁoke] (*dé-* et *froc* ; *défroquer*) Ôter le froc à quelqu'un, faire sortir de l'état monastique. ♦ Se défroquer, v. pr. Quitter l'état monastique. ♦ Plus généralement et en mauvaise part, quitter l'état ecclésiastique.

DÉFRUITER, ■ v. tr. [defʁɥite] (*dé-* et *fruité*) Enlever le goût de fruit à un aliment. *Défruiter de l'huile d'olive.*

DÉFUNT, UNTE, adj. [defœ̃, œ̃t] ou [defɛ̃, ɛ̃t] (lat. *de vita defunctus*, partic. de *defungi,* en avoir fini avec) Mort. ♦ Fig. Qui a perdu une qualité, un titre qu'il possédait. « *Défunt marquis [l'ex-marquis] s'en allait sans valets* », LA FONTAINE. ♦ N. m. et n. f. *Le défunt. La défunte.*

DÉGAGÉ, ÉE, p. p. de dégager. [degaʒe] Débarrassé, délivré. *Dégagé de ses fers.* ♦ Absol. *Un cœur dégagé,* libre. ♦ Qui a de l'aisance. *Une taille dégagée.* ♦ Qui n'éprouve pas d'embarras. *Un air dégagé.* ♦ Qui se donne trop d'aisance. « *Des propos libres, des airs dégagés* », J.-J. ROUSSEAU. ♦ Peint. *Attitudes dégagées,* attitudes naturelles et aisées. ♦ N. m. Escrime Syn. de dégagement. ■ Ciel dégagé, sans nuage.

DÉGAGEMENT, n. m. [degaʒ(ə)mɑ̃] (*dégager*) ▷ Action de dégager, de tirer de gage ; résultat de cette action. *Le dégagement d'effets déposés au mont-de-piété.* ◁ ♦ ▷ *Le dégagement d'une parole, d'une promesse,* l'action de tenir une parole, d'accomplir une promesse ou d'obtenir que la parole, la promesse soient rendues. ◁ ♦ Escrime Action de dégager le fer. *Faire un dégagement.* ♦ Danse Action de tirer un pied engagé derrière l'autre, pour le faire passer devant ou à côté. ♦ Archit. Partie d'un appartement qui sert de passage, de communication d'une pièce à une autre. *Pratiquer un dégagement. Escalier de dégagement.* ♦ ▷ *Pièce de dégagement,* pièce qui sert à dégager les appartements, en sorte qu'on peut y entrer et en sortir sans passer par la porte ordinaire. ◁ ♦ **Chim.** Sortie des gaz et des vapeurs hors des corps qui les contiennent. ♦ Au football, au rugby, action de dégager.

DÉGAGER, v. tr. [degaʒe] (*dé-* et *gage*) ▷ Retirer ce qui avait été engagé, donné en hypothèque, en nantissement. *Dégager ses diamants.* ◁ ♦ ▷ Par extens. *Dégager sa parole,* la retirer quand elle a été donnée sous des conditions non remplies, ou bien la tenir. *Dégage ton serment.* « *Vous-même dégagez la foi de vos oracles* », RACINE. ♦ *Dégager quelqu'un de sa parole,* la lui rendre. ♦ Débarrasser, délivrer. « *Jusqu'à ce que ma main de ses fers le dégage* », P. CORNEILLE. ♦ ▷ Fig. *Dégager son cœur,* rompre un engagement d'honneur ou de galanterie. ◁ ♦ ▷ *Dégager un soldat,* lui faire obtenir, lui donner son congé. ◁ ♦ Débarrasser un lieu qui était obstrué. *Dégager la voie publique, un passage.* ♦ Milit. *Dégager une province,* en chasser les ennemis. ♦ ▷ *Dégager les appartements,* disposer les chambres de telle sorte qu'elles ne soient pas sujettes les unes des autres. ◁ ♦ **Méd.** *Dégager les organes,* les débarrasser de ce qui les gêne. ♦ Tirer d'entre des gens qui pressent ou attaquent. « *On dégagea Philoclès des mains de ces trois hommes* », FÉNELON. ♦ Milit. Tirer un corps de troupes d'une position difficile, dangereuse. ♦ Escrime *Dégager le fer,* ou absol. *dégager,* détacher son arme de celle de son adversaire. ♦ Donner de l'aisance. *Cet habit dégage la taille.* ♦ **Chim.** Séparer une substance d'une autre. *La chaleur dégage les gaz de leurs combinaisons.* ♦ Produire une émanation. *Dégager une mauvaise odeur.* ♦ **Math.** *Dégager une inconnue,* faire les opérations nécessaires pour que cette inconnue se trouve seule dans un membre de l'équation. ♦ **Danse** *Dégager le pied,* le détacher de l'autre. ♦ Absol. *Dégager,* faire un pas en détachant vivement un pied ou une jambe de l'autre. ♦ ▷ Se dégager, v. pr. Rompre un engagement où vous vous étiez chargé. *Je me dégage.* « *Dégagez-vous des soins dont vous êtes chargé* », RACINE. ♦ Se tirer de gens qui pressent ou qui assaillent. *Il se dégagea à coups d'épée des ennemis qui déjà le saisissaient.* ♦ Se dégager de quelqu'un, le quitter. ♦ ▷ *Se dégager de quelqu'un,* retirer la promesse qu'on lui avait faite de répondre à son invitation, pour un dîner, une soirée, etc. ◁ ♦ Être dégagé. « *Les voies se dégagent* », MASSILLON. ♦ **Méd.** Être débarrassé de ce qui engorgeait. *La tête se dégage.* ♦ Sortir, en parlant de gaz, d'exhalaisons. ■ V. intr. Fam. Partir. *Allez, dégage !* ♦ V. tr. Sp. *Dégager le ballon,* ou absol. *dégager,* envoyer le ballon loin des buts ou loin de son camp. ◁ ■ Se dégager, v. pr. Ressortir. *L'idée principale qui se dégage de cette étude.*

DÉGAINE, n. f. [degɛn] (*dégainer*) Fam. Tournure ridicule, façon maladroite.

DÉGAINÉ, ÉE, p. p. de dégainer. [degene]

DÉGAINER, v. tr. [degene] (*dé-* et *gaine*) Tirer une arme tranchante de sa gaine. ♦ Fig. *Dégainer ses écus, son compliment, etc.* ♦ Absol. *Il fallut dégainer,* il fallut mettre l'épée à la main. ♦ ▷ Fam. *Brave jusqu'au dégainer,* se dit d'un fanfaron, et aussi de quiconque promet beaucoup et ne tient rien. ◁ ■ Tirer une arme à feu de son étui.

DÉGAINEUR, n. m. [degenœʀ] (*dégainer*) ▷ Bretteur, ferrailleur. ◁

DÉGALONNER, v. tr. [degalɔne] (*dé-* et *galon*) Ôter les galons.

DÉGANTÉ, ÉE, p. p. de déganter. [degɑ̃te]

DÉGANTER, v. tr. [degɑ̃te] (*dé-* et *gant*) Ôter les gants. ♦ Se déganter, v. pr. Ôter ses gants.

DÉGARNI, IE, p. p. de dégarnir. [degaʁni]

DÉGARNIR, v. tr. [degaʁniʀ] (*dé-* et *garnir*) Ôter ce qui garnit. *Dégarnir un appartement, une robe.* ♦ *Dégarnir une place,* lui retirer une partie de sa garnison, de ses armes. ♦ *Dégarnir un arbre,* en couper les branches inutiles. ♦ *Dégarnir un vaisseau,* en ôter les agrès. ♦ Se dégarnir, v. pr. Cesser d'être garni, fourni, pourvu de. *La salle se dégarnit de spectateurs.* ♦ *Sa tête se dégarnit,* ses cheveux tombent. ♦ Diminuer les vêtements dont on est couvert. ♦ Se dessaisir de son argent comptant. ■ DÉGARNISSAGE, n. m. [degaʁnisaʒ]

DÉGARNISSEMENT, n. m. [degaʁnis(ə)mɑ̃] (*dégarnir*) Action de dégarnir ; état de ce qui est dégarni. *Le dégarnissement des places.*

DÉGÂT, n. m. [dega] (*dé-* augmentatif et anc. fr. *deguaster,* ravager, sur modèle de *devastare*) Dommage causé par une cause violente. *La grêle, l'orage a fait de grands dégâts.* ♦ **Milit.** *Faire le dégât,* ravager. ♦ Dommage causé par les personnes aux propriétés d'autrui, par les bestiaux dans les terres d'autrui. ♦ ▷ Consommation excessive et prodigue de denrées. *On fait un grand dégât de bois, de vin dans cette maison.* ◁ ■ REM. Utilisé surtout au pluriel aujourd'hui.

DÉGAUCHI, IE, p. p. de dégauchir. [degoʃi]

DÉGAUCHIR, v. tr. [degoʃiʀ] (*dé-* et *gauche*) Dresser un ouvrage, soit en bois, soit en pierre, le rendre uni, droit, en retranchant ce qu'il a de trop ou d'irrégulier. ♦ **Fig.** et **fam.** Corriger la gaucherie. *Dégauchir un jeune homme.* ♦ Se dégauchir, v. pr. Devenir moins gauche.

DÉGAUCHISSEMENT, n. m. [degoʃis(ə)mɑ̃] (*dégauchir*) Action de dégauchir, de dresser une surface.

DÉGAUCHISSEUSE, ■ n. f. [degoʃisøz] (*dégauchir*) **Techn.** Instrument servant à dégauchir des pièces de métal ou de bois.

DÉGAZER, ■ v. tr. [degaze] (*dé-* et *gaz*) **Phys.** Provoquer le départ des gaz dissous. ■ Vidanger ses cuves de pétrole en pleine mer ou en vol. *Condamner un pétrolier pour avoir dégazé.* ■ DÉGAZAGE, n. m. [degazaʒ]

DÉGAZONNEMENT, n. m. [degazɔn(ə)mɑ̃] (*dégazonner*) Destruction ou enlèvement des gazons d'un terrain.

DÉGAZONNER, v. tr. [degazɔne] (*dé-* et *gazon*) Détruire ou enlever le gazon d'une lande, d'un pâturage, d'une prairie.

DÉGEL, n. m. [deʒɛl] (*dégeler*) Fonte naturelle de la glace et de la neige par l'adoucissement de la température ♦ **Par extens.** Adoucissement de l'air.

DÉGELÉ, ÉE, p. p. de dégeler. [deʒ(ə)le] **Fig.** et **fam.** Qui n'est plus froid, indifférent.

DÉGELÉE, n. f. [deʒ(ə)le] (*dégeler*, orig. obsc. : prob. p. p. fém. substantivé de *degeler*, parallèle à *avalanche*, *averse*, dans plus. dial.) **Pop.** Volée de coups. *Il a reçu une bonne dégelée.*

DÉGÈLEMENT, n. m. [deʒɛl(ə)mɑ̃] (*dégeler*) Action de dégeler, de se dégeler.

DÉGELER, v. tr. [deʒ(ə)le] (*dé-* et *geler*) Faire fondre ce qui était gelé. *Le vent du sud a dégelé la rivière.* ♦ **Fam.** Réchauffer. ♦ **V. intr.** Se conjugue avec être ou avoir, suivant le sens. *Ces pommes ont dégelé cette nuit, elles sont dégelées.* ■ **Impers.** *Il dégèle*, le temps s'est mis au dégel. ♦ Se dégeler, v. pr. Cesser d'être gelé.

DÉGÉNÉRATIF, IVE, ■ adj. [deʒeneʀatif, iv] (radic. de *dégénérer*) **Méd.** Où l'on observe une dégénérescence. *Rhumatisme dégénératif.*

DÉGÉNÉRATION, n. f. [deʒeneʀasjɔ̃] (b. lat. *degeneratio*) Action de dégénérer, état de ce qui est dégénéré. *La dégénération des espèces.* ♦ **Méd.** Altération morbide d'un solide ou d'un liquide.

DÉGÉNÉRÉ, ÉE, p. p. de dégénérer. [deʒeneʀe] **Adj.** Qui a dégénéré. *L'art dégénéré.* ■ **N. m.** et n. f. **Péj.** Personne imbécile. *« C'est dommage, je l'avais à la bonne, ce beau dégénéré »*, DE RIVOYRE.

DÉGÉNÉRER, v. intr. [deʒeneʀe] (lat. *degenerare*) Se conjugue avec *être* ou *avoir*, suivant le sens. Se détériorer avec le temps, en parlant de ce qui a vie ou de ce qui est assimilé aux êtres vivants. *Ces races ont dégénéré rapidement ; elles sont dégénérées depuis longtemps* [1]. ♦ Dégénérer de ou absol. dégénérer, s'écarter en mal de l'origine dont on sort, du point où l'on est, en parlant des personnes. *Dégénérer de ses ancêtres.* ♦ Dégénérer dans l'esprit de quelqu'un, perdre de l'estime qu'il avait pour nous. ♦ Se dit aussi des choses qui se détériorent. *Les mœurs ont dégénéré.* ♦ Dégénérer en, changer de bien en mal, de mal en pis. *Il ne faut pas que la liberté dégénère en licence.* ♦ ▷ **Méd.** Se changer en une maladie moins violente. *Son rhume a dégénéré en catarrhe.* ◁ ■ **Méd.** S'aggraver, en parlant d'une affection. *Son cancer dégénère.* ■ **Fam.** *Ça dégénère*, la situation empire. ■ REM. 1 : Appliquée aux humains, la notion de race ne repose sur aucun fondement scientifique et a une connotation raciste.

DÉGÉNÉRESCENCE, n. f. [deʒeneʀesɑ̃s] (*dégénérer*) Disposition à dégénérer. ■ Action de dégénérer, état de ce qui est dégénéré.

DÉGÉNÉRESCENT, ENTE, adj. [deʒeneʀesɑ̃, ɑ̃t] (*dégénérescence*, sur modèle des vb. latins en *-escere*) Qui subit une dégénération.

DÉGERMER, ■ v. tr. [deʒɛʀme] (*dé-* et *germe*) Enlever les germes d'un végétal. *Dégermer une gousse d'ail.*

DÉGINGANDÉ, ÉE, p. p. de dégingander. [deʒɛ̃gɑ̃de] **Adj. Fig.** *Esprit dégingandé. Style dégingandé.*

DÉGINGANDER, ■ v. tr. [deʒɛ̃gɑ̃de] (prob. altération, sous infl. du moy. fr. *giguer*, folâtrer, de *dehingander*, disloqué, empl. par Rabelais et p.-ê. issu du m. néerl. *henge*, gond) **Fam.** Donner un air comme disloqué à sa taille, à son attitude, à sa marche. ♦ Se dégingander, v. pr. Se rendre dégingandé.

DÉGIVRER, ■ v. tr. [deʒivʀe] (*dé-* et *givre*) Ôter le givre d'une surface. *Dégivrer son pare-brise.* ■ DÉGIVRAGE, n. m. [deʒivʀaʒ]

DÉGIVREUR, ■ n. m. [deʒivʀœʀ] (*dégivrer*) Dispositif utilisé pour dégivrer une surface. *Le dégivreur arrière d'une auto.*

DÉGLACER, ■ v. tr. [deglase] (*dé-* et *glacer*) Enlever la glace. *Déglacer son pare-brise.* ■ **Cuis.** Mouiller le fond d'un plat où les sucs de cuisson se sont réduits. *Déglacer un plat avec du vin.* ■ DÉGLAÇAGE, n. m. [deglasaʒ]

DÉGLACIATION, ■ n. f. [deglasjasjɔ̃] (*dé-* et *glaciation*) **Géol.** Récession des glaciers.

DÉGLINGUE, ■ n. f. [deglɛ̃g] (*déglinguer*) **Fam.** État de ce qui est déglingué, dégradé. *La déglingue des services publics.*

DÉGLINGUER, ■ v. tr. [deglɛ̃ge] (p.-ê. altération du t. de marine *déclinquer*, de *clin*, bordage, ou dér. de l'all. *klingen*, sonner) **Fam.** Détraquer, endommager par dislocation. *Une voiture complètement déglinguée.* ■ **Fig.** Être mal en point. *Ce type est complètement déglingué.* ■ Se déglinguer, v. pr. *Tout se déglingue là-dedans.*

DÉGLUÉ, ÉE, p. p. de dégluer. [deglye]

DÉGLUEMENT, n. m. [deglymɑ̃] (*dégluer*) ▷ Action de dégluer. ◁

DÉGLUER, v. tr. [deglye] (*dé-* et *glu*) ▷ Ôter la glu. *Dégluer un bâton.* ♦ **Par extens.** *Dégluer les yeux*, ôter la chassie des paupières. ♦ Se dégluer, v. pr. Se débarrasser de la glu. ◁

DÉGLUTINATION, ■ n. f. [deglytinasjɔ̃] (*agglutination* avec changement de préfixe) **Ling.** Processus linguistique consistant à constituer deux unités lexicales à partir d'une seule. *Perec opère une déglutination en écrivant l'arbin pour larbin. La prêle résulte de la déglutination de l'asprele, alors que le lierre résulte d'une agglutination du mot original : l'ierre.*

DÉGLUTIR, ■ v. intr. [deglytiʀ] (b. lat. *deglutire*) Avaler un aliment ou sa salive. *« Il lui arrivait, au début du moins, de trouver ses enfants un peu lents à mastiquer et à déglutir, ce qui donnait à chaque repas une longueur excessive »*, CAMUS.

DÉGLUTITION, n. f. [deglytisjɔ̃] (b. lat. *deglutire*) Action d'avaler, action par laquelle les substances alimentaires sont portées de la bouche dans l'estomac par le pharynx.

DÉGOBILLÉ, ÉE, p. p. de dégobiller. [degobije]

DÉGOBILLER, v. tr. [degobije] (*dé-* et *gober*) **Très bas** Vomir ce qu'on a mangé avec excès.

DÉGOBILLIS, n. m. [degobiji] (*dégobiller*) ▷ **Très bas** Matières vomies. ◁

DÉGOISÉ, ÉE, p. p. de dégoiser. [degwaze]

DÉGOISEMENT, n. m. [degwaz(ə)mɑ̃] (*dégoiser*) Action de dégoiser.

DÉGOISER, v. tr. [degwaze] (*dé-* et *gosier*) Chanter, gazouiller, en parlant des oiseaux. ♦ **Par extens.** Dire avec volubilité, dire ce qu'on devrait taire. ♦ **Absol.** *« Comme vous dégoisez ! »*, MOLIÈRE.

DÉGOMMAGE, n. m. [degomaʒ] (*dégommer*) L'action de dégommer ou décreuser la soie.

DÉGOMMER, v. tr. [degome] (*dé-* et *gommer*) Ôter la gomme. ♦ Décreuser la soie. ♦ **Fig.** et **pop.** Destituer d'un emploi, d'un poste quelconque ♦ **Pop.** Faire mourir, tuer. ■ **Pop.** Tirer sur. *Il faut dégommer la cible.*

DÉGONDER, v. tr. [degɔ̃de] (*dé-* et *gond*) ▷ Ôter une porte de ses gonds. ◁

DÉGONFLÉ, ÉE, p. p. de dégonfler. [degɔ̃fle] **Fig.** *« J'attends que mon cœur soit un peu dégonflé de la joie inexprimable »*, VOLTAIRE. ■ **Adj.** ou n. m. et n. f. **Fam.** Qui revient sur sa décision, poltron. *Elle l'a traité de dégonflé. « Rendez-vous au chantier abandonné, troisième étage, à 17 heures, si vous n'êtes pas un dégonflé ! »*, THÉRAME.

DÉGONFLEMENT ou **DÉGONFLAGE**, n. m. [degɔ̃fləmɑ̃, degɔ̃flaʒ] (*dégonfler*) Action de dégonfler, de se dégonfler ; résultat de cette action.

DÉGONFLER, v. tr. [degɔ̃fle] (*dé-* et *gonfler*) Faire cesser le gonflement. *Dégonfler une vessie.* ♦ Se dégonfler, v. pr. Cesser d'être gonflé. *Ce ballon, cette tumeur se dégonfle.* ♦ **Fig.** *Son cœur plein de sanglots se dégonflait.* ■ Refuser au dernier moment de faire ce pour quoi on s'était engagé.

DÉGORGÉ, ÉE, p. p. de dégorger. [degɔʀʒe]

DÉGORGEAGE, n. m. [degɔʀʒaʒ] (*dégorger*) Action de débarrasser un tissu de toute matière étrangère, avant de le teindre.

DÉGORGEMENT, n. m. [degɔʀʒəmɑ̃] (*dégorger*) Action de rendre gorge. *Le dégorgement après des excès de table.* ♦ **Par extens.** Action de faire rendre les liquides qui ont été absorbés. *Le dégorgement des sangsues.* ♦ Action de faire écouler les eaux et les immondices. *Dégorgement d'un canal.* ♦ **Par extens.** Écoulement d'une foule. ♦ **Méd.** Écoulement. *Dégorgement de la bile, des humeurs.* ♦ **Art** Action de dépouiller certaines matières des corps étrangers. *Dégorgement des laines, des cuirs.*

DÉGORGEOIR, ■ n. m. [degɔʀʒwaʀ] (*dégorger*) Orifice par lequel s'évacue un surplus de liquide. *Le dégorgeoir d'un barrage.* ■ **Pêche** Outil pour retirer l'hameçon du poisson sans le blesser.

DÉGORGER, v. tr. [degɔʀʒe] (*dé-* et *gorge*) Dégorger, rendre gorge, revomir. ◆ Déboucher un canal, débarrasser un passage obstrué. ◆ **Art** Dépouiller, nettoyer une chose des substances étrangères qu'elle contient. *Dégorger du cuir, de la soie.* ◆ *Dégorger du poisson*, le mettre dans de l'eau fangeuse. ◆ **Fig.** et **fam.** Se débarrasser de. « *Quand je lui aurai fait dégorger le ton provincial, je vous l'enverrai* », VOLTAIRE. ◆ **V.** intr. Se répandre, déborder. *L'égout dégorge.* ◆ *Se dégorger*, v. pr. Se désobstruer, se déboucher. ◆ Épancher ses eaux. ◆ Avec ellipse du pronom *se. Les ravines d'eau ont fait dégorger cet étang.* ◆ Épancher ce qui est comparé à un liquide. « *La foule innombrable de clients et de courtisans dont la maison d'un ministre se dégorge* », LA BRUYÈRE. ◆ Se débarrasser de substances étrangères. *La laine se dégorge dans l'eau de rivière.* ◆ Avec ellipse du pronom *se. Faire dégorger des sangsues, leur faire rendre le sang qu'elles ont pris.* ◆ Cesser d'être engorgé, enflé.

DÉGOTÉ, ÉE, p. p. de dégoter. [degote]

DÉGOTER, v. tr. [degote] (p.-ê. t. d'un jeu de balle angevin, pousser la balle vers le but, un trou appelé *got*) **Fam.** Faire tomber avec une pierre, une balle, etc., un objet placé comme but. ◆ **Fig.** Déposséder quelqu'un de son poste, de son rang. ■ **Fam.** Trouver. *Il a fini par dégoter un petit boulot.* ■ REM. On écrit aussi *dégotter.*

DÉGOULINADE, ■ n. f. [degulinad] (*dégouliner*) **Fam.** Coulure. « *Murs et plafond, des miroirs qui multiplient ce modeste enfer de formes, sont enduits d'une dégoulinade de peintures vernissées* », BIANCIOTTI. ■ **Fig.** *Une dégoulinade de sentimentalisme.* « *L'encombrement avait dû se débouchonner quelque part, une dégoulinade de véhicules s'écoulait lentement* », QUENEAU.

DÉGOULINEMENT, ■ n. m. [degulin(ə)mɑ̃] (*dégouliner*) Le fait de dégouliner, pour un liquide.

DÉGOULINER, ■ v. tr. [deguline] (anc. fr. *dégouler*, s'épancher, de *goule*) **Fam.** Couler lentement ou goutte à goutte. *L'eau dégouline sur le toit. La confiture dégouline.*

DÉGOUPILLER, ■ v. tr. [degupije] (*dé-* et *goupille*) Ôter la goupille d'une grenade. ■ **Par** extens. et **fam.** Désamorcer une situation délicate. *Il a bien dégoupillé cette affaire.*

1 DÉGOURDI, ■ n. m. [degurdi] (*dégourdir*) ▷ Première cuisson de la porcelaine, qui se fait dans l'étage supérieur du four. ◁

2 DÉGOURDI, IE, p. p. de dégourdir. [degurdi] **Fig.** Adroit, avisé. *Un garçon bien dégourdi.* ◆ N. m. et n. f. *C'est un dégourdi.*

DÉGOURDIR, v. tr. [degurdiʀ] (*dé-* et *gourd*) Redonner du mouvement à ce qui était engourdi. *Dégourdir ses jambes.* ◆ **Fig.** et **fam.** Faire perdre à quelqu'un sa gaucherie, sa timidité. ◆ Ôter à un liquide l'âpreté du froid qui l'engourdit pour ainsi dire et qui fait une impression douloureuse sur les dents, sur les mains, etc. *Je dégourdis mon eau, afin de pouvoir la boire.* ◁ ◆ *Se dégourdir*, v. pr. Cesser d'être engourdi. ◆ **Fig.** Agir avec plus de promptitude. *Allons, courage ! dégourdissez-vous.* ◆ Avec ellipse du pronom *se. Il sent dégourdir sa gravité.* ◆ Avec ellipse du pronom *se. Faire dégourdir de l'eau, la faire tiédir légèrement.*

DÉGOURDISSEMENT, n. m. [degurdis(ə)mɑ̃] (*dégourdir*) Action par laquelle les membres reprennent de la chaleur et du mouvement ; résultat de cette action. ◆ ▷ L'action d'ôter à un liquide l'âpreté du froid. ◁

DÉGOÛT ou **DÉGOUT**, n. m. [degu] (*dégoûter*) Manque de goût, d'appétit. ◆ Répugnance qu'on a pour certains aliments. *Il a un dégoût des choux ou pour les choux.* ◆ Aversion, répugnance pour une personne ou pour une chose. *Avoir du dégoût pour l'étude.* « *Cet horrible dégoût de soi-même, qui ne nous laisse d'autre désir que celui de cesser d'être* », BUFFON. ◆ Déplaisir, mortification. *Essuyer de violents dégoûts.* « *Le monde a ses dégoûts comme la vertu* », MASSILLON.

DÉGOÛTAMMENT ou **DÉGOUTAMMENT**, adv. [degutamɑ̃] (*dégoûtant*) D'une façon dégoûtante.

DÉGOÛTANT, ANTE ou **DÉGOUTANT, ANTE**, adj. [degutɑ̃, ɑ̃t] (*dégoûter*) Qui inspire du dégoût. *Malpropreté dégoûtante. Des injures dégoûtantes.* ◆ **Fig.** Qui inspire de la répugnance, de l'aversion. « *L'agitation des parties et des plaisirs rend la retraite plus dégoûtante* », MASSILLON. ◆ **Fam.** Décourageant, rebutant.

DÉGOÛTATION ou **DÉGOUTATION**, ■ n. f. [degutasjɔ̃] (*dégoût*) **Fam.** Dégoût. « *Et voilà que le monde entier est saisi de frénésie, de saleté, de dégoûtation* », DUHAMEL.

DÉGOÛTÉ, ÉE ou **DÉGOUTÉ, ÉE**, p. p. de dégoûter. [degute] **Absol.** Qui n'a aucun goût pour les aliments. ◆ **Fig.** Qui n'a plus de goût pour ; qui a de l'aversion, de la répugnance. ◆ **Fam.** Par ironie. *N'être pas dégoûté*, prétendre à une chose qu'il est fort difficile d'avoir ; aimer ce qui est très bon. ◆ N. m. et n. f. *Faire le dégoûté*, faire le difficile.

DÉGOÛTEMENT ou **DÉGOUTEMENT**, n. m. [degut(ə)mɑ̃] (*dégoûter*) Effet de ce qui dégoûte ; état de celui qui est dégoûté.

DÉGOÛTER ou **DÉGOUTER**, v. tr. [degute] (*dégoût*) Ôter l'appétit. ◆ *Dégoûter de*, inspirer de la répugnance pour un aliment. ◆ **Fig.** Inspirer de l'éloignement, donner de l'aversion. *Cela dégoûte du monde.* ◆ Ôter l'envie de... ◆ Fatiguer, ennuyer. *La prolixité dégoûte le lecteur.* ◆ *Se dégoûter*, v. pr. Prendre du dégoût. « *Comme les hommes ne se dégoûtent pas du vice, il ne faut pas aussi se lasser de le leur reprocher* », LA BRUYÈRE. ◆ ▷ **Absol.** *On se dégoûte*, on s'ennuie. ◁ ◆ Renoncer à ce qu'on avait pris, commencé avec goût, perdre l'envie de... *Se dégoûter d'un travail.*

DÉGOUTTANT, ANTE, adj. [degutɑ̃, ɑ̃t] (*dégoutter*) Qui dégoutte. *Du linge dégouttant. Être tout dégouttant de sueur.*

DÉGOUTTER, v. intr. [degute] (*dé-* augment. et *goutte*) Couler goutte à goutte. *La sueur lui dégoutte du front.* ◆ Il se dit aussi des choses d'où dégoutte quelque liquide. « *Voyez, voyez le sang dont ce poignard dégoutte* », ROTROU. ◆ **V.** intr. **Fig.** « *Pressez-les, tordez-les, ils dégouttent l'orgueil, l'arrogance, la présomption* », LA BRUYÈRE.

DÉGRADANT, ANTE, adj. [degradɑ̃, ɑ̃t] (*dégrader*) Qui dégrade, qui déshonore.

1 DÉGRADATION, n. f. [degradasjɔ̃] (lat. *degradatio*, destitution d'un prêtre) Destitution infamante d'un grade, d'une dignité, d'une qualité. *Dégradation militaire.* ◆ **Fig.** Avilissement. *La dégradation des âmes est une suite de la servitude.* ◆ Se dit aussi des choses. *La dégradation du goût.* ◆ Acte duquel résulte la détérioration d'une chose. *La dégradation des monuments publics.* ◆ *Dégradation de biens*, dommages et altérations qui se font dans les terres, les bois ou les bâtiments. ◆ État de délabrement d'une chose par une cause quelconque.

2 DÉGRADATION, n. f. [degradasjɔ̃] (ital. *digradazione*) Le fait de présenter des degrés successifs. ◆ **Phys.** Diminution progressive de la lumière, des ombres, des couleurs. ◆ **Peint.** Nom donné à certains ménagements des jours, des ombres et des teintes, suivant les degrés d'éloignement.

1 DÉGRADÉ, ÉE, p. p. de dégrader. [degrade] *Militaire dégradé.*

2 DÉGRADÉ, ÉE, p. p. de dégrader. [degrade] Diminué progressivement, en parlant de la lumière. ■ N. m. **Peint.** Changement progressif de couleur. *Un dégradé de vert à bleu.*

DÉGRADEMENT, n. m. [degrad(ə)mɑ̃] (*dégrader*) Action de dégrader. ◆ Perte d'un grade militaire, en vertu d'un jugement.

1 DÉGRADER, v. tr. [degrade] (lat. chrét. *degradare*, destituer un prêtre) Dépouiller quelqu'un de son grade, de sa dignité, de son emploi, etc. *Dégrader un militaire.* « *Et [elle] vous dégraderait... Du titre glorieux de citoyen romain* », P. CORNEILLE. ◆ **Par** extens. « *Dégrader les héros pour le mettre en leurs places* », BOILEAU. ◆ **Fig.** Rendre vil, méprisable. *La flatterie dégrade le prince et les flatteurs.* ◆ **Absol.** « *La passion de conserver une première place fait prendre des précautions qui dégradent* », FONTENELLE. ◆ Détériorer, endommager. *Dégrader les monuments. Les longues pluies ont dégradé les chemins.* ◆ Se dégrader, v. pr. S'avilir. « *Un gentilhomme sans cœur se dégrade lui-même* », BOSSUET. ◆ Se détériorer.

2 DÉGRADER, v. tr. [degrade] (ital. *digradare*) **Peint.** Diminuer graduellement. *Dégrader la lumière, les ombres.* ◆ **V.** intr. Aller par dégradation. « *Il est bien posé ; la lumière dégrade à merveille sur lui* », DIDEROT. ◆ Se dégrader, v. pr. Diminuer par degrés.

DÉGRAFÉ, ÉE, p. p. de dégrafer. [degrafe]

DÉGRAFER, v. tr. [degrafe] (antonyme de *agrafer* par changement de préf.) Détacher une chose qui était agrafée. ◆ Se dégrafer, v. pr. Défaire ses agrafes. ◆ Être dégrafé.

DÉGRAISSAGE, n. m. [degresaʒ] (*dégraisser*) Action de dégraisser les étoffes.

DÉGRAISSANT, ANTE, ■ adj. [degresɑ̃, ɑ̃t] (*dégraisser*) Qui dégraisse. *Un produit dégraissant.* ■ N. m. *Un dégraissant.*

DÉGRAISSÉ, ÉE, p. p. de dégraisser. [degrese]

DÉGRAISSEMENT, n. m. [degrɛs(ə)mɑ̃] (*dégraisser*) Résultat du dégraissage.

DÉGRAISSER, v. tr. [degrese] (antonyme de *engraisser* par changement de préf.) Ôter la graisse de quelque chose. *Dégraisser une sauce.* ◆ **Par** extens. *Dégraisser le pot.* ◆ **Fam.** Diminuer l'embonpoint. ◆ **Fig.** et **pop.** Rançonner, imposer une amende, une restitution. « *Vous savez que le parlement aime un peu à dégraisser tout fermier du roi* », VOLTAIRE. ◆ Dépouiller la terre labourable de ses parties fertiles. ◆ Ôter les taches de graisse d'une étoffe. ◆ ▷ *Dégraisser le drap*, le fouler, après l'avoir arrosé de savon noir. ◁ ◆ *Dégraisser le vin*, lui ôter, par quelque ingrédient, la mauvaise qualité qu'il contracte en tournant à la graisse. ◆ Abattre plus ou moins les angles d'une pièce de bois. ◆ Se dégraisser, v. pr. Être dégraissé. ◆ Par plaisanterie. Maigrir. ■ V. intr. **Fam.** Réduire le nombre des salariés au sein d'une entreprise.

DÉGRAISSEUR, EUSE, n. m. et n. f. [degʀescœʀ, øz] (*dégraisser*) Personne qui dégraisse les étoffes.

DÉGRAS, ■ n. m. [degʀa] (*dégraisser*, d'après *gras*) **Techn.** Mélange de corps gras servant à traiter les cuirs.

DÉGRAVOIEMENT, n. m. [degʀavwamã] (*dégravoyer*) Effet d'une eau courante qui dégravoie, déchausse un mur, un pilotis. ■ **Rem.** Graphie ancienne : *dégravoîment*.

DÉGRAVOYÉ, ÉE, p. p. de dégravoyer. [degʀavwaje]

DÉGRAVOYER, v. tr. [degʀavwaje] (*dé-* et *gravois*) Déchausser des murs ou des pilotis, en parlant d'une eau courante. ◆ Enlever le gravier au moyen de quelque courant d'eau.

DEGRÉ, n. m. [dəgʀe] (*de-* et lat *gradus*, pas, marche, degré) Chacune des parties qui dans un escalier servent à monter ou à descendre. ◆ Marches qui servent d'entrée à un édifice. *Les degrés du temple.* ◆ **Fig.** Rangs, emplois considérés comme les échelons d'une échelle d'honneurs. « *Plus on a de degrés d'élévation, plus on a de degrés à descendre à l'abaissement* », Fléchier. ◆ Moyens mis en œuvre pour parvenir à quelque chose. « *Souvent avec prudence un outrage enduré. Aux honneurs les plus hauts a servi de degré* », Racine. ◆ Transition, acheminement. « *Les premières connaissances ont servi de degrés aux autres* », Pascal. ◆ **par degrés**, loc. adv. Graduellement. ◆ Grade conféré dans une université. *Dans les facultés, il y a trois degrés, celui de bachelier, celui de licencié et celui de docteur. Prendre ses degrés.* ◆ **Gramm.** *Degrés de signification dans les adjectifs*, le positif, le comparatif et le superlatif. ◆ *Degrés de comparaison*, le comparatif et le superlatif. ◆ *Degrés de juridiction*, ordre hiérarchique des tribunaux devant lesquels on peut successivement porter la même affaire. ◆ Se dit des générations suivant lesquelles on compte la proximité ou l'éloignement des parentés ou alliances. *Parent au troisième degré.* ◆ *Degré de noblesse*, le nombre de générations que l'on compte entre la personne dont on parle et le premier individu anobli dans la famille. ◆ Différence successive que présentent les qualités sensibles des choses. *Le fer exige un haut degré de chaleur pour se fondre.* ◆ **Méd.** Le plus ou moins d'intensité d'une maladie. *Phtisie au troisième degré.* ◆ **Fig.** Le plus ou le moins que présentent les choses intellectuelles ou morales. « *Dieu distribue ses dons dans le degré qu'il veut* », Bossuet. ◆ Points successifs que l'on parcourt. *Premier degré d'instruction.* ◆ **Phys.** Chacune des divisions principales d'un baromètre, d'un hygromètre, d'un aréomètre. ◆ **Géom.** et **astron.** Chacune des 360 parties dans lesquelles on divise la circonférence. ◆ *Degré de longitude*, l'espace compris entre deux méridiens ; *degré de latitude*, l'espace compris entre deux parallèles. ◆ **Alg.** *Équation du premier, du second degré, etc.*, équation dont l'inconnue est à la première, à la deuxième puissance. ◆ **Mus.** Différence de position ou d'élévation entre deux notes placées dans une même portée. *Degrés conjoints. Degrés disjoints.* ■ *Au premier degré*, en s'arrêtant à la compréhension immédiate. ■ *Au second degré*, en recherchant ce qui n'est pas dit explicitement. *Une plaisanterie à prendre au second degré.*

DÉGRÉÉ, ÉE, p. p. de dégréer. [degʀee]

DÉGRÉEMENT, n. m. [degʀemã] (*dégréer*) Action d'ôter les agrès d'un vaisseau. ◆ Perte accidentelle des agrès.

DÉGRÉER, v. tr. [degʀee] (*dé-* et *gréer*) Ôter ou détruire les agrès, les cordages, etc., d'un vaisseau.

DÉGRESSIF, IVE, ■ adj. [degʀesif, iv] (lat. *degressus*, p. p. de *degredi*, descendre de) Qui décroît régulièrement. *Un tarif dégressif.* ■ **DÉGRESSIVITÉ**, n. f. [degʀesivite]

DÉGREVÉ, ÉE, p. p. de dégrever. [degʀəve] **Rem.** On disait autrefois *dégrévé*.

DÉGRÈVEMENT, n. m. [degʀɛv(ə)mã] (*dégrever*) Action de dégrever ; état de la chose dégrevée. ◆ Réduction ou remise de la cote imposée à un contribuable.

DÉGREVER, v. tr. [degʀəve] (*dé-* et *grever*) Supprimer, réduire les charges. *Dégrever un immeuble.* ◆ Diminuer, remettre une imposition, une taxe. *Dégrever les objets de consommation.* ■ **Rem.** On disait autrefois *dégréver*.

DÉGRIFFÉ, ÉE, ■ adj. [degʀife] (*dé-* et *griffe*) Qui est vendu sans l'étiquette indiquant la marque de fabrication. *Les vêtements dégriffés sont vendus moins cher.*

DÉGRINGOLADE, n. f. [degʀɛ̃golad] (*dégringoler*) Action de dégringoler. ◆ **Fig.** Chute, décadence, ruine.

DÉGRINGOLER, v. intr. [degʀɛ̃gole] (*dé-* et germ. *krink*, tourner) Descendre précipitamment avec la rapidité d'une chute. *Dégringoler d'une échelle.* ◆ **Fig.** et **fam.** « *Si deux ou trois personnes ne soutenaient pas le bon*

goût dans Paris, nous dégringolerions dans la barbarie », Voltaire. ◆ V. tr. *Dégringoler un escalier*, Dict. de l'Acad.

DÉGRIPPER, ■ v. intr. [degʀipe] (*dé-* et *gripper*) Décoincer, débloquer. *Dégripper un boulon.* ■ **DÉGRIPPANT**, n. m. [degʀipã]

DÉGRISÉ, ÉE, p. p. de dégriser. [degʀize]

DÉGRISEMENT, n. m. [degʀiz(ə)mã] (*dégriser*) Action de dégriser, résultat de cette action.

DÉGRISER, v. tr. [degʀize] (*dé-* et *griser*) Faire passer l'ivresse. ◆ **Fig.** et **fam.** Détruire des illusions, des espérances conçues trop vite. *Cet échec l'a un peu dégrisé.* ◆ Se dégriser, v. pr. Cesser d'être gris, un peu ivre. ◆ **Fig.** Perdre des espérances trop vite conçues.

DÉGROSSI, IE, p. p. de dégrossir. [degʀosi] **Fig.** « *Nous ne considérons le monde que comme informe et à peine dégrossi* », Voltaire.

DÉGROSSIR, v. tr. [degʀosiʀ] (*dé-* et *gros*) Ôter le plus gros d'une matière pour qu'elle reçoive la forme qu'on veut lui donner. *Dégrossir un bloc de marbre.* ◆ **Fig.** Ébaucher. *Dégrossir un ouvrage.* ◆ Débrouiller. *Dégrossir une affaire.* ◆ Se dégrossir, v. pr. Devenir moins grossier.

DÉGROSSISSAGE, n. m. [degʀosisaʒ] (*dégrossir*) Action de dégrossir.

DÉGROSSISSEMENT, n. m. [degʀosis(ə)mã] (*dégrossir*) Action de dégrossir ; état de ce qui est dégrossi.

DÉGROUPAGE, ■ n. m. [degʀupaʒ] (*dégrouper*) **Télécomm.** Ouverture du réseau téléphonique à de nombreux opérateurs. *Le dégroupage consiste à désolidariser les différentes capacités d'un réseau pour que celles-ci puissent être utilisées séparément par les différents concurrents.*

DÉGROUPER, ■ v. tr. [degʀupe] (*dé-* et *grouper*) Séparer des personnes ou des choses qui formaient un groupe. ■ **DÉGROUPEMENT**, n. m. [degʀup(ə)mã]

DÉGUENILLÉ, ÉE, p. p. de dégueniller. [degənije] N. m. et n. f. *Une troupe de déguenillés.*

DÉGUENILLER, v. tr. [degənije] (*dé-* et *guenille*) Déchirer les habits, mettre en guenilles. ◆ **Par extens.** *Dégueniller quelqu'un*, le ruiner, lui faire perdre sa fortune. ◆ **Fig.** et **pop.** Maltraiter de paroles.

DÉGUERPI, IE, p. p. de déguerpir. [degɛʀpi] *Héritage déguerpi.*

DÉGUERPIR, v. tr. [degɛʀpiʀ] (*dé-* et anc. fr. *guerpir*, abandonner, de l'anc. b. frq. *werpjan*, jeter) **Dr.** Abandonner la possession d'un immeuble. *Déguerpir un héritage.* ◆ V. intr. Sortir, se retirer d'un lieu malgré soi. ■ **Fam.** S'en aller précipitamment. *Il a déguerpi !*

DÉGUERPISSEMENT, n. m. [degɛʀpis(ə)mã] (*déguerpir*) Abandonnement de la possession d'un immeuble. ◆ **Fam.** Action de déguerpir, de se retirer, contraint et forcé.

DÉGUEULASSE, ■ adj. [degølas] (radic. de *dégueuler*) **Très fam.** Répugnant, abject. *Il a vomi partout, c'était dégueulasse.* ■ N. m. et n. f. **Vulg.** et **injur.** *T'es un gros dégueulasse !* ■ **Abrév.** Dégueu. *Ils sont dégueus.*

DÉGUEULASSER, ■ v. tr. [degølase] (*dégueulasse*) **Très fam.** Salir. *Ils ont dégueulassé le canapé !*

DÉGUEULER, v. tr. [degøle] (*dé-* et *gueule*) Rejeter par la gueule. ◆ V. intr. **Très bas** Vomir, rendre gorge. ◆ **Fig.** Proférer des paroles violentes et grossières.

DÉGUIGNONNÉ, ÉE, p. p. de déguignonner. [degiɲɔne] ou [degiɲjɔne]

DÉGUIGNONNER, v. tr. [degiɲɔne] ou [degiɲjɔne] (*dé-* et *guignon*) ▷ Délivrer d'un guignon qui fait que rien ne réussit. ◆ Se déguignonner, v. pr. Cesser d'avoir du guignon. ◁

DÉGUISABLE, adj. [degizabl] (*déguiser*) Qui peut être déguisé.

DÉGUISÉ, ÉE, p. p. de déguiser. [degize] Adj. *Fruits déguisés*, fruits secs, tels que pruneaux, dattes, etc., fourrés de pâte d'amande.

DÉGUISEMENT, n. m. [degiz(ə)mã] (*déguiser*) Ce qui sert à déguiser une personne. *Se couvrir d'un déguisement. Il passa à la faveur de son déguisement.* ◆ **Fig.** Travestissement accidentel de la vérité, de la réalité. ◆ Artifice pour cacher la vérité. *Il est incapable de déguisement.* ◆ Action de déguiser par l'art de la cuisine une viande ou un autre aliment.

DÉGUISER, v. tr. [degize] (*dé-* et *guise*) Changer la guise, habiller de manière qu'il soit difficile de reconnaître. ◆ Changer les traits. « *Le rouge vieillit les femmes et les déguise* », La Bruyère. ◆ **Par extens.** *Déguiser sa voix, son écriture*, la changer pour qu'on ne le reconnaisse pas. ◆ *Déguiser son nom*, se cacher sous un pseudonyme. ◆ *Déguiser une viande*, l'accommoder de manière qu'on ne reconnaisse pas ce que c'est. ◆ **Fig.** Cacher une chose sous des apparences trompeuses. « *Ils n'emploient les paroles que pour déguiser leurs pensées* », Voltaire. ◆ **Absol.** Dissimuler. « *Parle sans déguiser* », La Fontaine. ◆ Présenter une chose autrement qu'elle n'est. *Je ne puis déguiser que, etc.* « *Les ministres qui leur déguisaient la vérité* », Bossuet. ◆ Se déguiser, déguiser à soi-même, cacher à soi-même quelque chose. *Il s'est déguisé ses torts en cette affaire.* ♦ Se déguiser, v. pr. S'habiller de manière à n'être pas reconnu. *Se déguiser en marquis.* ♦ Prendre un faux nom. *Il se déguisa sous le faux nom de, etc.* ♦ **Fig.** Cacher ce qu'on pense, ce qu'on sent. *Il se déguise en vain ; je le devine.* ♦ *Se déguiser à soi-même,* se faire illusion sur ses torts, ses faiblesses. ♦ Être déguisé. *La vérité ne peut se déguiser aisément.*

DÉGURGITER, ■ v. tr. [degyrʒite] (antonyme de *ingurgiter* par changement de préf.) Rendre ce qui avait été ingurgité.

DÉGUSTATEUR, TRICE, n. m. et n. f. [degystatœr, tris] (*déguster*) Personne qui déguste les boissons. ♦ **Adj.** *Commissaire dégustateur.*

DÉGUSTATION, n. f. [degystasjɔ̃] (b. lat. *degustatio*) Action d'apprécier par le sens du goût les qualités sapides d'une substance quelconque.

DÉGUSTÉ, ÉE, p. p. de déguster. [degyste]

DÉGUSTER, v. tr. [degyste] (lat. *degustare*) Goûter une liqueur pour en apprécier la qualité. ♦ Se déguster, v. pr. Être dégusté. ■ V. intr. **Fam.** Souffrir physiquement ou moralement. *Elle a vraiment dégusté après son opération !*

DÉHALÉ, ÉE, p. p. de déhaler. [deale] *Barque déhalée.*

DÉHÂLÉ, ÉE, p. p. de déhâler. [deale] *Visage déhâlé.*

DÉHALER, v. tr. [deale] (*dé-* et *haler*) **Mar.** Haler en dehors, relever, retirer. ♦ Se déhaler, v. pr. Reculer par une manœuvre contraire au halage. ■ DÉHALAGE, n. m. [dealaʒ]

DÉHÂLER, v. tr. [deale] (*dé-* et *hâler*) Ôter l'impression produite par le hâle sur le teint. ♦ **Absol.** *Cela déhâle.* ♦ Se déhâler, v. pr. Se débarrasser du hâle.

DÉHANCHÉ, ÉE, p. p. de déhancher. [deɑ̃ʃe] Qui a les hanches rompues ou disloquées. ♦ **Par extens.** Très fatigué. ♦ **Fam.** Peu ferme sur ses hanches.

DÉHANCHEMENT, n. m. [deɑ̃ʃ(ə)mɑ̃] (*déhancher*) Action de se déhancher.

DÉHANCHER (SE), v. pr. [deɑ̃ʃ(ə)mɑ̃] (*dé-* et *hanche*) **Fig.** Affecter une démarche molle et abandonnée.

DÉHARNACHÉ, ÉE, p. p. de déharnacher. [dearnaʃe]

DÉHARNACHER, v. tr. [dearnaʃe] (*dé-* et *harnacher*) Ôter le harnais à un cheval. ♦ Se déharnacher, v. pr. **Fig.** et fam. Se débarrasser d'un accoutrement qui gêne.

DÉHISCENCE, n. f. [deisɑ̃s] (*déhiscent*) **Bot.** Rupture déterminée et régulière qui, à une certaine époque, s'opère dans des organes clos pour laisser sortir ce qu'ils contiennent.

DÉHISCENT, ENTE, adj. [deisɑ̃, ɑ̃t] (lat. *dehiscere*, s'ouvrir) **Bot.** Se dit des organes clos qui s'ouvrent d'eux-mêmes. *Fruits déhiscents.*

DÉHONTÉ, ÉE, adj. [deɔ̃te] (*dé-* et *honte*) ▷ Qui est sans honte, sans pudeur. ♦ **N. m. et n. f.** *Un déhonté. Une déhontée.* ◁

DEHORS, adv. [dəɔr] (b. lat. *deforis*, de dehors, au dehors) Hors d'un lieu. *Je serai dehors toute la journée.* ♦ *Mettre une personne dehors,* la renvoyer d'un emploi, d'un service. ♦ **Fig.** et fam. *Ne pas savoir si l'on est dehors ou dedans,* ne pas savoir où l'on en est. ♦ *Cet homme est de dehors,* il est étranger. ♦ **Mar.** *Ce bâtiment va mettre dehors,* il va gagner le large. *Toutes voiles dehors,* toutes voiles déployées. ■ **N. m.** La partie extérieure d'une chose. *Garder le dehors de la porte.* ♦ **Absol.** *Le dehors,* l'extérieur. ♦ *Les pays étrangers. Ce qui était à craindre alors, c'était non le dedans, mais le dehors.* ♦ *Les dehors d'une maison,* ce qui est en dehors, les communs, les jardins, etc. ♦ **Milit.** *Les dehors d'une place* ou simplement *les dehors,* les fortifications extérieures et avancées. ♦ *Le dehors,* l'apparence extérieure de la personne, opposé au-dedans ou intérieur de l'âme. ♦ **Fig.** Apparence. *Des dehors austères.* « *C'est une vengeance que vous déguisez sous un faux dehors de justice* », BOURDALOUE. ♦ Dans ce sens, il s'emploie fréquemment au pluriel. « *La politesse assortit et conforme les dehors aux conditions* », LA BRUYÈRE. ♦ ▷ Garder les dehors, extérieur qui promet peu. ◁ ♦ AU-DEHORS, loc. adv. À l'extérieur ; il s'oppose à au-dedans. *Il donna au pays de la gloire au-dehors.* ♦ **Fig.** *Au-dehors,* dans l'apparence extérieure. « *Au dehors cependant ils vivaient en amis* », ROLLIN. ♦ AU-DEHORS DE, loc. prép. *Les avantages qui sont au-dehors de nous.* ♦ DE DEHORS, loc. adv. De l'extérieur. *Venir de dehors.* ♦ EN DEHORS, loc. adv. *La porte s'ouvre en dehors.* ♦ **Fig.** *Être en dehors, tout en dehors,* être très franc, très ouvert. ♦ **Danse** *Être en dehors,* avoir les pieds tournés en dehors. ♦ EN DEHORS DE, loc. prép. Qui s'oppose à en dedans. *Il demeure en dehors de la ville.* ♦ **Fig.** *Cela est en dehors des conventions.* ♦ PAR DEHORS, loc. adv. Par l'extérieur. *Faire le tour par dehors.* ♦ PAR DEHORS, loc. prép. *Il passa par dehors la ville.* ■ REM. Graphie ancienne : au dehors (sans trait d'union).

DÉHOUSSABLE, ■ adj. [deusabl] (*housse*) Dont la housse est amovible. *Un matelas déhoussable.*

1 DÉICIDE, n. m. [deisid] (lat. *deicida*) Meurtrier de Dieu ; il se disait des Juifs par rapport à Jésus-Christ. ♦ **Par extens.** Profanateur de l'eucharistie. ♦ **Adj.** *Le peuple déicide.*

2 DÉICIDE, n. m. [deisid] (lat. chrét. *deicida*) Meurtre de Dieu ; se dit de la condamnation de Jésus-Christ par les Juifs. ♦ Profanation de l'eucharistie.

DÉICTIQUE, ■ n. m. [deiktik] (gr. *deiktikos,* propre à démontrer) **Ling.** Unité dont la signification se définit en fonction de la situation de communication. *Un pronom personnel est souvent un déictique. Ici est un déictique car il change de sens selon le lieu du discours.* ■ **Adj.** Relatif à un mot qui désigne ou montre un objet précis. *Emploi déictique.*

DÉIFICATION, n. f. [deifikasjɔ̃] (lat. chrét. *deificatio*) Action par laquelle on déifie quelqu'un, on attribue la divinité à quelque chose. ♦ *La déification de l'autorité.*

DÉIFIÉ, ÉE, p. p. de déifier. [deifje]

DÉIFIER, v. tr. [deifje] (lat. chrét. *deificare*) Placer au nombre des dieux. « *Les peuples de l'antiquité déifiaient leurs défenseurs* », VOLTAIRE. ♦ Donner un caractère sacré. ♦ **Fig.** *Déifier ses vices.* ♦ Rendre aussi heureux qu'un dieu. ♦ Se déifier, v. pr. Se faire dieu.

DÉISME, n. m. [deism] (lat. *deus*) Système des personnes qui, croyant en Dieu, rejettent toute révélation.

DÉISTE, n. m. et n. f. [deist] (lat. *deus*) Personne qui, reconnaissant un Dieu, rejette toute religion révélée.

DÉITÉ, n. f. [deite] (lat. chrét. *deitas*) L'essence divine. ♦ Peu usité en ce sens. ♦ Dieu ou déesse. ♦ Dieu ou déesse de la Fable.

DÉJÀ, adv. [deʒa] (anc. fr. *des ja,* lat. *jam,* à l'instant) Dès l'heure présente, dès ce moment. *Il est déjà arrivé.* ♦ Dès lors, dès ce temps, par rapport soit au passé, soit à l'avenir. *La place était déjà prise quand il arriva.* ♦ Auparavant. *Il est déjà venu.* ■ **Fam.** Exprime un renforcement. *C'est déjà mieux que rien.* ■ **Fam.** En fin d'interrogation, pour faire répéter ce que l'on a oublié. *Elle s'appelle comment, déjà ?*

DÉJANTÉ, ÉE, ■ adj. [deʒɑ̃te] (*déjanter*) **Fam.** Fou, extravagant. *Adopter un comportement déjanté.*

DÉJANTER, ■ v. intr. [deʒɑ̃te] (*dé-* et *jante*) Faire sortir de la jante. ■ **Fig.** et fam. Perdre le contrôle de soi. *Il déjante complètement.*

DÉJAUGER, ■ v. intr. [deʒoʒe] (*dé-* et *jauge*) **Mar.** Reposer sur le fond, pour un navire échoué. ■ **Mar.** Pour un navire très rapide, ne plus toucher l'eau que par l'arrière de la coque. *Le principe de l'hydroptère est de faire déjauger les coques d'un bateau grâce à une poussée verticale développée par des ailes marines.*

DÉJÀ-VU, ■ n. m. inv. [deʒavy] (*déjà* et *vu*) **Psych.** Impression de déjà-vu, impression que chacun a d'avoir déjà vécu une situation.

DÉJECTION, n. f. [deʒɛksjɔ̃] (lat. *dejectio,* expropriation) **Méd.** Évacuation des matières stercorales. ♦ Au pl. Matières évacuées. ♦ Au pl. **Géol.** Matières lancées par les volcans.

DÉJETÉ, ÉE, p. p. de déjeter. [deʒ(ə)te] *Du bois déjeté.*

DÉJETER (SE), v. pr. [deʒ(ə)te] (*dé-* et *jeter* ; b. lat. *dejectare,* renverser) Se courber, se gauchir, en parlant du bois. ♦ S'écarter de sa direction naturelle, en parlant d'une partie du corps. *La taille de cet enfant se déjette.* ♦ Se dit des arbres qui viennent mal.

DÉJETTEMENT, n. m. [deʒɛt(ə)mɑ̃] (*déjeter*) Action de ce qui se déjette ; état de ce qui est déjeté. *Le déjettement des portes.*

DÉJEUNÉ, n. m. [deʒøne] (Voy. DÉJEUNER, n. m.)

1 DÉJEUNER, v. intr. [deʒøne] (*dé-* et *jeûner*) Faire le repas du matin. *Déjeuner de chocolat. Déjeuner avec des amis.* ■ Prendre le repas de midi. *Déjeuner à la cantine.*

2 DÉJEUNER, n. m. [deʒøne] (1 *déjeuner*) Le repas du matin. ♦ *Déjeuner à la fourchette,* déjeuner où l'on mange de la viande et où l'on boit du vin. ♦ ▷ **Fig.** *Il n'y en a pas pour un déjeuner,* se dit de toute chose qui ne durera pas, ne résistera pas, ne tiendra pas. ◁ ♦ ▷ *Il n'en a pas pour un déjeuner,* se dit d'un prodigue disposé à manger rapidement son avoir. ◁ ♦ ▷ *C'est un déjeuner de soleil,* se dit d'une étoffe dont la couleur est peu solide. ◁ ♦ Les mets qui composent ce repas. *Déjeuner froid.* ♦ *Déjeuner-dîner,* grand déjeuner qui se fait plus tard que le déjeuner ordinaire. ♦ Petit plateau garni d'un sucrier, d'une tasse, etc. ■ Le repas de midi. *Avoir un déjeuner d'affaires.* ■ REM. On écrivait aussi déjeûné.

DÉJOINDRE, v. tr. [deʒwɛ̃dr] (*dé-* et *joindre*) Séparer ce qui était joint. ♦ Se déjoindre, v. pr. Cesser d'être joint.

DÉJOINT, OINTE, p. p. de déjoindre. [deʒwɛ̃, wɛ̃t]

DÉJOUÉ, ÉE, p. p. de déjouer. [deʒwe] Rendu vain, illusoire.

DÉJOUER, v. intr. [deʒwe] (*dé-* et *jouer*) ▷ **Fam.** N'être pas à son jeu, jouer très mal. ◁ ■ V. tr. Faire échouer un projet, une intrigue. ♦ *Déjouer quelqu'un,* détruire l'effet de ses actions ou de ses paroles.

DÉJUCHÉ, ÉE, p. p. de déjucher. [deʒyʃe]

DÉJUCHER, v. intr. [deʒyʃe] (*dé-* et *jucher*) Se conjugue avec *être* ou *avoir*, suivant le sens. Sortir du juchoir, en parlant des poules. ◆ ▷ Fig. et fam. *Déjuchez de là*, quittez ce lieu. ◁ ◆ V. tr. Faire quitter le juchoir. *Déjucher des poules.* ◆ Fig. Faire abandonner une retraite, un poste.

DÉJUGER (SE), v. pr. [deʒyʒe] (*dé-* et *juger*) Rapporter le jugement qu'on avait porté ; se dit d'une personne ou d'une compagnie qui, après avoir soutenu une opinion ou pris une résolution, en soutient ou en prend une contraire.

DE JURE, ■ loc. adv. [deʒyre] (loc. latine, prép. *de* et abl. de *jus, juris*, justice, droit) De droit, c'est-à-dire d'après la loi. *Ce terrain lui appartient de jure, même s'il l'a délaissé.*

DELÀ, prép. [dəla] (*de* et *là*) Plus loin, de l'autre côté, en considérant *là* comme le point d'où l'on part. *Delà la rivière. Delà les Pyrénées.* ◆ DE DELÀ, loc. adv. Dans un lieu éloigné du lieu qui sera désigné par *là*. ◆ Loc. prép. *Les peuples de delà les monts.* ◆ EN DELÀ, loc. adv. Plus loin. *Ayez soin de vous tenir en delà.* ◆ PAR-DELÀ, loc. adv. De l'autre côté. ◆ En plus. *Je l'ai satisfait et par-delà.* ◆ PAR-DELÀ, loc. prép. Beaucoup plus loin que. *Par-delà le cap de Bonne-Espérance.* ◆ Fig. « *Par delà son désir* », LA FONTAINE. ◆ AU-DELÀ, loc. adv. Plus loin, par rapport à un point déterminé par *là*. ◆ AU-DELÀ DE, loc. prép. *Au-delà des mers.* ◆ Fig. *Tout prospère au-delà de leur attente.* ◆ DEÇÀ ET DELÀ, loc. adv. De côté et d'autre. *Aller deçà, delà. Jambe deçà, jambe delà.* ◆ DEÇÀ ET DELÀ, loc. prép. *Les villages deçà et delà la rivière de Somme.* ■ REM. On écrivait autrefois *au delà* et *par delà* sans trait d'union. ■ N. m. *L'au-delà*, le monde qui va au-delà de l'existence terrestre. *Des au-delàs.*

DÉLABRÉ, ÉE, p. p. de délabrer. [delabre] Mis en mauvais état. *Une maison délabrée.* ◆ Fam. *Être délabré*, avoir des vêtements en lambeaux. ◆ *Un estomac délabré*, un estomac qui opère péniblement et mal la digestion. ◆ *Des affaires délabrées*, un état de fortune où la ruine s'introduit. ◆

DÉLABREMENT, n. m. [delabrəmã] (*délabrer*) État de ruine, d'usure. *Délabrement d'un édifice, d'un vêtement.* ◆ Affaiblissement, dépérissement. *Le délabrement de sa santé, de ses affaires.*

DÉLABRER, v. tr. [delabre] (*dé-* et peut-être. *label*, ruban, anc. b. frq. *labba*, lambeau) Mettre en mauvais état. *Délabrer une machine, sa fortune, sa santé.* ◆ Se délabrer, v. pr. Devenir en mauvais état. ◆ Perdre sa fortune.

DÉLACÉ, ÉE, p. p. de délacer. [delase]

DÉLACER, v. tr. [delase] (*dé-* et *lacer*) Relâcher ou retirer un lacet. ◆ Défaire le lacet du corset d'une femme. ◆ Se délacer, v. pr. N'être plus lacé. *Mon brodequin se délace.* ◆ Se débarrasser d'un corset lacé.

DÉLAI, n. m. [delɛ] (anc. fr. *deslaier*, différer, de *laiss(i)er*, ou goth. *bi-laibjan*, faire rester, romanisé par le préf. *de-*) Temps accordé pour faire une chose. *Demander un délai.* ◆ Temps fixé par la loi, par le juge ou la convention, pour accomplir un acte ou s'en abstenir. ◆ *Bref délai*, délai qui, moindre que le délai ordinaire, est fixé par le juge. *Citer à bref délai.* ◆ Retard, remise. *J'irai sans délai.* ■ *Dernier délai*, délai supplémentaire accordé sans possibilité de le reculer encore. *C'est jeudi, dernier délai.*

DÉLAI-CONGÉ, ■ n. m. [delɛkɔ̃ʒe] (*délai* et *congé*) Dr. En cas de résiliation d'un contrat, délai entre la rupture de ce contrat et sa fin effective. *Un travailleur licencié n'est pas renvoyé sur-le-champ : il bénéficie d'un délai-congé. Des délais-congés.*

DÉLAIEMENT, n. m. [delemã, delej(ə)mã] (*délayer*) Action de délayer. ■ REM. Graphie ancienne : *délayement*.

DÉLAINER, ■ v. tr. [delene] (*dé-* et *laine*) Débarrasser de sa laine la peau de mouton, chèvre, etc. *Un peigne à délainer.* ■ DÉLAINAGE, n. m. [delenaʒ]

DÉLAISSÉ, ÉE, p. p. de délaisser. [delese] Absol. Qui reste isolé, qui n'a plus d'alentours ni d'amis. ◆ N. f. *Une délaissée*, une femme abandonnée par son mari.

DÉLAISSEMENT, n. m. [deles(ə)mã] (*délaisser*) Action de mettre en abandon ; résultat de cette action. « *Dans un délaissement total et de la part du ciel et de la part des hommes* », BOURDALOUE. ◆ Il se dit aussi des choses. *Une sorte de délaissement des sciences.* ◆ Jurispr. Abandonnement d'une chose.

DÉLAISSER, v. tr. [delese] (*dé-*augment. et *laisser*) Mettre en abandon, laisser sans secours. ◆ Jurispr. Renoncer à la possession d'une chose. ◆ Ne pas continuer une procédure. ◆ Se délaisser, v. pr. S'abandonner l'un l'autre. Être délaissé. ■ Renoncer peu à peu à une activité. *Elle délaisse le piano pour se consacrer entièrement à ses études.*

DÉLAITER, ■ v. tr. [delete] (*dé-* et *lait*) Séparer du babeurre. *Délaiter une motte de beurre.*

DÉLARDÉ, ÉE, p. p. de délarder. [delarde]

DÉLARDEMENT, n. m. [delardəmã] (*délarder*) Archit. Action de délarder.

DÉLARDER, v. tr. [delarde] (*dé-* et *lard*) Ôter les lardons d'une pièce lardée ou piquée. ◆ Archit. Enlever une partie du lit d'une pierre ; piquer une pierre avec le marteau pour l'amincir. ◆ Abattre les arêtes d'une pièce de bois, couper obliquement le dessous d'une marche de pierre.

DÉLASSANT, ANTE, adj. [delasã, ãt] (*délasser*) Qui délasse.

DÉLASSÉ, ÉE, p. p. de délasser. [delase]

DÉLASSEMENT, n. m. [delas(ə)mã] (*délasser*) Cessation de la lassitude. ◆ Fig. Exercice agréable. *Le délassement de la chasse.*

DÉLASSER, v. tr. [delase] (*dé-* et *lasser*) Ôter la lassitude. *Le sommeil m'a délassé.* ◆ Absol. « *Qui délasse hors de propos, il lasse* », PASCAL. ◆ Se délasser, v. pr. Se reposer de ses fatigues, prendre du relâche. « *Il est temps de vous délasser de tous vos travaux* », FÉNELON. ◆ *Se délasser de*, se dit aussi avec un verbe à l'infinitif. « *Je me promenai pour me délasser d'avoir été assise toute la matinée* », MARIVAUX.

DÉLATEUR, n. m. [delatœr] (lat. impér. *delator*) Personne qui, sous les empereurs romains, faisait métier de dénoncer les actes ou les paroles des personnages considérables. ◆ DÉLATEUR, DÉLATRICE, n. m. et n. f. Personne qui fait métier de dénoncer. ◆ Personne qui porte à la connaissance de la justice un crime ou un délit. ◆ En ce sens, on dit plutôt *dénonciateur*.

DÉLATION, n. f. [delasjɔ̃] (lat. *delatio*) Dénonciation, en mauvaise part. ◆ Action de déférer. *La délation du serment.*

DÉLATTÉ, ÉE, p. p. de délatter. [delate]

DÉLATTER, v. tr. [delate] (*dé-* et *latter*) Ôter les lattes d'un toit, d'un plafond. ◆ Se délatter, v. pr. Perdre ses lattes.

DÉLAVÉ, ÉE, p. p. de délaver. [delave] Où l'on a mis trop d'eau, en parlant de couleurs. ◆ Adj. Techn. *Pierre délavée*, pierre à couleur faible. ■ Qui a perdu ses couleurs. *Un jean délavé.*

DÉLAVER, v. tr. [delave] (*dé-* augmentatif et *laver*) Affaiblir avec de l'eau une couleur. ◆ Pénétrer d'eau. *Les neiges fondues délavent les terres.* ◆ Se délaver, v. pr. Perdre sa couleur par le lavage. ◆ Être pénétré d'eau. ■ Par extens. Affaiblir par un quelconque moyen une couleur. ■ DÉLAVAGE, n. m. [delavaʒ]

DÉLAYABLE, adj. [delejabl] (*délayer*) Qui peut être délayé.

DÉLAYAGE, n. m. [delejaʒ] (*délayer*) Action de délayer ; état de ce qui est délayé.

DÉLAYANT, ANTE, adj. [delejã, ãt] (*délayer*) Méd. Qui a la propriété d'augmenter la liquidité du sang et des humeurs. *Médicaments délayants.* ◆ N. m. *Un délayant.*

DÉLAYÉ, ÉE, p. p. de délayer. [deleje]

DÉLAYER, v. tr. [deleje] (p.-ê. lat. *deliquare*, décanter, tirer au clair, avec infl. de l'anc. fr. *deslaier*, différer) Détremper dans un liquide. *Délayer de la farine.* ◆ Fig. Exprimer d'une manière diffuse. *Délayer une pensée.*

DELCO, ■ n. m. [dɛlko] (acronyme de *Dayton Engineering Laboratories Co*, entreprise américaine qui distribua cet appareil. Nom déposé) Bobine d'induction produisant le courant électrique transmis aux bougies et permettant l'allumage d'un moteur à explosion. *Une tête de delco.*

DÉLÉATUR ou **DELEATUR**, n. m. [deleatyr] (lat. *deleatur*, qu'il soit détruit) Signe indiquant dans la correction des épreuves le retranchement de lettres, de mots, de lignes. ◆ Au pl. *Des deleatur.* ■ On écrit aussi au pluriel, *des déléaturs.*

DÉLÉBILE, adj. [delebil] (lat. impér. *delebilis*) Qui peut être effacé, qui s'efface facilement. *Encre, caractère délébile.*

DÉLECTABLE, adj. [delɛktabl] (lat. *delectabilis*) Qui délecte, qui est très agréable. *Fruit d'un goût délectable.*

DÉLECTABLEMENT, adv. [delɛktabləmã] (*délectable*) D'une façon délectable.

DÉLECTATION, n. f. [delɛktasjɔ̃] (lat. *delectatio*) Plaisir qu'on savoure avec plénitude. *Il éprouvait une vraie délectation à, etc.* ◆ Théol. Plaisir, goût qu'on prend à faire quelque chose. « *De saintes délectations* », BOSSUET.

DÉLECTÉ, ÉE, p. p. de délecter. [delɛkte]

DÉLECTER, v. tr. [delɛkte] (lat. *delectare*) Faire pleinement savourer un plaisir. « *Ils cherchent ce qui les délecte* », BOSSUET. ◆ Se délecter, v. pr. Prendre beaucoup de plaisir à quelque chose. « *Se délecter dans le péché* », BOSSUET.

DÉLÉGATAIRE, n. m. et n. f. [delegatɛr] (*déléguer*) Personne qui reçoit la délégation.

DÉLÉGATEUR, TRICE ou **DÉLÉGANT, ANTE**, n. m. et n. f. [delegatœr, tris, delegã, ãt] (lat. *delegator*) Personne qui donne la délégation.

DÉLÉGATION, n. f. [delegasjɔ̃] (lat. *delegatio*) Commission qui donne à quelqu'un le droit d'agir au nom d'un autre. ◆ *Délégation de pouvoir*, acte par lequel on délègue son pouvoir. ◆ Acte par lequel un débiteur indique son propre débiteur pour effectuer le paiement. *Donner une délégation sur son banquier.* ■ Groupe de personnes qui représentent une collectivité. *La* délégation s'est rendue au ministère pour de nouvelles négociations. La délégation irakienne aux Jeux Olympiques.

DÉLÉGATOIRE, adj. [delegatwaʀ] (lat. *delegatorius*) Qui contient une délégation. *Commission délégatoire.*

DÉLÉGITIMER, ▪ v. tr. [deleʒitime] (*dé-* et *légitime*) Ôter son caractère légitime à. *Délégitimer le vainqueur d'une élection pour cause de fraude.* ▪ Rendre illégitime. *Délégitimer la violence scolaire.*

DÉLÉGUÉ, ÉE, p. p. de déléguer. [delege] Qui a reçu pouvoir d'agir pour un autre. ♦ N. m. et n. f. *Un délégué. Les délégués des colonies.* ♦ *Délégué cantonal,* personne chargée de surveiller les écoles dans son canton. ♦ *Débiteur délégué* et n. m. *et* n. f. *le délégué.* ▪ *Délégué du personnel,* personne élue par les salariés d'une entreprise pour les représenter auprès de la direction. ▪ Dans une classe, élève représentant tous les autres lors du conseil de classe. *Elle a été élue déléguée de la classe.*

DÉLÉGUER, v. tr. [delege] (lat. *delegare*) Transmettre par délégation. *Déléguer son autorité.* ♦ Faire une délégation, assigner des fonds pour le paiement d'une dette. ♦ *Déléguer un débiteur,* donner une délégation sur lui. ♦ Se déléguer, v. pr. Être délégué.

DÉLESTAGE, n. m. [delɛstaʒ] (*délester*) Action de décharger le lest d'un vaisseau. ▪ Action de délester.

DÉLESTÉ, ÉE, p. p. de délester. [delɛste]

DÉLESTER, v. tr. [delɛste] (*dé-* et *lest*) Ôter le lest d'un bâtiment. *Délester un navire.* ▪ Réduire le trafic d'une route en incitant les conducteurs à suivre un autre itinéraire.

DÉLESTEUR, n. m. [delɛstœʀ] (*délester*) Personne qui dans un port est employée à délester les bâtiments. ♦ Bateau employé à transporter le lest d'un vaisseau.

DÉLÉTÈRE, adj. [deletɛʀ] (gr. *dêlêtêrios*) Qui attaque la santé, les sources de la vie. *Un gaz délétère.* ♦ **Fig.** Qui cause corruption et mal moral. *Des maximes délétères.*

DÉLÉTION, ▪ n. f. [delesjɔ̃] (angl. *deletion,* suppression, lat. *deletio*) **Génét.** Sur un chromosome, perte d'un fragment d'ADN. *Délétion chromosomique séquentielle.*

DÉLIBÉRANT, ANTE, adj. [deliberɑ̃, ɑ̃t] (*délibérer*) Qui délibère. *Corps délibérant. Assemblée délibérante.* ♦ N. m. et n. f. *Les délibérants,* ceux qui ont voix délibérative dans une assemblée.

DÉLIBÉRATIF, IVE, adj. [deliberatif, iv] (lat. *deliberativus*) Qui touche ou se rapporte à la délibération. N'est usité que dans ces locutions : *Voix délibérative,* droit de suffrage dans une assemblée, par opposition à voix consultative. *Genre délibératif,* celui qui comprend les discours dans lesquels on délibère sur ce que l'on fera ou ne fera pas.

DÉLIBÉRATION, n. f. [deliberasjɔ̃] (lat. *deliberatio*) Examen entre plusieurs et par la parole touchant une résolution à prendre, une question à résoudre. *Mettre une chose en délibération.* ♦ Examen intérieur, réflexion. *Agir sans délibération.* ♦ Appréciation des motifs contraires qui précède la volition. ♦ ▷ Décision, résolution. *Prendre une délibération.* ◁ ♦ Nom des décisions de certains corps administratifs ou judiciaires. *Délibération du conseil municipal.* ♦ Action pour un jury de délibérer. *Voici les résultats du concours après délibération du jury.*

1 DÉLIBÉRÉ, n. m. [delibere] (*délibérer*) **Dr.** Toute délibération à huis clos entre les juges d'un tribunal. ♦ Sorte de jugement, par lequel la cour ordonne qu'il sera statué sur les pièces d'un procès. *Mettre l'affaire en délibéré.*

2 DÉLIBÉRÉ, ÉE, p. p. de délibérer. [delibere] DE PROPOS DÉLIBÉRÉ, loc. adv. À dessein, exprès. ♦ *C'est une chose délibérée,* elle est arrêtée, conclue.

3 DÉLIBÉRÉ, ÉE, adj. [delibere] (*délibérer*) Qui a quelque chose de libre, de résolu. « *La démarche ferme et délibérée* », LA BRUYÈRE. ♦ Il se dit des personnes. « *Certains esprits vains, légers, délibérés...* », LA BRUYÈRE. ♦ N. m. *C'est un vrai délibéré.*

DÉLIBÉRÉMENT, adv. [deliberemɑ̃] (3 *délibéré*) D'une manière délibérée, hardiment, avec résolution.

DÉLIBÉRER, v. intr. [delibere] (lat. *deliberare*) Mettre en délibération. *Délibérer d'une chose ou sur une chose. On délibérera si on, etc.* ♦ **Absol.** *Le temps de délibérer est passé ; il faut agir.* ♦ **Jurispr.** *L'héritier a un délai pour faire inventaire et délibérer,* c'est-à-dire pour accepter ou répudier la succession. ♦ Hésiter à se résoudre. « *Pendant qu'il délibère, vous êtes déjà hors de portée* », LA BRUYÈRE. ♦ Prendre une délibération, se déterminer. *La force publique ne délibère pas. J'ai délibéré de faire cela.* ♦ V. tr. *Délibérer une affaire,* la mettre en délibération. *L'affaire mérite d'être délibérée.*

DÉLICAT, ATE, adj. [delika, at] (lat. *delicatus,* qui charme les sens, tendre, voluptueux) Facile à endommager, à altérer, tendre, frêle, faible, en parlant des choses. *Peau délicate. Teint, tempérament délicat.* ♦ En parlant des personnes, qui n'est pas robuste. *Un enfant délicat.* ♦ Ténu, difficile à apercevoir. « *Ce vaste tour décrit par le Soleil n'est lui-même qu'un point très délicat à l'égard de celui que les astres qui roulent dans le firmament embrassent* », PASCAL. ♦ **Fig.** Subtil, difficile à apprécier. *La différence est délicate.* ♦ Fin, travaillé avec un soin minutieux. *Trait délicat. Dentelle délicate.* ♦ Léger, élégant. *Art, pinceau délicat.* ♦ Difficile, embarrassant. *La matière est délicate.* ♦ Finement senti, exprimé d'une manière ingénieuse et élégante. *Expression délicate. Tour délicat.* ♦ Qui sent et apprécie finement. *Goût, esprit délicat. Un connaisseur délicat.* ♦ Ombrageux, susceptible. « *Nous sommes si délicats sur la fidélité de nos amis !* », MASSILLON. ♦ En parlant des choses, qui excite la susceptibilité. « *C'est sur ce point qu'il est chatouilleux, voilà l'endroit délicat* », BOSSUET. ♦ Scrupuleux en fait de probité, de bienséance. *Il a une conscience très délicate. Délicat sur les devoirs de la justice.* ♦ En parlant des choses, conforme à la probité, aux bienséances. *Un procédé délicat.* ♦ Difficile à contenter. ♦ Qui a le goût, le palais sensible aux plus légères différences. *Délicat sur la bonne chère, dans sa manière de vivre.* ♦ Il se dit aussi du sens de l'ouïe. *Avoir l'oreille délicate.* ♦ En parlant des choses, qui flatte un goût délicat. *Mets délicat.* ♦ Moralement, qui a le goût sensible aux choses élevées, fines, touchantes. « *Je suis fort délicate en amitié* », MME DE SÉVIGNÉ. ♦ En parlant des choses, qui est apprécié par les personnes délicates. *N'aimer que les plaisirs délicats.* ♦ N. m. et n. f. Personne qui a de la délicatesse, qui est difficile. *Faire le délicat, la délicate.* ♦ Personne qui sent, juge finement.

DÉLICATÉ, ÉE, p. p. de délicater. [delikate]

DÉLICATEMENT, adv. [delikat(ə)mɑ̃] (*délicat*) Mollement. ♦ D'une manière douce, légère. ♦ **Par extens.** *Apprécier, agir délicatement.* ♦ Avec délicatesse, d'une façon élégante et fine. ♦ D'une façon délicate, agréable au goût.

DÉLICATER, v. tr. [delikate] (*délicat*) ▷ Traiter avec délicatesse, accoutumer à la mollesse. *Ne délicatez pas les enfants.* ♦ Se délicater, v. pr. Se laisser aller à la mollesse. ◁

DÉLICATESSE, n. f. [delikatɛs] (*délicat,* sur modèle de l'ital. *delicatezza*) Qualité de ce qui est délicat, faiblesse, débilité. *La délicatesse d'un enfant, des plantes, etc.* ♦ Qualité de ce qui est fin, ténu. *La délicatesse des fils d'araignée.* ♦ Légèreté, élégance. *Travail remarquable par la délicatesse de l'exécution.* ♦ **Peint.** et **sculpt.** Exécution légère et soignée. ♦ La qualité de ce qui plaît au goût. *La délicatesse des mets.* ♦ Recherche dans la vie et le régime de ce qui est agréable au corps. *Élever un enfant avec trop de délicatesse.* ♦ Au pl. Choses délicates. *Les délicatesses de la table, de la toilette.* ♦ Finesse et élégance, dans le sentiment littéraire et l'expression. *La délicatesse d'une pensée, du langage.* ♦ *Délicatesse de style,* variété de l'élégance, qui consiste à saisir et à exprimer par des termes bien choisis les nuances qui distinguent les idées. ♦ Finesse et pureté dans la manière de sentir. ♦ Sensibilité, aptitude à juger finement. *Délicatesse du goût, du tact.* ♦ Qualité de celui que la finesse de son goût, au propre et au figuré, rend difficile. ♦ Ménagement, circonspection. *Traiter une affaire avec délicatesse.* ♦ Susceptibilité, facilité à regarder comme blessantes les choses qui ne le sont pas ou ne le sont guère. « *Il faut respecter les rois et ménager leur délicatesse* », FÉNELON. ♦ **Fam.** *Être en délicatesse avec quelqu'un,* avoir avec lui quelque sujet de susceptibilité. ♦ Scrupules sur ce qui touche à la morale, à la conscience, aux bienséances, à la pureté des sentiments. ♦ *Délicatesse de conscience,* état d'une conscience qui répugne aux moindres transgressions.

DÉLICE, n. m. [delis] (lat. *delicium* et *deliciæ,* volupté, objet d'affection) Peu usité. Plaisir qui ravit, transporte. « *Il disait que chaque nouvel objet était un délice nouveau* », BUFFON. ♦ N. f. pl. « *Il n'y a rien de plus pernicieux à l'homme que ce qui sert aux délices du corps* », BOURDALOUE. « *Vous qui vivez dans les délices* », MASSILLON. ♦ *Les délices d'un lieu, d'un pays,* ce qui le rend plein de douceur ou de plaisir. ♦ *Les délices de Capoue,* quartiers d'hiver délicieux qu'Hannibal et qui passent pour avoir amolli son armée, et fig. délices où l'on s'oublie, où l'on s'amollit. ♦ **Fam.** Charmes. ♦ **Par extens.** Vif sentiment de l'âme comparé aux délices du corps. « *J'en fais toute ma gloire et toutes mes délices* », P. CORNEILLE. « *Souffrir et mourir pour Jésus-Christ, ce sont leurs plus chères délices* », BOURDALOUE. ♦ *Lieu de délices,* lieu où l'on se plaît infiniment. ♦ *Faire les délices, être les délices de quelqu'un,* en être singulièrement chéri. ♦ *Faire, être les délices d'un lieu,* en faire le charme, y jouir de la plus grande faveur. ▪ N. m. Mets délicat. *Ce dessert est un délice.*

DÉLICIEUSEMENT, adv. [delisjøz(ə)mɑ̃] (*délicieux*) Avec délices, d'une manière délicieuse. ♦ D'une manière charmante.

DÉLICIEUX, EUSE, adj. [delisjø, øz] (b. lat. *deliciosus*) Plein de délices. *Un lieu délicieux. Un séjour délicieux.* « *Notre siècle délicieux ne peut souffrir votre dureté* », BOSSUET. ♦ Qui flatte singulièrement le goût. *Des fruits délicieux.* ♦ **Fam.** Qui flatte beaucoup les yeux, l'esprit. *Une toilette délicieuse.* ♦ En ce sens, on le dit quelquefois aussi des personnes. *Une délicieuse femme.*

DÉLICOTER (SE), v. pr. [delikote] (*dé-* et *licou*) ▷ Se défaire de son licou. *Ce cheval est sujet à se délicoter.* ◁

DÉLICTUEUX, EUSE ou **DÉLICTUEL, ELLE**, adj. [deliktч̃ø, øz, deliktч̃ɛl] (lat. *delictum*) **Dr.** Qui caractérise le délit. *Fait délictueux. Intention délictueuse.*

1 DÉLIÉ, ÉE, adj. [delje] (lat. *delicatus*) Menu, grêle, mince, fin. *Trait de plume délié. Taille déliée.* ◆ *Un fil délié*, un fil très menu, et fig. une liaison difficile à comprendre. ◆ *Délié* se dit aussi, dans un langage technique, des humeurs des corps vivants. *Des sucs déliés.* ◆ Habile par l'adresse et la finesse. *Un délié courtisan.* ◆ **N. m.** La partie fine et déliée d'une lettre, par opposition au plein.

2 DÉLIÉ, ÉE, p. p. de délier. [delje]

DÉLIER, v. tr. [delje] (b. lat *disligare*) Détacher de ce qui lie, défaire ce qui est lié. *Délier un paquet.* ◆ *Sans bourse délier*, sans rien payer. ◆ **Fig.** *Délier la langue*, rendre la parole, permettre de parler. ◆ *Délier sa langue*, prendre la parole. ◆ Dénouer. *Délier des cordons.* ◆ **Fig.** N'être pas digne de délier le cordon des souliers de quelqu'un, lui être très inférieur. ◆ Rendre libre d'un engagement. *Délier d'une obligation.* ◆ **Théol.** Absoudre. « *Tout ce que vous délierez sur la Terre sera délié dans les Cieux* », Saci. ◆ **Absol.** *L'Église a le pouvoir de lier et de délier.* ◆ Se délier, v. pr. Défaire ses liens. ◆ **Fig.** Se dégager.

DÉLIMITATEUR, n. m. [delimitatœr] (*délimiter*) Celui qui limite.

DÉLIMITATION, n. f. [delimitasjɔ̃] (b. lat. *delimitatio*) Action de délimiter. ◆ Résultat de cette action.

DÉLIMITÉ, ÉE, p. p. de délimiter. [delimite]

DÉLIMITER, v. tr. [delimite] (b. lat. *delimitare*) Marquer, fixer des limites. ◆ **Fig.** *Délimiter le sujet de ses études.*

DÉLIMITEUR, n. m. [delimitœr] (*délimiter*) **Inform.** Symbole indiquant les limites d'une suite de chiffres binaires. ■ **Inform.** Indicateur de limite. *Les balises jouent le rôle de délimiteurs des données.*

DÉLINÉAMENT, ■ n. m. [delineamã] (lat. impér. *delineare*, esquisser) **Litt.** Trait formant le contour.

DÉLINÉATION, n. f. [delineasjɔ̃] (lat. impér. *delineatio*) Action de tracer un objet au simple trait. ◆ Figure dessinée au trait. ◆ **Géom.** Tracé des lignes droites ou courbes pour la levée des plans et la projection d'un corps solide.

DÉLINÉER, ■ v. tr. [delinee] (lat. impér. *delineare*, esquisser) Faire apparaître le contour d'un dessin, d'un objet. *Délinéer le tracé serpentin d'un bijou.*

DÉLINQUANCE, ■ n. f. [delɛ̃kãs] (*délinquant*) Ensemble des crimes et des délits constatés au sein d'une société. *Diminution, augmentation de la délinquance.* ■ *Délinquance routière*, délits commis sur la route.

DÉLINQUANT, ANTE, n. m. et n. f. [delɛ̃kã, ãt] (p. prés. substantivé de *délinquer*) **Jurispr.** Personne qui a commis un délit. ■ *Délinquant sexuel*, personne coupable de violences sexuelles.

DÉLINQUER, v. intr. [delɛ̃ke] (lat. *delinquere*, manquer, commettre une faute) ▷ **Jurispr.** Commettre un délit. *On punira ceux qui ont délinqué.* ◁

DÉLIQUESCENCE, n. f. [delikesãs] (*déliquescent*) **Chim.** Phénomène offert par certains corps solides qui attirent l'humidité de l'air et se dissolvent. ■ **Fig.** Décadence progressive. *Une société qui tombe en déliquescence.*

DÉLIQUESCENT, ENTE, adj. [delikesã, ãt] (lat. *deliquescere*, fondre) **Chim.** Qui attire l'humidité de l'air et se résout en liqueur. ■ **Fig.** Qui se dégrade peu à peu. *Un art déliquescent.*

DELIQUIUM ou **DÉLIQUIUM**, n. m. [delikч̃ijɔm] (lat. impér. *deliquium*, écoulement) **Chim.** État d'un corps qui de solide est devenu liquide, en absorbant l'humidité de l'air. ◆ **Au pl.** *Des deliquiums.* ◁

DÉLIRANT, ANTE, adj. [delirã, ãt] (*délirer*) Atteint de délire. ◆ *Une joie délirante*, une joie excessive. ◆ **Méd.** *Conceptions délirantes*, celles qu'ont les fous ou les malades en délire. ◆ **Fig.** Fou, extravagant, en parlant de l'esprit. *Imagination délirante.* ◆ Fam. et avec le sens actif, qui met en délire, qui fait perdre la raison. *Une robe délirante.* ◆ **N. m.** Personne en délire.

DÉLIRE, n. m. [delir] (lat. impér. *delirium*, transport au cerveau) Égarement d'esprit causé par maladie. *Un délire aigu, chronique.* **Méd.** Désordre des facultés intellectuelles. ◆ **Fig.** Égarement. *Le délire de l'esprit, de l'imagination, des passions.* ◆ Enthousiasme, fureur poétique. *Un sublime délire.* ■ **Fam.** *C'est du délire*, c'est exagéré, insensé.

DÉLIRER, v. intr. [delire] (lat. *delirare*, s'écarter du sillon, délirer) Avoir le délire, être en délire. ◆ **Fig.** Être en proie à une émotion qui trouble l'esprit.

DELIRIUM TREMENS ou **DÉLIRIUM TRÉMENS**, ■ n. m. inv. [delirjɔmtremés] (lat. médical *delirium tremens*, délire tremblant) **Méd.**

Délire apparaissant chez un alcoolique lors de son sevrage. *Des symptômes mineurs initiaux de delirium tremens peuvent apparaître 6 à 8 heures après la dernière absorption d'alcool.*

DÉLISSER, v. tr. [delise] (*dé-* et *lisser*) Défaire ce qui était lisse. *Délisser ses cheveux.*

1 DÉLIT, n. m. [deli] (lat. *delictum*) Infraction quelconque de la loi. *Commettre un délit.* ◆ *Le corps du délit*, l'action même du crime qui a été commis, par opposition aux circonstances. ◆ *Flagrant délit*, le délit aperçu au moment où il se commet. *Prendre en flagrant délit.* ◆ Infraction que la loi punit d'une peine correctionnelle. *Un délit de presse.* ◆ *Délit forestier, rural*, infraction aux lois sur les forêts, sur la police rurale. ◆ **Dr. civ.** Fait illicite qui cause du dommage à autrui avec intention de nuire. *Ce fait constitue un simple délit civil.*

2 DÉLIT, n. m. [deli] (*déliter*) Côté d'une pierre opposée au lit qu'elle avait naturellement dans la carrière. *Mettre une pierre en délit.*

DÉLITATION, n. f. [delitasjɔ̃] (*déliter*) Action de déliter, de se déliter. *La délitation des pierres, d'un minéral.*

DÉLITÉ, ÉE, p. p. de déliter. [delite]

DÉLITEMENT, ■ n. m. [delit(ə)mã] (*déliter*) Action de se déliter. *Le délitement du lien social.* ■ **Techn.** Division d'une pierre dans le sens des couches de stratification.

DÉLITER, v. tr. [delite] (*dé-* et *lit*, couche de stratification dans une roche) Poser une pierre sur le côté opposé au lit qu'elle avait dans la carrière. ◆ Couper une pierre dans le sens de son lit de carrière. ◆ Ôter les vers à soie de dessus leur lit. ◆ *Déliter la chaux vive*, l'arroser avec de l'eau. ◆ Se déliter, v. pr. Se fendre naturellement dans le sens de son lit de carrière, en parlant d'une pierre. ◆ *Se déliter* se dit de pierres qui, par l'effet de la gelée, se lèvent par écailles, par couches, par lits. ■ **Fig.** Se désagréger au point de perdre sa cohésion. *Une association qui se délite.*

DÉLITESCENCE, n. f. [delitesãs] (lat. sav. *delitescentia*, lat. impér. *latescere*, se cacher) **Méd.** Disparition rapide d'une affection locale, d'une tumeur, sans qu'elle se reproduise sur un autre point.

DÉLITESCENT, ENTE, ■ adj. [delitesã, ãt] (*déliter*, sur modèle de formation de délitescence) Qui peut se déliter. *Des briques délitescentes.*

DÉLIVRANCE, n. f. [delivrãs] (*délivrer*) Action par laquelle on délivre ; résultat de cette action. *La délivrance d'un prisonnier.* ◆ L'action de débarrasser de ce qui nuit ; résultat de cette action. *La délivrance des peines qui nous affligent.* ◆ Remise d'une chose entre les mains de quelqu'un ; action de mettre en possession. ◆ ▷ Accouchement. *Cette femme a eu une heureuse délivrance.* ◁

DÉLIVRE, n. m. [delivr] (*délivrer*) ▷ Les enveloppes du fœtus. ◁

DÉLIVRÉ, ÉE, p. p. de délivrer. [delivre]

DÉLIVRER, v. tr. [delivre] (lat. impér. *deliberare*) Mettre en liberté, tirer de la captivité. *Délivrer un prisonnier.* ◆ Sauver de, arracher à. *Délivrer sa patrie des guerres civiles.* ◆ **Par extens.** *Délivrer quelqu'un des importuns.* ◆ Livrer, remettre. *Délivrer de la marchandise, l'expédition d'un acte.* ◆ *Délivrer des ouvrages à un entrepreneur*, lui donner des travaux à exécuter. ◆ Accoucher une femme. ◁ ◆ Se délivrer, v. pr. S'affranchir, se débarrasser. *Se délivrer du joug, d'un ennemi.* ◆ *Se délivrer de quelqu'un*, satisfaire à ses réclamations. ◆ ▷ Accoucher. ◁

DÉLOCALISER, ■ v. tr. [delokalize] (*dé-* et *localiser*) **Écon.** Transférer une entreprise de sa région d'origine dans un pays ou une région autre afin de réaliser des économies d'échelle. *Ils ont délocalisé l'usine en Asie.* ■ **DÉLOCALISATION**, n. f. [delokalizasjɔ̃]

DÉLOGÉ, ÉE, p. p. de déloger. [deloʒe]

DÉLOGEMENT, n. m. [deloʒ(ə)mã] (*déloger*) Action de déloger, de changer de demeure. ◆ Départ des gens de guerre logés par étape.

DÉLOGER, v. intr. [deloʒe] (*dé-* et *loger*) Se conjugue avec *être* ou *avoir*, suivant le sens. ◆ **Fam.** Sortir d'un lieu. « *Ainsi donc au plus tôt délogeant de ces lieux* », Boileau. ◆ **Fig.** « *Il se perd aussitôt et déloge du monde* », Malherbe. ◆ Partir, en parlant de troupes logées par étape. ◆ Vieux en ce sens. ◆ Décamper. *Ils délogèrent sans trompette.* ◆ ▷ **Fig.** *Déloger sans trompette, sans tambour ni trompette*, se retirer secrètement, sans faire de bruit. ◁ ◆ **V. tr.** Ôter un logement à quelqu'un, lui faire quitter son appartement. ◆ **Milit.** Faire quitter un poste. *On a délogé l'ennemi de cette place.* ◆ **Fig. et fam.** Faire sortir quelqu'un d'une position commode où il s'était mis. ■ Il se dit aussi des animaux. *Déloger une taupe.*

DÉLOT, ■ n. m. [delo] (anc. fr. *deel*, dé) **Vx** Doigtier de cuir comparable au dé à coudre. *Le délot d'une dentellière.*

DÉLOYAL, ALE, adj. [delwajal] (*dé-* et *loyal*) Qui n'a pas de loyauté. « Un ami déloyal peut trahir ton dessein », P. CORNEILLE. ♦ N. m. et n. f. « Arrête, déloyal, et laisse-moi parler », P. CORNEILLE. ♦ Il se dit des choses. *Un procédé déloyal.*

DÉLOYALEMENT, adv. [delwajal(ə)mɑ̃] (*déloyal*) Sans loyauté, avec perfidie.

DÉLOYAUTÉ, n. f. [delwajote] (*dé-* et *loyauté*) Manque de loyauté ; acte déloyal. *Faire acte de déloyauté. Il a commis mille déloyautés.*

DELPHINIDÉ, ▪ n. m. [dɛlfinide] (lat. *delphinus*, dauphin, et -*idé*) **Zool.** Mammifère marin tel que le dauphin. ▪ **N. m. pl. Hist. nat.** *Les delphinidés*, famille regroupant notamment l'ordre des cétacés. *Les delphinidés sont essentiellement représentés par les orques, les dauphins et les marsouins.*

DELPHINIUM, n. m. [dɛlfinjɔm] (gr. *Delphinion*) Nom scientifique du pied-d'alouette.

DELTA, n. m. [dɛlta] (gr. *delta*, déjà empl. au sens géographique) Quatrième lettre et troisième consonne de l'alphabet grec, ainsi figurée δ. ♦ Nom que l'on donne aux terres de configuration triangulaire, qui se forment à l'embouchure des fleuves. *Le delta du Nil.* ♦ Au pl. *Des delta*, lettre ; dans l'autre sens, *des deltas.*

DELTAÏQUE, ▪ adj. [dɛltaik] (*delta*) **Géogr.** Relatif au delta d'un fleuve. *La plaine deltaïque du Rhône est appelée la Camargue.*

DELTAPLANE, ▪ n. m. [dɛltaplan] (nom déposé, de *aile en delta* et *planer*) Planeur ultraléger formé d'une aile en toile triangulaire et d'un harnais auquel l'usager se suspend. ▪ Sport pratiqué avec ce type de planeur. *Le deltaplane présente des risques.* ▪ **Rem.** Graphie ancienne : *delta-plane.*

DELTOÏDE, ▪ n. m. [dɛltoid] (*delta* et -*oïde* ; adv. deltoeidôs empl. par Platon) **Anat.** Muscle de forme triangulaire reliant l'humérus à la clavicule et à l'omoplate. *Je me suis froissé le deltoïde.* ▪ **Adj.** *Le muscle deltoïde.* ▪ **DELTOÏDIEN, IENNE**, adj. [dɛltoidjɛ̃, jɛn]

DÉLUGE, n. m. [dely3] (lat. *diluvium*) Très grande inondation. *Le déluge de Deucalion.* ♦ *Le déluge universel* ou simplement *le déluge*, celui qui est raconté par la Bible. ♦ **Fam.** *Remonter au déluge*, remonter fort loin dans le passé. ♦ **Fig.** *Passons au déluge*, abrégeons, arrivons au fait ; locution proverbiale prise des *Plaideurs* de Racine. ♦ **Prov.** *Après moi le déluge !* quoi qu'il arrive après ma mort, je m'en inquiète peu. ♦ *Déluge* se dit d'une très grande quantité de choses liquides dont on compare l'irruption à un déluge. *Un déluge de pluie, de sang, etc.* ♦ **Fig.** Affluence innombrable d'hommes qui se précipitent comme un déluge. ♦ Dans le même sens, en parlant des choses qui affluent. *Un déluge d'injures.* ♦ **Fam.** *Attendre le déluge*, rester à ne rien faire. *Eh bien, tu attends le déluge ?*

DÉLURÉ, ÉE, adj. [delyʀe] (dial. *deleurré*, qui ne se laisse plus piper par le leurre) Dégourdi, déniaisé. ▪ Excessif, provocant.

DÉLURER, ▪ v. tr. [delyʀe] (dial *dé-* et *l(e)urrer*, détromper) Déniaiser, rendre plus malin, plus impertinent. ♦ Se délurer, v. pr. *T'as vu son décolleté, elle se délure.*

DÉLUSOIRE, adj. [delyzwaʀ] (lat. *deludere*, supin *delusum*, tromper, calqué sur *illusoire*) ▷ Propre à induire en erreur, à tromper, à faire illusion. *Argument délusoire.* ◁

DÉLUSTRÉ, ÉE, p. p. de délustrer. [delystʀe]

DÉLUSTRER, v. tr. [delystʀe] (*dé-* et *lustrer*) Ôter le lustre. *Délustrer un drap.* ♦ Se délustrer, v. pr. Perdre son lustre. ▪ **DÉLUSTRAGE**, n. m. [delystʀa3]

DÉLUTAGE, n. m. [delyta3] (*déluter*) **Chim.** Action d'ôter le lut.

DÉLUTÉ, ÉE, p. p. de déluter. [delyte]

DÉLUTER, v. tr. [delyte] (*dé-* et *luter*) **Chim.** Ôter le lut d'un vase luté.

DÉMAÇONNER, v. tr. [demasɔne] (*dé-* et *maçonner*) Défaire ce qui a été maçonné.

DÉMAGNÉTISER, ▪ v. tr. [demaɲetize] ou [demanjetize] (*dé-* et *magnétiser*) Faire disparaître l'aimantation d'un objet ou d'un corps. ▪ **DÉMAGNÉTISATION**, n. f. [demaɲetizasjɔ̃] ou [demanjetizasjɔ̃]

DÉMAGO, ▪ adj. [demago] Voy. DÉMAGOGIE et Voy. DÉMAGOGIQUE.

DÉMAGOGIE, n. f. [demagɔ3i] (gr. *dêmagôgia*, art de conduire le peuple, génér. en le flattant) Domination des factions populaires. ♦ Excitation des factions populaires. ♦ Excès de la démocratie ; opinion ou conduite qui s'appuie sur les passions populaires. *Parler avec démagogie*, de manière à ne froisser personne, à gagner la sympathie de chacun. ▪ **Abrév.** Démago.

DÉMAGOGIQUE, adj. [demagɔ3ik] (gr. *dêmagôgikos*, à la façon des démagogues) Qui appartient à la démagogie. ▪ **Abrév.** Démago. *Des propos démagos.* ▪ **DÉMAGOGIQUEMENT**, adv. [demagɔ3ik(ə)mɑ̃]

DÉMAGOGISER, v. intr. [demagɔ3ize] (*démagogie*) Faire le démagogue.

DÉMAGOGISME, n. m. [demagɔ3ism] (*démagogie*) Opinion, conduite de ceux qui poussent à la démagogie.

DÉMAGOGUE, n. m. et n. f. [demagɔg] (gr. *dêmagôgos*, qui gouverne le peuple, général. péj, chef du parti populaire) Dans l'histoire des républiques grecques, chef, meneur d'une faction populaire. ♦ Dans les sociétés modernes, personne qui est du parti populaire contre l'aristocratie et agit dans les luttes politiques par la presse ou par la parole. ♦ **Par extens.** Personne qui soulève les passions populaires, anarchiste. ♦ **Adj.** *Un orateur démagogue.* ▪ **Péj.** Personne qui cherche par ses flatteries et ses promesses à s'attirer les faveurs du plus grand nombre.

DÉMAIGRI, IE, p. p. des deux verbes démaigrir. [demegri]

1 **DÉMAIGRIR**, v. intr. [demegriʀ] (*dé-* et *maigrir*) Se conjugue avec *être* ou *avoir*, suivant le sens. *Devenir moins maigre.*

2 **DÉMAIGRIR**, v. tr. [demegriʀ] (*dé-* augmentatif et *maigrir*) Rendre plus maigre. ♦ *Démaigrir une pièce de bois ou une pierre*, en diminuer la grosseur.

DÉMAIGRISSEMENT, n. m. [demegris(ə)mɑ̃] (2 *démaigrir*) Action de démaigrir une pierre, une pièce de bois, un tenon. ♦ L'endroit où la pierre et le bois ont été démaigris.

DÉMAILLER, ▪ v. tr. [demaje] (*dé-* et *maille*) Défaire les mailles d'un tissu. *Démailler un tricot.* ▪ **Pêche** Dégager ce qui est coincé dans les mailles d'un filet. *Démailler des poissons.* ▪ **Mar.** Séparer les maillons d'une chaîne ou séparer l'ancre de sa chaîne. ▪ **DÉMAILLAGE**, n. m. [demaja3] *Le démaillage des poissons capturés.*

DÉMAILLOTÉ, ÉE, p. p. de démailloter. [demajote]

DÉMAILLOTER, v. tr. [demajote] (*dé-* et *maillot*) Ôter du maillot. *Démailloter un enfant.* ♦ Se démailloter, v. pr. Défaire son maillot.

DEMAIN, adv. [dəmɛ̃] (lat. chrét., de bon matin, de *mane*, au matin) Au jour qui suit immédiatement celui où l'on est. *Demain matin* ou *demain au matin.* ♦ *Demain* signifie quelquefois sans tarder, incontinent. ♦ N. m. « Rien ne ressemble plus à aujourd'hui que demain », LA BRUYÈRE. ♦ *Demain* n. m. se construit avec diverses prépositions. ♦ Avec la préposition *à. À demain.* *Remettre à demain. Jusqu'à demain, jusqu'au jour suivant. D'ici à demain*, de l'heure présente au jour suivant. ♦ Avec la préposition *de*, à compter de demain. *De demain en huit, de demain en quinze* (s. e. *jours*). ♦ Avec la préposition *pour.* « Assez de choses se font pour demain », MME DE STAËL. ▷ *Aujourd'hui pour demain*, ◁ d'un moment à l'autre, à l'improviste. ♦ *Demain* se dit d'une époque qui en suit une autre de fort près ; dans ce cas on l'oppose souvent à aujourd'hui. « *Aujourd'hui dans le trône et demain dans la boue* », P. CORNEILLE.

1 **DÉMANCHÉ**, n. m. [demɑ̃ʃe] (*démancher*) **Mus.** Action de démancher.

2 **DÉMANCHÉ, ÉE**, p. p. de démancher. [demɑ̃ʃe] *Homme démanché* et n. m. et n. f. *un démanché*, homme qui se tient mal.

DÉMANCHEMENT, n. m. [demɑ̃ʃ(ə)mɑ̃] (*démancher*) Action de démancher. ♦ **Mus.** Action de démancher.

DÉMANCHER, v. tr. [demɑ̃ʃe] (antonyme de *emmancher*, avec changement de préf.) Ôter le manche d'un instrument. ♦ **Fig.** Disloquer, désunir. *Démancher un parti.* ♦ **V. intr.** Dans les instruments à manche, comme le violon, le violoncelle, sortir du manche, qui est la position naturelle de la main gauche, pour la porter sur la table de l'instrument et obtenir des sons aigus. ♦ Se démancher, v. pr. Se séparer de son manche. ♦ **Fig.** Se disloquer, se désunir. ♦ **Pop.** *Se démancher*, se démener, s'intriguer beaucoup.

DEMANDANT, ANTE, adj. [dəmɑ̃dɑ̃, ɑ̃t] (*demander*) Qui demande.

DEMANDE, n. f. [dəmɑ̃d] (*demander*) Action de demander. *Faire une demande d'argent.* ♦ *À la demande générale*, tout le monde demandant une certaine chose. ♦ **Mus.** Se dit dans une figure du sujet ou motif que l'on propose à imiter ; la phrase qui y correspond se nomme la réponse. ♦ La chose demandée. *On vous accorde votre demande.* ♦ Écrit qui contient une demande. *Adresser une demande au ministre.* ♦ ▷ Démarche auprès des parents d'une fille pour la demander en mariage. ◁ ♦ Action judiciaire pour obtenir une chose à laquelle on a ou l'on croit avoir droit. ♦ Prétention ou conclusion d'une partie. *Demande principale, incidente.* ♦ Commande. *La demande sollicite la production.* ♦ Question. *Un livre par demandes et par réponses.* ▪ **Écon.** Ensemble des produits, des services demandés. *L'offre et la demande.*

DEMANDÉ, ÉE, p. p. de demander. [dəmɑ̃de]

DEMANDER, v. tr. [dəmɑ̃de] (lat. impér. *demandare*, confier, ordonner, en b. lat. faire venir, probab. demander) Exprimer à quelqu'un qu'on souhaite obtenir quelque chose de lui. *Je vous demande votre appui.* ♦ **Absol.** *Il est toujours à demander.* ♦ ▷ *Demander la bourse ou la vie*, se dit d'un voleur qui, vous présentant une arme, exige que vous lui remettiez l'argent que vous avez. ◁ ♦ **Fam.** *Ne demander pas mieux*, acquiescer à une résolution, ne pas s'y opposer. ♦ *Demander son pain, demander l'aumône*, absol. *demander*, mendier. ♦ *Former une demande en justice. Demander des aliments.* ♦

Conclure à. *Demander une remise, une enquête.* ✦ Avoir le rôle de demandeur. ✦ *Demander à,* suivi d'un infinitif, exprimer le désir de. *Il demande à parler.* ✦ *Ne demander qu'à,* suivi d'un infinitif, désirer uniquement. ✦ **Fig.** « *La terre ne demande ici qu'à enrichir les habitants* », FÉNELON. ✦ *Demander de,* avec l'infinitif, ou *que,* avec le subjonctif, même sens que *demander à. Je vous demande de vous taire, que vous vous taisiez.* ✦ Enjoindre, prescrire, en parlant de celui qui exige. ✦ Exiger, en parlant des choses qui exigent. *Faites ce que la vertu demande.* ✦ Dire, prier de donner, d'apporter, d'expédier une chose, de venir. *Demander le journal, son déjeuner, etc.* ✦ Avoir besoin de. *La terre demande de la pluie.* ✦ **Fam.** *Cet habit en demande un autre,* il ne peut servir longtemps. ✦ Chercher quelqu'un pour lui parler. « *Ils demandent le chef, je me nomme, ils se rendent* », P. CORNEILLE. ✦ ▷ *Demander une jeune fille,* la demander en mariage. ◁ ✦ Interroger sur ce que l'on veut savoir, s'enquérir. *Demander des nouvelles, le nom, la demeure de quelqu'un, etc.* ✦ *Se demander,* demander à soi-même, chercher à se rendre compte, raison d'une chose. ✦ *Se demander,* se faire réciproquement une question. ✦ **Écon.** et **polit.** Être au nombre des acheteurs d'un produit ou d'un service, au regard des vendeurs. *Demander des blés.* ✦ Se dit à certains jeux de cartes quand on se propose de jouer dans une couleur. ✦ Se dit à l'écarté, quand on demande à l'adversaire s'il veut qu'on jette des quelques-unes pour en prendre d'autres dans le talon. *Demander des cartes* ou *absol. demander.* ✦ *Se demander,* v. pr. Être sollicité. ✦ Être l'objet d'une question.

DEMANDERESSE, n. f. [dəmɑ̃d(ə)ʀɛs] Voy. DEMANDEUR.

DEMANDEUR, EUSE, n. m. et n. f. [dəmɑ̃dœʀ, øz] (*demander*) Personne qui demande souvent, qui fait le métier de demander. ✦ Personne qui fait une question. ✦ **Dr.** Personne qui intente une action, qui forme une demande en justice. ✦ Dans ce sens, il fait au féminin *demanderesse.*

DÉMANGEAISON, n. f. [demɑ̃ʒɛzɔ̃] (*démanger*) Picotement à la peau qui excite à se gratter. *Éprouver de vives démangeaisons.* ✦ **Fig.** Envie immodérée de faire une chose. « *Il faut qu'un galant homme ait toujours grand empire Sur les démangeaisons qui nous prennent d'écrire* », MOLIÈRE.

DÉMANGER, v. intr. [demɑ̃ʒe] (*dé-* augment. et *manger*) Faire éprouver une démangeaison. ✦ **Fig.** *Gratter quelqu'un où il lui démange,* le prendre par son faible, entrer dans ses sentiments. ✦ **Fig.** et **fam.** *La langue lui démange,* il a une excessive envie de parler. ✦ ▷ *La main lui démange,* a un vif désir de battre. ◁ ✦ ▷ *Les pieds lui démangent,* il a envie de s'en aller. ◁ ✦ ▷ *Le dos lui démange,* se dit d'une personne qui fait tout ce qu'il faut pour être battue. ◁

DÉMANTELÉ, ÉE, p. p. de démanteler. [demɑ̃t(ə)le]

DÉMANTÈLEMENT, n. m. [demɑ̃tɛl(ə)mɑ̃] (*démanteler*) Action de démanteler. ✦ État d'une place démantelée.

DÉMANTELER, v. tr. [demɑ̃t(ə)le] (p.-ê. de *dé-* et anc. fr. *manteler,* couvrir d'un manteau, fortifier une ville) ▷ Démolir les murailles, les fortifications d'une ville. ◁ **Fig.** « *Il voulait rétablir et réorganiser les grandes monarchies qu'avaient démantelées les guerres de Napoléon* », VILLEMAIN. ✦ ▷ Se démanteler, v. pr. Détruire ses fortifications. ■ Désorganiser. *La police a démantelé un complot.* ◁

DÉMANTIBULÉ, ÉE, p. p. de démantibuler. [demɑ̃tibyle]

DÉMANTIBULER, v. tr. [demɑ̃tibyle] (*dé-* et *mandibule,* infl. possible de *menton*) Rompre la mâchoire. *Il criait à se démantibuler la mâchoire.* ✦ Par extens. Mettre en pièces, briser. ✦ Démantibuler une machine. ✦ Se démantibuler, v. pr. Être mis en pièces.

DÉMAQUILLAGE, ■ n. m. [demakijaʒ] (*démaquiller*) Action de se démaquiller. *Le démaquillage des comédiens à la sortie de scène.*

DÉMAQUILLANT, ANTE, ■ adj. [demakijɑ̃, ɑ̃t] (*démaquiller*) Qui retire le maquillage. *Lait démaquillant.* ■ N. m. Produit de beauté utilisé pour retirer le maquillage. *Coton imprégné de démaquillant.*

DÉMAQUILLER, ■ v. tr. [demakije] (*dé-* et *maquiller*) Retirer le maquillage. ■ Se démaquiller, v. pr. *Se démaquiller avant d'aller se coucher.*

DÉMARCAGE, ■ n. m. [demaʀkaʒ] Voy. DÉMARQUAGE.

DÉMARCATIF, IVE, adj. [demaʀkatif, iv] (*démarcation*) Qui sert de démarcation. *Ligne, borne délimitant une propriété.*

DÉMARCATION, n. f. [demaʀkasjɔ̃] (esp. *demarcación,* de *demarcar,* marquer les limites d'un territoire) Action de marquer, de limiter. ✦ *Ligne de démarcation,* ligne tracée sur un terrain pour y fixer des limites. ✦ **Fig.** Séparation, distinction. *La démarcation entre la noblesse et la bourgeoisie.* ■ **Hist.** *Ligne de démarcation,* frontière qui, de juin 1940 à novembre 1942, a séparé en France la zone libre de la zone occupée par les Allemands.

DÉMARCHAGE, ■ n. m. [demaʀʃaʒ] **Comm.** Méthode de vente consistant à se déplacer vers le client plutôt que celui-ci vienne au point de vente. *Le démarchage à domicile est encadré par une législation très stricte.* ■ *Démarchage sauvage,* pratique illégale qui consiste soit à démarcher pour son propre compte ou à utiliser le fichier clients d'une entreprise concurrente, alors qu'on est soi-même salarié, soit à aborder les gens dans la rue pour leur vendre un produit.

DÉMARCHE, n. f. [demaʀʃ] (*démarcher*) Marche, dans le style poétique. « *Ce vieillard le suivait d'une démarche lente* », VOLTAIRE. ✦ **Fig.** « *Qui suivra ces étonnantes démarches?* », PASCAL. ✦ **Fig.** Allure, façon de marcher. ✦ **Fig.** Manière d'agir. « *La première démarche qu'on exige d'un disciple de Jésus-Christ, est de croire ce qu'il ne peut comprendre* », MASSILLON. ✦ Ce qu'on fait pour la réussite de quelque chose. *Il fit quelques démarches qui n'eurent aucun effet.* ■ *Démarche administrative,* démarche que l'on fait auprès d'une institution pour obtenir un document, un droit, un statut.

DÉMARCHER, ■ v. tr. [demaʀʃe] (*dé-* augment. et *marcher,* fouler aux pieds) Se rendre dans une entreprise ou au domicile de clients potentiels pour vendre des produits. *Les agences d'intérim démarchent les entreprises pour leur proposer du personnel.*

DÉMARCHEUR, EUSE, ■ n. m. et n. f. [demaʀʃœʀ, øz] (*démarcher*) Personne qui démarche pour le compte d'une entreprise. *Être démarcheuse en porte-à-porte pour de la vente de livres.* ■ *Fichier des démarcheurs bancaires et financiers,* fichier permettant à toute personne démarchée de vérifier que la personne qui l'a contactée est bien autorisée à lui proposer les produits ou services financiers présentés et de connaître, le cas échéant, l'identité ou la dénomination sociale de la personne pour le compte de laquelle elle agit.

DÉMARIÉ, ÉE, p. p. de démarier. [demaʀje]

1 **DÉMARIER,** v. tr. [demaʀje] (*dé-* et *marier*) Séparer juridiquement deux époux. ✦ Se démarier, v. pr. Divorcer. ■ DÉMARIAGE, n. m. [demaʀjaʒ]

2 **DÉMARIER,** ■ v. tr. [demaʀje] (*dé-* et *marier*) **Bot.** Enlever les plants qui sont en surnombre, éclaircir un rang où les plants sont trop serrés. *Les plants de blé ont été démariés deux semaines après le semis.*

DÉMARQUAGE ou **DÉMARCAGE,** ■ n. m. [demaʀkaʒ] (*démarquer*) Fait d'ôter la marque. ■ **Sp.** Dans un sport de ballon, action de se libérer d'un adversaire de façon à pouvoir recevoir une passe. *Les manœuvres de démarquage sont courantes chez les basketteurs, qui profitent de leur isolement pour marquer un panier.*

DÉMARQUE, n. f. [demaʀk] (*démarquer*) Se dit de la partie à démarquer. *Jouer à la démarque.* ■ Vente au rabais de produits dont on a retiré la marque. ■ *La démarque inconnue,* coût représenté par les marchandises dont on ne retrouve pas la preuve de vente. *La démarque inconnue s'exprime en pourcentage du chiffre d'affaires.*

DÉMARQUÉ, ÉE, p. p. de démarquer. [demaʀke]

DÉMARQUEMENT, n. m. [demaʀkəmɑ̃] (*démarquer*) Enlèvement de la marque du linge, d'un arbre, dans des intentions frauduleuses. ■ Désolidarisation d'un élément, d'une personne par rapport à un ensemble. *Alors que le thème de la soirée était le blanc, il a profondément affiché son démarquement en arrivant tout de noir vêtu!*

DÉMARQUER, v. tr. [demaʀke] (*dé-* et *marquer*) Ôter une marque. *Démarquer du linge, un livre.* ✦ V. intr. N'avoir plus de marque indiquant l'âge, en parlant des chevaux. ✦ *Jouer à démarquer,* se dit d'une partie où l'un des joueurs perd tous ses points, quand l'autre en prend un ou plusieurs. ✦ Se démarquer, v. pr. Être démarqué. ■ Vendre au rabais des produits dont on a retiré la marque. ■ V. pr. Se distinguer d'un groupe. *Deux équipes se sont démarquées des autres par leur pugnacité. Cette nouvelle collection se démarque par rapport à la précédente.*

DÉMARRAGE, n. m. [demaʀaʒ] (*démarrer*) Déplacement d'un navire amarré. ✦ Action de défaire les nœuds ou amarrages. ■ Fait de démarrer. *Le démarrage de la voiture.* ■ **Fam.** Fait de commencer. *Le démarrage du projet.*

DÉMARRÉ, ÉE, p. p. de démarrer. [demaʀe]

DÉMARRER, v. tr. [demaʀe] (*dé-* et anc. fr. *marrer,* attacher) **Mar.** Détacher ce qui est amarré, défaire un amarrage. ✦ V. intr. Quitter l'amarrage, le port. ✦ **Fam.** Quitter une place, un lieu. *Ne démarrez pas de là jusqu'à mon retour.* ✦ Se démarrer, v. pr. Rompre ses amarres, quitter l'ancrage. ■ Mettre en marche, en mouvement. *Démarrer le moteur d'une voiture.* ■ V. intr. Se mettre en marche. *La voiture n'a pas démarré ce matin.* ■ **Fam.** Commencer. *Le projet démarre tout juste.*

DÉMARREUR, ■ n. m. [demaʀœʀ] (*démarrer*) Dispositif le plus souvent électrique, permettant la mise en marche d'un moteur, notamment à explosion. *Démarreur de voiture.* ■ *Anti-démarreur,* dispositif bloquant le démarrage d'un moteur sans une manipulation préalable spécifique. *Pour se protéger du vol, son véhicule bénéficie d'un anti-démarreur qui peut être bloqué par un code à composer sur un clavier.*

DÉMASCLER, ■ v. tr. [demaskle] (provenç. *desmascla,* émasculer) Enlever la première écorce du chêne-liège. *On ne démascle le chêne-liège que lorsque son tronc atteint une circonférence d'au moins 70 cm.* ■ DÉMASCLAGE, n. m. [demasklaʒ] ■ DÉMASCLEUR, EUSE, n. m. et n. f. [demasklœʀ, øz]

DÉMASQUÉ, ÉE, p. p. de démasquer. [demaske]

DÉMASQUER, v. tr. [demaske] (*dé-* et *masque*) Ôter à quelqu'un le masque qu'il a sur le visage. ♦ **Fig.** Faire connaître quelqu'un pour ce qu'il est, mettre en évidence des secrets de conduite et d'intentions. *Démasquer des scélérats.* ♦ Il se dit aussi des choses dont on dévoile le vrai caractère. « *Pour démasquer le mensonge* », BOURDALOUE. ♦ *Démasquer une batterie*, découvrir une batterie auparavant cachée. ♦ Se démasquer, v. pr. Ôter son masque. ♦ **Fig.** Se faire connaître pour ce qu'on est, découvrir ses desseins. ♦ *La batterie se démasqua.*

DÉMASTIQUER, v. tr. [demastike] (*dé-* et *mastic*) Enlever le mastic ; détacher une chose retenue par du mastic. *Démastiquer un vitrage.*

DÉMÂTAGE, n. m. [demɑtaʒ] (*démâter*) Action de démâter. *Abandonner un course sur démâtage* ou *pour cause de démâtage.*

DÉMÂTÉ, ÉE, p. p. de démâter. [demɑte]

DÉMÂTEMENT, n. m. [demɑt(ə)mɑ̃] (*démâter*) État d'un navire qui est démâté. *La tempête a provoqué le démâtement du voilier.*

DÉMÂTER, v. tr. [demɑte] (*dé-* et *mât*) Ôter les bas mâts d'un bâtiment. ♦ Abattre, rompre les mâts d'un navire. ♦ **V. intr.** Perdre ses mâts par un accident. ♦ Se démâter, v. pr. Ôter ses bas mâts.

DÉMATÉRIALISATION, ■ n. f. [dematerjalizasjɔ̃] (*dématérialiser*) Fait d'ôter la matière, de rendre immatériel. ♦ *Dématérialisation fiscale*, processus d'émission de facture électronique, fondée sur l'échange informatisé de données, autorisée depuis juillet 2003 par la législation fiscale. *La dématérialisation fiscale permet de remplacer l'archivage de factures sur papier par un stockage informatique.*

DÉMATÉRIALISER, ■ v. tr. [dematerjalize] (*dé-* et *matérialiser*) Ôter la matière, rendre immatériel. *Dématérialiser le processus de traitement des factures au profit des échanges informatiques.*

DÉMAZOUTER, ■ v. tr. [demazute] (*dé-* et *mazout*) Dépolluer les plages, les mers, les océans ou les animaux touchés par le mazout. *Des bénévoles ont démazouté des centaines d'oiseaux.* ■ DÉMAZOUTAGE, n. m. [demazutaʒ]

D'EMBLÉE, [dɑ̃ble] Voy. EMBLÉE.

DÈME, ■ n. m. [dɛm] (gr. *dêmos*, terre habitée, peuple, canton attique) **Antiq. grecq.** Division politique et administrative des cités grecques. *L'appartenance à un dème était héréditaire.*

DÉMÉDICALISER, ■ v. tr. [demedikalize] (*dé-* et *médical*) Retirer l'aspect médical. *Ce médecin souhaite démédicaliser la grossesse en insistant sur le fait que c'est un acte naturel.* ■ Cesser toute médicalisation. ■ DÉMÉDICALISATION, n. f. [demedikalizasjɔ̃]

DÉMÊLAGE, n. m. [demelaʒ] (*démêler*) Action de démêler la laine. ■ Action de démêler. *L'après-shampoing facilite le démêlage des cheveux.*

DÉMÊLANT, ■ n. m. [demelɑ̃] (*démêler*) Produit cosmétique servant à démêler les cheveux. *Un démêlant pour cheveux bouclés.* ■ Adj. Qui sert à démêler. *Un shampoing démêlant.*

1 **DÉMÊLÉ**, n. m. [demele] (*démêler*) Querelle, contestation, débat. « *Comme avec lui mon père a quelque démêlé* », P. CORNEILLE.

2 **DÉMÊLÉ, ÉE**, p. p. de démêler. [demele]

DÉMÊLEMENT, n. m. [demɛl(ə)mɑ̃] (*démêler*) Action de démêler. ♦ Dénouement d'une pièce de théâtre, d'une affaire.

DÉMÊLER, v. tr. [demele] (*dé-* et *mêler*) Faire cesser l'état d'embrouillement. *Démêler un écheveau de fil.* ♦ *Démêler les cheveux*, y passer le peigne pour les remettre en ordre. ♦ **Absol.** *Peigne à démêler.* ♦ **Fig.** *Démêler une fusée*, débrouiller une affaire, une intrigue, se tirer d'une difficulté. ♦ Faire cesser l'état de mélange. *Démêler une chose d'une autre.* ♦ **Par extens.** « *Ceux que la naissance démêle d'avec le peuple* », LA BRUYÈRE. ♦ Éclaircir. *Démêler une difficulté.* ♦ Mettre en ordre. *Démêler ses affaires.* ♦ Apercevoir, reconnaître une personne, une chose, au milieu de beaucoup d'autres. ♦ Distinguer, discerner. « *Démêlez la vertu d'avec ses apparences* », MOLIÈRE. « *Des erreurs qu'il n'est pas facile de démêler de la vérité* », MASSILLON. ♦ Deviner, pénétrer. « *Il démêlait toutes les intrigues* », BOSSUET. ♦ Il se dit aussi des personnes dont on pénètre les sentiments. « *L'art de démêler les hommes* », VOLTAIRE. ♦ **Chasse** *Démêler la voie*, trouver la voie du cerf couru, au milieu d'autres cerfs. ♦ *Avoir à démêler*, être en contestation, en querelle, en débat. *Je n'ai rien à démêler avec vous.* ♦ Se démêler, v. pr. Être démêlé. *Cet écheveau se démêle facilement.* ♦ N'être plus emmêlé, confondu avec. ♦ Éclaircir. « *Tout cela se démêlera* », MME DE SÉVIGNÉ. ♦ Se séparer. « *On verra cet homme si obscur, si méprisé, se démêler de la foule* », MASSILLON. ♦ *Se démêler de*, se tirer d'une difficulté, s'acquitter d'une charge, d'une commission.

DÉMÊLEUR, EUSE, n. m. et n. f. [demelœr, øz] (*démêler*) Personne qui fait le démêlage.

DÉMÊLOIR, n. m. [demelwar] (*démêler*) Instrument qui sert à démêler. ♦ Peigne à grosses dents pour démêler les cheveux.

DÉMÊLURE, ■ n. f. [demelyr] (*démêler*) Touffe de cheveux qui reste sur le peigne lors du démêlage. « *L'enfant est nu à l'exception d'un embrouillement de colliers, de rubans, d'amulettes, de toute une démêlure ornementale qui lui retombe sur la poitrine* », WITTKOP. ■ REM. On le trouve plus souvent au pluriel : *des démêlures.*

DÉMEMBRÉ, ÉE, p. p. de démembrer. [demɑ̃bre] **Hérald.** Oiseau démembré, représenté sans pieds et sans cuisses.

DÉMEMBREMENT, n. m. [demɑ̃brəmɑ̃] (*démembrer*) Action de démembrer. *Le démembrement d'un sanglier tué à la chasse.* ♦ **Fig.** Partage, séparation. *Démembrement d'un empire.* ♦ Portion démembrée. *La Flandre hollandaise est un démembrement des domaines de l'Autriche.* ♦ *Démembrements de la propriété*, les droits compris dans le droit de propriété attribués à un autre que le titulaire de la propriété, tels que l'usufruit, l'usage, les servitudes.

DÉMEMBRER, v. tr. [demɑ̃bre] (*dé-* et *membre*) Découper un corps par membres. ♦ **Fam.** Tirer quelqu'un avec violence. ♦ **Fig.** Diviser les parties d'un tout ; détacher quelque partie de ce qui formait un corps. *Démembrer un État.* ♦ Se démembrer, v. pr. Être démembré, être divisé.

DÉMÉNAGÉ, ÉE, p. p. de déménager. [demenaʒe]

DÉMÉNAGEMENT, n. m. [demenaʒ(ə)mɑ̃] (*déménager*) Action de déménager. ♦ Transport de meubles d'un logis à un autre.

DÉMÉNAGER, v. tr. [demenaʒe] (*dé-* et *ménage*) Retirer des meubles d'une maison pour les transporter dans une autre ou même pour les mettre sur le pavé de la rue. ♦ **V. intr.** Se conjugue avec *être* ou *avoir*, suivant le sens. *J'ai déménagé hier ; je suis déménagé depuis huit jours.* ♦ **Fam.** Sortir du lieu où l'on est. ♦ **Fig.** *Sa raison, sa tête déménage*, sa raison s'affaiblit, ses idées se troublent. ♦ **Pop.** Mourir. ■ Susciter un grand intérêt, mêlé d'admiration. *Il déménage ce prof !*

DÉMÉNAGEUR, n. m. [demenaʒœr] (*déménager*) Ouvrier qui aide aux déménagements ou qui les fait.

DÉMENCE, n. f. [demɑ̃s] (lat. *dementia*, de *de-* et *mens*, intelligence) Folie. *Tomber en démence.* ♦ **Méd.** Perte de l'intelligence, avec perversion plus ou moins complète. ♦ Conduite, action dépourvue de raison. *Êtes-vous en démence ?*

DÉMENER (SE), v. pr. [dem(ə)ne] (*dé-* et *mener*) S'agiter violemment. « *Toute la nuit tu cours, tu te démènes* », LA FONTAINE. ♦ **Fig.** S'émouvoir, s'irriter. *Se démener contre les hommes.* ■ Déployer beaucoup d'énergie dans une activité. *Elle se démène pour que le projet réussisse.*

DÉMENT, ENTE, ■ adj. [demɑ̃, ɑ̃t] (lat. *demens*, génit. *dementis*) Qui est atteint de démence, fou. ■ N. m. et n. f. *Un dément, une démente.* ■ **Fam.** *C'est dément !* C'est extraordinaire, délirant.

1 **DÉMENTI**, n. m. [demɑ̃ti] (*démentir*) Paroles par lesquelles on dément ce qu'un autre a avancé. *Donner, recevoir un démenti.* ♦ *Donner le démenti*, contredire des assertions. ♦ Il se dit aussi des choses. *Ces faits donnent un démenti à votre assertion.* ♦ **Fam.** *En avoir le démenti*, éprouver le désagrément de ne pas réussir en une chose où l'on se croyait sûr du succès.

2 **DÉMENTI, IE**, p. p. de démentir. [demɑ̃ti]

DÉMENTIEL, ELLE, ■ adj. [demɑ̃sjɛl] (*démence*) Relatif à la démence. *Une pathologie démentielle.* ■ **Fig.** Déraisonnable. *Un prix démentiel.*

DÉMENTIR, v. tr. [demɑ̃tir] (*dé-* et *mentir*) Dire à quelqu'un, ou de quelqu'un, qu'il n'a pas dit vrai. *Démentir un historien.* « *Me venir démentir de tout ce que je dis* », MOLIÈRE. ♦ Protester contre la conduite de quelqu'un. « *Il vous démentir une mère infidèle* », RACINE. ♦ **Par extens.** Être la preuve que la vérité n'a pas été dite. « *Son livre en paraissant dément tous les flatteurs* », BOILEAU. ♦ Nier la vérité, l'exactitude de quelque chose. *Démentir un acte, un bruit.* ♦ *Démentir sa promesse*, ne pas la tenir. ♦ N'être pas conforme à, ne pas confirmer. *C'est une chose que l'expérience dément tous les jours.* ♦ Faire des choses indignes de. « *Incapable de démentir les maximes de ses premiers rois* », BOSSUET. ♦ Se démentir, v. pr. *Se donner un démenti*, en parlant de deux personnes. ♦ *Se démentir*, se contredire. *Il se dément lui-même à tout propos.* ♦ Manquer à sa promesse. ♦ Être démenti. « *Ce qu'il se dément soi-même* », BOSSUET. ♦ N'être pas conséquent avec soi-même, s'écarter de son caractère. « *Notre personnage ne se dément point* », MME DE SÉVIGNÉ. ♦ Il se dit des choses qui cessent d'être ce qu'elles étaient. *Ses bontés pour moi ne se sont jamais démenties.* ♦ **Constr.** Ne pas garder sa solidité, son arrangement. *Cette cloison se dément.*

DÉMERDER (SE), ■ v. pr. [demɛrde] (*dé-* et *merde*) **Fam.** Se sortir d'une situation désagréable ou embarrassante par ses propres moyens. *Je l'ai laissé se démerder.* ■ **Par extens.** Réussir. *Il se démerde bien.* ■ DÉMERDARD, ARDE, n. m. et n. f. ou adj. [demɛrdar, ard]

DÉMÉRITE, n. m. [demeʀit] (*dé-* et *mérite*) Ce qui fait qu'on perd de son mérite ; ce qui attire l'improbation. ◆ **Dogmatiq.** et *philos.* *Le mérite et le démérite,* au point de vue des récompenses et des peines d'une autre vie.

DÉMÉRITER, v. intr. [demeʀite] (*dé-* et *mériter*) Agir de manière à perdre l'estime, la bienveillance. *Démériter de quelqu'un,* auprès de quelqu'un. ◆ En style dogmatique, faire quelque chose qui prive de la grâce de Dieu.

DÉMÉRITOIRE, adj. [demeʀitwaʀ] (*démérite*) Qui entraîne le démérite. *« Ne rien faire de méritoire ni de démérite »,* Fénelon.

DÉMESURE, ◼ n. f. [dem(ə)zyʀ] (*dé-* et *mesure*) Sans mesure, à l'excès. *« Or, en humilité comme en tout la démesure engendre l'orgueil »,* Bernanos.

DÉMESURÉ, ÉE, adj. [dem(ə)zyʀe] (*dé-* et *mesuré*) Qui excède la mesure ordinaire. *Grosseur démesurée.* ◆ **Fig.** Extrême, excessif. *Présomption démesurée. Soif démesurée d'or.*

DÉMESURÉMENT, adv. [demezyʀemɑ̃] (*démesuré*) D'une manière excessive.

DÉMETTRE, v. tr. [demɛtʀ] (lat. *dimittere,* laisser tomber, avec infl. sémantique de *dimittere,* disperser, renvoyer, renoncer) Ôter un os de sa place. *Il lui a démis le poignet.* ◆ *Se démettre un membre,* éprouver une luxation de ce membre. ◆ Ôter d'un emploi, d'une fonction, d'une dignité. *On l'a démis de son emploi.* ◆ *Se démettre,* v. pr. Être démis, déboîté. *Son poignet s'est démis.* ◆ Quitter une charge, un emploi, une dignité. *Se démettre du pouvoir.*

DÉMEUBLÉ, ÉE, p. p. de démeubler. [demøble] **Fig.** *Une mâchoire démeublée,* une mâchoire qui a perdu ses dents.

DÉMEUBLEMENT, n. m. [demœbləmɑ̃] (*démeubler*) Action de démeubler ; état de ce qui est démeublé.

DÉMEUBLER, v. tr. [demøble] (*dé-* et *meuble*) Dégarnir de meubles. ◆ **Fig.** Se démeubler, v. pr. Perdre ses dents, en parlant de la mâchoire.

DEMEURANT, ANTE, adj. [demøʀɑ̃, ɑ̃t] (*demeurer*) Qui est logé en quelque endroit. *Demeurant à Paris.* ◆ Il n'est d'usage au féminin qu'en style de pratique. ◆ **N. m.** *Le demeurant,* ce qui demeure, ce qui n'est pas ôté, parti, enlevé. *« Le demeurant des rats tint chapitre en un coin »,* La Fontaine. ◆ **au demeurant,** loc. adv. Quant à ce qui demeure, du reste.

DEMEURE, n. f. [demœʀ] (*demeurer*) Retard, délai. *Sans plus de demeure.* ◆ *Être en demeure envers quelqu'un,* être en retard de bons offices. ◆ *Il y a péril en la demeure,* le moindre retardement peut causer du préjudice. ◆ **Dr.** Le temps qui court au-delà du terme où l'on est tenu de faire quelque chose. ◆ *Mettre quelqu'un en demeure de,* le sommer de remplir une obligation, un engagement. ◆ *Mise en demeure,* sommation de faire telle ou telle chose. ◆ Demeure, durée de la résidence. *Je ne ferai pas longue demeure en cette maison.* ◆ **Par extens.** Habitation, domicile. ◆ Lieu de résidence. ◆ **Fig.** *« Cœur où Dieu seul avait fait sa demeure »,* Massillon. ◆ **Chasse** Endroit fourré de bois où se retirent les cerfs. ◆ **à demeure,** loc. adv. De manière à ne pas changer de résidence. *Être à demeure quelque part.* ◆ En parlant des choses, de manière à n'être pas déplacé, ôté. *Établir un châssis à demeure. Semer à demeure,* répandre la semence dans un lieu d'où la plante ne doit pas être transplantée.

DEMEURÉ, ÉE, p. p. de demeurer. [demøʀe] Resté, laissé. *Demeuré en arrière, il hâta le pas.* ◆ Qui dure, qui survit. ◼ N. m. et n. f. Faible d'esprit. *Quel demeuré !*

DEMEURER, v. intr. [demøʀe] (lat. *demorari,* tarder, s'arrêter) Se conjugue avec *être* ou *avoir,* suivant le sens. S'arrêter, se tenir, rester en quelque endroit. *« J'ai demeuré captif en Égypte »,* Fénelon. *Je suis demeuré incapable de répondre.* ◆ *Demeurer chez soi,* ne pas sortir de sa maison, et par extens. ne pas quitter son pays, son genre de vie. ◆ *Demeurer ferme,* ne pas être ébranlé, ne pas reculer, et fig. persister avec fermeté. *Il demeura ferme dans son opinion.* ◆ *Demeurer en repos,* se tenir tranquille, et fig. ne rien faire, ne pas se donner du travail. ◆ *Ne pas demeurer en place,* être continuellement en mouvement. ◆ **Fig.** *Demeurer en arrière, demeurer en reste,* rester débiteur. ◆ *Ne pas demeurer en reste,* rendre la pareille. ◆ *Demeurer pour gage,* en parlant des personnes, être tué ou pris ; en parlant des choses, être perdu. ◆ *Demeurer sur la place,* être tué sur la place où l'on combattait. ◆ *Demeurer sur la bonne bouche,* ne plus rien prendre après une chose qui laisse un goût agréable, et fig. s'en tenir à une chose qui plaît. ◆ *Demeurer sur son appétit,* ne pas se rassasier de quelque chose, et fig. imposer un frein à ses désirs. ◆ *Demeurer d'accord,* convenir, avouer. ◆ *Demeurer,* s'arrêter par fatigue, blessure, embarras. ◆ **Fig.** *Il est demeuré au-dessous de son sujet,* il n'a pas fait ce que le sujet exigeait. *Il est demeuré au-dessous de lui-même,* il n'a pas fait ce qu'il était capable de faire, ce qu'il faisait autrefois. ◆ *Demeurer en chemin,* ne pas achever le trajet qu'on avait commencé, et fig. ne pas venir à bout de. ◆ **Fig.** *Demeurer en beau chemin,* abandonner un dessein qu'on avait entrepris, sans qu'il y ait de notable difficulté qui nous arrête. ◆ *En demeurer là,* ne pas continuer. ◆ *L'affaire n'en demeurera pas*

là, elle aura des suites. ◆ *Demeurons-en là,* n'en parlons pas davantage, et aussi tenons-nous-en à ce parti, à ce choix. ◆ On l'emploie dans la même acception sans la particule *en.* *« Voilà où tout est demeuré »,* Mme de Sévigné. ◆ Suivi d'un qualificatif, il exprime un état prolongé. *« Seigneur, avec raison je demeure étonnée »,* Racine. ◆ Ce qualificatif peut être un nom précédé d'une préposition. *Je demeurai dans une sorte de stupeur.* ◆ Employer un certain temps à faire quelque chose. *Il a demeuré longtemps en chemin. Il demeure longtemps à venir.* ◆ Habiter, faire sa demeure. ◆ En ce sens, il se conjugue toujours avec *avoir.* ◆ Ne pas se faire. *« Les soins publics seraient abandonnés ; les affaires demeureraient »,* Massillon. ◆ Subsister, rester. *« La gloire m'en demeure »,* P. Corneille. ◆ Persister, en parlant des personnes. *« Demeurez dans votre pensée, et faites ce qu'il vous plaira »,* Molière. ◆ *Demeurer à,* rester la propriété, l'acquisition, le propre. *Dans la vente ce livre m'est demeuré.* *« Que la force demeure toujours au souverain »,* Bossuet. ◆ Être la demeure, tenir, persister, durer, en parlant des choses. *« Une louange Qui demeure éternellement »,* Malherbe. *« C'est une vérité qui demeure éternellement »,* Massillon. ◆ *Demeurer sur le cœur, sur l'estomac,* se dit d'un aliment qui ne passe pas. ◆ **Fig.** *Cela lui est demeuré sur le cœur,* il en conserve du ressentiment. ◆ *Demeurer au théâtre,* ou absol. *demeurer,* en parlant d'une pièce, continuer à être jouée. ◆ **V. impers.** Rester. *Il lui est demeuré une cicatrice. « Il ne lui est pas demeuré de quoi se faire enterrer »,* La Bruyère.

DEMI, IE, adj. [dəmi] (lat. vulg. *dimedius,* du lat. *dimidius*) qui est invariable devant un substantif, et qui, placé après, prend seulement l'accord du genre. Qui est ou qui fait la moitié d'une chose. *Une demi-heure. Une heure et demie. Deux demi-heures.* ◆ *Midi et demi, minuit et demi,* une demi-heure après midi, après minuit. ◆ *Ni demi,* avec un substantif qui précède, signifie sans rien absolument de la chose dont il s'agit. *« S'affliger sans sujet ni demi »,* Molière. ◆ *Sans moitié ni demi,* absolument, sans restriction. ◆ *Et demi* se met après un substantif pour dire qu'il faut plus que la chose. *Avoir raison et demi.* ◆ Demi, placé devant un nom, auquel il est toujours uni par un trait d'union, marque l'infériorité de rang ou de valeur. *Un demi-dieu,* être mythologique qui tenait le milieu entre les dieux et les hommes. ◆ Souvent il exprime une idée de dénigrement. *Un demi-savant. « Les demi-habiles les méprisent »,* Pascal. ◆ *Demi-frère, demi-sœur,* celui, celle qui n'est frère ou sœur que du côté paternel ou maternel. ◆ **demi, ie.** **Arithm.** Une moitié d'unité. *Deux tiers et un demi.* ◆ Dans le langage général, *demie,* n. f. Une moitié d'unité. ◆ *Une demie,* une demi-heure. ◆ **Adv.** modifiant un adjectif ou un participe auquel il est joint par un trait d'union, à moitié. *« Fussiez-vous demi-pourri dans le tombeau, il vous ressuscitera »,* Bossuet. ◆ **à demi,** loc. adv. À moitié. ◆ Modifiant un verbe, en partie, imparfaitement. *« C'est ne vivre qu'à demi que de n'oser penser qu'à demi »,* Voltaire. ◆ *Il n'y en a pas à demi,* il y en a beaucoup. ◆ *Faire les choses à demi,* ne pas faire tout ce qu'il conviendrait de faire. ◼ **N. m.** Verre de bière commandé dans un débit de boisson. ◼ **Sp.** Joueur placé entre les avants et les arrières.

DEMIARD, ◼ n. m. [dəmjaʀ] (*demi*) **Québec** Unité de mesure des liquides correspondant au quart d'une pinte, soit 0,284 l. *Un demiard de mélasse.*

DEMI-AUNE, n. f. [dəmion] (*demi* et *aune*) La moitié d'une aune. ◆ **Au pl.** *Des demi-aunes.*

DEMI-BAIN, n. m. [dəmibɛ̃] (*demi* et *bain*) Bain dans lequel le corps ne plonge que jusqu'à l'ombilic. ◆ **Au pl.** *Des demi-bains.*

DEMI-BOUTEILLE, ◼ n. f. [dəmibutɛj] (*demi* et *bouteille*) Bouteille contenant la moitié du liquide ordinairement contenu dans une bouteille. *Des demi-bouteilles.*

DEMI-BRIGADE, n. f. [dəmibʀigad] (*demi* et *brigade*) Nom donné, pendant la première république française, au régiment d'infanterie et d'artillerie. ◆ **Au pl.** *Des demi-brigades.*

DEMI-CERCLE, n. m. [dəmisɛʀkl] (*demi* et *cercle*) **Escrime** Sorte de parade. ◆ On dit aussi *cercle.* ◆ **Fig.** *Rattraper quelqu'un au demi-cercle,* reprendre sur lui l'avantage quand il croit l'avoir. ◆ **Au pl.** *Des demi-cercles.*

DEMI-CHAÎNE ou **DEMI-CHAINE**, n. f. [dəmiʃɛn] (*demi* et *chaîne*) Sorte de pas figuré qui est la moitié de la chaîne entière. *Demi-chaîne anglaise.* ◆ *Demi-chaîne des dames.* ◆ **Au pl.** *Des demi-chaînes.*

DEMI-CLÉ ou **DEMI-CLEF**, ◼ n. f. [dəmikle] (*demi* et *clé*) **Mar.** Nœud marin simple. *Faire une demi-clé* ou *un nœud demi-clé.*

DEMI-COLONNE, ◼ n. f. [dəmikɔlɔn] (*demi* et *colonne*) **Archit.** Colonne engagée à moitié dans un mur. *Des demi-colonnes ioniques soutiennent le fronton.* ◼ *Meuble demi-colonne. Lavabo, lampe sur demi-colonne.*

DEMI-DEUIL, ◼ n. m. [dəmidœj] (*demi* et *deuil*) ▷ Partie du deuil moins sévère où certaines couleurs sont admises pour accompagner le noir. *Les demi-deuils duraient un an,* au lieu de deux pour le deuil, et permettaient le *port d'un vêtement noir et blanc ou violet.* ◁ ■ **Cuis.** Sauce blanche garnie de truffes accompagnant les volailles. *Des poulardes demi-deuil.*

DEMI-DIEU, n. m. [dəmidjø] Voy. DEMI.

DEMI-DOUZAINE, ■ n. f. [dəmiduzɛn] (*demi* et *douzaine*) Moitié d'une douzaine. *Des demi-douzaines d'œufs.*

DEMI-DROITE, ■ n. f. [dəmidʀwat] (*demi* et *droite*) **Géom.** Partie d'une droite limitée par un point d'origine. *L'angle est le tracé de deux demi-droites issues d'un même point.*

DÉMIELLER, ■ v. tr. [demjele] (*dé-* et *miel*) Retirer le miel de la cire. *Lorsqu'il démielle, l'apiculteur se protège des abeilles avec une tenue spéciale.*

DEMI-FINALE, ■ n. f. [dəmifinal] (*demi* et *finale*) Épreuve éliminatoire confrontant deux joueurs ou deux équipes, dont les vainqueurs disputeront la finale. *Les demi-finales hommes se dérouleront demain.*

DEMI-FINALISTE, ■ n. m. et n. f. [dəmifinalist] (*demi-finale*) Équipe ou joueur qui participe à une demi-finale. *Seuls deux des demi-finalistes du tournoi joueront le match de finale.*

DEMI-FOND, ■ n. m. [dəmifɔ̃] (*demi* et *fond*) **Sp.** Type de course à pied d'une distance variant entre huit cents et trois mille mètres, par opposition à la course de vitesse et la course de fond. *Un coureur de demi-fond. Des demi-fonds.*

DEMI-FORTUNE, n. f. [dəmifɔʀtyn] (*demi* et *fortune*) Voiture bourgeoise, à quatre roues, à un seul cheval. ♦ Au pl. *Des demi-fortunes.*

DEMI-FRÈRE, ■ n. m. [dəmifʀɛʀ] Voy. DEMI.

DEMI-GROS, ■ n. m. inv. [dəmigʀo] (*demi* et *gros*) Étape intermédiaire entre la vente en gros et la vente au détail.

DEMI-HEURE, ■ n. f. [dəmiœʀ] ou [dəmjœʀ] (*demi* et *heure*) La moitié d'une heure, soit trente minutes. *Prendre un médicament toutes les demi-heures.*

DEMI-JOUR, ■ n. m. [dəmiʒuʀ] (*demi* et *jour*) Lumière douce du jour, à l'aube et au crépuscule. *Des demi-jours.* ■ La moitié d'un jour. *Un barème établi en fonction du nombre de jours ou de demi-jours de travail effectif.*

DEMI-JOURNÉE, ■ n. f. [dəmiʒuʀne] (*demi* et *journée*) Moitié d'une journée. *Il peut encore prendre trois demi-journées de RTT.*

DÉMILITARISER, ■ v. tr. [demilitaʀize] (*dé-* et *militariser*) Priver d'organisation militaire. *Le Japon fut démilitarisé en 1945.* ■ Retirer la présence militaire d'un pays. *Une zone démilitarisée.* ■ DÉMILITARISATION, n. f. [demilitaʀizasjɔ̃]

DEMI-LITRE, ■ n. m. [dəmilitʀ] (*demi* et *litre*) Moitié d'un litre. *Il a acheté trois demi-litres de lait pour la semaine.*

DEMI-LONGUEUR, ■ n. f. [dəmilɔ̃gœʀ] (*demi* et *longueur*) **Sp.** Moitié d'une longueur de véhicule, de cheval. *Il perd la course d'une demi-longueur. Des demi-longueurs.*

DEMI-LUNE, n. f. [dəmilyn] (*demi* et *lune*) Ouvrage presque triangulaire que l'on construit vis-à-vis les courtines, se composant de deux faces formant un angle saillant vers la campagne et de deux demi-gorges prises sur la contrescarpe de la place. ♦ Partie circulaire à l'entrée d'un palais, à l'extrémité d'un jardin, à la rencontre de plusieurs allées.

DEMI-MAL, ■ n. m. [dəmimal] (*demi* et *mal*) Désagrément moins grave qu'on ne le supposait. *Les femmes parlent plus souvent de leurs demi-maux avec leurs amies qu'avec leur mari !*

DEMI-MESURE, ■ n. f. [dəmim(ə)zyʀ] (*demi* et *mesure*) Moitié d'une mesure. ■ Moyen insuffisant proposé pour résoudre un problème. *Ces demi-mesures ne pourront jamais résoudre le problème.*

DEMI-MONDAINE, ■ n. f. [dəmimɔ̃dɛn] (*demi* et *mondaine*) Vx Femme faisant partie d'une société de prostituées et de libertins aisés, appelée *demi-monde*. « *Une demi-mondaine que nous aimons ne perd pas pour nous de son prestige parce qu'elle est la fille de pauvres gens* », PROUST. ■ **Par extens.** et **péj.** Femme entretenue, de petite vertu. *Des demi-mondaines.*

DEMI-MOT, ■ n. m. [dəmimo] (*demi* et *mot*) Litt. Formulation qui atténue la pensée. *Ces quelques demi-mots lui ont suffi pour comprendre la situation.* ■ À DEMI-MOT, loc. adv. Sans nécessité d'exprimer toute sa pensée. *Parler à demi-mot.*

DÉMINAGE, ■ n. m. [deminaʒ] (*déminer*) Opération de retrait des mines explosives. *Des déminages sous-marins.*

DÉMINER, ■ v. tr. [demine] (*dé-* et *miner*) Retirer les mines explosives d'un espace donné.

DÉMINÉRALISATION, ■ n. f. [demineʀalizasjɔ̃] (*déminéraliser*) Action de déminéraliser. *Un système de déminéralisation adapté à une chaudière.* ■ **Méd.** Perte excessive des sels minéraux. *Déminéralisation osseuse, de l'émail dentaire.*

DÉMINÉRALISER, ■ v. tr. [demineʀalize] (*dé-* et *minéral*) Retirer les sels minéraux d'une eau. *Déminéraliser une eau calcaire.* ■ **Méd.** Détruire les sels minéraux d'un organisme. *Les acides d'origine bactérienne ou alimentaire commencent à déminéraliser l'émail.*

DÉMINEUR, EUSE, ■ n. m. et n. f. [deminœʀ, øz] (*déminer*) Personne chargée du déminage. ■ Jeu informatique fourni avec les logiciels usuels. *Le démineur fondé sur l'esprit de déduction se joue seul.*

DEMI-PAUSE, ■ n. f. [dəmipoz] (*demi* et *pause*) **Mus.** Silence de la durée d'une blanche. *Deux demi-pauses valent une pause, la demi-pause vaut deux soupirs.* ■ Signe sur la troisième ligne indiquant ce silence. *Des demi-pauses.*

DEMI-PENSION, ■ n. f. [dəmipɑ̃sjɔ̃] (*demi* et *pension*) Tarif que pratique un hôtel et qui correspond à la nuitée, à la prise d'un petit déjeuner et d'un repas. *Partir en vacances en demi-pension.* ■ Régime d'un élève qui prend son déjeuner au sein de l'établissement scolaire qu'il fréquente. *Des demi-pensions.*

DEMI-PENSIONNAIRE, ■ n. m. et n. f. [dəmipɑ̃sjɔnɛʀ] (*demi-pension*, d'après *pensionnaire*) Élève qui prend son déjeuner au sein de son établissement scolaire. *Les demi-pensionnaires du lycée bénéficient d'un self-service de qualité.* ■ Résident d'un hôtel ou d'un centre de vacances qui n'a payé que pour prendre un seul repas dans l'établissement, hors le petit déjeuner. *Les demi-pensionnaires de l'hôtel partent souvent tôt le matin pour ne rentrer qu'à l'heure du dîner.*

DEMI-PIÈCE, ■ n. f. [dəmipjɛs] (*demi* et *pièce*) Moitié d'une pièce de tissu. ■ Futaille dont la capacité varie entre 110 et 200 l environ. *Les demi-pièces de Bourgogne.*

DEMI-PLACE, ■ n. f. [dəmiplas] (*demi* et *place*) Place vendue la moitié de son prix. *Des demi-places de cinéma.*

DEMI-PLAN, ■ n. m. [dəmiplɑ̃] (*demi* et *plan*) **Géom.** Partie d'un plan limitée par une droite. *Des demi-plans.*

DEMI-POINTE, ■ n. f. [dəmipwɛ̃t] (*demi* et *pointe*) **Danse** Position du pied soulevé talon haut et phalanges à plat. *Faire les demi-pointes.* ■ Chausson de danse. *Mettre, chausser ses demi-pointes.*

DEMI-PORTION, ■ n. f. [dəmipɔʀsjɔ̃] (*demi* et *portion*) **Fam.** et **péj.** Individu petit et faible. *Ces voiturettes, c'est fait pour des demi-portions !*

DEMI-PRODUIT, ■ n. m. [dəmipʀɔdɥi] (*demi* et *produit*) **Écon.** Produit devant subir des transformations avant de servir. *Vente de demi-produits et de pièces finies.*

DEMI-QUEUE, ■ n. f. [dəmikø] (*demi* et *queue*) **Mus.** Piano d'une grandeur intermédiaire entre le piano à queue et le piano droit. *Des demi-queues.*

DEMI-RELIEF, ■ n. m. [dəmiʀəljɛf] (*demi* et *relief*) Ouvrage de sculpture où les figures apparaissent à moitié. *Les demi-reliefs apparaissent aux endroits où l'intensité de la lumière est plus faible.*

DEMI-RELIURE, ■ n. f. [dəmiʀəljyʀ] (*demi* et *reliure*) Couverture de livre où seul le dos est en peau. *Des demi-reliures en peau de chèvre.*

DEMI-RONDE, ■ n. f. [dəmiʀɔ̃d] (*demi* et *ronde*) Lime dont une face est arrondie. *Passer une baguette d'angle à la demi-ronde.*

DÉMIS, ISE, p. p. de démettre. [demi, iz]

DEMI-SAISON, ■ n. f. [dəmisezɔ̃] (*demi* et *saison*) Période intermédiaire entre l'hiver et l'été où les températures sont clémentes. *Des vêtements de demi-saison. Des demi-saisons.*

DEMI-SANG, ■ n. m. [dəmisɑ̃] (*demi* et *sang*) Race de cheval issue du croisement d'un pur-sang et d'une jument d'une autre race. *Des chevaux demi-sangs.*

DEMI-SEL, ■ n. m. [dəmisɛl] (*demi* et *sel*) Fromage frais à base de lait de vache, légèrement salé. ■ Produit laitier légèrement salé. ■ **Arg.** Proxénète ne faisant pas partie du milieu. *Des demi-sels.* ■ *Du demi-sel* ou *du beurre demi-sel*, du beurre salé. *Il préfère le demi-sel au beurre doux.*

DEMI-SŒUR, ■ n. f. [dəmisœʀ] (*demi* et *sœur*) Sœur consanguine (par le père) ou utérine (par la mère). *Bien s'entendre avec ses demi-sœurs.*

DEMI-SOLDE, ■ n. f. [dəmisɔld] (*demi* et *solde*) Salaire versé à un militaire correspondant à la moitié de son solde. *Des demi-soldes.* ■ N. m. inv. Officier de l'armée impériale en non-activité sous la Restauration. *Les demi-solde furent assignés à résidence dans leur lieu de naissance.*

DEMI-SOMMEIL, ■ n. m. [dəmisomɛj] (*demi* et *sommeil*) État intermédiaire entre la veille et le sommeil. *Une mauvaise nuit faite de demi-sommeils.*

DEMI-SOUPIR, ■ n. m. [dəmisupiʀ] (*demi* et *soupir*) **Mus.** Silence de la durée d'une croche. *Une mesure qui commence par deux demi-soupirs.* ■ Signe sur la troisième ligne indiquant ce silence.

DÉMISSION, n. f. [demisjɔ̃] (lat. *demissio*, abaissement, rapporté au sens de *dimittere*, abandonner, renoncer) Acte par lequel on renonce à une dignité, à un emploi. *Donner sa démission.* ■ **Fig.** Fait de ne pas assumer ses responsabilités. *La démission de certains parents.*

DÉMISSIONNAIRE, n. m. et n. f. [demisjɔnɛʀ] *(démission)* Personne qui a donné sa démission. ♦ Adj. *Un employé démissionnaire.* ■ Fig. *Des parents démissionnaires.*

DEMI-TARIF, ■ n. m. [dəmitaʀif] *(demi et tarif)* Tarif réduit de moitié. *Deux demi-tarifs et un plein tarif pour Paris, s'il vous plaît !* ■ Adj. inv. *Des tickets demi-tarif.*

DEMI-TEINTE, n. f. [dəmitɛ̃t] Voy. TEINTE.

DEMI-TON, ■ n. m. [dəmitɔ̃] *(demi et ton)* Mus. Intervalle entre deux notes correspondant à un douzième de ton. *Le dièse augmente la note d'un demi-ton. Demi-tons diatoniques ou demi-tons chromatiques.*

DEMI-TOUR, ■ n. m. [dəmituʀ] *(demi et tour)* La moitié d'un tour complet sur soi-même. *Demi-tour droite ! Des demi-tours.* ■ *Faire demi-tour,* prendre la direction opposée à celle que l'on vient de prendre.

DÉMIURGE, ■ n. m. [demjyʀʒ] *(gr. dêmiourgos, artisan, créateur)* Créateur de l'univers selon Platon. *Selon Platon, dans son œuvre Le Timée, pour que le monde sensible existe, il faut qu'un démiurge le crée.* ■ Par extens. Créateur d'une grande œuvre. *Chaque écrivain peut rêver d'être un grand démiurge.* ■ Rem. Graphie ancienne : *demiurge.* ■ DÉMIURGIQUE, adj. [demjyʀʒik]

DEMI-VIE, ■ n. f. [dəmivi] *(demi et vie)* Chim. Donnée statistique représentant l'intervalle de temps après lequel toute valeur décroissante est à la moitié de sa valeur initiale. *Certaines protéines de transport ont des demi-vies brèves.* ■ Phys. Temps au bout duquel une certaine quantité d'un élément radioactif a perdu la moitié de son activité. *Après une durée de temps équivalent à huit demi-vies, la matière n'est plus radioactive.*

DEMI-VIERGE, ■ n. f. [dəmivjɛʀʒ] *(demi et vierge)* Litt. et vx Jeune vierge aux mœurs libres.

DEMI-VOLÉE, ■ n. f. [dəmivole] *(demi et volée)* Sp. Balle frappée au tout début du rebond dès qu'elle touche le sol. *La maîtrise des demi-volées d'un joueur de football.*

DEMI-VOLTE, ■ n. f. [dəmivɔlt] *(demi et volte)* Équit. Figure où le cheval effectue la moitié d'un tour suivie d'une oblique. *Le cheval de dressage change régulièrement de trajectoire en réalisant des voltes et des demi-voltes.*

DÉMIXTION, ■ n. f. [demikstjɔ̃] *(dé- et mixtion)* Perte de l'homogénéité de liquides mélangés. *Le phénomène de démixtion observé dans un mélange d'eau et d'huile.*

DÉMO, ■ n. f. [demo] *(démonstration)* Fam. Court extrait montrant les divers aspects d'un logiciel. *La démo de ce jeu vidéo est très prometteuse.*

DÉMOBILISER, ■ v. tr. [demobilize] *(dé- et mobiliser)* Renvoyer des militaires à la vie civile. ■ Fig. Se démotiver. *Il s'est complètement démobilisé.* ■ DÉMOBILISATION, n. f. [demobilizasjɔ̃] ■ DÉMOBILISABLE, adj. [demobilizabl] ■ DÉMOBILISATEUR, TRICE, adj. [demobilizatœʀ, tʀis]

DÉMOCRATE, n. m. et n. f. [demokʀat] *(démocratie, d'après les mots grecs en -kratês, comme autokratês, qui règne par soi-même)* Personne qui est attachée aux principes, aux institutions de la démocratie. ♦ Adj. « *J.-J. Rousseau, philosophe démocrate et libre penseur* », VILLEMAIN.

DÉMOCRATE-CHRÉTIEN, IENNE, ■ n. m. et n. f. [demokʀat(ə)kʀetjɛ̃] *(démocrate et chrétien)* Personne qui prend partie pour la démocratie chrétienne. *Les démocrates-chrétiens revendiquent la dimension caritative de l'État au service de ses concitoyens.*

DÉMOCRATIE, ■ n. f. [demokʀasi] *(gr. dêmokratia, de dêmos, ensemble des citoyens, et radic. de kratos, force, pouvoir)* Gouvernement où le peuple exerce la souveraineté. ♦ Société libre et égalitaire où l'élément populaire a l'influence prépondérante. ♦ Régime politique dans lequel on favorise les intérêts des masses. ♦ *Le parti démocratique, la partie démocratique de la nation.* ♦ *Démocratie populaire,* État gouverné par un parti unique se réclamant du marxisme-léninisme. *Les démocraties populaires ont disparu durant la dernière décennie du xxᵉ siècle.*

DÉMOCRATIQUE, adj. [demokʀatik] *(gr. dêmokratikos, qui concerne la démocratie, partisan de la démocratie)* Qui appartient à la démocratie. *Gouvernement, esprit démocratique.*

DÉMOCRATIQUEMENT, adv. [demokʀatik(ə)mɑ̃] *(démocratique)* D'une manière démocratique. *Un pays régi démocratiquement.*

DÉMOCRATISATION, ■ n. f. [demokʀatizasjɔ̃] *(démocratiser)* Action de démocratiser. *La démocratisation de l'enseignement.*

DÉMOCRATISER, v. tr. [demokʀatize] *(démocratie)* Conduire à la démocratie. ♦ V. intr. Afficher des principes démocratiques. ■ Rendre accessible au plus grand nombre. *Démocratiser la culture.* ■ Se démocratiser, v. pr. *Le sport équestre se démocratise.*

DÉMODÉ, ÉE, p. p. de démoder. [demode] Qui n'est plus de mode.

DÉMODER, v. tr. [demode] *(dé- et mode)* Mettre hors de la mode. ♦ Se démoder, v. pr. N'être plus à la mode.

DEMODEX ou **DÉMODEX**, ■ n. m. [demodɛks] *(latin savant (1843) demodex, forgé sur le gr. dêmos, graisse, et dêx, ver)* Biol. Acarien parasite de l'homme et des animaux responsable de l'inflammation des follicules. *Les démodex peuvent provoquer des maladies de peau chez le chien.*

DÉMODULATEUR, ■ n. m. [demodylatœʀ] *(dé- et modulateur)* Télécomm. Appareil électronique servant à la démodulation. *Utilisation d'un démodulateur pour la télévision numérique par satellite. Un démodulateur satellite.*

DÉMODULATION, ■ n. f. [demodylasjɔ̃] *(dé- et modulation)* Télécomm. Procédé permettant la récupération d'un signal pur après la modulation de l'onde porteuse de ce signal. *La démodulation numérique.*

DÉMODULER, ■ v. tr. [demodyle] *(moduler)* Procéder à une démodulation. *Le modem module et démodule les signaux, d'où son nom.*

DÉMOGRAPHE, ■ n. m. et n. f. [demogʀaf] *(démographie)* Spécialiste de la démographie.

DÉMOGRAPHIE, ■ n. f. [demogʀafi] *(gr. dêmos, peuple, et -graphie)* Étude statistique et quantitative des populations humaines, de leur évolution et de leurs structures. ♦ Par méton. État quantitatif d'une population donnée. *La démographie en Asie est très importante.*

DÉMOGRAPHIQUE, ■ adj. [demogʀafik] *(démographie)* Qui a trait à la démographie. *Une courbe démographique.* ■ DÉMOGRAPHIQUEMENT, adv. [demogʀafik(ə)mɑ̃]

DEMOISELLE, n. f. [dəmwazɛl] *(anc. fr. damiselle, lat. vulg. domnicella, lat. domina)* Autrefois, fille et même femme née de parents nobles ; femme mariée non noble, mais bourgeoise. ♦ Aujourd'hui, dénomination de toutes les filles de famille qui ne sont pas mariées. *Rester demoiselle. Être encore demoiselle.* ♦ *Demoiselle d'honneur,* titre de jeunes filles nobles qui avaient un service auprès des reines et des princesses. ♦ *Demoiselle d'honneur,* jeune fille qui accompagne la mariée et quête à l'église. ♦ Hist. nat. Libellule. ♦ Nom de divers oiseaux, entre autres de la mésange à longue queue. ♦ Pièce de bois, dite aussi *hie,* qui sert aux paveurs à enfoncer les pavés.

DÉMOLI, IE, p. p. de démolir. [demoli]

DÉMOLIR, v. tr. [demoliʀ] *(lat. demoliri, mettre à bas)* Rompre la liaison d'un édifice, d'une masse construite. *Démolir une maison.* ♦ Mar. Mettre en pièces un navire hors de service. ♦ Par extens. *Démolir un corps de troupe,* lui faire subir dans un combat de très grandes pertes. ♦ Pop. Terrasser. *Démolir son adversaire.* ♦ Ruiner le crédit, l'influence, la réputation. *Il faut démolir cet homme.* ♦ En parlant de la santé, *c'est un homme démoli.*

DÉMOLISSAGE, ■ n. m. [demolisaʒ] *(radic. du p. prés. de démolir)* Fait de démolir. *Travaux de démolissage.* ■ Fait de ruiner le crédit, la réputation d'une personne, d'une institution. *Le démolissage d'une réputation.*

DÉMOLISSEUR, EUSE, n. m. et n. f. [demolisœʀ, øz] *(radic. du p. prés. de démolir)* Personne qui démolit, qui aime à démolir. ♦ Personne qui achète les vieux édifices pour les démolir. ♦ Fig. Celui qui attaque les opinions reçues, les institutions. « *Je suis grand démolisseur* », VOLTAIRE.

DÉMOLITION, n. f. [demolisjɔ̃] *(lat. demolitio)* Action de démolir. ♦ N. f. pl. Matériaux qui restent de ce qu'on a démoli.

DÉMON, n. m. [demɔ̃] *(lat. impér. dæmon, gr. daimôn ; l'anc. fr. demoygne vient du doublon lat. dæmonium)* Dans le polythéisme ancien, génie, esprit bon ou mauvais. ♦ Fig. « *Deux démons à leur gré partagent notre vie* », LA FONTAINE. ♦ Dans la religion chrétienne, les diables, les esprits malins. ♦ *Le démon,* Satan, prince des démons et principe du mal. ♦ Fig. et fam. Avoir de l'esprit comme un démon, avoir beaucoup d'esprit. ♦ Personne méchante qui se plaît à tourmenter les autres. *Cet homme est un vrai démon, un démon incarné.* ♦ *Faire le démon,* faire du bruit, s'emporter. ♦ Il se dit d'un enfant vif et malin. *C'est un petit démon.* ♦ *Comme un démon,* se dit sans y attacher de mauvaise idée, pour signifier impétuosité, ardeur, violence, etc. *Courir comme un démon.* ♦ La cause de l'inspiration, des impulsions bonnes ou mauvaises. *Le démon de la guerre, des combats, de la poésie.* « *Quel démon vous irrite et vous porte à médire ?* », BOILEAU. ♦ *Le démon de midi,* soif de nouvelles aventures amoureuses, de nouvelles relations sexuelles qui prend l'être humain au milieu de sa vie.

DÉMONE, ■ n. f. [demɔn] *(démon)* Démon féminin. *Les démones buveuses de sang dans la mythologie brahmaniste.* ■ Péj. Femme méchante, malveillante. *Ne parle pas à cette vieille démone !*

DÉMONÉTISATION, n. f. [demonetizasjɔ̃] *(démonétiser)* Action de démonétiser ; état de ce qui est démonétisé. *Démonétisation de l'or.*

DÉMONÉTISÉ, ÉE, p. p. de démonétiser. [demonetize]

DÉMONÉTISER, v. tr. [demonetize] *(dé- et radic. du lat. moneta)* Ôter à une monnaie, à un papier-monnaie, la valeur que la loi lui avait attribuée. ♦ Fig. Déprécier, rabaisser. ♦ Se démonétiser, v. pr. Être démonétisé, et fig. être déprécié.

DÉMONIAQUE, adj. [demɔnjak] (lat. *dæmoniacus*) Qui est possédé du malin esprit. *Une femme démoniaque.* ♦ N. m. et n. f. Homme, femme en proie au malin esprit. ♦ Personne en colère, passionnée. « *Il ne fera plus le démoniaque* », Fénelon.

DÉMONOGRAPHE, n. m. [demonograf] (gr. *daimôn* et *-graphe*) Auteur qui a écrit sur les démons.

DÉMONOGRAPHIE, n. f. [demonografi] (gr. *daimôn* et *-graphie*) Traité de la nature et de l'influence des démons.

DÉMONOLOGIE, ■ n. f. [demonoloʒi] (gr. *daimôn* et *-logie*) Étude des démons. *Belzébuth, Satan, Dracula ou les farfadets font partie des personnages de la démonologie.*

DÉMONOMANE, n. m. et n. f. [demonoman] (*démon* et *-mane*) Celui, celle qui est affectée de démonomanie.

DÉMONOMANIE, n. f. [demonomani] (gr. *daimôn* et *-manie*) Méd. Variété de l'aliénation mentale, dans laquelle le malade est tourmenté de l'idée d'être possédé du démon. ♦ Titre de livres traitant des démons et de la possession.

DÉMONSTRATEUR, n. m. [demɔ̃stratœr] (lat. *demonstrator*) Celui qui démontre, enseigne une science. ♦ Plus particulièrement, celui qui donne des leçons pratiques de botanique ou d'anatomie. ■ N. m. et n. f. Personne dont le métier est de présenter un produit aux clients pour qu'ils l'achètent. *Une démonstratrice en produits de beauté.*

DÉMONSTRATIF, IVE, adj. [demɔ̃stratif, iv] (lat. *demonstrativus*) Qui démontre, qui sert à démontrer. « *Cela est démonstratif* », Pascal. « *Je prouverai par des raisons démonstratives* », Molière. ♦ Rhét. Genre démonstratif et n. m. le démonstratif, celui des trois genres d'éloquence qui a pour objet la louange ou le blâme. ♦ Gramm. Qui exprime une idée d'indication. *Pronoms, adjectifs démonstratifs.* ♦ Qui démontre vivement tout ce qu'il a dans l'âme, et aussi qui témoigne des intentions bienveillantes.

DÉMONSTRATION, n. f. [demɔ̃strasjɔ̃] (lat. *demonstratio*) Raisonnement qui prouve avec évidence. « *Le fruit de la démonstration est la science* », Bossuet. ♦ Tout ce qui sert à démontrer. *Les faits sont la meilleure démonstration de cette proposition.* ♦ Leçon dans laquelle on met sous les yeux des élèves les objets mêmes dont on leur parle. ♦ Manifestation des dispositions, des intentions. *Des démonstrations hostiles. Des démonstrations d'amitié. Faire des démonstrations à quelqu'un.* ♦ Milit. Manœuvre qu'on fait pour donner le change sur l'aile droite de l'ennemi.

DÉMONSTRATIVEMENT, adv. [demɔ̃strativ(ə)mɑ̃] (*démonstration*) D'une manière démonstrative, convaincante. *Prouver démonstrativement.*

DÉMONTABLE, ■ adj. [demɔ̃tabl] (*démonter*) Que l'on est en mesure de démonter. *L'avantage des meubles en kit, c'est qu'ils sont démontables.*

DÉMONTAGE, n. m. [demɔ̃taʒ] (*démonter*) Action de démonter. *Démontage d'un fusil,* action d'en désunir les pièces.

DÉMONTÉ, ÉE, p. p. de démonter. [demɔ̃te] Qui a perdu le cheval qu'il montait. ♦ *Perdrix démontée,* perdrix qui a une aile cassée. ♦ Fig. *Un cerveau démonté.*

DÉMONTE-PNEU, ■ n. m. [demɔ̃t(ə)pnø] (*démonte* et *pneu*) Levier permettant de retirer la jante d'un pneu. *Des démonte-pneus.*

DÉMONTER, v. tr. [demɔ̃te] (*dé-* et *monter*) Renverser quelqu'un de sa monture. *Ce cheval a démonté son cavalier.* ♦ *Démonter quelqu'un,* lui ôter sa monture. ♦ Désassembler les différentes pièces dont une chose est composée. *Démonter une machine, une armoire, etc.* ♦ *Démonter des pierreries, des diamants,* les séparer de leur chaton, de la garniture qui les sertit. ♦ *Démonter un canon,* l'ôter de dessus son affût. ♦ Fam. *Bâiller à se démonter la mâchoire,* faire de grands bâillements. ♦ *Démonter une horloge, un tour nebroche,* faire qu'ils ne soient plus montés et qu'il faille ou en tendre les ressorts, ou en hausser les poids pour qu'ils aillent de nouveau. ♦ Milit. *Démonter une batterie,* la mettre à coups de canon hors d'état de servir. ♦ Fig. *Démonter la batterie de quelqu'un,* faire avorter ses projets. ♦ Chasse *Démonter une perdrix,* lui casser une aile d'un coup de fusil. ♦ *Se démonter le corps,* donner à son corps des attitudes forcées. ♦ *Se démonter le visage,* donner à son visage l'expression que l'on veut. ♦ Fig. Déranger. *Ces paroles démontent vos espérances.* ♦ Déconcerter, mettre hors d'état d'agir, de répondre. ♦ Absol. *Une nouvelle qui démonte.* ♦ Mettre hors de soi, révolter. ♦ Se démonter, v. pr. Être fait de manière à être démonté. *Cela se démonte.* ♦ Se disjoindre. ♦ Fig. *La machine commence à se démonter,* se dit de tout ce qui commence à se détraquer, et particulièrement d'une personne qui devient valétudinaire. ♦ *Son visage se démonte,* il donne à son visage l'expression qu'il veut. ♦ Fig. Se déranger. « *Les vieilles cervelles se démontent comme les jeunes* », Molière. ♦ Être déconcerté, être hors de soi.

DÉMONTRABLE, adj. [demɔ̃trabl] (*démontrer*) Qui peut être démontré.

DÉMONTRÉ, ÉE, p. p. de démontrer. [demɔ̃tre]

DÉMONTRER, v. tr. [demɔ̃tre] (lat. *demonstrare,* faire voir, exposer) Établir par un raisonnement convaincant. *Démontrer une proposition.* ♦ Témoigner par des signes extérieurs. *Ses cris démontrent qu'il souffre.* ♦ Faire voir la chose dont on parle, dont on fait leçon. *Démontrer l'anatomie.* ■ Absol. *Il démontre bien.* ♦ Se démontrer, v. pr. Être démontré.

DÉMORALISANT, ANTE, adj. [demoralizɑ̃, ɑ̃t] (*démoraliser*) Qui démoralise.

DÉMORALISATEUR, TRICE, adj. [demoralizatœr, tris] (*démoraliser*) Qui démoralise. *Opinion démoralisatrice.* ♦ N. m. et n. f. Celui qui démoralise.

DÉMORALISATION, n. f. [demoralizasjɔ̃] (*démoraliser*) Action de démoraliser ; état de ce qui est démoralisé.

DÉMORALISÉ, ÉE, p. p. de démoraliser. [demoralize]

DÉMORALISER, v. tr. [demoralize] (antonyme de *moraliser,* infl. du subst. *moral*) Rendre immoral. ♦ Ôter le moral, le courage, la confiance. ♦ Se démoraliser, v. pr. Perdre sa moralité ou son courage moral.

DÉMORDRE, v. intr. [demɔrdr] (*dé-* et *mordre*) Lâcher prise après avoir mordu. ♦ Fig. Se départir, renoncer. *Il ne démord pas de ses prétentions.*

DÉMOTIQUE, adj. [demotik] (gr. *dêmotikos,* qui concerne le peuple) Chez les anciens Égyptiens, écriture démotique, c'est-à-dire populaire, écriture abrégée de l'écriture hiératique. ■ N. f. Langue grecque moderne.

DÉMOTIVATION, ■ n. f. [demotivasjɔ̃] (*démotiver*) Ling. Perte de la motivation du sens d'un mot. *La démotivation de croquer dans joli à croquer qu'on ne comprend plus comme digne d'être dessiné.* ■ Perte ou absence de motivation.

DÉMOTIVÉ, ÉE, ■ adj. [demotive] (*dé-* et *motivé*) Ling. Relatif à un mot dont la motivation n'est plus perçue. ■ Qui a perdu sa motivation.

DÉMOTIVER, ■ v. tr. [demotive] (*motiver*) Faire perdre à quelqu'un sa motivation. *Être démotivé.* ■ Se démotiver, v. pr. *Si on ne l'augmente pas il va se démotiver.* ■ DÉMOTIVANT, ANTE, adj. [demotivɑ̃, ɑ̃t]

DÉMOUCHETER, v. tr. [demuʃ(ə)te] (*dé-* et *moucheter*) Dégarnir un fleuret de son bouton.

DÉMOULAGE, n. m. [demulaʒ] (*démouler*) Action de retirer du moule.

DÉMOULER, v. tr. [demule] (*dé-* et *mouler*) Opérer le démoulage.

DÉMOULEUR, ■ n. m. [demulœr] (*démouler*) Appareil servant à démouler. *Un démouleur de pièces plastiques, de glaçons.* ■ Sorte de cire qui empêche les colles d'adhérer convenablement. ■ N. m. et n. f. Manœuvre chargé de l'extraction de pièces moulées par des machines. *Elle est démouleuse dans la plasturgie.*

DÉMOUSTICATION, ■ n. f. [demustikasjɔ̃] (*démoustiquer*) Fait de démoustiquer. *La démoustication de certaines régions permet de lutter efficacement contre les maladies dues aux moustiques.*

DÉMOUSTIQUER, ■ v. tr. [demustike] (*dé-* et *moustique*) Éliminer les moustiques et leurs larves. *On démoustique régulièrement le Languedoc-Roussillon.* ■ DÉMOUSTIQUEUR, n. m. [demustikœr]

DÉMOUVOIR, v. tr. [demuvwar] (*dé-* et *mouvoir*) Faire renoncer à quelque prétention. Il n'est guère usité qu'à l'infinitif. *Rien ne l'a pu démouvoir de cette prétention.*

DÉMULTIPLEXAGE, ■ n. m. [demyltiplɛksaʒ] (*démultiplexer*) Télécomm. Action de démultiplexer. *Un démultiplexage audio.*

DÉMULTIPLEXER, ■ v. tr. [demyltiplɛkse] (*dé-* et *multiplexer*) Télécomm. Séparer des signaux différents auparavant combinés en un seul signal. *On peut démultiplexer un film sur support informatique en le séparant du fichier audio.*

DÉMULTIPLICATEUR, ■ n. m. [demyltiplikatœr] (*démultiplier*) Méc. Dispositif de transmission mécanique permettant de réduire une vitesse, une force. *Le démultiplicateur de force d'un sécateur.*

DÉMULTIPLIER, ■ v. tr. [demyltiplije] (*dé-* et *multiplier*) Méc. Réduire la vitesse dans la transmission mécanique afin d'augmenter la puissance. ■ Fig. Redimensionner. *Démultiplier le dispositif de formation d'une entreprise.* ■ DÉMULTIPLICATION, n. f. [demyltiplikasjɔ̃]

DÉMUNI, IE, p. p. de démunir. [demyni] Adj. Privé de ressources matérielles ou morales. *Je me trouve démunie devant son malheur.*

DÉMUNIR, v. tr. [demynir] (*dé-* et *munir*) Dégarnir de munitions. *Démunir une place.* ♦ Fig. Se démunir, v. pr. Se dessaisir de ce qui peut être considéré comme munition, réserve, ressource. *Se démunir de son argent.* ■ V. tr. Ôter à quelqu'un ce qui constituait une ressource pour lui. *On l'a démuni de ses responsabilités.*

DÉMURÉ, ÉE, p. p. de démurer. [demyre]

DÉMURER, v. tr. [demyre] (*dé-* et *murer*) Ouvrir une porte, une fenêtre murée.

DÉMUSELER, v. tr. [demyz(ə)le] (*dé-* et *museler*) Enlever la muselière d'un animal. ♦ **Fig.** *Démuseler les passions.* ♦ *Se démuseler*, v. pr. *Défaire sa muselière.*

DÉMYSTIFICATEUR, TRICE, ■ n. m. et n. f. [demistifikatœr, tris] (*démystifier*) Personne qui démystifie. ■ Adj. Relatif à la démystification. *Une satire démystificatrice.*

DÉMYSTIFICATION, ■ n. f. [demistifikasjɔ̃] (*mystification*) Disparition d'un mystère. *Les grands navigateurs ont permis la démystification d'un océan sans fin.*

DÉMYSTIFIER, ■ v. tr. [demistifje] (*dé-* et *mystifier*) Faire disparaître le mystère qui entoure une personne ou une situation. *Démystifier l'Internet.*

DÉMYTHIFIER, ■ v. tr. [demitifje] (*dé-* et *mythe*, sur le modèle de *mystifier*) Faire disparaître le caractère mythique d'un personnage, d'une chose, d'un fait. *Ça démythifie le personnage.*

DÉNAIRE, adj. [denɛr] (lat. *denarius*, de *deni*, chacun dix) Qui a dix chiffres ou caractères. *Arithmétique dénaire*, notre arithmétique qui se sert de dix chiffres ; on dit plutôt *décimale.*

DÉNANTI, IE, p. p. de dénantir. [denɑ̃ti]

DÉNANTIR, ■ v. tr. [denɑ̃tir] (*dé-* et *nantir*) Enlever à une personne ce dont elle était nantie. ♦ *Se dénantir*, v. pr. Abandonner des nantissements. *Se dénantir d'un gage.* ♦ **Par extens.** Se dépouiller de ce qu'on a.

DÉNASALISATION, ■ n. f. [denazalizasjɔ̃] (*dénasaliser*) **Phonét.** Changement d'un phonème nasal en un phonème oral. *La dénasalisation s'observe dans certains cas de liaison : divin enfant, par exemple.*

DÉNASALISER (SE), ■ v. pr. [denazalize] (*dé-* et *nasal* ; a remplacé *dénasaler*) **Ling.** Procéder à la dénasalisation d'un phonème. *La finale des adjectifs masculins se dénasalise lorsqu'on les met au féminin.*

DÉNATALITÉ, ■ n. f. [denatalite] (*dé-* et *natalité*) Réduction du nombre de naissances. *La dénatalité dans certains pays pose le problème d'une population vieillissante qui ne se renouvelle pas.*

DÉNATIONALISATION, n. f. [denasjɔnalizasjɔ̃] (*dénationaliser*) Action de dénationaliser. ♦ Action de changer de nation.

DÉNATIONALISER, v. tr. [denasjɔnalize] (*dé-* et *national*, devenu antonyme de *nationaliser*) Faire perdre le caractère national. ♦ *Dénationaliser une marchandise*, lui attribuer une provenance qui en dissimule la nationalité. ♦ *Se dénationaliser*, v. pr. Se dit d'un individu qui adopte une autre nation. ■ Abroger une mesure de nationalisation pour remettre dans le secteur privé. *Dénationaliser une compagnie d'assurances.*

DÉNATTÉ, ÉE, p. p. de dénatter. [denate]

DÉNATTER, v. tr. [denate] (*dé-* et *natter*) Défaire ce qui est arrangé en nattes. ♦ *Se dénatter*, v. pr. Être dénatté. *Ses cheveux se sont dénattés.* ♦ Défaire soi-même ses nattes.

DÉNATURALISATION, n. f. [denatyralizasjɔ̃] (*dénaturaliser*) Perte de l'état de naturalisation.

DÉNATURALISER, v. tr. [denatyralize] (*dé-* et *naturaliser*) Faire cesser l'état de naturalisation.

DÉNATURATION, n. f. [denatyrasjɔ̃] (*dénaturer*) Action de dénaturer. *La dénaturation d'une substance*, par exemple des alcools.

DÉNATURÉ, ÉE, p. p. de dénaturer. [denatyre] Dépravé. ♦ Se dit aussi en parlant des choses. *Une action dénaturée.* ♦ N. m. et n. f. Celui qui est devenu dépravé et sans entrailles.

DÉNATURER, v. tr. [denatyre] (*dé-* et *nature*) Changer la nature d'une chose. *Dénaturer des objets volés.* ♦ On dénature un bien en le vendant pour en acquérir d'autres dont on puisse disposer librement. ♦ **Jurispr.** *Dénaturer une créance*, changer une créance en une créance d'une autre nature. ♦ *Dénaturer un fait*, lui donner une autre nature, un autre caractère, en ajoutant, retranchant, changeant les circonstances. ♦ *Dénaturer une pensée, une phrase, etc.* y faire des changements tels que le caractère en soit tout à fait altéré. ♦ Rendre dur, dépravé. ♦ *Se dénaturer*, v. pr. Perdre sa nature. *Des bains se dénaturent. Des faits se dénaturent en passant de bouche en bouche.* ♦ Devenir dénaturé, méchant.

DÉNAZIFICATION, ■ n. f. [denazifikasjɔ̃] (*dénazifier*) Démantèlement des réseaux d'influence nazie. *La dénazification de l'administration allemande après la Deuxième Guerre mondiale.*

DÉNAZIFIER, ■ v. tr. [denazifje] (*dé-* et *nazi*) Procéder à la dénazification. *À la conférence de Potsdam (17 juillet - 2 août 1945), il fut décidé de dénazifier l'Allemagne et de traduire les principaux responsables nazis devant le tribunal de Nuremberg.*

DENDRITE, n. f. [dɑ̃drit] (b. lat. *dendrites*, empr. au gr. *dendritês*, qui concerne les arbres, de *dendron*, arbre) Pierre arborisée. ♦ Nom des dessins qui sont sur ces pierres. ■ **Anat.** Prolongement ramifié d'un neurone

servant à le relier à un neurone voisin. ■ **Rem.** On prononçait autrefois [dɛdrit] avec *in* et non *an*.

DENDRITIQUE, ■ adj. [dɑ̃dritik] (*dendrite*) **Anat.** Relatif aux dendrites. *Les cellules dendritiques.* ■ **Géogr.** Relatif à un réseau fluvial aux ramifications denses et de forme arborescente. *Le tracé hydrographique gabonais est de type dendritique.*

DENDROCHRONOLOGIE, ■ n. f. [dɑ̃drokronoloʒi] (*dendro-* et *chronologie*) Technique d'étude des climats et de datation archéologique à partir des cernes de croissance des troncs d'arbres. *La dendrochronologie se prête particulièrement à la datation des pièces de bois issues de fouilles sous-marines.*

DENDROLOGIE, ■ n. f. [dɑ̃droloʒi] (*dendro-* et *-logie*)) Étude scientifique des arbres et des végétaux ligneux. *La dendrologie forestière regroupe les connaissances morphologiques fondamentales visant à l'identification des principales espèces végétales forestières.*

DÉNÉBULATION ou **DÉNÉBULISATION**, ■ n. f. [denebylasjɔ̃, denebylizasjɔ̃] (*dénébuler*) **Aéronaut.** Fait de dénébuler. *La dénébulation des pistes d'aérodrome peut se faire par diffusion de propane.*

DÉNÉBULER ou **DÉNÉBULISER**, ■ v. tr. [denebyle, denebylize] (*dé-* et radic. du lat. *nebula*, brouillard) **Aéronaut.** Provoquer artificiellement la dissipation du brouillard. ■ **Fig.** *Dénébuler ses appréhensions face à l'inconnu.*

DÉNÉGATION, n. f. [denegasjɔ̃] (lat. impér. *denegatio*, lat. *denegare*, nier fortement) **Jurispr.** Action de dénier, de contester. *Dénégation d'un droit.* ♦ Déclaration par laquelle on soutient qu'un fait est faux. ♦ *Dénégation d'écriture*, action de dénier l'écrit qu'on nous oppose. ♦ Dans le langage général, action de nier.

DÉNEIGER, ■ v. tr. [deneʒe] (*dé-* et *neige*) Retirer la neige. ■ **DÉNEIGEMENT**, n. m. [denɛʒ(ə)mɑ̃]

DÉNI, n. m. [deni] (*dénier*) Action de nier. *Faire un déni que*, etc. ♦ **Jurispr.** Refus d'une chose due. *Déni d'aliments. Déni de justice*, manquement d'un juge à rendre la justice qu'on lui demande, soit par refus, soit par négligence, et dans le langage général, refus d'accorder à quelqu'un ce qui lui est dû.

DÉNIAISÉ, ÉE, p. p. de déniaiser. [denjeze] N. m. et n. f. *Un déniaisé.*

DÉNIAISER, ■ v. tr. [denjeze] (*dé-* et *niais*) Rendre quelqu'un moins niais, moins simple, moins gauche. ♦ Ironiquement, tromper quelqu'un, abuser de sa simplicité. ♦ *Se déniaiser*, v. pr. Cesser d'être niais.

DÉNICHÉ, ÉE, p. p. des deux verbes dénicher. [deniʃe]

1 DÉNICHER, v. tr. [deniʃe] (*dé-* et *nicher*) Enlever du nid. *Dénicher des oiseaux.* ♦ Découvrir la retraite de quelqu'un à force de recherches. ♦ Découvrir un objet rare, curieux. ♦ **Fig. et fam.** Débusquer d'un poste, d'une retraite. *Dénicher les ennemis d'un fort.* ♦ **V. intr.** Se conjugue avec *être* ou *avoir*, suivant le sens. Abandonner le nid. *Tous les oiseaux ont déniché ce matin.* ♦ **Fig.** Sortir, s'évader avec précipitation. « *Dénichons de céans* », MOLIÈRE. ♦ **Fig.** *Les oiseaux ont déniché* se dit en parlant de gens partis, de prisonniers évadés, etc. ■ Trouver, découvrir. *Elle a déniché ce tableau dans un grenier.*

2 DÉNICHER, v. tr. [deniʃe] (*dé-* et *niche*) Ôter, enlever d'une niche. *Dénicher une statue.*

DÉNICHEUR, EUSE, n. m. et n. f. [deniʃœr, øz] (*dénicher*) Personne qui déniche les petits oiseaux. ♦ **Fam.** *Un dénicheur de merle*, un homme adroit et qui est à l'affût des bonnes occasions. ♦ **Fig.** *Un dénicheur d'antiquités, de curiosités*, celui qui sait trouver découvrir les antiquités, les curiosités.

DÉNICOTINISER, ■ v. tr. [denikotinize] (*dé-* et *nicotine*) Débarrasser le tabac de sa nicotine. *Certains sulfateurs dénicotinisent le tabac.* ■ **DÉNICOTINISATION**, n. f. [denikotinizasjɔ̃]

DÉNICOTINISEUR, ■ n. m. [denikotinizœr] (*dénicotiniser*) Dispositif filtrant une partie de la nicotine.

DÉNIÉ, ÉE, p. p. de dénier. [denje] Nié. ♦ Refusé.

DENIER, n. m. [dənje] (lat. *denarius*, de *deni*, chacun dix) Monnaie romaine d'argent, qui d'abord valut dix as et plus tard seize. ♦ Ancienne monnaie française d'argent, et aussi d'or. ♦ Sorte de monnaie de cuivre, ayant cours pour la douzième partie d'un sou, et dite aussi *denier tournois.* ♦ **Fig.** « *Un débiteur dont il faut exiger jusqu'au dernier denier* », MASSILLON. ♦ *Le denier de la veuve*, l'aumône faite par le pauvre. ♦ *Denier fort*, ou *fort denier*, ce qu'il faut ajouter à la fraction qui excède une somme pour avoir la valeur de la plus petite monnaie au-dessus de la fraction. *Le fort denier est pour le marchand.* ♦ *Denier de Saint-Pierre*, argent recueilli parmi les catholiques pour subvenir aux besoins du pape. ♦ *Denier à Dieu*, arrhes pour une location, pour un marché. ♦ Une somme d'argent indéterminée. « *Quatre ou cinq mille écus est un denier considérable* », MOLIÈRE. *Deniers dotaux. Les deniers publics*, les fonds appartenant à l'État, à une ville. ♦ **Fig.** *Vendre quelqu'un à beaux deniers comptants*, le trahir pour de l'argent, par intérêts.

♦ *Intérêt d'une somme, d'un capital. Le denier cinq, dix, vingt,* l'intérêt valant le cinquième, le dixième, le vingtième du capital, c'est-à-dire 20, 10, 5 pour cent. « *L'argent à tout denier se prêta sans usure* », BOILEAU. ♦ *Denier de fin* ou simplement *denier,* chacune des parties de fin contenues dans une quantité quelconque d'argent que l'on suppose partagée en douze parties égales. *L'argent pur est dit de l'argent à douze deniers.* ■ *Denier du culte,* contribution volontaire que les fidèles d'une paroisse catholique versent pour subvenir aux besoins du clergé.

DÉNIER, v. tr. [denje] (lat. *denegare,* nier fortement) Nier. *Il dénia le crime.* ♦ Refuser. *Dénier des aliments. On lui a dénié toute justice.* ♦ Se dénier, v. pr. Être dénié.

DÉNIGRANT, ANTE, adj. [denigrɑ̃, ɑ̃t] (*dénigrer*) Qui dénigre, qui exprime le dénigrement. *Un homme, un langage dénigrant.*

DÉNIGRÉ, ÉE, p. p. de dénigrer. [denigʁe] Dont on dit du mal.

DÉNIGREMENT, n. m. [denigʁəmɑ̃] (*dénigrer*) Action de dénigrer. ♦ État de mépris. *Tomber dans le dénigrement.*

DÉNIGRER, v. tr. [denigʁe] (lat. impér. *denigrare,* teindre en noir, sens fig. en b. lat. *niger,* noir) S'efforcer par des discours de rendre noir, c'est-à-dire d'effacer la bonne opinion que les autres ont de quelqu'un, ou de dépriser la qualité d'une chose. ♦ Se dénigrer, v. pr. Dire du mal de soi-même. ♦ Dire du mal les uns des autres.

DÉNIGREUR, EUSE, n. m. et n. f. [denigʁœʁ, øz] (*dénigrer*) Celui qui dénigre.

DENIM, ■ n. m. [dənim] (mot américain de *toile de Nîmes*) Tissu à trame blanche et fils bleus, très résistant, servant à la fabrication des jeans. ■ Vêtement fabriqué dans la même toile que celle d'un jean. *Des bleus de travail en denim rigide et des vêtements de sport en denim léger.* ■ En appos. *Une veste denim.*

DÉNIVELÉ, ÉE, ■ adj. [deniv(ə)le] (*déniveler*) Qui est à un niveau différent. ■ N. m. *Un dénivelé.*

DÉNIVELER, v. tr. [deniv(ə)le] (*dé-* et *niveler*) Ôter le niveau. ■ Créer une différence de niveau. *Déniveler un terrain.*

DÉNIVELLATION, n. f. [denivelasjɔ̃] (*déniveler*) Action de déniveler ; résultat de cette action.

DÉNIVELLEMENT ou **DÉNIVÈLEMENT,** n. m. [denivel(ə)mɑ̃] (*déniveler*) Le résultat de la dénivellation ; variation de niveau.

DÉNIZATION, n. f. [denizasjɔ̃] (mot anglais, de *denizen,* étranger admis à la jouissance de certains droits) ▷ Sorte de naturalisation accordée en Angleterre. ◁

DÉNOMBRABLE, ■ adj. [denɔ̃bʁabl] (*dénombrer*) Qui peut être dénombré, dont on peut compter le nombre d'éléments. *La classe des conjonctions constitue un ensemble dénombrable, mais pas celle des substantifs.* ■ **Math.** *Les infinis dénombrables.* ■ **Ling.** Que l'on peut compter, en parlant des noms qui désignent des choses. *Le mot noisette est dénombrable parce qu'on peut dire deux noisettes, alors qu'on ne peut pas dire deux argents, le mot argent étant indénombrable.*

DÉNOMBRÉ, ÉE, p. p. de dénombrer. [denɔ̃bʁe]

DÉNOMBREMENT, n. m. [denɔ̃bʁəmɑ̃] (*dénombrer*) Compte de personnes. Il ne se dit guère qu'en parlant d'un très grand nombre. Compte des personnes qui habitent un pays. « *Il est prouvé que la France ne contient qu'environ vingt millions d'âmes tout au plus, par le dénombrement des feux exactement donné en 1751* », VOLTAIRE. ♦ Énumération, en parlant des choses. *Faire le dénombrement de tous les cas qui,* etc. ♦ **Log.** *Dénombrement imparfait,* faute de raisonnement par laquelle on tire une conclusion générale de plusieurs cas examinés, lorsqu'on a oublié précisément ceux qui rendent la conclusion fausse.

DÉNOMBRER, v. tr. [denɔ̃bʁe] (lat. *dinumerare,* avec infl. phon. de *nombre*) Faire un dénombrement. ♦ Se dénombrer, v. pr. Être dénombré.

DÉNOMINATEUR, n. m. [denominatœʁ] (lat. impér. *denominator,* celui qui désigne) Celui des deux termes d'une fraction qui marque en combien de parties l'unité est divisée. ■ *Dénominateur commun,* dénominateur qui est le même pour plusieurs fractions ; fig. point commun. *L'aide apportée aux plus défavorisés reste le dénominateur commun de ces différentes associations.*

DÉNOMINATIF, IVE, adj. [denominatif, iv] (lat. impér. *denominativus,* dérivé) Qui sert à nommer. *Terme dénominatif.*

DÉNOMINATION, n. f. [denominasjɔ̃] (lat. impér. *denominatio,* métonymie, désignation) Désignation d'une personne ou d'une chose par un nom.

DÉNOMMÉ, ÉE, p. p. de dénommer. [denome] N. m. et n. f. *Le dénommé Martin.*

DÉNOMMER, v. tr. [denome] (lat. impér. *denominare,* avec infl. de *nommer*) Pratiq. Nommer une personne dans un acte. ♦ Dans le langage général, assigner un nom. ♦ Se dénommer, v. pr. Être dénommé.

DÉNONCÉ, ÉE, p. p. de dénoncer. [denɔ̃se]

DÉNONCER, v. tr. [denɔ̃se] (lat. *denuntiare,* notifier, déclarer) Déclarer, publier. *Dénoncer la guerre.* « *Il lui envoya dénoncer qu'il eût à lui payer le tribut* », VAUGELAS. ♦ *Dénoncer la fin de l'armistice* ou simplement *l'armistice,* annoncer la reprise des hostilités. ♦ *Dénoncer un traité,* faire connaître aux puissances contractantes l'expiration de ce traité. ♦ Faire connaître. « *Il me dénonce expressément cette volonté despotique* », VOLTAIRE. ♦ Annoncer avec menace. « *Il leur dénonce de rigoureux châtiments* », BOSSUET. ♦ Déférer à l'autorité, signaler à la justice. ♦ **Jurispr.** Faire connaître extrajudiciairement quelque chose à quelqu'un. *Dénoncer une opposition.* ♦ Se dénoncer, v. pr. Être déclaré. ♦ Se révéler à la justice. ♦ Faire des dénonciations les uns contre les autres. ■ V. tr. Annoncer publiquement son désaccord. *Dénoncer un abus.* ■ *Dénoncer quelqu'un,* le désigner comme auteur d'un acte répréhensible. *Dénoncer un travailleur au noir.*

DÉNONCIATEUR, TRICE, n. m. et n. f. [denɔ̃sjatœʁ, tʁis] (b. lat. *denuntiator,* officier de police, annonceur au théâtre) Celui, celle qui dénonce, qui accuse. ♦ Ce terme est d'ordinaire pris en mauvaise part. ♦ Terme de droit criminel. Celui qui fait connaître un crime à la justice.

DÉNONCIATION, n. f. [denɔ̃sjasjɔ̃] (lat. *denuntiatio,* annonce, déclaration) Déclaration, publication. *La dénonciation de la guerre.* ♦ **Dr.** Acte qui fait connaître au débiteur l'opposition formée sur lui entre les mains d'un tiers. ♦ Accusation, délation. *Une dénonciation calomnieuse.* ♦ Déclaration faite à la justice d'un crime ou délit par celui qui en a connaissance.

DÉNOTATION, n. f. [denotasjɔ̃] (lat. impér. *denotatio,* indication) Désignation d'une chose par certains signes.

DÉNOTÉ, ÉE, p. p. de dénoter. [denote]

DÉNOTER, v. tr. [denote] (lat. *denotare,* indiquer) Désigner par certaines marques ou notes. « *Toutes les choses qui dénotent quelque imperfection* », DESCARTES. ♦ Se dénoter, v. pr. Être dénoté.

DÉNOUÉ, ÉE, p. p. de dénouer. [denwe]

DÉNOUEMENT, n. m. [denumɑ̃] (*dénouer*) Action de dénouer. *Le dénouement d'une corde.* ♦ Par extens. *Le dénouement de la langue.* ♦ Le point où aboutit et se résout l'intrigue d'une épopée, d'un drame, d'un roman. ♦ Par extens. *Le dénouement de cette terrible histoire.* ♦ Solution d'une chose difficile, embrouillée. « *Les dénoûments qui découvrent les crimes les plus cachés paraissent si simples qu'il semble qu'il n'y ait que Dieu seul qui puisse en être l'auteur* », LA BRUYÈRE. ■ Rem. Graphie ancienne : *dénoûment.*

DÉNOUER, v. tr. [denwe] (*dé-* et *nouer*) Défaire un nœud ; détacher ce qui est retenu par un nœud. ♦ Fig. « *Saint Louis regardait ce vœu comme un lien qu'il n'était pas permis aux hommes de dénouer* », VOLTAIRE. ♦ *Dénouer la langue,* faire parler. ♦ Dégager par l'exercice, par des moyens orthopédiques les parties du corps qui étaient nouées. *Dénouer un enfant.* ♦ *Dénouer le corps,* le rendre plus souple, plus dégagé. ♦ *Dénouer une intrigue,* la mener à sa fin, en parlant d'une pièce de théâtre. ♦ Se dénouer, v. pr. Être dénoué. ♦ Se débarrasser d'un obstacle. ♦ Fig. « *Avec un tel secret leur langue se dénoue* », P. CORNEILLE. ♦ Se développer, en parlant du corps.

DÉNOÛMENT, n. m. [denumɑ̃] Voy. DÉNOUEMENT.

DÉNOYAGE, ■ n. m. [denwajaʒ] (*dénoyer*) Techn. Fait de dénoyer. *Le dénoyage d'une mine avant son exploitation.*

DÉNOYAUTER, ■ v. tr. [denwajote] (*dé-* et *noyau*) Retirer le noyau d'un fruit. *Olives dénoyautées.* ■ DÉNOYAUTAGE, n. m. [denwajotaʒ]

DÉNOYAUTEUR, ■ n. m. [denwajotœʁ] (*dénoyauter*) Appareil servant à dénoyauter. *Un dénoyauteur à olives, à cerises.* ■ N. m. et n. f. Ouvrier, ouvrière qui dénoyaute les fruits destinés à la confiserie. ■ N. f. Machine à dénoyauter. *Une dénoyauteuse à prunes.*

DÉNOYER, ■ v. tr. [denwaje] (*dé-* et *noyer*) Techn. Drainer l'eau d'une mine en vue de l'assécher. *Des berges dénoyées par la sècheresse.*

DENRÉE, n. f. [dɑ̃ʁe] (anc. fr. *denerée,* de *denier* : valeur d'un denier, puis marchandise) Toute espèce de marchandise. *Denrées alimentaires. Denrées coloniales.* ♦ Mauvaise marchandise. ♦ Toute production de la terre destinée à la vente et employée pour la nourriture. *Grosses, menues denrées.* ■ Fig. *Denrée rare,* ce qui se trouve difficilement.

DENSE, adj. [dɑ̃s] (lat. *densus*) Épais, compact. *Un air, une vapeur dense.* ♦ Par extens. Se dit d'un corps dont le poids fait supposer que les molécules sont très serrées les unes contre les autres. *Le platine est le plus dense des métaux.* ♦ Par comparaison, on nomme dense tout corps qui, sous un même volume, pèse plus qu'un autre. *L'eau est plus dense que l'air.* ■ Important par le nombre en regard de la surface occupée. *Une population dense. Ce texte est trop dense, il faudrait l'aérer.*

DENSÉMENT, ■ adv. [dɑ̃semɑ̃] (*dense*) De façon dense. *Des quartiers densément peuplés.*

DENSIFIER, ■ v. tr. [dɑ̃sifje] (*dense*) Augmenter la densité de quelque chose. « *Un réseau complexe de zones d'accostage qui s'étend, sur cinquante kilomètres, jusqu'à Saint-Nazaire, réseau qui n'a cessé de se densifier et de se diversifier depuis un demi-siècle* », GRACQ. ■ **Spécialt** Augmenter la densité d'un bois par compression pour améliorer sa qualité. ■ **DENSIFICATION**, n. f. [dɑ̃sifikasjɔ̃]

DENSIMÈTRE, ■ n. m. [dɑ̃simɛtr] (*dense* et *-mètre*) Appareil servant à mesurer la densité. *Le densimètre de viticulteur mesure la densité du moût, ce qui permet d'évaluer le taux d'alcool probable du vin.*

DENSIMÉTRIE, ■ n. f. [dɑ̃simetri] (*dense* et *-métrie*) Méthode de mesure des densités. ■ **DENSIMÉTRIQUE**, adj. [dɑ̃simetrik]

DENSITÉ, n. f. [dɑ̃site] (lat. *densitas*) Qualité de ce qui est dense. *La densité du brouillard.* ◆ Poids des corps qui nous paraissent lourds. *La densité du mercure.* ◆ Supériorité de poids sous un même volume. *La densité de l'eau est plus grande que celle de l'alcool.* ◆ **Phys.** Rapport de la masse d'un corps à son volume. ◆ Rapport du nombre d'habitants à la surface habitée. *Une région de faible densité.*

DENT, n. f. [dɑ̃] (lat. *dens*, génit. *dentis*) Chacun des petits os recouverts d'émail, qui, enclavés dans la mâchoire, servent à mâcher. ◆ *Dents de lait,* les premières dents, qui sont au nombre de vingt, et qui sont destinées à tomber pour être remplacées. *Dents de la seconde dentition,* celles qui remplacent les dents de lait et qui sont destinées à rester. *Dents de sagesse,* dents qui poussent les dernières. ◆ *Avoir la mort entre les dents,* tenir la mort entre les dents, être très vieux, ou bien être très malade. ◆ *Vouloir prendre la lune avec les dents,* se dit d'une chose impossible. ◆ **N. f.** *Une sans-dent,* une femme qui n'a plus de dents. ◆ *Être armé jusqu'aux dents,* être garni d'armes défensives qui couvrent le corps entier jusqu'aux dents, et par extension être pourvu de toutes les armes nécessaires à l'attaque et à la défense. ◆ **Fig.** et **plais.** *Être savant jusqu'aux dents,* être très savant. ◆ *Dents artificielles, fausses dents, dents d'imitation,* ou simplement *dents,* nom donné aux dents que l'on substitue à celles qui ont été arrachées ou qui sont tombées. ◆ **Fig.** *Prendre l'écuelle aux dents,* se mettre à manger. *N'avoir pas de quoi mettre sous la dent,* n'avoir pas de quoi manger, de quoi vivre. *Manger de toutes ses dents,* manger vite et beaucoup. *Manger du bout des dents,* manger à contrecœur. *Il n'y en a pas pour sa dent creuse,* se dit quand on sert peu de choses à un homme de grand appétit. ◆ *Mordre à belles dents,* mordre vigoureusement. ◆ *Avoir les dents longues,* avoir grand-faim. ◆ *Parler entre les dents,* parler peu distinctement. ◆ **Fam.** *Rire du bout des dents,* s'efforcer de rire sans en avoir envie. ◆ Nom des petits os qui garnissent la bouche des animaux et qui leur servent à manger, à attaquer, à se défendre. ◆ **Fig.** *La dent,* ce qui sert à mordre et à déchirer. ◆ *Avoir une dent contre quelqu'un,* lui en vouloir. ◆ *Déchirer à belles dents,* dévorer. ◆ *Coup de dent,* morsure, et fig. mot piquant, médisant. ◆ *Tomber sous la dent,* être mordu, et fig. essuyer de quelqu'un soit des propos fâcheux, soit un mauvais traitement. ◆ *Montrer les dents,* se dit d'un animal qui menace et montre les dents, et fig. *montrer les dents à quelqu'un,* lui parler sévèrement, durement. ◆ *Malgré mes dents,* sans craindre des dents menaçantes d'un animal, et fig. *malgré ses dents,* malgré lui. ◆ *Prendre le mors aux dents,* se dit d'un cheval qui s'emporte, le mors n'opérant pas plus d'effet sur les barres que si le cheval le tenait serré entre les dents. ◆ **Fig.** *Prendre le mors aux dents,* se livrer à ses passions, à son emportement, à sa fougue ; se mettre en colère, s'emporter, et encore se livrer au travail, aux affaires avec ardeur, après être resté dans l'inaction, dans l'indolence. ◆ *Le cheval est sur les dents,* quand fatigué il appuie ses dents sur le mors, et fig. *être sur les dents,* être accablé de fatigue. *Mettre sur les dents,* exténuer de fatigue. ◆ *Les dents,* la dentition. *Cet enfant fait ses dents.* ◆ *Dent d'éléphant,* une défense de l'éléphant. ◆ *Dent de narval,* longue défense qui arme la mâchoire supérieure des narvals. ◆ Nom des pointes qui garnissent certains instruments. *Les dents d'une scie, d'un peigne.* ◆ **Bot.** Saillie plus ou moins aiguë du bord des organes membraneux. ◆ *Dent de broderie,* broderie en forme de dent. ◆ *Brèche qui est au tranchant d'une lame. Ce couteau a des dents.* ◆ *Dent de lion,* nom vulgaire du pissenlit commun. ◆ **Prov.** *Œil pour œil, dent pour dent,* se dit en parlant d'une vengeance égale à l'offense. ■ **Fig.** et **fam.** *Avoir les dents longues* ou *avoir les dents qui raient le parquet,* être très ambitieux. ■ **Fig.** *En dents de scie,* de façon irrégulière, avec des hauts et des bas.

1 **DENTAIRE**, adj. [dɑ̃tɛr] (lat. impér. *dentarius*, de *dens*, dent) Qui appartient, qui a rapport aux dents. *Arcade dentaire.* ■ Relatif aux activités du dentiste. *Un cabinet dentaire.*

2 **DENTAIRE**, n. f. [dɑ̃tɛr] (lat. impér. *dentaria* [*herba*]) **Bot.** Genre de plantes crucifères, ainsi nommées parce que les racines en sont dentées.

DENTAL, ALE, adj. [dɑ̃tal] (*dent*) **Anat.** Qui appartient aux dents. *Nerfs dentaux.* ◆ **Gramm.** *Lettres dentales,* lettres qui ne peuvent être prononcées sans que la langue touche aux dents, telles que *d, t.* ◆ **N. f.** *Une dentale,* c'est-à-dire une consonne dentale.

DENT-DE-LION, ■ n. f. [dɑ̃dəljɔ̃] (*dent* et *lion*) Pissenlit. *Des dents-de-lion en salade.*

DENTÉ, ÉE, p. p. de denter. [dɑ̃te] **Bot.** *Feuille dentée.* ◆ **Hérald.** Se dit des animaux dont on voit les dents.

DENTÉE, n. f. [dɑ̃te] (*dent*) Coup de dents qu'un chien donne au gibier. ◆ Coup que le sanglier donne avec ses défenses.

DENTELAIRE, n. f. [dɑ̃t(ə)lɛr] (radic. de *denteler*) **Bot.** Genre de plantes, dont une espèce était employée contre le mal de dents.

DENTELÉ, ÉE, adj. [dɑ̃t(ə)le] (*denteler*) Taillé en forme de dentelle. *Un roc dentelé.* ◆ **Bot.** Se dit des parties d'une plante qui sont inégalement découpées, par opposition à denté, où les découpures sont égales. ◆ **Hérald.** Qui est à petites dents, en parlant de la croix, de la bande, etc.

DENTELER, v. tr. [dɑ̃t(ə)le] (moy. fr. *dentele*, petite dent) Faire des entailles en forme de dentelle.

DENTELLE, n. f. [dɑ̃tɛl] (anc. fr. *dentele*, de *dent*) Sorte de passement à jour, à mailles très fines. ◆ **Absol.** *Dentelle,* la dentelle de fil. ◆ **N. f. pl.** Objets de parure faits de dentelles. *Parée de diamants et de dentelles.* ◆ **Archit.** *Dentelle de pierres,* pierres taillées en dentelle. ◆ Ornement d'imprimerie servant d'entourage aux pages ou de vignette aux titres des chapitres. ■ **Fam.** *Ne pas faire dans la dentelle,* négliger les nuances.

DENTELLIÈRE ou **DENTELIÈRE**, n. f. [dɑ̃təljɛr] (*dentelle*) Ouvrière qui fait de la dentelle.

DENTELURE, n. f. [dɑ̃t(ə)lyr] (*denteler*) Ouvrage de sculpture fait en forme de dents. ◆ Découpure en forme de dents. ◆ **Bot.** *Dentelures,* dents en scie.

DENTER, v. tr. [dɑ̃te] (*dent*) Munir de dents un ustensile.

DENTICULE, n. m. [dɑ̃tikyl] (lat. impér. *denticulus,* petite dent, dentelure de frise) Dent très petite. ◆ **Par extens.** Légère dentelure. ◆ **N. m. pl.** *Les denticules,* membres des corniches ionique et corinthienne, qui ont plusieurs entaillures semblables à des dents. ■ **Rem.** Dans ce dernier sens, *denticule* était autrefois féminin.

DENTICULÉ, ÉE, adj. [dɑ̃tikyle] (*denticule*) Qui est garni de très petites dents, de denticules.

DENTIER, n. m. [dɑ̃tje] (*dent*) **Fam.** Rang de dents. *Un beau dentier.* ◆ Série de dents artificielles montées sur une même pièce, et représentant une des arcades dentaires.

DENTIFRICE, n. m. [dɑ̃tifris] (lat. impér. *dentificium,* de *dens* et *fricare,* frotter) Médicament ou poudre qui sert à nettoyer les dents en les frottant. ◆ **Adj.** *Poudre dentifrice.* ◆ **Par extens.** Se dit de préparations alcooliques pour la conservation des dents.

DENTISTE, n. m. et n. f. [dɑ̃tist] (*dent*) Chirurgien ne s'occupant que de ce qui concerne les dents. ◆ **Adj.** *Un chirurgien dentiste.*

DENTISTERIE, ■ n. f. [dɑ̃tistəri] (*dentiste*) Ensemble des études relatives aux dents. *La dentisterie esthétique présente de nouvelles technologies visant à améliorer un sourire.* ■ *La dentisterie équine,* spécialité vétérinaire relative à la dentition des chevaux.

DENTITION, n. f. [dɑ̃tisjɔ̃] (lat. impér. *dentitio*) Éruption naturelle des dents aux diverses époques de la vie. Ne dites pas *une belle dentition* pour *une belle denture.*

DENTURE, n. f. [dɑ̃tyr] (*dent*) Assemblage de dents, naturel ou artificiel. ◆ Ordre dans lequel les dents sont rangées. *Une belle denture.* ◆ Nombre des dents d'une roue.

DÉNUCLÉARISATION, ■ n. f. [denyklearizasjɔ̃] (*dénucléariser*) Fait de dénucléariser. *La dénucléarisation permet de limiter les armes de destruction massive.*

DÉNUCLÉARISER, ■ v. tr. [denyklearize] (*dé-* et *nucléaire*) Retirer les armements nucléaires d'un pays ou d'une zone. *Une zone dénucléarisée.*

DÉNUDATION, n. f. [denydasjɔ̃] (b. lat. *denudatio*) **Chir.** État d'une partie dépouillée de ses enveloppes naturelles. ◆ **Par extens.** *Dénudation d'un arbre,* état d'un arbre dépouillé de son écorce ou de ses feuilles. ◆ *Dénudation d'un terrain,* enlèvement des couches qui le recouvrent habituellement.

DÉNUDÉ, ÉE, p. p. de dénuder. [denyde]

DÉNUDER, v. tr. [denyde] (lat. *denudare*) **Chir.** Mettre un os, une partie à découvert. ◆ Dépouiller un arbre de son écorce. ◆ Se dénuder, v. pr. Se dépouiller de son enveloppe. ◆ Retirer à quelque chose ce qui l'enveloppe, le protège. *Dénuder un fil électrique.*

DÉNUÉ, ÉE, p. p. de dénuer. [denɥe] Privé. *Dénué de toutes choses, d'esprit.* ◆ **Absol.** *Les plus dénués furent secourus.*

DÉNUEMENT, n. m. [denymɑ̃] (*dénuer*) Dépouillement des choses nécessaires. *Il est dans le dénuement le plus complet.* ■ **Rem.** Graphie ancienne : *dénûment.*

DÉNUER, v. tr. [denɥe] (*disudare*, altér. médiév. du lat. *denudare*) Dépouiller des choses nécessaires. ♦ Se dénuer, v. pr. *Se dénuer du nécessaire pour ses enfants.*

DÉNÛMENT, n. m. [denymã] Voy. DÉNUEMENT.

DÉNUTRITION, ■ n. f. [denytʁisjõ] (*dé-* et *nutrition*) Carence des apports nutritionnels par rapport aux besoins de l'organisme. *Dénutrition protidique. Il ne faut pas confondre maigreur et dénutrition.*

DÉODORANT, ■ n. m. [deodoʁã] (angl. *deodorant*) Produit destiné à atténuer ou supprimer les odeurs corporelles. *Déodorant sans alcool.* ■ Abrév. Déo. ■ Adj. *Sticks déodorants, lotions déodorantes.*

DÉONTOLOGIE, ■ n. f. [deõtoloʒi] (calqué sur l'angl. *deontology*, du gr. *deon*, ce qui convient, et *-logie*) Code moral, en particulier dans le domaine professionnel. *Déontologie médicale.* ■ DÉONTOLOGIQUE, adj. [deõtoloʒik] *Principes déontologiques.*

DÉPAILLAGE, ■ n. m. [depajaʒ] (*dépailler*) Fait de dépailler. *Le dépaillage des fraisiers se fait début avril.* ■ *Le dépaillage de vieilles chaises à restaurer.*

DÉPAILLÉ, ÉE, p. p. de dépailler. [depaje]

DÉPAILLER, v. tr. [depaje] (*dé-* et *paille*) Dégarnir de paille. ♦ Se dépailler, v. pr. Perdre sa paille.

DÉPALISSAGE, n. m. [depalisaʒ] (*dépalisser*) Action de dépalisser.

DÉPALISSER, v. tr. [depalise] (*dé-* et *palisser*) Détacher les rameaux et les branches d'un arbre qui étaient palissés.

DÉPANNAGE, ■ n. m. [depanaʒ] (*dépanner*) Fait de dépanner. *L'assurance prend en charge les frais de dépannage et de remorquage.*

DÉPANNER, ■ v. tr. [depane] (*dé-* et *panne*) Réparer. ■ Fig. et fam. Rendre ponctuellement service à quelqu'un. *Dépanner une copine d'un billet de cinq euros.*

DÉPANNEUR, EUSE, ■ n. m. et n. f. [depanœʁ, øz] (*dépanner*) Personne qui dépanne. ■ N. f. Véhicule équipé pour le remorquage et utilisé par un garagiste devant déplacer une automobile immobilisée pour raisons techniques.

DÉPAQUETAGE, ■ n. m. [depak(ə)taʒ] (*dépaqueter*) **Rare** Fait de dépaqueter. ■ Inform. Libération d'un espace disque supplémentaire dans un ordinateur. *Après dépaquetage, 1142 ko d'espace disque seront libérés.*

DÉPAQUETÉ, ÉE, p. p. de dépaqueter. [depak(ə)te]

DÉPAQUETER, v. tr. [depak(ə)te] (*dé-* et *paquet*) Défaire un paquet, tirer ce qui est empaqueté. ♦ Mar. *Dépaqueter une voile.* ■ Inform. Dissocier les fichiers d'un paquet. *Dépaqueter un fichier.*

DÉPARASITER, ■ v. tr. [depaʁazite] (*dé-* et *parasiter*) Ôter les parasites. *Un shampoing pour déparasiter les animaux de compagnie.* ■ Supprimer les parasites radioélectriques.

DÉPARÉ, ÉE, p. p. de déparer. [depaʁe]

DÉPAREILLÉ, ÉE, p. p. de dépareiller. [depaʁeje]

DÉPAREILLER, v. tr. [depaʁeje] (*dé-* et *pareil*) Séparer une chose d'une autre avec laquelle elle était appareillée, et par suite ne point la remplacer ou la remplacer par une autre qui n'y est pas pareille. *Dépareiller un ouvrage, des gants.* ♦ Se dépareiller, v. pr. Être dépareillé.

DÉPARER, v. tr. [depaʁe] (*dé-* et *parer*) Ôter ce qui pare. ♦ *Déparer la marchandise*, prendre ce qu'il y a de plus beau. ♦ Rendre moins agréable, changer en mal l'aspect, la physionomie, etc. ■ Fig. Ôter la beauté intellectuelle, morale, etc. *Ce trait ne déparerait pas la vie d'un grand homme.* ♦ Se déparer, v. pr. Être déparé.

DÉPARIÉ, ÉE, p. p. de déparier. [depaʁje]

DÉPARIER, v. tr. [depaʁje] (*dé-* et *parier*, apparier ; on a dit aussi *désapparier*) Ôter l'une des deux choses qui forment une paire. *Déparier des gants.* ♦ Séparer un couple d'animaux. ♦ Se déparier, v. pr. Cesser d'être par couple. *Ces pigeons se sont dépariés.*

DÉPARLER, v. intr. [depaʁle] (*dé-* et *parler*) Discontinuer de parler. Il ne s'emploie guère qu'avec la négation. *Ils ne déparlent pas.*

DÉPARQUEMENT, n. m. [depaʁkəmã] (*déparquer*) Action de déparquer.

DÉPARQUER, v. tr. [depaʁke] (*dé-* et *parquer*) Faire sortir les moutons d'un parc. ♦ *Déparquer des huîtres*, les tirer du parc où on les engraisse, pour les vendre.

DÉPART, n. m. [depaʁ] (*départir*, partager [pour les trois premiers sens] ; anc. fr. *departir*, s'en aller [pour les sens suivants]) Action de partager, séparer, trier. *Il y a dans les contes de fées une princesse malheureuse à qui on commande, dans un grand tas de blé et d'avoine, de faire le départ de ces grains.* ♦ **Chim.** Opération par laquelle on sépare certains métaux d'autres substances métalliques, par l'emploi de certains acides. ♦ **Fig.** Action de

séparer, de distinguer. *Faire le départ entre les diverses attributions.* ♦ Action de partir. ♦ *Être sur son départ*, être sur le point de partir. ■ Moment où l'on part. *On se retrouvera au départ du train.* ■ Lieu d'où l'on part. *Où se trouve le départ de la course ?* ♦ Fig. *Revenir à la case départ*, recommencer depuis le début. ■ Début d'une action. *Notre rencontre a été le départ de ce nouveau projet.* ■ AU DÉPART, loc. adv. Au commencement. *Au départ, nous n'étions que deux.* ■ DÈS LE DÉPART, loc. adv. Dès le début.

DÉPARTAGÉ, ÉE, p. p. de départager. [depaʁtaʒe]

DÉPARTAGER, v. tr. [depaʁtaʒe] (*dé-* augment. et *partager*) **Jurispr.** Faire cesser le partage ou l'égalité des voix, des suffrages, par un suffrage nouveau qui établit une majorité. ♦ Se départager, v. pr. Être départagé. ■ Choisir entre deux. *Un tirage au sort départagera les candidats qui auront répondu correctement aux questions.*

DÉPARTEMENT, n. m. [depaʁtəmã] (*départir*, anc. fr. *partie*, action de partager) Partie de l'administration des affaires d'État dont la connaissance est attribuée à un ministre. *Le département de la justice.* ♦ Fam. *Cela n'est pas de son département, dans son département*, cela ne le regarde pas, n'est pas de sa compétence. ♦ Chacune des quatre-vingt-neuf grandes divisions administratives du territoire français. ♦ La province, par opposition à Paris. *Dans les départements.* ♦ **Archit.** La première partie du devis, qui consiste dans l'ordonnance des parties dont un édifice doit être composé. ■ REM. La France compte aujourd'hui quatre-vingt-seize départements territoriaux et quatre départements d'outre-mer. ■ Ensemble des bureaux formant une unité dans une entreprise, un établissement. *Le département jeunesse dans une maison d'édition.*

DÉPARTEMENTAL, ALE, adj. [depaʁtəmãtal] (*département*) Qui a rapport au département, division administrative du territoire. *Dépenses départementales. Les budgets départementaux.* ■ N. f. Route de moyenne circulation entretenue par le département.

DÉPARTEMENTALISATION, ■ n. f. [depaʁtəmãtalizasjõ] (*départementaliser*) Fait de départementaliser. *La départementalisation de la Martinique la rattache aux lois françaises.*

DÉPARTEMENTALISER, ■ v. tr. [depaʁtəmãtalize] (*département*) Donner le statut de département à un territoire. ■ Doter les départements d'une compétence relevant d'une autre collectivité publique.

DÉPARTI, IE, p. p. de départir. [depaʁti] Distribué, partagé.

DÉPARTIE, n. f. [depaʁti] (*départi*) Départ. ♦ T. vieilli. ♦

DÉPARTIR, v. tr. [depaʁtiʁ] (*dé-* et *partir*, partager) Distribuer, partager. ♦ Accorder. « *La prudence est un don de Dieu, qui départ ses grâces à qui lui plaît* », BOURDALOUE. ♦ Se départir de, v. pr. Se désister. « *Il ne s'est point départi des droits qu'il avait sur son ouvrage* », MASSILLON. ♦ S'écarter de. *Se départir d'une règle.* ♦ Être réparti, accordé, octroyé.

DÉPARTITEUR, ■ n. m. [depaʁtitœʁ] (*départir*) Personne qui départit. ■ Adj. Qui départit. ■ *Juge départiteur*, juge dont la voix est prépondérante pour départager les votes lors d'un conseil de prud'hommes.

DÉPASSANT, ■ n. m. [depasã] (*dépasser*) Tissu d'ornement qui dépasse la partie du vêtement sur laquelle il est cousu.

DÉPASSÉ, ÉE, p. p. de dépasser. [depase] Adj. Démodé. *Une méthode dépassée.*

DÉPASSEMENT, n. m. [depas(ə)mã] (*dépasser*) Action d'excéder. *Des dépassements de crédit.* ■ Action de doubler un véhicule.

DÉPASSER, v. tr. [depase] (*dé-* augment. et *passer*) Aller plus loin, aller au-delà. ♦ Fig. « *Ô mon Dieu ! les désirs de l'homme dépassent toujours les dons que vous lui faites* », MME DE STAËL. ♦ Laisser en arrière, en allant plus vite. ♦ Fig. En politique, pousser plus loin une opinion déjà extrême. *On est bien vite dépassé en révolution.* ♦ Être plus grand, plus haut, plus long. ♦ Être plus saillant. ♦ Retirer un ruban, un cordon, passé dans une boutonnière, une coulisse. ♦ Se dépasser, v. pr. Aller plus loin l'un que l'autre. ■ V. tr. Spécialt Doubler un véhicule. *Interdiction de dépasser.* ■ Fig. et fam. *Dépasser les bornes*, exagérer. ■ Fam. *Ça me dépasse*, je n'y comprends rien. ■ V. intr. Sortir des limites. *Un enfant qui dépasse en coloriant. Son jupon dépasse.* ■ Se dépasser, v. pr. Accomplir quelque chose qui va au-delà de ses performances habituelles.

DÉPASSIONNER, ■ v. tr. [depasjone] (*passion*) Fig. Retirer toute passion. *Dépassionner un débat.* ■ Se dépassionner, v. pr. *Se dépassionner pour quelque chose.*

DÉPATOUILLER (SE), ■ v. pr. [depatuje] (dial., de *dé-* et *patrouiller*, marcher dans la boue) **Fam.** Se sortir difficilement, maladroitement, d'une situation embarrassante. *Il s'est dépatouillé tout seul comme un grand.*

DÉPAVAGE, n. m. [depavaʒ] (*dépaver*) Action de dépaver.

DÉPAVÉ, ÉE, p. p. de dépaver. [depave]

DÉPAVER, v. tr. [depave] (*dé-* et *paver*) Ôter le pavé. ♦ Se dépaver, v. pr. Être dépavé.

DÉPAYSÉ, ÉE, p. p. de dépayser. [depeize] Mis hors de son pays. ◆ N. m. et n. f. *De pauvres dépaysés*. ◆ Fig. *Se trouver dépaysé dans une société*, y rencontrer un grand nombre de visages inconnus, nouveaux.

DÉPAYSEMENT, n. m. [depeiz(ə)mɑ̃] (*dépayser*) Action de dépayser. ◆ Changement d'habitudes, d'occupations, d'idées.

DÉPAYSER, v. tr. [depeize] (*dé-* et *pays*) Faire changer de pays, de lieu. ◆ Faire qu'une personne ne puisse retrouver son chemin. ◆ Fig. Faire prendre le change, détourner de la voie. *Dépayser le public*. ◆ Mettre une personne sur un sujet nouveau pour elle, sur des matières auxquelles elle n'est point préparée. ◆ Se dépayser, v. pr. Quitter son pays. ▪ DÉPAYSANT, ANTE, adj. [depeizɑ̃, ɑ̃t]

DÉPEÇAGE, n. m. [depəsaʒ] (*dépecer*) Action de dépecer. ▪ Rᴇᴍ. Graphie ancienne : *dépéçage*.

DÉPECÉ, ÉE, p. p. de dépecer. [depəse] Mis en morceaux. ▪ Rᴇᴍ. Graphie ancienne : *dépécé*.

DÉPÈCEMENT, n. m. [depɛs(ə)mɑ̃] (*dépecer*) Action par laquelle on dépèce, on met en pièces. ◆ Fig. *Le dépècement de la Turquie*.

DÉPECER, v. tr. [depəse] (*dé-* et *pièce*) Mettre en pièces, couper en morceaux. *Dépecer un cerf. Dépecer un vieux bateau.* ◆ Par extens. « *Des peuples barbares ravagèrent ce pays, le dépecèrent* », Mᴏɴᴛᴇsǫᴜɪᴇᴜ. ◆ Se dépecer, v. pr. Être dépecé.

1 DÉPECEUR, EUSE, ▪ n. m. et n. f. [depəsœʀ, øz] (*dépecer*) Personne qui dépèce. *Une dépeceuse de viande.*

2 DÉPECEUR, n. m. [depəsœʀ] (1 *dépeceur*) *Dépeceur de bateaux*, celui qui met en pièces les vieux bateaux.

DÉPÊCHE, n. f. [depɛʃ] (*dépêcher*) Lettre concernant les affaires publiques. *Une dépêche du gouvernement.* ◆ Au pl. Lettres d'un commerçant, d'un banquier à ses correspondants. ◆ *Dépêche télégraphique* ou simplement *dépêche*, toute communication publique ou privée envoyée par le télégraphe.

DÉPÊCHÉ, ÉE, p. p. de dépêcher. [depeʃe]

DÉPÊCHE COMPAGNON (À), loc. adv. [depɛʃ(ə)kɔ̃paɲɔ̃] ou [depɛʃ(ə)kɔ̃panjɔ̃] Voy. COMPAGNON.

DÉPÊCHER, v. tr. [depeʃe] (antonyme de *empêcher*, par changement de préf.) Faire promptement, hâter l'exécution d'une chose. *Dépêchez vos affaires.* ◆ Absol. *Dépêchez... faites tôt* », MᴏʟɪÈʀᴇ. ◆ Fam. Faire vite quelque chose. « *Ayant dépêché tous ces bonnes actions avec ce sang-froid actif qui m'étonnait toujours* », Vᴏʟᴛᴀɪʀᴇ. ◆ *Dépêchez quelqu'un*, expédier vite son affaire. ◆ Fam. Se défaire de quelqu'un en le tuant. ◆ Envoyer, expédier en toute diligence. *Dépêcher une nouvelle, un courrier.* ◆ Absol. *Envoyer, faire des dépêches.* ◆ Se dépêcher, v. pr. Se hâter.

DÉPEÇOIR, n. m. [depəswaʀ] (*dépecer*) Outil ou couteau propre à dépecer.

DÉPEIGNER, ▪ v. tr. [depeɲe] ou [depenje] (*dé-* et *peigner*) Décoiffer, défaire la coiffure. ▪ V. pr. *Se dépeigner en retirant son pull.*

DÉPEINDRE, v. tr. [depɛ̃dʀ] (lat. *depingere*) Représenter par le discours. ◆ Se dépeindre, v. pr. Faire par le discours son propre portrait. ◆ Être dépeint.

DÉPEINT, EINTE, p. p. de dépeindre. [depɛ̃, ɛ̃t]

DÉPELOTONNER, v. tr. [dep(ə)lɔtɔne] (*dé-* et *pelotonner*) Défaire un peloton. ◆ Se dépelotonner, v. pr. Être dépelotonné.

DÉPENAILLÉ, ÉE, adj. [dep(ə)naje] (croisement du moy. fr. *penaille*, ensemble des vêtements de qqn [a. *penne, panne*, étoffe de soie] avec l'anc. fr. *despaner*, déchirer [de *pane*, chiffon, lat *pannus*]) Qui est en haillons. ◆ Dont la mise est tout à fait négligée, dans un désordre extrême. ◆ Fig. *Visage dépenaillé*, visage flétri. *Fortune dépenaillée*, fortune en désarroi.

DÉPENAILLEMENT, n. m. [dep(ə)naj(ə)mɑ̃] (*dépenaillé*) Accoutrement sale et misérable.

DÉPÉNALISER, ▪ v. tr. [depenalize] (*dé-* et *pénal*) Ôter son caractère d'infraction et sa sanction pénale à quelque chose en le rendant légal. *Dépénaliser les drogues douces.* ▪ DÉPÉNALISATION, n. f. [depenalizasjɔ̃]

DÉPENDAMMENT, adv. [depɑ̃damɑ̃] (*dépendant*) Avec dépendance, d'une façon dépendante. *L'âme agit dépendamment des organes.*

DÉPENDANCE, n. f. [depɑ̃dɑ̃s] (*dépendre*) Sorte de rapport qui fait qu'une chose dépend d'une autre. « *Les événements y ont une dépendance l'un de l'autre* », P. Cᴏʀɴᴇɪʟʟᴇ. ◆ Il s'est dit d'une contrée, d'une terre qui relève d'une autre. ◆ Au pl. Tout ce qui tient comme accessoire à une chose principale. *Vendre une terre avec toutes ses dépendances.* ◆ Subordination, sujétion. *Être dans la dépendance de quelqu'un. Tenir quelqu'un dans la dépendance.* ◆ Gramm. *Syntaxe de dépendance*, la partie de la syntaxe relative aux régimes ou compléments des différents espèces de mots. ▪ État d'une personne qui ne peut se passer d'une substance toxique. *La dépendance d'un drogué.*

DÉPENDANT, ANTE, adj. [depɑ̃dɑ̃, ɑ̃t] (2 *dépendre*) Qui dépend de, qui tient à. *Les effets dépendants des causes.* ◆ **Jurispr.** et féod. Qui relève d'un autre. *Fief dépendant.* ◆ Qui dépend d'un autre pour des autorisations nécessaires et aussi pour sa fortune. ◆ Soumis. *Une âme dépendante.*

1 DÉPENDRE, v. tr. [depɑ̃dʀ] (*dé-* et *pendre*) Détacher une chose qui était pendue. ◆ Détacher une personne qui était pendue. ◆ Fig. Se dépendre, v. pr. Se détacher, renoncer. « *L'âme ne se peut dépendre elle-même de ces pensées* », Bossᴜᴇᴛ. ◆ *Je suis à vous à pendre et à dépendre, ami à pendre et à dépendre*, c'est-à-dire tout dévoué (locution altérée pour : *À vendre et à dépendre*).

2 DÉPENDRE, v. intr. [depɑ̃dʀ] (lat. *dependere*, être suspendu à, dépendre de) Être dans certain rapport qui enchaîne une chose à une autre. *L'effet dépend de la cause.* « *Que tes jours me sont chers ; que les miens en dépendent* », P. Cᴏʀɴᴇɪʟʟᴇ. ◆ Impers. *Il ne dépendra pas de vous et de, etc.* ◆ Se rattacher à. « *Dans les choses qui dépendront de notre métier* », MᴏʟɪÈʀᴇ. ◆ Faire partie de quelque chose. *Ce territoire ne dépend pas de la France.* ◆ Appartenir à. *Ces juges dépendent de tel tribunal.* ◆ *Dépendre de*, en jurisprudence féodale, relever de. ◆ Être sous la domination, l'autorité de. « *Dépendre, c'est être tenu d'obéir* », Bᴏᴜʀᴅᴀʟᴏᴜᴇ. « *Il faut suer, veiller, fléchir, dépendre pour avoir un peu de fortune* », Lᴀ BʀᴜʏÈʀᴇ. ◆ Par extens. Être à la merci de. « *On dépend d'un serrurier et d'un menuisier, selon ses besoins* », Lᴀ BʀᴜʏÈʀᴇ. ▪ *Ça dépend*, c'est variable en fonction des circonstances.

3 DÉPENDRE, v. tr. [depɑ̃dʀ] (lat. *dependere*, payer) Dépenser. ◆ Verbe aujourd'hui inusité, excepté dans ces deux phrases proverbiales : 1° *Qui bien gagne et bien dépend n'a que faire de bourse pour serrer son argent ;* 2° *Ami à vendre et à dépendre*, ami tout dévoué.

1 DÉPENDU, UE, p. p. de 1 dépendre. [depɑ̃dy] Détaché.

2 DÉPENDU, UE, p. p. de 3 dépendre. [depɑ̃dy] Dépensé. ◆ Inusité.

DÉPENS, n. m. pl. [depɑ̃] (anc. fr. *despens*, du lat. impér. *dispensum*, p. p. neutre substantivé de *dispendere*, peser en distribuant, distribuer) Déboursés. Il n'est plus usité que dans la locution : *Aux dépens.* ◆ *Aux dépens*, aux frais de. « *Apprenez que tout flatteur Vit aux dépens de celui qui l'écoute* », Lᴀ Fᴏɴᴛᴀɪɴᴇ. ◆ *Rire aux dépens de quelqu'un*, s'amuser à son sujet, en faire le but de ses plaisanteries. ◆ *Faire la guerre à ses dépens*, avancer son argent sans profit. ◆ *Devenir sage à ses dépens*, le devenir à la suite de quelque fâcheuse expérience. *Je l'ai appris à mes dépens.* ◆ *Aux dépens de*, par le sacrifice, la perte de. *La basse-cour a été agrandie aux dépens des remises.* « *Aux dépens de sa propre vie* », Bossᴜᴇᴛ. ◆ **Dr.** Frais que la partie qui perd doit payer à la partie qui gagne, par opposition aux frais proprement dits, lesquels sont dus par la partie à son avoué. *Il a été condamné aux dépens. Dépens compensés.*

DÉPENSE, n. f. [depɑ̃s] (anc. fr. *despance*, du lat. impér. *dispensa*, p. p. fém. substantivé de *dispendere*, dépenser) Argent employé à toutes choses qu'on se procure, qu'on fait faire. « *L'aumône ne se fait pas sans dépense, mais le profit surpasse la perte* », Mᴀᴜᴄʀᴏɪx. ◆ *Faire de la dépense*, dépenser de l'argent. ◆ *Se mettre en dépense*, faire une dépense qui n'est pas ordinaire. ◆ *Mettre quelqu'un en dépense*, être pour lui cause de dépenses. ◆ *Faire la dépense*, être chargé du détail des frais. ◆ Compte où se trouve relatée chaque somme déboursée. *Porter en dépense. Chapitre de dépense. Écrire la dépense.* ◆ Fig. Emploi d'une chose quelconque. « *La plus forte dépense que l'on puisse faire est celle du temps* », Lᴀ BʀᴜʏÈʀᴇ. ◆ Lieu où l'on reçoit et où l'on distribue les objets en nature ; lieu où l'on serre les provisions et différents objets destinés à la table. ◆ Quantité de liquide fournie, dans un temps donné, par un orifice d'écoulement.

DÉPENSÉ, ÉE, p. p. de dépenser. [depɑ̃se]

DÉPENSER, v. tr. [depɑ̃se] (*dépense*) Employer de l'argent à quelque chose. ◆ Absol. *Je n'aime pas à dépenser.* ◆ Fig. *Dépenser sa vie.* ◆ Se dépenser, v. pr. Être dépensé. ◆ V. tr. Employer une ressource à quelque chose. *Elle dépense beaucoup d'énergie pour mener à bien l'affaire.* ▪ Se dépenser, v. pr. Employer ses propres ressources. *Il se dépense sans compter.*

DÉPENSIER, IÈRE, adj. [depɑ̃sje, jɛʀ] (*dépenser*) Qui aime la dépense, qui dépense excessivement. ◆ N. m. et n. f. *C'est un dépensier.* ◆ N. m. et n. f. Celui, celle qui, dans une communauté, dans un établissement public, est chargé de la dépense.

DÉPERDITION, n. f. [depɛʀdisjɔ̃] (anc. fr. *deperdre*, d'après *perdition*) Perte qui se fait graduellement. *La déperdition de la chaleur.* ◆ **Chim.** Il y a déperdition, lorsque dans une opération on ne retire pas toute la substance qu'on avait mise. ◆ **Chir.** *Déperdition de substance*, plaie avec destruction des tissus lésés.

DÉPÉRI, IE, p. p. de dépérir. [depeʀi]

DÉPÉRIR, v. intr. [depeʀiʀ] (lat. *deperire*) Se conjugue avec *être* ou *avoir*, suivant le sens. Périr peu à peu, s'affaiblir graduellement. *Sa santé dépérit tous les jours.* ◆ Se détériorer, se délabrer, tomber en ruine. *Ces monuments* dépérissent. ♦ **Jurispr.** *Les preuves dépérissent par la longueur du temps*, à mesure que les témoins disparaissent.

DÉPÉRISSEMENT, n. m. [depeʀis(ə)mã] (*dépérir*) État de ce qui dépérit ou de ce qui est dépéri. *Tomber dans le dépérissement. Le dépérissement d'esprit et de corps.* ♦ **Jurispr.** *Le dépérissement des preuves*, l'affaiblissement qu'elles reçoivent par la perte de ce qui peut les constater.

DÉPERSONNALISATION, ■ n. f. [depɛʀsɔnalizasjõ] (*dépersonnaliser*) Action de dépersonnaliser quelqu'un. ■ Fait d'être dépersonnalisé. ■ **Spécialt Psych.** Trouble mental entraînant un sentiment de détachement et l'impression d'être étranger à son corps ou à son fonctionnement mental.

DÉPERSONNALISER, ■ v. tr. [depɛʀsɔnalize] (*dé-* et *personnaliser*) Supprimer chez quelqu'un ce qui fait ses caractéristiques personnelles, originales. ■ **Par extens.** Ôter son caractère original à quelque chose, le rendre commun, banal. *Ils ont dépersonnalisé cette pièce en changeant la décoration.*

DÉPERSUADER, v. tr. [depɛʀsɥade] (*dé-* et *persuader*) Ôter une persuasion. *Vous aurez peine à me dépersuader.*

DÉPÊTRÉ, ÉE, p. p. de dépêtrer. [depetʀe]

DÉPÊTRER, v. tr. [depetʀe] (antonyme de *empêtrer*, par changement de préf.) Débarrasser les pieds d'une entrave. ♦ **Fig.** Délivrer. « *Nous faisons nos efforts pour le dépêtrer d'un engagement si dangereux* », Mme de Sévigné. ♦ Se dépêtrer, v. pr. Se tirer hors. ♦ **Fig.** Se débarrasser. « *Je ne puis me dépêtrer de cet homme* », La Fontaine.

DÉPEUPLÉ, ÉE, p. p. de dépeupler. [depøple]

DÉPEUPLEMENT, n. m. [depœpləmã] (*dépeupler*) Action de dépeupler un pays ; état d'un lieu dépeuplé. ♦ *Dépeuplement d'une forêt*, coupe ou destruction des arbres. ♦ **Pêche** *Dépeuplement d'un étang*, qui en enlève la plus grande partie des poissons. ♦ *Dépeuplement d'un canton de chasse*, destruction du gibier dans ce canton.

DÉPEUPLER, v. tr. [depøple] (*dé-* et *peupler*) Dégarnir d'habitants une ville, un pays. ♦ Dégarnir un lieu de la plus grande partie des animaux qui s'y trouvaient. *Dépeupler une forêt, un étang.* ♦ *Dépeupler une pépinière*, en tirer trop de plants ou beaucoup de plants. ♦ Se dépeupler, v. pr. Perdre ses habitants, hommes ou animaux.

DÉPHASER, ■ v. tr. [defaze] (*dé-* et *phase*) **Phys.** Créer une différence de phase. ■ P. p. adj. **Fig.** et **fam.** Qui ne paraît plus en phase avec la réalité, qui se sent perdu. *Depuis qu'elle vit à Paris, elle est complètement déphasée.* ■ DÉPHASAGE, n. m. [defazaʒ]

DÉPHASEUR, ■ n. m. [defazœʀ] (*déphaser*) **Phys.** Appareil utilisé pour déphaser. *Un déphaseur thermique.*

DÉPHLOGISTIQUÉ, ÉE, adj. [deflɔʒistike] (*dé-* et *phlogistique*) **Anc. chim.** Qui a perdu son phlogistique. *Air déphlogistiqué*, nom de l'oxygène.

DÉPHOSPHATATION, ■ n. f. [defɔsfatasjõ] (*déphosphater*) Fait de déphosphater. *La déphosphatation chimique de l'eau.*

DÉPHOSPHATER, ■ v. tr. [defɔsfate] (*dé-* et *phosphate*) Débarrasser une eau d'une partie de ses phosphates.

DÉPHOSPHORATION, ■ n. f. [defɔsfɔʀasjõ] (*déphosphorer*) Fait de déphosphorer.

DÉPHOSPHORER, ■ v. tr. [defɔsfɔʀe] (*dé-* et *phosphore*) **Techn.** Enlever le phosphore de l'acier liquide.

DÉPIAUTER, ■ v. tr. [depjote] (région. Nord, de *piau*, peau) **Fam.** Ôter la peau. *Dépiauter un lapin, des oignons.* ■ **Par extens.** Ôter l'enveloppe de quelque chose par petits gestes ou par petits morceaux. *Dépiauter des emballages de bonbons.* ■ **Fig.** Regarder un document dans le détail. *Dépiauter des comptes.* ■ DÉPIAUTAGE, n. m. [depjotaʒ]

DÉPIÉCÉ, ÉE, p. p. de dépiécer. [depjese]

DÉPIÈCEMENT, n. m. [depjɛs(ə)mã] (*dépiécer*) Action de dépiécer ; état d'une chose dépiécée.

DÉPIÉCER, v. tr. [depjese] (*dé-* et *pièce*) Enlever les pièces, démembrer. *Dépiécer un tonneau.*

DÉPIGEONNAGE, ■ n. m. [depiʒɔnaʒ] (*dé-* et *pigeon*) Opération qui consiste à débarrasser un lieu de ses pigeons. ■ **Rem.** On trouve aussi *dépigeonnisation*, n. f.

DÉPIGMENTATION, ■ n. f. [depigmãtasjõ] (*dé-* et *pigmentation*) Perte de la pigmentation, de la couleur, en particulier de la peau. *Dépigmentation due à une maladie, à un médicament.*

1 **DÉPILAGE**, ■ n. m. [depilaʒ] (*dépiler*) **Techn.** Opération qui consiste à retirer tous les poils d'une peau avant le tannage.

2 **DÉPILAGE**, ■ n. m. [depilaʒ] (*pile*) Démontage de piles de marchandises ou autres. ■ **Électr.** Enlèvement de la pile dans un système électrique.

DÉPILATIF, IVE, adj. [depilatif, iv] (*dépiler*) Qui fait tomber le poil, les cheveux. *Onguent dépilatif.*

DÉPILATION, n. f. [depilasjõ] (*dépiler*) Action de dépiler ; résultat de cette action.

DÉPILATOIRE, n. m. [depilatwaʀ] (*dépiler*) Drogue, préparation qui fait tomber le poil. ♦ **Adj.** *Pommade dépilatoire.*

DÉPILÉ, ÉE, p. p. de dépiler. [depile]

DÉPILER, v. tr. [depile] (lat. *depilare*, plumer, épiler) Faire tomber les cheveux, les poils. ♦ Se dépiler, v. pr. Perdre son poil, en parlant d'un animal.

DÉPIQUAGE, n. m. [depikaʒ] (2 *dépiquer*) Action de faire sortir le grain de son épi, à l'aide du piétinement de mulets ou de chevaux, quelquefois même des bœufs.

DÉPIQUÉ, ÉE, p. p. des deux verbes dépiquer. [depike]

1 **DÉPIQUER**, v. tr. [depike] (*dé-* et *piquer*) Défaire les piqûres faites à une étoffe. ♦ Enlever un jeune plant qu'on a fait venir de graine et qu'on va planter, repiquer ailleurs. ♦ **Fig.** Dissiper la pique, le mécontentement qu'une chose donne à quelqu'un. « *Ce gain-là me dépique de toutes mes pertes* », Voltaire. ♦ Se dépiquer, v. pr. Cesser d'être fâché. « *Je me suis dépiqué avec le roi de Prusse* », Voltaire.

2 **DÉPIQUER**, v. tr. [depike] (provenç. *depica*) Opérer le dépiquage.

DÉPISTAGE, ■ n. m. [depistaʒ] (*dépister*) Examen médical visant à mettre à jour la présence d'une maladie. *Le dépistage du sida.*

DÉPISTÉ, ÉE, p. p. de dépister. [depiste]

DÉPISTER, v. tr. [depiste] (*dé-* augment. et *piste*) Découvrir la trace, les pistes du gibier, et le poursuivre en conséquence. *Dépister un lièvre.* ♦ **Fig.** et **fam.** Chasser, poursuivre comme un gibier dont on a trouvé la trace. ♦ Il se dit des choses, dans le même sens. *Dépister une intrigue.* ■ **Spécialt** Découvrir les premiers symptômes d'une maladie. *Dépister le cancer du sein.*

DÉPIT, n. m. [depi] (lat. *despectus*, vue d'en haut, puis mépris) Chagrin mêlé d'un peu de colère. « *Je crève de dépit* », Molière. ♦ *Se couper le nez pour faire dépit à son voisin*, se nuire pour une vengeance qu'on n'obtient même pas. ♦ EN DÉPIT DE, loc. prép. Malgré. *En dépit de l'envie.* ♦ **Fig.** et **fam.** *Faire une chose en dépit du sens commun, du bon sens, etc.*, la faire très mal. ♦ *En dépit qu'on en ait*, quoi qu'on fasse.

DÉPITÉ, ÉE, p. p. de dépiter. [depite] Qui éprouve du dépit.

DÉPITER, v. tr. [depite] (*dépit*) Causer du dépit à quelqu'un. ♦ Se dépiter, v. pr. Concevoir du dépit. *Se dépiter contre la mauvaise chance.*

DÉPLACÉ, ÉE, p. p. de déplacer. [deplase] **Fig.** Qui n'est pas dans un lieu, une situation, un emploi convenable. ♦ Qui manque de mesure, inconvenant. *Propos déplacé.*

DÉPLACEMENT, n. m. [deplas(ə)mã] (*déplacer*) Action de déplacer ou de se déplacer. ♦ **Méd.** *Le déplacement d'un organe*, le changement de situation qu'il éprouve. ♦ Action d'ôter un emploi, une fonction. ♦ Action de faire changer un fonctionnaire de résidence, ordinairement par punition. ■ Voyage réalisé dans le cadre professionnel. *Le directeur est en déplacement pour trois jours.*

DÉPLACER, v. tr. [deplase] (*dé-* et *placer*) Changer une chose de place. ♦ *Déplacer quelqu'un*, prendre sa place. ♦ SANS DÉPLACER, loc. adv. Sans changer de lieu, sans rien changer. ♦ *Déplacer quelqu'un*, lui ôter son emploi. ♦ Faire changer un fonctionnaire de résidence. ♦ **Fig.** *Déplacer le point de la question*, changer le point sur lequel porte la difficulté. ♦ Se déplacer, v. pr. Changer de place, de lieu.

DÉPLAFONNEMENT, ■ n. m. [deplafɔn(ə)mã] (*déplafonner*) Fait de déplafonner. *Un propriétaire de logement doit justifier le déplafonnement de son loyer.*

DÉPLAFONNER, ■ v. tr. [deplafɔne] (*dé-* et *plafonner*) Supprimer la valeur maximale fixée d'un crédit, d'une cotisation.

DÉPLAIRE, v. intr. [deplɛʀ] (*dé-* et *plaire*, sur le modèle du lat. *displicere*) Ne pas plaire, être désagréable. ♦ Donner du chagrin, irriter. ♦ **Impers.** *Croyez qu'il me déplaît de dire, etc.* ♦ **Fam.** *Qu'il ne vous en déplaise*, ou elliptiquement *ne vous déplaise*, se dit comme une sorte d'excuse. ♦ *N'en déplaise à*, malgré, en dépit de. ♦ Se déplaire, v. pr. Être mécontent de soi-même. ♦ *Se déplaire*, déplaire l'un à l'autre. *Ils se sont déplu mutuellement.* ♦ S'ennuyer, se trouver mal à son aise. *Se déplaire avec quelqu'un.* ♦ Il se dit des animaux, des plantes. *Les bœufs se déplaisent en cette localité.*

DÉPLAISAMMENT, adv. [deplezamã] (radic. de *déplaisant*) D'une manière déplaisante.

DÉPLAISANCE, n. f. [deplezãs] (radic. de *déplaisant*) Qualité de ce qui est déplaisant. *La déplaisance de cette habitation. Prendre quelqu'un en déplaisance.* ♦ Action de se déplaire à quelque chose.

DÉPLAISANT, ANTE, adj. [deplezã, ãt] (p. prés. de *déplaire*) Qui déplaît, qui fâche, qui chagrine. *Un homme déplaisant. Manières déplaisantes.*

DÉPLAISIR, n. m. [deplezir] (*dé-* et *plaisir*, sur le modèle de *déplaire*) Sentiment que cause ce qui déplaît. *Cette nouvelle me donne beaucoup de déplaisir.* ◆ Contrariété, mécontentement. *Il a été accablé de déplaisirs dans ce poste.* ◆ Par extens. Douleur. « *Les faibles déplaisirs s'amusent à parler* », P. CORNEILLE.

DÉPLANTAGE, n. m. [deplãtaʒ] Voy. DÉPLANTATION.

DÉPLANTATION, n. f. [deplãtasjõ] (*déplanter*) Action de déplanter un arbre.

DÉPLANTÉ, ÉE, p. p. de déplanter. [deplãte]

DÉPLANTER, v. tr. [deplãte] (*dé-* et *planter*) Ôter une plante, un arbre de terre pour le replanter. ◆ Retirer de terre ce qui y est enfoncé. ◆ Dépouiller de ce qui est planté. *Déplanter un parterre, un bosquet.*

DÉPLANTOIR, n. m. [deplãtwar] (*déplanter*) Instrument de jardinage qui sert à déplanter et replanter les fleurs.

DÉPLÂTRAGE, n. m. [deplatraʒ] (*déplâtrer*) Action de déplâtrer.

DÉPLÂTRER, v. tr. [deplatre] (*dé-* et *plâtre*) Ôter le plâtre.

DÉPLÉTION, ■ n. f. [deplesjõ] (lat. *depletio*, de *deplere*, désemplir) Diminution. ■ Méd. Diminution des liquides, et notamment du sang, dans le corps. *La déplétion du cholestérol.* ■ Techn. Baisse importante des ressources d'un gisement pétrolifère ou minier. *La déplétion du pétrole.*

DÉPLIANT, ■ n. m. [deplijã] (*déplier*) Prospectus dépliable à visée informative ou publicitaire. *Dépliants d'agences de voyage.*

DÉPLIÉ, ÉE, p. p. de déplier. [deplije]

DÉPLIER, v. tr. [deplije] (*dé-* et *plier*) Défaire une chose qui était pliée. *Déplier une serviette.* ◆ Absol. Étaler. ◆ Fig. et fam. *Déplier toute sa marchandise*, montrer tout ce qu'on a de mieux. ◆ Se déplier, v. pr. Être déplié. ■ DÉPLIAGE ou DÉPLIEMENT, n. m. [deplijaʒ, deplimã].

DÉPLISSAGE, n. m. [deplisaʒ] (*déplisser*) Action de déplisser.

DÉPLISSÉ, ÉE, p. p. de déplisser. [deplise]

DÉPLISSER, v. tr. [deplise] (*dé-* et *plisser*) Défaire les plis d'une étoffe, d'une toile. ◆ Se déplisser, v. pr. Cesser d'être plissé. *Une chemise qui se déplisse.*

DÉPLOIEMENT, n. m. [deplwamã] (*déployer*) Action de déployer, état de ce qui est déployé. ◆ Manœuvre par laquelle on développe en ordre de bataille une troupe qui était en colonne. ◆ Fig. *La France fait un déploiement de forces considérables.*

DÉPLOMBAGE, n. m. [deplõbaʒ] (*déplomber*) Action de déplomber.

DÉPLOMBER, v. tr. [deplõbe] (*dé-* et *plomber*) Enlever les plombs mis par la douane sur un ballot. ◆ *Déplomber une dent*, enlever le métal dont elle avait été remplie. ◆ Se déplomber, v. pr. *Ma dent s'est déplombée.* ■ Inform. Supprimer le système de protection d'un logiciel pour pouvoir le dupliquer.

DÉPLORABLE, adj. [deplorabl] (*déplorer*) Qui mérite d'être déploré. « *Le monde est ridicule, et j'en ris ; il est déplorable, et vous en pleurez* », FÉNELON. ◆ Malheureux dont le sort mérite des pleurs, en parlant des personnes et dans le style soutenu ou poétique. « *Vous voyez devant vous un prince déplorable* », RACINE. ◆ Fâcheux, funeste. *Un choix déplorable.* ◆ Fam. Très mauvais. *Un style déplorable.*

DÉPLORABLEMENT, adv. [deplorabləmã] (*déplorable*) D'une manière déplorable ; très mal.

DÉPLORÉ, ÉE, p. p. de déplorer. [deplore] Sur quoi on a pleuré. *Des malheurs longtemps déplorés.* ◆ Désespéré, dont on désespère. « *Sa fortune ne paraît pas déplorée* », Mᵐᵉ DE SÉVIGNÉ. ◆ Ce sens, commun au XVIIᵉ siècle, est maintenant peu usité.

DÉPLORER, v. tr. [deplore] (lat. *deplorare*, pleurer, déplorer) Plaindre avec un profond sentiment de pitié, de regret. *Déplorer son malheur.* ◆ En parlant des personnes, dans le style poétique. « *Ils s'estiment heureux alors qu'on les déplore* », P. CORNEILLE. ■ Trouver très regrettable. *Je déplore cette attitude mesquine.*

DÉPLOYÉ, ÉE, p. p. de déployer. [deplwaje] Fam. *Rire à gorge déployée*, rire de toute sa force.

DÉPLOYER, v. tr. [deplwaje] (*dé-* et *ployer*) Étendre ce qui était ployé. ◆ Poétiq. *Déployer l'étendard de la guerre*, déclarer la guerre. ◆ Milit. *Déployer la colonne*, passer de l'ordre en colonne à l'ordre de bataille. *Déployer une armée*, lui faire occuper un plus grand espace de terrain. ◆ Fig. Faire paraître, manifester. *Déployer son éloquence, de la sévérité*, etc. ◆ Se déployer, v. pr. N'être plus ployé. « *La flamme en ondes se déploie* », BOILEAU. ◆ Fig. « *Que la rage du peuple à se déployer* », P. CORNEILLE. « *L'histoire secrète de notre cœur se déploiera alors tout entière devant nos yeux* », MASSILLON. ◆ *Se déployer* se dit aussi d'une troupe qui passe de l'ordre en colonne à l'ordre en bataille.

DÉPLUMÉ, ÉE, p. p. de déplumer. [deplyme] *Avoir l'air déplumé*, avoir l'extérieur de la misère après avoir été dans l'opulence, ou avoir l'apparence d'une santé délabrée.

DÉPLUMER, v. tr. [deplyme] (*dé-* et *plumer*) Ôter les plumes. ◆ Se déplumer, v. pr. S'arracher les plumes l'un à l'autre. ◆ Perdre ses plumes. ◆ Fam. Perdre ses cheveux.

DÉPOÉTISER, ■ v. tr. [depoetize] (*dé-* et *poétiser* ; 1810, Mme de Staël) Supprimer le caractère poétique de quelque chose. « *Trop directement dites, les choses se dépoétisent* », LANZMANN.

DÉPOITRAILLÉ, ÉE, ■ adj. [depwatraje] (*dépoitrailler*) Fam. Qui a la poitrine à l'air, qui porte un vêtement très décolleté.

DÉPOLARISANT, ANTE, ■ adj. [depolarizã, ãt] (*dépolariser*) Qui dépolarise. *Certaines turbulences magnétiques peuvent provoquer des actions dépolarisantes.* ■ N. m. Dispositif permettant de réduire la polarisation.

DÉPOLARISATION, n. f. [depolarizasjõ] (*dépolariser*) Action de dépolariser.

DÉPOLARISER, v. tr. [depolarize] (*dé-* et *polariser*) Phys. Faire perdre l'état de polarité.

1 DÉPOLI, n. m. [depoli] (*dépolir*) État de ce qui est dépoli. *Le dépoli d'une surface.*

2 DÉPOLI, IE, p. p. de dépolir. [depoli] *Verre dépoli.*

DÉPOLIR, v. tr. [depolir] (1 *dé-* et *polir*) Ôter le poli de quelque chose. ◆ Se dépolir, v. pr. Perdre le poli.

DÉPOLISSAGE ou **DÉPOLISSEMENT**, n. m. [depolisaʒ, depolis(ə)mã] (*dépolir*) Action de dépolir un verre, une glace, un cristal.

DÉPOLITISER, ■ v. tr. [depolitize] (1 *dé-* et *politiser*) Ôter son caractère politique à quelque chose. *Faut-il dépolitiser le débat ?* ■ DÉPOLITISATION, n. f. [depolitizasjõ].

DÉPOLLUANT, ANTE, ■ adj. [depolyã, ãt] (*dépolluer*) Qui dépollue. *Un navire dépolluant.* ■ N. m. Produit permettant de supprimer une pollution. ■ Fig. *Le rire est à la fois un désintoxiquant physique et un dépolluant psychique.*

DÉPOLLUER, ■ v. tr. [depolye] (1 *dé-* et *polluer*) Épurer, retirer la pollution d'un endroit. *Dépolluer une plage.* ■ DÉPOLLUEUR, EUSE, adj. ou n. m. et n. f. [depolyœr, øz] *Un trimaran dépollueur.* ■ DÉPOLLUTION, n. f. [depolysjõ].

DÉPOLYMÉRISER, ■ v. tr. [depolimerize] (1 *dé-* et *polymériser*) Modifier un polymère en un corps chimique plus simple. *Pour mobiliser le glycogène vers le métabolisme énergétique, il faut dépolymériser cette substance et libérer le glucose.*

DÉPONENT, adj. [deponã] (lat. *deponens*) Gramm. lat. *Un verbe déponent* et n. m. *un déponent*, verbe qui a le sens actif et la forme passive. ◆ On dit aussi au féminin : *conjugaison déponente.*

DÉPOPULARISÉ, ÉE, p. p. de dépopulariser. [depopylarize]

DÉPOPULARISER, v. tr. [depopylarize] (1 *dé-* et *populariser*) Faire perdre l'affection, la faveur du peuple. ◆ Se dépopulariser, v. pr. Perdre sa popularité.

DÉPOPULATION, n. f. [depopulasjõ] (lat. *depopulatio*) L'état d'un pays dépeuplé ou dont la population diminue.

DÉPORT, n. m. [depor] (*déporter*) Dr. Action de se récuser soi-même. *Le déport d'un juge, d'un expert.* ◆ Délai, retardement ; il ne s'emploie que dans la locution adverbiale : *sans déport.* ◆ Bourse Ce que le vendeur à terme est obligé de payer pour le loyer du titre dont il a besoin afin de reporter son opération à la liquidation suivante.

DÉPORTATION, n. f. [deportasjõ] (lat. *deportatio*) Action de déporter hors du pays. ◆ Dans l'ancienne Rome, espèce de bannissement qui était pour toute la vie. ◆ Aujourd'hui, peine qui consiste à exiler quelqu'un dans un lieu déterminé, et plus spécialement à lui faire subir sa détention hors du territoire français. ■ Transfert et internement dans un camp de concentration ou d'extermination. *Les premières déportations des Juifs de France vers le camp d'Auschwitz ont eu lieu en 1942.*

DÉPORTÉ, ÉE, p. p. de déporter. [deporte] Condamné à la déportation. ◆ N. m. et n. f. *Un déporté. Les déportés.*

1 DÉPORTEMENT, n. m. [deportəmã] (*déporter*) qui ne s'emploie qu'au pluriel. Conduite bonne ou mauvaise. « *Les mauvais déportements des jeunes gens* », MOLIÈRE. ◆ Ce sens a vieilli. ◆ Mauvaise conduite, mœurs dissolues.

2 DÉPORTEMENT, ■ n. m. [deportəmã] (*déporter*) Déviation de trajectoire en parlant d'un véhicule. *Le verglas cause de nombreux déportements de voiture.*

1 DÉPORTER, v. tr. [deporte] (lat. *deportare*) Faire subir à quelqu'un la déportation. *On a déporté les coupables.* ◆ Se déporter, v. pr. Se désister, s'abstenir. *Ce magistrat s'est déporté. Se déporter d'une poursuite.* ■ V. tr. Envoyer en camp de concentration ou d'extermination.

2 DÉPORTER, ▪ v. tr. [depɔʀte] (lat. *deportare*) Dévier de sa trajectoire en parlant d'un véhicule. *Le verglas a déporté sa voiture dans le fossé.*

DÉPOSABLE, adj. [depozabl] (*déposer*) ▷ Qui peut être mis en dépôt. ◁

DÉPOSANT, ANTE, adj. [depozɑ̃, ɑ̃t] (*déposer*) **Dr.** Qui fait sa déposition devant le juge. ◆ N. m. et n. f. Celui qui fait un dépôt. ◆ Celui, celle qui fait un dépôt à la caisse d'épargne.

DÉPOSE, n. f. [depoz] (*déposer*) Enlèvement d'un objet scellé, d'une pièce de charpente, etc. ◆ On dit dans le même sens : *dépose de rideaux de lit ou de fenêtre.*

DÉPOSÉ, ÉE, p. p. de déposer. [depoze] *Marque déposée, nom déposé,* qui a fait l'objet d'un enregistrement afin d'en garantir la possession juridique.

DÉPOSER, v. tr. [depoze] (*dé-* et *poser*) Poser une chose que l'on portait. *Il déposa son fardeau.* ◆ *Déposer le masque,* ôter le masque qui couvre le visage, et fig. se montrer tel qu'on est. ◆ **Fig.** *Déposer sa fierté,* quitter la fierté qu'on avait. ◆ Mettre (sans idée accessoire). *Il est défendu de déposer des ordures le long du mur.* ◆ Laisser aller au fond les parties épaisses, en parlant d'un liquide. ◆ **Absol.** *Cette liqueur dépose.* ◆ Mettre pour quelque temps une chose dans un lieu. *Déposer des marchandises en lieu sûr.* ◆ Mettre en dépôt. *Déposer un testament chez le notaire, de l'argent à la caisse d'épargne.* ◆ *Déposer une plainte,* remettre une plainte à l'autorité judiciaire. ◆ **Par extens.** Remettre. ◆ *Il dépose ses secrets dans le sein de son ami.* ◆ Donner en garantie. *Déposer un cautionnement.* ◁ ◆ Se démettre de, abdiquer. *Sylla déposa la dictature.* ◆ Dépouiller une personne d'une magistrature, d'une dignité élevée. *Déposer un roi.* ◆ **Constr.** Démonter un objet posé à demeure. ◆ On dit dans le même sens : *déposer des rideaux de lit ou autres.* ◆ V. intr. Faire sa déposition comme témoin. *Déposer en faveur de quelqu'un.* ◆ *Déposer d'un fait.* ◆ se déposer, v. pr. Être mis en dépôt. ◆ Abdiquer, quitter le pouvoir, une dignité. « *Les empereurs qui se déposaient* », Bossuet. ◆ Aller au fond, en parlant des impuretés d'un liquide. ▪ V. tr. *Déposer le bilan,* faire connaître son état de cessation de paiement. ▪ Conduire quelqu'un à un endroit où on l'y laisse. *Je te dépose à la gare.*

DÉPOSITAIRE, n. m. et n. f. [depozitɛʀ] (b. lat. *depositarius*) Personne à qui l'on confie un dépôt. *Dépositaire d'un trésor.* ◆ Celui ou celle à qui l'on remet quelque chose que l'on compare à un dépôt. *Les dépositaires du pouvoir.* ◆ **Fig.** Il se dit des choses. « *Souvent ce cabinet superbe et solitaire Des secrets de Titus est le dépositaire* », Racine. ▪ Commerçant qui vend au nom d'un autre des marchandises qu'il a reçues en dépôt.

DÉPOSITEUR, TRICE, n. m. et n. f. [depozitœʀ, tʀis] (lat. *depositor*) ▷ Celui, celle qui a fait un dépôt de marchandises. ◁

1 DÉPOSITION, n. f. [depozisjɔ̃] (lat. *depositio*) Action de déposer, de poser hors de, de remettre. *La déposition d'inscriptions de rente.* ◆ Peu usité en ce sens propre. ◆ Action de déposer, de destituer une personne élevée en dignité. *La déposition d'un empereur.* ◆ **Procéd.** Action de déposer ; ce qu'un témoin affirme en justice.

2 DÉPOSITION, ▪ n. f. [depozisjɔ̃] (lat. *depositio*) **Art** *Déposition de croix,* représentation du corps du Christ après sa descente de la croix. *La Déposition de croix de Rembrandt.*

DÉPOSSÉDÉ, ÉE, p. p. de déposséder. [deposede]

DÉPOSSÉDER, v. tr. [deposede] (1 *dé-* et *posséder*) Enlever à quelqu'un la possession de quelque chose. *Déposséder quelqu'un de ses biens, de son pouvoir.*

DÉPOSSESSION, n. f. [deposesjɔ̃] (1 *dé-* et *possession*) Action de déposséder quelqu'un ; état d'une personne dépossédée.

DÉPOSTÉ, ÉE, p. p. de déposter. [deposte]

DÉPOSTER, v. u. [deposte] (1 *dé-* et *poste*, n. m.) ▷ Chasser l'ennemi d'un poste, d'une position. ◁

DÉPÔT, n. m. [depo] (lat. *depositum*) Ce qu'on a déposé, donné en garde, pour être rendu ou employé à la volonté du déposant. *Retirer un dépôt.* ◆ *Caisse des dépôts et consignations,* caisse destinée à recevoir et à administrer les fonds provenant de consignations judiciaires, de cautionnements, de dépôts volontaires, etc. ◆ *Être en dépôt,* être confié. *Mettre en dépôt ;* confier. *Avoir en dépôt,* garder à titre de dépôt. ◆ **Fig.** « *Ceux à qui le Seigneur a confié le dépôt de la foi* », Massillon. ◆ Action de déposer, de mettre une chose en un lieu. ◆ Action de confier quelque chose en garde à quelqu'un ; la convention faite en déposant quelque chose entre les mains de quelqu'un. ◆ Nom donné aux matières solides et molles qui se déposent au fond d'un vase contenant un liquide impur ou hétérogène. ◆ **Géol.** Couches de roches aqueuses formées lors du séjour des eaux. ◆ Abcès. ◆ Lieu où l'on dépose certains objets. *Dépôt de cannes et de parapluies.* ◆ *Le dépôt des archives.* ◆ Magasin où un homme, qui vend loin de sa résidence propre, met sa marchandise à la disposition des acheteurs. ◆ ▷ Lieu de résidence des soldats qui ne peuvent suivre le régiment ; lieu où l'on organise les cadres et où l'on exerce les recrues ; les soldats, les recrues qui

sont au dépôt. ◁ ◆ **Procéd. crimin.** *Mandat de dépôt,* ordre d'appréhender et d'incarcérer celui contre lequel il a été lancé. ◆ *Dépôt de la préfecture de police,* salles où l'on dépose provisoirement des prisonniers. ◆ *Dépôt de mendicité,* établissement où l'on recueille les pauvres. ▪ *Dépôt légal,* remise de plusieurs exemplaires d'une publication imprimée ou d'une œuvre audiovisuelle à l'organisme officiel compétent. ▪ Lieu où sont parqués et entretenus les locomotives, les autobus, etc. *Reconduire le bus au dépôt.*

DÉPOTAGE, n. m. [depotaʒ] Voy. DÉPOTEMENT.

DÉPOTÉ, ÉE, p. p. de dépoter. [depote] *Vin dépoté.*

DÉPOTEMENT, n. m. [depot(ə)mɑ̃] (*dépoter*) Action de changer de vase les liqueurs. ◆ Action de dépoter une plante. ▪ REM. On dit aussi *dépotage.*

DÉPOTER, v. tr. [depote] (1 *dé-* et *pot*) *Dépoter du vin, des liqueurs,* les changer de vase. ◆ Ôter une plante d'un pot avec sa terre afin de la transplanter. ◆ V. intr. **Fam.** Être rapide dans l'exécution d'une tâche. ▪ **Par extens.** *Elle dépote, sa moto !*

DÉPOTOIR, n. m. [depotwaʀ] (*dépoter*) Lieu où l'on verse et réunit les matières encore fraîches provenant des vidanges. ▪ Lieu où l'on dépose les ordures.

DÉPÔT-VENTE, ▪ n. m. [depovɑ̃t] (*dépôt* et *vente*) Magasin où les particuliers déposent et proposent à la vente, pour une période donnée, des objets, par l'intermédiaire de commerçants touchant un pourcentage. *Des dépôts-ventes de meubles, de vêtements.*

DÉPOUDRÉ, ÉE, p. p. de dépoudrer. [depudʀe]

DÉPOUDRER, v. tr. [depudʀe] (*dé-* et *poudrer*) ▷ Ôter la poudre des cheveux d'une perruque. ◆ Enlever la poussière dont un corps est couvert. ◆ Se dépoudrer, v. pr. Faire tomber la poudre de ses cheveux, de sa perruque. ◁

DÉPOUILLAGE, ▪ n. m. [depujaʒ] (*dépouiller*) Fait de dépouiller un animal. *Dépouillage d'un animal à empailler.*

DÉPOUILLE, n. f. [depuj] (*dépouille*) En général, la peau enlevée à un animal. *La dépouille d'un lion.* ◆ **Fig.** *Dépouille mortelle,* le corps d'un homme après la mort. ◆ La peau rejetée par les serpents et les insectes lors de leur mue. ◆ **Par extens.** « *Les ronces dégouttantes Portent de ses cheveux les dépouilles sanglantes* », Racine. ◆ ▷ Vêtements et tout ce que laisse un mourant. ◁ ◆ ▷ La succession d'une personne, tout ce qu'elle laisse vacant et disponible par son abandon, par sa retraite, par sa chute. ◁ ◆ Toute chose dont on s'empare au détriment d'autrui. ◆ **Milit.** Tout ce que l'on prend à l'ennemi. *Il a remporté de riches dépouilles.* ◆ ▷ La récolte des fruits de l'année. ◁

DÉPOUILLÉ, ÉE, p. p. de dépouiller. [depuje] **Absol.** Qui a perdu ses biens, ses possessions. ◆ N. m. et n. f. « *Le dépouillé du jour devenait le spoliateur du lendemain* », Thierry. ◆ **Adj. Fig.** Sans ornement. *Un style dépouillé.*

DÉPOUILLEMENT, n. m. [depuj(ə)mɑ̃] (*dépouiller*) Action de dépouiller ; état de celui qui est dépouillé de ses biens. ◆ **Fig.** « *Un dépouillement entier de tous préjugés* », Buffon. ◆ Renoncement au monde et à ses biens. « *Vivre dans le dépouillement* », Massillon. ◆ Relevé, examen d'un compte, d'un inventaire. ◆ *Dépouillement d'un scrutin,* action de compter les suffrages.

DÉPOUILLER, v. tr. [depuje] (lat. *despoliare*) Ôter la peau d'un animal. *Dépouiller un lièvre.* ◆ Ôter à quelqu'un ses vêtements. ◆ Enlever aux arbres leurs fruits, leurs feuilles, à la terre ses moissons. ◆ ▷ **Absol.** Récolter. ◁ ◆ Quitter, en parlant d'un vêtement, et en général de ce qui nous enveloppait ; en ce sens, il ne s'emploie que dans le style soutenu. *Dépouiller ses vêtements.* ◆ **Fig.** « *Dépouillez devant eux l'arrogance d'auteur* », Boileau. ◆ *Dépouiller l'homme,* perdre les sentiments humains ou les faiblesses humaines. ◆ En termes de l'Écriture, *dépouiller le vieil homme, se dépouiller du vieil homme,* quitter ses anciennes et mauvaises habitudes. ◆ Enlever à quelqu'un ce qu'il a. *Les voleurs l'ont dépouillé.* ◆ Dans le même sens, avec un nom de chose. *Les vainqueurs dépouillèrent le palais.* ◆ Peler, dénuder. *La gangrène a dépouillé l'os.* ◆ Faire le relevé, examen sommaire ; établir le compte de. *Dépouiller un inventaire, un scrutin.* ◆ *Dépouiller un livre, un registre,* en tirer tout ce qui s'y trouve d'utile ou de remarquable. ◆ Se dépouiller, v. pr. S'ôter ce qui enveloppe. *Il s'est dépouillé de ses habits.* ◆ **Par extens.** *La terre se dépouille de sa verdure.* ◆ Se dénuder. *L'os se dépouilla.* ◆ *Se dépouiller en faveur de quelqu'un,* se dessaisir de ce qu'on possède. ◆ **Fig.** Renoncer à. *Se dépouiller du pouvoir.* ◆ *Se dépouiller* se dit aussi d'un liquide qui, par le repos ou en vieillissant, se débarrasse des particules qui en troublaient la transparence.

DÉPOURVOIR, v. tr. [depuʀvwaʀ] (1 *dé-* et *pourvoir*) ▷ Dégarnir de ce qui est nécessaire. ◆ se dépourvoir, v. pr. Se dégarnir, se dessaisir. *Il s'est dépourvu de tout pour ses enfants.* ◁

DÉPOURVU, UE, p. p. de dépourvoir. [depuʀvy] **Absol.** « *La cigale... Se trouva fort dépourvue Quand la bise fut venue* », La Fontaine. ◆ AU DÉPOURVU, loc. adv. Sans qu'on soit pourvu, préparé. *J'ai été pris au dépourvu.*

DÉPOUSSIÉRANT, ▪ n. m. [depusjeʀɑ̃] (*dépoussiérer*) Produit utilisé pour enlever la poussière. *Un dépoussiérant anti-acariens.*

DÉPOUSSIÉRER, ■ v. tr. [depusjeʀe] (1 *dé-* et *poussière*) Ôter la poussière en passant sur une surface. *Dépoussiérer au chiffon, à la lingette.* ■ Fig. Donner un coup de neuf. *Dépoussiérons nos habitudes.* ■ **DÉPOUSSIÉRAGE**, n. m. [depusjeʀaʒ]

DÉPRAVANT, ANTE, adj. [depʀavɑ̃, ɑ̃t] (*dépraver*) Qui cause la dépravation.

DÉPRAVATEUR, TRICE, n. m. et n. f. [depʀavatœʀ, tʀis] (*dépravation*) ▷ Celui, celle qui déprave. ◁

DÉPRAVATION, n. f. [depʀavasjɔ̃] (lat. *depravatio*) Changement moral en mal. *La dépravation du siècle, des mœurs.* ◆ ▷ **Méd.** Altération. *La dépravation du sang, des humeurs.* ◁ ◆ *Dépravation du goût, de l'appétit, de l'odorat*, état dans lequel les sensations, produites par les organes de nos sens, se montrent avec un caractère insolite et bizarre. ◆ **Fig.** *La dépravation du goût dans les arts.*

DÉPRAVÉ, ÉE, p. p. de dépraver. [depʀave] *Un homme dépravé. Mœurs dépravées. Goût dépravé.*

DÉPRAVER, v. tr. [depʀave] (lat. *depravare*) Faire éprouver un changement moral en mal. *Les mauvais exemples l'ont dépravé.* ◆ ▷ **Méd.** Altérer, changer en mal. *Ces aliments dépravent les humeurs.* ◁ ◆ *Se dépraver*, v. pr. Se changer en mal. *L'appétit, les mœurs, le goût se dépravent.*

DÉPRÉCATION, n. f. [depʀekasjɔ̃] (lat. *deprecatio*) Prière faite avec soumission pour obtenir le pardon d'une faute. ◆ **Rhét.** Figure par laquelle, au milieu d'un discours, on demande aux dieux d'écarter un malheur ou un danger.

DÉPRÉCIATEUR, TRICE, adj. [depʀesjatœʀ, tʀis] (*déprécier*) Qui déprécie. *Un langage dépréciateur.* ◆ N. m. et n. f. *Les dépréciateurs du mérite.*

DÉPRÉCIATION, n. f. [depʀesjasjɔ̃] (*déprécier*) Action de déprécier ; état de ce qui a perdu de son prix. *La dépréciation de l'or.*

DÉPRÉCIÉ, ÉE, p. p. de déprécier. [depʀesje]

DÉPRÉCIER, v. tr. [depʀesje] (b. lat. *depretiare*) Rabaisser la valeur d'une chose. ◆ **Par extens.** *Déprécier une action, un homme.* ◆ *Se déprécier*, v. pr. Dire du mal l'un de l'autre. ◆ *Être déprécié.* ■ **DÉPRÉCIATIF, IVE**, adj. [depʀesjatif, iv]

DÉPRÉDATEUR, TRICE, n. m. et n. f. [depʀedatœʀ, tʀis] (b. lat. *prædator*) Celui, celle qui fait des déprédations. « *Déprédateurs du peuple* », VOLTAIRE. ◆ Adj. *Ministre déprédateur.*

DÉPRÉDATION, n. f. [depʀedasjɔ̃] (b. lat. *prædatio*) Pillage avec dégât. *Les déprédations des corsaires.* ◆ Malversation. *Les déprédations qui se commettent dans un État.* ◆ On dit aussi *la déprédation des biens d'un pupille.*

DÉPRÉDÉ, ÉE, p. p. de dépréder. [depʀede]

DÉPRÉDER, v. tr. [depʀede] (b. lat. *prædari*) ▷ Piller avec dégât. ◁

DÉPRENDRE, v. tr. [depʀɑ̃dʀ] (1 *dé-* et *prendre*) ▷ Séparer deux choses prises ensemble. *Déprendre des crampons, deux dogues qui se battent, etc.* ◆ **Fig.** Détacher, faire qu'on ne soit pas attaché. « *Bien loin de déprendre leur cœur de ce qu'ils ont aimé* », BOURDALOUE. ◆ *se déprendre*, v. pr. Se débarrasser, rompre ses liens. ◆ **Fig.** « *Des biens dont nos cœurs ne se peuvent déprendre* », BOSSUET. ◁

DÉPRESSIF, IVE, adj. [depʀesif, iv] (lat. *depressum*, supin de *deprimere*) Qui déprime, qui cause un enfoncement. *Les actions dépressives qui ont formé les bassins des fleuves.* ■ Relatif à l'état pathologique de dépression. *État dépressif.* ■ N. m. et n. f. Sujet à la dépression. *Un dépressif, une dépressive.*

DÉPRESSION, n. f. [depʀesjɔ̃] (lat. impér. *depressio*, abaissement, enfoncement) Abaissement, enfoncement. *Dépression de terrain.* ◆ *Dépression de l'horizon*, abaissement de l'horizon visuel au-dessous de l'horizon rationnel. ◆ **Phys.** Abaissement qu'éprouvent certains liquides dans des tubes capillaires. ◆ **Anat.** Aplatissement naturel. *Il y a une légère dépression dans cette partie.* ◆ **Chir.** Abaissement accidentel dans certaines parties du corps. *Dépression des os du crâne.* ◆ **Fig.** Action de rabaisser. ◆ Diminution, en parlant des cours des marchés. *La dépression d'une valeur.* ■ Pathologie mentale caractérisée par un grand abattement moral et de l'anxiété. *Faire une dépression. Une dépression nerveuse.*

DÉPRESSIONNAIRE, ■ adj. [depʀesjɔnɛʀ] (*dépression*) **Météorol.** Qui est le lieu d'une dépression atmosphérique. *Système dépressionnaire, zone où la pression atmosphérique est plus basse que dans les zones environnantes.*

DÉPRESSURISATION, ■ n. f. [depʀesyʀizasjɔ̃] (*dépressuriser*) **Aéronaut.** Chute de la pression interne d'un avion ou d'un vaisseau spatial. *Un sas de dépressurisation. Les performances des soupapes de décompression reposent sur leur temps de réponse, la vitesse de dépressurisation et la capacité à maintenir une pression basse à l'intérieur de la cuve.*

DÉPRESSURISER, ■ v. tr. [depʀesyʀize] (1 *dé-* et *pressuriser*) **Aéronaut.** Faire chuter la pression interne d'une cabine d'avion ou de vaisseau spatial. *Alors qu'ils commençaient à dépressuriser le sas, ils se sont aperçus que l'une des portes du sas était mal verrouillée.*

DÉPRIÉ, ÉE, p. p. de déprier. [depʀije]

DÉPRIER, v. tr. [depʀije] (1 *dé-* et *prier*) ▷ Retirer une invitation qu'on avait faite. *Déprier les invités.* ◁

DÉPRIMANT, ANTE, ■ adj. [depʀimɑ̃, ɑ̃t] (*déprimer*) Qui déprime. *Une nouvelle déprimante.*

DÉPRIME, ■ n. f. [depʀim] (*déprimer*) **Fam.** État d'abattement psychique. *Il est en pleine déprime !*

DÉPRIMÉ, ÉE, p. p. de déprimer. [depʀime] *Un front déprimé.* ◆ **Bot.** *Tige déprimée*, tige qui est couchée. ◆ **Méd.** *Pouls déprimé*, pouls faible. ■ *Une personne déprimée*, dépressive ou en proie à la déprime.

DÉPRIMER, v. tr. [depʀime] (lat. *deprimere*, presser de haut en bas, abaisser) Produire un enfoncement, une dépression dans une surface. ◆ **Fig.** En parlant des personnes, mettre au-dessous de la valeur réelle. ◆ Dans un sens analogue, en parlant des choses. *Déprimer les vertus.* ◆ Humilier. « *Si l'homme s'estime trop, tu sais déprimer son orgueil* », BOSSUET. ◆ *Se déprimer*, v. pr. Se rabaisser l'un l'autre. ◆ *Être déprimé*, enfoncé. ■ V. tr. Abattre moralement. *Son divorce l'a déprimée.* ■ V. intr. **Fam.** Être dans un état de grand abattement moral. *Il déprime depuis qu'il est au chômage.*

DÉPRIS, ISE, p. p. de déprendre. [depʀi, iz]

DÉPRISE, ■ n. f. [depʀiz] (*déprendre*) Fait de se déprendre. *La peur de la déprise agricole s'est cristallisée à la fin des années 1980.*

DÉPRISÉ, ÉE, p. p. de dépriser. [depʀize]

DÉPRISER, v. tr. [depʀize] (1 *dé-* et *prix*) Diminuer le prix, le mérite d'une chose, d'une personne. ◆ **Absol.** « *On ne déprise avec affectation que par le chagrin de ne pouvoir mépriser* », DUCLOS. ◆ *Se dépriser*, v. pr. Rabaisser ce qu'on est, ce qu'on vaut. ◆ *Se rabaisser réciproquement.*

DÉPRISONNER, v. tr. [depʀizɔne] (1 *dé-* et *prison*) ▷ Tirer de prison. ◁

DE PROFUNDIS, n. m. [depʀɔfɔ̃dis] (*un* se prononce *on* et le *s* final se fait entendre. Mots latins, *de profundis*, des profondeurs) Le sixième des psaumes de la pénitence qu'on chante aux services funèbres. *Dire un de profundis pour quelqu'un.* ◆ **Fam.** *Gai comme un de profundis*, fort triste.

DÉPROGRAMMATION, ■ n. f. [depʀɔgʀamasjɔ̃] (*déprogrammer*) Annulation d'un programme ou d'une action prévue. *La déprogrammation d'une émission télévisuelle à succès.*

DÉPROGRAMMER, ■ v. tr. [depʀɔgʀame] (1 *dé-* et *programme*) Supprimer d'un programme ou d'une action prévus. *Déprogrammer une retransmission télé, une sortie.* ■ **Inform.** Supprimer un programme d'un ordinateur.

DÉPUCELER, ■ v. tr. [depys(ə)le] (1 *dé-* et *pucelle*) **Fam.** Ôter son pucelage à une personne, lui faire perdre sa virginité. ■ **Fig.** et **vulg.** **Anc.** Décapsuler. *Dépuceler une canette de bière.* ■ **DÉPUCELAGE**, n. m. [depys(ə)laʒ]

DEPUIS, prép. [dəpɥi] (*de* et *puis*) Marquant l'intervalle d'un point à un autre. *Depuis les Alpes jusqu'à l'océan.* ◆ **Fig.** « *Quelle distance depuis l'instinct d'un Lapon ou d'un nègre jusqu'à l'intelligence d'un Archimède ou d'un Newton !* », MARMONTEL. ◆ *Depuis* marquant un rapport d'ordre, de succession. *Depuis le premier jusqu'au dernier.* ◆ *Depuis* marquant un rapport de temps. *Depuis cinq heures jusqu'à six.* ◆ ▷ *Depuis*, avec un nom de personne ou un pronom personnel, signifie postérieurement à. *Il est venu depuis moi.* ◁ *Depuis quand ? Depuis combien de temps ? ◆ Depuis peu de temps. ◆ Depuis lors*, depuis ce temps-là. ◆ *Depuis*, adv. *Il est parti il y a un an, je ne l'ai pas revu depuis.* ◆ *Depuis que*, loc. conj. Suivie de l'indicatif. *Depuis le temps où... « Depuis que je suis né, j'ai vu la calomnie... »*, VOLTAIRE.

DÉPULPER, ■ v. tr. [depylpe] (1 *dé-* et *pulpe*) Ôter la pulpe de. *Dépulper un citron pour faire un jus.* ■ En parlant de la pulpe dentaire, retirer la partie centrale de la dent qui contient un filet nerveux et de très fins vaisseaux sanguins.

DÉPURATIF, IVE, adj. [depyʀatif, iv] (*dépurer*) **Méd.** Qui a la propriété de dépurer le sang, les humeurs. ◆ N. m. *Un dépuratif.*

DÉPURATION, n. f. [depyʀasjɔ̃] (b. lat. *depuratio*) Action par laquelle on dégage un corps quelconque des matières qui en altèrent la pureté. *La dépuration d'un métal.* ◆ **Pharm.** Séparation spontanée qui se fait dans un liquide trouble lorsqu'on le laisse en repos. ◆ **Méd.** Travail par lequel l'économie animale se débarrasse de ce qui la trouble.

DÉPURATOIRE, adj. [depyʀatwaʀ] (*dépurer*) ▷ Qui sert à dépurer. *Fontaine dépuratoire.* ◆ *Maladies dépuratoires*, maladies qu'on croyait servir à dépurer la masse des humeurs. ◁

DÉPURÉ, ÉE, p. p. de dépurer. [depyʀe]

DÉPURER, v. tr. [depyʀe] (b. lat. *depurare*) **Chim.** et **méd.** Purifier. *Dépurer un métal, le sang.* ◆ *Se dépurer*, v. pr. Devenir pur.

DÉPUTATION, n. f. [depytasjɔ̃] (b. lat. *deputatio*, imputation, assignation) Envoi solennel de personnes chargées d'un message pour quelqu'un. ♦ Fonction de député à une assemblée délibérante. ♦ *La députation d'un département*, tous ses députés.

1 DÉPUTÉ, n. m. [depyte] (b. lat. *deputatus*, délégué) ▷ Celui qui est chargé de certains messages solennels auprès d'un prince ou d'une puissance. ◁ ♦ N. m. et n. f. Personne qui devient par élection membre d'une assemblée délibérante. *Les députés aux états généraux.* ♦ Personne qui fait partie de ce qu'on appelle ordinairement seconde chambre, par opposition à chambre des pairs, à sénat. *La chambre des députés. Député au corps législatif.* ■ En France, membre élu de l'Assemblée nationale. *La députée tient une permanence dans sa circonscription.*

2 DÉPUTÉ, ÉE, p. p. de députer. [depyte]

DÉPUTER, v. tr. [depyte] (lat. *deputare*, émonder, évaluer, imputer ; bas latin, déléguer) Envoyer comme député. ♦ Absol. Envoyer une députation. « *Il leur conseilla de députer vers le prince* », ROLLIN.

DÉQUALIFIER, ■ v. tr. [dekalifje] (1 *dé-* et *qualifier*) Donner à une personne un emploi ou une fonction à un niveau plus faible que sa qualification professionnelle. *Déqualifier les postes pour recruter.* ■ DÉQUALIFICATION, n. f. [dekalifikasjɔ̃] *Les pratiques de déqualification abusive de la relation d'emploi ont en commun de reposer sur la négation du statut de salarié.*

DER, ■ n. m. [dɛʀ] (abréviation de *dernier*) Le dernier. ■ N. f. *Le der des ders,* expression utilisée après la Première Guerre mondiale pour signifier qu'un tel événement ne se produirait plus. ■ N. m. *Dix de der*, les dix points gagnés lors de la dernière levée à la belote.

DÉRACINABLE, adj. [deʀasinabl] (*déraciner*) Qui peut être déraciné, au propre et au figuré.

DÉRACINÉ, ÉE, p. p. de déraciner. [deʀasine] N. m. et n. f. Personne qui vit loin de son pays ou de son milieu d'origine. « *Brassés par le remous Des éternels départs Ils viennent de partout Mais sont de nulle part Les déracinés* », GOUDEAUX.

DÉRACINEMENT, n. m. [deʀasin(ə)mɑ̃] (*déraciner*) Action de déraciner un arbre. ♦ État de ce qui est déraciné. ♦ État d'une personne qui vit loin de son pays ou de son milieu d'origine. *Dans une lettre écrite en 1950, Kerouac se disait renversé par le sentiment d'un terrible déracinement qu'il observait chez les Canadiens français vivant aux États-Unis.*

DÉRACINER, v. tr. [deʀasine] (1 *dé-* et *racine*) Renverser ce qui tient au sol par racines. ♦ **Par extens.** *Déraciner un cor*, l'extirper. ♦ Faire sortir de sa place. ♦ Fig. Ôter, enlever, faire disparaître. *Déraciner les vices, les abus.* ♦ Se déraciner, v. pr. Perdre son enracinement. ♦ **Fig.** *Les opinions anciennes ne se déracinent pas facilement.* ♦ Faire quitter son lieu d'origine à quelqu'un.

DÉRADER, v. tr. [deʀade] (1 *dé-* et *rade*) Emporter, en parlant d'un gros temps, d'un vent violent, un vaisseau hors de la rade avec ses ancres.

DÉRAGER, ■ v. intr. [deʀaʒe] (1 *dé-* et *rage*) Quitter sa rage. ■ *Ne pas dérager,* ne pas cesser d'être en colère.

DÉRAIDI, IE, p. p. de déraidir. [deʀedi] REM. Graphie ancienne : *déroidi.*

DÉRAIDIR, v. tr. [deʀediʀ] (1 *dé-* et *roide*) Faire perdre à quelque chose sa roideur, faire cesser l'état de roideur. ♦ Se déraidir, v. pr. *Les membres engourdis par le froid se déraidissent auprès du feu.* ♦ **Fig.** *Son caractère commence à se déraidir.* ■ REM. Graphie ancienne : *déroidir.*

DÉRAILEMENT, n. m. [deʀɛl(ə)mɑ̃] Voy. DÉRAILLEMENT.

DÉRAILER, v. intr. [deʀele] Ce mot est écrit d'ordinaire *dérailler* et prononcé dé-ra-llé ; mais c'est une erreur, puisqu'il vient de l'anglais *rail*, prononcé en anglais *rêl*. ■ Voy. DÉRAILLER. ■ REM. Aujourd'hui, *dérailler* est le seul utilisé.

DÉRAILLÉ, ÉE, p. p. de dérailler. [deʀaje] *Un convoi déraillé.* ■ REM. Graphie ancienne : *déraîlé.*

DÉRAILLEMENT, ■ n. m. [deʀaj(ə)mɑ̃] (*dérailler*) Action de dérailler ; résultat de cette action. ■ REM. Graphie ancienne : *déraîlement.*

DÉRAILLER, ■ v. intr. [deʀaje] (1 *dé-* et *rail*) Sortir des rails, en parlant d'un convoi sur un chemin de fer. *Le train a déraillé.* ■ Sortir de la roue dentée du piston d'une bicyclette. *La chaîne de mon vélo a déraillé. Mon vélo a déraillé. J'ai déraillé.* ■ Fig. et fam. Ne plus montrer de bon sens. *Tu dérailles complètement !* ■ REM. Graphie ancienne : *déraîler ;* Littré condamnait la graphie *déraîler* mais aujourd'hui *déraîler* ne s'écrit plus.

DÉRAILLEUR, ■ n. m. [deʀajœʀ] (*dérailler*) Mécanisme de bicyclette qui fait passer la chaîne d'un pignon, d'un plateau à un autre, de façon à pouvoir adapter son effort et sa vitesse au sol et à la pente.

DÉRAISON, n. f. [deʀezɔ̃] (1 *dé-* et *raison*) Manque, absence de raison dans les paroles ou les actions.

DÉRAISONNABLE, adj. [deʀezɔnabl] (*déraison*) Qui n'est pas raisonnable. ♦ En parlant des choses. *Conduite déraisonnable.*

DÉRAISONNABLEMENT, adv. [deʀezɔnabləmɑ̃] (*déraisonnable*) D'une manière déraisonnable.

DÉRAISONNEMENT, n. m. [deʀezɔn(ə)mɑ̃] (*déraisonner*) Action de déraisonner.

DÉRAISONNER, v. intr. [deʀezɔne] (*déraison*) Tenir des discours dépourvus de raison, de sens.

DÉRAMER, ■ v. tr. [deʀame] (1 *dé-* et *rame* [*de papier*]) Détacher les feuilles de papier les unes des autres afin de les aérer et d'éviter qu'elles ne se collent lors de l'impression. *Déramer du papier avant son chargement sur la machine en cas de mauvaise coupe.*

DÉRANGÉ, ÉE, p. p. de déranger. [deʀɑ̃ʒe] *Avoir l'esprit dérangé,* manquer de raison.

DÉRANGEANT, ANTE, ■ adj. [deʀɑ̃ʒɑ̃, ɑ̃t] (*déranger*) Qui dérange moralement. *Cet homme tient des discours dérangeants.*

DÉRANGEMENT, n. m. [deʀɑ̃ʒ(ə)mɑ̃] (*déranger*) Action de déranger ; état de ce qui est dérangé. ♦ **Fig.** Changement qui incommode. *Causer du dérangement.* ♦ Désordre d'affaires qui compromet la fortune. ♦ Gêne d'argent. ♦ Désordre moral. ♦ *Dérangement de corps* ou simplement *dérangement,* diarrhée. ■ *Téléphone en dérangement,* qui ne fonctionne plus normalement.

DÉRANGER, v. tr. [deʀɑ̃ʒe] (1 *dé-* et *ranger*, antonyme de *arranger*) Ôter une chose de son rang, de sa place. *Déranger des papiers, un meuble.* ♦ *Déranger une chambre,* en déplacer les objets. ♦ *Déranger une machine, une montre,* y apporter quelque trouble qui l'empêche de bien aller. ♦ **Fig.** *Ce coup dérangea nos mesures.* ♦ *Déranger quelqu'un,* lui faire quitter sa place. ♦ *Déranger quelqu'un,* l'interrompre dans ses occupations. ♦ ▷ *Déranger le temps,* le faire passer du beau au mauvais. ◁ ♦ Altérer un peu la santé. ♦ Occasionner la diarrhée. ♦ **Fig.** *Déranger le cerveau,* troubler la raison. ♦ Jeter dans le désordre moral. ♦ Se déranger, v. pr. En parlant d'une machine, ne pas aller régulièrement. ♦ Se déranger, en parlant de la fortune, être grevé de dettes, d'hypothèques. ♦ Quitter son rang, sa place. ♦ Quitter ses occupations, ses affaires. ♦ Avoir la raison troublée. ♦ Tomber dans le désordre moral. ■ Occasionner une gêne. *Cela ne me dérange pas de passer te prendre.*

DÉRAPAGE, ■ n. m. [deʀapaʒ] (*déraper*) Fait de déraper. *Effectuer un dérapage contrôlé.* ♦ Fig. Écart de langage ou de comportement.

DÉRAPÉ, ÉE, p. p. de déraper. [deʀape]

DÉRAPER, ■ v. intr. [deʀape] (provenç. *derapa*, arracher, du germ. *rapôn*) Une ancre dérape quand, bien que mouillée, elle n'est plus fixée au fond et laisse dériver le vaisseau. ♦ Se dit aussi d'une ancre qui est arrachée volontairement du fond de la mer. ■ Glisser par manque d'adhérence. *Déraper sur le verglas. Le couteau a dérapé et il s'est coupé.* ■ Fig. Ne pas rester dans les limites fixées. *Un planning qui dérape.*

DÉRÂPER, ■ v. tr. [deʀɑpe] (1 *dé-* et 2 *râpe*) ▷ Ôter la grappe du raisin, avant de presser le grain pour faire le vin. ◁

DÉRASER, ■ v. tr. [deʀaze] (2 *dé-* et *raser*) Aplanir pour abaisser le niveau d'un mur, d'un terrain, etc. *Déraser un mur.* ■ DÉRASEMENT, n. m. [deʀaz(ə)mɑ̃]

DÉRATÉ, ÉE, p. p. de dérater. [deʀate] *Courir comme un chien dératé,* et n. m. et n. f. *comme un dératé,* courir avec une grande vitesse et longtemps. ♦ N. m. et n. f. Fig. Personne vive, alerte, sans retenue. ■ REM. On disait aussi *ératé.*

DÉRATER, v. tr. [deʀate] (1 *dé-* et *rate*) Extirper la rate ; opération qu'on prétendait propre à rendre les chiens meilleurs coureurs.

DÉRATISATION, ■ n. f. [deʀatizasjɔ̃] (*dératiser*) Extermination des rats. *La dératisation des caves.*

DÉRATISER, ■ v. tr. [deʀatize] (1 *dé-* et *rat*) Débarrasser un endroit des rats. *Dératiser des caves d'immeubles.*

DÉRAYER, ■ v. tr. [deʀeje] (antonyme d'*enrayer* par changement de préf., tracer les premiers sillons) Tracer une dérayure dans un champ.

DÉRAYURE, ■ n. f. [deʀejyʀ] (*dérayer*) Sillon qui sépare deux champs afin de faciliter l'écoulement de l'eau. *La dérayure en bordure de la fourrière collecte le ruissellement.*

DERBOUKA, ■ n. f. [dɛʀbuka] Voy. DARBOUKA.

DERBY, ■ n. m. [dɛʀbi] (de *Derby*, lord organisateur de cette course) Course de chevaux. *Le derby d'Epsom.* ■ Chaussure. *Acheter des derbys.* ■ Rencontre sportive entre équipes proches géographiquement.

DÉRÉALISATION, ■ n. f. [deʀealizasjɔ̃] (*déréaliser*) Action de déréaliser. *La déréalisation de notre monde moderne, aseptisé, clos, rassurant, démocratique.*

■ **Psych.** Trouble morbide caractérisé par une impression d'irréalité des personnes et des choses présentes et par l'impossibilité d'évoquer l'image des personnes et des choses absentes.

DÉRÉALISER, ■ v. tr. [deʁealize] (1 *dé-* et *réaliser*) Ôter le caractère réel de quelque chose. *L'utopie tend à déréaliser l'histoire.*

DERECHEF, adv. [dəʁəʃɛf] (de-, re- et *chef*) De nouveau, une seconde fois. « *Les voilà donc derechef en chemin* », La Fontaine. ♦ Encore une fois. « *Derechef, veuillez être discret* », Molière.

DÉRÉEL, ELLE, ■ adj. [deʁeɛl] (1 *dé-* et *réel*) Qui se détache du réel. *L'angoisse fait que l'on perçoit l'expérience de manière déréelle.*

DÉRÉGLÉ, ÉE, p. p. de dérégler. [deʁegle] *Un pouls déréglé.* ♦ Qui n'est pas soumis à la règle. *Vie déréglée. Homme déréglé.* ♦ Qui est dans le désordre moral.

DÉRÉGLÉMENT, adv. [deʁeglemɑ̃] (*déréglé*) ▷ D'une manière déréglée. ◁

DÉRÈGLEMENT ou **DÉRÉGLEMENT**, n. m. [deʁeɡləmɑ̃] (*dérégler*) État de ce qui est déréglé. *Le dérèglement du pouls, d'une horloge.* ♦ Cours de ventre, dérangement. ♦ Conduite déréglée.

DÉRÈGLEMENTATION ou **DÉRÉGLEMENTATION**, ■ n. f. [deʁeɡləmɑ̃tasjɔ̃] (*déréglementer*) Réduction ou suppression d'une règlementation. *La déréglementation du marché de l'électricité aboutit fatalement à une hausse des prix.*

DÉRÈGLEMENTER ou **DÉRÉGLEMENTER**, ■ v. tr. [deʁeɡləmɑ̃te] (1 *dé-* et *règlementer*) Réduire ou supprimer une règlementation afin d'alléger les contraintes juridiques. *Déréglementer la législation du travail.*

DÉRÉGLER, v. tr. [deʁegle] (1 *dé-* et *règle*) Faire qu'une chose ne soit plus réglée. *Le froid, le chaud dérèglent les pendules.* ♦ Par extens. Troubler la discipline. *Dérégler un collège.* ♦ Fig. Jeter dans le désordre moral. ♦ Se dérégler, v. pr. N'être plus réglé. ♦ Fig. Tomber dans l'indiscipline, dans le désordre moral.

DÉRÉGULATION, ■ n. f. [deʁegylasjɔ̃] (1 *dé-* et *régulation*) Syn. de déréglementation.

DÉRÉLICTION, ■ n. f. [deʁeliksjɔ̃] (lat. *derelictio*, abandon) Litt. État de celui qui se sent abandonné par Dieu. *Hugo emprunte l'iconographie de la pénitente pour mettre en scène une âme en pleine déréliction.* ■ Grande solitude morale. « *De quels élans désespérés n'ai-je pas appelé cet inconnu dans les heures d'excessive déréliction* », Bloy.

DÉRESPONSABILISER, ■ v. tr. [deʁɛspɔ̃sabilize] (1 *dé-* et *responsabiliser*) Enlever toute responsabilité à quelqu'un. *Il n'est pas question de déresponsabiliser les fournisseurs d'accès en matière de pornographie ou de propagande haineuse.* ■ DÉRESPONSABILISATION, n. f. [deʁɛspɔ̃sabilizasjɔ̃]

DÉRIDÉ, ÉE, p. p. de dérider. [deʁide]

DÉRIDER, v. tr. [deʁide] (1 *dé-* et *ride*) Effacer les rides. ♦ Fig. *Dérider le front*, ôter au front toute apparence sérieuse ou soucieuse. ♦ *Se dérider le front*, quitter l'air sérieux, devenir gai. ♦ Rendre gai. *Rien ne saurait le dérider.* ♦ Se dérider, v. pr. Perdre ses rides. ♦ Fig. Devenir gai.

DÉRISION, n. f. [deʁizjɔ̃] (b. lat. *derisio*, de *deridere*, se moquer, railler) Moquerie méprisante. *Tourner quelqu'un en dérision.* ♦ Fam. *C'est une dérision*, c'est-à-dire, c'est se moquer.

DÉRISOIRE, adj. [deʁizwaʁ] (b. lat. *derisorius*, illusoire) Qui est dit ou fait par dérision. *Propos, offres dérisoires.*

DÉRISOIREMENT, adv. [deʁizwaʁ(ə)mɑ̃] (*dérisoire*) D'une façon dérisoire.

DÉRIVABLE, adj. [deʁivabl] (*dériver*) Qu'on peut dériver.

1 **DÉRIVATIF, IVE**, adj. [deʁivatif, iv] (b. lat. gramm. *derivativus*) Méd. Qui sert à opérer une dérivation. ♦ N. m. *Les dérivatifs.* ■ Gramm. Relatif à la dérivation.

2 **DÉRIVATIF**, ■ n. m. [deʁivatif] (3 *dériver*) Ce qui permet d'oublier ses préoccupations, ses soucis.

1 **DÉRIVATION**, n. f. [deʁivasjɔ̃] (lat. *derivatio*) Action de dériver des eaux courantes. *La dérivation d'un fleuve.* ♦ *Canal de dérivation*, canal par lequel on fait venir les eaux pour les porter dans un réservoir. ♦ Méd. Action par laquelle le sang ou les humeurs sont attirés vers une partie, à l'effet de les détourner d'une autre. ♦ Gramm. Manière dont les mots d'une même racine se forment les uns des autres par le changement de désinence.

2 **DÉRIVATION**, n. f. [deʁivasjɔ̃] (1 *dériver*) Mar. L'action de sortir de sa route. ♦ Écart que fait hors de sa direction un projectile en vertu de sa forme et de la résistance de l'air.

DÉRIVE, n. f. [deʁiv] (3 *dériver*) La quantité dont un navire, poussé par le courant ou l'effort du vent, s'éloigne de la route qu'il s'était proposé de suivre. ♦ *Aller, être en dérive*, se dit aussi d'un bâtiment qui, ne gouvernant

plus ou n'étant plus amarré, est entraîné par le courant. ■ Fig. *À la dérive*, sans force pour rester dans le droit chemin. *Un alcoolique à la dérive.* ■ Aileron mobile placé dans la coque d'un bateau pour l'empêcher de dériver. *Pendant la course, le bout retenant la dérive ayant cassé, l'appendice s'est enfoncé dans le puits de dérive et l'a endommagé.* ■ DÉRIVÉ, ÉE, p. p. de dériver. [deʁive] Gramm. Qui se forme d'après un mot, par le changement de la désinence. ■ N. m. Mot formé d'un autre mot. *Le verbe courir et ses dérivés.* ■ Produit conçu à partir d'un autre. *Les dérivés du pétrole.* ■ N. f. Math. Limite vers laquelle tend le rapport entre l'accroissement d'une fonction continue et l'accroissement de la variable quand celui-ci tend vers zéro.

1 **DÉRIVER**, v. intr. [deʁive] (*dé-* et *rive*) Quitter le rivage. ■ Fig. Se laisser aller sans réagir.

2 **DÉRIVER**, v. tr. [deʁive] (lat. *derivare*, de *rivus*, ruisseau) Faire sortir les eaux du fil de leur courant, les détourner de leur cours au moyen d'un canal de dérivation. ♦ ▷ Méd. *Dériver les humeurs*, les faire couler d'un côté différent de celui où elles se portaient. ◁ ■ Fig. Gramm. Faire provenir. *D'où dérivez-vous ce mot* ? ♦ V. intr. Être détourné de son lit, en parlant des cours d'eaux. ♦ Fig. Avoir sa cause, prendre son origine. ■ Gramm. Tirer sa formation d'après certaines règles. ♦ Se dériver, v. pr. Être dérivé.

3 **DÉRIVER**, v. intr. [deʁive] (angl. *to drive*, pousser, faire dériver, avec infl. de 2 *dériver*) Suivre le courant, aller à la dérive, en parlant d'un bateau. ♦ S'écarter plus ou moins de sa route par l'effet des vents ou des courants.

4 **DÉRIVER**, v. tr. [deʁive] (*dé-* et *river*) Limer la rivure d'un clou pour le faire sortir. ♦ Se dériver, v. pr. Perdre sa rivure.

DÉRIVEUR, ■ n. m. [deʁivœʁ] (3 *dériver*) Bateau à voile muni d'une dérive. *Le dériveur est un petit voilier de sport ou de promenade.*

DERMATITE, ■ n. f. [dɛʁmatit] (gr. *derma*, génit. *dermatos*, peau) Inflammation de la partie profonde de la peau. *La dermatite atopique, la dermatite séborrhéique, la dermatite du baigneur.* ■ Rem. On dit aussi *dermite*.

DERMATOLOGIE, ■ n. f. [dɛʁmatɔlɔʒi] (*dermato-* et *-logie*) Branche de la médecine qui a pour objet l'étude de la peau, de ses maladies et du traitement de ces affections.

DERMATOLOGIQUE, ■ adj. [dɛʁmatɔlɔʒik] (*dermatologie*) Relatif à la dermatologie. *Traitement dermatologique.* ■ Spécialement conçu pour l'hygiène de la peau. *Savon dermatologique.*

DERMATOLOGUE, ■ n. m. et n. f. [dɛʁmatɔlɔg] (*dermatologie*) Médecin spécialiste de la dermatologie. *Les dermatologues sont les spécialistes de la peau, mais aussi des cheveux, des ongles et des muqueuses.* ■ Fam. Dermato.

DERMATOMYOSITE, ■ n. f. [dɛʁmatomjozit] (*dermato-* et *myosite*) Méd. Infection cutanée et musculaire provoquée par des champignons parasites de la peau. *La dermatomyosite est une affection rare souvent associée à une vascularite.*

DERMATOSE, ■ n. f. [dɛʁmatoz] (*dermat(o)-* et *-ose*) Maladie de peau. *L'eczéma, le psoriasis sont des dermatoses.*

DERME, n. m. [dɛʁm] (gr. *derma*, peau) Tissu qui fait le corps de la peau et qui en forme presque toute l'épaisseur.

DERMESTE, ■ n. m. [dɛʁmɛst] (gr. *dermêstês*, ver qui ronge le cuir et la peau, de *derma*, peau et *edein*, manger) Petit coléoptère qui se nourrit notamment de la peau des mammifères. *Les dermestes se nourrissent d'une foule d'aliments, les viandes et poissons, le fromage, les peaux de mammifères, les os, les plumes, etc.*

DERMIQUE, ■ adj. [dɛʁmik] (*derme*) Qui concerne le derme, la couche moyenne de la peau. *Pommade dermique.*

DERMITE, ■ n. f. [dɛʁmit] (*derme*) Voy. DERMATITE.

DERNIER, IÈRE, adj. [dɛʁnje, jɛʁ] (lat. vulg. *deretranus*, du b. lat. *deretro*, derrière, avec infl. de *premier*) Qui vient après tous les autres. ♦ *Dernier à*, avec un infinitif. *Dernier à faire une chose.* ♦ Jeu Qui ne doit jouer qu'après tous les autres. ♦ *Dernier venu, dernière venue*, qui vient le dernier, la dernière, et *subst. le dernier venu, la dernière venue.* ♦ Précédent. *L'année dernière.* ♦ N. m. et n. f. Il s'emploie en ce sens pour désigner, entre plusieurs objets, celui qui a été nommé après les autres. *Votre ami et son frère sont venus, ce dernier m'a dit...* ♦ Le plus éloigné dans l'avenir. *La dernière postérité.* ♦ Le seul qui reste, la seule chose qui reste. *Il a employé jusqu'à son dernier sou.* ♦ Final, définitif. *Jusqu'au dernier soupir. C'est sa volonté dernière.* ♦ *Rendre le dernier devoir, les derniers devoirs*, prendre part aux cérémonies religieuses après la mort de quelqu'un. ♦ *Au dernier mot*, sans rien rabattre. ♦ *En dernier lieu*, à la fin, après tout le reste. ♦ *Mettre, donner la dernière main à un travail*, l'achever, lui donner toute la perfection possible. ♦ Qui occupe la moindre place dans une hiérarchie. *Les derniers citoyens.* ♦ Extrême, le plus considérable, le meilleur. « *Des affaires de la dernière conséquence* », Molière. « *Vous employez les derniers efforts pour faire croire...* », Pascal. ♦ Extrême, le plus bas, le pire. *Réduire au dernier désespoir.* « *Ils regardent la mort comme le dernier des malheurs* », Massillon. ♦ *Au dernier point*, autant qu'il est possible. ♦ *Le dernier supplice*, la peine capitale. ♦ *Le dernier* avec un adjectif pris substantivement, ce qu'il y a de plus... « *Ah ! certes, cela sera du dernier beau* », MOLIÈRE. ◆ ▷ *Être du dernier bien avec quelqu'un*, être très lié avec lui. ◁ ◆ **N. m. et n. f.** *Le dernier, la dernière*, celui, celle qui vient, qui est après tous les autres. ◆ Celui qui occupe le rang le plus humble dans le monde. ◆ *Le dernier, la dernière*, la personne, la chose qui est la pire de toutes. *C'est le dernier des hommes.* ◆ Terme de certains jeux de course. *Ne pas avoir le dernier, n'être pas le dernier touché.* ◆ **Fig.** « *N'ayez pas le dernier* », MOLIÈRE. ◆ **Fig.** *Il veut toujours avoir le dernier*, se dit d'un opiniâtre qui veut toujours répliquer le dernier, porter un coup le dernier. ◆ **Prov.** *Aux derniers les bons*, ce qui reste après le choix des autres est souvent le meilleur. ■ **N. m. et n. f.** *Le petit dernier, la petite dernière*, l'enfant le plus jeune dans une famille.

DERNIÈREMENT, adv. [dɛʁnjɛʁ(ə)mɑ̃] (*dernier*) Depuis peu de temps, récemment.

DERNIER-NÉ, DERNIÈRE-NÉE, ■ n. m. et n. f. [dɛʁnjene, dɛʁnjɛʁ(ə)ne] (*dernier* et *né*) Benjamin d'une famille, d'un clan, d'un groupe. *Le dernier-né entre déjà en 6ᵉ. Les derniers-nés, les dernières-nées.*

DERNY, ■ n. m. [dɛʁni] (du nom de l'inventeur) Vélomoteur utilisé autrefois pour entraîner les cyclistes à la course. *Des dernys.*

DÉROBADE, ■ n. f. [deʁobad] (*dérober*) Esquive, fait de ne pas assumer quelque chose. *Dérobade devant ses responsabilités.* ■ **Équit.** Refus d'un cheval de sauter un obstacle.

DÉROBÉ, ÉE, p. p. de dérober. [deʁobe] **Fig.** *Heures dérobées*, heures qu'on soustrait au courant des occupations et que l'on consacre à quelque autre chose. ◆ *Escalier dérobé, corridor dérobé, porte dérobée*, escalier, corridor, porte qui sert au dégagement secret d'un appartement. ◆ *Fèves dérobées*, fèves dont on a enlevé l'enveloppe. ◆ À LA DÉROBÉE, loc. adv. En cachette, avec mystère.

DÉROBER, v. tr. [deʁobe] (2 *dé-* et anc. fr. *rober*, enlever par vol) Enlever par larcin, prendre furtivement ce qui appartient à autrui. *On m'a dérobé mon argent.* ◆ **Absol.** « *Vous ne déroberez point* », SACI. ◆ **Fig.** *Dérober à quelqu'un la gloire qui lui est due.* ◆ *Dérober* se dit d'un auteur qui s'approprie l'œuvre d'un autre. ◆ Prendre par surprise ou par adresse. *Dérober un baiser.* ◆ Avec un complément direct de personne, dépouiller quelqu'un par larcin. *Ce domestique dérobe ses maîtres.* ◆ Faire perdre. *Chaque instant nous dérobe une partie de nous-mêmes.* ◆ *Dérober quelques moments à ses affaires*, prendre sur ses occupations des moments que l'on consacre à autre chose. ◆ Soustraire à, enlever à, préserver de. *Que le ciel te dérobe au danger !* ◆ Cacher à la vue, aux regards, à la connaissance. ◆ **Milit.** *Dérober une marche, une étape*, la faire à l'insu de l'ennemi. ◆ Ôter l'enveloppe de certaines graines. *Dérober des fèves.* ◆ Se dérober, v. pr. Disparaître, se soustraire. *Se dérober à tous les yeux, aux recherches.* ◆ *Se dérober de*, quitter. « *Télémaque se dérobe du camp pendant la nuit* », FÉNELON. ◆ **Absol.** « *Me puis-je avec honneur dérober avec vous ?* », RACINE. ◆ Se cacher. « *Le chevreuil est plus adroit à se dérober que le cerf* », BUFFON. ◆ Être caché. ◆ Manquer, faire défaut. « *La mer agitée semblait se dérober sous le navire* », FÉNELON. ◆ Fléchir, manquer, en parlant des genoux. « *Mes genoux se dérobaient sous moi* », FÉNELON. ◆ *Ce cheval se dérobe de dessous l'homme*, se dit d'un cheval qui, tout à coup et par un mouvement irrégulier, s'échappe de dessous l'homme qui le monte.

DÉROBEUR, EUSE, n. m. et n. f. [deʁobœʁ, øz] (*dérober*) ▷ Celui, celle qui dérobe. ◁

DÉROCHAGE, n. m. [deʁoʃaʒ] Action de nettoyer et d'affiner la surface de l'or, de l'argent et du cuivre.

DÉROCHEMENT, ■ n. m. [deʁoʃ(ə)mɑ̃] (*dérocher*) Action de dérocher un cours d'eau ou un terrain ; le résultat. *Des travaux de dérochement. Dix brebis ont été tuées à la suite d'un dérochement.*

DÉROCHER, v. tr. [deʁoʃe] (1 *dé-* et *roche*) Exécuter le dérochage, c'est-à-dire ôter de la surface du métal ce qui reste de la roche. ■ Enlever les roches au fond d'un cours d'eau ou sur un terrain.

DÉROGATION, n. f. [deʁogasjɔ̃] (lat. *derogatio*) Action de déroger aux dispositions d'une loi, d'un acte, à un usage. ■ Acte par lequel on obtient une autorisation de déroger à un règlement. *Une demande de dérogation pour une inscription tardive à l'université.*

DÉROGATOIRE, adj. [deʁogatwaʁ] (b. lat. *derogatorius*) Qui contient, qui emporte une dérogation.

DÉROGEANCE, n. f. [deʁoʒɑ̃s] (*dérogeant*) Action par laquelle on perdait les droits et privilèges attachés à la noblesse. ◆ **Par extens.** Diminution de droits, de privilèges.

DÉROGEANT, ANTE, adj. [deʁoʒɑ̃, ɑ̃t] Qui déroge. *Des actions dérogeantes à la noblesse.*

DÉROGER, v. intr. [deʁoʒe] (lat. *derogare*, abroger, retrancher) **Dr.** Prendre des dispositions qui sont différentes de dispositions antérieures ou qui y

sont contraires. *Déroger à une transaction par une autre.* ◆ Il se dit aussi des lois ou de dispositions qui en modifient ou révoquent une autre. *Les privilèges dérogent au droit commun.* ◆ Ne pas se conformer à, porter atteinte à. *Déroger aux droits de quelqu'un.* ◆ *Déroger à noblesse* ou absol. *déroger*, faire une chose qui entraînait la perte des droits et des privilèges de la noblesse. ◆ **Par extens.** *Le commerce dérogeait*, il faisait que le noble qui commerçait n'était plus noble. ◆ Faire une chose indigne de. *Ne dérogez pas à votre caractère par une si lâche complaisance.* ◆ Condescendre, s'abaisser à. *Il voulut bien déroger jusque-là.*

DÉROIDI, IE, p. p. de déroidir. [deʁwadi] Voy. DÉRAIDI, IE.

DÉROIDIR, v. tr. [deʁwadiʁ] Voy. DÉRAIDIR.

DÉROUGI, IE, p. p. de dérougir. [deʁuʒi]

DÉROUGIR, v. tr. [deʁuʒiʁ] (1 *dé-* et *rougir*) Ôter le rouge, ce qui rend rouge. ◆ **V. intr.** Perdre de sa rougeur. ◆ Se dérougir, v. pr. Cesser d'être rouge.

DÉROUILLÉ, ÉE, p. p. de dérouiller. [deʁuje]

DÉROUILLÉE, ■ n. f. [deʁuje] (*dérouiller*) **Fam.** Série de coups violents. *Il a pris une sacrée dérouillée !*

DÉROUILLEMENT, n. m. [deʁuj(ə)mɑ̃] (*dérouiller*) ▷ Action de dérouiller ; état de ce qui est dérouillé. ◁

DÉROUILLER, v. tr. [deʁuje] (1 *dé-* et *rouille*) Enlever la rouille. ◆ **Fig.** Instruire, façonner, polir. *L'air du monde dérouille l'esprit.* ◆ Se dérouiller, v. pr. Perdre la rouille. ◆ **Fig.** Se remettre au fait d'une chose qu'on a jadis apprise, pratiquée, etc. ◆ Se façonner, se polir. ◆ **V. intr. Fam.** Souffrir. *Il a bien dérouillé après son opération !*

DÉROULAGE, ■ n. m. [deʁulaʒ] (*dérouler*) Déroulement. *Le déroulage de câbles.* ■ Action de dérouler une bille de bois. *Du contreplaqué fabriqué par déroulage.*

DÉROULÉ, ÉE, p. p. de dérouler. [deʁule]

DÉROULEMENT, n. m. [deʁul(ə)mɑ̃] Action de dérouler.

DÉROULER, v. tr. [deʁule] (1 *dé-* et *rouler*) Développer ce qui était roulé. *Dérouler une pièce d'étoffe.* ◆ **Géom.** *Dérouler une courbe*, la former par la disposition des rayons d'une autre courbe. ◆ Étendre peu à peu. *Un fleuve déroule ses eaux dans les campagnes.* ◆ **Fig.** Faire connaître par une sorte de développement. *Il déroula devant nous le tableau de chagrins. Dérouler les annales des temps passés.* ◆ Se dérouler, v. pr. Être déroulé. ◆ **Fig.** *Un tableau magnifique se déroula à nos yeux.* ■ Avoir lieu. *L'action se déroule dans une petite ville de province.* ■ **Techn.** Transformer une bille de bois en une fine feuille de placage. *Dérouler du bois pour fabriquer du contreplaqué.*

DÉROULEUR, ■ n. m. [deʁulœʁ] (*dérouler*) Dispositif qui sert à dérouler. *Un dérouleur de ruban adhésif.*

DÉROULEUSE, ■ n. f. [deʁuløz] (*dérouler*) Machine servant au déroulage des billes de bois.

DÉROUTAGE ou **DÉROUTEMENT**, ■ n. m. [deʁutaʒ, deʁut(ə)mɑ̃] (*dérouter*) Action de dérouter un navire, un avion, etc. *Lorsqu'un accident vient troubler la circulation, les chefs d'opération établissent un déroutage.*

DÉROUTANT, ANTE, adj. [deʁutɑ̃, ɑ̃t] (*dérouter*) Qui peut déconcerter, rompre les mesures.

DÉROUTÉ, ÉE, p. p. de dérouter. [deʁute]

DÉROUTE, n. f. [deʁut] (anc. fr. *desro(u)ter*, disperser, de *rote*, troupe, bande) Fuite de troupes rompues et en désordre. *Les ennemis furent mis en déroute.* ◆ Déroute se dit aussi de la déconfiture ou déconvenue qu'éprouve une personne ou un parti. ◆ *Mettre quelqu'un en déroute*, le battre dans une discussion. ◆ **Fam.** *Être, se mettre en déroute*, se déranger. ◆ **Fig.** Renversement total des affaires de quelqu'un. *La déroute d'une famille.*

DÉROUTER, v. tr. [deʁute] (1 *dé-* et *route*) Faire perdre le bon chemin. ◆ **Par extens.** *Dérouter les importuns.* ◆ **Fig.** Faire perdre le fil qu'on tenait, la trace d'une affaire qu'on suivait. ◆ Rompre les mesures prises par quelqu'un, déconcerter. ◆ Se dérouter, v. pr. Perdre la bonne voie. ◆ **Fig.** « *Ils se sont souvent déroutés dans ces vastes pays de l'antiquité* », BOSSUET. ■ **V. tr.** Modifier l'itinéraire ou la destination d'un navire, d'un avion. *Dérouter les avions en cas d'intempéries.*

DERRICK, ■ n. m. [deʁik] (angl. *derrick*, potence, du nom d'un célèbre bourreau) Potence métallique supportant le mécanisme de forage d'un puits de pétrole. ■ **Par extens.** Potence utilisée sur des chantiers. *Des derricks.*

DERRIÈRE, prép. [dɛʁjɛʁ] (b. lat. *deretro*, de *retro*, par derrière) En arrière de, au dos de, au revers de. *Les mains liées derrière le dos. Regarder derrière soi.* ◆ *Fuir sans regarder derrière soi*, fuir à la hâte et précipitamment. ◆ À la suite. *Ses gens venaient derrière lui.* ◆ **Fig.** *Le désappointement marche derrière l'enthousiasme.* ◆ *Laisser quelqu'un bien loin derrière soi*, ou adverbialement *bien loin derrière*, le surpasser. ◆ **Adv.** En arrière. « *Nous demeurâmes un peu* derrière », FÉNELON. ◆ SENS DEVANT DERRIÈRE. loc. adv. En mettant le devant à la place du derrière. *Mettre son bonnet sens devant derrière.* ◆ **N. m.** La partie postérieure d'un objet. *Le derrière de la maison, de la tête, etc.* ◆ **Mar.** Syn. d'arrière et de poupe. ◆ *Le derrière,* l'arrière-corps d'un logis. *Il loge sur le derrière. Porte de derrière.* ◆ **Fig.** *Porte de derrière,* un faux-fuyant, une échappatoire. *Il a toujours quelque porte de derrière.* ◆ La partie inférieure et postérieure du corps. *Chasser à coups de pied dans le derrière.* ◆ **Pop.** *Montrer le derrière,* avoir des vêtements en très mauvais état ; fuir dans un combat. ◆ *Les derrières d'une armée,* les corps qui viennent les derniers. ◆ ▷ Le côté auquel l'armée tourne le dos ; le pays qu'elle laisse derrière elle. *Assurer ses derrières.* ◁ ◆ PAR-DERRIÈRE. loc. adv. Par le côté du dos. *Tuer par-derrière.* ◆ PAR-DERRIÈRE, loc. prép. *Par-derrière la maison.*

DERVICHE, n. m. [dɛʀviʃ] (pers. *darwis,* pauvre) Espèce de moine musulman [1]. ■ *Derviche tourneur,* qui effectue une danse rituelle en tournant sur lui-même. ■ REM. On disait aussi *dervis.* ■ REM. 1 : Par *Espèce de moine musulman* il faut comprendre : équivalent du moine chez les musulmans.

DES, art. pl. [de] Article contracté pour *de les,* et qui se prononce de la même façon pour le masculin et le féminin ◆ Pris partitivement, quelques. *Des hommes recommandables pensent que...*

DES... ou **DÉS...**, [dez] préfixe qui signifie l'action d'ôter, de retirer, de défaire, par exemple *désosser,* et qui vient des prépositions latines *de* et *ex.*

DÈS, prép. [dɛ] (lat. *de,* du haut de, et *ex,* hors de) À partir de, à dater de, à compter de. *L'homme dès sa naissance.* ◆ *Dès,* placé devant un adverbe ou nom de temps. *Dès demain. Dès la nuit. Dès longtemps.* ◆ DÈS LORS, loc. adv. *Dès ce moment,* dès ce temps, aussitôt. ◆ *Dès lors que,* du moment que, par cela que. « *Les grands se font honneur dès lors qu'ils nous font grâce* », LA FONTAINE. ◆ *Dès,* placé devant un nom de ville ou un adverbe de lieu, à partir de là. *Vous savez qu'il tomba malade dès Amboise.* ◆ DÈS LÀ, loc. adv. À partir de là, en conséquence. « *Dès là que Dieu existe, il est nécessaire que son existence remplisse tout l'espace et tous ses ouvrages* », VOLTAIRE. ◆ DÈS QUE, loc. conj. Aussitôt que, quand. ◆ *Dès que,* signifiant *puisque. Dès que vous en êtes tombé d'accord, je n'ai plus rien à dire.*

DÉSABONNEMENT, n. m. [dezabɔn(ə)mã] (*désabonner*) Action de se désabonner.

DÉSABONNER, v. tr. [dezabɔne] (*dés-* et *abonner*) Faire cesser l'abonnement. ◆ Se désabonner, v. pr. Cesser de s'abonner.

DÉSABRITER, v. tr. [dezabʀite] (*dés-* et *abriter*) ▷ Enlever un abri. ◁

DÉSABUSÉ, ÉE, p. p. de désabuser. [dezabyze] Adj. Qui a perdu toute illusion. ◆ Qui exprime cette perte d'illusion. *Prendre un air désabusé.*

DÉSABUSEMENT, n. m. [dezabyz(ə)mã] (*désabuser*) Action de se désabuser ; résultat de cette action.

DÉSABUSER, v. tr. [dezabyze] (*dés-* et *abuser*) ▷ Faire qu'on ne soit plus abusé, trompé. « *Il faut que le monde nous désabuse du monde* », BOSSUET. ◁ ◆ **Absol.** « *La mort donne les plus grandes leçons pour désabuser de tout ce que le monde croit merveilleux* », FÉNELON. ◆ Se désabuser, v. pr. Cesser d'être abusé. *Il s'est désabusé des vanités du monde.*

DÉSACCORD, n. m. [dezakɔʀ] (*dés-* et *accord*) Dissentiment, désunion. ◆ **Par extens.** État de ce qui n'a plus l'accord.

DÉSACCORDÉ, ÉE, p. p. de désaccorder. [dezakɔʀde]

DÉSACCORDER, v. tr. [dezakɔʀde] (*dés-* et *accorder*) Produire le désaccord, la désunion. ◆ **Mus.** Faire que les cordes d'un instrument ne soient plus d'accord. ◆ **Par extens.** Mettre le désaccord dans des couleurs, dans un tableau. ◆ Se désaccorder, v. pr. Cesser d'être d'accord.

DÉSACCOUPLÉ, ÉE, p. p. de désaccoupler. [dezakuple]

DÉSACCOUPLER, v. tr. [dezakuple] (*dés-* et *accoupler*) Séparer des choses qui étaient par couple, par paire. ◆ *Désaccoupler des chiens,* leur ôter la couple. ◆ Se désaccoupler, v. pr. Cesser l'accouplement. ■ DÉSACCOUPLAGE, n. m. [dezakuplaʒ]

DÉSACCOUTUMANCE, n. f. [dezakutymãs] (*désaccoutumer*) Perte d'une coutume, d'une habitude.

DÉSACCOUTUMÉ, ÉE, p. p. de désaccoutumer. [dezakutyme]

DÉSACCOUTUMER, v. tr. [dezakutyme] (*dés-* et *accoutumer*) Faire perdre une coutume, une habitude. *Désaccoutumer quelqu'un du vice.* ◆ Se désaccoutumer, v. pr. Perdre l'habitude. « *Il faut se désaccoutumer de souhaiter quelque chose* », MME DE SÉVIGNÉ.

DÉSACHALANDAGE, n. m. [dezaʃalãdaʒ] (*désachalander*) ▷ Perte de chalands ; état d'une boutique désachalandée. ◁

DÉSACHALANDÉ, ÉE, p. p. de désachalander. [dezaʃalãde]

DÉSACHALANDER, v. tr. [dezaʃalãde] (*dés-* et *achalander*) ▷ Éloigner les chalands d'un marchand, d'une boutique. ◆ Se désachalander, v. pr. Perdre ses chalands. ◁

DÉSACIÉRER, v. tr. [dezasjeʀe] (*dés-* et *acier*) Faire perdre les propriétés de l'acier. *Désaciérer une lame.*

DÉSACRALISER, ■ v. tr. [dezakʀalize] (*dé-* et *sacraliser*) Ôter son caractère sacré à quelque chose. *Désacraliser l'institution du mariage.* ■ DÉSACRALISATION, n. f. [dezakʀalizasjõ]

DÉSACTIVATION, ■ n. f. [dezaktivasjõ] (*désactiver*) Réduction ou arrêt de l'activité d'une substance radioactive. ■ Action de désactiver. *La désactivation d'un pare-feu informatique.*

DÉSACTIVER, ■ v. tr. [dezaktive] (*dés-* et *activer*) Ôter son activité à une substance. ■ **Phys.** Débarrasser quelqu'un ou quelque chose des éléments radioactifs qu'il contient. *Désactiver un site.* ■ **Par extens.** Faire cesser le fonctionnement de. *Désactiver une carte à puce.*

DÉSADAPTATION, ■ n. f. [dezadaptasjõ] (*dés-* et *adaptation*) Fait d'être désadapté. *Une désadaptation sociale, sexuelle.*

DÉSADAPTÉ, ÉE, ■ adj. [dezadapte] (*désadapter*) Qui n'est plus adapté. *Une nutrition désadaptée.*

DÉSADAPTER, ■ v. tr. [dezadapte] (*dés-* et *adapter*) Faire perdre l'adaptation à quelqu'un ou quelque chose. *Désadapter quelqu'un de son milieu.*

DÉSAFFECTER, ■ v. tr. [dezafɛkte] (*dés-* et *affecter*) Supprimer à quelque chose son affectation première. *Désaffecter des logements de fonction. Désaffecter un crédit.* ■ DÉSAFFECTATION, n. f. [dezafɛktasjõ]

DÉSAFFECTION, n. f. [dezafɛksjõ] (*dés-* et *affection*) Perte de l'affection. *La désaffection des citoyens.* ■ Perte de l'intérêt pour quelque chose. *La désaffection des collégiens pour les langues mortes.*

DÉSAFFECTIONNÉ, ÉE, p. p. de désaffectionner. [dezafɛksjɔne]

DÉSAFFECTIONNEMENT, n. m. [dezafɛksjɔn(ə)mã] (*désaffectionner*) ▷ Enlèvement de l'affection ; renoncement à l'affection, en parlant du refroidissement de l'amour du peuple pour le souverain. ◁

DÉSAFFECTIONNER, v. tr. [dezafɛksjɔne] (*dés-* et *affectionner*) ▷ Ôter, faire perdre l'affection. ◁ ◆ Se désaffectionner, v. pr. Perdre l'affection qu'on avait. *Le peuple se désaffectionne.*

DÉSAFFÉRENTATION, ■ n. f. [dezafeʀãtasjõ] (*dés-* et *afférent,* qui apporte) Suppression des transmissions des sensations corporelles due à la destruction des organes sensoriels ou des voies afférentes. *Une des douleurs de désafférentation les plus typiques est la douleur survenant après l'amputation d'un membre et se traduisant par une douleur du moignon et d'un membre fantôme.*

DÉSAFFILIER, ■ v. tr. [dezafilje] (*dés-* et *affilier*) Rompre une affiliation. *Désaffilier quelqu'un du régime d'assurance maladie.* ■ DÉSAFFILIATION, n. f. [dezafiljasjõ]

DÉSAFFOURCHÉ, ÉE, p. p. de désaffourcher. [dezafuʀʃe]

DÉSAFFOURCHER, v. intr. [dezafuʀʃe] (*dés-* et *affourche*) ▷ Lever l'ancre d'affourche, la remettre à bord. ◆ **V. tr.** *Désaffourcher l'ancre.* ◁

DÉSAFFUBLER, v. tr. [dezafyble] (*dés-* et *affubler*) ▷ Ôter l'affublement. ◆ Se désaffubler, v. pr. Se débarrasser de ce qui affuble. ◁

DÉSAGRAFER, v. tr. [dezagʀafe] (*dés-* et *agrafer*) Mauvais mot pour dégrafer. ■ Retirer les agrafes. *Désagrafer une liasse de documents.*

DÉSAGRÉABLE, adj. [dezagʀeabl] (*dés-* et *agréable*) Qui déplaît. *Figure désagréable. Personne désagréable.*

DÉSAGRÉABLEMENT, adv. [dezagʀeabləmã] (*désagréable*) D'une manière désagréable.

DÉSAGRÉÉ, ÉE, p. p. de désagréer. [dezagʀee] ▷ Dégréé. ◁

1 DÉSAGRÉER, v. intr. [dezagʀee] (*dés-* et *agréer*) ▷ Ne pas agréer. *Si cela ne vous désagrée pas.* ◁

2 DÉSAGRÉER, v. tr. [dezagʀee] (*dés-* et *agrès*) ▷ Ancien syn. de dégréer. ◁

DÉSAGRÉGATION, n. f. [dezagʀegasjõ] (*désagréger*) Séparation de parties agrégées qui se réduisent en grains ou en poussière.

DÉSAGRÉGÉ, ÉE, p. p. de désagréger. [dezagʀeʒe]

DÉSAGRÉGEANT, ANTE, adj. [dezagʀeʒã, ãt] (*désagréger*) ▷ Qui désagrège. ◆ **Méd.** Qui disjoint des choses agrégées. ◆ **N. m.** *Employer les désagrégeants.* ◁

DÉSAGRÉGER, v. tr. [dezagʀeʒe] (*dés-* et *agréger*) Disjoindre ce qui était agrégé. ◆ Se désagréger, v. pr. Être désagrégé.

DÉSAGRÉMENT, n. m. [dezagʀemã] (*dés-* et *agrément*) Chose qui désagrée, sujet de contrariété. *S'attirer un désagrément.*

DÉSAGUERRIR, v. tr. [dezageʀiʀ] (*dés-* et *aguerrir*) ▷ Désaccoutumer des dangers de la guerre. ◁

DÉSAIMANTER, v. tr. [dezemãte] (*dés-* et *aimanter*) Détruire l'aimantation. ◆ Se désaimanter, v. pr. Perdre son aimantation. ■ DÉSAIMANTATION, n. f. [dezemãtasjõ]

DÉSAISONNALISER, ▪ v. tr. [desezɔnalize] (angl. *to deseasonalize*) **Stat.** Corriger les statistiques à l'aide d'un coefficient qui supprime l'incidence des phénomènes saisonniers. *Désaisonnaliser le marché.*

DÉSAJUSTÉ, ÉE, p. p. de désajuster. [dezaʒyste]

DÉSAJUSTEMENT, n. m. [dezaʒystəmɑ̃] (*désajuster*) ▷ Action de désajuster une machine. ◁

DÉSAJUSTER, v. tr. [dezaʒyste] (*dés-* et *ajuster*) Déranger ce qui était ajusté. *Désajuster un canon, une parure.* ◆ Se désajuster, v. pr. Être désajusté.

DÉSALIÉNER, ▪ v. tr. [dezaljene] (*dés-* et *aliéner*) Mettre fin à l'aliénation de quelqu'un. ▪ Libérer. *Désaliéner un peuple de ses bourreaux.*

DÉSALIGNEMENT, n. m. [dezaliɲ(ə)mɑ̃] ou [dezalinj(ə)mɑ̃] (*désaligner*) Désordre dans l'alignement d'une troupe.

DÉSALIGNER, v. tr. [dezaliɲe] ou [dezalinje] (*dés-* et *aligner*) Détruire un alignement. ◆ **Milit.** Causer un désalignement.

DÉSALITER (SE), v. pr. [dezalite] (*dés-* et *aliter*) ▷ Cesser d'être alité. ◁

DÉSALLAITEMENT, n. m. [dezalɛt(ə)mɑ̃] (*désallaiter*) ▷ Cessation de l'allaitement. ◁

DÉSALLAITER, v. tr. [dezalete] (*dés-* et *allaiter*) ▷ Ne plus allaiter. ◁

DÉSALPER, ▪ v. tr. [dezalpe] (*dés-* et *alpage*) **Suisse** Descendre le troupeau de l'alpage à la fin de l'été. *Cette année il a fallu désalper tôt.* ▪ **DÉSALPE**, n. f. [dezalp]

DÉSALTÉRANT, ANTE, adj. [dezalterɑ̃, ɑ̃t] (*désaltérer*) Qui désaltère.

DÉSALTÉRÉ, ÉE, p. p. de désaltérer. [dezaltere]

DÉSALTÉRER, v. tr. [dezaltere] (*dés-* et *altérer*) Apaiser, en parlant de la soif. ◆ **Absol.** *L'eau rougie désaltère mieux que l'eau pure.* ◆ **Fig.** *La rosée désaltère les plantes.* ◆ Se désaltérer, v. pr. Satisfaire sa soif, boire.

DÉSAMARRER, v. tr. [dezamare] (*dés-* et *amarrer*) ▷ **Mar.** Détacher un bâtiment, un objet qui est amarré. ◁

DÉSAMBIGUÏSER ou **DÉSAMBIGÜISER**, ▪ v. tr. [dezɑ̃biɡɥize] (*dés-* et *ambigu*) Faire en sorte que quelque chose ne soit plus ambigu, le simplifier, le clarifier. *Désambiguïser une situation, un texte.* ▪ **DÉSAMBIGUÏSATION** ou **DÉSAMBIGÜISATION**, n. f. [dezɑ̃biɡɥizasjɔ̃]

DÉSAMIANTAGE, ▪ n. m. [dezamjɑ̃taʒ] (*désamianter*) Action de désamianter. *Le désamiantage du site est presque achevé.* ◁

DÉSAMIANTER, ▪ v. tr. [dezamjɑ̃te] (*dés-* et *amiante*) Ôter l'amiante de lieux devenus dangereux pour la santé de ceux qui les fréquentent. *Il a fallu désamianter cette faculté datant des années 1960.*

DÉSAMIDONNER, ▪ v. tr. [dezamidɔne] (*dés-* et *amidon*) Ôter l'amidon de. ▪ Son emploi est rare.

DÉSAMORÇAGE, n. m. [dezamɔrsaʒ] (*désamorcer*) Action de désamorcer.

DÉSAMORCER, v. tr. [dezamɔrse] (*dés-* et *amorcer*) Ôter l'amorce d'une arme à feu. *Désamorcer une pompe,* ôter l'eau qui sert à la faire fonctionner. ◆ **Fig.** Supprimer ce qui constitue une menace de crise, de conflit. *Son intervention a désamorcé le conflit.*

DÉSAMOUR, ▪ n. m. [dezamur] (*dés-* et *amour*) Perte de l'amour porté à quelqu'un. ▪ Désaffection. *Du désamour de l'école à l'absentéisme au collège et au lycée.*

DÉSANCRER, v. intr. [dezɑ̃kre] (*dés-* et *ancrer*) ▷ **Mar.** Lever l'ancre. ◆ V. tr. **Fig.** Arracher quelqu'un d'un lieu où il se plaît. ◆ *Désancrer quelque chose,* l'ôter de l'esprit. ◁

DÉSAPPAREILLÉ, ÉE, p. p. de désappareiller. [dezapareje]

DÉSAPPAREILLER, v. tr. [dezapareje] (*dés-* et *appareiller*) ▷ Syn. de dépareiller, qui est plus usité. ◆ V. intr. **Mar.** Faire le contraire d'appareiller. ◆ Se désappareiller, v. pr. Cesser d'être appareillé. ◁

DÉSAPPARIÉ, ÉE, p. p. de désapparier. [dezaparje]

DÉSAPPARIER, v. tr. [dezaparje] (*dés-* et *apparier*) Séparer un couple d'oiseaux. *Désapparier des pigeons.* Voy. **DÉPARIER**.

DÉSAPPOINTÉ, ÉE, p. p. de désappointer. [dezapwɛ̃te]

DÉSAPPOINTEMENT, n. m. [dezapwɛ̃t(ə)mɑ̃] (*désappointer*) Anciennement, action de désappointer, dans le sens de rayer quelqu'un de l'état des soldats ou officiers de guerre entretenus. ◆ Attente déçue.

DÉSAPPOINTER, v. tr. [dezapwɛ̃te] (*dés-* et *appointer* ; infl. de l'anglais *to disappoint*, décevoir) Autrefois, rayer un militaire des contrôles de l'armée. ◆ **Fig.** Décevoir quelqu'un dans son attente.

DÉSAPPRENDRE, v. tr. [dezaprɑ̃dr] (*dés-* et *apprendre*) Oublier ce qu'on avait appris. « *La science la plus difficile est de désapprendre le mal* », FÉNELON. ◆ **Absol.** *Cet écolier désapprend.* ◆ Se désapprendre, v. pr. Être désappris.

DÉSAPPRIS, ISE, p. p. de désapprendre. [dezapri, iz]

DÉSAPPROBATEUR, TRICE, adj. [dezaprobatœr, tris] (*désapprouver*, d'après *approbateur*) Qui désapprouve. *Langage désapprobateur.* ◆ N. m. et n. f. *C'est un désapprobateur des banalités.*

DÉSAPPROBATION, n. f. [dezaprobasjɔ̃] (*dés-* et *approbation*) Action de désapprouver.

DÉSAPPROPRIATION, n. f. [dezaproprijasjɔ̃] (*dés-* et *appropriation*) ▷ Abandon d'une propriété. ◆ Renoncement à toute sorte de biens. ◁

DÉSAPPROPRIÉ, ÉE, p. p. de désapproprier. [dezaproprije] ▷ *Désapproprié de ce qu'il avait possédé.* ◁

DÉSAPPROPRIER, v. tr. [dezaproprije] (*dés-* et *approprier*) ▷ Ôter, faire perdre à quelqu'un la propriété d'une chose. ◆ **Dévot.** Produire la renonciation à tous biens. ◆ Se désapproprier, v. pr. Faire abandon de sa propriété. *Il faut se désapproprier de tout pour payer ses dettes.* ◆ **Dévot.** Renoncer à toute sorte de biens. ◁

DÉSAPPROUVÉ, ÉE, p. p. de désapprouver. [dezapruve]

DÉSAPPROUVER, v. tr. [dezapruve] (*dés-* et *approuver*) Ne pas approuver. ◆ *Désapprouver que,* avec le verbe au subjonctif. ◆ **Absol.** *Il se plaît à désapprouver.* ◆ Se désapprouver, v. pr. Se refuser à soi-même l'approbation.

DÉSAPPROVISIONNER, ▪ v. tr. [dezaprovizjɔne] (*dés-* et *approvisionner*) Priver d'approvisionnement. ▪ Retirer les marchandises invendues d'un commerce. ▪ Vider le chargeur d'une arme à feu. *En tireur chevronné, il éjectait le chargeur et manœuvrait la culasse, pour désapprovisionner l'arme.* ▪ **DÉSAPPROVISIONNEMENT**, n. m. [dezaprovizjɔn(ə)mɑ̃]

DÉSARÇONNÉ, ÉE, p. p. de désarçonner. [dezarsɔne]

DÉSARÇONNER, v. tr. [dezarsɔne] (*dés-* et *arçon*) Jeter hors des arçons, renverser de cheval. ◆ **Fig.** *Désarçonner quelqu'un,* lui faire perdre sa position, son emploi. ◆ Confondre, déconcerter. ◆ Se désarçonner, v. pr. Se faire perdre les arçons l'un à l'autre. ◆ **Fig.** Être déconcerté. ▪ **DÉSARÇONNANT, ANTE**, adj. [dezarsɔnɑ̃, ɑ̃t]

DÉSARGENTÉ, ÉE, p. p. de désargenter. [dezarʒɑ̃te] Dans le langage familier, qui a dépensé tout son argent.

DÉSARGENTER, v. tr. [dezarʒɑ̃te] (*dés-* et *argent*) Enlever la couche d'argent sur un objet argenté. ◆ Épuiser tout l'argent comptant. *Les frais de noce l'ont entièrement désargenté.* ◆ Se désargenter, v. pr. Perdre la couche d'argent. ◆ Dépenser son argent.

DÉSARMANT, ANTE, ▪ adj. [dezarmɑ̃, ɑ̃t] (*désarmer*) Qui supprime à quelqu'un tout moyen de réagir. *Une réponse désarmante. Elle nous a raconté tous ces mensonges avec un aplomb désarmant.*

DÉSARMÉ, ÉE, p. p. de désarmer. [dezarme] **Par extens.** « *Un regard désarmé de toutes ces rigueurs ?* », BOSSUET. ◆ Qui n'a plus des sentiments de haine, de colère, de ressentiment, etc. *J'ai ri, me voilà désarmé.* ◆ **Hist. nat.** Qui est dépourvu de piquants, d'aiguillons, de cornes.

DÉSARMEMENT, n. m. [dezarməmɑ̃] (*désarmer*) Action de faire rendre les armes à une troupe ou de les lui enlever. ◆ Action d'une puissance qui passe du pied de guerre à l'état de paix. ◆ État d'une puissance qui a réduit ses forces permanentes. ◆ **Escrime** Action de faire sauter l'arme des mains de l'adversaire. ◆ Action de désarmer un navire. ▪ État d'une puissance qui a supprimé son armement. *Le désarmement du Japon après la Seconde Guerre mondiale.*

DÉSARMER, v. tr. [dezarme] (*dés-* et *arme*) Débarrasser quelqu'un de son armure. ◆ Enlever à quelqu'un ses armes ou le contraindre à les rendre. ◆ **Escrime** *Désarmer son adversaire,* lui faire sauter l'épée de la main. ◆ **Fig.** Apaiser. *Il désarme les critiques.* « *Vous pouvez d'un mot désarmer sa colère* », P. CORNEILLE. ◆ Dépouiller, priver. *Ces princes que la mort a désarmés de leur puissance.* ◆ **Mar.** *Désarmer un vaisseau,* lui ôter son artillerie, ses agrès, etc. ◆ **Absol.** *La flotte doit désarmer.* ◆ **Milit.** *Désarmer un canon,* en ôter le boulet. ◆ *Désarmer un fusil,* mettre sa batterie à l'état de repos. ◆ V. intr. Cesser de se tenir sur le pied de guerre. *Les puissances, la paix conclue, désarmèrent.* ◆ Se désarmer, v. pr. **Fig.** Ôter son armure, quitter ses armes. ◆ **Fig.** Se laisser fléchir. ▪ V. tr. **Fig.** Ôter à quelqu'un tout moyen de réagir. *Son innocence me désarme.* ▪ Supprimer les armements ou l'armée d'un État. *Désarmer des milices.*

DÉSARRIMAGE, n. m. [dezarimaʒ] (*désarrimer*) Action de désarrimer.

DÉSARRIMER, v. tr. [dezarime] (*dés-* et *arrimer*) Déranger les objets arrimés dans la cale.

DÉSARROI, n. m. [dezarwa] (anc. fr. *desarreier,* mettre en désordre, de *des-* et *arreer,* ranger) Trouble qui survient dans les choses, confusion. *Mettre des affaires en désarroi.* ◆ **Fig.** *Le désarroi des opinions, des doctrines.*

DÉSARTICULATION, n. f. [dezartikylasjɔ̃] (*désarticuler*) **Chir.** Désunion des surfaces articulaires des os. ◆ Amputation dans l'articulation. ▪ Fait de se désarticuler. *La désarticulation naturelle des cônes de sapins.*

DÉSARTICULER, v. tr. [dezaʀtikyle] (*dés-* et *articuler*) Désunir une articulation. ◆ **Chir.** Séparer des surfaces articulaires ; faire une amputation dans l'articulation. ◆ **Se désarticuler,** v. pr. Sortir de l'articulation. ▪ Faire bouger ses membres avec souplesse. *Cette équilibriste se désarticule avec une étonnante facilité.*

DÉSASSEMBLAGE, n. m. [dezasɑ̃blaʒ] (*désassembler*) Action de désassembler ou de se désassembler.

DÉSASSEMBLÉ, ÉE, p. p. de désassembler. [dezasɑ̃ble]

DÉSASSEMBLEMENT, n. m. [dezasɑ̃bləmɑ̃] (*désassembler*) ▷ Action de désassembler. ◁

DÉSASSEMBLER, v. tr. [dezasɑ̃ble] (*dés-* et *assembler*) Disjoindre des pièces de charpente, de menuiserie. ◆ **Se désassembler,** v. pr. Être désassemblé.

DÉSASSIÉGER, v. tr. [dezasjeʒe] (*dés-* et *assiéger*) ▷ Cesser d'assiéger. ◆ **Absol.** Lever un siège. ◁

DÉSASSOCIATION, n. f. [dezasɔsjasjɔ̃] (*désassocier*) ▷ Action de ou de se désassocier. ◁

DÉSASSOCIER, v. tr. [dezasɔsje] (*dés-* et *associer*) ▷ Détruire une association. ◆ **Se désassocier,** v. pr. Cesser d'être associé. ◁

DÉSASSORTI, IE, p. p. de désassortir. [dezasɔʀti]

DÉSASSORTIMENT, n. m. [dezasɔʀtimɑ̃] (*désassortir*) Action de désassortir ; état des choses mal assorties. ◆ État des marchands qui sont désassortis de ce qu'ils devraient avoir.

DÉSASSORTIR, v. tr. [dezasɔʀtiʀ] (*dés-* et *assortir*) Séparer des choses qui étaient assorties. ◆ Faire qu'un marchand n'ait plus un assortiment. *Désassortir un marchand, une boutique.* ◆ **Se désassortir,** v. pr. Être désassorti.

DÉSASSURER, v. tr. [dezasyʀe] (*dés-* et *assurer*) ▷ Dépersuader. ◆ Ne pas laisser sous la garantie d'une compagnie d'assurances. ◆ **Se désassurer,** v. pr. Faire cesser l'assurance sur sa vie, sur son navire, etc. ◁

DÉSASTRE, n. m. [dezastʀ] (ital. *disastro*, de *dis-* et *astro*, mauvais astre, mauvaise fortune) Infortune très grave. *L'escadre a souffert mille désastres. Un grand désastre.* ◆ Déconfiture d'un commerçant.

DÉSASTREUSEMENT, adv. [dezastʀøz(ə)mɑ̃] (*désastreux*) D'une manière désastreuse.

DÉSASTREUX, EUSE, adj. [dezastʀø, øz] (*désastre*) Qui est de la nature du désastre. *Événement désastreux.*

DÉSATELLISATION, ▪ n. f. [dezatelizasjɔ̃] (*dé-* et *satellisation*) Opération qui consiste à éloigner un satellite artificiel de son orbite. *La plupart des sociétés qui projettent de lancer des constellations de satellites sont convenues d'inclure dans la conception de leur système une procédure de désatellisation à la fin de la vie active des satellites.*

DÉSATELLISER, ▪ v. tr. [desatelize] (*dé-* et *satelliser*) Pratiquer une désatellisation. *La station MIR a été désatellisée le 23 mars 2001.*

DÉSATTRISTER, v. tr. [dezatʀiste] (*dés-* et *attrister*) ▷ Faire cesser la tristesse. ◆ **Se désattrister,** v. pr. Cesser d'être triste. « *Donnez-lui le loisir de se désattrister* », MOLIÈRE. ◁

DÉSAVANTAGE, n. m. [dezavɑ̃taʒ] (*dés-* et *avantage*) Perte d'avantage, préjudice. *L'affaire a tourné à son désavantage.* ◆ *Se présenter avec désavantage,* se présenter d'une manière peu favorable. ◆ *Voir quelqu'un à son désavantage,* le voir sous un jour défavorable. ◆ Infériorité dans quelque genre que ce soit, combat, lutte, jeu, etc. *Avoir du désavantage au jeu.* ◆ Infériorité qui résulte de quelque circonstance. *Le désavantage des armes, du poste, etc.*

DÉSAVANTAGER, v. tr. [dezavɑ̃taʒe] (*désavantage*) Faire subir un désavantage, ôter un avantage. ◆ Diminuer, en faveur d'un héritier, la part des autres.

DÉSAVANTAGEUSEMENT, adv. [dezavɑ̃taʒøz(ə)mɑ̃] (*désavantageux*) D'une manière désavantageuse.

DÉSAVANTAGEUX, EUSE, adj. [dezavɑ̃taʒø, øz] (*désavantage*) Qui a le caractère du désavantage. *On pense de vous cent choses désavantageuses.* ◆ Qui cause du désavantage. *Une clause désavantageuse.* ◆ Qui fait paraître quelqu'un à son désavantage. *Une physionomie très désavantageuse.* ◆ Qui offre du désavantage. *Ce poste est désavantageux.*

DÉSAVEU, n. m. [dezavø] (*désavouer*) Dans le droit féodal, refus de prêter foi et hommage. ◆ **Dr.** Acte par lequel on déclare n'avoir point autorisé quelqu'un à quelque chose qu'il a fait ou dit. ◆ *Désaveu d'un enfant, désaveu de paternité.* ◆ **Par extens.** Déclaration par laquelle on atteste qu'on n'est pas l'auteur d'un livre, ou de toute autre chose qui nous est attribuée. ◆ Rétractation de ce qu'on avait avancé. *Il fit un désaveu public de sa doctrine.* ◆ Refus de reconnaître qu'une chose soit. ◆ **Par extens.** Ce qui contredit. *Sa vie est un désaveu de ses principes.*

DÉSAVEUGLÉ, ÉE, p. p. de désaveugler. [dezavøgle]

DÉSAVEUGLEMENT, n. m. [dezavœgləmɑ̃] (*désaveugler*) ▷ État d'une personne désaveuglée, désabusée. ◁

DÉSAVEUGLER, v. tr. [dezavøgle] (*dés-* et *aveugler*) ▷ Tirer quelqu'un de son aveuglement, de son erreur. ◆ **Se désaveugler,** v. pr. Cesser d'être aveuglé. ◁

DÉSAVOUABLE, adj. [dezavwabl] (*désavouer*) ▷ Que l'on peut, que l'on doit désavouer. ◁

DÉSAVOUÉ, ÉE, p. p. de désavouer. [dezavwe]

DÉSAVOUER, v. tr. [dezavwe] (*dés-* et *avouer*) Refuser d'avouer une personne en ce qu'elle a dit ou fait. ◆ Dans le même sens. *Désavouer quelqu'un de quelque chose.* ◆ **Absol.** « *Il désavoua sans désapprouver* », DE SÉGUR. ◆ Déclarer qu'on n'a pas autorisé quelqu'un en ce qu'il a fait. *Désavouer un ambassadeur.* ◆ Ne pas avouer, ne pas ratifier, en parlant des choses. *On doit désavouer de pareils moyens. Désavouer un dépôt,* nier qu'on l'ait reçu. ◆ Être en contradiction avec. *Ses actions désavouent ses paroles.* ◆ Prétendre qu'on n'a pas dit ou fait quelque chose. ◆ *Ne pas désavouer,* ne pas nier. ◆ Ne pas reconnaître comme sien. *Désavouer quelqu'un pour son parent. Désavouer quelqu'un,* dire qu'on ne l'a pas pour ami. ◆ Renier, condamner. *Lui-même désavoua ses doctrines.* ◆ **Se désavouer,** v. pr. Être désavoué.

DÉSAXÉ, ÉE, ▪ adj. [dezakse] (*désaxer*) Qui n'est pas équilibré. *Cette fille est complètement désaxée !* ▪ N. m. et n. f. Personne qui a perdu son équilibre mental. *Un désaxé, une désaxée.*

DÉSAXER, ▪ v. tr. [dezakse] (*dés-* et *axe*) Sortir de son axe. ▪ **Fig.** Au passif. Ne plus faire preuve d'équilibre mental. *Être désaxé à la suite d'une enfance perturbée.*

DÉSAZOTER, v. tr. [dezazote] (*dés-* et *azote*) ▷ **Chim.** Faire perdre l'azote. ◁

DESCELLÉ, ÉE, p. p. de desceller. [desele]

DESCELLEMENT, n. m. [desɛl(ə)mɑ̃] (*desceller*) Action de desceller.

DESCELLER, v. tr. [desele] (*dé-* et *sceller*) Ôter le sceau d'un acte, d'un titre. ◆ Arracher ce qui était scellé. *Il faut desceller ces gonds.* ◆ **Se desceller,** v. pr. Être descellé.

DESCENDANCE, n. f. [desɑ̃dɑ̃s] (*descendre*) Filiation. ◆ Les descendants d'un individu. *La descendance d'Hugues Capet.*

1 DESCENDANT, ANTE, adj. [desɑ̃dɑ̃, ɑ̃t] (*descendre*) Qui descend, qui va en bas. ◆ *La marée descendante,* la mer qui baisse et s'éloigne de son rivage, par opposition à *marée montante.* ◆ Il se dit des bateaux qui descendent habituellement une rivière. *Les bateaux descendants et les bateaux montants.* ◆ Chemins de fer. *Trains descendants,* trains qui gagnent le bas, les côtes de la mer, par opposition à *trains montants,* ceux qui gagnent l'intérieur des terres. ◆ **Milit.** *La garde descendante,* celle qui cède le service d'un poste à la garde qui le reprend, à *la garde montante.* ◆ *Ligne descendante,* ceux qui sont issus d'une même personne, par opposition à *ligne ascendante.* ◆ **Mus.** *Gamme descendante,* la suite des tons de la gamme du haut en bas. ◆ **Arithm.** *Progression descendante,* progression dont les termes vont en décroissant.

2 DESCENDANT, ANTE, n. m. et n. f. [desɑ̃dɑ̃, ɑ̃t] (1 *descendant*) Celui, celle qui tire son origine d'une personne, qui descend d'une race[1]. *Les descendants de Noé.* ◆ N. m. pl. *Les descendants,* la postérité, sans idée de descendance de famille. ▪ REM. 1 : La notion de race ne repose sur aucun fondement scientifique et a une connotation raciste.

DESCENDERIE, ▪ n. f. [desɑ̃d(ə)ʀi] (*descendre*) Pente inclinée dans une mine qui facilite le transport des matériaux. *La gare souterraine de service est reliée à l'extérieur par une descenderie de moins de 2 km.*

1 DESCENDEUR, EUSE, ▪ n. m. et n. f. [desɑ̃dœʀ, øz] (*descendre*) **Sp.** Skieur ou cycliste spécialiste des descentes. *C'est le meilleur descendeur du peloton.*

2 DESCENDEUR, ▪ n. m. [desɑ̃dœʀ] (*descendre*) **Alpin.** Dispositif qui facilite les descentes en rappel. *Des descendeurs autobloquants.*

DESCENDRE, v. intr. [desɑ̃dʀ] (lat. *descendere*) Se conjugue avec *être* ou *avoir,* suivant le sens. Aller du haut en bas. *Descendre de sa chambre, de cheval, de voiture.* ◆ Venir d'un lieu élevé. *Il descendait du palais.* ◆ Suivre le courant d'une rivière. ◆ **Fig.** *La corruption descend des hautes classes parmi le peuple.* ◆ *Descendre du trône,* se démettre de l'autorité royale ; être détrôné. ◆ Il se dit dans le même sens de tout haut emploi. *Descendre du ministère.* ◆ **Absol.** « *Et monté sur le faîte, il aspire à descendre* », P. CORNEILLE. ◆ *Descendre au tombeau,* dans la tombe, au cercueil, mourir. ◆ *Descendre en soi-même,* dans sa conscience, s'interroger, s'examiner. ◆ **Mar.** *Descendre à terre,* débarquer pour un moment. ◆ Faire irruption, en parlant d'une invasion qui se fait par mer ou par des ennemis venant d'un pays plus élevé. *Les Lombards descendirent en Italie.* ◆ Mettre pied à terre, soit de cheval, soit de voiture, pour quelque temps ou momentanément. ◆ Loger en voyage. *Il descend à l'hôtel.* ◆ **Dr.** *La justice a descendu chez lui,* les officiers de justice se sont transportés chez lui et ont fait visite dans sa maison, l'ont interrogé, etc. ◆ S'abaisser, aller plus bas, en parlant des choses. *La marée descend.*

♦ Pendre. *Les cheveux lui descendent jusqu'à la ceinture.* ♦ Aller en pente. *Ce sentier descend vers le village.* ♦ *Descendre dans le détail d'une affaire,* s'y appliquer avec une minutieuse attention, et aussi rapporter les détails. ♦ S'abaisser, se ravaler. « *Quoi ! je pourrais descendre à ce lâche artifice !* », P. Corneille. ♦ Déchoir. ♦ **Mus.** Passer de l'aigu au grave. *Descendre d'un ton.* ♦ **Mar.** *Le vent descend,* lorsqu'il change dans la direction du nord vers le sud. ♦ Être issu. ♦ En ce sens, il se construit toujours avec l'auxiliaire *être.* ♦ V. tr. Mettre plus bas. *Il faut descendre ce tableau.* ♦ *Descendre un bateau,* le faire aller en aval. ♦ **Pop.** Faire tomber, abattre, tuer. ♦ *Descendre un escalier, une montagne,* aller du haut de cet escalier, de cette montagne vers le bas. ♦ *Descendre un fleuve,* une rivière, se rapprocher de l'embouchure, du confluent. ♦ **Milit.** *Descendre la tranchée, descendre la garde,* se retirer pour faire place à ceux qui doivent succéder. ♦ **Fig.** et **pop.** *Descendre la garde,* tomber, faire une chute, et aussi mourir. ♦ Mettre, déposer à terre. ♦ **Mus.** *Descendre un instrument de quelques tons,* en relâcher les cordes. ♦ *Descendre la gamme,* la parcourir en allant de l'aigu au grave. ■ **Fam.** *Descendre quelqu'un,* le critiquer vivement. ■ **Fam.** Vider tout le contenu. *Il a descendu la bouteille.*

DESCENDU, UE, p. p. de descendre. [desɑ̃dy]

DESCENSEUR, ■ n. m. [desɑ̃sœʀ] (*descendre*) Appareil permettant de descendre des objets. *Un descenseur de secours.*

DESCENTE, n. f. [desɑ̃t] (*descendre,* sur le modèle de *vente / vendre, rente / rendre*) Action de descendre, d'aller d'un lieu élevé en un autre lieu plus bas. ♦ *Descente de lit,* petit tapis de chambre à coucher. ♦ *À la descente,* pendant le moment où la personne dont il s'agit descend de quelque part. *À la descente de voiture.* ♦ Il se dit aussi des choses qui vont de haut en bas. *La descente des eaux, d'un aérostat.* ♦ Action de porter en bas une chose. *La descente d'une cloche.* ♦ **Peint.** *Une descente de Croix,* tableau représentant le corps de Jésus-Christ qu'on détache et descend de la Croix. ♦ Pente. *La descente est rude.* ♦ **Milit.** Débarquement de troupes pour attaquer quelque ville ou quelque pays. *Faire une descente en Angleterre.* ♦ Invasion, en parlant d'une troupe qui arrive d'un lieu supposé plus élevé. ♦ *Descente de justice,* perquisition faite en un lieu par les agents de justice. ♦ *Descente de lieux,* transport d'un juge sur les lieux contentieux pour procéder à leur examen. ♦ *Tuyau de descente* ou simplement *descente,* tuyau d'écoulement pour les eaux de pluie ou de ménage. ♦ Poterie ou chausse d'aisance. ♦ Nom vulgaire de la hernie. ■ **Sp.** Épreuve de vitesse de ski alpin sur une pente de fort dénivelé. ■ **Fam.** *Avoir une bonne descente,* boire de l'alcool sans modération

DÉSCOLARISER, ■ v. tr. [deskɔlaʀize] (*dé-* et *scolariser*) Faire sortir du cursus scolaire. *Déscolariser un enfant à problèmes.* ■ P. p. adj. *Adolescent déscolarisé à la suite de nombreuses périodes d'absentéisme.* ■ **DÉSCOLARISATION,** n. f. [deskɔlaʀizasjɔ̃]

DESCRIPTEUR, TRICE, n. m. et n. f. [dɛskʀiptœʀ, tʀis] (b. lat. *descriptor*) Personne qui décrit. ■ **Inform.** Enregistrement indiquant la méthode de stockage du fichier ou de la structure de son contenu. *Plus généralement, un descripteur est un type de pointeur contenant, en interne, davantage d'informations sur l'objet auquel il fait référence.*

DESCRIPTIBLE, ■ adj. [dɛskʀiptibl] (radic. de *description*) Qui peut être décrit. *L'expérience humaine est en principe non descriptible.*

DESCRIPTIF, IVE, adj. [dɛskʀiptif, iv] (b. lat. *descriptivus,* qui sert à la description) Qui a pour objet de décrire. *La poésie descriptive.* ♦ *Style descriptif,* style rempli de descriptions, propre aux descriptions. ♦ *Poème descriptif,* poème où l'on ne fait que des descriptions. ♦ *Genre descriptif,* genre auquel on rattache les poèmes descriptifs. ♦ *Géométrie descriptive,* ensemble de méthodes générales pour résoudre graphiquement les problèmes à trois dimensions. *Anatomie descriptive,* cours, livre où l'on décrit les diverses parties du corps. ■ N. m. Document énumérant les différents composants d'un ensemble, les différentes étapes d'un processus, etc. *Vous trouverez le descriptif complet du voyage dans notre brochure.*

DESCRIPTION, n. f. [dɛskʀipsjɔ̃] (lat. *descriptio*) Discours par lequel on décrit, on dépeint. *Faire une description exacte de quelqu'un.* ♦ **Rhét.** et **littér.** Ornement du discours qui consiste à peindre sous les couleurs les plus vives ce que l'on croit être agréable au lecteur. ♦ Définition imparfaite. ♦ État, tableau détaillé, inventaire. *La description d'une province, d'un mobilier.* ♦ État sommaire de titres, papiers et meubles, opposé à inventaire. ♦ **Géom.** Action de décrire, de tracer une ligne, une surface.

DÉSÉCHOUÉ, ÉE, p. p. de déséchouer. [dezeʃwe]

DÉSÉCHOUER, v. tr. [dezeʃwe] (*dés-* et *échouer*) Remettre à flot un navire échoué. ♦ Se déséchouer, v. pr. Se remettre à flot, cesser d'être échoué.

DÉSECTORISER, ■ v. tr. [desɛktɔʀize] (*dé-* et *sectoriser*) Annuler ou modifier des secteurs géographiques. ■ **DÉSECTORISATION,** n. f. [desɛktɔʀizasjɔ̃]

DÉSÉGRÉGATION, ■ n. f. [desegʀegasjɔ̃] (*dé-* et *ségrégation*) Abolition de la ségrégation raciale. *Un mouvement de déségrégation après la chute de l'apartheid.* ■ **Fig.** *La déségrégation du marché du travail.*

DÉSEMBALLAGE, n. m. [dezɑ̃balaʒ] (*désemballer*) ▷ Action de désemballer. ◁

DÉSEMBALLÉ, ÉE, p. p. de désemballer. [dezɑ̃bale]

DÉSEMBALLER, v. tr. [dezɑ̃bale] (*dés-* et *emballer*) ▷ Retirer des marchandises du ballot d'envoi. ◁

DÉSEMBARQUÉ, ÉE, p. p. de désembarquer. [dezɑ̃baʀke]

DÉSEMBARQUEMENT, n. m. [dezɑ̃baʀkəmɑ̃] (*désembarquer*) ▷ Action de désembarquer. ◁

DÉSEMBARQUER, v. tr. [dezɑ̃baʀke] (*dés-* et *embarquer*) ▷ Tirer, faire sortir d'un navire. *Désembarquer des troupes, des marchandises.* ♦ Se désembarquer, v. pr. Sortir d'un navire pour venir à terre. ♦ Être désembarqué. ◁

DÉSEMBOURBÉ, ÉE, p. p. de désembourber. [dezɑ̃buʀbe]

DÉSEMBOURBER, v. tr. [dezɑ̃buʀbe] (*dés-* et *embourber*) Retirer de la bourbe. ♦ Se désembourber, v. pr. Se retirer de la bourbe. ♦ Être désembourbé.

DÉSEMBOURGEOISER, ■ v. tr. [dezɑ̃buʀʒwaze] (*dés-* et *embourgeoiser*) Ôter le caractère bourgeois. *Il disait qu'il fallait désembourgeoiser leur société.*

DÉSEMBOUTEILLER, ■ v. tr. [dezɑ̃buteje] (*dés-* et *embouteiller*) Mettre fin à l'embouteillage d'une route, d'une ligne téléphonique, d'un réseau Internet, etc. *Un effort de quelques milliards supplémentaires est nécessaire pour désembouteiller les tribunaux.*

DÉSEMBUER, ■ v. tr. [dezɑ̃bɥe] (*dés-* et *embuer*) Ôter la buée. *Désembuer ses lunettes.* ■ **DÉSEMBUAGE,** n. m. [dezɑ̃bɥaʒ]

DÉSEMPARÉ, ÉE, p. p. de désemparer. [dezɑ̃paʀe] Adj. Qui ne sait plus ce qu'il faut faire. *Être complètement désemparé devant une difficulté.*

DÉSEMPAREMENT, n. m. [dezɑ̃paʀ(ə)mɑ̃] (*désemparer*) ▷ Action de désemparer un navire ; état de ce qui est désemparé. ◁

DÉSEMPARER, v. intr. [dezɑ̃paʀe] (*dés-* et anc. fr. *emparer,* être entouré de, fortifier) Quitter le lieu où l'on est, abandonner la place. *Il a désemparé de la ville.* ♦ *Sans désemparer,* sans quitter la place, et fig. sans interruption. ♦ V. tr. **Mar.** *Désemparer un vaisseau,* le mettre hors d'état de servir en lui ôtant ses mâts et tous ses agrès.

DÉSEMPENNÉ, ÉE, adj. [dezɑ̃pene] (*dés-* et *empenné*) ▷ Qui n'est plus empenné. ♦ **Fig.** *Il va comme un trait désempenné.* Il va tout de travers. ◁

DÉSEMPESÉ, ÉE, p. p. de désempeser. [dezɑ̃pəze]

DÉSEMPESER, v. tr. [dezɑ̃pəze] (*dés-* et *empeser*) ▷ Ôter l'empois d'une étoffe. ♦ Se désempeser, v. pr. Perdre son empois. ◁

DÉSEMPÊTRER, v. tr. [dezɑ̃petʀe] (*dés-* et *empêtrer*) ▷ Tirer de ce qui empêtre. ♦ Se désempêtrer, v. pr. Se tirer de ce qui empêtre. ◁

DÉSEMPLI, IE, p. p. de désemplir. [dezɑ̃pli]

DÉSEMPLIR, v. tr. [dezɑ̃pliʀ] (*dés-* et *emplir*) Ôter ce qui remplissait une chose. ♦ V. intr. Cesser d'être empli. *Sa maison ne désemplit pas de monde* ou absol. *ne désemplit pas.* ♦ Se désemplir, v. pr. Devenir désempli.

DÉSEMPOISONNEMENT, n. m. [dezɑ̃pwazɔn(ə)mɑ̃] (*empoisonnement*) ▷ Action de désempoisonner. ◁

DÉSEMPOISONNER, v. tr. [dezɑ̃pwazɔne] (*dés-* et *empoisonner*) ▷ Cesser d'empoisonner quelqu'un ; administrer du contrepoison à quelqu'un. ◁

DÉSEMPOISSONNER, v. tr. [dezɑ̃pwasɔne] (*dés...* et *empoissonner*) ▷ Ôter, détruire le poisson d'une rivière, d'un étang. ♦ Se désempoissonner, v. pr. Ne pas conserver le poisson. ◁

DÉSEMPRISONNER, ■ v. tr. [dezɑ̃pʀizɔne] (*dés-* et *emprisonner*) ▷ Mettre hors de prison, cesser de tenir en prison. ♦ **Par extens.** Faire sortir quelqu'un d'un lieu où il était retenu malgré lui. ♦ Se désemprisonner, v. pr. Se tirer de prison. ◁

DÉSENCADRER, ■ v. tr. [dezɑ̃kadʀe] (*dés-* et *encadrer*) Ôter un cadre. *Désencadrer une peinture pour la restaurer.* ■ **DÉSENCADREMENT,** n. m. [dezɑ̃kadʀəmɑ̃]

DÉSENCHAÎNER ou **DÉSENCHAINER,** ■ v. tr. [dezɑ̃ʃene] (*dés-* et *enchaîner*) Libérer de ses chaînes. *Les libérateurs désenchaînèrent les otages.*

DÉSENCHANTÉ, ÉE, p. p. de désenchanter. [dezɑ̃ʃɑ̃te]

DÉSENCHANTEMENT, n. m. [dezɑ̃ʃɑ̃t(ə)mɑ̃] (*désenchanter*) Action de désenchanter. ♦ **Fig.** Sentiment que fait éprouver la désillusion.

DÉSENCHANTER, v. tr. [dezɑ̃ʃɑ̃te] (*dés-* et *enchanter*) Rompre un charme, un enchantement. ♦ **Fig.** Faire revenir quelqu'un de ses illusions. **Par extens.** *Ne désenchantez pas la vie.* ♦ Se désenchanter, v. pr. Perdre son enchantement, ses illusions.

DÉSENCHANTEUR, ERESSE, adj. [dezɑ̃ʃɑ̃tœʀ, (ə)ʀɛs] (*désenchanter*) ▷ Qui désenchante. *Langage désenchanté.* ♦ N. m. Celui qui désenchante. ◁

DÉSENCLAVER, ■ v. tr. [dezɑ̃klave] (*dés-* et *enclaver*) Mettre fin à l'isolement d'une ville, d'une région, etc. *Désenclaver les zones rurales.* ■ DÉSEN-CLAVEMENT, n. m. [dezɑ̃klav(ə)mɑ̃]

DÉSENCLOUAGE, n. m. [dezɑ̃klua3] (*désenclouer*) ▷ Action de désenclouer une pièce de canon. ◁

DÉSENCLOUÉ, ÉE, p. p. de désenclouer. [dezɑ̃klue]

DÉSENCLOUER, v. tr. [dezɑ̃klue] (*dés-* et *enclouer*) ▷ Défaire ce qui était encloué. ♦ *Désenclouer un cheval,* tirer un clou qui le faisait boiter. ♦ *Désenclouer un canon,* ôter le clou enfoncé dans la lumière. ◁

DÉSENCOMBREMENT, n. m. [dezɑ̃kɔ̃bʀəmɑ̃] (*désencombrer*) Action de désencombrer ; état de ce qui est désencombré.

DÉSENCOMBRER, ■ v. tr. [dezɑ̃kɔ̃bʀe] (*dés-* et *encombrer*) Débarrasser de décombres. ♦ Par extens. Ôter les empêchements ; faire cesser l'encombrement. ♦ Se désencombrer, v. pr. Être désencombré.

DÉSENCRASSER, ■ v. tr. [dezɑ̃kʀase] (*dés-* et *encrasser*) Ôter la crasse. *Désencrasser une cheminée.*

DÉSENCRER, ■ v. tr. [dezɑ̃kʀe] (*dés-* et *encre*) Supprimer toute trace d'encre d'imprimerie sur du papier à recycler. *Le choix des techniques dépend de la qualité des papiers à désencrer.* ■ DÉSENCRAGE, n. m. [dezɑ̃kʀa3]

DÉSENCROÛTEMENT ou **DÉSENCROUTEMENT**, n. m. [dezɑ̃kʀut(ə)mɑ̃] (*désencroûter*) ▷ Action de dégager ce qui est encroûté. ◁

DÉSENCROÛTER ou **DÉSENCROUTER**, v. tr. [dezɑ̃kʀute] (*dés-* et *encroûter*) ▷ Opérer le désencroûtement. ♦ Fig. et fam. Ôter l'ignorance, les préjugés qui encroûtent. ♦ Se désencroûter, v. pr. Cesser d'être encroûté d'ignorance, de préjugés. ◁

DÉSENDETTER (SE), ■ v. pr. [dezɑ̃dete] (*dés-* et *endetter*) Apurer ses dettes. ■ DÉSENDETTEMENT, n. m. [dezɑ̃dɛt(ə)mɑ̃]

DÉSENFILÉ, ÉE, p. p. de désenfiler. [dezɑ̃file]

DÉSENFILER, v. tr. [dezɑ̃file] (*dés-* et *enfiler*) ▷ Défaire ce qui était enfilé. *Désenfiler des perles.* ♦ Se désenfiler, v. pr. *Mon aiguille s'est désenfilée.* ◁

DÉSENFLÉ, ÉE, p. p. de désenfler. [dezɑ̃fle]

DÉSENFLEMENT, n. m. [dezɑ̃fləmɑ̃] (*désenfler*) ▷ Cessation de l'enflement. ◁

DÉSENFLER, v. tr. [dezɑ̃fle] (*dés-* et *enfler*) Ôter ce qui enfle. *Désenfler un ballon.* ♦ Fig. Ôter l'enflure morale. ♦ Ôter l'enflure du langage. ♦ V. intr. Devenir moins enflé. ♦ Se désenfler, v. pr. Cesser d'être enflé, au propre et au figuré.

DÉSENFLURE, n. f. [dezɑ̃flyʀ] (*désenfler*) ▷ Diminution d'enflure. ◁

DÉSENFUMAGE, ■ n. m. [dezɑ̃fyma3] (*enfumage*) Action de désenfumer. *Dans le système de sécurité incendie, le désenfumage naturel joue un rôle prépondérant pour la protection des vies et des biens.*

DÉSENFUMER, ■ v. tr. [dezɑ̃fyme] (*dés-* et *enfumer*) Faire évacuer la fumée. *Les pompiers ont désenfumé le local après l'incendie.*

DÉSENGAGEMENT, n. m. [dezɑ̃ga3(ə)mɑ̃] (*désengager*) Action de désengager ou de se désengager.

DÉSENGAGER, ■ v. tr. [dezɑ̃ga3e] (*dés-* et *engager*) Retirer d'un engagement. ♦ Retirer une invitation. ♦ Milit. Annuler l'enrôlement. ♦ Se désengager, v. pr. Retirer un engagement qu'on a pris, l'acceptation d'une invitation.

DÉSENGORGER, ■ v. tr. [dezɑ̃gɔʀ3e] (*dés-* et *engorger*) Mettre fin à l'engorgement. *Désengorger un tuyau.*

DÉSENIVRÉ, ÉE, p. p. de désenivrer. [dezɑ̃nivʀe]

DÉSENIVREMENT, n. m. [dezɑ̃nivʀəmɑ̃] (on prononce *an-ni* et non *ani,* de *désenivrer*) ▷ Action de désenivrer ou de se désenivrer. ◁

DÉSENIVRER, v. tr. [dezɑ̃nivʀe] (*dés-* et *enivrer*) Faire passer l'ivresse. ♦ Absol. *Cet homme ne désenivre point.* ♦ Fig. *La peur désenivre.* ♦ Se désenivrer, v. pr. Sortir de son ivresse. ♦ Fig. Sortir d'un transport, d'un ravissement, d'une illusion.

DÉSENNUYÉ, ÉE, p. p. de désennuyer. [dezɑ̃nɥije]

DÉSENNUYER, v. tr. [dezɑ̃nɥije] (*dés-* et *ennuyer*) Délivrer de l'ennui. ♦ Absol. *La lecture désennuie.* ♦ Se désennuyer, v. pr. Chasser l'ennui qu'on a.

DÉSENRAYÉ, ÉE, p. p. de désenrayer. [dezɑ̃ʀeje]

DÉSENRAYEMENT, n. m. [dezɑ̃ʀɛj(ə)mɑ̃] (*désenrayer*) ▷ Action de désenrayer. ◁

DÉSENRAYER, v. tr. [dezɑ̃ʀeje] (*dés-* et *enrayer*) ▷ Débarrasser une roue de ce qui la tenait enrayée. ♦ Absol. *Il faut désenrayer.* ♦ Se désenrayer, v. pr. Être désenrayé. ◁

DÉSENRHUMÉ, ÉE, p. p. de désenrhumer. [dezɑ̃ʀyme]

DÉSENRHUMER, v. tr. [dezɑ̃ʀyme] (*dés-* et *enrhumer*) ▷ Faire cesser le rhume. ♦ Se désenrhumer, v. pr. Cesser d'être enrhumé. ◁

DÉSENRÔLEMENT, n. m. [dezɑ̃ʀol(ə)mɑ̃] (*désenrôler*) ▷ Action de désenrôler. ◁

DÉSENRÔLER, v. tr. [dezɑ̃ʀole] (*dés-* et *enrôler*) ▷ Casser un enrôlement. ◁

DÉSENROUÉ, ÉE, p. p. de désenrouer. [dezɑ̃ʀwe]

DÉSENROUEMENT, n. m. [dezɑ̃ʀumɑ̃] (*désenrouer*) ▷ Cessation de l'enrouement. ◁

DÉSENROUER, v. tr. [dezɑ̃ʀwe] (*dés-* et *enrouer*) ▷ Faire cesser l'enrouement. ♦ Se désenrouer, v. pr. Cesser d'être enroué. ◁

DÉSENSABLER, ■ v. tr. [dezɑ̃sable] (*dés-* et *ensabler*) Dégager un bateau ensablé. ♦ Dégager ce qui est ensablé.

DÉSENSEVELI, IE, p. p. de désensevelir. [dezɑ̃səv(ə)li]

DÉSENSEVELIR, v. tr. [dezɑ̃səv(ə)liʀ] (*dés-* et *ensevelir*) ▷ Tirer de la sépulture. ◁

DÉSENSEVELISSEMENT, n. m. [dezɑ̃səv(ə)lis(ə)mɑ̃] (*désensevelir*) ▷ Action de désensevelir. ◁

DÉSENSIBILISATION, ■ n. f. [desɑ̃sibilizasjɔ̃] (*désensibiliser*) **Méd.** Suppression de la sensibilité à un allergène. *Parfaitement complémentaire de la prise en charge médicamenteuse des symptômes, la désensibilisation est une méthode à visée préventive et curative de la maladie allergique.* ■ **Phot.** Réduction de la sensibilité spectrale d'une émulsion photographique.

DÉSENSIBILISER, ■ v. tr. [desɑ̃sibilize] (*dé-* et *sensibiliser*) **Méd.** Soigner une sensibilité physique à certains phénomènes. *Désensibiliser un enfant allergique aux acariens.* ■ **Phot.** Réduire la sensibilité spectrale d'une émulsion photographique.

DÉSENSORCELÉ, ÉE, p. p. de désensorceler. [dezɑ̃sɔʀsəle]

DÉSENSORCELER, v. tr. [dezɑ̃sɔʀsəle] (*dés-* et *ensorceler*) Délivrer de l'ensorcellement. ♦ Fig. *On ne peut le désensorceler de cette fatale passion.* ♦ Se désensorceler, v. pr. Cesser d'être ensorcelé. ♦ Fig. N'avoir plus l'esprit captivé.

DÉSENSORCELLEMENT, n. m. [dezɑ̃sɔʀsɛl(ə)mɑ̃] (*désensorceler*) ▷ Action de désensorceler ; état de celui qui est désensorcelé. ◁

DÉSENTASSEMENT, n. m. [dezɑ̃tas(ə)mɑ̃] (*désentasser*) ▷ Action de désentasser. ◁

DÉSENTASSER, v. tr. [dezɑ̃tase] (*dés-* et *entasser*) ▷ Défaire le tas. ◁

DÉSENTÊTÉ, ÉE, p. p. de désentêter. [dezɑ̃tete]

DÉSENTÊTEMENT, n. m. [dezɑ̃tɛt(ə)mɑ̃] (*désentêter*) ▷ Action de désentêter ou de se désentêter. ◁

DÉSENTÊTER, v. tr. [dezɑ̃tete] (*dés-* et *entêter*) ▷ Faire cesser l'entêtement, la prévention. *On ne peut le désentêter de cette opinion.* ♦ Faire cesser le mal de tête. *La promenade m'a désentêté.* ♦ Se désentêter, v. pr. Perdre les préjugés, les opinions qui nous entêtaient. ◁

DÉSENTOILER, ■ v. tr. [dezɑ̃twale] (*dés-* et *entoiler*) Ôter la toile. *Désentoiler un tableau.* ■ DÉSENTOILAGE, n. m. [dezɑ̃twala3]

DÉSENTORTILLER, ■ v. tr. [dezɑ̃tɔʀtije] (*dés-* et *entortiller*) Défaire ce qui est entortillé. *Désentortiller le fil du téléphone.*

DÉSENTRAVER, ■ v. tr. [dezɑ̃tʀave] (*dés-* et *entraver*) Délivrer des entraves. *Elle voulait désentraver l'entreprise de trop de règles contraignantes.*

DÉSENVASER, ■ v. tr. [dezɑ̃vaze] (*dés-* et *envaser*) Retirer la vase. ■ Libérer de la vase. *Désenvaser une épave.*

DÉSENVENIMER, ■ v. tr. [dezɑ̃v(ə)nime] (*dés-* et *envenimer*) Enlever le venin. ■ Fig. Rendre moins violent. *Son discours pacifique a désenvenimé la situation.*

DÉSENVERGUER, ■ v. tr. [dezɑ̃vɛʀge] (*dés-* et *enverguer*) Voy. DÉVERGUER.

DÉSENVOÛTER ou **DÉSENVOUTER**, ■ v. tr. [dezɑ̃vute] (*dés-* et *envoûter*) Faire cesser l'envoûtement. *Magnétiser de l'eau pour la désenvoûter. Désenvoûter une personne qui pense subir un sortilège.* ■ DÉSENVOÛTEMENT ou DÉSENVOUTEMENT, n. m. [dezɑ̃vut(ə)mɑ̃]

DÉSÉPAISSIR, ■ v. tr. [dezepesiʀ] (*dés-* et *épaissir*) Rendre moins épais. *Désépaissir des cheveux.*

DÉSÉQUILIBRE, ■ n. m. [dezekilibʀ] (*dés-* et *équilibre*) Perte ou absence de l'équilibre. *Des lésions dans l'oreille interne peuvent entraîner un déséquilibre.* ■ Fig. *Le stress entraînait chez lui un certain déséquilibre.*

DÉSÉQUILIBRÉ, ÉE, ■ n. m. et n. f. [dezekilibʀe] (*déséquilibrer*) Personne privée de son équilibre mental. *Cette fille est une déséquilibrée !*

DÉSÉQUILIBRER, ■ v. tr. [dezekilibʀe] (*déséquilibre*) Faire perdre l'équilibre. *Cavalier déséquilibré qui fait une chute.* ■ P. p. adj. Qui a perdu son équilibre mental. *Un enfant déséquilibré.*

DÉSÉQUIPER, ■ v. tr. [dezekipe] (*dés-* et *équiper*) Priver de son équipement. *Déséquiper un plongeur a sa sortie de l'eau.*

1 **DÉSERT**, n. m. [dezɛʀ] (lat. *desertum*) Lieu, pays sauvage et désert. ♦ Fig. « *Je ne me plais qu'avec le monde, et tout sans lui m'est un désert* », Bourdaloue. ♦ Par extens. Lieu, pays peu habité, retiré. ♦ *Faire un désert de sa maison*, ne recevoir personne. ♦ Fam. *Parler, prêcher dans le désert*, n'être pas écouté. ■ Région au climat très sec caractérisée par une végétation très peu présente. *Une oasis dans le désert.*

2 **DÉSERT, ERTE**, adj. [dezɛʀ, ɛʀt] (lat. *desertus*) Qui est sauvage et sans habitants. *Une campagne déserte.* ♦ Vide, dépeuplé. « *C'est par là que de loups l'Angleterre est déserte* », La Fontaine. ♦ Très peu fréquenté. *Rue déserte.*

DÉSERTÉ, ÉE, p. p. de déserter. [dezɛʀte]

DÉSERTER, v. tr. [dezɛʀte] (*désert*) Quitter un lieu, le fuir. *Déserter le royaume, la province.* ♦ Abandonner son drapeau. *Déserter son poste, la maison paternelle.* ♦ Par extens. *Déserter le service, l'armée.* ♦ V. intr. S'en aller d'un lieu, avec l'idée que ce lieu n'est pas tenable. *Le bruit des voisins m'a fait déserter de ma chambre.* ♦ Abandonner son drapeau. *Déserter devant l'ennemi. Déserter à l'ennemi*, quitter le drapeau et passer dans l'armée ennemie. ♦ Fig. *Il est dur de voir déserter les amis.* ♦ Se déserter, v. pr. Être déserté, abandonné.

DÉSERTEUR, n. m. [dezɛʀtœʀ] (lat. *desertor*) Celui qui délaisse, abandonne, avec une idée de réprobation. *Les déserteurs d'une sainte cause.* ♦ Particulièrement, militaire qui déserte. ♦ Fig. et fam. *Je vous ramène notre déserteur*, l'ami qui nous avait quittés.

DÉSERTIFICATION, ■ n. f. [dezɛʀtifikasjɔ̃] (1 *désert*) Transformation d'un territoire en désert. *La désertification d'une région.* ■ Diminution de la population dans une zone rurale.

DÉSERTIFIER (SE), ■ v. pr. [dezɛʀtifje] (1 *désert*) Se transformer en désert. *Certaines régions du Maghreb, sous l'effet de la sécheresse, se désertifient et manquent d'eau.* ■ Perdre une grande partie de sa population. *Les régions rurales se désertifient.*

DÉSERTION, n. f. [dezɛʀsjɔ̃] (lat. *desertio*) Action de délaisser, d'abandonner. ♦ En droit militaire, action de déserter, de quitter son corps sans permission. ♦ Changement de parti.

DÉSERTIQUE, ■ adj. [dezɛʀtik] (1 *désert*) Qui concerne le désert. ■ Par extens. Vide, dépeuplé. *Un appartement désertique.* ■ Fig. Où il ne se passe rien d'important. *Une vie désertique.*

DÉSESCALADE, ■ n. f. [dezeskalad] (*dés-* et *escalade*) Pacification progressive après une période de tension diplomatique, politique, économique ou sociale. *La désescalade d'un conflit.*

DÉSESPÉRADE, n. f. [dezɛsperad] (esp. *desesperada*) ▷ Air de désespoir, acte de désespoir. ♦ À LA DÉSESPÉRADE, loc. adv. À la manière d'un désespéré. ♦ Cette locution a vieilli. ◁

DÉSESPÉRANCE, ■ n. f. [dezɛsperɑ̃s] (*dés-* et *espérance*) État d'une personne sans espoir. *Un climat de désespérance populaire et de démagogie politique.* « *Je me sentais infiniment seul, glissant un peu plus vers un état de désespérance dont rien ne viendrait me sauver* », Genevoix.

DÉSESPÉRANT, ANTE, adj. [dezɛsperɑ̃, ɑ̃t] (*désespérer*) Qui fait désespérer, qui cause un grand chagrin. *Une nouvelle désespérante.* ♦ Fam. *C'est désespérant*, cela est triste. ♦ Qui nous ôte l'espoir, en parlant des personnes. *Vous êtes désespérant.*

DÉSESPÉRÉ, ÉE, p. p. de désespérer. [dezɛspere] Qui ne laisse plus d'espoir d'un bon succès. *Affaire désespérée.* ♦ Qui ne donne plus d'espoir, en fait de maladie. *Une guérison désespérée. Un malade désespéré.* ♦ ▷ *Être désespéré des médecins*, être dans un état désespéré. ◁ ♦ Dont on ne peut attendre la réformation, l'amendement. ♦ Extrême. *Un parti désespéré.* ♦ N. m. et n. f. *Un désespéré. Une désespérée.* ♦ Fam. *Crier, courir, etc. comme un désespéré*, c'est-à-dire de toutes ses forces.

DÉSESPÉRÉMENT, adv. [dezɛsperemɑ̃] (*désespéré*) D'une façon désespérée. ♦ Avec excès, éperdument, surtout avec l'idée de manquer d'espoir dans le succès. *Aimer désespérément.*

DÉSESPÉRER, v. intr. [dezɛspere] (*dés-* et *espérer*) Perdre l'espoir. *Désespérer du succès.* ♦ *Désespérer*, suivi de *que* et du subjonctif. *Je désespère que vous veniez me voir.* ♦ Absol. « *Le véritable zèle de la charité ne désespère jamais* », Massillon. ♦ *Désespérer de quelqu'un*, ne pas espérer qu'il tourne à bien, qu'il revienne à bien. ♦ *Désespérer de quelqu'un*, ne plus espérer qu'il réussisse. ♦ *Désespérer d'un malade*, regarder sa mort comme inévitable. ♦ V. tr. Réduire au désespoir, causer une vive douleur. ♦ Se désespérer, v. pr. S'abandonner au désespoir, à une vive douleur.

DÉSESPOIR, n. m. [dezɛspwaʀ] (*dés-* et *espoir*) Perte de l'espérance. « *La reine au désespoir de n'en rien obtenir* », P. Corneille. *Jeter dans le désespoir.* ♦ En désespoir de cause, façon de parler adverbiale, tirée des habitudes du barreau, et signifiant qu'on a épuisé tous les moyens, que la cause est désespérée. *J'ai cédé en désespoir de cause.* ♦ Faire une chose en désespoir de cause, essayer d'un dernier moyen, d'une ressource extrême, sans espérance de succès. ♦ Par extens. Ce qui désespère comme inimitable, impossible à surpasser. *Ce tableau est le désespoir des peintres.* ♦ Résolution extrême inspirée par un grand péril. « *Le désespoir tient lieu de force et de courage* », Voltaire. ♦ Affliction extrême. *Tomber dans le désespoir.* ♦ *Prendre conseil de son désespoir*, ne prendre conseil que de son désespoir, se résoudre à toutes les extrémités que le désespoir suggère. ♦ *Faire le désespoir de*, désoler, attrister. ♦ Par exagération, contrariété, déplaisir. *Je suis au désespoir de ne pouvoir faire ce que vous désirez de moi.* ♦ ▷ *Être au désespoir que...* avec le subjonctif. « *Elle a été au désespoir que vous m'ayez écrit* », Mme de Sévigné. ◁ ♦ *Mettre au désespoir*, causer une vive affliction, une grande contrariété. ♦ Au pl. « *De mille désespoirs mon cœur est assailli* », P. Corneille.

DÉSÉTATISER, ■ v. tr. [dezetatize] (*dés-* et *étatiser*) Annuler ou diminuer le contrôle de l'État dans certains secteurs. *Désétatiser le service public.* ■ DÉSÉTATISATION, n. f. [dezetatizasjɔ̃]

DÉSEXCITATION, ■ n. f. [dezɛksitasjɔ̃] (*dés-* et *excité*) Phys. Modification d'un atome, d'une molécule, d'un noyau, d'une particule excités en un atome, une molécule, un noyau, une particule de moindre énergie. *L'étude des modes de désexcitation des noyaux par évaporation de particules.*

DÉSEXCITER, ■ v. tr. [dezɛksite] (*dés-* et *excité*) Phys. Procéder à une désexcitation. *Un atome peut se désexciter directement vers son état fondamental.*

DÉSEXUALISER, ■ v. tr. [desɛksɥalize] (*dé-* et *sexualiser*) Retirer tout le caractère sexuel de. *Désexualiser la problématique du pouvoir. Peut-on désexualiser les activités sociales et culturelles sans désexualiser les personnes?*

DÉSHABILLAGE, ■ n. m. [dezabijaʒ] (*déshabiller*) Fait de déshabiller ou de se déshabiller. *L'art du déshabillage.*

1 **DÉSHABILLÉ**, n. m. [dezabije] (*déshabiller*) Habillement négligé que les femmes portent dans leur intérieur. ♦ Fig. *Se montrer, paraître en déshabillé*, se montrer tel que l'on est.

2 **DÉSHABILLÉ, ÉE**, p. p. de déshabiller. [dezabije]

DÉSHABILLER, v. tr. [dezabije] (*dés-* et *habiller*) Ôter à quelqu'un ses habits. ♦ Fig. *Déshabiller saint Pierre pour habiller saint Paul*, remédier à un inconvénient par un inconvénient pareil. ♦ Par extens. Dépouiller, mettre à la misère. ♦ Fig. *Déshabiller quelqu'un*, mettre ses intentions, ses projets à nu. ♦ Se déshabiller, v. pr. Ôter ses habits. ♦ Par extens. Changer de vêtements.

DÉSHABITÉ, ÉE, adj. [dezabite] (*déshabiter*) ▷ Qui n'est plus habité. ◁

DÉSHABITER, v. tr. [dezabite] (*dés-* et *habiter*) ▷ Cesser d'habiter. ♦ Se déshabiter, v. pr. Devenir déshabité. ◁

DÉSHABITUÉ, ÉE, p. p. de déshabituer. [dezabitɥe]

DÉSHABITUER, v. tr. [dezabitɥe] (*dés-* et *habituer*) Faire perdre l'habitude de quelque chose. ♦ Se déshabituer, v. pr. Perdre l'habitude. *Je me suis déshabitué du tabac.*

DÉSHERBANT, ■ n. m. [dezɛʀbɑ̃] (*désherber*) Produit chimique détruisant les végétaux nuisibles à certaines cultures. *Les désherbants sont utiles mais souvent dangereux pour l'environnement.* ■ Adj. *Un produit désherbant.*

DÉSHERBER, ■ v. tr. [dezɛʀbe] (*dés-* et *herbe*) Supprimer les mauvaises herbes. *Elle a désherbé son jardin.* ■ DÉSHERBAGE, n. m. [dezɛʀbaʒ]

DÉSHÉRENCE, n. f. [dezeʀɑ̃s] (*dés-* et anc. fr. *heir, hoir*, héritier) Défaut d'héritiers ordinaires, par lequel la succession revient à l'État. *Succession en déshérence. Tomber en déshérence.*

DÉSHÉRITÉ, ÉE, p. p. de déshériter. [dezerite] Privé d'un héritage. ♦ Fig. *Déshérité du ciel.* ♦ N. m. et n. f. *Un déshérité.*

DÉSHÉRITEMENT, n. m. [dezerit(ə)mɑ̃] (*déshériter*) Action de déshériter ; état de celui qui est déshérité.

DÉSHÉRITER, v. tr. [dezerite] (*dés-* et *hériter*) Priver d'une succession. ♦ Faire perdre l'héritage. « *Il vient déshériter ses fils par son retour* », P. Corneille. ♦ Fig. Priver de ce qui est assimilé à un héritage. *La nature a déshérité ce pays.*

DÉSHEURÉ, ÉE, p. p. de désheurer. [dezøʀe]

DÉSHEURER, v. tr. [dezøʀe] (*dés-* et *heure*) ▷ Déranger l'heure, les heures de certaines occupations habituelles, particulièrement celles des repas. ♦ V. intr. Sonner une heure autre que celle qui est marquée par les aiguilles, en parlant d'une horloge, d'une pendule. ♦ Se désheurer, v. pr. Être hors de ses heures habituelles. ◁

DÉSHONNÊTE, adj. [dezɔnɛt] (*dés-* et *honnête*) Qui est contre l'honnêteté ou la pudeur. *Pensées, actions déshonnêtes.*

DÉSHONNÊTEMENT, adv. [dezɔnɛt(ə)mɑ̃] (*déshonnête*) ▷ D'une manière déshonnête. ◁

DÉSHONNÊTETÉ, n. f. [dezɔnɛt(ə)te] (*déshonnête*) ▷ Vice de ce qui est déshonnête. ◁

DÉSHONNEUR, n. m. [dezɔnœʀ] (*dés-* et *honneur*) Perte de l'honneur, de la considération. « *Mourant sans déshonneur, je mourrai sans regret* », P. CORNEILLE. ◆ Prier quelqu'un de son déshonneur, lui demander ce qui le déshonorerait, ou simplement lui déplairait. ◆ *Ne pas faire déshonneur*, rapporter quelque honneur.

DÉSHONORABLE, adj. [dezɔnɔʀabl] (*déshonorer*) ▷ Qui n'est pas honorable. ◁

DÉSHONORANT, ANTE, adj. [dezɔnɔʀɑ̃, ɑ̃t] (*déshonorer*) Qui déshonore.

DÉSHONORÉ, ÉE, p. p. de déshonorer. [dezɔnɔʀe] *Je veux être déshonoré si...* sorte d'affirmation, de serment.

DÉSHONORER, v. tr. [dezɔnɔʀe] (*dés-* et *honorer*) Ôter à quelqu'un l'honneur, le priver de la considération, de l'estime. *Cette action vous déshonore.* ◆ *Déshonorer une femme*, la séduire. ◆ Flétrir, dégrader. *Déshonorer sa famille.* ◆ Faire tort à. *Les vices déshonorent les talents.* ◆ Ôter la beauté, l'éclat. *Déshonorer une statue*, la mutiler. *Déshonorer un bâtiment*, en altérer la forme. ◆ Se déshonorer, v. pr. Perdre l'honneur. *Vous vous déshonorerez par une telle conduite.*

DÉSHUILER, ▪ v. tr. [dezɥile] (*dés-* et *huiler*) Ôter l'huile de quelque chose. *Déshuiler l'eau des rivières, polluée par des rejets d'usines.* ▪ DÉSHUILAGE, n. m. [dezɥilaʒ]

DÉSHUMANISANT, ANTE, ▪ adj. [dezymanizɑ̃, ɑ̃t] (*déshumaniser*) Qui enlève tout caractère humain à. *L'immensité de certains édifices avec leurs longs couloirs déserts et leurs halls glacés offre une vision déshumanisante de l'habitat.* ▪ DÉSHUMANISATION, n. f. [dezymanizasjɔ̃]

DÉSHUMANISER, ▪ v. tr. [dezymanize] (*dés-* et *humaniser*) Retirer tout caractère humain à quelque chose, à une action. *L'accueil dans les hôpitaux ne doit pas se déshumaniser.*

DÉSHUMIDIFICATEUR, ▪ n. m. [dezymidifikatœʀ] (*déshumidifier*) Appareil qui permet de diminuer l'humidité d'une pièce. *Un déshumidificateur d'air a été installé dans les pièces attenantes à la piscine pour éviter les suintements d'eau sur les murs.*

DÉSHUMIDIFIER, ▪ v. tr. [dezymidifje] (*dés-* et *humidifier*) Réduire l'humidité de l'air d'une pièce. *On peut déshumidifier un local par l'apport d'air extérieur.* ▪ DÉSHUMIDIFICATION, n. f. [dezymidifikasjɔ̃]

DÉSHYDRATATION, n. f. [dezidʀatasjɔ̃] (*déshydrater*) Chim. Action de faire cesser l'état d'hydrate. ▪ Méd. État d'une personne dont l'organisme manque d'eau.

DÉSHYDRATER, v. tr. [dezidʀate] (*dés-* et *hydrater*) Chim. Enlever l'eau qui est en combinaison avec un autre corps. ◆ Se déshydrater, v. pr. Devenir déshydraté. ◆ Souffrir de déshydratation. ▪ DÉSHYDRATANT, ANTE, adj. [dezidʀatɑ̃, ɑ̃t]

DÉSHYDROGÉNATION, n. f. [dezidʀɔʒenasjɔ̃] (*déshydrogéner*) Soustraction de l'hydrogène qui entre dans la composition d'une substance.

DÉSHYDROGÉNÉ, ÉE, p. p. de déshydrogéner. [dezidʀɔʒene]

DÉSHYDROGÉNER, v. tr. [dezidʀɔʒene] (*dés-* et *hydrogène*) Chim. Enlever l'hydrogène d'une substance.

DESIDERATA ou **DÉSIDÉRATA**, n. m. pl. [dezideʀata] (le *s* se prononce comme *z* ; lat. *desiderata*, plur. neutre du p. p. de *desiderare*) Choses qui manquent et qu'on désire dans une science, une doctrine, etc. ◆ On dit aussi au sing. *un desideratum.*

DÉSIDÉRATIF, IVE, adj. [dezideʀatif, iv] (lat. gramm. *desiderativus*) Gramm. Qui exprime le désir. *Verbes désidératifs.*

DESIDERATUM ou **DÉSIDÉRATUM**, n. m. [dezideʀatɔm] (le *s* se prononce comme *z* ; lat. *desideratum*, neutre du p. p. de *desiderare*) Voy. DESIDERATA.

DESIGN, ▪ n. m. [dizajn] (ce mot se prononce à l'anglaise : di-zaï-n' ; mot anglais, dessin) Étude industrielle esthétique et fonctionnelle de tout objet, dans leur environnement humain. *Différentes formes de designs contemporains.* ▪ Adj. inv. *Des fauteuils design.*

DÉSIGNATIF, IVE, adj. [deziɲatif, iv] ou [dezinjatif, iv] (lat. *designatum*, supin de *designare*) Qui désigne et distingue. *Le blanc a été la couleur désignative de nos rois.* ▪ REM. On prononçait autrefois [dezignatif, iv] en séparant le *g* du *n.*

DÉSIGNATION, n. f. [deziɲasjɔ̃] ou [dezinjasjɔ̃] (lat. *designatio*) Indication par des expressions ou par des marques distinctives. *Désignation d'un lieu, d'un individu.* ◆ Choix, nomination. *Il a fait la désignation de son successeur.*

DÉSIGNÉ, ÉE, p. p. de désigner. [deziɲe] ou [dezinje]

DESIGNER ou **DESIGNEUR, EUSE**, ▪ n. m. et n. f. [dizajnœʀ, øz] (ce mot se prononce à l'anglaise : di-zaï-neur ; mot anglais, de design) Personne dont le design est la spécialité professionnelle.

DÉSIGNER, v. tr. [deziɲe] ou [dezinje] (lat. *designare*) Indiquer de manière à faire reconnaître. *Désigner les lieux.* ◆ Être le signe. *Ce hiéroglyphe désigne telle chose.* ◆ Fixer. *Désignez-moi le temps et le lieu.* ◆ Signaler. *Désigner quelqu'un à la haine publique.* ◆ Choisir, nommer d'avance. *Auguste désigna Tibère pour son successeur.* ◆ Se désigner, v. pr. Se signaler soi-même, appeler sur soi la vue, l'attention. *Se désigner au choix de ses concitoyens, aux coups de l'ennemi.* ◆ Être désigné.

DÉSILLUSION, n. f. [dezilyzjɔ̃] (*dés-* et *illusion*) État d'un esprit, d'une âme qui a perdu ses illusions.

DÉSILLUSIONNEMENT, n. m. [deziluzjɔn(ə)mɑ̃] (*désillusionner*) Perte des illusions.

DÉSILLUSIONNER, v. tr. [dezilyzjɔne] (*dés-* et *illusionner*) Faire cesser les illusions. ◆ Se désillusionner, v. pr. Perdre ses illusions.

DÉSINCARCÉRATION, ▪ n. f. [dezɛ̃kaʀseʀasjɔ̃] (*dés-* et *incarcération*) Extraction d'une personne d'un véhicule accidenté notamment à l'aide d'outils spécifiques.

DÉSINCARCÉRER, ▪ v. tr. [dezɛ̃kaʀseʀe] (*dés-* et *incarcérer*) Extraire une personne bloquée à l'intérieur d'un véhicule accidenté. *Les pompiers désincarcérèrent les personnes bloquées dans leur voitures grâce à d'énormes pinces coupantes.*

DÉSINCARNÉ, ÉE, ▪ adj. [dezɛ̃kaʀne] (*dés-* et *incarné*) Qui est privé de son enveloppe charnelle. ▪ Qui méprise la réalité, les choses matérielles.

DÉSINCARNER, ▪ v. tr. [dezɛ̃kaʀne] (*désincarné*) Dépouiller de l'enveloppe charnelle. *Désincarner un être humain pour en faire un objet de vénération.* ▪ Se désincarner, v. pr. Relig. Se dépouiller de son enveloppe charnelle, quitter cette apparence. *L'âme se désincarne en quittant sa dépouille mortelle.* « *À présent, que son corps se désincarne, se disloque dans la nuit et le froid de la terre, que son visage tombe en poussière* », GERMAIN. ▪ Fig. Se détacher de toute réalité. *Certaines personnes ont le don de se désincarner et dans une sorte de transe vous prédisent l'avenir.* ▪ Fig. Négliger la réalité et se détacher de toute considération matérielle. *Tout son projet se désincarnait en butte aux difficultés rencontrées.* ▪ DÉSINCARNATION, n. f. [dezɛ̃kaʀnasjɔ̃]

DÉSINCORPORATION, n. f. [dezɛ̃kɔʀpɔʀasjɔ̃] (*désincorporer*) Renvoi d'hommes qui avaient été incorporés dans une compagnie militaire.

DÉSINCORPORÉ, ÉE, p. p. de désincorporer. [dezɛ̃kɔʀpɔʀe]

DÉSINCORPORER, v. tr. [dezɛ̃kɔʀpɔʀe] (*dés-* et *incorporer*) Séparer une chose de celle avec laquelle elle était incorporée. ◆ Milit. Ôter d'un corps.

DÉSINCRUSTANT, ANTE, ▪ adj. [dezɛ̃kʀystɑ̃, ɑ̃t] (*désincruster*) Qui permet d'ôter des dépôts. *Un produit désincrustant.* ▪ Qui permet de nettoyer la peau en enlevant les impuretés. *Une lotion désincrustante.* ▪ N. m. *Un désincrustant pour le calcaire.*

DÉSINCRUSTATION, ▪ n. f. [dezɛ̃kʀystasjɔ̃] (*désincruster*) Action d'enlever des dépôts ou des impuretés incrustés. *Aller chez l'esthéticienne pour un nettoyage et une désincrustation de la peau.*

DÉSINCRUSTER, ▪ v. tr. [dezɛ̃kʀyste] (*dés-* et *incruster*) Enlever, grâce à un mélange chimique, certains dépôts qui se sont soudés à un support. *Désincruster des tuyauteries d'eau brutes pour en déposer le calcaire.* ▪ Nettoyer la peau en profondeur en enlevant les impuretés prises dans les pores. *Se faire désincruster la peau.*

DÉSINDEXER, ▪ v. tr. [dezɛ̃dekse] (*dés-* et *indexer*) Supprimer le rapport de variation établi entre un prix ou une valeur et un indice de référence. *Désindexer les loyers fixés selon l'indice du coût de la construction peut provoquer de larges abus.*

DÉSINDUSTRIALISER, ▪ v. tr. [dezɛ̃dystʀijalize] (*dés-* et *industrialiser*) Enlever ou réduire l'activité industrielle d'un site, d'une région ou d'un secteur économique. *La démarche de qualité des consommateurs a permis de désindustrialiser l'élevage de certains animaux au profit d'un retour à la tradition.*

DÉSINENCE, n. f. [dezinɑ̃s] (lat. *desinere*, cesser, terminer) Gramm. Terminaison des mots. *Les désinences marquent les cas des noms, les modes, les temps des verbes, etc.* ◆ Bot. Manière dont un organe se termine. *Désinence aiguë.*

DÉSINENTIEL, IELLE, ▪ adj. [dezinɑ̃sjɛl] (*désinence*) Qui présente des désinences. *Le latin et l'allemand sont des langues désinentielles.*

DÉSINFATUÉ, ÉE, p. p. de désinfatuer. [dezɛ̃fatɥe]

DÉSINFATUER, v. tr. [dezɛ̃fatɥe] (*dés-* et *infatuer*) Faire revenir quelqu'un de son infatuation, de prétentions aveugles. ✦ Se désinfatuer, v. pr. Perdre son infatuation.

DÉSINFECTANT, ANTE, adj. [dezɛ̃fɛktɑ̃, ɑ̃t] (*désinfecter*) Qui détruit ou fait disparaître l'infection, les miasmes, les virus. ✦ N. m. *Les désinfectants. Le chlore est un désinfectant.*

DÉSINFECTÉ, ÉE, p. p. de désinfecter. [dezɛ̃fɛkte]

DÉSINFECTER, v. tr. [dezɛ̃fɛkte] (*dés-* et *infecter*) Procurer la désinfection. ✦ Absol. *C'est surtout avec les préparations de chlore que l'on désinfecte.* ✦ Se désinfecter, v. pr. Devenir désinfecté.

DÉSINFECTEUR, TRICE, adj. [dezɛ̃fɛktœr, tris] (*désinfecter*) Qui est propre à désinfecter. *Appareil désinfecteur.*

DÉSINFECTION, n. f. [dezɛ̃fɛksjɔ̃] (*dés-* et *infection*) Action d'enlever à l'air, à un appartement, aux vêtements ou à un corps quelconque, les miasmes dangereux ou les odeurs désagréables qui les infectent.

DÉSINFLATION, ▪ n. f. [dezɛ̃flasjɔ̃] (*dés-* et *inflation*) **Écon.** Baisse de la hausse des prix. *Juguler l'inflation s'imposait, il fallait conduire une politique de désinflation*

DÉSINFORMATEUR, TRICE, ▪ adj. [dezɛ̃fɔrmatœr, tris] (*dés-* et *informateur*) Qui donne de fausses informations. *Certains journalistes pâtissent de sources désinformatrices propices à masquer la vérité.* ▪ N. m. et n. f. *Un désinformateur, une désinformatrice.*

DÉSINFORMER, ▪ v. tr. [dezɛ̃fɔrme] (*dés-* et *informer*) Donner des informations erronées, incomplètes ou partiales via les médias. *Les téléspectateurs ont été ici désinformés.* ▪ DÉSINFORMATION, n. f. [dezɛ̃fɔrmasjɔ̃]

DÉSINHIBANT, ANTE, ou **DÉSINHIBATEUR, TRICE**, ▪ adj. [dezinibɑ̃, ɑ̃t, dezinibatœr, tris] (*désinhiber*) Qui ôte toute inhibition. *Discuter dans la pénombre peut être une expérience désinhibante qui libère la parole et ôte tout complexe.*

DÉSINHIBER, ▪ v. tr. [dezinibe] (*dés-* et *inhiber*) Libérer de tout complexe, de toute retenue. *Le théâtre le désinhibe, il se libère dans le personnage qu'il joue.* ▪ DÉSINHIBITION, n. f. [dezinibisjɔ̃]

DÉSINSECTISATION, ▪ n. f. [dezɛ̃sɛktizasjɔ̃] (*désinsectiser*) Destruction des insectes. *La désinsectisation d'un potager.*

DÉSINSECTISER, ▪ v. tr. [dezɛ̃sɛktize] (*dés-* et *insecte*) Débarrasser un lieu de tous les insectes nuisibles. *On désinsectise les rosiers pour les débarrasser des pucerons et autres insectes nuisibles.*

DÉSINSERTION, ▪ n. f. [dezɛ̃sɛrsjɔ̃] (*dés-* et *insertion*) Fait de se mettre en marge de la société, de ne plus y être intégré. *Sa désinsertion sociale l'a marginalisé.*

DÉSINSTALLER, ▪ v. tr. [dezɛ̃stale] (*dés-* et *installer*) Faire disparaître un logiciel du disque dur d'un ordinateur. *Pouvez-vous désinstaller ce logiciel qui ne me sert plus ?* ▪ DÉSINSTALLATION, n. f. [dezɛ̃stalasjɔ̃]

DÉSINTÉGRER, ▪ v. tr. [dezɛ̃tegre] (*dés-* et *intégrer*) Faire disparaître l'intégrité, la cohésion. ▪ **Phys.** Transformer un noyau atomique en un nouvel élément. ✦ Se désintégrer, v. pr. *Les corps radioactifs se désintègrent.* ▪ **Fig.** Détruire, anéantir totalement. ▪ DÉSINTÉGRATION, n. f. [dezɛ̃tegrasjɔ̃]

DÉSINTÉRESSÉ, ÉE, p. p. de désintéresser. [dezɛ̃terese] Qui n'est engagé dans une affaire par aucun intérêt. ✦ Qui n'agit pas par intérêt. ✦ En parlant des choses. *Conseils désintéressés.* ✦ N. m. et n. f. *Les présents font une agréable violence aux plus désintéressés.* ✦ **Relig.** *Amour désintéressé,* amour qui porte l'homme à aimer Dieu pour lui-même, et sans la vue de la récompense.

DÉSINTÉRESSEMENT, n. m. [dezɛ̃terɛs(ə)mɑ̃] (*désintéresser*) Détachement de tout intérêt propre. *Un esprit de désintéressement.*

DÉSINTÉRESSÉMENT, adv. [dezɛ̃teresemɑ̃] (*désintéressé*) D'une façon désintéressée. ✦ Très peu usité.

DÉSINTÉRESSER, v. tr. [dezɛ̃terese] (*dés-* et *intéresser*) Mettre quelqu'un hors d'une affaire en donnant satisfaction à ses intérêts. ✦ Se désintéresser, v. pr. Sortir d'une affaire avec ses intérêts saufs. *Se désintéresser d'une affaire.* ✦ **Fig.** *Se désintéresser sur les éloges.*

DÉSINTÉRÊT, ▪ n. m. [dezɛ̃terɛ] (*dés-* et *intérêt*) Manque d'attention, d'intérêt pour quelque chose ou quelqu'un. *Le désintérêt constaté pour ces élections intriguait les politologues.*

DÉSINTERMÉDIATION, ▪ n. f. [dezɛ̃tɛrmedjasjɔ̃] (*dés-* et *intermédiation*) Suppression d'un intermédiaire dans un processus d'échange. *Les sites Internet en permettant d'effectuer seul des placements boursiers ont amorcé une désintermédiation des courtiers.*

DÉSINTOXIQUER, ▪ v. tr. [dezɛ̃tɔksike] (*dés-* et *intoxiquer*) Débarrasser un organisme de ses substances toxiques. ▪ Faire cesser la dépendance à certaines drogues. *Désintoxiquer un alcoolique, un toxicomane.* ▪ **Fig.** Débarrasser d'une dépendance nocive. ▪ DÉSINTOXICATION, n. f. [dezɛ̃tɔksikasjɔ̃]

DÉSINVESTIR, v. tr. [dezɛ̃vɛstir] (*dés-* et *investir*) Cesser d'investir, de bloquer. ✦ **Fig.** Retirer un droit, une fonction dont on était investi. *Désinvestir la chambre de l'examen des lois.* ✦ Se désinvestir de, v. pr. Renoncer à.

DÉSINVESTISSEMENT, n. m. [dezɛ̃vɛstis(ə)mɑ̃] (*désinvestir*) Action de désinvestir, de lever le blocus. ✦ **Fig.** Privation d'un droit, d'une fonction.

DÉSINVITER, v. tr. [dezɛ̃vite] (*dés-* et *inviter*) Rétracter une invitation.

DÉSINVOLTE, ▪ adj. [dezɛ̃vɔlt] (ital. *disinvolto*, dégagé, du lat. *volvere*, faire rouler, dérouler) Qui fait preuve d'aisance dans ses attitudes. *Allure, mouvement désinvolte.* ✦ **Péj.** Qui manifeste une liberté excessive, insolente. *Tenir des propos désinvoltes.*

DÉSINVOLTURE, n. f. [dezɛ̃vɔltyr] (ital. *disinvoltura*) Tournure pleine de laisser-aller, d'une certaine grâce. ✦ Il se dit aussi des choses. *Il avait conservé toute la désinvolture de sa taille.* ✦ **Fig.** *Ce style a de la désinvolture.* ▪ Attitude empreinte d'un léger sans-gêne.

DÉSIR, n. m. [dezir] (*désirer*) Envie d'obtenir, d'avoir quelque chose. *Le désir de la paix. Régler ses désirs.* ✦ *Bon désir,* désir conforme à la volonté de Dieu, bonne intention. ✦ *Désir* a quelquefois le sens de *désir ardent.* ✦ L'objet même du désir. « *Léon seul est ma joie, il est mon seul désir* », P. Corneille. ▪ Attirance sexuelle. *Il brûlait de désir pour elle.*

DÉSIRABLE, adj. [dezirabl] (*désirer*) Qui mérite d'être désiré.

DÉSIRÉ, ÉE, p. p. de désirer. [dezire] N. m. « *Le désiré des nations [le Messie] était venu* », Bossuet.

DÉSIRER, v. tr. [dezire] (lat. *desiderare*) Avoir désir de quelque chose. *Désirer la fortune, les honneurs. Il désire vous parler.* « *Voilà ce que vous désirez de savoir* », Fénelon. ✦ *Désirer que,* avec le subjonctif. *Je désire que vous partiez.* ✦ **Fam.** *Se faire désirer,* ne se rendre à l'empressement que les autres ont de nous voir.* ✦ *Ne laisser rien à désirer,* être parfait en son genre. ✦ Dans le sens contraire. *Il y a quelque chose, beaucoup de choses à désirer.* ✦ **Absol.** *L'homme désire sans cesse.* ✦ Souhaiter. *Je vous désire toutes sortes de prospérités.* ✦ Convoiter. ✦ Se désirer, v. pr. Avoir du désir l'un pour l'autre. ✦ *Se désirer,* être désiré, en parlant des choses. ▪ V. tr. Absol. *Laisser à désirer,* ne pas être parfait. *Un travail qui laisse à désirer.* ▪ *Se faire désirer,* se faire attendre. *Il a toujours une heure de retard, il aime se faire désirer.*

DÉSIREUX, EUSE, adj. [dezirø, øz] (*désirer*) Qui désire avec ardeur. *Désireux de savoir. Désireux de son salut.*

DÉSISTEMENT, n. m. [dezistəmɑ̃] (*désister*) **Dr.** Action de se désister. ✦ Acte par lequel on se désiste. *Faire son désistement.*

DÉSISTER (SE), v. pr. [deziste] (lat. *desistere*) **Dr.** Renoncer à une poursuite. *Se désister d'une plainte.* ✦ Dans le langage général, renoncer, se départir. *Se désister de ses prétentions.* ▪ **Polit.** Se désister lors d'un scrutin en faveur d'un autre candidat.

DESK, ▪ n. m. [dɛsk] (mot anglais, *bureau*) Bureau d'une agence de presse, d'une agence de renseignements, d'une chaîne de télévision ou d'une station de radio. *La salle des desks. Les desks de consultation.*

DÈS LORS, loc. adv. [dɛlɔr] Voy. DÈS.

DESMAN, ▪ n. m. [dɛsmɑ̃] (suéd. *desmanratta*, rat) Taupe aquatique insectivore vivant notamment en Russie et dans les Pyrénées.

DESMOSOME, ▪ n. m. [dɛsmozɔm] (gr. *desmos*, lien et -*some*) **Biol.** Jonction intercellulaire qui assure la solidité du tissu. *Le desmosome est une zone d'attache entre deux cellules épithéliales.*

DÉSOBÉI, IE, p. p. de désobéir. [dezobei] Bien que neutre, désobéir a un participe passif. *Un père désobéi.*

DÉSOBÉIR, v. intr. [dezobeir] (*dés-* et *obéir*) Ne pas obéir à quelqu'un. *Cet enfant désobéit sans cesse à sa mère.* ✦ **Absol.** *Il ne faut pas désobéir.* ✦ Ne pas se soumettre, enfreindre. *Désobéir à la loi.*

DÉSOBÉISSANCE, n. f. [dezobeisɑ̃s] (*désobéir*) Action de désobéir. ✦ Habitude de désobéir. ✦ *Un acte de désobéissance. Une seule désobéissance l'a fait punir.*

DÉSOBÉISSANT, ANTE, adj. [dezobeisɑ̃, ɑ̃t] (*désobéir*) Qui désobéit.

DÉSOBLIGÉ, ÉE, p. p. de désobliger. [dezɔbliʒe]

DÉSOBLIGEAMMENT, adv. [dezɔbliʒamɑ̃] (*désobligeant*) D'une manière désobligeante.

DÉSOBLIGEANCE, n. f. [dezɔbliʒɑ̃s] (*désobliger*) Disposition à désobliger.

DÉSOBLIGEANT, ANTE, adj. [dezɔbliʒɑ̃, ɑ̃t] (de *désobliger*) Qui désoblige. *Un homme désobligeant. Procédé désobligeant.*

DÉSOBLIGEANTE, n. f. [dezɔbliʒɑ̃t] (substantivation du fém. de *désobligeant*) ▷ Sorte de voiture étroite qui ne peut contenir que deux personnes. ◁

DÉSOBLIGER, v. tr. [dezɔbliʒe] (*dés-* et *obliger*) Rendre un mauvais office. ♦ **Absol.** « *Mais je sais l'amour ne peut désobliger* », P. CORNEILLE. ♦ Causer du déplaisir. *Vous me désobligerez beaucoup en n'acceptant pas.* ♦ Se désobliger, v. pr. Se rendre l'un à l'autre de mauvais services.

DÉSOBSTRUANT, ANTE, adj. [dezɔpstryɑ̃, ɑ̃t] (*désobstruer*) **Méd.** Qui est propre à dissiper les obstructions. ♦ N. m. *Un désobstruant.*

DÉSOBSTRUCTIF, IVE, adj. [dezɔpstryktif, iv] (*désobstruer*, d'après *désobstruction*) Syn. de désobstruant.

DÉSOBSTRUCTION, n. f. [dezɔpstryksjɔ̃] (*désobstruer*, d'après *obstruction*) Action de désobstruer.

DÉSOBSTRUÉ, ÉE, p. p. de désobstruer. [dezɔpstrye]

DÉSOBSTRUER, v. tr. [dezɔpstrye] (*dés-* et *obstruer*) Débarrasser de ce qui obstrue, bouche, encombre. *Désobstruer une rue, un canal.* ♦ **Méd.** Faire cesser une obstruction. ♦ Se désobstruer, v. pr. Être désobstrué.

DÉSOCCUPATION, n. f. [dezɔkypasjɔ̃] (*dés-* et *occupation*) État de celui qui n'a point d'occupation. ♦ État de celui dont l'âme n'est pas prise par une passion quelconque.

DÉSOCCUPÉ, ÉE, adj. [dezɔkype] (*désoccuper*) Qui n'a rien à faire, qui ne s'occupe à rien. « *Que n'employez-vous aux édifices publics les artistes désoccupés ?* », VOLTAIRE. ♦ **Par extens.** « *On croit qu'une vie désoccupée ne peut presque être innocente* », MASSILLON. ♦ N. m. et n. f. « *C'est la vie des désoccupés* », VOLTAIRE.

DÉSOCCUPER, v. tr. [dezɔkype] (*dés-* et *occuper*) Débarrasser, défaire de ce qui occupait. « *Dieu entraîne l'âme et la désoccupe d'elle-même en l'occupant de lui* », FÉNELON. ♦ Se désoccuper, v. pr. *Se désoccuper de tout soin.*

DÉSOCIALISATION, ■ n. f. [desɔsjalizasjɔ̃] (*dé-* et *socialisation*) Conséquence de la marginalisation d'une personne vis-à-vis de la société. *Le chômage peut provoquer une désocialisation des personnes qui ne se sentent plus intégrées dans la société de production.*

DÉSOCIALISER, ■ v. tr. [desɔsjalize] (*dé-* et *socialiser*) Mettre en marge de la vie sociale. *Le travail de nuit désocialise certaines catégories de salariés.* ■ Se désocialiser, v. pr. *Certains retraités isolés se désocialisent.*

DÉSODÉ, ÉE, ■ adj. [desode] (*dé-* et radic. de *sodium*) Dont on a ôté le sel. *Un régime désodé.*

DÉSODORISANT, ANTE, ■ adj. [dezodɔrizɑ̃, ɑ̃t] (*désodoriser*) Qui désodorise. *Bombe désodorisante.* ■ N. m. *Un désodorisant pour w.-c.* ■ Produit d'hygiène corporelle destiné à supprimer l'odeur de la transpiration.

DÉSODORISER, ■ v. tr. [dezodɔrize] (*dés-* et *odeur*) Supprimer les odeurs désagréables au moyen d'un produit chimique généralement parfumé. *Désodoriser les toilettes, la cuisine.*

DÉSŒUVRÉ, ÉE, adj. [dezœvre] (*dés-* et *œuvre*) Qui ne fait œuvre quelconque. ♦ N. m. et n. f. *C'est un désœuvré.*

DÉSŒUVREMENT, n. m. [dezœvrəmɑ̃] (*désœuvré*) État d'une personne désœuvrée. *Il passe sa vie dans le désœuvrement.* ■ *Faire quelque chose par désœuvrement,* pour éviter l'ennui, sans plaisir.

DÉSOLANT, ANTE, adj. [dezolɑ̃, ɑ̃t] (*désoler*) Qui désole, qui cause une grande affliction. *Une nouvelle désolante.* ♦ Se dit, par exagération, d'une simple contrariété. *Cela est désolant.* ♦ En parlant des personnes, insupportable, ennuyeux, fatigant. *Cet homme est désolant avec ses vers.*

DÉSOLATEUR, n. m. [dezolatœr] (*désoler*) Celui qui désole, ravage. *Les désolateurs de provinces.* ♦ **Fam.** Celui qui tourmente, désole, contrarie extrêmement. ♦ **Adj.** *Désolateur, désolatrice,* qui désole, qui ravage. *Des hordes désolatrices.*

DÉSOLATION, n. f. [dezolasjɔ̃] (lat. *desolatio*, destruction, ravage) Action de désoler ; résultat de cette action. *La désolation de Jérusalem.* ♦ En style de l'Écriture, l'abomination de la désolation, Voy. ABOMINATION. ♦ **Par extens.** Extrême affliction. ♦ « *De là naissent les désolations et les désespoirs* », BOURDALOUE. ♦ Vive contrariété. *Vous me voyez dans la désolation.*

DÉSOLÉ, ÉE, p. p. de désoler. [dezole] *Un lieu désolé,* un lieu qui présente l'image d'une solitude, effet d'un ravage. ♦ Laissé seul, laissé dans la solitude. ♦ Plongé dans l'affliction. ♦ Par exagération, contrarié, fâché. *Je suis désolé de vous avoir fait attendre.*

DÉSOLER, v. tr. [dezole] (lat. *desolare*, dépeupler, ravager) Faire la solitude, ravager. *Désoler la campagne.* ♦ Causer peine et tourment par ce qui ravage, appauvrit, etc. « *On verra... Un perfide étranger désoler vos provinces* », RACINE. ♦ Causer une grande affliction. *La mort de son ami le désole.* ♦ Par exagération, contrarier. *Ce contretemps me désole.* ♦ Importuner, incommoder. Les solliciteurs le désolent. ♦ Se désoler, v. pr. S'abandonner à une grande affliction. ♦ Être contrarié. *Je me désole de ce qui vous arrive.* ♦ Se causer réciproquement de grandes afflictions.

DÉSOLIDARISER, ■ v. tr. [desɔlidarize] (*dé-* et *solidariser*) Rompre les liens de solidarité, briser l'union entre des personnes. ■ Se désolidariser, v. pr. « *Se désolidariser de sa classe* », S. DE BEAUVOIR. ■ Séparer les éléments d'un mécanisme. *Désolidariser le moteur de la transmission.*

DÉSOPERCULER, ■ v. tr. [dezopɛrkyle] (*dés-* et *opercule*) Ôter le couvercle qui obture les alvéoles contenant le miel. ■ **DÉSOPERCULATEUR**, n. m. [dezopɛrkylatœr] Couteau permettant d'ôter cet opercule.

DÉSOPILANT, ANTE, adj. [dezopilɑ̃, ɑ̃t] (*désopiler*) Qui fait rire, qui réjouit.

DÉSOPILATIF, IVE, adj. [dezopilatif, iv] (*désopiler*) **Méd.** Propre à désopiler.

DÉSOPILATION, n. f. [dezopilasjɔ̃] (*désopiler*) **Méd.** Guérison d'une obstruction.

DÉSOPILÉ, ÉE, p. p. de désopiler. [dezopile]

DÉSOPILER, v. tr. [dezopile] (*dés-* et lat. *oppilare*, boucher, obstruer) **Méd.** Détruire les obstructions. *Désopiler la rate.* ♦ **Fig.** *Désopiler la rate,* faire beaucoup rire. ♦ *Se désopiler la rate,* rire beaucoup. ♦ Se désopiler, v. pr. Se mettre en gaieté.

DÉSORBITATION n. f. ou **DÉSORBITAGE**, ■ n. m. [dezɔrbitasjɔ̃] ou [dezɔrbitaʒ] (*désorbiter*) Déviation de son orbite d'un engin spatial.

DÉSORBITER, ■ v. tr. [dezɔrbite] (*dés-* et *orbite*) Dévier un engin spatial de son orbite autour d'un astre. *Désorbiter un satellite.*

DÉSORDONNÉ, ÉE, adj. [dezɔrdɔne] (*désordonner*) Livré au désordre, mal réglé. *Une maison désordonnée. Projets désordonnés.* ♦ Excessif. *Des dépenses désordonnées.* ♦ Déréglé, dissolu. *Mener une vie désordonnée. Homme désordonné.*

DÉSORDONNÉMENT, adv. [dezɔrdɔnemɑ̃] (*désordonné*) D'une manière désordonnée, avec licence et désordre. *Vivre désordonnément.* ♦ Excessivement. « *Ce qu'ils aiment désordonnément* », BOSSUET.

DÉSORDONNER, v. tr. [dezɔrdɔne] (*dés-* et *ordonner*) Troubler l'ordre. *Désordonner les rangs d'une armée.* ♦ Se désordonner, v. pr. Se déranger, se confondre, sortir de l'ordre.

DÉSORDRE, n. m. [dezɔrdr] (*dés-* et *ordre*) Manque d'ordre, dérangement, confusion. *Ses vêtements étaient en désordre. Des cheveux en désordre.* ♦ Il se dit aussi des affaires, de l'administration. *Le désordre de ses affaires.* ♦ Il se dit encore des corps, des bandes, des troupes où la confusion se met. *Mettre les ennemis en désordre.* « *Le désordre se met parmi eux* », BOSSUET. ♦ Avec une épithète, désordre peut se prendre en un sens favorable. « *Un aimable désordre embellira la fête* », COLLIN D'HARLEVILLE. ♦ Dans la poésie lyrique, les écarts et les digressions que la passion du poète rend excusables et même louables. « *Chez elle [l'ode] un beau désordre est un effet de l'art* », BOILEAU. ♦ Pillage, dégât. ♦ Trouble de l'âme. « *De vos sens étonnés quel désordre s'empare !* », RACINE. ♦ Désordre d'esprit, désordre d'imagination, état d'un esprit, d'une imagination mal réglée. ♦ Dissension intestine, tumulte séditieux. *De graves désordres éclatèrent dans cette province.* ♦ Dérèglement de mœurs. *Vivre, tomber dans le désordre.* ♦ Perturbation dans les fonctions du corps. *L'intempérance produit des désordres graves.*

DÉSORGANISATEUR, TRICE, adj. [dezɔrganizatœr, tris] (*désorganiser*) **Méd.** Qui désorganise. *Un travail d'inflammation désorganisateur des tissus.* ♦ **Fig.** Qui attaque la morale, la société.

DÉSORGANISATION, n. f. [dezɔrganizasjɔ̃] (*désorganiser*) **Méd.** Altération profonde dans la texture d'un organe ou d'une portion d'organe. ♦ **Fig.** *La désorganisation d'une administration.*

DÉSORGANISÉ, ÉE, p. p. de désorganiser. [dezɔrganize]

DÉSORGANISER, v. tr. [dezɔrganize] (*dés-* et *organiser*) **Méd.** Détruire l'organisation d'une partie, d'un tissu. ♦ **Fig.** *Désorganiser un service public, un corps.* ♦ Se désorganiser, v. pr. Perdre son organisation. ♦ **Fig.** *À l'approche des barbares l'Empire romain se désorganisait.*

DÉSORIENTÉ, ÉE, p. p. de désorienter. [dezɔrjɑ̃te] **Fig.** Embarrassé, ne sachant que faire.

DÉSORIENTER, v. tr. [dezɔrjɑ̃te] (*dés-* et *orienter*) Faire perdre sa situation à quelque chose qui devait regarder l'orient. ♦ Faire perdre la connaissance du côté où le soleil se lève. ♦ **Par extens.** Faire perdre la direction à suivre. ♦ **Fig.** Déconcerter, embarrasser. ♦ Se désorienter, v. pr. Perdre la direction. ■ **DÉSORIENTATION**, n. f.

DÉSORMAIS, adv. [dezɔrmɛ] (*dès*, *or*, maintenant, *mais*, davantage, c'est-à-dire, dès l'heure en avant) À partir de ce moment-ci ou d'un moment déterminé dans le discours. *Que reste-t-il, que restait-il désormais à faire ?*

DÉSORPTION, ■ n. f. [dezɔrpsjɔ̃] (antonyme de *absorption* par chang. de préf., du lat. *sorbere*, avaler) **Chim.** Dégazage d'un solide qui se libère des corps absorbés. *La vitesse de désorption de certains médicaments effervescents.*

DÉSOSSÉ, ÉE, p. p. de désosser. [dezɔse]

DÉSOSSEMENT ou **DÉSOSSAGE**, n. m. [dezɔs(ə)mɑ̃] ou [dezɔsaʒ] (*désosser*) Action de désosser.

DÉSOSSER, v. tr. [dezɔse] (*dés-* et *os*) Ôter les os d'un poulet, d'un lièvre, etc. soit pour en mettre la chair en pâté, soit pour emplir la bête d'un hachis. ◆ Fig. Décomposer, disséquer, examiner. ◆ Pénétrer dans l'intérieur d'une personne. ◆ Se désosser, v. pr. Être désossé. ◆ Fig. Prendre en des tours de force toutes sortes d'attitudes.

DÉSOURDI, IE, p. p. de désourdir. [dezurdi]

DÉSOURDIR, v. tr. [dezurdir] (le *s* se prononce *z* ; *dés-* et *ourdir*) ▷ Défaire ce qui était ourdi. ◁

DÉSOXYDANT, ANTE, adj. [dezɔksidɑ̃, ɑ̃t] (*désoxyder*) Qui désoxyde. ■ N. m. *Un désoxydant.*

DÉSOXYDATION, n. f. [dezɔksidasjɔ̃] (*désoxyder*) **Chim.** Action d'enlever l'oxygène d'un métal oxydé.

DÉSOXYDÉ, ÉE, p. p. de désoxyder. [dezɔkside]

DÉSOXYDER, v. tr. [dezɔkside] (*dés-* et *oxyder*) **Chim.** Réduire un oxyde, lui enlever tout ou partie de son oxygène. *On désoxyde les oxydes et les sels formés d'oxydes.* Voy. DÉSOXYGÉNER. ◆ Se désoxyder, v. pr. Perdre son oxygène, en parlant d'un oxyde. ■ V. tr. Supprimer l'oxyde formé à la surface d'une pièce métallique.

DÉSOXYGÉNATION, n. f. [dezɔksiʒenasjɔ̃] (*désoxygéner*) Action de désoxygéner ; état de ce qui est désoxygéné.

DÉSOXYGÉNER, v. tr. [dezɔksiʒene] (*dés-* et *oxygène*) Soustraire, en totalité ou en partie, l'oxygène qui entre dans la composition d'une substance. *On désoxygène les corps qui ne sont pas des oxydes, des sels, ou dans lesquels l'oxygène est en simple mélange et non en combinaison chimique.* ◆ Se désoxygéner, v. pr. Perdre son oxygène.

DÉSOXYRIBONUCLÉIQUE, ■ adj. [dezɔksiribɔnykleik] (*dés-, oxy(gène)* et *ribonucléique*) **Chim.** *Acide désoxyribonucléique* : molécule qui sert de support à l'information génétique héréditaire (ADN).

DESPERADO ou **DESPÉRADO**, ■ n. m. [dɛsperado] (mot espagnol, *désespéré*) Personne qui n'attend plus rien de la société et qui est prête à s'engager dans des entreprises violentes et désespérées.

DESPOTE, n. m. [dɛspɔt] (gr. *despotês*, maître de maison, maître absolu) Prince qui gouverne avec une autorité arbitraire et absolue. ◆ Par extens. Prince qui abuse d'une autorité qui en soi n'est pas absolue. ◆ Ancien titre de plusieurs princes grecs, tels que ceux de Servie, de Valachie. ◆ Fig. Personne qui s'arroge une autorité tyrannique. *Cet homme est un despote chez lui.*

DESPOTIQUE, adj. [dɛspɔtik] (gr. *despotikos*) Qui est d'un despote. *Gouvernement despotique.* ◆ Fig. « *Vous avez sur vos vers un pouvoir despotique* », BOILEAU. ◆ N. m. *Le despotique*, l'état despotique.

DESPOTIQUEMENT, adv. [dɛspɔtik(ə)mɑ̃] (*despotique*) D'une manière despotique. *Gouverner despotiquement.*

DESPOTISME, n. m. [dɛspɔtism] (*despote*) Pouvoir d'un despote, pouvoir absolu et arbitraire. ◆ Pouvoir exercé à la manière d'un despote, pouvoir oppressif. *Le despotisme d'une assemblée.* ◆ Par extens. Toute autorité tyrannique. ◆ Par extens. Tout acte qui contrarie vivement un esprit passionné. *C'est une injustice, un despotisme affreux.*

DESQUAMATION, n. f. [deskwamasjɔ̃] (*désquamer*) **Méd.** Opération par laquelle on enlève les tuniques qui recouvrent certaines racines bulbeuses. ◆ **Méd.** Exfoliation ou arrachement de l'épiderme sous forme d'écailles.

DESQUAMER, v. tr. [deskwame] (lat. *desquamare*, de *de-* et *squama*, écaille) Détacher des parties qui s'enlèvent par plaques ou écailles. ◆ Se desquamer, v. pr. Éprouver la desquamation.

DESQUELS, DESQUELLES, [dekɛl] (*des* et *quels, quelles*) Voy. QUEL.

DESS, ■ n. m. [deɛsɛs] (sigle de *diplôme d'études supérieures spécialisées*) Formation spécialisée dispensée en faculté qui prépare directement à la vie professionnelle. *Être en DESS.* ■ Diplôme de troisième cycle sanctionnant cinq années d'études après le baccalauréat ; on dit *un bac plus cinq* et on écrit *bac + 5.* Il est l'équivalent d'un DEA qui prépare au doctorat et d'un diplôme d'ingénieur. *Préparer, avoir un DESS.* ■ Rem. Depuis la rentrée scolaire 2005, le cursus DEUG, licence, maîtrise, DEA, DESS, doctorat est remplacé par le LMD : licence, master, doctorat qui valide des niveaux de bac + 3 (L), bac + 5 (M) et bac + 8 (D). Cette réforme correspond à l'harmonisation européenne des diplômes, avec, à court et moyen terme, la possibilité d'effectuer une partie du cursus universitaire dans un autre pays de l'Union européenne que le sien et de le faire valider.

DESSABLEMENT ou **DESSABLAGE**, ■ n. m. [desablǝmɑ̃, desablaʒ] (*dessabler*) Enlèvement du sable. *Le dessablage d'une cour.* ■ Hydraul. Suppression des matières minérales dans le traitement des eaux usées.

DESSABLER, ■ v. tr. [desable] (*des-* et *sable*) Ôter le sable d'un lieu ou sur un objet. *Dessabler ses chaussures après une marche sur la plage.*

DESSAISI, IE, p. p. de dessaisir. [desezi]

DESSAISIR (SE), v. pr. [desezir] (*des-* et *saisir*) **Dr.** Céder à un autre ce qu'on avait en sa possession. « *Elle a de la peine à se dessaisir de l'original* », BOSSUET. ◆ Transporter un droit ou y renoncer. ◆ Dans le langage général, remettre à des tiers ce qu'on tient.

DESSAISISSEMENT, n. m. [desezis(ə)mɑ̃] (*dessaisir*) Action de se dessaisir.

DESSAISONNÉ, ÉE, p. p. de dessaisonner. [desezɔne]

DESSAISONNEMENT, n. m. [desezɔn(ə)mɑ̃] (*dessaisonner*) Action de dessaisonner.

DESSAISONNER, v. tr. [desezɔne] (*des-* et *saison*) Déranger l'ordre de la culture et des semailles. ◆ Changer l'époque de la floraison d'une plante ; faire croître et fructifier une plante hors de l'époque naturelle.

DESSALAISON, n. f. [desalezɔ̃] (*dessaler*) Syn. de dessalement.

DESSALÉ, ÉE, p. p. de dessaler. [desale] ▷ Fig. et fam. *Un homme dessalé*, un homme fin, rusé. ◁ ◆ N. m. et n. f. « *Je vous connais il y a longtemps, et vous êtes une dessalée* », MOLIÈRE.

DESSALEMENT, n. m. [desal(ə)mɑ̃] (*dessaler*) Action de dessaler.

DESSALER, v. tr. [desale] (*des-* et *saler*) Enlever le sel dont une chose est imprégnée. *Dessaler des harengs.* ◆ Se dessaler, v. pr. Être dessalé. ■ V. intr. Chavirer, en parlant d'une embarcation légère. ◆ Se dessaler, v. pr. Être moins niais surtout en matière sexuelle. *Il s'est bien dessalé depuis ses vacances.*

DESSANGLÉ, ÉE, p. p. de dessangler. [desɑ̃gle]

DESSANGLER, v. tr. [desɑ̃gle] (*des-* et *sangle*) Lâcher ou défaire la sangle d'un cheval, d'un mulet, etc. ◆ Se dessangler, v. pr. Être dessanglé.

DESSAOULER, ■ v. tr. et v. intr. [desule] (var. de *dessoûler*) Voy. DESSOÛLER.

DESSÉCHANT, ANTE, adj. [deseʃɑ̃, ɑ̃t] (*dessécher*) Qui dessèche. *Un vent desséchant.* ◆ Fig. Qui dessèche l'âme, rend les sentiments arides. *L'égoïsme est desséchant.*

DESSÉCHÉ, ÉE, p. p. de dessécher. [deseʃe] Fig. Qui est privé de douceur, de sympathie, d'onction. *Un cœur desséché.*

DESSÈCHEMENT, n. m. [deseʃ(ə)mɑ̃] (*dessécher*) Action de dessécher, de faire écouler ou évaporer les eaux. *Le dessèchement d'un marais.* ◆ Action de retirer l'humidité. *Le dessèchement d'une plante.* ◆ Fig. *Le dessèchement des cœurs,* la perte de la sympathie, de la douceur, de l'onction. ◆ Grand amaigrissement d'une partie du corps. ■ Rem. Graphie ancienne : *desséchement.*

DESSÉCHER, v. tr. [deseʃe] (*dé-* et *sécher*) Mettre à sec. *Dessécher un étang.* ◆ Rendre sec ce qui était humide. *Dessécher une plante.* ◆ Par extens. Amaigrir, réduire à un état de consomption. ◆ Fig. *Dessécher le cœur,* le rendre froid, insensible. *Dessécher l'imagination,* en tarir les sources. ◆ Se dessécher, v. pr. Devenir sec. *Des troncs d'arbres qui se dessèchent.* ◆ Devenir maigre. ◆ Fig. Devenir froid et dur. *Son âme s'est desséchée.*

DESSEIN, n. m. [desɛ̃] (*desseigner,* anc. forme de *dessiner,* de l'ital. *disegnare,* projeter) Mode déterminé d'après lequel on conçoit quelque chose, plan. *Le dessein d'un ouvrage.* ◆ Ensemble de combinaisons pour obtenir un résultat. *De vastes desseins. Les desseins de la Providence.* ◆ Dessein sur, vue sur l'avenir de quelque personne ou de quelque chose. « *Les desseins qu'il a sur son peuple* », BOSSUET. ◆ Avoir des desseins sur, former des entreprises pour gagner, pour attaquer, etc. ◆ Dessein contre, plan formé contre. « *Peut-elle contre vous former quelque dessein ?* », RACINE. ◆ Détermination à quelque chose. *Il est parti dans le dessein de faire telle chose.* ◆ Bon dessein, bonnes intentions. ◆ *Faire dessein,* avoir l'intention de... ◆ Absol. Intention arrêtée, vues arrêtées. « *Vous avez du dessein, de la prudence* », MME DE SÉVIGNÉ. ◆ *Sans dessein,* sans intention. ◆ *De dessein formé,* de propos délibéré. ◆ *À ce dessein,* dans cette intention. loc. adv. ◆ À DESSEIN, avec une intention toute particulière. *Il a été incivil à dessein. À dessein de perdre son ennemi.* ◆ *À dessein que,* avec le subjonctif. *Cela a été dit à dessein que vous en fissiez votre profit.*

DESSELLÉ, ÉE, p. p. de desseller. [desele]

DESSELLER, v. tr. [desele] (*dé-* et *seller*) Ôter la selle à un cheval, à un mulet, etc.

DESSEMELER, v. tr. [desǝm(ə)le] (*dé-* et *semelle*) Ôter la semelle d'une botte, d'un soulier.

DESSERRAGE ou **DESSERREMENT**, ■ n. m. [deseraʒ, deser(ə)mɑ̃] (*desserrer*) Relâchement de quelque chose qui est serré. *Le desserrage d'une vis.*

DESSERRE, n. f. [desɛr] (*desserrer*) Usité seulement dans cette phrase familière : *Être dur à la desserre,* se dessaisir avec peine de son argent pour donner ou payer.

DESSERRÉ, ÉE, p. p. de desserrer. [desere] Par extens. *Rangs desserrés,* rangs entre lesquels il y a trop d'intervalle.

DESSERRER, v. tr. [desere] (*dé-* et *serrer*) Relâcher ce qui était serré. *Desserrer sa ceinture, un lien.* ◆ *Desserrer un nœud*, le rendre moins serré, et fig. *desserrer les nœuds de l'amitié*, rendre l'amitié moins étroite. ◆ *Desserrer les dents*, ouvrir la bouche. ◆ **Fig. et fam.** *Desserrer les dents*, ouvrir la bouche. ◆ **Fig. et fam.** *Desserrer les dents de quelqu'un*, le faire parler. ◆ *Desserrer les dents*, parler. ◆ *Ne pas desserrer les dents*, ne pas dire un mot. ◆ *Desserrer un coup de pied, un coup de fouet, un soufflet*, l'appliquer soudainement et avec violence. ◆ *Se desserrer*, v. pr. Devenir moins serré. ◆ **Fig.** Avoir moins d'angoisse. *Mon cœur s'est desserré.*

DESSERT, n. m. [deser] (radic. de l'indic. prés. de *desservir*) Le dernier service d'un repas, composé de fromage, de confitures, de fruits et de pâtisseries. ◆ *Le moment du dessert.* ◆ **Fig. et fam.** *On lui annonça pour son dessert cette bonne nouvelle.* ▪ **Rem.** Aujourd'hui, le dessert ne comprend plus que les mets sucrés.

DESSERTE, n. f. [desert] (radic. de l'indic. prés. de *desservir*) Mets qu'on a desservis. ◆ Fonction du desservant attaché au service d'une cure, d'une chapelle. ◆ *Chemin de desserte*, celui qui met en communication une propriété avec le grand chemin. ◆ Petite table sur laquelle on pose la vaisselle et les plats utilisés au cours d'un repas. ▪ Action de desservir. *Omnibus qui assure la desserte de toutes les gares de la ligne.*

DESSERTI, IE, p. p. de dessertir. [deserti]

DESSERTIR, v. tr. [desertir] (*des-* et *sertir*) Dégager un brillant de son chaton, un médaillon de sa monture. ▪ **Rem.** Aujourd'hui, concerne toute pierre précieuse. ▪ **DESSERTISSAGE**, n. m. [desertisaʒ]

DESSERVANT, n. m. [deservã] (*desservir*) Prêtre qui dessert une cure, une chapelle.

DESSERVI, IE, p. p. de desservir. [deservi]

DESSERVIR, v. tr. [deservir] (*des-*, négatif ou augmentatif, et *servir*) Enlever les plats de dessus la table. ◆ **Absol.** « *On dessert au plus vite* », La Fontaine. ◆ Rendre un mauvais office à quelqu'un. *Il vous a desservi auprès d'un tel.* ◆ Faire le service d'une cure, d'une chapelle. ◆ Dans un sens tout à fait général, faire un service. *Cette diligence dessert tous les lieux situés dans les environs.* ◆ *Se desservir*, v. pr. Se rendre de mauvais offices l'un à l'autre.

DESSICCATEUR, ▪ n. m. [desikatœr] (*dessiccation*) Analyseur d'humidité qui ôte celle-ci ou protège une substance ou un lieu contre celle-ci. *Un dessiccateur d'air.*

DESSICCATIF, IVE, adj. [desikatif, iv] (b. lat. *desiccativus*) Qui a la propriété de dessécher. ◆ **N. m.** Un dessiccatif. ◆ **Méd.** Qui dessèche les plaies ou quelque partie trop humide. *Onguent dessiccatif.* ◆ **N. m.** *Un dessiccatif*, un topique propre à dessécher. ◆ **Peint.** Huile dessiccative, huile qui rend les couleurs auxquelles on la mêle propres à sécher promptement. ◆ **N. m.** Un dessiccatif.

DESSICCATION, n. f. [desikasjɔ̃] (b. lat. *desiccatio*) Action de dessécher, de faire évaporer l'humidité qui se trouve dans un corps. *La dessiccation d'une plante.*

DESSILLÉ, ÉE ou **DÉCILLÉ**, p. p. de dessiller. [desije]

DESSILLER ou **DÉCILLER**, v. tr. [desije] (*dé-* et *ciller*) Séparer les paupières qui étaient jointes. ◆ **Fig.** *Dessiller les yeux de quelqu'un* ou *à quelqu'un*, le désaveugler, lui faire voir la vérité. ◆ *Se dessiller*, v. pr. S'ouvrir à la lumière. *Mes yeux se dessillèrent.* ◆ L'Académie donne aussi *déciller*, qui est inusité bien que meilleur.

DESSIN, n. m. [desɛ̃] (*dessiner*) Représentation à l'aide du crayon, de la plume, du pinceau. ◆ L'art qui enseigne les procédés du dessin. *Apprendre le dessin.* ◆ *Les arts du dessin*, la peinture, la sculpture, l'architecture, la gravure. ◆ Délinéation des figures, des contours. *On oppose le dessin à la couleur.* ◆ Ordonnance générale d'un tableau. ◆ Figures d'ornement dans certains tissus. *Cette étoffe est d'un joli dessin.* ◆ **Archit.** Plan d'un bâtiment, d'un jardin, etc. « *Ce parterre est fait sur le dessin de M. Le Nôtre* », Mme de Sévigné. ◆ Dans un ouvrage littéraire, le plan et les principaux incidents, à l'exclusion du style. ◆ **Mus.** La disposition de diverses parties d'un morceau. ◆ *Dessin animé*, Voy. animé. ▪ **Fam.** *Faire un dessin à quelqu'un*, lui expliquer tout dans le détail.

DESSINATEUR, TRICE, n. m. et n. f. [desinatœr, tris] (*dessiner*, sur le modèle de l'ital. *disegnatore*) Personne qui exerce l'art du dessin. ◆ En parlant des peintres, celui qui est habile à dessiner. ◆ Il se dit spécialement par opposition à coloriste. ◆ Celui qui trace le dessin, le plan d'un bâtiment, d'un jardin, etc. ◆ Nom des artistes qui font des modèles pour les ouvriers, pour les manufactures d'étoffes et de tapisseries, pour les broderies.

DESSINÉ, ÉE, p. p. de dessiner. [desine] Tracé suivant l'art du dessin. ◆ **Fig.** *Un personnage fièrement dessiné.*

DESSINER, v. tr. [desine] (ital. *disegnare*, dessiner, du lat. *designare*, dessiner, désigner) Faire le dessin de quelque objet. *Dessiner un paysage.* ◆ **Mus.**

Faire le dessin, concevoir l'ordonnance d'un morceau. ◆ Figurer. « *Ces galeries écroulées dessinaient des places publiques* », Volney. ◆ *Un vêtement qui dessine bien les formes*, qui fait bien ressortir les formes du corps. ◆ **V. intr.** *Dessiner au crayon, à la plume.* ◆ **Peint.** Tracer les contours des figures d'un tableau. ◆ *Se dessiner*, v. pr. Se montrer avec des contours bien arrêtés. ◆ **Fig.** Être marqué, être apparent. *Deux partis se dessinaient.*

1 **DESSOLÉ, ÉE**, p. p. de 1 dessoler. [desole] *Un bœuf dessolé.*

2 **DESSOLÉ, ÉE**, p. p. de 2 dessoler. [desole] *Une terre dessolée.*

DESSOLEMENT, n. m. [desɔl(ə)mã] (2 *dessoler*) **Agric.** Action de dessoler ; état de ce qui est dessolé.

1 **DESSOLER**, v. tr. [desole] (*des-* et 1 *sole*) Ôter la sole d'un cheval, d'un mulet, d'un bœuf.

2 **DESSOLER**, v. tr. [desole] (*des-* et 2 *sole* de la terre) Changer l'ordre des soles d'une terre labourable.

1 **DESSOLURE**, n. f. [desolyr] (1 *dessoler*) Enlèvement de la sole d'un cheval, d'un bœuf.

2 **DESSOLURE**, n. f. [desolyr] (2 *dessoler*) Changement du mode d'assolement d'une terre.

DESSOUDÉ, ÉE, p. p. de dessouder. [desude]

DESSOUDER, v. tr. [desude] (*des-* et *souder*) Ôter la soudure, disjoindre des parties soudées. ◆ *Se dessouder*, v. pr. Cesser d'être soudé.

DESSOUDURE, n. f. [desudyr] (*dessouder*) Action de dessouder ; état de ce qui est dessoudé.

DESSOÛLÉ ou **DESSOULÉ, ÉE**, p. p. de dessoûler. [desule]

DESSOÛLER ou **DESSOULER**, v. tr. [desule] (*des-* et *soûler*) **Fam.** Dissiper l'ivresse. *La peur l'a dessoûlé.* ◆ **Absol.** *Il ne dessoûle pas.* ◆ *Se dessoûler*, v. pr. Sortir de l'ivresse. ▪ **Rem.** On écrit auj. aussi *dessaouler.*

DESSOUS, adv. [d(ə)su] (b. lat. *desubtus*, de la prépos. *de* et l'adv. *subtus*, en dessous) Marque qu'une chose est sous une autre. *J'ai cherché sur la table et il était dessous.* ◆ Dans la première partie du XVIIᵉ siècle, *dessous* a été employé couramment comme préposition. Cet emploi n'est plus usité. ◆ *Mettre dessous*, renverser dans une lutte. ◆ *Sens dessus dessous*, Voy. sens. ◆ Là-dessous, adv. Sous cela. ◆ **Fig.** *Il y a quelque piège là-dessous.* ◆ Ci-dessous, adv. Sous le lieu où l'on est. *Ci-dessous gît un tel.* ◆ Ci-après. *La note ci-dessous.* ◆ Le dessous, n. m. La partie, le côté, l'endroit est sous le dessus. *Le dessous d'une table, d'une étoffe.* ◆ *Les dessous d'un théâtre*, les trois étages à planches mobiles qui sont au-dessous de la scène. ◆ **Fig.** *Être enfoncé dans le troisième dessous*, être très mal dans ses affaires. ◆ *Le dessous des cartes*, la partie des cartes qu'on ne laisse pas voir à l'adversaire, et fig. les ressorts secrets d'une intrigue, d'une affaire. ◆ On dit aussi *le dessous de cartes*. ◆ **Absol.** *Un dessous*, quelque chose de caché dont il faut se défier. ◆ *Avoir le dessous*, avoir le désavantage dans un combat, dans une discussion. ◆ En dessous, loc. adv. Dans la partie qui est dessous. *Un pain brûlé en dessous.* ◆ **Fig.** *Regarder en dessous*, regarder sans lever les yeux. ◆ *Être en dessous*, être morne et dissimulé. *Il a l'air en dessous*, il a l'air dissimulé. ◆ Par-dessous, loc. adv. Par le côté qui est dessous. *Il le prit par-dessous.* ◆ Par-dessous, loc. prép. *Par-dessous ses vêtements.* ◆ **Fig. et fam.** *Par-dessous la jambe*, avec promptitude et facilité. ◆ Au-dessous, loc. adv. Plus bas. ◆ **Fig.** *Être au-dessous*, être inférieur. ◆ Au-dessous de, loc. prép. *Au-dessous du genou.* ◆ **Mar.** *Être au-dessous du vent d'un vaisseau*, être placé de manière que ce vaisseau reçoit le vent le premier. ◆ **Par extens.** Il marque l'infériorité par rapport à un terme. *Tous les hommes au-dessous de cinquante ans.* ◆ **Fig.** *Être au-dessous de sa place*, n'être pas en état de la remplir. ◆ *Cet emploi est au-dessous de lui*, il est capable de remplir un plus élevé. Voy. au-dessous. ◆ De dessous, loc. adv. *Vêtement de dessous*, vêtement qui se porte ordinairement sous d'autres. ◆ De dessous, loc. prép. Exprimant que l'on tire de quelque chose qui est dessus. *Faire sortir une armée de dessous terre.* ▪ **Rem.** On dit auj. *faire quelque chose par-dessus la jambe.* ▪ *Être dans le trente-sixième dessous*, être au plus bas moralement. ▪ **N. m.** *Un dessous*, un sous-vêtement féminin. ▪ **Rem.** On emploie généralement le mot au pluriel pour désigner des sous-vêtements féminins affriolants. *Elle avait mis ses plus beaux dessous pour le séduire : une guêpière, un string et des porte-jarretelles.* ▪ *Les dessous féminins.*

DESSOUS-DE-BOUTEILLE, ▪ n. m. inv. [d(ə)syd(ə)butej] (*dessous* et *bouteille*) Petit support que l'on place sous les bouteilles pour protéger la nappe ou la table des traces de liquide qu'elles pourraient laisser. *La table était parsemée de jolis dessous-de-bouteille.*

DESSOUS-DE-BRAS, ▪ n. m. inv. [d(ə)syd(ə)bra] (*dessous* et *bras*) Aisselles. *S'épiler les dessous-de-bras.*

DESSOUS-DE-PLAT, ▪ n. m. inv. [d(ə)syd(ə)pla] (*dessous* et *plat*) Support de forme diverse que l'on place sous les plats pour protéger la nappe ou la table des traces grasses ou de brûlure. *Des dessous-de-plat en verre.*

DESSOUS-DE-TABLE, ■ n. m. inv. [d(ə)syd(ə)tabl] (*dessous* et *table*) Somme d'argent versée discrètement et non officiellement par un acheteur à un vendeur. *Verser un dessous-de-table lors de l'achat d'un appartement.*

DESSUINTAGE, ■ n. m. [desɥɛ̃taʒ] (*dessuinter*) Extraction du suint. *Le dessuintage permet d'enlever les matières grasses naturellement sécrétées par la peau de mouton et qui se mêlent à la laine.*

DESSUINTER, ■ v. tr. [desɥɛ̃te] (*des-* et *suint*) Ôter le suint de la laine brute des moutons. *Autrefois, on dessuintait la laine des moutons avec de l'urine humaine fermentée.*

DESSUS, adv. [d(ə)sy] (lat. *desursum*, de *de* et *sursum*, en haut, vers le haut) Exprime la situation supérieure, et est opposé à *dessous*. *Ce qui est sous la table, mettez-le dessus.* ◆ Dans la première partie du XVIIᵉ siècle, *dessus* a été couramment employé comme préposition. Cet emploi n'est plus usité. ◆ **Mar.** *Avoir le vent dessus*, être masqué en ses voiles coiffées. ◆ *Sens dessus dessous*, Voy. SENS. ◆ LÀ-DESSUS, adv. Sur cela. ◆ Sur ce point. *Revenons là-dessus.* ◆ Après cela, aussitôt après. *On lui déclara qu'il n'obtiendrait rien, là-dessus il se retira.* ◆ CI-DESSUS, adv. Plus haut, en parlant de quelque chose qui est consigné par écrit. ◆ LE DESSUS, n. m. Le côté d'une chose qui forme la partie supérieure. *Le dessus d'une table, d'une étoffe.* ◆ Ce qui est en dessus. ◆ L'étage supérieur d'une maison. *Il demeure au-dessus.* ◆ Il se dit de diverses choses qui se mettent sur d'autres. *Un dessus de table.* ◆ **Archit.** *Dessus de porte*, ornement de boiserie, de peinture ou de sculpture, placé dans un encadrement au-dessus du chambranle d'une porte. ◆ *Les dessus d'un théâtre*, les étages qui sont au-dessus de la scène et dans lesquels remontent certaines machines, certaines décorations. ◆ Adresse, suscription d'une lettre, d'un paquet. « *En fermant le paquet, j'écrirai le dessus* », P. CORNEILLE. ◆ **Mar.** *Le dessus du vent*, l'avantage du vent. *Avoir, gagner le dessus du vent.* ◆ *Fig. Avoir le dessus du vent*, avoir l'avantage sur quelqu'un. ◆ *Le dessus*, avantage, supériorité. *Avoir le dessus dans un combat, dans une lutte quelconque.* « *Que la passion n'ait pas le dessus sur la raison* », BOSSUET. ◆ *Prendre le dessus*, devenir prépondérant par les armes, par la force, par l'influence, etc. *Tenir le dessus*, avoir la supériorité. ◆ **Mus.** *Dessus*, la partie la plus haute, par opposition à la basse. *Premier, second dessus.* ◆ Personne qui chante le dessus. ◆ EN DESSUS, loc. adv. Dans la partie supérieure. ◆ PAR-DESSUS, loc. adv. Sur une autre chose ; en outre. *Il avait un habit et une redingote par-dessus.* ◆ PAR-DESSUS, loc. prép. *Il porte un manteau par-dessus son habit.* ◆ *Fig. En avoir par-dessus les yeux, par-dessus la tête*, être excédé d'une chose. ◆ *Par-dessus les maisons*, se dit en parlant de choses exorbitantes. « *Il a demandé des choses par-dessus les maisons* », MOLIÈRE. ◆ *Faire quelque chose par-dessus l'épaule*, ne point la faire. ◆ Outre, en plus que. *Par-dessus ce qu'on lui devait.* ◆ PAR-DESSUS TOUT, loc. adv. Principalement, avant tout, surtout. ◆ PAR-DESSUS, n. m. Sorte de vêtement. Voy. PAR-DESSUS. ◆ AU-DESSUS, loc. adv. Dans la situation supérieure, plus haut. ◆ AU-DESSUS DE, loc. prép. Plus haut que. ◆ *Au-dessus de*, sur la partie supérieure. *Au-dessus de la porte.* ◆ *Par extens.* Il marque la supériorité par rapport à un terme indiqué. *Les enfants de cinq ans et au-dessus.* ◆ **Fig.** *Au-dessus de* exprime une supériorité due au rang, au mérite, au crédit, etc. *L'archevêque est au-dessus de l'évêque.* ◆ *Être au-dessus de soi-même*, se surpasser soi-même. ◆ *Être au-dessus de sa place*, mériter mieux. ◆ *Être au-dessus des faiblesses humaines*, être incapable d'y succomber. ◆ *Être au-dessus de certaines choses*, n'y être pas astreint. ◆ *Être au-dessus de l'opinion*, ne pas s'en inquiéter. ◆ *Être au-dessus de ses affaires*, avoir une fortune établie, avoir plus de revenu que de dépense à faire, avoir un établissement qui prospère. ◆ *Fig. Être au-dessus du vent*, être sorti d'embarras, de péril. ◆ DE DESSUS, prép. Exprime qu'une chose n'est plus placée sur une autre chose. *Ôtez cela de dessus le buffet.* ◆ Voy. AU-DESSUS à son rang alphabétique. ■ **Fam.** *Faire quelque chose par-dessus la jambe*, sans soin, en ne s'y intéressant guère.

DESSUS-DE-LIT, ■ n. m. inv. [d(ə)syd(ə)li] (*dessus* et *lit*) Pièce d'étoffe, couverture étendue sur un lit pour le protéger, l'orner.

DESSUS-DE-PLAT, ■ n. m. inv. [d(ə)syd(ə)pla] (*dessus* et *plat*) Couvercle que l'on pose sur un plat pour le garder au chaud. *Mettre des dessus-de-plat.*

DÉSTABILISANT, ANTE, ■ adj. [destabilizɑ̃, ɑ̃t] (*déstabiliser*) Qui déstabilise. « *L'effet déstabilisant dans un ensemble économique ne se mesure pas par l'étendue quantitative d'un investissement déterminé* », PERROUX.

DÉSTABILISATEUR, TRICE, ■ n. m. et n. f. [destabilizatœr, tris] (*déstabiliser*) Personne qui fait perdre l'équilibre d'une chose ou d'une situation.

DÉSTABILISER, ■ v. tr. [destabilize] (*dé-* et *stabiliser*) Faire perdre la stabilité, l'équilibre. *Coup d'État qui déstabilise un pays. Stratégie qui déstabilise un adversaire.* ■ DÉSTABILISATION, n. f. [destabilizasjɔ̃]

DÉSTALINISER, ■ v. tr. [destalinize] (*dé* et *Staline*, dictateur russe) Libérer du régime autoritaire et totalitaire de Staline. ■ DÉSTALINISATION, n. f. [destalinizasjɔ̃]

DESTIN, n. m. [dɛstɛ̃] (*destiner*) L'enchaînement des choses considéré comme nécessaire. « *Des arrêts du destin l'ordre est invariable* », P. CORNEILLE. ◆ Sort, issue. *Tenter le destin des batailles.* ◆ Condition que le destin

assigne. *On ne peut fuir son destin.* ◆ Vie, existence. « *Si dans mes alarmes Le ciel me permettait d'abréger un destin* », VOLTAIRE.

DESTINATAIRE, n. m. et n. f. [dɛstinatɛr] (*destiner*) Personne à qui une chose est destinée. ◆ Personne qui doit recevoir par la poste, par le roulage, etc. une lettre, un ballot, etc. expédiés par une autre personne.

DESTINATEUR, TRICE, n. m. et n. f. [dɛstinatœr, tris] (*destiner*) Personne qui destine une chose à telle personne, à tel but.

DESTINATION, n. f. [dɛstinasjɔ̃] (lat. *destinatio*, résolution) Action de celui qui destine. « *Le Dauphin respectant ses vues et ses [de Louis XIV] destinations* », MASSILLON. ◆ Ce à quoi une personne est destinée, réservée. « *L'homme seul de toutes les créatures capable d'une destination sérieuse* », MASSILLON. ◆ Ce à quoi une chose est destinée. *La destination d'un édifice.* ◆ **Dr.** Disposition déterminée. ◆ *Immeubles par destination*, choses mobilières de nature, qu'on rend immobilières en les affectant au service ou à l'exploitation d'un immeuble. ◆ Le lieu où l'on doit se rendre, où une chose est adressée. *Partir pour sa destination.* ■ Dernière station desservie par un moyen de transport en commun. *Le train à destination de Bruxelles va entrer en gare.*

DESTINÉ, ÉE, p. p. de destiner. [dɛstine]

DESTINÉE, n. f. [dɛstine] (fém. substantivé du p. p. de *destiner*) L'effet du destin. « *On rencontre sa destinée Souvent par des chemins qu'on prend pour l'éviter* », LA FONTAINE. ◆ *Au pl. De tristes destinées.* ◆ Le destin. « *Mais enfin le succès dépend des destinées* », RACINE. ◆ Condition, sort. ◆ Vie, existence. « *Vous pouvez d'un seul mot trancher ma destinée* », P. CORNEILLE.

DESTINER, v. tr. [dɛstine] (lat. *destinare*, fixer, désigner, décider) Fixer par l'enchaînement des choses. « *Dieu ne destine jamais la fin sans préparer les moyens* », MASSILLON. *J'étais destiné à être malheureux.* ◆ Fixer, déterminer l'emploi, l'objet d'une personne, d'une chose. *Destiner son fils au barreau. Destiner une somme à l'achat d'une terre.* ◆ Préparer, réserver. *On lui destine de grandes récompenses.* ◆ Destiner avec *de* et un infinitif, avoir la résolution de. *J'ai destiné de faire cela.* ◆ Se destiner, v. pr. Avoir pour vue, pour carrière. *Il se destine à l'Église.* ◆ Se destiner à quelqu'un, avoir le dessein de s'unir à lui par mariage.

DESTITUABLE, adj. [dɛstitɥabl] (*destituer*) Qu'on peut destituer.

DESTITUÉ, ÉE, p. p. de destituer. [dɛstitɥe] Dépourvu, dénué de. *Destitué de bon sens, de raison.*

DESTITUER, v. tr. [dɛstitɥe] (lat. *destituere*, dresser à part, abandonner) Renvoyer un fonctionnaire public de son emploi. *Destituer un préfet.* ◆ Dépourvoir, priver. *Destituer quelqu'un de ressources.*

DESTITUTION, n. f. [dɛstitysjɔ̃] (lat. *destitutio*, abandon, trahison) Action d'ôter à un fonctionnaire sa place.

DÉSTOCKER, ■ v. tr. [destoke] (*dé-* et *stock*) Mettre sur le marché des produits qui avaient été placés en réserve, pour en diminuer le stock ou en réguler les prix. *Déstocker un lot de vêtements.* ■ DÉSTOCKAGE, n. m. [destokaʒ]

DESTRIER, n. m. [dɛstrije] (anc. fr. *destre*, main droite, du lat. *dextra*) Dans le langage de la chevalerie et du Moyen Âge, cheval de bataille.

DESTROYER, ■ n. m. [dɛstrwaje] ou [dɛstrojœr] (on prononce *dess-troi-yer* ou *dess-tro-yeur* ; angl. *to destroy*, détruire) Navire de guerre puissamment armé qui escorte et protège une escadre. *Une flottille de destroyers.*

DESTRUCTEUR, TRICE, n. m. et n. f. [dɛstryktœr, tris] (b. lat. *destructor*) Personne qui détruit. *Scipion, destructeur de Carthage.* ◆ *Fig. Destructeur des abus.* ◆ Adj. *Les animaux destructeurs. Les enfants sont naturellement destructeurs.*

DESTRUCTIBILITÉ, n. f. [dɛstryktibilite] (*destructible*) Qualité de ce qui peut être détruit.

DESTRUCTIBLE, adj. [dɛstryktibl] (lat. *destructum*, supin de *destruere*) Qui peut être détruit.

DESTRUCTIF, IVE, adj. [dɛstryktif, iv] (b. lat. *destructivus*, purgatif) Qui a la vertu de détruire. *Principe destructif.* « *Philosophie destructive de toutes les croyances* », MME DE STAËL.

DESTRUCTION, n. f. [dɛstryksjɔ̃] (lat. *destructio*) Action de détruire ; résultat de cette action.

DÉSTRUCTURATION, ■ n. f. [destryktyrasjɔ̃] (*déstructurer*) Désorganisation d'une structure. *Le grignotage entre les repas peut provoquer une déstructuration de l'équilibre alimentaire.*

DÉSTRUCTURER, ■ v. tr. [destryktyre] (*dé* et *structurer*) Modifier ou anéantir une structure établie. *Déstructurer l'ordre établi.* ■ Se déstructurer, v. pr. *La vie sociale dans les campagnes se déstructure parfois sous l'effet de la désertification.*

DÉSUET, ÈTE, ■ adj. [dezɥɛ, ɛt] (le *s* se prononce *z* ; lat. *desuetus*, p. p. de desuescere, perdre l'habitude) Qui n'est plus en usage, plus à la mode. *Ameublement, vêtement désuet. Expression, tradition désuète.*

DÉSUÉTUDE, n. f. [dezɥetyd] (le *s* se prononce *z ;* lat. *desuetudo*, perte d'habitude) Cessation, par laps de temps, d'une coutume, d'une loi, d'un usage, etc. *Cette loi est tombée en désuétude.*

DÉSULFITER, ■ v. tr. [desylfite] (*dé-* et *sulfite*) Enlever l'anhydride sulfureux provenant du sulfitage des moûts et des vins. *Désulfiter un volume de moût.* ■ DÉSULFITAGE, n. m. [desylfitaʒ]

DÉSULFURER, ■ v. tr. [desylfyʀe] (*dé* et *sulfure*) Retirer d'une substance le soufre qu'elle contient. *Les fumées désulfurées permettent de lutter contre la pollution de l'air.* ■ DÉSULFURATION, n. f. [desylfyʀasjɔ̃]

DÉSUNI, IE, p. p. de désunir. [dezyni] **Fig.** *Cheval désuni*, cheval dont le galop est désuni, qui galope à faux. ■ Qui est en désaccord. *Une famille désunie à cause d'un remariage.*

DÉSUNION, n. f. [dezynjɔ̃] (*désunir*, d'après *union*) Cessation de l'union des parties d'un tout ; état de ce qui est désuni. ◆ **Par extens.** Séparation. *La désunion de deux cures.* ◆ **Fig.** Cessation de l'union morale, mésintelligence.

DÉSUNIR, v. tr. [dezyniʀ] (*dés-* et *unir*) Séparer ce qui est uni, joint. *Désunir les pièces d'un ouvrage de menuiserie.* ◆ **Par extens.** « *Le devoir désunit l'amitié la plus forte* », P. CORNEILLE. ◆ **Fig.** Rompre l'union, l'accord entre les personnes. *L'intérêt les a désunis.* ◆ Se désunir, v. pr. Cesser d'être joint. ◆ Tomber dans la mésintelligence.

DÉSUNISSANT, ANTE, adj. [dezynisɑ̃, ɑ̃t] (*désunir*) Qui désunit.

DÉSYNCHRONISATION, ■ n. f. [desɛ̃kʀonizasjɔ̃] (*désynchroniser*) Perte de la synchronisation. *La désynchronisation de l'image et du son dans un film provoque souvent l'hilarité.*

DÉSYNCHRONISER, ■ v. tr. [desɛ̃kʀonize] (*dé-* et *synchroniser*) Enlever leur simultanéité à des actions. *Pour bien nager, le mouvement des jambes doit pouvoir être désynchronisé de celui des bras.* ■ Se désynchroniser, v. pr. *Dans le corps de ballet, il ne faut pas qu'un danseur se désynchronise des autres.*

DÉSYNDICALISATION, ■ n. f. [desɛ̃dikalizasjɔ̃] (*dé-* et *syndicalisation*) Diminution du nombre des syndiqués. ■ Désintérêt pour la cause syndicale. *Le mouvement de désyndicalisation semble s'accentuer par l'éclatement des grandes unités de production.*

DÉTACHABLE, ■ adj. [detaʃabl] (*2 détacher*) Qui peut être séparé de ce qui le retient. *Des fiches de cuisine détachables.*

DÉTACHANT, ANTE, ■ adj. [detaʃɑ̃, ɑ̃t] (*1 détacher*) Qui peut enlever les taches. *Une lotion détachante pour ôter les traces de graisse.* ■ N. m. Produit utilisé pour enlever les taches. *Détachant en gel, en pâte.*

1 DÉTACHÉ, ÉE, p. p. de 1 détacher. [detaʃe] Dont on a enlevé les taches. *Habit détaché.*

2 DÉTACHÉ, ÉE, p. p. de 2 détacher. [detaʃe] Qui n'est plus attaché. ◆ *Pièces, pensées détachées*, fragments de prose ou de vers, pensées sans liaison. ◆ **Mus.** *Note détachée*, par opposition à *coulée*, note précédée, dans le chant et sur les instruments à vent, d'un coup de langue, et sur les instruments à cordes d'un coup d'archet en sens contraire du mouvement précédent. ◆ N. m. *Un détaché.* ◆ **Peint.** *Figures détachées*, figures dégagées l'une de l'autre, l'une à fait séparées. ◆ **Fortif.** *Pièces détachées*, celles qui sont séparées du corps de la place. ◆ *Forts détachés.* ◆ **Fig.** Sans liaison d'amitié ou d'affaires. « *Je les croyais détachés l'un de l'autre* », J.-J. ROUSSEAU. ◆ Qui n'a plus d'attachement. « *Peux-tu voir tant de pleurs d'un œil si détaché ?* », P. CORNEILLE. « *Vous êtes trop détaché des richesses pour...* », FÉNELON. ◆ **Relig.** Qui est dans le détachement. *Détaché de soi-même.* ◆ **Milit.** Envoyé en détachement. ◆ Empreint de détachement. *Un air détaché.* ■ *Pièce détachée*, pièce d'un appareil que l'on peut se procurer à l'unité.

DÉTACHEMENT, n. m. [detaʃ(ə)mɑ̃] (*2 détacher*) État de celui qui est détaché, délivré d'un sentiment, d'une opinion, d'une passion. *Un grand détachement de ses intérêts personnels.* ◆ **Relig.** État de l'âme qui, séparée de tout attachement au siècle, n'a plus d'autre aspiration que le ciel. « *Le détachement du monde et de ses biens* », BOURDALOUE. ◆ **Milit.** Partie de troupe que l'on sépare du gros de l'armée et que l'on charge d'une mission spéciale.

1 DÉTACHER, v. tr. [detaʃe] (*dé-* et *tacher*) Enlever les taches. *Détacher un habit.* ◆ **Absol.** *Savon à détacher.*

2 DÉTACHER, v. tr. [detaʃe] (antonyme de *attacher*, par changement de préf.) Dégager d'une attache. *Détacher un chien.* ◆ Faire qu'une chose ne soit plus attachée. *Détacher une tapisserie.* ◆ **Par extens.** *Détacher les yeux d'un objet*, cesser de le regarder. ◆ Ôter, défaire ce qui sert à attacher. *Détacher une épingle.* ◆ Séparer ce qui était joint, adhérent. *Détacher une pêche de la branche qui la porte.* ◆ Écarter, séparer, isoler. *Détachez vos bras du corps. Détacher les notes du texte par un filet.* ◆ Disjoindre. *Il a détaché ce traité de son ouvrage.* ◆ **Mus.** *Détacher des notes*, Voy. DÉTACHÉ. ◆ **Peint.** Faire ressortir le relief des objets. ◆ **Fig.** Inspirer le détachement, rompre des attaches morales. ◆ *Détacher quelqu'un d'un parti, d'une alliance.* ◆ **Myst.**

Produire le détachement. ◆ « *Purifier l'âme, la détacher du monde* », MASSILLON. ◆ Envoyer partie d'une troupe, d'une escadre en détachement. ◆ Envoyer à, contre. *Détacher des gendarmes contre quelqu'un.* ◆ **Fam.** *Détacher un soufflet, une ruade*, l'appliquer soudain avec force. ◆ Se détacher, v. pr. Cesser d'être tenu par quelque chose qui attache. *Votre manteau se détache.* ◆ **Par extens.** *Ses yeux ne pouvaient se détacher de ce spectacle.* ◆ Être isolé de. ◆ Être apparent, en saillie. ◆ S'écarter de personnes avec qui l'on est. ◆ **Fig.** Rompre ce qui liait, attachait. « *Je me détache du monde* », MME DE SÉVIGNÉ. ◆ **Absol.** On ne se détache pas aisément. ◆ Être asséné comme un coup qu'on détache. ◆ **Mus.** Être articulé.

DÉTAIL, n. m. [detaj] (*détailler*) Partage d'une chose en plusieurs parties, en morceaux. ◆ Vente de marchandises par petites quantités, par petits membres. *Magasin de détail. Marchand en détail. Commerce de détail. Droit de détail*, droit perçu sur la vente des boissons en détail. ◆ **Par extens.** Énumération des parties. *Les détails d'un compte.* ◆ Exposé circonstancié d'une affaire, d'un événement. *Descendre, entrer dans le détail.* ◆ Au pl. *Les détails*, les circonstances particulières. *Les détails d'un procès.* ◆ Minutie, la petite besogne. *Il a l'esprit de détail. C'est un homme de détail.* ◆ **Littér.** et bx-arts Petite partie d'un ensemble. *Exceller dans les détails. Des beautés de détail.* ◆ **Peint.** Se dit des petits accidents de la peau, des draperies, des broderies, des feuilles des arbres, etc., et en architecture, des rosaces, des modillons, des feuilles d'acanthe, etc. ◆ *Guerre de détail*, guerre de partisans et qui use l'ennemi en détail. ■ EN DÉTAIL, loc. adv. Par parties. *Vendre en détail.* ◆ **Fig.** Dans toutes les parties, dans toutes les particularités. *Voici l'affaire en détail.* ◆ Peu à peu, par parties. *L'homme meurt en détail.* ■ On dit aujourd'hui *vendre au détail.* ■ **Milit.** *Une revue de détail*, inspection d'une unité sous tous ses aspects : administratif, vestimentaire et matériel.

DÉTAILLANT, ANTE, adj. [detajɑ̃, ɑ̃t] (*détailler*) Qui vend en détail. *Un marchand détaillant.* ◆ N. m. et n. f. Un détaillant, une détaillante. ◆ Un détaillant, un marchand de vin au détail.

DÉTAILLÉ, ÉE, p. p. de détailler. [detaje]

DÉTAILLER, v. tr. [detaje] (*dé-* augment. et *tailler*) Couper par morceaux, distribuer par parties. *Détailler un bœuf.* ◆ Vendre en détail. ◆ Raconter avec détail. ◆ **Absol. Littér.** et bx-arts Entrer dans les détails. ◆ Se détailler, v. pr. Être débité par morceaux. ◆ Se vendre au détail.

DÉTAILLEUR, n. m. [detajœʀ] (*détailler*) ▷ Celui qui vend en détail. Aujourd'hui, on ne dit plus que *détaillant.* ◁

DÉTALAGE, n. m. [detalaʒ] (*détaler*) ▷ Action de détaler des marchandises. ■ Aujourd'hui on dit *un étalage de marchandises.* ◁

DÉTALÉ, ÉE, p. p. de détaler. [detale]

DÉTALER, v. tr. [detale] (suivant le sens, antonyme, par chang. de préf., de *étaler*, déballer, et de l'anc. fr. *estaler*, s'arrêter, prendre position) Resserrer, remballer la marchandise qui était étalée. ◆ **Absol.** *Les marchands ont détalé.* ◆ V. intr. Dans le langage familier, décamper, s'en aller au plus vite. « *Que l'on détale de chez moi* », MOLIÈRE.

DÉTALINGUER, v. intr. [detalɛ̃ge] (*dé-* et *étalinguer*) Ôter le câble d'une ancre.

DÉTAPISSER, v. tr. [detapise] (*dé-* et *tapisser*) Ôter les tapis, les tapisseries. *Détapisser une chambre.*

DÉTARTRANT, ANTE, ■ adj. [detartrɑ̃, ɑ̃t] (*détartrer*) Qui enlève le tartre. *Un produit détartrant.* ■ N. m. *Un détartrant pour baignoire.*

DÉTARTRER, ■ v. tr. [detartre] (*dé-* et *tartre*) Retirer le tartre de. *Détartrer une chaudière. Se faire détartrer les dents.* ■ DÉTARTRAGE, n. m. [detartraʒ]

DÉTARTREUR, ■ n. m. [detartrœʀ] (*détartrer*) Appareil qui sert à détartrer. *Un détartreur dentaire permet d'ôter le tartre qui se dépose sur l'émail.*

DÉTAXE, n. f. [detaks] (*dé-* et *taxe*) **Admin.** Remise de tout ou partie d'une taxe.

DÉTAXER, v. tr. [detakse] (*détaxe*) Faire une réduction sur une taxe, supprimer une taxe. *Détaxer une lettre, un paquet.* ◆ *Détaxer le pain, la viande, etc.* en supprimer la taxe. ■ DÉTAXATION, n. f. [detaksasjɔ̃]

DÉTECTER, ■ v. tr. [detɛkte] (angl. *to detect*, découvrir, ou lat. *detectum*, supin de *detegere*) Mettre en évidence la présence de quelque chose à l'aide d'appareils adaptés. *Détecter un gaz, des ondes.* ■ Rendre visible, perceptible. *Détecter les faiblesses d'un adversaire.* ■ DÉTECTABLE, adj. [detɛktabl]

DÉTECTEUR, TRICE, ■ adj. [detɛktœʀ, tʀis] (angl. *detector*) Qui décèle la présence de quelque chose. *Une antenne détectrice.* ■ N. m. Appareil programmé pour repérer des objets ou des phénomènes. *Un détecteur de métaux, de mines, d'incendie, de mouvement, d'ondes...*

DÉTECTION, ■ n. f. [detɛksjɔ̃] (*détecter*) Repérage de quelque chose. *La détection de nappes phréatiques se fait par envoi d'ondes dans le sol.*

DÉTECTIVE, ■ n. m. et n. f. [detɛktiv] (angl. *detective*, de *to detect*) En Angleterre, policier spécialisé dans les enquêtes. ■ **Par extens.** Personne qui effectue des enquêtes à titre privé, contre rémunération. *Détective privé.*

DÉTEINDRE, v. tr. [detɛ̃dʀ] (*dé-* et *teindre*) Faire perdre la couleur, la teinture. ♦ V. intr. *Cette étoffe déteint.* ♦ **Fig.** *Son caractère avait déteint sur ceux qui vivaient avec lui,* c'est-à-dire ils avaient pris quelque chose de son caractère. ♦ Se déteindre, v. pr. Perdre sa couleur.

DÉTEINT, EINTE, p. p. de déteindre. [detɛ̃, ɛ̃t]

DÉTELAGE, n. m. [det(ə)laʒ] (*dételer*) Action de dételer les chevaux d'une voiture, d'une charrue.

DÉTELÉ, ÉE, p. p. de dételer. [det(ə)le]

DÉTELER, v. tr. [det(ə)le] (antonyme de *atteler* par changement de préf.) Détacher l'attelage de la charrue, de la voiture. ♦ **Absol.** Dételer. ■ V. intr. **Fam.** Arrêter une activité. *Les ouvriers ont réparé la voie sans dételer une seconde.* ♦ **REM.** S'emploie en général avec *sans* placé devant ou *ne... pas. Quand il doit rendre le soir même son article, il ne dételle pas de la journée.*

DÉTENDEUR, ■ n. m. [detɑ̃dœʀ] (*détendre*) Appareil permettant d'abaisser la pression d'un gaz comprimé. *Détendeur de réfrigérateur, d'une bouteille de plongée sous-marine.*

DÉTENDRE, v. tr. [detɑ̃dʀ] (*dé-* et *tendre*) Relâcher ce qui était tendu. *Détendre une corde, un arc.* ♦ **Fig.** *Détendre l'arc,* se donner quelque relâche d'esprit. ♦ **Fig.** Faire cesser un état de tension morale ou intellectuelle. ♦ Détacher ce qui était tendu, déployé, dressé. *Détendre une tapisserie.* ♦ On dit dans le même sens : *détendre un salon.* ♦ **Absol.** Défaire les tentures ; défaire les tentes d'un camp. ♦ Se détendre, v. pr. Cesser d'être tendu, se relâcher. ♦ **Fig.** *Mon esprit se détend.* ♦ *Se détendre* se dit aussi du temps qui devient moins froid.

DÉTENDU, UE, p. p. de détendre. [detɑ̃dy]

DÉTENIR, v. tr. [det(ə)niʀ] (lat. *detinere*) Tenir entre ses mains. ♦ **Dr.** Garder en sa possession ce qui appartient à d'autres. *Détenir le bien d'autrui.* ♦ Retenir quelqu'un contre sa volonté. ♦ **Par extens.** « *Tant que nous sommes détenus dans cette demeure mortelle, nous vivons assujettis au changement* », BOSSUET. ♦ *Détenir quelqu'un en prison* ou simplement *détenir,* le retenir en prison. ♦ Se détenir, v. pr. Être détenu.

DÉTENTE, n. f. [detɑ̃t] (*détendre*) Pièce de la batterie d'une arme à feu qui sert à détendre le ressort. *Presser la détente.* ♦ Action de lâcher la détente. *Fusil dur, aisé à la détente.* ♦ **Fig.** *Être dur à la détente,* être avare. ♦ Relâchement de quelque tension morale ou intellectuelle. ■ **Fam.** *Être dur à la détente,* être long à agir ou à comprendre.

DÉTENTEUR, TRICE, n. m. et n. f. [detɑ̃tœʀ, tʀis] (b. lat. jurid. *detentor*) **Dr.** Personne qui est en possession d'une chose. ♦ Personne qui possède une chose à un titre légal. ♦ **Adj.** *Tiers détenteur,* l'acquéreur d'un objet sur lequel on prétend un droit de propriété ou de créance contre le vendeur.

DÉTENTION, n. f. [detɑ̃sjɔ̃] (b. lat. *detentio*) **Dr.** Action de détenir, de garder en sa possession. *La détention des effets d'une succession.* ♦ État de celui qui est détenu en prison. ♦ ▷ **Dr. crimin.** Peine qui consiste à être enfermé dans une forteresse pendant cinq ans au moins et vingt ans au plus. ◁ ■ **Dr.** *Détention pour dix ans,* être en prison pour dix ans. ■ *Détention criminelle,* peine de prison afflictive et infamante purgée dans un lieu ou un quartier spécial d'une prison. ■ *Détention provisoire,* incarcération pendant l'instruction préparatoire. ■ **REM.** On dit aussi *détention préventive.*

1 **DÉTENU, UE**, p. p. de détenir. [det(ə)ny] Retenu dans un lieu de détention. ♦ N. m. et n. f. Un détenu.

2 **DÉTENU, UE**, ■ adj. [det(ə)ny] (substantivation de 1 *détenu*) Qui est retenu contre son gré, en général en prison. ■ N. m. et n. f. *Une détenue politique. Un détenu de droit commun.*

DÉTERGÉ, ÉE, p. p. de déterger. [detɛʀʒe]

DÉTERGENT, ENTE, adj. [detɛʀʒɑ̃, ɑ̃t] (lat. *detergere,* p. prés. de *detergere,* nettoyer) **Méd.** Qui déterge. ♦ N. m. *Un détergent. Les détergents.* ■ **Adj.** Qui nettoie par dissolution des impuretés. ■ N. m. *Un détergent. Un détergent industriel, biodégradable, liquide, multi-usage.*

DÉTERGER, v. tr. [detɛʀʒe] (lat. *detergere*) **Méd.** Nettoyer, purifier. *Déterger les intestins. Déterger une plaie.* ♦ Se déterger, v. pr. Devenir détergé.

DÉTÉRIORANT, ANTE, adj. [deteʀjɔʀɑ̃, ɑ̃t] (*détériorer*) Qui détériore.

DÉTÉRIORATION, n. f. [deteʀjɔʀasjɔ̃] (*détériorer*) Action de détériorer ; résultat de cette action.

DÉTÉRIORÉ, ÉE, p. p. de détériorer. [deteʀjɔʀe]

DÉTÉRIORER, v. tr. [deteʀjɔʀe] (lat. *detorior,* pire, plus mauvais) Rendre pire, gâter. *Détériorer une habitation.* ♦ Se détériorer, v. pr. Éprouver des dégradations, se gâter. ♦ Avec ellipse du pronom *se. On a laissé détériorer ces marchandises.* ♦ *Se détériorer de la santé,* s'abîmer la santé. ♦ *La situation se détériore,* elle empire.

DÉTERMINABLE, adj. [detɛʀminabl] (*déterminer*) Qui peut être déterminé.

DÉTERMINANT, ANTE, adj. [detɛʀminɑ̃, ɑ̃t] (*déterminer*) Qui détermine. *Un motif déterminant.* ♦ **Gramm.** *Proposition déterminante,* celle qui en détermine une autre. ■ N. m. **Gramm.** Mot qui permet au substantif d'être utilisé en discours. *L'article est un déterminant.* ■ Élément déclencheur d'une situation, d'un phénomène. *Les déterminants d'un état dépressif peuvent être la perte d'un emploi, d'un proche parent ou l'isolement.* ■ **Math.** Nombre déduit du produit des éléments d'une matrice carrée utilisé pour résoudre un système d'équations linéaires. ■ **Biol.** Gènes transmetteurs des caractères héréditaires. *Déterminants génétiques.*

DÉTERMINATIF, IVE, adj. [detɛʀminatif, iv] (*déterminer,* lat. médiév. *determinativus,* qui détermine) **Gramm.** Qui a la propriété de déterminer. *Adjectif déterminatif,* comme *ce, cette,* etc., par opposition à *adjectif qualificatif.* ♦ *Proposition déterminative,* proposition qui en détermine une autre. ♦ N. m. **Gramm.** *Un déterminatif.* ■ **REM.** *Adjectif déterminant* et *déterminant* sont auj. plus courants.

DÉTERMINATION, n. f. [detɛʀminasjɔ̃] (lat. *determinatio,* fixation d'une limite) Action de déterminer, de définir, de caractériser ; état de ce qui est déterminé. *La détermination d'une espèce en zoologie.* ♦ **Gramm.** Effet de limitation que le mot, qui en suit un autre auquel il se rapporte, produit sur ce mot-là. ♦ **Math.** Action de déterminer les inconnues d'un problème. ♦ Résolution prise après avoir balancé entre plusieurs partis. *Prendre une détermination.* ♦ **Psych.** Une des phases de la volonté, celle qui se manifeste entre la *délibération* et la *volition.* ♦ Caractère de l'homme déterminé. *Il marcha avec détermination à l'assaut.* ♦ *La détermination du mouvement,* ce qui détermine la direction d'un corps en mouvement.

DÉTERMINÉ, ÉE, p. p. de déterminer. [detɛʀmine] Qui a pris une résolution. *Un homme déterminé à mourir.* ♦ Adonné sans réserve. *Chasseur, joueur déterminé.* ♦ Que rien ne détourne ou ne fait reculer. *Soldat déterminé. Un air déterminé.* ♦ N. m. et n. f. *Un vrai déterminé,* un homme audacieux, capable de violences et d'excès. ■ **Ling.** *Le déterminé* est un substantif assujetti au déterminant.

DÉTERMINÉMENT, adv. [detɛʀminemɑ̃] (*déterminé*) D'une façon qui caractérise, qui détermine, expressément. *Parler d'une chose déterminément.* ♦ Avec résolution, détermination. « *Il y a des gens qui veulent déterminément une chose* », LA BRUYÈRE. ♦ Avec intrépidité. *Aller déterminément à l'assaut.*

DÉTERMINER, v. tr. [detɛʀmine] (lat. *determinare,* marquer des limites, tracer) Préciser les termes, les limites, les caractères. *Déterminer une famille de plantes.* ♦ Reconnaître, indiquer avec précision la solution d'un problème. ♦ **Gramm.** Préciser, fixer l'étendue, le sens d'un mot. ♦ **Philos.** Donner une certaine manière d'être. *Les motifs qui déterminent la volonté.* ♦ Décider, arrêter, régler. ♦ Faire prendre à quelqu'un une résolution, un parti. *Je l'ai déterminé à cela. L'intérêt le détermine.* ♦ Avec la préposition *de* et un verbe à l'infinitif, prendre une résolution. *Il a déterminé de partir.* ♦ Occasionner, causer. *Les écarts de régime déterminent des maladies.* ♦ Se déterminer, v. pr. Être déterminé, recevoir une détermination, une limitation, un caractère. ♦ Se résoudre à, prendre un parti. *Se déterminer à quelque chose.* ♦ **Absol.** *Sachez vous déterminer.*

DÉTERMINISME, ■ n. m. [detɛʀminism] (all. *Determinismus*) Principe scientifique qui lie les causes et les effets d'un phénomène de telle manière qu'une même cause entraînera toujours les mêmes effets. ■ **Philos.** Doctrine philosophique selon laquelle les actions des hommes et de la nature sont soumises à un ensemble de causes extérieures.

DÉTERMINISTE, ■ adj. [detɛʀminist] (all. *Determinist*) Qui se rapporte au déterminisme. « *Guidées par une hypothèse déterministe, calculant les points faibles et le degré d'élasticité des âmes, ces nouvelles techniques ont encore repoussé une des limites de l'homme* », CAMUS. ■ N. m. et n. f. Personne qui adhère au déterminisme ou en relève. « *L'aventurier est un déterministe inconséquent qui se supposerait libre* », S. DE BEAUVOIR.

DÉTERRAGE, ■ n. m. [detɛʀaʒ] (*déterrer*) Opération qui consiste à retirer le soc d'une charrue de la terre. ■ Modalité de la chasse au renard ou au blaireau qui consiste à envoyer le chien dans le terrier de l'animal et à creuser un trou ou une tranchée pour attraper la bête à l'endroit où elle est acculée.

DÉTERRÉ, ÉE, p. p. de déterrer. [detere] N. m. et n. f. *Avoir l'air d'un déterré,* avoir le visage pâle et défait.

DÉTERREMENT, n. m. [detɛʀ(ə)mɑ̃] (*déterrer*) Action de déterrer.

DÉTERRER, v. tr. [detere] (*dé-* et *terre*) Retirer de terre ce qui avait été enfoui ou caché. *Déterrer un trésor.* ♦ Tirer un corps de la sépulture. ♦ Découvrir ce qu'on cherche, ce qui était caché, ignoré. « *Je ne sais où tu as été déterrer cet attirail ridicule* », MOLIÈRE. « *Colbert déterrait le mérite dans l'obscurité* », VOLTAIRE. ♦ *Déterrer quelqu'un,* parvenir à savoir où il est.

DÉTERREUR, EUSE, n. m. et n. f. [detɛʀœʀ, øz] (*déterrer*) Personne qui est habile à découvrir les raretés, les curiosités. ■ Personne qui pratique la chasse au déterrage. *Une déterreuse très habile à débusquer le renard.*

DÉTERSIF, IVE, adj. [detɛrsif, iv] (lat. *detersum*, supin de *detergere*) **Méd.** Propre à nettoyer les plaies et les ulcères. ◆ **N. m.** *Un bon détersif.* ■ **N. m.** et adj. Détergent.

DÉTERSION, n. f. [detɛrsjɔ̃] (b. lat. *detersio*, nettoyage) **Méd.** Action de déterger ; résultat de cette action.

DÉTESTABLE, adj. [detɛstabl] (lat. *detestabilis*, abominable) Qu'on doit détester. « *Un projet détestable* », Racine. ◆ Il se dit aussi des personnes. ◆ Par exagération, très mauvais en son genre. *Le temps est détestable. Vin détestable.*

DÉTESTABLEMENT, adv. [detɛstabləmɑ̃] (*détestable*) D'une manière détestable, très mal.

DÉTESTATION, n. f. [detɛstasjɔ̃] (lat. *detestatio*, exécration, malédiction) Action de détester. *S'attirer la détestation de tout le monde.* ◆ Horreur qu'on a du péché. *Une détestation sincère de ses crimes.*

DÉTESTÉ, ÉE, p. p. de détester. [detɛste]

DÉTESTER, v. intr. [detɛste] (lat. *detestari*, écarter avec des imprécations) Jurer, pester. « *Le voilà qui déteste et jure de son mieux* », La Fontaine. ◆ V. tr. Condamner par paroles de réprobation. *Détester son crime.* ◆ Avoir en horreur. « *Je respecte autant l'un que je déteste l'autre* », P. Corneille. ◆ Ne pouvoir endurer, supporter. *Je déteste l'hiver.* ◆ Se détester, v. pr. Avoir horreur de ses fautes. ◆ Avoir une haine violente l'un pour l'autre.

DÉTHÉINÉ, ÉE, ■ adj. [deteine] (*dé-* et *théine*) Dont la théine a été ôtée. *Du thé déthéiné.*

DÉTIRÉ, ÉE, p. p. de détirer. [detire]

DÉTIRER, v. tr. [detire] (*dé-* augment. et *tirer*) ▷ Tirer en tout sens. *Détirer des dentelles.* ◆ Se détirer, v. pr. Allonger ses membres, comme quelqu'un qui bâille en étendant les bras. ■ Rem. On dit aujourd'hui *étirer*. ◁

DÉTISÉ, ÉE, p. p. de détiser. [detize]

DÉTISER, v. tr. [detize] (*dé-* et radic. de *tison*) Séparer les tisons qui brûlent. *On détise le feu quand on va se coucher.*

DÉTISSÉ, ÉE, p. p. de détisser. [detise]

DÉTISSER, v. tr. [detise] (*dé-* et *tisser*) Défaire un tissu. ◆ Se détisser, v. pr. Être détissé.

DÉTITRER, v. tr. [detitre] (*dé-* et *titre*) Enlever un titre, une qualité.

DÉTONANT, ANTE, adj. [detonɑ̃, ɑ̃t] (*détoner*) Qui est susceptible de détoner. *Poudre détonante.* ■ **Fig.** Qui présente un aspect éclatant, lumineux. *Un mélange détonant de couleurs.* ■ *Association détonante*, qui produit un effet explosif mais dans un sens positif et productif. *Ces deux hommes forment une association détonante qui enrichit la créativité du service mercatique.*

DÉTONATEUR, ■ n. m. [detonatœr] (*détoner*) Dispositif destiné à provoquer la détonation d'une charge explosive. ■ **Fig.** Événement qui déclenche une situation conflictuelle. *L'annonce de l'augmentation des cotisations sociales a été le détonateur de la grève générale.*

DÉTONATION, n. f. [detonasjɔ̃] (*détoner*) Bruit plus ou moins violent qui se fait entendre, soit dans de rapides combinaisons ou décompositions chimiques, soit quand un corps change brusquement d'état ou de volume. ■ Bruit qui résulte d'une explosion.

DÉTONER, v. intr. [detone] (lat. *detonare*, tonner fortement) Faire un bruit explosif. *Faire détoner de la poudre.*

DÉTONNATION, n. f. [detɔnasjɔ̃] (*détonner*) Action de sortir du ton.

DÉTONNÉ, ÉE, p. p. de détonner. [detɔne]

DÉTONNER, v. intr. [detɔne] (*dé-* et *ton*) **Mus.** Sortir du ton, chanter faux. ◆ **Fig.** Être ou faire disparate, en parlant des choses. ◆ V. tr. Chanter à voix bruyante et peu musicale. *Détonner quelques chansons.* ■ **Fig.** Ne pas être en harmonie avec son environnement, un groupe de personnes. *Détonner dans une soirée par une tenue inadéquate.*

DÉTORDRE, v. tr. [detɔrdr] (*dé-* et *tordre*) Défaire ce qui était tordu. ◆ Se détordre, v. pr. Cesser d'être tordu.

DÉTORDU, UE, p. p. de détordre. [detɔrdy] Qui n'est plus tordu.

DÉTORQUÉ, ÉE, p. p. de détorquer. [detɔrke]

DÉTORQUER, v. tr. [detɔrke] (lat. *detorquere*, détourner, dériver, déformer) ▷ Donner un sens forcé, une interprétation fausse pour en tirer avantage. *Détorquer un texte, un passage.* ◁

DÉTORS, ORSE, adj. [detɔr, ɔrs] (*dé-* et *tors*) Qui n'est plus tors. *Du fil détors. De la soie détorse.*

DÉTORSE, n. f. [detɔrs] (fém. substantivé de *détors*) Foulure. ◆ Ce mot n'est plus usité ; on dit *entorse*.

DÉTORTILLÉ, ÉE, p. p. de détortiller. [detɔrtije]

DÉTORTILLER, v. tr. [detɔrtije] (*dé-* et *tortiller*) Défaire ce qui était tortillé. *Détortiller un cordon.* ◆ Se détortiller, v. pr. Être détortillé.

DÉTOUR, n. m. [detur] (*détourner*) Changement de direction. *La rivière fait un détour.* ◆ Voie sinueuse et difficile à reconnaître et à suivre. *Les détours des montagnes.* ◆ **Par extens.** Voie détournée, allongée. *C'est un détour d'une lieue.* ◆ **Fig.** « *Où l'on voit tous les jours l'innocence aux abois Errer dans les détours d'un dédale de lois* », Boileau. ◆ *Les détours du cœur*, ses replis secrets. ◆ Moyen subtil, rusé, biais. *Les détours de la chicane. Chercher des détours.* ◆ *Sans détour*, sans rien cacher, sans subterfuge. ◆ *Être sans détour*, être franc, ouvert, loyal. ■ *Ça vaut le détour*, c'est très intéressant. ■ *Au détour de*, au tournant. *Au détour d'un chemin, d'une phrase.*

DÉTOURER, v. tr. [deture] (*dé-* et *tour*) Supprimer le fond sur une image afin de mettre en valeur le sujet pris. ■ Donner à une pièce usinée la forme exacte imposée par le dessin. ■ **DÉTOURAGE**, n. m. [deturaʒ] *Détourage à la plume.*

DÉTOURNÉ, ÉE, p. p. de détourner. [deturne] *Chemin, sentier détourné*, chemin écarté et peu fréquenté. ◆ **Fig.** *Voie détournée*, moyen indirect pour arriver à un but. ◆ **Gramm.** *Sens détourné*, toute signification qui n'est pas la signification propre d'un mot. ◆ *Louange détournée*, louange délicate, qui ne s'adresse pas directement à la personne qu'on veut louer. ◆ On dit de même : *reproche détourné*.

DÉTOURNEMENT, n. m. [deturnəmɑ̃] (*détourner*) Action de détourner. *Des détournements de tête.* ◆ Soustraction frauduleuse. *Détournement de fonds, de papiers.* ◆ *Détournement de mineur, de mineure*, action de soustraire illicitement un jeune garçon, une jeune fille au domicile. ■ Action de détourner un véhicule. *Le détournement d'un avion.*

DÉTOURNER, v. tr. [deturne] (*dé-* et *tourner*) Faire prendre une autre direction. *Détourner quelqu'un de son chemin. Détourner un coup.* ◆ **Fig.** *Détourner les soupçons.* ◆ Changer le cours. *Détourner le cours d'une rivière.* ◆ Découvrir, par le moyen du limier, le lieu où le cerf a sa reposée et en marquer l'enceinte. ◆ Tourner d'un autre côté. *Détourner son visage, la tête.* ◆ **Fig.** *Détourner les oreilles*, ne pas écouter. ◆ **Fig.** *Détourner les yeux*, ne pas donner attention. ◆ Tourner en sens contraire. *Détourner une corde, une manivelle.* ◆ Écarter de manière à préserver. *Détourner un fléau, un coup.* ◆ Donner une autre destination. *Détourner des fonds de leur emploi.* ◆ Soustraire frauduleusement. *Détourner des fonds, des papiers.* ◆ *Détourner un mineur, une mineure*, en faire le détournement. ◆ Écarter quelqu'un de sa voie, de ses intentions, de ses projets, par des discours, par des conseils, etc. *Détourner quelqu'un de son devoir, d'un dessein, de ses tristes pensées, etc.* ◆ Déranger. *Je crains de vous détourner de votre travail.* ◆ Détorquer. *Détourner le sens d'un passage, d'une loi.* ◆ V. intr. Tourner. « *Vous n'avez qu'à suivre cette route et détourner à main droite* », Molière. ◆ Se détourner, v. pr. Sortir de son chemin. ◆ Se tourner d'un autre côté. *Craignant de pleurer, il se détourna.* ◆ Être écarté, en parlant d'un coup, d'un mal, etc. « *Que votre colère et votre fureur se détournent de votre cité de Jérusalem* », Saci. ◆ **Fig.** Perdre les attaches, les sentiments qu'on avait. « *Un homme qui ne se détourna jamais de ses devoirs* », Fléchier. ■ V. tr. Contraindre par la violence ou la menace un équipage d'avion à changer son parcours.

DÉTOXICATION ou **DÉTOXIFICATION**, ■ n. f. [detɔksikasjɔ̃, detɔksifikasjɔ̃] (*détoxiquer ou détoxifier*) Suppression des effets toxiques de certaines substances. ■ Élimination naturelle des toxines par le corps.

DÉTOXIQUER ou **DÉTOXIFIER**, ■ v. tr. [detɔksike, detɔksifje] (antonyme de *intoxiquer* par changement de préf.) Éliminer les effets toxiques d'une substance. *L'aspirine diminue les capacités du corps à détoxiquer l'alcool ingéré.* ■ Éliminer les toxines. *Une séance de sauna permet de détoxiquer sainement son corps.*

DÉTRACTÉ, ÉE, p. p. de détracter. [detrakte]

DÉTRACTER, v. tr. [detrakte] (radic. de *détracteur*) Rabaisser le mérite de quelqu'un ou de quelque chose. ◆ **Absol.** *C'est un homme enclin à détracter.* ◆ Se détracter, v. pr. Dire du mal de soi-même. ◆ Dire du mal l'un de l'autre.

DÉTRACTEUR, n. m. [detraktœr] (lat. *detractor*) Celui qui rabaisse le mérite, la valeur de quelqu'un ou de quelque chose. ◆ **Adj. m.** *Un esprit détracteur. Un langage détracteur.* ■ Rem. S'emploie auj. aussi au féminin. *Une détractrice.*

DÉTRACTION, n. f. [detraksjɔ̃] (lat. *detractio*, action de retrancher ; latin chrétien, médisance) Action de détracter. *La détraction contre le prochain.*

DÉTRANGER, v. tr. [detrɑ̃ʒe] (*dé-* intensif et ancien et moyen français *estranger*, écarter) Faire la guerre aux taupes, aux mulots.

DÉTRAQUÉ, ÉE, p. p. de détraquer. [detrake] **Fig.** *Cervelle détraquée.* « *Le temps est détraqué depuis six jours* », Mme de Sévigné.

DÉTRAQUEMENT, n. m. [detrak(ə)mɑ̃] (*détraquer*) Action de détraquer ; état de ce qui est détraqué.

DÉTRAQUER, v. tr. [detʀake] (*dé-* et moy. fr. *trac*, chemin, piste) Faire perdre à un cheval ses bonnes allures. ♦ **Par extens.** Déranger un mécanisme. ♦ *Détraquer un piège*, le faire partir. ♦ **Fig.** et **fam.** Troubler. *Cela lui a détraqué le cerveau, l'esprit.* ♦ Se détraquer, v. pr. Perdre ses bonnes allures. *Peindre en détrempe.* ♦ Perdre la faculté de fonctionner, en parlant d'un mécanisme. *Ma montre se détraque.* ♦ Avec ellipse du pronom *se.* « *Je m'attendais à sentir détraquer ma machine vingt fois le jour* », J.-J. ROUSSEAU. ♦ **Fig.** *Sa tête se détraque.*

DÉTREMPE, n. f. [detʀɑ̃p] (1 *détremper*) **Peint.** Couleurs détrempées avec de l'eau et de la colle, de la gomme, du blanc d'œuf, sans graisse, ni résine, ni chaux. *Peindre en détrempe.* ♦ Se dit aussi de la peinture faite en détrempe. *Une détrempe.* ♦ **Fig.** *Ouvrage en détrempe*, œuvre littéraire qui est une faible imitation d'une autre.

DÉTREMPÉ, ÉE, p. p. des deux verbes détremper. [detʀɑ̃pe]

1 DÉTREMPER, v. tr. [detʀɑ̃pe] (b. lat. *distemperare*, mélanger, délayer) Amollir ou délayer avec un liquide. *Détremper de la farine avec de l'eau.* ♦ Se détremper, v. pr. Être délayé, amolli. *Les couleurs se détrempent.*

2 DÉTREMPER, v. tr. [detʀɑ̃pe] (*dé-* et *tremper*) Faire perdre à l'acier sa trempe en le faisant rougir au feu. ♦ Se détremper, v. pr. *Perdre sa trempe.*

DÉTRESSE, n. f. [detʀɛs] (lat. pop. *districtia*, de *distringere*, lier d'un côté et d'un autre) Serrement de cœur, angoisse causée par un besoin, par un danger, par une souffrance. *Cris de détresse.* ♦ Dénuement extrême, danger pressant. ♦ **Mar.** Signal de détresse, signal par lequel un bâtiment annonce qu'il est en danger et qu'il a besoin de secours. *Canon de détresse.* ♦ **Fig.** *Signal de détresse*, tout ce qui fait présumer qu'une personne est dans un embarras pressant.

DÉTRESSER, v. tr. [detʀese] (*dé-* et *tresser*) Défaire des tresses. ♦ Se détresser, v. pr. Défaire ses tresses.

DÉTRICOTAGE, ■ n. m. [detʀikotaʒ] (*détricoter*) Action de détricoter, au propre et au fig. « *Le détricotage par différents biais du code du travail* », LE MONDE, 2005.

DÉTRICOTER, ■ v. tr. [detʀikote] (*dé-* et *tricoter*) Défaire un tricot. ■ **Fig.** et **fam.** Défaire quelque chose mis au point avec soin. *Détricoter une théorie.*

DÉTRIMENT, n. m. [detʀimɑ̃] (lat. *detrimentum*) Dommage, préjudice. ♦ **Biol.** Débris de corps. *Des détriments de coquilles.* ♦ On dit aujourd'hui *détritus.* ■ AU DÉTRIMENT DE, loc. prép. Au préjudice de. *Il ne faudrait pas que la quantité demandée se fasse au détriment de la qualité.*

DÉTRITIQUE, ■ adj. [detʀitik] (radic. de *détritus*) **Géol.** Qui est issu de la désagrégation de roches préexistantes. *Une roche détritique.*

DÉTRITIVORE, ■ adj. [detʀitivɔʀ] (*détritus* et *-vore*) **Zool.** Qui se nourrit de débris, de détritus. *Des animaux détritivores.* ■ N. m. *Un détritivore.*

DÉTRITUS, n. m. [detʀitys] ou [detʀity] (on prononce ou non le *s* final ; lat. *detritus*, p. p. du *deterere*, user par le frottement) Résidu, amas des débris d'une substance ou d'un corps quelconque défait, désorganisé. *Le détritus des roches calcaires. Des détritus végétaux.* ■ N. m. pl. **Par extens.** Ordures. *Des détritus jonchent le sol de l'aire de pique-nique.*

DÉTROIT, n. m. [detʀwa] (lat. *districtus*, p. p. de *distringere*, lié de côté et d'autre) Bras de mer resserré entre deux terres. *Passer le détroit*, passer la Manche. ♦ **Fig.** « *Les pénibles détroits d'une vie orageuse* », A. CHÉNIER. ♦ Défilé. *Le détroit des Thermopyles.* ♦ En ce sens, il n'est plus guère usité.

DÉTROMPÉ, ÉE, p. p. de détromper. [detʀɔ̃pe]

DÉTROMPEMENT, n. m. [detʀɔp(ə)mɑ̃] (*détromper*) Action de détromper ; état de celui qui est détrompé.

DÉTROMPER, v. tr. [detʀɔ̃pe] (*dé-* et *tromper*) Tirer d'erreur. *Il faut le détromper.* « *Détrompé de la fausse nouvelle de la mort du roi de Suède* », VOLTAIRE. ♦ **Absol.** « *Avant d'instruire, il faut détromper* », MONTESQUIEU. ♦ *Détromper de quelqu'un*, ôter à quelqu'un l'opinion qu'il avait d'une autre personne. ♦ Détromper se dit des choses dans le même sens. « *Détrompez son erreur* », RACINE. ♦ Se détromper, v. pr. Sortir d'une erreur. « *Rien n'aide tant à se détromper du monde que le monde même* », MASSILLON.

DÉTRÔNÉ, ÉE, p. p. de détrôner. [detʀone] **Fig.** *Un roi détrôné*, un homme déchu du haut rang, de la gloire qui devaient lui appartenir. ♦ *Jouer au roi détrôné*, sorte de jeu d'enfants. ♦ **Fig.** *Jouer au roi détrôné*, se dit des personnes qui s'enlèvent successivement des places.

DÉTRÔNEMENT, n. m. [detʀon(ə)mɑ̃] (*détrôner*) Action de détrôner ; état d'un souverain détrôné.

DÉTRÔNER, v. tr. [detʀone] (*dé-* et *trône*) Déposséder du trône. *Détrôner un roi.* ♦ **Fig.** Faire perdre la prééminence. ♦ Il se dit aussi des choses auxquelles on ôte la prééminence. *Détrôner le faux goût.* ■ Prendre la place de celui qui était le premier, de ce qui prédominait. *Le traitement de texte a détrôné la machine à écrire.*

DÉTROQUER, ■ v. tr. [detʀoke] (anc. fr. *destrochier*, séparer) Séparer les jeunes huîtres les unes des autres ou de leur support avec un couteau à détroquer. *On détroque les huîtres de janvier à mai pour les mettre dans un bassin à engraisser.* ■ REM. On dit aussi *démancher les huîtres.* ■ DÉTROQUAGE, n. m. [detʀokaʒ]

DÉTROUSSÉ, ÉE, p. p. de détrousser. [detʀuse]

DÉTROUSSEMENT, n. m. [detʀus(ə)mɑ̃] (*détrousser*) Action de détrousser ; état de celui qui est détroussé.

DÉTROUSSER, v. tr. [detʀuse] (*dé-* et *trousser*) Laisser retomber ce qui était troussé. *Détrousser sa robe.* ♦ Dépouiller sur la voie publique. ♦ **Absol.** *On détrousse*, on pille. ♦ Se détrousser, v. pr. Détrousser son vêtement.

DÉTROUSSEUR, n. m. [detʀusœʀ] (*détrousser*) Brigand qui détrousse les passants. *Détrousseur de grand chemin.*

DÉTRUIRE, v. tr. [detʀɥiʀ] (lat. *destruere*) Renverser une construction de manière qu'il n'en reste plus d'apparence. *Détruire un palais.* ♦ **Par extens.** Ruiner, anéantir. *Les barbares ont détruit l'Empire romain. Il est plus aisé de détruire que de bâtir.* ♦ **Fig.** *Détruire son ouvrage. Détruire la religion.* ♦ Perdre, en parlant des personnes auxquelles on enlève la vie, la fortune, le pouvoir, l'amitié, etc. ♦ *Détruire quelqu'un dans l'esprit d'un autre*, l'y décréditer entièrement. ♦ Se détruire, v. pr. Tomber en ruine. ♦ Être en opposition les unes avec les autres, en parlant des choses qui se combattent. « *Tous ses projets semblaient l'un l'autre se détruire* », RACINE. ♦ Se donner la mort l'un à l'autre. ♦ Se donner la mort à soi-même. ♦ Se nuire l'un à l'autre, en se discréditant réciproquement, en se rendant de mauvais offices.

DÉTRUISANT, ANTE, adj. [detʀɥizɑ̃, ɑ̃t] (*détruire*) Qui détruit.

DÉTRUIT, ITE, p. p. de détruire. [detʀɥi, it]

DETTE, n. f. [dɛt] (lat. *debita*, plur. de *debitum*, dette, p. p. substantivé de *debere*, devoir) Ce qu'on doit à quelqu'un. *Être criblé, noyé de dettes*, avoir des dettes par-dessus la tête, devoir beaucoup plus qu'on n'a vaillant. *Dettes criardes*, sommes dues à des ouvriers, à des petits marchands, à des fournisseurs de tous les jours, et qui sont réclamées avec insistance. ♦ *Dettes d'honneur*, dettes contractées sur l'honneur, et particulièrement dettes de jeu. ♦ *Avouer une dette*, la nier, désavouer la dette, convenir, nier qu'on doit la somme dont il est question. ♦ **Fig.** *Avouer la dette, nier la dette*, avouer une chose qu'on voudrait cacher, la nier. ♦ *J'en fais ma dette*, je m'en rends caution. ♦ *Dette publique*, les sommes que l'État a empruntées et pour lesquelles il paye un intérêt annuel nommé rente. *Dette flottante*, la partie de la dette publique qui se compose d'emprunts remboursables dans des termes assez rapprochés. *Dette consolidée*, l'ensemble de la dette qui se trouve inscrite au grand-livre. ♦ Prison où les créanciers faisaient détenir leurs débiteurs. ♦ **Fig.** Tout devoir dont l'accomplissement est indispensable. *Acquitter la dette de la reconnaissance.* ♦ *Payer sa dette à la patrie*, entrer au service militaire. ♦ *Payer sa dette à la nature, payer la dette de la nature*, mourir. ♦ **Prov.** *Qui paye ses dettes s'enrichit.*

DÉTUMESCENCE, ■ n. f. [detymesɑ̃s] (*dé-* et *tumescence*) Désenflure d'un organe érectile. *La détumescence phallique.*

DEUG, ■ n. m. [dœg] (sigle de *diplôme d'études universitaires générales*) Diplôme de premier cycle sanctionnant deux années d'études universitaires. *Préparer, passer, avoir un DEUG de lettres, de droit, d'histoire.* ■ REM. On écrit DEUG première année et DEUG deuxième année et on dit DEUG 1 et DEUG 2. ■ REM. Avec la mise en place du LMD (Voy. DESS) à la rentrée scolaire 2005, le DEUG disparaît. En revanche, il demeure un diplôme national, la validation d'une L2 peut délivrer le diplôme de DEUG. Il reste un titre reconnu au niveau national mais n'est plus un grade pour les entreprises, qui définissent leur grille salariale selon les grades. Désormais, au-delà du baccalauréat, le premier grade sera L (bac + 3) et non plus le DEUG (bac + 2), et sans la validation du grade L, l'étudiant n'est qu'un bachelier.

DEUIL, n. m. [dœj] (b. lat. *dolus*, douleur) Profonde tristesse causée par une grande calamité, par la perte de quelqu'un. *Mettre en deuil, remplir de deuil une famille, un pays.* « *Ils pleurèrent beaucoup Jonathas, et tout Israël en fit un grand deuil* », SACI. ♦ **Fam.** *Faire son deuil d'une chose*, n'y plus compter et se résigner à sa perte. ♦ **Fig.** et **poétiq.** *Le deuil de la nature*, l'aspect triste de la nature par l'effet de l'hiver ou de toute autre cause. ♦ Il se dit des signes extérieurs du deuil. *Prendre le deuil, être en deuil de quelqu'un. Grand deuil*, le costume de deuil dans toute sa rigueur. *Petit deuil*, costume de deuil devenu moins sévère à mesure qu'on s'éloigne davantage de l'époque de la mort. ♦ *Deuil de cour*, costume de deuil que prend la cour quand meurt quelqu'un de la famille régnante ou quelqu'un des princes des maisons souveraines de l'Europe. ♦ *Couleur de deuil.* Le violet est le deuil des rois. ♦ Dépenses faites pour prendre le deuil. *Donner tant à une veuve pour son deuil.* ♦ Le temps du deuil. *Elle est à la fin de son deuil.* ♦ Cortège de parents et d'amis dans les funérailles. ♦ *Conduire le deuil*, être en tête du cortège funèbre. ♦ Les étoffes, ordinairement noires, dont on tend une chambre, une église, etc. *Tendre une chambre, une église de deuil.* ◆ *Demi-deuil,* moitié du temps du deuil. ◆ Costume que les parents d'un défunt portent après que la moitié du temps de leur deuil est expirée. ■ **Fig.** *Faire d'une chose son deuil,* y renoncer. ■ **Fam.** *Ongles en deuil,* noirs de saleté.

DEUS EX MACHINA ou **DÉUS EX MACHINA,** ■ n. m. [deusɛksmakina] (on prononce *dé-ous-èks-ma-ki-na* ; latin, un dieu descendu à l'aide d'une machine) Personnage de théâtre dont l'intervention inattendue arrive à point nommé pour dénouer l'intrigue d'une pièce. *Molière utilise souvent dans ses pièces un deus ex machina.* ■ **Par extens.** Personne, événement surgissant opportunément pour résoudre une situation sans issue.

DEUSIO ou **DEUZIO,** ■ adv. [døzjo] (*deux* et suff. *-o*) **Fam.** Deuxièmement. *Primo, il n'a pas fait son travail, deusio, il est parti sans dire au revoir !*

DEUST, ■ n. m. [døst] (sigle de diplôme d'études universitaires scientifiques et techniques) Diplôme sanctionnant deux années d'études universitaires dans des domaines pointus qui valide un bac + 2 et permet un accès rapide au marché de l'emploi. *S'inscrire en, faire un, passer un, avoir un DEUST en sciences, agriculture, audiovisuel, acoustique.* ■ **Rem.** On écrit DEUST première année et deuxième année et on dit DEUST 1 et DEUST 2.

DEUTÉRIUM, ■ n. m. [døterjɔm] (mot anglo-américain, gr. *deuteros,* second) **Chim.** Isotope de l'hydrogène appelé aussi hydrogène lourd, de masse atomique 2 (symb. D).

DEUTÉROCANONIQUE, adj. [døterokanonik] (gr. *deuteros,* second, et *canonique*) *Livres deutérocanoniques,* livres saints qui n'ont pas été mis d'abord dans les canons de l'Écriture.

DEUTÉRONOME, n. m. [døteronom] (gr. ecclés. *Deuteronomion* de *deuteros,* second, et *nomos,* loi, parce que ce sont les secondes lois posées par Moïse) Nom du cinquième livre du Pentateuque.

DEUTON ou **DEUTÉRON,** ■ n. m. [døtɔ̃, døterɔ̃] (*deutérium,* sur le modèle de *proton*) Noyau de l'atome de deutérium composé d'un proton et d'un neutron.

DEUTSCHE MARK, ■ n. m. [dɔjtʃəmark] (on prononce à l'allemande : *doïtche-mark*) Voy. MARK.

DEUX, ■ adj. num. [dø] (lat. *duos,* accus. de *duo,* deux) Adj. num. des deux genres signifiant un nombre double de l'unité. *Deux hommes. Deux et deux font quatre.* ◆ *Tous deux, tous les deux,* l'un et l'autre, ensemble. ◆ **Fam.** *N'en faire ni un ni deux,* n'en pas faire à deux fois, se décider sur-le-champ. ◆ On dit aussi, au féminin, *n'en faire ni une ni deux* (s. ent. *fois*). ◆ *Cela est clair comme deux et deux font quatre,* cela est évident. ◆ *Deux à deux,* par couples. ◆ *En deux,* en deux parties. *Casser en deux.* ◆ *De deux en deux,* se dit pour exprimer un retour périodique. *De deux en deux ans il va visiter sa terre.* ◆ *Donner, piquer des deux* (s. ent. *éperons*), exciter le plus possible le cheval, aller le plus vite possible, et fig. faire grande diligence. ◆ *Ce sont deux* ou fam. *ça fait deux,* se dit pour exprimer que deux choses ne peuvent se comparer. ◆ On dit dans le même sens : *c'est deux. Promettre et tenir, c'est deux.* ◆ Petit nombre indéterminé. *J'ai deux mots à vous dire.* ◆ Deuxième. *Page deux. Henri II.* ◆ **N. m.** Le produit de deux. ◆ *Le deux du mois* ou simplement *le deux,* le deuxième jour du mois. ◆ Chiffre qui marque le nombre *deux.* ◆ Au jeu de cartes, *le deux de cœur,* etc., la carte qui porte deux cœurs, etc. ◆ Au jeu de dés, *le deux,* la face du dé qui a deux points. ◆ Au jeu de dominos, *le double deux,* le domino sur lequel le point de deux est répété. ◆ *Le deux,* sorte de plomb à tirer.

DEUXIÈME, adj. num. ord. [døzjɛm] (*deux*) Second, qui vient après le premier. *Le deuxième sur la liste. Article deuxième.*

DEUXIÈMEMENT, adv. [døzjɛm(ə)mɑ̃] (*deuxième*) En second lieu.

DEUX-MÂTS, n. m. [døma] (*deux* et *mât*) **Mar.** Bâtiment à deux mâts. Au pl. *Des deux-mâts.*

DEUX-PIÈCES, ■ n. m. [døpjɛs] (*deux* et *pièce*) Ensemble vestimentaire féminin, composé d'une veste et d'une jupe ou d'un pantalon assortis. ◆ Maillot de bain composé d'un slip et d'un soutien-gorge. ■ Appartement de deux pièces principales. *Des deux-pièces.*

DEUX-POINTS, n. m. pl. [døpwɛ̃] (*deux* et *point*) Signe de ponctuation annonçant une citation, une explication ou un développement de ce qui précède. ■ **Rem.** On emploie auj. le nom au singulier : *un deux-points.*

DEUX-PONTS, n. m. [døpɔ̃] (*deux* et *pont*) Avion comportant deux étages intérieurs, deux ponts. *Des deux-ponts.*

DEUX-QUATRE, n. m. inv. [døkatr] (*deux* et *quatre*) **Mus.** Mesure qui contient deux noires. ◆ *Un deux-quatre,* un morceau où la mesure est en deux-quatre. ■ Au pl. *Des deux-quatre.*

DEUX-ROUES, n. m. [døru] (*deux* et *roue*) Véhicule comportant deux roues. *Les deux-roues peuvent être des motos ou des vélos.*

DEUX-TEMPS, n. m. [døtɑ̃] (*deux* et *temps*) Moteur à explosion dont le cycle est à deux temps. *Des deux-temps. Des moteurs deux-temps. Dans un* deux-temps, les quatre temps habituels d'un moteur à explosion (l'admission du mélange explosif, la compression, l'explosion, l'échappement) sont effectués en seulement deux courses du piston.

DEUZIO, ■ adv. [døzjo] Voy. DEUSIO.

DÉVALÉ, ÉE, p. p. de dévaler. [devale]

DÉVALER, v. tr. [devale] (*dé-* et *val*) Faire descendre quelque chose. *Dévaler du charbon à la cave.* ◆ *Dévaler les degrés,* les descendre. ◆ V. intr. Descendre, aller en bas. « *Pauvres enfants qui dévalaient bien tristes de leurs montagnes* », CHATEAUBRIAND. ◆ Se dévaler, v. pr. Être descendu.

DÉVALISÉ, ÉE, p. p. de dévaliser. [devalize]

DÉVALISEMENT, n. m. [devaliz(ə)mɑ̃] (*dévaliser*) Action de dévaliser ; état de celui qui est dévalisé.

DÉVALISER, v. tr. [devalize] (*dé-* et *valise*) Voler à quelqu'un sa valise, son argent, etc. ◆ Par extens. *Dévaliser un joueur.*

DÉVALISEUR, EUSE, n. m. et n. f. [devalizœr, øz] (*dévaliser*) Personne qui dévalise.

DÉVALOIR, ■ n. m. [devalwar] **Suisse** Couloir pentu des forêts montagneuses permettant de faire glisser le bois. ◆ Vide-ordures.

DÉVALORISANT, ANTE, adj. [devalorizɑ̃, ɑ̃t] (*dévaloriser*) Qui déprécie quelque chose ou quelqu'un. *Une remarque dévalorisante.*

DÉVALORISER, ■ v. tr. [devalorize] (*valoriser*) Déprécier la valeur marchande d'un objet, d'un produit. *Dévaloriser une monnaie.* ■ **Par extens.** Diminuer la valeur, le crédit, les qualités d'une personne ou d'une chose. *Dévaloriser un diplôme.* ◆ Se dévaloriser, v. pr. *Par ses propos, il s'est dévalorisé auprès de ses amis.* ■ DÉVALORISATION, n. f. [devalorizasjɔ̃]

DÉVALUATION, ■ n. f. [devalɥasjɔ̃] (*dévaluer*) Diminution de la valeur d'une monnaie. *La dévaluation du dollar.* ■ Diminution d'une valeur. « *Chez les plus âgés, on sent que les démiurges sociaux sont passés par là, modelant très tôt la dévaluation et le dégoût de soi* », SOLLERS.

DÉVALUER, ■ v. tr. [devalɥe] (angl. *to devaluate,* d'après *évaluer*) Diminuer la valeur d'une monnaie. ■ Déprécier la valeur de quelque chose ou de quelqu'un. *Son absence de diplôme l'a dévalué devant d'autres candidats au même poste.*

DEVANAGARI ou **DÉVANAGARI,** ■ n. f. [devanagari] (hindi *deva,* dieu, et *nagari,* de la ville) Forme d'écriture utilisée entre autres pour le sanskrit et l'hindi. ■ **Rem.** On dit aussi *nagari.*

DEVANCÉ, ÉE, p. p. de devancer. [dəvɑ̃se]

DEVANCER, v. tr. [dəvɑ̃se] (*devant,* sur le modèle de *avancer*) Dépasser en gagnant les devants. ◆ Il se dit aussi des choses avant lesquelles on arrive. « *Ce matin j'ai voulu devancer la lumière* », RACINE. ◆ **Par extens.** Faire quelque chose avant quelqu'un. ◆ Aller en avant. *Les éclaireurs devancent l'armée.* ◆ Avoir le pas sur quelqu'un dans les cérémonies. ◆ Précéder dans l'ordre des temps. *Ceux qui nous ont devancés dans la carrière.* ◆ Surpasser, dépasser. *Devancer ses rivaux.* ◆ *Devancer le temps, l'âge,* être plus avancé que ne comporte l'âge qu'on a. ◆ *Devancer son siècle,* lui être supérieur par quelques connaissances que l'on a acquises et qui ne sont pas encore devenues la propriété de tous. ◆ Se devancer, v. pr. Aller plus loin l'un que l'autre. ◆ *Devancer l'appel,* se disait des jeunes hommes qui faisaient leur service national avant d'y être appelés par l'armée. ■ DEVANCEMENT, n. m. [dəvɑ̃s(ə)mɑ̃]

DEVANCIER, IÈRE, n. m. et n. f. [dəvɑ̃sje, jɛr] (*devancer*) Personne qui a précédé une autre dans une carrière, un emploi. ◆ Au pl. Aïeux. *Imitez l'exemple de vos illustres devanciers.*

DEVANT, prép. [d(ə)vɑ̃] (*de* et *avant*) En avant, dans la direction de l'avant, en face. *Devant la maison.* ◆ **Fig.** « *Un roi sage... Craint le Seigneur son Dieu, sans cesse à devant lui Ses préceptes...* », RACINE. ◆ *Aller devant soi,* cheminer sans s'écarter de son chemin, et fig. être simple d'esprit. ◆ En présence de. *Je vous jure devant Dieu.* ◆ *Être devant Dieu,* être mort. ◆ **Par extens.** *Devant quelqu'un,* à ses yeux, à son esprit. *Nous sommes tous égaux devant Dieu.* ◆ **Fig.** *Les gouvernements devant l'opinion publique.* ◆ *Cette affaire a été portée devant tel tribunal,* elle est soumise à son jugement. ◆ En avant de. *Porter quelque chose devant soi.* ◆ *Avoir du temps devant soi,* avoir du temps de reste pour faire quelque chose. ◆ *Avoir de l'argent devant soi,* avoir une réserve d'argent disponible. ◆ Préposition d'ordre par rapport au lieu, à la place, et par opposition à *après. Il passe devant moi.* ◆ **Fig.** « *L'intérêt de l'honneur va devant l'amitié* », ROTROU. ◆ Préposition d'ordre par rapport au temps et marquant l'antériorité. « *Un peu devant sa mort* », BOSSUET. ◆ **Adv.** Exprimant un rapport de situation en avant. *Courez devant.* ◆ **Mar.** *Être vent devant,* se dit d'un navire qui est debout au vent. ◆ Il exprime un rapport d'antériorité dans le temps, auparavant. « *Amis comme devant* », RÉGNIER. « *Je suis gros Jean comme devant* », LA FONTAINE. ◆ CI-DEVANT, loc. adv. Précédemment. ◆ Autrefois. *Ci-devant employé.* ◆ Adj. inv. *Un ci-devant noble,* un noble qui ne l'est plus. ◆ Pendant la Révolution, on a dit un *ci-devant* pour un *noble. Les ci-devant.* ◆ Il s'emploie dans le style familier et par moquerie devant un qualificatif. *Un ci-devant jeune homme.* *Des ci-devant beaux.* ◆ SENS DEVANT DERRIÈRE, loc. adv. Voy. SENS. ◆ *Devant derrière,* en mettant le devant à la place du derrière. ◆ DEVANT QUE, loc. conj. Gouvernant le subjonctif. Avant que. « *Cependant devant qu'il fût nuit* », LA FONTAINE. ◆ *Il lui demanda, devant que de l'acheter, à quoi il lui serait propre* », LA FONTAINE. ◆ *Devant que, avec l'infinitif, même sens.* « *Devant que sortir des confins d'Italie* », LA FONTAINE. ◆ Les locutions *devant que, devant de* sont vieilles et inusitées. ◆ N. m. La partie antérieure. *Le devant de la tête. Le devant d'un édifice.* ◆ Fig. et fam. *Il bâtit sur le devant,* se dit d'un homme qui prend du ventre. ◆ Mar. Syn. d'avant ou même de proue. ◆ Ce qui se met devant quelque chose. *Un devant d'autel.* ◆ *Le devant,* ce qui précède dans un écrit. ◆ *Les devants d'un tableau,* les premiers plans. ◆ On le dit aussi au singulier. « *On voit sur le devant un soldat mort ou blessé* », DIDEROT. ◆ L'avance qu'on a. *Prendre, gagner le devant, les devants, partir avant quelqu'un ou le devancer en route.* ◆ Fig. *Prendre les devants,* prévenir quelqu'un, le gagner de diligence en quelque affaire. ◆ *Prendre les devants,* prendre d'avance toutes les mesures nécessaires. ◆ AU-DEVANT DE, loc. prép. À la rencontre de. *La foule se porta au-devant du prince.* ◆ Fig. *Aller au-devant de,* prévenir. *Aller au-devant d'une objection.* ◆ AU-DEVANT, loc. adv. À la rencontre. *Aller au-devant.* ◆ Fig. *Aller au-devant,* faire les premiers pas, être le premier à entamer une affaire, à se réconcilier, etc. *Courir au-devant de,* s'exposer à. Voy. AU-DEVANT. ◆ PAR-DEVANT, loc. adv. Par la partie antérieure. *Il le saisit par-devant.* ◆ PAR-DEVANT, loc. prép. Dr. En présence de. *Par-devant notaire.* ◆ *Dès devant,* dès avant. « *Dès devant la pointe du jour* », LA FONTAINE. ◆ Prov. *Les premiers vont devant,* les plus diligents ont l'avantage.

DEVANTIER, n. m. [dəvɑ̃tje] (*devant*) Tablier que portent les femmes du peuple. ◆ Il est vieux et familier.

DEVANTIÈRE, n. f. [dəvɑ̃tjɛʀ] (*devant*) Sorte de jupe fendue que portent les femmes quand elles montent à cheval à la manière des hommes.

DEVANTURE, n. f. [dəvɑ̃tyʀ] (*devant*) La face antérieure d'une maison. ◆ *Devanture de boutique,* revêtement en boiserie du devant d'une boutique. ■ Par extens. Étalage des marchandises devant une boutique ou dans la vitrine.

DÉVASTATEUR, TRICE, adj. [devastatœʀ, tʀis] (b. lat. *devastator*) Qui dévaste. *Un torrent dévastateur.* ◆ N. m. Celui qui dévaste. *Dévastateur du monde.* ■ REM. S'emploie auj. aussi, mais rarement, au féminin. *Une dévastatrice.*

DÉVASTATION, n. f. [devastasjɔ̃] (b. lat. *devastatio*) Action de dévaster. *Les dévastations des torrents.*

DÉVASTÉ, ÉE, p. p. de dévaster. [devaste] Par extens. *Physionomie dévastée,* physionomie défigurée par les ravages d'une maladie. ◆ *Crâne dévasté,* crâne devenu chauve.

DÉVASTER, v. tr. [devaste] (lat. *devastare*) Rendre désert d'une façon quelconque. ◆ Rendre désert par le ravage. *Les ennemis ont dévasté cette province.* ◆ Fig. « *L'amour dévaste les âmes où il règne* », CHATEAUBRIAND.

DÉVEINE, n. f. [devɛn] (*dé-* et *veine*) Au jeu, suite de chances défavorables : c'est le contraire de la *veine.* ■ Par extens. Malchance. *Quelle déveine !*

DÉVELOPPABLE, adj. [dev(ə)lɔpabl] (*développer*) Qui peut être développé. ◆ Géom. *Surface développable,* surface courbe que l'on conçoit comme se développant et s'appliquant en totalité sur un plan.

DÉVELOPPANTE, adj. [dev(ə)lɔpɑ̃t] (*développer*) Géom. Courbe développante ou n. f. *une développante,* courbe produite par le déroulement d'un fil enroulé sur sa développée.

DÉVELOPPÉ, ÉE, p. p. de développer. [dev(ə)lɔpe]

DÉVELOPPÉE, n. f. [dev(ə)lɔpe] (fém. substantivé de *développé*) Géom. Courbe par le développement de laquelle on peut supposer qu'une autre courbe est formée.

DÉVELOPPEMENT, n. m. [dev(ə)lɔp(ə)mɑ̃] (*développer*) Action de développer, de déployer, de dérouler. *Le développement d'une pièce d'étoffe.* ◆ Archit. Dessin des plans des coupes et des élévations sur toutes les faces d'un édifice. ◆ Géom. Action par laquelle on développe une courbe pour lui faire décrire une développante. ◆ En escrime, aisance que l'on montre en tirant, et par laquelle le corps se déploie. ◆ Méd. *Développement du pouls,* se dit du pouls qui devient plus ample et plus fort. ◆ Peint. et sculpt. Ampleur dans la pose d'une figure et dans la ligne qui forme la suite des parties. ◆ Croissance des corps organiques. *Le développement d'un bourgeon.* ◆ Fig. Mode suivant lequel croît la civilisation. *Le développement de l'humanité.* ◆ Par analogie. *Le développement d'une maladie. Le développement des passions, des sentiments.* ◆ Exposition détaillée. *Cela exigerait des développements.* ◆ Fig. *Le développement d'un caractère, d'une situation,* la série par laquelle passent un caractère, une situation pour se dessiner. ◆ Théât. *Le développement d'une intrigue.* ◆ Étendue. *Ce général donna trop de développement à son aile droite.*

DÉVELOPPER, v. tr. [dev(ə)lɔpe] (antonyme de *envelopper* par chang. de préf.) Ôter l'enveloppe qui contient quelque chose. *Développer un paquet.* ◆ Fig. « *Mon âme en toute occasion Développe le vrai caché sous l'apparence* », LA FONTAINE. ◆ Déployer, dérouler. *Développer du drap.* ◆ Fig. *Développer le fil d'un complot.* ◆ Math. *Développer une fonction, une série,* trouver les différents termes qui y sont implicitement renfermés. ◆ Archit. Rapporter sur un plan toutes les différentes faces d'une pierre, et même les parties d'une voûte. ◆ Méd. *Développer le pouls,* lui donner plus d'ampleur et de force. ◆ *Donner croissance,* en parlant des êtres organisés, des facultés intellectuelles ou morales. *Développer le corps. Développer l'intelligence d'un enfant.* ◆ Exposer, présenter en détail. *Développer le sujet d'un ouvrage.* ◆ Faire connaître. « *Il faut développer ce mystère à vos yeux* », RACINE. ◆ Mettre en usage. *Développer toutes les adresses et tous les secrets de la politique.* ◆ Se développer, v. pr. N'être plus ployé, enroulé. ◆ S'étendre. *L'armée se développa dans la plaine.* ◆ Fig. « *Vous voyez tous les siècles précédents se développer, pour ainsi dire, en peu d'heures devant vous* », BOSSUET. ◆ Se dit du pouls devenant plus ample et plus fort. ◆ Prendre croissance. *Les organes se développent lentement.* ◆ Même sens, en parlant des facultés intellectuelles ou morales, des maladies qui naissent. *Son génie ne se développe que lentement.* ◆ Passer par une série de phases. *L'action de cette pièce se développe lentement.* ■ V. tr. Faire apparaître sur un négatif, puis éventuellement sur le papier ou des diapositives les prises de vue d'une pellicule photographique.

DÉVELOPPEUR, EUSE, ■ n. m. et n. f. [dev(ə)lɔpœʀ, øz] (*développer*) Phot. Personne chargée de développer les films photographiques. ■ Inform., électron. et méc. Personne qui à partir de spécifications techniques réalise la finalité d'un produit (logiciel, carte électronique, pièce mécanique). *Les développeurs travaillent au sein du service recherches et développements.* ■ Inform. Entreprise qui développe et produit des logiciels.

1 DEVENIR, v. intr. [dəv(ə)niʀ] (lat. *devenire*) Prendre une certaine manière, une certaine qualité. *Devenir grand, sage.* ◆ *Que devenez-vous ?* c-à-d. où allez-vous, que voulez-vous faire ? ◆ *Qu'est devenue telle chose,* c-à-d. où est-elle ? ◆ Dans les phrases interrogatives et dubitatives, avoir tel sort, tel résultat, telle issue. *Je ne sais ce que tout ceci deviendra.* ◆ *Que voulez-vous devenir ?* Quelle carrière voulez-vous suivre ? ◆ *Que devins-je à ces paroles, à ce spectacle, quelle ne fut pas ma douleur, mon saisissement, etc. ?* ◆ *Que devenir, quel sera le sort ?* ◆ Fam. *Ne savoir que devenir,* être dans un malaise extrême. ◆ *Devenir à rien,* diminuer, se réduire considérablement.

2 DEVENIR, ■ n. m. [dəv(ə)niʀ] (1 *devenir*) Litt. L'avenir de quelque chose. *Le devenir d'un livre.* ■ Philos. Évolution progressive d'un état. *Le devenir de la conscience.* « *Vraiment, le devenir de l'homme est insondable !* », Bâ.

DÉVENTER, ■ v. tr. [devɑ̃te] (1 *dé* et *vent*) Mar. Perdre ou faire perdre le vent dans la voile. *Déventer pour jeter l'ancre.* ■ DÉVENTEMENT, n. m. [devɑ̃t(ə)mɑ̃]

DEVENU, UE, p. p. de devenir. [dəv(ə)ny]

DÉVERBAL, ■ n. m. [devɛʀbal] (1 *dé-* et *verbe*) Ling. Nom commun formé à partir du radical d'un verbe. *Cambriolage* et *cambrioleur* sont des déverbaux de *cambrioler.* ■ Nom dérivé d'un verbe et sans suffixe. *Marche* est un déverbal sans suffixe de marcher.

DÉVERBATIF, ■ n. m. [devɛʀbatif] (1 *dé-* et *verbe*) Nom ou verbe dérivé d'un verbe. *Le verbe* forer *est un déverbatif du verbe latin* forare, *percer, trouer.*

DÉVERGONDAGE, n. m. [devɛʀgɔ̃daʒ] (*dévergonder*) Libertinage scandaleux. ◆ Par extens. *Dévergondage d'esprit, d'imagination,* excès auquel se livre un esprit déréglé.

DÉVERGONDÉ, ÉE, p. p. de dévergonder. [devɛʀgɔ̃de] Qui est sans honte dans son libertinage. ◆ N. m. et n. f. Un dévergondé. ■ REM. On dit aussi *une dévergondée* ■ Adj. *Une attitude dévergondée. Un livre dévergondé.*

DÉVERGONDER (SE), v. pr. [devɛʀgɔ̃de] (1 *dé-* et *vergogne*) Perdre toute honte dans le libertinage, dans la débauche.

DÉVERGUER, ■ v. tr. [devɛʀge] (1 *dé-* et *vergue*) Mar. Ôter la voile de la vergue fixée sur l'avant du mât. ■ REM. On dit aussi *désenverguer.*

DÉVERNIR, ■ v. tr. [devɛʀniʀ] (1 *dé-* et *vernir*) Ôter le vernis de quelque chose. *Dévernir une armoire.* ■ DÉVERNISSAGE, n. m. [devɛʀnisaʒ]

DÉVERROUILLAGE, ■ n. m. [devɛʀujaʒ] (*déverrouiller*) Action de tirer le verrou pour ouvrir une porte. ■ Ouverture de la culasse d'une arme à feu. *Le déverrouillage d'un fusil.* ■ Libération d'un système bloqué. *Le déverrouillage de la touche majuscule d'un clavier d'ordinateur.*

DÉVERROUILLER, v. tr. [devɛʀuje] (1 *dé-* et *verrouiller*) Ôter les verrous. ■ Ouvrir la culasse d'une arme à feu. *Déverrouiller une arme.* ■ Libérer un système bloqué. *Déverrouiller l'antidémarrage d'une voiture en composant un code.* ■ Inform. Permettre l'accès à un fichier ou un système préalablement bloqué intentionnellement ou non. *Déverrouiller un fichier muni d'un mot de passe.*

DEVERS, prép. [dəvɛʀ] (*de* et *vers*) Du côté de. « *Tourne un peu ton visage devers moi* », MOLIÈRE. ♦ Approchant. *Devers la fin.* ♦ PAR-DEVERS, loc. prép. En la possession de. *Quand on a par-devers soi de longs services.* ♦ *Par-devers soi*, au fond de son esprit ou de son cœur. *Garder par-devers soi quelque chose.* ♦ Par-devant. *Se pourvoir par-devant le juge.* ♦ Tous ces emplois de *devers* ont vieilli.

DÉVERS, ERSE, adj. [dəvɛʀ, ɛʀs] (lat. *deversus*, p. p. de *devertere*, détourner) Qui n'est pas droit, ni d'aplomb. *Un mur dévers.* ♦ N. m. Le dévers d'une pièce de bois en est le gauchissement ou la pente. ■ Rehaussement du bord extérieur d'une route dans un virage.

DÉVERSÉ, ÉE, p. p. de déverser. [dəvɛʀse] *Du bois déversé.*

1 **DÉVERSEMENT**, n. m. [dəvɛʀsəmɑ̃] (1 *déverser*) Action de déverser, de s'incliner, de pencher de côté.

2 **DÉVERSEMENT**, n. m. [dəvɛʀsəmɑ̃] (2 *déverser*) Action de déverser les eaux d'un canal ; action des eaux qui se déversent.

1 **DÉVERSER**, v. tr. [dəvɛʀse] (*dévers*) Courber, incliner. *Déverser une pièce de bois.* ♦ V. intr. Pencher, s'incliner, devenir courbe. *Un mur qui déverse.* ■ Se déverser, v. pr. Devenir déversé. *Du bois qui se déverse.*

2 **DÉVERSER**, v. tr. [dəvɛʀse] (*dé-* et *verser*) Faire couler des eaux d'un lieu dans un autre. ♦ Fig. *Déverser le blâme ou le mépris sur quelqu'un.* Il vaut mieux dire : *Verser le blâme, etc.* ♦ Se déverser, v. pr. Passer d'un lieu dans un autre, en parlant des eaux. ■ V. tr. Laisser écouler ou répandre en grande quantité. *Déverser du gravier sur un chemin.* ■ Se déverser, v. pr. *Le fioul du pétrolier échoué se déverse sur les plages.*

DÉVERSOIR, n. m. [dəvɛʀswaʀ] (*déverser*) Endroit par où déverse, s'épanche le trop-plein des eaux d'un étang, d'un canal. ♦ Nom donné à la vanne même qui sert de décharge.

DÉVÊTIR, v. tr. [devetiʀ] (1 *dé-* et *vêtir*) Ôter un vêtement. *Dévêtir sa robe.* ♦ Se dévêtir, v. pr. Se dégarnir d'habits. ♦ Fig. « *On se dévêtait des sentiments de l'un pour se revêtir des sentiments de l'autre* », PASCAL. ♦ Dr. Se dessaisir. *Se dévêtir d'un héritage.*

DÉVÊTISSEMENT, n. m. [devetis(ə)mɑ̃] (*dévêtir*) Dr. Dessaisissement de ce qu'on possède.

DÉVÊTU, UE, p. p. de dévêtir. [devety]

DÉVIANCE, ■ n. f. [devjɑ̃s] (*déviant*) Manière d'être et de vivre d'une personne, d'un groupe, qui s'écarte des normes sociales en vigueur dans son milieu. ■ Acte qui manifeste cet écart. ■ DÉVIANT, ANTE, adj. [devjɑ̃, ɑ̃t]

DÉVIANT, ANTE, ■ n. m. et n. f. [devjɑ̃, ɑ̃t] (*dévier*) Psych. Personne qui par son comportement s'écarte des normes sociales en vigueur. *Un psychopathe est un déviant.* ■ Adj. *Un comportement déviant.*

DÉVIATEUR, TRICE, adj. [devjatœʀ, tʀis] (*dévier*) Qui produit la déviation.

DÉVIATIF, IVE, adj. [devjatif, iv] (*dévier*) Qui tend à dévier, à faire dévier.

DÉVIATION, n. f. [devjasjɔ̃] (b. lat. *deviatio*) Phys. Quantité dont un corps pesant s'écarte de la verticale. ♦ Méd. Direction vicieuse que prennent certaines parties. *Déviation de la colonne vertébrale.* ♦ Fig. Écart moral. *Déviation de principes.* ■ Itinéraire fléché suivi par les véhicules obligés de quitter le parcours normal. *Déviation pour cause de travaux.*

DÉVIATIONNISME, ■ n. m. [devjasjɔnism] (*déviation*) Attitude consistant à s'écarter ouvertement de la ligne officielle d'un parti, d'une organisation dont on est membre. Être exclu pour déviationnisme. ■ DÉVIATIONNISTE, n. m. et n. f. ou adj. [devjasjɔnist]

DÉVIDAGE, n. m. [devidaʒ] (*dévider*) Action de dévider.

DÉVIDÉ, ÉE, p. p. de dévider. [devide]

DÉVIDER, v. tr. [devide] (2 *dé-* et *vider*) Mettre en écheveau, au moyen du dévidoir, le fil qui est sur le fuseau. ♦ Mettre en peloton ce qui est en écheveau. ♦ Poétiq. « *Les Parques d'une même soie Ne dévident pas tous nos jours* », MALHERBE. ♦ Fig. Expliquer, débrouiller. « *Qui dévidât mieux un cas de conscience* », RÉGNIER. ♦ Se dévider, v. pr. Être dévidé.

DÉVIDEUR, EUSE, n. m. et n. f. [devidœʀ, øz] (*dévider*) Personne qui dévide.

DÉVIDOIR, n. m. [devidwaʀ] (*dévider*) Instrument pour dévider. ■ Sorte de tambour qui sert à enrouler un tuyau ou un fil. *Un dévidoir pour tuyau d'arrosoir.*

DÉVIÉ, ÉE, p. p. de dévier. [devje]

DÉVIER, v. intr. [devje] (b. lat. *deviare*) Se détourner ou être détourné de sa direction. *Dévier de son chemin.* ♦ Fig. *Dévier des principes de la justice.* ♦ V. tr. Ôter la rectitude. *Dévier la colonne vertébrale.* ♦ Se dévier, v. pr. Sortir de la rectitude. *Sa taille se dévie.*

DEVIN, INE, n. m. et n. f. [dəvɛ̃, in] (lat. *divinus*) Personne qui prétend découvrir ce qui est caché, soit dans le passé, soit dans le présent, soit dans l'avenir. « *Moi devine ! on se moque* », LA FONTAINE. ♦ Le féminin *devineresse* est plus usité que *devine*, Voy. DEVINEUR. ♦ Fig. *Je ne suis pas devin, je ne pouvais prévoir cela, et aussi je ne comprends pas ce qu'on veut dire.* ♦ *Le devin* ou *le serpent devin*, nom vulgaire du boa constricteur.

DEVINABLE, adj. [d(ə)vinabl] (*deviner*) Qu'on peut deviner, facile à deviner.

DEVINÉ, ÉE, p. p. de deviner. [d(ə)vine]

DEVINEMENT, n. m. [d(ə)vin(ə)mɑ̃] (*deviner*) Action de deviner.

DEVINER, v. tr. [d(ə)vine] (*devin*) Découvrir par des procédés surnaturels ce qui est caché dans le passé, le présent ou l'avenir. ♦ Absol. Pratiquer l'art de deviner. « *Un homme qui se mêle de deviner* », PASCAL. ♦ Par extens. Interpréter, discerner par voie de conjecture. *Deviner les lois de la nature.* « *Je connais tes détours et devine tes ruses* », P. CORNEILLE. ♦ Absol. « *Qui devine est souvent sujet à se méprendre* », P. CORNEILLE. ♦ Trouver le mot. *Deviner une énigme, une charade.* ♦ *C'est une énigme à deviner*, se dit de ce qui est obscur. ♦ *Je vous le donne à deviner en dix, en cent*, se dit d'une chose que la personne à qui l'on parle ne s'imaginera jamais. ♦ Se deviner, v. pr. Être deviné. ♦ Se pressentir l'un l'autre. *Ces deux âmes s'étaient devinées.*

DEVINETTE, ■ n. f. [d(ə)vinɛt] (*deviner*) Petite question renfermant une énigme que l'on pose par jeu à quelqu'un qui doit trouver la solution. *Les enfants se posent des devinettes. On joue aux devinettes ?*

DEVINEUR, ERESSE ou **EUSE**, n. m. et n. f. [d(ə)vinœʀ, (ə)ʀes, øz] (*deviner*) ▷ Personne qui a la prétention de deviner. « *Jeanne d'Arc fut qualifiée de superstitieuse, devineresse du diable* », VOLTAIRE. « *Chez la devineuse on courait Pour se faire annoncer ce que l'on désirait* », LA FONTAINE. ♦ Fig. et fam. Celui qui juge par voie de conjecture. ♦ En ce sens et en parlant de charades, etc. le féminin est *devineuse*, non *devineresse*. ◁

DÉVIRER, v. tr. [devire] (1 *dé-* et *virer*) Mar. Détourner un cabestan.

DÉVIRGINISER, ■ v. tr. [deviʀʒinize] (1 *dé...* et radic. de *virginité*) Déflorer, faire perdre sa virginité. *Dévirginiser un garçon ou une fille.*

DÉVIRILISANT, ANTE, ■ adj. [deviʀilizɑ̃, ɑ̃t] (*déviriliser*) Qui ôte les attributs virils ou qui rend ou paraît rendre efféminé. *Il perdait tout son charme de mâle avec ce petit collier de perles dévirilisant qui ornait sa chemise ouverte.*

DÉVIRILISER, ■ v. tr. [deviʀilize] (1 *dé-* et *viril*) Enlever le caractère viril, rendre plus efféminé. *Déviriliser une image publicitaire.* « *On a prétendu qu'Offenbach avait été envoyé par la Prusse pour déviriliser la France* », PÉLADAN. ■ DÉVIRILISATION, n. f. [deviʀilizasjɔ̃]

DEVIS, n. m. [dəvi] (1 *deviser*) Description de toutes les choses qu'on doit exécuter pour la construction d'un bâtiment, avec l'estimation des dépenses. *Faire un devis.* ♦ Menus propos, entretien familier. *De joyeux devis.* ■ Par extens. Description des travaux à effectuer, accompagnée d'une estimation des coûts. *Le dentiste établit un devis pour la pose d'une couronne.*

DÉVISAGÉ, ÉE, p. p. de dévisager. [devizaʒe]

DÉVISAGER, v. tr. [devizaʒe] (*dé-* augment. et *visage*) ▷ Déchirer le visage avec les ongles ou les griffes. ◁ ♦ Pop. *Dévisager quelqu'un*, faire effort pour reconnaître les traits de quelqu'un. ♦ ▷ Se dévisager, v. pr. Se déchirer le visage l'un à l'autre. ◁ ♦ Pop. Chercher à se reconnaître l'un l'autre. ■ REM. Aujourd'hui, le mot a perdu sa connotation populaire et est d'un usage courant. ■ Fixer intensément quelqu'un. *J'étais gênée qu'il me dévisage ainsi.*

1 **DEVISE**, n. f. [dəviz] (1 *deviser*) Hérald. Division d'une pièce honorable de l'écu. Une fasce en devise. ♦ Figure emblématique avec une sentence concise qui l'explique. *Le corps de la devise*, la figure. *L'âme de la devise*, la sentence. ♦ Petite phrase ou sentence signifiant une qualité qu'on attribue aux choses ou aux personnes. « *Plutôt souffrir que mourir, C'est la devise des hommes* », LA FONTAINE. ♦ *Devise de bonbons*, petit papier contenant une pensée en vers ou en prose et dont on enveloppe les bonbons.

2 **DEVISE**, ■ n. f. [dəviz] (all. *Devise*) Monnaie émise par un pays étranger considérée par rapport à la monnaie nationale. *Un convertisseur de devises. Acheter des devises.*

1 **DEVISER**, v. intr. [dəvize] (b. lat. *divisare*, de *divisum*, supin de *dividere*, partager) Échanger avec quelqu'un de menus propos. *Tout en devisant.* ■ « *Il fait bon se tenir à l'ombre, se promener et deviser* », GRACQ.

2 **DEVISER**, ■ v. tr. [dəvize] (*devis*) Suisse Établir un devis. *L'entrepreneur a devisé à la baisse notre projet de construction.*

DÉVISSÉ, ÉE, p. p. de dévisser. [devise]

DÉVISSEMENT ou **DÉVISSAGE**, n. m. [devis(ə)mɑ̃, devisaʒ] (*dévisser*) Action de dévisser.

DÉVISSER, v. tr. [devise] (1 *dé-* et *visser*) Ôter les vis qui fixent une chose. ♦ Séparer une chose adaptée à une autre avec des vis. ♦ Se dévisser, v. pr. Cesser d'être vissé. ■ Alpin. et spéléo. Lâcher prise et tomber d'une paroi. *Il a dévissé de la paroi verticale qu'il escaladait et a fait une chute mortelle.*

DE VISU, ■ loc. adv. [devizy] Voy. VISU.

DÉVITALISER, ■ v. tr. [devitalize] (1 *dé-* et *vital*) Ôter sa vitalité à quelqu'un, quelque chose. *Dévitaliser une souche d'arbre.* ■ En partic. Supprimer la pulpe d'une dent. ■ **Fig.** *L'art doit dévitaliser l'agressivité au profit d'une conscience citoyenne.* ■ DÉVITALISATION, n. f. [devitalizasjɔ̃]

DÉVITAMINÉ, ÉE, ■ adj. [devitamine] (*dévitaminer*) Qui a perdu ses vitamines. *Un corps anémié, dévitaminé.* ■ **Fig.** *Un film sans substance, dévitaminé, qui n'offre rien de la dynamique du roman dont il est tiré.*

DÉVITAMINER ou **DÉVITAMINISER**, ■ v. tr. [devitamine, devitaminize] (1 *dé-* et *vitamine*) Faire perdre les vitamines. *Dévitaminer des légumes par une cuisson trop longue.* ■ **Fig.** « *Et c'est ainsi qu'on va nous rétrécir l'imaginative, nous dévitaminer le goût d'agir, nous ratatiner l'espérance* », *L'Humanité.*

DÉVITRIFICATION, ■ n. f. [devitʁifikasjɔ̃] (*dévitrifier*) Perte de la transparence. *La dévitrification traduit une opacification du verre.*

DÉVITRIFIER, ■ v. tr. [devitʁifje] (1 *dé-* et *vitrifier*) Enlever au verre ses propriétés vitreuses, sa transparence, par une longue exposition à la chaleur. *Certains vitraux se dévitrifient mieux que d'autres.*

DÉVOIEMENT, n. m. [devwamɑ̃] (*dévoyer*) **Archit.** Action de dévoyer, d'incliner un tuyau de cheminée ou de descente. ♦ **Méd.** Flux de ventre, déjections alvines liquides. ■ État d'une personne dévoyée. ■ **Fig.** Détournement d'une chose ou d'une personne de son trajet, de son but. *Le dévoiement d'une canalisation. Le dévoiement d'un jeune homme par de mauvaises fréquentations.*

DÉVOILÉ, ÉE, p. p. de dévoiler. [devwale] *Religieuse dévoilée,* religieuse qui a quitté le voile. ■ **Fig.** *Un secret dévoilé.*

DÉVOILEMENT, n. m. [devwal(ə)mɑ̃] (*dévoiler*) Action de dévoiler. *Le dévoilement des figures qui étaient couvertes.* ♦ **Fig.** *Le dévoilement des figures de l'Ancien Testament.* ♦ Action de porter à la connaissance. *Le dévoilement d'un mystère.*

DÉVOILER, v. tr. [devwale] (1 *dé-* et *voiler*) Découvrir en levant, en ôtant un voile. *Dévoiler une statue.* ♦ Montrer sans voile, sans rien qui cache. **Fig.** *Dévoiler une religieuse,* la relever de ses vœux. ♦ Découvrir ce qui était secret. *Dévoiler, v. pr.* Ôter, relever son voile. ♦ **Fig.** « *J'ignore si de Dieu l'ange se dévoilant Est venu lui montrer un glaive étincelant* », RACINE. ♦ Être porté à la connaissance. *Le mystère se dévoile.* ♦ Se découvrir, se trahir. Apparaître. « *Un autre monde se dévoilait à nos regards* », J.-J. ROUSSEAU.

1 DEVOIR, v. tr. [dəvwaʁ] (lat. *debere*) Avoir à payer une somme d'argent ou à fournir toute autre valeur. ♦ **Absol.** *Il doit de tous côtés.* ♦ *Devoir à Dieu et à diable, au tiers et au quart,* devoir de l'argent à un très grand nombre de personnes. ♦ **Fig.** *Devoir tribut,* être obligé de se conformer à. « *Une femme surtout doit tribut à la mode* », BOILEAU. ♦ *N'en devoir rien à,* ne pas céder à, ne pas être inférieur. ♦ *Doit,* par opposition à *avoir,* partie d'un compte établissant ce qu'une personne doit et ce qu'elle a reçu. *Tenir ses comptes par doit et par avoir.* ♦ Avoir obtenu. *Je lui dois la place que j'occupe.* ♦ *Devoir* avec de et un verbe à l'infinitif, même sens. *Devoir* se dit aussi en mauvaise part. *Je lui dois tous mes maux.* ♦ Avoir obtenu par des choses. *Cette colline doit son nom à tel événement.* « *Il y a de certains grands sentiments que nous devons moins à la force de notre esprit qu'à la bonté de notre naturel* », LA BRUYÈRE. ♦ Être tenu, obligé envers. *Je vous dois beaucoup pour ce service. Il ne doit compte de ses actions à personne.* ♦ *Se devoir à soi-même de, etc.* être tenu, en vertu de sa propre considération, de, etc. ♦ *Devoir,* suivi d'un verbe à l'infinitif, exprime qu'une chose arrivera infailliblement. *Tous les hommes doivent mourir.* ♦ Il exprime une obligation morale. *Un bon fils doit respecter son père.* ♦ Il marque qu'il y a une sorte de justice ou de raison à ce qu'une chose soit. *On devrait planter des arbres le long de cette route.* « *Un jour seul perdu devrait nous laisser des regrets* », MASSILLON. ♦ On s'en sert pour marquer l'intention. *Je dois aller à la campagne.* ♦ Il marque aussi un futur indéterminé. *Il doit partir demain.* ♦ *Devoir* exprime quelquefois une supposition. *C'est lui qui doit avoir fait cela.* ♦ L'imparfait du subjonctif, placé en tête de la phrase, s'emploie dans le sens de *quand même. Dussé-je être blâmé, etc.* ♦ *Se devoir, v. pr.* Être dû, être obligatoire. *Cela se doit.* ♦ Être obligé de se consacrer à. « *Un roi se doit à tous les hommes qu'il gouverne* », FÉNELON. ♦ **Prov.** *Fais ce que dois, advienne que pourra.*

2 DEVOIR, n. m. [dəvwaʁ] (1 *devoir*) Ce qu'on doit faire, ce à quoi l'on est obligé par la loi ou par la morale, par son état ou les bienséances. ♦ *Il est du devoir,* le devoir oblige à. *Il est de mon devoir de vous donner cet avis.* ♦ *Faire son devoir,* agir comme on doit agir, et en parlant d'un régiment, d'un soldat, combattre vaillamment. ♦ En un autre sens, *faire son devoir,* se bien acquitter, parler, agir. ♦ *Être, rentrer dans son devoir,* c'est-à-dire dans la soumission, le respect, l'obéissance où l'on doit se tenir. ♦ *Ramener, ranger quelqu'un à son devoir, tenir dans le devoir,* obliger à faire ce qui doit être fait. ♦ *Se ranger à son devoir,* faire ce qu'on doit faire. ♦ *En devoir de,* prêt à. *Il était déjà en devoir de vous aller trouver.* ♦ *Se mettre en devoir de faire une*

chose, la commencer ou s'y préparer. ♦ *Être à son devoir,* être à son poste. ♦ **Féod.** *Devoirs seigneuriaux,* droits que le vassal devait à son seigneur. ♦ **Par extens.** *Devoir* et plus souvent au pluriel *devoirs,* marques de civilité, de politesse. *Rendre ses devoirs à quelqu'un,* lui présenter ses hommages, lui faire une visite de politesse. ♦ *Les derniers devoirs, les devoirs funèbres,* les funérailles. *Rendre à quelqu'un les derniers devoirs,* présider ou simplement assister à ses funérailles. ♦ Travail, exercices donnés à un élève. ♦ *Devoir pascal,* l'obligation de communier à Pâques. ♦ Association d'ouvriers unis par les liens du compagnonnage. *Compagnons du devoir.*

DEVOIRANT ou par corruption **DÉVORANT**, n. m. [dəvwaʁɑ̃, devoʁɑ̃] (*devoir*) Ouvrier compagnon du devoir.

DÉVOISÉ, ÉE, ■ adj. [devwaze] (1 *dé-* et *voisé*) **Phonét.** Dont le son est assourdi. *Les consonnes f et ch sont des consonnes dévoisées puisqu'elles sont produites sans vibration des cordes vocales, ce sont des consonnes sourdes.*

DÉVOLE, n. f. [devɔl] (1 *dé-* et *vole*) ▷ Au jeu de cartes, vole manquée. *Il a fait la dévole.* ◁

DÉVOLER, v. intr. [devole] (*dévole*) ▷ Être en dévole. ◁

DÉVOLTER, ■ v. tr. [devɔlte] (1 *dé-* et *volt*) Amoindrir le voltage d'un appareil électrique. *Dévolter une ampoule électrique diminue sa luminosité.* ■ DÉVOLTAGE, n. m. [devɔltaʒ] (*dévolter*) ■ DÉVOLTEUR, n. m. [devɔltœʁ] (*dévolter*)

1 DÉVOLU, n. m. [devɔly] (lat. *devolutus,* p. p. de *devolvere,* dérouler, bas latin pass., échoir) En droit canonique, provision d'un bénéfice vacant par incapacité du collataire. ♦ *Jeter un dévolu sur un bénéfice,* y former une prétention juridique. ♦ **Fig.** *Jeter son dévolu, un dévolu sur quelqu'un, sur quelque chose,* fixer son choix, arrêter son idée sur...

2 DÉVOLU, UE, adj. [devɔly] (1 *dévolu*) **Dr.** Qui est transporté, transféré, échu, acquis par droit. *Héritage dévolu à la ligne paternelle.* ♦ Dans le langage général, acquis, destiné. *Les honneurs me sont dévolus.*

DÉVOLUTAIRE, n. m. [devɔlytɛʁ] (radic. du lat. *devolutus*) Celui qui a obtenu un dévolu.

DÉVOLUTIF, IVE, adj. [devɔlytif, iv] (radic. du lat. *devolutus*) **Dr.** Qui fait qu'une chose passe d'une personne à une autre. ♦ *Appel dévolutif,* appel par lequel un procès est dévolu à un juge supérieur.

DÉVOLUTION, n. f. [devɔlysjɔ̃] (latin médiéval jur. et lat. ecclés. *devolutio*) **Dr.** Attribution des biens à une ligne successorale par suite de l'extinction ou de la renonciation de l'autre. *Droit de dévolution.*

DEVON ou **DÉVON**, ■ n. m. [devɔ̃] (*Devon,* comté de Grande-Bretagne) Leurre métallique rotatif de forme cylindrique et comportant deux petites ailettes à sa partie supérieure utilisé pour la pêche. *Le devon est utilisé pour la pêche des carnassiers et des salmonidés.*

DÉVONIEN, IENNE, ■ adj. [devɔnjɛ̃, jɛn] (*Devon,* comté de Grande-Bretagne où l'on commença l'étude de ces terrains) **Géol.** Qui appartient à la période géologique primaire située entre le silurien et le carbonifère. *Une couche géologique dévonienne.* ■ N. m. Le dévonien. *Des roches issues du dévonien.*

1 DÉVORANT, n. m. [devoʁɑ̃] Voy. DEVOIRANT.

2 DÉVORANT, ANTE, adj. [devoʁɑ̃, ɑ̃t] (*dévorer*) Qui dévore. *Des chiens dévorants.* ♦ *Un appétit dévorant,* un très grand appétit. *Faim dévorante.* ♦ **Fig.** Qui est avide d'argent, de faveurs. ♦ Qui détruit, comme fait un animal qui dévore. *La foudre dévorante.* ♦ *Air, climat dévorant,* air, climat funeste aux habitants. ♦ **Fig.** *Un mal dévorant. Des soucis dévorants.*

DÉVORÉ, ÉE, p. p. de dévorer. [devore]

DÉVORER, v. tr. [devore] (lat. *devorare*) Saisir à belles dents et manger une proie. *Les bêtes l'ont dévoré.* ♦ *Les chenilles ont tout dévoré.* ♦ Très fam. *Se dévorer le bras, la jambe,* se gratter avec une sorte de rage. ♦ Manger avidement. ♦ **Absol.** *Cet enfant dévore.* ♦ **Fig.** Être rapace. ♦ Dissiper, user en prodigue d'un bien. ♦ Consumer, détruire. *Le temps dévore tout.* « *La flamme vole et dévore le vaisseau* », FÉNELON. ♦ *C'est une terre qui dévore ses habitants,* se dit d'un pays malsain. ♦ Piller, épuiser. *Dévorait le pays.* ♦ **Fig.** Faire éprouver une sensation pénible, en parlant de la soif, de la fièvre, de la chaleur. ♦ Dans le même sens, en parlant des passions. *Le chagrin me dévore.* ♦ *Dévorer un livre,* le lire avec avidité. ♦ *Dévorer en espérance,* convoiter avidement quelque chose. ♦ *Dévorer des yeux,* jeter des regards pleins d'ardeur et de convoitise. ♦ *Dévorer le temps, les heures, etc.* anticiper avec impatience sur le temps. ♦ Ne pas laisser paraître, renforcer en soi-même. *Dévorer ses larmes, ses chagrins.* ♦ *Dévorer un affront,* l'endurer sans en faire paraître aucun ressentiment. ♦ *Dévorer les difficultés,* venir courageusement à bout de ce qui est difficile. ♦ *Se dévorer, v. pr. Se dévorer l'un l'autre.* ♦ Se dévorer soi-même. ♦ **Fam.** *Se dévorer,* se gratter avec une sorte de rage. ♦ Se livrer à l'impatience, au chagrin. « *Je me dévore de cette envie* », MME DE SÉVIGNÉ. ■ DÉVORATEUR, TRICE, adj. [devoratœʁ, tʁis]

DÉVOREUR, EUSE, n. m. et n. f. [devorœr, øz] (*dévorer*) Personne qui dévore. « *On peut juger quels terribles dévoreurs de viande étaient les hommes de ce temps-là* », J.-J. ROUSSEAU. ◆ Fig. *Un dévoreur de livres*, un homme qui lit avidement. ■ Adj. *Une bouche dévoreuse.*

DÉVOT, OTE, adj. [devo, ɔt] (lat. *devotus*, dévoué, zélé) Attaché aux pratiques religieuses. ◆ *Être dévot à...* Avoir une dévotion particulière pour la Vierge, pour un saint, etc. ◆ Qui a le caractère de la dévotion, en parlant des choses. *Air dévot.* ◆ Il se dit quelquefois par dénigrement, soit d'une mauvaise dévotion, soit de l'hypocrisie qui feint la dévotion. *Louis XI fut un prince dévot et cruel.* ◆ N. m. et n. f. « *Il est de faux dévots ainsi que de faux braves* », MOLIÈRE. ◆ *Dévot de place*, faux dévot qui affiche les pratiques. ◆ *C'est une de ses dévotes*, se dit d'une femme qui est sous la direction d'un prêtre. ◆ Fig. Homme dévoué à un homme, à une doctrine. *Un dévot de la philosophie moderne.*

DÉVOTEMENT, adv. [devot(ə)mã] (*dévot*) D'une manière dévote.

DÉVOTIEUSEMENT, adv. [devosjøz(ə)mã] (*dévotieux*) D'une manière dévotieuse.

DÉVOTIEUX, EUSE, adj. [devosjø, øz] (radic. de *dévotion*) Rempli de dévotion. *C'est un homme fort dévotieux.* ◆ N. m. et n. f. *Les dévotieux.*

DÉVOTION, n. f. [devosjõ] (lat. *devotio*, action de se dévouer, de s'offrir en sacrifice) Attachement aux pratiques religieuses. ◆ *Avoir dévotion à*, adresser particulièrement ses pratiques à un saint, à une église, etc. ◆ *Pratique de dévotion.* ◆ *Faire ses dévotions*, remplir ses devoirs religieux, à certaines époques de l'année. ◆ *Livres, tableaux de dévotion*, livres, tableaux sur un objet de piété. ◆ *Fête, jeûne de dévotion*, fête, jeûne qui n'est pas d'obligation. ◆ Attachement comparé à celui qu'on a pour les choses de piété. *Ma dévotion pour vous est sans bornes.* ◆ *Être à la dévotion de quelqu'un*, lui être entièrement dévoué. ■ DÉVOTIONNEL, ELLE, adj. [devosjɔnɛl]

DÉVOUÉ, ÉE, p. p. de dévouer. [devwe] Disposé à tout pour le service, le salut de. *Dévoué à sa patrie.* ◆ *Je suis votre dévoué serviteur, votre tout dévoué*, formule de salutation par laquelle on clôt une lettre familière. ■ Adj. *Une enfant dévouée qui s'occupe bien de ses parents.*

DÉVOUEMENT, n. m. [devumã] (*dévouer*) Action de dévouer. *Le dévouement de la fille de Jephté.* ◆ Action de se dévouer. *Le dévouement des Spartiates aux Thermopyles.* ◆ Par extens. Disposition à servir quelqu'un avec abnégation personnelle. *Acte de dévouement.* ◆ *Agréez, recevez l'assurance de mon dévouement*, formule de salutation par laquelle on clôt une lettre. ◆ Disposition à se sacrifier pour l'humanité, la société. *La doctrine du dévouement.* ■ REM. Graphie ancienne : *dévoûment.*

DÉVOUER, v. tr. [devwe] (lat. *devovere*) Consacrer par un vœu. ◆ *Dévouer quelqu'un à la haine*, à l'exécration publique, appeler sur lui la haine, l'exécration. ◆ *Dévouer sa tête*, s'exposer résolument aux périls. ◆ Immoler en sacrifice. ◆ Par extens. Consacrer au service de... par zèle, amour ou un motif quelconque. « *Vous lui dévouez vos personnes, et lui il se livre tout entier à vous* », BOURDALOUE. ◆ *Se dévouer*, v. pr. Se consacrer par un vœu. *Se dévouer à la vie monastique.* ◆ *Se dévouer à la mort* ou simplement *se dévouer*, se sacrifier par humanité, par patriotisme, par un motif quelconque.

DÉVOYÉ, ÉE, p. p. de dévoyer. [devwaje] Fig. « *En ce lieu où l'Église appelle ses enfants dévoyés* », BOSSUET. ◆ N. m. et n. f. « *Priez pour l'Église et pour les dévoyés* », BOSSUET.

DÉVOYER, v. tr. [devwaje] (1 *dé-* et *voie*) Écarter du chemin à suivre. ◆ Techn. Mettre quelque chose hors de l'équerre ou de son plan. *Dévoyer un tuyau de cheminée.* ◆ Fig. Entraîner dans l'erreur. ◆ Causer la diarrhée. ◆ *Se dévoyer*, v. pr. S'égarer. ◆ Fig. Tomber dans l'erreur.

DEXTÉRITÉ, n. f. [dɛksterite] (lat. *dexteritas*) Adresse de main. ◆ Fig. Adresse d'esprit. « *Une incroyable dextérité à traiter les affaires les plus délicates* », BOSSUET.

DEXTRALITÉ, n. f. [dɛkstralite] (*dextre*) Fait d'être droitier. *La dextralité facilite l'écriture de gauche à droite.*

DEXTRE, adj. [dɛkstr] (lat. *dexter*) Hérald. *Le côté dextre*, le côté droit. *À dextre.* ◆ N. f. La main droite. ◆ N'est usité que dans le style élevé et surtout quand on parle de la main de Dieu, ou dans le style héroïcomique.

DEXTREMENT, adv. [dɛkstremã] (*dextre*) Avec dextérité.

DEXTRINE, n. f. [dɛkstrin] (lat. *dextra*, parce que la dextrine fait tourner à droite le plan de polarisation de la lumière) Chim. Matière de nature gommeuse en laquelle se transforment les globules d'amidon sous l'influence des acides, des oxydes, etc. ■ DEXTRINISATION, n. f. [dɛkstrinizasjõ]

DEXTR(O)..., [dɛkstro] préfixe qui signifie droite.

DEXTROCARDIE, ■ n. f. [dɛkstrokardi] (*dextro-* et *-cardie*) Méd. Anomalie du cœur consistant à ce qu'il soit positionné à droite. *Le médecin a diagnostiqué une dextrocardie.*

DEXTROCHÈRE, n. m. [dɛkstrokɛr] (*ch* se prononce *k* et non *ch* ; lat. *dexter* et gr. *kheir*, main) Hérald. Bras droit représenté avec la main.

DEXTROGYRE, ■ adj. [dɛkstrozir] (*dextro-* et *-gyre*) Qui tourne en partant de la gauche vers la droite. *Cette rose est majoritairement dextrogyre. Une conque dextrogyre. Un déplacement dans le sens des aiguilles d'une montre est un mouvement dextrogyre, dans l'autre sens c'est un mouvement lévogyre.* ■ Phys. Propriété que possède une molécule de faire dévier le plan de polarisation de la lumière polarisée vers la droite.

DEXTRORSUM, ■ adj. inv. [dɛkstrorsɔm] (mot latin, vers la droite) Qui se déplace dans le sens des aiguilles d'une montre. *Faire le tour d'un édifice dans le sens dextrorsum.* ■ Adv. *En général, on visse dextrorsum et on dévisse senestrorsum.*

DEXTROSE, ■ n. m. [dɛkstroz] (*dextro-* et *-ose*) Glucose dextrogyre.

DEY, n. m. [dɛ] (turc *dˀi*, oncle maternel) Titre du chef barbaresque qui gouvernait la régence d'Alger. ■ REM. *Barbaresque* est un ancien terme qui désignait les habitants de la Lybie et du Maghreb actuels.

DÉZINGUER, ■ v. tr. [dezɛ̃ge] (1 *dé-* et *zinc*) Arg. Démolir. *Dézinguer une voiture. Se faire dézinguer la figure.* ■ Arg. Tuer. *Dézinguer un ennemi.* ■ Arg. et fig. Critiquer vivement. *Dézinguer une théorie.* ■ Arg. et fig. Mettre à mal quelqu'un. *Il m'a dézingué le moral.*

DHARMA, ■ n. m. [darma] (mot sanskrit) Relig. Dans l'hindouisme et le bouddhisme, tous les aspects de la loi régissant l'ensemble des valeurs religieuses.

DHEA, ■ n. f. [deaʃea] (sigle de *déhydroépiandrostérone*) Hormone stéroïdienne que les glandes surrénales humaines et de quelques primates supérieurs produisent à partir du cholestérol. *La DHEA, utilisée pour soulager divers symptômes médicaux, entre aussi dans la composition de produits amaigrissants en vente libre. Considérée par certains comme une pilule de jeunesse, la DHEA est interdite dans certains pays.*

1 DI..., [di] préfixe grec qui vient du grec *dis* et signifie *deux fois*.

2 DI..., [di] préfixe latin équivalent à *dis...* et signifiant séparation, éloignement, etc.

1 DIA, interj. [dja] (prob. onomat.) Cri des charretiers pour faire aller les chevaux à gauche. ◆ Fig. *Il n'entend ni à hue, ni à dia, ni à dia ni à huhau*, on ne peut lui faire entendre raison. ◆ *L'un tire à hue et l'autre à dia, l'un tire à dia et l'autre à huhau*, se dit de deux personnes qui, agissant en sens contraire, se nuisent au lieu de s'aider.

2 DIA..., [dja] préfixe tiré du grec signifiant *à travers*.

3 DIA..., [dja] préfixe signifiant *à base de*, souvent utilisé dans la formation des mots désignant des médicaments.

DIABÈTE, n. m. [djabɛt] (gr. *diabêtês*, compas, siphon, diabète, de *diabainein*, avoir les jambes écartées, traverser) Phys. Vase muni d'un siphon et d'où la liqueur s'écoule tout entière dès qu'on le remplit jusqu'au bord. ◆ Maladie caractérisée par l'émission d'une urine abondante et sucrée. ■ Méd. Maladie déterminée par une hyperglycémie.

DIABÉTIQUE, adj. [djabetik] (*diabète*) Qui tient du diabète. *Une affection diabétique.* ◆ Affecté du diabète. ◆ N. *Un diabétique.*

DIABÉTOLOGIE, ■ n. f. [djabetolɔʒi] (*diabète* et *-logie*) Branche de la médecine qui étudie le diabète. ■ DIABÉTOLOGUE, n. m. et n. f. [djabetolɔg]

DIABLE, n. m. [djabl] (lat. *diabolus*, du gr. *diabolos*, de *diaballein*, désunir, calomnier) Le principe du mal moral en général. ◆ Nom des anges déchus. ◆ Satan, le prince des mauvais anges. ◆ *Avocat du diable*, celui qui est chargé, dans la chancellerie romaine, de contester les mérites d'une personne dont la canonisation est proposée. ◆ *Ne craindre ni Dieu ni diable*, n'être arrêté par aucune crainte. ◆ *Loger le diable dans sa bourse*, n'avoir pas le sou. ◆ *Quand le diable y serait*, malgré tout. ◆ *Le diable ne le lui ferait pas faire*, se dit d'un homme entêté. ◆ Le diable était représenté dans le Moyen Âge avec une queue et des cornes ; de là quelques locutions. *Tirer le diable par la queue*, être dans une position gênée. *Il mangerait le diable et ses cornes*, se dit d'un grand mangeur. ◆ En général, nom des anges rebelles précipités avec Satan dans l'enfer. *Les diables de l'enfer.* ◆ *La beauté du diable*, les seuls attraits de la jeunesse. ◆ *Les diables bleus*, sorte de mélancolie, de vapeurs. ◆ *Être possédé du diable*, avoir, selon la croyance de l'Église catholique, dans le corps un diable qui se substitue à la volonté de l'individu et parle et agit pour lui, et fig. être livré à des passions violentes, à une excessive ardeur. ◆ Fig. *Avoir le diable au corps*, être vif, emporté, vigoureux. ◆ *Avoir le diable au corps*, exceller en certaines choses de courage, d'adresse, de talent, d'esprit. ◆ *C'est le diable ! Voilà le diable ! C'est là le diable !* se dit de ce qui cause présente de fâcheux, de difficile. ◆ *Donner son âme au diable*, faire un prétendu pacte avec le diable, qui, en retour de l'âme qu'on lui abandonnait, assurait au contractant la richesse, la puissance, les plaisirs. ◆ Fig. *Se donner au diable*, se désespérer. ◆ *Se donner à tous les diables*, éprouver une excessive impatience. ◆ *Je me donne au* diable, je veux que le diable m'emporte si..., le diable m'emporte si..., ou simplement *du diable si..., au diable si...*, locutions qu'on emploie, par forme de serment, pour nier ou pour affirmer. ✦ Il se dit par forme d'imprécation, d'aversion, de répulsion, d'impatience. *Envoyer au diable, à tous les diables. Au diable l'importun!* ✦ *Être au diable*, être on ne sait où, fort loin. *Il m'a fait au diable vauvert* (il m'a fait aller au diable au vert), il m'a fait aller très loin. ✦ *S'en aller au diable, à tous les diables*, être perdu sans retour. ✦ *Être au diable, à tous les diables*, perdre, dissiper. ✦ *Faire le diable, le diable à quatre*, faire grand bruit, grand tumulte, se donner beaucoup de mouvement pour une chose. ✦ *Faire le diable contre quelqu'un*, lui faire le plus de mal qu'on peut. ✦ *Dire le diable contre quelqu'un*, en dire beaucoup de mal. ✦ *Cela ne vaut pas le diable*, cela ne vaut absolument rien. ✦ *Diable*, employé comme complément déterminatif, signifie *extrême, excessif. Avoir une peur de diable. Un vent de tous les diables.* ✦ Suivi d'un complément, diable signifie *singulier, bizarre, méchant, dangereux*, etc. *Un diable d'homme. Ces diables de gens. Cette diable de femme.* ✦ Personne très méchante, emportée, ou bien d'une turbulence, d'une pétulance extrême. *C'est un diable, un vrai diable.* ✦ *Un méchant diable*, un mauvais homme. ✦ *Diable* a été pris aussi pour exprimer quelque chose de peu blâmable, ou même quelque chose de louable. ✦ *Un grand diable*, un homme grand et dégingandé. ✦ *Un bon diable*, un homme facile, de joyeuse humeur. ✦ *Un pauvre diable*, une personne à plaindre. ✦ *Comme tous les diables*, beaucoup, extrêmement. « *La justice est sévère comme tous les diables* », MOLIÈRE. ✦ À LA DIABLE, loc. adv. À la hâte, sans soin. ✦ *Être fait à la diable*, être mal vêtu ou habillé avec désordre. ✦ Avec un caractère de violence et d'exagération. ✦ EN DIABLE, loc. adv. Fort, extrêmement. *Cela tient en diable.* ✦ DIABLE!, Interjection de surprise, d'impuissance. *Diable! Que diable faire?* ✦ N. m. Toupie d'Allemagne double. ✦ Machine à deux ou quatre roues ordinairement basses, employée au transport des fardeaux. ✦ Nom de divers animaux, oiseaux, poissons. ✦ Prov. *Quand le diable est vieux, il se fait ermite*, libertin dans la jeunesse, dévot dans la vieillesse.

DIABLEMENT, adv. [djabləmɑ̃] (*diable*) Excessivement. *Cela est diablement chaud. Il a diablement d'argent.*

DIABLERIE, n. f. [djabləʀi] (*diable*) Opération magique dans laquelle le diable est supposé intervenir. ✦ Possession, introduction d'un diable dans le corps d'une personne. ✦ Ancien spectacle, pièce populaire, où le diable joue le principal rôle. ✦ Machination secrète. *Il y a quelque diablerie là-dessous.* ✦ Méchanceté de diable. « *Ils ne sont pas capables d'une telle diablerie* », VOLTAIRE. ✦ Conduite mauvaise et déréglée. « *C'est une vraie diablerie* », MME DE SÉVIGNÉ. ✦ Petits dessins représentant des diables pour la lanterne magique.

DIABLESSE, n. f. [djablɛs] (*diable*) Diable femelle. ✦ Femme acariâtre. ✦ Adj. « *Je veux une vertu qui ne soit point diablesse* », MOLIÈRE. ✦ *Diablesse*, une méchante femme. ✦ Adj. *Une femme diablesse.* ✦ Fam. *Une bonne diablesse.* ✦ *Une pauvre diablesse.* ✦ *Une femme qui excite la pitié.* ✦ *Une grande diablesse*, une grande femme dégingandée. ✦ Suivi de la préposition *de* et d'un complément, et exprimant le caractère vif, singulier, diabolique, etc. de la personne ou de la chose dont on parle. « *Comme vous a dit cette diablesse de Mme de R...* », MME DE SÉVIGNÉ. « *Que fera votre diablesse d'imagination?* », VOLTAIRE.

DIABLETEAU, n. m. [djabləto] (*diable*) Petit diable.

DIABLEZOT, interj. [djabləzo] (prob. italien *diavolozoto*, diable boiteux) ▷ Fam. Vous ne m'y prendrez pas, je ne suis pas assez sot. *Vous me voulez faire croire cela, diablezot.* Il est vieux. ◁

DIABLOTIN, n. m. [djablotɛ̃] (dim. de *diable*) Petit diable. ✦ Adj. *La forme diablotine.* ✦ Petit enfant vif, espiègle. ✦ Dragée de chocolat, couverte de nonpareille.

DIABOLIQUE, adj. [djabolik] (lat. ecclés. *diabolicus*, gr. *diabolikos*) Qui vient du diable. *Tentation diabolique.* ✦ Fig. Méchant, pernicieux. ✦ Difficile, pénible. *Affaire diabolique.*

DIABOLIQUEMENT, adv. [djabolik(ə)mɑ̃] (*diabolique*) Avec un esprit, une méchanceté diabolique.

DIABOLISER, ■ v. tr. [djabolize] (radic. de *diabolique*) Prêter des intentions, un caractère diabolique, pernicieux. *Diaboliser le capitalisme, la drogue, un dirigeant politique.* ■ DIABOLISATION, n. f. [djabolizasjɔ̃]

DIABOLO, ■ n. m. [djabolo] (lat. *diabolus*, avec infl. de l'ital. *diavolo*) Jeu composé de deux baguettes reliées par une cordelette, servant à faire tourner rapidement une bobine en forme de X, à la lancer et à la rattraper. ✦ Boisson à base de sirop et de limonade. *Un diabolo menthe, grenadine.*

DIACÉTYLMORPHINE, ■ n. f. [djasetilmɔʀfin] (1 *di-*, *acétyl* et *morphine*) Voy. DIAMORPHINE.

DIACHRONIE, ■ n. f. [djakʀoni] (2 *dia* et gr. *krônos*, temps) Ling. Caractère des faits linguistiques étudiés sous l'angle de leur évolution dans le temps.

L'étude se fera en diachronie puis, pour une année donnée, en synchronie. ■ DIACHRONIQUE, adj. [djakʀonik]

DIACHYLON, n. m. [djakilɔ̃] (*ch* se prononce *k* et non *ch*; 3 *dia-* et gr. *khulos*, suc) Nom d'emplâtres résolutifs, faits des sucs de certaines plantes. ✦ *Toile de diachylon* ou *diachylon*, toile sur laquelle on étend le diachylon. ■ REM. On disait aussi *diachylum* autrefois. ■ REM. On prononçait autrefois avec *ch* et non *k*.

DIACIDE, ■ adj. [djasid] (1 *di-* et *acide*) Chim. Qui comporte deux fonctions acides. *Phosphate diacide d'ammonium.* ■ N. m. *L'acide sulfurique est un diacide.*

DIACLASE, ■ n. f. [djaklaz] (gr. *diaklasis*, cassure) Géol. Fracture rocheuse verticale sans mouvement des deux compartiments séparés. *Si dans une fracture l'un des deux compartiments bouge, ce n'est plus une diaclase mais une faille.*

DIACODE, n. m. [djakɔd] (lat. *diacodion*, gr. *dia* et *kôdeia*, tête de pavot) Sirop préparé avec des têtes de pavot blanc. ✦ Adj. *Sirop diacode.*

DIACONAL, ALE, adj. [djakonal] (b. lat. *diaconalis*) Qui a rapport au diacre. *Offices diaconaux.*

DIACONAT, n. m. [djakona] (b. lat. *diaconatus*) Office de diacre.

DIACONESSE, n. f. [djakonɛs] (b. lat. *diaconissa*, fém. de *diaconus*) Nom de veuves ou de filles qui, dans la primitive Église, recevaient l'imposition des mains, et rendaient aux personnes de leur sexe des services religieux que les diacres ne pouvaient rendre. ■ REM. On disait aussi *diaconisse* autrefois.

DIACONISER, v. tr. [djakonize] (radic. de *diaconat*) Conférer le diaconat.

DIACONISSE, n. f. [djakonis] Voy. DIACONESSE.

DIACOUSTIQUE, ■ n. f. [djakustik] (2 *dia-* et *acoustique*) Branche de l'acoustique qui étudie la réfraction des sons. *La diacoustique permet d'étudier la propagation des sons dans des milieux de densités différentes.*

DIACRE, n. m. [djakʀ] (lat. *diaconus*, du gr. *diakonos*, serviteur) Serviteur dans la synagogue juive. ✦ Dans l'Église catholique, celui qui est revêtu du second des ordres sacrés. ■ Dans le culte protestant, laïc en charge d'œuvres caritatives.

DIACRISE, n. f. [djakʀiz] (2 *dia-* et *crise*) Crise qui conduit à la distinction exacte d'une maladie d'avec toute autre.

DIACRITIQUE, adj. [djakʀitik] (gr. *diakritikos*) Gramm. Qui sert à distinguer. *Signes diacritiques*, signes qui empêchent la confusion des mots; tels sont certains accents, par exemple dans *a* et *à*, *ou* et *où*. ✦ *Points diacritiques*, points mis sur certaines lettres de l'alphabet arabe. ✦ Méd. *Signes diacritiques*, signes qui distinguent exactement une maladie de toutes les autres.

DIADELPHIE, n. f. [djadɛlfi] (1 *di-* et gr. *adelphos*, frère) Classe du système de Linné qui comprend les plantes à plusieurs étamines réunies par la base en deux faisceaux distincts.

DIADÈME, n. m. [djadɛm] (lat. *diadema*, gr. *diadêma*, de *diadein*, lier autour) Bandeau de laine, de fil ou de soie, enrichi de pierreries, broderies et autres ornements, dont les souverains se ceignent le front. ✦ *Ceindre le diadème*, devenir roi. ✦ Fig. La royauté même. *Perdre le diadème.* ✦ Il se dit d'une coiffure de femme ordinairement en forme de cercle. ✦ On dit aussi *arranger ses cheveux en diadème*.

DIAGENÈSE, ■ n. f. [djaʒənɛz] (2 *dia-* et *genèse*) Géol. Ensemble des processus biochimiques et physicochimiques de transformation des sédiments en roche sédimentaire. *La diagenèse des charbons déposés en couches géologiques montre une évolution tantôt lente, tantôt rapide.*

DIAGNOSE, ■ n. f. [djagnoz] (gr. *diagnôsis*) Méd. Connaissance d'une pathologie par l'observation des symptômes. *Les montées de fièvre font partie de la diagnose.* ■ Biol. Énoncé des caractéristiques d'une espèce. *La diagnose des vertébrés.*

DIAGNOSTIC, n. m. [djagnɔstik] (on prononce séparément le *g* du *n*; de *diagnostique*) Méd. Art de reconnaître les maladies par leurs symptômes. ■ Par extens. *Le diagnostic d'une étude sur une entreprise.*

DIAGNOSTIQUE, adj. [djagnɔstik] (gr. *diagnôstikos*, capable de discerner, de diagnostiquer) Méd. Qui sert à reconnaître. *Signes diagnostiques*, signes d'après lesquels on peut établir la nature d'une maladie. ✦ N. m. *Les diagnostiques de la pneumonie.* ✦ Vieux en ce sens.

DIAGNOSTIQUER, v. tr. [djagnɔstike] (*diagnostic*) Méd. Reconnaître par les signes diagnostiques une maladie. ✦ Absol. *Bien, mal diagnostiquer.* ✦ Se diagnostiquer, v. pr. Être diagnostiqué. ✦ V. tr. Par extens. *Diagnostiquer les carences d'un système.*

DIAGNOSTIQUEUR, EUSE, ■ n. m. et n. f. [djagnɔstikœʀ, øz] (*diagnostiquer*) Méd. Médecin qui émet un diagnostic. ■ Par extens. *Une diagnostiqueuse en immobilier doit fournir une analyse rigoureuse du marché aux professionnels du secteur.*

DIAGONAL, ALE, adj. [djagonal] (lat. *diagonalis*) Géom. Qui va d'un angle à un autre, dans une figure rectiligne. *Ligne diagonale.* ◆ N.f. *La diagonale*, ligne menée d'un angle d'une figure quelconque à un des angles non adjacents. *Tirer une diagonale.* ◆ *En diagonale*, obliquement. ■ N.m. *Des diagonaux et des radiaux*, en parlant des pneus.

DIAGONALEMENT, adv. [djagonal(ə)mã] (*diagonal*) En diagonale.

DIAGRAMME, n.m. [djagram] (gr. *diagramma*, dessin) Délinéation. *Le diagramme du type des animaux vertébrés.* ◆ Fig. *Le diagramme de l'histoire de l'humanité.* ■ Diagramme représentatif de différentes variations. *Le diagramme des températures.*

DIAGRAPHE, n.m. [djagraf] (2 *dia-* et *-graphe*) Techn. Instrument qui permet de reproduire l'image d'un objet par projection à travers des prismes et des miroirs. *Beaucoup de gravures du XIXᵉ siècle ont été réalisées grâce au diagraphe.*

DIAGRAPHIE, ■ n.f. [djagrafi] (*diagraphe*) Techn. Art de dessiner à l'aide d'un diagraphe. ■ Géol. Mesure par sondage géophysique réalisée dans les forages. *On peut déterminer les caractéristiques élastiques des sols meubles par diagraphies.* ■ DIAGRAPHIQUE, adj. [djagrafik] *Étude, interprétation diagraphique.*

DIALCOOL, ■ n.m. [dialkɔl] (1 *di-* et *alcool*) Chim. Composé comportant deux fonctions alcool tel que le glycol. *Le dialcool entre dans la composition de certains désinfectants.*

DIALECTAL, ALE, ■ adj. [djalɛktal] (*dialecte*) Ling. Qui concerne un dialecte. *Les groupes dialectaux découlent du parler de divers dialectes d'une même langue.*

DIALECTALISME, ■ n.m. [djalɛktalism] (*dialectal*) Ling. Fait de langue issu d'un dialecte. *Le degré de dialectalisme peut dépendre de l'âge des locuteurs.*

DIALECTE, n.m. [djalɛkt] (gr. *dialektos*, conversation, langage) Langage d'une contrée, ne différant des parlers voisins que par des changements peu considérables et comportant une certaine culture littéraire. *La Grèce avait quatre dialectes principaux. L'ancien français avait plusieurs dialectes : le normand, le picard, le bourguignon.* ◆ Abusiv. Langue.

DIALECTICIEN, IENNE, n.m. et n.f. [djalɛktisjɛ̃, jɛn] (1 *dialectique*) Personne qui cultive la dialectique, qui raisonne suivant les règles.

1 DIALECTIQUE, adj. [djalɛktik] (lat. *dialectica*, du gr. *dialektikos*, qui concerne la discussion) Qui a rapport à l'art de raisonner, de discuter. *Les procédés dialectiques.* ◆ N.f. *La dialectique*, l'art de discuter.

2 DIALECTIQUE, adj. [djalɛktik] (*dialecte*) Qui appartient à un dialecte. *Les différences dialectiques.*

DIALECTIQUEMENT, adv. [djalɛktik(ə)mã] (1 *dialectique*) Selon les formes de la dialectique.

DIALECTISANT, ANTE, ■ adj. [djalɛktizã, ãt] (*dialecte*) Qui est relatif au dialecte. *La poésie dialectisante a permis un certain retour au lyrisme.* ■ Rem. On dit aussi une zone *dialectophone.* ■ N.m. et n.f. Personne qui parle un dialecte. *Un dialectisant, une dialectisante.* ■ Rem. On dit aussi *un, une dialectophone. Un Alsacien dialectophone.*

DIALECTISER, ■ v.tr. [djalɛktize] (radic. de 1 *dialectique*) Apporter une interprétation dialectique à un fait. *Il faudrait dialectiser certains apprentissages pour les adapter à leurs publics.*

DIALECTOLOGIE, ■ n.f. [djalɛktɔlɔʒi] (*dialecte* et *-logie*) Ling. Spécialité de la linguistique qui étudie les dialectes. ■ DIALECTOLOGIQUE, adj. [djalɛktɔlɔʒik]

DIALECTOLOGUE, ■ n.m. et n.f. [djalɛktɔlɔg] (*dialectologie*) Linguiste qui étudie les dialectes. *Le dialectologue est un spécialiste en dialectologie.*

DIALECTOPHONE, ■ adj. et n.m. et n.f. [djalɛktɔfɔn] (*dialecte* et *-phone*) Voy. DIALECTISANT.

DIALOGIQUE, adj. [djalɔʒik] (gr. *dialogikos*) Qui est en forme de dialogue. *Traité dialogique.*

DIALOGISME, n.m. [djalɔʒism] (radic. de *dialogique*) L'art, le genre du dialogue. ◆ Figure de rhétorique qui consiste à mettre sous la forme de dialogue les idées ou les sentiments que l'on prête à ses personnages.

DIALOGISTE, n.m. et n.f. [djalɔʒist] (radic. de *dialogique*) Personne qui a fait un dialogue, des dialogues. ◆ Peu usité.

DIALOGUE, n.m. [djalɔg] (lat. *dialogus*, gr. *dialogos*) Entretien entre deux ou plusieurs personnes. ◆ Par extens. Ouvrage littéraire en forme de conversation. *Les Dialogues des morts de Fontenelle.* ◆ La manière dont un auteur dramatique fait parler ses personnages. *Le dialogue de Molière.* ■ Mus. Parties qui se répondent et qui souvent se réunissent. ■ *Un dialogue de sourd*, dialogue qui n'a aucun sens dû à l'incompréhension. *Je lui parlais de mon stress à aller sur la Seine car j'avais peur de l'eau et lui me parlait de monter sur la scène : un vrai dialogue de sourd !*

DIALOGUÉ, ÉE, p.p. de dialoguer. [djaloge]

DIALOGUER, v.intr. [djaloge] (*dialogue*) Fam. Converser. ◆ Écrire, parler, chanter en dialogue. ◆ Mus. *Faire dialoguer deux voix.* ◆ V.tr. *Bien dialoguer une scène*, faire que les différents personnages parlent comme ils doivent parler. ■ Aujourd'hui, *dialoguer* dans le sens de *converser*, n'a plus rien de familier.

DIALOGUISTE, ■ n.m. et n.f. [djalogist] (*dialogue*) Qui écrit les dialogues, principalement d'une série ou d'un feuilleton télévisé, d'un film ou téléfilm.

DIALYPÉTALE, ■ adj. [djalipetal] (gr. *dialuein*, disjoindre, et *pétale*) Bot. Dont les pétales ne sont pas liés entre eux. *Une fleur dialypétale.* ■ N.f. Angiosperme dont les pétales sont libres. *Une dialypétale.*

DIALYSE, n.f. [djaliz] (gr. *dialusis*, dissolution, séparation) Chim. Séparation et purification de certaines substances à l'aide du dialyseur. ◆ Chir. Solution de continuité. ◆ Figure par laquelle on omet certaines conjonctions, *et* par exemple. ■ Méd. Procédé permettant l'élimination des déchets contenus dans le sang au moyen d'un rein artificiel.

DIALYSÉ, ÉE, ■ adj. [djalize] (*dialyser*) Qui subit une dialyse. *Un produit dialysé.* ■ N.m. et n.f. Personne traitée par dialyse. *Un dialysé, une dialysée.*

DIALYSÉPALE, ■ adj. [djalisepal] (gr. *dialuein*, disjoindre, et *sépale*) Bot. Dont les sépales sont séparés. *La renoncule a un calice dialysépale.*

DIALYSER, v.tr. [djalize] (*dialyse*) Chim. Séparer par le dialyseur. ■ Méd. Soumettre à une dialyse.

DIALYSEUR, n.m. [djalizœr] (*dialyser*) Chim. Instrument composé d'un papier-parchemin tendu sur un cerceau de bois, en forme de tamis ; on verse le fluide à dialyser sur le papier, de manière à ne former qu'une couche d'un centimètre d'épaisseur, et l'on place le dialyseur dans un bassin plein d'eau ; c'est dans cette eau que passent les substances susceptibles de se séparer. ■ Méd. Appareil servant à faire une dialyse.

DIAMAGNÉTIQUE, ■ adj. [djamaɲetik] ou [djamanjetik] (2 *dia-* et *magnétique*) Qui s'aimante en sens inverse du champ magnétique dans lequel il est placé. *Un matériau diamagnétique offre une grande résistance au passage du champ magnétique.*

DIAMAGNÉTISME, ■ n.m. [djamaɲetism] ou [djamanjetism] (2 *dia-* et *magnétisme*) Propriété qu'une substance ou un matériau a de fuir tout champ magnétique. *Le phénomène du diamagnétisme avait été entrevu par Becquerel au XVIIIᵉ siècle.*

DIAMANT, n.m. [djamã] (métathèse du b. lat. *diamas*, génit. *-antis*, du gr. *adamas*, acier, diamant) Pierre précieuse, la plus brillante et la plus dure de toutes, et qui est du carbone pur. ◆ *Diamant brut*, celui qui n'a pas été taillé. ◆ *Diamant faux*, pierre naturelle ou factice qui imite le diamant. ◆ *Diamant rosette ou rose*, Voy. ROSE. ◆ *Diamant brillant*, Voy. BRILLANT. ◆ *Diamant d'Alençon*, quartz hyalin noir. ◆ *Diamant du Rhin*, quartz hyalin limpide. ◆ *Diamant spathique*, corindon. ◆ Bague qui a un diamant. *Avoir un diamant au doigt.* ◆ Fig. *C'est un diamant*, se dit d'un petit ouvrage d'art ou de littérature d'une exécution parfaite. ◆ *Édition diamant*, impression en caractères très fins, mais nets et jolis à l'œil. ◆ *Diamant* se prend au figuré comme le symbole de la dureté extrême. ◆ Instrument au bout duquel est enchâssée une pointe de diamant et qui sert à couper le verre. ◆ Archit. *Pointes de diamant*, pierres qui dans les parements à bossages sont taillées à facettes comme des diamants. ◆ *Couleur diamant*, sorte de peinture dont la base est le graphite. ◆ Mar. *Le diamant d'une ancre*, la jonction des deux bras avec la verge.

DIAMANTAIRE, n.m. [djamãter] (*diamant*) Personne qui vend ou qui taille des diamants. ◆ On dit plus souvent *lapidaire*. ■ Rem. S'emploie auj. aussi au féminin. ■ Adj. Qui a l'éclat d'un diamant.

DIAMANTÉ, ÉE, p.p. de diamanter. [djamãte] *Fleurs diamantées*, fleurs artificielles tamisées avec le verre broyé ou avec de la poudre d'acier. ■ Garni de diamants. *Des boucles d'oreilles diamantées.*

DIAMANTER, v.tr. [djamãte] (*diamant*) Orner, couvrir de diamants. ◆ Faire briller comme un diamant.

DIAMANTIFÈRE, adj. [djamãtifer] (*diamant* et *-fère*) Qui contient du diamant. *Terrain diamantifère.*

DIAMANTIN, INE, adj. [djamãtɛ̃, in] (*diamant*) Qui a la dureté du diamant.

DIAMÉTRAL, ALE, adj. [djametral] (*diamètre*) Qui appartient au diamètre. *Ligne diamétrale.* ◆ Géom. *Plan diamétral*, plan partageant les surfaces en deux portions équivalentes. ■ Au pl. *Les points diamétraux d'un cercle.*

DIAMÉTRALEMENT, adv. [djametʁal(ə)mã] (*diamétral*) D'une extrémité du diamètre à l'autre. *Les deux pôles sont diamétralement opposés.* ♦ **Fig.** « *Je crois voir toutes choses diamétralement opposées au bon esprit* », LA BRUYÈRE.

DIAMÈTRE, n. m. [djametʁ] (gr. *diametros*) **Géom.** Ligne droite qui va d'un point de la circonférence d'un cercle au point opposé, en passant par le centre. ♦ Dimension transversale de divers objets. *Le diamètre de la tête.* ♦ *Diamètre d'une colonne*, droite que l'on tire d'un point de la circonférence à l'autre en passant par le centre. ■ **Opt.** *Le diamètre apparent*, l'angle sous lequel on voit un objet et plus particulièrement un astre.

DIAMIDE, ■ n. m. [djamid] (1 *di-* et *amide*) **Chim.** Corps qui dispose de deux fonctions amide. *L'urée est aussi appelée diamide carbonique.*

DIAMINE, n. f. [djamin] (1 *di-* et *amine*) **Chim.** Corps qui dispose de deux fonctions amine. *La diamine à six carbones a été diluée dans l'eau.*

DIAMORPHINE, ■ n. f. [djamɔʁfin] (3 *dia-* et *morphine*) Dérivé morphinique, héroïne. ■ **Rem.** On dit aussi *diacétylmorphine.*

DIANDRIE, n. f. [diɑ̃dʁi] (1 *di-* et *-andre*) Classe du système de Linné, qui renferme les plantes à deux étamines.

1 **DIANE**, n. f. [djan] (lat. *Diana*) Déesse de la chasse et de la lune, chez les Latins. ♦ **Poétiq.** La lune. ■ Aujourd'hui nom propre. *Sœur d'Apollon, fille de Jupiter et de Latone, Diane est la déesse de la Chasse.*

2 **DIANE**, n. f. [djan] (ital. *diana* première du jour, du lat. *dies*, jour) ▷ Batterie de tambour qui se fait à la pointe du jour. *Battre la diane.* ◁

DIANTRE, n. m. [djɑ̃tʁ] (*diable*) ▷ Mot qu'on emploie par euphémisme pour *diable*. ♦ *Diantre soit de...* Se dit pour envoyer au diable la personne ou la chose qui importune. ♦ On peut supprimer la préposition *de*. « *Diantre soit la coquine !* », MOLIÈRE. ♦ *Cela ne vaut pas le diantre*, cela est très mauvais. ♦ Il s'emploie comme une sorte d'exclamation ou de jurement. « *Et qui diantre vous pousse à vous faire imprimer ?* », MOLIÈRE. *Diantre* suivi d'un complément a le même sens que *diable*. « *Le Rhône, ce diantre de Rhône* », MME DE SÉVIGNÉ. ■ **Rem.** N'est cité aujourd'hui que comme interjection. *Diantre, quel homme !* ◁

DIAPALME, n. f. [djapalm] (3 *dia-* et [*huile de*] *palme*) ▷ **Pharm.** Sorte d'emplâtre siccatif composé essentiellement de litharge, de sulfate de zinc, et de corps gras. ◁

DIAPASON, n. m. [djapazõ] (le *s* se prononce comme *z* ; lat. *diapason*, du gr. *dia pasôn* [*khordôn*], par toutes les notes) Nom de l'octave chez les Grecs et les Latins. ♦ L'étendue des notes d'une voix ou d'un instrument, du son le plus grave au plus aigu. ♦ **Fig.** Manière d'être générale, en parlant des mœurs, des opinions. ♦ **Fig.** *Se mettre au diapason de quelqu'un*, se conformer à sa manière de voir, de sentir. ♦ *On lui fera baisser le diapason*, on lui fera baisser le ton. ♦ *Hausser le diapason*, élever la voix, élever ses prétentions. ♦ Petit instrument d'acier à deux branches qui donne le *la*.

DIAPASONNER, v. tr. [djapazɔne] (*diapason*) ▷ **Mus.** Mettre au diapason. ♦ Se diapasonner, v. pr. Se régler sur le diapason. ◁

DIAPÉDÈSE, n. f. [djapedɛz] (gr. *diapêdêsis*, de *diapêdan*, pénétrer brusquement) **Méd.** Éruption du sang à travers les tissus.

DIAPHANE, adj. [djafan] (gr. *diaphanês*, de *diaphainein*, laisser entrevoir) Qui, tout en n'étant percé d'aucun pertuis visible, donne passage à la lumière. ■ Pâleur de la peau. *Un teint diaphane.*

DIAPHANÉITÉ, n. f. [djafaneite] (*diaphane*) Propriété qu'ont les corps d'être diaphanes.

DIAPHANOSCOPIE, ■ n. f. [djafanoskopi] (*diaphane* et *-scopie*) **Méd.** Examen médical sur certaines parties du corps qui utilise la transparence par éclairage. *La diaphanoscopie peut être utilisée pour l'observation du sein, du testicule, du nez...*

DIAPHONIE, n. f. [djafoni] (gr. *diaphônia*, discordance) **Techn.** Défaut dans la restitution d'un son issu d'une interférence entre deux signaux. *La diaphonie est un mot surtout utilisé en téléphonie où différents fils d'un même câble peuvent provoquer des interférences par induction électromagnétique sur les autres et entraîner un mélange des communications.*

DIAPHORÈSE, n. f. [djafoʁɛz] (gr. *diaphorêsis*, de *diaphorein*, évacuer les humeurs, transpirer) **Méd.** Transpiration plus abondante que la transpiration naturelle et plus faible que la sueur.

DIAPHORÉTIQUE, adj. [djafoʁetik] (gr. *diaphorêtikos*) **Méd.** Qui excite la diaphorèse. ♦ N. m. *Un diaphorétique.*

DIAPHRAGMATIQUE, adj. [djafʁagmatik] (*diaphragme*) **Anat.** Qui a rapport ou appartient au diaphragme. ♦ **Bot.** *Gousse diaphragmatique*, gousse divisée en loges par des cloisons.

DIAPHRAGME, n. m. [djafʁagm] (gr. *diaphragma*, cloison, diaphragme) **Anat.** Muscle très large et fort mince qui sépare la poitrine de l'abdomen.

♦ **Par extens.** Toute espèce de cloison. ♦ **Bot.** Cloison transversale qui sépare un fruit capsulaire. ■ **Phot.** Dispositif réglant l'admission de la lumière dans un appareil de photographie. ■ **Méd.** Préservatif féminin en caoutchouc souple et en forme de coupole que l'on place au fond du vagin, à l'entrée de l'utérus, avant chaque rapport sexuel, pour empêcher les spermatozoïdes de remonter du vagin vers l'utérus. *C'est le médecin qui prescrit le diaphragme qui correspond à la taille du col de l'utérus de chaque femme et, contrairement au préservatif, il peut être employé plusieurs fois.* ■ **Rem.** C'est une méthode ancienne peu utilisée de nos jours.

DIAPHRAGMER, ■ v. tr. [djafʁagme] (*diaphragme*) **Opt.** Installer un diaphragme sur un appareil d'optique. ■ V. intr. **Phot.** Réduire l'ouverture du diaphragme d'un appareil photographique. *Diaphragmer a pour but d'agrandir la profondeur de champ d'une prise de vue en limitant la quantité de lumière.*

DIAPHYSE, ■ n. f. [djafiz] (gr. *diaphusis*, interstice) **Méd.** Partie centrale d'un os long. *Une fracture de la diaphyse du fémur.*

DIAPIR, ■ n. m. [djapiʁ] (gr. *diapeirein*, transpercer) **Géol.** Pli géologique résultant de l'ascension de matériel plastique, généralement des roches salines, au travers de formations plus denses.

DIAPO, ■ n. f. [djapo] (abrév. de *diapositive*) Voy. DIAPOSITIVE.

DIAPORAMA, ■ n. m. [djapoʁama] (*diapositive* et *horama*, spectacle) Défilement en continu de diapositives, de photos, éventuellement accompagné de son.

DIAPOSITIVE, ■ n. f. [djapozitiv] (2 *dia-* et *positif*) Photo réalisée sur un support transparent d'après un cliché négatif, et destinée à une projection sur écran. *Passer ses diapositives de vacances.* ■ **Abrév.** Diapo.

DIAPRÉ, ÉE, p. p. de diaprer. [djapʁe] *Des ailes diaprées.*

DIAPRER, v. tr. [djapʁe] (anc. fr. *diaspre*, drap de soie à ramages, du lat. *jaspis*, jaspe) Varier de vives couleurs. ♦ Se diaprer, v. pr. Prendre diverses couleurs.

DIAPRUN, n. m. [djapʁœ̃] ou [djapʁɛ̃] (3 *dia-* et lat. *prunum*, prune) **Pharm.** Sorte d'électuaire où l'on incorpore les ingrédients à l'aide de la pulpe de pruneau.

DIAPRURE, n. f. [djapʁyʁ] (*diaprer*) État de ce qui est diapré.

DIARISTE, ■ n. m. et n. f. [djaʁist] (angl. *diarist*, du lat. *dies*, jour) Personne qui rédige un journal intime. « *En écrivant sa vie, le diariste envisage alors comme possible une lecture extérieure, même s'il ne le souhaite pas* », LEJEUNE.

DIARRHÉE, n. f. [djaʁe] (gr. *diarrhoia*, de *diarrhein*, couler çà et là) **Méd.** Flux de ventre, évacuation fréquente de matières alvines.

DIARRHÉIQUE, adj. [djaʁeik] (*diarrhée*) Qui a rapport à la diarrhée. *Flux diarrhéique.* ♦ N. m. *Un diarrhéique*, un malade affecté de diarrhée.

DIARTHROSE, n. f. [djaʁtʁoz] (2 *dia-* et *arthron*) **Anat.** Articulation qui permet aux os des mouvements en tous sens.

DIASCOPE, ■ n. m. [djaskɔp] (2 *dia-* et *-scope*) Appareil permettant de projeter une image. *Louis Lumière mit au point une visionneuse sous le nom de diascope.* ■ **Milit.** Instrument d'optique situé dans des engins blindés qui permet l'observation extérieure.

DIASCORDIUM, ■ n. m. [djaskɔʁdjɔm] (3 *dia-* et *skordion*) Électuaire dans lequel entrent les feuilles de scordium, et qui a des propriétés astringentes et sédatives.

DIASPORA, ■ n. f. [djaspoʁa] (mot gr. , dispersion) Situation des communautés juives dispersées à travers le monde. ■ **Par extens.** État de dispersion d'une communauté. *La diaspora chinoise.*

DIASTASE, n. f. [djastaz] (gr. *diastasis*, séparation) **Chir.** Espèce de luxation qui consiste dans la séparation ou écartement de deux os qui étaient contigus, par exemple du tibia et du péroné. ♦ **Chim.** Matière blanche, azotée, que l'on extrait de l'orge, de l'avoine, du blé, des pommes de terre. ■ **DIASTASIQUE**, adj. [djastazik]

DIASTOLE, n. f. [djastɔl] (gr. *diastolê*) Terme de physiologie opposé à *systole*. Dilatation active du cœur qui fait pénétrer le sang dans les oreillettes et de là dans les ventricules.

DIASTOLIQUE, adj. [djastolik] (*diastole*) Qui a rapport à la diastole.

DIASTYLE, n. m. [djastil] (2 *dia-* et *stulos*, colonne) **Archit.** Édifice dont les colonnes sont éloignées l'une de l'autre à la distance de trois diamètres de leur grosseur.

DIATHÈQUE, ■ n. f. [djatɛk] (*diapositive* et *-thèque*) Endroit où sont conservées des diapositives. *La diathèque du Centre de Beaubourg.*

DIATHERMANE ou **DIATHERMIQUE**, ■ adj. [djatɛʁman, djatɛʁmik] (2 *dia-* et *-germ.*, thermainein, échauffer) Qui transmet la chaleur. *Une paroi diathermane.* ■ **Rem.** On dit aussi *diatherme.*

DIATHERMIE, ■ n. f. [djatɛʁmi] (d'après l'all. *Diathermie*, de 2 *dia-* et *-thermie*) **Méd.** Procédé thérapeutique d'échauffement ou de destruction des tissus par voie interne en les traversant de courant alternatif de haute fréquence. *Diathermie médicale, chirurgicale.*

DIATHÈSE, n. f. [djatɛz] (gr. *diathesis*, action de placer çà et là) Disposition générale en vertu de laquelle un individu est atteint de plusieurs affections locales de même nature. ■ DIATHÉSIQUE, adj. [djastezik]

DIATOMÉE, ■ n. f. [djatome] (gr. *diatomos*, coupé en deux) **Bot.** Algue brune unicellulaire enveloppée dans une coque siliceuse bivalve, contribuant à former le plancton végétal. *Diatomées en eau douce ou salée. Diatomées pélagiques.*

DIATOMIQUE, ■ adj. [djatomik] (1 *di-* et *atomique*) **Chim.** Dont la molécule est formée de deux atomes. *Un gaz diatomique.*

DIATOMITE, ■ n. f. [djatomit] (de *diatomée*) **Géol.** Roche sédimentaire siliceuse composée de diatomées fossilisées utilisée dans l'industrie comme adjuvant de liquides divers, notamment alimentaires, comme absorbant, produit isolant et réfractaire. ■ DIATOMITIQUE, adj. [djatomitik]

DIATONIQUE, adj. [djatonik] (b. lat. *diatonicus*, gr. *diatonikos*) **Mus.** Qui procède par tons et demi-tons. *Chant diatonique.*

DIATONIQUEMENT, adv. [djatonik(ə)mã] (*diatonique*) Par degrés diatoniques.

DIATRAGACANTHE, n. m. [djatʀagakãt] (3 *dia-* et *tragakanthos*, arbrisseau qui produit cette gomme) **Pharm.** Poudre dont le principal ingrédient est la gomme adragante et qui est adoucissante.

DIATRIBE, n. f. [djatʀib] (gr. *diatribê*, occupation, discussion philosophique, de *diatribein*, user en frottant, passer le temps) Écrit, discours violent et injurieux ; critique amère.

DIAZOÏQUE, ■ adj. [djazoik] (1 *di-* et radic. de *azote*) **Chim.** Qui est doublement azoté. *La couche photosensible diazoïque est de couleur verte.* ■ N. m. Un produit diazoïque. *On se sert des diazoïques dans les colorants.*

DIBASIQUE, ■ adj. [dibazik] (1 *di-* et *base*) **Chim.** Qui contient deux fonctions de base. *Phosphate de potassium dibasique.*

DICARYON, ■ n. m. [dikaʀjõ] (1 *di-* et gr. *karuon,* noix, noyau) Altération de la reproduction chez les champignons, caractérisée par une cellule à deux noyaux. *Une phase à dicaryon plus ou moins longue.*

DICASTÈRE, ■ n. m. [dikastɛʀ] (gr. *dikasterion*, tribunal, de *dikazein*, prononcer un jugement) **Relig.** Dans la religion catholique, organe de la curie romaine : tribunal, office, congrégation. *Les chefs de dicastères étaient tout d'abord inamovibles.* ■ **Suisse** Subdivision de l'administration dans les communes.

DICENTRA, ■ n. f. [disãtʀa] (gr. *dikentros*, à deux aiguillons) **Bot.** Plante ornementale cultivée pour ses fleurs en forme de cœur appelée aussi cœur-saignant, cœur-de-Marie ou cœur-de-Jeannette, qui fleurit au printemps et dure jusqu'aux gelées.

DICHOGAME, ■ adj. [dikogam] (préf. gr. *dikho-*, de *dikha*, en deux, et -*game*) **Bot.** Se dit d'une plante dont la maturité du pistil et des étamines ne se fait pas simultanément. *Une plante hermaphrodite comporte les deux sexes, mâle et femelle, alors qu'une plante dichogame n'en a qu'un.*

DICHORÉE, ■ n. m. [dikoʀe] (*ch* se prononce *k* et non *ch* ; gr. *dikhoreios* [*pous*], pied)) Pied d'un vers grec ou latin composé de deux chorées.

DICHOTOME, adj. [dikotom] (*ch* se prononce *k* et non *ch* ; gr. *dikhotomos*, coupé en deux) **Zool.** Qui a le corps bifurqué. ◆ **Bot.** Qui se partage en deux. ◆ **Astron.** *La lune est dichotome quand on n'en voit que la moitié.*

DICHOTOMIE, n. f. [dikotomi] (*ch* se prononce *k* et non *ch* ; gr. *dikhotomia*, division en deux parties égales) **Bot.** Mode de division par deux des rameaux et des pédoncules sur la tige. ◆ **Astron.** Phase de la lune où elle ne montre que la moitié de son disque. ■ Division en deux.

DICHOTOMIQUE, adj. [dikotomik] (*dichotomie*) Qui se divise et se subdivise de deux en deux.

DICHROÏQUE, ■ adj. [dikʀoik] (*dichroïsme*) Qui change de couleur selon les conditions d'observation. *Une lampe, un miroir dichroïque.*

DICHROÏSME, ■ n. m. [dikʀoism] (angl. *dichroism,* du gr. *dikhroos*, de deux couleurs) Propriété de certains corps qui changent de coloration selon l'angle d'observation. *Le dichroïsme de certaines gemmes.*

DICLINE, ■ adj. [diklin] (1 *di-* et *cline*, série de sous-espèces : cf. *monocline*) **Bot.** Se dit d'une plante qui ne possède les organes que d'un seul sexe. *Une fleur dicline.*

DICO, ■ n. m. [diko] (apocope de *dictionnaire* et suff. -*o*) Voy. DICTIONNAIRE.

DICOTYLÉDONE, adj. [dikotiledɔn] (1 *di-* et *cotylédon*) **Bot.** Qui a deux lobes ou cotylédons. ◆ N. f. Plante dont l'embryon a deux lobes ou cotylédons.

DICOTYLÉDONÉ, ÉE, adj. [dikotiledone] (*dicotylédone*) Syn. de dicotylédone, adj. ◆ N. f. Syn. de dicotylédone.

DICOTYLÉDONIE, n. f. [dikotiledoni] (*dicotylédone*) **Bot.** Embranchement renfermant les plantes dicotylédones.

DICTAME, n. m. [diktam] (lat. *dictamnum*, gr. *diktamnon*, p.-ê. de *Dictê*, montagne de Crète) Plante labiée fort aromatique, qui passait chez les anciens pour un puissant vulnéraire. *Appliquer le dictame sur ses blessures.* ◆ **Fig.** « Ma raison par ta bouche a reçu son dictame », P. CORNEILLE.

DICTAMEN, n. m. [diktamɛn] (*en* se prononce *ènn* et non *in* ; lat. *dictamen*) *Le dictamen de la conscience,* ce que dicte la conscience.

DICTAMNE, n. m. [diktamn] (lat. *dictamnum, dictame*) **Bot.** Nom d'un genre de plantes de la famille des rutacées, écrit à tort *dictame* par certains auteurs.

DICTAPHONE, ■ n. m. [diktafɔn] (radic de *dicter* et -*phone*) Magnétophone de bureau permettant d'enregistrer ce que l'on souhaite retranscrire par écrit.

DICTAT, ■ n. m. [diktat] Voy. DIKTAT.

DICTATEUR, n. m. [diktatœʀ] (lat. *dictator*) Magistrat souverain qu'on nommait à Rome en certaines circonstances critiques ; son pouvoir était absolu et fixé à une durée légale de six mois. ◆ **Fam.** *Ton de dictateur,* ton impérieux, absolu. ◆ Nom donné à quelques chefs qui réunissent temporairement tous les pouvoirs en leurs mains. ■ Chef d'État qui exerce le pouvoir de façon absolue, sans aucun contrôle. ■ On dit aussi *une dictatrice.*

DICTATORIAL, ALE, adj. [diktatoʀjal] (lat. *dictator*) Qui appartient au dictateur. *Des pouvoirs dictatoriaux.* ■ DICTATORIALEMENT, adv. [diktatoʀjal(ə)mã]

DICTATURE, n. f. [diktatyʀ] (lat. *dictatura*) Dignité, pouvoir de dictateur, à Rome. ◆ Temps pendant lequel on exerçait la dictature. ◆ Pouvoir absolu remis temporairement entre les mains d'un homme ou d'une assemblée. ■ État gouverné par un dictateur.

DICTÉ, ÉE, p. p. de dicter. [dikte]

DICTÉE, n. f. [dikte] (p. p. fém. substantivé de *dicter*) Action de dicter. *Faire une dictée à des écoliers. Écrire sous la dictée.* ◆ Ce qui a été dicté. *Il y a bien des fautes d'orthographe dans cette dictée.*

DICTER, v. tr. [dikte] (lat. *dictare*) Prononcer plus ou moins lentement et à haute voix ce qu'on fait écrire au fur et à mesure par quelqu'un. *Dicter une lettre, un thème.* ◆ Absol. « *Ne dictez point, cela fatigue* », MME DE SÉVIGNÉ. ◆ **Fig.** Suggérer, en parlant de paroles, de discours, d'écrits. *On a dicté à cet accusé toutes ses réponses.* ◆ Prescrire, imposer. *La raison nous dicte cela.*

DICTION, n. f. [diksjõ] (le *t* se prononce comme *s* ; lat. *dictio*) Manière de dire, de débiter un discours, des vers. ◆ Manière de dire, eu égard au choix et à l'arrangement des mots. *Une diction pure.* ◆ Mot. « *Des synonymes sont plusieurs dictions qui signifient une même chose* », LA BRUYÈRE. ◆ Ce sens a vieilli.

DICTIONNAIRE, n. m. [diksjonɛʀ] (lat. médiév. *dictionarium*, de *dictio*, génit. *dictionis*) Recueil des mots d'une langue, des termes d'une science, d'un art, rangés par ordre alphabétique ou autre, avec leur signification. ◆ *Traduire à coups de dictionnaire,* ne pas être encore familiarisé avec une langue. ◆ **Fig.** *Un dictionnaire vivant,* un homme très érudit. ■ **Abrév.** Dico. ■ *Dictionnaire de langue,* qui donne le sens du mot, son emploi dans la langue. ■ *Dictionnaire encyclopédique,* qui donne le sens du mot et développe des informations sur les choses et idées désignées par le mot. ■ *Dictionnaire bilingue,* qui traduit un mot d'une langue dans une autre langue. ■ *Dictionnaire de spécialité,* qui ne traite du vocabulaire que d'une spécialité.

DICTIONNAIRIQUE, ■ adj. [diksjonɛʀik] (*dictionnaire*) Qui concerne les dictionnaires et plus particulièrement leur élaboration en tant que produit. ■ N. f. Étude des dictionnaires en tant que produit. « *La notion de dictionnairique circonscrit le domaine qui a pour objet et pour finalité le genre dictionnaire et inclut toutes les problématiques dont relève, en tout ou partie, chaque réalisation particulière* », QUEMADA.

DICTON, n. m. [diktõ] (lat. *dictum,* mot) Mot, sentence qui a passé en proverbe. *Un dicton populaire.* ◆ Mot plaisant, mot piquant contre quelqu'un. *Donner à chacun son dicton.*

DICTUM, n. m. [diktɔm] (lat. *dictum,* sentence, ordre) Dispositif d'un jugement, d'un arrêt. ◆ Au pl. *Des dictums.*

DICTYOPTÈRE, ■ n. m. [diktjoptɛʀ] (gr. *diktuon,* filet, et -*ptère*) **Entomol.** Ordre d'insecte dont les représentants les plus connus sont les blattes et les mantes.

DIDACTHÈQUE, ■ n. f. [didaktɛk] (*didacticiel* et -*thèque*) Lieu où sont conservés des didacticiels.

DIDACTICIEL, ■ n. m. [didaktisjɛl] (*didactique* et *logiciel*) Logiciel permettant un enseignement assisté par ordinateur.

DIDACTIQUE, adj. [didaktik] (gr. *didaktikos*) Qui est propre à l'enseignement, qui sert à l'instruction. *Le genre didactique. L'Art poétique de Boileau est un poème didactique.* ◆ Qui appartient à une science. *Les termes didactiques.* ◆ **N. m.** *Le didactique,* le langage, le genre didactique. ◆ **N. f.** *La didactique,* l'art d'enseigner. ■ DIDACTISME, n. m. [didaktism]

DIDACTIQUEMENT, adv. [didaktik(ə)mɑ̃] (*didactique*) D'une manière didactique.

DIDACTYLE, ■ adj. [didaktil] (1 *di-* et gr. *daktulos*, doigt) **Zool.** Se dit d'un animal qui possède deux doigts. *Un fourmilier didactyle.*

DIDASCALIE, n. f. [didaskali] (gr. *didaskalia*, enseignement, de *didaskein*, instruire) Chez les Grecs, instruction donnée par le poète aux acteurs ; travail critique sur le nombre et l'époque des pièces jouées. ◆ Chez les Latins, note placée en tête d'une pièce de théâtre et indiquant l'origine de la pièce, l'époque de la représentation, etc. ■ Indication de mise en scène dans le texte d'une pièce de théâtre.

DIDJERIDOO ou **DIDJÉRIDOO**, ■ n. m. [didʒeridu] (mot australien) Instrument de musique à vent des aborigènes australiens fabriqué avec une branche d'eucalyptus rendue creuse par les termites, dénudée de son écorce et dont le bout le plus mince est recouvert d'un cercle de cire d'abeille pour faire office de bec. ■ REM. On écrit aussi *didgeridoo.*

DIDYME, adj. [didim] (gr. *didumos*, double) **Bot.** Qui est formé de deux parties plus ou moins arrondies et réunies par un point de leur périphérie.

DIDYNAME, adj. [didinam] (1 *di-* et gr. *dunamis*, puissance) **Bot.** *Étamines didynames,* étamines qui sont au nombre de quatre, dont deux plus longues que les autres et semblant les dominer. ◆ *Plante didyname,* plante appartenant à la didynamie.

DIDYNAMIE, n. f. [didinami] (*didyname*) Classe du système de Linné qui renferme les plantes à étamines didynames.

DIÈDRE, adj. [dijɛdʀ] (1 *di-* et *-èdre*) *Angle dièdre,* angle formé par la rencontre de deux plans. ■ **N. m.** **Géom.** Figure formée par l'intersection de deux demi-plans.

DIEFFENBACHIA, ■ n. m. [difɑ̃bakja] (*Dieffenbach*) **Bot.** Plante d'intérieur ornementale appelée aussi plante des sourds-muets, à grandes feuilles vertes marbrées de blanc.

DIÉGÈSE, ■ n. f. [djeʒɛz] (gr. *diêgêsis*, récit) Univers spatiotemporel auquel se rattache l'histoire narrée par un récit. *La diégèse d'un film.*

DIÉLECTRIQUE, ■ adj. [dielɛktʀik] (2 *dia-* et *électrique*) **Phys.** Qui ralentit ou supprime la conduction électrique. *Un matériau diélectrique.* ■ **N. m.** **Phys.** Substance isolante qui peut emmagasiner de l'énergie électrostatique caractérisée par sa permittivité ou constante diélectrique. *L'air est un diélectrique homogène.*

DIENCÉPHALE, ■ n. m. [diɑ̃sefal] (2 *dia-* et *encéphale*) **Anat.** Partie du cerveau située entre les hémisphères formés de l'épiphyse, de l'hypothalamus et du thalamus. *Dans le diencéphale se situe le dispositif qui règle la veille et le sommeil.* ■ DIENCÉPHALIQUE, adj. [diɑ̃sefalik]

DIÉRÈSE, n. f. [djeʀɛz] (gr. *diairesis*, division en deux parties) **Gramm. grecq.** et **gramm. lat.** Division d'une diphtongue. ◆ On donne aussi ce nom au signe qui indique la diérèse, au tréma.

DIERGOL, ■ n. m. [diɛʀɡɔl] (1 *di-* et *ergol*) **Astronaut.** Propergol composé de deux ergols liquides emmagasinés séparément et utilisé pour la propulsion des fusées. ■ REM. On dit aussi *biergol.*

DIÉSÉ, ÉE, p. p. de diéser. [djeze] Marqué d'un dièse.

DIÈSE, n. m. [djɛz] (gr. *diesis*, intervalle) **Mus.** Signe qui indique qu'il faut hausser la note d'un demi-ton. ◆ Adj. *Note dièse,* note marquée d'un dièse.

DIESEL ou **DIÉSEL**, ■ n. m. [djezɛl] (*Diesel,* 1858-1913, ingénieur allemand qui a imaginé ce moteur) Moteur thermique fonctionnant au gasoil, et caractérisé par un allumage par compression et une alimentation par injection. ■ En appos. *Moteur diesel. Des locomotives diesel.* ■ Par méton. Véhicule équipé de ce moteur.

DIÉSÉLISER, ■ v. tr. [djezelize] (*diesel*) **Autom.** Équiper un véhicule d'un moteur diesel, un moyen de communication. *Ce réseau de chemin de fer a été diéselisé.* ■ DIÉSÉLISATION, n. f. [djezelizasjɔ̃] *La diéselisation du réseau ferré non électrifié.*

DIÉSÉLISTE, ■ n. m. et n. f. [djezelist] (*diesel*) Personne spécialisée dans le montage, l'entretien, la réparation des moteurs diesel. *Une équipe de diésélistes. Une mécanicienne diéséliste.*

DIÉSER, v. tr. [djeze] (*dièse*) Marquer une note d'un dièse, la hausser d'un demi-ton. ◆ Se diéser, v. pr. Être diésé.

DIES IRAE, ■ n. m. [djɛsiʀe] (*ae* se prononce é ; lat. , jour de colère) **Relig.** Séquence de la messe des morts, évocatoire du Jugement dernier. ■ Composition musicale sur ce thème.

DIESTER, ■ n. m. [diɛstɛʀ] (nom déposé formé sur *diesel* et *ester*) **Techn.** Biocarburant réalisé à partir d'huile de colza utilisable sur tous les véhicules diesel adaptés.

1 **DIÈTE**, n. f. [djɛt] (lat. *diæta,* gr. *diaita,* genre de vie, régime) Manière d'employer régulièrement tout ce qui est nécessaire pour conserver la vie, soit dans la santé, soit dans la maladie. ◆ Régime qui consiste surtout dans l'abstention des aliments. *Il fut mis à la diète.* ◆ Privation de nourriture.

2 **DIÈTE**, n. f. [djɛt] (lat. médiév. *dieta,* journée de marche, de travail, du lat. *dies*) En chancellerie romaine, le chemin qu'on peut faire en un jour, évalué à dix lieues. ◆ Assemblée où l'on règle les affaires publiques, en certains États. ◆ Assemblée de tous les chapitres de certains ordres religieux.

DIÉTÉTICIEN, IENNE, ■ n. m. et n. f. [djetetisjɛ̃, jɛn] (*diététique*) **Méd.** Spécialiste en diététique.

DIÉTÉTIQUE, adj. [djetetik] (gr. *diaitêtikos*) **Méd.** Qui concerne la diète. *Régime diététique.* ◆ N. f. Branche de la médecine qui s'occupe des règles à suivre dans la diète.

DIÉTÉTISTE, ■ n. m. et n. f. [djetetist] (*diététique*) **Québec** Professionnel de la diététique.

DIÉTHYLÉNIQUE, ■ adj. [dietilenik] (1 *di-* et *éthylène*) **Chim.** Qui contient deux doubles fonctions éthyléniques dans sa molécule.

DIÉTINE, n. f. [djetin] (2 *diète*) Diète particulière. *Les diétines de Pologne.*

DIEU, n. m. [djø] (lat. *deus*) Nom du principe, unique ou multiple, qui dans toutes les religions est placé au-dessus de la nature. ◆ L'Être infini, créateur et conservateur du monde dans la religion chrétienne, et aussi dans le mahométisme, le judaïsme et le déisme. ◆ Quand Dieu signifie le créateur du monde, il prend un grand *D* ; dans les autres cas il prend un petit *d.* ◆ *Il est devant Dieu,* il est mort. ◆ *Par la grâce de Dieu,* formule qu'emploient les princes souverains pour indiquer qu'ils tiennent leur pouvoir de Dieu. ◆ **Adj.** *L'Homme-Dieu,* Jésus-Christ, par allusion au mystère de l'Incarnation. ◆ **Fam.** *Cela va comme il plaît à Dieu, cela va Dieu sait comme,* se dit d'une affaire dont la conduite est négligée. ◆ *S'il plaît à Dieu, avec l'aide de Dieu, Dieu aidant,* se dit pour exprimer le désir, l'espoir qu'on a de réussir. ◆ *Dieu merci, grâce à Dieu,* se dit pour exprimer le contentement. ◆ *C'est un homme de Dieu, tout en Dieu,* se dit d'un homme fort pieux. ◆ *Devant Dieu, Dieu m'est témoin, Dieu m'en est témoin, sur mon Dieu,* formules d'affirmation. ◆ *Plaise à Dieu ! Plût à Dieu ! Dieu le veuille !* Locutions qui expriment le désir. ◆ *À Dieu ne plaise !* Locution exprimant la crainte. ◆ *Dieu vous bénisse, Dieu vous assiste, Dieu vous entende, Dieu vous soit en aide,* façon qu'on emploie quand quelqu'un éternue, et aussi pour adoucir le refus qu'on fait à un pauvre de lui donner l'aumône. ◆ *Pour l'amour de Dieu,* dans la seule vue de plaire à Dieu, et par suite sans aucun intérêt. ◆ *Pour l'amour de Dieu,* signifie aussi je vous prie en grâce. ◆ *Comme pour l'amour de Dieu,* exprime qu'une chose a été dite ou faite à contrecœur. ◆ Locutions archaïques conservées où Dieu est joint sans préposition au mot qu'il détermine. *La Fête-Dieu,* la fête du Saint-Sacrement. *Hôtel-Dieu,* nom donné à l'hôpital principal de plusieurs villes. ◆ Interjections où le nom de Dieu est employé. *Dieu ! Mon Dieu ! Grand Dieu ! Juste Dieu ! Bon Dieu ! Pour Dieu !* ◆ *Jour de Dieu,* exclamation de colère, d'indignation. ◆ *Dieu me pardonne,* exclamation par laquelle on s'excuse de quelque chose qu'on a fait ou qu'on allait faire, ou par laquelle on exprime aussi surprise, indignation. ◆ Avec un article ou autre déterminatif, Dieu considéré à un point de vue particulier. *Le Dieu des Juifs. Le Dieu des chrétiens. Le Dieu d'Abraham.* ◆ *Le Dieu vivant, Dieu, l'Éternel. Le Dieu fort, le Dieu jaloux, le Dieu des armées,* noms que Dieu a dans l'Écriture sainte. ◆ *Le bon Dieu,* Dieu, et par extens. l'hostie consacrée et particulièrement le viatique. *Porter, recevoir le bon Dieu.* ◆ *Un homme du bon Dieu,* un homme simple, doux, crédule. ◆ *Dieu,* être surhumain du polythéisme qui présidait au gouvernement d'une classe de phénomènes, d'un domaine de la nature. *Les douze grands dieux, Jupiter, Mars, Neptune, etc.* ◆ *Les dieux de la Fable,* les dieux du polythéisme, considérés comme appartenant non plus à une religion, mais à la mythologie. ◆ *En dieu,* comme un être divin. ◆ **Fam.** *Comme un dieu,* très bien, parfaitement. *Il parle comme un dieu.* ◆ *Dieux ! Justes dieux ! Grands dieux ! Bons dieux !* Loc. interj. dont on se sert pour exprimer des sentiments très divers. ◆ *Jurer ses grands dieux,* affirmer avec de grandes protestations. ◆ *Demi-dieu,* être surhumain d'un ordre inférieur dans le polythéisme, ou homme né d'un dieu et d'une mortelle, comme Hercule. ◆ **Par extens.** Héros, homme supérieur à l'humanité. « *C'est par elle [la justice] qu'un roi se fait un demi-dieu* », P. CORNEILLE. ◆ **Par extens.** *Les dieux de la terre,* les rois, les puissants du jour. ◆ Personnage qui excite l'enthousiasme, la vénération, l'amour. « *Il est le dieu du peuple* », P. CORNEILLE. ◆ Celui qui a une grande supériorité dans un art. *Le dieu de la poésie.* ◆ **Fig.** L'objet d'un culte. *L'argent est le dieu du jour.* ◆ *Faire son dieu,* se faire un dieu de quelqu'un ou de quelque chose, avoir pour quelqu'un, pour quelque chose un attachement excessif. ◆ **Prov.** *Ce que femme veut, Dieu le veut,* les femmes viennent ordinairement à bout de ce qu'elles veulent. ◆ *La voix du peuple est la voix de Dieu*, d'ordinaire le sentiment général est fondé sur la vérité. ◆ *L'homme propose et Dieu dispose*, l'issue de ce que l'homme projette est dans les mains de Dieu. ▪ Fam. *On lui donnerait le bon Dieu sans confession*, il a toutes les apparences d'une personne innocente. ▪ *Beau comme un dieu*, très beau, en parlant d'un homme.

DIEUDONNÉ, n. m. [djødɔne] (*dieu* et *donné*) Donné de Dieu, surnom attribué à des fils de princes dont la naissance est regardée comme une faveur directe du ciel.

DIFFA, ▪ n. f. [difa] (mot ar.) Festivités réservées aux hôtes de marque dans la tradition musulmane du Maghreb. « *Partout on donnait à Tartarin des fêtes splendides, des diffas* », DAUDET.

DIFFAMABLE, adj. [difamabl] (*diffamer*) Qui peut être diffamé ; qui mérite d'être diffamé.

DIFFAMANT, ANTE, adj. [difamã, ãt] (*diffamer*) Qui diffame ; qui flétrit la réputation.

DIFFAMATEUR, TRICE, n. m. et n. f. [difamatœr, tris] (*diffamer*) Personne qui diffame par ses discours et par ses écrits.

DIFFAMATION, n. f. [difamasjɔ̃] (b. lat. *diffamatio*, action de divulguer) ◆ Action de diffamer. ◆ Dr. Allégation d'un fait précis qui porte atteinte à l'honneur et à la considération.

DIFFAMATOIRE, adj. [difamatwar] (*diffamation*) Qui nuit publiquement à la réputation de quelqu'un. *Un écrit diffamatoire*.

DIFFAMÉ, ÉE, p. p. de diffamer. [difame] Héral. *Lion diffamé*, lion sans queue. ◆ *Armes diffamées*, armes dont on a retranché quelque pièce, ou auxquelles on a joint quelque chose de déshonorant.

DIFFAMER, v. tr. [difame] (lat. *diffamare*, divulguer, diffamer) Attaquer dans la réputation. *On l'a diffamé dans des libelles*. ◆ Faire perdre la réputation. ◆ Déshonorer. ◆ Se diffamer, v. pr. Se faire tort dans l'opinion publique, se salir.

DIFFÉRÉ, ÉE, p. p. de différer. [difere] Renvoyé à un autre temps. ◆ Prov. *Ce qui est différé n'est pas perdu*. ▪ EN DIFFÉRÉ, loc. adj. et loc. adv. Qui est retransmis sur les ondes après l'enregistrement (par opposition à *en direct*) *Un match en différé*.

DIFFÉREMMENT, adv. [diferamã] (*différent*) D'une manière différente. ◆ Avec un complément. *Les princes agissent différemment des particuliers*.

DIFFÉRENCE, n. f. [diferãs] (lat. *differentia*) État de ce qui est différent, de ce qui est autre. *La différence de ces deux objets*, d'un objet à un autre ou avec un autre, ou comme d'un objet à un autre. « *Les mortels sont égaux, ce n'est pas la naissance, C'est la seule vertu qui fait la différence* », VOLTAIRE. ◆ *Faire sentir la différence de* ou *entre*, mettre de la différence entre, connaître, apprécier, distinguer. ◆ À LA DIFFÉRENCE DE, loc. prép. Faisant d'une manière différente, faisant autrement. *À la différence de ces philosophes qui, etc.* ◆ Log. Ce qui distingue entre elles les espèces d'un même genre. *La définition est composée du genre et de la différence*. ◆ Math. Excès de grandeur, de longueur, de quantité, de poids d'une chose sur une autre. ◆ Dans les marchés des effets publics à terme, différence qui existe entre le prix d'achat et le prix de vente, ou entre le prix de vente et celui de rachat.

DIFFÉRENCIATEUR, TRICE, ▪ adj. [diferãsjatœr, tris] (*différencier*) Qui marque la différence. *Une stratégie commerciale différenciatrice permet de se distinguer de la concurrence*.

DIFFÉRENCIATION ou **DIFFÉRENTIATION**, ▪ n. f. [diferãsjasjɔ̃] (*différencier*) Action de différencier, fait de se différencier, résultat de cette action. ▪ Biol. Diversification des propriétés fonctionnelles des cellules, des éléments organiques d'un être vivant, au cours de leur développement.

DIFFÉRENCIÉ, ÉE, p. p. de différencier. [diferãsje]

DIFFÉRENCIER, v. tr. [diferãsje] (*différence*) Séparer par une différence. *L'accent grave sert à différencier certains mots*. ◆ Se différencier, v. pr. Être distingué, caractérisé.

DIFFÉREND, n. m. [diferã] (var. de *différent*) Contestation sur quelque point déterminé. *Un différend s'était élevé entre nous*. ◆ Le différend qui s'élève au sujet du prix demandé et du prix offert, quand il s'agit d'achats. ◆ *Partager le différend*, diviser par moitié la différence qui est entre les deux prix. ▪ REM. Aujourd'hui, le mot s'applique exclusivement à un conflit entre des personnes.

DIFFÉRENT, ENTE, adj. [diferã, ãt] (*différer*) Qui diffère, qui est autre. *Ils sont différents d'humeur et de langage*. « *Que vous le trouverez différent de lui-même !* », LA FONTAINE. *Être d'avis différent*. ◆ *Cela est différent*, locution familière qui s'emploie pour exprimer qu'on ne s'attendait pas à ce qui est dit ou voulu. ◆ Avec un nom au pluriel, plusieurs, certains. *Différentes personnes me l'ont dit*.

DIFFÉRENTIATION, ▪ n. f. [diferãsjasjɔ̃] Voy. DIFFÉRENCIATION.

DIFFÉRENTIÉ, ÉE, p. p. de différentier. [diferãsje]

DIFFÉRENTIEL, IELLE, adj. [diferãsjɛl] (lat. *differentia*) Math. Qui procède par différences infiniment petites. *Quantité différentielle*. ◆ *Calcul différentiel*, calcul dans lequel les accroissements des variables sont considérés comme infiniment petits ◆ N. f. Accroissement infiniment petit d'une quantité variable. ◆ *Droit différentiel*, taxe douanière qui varie selon la provenance des marchandises. ◆ Techn. Train d'engrenage permettant la transmission d'un mouvement de rotation à deux arbres pouvant tourner à des vitesses différentes. ▪ Autom. Dispositif ayant pour but de modifier la vitesse de rotation des roues. ▪ Pourcentage qui exprime l'écart entre deux variables. *Un différentiel salarial*.

DIFFÉRENTIER, v. tr. [diferãsje] (lat. scolast. *differentiare*, distinguer par la différence) Math. Calculer certaines propriétés d'une courbe, etc. d'après les différences infiniment petites qui existent entre deux positions successives et fort rapprochées de ses coordonnées. ◆ Prendre la différentielle.

1 **DIFFÉRER**, v. tr. [difere] (lat. *differre*, remettre) Remettre à un autre temps. ◆ V. intr. Tarder à. *On ne doit pas différer à bien vivre*. ◆ On le construit aussi avec la préposition *de* et un infinitif. ◆ Absol. *Demain, sans différer, etc.* ◆ Se différer, v. pr. Être renvoyé à un autre temps.

2 **DIFFÉRER**, v. intr. [difere] (lat. *differre*, être différent) Être autre, n'être pas le même. « *Tous les hommes sont fous, et, malgré tous leurs soins, Ne diffèrent entre eux que du plus ou du moins* », BOILEAU. ◆ *Différer d'opinion, d'avis*, et absol. *différer*. *Différer du blanc au noir*.

DIFFICILE, adj. [difisil] (lat. *difficilis*) Qui n'est pas facile. *Une chose difficile à dire*. *Il est difficile à contenter*. *Il est difficile de contenter tout le monde*. ◆ *Difficile* se dit aussi des lieux, chemins, fleuves dont le parcours n'est pas commode. ◆ Qui donne peine, effort, labeur. *Travail difficile*. *Un problème difficile à résoudre*. ◆ Qui donne du tourment. *Une situation difficile*. ◆ *Temps difficiles*, les temps de troubles, de misère et de guerre. ◆ *Homme difficile, difficile à vivre*, homme d'un caractère exigeant, capricieux, peu accommodant. ◆ *Cheval difficile*, cheval ombrageux. ◆ *Cheval difficile à ferrer*, cheval qui résiste quand on veut le ferrer. ◆ Fig. *Il est difficile à ferrer*, se dit d'un homme qui se laisse difficilement persuader, conduire. ◆ Qui est d'une délicatesse exigeante. *Être difficile sur le choix des mots, des mets, etc.* ◆ N. m. et n. f. Faire le difficile, la difficile.

DIFFICILEMENT, adv. [difisil(ə)mã] (*difficile*) Avec difficulté, avec peine.

DIFFICULTÉ, n. f. [difikylte] (lat. *difficultas*) Qualité de ce qui est difficile. *La difficulté des chemins, d'un travail*. ◆ Manque de facilité. *Il ne parle qu'avec difficulté*. ◆ Chose difficile. « *Les difficultés sont le champ des vertus* », ROTROU. ◆ Obscurité d'un texte. ◆ Passage difficile d'un morceau de musique. ◆ Traverse, opposition. *Je n'y vois point de difficulté*. *Cette affaire est pleine de difficultés*. ◆ Objection, chose embarrassante. « *J'ai besoin de conseil dans ces difficultés* », P. CORNEILLE. « *Il me vient une difficulté dans l'esprit* », PASCAL. « *Ce qui tranche toute difficulté* », BOSSUET. ◆ *Faire de la difficulté, faire difficulté*, être sujet à objection, en parlant des choses. ◆ *Faire difficulté de quelque chose*, élever des objections à l'encontre, avoir de la répugnance, du scrupule à s'en mêler. ◆ Différend, contestation. *Avoir une difficulté avec quelqu'un*. ◆ SANS DIFFICULTÉ, loc. adv. Sans empêchement, sans faire objection. ▪ EN DIFFICULTÉ, loc. adj. et loc. adv. Dans une situation dont l'issue n'est possible qu'au prix de grands efforts. *Sa prise de position m'a mis en difficulté*. *Proposer de nouveaux exercices aux enfants en difficulté*.

DIFFICULTUEUX, EUSE, adj. [difikyltɥø, øz] (radic. de *difficulté*) Qui est enclin à élever ou faire des difficultés à tout propos. *Un homme difficultueux*. *Un caractère difficultueux*.

DIFFLUENCE, ▪ n. f. [diflyãs] (*diffluent*) Division d'un cours d'eau en plusieurs bras ne se rejoignant jamais. *La diffluence d'un fleuve*. ▪ Fig. *La diffluence d'une pensée anarchique*.

DIFFLUENT, ENTE, ▪ adj. [diflyã, ãt] (lat. *diffluens*, p. prés. de *diffluere*) Qui diverge à d'autres directions et se disperse. *La circulation diffluente au sortir des autoroutes*.

DIFFORME, adj. [difɔrm] (lat. médiév. *difformis*, du lat. *deformis*) Dont la forme irrégulière est laide et déplaisante. *Visage difforme*. ◆ *Ce bâtiment est difforme*, il est construit sans symétrie, sans art. ◆ Fig. *Rien n'est plus difforme que le vice*.

DIFFORMÉ, ÉE, p. p. de difformer. [difɔrme]

DIFFORMER, v. tr. [difɔrme] (lat. médiév. *difformare*, du lat. *deformare*) ▷ Dénaturer la forme propre d'une monnaie, d'une médaille. ◁

DIFFORMITÉ, n. f. [difɔrmite] (lat. médiév. *difformitas*, du lat. *deformitas*) Vice de la conformation extérieure du corps qui la rend contraire aux conditions de beauté propres à l'espèce. *Les difformités de la taille*. ◆ Fig. « *La difformité d'une âme en qui le péché habite* », MASSILLON.

DIFFRACTÉ, ÉE, p. p. de diffracter. [difrakte] *Rayon diffracté*.

DIFFRACTER, v. tr. [difrakte] (radic. de *diffraction*) Opérer la diffraction.

DIFFRACTIF, IVE, adj. [difʀaktif, iv] (rad. de *diffraction*) ▷ Qui produit la diffraction. ◁

DIFFRACTION, n. f. [difʀaksjɔ̃] (lat. *diffractum*, supin de *diffringere*, briser) Phys. Inflexion que les rayons lumineux éprouvent, lorsque, en passant près des extrémités d'un corps, ils s'écartent de leur route directe. ■ Par extens. *Diffraction des ondes hertziennes.*

DIFFUS, USE, adj. [dify, yz] (lat. *diffusus*, p. p. de *diffundere*, répandre) Qui est répandu au travers. *La force par laquelle nous agissons est diffuse dans tout le corps.* ◆ *Anévrisme diffus*, tumeur formée par le sang épanché hors d'une artère blessée. *Phlegmon diffus*, non circonscrit. ◆ Bot. *Plantes diffuses*, plantes qui étalent leurs ramifications. ◆ Phys. *Lumière diffuse*, lumière répandue, bien que la source dont elle émane soit voilée. ◆ Qui délaye, étend la pensée outre mesure. *Un avocat, un écrivain diffus. Langage, style diffus.*

DIFFUSÉMENT, adv. [difyzemɑ̃] (*diffus*) D'une manière diffuse, en délayant outre mesure la pensée.

DIFFUSER, ■ v. tr. [difyze] (*diffus*) Répandre uniformément dans toutes les directions. *Radiateur qui diffuse de la chaleur.* ■ Par anal. Propager par différents moyens auprès du public. *Diffuser un journal, des idées.* ■ Spécialt Transmettre au moyen des ondes hertziennes. *Concert diffusé à la radio.* ■ V. intr. Se répandre en tous sens. *Médicament qui diffuse dans un organisme.*

DIFFUSEUR, EUSE, ■ n. m. et n. f. [difyzœʀ, øz] (*diffuser*) Appareil permettant la diffusion d'une substance, d'un gaz. *Diffuseur de parfum.* ■ Personne qui a pour tâche la diffusion de journaux, de livres, de films, etc.

DIFFUSION, n. f. [difyzjɔ̃] (lat. *diffusio*) Phys. L'action de se répandre. *La diffusion de la lumière, du son.* ◆ Par extens. *La diffusion de la richesse.* ◆ Méd. Diffusion d'un médicament ou d'un poison, sa distribution moléculaire à travers tous les tissus par la circulation ou l'assimilation. ◆ Défaut du langage, du style diffus. ■ Ensemble des activités permettant de diffuser les livres, les journaux, les disques. ■ Retransmission à la radio, à la télévision.

DIFFUSIONNISME, ■ n. m. [difyzjɔnism] (*diffusion*) Théorie anthropologique de la hiérarchisation des cultures, des civilisations, selon laquelle une culture majeure se développe au détriment des autres. *Si deux éléments culturels se trouvent dans deux endroits différents, le diffusionnisme laisse penser que l'une des deux civilisations l'a emprunté à l'autre.*

DIFFUSIONNISTE, ■ adj. [difyzjɔnist] (*diffusionnisme*) Qui est relatif au diffusionnisme. *Une théorie diffusionniste sur les langues écrites.* ■ N. m. et n. f. Partisan du diffusionnisme. *Un, une diffusionniste.*

DIGAMMA, n. m. [digama] (mot gr., double *gamma* en raison de la forme de ce signe) Signe que les Éoliens plaçaient en tête des mots commençant par une voyelle, ou entre deux voyelles dans le corps du mot, et équivalait dans les autres dialectes grecs à l'esprit rude, dans le latin au *v* ou au *f*. ■ Au pl. *Des digammas.*

DIGASTRIQUE, adj. [digastʀik] (1 *di-* et gr. *gastèr*, ventre) Anat. Qui a deux parties charnues réunies par un tendon intermédiaire. ◆ *Le muscle digastrique* et n. m. *le digastrique*.

DIGÉRANT, ANTE, adj. [diʒeʀɑ̃, ɑ̃t] (*digérer*) Qui digère. « *La faculté digérante étant anéantie chez moi* », VOLTAIRE.

DIGÉRÉ, ÉE, p. p. de digérer. [diʒeʀe]

DIGÉRER, v. tr. [diʒeʀe] (lat. *digerere*, distribuer) Mettre en ordre. « *L'histoire qu'il avait digérée dès l'origine du monde* », BOSSUET. ◆ Transmuer par la digestion les aliments introduits dans l'estomac. ■ Absol. *Il digère bien.* ◆ Pharm. *Faire digérer une substance*, en extraire par digestion un principe utile. ◆ Fig. Mener à maturité par un travail de l'esprit comparé à la digestion de l'estomac. « *J'ai conçu, digéré, produit un stratagème* », MOLIÈRE. « *Pour bien lire, il faut digérer la lecture* », RACINE. ◆ Absol. *Un digne qui dévore plus qu'il ne digère.* ◆ Supporter en silence quelque chose de fâcheux. *Digérer sa disgrâce.* ◆ En ce sens, il se construit avec *que* et le subjonctif. « *Nous avons peine à digérer que tel ou tel depuis si longtemps nous rendent de mauvais offices* », BOURDALOUE. ◆ Il se construit aussi avec *de*. « *Il ne pouvait digérer de voir les livres méprisés du public* », RACINE. ◆ *Cela est dur à digérer*, difficile à supporter ou à croire. ◆ Se digérer, v. pr. Être digéré. Fig. Être médité. *Ces lectures se digèrent.* ◆ Être supporté, accepté.

DIGEST, ■ n. m. [diʒɛst] (de l'angl. [*to*]*digest*, dresser un sommaire) Résumé d'un article, d'un livre. ■ Publication contenant de tels résumés. *Des rédacteurs sont chargés de réduire des romans, des essais, etc., pour les différents digests de ce groupe de presse.*

DIGESTE, n. m. [diʒɛst] (lat. *digesta*, pl. neutre du p. p. de *digerere* ; *digérer*) Nom du recueil de décisions des jurisconsultes composé par l'ordre de l'empereur Justinien, qui lui donna force de loi. *Le Digeste se nomme aussi les Pandectes.* ■ Adj. Facile à digérer, au propre et au figuré. *Son dernier roman n'est pas très digeste.*

DIGESTEUR, n. m. [diʒɛstœʀ] (lat. *digestus*) Vase de cuivre très épais, hermétiquement fermé, qui est propre à cuire promptement les viandes et à dissoudre la gélatine des os. ■ Chim. Appareil servant à dissoudre certaines substances. ■ Techn. Cuve d'assainissement permettant la décantation des boues des eaux usées et des déjections animales pour la production de méthane.

DIGESTIBILITÉ, n. f. [diʒɛstibilite] (*digestible*) Qualité de ce qui est digestible.

DIGESTIBLE, adj. [diʒɛstibl] (b. lat. *digestibilis*) Qui peut être digéré ; qui se digère facilement. *Aliment digestible.*

DIGESTIF, IVE, adj. [diʒɛstif, iv] (b. lat. *digestivus*) Anat. Qui sert à la digestion. *Appareil digestif*, ensemble des organes qui concourent à l'accomplissement de la digestion. ◆ Qui aide à la digestion. *Poudre digestive.* ◆ N. m. *L'eau de Seltz est un digestif.* ◆ Pharm. Qui aide à la suppuration des plaies. *Onguent digestif.* ◆ N. m. *Un digestif.* ◆ Eau-de-vie, liqueur que l'on boit à la fin d'un repas.

DIGESTION, n. f. [diʒɛstjɔ̃] (lat. *digestio*, distribution, digestion) Fonction caractérisée par la dissolution, la liquéfaction et l'absorption des aliments venus du dehors, avec déjection des résidus. ◆ Élaboration des aliments dans les voies digestives. *Digestion pénible. Troubler la digestion.* ◆ Fig. *Cela est de dure digestion*, cela est difficile à souffrir, à croire, à surmonter, etc. ◆ *Ce livre est de dure digestion*, il est difficile à entendre ou pénible à lire. ◆ Pharm. Séjour d'une substance médicinale dans un liquide propre à en extraire quelques principes à l'aide d'une température plus élevée que celle de l'atmosphère.

DIGICODE, ■ n. m. [diʒikɔd] (marque déposée, de *digital* et *code*) Clavier électronique placé à l'entrée d'un immeuble, et sur lequel doit être composé un code alphanumérique qui déclenche l'ouverture de la porte.

DIGITAL, ALE, adj. [diʒital] (lat. *digitalis*, de la grosseur du doigt) Anat. Qui appartient aux doigts. *Nerfs digitaux.* ◆ N. m. Champignon. ■ Adj. Techn. Qui se fait au moyen de chiffres (par opposition à *analogique*). *Affichage digital.* ■ REM. On préfère utiliser le terme *numérique.*

DIGITALE, n. f. [diʒital] (*digital*) Plante de la famille des *scrofulariées*, ainsi dite de la forme de sa corolle, qui ressemble à un doigtier renversé. ◆ *Digitale pourprée, doigtier, gantelée, doigt de Notre-Dame.*

DIGITALINE, n. f. [diʒitalin] (*digitale*) Chim. Principe actif de la digitale pourprée.

DIGITALISER, ■ v. tr. [diʒitalize] (*digital*) Inform. Convertir des informations sous forme de données numériques. *Des données digitalisées.* ■ REM. Recommandation officielle : *numériser.*

DIGITÉ, ÉE, adj. [diʒite] (lat. *digitus*, doigt) Qui est en forme de doigt. *Racine digitée.* ◆ Bot. Découpé en forme de doigts, en parlant de feuilles composées de plus de trois folioles. ◆ N. m. pl. *Les digités*, ordre de mammifères, contenant ceux qui ont les doigts libres aux quatre pieds.

DIGITIFORME, ■ adj. [diʒitifɔrm] (lat. *digitus*, doigt et *-forme*) Qui a la forme d'un doigt. *Un appendice tumoral digitiforme.*

DIGITIGRADE, adj. [diʒitigʀad] (lat. *digitus* et *gradi*) Zool. Qui marche sur le bout des doigts. ■ N. m. Nom des carnassiers carnivores qui marchent sur les doigts seulement.

DIGITOPUNCTURE ou **DIGITOPONCTURE**, ■ n. f. [diʒitopɔ̃ktyʀ] (lat. *digitus*, doigt et *-puncture*) Pratique de la médecine douce, dérivée de l'acupuncture, par pression des doigts sur certaines zones du corps. *Une séance de digitoponcture.*

DIGLOSSIE, ■ n. f. [diglosi] (1 *di-* et *glôssa*, langue) État de bilinguisme d'un individu, d'une communauté, qui place la langue indigène en situation de subordination par rapport à la langue dominante. *La diglossie français-malgache.*

DIGNE, adj. [diɲ] ou [dinj] (lat. *dignus*) Qui mérite, en parlant des personnes. *Digne de récompense. Digne d'être admiré.* « *Il est faux que nous soyons dignes que les autres nous aiment* », PASCAL. ◆ Qui mérite, en parlant des choses. *Conduite digne d'éloges. Langage digne d'être applaudi.* ◆ *Digne de créance, digne de foi*, se dit des personnes et des choses. ◆ En mauvaise part. *Il est digne de punition.* ◆ Absol. Honnête, honorable, capable ; en ce sens, *digne* se met toujours avant son substantif. *Un digne homme. Il a laissé cette affaire dans de dignes mains.* ◆ Cependant, si *digne* est modifié par quelque autre mot, on peut le mettre après son substantif. *Un homme si digne.* ◆ On le dit aussi des choses ; et alors il se met encore après son substantif. *Une conduite digne.* ◆ Convenable, mérité ; en ce sens, il se met avant son substantif. « *On regarde sa mort comme un digne supplice* », P. CORNEILLE. ◆ Qui est en rapport, qui a de la convenance, de la conformité avec. *Un fils digne de son père. Il montra une vertu digne de sa naissance.* ◆ Grave, noble, fier, en parlant du ton, des manières ; en ce sens, il se met toujours après son substantif. *Un air digne.* ◆ Il se dit quelquefois par dénigrement d'une affectation d'importance. *Elle a un petit air digne qui me déplaît.*

DIGNEMENT, adv. [diɲəmɑ̃] ou [diɲnəmɑ̃] (*digne*) D'une manière digne, méritée, en bonne et aussi en mauvaise part. *Il a été dignement récompensé, puni.* ◆ Convenablement, très bien. « *Toute philosophie ne parle pas dignement de Dieu,* », LA BRUYÈRE.

DIGNITAIRE, n. m. [diɲitɛʀ] ou [diɲitɛʀ] (radic. de *dignité*) Personnage revêtu d'une dignité. *Les grands dignitaires de l'État.* ◆ Il se dit au féminin dans les communautés religieuses. *Les dignitaires,* les religieuses revêtues des principaux offices.

DIGNITÉ, n. f. [diɲite] ou [diɲite] (lat. *dignitas*) Fonction éminente dans l'État ou l'Église. *La dignité royale, épiscopale.* ◆ En quelques églises, certains bénéfices auxquels est annexée quelque juridiction ecclésiastique, quelque prééminence ou quelque fonction particulière dans le chapitre, comme celle de prévôt, doyen, trésorier, archidiacre, etc. ou dans le chœur, comme celle de chantre, etc. ◆ Se dit des choses où l'on sent éminence et noblesse. *Il comprit toute la dignité de son sujet.* ◆ En parlant des personnes. « *Toute la dignité de l'homme est en la pensée* », PASCAL. ◆ Respect qu'on se doit à soi-même. *Compromettre sa dignité.* ◆ Gravité dans les manières. *Des manières pleines de dignité. Un air de dignité.* ◆ Affectation d'importance, de grandeur. *Son air de dignité fait rire.*

DIGRAMME, n. m. [digʀam] (1 *di-* et *-gramme*) Gramm. Groupe de deux lettres dont la valeur pourrait s'exprimer par un seul caractère. *Ph* pour *f* est un digramme.

DIGRAPHIE, ▪ n. f. [digʀafi] (1 *di-* et *-graphie*) Comptab. Tenue des livres de comptabilité en partie double. *La digraphie s'oppose à l'unigraphie.*

DIGRESSER, ▪ v. intr. [digʀese] (radic. de *digression*) S'écarter du sujet au cours d'un discours ou d'un écrit. *Ses explications étaient longues et confuses et il ne cessait de digresser vers des souvenirs personnels.* « *Je vous dois des comptes, tant pis si je digresse un peu!* », CÉLINE.

DIGRESSION, n. f. [digʀesjɔ̃] (lat. *digressio*, action de s'éloigner, de s'écarter) Astron. Écartement apparent des planètes par rapport au soleil. ◆ Ce qui dans un discours s'éloigne du sujet. *Faire une digression. S'égarer dans des digressions.*

DIGUE, n. f. [dig] (moy. néerl. *dijc*) Levée en terre ou en maçonnerie pour contenir des eaux. ◆ Se dit aussi de portions de terrain qui jouent le rôle de digues. « *La mer rompant ses digues sépara la terre* », FÉNELON. ◆ **Fig.** Obstacle. « *Les passions rompirent les digues de la justice* », FLÉCHIER.

DIHOLOSIDE, ▪ n. m. [diolozid] (1 *di-* et *holoside*) Chim. Condensation de deux molécules d'oses ou de dérivé d'ose par formation entre chacune d'elles d'une liaison éther. *Il y a les diholosides réducteurs et non réducteurs. Le lactose est un diholoside, c'est-à-dire une association de deux sucres simples dont le résultat est l'union d'une molécule de galactose et de glucose.*

DIKTAT ou **DICTAT** ▪ n. m. [diktat] (on prononce le *t* final ; mot all. , du lat. *dictare*, dicter) Situation imposée par une nation victorieuse à une autre. *Le diktat de Versailles a été signé en 1919.* ▪ **Par extens.** Exigence absolue, indiscutable. *Les diktats de la mode.*

DILACÉRATION, n. f. [dilaseʀasjɔ̃] (b. lat. *dilaceratio*) Action de dilacérer, déchirement. *La dilacération d'un papier, de la peau par un corps vulnérant.*

DILACÉRÉ, ÉE, p. p. de dilacérer. [dilaseʀe]

DILACÉRER, v. tr. [dilaseʀe] (lat. *dilacerare*) Mettre en pièces. *Dilacérer un acte, la peau.* ◆ Se dilacérer, v. pr. Être dilacéré.

DILAPIDATEUR, TRICE, adj. [dilapidatœʀ, tʀis] (*dilapider*) Qui dilapide. *Un ministre dilapidateur.* ▪ N. m. et n. f. *C'est un dilapidateur.*

DILAPIDATION, n. f. [dilapidasjɔ̃] (b. lat. *dilapidatio*) Action de dilapider. *La dilapidation des finances de l'État.*

DILAPIDÉ, ÉE, p. p. de dilapider. [dilapide]

DILAPIDER, v. tr. [dilapide] (lat. *dilapidare*, cribler de pierres, jeter de tous côtés, de *lapis*, pierre) Dissiper par une dépense excessive et sans règle. *Dilapider les finances.*

DILATABILITÉ, n. f. [dilatabilite] (*dilatatable*) Phys. Propriété de se dilater.

DILATABLE, adj. [dilatabl] (*dilater*) Phys. Qui est susceptible de dilatation.

DILATANT, ANTE, adj. [dilatɑ̃, ɑ̃t] (*dilater*) Phys. Qui produit la dilatation. ◆ N. m. Chir. Nom donné à des corps qui servent à dilater ou à tenir libres certaines ouvertures.

DILATATEUR, n. m. [dilatatœʀ] (*dilater*) Chir. Nom de certains instruments qui servent soit à tenir libres les canaux naturels ou des trajets accidentels, soit à les dilater. ◆ Adj. *Muscles dilatateurs* ou n. m. *les dilatateurs,* muscles qui, lorsqu'ils se contractent, dilatent les cavités aux parois desquelles ils ont leurs insertions. ▪ Au f. *L'aubépine a une action dilatatrice sur les coronaires.*

DILATATION, n. f. [dilatasjɔ̃] (b. lat. *dilatatio*, extension) Action de dilater. *La dilatation d'un ballon.* ◆ Chir. Agrandissement contre nature d'un canal ou d'une ouverture, comme dans les anévrismes, les varices. ◆ Procédé opératoire qui a pour but d'augmenter ou de rétablir le calibre d'un canal, d'entretenir le trajet de certaines fistules. ◆ Augmentation dans tous les sens qu'éprouvent les corps qui sont soumis à l'action de la chaleur. ◆ Fig. Expansion du cœur. « *Il faut recevoir ces dons de Dieu avec dilatation* », BOSSUET.

DILATATOIRE, n. m. [dilatatwaʀ] (*dilater*) Syn. peu usité de dilatateur.

DILATÉ, ÉE, p. p. de dilater. [dilate]

DILATER, v. tr. [dilate] (lat. *dilatare*, élargir, étendre, de *latus*, large) Rendre plus ample, plus large. *Dilater un ballon.* ◆ Phys. Augmenter le volume d'un corps par l'influence de la chaleur. ◆ Fig. *Dilater ses voies,* étendre le cercle de ses idées, de ses actions. ◆ Fig. *Dilater le cœur,* le rendre plus content, plus accessible aux bons sentiments. ◆ Se dilater, v. pr. Être dilaté. *L'air se dilate par la chaleur.* ◆ Devenir plus large. *La prunelle de l'œil se dilate.* ◆ S'étendre. « *Le nouveau peuple se dilate jusqu'aux extrémités de la terre* », BOSSUET. ◆ Fig. S'épancher.

DILATOIRE, adj. [dilatwaʀ] (b. lat. jurid. *dilatorius*, de *dilatum*, supin de *differre*, retarder) Dr. Qui fait différer, gagner du temps ; qui tend à retarder le jugement d'un procès. *Moyen dilatoire.* ◆ Dans le langage général. « *Les formes dilatoires de la prudence* », NODIER.

DILATOMÈTRE, ▪ n. m. [dilatomɛtʀ] (*dilater* et *-mètre*) Techn. Appareil servant à mesurer la dilatation. *Un dilatomètre de contrôle à tige. On a déterminé les variations de volume à l'aide d'un dilatomètre.*

DILAYÉ, ÉE, p. p. de dilayer. [dileje]

DILAYER, v. tr. [dileje] (anc. fr. *delaiier*, de *délai*, avec infl. de *dilatoire*) Renvoyer à un temps plus éloigné. ◆ Absol. User de remise. ◆ Peu usité.

DILECTION, n. f. [dilɛksjɔ̃] (lat. chrét. *dilectio*) Terme de dévotion. Tendresse qui chérit. *La dilection du prochain.* « *Un enfant de dilection* », MASSILLON. ◆ Titre ou qualité qui se donnait en Allemagne aux électeurs. *Sa Dilection.*

DILEMME, n. m. [dilɛm] (gr. *dílêmma*, de *di* et *lêmma*, proposition) Argument présentant deux propositions contradictoires dont on laisse l'alternative à l'adversaire, certain que l'une comme l'autre le convaincra. *Poser un dilemme.* ▪ Fait d'être obligé de choisir entre deux partis s'excluant l'un l'autre. *Se trouver face à un dilemme.*

DILETTANTE, n. m. [diletɑ̃t] (ital. *dilettante*) Amateur de musique, surtout de musique italienne. ◆ Par extens. Celui qui s'occupe d'une chose en amateur. ▪ Au pl. *Des dilettantes.* ▪ REM. On trouvait également le pluriel italien *des dilettanti* autrefois.

DILETTANTISME, n. m. [diletɑ̃tism] (*dilettante*) Goût très vif pour la musique, surtout pour la musique italienne.

DILIGEMMENT, adv. [diliʒamɑ̃] (*diligent*) Avec soin, attention. ◆ Avec diligence, avec promptitude.

DILIGENCE, n. f. [diliʒɑ̃s] (lat. *diligentia*) Soin attentif et appliqué. ◆ *Faire ses diligences, toutes ses diligences,* apporter beaucoup de soin. ◆ Dr. *À la diligence d'un tel,* sur la demande et la requête formée par une personne. On dit aussi : *Poursuites et diligences d'un tel.* ◆ Activité qu'on apporte dans l'exécution d'une chose. *Ll mit peu de diligence à faire un si court trajet. Il faut user de diligence.* ◆ *Faire diligence,* se dépêcher, se hâter. ◆ EN DILIGENCE, loc. adv. Promptement, en toute hâte. ◆ Résumé écrit de la leçon du prêtre que font, parmi les élèves du catéchisme, ceux qui sont les plus diligents. ◆ Voiture publique de voyage. ◆ *C'est la diligence embourbée,* se dit d'une personne trop lente dans ce qu'elle fait. ◆ Les personnes qui sont dans une diligence. *La diligence dîne en tel endroit.*

DILIGENT, ENTE, adj. [diliʒɑ̃, ɑ̃t] (lat. *diligens*) Qui a de la diligence, qui s'applique avec attention. *Un écolier diligent. Diligent en ses affaires.* ◆ Qui a le caractère de la diligence, en parlant des choses. *Des soins diligents.* ◆ Qui fait avec activité et rapidité. *Ouvrière diligente. Il est diligent à exécuter les ordres qu'on lui donne.* ◆ Dr. *Partie la plus diligente,* celle qui agit la première dans une poursuite dont le droit lui était commun avec d'autres. ◆ Rapide, en parlant des choses. *Des pas diligents.*

DILIGENTÉ, ÉE, p. p. de diligenter. [diliʒɑ̃te]

DILIGENTER, v. tr. [diliʒɑ̃te] (*diligent*) Presser quelqu'un de mettre de la diligence, presser. *Diligenter une affaire.* ◆ Absol. Mettre de l'activité. *Il faut diligenter.* ◆ Se diligenter, v. pr. Mettre de la diligence à ce qu'on fait.

DILUANT, ▪ n. m. [dilɥɑ̃] ou [diljɑ̃] (*diluer*) Liquide destiné à diluer un vernis, une peinture, pour en faciliter l'application. *L'essence de térébenthine est employée comme diluant.*

DILUÉ, ÉE, p. p. de diluer. [dilɥe] ou [dilye]

DILUER, v. tr. [dilɥe] ou [dilye] (lat. *diluere*, détremper, délayer) Étendre d'eau une liqueur quelconque. ◆ Séparer par la suspension dans l'eau les parties des corps plus divisées d'avec les plus grossières. ◆ Se diluer, v. pr. Être étendu d'eau. ▪ V. tr. Fig. Rendre moins fort, atténuer.

DILUTION, n. f. [dilysjɔ̃] (*diluer* ; b. lat. *dilutio*, action de se justifier) Action d'étendre d'eau une liqueur, une dissolution. ◆ Opération par laquelle les homéopathes atténuent la dose d'un médicament.

DILUVIAL, ALE, adj. [dilyvjal] (b. lat. *diluvialis*, d'inondation) Syn. de diluvien. ▪ Rem. Au pluriel *diluviaux*. ▪ Qui se rapporte au diluvium. *Des dépôts diluviaux.*

DILUVIEN, IENNE, adj. [dilyvjɛ̃, jɛn] (lat. *diluvium*) Géol. Qui a rapport au déluge. *Roches diluviennes.* ◆ Dépôt diluvien ou diluvial, dépôt de sable, d'argile, de gravier à gros grains, dont la formation est due à d'anciens courants considérables. ◆ *Terrains diluviens*, ceux qui ont été formés par les alluvions antérieures aux temps historiques. ◆ Fig. *Pluie diluvienne*, pluie très abondante.

DILUVIUM, n. m. [dilyvjɔm] (lat. *diluvium*, déluge) Matière des alluvions antérieures aux temps historiques.

DIMANCHE, n. m. [dimɑ̃ʃ] (lat. chrét. *dies dominicus*, jour du Seigneur) Le premier jour de la semaine, celui qui est consacré aux exercices de dévotion chez les chrétiens. *Observer, sanctifier le dimanche.* ◆ Fig. Jour de fête, de plaisir. *Là tous les jours sont des dimanches.* ◆ *Le dimanche gras*, celui qui précède le mercredi des Cendres. ◆ *Dimanche* se dit quelquefois pour un temps à venir indéterminé, surtout en parlant à celui qui fait actuellement ce qu'on ne lui demande pas et qu'il n'a pas le temps de faire. *Tu parleras dimanche.* ◆ *Air de dimanche*, air de fête, de gaieté. ◆ « *Tel qui rit vendredi dimanche pleurera* », RACINE. ▪ *Habits, vêtements du dimanche*, tenue de cérémonie.

DÎME ou **DIME**, n. f. [dim] (lat. *decima* [*pars*]) Prélèvement qui se faisait sur les Juifs du dixième des fruits de la terre pour offrir au Seigneur ou pour donner aux lévites. ◆ Prélèvement que l'Église ou le seigneur faisait sur les récoltes, et qui en était ordinairement le dixième. *Lever, payer la dîme.* ◆ Fig. *Lever la dîme*, faire un prélèvement non permis.

DIMENSION, n. f. [dimɑ̃sjɔ̃] (lat. *dimensio*, mesurage) Étendue d'un corps en tous sens. *Les corps ont trois dimensions longueur, largeur et profondeur.* ◆ Fig. *Prendre ses dimensions*, prendre toutes ses mesures pour exécuter une chose. ◆ ▷ *Timbre de dimension*, timbre tarifé en raison de la dimension du papier, par opposition à *timbre proportionnel*. ◁ ◆ Rapport d'un objet artificiel avec le même objet pris en nature. *La dimension d'un portrait.* ◆ Fig. Aspect selon lequel on considère quelque chose. *La dimension historique d'un événement.* ▪ Math. Représentation en une, deux, trois dimensions, par une ligne, une surface, dans l'espace. ▪ Rem. On dit aussi en 3D pour trois dimensions et pour toute représentation en volume. ◆ *La quatrième dimension*, le temps, d'après la théorie de la relativité. ▪ Fig. *La quatrième dimension*, situation qui semble irréelle. *Cette soirée était incroyable, on se serait cru dans la quatrième dimension !*

DIMENSIONNEL, ELLE, ▪ adj. [dimɑ̃sjɔnɛl] (*dimension*) Qui est relatif à la dimension de quelque chose. *Une mesure dimensionnelle faite au millimètre près.*

DIMENSIONNEMENT, ▪ n. m. [dimɑ̃sjɔn(ə)mɑ̃] (*dimensionner*) Calcul des dimensions d'un objet. *Les dimensionnements des diverses armoires présentées.* ▪ Fig. L'importance donnée à une catégorie. *Le dimensionnement de certains types de populations.*

DIMENSIONNER, v. tr. [dimɑ̃sjɔne] (*dimension*) Établir les dimensions d'une chose pour l'adapter à son utilisation. *Dimensionner une image insérée dans un article.* ▪ Donner de l'importance à certaines catégories. *Il faudrait dimensionner les répercussions de la déforestation sur l'habitat de certaines espèces animales.*

DÎMER ou **DIMER**, v. intr. [dime] (*dîme*) ▷ Lever la dîme. *Dîmer dans un champ, sur un vignoble.* ◆ Fig. Faire un prélèvement. ◁

DIMÈRE, ▪ n. m. [dimɛʀ] (1 *di-* et *-mère*) Chim. Molécule issue de la combinaison de deux molécules semblables. *Un dimère de protéine.*

DÎMEUR ou **DIMEUR**, n. m. [dimœʀ] (*dîme* ; du lat. médiév. *decimator*) ▷ Celui qui était commis au prélèvement de la dîme. ◁

DIMINUÉ, ÉE, p. p. de diminuer. [diminɥe] ou [diminye] Archit. Colonne diminuée, colonne qui va en se rétrécissant de bas en haut. ◆ Mus. Intervalles diminués, intervalles rendus plus petits au point de n'être plus consonants. *Une quinte diminuée.*

DIMINUENDO, adv. [diminɥɛndo] ou [diminyɛndo] (*en se prononce enn et non in* ; mot ital. , de *diminuire*, lat. *diminuere*) Mus. En diminuant. Indique qu'il faut passer du *forte* au *piano* par une gradation insensible. ◆ N. m. *Un diminuendo.* ▪ Rem. On prononçait autrefois [diminyɛ̃do].

DIMINUER, v. tr. [diminɥe] ou [diminye] (lat. *diminuere*, mettre en morceaux) Rendre moindre. ◆ V. intr. Devenir moindre, se réduire, baisser, s'affaiblir. *La rivière, la fièvre a diminué.* ◆ Maigrir. *Cet enfant diminue.* ◆ Se diminuer, v. pr. Devenir moindre.

DIMINUTIF, IVE, adj. [diminytif, iv] (*diminuer* ; du b. lat. gramm. *deminutivus*) Gramm. Qui affaiblit ou adoucit l'idée, en parlant de certains dérivés par rapport au mot dont ils proviennent : *fillette* est une expression diminutive. ◆ N. m. *Un diminutif.* ◆ Il se dit d'un objet qui est en petit ce qu'un autre est en grand. « *Des diminutifs de la foudre* », DESCARTES.

DIMINUTION, n. f. [diminysjɔ̃] (*diminuer* ; du lat. *deminutio*) Action de devenir moindre, de rendre moindre. *Diminution des prix, de la fièvre, etc.* ◆ Absol. *Diminution de prix. Demander, obtenir une diminution.* ◆ Archit. Le rétrécissement d'une colonne, depuis son tiers jusqu'au haut du fût.

DIMINUTIVEMENT, adv. [diminytiv(ə)mɑ̃] (*diminutif*) D'une façon diminutive, en diminutif.

DIMISSOIRE, n. m. [dimiswaʀ] (lat. médiév. *dimissorius*, qui renvoie) Lettre par laquelle un évêque consent qu'un de ses diocésains soit consacré par un autre évêque. *Obtenir un dimissoire.* ◆ On a dit aussi, mais moins correctement, *démissoire.*

DIMISSORIAL, ALE, adj. [dimisɔʀjal] (radic. de *dimissorius*) Qui a rapport à un dimissoire. *Lettres dimissoriales.* ▪ Au pl. *Avis dimissoriaux.*

DIMORPHE, adj. [dimɔʀf] (1 *di-* et gr. *morphê*, forme) Biol. Qui est susceptible de prendre deux formes différentes. ◆ Minér. *Substance dimorphe*, substance qui peut donner des cristaux appartenant à deux systèmes différents.

DIMORPHIE n. f. ou **DIMORPHISME**, n. m. [dimɔʀfi, dimɔʀfism] (*dimorphe*) Propriété qu'ont certains corps de présenter deux formes cristallines différentes et incompatibles géométriquement. ▪ Biol. Fait de se présenter sous deux formes différentes. ▪ *Dimorphisme sexuel*, ensemble des formes différentes qui font distinguer le mâle d'une femelle au sein d'une même espèce, indépendamment des organes de reproduction.

DINANDERIE, n. f. [dinɑ̃d(ə)ʀi] (radic. de *dinandier*) Ustensiles de cuivre jaune, tels que des poêlons, des chaudrons, des plaques, etc.

DINANDIER, IÈRE, n. m. et n. f. [dinɑ̃dje, jɛʀ] (*Dinant*, ville de Belgique) Marchand ou fabricant d'ouvrages de dinanderie.

DINAR, ▪ n. m. [dinaʀ] (mot ar.) Ancienne monnaie d'or arabe. *Dinar islamique.* ◆ Par anal. Unité monétaire en cours dans certains pays (Algérie, Irak, Tunisie, etc.).

DÎNATOIRE ou **DINATOIRE**, adj. m. [dinatwaʀ] (*dîner*) Usité seulement dans : *déjeuner dînatoire*, déjeuner qui sert en même temps de dîner. ▪ Qui tient lieu de repas. *Buffet, apéritif dînatoire.*

DINDE, n. f. [dɛ̃d] (*d'Inde*) Poule d'Inde, femelle du dindon. ◆ Fig. et fam. *Une dinde*, une femme sans intelligence [1]. ◆ ▷ N. m. Par abus, *dindon. Un gros dindon.* ◁ ▪ Rem. 1 : Il est péjoratif dans ce sens.

DINDON, n. m. [dɛ̃dɔ̃] (*dinde*) Coq d'Inde, gros oiseau de basse-cour, de l'ordre des gallinacés. ◆ *Garder les dindons*, vivre relégué à la campagne. ◆ *Je n'ai pas gardé les dindons avec lui*, il est plus grossièrement familier que nos relations ne l'y autorisent. ◆ *Bête, colère, gourmand comme un dindon*, d'une façon grossière. ◆ Fam. *Il en sera le dindon, il sera le dindon de la farce*, il sera dupe dans cette affaire. ◆ ▷ Fig. *C'est un dindon, un franc dindon*, c'est un homme stupide. ◁

DINDONNEAU, n. m. [dɛ̃dɔno] (*dindon*) Jeune dindon, jeune dinde.

DINDONNER, v. tr. [dɛ̃dɔne] (*dindon*) Fam. *Attraper, traiter comme un dindon*, duper. *Se laisser dindonner.*

DINDONNIER, IÈRE, n. m. et n. f. [dɛ̃dɔnje, jɛʀ] (*dindon*) ▷ Celui, celle qui garde les dindons. ◁ ▪ Adj. « *La dindonnière gent* », LA FONTAINE. ▪ N. m. Élevage de dindons.

DINE, ▪ n. f. [din] Voy. DAINE.

DÎNÉ ou **DINÉ**, n. m. [dine] Voy. DÎNER.

DÎNÉE ou **DINÉE**, n. f. [dine] (p. p. substantivé de *dîner*) ▷ Le dîner que l'on fait à l'auberge. *Il nous en a coûté tant pour la dînée.* ◆ Le lieu où l'on s'arrête pour dîner en voyage. ◁

1 **DÎNER** ou **DINER**, v. intr. [dine] (lat. *disjunare*) Prendre le repas qui se prenait jadis et qui se prend encore à la campagne et dans certaines villes à midi. *Bien dîner, mal dîner*, faire un bon, un mauvais dîner. ◆ Aujourd'hui, à Paris et ailleurs, prendre le repas qui se prend de cinq heures à sept heures du soir. ◆ *Dîner de*, manger à son repas. *Nous dînâmes de soupe et de bouilli.* ◆ Fam. En parlant d'un homme incommode, ennuyeux. « *Il me semble que j'ai dîné quand je le vois !* », MOLIÈRE. ◆ *Dîner* à l'infinitif, pris substantivement. « *Il a raison de faire grand cas du dîner et du dormir* », VOLTAIRE. ◆

Prov. *Qui dort dîne*, le sommeil tient lieu de nourriture. ■ Prendre le repas du soir. *Je l'ai invité à dîner.*

2 DÎNER ou **DINER**, n. m. [dine] (1 *dîner*) Repas qui se faisait autrefois et qui à la campagne et dans certaines villes se fait encore vers midi. ◆ Repas qui se fait aujourd'hui de cinq à sept heures du soir. ◆ *Déjeuner-dîner*, Voy. DÉJEUNER. ◆ Tout ce qui compose un dîner. *Un grand dîner.* ■ Repas du soir. *Il s'est couché après le dîner.* ■ **REM.** Graphie ancienne : *dîné.*

DÎNETTE ou **DINETTE**, n. f. [dinɛt] (dim. de *dîner*) Petit repas réel ou simulé que font les enfants en jouant. *Faire la dînette.* ◆ Par méton. Service de table miniature utilisé par les enfants pour jouer. ■ **Par extens.** et **fam.** Petit repas, pris même entre adultes. *Faire la dînette devant la télé.*

DÎNEUR, EUSE ou **DINEUR, EUSE**, n. m. et n. f. [dinœr, øz] (*dîner*) Personne qui assiste à un dîner comme convive. ◆ Personne qui fait du dîner son principal repas. ◆ *Un beau dîneur*, un grand mangeur.

DING, ■ interj. [diŋ] (onomat.) Son produit par une sonnette, une clochette. *Ding, ding, dong*, son produit par un carillon.

DINGHY ou **DINGHIE**, ■ n. m. [diŋgi] (mot angl.) Canot pneumatique de sauvetage. *Des dinghys, des dinghies de survie.* ■ Canot de plaisance et de course, à voile ou à moteur. *Des courses de dinghys, de dinghies.*

1 DINGO, ■ adj. m. [dɛ̃go] (*dingue* et suff. *-o*[ʁ]) **Fam.** Un peu fou. *La foule est devenue dingo, ma parole !*

2 DINGO, ■ n. m. [dɛ̃go] (angl., d'une langue vernaculaire d'Australie) **Zool.** Chien sauvage australien au pelage roux. *Le dingo ressemble au renard.*

DINGUE, ■ adj. [dɛ̃g] (prob. *dinguer*) **Fam.** Fou, bizarre, saugrenu. *Un projet dingue. Devenir complètement dingue.* ■ N. m. et n. f. *C'est un endroit de dingues.*

DINGUER, ■ v. tr. [dɛ̃ge] (radic. onomat. *ding*) **Fam.** Dans l'expr. *envoyer dinguer*, faire en sorte que soit bousculée, jetée, malmenée une personne ou une chose, avec violence ou sans soin. *Envoyer dinguer des vêtements sales. Envoyer dinguer quelqu'un lors d'une bagarre.*

DINGUERIE, ■ n. f. [dɛ̃g(ə)ʁi] (*dinguer*) **Fam.** Action, pensée un peu folle. *Cet achat inutile, une dinguerie de plus !*

DINORNIS, ■ n. m. [dinɔrnis] (gr. *deïnos*, effrayant et *ornis*, oiseau) **Zool.** et **paléont.** Oiseau géant préhistorique de l'ère tertiaire ressemblant à un émeu. *Le dinornis est voisin de l'autruche.*

DINOSAURE, ■ n. m. [dinozɔr] (gr. *deinos*, effrayant, et *sauros*, lézard) Grand reptile fossile de l'ère secondaire, dont les espèces étaient très diversifiées. ■ **Fig.** Personnage reconnu comme faisant autorité dans un domaine depuis de nombreuses années. *Les dinosaures du rock.*

DIOCÉSAIN, AINE, n. m. et n. f. [djosezɛ̃, ɛn] (*diocèse*) Celui, celle qui est du diocèse. ◆ Adj. *Clergé diocésain.* ◆ *Évêque diocésain* et n. m. *le diocésain*, l'évêque du diocèse.

DIOCÈSE, n. m. [djosɛz] (gr. *dioikêsis*, administration d'une maison) Nom de circonscriptions administratives établies dans l'Asie Mineure par les Romains. ◆ Grande sous-division de l'empire romain, sous Constantin, dont chacune était gouvernée par un vicaire. ◆ Étendue du pays sous la juridiction d'un évêque.

DIODE, ■ n. f. [djɔd] (1 *di-*, et *hodos*, route) Dispositif électronique utilisé comme redresseur de courant alternatif. *Diode à semi-conducteur.* ■ *Diode électroluminescente*, qui émet des radiations lumineuses et qui est utilisée pour un affichage électronique.

DIODON, ■ n. m. [dijodɔ̃] (1 *di-* et *-odon*) **Zool.** Poisson dit aussi *poisson porc-épic* ou *poisson armé*, hérissé de piquants, et qui possède la faculté de se gonfler dans le but d'effrayer en cas de danger perçu. *Les diodons ont des dents qui broient les coquillages.*

DIŒCIE, n. f. [dijesi] (1 *di-* et gr. *oikia*, maison) Classe du système de Linné, qui renferme les plantes dont les fleurs mâles sont sur un pied et les fleurs femelles sur un autre. ■ **REM.** *œ* se prononce *é.*

DIŒCIQUE, adj. [dijesik] (*diœcie*) Appartenant à la diœcie, ayant rapport à la diœcie. *Le chanvre est une plante diœcique.*

DIOÏQUE, adj. [djoik] (*diœcie*) **Bot.** Qui est relatif à la disposition des fleurs mâles et femelles sur deux individus différents, indépendamment de toute classification. *Une plante dioïque* et n. f. *une dioïque.*

DIONÉE, n. f. [djone] (gr. *Diônê*) **Bot.** La sensitive d'Amérique, plante dont les feuilles, en forme de coquille, se contractent au moindre attouchement.

DIONYSIAQUE, adj. [djonizjak] (gr. *dionusiakos*) **Antiq.** Qui concerne Bacchus. ◆ **N. f. pl.** *Les Dionysiaques* ou *Dionysies*, fêtes que les Grecs célébraient en l'honneur de Bacchus. ◆ Adj. **Philos.** Tourné vers la démesure, à l'instar de Dionysos, et à l'inverse d'Apollon. *Le principe dionysiaque consiste à prôner l'ivresse de l'irrationnel.*

DIONYSIEN, ENNE, ■ adj. [djonizjɛ̃, jɛn] (gr. *Dionusos*, dieu du vin) Qui concerne Dionysos. *Mystères dionysiens.* ■ **Philos.** Qui présente un caractère de démesure, d'enthousiasme exubérant. *Nietzsche a établi la dualité entre l'équilibre apollinien et la démesure dionysienne.* ■ N. m. et n. f. Habitant, habitante des endroits de France nommés ou commençant par Saint-Denis. ■ Adj. *La population dionysienne.*

DIOPSIDE, ■ n. m. [djɔpsid] (gr. *diopsis*, action de voir à travers) **Minér.** Silicate constitué de calcium, magnésium, silicium et oxygène, et appartenant aux groupe des pyroxènes. *Les cristaux blancs du diopside.*

DIOPTRE, ■ n. m. [djɔptʁ] (gr. *dioptrion*, appareil pour voir à travers) **Phys.** Surface optique permettant la séparation de deux milieux de réfringence différente.

DIOPTRIE, ■ n. f. [djɔptʁi] (radic. de *dioptrique*) **Opt.** Unité de mesure dont la puissance est égale à l'inverse de la distance focale. *La dioptrie permet de définir la puissance demandée aux verres correcteurs.*

DIOPTRIQUE, n. f. [djɔptʁik] (gr. *dioptrikos*) Partie de la physique qui traite de la lumière réfractée et des phénomènes qu'elle produit en traversant des milieux de densité différente. ◆ Adj. *Télescope dioptrique.*

DIORAMA, n. m. [djoʁama] (gr. *dia* et *horama*, spectacle) Tableaux sur toiles de grande dimension, tendues sur un plan vertical, éclairées par le comble, et que les spectateurs, placés dans l'obscurité, voient à travers une espèce de corridor noir.

DIORAMIQUE, ■ adj. [djoʁamik] (*diorama*) Relatif au diorama. *Images dioramiques.*

DIORITE, ■ n. m. [djoʁit] (gr. *dioraô*, distinguer) Roche qui se compose essentiellement de feldspath et d'amphibolite.

DIOSCORÉE, n. f. [djoskoʁe] Nom moderne du genre *igname.*

DIOULA, ■ n. m. [djula] Langue parlée en Afrique occidentale et particulièrement usitée dans le commerce au sens large. ■ N. m. **Par extens.** Commerçant. *Les dioulas qui vendent sur les marchés.*

DIOXINE, ■ n. f. [djoksin] (abrév. de [*polychloro-dibenzo-*]*dioxine*) **Chim.** Composé organique chloré provenant de réactions chimiques émises par les incinérateurs de déchets. *La dioxine peut provoquer des cancers du poumon.*

DIOXYDE, ■ n. m. [dijoksid] (1 *di-* et *oxyde*) **Chim.** Oxyde qui contient deux atomes d'oxygène. *Dioxyde de soufre, d'azote, d'étain.* ■ *Dioxyde de carbone*, forme résiduelle toxique et rejetée de la carbonylation. *Le dioxyde de carbone de l'organisme humain est rejeté à la respiration. Le dioxyde de carbone produit dans les véhicules est évacué par le pot d'échappement.*

DIOXYGÈNE, ■ n. m. [dijoksiʒɛn] (1 *di-* et *oxygène*) **Chim.** Oxygène gazeux. *Sous l'influence du soleil, de la lumière, l'absorption de dioxyde de carbone engendre les glucides que les végétaux conservent et du dioxygène qu'ils rejettent dans l'atmosphère.*

DIPÉTALE, adj. [dipetal] (1 *di-* et *pétale*) **Bot.** Qui a deux pétales ; formé de deux pétales. ◆ On disait aussi *dipétalé.*

DIPHASÉ, ÉE, ■ adj. [difaze] (1 *di-* et *phase*) **Électr.** De même fréquence, de même amplitude, mais déphasé d'un quart de période, en parlant d'éléments concernant le courant électrique ou ayant un rapport direct avec. *Courant alternatif diphasé. Système, onduleur diphasé. Machine, modulation diphasée.*

DIPHÉNOL, ■ n. m. [difenɔl] (1 *di-* et *phénol*) **Chim.** Corps qui possède la fonction phénol deux fois. *Les diphénols sont largement utilisés dans l'industrie des parfums.*

DIPHÉNYL ou **DIPHÉNYLE**, ■ n. m. [difenil] (*di-* et *phényle*) **Chim.** Produit hydrocarbure utilisé pour la conservation des agrumes. *Le diphényle est utilisé pour améliorer la conservation des agrumes, dont il détruit les moisissures.*

DIPHTÉRIE, ■ n. f. [difteʁi] (gr. *diphthera*, membrane) **Méd.** Maladie microbienne, contagieuse, caractérisée par la manifestation de fausses membranes sur les muqueuses, en particulier celles de la gorge, et par intoxication.

DIPHTÉRIQUE, ■ adj. [difteʁik] (*diphtérie*) Qui concerne la diphtérie. *Angine diphtérique. Vaccinations antidiphtériques.*

DIPHTONGAISON, ■ n. f. [diftɔ̃gezɔ̃] (*diphtonguer*) **Ling.** Transformation d'une voyelle en diphtongue, en dissociant le son produit en deux. *Diphtongaison de voyelles anglaises.*

DIPHTONGUE, n. f. [diftɔ̃g] (gr. *diphthoggos*, qui a un son double) Combinaison de deux voyelles qui, prononcées par une seule émission de voix, font cependant entendre un double son, comme *oi* dans *loi.* ◆ Adj. *diphtongue.* ◆ On appelle aussi improprement diphtongue deux voyelles qui ne font entendre qu'un son, comme *ai* dans *plaire.* ■ N. f. Voyelle dont le timbre change au cours de son émission. *Les diphtongues de l'allemand,* *de l'anglais.* ■ REM. Aujourd'hui, *oi* n'est plus considéré comme une diphtongue, mais comme la succession d'une semi-consonne et d'une voyelle. ■ REM. Graphie ancienne : *diphthongue.*

DIPHTONGUER, ■ v. tr. [diftɔ̃ge] (prob. *diphtongue*) **Ling.** Transformer un élément vocalique en diphtongue. *Syllabes diphtonguées. L'ancien germanique* tûn *s'est distingué en devenant* tuin *en néerlandais et* town *en anglais.*

DIPLOBLASTIQUE, ■ adj. [diploblastik] (*diplo-* et *-blaste*) **Zool.** Dont la caractéristique est d'avoir les organes édifiés à partir de deux feuillets embryonnaires. *Animal, organismes diploblastiques.* ■ N. m. *Les méduses sont des diploblastiques.*

DIPLOCOQUE, ■ n. m. [diplokɔk] (*diplo-* et *coccos*, graine) Bactérie à éléments groupés deux par deux. *Chaîne de diplocoques.*

DIPLODOCUS, ■ n. m. [diplodokys] (gr. *diplous*, double, et *dokos*, poutre) Dinosaure herbivore de la fin du jurassique mesurant jusqu'à vingt-cinq mètres de hauteur. ■ REM. On prononce le *s.*

DIPLOÏDE, ■ adj. [diploid] (all. *diploid*) **Biol.** Qui contient deux fois le matériel chromosomique. *Cellules diploïdes.*

DIPLOÏDIE, ■ n. f. [diploidi] (*diploïde*) **Biol.** État chromosomique d'une cellule en division.

DIPLÔMANT, ANTE, ■ adj. [diplomã, ãt] (*diplômer*) Permettant l'obtention d'un diplôme. *Formations diplômantes.*

DIPLOMATE, n. m. et n. f. [diplomat] (*diplomatique*) Personne qui est chargée d'une fonction diplomatique ou qui s'occupe de diplomatie. ♦ Fig. *C'est un habile diplomate,* c'est un homme qui sait bien mener une affaire. ♦ Adj. Qui entend bien la diplomatie. *Un ministre diplomate.* ♦ Personne qui agit avec diplomatie. ■ N. m. Entremets froid sucré. *Servir en dessert des diplomates aux fruits confits.*

DIPLOMATIE, n. f. [diplomasi] (1 *diplomatique,* probablement sur le modèle de *aristocratique, -atie*) Connaissance des rapports internationaux, des intérêts respectifs des États. ♦ Relations entre les États entretenues au moyen des ambassadeurs. ♦ Le personnel des ambassades. ♦ Fig. Manèges dans la vie privée comparés à ceux des diplomates. ♦ *Faire de la diplomatie,* user d'adresse, de subterfuges. ♦ Attitude d'une personne qui ménage la susceptibilité de ses interlocuteurs. *Agir avec diplomatie.*

1 **DIPLOMATIQUE,** adj. [diplomatik] (lat. scient. *diplomaticus*) Qui appartient à la diplomatie. *Agent, document diplomatique.* ♦ *Le corps diplomatique,* les ambassadeurs et les ministres étrangers, résidant auprès d'une puissance.

2 **DIPLOMATIQUE,** adj. [diplomatik] (*diplôme*) Qui appartient aux diplômes et qui est d'usage pour les chartes et diplômes. *Écritures diplomatiques.* ♦ N. f. La diplomatique, l'art de déchiffrer les anciens diplômes, les chartes, etc. ♦ Science des relations politiques entre les pays.

DIPLOMATIQUEMENT, adv. [diplomatik(ə)mã] (1 *diplomatique*) D'une manière diplomatique, à la façon des diplomates.

DIPLOMATISTE, n. m. [diplomatist] (1 *diplomatique*) Celui qui s'est livré à l'étude de la diplomatique.

DIPLÔME, n. m. [diplom] (gr. *diplôma*, tablette pliée en deux) Acte revêtu d'une autorité convenable, par lequel on accorde à quelqu'un quelque droit ou quelque privilège. *Diplôme impérial, pontifical,* etc. ♦ Acte émané de l'Université ou d'une faculté, conférant un grade dans un corps savant. *Le diplôme de bachelier, de licencié, de docteur.* ♦ Charte, titre, acte public émané des princes et seigneurs. ■ Acte sanctionnant la fin d'un cycle d'études ou d'apprentissage.

DIPLÔMÉ, ÉE, ■ adj. [diplome] (*diplôme*) Qui a obtenu un diplôme. *Diplômé en sciences humaines.* ■ N. m. et n. f. *Un diplômé, une diplômée.*

DIPLÔMER, ■ v. tr. [diplome] (*diplôme*) Décerner un diplôme à. *Diplômer un bachelier.*

DIPLOPIE, ■ n. f. [diplopi] (*dipl[o]-* et *-opie,* sur le modèle de *myopie*) **Méd.** Trouble oculaire consistant à voir en double les objets. *Certaines diplopies relèvent de maladies à traiter en urgence.*

DIPNEUSTE, ■ n. m. [dipnøst] (1 *di-* et radic. de *pneusticos,* qui concerne la respiration) **Zool.** Poisson pourvu à la fois de branchies et de poumons. *Le lépidosirène appartient à l'ordre des dipneustes.*

DIPODE, adj. [dipɔd] (gr. *dis* et *pous*) **Zool.** Qui n'a que deux pattes.

DIPOLAIRE, ■ adj. [dipolɛR] (1 *di-* et *polaire*) Qui comporte deux pôles. *Rayonnement dipolaire.*

DIPÔLE, ■ n. m. [dipol] (1 *di-* et *pôle*) **Électr.** Ensemble de deux charges électriques de signes opposés. *Dipôle électrique. Une résistance est un dipôle.*

DIPSACACÉE, ■ n. f. [dipsakase] (lat. sav. [Pline] *dipsacos,* chardon) **Bot.** Plante herbacée. *La scabieuse appartient aux dipsacacées.*

DIPSOMANIE, ■ n. f. [dipsomani] (gr. *dipsa,* soif, et *-manie*) **Méd.** Pathologie poussant à boire, par crises, de grosses quantités d'alcool. *Dipsomanie obsessionnelle.*

1 **DIPTÈRE,** adj. [diptɛr] (gr. *dis* et *pteron*) **Zool.** Qui a deux ailes. *Insecte diptère.* ♦ N. m. *Les diptères,* insectes caractérisés par deux ailes et par une bouche organisée pour la succion seulement ; tels sont les mouches, les cousins. ♦ *Graine diptère,* graine garnie de deux ailes.

2 **DIPTÈRE,** n. m. [diptɛr] (gr. *dipteros*) Temple, chez les anciens, entouré de deux rangs de colonnes, qui formaient comme deux ailes à sa droite et à sa gauche.

DIPTÉRIQUE, adj. [dipterik] (*diptère*) Qui a rapport au diptère. « *La figure de ce temple était diptérique* », ROLLIN.

DIPTYQUE, n. m. [diptik] (gr. *diptukhos*) **Antiq.** Deux tablettes réunies par une charnière. ♦ Tablettes où l'on inscrivait le nom des consuls et des principaux magistrats. ♦ Anciennement, registres où les monastères et certaines églises inscrivaient les noms des évêques, des bienfaiteurs, etc. ♦ Se dit aujourd'hui, abusivement, de tableaux ou de bas-reliefs, recouverts par deux volets dont la surface intérieure est également peinte ou sculptée. ■ REM. S'employait autrefois exclusivement au pluriel.

DIRCOM, ■ n. m. [diRkɔm] (*directeur* et *communication*) **Fam.** Directeur de la communication. ■ N. f. Direction de la communication dans une entreprise. *Qu'en dit la dircom ?*

1 **DIRE,** v. tr. [diR] (lat. *dicere*) Exprimer par la parole. *Dire un secret. Dire des injures à quelqu'un. Dire à quelqu'un ses vérités, son fait. Dire son avis, sa pensée.* ♦ *Dire pis que pendre de quelqu'un,* en dire toute sorte de mal. ♦ *On dit que...,* le bruit court que... ♦ N. m. *Ce sont des on dit.* ♦ *On dit* s'emploie aussi lorsque nous voulons parler d'une locution ou expression usuelle. *On dit savoir gré pour être reconnaissant.* ♦ *Dire* pris absolument. *Comme vous dites.* ♦ *Dire d'un, dire d'autre,* tenir un langage qui varie. ♦ *Bien dire,* s'exprimer en bons termes, dire ce qu'il faut. ♦ *L'art de bien dire,* l'éloquence. ■ N. m. *Le bien-dire,* Voy. BIEN-DIRE. ♦ *Bien disant,* Voy. BIEN-DISANT. ♦ **Prov.** *Le bien-faire vaut mieux que le bien-dire.* ♦ Nommer, exprimer. « *Qui dit froid écrivain dit détestable auteur* », BOILEAU. ♦ Énoncer par écrit. *Tel auteur a dit là-dessus d'excellentes choses.* ♦ Il se dit de l'écrit même. *À ce que dit l'histoire.* ♦ Réciter, lire, débiter. *Dire sa leçon, son rôle.* ♦ **Absol.** *Cet auteur dit bien.* ♦ *Dire la messe,* célébrer la messe. ♦ **Mus.** *Bien dire les récitatifs,* bien les chanter. *Dire un morceau,* l'exécuter. ♦ Raconter. « *Dis-moi de mon époux le véritable sort* », P. CORNEILLE. ♦ **Poétiq.** *Muse, dis la colère d'Achille.* ♦ Juger, penser. *Qu'en dites-vous ?* ♦ N. m. *Que s'en-dira-t-on,* les propos qui se tiennent sur le compte de quelqu'un. *Se moquer, être au-dessus du qu'en dira-t-on.* ♦ ▷ *Savoir qu'en dire,* être passé par là. ◁ ♦ *Ne savoir que dire,* être embarrassé. ♦ **Absol.** *Vous diriez que, on dirait que...* avec l'indicatif, on penserait, on s'imaginerait. ♦ *Vous diriez que, on dirait que...* avec le subjonctif. « *Vous diriez qu'il soit devenu un autre David* », BOSSUET. ♦ *Vous diriez, on dirait d'un fou,* c'est-à-dire il se conduit, il parle comme s'il était fou (la locution s'explique par une ellipse : on dirait cela d'un fou). ♦ Avertir, prévenir, ordonner, conseiller. *Allez lui dire de venir.* ♦ Offrir, proposer. *Dites-en un prix raisonnable.* ♦ Exprimer, en parlant des choses auxquelles on attribue une expression. *Un silence respectueux dit beaucoup.* ♦ *Le cœur me le disait bien,* j'en avais le pressentiment. ♦ *De beaux yeux qui ne disent rien,* qui sont sans expression. ♦ *Cela ne dit rien au cœur ni à l'esprit,* cela ne les touche point. ♦ *Ne dire rien,* se dit aussi des personnes dont les paroles n'ont guère de sens. ♦ *Vouloir dire,* signifie faire entendre, insinuer, en parlant des personnes. *Que voulez-vous dire ?* ♦ Signifier. *Que veut dire ce mot ?* ♦ *Trouver à dire,* trouver à blâmer, ne pas avoir son compte. ♦ *À dire,* manquant. *Il n'y eut pas un cheval de perdu, ni un homme à dire.* ♦ *Il y a bien à dire, il y a tout à dire,* il y a une grande différence, il s'en faut de beaucoup. ♦ *Le cœur m'en dit,* on y a inclination. ♦ *En dire,* faire des reproches. *S'en dire,* se faire des reproches. ♦ *Se le faire dire,* hésiter beaucoup à faire une chose, *ne pas se le faire dire,* montrer beaucoup d'empressement. ♦ Dans le style élevé. *Que dis-je ?* Sorte de retour sur soi, de transition, d'aggravation. ■ V. tr. *Aussitôt dit, aussitôt fait,* l'action a suivi immédiatement la décision. ■ *Cela me dit quelque chose,* cela m'évoque quelque chose que je ne me rappelle plus exactement. ■ À DIRE VRAI, À VRAI DIRE, loc. adv. En disant la chose telle qu'elle est. ■ *Pour ainsi dire,* locution dont on se sert pour atténuer une expression, pour la faire passer. ■ *Pour mieux dire,* locution dont on se sert pour préciser davantage sa pensée. ■ *Qu'est-ce à dire ?* Qu'est-ce que cela signifie ? ♦ ▷ *Ce n'est pas à dire pour cela que... Ce n'est pas à dire que...,* locution qui gouverne le subjonctif, et qui a un sens de rectification. ◁ ■ *Ce n'est pas pour dire,* locution très familière qui signifie sans se vanter. ■ C'EST-À-DIRE, loc. conj. Annonce l'explication, la conséquence de ce qui vient d'être dit. ■ *C'est-à-dire que,* avec un verbe qui suit, même sens. ■ *C'est tout dire ou c'est tout dit,* il n'y a rien à ajouter, cela complète. ■ *C'est beaucoup dire,* c'est poser une limite extrême qui probablement n'est pas atteinte. ■ *Cela va sans dire, il va sans dire que...,* cela va de soi. ■ *Il n'y a pas à dire,* l'affaire est décidée, il n'y a pas d'observation à faire. ■ *Ce qui est dit est*

dit, la parole donnée sera tenue. ▪ *Voilà qui est dit,* la chose est convenue, entendue. ▪ *Comme qui dirait,* locution familière qui signifie une sorte de. *C'était comme qui dirait un turban.* ▪ Se dire, v. pr. Se donner, se faire passer pour. *Il se dit votre parent.* ▪ *Se dire,* être dit. *Cela se dit partout.* ▪ Soi-disant, Voy. soi-disant. ▪ **Prov.** *Qui ne dit mot consent,* c'est-à-dire le silence est pris pour l'acquiescement.

2 **DIRE,** n. m. [dir] (1 *dire*) Ce qu'on dit, ce qu'on avance, ce qu'on déclare. *Le dire des témoins. Leurs dires ne sont pas concordants.* ♦ *À dire d'experts,* en vertu d'une estimation d'experts, et **Fig.** avec force, sans retenue. *Mentir à dire d'experts.* ♦ **Dr.** Pièce signifiée d'avoué à avoué et renfermant les moyens et réponses des parties.

DIRECT, ECTE, adj. [direkt] (lat. *directus*) Qui est en ligne droite. *Route directe.* ♦ *En ligne directe,* sans détour. ♦ *Train direct,* celui dans lequel on se rend à destination sans changer de wagon. ♦ **Par extens.** Sans intermédiaire, immédiat. *Correspondance, action directe.* ♦ **Fig.** *Attaque directe, argument direct,* attaque, argument qui va droit à la personne, à la chose. ♦ **Formel.** *Preuve directe.* ♦ **Dr.** *Ligne directe,* suite des degrés de parenté entre des personnes qui descendent l'une de l'autre. *Héritier direct.* ♦ **Gramm.** *Ordre direct, Construction directe,* ordre, construction des mots selon leur ordre analytique : sujet, verbe, attribut. ♦ *Complément ou régime direct,* celui qui complète la signification du verbe sans le secours d'aucune préposition. ♦ *Mode direct,* l'indicatif. ♦ *Dans les langues classiques, cas direct,* le nominatif. ♦ *Discours direct,* celui que l'on suppose prononcé par la personne même. ♦ **Log.** *Proposition directe,* toute proposition considérée par opposition à la proposition inverse qui est celle qui résulte du renversement des termes. ♦ **Mus.** *Intervalle direct,* celui que l'on compte en montant à partir de la basse. *Accord direct.* ▪ **N. m. Boxe** Coup droit. *Un direct du gauche.*

DIRECTE, n. f. [direkt] (*direct*) **Féod.** Droit d'un seigneur sur le fonds qui relevait de lui en fief ou en censive, et du bailleur à emphytéose sur le fonds emphytéotique.

DIRECTEMENT, adv. [direktəmɑ̃] (*direct*) En droite ligne, tout droit. ♦ *Directement en face,* tout à fait vis-à-vis. ♦ **Fig.** *Cela est directement opposé à vos vues.* ♦ *D'une manière directe,* sans détour. *Aller directement à son but.* ♦ Sans intermédiaire, sans entremise.

DIRECTEUR, TRICE, n. m. et n. f. [direktœr, tris] (lat. *director*) Celui, celle qui dirige. *Le directeur d'une compagnie, d'un théâtre,* etc. ♦ Fonctionnaire chargé d'exercer en chef les fonctions de surveillance sur une branche de l'administration publique. ♦ *Directeur général,* celui qui dirige un service public avec plusieurs directeurs sous ses ordres. *Le directeur général des postes.* ♦ *Directrice de poste,* femme qui est préposée à un bureau de poste. *Le directeur de l'Académie française,* son président. ♦ *Directeur de conscience* ou simplement *directeur,* ecclésiastique qui dirige la conscience d'une personne. ♦ Pendant la Révolution, titre de chacun des cinq membres du Directoire exécutif. ♦ **Adj.** *Comité directeur,* comité qui dirige. ▪ **Fig.** Qui indique l'orientation. *Le principe directeur d'une théorie.*

DIRECTIF, IVE, ▪ adj. [direktif, iv] (lat. *directum,* supin de *dirigere*) Qui indique une direction. ▪ Qui impose une orientation, une contrainte. *Une méthode directive.*

DIRECTION, n. f. [direksjɔ̃] (lat. *directio*) Action de diriger. *La direction d'une troupe. La direction des affaires.* ♦ Méthode particulière que suivent les gens d'Église pour conduire les âmes dévotes dans la voie du salut fonction d'un directeur de conscience. ♦ Action mentale par laquelle, dans un acte douteux ou mauvais, on dirige l'intention vers un côté qui n'est ni douteux ni mauvais. *La direction d'intention.* ♦ **Admin.** *La direction d'un établissement. La direction générale des postes.* ♦ Fonction du directeur. ♦ Attributions, étendue et circonscription d'une direction. ♦ Résidence du directeur. ♦ Côté vers lequel une personne ou une chose va, marche. *Quelle direction ont-ils prise en partant? La direction de l'aimant.* ♦ *Être dans la direction d'un objet,* l'avoir en face. ♦ **Fig.** *Donner une bonne direction à une affaire.* ♦ *Prendre une bonne, une mauvaise direction,* se lancer dans la voie du bien ou dans celle du mal. ♦ Côté vers lequel on dirige ses recherches, ses travaux. *Des essais dans une bonne direction.*

DIRECTIONNEL, ELLE, ▪ adj. [direksjɔnɛl] (*direction*) Qui informe sur une direction. *Panneaux directionnels.* ▪ Qui concerne une direction précise, ciblée. *Micros, projecteurs, antennes directionnels.*

DIRECTIVE, ▪ n. f. [direktiv] (*directif*) Ensemble d'instructions fournies par une autorité quelconque auxquelles on doit se conformer. *Suivre des directives.* ▪ **Rem.** Le plus souvent au pl.

DIRECTIVISME, ▪ n. m. [direktivism] (*directif*) Autoritarisme à l'égard d'un groupe, au sein d'une structure. *Directivisme oppressant.*

DIRECTIVITÉ, ▪ n. f. [direktivite] (*directif*) **Électr.** Propriété de réception et d'émission électromagnétiques d'ondes dans une direction précise. *Indice de directivité.* ▪ Fait d'avoir une attitude directive, autoritaire. *Directivité d'un patron.*

DIRECTOIRE, n. m. [direktwar] (lat. *directum,* supin de *dirigere*) Conseil chargé d'une direction publique. *Le directoire fédéral de la Suisse.* ♦ *Le directoire exécutif* et plus ordinairement *le Directoire,* corps composé de cinq membres auquel la constitution de l'an III avait délégué le pouvoir exécutif. ♦ Livre où les offices de chaque jour sont marqués.

DIRECTORIAL, ALE, adj. [direktorjal] (lat. *director*) Qui appartient au Directoire, qui en émane. *Pouvoir directorial. Arrêtés directoriaux.* ▪ Qui provient du directeur. *Politique, consignes directoriales.*

DIRECTRICE, n. f. [direktris] Voy. directeur.

DIRHAM, ▪ n. m. [diram] (mot ar.) Unité monétaire du Maroc et des Émirats arabes unis. *Les dirhams marocains et des Émirats n'ont pas la même valeur. Un euro vaut très approximativement 10 dh au Maroc et 5 dans les Émirats.*

DIRIGÉ, ÉE, p. p. de diriger. [diriʒe]

DIRIGEABLE, ▪ adj. [diriʒabl] (*diriger*) Qui peut être dirigé, et employé surtout dans l'expr. *ballon dirigeable,* aérostat qui a les moyens techniques de se propulser et se diriger. ▪ N. m. Ballon dirigeable.

DIRIGEANT, ANTE, adj. [diriʒɑ̃, ɑ̃t] (*diriger*) Qui a la principale direction. ▪ N. m. et n. f. Personne chargée de mener, de diriger un groupe. *Les dirigeants d'un parti politique.*

DIRIGER, v. tr. [diriʒe] (lat. *dirigere*) Tourner d'un côté. *Diriger ses regards sur un objet, ses pas vers un endroit.* ♦ **Fig.** *Diriger son attention sur quelque chose.* ♦ **Fig.** *Son intérêt seul le dirige. Diriger des passions.* ♦ Conduire, administrer. *Diriger des travaux, une compagnie, une maison d'éducation.* ♦ *Diriger la conscience de quelqu'un,* être son directeur. ♦ **Casuistique.** *Diriger l'intention,* tourner, dans un acte mauvais, son intention vers ce qui dans cet acte est indifférent, de manière que le péché n'existe plus. ♦ Se diriger, v. pr. S'avancer vers.

DIRIGISME, ▪ n. m. [diriʒism] (*diriger*) Politique économique qui suggère l'intervention de l'État dans la libre entreprise et qui se manifeste par des règlementations, des contrôles, des décisions législatives, etc.

DIRIGISTE, ▪ adj. [diriʒist] (*diriger*) Qui pratique le dirigisme. *Patron dirigiste.* ▪ N. m. et n. f. Un, une dirigiste.

DIRIMANT, ANTE, adj. [dirimɑ̃, ɑ̃t] (lat. *dirimere,* séparer, interrompre) **Dr.** Qui rend nul. *Empêchement dirimant de mariage. Des raisons dirimantes.*

1 **DIS...,** ▪ [dis] préfixe latin, devenu français, qui signifie division et quelquefois négation, comme dans *discorde, disgrâce,* etc.

2 **DIS...,** ▪ [dis] le plus souvent en français sous la forme *di...,* préfixe grec, issu de l'adverbe grec *dis,* deux fois.

DISANT, adj. [dizɑ̃] (bien-disant.) *Les mieux-disants*

DISCAL, ALE, ▪ adj. [diskal] (lat. *discus*) Qui concerne un disque intervertébral. *Mouvements discaux.* ▪ *Hernie discale,* affection provenant de la compression d'un disque intervertébral sur la moelle épinière.

DISCALE, n. f. [diskal] (*dis-* et ital. *calo,* déchet) Déchet dans le poids d'une marchandise par une suite de l'évaporation de son humidité.

DISCARTHROSE, ▪ n. f. [diskartroz] (rac. *disc-* et *arthrose*) **Méd.** Calcification ou désagrégation des disques intervertébraux entraînant une tendance à la soudure des corps vertébraux. *La discarthrose touche surtout les lombaires.*

DISCERNABLE, adj. [disɛrnabl] (*discerner*) Qui peut être discerné.

DISCERNÉ, ÉE, p. p. de discerner. [disɛrne]

DISCERNEMENT, n. m. [disɛrnəmɑ̃] (*discerner*) Action de séparer, de mettre à part. « Faire le discernement des justes et des pécheurs », Bourdaloue. ♦ Action de distinguer les objets à l'aide de la vue. ♦ Au moral, distinction qu'on fait entre les objets. « Il a voulu que chaque particulier fît discernement de la vérité », Bossuet. ♦ Distinction des personnes suivant ce qui leur est dû. « Il n'a nul discernement des personnes », La Bruyère. ♦ Faculté de bien apprécier les choses. « Avec discernement [un bon prince] punit et récompense », P. Corneille. ♦ *L'âge de discernement,* en matière criminelle, l'âge où commence la responsabilité des actions. ♦ *Agir sans discernement,* sans avoir conscience si l'on fait bien ou mal.

DISCERNER, v. tr. [disɛrne] (lat. *discernere*) Séparer, mettre à part. « Qui vous a discerné de ces âmes infidèles dont le monde est si plein? », Massillon. ♦ Séparer, distinguer, reconnaître, à l'aide de la vue. ♦ **Fig.** Faire la distinction. *Discerner le bien et le mal.* « *Discerner la vérité d'avec le faux* », Pascal. « *Sachez de l'ami discerner le flatteur* », Boileau. ♦ Se discerner, v. pr. Être reconnu.

DISCIPLE, n. m. et n. f. [disipl] (lat. *discipulus*) Personne qui reçoit un enseignement. ♦ Personne qui adhère à l'enseignement, aux doctrines d'un maître. ♦ *Les disciples de Jésus-Christ,* ceux qui écoutaient sa parole et ses enseignements, et aussi ceux qui aujourd'hui sont fidèles à la doctrine chrétienne. ♦ **Fig.** *Les disciples de la vérité.*

DISCIPLINABLE, adj. [disiplinabl] (*discipliner*) Capable de se soumettre à la discipline. *Des hommes disciplinables.*

DISCIPLINAIRE, adj. [disiplinɛʀ] (*discipline*) Qui concerne la discipline. *Le pouvoir disciplinaire.* ♦ *Peines disciplinaires,* celles qui regardent les fautes contre la discipline, et qui sont appliquées par les conseils spéciaux dans chaque corps, ou par les cours supérieures.

DISCIPLINAIREMENT, adv. [disiplinɛʀ(ə)mɑ̃] (*disciplinaire*) Conformément à la discipline. *Condamné disciplinairement.*

DISCIPLINE, n. f. [disiplin] (lat. *disciplina*) Instruction et direction morale. « *Ce héros élevé sous une discipline sévère* », MASSILLON. ♦ Relations de maître à disciple. ♦ Par extens. « *Ce peuple barbare sous notre discipline est devenu romain* », P. CORNEILLE. ♦ Règle de conduite commune à une multitude, aux membres d'un corps. *La discipline de l'Église.* ♦ Par extens. « *Pour rétablir la discipline des mœurs* », MASSILLON. ♦ Ensemble des règles et devoirs professionnels imposés aux membres d'un ordre, d'une corporation. *Conseil de discipline des avoués, des notaires. Chambre de discipline des avocats.* ♦ La règle qui règne dans un établissement d'instruction. ♦ Règles des armées, rapport du commandement et de l'obéissance. *La discipline fait la force des armées.* ♦ *Conseil de discipline,* tribunal où l'on juge les infractions à la discipline. ♦ *Compagnie de discipline,* corps formé de militaires condamnés et soumis à un régime rigoureux. ♦ Doctrine, science. « *Un homme ignare de bonne discipline* », MOLIÈRE. ♦ Fouet fait de cordelettes ou de petites chaînes dont les religieux et aussi les personnes laïques se servent pour se mortifier ou pour châtier ceux qui sont sous leur conduite. ♦ *Coups de discipline. Donner des coups de discipline.* ■ *Conseil de discipline,* assemblée chargée de sanctionner un élève qui a commis une faute grave au sein d'un établissement.

DISCIPLINÉ, ÉE, p. p. de discipliner. [disipline] *Une armée disciplinée. Des écoliers bien disciplinés.*

DISCIPLINEMENT, n. m. [disiplin(ə)mɑ̃] (*discipliner*) Action de discipliner. *Le disciplinement des troupes.*

DISCIPLINER, v. tr. [disipline] (*discipline*) Soumettre à une règle. *Discipliner une maison.* ♦ Assujettir, former à la discipline militaire. ♦ *Donner la discipline.* ♦ Se discipliner, v. pr. Se former à la discipline. ♦ Se donner des coups de discipline.

DISC-JOCKEY, ■ n. m. et n. f. [diskʒɔkɛ] (angl. *disc jockey*) Personne qui sélectionne, passe et enchaîne des disques dans une discothèque dont elle assure l'animation. *Des disc-jockeys.* ■ Abrév. DJ.

DISCO, ■ n. m. ou n. f. [disko] Style de musique et de danse typique des années 1980. ■ Adj. inv. *La musique disco. Les années disco.*

DISCO..., ■ [disko] préfixe qui signifie *disque.*

DISCOBOLE, n. m. [diskɔbɔl] (gr. *diskobolos*) Athlète qui s'exerçait à lancer le disque. ♦ **Zool.** Famille de poissons qui ont les nageoires ventrales réunies en disque sous la gorge.

DISCOGRAPHIE, ■ n. f. [diskɔgʀafi] (angl. *discography*) Ensemble des disques répertoriés par interprètes ou par genres. *Discographie d'un chanteur.*

DISCOGRAPHIQUE, ■ adj. [diskɔgʀafik] (*discographie*) Qui concerne les discographies. *Parutions, nouveautés discographiques.*

DISCOÏDAL, ALE, ■ adj. [diskoidal] (*discoïde*) En forme de disque. *Mouvement discoïdal. Galets, condensateurs discoïdaux. Les soucoupes volantes sont des objets discoïdaux.* ■ *Stèle discoïdale,* vestige de monument funéraire qu'on trouve par ensembles le plus souvent, et dont on n'a pas élucidé le mystère.

DISCOÏDE, adj. [diskoid] (*disque* et *-oïde*) En forme de disque. *Forme discoïde ; ménisque discoïde, lupus discoïde ; alternateurs d'éolienne, mollusques fossiles discoïdes.*

DISCONTINU, UE, adj. [diskɔ̃tiny] (*dis-* et *continu*) Qui n'est pas continu, qui offre des solutions de continuité. ♦ **Math.** *Fonction discontinue,* fonction qui ne varie pas d'une manière insensible pour des variations ♦ **Dr.** *Servitudes discontinues,* celles qui ont besoin du fait actuel de l'homme pour être exercées ; tels sont les droits de passage, puisage, pacage.

DISCONTINUATION, n. f. [diskɔ̃tinɥasjɔ̃] (lat. *discontinuatio*) État de ce qui est discontinué ; action de discontinuer. *La discontinuation des travaux.*

DISCONTINUÉ, ÉE, p. p. de discontinuer. [diskɔ̃tinɥe]

DISCONTINUER, v. tr. [diskɔ̃tinɥe] (*dis-* et *continuer*) Interrompre une chose commencée. ♦ V. intr. *Sans discontinuer.* ▷ *Il a discontinué de travailler.* ◁ ♦ Se discontinuer, v. pr. Être discontinué.

DISCONTINUITÉ, n. f. [diskɔ̃tinɥite] (*discontinu*) Défaut, absence de continuité.

DISCONVENANCE, n. f. [diskɔ̃v(ə)nɑ̃s] (lat. *disconvenientia*, désaccord) Défaut de convenance, de rapport, de proportion. « *Toute la nature est pleine de convenances et de disconvenances* », BOSSUET. ♦ Défaut de convenance, manque de ce qui convient, agrée.

DISCONVENANT, ANTE, adj. [diskɔ̃v(ə)nɑ̃, ɑ̃t] (*disconvenir*) Qui ne convient pas avec, qui ne s'accorde pas avec.

DISCONVENIR, v. intr. [diskɔ̃v(ə)niʀ] (*dis-* et *convenir*) Ne pas convenir d'une chose, la nier ; il ne s'emploie guère en ce sens qu'avec la négation. *Je n'en disconviens pas. On ne peut disconvenir que,* etc. ♦ En ce sens, *disconvenir* se conjugue avec *être.* ♦ Ne pas convenir ; n'avoir pas de convenance réciproque. *Ces deux proportions disconviennent.* ♦ En ces deux sens, *disconvenir* se conjugue avec *avoir.* ♦ Après *disconvenir,* on peut indifféremment supprimer *ne* ou l'employer. *Je ne disconviens que cela ne soit* ou *que cela soit.* On met d'ordinaire le subjonctif, mais on peut mettre aussi l'indicatif. *Je ne disconviens que cela est ;* alors on ne met jamais *ne.*

DISCOPATHIE, ■ n. f. [diskopati] (*disco-* et *-pathie*) **Méd.** Affection d'un disque intervertébral. *Discopathie dégénérative. La discopathie peut générer une discarthrose.*

DISCOPHILE, ■ n. m. et n. f. [diskofil] (*disco-* et *-phile*) Personne collectionneuse de disques en tant qu'objet, en principe vinyles, et par extens. sur tous supports comprenant des disques. ■ Adj. *Mélomanes discophiles.* ■ Qui concerne les disques. *Sites discophiles.*

DISCOPHILIE, ■ n. f. [diskofili] (*discophile*) Vif intérêt porté aux disques.

1 DISCORD, n. m. [diskɔʀ] (*discorder*) État de ceux qui ne s'accordent pas. *Malgré notre discord.* « *Étouffons nos discords dans nos embrassements* », RO-TROU. ♦ Au pl. Dissensions civiles. « *Pensant aux funestes discords, etc.* », RACINE. ♦ Ce mot appartient à la poésie.

2 DISCORD, adj. m. [diskɔʀ] (*discorder*) **Mus.** Qui n'est pas d'accord. ♦ **Fig.** Inconséquent. *Esprit discord.*

DISCORDANCE, n. f. [diskɔʀdɑ̃s] (*discorder*) État de ce qui n'est pas d'accord moralement. *Discordance de caractères.* ♦ **Par extens.** *Discordance de couleurs.* ♦ Caractère de ce qui est discord. *Discordance des sons.* ♦ **Mus.** Manque d'accord.

DISCORDANT, ANTE, adj. [diskɔʀdɑ̃, ɑ̃t] (lat. *discordare*) Qui est en dissentiment, qui ne s'accorde pas. *Opinions, caractères discordants.* ♦ Qui manque de proportion. ♦ Qui n'est pas d'accord. *Instrument discordant.* ♦ Qui manque d'harmonie. *Une poésie discordante.*

DISCORDE, n. f. [diskɔʀd] (lat. *discordia*) Grave dissension publique ou privée. ♦ **Poétiq.** « *La discorde en fureur frémit de toutes parts* », RACINE. ♦ **Mythol.** Déesse cause des dissensions. « *La Discorde aux crins de couleuvres* », MALHERBE. ♦ *Pomme de discorde,* sujet de division, locution tirée de la pomme que la Discorde jeta entre les dieux avec cette inscription : *À la plus belle !* et qui émut une querelle entre Junon, Minerve et Vénus. ♦ *La discorde est au camp d'Agramant,* phrase proverbiale fondée sur un passage du *Roland furieux ;* employée pour exprimer des discussions graves entre des hommes faisant partie d'un même corps. ♦ Au jeu de l'hombre, la réunion des quatre rois.

DISCORDER, v. intr. [diskɔʀde] (lat. *discordare*) Être en discorde. ♦ N'avoir pas de convenance réciproque. ♦ **Mus.** Être discordant. *Ces instruments discordent.*

DISCOTHÉCAIRE, ■ n. m. et n. f. [diskɔtekɛʀ] (*discothèque*) Personne travaillant dans le secteur consacrés aux disques dans une médiathèque. *Pour tout emprunt de disques, s'adresser à la discothécaire.*

DISCOTHÈQUE, ■ n. f. [diskɔtek] (*disco-* et *-thèque*) Organisme où l'on peut emprunter des disques. *Discothèque de prêt.* ■ Collection personnelle de disques. *Il n'a que des CD de rock dans sa discothèque.* ■ Meuble dans lequel on range des disques. ■ Établissement ouvert la nuit où l'on peut danser, boire et écouter de la musique. *Aller en discothèque.*

DISCOUNT, ■ n. m. [diskunt] (mot angl. *discount*) Rabais sur le prix de vente d'un article. *Discount de 20 %.* ■ Magasin, en particulier une grande surface, qui vend des produits à des prix nettement inférieurs à ceux du commerce traditionnel. ■ Adj. inv. *Prix discount, magasins discount.*

1 DISCOUNTER ou **DISCOUNTEUR**, ■ n. m. [diskuntœʀ] (*discount*) Personne, magasin ou site Internet qui pratique le discount. *Les discounters des grandes marques. Un discounter de voyages.*

2 DISCOUNTER, ■ v. tr. [diskunte] (*discount*) Vendre en discount. *Discounter des produits de marque.*

DISCOUREUR, EUSE, n. m. et n. f. [diskuʀœʀ, øz] (*discourir*) Celui, celle qui tient de longs discours, beaucoup de discours. ♦ En bonne part. *Un aimable discoureur.*

DISCOURIR, v. tr. [diskuʀiʀ] (lat. *discurrere*, courir de différents côtés) S'étendre sur un sujet, en parler avec une certaine méthode et quelque étendue. « *Selon l'intérêt tout le monde discourt* », Bossuet. « *On peut discourir sans fin et sur tout cela* », Bossuet. « *Discourir en Caton des vertus et des vices* », Boileau. ◆ Tenir de longs propos. « *Marchons sans discourir* », P. Corneille. ◆ Quelquefois *discourir* ne signifie rien de plus que parler. « *Eux discourant, pour tromper le chemin, De chose et d'autre* », La Fontaine.

DISCOURS, n. m. [diskur] (lat. *discursus*) Propos de conversation, d'entretien. ◆ *Faire des discours, tenir un discours, des discours*, parler de. ◆ *De beaux discours*, paroles, raisonnements dont on tient peu de compte. « *Mais vous perdez le temps et tous vos beaux discours* », Molière. ◆ Il se dit de toute espèce de composition considérée surtout par rapport à la diction. « *Sans cesse en écrivant variez vos discours* », Boileau. ◆ **Gramm.** La suite des mots ou des phrases, en tant qu'ils expriment nos pensées. *Les dix parties du discours*, les dix espèces de mots. ◆ Ce qui, dit en public, traite d'un sujet avec une certaine méthode et longueur. ◆ Composition que l'on fait dans les classes de rhétorique. ◆ Dans le style élevé, récit, histoire. « *Si l'on nous fait un fidèle discours* », Racine. ■ **Ling.** Ensemble des énoncés produits dans une situation de communication. *Le discours et la langue.*

DISCOURTOIS, OISE, adj. [diskurtwa, waz] (*dis-* et *courtois*) Qui n'est pas courtois, qui est impoli. *Langage discourtois. Un chevalier discourtois.* ◆ N. m. et n. f. *Un discourtois.*

DISCOURTOISEMENT, adv. [diskurtwaz(ə)mɑ̃] (*discourtois*) D'une manière discourtoise.

DISCOURTOISIE, n. f. [diskurtwazi] (*dis-* et *courtoisie*) Manque de courtoisie.

DISCRÉDIT, n. m. [diskredi] (*discréditer*) Diminution, perte de crédit, en parlant des choses et des personnes.

DISCRÉDITÉ, ÉE, p. p. de discréditer. [diskredite]

DISCRÉDITER, v. tr. [diskredite] (réfection de *désaccréditer*, esp. *desacreditar*) Faire tomber en discrédit. *Discréditer une marchandise, une personne.* ◆ Se discréditer, v. pr. Perdre son crédit.

DISCRET, ÈTE, adj. [diskrɛ, ɛt] (lat. *discretus*) Séparé, mis à part. ◆ **Math.** *Quantité discrète*, quantité qui se compose de parties séparées. ◆ **Méd.** *Variole discrète*, variole dont les pustules sont séparées les unes des autres, par opposition à variole confluente. ◆ **Fig.** Retenu dans ses paroles et dans ses actions. *Un confident discret.* ◆ *Père discret, mère discrète*, religieux, religieuse qui assiste au conseil du supérieur. ◆ Par extens. En parlant des choses. *Sa conduite a été discrète.* ◆ *Style discret*, style où l'on évite l'ornement et le développement. ◆ Qui sait garder un secret. *Une femme discrète.* ◆ **N. m.** et n. f. *Faire le discret*, affecter de taire un secret.

DISCRÈTEMENT, adv. [diskrɛt(ə)mɑ̃] (*discret*) Avec retenue, réserve. *Se conduire discrètement.* ◆ Sans dire ce qui doit être tu.

DISCRÉTION, n. f. [diskresjɔ̃] (lat. *discretio*) Qualité par laquelle on discerne, on juge. *L'âge de discrétion*, l'âge de raison. ◆ **Par extens.** Réserve, retenue prudente dans les paroles ou dans les actes. ◆ *S'en mettre, s'en remettre à la discrétion de quelqu'un*, s'en rapporter à son jugement dans une affaire. ◆ *Se mettre à la discrétion de quelqu'un*, se livrer entièrement à sa volonté. ◆ *Être à la discrétion de quelqu'un*, dépendre de sa volonté. ◆ *Je laisse cela à votre discrétion*, vous arrangerez cela comme vous le jugerez bon. ◆ À DISCRÉTION, loc. adv. À volonté. *Avoir le pain à discrétion.* ◆ *Vivre à discrétion*, se dit de gens, et surtout de gens de guerre, qui se font donner par les habitants d'un lieu tout ce qu'ils veulent. ◆ *Se rendre à discrétion*, se mettre à la merci du vainqueur. *Cette ville s'est rendue à discrétion au général.* ◆ **Fig.** « *Lorsqu'on désire, on rend à discrétion à celui de qui l'on espère* », La Bruyère. ◆ *Discrétion des prix*, taux modéré. ◆ Ce qu'on gage ou ce qu'on joue sans le déterminer précisément et qu'on laisse à la volonté de celui qui perdra. *Gagner une discrétion.* ◆ Qualité par laquelle on sait garder un secret.

DISCRÉTIONNAIRE, adj. [diskresjɔnɛr] (*discrétion*) *Pouvoir discrétionnaire*, faculté donnée à un juge de décider en certains cas selon son appréciation personnelle. ◆ Il se dit aussi du pouvoir illimité qu'un gouvernement prend ou reçoit en certaines circonstances.

DISCRÉTOIRE, n. m. [diskretwar] (*discret*) Lieu où se tiennent les assemblées des supérieurs de couvents. ◆ L'assemblée elle-même.

DISCRIMINANT, ANTE, ■ adj. [diskriminɑ̃, ɑ̃t] (lat. *discriminare*) Qui établit des différences entre les individus. *Organisation discriminante.* ■ N. m. **Math.** Fonction algébrique qui, dans une équation, permet de déterminer le nombre des racines réelles et la condition pour qu'elle ait des racines doubles.

DISCRIMINATEUR, TRICE, ■ adj. [diskriminatœr, tris] (*discriminer*) Qui sépare. *Fonctions discriminatrices.* ■ Qui met à l'écart. *Société, lois discriminatrices.*

DISCRIMINATIF, IVE, ■ adj. [diskriminatif, iv] (*discriminer*) Qui fait une différence. *Tests discriminatifs. Épreuves discriminatives.* ■ Qui met à l'écart. *Mesures discriminatives.*

DISCRIMINATION, ■ n. f. [diskriminasjɔ̃] (lat. *discriminatio*, séparation) Distinction faite entre différents éléments. *Faire la discrimination entre deux phénomènes.* ■ Ségrégation, mise à l'écart d'un groupe de personnes, le plus souvent en raison de préjugés raciaux ou d'intérêts divers. *Discrimination raciale*, ou *envers certains groupes*. ■ *Discrimination positive*, mise en avant de quelqu'un qui d'ordinaire est laissé de côté.

DISCRIMINATOIRE, ■ adj. [diskriminatwar] (*discriminer*) Qui provoque une discrimination. *Mesures discriminatoires.*

DISCRIMINER, ■ v. tr. [diskrimine] (lat. *discriminare*, mettre à part) Établir des distinctions, en parlant d'un individu ou d'une chose. *Discriminer des problèmes.* ■ Considérer comme différent au point d'instituer une ségrégation.

DISCULPATION, n. f. [diskylpasjɔ̃] (*disculper*) Action de disculper autrui ou de se disculper.

DISCULPÉ, ÉE, p. p. de disculper. [diskylpe]

DISCULPER, v. tr. [diskylpe] (*dis-* et lat. *culpa*) Justifier quelqu'un. *Ses amis le disculpèrent de ce qu'on lui imputait.* ◆ Se disculper, v. pr. Se justifier.

DISCURSIF, IVE, adj. [diskyrsif, iv] (lat. *discursus*) **Log.** Qui tire une proposition d'une autre par le raisonnement. *L'homme a la faculté discursive.* ◆ *Méthode discursive*, synthèse ou déduction. ◆ **Dévot.** Inquiet, agité. *Le passage de l'état discursif à l'état contemplatif.*

DISCUSSIF, IVE, adj. [diskysif, iv] (lat. médiév. *discutere*, dissoudre) ▷ **Méd.** Qui a la vertu de dissiper les humeurs d'une tumeur ou d'un engorgement. *Topiques discussifs.* ◁ ◆ On dit aujourd'hui résolutif. ◆ N. m. *Les discussifs.*

DISCUSSION, n. f. [diskysjɔ̃] (lat. *discussio*) Examen par débat. *La discussion d'un projet de loi.* ◆ **Par extens.** Dispute, contestation. ■ **Dr.** Recherche et exécution des biens d'un débiteur pour en obtenir paiement. ■ **Par extens.** Ensemble de propos échangés. *Faire cesser les discussions en classe.* ■ SANS DISCUSSION, loc. adv. Sans opposer d'avis contraire. *Obéir sans discussion à un ordre.*

DISCUTABLE, adj. [diskytabl] (*discuter*) Qui peut être discuté, qui est susceptible de discussion.

DISCUTAILLER, ■ v. intr. [diskytaje] (*discuter*) **Péj.** Discuter longtemps en disant des choses considérées comme sans intérêt. *Tu perds ton temps à discutailler.*

DISCUTAILLEUR, EUSE, ■ n. m. et n. f. [diskytajœr, øz] (*discutailler*) **Péj.** Personne qui discutaille. ■ Adj. *De faux intellectuels discutailleurs.*

DISCUTÉ, ÉE, p. p. de discuter. [diskyte]

DISCUTER, v. tr. [diskyte] (lat. *discutere*, dissiper, examiner) Examiner par un débat. *Discuter un fait, un point de droit.* ◆ *Discuter quelqu'un*, discuter ses droits, ses prétentions à une admission, à une candidature. ◆ **Absol.** *Nous avons longtemps discuté là-dessus.* ◆ **Dr.** Opérer la discussion. *Discuter les biens. Discuter un débiteur en ses biens, dans ses biens.* ◆ Se discuter, v. pr. Être discuté. ■ V. intr. **Par extens.** Échanger des propos. *J'ai discuté un moment avec lui.*

DISCUTEUR, EUSE, n. m. et n. f. [diskytœr, øz] (*discuter*) Personne qui discute, qui soutient des discussions, qui amène à discuter.

DISERT, ERTE, adj. [dizer, ɛrt] (lat. *disertus*) Qui parle avec abondance et non sans élégance. ◆ **Par extens.** *Un discours disert.*

DISERTEMENT, adv. [dizɛrtəmɑ̃] (*disert*) D'une manière diserte.

DISETTE, n. f. [dizɛt] (orig. incert.) Manque de choses nécessaires et particulièrement de vivres. *Année de disette.* ◆ **Fig.** Manque. *Disette de mots, d'idées*, etc.

DISETTEUX, EUSE, adj. [dizetø, øz] (*disette*) Qui a le caractère de la disette. *Une vie dure et disetteuse.* ◆ Qui est dans la disette. *Une famille disetteuse.* ◆ N. m. et n. f. Celui, celle qui manque habituellement des choses nécessaires à la vie. *Un disetteux.* ◆ Comme substantif, il a vieilli.

DISEUR, EUSE, n. m. et n. f. [dizœr, øz] (*dire*) Celui, celle qui dit. *Diseur de riens.* « *Ces obligeants diseurs d'inutiles paroles* », Molière. ◆ *Diseur, diseuse de bonne aventure*, homme, femme qui prétend prédire l'avenir. ◆ *Un beau diseur* ou **absol.** *un diseur*, un homme qui affecte de bien dire. ◆ *Un diseur*, un homme qui fait des phrases, des promesses.

DISGRÂCE, n. f. [disgrɑs] (*dis-* et *grâce*) Perte des bonnes grâces d'une personne puissante. *Encourir la disgrâce du prince.* ◆ Par anal. « *Lorsque nous avons été assez malheureux que de tomber dans la disgrâce de Dieu* », Massillon. ◆ État, par rapport aux événements, comparé à la disgrâce par rapport à une personne. « *J'ai le cœur au-dessus des plus fières disgrâces* », P. Corneille. ◆ Mauvaise grâce. *Cet homme met de la disgrâce jusque dans le bien qu'il fait.*

DISGRACIÉ, ÉE, p. p. de disgracier. [disgʁasje] ▷ Qui est tombé dans la disgrâce. ◁ ■ N. m. et n. f. *Les disgraciés ont peu d'amis à la cour.* ◆ *Disgracié de la nature*, Absol. *disgracié*, qui a quelque difformité, qui est d'un aspect désagréable.

DISGRACIER, v. tr. [disgʁasje] (*disgrâce*) Retirer ses bonnes grâces à quelqu'un. *Le roi l'a disgracié.*

DISGRACIEUSEMENT, adv. [disgʁasjøz(ə)mɑ̃] (*disgracieux*) D'une manière disgracieuse.

DISGRACIEUX, EUSE, adj. [disgʁasjø, øz] (*dis-* et *gracieux*) Qui est tout à fait dépourvu de grâce, d'agrément. *Un homme disgracieux.* ◆ Qui cause une disgrâce, un déplaisir. *Cela est tout à fait disgracieux. Son accueil fut disgracieux.*

DISHARMONIE, ■ n. f. [dizaʁmɔni] Voy. DYSHARMONIE.

DISJOINDRE, v. tr. [disʒwɛ̃dʁ] (lat. *disjungere*) Séparer ce qui était joint. ◆ **Procéd.** Séparer deux ou plusieurs causes pour les juger à part. ◆ **Absol.** *Sauf à disjoindre s'il y échet.* ◆ Se disjoindre, v. pr. Devenir disjoint.

DISJOINT, OINTE, p. p. de disjoindre. [disʒwɛ̃, ɛ̃t] **Mus.** Degré disjoint, passage d'une note à une autre qui ne la suit pas immédiatement dans la gamme. ■ Adj. **Gramm.** Qui se présente sous la forme tonique. *Moi, toi, etc. sont des pronoms disjoints.* ■ **Math.** Ensembles disjoints, ensembles dont l'intersection constitue un ensemble vide.

DISJONCTER, ■ v. intr. [disʒɔ̃kte] (*disjoncteur*) Se positionner sur le mode d'interruption de courant, en parlant d'un disjoncteur. ■ **Fam.** Perdre la raison. *Tu disjonctes totalement.*

DISJONCTEUR, ■ n. m. [disʒɔ̃ktœʁ] (lat. *disjunctum*, supin de *disjungere*) Dispositif permettant d'interrompre l'arrivée du courant en cas d'anomalie dans le circuit électrique.

DISJONCTIF, IVE, adj. [disʒɔ̃ktif, iv] (lat. *disjunctivus*) **Gramm.** Qui sépare les idées tout en unissant les expressions. *Ou, soit, ni, sont des particules disjonctives.* ◆ N. f. *La disjonctive « ou ».* ◆ **Log.** Proposition disjonctive, proposition composée de deux membres entre lesquels se trouve une particule disjonctive.

DISJONCTION, n. f. [disʒɔ̃ksjɔ̃] (lat. *disjunctio*) Séparation de deux choses qui étaient jointes. ◆ **Rhét.** Sorte d'ellipse par laquelle on supprime, pour obtenir plus de rapidité, les conjonctions copulatives. ◆ **Procéd.** Séparation de deux instances, de deux procédures.

DISLOCATION, n. f. [dislɔkasjɔ̃] (lat. médiév. *dislocatio*) Séparation des pièces d'une machine. ◆ **Chir.** Luxation d'un membre. *La dislocation de l'épaule.* ◆ **Géol.** Rupture des couches terrestres. ◆ **Milit.** La dislocation d'une armée, la répartition de ses corps en divers cantonnements. ◆ *La dislocation d'un empire*, sa dissolution en moindres États.

DISLOQUÉ, ÉE, p. p. de disloquer. [dislɔke]

DISLOQUEMENT, n. m. [dislɔk(ə)mɑ̃] (*disloquer*) État de ce qui est disloqué.

DISLOQUER, v. tr. [dislɔke] (lat. médiév. *dislocare*) Déboîter des pièces d'une machine. ◆ Luxer. *Se disloquer le bras.* ◆ Rompre les articulations, soit par un accident, soit par un supplice. ◆ *Disloquer une armée*, en répartir les corps en leurs cantonnements, en leurs garnisons. ◆ Se disloquer, v. pr. Être disloqué. ◆ Être dispersé.

DISPARAISSANT, ANTE, adj. [dispaʁɛsɑ̃, ɑ̃t] (*disparaître*) Qui disparaît.

DISPARAÎTRE ou **DISPARAITRE**, v. intr. [dispaʁɛtʁ] (*dis-* et *paraître*) Se conjugue avec *être* ou *avoir*, suivant le sens. Cesser de paraître, d'être visible. ◆ **Par extens.** Cesser d'être, d'exister. *« Cette multitude infinie de créatures qui disparaissent tous les jours à nos yeux »*, MASSILLON. ◆ On dit dans le même sens : *Disparaître de.* *Troie a disparu de la surface de la terre.* ◆ On dit aussi : *Disparaître à. « Mourir, disparaître à tout ce qui nous environne »*, MASSILLON. ◁ ◆ **Fig.** Être éclipsé, effacé. *Toute autre gloire disparut devant la sienne.* ◆ Se retirer dans la solitude, dans la retraite, dans un couvent. *« Je vais disparaître avec joie pour toujours au monde »*, MASSILLON. ◆ *Disparaître de la scène du monde.* Absol. *Disparaître*, cesser de se montrer dans le monde. ◆ Se retirer, s'éloigner. *« Un homme habile sait disparaître le moment qui précède celui où il serait de trop quelque part »*, LA BRUYÈRE. ◆ S'éloigner à la hâte. ◆ S'esquiver furtivement. ◆ Venir à manquer subitement, en parlant des personnes et des choses. *Cet argent a disparu.*

DISPARATE, adj. [dispaʁat] (lat. *disparatus*, de *disparare*, séparer) Qui tranche fortement sur. *« Les lois générales enchaînent les uns aux autres les phénomènes qui semblent les plus disparates »*, LAPLACE. ◆ N. f. *Une disparate*, défaut d'analogie entre les mots, entre les idées, entre les choses.

DISPARITÉ, n. f. [dispaʁite] (*dis-* et *parité*) Qualité de ce qui n'est pas pareil, manque de parité. *Disparité d'âge.*

DISPARITION, n. f. [dispaʁisjɔ̃] (disparaître) Action de disparaître. *La disparition d'une comète.* ◆ Absence subite d'une personne ou d'une chose.

DISPARU, UE, p. p. de disparaître. [dispaʁy]

DISPATCHER, ■ v. tr. [dispatʃe] (angl. *to dispatch*, expédier) Répartir, ventiler. *Dispatchons les rôles.*

DISPENDIEUSEMENT, adv. [dispɑ̃djøz(ə)mɑ̃] (*dispendieux*) D'une manière dispendieuse.

DISPENDIEUX, EUSE, adj. [dispɑ̃djø, øz] (lat. *dispendiosus*, dommageable, de *dispendium*, dépense) Qui exige une grande dépense.

DISPENSABLE, adj. [dispɑ̃sabl] (*dispenser*) Pour lequel on peut accorder dispense. *Cas dispensable.*

DISPENSAIRE, n. m. [dispɑ̃sɛʁ] (dispenser) ▷ **Méd.** Ouvrage contenant la description des médicaments simples ou composés, et les formules des préparations officinales. ◁ ▷ Laboratoire où l'on prépare les substances qui entrent dans les médicaments composés. ◁ ◆ Établissement de bienfaisance institué pour donner gratuitement des soins et des médicaments aux malades indigents.

DISPENSATEUR, TRICE, n. m. et n. f. [dispɑ̃satœʁ, tʁis] (lat. *dispensator*) Celui, celle qui dispense ou distribue. *La justice est la dispensatrice des peines et des récompenses.*

DISPENSATION, n. f. [dispɑ̃sasjɔ̃] (lat. *dispensatio*) ▷ Action de dispenser, de répartir. *La dispensation des grâces, des récompenses.* ◁ ◆ Administration, conduite. *« Je sais qu'une sage dispensation a obligé l'Église de se relâcher des épreuves publiques de la pénitence »*, MASSILLON. ◆ **Pharm.** Opération consistant à peser, conformément aux doses prescrites, les drogues simples, et à les arranger dans l'ordre où elles doivent être mises en usage.

DISPENSE, n. f. [dispɑ̃s] (dispenser) Au sens positif, autorisation, permission. *Dispense de manger de la viande.* ◆ *Dispense de mariage*, dispense relative aux empêchements, et aussi aux publications et au domicile. ◆ Indulgence, remise. *« On écrit que l'Église donne des dispenses des crimes les plus atroces »*, BOSSUET. ◆ Au sens négatif, permission de ne pas faire, exemption. *Dispense de jeûner. Dispense d'âge.* ◆ La pièce qui constate la dispense.

DISPENSÉ, ÉE, p. p. de dispenser. [dispɑ̃se]

DISPENSER, v. tr. [dispɑ̃se] (lat. *dispensare*) Départir, distribuer. *« La sagesse qui dispense les grâces »*, BOSSUET. ◆ ▷ **Pharm.** Préparer. *Dispenser la thériaque.* ◁ ◆ *Dispenser de*, permettre à quelqu'un de ne pas faire quelque chose qui est ordonné. *Dispenser du jeûne.* ◆ **Fig.** *« Dispense ma valeur d'un combat inégal »*, P. CORNEILLE. ◆ *Dispenser*, sans régime indirect, absoudre ou relever d'une faute commise. *Le pape seul peut dispenser en cas de simonie.* ◆ Il se dit en termes de civilité. *Dispensez-moi de vous reconduire. Je l'ai dispensé de m'accompagner.* ◆ Se dispenser, v. pr. Être départi. ◆ S'exempter de, prendre la permission de ne pas faire. ◆ S'excuser de faire, s'abstenir.

DISPERSANT, ANTE, ■ adj. [dispɛʁsɑ̃, ɑ̃t] (*disperser*) Qui disperse. ■ N. m. **Chim.** Produit servant à désintégrer les hydrocarbures. *On utilise des dispersants en cas de catastrophe pétrolière.*

DISPERSÉ, ÉE, p. p. de disperser. [dispɛʁse]

DISPERSER, v. tr. [dispɛʁse] (lat. *dispersum*, supin de *dispergere*) Jeter, pousser çà et là. *Disperser les débris de quelque chose.* ◆ Répartir çà et là, diviser. *Disperser des troupes en cantonnement.* ◆ Mettre en fuite, dissiper. ◆ Se disperser, v. pr. Être dispersé. ■ V. tr. Ne plus fixer son esprit sur un sujet précis. *Disperser son attention.* ■ Se disperser, v. pr. *Se disperse trop, ce qui fait qu'il est difficile de suivre le fil de son récit. Élève qui se disperse en classe.*

DISPERSIF, IVE, adj. [dispɛʁsif, iv] (*disperser*) **Phys.** Qui produit le phénomène de la dispersion. ◆ *Phénomène dispersif*, décomposition de la lumière.

DISPERSION, n. f. [dispɛʁsjɔ̃] (lat. *dispersio*) Action de disperser, état de ce qui est dispersé. *La dispersion des Juifs.* ◆ Mise en fuite. *La dispersion d'une armée.* ◆ **Phys.** Quantité dont un rayon de lumière s'élargit par l'effet de la réfraction.

DISPONDÉE, n. m. [dispɔ̃de] (lat. *dispondeus*) En prosodie grec et latin, pied composé de deux spondées.

DISPONIBILITÉ, n. f. [disponibilite] (*disponible*) Qualité de ce qui est disponible. *La disponibilité d'une somme d'argent.* ◆ **Dr.** Faculté de disposer de ses biens. ◆ État de militaires en non-activité, mais qui peuvent, au premier moment, être rappelés. *Officier en disponibilité.* ◆ Dans les administrations civiles, état des employés qui sont provisoirement écartés de leur emploi par punition ou autrement. ◆ Au pl. *Les disponibilités*, fonds disponibles. ■ Moment disponible dont jouit quelqu'un. *Donnez-moi vos disponibilités pour que nous prenions rendez-vous.* ■ Qualité d'une personne qui peut consacrer son temps, son activité à quelqu'un, à quelque chose. *Disponibilité d'un professeur.*

DISPONIBLE, adj. [disponibl] (lat. médiév. *disponibilis*) Dont on peut disposer. *Somme disponible.* ◆ **Jurispr.** *Biens disponibles*, portion, quotité disponible, dont on a la faculté de disposer à titre gratuit. ◆ Qui est en disponibilité. *Officier disponible.* ■ Qui a du temps pour s'occuper de quelque chose. *Elle n'est pas disponible pour le moment, rappelez-la dans l'après-midi.*

DISPOS, OSE, adj. [dispo] (ital. *disposto*, en bon état physique) Propre à tout ce qui demande de l'agilité. « *Gaillard et dispos* », MOLIÈRE. ♦ Il se dit aussi de l'esprit, du moral. *Un esprit dispos.*

DISPOSANT, ANTE, n. m. et n. f. [dispozã, ãt] (*disposer*) Celui, celle qui fait une disposition par donation entre vifs ou par testament.

DISPOSÉ, ÉE, p. p. de disposer. [dispoze] Porté à. *Disposé à servir ses amis.* ♦ *Être bien* ou *mal disposé pour quelqu'un*, être pour lui dans des dispositions favorables ou défavorables. ♦ Qui a une certaine disposition de corps ou d'esprit. *Il est disposé aux mathématiques.*

DISPOSER, v. tr. [dispoze] (*dis-* et *poser*) Arranger, distribuer d'une certaine manière. ♦ Approprier, préparer pour une circonstance. *Disposer une salle pour un bal.* ♦ **Par extens.** *Disposer utilement son temps.* ♦ *Disposer les affaires*, les arranger de manière que telle fin soit atteinte. ♦ Préparer quelqu'un à quelque chose. *Disposer quelqu'un à la mort.* ♦ *Disposer quelqu'un pour une opération* ou *à une opération*, le disposer à ou pour prendre les eaux, etc. ♦ Donner au corps une certaine propension vers ceci ou cela. ♦ **Absol.** *Une alimentation insuffisante dispose à la phtisie.* ♦ Engager, déterminer à. « *Cette princesse chrétienne disposa son mari à recevoir le baptême* », VOLTAIRE. ♦ **V. intr.** Régler, prescrire, décider. « *Vous êtes maître ici, commandez, disposez* », P. CORNEILLE. ♦ On dit dans le même sens : *En disposer.* « *Tu vois comme le ciel autrement en dispose* », P. CORNEILLE. ♦ Dans ce sens et en style administratif, on dit : disposer que. ♦ *Disposer de*, aliéner des biens. *Les mineurs ne peuvent disposer de leur bien.* ♦ Faire de quelqu'un ou de quelque chose ce que l'on veut, l'avoir à sa disposition. *Disposez de moi pour vous servir.* ♦ Se disposer, v. pr. Être placé, arrangé d'une certaine manière. ♦ Faire ses dispositions, se tenir prêt à. *Il se disposait à partir.* **Prov.** *L'homme propose et Dieu dispose*, la réussite des projets de l'homme ne dépend pas de lui, mais d'une puissance supérieure. ■ *Vous pouvez disposer*, vous pouvez vous retirer.

1 **DISPOSITIF**, n. m. [dispozitif] (lat. *dispositum*, supin de *disponere*) **Jurispr.** Les dispositions d'une loi. ♦ Partie du jugement qui contient la décision des juges.

2 **DISPOSITIF, IVE**, adj. [dispozitif, iv] (lat. *dispositum*, supin de *disponere*) **Méd.** Qui prépare, qui dispose. ♦ Peu usité. ■ **N. m.** Appareil, mécanisme constitué de différentes pièces. ■ **Par extens.** Ensemble de mesures prises concourant à une action précise. *Mettre en place un dispositif de communication.*

DISPOSITION, n. f. [dispozisjõ] (lat. *dispositio*) Distribution selon un certain ordre. *La disposition des parties du corps. La disposition d'un appartement.* ♦ La seconde des parties de la rhétorique, celle par laquelle on dispose dans le meilleur ordre ce que l'on a trouvé par l'invention. ♦ *La disposition d'un ouvrage*, le plan de cet ouvrage. ♦ Arrangement des troupes pour livrer bataille. *Prendre ses dispositions.* ♦ **Astrol.** État des astres et de leurs aspects. ♦ **Au pl.** Préparatifs. ♦ *Disposition*, manière d'être, en parlant du tempérament, de la santé. *La disposition habituelle du corps.* ♦ *Être en bonne, en mauvaise disposition*, se porter bien, mal. ♦ Manière d'être de l'âme, des sentiments. *Sonder les dispositions de quelqu'un.* ♦ Tendance. *La taille de cet enfant a quelque disposition à se contourner.* ♦ **Fig.** *Il se sent une grande disposition à être votre ami.* ♦ Aptitude, en bonne ou en mauvaise part. *Il a de grandes dispositions à l'étude. Les mauvaises dispositions de ce jeune homme.* ♦ **Absol.** et toujours en bonne part. *Il a beaucoup de dispositions.* ♦ Intention, dessein. *Sa disposition à vous servir est manifeste.* ♦ Pouvoir, faculté de disposer. *Avoir en sa disposition, avoir la disposition de grands biens.* ♦ Manière d'employer. *Une disposition utile des fonds publics.* ♦ Action de régler par testament, par volonté dernière. ♦ **Dr.** Action de disposer de son bien. ♦ En ce sens, il se dit souvent au pluriel. ♦ Chaque point réglé par une loi, par un arrêt. ♦ **Absol.** *La disposition de la loi*, ce que la loi ordonne ; et par opposition, *la disposition de l'homme*, ce qu'une personne peut prescrire par acte entre vifs. ♦ *Dispositions d'un jugement*, le dispositif. ■ **À SA DISPOSITION**, loc. adv. Avec la possibilité d'en disposer. *Ces ouvrages sont à votre disposition.*

DISPROPORTION, n. f. [dispropoRsjõ] (*dis-* et *proportion*) Défaut de proportion entre deux ou plusieurs choses. ♦ *Disproportion* se dit aussi en n'énonçant qu'un seul terme de la comparaison. *Une disproportion de fortune, d'âge.* ♦ *Disproportion du corps*, se dit d'un corps dont toutes les parties n'ont pas entre elles la proportion convenable.

DISPROPORTIONNÉ, ÉE, adj. [dispropoRsjone] (*disproportion*) Qui n'est pas proportionné, qui manque de proportion, en parlant d'objets que l'on compare. ♦ Il se dit dans le même sens, en n'énonçant qu'un seul terme de la comparaison. *Une taille disproportionnée.* ♦ Qui n'est pas en proportion, en rapport. *Des liaisons disproportionnées.* « *Des louanges disproportionnées à vos actions* », FÉNELON.

DISPUTABLE, adj. [dispytabl] (lat. *disputabilis*) ▷ Qui peut être disputé, contesté. *Cela est fort disputable.* ◁

DISPUTAILLER, v. intr. [dispytaje] (*disputer*) ▷ Disputer fréquemment et longtemps. ◁

DISPUTAILLEUR, EUSE, n. m. et n. f. [dispytajœr, øz] (*disputailler*) ▷ **Fam.** Celui, celle qui disputaille, qui aime à disputer. ◁

DISPUTANT, n. m. [dispytã] (*disputer*) ▷ Celui qui dispute. ◁

DISPUTE, n. f. [dispyt] (*disputer*) ▷ Discussion entre deux ou plusieurs personnes sur un point de théologie, de philosophie ou de science. ◁ ♦ ▷ *Être en dispute*, avoir une discussion, ◁ ♦ ▷ *Être en dispute*, en parlant des choses, être l'objet d'une discussion. ◁ ♦ ▷ *L'esprit de dispute*, l'inclination à disputer sur des questions subtiles. ◁ ♦ ▷ *Dispute de mots*, discussion qui roule sur une distinction de mots. ◁ ♦ ▷ *Hors de dispute*, incontestable. ◁ ♦ *Dispute*, actes ou discussions publiques qui se faisaient dans les écoles sur des questions de théologie ou de philosophie. ♦ Débat où l'on a querelle. *Il y a une dispute entre eux.* ♦ Querelle. *Il y a une dispute dans la rue. Il cherche dispute à ses voisins.* ■ **REM.** La tournure *chercher dispute* est ancienne.

DISPUTÉ, ÉE, p. p. de disputer. [dispyte]

DISPUTER, v. intr. [dispyte] (lat. *disputare*, examiner point par point) ▷ Avoir une dispute sur un point de théologie, de philosophie, de science, etc. *Il ne faut pas disputer des couleurs, ni des goûts.* « *Il ne faut jamais disputer sur un fait* », PASCAL. ◁ ♦ ▷ *Disputer si*, débattre la question de savoir si. ◁ ♦ *Ne pas disputer que*, avec le subjonctif, ne pas contester. « *On ne dispute pas qu'il soit écrit* », BOSSUET. ♦ Avoir sur une chose quelconque une vive discussion. ♦ *Disputer sur la pointe d'une aiguille*, avoir une dispute pour des choses sans valeur. ♦ *Disputer de la chape à l'évêque*, Voy. CHAPE. ♦ ▷ **Fig.** Rivaliser. « *Ce jeu où les peuples ont disputé de la puissance* », BOSSUET. ◁ ♦ Disputer à. « *Le peuple disputait avec la noblesse à qui agirait le plus par ces maximes* », BOSSUET. ♦ **V. tr.** Faire de quelque chose l'objet d'une lutte contre quelqu'un. *Disputer la première place, le rang, le pas, le terrain.* ♦ **Fig.** *Disputer le terrain*, soutenir vivement ses opinions, ses intérêts dans un débat. ♦ *Le disputer à quelqu'un*, prétendre l'égaler. ♦ *Se disputer une personne, une chose*, disputer à qui la possédera. ♦ **Fig.** *Mille objets se disputaient nos regards.* ♦ Se disputer, v. pr. Avoir une querelle. *Ils se sont longtemps disputés. Il se disputa avec son portier.* ■ **V. tr. Fam.** Réprimander. *Il s'est fait disputer par ses parents.*

DISPUTEUR, EUSE, n. m. et n. f. [dispytœr, øz] (*disputer*) ▷ Celui, celle qui aime à disputer d'objets de controverse. « *Les Grecs, grands disputeurs, ne cessèrent d'embrouiller la religion par des controverses* », MONTESQUIEU. ♦ **Adj.** *L'esprit disputeur.* « *Ils étaient vains, indiscrets, disputeurs* », FÉNELON. ♦ Celui, celle qui aime à élever des discussions sur quoi que ce soit. ◁

DISQUAIRE, ■ n. m. et n. f. [diskɛʀ] (*disque*) Personne qui vend des disques. *Acheter un disque chez le disquaire.*

DISQUALIFICATION, ■ n. f. [diskalifikasjõ] (angl. *disqualification*) Action de disqualifier. *Disqualification du footballeur pour la finale.* ■ Résultat de cette action. *La disqualification de ce joueur risque de faire perdre l'équipe.*

DISQUALIFIER, ■ v. tr. [diskalifje] (angl. *to disqualify*) Exclure d'une compétition sportive pour avoir enfreint le règlement. *Être disqualifié pour tricherie, pour violence.* ■ Discréditer. *Disqualifier une profession.* ■ Se disqualifier, v. pr. Entacher sa réputation par sa conduite.

DISQUE, n. m. [disk] (lat. *discus*, palet, plateau) Sorte de palet très pesant que les anciens s'exerçaient à lancer. *Le jeu du disque.* ♦ Nom donné généralement à un corps solide, mince, de forme circulaire, ayant deux surfaces parallèles. ♦ Plateau. ♦ **Astron.** Le corps rond du soleil ou de la lune, tel qu'il se présente à notre œil. ■ **Géom.** Ensemble des points compris à l'intérieur d'un cercle. ■ Support de forme circulaire servant à l'enregistrement et la reproduction des sons, et plus particulièrement de la musique. *Un disque vinyle. Passer, écouter un disque. Son dernier disque vient de sortir.* ■ *Disque compact*, Voy. CD. ■ **Inform.** *Disque dur*, partie d'une unité centrale sur laquelle sont enregistrées les données informatiques. *La capacité d'un disque dur.*

DISQUETTE, ■ n. f. [diskɛt] (*disque*) **Inform.** Support magnétique utilisé pour le stockage de données. *Mon vieil ordinateur n'a qu'un lecteur de disquette, le tien à un lecteur de cédérom.*

DISQUISITION, n. f. [diskizisjõ] (lat. *disquisitio*) Recherche curieuse. *Se livrer à des disquisitions philosophiques.*

DISRUPTIF, IVE, ■ adj. [disʀyptif, iv] (lat. *disruptum*, supin de *disrumpere*, faire éclater, rompre) Qui rompt la rupture (chromatique), et fait se modifier leurs couleurs dans le paysage, en parlant des taches ou rayures colorées des corps de certains animaux. *Phénomène disruptif.* ■ **Électr.** Se produisant soudainement et avec étincelle. *Décharges disruptives*

DISSECTEUR, TRICE, n. m. et n. f. [disɛktœr, tʀis] (*disséquer*) Personne qui dissèque.

DISSECTION, n. f. [disɛksjõ] (lat. *dissectio*, taille, coupe) Action de disséquer. ♦ **Chir.** Partie de certaines opérations où l'on dissèque les organes comme un anatomiste fait sur un corps mort. ✦ État d'un corps disséqué. ✦ On dit aujourd'hui de préférence : *préparation*. ✦ **Fig.** Examen attentif, scrupuleux. « *Faisons la même dissection de notre âme que Dieu en fera dans son jugement dernier* », Bourdaloue.

DISSEMBLABLE, adj. [disãblabl] (*dis-* et *semblable*) Qui n'est pas semblable. ✦ *Dissemblable à* ou *de*. *Une volonté particulière dissemblable à la volonté générale*. « *L'Église, en cela dissemblable des autres mères* », Bossuet.

DISSEMBLABLEMENT, adv. [disãblabləmã] (*dissemblable*) D'une manière dissemblable.

DISSEMBLANCE, n. f. [disãblãs] (*dis-* et anc. fr. *semblance*) Manque de ressemblance. ✦ Sorte d'opposition par laquelle on remarque les différences entre deux objets.

DISSÉMINATION, n. f. [diseminasjõ] (lat. *disseminatio*) Action par laquelle les graines se dispersent naturellement sur la terre ; manière dont les plantes répandent leurs graines mûres. ✦ **Par extens.** *La dissémination des peuples sur la terre, des idées*

DISSÉMINÉ, ÉE, p. p. de disséminer. [disemine]

DISSÉMINER, v. tr. [disemine] (lat. *disseminare*) Semer, éparpiller çà et là. ✦ **Par extens.** *On dissémina des troupes, des erreurs*, etc. ✦ *Se disséminer*, v. pr. Être disséminé.

DISSENSION, n. f. [disãsjõ] (lat. *dissensio*) Diversité des sentiments ou des intérêts. *Les dissensions de l'Église*. ✦ Discorde causée par cette diversité. *Dissensions civiles*.

DISSENTIMENT, n. m. [disãtimã] (lat. *dissentire*, être d'un avis différent) Différence dans la manière de sentir, de voir. *Être en dissentiment*.

DISSÉQUÉ, ÉE, p. p. de disséquer. [diseke]

DISSÉQUER, v. tr. [diseke] (lat. *dissecare*, couper, trancher) Ouvrir, diviser les parties d'un cadavre ou d'une plante pour en étudier la structure. ✦ **Absol.** *Il dissèque bien*. ✦ **Fig.** *Disséquer un ouvrage d'esprit*, en faire une analyse minutieuse.

DISSÉQUEUR, EUSE, n. m. et n. f. [disekœr, øz] (*disséquer*) Personne qui dissèque.

DISSERTATEUR, TRICE, n. m. et n. f. [disɛrtatœr, tris] (lat. *dissertator*) Personne qui disserte, avec un sens de pédantisme.

DISSERTATION, n. f. [disɛrtasjõ] (lat. *dissertatio*) Examen de quelque point de doctrine, soit de vive voix, soit par écrit. *Une dissertation savante*. ✦ Sorte de composition qu'on donne à faire aux élèves de philosophie. ■ **Par extens.** *Dissertation littéraire, juridique*.

DISSERTER, v. intr. [disɛrte] (lat. *dissertare*) Faire une dissertation ; discourir méthodiquement.

DISSERTEUR, EUSE, n. m. et n. f. [disɛrtœr, øz] (lat. *dissertor*) Celui, celle qui soutient, développe une opinion. « *Ne craignez point de faire la disserteuse* », Voltaire.

DISSIDENCE, n. f. [disidãs] (lat. *dissidentia*, opposition) État d'esprits qui ne s'accordent plus. *Dissidence d'opinions*.

DISSIDENT, ENTE, adj. [disidã, ãt] (lat. *dissidens*, de *dissidere*, être séparé, être en désaccord) Qui est en dissidence sur un point de doctrine avec le plus grand nombre, ou avec une église officielle. *Secte, faction dissidente*. ✦ N. m. et n. f. *Les presbytériens sont des dissidents*. ■ **Rem.** Auj., le terme s'utilise surtout dans un contexte politique. *Les dissidents soviétiques*.

DISSIMILAIRE, adj. [disimilɛr] (*dis-* et *similaire*) Qui est d'un autre genre, d'une autre espèce. *Parties dissimilaires*.

DISSIMILATION, ■ n. f. [disimilasjõ] (antonyme d'*assimilation* par changement de préfixe) **Ling.** Processus par lequel deux phonèmes présentant des caractères communs tendent à se différencier, l'un modifiant l'articulation de l'autre. *La dissimilation est le processus inverse de l'assimilation. Le latin* peregrinus *a abouti à* pelegrinus *(*pèlerin*) par dissimilation, pour éviter la succession des sons en r*. ■ **DISSIMILER**, v. tr. [disimile]

DISSIMILITUDE, ■ n. f. [disimilityd] (lat. *dissimilitudo*) Dissemblance, différence. *Dissimilitudes chromosomiques*.

DISSIMULATEUR, TRICE, n. m. et n. f. [disimylatœr, tris] (lat. *dissimulator*) Celui, celle qui dissimule. « *Des dissimulateurs de la vérité* », Massillon. ✦ Adj. *Un silence dissimulateur*.

DISSIMULATION, n. f. [disimylasjõ] (lat. *dissimulatio*) Action de dissimuler ses sentiments, ses desseins. ✦ Caractère de l'homme dissimulé. ✦ Acte de dissimulation, feinte de ne pas voir ou savoir. *Ses dissimulations me révoltent*.

DISSIMULÉ, ÉE, p. p. de dissimuler. [disimyle] Qui est accoutumé à dissimuler. *Un homme dissimulé*. ✦ N. m. et n. f. *Un dissimulé*. ✦ Il se dit aussi des choses. *Caractère dissimulé*.

DISSIMULER, v. tr. [disimyle] (lat. *dissimulare*) Ne pas laisser apercevoir ce qu'on a dans l'âme. *Dissimuler sa haine*. ✦ **Absol.** *L'art de dissimuler*. ✦ Cacher, taire. *On lui dissimula son malheur. Dissimuler une partie de sa fortune*. ✦ *Se dissimuler quelque chose à soi-même*, ne pas s'avouer, ne pas reconnaître une chose. ✦ Paraître ne pas remarquer, ne pas ressentir. *Dissimuler un affront*. ✦ **Absol.** « *Théodose était informé de ces désordres et dissimulait sagement jusqu'à ce qu'il fût en état d'y remédier* », Fléchier. ✦ Rendre moins apparent. ✦ *Se dissimuler*, v. pr. Être dissimulé, caché. ✦ **Fam.** Ne pas se laisser voir, se cacher, en parlant des personnes. ✦ Se retirer sans bruit.

DISSIPATEUR, TRICE, n. m. et n. f. [disipatœr, tris] (lat. *dissipator*, destructeur ; a évincé le moy. fr. *dissipeor*, de *dissiper*) Celui, celle qui dissipe sa fortune dans le désordre. ✦ Adj. *Une cour follement dissipatrice*.

DISSIPATION, n. f. [disipasjõ] (lat. *dissipatio*) Action de dissiper, de disperser, de faire disparaître. ✦ Action d'évaporer, déperdition. *La dissipation de l'humidité de la terre*. ✦ Emploi prodigue et mal entendu. *La dissipation des finances*. ✦ **Fig.** « *La dissipation que vous avez faite des grâces de Dieu* », Massillon. ✦ ▷ Relâchement d'application. Liberté qu'on s'accorde de se réjouir, pour soulager l'esprit et le corps. *Il vous faut un peu de dissipation.* ◁ ✦ État d'un esprit qui ne s'applique pas. *La dissipation de son esprit est cause qu'il ne fait rien*. ✦ ▷ Vie où l'on se livre à tous les amusements. *Vivre dans la dissipation*. ◁

DISSIPÉ, ÉE, p. p. de dissiper. [disipe] Qui manque d'attention, très léger. ✦ *Vie dissipée*, vie livrée aux distractions et aux amusements. ✦ N. m. et n. f. *Un dissipé*.

DISSIPER, v. tr. [disipe] (lat. *dissipare*) Faire évanouir en disséminant, en écartant. *Le soleil dissipe les ténèbres*. ✦ *Dissiper un orage*, l'empêcher d'éclater, et fig. « *L'estime où l'on vous tient a dissipé l'orage* », Molière. ✦ **Fig.** *Dissiper les illusions, les doutes de quelqu'un*, l'en délivrer. ✦ Écarter loin de soi. ✦ Disperser. *Dissiper les attroupements*, et par analogie *dissiper les factions*. ✦ Consumer en dépenses folles, excessives. *Dissiper son patrimoine*. ✦ *Dissiper son temps, sa jeunesse*, perdre son temps, sa jeunesse. ✦ ▷ Distraire, récréer. *La promenade vous dissipera*. ◁ ✦ ▷ **Absol.** *La promenade dissipe*. ◁ ✦ Jeter dans la dissipation. *Les mauvaises compagnies l'ont dissipé*. ✦ ▷ V. intr. **Physiol.** Perdre par le mouvement vital. *On dissipe par l'exercice*. ◁ ✦ *Se dissiper*, v. pr. Être dissipé, se perdre. *L'orage se dissipe*. ✦ **Fig.** *Mes craintes se sont dissipées*. ✦ Se disperser. ✦ Être perdu en dépenses folles ou excessives. ✦ Se distraire. ✦ Être livré à la dissipation.

DISSOCIABLE, adj. [disosjabl] (lat. *dissociabilis*, qu'on ne peut réunir) Qu'on peut dissocier ou séparer. ■ **DISSOCIABILITÉ**, n. f. [disosjabilite]

DISSOCIATION, n. f. [disosjasjõ] (*dissocier*) Action de dissocier.

DISSOCIÉ, ÉE, p. p. de dissocier. [disosje]

DISSOCIER, v. tr. [disosje] (lat. *dissociare*) Rompre une association, dissoudre une société. ✦ Disjoindre, désagréger. ✦ *Se dissocier*, v. pr. Se disjoindre, se désunir.

DISSOLU, UE, adj. [disoly] (lat. *dissolutus*) Livré à la dissolution, à la débauche. *Un homme dissolu*. ✦ En parlant des choses. *Vie dissolue*.

DISSOLUBLE, adj. [disolybl] (lat. *dissolubilis*) **Chim.** Qui peut être dissous. *Substance dissoluble dans l'eau*. ✦ **Dr.** Qui peut être rompu. *Mariage dissoluble*.

DISSOLUMENT, adv. [disolymã] (*dissolu*) D'une manière dissolue.

DISSOLUTIF, IVE, adj. [disolytif, iv] (lat. *dissolutum*, supin de *dissolvere*) Qui a la vertu de dissoudre. ✦ On dit plutôt aujourd'hui dissolvant.

DISSOLUTION, n. f. [disolysjõ] (lat. *dissolutio*) Séparation des parties d'un corps par voie de décomposition. *Tomber en dissolution*. ✦ **Chim.** Action de dissoudre une substance dans un liquide. ✦ Le liquide qui en résulte. ✦ **Fig.** Disjonction. *La dissolution du corps et de l'âme*. ✦ **Absol.** Mort naturelle. ✦ Ruine. *L'État est menacé d'une entière dissolution*. ✦ Séparation des personnes qui composent une réunion quelconque. *La dissolution d'une confrérie*. ✦ Retrait des pouvoirs d'une assemblée. *La dissolution de la Chambre*. ✦ **Dr.** Anéantissement d'un état juridique. *La dissolution d'une société, d'un mariage*. ✦ Dans le langage général, rupture, cessation. ✦ Dérèglement de mœurs, débauche. *Vivre dans la dissolution*.

DISSOLVANT, ANTE, adj. [disolvã, ãt] (lat. *dissolvens*, de *dissolvere*) **Chim.** Qui a la propriété de dissoudre, en parlant d'un liquide. ✦ N. m. *L'eau régale est le dissolvant de l'or*. ✦ **Fig.** Cause qui amène une dissolution, l'affaiblissement des pouvoirs publics, de l'opinion publique, des mœurs. ■ **Spécialt** Produit utilisé pour retirer le vernis appliqué sur les ongles.

DISSONANCE, n. f. [disonãs] (lat. *dissonantia*) Réunion de sons qui ne s'accordent pas. ✦ **Par anal.** *Certaines couleurs jointes forment une dissonance pour les yeux*. ✦ *Dissonance dans le style*, mélange disparate de formes. ✦ **Gramm.** Réunion de plusieurs syllabes dures. ✦ **Mus.** *Accord dissonant*, accord composé de notes qui forment un son composé agréable, mais qui demande pourtant à se résoudre sur un autre. ✦ ▷ **Fig.** *Sauver une dissonance*, faire disparaître quelque difficulté. ◁

DISSONANT, ANTE, adj. [disɔnɑ̃, ɑ̃t] (*dissoner*) Qui ne s'accorde pas, qui forme ensemble un son désagréable à l'oreille. *Cris dissonants. Voix dissonante.* ♦ **Gramm.** Désagréable à l'oreille par la réunion de syllabes dures. ♦ **Mus.** *Accord dissonant, note dissonante,* formant une dissonance.

DISSONER, v. intr. [disɔne] (lat. *dissonare*) Faire dissonance ou être dissonant, dans le premier sens seulement, car dissoner n'est pas un terme de musique.

DISSOUDRE, v. tr. [disudʀ] (lat. *dissolvere*) Défaire, dénouer. « *Viens dissoudre ces nœuds* », LA FONTAINE. ♦ **Chim.** Opérer la dissolution d'un corps solide, le combiner avec un liquide de manière à détruire complètement l'agrégation de ses molécules. *L'eau dissout le sel.* ♦ **Méd.** Faire disparaître. *Dissoudre un engorgement.* ♦ **Fig.** Défaire, ruiner comme par dissolution. ♦ Produire la mort naturelle. ♦ **Dr.** Annuler. ♦ Dans le langage général, faire cesser. ♦ Retirer les pouvoirs. *Dissoudre une assemblée politique.* ♦ Se dissoudre, v. pr. Subir la dissolution. ♦ Avec ellipse du pronom *se*. *Faire dissoudre une substance dans un acide.* ♦ Être annulé. ♦ Cesser ses fonctions, en parlant d'un corps élu. ♦ Se séparer, en parlant de personnes qui s'étaient réunies. ♦ Être détruit.

DISSOUS, OUTE ou **DISSOUT, OUTE**, p. p. de dissoudre. [disu, ut]

DISSUADÉ, ÉE, p. p. de dissuader. [disɥade]

DISSUADER, v. tr. [disɥade] (lat. *dissuadere*) ▷ Détourner par conseil. *Dissuader quelqu'un d'une entreprise.* ◁ ■ Faire abandonner une idée, un projet. *Dissuader quelqu'un de faire une bêtise.*

DISSUASIF, IVE, ■ adj. [disɥazif, iv] (lat. *dissuasum,* supin de *dissuadere*) Qui fait abandonner. *Actions, mesures dissuasives.*

DISSUASION, n. f. [disɥazjɔ̃] (lat. *dissuasio*) Action de dissuader.

DISSYLLABE, adj. [disilab] (lat. *disyllabus*) **Gramm.** Qui est de deux syllabes. ♦ N. m. Mot de deux syllabes. *Ce vers est composé de dissyllabes.*

DISSYLLABIQUE, adj. [disilabik] (*dissyllabe*) **Gramm.** Qui a deux syllabes ; qui est de deux syllabes. ♦ Qui est composé de tous mots de deux syllabes. *Vers dissyllabique.*

DISSYMÉTRIE, ■ n. f. [disimetʀi] (*dis-* et *symétrie*) Défaut, manque de symétrie. *Une dissymétrie mammaire.*

DISSYMÉTRIQUE, ■ adj. [disimetʀik] (*dissymétrie*) Qui n'a pas de symétrie. *Seins dissymétriques.*

DISTANCE, n. f. [distɑ̃s] (lat. *distantia*) Espace qui sépare un lieu d'un autre. On dit : *La distance des lieux ; la distance d'un lieu à un autre ; la distance entre ces deux lieux.* ♦ *Distance légale,* éloignement en raison duquel les délais de justice sont calculés. ♦ **Milit.** L'espace laissé entre les rangs ou les subdivisions d'une colonne. ♦ **Astron.** *Distance apparente de deux astres,* angle sous lequel on voit de la terre l'espace qui est entre eux. ♦ *Tenir à distance,* empêcher d'approcher. ♦ **Fig.** *Tenir à distance,* repousser la familiarité par une réserve calculée. ♦ Intervalle qui sépare dans le temps. *Ceux que la distance des temps et des lieux éloigne de nos regards.* ♦ **Fig.** *La distance qu'il y a entre vouloir et faire. La naissance met des distances entre les hommes.* ■ *Prendre ses distances,* se placer à une longueur de bras de la personne qui précède et de celle qui suit ; fig. éviter toute familiarité.

DISTANCÉ, ÉE, p. p. de distancer. [distɑ̃se]

DISTANCEMENT, ■ n. m. [distɑ̃s(ə)mɑ̃] (*distancer*) Sanction prise par les commissaires de courses de chevaux quand l'animal ne respecte pas les allures prévues. *Distancement des trotteurs qui, à l'arrivée, se mettent à galoper.*

DISTANCER, v. tr. [distɑ̃se] (*distance*) Il se dit du cheval qui en dépasse un autre dans la course. ♦ **Fig.** *Cet élève distance ses camarades. Distancer dans la carrière des honneurs.* ■ Dans le domaine des courses, appliquer la sanction du distancement. *Pendant la course, au jockey dont le cheval commet la faute, il lui est dit qu'il est distancé et qu'il doit immédiatement se retirer de l'épreuve.*

DISTANCIATION, ■ n. f. [distɑ̃sjasjɔ̃] (*distancer*) Recul pris vis-à-vis de nos propos ou de nos actes. *Distanciation des faits.* ■ **Théât.** Pratique du théâtre épique de B. Brecht qui consiste à créer une distance entre le spectacle et les spectateurs. *La distanciation est censée développer l'esprit critique du spectateur.*

DISTANCIER, ■ v. tr. [distɑ̃sje] (*distancer*) **Rare** Donner du recul. ■ Se distancier, v. pr. Mettre une distance entre soi et quelque chose ou quelqu'un. *Se distancier des événements.*

DISTANT, ANTE, adj. [distɑ̃, ɑ̃t] (lat. *distans,* de *distare,* être éloigné) Qui est à une certaine distance, en parlant des lieux et du temps. *Ces deux villes sont distantes l'une de l'autre de cent lieues. Ces deux époques ne sont pas fort distantes.* ■ Qui refuse toute familiarité. *Elle s'est montrée toujours très distante à notre égard. Un air distant.*

DISTENDRE, v. tr. [distɑ̃dʀ] (lat. *distendere*) Causer un gonflement excessif. *Des aliments lui distendaient l'estomac.* ♦ Causer une extension trop considérable. *Distendre l'articulation du poignet.* ♦ Se distendre, v. pr. Être distendu.

DISTENDU, UE, p. p. de distendre. [distɑ̃dy]

DISTENSION, n. f. [distɑ̃sjɔ̃] (lat. *distensio*) Tension considérable qui résulte d'un gonflement intérieur. *La distension d'un estomac chargé d'aliments.* ♦ Extension trop considérable. *La distension d'une courroie.* ♦ Tiraillement, en sens opposé, des tissus, des parties ligamenteuses d'une articulation.

DISTHÈNE, ■ n. m. [distɛn] (1 *di-* et gr. *sthenos,* force) Silicate d'aluminium possédant deux duretés différentes. *Le disthène était appelé autrefois talc bleu.*

DISTILLAT, ■ n. m. [distila] (*distiller*) Produit résultant d'une distillation. *Les alcools forts sont des distillats.*

DISTILLATEUR, TRICE, n. m. et n. f. [distilatœʀ, tʀis] (*distiller*) Personne qui obtient par distillation les alcools, les eaux-de-vie, etc.

DISTILLATION, n. f. [distilasjɔ̃] (lat. *distillatio,* écoulement, cathare) Opération par laquelle on sépare, au moyen du feu et dans des vaisseaux clos, les parties volatiles d'une substance d'avec ses parties fixes. ♦ **Chim.** Art de distiller. *Distillation sèche,* celle qui s'opère sans addition d'eau.

DISTILLATOIRE, adj. [distilatwaʀ] (*distiller*) Qui appartient à la distillation, qui sert à distiller. *Appareil distillatoire.*

DISTILLÉ, ÉE, p. p. de distiller. [distile]

DISTILLER, v. tr. [distile] (lat. *distillare,* dégoutter) Laisser couler goutte à goutte. ♦ **Fig.** Épancher. *Distiller du venin.* « *Il distilla sa rage en ces tristes adieux* », BOILEAU. ♦ Vaporiser un liquide par la chaleur, pour en condenser ensuite les vapeurs par le refroidissement et les recueillir goutte à goutte. *Distiller du vin, des plantes.* ♦ **Fig.** *Se distiller le cerveau,* se donner beaucoup de peine de tête. ♦ *Distiller du miel,* se dit du travail de l'abeille. ♦ **V. intr.** Couler lentement. *Des gouttes d'eau distillent de la voûte.* ♦ **Fig.** « *La malédiction et la vengeance divine distillent sur lui goutte à goutte* », FÉNELON. ♦ Se distiller, v. pr. Être distillé.

DISTILLERIE, n. f. [distil(ə)ʀi] (*distiller*) Établissement où l'on distille. ♦ Métier de distillateur.

DISTINCT, INCTE, adj. [distɛ̃, ɛ̃kt] (lat. *distinctus*) Que l'on distingue, différent. *Ces deux questions sont distinctes. Ceci est distinct de cela.* ♦ Se dit d'un organe qui n'a ni connexions ni adhérences avec les organes voisins. ♦ Qui s'aperçoit, se discerne. ♦ Qui se fait bien entendre. *Une voix distincte.* ♦ Clair, précis. *Notion distincte.*

DISTINCTEMENT, adv. [distɛ̃ktəmɑ̃] (*distinct*) D'une manière distincte, qui fait discerner, entendre. *Prononcer distinctement.* ♦ D'une manière distincte, qui fait comprendre, saisir nettement. *Voir, comprendre distinctement.*

DISTINCTIF, IVE, adj. [distɛ̃ktif, iv] (*distinct*) Qui sert à distinguer. *Les caractères distinctifs d'un genre.*

DISTINCTION, n. f. [distɛ̃ksjɔ̃] (lat. *distinctio*) Action de distinguer. *La distinction de deux choses, d'une chose d'avec une autre.* ♦ *La distinction du bien et du mal,* connaissance morale de ce qui est bon et de ce qui est mauvais. ♦ **Log.** Explication des sens divers d'une proposition. *Par le moyen d'une distinction, il échappera à la difficulté qu'on lui fait.* ♦ Ce qui établit une préférence, une prérogative. *La distinction des rangs. Les distinctions plaisent aux hommes.* ♦ *Un officier de distinction,* officier remarqué pour son mérite. ♦ *Un personnage de distinction,* personnage d'un rang élevé. ♦ *Emploi, charge de distinction,* emploi important, honorable. ♦ Ce qui dans la tenue a un caractère d'élégance, de noblesse et de bon ton. *Avoir de la distinction, un air de distinction.* ♦ Ce dernier sens est récent. ■ Marque d'honneur, de mérite. *Les plus hautes distinctions.*

DISTINGUABLE ou **DISTINGABLE**, ■ adj. [distɛ̃gabl] (de *distinguer*) Qui peut être distingué. *Silhouette distinguable. Des mots à peine distinguables.* ■ REM. Quoique plus rare, la graphie *distingable* correspond davantage au système graphique du français car il est inutile de mettre un *u* entre *g* et *a*.

DISTINGUÉ, ÉE, p. p. de distinguer. [distɛ̃ge] Qui porte le caractère de la distinction, de l'éminence, en parlant des personnes. *Un personnage, un savant distingué.* ♦ En parlant des choses. *Naissance distinguée.*

DISTINGUER, v. tr. [distɛ̃ge] (lat. *distinguere*) Ne pas confondre. *Distinguer une chose d'une autre* ou *d'avec une autre.* ♦ Spécifier chaque sens qu'une proposition peut recevoir. ♦ **Absol.** *Distinguons.* ♦ Reconnaître par quelqu'un des sens. *Distinguer les voix, les odeurs, les sons.* ♦ **Fig.** Discerner par l'opération de l'esprit. « *Ils ne peuvent plus distinguer un sentiment d'avec un sentiment* », MONTESQUIEU. « *Distinguons la sensation du sentiment* », BUFFON. ♦ Élever au-dessus du commun, en parlant des choses qui distinguent. *Voilà ce qui distingue ce grand siècle.* ♦ **Absol.** « *Vous aimez, dans la vertu même, tout ce qui distingue* », MASSILLON. ♦ Élever au-dessus du commun par quelque marque. « *Je veux qu'on me distingue* », MOLIÈRE.

◆ Se distinguer, v. pr. Être séparé, n'être pas confondu. ◆ Apparaître, se montrer. ◆ Être distingué comme éminent. *Se distinguer dans les lettres.* ◆ Il s'emploie quelquefois en mauvaise part. *Néron s'est distingué par ses cruautés.*

DISTINGUO, ■ n. m. [distɛ̃go] (mot lat. je distingue, de *distinguere*) Fait d'établir une distinction dans une argumentation. ■ **Fam.** Distinction subtile et discutable. *Faire des distinguos dans des situations différentes.*

DISTIQUE, n. m. [distik] (gr. *distikhos*) En prosodie grecque et latine, deux vers renfermant un sens complet, dont l'un est hexamètre et l'autre pentamètre. ◆ Versif. fr. Pièce composée de deux vers seulement.

DISTOMATOSE, ■ n. f. [distomatoz] (*distome*, du gr. *distomos*, à double bouche, entozoaire à double suçoir) **Méd.** Maladie due au parasite de la douve du foie. *Distomatose hépatique, pulmonaire, intestinale.*

DISTORDRE, v. tr. [distɔʀdʀ] (dis- et tordre) Altérer par une torsion la configuration d'un objet. ◆ Donner une distorsion ou entorse. ◆ Se distordre, v. pr. Être distordu.

DISTORDU, UE, p. p. de distordre. [distɔʀdy]

DISTORS, ORSE, adj. [distɔʀ, ɔʀs] (lat. *distorsus*, p. p. de *distordere*) Qui est de travers ou contourné.

DISTORSION, n. f. [distɔʀsjɔ̃] (lat. *distorsio*) Action de distordre. *La distorsion de la face.* ◆ **Chir.** Action de tiraillement qui produit l'entorse. *La distorsion d'un bras.*

DISTRACTIF, IVE, ■ adj. [distʀaktif, iv] (lat. *distractum*, supin de *distrahere*) Qui peut apporter de la distraction, du divertissement. *Film distractif.*

DISTRACTION, n. f. [distʀaksjɔ̃] (lat. *distractio*, action de tirer en sens divers, déchirement) Démembrement, séparation d'une partie d'avec son tout. « *Demander la distraction de notre petit pays d'avec les fermes générales* », Voltaire. ◆ *Distraction d'une somme d'argent*, action de l'employer autrement qu'on ne doit ou qu'on ne s'est proposé. ◆ **Jurispr.** Répétition par un tiers d'une terre, d'un objet compris à tort dans une saisie. *Demande en distraction.* ◆ *Distraction de juridiction*, action d'ôter à un juge et d'attribuer à un autre la connaissance d'une cause. ◆ Inattention aux choses présentes. ◆ Chose faite par distraction. *Voilà une distraction un peu forte.* ◆ Toute diversion qui détourne l'âme ou l'esprit. *Les distractions du monde. Une vie de distractions.* ■ Activité qui délasse, qui divertit. *Avoir besoin de distraction.* « *Il écrivait avec une sorte de distraction concentrée, comme on crayonne sur le bloc du téléphone* », Pennac.

DISTRAIRE, v. tr. [distʀɛʀ] (lat. *distrahere*, tirer en sens divers, rompre) Séparer, démembrer. *On a distrait cette province de sa domination.* ◆ Distraire une somme d'argent, l'employer à un objet autre que celui auquel elle était destinée. ◆ **Dr.** Ôter, enlever quelque partie d'un tout. *Distraire une terre d'un apanage.* ◆ *Distraire quelqu'un de ses juges naturels*, le traduire devant une juridiction exceptionnelle. ◆ Détourner. *Rien n'a pu le distraire de cette résolution.* ◆ Détourner l'esprit d'un objet, d'une occupation. *Il ne faut pas distraire les gens qui travaillent.* ◆ *Distraire d'une personne*, en détourner la pensée qui s'y fixait. ◆ Détourner l'esprit d'une pensée fixe. *Il faut distraire les affligés.* ◆ *Distraire la douleur, l'inquiétude*, y faire diversion. ◆ Se distraire, v. pr. Être séparé, disjoint. ◆ **Fig.** Détourner son esprit. ◆ **Absol.** *Se distraire*, se livrer aux distractions, aux amusements. ◆ *Se distraire*, devenir distrait, être en proie à des absences d'esprit.

DISTRAIT, AITE, p. p. de distraire. [distʀɛ, ɛt] Qui a des distractions, des absences d'esprit. ◆ N. m. et n. f. *La Bruyère a peint le distrait.* ◆ En parlant des choses. *Air distrait.*

DISTRAITEMENT, ■ adv. [distʀɛt(ə)mɑ̃] (*distrait*) Sans faire attention. *Écouter distraitement. Traverser la route distraitement.*

DISTRAYANT, ANTE, adj. [distʀɛjɑ̃, ɑ̃t] (*distraire*) Qui donne une distraction. « *Les discours inutiles et distrayants* », Bossuet.

DISTRIBUABLE, adj. [distʀibɥabl] (*distribuer*) Qui peut, qui doit être distribué.

DISTRIBUÉ, ÉE, p. p. de distribuer. [distʀibɥe] *Des appartements bien distribués*, dont la disposition est commode. ◆ **Peint.** *Un ouvrage bien distribué.*

DISTRIBUER, v. tr. [distʀibɥe] (lat. *distribuere*) Répartir, partager entre, dispenser. *Distribuer des aumônes.* ◆ *Distribuer un travail entre des ouvriers.* ◆ Répandre en divisant. *Ces conduits distribuent l'eau dans la ville.* ◆ **Dr.** *Distribuer un procès*, commettre un juge pour l'examiner. ◆ Diviser en disposant dans un certain ordre. *Distribuer avec art toutes les parties d'un sujet.* ◆ *Distribuer un appartement*, en disposer les pièces selon leurs usages. ■ **Impr.** *Distribuer les lettres*, Absol. *distribuer*, répartir dans les cassetins les différents caractères après le tirage. ◆ Appliquer, en parlant de coups, de horions. ◆ Se distribuer, v. pr. Être distribué, réparti. ◆ Être répandu par des canaux.

DISTRIBUTAIRE, ■ n. m. et n. f. [distʀibyteʀ] (*distribuer*) **Dr.** Personne ayant reçu des droits dans une distribution.

DISTRIBUTEUR, TRICE, n. m. et n. f. [distʀibytœʀ, tʀis] (lat. *distributor*) Celui, celle qui distribue. « *Les distributeurs des grâces* », Bourdaloue. ◆ Celui, celle qui tient un bureau de distribution, dans les communes où il n'y a pas de direction des postes. ■ **N. m.** Appareil qui délivre automatiquement quelque chose. *Prendre une boisson, de l'argent au distributeur.*

DISTRIBUTIF, IVE, adj. [distʀibytif, iv] (lat. *distributivus*) Qui a la vertu de distribuer, de répartir. *Justice distributive*, celle qui répartit les récompenses et les peines. ◆ **Gramm.** et **log.** Qui sépare et individualise, par opposition à collectif. *Sens distributif.* ◆ Noms de nombre distributifs : un à un, deux à deux. ■ **Math.** Tel que le résultat d'une première opération appliquée au résultat d'une seconde opération équivaut au résultat de cette seconde opération appliquée au résultat de la première. *La multiplication est distributive par rapport à l'addition : a x (b + c) = (a x b) + (a x c).*

DISTRIBUTION, n. f. [distʀibysjɔ̃] (lat. *distributio*) Action de distribuer. *La distribution des rôles, du travail, de l'eau aux habitants d'une ville*, etc. ◆ *Distribution des prix*, solennité par laquelle on donne des récompenses, dans un collège, dans un concours, dans une académie, etc. à ceux qui les ont méritées. ◆ Service du facteur qui porte les lettres à domicile. ◆ Lettres à distribuer. ◆ **Polit.** *Distribution des richesses ou des revenus*, ensemble de conditions suivant lesquelles la richesse est répartie entre les différents membres de la société. ◆ **Dr.** Répartition entre les créanciers des deniers provenant de la saisie d'un débiteur. ◆ Disposition par division, ordonnance. *La distribution d'une matière par chapitres.* ◆ **Peint.** *La distribution du jour et des ombres dans un tableau.* ◆ Division intérieure d'un appartement. ◆ **Impr.** Action de répartir les caractères dans leurs cassetins après le tirage. ◆ Les caractères mêmes à distribuer. ◆ Ensemble des interprètes d'un film, d'une pièce de théâtre. *Ce comédien fait partie de la distribution.* ■ Ensemble des opérations menées entre la production et la commercialisation d'un produit. *Distribution commerciale.* ■ *La grande distribution*, activité des grandes surfaces. ■ **Ling.** Ce qui environne les éléments dans un énoncé. *La distribution des éléments permet d'établir des classes distributionnelles.*

DISTRIBUTIONNALISME, ■ n. m. [distʀibysjɔnalism] (*distributionnel*) **Ling.** Théorie de la linguistique structurale fondée sur une analyse qui consiste à décrire l'ensemble des environnements d'une unité dans lesquels elle est susceptible d'apparaître, en vue d'établir des classements. ■ DISTRIBUTIONNALISTE, adj. [distʀibytjɔnalist]

DISTRIBUTIONNEL, ELLE, ■ adj. [distʀibysjɔnɛl] (*distribution*) **Ling.** *Analyse distributionnelle*, analyse des segments d'énoncés en fonction de critères spécifiques. ■ *Classe distributionnelle*, celle qui regroupe les éléments présentant un même environnement.

DISTRIBUTIVEMENT, adv. [distʀibytiv(ə)mɑ̃] (*distributif*) En un sens distributif.

DISTRIBUTIVITÉ, ■ n. f. [distʀibytivite] (*distributif*) **Math.** Caractéristique concernant les lois distributives. *Propriété, loi de la distributivité.*

DISTRICT, n. m. [distʀikt] (détroit) Anciennement, étendue d'une juridiction. ◆ **Fig.** *Cela n'est pas de mon district*, cela n'est pas de ma compétence. ◆ Subdivision de département établie en 1789. ◆ **Par extens.** Un territoire quelconque d'une étendue limitée. ◆ Par analogie, compartiment. *Les différents districts de la nature.* ■ *District urbain*, regroupement de communes voisines pour l'accomplissement de certains services. *Dans cette commune, le ramassage des ordures ménagères relève du district urbain.* ■ **Rem.** On prononçait autrefois [distʀik] sans faire entendre le t.

DISULFURE, ■ n. m. [disylfyʀ] (1 di- et *sulfure*) **Chim.** Analogue du peroxyde avec un atome de soufre qui, rencontrant un autre atome de soufre, constitue un mode de liaison qu'on appelle *pont disulfure.*

1 DIT, n. m. [di] (lat. *dictum*) Mot, propos, maxime notable. *Un dit mémorable.* ◆ ▷ *Dits et redits*, beaucoup de propos sur un même sujet. ◁ ◆ ▷ *Avoir son dit et son dédit*, être sujet à se dédire. ◁ ◆ Titre qu'on donnait, dans le Moyen Âge, à certaines compositions narratives.

2 DIT, ITE, p. p. de dire. [di, it] *Tout est dit*, tout est fini, terminé. ◆ *Voilà qui est dit*, c'est une chose dite, c'est une chose résolue. ◆ *Se le tenir pour dit*, ne plus revenir à la charge. ◆ *Se tenir pour dit*, être assuré que... ◆ *À l'heure dite*, à l'heure fixée. ◆ *C'est bientôt dit*, ce n'est pas aussi facile à faire qu'à dire. ◆ Surnommé. *Charles V dit le Sage.* ◆ **Pratiq.** *Ledit sieur, audit lieu, mondit, vosdits*, etc. Locutions employées pour rappeler qu'il a été déjà question de ces personnes, de ces choses.

DITHYRAMBE, n. m. [ditiʀɑ̃b] (gr. *dithurambos*) Chez les anciens, poème lyrique en l'honneur de Bacchus et du vin. ◆ Danse en l'honneur de Bacchus. ◆ Aujourd'hui, poème qui se rapproche de l'ode par le mouvement et l'enthousiasme et qui en diffère par l'irrégularité des stances. ◆ **Fig.** et avec un sens moqueur. Grandes louanges. *Entonner un dithyrambe en l'honneur de quelqu'un.*

DITHYRAMBIQUE, adj. [ditiʀɑ̃bik] (*dithyrambe*) Qui appartient au dithyrambe. *Poésie dithyrambique.* ◆ **Fig.** et **fam.** *Des louanges dithyrambiques*, des louanges exagérées.

DITO, motinv. [dito] (ital. *ditto*, ce qui a été dit) **Comm.** Déjà dit, énoncé. On l'emploie pour éviter la répétition d'un objet déjà désigné. *Vingt sacs de café à tant ; trente dito à tant.*

DITON, n. m. [ditɔ̃] (gr. *ditonos*) **Anc. mus.** Espace de deux tons considérés ensemble et sans les diviser. ◆ **Mus. mod.** Intervalle qui comprend deux tons.

DIURÈSE, ■ n. f. [djyʀɛz] (gr. *diourein*, rendre par les urines) Volume d'urine que sécrètent les reins en un temps donné. *Diurèse quotidienne. Abondance de la diurèse.*

DIURÉTIQUE, adj. [djyʀetik] (gr. *diourêtikos*) **Méd.** Qui augmente la sécrétion de l'urine. ◆ **N. m.** *Un diurétique.*

1 DIURNAL, n. m. [djyʀnal] (lat. *diurnalis*) Nom d'une sorte de bréviaire, où l'on a recueilli les prières qui sont chaque jour à l'usage des gens d'Église. ◆ Au pl. *Des diurnaux.*

2 DIURNAL, ALE, adj. [djyʀnal] (lat. *diurnalis*) *Les actes diurnaux*, sorte de journal dans l'ancienne Rome.

DIURNE, adj. [djyʀn] (lat. *diurnus*) Qui se fait dans un jour. ◆ *Mouvement diurne de la terre*, sa rotation sur elle-même. ◆ **Bot.** Qui s'ouvre et se ferme pendant le jour. *Fleur diurne.* ◆ **Zool.** Oiseaux diurnes ou n. m. *les diurnes*, les oiseaux de proie qui volent le jour. ◆ **N. m.** *Le diurne*, sorte de papillon de jour. ◆ *Actes diurnes*, Voy. DIURNAL, Adj.

DIVA, adj. f. [diva] Mot italien qui signifie *divine* et se dit quelquefois en parlant des cantatrices en renom. ■ N. f. *Le récital de la diva. Des divas.*

DIVAGATEUR, TRICE, adj. [divagatœʀ, tʀis] (*divaguer*) Qui divague, qui aime à divaguer. *Un esprit divagateur.*

DIVAGATION, n. f. [divagasjɔ̃] (*divaguer*) **Dr.** Action de vaguer ou de laisser vaguer çà et là. *La divagation des animaux malfaisants est interdite.* ◆ **Fig.** Action de divaguer, de s'écarter d'un sujet, en parlant ou en écrivant. ◆ Par extens. *Les divagations d'un aliéné.*

DIVAGUER, v. intr. [divage] (lat. *divagari*) Errer çà et là. ◆ Cet emploi a vieilli. ◆ Sortir de son lit, en parlant d'une rivière. ◆ **Dr.** Errer à l'abandon, en parlant des animaux malfaisants ou des fous. ◆ **Fig.** S'écarter sans raison de son sujet. ◆ On le dit dans ce sens d'un aliéné.

DIVALENT, ENTE, ■ adj. [divalɑ̃, ɑ̃t] (1 *di-* et *valent*) Voy. BIVALENT, ENTE.

DIVAN, n. m. [divɑ̃] (ar. *diouân*) Chambre du conseil d'État de Turquie. ◆ Ce conseil présidé par le sultan ou le grand vizir. ◆ Audience donnée par le Grand Seigneur. ◆ Tribunal de justice. ◆ Chancellerie de la Porte. Ministère ottoman. ◆ Sorte de sofa. ◆ Salon garni de coussins. ■ Terme consacré utilisé pour parler de l'endroit où l'on s'étend lors d'une séance de psychanalyse. *Passer sur le divan du psychanalyste.*

1 DIVE, adj. f. [div] (lat. *divus*) Divine. Vieux mot qui ne se dit plus que dans cette locution : *la dive bouteille.*

2 DIVE, n. f. [div] (pers. *diu*) Sorte de déesse subalterne dans la mythologie persane. *Les dives et les péris.*

DIVERGENCE, n. f. [divɛʀʒɑ̃s] (lat. sav. [Kepler] *divergentia*) **Géom.** Situation de deux lignes qui vont en s'écartant. ◆ En optique, divergence des rayons lumineux. ◆ **Fig.** *Divergence des opinions, des idées.*

DIVERGENT, ENTE, adj. [divɛʀʒɑ̃, ɑ̃t] (lat. sav. [Kepler] *divergens*) **Géom.** Qui vont en s'écartant l'un de l'autre, en parlant des lignes, des rayons. ◆ **Fig.** Qui ne s'accorde pas. *Des opinions divergentes.*

DIVERGER, v. intr. [divɛʀʒe] (lat. *divergere*) S'écarter de plus en plus l'un de l'autre, en parlant des lignes, des rayons. ◆ **Fig.** *Des opinions qui divergent l'une de l'autre.*

DIVERS, ERSE, adj. [divɛʀ, ɛʀs] (lat. *diversus*) Qui présente plusieurs faces, plusieurs apparences. « *Selon l'objet divers le goût est différent* », P. CORNEILLE. ◆ Il se dit, dans le même sens, des personnes. « *O combien l'homme est inconstant, divers !* », LA FONTAINE. ◆ Différent. *Les divers sens d'un mot.* ◆ Au pl. Quelques, plusieurs. *Diverses personnes.* ■ *Faits divers*, ensemble des articles d'un journal portant sur les événements du jour relatifs à la criminalité, la délinquance, etc. *Rubrique des faits divers.*

DIVERSEMENT, adv. [divɛʀsəmɑ̃] (*divers*) De diverse manière.

DIVERSICOLORE, adj. [divɛʀsikolɔʀ] (lat. *diversicolor*) **Hist. nat.** Dont la couleur varie d'un individu à un autre.

DIVERSIFIABLE, adj. [divɛʀsifjabl] (*diversifier*) Que l'on peut diversifier.

DIVERSIFICATION, n. f. [divɛʀsifikasjɔ̃] (*diversifier*) Action de diversifier.

DIVERSIFIÉ, ÉE, p. p. de diversifier. [divɛʀsifje] Rendu divers.

DIVERSIFIER, v. tr. [divɛʀsifje] (lat. *diversus* et *facere*) Rendre divers. *Il faut diversifier les choses si l'on veut qu'elles plaisent.* ◆ Se diversifier, v. pr. Devenir divers.

DIVERSION, n. f. [divɛʀsjɔ̃] (lat. *diversus*) Opération par laquelle on détourne l'ennemi ou on le force à se détourner. « *La diversion qu'il voulait faire en Syrie* », BOSSUET. ◆ **Fig.** Action d'agir sur l'esprit et le cœur comme fait une diversion militaire sur l'ennemi. *Des diversions agréables. Faire diversion à sa douleur.*

DIVERSITÉ, n. f. [divɛʀsite] (lat. *diversitas*) État de ce qui est divers. *La diversité des temps, des talents*, etc.

DIVERTI, IE, p. p. de divertir. [divɛʀti]

DIVERTICULE, ■ n. m. [divɛʀtikyl] (lat. *diverticulum*, chemin écarté, détourné) Poche anatomique normale ou anormale d'un organe creux. *Diverticule du côlon.*

DIVERTIR, v. tr. [divɛʀtiʀ] (lat. *divertere*) Tourner d'un autre côté, détourner, écarter. « *Après de si beaux coups qu'il a su divertir* », MOLIÈRE. ◆ **Fig.** *Divertir quelqu'un*, détourner son esprit vers un autre côté. *Divertir quelqu'un de ses occupations.* ◆ Détourner, en parlant de l'esprit, des idées, etc. *Divertir l'attention.* ◆ Amuser, récréer. *Il faut le divertir.* ◆ **Absol.** « *Les sottises ne divertissent point* », MOLIÈRE. ◆ ▷ Dilapider par fraude ou malversation. *Divertir les fonds de l'État.* ◁ ◆ Se divertir, v. pr. S'écarter, se détourner de. ◆ Se distraire, se récréer. ◆ *Se divertir à. Se divertir au jeu, à danser.* ◆ Se moquer, se rire de. « *Tous ces Normands voulaient se divertir de nous* », RACINE.

DIVERTISSABLE, adj. [divɛʀtisabl] (rad. du p. pr. de *divertir*) ▷ Qu'on peut divertir. ◁

DIVERTISSANT, ANTE, adj. [divɛʀtisɑ̃, ɑ̃t] (*divertir*) Qui divertit, récrée. *Un homme, un spectacle divertissant.* ◆ Qui plaît, qui excite l'intérêt. *Une histoire divertissante.*

DIVERTISSEMENT, n. m. [divɛʀtis(ə)mɑ̃] (rad. du p. pr. de *divertir*) Action de divertir, de récréer. *Les divertissements du carnaval. Se livrer aux divertissements. Se donner le divertissement de..., etc.* ◆ **Théât.** Nom d'intermèdes de danse et de chant dans un opéra. *Pièce à divertissements.* ◆ **Mus.** Morceau d'un genre facile et léger. ◆ ▷ Action de détourner, par fraude ou malversation, des effets, des fonds. ◁

DIVIDENDE, n. m. [dividɑ̃d] (lat. *dividendus*, adj. verbal de *dividere*, qui doit être divisé) Nombre à diviser dans l'opération appelée division. ◆ **Adj.** *La fraction dividende*, la fraction qui est à diviser par une autre. ◆ Part qui revient, dans une liquidation, à chaque créancier ou associé. ◆ Intérêt qui revient à chaque associé ou actionnaire dans le revenu d'une compagnie.

DIVIN, INE, adj. [divɛ̃, in] (lat. *divinus*) Qui est de Dieu, qui appartient, qui est propre à Dieu. *La divine Providence.* ◆ *Les personnes divines*, les trois personnes de la Trinité. *Le Verbe divin*, le Fils de Dieu. *L'Être divin*, Dieu. ◆ Qui est dû à Dieu. *Le service, le culte divin.* ◆ Il s'applique aussi aux dieux du paganisme. *Les oracles divins.* ◆ Mis au nombre des dieux. *Le divin Auguste.* ◆ **Fig.** Qui est au-dessus de la nature. *Il y a là quelque chose de divin.* ◆ Excellent, parfait en son genre. *Une divine poésie. Cela est divin.* « *C'est le plus divin de tous les livres* », MME DE SÉVIGNÉ. « *L'auteur le plus divin* », BOILEAU. ◆ **N. m.** *Le divin*, ce qu'il y a de divin, de dû à des causes occultes, supérieures.

DIVINATEUR, TRICE, n. m. et n. f. [divinatœʀ, tʀis] (lat. impér. *divinator*, devin) Celui, celle qui pratique la divination. ◆ **Adj.** Qui prévoit. *Sens divinateur.*

DIVINATION, n. f. [divinasjɔ̃] (lat. *divinatio*) Art chimérique de savoir et de prédire l'avenir par des sortilèges ou de fausses sciences, telles que l'astrologie, la chiromancie, l'interprétation des songes. ◆ **Par extens.** *Ce fut par une sorte de divination que Champollion pénétra le sens des hiéroglyphes.* ◆ Pratiques divinatoires. *Les Romains avaient plusieurs sortes de divinations.*

DIVINATOIRE, adj. [divinatwaʀ] (rad. de *divination*) Qui appartient à la divination. *Les arts divinatoires. Baguette divinatoire*, Voy. BAGUETTE.

DIVINEMENT, adv. [divin(ə)mɑ̃] (*divin*) ▷ Par la vertu divine. « *Noé ayant été divinement averti de ce qui devait arriver* », MASSILLON. ◁ ◆ **Par extens.** Excellemment, parfaitement. *Divinement habillé.* « *Bourdaloue prêche divinement bien* », MME DE SÉVIGNÉ.

DIVINISATION, n. f. [divinizasjɔ̃] (rad. de *diviniser*) Action de diviniser.

DIVINISÉ, ÉE, p. p. de diviniser. [divinize]

DIVINISER, v. tr. [divinize] (*divin*) Attribuer le caractère divin, mettre au rang des dieux. *Les anciens divinisaient les héros.* ◆ **Par extens.** « *Platon divinisa le monde en lui donnant une âme* », VOLTAIRE. ◆ **Fig.** Exalter au-dessus de tout. ◆ **Absol.** « *Il [le poète] honore ou flétrit, accuse ou divinise* », MILLEVOYE.

DIVINITÉ, n. f. [divinite] (lat. *divinitas*) Qualité de ce qui est divin. ◆ *Divinité de Jésus-Christ,* nature divine par laquelle il est une des personnes de la Trinité. ◆ *L'Être divin lui-même,* dieu ou déesse. *Les sombres divinités,* les dieux infernaux. ◆ Par antonomase, le vrai Dieu. ◆ **Par extens.** Ce qu'on adore, ou ce qu'on est censé adorer. ◆ **Fig.** Femme très belle. *C'est une divinité.*

DIVIS, n. m. [divi] (lat. *divisus,* p. p. de *dividere,* diviser) **Dr.** Partage. *Demander le divis. Posséder par divis.*

DIVISANT, ANTE, adj. [divizã, ãt] (*diviser*) Qui divise.

DIVISE, n. f. [diviz] (lat. médiév. *divisa,* de *dividere,* diviser) **Hérald.** Pièce qui n'a que la moitié de sa largeur ordinaire ou qui est divisée.

DIVISÉ, ÉE, p. p. de diviser. [divize] **Hérald.** Se dit de la fasce, de la bande, qui n'ont que la moitié de leur largeur.

DIVISER, v. tr. [divize] (anc. fr. *deviser,* refait d'après le lat. *divisum,* supin de *dividere*) Séparer par parties. *Diviser un corps avec un instrument tranchant. Diviser un sermon en trois points.* ◆ **Typogr.** *Diviser un mot,* le séparer en deux parties, dont la première reste à la fin d'une ligne. ◆ Séparer par parties pour partager. *Je divisai mon argent entre eux.* ◆ **Absol.** Établir des divisions. *Diviser et classer.* ◆ **Par extens.** Séparer l'un de l'autre. ◆ Diviser se dit avec *de* et *d'avec. Diviser l'esprit du corps.* « *Ces mers qui divisent la Grèce d'avec l'Italie* », FÉNELON. ◆ **Math.** *Diviser un nombre, une quantité par une autre,* chercher combien de fois cette autre est contenue dans la première. ◆ Semer la discorde, la désunion entre les personnes. ◆ **Absol.** *Diviser pour régner.* ◆ Se diviser, v. pr. Être séparé en parties. ◆ **Fig.** « *C'est en cette sorte que les esprits se sont divisés en tant de sectes* », BOSSUET. ◆ **Arithm.** Contenir un certain nombre de fois. *25 se divise exactement par 5.* ◆ N'être pas de même opinion. *Les juges se divisèrent sur la question de droit.* ◆ Être en dissension. *Ils se sentent divisés sur ce sujet.* ■ **Absol.** *Diviser pour mieux régner.*

DIVISEUR, n. m. [divizœr] (lat. *divisor,* celui qui sépare, divise ou partage) **Arithm.** Nombre par lequel on en divise un autre. ◆ Nombre qui en divise exactement un autre. ◆ *Commun diviseur,* nombre qui en divise exactement plusieurs autres. *Le plus grand commun diviseur,* le plus grand nombre qui est commun diviseur entre plusieurs nombres. ◆ **Adj.** *Nombre diviseur.*

DIVISIBILITÉ, n. f. [divizibilite] (*divisible*) Qualité de ce qui peut être divisé. *La divisibilité de tout nombre pair par 2.* ◆ Propriété de la matière pondérable, en vertu de laquelle elle peut être séparée en parties de plus en plus ténues, jusqu'à ce qu'elles échappent à nos sens et à nos instruments.

DIVISIBLE, adj. [divizibl] (lat. impér. *divisibilis*) Qu'on peut diviser. *Plusieurs philosophes ont prétendu que la matière est divisible à l'infini.* ◆ **Math.** Qui contient exactement un certain nombre de fois. *6 est divisible par 2 et par 3.*

DIVISIBLEMENT, adv. [diviziblǝmã] (*divisible*) ▷ D'une manière divisible. ◁

DIVISION, n. f. [divizjõ] (lat. *divisio,* distribution) Opération par laquelle on réduit un corps solide en parties plus ou moins ténues. ◆ **Chir.** Séparation fortuite et accidentelle de parties naturellement réunies. ◁ ◆ **Impr.** Petit tiret qui se met au bout d'une ligne, entre une partie d'un mot et celle qui est rejetée à la ligne suivante. ◆ Distribution par parties. *La division de la France en départements.* ◆ *Division du travail,* organisation du travail de telle sorte que chaque ouvrier, n'en faisant qu'une seule partie toujours la même, acquière ainsi une grande promptitude. ◆ **Pratiq.** *Sans division ni discussion,* solidairement l'un pour l'autre, et un seul pour le tout. ◆ En langage de corps délibérants, *division de la question,* délibération séparée sur les divers points que présente une question. ◆ Partie divisée, séparée d'un tout. *Une division territoriale, administrative. Les divisions du mètre, d'un livre.* ◆ *Division active,* Réunion de deux et quelquefois de trois brigades d'infanterie ou de cavalerie, toujours accompagnées d'artillerie, de génie et d'équipages militaires. *Général de division.* ◆ Réunion de deux compagnies ou de deux pelotons. *Former les divisions.* ◆ *Division militaire,* circonscription territoriale composée généralement de plusieurs départements et placée sous le commandement d'un général de division. ◆ **Mar.** Réunion de trois bâtiments de guerre au moins. ◆ **Admin.** Réunion de bureaux sous la direction d'un chef de division. ◆ ▷ Dans un lycée, portion d'une même classe placée sous la direction d'un professeur distinct. ◁ ◆ Opération de calcul par laquelle, connaissant un produit et un de ses facteurs, on trouve l'autre facteur. ◆ **Rhét.** Partie d'un discours qui consiste à diviser en plusieurs points tout ce que l'on à dire. ◆ **Fig.** Désunion, discorde. *Jeter la division parmi les ennemis.* ◁

DIVISIONNAIRE, adj. [divizjɔnɛr] (*division*) Qui appartient à une division, à une circonscription. *Inspecteur divisionnaire.* ◆ *Professeur divisionnaire* ou n. m. *un divisionnaire,* professeur d'une division, quand le nombre trop grand des élèves oblige à diviser une classe. ◆ *Général divisionnaire* et n. m. *un divisionnaire,* général de division. ◆ *Monnaie divisionnaire,* monnaie qui représente les divisions de l'unité monétaire.

DIVISIONNISME, ■ n. m. [divizjɔnism] (*division*) Technique picturale consistant à juxtaposer des petites touches de couleurs primaires. « *Le divisionnisme utilise une technique qui sera aussi celle du tachisme et du pointillisme de Seurat ou Signac, et s'inscrit dans le mouvement de l'impressionnisme. [Le divisionnisme] sacrifie l'anecdote à l'arabesque, la nomenclature à la synthèse, le fugace au permanent* », FÉNÉON. ◆ ▷ *Faire divorce avec,* renoncer à. ◀

DIVISIONNISTE, ■ adj. [divizjɔnist] (*division*) **Art** Qui relève du divisionnisme. *Peintres divisionnistes.* ■ **N. m. et n. f.** Divisionnistes italiens, artistes lombards de cette mouvance, et dont le groupe influença les débuts des futuristes.

DIVISME, ■ n. m. [divism] (*diva*) Idolâtrie à l'égard des vedettes de cinéma en Italie dans les années 1970.

DIVORCE, n. m. [divɔrs] (lat. *divortium,* divorce, séparation) Rupture légale du mariage du vivant des époux. ◆ **Fig.** Séparation. « *Ce divorce avec le monde* », BOURDALOUE. ◆ ▷ *Faire divorce avec,* renoncer à. ◁ ◆ ▷ Dissension entre parents, amis, etc. *Il est en divorce avec tout le monde.* ◁ ■ **Dr.** *Divorce par consentement mutuel,* celui où aucune des deux parties n'engage une procédure à l'encontre de l'autre, mais le font à l'amiable, soit sur demande conjointe, les époux s'étant mis d'accord sur tout, soit sur demande acceptée, les époux étant d'accord sur le principe de la rupture, mais pas forcément sur les conséquences matérielles qu'elles induisent, et sur lesquelles les tribunaux doivent trancher. *Le premier divorce par consentement mutuel a été instauré en 1975.*

DIVORCÉ, ÉE, p. p. de divorcer. [divɔrse] N. m. et n. f. *Un divorcé.*

DIVORCER, v. intr. [divɔrse] (*divorce*) Se conjugue avec *être* ou *avoir,* suivant le sens. *Faire divorce. Ces époux ont divorcé, sont divorcés.* ◆ ▷ **Fig.** *Divorcer avec le bon sens, avec les plaisirs, etc.,* y renoncer. ◁

DIVORTIALITÉ, ■ n. f. [divɔrsjalite] (*divorce,* avec réfection étymologique sous l'infl. de *nuptialité*) Calcul du nombre de divorces en un an de la population mariée d'un ensemble donné, par lieu, groupe, etc. *Nuptialité et divortialité.* ■ *Taux de divortialité,* résultat à l'issue du calcul de ce nombre.

DIVULGATEUR, TRICE, n. m. et n. f. [divylgatœr, tris] (lat. *divulgator,* propagateur) Celui, celle qui divulgue, qui publie.

DIVULGATION, n. f. [divylgasjõ] (lat. impér. *divulgatio*) Action de divulguer ; résultat de cette action. *Divulgation d'un secret.*

DIVULGUÉ, ÉE, p. p. de divulguer. [divylge]

DIVULGUER, v. tr. [divylge] (lat. *divulgare,* rendre public, radic. de *vulgus,* le commun des hommes, la foule) Porter à la connaissance du public ce qui était ignoré. *Divulguer un secret.* ◆ Se divulguer, v. pr. Être divulgué.

DIVX, ■ n. m. [diviks] (abrév. de *Digital Video Express,* marque déposée) **Inform.** Format de compression et de décompression conçu pour la vidéo numérique. *Le format DivX permet de graver un film complet sur un CD de 700Mo offrant une qualité proche de celle du DVD.* ■ **Par extens.** Disque compact sur lequel sont enregistrés un ou plusieurs fichiers vidéos dans ce format. *Un lecteur de DVD qui peut lire des DivX.*

DIX, adj. num. card. [dis] (lat. *decem*) Nombre formé de deux fois cinq. ◆ Par exag. *Dix fois,* c'est-à-dire plusieurs fois, souvent. ◆ *Dix lignes,* une courte lettre, quelques mots par écrit. ◆ En composition. *Soixante-dix* ou ▷ *soixante et dix, etc.* ◁ ◆ Pris pour un adjectif numéral et ordinal, dixième. *Chapitre dix. Louis X, dit le Hutin.* ◆ **N. m.** *Le dix du mois,* le dixième jour du mois. ◆ *Sans de : le dix mai.* ◆ **Absol.** *Le dix,* quand le mois est connu d'ailleurs. ◆ Nom de certaines cartes marquées de dix points. *Le dix de cœur.* ◆ Le chiffre dix. *Un dix romain,* X. ◆ *Conseil des dix,* tribunal suprême composé de dix nobles à Venise. ■ **Fam.** *Ça vaut dix !* C'est bien, c'est amusant ! ■ **Jeu** *Dix de der,* à la belote, dernier pli.

DIX HUIT, adj. num. card. [dizɥit] (*dix et huit*) Nombre qui se compose de *dix* et *huit.* ◆ Il se dit pour dix-huitième. *Chapitre dix-huit. Louis XVIII.* ◆ **N. m.** *Le dix-huit du mois.* ◆ *In-dix-huit,* format d'un livre dans lequel la feuille pliée forme dix-huit feuillets ou trente-six pages. Il s'indique ordinairement par *in-18.*

DIX-HUITIÈME, adj. num. [dizɥitjɛm] (*dix-huit*) Nombre ordinal de dix-huit. ◆ **N. m.** *Un dix-huitième,* chaque partie d'un tout divisé en dix-huit parties égales. ◆ **N. f.** Au piquet, *une dix-huitième,* série des huit cartes d'une couleur, qui compte dix-huit points.

DIX-HUITIÈMEMENT, adv. [dizɥitjɛm(ǝ)mã] (*dix-huitième*) En dix-huitième lieu.

DIXIELAND ou **DIXIE,** ■ n. f. [diksilãd, diksi] (*Dixieland,* comté de Floride) Style de musique de jazz de la Nouvelle-Orléans apparu au début du XXᵉ siècle et mêlant blues et ragtime. *Un orchestre de dixieland.* ■ Au pl. *Des dixielands, des dixies.*

DIXIÈME, adj. num. [dizjɛm] (anc. fr. *disme,* du lat. *decimus*) Nombre ordinal de dix. *Le dixième jour.* ◆ **N. m.** La dixième partie. *Il s'en faut d'un* *dixième.* ♦ Impôt extraordinaire que le roi levait autrefois. ♦ N. f. Mus. Intervalle de neuf degrés diatoniques ou d'une octave et d'une tierce.

DIXIÈMEMENT, adv. [dizjɛm(ə)mɑ̃] (*dixième*) En dixième lieu.

DIX-NEUF, adj. num. card. [diznœf] (*dix* et *neuf*) Nombre qui se compose de *dix* et *neuf*. ♦ Il se dit pour dix-neuvième. *Page dix-neuf.* ♦ N. m. *Le dix-neuf du mois.*

DIX-NEUVIÈME, adj. num. [diznœvjɛm] (*dix-neuf*) Nombre ordinal de dix-neuf. ♦ N. m. *Un dix-neuvième,* chaque partie d'un tout divisé en dix-neuf parties égales.

DIX-NEUVIÈMEMENT, adv. [diznœvjɛm(ə)mɑ̃] (*dix-neuvième*) En dix-neuvième lieu.

DIX-SEPT, adj. num. card. [disɛt] (*dix* et *sept*) Nombre qui se compose de dix et sept. ♦ Il se dit pour dix-septième. *Page dix-sept.* ♦ N. m. *Le dix-sept du mois.*

DIX-SEPTIÈME, adj. num. [disɛtjɛm] (*dix-sept*) Nombre ordinal de dix-sept. ♦ N. m. *Un dix-septième,* chaque partie d'un tout divisé en dix-sept parties égales. ♦ N. f. Au piquet, *une dix-septième,* une suite de sept cartes de la même couleur, de l'as au huit ou du roi au sept, qui compte dix-sept points. ♦ **Mus.** La seizième note après une première, c'est-à-dire la double octave de la tierce.

DIX-SEPTIÈMEMENT, adv. [disɛtjɛm(ə)mɑ̃] (*dix-septième*) En dix-septième lieu.

DIZAIN, n. m. [dizɛ̃] (anc. fr. *dezen,* dixième) Petite pièce composée de dix vers. ♦ Nom de dix grains de chapelet, qui ont, à l'un et à l'autre bout du dizain, un gros grain dit *pater.* ♦ Paquet de dix jeux de cartes.

DIZAINE, n. f. [dizɛn] (*dix*) Total composé de dix personnes ou de dix choses. ♦ Se dit quelquefois pour un nombre indéfini qui approche de dix. *Une dizaine de personnes.* ♦ Collection de dix unités. *Les dizaines et les centaines.*

DIZEAU, n. m. [dizo] (*dix*) ▷ Tas de dix gerbes de blé, de dix bottes de foin. ♦ Au pl. *Des dizeaus.* ◁

DIZENIER ou **DIZAINIER**, n. m. [dizənje, dizenje] (*dizaine*) Autrefois, chef d'une dizaine ou portion d'un quartier de ville.

DJ, ■ n. m. [didʒe] Voy. DISC-JOCKEY.

DJEBEL ou **DJÉBEL**, ■ n. m. [dʒebɛl] (mot ar. *gabal,* montagne) Montagne ou région à relief montagneux, dans les pays arabes d'Afrique du Nord. *Les djebels algériens.*

DJELLABA ou **DJELLABAH**, ■ n. f. [dʒelaba] (ar. *gallaba* ou *gallabiyya*) Longue robe, ouverte à la poitrine, portée aussi bien par les hommes que par les femmes dans les pays du monde arabe.

DJEMAA ou **DJÉMAA**, ■ n. f. [dʒema] (mot ar. , assemblée) Assemblée judiciaire locale en Afrique du Nord. *Des djemaas.* ■ REM. On trouve aussi la forme *djamaa.*

DJEMBÉ, ■ n. m. [dʒembe] (mot africain) Petit tambour africain en forme de tronc conique entouré de cordes, à peau de chèvre tendue, et dont il joue en le plaçant sous un bras ou entre les genoux. *Apparu chez les Malinkes en Guinée, le djembé s'est répandu sous des formes variables.*

DJIBOUTIEN, IENNE, ■ n. m. et n. f. [dʒibutjɛ̃, jɛn] (*Djibouti*) Personne née à Djibouti ou y habitant. ■ Adj. *Les autorités djiboutiennes.*

DJIHAD ou **JIHAD**, ■ n. m. [dʒiad] (mot ar. , effort) Guerre que tout musulman est censé mener contre les infidèles pour propager ou défendre l'islam. *Djihad islamique.*

DJINN, n. m. [dʒin] (ar. *djinn,* démon bon ou mauvais, d'orig. préislamique) Nom, chez les Arabes, d'un mauvais esprit ou démon. *Les djinns funèbres.*

DJOBEUR, EUSE, ■ n. m. et n. f. [dʒobœr, øz] (angl. *job*) Aux Antilles, personne travaillant à la sauvette, le plus souvent dehors et dans quelque domaine que ce soit. *Les djobeurs l'aidèrent à transporter leurs paniers de fruits et de légumes.*

D-LA-RÉ, [delare] (*d, la* et *ré*) Ancien terme de musique par lequel on désignait le ton de ré.

DO, n. m. [do] (orig. inc.) Nom par lequel les Italiens d'abord et après eux presque tous les maîtres de chant ont remplacé dans la solmisation la syllabe *ut.* ♦ Au pl. *Des do.*

DOBERMAN, ■ n. m. [dɔbɛrman] (*Ludwig Dobermann,* éleveur de chiens allemand) Grand chien de garde d'origine allemande, au poil court et brillant et à la robe noire et marron. ■ REM. On trouve parfois la graphie *dobermann.*

1 **DOC**, ■ n. m. et n. f. [dɔk] Abréviation de *document* et *documentation.* Voy. ces mots.

2 **DOC**, ■ n. m. et n. f. [dɔk] Abréviation de *docteur* au sens de médecin. Voy. ce mot.

DOCÉTISME, ■ n. m. [dɔsetism] (*docète,* gr. *dokêtês,* partisan de l'Incarnation fictive) Hérésie des premiers siècles de l'Église, attribuant à Jésus-Christ une apparence humaine tout en refusant le principe de la réincarnation.

DOCILE, adj. [dosil] (lat. *docilis,* rad. de *docere,* enseigner) Qui a de la disposition à se laisser instruire, conduire. *Un enfant docile. Un élève docile aux leçons de ses maîtres.* ♦ N. m. et n. f. « *Le docile et le faible sont susceptibles d'impressions l'un en reçoit de bonnes, l'autre de mauvaises* », LA BRUYÈRE. ♦ En parlant des animaux. *Un bœuf docile au joug.* ♦ Il se dit aussi des choses qui se prêtent, qui obéissent. « *Un ruisseau docile* », RACINE. « *Son bras docile* », BOILEAU.

DOCILEMENT, adv. [dosil(ə)mɑ̃] (*docile*) Avec docilité. *Recevoir docilement des avis.*

DOCILITÉ, n. f. [dosilite] (lat. *docilitas*) Disposition naturelle à se laisser instruire, conduire. *La docilité des esprits.* « *Le peuple se façonne à la docilité* », VOLTAIRE.

DOCIMASIE, n. f. [dosimazi] (gr. *dokimasia,* épreuve, essai, examen des candidats aux charges publiques) Partie de la chimie qui enseigne à connaître la nature et les proportions des métaux utiles contenus dans les mélanges naturels ou artificiels. ■ Méd. Examen des organes d'un cadavre afin de déceler les causes du décès. *Docimasie pulmonaire.*

DOCIMASTIQUE, adj. [dosimastik] (gr. *dokimastikos,* apte à examiner, à contrôler) Qui appartient à la docimasie. ♦ N. f. *La docimastique,* l'ensemble de tout ce qui se rapporte à la docimasie.

DOCIMOLOGIE, ■ n. f. [dosimoloʒi] (gr. *dokimê,* épreuve, et *-logie*) Science qui analyse l'ensemble des moyens de contrôle des connaissances.

DOCIMOLOGIQUE, ■ adj. [dosimoloʒik] (*docimologie*) Qui concerne la docimologie. *L'impartialité docimologique.*

DOCIMOLOGUE ou, rare, **DOCIMOLOGISTE**, ■ n. m. et n. f. [dosimolɔg, dosimoloʒist] (*docimologie*) Spécialiste en docimologie. *L'évaluation de l'apprentissage par des docimologues.*

DOCK, n. m. [dɔk] (mot néerl. *docke,* prob. par l'interm. de l'angl. *dock,* bassin de déchargement des navires) Vaste bassin entouré de quais, dans lequel entrent les vaisseaux pour déposer leurs cargaisons ou opérer le chargement. ♦ Cale couverte pour la construction des vaisseaux. ♦ Établissement commercial comprenant des bassins et des magasins.

DOCKER, ■ n. m. [dokɛr] (mot angl.) Ouvrier s'occupant de charger et de décharger les navires.

DOCTE, adj. [dɔkt] (lat. *doctus,* de *docere,* enseigner) Instruit, versé en toute sorte de connaissances littéraires. ♦ Fait habilement, en parlant des choses. « *Cette docte harangue* », P. CORNEILLE. ♦ On donne quelquefois l'épithète de doctes aux Muses ; de la *doctes veilles* peut prendre le sens d'œuvre poétique. ♦ Qui est versé dans les choses d'érudition. *Le docte Saumaise.* ♦ En parlant des choses. *De doctes leçons.* ♦ N. m. pl. *Les doctes,* les gens habiles dans les choses littéraires, plus particulièrement dans les choses d'érudition.

DOCTEMENT, adv. [dɔktəmɑ̃] (*docte*) D'une manière savante, habile. *Traiter doctement une matière.* ♦ Ironiq. Avec pédanterie.

DOCTEUR n. m. et n. f. et, rare, **DOCTORESSE**, n. f. [dɔktœr, dɔktores] (lat. *doctor,* celui qui enseigne ; lat. chrét. , docteur de la foi, médecin) Celui qui enseigne, qui dogmatise. ♦ *Les docteurs de l'Église,* ceux qui enseignent les vérités du christianisme, et particulièrement les Pères de l'Église. ♦ Il se dit aussi des principaux maîtres de la scolastique. ♦ *Les docteurs de la loi dans l'Ancien Testament,* ceux qui enseignaient et interprétaient la loi judaïque. ♦ Dans un sens général, *faire le docteur, prendre le ton de docteur,* se donner un air capable. ♦ Celui qui est habile en quelque chose que ce soit. ♦ Par extens. « *Et les femmes docteurs ne sont point de mon goût* », MOLIÈRE. ♦ Celui qui est promu au plus haut grade d'une faculté, après avoir écrit et soutenu une ou deux thèses, suivant la faculté. *Docteur en théologie, en droit, en médecine, ès lettres, ès sciences.* ♦ *Docteur-médecin,* médecin qui a le titre de docteur. ♦ *Docteur,* par ellipse pour docteur en médecine. *Consulter son docteur.* ■ REM. Dans le sens de médecin, la forme *doctoresse* est utilisée parallèlement à *docteur : une docteur.*

DOCTORAL, ALE, adj. [dɔktoral] (b. lat. *doctoralis*) Qui appartient au doctorat. *Bonnet doctoral. Les examens doctoraux.* ♦ Par extens. *Ton doctoral,* ton tranchant et plein de supériorité. ■ *École doctorale,* département d'une université offrant une structure qui permet diverses aides d'ordre pédagogique à une personne préparant le doctorat.

DOCTORALEMENT, adv. [dɔktoral(ə)mɑ̃] (*doctoral*) D'un ton doctoral.

DOCTORANT, ANTE, ■ n. m. et n. f. [dɔktorɑ̃, ɑ̃t] (radic. de *doctorat*) Étudiant inscrit en doctorat et engagé dans un travail de recherche aboutissant à la soutenance d'une thèse en vue de s'acquitter du titre de docteur. ■ Adj. *Un chercheur doctorant.*

DOCTORAT, n. m. [dɔktɔra] (lat. médiév. *doctoratus*) Le grade de docteur. ■ Ensemble des études consacrées à l'obtention de ce grade.

DOCTORERIE, n. f. [dɔktɔr(ə)ri] (*docteur*, d'après le lat. *doctor*) ▷ Ensemble des actes qu'on fait en théologie pour être reçu docteur. ◁

DOCTORESSE, ■ n. f. [dɔktɔrɛs] Voy. DOCTEUR.

DOCTRINAIRE, n. m. [dɔktrinɛr] (*doctrine*) Prêtre ou clerc séculier de la doctrine chrétienne. ◆ Adj. *Un prêtre doctrinaire.* ◆ Sous la Restauration, homme politique qui voulait faire triompher les doctrines du véritable gouvernement représentatif. ◆ Adj. *Les opinions doctrinaires. L'école doctrinaire.*

DOCTRINAIREMENT, adv. [dɔktrinɛr(ə)mɑ̃] (*doctrinaire*) Selon le système des doctrinaires.

DOCTRINAL, ALE, adj. [dɔktrinal] (b. lat. *doctrinalis*) Qui se rapporte à une doctrine quelconque. *Résumé doctrinal.* ◆ Qui se rapporte aux matières de doctrine dont s'occupaient les docteurs des universités. *Un jugement doctrinal.* ◆ *Avis doctrinal*, sentiment d'un docteur en théologie.

DOCTRINE, n. f. [dɔktrin] (lat. *doctrina*, enseignement science) L'ensemble des dogmes, soit religieux soit philosophiques, qui dirigent un homme dans l'interprétation des faits et dans la direction de sa conduite. *La doctrine de Platon.* ◆ Théorie relative à un point particulier de la religion, de la philosophie ou de la science. *La doctrine de la métempsycose. Les doctrines médicales.* ◆ Opinion. *Doctrine politique.* ◆ Savoir dans les choses d'enseignement, de dogmes, de philosophie. *Homme d'une profonde doctrine.* ◆ École Décisions et commentaires des auteurs. *Interprétation par voie de doctrine.* ◆ *Doctrine chrétienne,* nom d'une congrégation de clercs réguliers. *Frères de la doctrine chrétienne,* religieux laïques institués pour enseigner gratuitement aux enfants du peuple les principes de la religion et les éléments de l'instruction primaire.

DOCU, ■ n. m. et n. f. [dɔky] Abréviation de *document, documentation, documentaire.* Voy. ces mots.

DOCUMENT, n. m. [dɔkymɑ̃] (lat. *documentum*, leçon, enseignement) Chose qui enseigne ou renseigne ; titre, preuve. *Documents relatifs à l'histoire de France.* ◆ Anciennement, leçon. « *Profitez des bons documents qu'on vous donne* », MOLIÈRE. ■ Fichier créé à l'aide d'un traitement de textes. *Ouvrir un document.* ■ Fam. *doc* ou, plus souvent, *docu. Apporter ses docus, ses docs.*

DOCUMENTAIRE, ■ adj. [dɔkymɑ̃tɛr] (*document*) Qui présente l'intérêt d'un document. *Des sources documentaires.* ◆ *À titre documentaire*, à titre d'information. ■ N. m. Film informatif ou didactique destiné à présenter des documents authentiques illustrant un aspect du monde réel. ■ Fam. Docu. *Des docus de choc à la télé.*

DOCUMENTALISTE, ■ n. m. et n. f. [dɔkymɑ̃talist] (*document,* prob. sur le modèle de *journaliste*) Personne chargée de rechercher, sélectionner, classer et diffuser des documents dans un organisme.

DOCUMENTARISTE, ■ n. m. et n. f. [dɔkymɑ̃tarist] (*documentaire*) Personne qui réalise des films documentaires. *Frédéric Rossif était un documentariste animalier.*

DOCUMENTATION, ■ n. f. [dɔkymɑ̃tasjɔ̃] (rad. de *documenter*) Fait d'illustrer ses propos par des documents. ■ Ensemble des documents relatifs à un thème précis. *Une documentation exhaustive.* ■ Fait de réunir, classer et exploiter des documents portant sur un sujet. *Un travail de documentation.* ■ Fam. *doc* ou, plus rare, *docu. Chercher de la doc sur tel ou tel sujet.*

DOCUMENTÉ, ÉE, ■ adj. ou p. p. de documenter. [dɔkymɑ̃te] Étayé par de la documentation. *Des dossiers bien documentés.*

DOCUMENTER, ■ v. tr. [dɔkymɑ̃te] (*document*) Apporter des documents, des informations à. *Documenter un élève.* ■ Se documenter, v. pr. Rechercher, se renseigner au moyen de documents. *Se documenter sur un auteur.*

DODÉCAÈDRE, n. m. [dodekaɛdr] (gr. *dôdekaedros,* de douze faces) Solide terminé par douze faces. ◆ *Dodécaèdre régulier* ou absol. *dodécaèdre,* solide régulier formé de douze pentagones égaux. ◆ Adj. *Figure dodécaèdre.* ■ DODÉCAÉDRIQUE, adj. [dodekaedrik] *Figure dodécaédrique.*

DODÉCAGONAL, ALE, ■ adj. [dodekagonal] (*dodécagone*) Qui comporte douze angles, douze côtés. *Des pigeonniers dodécagonaux.*

DODÉCAGONE, adj. [dodekagon] (gr. *dôdekágônon,* mesure de douze angles ou côtés) Ancien syn. de dodécagonal. ◆ N. m. Polygone de douze côtés.

DODÉCAGYNIE, n. f. [dodekaʒini] (*dodéca-,* et *-gyne*) Bot. Ordre du système de Linné renfermant les plantes qui ont de douze à dix-neuf pistils.

DODÉCANDRIE, n. f. [dodekɑ̃dri] (*dodéca-,* et *andre*) Bot. Classe du système de Linné qui renferme les plantes dont les fleurs ont de douze à dix-neuf étamines.

DODÉCAPHONIQUE, ■ adj. [dodekafonik] (*dodéca-,* et *-phonique*) Qui relève du dodécaphonisme. *La musique dodécaphonique a été mise au point au début du XXᵉ siècle par Schoenberg. Compositions, séries dodécaphoniques.* ■ N. f. Rare *La dodécaphonique.*

DODÉCAPHONISME, ■ n. m. [dodekafonism] (*dodécaphonique*) Mus. Technique qui donne une même importance aux douze notes de la gamme chromatique, et qui n'est pas écrite dans une tonalité donnée. *Le dodécaphonisme a été mis au point en 1921 par Arnold Schoenberg qui désirait établir une méthodologie de composition pour la musique atonale.*

DODÉCAPHONISTE, ■ n. m. et n. f. [dodekafonist] (*dodécaphonique*) Mus. Personne qui compose en utilisant la technique dodécaphonique. ■ Adj. *Œuvres dodécaphonistes.*

DODÉCASTYLE, ■ adj. [dodekastil] (*dodéca-* et gr. *stulos,* colonne) Archit. Qui comporte douze colonnes sur sa façade. *Édifices dodécastyles.*

DODÉCASYLLABE, ■ n. m. [dodekasilab] (adj. gr. *dôdekasullabos,* de douze syllabes) Vers de douze syllabes. *Les alexandrins sont des dodécasyllabes. C'est-un-trou-de-ver-du-r'où-chan-t'u-ne-ri-vière (d'après Rimbaud) est un dodécasyllabe.*

DODELINEMENT, ■ n. m. [dɔd(ə)lin(ə)mɑ̃] (*dodeliner*) Mouvement léger et régulier. *Dodelinement de la tête* ou *de tête.* ■ Rem. L'expression est presque figée en précisant qu'il s'agit de la tête. C'est au contraire, dans le cas rare où il s'agit d'un dodelinement du corps, que ce n'est pas précisé. « *Une sorte de dodelinement très doux* », HUYSMANS.

DODELINER, ■ v. intr. [dɔd(ə)line] (*dodiner,* se balancer avec intercalation du suff. *-el*) Balancer lentement et régulièrement. *Dodeliner de la tête.*

DODINE, ■ n. f. [dodin] (prob. *dodiner,* cette sauce devant être longuement vannée) Cuis. Préparation culinaire à base de viande apprêtée. *Dodines de lapereau, de canard.* ■ Par extens. Ballottine.

DODINER, ■ v. tr. [dodine] (prob. radic. onomat. *dod-,* balancement) Bercer. ◆ V. intr. Horlog. Osciller. *Ce pendule dodine bien.* ◆ Se dodiner, v. pr. Se bercer, et fig. avoir beaucoup de soin de sa personne.

DODO, n. m. [dodo] (p.-e. radic. onomat. *dod-,* balancement, pour bercer un enfant, avec infl. de *dormir*) Sorte d'interjection du langage des nourrices qui signifie *dors.* ◆ N. m. Par extens. Sommeil. *Faire dodo, dormir.* ◆ Lit. dans le langage enfantin.

DODU, UE, adj. [dody] (orig. inc. : p.-e. radic. onomat. *dod-,* balancement, les bon soins entraînant l'idée de corpulence) Qui est bien en chair. *Des pigeons dodus.* ◆ Qui a un embonpoint ferme et de bonne nature. *Un corps frais et dodu.* ■ N. m. et n. f. *Un gros dodu.*

DOGARESSE, n. f. [dogarɛs] (ital. *dogaressa*) ▷ La femme d'un doge. ◁

DOGAT, n. m. [doga] ▷ La dignité du doge ; durée de cette magistrature. ◁

DOGE, n. m. [doʒ] (ital. *doge*) ▷ Chef de l'ancienne république de Venise. ◆ Chef de l'ancienne république de Gênes. ◁

DOGGER, ■ n. m. [dogœr] (mot angl.) Géol. Jurassique moyen. *Des calcaires du dogger.*

DOGMATIQUE, adj. [dɔgmatik] (gr. *dogmatikos,* dogmatique, qui concerne l'exposition d'une doctrine, qui se fonde sur des principes) Qui a rapport au dogme. *Terme dogmatique.* ◆ Qui attache de la certitude à un certain nombre d'opinions, particulièrement d'opinions philosophiques. *Un philosophe dogmatique.* ◆ *Philosophie dogmatique,* par opposition à *philosophie sceptique,* celle qui établit des dogmes. ◆ Qui s'exprime d'une manière impérieuse et tranchante. *Un esprit dogmatique. Style dogmatique.* ◆ N. m. Partie dogmatique d'un ouvrage. « *Bolingbroke a séparé le dogmatique d'avec l'historique* », VOLTAIRE. ◆ *Partisan du dogmatisme.* ◆ N. f. *La dogmatique,* l'ensemble des dogmes d'une religion.

DOGMATIQUEMENT, adv. [dɔgmatik(ə)mɑ̃] (*dogmatique*) D'une manière dogmatique. ◆ D'un ton décisif.

DOGMATISER, v. intr. [dɔgmatize] (lat. chrét. *dogmatizare,* établir un dogme, une doctrine) Établir des dogmes. « *Les grands hommes dogmatisent, le peuple croit* », VAUVENARGUES. ◆ Enseigner une doctrine religieuse ou philosophique. ◆ Se mêler de raisonner là où rien ne nous y autorise. ◆ Débiter ses discours d'un ton sentencieux et tranchant.

DOGMATISEUR, EUSE, n. m. et n. f. [dɔgmatizœr, øz] (*dogmatiser*) Celui, celle qui prend le ton dogmatique.

DOGMATISME, n. m. [dɔgmatism] (lat. chrét. *dogmatismus,* enseignement de la foi) Doctrine de ceux qui ont des dogmes, c'est-à-dire de ceux qui admettent des certitudes. ◆ Disposition de l'esprit à affirmer et à croire.

DOGMATISTE, n. m. et n. f. [dɔgmatist] (gr. *dogmatistês,* celui qui établit une doctrine) Celui qui, partisan des doctrines du dogmatisme, affirme des certitudes philosophiques.

DOGME, n. m. [dɔgm] (lat. *dogma*, opinion, théorie, du gr. *dogma*, ce qui paraît bon, opinion philosophique ou autre ; infl. du latin chrétien, croyance orthodoxe) Point de doctrine établi comme fondamental, incontesté, certain. *Les dogmes de la religion. Un dogme philosophique.* ◆ Collectivement, *le dogme*, l'ensemble des dogmes de la religion chrétienne.

DOGON, ONNE, ▪ adj. [dɔgɔ̃, ɔn] (*Dogons*, n. pr.) Qui concerne les Dogons, société d'agriculteurs du Mali. *Les sculptures dogonnes sont très riches en représentations humaines aux attitudes variées.* ▪ N. m. Langue parlée par les Dogons.

DOGRE, n. m. [dɔgʀ] (néerl. *dogger*) Bâtiment dont la navigation ordinaire était de la Hollande au Dogrebanc (mer du Nord). ◆ Aujourd'hui, bâtiment dont la mâture consiste en un grand mât, un mât d'artimon et un beaupré, et qui fait le grand cabotage et le long cours.

DOGUE, n. m. [dɔg] (angl. *dog*, chien) Gros chien de garde à nez écrasé et à lèvres pendantes. ◆ *Être d'une humeur de dogue*, être de très mauvaise humeur. ◆ Homme violent qui se lance ou qu'on lance contre quelqu'un. ◆ N. m. pl. Chiens dont on se sert pour assaillir et coiffer les sangliers et les loups.

DOGUIN, INE, n. m. et n. f. [dɔgɛ̃, in] (dimin. de *dogue*) Mâle et femelle de petits dogues.

DOIGT, n. m. [dwa] (anc. fr. *doi, dei*, (v. 1100) du lat. vulg. *dita*, refait en moy. fr. . sur lat. *digitus*) Chacune des parties distinctes et mobiles qui terminent les mains et les pieds de l'homme. ◆ *Compter sur ses doigts* ou *avec ses doigts*, faire par ce moyen un calcul qu'on ne peut faire de tête. ◆ *Montrer du doigt*, faire vers le doigt le geste de montrer. ◆ *Fig. Montrer quelqu'un du doigt, au doigt*, s'en moquer. ◆ *Mettre le doigt sur la bouche*, signe qui indique de garder le silence. ◆ *Donner sur les doigts*, infliger une correction manuelle, faire éprouver un échec, et fig. réprimander, châtier. ◆ *Avoir sur les doigts*, être châtié, réprimandé, moqué. ◆ *Mordre ses doigts*, acte réel qui est un signe d'impatience, d'embarras, de préoccupation. ◆ **Fig.** *Se mordre les doigts*, se repentir d'une chose. ◆ *Ils sont comme les deux doigts de la main*, se dit de deux amis très intimes. ◆ **Fig.** *Toucher du doigt, au doigt*, ▷ ◁ voir, comprendre clairement. ◆ **Fig.** *Se mettre le doigt dans l'œil*, se faire un tort, du mal. ◆ *Vous avez mis le doigt dessus*, vous avez deviné. ◆ *Les cinq doigts*, la main entière. ◆ [Anc?] *Au bout des doigts*, d'une manière facile, aisée, sans peine. ◆ ▷ *Avoir mal au bout du doigt*, avoir un mal léger. ◁ ▷ *Avoir des yeux au bout des doigts*, avoir le toucher très fin, faire avec habileté des ouvrages de main délicats. ◁ ◆ *Avoir de l'esprit jusqu'au bout des doigts*, avoir beaucoup d'esprit. ◆ *Toucher du bout du doigt*, toucher légèrement. ◆ *Toucher une chose du bout du doigt, la toucher du doigt*, se dit en parlant d'une chose qui est près d'arriver. ◆ *Savoir sur le bout du doigt*, savoir parfaitement. ◆ **Mus.** *Avoir des doigts, de bons doigts*, avoir les doigts très agiles, très forts, très exercés. ◆ ▷ *Doigt mouillé*, manière entre enfants de décider certains litiges. *Tirer au doigt mouillé.* ◁ ◆ *Le doigt de Dieu*, sa puissance, son intervention. « *Le doigt de Dieu était dans cette œuvre* », BOSSUET. ◆ **Zool.** Nom donné aux prolongements qui terminent les membres, à partir des os métatarsiens et métacarpiens. *Les doigts des chats sont armés de griffes.* ◆ *Par anal., les doigts d'un gant.* ◆ *Doigt*, grandeur équivalente à un travers de doigt. *Il s'en faut seulement d'un doigt.* ◆ *Un doigt de vin*, une très petite quantité de vin. ◆ *Être à deux doigts de sa ruine*, en être fort proche. ◆ **Astron.** *Un doigt*, une des douze parties égales en lesquelles on divise le disque du soleil et de la lune. ◆ **Prov.** *Il ne faut pas mettre le doigt entre le bois et l'écorce*, ou *entre l'arbre et l'écorce il ne faut pas mettre le doigt*, il ne faut pas s'ingérer dans les affaires des personnes naturellement unies. ◆ *Avoir des doigts de fée*, être très habile de ses mains. ▪ **Fam.** *Les doigts dans le nez*, très facilement. ▪ *Obéir au doigt et à l'œil*, répondre immédiatement à un ordre.

1 **DOIGTÉ**, n. m. [dwate] (var. de 2 *doigter*) **Mus.** Manière d'employer les doigts sur le clavier d'un piano, le manche d'un violon, d'une guitare, etc. *Ce doigté est bon.* ▪ Propre et fig. Façon de faire habile. *Avoir du doigté.* ▪ REM. Graphie ancienne : *doigter*.

2 **DOIGTÉ, ÉE**, p. p. de doigter. [dwate] *Morceau bien doigté.*

1 **DOIGTER**, v. intr. [dwate] (*doigt*) **Mus.** Poser les doigts comme il convient pour jouer de certains instruments. ◆ V. tr. Exécuter un morceau en employant les doigts comme il convient. *Doigtez bien ce passage.* ◆ Indiquer sur la musique, par des chiffres, le doigt pour chaque note.

2 **DOIGTER**, n. m. [dwate] Voy. DOIGTÉ.

DOIGTIER, n. m. [dwatje] (*doigt*) Doigt de gant qu'on met pour couvrir un doigt. *Un doigtier de cuir.* ◆ Espèce de fourreau en forme de doigt de gant, dont on revêt un doigt malade.

1 **DOIT**, n. m. [dwa] Voy. DEVOIR, VERBE.

2 **DOIT** ou **DOIS**, n. m. [dwa] (lat. *ductus*) Petit cours d'eau, terme usité en Normandie, en Bretagne et ailleurs. ▪ REM. On disait aussi *douet*.

DOJO, ▪ n. m. [doʒo] (mot jap.) Salle de pratique des arts martiaux. *Des dojos.*

DOL, n. m. [dɔl] (lat. *dolus*, adresse, ruse, gr. *dolos*) **Dr.** Tromperie, fraude.

DOLBY, ▪ n. m. [dɔlbi] (nom déposé) Technique destinée à réduire les bruits de fond des enregistrements sonores sur support magnétique. ▪ *Dolby stéréo*, procédé permettant d'obtenir un son stéréophonique en partant d'une piste sonore optique. ▪ Norme associée à un format sonore. *Dolby digital surround. Voir des films en dolby surround dans les salles de cinéma.*

DOLCE, adv. [dɔltʃe] (ital. *dolce*) **Mus.** Indication d'une expression douce dans l'exécution.

DOLCE VITA ou **DOLCE-VITA**, ▪ n. f. [dɔltʃevita] (mot ital. douce vie, allusion au film éponyme de F. Fellini) Vie oisive et tranquille. « *Ils eurent des amis ... qui, dans la dolce vita, puisaient le courage d'oublier les épreuves du passé* », GIRAUD.

DOLDRUMS, ▪ n. m. pl. [dɔldʀœms] (mot angl. .) **Météorol.** Secteur de basses pressions dans les régions équatoriales, induisant une zone de vents très faibles dits aussi *calmes équatoriaux. Les doldrums, avec leurs énormes nuages orageux accompagnés de pluies torrentielles, sont redoutés par les navigateurs.*

DOLÉ, ÉE, p. p. de doler. [dole]

DÔLE, ▪ n. f. [dol] Vin rouge parfumé du Valais, en Suisse, élaboré à partir de pinot noir et de gamay. *Une des dôles les plus célèbres est la Dôle des Monts de Gilliard.*

DOLÉANCE, n. f. [doleɑ̃s] (anc. fr. *douliance*, de *douloir*, refait sur lat. *dolere*, souffrir) Plainte au sujet d'un grief. *Faire ses doléances.* ◆ Autrefois et seulement au pluriel, demandes ou représentations qui étaient faites dans les cahiers des états généraux. ◆ **Fig.** *Cahier de doléances*, recueil de plaintes et de souhaits émis par un groupe.

DOLEMMENT, adv. [dolamɑ̃] (*dolent*) D'une manière dolente.

DOLENT, ENTE, adj. [dolɑ̃, ɑ̃t] (lat. *dolens*, génit. *dolentis*, p. prés. de *dolere*, souffrir) Qui souffre et se plaint. *Une femme dolente.* ◆ Qui exprime la douleur. *Un langage dolent.* ▪ N. m. et n. f. *Faire le dolent, la dolente.*

DOLER, v. tr. [dole] (lat. *dolare*, dégrossir, façonner le bois) ▷ Aplanir, unir avec la doloire. ◁ ◆ Dégrossir à la doloire les douves des futailles.

DOLIC ou **DOLIQUE**, ▪ n. m. [dolik] (lat. impér. *dolichos*, gr. *dolikhos*, long ; sorte de haricot, désigné ainsi par opp. à la fève, dont les cosses sont plus courtes) Légumineuse voisine du haricot en grain. *On cultive le dolique dans les pays à zones sèches, le Niger, la Haute Birmanie.*

DOLICHO..., ▪ [doliko] préfixe tiré du grec *dolikhos*, qui veut dire allongé et qui intervient dans la formation de mots savants. Par ex. *dolichomorphe*, de forme allongée, *dolichopode*, qui a de longues pattes.

DOLICHOCÉPHALE, ▪ n. m. [dolikosefal] (*dolicho-* et *-céphale*) **Méd.** Boîte crânienne allongée. *Les hommes de Cro-Magnon étaient des dolichocéphales.* ▪ Adj. *Aspect dolichocéphale.* ▪ DOLICHOCÉPHALIE, n. f. [dolikosefali]

DOLICHOCÔLON, ▪ n. m. [dolikokolɔ̃] (*dolicho-* et *côlon*) **Méd.** Allongement anormal du gros intestin, impliquant de plus ou moins nombreuses boucles, ce qui peut induire certaines pathologies. *Colites chroniques douloureuses dues à un dolichocôlon.*

DOLIMAN, n. m. [dolimɑ̃] (turc *dolaman*, manteau de parade des janissaires) Nom d'un habit turc, sorte de longue robe de dessus, avec des manches étroites, boutonnées au poignet.

DOLINE, ▪ n. f. [dolin] (serbo-cr. *dolina*, vallée, cuvette) **Géol.** Dépression fermée circulaire à fond plat sur terrain karstique, pouvant être utilisée pour les cultures. *Une doline d'effondrement.*

DOLIQUE, ▪ n. m. [dolik] Voy. DOLIC.

DOLLAR, n. m. [dolar] (angl. *dollar*) Monnaie d'argent des États-Unis, dont la valeur est de 5 fr. 40 c. ▪ Unité monétaire de différents pays de langue anglaise. *Le dollar canadien.* ▪ REM. Auj. un dollar américain vaut très approximativement un euro.

DOLLARISATION, ▪ n. f. [dolarizasjɔ̃] (*dollariser*) Processus qui remplace les monnaies nationales de certains pays par le dollar, destiné alors à servir d'unité de stabilisation dans les paiements, l'épargne et le prix des biens. *De manière générale, la dollarisation s'adresse à des pays dont les économies souffrent d'un manque de crédibilité.* ▪ Par extens, et plus rare. Tout processus similaire concernant une autre devise que le dollar.

DOLLARISER, ▪ v. tr. [dolarize] (*dollar*) **Rare** Utiliser le processus de la dollarisation. *Le Salvador a choisi de dollariser son économie.*

DOLMAN, n. m. [dɔlmɑ̃] (*doliman*) Veste à manches faisant partie de l'uniforme des hussards.

DOLMEN, n. m. [dɔlmɛn] (plutôt corn. *tolmen*, table de pierre, que bret. *taol*, *tol*, table [lat. *tabula*] et *mean*, *men*, pierre [lat. *mœnia*, muraille]) Monument formé d'une grande pierre plate posée sur deux pierres dressées verticalement, qu'on trouve surtout dans l'Armorique et en Angleterre, qu'on attribue généralement aux druides et aux Celtes, et que d'autres disent appartenir à un peuple antérieur et plus sauvage [1]. ♦ **Au pl.** *Des dolmens.* ▪ **REM.** On disait aussi autrefois *dolmin*. ▪ **REM. 1 :** Le mot *sauvage* n'avait pas, à l'époque de Littré, la connotation péjorative et raciste qu'il peut avoir aujourd'hui.

DOLOIRE, n. f. [dolwaʀ] (lat. vulg. *dolatoria*, hache, qui a remplacé le lat. *dolabra*, de *dolare*, dégrossir le bois) Hache de tonnelier qui sert pour aplanir le bois et tailler les cerceaux. ♦ **Hérald.** Hache sans manche. ♦ **Chir.** *Bandage en doloire*, celui dont les circonvolutions vont en biaisant. ◁

DOLOMIE ou **DOLOMITE**, n. f. [dolomi, dolomit] (*Dolomieu*, célèbre naturaliste, 1750-1801) Variété de carbonate de chaux.

DOLOMITIQUE, ▪ adj. [dolomitik] (*dolomite*) **Minér.** Qui contient de la dolomite. *Rochers calcaires et dolomitiques. Sols dolomitiques des Cévennes.*

DOLORISME, ▪ n. m. [dolorism] (rér. sav. du lat. *dolor*, douleur) Complaisance à la douleur, défense du bien-fondé de celle-ci. *Tu enfanteras dans la douleur ou il faut souffrir pour être belle, etc. relèvent, à des degrés divers, du dolorisme.*

DOLOSIF, IVE, ▪ adj. [dolozif, iv] (radic du lat. *dolosus*, rusé, fourbe, trompeur) **Dr.** Qui concerne la manœuvre frauduleuse du dol. *Agissements dolosifs.* « *Rien ne s'efface, sous l'ombre dolosive, et vous ne pourrez pas toujours vous dérober vous-mêmes comme un larcin* », CLAUDEL.

1 DOM, n. m. [dɔ̃] (se prononce comme *don*, port. *dom*, lat. *dominus*, maître) Titre d'honneur que l'on donnait à certains religieux. ♦ Titre d'honneur particulier aujourd'hui à la langue portugaise.

2 DOM, n. m. [dɔm] (acronyme de *département d'outre-mer*) Département français d'outre-mer. ▪ *Les DOM-TOM*, les départements et territoires français d'outre-mer.

DOMAINE, n. m. [domɛn] (lat. *dominium*, propriété, de *dominus*, maître) **Dr.** Possession d'un bien ; propriété. *Il y a plusieurs manières d'acquérir le domaine d'une chose.* ♦ Bien foncier possédé. *Avoir un petit domaine.* ♦ Propriété foncière composée de terres arables, forêts, prairies, pâturages, etc., pourvue de bâtiments d'habitation et d'exploitation. ♦ Ensemble de biens ruraux où se trouve un château ou une maison d'habitation pour le maître. ♦ *Domaine royal*, au Moyen Âge, territoire possédé directement par le roi. ♦ *Le domaine public* ou *domaine de l'État*, absol. *le domaine* ou *les domaines*, l'ensemble des biens qui appartiennent à l'État. ♦ **Dr.** *Domaine public*, objets consacrés à un service public et administrés par l'État, tels que les routes, les rivières navigables, les fortifications ; et *domaine de l'État*, objets possédés par l'État. ♦ *Le domaine de la couronne*, biens qui font partie de la liste civile du souverain. ♦ *Le domaine privé*, les biens particuliers du prince. ♦ *Domaine public*, ce qui n'est pas susceptible d'appropriation privée. ♦ **Fig.** *Être, tomber dans le domaine public*, se dit des productions des auteurs, des artistes, des inventeurs, dont le produit a cessé de leur appartenir. ♦ *Le domaine*, l'administration des domaines de l'État. ♦ **Fig.** Possession comparée métaphoriquement à celle d'un domaine. « *Toutes nos pensées qui n'ont pas Dieu pour objet sont du domaine de la mort* », BOSSUET. ♦ *Être, n'être pas du domaine de*, être, n'être pas de la compétence de. ♦ *Tout ce qu'embrasse un art, une science. Le domaine de l'éloquence.* ♦ Puissance, autorité, souveraineté. « *Dieu qui a un domaine supérieur et absolu sur nous* », BOURDALOUE. ▪ **Inform.** *Nom de domaine*, partie finale d'une adresse électronique ou d'une adresse de site permettant d'identifier l'organisation dont dépend l'adresse. ▪ **Fig.** *C'est mon domaine*, c'est ma spécialité, ce que je maîtrise. *La cuisine, c'est mon domaine.*

DOMANIAL, ALE, adj. [domanjal] (lat. médiév. *domanialis*, qui appartient au seigneur) Qui est du domaine de l'État ou de la couronne. *Biens domaniaux.*

DOMANIALITÉ, ▪ n. f. [domanjalite] (*domanial*) Caractère de ce qui relève du domaine. *La domanialité d'un terrain.* ▪ Caractère de ce qui relève du domaine public. *La domanialité de la voirie.*

DÔME, n. m. [dom] (b. lat. *doma*, toit en terrasse, du gr. *dôma*, maison, toit plat ; le sens d'église vient de l'italien *duomo*, prob. lat. médiév. *domus* [*episcopi*], maison de l'évêque) **Archit.** Construction en forme de demi-sphère creuse surmontant un grand édifice. *Le dôme du Panthéon.* ♦ Par analogie, *dôme de verdure*, voûte de feuillage. ♦ *Le dôme des cieux*, la voûte céleste. ♦ Nom que l'on donne, en plusieurs villes d'Italie et d'Allemagne, à l'église principale.

DOMERIE, n. f. [dom(ə)ʀi] (*dom*) Espèce de bénéfice ecclésiastique dont le possesseur porte le titre de *dom*.

DOMESTICABLE, ▪ adj. [domestikabl] (rad. de *domestiquer*) Qui peut être domestiqué. *Animaux sauvages domesticables.* ▪ **Fig.** *Foule domesticable.*

DOMESTICATION, n. f. [domestikasjɔ̃] (rad. de *domestiquer*) Action de domestiquer.

DOMESTICITÉ, n. f. [domestisite] (b. lat. *domesticitas*, vie commune) Condition d'une personne qui est au service d'une autre. ♦ L'ensemble des domestiques d'une maison. ♦ État de dépendance, de servitude, dans lequel vivent, relativement à l'homme, certains animaux.

DOMESTIQUE, adj. [domestik] (lat. *domesticus*, de la maison) Qui appartient à la maison, à l'intérieur de la famille. *Soins domestiques.* ♦ Chez les anciens, *les dieux domestiques*, les pénates. ♦ Qui a rapport au ménage. *L'économie domestique.* ♦ ▷ Il se dit par opposition à étranger. *Les troubles domestiques de la France.* ◁ ♦ Qui appartient à l'individu même, par opposition à ce qui lui est étranger. « *Ces ennemis domestiques [les passions] qui sont nés avec moi et dans moi* », BOURDALOUE. ♦ *État domestique*, état d'une personne qui sert moyennant des gages. ♦ En parlant des animaux, il se dit par opposition à sauvage. *Un animal domestique.* ♦ N. m. et n. f. Personne payée pour le service de la maison. ♦ ▷ N. m. Collectivement, les gens de service. *Un nombreux domestique.* ◁ ♦ ▷ L'intérieur d'un ménage. « *Qu'il les admette jusque dans son domestique* », LA BRUYÈRE. ◁

DOMESTIQUÉ, ÉE, p. p. de domestiquer. [domestike]

DOMESTIQUEMENT, adv. [domestik(ə)mɑ̃] (*domestique*) ▷ En qualité de domestique, à la manière d'un domestique. ◁ ♦ Dans la familiarité. *Il vit domestiquement avec nous.*

DOMESTIQUER, v. tr. [domestike] (*domestique*) Rendre domestique un animal sauvage. ♦ Se domestiquer, v. pr. *Tel animal se domestique difficilement.*

DOMICILE, n. m. [domisil] (lat. *domicilium*) L'habitation fixe ou la plus ordinaire de quelqu'un. ♦ **Dr.** Lieu où la personne est présumée être quant à l'exercice de ses droits et à l'accomplissement de ses fonctions. ♦ *Domicile d'origine*, celui du père et de la mère d'une personne. ♦ *Domicile élu*, par opposition à domicile réel, celui qui est indiqué pour l'accomplissement d'un acte juridique. ♦ *Domicile politique*, le lieu où l'on exerce ses droits politiques. ♦ À DOMICILE, loc. adv. Dans la demeure même. *Secours à domicile.* ▪ *Un sans domicile fixe*, personne qui n'a pas de domicile, qui vit en état de vagabondage. ▪ **Abrév.** SDF.

DOMICILIAIRE, adj. [domisiljɛʀ] (radic. du lat. *domicilium*) Qui concerne le domicile. ♦ *Visite domiciliaire*, descente faite par autorité de justice au domicile de quelqu'un.

DOMICILIATION, ▪ n. f. [domisiljasjɔ̃] (*domicilier*) Adresse de l'endroit où se fait le paiement d'un effet. *La domiciliation bancaire ou postale figure sur les chèques.* ▪ Adresse administrative d'une entreprise, d'une société. *La domiciliation peut être distincte du lieu de l'exercice réel de l'activité.*

DOMICILIÉ, ÉE, p. p. de se domicilier. [domisilje]

DOMICILIER (SE), v. pr. [domisilje] (*domicile*, avec infl. du lat. *domicilium*) Établir, fixer son domicile. ▪ V. tr. Désigner l'endroit où se fait le paiement d'un effet. ▪ *Se faire domicilier*, faire admettre comme son domicile légal. *Il s'est fait domicilier chez son oncle.*

DOMINANCE, n. f. [dominɑ̃s] (radic. de *dominer*) Qualité, caractère de ce qui est dominant.

DOMINANT, ANTE, adj. [dominɑ̃, ɑ̃t] (p. prés. de *dominer*) En parlant des choses, qui domine, qui prévaut. *Goût dominant.* ♦ *Religion dominante*, religion qui domine dans un pays. ♦ En parlant des personnes, qui domine, qui exerce l'autorité. ♦ Dans la féodalité, *un fief dominant*, un fief qui avait sous lui d'autres fiefs. ♦ **Dr.** *Fonds dominant*, celui en faveur duquel est établie une servitude, par opposition à fonds servant, celui qui supporte la frappe. ▪ **Méd.** *Dominant*, qui prévaut génétiquement. *Le gène des yeux foncés a un caractère dominant, celui des yeux clairs un caractère récessif.*

DOMINANTE, n. f. [dominɑ̃t] (p. prés. fém. substantivé de *dominer*) Plainchant. La note que l'on répète le plus souvent à quelque degré que l'on soit de la finale. ♦ **Mus. mod.** La cinquième note au-dessus de la tonique ou fondamentale. ♦ *Accord de dominante*, celui qui se pratique sur la dominante.

DOMINATEUR, TRICE, n. m. et n. f. [dominatœʀ, tʀis] (lat. *dominator*, de *dominari*, être maître) Celui, celle qui domine. *La dominatrice des mers.* ♦ Adj. *Un esprit, un peuple dominateur.*

DOMINATION, n. f. [dominasjɔ̃] (lat. *dominatio*, pouvoir absolu, de *dominari*, être maître) Autorité qui, acceptée ou non par les subordonnés, s'exerce pleinement. *Esprit de domination. La domination de l'âme sur le corps.* ♦ **Théol.** *Les Dominations*, le quatrième des ordres de la hiérarchie céleste.

DOMINÉ, ÉE, p. p. de dominer. [domine]

DOMINER, v. intr. [domine] (lat. *dominari*, être maître, régner) Exercer la domination. « *Les Francs n'admettent point de femme à dominer* », P. COR-NEILLE. ♦ Dominer sur. « *Un gueux a un chien pour avoir un être sur qui dominer* », SAINT-FOIX. ♦ Avoir la prépondérance, prévaloir. *Il domine au conseil, dans la compagnie.* ♦ Être le plus apparent, avoir le plus de force, en parlant des choses. *Cette figure domine dans le tableau.* « *Pour moi j'aime surtout que le poivre domine* », BOILEAU. ♦ Dépasser en hauteur ce qui environne. *Sa tête domine au-dessus de la foule.* ♦ V. tr. Tenir en domination, maîtriser. « *Vous dominerez sur plusieurs nations, et nul ne vous dominera* », SACI. ♦ Il se dit des choses qui prennent de l'empire. « *La mauvaise honte et la timidité dominent votre cœur* », FÉNELON. ♦ Avoir par sa hauteur une sorte de domination sur l'espace environnant. *Une hauteur domine le cours de la rivière.* ♦ Se dominer, v. pr. Se commander à soi-même.

1 **DOMINICAIN, AINE**, n. m. et n. f. [dominikɛ̃, ɛn] (*saint Dominique*, v. 1170-1221) Religieux, religieuse de l'ordre de Saint-Dominique, dit aussi *frère prêcheur.*

2 **DOMINICAIN, AINE**, ■ n. m. et n. f. [dominikɛ̃, ɛn] (*Dominique*, trad. de *San Domingo*, Saint-Domingue) Personne habitant ou née à Saint-Domingue. ■ Adj. *République dominicaine.*

DOMINICAL, ALE, adj. [dominikal] (b. lat. *dominicalis*) Qui appartient au Seigneur. *Les jours dominicaux. L'oraison dominicale*, le Pater. ♦ *Lettre dominicale* ou n. f. *la dominicale*, lettre qui pendant toute l'année est le signe du jour du mois où tombe le dimanche. ♦ N. f. Sermon du dimanche, hors de l'avent et du carême. ■ Qui a lieu un dimanche. *Repos dominical.*

DOMINION, n. m. [dominjɔ̃] (mot angl.) Tout pays membre du Commonwealth, les pays qui ont fait partie de l'empire britannique. *L'Afrique du Sud et le Zimbabwe comptent parmi les 51 dominions.*

DOMINIQUE, ▪ n. f. [dominik] (lat. chrét. *dies dominicus*, jour du seigneur, dimanche) ▷ **Mar.** Nom que donnait l'équipage, qui était payé le dimanche, à la caisse de bord. ◁

DOMINO, n. m. [domino] (b. lat. *domino*, prob. de *benedicamus domino*, bénissons le seigneur, prière à l'occasion de laquelle les prêtres revêtaient ce vêtement de tête ; le sens festif s'explique mal ; le nom de la pièce de jeu peut venir de son envers noir, par comparaison avec le capuchon) Espèce de robe que les prêtres portaient l'hiver par-dessus leur surplis. ♦ Capuchon noir, dit plus souvent *camail.* ♦ Costume de bal masqué ou costumé qui consiste en une robe avec un capuchon ou camail. ♦ La personne qui porte ce costume. ♦ Jeu composé de vingt-huit pièces plates d'os ou d'ivoire, recouvertes de bois noir en dessous et marquées en dessus d'un certain nombre de points depuis le double blanc jusqu'au double six. *Faire domino*, gagner la partie. ♦ Fruit du prunier non greffé. ♦ Nom d'une espèce d'oiseau du genre *gros-bec.* ■ **Électr.** Petite pièce permettant le raccordement de fils électriques. ■ **Psych.** *Test des dominos*, test servant à mesurer le degré de détérioration mentale.

DOMINOTERIE, n. f. [dominɔt(ə)ri] (radic. de *dominotier*) ▷ Toutes sortes de papiers imprimés et coloriés servant aux jeux, tels que le loto, l'oie. ◁

DOMINOTIER, ÈRE, n. m. et n. f. [dominotje, jɛr] (*domino*) ▷ Marchand ou fabricant de dominoterie. ◁ ■ N. m. Prunier non greffé.

DOMMAGE, n. m. [domaʒ] (*damage*, de *dam*, passé à *domage*, prob. sous infl. de l'anc. fr. *dongier* devenu *danger*) Préjudice ou dégât causé à quelqu'un, à quelque chose. « *Ils mirent en commun le gain et le dommage* », LA FONTAINE. ♦ Fig. *À son dommage*, en souffrant un mal, un tort, une perte. ♦ *C'est dommage, c'est grand dommage*, manières d'exprimer ce que certaines choses ont de fâcheux, de regrettable. ♦ Dr. *Dommages et intérêts* ou *dommages-intérêts*, somme allouée à quelqu'un pour l'indemniser d'un préjudice. ♦ ▷ *En dommage*, en causant du dégât. *Le bétail a été trouvé en dommage.* ◁ ■ Interj. Sert à exprimer un regret. *Elle ne vient pas, dommage !*

DOMMAGEABLE, adj. [domaʒabl] (*dommage*) Qui cause ou porte dommage. « *Une grâce injuste, dommageable à l'État* », MASSILLON.

DOMMAGEABLEMENT, adv. [domaʒabləmɑ̃] (*dommageable*) D'une manière dommageable.

DOMOTIQUE, ▪ n. f. [domotik] (radic. du lat. *domus*, maison, prob. sur le modèle de *informatique*) Ensemble des moyens informatiques utilisés pour automatiser les systèmes de gestion, de communication, de sécurité, etc., concernant l'habitat.

DOMPTABLE, adj. [dɔ̃tabl] (*dompter*) Qui peut être dompté. *Ce cheval, ce caractère n'est pas domptable.*

DOMPTAGE, ▪ n. m. [dɔ̃taʒ] (*dompter*) Action de dompter. *Le domptage des lions.*

DOMPTÉ, ÉE, p. p. de dompter. [dɔ̃te]

DOMPTEMENT, n. m. [dɔ̃t(ə)mɑ̃] (*dompter*) ▷ Action de dompter ; état de ce qui est dompté. ◁

DOMPTER, v. tr. [dɔ̃te] (anc. fr. *danter, donter*, de lat. *domitare* ; réfection sous infl. du lat. archit. *Dampnum* devenu *damnum*, ou du *compter* ?) Faire fléchir la résistance. *César dompta les Gaulois. Dompter la sédition.* ♦ **Fig.** Faire céder. *Dompter les humains.* ♦ Triompher de, en parlant des sentiments, des passions. ♦ Se dompter, v. pr. Faire la loi à ses passions. « *Je voyais sa fureur à peine se dompter* », P. CORNEILLE. ■ V. tr. *Dresser un animal sauvage*, en particulier pour le présenter dans des numéros de cirque.

DOMPTEUR, EUSE, n. m. et n. f. [dɔ̃tœr, øz] (*dompter*) Celui qui dompte, qui triomphe. *Dompteur des tyrans.* ♦ Celui qui triomphe du caractère sauvage des animaux. *Un dompteur de lions.*

DOMPTE-VENIN, n. m. [dɔ̃t(ə)vənɛ̃] (*dompter* et *venin*) Nom vulgaire et spécifique de la plante appelée autrefois *asclépiade.* ■ Au pl. *Des dompte-venins.*

1 **DON**, n. m. [dɔ̃] (lat. *donum*) Action d'accorder gratuitement à quelqu'un la propriété ou la jouissance de quelque chose ; la chose ainsi accordée. ♦ *En pur don*, de la façon la plus gratuite. ♦ *Faire don de son cœur*, accorder à quelqu'un son entière amitié. ♦ Dans les contes de fées, quelque faculté extraordinaire accordée par une fée à un enfant. *La fée lui fit un don.* ♦ Par anal. Ce qui vient de Dieu, de la nature, etc. *Les dons qu'il a reçus du ciel.* ♦ *Les dons de la terre*, ses productions. ♦ *Les dons de la fortune*, les richesses. ♦ **Poétiq.** *Les dons de Cérès*, le blé, le pain. *Les dons de Flore, de Bacchus*, les fleurs, le vin. ♦ *Avoir le don des langues*, se dit des apôtres qui reçurent de Jésus-Christ la faculté de parler toutes les langues, et par analogie de ceux qui ont une facilité toute particulière pour apprendre les langues. ♦ ▷ *Avoir le don des larmes*, pleurer à volonté ou trop facilement. ◁ ♦ **Fig.** Qualité, avantage naturel. *La nature le combla de ses dons. Avoir le don de plaire.* ♦ Offrande. « *Il me nourrit des dons offerts sur son autel* », RACINE. ♦ Dr. Donation. *Don mutuel entre époux.*

2 **DON, DONA**, n. m. [dɔ̃, dona] ou [donja] (mots esp. du lat. *dominus* et *domina*, maître, maîtresse ; on trouve, isolés, les fém. *done* [1280] et *donne* [v. 1520]) Titre d'honneur particulier aux nobles d'Espagne et du Portugal. ♦ On écrit souvent *doña* prononcé do-gna.

DONACIE, ▪ n. f. [donasi] (lat. sav. XVIIIe s. *donacia*, de gr. *donaks*, roseau) **Zool.** Coléoptère vivant sur les plantes aquatiques. *Les donacies se reproduisent à la surface de l'eau dans les feuilles de nénuphars et de nymphéas et y déposent leurs œufs.*

DONATAIRE, n. m. et n. f. [donatɛr] (lat. *donare*, supin *donatum*, faire don) Celui, celle à qui une donation est faite.

DONATEUR, TRICE, n. m. et n. f. [donatœr, tris] (lat. *donator*) Celui, celle qui fait donation.

DONATION, n. f. [donasjɔ̃] (lat. *donatio*) Acte par lequel une personne donne gratuitement une chose à une autre ; se dit plus spécialement de la donation entre vifs. ♦ *Donation à cause de mort*, donation faite dans la prévoyance de la mort, avec faculté de révoquer l'acte après le péril passé. ♦ Acte qui constate le don. *Transcrire une donation.*

DONATISTE, n. m. [donatist] (lat. chrét. *donatista*, de *Donatus*, chef de la secte) Nom d'anciens hérétiques selon lesquels il n'y avait plus d'Église qu'en Afrique. ■ **DONATISME**, n. m. [donatism]

1 **DONAX**, ■ n. m. [donaks] (mot gr. , roseau) **Bot.** Roseau en forme de canne, à tige creuse et feuilles rubanées de couleur vert glauque. *Les donax sont appelés aussi cannes de Provence.*

2 **DONAX**, ■ n. m. [donaks] (mot gr. , roseau ; sorte de petit poisson long et mince comme un roseau) **Zool.** Mollusque bivalve à deux siphons réglant son système respiratoire. *Les donax ont des organes sensoriels qui leur permettent de sentir les vibrations des vagues et de vivre dans des zones où l'eau est bien oxygénée.*

DONC, conj. [dɔ̃k] (anc. fr. *dunc*, lat. vulg. *dunc*, prob. croisement de l'emploi vulg. de *dum* au sens de *donc* avec *tum, tunc*, alors) Sert à marquer la conclusion qu'on tire d'un raisonnement. *Je pense, donc je suis.* ♦ Exprime en général qu'une chose est ou doit être la conséquence d'une autre. ♦ Sert souvent de simple transition pour revenir au sujet après une digression. ♦ Sert à marquer une sorte d'étonnement. *Ô sort, voilà donc de tes coups !* ♦ Sert à rendre plus pressante une demande, une injonction. *Dites donc ce qu'il y a.* ♦ **Ironiq.** *Allons donc !* marque d'incrédulité, de défi.

DONDON, n. f. [dɔ̃dɔ̃] (radic. onomat. *dond-* avec redoubl. expressif) Femme ou fille qui a beaucoup d'embonpoint et de fraîcheur. *Une grosse dondon.* ■ REM. Péj. et fam.

DONF (À), ■ loc. adv. [dɔ̃f] (verlan de *fond*) **Fam.** À fond, à plein. *Il profite à donf de la vie !* REM. Contrairement à ce qui se passe généralement en verlan, *donf* est formé sur la base graphique, et non phonique, de *fond.*

DÔNG ou **DONG**, ■ n. m. [dɔ̃ŋg] (mot vietnamien) Unité monétaire vietnamienne. *Un euro vaut environ 130 000 dôngs.*

DONJON, n. m. [dɔ̃ʒɔ̃] (lat. vulg. *dominio*, tour maîtresse) Grosse tour crénelée ajoutée à un château qu'elle domine. ♦ Tourelle sur une plateforme. ♦ Pavillon élevé au comble d'une maison. ■ Salle aménagée spécialement pour la pratique de jeux sexuels sadomasochistes.

DONJONNÉ, ÉE, adj. [dɔ̃ʒɔne] (*donjon*) **Hérald.** Muni de tourelles.

DON JUAN, ■ n. m. [dɔ̃ʒɥɑ̃] (*don Juan Tenorio*, héros de *El Burlador de Sevilla* [1630], qui ne se satisfait que dans la séduction, popularisé par Molière sous le nom de *Dom Juan*) **Psych.** Séducteur maladif. ■ **Par extens.** Séducteur. *Quels dons Juans, il les leur faut toutes!* ■ **DONJUANISME**, n. m. [dɔ̃ʒɥanism] *Être atteint de donjuanisme.*

DONJUANESQUE, ■ adj. [dɔ̃ʒɥanɛsk] (*don Juan*) Qui vient de don Juan, en tant que prototype du séducteur. *La littérature donjuanesque.*

DONNANT, ANTE, adj. [dɔnɑ̃, ɑ̃t] (*donner*) Qui aime à donner. ♦ **Prov.** *Donnant donnant,* signifie qu'on ne veut donner une chose qu'en en recevant une autre.

DONNE, n. f. [dɔn] (*donner*) Au jeu, action de donner, de distribuer les cartes. *Qui mal donne perd sa donne.* ■ Situation. *Une nouvelle donne.*

DONNÉ, ÉE, p. p. de donner. [dɔne] **Absol.** *Donné 100 francs.* ♦ **Math.** Connu et servant à la solution d'un problème. *Le nombre donné.* ♦ **Par extens.** *Un espace, un temps donné,* un certain espace, un certain temps. ■ ÉTANT DONNÉ, loc. prép. Compte tenu de. *Étant donné la situation,* mieux vaut rester prudent. ■ ÉTANT DONNÉ QUE, loc. conj. Compte tenu que. ■ *C'est donné,* ce n'est pas cher.

DONNÉE, n. f. [dɔne] (*donner*) Le point sur lequel on fonde un raisonnement, et qui est reconnu. ♦ *Donnée dramatique* et en général *donnée,* ce qui est d'abord supposé et admis d'après la nature des personnages, et subsidiairement l'arrangement, la disposition du fond principal. ■ **Inform.** Élément codé en vue d'un traitement. *Banque de données.*

DONNER, v. tr. [dɔne] (lat. *donare*, de *donum*, don) Faire don ou donation de quelque chose à quelqu'un. ♦ **Absol.** « *La façon de donner vaut mieux que ce qu'on donne* », P. CORNEILLE. ♦ Faire l'aumône. « *Qui donne aux pauvres prête à Dieu* », HUGO. ♦ Accorder. *Donner sa fille en mariage à quelqu'un.* ♦ Procurer. *Donner un précepteur à son fils. La passion donne de l'éloquence.* ♦ Se donner, donner à soi. *Se donner un maître, un but, du bon temps, etc.* ♦ Causer. *Donner de l'appétit.* ♦ *Se donner du tourment, du chagrin,* être tourmenté, chagriné. ♦ *Se donner une entorse, un accès de fièvre,* causer à soi-même une entorse, un accès de fièvre. ♦ Inspirer. *Donner de l'amour à quelqu'un.* ♦ Communiquer, transmettre. *Donner la peste. Donner ses goûts, son humeur à quelqu'un.* ♦ *Donner la vie, l'être,* engendrer, et par extens. rendre la santé. ♦ *Donner la mort,* tuer, faire mourir. ♦ *Se donner la mort,* se tuer soi-même. ♦ **Fig.** *Donner la mort à quelqu'un,* lui causer une extrême douleur. ♦ Faire le sacrifice de. *Donner sa vie, son sang pour la patrie.* ♦ Remettre. *Donner un paquet au messager.* ♦ Livrer. *Donner de la marchandise à crédit.* ♦ Céder en échange, en retour ; offrir un prix. ♦ Attribuer, supposer. *Quel âge lui donne-t-on ?* ♦ Se donner, s'attribuer. *Se donner tout l'honneur d'une entreprise.* ♦ *Donner quelqu'un,* quelque chose pour, vouloir faire passer quelqu'un, quelque chose pour... ♦ Fournir. *Donner des sûretés, des preuves, des marques d'estime.* ♦ *Donner lieu, matière, sujet à...,* fournir le sujet, l'occasion, etc. ♦ Manifester. *Donner des signes de vie.* ♦ **Fig.** *Ne pas donner signe de vie,* ne pas respirer, ne pas se mouvoir, ne pas agir. ♦ Apporter, présenter. *Donnez-moi mes habits.* ♦ Il se dit de certaines munificences qu'on fait. *Donner un repas, une fête, etc.* ♦ *Donner une pièce,* se dit de l'auteur qui fait représenter une pièce de théâtre, ainsi que des acteurs, du théâtre qui la représente. ♦ Octroyer, concéder. *Donner audience.* ♦ *Je ne lui donne pas six mois à vivre,* je pense qu'avant six mois il sera mort. ♦ Consacrer. « *Donne aux saints devoirs d'un chrétien Tout ce que Dieu te donne à vivre* », P. CORNEILLE. ♦ *Donner à,* abandonner. *Ne rien donner au hasard.* ♦ Laisser prévaloir. « *On donne souvent à la vanité ce qu'on croit donner à la vérité* », MASSILLON. ♦ **Fam.** *Donner du Monseigneur à quelqu'un,* lui donner ce titre par flatterie. ♦ *Se donner de l'Excellence,* se faire donner le titre d'Excellence. ♦ Exposer, énoncer. *Donner ses raisons.* ♦ Imposer, prescrire, assigner. *Donner un pensum,* un titre à un ouvrage. ♦ *Donner des lois à un pays,* en être le législateur. ♦ **Fig.** *Donner des lois,* commander en maître. ♦ Appliquer sur une personne. *Donner des remèdes, les sacrements.* ♦ *Donner un coup de pied,* frapper avec le pied, par ellipse du mot *coup, donner à quelqu'un du pied dans le derrière.* ♦ **Fig. et fam.** *Il ne se donne pas de coups de pied,* il parle trop avantageusement de lui-même. ♦ Donner, en parlant de choses qui fournissent. *Cette fontaine donne de l'eau à toute la ville.* ♦ Produire. *Ces terres, ces arbres ont beaucoup donné.* ♦ Fournir une humeur. *La plaie donne beaucoup de pus,* absol. *la plaie ne donne plus.* ♦ Permettre. *Qui me donnera que, etc.* ♦ **Impers.** et au passif. « *Il n'est pas donné à l'homme de porter plus loin la vertu que saint Louis* », VOLTAIRE. ♦ *Donner la main,* présenter la main pour qu'on la prenne, ce qui est une

sorte de civilité. ♦ *Donner sa main,* se dit, dans le style élevé, d'une femme qui épouse un homme. ♦ **Équit.** *Donner la main,* lâcher la bride au cheval. ♦ ▷ **Fig.** *Donner les mains,* céder ; locution tirée du latin, où elle se dit du vaincu qui tend les mains, en signe qu'il se rend. ◁ ♦ **Par extens.** *Donner la main* ou *les mains à quelque chose,* la favoriser. ♦ *Donner le bras,* Voy. BRAS. ♦ Au jeu, distribuer. *Donner les cartes,* absol. *donner.* ♦ *Donner beau jeu, donner beau, la donner belle,* Voy. BEAU. ♦ *Donner à,* suivi d'un verbe à l'infinitif, présenter, remettre. *Donnez-nous à manger. Donner à téter à un enfant.* ♦ ▷ *Donner à boire et à manger,* tenir auberge. ◁ ♦ *Donner à parler,* faire tenir de soi de mauvais propos. ◁ ♦ *Donner à rire,* se rendre un objet de moquerie. ♦ *Donner à penser,* susciter des réflexions dans l'esprit de quelqu'un, l'inquiéter. ♦ *Donner à entendre,* insinuer. ♦ **Fam.** *Le donner en dix, en cent,* donner quelque chose à deviner ou à faire. ♦ ▷ On dit aussi *je vous donne* sans le mot *le. Et je donne aux plus fins que, etc.* ◁ ♦ ▷ *En donner à quelqu'un,* lui en donner d'une, le tromper, mentir. ◁ ♦ ▷ *En donner à garder,* tromper, abuser. ◁ ♦ ▷ *En donner du long et du large à quelqu'un, lui en donner tout du long de l'aune,* le battre violemment ou lui en faire accroire. ◁ ♦ *Se donner,* acheter pour soi. *Je me suis donné une montre.* ♦ ▷ *Se donner garde de,* se défier, éviter. ◁ ♦ ▷ On dit aussi : *Se donner de garde de, etc.* ◁ ♦ **Fam.** *S'en donner,* lâcher le frein à un désir, à un besoin, aux amusements. ♦ *Se donner au cœur joie de quelque chose,* ou *se donner à cœur joie,* en jouir pleinement. ♦ **V. intr.** Heurter contre. *La voiture donna contre la muraille.* ♦ Frapper, porter un coup. *Il vous donnera de son épée dans le ventre.* ♦ **Mar.** *Donner à la côte,* aller échouer à terre par nécessité, ou faire naufrage. ♦ ▷ *Donner sur les doigts à quelqu'un,* le frapper sur les doigts, et fig. le tancer. ◁ ♦ *Donner sur les oreilles à quelqu'un,* le frapper, le maltraiter. ◁ ♦ *Donner de la tête contre,* se heurter la tête contre. ♦ **Fig.** *Ne savoir où donner de la tête,* ne savoir que faire, que devenir. ♦ *Donner tête baissée dans quelque chose,* s'y porter avec ardeur et avec une sorte d'aveuglement. ♦ ▷ **Par extens.** *Le soleil donne à plomb.* ◁ ♦ ▷ *Donner dans la tête,* être capiteux, en parlant d'un vin. ♦ *Donner dans un filet,* être pris à ce piège, dans ce filet, et fig. se laisser prendre par. ♦ *Donner dans,* se laisser aller à. *Donner dans l'erreur.* ♦ Se plaire excessivement à. « *Tout le monde donne là dedans aujourd'hui* », MOLIÈRE. ♦ User habituellement de. « *Les esprits justes donnent naturellement dans la métaphore* », LA BRUYÈRE. ♦ *Donner dans les yeux, dans la vue de quelqu'un, à quelqu'un,* l'éblouir. ♦ **Fig.** *Donner dans l'œil, dans les yeux,* donner dans la vue, plaire. ♦ ▷ *Donner sur un plat,* y revenir à plusieurs fois. ◁ ♦ ▷ *Donner sur,* s'attacher à, rechercher de préférence. ◁ ♦ *Donner à,* mordre à. « *Voilà l'appât ; il y a donné* », BOSSUET. ♦ *Donner au travers de,* se jeter au milieu de, et fig. employer sans discernement. ♦ **Mar.** *Donner à pleines voiles dans une passe,* y entrer toutes voiles dehors. ♦ **Fig.** *Donner à pleines voiles dans un parti, dans une opinion,* les embrasser avec ardeur, sans réserve. ♦ Charger dans un combat. *Le régiment donna.* ♦ ▷ **Par extens.** *Donner sur,* critiquer vivement, censurer. ◁ ♦ Être situé. *La maison donne sur la rue.* ♦ Donner, faire entendre un son. *Donner du cor. Le chien donne de la voix.* ♦ Se donner, v. pr. *Se donner,* faire don de soi-même. ♦ Être donné. ♦ Être vendu. ♦ Se vouer. « *Ceux qui se donnent à Dieu* », PASCAL. ♦ Se livrer, se rendre. *Se donner au vainqueur.* ♦ *Se donner,* dans le style élevé, en parlant d'une femme qui prend un mari. ♦ S'offrir, se présenter. *Se donner en spectacle.* ♦ Être publié. « *Un écrit scandaleux sous votre nom se donne* », BOILEAU. ♦ Être représenté, en parlant d'une pièce de théâtre. ♦ ▷ S'adonner. « *En se donnant au plaisir* », PASCAL. ◁ ♦ *Se donner pour,* se faire passer pour. ♦ Se dit d'une bataille qui s'est engagée. ■ **Fam.** *J'ai déjà donné,* j'en ai déjà fait les frais, j'ai déjà beaucoup travaillé. ■ *Donner sur,* être orienté vers. *La fenêtre de ma chambre donne sur la cour.* ■ *En donner à quelqu'un long comme le bras,* le flatter.

DONNEUR, EUSE, n. m. et n. f. [dɔnœr, øz] (*donner*) Celui, celle qui donne. ♦ *Donneur d'eau bénite,* celui qui dans une église offre de l'eau bénite aux personnes qui entrent. ♦ ▷ **Fig.** *Un donneur d'eau bénite de cour,* et simplement *un donneur d'eau bénite,* celui qui fait de belles promesses sans avoir aucune envie de les tenir. ◁ ♦ En mauvaise part. *Des donneurs d'avis.* « *Ces affables donneurs d'embrassades frivoles* », MOLIÈRE. « *Des donneurs de recette* », LA FONTAINE. ♦ *Donneur d'ordre,* celui par ordre duquel une lettre de change est tirée. ■ **N. f. Arg.** *Une donneuse,* personne qui dénonce, particulièrement dans le milieu truand. ■ **Rem.** Dans ce sens, le mot peut s'utiliser au fém. même quand il s'agit d'un homme.

DON QUICHOTTE, n. m. [dɔ̃kiʃɔt] (*don Quichotte,* nom propre) Héros du célèbre roman de Cervantès, qui va chercher des aventures à mener à fin et des torts à redresser. ♦ **Fig.** Celui qui se fait le champion de causes qui ne sont pas les siennes. ♦ ▷ Se dit aussi d'une personne grande et très maigre. ◁

DONQUICHOTTISME, n. m. [dɔ̃kiʃɔtism] (*don Quichotte*) Folie de don Quichotte, habitude ou manie de soutenir, à tort et à travers, la justice, la vertu, les bonnes mœurs, etc. ■ **Rem.** Graphie ancienne : *don-quichottisme.*

DONT, pron. rel. [dɔ̃] (lat. *de unde,* d'où, qui a remplacé *de* + pron. rel. dès l'époque classique) De qui, duquel, de laquelle, desquels, desquelles ;

il s'applique aux personnes et aux choses. « *Rentre dans le néant dont je t'ai fait sortir* », Racine. ◆ De quoi. *Ce dont je vous ai parlé.* ◆ On peut supprimer *ce* dans le style familier. « *Ah ! poltron, dont j'enrage !* », Molière. ◆ Dans la langue du XVIIe siècle, *ce* se supprimait couramment. « *Et c'est dont je vous plains* », P. Corneille. « *Hélène est arrivée, dont je suis ravie* », Mme de Sévigné. ◆ Dont signifiant par lequel, par laquelle, par lesquels, par lesquelles. « *Du coup dont ma raison vient d'être confondue* », Racine.

DONZELLE, n. f. [dɔzɛl] (b. lat. *dom[i]nicella*, dimin. du lat. *domina*) Fille ou femme de distinction. ◆ Cet emploi est tombé en désuétude. ◆ Fille ou femme dont on parle très familièrement ou légèrement. ■ Femme très sûre d'elle et un peu ridicule. ■ Rem. Il est péjoratif dans ces deux derniers sens.

DOPA, ■ n. f. [dopa] ou [dopa] (acronyme de *dhydroxyphénylalaline*) Chim. Premier intermédiaire de la chaîne métabolique par hydroxylation de la tyrosine. *La dopa est utilisée dans certains traitements de la maladie de Parkinson.*

DOPAGE ou **DOPING**, ■ n. m. [dopaʒ, dopiŋ] (*doper* ; anglo-américain p. prés. de *to dope*) Absorption illicite d'une substance excitante, notamment par un sportif, en vue de stimuler l'organisme et d'optimiser ses compétences.

DOPAMINE, ■ n. f. [dopamin] (*dopa* et *amine*) Chim. Acide aminé transformé qui sert d'intermédiaire dans la synthèse de la noradrénaline. *Un déficit en dopamine provoque la maladie de Parkinson.*

DOPANT, ANTE, ■ adj. [dopã, ãt] (*doper*) Qui dope. *Produits dopants.* ■ N. m. *Utiliser des dopants.*

DOPE, ■ n. f. [dop] (anglo-américain de *to dope*) Fam. Drogue. *Il prend de la dope régulièrement.*

DOPER, ■ v. tr. [dope] (anglo-amér. *to dope*, administrer un stupéfiant ou un stimulant) Administrer une substance médicamenteuse stimulante pour améliorer une performance. *Doper un cheval.* ■ Se doper, v. pr. *Ce cycliste se dope.* ■ Fig. et fam. Augmenter la puissance. *Ajouter une barrette de mémoire à son ordinateur pour le doper.*

DOPING, ■ n. m. [dopiŋ] Voy. DOPAGE.

DOPPLER, ■ n. m. [dɔplɛʁ] (*Christian Doppler* physicien, 1803-1853) Phys. *Effet Doppler*, modification de la fréquence des vibrations sonores ou des rayonnements perçus par un observateur, quand ce dernier et la source sont en mouvement relatif. *Les radars de contrôle de vitesse fonctionnent selon l'effet Doppler.* ■ Méd. *Examen Doppler* ou *Doppler*, examen par ultrasons fondé sur le principe physique de Doppler et qui permet, notamment en cardiopathie, de mesurer le flux sanguin, de déceler une anomalie dans une valvule cardiaque ou un rétrécissement d'artère. *Passer un Doppler.*

1 **DORADE**, n. f. [doʁad] (esp. *dorada*, de *dorar*, dorer, lat. impér. *aurata*, dorade) Poisson de mer à écailles dorées. ◆ *Dorade chinoise*, poisson du genre cyprin qu'on appelle aussi *poisson rouge*.

2 **DORADE**, ■ n. f. [doʁad] Voy. DAURADE.

DORADILLE, n. f. [doʁadij] Un des noms vulgaires d'une fougère, le *cétérac officinal*.

DORAGE, n. m. [doʁaʒ] (*dorer*) Action de dorer. ◆ Couche légère de jaune d'œuf dont on enduit le dessus de la pâtisserie.

DORCADE ou **DORCAS**, n. f. [dɔʁkad, dɔʁkas] (gr. *dorkas*, génit. *dorkados*, chevreuil ou gazelle, antilope) Espèce d'antilope.

DORÉ, ÉE, p. p. de dorer. [doʁe] Qui est d'un jaune brillant. *Cheveux d'un blond doré.* ◆ Qui a une belle couleur, en parlant du rôti. ◆ *Pâtisserie dorée*, pâtisserie enduite d'un mélange de jaune d'œuf et de beurre. ◆ Fig. Riche, brillant. *Un avenir doré.* « *Quand je vois un homme doré décrier le luxe* », J.-J. Rousseau. ◆ Fig. *Avoir la langue dorée*, avoir la parole facile et agréable, et l'art de séduire. ◆ N. m. Dorure. *Le doré d'une glace.*

DORÉNAVANT, adv. [doʁenavã] (anc. fr. *d'or[e]* [à partir de maintenant] *en avant* [pour l'avenir]) À partir de ce moment, à l'avenir.

DORER, v. tr. [doʁe] (b. lat. *deaurare*, de *de* intensif et *aurare*, lat. *aurum*, or) Couvrir d'or moulu ou d'or en feuilles. ◆ Pharm. *Dorer une pilule*, la recouvrir d'une mince couche d'or pour que le goût n'en soit pas senti. ◆ Fig. *Dorer la pilule*, adoucir par des paroles flatteuses les regrets que cause une chose désagréable. ◆ *Dorer les fers*, cacher sous quelque apparence ce qu'une servitude a de déplaisant et de honteux. ◆ Absol. *Dorer sur bois*, appliquer de l'or sur des cadres, etc. ◆ *Dorer sur tranche*, appliquer de l'or sur la tranche d'un livre. ◆ Fig. Donner une teinte d'or. « *Les rayons du soleil doraient le sommet des montagnes* », Fénelon. ◆ *Le soleil dore les moissons*, les jaunit en les faisant mûrir. ◆ Étendre du jaune d'œuf délayé sur de la pâtisserie. ◆ Se dorer, v. pr. Être enduit d'une couche d'or. ◆ Prendre une teinte d'or. *Les moissons se dorent.* ■ Fam. *Se dorer la pilule* ou *se faire dorer la pilule*, se faire bronzer.

DOREUR, EUSE, n. m. et n. f. [doʁœʁ, øz] (*dorer*) Celui, celle qui travaille en dorure. *Doreur sur bois. Doreur en cuivre.*

DORIEN, IENNE, adj. [doʁjɛ̃, jɛn] (gr. *dôrios*, avec changement de suff.) Propre aux Doriens. *Le dialecte dorien* et n. m. *le dorien*, le dialecte que parlaient les Doriens. ◆ Mus. *Le mode dorien.*

DORIQUE, adj. [doʁik] (gr. *dôrikos*, dorien) Gramm. Qui est propre aux Doriens. *Dialecte dorique* et n. m. *le dorique.* ◆ Archit. *Ordre dorique* et n. m. *le dorique*, le second des cinq ordres. ◆ *Un dorique*, un petit ordre de pilastres.

DORIS, ■ n. f. [doʁis] (gr. *Dôris*, une nymphe marine) Zool. Mollusque marin sans coquille à l'apparence de limace. *Les doris rampent sur leur pied aplati, à la surface des éponges dont elles se nourrissent.*

DORLOTAGE ou **DORLOTEMENT**, ■ n. m. [dɔʁlotaʒ, dɔʁlot(ə)mã] (*dorloter*) Action de dorloter. *Le dorlotage d'un petit enfant.*

DORLOTÉ, ÉE, p. p. de dorloter. [dɔʁlote]

DORLOTEMENT, ■ n. m. [dɔʁlot(ə)mã] Voy. DORLOTAGE.

DORLOTER, v. tr. [dɔʁlote] (anc. fr. *dorelot*, boucle de cheveux, refrain de chanson) Traiter délicatement. *Cette mère dorlote son enfant.* ◆ Se dorloter, v. pr. Se traiter délicatement. *Aimer à se dorloter.*

DORMANT, ANTE, ■ adj. [dɔʁmã, ãt] (p. prés. de *dormir*) Qui dort. ◆ Fig. Il se dit de ce qui reste en place sans remuer. *Une eau dormante.* ◆ Fig. C'est une eau dormante, se dit d'une personne qui cache des passions vives sous un air tranquille. ◆ *Châssis dormant*, châssis qui ne se lève point. ◆ *Pont dormant*, par opposition à pont-levis. ◆ *Verre dormant*, lucarne vitrée, par laquelle on a le droit de prendre du jour sur l'héritage d'un voisin, et qui ne doit jamais s'ouvrir. ◆ *Ligne dormante*, qui reste dans l'eau sans que le pêcheur la tienne. ◆ Mar. *Manœuvres dormantes*, celles qui ne sont jamais dérangées. ◆ N. m. Dans le haut d'une porte, d'une croisée, frise ou châssis de bois fixe. ◆ *Dormant de table*, plateau garni de cristaux qui reste au milieu de la table pendant tout le repas.

DORMEUR, EUSE, n. m. et n. f. [dɔʁmœʁ, øz] (*dormir*) Celui, celle qui dort, qui dort beaucoup, qui aime à dormir. ■ N. m. Zool. Autre nom du crabe appelé *tourteau*. ■ N. f. Type de fermeture à petit écrou utilisée sur les boucles d'oreille. ■ Par extens. La boucle d'oreille elle-même. *Porter des dormeuses en or.*

DORMEUSE, n. f. [dɔʁmøz] (*dormir*) ▷ Sorte de voiture de voyage où l'on peut s'étendre pour dormir. ◆ Sorte de fauteuil ou de chaise longue où l'on peut dormir. ◁

DORMIR, v. intr. [dɔʁmiʁ] (lat. *dormire*) Reposer dans le sommeil. *Dormir d'un léger somme.* ◆ *Dormir tout debout* ou simplement *dormir debout*, n'en pouvoir plus de sommeil. ◆ *Conte à dormir debout*, conte puéril, ennuyeux. ◆ *Dormir sur l'une et l'autre oreille*, et plus souvent *sur les deux oreilles*, dormir profondément, et fig. être plein de sécurité. ◆ *Ne dormir que d'un œil*, être en une vigilance inquiète. ◆ Fig. « *Le feu qui semble éteint souvent dort sous la cendre* », P. Corneille. ◆ *Dormir* construit avec des substantifs et ayant en apparence le sens actif. *Le malade a dormi* (s. e. *pendant*) *plusieurs heures de suite ; les douze heures qu'il a dormi.* ▷ *Dormir* ◁ (s. e. *pendant*) *la grasse matinée.* ◆ Dans le style élevé, il se dit du sommeil de la mort. « *Dormir dans la poussière du tombeau* », Massillon. ◆ Fig. Être en repos, en sécurité. ◆ Fig. Ne point agir quand on devrait le faire. « *Tu dors, Brutus, et Rome est dans les fers* », Voltaire. ◆ *Dormir sur une affaire*, la conduire lentement, doucement. ◆ *Laisser dormir un ouvrage d'esprit*, attendre pour en mieux juger que l'imagination soit refroidie. ◆ *Laisser dormir une affaire*, attendre pour y donner suite. ◆ *Laisser dormir les lois*, en suspendre momentanément l'exécution. ◆ *Laisser dormir ses fonds*, ne pas les faire valoir. ◆ Rester immobile, ligne qui reste. *L'eau dort.* ◆ On dit qu'un sabot, qu'une toupie dorment, quand le mouvement qui les anime est si rapide qu'ils semblent immobiles. ◆ Fig. *Dormir comme un sabot*, dormir profondément. ◆ V. tr. Dans le langage élevé et dans cette seule locution : *Dormir son sommeil.* « *Dormez votre sommeil, riches de la terre* », Bossuet. ■ Fam. *Dormir un bon somme.* ■ N. m. « *Le long dormir est exclu de ce lieu* », La Fontaine. ■ Prov. *Il n'y a pas de pire eau que celle qui dort*, il faut se défier des gens qui ne manifestent rien de ce qu'ils ressentent. ◆ *Qui dort dîne*, c'est-à-dire en dormant on s'engraisse aussi bien qu'en mangeant. ◆ *Le bien, la fortune lui vient en dormant*, c'est-à-dire sans rien faire. ◆ À DORMIR DEBOUT, loc. adj. *C'est une histoire à dormir debout.* ◆ *Dormir sur ses deux oreilles*, dormir profondément. ■ Rem. Aujourd'hui, l'expression *qui dort dîne* signifie plus généralement que dormir permet d'oublier que l'on a faim.

DORMITIF, IVE, adj. [dɔʁmitif, iv] (radic. du supin *dormitum* du lat. *dormire*) Méd. Qui provoque le sommeil. *Potion dormitive.* ◆ N. m. *Un dormitif.*

DORONIC, n. m. [dɔʀɔnik] (ar. *daraunig* ou *daraunag*, du pers. *darunak*) Genre de plantes synanthérées, dont une espèce jouit des propriétés de l'arnica.

DORSAL, ALE, adj. [dɔʀsal] (radic. du lat. *dorsum*, dos) **Anat.** Qui appartient au dos. *L'épine dorsale. Les muscles dorsaux.* ♦ **N. f.** *La dorsale,* nageoire située sur le dos des poissons.

DORSALGIE, ■ n. f. [dɔʀsalʒi] (lat. *dorsum*, dos et *-algie*) **Méd.** Douleur dans la région dorsale. *Le stress explique à lui seul la plupart des dorsalgies, y compris invalidantes.*

DORSET, adj. [dɔʀsɛ] (angl. *Dorset*, comté d'Angleterre) *Race dorset,* race de moutons du Dorsetshire, en Angleterre. ♦ **N. m.** *Un dorset.*

DORSO..., ■ n. m. [dɔʀso] préfixe tiré du latin *dorsum* désignant le dos de l'homme et des animaux. Ce mot entre dans la composition de mots ayant trait au dos : *dorsolombaire, dorsarthrose.*

DORTOIR, n. m. [dɔʀtwaʀ] (lat. impér. *dormitorium*, chambre à coucher, lat. chrét. , dortoir, du radic. de *dormitum*, supin de *dormire*) Salle commune où sont les lits dans un collège, dans une communauté religieuse, etc.

DORURE, n. f. [dɔʀyʀ] (*dorer*) Or étendu sur les objets. ♦ L'action, l'art de dorer. « *C'est sous l'habit rustique d'un paysan et non sous la dorure d'un courtisan qu'on trouvera la force* », J.-J. ROUSSEAU. ♦ *Marchand de dorures,* celui qui fait le commerce des matières d'or et d'argent. ♦ Préparation de jaunes d'œufs pour dorer les pâtes ; couleur jaune donnée à l'aide de cette préparation.

DORYPHORE, ■ n. m. [dɔʀifɔʀ] (gr. *doruphoros*, soldat armé d'une lance, de *doru*, lance, et *phoros*, qui porte, probabl. parce que cet insecte a un arrière-sternum qui s'avance, en forme de corne) Coléoptère se nourrissant de feuilles de plantes, et en particulier celles des pommes de terre. ■ **Péj.** Surnom attribué aux Allemands durant la Seconde Guerre mondiale (parce qu'ils étaient considérés comme gros mangeurs de pommes de terre).

DOS, n. m. [do] (lat. vulg. *dossum*, du lat. *dorsum*) Partie du corps de l'homme et des animaux depuis les épaules jusqu'aux reins ou lombes, et qui est postérieure chez l'homme et supérieure chez les animaux. ♦ *Le dos au feu, le ventre à table,* se dit de ceux qui, en dînant, ont le dos tourné vers un bon feu, et fig. de ceux qui se donnent toutes leurs aises. ♦ *Faire le gros dos,* se dit des chats lorsqu'ils relèvent leur dos en bosse. ♦ ▷ **Fig. et fam.** *Faire le gros dos,* faire l'important, l'homme capable. ◁ *Plier le dos,* céder, être humble devant ses supérieurs. ♦ *Mettre quelque chose sur le dos de quelqu'un,* l'en rendre responsable. ♦ *Battre quelqu'un sur le dos d'un autre,* faire à quelqu'un des reproches, des critiques qui retombent sur un autre. ♦ *Être sur le dos,* être couché ou alité. ♦ *Tourner le dos dans une bataille,* fuir devant l'ennemi. ♦ *Tourner le dos,* s'éloigner un moment. ♦ *Tourner le dos à quelqu'un,* lui témoigner son mécontentement, son mépris. ♦ *Avoir bon dos,* avoir un dos sur lequel on peut frapper fortement, et fig. être en état de supporter une perte, ou bien être insensible aux railleries, aux reproches. ♦ *Dos à dos,* figure de danse. ♦ **Fig.** *Mettre les gens dos à dos,* renvoyer deux personnes qui sont en différend, sans donner aucun avantage à l'une ni à l'autre. ♦ *Avoir le sac au dos,* porter le sac militaire, être soldat. ♦ **Fig.** *Avoir, porter quelqu'un sur son dos,* en être obsédé. ♦ *Être sur le dos de quelqu'un,* l'importuner, l'obséder. ♦ *À dos,* derrière soi. ♦ **Fig.** *Se mettre tout le monde à dos,* contre soi. ♦ La partie postérieure de certaines choses. *Le dos d'un habit, d'une chaise, d'un couteau, etc.* ♦ *Le dos d'un billet, d'un acte,* le revers. ♦ *Le dos de la main, du pied,* la partie supérieure de la main, du pied. ♦ *Le dos d'un livre,* la partie opposée à la tranche. ♦ *Dos brisé,* dos d'un livre fait de telle façon que le livre que l'on ouvre demeure de lui-même tout ouvert. ♦ Dans le style élevé et la poésie, la partie supérieure. « *Cependant sur le dos de la plaine liquide* », RACINE. ♦ *En dos d'âne,* Voy. ÂNE. ■ *Au dos,* sur le verso. *Signer un chèque au dos.* ■ **Fam.** *En avoir plein le dos,* être las, fatigué.

DOSABLE, adj. [dozabl] (*doser*) Dont on peut faire le dosage.

DOSAGE, n. m. [dozaʒ] (*doser*) **Chim.** Détermination, en poids, des divers composants d'une substance. ♦ **Pharm.** Action de déterminer la dose d'un médicament ou de mettre la dose prescrite.

DOS-D'ÂNE, ■ n. m. [dodɑn] (*dos* et *âne*) Bosse transversale sur une route destinée à faire ralentir dans un lieu sensible du point de vue de la prudence. *Installer des dos-d'âne aux abords des écoles.*

DOSE, n. f. [doz] (lat. médiév. *dosis*, du gr. *dosis*, action de donner, don, portion) Quantité d'un médicament qui doit être administrée à un malade. ♦ Quantité précise de chacun des ingrédients qui doivent entrer dans un médicament composé. ♦ Chaque partie d'un médicament prise une seule fois. ♦ La quantité de ce qui entre dans un composé quelconque. *Une dose de poivre.* ♦ **Par extens.** Une quantité quelconque. ♦ **Fig.** « *Chaque homme a sa dose d'imperfection et de démence* », VOLTAIRE. ■ **Fam.** et fig. *J'en ai ma dose,* j'en ai assez.

DOSÉ, ÉE, p. p. de doser. [doze] Mis par dose.

DOSER, v. tr. [doze] (*dose*) Indiquer, mettre la quantité des ingrédients qui doivent entrer dans une préparation.

DOSEUR, ■ n. m. [dozœʀ] (*doser*) Instrument servant à doser. *Un doseur d'énergie.*

DOSIMÈTRE, ■ n. m. [dozimɛtʀ] (gr. *dosis*, portion, dose, et *-mètre*) Appareil permettant de mesurer les doses radioactives sur une personne ou un appareil. *Un dosimètre électronique.* ■ DOSIMÉTRIE, n. f. [dozimetʀi]

DOSSARD, ■ n. m. [dosaʀ] (*dos*) Morceau de tissu que portent les participants d'une compétition sportive sur leur tenue, en principe dans le dos, et sur lequel est inscrit leur numéro d'ordre ou d'identification.

DOSSE, n. f. [dɔs] (forme fém. de *dos*) Grosse planche qui, étant sciée d'un côté, conserve son écorce de l'autre. ♦ Côté de l'osselet qui est bombé, par opposition au côté creux.

DOSSERET, ■ n. m. [dos(ə)ʀɛ] (*dossier*) Dossier d'un siège en forme de dais. ■ Profilé renforçant le dos d'une scie.

DOSSIER, n. m. [dosje] (*dos*) Le dos de certains sièges, d'un canapé, d'un fauteuil. ♦ *Dossier de lit,* la traverse ou la planche qui soutient le chevet. ♦ **Pratiq.** Liasse de papiers enfilés avec un tiré de parchemin. ♦ Carton ou chemise qui renferme les papiers concernant une affaire, ou tous les documents relatifs à un individu. ♦ Projet, affaire en cours. *Avoir un dossier urgent à traiter.* ■ **Inform.** Ensemble des fichiers rattachés à une même racine. *Trouver le chemin d'accès d'un dossier. Les dossiers et sous-dossiers.*

DOSSIÈRE, ■ n. f. [dosjɛʀ] (*dos*) Pièce du harnais d'un cheval qu'on pose sur son dos et qui sert à soutenir les brancards.

DOSSISTE, ■ n. m. et n. f. [dosist] (*dos*) **Sp.** Spécialiste de la nage sur le dos. *La dossiste Roxana Maracineanu.*

DOT, n. f. [dɔt] (lat. *dos*, génit. *dotis*) Ce qu'on donne à une fille en mariage, le bien qu'elle apporte à son mari. *Prendre une fille sans dot.* ♦ **Par extens.** « *Quand on ne prend en dot que la seule beauté, Le remords est bien près de la solennité* », MOLIÈRE. ♦ Apport que fait au couvent une fille qui entre en religion. ♦ Se dit aussi, abusivement, de ce qu'on donne à un fils.

DOTAL, ALE, adj. [dotal] (lat. *dotalis*, donné ou apporté en dot) Qui est relatif, qui appartient à la dot. *Deniers dotaux.* ♦ *Régime dotal,* régime de contrat de mariage où des précautions sont prises pour conserver la dot de la femme.

DOTATION, n. f. [dotasjɔ̃] (lat. médiév. *dotatio*) Action de doter une église, un prince, etc. ♦ Le fonds, le revenu assigné.

DOTÉ, ÉE, p. p. de doter. [dote]

DOTER, v. tr. [dote] (lat. *dotare*) Pourvoir d'une dot. *Doter des filles pauvres.* ♦ Faire une dotation, assigner un revenu à un établissement, à un corps, à un prince, etc. ♦ **Fig.** *Les grâces dont la nature avait doté cette femme.*

DOUAIRE, n. m. [dwɛʀ] (anc. fr. *doaire*, du lat. médiév. *dotarium*, avec infl. de *douer*, gratifier d'un don) Portion de biens qui est donnée à une femme par son mari à l'occasion du mariage, dont elle jouit pour son entretien après la mort de son mari, et qui descend après elle à ses enfants. *Assigner, stipuler un douaire.*

DOUAIRIER, n. m. [dwɛʀje] (*douaire*) **Dr. anc.** Enfant qui se tenait au douaire de sa mère en renonçant à la succession de son père.

DOUAIRIÈRE, adj. f. [dwɛʀjɛʀ] (*douaire*) Se dit d'une veuve qui jouit d'un douaire. *Reine, duchesse douairière.* ♦ **N. f.** *Mme la douairière de Rohan.* ♦ Femme âgée, dans le style familier. *Une vieille douairière.* ■ **Rem.** Il est péjoratif dans ce sens.

DOUANE, n. f. [dwan] (anc.ital. *doana, dovana*, de l'ar. *duwan diwan*, du pers. *diwan*, douane et divan) Taxe établie sur les marchandises à l'entrée et à la sortie d'un État. ♦ Administration chargée de percevoir les droits à l'entrée et à la sortie des marchandises. *Commis de la douane. Droits de douane.* ♦ Bureaux de cette administration.

DOUANIER, IÈRE, n. m. et n. f. [dwanje, jɛʀ] (*douane*) Commis de la douane. ♦ **Adj.** *Douanier, douanière,* qui a rapport à la douane.

DOUAR, n. m. [dwaʀ] (moy. fr. *adouar*, pour ar. *adduwwar* [art. *ad* et *duwwar*], cf. esp. *aduar*) Village temporaire que construisent les Arabes pasteurs en alignant leurs tentes en rues. ♦ Fraction de tribu en Algérie. ■ **Au pl.** *Des douars.*

DOUBLAGE, n. m. [dublaʒ] (*doubler*) **Manuf.** Action de joindre deux fils simples. ♦ **Typogr.** Répétition de mots ou de lettres. ♦ Revêtement d'un navire en feuilles de cuivre. ♦ Remplacement d'un acteur par sa doublure dans les scènes de cascade. ■ Ensemble des dialogues d'un film enregistrés dans une autre langue.

DOUBLANT, ANTE, ■ n. m. et n. f. [dublɑ̃, ɑ̃t] (p. prés. de *doubler* au sens de *redoubler*) **Afriq.** Élève qui redouble. *Les doublants.*

DOUBLE, adj. num. [dubl] (anc. fr. *dopbla*, du lat. *duplus*) Formé de deux choses semblables ou de même nature. *Un double rang de colonnes.* ♦ *Acte double*, acte fait en deux exemplaires. ♦ *Double hectolitre*, futaille contenant deux hectolitres. ♦ *Double décalitre*, mesure qui contient deux décalitres. ♦ **Dr.** *Double droit*, Droit payé pour défaut d'enregistrement de certains actes dans les délais de la loi. ♦ **Gramm.** *Lettre double*, lettre qui est composée de deux autres, comme æ, œ, ou qui a la valeur de deux autres, comme l' *x*. ♦ Au jeu de dominos, *double-as*, *double-deux*, etc. Dé sur lequel l'as, le point deux, etc. est répété. ♦ **Chim.** *Sel double*, celui qui résulte de la combinaison de deux autres sels. ♦ **Bot.** *Fleurs doubles*, celles dont les étamines et les pistils se sont convertis en pétales. ♦ **Par extens.** *Un double malheur.* ♦ *Fièvre double*, fièvre intermittente, qui, outre les accès de la fièvre simple, a, dans les jours intercalaires, des accès qui se correspondent. ♦ *Coup double*, Voy. COUP. ♦ **Fig.** Il s'emploie comme augmentatif. *Double bière. Double pendard.* ♦ Qui a de la duplicité. *Âme double.* « *Dieu maudit ceux qui sont doubles de cœur* », PASCAL. ♦ **N. m.** Quantité une fois plus grande. *Être condamné au double. Gagner le double.* ♦ *Jouer à quitte ou double*, quitte ou double, jouer une dernière partie qui acquittera celui qui a déjà perdu ou qui doublera le gain de celui qui a déjà gagné. ♦ Chose semblable qui symétriquement pareille. *Le double d'un corps de logis.* ♦ Copie. *Le double d'un tableau.* ♦ Duplicata. *Le double d'un compte.* ♦ Objet pareil. *Avoir des doubles dans sa bibliothèque*, avoir plusieurs exemplaires d'un même auteur. ♦ Au jeu de dominos, *un double*, un dé double. ♦ Acteur, actrice qui remplace le chef d'emploi. *La pièce a été jouée par les doubles.* ♦ *Doublure* est aujourd'hui plus usité. ♦ **N. f.** *La double*, le premier des quatre ventricules dans les ruminants, dit *la panse*. ♦ *Double*, **Adv.** *Voir double*, voir comme si les objets étaient doubles. *Payer double*, payer deux fois le prix ordinaire. ♦ AU DOUBLE, EN DOUBLE, **loc. adv.** Une fois de plus, en deux. ♦ ▷ *Mettre les morceaux en double*, manger à la hâte. ◁ ♦ **Adj.** *Consonne double*, consonne qui est deux fois de suite. ♦ **N. m. Sp.** Match opposant deux équipes de deux joueurs. *Faire un double au tennis.* ♦ **Fig.** et **fam.** *Mettre les bouchées doubles*, redoubler d'ardeur dans une action.

DOUBLÉ, ÉE, p. p. de doubler. [duble] ▷ **Méd.** *Fièvre doublée*, fièvre intermittente qui le même jour a deux accès se correspondre respectivement. ◁ ♦ **Fig.** *C'est un hypocrite doublé d'un débauché*, c'est-à-dire il est à la fois hypocrite et débauché. ♦ **N. m.** Au jeu du billard, *le doublé*, manière de faire une bille en la faisant frapper contre une bande. ♦ *Doublé*, objet recouvert d'une mince plaque d'argent ou d'or. ♦ On dit plus souvent *plaqué.*

DOUBLEAU, n. m. [dublo] (*double*) Forte solive d'un plancher qui porte les chevêtres. ♦ Voy. ARC-DOUBLEAU.

DOUBLE-CANON, n. m. [dublәkanõ] (*double* et *canon*) Caractère d'imprimerie entre le gros et le triple canon. ♦ **Au pl.** *Des doubles-canons.*

DOUBLE-CLIC, ■ n. m. [dublәklik] (calque de l'angl. *double click*) **Inform.** Mode d'utilisation d'un ordinateur permettant de lancer une action ou de valider une demande par deux pressions successives et rapprochées sur la souris. *Ouvrir un fichier par un double-clic. Des doubles-clics.*

DOUBLE-CLIQUER, ■ v. intr. [dublәklike] (calqué sur l'angl. *to double click*) Effectuer un double-clic en utilisant la souris d'un ordinateur.

DOUBLE-CRÈME, ■ n. m. [dublәkʀɛm] (*double* et *crème*) Fromage contenant plus de 60 % de matière grasse dans la matière sèche. *Des doubles-crèmes.* ■ **Adj.** *Des fromages doubles-crèmes.*

DOUBLE-DÉCIMÈTRE, ■ n. m. [dub(lә)desimɛtʀ] Voy. DÉCIMÈTRE.

DOUBLE-FACE, ■ adj. [dublәfas] (*double* et *face*) Qui présente une partie utilisable sur chacune de ses faces. *Des adhésifs doubles-faces.* ■ **N. m.** Du double-face.

DOUBLE-FOND, ■ n. m. [dublәfõ] (*double* et *fond*) Fond supplémentaire, caché sous un derrière celui qui est visible. *Bagages à doubles-fonds.*

1 **DOUBLEMENT**, adv. [dublәmã] (*double*) De deux manières, à un degré double. *Je vous suis doublement obligé.* « *Et donner à propos c'est donner doublement* », DELAVIGNE.

2 **DOUBLEMENT**, n. m. [dublәmã] (1 *doubler*) Action de doubler. *Doublement des consonnes.* ♦ **Milit.** *Mouvement par lequel un rang de soldats est mis sur deux.* ♦ **Mus.** *Doublement des notes d'un accord*, emploi simultané, en harmonie, du même son par deux ou plusieurs parties différentes.

1 **DOUBLER**, v. tr. [duble] (b. lat. *duplare*) Ajouter une chose à une autre de même valeur, augmenter d'une fois autant, multiplier par deux. ♦ *Doubler le pas*, aller plus vite. ♦ **Milit.** *Doubler les rangs*, mettre en rang sur deux. *Doubler l'étape*, faire étape double. ♦ **Mus.** *Doubler une partie*, la faire répéter à l'unisson ou à l'octave par un ou plusieurs autres instruments. ♦ Garnir d'une doublure. *Doubler un manteau.* ♦ *Doubler un vaisseau*, le revêtir de planches, et aussi à mettre un doublage en cuivre. ♦ Mettre en double. *Doubler du fil, une serviette.* ♦ **Théât.** Remplir un rôle en l'absence du chef d'emploi. ♦ **Par extens.** *Doubler un acteur.* ♦ **Collège.** *Doubler une classe*, en suivre les cours une seconde année. ♦ Au billard, *doubler une*

bille, la faire au doublé. ♦ **Mar.** *Doubler un cap*, le franchir. ♦ **V. intr.** Devenir double. *Leur nombre a doublé.* ♦ Se doubler, v. pr. Devenir double. ■ **V. tr.** Dépasser un véhicule en se déportant sur la file latérale. *Il est interdit de doubler dans les côtes.* ■ Se doubler, v. pr. Être accompagné de. *Une grande compétence qui se double d'une longue expérience.* ■ **REM.** Aujourd'hui, on ne dit plus *doubler une classe* mais *redoubler.*

2 **DOUBLER** ou **DOUBLÉ**, ■ n. m. [duble] (1 *doubler*) **Équit.** Figure qui consiste à quitter une piste dans le sens de la longueur, la largeur ou la diagonale.

DOUBLE-RIDEAU, ■ n. m. [dublәʀido] (*double* et *rideau*) Pièce de tissu généralement épais, qui double le rideau, le voilage qui protège ou décore une baie vitrée. *Doubles-rideaux en chintz.*

DOUBLET, n. m. [dublɛ] (*double*) Faux brillant formé de deux morceaux de cristal qui, joints ensemble, ont entre eux une feuille colorée. ♦ Sorte de loupe, instrument d'optique. ♦ **Jeu** Coup de deux dés amenant le même point, comme deux as, deux trois, etc. *Doublet d'as.* ♦ Au billard, syn. de doublé. ♦ Nom donné à des mots qui, étant les mêmes au fond, ne diffèrent que par quelque particularité d'orthographe et de prononciation, mais auxquels l'usage a attribué des acceptions spéciales, par exemple *créance* et *croyance.*

DOUBLE-TOIT, ■ n. m. [dublәtwa] (*double* et *toit*) Toit supplémentaire servant à doubler la protection. *Des doubles-toits pour tentes canadiennes.*

DOUBLETTE, n. f. [dublɛt] (*double*) Celui des jeux de l'orgue qui sonne l'octave au-dessus du prestant.

DOUBLEUR, EUSE, n. m. et n. f. [dublœr, øz] (1 *doubler*) Celui, celle qui double la laine, la soie sur le rouet. ♦ **N. m.** Ouvrier qui fabrique le doublé. ♦ Personne qui enregistre des paroles de films dans une autre langue que celle enregistrée à l'origine. *Le doubleur doit faire attention à la synchronisation entre les mouvements de lèvres des acteurs et ce qu'il dit.*

DOUBLE-VITRAGE ou **DOUBLE VITRAGE**, ■ n. m. [dublәvitraʒ] (*double* et *vitre*) Procédé consistant à installer deux épaisseurs de baies vitrées séparées entre elles par un vide qui isole des sons et du froid venant de l'extérieur. *Le double-vitrage s'impose quand on habite dans des endroits très bruyants. Fenêtres en double vitrage.* ■ **N. m.** Objet résultant de ce procédé. *Poser des doubles-vitrages.* ■ **Adj.** *Fenêtres double-vitrage.*

DOUBLIÈRE, ■ n. f. [dublijɛr] (région., le mot est connu en Charente ; cf. lat. *duplaris*, qui contient le double) Brebis ou chèvre portant deux petits.

DOUBLON, n. m. [dublõ] (esp. *doblon* ; et formation sur *double*, reprenant l'anc. fr. *dublun*, gras-doublé) ▷ Monnaie d'or espagnole valant 25 fr. 95 c. d'après la loi de 1864. ◁ ▷ **Impr.** Faute des ouvriers lorsqu'ils composent deux fois le même mot, la même ligne, la même phrase. ■ *Faire doublon*, se répéter inutilement. *Cette vérification est nécessaire, elle ne fera pas doublon.*

DOUBLONNER, ■ v. intr. [dublәne] (*doublon*) Faire un ou des doublons, travailler en double. *Doublonner une information.*

DOUBLURE, n. f. [dublyr] (*doubler*) Étoffe dont un habit, un manteau est doublé. ♦ Au théâtre, celui qui joue les rôles en l'absence du chef d'emploi. ■ Cascadeur qui remplace un acteur dans les scènes dangereuses ♦ Personne en remplaçant une autre, quand elle n'est pas là ou ne veut pas l'être, dans toutes circonstances. *Doublure d'une actrice dans les scènes de nu, doublure d'un comédien malade.*

DOUÇAIN, ■ n. m. [dusɛ̃] Voy. DOUCIN.

DOUÇÂTRE ou **DOUCEÂTRE**, adj. [dusɑtr] (*doux*, *douce*) Qui est d'une douceur fade. *Goût douceâtre. Une eau douceâtre.*

DOUCE-AMÈRE, n. f. [dusamɛr] (*doux*, *douce* et *amère*) Sous-arbrisseau du genre morelle, dont les tiges, d'une saveur un peu amère, laissent un arrière-goût sucré, et qui est employé dans certaines affections de la peau. ♦ **Au pl.** *Des douces-amères*, qu'on prononce comme au singulier.

DOUCEMENT, adv. [dus(ә)mã] (radic. fém de *doux*) D'une manière douce, délicate, légère. *Frapper, toucher, marcher doucement.* ♦ Lentement. *Aller tout doucement.* ♦ À voix basse, sans bruit. *Parler doucement.* ♦ Doucement, tout doucement, peu à peu, graduellement. ♦ D'une manière calme, modérée, sans éclat. « *Je prends tout doucement les hommes comme ils sont* », MOLIÈRE. ♦ *Aller doucement en besogne*, agir mollement. ♦ Avec bonté, sans sévérité. *Reprendre quelqu'un doucement.* ♦ Commodément, agréablement, avec douceur. *Passer le temps doucement avec ses amis.* ♦ Médiocrement bien. *Comment va le malade ? - Tout doucement.* ♦ *Doucement* s'emploie elliptiquement pour avertir quelqu'un de trop vif. « *Doucement, monsieur, vous ne songez pas que vous êtes malade* », MOLIÈRE.

DOUCEREUSEMENT, adv. [dus(ә)ʀøz(ә)mã] (radic. fém de *doucereux*) D'une manière doucereuse.

DOUCEREUX, EUSE, adj. [dus(ә)ʀø, øz] (*douceur*) Qui est doux sans être agréable au goût. *Vin fade et doucereux.* ♦ **Fig.** Qui a un agrément, une douceur fade. « Des bergers doucereux », BOILEAU. ♦ N. m. et n. f. Un douce-reux. ♦ Il se dit aussi des choses. Des propos doucereux. ♦ Qui a une douceur affectée. « Il y a des vieillards doucereux, circonspects », VOLTAIRE.

DOUCET, ETTE, adj. [dusɛ, ɛt] ▷ Diminutif de doux. « Vous êtes si gente et doucette », RÉGNIER. ♦ N. m. et n. f. « Mon fils, dit la souris, ce doucet est un chat », LA FONTAINE. ◁

DOUCETTE, n. f. [dusɛt] (fém. substantivé de doucet) Sorte de mâche.

DOUCETTEMENT, adv. [dusɛt(ə)mã] (rad. fém. de doucet) Tout douce-ment.

DOUCEUR, n. f. [dusœʀ] (b. lat. dulcor, saveur douce, de dulcis, doux ; re-fait sur le modèle de doux) Qualité de ce qui est doux. La douceur d'un fruit, d'un parfum, d'un chant, etc. ♦ Au pl. Des choses douces au goût. Aimer les douceurs. ♦ Se dit de la température et des climats qui n'ont rien d'excessif en froid ou en chaud. ♦ Qualité morale répondant à la qualité physique de douceur. Un air de douceur. ♦ Modération, mesure. « J'aime qu'avec dou-ceur nous nous montrions sages », MOLIÈRE. ♦ Ce qui flatte l'âme, agrément, jouissance. Les douceurs de la vie. « Saintes douceurs du ciel », P. CORNEILLE. ♦ Dédommagement. Cela lui a valu quelque douceur. ♦ Petit profit qu'on donne à quelqu'un pour reconnaître sa peine. ♦ Au pl. et rarement au sing. Paroles flatteuses, propos galants. Dire des douceurs à quelqu'un. ♦ EN DOU-CEUR, loc. adv. Avec douceur, en bien-être. « Où l'on puisse en douceur couler quelque moment », P. CORNEILLE. ♦ Peu à peu. ♦ Métier Par une gradation insensible. Amincir une planche en douceur. ♦ Mar. Filer en douceur, filer sans secousse un cordage tendu. ♦ Avec modération, avec ménagement, sans éclat. Prendre les choses en douceur. ♦ « Plus fait douceur que violence », LA FONTAINE.

DOUCHE, n. f. [duʃ] (ital. doccia, tuyau, puis jet d'eau dirigé sur le corps, p.-ê. du lat. impér. ductio aquæ , conduite d'eau) Colonne de liquide d'une hauteur et d'un diamètre déterminés qu'on dirige sur une partie du corps où elle agit par le choc et par la température. Douche descendante, ascen-dante, latérale. ■ Installation sanitaire comportant une douche. Faire ins-taller une douche dans sa salle de bain. ♦ Action de se laver à l'aide d'une douche. Prendre une douche le matin au réveil. ■ Fig. Forte averse. ■ Fig. et fam. Déception, réprimande inattendue. Ce refus a été pour lui une vé-ritable douche. ■ Douche écossaise, alternance délibérée de jets d'eau chaude et d'eau froide pendant la douche ; fig. alternance de comportements aima-bles et méchants.

DOUCHÉ, ÉE, p. p. de doucher. [duʃe] La partie douchée.

DOUCHER, v. tr. [duʃe] (douche) Arroser par la douche. Doucher le genou. ♦ Se doucher, v. pr. Se donner une douche. ■ Fam. Se faire doucher, recevoir une forte averse.

DOUCHETTE, ■ n. f. [duʃɛt] (douche) Petit pommeau de douche mobile. Mitigeur d'évier muni d'une douchette. ■ Scanner permettant la lecture des codes à barres, dont la forme évoque celle d'un petit pommeau de douche. Les douchettes de caisses de supermarché.

DOUCHEUR, EUSE, n. m. et n. f. [duʃœʀ, øz] (doucher) Celui ou celle qui administre les douches.

DOUCHIÈRE, ■ n. f. [duʃjɛʀ] (douche) En Afrique, coin douche.

DOUCI, IE, p. p. de doucir. [dusi] N. m. Le douci d'une glace.

DOUCIN ou **DOUÇAIN**, ■ n. m. [dusɛ̃] (radic. fém. de doux) Pommier sau-vage qu'on utilise comme porte-greffe.

DOUCINE, n. f. [dusin] (radic. fém de doux) Archit. Moulure de corniche moitié convexe et moitié concave. ♦ Rabot dont le menuisier se sert pour pousser des moulures.

DOUCIR, v. tr. [dusiʀ] (radic. fém. de doux) Donner le poli à une glace avant de l'étamer. Doucir à la roue.

DOUCISSAGE, n. m. [dusisaʒ] Action de doucir.

DOUCISSEUR, ■ n. m. [dusisœʀ] (doucir) ▷ Ouvrier qui effectue le dou-cissage des glaces. ◁

1 **DOUDOU**, ■ n. f. [dudu] (mot des Antilles ; redoublement de doux) Ré-gion. et fam. Femme ou mère, aux Antilles.

2 **DOUDOU**, ■ n. m. [dudu] (redoublement de doux) Objet fétiche d'un enfant tel qu'une peluche ou un mouchoir pour lequel il éprouve une af-fection particulière et une certaine dépendance. Dormir avec son doudou. Le doudou représente l'objet transitionnel entre l'attachement à la mère et l'ap-prentissage de l'autonomie.

DOUDOUNE, ■ n. f. [dudun] (2 doudou) Blouson qui tient très chaud grâce à un rembourrage. Porter une doudoune au ski. ■ N. f. pl. Fam. Seins de femme.

DOUÉ, ÉE, p. p. de douer. [dwe] Qui a reçu un douaire. ♦ Fig. Qui a en par-tage. Doué de toutes les vertus. ♦ Un homme heureusement doué, un homme pourvu de qualités heureuses. ♦ Absol. C'est un homme doué.

DOUELLE, n. f. [dwɛl] (dimin. de doue, douve ;) Archit. Parement intérieur ou extérieur d'un voussoir. ♦ Courbure d'une voûte.

DOUER, v. tr. [dwe] (anc. fr. doer, pouvoir d'un douaire ou d'un bien, lat. dotare, doter) Assigner un douaire à celle qu'on épouse. ♦ Dans le langage général, gratifier, accorder, en parlant de Dieu, de la nature, des génies, des fées. La nature l'a doué d'heureuses facultés.

DOUET, n. m. [dwe] Voy. DOIT.

DOUILLE, n. f. [duj] (anc. fr. doelle, partie creuse d'un outil dans laquelle est ajusté le manche, du germ. dulja ; cf. haut all. tulli, tülle, douille de flèche ou d'épieu, Tülle, tuyau d'écoulement) La partie creuse et cylindrique de certains instruments dans laquelle s'ajuste le manche, au moyen de laquelle ils s'adaptent d'une partie à autre corps. La douille d'une baïonnette, d'une bêche. ♦ Nom donné aujourd'hui aux cartouches toutes préparées pour les fusils de chasse se chargeant par la culasse. ■ Extrémité d'une ampoule qui permet de la fixer au système d'éclairage. Douille à vis, à baïonnette.

DOUILLER, ■ v. tr. [duje] (arg. anc. douille, argent) Arg. Payer. Douiller l'addition. ■ V. intr. Payer cher. Tu vas douiller. ■ Fam. Coûter cher. Ça douille !

DOUILLET, ETTE, adj. [dujɛ, ɛt] (dim. de l'ancien moy. fr. douille, mou, du lat. ductilis, malléable) Doux et mollet. Lit douillet. ♦ Tendre et déli-cat. Peau douillette. ♦ Trop sensible aux petites impressions désagréables. ♦ N. m. et n. f. Un douillet.

DOUILLETTE, n. f. [dujɛt] (fém. substantivé de douillet) ▷ Pardessus de soie ouatée. ◁

DOUILLETTEMENT, adv. [dujɛt(ə)mã] (radic. fém de douillet) D'une ma-nière douillette.

DOUILLETTER, v. tr. [dujete] (douillet) ▷ Avoir des soins excessifs pour une personne. ♦ Se douilletter, v. pr. Se traiter douillettement. ◁

DOUILLON, ■ n. m. [dujɔ̃] (orig. incert. p.-ê. de l'anc. fr. doille, mou, ou dér. de douille au sens d'accessoire culinaire) Normand. Pâtisserie faite d'une pomme ou d'une poire pelée qu'on entoure de pâte et qu'on cuit au four.

DOULEUR, n. f. [dulœʀ] (lat. dolor) Impression anormale et pénible re-çue par une partie vivante et perçue par le cerveau ; souffrance physique. ♦ Au pl. Les souffrances de l'accouchement. Être dans les douleurs. ♦ Souf-france de l'âme. « Que j'ai de douleur de voir que Dieu vous abandonne ! », PASCAL. « Il devrait y avoir dans le cœur des sources inépuisables de douleur pour certaines pertes », LA BRUYÈRE. ♦ Fig. Expression de la douleur. Les douleurs de l'élégie.

DOULOIR (SE), v. pr. [dulwar] (lat. dolere, s'affliger) ▷ Usité seulement à l'infinitif, et encore rarement. Ressentir de la douleur, se plaindre. « J'ai commencé à me douloir dans tous les membres », BEAUMARCHAIS. On l'entend se douloir. ◁

DOULOUREUSEMENT, adv. [dulurøz(ə)mã] (douloureux) Avec douleur physique. ♦ Avec un sentiment de douleur ou un ton de douleur.

DOULOUREUX, EUSE, adj. [dulurø, øz] (anc. fr. dolerus [1050], du b. lat. dolorosus, refait d'après douleur) Qui cause de la douleur physique. Une opération douloureuse. Qui est endolori. Il a le pied douloureux. ♦ Qui ex-prime la douleur. Des plaintes douloureuses. ♦ Qui cause de la douleur mo-rale. Séparation douloureuse. ■ N. f. Fam. Note à payer, facture. Demander la douloureuse.

DOUM, ■ n. m. [dum] (ar. dum) Type de palmier. Les dattes des doums sont utilisées en médecine et les feuilles en confection de nattes et de corbeilles.

DOUMA, ■ n. f. [duma] (mot russe, conseil) Assemblée législative de la Russie d'ancien régime. La première douma fut créée par le tsar Nicolas II en 1905.

DOURINE, ■ n. f. [durin] (orig. inc.) Vétér. Maladie sexuellement trans-missible spéciale aux équidés. La dourine est une maladie équine répertoriée par l'Office international des épizooties.

DOURO, n. m. [duro] (esp. duro) ▷ Nom, en Espagne, de la piastre forte, qui est de 5 fr. 15 c. ♦ Au pl. Des douros. ◁

DOUTE, n. m. [dut] (douter) Incertitude où l'on est sur la réalité d'un fait, la vérité d'une assertion. ♦ Être en doute, douter. ♦ Laisser une chose en doute, ne pas l'éclaircir. ♦ Laisser quelqu'un en doute, ne pas dissiper son in-certitude. ♦ Mettre en doute, révoquer en doute, contester la vérité d'un fait, l'obligation de quelque devoir. « L'obéissance est mise en doute », BOSSUET. ♦ Scepticisme. Cette philosophie n'aboutit qu'au doute. ♦ Défaut de croyance à une religion révélée. ♦ Difficulté, scrupule. « J'ai un doute à vous proposer », PASCAL. ♦ Conjecture, soupçon. J'en ai quelques doutes. ♦ Appréhension, crainte. Dans le doute d'un accident fâcheux. ♦ SANS DOUTE, loc. adv. Assuré-ment, certes, selon toutes les apparences. ♦ Il est sans doute que, avec l'in-dicatif, on ne peut douter que. ♦ Sans doute que, probablement. Sans doute *qu'il n'y a plus pensé.* ♦ *Hors de doute*, incontestable, certain. *Cela est hors de doute.* ♦ **Prov.** *Dans le doute abstiens-toi.* ▪ *Sans doute* **Loc. adv.** Peut-être. *Elle viendra sans doute demain, mais rien n'est sûr.*

DOUTER, v. intr. [dute] (lat. *dubitare*, hésiter) Ne savoir si l'on doit croire ou ne pas croire quelque chose. ♦ *Douter* suivi de *que* veut toujours le subjonctif. *Je doute qu'il vienne.* Lorsque la phrase est négative ou interrogative, le verbe au subjonctif prend *ne* ; cependant on peut supprimer le *ne* : *Je ne doute pas que cela ne soit vrai,* ou *soit vrai. Doutez-vous que cela ne soit ou que cela soit vrai?* ♦ *Douter si. Je doute si je serai en mesure d'accomplir ma promesse.* ♦ *Douter de quelqu'un*, n'avoir pas confiance en lui. ♦ *Être dans le scepticisme soit à l'égard de la religion, soit à l'égard de la philosophie. Je ne doute pas de la religion.* ♦ **Absol.** « *C'est une partie de bien juger que de douter quand il faut* », Bossuet. ♦ « *Pourriez-vous un moment douter de l'accepter?* », Racine. ♦ *Ne douter de rien*, trancher les questions qu'on connaît mal, se jeter sans réflexion dans des entreprises hasardeuses ; se faire illusion, voir tout du beau côté. ♦ *Se douter*, v. pr. Conjecturer, soupçonner. *Je ne me doutais pas qu'il vînt.* ♦ *Ne pas se douter de*, ignorer, ne pas soupçonner.

DOUTEUR, n. m. [dutœr] (*douter*) ▷ Celui qui doute. « *Que je hais ceux qui font les douteurs de miracles!* », Pascal. ◁

DOUTEUSEMENT, adv. [dutøz(ə)mã] (radic. fém. de *douteur*) Avec doute, d'une façon douteuse. « *Les gens de bonne foi devraient traiter douteusement des choses douteuses* », Le Chevalier de Méré.

DOUTEUX, EUSE, adj. [dutø, øz] (*doute*) Qui est sujet à doute, à incertitude. *Un succès douteux. Des paroles douteuses.* ♦ Dont on n'est pas sûr, suspect, en parlant des personnes et des choses. *Probité douteuse. Homme douteux.* ♦ *Pièce douteuse*, pièce de monnaie qu'on soupçonne d'être fausse ou de bas aloi. ♦ Dangereux. ♦ *Mot douteux*, mot qui peut être interprété d'une manière blessante ; mot de la correction duquel on n'est pas sûr. ♦ *Jour douteux*, lumière douteuse, qui permet à peine de distinguer les objets. ♦ **Gramm.** *Nom douteux*, nom dont le genre n'est pas fixé par l'usage. *Voyelle douteuse*, voyelle longue ou brève à volonté. ♦ Indécis. « *Timide, méfiant Ainsi toujours douteux, chancelant ou volage...* », Boileau. ♦ **N. m.** Ce qui est douteux. *Risquer le certain pour le douteux.*

DOUVAIN ou **DOUVIN**, n. m. [duvɛ̃] (*douve*) ▷ Bois qui sert à faire des douves. ◁

1 **DOUVE**, n. f. [duv] (anc. fr. *dove*, fossé, du b. lat. *doga*, sorte de vase ou mesure de liquides, gr. *dokhê*, récipient, réservoir ; cf. lat. médiév. *doamen*, planches d'un tonneau, anc. provenç. *dogam*, bois de tonneau) Nom de planches qui forment le corps du tonneau. ♦ Fossé servant de limite aux champs et d'écoulement aux eaux. ▪ Fossé entourant une forteresse. *Les douves faisaient partie du système de défense des châteaux.*

2 **DOUVE**, n. f. [duv] (anc. fr. *dauve*, b. lat. *dolva*, ver censé être produit par cette plante) Nom vulgaire de deux espèces de renoncules qui croissent dans les marais.

3 **DOUVE**, ▪ n. f. [duv] (anc. fr. *dolve*, b. lat. *dolva*, sorte de ver) Vers parasite de nombreux mammifères, et transmissible à l'homme, provoquant une distomatose. *Obstruction des voies biliaires due à la douve.*

DOUVIN, ▪ n. m. [duvɛ̃] Voy. douvain.

DOUX, OUCE, adj. [du, us] (anc. fr. *dulce, dulz*, du lat. *dulcis*) Dont la saveur est agréable. *Vin doux*, jus de raisin qui n'a pas encore fermenté. ♦ Qui manque d'assaisonnement. *Une sauce trop douce.* ♦ Qui n'est pas salé. *Eau douce*, celle des lacs et des rivières. ♦ **Par extens.** Qui fait sur les sens une impression agréable. *Une chose douce au toucher. Une douce odeur. Doux accents.* ♦ Il fait doux, la température de l'air n'est pas froide. ♦ Qui n'a rien de difficile, de fatigant. *Un escalier doux. Pente douce. Voiture douce*, voiture bien suspendue. ♦ *Pluie douce*, pluie menue et chaude. ♦ *Lime douce*, lime dont les aspérités sont fines et peu saillantes. ♦ Il se dit de certains métaux purs et peu cassants. *Le fer doux*, par opposition au fer aigre. ♦ *Gravure en taille-douce* ou simplement *taille-douce*, gravure qui se fait avec le burin ou l'eau-forte sur des planches de cuivre ; l'art de faire cette gravure Voy. taille. ♦ **Gramm.** *Les consonnes douces sont* b, g, d, *etc.* ♦ **Gramm. grecq.** *Esprit doux*, signe en forme de virgule, qui se met sur les voyelles initiales qui ne doivent pas être aspirées. ♦ **Fig.** Qui fait sur l'esprit ou le cœur une impression agréable. *Un doux espoir. Il est doux de vivre en liberté.* ♦ *Faire les doux yeux* ou *les yeux doux*, chercher à plaire. ♦ *Billet doux*, doux propos, billet, paroles de galanterie, d'amour. ♦ Qui n'a rien de pénible, de rigoureux, de cruel. *Une morale douce. Une douce raillerie.* ♦ Qui a de la bénignité, de l'indulgence, de l'humanité. *Un homme doux. Des mœurs douces.* ♦ En parlant des animaux, qui est méchant. *Un cheval doux.* ♦ *Doux*, **Adv.** Doucement. « *On va mieux quand on va doux* », La Fontaine. ♦ **Fam.** *Filer doux*, demeurer dans la soumission, ne rien répliquer à une injonction, à une réprimande. ♦ *tout doux*, loc. interj. Dont

on se sert pour retenir quelqu'un qui s'emporte, qui s'oublie. ♦ **N. m.** Ce qui est doux. *Passer du grave au doux.* ♦ **Fam.** *Faire le doux, la douce*, affecter une fausse douceur.

DOUZAINE, n. f. [duzɛn] (*douze*) **Collect.** Douze objets de même nature. *Une douzaine d'œufs.* ♦ ▷ **Fam.** *À la douzaine*, se dit de quelqu'un ou de quelque chose de fort ordinaire. *Un poète à la douzaine.* ◁ ♦ Quantité indéterminée, mais se rapprochant de douze. *Une douzaine de personnes.* ▪ *À la douzaine*, en grande quantité. *Collectionner les contraventions à la douzaine.*

DOUZE, adj. num. card. [duz] (lat. *duodecim*) Dix et deux. *Les douze apôtres* **Absol.** *Les douze.* ♦ **Artill.** *Pièce de douze*, pièce dont le boulet pèse douze livres. ♦ Douzième. *Page douze. Louis XII.* ♦ **N. m.** Le nombre douze. *Le produit de douze multiplié par cinq.* ♦ Au loto et ailleurs, le numéro douze. *Le douze*, le douzième jour. *Le douze du mois.* ♦ *Un in-douze* ou, comme on l'écrit d'ordinaire, *un in-12*, un livre dont chaque feuille forme douze feuillets ou vingt-quatre pages. ♦ Au pl. *Des in-douze* ou *des in-12.* ♦ **Mus.** *Douze-quatre, douze-huit, douze-seize*, noms de trois espèces de mesures à quatre temps, où chaque temps comprend trois noires, ou trois croches, ou trois doubles croches.

DOUZIÈME, adj. num. ord. [duzjɛm] (*douze*.) **N. m.** et n. f. *Il est le douzième sur la liste.* ♦ **N. m.** *Un douzième*, la douzième partie. ♦ **N. f. Mus.** Intervalle de onze degrés conjoints ; octave de la quinte.

DOUZIÈMEMENT, adv. [duzjɛm(ə)mã] (*douzième*) En douzième lieu.

DOW JONES (INDICE), ▪ n. m. [dodʒons] (nom déposé, *Dow* et *Jones*, créateurs américains de l'indice) **Financ.** Indice de référence de la Bourse de New York, composé de trente valeurs. *Le Dow Jones gagne 0,4 %.*

DOXOLOGIE, ▪ n. f. [dɔksɔlɔʒi] (gr. *doxologia*, glorification) Conclusion d'une prière, contenant une louange à la Trinité. *Doxologie des psaumes.* ♦ Opinion commune, sans rigueur intellectuelle. *Doxologie banale.*

DOYEN, n. m. [dwajɛ̃] (lat. *decanus*) Titre de dignité ecclésiastique. *Le doyen du sacré collège, d'une église cathédrale.* ♦ Titre du directeur d'une faculté universitaire. *Le doyen de la faculté des lettres, de l'école de droit, de l'école de médecine.* ♦ Le plus ancien de son corps. *Le doyen de l'Académie.* ♦ **Par extens.** Le plus âgé. ♦ *Le doyen d'âge*, celui qui dans un corps est le plus âgé.

DOYENNE, n. f. [dwajɛn] (lat. *decanus*) La plus âgée de deux ou plusieurs femmes. ♦ La supérieure dans certains chapitres, dans certaines abbayes de filles.

DOYENNÉ, n. m. [dwajene] (*doyen*) Dignité de doyen dans une église. ♦ L'habitation du doyen. ♦ *Poire de doyenné* ou simplement *doyenné*, poire d'automne très fondante.

DRACHE, ▪ n. f. [draʃ] (néerl. *draschen*, pleuvoir) Nord, Belgique. Forte averse. *Drache brusque.* ▪ **DRACHER**, v. impers. [draʃe]

DRACHME, n. f. [drakm] (*ch* se prononce *k*. du lat. *drachma*, du gr. *drakhmê*) Quelques-uns écrivent *dragme*, dit l'Académie. Poids grec qui était de 3 grammes 24 centigrammes. ♦ ▷ Monnaie grecque d'argent, valant 69 centimes. ◁ Anciennement, syn. du gros ou huitième partie de l'once. ♦ Unité monétaire de la Grèce moderne, en cours avant le passage à l'euro. *En 2005, 1 000 drachmes valaient un peu moins de 3 euros.* ▪ **Rem.** On prononçait autrefois [dragm] en faisant entendre *g*.

DRACONIEN, IENNE, ▪ adj. [drakɔnjɛ̃, jɛn] (gr. *Dracon*, un législateur d'Athènes très sévère) Extrêmement rigoureux, sévère. *Un régime draconien.*

DRAGAGE, n. m. [dragaʒ] (*draguer*) Action de draguer. ♦ Action de se servir du filet nommé drague. ▪ **Rem.** Graphie ancienne : *draguage.*

DRAGÉE, n. f. [draʒe] (b. lat. *dragata, tragemata*, du gr. *tragêmata*, friandises) Amandes diverses recouvertes de sucre très fin et durci. ♦ ▷ *Dragées d'attrape*, dragées amères. ◁ ♦ **Fig.** et **fam.** *Avaler la dragée*, avoir quelque déboire. ♦ *La dragée est amère*, cela est difficile à supporter. ♦ Menu plomb de chasse. ♦ **Fig.** *Tenir la dragée haute à quelqu'un*, lui faire bien payer ce qu'il désire, ou le lui faire beaucoup attendre. ▪ **Fig.** et **fam.** Balle tirée avec une arme à feu. *Recevoir une dragée.* ▪ **Pharm.** Comprimé enrobé d'une substance édulcorante. *Croquer une dragée vermifuge. Croquer une dragée de trinitrine.*

DRAGÉIFIER, ▪ v. tr. [draʒeifje] (*dragée*) Enrober une amande, un médicament, de sucre durci. *Dragéifier des noisettes. Un comprimé dragéifié.*

DRAGEOIR, n. m. [draʒwar] (*dragée*) Sorte de soucoupe dans laquelle on servait des dragées sur la fin du repas.

DRAGEON, n. m. [draʒɔ̃] (frq *draibjan*, pousser) Nouvelle pousse qui naît de la racine d'un végétal, tout près de sa tige, et qu'on détache pour replanter ailleurs.

DRAGEONNER, v. intr. [draʒɔne] (*drageon*) Produire des drageons. ▪ **DRAGEONNEMENT**, n. m. [draʒɔn(ə)mã]

DRAGLINE, ▪ n. f. [dʀaglajn] (angl. *to drag*, traîner, et *line*, câble) **Techn.** Engin automoteur composé d'un godet tracté par un câble, et utilisé pour des travaux de terrassement, de raclage, d'extraction. *Racler un terrain avec une dragline.*

DRAGOMAN, n. m. [dʀagomã] Voy. DROGMAN.

DRAGON, n. m. [dʀagɔ̃] (lat. *draco*) Animal fabuleux qu'on représente avec des griffes, des ailes et une queue de serpent. ♦ **Fig.** *Un dragon de vertu*, femme d'une vertu austère et farouche. ♦ **Fig.** *Faire le dragon*, montrer une vertu farouche. ♦ *C'est un vrai dragon, un petit dragon*, se dit familièrement d'une femme vive et acariâtre, et d'un enfant mutin [1]. ♦ Dans le style de l'Écriture, *le dragon infernal* ou simplement *le dragon*, le démon. ♦ **Fig.** Souci, inquiétude, remords, chimère. « *J'ai mille dragons* », MME DE SÉVIGNÉ. ♦ Ce sens était très usité au XVIIe siècle. ♦ Nom d'un ancien étendard sur lequel était figuré un dragon. ♦ Dans l'ancienne armée, nom d'une cavalerie légère qui combattait tantôt à cheval, tantôt à pied. ♦ Aujourd'hui, *dragon*, espèce de soldat de cavalerie qui appartient à la cavalerie de ligne. ♦ Les dragons sont pris, comme les grenadiers, les hussards, pour le type de la licence et de la brusquerie militaire. ♦ Espèce de lézard de l'Inde, muni d'ailes membraneuses. ♦ *Sang de dragon*, Voy. SANG-DRAGON. ♦ Constellation de l'hémisphère boréal. ♦ Sorte de tache dans l'œil de l'homme, du cheval. ♦ N. m. pl. Points ou taches dans le diamant. ▪ REM. 1 : Cette expression est péjorative.

DRAGONNADE, n. f. [dʀagɔnad] (*dragon*) Persécutions exercées contre les protestants par Louis XIV, dans lesquelles les dragons furent particulièrement employés. ♦ Ne se dit qu'au plur.

1 DRAGONNE, n. f. [dʀagɔn] (*dragon*) Cordon ou galon qui orne la poignée d'une épée. ▪ Courroie attachée à un appareil, à un ustensile, que l'on se passe au poignet. *La dragonne d'un appareil photographique.*

2 DRAGONNE (À LA), loc. adv. [dʀagɔn] (*dragon*) ▷ D'une façon hardie, leste. ◁

DRAGONNÉ, ÉE, adj. [dʀagɔne] (*dragon*) **Hérald.** *Animaux dragonnés*, auxquels on ajoute une queue ou des ailes de dragon.

DRAGONNIER, n. m. [dʀagɔnje] (*dragon*) Grand et gros arbre exotique d'où découle pendant les fortes chaleurs une substance résineuse appelée *sang-dragon*.

DRAG-QUEEN, ▪ n. f. [dʀagkwin] (on prononce à l'anglaise ; de l'angl. *to drag*, traîner, et *queen*, reine) Travesti masculin dont la tenue est colorée et exubérante. *Les drag-queens sont des personnifications théâtrales du genre féminin.*

DRAGSTER, ▪ n. m. [dʀagstɛʀ] (*er* se prononce *èr*. Mot angl.) **Sp.** Automobile conçue pour ne courir que sur quelques centaines de mètres, et dotée d'un moteur si puissant qu'elle peut atteindre de très grandes vitesses en quelques secondes. *Piloter des dragsters à deux roues, à quatre roues.* ▪ Sport pratiqué avec ce type de véhicule.

DRAGUAGE, ▪ n. m. [dʀagaʒ] Voy. DRAGAGE.

1 DRAGUE, n. f. [dʀag] (de l'angl. *to drag*, traîner) Pelle recourbée et munie d'un long manche, qui sert à tirer du sable des rivières et à curer des puits. ♦ Espèce de filet à manche pour pêcher à la traîne et particulièrement les coquillages. ♦ **Fam.** Ensemble des moyens mis en œuvre pour séduire un homme, une femme. ▪ Engin destiné à racler le fond de la mer, d'un fleuve, à des fins de nettoyage, de récupération, de collecte de minéraux, etc. *Drague hydrographique.*

2 DRAGUE, n. f. [dʀag] (anc. scand. *dregg*) Orge cuite qui demeure dans le brassin après qu'on a cuit la bière.

DRAGUÉ, ÉE, p. p. de draguer. [dʀage]

DRAGUER, v. tr. [dʀage] (1 *drague*) Nettoyer à la drague ou avec un bateau dragueur. ♦ Prendre des coquillages avec une drague. ▪ **Fam.** Chercher à séduire un homme, une femme. *Elle s'est fait draguer hier à la soirée.* ▪ **Absol.** *Il drague tout le temps.*

DRAGUEUR, EUSE, n. m. et n. f. [dʀagœʀ, øz] (1 *drague*) Celui, celle qui s'occupe de draguer, de prendre à la drague du poisson, des huîtres, etc. ♦ N. m. Bateau qui porte une machine propre à draguer. ♦ Adj. *Bateau dragueur.* ▪ N. m. et n. f. Personne qui aime séduire.

1 DRAILLE, ▪ n. f. [dʀaj] (lat. *tragula*, filet) **Mar.** Filin d'acier sur lequel coulisse une voile ou une tente. *Draille d'étai.*

2 DRAILLE, ▪ n. f. [dʀaj] (lat. *tragulare*, suivre à la trace) **Sud** Chemin de transhumance des troupeaux. *Certaines drailles utilisaient le tracé d'anciennes voies romaines.*

DRAIN, n. m. [dʀɛ̃] (de l'angl. *to drain*, assécher) Fosse de drainage. ♦ Tuyau de terre cuite, placé sous le sol des terrains humides et servant à recevoir l'eau dans le drainage. ▪ **Méd.** Tuyau qui permet l'évacuation de liquides pathologiques présents dans l'organisme. *Écouler du pus avec un drain en caoutchouc.*

DRAINAGE, n. m. [dʀenaʒ] (*drainer*) Art d'assainir les terres trop humides au moyen de rigoles souterraines que l'on garnit intérieurement de pierres ou de fascines, de briques ou de tuiles le plus souvent, ou de tuyaux dits *drains*. ▪ **Méd.** Évacuation, au moyen d'un drain, de liquides pathologiques présents dans l'organisme. *Drainage du rein, du pus.*

DRAINER, v. tr. [dʀene] (*drain*) Faire écouler l'eau surabondante d'un terrain au moyen de drains. *Drainer un marais.* ▪ **Méd.** Effectuer un drainage. *Drainer une plaie. Drainer la vessie.* ▪ Rassembler vers soi. *Drainer des capitaux.*

DRAINEUR, n. m. [dʀenœʀ] (*drainer*) Celui qui opère un drainage.

DRAISIENNE, ▪ n. f. [dʀezjɛn] (*Drais*, 1785-1851, inventeur du système) Moyen de locomotion à roues qui se déplace par une poussée alternative des deux pieds sur le sol et qui se commande par un guidon. *La draisienne est considérée comme l'ancêtre de la bicyclette.* ▪ Gabarit destiné à vérifier l'écartement des rails d'une voie ferrée.

DRAISINE, ▪ n. f. [dʀezin] (*draisienne*) **Ch. de fer.** Petit véhicule à moteur utilisé pour surveiller et entretenir les voies ferrées. *Transporter du matériel dans une draisine.*

DRAKKAR, ▪ n. m. [dʀakaʀ] (suéd. *drakar*, dragon) Longue embarcation à voile et à rames qu'utilisaient les Vikings au Moyen Âge, dont la proue était souvent surmontée d'une tête de dragon. *Drakkars scandinaves.*

DRALON, ▪ n. m. [dʀalɔ̃] (nom déposé) Fibre textile polyacrylique issue de la pétrochimie. *Le dralon est un bon isolant thermique.*

DRAMATIQUE, adj. [dʀamatik] (gr. *dramatikos*) Qui appartient au théâtre. *L'art dramatique. Œuvre, poète dramatique.* ♦ *Artiste dramatique*, comédien. ♦ *Musique dramatique*, musique propre aux pièces de théâtre. ♦ **Par extens.** Qui émeut vivement. *Situation, récit dramatique.* ▪ N. m. Le genre, la forme dramatique. ♦ Ce qui excite l'intérêt, l'émotion. *Il y a du dramatique dans cette scène.* ▪ **Fig.** Grave. *Un accident dramatique.* ▪ N. f. Œuvre à caractère dramatique créée pour la télévision ou la radio. *Cette dramatique a eu un grand succès d'audience.*

DRAMATIQUEMENT, adv. [dʀamatik(ə)mã] (*dramatique*) D'une manière dramatique.

DRAMATISATION, ▪ n. f. [dʀamatizasjɔ̃] (*dramatiser*) Fait de prêter la dimension théâtrale du drame à quelque chose. *La dramatisation d'une rencontre amoureuse.* ▪ **Par extens.** Fait de prêter un caractère catastrophique à quelque chose. « *Les rumeurs qu'il rapportait étaient peu réjouissantes mais, avec lui, je ne savais jamais quand le goût de la dramatisation prenait le pas sur la vérité* », GRÈCE.

DRAMATISER, v. tr. [dʀamatize] (*drame*) Rendre dramatique.

DRAMATISTE, ▪ n. m. et n. f. [dʀamatist] (*drame*) ▷ Celui, celle qui écrit pour le théâtre. ♦ Il est peu usité. ◁

DRAMATURGE, n. m. et n. f. [dʀamatyʀʒ] (gr. *dramatourgos*) Celui, celle qui fait des ouvrages dramatiques. ▪ Personne qui met en scène des œuvres littéraires, musicales. « *Elle avait commencé à répéter un nouveau rôle, celui d'Alice, lointainement inspiré de Lewis Carroll et écrit spécialement pour elle par un dramaturge confirmé* », PEREC.

DRAMATURGIE, n. f. [dʀamatyʀʒi] (*dramaturge*) Art de la composition des pièces de théâtre. ♦ ▷ Manie de composer des pièces de théâtre. ◁ ♦ Ce mot se prend presque toujours en mauvaise part. ▪ Préparation et élaboration de la mise en scène d'une œuvre littéraire, musicale, cinématographique. *La dramaturgie de Tarantino évoque celle de Sophocle.*

DRAMATURGIQUE, adj. [dʀamatyʀʒik] (*dramaturgie*) Qui a rapport à la dramaturgie.

DRAME, n. m. [dʀam] (gr. *drama*, génit. *dramatos*, action, pièce de théâtre) Toute pièce de théâtre, soit tragique, soit comique. *Les drames de Shakespeare.* ♦ *Drame lyrique*, opéra. ♦ En un sens plus restreint, pièce de théâtre en vers ou en prose, d'un genre mixte entre la tragédie et la comédie. *Drame historique.* ♦ **Fig.** Suite d'événements qui émeuvent, qui touchent. ▪ Événement aux conséquences graves. *Le déraillement de ce train est un véritable drame national.* ▪ *Faire un drame (de)*, accorder une importance exagérée (à). *Tu ne vas pas nous faire un drame pour un petit accroc à ta veste !*

DRAP, n. m. [dʀa] (b. lat. *drappus*) Étoffe dont la chaîne et la trame sont en laine et dont le tissu est couvert d'un duvet plus ou moins fin. ♦ *Tailler en plein drap*, ▷ couper un vêtement dans la pièce du drap, et fig. avoir plein pouvoir dans une affaire, disposition plein d'argent. ◁ ♦ **Par extens.** *Drap d'or, de soie*, tissu d'or, de soie. ♦ *Drap d'or*, ancien nom d'une tulipe ; variété de prune ; variété de poire. ♦ Morceau de toile ou de coton qui garnit le lit. *Une paire de draps.* ♦ *Entre deux draps*, au lit. ♦ **Fig.** *Mettre* *quelqu'un dans de beaux draps*, le compromettre, le mettre dans une fâcheuse position. ✦ *Être dans de mauvais draps*, et ironiquement, *dans de beaux draps*, être dans une mauvaise situation. ▪ *Drap de bain*, grande serviette d'éponge. *Prendre son parasol et son drap de bain pour aller à la plage.*

DRAPÉ, ÉE, p. p. de draper. [dʀape] ▷ *Bas drapés*, bas dont le tissu imite le drap. ◁ ✦ **Bot.** Garni de poils tellement courts et serrés qu'ils forment comme un tissu. ▪ N. m. Disposition des plis d'une tenture, d'un vêtement. *Une robe à grand drapé dans le dos.*

DRAPEAU, n. m. [dʀapo] (dimin. de *drap*) Au sens primitif, pièce de drap, ce qui sert à emmailloter un enfant. ✦ ▷ Haillon, vieux morceau de linge. ◁ ✦ Pièce d'étoffe qui, mise au bout d'une lance, sert à distinguer par ses couleurs les nations ou les partis, et aussi à donner un signal. *Le drapeau tricolore. Le drapeau rouge.* ✦ *Être sous les drapeaux, sous le drapeau*, être en activité de service. ✦ Par métonymie, l'état militaire, l'armée. *L'honneur du drapeau.* ✦ Au pl. *Les drapeaux*, les armées d'une puissance, d'un prince. *Combattre sous les drapeaux de la France.* ✦ **Fig.** *Se ranger sous les drapeaux de quelqu'un*, prendre parti pour lui. ✦ En un sens restreint, l'enseigne d'une troupe, d'un régiment d'infanterie. ▪ *Drapeau blanc*, qui, dans un combat, indique que l'on souhaite se rendre. ▪ *Planter son drapeau (sur)*, marquer sa domination, prendre possession (de). *Au XIXᵉ siècle, les dirigeants européens rivalisèrent de vitesse pour planter leur drapeau sur les dernières terres libres de la planète.*

DRAPER, v. tr. [dʀape] (*drap*) Recouvrir de drap noir en signe de deuil. *Draper un tambour, un carrosse.* ✦ ▷ **Absol.** *Le souverain drape de violet.* ◁ ✦ Garnir de draperies. *Draper un lit, une fenêtre.* ✦ **Peint.** Habiller une figure de vêtements amples, ou la représenter habillée de vêtements amples. ✦ **Absol.** *Le talent de bien draper.* ✦ **Fig. et fam.** Dire beaucoup de mal de quelqu'un. « *On dit qu'on l'a drapé dans certaine satire* », BOILEAU. ◁ ✦ Se draper, v. pr. En parlant des acteurs, disposer son costume à l'antique, et fig. prendre une attitude théâtrale. ✦ *Se draper dans sa vertu, dans sa probité*, vanter sa vertu, sa probité. ✦ *Se draper*, dire beaucoup de mal l'un de l'autre.

DRAPERIE, n. f. [dʀap(ə)ʀi] (*drap*) Manufacture de drap ; le commerce du drapier et les articles de ce commerce. ✦ **Peint.** et **sculpt.** Représentation de vêtements amples et flottants. ✦ Ornements de tapisserie à grands plis.

DRAP-HOUSSE, ▪ n. m. [dʀaus] (*drap* et *housse*) Drap pourvu d'élastiques ou de coutures spéciales à ses quatre angles, permettant ainsi de recouvrir plus aisément le matelas. *Des draps-housses en coton.*

DRAPIER, IÈRE, n. m. et n. f. [dʀapje, jɛʀ] (*drap*) Personne qui fabrique, qui vend de la draperie. ✦ Adj. *Marchand drapier.*

DRAPIÈRE, n. f. [dʀapjɛʀ] ▷ Grosse épingle courte dont les marchands se servent pour fermer leurs ballots. ◁

DRASTIQUE, adj. [dʀastik] (gr. *drastikos*, actif, énergique) ▷ **Méd.** Qui purge énergiquement. ◁ ▪ N. m. *Un drastique.* ▪ Adj. **Fig.** Qui agit de façon radicale. *Des moyens drastiques.*

1 DRAVE, ▪ n. f. [dʀav] (gr. *drabê*) **Bot.** Petite plante sauvage de la famille des crucifères, à fleurs blanches disposées en rosettes, qui pousse dans les régions tempérées. *Drave des Alpes.*

2 DRAVE, ▪ n. f. [dʀav] (de l'angl. *to drive*, conduire) **Québec** Transport du bois flotté. *Drave des troncs.* ▪ DRAVER, v. tr. [dʀave] ▪ DRAVEUR, EUSE, n. m. et n. f. [dʀavœʀ, øz]

DRAVIDIEN, ENNE, ▪ adj. [dʀavidjɛ̃, jɛn] (*Dravida*, province du sud de l'Inde) Relatif aux habitants de la province de Dravida. *Peuple dravidien, civilisation dravidienne.* ▪ N. m. et n. f. *Les Dravidiens.* ▪ N. m. Famille de langues du sud de l'Inde.

DREADLOCKS, ▪ n. m. pl. [dʀɛdlɔks] (*ea* se prononce *è* et on prononce le *s*. Mot angl. de *dread*, terrible et *lock*, mèche) Sortes de nattes généralement portées par les rastas. *Des dreadlocks tressés avec des perles.*

DRÊCHE, n. f. [dʀɛʃ] (lat. médiév. *drasca*, d'orig. celt.) Orge fermentée dont on a arrêté la germination au moyen de la chaleur et que l'on emploie pour la préparation de la bière. ✦ Résidu de l'orge qui a servi à la fabrication de la bière.

DRÈGE ou **DREIGE**, ▪ n. f. [dʀɛʒ] (de l'angl. *dredge*) Grand filet de pêche traîné au fond de la mer. *Pêche à la dreige.*

DRELIN, ▪ interj. [dʀəlɛ̃] (onomat.) Généralement redoublé, imite le son d'une clochette. ▪ N. m. *On entendait les drelin-drelin des clochettes du troupeau.*

DRÉPANOCYTOSE, ▪ n. f. [dʀepanositoz] (gr. *drépanôn*, faucille, et -*cytose*) Maladie génétique héréditaire qui provoque une anomalie de l'hémoglobine et qui se rencontre principalement en Afrique. *La drépanocytose est appelée également* anémie falciforme.

DRESSAGE, n. m. [dʀesaʒ] (*dresser*) ▷ Action de dresser le fil destiné à faire des aiguilles ou des épingles ; de dresser une glace, un miroir, etc. des barres de métal, etc. ◁ ✦ Partie de l'éducation qui a pour but d'habituer les animaux aux allures, au travail, au genre d'exercice dont l'homme a besoin. ✦ Palissage à sec qui se fait après la taille d'un arbre. ▪ Fait d'éduquer une personne à accomplir certaines choses. *Le dressage des élèves, des soldats.*

DRESSANT, ▪ n. m. [dʀesɑ̃] (*dresser*) **Belg.** Couche dressée presque à la verticale, dans une mine de charbon. *Dressants dans les mines de houille.*

DRESSÉ, ÉE, p. p. de dresser. [dʀese]

DRESSER, v. tr. [dʀese] (b. lat. *directiare*, mettre droit, de *directus*, droit) Lever et tenir droit. *Dresser la tête. Dresser un mât.* ✦ **Fig.** *Cette parole fait dresser les oreilles*, excite vivement l'attention. ✦ Ériger, élever. *Dresser des statues.* ✦ Établir, disposer. *Dresser la table, un lit, une batterie.* ✦ **Fig.** *Dresser ses batteries*, prendre ses mesures pour faire réussir un projet. ✦ *Dresser un piège, des embûches à quelqu'un*, au propre et au figuré. ✦ *Dresser une volaille*, l'arranger pour la mettre à la broche. *Dresser la soupe, un plat*, le disposer de manière à être servi. ✦ **Techn.** Unir, aplanir, rendre droit. ✦ *Dresser une palissade*, couper les branches qui s'écartent. ✦ ▷ *Dresser du linge* ; on dit aujourd'hui faut le repasser. ◁ ✦ ▷ Diriger, tourner. « *Dressons notre promenade, ma fille, vers cette belle grotte où j'ai promis d'aller* », MOLIÈRE. ◁ ✦ Vieux en ce sens. ✦ **Mar.** Diriger en droite ligne. *Dresser sa route vers le nord.* ✦ **Fig.** *Dresser son intention*, la diriger vers une bonne fin. ✦ Tracer ou mettre par écrit. *Dresser le plan d'un ouvrage, une carte de géographie, un mémoire.* ✦ Rédiger dans une certaine forme prescrite. *Dresser un contrat.* ✦ Instruire, former. *Dresser la jeunesse au métier des armes. Dresser un chien, un cheval.* ✦ V. intr. *Cela fait dresser les cheveux à la tête* ou *sur la tête*, cela cause une horreur excessive. ✦ Se dresser, v. pr. Se tenir droit ou levé. *Se dresser sur la pointe du pied.* « *Ses cheveux se dressent sur sa tête* », FÉNELON. ✦ *Se dresser*, être instruit, formé. ▪ **Fig.** Se présenter, surgir. *Une série de problèmes se dressa devant lui.*

DRESSEUR, EUSE, n. m. et n. f. [dʀesœʀ, øz] (*dresser*) Celui, celle qui dresse des animaux. ▪ *Une dresseuse de lions.*

DRESSING ou **DRESSING-ROOM**, ▪ n. m. [dʀesiŋ, dʀesiŋgʀum] (mot angl. , de *dressing*, toilette, et *room*, cabinet) Pièce ou grand placard, comprenant une penderie et réservé au rangement des vêtements. *Pendre ses pantalons dans le dressing. Des dressing-rooms.*

DRESSOIR, n. m. [dʀeswaʀ] (*dresser*) Armoire sans portes où l'on range la vaisselle et les objets dont on se sert à tout instant dans une cuisine. ✦ Nom de différents outils.

DRET, ETTE, adj. [dʀɛ, ɛt] Ancienne prononciation de droit. « *De taille haute et drette* », LA FONTAINE.

DREYFUSARD, ARDE, ▪ n. m. et n. f. [dʀefyzaʀ, aʀd] (Alfred *Dreyfus*, 1859-1935) Partisan de Dreyfus, personne convaincue de son innocence. *Les dreyfusards et les antidreyfusards.* ▪ **Par extens.** Personne engagée politiquement à gauche, ou revendiquant simplement des valeurs humanistes. ▪ Adj. Propre aux opinions des dreyfusards. *Une revue dreyfusarde.*

DRH, ▪ n. m. et n. f. [deɛʀaʃ] (sigle de *directeur des ressources humaines*) Personne interne ou externe à une entreprise qui a en charge le recrutement, le suivi, et la gestion des personnels. *Envoyer sa candidature à la DRH.*

DRIBBLER, ▪ v. intr. [dʀible] (de l'angl. *to dribble*, couler goutte à goutte) **Sp.** Guider seul et habilement le ballon afin d'en éviter la récupération ou l'interception par un joueur adverse. *Il dribble le dernier défenseur.* ▪ DRIBBLE, n. m. [dʀibl] ▪ DRIBBLEUR, EUSE, n. m. et n. f. [dʀiblœʀ, øz]

DRIFTER, ▪ n. m. [dʀiftœʀ] (de l'angl. *to drift*, dériver) Bateau utilisant des filets dérivants pour la pêche aux poissons de petite taille. *Pêcher la sardine avec les filets d'un drifter.*

DRILL, ▪ n. m. [dʀil] (du mot angl. *mandrill*, de *man*, homme, et *drill*, appellation indigène de ce singe) Grand singe cynocéphale à tête noire et à queue très courte qui vit dans les forêts équatoriales d'Afrique de l'Ouest. *Le drill se caractérise par ses callosités fessières rouges. Des drills.*

DRILLE, n. m. [dʀij] (peut-être de l'anc. fr. *drille*, guenille) Fantassin, soldat à pied. ✦ ▷ Inusité en ce sens. ◁ ✦ Aujourd'hui et fam. *Un vieux drille*, un soldat qui a vieilli dans le service, et fig. un homme qui a vieilli dans la ruse, dans les mauvaises affaires. ◁ ✦ *Un bon drille*, un bon compagnon. ✦ *Un pauvre drille*, un pauvre diable. ▪ *Un joyeux drille*, une personne qui aime faire la fête.

DRILLES, n. f. pl. [dʀij] (anc. fr. *drille*, guenille) ▷ Vieux chiffons qui servent à la fabrication du papier. ◁

DRING, ▪ onomat. [dʀiŋ] Son émis par une sonnette ou une sonnerie de téléphone. *Sursauter au dring du téléphone.*

DRINGUELLE, ▪ n. f. [dʀɛ̃gɛl] (du mot all. *trinkgeld*, de *trinken*, boire, et *Geld*, créance) **Nord, Belgique.** Pourboire. *Laisser de la dringuelle au serveur.*

DRINK, ▪ n. m. [dʀiŋk] (mot angl. On prononce à l'anglaise.) **Fam.** Boisson, cocktail. *Inviter quelqu'un à prendre un drink. Boire des drinks.*

DRISSE, n. f. [dʀis] (ital. *drizza*, de *drizzare*, dresser, hisser une voile) **Mar.** Cordage destiné à hisser un pavillon, une vergue, etc.

DRIVE, ■ n. m. [dʀajv] (angl. On prononce à l'anglaise.) Au tennis, coup long et rasant exécuté après rebond de la balle. ■ Au golf, coup long de départ joué sur un tee. *Un drive de 300 mètres.*

DRIVE-IN, ■ n. m. inv. [dʀajvin] (on prononce à l'anglaise. angl. *drive-in*, de (*to*) *drive*, conduire et *in*, à l'intérieur) Fast-food ou cinéma en plein air, conçus pour que les clients achètent leur repas ou assistent à la projection sans sortir de leur voiture. *Des drive-in.*

1 DRIVER, ■ v. tr. [dʀajve] ou [dʀive] (mot angl.) Conduire un cheval dans une course de trot attelé. *Driver un cheval de course.* ■ **Par extens.** Diriger. *Driver un projet.* ■ Au tennis ou au golf, exécuter un drive.

2 DRIVER, ■ n. m. [dʀajvœʀ] (mot angl.) Jockey dans une course de trot attelé. ■ Club de golf avec lequel on exécute le premier coup, appelé *drive*. *Driver en bois.* ■ **Inform.** Logiciel de gestion pour un périphérique particulier offrant la possibilité d'échanger des données avec différents matériels. *Les drivers sont appelés aussi pilotes ou gestionnaires de périphériques.*

DROGMAN, n. m. [dʀɔgmã] (ar. *targuman*; truchement) ▷ Interprète dans les échelles du Levant. ■ **Rem.** On disait aussi *dragoman.* ◁

DROGMANAT, n. m. [dʀɔgmana] ▷ Qualité, fonctions de drogman. ◁

1 DROGUE, n. f. [dʀɔg] (peut-être néerl. *droge*, produits séchés) Nom générique des ingrédients propres à la teinture, à la chimie et à la pharmacie. ▷ **Fig.** *Il débite bien sa drogue*, il est charlatan, il fait passer une chose pour plus qu'elle ne vaut. ◁ ▷ **Par extens.** Épices. *Assaisonner de drogues.* ◁ ■ Ce qui est mauvais en son genre. *Ce drap n'est que de la drogue.* ■ Substance psychotrope dont la consommation abusive peut conduire à la dépendance et à la toxicomanie. *Drogues douces, de synthèse. L'héroïne, la cocaïne sont des drogues dures.*

2 DROGUE, n. f. [dʀɔg] (orig. obsc.; p.-ê. 1 *drogue*, au sens de objet de peu de valeur) ▷ Sorte de jeu de cartes usité parmi les soldats et dans lequel le perdant porte sur le nez un petit morceau de bois fendu dit *drogue.* ◁

DROGUÉ, ÉE, p. p. de droguer. [dʀɔge]

DROGUEMENT, n. m. [dʀɔg(ə)mã] ▷ Action de droguer. ◁

1 DROGUER, v. tr. [dʀɔge] (1 *drogue*) Faire prendre beaucoup de drogues à un malade. ♦ *Droguer un mal*, faire prendre beaucoup de drogues pour ce mal. ♦ Falsifier, altérer la qualité d'une substance. *Droguer du vin.* ♦ Se droguer, v. pr. Prendre des drogues. ■ Consommer de la drogue de façon habituelle. ■ Intoxiquer l'esprit. *Ses lectures pernicieuses l'ont complètement drogué.*

2 DROGUER, v. intr. [dʀɔge] (2 *drogue*) ▷ Jouer à la drogue. ♦ **Fig.** et **pop.** Attendre en perdant son temps et en s'ennuyant. ◁

DROGUERIE, n. f. [dʀɔg(ə)ʀi] (1 *drogue*) Commerce de drogues; les articles de ce commerce. *Faire la droguerie.* ■ Commerce de produits d'entretien, de toilette, de petit bricolage. « *Suivant l'épicerie fine, l'arc-en-ciel de la droguerie moderne, l'antre du bougnat* », **Giraud.**

DROGUET, n. m. [dʀɔgɛ] (1 *drogue*) Autrefois, étoffe de laine de bas prix. ♦ Aujourd'hui, étoffe brochée de laine et coton, ou de laine, coton et soie, ou quelquefois de soie.

DROGUEUR, n. m. [dʀɔgœʀ] (1 *droguer*) ▷ Médecin qui aime à médicamenter. ◁

DROGUIER, n. m. [dʀɔgje] (1 *drogue*) ▷ Cabinet ou boîte portative où l'on serre les drogues. ♦ Collection des échantillons de médicaments simples, rangés dans un ordre méthodique. ◁

DROGUISTE, n. m. et n. f. [dʀɔgist] (1 *drogue*) Marchand, marchande de drogues. ♦ **Adj.** *Épicier droguiste.* ■ Personne qui tient une droguerie. « *Un grossiste, droguiste-marchand de couleurs, avantagé par papa durant toute sa carrière, le tira momentanément d'affaire en l'engageant comme coloriste* », **Simonin.**

1 DROIT, OITE, adj. [dʀwa, wat] (lat. *directus*) Qui n'a ni courbure ni flexion ni inclinaison d'aucun côté. *Une ligne droite.* ♦ *En droite ligne*, directement. ♦ *La droite voie*, la voie du salut. ♦ *La ligne droite, le droit chemin*, le chemin le plus court, et fig. la voie de l'honneur, du devoir. ♦ *Avoir la taille droite*, n'avoir aucune inflexion vicieuse dans la taille. ♦ *Être droit, se tenir droit*, avoir, tenir le corps dans une position où il ne soit ni courbé ni fléchi. ■ **N. f.** *Une droite*, une ligne droite. ♦ *Angle droit* et n. m. *un droit*, angle formé par deux lignes perpendiculaires l'une à l'autre. ♦ Qui n'est pas couché, qui est debout. *Droit sur ses pieds.* ♦ Qui a le poids voulu, la valeur voulue. *Monnaie droite de poids.* ♦ **Fig.** Honnête, équitable, sans détours. *Un homme droit et simple. Une intention droite.* ♦ Sain, judicieux. *La droite raison. Le sens droit.* ♦ **DROIT**, **adv.** En droite ligne, directement. *Viser droit. Écrire droit.* ♦ *Marcher droit*, aller droit devant soi,

et fig. se bien comporter. ♦ **Fig.** D'une manière directe. *Aller droit à ses fins. Cela va droit au cœur.* ♦ *Aller droit au fait*, en venir tout de suite à ce qui est essentiel. ♦ *Penser droit*, ne pas se tromper. ♦ Dans le langage des ouvriers, *placer une chose au droit d'une autre*, les placer de manière qu'elles se répondent exactement. ■ *Coup droit*, au tennis, coup exécuté du fond du court après rebond de la balle, et sur la droite du joueur (ou sur la gauche s'il est gaucher). *Alterner coups droits et revers.* ■ *Piano droit*, Voy. **PIANO-FORTE.**

2 DROIT, OITE, adj. [dʀwa, wat] (1 *droit*) Qui est opposé à gauche. *La main droite.* ♦ *La rive droite d'une rivière*, celle qui est à la droite de celui qui en descend le courant. ♦ *Le côté droit d'une assemblée*, celui qui est à la main droite du président. ■ **N. f.** *La droite*, le côté droit. ♦ *Donner la droite à quelqu'un*, le placer à sa droite pour lui faire honneur. ♦ *La droite*, la main droite. ♦ *La droite*, l'aile droite d'une armée. ♦ Dans nos assemblées parlementaires, *la droite*, les conservateurs. ♦ **Poétiq.** La main. ♦ À DROITE, loc. adv. Du côté droit. ♦ *À droite et à gauche*, des deux côtés du corps; de tous côtés. ♦ *Prendre à droite et à gauche*, recevoir de toutes mains. ■ **N. m.** ou n. f. En boxe, le poing droit. *Un crochet du droit. Mettre une bonne droite à son adversaire.*

3 DROIT, n. m. [dʀwa] (lat. *directum*, substantivation du neutre de *directus*) Ce qui est droit, ce qui est fondé sur la rectitude du sens ou du cœur. *Cela est contre tout droit et raison.* ♦ *Avec droit*, conformément au droit. ♦ Ce qui est conforme à la loi, ce qui a rapport à la loi. *Il a le droit pour lui. Question de droit.* ♦ *À bon droit*, selon toute raison. ♦ *Faire droit*, rendre bonne justice. ♦ *Faire droit à une demande*, statuer sur la demande, et en un sens plus général, l'accorder. ♦ DE DROIT, loc. adv. En vertu de la loi. *Possesseur de droit.* ♦ *À qui de droit*, à une personne ayant droit spécial ou confiance. ♦ Faculté reconnue, naturelle ou légale, d'accomplir ou de ne pas accomplir un acte. *Droit de chasse, de pêche. Droits civils. Droits politiques.* ♦ *Droit et devoir sont corrélatifs.* ♦ **Dr.** *Droits*, disposition de son bien. ♦ Ce qui donne une influence, une autorité morale, etc. *Les droits du sang, de l'amitié.* ♦ *Avoir droit de*, avoir lieu, sujet de. ♦ Ensemble des règles qui régissent la conduite de l'homme en société. *Droit français.* ♦ Ensemble des lois et des coutumes qui régissent chaque peuple. *Droit civil, commercial, politique, etc.* ♦ *Droit des gens*, Droit qui règle les rapports des nations. ♦ Connaissance, science des lois. *Étudier le droit. École de droit.* ♦ Impôt, taxe. *Droits d'octroi, de douane, d'enregistrement.* ♦ *Droits réunis*, sous le premier Empire, les contributions indirectes. ♦ Salaire donné à quelqu'un par la taxe, par un règlement. *Droit de signature, de présence.* ♦ À DROIT OU À TORT, loc. adv. Justement ou injustement. ♦ ▷ *À tort et à droit*, sans examiner si la chose est juste ou injuste. ◁ ♦ ▷ **Prov.** *Où il n'y a pas de quoi, le roi perd son droit.* ◁ ■ **N. m. pl.** *Droits d'auteur*, rémunération versée à l'auteur d'une œuvre. *Les droits d'auteur d'un écrivain, d'un parolier. Toucher des droits d'auteur.*

DROITEMENT, adv. [dʀwat(ə)mã] (1 *droit*) D'une manière droite, équitable, avec droiture. *Agir, penser, juger droitement.*

DROIT-FIL, ■ n. m. [dʀwafil] (1 *droit* et *fil*) Sens du tissage des fils d'une étoffe. *Des droits-fils.* ■ **Fig.** *Dans le droit-fil de*, en suivant la même orientation que. *Son action s'inscrit dans le droit-fil de celle de son prédécesseur.*

DROITIER, IÈRE, adj. [dʀwatje, jɛʀ] (2 *droit*) Qui se sert mieux de la main droite que de la main gauche. ♦ **N. m.** et **n. f.** *Les droitiers.*

DROITISME, ■ n. m. [dʀwatism] (2 *droit*) Fait d'être politiquement de droite. *Droitisme militaire. Le droitisme s'oppose au gauchisme.* ■ **DROITISTE**, adj. ou n. m. et n. f. [dʀwatist]

DROITURE, n. f. [dʀwatyʀ] (1 *droit*) Direction qui ne s'écarte ni à droite ni à gauche. *La droiture du chemin.* ♦ Vieilli en ce sens. ♦ ▷ EN DROITURE, loc. adv. Directement, en droite ligne. ♦ **Fig.** « *Tout est bon et va en droiture* », **Bossuet.** ♦ État d'un esprit droit et judicieux. *Force et droiture d'esprit.* ♦ État d'une âme droite et loyale. *Agir avec droiture.* ◁

DROLATIQUE, adj. [dʀolatik] (*drôle*) Qui a de la drôlerie, qui fait rire. *Des conversations drolatiques.*

DROLATIQUEMENT, adv. [dʀolatik(ə)mã] (*drôlatique*) D'une façon drolatique.

DRÔLE, n. m. [dʀol] (néerl. *drolle*, lutin) Se dit d'un homme ou d'un enfant qui, ayant quelque chose de décidé, de déluré, ne laisse pas d'exciter quelque inquiétude. ♦ En un sens tout à fait injurieux, *un mauvais drôle* ou simplement *un drôle*, une personne méprisable. ♦ **Adj.** Qui a quelque chose de singulier et de plaisant. *Cet homme-là est bien drôle. Un conte fort drôle.* ♦ **N. m.** et **n. f.** En ce sens, *un drôle d'homme*, *une drôle* (et non *drôlesse*) *de femme.* ♦ *Drôle (de)*, étonnant, bizarre. *Tout le monde a trouvé drôle que tu ne viennes pas.* « *Nous avions soupesé cette drôle de guerre où rien ne se passait* », **Schreiber.** ■ *Être, se sentir tout drôle*, se sentir mal à l'aise, ne pas être comme d'habitude. *Depuis qu'elle l'a revu, elle se sent tout drôle.*

■ *En (faire) voir de drôles,* (faire) subir des contrariétés. *Cet enfant turbulent nous en a fait voir de drôles !*

DRÔLEMENT, adv. [dʀol(ə)mã] (*drôle*) **Fam.** D'une manière drôle. ■ D'une manière bizarre. *Il me regarde drôlement aujourd'hui.* ■ Extrêmement, à un haut degré. « *On avait tous les traits tirés, on était drôlement fatigués* », DJIAN.

DRÔLERIE, n. f. [dʀol(ə)ʀi] (*drôle*) Trait de gaillardise ou de bouffonnerie. ◆ ▷ Chose de peu de valeur, bagatelle. « *Hé bien, messieurs, me ferez-vous voir votre petite drôlerie ?* », MOLIÈRE. ◁ ■ Caractère amusant, original d'une personne, d'une chose. *Ce spectacle est d'une drôlerie irrésistible.*

DRÔLESSE, n. f. [dʀolɛs] (*drôle*) Fille ou femme d'une conduite mal réglée. ◆ Femme dont on fait peu de cas. ■ REM. Il est vieilli et péjoratif dans ces deux sens.

DROMADAIRE, n. m. [dʀomadɛʀ] (lat. *dromedarius,* du gr. *dromas komêlos,* chameau qui court) Espèce de chameau à une seule bosse.

DROME, n. f. [dʀom] (all. *Drom,* poutre) **Mar.** Fagot, faisceau ou radeau composé de pièces de bois travaillé ou non. ◆ *Drome des embarcations,* se dit, dans un arsenal, de la réunion des chaloupes et canots des bâtiments non armés.

DROP, n. m. [dʀɔp] Voy. DROP-GOAL.

1 DROPER ou **DROPPER**, ■ v. tr. [dʀɔpe] (de l'angl. *to drop,* laisser tomber) Parachuter. *Droper des vivres à basse altitude.* ■ **Fam.** Abandonner, laisser tomber une personne, une chose. *Il a dropé le projet au dernier moment.* ■ Au rugby, effectuer un *drop-goal.* ■ Au golf, ramasser une balle déclarée injouable et la replacer dans un endroit délimité, en la laissant tomber, bras tendu à l'horizontale. *Dropper sa balle avec une pénalité.* ■ DROPAGE ou DROPPAGE, n. m. [dʀɔpaʒ].

2 DROPER, ■ v. intr. [dʀɔpe] (arg. *adroper*) **Arg.** S'enfuir en courant. *Droper dans la rue.*

DROP-GOAL ou **DROP**, ■ n. m. [dʀɔpgol, dʀɔp] (mot angl.) **Sp.** Coup de pied en demi-volée effectué par un joueur de rugby pour envoyer le ballon par-dessus la barre du but de l'équipe adverse. *Passer un drop. Des drop-goals.*

DROSCHKI, n. m. [dʀɔʃki] (mot russe) ▷ Petit équipage à quatre roues, bas, découvert, à un ou deux chevaux, fort commun en Russie.

DROSERA ou **DROSÉRA**, ■ n. m. [dʀozera] (gr. *droseros,* humide de rosée) Plante vivace insectivore des marais tourbeux d'Europe. *Les droseras engluent leurs proies grâce à des poils recouverts d'un mucilage collant.*

DROSOPHILE, ■ n. f. [dʀozofil] (gr. *drosos,* rosée, et *-phile*) Insecte diptère communément appelé mouche à vinaigre, d'environ 3 mm, fréquemment utilisé dans les expériences génétiques pour son très court temps de génération (environ 10 jours entre chaque génération adulte). *Drosophile hybride. Souche de drosophiles.*

DROSSE, ■ n. f. [dʀɔs] (ital. *trozza,* du lat. *tradux,* sarment de vigne) **Mar.** Filin ou chaîne d'acier qui transmet les mouvements de la barre à l'axe du gouvernail. *Casser la drosse.*

DROSSER, ■ v. tr. [dʀose] (*drosse*) **Mar.** Entraîner hors de sa route en raison des vents ou d'une forte mer. *Des courants drossent une barque vers les récifs.*

DRU, UE, adj. [dʀy] (gaul. *druto,* vigoureux) Bien venant, venant serré, en parlant de l'herbe, des blés, etc. ◆ Par extens. *Une pluie drue et menue.* ◆ DRU, adv. D'une manière serrée. *Il pleut dru. Semer dru.* ◆ Fig. et fam. Vivement, sans façon. *Vous y allez dru.* ◆ Par extens. En parlant des personnes, bien venant, vif et gaillard. ◁ ◆ ▷ Il se dit des petits oiseaux assez forts pour s'envoler du nid. ◁

DRUGSTORE, ■ n. m. [dʀœgstɔʀ] (*u* se prononce *eu.* angl. *drug,* drogue et *store,* magasin) En Amérique du Nord, magasin comprenant une pharmacie et divers autres commerces. *Acheter des cigarettes au drugstore. Boire un verre dans un drugstore.* ■ En France, complexe commercial aux activités diverses (café, pharmacie, librairie, etc.). *Voir un film au drugstore.*

DRUIDE, n. m. [dʀɥid] (lat. *druida*) Prêtre des Celtes de la Gaule, de la Grande-Bretagne et de l'Irlande.

DRUIDESSE, n. f. [dʀɥidɛs] (*druide*) Prêtresse des Gaulois.

DRUIDIQUE, adj. [dʀɥidik] (*druide*) Qui a rapport aux druides.

DRUIDISME, n. m. [dʀɥidism] (*druide*) Religion des druides.

DRUMLIN, ■ n. m. [dʀœmlin] (mot irl.) **Géol.** Amas morainique constitué sous une calotte glaciaire et transformé en colline de forme elliptique par le déplacement de la glace. *Drumlin des pays d'accumulation glaciaire.*

DRUMMER, ■ n. m. [dʀœmœʀ] (mot angl. de *drum,* tambour) **Mus.** Batteur dans un orchestre de jazz, de rock. *Le drummer du groupe donne le rythme.*

DRUMS, ■ n. m. pl. [dʀœms] (de l'angl. *to drum,* jouer du tambour) **Mus.** Batterie. « *Lester Young, qu'accompagnaient John Lewis au piano, Paul Chambers à la basse et Kenny Clarke aux drums, interprétait quelque chose de très simple et de très beau* », G. PEREC.

DRUPE, n. m. [dʀyp] (lat. *drupa,* olive) **Bot.** Fruit charnu indéhiscent, qui renferme un seul noyau, comme la cerise, la pêche et la noix revêtue de son brou.

DRUZE, ■ adj. [dʀyz] (ar. *duruz,* plur. de *Durazi,* un des fondateurs de la communauté) Relatif aux Druzes, communauté du Proche-Orient dont l'identité se fonde sur l'appartenance à un système religieux spécifique. *Chef druze, religion druze.*

DRY, ■ adj. [dʀaj] (mot angl.) Sec, non sucré, en parlant du champagne et de certains alcools. *Un Martini dry. Des champagnes dry.* ■ N. m. Cocktail qui se compose de gin et de vermouth blanc. *Servir des dry, boire des drys.*

DRYADE, n. f. [dʀijad] (gr. *druas*) Nymphe des bois.

DRY-FARMING, ■ n. m. [dʀajfaʀmiŋ] (angl. *dry,* sec et *to farm,* cultiver la terre) **Agric.** Méthode de culture des régions sèches, consistant à n'ensemencer qu'une année sur deux pour emmagasiner dans le sol la pluie de deux années consécutives, afin d'obtenir de meilleures récoltes. *Des dry-farmings.*

DRYOPITHÈQUE, ■ n. m. [dʀijopitɛk] (gr. *drus,* chêne, et *pithêkos,* singe) Primate ancêtre de l'homme, ayant vécu au Miocène sur divers continents. *Le dryopithèque se nourrissait de végétaux.*

DU, art. m. [dy] Contracté pour *de le.*

1 DÛ, n. m. [dy] (*devoir*) Ce qui est dû à quelqu'un. *Demander son dû.* ◆ Fig. Ce à quoi on est obligé. « *Allons, monsieur, faites le dû de votre charge* », MOLIÈRE.

2 DÛ, DUE, p. p. de devoir. [dy] **Dr.** *Un acte en due forme,* acte rédigé conformément à la loi et revêtu de toutes les formalités voulues. ■ REM. L'expression actuelle est *en bonne et due forme.*

DUAL, ALE, ■ adj. [dɥal] ou [dyal] (lat. *dualis*) Qui comporte deux éléments unis par une interaction, une correspondance réciproque. *Base duale. Systèmes duaux.* ■ *Société duale,* société dans laquelle coexistent les nantis et les exclus.

DUALISER, ■ v. tr. [dɥalize] (*dual*) Scinder en deux. *Dualiser le marché du travail.*

DUALISME, n. m. [dɥalism] ou [dyalism] (lat. *dualis*) Système religieux ou philosophique, suivant lequel l'univers a été formé et continue d'exister par le concours de deux principes également nécessaires et éternels. ◆ Système chimique qui suppose que, les sels étant des composés binaires formés par la combinaison d'un acide et d'une base, tout autre composé a une disposition moléculaire semblable. ■ Coexistence de deux réalités, de deux éléments opposés. *Le dualisme des partis politiques.*

DUALISTE, adj. [dɥalist] ou [dyalist] (*dualisme*) Qui a le caractère du dualisme. *Le système dualiste.* ◆ N. m. et n. f. Personne qui admet le dualisme.

DUALISTIQUE, adj. [dɥalistik] (*dualiste*) Qui a rapport au dualisme, qui a les caractères du dualisme.

DUALITÉ, n. f. [dɥalite] ou [dyalite] (lat. *dualitas*) **Métaphys.** Caractère de ce qui est double en soi. *La dualité de l'être humain.* ◆ **Gramm.** Le caractère, l'usage du duel. ■ Coexistence de deux éléments opposés. *Dualité du bien et du mal.* « *Abolir la dualité des sexes est une crainte de l'imaginaire démocratique* », G. FRAISSE.

DUBITATIF, IVE, adj. [dybitatif, iv] (lat. *dubitativus*) ▷ **Gramm.** et log. Qui exprime le doute. *Conjonction dubitative.* Proposition dubitative. ◁ ■ Par extens. *Prendre un air dubitatif.*

DUBITATION, n. f. [dybitasjɔ̃] (lat. *dubitatio*) **Rhét.** Figure de pensée par laquelle l'orateur semble hésiter entre plusieurs mots, plusieurs partis à prendre, etc.

DUBITATIVEMENT, adv. [dybitativ(ə)mã] (*dubitatif*) D'une manière dubitative.

DUBNIUM, ■ n. m. [dybnjɔm] (*Dubna,* ville russe où se trouvait le laboratoire de chimie) **Chim.** Élément chimique créé artificiellement en 1967, dont le symbole est Db, et le numéro atomique 105. *La radioactivité du dubnium.*

1 DUC, n. m. [dyk] (lat. *dux*) **Féod.** Souverain d'un duché. ◆ *Duc et pair,* duc qui, en vertu de son duché, était pair du royaume. ◆ Titre le plus élevé parmi la noblesse de France après celui de prince. ◆ Titre de quelques princes souverains. *Le duc de Parme.* ◆ *Grand-duc de Russie,* l'héritier présomptif de la couronne de Russie.

2 DUC, n. m. [dyk] (lat. *dux*) Oiseau nocturne de la famille des chouettes.

DUCAL, ALE, adj. [dykal] (lat. *dux*) Qui appartient, qui est propre au duc. *Les appartements ducaux. Couronne ducale,* couronne ouverte et garnie de huit feuilles ou fleurons. ♦ Anciennement, à Venise, *la dignité ducale,* le dogat. ♦ *Grand-ducal,* qui appartient, qui est propre à un grand-duc, à une grande-duchesse. *Manteau grand-ducal.* Cour grand-ducale. ♦ Dans cet adjectif composé, *grand* demeure invariable.

DUCASSE, ■ n. f. [dykas] (*Dédicace,* fête relig.) Nord, Belgique. Fête patronale, kermesse. *Aller à la ducasse.*

DUCAT, n. m. [dyka] (ital. *ducato*) Monnaie d'or fin dont la valeur varie de dix à douze francs, selon les pays. ♦ *Le ducat d'argent vaut environ la moitié du ducat d'or.*

DUCATON, n. m. [dykatɔ̃] (*ducat*) ▷ Ducat d'argent. ◁

DUC-D'ALBE, ■ n. m. [dykdalb] (*duc* et *Albe*) **Mar.** Ensemble de pieux métalliques, généralement placés aux entrées et sorties d'écluses, permettant aux bateaux de s'amarrer en attendant leur passage. *Des ducs-d'Albe.*

DUCHÉ, n. m. [dyʃe] (b. lat. *ducatus*) Seigneurie, principauté à laquelle le titre de duc est attaché. ♦ **DUCHÉ-PAIRIE**, n. m. ou *n. f.* Duché auquel la pairie était attachée. ♦ *Grand-duché,* État dont le souverain est un grand-duc ou une grande-duchesse.

DUCHESSE, n. f. [dyʃɛs] (*duc*) La femme d'un duc ; celle qui possède un duché. ♦ *Grande-duchesse,* femme d'un grand-duc, et aussi celle qui a le même rang qu'un grand-duc, ou qui possède un grand-duché. ♦ *Duchesse* se dit ironiquement d'une femme qui affecte de grands airs. *Elle fait sa duchesse.* ♦ Sorte de lit de repos à dossier. ♦ *Duchesse d'Angoulême* ou simplement *duchesse,* nom d'une grosse et belle poire très fondante. ♦ ▷ *Lettres à la duchesse,* écriture dans laquelle les pleins tiennent la place des déliés, et réciproquement. ◁ ♦ *Pommes duchesses,* purée de pommes de terre mélangée à du jaune d'œuf, dont on fait des croquettes et que l'on fait frire.

DUCROIRE, n. m. [dykrwar] (avoir *du croire,* avoir de la confiance) Prime accordée au commissionnaire qui répond des personnes auxquelles il vend la marchandise.

DUCTILE, adj. [dyktil] (lat. *ductilis*) **Métall.** Qui peut être tiré, allongé, étendu sans se rompre. *L'or est le plus ductile de tous les métaux.*

DUCTILITÉ, n. f. [dyktilite] (*ductile*) Qualité de ce qui est ductile. ♦ Propriété qu'ont certains corps de s'étendre en fil.

DUDIT, ■ adj. [dydi] Au pl. *desdits.* Voy. DIT.

DUÈGNE, n. f. [dɥɛɲ] ou [dɥɛnj] (esp. *dueña,* du lat. *domina*) Gouvernante chargée de veiller sur la conduite d'une jeune personne. ♦ **Théât.** Emploi de duègne.

1 **DUEL**, n. m. [dɥɛl] ou [dyɛl] (lat. *duellum*) Combat singulier entre deux hommes. *Duel au pistolet, à l'épée.* ♦ *Duel judiciaire,* combat singulier ordonné jadis par la justice et admis comme preuve juridique dans les questions douteuses. ♦ **Fig.** Compétition opposant deux personnes, deux groupes. *Duel entre deux orateurs, deux équipes de football.*

2 **DUEL**, n. m. [dɥɛl] ou [dyɛl] (lat. *dualis*) Nombre dans la langue grecque et dans quelques autres, qui désigne deux objets.

3 **DUEL, ELLE**, ■ adj. [dɥɛl] ou [dyɛl] (2 *duel*) Qui se réfère au principe de dualité. *Structure narrative duelle. Politique duelle.* « Combien d'adultes n'acceptent les rapports avec les enfants qu'en situation duelle », DOLTO.

DUELLISTE, n. m. et n. f. [dɥelist] ou [dyelist] (1 *duel*) Personne qui se bat en duel. ♦ Personne qui se bat souvent en duel. *Un duelliste de profession.*

DUETTISTE, ■ [dɥetist] ou [dyetist] (*duetto*) N. m. et n. f. Artiste qui joue ou chante en duo. *Un numéro de duettistes bien rôdé.*

DUETTO, ■ n. m. [dɥeto] ou [dyeto] (*duo*) Petit morceau musical composé à deux parties jouées ou chantées simultanément. *Le duetto en sol majeur de Bach.*

DUFFEL-COAT ou **DUFFLE-COAT**, ■ n. m. [dœfœlkot] (le *u* et le *e* se prononcent *eu* ; *oa* se prononce *o*. Mot angl., de *duffel,* molleton, et *coat,* vêtement) Épais manteau trois-quarts en laine, imperméabilisé. *Le capuchon d'un duffel-coat. Des duffel-coats, des duffle-coats.*

DUGONG, ■ n. m. [dygɔ̃g] (malais *duyung*) Grand mammifère marin, végétarien, qui vit dans les eaux tropicales de l'océan Indien et du Pacifique. *La survie des dugongs est de plus en plus menacée, surtout en Afrique de l'Est.*

DUIRE, v. intr. [dɥir] (lat. *ducere*) ▷ qui n'est plus usité qu'à la 3ᵉ personne du présent de l'indicatif. Convenir, plaire. « Tout duit aux gens heureux », LA FONTAINE. ◁

DUITE, ■ n. f. [dɥit] (p. p. fém. de *duire*) Longueur du fil de trame d'une lisière à l'autre, dans le tissage d'une étoffe. *Passer la duite.*

DULCICOLE, ■ adj. [dylsikɔl] (lat. *dulcis,* et *-cole*) Qui concerne, qui vit dans les eaux douces. *Marais dulcicole. Faune dulcicole.*

DULCIFICATION, n. f. [dylsifikasjɔ̃] (*dulcifier*) Action de dulcifier ; résultat de cette action.

DULCIFIÉ, ÉE, p. p. de dulcifier. [dylsifje] Rendu doux.

DULCIFIER, v. tr. [dylsifje] (lat. *dulcis* et *facere*) **Pharm.** Rendre doux, tempérer l'âcreté, l'acidité, la force d'un liquide en le mêlant avec un autre liquide plus doux.

DULCINÉE, n. f. [dylsine] (héroïne du roman de Don Quichotte) Nom badin qu'on donne à une femme aimée.

DULIE, n. f. [dyli] (gr. *douleia,* servitude) **Théol.** *Le culte de dulie,* culte de respect et d'honneur que l'on rend aux saints, par opposition au culte de latrie qu'on rend à Dieu seul.

DUM-DUM, ■ adj. inv. [dumdum] (*Dum-dum,* ville de l'Inde) Balle de fusil à fragmentation, dont l'enveloppe est entaillée en croix afin de provoquer de profondes lésions. *Des cartouches dum-dum.*

DÛMENT ou **DUMENT**, adv. [dymɑ̃] (*dû*) **Dr.** En due forme, comme il faut. *La chose a été bien et dûment constatée.*

DUMPER, ■ n. m. [dœmpœr] (de l'angl. *to dump,* décharger) Engin de terrassement comportant une benne automotrice basculante. *Les roues des dumpers.* ■ **Rem.** Recommandation officielle : *tombereau.*

DUMPING, ■ n. m. [dœmpiŋ] (mot anglo-américain, de *to dump,* jeter sur le marché) Pratique commerciale qui consiste en la réduction importante du prix de vente d'un produit (allant jusqu'à la vente à perte) sur un marché extérieur au marché national. *Faire du dumping.*

DUNE, n. f. [dyn] (moy. néerl. *dune*) Monticule de sable sur les bords de la mer. *Les dunes de la Gascogne.*

DUNETTE, ■ n. f. [dynɛt] (dim. de *dune*) **Mar.** Étage élevé à la partie postérieure du gaillard d'arrière.

DUO, n. m. [dyo] ou [dɥo] (ital. *duo*) Morceau fait pour être chanté par deux voix ou exécuté par deux instruments. ♦ **Fig.** *Duo d'injures,* échange d'injures. ♦ Au pl. *Des duos.*

DUODÉCIMAL, ALE, adj. [dɥodesimal] (lat. *duo* et *décimal*) Qui se compte, se divise par douze. *Système duodécimal.* ■ *Des systèmes duodécimaux.*

DUODÉCIMO, adv. [dɥodesimo] (lat. *duodecimo* [*loco*]) Se dit pour douzièmement. Il s'écrit souvent 12°.

DUODÉNAL, ALE, adj. [dɥodenal] (*duodenum*) Qui appartient ou a rapport au duodénum. *Artères et veines duodénales.* ■ *Ulcères duodénaux.*

DUODÉNITE, ■ n. f. [dɥodenit] (*duodenum*) **Méd.** Inflammation du duodénum. *Duodénite chronique, parasitaire.*

DUODÉNUM, n. m. [dɥodenɔm] ou [dyodenɔm] (lat. *duodenum* [*digitorum*], de douze doigts [de longueur], de *duodeni,* chacun douze, et *digitus,* doigt, unité de mesure valant 0,0185 m) Première portion de l'intestin grêle, ainsi dite de ce que la longueur n'en est guère que de douze travers de doigt. ■ **Rem.** Graphie ancienne : *duodenum.*

DUODI, n. m. [dɥodi] (lat. *duo* et *dies*) Le deuxième jour de la décade, dans le calendrier républicain.

DUOPOLE, ■ n. m. [dɥopɔl] (lat. *duo* et *-pole*) **Écon.** Situation de concurrence entre deux firmes uniquement, pour la même production. *Duopole équilibré. Un marché en régime de duopole.*

DUPE, n. f. [dyp] (anc. fr. *dupe,* huppe) Personne qui a été jouée, trompée, ou qu'il est facile d'abuser. *Être la dupe de quelqu'un. Prendre quelqu'un pour dupe. Nous fûmes la dupe de son stratagème. Nous fûmes les dupes* (au plur. parce qu'il s'agit de duperies successives) *de ses stratagèmes.* ♦ *Faire des dupes,* abuser de la confiance d'un certain nombre de personnes. ♦ *Être la dupe d'une affaire,* n'y pas trouver son compte. ♦ **Fig.** « *Notre esprit est la dupe de notre cœur* », MME DE SÉVIGNÉ. ♦ **Adj.** « *La suite fera voir que ces derniers ne seront pas les plus dupes* », PASCAL.

DUPÉ, ÉE, p. p. de duper. [dype]

DUPER, v. tr. [dype] (*dupe*) Prendre pour dupe, tromper. ♦ **Absol.** *Il ne cherche qu'à duper.* ♦ Il se dit aussi de certains sentiments que l'on trompe. *Il a dupé mon attente.* ♦ *Se duper,* v. pr. *Des fripons qui se dupent l'un l'autre.*

DUPERIE, n. f. [dyp(ə)ri] (*dupe*) Ce qui fait qu'on est dupe. *C'est une franche duperie.* ♦ État de dupe.

DUPEUR, EUSE, n. m. et n. f. [dypœr, øz] (*duper*) Personne qui dupe. ♦ **Fig.** *Un dupeur d'oreilles,* lecteur assez habile pour faire trouver bon ce qui est médiocre.

DUPLEX, ■ n. m. [dypleks] (lat. *duplex*) Caractère de ce qui est double. ■ **Télécomm.** Procédé permettant la diffusion, sur une même onde, d'un programme radiophonique ou télévisuel émis à partir de deux stations distinctes. ■ Appartement sur deux étages.

DUPLEXER, ■ v. tr. [dyplɛkse] (*duplex*) Transmettre un programme en duplex. *Duplexer une interview au journal télévisé.*

DUPLICATA, n. m. [dyplikata] (lat. *duplicata*) Double d'un acte, d'une quittance, d'une dépêche. *Expédier un acte en* ou *par duplicata.* ◆ Au pl. *Des duplicatas.*

DUPLICATE, ■ n. m. [dyplikat] (lat. *duplicata*) Dans certains jeux de société, formule qui oblige tous les joueurs à utiliser une seule et même donne. *Faire un duplicate au bridge, au poker, au scrabble.*

DUPLICATEUR, ■ n. m. [dyplikatœʀ] (*dupliquer*) Appareil de duplication. *Un duplicateur de DVD.*

DUPLICATION, n. f. [dyplikasjõ] (lat. *duplicatio*) Action de doubler une quantité. ◆ Bot. Mode de multiplication particulier à quelques genres de végétaux microscopiques. ■ Action de reproduire en double. *La duplication d'un CD.*

DUPLICITÉ, n. f. [dyplisite] (b. lat. *duplicitas*) État de ce qui est double. *Certains verres donnent une duplicité d'image du même objet. Il y a duplicité d'action dans cette tragédie.* ◆ Fig. Caractère d'une âme double ; mauvaise foi.

DUPLIQUE, n. f. [dyplik] (*dupliquer*) ▷ Dr. anc. Réponse à une réplique. ◆ En général, toute réponse à une réplique. ◁

DUPLIQUER, v. intr. [dyplike] (lat. *duplicare*, doubler) Dr. anc. Fournir des dupliques. ■ Reproduire en double. *Dupliquer un fichier informatique.*

DUPONDIUS, n. m. [dypõdjys] (lat. *dupondius*) Antiq. rom. Monnaie valant deux as.

DUQUEL, pron. rel. [dykɛl] Voy. lequel.

DUR, URE, adj. [dyʀ] (lat. *durus*) Difficile à pénétrer, à entamer. *Le fer est un métal très dur. Du pain dur.* ◆ *Un œuf dur*, œuf cuit jusqu'à ce que le blanc et le jaune soient pris. ◆ Qui oppose de la résistance. *Ce ressort est dur.* ◆ *Dur à digérer*, de digestion difficile, et fig. peu supportable, difficile à croire, ou très ennuyeux, en parlant de livres. ◆ *Dur à cuire*, de cuisson difficile, et fig. difficile à manier, à plier aux usages, en parlant surtout de gens qui ont pris leur pli. ◆ N. m. et n. f. *C'est un dur à cuire.* ◆ Au pl. *Des durs à cuire* (qui se prononce comme au singulier). ◆ *Eau dure*, celle qui, chargée de sels calcaires, n'est pas propre à cuire les légumes. ◆ *Vin dur*, vin qui a beaucoup d'âpreté. ◆ En parlant de certaines facultés qui ne s'exercent qu'avec peine. *Être dur d'oreille, avoir l'oreille dure.* ◆ *Avoir la tête dure*, ne pas comprendre facilement. ◆ Fig. « *Mais il est des esprits durs, indisciplinables* », P. Corneille. ◆ Qui est désagréable à l'oreille. *Une voix dure. Un style dur.* ◆ Mus. Se dit des intervalles ou des accords qui blessent l'oreille par leur dissonance. ◆ Qui, dans les arts du dessin ou de la peinture, est marqué trop fortement, a des contours roides ou heurtés. *Un dessin dur. Un crayon dur, un pinceau dur.* ◆ Il se dit aussi en ce sens de celui qui peint. *C'est un peintre dur.* ◆ Pénible, affligeant, difficile à supporter. *Une réprimande, une vie dure.* ◆ Rigoureux par le froid. *Un climat, un hiver dur.* ◆ Fig. *Les temps sont durs*, on a bien de la peine à vivre par le temps qui court. ◆ Qui est sans bonté, sans humanité. ◆ Dans le même sens, en parlant des dehors, des manières, des discours, etc. *Regard dur. Des paroles dures.* ◆ Qui supporte la fatigue, la peine. *Un homme dur au travail, à la peine.* ◆ *Avoir la vie dure*, résister aux causes de mort. ◆ *Rendre à quelqu'un la vie dure*, lui faire du mal, lui donner de la peine. ◆ DUR, adv. Difficilement. *Entendre dur.* ◆ N. m. Art *Le dur est le contraire du moelleux.* ◆ DURE, n. f. La terre nue. *Coucher sur la dure.* ◆ Difficile à comprendre, à réaliser. *C'est trop dur pour son âge.* ■ Inform. *Disque dur*, Voy. DISQUE. ■ Adv. Fam. Fermement. *Il croit dur au Père Noël.* ◆ En dur, loc. adj. En matériaux durs, solides. *Une construction en dur.* ◆ À LA DURE, loc. adv. D'une manière difficile à supporter. *Un enfant élevé à la dure.*

DURABILITÉ, ■ n. f. [dyʀabilite] (*durable*) Caractère de ce qui est durable. *Durabilité des matériaux.* « *Il y a une opposition frappante entre la durabilité de notre corps et le caractère transitoire des éléments* », Carrel. ■ Dr. Durée d'utilisation d'un bien, de validité d'un droit.

DURABLE, adj. [dyʀabl] (lat. *durabilis*) Capable de durer longtemps. *Des monuments, des chagrins durables.*

DURABLEMENT, adv. [dyʀabləmã] (*durable*) D'une manière durable.

DURACINE, n. f. [dyʀasin] (lat. *duracinus*, qui a la peau dure) Pêche dont la chair a une certaine dureté.

DURAL, ALE, ■ adj. [dyʀal] (*dur*) Méd. Qui concerne la dure-mère. *Fistule durale. Hématomes sous-duraux, extra-duraux.*

DURALUMIN, ■ n. m. [dyʀalymɛ̃] (*Düren*, ville d'Allemagne, et *aluminium*) Alliage métallique léger et très résistant aux tractions, constitué d'aluminium, de cuivre, de manganèse et de magnésium. *Une canne à pêche en duralumin.*

DURAMEN, ■ n. m. [dyʀamɛn] (*dur*) Bot. Partie centrale d'un tronc d'arbre correspondant aux couches les plus anciennes dont l'évolution est terminée, et qui est utilisée comme bois d'œuvre. *Dureté du duramen.*

DURANT, prép. [dyʀã] (part. prés. de *durer*) Dans la durée de, pendant l'intervalle de. *Durant ce temps.* ◆ *Durant* peut par inversion se mettre après son régime. *Sa vie durant.* ◆ ▷ DURANT QUE, loc. conj. Dans le temps que. ◁

DURATIF, IVE, ■ adj. [dyʀatif, iv] (*durer*) Ling. Qui exprime le déroulement dans le temps d'une action. *L'aspect duratif de l'imparfait.*

DUR-BEC, ■ n. m. [dyʀbɛk] (*dur* et *bec*) Nom d'un genre d'oiseaux insectivores. ◆ Au pl. *Des durs-becs.*

DURCI, IE, p. p. de durcir. [dyʀsi] Rendu dur.

DURCIR, v. tr. [dyʀsiʀ] (lat. *durescere*) Rendre dur. ◆ Fig. Endurcir, fortifier contre. « *On les durcissait aux travaux* », Bossuet. ◆ V. intr. Devenir dur. ◆ *Faire durcir un œuf*, le cuire jusqu'à ce qu'il soit dur. ◆ Se durcir, v. pr. Devenir dur.

DURCISSEMENT, n. m. [dyʀsis(ə)mã] (*durcir*) Acte de se durcir, état de ce qui est durci.

DURCISSEUR, ■ adj. [dyʀsisœʀ] (de *durcir*) Chim. Qui, mélangé à certains produits ou appliqué sur certains supports, a la propriété de provoquer le durcissement. *Vernis durcisseur.* ■ N. m. *Un durcisseur pour plâtres.*

DURÉE, n. f. [dyʀe] (lat. *durata*, p. p. de *durare*) Absol. La continuation indéfinie. *L'espace et la durée.* ◆ Espace de temps que dure quelque chose. *La durée d'un règne, de la vie, etc.* ◆ ▷ DE DURÉE, loc. adv. Signifiant qui résiste à l'usure, à la fatigue. *Une étoffe de durée.* ◁

DUREMENT, adv. [dyʀ(ə)mã] (*dur*) D'une manière dure. *Être couché durement.* ◆ D'une manière désagréable pour l'oreille, les yeux, etc. *Versifier durement. Des contours durement exprimés.* ◆ Fig. D'une manière qui agit désagréablement sur les sentiments, sur le moral. *Répondre durement.* ◆ Avec austérité. *Vivre très durement.*

DURE-MÈRE, n. f. [dyʀ(ə)mɛʀ] (*dure* et *mère*) Anat. La plus extérieure et la plus forte des trois membranes qui enveloppent l'encéphale et la moelle épinière. ■ *Des dures-mères.*

DURER, v. intr. [dyʀe] (lat. *durare*, durcir, se durcir) Être dur contre les causes de destruction, continuer d'être, persister à être. ◆ Fig. « *La mémoire de Sem a toujours duré dans le peuple hébreu* », Bossuet. ◆ *Faire durer*, prolonger. ◆ Ne pas s'user. *Ce drap dure beaucoup.* ◆ Il se dit du temps qui se prolonge. « *Et nos jours criminels ne pourront plus durer* », P. Corneille. ◆ Sembler long. « *Un moment loin de vous me durait une année* », Racine. ◆ Impers. *Il me dure que vous soyez de retour.* ◆ En parlant des personnes, continuer à vivre. « *Son fils ne dura guère* », Bossuet. ◆ Fig. Se conserver dans ses dignités, dans son crédit, dans sa fortune, etc. ◆ ▷ Supporter, rester, vivre avec. « *Quelle sècheresse de conversation ! On n'y dure point* », Molière. *Il ne peut durer au lit. Ne pouvoir durer avec quelqu'un.* ◁ ◆ Fam. *Ne pouvoir durer en place*, être agité, tourmenté. ◁ ▷ *Ne pouvoir durer de froid, de chaud, au froid, au chaud*, en être extrêmement incommodé. ◁ ■ S'écouler dans le temps. *Cela n'a duré que quelques secondes.*

DURET, ETTE, adj. [dyʀɛ, ɛt] (dimin. de *dur*) ▷ Un peu dur. ◁

DURETÉ, n. f. [dyʀ(ə)te] (lat. *duritas*) Propriété qu'ont les corps solides de résister à ce qui tend à en entamer la substance. *La dureté du fer.* ◆ Défaut de mollesse, de la qualité tendre. *La dureté de la viande, d'un lit.* ◆ Méd. *Tumeur dure.* ◆ ▷ *Dureté de ventre*, constipation. ◁ ◆ *Dureté d'oreille*, défaut de sensibilité de l'oreille. ◆ Défaut de sensibilité, d'humanité. *Grande dureté de cœur. La dureté pour les pauvres. La dureté du regard, des traits.* ◆ Au pl. Paroles dures, offensantes. *Dire à quelqu'un des duretés.* ◆ Excessive sévérité. *La dureté d'un gouvernement.* ◆ ▷ *La dureté du travail*, l'opiniâtreté au travail. ◁ ◆ Qualité qui est pour l'oreille et pour la vue ce que la dureté est pour le toucher. *Dureté de prononciation, de style, de crayon, de pinceau, etc.* ◆ *La dureté d'un climat, d'un hiver*, la rigueur de la température qui s'y fait sentir. ◆ *La dureté du temps*, la rigueur de la température, et fig. la misère, la souffrance qui pèse sur un pays en certaines circonstances. ■ *Dureté de l'eau*, présence élevée, dans l'eau, de sels de calcium et de magnésium.

DURHAM, adj. [dyʀam] (*Durham*, contrée d'Angleterre.) *Race de durham* ou adj. *race durham*, race bovine anglaise. ■ N. m. *Un durham*, un bœuf de cette race.

DURILLON, n. m. [dyʀijõ] (dérivé de *dur*) Sorte de dureté produite par des frottements rudes fréquemment répétés. ◆ Partie dure dans le marbre.

DURILLONNER (SE), v. pr. [dyʀijɔne] (*durillon*) ▷ Se couvrir de durillons. ◁

DURISSIME, adj. [dyʀisim] (lat. *durissimus*) Très dur. Il ne se dit que par plaisanterie. *Une volaille durissime.*

DURIT ou **DURITE**, ■ n. f. [dyʀit] (marque déposée) Caoutchouc spécial en résine durcie. *Piston en durite.* ■ Par méton. Tuyau en durit servant de conduit aux différents fluides d'un moteur thermique. *Changer une durite.* ■ Très fam. *Péter une durite,* perdre la tête, disjoncter. *Pourquoi tu as fait ça, t'as pété une durite ?*

DURIUSCULE, adj. [dyʀjyskyl] (lat. *duriusculus*) Par plaisanterie. Un peu dur. « *Le pouls est duriuscule* », Molière. « *Il y a quelques vers duriuscules* », Voltaire.

DUUMVIR, n. m. [dyɔmviʀ] (*uum* se prononce *uom*. lat. *duumvir*) Antiq. rom. Nom de certains magistrats ou juges qui étaient ordinairement au nombre de deux.

DUUMVIRAL, ALE, adj. [dyɔmviʀal] (*uum* se prononce *uom*. *duumvir*) Qui a rapport aux duumvirs. *Les offices duumviraux.*

DUUMVIRAT, n. m. [dyɔmviʀa] (lat. *duumviratus*) Dignité, charge de duumvir, temps de son exercice. ■ Rem. *uum* se prononce *uom*.

DUVET, n. m. [dyvɛ] (anc. nord. *dunn*) Les premières plumes dont se couvre le jeune oiseau et qui ne se perdent jamais complètement. ♦ Par métonymie. Lit de plume. ■ Fig. *Les pêches sont couvertes d'un petit duvet.* ♦ Première barbe d'un jeune homme. ♦ Sac de couchage. *Dormir dans un duvet.*

DUVETÉ, ÉE, adj. [dyv(ə)te] (*duvet*) Hist. nat. Qui est garni de duvet.

DUVETEUX, EUSE, adj. [dyv(ə)tø, øz] (*duvet*) Qui tient du duvet, qui ressemble au duvet. *Poils duveteux. Matières duveteuses.*

DUXELLES, ■ n. f. [dyksɛl] Hachis de champignons, oignons et échalotes, destiné à être ajouté à une préparation culinaire ou à une farce. *Une duxelles de morilles.*

DVD, ■ n. m. [devede] (angl. *digital versatile disc*) Disque de grande capacité servant au stockage de données numériques, en particulier de programmes vidéo. *Acheter un film en DVD. Les quinze volumes ne tenaient pas sur un cd, il a fallu un dvd. Des DVD.*

DVD-ROM, ■ n. m. [devedeʀɔm] (angl. *digital versatile disc, read only memory*) Disque optique numérique dont la haute densité permet de stocker un grand nombre de données. *Le dictionnaire est vendu sur DVD-ROM. Des DVD-ROM.*

DYADE, ■ n. f. [dijad] (gr. *duas,* couple) Réunion de deux principes, de deux éléments qui se complètent. *La dyade droite-gauche en politique.* ■ Lien fusionnel entre deux personnes. *La dyade mère-bébé.* ■ DYADIQUE, adj. [dijadik]

DYARCHIE, ■ n. f. [dijaʀʃi] (gr. *duo* et *-archie*) Système politique dans lequel deux personnes ou deux groupes se partagent collégialement le pouvoir. *Dyarchie de l'exécutif.*

DYKE, ■ n. m. [dik] ou [dajk] (mot angl. *digue*) Filon de lave (de quelques dizaines à quelques centaines de mètres d'épaisseur) suivant un plan vertical et visible grâce à l'érosion qui lui donne une forme de falaise.

DYNAMEN n. m. ou **DYNAMIE**, n. f. [dinamɛn, dinami] (gr. *dunamis,* puissance) L'unité du travail avec laquelle on évalue la force utile d'une machine et qui est le travail nécessaire pour élever mille kilogrammes à un mètre de hauteur.

DYNAMIQUE, n. f. [dinamik] (gr. *dunamikos,* puissant) Partie de la mécanique qui étudie les différents mouvements. ♦ Adj. Qui concerne le mouvement. *Problème dynamique.* ■ Qui fait preuve d'énergie. *C'est une femme très dynamique.* ■ N. f. Ensemble des forces internes concourant à l'évolution d'un groupe. *La dynamique de groupe.*

DYNAMIQUEMENT, ■ adv. [dinamik(ə)mɑ̃] (*dynamique*) En se référant à la mécanique dynamique. *Créer des objets graphiques dynamiquement.* ■ D'une manière dynamique. *Travailler, marcher dynamiquement.*

DYNAMISANT, ANTE, ■ adj. [dinamizɑ̃, ɑ̃t] (*dynamiser*) Qui dynamise. *Boisson dynamisante. Travail dynamisant.*

DYNAMISATION, ■ n. f. [dinamizasjɔ̃] (*dynamiser*) Méd. En homéopathie, dilution à doses infinitésimales d'une substance potentiellement active. ■ Fait de dynamiser. *La dynamisation des territoires. La dynamisation des relations commerciales entre deux pays.*

DYNAMISER, ■ v. tr. [dinamize] (gr. *dunamis,* force) Donner de l'énergie, de l'allant. « *Les valeurs sensibles les plus différentes et les plus délicates se relaient pour dynamiser et agrandir le poème* », Bachelard.

DYNAMISME, n. m. [dinamism] (gr. *dunamis*) Système qui suppose que la matière est animée de forces immanentes. ■ Énergie déployée dans l'accomplissement d'une tâche. *Il fait preuve d'un grand dynamisme dans son travail.*

DYNAMISTE, n. m. [dinamist] (*dynamisme*) Partisan du dynamisme.

DYNAMITAGE, ■ n. m. [dinamitaʒ] (*dynamiter*) Action de dynamiter. *Le dynamitage d'un bâtiment.* ■ Fig. *Le dynamitage des institutions.*

DYNAMITE, ■ n. f. [dinamit] (gr. *dunamis*) Explosif puissant formé à partir de nitroglycérine et d'un autre composant dont la nature et les propriétés peuvent varier. *Des bâtons de dynamite.* ■ Fig. et fam. *C'est de la dynamite,* c'est une situation explosive, une personne remuante et dynamique. *Ce rapport, c'est de la dynamite ! C'est de la dynamite, ton frère !*

DYNAMITER, ■ v. tr. [dinamite] (*dynamite*) Faire exploser à la dynamite. *Dynamiter un pont.* ■ Fig. Détruire complètement. *Il a dynamité quelques idées reçues.* ■ DYNAMITEUR, EUSE, n. m. et n. f. [dinamitœʀ, øz]

DYNAMO, ■ n. f. [dinamo] (abrév. de *machine dynamoélectrique*) Dispositif permettant de transformer une énergie mécanique en énergie électrique. *Dynamo excitatrice.* ■ Spécialt Mécanisme de petite taille composé d'un aimant et d'une bobine de cuivre. *Il a placé une dynamo sur son vélo.*

DYNAMOÉLECTRIQUE, ■ adj. [dinamoelɛktʀik] (*dynamo-* et *électrique*) Qui transforme l'énergie mécanique en énergie électrique. *La machine dynamoélectrique ou la dynamo.*

DYNAMOMÈTRE, n. m. [dinamomɛtʀ] (*dynamo-* et *-mètre*) Instrument qui sert à évaluer en poids la force et les effets d'un moteur. ♦ Nom des instruments employés à mesurer la force musculaire de l'homme et des animaux. ■ DYNAMOMÉTRIQUE, adj. [dinamometʀik]

DYNASTE, n. m. [dinast] (gr. *dunastês*) Antiq. Titre de certains petits souverains.

DYNASTIE, n. f. [dinasti] (gr. *dunasteia*) Succession de souverains d'une même famille. ♦ Suite de rois. ■ Fig. Succession de personnes célèbres au sein d'une même famille.

DYNASTIQUE, adj. [dinastik] (*dynastie*) Qui concerne une dynastie. *Les intérêts dynastiques.* ♦ Qui défend une dynastie régnante. ♦ N. m. et n. f. *Les dynastiques,* les partisans d'une dynastie.

DYS…, [dis] préfixe qui est le grec *dus,* et qui exprime que la chose est difficile, mauvaise.

DYSACOUSIE, ■ n. f. [dizakuzi] (*dys-* et gr. *acousis,* action d'entendre) Méd. Difficulté à percevoir les sons. *La dysacousie rend la perception des bruits désagréable.*

DYSARTHRIE, ■ n. f. [dizaʀtʀi] (*dys-* et gr. *arthron,* articulation) Méd. Trouble de l'élocution lié à une atteinte neurologique des systèmes moteurs qui commandent l'expression de la parole. *Dysarthrie paralytique, cérébelleuse.*

DYSCALCULIE, ■ n. f. [diskalkyli] (*dys-* et *calcul*) Trouble de l'apprentissage des mathématiques. *La dyscalculie ne relève pas de déficiences intellectuelles.*

DYSCHROMATOPSIE, ■ n. f. [diskʀomatɔpsi] (*dys-,* gr. *khrôma,* couleur et *-opsie*) Méd. Trouble de la perception des couleurs. *Le daltonisme est la forme la plus fréquente de la dyschromatopsie.*

DYSCHROMIE, ■ n. f. [diskʀomi] (*dys-* et gr. *khrôma,* couleur) Méd. Anomalie dans la pigmentation de la peau ou dans la couleur de l'émail dentaire. *Dyschromie dentaire.*

DYSCOLE, adj. [diskɔl] (gr. *duskolos*) ▷ Difficile à vivre. « *Votre enfant dyscole gâte tout ce qu'il touche* », J.-J. Rousseau. ◁

DYSCRASIE, ■ n. f. [diskʀazi] (*dys-* et gr. *krasis,* mélange) Méd. Anomalie de la crase sanguine. *Dyscrasie plasmocytaire.*

DYSENTERIE, ■ n. f. [disɑ̃t(ə)ʀi] (*dys-* et gr. *entera,* entrailles) Méd. Maladie infectieuse, bactérienne ou parasitaire, provoquant une inflammation de la muqueuse intestinale et entraînant des troubles digestifs aigus, notamment de fortes diarrhées. *Dysenterie amibienne, virale.* ■ Rem. Graphie ancienne : *dyssenterie.* ■ DYSENTÉRIQUE, adj. [disɑ̃teʀik]

DYSFONCTION, ■ n. f. [disfɔ̃ksjɔ̃] (*dys-* et *fonction*) Méd. Dysfonctionnement.

DYSFONCTIONNEMENT, ■ n. m. [disfɔ̃ksjɔn(ə)mɑ̃] (*dys-* et *fonctionnement*) Méd. Trouble fonctionnel d'un organe, d'une glande… *Dysfonctionnement endocrinien, hépatique.* ■ Rem. En ce sens, on dit aussi *dysfonction.* ■ Défaut de fonctionnement d'un élément au sein d'une structure ou d'un système. *Le dysfonctionnement des institutions.* ■ Rem. En ce sens, on écrit aussi *disfonctionnement.*

DYSGRAPHIE, ■ n. f. [disgʀafi] (*dys-* et *graphein,* écrire) Trouble affectant l'apprentissage, l'exécution de l'écriture. *Cet élève présente des troubles de dysgraphie et de dyslexie.*

DYSHARMONIE ou **DISHARMONIE**, ■ n. f. [dizaʀmoni] (*dys-* et *harmonie*) Absence d'harmonie entre des personnes, des réalités concrètes ou abstraites. *Dysharmonie dentomaxillaire. Dysharmonie du couple parental.*

DYSIDROSE ou **DYSHIDROSE**, ▪ n. f. [dizidʀoz] (*dys-* et gr. *hidrôs*, sueur) **Méd.** Sécrétion anormale de sueur, provoquant de l'eczéma. *Dysidrose palmaire.*

DYSKINÉSIE, ▪ n. f. [diskinezi] (*dys-* et gr. *kinésis*, mouvement) **Méd.** Trouble de la coordination des mouvements. *Dyskinésie ciliaire, dyskinésie tardive.*

DYSLEXIE, ▪ n. f. [dislɛksi] (*dys-* et gr. *lexis*, mot) Difficultés suscitées par la lecture ou l'écriture, se caractérisant par l'inversion ou la substitution de syllabes, de lettres ou de mots, sans que le sujet dyslexique ne souffre de retard intellectuel ni de troubles moteurs. *La dyslexie peut engendrer des difficultés scolaires.*

DYSLEXIQUE, ▪ adj. [dislɛksik] (de *dyslexie*) Qui concerne la dyslexie, qui est atteint de dyslexie. *Troubles dyslexiques. Élève dyslexique.* ▪ **N. m. et n. f.** *Une école spécialisée pour les dyslexiques.*

DYSMÉNORRHÉE, ▪ n. f. [dismenoʀe] (*dys-* et gr. *mên*, mois et *rhein*, couler) **Méd.** Douleurs qui accompagnent la menstruation. *Lorsque la dysménorrhée apparaît dès le début de la vie génitale, elle est appelée* dysménorrhée primaire *et, lorsqu'elle apparaît plus tardivement (vers la trentaine), il s'agit d'une* dysménorrhée secondaire.

DYSMORPHIE, ▪ n. f. [dismɔʀfi] (*dys-* et gr. *morphê*, forme) **Méd.** Anomalie de conformation d'une partie ou de l'ensemble du corps. *Dysmorphie faciale.*

DYSORTHOGRAPHIE, ▪ n. f. [dizɔʀtoɡʀafi] (*dys-* et *orthographe*) Difficultés d'acquisition et d'utilisation de l'orthographe chez un enfant exempt de retard intellectuel ou de troubles moteurs. *Élève présentant des troubles de dysorthographie et de dyslexie.* ▪ **DYSORTHOGRAPHIQUE**, adj. [dizɔʀtoɡʀafik]

DYSPAREUNIE, ▪ n. f. [dispaʀøni] (*dys-* et gr. *pareunos*, qui partage la couche) **Méd.** Douleur pendant les rapports sexuels, chez la femme. *Dyspareunie profonde, vaginale. La dyspareunie peut rendre une femme frigide.*

DYSPEPSIE, n. f. [dispɛpsi] (gr. *duspepsis*) **Méd.** Difficulté à digérer ; digestion dépravée, altérée.

DYSPEPTIQUE, adj. [dispɛptik] (*dyspepsie*) Qui a rapport à la dyspepsie. ♦ Qui est affecté de dyspepsie, et **N. m. et n. f.** *un dyspeptique.*

DYSPHAGIE, ▪ n. f. [disfaʒi] (*dys-* et gr. *phagein*, manger) **Méd.** Difficulté ressentie lors de la déglutition ou du passage des aliments dans l'œsophage.

De la même manière qu'un mal de tête, la dysphagie n'est pas une maladie mais un symptôme.

DYSPHASIE, ▪ n. f. [disfazi] (*dys-* et gr. *phasis*, parole) **Méd.** Trouble grave d'apprentissage du langage oral. *Dysphasie due à une lésion cérébrale.* ▪ DYSPHASIQUE, adj. [disfazik]

DYSPHONIE, ▪ n. f. [disfoni] (*dys-* et gr. *phônê*, voix) **Méd.** Difficulté à parler, à émettre des sons. *Dysphonie spasmodique, neurologique.*

DYSPLASIE, ▪ n. f. [displazi] (*dys-* et *-plasie*) **Méd.** Anomalie du développement d'un organe, d'un tissu ou de cellules, entraînant des lésions et un trouble du fonctionnement. *Dysplasie de la hanche. Dysplasie fibreuse des os.*

DYSPNÉE, n. f. [dispne] (gr. *duspnoia*) **Méd.** Difficulté de respirer.

DYSPRAXIE, ▪ n. f. [dispʀaksi] (*dys-* et gr. *praxis*, action) **Méd.** Trouble de la planification et de l'automatisation des gestes volontaires.

DYSPROSIUM, ▪ n. m. [dispʀozjɔm] (gr. *dusprositos*, difficile à atteindre) **Chim.** Métal blanc, argenté, réactif, de symbole Dy et de numéro atomique 66.

DYSSENTERIE n. f. , **DYSSENTÉRIQUE**, adj. [disãt(ə)ʀi, disãteʀik] Voy. DYSENTERIE.

DYSTOCIE, ▪ n. f. [distosi] (*dys-* et gr. *tokos*, accouchement) **Méd.** Accouchement difficile. *La dystocie provient soit d'une anomalie pelvienne de la mère, soit d'une position anormale du fœtus.*

DYSTONIE, ▪ n. f. [distoni] (*dys-* et gr. *tonos*, tonus) **Méd.** Contraction musculaire involontaire, soutenue ou spasmodique. *Le torticolis est une dystonie.*

DYSTROPHIE, ▪ n. f. [distʀofi] (*dys-* et gr. *trophê*, nourriture) **Méd.** Anomalie du développement d'un organe, due à un mauvais fonctionnement lié à la nutrition de cet organe ou d'une autre partie de l'organisme. *Dystrophie osseuse.* ▪ *Dystrophie musculaire*, affection héréditaire qui provoque la dégénérescence progressive des muscles striés. ▪ DYSTROPHIQUE, adj. [distʀofik]

DYSURIE, n. f. [dizyʀi] (gr. *dusouria*) **Méd.** Difficulté à uriner.

DYSURIQUE, adj. [dizyʀik] (*dysurie*) Qui a rapport à la dysurie.

DYTIQUE, ▪ n. m. [ditik] (gr. *dutikos*, plongeur) **Entomol.** Grand insecte coléoptère, qui vit en eau douce et qui se nourrit de petits poissons, de têtards et de larves. *Le dytique bordé a un corps brun cerclé de jaune.*

e

E, n. m. [ə] (lat. *e*) Cinquième lettre de l'alphabet et seconde voyelle. ♦ L'*E* majuscule se met par abréviation pour Excellence ou Éminence. ♦ *E* signifie le point cardinal de l'est. ♦ Dans le calendrier, *E* est la cinquième lettre dominicale. ♦ Il y a quatre sortes d'*e* : l'*e* muet, l'*é* aigu, l'*è* grave et l'*ê* circonflexe. ■ **Inform.** Lettre utilisée comme initiale dans la composition de mots liés à Internet. ■ **Mus.** Mi.

EAU, n. f. [o] (anc. fr. *aigue, iaue* ou *iave*, du lat. *aqua*) Substance liquide, transparente, sans saveur ni odeur, réfractant la lumière et susceptible de dissoudre un grand nombre de corps. *Eau de source, de pluie, courante, dormante, etc.* ♦ *Eau de mer*, eau amère, chargée de sels. ♦ *Eau claire*, par opposition à l'eau bourbeuse ou à l'eau mêlée d'une substance utile ou agréable. ♦ **Fig.** *Eau claire*, résultat illusoire. ♦ *Eau rougie*, eau mêlée d'une légère quantité de vin rouge. ♦ **Fam.** *Un buveur d'eau*, celui qui ne boit que de l'eau, ou qui met beaucoup d'eau dans son vin. ♦ *Être au pain et à l'eau*, n'avoir que du pain à manger et de l'eau à boire. ♦ *Porter de l'eau à la rivière*, donner à quelqu'un qui est riche, apporter une chose qui abonde déjà. ♦ *Vert d'eau, couleur d'eau*, vert semblable au vert de l'eau. *Une étoffe vert d'eau, couleur d'eau.* ♦ **Fig.** *Il a mis de l'eau dans son vin*, se dit d'un homme dont la colère est tombée, dont les prétentions ont baissé. ♦ Dans l'ancienne philosophie, l'un des quatre éléments qui constituaient toute chose. ♦ *C'est le feu et l'eau*, se dit de deux choses contraires, ou de deux personnes qui diffèrent essentiellement de sentiments et d'opinions. ♦ **Chim.** Corps composé de 88,91 parties d'oxygène avec 11,09 d'hydrogène en poids, et en volume, de 1 d'oxygène et de 2 d'hydrogène. ♦ *Eau mère*, résidu d'une dissolution saline qu'on a fait cristalliser, lorsque cette eau, épaissie, refuse de donner des cristaux. ♦ *Mer, rivière, étang, lac.* ♦ *Les grandes eaux*, afflux d'eau de pluie ou de neige qui grossissent les rivières et les fleuves. ♦ *Pleine eau*, se dit de la rivière où l'on va nager librement, par opposition aux bassins fermés où l'on s'exerce. *Faire une pleine eau.* ♦ ▷ **Fig.** *Nager en grande eau*, être en pleine fortune. *Être en grande eau*, être dans l'abondance et dans la sécurité. ◁ ♦ *Eau douce*, se dit de l'eau des rivières, des lacs, des étangs et des fontaines, par opposition à l'eau de mer. ♦ *Eau trouble*, eau d'une rivière ou d'un étang qui est mélangée de limon et qui convient pour certaines pêches. **Fig.** *Pêcher en eau trouble*, faire des affaires peu honorables. ♦ **Fig.** *Tomber dans l'eau*, ne pas réussir. ♦ ▷ *Revenir sur l'eau*, se dit d'un homme qui, tombant dans l'eau, reparaît à la surface. ◁ ♦ ▷ **Fig.** *Revenir sur l'eau*, se dit d'un homme qu'on croyait abîmé et qui rétablit ses affaires, d'un projet qu'on croyait abandonné et qui est remis sur le tapis. ◁ ♦ *Nager entre deux eaux*, nager en mettant sous l'eau la tête qu'on ne retire que pour respirer, et fig. se ménager entre les différents partis. ♦ *Laisser couler, courir l'eau*, ne point se soucier comment vont les affaires. ♦ *Faire venir l'eau au moulin*, faire venir de l'argent à la maison, donner du débouché à une industrie. ♦ **Mar.** *Faire eau*, avoir, en parlant d'un navire, quelque trou par où l'eau de la mer s'introduit. ♦ *Faire de l'eau*, faire provision d'eau douce, pour la navigation. ♦ *Les eaux d'un navire*, son sillage. ♦ *Être dans les eaux d'un navire*, gouverner dans le même sillage, et fig. *être dans les eaux de quelqu'un*, être de son parti, de son opinion. ♦ *Haute eau et basse eau*, les marées haute et basse. ♦ *Eaux mortes*, petite marée ; *eaux vives*, grande marée. ♦ *Eaux jaillissantes* ou absol. *eaux. Les eaux de Versailles.* ♦ **Absol.** *Eaux minérales*, Voy. MINÉRAL *Les eaux. Faire une cure d'eaux.* ♦ Le lieu où se prennent les eaux. *Aller aux eaux.* ♦ *Eau de riz, eau d'orge*, eau dans laquelle on a fait bouillir du riz, de l'orge. ♦ *Eau bénite*, Voy. BÉNIT. ♦ Le baptême. *L'eau sainte du baptême.* ♦ Pluie. *Il tombe de l'eau.* ♦ Suc des fruits, des légumes. ♦ Larmes. « *Pleurez, pleurez, mes yeux et fondez-vous en eau* », P. CORNEILLE. ♦ Salive, seulement dans la locution : *l'eau en vient à la bouche*, qui fig. se dit de ce qui excite un désir de possession. ♦ Sueur. *L'eau lui coulait du front.* ♦ Sérosité. Urine. *Lâcher* ou *faire de l'eau.* ♦ *Eaux aux jambes*, maladie cutanée qui a son siège au pied et à la partie inférieure de la jambe chez le cheval. Lustre, brillant des diamants et des perles. *Ce diamant est d'une eau admirable.* ♦ *Eau seconde*, liqueur artificielle extraite de diverses substances ou préparée avec diverses substances. *Eau gazeuse, eau blanche, eau de Cologne, etc.* ♦ *Eau seconde*, acide nitrique affaibli. ♦ *Eaux et forêts*, Voy. FORÊT. ■ *Perdre les eaux*, évacuer naturellement le liquide amniotique au début d'un accou-

chement. *Elle a perdu les eaux, elle va accoucher d'un moment à l'autre.* ■ *Se jeter à l'eau*, faire preuve d'audace. *Accepte sa proposition, jette-toi à l'eau !* ■ *Eau oxygénée*, solution antiseptique. ■ *Eau de Javel*, solution à base de chlore utilisée pour désinfecter. *Désinfecter des toilettes avec de l'eau de Javel.* ■ **Chim.** *Eau lourde*, corps composé dans lequel on substitue du deutérium à l'hydrogène de l'eau.

EAU-DE-VIE, n. f. [od(ə)vi] (*eau* et *vie*) Le produit de la distillation du vin, des liqueurs spiritueuses et du grain. *De l'eau-de-vie de Cognac.* ♦ Au pl. *Des eaux-de-vie.*

EAU-FORTE, n. f. [ofɔrt] (*eau* et *fort*) Acide azotique du commerce. ♦ Estampe tirée sur une planche préparée à l'eau-forte. ♦ Au pl. *Des eaux-fortes.*

EAUX-VANNES, ■ n. f. pl. [ovan] (*eau* et *vanne*) Eaux usées provenant des W-C, des bassins de vidange. *Le rejet des eaux-vannes s'effectue selon une réglementation.*

ÉBAHI, IE, p. p. d'ébahir. [ebai]

ÉBAHIR (S'), v. pr. [ebair] (*é-* et *bayer*) Rester la bouche ouverte, s'étonner, être surpris.

ÉBAHISSEMENT, n. m. [ebais(ə)mã] (*ébahir*) État de celui qui est ébahi.

ÉBARBAGE, n. m. [ebarbaʒ] (*ébarber*) Action d'ébarber.

ÉBARBÉ, ÉE, p. p. d'ébarber. [ebarbe]

ÉBARBEMENT, n. m. [ebarbəmã] (*ébarber*) L'action d'ébarber ; le résultat de cette action. ♦ **Chir.** Action d'enlever avec le bistouri ou les ciseaux des productions morbides végétantes.

ÉBARBER, v. tr. [ebarbe] (1 *é-* et *barbe*) Rogner les barbes des plumes, et ce que l'on compare à ces barbes dans le papier, dans la taille d'une gravure. ♦ Couper le chevelu des plantes ou des arbres qu'on met en terre. Tondre une haie, une charmille. ♦ **Techn.** Ôter les bavures du plomb. ♦ **Chir.** Pratiquer l'ébarbement. ■ **Cuis.** Ôter les barbes et les nageoires d'un poisson avant cuisson. *Ébarber les ailes de la raie.* ■ ÉBARBEUR, EUSE, n. m. et n. f. [ebarbœr, øz]

ÉBARBOIR, n. m. [ebarbwar] (*ébarber*) Outil qui sert à ébarber.

ÉBARBURE, n. f. [ebarbyr] (*ébarber*) Ce qui se détache d'une chose qu'on ébarbe.

ÉBAT, n. m. [eba] (*ébattre*) Ne s'emploie guère qu'au pluriel. Mouvements folâtres du corps. « *L'enfant... Avecque ses pareils se plaît en ses ébats* », RÉGNIER. ♦ Passe-temps, divertissement. ♦ *Prendre ses ébats*, se livrer au divertissement. ♦ ▷ Au sing. Promenade qu'on fait faire aux chiens pour leur santé. *Conduire des chiens à l'ébat.* ◁ ■ *Ébats amoureux*, acte sexuel.

ÉBATTEMENT, n. m. [ebat(ə)mã] ▷ Action de s'ébattre. ♦ *Ébattement d'une voiture*, son balancement entre les brancards. ◁

ÉBATTRE (S'), v. pr. [ebatr] (*é-* et *battre*) Se donner un mouvement folâtre. *S'ébattre avec des amis.* ♦ Se divertir.

ÉBAUBI, IE, adj. [ebobi] (2 *é-* et lat. *balbus*, bègue) Interdit, surpris, au point de bégayer. « *Je suis toute ébaubie* », MOLIÈRE.

ÉBAUCHAGE, n. m. [eboʃaʒ] (*ébaucher*) Action d'ébaucher.

ÉBAUCHE, n. f. [eboʃ] (*ébaucher*) Préparation d'un ouvrage de peinture, de sculpture, dans laquelle les parties principales sont seulement indiquées. ♦ **Fig.** Premiers essais, premier développement d'une chose, esquisse. ♦ Production informe et grossière.

ÉBAUCHÉ, ÉE, p. p. d'ébaucher. [eboʃe]

ÉBAUCHEMENT, n. m. [eboʃ(ə)mã] (*ébaucher*) Action d'ébaucher.

ÉBAUCHER, v. tr. [eboʃe] (*é-* et anc. fr. *bauch*, poutre ; croisement avec le moy. fr. *eboschier*, tailler la vigne) **Peint.** et **sculpt.** Disposer, en commençant un ouvrage, les masses et les parties principales. ♦ **Fig.** « *Mais pour mon frère on ne l'a qu'ébauché* », LA FONTAINE. ♦ *Ébaucher le bois*, le dégrossir. ♦ Préparer, commencer. *Ébaucher un ouvrage.* ♦ Donner une idée d'une chose. ♦ S'ébaucher, v. pr. Être ébauché, préparé. ■ ÉBAUCHEUR, n. m. [eboʃœr]

ÉBAUCHOIR, n. m. [eboʃwar] (*ébaucher*) Outil dont les sculpteurs se servent pour ébaucher et modeler.

ÉBAUDI, IE, p. p. d'ébaudir. [ebodi]

ÉBAUDIR, v. tr. [ebodir] (*é-* et anc. fr. *bald*, joyeux) ▷ **Fam.** Mettre en allégresse. ♦ S'ébaudir, v. pr. Devenir ébaudi. ■ **Rem.** Il n'est plus familier aujourd'hui mais il est vieux. ◁

ÉBAUDISSEMENT, n. m. [ebodis(ə)mã] ▷ **Fam.** Action de s'ébaudir ; état de celui qui s'est ébaudi. ■ **Rem.** Il n'est plus familier aujourd'hui mais il est vieux. ◁

ÉBAVURER, ■ v. tr. [ebavyre] (*é-* et *bavure*) **Techn.** Enlever les bavures, les excédents de métal. *Ébavurer des tôles. Outils à ébavurer.*

ÉBÉNACÉ, ÉE, adj. [ebenase] (*ébène*) **Bot.** Qui ressemble à l'ébène. ♦ N. f. *Les ébénacées*, famille de plantes, d'arbres ou d'arbustes, dont l'ébène est le type.

ÉBÉNÉ, ÉE, p. p. d'ébéner. [ebene] *Du bois ébéné.*

ÉBÈNE, n. f. [ebɛn] (lat. *ebenus*) Bois de l'ébénier. ♦ *Ébène fossile,* lignite ou jayet. ♦ On se sert du mot *ébène* pour caractériser un noir très foncé. *Noir d'ébène. Des cheveux d'ébène.* ♦ Le genre d'*ébène* a varié ; on le trouve au masculin dans Voltaire. ■ *Bois d'ébène,* nom donné aux esclaves noirs. *Le trafic des bois d'ébène.* ■ REM. Cette dernière expression est à connotation raciste.

ÉBÉNER, v. tr. [ebene] ▷ Donner au bois la couleur de l'ébène. ◁

ÉBÉNIER, n. m. [ebenje] (*ébène*) Arbre des Indes, qui fournit l'ébène. ♦ *Faux ébénier,* arbrisseau d'agrément, nom vulgaire du *cytise laburnum.*

ÉBÉNISTE, n. m. et n. f. [ebenist] (*ébène*) Menuisier qui travaille l'ébène et les autres bois du même genre, et fait des meubles.

ÉBÉNISTERIE, n. f. [ebenistəri] (de *ébéniste*) L'art de l'ébéniste, et aussi les ouvrages que fait l'ébéniste.

ÉBERLUÉ, ÉE, ■ adj. [ebɛrlɥe] ou [ebɛrlye] Aveuglé, dont la vue est brouillée. ■ **Fig.** Ébahi, en proie à la fascination. *Il était éberlué par la beauté de cette femme.* ■ N. m. et n. f. Personne ahurie, qui refuse de voir la réalité telle qu'elle est. *Quelques éberlués continuaient à croire dans ce projet depuis longtemps abandonné.*

ÉBERLUER, ■ v. tr. [ebɛrlɥe] ou [ebɛrlye] (*é-* et *berlue*) Altérer ou faire perdre la vue de façon circonstancielle. « *J'ai pas le ciel pour m'éberluer, me faire voir des locomotives* », CÉLINE. ■ **Fig.** Fasciner, inspirer l'admiration ou la circonspection. *Par ses longues phrases, il éberluait tout l'auditoire.*

ÉBÊTIR, v. tr. [ebetir] (2 *é-* et *bête*) Rendre bête. « *Quand ils l'eurent ébêti* », VOLTAIRE. ♦ On dit plus souvent et beaucoup mieux *abêtir.*

ÉBLOUI, IE, p. p. d'éblouir. [eblui]

ÉBLOUIR, v. tr. [ebluir] (*é-* et *bleu,* faire bleu devant les yeux, ou anc. h. all. *blôdi,* interdit) Frapper les yeux par un éclat qu'ils ne peuvent soutenir. *Le soleil m'éblouissait.* ♦ **Fig.** Produire sur l'esprit le même effet qu'une lumière trop vive sur les yeux. *Être ébloui de sa gloire.* « *Il croyait m'éblouir par ses promesses* », FÉNELON. ♦ **Absol.** « *Le monde n'éblouit jamais tant que quand on le voit de loin sans l'avoir jamais vu de près* », FÉNELON. ♦ S'éblouir, v. pr. Se laisser fasciner, étourdir, enorgueillir.

ÉBLOUISSANT, ANTE, adj. [ebluisɑ̃, ɑ̃t] (*éblouir*) Dont l'éclat éblouit. *Des éclairs éblouissants.* ♦ **Par extens.** *Une toilette éblouissante. Cette éblouissante beauté.* ♦ **Fig.** « *Le titre éblouissant de général d'armée* », P. CORNEILLE.

ÉBLOUISSEMENT, n. m. [ebluis(ə)mɑ̃] (*éblouissant*) Trouble de la vue causé par une éclatante lumière. ♦ Trouble de la vue causé par quelque incommodité, telle qu'une congestion cérébrale. *Il m'a pris tout à coup des éblouissements.* ♦ **Fig.** *Éblouissement de l'esprit.*

ÉBONITE, ■ n. f. [ebonit] (angl. *ebonite*) Matière plastique rigide, d'une couleur proche de celle de l'ébène, obtenue par l'augmentation de la quantité de soufre incorporée au caoutchouc lors de la vulcanisation de celui-ci. *Bâton d'ébonite. Revêtements en ébonite.*

E-BOOK, ■ n. m. [ibuk] Ordinateur portable faisant office de livre électronique, permettant de télécharger textes et images, avec consultation interactive. *Des e-books.*

ÉBORGNAGE, n. m. [ebɔrɲaʒ] ou [ebɔrnjaʒ] (*éborgner*) **Hortic.** Action d'éborgner.

ÉBORGNÉ, ÉE, p. p. d'éborgner. [ebɔrɲe] ou [ebɔrnje]

ÉBORGNEMENT, n. m. [ebɔrɲəmɑ̃] ou [ebɔrnjəmɑ̃] (*éborgner*) Action d'éborgner ; état de celui qui est éborgné.

ÉBORGNER, v. tr. [ebɔrɲe] ou [ebɔrnje] (*é-* et *borgne*) Rendre borgne. ♦ Par exagération, *éborgner quelqu'un,* lui faire grand mal à l'œil. ♦ ▷ **Par extens.** *Éborgner une maison,* ôter la vue par quelque bâtiment qu'on fait devant. ◁ **Jard.** Supprimer, à la taille des arbres fruitiers, les yeux inutiles. ♦ S'éborgner, v. pr. Se crever un œil ou se faire grand mal à l'œil.

ÉBOUEUR, EUSE, ■ n. m. et n. f. [ebwœr, øz] ou [ebuœr, øz] (*ébouer*) Employé chargé de l'enlèvement des ordures ménagères. *Le camion, le passage des éboueurs.*

ÉBOUILLANTER, ■ v. tr. [ebujɑ̃te] (*é-* et *bouillant*) Plonger dans de l'eau bouillante. *Ébouillanter du riz.* ■ Laver par ce même procédé. *Ébouillanter de la vaisselle.* ■ S'ébouillanter, v. pr. Se brûler avec un liquide très chaud. *Il s'est ébouillanté avec la friteuse.* ■ ÉBOUILLANTAGE ou ÉBOUILLANTEMENT, n. m. [ebujɑ̃taʒ, ebujɑ̃t(ə)mɑ̃]

ÉBOUILLI, IE, p. p. d'ébouillir. [ebuji]

ÉBOUILLIR, v. intr. [ebujir] (lat. *ebullire*) ▷ Se conjugue avec l'auxiliaire *être*. Se consumer, diminuer à force de bouillir. *Ne laissez point tant ébouillir le pot.* ◁

ÉBOULÉ, ÉE, p. p. d'ébouler. [ebule]

ÉBOULEMENT, n. m. [ebul(ə)mɑ̃] (*ébouler*) Chute de ce qui s'éboule. *L'éboulement d'une muraille.* ♦ État d'une chose éboulée ; amas de choses éboulées.

ÉBOULER, v. tr. [ebule] (*é-* et anc. fr. *boiel,* boyau) Renverser en faisant rouler. *Ébouler de la terre.* ♦ V. intr. Se conjugue avec *être* ou *avoir,* suivant le sens. Se renverser en roulant. *Ce monticule a éboulé ; il est éboulé depuis hier.* ♦ S'ébouler, v. pr. Être renversé et roulé.

ÉBOULIS, n. m. [ebuli] (*ébouler*) Amas de matières éboulées.

ÉBOURGEONNAGE, n. m. [eburʒɔnaʒ] (*ébourgeonner*) Action d'ébourgeonner.

ÉBOURGEONNÉ, ÉE, p. p. d'ébourgeonner. [eburʒɔne]

ÉBOURGEONNEMENT, n. m. [eburʒɔn(ə)mɑ̃] (*ébourgeonner*) Opération qui consiste à retrancher des bourgeons, pendant la végétation.

ÉBOURGEONNER, v. tr. [eburʒɔne] (*é-* et *bourgeon*) Pratiquer l'ébourgeonnement. ♦ **Absol.** *Ébourgeonnez au printemps.*

ÉBOURIFFANT, ANTE, adj. [eburifɑ̃, ɑ̃t] (*ébouriffer*) Néologisme du langage comique. Qui surprend extrêmement. *Succès ébouriffant.*

ÉBOURIFFÉ, ÉE, adj. [eburife] **Fam.** Dont la coiffure est en désordre. ♦ On dit de même : *Cheveux ébouriffés.* ♦ **Fig.** Agité, troublé. *Il est tout ébouriffé.* ■ *Le poil ébouriffé,* hérissé et en désordre. ■ REM. N'est plus familier aujourd'hui.

ÉBOURIFFER, v. tr. [eburife] (*é-* et *bourre*) **Fam.** Mettre la coiffure en désordre. ♦ **Fig.** Surprendre extrêmement, rendre tout interdit. ♦ S'ébouriffer, v. pr. Ébouriffer ses cheveux, et fig. s'étonner. ■ REM. N'est plus familier aujourd'hui. ■ ÉBOURIFFAGE, n. m. [eburifaʒ]

ÉBOUSINÉ, ÉE, p. p. d'ébousiner. [ebuzine]

ÉBOUSINER, v. tr. [ebuzine] (*é-* et *bousin*) *Ébousiner une pierre,* enlever le bousin et pénétrer jusqu'au vif.

ÉBOUTER, ■ v. tr. [ebute] (1 *é-* et *bout*) Enlever le bout de. *Ébouter une branche, des haricots verts.*

ÉBRANCHAGE, n. m. [ebrɑ̃ʃaʒ] (*ébrancher*) Syn. d'ébranchement.

ÉBRANCHÉ, ÉE, p. p. d'ébrancher. [ebrɑ̃ʃe]

ÉBRANCHEMENT, n. m. [ebrɑ̃ʃ(ə)mɑ̃] (*ébrancher*) Action de couper ou de casser les branches d'un arbre ; résultat de cette action.

ÉBRANCHER, v. tr. [ebrɑ̃ʃe] (*é-* et *branche*) Couper ou casser une partie des branches d'un arbre ou la totalité.

ÉBRANCHOIR, n. m. [ebrɑ̃ʃwar] (*ébrancher*) Serpe qu'on manie au bout d'une perche.

ÉBRANLÉ, ÉE, p. p. d'ébranler. [ebrɑ̃le]

ÉBRANLEMENT, n. m. [ebrɑ̃l(ə)mɑ̃] (*ébranler*) État de ce qui est ébranlé. *L'ébranlement des vitres par le tonnerre.* ♦ **Fig.** *L'ébranlement des fortunes, du crédit, des empires, de la santé, des nerfs, etc.* ♦ Émotion. « *Craignons ces grands ébranlements de l'âme qui préparent l'ennui et le dégoût* », FÉNELON.

ÉBRANLER, v. tr. [ebrɑ̃le] (*é-* et *branler*) Mettre en branle, communiquer un mouvement d'oscillation. *Ébranler une cloche. Ébranler les airs de ses cris.* ♦ Faire chanceler. *Le torrent ébranle les rochers.* ♦ Mettre en désordre. *L'apparition des gendarmes ébranla la foule.* ♦ **Fig.** Faire chanceler. *Ébranler un trône.* « *Des scandales qui peuvent ébranler leur foi* », MASSILLON. ♦ Faire branler, rendre peu ferme, rendre incertain. *Il ébranla ma résolution, la fidélité des troupes, etc. La frayeur de la mort ébranle le plus ferme.* ♦ Modifier les convictions, les sentiments. « *Mais le dessein est pris, rien ne peut m'ébranler* », RACINE. ♦ *Ébranler la gravité,* faire presque rire. ♦ *Ébranler la santé, les nerfs,* rendre la santé moins solide, les nerfs plus susceptibles. ♦ S'ébranler, v. pr. Être mis en branle. ♦ Se mettre en mouvement pour se porter en avant. *Les régiments s'ébranlèrent.* ♦ Se mettre en mouvement pour se retirer, s'enfuir. ♦ **Fig.** *Il répondit, sans s'ébranler.* « *Les esprits s'ébranlaient* », VOLTAIRE.

ÉBRASÉ, ÉE, p. p. d'ébraser. [ebraze]

ÉBRASEMENT, n. m. [ebraz(ə)mɑ̃] (*ébraser*) **Archit.** Action d'ébraser.

ÉBRASER, v. tr. [ebraze] (*é-* et *braise,* var. de *embraser*) **Archit.** Élargir à l'intérieur, suivant un plan oblique, la baie d'une porte, d'une fenêtre.

ÉBRÉCHÉ, ÉE, p. p. d'ébrécher. [ebreʃe] *Une assiette ébréchée,* dont le bord a subi des brèches.

ÉBRÈCHEMENT, n. m. [ebreʃ(ə)mɑ̃] (*ébrécher*) Action d'ébrécher ; résultat de cette action.

ÉBRÉCHER, v. tr. [ebʁeʃe] (*é-* et *brèche*) Faire une brèche à un instrument tranchant. *Ébrécher un couteau.* ◆ *S'ébrécher une dent,* en faire sauter un morceau. ◆ **Fig.** Entamer, diminuer. *Ébrécher sa fortune, sa réputation.* ◆ S'ébrécher, v. pr. *Le couteau s'ébrécha.* ■ ÉBRÉCHURE, n. f. [ebʁeʃyʁ]

ÉBRENÉ, ÉE, p. p. d'ébrener. [ebʁəne] ▷ *Un enfant ébrené.* ◁

ÉBRENER, v. tr. [ebʁəne] (*é-* et *bran*) ▷ Nettoyer un enfant qui s'est sali dans son maillot. ◁

ÉBRIÉTÉ, n. f. [ebʁijete] (lat. *ebrietas*) État d'une personne ivre. *Une légère ébriété.*

ÉBROUÉ, ÉE, p. p. d'ébrouer. [ebʁue] ▷ *Des étoffes ébrouées.* ◁

ÉBROUEMENT, n. m. [ebʁumɑ̃] (*s'ébrouer*) Éternuement chez les animaux domestiques, accompagné d'une vive secousse de la tête. ◆ Ronflement du cheval surpris ou effrayé.

ÉBROUER, v. tr. [ebʁue] (all. *brühen*) ▷ Laver, passer dans l'eau une pièce de toile ou d'étoffe pour en ôter les fils, les pailles et autres ordures. ◁

ÉBROUER (S'), v. pr. [ebʁue] (m. néerl. *broeyen*, ébouillanter) ▷ Faire ébrouement. ◁ ◆ Souffler de surprise ou de frayeur, en parlant du cheval. ■ *S'ébrouer en sortant de l'eau,* se secouer, s'agiter pour se débarrasser de l'eau.

ÉBRUITÉ, ÉE, p. p. d'ébruiter. [ebʁɥite]

ÉBRUITEMENT, n. m. [ebʁɥit(ə)mɑ̃] (*ébruiter*) Action d'ébruiter.

ÉBRUITER, v. tr. [ebʁɥite] (*é-* et *bruit*) Mettre dans le bruit public, divulguer. *Il ne faut point ébruiter cela.* ◆ S'ébruiter, v. pr. Se répandre dans le public.

ÉBUARD, n. m. [ebɥaʁ] (orig. inc.) Coin de bois fort dur.

ÉBULLIOMÈTRE, ■ n. m. [ebyljɔmɛtʁ] (lat. *ebullire*, bouillir, et *-mètre*) **Techn.** Appareil utilisé pour mesurer les températures d'ébullition. ■ **REM.** On dit aussi *ébullioscope* [ebyljɔskɔp].

ÉBULLIOMÉTRIE, ■ n. f. [ebyljɔmetʁi] (lat. *ebullire*, bouillir, et *-métrie*) Mesure du point d'ébullition d'un corps. *Le degré alcoolique d'un vin est défini par ébulliométrie.* ■ **REM.** On dit aussi *ébullioscopie* [ebyljɔskɔpi].

ÉBULLIOSCOPE, ■ n. m. [ebyljɔskɔp] Voy. ÉBULLIOMÈTRE.

ÉBULLIOSCOPIE, ■ n. f. [ebyljɔskɔpi] Voy. ÉBULLIOMÉTRIE.

ÉBULLITION, n. f. [ebylisjɔ̃] (lat. *ebullitio*) Mouvement d'un liquide soumis à l'action d'un feu assez fort pour le mettre en vapeur et produire des bulles qui viennent crever à la surface. ◆ **Chim.** Effervescence, dégagement de bulles d'air par suite du mélange de certaines substances. ◆ **Méd.** Nom d'éruptions apyrétiques, de très courte durée. ◆ **Fig.** « *Je ne saurais souffrir les ébullitions de cerveau de nos marquis de Mascarille* », MOLIÈRE. ◆ **Fig.** En *ébullition,* en effervescence, agité. *Être en ébullition. Peuple en ébullition.*

ÉBURNÉEN, ENNE, adj. [ebyʁneɛ̃, ɛn] (lat. *eburneus*) **Hist. nat.** Qui a les caractères de l'ivoire. ■ **REM.** On disait aussi *éburnin.*

ÉCACHÉ, ÉE, p. p. d'écacher. [ekaʃe] ▷ Écrasé en aplatissant. *Des noix écachées.* ◆ *Nez écaché,* nez camus et aplati. ◁

ÉCACHEMENT, n. m. [ekaʃ(ə)mɑ̃] ▷ **Techn.** Action d'écacher ; état de ce qui est écaché. ◁

ÉCACHER, v. tr. [ekaʃe] (*é-* et l'anc. fr. *cacher*, fouler, du lat. *coactare*, fréquent. de *cogere*, contraindre) ▷ Écraser en aplatissant. *Écacher du sel. Écacher la pointe d'un instrument.* ◆ Aplatir le fil, en le faisant passer entre deux cylindres d'acier. ◆ S'écacher, v. pr. Être écaché. *Une pointe qui s'écache.* ◁

ÉCAILLAGE, n. m. [ekajaʒ] (*écailler*) Action d'enlever les écailles. ◆ Action d'écailler les huîtres, de les ouvrir. ◆ Défaut d'une poterie, d'une peinture qui s'écaille.

ÉCAILLE, n. f. [ekaj] (goth. *skalja*) Nom des lames plates et minces qui couvrent la peau des poissons et de certains reptiles. ◆ Les mailles d'une armure, les plaques qui forment certaines armes défensives. ◆ Petites plaques cornées qui garnissent les pattes des oiseaux et la queue de certains mammifères, comme la queue du castor. ◆ Enveloppe dure qui couvre et défend le corps de certains mollusques. *Écailles d'huître.* ◆ ▷ **Fig.** *Laisser les écailles,* s'emparer de tout le profit d'une affaire, c'est-à-dire manger l'huître et laisser les écailles aux autres. ◁ ◆ Substance provenant des grandes plaques épidermiques ou cornées qui recouvrent la carapace d'une tortue marine. *Une tabatière d'écaille.* ◆ **Bot.** Lames minces, folioles étroites qui protègent certaines parties des plantes, des fleurs. ◆ Poussière répandue sur les ailes des lépidoptères. ◆ Par analogie, tout ce qui se détache des corps en petites parties minces et légères. *Ce vieux tableau tombe par écailles.* ◆ **Fig.** Causes de l'aveuglement de l'esprit. « *Voilà les écailles qui tombent de ces yeux fermés à la lumière* », FÉNELON. ◆ **Archit.** Nom de petits ornements en forme d'écailles de poisson. ■ *Couleur écaille (de tortue),* couleur du pelage de certains animaux, associant le noir et le roux. *Chatte de couleur écaille.*

ÉCAILLÉ, ÉE, p. p. d'écailler. [ekaje] Dont on a enlevé les écailles. ◆ Couvert d'écailles. *Animaux écaillés.* ■ *Un vernis écaillé,* qui s'abîme par endroits en perdant des écailles.

ÉCAILLEMENT, n. m. [ekaj(ə)mɑ̃] (*écailler*) Action d'ôter les écailles, la coquille. *L'écaillement des huîtres.* ◆ Action de s'écailler. *L'écaillement d'un tableau.*

1 ÉCAILLER, v. tr. [ekaje] (*écaille*) Dépouiller des écailles un poisson, une huître, etc. ◆ S'écailler, v. pr. S'enlever, tomber par écailles. *Ce tableau s'écaille.* ■ *Écailler des huîtres,* les ouvrir en ôtant l'écaille supérieure.

2 ÉCAILLER, ÈRE, n. m. et n. f. [ekaje, ɛʁ] (*écaille*) Celui ou celle qui vend et ouvre des huîtres.

ÉCAILLETTE, n. f. [ekajɛt] ▷ Petite écaille. ◁

ÉCAILLEUR, ■ n. m. [ekajœʁ] (*écailler*) Sorte de couteau à lame dentée qui sert à écailler le poisson. *Écailleur à poisson.*

ÉCAILLEUX, EUSE, adj. [ekajø, øz] (*écaille*) Qui est susceptible de s'enlever par écailles. *Ardoise écailleuse.* ◆ **Hist. nat.** Couvert ou formé d'écailles.

ÉCAILLURE, ■ n. f. [ekajyʁ] (*écaille*) Ensemble des écailles d'un reptile, d'un poisson. *L'écaillure de l'iguane, de la carpe.* ■ Petit fragment détaché d'une surface. *Les écaillures d'un vernis, du plâtre.*

ÉCALE, n. f. [ekal] (frq. *skala*, écaille) Enveloppe qui couvre la coque des noix. ◆ Gousse dans laquelle se trouvent les fèves, les pois. ◆ Coquille d'œuf.

ÉCALÉ, ÉE, p. p. d'écaler. [ekale] Dépouillé de son écale.

ÉCALER, v. tr. [ekale] (*écale*) Ôter l'écale. *Écaler des noix.* ◆ S'écaler, v. pr. Se détacher de l'écale. ◆ Se séparer par lames.

ÉCALURE, ■ n. f. [ekalyʁ] (*écale*) Pellicule dure enveloppant certaines graines. *Écalures de café.*

ÉCARBOUILLÉ, ■ p. p. d'écarbouiller. [ekaʁbuje] Voy. ÉCRABOUILLÉ.

ÉCARBOUILLER, ■ v. tr. [ekaʁbuje] Voy. ÉCRABOUILLER.

ÉCARLATE, n. f. [ekaʁlat] (lat. médiév. *scarlata*, tissu écarlate) Teinture rouge fort vive. ◆ *Yeux bordés d'écarlate,* yeux rouges sur le bord. ◆ Drap fin d'un rouge éclatant. *Un manteau d'écarlate.* ◆ Coque adhérente au *quercus conifera,* formée par un insecte dit kermès, et servant à la teinture en écarlate. *Graine d'écarlate.* ◆ **Adj.** De couleur d'écarlate. *Des rubans écarlates.* ■ *Devenir écarlate,* devenir très rouge sous le coup d'une émotion. *Envahi par la honte, il devint écarlate.*

ÉCARLATINE, adj. f. [ekaʁlatin] Voy. SCARLATINE, seul usité.

ÉCARQUILLÉ, ÉE, p. p. d'écarquiller. [ekaʁkije]

ÉCARQUILLEMENT, n. m. [ekaʁkij(ə)mɑ̃] (*carquiller*) Action d'écarquiller. ■ **REM.** On disait aussi autrefois *écartillement.*

ÉCARQUILLER, v. tr. [ekaʁkije] (altération de *écartiller,* de *é-* et 1 *quart*) Ouvrir d'une manière ridicule. *Écarquiller les yeux.* ◆ ▷ Écarter d'une manière ridicule. *Écarquiller les jambes.* ◁ ◆ S'écarquiller, v. pr. *Ses yeux, ses jambes s'écarquillent.* ■ **REM.** On disait aussi autrefois *écartiller.*

1 ÉCART, n. m. [ekaʁ] (*écarter*) Les cartes dont le joueur se défait. *Faire son écart.* ◆ À L'ÉCART, loc. adv. En un lieu détourné, écarté. ◆ À part. Se tenir à l'écart. ◆ ▷ Se jeter à l'écart, s'écarter du sujet. ◁ ◆ *Mettre à l'écart,* mettre en réserve. ◆ *Mettre à l'écart,* faire abstraction, ne pas tenir compte. ◆ *Mettre, laisser quelqu'un à l'écart,* ne pas le faire participer à un avantage, à une affaire, etc. ◆ *Mettre à l'écart,* se dit aussi de choses qu'on n'emploie pas. ◆ *Écart,* action de s'écarter de sa direction, de se jeter de côté. *Mon cheval a fait un écart.* ◆ **Danse** Mouvement du pied pour se jeter de côté. ◆ Entorse de l'articulation des membres antérieurs du cheval. ◆ Digression, développement étranger au sujet que l'on traite. ◆ Toute action par laquelle on s'écarte de la raison, de la morale, de la bienséance, etc. ◆ ▷ Localité écartée. *Les écarts et hameaux qui en dépendent.* ◁ ■ Distance entre deux éléments. ■ Différence entre deux valeurs. *L'écart entre les recettes et les dépenses.* ■ *Grand écart,* figure qui consiste à écarter les jambes de manière à former un angle plat au sol. ■ *Faire un écart de langage,* dire des grossièretés.

2 ÉCART, n. m. [ekaʁ] (*écarter*) **Hérald.** Quart d'un écu partagé en quatre parties.

ÉCARTABLE, adj. [ekaʁtabl] (*écart*) Qui peut ou qui doit être écarté. *Cette carte est-elle écartable ?*

1 ÉCARTÉ, n. m. [ekaʁte] (*écart*) Jeu de cartes qui, analogue à la triomphe, se joue à deux, et dans lequel on écarte.

2 ÉCARTÉ, ÉE, p. p. d'écarter. [ekaʁte] Isolé, retiré. *Une maison écartée.* ■ Plus distant que la normale. *Avoir les yeux écartés.*

ÉCARTELÉ, ÉE, p. p. d'écarteler. [ekaʁtəle] **Hérald.** *Écu écartelé,* écu partagé en quatre. ■ **Adj. Fig.** Tiraillé moralement. *Être écartelé entre plusieurs choix.*

ÉCARTÈLEMENT, n. m. [ekaʀtɛl(ə)mɑ̃] (*écarteler*) Action d'écarteler. ◆ **Hérald**. Partage des armoiries en quatre parties.

ÉCARTELER, v. tr. [ekaʀtəle] (anc. fr. *esquarterer*, de *es-* et *quartier*) Mettre en quatre quartiers, faire tirer par quatre chevaux un condamné. ◆ **Hérald.** Partager l'écu en quatre. ◆ **Absol**. *Il écartèle de telles et telles armes.*

ÉCARTELURE, n. f. [ekaʀtəlyʀ] (*écarteler*) **Hérald**. Division de l'écu en quatre parties.

ÉCARTEMENT, n. m. [ekaʀtəmɑ̃] (*écarter*) Action d'écarter, de séparer ; état de ce qui est écarté. *L'écartement des doigts.* ◆ Disjonction de ce qui devrait être joint.

ÉCARTER, v. tr. [ekaʀte] (lat. *exquartare*, de *quartus*, quart) Au jeu, mettre à part, rejeter des cartes dont on ne veut pas se servir. ◆ **Absol**. *Bien écarter, mal écarter.* ◆ **Par extens**. Séparer. *Écarter les jambes, les bras. Écarter un rideau, les nuages.* ◆ Éloigner. *On écarta tous les témoins. Écartons l'ennemi de nos frontières.* ◆ **Fig**. « *J'écarte de vos jours un péril manifeste* », RACINE. ◆ *Écarter quelqu'un*, l'éloigner des postes qu'il pourrait occuper. ◆ Faire faire un écart, détourner. *Écarter quelqu'un de la bonne voie.* ◆ ▷ *Écarter le plomb*, se dit d'un fusil qui ne lance pas son plomb bien serré. ◁ ◆ **Absol**. *Ce fusil écarte.* ◁ ◆ S'écarter, v. pr. Être mis dans l'écart. *Les as s'écartent quelquefois.* ◆ Présenter un écartement. *Ses doigts s'écartèrent. La foule s'écarte.* S'éloigner. *S'écarter du bon chemin.* ◆ **Fig**. « *La chèvre aime à s'écarter dans les solitudes* », BUFFON. ◆ **Fig**. « *Jamais de la nature il ne faut s'écarter* », BOILEAU. ▪ *Écarter une hypothèse*, la rejeter. ▪ ÉCARTEUR, n. m. [ekaʀtœʀ]

ÉCARTILLEMENT, ÉCARTILLER, [ekaʀtij(ə)mɑ̃, ekaʀtije] Voy. ÉCARQUILLEMENT, ÉCARQUILLER, seuls usités aujourd'hui.

ÉCART-TYPE, ▪ n. m. [ekaʀtip] (*écart* et *type*) **Math**. Intervalle d'écart moyen d'un ensemble de nombres à la moyenne de ce même ensemble. *Calculer l'écart-type. Des écarts-types.*

ÉCATIR, v. tr. [ekatiʀ] (*é-* et anc. fr. *catir*, presser) ▷ Donner aux draps un apprêt, un lustre. ◁

ÉCATISSAGE, n. m. [ekatisaʒ] ▷ Action d'écatir les draps. ◁

ÉCATISSEUR, n. m. [ekatisœʀ] ▷ Ouvrier chargé de l'écatissage. ◁

ECBALLIUM, ▪ n. m. [ɛkbaljɔm] (gr. *ekballein*, lancer au-dehors) **Bot**. Plante vivace méditerranéenne, rampante, dont les fleurs sont jaunes et dont les fruits explosent pour disséminer les graines contenues dans un liquide sous pression. *L'ecballium est appelé aussi concombre d'âne ou cornichon sauvage.*

ECCE HOMO, n. m. inv. [ekseomo] (lat. *ecce homo*, voici l'homme) Tableau, statue représentant Jésus-Christ couronné d'épines. ◆ ▷ **Fig**. Homme pâle et maigre. ◁ ▪ *Des ecce homo.* ▪ **Rem**. Ecce se prononce *eksé.*

ECCÉITÉ, ▪ n. f. [ekseite] (lat. *ecce*, voici) **Philos**. Ce qui fait qu'un individu est lui-même, différent de tous les autres. « *Eccéité de la pin-up girl* », *texte de Boris Vian.*

ECCHYMOSE, n. f. [ekimoz] (gr. *ekkhumosis*) **Chir**. Tache livide, noirâtre ou jaunâtre, formée par le sang extravasé dans le tissu lamineux sous-cutané. ▪ **Rem**. Graphie ancienne : *échimose.* ▪ *cch* se prononce *k.*

ECCHYMOSÉ, ÉE, p. p. d'ecchymoser. [ekimoze]

ECCHYMOSER, v. tr. [ekimoze] (*ecchymose*) **Méd**. Produire une ecchymose. ◆ S'ecchymoser, v. pr. Être affecté d'ecchymose.

ECCLÉSIAL, ALE, adj. [eklezjal] (gr. *ekklêsia*, assemblée) Qui concerne l'Église en tant que communauté de fidèles. *La communion ecclésiale. Les mouvements ecclésiaux.*

ECCLÉSIASTE, n m. [eklezjast] (gr. *Ekklêsiastês*, orateur devant l'assemblée) Nom de l'un des livres sapientiaux de l'Ancien Testament attribué à Salomon. ◆ L'auteur de ce livre.

ECCLÉSIASTIQUE, adj. [eklezjastik] (lat. chrét. *ecclesiasticus*) Qui appartient à l'Église, au clergé. *Biens ecclésiastiques. Auteur ecclésiastique.* ◆ *Écoles ecclésiastiques*, écoles destinées à former des sujets pour le sacerdoce. ◆ **N. m.** Celui qui est attaché à l'Église, prêtre. ◆ Un des livres sapientiaux de l'Ancien Testament composé par Jésus, fils de Sirach. ▪ **Par extens**. Toute personne appartenant au clergé.

ECCLÉSIASTIQUEMENT, adv. [eklezjastik(ə)mɑ̃] (*ecclésiastique*) En ecclésiastique. *Vivre ecclésiastiquement.*

ECCLÉSIOLOGIE, ▪ n. f. [eklezjɔlɔʒi] (gr. *ekklêsia*, et *-logie*) Partie de la théologie qui traite de l'Église. *L'ecclésiologie catholique, orthodoxe.*

ECCOPROTIQUE, adj. [ekoprotik] (gr. *ekkoprôtikos*, purgatif, de *ek* et *koproun*, déféquer) ▷ **Méd**. Qui purge doucement, laxatif. ◆ **N. m**. *Les eccoprotiques.* ◁

ECCRINOLOGIE, n. f. [ekrinoloʒi] (gr. *ekkrinein*, sécréter, évacuer, et *-logie*) ▷ Partie de la médecine qui traite des excrétions. ◁

ECDÉMIQUE, adj. [ɛkdemik] (antonyme de *endémique*, par changement de préfixe) ▷ **Méd**. *Maladie ecdémique*, maladie qui tient à des causes étrangères aux localités et qui n'attaque pas les masses, par opposition à endémique et épidémique. ◁

ECDYSONE, ▪ n. f. [ɛkdizɔn] (gr. *ekdusis*, dépouillement) **Chim., biol**. Hormone qui intervient dans le déclenchement de la mue des insectes, et qui facilite l'apparition des caractères adultes. *Chez les insectes, la régulation de leur développement et de leur mue est assurée par deux hormones : l'hormone juvénile et l'hormone de mue, appelée aussi ecdysone.*

ÉCERVELÉ, ÉE, adj. [esɛʀvəle] (*é-* et *cervelle*) Qui est sans cervelle, sans prudence. *C'est une tête écervelée.* ◆ **N. m**. et **n. f**. *Un écervelé. Une écervelée.*

ÉCHAFAUD, n. m. [eʃafo] (lat. pop. *catafalicum*, échafaudage) Assemblage de pièces de bois formant un plancher élevé sur lequel travaillent les ouvriers en bâtiment. ◆ **Fig**. « *Les pièces justificatives sont l'échafaud avec lequel on bâtit, mais l'échafaud ne doit plus paraître quand on a construit l'édifice* », VOLTAIRE. ◆ Estrade de laquelle on voit un cortège, une cérémonie. ◆ Plancher élevé pour l'exposition ou l'exécution des criminels. ▪ Peine de mort. *Risquer l'échafaud.*

ÉCHAFAUDAGE, n. m. [eʃafodaʒ] (*échafaud*) Action d'établir les échafauds nécessaires au travail de bâtiment. ◆ L'assemblage de ces échafauds. ◆ **Fig**. Préparatifs, préparation. *Tout cet échafaudage fut en pure perte.* ◆ Raisonnements captieux, vain étalage. *Un échafaudage de maximes pompeuses.* ▪ Empilement d'objets. *Un échafaudage de livres.*

ÉCHAFAUDÉ, ÉE, p. p. d'échafauder. [eʃafode]

ÉCHAFAUDER, v. intr. [eʃafode] (*échafaud*) Faire un échafaudage pour travailler à un bâtiment. ◆ **V. tr**. Préparer une œuvre. ◆ S'échafauder, v. pr. Préparer l'échafaudage sur lequel on veut s'élever, l'estrade sur laquelle on veut paraître. ◆ ▷ **Fig**. S'élever, s'aider, se créer des appuis. ◁ ◆ Être échafaudé, être soutenu comme par un échafaud. ▪ Élaborer à l'aide d'éléments fragiles ou complexes. *Échafauder une théorie.* ◁

ÉCHALAS, n. m. [eʃala] (b. lat. *eschara*, du gr. *kharax*, roseau) Bâton de longueur variable auquel on attache un cep de vigne. ◆ **Fig**. *C'est un vrai échalas*, se dit de quelqu'un qui est maigre et mince. ◆ *Se tenir droit comme un échalas*, affecter de se tenir fort droit.

ÉCHALASSÉ, ÉE, p. p. d'échalasser. [eʃalase] Muni d'échalas.

ÉCHALASSEMENT, n. m. [eʃalas(ə)mɑ̃] (*échalasser*) Action d'échalasser la vigne.

ÉCHALASSER, v. tr. [eʃalase] (*échalas*) Garnir la vigne d'échalas.

ÉCHALIER, n. m. [eʃalje] (lat. *scalarium*, escalier) Petite échelle servant à passer par-dessus une haie. ◆ Clôture faite de branches d'arbre, pour fermer aux bestiaux l'entrée d'un champ.

ÉCHALOTE, n. f. [eʃalɔt] (lat. *ascalonia* [*cæpa*], oignon d'Ascalon, ville de Palestine) Plante potagère, genre ail, cultivée pour ses bulbes que l'on emploie comme assaisonnement. ▪ *La course à l'échalote*, la course au pouvoir. ▪ **Rem**. Graphie ancienne : *échalotte.*

ÉCHAMPIR, v. tr. [eʃɑ̃piʀ] (*é-* et *champ*, fond sur lequel on représente qqch) ▷ **Peint**. Imiter le relief, faire sortir du champ du tableau. ◁

ÉCHANCRÉ, ÉE, p. p. d'échancrer. [eʃɑ̃kʀe] Qui offre une entaille naturelle, une échancrure. *Feuille échancrée.* ▪ *Une robe échancrée*, décolletée.

ÉCHANCRER, v. tr. [eʃɑ̃kʀe] (*é-* et *chancre*) Tailler, évider de l'étoffe, du bois, etc. en forme de croissant. ◆ S'échancrer, v. pr. Être échancré. *Le rivage s'échancrait.*

ÉCHANCRURE, n. f. [eʃɑ̃kʀyʀ] (*échancrer*) Coupure en forme de croissant, de demi-cercle. *Une échancrure de manche.* ◆ Empiètement en forme d'arc de la mer sur les côtes. ◆ Il se dit aussi d'une trouée à travers les montagnes. ◆ **Bot**. et **anat**. Entaille naturelle en forme de demi-cercle.

ÉCHANGE, n. m. [eʃɑ̃ʒ] (*échanger*) Changement d'une personne, d'une chose contre une autre. *L'échange des prisonniers.* ◆ **Jurispr**. Contrat par lequel les parties se transmettent respectivement une chose autre qu'une somme d'argent. ◆ *Commerce d'échange*, celui qui se fait sans argent et par le seul échange des marchandises. ◆ *Libre-échange*, théorie qui soutient que les communications commerciales entre les peuples doivent être affranchies des prohibitions et des impôts ; pratique de cette théorie. ◆ Communication, envoi réciproque. *Un échange de courriers, de pouvoirs entre plénipotentiaires.* ◆ **Fig**. *Un échange de bons offices, d'injures, etc.* ◆ *En échange de*, au lieu de, à la place de. ▪ **Biol**. Transfert de substances entre les cellules animales ou végétales et le milieu extérieur, au travers de leurs membranes constituantes. *Échanges gazeux* ▪ **Sp**. *Un échange de balles*, série de balles jouées au tennis, au tennis de table, entre le service et la marque d'un point. ▪ *Échange standard*, remplacement à l'identique d'une pièce, d'un objet défectueux. ▪ **Inform**. *Échange de données informatisées*, échange de données d'un ordinateur à l'autre, en utilisant des réseaux et des formats normalisés. ▪ *Échanges internationaux*, ensemble des biens et des services entrant dans des accords commerciaux conclus au niveau mondial.

ÉCHANGÉ, ÉE, p. p. d'échanger. [eʃɑ̃ʒe]

ÉCHANGEABLE, adj. [eʃɑ̃ʒabl] (*échanger*) Qui peut être échangé.

ÉCHANGER, v. tr. [eʃɑ̃ʒe] (*é*- et *changer*) Donner et recevoir par échange. *Échanger une chose pour ou contre une autre.* ♦ *Échanger des prisonniers*, rendre les prisonniers qu'on a contre ceux qu'a l'ennemi. ♦ Se communiquer, se remettre réciproquement. *Échanger des notes, des ratifications.* **Fig.** *Échanger des compliments, des injures, des coups de poing, etc.* ♦ S'échanger, v. pr. Être donné par échange. ♦ Être donné par communication réciproque. *Les ratifications s'échangèrent.* ♦ **Fig.** *Des regards menaçants s'échangeaient entre eux.*

ÉCHANGEUR, n. m. [eʃɑ̃ʒœr] (*échanger*) ▷ Celui qui fait des échanges. ◁ ■ Croisement routier à plusieurs niveaux. ■ **Techn.** *Échangeur de chaleur, échangeur thermique*, appareil servant à réchauffer ou à refroidir un fluide, en utilisant un autre fluide qui circule à une température différente.

ÉCHANGISME, ■ n. m. [eʃɑ̃ʒism] (*échange*) Fait de procéder à des échanges, des transactions. ■ Pratique sexuelle qui consiste à intervertir volontairement les partenaires de deux couples ou plus.

ÉCHANGISTE, n. m. et n. f. [eʃɑ̃ʒist] (*échange*) *Libre échangiste*, celui qui est partisan du libre échange. ■ *Des couples d'échangistes*, qui échangent les partenaires sexuels. ■ **Adj.** En rapport avec l'échangisme. *Un club échangiste.*

ÉCHANSON, n. m. [eʃɑ̃sɔ̃] (lat. médiév. *scantio*, de l'anc. b. frq. *skankjo*, officier qui verse à boire) Officier dont les fonctions consistent à servir à boire aux rois et aux princes. ♦ **Fig.** Toute personne qui sert à boire.

ÉCHANSONNERIE, n. f. [eʃɑ̃sɔn(ə)ri] (*échanson*) Corps des échansons. ♦ Commun de la maison du roi où se faisait la distribution du vin.

ÉCHANTILLON, n. m. [eʃɑ̃tijɔ̃] (anc. fr. *esscandelon*, du b. lat. *scandiculum*, échelle, jauge, lat. *scandere*, monter, gravir) Petit morceau d'étoffe, petite quantité d'une marchandise servant de montre. *Échantillon de drap, de blé.* ♦ ▷ **Fig.** *Juger de la pièce par l'échantillon*, juger d'une chose par ce qu'on en montre. ◁ ♦ Aperçu, idée d'une chose. « *Ce n'est qu'un petit échantillon de sa mauvaise humeur* », MOLIÈRE. *Donner un échantillon de son savoir-faire.* ♦ Fragments de passages détachés d'un ouvrage et propres à faire juger du reste. ♦ **Archit.** Dimensions et formes déterminées par les règlements pour certaines espèces de matériaux. *Brique d'échantillon.* ♦ La mesure qui sert de règle pour rendre égale la grandeur de toutes ces choses. ♦ Force et dimension des pièces de bois qui servent aux constructions navales. *Bâtiment d'un grand échantillon.* ■ Partie représentative d'une population étudiée par sondage.

ÉCHANTILLONNAGE, n. m. [eʃɑ̃tijɔnaʒ] (*échantillonner*) Action d'échantillonner, de disposer par échantillon. ■ Ensemble, gamme d'échantillons. *Un échantillonnage de tissus d'ameublement.* ■ **Fig.** *Un échantillonnage représentatif de téléspectateurs.*

ÉCHANTILLONNÉ, ÉE, p. p. d'échantillonner. [eʃɑ̃tijɔne]

ÉCHANTILLONNER, v. tr. [eʃɑ̃tijɔne] (*échantillon*) Couper des échantillons d'une pièce d'étoffe. ♦ Disposer par échantillon. ♦ Confronter un poids, une mesure, etc. avec un modèle. ♦ S'échantillonner, v. pr. Être échantillonné. ♦ Choisir un échantillon de population pour faire un sondage. ■ ÉCHANTILLONNEUR, EUSE, n. m. et n. f. [eʃɑ̃tijɔnœr, øz]

ÉCHAPPADE, n. f. [eʃapad] (*échapper*) **Grav.** Coup de burin fait par accident. ♦ ▷ EN ÉCHAPPADE, loc. adv. À la dérobée. ◁

ÉCHAPPATOIRE, n. f. [eʃapatwar] (*échapper*) Excuse frivole, subterfuge pour s'échapper, pour sortir d'embarras.

ÉCHAPPÉ, ÉE, p. p. d'échapper. [eʃape] *Un cheval échappé*, un cheval qui s'est débarrassé du cavalier ou de la voiture, et qui court sans guide, et fig. un jeune homme indocile, emporté. ♦ **N. m. et n. f.** « *Vous couriez par le monde comme des échappés* », VOLTAIRE. ♦ ▷ *Un échappé des Petites-Maisons*, un insensé. ♦ ▷ *Un échappé de prison*, un homme mal vêtu, à mine suspecte. ♦ ▷ Qui est engendré, en parlant du cheval, d'un étalon et d'une cavale de races différentes. *Un cheval échappé* et n. m. *un échappé de normand.* ◁ ♦ ▷ **Fig. et fam.** Se dit d'un homme qu'on soupçonne appartenir à telle ou telle race [1]. ◁ ■ **Danse** Figure qui consiste à écarter les deux pieds en même temps en sautant. ■ REM. 1 : La notion de race ne repose sur aucun fondement scientifique et a une connotation raciste.

ÉCHAPPÉE, n. f. [eʃape] (*échapper*) Action d'échapper. *Faire une petite échappée.* ♦ ▷ Fuite de bestiaux qui se répandent dans les terres en défens. ◁ ♦ ▷ **Fig.** Action par laquelle on s'échappe en quelque chose d'imprudent, d'irréfléchi, d'insolite. *C'est une échappée de jeune homme.* ◁ ♦ Espace ménagé pour le tournant des voitures, à leur entrée dans une cour, dans une remise. ♦ **Archit.** L'espace compris entre les marches d'un escalier tournant et le dessous de la révolution supérieure. ♦ *Échappée de vue*, vue resserrée entre des collines, des maisons. ♦ **Peint.** Lointain dans un paysage ou dans un tableau. ♦ *Échappée de lumière*, lumière qu'on suppose passer

entre plusieurs corps, et qui éclaire une partie du tableau. ♦ ▷ *Une échappée de beau temps* ou **absol.** *une échappée*, instant de beau temps. ◁ ♦ PAR ÉCHAPPÉES, loc. adv. Par intervalles, à la dérobée. ♦ *à l'échappée*, à la dérobée. ■ *Une belle échappée sur la campagne*, une belle vue. ■ **Sp.** Détachement d'un ou plusieurs coureurs devant le peloton.

ÉCHAPPEMENT, n. m. [eʃap(ə)mɑ̃] (*échapper*) ▷ Action d'échapper, de sortir avec violence. ◁ ■ **Méc.** et **horlog.** Mécanisme qui sert à modérer, à régulariser le mouvement. ■ **Archit.** Échappée, espace entre un escalier et le plafond. ■ *Les gaz d'échappement*, émis par les moteurs à combustion ou à explosion. ■ *Un pot d'échappement*, qui permet l'expulsion des gaz de combustion d'une voiture.

ÉCHAPPER, v. intr. [eʃape] (lat. vulg. *excappare*, jeter le froc [aux orties], de *ex*- et b. lat. *cappa*, sorte de coiffure, chape, froc) Se conjugue avec *être* ou *avoir*, ▷ suivant le sens. ◁ *Échapper de*, s'enfuir, s'en aller. *Il a échappé, il est échappé de prison.* ♦ ▷ **Absol.** « *L'eau si fluide, si propre à échapper* », FÉNELON. ◁ ♦ Se sauver de. *Si nous échappons au naufrage.* « *Si nous échappons de cette tempête* », FÉNELON. ♦ *Échapper à*, se soustraire à, se dérober à. *Échapper à la mort.* ♦ Avec l'auxiliaire avoir. « *Ulysse, m'avez-vous échappé pour jamais* », FÉNELON. ♦ Être soustrait, être dérobé. *L'autorité lui échappa.* ♦ Il se dit des personnes qui meurent, qui disparaissent ; des personnes dont les sentiments changent. ♦ N'être pas saisi par les sens, compris par l'intelligence. *Des insectes si petits, qu'ils échappent à la vue.* « *Quand on lit pour s'instruire, on voit tout ce qui a échappé lorsqu'on ne lisait qu'avec les yeux* », VOLTAIRE. ♦ Sortir de la mémoire. *Son nom m'échappe.* ♦ N'être plus tenu, retenu. *La plume lui échappa.* ♦ **Fig.** « *La victoire échappe de ses mains* », FÉNELON. ♦ *Laisser échapper*, ne pas tenir, ne pas retenir. *Laisser échapper un soupir, un cri, un secret.* ♦ Être fait ou dit par mégarde, par imprudence. *Laisser échapper une bévue.* ♦ **Absol.** *Une parole échappe.* ◁ ♦ **Impers.** « *Il m'était échappé d'en faire confidence* », P. CORNEILLE. « *Jamais il ne m'a échappé une seule parole qui pût découvrir le moindre secret* », FÉNELON. ♦ Il se dit des sentiments qui se font jour involontairement. « *Comme sa joie lui échappe !* », LA BRUYÈRE. ♦ ▷ *La patience lui échappe*, sa patience est à bout. ♦ **Absol.** S'enfuir, se perdre. *L'occasion échappe.* ♦ Se dérober par une échappatoire. ♦ ▷ Se tirer d'une maladie, guérir. ◁ ♦ ▷ *Laisser échapper*, ou *faire échapper un cheval de la main*, le faire partir de la main, le pousser à toute bride. ◁ ♦ ▷ ÉCHAPPER, v. tr. Éviter. *Il a échappé la prison.* « *Qu'un enfant ait échappé tous les périls* », MME DE SÉVIGNÉ. ♦ ▷ **Fam.** *Il ne l'échappera pas*, il n'évitera pas ce qui le menace. ♦ *L'échapper belle*, échapper à quelque grand péril ou inconvénient. *Nous l'avons échappé* (et non *échappée*) *belle*. ◁ ♦ S'échapper, v. pr. S'évader, s'enfuir. *S'échapper de prison.* ♦ Se dérober un moment à quelque société. ♦ Sortir, s'épandre. *Des pleurs s'échappent de ses yeux.* ♦ ▷ Céder à son emportement, se laisser aller à des paroles ou à des actions inconsidérées, légères, condamnables. *S'échapper en paroles déshonnêtes. Il s'échappa jusqu'à dire...* ◁ ♦ ▷ *Un esprit qui s'échappe*, se dit d'un homme qui a par moments une espèce de folie. ◁ ♦ ▷ Se découdre, en parlant d'une étoffe. *Cette couture s'échappe*, ou neutralement *elle échappe.* ◁ ♦ ▷ **Hortic.** Pousser de grandes et belles branches qui ne fructifient pas. *Ce pêcher s'échappe*, ou neutralement *échappe.* ◁ ■ **V. pr.** Dans certains sports, notamment en cyclisme, effectuer une échappée. *Dès les premiers tours, quelques coureurs s'échappent du peloton.*

ÉCHARDE, n. f. [eʃard] (anc. b. frq. *skarda*, éclat de bois) Piquant de chardon. ♦ Petits corps aigus, ligneux ou autres, qui s'introduisent accidentellement dans l'épaisseur de la peau.

ÉCHARDONNAGE, n. m. [eʃardɔnaʒ] (*échardonner*) Action d'enlever les chardons.

ÉCHARDONNÉ, ÉE, p. p. d'échardonner. [eʃardɔne]

ÉCHARDONNER, v. tr. [eʃardɔne] (*é*- et *chardon*) Débarrasser par l'échardonnage.

ÉCHARNAGE ou **ÉCHARNEMENT**, n. m. [eʃarnaʒ, eʃarnəmɑ̃] (*écharner*) Action d'enlever les parties charnues que le boucher a laissées adhérentes à une peau.

ÉCHARNÉ, ÉE, p. p. d'écharner. [eʃarne]

ÉCHARNER, v. tr. [eʃarne] (1 *é*- et *charn*, anc. forme de *chair*) **Techn.** Opérer l'écharnement.

ÉCHARNEUSE, ■ n. f. [eʃarnøz] (*écharner*) **Techn.** Appareil servant à écharner les peaux.

ÉCHARNOIR, n. m. [eʃarnwar] (*écharner*) Instrument avec lequel on écharne.

ÉCHARNURE, n. f. [eʃarnyr] (*écharner*) Reste de chair détachée de la peau.

ÉCHARPE, n. f. [eʃarp] (*é*- et anc. b. frq. *skirpa*, panier de jonc, lat. *scirpus*, jonc ; cf. lat. médiév. *scrippa*, sacoche de pèlerin) Large bande d'étoffe portée en forme de baudrier ou de ceinture. ♦ Insigne de certaines dignités. *L'écharpe de maire.* ♦ Insigne de guerre ou de parti. ♦ ▷ *Changer d'écharpe*, changer de parti. ◁ ◆ Ornement que les femmes portent en sautoir, ou qui, entourant les épaules, a les deux bouts ramenés par devant. ◆ Bandage passé au cou pour soutenir un bras malade. *Avoir le bras en écharpe.* ◆ EN ÉCHARPE, loc. adv. Obliquement. *Coup de sabre donné en écharpe.* ◆ ▷ Batterie en écharpe, celle qui bat quelque endroit obliquement ou de côté. *Tirer en écharpe.* ◁ ■ Techn. Pièce de bois ou de métal placée en diagonale pour consolider certains assemblages. *L'écharpe d'un volet.*

ÉCHARPÉ, ÉE, p. p. d'écharper. [eʃaʀpe] Taillé en pièces.

ÉCHARPER, v. tr. [eʃaʀpe] (var. [m. fr.] de l'anc. fr. *escharpir*, de 2 *es-* et *charpir*, déchirer, du lat. *carpere*, cueillir, arracher) Faire une grande blessure avec un instrument tranchant. *On lui a écharpé le corps à coups de sabre.* ◆ Il se dit aussi d'un chirurgien maladroit. ◆ Tailler en pièces. ◆ ▷ Diviser certaines matières en les battant ou en les cardant. ◁ ◆ S'écharper, v. pr. Se faire réciproquement de grandes entailles ; se tailler en pièces. ◆ Fig. Attaquer, critiquer vivement. *Son dernier film s'est fait écharper dans la presse.*

ÉCHARPILLER, v. tr. [eʃaʀpije] (*écharpir* ; écharper) **Fam.** Mettre en petites pièces.

ÉCHASSE, n. f. [eʃas] (anc. b. frq. *skakkja*, du v. germ. *skakan*, fuir, secouer ; cf. angl. *to shake*) Bâton garni d'un étrier auquel on attache le pied pour marcher dans les terres marécageuses ou sablonneuses. ◆ Fig. *Être monté sur des échasses*, avoir de longues jambes. ◆ Fig. *Monter sur des échasses*, s'efforcer de se grandir dans l'opinion des autres ; se guinder, employer les grandes paroles, les grands sentiments. ◆ ▷ Fig. *Des échasses*, des choses qui font paraître plus grand. ◁ ■ Zool. Oiseau de l'ordre des échassiers, au plumage noir et blanc et aux pattes fines et longues, qui vit près des marais. *Échasses migratrices et échasses sédentaires.*

ÉCHASSIER, n. m. [eʃasje] (*échasse*) Ordre d'oiseaux qui semblent, à cause de leurs longues jambes, être montés sur des échasses. ■ Par anal. Personne maigre, dont les jambes sont très longues. « *C'était un échassier bizarre, Il ne sort pas de ma mémoire, Sur une jambe et jusqu'au soir, Il glissait là sur son miroir* », RODA-GIL.

ÉCHAUBOULÉ, ÉE, adj. [eʃobule] (*échauboulure*) ▷ Qui a des échaubolures. ◁

ÉCHAUBOULURE, n. f. [eʃobulyʀ] (1 *é-* et dial. *chaud bouillir*) ▷ Nom vulgaire des petites élevures rouges qui viennent sur la peau pendant les chaleurs de l'été, et causent une vive démangeaison. ◁

1 ÉCHAUDAGE, n. m. [eʃodaʒ] (1 *échauder*) ▷ Action d'échauder les tonneaux. ◁ ■ Fait de se dessécher, de se rabougrir sous l'effet de la chaleur, en parlant des céréales, du raisin. ■ Vitic. Ébouillantage des ceps durant l'hiver pour détruire insectes et parasites. ◁

2 ÉCHAUDAGE, n. m. [eʃodaʒ] (2 *échauder*) ▷ Lait de chaux qui sert à blanchir les murs ; cette opération elle-même. ◁

1 ÉCHAUDÉ, n. m. [eʃode] (1 *échauder*) Espèce de petit gâteau de pâte échaudée, d'œufs, de beurre et de sel.

2 ÉCHAUDÉ, ÉE, p. p. d'échauder. [eʃode] Brûlé avec de l'eau chaude. ◆ *Chat échaudé craint l'eau froide*, quand on a éprouvé quelque grande peine, quelque désappointement, on en redoute jusqu'à l'apparence. ◆ *Blé échaudé*, blé dont le grain, maigre et flétri, contient peu de farine. ◆

ÉCHAUDEMENT, n. m. [eʃod(ə)mã] (1 *échauder*) État du blé et des graines qui sont échaudés.

1 ÉCHAUDER, v. tr. [eʃode] (b. lat. *excaldere*, lat. *calidus*, chaud) Causer une brûlure par l'action d'un liquide bouillant. ◆ Fig. et fam. *Être échaudé*, éprouver une perte, un dommage. ◆ Laver avec de l'eau bouillante. ◆ Ôter le poil d'un cochon de lait par le moyen de l'eau chaude. ◆ Jeter de l'eau chaude sur quelque chose. *Échauder de la pâte.* ◆ ▷ *Échauder des tonneaux*, y passer de l'eau bouillante pour s'assurer qu'ils ne fuient pas. ◁ ◆ S'échauder, v. pr. Se brûler avec de l'eau chaude. ◆ Fig. Éprouver quelque dommage.

2 ÉCHAUDER, v. tr. [eʃode] (2 *é-* et chauder, var. de *chauler*) ▷ Donner aux plafonds plusieurs couches de chaux éteinte et claire. ◁

ÉCHAUDEUR, EUSE, n. m. et n. f. [eʃodœʀ, øz] (1 *échauder*) Celui, celle qui échaude.

ÉCHAUDOIR, n. m. [eʃodwaʀ] (1 *échauder*) Lieu où l'on échaude. ◆ Vaisseau, récipient qui sert à échauder.

ÉCHAUDURE, n. f. [eʃodyʀ] ▷ Effet produit sur la peau par un corps trop chaud, et spécialement par l'eau bouillante. ◁

ÉCHAUFFAISON, n. f. [eʃofezɔ̃] (*échauffer*) ▷ **Pop.** Indisposition qui se manifeste par quelque éruption à la peau. ◁

ÉCHAUFFANT, ANTE, adj. [eʃofɑ̃, ɑ̃t] (*échauffer*) Qui échauffe. ◆ Qui augmente la chaleur animale. *Aliment échauffant.* ◆ ▷ Dans le langage vulgaire, *aliment échauffant*, aliment qui resserre le ventre. ◁ ◆ N. m. Aliment, médicament échauffant.

ÉCHAUFFÉ, ÉE, p. p. d'échauffer. [eʃofe] Il se dit de la tête, de la poitrine, où une chaleur incommode et même morbide se fait sentir. ◆ *Teint échauffé*, teint marqué de taches rouges, de boutons, signes d'échauffement. ◆ N. m. Nom donné à une certaine odeur rance due à la chaleur, à l'entassement. *Cette viande sent l'échauffé.*

ÉCHAUFFEMENT, n. m. [eʃof(ə)mã] (*échauffer*) Action d'échauffer. *L'échauffement des terres par l'action solaire.* ◆ Augmentation de chaleur dans l'économie animale. ◆ ▷ Dans le langage vulgaire, constipation. ◁ ◆ État de grains, de farines qui ont subi un commencement de fermentation par la chaleur. ■ Ensemble des exercices qui échauffent les muscles avant un effort.

ÉCHAUFFER, v. tr. [eʃofe] (anc. fr. *eschalfer*, lat. vulg. *excalefare*, lat. impér. *excalfacere*) Rendre chaud. ◆ Causer un excès de chaleur dans l'économie animale. ◆ ▷ Dans le langage vulgaire, constiper. ◁ ◆ Causer une sorte de fermentation et d'altération dans les substances organiques. ◆ Fig. *Échauffer quelqu'un*, lui donner une sorte de chaleur morale qui l'excite, l'enflamme, l'irrite. ◆ ▷ Il se dit aussi des choses. « *Pour échauffer notre amour* », BOSSUET. ◁ ◆ **Absol.** « *Les conseils de la vieillesse éclairent sans échauffer, comme le soleil de l'hiver* », VAUVENARGUES. ◁ ◆ **Fam.** *Échauffer les oreilles*, impatienter, irriter. ◆ *Échauffer le sang, la bile, la tête à quelqu'un*, l'irriter. ◆ S'échauffer, v. pr. Devenir chaud. ◆ Se donner une irritation. *Il s'est échauffé en travaillant trop.* ◆ On dit de même : *Il est trop sédentaire, son sang s'échauffe.* ◆ Fig. S'animer, s'exciter. ◆ Se mettre en colère, s'emporter. ◆ ▷ **Par extens.** *La dispute, le jeu s'échauffe.* ◁ ◆ Subir un commencement de fermentation par la chaleur succédant à l'humidité, en parlant des substances organiques. ■ Se préparer à un effort physique en entraînant ses muscles.

ÉCHAUFFOURÉE, n. f. [eʃofuʀe] (croisement de *fourrer* avec *chaufour*) ▷ Entreprise téméraire, mal concertée. ◁ ◆ ▷ **Milit.** Rencontre imprévue. ◁ ■ Affrontement, combat bref. *Échauffourées entre supporters après un match.*

ÉCHAUFFURE, n. f. [eʃofyʀ] (*échauffer*) ▷ Petite rougeur qui vient sur la peau dans une échauffaison. ◁ ◆ Action de s'échauffer, en parlant des substances organiques qui fermentent et s'altèrent.

ÉCHAUGUETTE, n. f. [eʃoget] (anc. frq. *skarwahta*, action de monter la garde) Espèce de guérite de bois qui est placée sur un lieu élevé et où l'on met une sentinelle.

ÉCHAULER, v. tr. [eʃole] Voy. CHAULER.

ÉCHAUMER, v. tr. [eʃome] (*é-* et *chaume*) ▷ Arracher le chaume, le pied du blé après la moisson. ◁

ÈCHE, n. f. [eʃ] (lat. *esca*) Voy. AICHE.

ÉCHÉANCE, n. f. [eʃeɑ̃s] (radic. p. prés. de *échoir*) Époque du paiement d'une créance, d'une rente, d'un billet, d'un fermage, etc. ◆ Dans le langage de la procédure, terme d'un délai. ■ Délai fixé pour l'accomplissement d'un procès. *Un emprunt à longue échéance.* ■ À ÉCHÉANCE DE, loc. prép. Dans un délai de.

ÉCHÉANCIER, ■ n. m. [eʃeɑ̃sje] (*échéance*) Document dans lequel sont consignés par les deux parties les dates et les montants financiers du paiement échelonné d'un achat, d'un emprunt ou d'une dette. *Ils firent un échéancier des remboursements de l'emprunt.*

ÉCHÉANT, p. prés. [eʃeɑ̃] (*échoir*) *Les termes échéant en juillet.* ◆ Il s'emploie adjectivement. *Les billets échéants.* ■ LE CAS ÉCHÉANT, loc. adv. Si l'éventualité se présente. « *C'était un ami qui s'éloignait, dont le prestige personnel aurait pu nous être, le cas échéant, de quelque secours* », M. DE GRÈCE. ◆ *Voué à l'échec*, qui ne peut en aucun cas réussir. *Dès le début, cette entreprise était vouée à l'échec.*

ÉCHEC, n. m. [eʃɛk] (pers. *shah*, roi ; p.-ê. croisement avec anc. fr. *eschec*, butin, échecs) Terme qu'on emploie au jeu d'échecs chaque fois qu'on attaque le roi ou qu'on met la reine en prise. *Échec au roi, à la reine. Faire échec. Être en échec.* ◆ *Échec et mat*, se dit quand le roi ne peut plus se couvrir ni se retirer, ce qui décide du gain de la partie. ◆ Fig. *Échec et mat*, sorte de proposition elliptique pour dire qu'on n'a pas réussi, qu'on a échoué dans une entreprise. *Être échec et mat.* ◆ *Tenir en échec*, mettre dans l'impossibilité d'agir, de prendre une résolution. ◆ Dommage, revers. *Sa fortune a éprouvé un échec considérable.* ◆ Perte considérable éprouvée par une armée. ◆ Insuccès d'un projet ou d'une action. « *Le hasard, la chance avaient une part énorme au succès des uns et à l'échec des autres* », d'ORMESSON. ◆ *Voué à l'échec*, qui ne peut en aucun cas réussir. *Dès le début, cette entreprise était vouée à l'échec.*

ÉCHECS, n. m. pl. [eʃɛk] (plur. de *échec*) Jeu qui se joue à deux personnes, sur un damier de 64 cases, avec huit pièces et huit pions de chaque côté. ◆ L'ensemble des pièces de ce jeu. *Des échecs en ivoire.*

ÉCHELETTE, n. f. [eʃ(ə)lɛt] (dim. d'*échelle*) Petite échelle attachée à côté du bât pour y accrocher des gerbes, des bottes de foin ou des légumes, etc. ♦ Ridelle qu'on met sur le devant d'une charrette, et qui sert à retenir la charge. ▪ **Zool.** Petit oiseau montagnard à long bec fin. *L'échelette est un passereau.*

ÉCHELIER, n. m. [eʃəlje] (*échelle*) Longue pièce de bois traversée par des chevilles pour descendre dans une carrière, etc.

ÉCHELLE, n. f. [eʃɛl] (lat. impér. *scala ;*le lat. class. n'utilisait que le plur. *scalæ*) Machine composée de deux longues pièces de bois servant de supports à des bâtons disposés de manière à former un escalier. ♦ *Échelle double*, échelle qui est composée de deux échelles réunies par le sommet à l'aide d'une charnière. ♦ **Fig.** *Tenir l'échelle*, aider à l'élévation de quelqu'un. ♦ *Après lui il faut tirer l'échelle*, on ne peut mieux faire que lui. ♦ *Faire la courte échelle à quelqu'un*, joindre les mains de manière que le camarade puisse y poser un pied, puis porter l'autre sur une épaule et s'élever ainsi. ♦ **Fig.** *Faire la courte échelle*, aider quelqu'un à se pousser. ♦ *Échelle de corde*, sorte d'échelle faite de corde et qui s'attache à l'aide de crochets. ♦ *Échelle de meunier*, escalier droit et à jour. ◁ ♦ Potence. *Autrefois l'échelle était l'insigne de la haute justice.* ◁ ♦ **Fig.** *Échelle sociale*, ensemble des diverses conditions de la société considérées dans leur superposition respective. ♦ *Échelle des êtres*, théorie philosophique qui suppose que, depuis la matière brute et les derniers des êtres organisés jusqu'aux plus élevés, il y a une série non interrompue d'êtres de plus en plus parfaits. ♦ **Géogr.** et **topogr.** Ligne divisée en parties égales et placée au bas d'une carte ou d'un plan pour servir de mesure. *Carte, plan sur une grande, sur une petite échelle.* ♦ **Fig.** *Travailler sur une grande échelle*, faire un ouvrage de grande proportion, faire de grandes affaires. On dit en un sens opposé : *Sur une petite échelle.* ♦ Moyen de mesure. « *Il faut se faire une échelle pour y rapporter les mesures qu'on prend* », J.-J. ROUSSEAU. ♦ *Échelle de proportion*, tableau indiquant par des divisions linéaires ou par des nombres les variations éprouvées par des valeurs commerciales. ♦ *Échelle d'un baromètre, d'un thermomètre*, les différents degrés qui marquent sur ces instruments les mouvements des liquides qu'ils contiennent. ♦ **Mus.** *Échelle diatonique*, succession des tons de la gamme. ♦ **Mar.** *Échelles du Levant*, nom de certaines villes de commerce qui sont sur la Méditerranée, vers le Levant, telles que Smyrne, Alep, etc. ♦ ▷ *Faire échelle*, relâcher dans un port du Levant. On dit plus souvent : *Faire escale.* ◁ ▪ *Échelle de Beaufort*, système de classification et de désignation de la force du vent, utilisé en météorologie marine. ▪ *Échelle de Richter*, système d'évaluation gradué de 1 à 9, et qui rend compte de l'amplitude d'un séisme. ▪ **Fig.** Suite de niveaux indexés sur une valeur ou un indice et établissant une hiérarchie. *L'échelle des salaires.*

ÉCHELON, n. m. [eʃ(ə)lɔ̃] (*échelle*) Chacune des petites pièces de bois qui forment les degrés de l'échelle. ♦ **Fig.** Ce qui sert à l'élévation, à l'avancement. *Le premier échelon de ma fortune.* ♦ *Le dernier échelon*, l'échelon le plus élevé, le point le plus élevé, ou, en un sens contraire, le point le plus bas. ♦ *Descendre d'un échelon, descendre un échelon*, descendre de son rang, de son grade, au rang, au grade inférieur. ♦ **Milit.** *Disposer des troupes par échelons*, les disposer sur divers plans, de manière qu'elles puissent se soutenir et se remplacer. ▪ **Fig.** Niveau d'une structure, d'une administration. *À l'échelon national, communal, gouvernemental.* ▪ Position d'un fonctionnaire dans un grade, une classe de ce grade qui correspond à un indice de salaire. *Être au dernier échelon de sa catégorie.*

ÉCHELONNÉ, ÉE, p. p. d'échelonner. [eʃ(ə)lɔne]

ÉCHELONNER, v. tr. [eʃ(ə)lɔne] (*échelon*) **Milit.** Ranger par échelons. *Échelonner des troupes.* ♦ S'échelonner, v. pr. Se mettre par échelons. ▪ Placer de distance en distance. ♦ Étaler à intervalles fixes dans le temps. *Échelonner des versements.* ▪ ÉCHELONNEMENT, n. m. [eʃ(ə)lɔn(ə)mɑ̃]

ÉCHENILLAGE, n. m. [eʃ(ə)nijaʒ] (*écheniller*) Action d'écheniller.

ÉCHENILLÉ, ÉE, p. p. d'écheniller. [eʃ(ə)nije]

ÉCHENILLER, v. tr. [eʃ(ə)nije] (1 *é-* et *chenille*) Débarrasser des chenilles. *Écheniller les arbres.* ♦ **Fig.** Débarrasser de ce qui est nuisible à l'homme. « *Toutes les misères du monde nous sont tombées dessus. Tout ça, pour quelques individus qu'on aurait mieux fait d'écheniller à leur naissance* », LÉAUTAUD.

ÉCHENILLEUR, n. m. [eʃ(ə)nijœr] (*écheniller*) Ouvrier qui échenille les arbres. ♦ Genre d'oiseaux qui vivent de chenilles.

ÉCHENILLOIR, n. m. [eʃ(ə)nijwar] (*écheniller*) Instrument pour écheniller.

ÉCHEOIR, v. intr. [eʃwar] Voy. ÉCHOIR.

ÉCHER, v. tr. [eʃe] Voy. AICHER.

ÉCHEVEAU, n. m. [eʃ(ə)vo] (lat. *scabellum*, escabeau, puis dévidoir, pour la ressemblance de forme) Certaine longueur de brins de fils roulés en cercle et attachés à une partie de ce cercle par le bout qui s'appelle centaine. ♦

Comm. Assemblage de dix échevettes. ▪ **Fig.** *Démêler l'écheveau d'une intrigue*, la résoudre.

ÉCHEVELÉ, ÉE, adj. [eʃəv(ə)le] (1 *é-* et anc. fr. *chevel*, cheveu) Qui a la chevelure éparse et flottante. ♦ **Par extens.** Pendant et en désordre. ▪ **Fig.** Qui manque de tenue, de mesure. *Match échevelé. Libéralisme échevelé.*

ÉCHEVELER, v. tr. [eʃəv(ə)le] (1 *é-* et anc. fr. *chevel*, cheveu) Laisser flotter sa chevelure ; mettre en désordre la chevelure. ♦ S'écheveler, v. pr. *Sa crinière s'échevelle.*

ÉCHEVETTE, n. f. [eʃ(ə)vɛt] (*écheveau*) **Comm.** Petit écheveau.

ÉCHEVIN, n. m. [eʃ(ə)vɛ̃] (lat. médiév. *scabinus*, de l'anc. b. frq. *skapin*) Anciennement, magistrat municipal. ▪ **N. m.** et **n. f.** Magistrat en Belgique et aux Pays-Bas. *Une échevine.* ▪ ÉCHEVINAL, ALE, adj. [eʃ(ə)vinal] ▪ ÉCHEVINAT, n. m. [eʃ(ə)vina]

ÉCHEVINAGE, n. m. [eʃ(ə)vinaʒ] (*échevin*) Fonction d'échevin. ♦ Temps de cette fonction. ♦ Corps des échevins. ▪ En Belgique et aux Pays-Bas, ensemble des échevins d'une ville.

ÉCHIDNÉ, ▪ n. m. [ekidne] (lat. *echidna*, gr. *ekhidna*, vipère) **Zool.** Mammifère ovipare au corps recouvert de piquants, au museau terminé par un bec corné. *Les échidnés se nourrissent de fourmis et de termites.*

ÉCHIFFRE, ▪ n. m. [eʃifr] (anc. fr. *eschive*, élément de fortification, de *eschif*, abrupt, hostile ; cf. *esquiver*) *Mur d'échiffre*, mur servant d'appui aux marches d'un escalier.

ÉCHIMOSE, n. f. [ekimoz] Voy. ECCHYMOSE.

1 ÉCHINE, n. f. [eʃin] (anc. b. frq. *skina*, aiguille) Épine du dos, longue colonne située entre la tête et le bassin. ♦ *Frotter l'échine*, donner des coups de bâton sur le dos. ♦ **Fig.** *Courber* ou *plier l'échine*, se soumettre bassement. ♦ *Avoir l'échine souple, flexible*, être prêt à toutes les complaisances pour ses supérieurs. ♦ ▷ *Longue échine, maigre échine*, personne fort maigre. ◁ ♦ *Échine de porc* ou absol. *échine*, en boucherie, morceau situé à la partie antérieure du dos. *Échine de porc braisée. Un rôti dans l'échine.*

2 ÉCHINE, n. f. [eʃin] (lat. *echinus*, gr. *ekhinos*, oursin, pour la forme ronde) **Archit.** Ornement dit aussi *ove*, semblable à des châtaignes ouvertes, qui se met au chapiteau de la colonne ionique. ♦ Moulure qui forme un quart de rond et qui est placée au-dessous du tailloir dans le chapiteau dorique.

ÉCHINÉ, ÉE, p. p. d'échiner. [eʃine]

ÉCHINÉE, n. f. [eʃine] (1 *échine*) Quartier du dos d'un cochon.

ÉCHINER, v. tr. [eʃine] (1 *échine*) ▷ Rompre l'échine. ◁ ♦ ▷ Tuer dans une déroute. ◁ ♦ ▷ *Échiner de coups* ou absol. *échiner*, assommer quelqu'un. ◁ ♦ ▷ S'échiner, v. pr. ▷ Se rompre l'échine. ♦ **Fig.** S'excéder de fatigue, se donner beaucoup de peine. ◁

ÉCHINOCACTUS, ▪ n. m. [ekinokaktys] (lat. sav. du gr. *ekhinos*, oursin, et de *cactus*) **Bot.** Cactée dont la tige est arrondie en forme d'oursin, et qui porte des fleurs jaunes. *L'échinocactus est surnommé* coussin de belle-mère.

ÉCHINOCOCCOSE, ▪ n. m. [ekinokokoz] (*échinocoque*) **Méd.** Infection parasitaire provoquée par la larve de l'échinocoque. *Échinococcose humaine, animale.*

ÉCHINOCOQUE, ▪ n. m. [ekinokok] (lat. sav. *equinococcus*, du gr. *ekhinos*, oursin, et *kokkos*, graine) **Méd.** Variété de ténia qui se fixe sur le foie, les poumons ou l'intestin des carnivores, et dont la larve peut contaminer le foie de l'homme ou des mammifères. *Les œufs des échinocoques résistent à une température qui varie de -18 °C. à + 60 °C.*

ÉCHINODERME, ▪ n. m. [ekinoderm] (adapté du lat. savant *echinodermata* [L. Agassiz, 1734], gr. *ekhinos*, oursin, et *-derme*) **Zool.** Invertébré marin dont le corps est mou avec une peau rugueuse parfois recouverte de piquants, et qui présente une symétrie radiale. *Les oursins, les étoiles de mer appartiennent à l'embranchement des échinodermes.*

ÉCHIQUÉEN, ENNE, adj. [eʃikeɛ̃, ɛn] (radic. de *échiquier*) Qui concerne le jeu d'échecs. *Jouer contre un adversaire échiquéen virtuel.*

ÉCHIQUETÉ, ÉE, adj. [eʃik(ə)te] (*échiquier*) **Hérald.** Divisé en carrés semblables à ceux d'un échiquier.

ÉCHIQUIER, n. m. [eʃikje] (*échec*, p.-ê. d'orig. norm.) Table divisée en carrés alternativement blancs et noirs, sur laquelle on joue aux échecs et aux dames. ♦ **EN ÉCHIQUIER**, loc. adv. Par carrés alternés. ♦ *Des arbres plantés en échiquier*, disposés en carrés alternés. ♦ **Hérald.** Écu divisé en plusieurs carrés, les uns de métal et les autres de couleur. ♦ Position de troupes, dite ainsi parce qu'elle a quelque ressemblance avec les cases de la table du jeu d'échecs. ♦ En Angleterre, juridiction qui règle toutes les affaires des finances ; le trésor. *La cour de l'Échiquier. Le chancelier de l'Échiquier.* ♦ Filet carré soutenu par deux demi-cerceaux et attaché au bout d'une longue perche. ♦ **Fig.** Domaine où se livre une lutte d'intérêts, où s'opposent différentes tendances, dans d'habiles manœuvres. *L'échiquier politique.* « *C'est l'histoire diabolique d'un combat, sur l'échiquier de la passion, entre deuil et amour* », SOLLERS.

ÉCHIURIEN, ■ n. m. [ekjyʀjɛ̃] (gr. *ekhis*, vipère, et *oura*, queue) **Zool.** Petit ver marin à corps non segmenté, à longue trompe mobile, qui vit enfoui dans le sable ou la vase.

ÉCHO, n. m. [eko] (gr. *êkhô*, son, bruit répercuté) Répétition plus ou moins distincte d'un son heurtant contre un corps qui le réfléchit. ◆ *Écho simple*, celui qui ne répète les sons qu'une fois ; *écho multiple*, celui qui les répète plusieurs fois. ◆ Lieu où l'écho est reproduit. « *Les cris dont je faisais retentir les échos de ce rivage* », FÉNELON. ◆ **Fig.** « *Que tous les échos me redisent cette charmante nouvelle* », MME DE SÉVIGNÉ. ◆ Personne qui répète ce qu'un autre a dit. « *On a vu trop d'auteurs échos des erreurs accréditées de l'antiquité* », VOLTAIRE. ◆ **Mus.** Répétition adoucie d'un certain nombre de notes. ■ N. f. Dans la mythologie, nymphe fille de l'Air. ◆ Paroles rapportées. *J'ai eu quelques échos de vos frasques.* ■ N. m. pl. Rubrique d'informations locales dans un journal. ■ *À tous les échos*, dans toutes les directions. *Appeler un enfant à tous les échos.* ■ **Fig.** *En écho*, en répétant un propos mot pour mot. « *Le nom de Franco revenait sans cesse à la radio. Le salaud ! dit Gabin. Le salaud ! reprit Alexis en écho* », POIROT-DELPECH. ■ **Fig.** *Se faire l'écho de*, répéter. « *Une indignation atterrée s'est emparée d'une partie du public, dont « La Dernière Lanterne » a le devoir de se faire l'écho* », BLONDIN.

ÉCHOCARDIOGRAPHIE n. f. ou **ÉCHOCARDIOGRAMME**, ■ n. m. [ekokaʀdjografi] ou [ekokaʀdjogram] (*écho-*, *cardio-* et *-graphie* ou *-gramme*) **Méd.** Échographie du cœur. *Une échocardiographie de contrôle.*

ÉCHOGRAPHIE, ■ n. f. [ekografi] (*écho-* et *-graphie*) Utilisation de faisceaux d'ultrasons qui, réfléchis par les organes, en donnent une image. *Dépistage du cancer du sein par échographie.* ◆ L'image résultant de cette opération. *Dossier contenant les dernières échographies mammaires.* ■ **Spécialt** Radiographie d'une femme enceinte effectuée dans le but de détecter et de prévenir des complications médicales, comme d'éventuelles malformations du fœtus. ■ **ÉCHOGRAPHIER**, v. tr. [ekografje]

ÉCHOGRAPHIQUE, ■ adj. [ekografik] (*échographie*) **Méd.** Qui concerne l'échographie. *Surveillance échographique de la grossesse.*

ÉCHOIR, v. intr. défect. [eʃwaʀ] (lat. vulg. *excadere*, réfection étym. du lat. *excidere*, de *cadere*, tomber, échoir) Se conjugue avec l'auxiliaire *être*. Être dévolu par le sort. ◆ ▷ **Dr.** *Si le cas y échoit, y échet*, ou simplement *s'il y échet*, s'il y a lieu. ◁ ◆ *Le cas échéant*, à l'occasion, en telle circonstance. ◆ Se faire, avoir lieu à un certain temps préfix. *Le terme échoit à la Saint-Jean.* ◆ ▷ En parlant des personnes, *échoir bien, échoir mal*, avoir bonne ou mauvaise chance. *Je suis mal échu.* ◁ ◆ Revenir à quelqu'un du fait d'une loi ou d'un simple hasard. « *La tâche de gouverner la terre va nous échoir* », CAMUS. ■ **REM.** Graphie ancienne : *écheoir*.

ÉCHOLALIE, ■ n. f. [ekolali] (gr. *êkhô* et *lalia*, bavardage) **Psych.** Répétition irréfléchie, par un sujet aphasique, de phrases ou de mots dits par autrui.

ÉCHOLOCALISATION ou **ÉCHOLOCATION**, ■ n. f. [ekolokalizasjɔ̃] ou [ekolokasjɔ̃] (*écho-* et *localisation* ou *location*) Faculté qu'ont certains animaux de se repérer et de repérer leurs proies dans l'obscurité, grâce à l'émission d'ultrasons qui leur reviennent en écho. *Écholocalisation chez le dauphin, la chauve-souris.*

1 ÉCHOPPE, n. f. [eʃɔp] (anc. néerl. *schoppe*) Petite boutique en planches, ordinairement bâtie en appentis.

2 ÉCHOPPE, n. f. [eʃɔp] (anc. fr. *eschaulbre*, ciseau, racloir, lat. *scalprum*, outil tranchant, burin) Pointe d'acier, à l'usage des graveurs, pour graver sur le cuivre, à eau-forte.

ÉCHOPPÉ, ÉE, p. p. d'échopper. [eʃope]

ÉCHOPPER, v. tr. [eʃope] (2 *échoppe*) Travailler avec l'échoppe.

ÉCHOPPIER, IÈRE, ■ n. m. et n. f. [eʃopje, jɛʀ] (1 *échoppe*) ▷ Petit marchand, petite marchande établie dans une échoppe. ◁

ÉCHOSONDAGE, ■ n. m. [ekosɔ̃daʒ] (*écho-* et *sondage*) **Techn.** Système de mesure de la profondeur des fonds sous-marins, basé sur la perception de signaux acoustiques. *Étude par échosondage de la réaction des poissons à des émissions d'infrasons.*

ÉCHOTIER, IÈRE, ■ n. m. et n. f. [ekotje, jɛʀ] Personne chargée de la rédaction des échos dans un journal.

ÉCHOTOMOGRAPHIE, ■ n. f. [ekotomografi] (*écho-* et *tomographie*) **Méd.** Méthode d'échographie permettant d'obtenir des images par plans de coupes successifs de l'organe étudié. *Effectuer une infiltration anesthésique lors d'une échotomographie.*

ÉCHOUAGE, n. m. [eʃwaʒ] (*échouer*) Situation d'un bâtiment dont la quille porte sur le fond de la mer. ◆ Plage unie sur la côte, où s'arrêtent, en touchant sans danger, les navires. ◆ Action d'aller, de s'arrêter au lieu où est l'échouage.

ÉCHOUÉ, ÉE, p. p. d'échouer. [eʃwe] ▷ N. m. et n. f. Celui qui a échoué, qui a fait naufrage. ◁

ÉCHOUEMENT, n. m. [eʃumã] (*échouer*) Action d'un navire qui touche un haut fond, un rocher, un écueil, et s'arrête faute d'eau suffisante pour le retenir à flot. ◆ ▷ **Fig.** *L'échouement des deux partis.* ◁

ÉCHOUER, v. intr. [eʃwe] (étym. inconnue) Se conjugue avec *être* ou *avoir*, suivant le sens. Arriver à l'échouement. *Le navire échoua sur un écueil.* ◆ **Fig.** Ne pas réussir, en parlant des personnes. ◆ Il se dit aussi des choses. *Souvent nos projets échouent.* « *Nos résolutions viennent échouer contre nos penchants* », MASSILLON. ◆ **Fig.** *Faire échouer*, empêcher le succès. ◆ Arriver à l'échouage. ◆ V. tr. Conduire un navire à l'échouage pour le réparer. ◆ Jeter un navire à la côte pour le soustraire à la prise par l'ennemi et en sauver l'équipage. ◆ *S'échouer*, v. pr. Se jeter à la côte. ■ **Fig.** et **fam.** *Échouer dans*, arriver dans un lieu sans l'avoir vraiment voulu. *Nous avons échoué dans un hôtel minable.*

ÉCHU, UE, p. p. d'échoir. [eʃy] *Fermage échu.*

ÉCIMAGE, n. m. [esimaʒ] (*écimer*) Action d'écimer les arbres.

ÉCIMÉ, ÉE, p. p. d'écimer. [esime] *Arbre écimé.* ◆ **Hérald.** *Chevron écimé*, chevron dont la pointe est emportée.

ÉCIMER, v. tr. [esime] (*é-* et *cime*) Couper la cime des arbres.

ÉCLABOUSSÉ, ÉE, p. p. d'éclabousser. [eklabuse]

ÉCLABOUSSEMENT, n. m. [eklabus(ə)mã] (*éclabousser*) Action d'éclabousser.

ÉCLABOUSSER, v. tr. [eklabuse] (var. de l'anc. fr. *esclabouter* : prob. radic. onomat. *klapp-*, *klabb-* et *bouter*) Faire rejaillir de la boue sur quelqu'un, sur quelque chose. ◆ **Fig.** *Éclabousser tout le monde*, étaler un luxe insolent. ◆ *S'éclabousser*, v. pr. Faire rejaillir sur soi de la boue. ■ *Être éclaboussé par un scandale*, être sali moralement.

ÉCLABOUSSURE, n. f. [eklabusyʀ] (*éclabousser*) Boue qui a rejailli sur quelqu'un ou sur quelque chose. *Un manteau couvert d'éclaboussures.* ◆ Par extens. Fragment détaché d'un corps. *D'après Buffon, les comètes sont des éclaboussures du soleil.* ◆ **Fig.** Désagrément qui arrive par contrecoup. ■ **Fig.** Ce qui ternit la réputation. *Les éclaboussures de la calomnie.*

ÉCLAIR, n. m. [eklɛʀ] (*éclairer*) Lumière vive et soudaine qui, s'échappant du sein des nuages, précède le bruit du tonnerre et est produite par l'électricité atmosphérique. ◆ *Éclair de chaleur*, celui qui n'est suivi d'aucun bruit. ◆ **Par extens.** Toute apparition subite et rapide de la lumière. *Un éclair de soleil.* ◆ Les feux que semblent jeter les pierres précieuses et les cristaux. *Cette parure lance des éclairs.* ◆ **Fig.** Tout ce qui présente de l'éclat, de la vivacité. *Des éclairs sortaient de ses yeux.* ◆ Se dit pour caractériser tout ce qui se montre et disparaît promptement. *Cet heureux temps a passé comme un éclair. Il partit comme un éclair.* ◆ *Un éclair de génie*, une inspiration soudaine. *Un éclair de passion*, transport soudain. ◆ Sorte de gâteau. ■ *À la vitesse de l'éclair*, très rapidement. ■ *Fermeture éclair*, n. f. Voy. FERMETURE.

ÉCLAIRAGE, n. m. [eklɛʀaʒ] (*éclairer*) Action de distribuer habituellement une lumière artificielle dans une ville, dans un grand établissement. *Éclairage à l'huile, au gaz.* ◆ Action de se procurer une lumière artificielle dans les maisons. ◆ Ensemble des procédés mis en œuvre pour éclairer une salle de spectacle, et en particulier la scène. *Les techniciens de l'éclairage.* ■ **Fig.** *Donner un éclairage différent*, un autre point de vue.

ÉCLAIRAGISTE, ■ n. m. et n. f. [eklɛʀaʒist] (*éclairage*) Personne chargée de l'éclairage d'une salle de spectacles. *Une éclairagiste de théâtre.*

ÉCLAIRANT, ANTE, adj. [eklɛʀɑ̃, ɑ̃t] (*éclairer*) Qui a la propriété d'éclairer, de produire de l'éclairage. *Gaz éclairant.* ■ **Fig.** Qui explique. *Un raisonnement éclairant.*

ÉCLAIRCI, IE, p. p. d'éclaircir. [eklɛʀsi] ▷ N. m. *Il y eut un peu d'éclairci*, le ciel devint clair pendant quelques moments. ◁

ÉCLAIRCIE, n. f. [eklɛʀsi] (*éclaircir*) Endroit clair qui paraît au ciel en temps de brouillard. ◆ Espace découvert, dégarni d'arbres, dans un bois. ◆ Mode d'exploitation qui laisse les arbres assez rapprochés pour garnir le bois et assez espacés pour bien croître. *Méthode des éclaircies.* ◆ **Fig.** Amélioration brève d'une situation. « *J'avais malgré tout apporté une espèce d'embellie, d'éclaircie dans des vies difficiles, obscures* », BLUM.

ÉCLAIRCIR, v. tr. [eklɛʀsiʀ] (réfection, d'après *clair*, de l'anc. fr. *esclarcir*, du lat. vulg. *exclaricire*, briller) Rendre clair, plus clair. *Le vent a éclairci le temps.* ◆ **Fig.** « *N'éclaircirez-vous point ce front chargé d'ennuis ?* », RACINE. ◆ Donner plus de netteté. *Éclaircir la voix, la vue.* ◆ Rendre plus brillant. *Éclaircir une arme.* ◆ *Éclaircir le teint*, le rendre plus pur. ◆ *Éclaircir une couleur*, lui donner une teinte moins foncée. ◆ Rendre moins épais, en parlant d'un liquide. ◆ Rendre moins serré, moins compact. *Éclaircir une forêt, des rangs, etc.* ◆ Arracher une partie de ce qu'on a semé ou planté. ◆ Avec un nom de chose pour régime direct, rendre clair, intelligible. *Éclaircir des faits, une question, etc.* ◆ Avec un nom de personne pour régime direct, instruire, informer. « *S'il refusait de l'éclaircir sur ce point* », BOSSUET. « *Mon cœur plus à loisir vous éclaircira mieux* », RACINE. ◆ Cet emploi sans régime indirect a vieilli. ♦ **S'éclaircir**, v. pr. Devenir clair. *Son teint s'est éclairci. Le ciel s'éclaircit.* ♦ Fig. *L'horizon s'éclaircit,* l'avenir est moins menaçant. ♦ Devenir moins épais. ♦ Devenir moins serré. ♦ Cesser d'être obscur, se débrouiller. *Tous vos doutes s'éclairciront.* ◆ ▷ S'instruire d'une chose. « *Je puis le lire tout entier pour m'en éclaircir* », PASCAL. ◁ ♦ ▷ S'expliquer, avoir un éclaircissement. ◁

ÉCLAIRCISSAGE, ◼ n. m. [eklɛrsisaʒ] (rad. du p. prés. de *éclaircir*) Action d'éclaircir, de rendre moins dense ce qui pousse. *Éclaircissage des semis, des fruits.*

ÉCLAIRCISSANT, ANTE, adj. [eklɛrsisɑ̃, ɑ̃t] (*éclaircir*) Qui éclaircit, explique.

ÉCLAIRCISSEMENT, n. m. [eklɛrsis(ə)mɑ̃] (rad. du p. prés. de *éclaircir*) Explication d'une chose obscure. *L'éclaircissement de ce passage.* ♦ Explication demandée sur des actes ou des paroles dont le caractère a paru équivoque, blessant. *Je veux avoir un éclaircissement avec vous.* ♦ Eaux et forêts. Syn. d'éclaircie.

ÉCLAIRE, n. f. [eklɛr] (*éclairer,* parce que cette plante était supposée éclaircir la vue) *L'éclaire* ou *grande éclaire,* la chélidoine. *Petite éclaire,* renoncule ficaire.

ÉCLAIRÉ, ÉE, p. p. d'éclairer. [ekleʁe] *Être nourri, logé, éclairé,* avoir la nourriture, le logement et l'éclairage. ♦ *Cet appartement est bien éclairé, mal éclairé,* le jour y pénètre d'une manière suffisante, insuffisante. ♦ Qui a beaucoup de lumières sur les choses. *Homme, juge éclairé.* ♦ En parlant des choses. *Jugement éclairé.*

ÉCLAIREMENT, ◼ n. m. [eklɛr(ə)mɑ̃] (*éclairer*) Fait d'apporter de la lumière, de la luminosité. « *Le séraphique éclairement du soir* », GIDE. ◼ Fig. Élément de compréhension. *Sa définition apporte un éclairement sur le sens du mot.* ◼ Phys. Quantité de lumière émise en une seconde sur une surface donnée, considérée horizontalement. *L'éclairement se mesure en lux.*

ÉCLAIRER, v. tr. [ekleʁe] (lat. vulg. *exclariare,* du lat. *exclarare*) Répandre la clarté sur. *Le soleil nous éclaire.* ♦ Poétiq. *Tant que le jour l'éclaire,* tant qu'il vit. ♦ ▷ Au jeu, *éclairer le tapis,* mettre devant soi la somme que l'on veut jouer. ◁ ♦ Fig. Éclaircir, porter la lumière. « *Le Seigneur éclairera les ténèbres les plus épaisses* », FLÉCHIER. ♦ Mettre en évidence. « *La même parure qui a autrefois embelli sa jeunesse éclaire les défauts de sa vieillesse* », LA BRUYÈRE. ♦ Donner la lumière intellectuelle. *La raison nous éclaire.* ♦ Donner des lumières, de l'intelligence, détromper. *Ses avis m'éclaireront.* ♦ Peint. Disposer la lumière dans un tableau. ♦ ▷ Surveiller, épier, observer. « *Au diable, le fâcheux qui toujours nous éclaire !* », MOLIÈRE. ◁ ♦ ▷ *Éclairer l'ennemi,* en observer, en surveiller les mouvements. ◁ ◁ ▷ *Éclairer sa marche,* faire reconnaître exactement le chemin qu'on va parcourir, pour savoir si l'ennemi n'en occupe pas quelque point. ◁ ♦ V. intr. Jeter une lueur. *Cette bougie éclaire mal. La lune éclaire sans échauffer.* ♦ ▷ *Éclairer à quelqu'un,* faire qu'il y voie à l'aide d'une lumière. ◁ ♦ Se dit aussi d'une personne que l'on précède ou auprès de qui se tient pour qu'elle voie clair. *Éclairez à monsieur.* ◁ ♦ Absol. *Éclairez.* ◁ ♦ Aujourd'hui, on le fait actif en ce sens, abusivement. *Éclairez monsieur.* ♦ ▷ V. impers. *Il éclaire,* il fait des éclairs. ◁ ♦ **S'éclairer**, v. pr. Recevoir de la lumière. ♦ Fournir à son éclairage. ♦ Fig. Acquérir des lumières, des connaissances. ♦ ▷ Milit. *Éclairer sa marche.* ◁ ♦ *La joie éclaire son visage,* elle l'illumine.

ÉCLAIREUR, EUSE, n. m. et n. f. [eklɛrœr, øz] (*éclairer*) Soldat qui va à la découverte. ◼ En éclaireur, *loc.* En reconnaissance. *Partir en éclaireur sur des sentiers inconnus.* ◼ Jeune qui participe à une association de scoutisme non catholique. *Les Éclaireurs et Éclaireuses de France.*

ÉCLAMPSIE, n. f. [eklɑ̃psi] (lat. sav. *eclampsia,* accès subit, sur radic. du gr. *eklampein,* briller tout à coup ;*eklampsis* appartient au vocab. chrétien) Affection convulsive des enfants dans le bas âge.

ÉCLAMPTIQUE, adj. [eklɑ̃ptik] (*éclampsie,* sur le modèle du gr. *cataleptikos* à côté de *catalepsis*) Qui a rapport à l'éclampsie.

ÉCLANCHE, n. f. [eklɑ̃ʃ] (anc. fr. *esclanche,* épaule ou bras gauche, de *esclenc,* gauche) ▷ Épaule de mouton séparée du corps de l'animal. ◁

ÉCLAT, n. m. [ekla] (*éclater*) Partie détachée d'un corps dur. *Un éclat de bois, de pierre, de bombe, etc.* ♦ Fente, commencement de rupture dans une pièce de bois. ♦ Son, bruit soudain et violent. *Les éclats du tonnerre. Des éclats de rire. Un grand éclat de voix.* ♦ Fig. *Un éclat de tonnerre,* quelque chose de foudroyant, d'atterrant. ♦ Manifestation remarquable, violente, bruyante. *Les éclats de la colère, de la passion, etc.* ♦ ▷ Faire éclat de, divulguer. ◁ ♦ ▷ Faire éclat, se livrer à quelque manifestation violente. ◁ ♦ ▷ Faire éclat, se dit aussi des choses dont la manifestation est violente. *La rupture fit éclat.* ♦ ▷ En venir à des éclats, à une extrémité violente. ◁ ♦ Manifestation qui fait scandale. « *Mais je suis bonne et ne veux point d'éclat* », LA FONTAINE. ♦ Intensité avec laquelle une vive lumière, et par suite une surface polie, une couleur animée frappent l'œil ; aspect brillant. *L'éclat du soleil, des fleurs, des couleurs, etc.* ♦ Il se dit aussi des yeux, du teint. ♦ *Avoir*

de l'éclat, se dit d'une femme qui est dans le brillant de la jeunesse et de la beauté. ♦ Magnificence, splendeur. *Aimer l'éclat. L'éclat des habits, des toilettes, des cérémonies, etc.* ♦ Fig. Ce qui, dans les pensées, dans le style, a comme un éclat de lumière. ♦ Il se dit aussi, au sens moral, de tout ce qui resplendit comme une lumière. *L'éclat de sa gloire, de ses armes victorieuses.* « *Tous les discours sont des sottises Partant d'un homme sans éclat* », MOLIÈRE. ◼ Voler en éclats, se briser en explosant. ◼ Fig. Voler en éclats, être brutalement réduit à néant. « *L'idéologie était en train de voler en éclats devant la réalité collective* », D'ORMESSON.

ÉCLATANT, ANTE, adj. [eklatɑ̃, ɑ̃t] (*éclater*) Qui a de l'éclat. *Une lumière, une robe éclatante.* ♦ Fig. Une beauté éclatante. *Éclatant de beauté, de jeunesse.* « *Le mérite a toujours des charmes éclatants* », P. CORNEILLE. ♦ Qui fait un grand bruit. *Un chant éclatant.* ♦ Par extens. Qui a de la sonorité. *Une voûte éclatante.* ♦ Qui se fait remarquer en bonne et en mauvaise part, en parlant des choses. *Une victoire éclatante. Des vices éclatants.* ♦ Qui fait éclat. « *Les plus grands déplaisirs sont les moins éclatants* », P. CORNEILLE.

ÉCLATÉ, ÉE, p. p. d'éclater. [eklate] Hérald. *Écu éclaté,* écu dont les divisions sont tracées non en ligne droite, mais en zigzags, comme s'il avait été rompu violemment. ◼ N. m. Dessin en perspective des différents éléments d'un objet complexe. *L'éclaté d'un moteur.*

ÉCLATEMENT, n. m. [eklat(ə)mɑ̃] (*éclater*) Action d'éclater ; résultat de cette action. *L'éclatement d'un fusil.* ◼ Fig. Division d'un ensemble. *L'éclatement d'une association, d'un parti.*

ÉCLATER, v. intr. [eklate] (anc. b. frq. *sleitân,* fendre, rompre) Se conjugue avec *être* ou *avoir,* suivant le sens. Se briser par éclats. *La branche éclata.* ♦ Faire explosion. *La bombe éclate.* ♦ Fig. *La bombe va éclater,* il va survenir quelque malencontre, quelque grand mystère va être connu. ♦ Faire entendre un bruit soudain et violent. *Le tonnerre éclata.* ♦ Fig. « *Sur eux quelque orage est tout près d'éclater* », RACINE. ♦ Parler à très haute voix. ♦ *Éclater de rire* ou absol. *éclater,* rire avec effusion et d'une manière bruyante. ♦ Manifester sa colère, son chagrin, par de vives paroles, par des pleurs, par des cris. *Éclater en injures, en pleurs, en cris. Éclater contre quelqu'un.* ♦ Absol. *J'éclate.* ♦ Se manifester d'une manière qui frappe les yeux, les esprits. « *Un prodige qui a éclaté aux yeux de tout le peuple* », BOSSUET. ♦ « *Il faut que mon secret éclate à votre vue* », RACINE. ♦ Se produire avec violence. *La conspiration, la révolte éclata.* ♦ Faire éclater, provoquer l'explosion, rendre manifeste. ♦ Frapper par l'intensité de la lumière. *L'or éclate dans sa parure.* « *Un feu divin éclatait dans ses yeux* », FÉNELON. ♦ Fig. « *La joie éclatait malgré elle sur son visage* », FÉNELON. « *Dieu se plut à faire éclater la gloire de ses martyrs* », BOSSUET. ♦ V. tr. Briser en éclats, détacher en rompant. *Éclater une branche.* ♦ **S'éclater**, v. pr. Se briser en éclats. ◼ ▷ *S'éclater de rire* ou absol. *s'éclater,* faire de grands rires. ◁ ♦ Fig. Se diviser en plusieurs éléments. ◼ Fam. Éprouver un plaisir intense. *Elle s'est éclatée en vacances.*

ÉCLATEUR, ◼ n. m. [eklatœr] (*éclater*) Phys. Dispositif composé de deux électrodes très rapprochées que l'on soumet à une forte tension électrique afin d'obtenir des ondes électromagnétiques. *Les éclateurs statiques et les éclateurs rotatifs.*

ÉCLECTIQUE, adj. [eklɛktik] (gr. *eklektikos,* apte à choisir, qui emprunte à chaque système, de *eklegein,* choisir) Philos. Qui admet ce que chaque système paraît offrir de bon. *Philosophie éclectique.* ♦ Il se dit de ceux qui professent cette doctrine. *Un philosophe éclectique* et n. m. et n. f. *un éclectique.* ♦ Dans le langage ordinaire, se dit de tout. *Éclectique en littérature, en politique, en religion.*

ÉCLECTIQUEMENT, adv. [eklɛktik(ə)mɑ̃] (*éclectique*) D'une manière éclectique ; comme les éclectiques.

ÉCLECTISME, n. m. [eklɛktism] (*éclectique*) Philosophie éclectique. ◼ Disposition d'esprit portant à faire des choix parmi les personnes, les choses, sans exclusive et sans systématisme. *L'éclectisme d'une programmation musicale. Choisir ses amis avec un grand éclectisme.*

ÉCLIPSE, n. f. [eklips] (gr. *ekleipsis,* défection, éclipse, de *ekleipein,* délaisser) Disparition apparente d'un astre, résultant de l'interposition d'un autre corps céleste entre cet astre et l'observateur. *Éclipse partielle, totale, annulaire. Éclipse de soleil* ou *solaire. Éclipse de lune.* ♦ Fig. Obscurcissement de ce qui a un éclat intellectuel ou moral. « *La vertu la plus pure et la plus brillante a ses taches et ses éclipses* », MASSILLON. ♦ Fam. Faire une éclipse, s'absenter, disparaître tout à coup. ♦ Fig. À éclipses, qui se manifeste, qui existe par intermittences. *Une carrière, une présence à éclipses.*

ÉCLIPSÉ, ÉE, p. p. d'éclipser. [eklipse]

ÉCLIPSEMENT, n. m. [eklipsəmɑ̃] (*éclipser*) ▷ L'action d'éclipser. ◁

ÉCLIPSER, v. tr. [eklipse] (*éclipse*) Intercepter la lumière d'un astre. *La Lune éclipse le Soleil. La Terre éclipse la Lune.* ♦ Obscurcir, faire disparaître. ♦ Fig. Surpasser, effacer. ♦ **S'éclipser**, v. pr. Disparaître derrière un corps. *Le Soleil s'éclipse derrière la Lune.* ♦ Disparaître à la dérobée. « *Que fait-il ? Il s'éclipse, il part* », LA FONTAINE. ♦ Il se dit aussi des choses qui disparaissent. ♦ Être effacé, perdre de sa puissance, de son crédit. *Ma grandeur s'est éclipsée.* « *Tel brille au second rang qui s'éclipse au premier* », VOLTAIRE.

ÉCLIPTIQUE, n. f. [ekliptik] (gr. *ekleiptikos* [*kuklos*], écliptique) Chez les Anciens, orbite que le Soleil paraît décrire annuellement autour de la Terre. ♦ Chez les Modernes, orbite de la Terre décrite en un an autour du Soleil. ♦ ▷ Adj. Qui a rapport aux éclipses. *Conjonction écliptique.* ◁

ÉCLISSE, n. f. [eklis] (*éclisser*) Éclat allongé de bois. ♦ Nom qu'on donne au bois de fente et aux petits hais qui servent à faire des ouvrages légers. ♦ Bois plat et mince dont on fait les côtes d'un luth, d'un violon. ■ **Chir.** Nom donné aux soutiens de bois ou d'autre matière qui s'appliquent sur les fractures. ♦ Rond d'osier sur lequel on fait égoutter le lait caillé et le fromage. ■ Plaque d'acier reliant deux rails de chemin de fer.

ÉCLISSÉ, ÉE, p. p. d'éclisser. [eklise] *Une fracture éclissée.*

ÉCLISSER, v. tr. [eklise] (anc. b. frq. *slitan*, fendre) **Chir.** Mettre des éclisses le long d'un membre fracturé. ■ Relier deux rails au moyen d'une éclisse.

ÉCLOGITE, n. f. [eklɔʒit] (gr. *eklogê*, choix, collection) **Minér.** Roche métamorphisée sous haute pression, et constituée de grenats, de pyroxènes et de mica. *L'éclogite est née il y a environ 440 millions d'années.*

ÉCLOPÉ, ÉE, adj. [eklope] (*é-* et anc. fr. *cloper*, boiter) **Fam.** Dont la marche est pénible, en raison de quelque mal aux jambes. ■ **N. m.** et n. f. **Fam.** Personne qui se déplace péniblement. ■ REM. Graphie ancienne : *écloppé.*

ÉCLOPER, v. tr. [eklope] (*é-* et anc. fr. *cloper*, boiter) Rendre boiteux. ♦ S'écloper, v. pr. Devenir éclopé. ■ REM. Graphie ancienne : *éclopper.*

ÉCLORE, v. intr. défect. [eklɔʀ] (lat. vulg. *exclaudere*, exclure, réfection étymol. du lat. class. *excludere*, de *claudere*, fermer) Se conjugue avec *être.* Sortir de l'œuf, naître. *Les serins éclosent.* ♦ On le dit aussi des œufs d'où sortent les petits. *Les œufs sont éclos ce matin.* ♦ S'ouvrir, en parlant des graines, des fleurs. ♦ Commencer à paraître. *Le jour est près d'éclore.* « *Ma vie à peine a commencé d'éclore* », RACINE. ♦ Faire éclore, produire. *Faire éclore des projets.*

ÉCLOS, OSE, p. p. d'éclore. [eklo, oz] *Fleurs fraîches écloses.*

ÉCLOSERIE, ■ n. f. [ekloz(ə)ʀi] (*éclos*, p. p. de *éclore*) Lieu aménagé pour la reproduction contrôlée de différentes espèces animales. *Écloserie d'esturgeons, de mollusques, de tortues.* ■ **Fig.** *Une écloserie de jeunes entreprises.*

ÉCLOSION, n. f. [eklozjɔ̃] (*éclos*, p. p. de *éclore*) Action d'éclore, de sortir de l'œuf. *L'éclosion des petits.* ♦ Épanouissement des fleurs. ■ **Fig.** *L'éclosion d'un nouveau talent, d'une idée.*

ÉCLUSAGE, ■ n. m. [eklyzaʒ] (*écluser*) Action de faire passer un bateau par une écluse. *Une taxe d'éclusage.*

ÉCLUSE, n. f. [eklyz] (anc. fr. *escluse*, du b. lat. *exclusa* pour *exclusa aqua*, eau séparée, du lat. *excludere*, ne pas laisser entrer) Construction en maçonnerie servant à faire monter ou descendre d'un bief à un autre le bateau qui parcourt un canal. *Ouvrir, fermer, lever, baisser l'écluse.* ■ **Fig.** « *En ouvrant les écluses du cœur, elle fait que le sang circule plus vite* », DESCARTES.

ÉCLUSÉE, n. f. [eklyze] (*écluser*) La quantité d'eau que doit recevoir une écluse pour fonctionner. ♦ Masse d'eau accumulée de distance en distance dans des rivières par des barrages.

ÉCLUSER, v. tr. [eklyze] (*écluse*) Faire passer un bateau par une écluse. ♦ Garnir, munir d'écluses. ■ **Pop.** Boire de l'alcool en quantité. « *Vous en mettez du temps pour écluser votre godet* », QUENEAU.

ÉCLUSIER, IÈRE, n. m. et n. f. [eklyzje, jɛʀ] (*écluse*) Celui, celle qui gouverne une écluse et qui en perçoit le péage. ♦ Adj. *Porte éclusière,* porte d'une écluse.

ECMNÉSIE, ■ n. f. [ɛkmnezi] (gr. *ek-*, hors de, et *-mnésie*) **Méd.** et **psych.** Réapparition intense et souvent brève de souvenirs anciens paraissant oubliés, et qui peut relever d'une affection cérébrale. *L'ecmnésie est caractérisée par un délire au cours duquel la personne s'imagine être ramenée à une époque antérieure de son existence.*

ÉCOBILAN, ■ n. m. [ekobilã] (*écologie* et *bilan*) Bilan quantifié de l'impact environnemental d'un produit ou d'un service pendant toute la durée de son cycle de vie. *Établir l'écobilan d'un emballage.*

ÉCOBUAGE, ■ n. m. [ekobɥaʒ] (*écobuer*) Méthode de défrichage des champs qui consiste à découper le sol en mottes qui sont ensuite séchées et brûlées. *Tous les ans, l'écobuage dessinait des taches noirâtres dans le paysage.*

ÉCOBUER, ■ v. tr. [ekobɥe] (*é-* et *gobuis*, terre pelée, t. dial. de l'Ouest, du gaul. *gobbo*, gueule, bouche) Pratiquer l'écobuage. *Délimiter la zone à écobuer par un débroussaillement préalable des bordures.*

ÉCŒURANT, ANTE, ■ adj. [ekœrã, ãt] (*écœurer*) Qui provoque un désagrément physique, qui inspire le dégoût ou le rejet. *Manger trop de chocolat*

est écœurant. ■ **Fig.** Qui inspire l'indignation ou la réprobation. *Une servilité écœurante.*

ÉCŒURÉ, ÉE, p. p. d'écœurer. [ekøʀe] Dégoûté.

ÉCŒURER, v. tr. [ekøʀe] (*é-* et *cœur*) **Pop.** Faire perdre le cœur, dégoûter. ♦ **Fig.** *Un pareil langage m'écœure.* ■ S'écœurer, v. pr. Perdre le cœur. ■ Démoraliser. *Je suis écœuré en pensant au travail que je dois encore faire.* ■ REM. *Écœurer* n'est plus considéré comme populaire aujourd'hui. ■ ÉCŒUREMENT, n. m. [ekœr(ə)mã]

ÉCOFRAI ou **ÉCOFROI**, n. m. [ekofʀɛ, ekofʀwa] (germ. *skoh*, soulier) Sorte de grosse table sur laquelle les artisans en cuir taillent leur ouvrage.

ÉCOINÇON, n. m. [ekwɛ̃sɔ̃] (*é-* et *coin*) Travail de menuiserie, meuble appliqué à l'angle d'une chambre. *Une armoire en écoinçon.* ♦ Pierre qui fait l'encoignure de l'embrasure d'une porte ou d'une croisée. ■ REM. Graphie ancienne : *écoinson.*

ÉCOLABEL, ■ n. m. [ekolabɛl] (*écologie* et *label*) Certification écologique officielle européenne, accordée aux produits dont l'impact sur l'environnement est réduit pendant tout leur cycle de vie. *L'usage de l'écolabel est demandé volontairement par les entreprises intéressées.*

ÉCOLAGE, n. m. [ekolaʒ] (*école*) ▷ État de celui qui est à l'école ; enseignement d'école. ♦ Frais d'école, droit que paye chaque écolier. *Le prix d'écolage.* ◁

ÉCOLÂTRE, n. m. [ekolɑtʀ] (lat. médiév. *scholaster*) ▷ Ecclésiastique dans les cathédrales, dont la principale fonction est d'enseigner aux jeunes gens qui se destinent au service de l'Église les humanités et les devoirs de leur profession. ◁

ÉCOLE, n. f. [ekɔl] (anc. fr. *escole*, du lat. *schola*, loisir studieux, école, gr. *skholê*, arrêt, repos, occupation) Établissement où l'on enseigne les lettres, les sciences, les arts. ♦ *École primaire* ou absol. *école,* celle où l'on enseigne aux enfants à lire, à écrire, compter. ♦ ▷ *Tenir école de,* enseigner quelque chose. ◁ ♦ *Renvoyer quelqu'un à l'école,* lui faire sentir son ignorance. ♦ *École buissonnière,* Voy. BUISSONNIER. ♦ *Prendre le chemin de l'école,* prendre le chemin le plus long. ♦ Établissement d'un ordre plus élevé ou plus spécial. *L'École polytechnique. L'École normale.* ♦ Le local où l'est établie. ♦ **Par extens.** Tous les élèves d'une école. ♦ *Les écoles,* les élèves des écoles de droit, de médecine, etc. ♦ *École de peloton, de bataillon,* les exercices de peloton, de bataillon. ♦ **Fig.** Ce qui forme ou éclaire par l'expérience. *La rude école des événements. L'école du monde.* ♦ *Être à bonne école,* être sous la direction d'une personne habile. ♦ On dit par opposition : *Être à mauvaise école.* ♦ Manières, ton d'écolier, manières gauches, pédantes. *Il sent l'école.* ♦ Enseignement de la théologie et de la philosophie suivant la méthode et les principes des écoles du Moyen Âge. *Le langage de l'école.* ♦ Secte ou doctrine de quelque philosophe ou docteur célèbre. *L'école de Platon, d'Hippocrate.* ♦ Caractère commun à des œuvres d'art, de littérature ou de science. *L'école classique.* ♦ *École flamande, école d'Italie, école française,* etc. suite de peintres célèbres qui ont travaillé dans le goût de ces pays, et dont la plupart étaient flamands, italiens, français, etc. ♦ *Faire école,* se dit d'un auteur, d'un artiste qui a des imitateurs. ♦ **Équit.** *Ce cheval a de l'école,* a été dressé au manège. *Basse école,* les exercices par lesquels les élèves apprennent à monter à cheval. *Haute école,* les exercices de la voltige. ♦ ▷ Au trictrac, *faire une école* (c.-à-d. mériter d'être renvoyé à l'école), oublier de marquer les points que l'on gagne, ou en marquer mal à propos. *Mettre à l'école, marquer l'école,* marquer pour les points que l'adversaire a oublié de marquer ou a marqués de trop. ◁ ♦ ▷ **Fig.** *Il a fait une école,* il a fait une faute de conduite. ◁ ■ *Un cas d'école,* un cas typique. ■ *Il est de la vieille école,* traditionnel dans ses manières ou ses principes.

ÉCOLIER, IÈRE, n. m. et n. f. [ekolje, jɛʀ] (anc. fr. *escolier,* b. lat. *scholaris,* du lat. *schola*) Celui ou celle qui va à l'école, qui est dans un établissement d'instruction. ♦ *Tour, malice d'écolier,* espièglerie. ♦ *Faute d'écolier,* faute grossière. ♦ *Prendre le chemin des écoliers,* prendre le chemin le plus long, s'amuser en route. ♦ **Par extens.** Personne peu experte dans son art. *Ce n'est qu'un écolier.* ♦ Nom qu'on donnait aux étudiants qui fréquentaient les universités du Moyen Âge. ♦ ▷ Adj. *Papier écolier,* sorte de papier qui sert aux écoliers. ◁

ÉCOLO, ■ adj. ou n. m. et n. f. [ekolo] (abréviation de *écologiste*) **Fam.** Écologiste. *Les écolos ont demandé à juste titre une enquête sur les causes de cette pollution. Les écolos et les verts organisent une manifestation.*

ÉCOLOGIE, ■ n. f. [ekoloʒi] (*éco-* et *-logie*) Science dont l'objet d'étude est la relation entre un être vivant et son environnement naturel. ■ **Par extens.** Fait de se préoccuper de la survie et du bien-être des espèces en fonction des changements (climatiques notamment) du milieu au sein duquel elles vivent. *Le ministère de l'Écologie et du Développement durable.*

ÉCOLOGIQUE, ■ adj. [ekoloʒik] (*écologie*) Relatif à l'écologie. *Une catastrophe écologique. Des carburants écologiques.*

ÉCOLOGIQUEMENT, ■ adv. [ekoloʒik(ə)mɑ̃] (*écologique*) Relativement aux principes de l'écologie. *Il faut maintenant être écologiquement correct.*

ÉCOLOGISME, ■ n. m. [ekoloʒism] (*écologie*) Défense du milieu naturel, protection de l'environnement. *L'écologisme est un courant de pensée inspiré de la science de l'écologie, qui tend au respect des équilibres naturels.*

ÉCOLOGISTE, ■ adj. ou n. m. et n. f. [ekoloʒist] (*écologie*) Partisan de l'écologie et de l'écologisme. *Une association écologiste. Les écologistes prônent la réimplantation du loup dans les montagnes.*

ÉCOLOGUE, ■ n. m. et n. f. [ekolog] (*écologie*) Spécialiste en écologie. ■ Adj. *Un ingénieur écologue.*

ÉCOMUSÉE, ■ n. m. [ekomyze] (*éco-* et *musée*) Établissement au sein duquel est étudié, répertorié et conservé un patrimoine naturel et culturel pouvant également être exposé au public.

ÉCONDUIRE, v. tr. [ekɔ̃dɥir] (altération, d'après *conduire*, de l'anc. fr. *escondire*, s'excuser, repousser, du b. lat. *excondicere*, de *ex-* négatif et lat. *condicere*, convenir) Éloigner avec plus ou moins de ménagement quelqu'un de chez soi, d'une société. ◆ Par extens. Se défaire par quelque adresse d'une personne qui nous demande quelque chose.

ÉCONDUIT, ITE, p. p. d'éconduire. [ekɔ̃dɥi, it]

ÉCONOCROQUES, ■ n. f. pl. [ekonokrɔk] (*économie*) Arg. Économies. *Il a bouffé toutes mes éconocroques!*

ÉCONOMAT, n. m. [ekonoma] (1 *économe*) Charge, office d'économe. ◆ Bureaux de l'économe. ◆ Administration d'un bénéfice vacant. ■ Magasin créé et administré par un employeur à l'usage exclusif de ses employés.

1 **ÉCONOME**, n. m. [ekonɔm] (b. lat. *œconomus*, administrateur de biens ecclésiastiques, du gr. *oikonomos*, intendant, de *oikos*, domaine, et *nemein*, administrer) Celui qui est chargé de la dépense d'une maison, de l'administration du matériel dans une grande maison. *L'économe d'un lycée, d'un hôpital.* ◆ N. m. et n. f. Religieux ou religieuse qui a soin de la dépense de la maison. ■ N. m. Ustensile de cuisine spécialement conçu pour éplucher les légumes le plus finement possible.

2 **ÉCONOME**, adj. [ekonɔm] ou [ekɔnɔm] (gr. *oikonomos*, qui administre son domaine) Qui sait épargner la dépense. ◆ Fig. *Être économe de louanges, de paroles*, louer peu, parler peu. ◆ N. m. et n. f. « *Le plus riche des hommes, c'est l'économe, le plus pauvre c'est l'avare* », CHAMFORT.

ÉCONOMÈTRE ou **ÉCONOMÉTRICIEN, IENNE**, ■ n. m. et n. f. [ekonomɛtr, ekonometrisjɛ̃, jɛn] (*économétrie*) Économiste, statisticien spécialisé en économétrie.

ÉCONOMÉTRIE, ■ n. f. [ekonometri] (radic. de *économie* et *-métrie*) Approche mathématique des données statistiques de l'économie visant à dégager des lois de fonctionnement de celle-ci.

ÉCONOMÉTRIQUE, ■ adj. [ekonometrik] (*économétrie*) Qui concerne l'économétrie. *Enquête économétrique.*

ÉCONOMIE, n. f. [ekonomi] (lat. *œconomia*, organisation d'une œuvre littéraire, du gr. *oikonomia*, administration d'un domaine, gouvernement, ordonnance, de *oikos*, domaine, et *nemein*, administrer) Bon ordre dans la conduite et l'administration de tout établissement qui s'alimente par la production et la consommation. ◆ *Économie domestique* ou *privée*, administration d'un ménage privé, d'une maison. ◆ *Économie politique*, science qui traite de la production, de la distribution et de la consommation des richesses. ◆ Fig. Bon emploi d'une chose quelconque. « *Ce n'est pas assez d'avoir de grandes qualités ; il faut en avoir l'économie* », LA ROCHEFOUCAULD. ◆ Épargne dans la dépense. ◆ *Économie de bouts de chandelle*, Voy. CHANDELLE. ◆ Le résultat de l'épargne, l'argent mis de côté. *Faire des économies.* ◆ Arrangement réciproque et concourant des parties d'un ensemble, soit matériel, soit intellectuel. *L'économie du corps humain. L'économie d'une pièce de théâtre.*

ÉCONOMIQUE, adj. [ekonomik] (lat. *œconomicus*, méthodique [sens rhét.], gr. *oikonomikos*, qui concerne l'administration d'un domaine) Qui concerne l'administration, le ménage d'une maison, d'une exploitation. ◆ ▷ *Écrivain économique*, s'est dit autrefois pour *économiste*. ◁ ◆ Qui réduit les frais, la dépense. *Cheminée économique.* ◆ Qui coûte peu de frais. *Chauffage économique.* ◆ N. f. *L'économique*, ce qui concerne le gouvernement d'une famille, d'un État. ■ Qui concerne la production et la gestion des richesses d'une collectivité. *Les différents secteurs économiques.* ■ *Sciences économiques*, qui étudient les mécanismes de l'économie.

ÉCONOMIQUEMENT, adv. [ekonomik(ə)mɑ̃] (*économique*) Avec économie, à peu de frais. ◆ Selon les principes de l'économie politique. *Traiter économiquement une question.* ■ *Personnes économiquement faibles*, personnes qui ont des ressources très limitées et qui bénéficient de dispositions sociales spécifiques.

ÉCONOMISÉ, ÉE, p. p. d'économiser. [ekonomize]

ÉCONOMISER, v. tr. [ekonomize] (*économie*) Administrer avec économie. ◆ Faire des épargnes sur la dépense, sur la consommation. *Économiser le bois, la chandelle.* ◆ Absol. *Qui économise s'enrichit.* ◆ Fig. *Économiser son temps, ses forces.* ■ V. pr. Ménager ses forces, son énergie. *S'économiser avant une compétition.*

ÉCONOMISEUR, ■ adj. [ekonomizœr] (*économiser*) Qui permet de faire des économies. *Un couteau économiseur.* ■ N. m. Dispositif permettant d'optimiser la consommation d'un produit en la réduisant à son minimum nécessaire.

ÉCONOMISME, ■ n. m. [ekonomism] (*économiste*) Situation d'une société dont l'évolution est avant tout soumise à des facteurs économiques, financiers. *Les dénonciations de l'économisme.*

ÉCONOMISTE, n. m. [ekonomist] (*économie*) Celui qui s'occupe spécialement d'économie politique. *Les économistes du XVIIIᵉ siècle.*

ÉCOPE, ■ n. f. [ekɔp] (anc. b. frq. *skôpa*) Sorte de pelle de bois étroite, creuse et munie d'un manche, qui sert à vider l'eau entrée dans une embarcation. ■ REM. On disait aussi *escope*.

ÉCOPER, ■ v. tr. et v. intr. [ekope] (*écope*) Vider la coque d'une embarcation de l'eau qui s'y est introduite, à l'aide d'un récipient appelé *écope*. ■ Fig. Récupérer. *Il a écopé du projet le moins intéressant.* ■ Fig. Subir, endurer une épreuve.

ÉCOPERCHE, n. f. [ekopɛrʃ] (2 *écot* et 2 *perche*) Machine qui sert à élever des pierres, des fardeaux. ◆ N. f. pl. Grandes perches pour échafauder. ■ Voy. ÉTAMPERCHE.

ÉCOPHASE, ■ n. f. [ekofaz] (*éco-* et *phase*) Ensemble des stades de développement d'un organisme animal. *L'écophase des insectes comprend les œufs, les larves et les nymphes.*

ÉCORÇAGE, ■ n. m. [ekɔrsaʒ] (*écorcer*) Action d'écorcer.

ÉCORCE, n. f. [ekɔrs] (lat. impér. *scortea*, manteau de peau, de *scortum*, peau) Enveloppe de la tige des plantes ligneuses. ◆ Par extens. Enveloppe de certains fruits. *Écorce d'orange.* ◆ Fam. *Quand on a pressé l'orange, on jette l'écorce*, on néglige celui dont on n'a plus besoin. ◆ *L'écorce du globe*, les couches de terrain qui forment la croûte solide du globe terrestre. ◆ ▷ Fig. La superficie des choses, l'apparence. « *Le vulgaire s'arrête à l'écorce et aux apparences* », PATRU. ◁ ◆ Prov. *Entre l'arbre et l'écorce, il ne faut pas mettre le doigt*, il n'est jamais prudent d'intervenir dans les querelles de famille.

ÉCORCÉ, ÉE, p. p. d'écorcer. [ekɔrse]

ÉCORCEMENT, n. m. [ekɔrsəmɑ̃] (*écorcer*) Action d'écorcer ; résultat de cette action.

ÉCORCER, v. tr. [ekɔrse] (*écorce*) Dépouiller de l'écorce. *Écorcer des peupliers.* ◆ Par extens. *Écorcer le riz*, le débarrasser de son enveloppe. ◆ S'écorcer, v. pr. Se dépouiller de son écorce. ■ ÉCORCEUR, EUSE, n. m. et n. f. [ekɔrsœr, øz]

ÉCORCHAGE ou **ÉCORCHEMENT**, n. m. [ekɔrʃaʒ, ekɔrʃəmɑ̃] (*écorcher*) Action d'écorcher.

ÉCORCHANT, ANTE, adj. [ekɔrʃɑ̃, ɑ̃t] (*écorcher*) Qui écorche. ◆ Fig. Qui fait mal à la gorge ou à l'oreille par la dureté de la prononciation ou du son.

ÉCORCHÉ, ÉE, p. p. d'écorcher. [ekɔrʃe] Héral. *Animaux écorchés*, animaux peints tout entiers de gueules. ◆ N. m. Dess. Figure d'étude laissant voir les muscles à nu. ■ Représentation graphique des éléments internes d'un objet ou d'une machine. ■ *Un écorché vif*, une personne dont la profonde sensibilité lui cause des souffrances morales.

ÉCORCHE-CUL (À), loc. adv. [ekɔrʃ(ə)ky] (*écorcher* et *cul*) ▷ Très fam. En glissant, en se traînant sur le derrière. *Ces enfants jouent à écorche-cul.* ◆ Fig. et bassement À contrecœur. ◁

ÉCORCHÉE, n. f. [ekɔrʃe] (*écorcher*) ▷ Nom vulgaire du coquillage que les zoologistes appellent *conus geographicus*. ◁

ÉCORCHEMENT, [ekɔrʃəmɑ̃] Voy. ÉCORCHAGE.

ÉCORCHER, v. tr. [ekɔrʃe] (b. lat. *excorticare*, du lat. *cortex*, génit. *corticis*, enveloppe) Dépouiller un animal de sa peau. *Écorcher un cheval, un prisonnier tout vif.* ◆ ▷ *Écorcher l'anguille par la queue*, commencer par où l'on devrait finir, par ce qu'il y a de plus difficile. ◁ ◆ *Il crie comme si on l'écorchait*, ou *avant qu'on ne l'écorche*, il se plaint sans grand sujet. ◆ Enlever une partie de la peau. *Je me suis écorché le bras.* ◆ Par extens. *Les charrettes en passant ont écorché cet arbre.* ◆ Faire mal au palais, à la gorge. *Ce vin vous écorche le palais.* ◆ Par extens. « *Ce mot écorchait le gosier d'un Athénien* », VOLTAIRE. ◆ *Écorcher l'oreille, les oreilles*, mal prononcer les mots, ou phrases peu discordants, ou par extens. heurter la peine, déplaire. ◆ ▷ Fam. *Écorcher les auteurs*, les expliquer à grand-peine. ◁ ◆ *Écorcher une langue*, la parler d'une manière incorrecte. ◆ *Écorcher un mot*, le mal prononcer. ◆ Exiger au-dessus du prix. *Cet hôtelier écorche les gens.* ◆

S'**écorcher**, v. pr. Se faire une écorchure. ♦ ▷ **Fig.** *Il ne s'écorche pas*, il parle trop avantageusement de lui-même. ◁ ♦ Subir une perte superficielle de substance. *La couverture de ce livre s'écorche.*

ÉCORCHERIE, n. f. [ekɔrʃəri] ▷ Voirie où l'on écorche les bêtes. ♦ **Fig.** Demande excessive. ◁

ÉCORCHEUR, n. m. [ekɔrʃœr] (*écorcher*) Celui qui écorche les bêtes mortes. ♦ Celui qui rançonne ses clients. ♦ **N. m. pl.** Brigands qui désolèrent au xive siècle une partie de la France.

ÉCORCHURE, n. f. [ekɔrʃyr] (*écorcher*) Plaie légère de la peau ou des membranes muqueuses produite par un frottement violent.

ÉCORNÉ, ÉE, p. p. d'écorner. [ekɔrne]

ÉCORNEMENT, n. m. [ekɔrnəmã] (*écorner*) Action d'écorner ; état de ce qui est écorné.

ÉCORNER, v. tr. [ekɔrne] (*é-* et *corne*) Rompre une corne à un animal. ♦ ▷ Par exagération. *Il fait un vent à écorner les bœufs.* ◁ ♦ **Par extens.** Casser un angle, une partie à un objet. *Écorner une table, une pierre.* ♦ *Écorner un livre*, casser un des coins de la couverture. ♦ **Fig.** *Écorner son bien, en vendre*, en dissiper une partie. ♦ S'écorner, v. pr. Perdre une corne ou ses cornes. ♦ **Fig.** *Son bien s'écorne tous les jours*, le capital en diminue.

ÉCORNIFLÉ, ÉE, p. p. d'écornifler. [ekɔrnifle]

ÉCORNIFLER, v. tr. [ekɔrnifle] (radic. de *écorner*, prob. amputer, et moy. fr. *nifler*, flairer [cf. *renifler*]) Prendre, se faire donner çà et là de l'argent, un dîner, etc.

ÉCORNIFLERIE, n. f. [ekɔrnifləri] (*écornifler*) Action d'écornifler.

ÉCORNIFLEUR, EUSE, n. m. et n. f. [ekɔrniflœr, øz] (*écornifler*) Celui, celle qui écornifle. ♦ Celui qui s'empare de quelque chose qui n'est pas à lui. « *Les écornifleurs du Parnasse* », Voltaire.

ÉCORNURE, n. f. [ekɔrnyr] (*écorner*) Éclat emporté de l'angle d'une pierre, d'un meuble. ♦ Brèche occasionnée par l'enlèvement de l'angle d'une pierre, d'un marbre, etc.

ÉCOSSAIS, AISE, n. m. et n. f. [ekose, ɛz] (anc. fr. *escot*, b. lat. *scotus*) Nom du peuple qui habite le nord de la Grande-Bretagne. ♦ **N. m.** *L'écossais*, le dialecte parlé dans les basses terres en Écosse. ♦ **Adj.** *Étoffe écossaise*, étoffe à carreaux et à lignes croisées carrément, de diverses couleurs, et **N. m.** *un écossais*. ■ *Une douche écossaise*, qui alterne eau chaude et eau froide. **Fig.** Suite de paroles alternativement agréables et désagréables.

ÉCOSSÉ, ÉE, p. p. d'écosser. [ekose]

ÉCOSSER, v. tr. [ekose] (*é-* et *cosse*) Tirer de la cosse. *Écosser des fèves.* ♦ S'écosser, v. pr. Sortir de la cosse.

ÉCOSSEUR, EUSE, n. m. et n. f. [ekosœr, øz] (*écosser*) Celui, celle qui écosse des pois, des fèves.

ÉCOSYSTÈME, ■ n. m. [ekosistɛm] (*éco-* et *système*) **Biol.** Ensemble des êtres vivants qui interagissent dans un milieu naturel. *Apprendre à exploiter les ressources naturelles de la forêt sans détruire l'écosystème forestier.*

1 **ÉCOT**, n. m. [eko] (anc. b. frq. *skot*, impôt) ▷ Quote-part à payer par chaque convive dans un repas pris à frais communs. ◁ ♦ ▷ Une compagnie de gens qui mangent ensemble dans une auberge, dans un cabaret. *Il y a deux écots dans ce jardin.* ◁ ♦ ▷ **Fig.** *Parlez à votre écot*, se dit à une personne se mêlant de parler à des gens qui ne lui adressent pas la parole. ◁ ♦ ▷ *Être de tous écots*, se mêler de toutes choses. ◁ ♦ La totalité de la dépense que l'on fait pour un repas. *J'ai payé l'écot pour tous.*

2 **ÉCOT**, n. m. [eko] (anc. b. frq. *skot*, pousse, rejet ; v. 1200) Eaux et forêts. Nom donné aux grosses branches et aux troncs mal dépouillés de leurs menues branches, de sorte qu'il y reste des bouts excédants. ♦ **Hérald.** Représentation d'un tronc d'arbre garni de quelques branches rompues.

ÉCOTAXE, ■ n. f. [ekotaks] (*éco-* et *taxe*) Taxe imposée aux entreprises dont les activités sont susceptibles de nuire à l'environnement. *Écotaxe sur les carburants, les engrais chimiques.*

ÉCOTONE, ■ n. m. [ekotɔn] (*éco-* et *tonos*, tension) **Biol.** Zone de transition entre deux systèmes écologiques adjacents, dans laquelle les espèces des deux systèmes se rencontrent, également appelée *effet lisière*.

ÉCOUAILLES, n. f. pl. [ekwaj] (*é-* et anc. fr. *coue*, queue ; coaille) ▷ Laine que l'on coupe sous la cuisse et la queue des moutons et qui est de basse qualité. ◁

ÉCOUFLE, n. m. [ekufl] (b. bret. *skoul*) ▷ Sorte de milan. ◁

ÉCOULÉ, ÉE, p. p. d'écouler. [ekule]

ÉCOULEMENT, n. m. [ekul(ə)mã] (*écouler*) Mouvement des liquides qui suivent leur pente, des fluides qui ne sont plus contenus. ♦ Sortie, par un orifice, d'un liquide hors du vase qui le contient. ♦ **Méd.** Sortie d'une humeur fournie par un organe malade ou non. ♦ **Comm.** *L'écoulement des produits, des marchandises*, la vente successive de ces produits, de ces marchandises. ♦ Il se dit aussi de la foule qui passe, qui sort d'un lieu.

ÉCOULER (S'), v. pr. [ekule] (*é-* et *couler*) Couler hors, en parlant d'un liquide ou d'un fluide. *L'eau s'écoule.* ♦ **Par extens.** *Les années s'écoulent rapidement.* ♦ **Fig.** S'évanouir, se perdre. « *Le bonheur des méchants comme un torrent s'écoule* », Racine. ♦ Se passer, en parlant du temps. « *Le temps qui s'écoule depuis Moïse jusqu'à Jésus-Christ* », Bossuet. ♦ Cheminer à la suite les uns des autres, et s'en aller, en parlant d'une foule. ♦ Se vendre successivement. *Cette marchandise s'écoule par une foule de débouchés.* ♦ **V. tr.** Débiter, vendre. *Écouler des marchandises.* ♦ Avec les verbes *faire, voir, laisser, sentir*, etc., on peut supprimer le pronom personnel de *s'écouler*.

ÉCOUMÈNE ou **ŒKOUMÈNE**, ■ n. m. [ekumɛn] (gr. *oikoumenê khôra*, territoire habité) Partie de la planète occupée par l'homme. ♦ **Géogr.** Relation, tant géographique que philosophique, de l'humanité à l'étendue terrestre.

ÉCOURGEON, n. m. [ekurʒõ] Voy. escourgeon.

ÉCOURTÉ, ÉE, p. p. d'écourter. [ekurte] *Cheval écourté.*

ÉCOURTER, v. tr. [ekurte] (*é-* et *court*) Couper trop court. *Écourter un manteau.* ♦ Couper la queue, les oreilles, en parlant des animaux. *Écourter un cheval, un chien.* ♦ **Fig.** Abréger trop. *Écourter une scène, un voyage*, etc. ♦ S'écourter, v. pr. Être trop abrégé.

ÉCOUTANT, ANTE, adj. [ekutã, ãt] (*écouter*) Qui écoute. ♦ ▷ **Plais.** *Avocat écoutant*, celui qui ne plaide point. ◁ ♦ ♦ **N. m.** Celui qui écoute, dans le langage familier et badin. « *N'avons-nous point ici quelque écoutant ?* », Molière. ◁ ♦ **Au pl.** Les auditeurs. *Il faut entendre l'opinion des écoutants.* ◁ ♦ **N. m.** et **n. f.** Personne qui écoute et conseille par téléphone des individus en difficulté. *Les écoutants de SOS-Détresse-Amitié.*

1 **ÉCOUTE**, n. f. [ekut] (*écouter*) Lieu propre à écouter ce qui se dit. ♦ ▷ **Fig.** *Être aux écoutes*, être attentif à ce qui se dit. ◁ ♦ ♦ **Adj.** *Sœur écoute*, religieuse envoyée au parloir pour accompagner celle qu'on demande et ouïr ce qu'on lui dit. ◁ ♦ Action d'écouter. *Être à l'écoute.* ♦ *Table d'écoute*, qui permet l'enregistrement de conversations téléphoniques. ■ *Une heure de grande écoute*, heure où les téléspectateurs ou auditeurs sont nombreux. ■ **Fig.** *À l'écoute de*, attentif à. *Un instituteur à l'écoute de ses élèves.*

2 **ÉCOUTE**, n. f. [ekut] (anc. nord. *skaut*, angle de la voile, puis câble qui lui est attaché) **Mar.** Cordage attaché au coin inférieur d'une voile pour servir à la déployer et à l'étendre.

ÉCOUTÉ, ÉE, p. p. d'écouter. [ekute] ▷ **Équit.** *Des mouvements écoutés*, mouvements faits avec précision. ◁

ÉCOUTER, v. tr. [ekute] (anc. fr. *escolter*, b. lat. *ascultare*, lat. *auscultare*, écouter avec attention, ajouter foi, obéir) Prêter l'oreille pour entendre ; prêter son attention à ce qu'on vous dit. ♦ **Absol.** *Je suis venu ici pour écouter.* ♦ **Théât.** *Cet acteur sait écouter*, il est bien en scène quand l'interlocuteur lui parle. ♦ **Fig.** *Écouter aux portes*, commettre des indiscrétions de curiosité, et aussi se tenir au courant des choses secrètes. ♦ *N'écouter que d'une oreille*, faire peu d'attention. ♦ **Plais.** *Un écoute s'il pleut*, un moulin auquel l'eau manque souvent, et fig. un homme faible que la moindre chose arrête ; une promesse illusoire. ♦ **Par extens.** *Écouter*, donner audience, entendre une réclamation, une demande, une observation. ♦ *Écouter quelqu'un en confession*, recevoir sa confession. ♦ Accueillir, ne pas repousser. « *Le choix est glorieux et vaut bien qu'on l'écoute* », Molière. ♦ Se laisser aller à un sentiment ou à une passion. *Écouter sa douleur.* ♦ *Écouter trop son mal*, s'en affecter trop vivement, se trop ménager. ♦ S'écouter, v. pr. Prêter attention aux pensées qui surgissent dans l'esprit. ♦ *N'écouter que soi-même*, ne consulter que ses propres inspirations. ♦ *S'écouter parler* ou absol. *s'écouter*, parler lentement et affecter de bien dire. ♦ Se laisser aller à l'intérêt pour soi-même. ♦ *S'écouter*, ménager ses forces, sa santé. ■ **V. tr.** Obéir à. *Écouter ses parents.* ♦ **Fig.** *N'écouter que son cœur, son courage*, laisser guider par son cœur, par son courage. ■ **Fig.** *Écouter d'où vient le vent*, prendre le parti du plus influent, afin d'en obtenir des avantages. ■ *Si je m'écoutais*, si je suivais mon impulsion. *Si je m'écoutais, je lui dirais ses quatre vérités !*

ÉCOUTEUR, EUSE, n. m. et n. f. [ekutœr, øz] (*écouter*) ▷ Celui, celle qui écoute. ◁ ♦ ▷ Celui, celle qui écoute par indiscrétion. *Un écouteur aux portes.* ◁ ♦ **Adj.** *Cheval écouteur*, Voy. écouteux. ■ **N. m.** Partie d'un dispositif qu'on accole à l'oreille pour écouter. *Écouteur d'un téléphone. Écouteurs d'un baladeur.*

ÉCOUTEUX, adj. m. [ekutø] (*écouter* ; anc. forme d'*écouteur*) *Cheval écouteux*, cheval distrait par les objets qui le frappent.

ÉCOUTILLE, n. f. [ekutij] (esp. *escotilla*, mot parent de *escotadura*, trappe de théâtre) Ouverture faite au pont d'un navire pour établir une communication entre deux étages et pour faciliter le chargement et le déchargement du navire. *Fermer les écoutilles.* ■ **Fam.** Oreille. *Ouvre bien tes écoutilles !*

ÉCOUVILLON, n. m. [ekuvijɔ̃] (dim. de l'anc. fr. *escouve*, balai, du lat. *scopa*) ▷ Linge attaché à un long bâton, avec lequel les boulangers nettoient leur four. ◁ ◆ ▷ Instrument dont les canonniers se servent pour nettoyer l'âme du canon lorsqu'il a tiré. ◁ ■ Brosse cylindrique utilisée pour nettoyer les bouteilles et bocaux. ■ **Méd.** Petite brosse utilisée pour effectuer un prélèvement ou nettoyer une cavité naturelle.

ÉCOUVILLONNÉ, ÉE, p. p. d'écouvillonner. [ekuvijɔne]

ÉCOUVILLONNER, v. tr. [ekuvijɔne] (*écouvillon*) Nettoyer avec l'écouvillon. ■ **ÉCOUVILLONNAGE**, n. m. [ekuvijɔnaʒ]

ÉCRABOUILLÉ, ÉE, p. p. d'écrabouiller. [ekʀabuje]

ÉCRABOUILLER, v. tr. [ekʀabuje] (moy. fr. *escarbouiller* [Rabelais] ; croisement de *écraser* [avec métathèse] et de l'anc. fr. *esboillier*, étriper, de *boiel*, boyau) **Pop.** Réduire en fragments, en écachant. *Écrabouiller la tête.* ◆ S'écrabouiller, v. pr. Être écrabouillé ■ **Fam.** Broyer en exerçant une pression intense, réduire en morceaux. *Écrabouiller des fleurs en marchant. Tu m'écrabouilles les pieds !* ◆ **Fig.** Réduire au silence, à néant. *Entreprise qui se fait écrabouiller par un concurrent.* ■ **REM.** On disait autrefois *écarbouiller* ou *escarbouiller*. ■ **ÉCRABOUILLAGE** ou **ÉCRABOUILLEMENT**, n. m. [ekʀabujaʒ, ekʀabuj(ə)mɑ̃] ■ **ÉCRABOUILLEUR, EUSE**, n. m. et n. f. [ekʀabujœʀ, øz]

ÉCRAN, n. m. [ekʀɑ̃] (m. néerl. *scherm*, paravent) Sorte de meuble dont on se sert pour se garantir de l'action directe du feu. ◆ Sorte d'éventail qu'on tient à la main pour le même objet. ◆ **Fig.** *Il se mit devant moi pour me servir d'écran.* ■ **Par extens.** Objet ou dispositif qui protège ou empêche de voir. *Un écran de verdure. Un écran antibruit.* ■ *Écran de fumée,* fumée produite volontairement pour dissimuler des manœuvres militaires. ■ **Fig.** Manœuvre de dissimulation. *Le plan présenté par le ministre apparaît comme un écran de fumée destiné à occuper le terrain médiatique.* ■ *Écran total,* crème qui protège des rayons néfastes du soleil. ■ Surface blanche sur laquelle sont projetées des images animées ou non. *Un écran sur trépied.* ■ Surface qui reproduit des images ou des données. *Un écran de télévision, d'ordinateur.* ■ *Le petit écran,* la télévision. ■ *Le grand écran,* le cinéma. ■ *Porter à l'écran,* réaliser un film à partir d'une œuvre littéraire. ■ *Écran publicitaire,* temps de diffusion de publicités à la télévision ou à la radio.

ÉCRASAGE, n. m. [ekʀazaʒ] (*écraser*) ▷ Action d'écraser. ◁

ÉCRASANT, ANTE, adj. [ekʀazɑ̃, ɑ̃t] (*écraser*) Qui écrase. ◆ **Par extens.** **Milit.** *Forces écrasantes,* forces de beaucoup supérieures. ◆ **Fig.** Qui étourdit, qui humilie.

ÉCRASÉ, ÉE, p. p. d'écraser. [ekʀaze] **Fig.** Très aplati. *Comble écrasé. Nez écrasé.* ◆ *Une personne écrasée,* une personne dont la taille est courte et ramassée.

ÉCRASEMENT, n. m. [ekʀaz(ə)mɑ̃] (*écraser*) Action d'écraser ; état de ce qui est écrasé. ◆ **Fig.** *L'écrasement de l'amour-propre.* ◆ ▷ **Chir.** *Écrasement linéaire,* procédé opératoire qui, au lieu de couper par un instrument tranchant les parties à retrancher, les coupe par l'écrasement et la constriction. ◁ ◆ **Fig.** Défaite cuisante. *Écrasement d'une armée, d'une équipe sportive.*

ÉCRASER, v. tr. [ekʀaze] (*é-* et angl. [*to*]*crasen,* mettre en miettes, prob. de l'anc. scand. *krassa,* broyer) Briser par une forte compression, par un choc violent. *Écraser le raisin, un insecte.* ◆ **Techn.** Trop frapper une étoffe. ◆ Défigurer par une forte compression. ◆ Anéantir, réduire à rien. *Écraser une armée.* ◆ **Fig.** *« Le sentiment du bonheur écrase l'homme »,* J.-J. ROUSSEAU. ◆ Fatiguer, accabler, importuner. *Être écrasé de travail. Écraser un peuple d'impôts.* ◆ Jeter dans l'infériorité, dans l'ombre. *Écraser son rival.* ◆ Surpasser, vaincre. *Écraser quelqu'un dans une discussion.* ◆ S'écraser, v. pr. Être écrasé. ■ Appuyer fortement sur. *Écraser la pédale de frein.* ■ *Écraser un piéton,* le renverser et rouler sur son corps avec un véhicule. ■ **Inform.** Détruire des données en copiant d'autres à la même place. ◆ S'écraser, v. pr. **Fam.** Se taire.

ÉCRASEUR, n. m. [ekʀazœʀ] (*écraser*) Celui qui écrase. ◆ ▷ **Chir.** *Écraseur linéaire,* l'instrument avec lequel on pratique l'écrasement linéaire. ◁

ÉCRÉMAGE, n. m. [ekʀemaʒ] (*écrémer*) Première opération pour faire le beurre, qui consiste à enlever la crème sur le lait. ■ **Fig.** Prélèvement du meilleur dans un ensemble d'individus ou d'objets.

ÉCRÉMÉ, ÉE, p. p. d'écrémer. [ekʀeme]

ÉCRÉMER, v. tr. [ekʀeme] (*é-* et *crème*) Ôter la crème. *Écrémer du lait.* ◆ **Fig.** Enlever d'un tout ce qu'il y a de meilleur. *Écrémer une bibliothèque.*

ÉCRÉMEUSE, ■ n. f. [ekʀemøz] (*écrémer*) Appareil servant à écrémer le lait.

ÉCRÉNAGE, n. m. [ekʀenaʒ] (*écréner*) ▷ Façon donnée par le fondeur à certaines lettres longues. ◁

ÉCRÉNER, v. tr. [ekʀene] (*é-* et *cran*) ▷ **Techn.** Dégager le haut ou le bas d'une lettre d'un peu de matière qui la fait porter à faux. ◆ S'écréner, v. pr. Être écréné. ◁

ÉCRÉNEUR, n. m. [ekʀenœʀ] (*écréner*) ▷ Ouvrier qui pratique l'écrénage. ◁

ÉCRÊTÉ, ÉE, p. p. d'écrêter. [ekʀete]

ÉCRÊTEMENT, n. m. [ekʀɛt(ə)mɑ̃] (*écrêter*) **Milit.** Action d'écrêter un parapet. ■ Égalisation par rapport à une moyenne.

ÉCRÊTER, v. tr. [ekʀete] (*é-* et *crête*) Ôter la crête. *Écrêter un coq.* ◆ **Milit.** Battre à coups de canon un mur, un épaulement par le haut. ◆ Ponts et chaussées. *Écrêter une route,* l'abaisser. ■ *Écrêter les prix,* les égaliser par rapport à une moyenne. ■ **ÉCRÊTAGE**, n. m. [ekʀetaʒ]

ÉCREVISSE, n. f. [ekʀəvis] (a. b. frq *krebitia*) Animal de la famille des crustacés, qui vit dans l'eau. ■ *Buisson d'écrevisses,* plat d'écrevisses. ◆ *Aller comme les écrevisses,* reculer au lieu d'avancer. ◆ *Être rouge comme une écrevisse,* être très rouge comme l'est une écrevisse cuite. ◆ ▷ *Yeux d'écrevisse,* concrétions pierreuses renfermées dans l'estomac de l'écrevisse et employées en médecine. ◁ ◆ ▷ Signe du zodiaque, dit plus souvent *Cancer.* ◁

ÉCRIER (S'), v. pr. [ekʀije] (*é-* et *crier*) Jeter subitement un grand cri, une exclamation. ◆ Prononcer des paroles en criant. *Il s'écria que c'était une injustice.* ◆ ▷ *S'écrier à quelqu'un,* dire en criant quelque chose à quelqu'un. « *Fuyons, s'écriait-il à la bête »,* FÉNELON. ◁ ◆ ▷ Pousser un cri d'admiration. « *Nous ferons notre devoir de nous écrier comme il faut sur tout ce qu'on dira »,* MOLIÈRE. ◁

ÉCRILLE, n. f. [ekʀij] (*écriller,* tomber en glissant, de l'anc. nord. *skridla,* glisser) Claie ou clôture de barres de bois pour empêcher que le poisson ne sorte des étangs par les décharges.

ÉCRIN, n. m. [ekʀɛ̃] (lat. *scrinium,* cassette) Petit coffret pour serrer les pierreries, les bijoux. ◆ **Fig.** *C'est le plus beau joyau de son écrin,* c'est ce qu'il possède de plus précieux. ◆ Les joyaux que renferme l'écrin. *Un riche écrin.* ■ **Par anal.** Maison située dans un écrin de verdure.

ÉCRIRE, v. tr. [ekʀiʀ] (anc. fr. *escrire,* du lat. *scribere,* tracer, écrire) Exprimer avec des lettres les sons de la parole et le sens du discours. ◆ Se dit en parlant de musique, d'arithmétique ou d'algèbre. *Écrire un morceau, un air, une addition, une opération.* ◆ **Absol.** *Savoir lire et écrire.* ◆ Inscrire. « *Ô mon Dieu, vous l'aviez écrit sur le livre éternel »,* MASSILLON. ◆ **Fig.** *Dieu a écrit sa loi dans nos consciences.* ◆ Orthographier. *Comment écrivez-vous tel mot ?* ◆ Adresser et envoyer une lettre à quelqu'un. ◆ Informer par lettre ou par correspondance. *Je lui ai écrit la mort de son père.* ◆ **Absol.** *Je vous écrirai.* ◆ S'écrire, avoir un commerce de lettres. ◆ Rédiger, composer un ouvrage. *Écrire un traité, une histoire.* ◆ **Absol.** *Écrire en prose, en vers.* ◆ ▷ On dit aussi : *Écrire d'une chose.* ◁ ◆ Il se dit du genre de style. *Cet homme parle bien, mais ne sait pas écrire.* ◆ *Écrire au courant de la plume,* écrire rapidement, sans beaucoup de réflexion. ◆ Avancer, enseigner dans un ouvrage. ◆ **Mus.** Composer. ◆ **Dr.** Exposer ses moyens dans un mémoire, dans une requête. *Ils furent appointés à écrire et produire.* ◆ Rédiger un procès-verbal, un interrogatoire, une déposition. ◆ Marquer, indiquer. « *Son sang sur la poussière écrivait mon devoir »,* P. CORNEILLE. ◆ S'écrire, v. pr. « *Tout ce qui peut se dire ne se doit pas écrire »,* d'OLIVET. ■ Être orthographié. ■ ▷ *S'écrire chez quelqu'un,* inscrire son nom chez quelqu'un à qui l'on fait visite. ◁

1 ÉCRIT, n. m. [ekʀi] (2 *écrit* substantivé) Papier ou parchemin sur lequel une chose est consignée avec des lettres. ◆ *Un mot d'écrit,* lettre très courte, écrit très court. ◆ *En écrit, par écrit,* sur le papier, par opposition à de vive voix. ◆ En procédure, *instruction, procès par écrit,* instruction, procès où tout est fait par écrit. ◆ *Mettre en écrit, par écrit,* écrire une chose pour s'en souvenir, ou exposer une chose dans un écrit, dans un mémoire. ◆ Acte, convention écrite. ◆ Ouvrage littéraire ou scientifique. ◆ En général, *écrit* se dit des ouvrages en prose. ◆ Partie écrite des épreuves, lors d'un examen, d'un concours. *Il a été admis à l'écrit, mais s'est fait recaler à l'oral.*

2 ÉCRIT, ITE, p. p. d'écrire. [ekʀi, it] *Langue écrite,* langue littéraire et grammaticale, par opposition à *langue parlée.* ◆ *Ce qui est écrit est écrit,* on ne peut rien changer à ce qui est écrit. ◆ *Cela était écrit au ciel* ou absol. *cela est écrit, était écrit,* cela doit, devait arriver. ◆ **Absol.** *Cela n'est pas écrit,* se dit d'un ouvrage dont le style est sans correction ni élégance.

ÉCRITEAU, n. m. [ekʀito] (anc. fr. *escriptiau,* de 1 *écrit*) Affiche faisant connaître une chose au public. ◆ ▷ *Mettre écriteau,* annoncer par un écriteau que quelque chose est à vendre ou à louer. ◁

ÉCRITOIRE, n. f. [ekʀitwaʀ] (b. lat. *scriptorium,* style en métal, puis cabinet d'étude) Petit meuble portatif où l'on met tout ce qu'il faut pour écrire. ◆ Se dit pour encrier, en prenant le tout pour la partie.

ÉCRITURE, n. f. [ekʀityʀ] (anc. fr. *escriture, escripture,* du lat. *scriptura*) Ce qui est écrit. ◆ **Admin.** Comptes, correspondances, rapports. *Multiplier les écritures.* ◆ **Comm.** *Tenir les écritures,* être chargé des comptes et correspondances. ◆ **Dr.** Écrits qu'on fait pour un procès. ◆ **Mar.** Papiers, registres, passeports. ◆ L'art d'écrire ; reproduction de la parole par des lettres. « *L'écriture est la peinture de la voix »,* VOLTAIRE. ◆ Art, manière de former les lettres. *Avoir une belle écriture.* ◆ Forme particulière des caractères. *L'écriture gothique, cursive, anglaise.* ◆ *L'écriture sainte* ou **absol.** *l'Écriture, les Écritures,* l'Ancien et le Nouveau Testament. ■ **Littér.** Art de manier la langue. *L'écriture poétique.* ■ **N. f. pl. Comptab.** Ensemble des documents constituant la comptabilité d'une entreprise.

▷ **ÉCRIVAILLER,** v. intr. [ekʁivaje] (radic. de *écrivain* ; forme péjorative d'*écrire*) Écrire avec négligence des choses sans valeur. ◆ **V. tr.** *Écrivailler de mauvais romans.*

ÉCRIVAILLERIE, n. f. [ekʁivaj(ə)ʁi] (*écrivailler*) Démangeaison d'écrire.

ÉCRIVAILLEUR, EUSE, n. m. et n. f. [ekʁivajœʁ, øz] (*écrivailler*) Mauvais auteur. ■ **Rem.** On dit aussi auj. *écrivaillon.*

ÉCRIVAILLON, ONNE, ■ n. m. et n. f. [ekʁivajɔ̃, ɔn] (radic. de *écrivain*) **Fam.** Personne qui se dit écrivain mais n'en possède pas les qualités, piètre écrivain. *Écrivaillon qui noircit du papier avec des histoires sordides.*

ÉCRIVAIN, n. m. [ekʁivɛ̃] (b. lat. *scribanus,* du lat. *scriba,* scribe, secrétaire) Celui qui écrit pour d'autres. *Écrivain public.* ◆ ▷ *Expert écrivain,* maître d'écriture assermenté près d'un tribunal. ◁ ◆ **Mar.** Employé qui remplit quelques-unes des fonctions attribuées au commis de la marine. ◆ Homme qui compose des livres. ◆ Il se dit aussi des femmes. *Mme de Staël est un très bon écrivain.* ◆ **Absol.** *C'est un écrivain,* c'est un homme habile dans l'art d'écrire.

ÉCRIVANT, ANTE, adj. [ekʁivɑ̃, ɑ̃t] (*écrire*) Qui écrit. *La secte écrivante, cabalante, intrigante.*

ÉCRIVASSER, ■ v. intr. [ekʁivase] (*écrire*) Écrire des articles ou des livres, sans soin particulier, dans un but avant tout financier.

ÉCRIVASSIER, IÈRE, n. m. et n. f. [ekʁivasje, jɛʁ] (radic. de *écrivain*) Mauvais auteur qui écrit beaucoup.

ÉCRIVEUR, EUSE, n. m. et n. f. [ekʁivœʁ, øz] ou [ekʁivœʁ, øz] (radic. de *écrivant*) ▷ **Fam.** Celui, celle qui écrit beaucoup de lettres, qui aime à en écrire. ◁

1 **ÉCROU,** n. m. [ekʁu] (anc. fr. *escroe,* du lat. *scrofa,* truie, en b. lat. écrou) Pièce de bois ou de toute autre matière, percée en hélice, qui reçoit la vis. ■ Au pl. *Des écrous.*

2 **ÉCROU,** n. m. [ekʁu] (anc. fr. *escroe,* bande de parchemin, de l'anc. b. frq. *skrôda,* lambeau) Article du registre des emprisonnements, portant le nom du prisonnier, la cause de l'arrestation. *Dresser, lever un écrou.*

ÉCROUÉ, ÉE, p. p. d'écrouer. [ekʁue]

ÉCROUELLÉ, ÉE, adj. [ekʁuele] ▷ Qui est atteint des écrouelles. ◁

ÉCROUELLES, n. f. pl. [ekʁuɛl] (lat. pop. *scofellæ,* du b. lat. *scrofulæ,* de *scrofa,* truie) Maladie caractérisée par la tuméfaction des glandes du cou et par une détérioration générale de la constitution ; c'est la même chose que scrofules. *Avoir les écrouelles.*

ÉCROUELLEUX, EUSE, adj. [ekʁuelø, øz] (*écrouelles*) ▷ Qui a rapport aux écrouelles. ◆ Qui est atteint des écrouelles. ◆ **N. m.** et **n. f.** *Un écrouelleux. Une écrouelleuse.* ◁

ÉCROUER, v. tr. [ekʁue] (2 *écrou*) Inscrire un acte d'arrestation sur les registres des écrous ; emprisonner.

ÉCROUES, n. f. pl. [ekʁu] (2 *écrou*) ▷ Autrefois états ou rôles de la dépense de bouche de la maison du roi. ◁

ÉCROUI, IE, p. p. d'écrouir. [ekʁui]

ÉCROUIR, v. tr. [ekʁuiʁ] (1 *é-* et wall. *crou,* cru, brut) Rendre un métal plus dense et lui donner du ressort, en le battant à froid ou en le faisant passer à la filière. ◆ **S'écrouir,** v. pr. Être écroui.

ÉCROUISSAGE, n. m. [ekʁuisaʒ] (*écrouir*) Action d'écrouir.

ÉCROUISSEMENT, n. m. [ekʁuis(ə)mɑ̃] (*écrouir*) Action d'écrouir ; augmentation de dureté et de densité qui en résulte.

ÉCROULÉ, ÉE, p. p. d'écrouler. [ekʁule]

ÉCROULEMENT, n. m. [ekʁul(ə)mɑ̃] (*écrouler*) Chute d'un mur, d'un édifice, d'une montagne. ◆ **Fig.** *L'écroulement de ma fortune.*

ÉCROULER (S'), v. pr. [ekʁule] (*é-* et *crouler*) Crouler complètement. ◆ **Fig.** *Sa fortune s'est écroulée.* ◆ Avec les verbes *faire* et *laisser,* on peut admettre l'ellipse du pronom personnel. *Les pluies ont fait écrouler le mur.* ◆ S'affaisser brusquement. *S'écrouler sur un canapé.* ■ **Fam.** *Être écroulé de rire,* rire fortement et bruyamment.

ÉCROÛTAGE ou **ÉCROUTAGE,** n. m. [ekʁutaʒ] (*écroûter*) Action d'écroûter une friche.

ÉCROÛTÉ, ÉE ou **ÉCROUTÉ, ÉE,** p. p. d'écroûter. [ekʁute]

ÉCROÛTEMENT ou **ÉCROUTEMENT,** n. m. [ekʁut(ə)mɑ̃] (*écroûter*) ▷ Action d'écroûter ; résultat de cette action. ◁

ÉCROÛTER ou **ÉCROUTER,** v. tr. [ekʁute] (*é-* et *croûte*) Ôter la croûte. *Écroûter le pain.* ◆ Labourer superficiellement un ancien guéret, en détacher la superficie en tranches plates.

ÉCRU, UE, adj. [ekʁy] (anc. fr. *escru,* de *e[s]-* intensif, et *cru,* qui est à l'état naturel) Qui n'a point été soumis à l'eau. *Soie écrue.* ◆ *Fil écru,* fil qui n'a point été lavé. ◆ *Toile écrue,* toile qui n'a point été blanchie. ◆ **N. m.** Qualité de ce qui est écru. *De la soie dans son écru.* ◁ ◆ ▷ *Étoffe écrue. Des écrus de la Chine.* ◁ ■ Qui est d'un blanc tirant sur le beige. *Un pantalon écru.*

ÉCRUES, n. f. pl. [ekʁy] (fém. substantivé de *écru,* appliqué à des broussailles) ▷ Bois qui ont crû spontanément sur des terres labourables. ◁

ECSTASY, ■ n. m. [ekstazi] (mot angl., du gr. *ekstasis,* action de se déplacer, d'être hors de soi, égarement de l'esprit) Drogue dure ; substance chimique de synthèse aux propriétés euphorisantes, pouvant être hallucinogène, et qui a également pour effet d'abolir ou d'altérer temporairement les mécanismes d'inhibition du sujet qui la consomme. ■ **N. m.** ou **n. f. Par extens.** Un comprimé de cette même substance. *On l'a retrouvé à l'hôpital à la suite de l'absorption d'un ecstasy acheté à un dealer.*

ECTOBLASTE, ■ n. m. [ektoblast] (*ekto-* et *-blaste,* germe ; ou *-derme*) **Anat.** Feuillet externe de l'embryon, qui va donner l'épiderme, les ongles, l'émail des dents et le tissu nerveux. ■ **Rem.** On dit aussi *ectoderme.* ■ ECTOBLASTIQUE, adj. [ektoblastik]

ECTOPARASITE, ■ n. m. [ektoparazit] (*ekto-* et *parasite*) **Zool.** Parasite externe vivant sur les tissus végétaux, animaux et humains. *Les acariens sont des ectoparasites.* ■ Adj. *Insectes ectoparasites.*

ECTOPIE, ■ n. f. [ektopi] (gr. *ektopos,* déplacé, de *ek,* hors de, et *topos,* lieu) **Méd.** Position anormale d'un organe. *Ectopie testiculaire.*

ECTOPLASME, ■ n. m. [ektoplasm] (*ecto-* et *-plasme*) **Biol.** Couche superficielle d'une cellule. ■ **Sc. occ.** Manifestation visible, d'aspect fantomatique, produite par un médium du corps duquel elle émane (par la bouche, notamment). ■ **Fig.** Personne inconsistante. « *Pour lui prouver que j'étais pas un ectoplasme, je lui ai dit : - Toi, poupée, j'ai à te parler* », SIMONIN.

ECTOPROCTE, ■ n. m. [ektopʁɔkt] (*ecto-* et *-procte*) **Zool.** Petit invertébré marin, chez lequel l'anus se trouve en dehors de la couronne tentaculaire.

ECTOTHERME, ■ adj. [ektotɛʁm] (*ecto-* et *-therme*) **Zool.** *Animal ectotherme,* animal dont la température corporelle varie en fonction de celle de son milieu de vie. *La tortue est ectotherme.*

ECTROPION, n. m. [ektʁopjɔ̃] (gr. *ektropion*) **Chir.** Renversement de la paupière inférieure ou supérieure en dehors.

ECTYPE, n. f. [ektip] (gr. *ektupos,* taillé en relief) ▷ Copie, empreinte d'une médaille, d'un cachet. ◁

ÉCU, n. m. [eky] (anc. fr. *escut,* du lat. *scutum*) Bouclier que portaient les chevaliers. ◆ Figure de l'écu représentant les armoiries. *L'écu est le champ qui renferme les pièces des armoiries. L'écu de France. Écu écartelé.* ◆ Monnaie d'argent, ainsi dite parce que sur une des faces elle portait, comme un écu de blason, trois fleurs de lis. *Écu de trois livres, de six livres.* ◆ *Petit écu,* ancienne pièce d'argent valant trois livres. ◆ **Financ.** *Mille écus,* trois mille francs. ◆ De nos jours, pièce de monnaie frappée à l'effigie du prince et valant cinq francs. *Un écu de cinq francs.* ◆ au pl. **Absol.** Argent, richesse. *Il a des écus.*

ÉCUBIER, n. m. [ekybje] (a. norm. *esquenbieu* ; orig. inc., p.-ê. port. *escouvem*) **Mar.** Trou rond, percé à l'avant du navire, à droite ou à gauche de l'étrave, pour le passage du câble attaché à une ancre.

ÉCUEIL, n. m. [ekœj] (a. provenç. *escueyll,* lat. vulg. *scoclu,* du lat *scopulus,* gr. *scopelos,* p.-ê. de *skopein,* guetter) Rocher, banc de sable, de coquillages, de corail, etc. qui, élevé à la surface ou près de la surface des eaux, présente aux navires qui passent le danger de s'y échouer ou même d'y périr. *Donner sur un écueil.* ◆ **Fig.** Il se dit de tout ce qui est dangereux pour la vertu, l'honneur, la fortune, etc. « *La fausse gloire est l'écueil de la vanité* », LA BRUYÈRE.

ÉCUELLE, n. f. [ekɥɛl] (lat. *scutella,* petite coupe) Vase creux contenant la portion à manger d'une seule personne. *Écuelle de bois, de terre, d'argent.* ◆ ▷ **Fig.** *Prendre l'écuelle aux dents,* se mettre à manger. ◁ ◆ *Manger à la même écuelle,* manger ensemble, et fig. avoir des affaires communes. ◆ ▷ *Il a plu dans son écuelle,* il lui est venu beaucoup de bien. ◆ ■ Le contenu d'une écuelle. ◆ ▷ **Prov.** *Qui s'attend à l'écuelle d'autrui a souvent mal dîné,* celui qui fait trop de fonds sur autrui est souvent déçu. ◁ ■ Récipient destiné à contenir la nourriture des animaux.

ÉCUELLÉE, n. f. [ekɥele] (*écuelle*) Ce que contient une écuelle.

ÉCUISSAGE, n. m. [ekɥisaʒ] (*écuisser*) Action d'écuisser un arbre.

ÉCUISSÉ, ÉE, p. p. d'écuisser. [ekɥise]

ÉCUISSER, v. tr. [ekɥise] (*é-* et *cuisse,* branche) Faire éclater le tronc d'un arbre en l'abattant.

ÉCULÉ, ÉE, ■ p. p. d'éculer. [ekyle] *Des plaisanteries éculées*, qui n'amusent plus tellement elles ont été entendues.

ÉCULER, v. tr. [ekyle] (*é-* et *cul*, partie postérieure d'un objet) Marcher sur le talon de ses chaussures ; le rabattre en marchant. *Éculer ses souliers.* ◆ S'éculer, v. pr. Se déformer du côté du talon.

ÉCUMAGE, n. m. [ekymaʒ] (*écumer*) Action d'écumer.

ÉCUMANT, ANTE, adj. [ekymã, ãt] (*écumer*) Qui écume, qui jette de l'écume. *La mer écumante. Homme écumant de colère.*

ÉCUME, n. f. [ekym] (prob. croisement du lat. *spuma*, écume, bave, avec le germ *skûm*, même sens) Sorte de mousse blanchâtre qui se forme à la surface des liquides agités, chauffés, ou en fermentation. *L'écume de la mer, du pot-au-feu, etc.* ◆ Bave de certains animaux. ◆ Sueur qui s'amasse sur le corps du cheval. *Ce cheval était couvert d'écume.* ◆ **Fig.** Partie la plus vile d'une foule. *C'est l'écume de la société.* ◆ Scorie des métaux en fusion. *Écume de mer,* variété blanche et légère de magnésite, dont on fait les pipes dites d'écume de mer.

ÉCUMÉ, ÉE, p. p. d'écumer. [ekyme]

ÉCUMÉNICITÉ, ÉCUMÉNIQUE, ÉCUMÉNIQUEMENT, [ekymenisite, ekymenik, ekymenik(ə)mã] Voy. ŒCUMÉNICITÉ, ŒCUMÉNIQUE, ŒCUMÉNIQUEMENT.

ÉCUMER, v. intr. [ekyme] (*écume*) Se couvrir d'écume ; jeter de l'écume. *La mer écume. Le chien écumait.* ◆ **Fig.** *Écumer de rage, de colère,* être au dernier degré d'exaspération. ◆ V. tr. Ôter l'écume qui se forme sur un liquide en ébullition. *Écumer le pot-au-feu.* ◆ **Pop.** et **fig.** *Écumer les marmites,* vivre en parasite. ◆ **Fig.** Débarrasser. « *J'écumais votre chambre des fâcheux* », MME DE SÉVIGNÉ. ◁ ◆ ▷ **Fig.** Écumer, prendre çà et là. *Écumer des nouvelles.* ◁ ◆ *Écumer les mers, écumer les côtes,* y exercer la piraterie.

ÉCUMEUR, n. m. [ekymœr] (*écumer*) Celui qui écume. ◆ **Fig.** *Un écumeur de marmites,* un parasite. ◆ *Écumeur de mer,* corsaire ou pirate. ◆ ▷ **Fig.** Corsaire littéraire, plagiaire. ◁

ÉCUMEUX, EUSE, adj. [ekymø, øz] (*écume*) Qui est couvert d'écume, qui jette beaucoup d'écume. « *Les flots écumeux* », BOILEAU. ■ Dont l'aspect évoque l'écume. « *La maison ouverte à l'hiver écumeux et à la rumeur de l'été* », RIMBAUD.

ÉCUMOIRE, n. f. [ekymwar] (*écumer*) Ustensile de cuisine en forme de cuiller ronde, mince, criblé de trous, servant à écumer la marmite. ◆ *Il a la figure comme une écumoire,* il est extrêmement marqué de petite vérole.

ÉCURAGE, n. m. [ekyraʒ] (*écurer*) ▷ Action d'écurer, de nettoyer ; résultat de cette action. ◁ ◆ Nettoyage de la tôle destinée à la fabrication du fer-blanc. ■ **REM.** On dit plutôt aujourd'hui *curage* ou *récurage.*

ÉCURÉ, ÉE, p. p. d'écurer. [ekyre]

ÉCURER, v. tr. [ekyre] (1 *é-* et *curer*) ▷ Débarrasser de toute ordure. *Écurer un puits, ses dents, la vaisselle, etc.* ■ **REM.** On dit plutôt aujourd'hui *récurer* ou *curer.* ◁

ÉCUREUIL, n. m. [ekyrœj] (lat. vulg. *scuriolus,* du lat. impér. *sciurus,* gr. *skiouros,* qui peut se faire de l'ombre [*skia*] avec sa queue [*oura*]) Petit quadrupède de la famille des rongeurs, vivant sur les arbres. ◆ **Fig.** *C'est un écureuil, il est vif comme un écureuil,* se dit d'un jeune homme vif et qui tient à peine en place.

ÉCUREUR, EUSE, n. m. et n. f. [ekyrœr, øz] (*écurer*) ▷ Celui, celle qui écure de la vaisselle, etc. ■ **REM.** On dit plutôt aujourd'hui *récureur.* ◁

ÉCURIE, n. f. [ekyri] (radic. de *écuyer*) Habitation réservée aux solipèdes et particulièrement au cheval. ◆ ▷ *Fermer l'écurie quand les chevaux sont dehors,* prendre les précautions quand le mal est arrivé. ◁ ◆ ▷ *C'est un cheval à l'écurie,* se dit d'une chose qui nécessite des frais sans être utile. ◁ ◆ *Les écuries d'Augias,* Voy. ÉTABLES. ◆ ▷ *Il sent l'écurie, c'est un valet d'écurie,* se dit d'un homme grossier dans ses propos [1]. ◁ ◆ On dit d'une chambre sale. *C'est une écurie.* ◆ Train, équipage d'un prince. *La grande, la petite écurie.* ◆ Ensemble des chevaux d'un même propriétaire. ◆ **Par anal.** Ensemble des coureurs cyclistes, automobiles, ou motards qui appartiennent à la même équipe sportive. ■ *Sentir l'écurie,* se hâter d'achever une tâche ■ **Fam.** Ensemble des écrivains publiant chez un même éditeur. *L'écurie Gallimard.* ■ **REM. 1 :** Ces expressions sont péjoratives.

ÉCUSSON, n. m. [ekysõ] (dim. d'*écu,* avec cons. d'appui -*ss*-) Écu d'armoiries. *L'écusson de France.* ◆ Morceau d'écorce portant un œil qu'on détache au moment de la sève pour l'insérer entre le bois et l'écorce d'un autre pied. *Greffer en écusson.* ◆ **Archit.** Tablette ou cartouche représentant des pièces héraldiques, des inscriptions, des figures, etc. ■ Pièce d'étoffe cousue sur une veste et portant une marque particulière. *Un écusson de militaire.*

ÉCUSSONNABLE, adj. [ekysɔnabl] (*écussonner*) ▷ Qui peut être écussonné. ◁

ÉCUSSONNAGE, ■ n. m. [ekysɔnaʒ] (*écussonner*) **Hortic.** Insertion d'un bourgeon prélevé d'un plant dans une ouverture pratiquée dans l'écorce d'une autre espèce de plante pour multiplier un cultivar. *Greffe en écussonnage.*

ÉCUSSONNÉ, ÉE, p. p. d'écussonner. [ekysɔne]

ÉCUSSONNER, v. tr. [ekysɔne] (*écusson*) Greffer en écusson. ■ Orner d'un écusson.

ÉCUSSONNOIR, n. m. [ekysɔnwar] (*écusson*) Petit couteau pour écussonner.

ÉCUYER, n. m. [ekɥije] (lat. impér. *scutarius,* soldat de la garde impériale, du lat. *scutum,* bouclier, avec p.-ê. infl. de *equus,* cheval) Anciennement, gentilhomme qui portait l'écu d'un chevalier. ◆ *Écuyer tranchant,* officier qui coupe les viandes à la table des princes. ◆ Titre des simples gentilshommes et des anoblis. ◆ L'intendant des écuries d'un prince. *Le grand écuyer. Écuyer cavalcadour.* ◆ Celui qui enseigne la théorie et la pratique de l'équitation, qui dresse les chevaux, etc. ◆ Celui qui monte bien à cheval. ◆ Celui qui fait divers exercices sur le cheval dans un théâtre. ◆ *Écuyer de bouche, de cuisine,* le maître d'hôtel d'une grande maison. ◆ Rampe d'un escalier.

ÉCUYÈRE, n. f. [ekɥijɛr] (fém. de *écuyer*) Femme qui monte à cheval. ◆ Femme qui fait des exercices équestres dans un spectacle public. ◆ À L'ÉCUYÈRE, loc. adv. En façon d'écuyer. *Bottes à l'écuyère,* grandes bottes pour monter à cheval.

ECZÉMA ou **EXÉMA**, n. m. [ɛgzema] (gr. *ekzema,* de *ekzein,* bouillonner, fourmiller) Affection cutanée caractérisée par de petites vésicules très rapprochées.

ECZÉMATEUX, EUSE ou **EXÉMATEUX, EUSE**, adj. [ɛkzematø, øz] (*eczéma*) Qui a rapport à l'eczéma.

ÉDAM, ■ n. m. [edam] (*Édam,* ville de Hollande) Fromage de forme sphérique, à pâte pressée protégée par un film de paraffine rouge, et qui est originaire de Hollande.

ÉDAPHIQUE, ■ adj. [edafik] (gr. *edaphos,* sol) **Géol.** Relatif au sol. *Aridité, humidité édaphique.*

EDDA, n. f. [eda] (*Edda,* la bisaïeule) Célèbre recueil de la mythologie des peuples germaniques du Nord.

EDELWEISS ou **ÉDELWEISS**, ■ n. m. [edɛlvɛs] ou [edɛlvajs] (mot all.) Plante rare et protégée, poussant à haute altitude et dont la fleur blanche à texture cotonneuse est en forme d'étoile. *La cueillette de l'edelweiss est strictement interdite.*

ÉDEN, n. m. [edɛn] (hébr. *eden,* jardin) Nom que l'Écriture donne au paradis terrestre. ◆ **Par extens.** Lieu de délices et de bonheur tranquille.

ÉDÉNIQUE, ■ adj. [edenik] (*Éden*) Qui se rapporte au paradis terrestre, à l'Éden. *Un paysage édénique.*

ÉDENTÉ, ÉE, p. p. d'édenter. [edãte] N. m. et n. f. *Une édentée.* ◆ **Zool.** Qui a l'appareil dentaire plus ou moins incomplet. ◆ N. m. pl. *Les édentés,* huitième ou dernier ordre des mammifères, à dents toutes similaires ou nulles. ■ **Adj.** *Une bouche édentée.*

ÉDENTER, v. tr. [edãte] (*é-* et *dent*) Faire perdre les dents. ◆ Arracher les dents, genre de torture. ◆ **Par extens.** User, rompre les dents d'une scie, d'un peigne, etc. ◆ S'édenter, v. pr. Perdre les dents.

ÉDICTÉ, ÉE, p. p. d'édicter. [edikte] *Peine édictée par la loi.*

ÉDICTER, v. tr. [edikte] (radic. du supin *edictum* du lat. *edicere,* proclamer, ordonner) Publier par édit. ◆ **Fig.** *Édicter sa volonté,* l'exprimer fortement et de manière absolue. ■ **ÉDICTION**, n. f. [ediksjõ]

ÉDICULE, ■ n. m. [edikyl] (lat. *aedicula,* niche, petite maison) Petite construction servant à différents usages. *Un édicule funéraire.* ■ Toilettes publiques.

ÉDIFIANT, ANTE, adj. [edifjã, ãt] (*édifier*) Qui édifie, qui porte à la vertu, à la piété. *Des lectures édifiantes.* ◆ *Lettres édifiantes,* lettres écrites par des missionnaires et publiées par les jésuites. ◆ **Par antiphrase** « *C'était quelque chose d'édifiant que de la voir à table* », HAMILTON. ■ Instructif, éclairant. *Un constat, un rapport édifiant.*

ÉDIFICATEUR, TRICE, n. m. et n. f. [edifikatœr, tris] (lat. *aedificator,* constructeur) Personne qui édifie, qui fait construire un édifice.

ÉDIFICATION, n. f. [edifikasjõ] (lat. *aedificatio*) Action de bâtir quelque grand édifice. ◆ **Fig.** Sentiments de vertu et de piété qu'on inspire par de bons exemples ou de sages discours. *L'édification des fidèles.* ◆ Ironiq. ou non, instruction. *Pour votre édification, vous saurez que...* ■ Action d'élaborer, de produire une œuvre d'importance, un ensemble organisé. *L'édification de la politique européenne commune.*

ÉDIFICE, n. m. [edifis] (lat. *aedificium*) Grand bâtiment, palais, temple. ◆ **Par extens.** Il se dit de toutes les choses faites, arrangées, combinées avec art. *L'édifice de sa coiffure.* ◆ **Fig.** Ce qui résulte d'un ensemble de combinaisons. *L'édifice de la société féodale.*

ÉDIFIÉ, ÉE, p. p. d'édifier. [edifje] **Fig.** Satisfait. *Je suis édifié, je sais ce que je désirais savoir.* ◆ Touché par le bon exemple. « *Nous sommes édifiés de sa dévotion* », Mme DE SÉVIGNÉ.

ÉDIFIER, v. tr. [edifje] (lat. *ædificare*, construire, fonder, de *ædes*, maison, et *facere*, faire) Construire un édifice. ◆ **Fig.** Créer un ensemble de choscs. *Édifier un système.* « *Détruire d'une main ce que vous édifierez de l'autre* », MASSILLON. ◆ Porter à la vertu, à la piété par le bon exemple, par les sages discours. ◆ ▷ **Absol.** *On édifie par le bon exemple.* ◁ ◆ Instruire de quelque chose. *Je veux vous édifier là-dessus.* ◆ **S'édifier**, v. pr. Être construit. ◆ **Fig.** Recevoir des impressions édifiantes. ◆ ▷ Se donner réciproquement des impressions édifiantes. ◁

ÉDILE, n. m. [edil] (lat. *ædilis*) Nom de magistrats qui avaient à Rome l'inspection des édifices et des jeux, et le soin de l'approvisionnement de la ville, et qui étaient au nombre de quatre. ◆ Dans le style d'apparat, *les édiles*, les magistrats municipaux d'une grande ville.

ÉDILITÉ, n. f. [edilite] (lat. *ædilitas*) Magistrature des édiles ; exercice de cette charge. ◆ Dans le langage d'apparat, les magistratures municipales. *L'édilité parisienne.* ■ **ÉDILITAIRE**, adj. [edilitɛʀ]

ÉDIT, n. m. [edi] (lat. *edictum*, p. p. substantivé de *edicere*, proclamer, ordonner) Chez les Romains, règlements faits par certains magistrats pour être observés durant leur magistrature. ◆ *Édit perpétuel* ou *édit du préteur*, compilation de tous les édits rendus par les préteurs. ◆ Sous les empereurs, constitutions des princes, lois nouvelles faites de leur propre mouvement. ◆ En France, dans l'Ancien Régime, Constitution faite par le prince. *Édit de Nantes.* ◆ Ordonnance faite par le souverain.

ÉDITÉ, ÉE, p. p. d'éditer. [edite] **Dr.** Cité dans les arrêts ou jugements, en parlant des lois ou ordonnances.

ÉDITER, v. tr. [edite] (radic. du supin *editum* du lat. *edere*, mettre au jour) Publier, en parlant d'un livre, de la musique, des gravures et de tout ce qui peut se reproduire par l'impression. ◆ **S'éditer**, v. pr. Être publié. ■ Publier son propre livre. ■ **Inform.** Présenter des données informatiques et en permettre la correction éventuelle.

ÉDITEUR, ÉDITRICE, n. m. et n. f. [editœʀ, editʀis] (lat. *editor*, auteur, fondateur, de *edere*, mettre au jour) Personne qui publie l'ouvrage d'une autre. *L'éditeur des Pensées de Pascal.* ◆ Libraire qui publie un livre à son compte, et **Adj.** *libraire-éditeur.* ◆ Il se dit aussi de celui ou celle qui imprime la musique. ◆ Toute personne qui publie un livre à son compte. *Il est à lui-même son éditeur.* ◆ *Éditeur responsable*, celui sous la responsabilité de qui paraît un journal, et fig. celui qui a la responsabilité de quelque chose. *Il est l'éditeur responsable des sottises qui se font chez lui.* ◆ *Éditeur*, marchand d'estampes. ■ **N. m. Inform.** *Éditeur de texte*, logiciel permettant de générer et mettre en forme du texte.

ÉDITION, n. f. [edisjɔ̃] (lat. impér. *editio*, publication d'un livre, de *edere*, mettre au jour) Impression et publication d'un ouvrage. *Ménage a donné une édition de Malherbe.* ◆ *Édition princeps*, première édition d'un ancien auteur. ■ Totalité des exemplaires d'une même œuvre. *Édition de luxe, édition de poche.* ■ Totalité des exemplaires d'un journal imprimés en une seule fois. *Une édition régionale, une édition spéciale.* ■ **Inform.** Impression de résultats ou de données informatiques. ■ Émission d'un journal télévisé ou radiodiffusé. *L'édition de 13 heures du journal.* ■ Domaine d'activité qui regroupe tous les métiers touchant à la création et la publication de livres.

ÉDITIONNER, ■ v. tr. [edisjɔne] (*édition*) Inscrire une note indicative de tirage dans les exemplaires d'une édition. *Éditionner des publications.*

ÉDITO, ■ n. m. [edito] (apocope de *éditorial*) Éditorial. *L'édito d'un magazine. Des éditos.*

1 ÉDITORIAL, ALE, ■ adj. [editɔʀjal] (radic. de *éditeur*) Relatif au monde de l'édition. *Différentes politiques éditoriales. Informatique éditoriale. Les principes éditoriaux d'une collection.*

2 ÉDITORIAL, ■ n. m. [editɔʀjal] (calque de l'angl. *editorial*, de *editor*, rédacteur en chef) Article rédigé par la direction d'un journal, d'un magazine, reflétant sa tendance, ses opinions. *Lire l'éditorial d'une revue. Des éditoriaux.* ■ **Abrév.** Édito.

ÉDITORIALISTE, ■ n. m. et n. f. [editɔʀjalist] (*éditorial*) Personne chargée de rédiger l'éditorial d'une publication. *Le style d'un éditorialiste.*

ÉDREDON, n. m. [edʀədɔ̃] (dan. *ederdun*) Duvet fourni par des oiseaux palmipèdes et surtout par l'eider. ◆ *Un édredon*, couvre-pied d'édredon.

ÉDUCABILITÉ, n. f. [edykabilite] (*éducable*) Aptitude à être instruit, dressé.

ÉDUCABLE, adj. [edykabl] (*éduquer*) Apte à recevoir l'éducation.

ÉDUCATEUR, TRICE, adj. [edykatœʀ, tʀis] (lat. *educator*, celui qui élève) Qui concerne l'éducation ; qui donne l'éducation. ◆ **N. m. et n. f.** *Un éducateur.* ■ *Éducateur spécialisé*, personne qui a suivi une formation particulière pour s'occuper de l'éducation des handicapés ou de jeunes rencontrant des problèmes psychologiques ou sociaux.

ÉDUCATIF, IVE, ■ adj. [edykatif, iv] (radic. de *éducation*) Qui participe à l'éducation. *Jeu éducatif.*

ÉDUCATION, n. f. [edykasjɔ̃] (lat. *educatio*, action d'élever des animaux et des plantes, formation de l'esprit ; v. 1500) Action d'élever, de former un enfant, un jeune homme ; ensemble des habiletés intellectuelles ou manuelles qui s'acquièrent, et ensemble des qualités morales qui se développent. ◆ *Maison d'éducation*, maison où l'on prend des enfants pour les instruire. ◆ *Première éducation*, soins et enseignements qui se donnent dans la première enfance. ◆ En parlant des animaux domestiques, l'ensemble des moyens auxquels on a recours pour les rendre de bonne heure dociles à la volonté de l'homme et pour développer en eux les facultés de l'instinct et celles du corps, de manière qu'ils soient le plus utile qu'il est possible. ◆ Soin que l'on prend pour produire et entretenir certains animaux, certaines plantes. *L'éducation des abeilles, des plantes.* ◆ La connaissance et la pratique des usages du monde. *Ce jeune homme est sans éducation.* ■ Action de développer une faculté ou un organe par un entraînement approprié. *L'éducation de la volonté, de l'oreille.* ■ Apprentissage d'une discipline particulière. *L'éducation civique, sexuelle, littéraire.* ■ *Éducation physique et sportive (EPS)*, ensemble des exercices sportifs dispensés dans les établissements scolaires et universitaires, et destinés à entretenir et développer les aptitudes physiques des élèves. ■ *L'Éducation nationale*, ensemble des services publics chargés d'organiser et diriger les établissements d'enseignement ou de formation de manière à instruire convenablement la jeunesse. *Le ministère de l'Éducation nationale.* ■ *Éducation spécialisée*, ensemble des moyens mis en œuvre pour gérer l'enseignement des handicapés ou des jeunes rencontrant des problèmes psychologiques ou sociaux. ■ *Éducation permanente*, Enseignement permettant de prolonger son cursus scolaire et d'enrichir sa formation professionnelle.

ÉDUCATIONNEL, ELLE, ■ adj. [edykasjɔnɛl] (*éducation*) Qui se rapporte à l'éducation. « *C'est la variété des pratiques éducationnelles ou des soins donnés aux bébés qui changent suivant les milieux* », GURVITCH.

ÉDULCORANT, ANTE, ■ adj. [edylkɔʀɑ̃, ɑ̃t] (*édulcorer*) Qui adoucit la saveur ou rend agréable ce qui est insipide. ■ **N. m.** Produit de synthèse sans sucre et pauvre en calories, servant à remplacer le sucre. *L'aspartame est un édulcorant.*

ÉDULCORATION, n. f. [edylkɔʀasjɔ̃] (*édulcorer*) **Pharm.** Addition d'une certaine quantité de sucre, de miel ou de sirop à une substance pour en adoucir ou masquer la saveur, ou pour rendre agréable une substance insipide.

ÉDULCORÉ, ÉE, p. p. d'édulcorer. [edylkɔʀe]

ÉDULCORER, v. tr. [edylkɔʀe] (lat. médiév. *edulcorare*, croisement du b. lat. *dulcorare* avec le lat. impér. *edulcare*, de *dulcis*, doux) **Pharm.** Opérer l'édulcoration. ◆ Verser de l'eau sur des substances en poudre pour les dépouiller des principes acides qu'elles contiennent. ◆ **S'édulcorer**, v. pr. Être édulcoré. ◆ **Fig.** Amoindrir la force de quelque chose. *Édulcorer des propos.*

ÉDUQUER, v. tr. [edyke] (lat. *educare*, élever, nourrir, instruire) Néologisme fam. Former par l'éducation. *Un enfant bien éduqué.* ■ Inculquer les usages de la société, le savoir-vivre. ■ Développer une faculté ou un organe par le biais d'exercices spécifiques. *Éduquer sa mémoire, son palais.* ■ **Par extens.** Dresser. *Éduquer des tigres.* ■ REM. Est auj. courant.

ÉFAUFILÉ, ÉE, p. p. d'éfaufiler. [efofile]

ÉFAUFILER, v. tr. [efofile] (*é-* et *faufiler*) Défaire une trame en tirant le fil par le bout d'un ouvrage ourdi. ◆ **S'éfaufiler**, v. pr. *Ce linge s'éfaufile aisément.*

EFENDI ou **ÉFENDI**, n. m. [efɛndi] Voy. EFFENDI.

EFFAÇABLE, adj. [efasabl] (*effacer*) Qu'on peut effacer.

EFFACE, ■ n. f. [efas] (*effacer*) **Québec** Gomme servant à effacer.

EFFACÉ, ÉE, p. p. d'effacer. [efase] **Par extens.** *Couleur effacée*, couleur qui a perdu de sa vivacité. ◆ **Fig.** Qui n'a pas conservé suffisamment sa propre empreinte. *Un caractère effacé. Une expression effacée.* ■ Effectué de profil par rapport à la salle, en parlant de la position d'un danseur. *Une attitude effacée.* ■ **N. m. Danse** *Un effacé.*

EFFACEMENT, n. m. [efas(ə)mɑ̃] (*effacer*) Action d'effacer ; résultat de cette action. *L'effacement de l'écriture.* ◆ **Fig.** « *L'effacement de nos offenses* », BOUHOURS. ◆ Perte de l'empreinte propre. *L'effacement des caractères.* ■ Comportement d'une personne qui se met en retrait, qui veut se faire discrète. *L'effacement de soi.*

EFFACER, v. tr. [efase] (*ef-* et *face*) Faire disparaître une face, une figure ou des couleurs par le frottement, ou en biffant, en raturant. ♦ **Absol.** *Il efface et corrige sans cesse.* ♦ **Par extens.** Faire disparaître. « *La beauté passe, le temps l'efface* », MOLIÈRE. ♦ **Fig.** Faire oublier. *Cela efface le chagrin.* « *Pour effacer ma honte* », P. CORNEILLE. ♦ Éclipser, l'emporter par quelque façon quelconque. « *Il a effacé la gloire de tous les conquérants* », FÉNELON. « *Vous ne pouvez souffrir ceux qui vous effacent* », MASSILLON. ♦ *Effacer le corps, une épaule,* se tenir bien de côté, de manière à présenter le moins de surface à l'adversaire, ou à rentrer dans l'alignement du rang. ♦ S'effacer, v. pr. Être effacé, enlevé par frottement ou autrement. ♦ **Fig.** « *Mais tous les préjugés s'effacent à ta voix* », VOLTAIRE. ♦ Être mis de côté, négligé. « *Par le salut public devant qui tout s'efface* », VOLTAIRE. ♦ Être oublié. *S'effacer de la mémoire.* ♦ Disparaître. ♦ S'éclipser soi-même. *Il s'effaçait pour faire briller son ami.* ♦ Perdre son empreinte propre. ♦ **Escrime** Se présenter bien de côté, en offrant la moindre surface. ♦ **Milit.** Rentrer dans l'alignement. ■ *S'effacer devant quelqu'un,* lui laisser la priorité, accepter sa supériorité. ■

1 **EFFACEUR, EUSE**, n. m. et n. f. [efasœr, øz] (*effacer*) Celui, celle qui efface. ■ **Adj.** Qui efface.

2 **EFFACEUR**, ■ n. m. [efasœr] (*effacer*) Stylo-feutre utilisé pour effacer de l'encre bleue.

EFFAÇURE, n. f. [efasyʀ] (*effacer*) Ce qui est effacé.

EFFANAGE, n. m. [efanaʒ] (*effaner*) Action d'effaner.

EFFANÉ, ÉE, p. p. d'effaner. [efane]

EFFANER, v. tr. [efane] (*ef-* et *faner*) Couper les fanes ou feuilles de certaines plantes.

EFFANEUR, EUSE, n. m. et n. f. [efanœr, øz] (*effaner*) Celui, celle qui effane.

EFFANEUSE, ■ n. f. [efanøz] (*effaner*) **Agric.** Machine destinée à ôter les fanes des pommes de terre avant de procéder à l'arrachage.

EFFANURES, n. f. pl. [efanyr] (*effaner*) Ce qui provient des blés et des plantes qu'on a effanés.

EFFARANT, ANTE ■ adj. [efaʀɑ̃, ɑ̃t] (*effarer*) Qui trouble en provoquant une grande frayeur mêlée de stupeur. *Une nouvelle effarante.* ■ **Fam.** *C'est effarant, c'est inouï.*

EFFARÉ, ÉE, p. p. d'effarer. [efaʀe] Il se dit de la figure sur laquelle se peint l'effarement. *Mines effarées.* ♦ **N. m.** et n. f. *Il s'en est allé comme un effaré.* ♦ **Hérald.** *Cheval effaré,* cheval levé sur ses pieds.

EFFAREMENT, n. m. [efaʀ(ə)mɑ̃] (*effarer*) État de celui qui est effaré.

EFFARER, v. tr. [efaʀe] (orig. obsc. : p.-ê. pic. *esfraer* [cf. *effrayer*] avec infl. de *farouche*) Frapper de quelque trouble moral qui se peint sur la physionomie. ♦ S'effarer, v. pr. Devenir effaré. ■ V. tr. Sidérer. *Ça m'effare de voir que personne ne fait rien.*

EFFAROUCHANT, ANTE, adj. [efaʀuʃɑ̃, ɑ̃t] (*effaroucher*) Qui effarouche ; qui donne de l'ombrage. *Une proposition effarouchante.*

EFFAROUCHÉ, ÉE, p. p. d'effaroucher. [efaʀuʃe] **Hérald.** *Chat effarouché,* chat représenté droit sur ses pattes de derrière ; se dit aussi du chat en action rampante.

EFFAROUCHEMENT, n. m. [efaʀuʃ(ə)mɑ̃] (*effaroucher*) Action de s'effaroucher ; état de celui qui est effarouché.

EFFAROUCHER, v. tr. [efaʀuʃe] (*ef-* et *farouche*) Effrayer, faire fuir, en parlant des animaux. *Effaroucher du gibier.* ♦ Mettre en crainte et en défiance. « *Il faut, si vous m'en croyez, n'effaroucher personne* », MOLIÈRE. ♦ **Fig.** Effaroucher les pigeons, éloigner d'une maison les personnes qui y apportent profit. ♦ **Fig.** Rendre quelqu'un moins traitable, le choquer. ♦ S'effaroucher, v. pr. Être effarouché. ♦ **Fig.** « *Mon cœur s'en effarouche, et j'en frémis d'horreur* », P. CORNEILLE. ♦ Il se dit aussi des sentiments. « *Je connais sa vertu prompte à s'effaroucher* », RACINE.

EFFARVATTE, ■ n. f. [efaʀvat] (dial., métathèse du dimin. *fauv[e]rette* de *fauvette*) **Zool.** Petit oiseau au plumage roussâtre, répandu en France durant l'été et hivernant en Afrique, qui se nourrit principalement d'insectes, et qui bâtit son nid dans les roseaux au bord des étangs. *L'effarvatte imite parfois les chants d'autres espèces.* ■ **REM.** On trouve aussi *effarvate*.

EFFECTEUR, TRICE, ■ adj. [efɛktœr, tʀis] (radic. du lat. *effectus,* résultat, effet) **Physiol.** Qui répond aux stimulations reçues par les centres récepteurs, en parlant d'une cellule ou d'un organe. *Organe effecteur.* ■ **N. m.** **Biol.** Molécule capable, en s'associant à une autre, de changer l'activité de celle-ci. ■ **Biol.** *Effecteur allostérique,* gène qui se fixe sur un site allostérique d'une protéine et qui provoque ainsi l'activation ou l'inhibition de cette protéine.

EFFECTIF, IVE, adj. [efɛktif, iv] (lat. impér. *effectivus,* qui produit) ▷ **Théol.** Qui produit des effets. *L'amour effectif,* celui qui fait pratiquer la loi, par opposition à l'amour affectif. ◁ ♦ Qui existe effectivement. *Trente mille hommes effectifs.* ♦ Réel, positif. *La puissance effective.* ♦ ▷ *Un homme effectif,* homme qui ne promet rien qu'il ne donne. « *Effectif dans ses résolutions* », FLÉCHIER. ◁ ♦ ▷ Dans le même sens. *Sa parole est effective.* ◁ ♦ **N. m.** Nombre réel des soldats d'une armée, d'une troupe. ♦ Par anal. Nombre des individus constituant un groupe. *L'effectif d'un lycée.*

EFFECTIVEMENT, adv. [efɛktiv(ə)mɑ̃] (*effectif*) ▷ Avec effet. *Agir effectivement.* ◁ ♦ Réellement, en réalité. ■ Utilisé aussi pour exprimer une confirmation. *Effectivement, il est maladroit.*

EFFECTIVITÉ, ■ n. f. [efɛktivite] (*effectif*) Caractère de ce qui s'avère effectif. *L'effectivité d'un raisonnement.* « *Cette ressemblance, cette discrétion, devait habiller le souvenir de leur passage à travers la famille, témoigner à la fois de la singularité de celle-ci et de son effectivité* », DURAS.

EFFECTUÉ, ÉE, p. p. d'effectuer. [efɛktɥe] Mis à effet. ■ Accompli. *Le versement a été effectué.*

EFFECTUER, v. tr. [efɛktɥe] (lat. médiév. *effectuare,* du lat. *effectus,* résultat, effet) Mettre à effet. *Effectuer ses promesses, sa retraite, etc.* ♦ **Absol.** *Ce n'est pas tout de promettre, il faut effectuer.* ♦ **Math.** Faire un calcul qui n'est qu'indiqué. *Effectuer une opération.* ♦ S'effectuer, v. pr. Être effectué, être accompli. ■ **V. tr.** Faire quelque chose. *Effectuer une enquête.*

EFFÉMINATION, n. f. [efeminasjɔ̃] (*efféminer*) Action d'efféminer ; état de celui qui s'est efféminé.

EFFÉMINÉ, ÉE, p. p. d'efféminer. [efemine] **N. m.** et n. f. *Un efféminé. Une efféminée.* ♦ En parlant des choses. *Une mélodie, une démarche, une vie efféminée.* ■ Se dit des hommes qui ont une apparence, des gestes ou des comportements typiquement féminins.

EFFÉMINÉMENT, adv. [efeminemɑ̃] (*efféminer*) ▷ D'une manière efféminée. ◁

EFFÉMINER, v. tr. [efemine] (lat. *effeminare,* de *ex* et *femina,* femme) Rendre par les habitudes un homme faible. ♦ Il se dit aussi des choses. *Efféminer les mœurs.* ♦ S'efféminer, v. pr. Devenir efféminé. ■ **V. tr.** Donner à un homme l'apparence physique et les manières que l'on attribue généralement à une femme.

EFFENDI ou **ÉFENDI**, n. m. [efɛndi] (turc *efendi,* maître, seigneur, du gr. *authentès,* responsable, maître) Titre d'honneur et de dignité en Turquie signifiant *seigneur, maître.* ♦ *Le reis-effendi,* le ministre des Affaires étrangères. ■ **REM.** Graphie ancienne. ■ **REM.** On prononçait autrefois [efɑ̃di] en faisant entendre *an* et non *èn.*

EFFÉRENT, ENTE, adj. [efeʀɑ̃, ɑ̃t] (lat. *efferens,* part. de *efferre,* emporter) **Physiol.** Qui emporte. *Vaisseaux efférents,* vaisseaux qui emportent les fluides sécrétés hors des glandes. *Nerfs efférents.*

EFFERVESCENCE, n. f. [efɛʀvesɑ̃s] (*effervescent*) Bouillonnement déterminé par le dégagement d'un gaz quelconque de l'intérieur d'un liquide. *Être en effervescence.* ♦ **Anc. méd.** État d'échauffement. ♦ **Fig.** Sorte de bouillonnement de l'âme. *L'effervescence des passions.* ♦ Émotion des esprits, favorable ou défavorable. *L'effervescence populaire.*

EFFERVESCENT, ENTE, adj. [efɛʀvesɑ̃, ɑ̃t] (lat. *effervescens,* part. de *effervescere,* s'échauffer, entrer en ébullition) **Chim.** Qui est en effervescence ou susceptible d'entrer en effervescence. ♦ **Fig.** Prêt à s'emporter comme par un bouillonnement. *Tête effervescente. Foule effervescente.*

EFFET, n. m. [efɛ] (lat. *effectus,* exécution, résultat, radic. du supin *effectum* de *efficere,* réaliser) Ce qui est fait par un agent quelconque. *Point d'effet sans cause.* ♦ *Avoir son effet, son plein effet,* produire le résultat attendu. ♦ *Faire effet, son effet,* opérer. ♦ Acte, par opposition à simple parole. « *Les effets décident mieux que les paroles* », MOLIÈRE. ♦ Réalisation, exécution. *L'effet de ses menaces.* ♦ **Jurispr.** Conséquence, application. *La loi n'a point d'effet rétroactif.* ♦ *L'effet d'une machine,* la puissance qu'elle transmet. ♦ Impression morale. « *Ses paroles n'ont fait aucun effet sur vous* », MOLIÈRE. ♦ *Faire effet, faire de l'effet,* produire une impression. ♦ *À effet,* destiné à produire de l'effet. *Un morceau à effet.* ♦ *Faire un bel effet, un vilain effet,* avoir une bonne apparence, une vilaine apparence. ♦ **Littér., peint.** et **art** Résultat d'une combinaison de frappe les yeux, captive l'esprit, touche le cœur. ♦ **Peint.** *Effet de lumière,* disposition de la lumière qui frappe par une combinaison heureuse et inattendue. ♦ Au billard, *effet de queue* ou **absol.** *effet,* mouvement particulier produit dans la bille par une certaine manière de la frapper avec la queue. ♦ *Effet,* le procédé ou rondelle de cuir qui est au bout de la queue. ♦ **Comm.** Billet à ordre, lettre de change. *Souscrire, endosser, escompter un effet.* ♦ *Effet au porteur,* effet payable à la requête du porteur. ♦ *Les effets publics,* les rentes et autres titres cotés à la Bourse. ♦ **Au pl.** Objets, vêtements à l'usage d'une personne. ♦ **Jurispr.** *Effets mobiliers* ou absol. *effets,* les biens. ♦ EN EFFET, loc. adv. Dans la réalité, dans l'acte. « *Reine longtemps de nom, mais en effet captive* », RACINE. ♦ Assurément, véritablement. ♦ ▷ À L'EFFET DE, loc. prép. Dans l'intention de, pour. *Il voyage à l'effet de s'instruire.* ◁ ♦ À CET EFFET ou POUR CET EFFET,

loc. adv. En vue de, pour l'exécution de. ◆ À quel effet ? À quelle intention ? ▪ SOUS L'EFFET DE, **loc. prép.** Sous l'emprise de. *Sous l'effet de l'alcool.* ▪ *Prendre effet,* entrer en vigueur, être véritablement appliqué. *Un contrat qui prend effet dès la signature.* ▪ *Faire l'effet de,* donner l'impression de. *Il me fait l'effet d'un homme arriviste.* ▪ Mouvement de rotation produit dans une bille ou un ballon de manière à changer sa trajectoire ou réaliser des rebonds trompeurs. *Ce footballeur fait des effets.* ▪ *Effets spéciaux,* au cinéma, trucages.

EFFEUILLAGE, n. m. [eføjaʒ] (*effeuiller*) Syn. d'effeuillaison. ◆ Action de couper les feuilles sans ôter le pétiole, pour faire mûrir le fruit et laisser le soleil le colorer. ▪ Déshabillage progressif.

EFFEUILLAISON, n. f. [eføjezɔ̃] (*effeuiller*) Action d'effeuiller. *L'effeuillaison de la vigne.*

EFFEUILLÉ, ÉE, p. p. d'effeuiller. [eføje]

EFFEUILLEMENT, n. m. [efœj(ə)mã] (*effeuiller*) État des arbres dépouillés de leur feuillage ou qui s'en dépouillent.

EFFEUILLER, v. tr. [eføje] (*ef-* et *feuille*) Ôter, arracher les feuilles, les pétales. *Effeuiller une rose.* ◆ S'effeuiller, v. pr. Perdre ses feuilles, ses pétales.

EFFEUILLEUR, EUSE, ▪ n. m. et n. f. [eføjœr, øz] (*effeuiller*) Personne qui arrache les feuilles des plantes. *Les effeuilleuses seront ce matin dans les vignes.* ▪ N. f. Machine agricole servant à enlever les feuilles sur les plantes. ▪ **Fam.** Femme qui pratique le strip-tease.

1 EFFICACE, adj. [efikas] (lat. *efficax*) Qui produit son effet. *Un remède efficace, efficace contre le poison.* ◆ **Théol.** *La grâce efficace,* celle qui a toujours son effet. ▪ Dont les actions ont de l'effet. *Un employé efficace.*

2 EFFICACE, n. f. [efikas] (lat. impér. *efficacia*) **Théol.** Efficacité. « *Ô Dieu, donnez efficace à votre parole* », BOSSUET.

EFFICACEMENT, adv. [efikas(ə)mã] (*efficace*) D'une manière efficace.

EFFICACITÉ, n. f. [efikasite] (*efficace*) Qualité de ce qui est efficace. *L'efficacité d'un remède, de la grâce.* ▪ REM. Se dit aussi pour une personne.

EFFICIENCE, n. f. [efisjãs] (anc. fr. *effisance,* fait de se produire, du lat. *efficientia,* faculté de produire un effet, repris au XIXᵉ siècle d'après l'angl. *efficiency*) Productivité, capacité de rendement. *L'efficience d'une machine.*

EFFICIENT, ENTE, adj. [efisjã, ãt] (lat. *efficiens,* part. de *efficere,* accomplir) *Cause efficiente,* cause qui produit effectivement son effet. *Le soleil est la cause efficiente de la chaleur.* ▪ Qui parvient à des résultats satisfaisants. *Une technique d'apprentissage efficiente.*

EFFIGIE, n. f. [efiʒi] (lat. *effigies,* de *effingere,* représenter) Représentation en relief ou en peinture de la figure d'une personne. *Monnaie frappée à l'effigie d'un prince.* ◆ Figure grossière qu'on faisait d'une personne et qu'on attachait à une potence, lorsque cette personne était condamnée à mort par contumace. *Exécuter un criminel en effigie.*

EFFIGIÉ, ÉE, p. p. d'effigier. [efiʒje]

EFFIGIER, v. tr. [efiʒje] (lat. impér. *effigiare*) Exécuter en effigie.

EFFILAGE, n. m. [efilaʒ] (1 *effiler*) Action d'effiler ; résultat de cette action.

1 EFFILÉ, ÉE, p. p. d'effiler. [efile] Autrefois, *linge effilé* ou subst. *effilé,* linge bordé de frange de fil qui se portait dans le deuil. *Être en effilé.* ◆ N. m. Syn. de frange.

2 EFFILÉ, ÉE, p. p. d'effiler. [efile] Aminci, atténué. *Taille effilée.* ◆ *Cheval effilé,* cheval qui a l'encolure fine et déliée. ▪ *Une lame effilée,* fine et longue. ▪ *Des amandes effilées,* coupées en très fines lamelles. ▪ *Une volaille effilée,* vidée de ses viscères.

EFFILEMENT, n. m. [efil(ə)mã] (1 *effiler*) Qualité de ce qui est effilé. *L'effilement de son nez. L'effilement d'une jupe.*

1 EFFILER, v. tr. [efile] (*ef-* et *fil*) Défaire un tissu fil à fil. *Effiler une toile.* ◆ S'effiler, v. pr. Se défaire en fils. ▪ V. tr. Affiner. *Effiler sa barbe.* ▪ *Effiler des cheveux,* en diminuer la masse en amincissant l'extrémité des mèches.

2 EFFILER, v. tr. [efile] (*ef-* et *fil,* c.-à-d. donner le fil, amincir) **Chasse** Énerver, fatiguer. *Effiler les chiens.*

EFFILEUR, EUSE, ▪ n. m. et n. f. [efilœr, øz] (1 *effiler*) Personne qui effile des tissus.

EFFILOCHE, n. f. [efilɔʃ] (*effilocher*) Soie légère de rebut. ◆ Bouts de soie qui se trouvent aux lisières d'une étoffe. ▪ N. f. pl. Nom qu'on donne à toutes les soies non torses, dites aussi soies folles. ▪ REM. On disait aussi autrefois *effiloque.*

EFFILOCHÉ, ÉE, p. p. d'effilocher. [efilɔʃe]

EFFILOCHER, v. tr. [efilɔʃe] (*ef-* et *filoche*) Effiler une étoffe quelconque, et particulièrement une étoffe de soie pour en faire de l'ouate. ◆ S'effiloquer, v. pr. S'en aller en filoches. ▪ REM. On disait autrefois *effiloquer.* ▪ EFFILOCHAGE, n. m. [efilɔʃaʒ]

EFFILOCHEUR, EUSE, n. m. et n. f. [efilɔʃœr, øz] (*effilocher*) Ouvrier, ouvrière qui effiloche les chiffons destinés à faire le papier. ◆ Adj. *Cylindre effilocheur* ou n. m. *l'effilocheur,* outil pour effilocher. ▪ N. f. Machine destinée à pratiquer l'effilochage. ▪ REM. On disait aussi autrefois *effiloqueur.*

EFFILOCHURE, ▪ n. f. [efilɔʃyr] Voy. EFFILURE.

EFFILOQUE, n. f. pl. [efilɔk] Voy. EFFILOCHE.

EFFILOQUER, v. tr. [efiloke] Voy. EFFILOCHER.

EFFILOQUEUR, n. m. [efilokœr] Voy. EFFILOCHEUR.

EFFILURE ou **EFFILOCHURE,** n. f. [efilyr, efilɔʃyr] (*effiler* ou *effilocher*) Fil qui provient d'un tissu effilé.

EFFLANQUÉ, ÉE, p. p. d'efflanquer. [eflãke] **Par extens.** « *Un grand garçon fort efflanqué* », J.-J. ROUSSEAU. ◆ **Fig.** Sans vigueur et sans nerf. « *Style efflanqué* », J.-B. ROUSSEAU.

EFFLANQUER, v. tr. [eflãke] (*ef-* et *flanc*) Rendre les flancs creux, amaigrir et affaiblir par un excès de fatigue ou la privation de nourriture. *Efflanquer un cheval.*

EFFLEURÉ, ÉE, p. p. d'effleurer. [efløre]

EFFLEUREMENT, n. m. [eflœr(ə)mã] (*effleurer*) Action d'effleurer ; résultat de cette action. *Effleurement de la peau par une balle.*

EFFLEURER, v. tr. [efløre] (*ef-* et *fleur*) Ôter les fleurs. *Effleurer les rosiers.* ◆ N'entamer, ne toucher que la superficie. *Le coup d'épée lui a effleuré la poitrine. Ne faire qu'effleurer la terre en labourant.* ◆ **Fig.** « *Jamais, blessant leurs vers, il n'effleura leurs mœurs* », BOILEAU. ◆ Ne faire que toucher une question. ◆ Tanneur. *Effleurer une peau,* c'est, après l'avoir planée et lavée à la rivière, en enlever la fleur ou superficie du cuir du côté où était le poil ou la laine. ◆ S'effleurer, v. pr. Être effleuré. ▪ Toucher à peine. *Effleurer le visage.* ▪ **Fig.** Aborder superficiellement quelque chose. *Effleurer un problème.* ▪ EFFLEURAGE, n. m. [efløraʒ]

EFFLEURI, IE, p. p. de s'effleurir. [efløri]

EFFLEURIR (S'), v. pr. [eflørir] (*ef-* et *fleurir,* d'après *efflorescence*) **Minér.** Tomber en efflorescence. ◆ V. intr. Beaucoup de pierres effleurissent à l'air.

EFFLORAISON, ▪ n. f. [eflɔrezɔ̃] (1 *ef- floraison*) **Bot.** Premier moment où a lieu la floraison. *Effloraison des lilas.*

EFFLORESCENCE, n. f. [eflɔresãs] (radic. du lat. *efflorescere,* s'épanouir, b. lat., proliférer. ; infl. de l'angl. *efflorescence*) **Bot.** L'acte par lequel la floraison commence ; le premier moment où elle a lieu. ◆ **Chim.** Conversion d'une substance solide en une matière pulvérulente par son exposition à l'air libre. *Des efflorescences salines.* ▪ Couche saline produite sur les murs salpêtrés. ▪ **Méd.** Toute espèce d'exanthème peu élevé au-dessus du niveau de la peau. ▪ Pruine qui couvre des fruits ou des feuilles. ▪ Commencement, épanouissement. *Efflorescence d'une idée, d'un art.*

EFFLORESCENT, ENTE, adj. [eflɔresã, ãt] (lat. *efflorescens,* part. du lat *efflorescere,* s'épanouir) **Bot.** Qui est en voie de floraison. *Plantes efflorescentes.* ◆ **Chim.** Qui tombe en efflorescence. *Sels efflorescents.* ◆ Qui est revêtu d'une couche saline. ▪ Qui commence, se développe. *Une forêt efflorescente.*

EFFLUENCE, n. f. [eflyãs] (*effluent*) Ce qui flue hors, coule hors, s'exhale d'une manière invisible. *Des effluences de marais. Des effluences électriques.*

EFFLUENT, ENTE, adj. [eflyã, ãt] (lat. *effluens,* part. de *effluere,* sortir en coulant) **Phys.** Fluant hors. *Matière effluente.* ▪ N. m. **Géogr.** Cours d'eau trouvant son origine dans un lac ou un glacier. ▪ *Effluent urbain,* ensemble des eaux usées évacuées par les égouts. ▪ *Effluent radioactif,* déchet radioactif.

EFFLUVE, n. m. [eflyv] (lat. *effluvium,* écoulement) **Méd.** Nom de substances organiques altérées, tenues en suspension dans l'air, et donnant particulièrement lieu à des fièvres. ◆ *Effluves magnétiques,* nom donné aux influences exercées par les magnétiseurs sur les magnétisés, et attribuées à un prétendu fluide magnétique. ◆ Fig. et dans le style néologique. *Les effluves de la passion.* ▪ N. m. pl. Dégagement d'odeur. *Les effluves d'un rosier.*

EFFONDRÉ, ÉE, p. p. d'effondrer. [efɔ̃dre]

EFFONDREMENT, n. m. [efɔ̃drəmã] (*effondrer*) Action d'effondrer, de fouiller la terre. ▪ Action d'effondrer, de s'effondrer. ▪ Chute brutale et totale. *L'effondrement d'un empire.* ▪ Baisse importante et soudaine. *L'effondrement des cours boursiers.*

EFFONDRER, v. tr. [efɔ̃dre] (lat. vulg. *exfundarare,* défoncer, du lat. *ex* et *fundus,* fond) Remuer la terre à une certaine profondeur. ◆ Briser en enfonçant. *Effondrer une futaille, un coffre, etc.* ◆ Accabler par la surcharge. *Effondrer un plancher.* ◆ *Effondrer une volaille,* la vider. ◆ S'effondrer, v. pr. Manquer par le fond, s'écrouler. ▪ Se laisser tomber sur quelque chose. *Un projet qui s'effondre,* qui s'anéantit avant terme. ▪ **Fig.** Mettre un terme à une résistance physique ou morale. *Le condamné a fini par s'effondrer.* ▪ **Fig.** Tomber dans un état de prostration à la suite d'une violente émotion.

EFFONDRILLES, n. f. pl. [efɔdʀij] (*fondrille*, fond, refait d'après *effondrer*) ▷ Parties grossières qui restent au fond d'un vase après une ébullition. *Ce bouillon est plein d'effondrilles.* ◁

EFFORCER (S'), v. pr. [efɔʀse] (*ef-* et *forcer*) Faire un effort de toutes ses forces. *Ne vous efforcez pas, vous vous blesserez. Ne vous efforcez pas à parler, de parler.* ♦ **Absol.** Faire effort sur soi-même. « *Feignez, efforcez-vous* », RACINE. ♦ Employer toute son énergie, tous ses moyens à quelque chose. *Il s'efforça de parler.* « *On s'empresse à vous voir, on s'efforce à vous plaire* », P. CORNEILLE.

EFFORT, n. m. [efɔʀ] (*efforcer [s']*) Contraction musculaire qui a pour objet, soit de résister à une puissance, soit de vaincre une résistance. ♦ Action de force physique. « *Il faut faire tous ses efforts pour repousser la mort* », FÉNELON. ♦ **Fig.** Action énergique des forces morales. *Faire tous ses efforts pour arriver à ses fins. Effort de mémoire, d'esprit, de vertu.* ♦ *Faire effort sur soi-même*, se déterminer à une chose malgré une vive répugnance. ♦ En général, *faire un effort*, se résigner à quelque chose qui coûte, qui répugne. ♦ *Faire l'effort de*, prendre la peine de. ♦ *Coup d'effort*, coup d'audace, entreprise hardie. ♦ *Un heureux effort de la plume*, production heureuse. ♦ Il se dit aussi des autres beaux-arts. « *Le renard en louant l'effort de la sculpture* », LA FONTAINE. ♦ En mauvaise part. « *C'est un effort de démence dans un gouvernement d'avilir la plus grande partie de la nation* », VOLTAIRE. ♦ Il se dit aussi des choses qui exercent une action comparée à un effort musculaire. *L'effort de l'eau, de la tempête.* ♦ ▷ Effet. « *Le fer ne produit point de si puissants efforts* », RACINE. ◁ ♦ Il se dit des actions armées des peuples ou des partis entre eux. « *Les Gaulois font un dernier effort pour leur liberté* », BOSSUET. ♦ Dans le langage vulgaire, nom donné à une douleur vive survenue dans un muscle à l'occasion d'une violente contraction de ses fibres. ♦ Tiraillement douloureux éprouvé dans la région lombaire en soulevant un fardeau trop pesant. ♦ Hernie. ■ **Méc.** Force exercée par un élément.

EFFRACTION, n. f. [efʀaksjɔ̃] (radic. *effractum*, supin de *effringere* ; cf. b. lat. jurid. *effractura*) Fracture des clôtures d'un lieu habité. *Vol avec effraction.*

EFFRAIE, n. f. [efʀɛ] (altération de *orfraie*, d'après *effrayer*) Nom vulgaire de la chouette effraie, oiseau nocturne, du genre des rapaces.

EFFRANGER, ■ v. tr. [efʀɑ̃ʒe] (*ef-* *frange*) Effiler les bords d'un tissu afin que les fils qui pendent donnent l'aspect d'une frange. *Effranger un foulard.*

EFFRAYANT, ANTE, adj. [efʀɛjɑ̃, ɑ̃t] (*effrayer*) Qui effraye ou est capable d'effrayer. *Une pensée effrayante. Des regards effrayants.* ♦ Il se dit, par exagération, d'une personne qui intimide.

EFFRAYÉ, ÉE, p. p. d'effrayer. [efʀeje] **Hérald.** Se dit d'un cheval représenté dans une situation rampante.

EFFRAYER, v. tr. [efʀeje] (b. lat. *exfridare*, de *ex-* négatif et l'anc. b. frq. *fridu*, paix) Causer de la frayeur. *Effrayer un enfant, un cheval.* ♦ *S'effrayer*, v. pr. Concevoir de la frayeur. *S'effrayer du danger.* ■ V. tr. Causer de l'inquiétude ou de l'appréhension.

EFFRÉNÉ, ÉE, adj. [efʀene] (lat. *effrenatus*, délivré du frein) **Hérald.** Se dit d'un cheval qui n'a ni bride ni selle, et qui se nomme autrement *gai*. ♦ **Fig.** Qui est sans frein moral, sans retenue. *Une licence, une passion effrénée.*

EFFRIT, ■ n. m. [efʀit] Voy. ÉFRIT.

EFFRITÉ, p. p. d'effriter. [efʀite] *Terre effritée.*

EFFRITEMENT, n. m. [efʀit(ə)mɑ̃] (*effriter*) Épuisement d'une terre par le retour de certaines cultures. ■ Action d'effriter ; résultat de cette action. ■ **Fig.** Diminution progressive et irrémédiable. *L'effritement d'un héritage.*

EFFRITER, v. tr. [efʀite] (*ef-* et *fruit*, rendre incapable de fruit) Produire dans une terre l'effritement. ♦ *S'effriter*, v. pr. *La terre s'effrite, si l'on n'y met pas d'engrais.* ♦ On dit aussi *effruiter*, qui est la forme originelle. ■ Désagréger progressivement. ■ *S'effriter*, v. pr. Se réduire en poussière. ■ **Fig.** Se réduire petit à petit.

EFFROI, n. m. [efʀwa] (*effrayer* : cf. anc. fr. *il s'esfroie*) Grande frayeur. *Porter, inspirer l'effroi.* ♦ **Fig.** Cause d'effroi. *Ce conquérant a été l'effroi et la terreur de la terre entière.*

EFFRONTÉ, ÉE, adj. [efʀɔ̃te] (*ef-* *front*) Qui a du front, de l'impudence, qui ne rougit de rien. ♦ *Effronté comme un page de cour* ou simplement *comme un page*, très effronté. ♦ Il se dit aussi des choses. *Désirs effrontés. Luxe effronté.* ♦ **N. m.** et n. f. *Un effronté. Une effrontée.*

EFFRONTÉMENT, adv. [efʀɔ̃temɑ̃] (*effronté*) Avec effronterie.

EFFRONTERIE, n. f. [efʀɔ̃t(ə)ʀi] (*effronté*) Impudence, acte d'effronté.

EFFROYABLE, adj. [efʀwajabl] (*effroi*) Qui inspire un effroi mêlé d'horreur. *Un spectacle, une mort effroyable.* ♦ **Par extens.** Qui est d'une laideur repoussante. *Figure effroyable.* ♦ Excessif, incroyable. *Dépense effroyable.*

EFFROYABLEMENT, adv. [efʀwajabləmɑ̃] (*effroyable*) D'une manière effroyable, excessive.

EFFRUITER, v. tr. [efʀɥite] (*effriter*) ▷ Ôter le fruit. *Effruiter un arbre.* ◁

EFFUSER, ■ v. tr. [efyze] (radic. du supin *effusum* du lat. *effundere*) **Litt.** Répandre au-dehors. *Les lilas effusaient par-dessus le mur.* ■ V. pr. Être effusé. *Le parfum des roses s'effusait dans le jardin.*

EFFUSIF, IVE, ■ adj. [efyzif, iv] (radic. du supin *effusum* du lat. *effundere*) **Litt.** Qui s'effuse. ■ *Roche effusive*, roche magmatique formée par le refroidissement des laves qui se sont répandues à l'air libre. *Les basaltes sont des roches effusives.*

EFFUSION, n. f. [efyzjɔ̃] (lat. *effusio*, épanchement, écoulement) Action de répandre le contenu d'un vase. « *Nous sacrifierons à la reine du ciel et nous lui ferons des effusions* », BOSSUET. ♦ **Méd.** Écoulement d'un liquide qui sort de ses vaisseaux ou réservoirs et qui s'épanche dans une cavité ou dans les tissus. ♦ **Par extens.** *Effusion du sang.* ♦ Action de répandre hors. « *Le Père produit continuellement le Fils par une effusion de sa substance* », PASCAL. ♦ **Fig.** *Effusion du cœur* ou simplement *effusion*, épanchement d'un cœur affectueux et sincère. ♦ *Effusion de tendresse*, tendresse manifestée par les paroles, les gestes, les actions. ■ **REM.** Souvent au pl. dans ce dernier sens fig. *Des effusions d'affection.*

ÉFOURCEAU, n. m. [efuʀso] (*é-* et lat. *furcilla*, petite fourche) Nom d'une voiture à deux roues qui sert à conduire de pesants fardeaux.

ÉFRIT ou **EFFRIT**, ■ n. m. [efʀit] (ar. *ifrit*, diable) Dans la mythologie arabe, génie maléfique et cruel. *Les efrits et les djinns.*

ÉGAGROPILE, ■ n. m. [egagʀɔpil] Voy. ÆGAGROPILE.

ÉGAIEMENT ou **ÉGAYEMENT**, n. m. [egemɑ̃, egɛj(ə)mɑ̃] (*égayer*) Action d'égayer.

ÉGAILLER (S'), ■ v. pr. [egaje] (lat. pop. *æqualiare*, répandre de façon égale, de lat. *æqualis*, égal) Se disperser. *Ils s'égaillaient dans la nature.* ■ **REM.** Ne pas confondre avec *s'égayer*. ■ **ÉGAILLEMENT**, n. m. [egaj(ə)mɑ̃]

ÉGAL, ALE, adj. [egal] (lat. *æqualis*) Pareil en quantité, en valeur. *Deux sommes égales entre elles. Il a un mérite égal à sa naissance.* ♦ **Absol.** Suivre *d'un pas égal.* « *Il n'est bien sous le ciel qui vous parût égal* », LA FONTAINE. ♦ ▷ *Toutes choses égales*, ou *tout étant égal d'ailleurs*, en supposant qu'il n'y ait aucune différence entre les choses dont il s'agit. ◁ ♦ *La partie est égale, n'est pas égale*, se dit de deux joueurs, de deux combattants qui sont ou ne sont pas de même force. ♦ **Géom.** *Égal*, quand il se dit de ce qui est figuré, ne s'applique pas seulement à la valeur, mais aux angles et aux dimensions, de telle sorte qu'on puisse concevoir l'exacte superposition des figures. ♦ Qui jouit des mêmes droits. *Tous les hommes sont égaux.* ♦ Qui est toujours le même. *Un mouvement, un style égal.* ♦ **Méd.** *Le pouls est égal, la respiration est égale*, lorsque les mouvements qui les constituent sont semblables pour la force et la durée. ♦ Qui est d'un caractère doux et sans haut ni bas. ♦ Se dit aussi de l'humeur, du caractère. ♦ *Égal à soi-même*, qui ne se dément en rien. ♦ Qui est objet d'indifférence. *Tout m'est égal.* ♦ ▷ **Fam.** *C'est égal*, quoi qu'il en soit. ◁ ♦ Uni, qui est de niveau, qui n'est pas raboteux. *Un chemin égal.* ■ **N. m.** et n. f. Qui est égal aux autres. « *Ne nous associons qu'avecque nos égaux* », LA FONTAINE. ♦ *Qui n'a pas d'égal*, sans égal, qui ne peut être égalé. *Un malheur qui n'eut jamais d'égal. Un bonheur sans égal.* ♦ D'ÉGAL, loc. adv. Sur le pied de l'égalité. « *Abraham traitait d'égal avec les rois* », BOSSUET. ♦ À L'ÉGAL DE, loc. prép. Comme, de même que, autant que. « *Un homme que je hais à l'égal de la mort* », MOLIÈRE. « *À l'égal des Persans je veux qu'on les honore* », RACINE. ♦ *À son égal*, en comparaison de. « *La perte de l'univers n'est rien à son égal* », MASSILLON. ♦ **REM.** On utilise auj. *d'égal à égal*. ♦ *N'avoir d'égal que*, ne pouvoir être égalé que par. *Sa vanité n'a d'égale que son cynisme.*

ÉGALABLE, adj. [egalabl] (*égaler*) Qu'on peut égaler.

ÉGALÉ, ÉE, p. p. d'égaler. [egale]

1 ÉGALEMENT, n. m. [egal(ə)mɑ̃] (*égaler*) Distribution faite avant partage entre des enfants héritiers de leur père ou de leur mère qui avait donné un avancement d'hoirie à l'un d'entre eux.

2 ÉGALEMENT, adv. [egal(ə)mɑ̃] (*égal*) D'une manière égale, semblablement. *Il les traita également.* ■ Aussi. *Je viendrai également.*

ÉGALER, v. tr. [egale] (*égal*) Rendre égal. *La mort égale les hommes.* ♦ *Égaler à*, rendre égal à. ♦ Être égal à. *La recette égale la dépense.* ♦ Être égal en droits. *Aucun roi n'égalait un citoyen romain.* ♦ Être égal en mérite. *Cet auteur a égalé les Anciens.* ♦ *Égaler quelqu'un à un autre*, prétendre qu'il lui est égal. « *Laissons-lui égaler le fol et le sage* », BOSSUET. ♦ Rendre uni ; on dit plutôt *égaliser*. ♦ *S'égaler*, v. pr. Devenir égal. ♦ Se prétendre égal.

ÉGALISATEUR, TRICE, ■ adj. [egalizatœr, tris] (*égaliser*) Qui égalise, qui équilibre. *Il a marqué le but égalisateur.* ■ **N. m.** Dispositif servant à égaliser, à aplanir une surface.

ÉGALISATION, n. f. [egalizasjɔ̃] (*égaliser*) Action d'égaliser. ♦ Spécialement, action d'égaliser les lots dans un partage.

ÉGALISÉ, ÉE, p. p. d'égaliser. [egalize]

ÉGALISER, v. tr. [egalize] (*égal*) Rendre égal, de même valeur, en parlant des choses. *Égaliser les lots dans un partage.* ♦ *Égaliser un terrain*, le rendre uni. ♦ *Égaliser la poudre*, la mettre en grains et la tamiser. ♦ *Égaliser les cheveux*, les couper d'égale longueur. ♦ S'égaliser, v. pr. Devenir égal. ■ V. intr. **Sp.** Obtenir le même score que l'adversaire en marquant un but. *Le club a égalisé à la dernière minute.*

ÉGALISEUR, ■ n. m. [egalizœr] (*égaliser*) **Audiov.** Appareil qui permet de modifier le spectre de fréquence d'un signal sonore d'un système électroacoustique d'enregistrement ou de reproduction (chaîne hi-fi, magnétophone, etc.) en augmentant ou en atténuant certaines bandes. *L'égaliseur d'un autoradio.*

ÉGALITAIRE, adj. [egalitɛʀ] (*égalité*) Néologisme. Qui aime l'égalité, qui fait prévaloir l'égalité. *Une société égalitaire.* ♦ Qui est partisan de l'égalité dans la société. *Les opinions égalitaires.* ♦ N. m. et n. f. Partisan de ces opinions. ■ REM. N'est plus considéré comme néologisme aujourd'hui.

ÉGALITARISME, ■ n. m. [egalitarism] (*égalitaire*) Doctrine qui affirme l'égalité des droits entre les hommes, sous les aspects civil, politique, économique et social. ■ ÉGALITARISTE, n. m. et n. f. ou adj. [egalitarist]

ÉGALITÉ, n. f. [egalite] (lat. *æqualitas*; a supplanté au XVe s. les formes de l'anc. fr. *oelté*, *equalité*, *igauté*) Qualité de ce qui est égal. *Égalité de deux lignes, de deux angles, d'âge, de mérite, etc.* ♦ *À égalité*, si les choses dont on parle sont égales. *À égalité de prix, de mérite.* ♦ **Absol.** État de conditions égales. *L'amitié demande l'égalité.* ♦ *L'égalité devant la loi*, condition d'après laquelle tous les citoyens sont sujets de la loi, sans exception ni privilège. ♦ Organisation sociale dans laquelle tous les privilèges de classes sont détruits. ♦ Uniformité. *L'égalité du mouvement, du pouls.* ♦ *Égalité d'humeur* ou simplement *égalité*, modération que ne trouble aucune impatience. ♦ Superficie plane et unie. *L'égalité du sol.* ■ *À égalité*, à score égal. *Les joueurs sont à égalité.*

1 **ÉGARD**, n. m. [egaʀ] (anc. fr. *esgart*, opinion, examen, de *esgarder*, de *e[s]*- et *garder*, avoir soin) Proprement, action de regarder, prise en considération. ♦ En ce sens, s'emploie surtout comme complément, avec le verbe *avoir* et les prépositions *sans* et *par*. *Ayez égard à votre devoir. Sans égard pour*, sans tenir compte de. *Par égard à* ou *pour*, par considération pour. ♦ *Eu égard à*, en considération de. ♦ *Eu égard que* ou *à ce que*. ♦ *Égard* ou *égards*, déférence, marque de considération, d'estime. ♦ En ce sens, *égard* au singulier n'est jamais sujet de phrase; il peut l'être au pluriel : *Les égards ne vous auraient rien coûté.* ♦ À L'ÉGARD DE, loc. prép. Relativement, quant à. ♦ *À l'égard de*, envers. « *Que ferai-je donc à l'égard de ces rois?* », FÉNELON. ♦ En comparaison de. *La Terre est bien petite à l'égard du Soleil.* ♦ *À cet égard*, par rapport à cet objet. ♦ *À certains égards*, à certains points de vue. *À tous égards*, à tous les points de vue.

2 **ÉGARD**, n. m. [egaʀ] (anc. fr. *esgarder*, surveiller) ▷ Nom qu'on donnait, dans l'ordre de Malte, à un tribunal qui jugeait par commission les procès entre les chevaliers. ◁

ÉGARÉ, ÉE, p. p. d'égarer. [egaʀe] Qui annonce l'égarement. *Les yeux égarés.* ♦ Qui a quitté le droit chemin. *Des âmes égarées.* ♦ *Brebis égarée*, celui qui est sorti du sein de l'Église et le pécheur qui ne s'amende pas. ♦ N. m. et n. f. « *Ces misérables égarés* », PASCAL.

ÉGAREMENT, n. m. [egaʀ(ə)mã] (*égarer*) Action de s'égarer, de perdre son chemin. ♦ **Fig.** « *Tous mes pas ont été des égarements* », FÉNELON. ♦ Trouble de l'âme qui se perd en elle-même. ♦ Distraction. ♦ Égarement d'esprit, dérangement de l'intelligence. ♦ État d'un esprit qui s'abuse. ♦ Dérèglement de cœur; dérèglement d'imagination.

ÉGARER, v. tr. [egaʀe] (1 *é*- et germ. *warôn*, faire attention à) Détourner du droit chemin. ♦ **Fig.** *Égarer quelqu'un de quelque chose*, l'en détourner. ♦ Faire errer, laisser errer. « *Par ces chemins de fleurs... Qu'il est doux d'égarer ses désirs et ses pas!* », DELAVIGNE. ♦ Ne savoir où trouver. *Égarer ses papiers.* ♦ Jeter dans l'erreur, tromper. ♦ Mettre hors de la raison. *La colère égarait son esprit.* ♦ Faire quitter la ligne du devoir. ♦ S'égarer, v. pr. Perdre son chemin. ♦ *S'égarer de quelqu'un*, perdre, en s'égarant, sa compagnie. ♦ **Fig.** Se fourvoyer, se tromper, quitter le droit chemin. ♦ Laisser errer son esprit. « *Je ne m'égare point dans de vastes désirs* », RACINE. ♦ Avec ellipse du pronom personnel. « *Où laissé-je égarer mes vœux et mon esprit?* », RACINE. ♦ N'être plus maître de sa raison, de son âme. ♦ Tomber dans l'égarement de l'âme, de l'esprit. ♦ Être distrait. ♦ Errer çà et là. *Votre œil s'égare.* ♦ Se montrer d'une manière fugitive. *Un sourire s'égarait sur sa bouche.*

ÉGAYANT, ANTE, ■ adj. [egejã, ãt] (*égayer*) Qui apporte de la gaieté. *Un tableau égayant. Une histoire égayante.*

ÉGAYÉ, ÉE, p. p. d'égayer. [egeje]

ÉGAYEMENT, n. m. [egɛj(ə)mã] Voy. ÉGAIEMENT.

1 **ÉGAYER**, v. tr. [egeje] (2 *é*- et *gai*) Rendre gai. *Égayer la compagnie, la conversation.* ♦ **Par extens.** Donner quelque ornement à. *Égayer son style,*

un tableau, etc. ♦ *Égayer son deuil*, commencer à le porter moins rigoureusement. ♦ **Hortic.** *Égayer un arbre*, en ôter le bois inutile. ♦ S'égayer, v. pr. Devenir gai. ♦ *S'égayer aux dépens de quelqu'un*, s'en moquer. ♦ Se donner carrière. « *Le poète s'égaye en mille inventions* », BOILEAU. ■ Divertir. *Ces plaisanteries ne m'ont en rien égayé.*

2 **ÉGAYER**, v. tr. [egeje] Voy. AIGUAYER.

ÉGÉEN, ENNE, ■ adj. [eʒeɛ̃, ɛn] (mer *Égée*) Qui se rapporte à la mer Égée, à ses anciens peuples et au temps antique correspondant. *Art égéen.* ♦ *Civilisation égéenne*, ensemble des cultures qui se sont développées dans le bassin de la mer Égée, entre le IIIe et le IIe millénaire. ■ N. m. et n. f. Personne qui vivait sur les côtes et dans les îles de la mer Égée, durant l'Antiquité. *L'installation d'Égéens à Troie entre 900 et 350 av. J.-C.*

ÉGÉRIE, n. f. [eʒeʀi] (lat. *Egeria*) Nymphe qui inspirait Numa. ♦ **Fig.** Toute femme ou toute chose personnifiée, du genre féminin, considérée comme inspiratrice. ♦ Femme qui est l'inspiratrice d'un homme public, d'un artiste. *Elle fut longtemps l'égérie de ce couturier.*

ÉGIDE, n. f. [eʒid] (gr. *aigis*, génit. *aigidos*; étym. pop. *aix*, génitif *aigos*, chèvre) Le bouclier de Pallas. ♦ **Fig.** Protection, sauvegarde. *Placé sous l'égide des lois.*

ÉGILOPS, n. m. [eʒilɔps] (gr. *aigilôps*, étym. obsc.) **Méd.** Petit ulcère calleux, qui se forme dans l'angle interne des paupières.

ÉGLANTIER, n. m. [eglãtje] (anc. fr. *aiglant*, églantier, issu du lat. *aculeus*, aiguillon, épine) Nom donné à plusieurs espèces de rosiers, et particulièrement au rosier canin et au rosier églantier, qui croissent dans les buissons.

ÉGLANTINE, n. f. [eglãtin] (a. fr. adj. *aiglantin*, de *aiglant*, églantier) La fleur de l'églantier. ♦ *L'églantine*, fleur d'églantier en métal précieux qu'on décerne aux Jeux floraux.

ÉGLEFIN ou **AIGLEFIN**, n. m. [ɛgləfɛ̃] (néerl. *schelvisch*) Espèce de morue des mers du Nord. ♦ On l'appelle aussi *aigrefin*. Voy. ce mot.

ÉGLISE, n. f. [egliz] (lat. chrét. *ecclesia*, communauté des fidèles, du gr. *ekklêsia*, assemblée des citoyens, de *ekkalein*, appeler au-dehors, convoquer) L'assemblée des chrétiens; toute communion ou secte chrétienne [1]. *L'Église primitive, l'Église catholique. Les Églises réformées, etc.* ♦ Il se dit particulièrement de l'Église catholique et romaine. *Le pape est le chef visible de l'Église.* ♦ *Retrancher de l'Église*, déclarer hérétique, excommunier. ♦ *En face de l'Église*, solennellement et selon le rite. ◁ ♦ *Cour d'Église*, la juridiction de l'archevêque ou de l'évêque. ♦ L'état ecclésiastique. *Entrer dans l'Église.* ♦ *Les gens d'Église* ou absol. *l'Église*, les ecclésiastiques, le clergé. *Un homme d'Église.* ♦ Temple chrétien. *Église en croix grecque, en croix latine.* ♦ *Honneurs d'église*, honneurs réservés aux patrons et aux fondateurs d'une église. ♦ *Il est gueux comme un rat d'église*, il est si pauvre qu'il n'a pas de quoi manger. ♦ Diocèse, cure. *Ce prêtre passa de l'église de Noyon à celle de Paris.* ♦ *Petite Église*, classe d'ecclésiastiques et de catholiques qui se refusèrent à reconnaître le concordat de 1801. ♦ **Fig.** *Petite Église*, coterie peu nombreuse. ♦ *Église* prend un *é* minuscule quand il signifie *temple*; partout ailleurs il prend un *É* majuscule. ■ REM. 1 : *Secte* est à prendre ici au sens de *communauté*.

ÉGLISE-HALLE, ■ n. f. [egliz(ə)al] (*église* et *halle*) Église qui comporte plusieurs vaisseaux longitudinaux de hauteur et largeur identiques, communiquant entre eux, l'éclairage se faisant par les côtés. *Des églises-halles.*

ÉGLOGUE, n. f. [eglɔg] (lat. *ecloga*, choix, b. lat., églogue, du gr. *eklogê*, choix) Ouvrage de poésie pastorale où l'on introduit des bergers qui conversent ensemble. ♦ **Philol.** Recueil de pièces choisies.

EGO ou **ÉGO**, ■ n. m. [ego] (lat. *ego*, moi) **Philos.** Selon Kant, sujet pensant conçu comme unité. ■ **Psych.** Depuis Freud, instance psychique se définissant comme un équilibre entre le ça (les pulsions inconscientes) et le surmoi (censure sociale intériorisée par l'individu). « *Il ne m'a jamais gêné aux entournures de mon ego ... mon moi ... quelque chose comme ça* », BOUDARD.

ÉGOCENTRIQUE ou **ÉGOCENTRISTE**, ■ adj. [egosãtʀik, egosãtʀist] (lat. *ego* et *centre*) Qui a tendance à tout ramener à soi, à faire de soi le centre de tout. ■ N. m. et n. f. *Un, une égocentrique.* ■ ÉGOCENTRISME, n. m. [egosãtʀism]

ÉGOÏNE, ■ n. f. [egoin] (lat. *scobina*, lime, râpe, de *scabere*, gratter) Petite scie à main munie d'une poignée. ■ REM. On dit aussi *scie égoïne*.

ÉGOÏSER, v. intr. [egoize] (radic. de *égoïsme*) Ne parler que de soi.

ÉGOÏSME, n. m. [egoism] (lat. *ego*) Vice qui fait rapporter tout à soi. ♦ **Philos.** Ensemble de penchants ou d'instincts qui servent à la conservation et à l'entretien de l'individu.

ÉGOÏSTE, n. m. et n. f. [egoist] (lat. *ego*) Celui ou celle qui a le vice d'égoïsme. ♦ Adj. *Homme égoïste. Sentiments égoïstes.* ♦ **Physiol.** *Les penchants égoïstes*, ceux qui servent à la conservation de l'individu et à son intérêt personnel. ■ ÉGOÏSTEMENT, adv. [egoistəmã]

ÉGORGÉ, ÉE, p. p. d'égorger. [egɔʀʒe]

ÉGORGEMENT, n. m. [egɔʀʒəmɑ̃] (*égorger*) Action d'égorger.

ÉGORGER, v. tr. [egɔʀʒe] (*é-* et *gorge*) Couper la gorge. *Égorger un mouton.* ♦ Tuer avec le fer, en parlant des êtres humains. ♦ ▷ Faire payer aux gens beaucoup plus qu'ils ne doivent. *On égorge les gens dans cette auberge.* ◁ ♦ Ruiner les affaires de quelqu'un ; desservir d'une manière cruelle. ♦ S'égorger, v. pr. Se couper la gorge à soi-même. ♦ **Fig.** Se faire un très grand tort à soi-même. ♦ Se tuer l'un l'autre dans un combat.

ÉGORGEUR, EUSE, n. m. et n. f. [egɔʀʒœʀ, øz] (*égorger*) Celui, celle qui égorge.

ÉGOSILLER (S'), v. pr. [egozije] (*é-* et radic. de *gosier*) Se faire mal au gosier à force de crier. ♦ Avec le verbe *faire*, il peut y avoir ellipse du pronom personnel. « *Tu m'as fait égosiller* », MOLIÈRE. ♦ En parlant des oiseaux, chanter beaucoup, longtemps.

ÉGOTISME, ■ n. m. [egotism] (angl. *egotism*) Tendance marquée à faire référence à soi, à faire des analyses détaillées de sa personnalité. « *Souvenirs d'égotisme* », STENDHAL. ■ **ÉGOTIQUE**, adj. [egotik]

ÉGOTISTE, ■ adj. [egotist] (angl. *egotist* ; 1726) Qui fait continuellement référence à soi. *Un auteur égotiste.* « *Chateaubriand, ce roi des égotistes* », STENDHAL. ■ N. m. et n. f. *Un, une égotiste.*

ÉGOUT, n. m. [egu] (*égoutter*) Eau qui tombe et s'écoule goutte à goutte. *Se tenir sous l'égout du toit.* ♦ Rangée de tuiles ou ardoises qui débordent du toit. ♦ Pente de toit. *Un toit à deux égouts.* ♦ Conduit par où s'écoulent les eaux sales et les immondices d'une ville. ♦ **Fig.** Ce qui, en tant qu'immonde, est comparé à un égout, à un cloaque. *Cette ville est l'égout de l'Europe.* ■ *Bouche d'égout,* ouverture permettant l'écoulement des eaux de la chaussée.

ÉGOUTIER, IÈRE, n. m. et n. f. [egutje, jɛʀ] (*égout*) Personne chargée du curage et de l'entretien des égouts publics.

ÉGOUTTAGE, n. m. [egutaʒ] (*égoutter*) Action de faire égoutter.

ÉGOUTTÉ, ÉE, p. p. d'égoutter. [egute] *Fromage égoutté,* fromage de lait caillé, dont on a égoutté le petit-lait.

ÉGOUTTEMENT, n. m. [egut(ə)mɑ̃] (*égoutter*) Action d'égoutter, de s'égoutter.

ÉGOUTTER, v. tr. [egute] (*é-* et *goutte*) Faire écouler goutte à goutte l'eau ou l'humidité dont certaines choses sont pénétrées. *Égoutter des terres basses.* ♦ *Égoutter de la vaisselle,* la placer de manière que l'eau de lavage en tombe d'elle-même. *Égoutter le lait,* faire tomber le petit-lait du lait caillé. ♦ S'égoutter, v. pr. Perdre son eau, son humidité. ♦ Avec ellipse du pronom personnel. *Mettre à égoutter des fromages, de la vaisselle.*

ÉGOUTTOIR, n. m. [egutwaʀ] (*égoutter*) Planche, treillis sur lequel on met à égoutter quelque chose. ■ Passoire utilisée pour égoutter des aliments. *Égouttoir à salade.*

ÉGOUTTURE, n. f. [egutyʀ] (*égoutter*) Le liquide restant dans une bouteille qu'on vient de vider.

ÉGRAINAGE, ■ n. m. [egʀenaʒ] Voy. ÉGRENAGE.

ÉGRAINER, v. tr. [egʀene] Voy. ÉGRENER.

ÉGRAPPAGE, n. m. [egʀapaʒ] (*égrapper*) Action d'égrapper les raisins, les groseilles, etc.

ÉGRAPPÉ, ÉE, p. p. d'égrapper. [egʀape]

ÉGRAPPER, v. tr. [egʀape] (*é-* et *grappe*) Séparer de leur grappe les grains d'un raisin mûr, de la groseille, etc. ♦ S'égrapper, v. pr. Être égrappé.

ÉGRAPPOIR, n. m. [egʀapwaʀ] (*égrapper*) Instrument pour séparer les grains de raisin dans la fabrication du vin.

ÉGRATIGNÉ, ÉE, p. p. d'égratigner. [egʀatiɲe] ou [egʀatiɲ] **Grav.** *Cette planche, cette gravure n'est qu'égratignée,* le cuivre n'a pas été coupé avec hardiesse et netteté.

ÉGRATIGNEMENT, ■ n. m. [egʀatiɲəmɑ̃] ou [egʀatiɲɔmɑ̃] (*égratigner*) Action d'égratigner. *Des égratignements d'ongles.*

ÉGRATIGNER, v. tr. [egʀatiɲe] ou [egʀatiɲe] (anc. fr. *esgratigner, gratiner,* même sens, de *gratter*) Déchirer la peau avec les ongles, avec quelque chose de piquant. ♦ **Fig.** Faire une légère blessure à l'amour-propre, aux sentiments, etc. ♦ Légèrement médire. ♦ Labourer peu profondément. ♦ Donner certaine façon à une étoffe de soie avec la pointe d'un fer. ♦ S'égratigner, v. pr. Se faire à soi-même une égratignure. ♦ Se faire l'un à l'autre des égratignures, au propre et au figuré. ■ V. tr. Abîmer légèrement la surface d'un objet.

ÉGRATIGNEUR, EUSE, n. m. et n. f. [egʀatiɲœʀ, øz] ou [egʀatiɲœʀ, øz] (*égratigner*) Celui, celle qui égratigne. ♦ Adj. *Ce chat est égratigneur.*

ÉGRATIGNURE, n. f. [egʀatiɲyʀ] ou [egʀatinjyʀ] (*égratigner*) Légère blessure faite en égratignant. ♦ **Par extens.** Toute blessure légère. ♦ **Fig.** *Il ne peut souffrir la moindre égratignure, il n'endure rien.* ♦ Marque, cicatrice que laisse une égratignure.

ÉGRAVILLONNÉ, ÉE, p. p. d'égravillonner. [egʀavijɔne]

ÉGRAVILLONNER, v. tr. [egʀavijɔne] (*é-* et *gravillon*) Lever un arbre en motte, et dégager les racines de la terre.

ÉGREFIN, n. m. [egʀəfɛ̃] (anc. fr. *esclevis,* du m. néerl. *schelvisch,* avec altération d'après *fin*) ▷ Voy. AIGREFIN. ♦ Autrefois, sobriquet donné à de petits officiers, enseignes, sous-lieutenants, pauvres, tapageurs et intrigants. ◁

ÉGRENAGE ou **ÉGRAINAGE**, n. m. [egʀənaʒ, egʀenaʒ] (*égrener*) Action d'égrener. ■ **REM.** On dit aussi *égrènement.*

ÉGRENÉ, ÉE ou **ÉGRAINÉ, ÉE**, p. p. d'égrener. [egʀəne, egʀene]

ÉGRENER ou **ÉGRAINER**, v. tr. [egʀəne, egʀene] (*é-* et *grain*) Faire sortir le grain de l'épi, la graine des plantes ; détacher les raisins de la grappe. ♦ *Égrener son chapelet,* en faire passer les grains entre ses doigts. ♦ S'égrener, v. pr. Tomber en grains. ■ V. tr. Produire des sons détachés. *La pendule égrène les heures.* ♦ S'égrener, v. pr. Se faire entendre de manière discontinue. *La mélodie s'égrène doucement.*

ÉGRENEUR, EUSE, ■ n. m. et n. f. [egʀənœʀ, øz] (*égrener*) Personne s'occupant de l'égrenage. *Les égreneurs de coton.* ■ N. f. Machine permettant d'égrener des plantes textiles, des végétaux, du maïs, etc. *Une égreneuse à lin, à coton, à maïs.*

ÉGRESSION, ■ n. f. [egʀesjɔ̃] (lat. impér. *egressio,* génit. *egressionis,* sortie) Luxation d'une dent plus ou moins sortie de son alvéole, le collet de la dent étant situé à distance de la gencive. *Égression orthodontique.*

ÉGRILLARD, ARDE, adj. [egʀijaʀ, aʀd] (radic. de *écriller,* glisser, altéré en *griller*) Qui a quelque chose d'un peu trop gaillard. *Air égrillard. Des chansons égrillardes.* ♦ N. m. et n. f. « *Oh ! oh ! quels égrillards* », MOLIÈRE. *Une égrillarde.*

ÉGRISAGE, n. m. [egʀizaʒ] (*égriser*) Action d'égriser le diamant. ♦ Opération qui, précédant le polissage du marbre, fait disparaître les trous que le ciseau et la scie ont laissés. ■ Action d'égriser.

ÉGRISÉ, ÉE, p. p. d'égriser. [egʀize] N. m. Syn. d'égrisée.

ÉGRISÉE, n. f. [egʀize] (*égriser*) Poudre de diamant servant à polir les pierres fines. ♦ On dit aussi *égrisé* au masculin.

ÉGRISER, v. tr. [egʀize] (*é-* et all. *Gries*) Ôter d'un diamant les parties les plus brutes avant que de le tailler, en le frottant contre un autre diamant brut. ♦ Frotter le bord d'une glace sur une planche avec du grès fin, ou deux glaces l'une sur l'autre. ♦ Commencer à polir le marbre.

ÉGRISOIR, ■ n. m. [egʀizwaʀ] (*égriser*) Récipient destiné à recueillir l'égrisée.

ÉGROTANT, ANTE, ■ adj. [egʀotɑ̃, ɑ̃t] (lat. *ægrotans,* part. de *ægrotare,* être malade) Qui est constamment malade. *Avoir un air égrotant.*

ÉGRUGÉ, ÉE, p. p. d'égruger. [egʀyʒe]

ÉGRUGEOIR, n. m. [egʀyʒwaʀ] (*égruger*) Petit vaisseau de bois dans lequel on égruge le sel avec un pilon.

ÉGRUGER, v. tr. [egʀyʒe] (2 *é-* et *gruger*) Réduire en petits grains, écraser. *Égruger du sel.* ■ **ÉGRUGEAGE**, n. m. [egʀyʒaʒ]

ÉGUEULÉ, ÉE, p. p. d'égueuler. [egœle] *Une cruche égueulée.* ■ *Cratère égueulé,* cratère de volcan dont la paroi est creusée. ■ N. m. et n. f. **Fam.** et **vieilli** Personne criant de toutes ses forces. *Faites taire cet égueulé.*

ÉGUEULEMENT, n. m. [egœl(ə)mɑ̃] (*égueuler*) Altération faite par le boulet à la bouche des canons. ♦ Caractéristique du cratère égueulé.

ÉGUEULER, v. tr. [egœle] (1 *é-* et *gueule*) Casser l'ouverture d'un vase de terre ou de verre, ou l'embouchure d'un canon. ♦ S'égueuler, v. pr. Être déformé à l'ouverture. ■ V. tr. Ébrécher le bord de. *Égueuler une jarre.*

ÉGYPTIAC, adj. m. [eʒiptjak] (gr. *Aiguptiakos,* égyptien) ▷ *Onguent égyptiac,* préparation pharmaceutique composée de miel, de vinaigre et de vert-de-gris. ◁

ÉGYPTIEN, IENNE, n. m. et n. f. [eʒipsjɛ̃, jɛn] (*égypte*) ▷ Sorte de vagabonds qu'on appelle aussi *bohémiens,* et qu'on suppose originaires d'Égypte. ◁ ■ Personne qui habite ou qui est originaire d'Égypte. *Une Égyptienne.* ■ N. m. Langue parlée en Égypte. ■ Adj. Provenant de, ou en cours en Égypte. *L'écriture égyptienne.* ■ N. f. Caractère typographique romain caractérisé par des empattements triangulaires et utilisé principalement pour les titres et les sous-titres.

ÉGYPTOLOGIE, ■ n. f. [eʒiptolɔʒi] (*Égypte* et *-logie*) Science qui étudie l'Égypte ancienne. ■ **ÉGYPTOLOGUE**, n. m. et n. f. [eʒiptolɔg]

EH !, interj. [e] (onomat.) Exprime la douleur, la surprise, l'admiration. ♦ *Eh !* redoublé s'emploie pour faire entendre ce qu'on ne veut pas dire. ♦

EH BIEN !, loc. interj. Sert à donner de la force à l'expression. « *Eh bien, Antiochus, vous dois-je la couronne?* », P. CORNEILLE. ▪ S'emploie pour entrer en communication avec quelqu'un, l'interpeller. *Eh, Martin! Tu viens?* ▪ Transcrit des éclats de rire. *Me déguiser, moi? Eh! Eh! Eh!*

ÉHANCHÉ, ÉE, adj. [eɑ̃ʃe] (*é-* et *hanche*) *Cheval éhanché*, cheval dont une des hanches est, par quelque grand effort, descendue plus bas que celle de l'autre côté.

ÉHERBER, v. tr. [eɛʀbe] (*é-* et *herbe*) Syn. de sarcler. Ôter les herbes qui poussent là où elles ne doivent pas pousser.

ÉHONTÉ, ÉE, adj. [eɔ̃te] (*é-* et *honte*) Qui est sans honte. *Un homme éhonté.* ◆ N. m. et n. f. *Un éhonté. Une éhontée.* ▪ Qui fait preuve d'impudence et de cynisme dans la réalisation d'un acte condamnable. *Un trafiquant éhonté.*

ÉHOUPÉ, ÉE, p. p. d'éhouper. [eupe]

ÉHOUPER, v. tr. [eupe] (1 *é-* et *houppe*) Eaux et forêts. Couper la cime et les houppes d'un arbre.

EIDER, n. m. [edɛʀ] (isl. *ædur*) Espèce de canard du nord de l'Europe qui fournit l'édredon.

EIDÉTIQUE, ▪ adj. [edetik] ou [ɛjdetik] (all. *eidetisch*, du gr. *eidos*, forme, idée) Philos. Qui se rapporte à l'essence pure des choses, par opposition à ce qui relève de leur existence. *Description eidétique.* ▪ Philos. *Réduction eidétique*, dans la perspective d'Husserl, opération qui privilégie l'essence intelligible des choses en faisant abstraction de leur présence sensible ou psychologique. ▪ Psych. *Image eidétique*, image visuelle très nette d'un objet observé plus ou moins longtemps auparavant, ou d'un événement vécu dans le passé, apparaissant à l'esprit du sujet qui sait consciemment qu'il ne s'agit pas d'une perception actuellement réelle. ▪ Relatif à l'eidétisme. *Faculté eidétique.* ▪ N. f. Science qui étudie les essences universelles.

EIDÉTISME, ▪ n. m. [edetism] ou [ɛjdetism] (*eidétique*) Psych. Faculté de reproduire fidèlement et très nettement à l'esprit un objet observé plus ou moins longtemps auparavant, ou une situation vécue dans un passé récent ou lointain, sans pour autant croire à la présence matérielle de cette image, telle une hallucination. *L'eidétisme est rare : certains des sujets dotés d'une mémoire exceptionnelle utilisent un genre de collaboration entre plusieurs domaines sensoriels associant les noms à des images vives ou à des sons musicaux.*

EINSTEINIUM, ▪ n. m. [ɛnstenjɔm] ou [ajnʃtajnjɔm] (*Einstein*) Chim. Élément radioactif et artificiel, de symbole Es, qui porte le numéro atomique 99. *L'einsteinium a été découvert en 1952 par Albert Ghiorso, qui lui donna ce nom en l'honneur d'Albert Einstein.*

ÉJACULATEUR, ▪ n. m. [eʒakylatœʀ] (*éjaculer*) Anat. Qui contribue à l'éjaculation. *Muscles éjaculateurs.* ▪ N. m. *Éjaculateur précoce*, homme qui éjacule trop rapidement.

ÉJACULATION, n. f. [eʒakylasjɔ̃] (*éjaculer*) Action par laquelle certains animaux lancent une matière liquide. ◆ Phys. anc. L'émission de la lumière. *Éjaculation des corpuscules lumineux.* ▪ Nom donné à certaines prières courtes et ferventes, qui se prononcent à quelque occasion passagère, comme si elles se jetaient vers la suite. ▪ Émission de sperme.

ÉJACULÉ, ÉE, p. p. d'éjaculer. [eʒakyle]

ÉJACULER, v. tr. [eʒakyle] (lat. *ejaculari*, lancer avec force) Lancer hors de soi avec force un liquide. ▪ Émettre du sperme.

ÉJECTABLE, ▪ adj. [eʒɛktabl] (*éjecter*) Qui éjecte, qui projette hors de. ▪ *Siège éjectable*, siège muni d'un parachute qui peut être projeté, éjecté hors d'un appareil volant avec son occupant en cas de détresse. Fig. Situation précaire.

ÉJECTER, ▪ v. tr. [eʒɛkte] (lat. *ejectare*, rejeter, lancer au loin) Projeter hors de. *Ce fusil éjecte les douilles vides.* ▪ Fam. Renvoyer, congédier. *Se faire éjecter avec brutalité.* ▪ S'éjecter, v. pr. Être éjecté. *Il s'éjecta de l'avion qui brûlait.*

ÉJECTEUR, n. m. [eʒɛktœʀ] (*éjecter*) Appareil qui permet d'écouler un fluide ou d'éjecter un objet en métal ou en plastique. *L'éjecteur de plateau d'un lecteur de CD.* ▪ Dispositif d'une arme à feu destiné à éjecter la douille d'une cartouche après chaque tir.

ÉJECTION, n. f. [eʒɛksjɔ̃] (lat. *ejectio*) Action d'expulser hors du corps. « *La respiration facilite l'éjection des excréments en pressant les intestins* », BOSSUET. ◆ Matières expulsées. ▪ Action d'expulser hors de quelque chose.

ÉJOINTER, ▪ v. tr. [eʒwɛ̃te] (*é-* et anc. fr. *jointe*, jointure) Couper l'extérieur des ailes d'un oiseau pour qu'il ne puisse plus voler. *Éjointer un canard.* ▪ ÉJOINTAGE, n. m. [eʒwɛ̃taʒ]

ÉJOUIR (S'), v. pr. [eʒwiʀ] (2 *é-* et *jouir*) Se livrer à la joie. « *Maint repas, Dont maint voisin s'éjouit d'être* », LA FONTAINE.

EKTACHROME, ▪ n. m. [ɛktakʀom] (nom déposé) Phot. Film couleur inversible qui possède un grain très fin et une haute définition, équilibré pour la lumière du jour. *L'ektachrome est un support photographique transparent,* type diapositive. ▪ Photographie réalisée à partir de ce film. ▪ **Abrév.** Ekta (nom déposé).

ÉLABORANT, ANTE, adj. [elaboʀɑ̃, ɑ̃t] (*élaborer*) Qui élabore. *Les cellules élaborantes.*

ÉLABORATEUR, TRICE, adj. [elaboʀatœʀ, tʀis] (*élaborer*) Qui fait la fonction d'élaborer. *Organe élaborateur.*

ÉLABORATION, n. f. [elaboʀasjɔ̃] (lat. *elaboratio*, travail, application) Physiol. Action d'élaborer, de s'élaborer. ▪ Fig. Construction intellectuelle. *L'élaboration d'un projet.*

ÉLABORÉ, ÉE, p. p. d'élaborer. [elaboʀe] *Le chyle élaboré par les intestins.* ◆ Fig. *Un projet élaboré.*

ÉLABORER, v. tr. [elaboʀe] (lat. *elaborare*, travailler avec soin) Faire subir par un labeur, par un travail, par une combinaison, une modification spéciale. *L'estomac élabore les aliments.* ◆ Fig. *Élaborer un projet de loi. Il élabore péniblement ses idées.* ◆ S'élaborer, v. pr. Devenir élaboré. *La sève s'élabore.* ◆ Fig. *Les idées s'élaborent par la réflexion.*

ÉLÆIS, ▪ n. m. [eleis] Voy. ÉLÉIS.

E-LA-FA, n. m. [əlafa] (des notes de mus.) **Anc. mus.** Dénomination donnée au ton de *mi* bémol, à l'époque où l'on solfiait par les nuances.

ÉLAGAGE, n. m. [elagaʒ] (*élaguer*) Action d'élaguer des arbres. ◆ Branches coupées.

ÉLAGUÉ, ÉE, p. p. d'élaguer. [elage]

ÉLAGUER, v. tr. [elage] (*é-* et anc. h. all. *lah*, incision des arbres) Couper les branches, principalement les branches inférieures d'un arbre. ◆ Fig. Détruire ou écarter ce qui est superflu ou nuisible. ◆ Par anal. Retrancher d'un ouvrage d'esprit ce qui est surabondant. ▪ ÉLAGUEMENT, n. m. [elag(ə)mɑ̃]

ÉLAGUEUR, n. m. [elagœʀ] (*élaguer*) Celui qui élague. ▪ Serpe destinée à l'élagage.

E-LA-MI, n. m. [əlami] (des notes de mus.) Dans l'ancien solfège, le *mi*, qu'on chantait tantôt sur la syllabe *la*, tantôt sur la syllabe *mi*.

1 ÉLAN, n. m. [elɑ̃] (*élancer*) Mouvement pour s'élancer. *Il prit son élan. N'avancer que par élans.* ◆ Action d'élancer la voix. « *Il pousse des élans et des soupirs* », LA BRUYÈRE. ◆ Fig. Ardeur inspirée par la passion, par l'enthousiasme. *Avoir de l'élan. Des élans de dévotion. Des élans vers la postérité.*

2 ÉLAN, n. m. [elɑ̃] (anc. fr. *hele*, h. all. *elen, elend*, orig. balt.) Espèce de cerf qui se trouve dans l'hémisphère Nord.

ÉLANCÉ, ÉE, p. p. d'élancer. [elɑ̃se] **Hérald.** *Cerf élancé*, cerf courant. ◆ En parlant de la conformation du corps, qui est bien mince et bien pris. *Une taille élancée.* ◆ Par extens. *Clocher élancé.* ◆ *Cheval élancé*, cheval dont le corps est efflanqué. ◆ *Arbre élancé*, arbre dont le tronc s'élève très haut sans branches.

ÉLANCEMENT, n. m. [elɑ̃s(ə)mɑ̃] (*élancer*) Action de s'élancer. ◆ Action de faire un élan. ◆ Fig. Ardentes aspirations de l'âme. *Les élancements de l'âme vers Dieu.* ◆ Douleur vive, aiguë, analogue à celle qu'occasionnerait un coup de lance.

ÉLANCER, v. tr. [elɑ̃se] (1 *é-* et *lancer*) Lancer avec force. *L'espérance et le désir nous élancent vers l'avenir.* ◆ Peu usité à l'actif. ◆ V. intr. Causer des élancements. *Le doigt m'élance.* ◆ S'élancer, v. pr. Prendre son élan vers. Fig. « *L'étude de la nature force notre âme à s'élancer vers l'auteur des choses* », J.-J. ROUSSEAU. ◆ Devenir élancé. *Sa taille s'élance.* ◆ S'élancer se dit des arbres qui prennent une grande élévation sans grossir à proportion. ▪ Se dresser. *Le toit de la cathédrale s'élance vers le ciel.*

ÉLAND, ▪ n. m. [elɑ̃] (angl. *eland*) Grande antilope, mesurant presque deux mètres et pouvant atteindre 900 kg, possédant un poil court, brun ou gris, portant de fortes cornes en spirale, vivant dans la brousse africaine et se nourrissant d'herbes. *L'éland du Cap en Afrique australe. Les élands de Derby en Afrique tropicale.*

ÉLAPIDÉ, ▪ n. m. [elapide] (lat. sav. *elaps*, de *elabor*, glisser) Serpent venimeux tropical qui vit en Australie, en Afrique et en Asie, tel que le naja ou le mamba.

ÉLARGI, IE, p. p. d'élargir. [elaʀʒi]

ÉLARGIR, v. tr. [elaʀʒiʀ] (2 *é-* et *large*) Rendre plus large. *Élargir une rue, un fossé.* ◆ Fig. Rendre plus étendu. *Élargir ses idées, la sphère de ses connaissances.* ◆ Mettre hors de prison. *Élargir un prisonnier.* ◆ S'élargir, v. pr. Devenir, être plus large. ◆ Se mettre au large. ◆ S'agrandir dans son domaine. ◆ Fig. Gagner de l'étendue, en parlant des idées, de l'esprit. ◆ Se mettre en liberté.

ÉLARGISSEMENT, n. m. [elaʀʒis(ə)mɑ̃] (radic. du p. prés. de *élargir*) Action d'élargir ; résultat de cette action. *L'élargissement d'une rue.* ◆ Mise en liberté. ◆ Fig. Mise à l'aise. *L'élargissement de sa fortune.* ◆ En un autre sens, satisfaction d'un cœur qui est mis à l'aise. ■ **Fig.** Action de rendre plus étendu. *L'élargissement de ses idées.*

ÉLARGISSURE, n. f. [elaʀʒisyʀ] (radic. du p. prés. de *élargir*) Ce qu'on ajoute à un vêtement, à un meuble pour le rendre plus large.

ÉLASTHANNE, ■ n. m. [elastan] (*élastique* et *polyuréthanne*) Fibre élastomère caractérisée par son importante élasticité. *Ce pull contient 5% d'élasthanne.*

ÉLASTICIMÉTRIE, ■ n. f. [elastisimetʀi] (radic. de *élasticité* et -*métrie*) Mesure des déformations élastiques d'un corps provoquées par les contraintes qu'il subit.

ÉLASTICITÉ, n. f. [elastisite] (lat. sav. *elasticitas*, de *elasticus*, du gr. *elastos*, qui peut être étendu) Propriété en vertu de laquelle certains corps reprennent leur état primitif, dès que cesse la cause qui en avait changé la forme ou le volume. *L'élasticité d'un ressort, de l'air.* ♦ **Fig.** État d'un esprit, d'une âme comparée à un ressort. « *L'esprit mis à la gêne perd toute son élasticité* », VOLTAIRE. ■ Caractère de ce qui est flexible, souple. *L'élasticité du sommier, de sa démarche, du budget.* ■ Absence de rigueur, de constance. *L'élasticité de la conscience.* ■ Faculté de s'adapter facilement. ■ **Écon.** Variation, augmentation d'un phénomène en fonction de certaines circonstances. *L'élasticité de l'offre et de la demande.*

ÉLASTINE, ■ n. f. [elastin] (radic. de *élastique*) **Biol.** Protéine qui permet de constituer et de soutenir les fibres élastiques de l'organisme telles que les parois artérielles et les ligaments. *La peau vieillit et se relâche petit à petit par manque d'élastine. Certains produits cosmétiques contiennent de l'élastine.*

ÉLASTIQUE, adj. [elastik] (gr. *elastos*, de *elaunein*, pousser en avant, étendre) Qui a de l'élasticité. *Les gaz sont très élastiques.* ♦ *Bretelles élastiques*, bretelles munies de ressorts élastiques. ♦ *Gomme élastique*, caoutchouc. ♦ *Balle élastique*, balle faite avec des filets de caoutchouc. ♦ **Anat.** *Tissu élastique*, tissu qui jouit de l'élasticité. ♦ **N. m.** Ressort que l'on met aux bretelles, aux jarretières ; sorte de bracelet pour tenir les manches. ♦ *Gomme élastique. Une balle d'élastique.* ■ Doué d'élasticité, souple. *Un sommier élastique.* ■ Qui s'accomplit avec beaucoup de souplesse et d'aisance. *Des mouvements élastiques.* ■ Qui n'est pas rigoureux, constant. *Une morale, une loi élastique.* ■ Qui est capable de s'adapter facilement. *Un esprit élastique.* ■ **N. m.** Bracelet de caoutchouc. *Attacher des dossiers en les entourant d'un élastique.* ■ Accessoire pour s'attacher les cheveux. ■ **ÉLASTIQUEMENT**, adv. [elastik(ə)mɑ̃]

ÉLASTIQUÉ, ÉE, ■ adj. [elastike] (*élastique*) Pourvu d'un élastique. *Pantalon à taille élastiquée.*

ÉLASTOMÈRE, ■ n. m. [elastomɛʀ] (radic. de *élastique* et *[poly]mère*) Caoutchouc synthétique, très élastique. *Semelles en élastomère.*

ÉLAVÉ, ÉE, ■ adj. [elave] (anc. fr. *eslaver*, effacer en lavant, de *es-* et *laver*) Dont la couleur est si pâle et blafarde qu'elle paraît avoir déteint, en parlant notamment du poil d'un animal. *Chien élavé.*

ELBEUF, n. m. [ɛlbœf] (*Elbeuf*, ville de Seine-Maritime) Drap qui se fabrique à Elbeuf, en Normandie. *Du bon elbeuf.*

ELBOT, ■ n. m. [ɛlbo] (néerl. *heilbot* ; cf. angl. *halibut*) **Belg.** Flétan. *Elbot fumé.*

ELDORADO, n. m. [ɛldoʀado] (esp. *el Dorado*, le doré, le pays de l'or) Prétendu pays qu'aurait découvert un lieutenant de Pizarre dans l'Amérique du Sud. ♦ **Fig.** Lieu, pays d'abondance et de délices.

ÉLÉATE, ■ adj. [eleat] (gr. *eleatês*, originaire ou habitant d'Élée) Relatif à la ville d'Élée et à ses habitants. ♦ Qui correspond à la doctrine des Éléates. *Philosophie éléate.* Voy. ÉLÉATISME. ■ **N. m. pl.** Philosophes grecs qui appartiennent à l'école d'Élée fondée par Xénophane. *Parménide et Zénon sont des éléates.*

ÉLÉATIQUE, ■ adj. [eleatik] (gr. *eleaticos*, d'Élée) Qui se rapporte à la doctrine de l'école philosophique d'Élée, qui en fait partie. *Doctrine éléatique.*

ÉLÉATISME, ■ n. m. [eleatism] (*éléatique*) Doctrine philosophique, fondée par Xénophane au VIᵉ siècle avant Jésus-Christ, qui professe l'immuabilité et l'unité essentielles de l'univers appréhendées par la raison, par opposition à la multiplicité et la variabilité des apparences perçues par les sens. *L'éléatisme nie la vie et l'âme de l'être, parce qu'elles impliquent l'une et l'autre la rupture de son unité.*

ÉLECTEUR, TRICE, n. m. et n. f. [elɛktœʀ, tʀis] (b. lat. *elector*, celui qui choisit) Personne qui élit, qui a le droit d'élire. ♦ *Grand électeur*, l'un des grands dignitaires de l'État sous le Premier Empire. ♦ Prince de l'ancien empire d'Allemagne qui avait le droit d'élire l'empereur. ♦ Par anal. *Grand électeur*, homme qui sollicite les voix des électeurs pour le compte de son candidat favori. ■ *Grands électeurs*, en France, assemblée électorale et départementale chargée d'élire les sénateurs.

ÉLECTIF, IVE, adj. [elɛktif, iv] (b. lat. *electivus*, qui marque le choix) Qui est nommé par élection. « *Leurs rois étaient électifs* », BOSSUET. ♦ Il se dit aussi des dignités, des fonctions qui se donnent à l'élection. ♦ *Chambre élective*, chambre nommée par l'élection, Chambre des députés, des communes, par opposition aux Chambres des lords, des pairs héréditaires, des sénateurs nommés par le souverain. ♦ **Chim.** *Affinité élective, attraction élective*, la force qui fait qu'un corps simple détermine la décomposition d'un composé binaire. ■ Qui fait l'objet d'une préférence, d'un choix. *Affinités électives. Tendresses électives.* ■ **ÉLECTIVEMENT**, adv. [elɛktiv(ə)mɑ̃]

ÉLECTION, n. f. [elɛksjɔ̃] (lat. *electio*, choix) Choix qui est fait de quelqu'un par voie de suffrages. ♦ *Élection directe*, celle qui confère immédiatement les fonctions. *Élection indirecte*, celle qui désigne des électeurs qui doivent eux-mêmes faire le choix. ♦ **Myst.** Choix fait par Dieu lui-même. *L'élection du peuple juif.* ♦ *Vase* ou *instrument d'élection*, créature dont Dieu fait choix pour l'accomplissement de ses desseins. ♦ **Philos.** Faculté qui permet de faire un choix entre deux ou plusieurs déterminations. « *J'ai une conviction intime que je puis vouloir et ne vouloir pas ; qu'il y a en moi une élection* », FÉNELON. ♦ **Dr.** *Élection de domicile*, action d'assigner un lieu où les actes de justice puissent être signifiés. ♦ Anciennement, nom des tribunaux où l'on jugeait en première instance tout ce qui avait rapport aux tailles, aux aides et aux gabelles ; certaine étendue de pays sur laquelle les élus exerçaient leur juridiction. ■ **Litt.** Choix selon une préférence. *Élection sentimentale.* ♦ **Dr.** Fait de choisir un lieu où seront signifiés les actes de procédure. ♦ *D'élection*, élu, préféré. *Pays d'élection.*

ÉLECTIVITÉ, n. f. [elɛktivite] (*élective*) Qualité d'un magistrat électif.

ÉLECTORAL, ALE, adj. [elɛktoʀal] (radic. du lat. *elector*) Qui est relatif au droit d'élire, aux élections. *Loi électorale. Collèges électoraux.* ♦ *Réunion électorale*, assemblée d'électeurs qui se fait pour discuter les titres des candidats. ♦ *Droit électoral*, les droits des électeurs.

ÉLECTORALISME, ■ n. m. [elɛktoʀalism] (*électoral*) Orientation démagogique de la politique d'un pays ou d'un parti à l'approche des élections. ■ **ÉLECTORALISTE**, adj. et n. m. et n. f. [elɛktoʀalist]

ÉLECTORAT, n. m. [elɛktoʀa] (radic. du lat. *elector*) ▷ Dignité des princes électeurs de l'Empire. ◁ ♦ Territoire soumis à un électeur. ♦ Droit d'élire, de contribuer à l'élection de députés. ■ Ensemble des électeurs.

ÉLECTRET, ■ n. m. [elɛktʀɛ] (angl. *electret*, de *electricity* et *magnet*, aimant) **Phys.** Diélectrique qui est en permanence électrisé après avoir été alimenté par un champ magnétique temporaire. *Micro électret.*

ÉLECTRICE, n. f. [elɛktʀis] (lat. chrét. *electrix*, génit. *electricis*, celle qui choisit) ▷ La femme d'un électeur de l'Empire. ◁

ÉLECTRICIEN, IENNE, ■ n. m. et n. f. [elɛktʀisjɛ̃, jɛn] (radic. de *électricité*) Professionnel spécialisé dans les appareils et installations électriques.

ÉLECTRICITÉ, n. f. [elɛktʀisite] (angl. *electricity* ; 1720, Coste, trad. de Newton) **Phys.** Propriété qui se manifeste à la surface de certains corps frottés, chauffés ou comprimés, et qui consiste en ce que ces corps attirent d'autres corps, les repoussent ensuite et produisent des étincelles. ♦ Nom donné au fluide hypothétique auquel on attribue les phénomènes électriques. ♦ **Fig.** État moral caractérisé par la tension électrique. *Une électricité morale.* ■ Source d'énergie utilisée pour l'éclairage et dans de nombreuses applications domestiques et industrielles. *Une panne d'électricité. Éteindre l'électricité.* ■ Branche de la physique qui étudie les phénomènes électriques. ■ **Fam.** *Il y a de l'électricité dans l'air*, de l'excitation nerveuse entre les personnes présentes pouvant dégénérer en conflit.

ÉLECTRIFIER, ■ v. tr. [elɛktʀifje] (radic. de *électrique*, avec infl. de l'angl. [*to*] *electrify*) Faire fonctionner à l'électricité. *Électrifier le réseau ferroviaire.* ■ Équiper d'installations électriques. *Électrifier une ville.* ■ **ÉLECTRIFICATION**, n. f. [elɛktʀifikasjɔ̃]

ÉLECTRIQUE, adj. [elɛktʀik] (calqué sur l'angl. *electric*, du lat. sav. *electricus*, gr. *êlektron*, ambre jaune, première substance où l'on ait observé le phénomène d'attraction et de répulsion) **Phys.** Qui a rapport à l'électricité, qui la développe ou en provient. *Machine, télégraphe électrique.* ♦ *Force électrique*, la cause inconnue des phénomènes de l'électricité. ♦ *Fluide électrique*, fluide impondérable que l'on suppose produire les phénomènes de l'électricité. ♦ **Fig.** Qui excite, comme fait l'électricité. *Éloquence électrique.* ■ Nerveux, tendu. *Une personne électrique. Des rapports électriques.* ■ **ÉLECTRIQUEMENT**, adv. [elɛktʀik(ə)mɑ̃]

ÉLECTRISABLE, adj. [elɛktʀizabl] (*électriser*) **Phys.** Qui est susceptible d'acquérir les propriétés électriques. ♦ **Fig.** Susceptible d'être enthousiasmé.

ÉLECTRISANT, ANTE, adj. [elɛktʀizɑ̃, ɑ̃t] (*électriser*) **Phys.** Qui électrise. ♦ **Fig.** Qui emporte et entraîne. *Paroles électrisantes.*

ÉLECTRISATION, n. f. [elɛktʀizasjɔ̃] (*électriser*) Action d'électriser ; état d'un corps électrisé. ♦ Application de l'électricité.

ÉLECTRISÉ, ÉE, p.p. d'électriser. [elɛktʀize] Rendu électrique. *Un corps électrisé.* ♦ Fig. *Électrisé par ces paroles.*

ÉLECTRISER, v. tr. [elɛktʀize] (radic. de *électrique*) Mettre en évidence, exciter la propriété électrique des corps. ♦ *Électriser quelqu'un,* lui donner la commotion électrique. ♦ **Fig.** Faire sur l'esprit une impression vive qui l'exalte. *Son exemple m'électrisa.* ♦ S'électriser, v. pr. Devenir électrique. ♦ **Fig.** S'enthousiasmer.

ÉLECTRISEUR, n. m. [elɛktʀizœʀ] (*électriser*) ▷ **Phys.** Celui qui électrise. ♦ Médecin qui emploie l'électricité comme curatif. ◁

ÉLECTRO..., [elɛktʀo] élément de composition des mots qui signifie *électricité*, et vient du latin *electrum*, succin.

ÉLECTROACOUSTIQUE, ■ n. f. [elɛktʀoakustik] (*électro-* et *acoustique*) Science et technique de la production, de la transmission, de l'enregistrement et de la reproduction des sons par des applications électriques. ■ Adj. *Musique électroacoustique. Chaîne électroacoustique.* ■ ÉLECTROACOUSTICIEN, IENNE, n. m. et n. f. [elɛktʀoakustisjɛ̃, jɛn]

ÉLECTROAFFINITÉ, ■ n. f. [elɛktʀoafinite] (*électro-* et *affinité*) **Phys.** Tendance d'un atome à s'attacher un électron.

ÉLECTROAIMANT ou **ÉLECTRO-AIMANT**, n. m. [elɛktʀoemɑ̃] (*électro-* et *aimant*) **Phys.** Fer doux transformé en aimant au moyen d'un courant électrique.

ÉLECTROBIOLOGIE, ■ n. f. [elɛktʀobjoloʒi] (*électro-* et *biologie*) Science traitant des phénomènes électriques qui se produisent spontanément ou artificiellement dans les organismes vivants. ■ Utilisation de l'électricité dans les études biologiques.

ÉLECTROCAPILLARITÉ, ■ n. f. [elɛktʀokapilaʀite] (*électro-* et *capillarité*) **Phys.** Phénomène de variation de tension superficielle provoquée par l'action d'un courant ou d'un champ électrique. *C'est en 1866 que Henri Becquerel découvrit le phénomène de l'électrocapillarité.* ■ Science qui traite de ce phénomène. ■ ÉLECTROCAPILLAIRE, adj. [elɛktʀokapilɛʀ]

ÉLECTROCARDIOGRAMME, ■ n. m. [elɛktʀokaʀdjogʀam] (all. *Elektrocardiogramm*) Tracé obtenu par l'enregistrement des variations du courant électrique engendré par l'activité cardiaque.

ÉLECTROCARDIOGRAPHE, ■ n. m. [elɛktʀokaʀdjogʀaf] (*électro-* et *cardiographe*) Appareil utilisé pour réaliser une électrocardiographie. *Les électrocardiographes d'un service de réanimation.*

ÉLECTROCARDIOGRAPHIE, ■ n. f. [elɛktʀokaʀdjogʀafi] (*électro-* et *cardiographie*) **Méd.** Procédé technique qui permet d'enregistrer l'activité électrique du cœur en la représentant sur un graphique. *Passer une électrocardiographie.*

ÉLECTROCHIMIE, ■ n. f. [elɛktʀoʃimi] (*électro-* et *chimie*) Phénomène chimique provoqué par l'électricité. ■ Science qui étudie ces manifestations. ■ ÉLECTROCHIMIQUE, adj. [elɛktʀoʃimik]

ÉLECTROCHOC, ■ n. m. [elɛktʀoʃok] (*électro-* et *choc*) Technique de traitement psychiatrique par application d'un courant électrique à travers la boîte crânienne, pendant une très courte durée. ■ **Fig.** Choc psychologique violent.

ÉLECTROCINÉTIQUE, ■ n. f. [elɛktʀosinetik] (*électro-* et *cinétique*) Branche de la physique qui traite des phénomènes propres aux charges électriques en mouvement. *La propulsion électrocinétique d'une fusée.*

ÉLECTROCOAGULATION, ■ n. f. [elɛktʀokoagylasjɔ̃] (*électro-* et *coagulation*) **Méd.** Méthode de destruction des tissus organiques par coagulation obtenue au moyen d'un courant électrique de haute fréquence. *Électrocoagulation des mycoses, des verrues.*

ÉLECTROCOPIE, ■ n. f. [elɛktʀokopi] (*électro-* et *copie*) Moyen de reproduction fondé sur des procédés électrostatiques. *Électrocopie de documents.*

ÉLECTROCUTER, ■ v. tr. [elɛktʀokyte] (anglo-amér. *to electrocute*, forgé de *electro-* et *to execute*) Blesser très gravement ou tuer par le passage d'une décharge électrique dans le corps. *Électrocuter un condamné à mort.* ■ S'électrocuter, v. pr. Recevoir une décharge électrique. ■ ÉLECTROCUTION, n. f. [elɛktʀokysjɔ̃] ■ ÉLECTROCUTEUR, TRICE, adj. [elɛktʀokytœʀ, tʀis]

ÉLECTRODE, ■ n. f. [elɛktʀod] (angl. *electrode*, de *electric anode*) Pièce conductrice qui permet l'arrivée ou la sortie du courant électrique. *Électrode positive* (anode) ou *négative* (cathode). *Électrode de graphite.* ■ **Méd.** Conducteur électrique mis en contact avec une partie de l'organisme pour y appliquer un traitement ou pour recueillir les variations électriques.

ÉLECTRODÉPOSITION, ■ n. f. [elɛktʀodepozisjɔ̃] (*électro-* et *déposition*) Procédé qui permet d'obtenir un dépôt au moyen d'une électrolyse. *Électrodéposition du nickel.*

ÉLECTRODIAGNOSTIC, ■ n. m. [elɛktʀodjagnostik] (*électro-* et *diagnostic*) **Méd.** Méthode permettant de diagnostiquer une maladie au moyen de courants électriques. *Électrodiagnostic de détection, de stimulation.*

ÉLECTRODIALYSE, ■ n. f. [elɛktʀodjaliz] (*électro-* et *dialyse*) Procédé permettant, sous l'action d'un champ électrique, de séparer et d'extraire les ions contenus dans une solution aqueuse placée entre des membranes semi-perméables. *L'électrodialyse est utilisée pour le dessalement d'eau de mer.*

ÉLECTRODOMESTIQUE, ■ n. m. [elɛktʀodomestik] (*électro-* et *domestique*) Ensemble des appareils électriques conçus pour être utilisés dans le cadre de la maison, tels que les appareils ménagers, le magnétoscope, les outils, etc. ■ Adj. *Un appareil électrodomestique.*

ÉLECTRODYNAMIQUE, ■ n. f. [elɛktʀodinamik] (*électro-* et *dynamique*) Branche de la physique qui étudie l'électricité dynamique, l'effet des courants électriques. ■ *Électrodynamique quantique,* théorie quantique du champ électromagnétique qui décrit précisément les processus d'interaction entre les atomes et les photons. ■ Adj. Qui concerne l'électrodynamique.

ÉLECTROENCÉPHALOGRAMME, ■ n. m. [elɛktʀoɑ̃sefalogʀam] (all. *Elektrenkephalogramm*) Tracé qui rend compte des variations de l'activité électrique du cerveau. *Un électroencéphalogramme plat.*

ÉLECTROENCÉPHALOGRAPHIE, ■ n. f. [elɛktʀoɑ̃sefalogʀafi] (*électro-*, *encéphale* et *-graphie*) **Méd.** Procédé permettant d'enregistrer et analyser les variations électriques de l'activité de l'encéphale, généralement au moyen d'électrodes posées sur le crâne. *Dépistage de l'épilepsie par électroencéphalographie.*

ÉLECTROÉROSION, ■ n. f. [elɛktʀoeʀozjɔ̃] (*électro-* et *érosion*) Procédé permettant, par l'action érosive et thermique de décharges électriques, d'usiner des métaux placés dans un liquide isolant.

ÉLECTROFAIBLE, ■ adj. [elɛktʀofɛbl] (*électro-* et *faible*) **Phys.** *Théorie électrofaible,* théorie qui regroupe et unifie l'interaction électromagnétique et l'interaction faible.

ÉLECTROFORMAGE, ■ n. m. [elɛktʀofoʀmaʒ] (*électro-* et *formage*) Technique permettant de produire ou reproduire une pièce en métal au moyen d'une électrodéposition.

ÉLECTROGÈNE, ■ adj. [elɛktʀoʒɛn] (*électro-* et *-gène*) Qui fournit de l'électricité. ■ *Groupe électrogène,* ensemble constitué d'un moteur et d'un générateur, et servant à transformer en électricité l'énergie produite par le moteur. *Un groupe électrogène de secours.*

ÉLECTROLOCALISATION ou **ÉLECTROLOCATION**, ■ n. f. [elɛktʀolokalizasjɔ̃, elɛktʀolokasjɔ̃] (*électro-* et *localisation* ou *location*) Aptitude qu'ont certains poissons à créer un champ électrique leur permettant de détecter des obstacles et localiser leurs proies. *Le requin se sert de l'électrolocation.*

ÉLECTROLOGIE, ■ n. f. [elɛktʀoloʒi] (*électro-* et *-logie*) Branche de la physique ayant pour objet tout ce qui concerne l'électricité, en particulier son application dans le domaine médical. *Électrologie médicale.*

ÉLECTROLUMINESCENCE, ■ n. f. [elɛktʀolyminesɑ̃s] (*électro-* et *luminescence*) Lumière émise par une substance et provoquée par une décharge électrique. ■ ÉLECTROLUMINESCENT, ENTE, adj. [elɛktʀolyminesɑ̃, ɑ̃t]

ÉLECTROLYSE, ■ n. f. [elɛktʀoliz] (angl. *electrolysis*, calqué sur *to electrolyze*, de *electro-* et *analysis*) Décomposition chimique de certaines substances en fusion ou en solution obtenue par le passage d'un courant électrique. *Cuve d'électrolyse.* ■ ÉLECTROLYSER, v. tr. [elɛktʀolize] ■ ÉLECTROLYSABLE, adj. [elɛktʀolizabl]

ÉLECTROLYSEUR, ■ n. m. [elɛktʀolizœʀ] (*électrolyser*) Appareil qui permet d'électrolyser des substances chimiques. *Un électrolyseur pour piscines.*

ÉLECTROLYTE, ■ n. m. [elɛktʀolit] (angl. *electrolyte*, de *electro-* et gr. *lutos*, qui peut être délié, désagrégé) Corps chimique qui, à l'état liquide, peut être dissocié en ions sous l'effet d'un courant électrique, permettant ainsi la conduction électrique. *La solution saline est un électrolyte.*

ÉLECTROLYTIQUE, ■ adj. [elɛktʀolitik] (*électrolyte*) Qui a les propriétés d'un électrolyte. *Solution électrolytique.* ■ Qui se rapporte à l'électrolyse, à un électrolyte. *Procédés électrolytiques.* ■ Qui intervient lors de l'électrolyse. *Cuve électrolytique.* ■ Qui s'effectue par électrolyse. *Cuivre électrolytique.*

ÉLECTROMAGNÉTISME, ■ n. m. [elɛktʀomaɲetism] ou [elɛktʀomanjetism] (*électro-* et *magnétisme*) Phénomène d'interaction entre l'électricité et les champs magnétiques. ■ Science de la physique qui étudie ces phénomènes. ■ ÉLECTROMAGNÉTIQUE, adj. [elɛktʀomaɲetik] ou [elɛktʀomanjetik]

ÉLECTROMÉCANIQUE, ■ n. f. [elɛktʀomekanik] (*électro-* et *mécanique*) Spécialité de la mécanique qui utilise des composants électriques. ■ ÉLECTROMÉCANICIEN, IENNE, n. m. et n. f. [elɛktʀomekanisjɛ̃, jɛn]

1 **ÉLECTROMÉNAGER**, ■ n. m. [elɛktʀomenaʒe] (*électro-* et *ménager*) Ensemble des appareils fonctionnant à l'électricité dont se sert un ménage. *Le*

gros, le petit électroménager. ■ Fabrication, commerce de ces appareils. *J'ai acheté mon réfrigérateur et mon aspirateur dans un magasin d'électroménager.*

2 *ÉLECTROMÉNAGER, ÈRE,* ■ adj. [elɛktromenaʒe, ʒɛr] (1 *électroménager*) Qui se rapporte à l'électroménager. *Appareil électroménager. Consommation électroménagère. Industrie électroménagère.*

ÉLECTROMÉNAGISTE, ■ n. m. et n. f. [elɛktromenaʒist] (*électroménager*) Personne qui vend des appareils électroménagers.

ÉLECTROMÉTALLURGIE, ■ n. f. [elɛktrometalyrʒi] (*électro-* et *métallurgie*) Production et affinage de métaux ou d'alliages au moyen de procédés électrothermiques et électrolytiques. ■ ÉLECTROMÉTALLURGISTE, n. m. et adj. [elɛktrometalyrʒist] ■ ÉLECTROMÉTALLURGIQUE, adj. [elɛktrometalyrʒik]

ÉLECTROMÈTRE, n. m. [elɛktromɛtr] (*électro-* et *-mètre*) Instrument qui sert soit à mesurer l'intensité électrique développée à la surface d'un corps, soit à faire connaître la nature de l'électricité dont un corps est chargé.

ÉLECTROMÉTRIE, ■ n. f. [elɛktrometri] (*électro-* et *-métrie*) Ensemble des procédés permettant de mesurer des charges et des courants électriques. ■ ÉLECTROMÉTRIQUE, adj. [elɛktrometrik]

ÉLECTROMOTEUR, TRICE, adj. [elɛktromotœr, tris] (*électro-* et *moteur*) Qui produit ou développe de l'électricité. *Appareil électromoteur.* ◆ N. m. Appareil propre à développer l'électricité par le simple contact de corps de différente nature. ■ *Force électromotrice (FEM),* tension à vide d'un générateur.

ÉLECTROMYOGRAMME, ■ n. m. [elɛktromjogram] (*électro-* et *myogramme*) Tracé qui représente les variations électriques de l'activité musculaire.

ÉLECTROMYOGRAPHIE, ■ n. f. [elɛktromjografi] (*électro-* et *myographie*) Technique d'enregistrement graphique des variations électriques de l'activité des muscles, au repos ou au cours de la contraction.

ÉLECTRON, ■ n. m. [elɛktrɔ̃] (angl. *electron,* de *electr*[ic] et [ani]*on,* sur le modèle du gr. *êlektron*) Particule constitutive d'un atome qui porte une charge électrique négative. *Faisceau d'électrons.* ■ **Fig.** *Électron libre,* personne qui agit de manière indépendant et imprévisible.

ÉLECTRONARCOSE, ■ n. f. [elɛktronarkoz] (*électro-* et *narcose*) Sommeil bref provoqué par un courant électrique de faible intensité qui traverse le cerveau. *Le principe de l'électronarcose est utilisé pour l'abattage des animaux de boucherie.*

ÉLECTRONÉGATIF, IVE, adj. [elɛktronegatif, iv] (*électro-* et *négatif*) Qui se porte au pôle positif de la pile voltaïque. ■ **Chim.** Dont les atomes peuvent capter des électrons. ■ Rem. Graphie ancienne : *électro-négatif.*

ÉLECTRONIQUE, ■ n. f. [elɛktronik] (angl. *electronic theory*) Science qui étudie la production d'électrons libres et leur comportement dans le vide, les gaz et les semi-conducteurs. ■ Ensemble des techniques dérivées de cette science. ■ Adj. Relatif à l'électron. ■ Relatif à l'électronique. *Microscope électronique.* ■ ÉLECTRONICIEN, IENNE, n. m. et n. f. [elɛktronisjɛ̃, jɛn] ■ ÉLEC-TRONIQUEMENT, adv. [elɛktronik(ə)mɑ̃]

ÉLECTRONUCLÉAIRE, ■ adj. [elɛktronykleɛr] (*électro-* et *nucléaire*) Qui produit de l'électricité à partir de l'énergie nucléaire. *Centrale électronucléaire.* ■ N. m. Ensemble des techniques permettant, par la fission nucléaire, de produire de l'électricité.

ÉLECTRONVOLT, ■ n. m. [elɛktrɔ̃vɔlt] (*électron* et *volt*) Unité de mesure d'énergie, de symbole eV, utilisée en électronique et en physique nucléaire, et correspondant à l'énergie cinétique obtenue par un électron qui traverse une différence de potentiel d'un volt (1 eV = 1,6 × 10⁻¹⁹ joule).

ÉLECTROPHILE, ■ adj. [elɛktrofil] (*électro-* et *-phile*) Susceptible de se souder à une paire d'électrons, en parlant d'une particule chimique.

ÉLECTROPHONE, ■ n. m. [elɛktrofɔn] (*électro-* et *-phone*) Appareil électrique de lecture, d'amplification et de reproduction des enregistrements sonores sur disques vinyles.

ÉLECTROPHORE, n. m. [elɛktrofɔr] (*électro-* et gr. *phoros*) Gâteau de résine sur lequel on développe de l'électricité.

ÉLECTROPHORÈSE, ■ n. f. [elɛktroforɛz] (*électro-* et gr. *phorêsis,* action de porter) Chim. Séparation et dispersion de particules chargées, placées sous l'action d'un champ électrique et servant à analyser une solution. *L'analyse du sérum sanguin s'effectue au moyen d'une électrophorèse.* ■ ÉLECTROPHORÉ-TIQUE, adj. [elɛktroforetik]

ÉLECTROPHYSIOLOGIE, ■ n. f. [elɛktrofizjoloʒi] (*électro-* et *physiologie*) Branche de la physiologie qui traite des phénomènes électriques des cellules vivantes. *L'électrophysiologie cardiaque.* ■ ÉLECTROPHYSIOLOGIQUE, adj. [elɛktrofizjoloʒik]

ÉLECTROPNEUMATIQUE, ■ adj. [elɛktropnømatik] (*électro-* et *pneumatique*) Qui fonctionne à l'air comprimé et qui est dirigé par des valves elles-mêmes commandées par des électroaimants, en parlant d'un appareil. *Frein électropneumatique.*

ÉLECTROPONCTURE, ■ n. f. [elɛktropɔ̃ktyr] Voy. ÉLECTROPUNCTURE.

ÉLECTROPORTATIF, IVE, ■ adj. [elɛktroportatif, iv] (*électro-* et *portatif*) Qui peut être facilement transporté, en parlant d'un outil électrique tel qu'une perceuse ou une ponceuse. *Scie électroportative.*

ÉLECTROPOSITIF, IVE, adj. [elɛktropozitif, iv] (*électro-* et *positif*) Qui se porte au pôle négatif de la pile voltaïque. ■ **Chim.** Dont les atomes peuvent donner des électrons. ■ Rem. Graphie ancienne : *électro-positif.*

ÉLECTROPUNCTURE ou **ÉLECTROPONCTURE,** ■ n. f. [elɛktropɔ̃ktyr] (*électro-* et *-puncture,* du lat. *punctura,* piqûre) Méthode thérapeutique consistant à implanter dans la peau des aiguilles reliées à un courant électrique.

ÉLECTRORADIOLOGIE, ■ n. f. [elɛktroradjoloʒi] (*électro-* et *radiologie*) Partie de la radiologie appliquée à la médecine et utilisant l'électricité et les rayons X à des fins diagnostiques ou thérapeutiques. ■ ÉLECTRORADIOLO-GISTE, n. m. et n. f. [elɛktroradjoloʒist]

ÉLECTROSCOPE, ■ n. m. [elɛktroskɔp] (*électro-* et *-scope*) Appareil servant à détecter et mesurer des charges électriques et à déterminer leur nature. ■ ÉLECTROSCOPIQUE, adj. [elɛktroskopik]

ÉLECTROSTATIQUE, ■ n. f. [elɛktrostatik] (*électro-* et *statique*) Partie de la physique qui étudie les phénomènes d'électricité statique. ■ Adj. Qui se rapporte à l'électricité statique. *Énergie électrostatique.*

ÉLECTROSTRICTION, ■ n. f. [elɛktrostriksjɔ̃] (angl. *electrostriction*) Déformation que subit un diélectrique sous l'action d'un champ électrique.

ÉLECTROTECHNICIEN, IENNE, ■ n. m. et n. f. [elɛktroteknisjɛ̃, jɛn] (*électro-* et *technicien*) Personne spécialisée dans les applications pratiques de l'électricité.

ÉLECTROTECHNIQUE, ■ adj. [elɛktroteknik] (*électro-* et *technique*) Qui se rapporte aux applications techniques et pratiques de l'énergie électrique, à la science qui traite de ces applications. *Institut électrotechnique.* ■ N. f. Science qui traite des applications pratiques de l'électricité. ■ Ensemble de ces applications.

ÉLECTROTHÉRAPIE, n. f. [elɛktroterapi] (*électro-* et *thérapie*) Emploi de l'électricité comme moyen thérapeutique. ■ Rem. Graphie ancienne : *électro-thérapie.*

ÉLECTROTHERMIE, ■ n. f. [elɛktrotɛrmi] (*électro-* et *-thermie*) Science dont l'objet d'étude est la transformation de l'électricité en chaleur. ■ Utilisation en électrométallurgie de la chaleur produite par l'énergie électrique. *L'électrothermie industrielle.* ■ ÉLECTROTHERMIQUE, adj. [elɛktrotɛrmik]

ÉLECTROTROPISME, ■ n. m. [elɛktrotropism] (*électro-* et *tropisme*) Zool. Phénomène observé chez certains animaux qui se déplacent et s'orientent en fonction d'un champ électrique, le protoplasme étant attiré ou repoussé par l'électricité.

ÉLECTROVALENCE, ■ n. f. [elɛktrovalɑ̃s] (*électro-* et *valence*) Chim. Mode de liaison chimique formée entre deux ions de signe opposé et résultant du transfert d'électrons d'un groupe neutre vers un autre. ■ Nombre d'électrons capturés ou perdus par un atome lorsqu'un composé se forme par réaction chimique. *Électrovalence négative, positive.*

ÉLECTROVANNE, ■ n. f. [elɛktrovan] (*électro-* et *vanne*) Techn. Vanne actionnée par un électroaimant et servant à gérer l'écoulement d'un fluide. *L'électrovanne d'un lave-vaisselle.*

ÉLECTRUM, ■ n. m. [elɛktrɔm] (lat. *electrum,* gr. *êlektron,* métal composé de quatre cinquièmes d'or et d'argent) **Antiq.** Alliage naturel d'or et d'argent de la même couleur que l'ambre jaune. *L'électrum était très utilisé pour la confection de bijoux entre le viie et le vi^e siècle av. J.-C.*

ÉLECTUAIRE, n. m. [elɛktɥɛr] (lat. *electuarium,* préparation pharmaceutique, p.-ê. altération du gr. *ekleikton,* pastille, de *ekleikhô,* lécher) ▷ Médicament fait de poudres composées et aussi de pulpes et d'extraits, avec des sirops à base de sucre ou de miel. ◁

ÉLÉGAMMENT, adv. [elegamɑ̃] (*élégant*) Avec élégance.

ÉLÉGANCE, n. f. [elegɑ̃s] (lat. *elegantia,* goût, distinction) Qualité de ce qui est d'élite, de distinction dans la parure, dans les manières, dans la taille, etc. ◆ Distinction dans le langage et le style qui, sans affectation ni recherche, résulte de la justesse et de l'agrément. ◆ **Au pl.** *Les élégances,* phrases ou tournures toutes faites recommandées pour leur caractère de distinction. ◆ Dans le langage des classes, bonnes expressions ; ne se dit que pour le latin. ■ Qualité esthétique de quelque chose.

ÉLÉGANT, ANTE, adj. [elegɑ̃, ɑ̃t] (lat. *elegans*, petit-maître, puis de bon goût) Qui a de l'élégance. *Costume élégant. Taille élégante. Auteur élégant.* ♦ *Formes élégantes*, se dit dans les beaux-arts des figures qui ont de la distinction. ■ **Math.** Qui est à la fois simple et ingénieux. *Solution élégante d'un problème.* ■ N. m. et n. f. Personne élégante dans son costume et dans ses manières. *C'est un de nos élégants, une de nos élégantes.*

ÉLÉGIAQUE, adj. [eleʒjak] (*élégie*) Qui appartient à l'élégie. *Le genre élégiaque. Poète élégiaque.* ♦ Par moquerie, mélancolique, qui cherche à se faire plaindre. *Un accent élégiaque.* ♦ N. m. *Un élégiaque*, un poète élégiaque.

ÉLÉGIE, n. f. [eleʒi] (gr. *elegeia metra*, poème en distiques, associé au deuil par une étymologie populaire, *e legein*, dire hélas) Chez les Grecs et les Latins, pièce de vers dont le caractère essentiel fut d'être composée d'hexamètres et de pentamètres. ♦ Aujourd'hui, petit poème dont le sujet est triste ou tendre.

ÉLÉGIR, v. tr. [eleʒiʀ] (*é*- et b. lat. *leviare*, alléger) Diminuer l'épaisseur d'une pièce en bois en y poussant des moulures.

ÉLÉGISSEMENT, n. m. [eleʒis(ə)mɑ̃] (*élégir*) Action d'élégir.

ÉLÉIS ou **ELÆIS**, ■ n. m. [eleis] (lat. sav. *elaeis*, XVIIIe s.) Palmier, originaire d'Afrique, cultivé pour son fruit qui produit l'huile de palme, et pour ses graines qui fournissent l'huile de palmiste. *Une palmeraie d'éléis.*

ÉLÉMENT, n. m. [elemɑ̃] (lat. *elementum*, rare au sing.) Chez les Anciens, nom donné à la terre, à l'eau, à l'air et au feu, considérés comme constituant l'univers. ♦ Au pl. *Les éléments*, l'ensemble des conditions de saison, de sol, d'atmosphère et de mer. *L'armée avait les éléments à combattre.* ♦ **Chim.** Corps simple, substance indécomposée et regardée provisoirement comme indécomposable. *L'acide nitrique et la potasse sont les éléments du salpêtre.* ♦ Par extens. Tout ce qui entre dans la composition d'une autre chose et sert à la former. *Les mots sont les éléments du discours.* ♦ **Phys.** Couples de plaques de zinc et de cuivre d'une pile voltaïque à auges. ♦ Le milieu dans lequel vit un animal. *L'élément du poisson, c'est l'eau.* ♦ **Fig.** *Être dans son élément*, se trouver là où on se plaît le mieux ; disserter sur les choses qu'on connaît ; faire ce à quoi l'on est particulièrement propre. ♦ *Être hors de son élément*, se trouver là où l'on n'est pas à son aise. ♦ Au pl. Notions premières. *Les éléments de la grammaire, d'une science.* ♦ Titre de certains ouvrages qui contiennent les premières notions d'un enseignement. *Éléments de grammaire latine.* ■ Personne d'un groupe. *C'est un de nos meilleurs éléments.* ■ **Chim.** *La classification périodique des éléments*, tableau regroupant les éléments chimiques et leur numéro atomique.

ÉLÉMENTAIRE, adj. [elemɑ̃tɛʀ] (lat. *elementarius*, relatif aux lettres de l'alphabet [*elementa*]) Qui est de la nature de l'élément. *Les molécules élémentaires.* ■ **Hist. nat.** *Parties élémentaires*, celles qu'on retrouve semblables à elles-mêmes dans toutes les parties des animaux et des végétaux. ♦ Qui concerne les premiers principes d'un art ou d'une science. *Un traité, un auteur élémentaire.* ♦ *Mathématiques élémentaires*, les premières parties d'un cours complet de mathématiques (arithmétique, géométrie, algèbre et trigonométrie). ♦ ▷ Dans les collèges, *classes élémentaires*, la 8e et la 7e. ◁ ■ Simple et rudimentaire. *Un procédé élémentaire. Un dîner élémentaire.* ♦ Qui constitue la base fondamentale d'un ensemble. *La culture élémentaire. Les règles de politesse les plus élémentaires.* ■ *École élémentaire*, ensemble des classes allant du CP au CM2. ♦ *Cours élémentaire*, ensemble des deux années consécutives au cours préparatoire, dans l'enseignement primaire. ■ **Fam.** *Élémentaire, mon cher Watson*, c'est évident (en référence à la formule célèbre de Sherlock Holmes). ♦ ÉLÉMENTAIREMENT, adv. [elemɑ̃tɛʀ(ə)mɑ̃]

ÉLÉPHANT, n. m. [elefɑ̃] (lat. *elephantus*, du gr. *elephas*, gén. *elephantos* ; déb. XIIe s.) Grand et gros mammifère de l'ordre des pachydermes, qui se distingue par sa trompe et ses longues défenses. ♦ **Fam.** *Éléphant* se dit d'une personne grosse et forte, surtout peu gracieuse. ♦ *Éléphant de mer, éléphant marin*, nom vulgaire du morse et d'une espèce de phoque à trompe. ■ *Avoir une mémoire d'éléphant*, une mémoire importante. ■ *Un éléphant dans un magasin de porcelaine*, une personne maladroite qui commet une grossière maladresse. ■ *Pantalon à pattes d'éléphant*, dont les jambes s'élargissent dans le bas. ■ **Abrév.** *Pattes d'éf.*

ÉLÉPHANTE, n. f. [elefɑ̃t] (*éléphant*) **Zool.** Femelle de l'éléphant. ■ **Fig.** et péj. Femme forte qui manque de grâce.

ÉLÉPHANTEAU, ■ n. m. [elefɑ̃to] (*éléphant*) Petit de l'éléphant.

ÉLÉPHANTESQUE, ■ adj. [elefɑ̃tɛsk] (*éléphant*) **Fam.** Qui évoque l'éléphant par sa taille et son poids, gigantesque, énorme. *Une personne aux proportions éléphantesques.*

ÉLÉPHANTIAQUE, adj. [elefɑ̃tjak] (b. lat. *elephantiacus*, lépreux ; gr. *elephantiakos*) Qui est atteint d'éléphantiasis. ♦ N. m. et n. f. *Les éléphantiaques.*

ÉLÉPHANTIASIQUE, ■ adj. [elefɑ̃tjazik] (*éléphantiasis*) Qui se rapporte à l'éléphantiasis. ■ Qui souffre d'éléphantiasis. ■ N. m. et n. f. *Un, une éléphantiasique.*

ÉLÉPHANTIASIS, n. f. [elefɑ̃tjazis] (lat. impér. *elephantiasis*, gr. *elephantiasis* ; 1538) ▷ **Méd.** *Éléphantiasis des Grecs* ou *éléphantiasis* proprement dite, lèpre du Moyen Âge. ◁ ♦ *Éléphantiasis des Arabes* ou *jambe des Barbades*, maladie qui rend les jambes grosses comme celles d'un éléphant [1]. ■ Plus précisément, affection de la peau caractérisée par une forte augmentation du volume de certaines parties du corps, principalement les jambes et les parties génitales, et par un épaississement et un durcissement du derme de la zone atteinte. ■ **Rem.** 1 : Ces dénominations ne sont plus utilisées aujourd'hui. On dit simplement *éléphantiasis*.

ÉLÉPHANTIN, INE, adj. [elefɑ̃tɛ̃, in] (lat. impér. *elephantinus*, d'éléphant ou d'ivoire) D'éléphant. *La gent éléphantine.* ♦ D'ivoire.

ÉLÉPHANTIQUE, adj. [elefɑ̃tik] (b. lat. *elephanticus*, lépreux) Qui a rapport à l'éléphant. ♦ Qui est affecté d'éléphantiasis. ■ N. m. et n. f. *Un, une éléphantique.*

ÉLEVABLE, adj. [el(ə)vabl] (*élever*) Qui peut être élevé.

ÉLEVAGE, n. m. [el(ə)vaʒ] (*élever*) Ensemble des opérations qui ont pour objet la multiplication et l'éducation des animaux domestiques. ■ Ensemble des soins apportés au vin jusqu'à sa mise en bouteille. *Acidité d'un vin due à un défaut d'élevage.*

ÉLÉVATEUR, TRICE, adj. [elevatœr, tris] (*élever*) **Anat.** Qui a pour fonction d'élever certaines parties. *Le muscle élévateur* ou ■ *m. l'élévateur de l'œil.* ♦ *Appareil élévateur* ou ■ *m. élévateur*, appareil destiné à soulever les navires. ■ Par extens. Tout appareil destiné à soulever des charges. ■ Destiné à ennoblir, élever intellectuellement, moralement. *Une mission élévatrice.*

ÉLÉVATION, n. f. [elevasjɔ̃] (lat. *elevatio*, action d'élever) Action de rendre plus haut ; résultat de cette action. *Élévation d'une muraille. L'aérostat parvint à une très grande élévation.* ♦ **Fig.** « *Tout ce qui est mortel est par son fond incapable d'élévation* », BOSSUET. ♦ *L'élévation de l'hostie* ou simplement *l'élévation*, endroit de la messe où le prêtre, ayant consacré, élève l'hostie. ♦ Éminence, terrain élevé. ♦ **Bot.** La hauteur du lieu où croît une plante au-dessus du niveau de la mer. ♦ *Élévation du pôle dans un lieu*, la distance qui se trouve de l'horizon au pôle. *Angle d'élévation.* ♦ **Archit.** Coupe verticale d'une construction vue de face. *Les plans et l'élévation d'un bâtiment.* ♦ Accroissement de certaines choses. *Élévation de température.* ♦ *L'élévation de la voix*, ton de voix plus haut que celui qu'on prend habituellement. ♦ *Élévation de voix*, passage d'un ton à un ton plus haut. ♦ **Méd.** *Élévation du pouls, de la respiration*, accélération du pouls, de la respiration. ♦ **Math.** *Élévation d'un nombre à la seconde, à la troisième puissance, etc.* action de le carrer, de le cuber, etc. ♦ Augmentation, hausse. *Une élévation du prix des denrées.* ♦ Action de s'élever en dignité. ♦ Grandeurs, dignités. « *Le malheur de ceux qui naissent dans l'élévation* », FÉNELON. ♦ Noblesse morale, grandeur intellectuelle. *Il a beaucoup d'élévation dans l'âme. Élévation de sentiments. L'élévation des idées, du style.* ♦ Mouvement vif et affectueux de l'âme vers Dieu. ■ **Danse** Aptitude d'un danseur à exécuter de grands sauts de façon légère.

ÉLÉVATOIRE, ■ adj. [elevatwar] (*élever*) Qui permet d'élever des charges, des liquides. *Appareil, pompe élévatoire.*

ÉLEVÉ, ÉE, p. p. d'élever. [el(ə)ve] Haut. *Lieu élevé.* ♦ *Latitudes élevées*, celles qui de plus en plus s'éloignent de l'équateur. ♦ *Pouls élevé, respiration élevée*, pouls, respiration qui se sont accélérés. ♦ Qui occupe une haute position sociale. ♦ Noble, grand, sublime. *Un caractère élevé. Des desseins élevés. Style élevé*, style noble et soutenu. ♦ Qui a reçu éducation, instruction. *Élevé au collège.* ♦ *Élevé à*, habitué par l'éducation à. ♦ *Un enfant bien élevé, mal élevé*, enfant qui a reçu une bonne, une mauvaise éducation. ♦ *Personne bien élevée, mal élevée*, personne dont les manières sont bonnes, sont grossières. ■ N. m. et n. f. *C'est un mal élevé.* ■ N. m. **Danse** Action d'étendre les genoux après les avoir pliés.

1 **ÉLÈVE**, n. m. et n. f. [elɛv] (*élever*, sur le modèle de l'ital. *allievo*) Celui, celle qui reçoit ou qui a reçu les leçons, l'enseignement de quelqu'un dans les arts ou dans les sciences. ♦ Celui qui dans certains arts suit la manière d'un maître. ♦ Celui, celle qui reçoit l'instruction dans un lycée, dans un collège, dans une pension, dans une école spéciale, etc. ♦ Celui ou celle qui reçoit de quelqu'un l'éducation intellectuelle et morale. ♦ ▷ Jeune animal dont l'éducation et le développement ne sont point terminés. ◁ ♦ ▷ Se dit des plantes, des arbres que l'on a semés ou plantés, ou dont on a eu des variétés nouvelles. *Faire des élèves.* ◁

2 **ÉLÈVE**, n. f. [elɛv] (*élever*) ▷ Syn. d'élevage. *L'élève des bestiaux, du cheval, etc.* ♦ Plant provenant de semis. ◁

ÉLÈVEMENT, n. m. [elɛv(ə)mɑ̃] (*élever*) Action d'élever. *Élèvement des mains.* ♦ Action de monter aux dignités, aux hautes positions. « *L'ambition* *consiste à désirer l'élèvement pour l'élèvement et l'honneur pour l'honneur »*, Pascal. ■ Rem. Son emploi est rare auj.

ÉLEVER, v. tr. [el(ə)ve] (*é-* et *lever*) Faire monter plus haut, porter plus haut. *Élever un mur d'un mètre. Élever ses mains vers le ciel.* ◆ **Fig.** *« Pour t'élever de terre, homme, il te faut deux ailes, La pureté du cœur et la simplicité »*, P. Corneille. ◆ Porter quelqu'un à un haut rang. *Élever au plus haut rang, au trône ou sur le trône.* ◆ Exalter, vanter, préconiser. ◆ *Élever quelqu'un jusqu'aux nues*, le vanter à l'excès. ◆ Inspirer des sentiments élevés. ◆ *Élever ses pensées, son cœur vers Dieu*, faire Dieu l'objet de ses pensées, le but de ses sentiments. ◆ **Absol.** Dans le même sens : *Élevez vos cœurs.* ◆ *Élever son style*, prendre un ton plus soutenu. ◆ Augmenter. *Élever le prix des denrées.* ◆ *Élever la température*, rendre plus chaud. ◆ **Math.** *Élever un nombre au carré, au cube, à une puissance quelconque*, le multiplier par lui-même autant de fois que l'indique l'exposant. ◆ *Élever la voix*, parler haut ; prendre un ton de menace ou de supériorité. ◆ *Élever la voix en faveur de quelqu'un*, prendre hautement sa défense. ◆ **Mus.** *Élever le ton d'un morceau*, le transposer en un ton plus haut que celui où il avait été composé. ◆ Ériger, bâtir. ◆ **Géom.** *Élever une perpendiculaire sur une ligne, sur un plan*, la tracer à partir de cette ligne ou de ce plan. ◆ Établir, fonder. *Élever sa fortune, des systèmes.* ◆ Mettre en avant, susciter. *Élever une chicane, des doutes, une dispute, une contestation, un incident, une prétention.* ◆ Faire entendre. *Élever un cri, une plainte.* ◆ Allaiter, nourrir, entretenir un enfant. ◆ Il se dit aussi des animaux et des plantes. ◆ Instruire, développer, donner de l'éducation. ◆ *Élever à*, habituer à... par l'éducation. *« Ils élèveront leurs enfants au travail »*, Fénelon. ◆ S'élever, v. pr. Aller de bas en haut. *S'élever en l'air. Ce terrain s'élève en amphithéâtre.* ◆ *Le temps s'élève*, il commence à s'éclaircir. ◆ *S'élever contre*, se soulever contre. *« Il se temps de s'élever contre de tels désordres »*, Pascal. ◆ Accuser quelqu'un, porter témoignage contre lui. *Son péché s'élèvera contre lui.* ◆ Être porté en témoignage. *Des charges considérables s'élevaient contre l'accusé.* ◆ Naître, surgir. *« Un trouble s'éleva dans mon âme éperdue »*, Racine. ◆ *Le vent s'élève*, il commence à souffler avec force. ◆ Impers. *Il s'éleva un vent violent.* ◆ Devenir plus aigu, en parlant des sons. ◆ Devenir plus fort, en parlant de la voix. ◆ S'augmenter. *La température s'élève.* ◆ Aller jusqu'à, en parlant de nombres, de quantités. *Cette somme s'élève à tant.* ◆ Se couvrir de boutons. *À la moindre irritation sa peau s'élève partout* ; avec ellipse du pronom personnel : *Un rien lui fait élever toute la peau.* ◆ Être bâti, dressé. ◆ **Fig.** Être établi, fondé. ◆ *S'élever*, être porté dans un rang élevé. *S'élever aux premières charges de l'État.* ◆ S'enorgueillir. *Celui qui s'élève sera abaissé.* ◆ Devenir moralement grand. *L'esprit s'élève par la contemplation de la nature.* ◆ *S'élever au-dessus des intérêts humains, des passions*, s'y rendre inaccessible. ◆ Se dit de l'esprit qui devient supérieur à lui-même. *S'élever aux idées d'ordre, de justice.* ◆ **Mar.** *S'élever en latitude*, s'écarter de l'équateur. *S'élever en longitude*, s'éloigner du premier méridien. ◆ Recevoir la nourriture et l'entretien destinés aux enfants. *Cet enfant s'élève bien.* ◆ Se dit aussi des animaux et des plantes. ◆ Recevoir de l'éducation.

ÉLEVEUR, EUSE, n. m. et n. f. [el(ə)vœr, øz] (*élever*) Personne qui élève des bestiaux, des chevaux. ■ Professionnel chargé de l'élevage des vins.

ÉLEVON, ■ n. m. [el(ə)vɔ̃] (*élever*) Gouverne verticale d'aéronef, utilisée comme aileron et gouvernail de direction, placée généralement sur les ailes d'un avion sans queue.

ÉLEVURE, n. f. [el(ə)vyr] (*élever*) ▷ Petite ampoule qui vient sur la peau. ◁

ELFE, n. m. [ɛlf] (moy. fr. *elve*, a. suéd. *älf*, de l'anc. nord. *alfr*) Nom des génies élémentaires de l'air, dans la mythologie scandinave.

ÉLIDÉ, ÉE, p. p. d'élider. [elide]

ÉLIDER, v. tr. [elide] (lat. *elidere*, expulser, écraser) Ne pas compter dans un vers une voyelle à la fin d'un mot, devant une autre au commencement du mot suivant. ◆ Supprimer dans l'écriture une voyelle finale devant un mot qui commence par une autre voyelle. ◆ S'élider, v. pr. Être élidé.

ÉLIGIBILITÉ, n. f. [eliʒibilite] (*éligible*) Réunion des conditions nécessaires pour être élu.

ÉLIGIBLE, adj. [eliʒibl] (b. lat. *eligibilis*) Qui réunit les conditions nécessaires pour être élu. ◆ N. m. et n. f. *Les éligibles.*

ÉLIMÉ, ÉE, p. p. d'élimer. [elime] Très usé.

ÉLIMER (S'), v. pr. [elime] (*é-* et *limer*) S'user à force d'être porté, en parlant des vêtements. ◆ V. tr. **Fig.** User, affaiblir. *« L'intérêt élime les passions, les atténue. »*, J.-J. Rousseau.

ÉLIMINATEUR, TRICE, adj. [eliminatœr, tris] (*éliminer*) Qui élimine.

ÉLIMINATION, n. f. [eliminasjɔ̃] (*éliminer*) Action d'éliminer ; état de ce qui est éliminé. ◆ **Méd.** *Élimination des poisons*, l'expulsion des poisons introduits dans le corps. ◆ Algèbre, opération qui consiste, étant donné plusieurs inconnues et autant d'équations, à faire disparaître successivement ces inconnues, en les ramenant toutes à une dernière, laquelle, se

déterminant par la dernière équation, conduit à la connaissance de toutes les autres. ■ **Sp.** Mise hors jeu. ■ *Procéder par élimination*, chercher une solution en rejetant un à un les éléments les moins probants.

ÉLIMINATOIRE, ■ adj. [eliminatwar] (*éliminer*) Dont la finalité est d'éliminer. *Une course éliminatoire.* ■ Qui sert à écarter un candidat, un concurrent, ou une équipe adverse. *Note éliminatoire.* ■ N. f. pl. Épreuve qui permet de sélectionner les meilleurs candidats.

ÉLIMINÉ, ÉE, p. p. d'éliminer. [elimine]

ÉLIMINER, v. tr. [elimine] (lat. *eliminare*, faire sortir, de *limen*, seuil) Mettre hors. *On a éliminé plusieurs noms de la liste.* ◆ **Alg.** *Éliminer une inconnue*, la faire disparaître d'une équation algébrique, en y substituant une valeur égale en quantités connues ou combinées avec d'autres inconnues. ■ **Absol.** *Un procédé commode pour éliminer.* ◆ S'éliminer, v. pr. Être chassé, en parlant de quantités mathématiques. ■ V. tr. **Sp.** Mettre hors jeu.

ÉLINDE, ■ n. f. [elɛ̃d] (orig. inc.) Bras articulé qui équipe un navire de dragage et sur lequel passe une chaîne sans fin de godets allant racler le fond de la mer. *Une élinde de drague.* ■ Conduite d'une drague suceuse qui aspire les sédiments au fond de la mer afin de les remonter vers la cale du navire. *Un bec d'élinde.*

ÉLINGUE, n. f. [elɛ̃g] (a, *eslinge*, fronde, puis cordage, anc. b. frq. *slinga*, fronde : cf. angl. *sling*, même sens ; all. *Schlinge*, lien, corde) **Mar.** Corde qui a un nœud coulant à chaque bout, et qui sert à entourer les fardeaux pour les charger ou décharger.

ÉLINGUER, ■ v. tr. [elɛ̃ge] (*élingue*) **Mar.** Entourer avec une élingue un fardeau pour le soulever. *Les dockers élinguent les balles de coton pour les charger sur les bateaux.*

ÉLIRE, v. tr. [elir] (lat. *eligere*, arracher en cueillant, choisir) Nommer à une dignité, à une fonction par suffrages. ◆ Choisir. ◆ *Élire domicile*, assigner un lieu où la signification des actes de procédure puisse se faire et où l'on exerce ses droits de citoyen. ■ *Élire domicile*, choisir un lieu pour y habiter. *Il a élu domicile rue Victor-Hugo.*

ÉLISABÉTHAIN, AINE, ■ adj. [elizabetɛ̃, ɛn] (angl. *Elizabethan*, du nom de la reine, 1533-1603) Qui se rapporte au règne d'Élisabeth Iʳᵉ d'Angleterre. *Époque élisabéthaine. Théâtre, style élisabéthain.*

ÉLISANT, ANTE, adj. [elizɑ̃, ɑ̃t] (*élire*) ▷ *Cardinaux élisants* et n. m. *les élisants*, les trois cardinaux que le collège chargé d'élire un pape quand le conclave ne peut réussir par le scrutin. ◁

ÉLISION, n. f. [elizjɔ̃] (lat. *elisio*, de *elidere*, supin *elisum*) **Gramm.** Action d'élider ; résultat de cette action.

ÉLITAIRE, ■ adj. [eliter] (*élite*) Qui se rapporte à une élite, qui appartient à l'élite. *Philosophie élitaire.*

ÉLITE, n. f. [elit] (anc. part. passé *eslit*, de *élire*) Ce qu'il y a de choisi, de distingué. *L'élite de la noblesse.* ◆ *D'élite*, qui est de premier choix. *Âme d'élite. Une troupe d'élite.* ◆ Dans l'armée, *compagnies d'élite*, les compagnies de grenadiers et de voltigeurs d'un bataillon d'infanterie. ◆ ▷ Il se dit aussi des choses. *J'ai l'élite de ses livres.* ◁ ■ N. f. pl. Ensemble des personnes au premier rang dans un groupe. *Le pouvoir des élites. Les élites notables.*

ÉLITISME, ■ n. m. [elitism] (*élite*) Système favorisant une élite, intellectuelle ou sociale, au détriment des autres membres d'une communauté. ■ **ÉLITISTE**, adj. ou n. m. et n. f. [elitist]

ÉLIXIR, n. m. [eliksir] (ar. *al aksir*, la pierre philosophale, du gr. *xêrion*, poudre siccative) Nom générique de préparations qui résultent du mélange de certains sirops avec des alcoolats. ◆ **Fig.** Ce qu'il y a de meilleur, de plus précieux dans quelque chose. ◆ *Philtre aux vertus magiques. Élixir d'amour.*

ELLE, pron. pers. [ɛl] (anc. fr. *ele* (881), du lat. *illa*, celle-là) S'emploie comme sujet. *Elle a dit.* ◆ *Elle qui...* au féminin, tandis que, au masculin, on dit *lui qui.* ◆ *Elle* ne sert pas de régime direct à un verbe actif, on le remplace par *la* devant ce verbe : *Je la chéris*, pour *je chéris elle.* ◆ *Elle* ne sert pas ordinairement de régime indirect à un verbe quand ce verbe est marqué par *à* ; on y substitue *lui* : *Parlez-lui*, et non *parlez à elle.* ◆ Quand on ajoute *même* à *elle*, on peut dire *à elle* : *Parlez à elle-même* Voy. Même. ◆ *Elle* se construit aussi avec une préposition comme complément d'un adjectif ou d'un verbe. *Je ne suis pas content d'elle. Je pense à elle.* ◆ *Elle* se construit moins bien de la sorte, quand il s'agit de choses et non de personnes. *Cette muraille menace ruine, ne vous approchez pas d'elle* ; dites : *Ne vous en approchez pas.*

ELLÉBORACÉ, ÉE, adj. [ɛleborase] (*ellébore*) Qui ressemble à l'ellébore.

ELLÉBORE ou **HELLÉBORE**, n. m. [ɛlebor] (gr. *helleboros*, mot d'orig. obsc. p.-ê. de *hellos*, cerf, et *bora*, nourriture) Plante qui passait pour guérir la folie. ◆ ▷ *Avoir besoin d'ellébore*, avoir l'esprit troublé. ◁ ◆ Genre de plantes renonculacées, dont une espèce d'Europe sert en médecine.

ELLÉBORINE ou **HELLÉBORINE**, n. f. [ɛleboʀin] (*ellébore*) Plante dont plusieurs espèces ont les feuilles semblables à celles de l'ellébore. ▪ Substance nocive que l'on trouve dans le rhizome de l'ellébore.

ELLIPSE, n. f. [elips] (gr. *elleipsis*, de *elleipein*, laisser de côté) **Gramm.** Figure par laquelle on retranche quelque mot dans une phrase. ♦ **Géom.** Courbe résultant de la section d'un cône droit par un plan oblique à l'axe ; c'est un cercle allongé. ▪ Raccourci dans l'expression d'un raisonnement.

ELLIPSOÏDAL, ALE adj. [elipsoidal] (*ellipsoïde*) Qui a la forme d'un ellipsoïde. ♦ Au pl. *Des supports ellipsoïdaux.*

ELLIPSOÏDE, n. m. [elipsoid] (*ellipse* et *-oïde*) **Géom.** Solide engendré par la révolution d'une moitié d'ellipse autour de l'un de ses axes. ♦ **Adj.** Qui a la forme d'une ellipse. *Graine ellipsoïde.* ♦ **N. f.** Ligne courbe dont la forme approche de celle de l'ellipse.

ELLIPTICITÉ, n. f. [eliptisite] (*elliptique*) **Gramm.** Qualité d'une phrase, d'une tournure elliptique. ♦ **Géom.** Forme elliptique d'une figure.

ELLIPTIQUE, adj. [eliptik] (gr. tard. *elleiptikos*, qui omet) **Gramm.** Qui présente une ellipse. *Tour elliptique.* ♦ *Langue elliptique*, langue où l'ellipse est fréquente. ♦ **Géom.** Qui est de la nature de l'ellipse. *Figure elliptique.* ♦ Qui appartient ou qui a rapport à l'ellipse. *Segment elliptique.*

ELLIPTIQUEMENT, adv. [eliptik(ə)mɑ̃] (*elliptique*) **Géom.** En forme d'ellipse. ♦ **Gramm.** Par ellipse.

ELME (SAINT-), n. m. [sɛ̃tɛlm] (*saint Elme* ou *Erasme*, IIIe s. ap. J.-C.) *Feu Saint-Elme*, météore qui apparaît à la pointe des mâts sous forme d'aigrettes lumineuses, ou qui voltige à la surface des flots.

ÉLOCUTION, n. f. [elokysjɔ̃] (lat. *elocutio*) Manière de s'exprimer. *Élocution facile.* ♦ Manière de prononcer un discours. ♦ Quelquefois synonyme de style. ♦ Partie de la rhétorique qui traite du choix et de l'arrangement des mots. ▪ **Belg.** Exposé présenté par un élève devant sa classe.

ÉLODÉE ou **HÉLODÉE**, n. f. [elode] (lat. *elodes*, du gr. *helôdès*, qui fréquente les marais) Plante aquatique d'Amérique du Nord, naturalisée en Europe, qui vit dans les canaux ou les mares, et qui est souvent utilisée pour oxygéner les aquariums. *Feuilles d'élodée.*

ÉLOGE, n. m. [elɔʒ] (lat. *elogium*, épitaphe [du gr. *elegeion*, chant de deuil] qui sous influence de *eulogia*, beau langage, louange, proche de *loqui*, parler, prend en b. lat. le sens de *éloge* ; cf. la forme *euloge* en m. fr.) Discours public fait à l'honneur de quelqu'un, après sa mort. *Éloge funèbre. Éloge historique.* ♦ Discours académique fait dans les mêmes circonstances. ♦ **Par extens.** Louange de quelqu'un ou de quelque chose. ♦ *Faire l'éloge de*, louer. ♦ *Cela fait son éloge*, cela témoigne favorablement pour lui.

ÉLOGIEUSEMENT, ▪ adv. [elɔʒjøz(ə)mɑ̃] (*élogieux*) De manière élogieuse. « *Il parla au procureur impérial, très élogieusement, d'un réquisitoire prononcé dernièrement par lui dans une affaire d'adultère* », Zola.

ÉLOGIEUX, EUSE, adj. [elɔʒjø, øz] (*éloge*) Néologisme. Qui est rempli d'éloges, de louanges. *Discours élogieux.* ▪ **Rem.** N'est plus considéré comme un néologisme aujourd'hui.

ÉLOIGNÉ, ÉE, p. p. d'éloigner. [elwaɲe] ou [elwanje] Qui est au loin, dans l'espace ou dans le temps. *Pays, temps éloigné.* ♦ Qui diffère. *Ce récit est éloigné de la vérité.* ♦ Il se dit des personnes. *Être bien éloigné de faire une chose*, n'en point avoir l'intention ou le pouvoir. *Être bien éloigné de compte, de son compte*, Voy. COMPTE. ▪ Sans lien direct. *Des cousins éloignés.*

ÉLOIGNEMENT, n. m. [elwaɲ(ə)mɑ̃] ou [elwanj(ə)mɑ̃] (*éloigner*) Action d'éloigner ou de s'éloigner. *L'éloignement des personnes suspectes.* ♦ *Vivre dans un grand éloignement de Dieu*, vivre dans une grande inattention pour les choses de son salut. ♦ Absence. *L'éloignement efface l'amitié.* ♦ Distance d'un lieu à un autre. ♦ *Dans l'éloignement, en éloignement*, au loin, dans le lointain. ♦ **Fig.** « *L'imagination fait voir comme en éloignement les agitations du monde* », FLÉCHIER. ♦ La distance dans le temps. *L'éloignement des temps rend fort obscurs les détails de cet événement. Voir de grands biens en éloignement.* ♦ *Éloignement d'une chose* ou seulement *éloignement*, retardement. ♦ Antipathie, répugnance. *Il a de l'éloignement pour cette personne, pour cette profession.* « *Il leur inspirait un extrême éloignement de leur impiété* », BOSSUET.

ÉLOIGNER, v. tr. [elwaɲe] ou [elwanje] (*é-* et *loin*) Mettre loin. *Éloigner une table. Éloignez cela de moi.* ♦ **Par extens.** *Éloigner un jeune homme des mauvaises compagnies.* ♦ Il se dit du temps. *Chaque jour nous éloigne de cette époque.* ♦ Retarder, différer. *Éloigner un paiement.* ♦ Rejeter, éviter, détourner. *Éloignez de vous ces pensées. Le travail éloigne le vice.* ♦ *Éloigner de*, un verbe suivi de l'infinitif. « *Une modestie qui éloigne de penser qu'il fasse le moindre plaisir* », LA BRUYÈRE. ♦ Ôter de l'affection. *Rien n'est plus capable d'éloigner les cœurs.* ♦ *S'éloigner*, v. pr. S'en aller, quitter un lieu. ♦ **Peint.** *Cette figure s'éloigne bien*, elle fuit bien. ♦ **Fig.** *S'éloigner de son devoir*, y manquer. ♦ *S'éloigner des vues, des intentions de quelqu'un*, ne pas s'y conformer.

♦ *Ne pas s'éloigner de*, n'être pas loin de, n'avoir pas de répugnance à. ♦ Être différent. *Ces deux doctrines s'éloignent peu l'une de l'autre.*

1 ÉLONGATION, ▪ n. f. [elɔ̃gasjɔ̃] (b. lat. *elongatio*, éloignement) **Astron.** Distance angulaire qui sépare une planète du Soleil, telle qu'elle apparaît à un observateur terrestre. *L'élongation maximale.* ▪ **Phys.** Abscisse d'un élément vibrant. *Élongation angulaire.*

2 ÉLONGATION, ▪ n. f. [elɔ̃gasjɔ̃] (*élonger*) Fait de se développer, de s'étendre en longueur. *Élongation d'un câble.* ▪ **Méd.** Allongement accidentel d'un muscle dû à une distension des ligaments. *Élongation musculaire.* ▪ **Méd.** Opération thérapeutique consistant en une traction exercée sur les nerfs, la colonne vertébrale. *Élongation des nerfs.*

ÉLONGER, ▪ v. tr. [elɔ̃ʒe] (2 *é-* et *long*) **Mar.** Longer. *Élonger un quai.* ▪ **Mar.** Étendre, déployer. *Élonger un cordage.* ▪ **Méd.** Étirer, distendre. *Élonger un muscle.*

ÉLOQUEMMENT, adv. [elokamɑ̃] (*éloquent*) Avec éloquence.

ÉLOQUENCE, n. f. [elokɑ̃s] (lat. *eloquentia*, art de la parole) Facilité à s'exprimer. ♦ L'art, le talent d'émouvoir et de persuader par le bien-dire. ♦ *L'éloquence du cœur*, langage éloquent qui émeut, qui persuade et qui est suggéré non par l'esprit, mais par le cœur. ♦ **Par extens.** *La physionomie, le geste ont leur éloquence.* ♦ On dit qu'une chose a de *l'éloquence*, quand l'aspect seul parle pour ainsi dire. *Les faits ont leur éloquence.* ♦ Il se dit d'un genre d'élocution. *L'éloquence de la chaire, du barreau, de la tribune.* ♦ *Éloquence* est quelquefois pris dans le sens de *rhétorique*. *Les règles de l'éloquence.* ♦ Dans quelques circonstances *l'éloquence* s'oppose à la poésie, et signifie l'ensemble des ouvrages en prose écrits dans une langue. *Un cours d'éloquence latine.*

ÉLOQUENT, ENTE, adj. [elokɑ̃, ɑ̃t] (lat. *eloquens*, part. de *eloqui*, parler, exposer) Qui a de l'éloquence. *Un homme éloquent.* ♦ **Par extens.** *Un discours, un style éloquent.* ♦ **Fig.** *Un silence éloquent.*

ÉLU, UE, p. p. d'élire. [ely] *Domicile élu*, Voy. DOMICILE. ♦ **N. m.** et **n. f.** *Le nouvel élu.* ♦ **N. m.** *Les élus*, ceux que la grâce prédestine au bonheur céleste. ♦ **Par extens.** *Un élu de cette vie*, un homme prédestiné au bonheur sur la Terre. ♦ ▷ Nom des juges du tribunal de l'élection. ◁ ♦ *L'élue*, la femme de l'élu. ▪ **Adj.** Désigné par élection. *Un candidat élu.* ▪ Choisi selon une préférence. *Un groupe élu.* ▪ **N. m.** et **n. f.** Personne choisie par élection. ▪ Personne qui est l'objet d'une préférence affective, amicale, sentimentale. *Voici l'heureuse élue. C'est l'élu de mon cœur.*

ÉLUANT, ▪ n. m. [elɥɑ̃] ou [elyɑ̃] (p. pr. substantivé de *éluer*) **Chim.** Solvant servant à pratiquer une élution. *Prendre de l'eau salée comme éluant.*

ÉLUCIDATION, n. f. [elysidasjɔ̃] (*élucider*) Action d'élucider.

ÉLUCIDER, v. tr. [elyside] (lat. *elucidare*, rendre clair, expliquer) Éclaircir. *Élucider une question.* ♦ *S'élucider*, v. pr. S'éclaircir.

ÉLUCUBRATEUR, TRICE, n. m. et n. f. [elykybʀatœʀ, tʀis] (*élucubrer*) Néologisme. Personne qui se livre aux élucubrations, à des travaux longs et assidus. ▪ **Rem.** Auj., ce n'est plus un néologisme mais son emploi est rare.

ÉLUCUBRATION, n. f. [elykybʀasjɔ̃] (lat. *elucubratio*, travail fait de nuit ; le sens péj. apparaît vers 1900) Veilles, travail qu'un ouvrage a coûté. ♦ Ouvrage composé à force de veilles et de travail. *Il nous présenta ses élucubrations.* ♦ Ce mot ne se dit guère qu'au pluriel. ▪ **Par extens.** Réflexion extravagante. ▪ **Rem.** On disait aussi *lucubration*.

ÉLUCUBRER, v. tr. [elykybʀe] (lat. *elucubrare*, faire à force de veilles, de *lucubrare*, travailler à lueur de la lampe) Néologisme. Composer à force de veilles. *Élucubrer un ouvrage.* ▪ **Par extens.** Produire une pensée extravagante. *Élucubrer des théories douteuses.* « *Et si vous me voyez parfois élucubrer sur ces sujets, c'est pour flatter Mignon et Vallantin qui sont deux idéologues enragés* », CHANDERNAGOR. ▪ **Rem.** Auj., ce n'est plus un néologisme.

ÉLUDABLE, adj. [elydabl] (*éluder*) Néologisme. Que l'on peut éluder. ▪ **Rem.** Auj., ce n'est plus un néologisme.

ÉLUDÉ, ÉE, p. p. d'éluder. [elyde]

ÉLUDER, v. tr. [elyde] (lat. *eludere*, éviter en jouant, esquiver, de *e*[*x*] et *ludere*, jouer) Éviter en échappant. *Éluder une question, une promesse.* ♦ **Absol.** *Il élude et temporise.* ♦ *S'éluder*, v. pr. Être éludé.

ÉLUDEUR, n. m. [elydœʀ] (*éluder*) ▷ Néolog. Celui qui élude les questions. ◁

ÉLUER, ▪ v. tr. [elɥe] ou [elye] (radic. de *élution*) **Chim.** Séparer d'une colonne de chromatographie un corps adsorbé.

ÉLUTION, ▪ n. f. [elysjɔ̃] (b. lat. *elutio*, action de laver, de *eluere*, rincer) **Chim.** Procédé chimique permettant de déplacer, à l'aide d'un solvant, un corps adsorbé. *Une élution médicamenteuse, chromatographique.*

ÉLUVIAL, ALE, ▪ adj. [elyvjal] (*éluvion*) Qui se rapporte aux éluvions. *Matériels éluviaux.*

ÉLUVION, ▪ n. f. [elyvjɔ̃] (d'après *alluvion*, par changement de préfixe) **Géol.** Produit de l'altération de roches érodées qui n'est pas déplacé. *Les* *roches érodées forment une éluvion qui, après lessivage, peut donner des roches résiduelles riches en fer, en aluminium.*

ÉLYSÉE, n. m. [elize] (lat. *elysium*, gr. *êlusion* [*pedion*]) Dans les enfers des Anciens, le séjour des héros et des hommes vertueux après leur mort. ◆ **Fig.** Lieu, séjour délicieux. *C'est un élysée.* ◆ **Adj.** *Les Champs Élysées.* ▪ Lieu situé à Paris où siège la présidence de la République. *Le Palais de l'Élysée.*

ÉLYSÉEN, ENNE, adj. [elizeɛ̃, ɛn] (*Élysée*) Qui appartient à l'Élysée. *Les ombres élyséennes.* ▪ Qui se rapporte au Palais de l'Élysée, à la présidence de la République. *Un conseiller élyséen.*

ÉLYSIENS, adj. m. pl. [elizjɛ̃] (l'*Élysée*) ▷ « Aux champs élysiens », LA FONTAINE. ◁

ÉLYTRE, n. m. [elitʀ] (gr. *elutron*, enveloppe, étui) Aile supérieure, cornée, qui recouvre les ailes membraneuses des coléoptères. ▪ **ÉLYTRAL, ALE**, adj. [elitral] *Rebords élytraux.*

ELZÉVIR, n. m. [ɛlzeviʀ] (*Elzevier*, imprimeurs hollandais) Édition imprimée dans le XVIᵉ siècle et le commencement du XVIIᵉ par l'un des cinq typographes hollandais du nom d'Elzévir, tous de la même famille. *Un bel elzévir. La collection des elzévirs.* ▪ Caractère typographique utilisé initialement dans les éditions des Elzevier et caractérisé par des empattements triangulaires.

ELZÉVIRIEN, IENNE, adj. [ɛlzeviʀjɛ̃, jɛn] (*elzévir*) Qui appartient aux elzévirs ; qui a été publié ou adopté par les imprimeurs de ce nom. *Édition elzévirienne. Format elzévirien.*

ÉMACIATION ou **ÉMACIEMENT**, n. f. [emasjasjɔ̃, emasimɑ̃] (*émacier*) Amaigrissement.

ÉMACIÉ, ÉE, adj. (*émacier*) Qui est amaigri, qui est devenu maigre.

ÉMACIER, ▪ v. tr. [emasje] (lat. impér. *emaciare*) Amaigrir, rendre maigre. ▪ S'émacier, v. pr. Devenir mince, maigre.

E-MAIL, ▪ n. m. [imɛl] (angl. *e*[*lectronic*] *mail*) Courrier électronique. *Recevoir des e-mails.* ▪ Adresse électronique. *Avoir un e-mail.* ▪ REM. On recommande officiellement l'emploi de *courrier électronique, courriel* ou *adresse électronique*. On a aussi en parallèle à *tél.* proposé *mel*.

ÉMAIL, n. m. [emaj] (anc. b. frq. *smalt*) Fondant que l'on broie et auquel on ajoute des oxydes métalliques réduits en poudre et destinés, dans la fusion produite par le feu, à colorer le fondant, tout en lui laissant sa translucidité. *Les émaux sont fusibles.* ◆ *Émail cloisonné*, émail dont les couleurs sont séparées par de petites cloisons de métal. *Émail champlevé*, émail où la séparation des couleurs est produite par des cavités creusées dans la plaque de fond. ◆ *L'émail de la porcelaine, de la faïence*, la matière vitreuse dont on l'enduit. ◆ Nom donné aux décorations de peintures appliquées sur métal. ◆ Par métonymie, nom donné à la plaque de métal émaillée. *De beaux émaux.* ◆ **Fig.** Diversité, variété des fleurs. « *Une grande prairie toute parée de l'émail des fleurs* », MONTESQUIEU. ◆ **Hérald.** Se dit des couleurs et des métaux dont un écu est chargé. *Le blason a sept émaux, dont deux métaux et cinq couleurs.* ◆ Substance qui revêt la couronne des dents. *L'émail des dents.* ▪ Matériau recouvert d'émail. *Une baignoire en émail.*

ÉMAILLAGE, ▪ n. m. [emajaʒ] (*émailler*) Action d'émailler, notamment les métaux et les verres. ▪ Résultat de cette action.

ÉMAILLÉ, ÉE, p. p. d'émailler. [emaje]

ÉMAILLER, v. tr. [emaje] (*émail*) Appliquer de l'émail, orner avec de l'émail. ◆ **Fig.** Orner, parer, en parlant des fleurs. « *Mille fleurs émaillaient les tapis verts* », FÉNELON. ◆ **Fig.** S'émailler, v. pr. Devenir émaillé. ▪ **Litt.** Orner. *Émailler un écrit de citations.*

ÉMAILLERIE, n. f. [emaj(ə)ʀi] (*émailler*) Art de faire de l'émail, des émaux.

ÉMAILLEUR, EUSE, n. m. et n. f. [emajœʀ, øz] (*émailler*) Personne qui travaille de l'émail.

ÉMAILLURE, n. f. [emajyʀ] (*émailler*) ▷ Ouvrage de l'émailleur. ◁

ÉMANATION, n. f. [emanasjɔ̃] (b. lat. *emanatio*) Action d'émaner ; ce qui émane. *Les odeurs sont des émanations de certains corps.* ◆ **Phys.** Émission de particules lumineuses, dans le système qui attribue la lumière à l'émission de corpuscules. ◆ **Fig.** *L'autorité de l'Église est une émanation de la puissance de Dieu.*

ÉMANCIPATEUR, TRICE, n. m. et n. f. [emɑ̃sipatœʀ, tʀis] (b. lat. *emancipator*) Celui, celle qui émancipe.

ÉMANCIPATION, n. f. [emɑ̃sipasjɔ̃] (lat. jurid. *emancipatio*) **Jurispr.** Droit accordé à un mineur de faire les actes d'administration. ◆ État de celui qui, dégagé de toute tutelle, peut administrer librement ses biens. ◆ **Par extens.** Affranchissement. *L'émancipation des esclaves.* ◆ **Fig.** *L'émancipation de l'esprit*, état de l'esprit qui se dégage de préjugés traditionnels.

ÉMANCIPÉ, ÉE, p. p. d'émanciper. [emɑ̃sipe]

ÉMANCIPER, v. tr. [emɑ̃sipe] (lat. *emancipare*) **Jurispr.** Accorder l'émancipation. ◆ **Fig.** Affranchir. *Émanciper le peuple.* ◆ S'émanciper, v. pr. Se rendre émancipé. ◆ Il ne se dit guère qu'au fig. prendre des libertés. ◆ *S'émanciper à... Il s'est émancipé à lui dire des injures.* ◆ On a dit aussi : *s'émanciper de...*, s'affranchir de...

ÉMANÉ, ÉE, p. p. d'émaner. [emane]

ÉMANER, v. intr. [emane] (lat. *emanare*, couler de, découler) Se conjugue avec *être*. ◆ S'échapper sous forme de particules subtiles. *Des corpuscules émanent des corps odorants.* ◆ **Fig.** Provenir. *Tout émane de Dieu.* ◆ **Théol.** Procéder. *Le Verbe émane du Père éternel.*

ÉMARGÉ, ÉE, p. p. d'émarger. [emaʀʒe]

ÉMARGEMENT, n. m. [emaʀʒəmɑ̃] (*émarger*) Action d'émarger. ◆ Ce qui est écrit ou porté en marge d'un compte, d'un mémoire. ▪ *Liste d'émargement pour un examen*, liste des noms des personnes devant se présenter à un examen et devant signer en face de leur nom pour attester de leur présence.

ÉMARGER, v. tr. [emaʀʒe] (*é-* et *marge*) Couper, diminuer la page. *Émarger une estampe.* ◆ Signer un reçu en marge d'un compte, d'un état. ◆ **Absol.** Émarger, toucher l'argent, le revenu affecté à une fonction. ◆ *Émarger pour un examen, une réunion*, signer en face de son nom pour attester de sa présence. ▪ Toucher une marge entre le prix de revient et le prix de vente. *J'émarge à 100 euros pour ce produit.*

ÉMASCULATION, ▪ n. f. [emaskylasjɔ̃] (*émasculer*) Action d'émasculer, castration. ◆ **Fig.** et **litt.** Fait de retirer la force, d'affaiblir. *Ce grincheux aimait souligner l'émasculation morale du siècle.*

ÉMASCULER, ▪ v. tr. [emaskyle] (b. lat. *emasculare*, de *e-* et *masculus*, mâle) Priver un homme ou un animal mâle de ses organes sexuels, châtrer. *Homme émasculé.* ◆ **Fig.** Ôter tout caractère viril, efféminer.

EMBABOUINÉ, ÉE, p. p. d'embabouiner. [ɑ̃babwine]

EMBABOUINER, v. tr. [ɑ̃babwine] (1 *en-* et *babouin*) ▷ Amener quelqu'un par des cajoleries à faire ce qu'on souhaite de lui. ◁

EMBÂCLE, ▪ n. m. [ɑ̃bɑkl] (1 *en-* et radic. de *débâcle*) Engorgement d'un cours d'eau dû à une accumulation de glace flottante.

EMBALLAGE, n. m. [ɑ̃balaʒ] (*emballer*) Action d'emballer. ◆ *Frais d'emballage.* ◆ *Toile d'emballage*, toile grossière à emballer.

EMBALLAGISTE, ▪ n. m. et n. f. [ɑ̃balaʒist] (*emballage*) Personne dont le métier est d'emballer, d'empaqueter.

EMBALLANT, ANTE, ▪ adj. [ɑ̃balɑ̃, ɑ̃t] (*emballer*) **Fig.** Qui emballe, séduit. *Une affaire emballante.*

EMBALLÉ, ÉE, p. p. d'emballer. [ɑ̃bale]

EMBALLEMENT, ▪ n. m. [ɑ̃bal(ə)mɑ̃] (*emballer*) Action d'emballer. ▪ **Fig.** Emportement, enthousiasme.

EMBALLER, v. tr. [ɑ̃bale] (1 *en-* et *balle*) Mettre dans une balle, empaqueter. ◆ **Absol.** *La foire terminée, tout le monde emballe.* ◆ ▷ **Fig.** et **fam.** *Emballer quelqu'un*, le faire partir. *On l'a emballé dans une diligence.* ◁ ◆ ▷ **Fam.** Capter, tromper. ◁ ◆ ▷ **Fam.** S'emballer, v. pr. Monter en voiture, partir. ◆ Se surcharger de vêtements. ▪ **Fam.** Plaire, enthousiasmer. *Je ne suis pas emballé par sa décision.* ◁ ▪ S'emballer, v. pr. Se dit d'un cheval dont on perd le contrôle. ▪ **Fig.** Se laisser dominer par l'émotion. ▪ *S'emballer*, se dit aujourd'hui pour un moteur ou un véhicule motorisé. *La voiture s'est emballée.* ▪ **Fam.** *Emballer quelqu'un*, séduire, draguer. *Il l'a emballée en deux temps, trois mouvements.* ▪ **Vulg.** Embrasser. ▪ **Fam.** *Emballez, c'est pesé*, l'affaire est conclue.

EMBALLEUR, EUSE, n. m. et n. f. [ɑ̃balœʀ, øz] (*emballer*) Personne qui fait profession d'emballer des marchandises. ◆ **Fig.** et **fam.** Personne qui s'empare de l'esprit de quelqu'un par de beaux discours.

EMBARBOUILLER, v. tr. [ɑ̃baʀbuje] (1 *en-* et *barbouiller*) Faire perdre à quelqu'un le fil de ses idées, de sa conduite. ◆ S'embarbouiller, v. pr. Se perdre dans ce qu'on dit.

EMBARCADÈRE, n. m. [ɑ̃baʀkadɛʀ] (esp. *embarcadero*, de *embarcar*, embarquer) **Mar.** Cale ou jetée avancée qui sert soit à l'embarquement, soit au débarquement des marchandises. ◆ **Par extens.** Syn. de débarcadère, lieu de départ d'un bateau à vapeur, d'un chemin de fer. ◆ Lieu, édifice où se font les chargements des marchandises.

EMBARCATION, n. f. [ɑ̃baʀkasjɔ̃] (esp. *embarcación*, petit bateau) Toute barque qui ne va qu'à la rame, et aussi petit navire à un ou deux mâts. ◆ On l'emploie abusivement et à tort, pour *embarquement*, en parlant des personnes.

EMBARDÉE, ▪ n. f. [ɑ̃baʀde] (*embarder*, du provenç. *embarda*, du lat. vulg. *barrum*, boue) Écart brusque et dangereux d'un véhicule.

EMBARGO, n. m. [ɑ̃baʀgo] (esp. *embargo*, empêchement, du lat. vulg. *imbarricare*, embarrasser) Défense faite par un gouvernement de laisser partir les navires étrangers qui sont dans ses ports. *Mettre l'embargo sur des vaisseaux. Frapper d'embargo. Lever l'embargo.* ◆ Par extens. « *L'embargo mis à la poste sur tout ce qui vient de moi* », P.-L. COURIER. ■ Par extens. Mesure prise à l'encontre d'un pays et qui vise à lui empêcher tout échange commercial.

EMBARQUÉ, ÉE, p. p. d'embarquer. [ɑ̃baʀke]

EMBARQUEMENT, n. m. [ɑ̃baʀkəmɑ̃] (*embarquer*) Action d'embarquer. *L'embarquement des troupes.* ◆ Fig. Entrée dans quelque affaire, dans quelque intrigue.

EMBARQUER, v. tr. [ɑ̃baʀke] (1 *en-* et *barque*) Mettre, charger dans une barque ou dans un navire. ◆ *Embarquer un coup de mer, un paquet de mer,* ou **absol.** *embarquer,* recevoir par-dessus le bord une forte lame. ◆ Fig. Mettre quelqu'un dans une affaire. ◆ V. intr. Se rendre à bord d'un vaisseau. ◆ S'embarquer, v. pr. Monter sur un navire pour faire un voyage. ◆ Avec ellipse du pronom personnel. « *Hâtez-vous de faire embarquer ce jeune étranger* », FÉNELON. ■ Par extens. Se mettre dans un véhicule quelconque pour aller d'un lieu à un autre. *S'embarquer dans une diligence.* ◆ Fig. S'engager, commencer, entreprendre. *S'embarquer dans une affaire.* ◆ *S'embarquer à...* Se mettre à, entreprendre de. « *Je ne veux point m'embarquer à vous dire* », MME DE SÉVIGNÉ. ■ Par extens. Charger dans un véhicule. ■ Fam. Arrêter quelqu'un. ◆ *Il s'est fait embarquer par la police.*

EMBARRAS, n. m. [ɑ̃baʀa] (*embarrasser*) Obstacle qui barre une voie, un chemin. *Un embarras de voitures.* ◆ Fig. et fam. *Faire de l'embarras, des embarras, ses embarras,* se donner de grands airs, affecter de grandes prétentions. ◆ Ce qui gêne. « *Une tête empanachée N'est pas petit embarras* », LA FONTAINE. ◆ *Embarras de la langue,* difficulté à articuler. ◆ Confusion de choses difficiles à débrouiller. *L'embarras de mes affaires.* ◆ Pénurie d'argent. *Cette famille est dans un grand embarras.* ◆ Difficulté résultant d'une multitude d'affaires. *Se trouver dans un embarras inextricable d'affaires.* « *Des embarras du trône effet inévitable* », RACINE. ◆ Difficulté résultant de ne savoir que faire, que répondre. ◆ *Embarras d'esprit,* peine d'esprit. ◆ État de celui qui est interdit, troublé. ◆ Méd. *Embarras gastrique,* trouble de la digestion avec nausées, vomissements, et souvent coliques et diarrhée.

EMBARRASSANT, ANTE, adj. [ɑ̃baʀasɑ̃, ɑ̃t] (*embarrasser*) Qui cause ou donne de l'embarras, de l'incommodité, de la gêne.

EMBARRASSÉ, ÉE, p. p. d'embarrasser. [ɑ̃baʀase] Qui n'est pas clair. *Ses propositions furent embarrassées.* ◆ Qui éprouve de l'embarras, de l'incertitude. ◆ Interdit, troublé. ◆ *Être embarrassé de sa personne,* ne savoir quelle contenance avoir.

EMBARRASSEMENT, n. m. [ɑ̃baʀas(ə)mɑ̃] (*embarrasser*) ▷ Action d'embarrasser. ◁

EMBARRASSER, v. tr. [ɑ̃baʀase] (esp. *embarazar,* du port. *embaraçar,* de *baraço,* courroie) Obstruer par un embarras. ◆ S'embarrasser, v. pr. Embarrasser à soi. *Il s'embarrassa les jambes dans des cordes.* ◆ Fig. « *Il est certains esprits dont les sombres pensées Sont d'un nuage épais toujours embarrassées* », BOILEAU. ◆ Empêcher la liberté du mouvement. *Votre manteau vous embarrasse.* ◆ Entortiller. ◆ Fig. *Mettre dans l'embarras,* dans l'incertitude, dans l'hésitation. ◆ Absol. « *L'intention qu'on suppose embarrasse souvent plus que la vérité,* », MME DE GENLIS. ◆ *Embarrasser une question, une affaire,* la compliquer, l'embrouiller. ◆ S'embarrasser, v. pr. S'entortiller, s'empêtrer. *S'embarrasser dans ses éperons.* ◆ Fig. « *Comme en sa propre fourbe un menteur s'embarrasse !* », P. CORNEILLE. ◆ *S'embarrasser dans ses discours,* perdre la suite de ce qu'on dit. ◆ *Sa langue s'embarrasse,* il ne fait que balbutier. ◆ *Son esprit s'embarrasse,* ses idées se troublent. ◆ Se causer une gêne à soi-même. ◆ Se causer une gêne réciproque. « *Ils s'embarrassent les uns les autres dans cette confusion* », FÉNELON. ◆ Devenir interdit. ◆ Prendre souci de. « *Il ne s'embarrassait point de mes chagrins* », FÉNELON. ◆ *S'embarrasser de tout,* se faire une grande affaire des moindres choses. *C'est un homme qui ne s'embarrasse de rien.* ◆ Dans une formule de politesse, *s'embarrasser de quelqu'un,* se charger de lui. ◆ Méd. *La tête, la poitrine s'embarrasse,* se dit d'un malade dont les idées se troublent, qui ressent de l'oppression.

EMBARRER, ■ v. intr. [ɑ̃baʀe] (1 *en-* et *barre*) Positionner une barre sous une charge afin de faire levier pour la soulever. ◆ *Embarrer une charrette, un véhicule,* bloquer les roues avec des barres pour l'arrêter. ◆ S'embarrer, v. pr. Passer la jambe de l'autre côté du bat-flanc ou de la barre d'une écurie, notamment pour un cheval.

EMBARRURE, ■ n. f. [ɑ̃baʀyʀ] (*embarrer*) Chir. Fracture par enfoncement de la voûte crânienne.

EMBASE, ■ n. f. [ɑ̃baz] (1 *en-* et *base*) Portion d'un objet qui sert d'appui ou de support. *L'embase d'une clé ou d'une statue.*

EMBASEMENT, n. m. [ɑ̃baz(ə)mɑ̃] (1 *en-* et *base* ; infl. de l'ital. *imbasamento*) ▷ Archit. Base continue en saillie, au pied d'un bâtiment. ◁

EMBASTILLÉ, ÉE, p. p. de embastiller. [ɑ̃bastije]

EMBASTILLEMENT, n. m. [ɑ̃bastij(ə)mɑ̃] (*embastiller*) ▷ Action d'embastiller. ◁

EMBASTILLER, v. tr. [ɑ̃bastije] (1 *en-* et *bastille*) Mettre à la Bastille ou dans une autre prison d'État. ◆ *Embastiller une ville,* l'entourer de forts, de bastilles.

EMBATAGE, n. m. [ɑ̃bataʒ] (*embat[t]re*) ▷ Opération qui consiste à poser le fer des roues. ◁

EMBÂTÉ, ÉE, p. p. d'embâter. [ɑ̃bate]

EMBÂTER, v. tr. [ɑ̃bate] (1 *en-* et *bât*) ▷ Garnir du bât une bête de somme. ◆ Fig. et fam. Embarrasser ou ennuyer. *Embâter quelqu'un d'un homme, d'une affaire désagréable.* ◁

EMBÂTONNÉ, ÉE, p. p. d'embâtonner. [ɑ̃batɔne] ▷ Armé d'un bâton. ◆ Hérald. *Colonnes embâtonnées,* colonnes cannelées dont la cannelure est remplie de figures de bâtons. ◁

EMBÂTONNER, v. tr. [ɑ̃batɔne] (1 *en-* et *bâton*) ▷ Armer d'un bâton. ◆ Archit. Remplir de figures de bâtons les cannelures d'une colonne jusqu'à une certaine partie de son fût. ◆ S'embâtonner, v. pr. S'armer d'un bâton. ◁

EMBATTRE, v. tr. [ɑ̃batʀ] (1 *en-* et *battre*) Appliquer les bandes de fer qui se mettent sur la circonférence des roues. ■ REM. Graphie ancienne : *embatre.*

EMBATTU, UE, p. p. d'embattre. [ɑ̃baty] ▷ REM. Graphie ancienne : *embatu, ue.* ◁

EMBAUCHAGE, n. m. [ɑ̃boʃaʒ] (*embaucher*) Action d'embaucher des ouvriers. ◆ Bienvenue, repas qu'un ouvrier paye à ses camarades lorsqu'il est admis à travailler chez un maître. ◆ Par extens. Action de faire passer des soldats à l'ennemi. ■ Dr. Recrutement d'un salarié, par opposition au licenciement.

EMBAUCHE, ■ n. f. [ɑ̃boʃ] (*embaucher*) Action d'embaucher, d'engager quelqu'un. ■ Travail, emploi.

EMBAUCHÉ, ÉE, p. p. d'embaucher. [ɑ̃boʃe]

EMBAUCHEMENT, n. m. [ɑ̃boʃ(ə)mɑ̃] (*embaucher*) Action d'embaucher.

EMBAUCHER, v. tr. [ɑ̃boʃe] (antonyme de *débaucher* par chang. de préf.) Engager un ou plusieurs ouvriers. ◆ Attirer des ouvriers dans un nouvel atelier au préjudice du patron pour lequel ils travaillaient. ◆ Chercher à faire déserter le drapeau. ◆ S'embaucher, v. pr. Pratiquer l'un sur l'autre l'embauchage.

EMBAUCHEUR, EUSE, n. m. et n. f. [ɑ̃boʃœʀ, øz] (*embaucher*) Personne qui embauche des travailleurs. ◆ ▷ Personne qui embauche des soldats. ◁

EMBAUCHOIR, n. m. [ɑ̃boʃwaʀ] (altération de *embouchoir*) Forme qu'on introduit dans des bottes pour les maintenir ou pour les élargir. On dit aussi *embouchoir.* ■ Par anal. Forme qui permet de maintenir toute chaussure.

EMBAUMÉ, ÉE, p. p. d'embaumer. [ɑ̃bome] *Air embaumé.*

EMBAUMEMENT, n. m. [ɑ̃bom(ə)mɑ̃] (*embaumer*) Action d'embaumer un corps.

EMBAUMER, v. tr. [ɑ̃bome] (1 *en-* et *baume*) Remplir d'une odeur de baume, et en général de toute bonne odeur. *Les citronniers embaument l'air.* ◆ Absol. *Ce vin embaume.* ◆ Remplir un corps mort de substances balsamiques ou autres, pour le préserver de la putréfaction. ◆ S'embaumer, v. pr. Être imprégné d'une bonne odeur. ◆ Être préservé de la putréfaction.

EMBAUMEUR, EUSE, n. m. et n. f. [ɑ̃bomœʀ, øz] (*embaumer*) Personne qui embaume les cadavres.

EMBÉGUINÉ, ÉE, p. p. d'embéguiner. [ɑ̃begine]

EMBÉGUINER, v. tr. [ɑ̃begine] (1 *en-* et *béguin*) ▷ Coiffer d'un béguin, envelopper la tête de linge. ◁ ◆ Fig. Infatuer, entêter. *Ceux qui se laissent facilement embéguiner des opinions.* ◆ ▷ S'embéguiner, v. pr. Se couvrir d'un béguin. ◆ Fig. S'infatuer. « *Ce beau monsieur le comte dont vous vous êtes embéguiné* », MOLIÈRE. ◁

EMBELLI, IE, p. p. d'embellir. [ɑ̃beli] Qui est devenu beau ou plus beau. ◆ Fig. *Une retraite embellie par les arts et par l'amitié.*

EMBELLIE, n. f. [ɑ̃beli] (substantivation du fém. de *embelli*) Mar. Amélioration du temps, devenant beau pour un moment, après une bourrasque, un grain violent ou un coup de vent obstiné.

EMBELLIR, v. tr. [ɑ̃beliʀ] (1 *en-* et *bel, beau*) Rendre beau ou plus beau. ◆ Absol. *La parure embellit.* ◆ Fig. Orner, répandre des agréments sur. *Une amitié sincère embellit la vie.* ◆ *Embellir une histoire, un récit,* y ajouter des traits qui ne sont pas vrais pour la rendre plus piquante ou pour la faire valoir. ◆ V. intr. Se conjugue avec *être* ou *avoir,* suivant le sens. Devenir beau ou plus beau. ◆ Fam. et ironiq. *Ne faire que croître et embellir,* se dit de défauts, d'habitudes, de passions qui vont toujours augmentant. ◆ S'embellir, v. pr. Devenir beau. ◆ Fig. *Dans le bonheur tout s'embellit à nos yeux.*

EMBELLISSANT, ANTE, adj. [ãbelisã, ãt] (*embellir*) Qui embellit.

EMBELLISSEMENT, n. m. [ãbelis(ə)mã] (*embellir*) Action d'embellir, d'orner quelque chose. *L'embellissement d'une ville.* ♦ La chose qui embellit. *Faire des embellissements à sa maison.* ♦ Ornement. *Les embellissements d'un discours.* ♦ Action d'ajouter à un récit des traits qui ne sont pas vrais.

EMBELLISSEUR, n. m. [ãbelisœʀ] (*embellir*) Néolog. Celui qui embellit. ▪ Rem. N'est plus un néologisme aujourd'hui. *Ces architectes sont les embellisseurs de la ville.*

EMBÉRIZE, n. f. [ãbeʀiz] (all. *Emmeriz*) Nom moderne du genre bruant.

EMBERLIFICOTER, v. tr. [ãbeʀlifikote] (déformation de *emberlucoquer*) Pop. Embarrasser, au propre et au figuré. ♦ S'emberlificoter, v. pr. *Il s'est emberlificoté dans une corde, dans ses explications.*

EMBERLUCOQUÉ, ÉE, p. p. d'emberlucoquer. [ãbeʀlykoke]

EMBERLUCOQUER (S'), v. pr. [ãbeʀlykoke] (*berlue?*) ▷ Fam. S'entêter d'une idée, s'attacher aveuglément à une opinion. ◁

EMBESOGNÉ, ÉE, adj. [ãbəzoɲe] ou [ãbəzɔnje] (1 *en-* et *besogne*) ▷ Fam. Qui est fort occupé à une besogne. *Vous voilà bien embesogné.* ◁

EMBÊTANT, ANTE, adj. [ãbɛtã, ãt] (*embêter*) **Très trivial** Qui embête. ▪ Rem. N'est plus trivial, mais familier.

EMBÊTEMENT, n. m. [ãbɛt(ə)mã] (*embêter*) **Très trivial** Action d'embêter. ♦ Chose qui ennuie, contrariété. ▪ Rem. N'est plus trivial, mais familier.

EMBÊTER, v. tr. [ãbɛte] (1 *en-* et *bête*) **Très trivial** Rendre stupide. ♦ Ennuyer. ♦ S'embêter, v. pr. S'ennuyer. ▪ Agacer, contrarier. *Il m'embête avec ses questions incessantes.* ▪ Rem. N'est plus trivial, mais familier.

EMBLAVAGE ou **EMBLAVEMENT**, n. m. [ãblavaʒ, ãblav(ə)mã] (*emblaver*) Action d'emblaver.

EMBLAVÉ, ÉE, p. p. d'emblaver. [ãblave]

EMBLAVER, v. tr. [ãblave] (1 *en-* et *blef*, anc. forme de *blé*) Ensemencer une terre en blé. ♦ On le dit aussi d'autres productions. *Emblaver un champ en ou de pommes de terre.*

EMBLAVURE, n. f. [ãblavyʀ] (*emblaver*) Champ ensemencé de blé.

EMBLE, n. m. [ãbl] Voy. AMBLE.

EMBLÉE (D'), loc. adv. [ãble] (*de* s̄ p. p. substantivé de *embler*) Du premier coup, du premier effort. *Emporter une ville d'emblée.* ♦ On dit de même : *emporter une affaire d'emblée.* ♦ *Il a été élu, nommé d'emblée,* c'est-à-dire sans opposition.

EMBLÉMATIQUE, adj. [ãblematik] (b. lat. *emblematicus*, plaqué) Qui a le caractère de l'emblème. *Figure emblématique.*

EMBLÈME, n. m. [ãblɛm] (gr. *emblêma*, ornement en relief, de *emballein*, placer sur) Figure symbolique, avec une légende. ♦ Insigne. *Les emblèmes de la royauté.* ♦ Symbole. *Le coq est l'emblème de la vigilance.*

EMBLER, v. tr. [ãble] (lat. *involare*, se précipiter sur, saisir) Ravir avec violence ou par surprise.

EMBOBELINER ou **EMBOBINER**, v. tr. [ãbɔb(ə)line, ãbobine] (1 *en-* et anc. fr. *bobelin*, chaussure grossière, ou *bobine*) Fam. Enjôler, séduire par des paroles flatteuses.

EMBOIRE (S'), v. pr. [ãbwaʀ] (lat. *imbibere*, absorber, se pénétrer de) Devenir terne et se confondre, en parlant des couleurs d'un tableau. ♦ V. tr. *Emboire un moule,* l'enduire d'huile ou de cire fondue pour empêcher la matière d'y adhérer.

EMBOISÉ, ÉE, p. p. d'emboiser. [ãbwaze]

EMBOISER, v. tr. [ãbwaze] (1 *en-* et anc. fr. *boisier*, de l'anc. b. frq. *bausjan*, dire des sottises, tromper) Vieilli et pop. Engager quelqu'un par des promesses, par des cajoleries, à faire ce qu'on souhaite de lui.

EMBOISEUR, EUSE, n. m. et n. f. [ãbwazœʀ, øz] (*emboiser*) Vieilli et pop. Celui, celle qui emboise.

EMBOÎTÉ, ÉE ou **EMBOITÉ, ÉE**, p. p. d'emboîter. [ãbwate]

EMBOÎTEMENT ou **EMBOITEMENT**, n. m. [ãbwat(ə)mã] (*emboîter*) Jonction, union de deux pièces qui s'emboîtent l'une dans l'autre. *L'emboîtement des mortaises d'une charpente, de deux os d'une articulation.*

EMBOÎTER ou **EMBOITER**, v. tr. [ãbwate] (1 *en-* et *boîte*) Enchâsser une chose dans une autre. *Emboîter des tuyaux.* ♦ Milit. *Emboîter le pas,* marcher en file serrée de manière que le pied de l'homme qui suit se pose à la place que quitte le pied de l'homme qui précède, et fig. se soumettre, céder, obéir. ♦ S'emboîter, v. pr. Être emboîté.

EMBOÎTURE ou **EMBOITURE**, n. f. [ãbwatyʀ] (*emboîter*) Insertion d'une chose dans une autre. *L'emboîture des os les uns dans les autres.* ♦ *Emboîture*

d'une porte, les deux ais de travers en haut et en bas, dans lesquels les autres ais sont emboîtés.

EMBOLE ou **EMBOLUS**, ▪ n. m. [ãbɔl, ãbɔlys] (lat. impér. *embolus*, piston d'une pompe, du gr. *embolos*, ce qui s'enfonce dans) Méd. Corps étranger ou caillot sanguin qui obstrue un vaisseau et provoque une embolie.

EMBOLIE, ▪ n. f. [ãbɔli] (gr. *embolê*, action de jeter dans, attaque) Méd. Obstruction d'un vaisseau provoqué par un corps étranger ou un caillot véhiculé par le sang. *Une embolie pulmonaire.*

EMBOLISATION, ▪ n. f. [ãbɔlizasjɔ̃] (*embole*) Méd. Traitement consistant à injecter un embole synthétique pour obstruer l'artère dans laquelle se trouve la tumeur ou l'hémorragie.

EMBOLISME, n. m. [ãbɔlism] (gr. *embolimos*, intercalé, de *emballein*, placer dans) ▷ Intercalation de plusieurs mois dont les Grecs se servaient pour faire concourir l'année lunaire avec l'année solaire dans le cycle de dix-neuf ans ou autres. ◁

EMBOLISMIQUE, adj. [ãbɔlismik] (*embolisme*) ▷ Qui appartient à l'embolisme. ◁

EMBOLUS, ▪ n. m. [ãbɔlys] Voy. EMBOLE.

EMBONPOINT, n. m. [ãbɔ̃pwɛ̃] (*en*, *bon* et *point*, en bonne santé) Bon état du corps ; se dit surtout des personnes un peu grasses. *Avoir, prendre de l'embonpoint. L'embonpoint du visage.*

EMBOQUER, v. tr. [ãbɔke] (1 *en-* et anc. fr. *boque*, bouche) ▷ Mettre de la mangeaille dans la bouche des animaux afin de les engraisser plus vite. ◁

EMBORDURÉ, ÉE, p. p. d'embordurer. [ãbɔʀdyʀe]

EMBORDURER, v. tr. [ãbɔʀdyʀe] (1 *en-* et *bordure*) ▷ Mettre un cadre, un bord, une bordure à un tableau. ◁

EMBOSSAGE, n. m. [ãbɔsaʒ] (*embosser*) Mar. Action d'embosser, de s'embosser ; position d'un vaisseau embossé.

EMBOSSÉ, ÉE, p. p. d'embosser. [ãbɔse]

EMBOSSER, v. tr. [ãbɔse] (1 *en-* et *bosse*, cordage.) Amarrer un navire de l'avant et de l'arrière, de manière que, présentant le flanc, il ne soit attaqué et ne combatte que d'un côté. ♦ S'embosser, v. pr. *Les vaisseaux s'embossèrent.* ▪ Donner du relief à un caractère imprimé.

EMBOUCHE, ▪ n. f. [ãbuʃ] (*emboucher*) Action d'engraisser les bovins en les faisant paître dans les prés. *Zone, élevage d'embouche. L'embouche s'est d'abord développée sur des prés naturels.* ▪ Pré lui-même. *Un pré d'embouche.*

EMBOUCHÉ, ÉE, p. p. d'emboucher. [ãbuʃe] Fig. *Être mal embouché,* parler grossièrement, dire des injures. ♦ Hérald. Se dit du bout d'un cor ou d'une trompette, représenté dans la bouche, et d'un émail différent de celui du cor.

EMBOUCHEMENT, n. m. [ãbuʃ(ə)mã] (*emboucher*) ▷ Action d'emboucher. ◁

EMBOUCHER, v. tr. [ãbuʃe] (1 *en-* et *bouche*) Mus. Appliquer sa bouche à un instrument à vent pour en tirer des sons. *Emboucher un cor.* ♦ Fig. et poétiq. *Emboucher la trompette,* prendre un ton élevé, sublime, et fig. dire à tout le monde, ébruiter. ♦ Mettre le mors dans la bouche du cheval. ♦ Fig. Instruire d'avance de ce qu'il faut dire. *On l'a bien embouché.* ♦ S'emboucher, v. pr. Avoir son embouchure, en parlant des rivières. *La Marne s'embouche dans la Seine près de Paris.* ▪ *Être mal embouché,* être de mauvaise humeur.

EMBOUCHOIR, n. m. [ãbuʃwaʀ] (*emboucher*) Le bout d'une trompette ou d'un cor qui s'applique à la bouche pour sonner. On dit aussi *bocal.* ▪ Syn. d'embauchoir. ▪ Douille joignant le fût et le canon d'un fusil. ▪ Rem. On dit aussi auj. *embouchure.*

EMBOUCHURE, n. f. [ãbuʃyʀ] (*emboucher*) La partie d'un cor, d'une trompette, qui s'applique à la bouche quand on veut jouer. ♦ La manière dont on embouche certains instruments à vent. *Avoir une bonne embouchure.* ♦ Manège Syn. de canon, partie du mors qui entre dans la bouche du cheval. ♦ Il se dit de la manière dont se comporte la bouche du cheval. « *[Pégase] Fringant, délicat d'embouchure* », La Fontaine. ♦ Ouverture d'entrée. *L'embouchure d'un bocal, d'un canon.* ♦ Fortif. Ouverture pour donner passage à une bouche à feu. ♦ Ouverture dans les terres par où un fleuve entre dans la mer, un cours d'eau dans un autre.

EMBOUÉ, ÉE, p. p. d'embouer. [ãbwe]

EMBOUER, v. tr. [ãbwe] (1 *en-* et *boue*) ▷ Salir de boue. ♦ S'embouer, v. pr. Se salir de boue. ◁

EMBOUQUEMENT, n. m. [ãbuk(ə)mã] (*embouquer*) Mar. L'entrée d'une passe étroite, d'un canal resserré entre deux terres.

EMBOUQUER, v. intr. [ãbuke] (1 *en-* et anc. fr. *bouque*, du provenç. *bouco*, passe) Mar. Entrer dans un canal ou dans un détroit. ♦ V. tr. *Embouquer le canal.*

EMBOURBÉ, ÉE, p. p. d'embourber. [ãburbe] ▷ *Jurer comme un charretier embourbé*, jurer beaucoup, avec emportement. ◁ ◆ ▷ **Fig.** *C'est la diligence embourbée*, se dit ou d'un service qui se fait mal, ou d'une personne qui ne sait venir à bout de rien, qui n'avance pas. ◁

EMBOURBEMENT, n. m. [ãburbəmã] (*embourber*) L'action d'embourber ; l'état de ce qui est embourbé.

EMBOURBER, v. tr. [ãburbe] (1 *en-* et *bourbe*) Engager dans un bourbier. ◆ **Fig.** *Embourber quelqu'un dans une mauvaise affaire*, l'y engager. ◆ S'embourber, v. pr. S'enfoncer dans un bourbier. ◆ **Fig.** Se perdre en des explications, en des contradictions.

EMBOURGEOISER, ■ v. tr. [ãburʒwaze] (1 *en-* et *bourgeois*) Donner un caractère bourgeois à. ■ S'embourgeoiser, v. pr. Prendre les mœurs, les manières de la bourgeoisie. ■ EMBOURGEOISEMENT, n. m. [ãburʒwaz(ə)mã]

EMBOURRAGE, n. m. [ãbura ʒ] (*embourrer*) ▷ Action d'embourrer. ◁

EMBOURRÉ, ÉE, p. p. d'embourrer. [ãbure] Garni de bourre.

EMBOURREMENT, n. m. [ãbur(ə)mã] (*embourrer*) Action d'embourrer ; résultat de cette action.

EMBOURRER, v. tr. [ãbure] (1 *en-* et *bourre*) Garnir de bourre. ◆ On dit plus souvent *rembourrer*.

EMBOURRURE, n. f. [ãburyr] (*embourrer*) ▷ Ce qui sert à embourrer. *L'embourrure d'une chaise.* ◆ Grosse toile qui couvre la matière dont le tapissier entoure certains meubles. ◁

EMBOURSÉ, ÉE, p. p. d'embourser. [ãburse]

EMBOURSEMENT, n. m. [ãbursəmã] (*embourser*) ▷ Action d'embourser ; résultat de cette action. ◁

EMBOURSER, v. tr. [ãburse] (1 *en-* et *bourse*) ▷ Recevoir de l'argent. ◆ **Fig.** *Embourser des coups de bâton*, en recevoir. ◁

EMBOUSER, v. tr. [ãbuze] (1 *en-* et *bouse*) ▷ Garnir de bouse. ◁

EMBOUT, n. m. [ãbu] (*embouter*) Garniture de fer ou de cuivre qu'on met au bout d'une canne, d'un parapluie. ■ Pièce située à l'extrémité d'un objet.

EMBOUTÉ, ÉE, p. p. d'embouter. [ãbute] **Hérald.** *Pièce emboutée*, pièce qui se termine par une virole d'argent.

EMBOUTEILLAGE, ■ n. m. [ãbutejaʒ] (*embouteiller*) Encombrement de véhicules ou de personnes qui obstrue la circulation. *On est tombé dans les embouteillages habituels aux heures de pointe.* ■ Mise en bouteilles.

EMBOUTEILLER, ■ v. tr. [ãbuteje] (1 *en-* et *bouteille*) Mettre en bouteilles. *Embouteiller du vin.* ■ Obstruer la voie par accumulation de véhicules ou de personnes. *Embouteiller une rue.*

EMBOUTER, v. tr. [ãbute] (1 *en-* et *bout*) ▷ Mettre un embout. ◁

EMBOUTI, IE, p. p. d'emboutir. [ãbuti]

EMBOUTIR, v. tr. [ãbutir] (1 *en-* et *bout*) Travailler une plaque de métal au marteau et sur une enclume, de manière à la rendre concave d'un côté et convexe de l'autre, comme une bassine, une casserole, etc. ◆ **Archit.** Former des ornements en tôle, au marteau et au repoussoir. ■ Par anal. Heurter avec violence et en enfonçant.

EMBOUTISSAGE, n. m. [ãbutisaʒ] (radic. du p. prés. de *emboutir*) Action d'emboutir ; résultat de cette action.

EMBOUTISSEUR, EUSE, n. m. et n. f. [ãbutisœr, øz] (radic. du p. prés. de *emboutir*) Personne qui emboutit.

EMBOUTISSEUSE, ■ n. f. [ãbutisøz] (radic. du p. prés. de *emboutir*) Appareil servant à l'emboutissage des pièces de métal.

EMBOUTISSOIR, n. m. [ãbutiswar] (radic. du p. prés. de *emboutir*) Machine au moyen de laquelle on donne à des plaques de fer unies les formes nécessaires pour en faire divers ustensiles, tels que bassines, etc.

EMBRANCHEMENT, n. m. [ãbrãʃ(ə)mã] (1 *en-* et *branche*) Division du tronc d'un arbre. ◆ Jonction de deux ou plusieurs routes. ◆ Chemin partant de la route principale et moins important. ◆ Voie de fer qui se relie à une ligne principale. ◆ Ramification de tuyaux dans une distribution d'eau, de gaz, etc. ◆ **Fig.** Division principale d'une science. ◆ Grande division établie dans l'un des règnes de la nature.

EMBRANCHER, v. tr. [ãbrãʃe] (radic. de *embrancher*) Réunir des tuyaux, des chemins. ◆ S'embrancher, v. pr. Être embranché, former embranchement.

EMBRAQUER, ■ v. tr. [ãbrake] (1 *en-* et *braquer*) **Mar.** Tendre, tirer avec les bras, en parlant d'un cordage. *Embraquer un câble avec un filin.*

EMBRASÉ, ÉE, p. p. d'embraser. [ãbraze] Extrêmement chaud. *Une atmosphère embrasée.*

1 EMBRASEMENT, n. m. [ãbraz(ə)mã] (*embraser*) L'action d'embraser ; le résultat de cette action. ◆ **Fig.** « *Quel embrasement ces huit jours ont allumé dans mon âme* », J.-J. Rousseau. ◆ Désordres, troubles en un pays. « *Un coup de canon en Amérique peut être le signal de l'embrasement de l'Europe* », Voltaire.

2 EMBRASEMENT, n. m. [ãbraz(ə)mã] (*embraser*, illuminer, éclairer) **Archit.** Syn. d'ébrasement, qui est beaucoup plus usité.

EMBRASER, v. tr. [ãbraze] (1 *en-* et *braise*) Mettre en braise. *Embraser une ville.* ◆ Rendre extrêmement chaud. *Le soleil embrasait l'atmosphère.* ◆ **Fig.** Exalter, échauffer. *La religion les embrase d'un saint zèle.* ◆ Livrer à la guerre, à la ruine, au désordre. « *Embrasez par nos mains le couchant et l'aurore* », Racine. ◆ S'embraser, v. pr. Prendre feu. ◆ **Fig.** *Son cœur s'embrase.*

EMBRASSADE, n. f. [ãbrasad] (*embrasser*) Action de deux personnes qui s'embrassent. ■ **Rem.** Auj. s'emploie plutôt au pluriel. *C'est fini, les embrassades !*

EMBRASSANT, ANTE, adj. [ãbrasã, ãt] (*embrasser*) ▷ Qui a l'habitude d'embrasser, qui aime à embrasser. ◁ ◆ **Bot.** Se dit des feuilles et du pétiole quand leur expansion embrasse tout ou partie de la tige d'où ils sortent.

EMBRASSE, n. f. [ãbras] (*embrasser*) Bande d'étoffe ou ganse qui est attachée à une patère, et qui sert à tenir les rideaux drapés.

EMBRASSÉ, ÉE, p. p. d'embrasser. [ãbrase] *Rimes embrassées*, qui se succèdent suivant le modèle *abba*.

EMBRASSEMENT, n. m. [ãbras(ə)mã] (*embrasser*) Action d'embrasser ou de s'embrasser. ■ **Litt.** Embrassade, étreinte.

EMBRASSER, v. tr. [ãbrase] (1 *en-* et *bras*) Serrer dans ses bras, caresse qui est souvent accompagnée d'un baiser. *Il embrassa son père avec effusion.* ◆ Formules de salutation épistolaire. *Je vous embrasse de tout cœur, etc.* ◆ Il se dit, par extension, de tout ce qu'on serre, saisit avec les bras. *Embrasser l'autel.* ◆ *Embrasser les genoux*, se mettre aux pieds de quelqu'un et lui serrer les genoux pour l'implorer. ◆ Entourer, environner, en parlant des choses. *Le lierre embrasse l'ormeau. La mer embrasse la terre.* ◆ Saisir par la vue. *Il embrassa d'un regard tout le champ de bataille.* ◆ Saisir par l'esprit. *Aristote a embrassé l'ensemble des connaissances humaines de son temps.* ◆ Saisir par l'imagination. « *Mon esprit embrassant tout ce qu'il s'imagine* », P. Corneille. ◆ Saisir par l'exécution. « *Dans les grandes affaires, il faut tout envisager et se contenter de ce qu'on peut exécuter avec succès, sans vouloir embrasser tout à la fois* », Rollin. ◆ Adopter, suivre. *Embrasser la profession des armes, la religion chrétienne.* ◆ Se charger de, se mettre du côté de. *Embrasser la défense, les intérêts de quelqu'un.* ◆ **Par extens.** Saisir, ne pas laisser échapper. « *L'occasion est belle, il la faut embrasser* », Racine. ◆ Contenir en soi. *Ce royaume embrasse plusieurs provinces.* ◆ Confondre. « *Nous ne devons point embrasser l'innocent avec le coupable* », Molière. ◆ S'embrasser, v. pr. Se presser dans les bras l'un de l'autre. ◆ **Prov.** *Qui trop embrasse mal étreint*, se dit de celui qui, entreprenant beaucoup, réussit mal à chaque chose.

EMBRASSEUR, EUSE, n. m. et n. f. [ãbrasœr, øz] (*embrasser*) Celui, celle qui a la manie d'embrasser à tout propos.

EMBRASURE, n. f. [ãbrazyr] (*embraser*, mettre le feu ; 2 *embrasement*) Ouverture dans un parapet où l'on pointe le canon pour tirer sur l'ennemi. ◆ Ouverture dans le mur d'une habitation, encadrant les portes et les fenêtres. ◆ Biais donné à l'épaisseur du mur à l'endroit des fenêtres. *Dans l'embrasure de la fenêtre.*

EMBRAYAGE, ■ n. m. [ãbrejaʒ] (*embrayer*) Action d'embrayer. ■ Mécanisme permettant de relier le moteur et la boîte de vitesse. *La pédale d'embrayage.*

EMBRAYER, ■ v. tr. [ãbreje] (1 *en-* et *braie*, traverse de bois soulageant les meules d'un moulin à vent) Mettre en relation deux pièces dont l'une entraîne l'autre. ■ V. intr. Dans un véhicule, mettre en relation le moteur et les organes mécaniques, en appuyant sur la pédale d'embrayage. ■ **Fam.** Reprendre le travail. ■ *Embrayer sur*, engager la conversation sur.

EMBRAYEUR, ■ n. m. [ãbrejœr] (*embrayer*) **Ling.** Unité linguistique permettant la mise en relation de la réalité extralinguistique avec le message linguistique. *Les pronoms personnels sont des embrayeurs.*

EMBRENÉ, ÉE, p. p. d'embrener. [ãbrəne]

EMBRÈNEMENT, n. m. [ãbrɛn(ə)mã] (*embrener*) ▷ Action d'embrener ; état de ce qui est embrené. ◁

EMBRENER, v. tr. [ãbrəne] (1 *en-* et *bran*) ▷ **Pop.** Salir de bran. Il ne se dit que des petits enfants. ◆ S'embrener, v. pr. Se dit d'un enfant qui se salit. ◆ **Fig.** Se fourvoyer, s'embourber dans une mauvaise affaire. ◁

EMBRÈVEMENT, ■ n. m. [ãbrɛv(ə)mã] (*embrever*) **Menuis.** Ajustage en oblique de deux pièces de bois afin que l'une des deux fasse saillie sur l'autre.

EMBREVER, ▪ v. tr. [ãbʀəve] (*abreuver*, avec chang. de préf.) **Menuis.** Assembler par embrèvement.

EMBRIGADÉ, ÉE, p. p. d'embrigader. [ãbʀigade]

EMBRIGADEMENT, n. m. [ãbʀigad(ə)mã] (*embrigader*) **Milit.** Action d'embrigader les régiments ; division par brigades. ♦ Organisation hiérarchique donnée à des agents par leur réunion en brigades. *L'embrigadement des gardes champêtres.* ♦ **Eaux et forêts** Réunion de trois ou cinq gardes. ♦ Enrôlement de gens pour quelque dessein.

EMBRIGADER, v. tr. [ãbʀigade] (1 *en-* et *brigade*) Distribuer des troupes par brigades ; introduire des hommes dans le cadre d'une brigade. ♦ Réunir deux régiments pour en former une brigade. ♦ Réunir des agents en brigades. ♦ **Par extens.** Enrôler pour quelque dessein.

EMBRINGUER, ▪ v. tr. [ãbʀɛ̃ge] (orig. obsc. : p.-ê. 1 *en-* et *bringue*, morceau ; cf. moy. fr. *embriguer, imbringuer*, charger, adj. *imbringue*, embarrassé) **Fam.** Engager quelqu'un dans une situation inconfortable. ▪ S'embringuer, v. pr. *S'embringuer dans une sale affaire.*

EMBROCATION, n. f. [ãbʀɔkasjɔ̃] (lat. médiév. *embrocatio*, du gr. *embrokhê*, lotion, de *embrekhein*, mouiller) **Méd.** Action de verser lentement et par arrosement un liquide quelconque sur une partie malade. ▪ Huile de massage, qui peut être antalgique, le plus souvent utilisée sur les muscles. **Abrév.** Embroc.

EMBROCHÉ, ÉE, p. p. d'embrocher. [ãbʀɔʃe]

EMBROCHEMENT, n. m. [ãbʀɔʃ(ə)mã] (*embrocher*) Action d'embrocher.

EMBROCHER, v. tr. [ãbʀɔʃe] (1 *en-* et *broche*) Mettre de la viande à la broche. *Embrocher un gigot.* ♦ **Absol.** *Il est temps d'embrocher.* ♦ **Par extens. et fam.** *Embrocher quelqu'un*, le percer d'un coup d'épée. ▪ S'embrocher, v. pr. Se percer soi-même. ♦ Se percer l'un l'autre.

EMBRONCHEMENT, ▪ n. m. [ãbʀɔ̃ʃ(ə)mã] (*embroncher*) **Techn.** Action d'embroncher, d'ajuster des pièces en les emboîtant entre elles.

EMBRONCHER, ▪ v. tr. [ãbʀɔ̃ʃe] (1 *en-* et anc. fr. *bronc*, nœud) **Techn.** Emboîter, ajuster des pièces entre elles. *Il a embronché les tuiles de son toit ce matin.*

EMBROUILLAGE, ▪ n. m. [ãbʀujaʒ] Voy. EMBROUILLEMENT.

EMBROUILLAMINI, n. m. [ãbʀujamini] (1 *en-* et *brouillamini*, sur le modèle de *embrouiller*) Syn. de brouillamini. « Il y a au troisième acte un embrouillamini qui me déplaît », VOLTAIRE. ♦ **Fam.** Imbroglio, désordre extrême. *Il y a un embrouillamini de fils électriques.*

EMBROUILLE, ▪ n. f. [ãbʀuj] (*embrouiller*) Action compliquée, confuse, destinée à tromper. ▪ *Un sac d'embrouilles*, une affaire très compliquée, confuse. ▪ **Fam.** Problème, noise. *Je n'ai que des embrouilles depuis ce matin. Il me cherche des embrouilles, ce type !*

EMBROUILLÉ, ÉE, p. p. d'embrouiller. [ãbʀuje]

EMBROUILLEMENT ou **EMBROUILLAGE**, n. m. [ãbʀuj(ə)mã, ãbʀujaʒ] (*embrouiller*) Action d'embrouiller ; résultat de cette action. *L'embrouillement des fils.* ♦ **Fig.** *Embrouillement d'affaires, d'idées.*

EMBROUILLER, v. tr. [ãbʀuje] (1 *en-* et *brouiller*) Mettre de la confusion par le brouillement. *Embrouiller des écheveaux.* ♦ **Fig.** *Embrouiller une affaire, un discours, etc.* ♦ *Embrouiller l'esprit*, la cervelle, y mettre la confusion, l'incertitude. ♦ S'embrouiller, v. pr. Devenir embrouillé. ♦ **Fig.** Perdre le fil de ses idées, et aussi s'embarrasser l'esprit. ♦ **Mar.** Se charger de vapeurs, de nuages, en parlant du temps. ▪ **Fam.** *S'embrouiller avec quelqu'un*, se disputer avec.

EMBROUILLEUR, EUSE, n. m. et n. f. [ãbʀujœʀ, øz] (*embrouiller*) ▷ Celui, celle qui jette la confusion dans les choses dont il se mêle. ◁

EMBROUSSAILLER, ▪ v. tr. [ãbʀusaje] (1 *en-* et *broussaille*) Mélanger, emmêler. ▪ S'embroussailler, v. pr. Se couvrir de broussailles. ▪ **P.p. adj.** *Une chevelure embroussaillée*, emmêlée et épaisse, qui ressemble à de la broussaille.

EMBRUMÉ, ÉE, adj. [ãbʀyme] (*embrumer*) Chargé de brume. *Un temps embrumé. Horizon embrumé.*

EMBRUMER (S'), v. pr. [ãbʀyme] (*embrume*) Se charger de brume. *Le ciel s'embrume.*

EMBRUN, n. m. [ãbʀœ̃] ou [ãbʀɛ̃] (provenç. *embrum*, de *embruma*, bruiner) **Mar.** Ciel couvert de brouillards. ♦ Pluie fine qui résulte du vent ou du choc des lames.

EMBRUNI, n. m. [ãbʀyni] ▷ **Mar.** Syn. d'embrun. ◁

EMBRUNIR, v. tr. [ãbʀyniʀ] (1 *en-* et *brun*) ▷ Rendre brun ou plus brun. ♦ En peinture, peindre d'une couleur trop brune. ◁

EMBRYOGENÈSE ou **EMBRYOGÉNIE**, n. f. [ãbʀijoʒənɛz, ãbʀijoʒeni] (*embryo-* et *genèse* ou *-génie*) **Anat. et physiol.** Formation et développement des êtres vivants, depuis l'ovule jusqu'à la naissance.

EMBRYOGÉNIQUE, adj. [ãbʀijoʒenik] (*embryogénie*) Qui a rapport à l'embryogénie.

EMBRYOLOGIE, ▪ n. f. [ãbʀijoloʒi] (*embryo-* et *-logie*) Science qui étudie les embryons et les différents stades embryonnaires. *Embryologie descriptive.*

EMBRYOLOGIQUE, ▪ adj. [ãbʀijoloʒik] (*embryologie*) Relatif à l'embryologie.

EMBRYOLOGISTE, ▪ n. m. et n. f. [ãbʀijoloʒist] (*embryologie*) Personne qui est spécialiste de l'embryologie.

EMBRYON, n. m. [ãbʀijɔ̃] (gr. *embruon*, tout être nouveau-né, de *bruein*, croître) **Hist. nat.** Germe dans son premier état de développement au sein de la mère. ♦ **Bot.** Germe de la plante renfermé dans la graine et qui se développe par la germination. ♦ **Fig.** *Un embryon*, un tout petit homme. ♦ Homme sans valeur. ♦ Il se dit aussi de quelque chose qui est à l'état naissant. *Son livre n'est encore qu'en embryon.*

EMBRYONNAIRE, adj. [ãbʀijɔnɛʀ] (*embryon*) **Hist. nat.** Qui a rapport à l'embryon. ♦ Qui est à l'état d'embryon. ▪ **Fig.** *Un programme politique embryonnaire.*

EMBRYOPATHIE, ▪ n. f. [ãbʀijopati] (*embryo-* et *-pathie*) Maladie provoquant une malformation de l'embryon.

EMBRYOSCOPIE, ▪ n. f. [ãbʀijoskopi] (*embryo-* et *-scopie*) **Méd.** Endoscopie de l'embryon.

EMBRYOTOMIE, ▪ n. f. [ãbʀijotomi] (*embryo-* et *-tomie*) **Méd.** Intervention chirurgicale visant à réduire la taille du fœtus mort dans l'utérus afin de rendre son extraction plus aisée.

EMBU, UE, p. p. d'emboire. [ãby] N. m. Taches, tons ternes qui se voient dans un tableau embu.

EMBÛCHE ou **EMBUCHE**, n. f. [ãbyʃ] (a. fr *embuschier*, mettre en embuscade, du lat. vulg. *buska*, bois, bosquet) Sorte de guet-apens que l'on dispose pour prendre ou tuer quelqu'un. *Dresser des embûches à quelqu'un. Tomber dans des embûches.* ♦ **Par extens.** Toute espèce de piège.

EMBUER, ▪ v. tr. [ãbɥe] ou [ãbye] (1 *en-* et *buée*) Couvrir de buée, de fines gouttelettes d'eau. *Des vitres embuées.*

EMBUSCADE, n. f. [ãbyskad] (ital. *imboscata*, de *imboscare*, se cacher, tendre une embuscade) Lieu caché où l'on attend les ennemis pour les attaquer à l'improviste. *Dresser, préparer une embuscade. Donner, tomber dans une embuscade.* ♦ **Par extens.** *Se mettre, se tenir en embuscade*, se cacher, se poster, guetter quelqu'un au passage. ♦ *La troupe même qui est en embuscade.*

EMBUSQUÉ, ÉE, p. p. d'embusquer. [ãbyske]

EMBUSQUER, v. tr. [ãbyske] (réfection de l'anc. fr. *embuschier* sur le modèle de l'ital. *imboscare*, de *bosco*, bois) Mettre en embuscade. ♦ S'embusquer, v. pr. Se mettre en embuscade. ▪ Se dissimuler. *S'embusquer derrière une porte.*

EMBUVAGE, ▪ n. m. [ãbyvaʒ] (*embu*, p. p. de *emboire*, froncer un morceau d'étoffe) **Techn.** Action de raccourcir les fils d'une chaîne durant le tissage.

ÉMÉCHÉ, ÉE, ▪ adj. [emeʃe] (*émécher*) **Fam.** Gai, presque ivre. *Avoir un air éméché.*

ÉMÉCHER, ▪ v. tr. [emeʃe] (1 *é-* et *mèche*) **Fam.** Enivrer légèrement. ▪ Couper et disposer les cheveux en faisant ressortir des mèches.

ÉMENDÉ, ÉE, p. p. d'émender. [emãde]

ÉMENDER, v. tr. [emãde] (lat. *emendare*, corriger, retoucher) ▷ **Dr.** Réformer. *La cour, émendant, ordonne...* ◁

ÉMERAUDE, n. f. [em(ə)ʀod] (lat. *smaragdus*, du gr. *smaragdos*) Pierre précieuse, ordinairement d'un beau vert. ▪ **Adj. inv.** D'un vert rappelant celui de la pierre précieuse. *Des faïences émeraude.*

ÉMÈRE, n. m. [emɛʀ] **Bot.** Arbrisseau d'agrément, le séné bâtard des jardiniers. **Rem.** On disait aussi *émérus*.

ÉMERGÉ, ÉE, adj. [emɛʀʒe] (*émerger*) Qui n'est pas plongé dans l'eau.

ÉMERGEMENT, n. m. [emɛʀʒəmã] (*émerger*) **Géol.** Action d'émerger, en parlant des montagnes soulevées.

ÉMERGENCE, n. f. [emɛʀʒãs] (*émergent*) Point d'émergence, point par lequel un rayon lumineux sort d'un milieu qu'il a traversé. ▪ Sortie d'un liquide ou d'un fluide. ▪ **Fig.** *L'émergence d'une idée*, son apparition.

ÉMERGENT, ENTE, adj. [emɛʀʒã, ãt] (lat. *emergens*, p. prés. de *emergere*) Terrain émergent, terrain qui, à mer basse, se trouve à découvert. ♦ **Phys.**

Rayons émergents, ceux qui sortent d'un milieu après l'avoir traversé. ■ *Année émergente,* qui sert de repère pour compter les années d'une ère.

ÉMERGER, v. intr. [emɛrʒe] (lat. *emergere,* s'élever, apparaître) **Géol.** Être soulevé par une force centrale au-dessus du niveau de la mer. ◆ **Par extens.** « *Le soleil émergeant d'une nuit sombre éclairait le fleuve* », CHATEAUBRIAND. ■ Apparaître à la surface d'un liquide. ■ **Fig.** Se distinguer, retenir l'attention. ■ **Fig.** Apparaître clairement. *Une idée qui émerge d'un débat.* ■ *La partie émergée de l'iceberg,* la partie visible ou perceptible d'un problème. ■ **Fam.** Se réveiller.

ÉMERI, n. m. [em(ə)ri] ou [ɛm(ə)ri] (gr. byz. *smeri,* du gr. *smuris,* émeri) Composé naturel d'alumine, de silice et d'oxyde de fer, d'un gris foncé, employé sous forme de poudre pour polir les pierres, les métaux et le cristal. ◆ *Flacon bouché à l'émeri,* flacon dans lequel les surfaces du bouchon et du goulot sont polies avec de l'émeri pour que le contact soit plus parfait. ■ *Du papier, de la toile (d')émeri,* enduits de colle et de poudre d'émeri. ■ **Fam.** *Bouché à l'émeri,* obtus.

1 ÉMERILLON, n. m. [em(ə)rijɔ̃] ou [ɛm(ə)rijɔ̃] (anc. fr. *esmeril,* de l'anc. b. frq. *smiril*) Femelle du faucon æsalon, dont le mâle est appelé *rochier.*

2 ÉMERILLON, n. m. [em(ə)rijɔ̃] ou [ɛm(ə)rijɔ̃] (anc. fr. *esmeril,* de l'anc. b. frq. *smiril*) **Mar.** Croc de poulie ou de palan destiné à faire tourner les manœuvres sur elles-mêmes. ◆ **Pêche** Petit crochet de fer tournant sur son manche.

ÉMERILLONNÉ, adj. [em(ə)rijɔne] ou [ɛm(ə)rijɔne] (*émerillon,* oiseau auquel est souvent attachée l'idée de vivacité) Vif, éveillé. *Œil émerillonné.* ◆ **N. m. et n. f.** « *Vous nous feriez plaisir de nous donner cette petite émerillonnée* », MME DE SÉVIGNÉ.

ÉMERILLONNER (S'), v. pr. [em(ə)rijɔne] ou [ɛm(ə)rijɔne] (*émerillon*) ▷ Prendre une humeur gaie et joviale. ◁

ÉMÉRITAT, n. m. [emerita] (*émérite*) État d'un professeur émérite.

ÉMÉRITE, adj. [emerit] (lat. *emeritus,* qui a accompli le service militaire, de *emereri*) Qui, ayant exercé un emploi, a pris sa retraite et jouit des honneurs de son titre. *Professeur émérite.* ◆ Aujourd'hui on dit *professeur en retraite.* ◆ **N. m. et n. f.** « *Certain émérite envieux* », VOLTAIRE. ■ **Fig.** Qui a longtemps pratiqué ce dont il s'agit, et qui y a vieilli. *Un buveur émérite. Une coquette émérite.* ■ Qui possède une grande compétence dans son domaine.

ÉMERSION, n. f. [emɛrsjɔ̃] (b. lat. *emersio ;* p.-ê. infl. de l'angl. *emersion*) **Phys.** Soulèvement d'un corps qui vient à la surface d'un fluide, dans lequel il avait été plongé. ◆ **Astron.** Sortie d'une planète hors de l'ombre d'un corps qui l'avait éclipsée. ■ Action d'émerger d'un liquide ou d'un milieu.

ÉMÉRUS, n. m. [emerys] (é-mé-rus') Voy. ÉMÈRE.

ÉMERVEILLABLE, adj. [emɛrvejabl] (*émerveiller*) ▷ Qui émerveille. ◁

ÉMERVEILLÉ, ÉE, p. p. d'émerveiller. [emɛrveje]

ÉMERVEILLEMENT, n. m. [emɛrvej(ə)mɑ̃] (*émerveiller*) Action de s'émerveiller.

ÉMERVEILLER, v. tr. [emɛrveje] (*é-* et *merveille*) Étonner par une sorte de merveille. ◆ **S'émerveiller,** v. pr. S'étonner. *Il n'y a pas de quoi s'émerveiller.*

ÉMÉTIQUE, n. m. [emetik] (gr. *emetikos,* de *emein,* vomir) Le tartrate de potasse et d'antimoine, qui provoque le vomissement. ◆ **Par extens.** Se dit des autres vomitifs. ◆ **Adj.** *Poudre, vin émétique.*

ÉMÉTISANT, ANTE, ■ adj. [emetizɑ̃, ɑ̃t] (*émétiser*) **Méd.** Qui provoque des nausées, des vomissements.

ÉMÉTISÉ, ÉE, p. p. d'émétiser. [emetize]

ÉMÉTISER, v. tr. [emetize] (radic. de *émétique*) ▷ Mettre de l'émétique dans un breuvage. ◆ Déterminer le vomissement au moyen de substances émétiques. *Émétiser un malade.* ◁

ÉMETTEUR, TRICE, ■ n. m. et n. f. [emetœr, tris] (*émettre*) Organisme ou personne qui met en circulation quelque chose. *Une personne qui rempli un chèque en est l'émetteur.* ■ Dispositif électronique qui émet des informations au moyen d'un support électromagnétique. *Un émetteur de radio.* ■ **Ling.** Auteur d'un énoncé, d'un message. ■ **Adj.** *La banque de France est émettrice en ce qui concerne la monnaie.* ■ **N. m.** *Émetteur-récepteur,* dispositif électronique permettant l'émission et la réception d'informations radioélectriques. *Des émetteurs-récepteurs.*

ÉMETTRE, v. tr. [emetr] (lat. *emittere,* de *e[x],* hors de, et *mittere,* envoyer) **Phys.** Lancer hors de soi. *Les rayons qu'émet le Soleil.* ◆ Mettre en circulation des valeurs. ◆ **Fig.** Exprimer, produire, publier. *Émettre son opinion.* ■ Produire des émissions de radio sur un type de fréquence. *Émettre sur grandes ondes.*

ÉMEU, ■ n. m. [emø] (mot des îles Moluques) Oiseau coureur australien, à plumage gris et brun, avec des petites ailes ressemblant à une autruche. *Des émeus.*

ÉMEUTE, n. f. [emøt] (esmeu, anc. part. d'*émouvoir,* d'après *meute,* soulèvement, expédition) Tumulte séditieux. *Exciter, réprimer une émeute.* ◆ **Fig.** « *Vos vers tant lus, tant relus, Ont fait émeute au Parnasse* », MILLEVOYE.

ÉMEUTIER, IÈRE, n. m. et n. f. [emøtje, jɛr] (*émeute*) Néolog. Agent d'émeute, de sédition. ■ REM. N'est plus un néologisme aujourd'hui.

ÉMIÉ, ÉE, p. p. d'émier. [emje] ▷ *Du pain émié.* ◁

ÉMIER, v. tr. [emje] (2 *é-* et *mie*) ▷ Froisser un corps entre les doigts de manière à le réduire en petites parties. *Émier de l'alun, du pain.* ◁

ÉMIETTÉ, ÉE, p. p. d'émietter. [emjete]

ÉMIETTEMENT, n. m. [emjɛt(ə)mɑ̃] (*émietter*) Action d'émietter.

ÉMIETTER, v. tr. [emjete] (1 *é-* et *miette*) Mettre en miettes. *Émietter un gâteau, du pain.* ◆ **S'émietter,** v. pr. Être réduit en miettes.

ÉMIGRANT, ANTE, n. m. et n. f. [emigrɑ̃, ɑ̃t] (*émigrer*) Celui, celle qui émigre de son pays pour aller s'établir ailleurs. *La loi de 1791 sur les émigrants* (on dit maintenant *émigrés* en ce sens). ◆ **Adj.** *Troupe émigrante.* ◆ *Animaux émigrants,* animaux qui émigrent à certaines époques de l'année.

ÉMIGRATION, n. f. [emigrasjɔ̃] (b. lat. *emigratio*) Action d'émigrer. *L'émigration des Allemands en Californie.* ◆ **Absol.** L'ensemble des personnes qui quittèrent la France pendant la Révolution française. ◆ **Zool.** Passage annuel et régulier de certains animaux d'une contrée dans une autre.

ÉMIGRÉ, ÉE, p. p. d'émigrer. [emigre] Qui a émigré. ◆ **N. m. et n. f.** Celui, celle qui a quitté son pays. *Loi contre les émigrés.*

ÉMIGRER, v. pr. [emigre] (lat. *emigrare,* changer de demeure) Se conjugue avec *être* ou *avoir,* suivant le sens. Quitter sa patrie pour aller s'établir ailleurs. *Une foule de cultivateurs ont émigré d'Europe en Amérique.* ◆ Changer de contrée, en parlant de certains animaux.

ÉMINCÉ, ÉE, p. p. d'émincer. [emɛ̃se] Coupé par tranches. ◆ **N. m.** *Un émincé de gigot.*

ÉMINCER, v. tr. [emɛ̃se] (*é-* et *mince*) Couper en tranches minces. *Émincer de la viande.*

ÉMINEMMENT, adv. [eminamɑ̃] (*éminent*) À un degré éminent, au plus haut point.

ÉMINENCE, n. f. [eminɑ̃s] (lat. *eminentia*) Élévation de terrain. ◆ **Anat.** Saillie, en parlant des os. ◆ Supériorité, excellence. *L'éminence de la science.* ◆ Titre d'honneur qu'on donne aux cardinaux (*Éminence,* en ce sens, prend un É majuscule).

ÉMINENT, ENTE, adj. [eminɑ̃, ɑ̃t] (lat. *eminens,* p. prés. de *eminere*) Qui s'élève, qui est plus haut que le reste. *Lieu éminent.* ◆ **Fig.** Très grand. *Une vertu éminente. Un service éminent.* ◆ Excellent, distingué entre tous. « *Ces hommes éminents en doctrine et en sagesse* », PASCAL.

ÉMINENTISSIME, adj. [eminɑ̃tisim] (b. lat. *eminentissimus,* superl. de *eminens,* par l'intermédiaire de l'ital. *eminentissimo*) Très éminent. Qualification donnée aux cardinaux.

ÉMIR, n. m. [emir] (ar. *amir,* commandant, prince) Chez les Arabes, gouverneur d'une province ou d'une tribu considérable. ◆ Titre que portent les princes descendants de Mahomet par les femmes.

ÉMIRAT, ■ n. m. [emira] (*émir*) Fonction d'un émir. ■ État gouverné par un émir. ■ **N. m. pl.** Principauté du golfe Persique. *Les Émirats arabes unis.*

ÉMIS, ISE, p. p. d'émettre. [emi, iz]

ÉMISSAIRE, n. m. [emisɛr] (lat. *emissarius,* agent, et *emissarium,* déversoir, de *emittere*) Agent chargé d'une mission secrète. ◆ **Hydraul.** Canal, tuyau qui sert à vider un bassin, un lac. ◆ **Anat.** Syn. d'émonctoire. ◆ **Adj.** *Bouc émissaire,* Voy. BOUC.

ÉMISSIF, IVE, adj. [emisif, iv] (radic. du lat. *emissum,* supin de *emittere*) **Phys.** Qui a la faculté d'émettre de la chaleur ou de la lumière dans tous les sens.

ÉMISSION, n. f. [emisjɔ̃] (lat. *emissio*) Action d'émettre, de lancer au-dehors. ◆ Système dans lequel on suppose que le Soleil lance des molécules lumineuses, par opposition au système de l'ondulation. ◆ **Physiol.** Action par laquelle une chose est poussée au-dehors. *Émission de l'urine.* ◆ Action de livrer à la circulation. *Émission de papier-monnaie, de fausse monnaie, etc.* ◆ Action de faire entendre. *Émission de la voix.* ◆ **Dr. canonique** *L'émission des vœux,* prononciation solennelle des vœux. ■ Transmission par les ondes. ■ Par méton. Ce qui est transmis par les ondes. *Émissions télévisées, radiophoniques.*

ÉMISSOLE, ■ n. f. [emisɔl] (ital. *mussolo,* du lat. *mustella,* poisson de mer) Requin de petite taille qui vit notamment en Méditerranée. *L'émissole est également appelée chien de mer.*

EMMAGASINAGE, n. m. [ɑ̃magazinaʒ] (*emmagasiner*) Action d'emmagasiner.

EMMAGASINÉ, ÉE, p. p. d'emmagasiner. [ɑ̃magazine]

EMMAGASINEMENT, n. m. [ɑ̃magazin(ə)mɑ̃] (*emmagasiner*) Placement des marchandises dans un magasin.

EMMAGASINER, v. tr. [ɑ̃magazine] (1 *en-* et *magasin*) Mettre en magasin. ♦ S'emmagasiner, v. pr. Être mis en magasin. ▪ Accumuler et mettre en réserve quelque chose.

EMMAIGRI, IE, p. p. d'emmaigrir. [ɑ̃mɛgʀi]

EMMAIGRIR, v. tr. [ɑ̃mɛgʀiʀ] (1 *en-* et *maigrir*) ▷ Rendre maigre. ♦ V. intr. Devenir maigre. ♦ S'emmaigrir, v. pr. Devenir maigre. ♦ Il est moins usité que *maigrir* et *amaigrir*. ◁

EMMAILLOTÉ, ÉE, p. p. d'emmailloter. [ɑ̃majote] ▷ *Nymphe emmaillotée,* celle dont l'enveloppe laisse voir les diverses parties de l'insecte parfait. ▪ Rem. Graphie ancienne : *emmaillotté, ée.* ◁

EMMAILLOTEMENT, n. m. [ɑ̃majɔt(ə)mɑ̃] (*emmailloter*) ▷ Action d'emmailloter. ▪ Rem. Graphie ancienne : *emmaillottement.* ◁

EMMAILLOTER, v. tr. [ɑ̃majote] (1 *en-* et *maillot*) ▷ Mettre en maillot, envelopper de langes. *Emmailloter un enfant.* ◁ ♦ Par extens. *Emmailloter un pied.* ♦ Fig. Envelopper quelqu'un de toutes parts, se rendre maître de ses volontés. ♦ S'emmailloter, v. pr. S'envelopper. ▪ Rem. Graphie ancienne : *emmailloter.* ◁

EMMANCHÉ, ÉE, p. p. d'emmancher. [ɑ̃mɑ̃ʃe] **Hérald.** Se dit des haches, faux, etc. qui ont un manche d'un émail différent, et des partitions de l'écu où les pièces s'enclavent l'une dans l'autre en forme de longs triangles pyramidaux. ♦ En peinture, *membre bien emmanché, mal emmanché,* membre qui se joint bien, se joint mal au corps.

EMMANCHEMENT, n. m. [ɑ̃mɑ̃ʃ(ə)mɑ̃] (*emmancher*) Action d'emmancher. *L'emmanchement d'un outil.* ♦ En peinture et sculpture, manière dont les membres tiennent et se rapportent au tronc.

EMMANCHER, v. tr. [ɑ̃mɑ̃ʃe] (1 *en-* et *manche*) Mettre un manche. *Emmancher une faux.* ♦ Fig. et pop. Entamer une affaire. ♦ S'emmancher, v. pr. S'ajuster au manche. ♦ Fig. S'ajuster aux circonstances, aux conditions. *L'affaire s'était mal emmanchée.*

EMMANCHEUR, n. m. [ɑ̃mɑ̃ʃœʀ] (*emmancher*) Celui qui emmanche.

EMMANCHURE, n. f. [ɑ̃mɑ̃ʃyʀ] (1 *en-* et *manche*) Ouverture pratiquée au corps d'un vêtement, et à laquelle s'adaptent les manches.

EMMANNEQUINÉ, ÉE, p. p. d'emmannequiner. [ɑ̃man(ə)kine]

EMMANNEQUINER, v. tr. [ɑ̃man(ə)kine] (1 *en-* et *mannequin*) ▷ **Jard.** Mettre des plantes avec la terre qui tient à leurs racines dans un mannequin ou un panier. ◁

EMMANTELÉ, ÉE, adj. [ɑ̃mɑ̃t(ə)le] (*emmanteler*) ▷ Enveloppé, couvert d'un manteau. ♦ Par analogie, qui a un plumage, un pelage en partie coloré. *Corneille emmantelée.* ◁

EMMANTELER, v. tr. [ɑ̃mɑ̃t(ə)le] (1 *en-* et anc. fr. *mantel,* manteau) ▷ Envelopper d'un manteau. ◁

EMMARCHEMENT, n. m. [ɑ̃maʀʃəmɑ̃] (1 *en-* et *marche*) ▷ Disposition des marches d'un escalier. ◁

EMMÊLEMENT, n. m. [ɑ̃mɛl(ə)mɑ̃] (*emmêler*) Action d'emmêler ; résultat de cette action.

EMMÊLER, v. tr. [ɑ̃mɛle] (1 *en-* et *mêler*) Brouiller, en parlant du fil, de la soie, des filets de pêche, etc. ♦ Fig. et fam. *Une affaire emmêlée.* ♦ S'emmêler, v. pr. Être brouillé.

EMMÉNAGÉ, ÉE, p. p. d'emménager. [ɑ̃menaʒe] *Bâtiment bien emménagé,* bien distribué.

EMMÉNAGEMENT, n. m. [ɑ̃menaʒ(ə)mɑ̃] (*emménager*) Action de porter et de ranger ses meubles dans un nouveau logement. ♦ N. m. pl. **Mar.** Logements, compartiments pratiqués dans l'intérieur d'un navire.

EMMÉNAGER, v. intr. [ɑ̃menaʒe] (1 *en-* et *ménage*) Se conjugue avec *être* ou *avoir,* suivant le sens. Faire transporter, ranger ses meubles dans un logement. ♦ V. tr. Transporter les meubles de quelqu'un dans un logement. ♦ ▷ S'emménager, v. pr. Se pourvoir de meubles. ◁

EMMÉNAGOGUE, ▪ adj. [ɑ̃menagɔg] (gr. *emména,* menstrues, de *mên,* mois, et *agôgos,* qui conduit) **Vx Méd.** Se dit d'un médicament permettant la régulation des menstruations ou supprimant l'aménorrhée.

EMMENÉ, ÉE, p. p. d'emmener. [ɑ̃m(ə)ne]

EMMENER, v. tr. [ɑ̃m(ə)ne] (2 *en-* et *mener*) Mener quelqu'un avec soi d'un lieu dans un autre. ♦ Se dit aussi des bestiaux et des choses.

EMMENOTTÉ, ÉE, p. p. d'emmenotter. [ɑ̃mənote]

EMMENOTTER, v. tr. [ɑ̃mənote] (1 *en-* et *menottes*) Mettre des menottes, des fers aux mains.

EMMENTAL ou **EMMENTHAL**, ▪ n. m. [emɛ̃tal] ou [emɑ̃tal] (*Emment[h]al,* vallée de l'Emme, en Suisse) Fromage à pâte ferme et à larges trous. *Des emmentals.*

EMMERDANT, ANTE, ▪ adj. [ɑ̃mɛʀdɑ̃, ɑ̃t] (*emmerder*) **Fam.** Qui embête, dérange fortement ou cause du souci.

EMMERDE n. f. ou **EMMERDEMENT**, ▪ n. m. [ɑ̃mɛʀd, ɑ̃mɛʀd(ə)mɑ̃] (*emmerder*) **Fam.** Problème, gros ennui. *On n'a eu que des emmerdes.*

EMMERDER, ▪ v. tr. [ɑ̃mɛʀde] (1 *en-* et *merde*) **Fam.** Agacer, importuner fortement quelqu'un. *Il m'emmerde.* ▪ Embêter, gêner. *Ça m'emmerde de partir d'ici.* ▪ S'emmerder, v. pr. S'ennuyer. *On s'emmerde à la maison.* ▪ Se donner de la peine à faire quelque chose. *Il s'emmerdait à régler les problèmes d'argent des autres.*

EMMERDEUR, EUSE, ▪ n. m. et n. f. [ɑ̃mɛʀdœʀ, øz] (*emmerder*) **Fam.** Personne qui exaspère et agace. *Son souci du détail en fait une emmerdeuse de première !*

EMMÉTRER, ▪ v. tr. [ɑ̃metʀe] (1 *en-* et *mètre*) **Techn.** Disposer de telle sorte que le métrage soit facilité.

EMMÉTROPE, ▪ n. m. et n. f. ou adj. [ɑ̃metʀɔp] (gr. *emmetros,* bien mesuré, et *ôps,* vue) Se dit d'un œil ou d'une vision n'ayant aucun trouble.

EMMÉTROPIE, ▪ n. f. [ɑ̃metʀɔpi] (*emmétrope*) Qualité de l'œil emmétrope.

EMMEULAGE, n. m. [ɑ̃mølaʒ] (*emmeuler*) ▷ Action d'emmeuler. ◁

EMMEULER, v. tr. [ɑ̃møle] (1 *en-* et *meule*) ▷ Mettre les foins en meule. ◁

EMMIELLÉ, ÉE, p. p. d'emmieller. [ɑ̃mjele] Fig. *Des paroles emmiellées,* paroles d'une douceur affectée.

EMMIELLEMENT, n. m. [ɑ̃mjɛl(ə)mɑ̃] (*emmieller*) ▷ Action d'emmieller. ◁

EMMIELLER, v. tr. [ɑ̃mjele] (1 *en-* et *miel*) Enduire de miel. ♦ *Emmieller une liqueur,* y mettre du miel. ♦ Fig. Faire passer à l'aide de quelque douceur préliminaire ce qui est amer ou pénible.

EMMIELLURE, n. f. [ɑ̃mjelyʀ] (*emmieller*) ▷ Topique qui a le miel pour excipient, et qu'on applique sur le pied d'un cheval pour adoucir et détendre la corne. ◁

EMMITOUFLÉ, ÉE, p. p. d'emmitoufler. [ɑ̃mitufle]

EMMITOUFLER, v. tr. [ɑ̃mitufle] (1 *en-* et moy. fr. *mitouflé,* de *mitaine* et anc. fr. *emmouflé,* enveloppé de moufles, embarrassé) Envelopper quelqu'un de fourrures ou de tissus pour le tenir chaudement. ♦ S'emmitoufler, v. pr. *Elle aime à s'emmitoufler.*

EMMORTAISÉ, ÉE, p. p. d'emmortaiser. [ɑ̃mɔʀteze]

EMMORTAISER, v. tr. [ɑ̃mɔʀteze] (1 *en-* et *mortaise*) ▷ Insérer dans une mortaise le bout d'une pièce de bois. ◁

EMMOTTÉ, ÉE, adj. [ɑ̃mote] (1 *en-* et *motte*) **Jard.** Dont la racine est entourée d'une motte de terre.

EMMURER, ▪ v. tr. [ɑ̃myʀe] (1 *en-* et *mur*) Emprisonner quelqu'un dans un endroit et le murer ensuite. ▪ Bloquer, isoler.

EMMUSELÉ, ÉE, p. p. d'emmuseler. [ɑ̃myz(ə)le]

EMMUSELER, v. tr. [ɑ̃myz(ə)le] (1 *en-* et anc. fr. *musel,* museau) Mettre une muselière à un animal. *Emmuseler des ours.* ♦ Par extens. Couvrir le nez et la bouche. ♦ Fig. Empêcher de parler, de se plaindre.

ÉMOI, n. m. [emwa] (anc. fr. *esmaier,* du b. lat. *exmagare,* priver de force, d'orig. germ.) Trouble par crainte ou par inquiétude. *Mettre en émoi, en grand émoi. Tout le parti fut en émoi.* ♦ Il se dit quelquefois en bonne part, avec une épithète déterminative. *Un doux émoi.* ▪ Trouble par émotion sensuelle ou appréhension.

ÉMOLLIENT, ENTE, adj. [emɔljɑ̃, ɑ̃t] (lat. *emolliens,* p. prés. de *emollire,* rendre mou) **Méd.** Qui a la propriété de relâcher, de ramollir les parties enflammées. *Cataplasme émollient.* ♦ **Pharm.** *Espèces émollientes,* les feuilles sèches de mauve, de guimauve, et farines émollientes, celles de lin, de seigle et d'orge. ♦ N. m. *Les émollients.*

ÉMOLUMENT, n. m. [emɔlymɑ̃] (lat. *emolumentum,* avantage, gain) Rétribution, avantage pécuniaire. ♦ Au pl. Appointements. ♦ **Dr.** Bénéfice, par opposition aux charges. *Les émoluments d'une succession.* ♦ Profits casuels, par opposition aux revenus fixes et certains. ♦ **Pratiq.** Honoraires accordés par tarifs aux officiers ministériels, en plus des déboursés.

ÉMOLUMENTER, v. intr. [emɔlymɑ̃te] (*émolument*) Tirer quelque émolument ou profit. ♦ Vieux et ne se prenant qu'en mauvaise part.

ÉMONCTOIRE, n. m. [emɔ̃ktwaʀ] (lat. médiév. *emunctorium*, mouchette, de *emungere*, moucher) **Physiol.** Canal, conduit ou en général organe destiné à évacuer les humeurs devenues superflues. ◆ **Méd.** *Émonctoires artificiels*, les cautères et les vésicatoires.

ÉMONDAGE, n. m. [emɔ̃daʒ] (*émonder*) Action d'émonder.

ÉMONDATION, n. f. [emɔ̃dasjɔ̃] (b. lat. *emundatio*) ▷ **Pharm.** Opération par laquelle on retire de substances animales ou végétales certaines portions inutiles ou nuisibles. ◁

ÉMONDÉ, ÉE, p. p. d'émonder. [emɔ̃de]

ÉMONDEMENT, n. m. [emɔ̃d(ə)mɑ̃] (*émonder*) ▷ Action d'émonder ; résultat de cette action. ◁

ÉMONDER, v. tr. [emɔ̃de] (lat. impér. *emundare*, purifier) Nettoyer les arbres, les débarrasser des branches mortes, des plantes parasites, des mousses, etc. ◆ **Absol.** « *De ses arbres à fruit retranchait l'inutile, Ébranchait, émondait* », La Fontaine. ■ *Des amandes émondées,* triées et nettoyées de leur enveloppe.

ÉMONDES, n. f. pl. [emɔ̃d] (*émonder*) Branches retranchées des arbres. ◆ Fagots faits avec les émondes.

ÉMONDEUR, EUSE, n. m. et n. f. [emɔ̃dœʀ, øz] (*émonder*) Celui, celle qui émonde. ◆ **N. m.** Sorte de crible pour nettoyer le blé.

ÉMONDOIR, ■ n. m. [emɔ̃dwaʀ] (*émonder*) **Techn.** Machine-outil servant à émonder des arbres.

ÉMORFILER, v. tr. [emɔʀfile] (*é-* et *morfil*) Enlever le morfil et les vives arêtes d'une pièce de métal ou de cuir.

ÉMOTIF, IVE, ■ adj. [emotif, iv] (radic. du lat. *emotum*, supin de *emovere*, déplacer, ébranler) Qui est relatif à l'émotion. *Un choc émotif.* ■ Qui est sujet à ressentir facilement de vives émotions. ■ **N. m. et n. f.** *Un émotif, une émotive.*

ÉMOTION, n. f. [emosjɔ̃] (*émouvoir*, d'après l'anc. fr. *motion*, du lat. *motio*, mouvement) Mouvement qui se passe dans une population. ◆ Mouvement excité dans les humeurs, dans l'économie. ◆ *Une émotion de fièvre,* un léger mouvement de fièvre. ◆ ▷ **Méd.** *Émotion du pouls,* état d'un pouls qui s'écarte un peu, pour la vivacité et la fréquence, de l'état naturel. ◆ Agitation populaire qui précède une sédition, et quelquefois la sédition elle-même. ◆ Mouvement moral qui trouble et agite, et qui se produit sous l'empire d'une idée, d'un spectacle, d'une contradiction, et quelquefois spontanément sous l'influence d'une perturbation nerveuse. ◆ Trouble heureux ou doux de l'âme. *La musique cause de douces émotions.*

ÉMOTIONNABLE, ■ adj. [emosjɔnabl] (*émotionner*) **Rare** Émotif, qui se laisse facilement impressionner.

ÉMOTIONNEL, ELLE, ■ adj. [emosjɔnɛl] (*émotion*) Qui est propre à l'émotion. *Elle développe des troubles émotionnels.*

ÉMOTIONNER, v. tr. [emosjɔne] (*émotion*) **Néolog.** Causer des émotions. ◆ S'émotionner, v. pr. Éprouver des émotions.

ÉMOTIVITÉ, ■ n. f. [emotivite] (*émotif*) En parlant d'une personne, disposition consistant à s'émouvoir facilement. *Son émotivité lui nuit quand il passe un concours.*

ÉMOTTAGE, n. m. [emotaʒ] (*émotter*) ▷ Action d'émotter. ◁

ÉMOTTÉ, ÉE, p. p. d'émotter. [emote]

ÉMOTTEMENT, n. m. [emɔt(ə)mɑ̃] (*émotter*) ▷ L'action d'émotter ; le résultat de cette action. ◁

ÉMOTTER, v. tr. [emote] (*é-* et *motte*) Briser les mottes de terre restées entières après les labours et les hersages. ◆ S'émotter, v. pr. Être brisé, en parlant des mottes.

ÉMOTTEUR, EUSE, n. m. et n. f. [emotœʀ, øz] (*émotter*) **Agric.** Celui, celle qui émotte. ■ **N. f.** Herse utilisée pour émotter.

ÉMOUCHÉ, ÉE, p. p. d'émoucher. [emuʃe]

ÉMOUCHER, v. tr. [emuʃe] (*é-* et *mouche*) ▷ Chasser les mouches. *Émoucher un cheval.* ◆ **Par extens.** Battre, comme si les coups étaient donnés pour chasser les mouches. « *Il se sentit émoucher les épaules* », La Fontaine. ◆ *Émoucher un fleuret,* en ôter la mouche ou le bouton. ◆ S'émoucher, v. pr. Écarter de soi les mouches. ◁

ÉMOUCHET, n. m. [emuʃɛ] (anc. fr. *moschet*, épervier mâle, du lat. *musca*, mouche, à cause des mouchetures de son plumage) Oiseau de proie semblable à l'épervier.

ÉMOUCHETER, v. tr. [emuʃ(ə)te] (2 *é-* et *moucheter*, garnir d'un mouche la pointe du fleuret) ▷ Casser la pointe d'un instrument aigu. *Fleuret émoucheté.* ◆ Donner le fini aux rubans. ◁

ÉMOUCHETTE, n. f. [emuʃɛt] (*émoucher,* au sens de chasser les mouches) Sorte de caparaçon fait en réseau garni de cordelettes pendantes, qu'on met aux chevaux pour les émoucher.

ÉMOUCHEUR, n. m. [emuʃœʀ] (*émoucher*) ▷ Celui qui émouche. ◁

ÉMOUCHOIR, n. m. [emuʃwaʀ] (*émoucher,* chasser les mouches) ▷ Queue de cheval attachée à un manche, dont les maréchaux se servent pour émoucher les chevaux.

ÉMOUDRE, v. tr. [emudʀ] (lat. vulg. *exmolere,* du lat. *mola,* meule) ▷ Aiguiser sur la meule. *Émoudre des couteaux, des ciseaux.* ◁

ÉMOULEUR, n. m. [emulœʀ] (radic. du p. de *émoudre*) ▷ Ouvrier employé à façonner sur la meule le tranchant de la lame, la surface ou la pointe des différents instruments métalliques. ■ **Rem.** On dit aussi auj. *rémouleur.* ◁

ÉMOULU, UE, p. p. d'émoudre. [emuly] Dans les tournois, *combattre à fer émoulu,* se battre avec des armes affilées. ◆ *Être frais émoulu du collège,* ne faire que d'en sortir.

1 **ÉMOUSSÉ, ÉE**, p. p. de 1 émousser. [emuse] Dont la pointe est détruite. ◆ **Bot.** Se dit d'organes qui sont dépourvus de pointe. ◆ **Hérald.** Se dit des instruments de fer sans pointe. ◆ **Fig.** Rendu moins actif, moins pénétrant. *Sensations émoussées. Des sens émoussés.*

2 **ÉMOUSSÉ, ÉE**, p. p. de 2 émousser. [emuse] *Arbres émoussés.*

1 **ÉMOUSSER**, v. tr. [emuse] (*é-* intensif et 1 *mousse*) Rendre mousse, moins tranchant, moins aigu. *Émousser un rasoir.* ◆ **Fig.** Affaiblir, diminuer. *L'habitude émousse le plaisir.* ◆ S'émousser, v. pr. Devenir moins aigu. *Le fer s'émousse.* ◆ **Fig.** *Le courage s'émousse dans l'oisiveté.*

2 **ÉMOUSSER**, v. tr. [emuse] (*é-* et 3 *mousse*) Ôter la mousse d'un arbre.

ÉMOUSTILLANT, ANTE, ■ adj. [emustijɑ̃, ɑ̃t] (*émoustiller*) Affriolant, qui émoustille. *Une tenue émoustillante.*

ÉMOUSTILLÉ, ÉE, p. p. d'émoustiller. [emustije]

ÉMOUSTILLER, v. tr. [emustije] (1 *é-* et *moustille,* moût, vin nouveau) Exciter à la gaieté, à la bonne humeur. *Cela vous émoustille.* ◆ **Absol.** *Le champagne émoustille.* ◆ S'émoustiller, v. pr. Sortir de sa torpeur.

ÉMOUVANT, ANTE, adj. [emuvɑ̃, ɑ̃t] (*émouvoir*) Qui émeut, qui cause de l'émotion. *Scène émouvante.*

ÉMOUVOIR, v. tr. [emuvwaʀ] (lat. *emovere,* déplacer, ébranler) Mettre en mouvement. « *Six chevaux attelés à ce fardeau pesant Ont peine à l'émouvoir* », Boileau. ◆ Agiter, troubler. *Cette drogue émeut les humeurs. Le vent émeut les flots.* ◆ **Fig.** *Émouvoir la bile,* exciter la colère. ◆ Faire naître, susciter. *Émouvoir une question, une guerre, des troubles, etc.* ◆ ▷ Pousser au soulèvement. « *Antoine émut le peuple contre ceux qui avaient tué César* », Bossuet. ◁ ◆ **Fig.** Produire sur l'âme un mouvement comparé au mouvement physique. « *Je ne saurais voir d'honnêtes pères chagrinés par leurs enfants, que cela ne m'émeuve* », Molière. ◆ *Émouvoir à,* porter à un sentiment. « *On prend plaisir à se sentir émouvoir à toutes sortes de passions* », Descartes. ◆ **Absol.** *On n'émeut point sans être ému.* ◆ Il se dit aussi des sentiments qu'on met en mouvement. « *Je pourrai de mon père émouvoir la tendresse* », Racine. ◆ S'émouvoir, v. pr. Éprouver une émotion. ◆ **Par extens.** « *La terre s'en émeut, l'air en est infecté* », Racine. ◆ ▷ S'emporter, s'irriter. ◆ S'inquiéter. *Sans s'émouvoir de rien.* ◆ S'agiter, s'insurger. « *À ce spectacle le peuple s'émut* », Bossuet. ◁ ◆ S'élever, être suscité. « *Entre deux bourgeois d'une ville S'émut jadis un différend* », La Fontaine. ◆ **Impers.** « *Il s'émut une grande querelle* », Montesquieu.

EMPAILLAGE, n. m. [ɑ̃pajaʒ] (*empailler*) L'art ou l'action d'empailler des chaises, une paillasse, des animaux.

EMPAILLÉ, ÉE, p. p. d'empailler. [ɑ̃paje]

EMPAILLEMENT, n. m. [ɑ̃paj(ə)mɑ̃] (*empailler*) ▷ Action d'empailler les chaises, les animaux morts. ◆ Action d'entourer de paille une plante pour la garantir du froid. ◁

EMPAILLER, v. tr. [ɑ̃paje] (1 *en-* et *paille*) Garnir de paille. *Empailler des chaises.* ◆ *Empailler des animaux,* garnir leur peau de manière à conserver les formes qu'ils avaient dans l'état de vie. ◆ Entourer de paille des arbres pour les protéger contre le froid, le soleil, les atteintes des animaux ou des instruments.

EMPAILLEUR, EUSE, n. m. et n. f. [ɑ̃pajœʀ, øz] (*empailler*) Celui, celle qui empaille les chaises, des oiseaux, etc.

EMPALÉ, ÉE, p. p. d'empaler. [ɑ̃pale]

EMPALEMENT, n. m. [ɑ̃pal(ə)mɑ̃] (*empaler*) Action d'empaler ; supplice du pal. *L'empalement est usité chez les Turcs.* ■ **Rem.** Cette pratique n'existe plus aujourd'hui.

EMPALER, v. tr. [ɑ̃pale] (1 *en-* et *pal*) Faire subir le supplice du pal. ◆ **Par extens.** « *Empaler de pauvres insectes* », J.-J. Rousseau. ◆ S'empaler, v. pr. Tomber de haut sur quelque objet pointu et se faire une blessure.

EMPAMPRÉ, ÉE, adj. [ɑ̃pɑ̃pʀe] (1 *en-* et *pampre*) ▷ Garni de pampre. ◁

EMPAN, n. m. [ɑ̃pɑ̃] (réfection par chang. de préf. de l'anc. fr. *espane*, de l'anc. b. frq. *spanna*) Mesure de longueur qu'on prend du bout du pouce à l'extrémité du petit doigt, lorsque la main est ouverte le plus possible.

EMPANACHÉ, ÉE, p. p. d'empanacher. [ɑ̃panaʃe] « *Une tête empanachée N'est pas petit embarras* », LA FONTAINE.

EMPANACHER, v. tr. [ɑ̃panaʃe] (1 *en*- et *panache*) Garnir, orner d'un panache. *Empanacher un casque.* ♦ S'empanacher, v. pr. Se parer d'un panache.

EMPANNÉ, ÉE, p. p. d'empanner. [ɑ̃pane] Mis en panne.

EMPANNER, v. tr. [ɑ̃pane] (1 *en*- et *panne*) Mar. Mettre en panne. ♦ V. intr. *Un navire empanne* ou *est empanné*, quand il est masqué par le côté de l'écoute de ses voiles.

EMPAQUETAGE, n. m. [ɑ̃pak(ə)taʒ] (empaqueter) Action d'empaqueter.

EMPAQUETÉ, ÉE, p. p. d'empaqueter. [ɑ̃pak(ə)te]

EMPAQUETER, v. tr. [ɑ̃pak(ə)te] (1 *en*- et *paquet*) Mettre en paquet. ♦ S'empaqueter, v. pr. S'envelopper, se charger d'habits. ♦ Par extens. S'empaqueter, s'entasser dans une voiture.

EMPAQUETEUR, EUSE, ■ n. m. et n. f. [ɑ̃pak(ə)tœʀ, øz] (empaqueter) Personne qui empaquette, emballe.

EMPARER (S'), v. pr. [ɑ̃paʀe] (a. provenç. *emparar*, du lat. *imparare*) Se saisir de quelque chose. *S'emparer d'un héritage, d'une ville.* ♦ Chim. Se dit des substances qui se combinent avec certaines autres, lorsqu'elles se trouvent en présence. *Le fer s'empare de l'oxygène.* ♦ Fig. *S'emparer de la conversation. S'emparer de l'esprit de quelqu'un.* ♦ Prendre possession de l'âme, en parlant des passions et émotions. « *Une juste fureur s'empare de mon âme* », RACINE.

EMPÂTÉ, ÉE, p. p. d'empâter. [ɑ̃pate] En peinture, se dit des tons moelleux et bien fondus. ♦ Pâteux, embarrassé comme par de la pâte. *Langue empâtée.* ♦ Par extens. *Homme, cheval empâté*, de formes épaisses.

EMPATEMENT, ■ n. m. [ɑ̃pat(ə)mɑ̃] Voy. EMPATTEMENT.

EMPÂTEMENT, n. m. [ɑ̃pat(ə)mɑ̃] (empâter) État de ce qui est empâté ou pâteux. ♦ Engraissement des volailles. ♦ En peinture, action d'empâter un tableau. ♦ État de ce qui est embarrassé comme par de la pâte. *L'empâtement de la langue, de la voix.* ■ Méd. Gonflement mal circonscrit.

EMPÂTER, v. tr. [ɑ̃pate] (1 *en*- et *pâte*) Couvrir de pâte ou de matière pâteuse. *Cela empâte les mains.* ♦ *Empâter une volaille*, l'engraisser avec une pâte composée. ♦ En peinture, donner de l'épaisseur aux couleurs. ♦ Rendre pâteux, épais. *Empâter la langue.* ♦ S'empâter, v. pr. Devenir pâteux, épais. *La langue s'empâte.* ■ S'épaissir. *Il s'empâte en vieillissant.*

EMPÂTEUR, n. m. [ɑ̃patœʀ] (empâter) ▷ Celui qui empâte la volaille. ◁

EMPATHIE, ■ n. f. [ɑ̃pati] (gr. *en*, dedans, et *pathos*, sentiment) Psych. Faculté de ressentir les émotions d'autrui et de se mettre à sa place, sans cependant s'identifier à lui. « *En empathie avec elle, il en est le premier thérapeute* », DOLTO.

EMPATHIQUE, ■ adj. [ɑ̃patik] (empathie) Relatif à l'empathie.

EMPATTEMENT, n. m. [ɑ̃pat(ə)mɑ̃] (empatter, fixer, soutenir avec des pieds) Ce qui sert de pied à quelque chose pour la soutenir. ♦ Archit. Épaisseur de maçonnerie qui sert de pied à un mur. ■ Distance entre les essieux d'une voiture. ■ REM. Graphie ancienne : *empatement*.

EMPAUMÉ, ÉE, p. p. d'empaumer. [ɑ̃pome]

EMPAUMER, v. tr. [ɑ̃pome] (1 *en*- et *paume*) ▷ Recevoir une balle, un éteuf dans la paume de la main ou en pleine raquette, et les relancer avec vigueur. ♦ Fig. *Empaumer la balle*, saisir à propos le moment, l'occasion. ♦ On dit que les chiens empaument la voie, quand, rencontrant la piste, ils la suivent avec ardeur. ♦ Fig. *Empaumer une affaire*, la bien saisir, la bien conduire. ♦ *Empaumer quelqu'un*, se rendre maître de son esprit. ◁

EMPAUMURE, n. f. [ɑ̃pomyʀ] (empaumer) Partie du gant qui prend depuis la fente des doigts jusqu'au pouce. ♦ Le haut de la tête du cerf, qui s'élargit comme une main, et où il y a plusieurs andouillers rangés inégalement comme des doigts.

EMPÊCHANT, ANTE, adj. [ɑ̃pɛʃɑ̃, ɑ̃t] (empêcher) ▷ Qui empêche, qui gêne. ◁

EMPÊCHÉ, ÉE, p. p. d'empêcher. [ɑ̃pɛʃe] Embarrassé. « *Combien les beaux esprits sont quelquefois empêchés de leur personne !* », MME DE SÉVIGNÉ. « *On serait bien empêché de dire ce qui arrivera* », MME DE SÉVIGNÉ. ♦ *Empêché*, dans ce sens, suivi d'un infinitif, prend ordinairement *de*. ♦ Retenu par des occupations. ♦ ▷ N. m. et n. f. *Faire l'empêché*, se donner des airs d'homme très occupé. ◁

EMPÊCHEMENT, n. m. [ɑ̃pɛʃ(ə)mɑ̃] (empêcher) Action d'empêcher, entrave, obstacle. ♦ *Empêchement de la langue*, difficulté de prononciation. ♦ Dr. *Empêchement de mariage*, obstacle au mariage de deux personnes.

EMPÊCHER, v. tr. [ɑ̃pɛʃe] (lat. *impedicare*, de *pedica*, entrave) Mettre entrave à quelqu'un. ♦ Être cause que quelque chose ne se fasse pas. ♦ *Empêcher* veut *de* avant l'infinitif ; avec *que* la proposition subordonnée prend *ne* : *J'empêche qu'il ne vienne* ; cette règle peut être négligée dans les vers. Si *empêcher* est accompagné de la négation ou est dans une phrase interrogative, la proposition subordonnée peut prendre ou ne pas prendre *ne* : *Je n'empêche pas qu'il ne sorte ou qu'il sorte.* ♦ Gêner l'exercice de. « *Trop de distance et trop de proximité empêche la vue* », PASCAL. ♦ S'empêcher, v. pr. Se défendre, s'abstenir de. *Il ne put s'empêcher de parler.* ♦ S'embarrasser. « *La raison en est belle, et c'est par là qu'il s'empêcherait des choses !* », MOLIÈRE. ■ *Cela ne l'empêche pas de dormir*, cela ne l'inquiète pas. ■ *Il n'empêche que*, cependant.

EMPÊCHEUR, EUSE, ■ n. m. et n. f. [ɑ̃pɛʃœʀ, øz] (empêcher) *Un(e) empêcheur(euse) de tourner en rond*, trouble-fête, personne qui empêche les autres de s'amuser, de prendre du plaisir.

EMPEIGNE, n. f. [ɑ̃pɛɲ] ou [ɑ̃pɛnj] (1 *en*- et anc. fr. *peigne*, métatarse) Pièce de cuir qui dans un soulier s'étend depuis le cou-de-pied jusqu'à la pointe.

EMPENNAGE, ■ n. m. [ɑ̃penaʒ] (empenner) Action de garnir de plumes le talon d'une flèche pour stabiliser sa trajectoire. ■ Par extens. Ailettes fixées sur un projectile ou sur tout appareil aérien pour assurer la stabilité de sa trajectoire.

EMPENNE, ■ n. f. [ɑ̃pɛn] (empenner) Ailette fixée sur le talon d'une flèche ou de tout autre projectile afin d'en stabiliser la trajectoire.

EMPENNÉ, ÉE, p. p. d'empenner. [ɑ̃pene] *Flèche empennée.*

EMPENNER, v. tr. [ɑ̃pene] (1 *en*- et *penne*) Garnir une flèche de plumes.

EMPEREUR, n. m. [ɑ̃p(ə)ʀœʀ] (lat. *imperator*) Titre donné depuis Auguste aux chefs de l'Empire romain. ♦ Nom donné autrefois à l'empereur d'Allemagne qui, par Charlemagne, se disait héritier des empereurs romains. ♦ Chef souverain de certains États. *L'empereur des Français. L'empereur d'Autriche. L'empereur de Russie.*

EMPERLER, v. tr. [ɑ̃pɛʀle] (1 *en*- et *perle*) Orner de perles. ♦ Fig. *Emperler son style.* ♦ S'emperler, v. pr. S'orner de perles.

EMPESAGE, n. m. [ɑ̃pəzaʒ] (empeser) Action d'empeser ; état d'un linge empesé.

EMPESÉ, ÉE, p. p. d'empeser. [ɑ̃pəze] Fig. Qui est d'une gravité affectée. *Air empesé.* « *L'empesé magistrat* », VOLTAIRE. ♦ N. m. Ce qu'il y a d'empesé.

EMPESER, v. tr. [ɑ̃pəze] (empois) Apprêter du linge avec de l'empois. *Empeser une collerette.*

EMPESEUR, EUSE, n. m. et n. f. [ɑ̃pəzœʀ, øz] (empeser) Celui ou celle qui empèse.

EMPESTÉ, ÉE, p. p. d'empester. [ɑ̃pɛste] Fig. *Bouche empestée*, bouche qui répand l'erreur, la calomnie, etc. *La chaire empestée du mensonge.*

EMPESTER, v. tr. [ɑ̃pɛste] (1 *en*- et *peste*) Infecter de la peste ou de toute autre maladie contagieuse. ♦ Par extens. « *La vapeur du marais empestait l'air* », FÉNELON. ♦ Par exagération, empuantir, incommoder de mauvaise odeur. ♦ Absol. *Cette charogne empeste.* ♦ Fig. Corrompre, en parlant des mauvaises doctrines, des hérésies.

EMPÊTRÉ, ÉE, p. p. d'empêtrer. [ɑ̃pɛtʀe] Fig. Gêné, contraint.

EMPÊTRER, v. tr. [ɑ̃pɛtʀe] (lat. vulg. *impastoriare*, mettre une entrave, de *pastoria*, corde qui retient le cheval en train de brouter) Lier les jambes d'un cheval qu'on met en pâture. ♦ Embarrasser les pieds dans des liens ou des filaments. ♦ Fig. Embarrasser. *Pourquoi m'avez-vous empêtré de cet homme-là ? Empêtrer quelqu'un dans une méchante affaire.* ♦ S'empêtrer, v. pr. S'embarrasser. ♦ Fig. et fam. *S'empêtrer dans de mauvaises spéculations.*

EMPHASE, n. f. [ɑ̃faz] (gr. *emphasis*, de *emphainein*, faire voir, faire paraître) Exagération dans l'expression, le ton, la voix, le geste. « *Les plus grandes choses n'ont besoin que d'être dites simplement, elles se gâtent par l'emphase* », LA BRUYÈRE. ♦ Rhét. Figure qui consiste à employer un mot qui a beaucoup de force, comme *enflammé de colère*. ■ Exagération abusive et déplacée du ton ou de l'expression.

EMPHATIQUE, adj. [ɑ̃fatik] (gr. *emphatikos*, expressif) Qui a de l'emphase. *Homme, ton emphatique.* ♦ Qui donne de la force par l'exagération. *Ce mot est pris ici dans le sens emphatique.*

EMPHATIQUEMENT, adv. [ɑ̃fatik(ə)mɑ̃] (emphatique) Avec emphase.

EMPHYSÉMATEUX, EUSE, adj. [ɑ̃fizematø, øz] (emphysème) Méd. Qui a rapport à l'emphysème. *Gonflement emphysémateux.*

EMPHYSÈME, n. m. [ɑ̃fizɛm] (gr. *emphusêma*, gonflement, de *emphusan*, souffler dans) Méd. Tumeur blanche, élastique, indolente, causée par l'introduction de l'air dans le tissu cellulaire.

EMPHYTÉOSE, n. f. [ɑ̃fiteoz] (lat. médiév. *emphytheosis*, altération du gr. *emphuteuein*, planter) Convention par laquelle un propriétaire cède la jouissance d'un héritage pour un temps très long, sous la réserve d'une redevance.

EMPHYTÉOTE, n. m. et n. f. [ɑ̃fiteɔt] (lat. médiév. *emphytheota*, altération du gr. tardif *emphuteutês*) Celui, celle qui jouit par bail emphytéotique.

EMPHYTÉOTIQUE, adj. [ɑ̃fieotik] (lat. médiév. *emphytheoticus*, altération du gr. tardif *emphuteutikos*) Qui appartient à l'emphytéose. *Bail emphytéotique*, bail ordinairement de 99 ans.

EMPIÈCEMENT, ■ n. m. [ɑ̃pjɛs(ə)mɑ̃] (1 *en*- et *pièce*) Cout. Partie haute d'un corsage ou d'une robe, d'où peuvent partir les fronces ou les plis.

EMPIERREMENT, n. m. [ɑ̃pjɛʀ(ə)mɑ̃] (*empierrer*) Fondation faite de pierres. ♦ Empilement de pierres dans un trou ou dans un fossé, pour donner de l'écoulement aux eaux entre leurs interstices. ♦ Revêtement formé de pierres qui n'ont reçu qu'une façon grossière.

EMPIERRER, v. tr. [ɑ̃pjere] (*en* et *pierre*) Faire un empierrement.

EMPIÉTANT, adj. m. [ɑ̃pjetɑ̃] (*empiéter*) Hérald. *Oiseau empiétant*, oiseau qui tient sa proie entre ses serres.

EMPIÉTÉ, ÉE, p. p. d'empiéter. [ɑ̃pjete] Pris pied à pied.

EMPIÈTEMENT, n. m. [ɑ̃pjɛt(ə)mɑ̃] (*empiéter*) Action d'empiéter ; résultat de cette action. ♦ Par extens. *L'empiètement de la mer sur les terres.* ♦ Fig. *L'empiètement d'une autorité sur l'autre.* ■ REM. Graphie ancienne : *empiétement.*

EMPIÉTER, v. tr. [ɑ̃pjete] (1 *en*- et *pied*) Fauconn. Prendre avec les serres. ♦ Gagner pied à pied et par usurpation. *Il a empiété sur moi plus d'un arpent.* ♦ Absol. « *Disposé à empiéter sur ses voisins* », BOSSUET. ♦ Par anal. *La mer empiète sur les côtes.* ♦ Fig. Usurper. « *Le peuple leur laissa empiéter le pouvoir suprême* », BOSSUET. ♦ Absol. S'arroger des droits qu'on n'a pas.

EMPIFFRÉ, ÉE, p. p. d'empiffrer. [ɑ̃pifre]

EMPIFFRER, v. tr. [ɑ̃pifre] (1 *en* et *pif[f]re*, homme ventru) Bourrer de nourriture. ♦ Rendre gros et gras. ♦ S'empiffrer, v. pr. Trop manger. ♦ Devenir trop gros.

EMPIFFRERIE, n. f. [ɑ̃pifrəri] (1 *en*- et *pif[f]re*, homme ventru) ▷ Action d'empiffrer. ◁

EMPILAGE, n. m. [ɑ̃pilaʒ] (*empiler*) Action d'empiler. ♦ ▷ Temps pendant lequel une chose reste empilée. ◁

EMPILÉ, ÉE, p. p. d'empiler. [ɑ̃pile]

EMPILEMENT, n. m. [ɑ̃pil(ə)mɑ̃] (*empiler*) Action d'empiler ; état de ce qui est empilé.

EMPILER, v. tr. [ɑ̃pile] (1 *en*- et *pile*) Mettre en pile, en tas. *Empiler du bois, des écus.* ♦ *Empiler les dames*, les mettre en tas sur la première flèche du trictrac. ♦ Absol. Amasser de l'argent. ♦ S'empiler, v. pr. Être mis en pile.

EMPILEUR, EUSE, n. m. et n. f. [ɑ̃pilœr, øz] (*empiler*) ▷ Ouvrier, ouvrière qui empile du bois, des marchandises. ◁

EMPIRE, n. m. [ɑ̃pir] (lat. *imperium*) Commandement, autorité, puissance. ♦ Absol. « *S'il traite avec douceur, il traite avec empire* », P. CORNEILLE. ♦ Il se dit aussi par rapport aux animaux. *L'empire de l'homme sur les animaux.* ♦ Ascendant, influence. *Prendre de l'empire sur quelqu'un.* « *L'esprit a grand empire sur le corps* », MOLIÈRE. ♦ *Exercer, avoir de l'empire sur soi-même*, se contenir, commander à ses passions. ♦ *L'empire de la mode, de la beauté.* ♦ Autorité souveraine, impériale, royale ou dictatoriale. ♦ Il se dit d'un État considérable, quelle que soit la forme du gouvernement. « *Vous voyez comme les empires se succèdent les uns aux autres* », BOSSUET. ♦ En particulier, État gouverné par un empereur. *L'Empire français. L'empire de Russie.* ♦ *Bas-Empire*, l'Empire romain depuis la chute de l'empire d'Occident jusqu'à la prise de Constantinople. ♦ *L'empire d'Occident*, la partie de l'Empire romain qui comprenait l'Italie, l'Espagne, la Gaule et la Bretagne ; *l'empire d'Orient*, celle qui comprenait la Grèce, l'Asie Mineure, l'Égypte et l'Afrique septentrionale. ♦ *Le Saint-Empire*, l'Empire romain établi par Charlemagne en 800. ♦ Absol. Se dit du règne de Napoléon Ier. *Les guerres de l'Empire.* ♦ Absol. Il se disait autrefois de l'empire d'Allemagne. *Les cercles de l'Empire.* ♦ Se dit des animaux dans le langage poétique. *Deux taureaux se disputaient l'empire.* ♦ Fam. *Il ne céderait pas pour un empire*, pour rien au monde. ♦ Les peuples compris dans un empire. *L'empire se souleva.* ♦ Règne. *Virgile vivait sous l'empire d'Auguste.* ♦ *L'empire de la mer*, la domination des mers. ♦ *L'empire des morts*, les demeures souterraines où l'on supposait que les morts résidaient. ■ *Agir sous l'empire de l'énervement*, sous son emprise. ■ Groupe industriel ou financier puissant et étendu. ■ Adj. Qui appartient au style décoratif typique de l'époque de Napoléon Ier.

EMPIRÉ, ÉE, p. p. d'empirer. [ɑ̃pire] Devenu pire.

EMPIREMENT, n. m. [ɑ̃pir(ə)mɑ̃] (*empirer*) Action d'empirer ; résultat de cette action.

EMPIRER, v. tr. [ɑ̃pire] (1 *en*- et *pire*) Rendre pire. *Les remèdes n'ont fait qu'empirer son mal.* ♦ V. intr. Devenir pire. *Les affaires empirent.* ♦ S'empirer, v. pr. Devenir pire. « *Leur état allait s'empirant* », BOSSUET.

EMPIRIQUE, adj. [ɑ̃pirik] (gr. *empeirikos*, de *empeiria*, expérience) Qui se guide seulement par l'expérience. *Procédés empiriques.* ♦ N. m. et n. f. *Un empirique*, un homme qui traite les maladies par des remèdes secrets, et sans aucune notion scientifique du corps et de ses maladies. ♦ Philos. Qui appartient à l'empirisme. ♦ N. m. *Les empiriques*, les philosophes qui appartiennent à l'empirisme. ♦ En mauvaise part, ceux qui suivent la routine.

EMPIRIQUEMENT, adj. [ɑ̃pirik(ə)mɑ̃] (*empirique*) D'une manière empirique.

EMPIRISME, n. m. [ɑ̃pirism] (*empirique*) Recherche de l'expérience seule, sans aucune théorie. ♦ Philos. Système dans lequel l'origine de nos connaissances est uniquement attribuée à l'expérience. ♦ État d'une science quand les faits n'y sont encore liés par aucune loi générale ou théorie. ♦ En mauvaise part, aveugle routine. ♦ *Empirisme médical*, pratique qui ne tient aucun compte de la théorie.

EMPIRISTE, ■ adj. [ɑ̃pirist] (*empirisme*) Philos. Qui se rapporte à l'empirisme. ■ N. m. et n. f. Partisan de l'empirisme, qui fonde sa pensée et ses actions sur l'observation et l'expérience. ■ Philosophe soutenant et développant la doctrine de l'empirisme.

EMPLACEMENT, n. m. [ɑ̃plas(ə)mɑ̃] (moy. fr. *emplacer*, de 1 *en*- et *placer*) Endroit convenable pour construire, établir ou faire quelque chose. ♦ Place. *L'emplacement de la Bastille.*

EMPLAFONNER, ■ v. tr. [ɑ̃plafɔne] (1 *en*- et *plafond*) Fam. Heurter violemment de la tête. ■ S'emplafonner, v. pr. Entrer en collision avec un véhicule. *Une dizaine de voitures se sont emplafonnées.*

EMPLANTURE, ■ n. f. [ɑ̃plɑ̃tyr] (1 *en*- et *planter*) Aviat. Ligne qui raccorde l'aile au fuselage. ■ Mar. Encaissement supportant le pied d'un mât.

EMPLÂTRE, n. m. [ɑ̃plɑtr] (lat. *emplastrum*, du gr. *emplastron*, de *emplassein*, modeler) Topique glutineux qui, se ramollissant par la chaleur, adhère à la partie sur laquelle on l'applique. *Mettre, lever un emplâtre.* ♦ Fig. *Mettre un emplâtre à une affaire*, couvrir, réparer ce qu'il y a de défectueux dans une affaire. ♦ Fig. Personne infirme et maladive, et ironiquement personne sans activité, sans énergie. ■ *Un emplâtre sur une jambe de bois*, une mesure inadaptée.

EMPLETTE, n. f. [ɑ̃plɛt] (b. lat. *implicta*, usage, de *implicare*, employer) Action d'employer une somme d'argent en achats. ♦ *Faire ses emplettes*, aller aux emplettes dans les villes de fabrique, en parlant d'un marchand. ♦ Achat de marchandises, d'objets de peu de conséquence ou d'usage ordinaire. ♦ L'objet acheté. *Montrer ses emplettes.*

EMPLI, IE, p. p. d'emplir. [ɑ̃pli]

EMPLIR, v. tr. [ɑ̃plir] (lat. *implere*) Rendre plein. ♦ Fig. « *De sa vaste folie emplir toute la terre* », BOILEAU. ♦ Fam. *Il emplit bien son pourpoint*, se dit d'un homme gros et gras. ♦ V. intr. Mar. Être gagné par une voie d'eau, en parlant d'un vaisseau. ♦ S'emplir, v. pr. Devenir plein.

EMPLOI, n. m. [ɑ̃plwa] (*employer*) Usage qu'on fait de quelque chose. *L'emploi du fer, du temps, d'un mot, etc.* ♦ *Double emploi*, se dit de tout ce qui fait une répétition inutile. ♦ Financ. Application de fonds à une destination. ♦ Dr. *Emploi des deniers*, usage conforme à leur destination déterminée par la loi ou la convention. ♦ *Faux emploi*, l'emploi d'une somme portée en dépense, quoique la dépense n'ait point été faite. ♦ Occupation. « *Le ciel... pour différents emplois nous fabrique en naissant* », MOLIÈRE. ♦ ▷ *Faire son emploi de*, s'occuper à, faire son affaire de. ◁ ♦ Fonction, place. *Demander un emploi.* ♦ Théât. Rôles d'un même caractère. *Cet acteur tient l'emploi des rois.* ♦ *Chef d'emploi*, le premier acteur dans les rôles de chaque emploi. ♦ *Mode d'emploi*, notice expliquant le fonctionnement d'une machine. ♦ Fig. *Ne pas avoir le mode d'emploi de quelque chose* ou *de quelqu'un*, ne pas comprendre sa façon de fonctionner ou de réagir. ■ *Emploi du temps*, organisation de travaux sur une période déterminée.

EMPLOYABLE, adj. [ɑ̃plwajabl] (*employer*) Qui peut être employé.

EMPLOYÉ, ÉE, p. p. d'employer. [ɑ̃plwaje] *C'est bien employé*, c'est bien fait, la chose est méritée. ♦ N. m. et n. f. Personne employée dans une administration, dans un bureau, etc.

EMPLOYER, v. tr. [ɑ̃plwaje] (lat. *implicare*, plier dans, envelopper, engager) Faire emploi de quelque chose. *Employer beaucoup d'argent en aumônes. Employer de l'étoffe.* « *Ceux qui emploient mal leur temps sont les premiers à se plaindre de sa brièveté* », LA BRUYÈRE. ♦ Par extens. *La lumière emploie environ un demi-quart d'heure à nous venir du Soleil.* ♦ Mettre en œuvre. *Employer ses bons offices pour quelqu'un*, tous les moyens pour réussir. ♦ Fam. *Employer le vert et le sec*, faire tous ses efforts, mettre toutes sortes de moyens en œuvre. ♦ *Employer une somme*, l'appliquer à une dépense. ♦ *Employer une phrase, un mot, un tour*, en user en parlant ou en écrivant. ♦ *Employer une raison, une pièce*, la faire valoir, s'en appuyer. ♦ Donner de l'emploi, de l'occupation. *Employer un grand nombre d'ouvriers.* ◆ S'employer, v. pr. Être employé, mis en œuvre. *Ce moyen ne peut s'employer. Ce mot ne s'emploie pas en ce sens.* ◆ User de son crédit en faveur de quelqu'un. « *Sauvez ce malheureux, employez-vous pour lui* », P. CORNEILLE. ◆ *Employer* régit *à* devant les verbes : *Employez votre argent à secourir le malheureux.* Il régit *à* devant les noms, quand ils sont déterminés : *J'ai employé vingt mille francs à cette acquisition ;* et *en* quand ils sont indéterminés, c'est-à-dire sans article ou sans autre déterminatif. *Il a employé tout son argent en bagatelles.*

EMPLOYEUR, EUSE, n. m. et n. f. [ɑ̃plwajœr, øz] (*employer*) **Écon.** et **polit.** Personne qui demande le travail et qui emploie les travailleurs.

EMPLUMÉ, ÉE, p. p. d'emplumer. [ɑ̃plyme] Qui a les jambes couvertes de plumes. ◆ Orné de plumes.

EMPLUMER, v. tr. [ɑ̃plyme] (1 *en-* et *plume*) Garnir de plumes. ◆ S'emplumer, v. pr. Se garnir de plumes.

EMPOCHÉ, ÉE, p. p. d'empocher. [ɑ̃pɔʃe]

EMPOCHER, v. tr. [ɑ̃pɔʃe] (1 *en-* et *poche*) ▷ Serrer dans sa poche. ◁ ◆ ▷ Mettre en poche avec empressement. ◁ ◆ *Il a empoché nos fonds.* ◆ **Absol.** *Empocher.* ◆ **Fig.** *Empocher* se dit d'une parole désagréable, surtout quand on n'a rien à répliquer. *Il a empoché de bonnes vérités.* ◆ S'empocher, v. pr. Être mis en poche. ■ Toucher de l'argent.

EMPOIGNADE, ■ n. f. [ɑ̃pwaɲad] ou [ɑ̃pwaɲad] (*empoigner*) Bagarre où l'on en vient aux poings. ■ **Fig.** Querelle, discussion vive et ardente.

EMPOIGNANT, ANTE, adj. [ɑ̃pwaɲɑ̃, ɑ̃t] ou [ɑ̃pwaɲɑ̃, ɑ̃t] (*empoigner*) Dans un langage familier et d'artistes, saisissant, émouvant. *Un tableau, un drame empoignant. Une scène empoignante.*

EMPOIGNE, ■ n. f. [ɑ̃pwaɲ] ou [ɑ̃pwaɲ] (*empoigner*) **Vieilli** Action de saisir vigoureusement quelqu'un à pleine main. ■ *Foire d'empoigne,* luttes, affrontements où chacun essaie d'obtenir par tous les moyens la meilleure part.

EMPOIGNÉ, ÉE, p. p. d'empoigner. [ɑ̃pwaɲe] ou [ɑ̃pwaɲe]

EMPOIGNEMENT, n. m. [ɑ̃pwaɲ(ə)mɑ̃] ou [ɑ̃pwaɲ(ə)mɑ̃] (*empoigner*) ▷ **Pop.** Action d'empoigner. ◁

EMPOIGNER, v. tr. [ɑ̃pwaɲe] ou [ɑ̃pwaɲe] (1 *en-* et *poing*) Prendre et serrer avec le poing. *Il l'empoigna par le bras.* ◆ Saisir quelqu'un pour le mettre en arrestation ou l'expulser. ◆ **Fig.** Dans un langage familier et d'artistes, intéresser vivement ou causer une forte émotion. *Cette scène m'a empoigné.* ◆ S'empoigner, v. pr. **Pop.** Se colleter, et fig. entamer une vive discussion. ◆ Être saisi avec les poings. ■ **Rem.** On prononçait autrefois [ɑ̃pɔɲe].

EMPOIGNEUR, n. m. [ɑ̃pwaɲœr] ou [ɑ̃pwaɲœr] (*empoigner*) ▷ Celui qui empoigne. ◁

EMPOINTAGE, n. m. [ɑ̃pwɛ̃taʒ] (*empointer*) ▷ Action de faire la pointe des épingles, des aiguilles. ◁

EMPOINTER, v. tr. [ɑ̃pwɛ̃te] (1 *en-* et *pointe*) ▷ Retenir les plis d'une pièce d'étoffe par quelques points d'aiguille. ◆ Faire la pointe des épingles, des aiguilles. ◁

EMPOINTEUR, n. m. [ɑ̃pwɛ̃tœr] (*empointer*) ▷ Celui qui empointe les pièces d'étoffe. ◆ Celui qui fabrique la pointe des aiguilles. ◁

EMPOINTURE, ■ n. f. [ɑ̃pwɛ̃tyr] **Mar.** Angle supérieur d'une voile carrée.

EMPOIS, n. m. [ɑ̃pwa] (*empeser*) Espèce de colle épaisse, formée par l'amidon ou la fécule, dont les grains ont été gonflés et crevés par l'eau bouillante.

EMPOISONNANT, ANTE, adj. [ɑ̃pwazɔnɑ̃, ɑ̃t] (*empoisonner*) Qui empoisonne.

EMPOISONNÉ, ÉE, p. p. d'empoisonner. [ɑ̃pwazɔne] **Fig.** « *Les discours empoisonnés de la médisance* », BOSSUET.

EMPOISONNEMENT, n. m. [ɑ̃pwazɔn(ə)mɑ̃] (*empoisonner*) Action d'empoisonner. ◆ Au sens actif. *L'empoisonnement de Britannicus par Néron.* ◆ Au sens passif. *Les empoisonnements de la Brinvilliers,* c'est-à-dire les empoisonnements commis par la Brinvilliers. ◆ Ensemble des effets produits par un poison introduit dans l'économie.

EMPOISONNER, v. tr. [ɑ̃pwazɔne] (1 *en-* et *poison*) Infecter de poison. *Empoisonner des viandes, un fruit, des flèches, etc.* ◆ *Empoisonner un étang, un cours d'eau,* y jeter des substances propres à faire mourir le poisson. ◆ **Fig.** *Empoisonner son langage.* ◆ Faire prendre du poison à dessein de causer la mort. ◆ Il se dit aussi des substances vénéneuses. *La noix de galle empoisonne les chiens.* ◆ **Absol.** *Certains champignons empoisonnent.* ◆ Par exagération. Faire manger quelque chose de très mauvais. ◆ Exhaler une odeur infecte. ◆ **Absol.** *Les exhalaisons de cet étang empoisonnent.* ◆ Remplir de choses nuisibles. ◆ Au moral, remplir de quelque chose comparé à un poison. *On nous empoisonne de mauvais romans.* « *Un je ne sais quel trouble*

empoisonne ma joie », RACINE. ◆ Corrompre l'esprit, le cœur. ◆ Prendre et offrir le mauvais côté des choses, les dénaturer malignement. *Les médisants empoisonnent tout.* ◆ S'empoisonner, v. pr. S'administrer du poison. ◆ **Fig.** *L'âme s'empoisonne de ces vices.* ◆ Devenir comme un poison. « *Tout s'empoisonne entre nos mains* », MASSILLON.

EMPOISONNEUR, EUSE, n. m. et n. f. [ɑ̃pwazɔnœr, øz] (*empoisonner*) Celui, celle qui empoisonne. ◆ **Fig.** Celui qui débite, propage des doctrines pernicieuses. ◆ **Adj.** « *Loin du trône nourri, de ce fatal honneur Hélas ! vous ignorez le charme empoisonneur* », RACINE.

EMPOISSÉ, ÉE, p. p. d'empoisser. [ɑ̃pwase]

EMPOISSER, v. tr. [ɑ̃pwase] (1 *en-* et *poix*) Enduire de poix.

EMPOISSONNÉ, ÉE, p. p. d'empoissonner. [ɑ̃pwasɔne]

EMPOISSONNEMENT, n. m. [ɑ̃pwasɔn(ə)mɑ̃] (*empoissonner*) Action d'empoissonner.

EMPOISSONNER, v. tr. [ɑ̃pwasɔne] (1 *en-* et *poisson*) Peupler de poissons. *Empoissonner un étang.*

EMPORIUM, ■ n. m. [ɑ̃pɔrjɔm] (mot lat. du gr. *emporion,* place de commerce maritime) **Antiq.** Comptoir commercial situé dans un pays étranger. *Des emporiums* ou *des emporia* (pluriel latin).

EMPORTÉ, ÉE, p. p. d'emporter. [ɑ̃pɔrte] **Fig.** Vif, qui se laisse aller. *Ce courage emporté.* ◆ Qui se laisse aller à des emportements de colère. *Homme emporté. Caractère emporté.* ◆ Il se dit aussi des choses. *Des discours emportés.* ◆ **N. m.** et **n. f.** Celui, celle qui se laisse aller à la colère, à ses passions.

EMPORTEMENT, n. m. [ɑ̃pɔrtəmɑ̃] (*emporter*) Mouvement déréglé, violent, qu'excite une passion. « *Il y a des biens que l'on désire avec emportement* », LA BRUYÈRE. ◆ Transport de colère. *Pleurs mêlés d'emportements. Des emportements de colère.*

EMPORTE-PIÈCE, n. m. [ɑ̃pɔrtəpjɛs] (*emporter* et *pièce*) Outil d'acier dont on se sert pour découper d'un seul coup différentes matières. ◆ **Fig.** Homme railleur et qui dans la discussion inflige de rudes sarcasmes. Au pl. *Des emporte-pièces.* ◆ **Adj.** *Un ton, une parole emporte-pièce.* ■ **Rem.** On dit aussi auj. *une parole à l'emporte-pièce.* ■ **Rem.** Pluriel ancien : *des emporte-pièce.*

EMPORTER, v. tr. [ɑ̃pɔrte] (2 *en-* et *porter*) Enlever d'un lieu pour porter dans un autre. ◆ **Fig.** *Vous ne l'emporterez pas en paradis,* se dit par menace et pour signifier qu'on se vengera tôt ou tard. ◆ **Fam.** *Que le diable vous emporte !* se dit pour exprimer le dépit, l'impatience contre quelqu'un. ◆ *Que le diable m'emporte si...,* locution familière et hors du ton de la société, pour nier une chose ou l'affirmer, suivant qu'on ajoute *ne* ou qu'on ne l'ajoute pas. ◆ On retranche aussi le *que. Le diable m'emporte.* ◆ *Emporter,* enlever et porter avec soi. ◆ **Fig.** *J'emporte un souvenir heureux de mon séjour à la campagne.* ◆ Il se dit des choses qui entraînent, emmènent avec soi. *L'inondation a emporté les ponts.* ◆ *Autant en emporte le vent,* se dit de paroles, de menaces, de promesses qui ne se réalisent pas. ◆ Prendre, ravir. *Les voleurs ont tout emporté.* ◆ *Emporter une place, emporter une place à la pointe de l'épée,* s'en rendre maître de vive force, et fig. *emporter quelque chose à la pointe de l'épée,* l'emporter avec de grands efforts. ◆ **Fig.** Entraîner moralement. *Le goût du plaisir vous emporte.* « *Que votre puissance ne vous emporte pas à des moqueries insolentes* », BOSSUET. ◆ Faire aller au-delà de ce que l'on voudrait. *La colère m'emporte.* ◆ Causer la mort. *Cette maladie l'emportera.* ◆ Détruire, faire cesser, faire disparaître. *Le temps emporte la douleur. Ce remède emporte la fièvre.* ◆ ▷ Par exagération. *Le chat lui a emporté la main,* lui a fait de très fortes égratignures. ◁ ◆ ▷ **Fig.** *Emporter la pièce,* railler d'une manière très mordante. ◁ ◆ Obtenir, avec une idée d'effort, de force, de violence. *Emporter l'avantage sur son concurrent.* ◆ **Absol.** Obtenir à force d'instances, faire prévaloir une opinion dans un conseil. « *Le célèbre Vauban emporta que la ville serait attaquée* », SAINT-SIMON. ◆ *Emporter un choix,* le décider. ◆ *Emporter la balance,* déterminer la préférence. ◆ *Emporter quelque chose de haute lutte,* l'obtenir, s'en emparer rapidement et malgré toute opposition. ◆ *L'emporter,* être plus pesant. ◆ **Fig.** *L'emporter,* prévaloir. ◆ *L'emporter* se dit aussi des choses. ◆ Avoir pour conséquence. *Ce crime emporte la peine capitale.* ◆ **Dr.** *La forme emporte le fond,* elle prévaut sur le fond. Dans le sens contraire, *le fond emporte la forme.* ◆ S'emporter, v. pr. Être emporté, ôté. ◆ Ne plus obéir, en parlant d'un cheval, etc. ◆ Se laisser aller à des mouvements, à des paroles, à des actes violents, passionnés. ◆ *S'emporter à, jusqu'à.* « *Télémaque s'emporta jusqu'à menacer Phalante* », FÉNELON. ◆ *S'emporter en.* « *Je m'emporte en regrets superflus* », VOLTAIRE. ◆ *S'emporter de colère,* se laisser emporter par la colère. ◆ Ellipse de *se,* avec le verbe *laisser.* « *Laissant emporter son esprit aux impressions précipitées de la surprise* », VAUVENARGUES. ◆ Se fâcher violemment, s'abandonner à la colère.

EMPOTAGE, n. m. [ɑ̃pɔtaʒ] (*empoter*) Action d'empoter.

EMPOTÉ, ÉE, p. p. d'empoter. [ãpote]

EMPOTER, v. tr. [ãpote] (1 *en*- et *pot*) Mettre en pot des plantes. ♦ Mettre en pot des confitures, des conserves.

EMPOURPRÉ, ÉE, p. p. d'empourprer. [ãpuʀpʀe] *Des fleurs, des raisins empourprés. Horizon empourpré.* ♦ Revêtu de la pourpre. « *Empourprés cardinaux* », VOLTAIRE.

EMPOURPRER, v. tr. [ãpuʀpʀe] (1 *en*- et *pourpre*) Colorer de pourpre ou de rouge. ♦ *S'empourprer*, prendre la couleur de pourpre. *L'horizon s'empourprait.*

EMPOUSSIÈREMENT, ▪ n. m. [ãpusjɛʀ(ə)mã] (*empoussiérer*) Action d'empoussiérer. ▪ **Fig.** « *Comparez la turbulence jeune et un peu sauvage de l'érudition pendant une montée de sève comme la première Renaissance et l'empoussièrement du savoir sous les recherches microscopiques et sans foi des époques de décadence* », MOUNIER.

EMPOUSSIÉRER, ▪ v. tr. [ãpusjeʀe] (1 *en*- et *poussière*) Recouvrir d'une couche de poussière. *Les travaux de rénovation de la chaussée empoussièrent les façades de la rue.*

EMPREINDRE, v. tr. [ãpʀɛ̃dʀ] (lat. *imprimere*, appuyer sur, imprimer) Produire en relief ou en creux, par la pression sur une surface, une figure, des traits, etc. *Il empreignit son sceau dans la cire.* ♦ **Fig.** *La nature a empreint ces sentiments dans nos cœurs.* ♦ S'empreindre, v. pr. Être marqué.

EMPREINT, EINTE, p. p. d'empreindre. [ãpʀɛ̃, ɛ̃t] **Fig.** « *L'auguste majesté sur votre front empreinte* », RACINE.

EMPREINTE, n. f. [ãpʀɛ̃t] (p. p. fém. substantivé de *empreindre*) Figure marquée par impression. *Empreinte en creux, en relief.* ♦ **Géol.** Figures d'insectes, de plantes, etc. empreintes sur une roche. ♦ **Fig.** *L'univers porte l'empreinte de Dieu.* ♦ **Peint.** Première couleur couchée uniformément sur la toile avant d'y dessiner le sujet du tableau. ♦ On dit aussi *impression.* ▪ **Fig.** Marque profondément gravée dans la personnalité d'un individu. *L'empreinte d'un enseignement et d'une éducation stricts.* ▪ **Fig.** Touche caractéristique imprimée dans un lieu ou une œuvre d'art. *On retrouve bien dans les traits de cette statue l'empreinte de son auteur.* ▪ *Empreinte digitale*, marque laissée par la pulpe des doigts, spécifique à chaque individu et qui permet son identification. ▪ *Empreinte génétique*, séquence d'ADN spécifique à chaque individu et qui permet son identification.

EMPRESSÉ, ÉE, adj. [ãpʀese] (*empresser*) Qui met de l'empressement. ♦ *Empressé à* ou *de*. « *Tu me verras souvent à te suivre empressé* », BOILEAU. *Empressé de voir, etc.* ♦ **N. m.** et **n. f.** *Il fait l'empressé.* ♦ En parlant des choses, qui a le caractère de l'empressement. *Des secours empressés.* ▪ REM. On dit plutôt auj. *empressé de* que *empressé à*.

EMPRESSEMENT, n. m. [ãpʀɛs(ə)mã] (*empresser*) Action de s'empresser. ♦ Actions témoignant qu'on s'empresse. « *Ces doux empressements Qui d'un cœur paternel font les vrais mouvements* », P. CORNEILLE. ♦ On dit également : *l'empressement de faire quelque chose* et *l'empressement à faire quelque chose.*

EMPRESSER (S'), v. pr. [ãpʀese] (1 *en* et *presser*) Se hâter. *Il s'empresse de parler.* ♦ Se presser autour pour témoigner de l'affection, du respect, de la politesse. *S'empresser auprès de, près de, autour de quelqu'un.* ♦ Témoigner de l'ardeur pour. *S'empresser à mon secours. S'empresser de secourir* ou *à secourir un malheureux.* ▪ REM. On dit plutôt auj. *s'empresser de* que *s'empresser à.*

EMPRÉSURER, ▪ v. tr. [ãpʀezyʀe] (1 *en* et *présure*) **Techn.** Mettre de la présure dans du lait pour le faire cailler. ▪ **EMPRÉSURAGE**, n. m. [ãpʀezyʀaʒ]

EMPRISE, ▪ n. f. [ãpʀiz] (p. p. fém. substantivé de l'anc. fr. *emprendre*, commencer, mettre en œuvre, du b. lat. *imprehendere*, saisir, prendre) Domination morale, intellectuelle ou émotionnelle. *Avoir de l'emprise sur un enfant.* ▪ **Dr.** Action administrative d'autorité qui vise à exproprier les propriétaires d'un terrain ou d'un bien immobilier pour la construction d'ouvrages d'intérêt public.

EMPRISONNÉ, ÉE, p. p. d'emprisonner. [ãpʀizɔne]

EMPRISONNEMENT, n. m. [ãpʀizɔn(ə)mã] (*emprisonner*) Action d'emprisonner ; état de celui qui est emprisonné. ♦ Peine en matière correctionnelle, distincte de la réclusion et de la détention, qui sont des peines en matière criminelle.

EMPRISONNER, v. tr. [ãpʀizɔne] (1 *en* et *prison*) Mettre en prison. ♦ Par extens. Retenir, empêcher de sortir. ♦ Il se dit aussi, dans le langage technique, des gaz ou des liquides qui se trouvent retenus. ♦ S'emprisonner, v. pr. Se tenir reclus. ♦ **Fig.** Être renfermé. ▪ **V. tr. Fig.** *Elle était emprisonnée dans un carcan d'idées reçues et de préjugés.* ▪ Maintenir quelque chose à l'étroit. *Cette chemise lui emprisonne le cou et les poignets.*

EMPRUNT, n. m. [ãpʀœ̃] ou [ãpʀɛ̃] (*emprunter*) L'action d'emprunter ; la chose empruntée. Sommes qu'un gouvernement, une commune, une grande entreprise obtient par les souscriptions volontaires des particuliers, à la condition d'en servir les intérêts. ♦ *Emprunt forcé*, somme qu'un gouvernement lève par emprunt, sans laisser aux citoyens la possibilité de refuser de prêter. ♦ *Emprunt forcé*, entre particuliers, prêt qu'on ne veut pas ou ne peut pas refuser. ♦ **Fig.** *Cet auteur a soin de cacher ses emprunts.* **D'EMPRUNT**, loc. adj. Factice, qui n'est pas propre au sujet. *Érudition, esprit d'emprunt.* ♦ **PAR EMPRUNT**, loc. adv. Accidentellement, indirectement. « *Ils n'ont tenu la puissance que par emprunt* », BOSSUET. ▪ Action de demander une somme d'argent à titre de prêt. *Contracter un emprunt.* ▪ Somme reçue à titre de prêt. ▪ Fait d'emprunter un mot ou un élément à une langue étrangère. ▪ **Mus.** Harmonie empruntée à une autre tonalité que celle de la pièce. *Il faut distinguer l'emprunt de la modulation.*

EMPRUNTÉ, ÉE, p. p. d'emprunter. [ãpʀœ̃te] ou [ãpʀɛ̃te] Qui n'est pas sien, pris par une sorte d'emprunt. *Des titres empruntés.* ♦ *Ce livre a paru sous un nom emprunté*, il a paru sous un autre nom que celui de son auteur. ♦ **Factice**, faux. « *Chacun chercha pour plaire un visage emprunté* », BOILEAU. ♦ Embarrassé, gauche, en parlant des personnes ou de ce qui a rapport aux personnes. *Un air emprunté.*

EMPRUNTER, v. tr. [ãpʀœ̃te] ou [ãpʀɛ̃te] (lat. pop. *imprumutuare*, du lat. jurid. *promutuum*, avance d'argent) Obtenir à titre de prêt. ♦ Absol. « *Ceux qui empruntent sont bien malheureux* », MOLIÈRE. ♦ Tirer de, prendre de, recevoir de. ♦ Quand le régime indirect d'*emprunter* est un nom de chose, il faut *de* : *La lune emprunte sa lumière du soleil* ; quand c'est un nom de personne, on met indifféremment *à* ou *de*. *J'ai emprunté mille francs de mon ami* ou *à mon ami.* ♦ Avoir recours à, employer. « *J'emprunte du secours et le fais hautement* », P. CORNEILLE. ♦ Se couvrir d'une fausse apparence. *Emprunter le masque de la vertu.* ♦ **Arith.** Se dit, dans l'opération de la soustraction, pour prendre une unité sur le chiffre placé à gauche d'un chiffre trop faible pour que la soustraction se fasse. ♦ S'emprunter, v. pr. Être obtenu par emprunt. ▪ Utiliser, passer par un chemin, une voie pour se déplacer. *Les élèves sont priés d'emprunter les escaliers et non l'ascenseur.* ▪ REM. On dit plutôt auj. *emprunter à quelqu'un* que *emprunter de quelqu'un.*

EMPRUNTEUR, EUSE, n. m. et n. f. [ãpʀœ̃tœʀ, øz] ou [ãpʀɛ̃tœʀ, øz] (*emprunter*) Celui, celle qui emprunte, qui ne fait qu'emprunter. ♦ **Adj.** *Personne très emprunteuse.* « *Mon esprit emprunteur* », REGNARD.

EMPUANTI, IE, p. p. d'empuantir. [ãpɥãti] ou [ãpyãti]

EMPUANTIR, v. tr. [ãpɥãtiʀ] ou [ãpyãtiʀ] (1 *en* et *puant*) Infecter de mauvaise odeur. ♦ S'empuantir, v. pr. Devenir puant.

EMPUANTISSEMENT, n. m. [ãpɥãtis(ə)mã] ou [ãpyãtis(ə)mã] (*empuantir*) État de ce qui s'empuantit.

EMPUSE, ▪ n. f. [ãpyz] (lat. sav. [Agassiz] empusa, du gr. *Empousa*, spectre envoyé des Enfers par Hécate) **Zool.** Insecte marcheur et carnassier qui ressemble à la mante et vit dans les régions méditerranéennes. *La ponte de l'empuse.* ▪ **Bot.** Champignon néfaste pour les insectes.

EMPYÈME, n. m. [ãpjɛm] (gr. *empuêma*, de *puon*, pus) **Méd.** Au sens propre qui n'est plus usité, collection de pus. ♦ **Par extens.** Toute collection séreuse, sanguine ou purulente dans la cavité des plèvres. ♦ ▷ Opération par laquelle on pratique une ouverture pour donner écoulement à ce dépôt. ◁

EMPYRÉE, n. m. [ãpiʀe] (gr. *empurios*, en feu, de *pur*, feu) Selon les notions de l'Antiquité, la plus élevée des quatre sphères célestes, celle qui contenait les astres. ♦ Plus tard, le ciel des fixes, exclusivement au ciel des planètes. ♦ **Poétiq.** Le ciel. ♦ Le séjour des bienheureux. ♦ **Fig.** *Être dans l'empyrée*, dans un lieu de délices. ♦ **Adj.** *Le ciel empyrée.*

EMPYREUMATIQUE, adj. [ãpiʀømatik] (*empyreume*) Qui tient de l'empyreume.

EMPYREUME, n. m. [ãpiʀøm] (gr. *empureuma*, braise) Goût et odeur particulière et désagréable que contractent les substances animales ou végétales soumises à la distillation.

ÉMU, UE, p. p. d'émouvoir. [emy] Touché par une passion. ♦ On dit aussi avec *de* : *Ému de joie, de pitié, de colère, etc.* ♦ Attendri. ♦ Mis en colère. ♦ Inquiet. ▪ Qui est empreint d'une émotion. *Une voix émue.*

ÉMULATEUR, TRICE, n. m. et n. f. [emylatœʀ, tʀis] (lat. *æmulator*, celui qui veut imiter) Celui, celle qui est animée du sentiment d'émulation. ▪ **N. m. Inform.** Dispositif qui permet à un type d'ordinateur de simuler le fonctionnement d'un autre.

ÉMULATION, n. f. [emylasjɔ̃] (lat. *æmulatio*) Sentiment généreux qui excite à égaler, à surpasser quelqu'un en talents, en mérite. ▪ **Inform.** Action de simuler le fonctionnement d'un système par un autre dispositif non conçu à cet effet, à l'origine ; son résultat.

ÉMULE, n. m. et n. f. [emyl] (lat. *æmulus*) Celui, celle qui rivalise avec un autre dans les choses louables. ♦ **Au f.** *Carthage fut la puissante émule de Rome.* ♦ **Fig.** « *Une expédition digne émule de celle d'Égypte* », DE SÉGUR.

ÉMULER, ■ v. tr. [emyle] (angl. [to]*emulate*) **Inform.** Pour un système, fonctionner comme un autre système, le simuler alors qu'il n'a pas été conçu pour cela à l'origine.

ÉMULGENT, ENTE, adj. [emylʒɑ̃, ɑ̃t] (lat. *emulgens*, p. prés. de *emulgere*) ▷ **Anat.** Se dit des vaisseaux qui appartiennent aux reins. ◁

ÉMULSEUR, ■ n. m. [emylsœʀ] (*émulsion*) **Techn.** Dispositif permettant d'émulsionner une préparation. *Un émulseur à air comprimé.*

ÉMULSIF, IVE, adj. [emylsif, iv] (*émulsion*) Dont on peut tirer de l'huile par expression. *Semences émulsives.* ■ Qui permet d'élaborer une émulsion ou de la stabiliser dans le but de la conserver. ■ N. m. *Un émulsif.*

ÉMULSIFIABLE ou **ÉMULSIONNABLE**, ■ adj. [emylsifjabl, emylsjɔnabl] (*émulsifier, émulsionner*) Qui peut être transformé en émulsion. *Un concentré, une huile émulsifiable.*

ÉMULSIFIANT, ANTE, ■ adj. [emylsifjɑ̃, ɑ̃t] (*émulsifier*) Qui favorise la formation et la conservation d'une émulsion. *Le pouvoir émulsifiant de l'œuf.* ■ N. m. *L'utilisation des émulsifiants dans l'industrie agro-alimentaire.*

ÉMULSIFIER, ■ v. tr. [emylsifje] (radic. de *émulsion*) Donner à une préparation l'apparence et la consistance d'une émulsion.

ÉMULSINE, ■ n. f. [emylsin] (radic. de *émulsion*) **Biol.** Enzyme contenue dans l'amande amère et utilisée en cosmétologie pour ses propriétés émulsifiantes. ■ Cosmétique, huile végétale, parfum donnant une apparence laiteuse à l'eau. « *Un pot d'émulsines au lys de kachemyr* », Huysmans.

ÉMULSION, n. f. [emylsjɔ̃] (lat. *emulsum*, supin d'*emulgere*, extraire) Préparation extraite des semences émulsives et qui a ordinairement la couleur blanche et l'opacité du lait. ■ Toute préparation mousseuse associant deux liquides non miscibles et dont l'un tient en suspension dans l'autre. ■ *Émulsion photographique*, préparation sensible à la lumière, à base de sels d'argent et de gélatine, que l'on dépose sur les films et les papiers photographiques.

ÉMULSIONNABLE, ■ adj. [emylsjɔnabl] (*émulsionner*) Voy. ÉMULSIFIABLE.

ÉMULSIONNANT, ANTE, ■ adj. [emylsjɔnɑ̃, ɑ̃t] (*émulsionner*) Qui facilite l'élaboration d'une émulsion ainsi que sa conservation. *Un agent émulsionnant. Le haut pouvoir émulsionnant de ce produit.* ■ N. m. *Un émulsionnant.*

ÉMULSIONNÉ, ÉE, p. p. d'émulsionner. [emylsjɔne]

ÉMULSIONNER, v. tr. [emylsjɔne] (*émulsion*) **Pharm.** Mêler une émulsion avec une tisane ou avec une boisson quelconque. ■ Battre pour donner la consistance d'une émulsion. ■ REM. On dit aussi *émulsifier.* ■ Recouvrir d'émulsion photographique un film ou un papier.

1 EN, prép. [ɑ̃] (lat. *in*) À l'intérieur de, avec l'idée de repos. *Être en France. En la ville de Paris.* ◆ Dans la personne de. « *Jésus-Christ en qui Adam n'avait point péché* », Bossuet. ◆ *Il est en moi, en lui*, je possède, il possède la faculté de, le pouvoir de. ◆ Par extens. En parlant du temps, de l'espace de. *En un an.* ◆ Pendant. *En hiver. En l'an mille.* ◆ Exprime la situation. *En plaine.* ◆ Exprime l'état, la manière d'être, la disposition, l'occupation. *Être en affaire, en prière, en bonne santé, en appétit, en habit d'amazone, etc.* ◆ *En hommes, en femmes, etc.* se dit pour spécifier la qualité des personnes dans une assemblée. *Il n'y avait en femmes que, etc.* ◆ Comme, de même que, en qualité de. « *Vous parlez en soldat, je dois agir en roi* », P. Corneille. ◆ *En tant que*, c'est-à-dire selon que, autant que. *En tant que besoin sera.* ◁ ◆ *En tant que*, comme. *En tant qu'ennemis, il les combattit.* ◆ À l'intérieur de, vers l'intérieur de, avec mouvement. *Aller en ville.* ◆ Marque la direction. *Les yeux baissés en terre.* ◆ Indique un rapport de succession. *D'aujourd'hui en huit. De pis en pis.* ◆ Marque la division, la distribution, la forme. *Un poème en quatre chants. Roulé en cercle.* ◆ *S'en aller en fumée.* ◆ Indique la destination, le motif, le but. *Mettre en vente, en gage. En considération de.* ◆ Marque aussi l'état avec mouvement, l'état dans lequel on entre. *Se mettre en colère.* ◆ *En* précède fort souvent le participe présent invariable, et forme avec lui ce qu'on appelle gérondif ; il désigne avec le temps, l'époque, la manière. *On apprend en vieillissant.* ◆ *En* sert à former une foule de locutions adverbiales, comme : *en avant, en dessus, en bas, en haut, en travers, en outre, etc.* ◆ *En-* préfixe, représente la préposition latine *in*, et donne au verbe le sens d'aller dans, comme dans *enfoncer* ; ou un sens augmentatif, comme dans *enchérir.* ◆ Des grammairiens disent que *en* ne peut être employé pour exprimer la matière. Le fait est que l'Académie n'a aucun exemple de *en* signifiant la matière : mais il est vrai aussi que l'usage de cette signification est très fréquent et appuyé par quelques exemples d'auteurs. *Statue en argent massif. Table en chêne.* ■ REM. On dit auj. *les yeux baissés à terre.* ■ REM. On dit auj. *de mal en pis.*

2 EN, pron. rel. [ɑ̃] (lat. *inde*) Pron. rel. de la 3ᵉ pers. des deux genres et des deux nombres. ◆ De ce lieu, de ces lieux. *Vous allez à Lyon, j'en viens.* ◆ D'adverbe de lieu, *en* passe au rôle de pronom et signifie : de ce, de ceci, de cela, de cette chose, de ces choses. *Cette affaire est délicate, le succès en est douteux.* ◆ Il se dit aussi des personnes et signifie : de lui, d'elle, d'eux,

d'elles. « *La crainte de faire des ingrats ou de déplaisir d'en avoir trouvé, ne l'ont jamais empêché de faire du bien* », Fléchier. ◆ *En* signifie : par lui, par elle, par eux, par elles. ◆ Sert à rappeler d'une manière plus ou moins régulière et précise l'idée énoncée dans une proposition. « *Consultez-en, Seigneur, la reine votre mère* », P. Corneille. ◆ Il entre dans un grand nombre de gallicismes comme : *il en veut à un tel ; il s'en donne ; je m'en promets ; en venir aux mains ; il s'en faut, etc.* ◆ *Il en est de...*, c'est-à-dire la chose se comporte comme. *Il en sera de cette réclamation comme de celle de l'an passé.* ◆ *C'en est assez*, cela suffit. ◆ *C'en est trop*, la chose dépasse la mesure. ◆ *En être*, être d'un complot, d'un secret, d'une cabale, etc. ◆ *En être à*, n'être pas plus avancé que... ◆ *En être pour*, perdre. *J'en suis pour mon argent.* ◆ *C'en est fait*, la chose est terminée, résolue. ◆ *En tenir*, être joué, être trompé. ◆ *En être jusqu'à* amoureux. ◆ *En donner d'une*, tromper, abuser. ◆ *N'en pouvoir mais*, n'être pas cause de... ◆ *En être jusqu'à*, et en supprimant *jusque*, en être à, être conduit au point de. « *Pour moi, j'en suis souvent jusqu'à verser des larmes* », Molière. ◆ *S'en tenir à*, n'aller pas plus loin que. ◆ *S'en dire*, se faire à soi-même des reproches, des remontrances. ◆ *En croire quelqu'un*, ajouter foi à ses dires. ◆ *À qui en a-t-il ?* c'est-à-dire contre qui est-il en colère ? ◆ *En* sert aussi de préfixe pour indiquer le déplacement, comme dans *emporter.*

ÉNALLAGE, n. f. [enalaʒ] (gr. *enallagê*, de *allassein*, changer) **Gramm.** Ellipse particulière qui a lieu quand, après avoir employé un mode, on en prend subitement un autre que n'admet pas la construction ordinaire ; comme dans cette phrase : « *Ainsi dit le renard, et flatteurs d'applaudir* », La Fontaine.

ÉNAMOURÉ, ÉE ou **ENAMOURÉ, ÉE**, ■ adj. [enamure] ou [ɑ̃namure] (*énamourer*) Inspiré par l'amour. *Avoir un air énamouré.*

ÉNAMOURER (S') ou **ENAMOURER (S')**, ■ v. pr. [enamure] ou [ɑ̃namure] (on prononce *é-na-* ou *en-na-* ; de 1 *en-* et *amour*) S'éprendre de quelqu'un.

ÉNANTHÈME, ■ n. m. [enɑ̃tɛm] (d'après *exanthème*, avec chang. de préf.) **Méd.** Éruption de taches rouges d'étendue variable sur les muqueuses. *L'énanthème de la rougeole.*

ÉNANTIOMÈRE, ■ n. m. [enɑ̃tjomɛʀ] (gr. *enantios*, inverse, et *isomère*) **Chim.** Isomère dont la configuration est une image de son homologue. *L'exemple le moins complexe d'énantiomère est le carbone asymétrique. Passage d'un énantiomère à l'autre.*

ÉNANTIOMORPHE, ■ adj. [enɑ̃tjomɔʀf] (gr. *enantios*, inverse, et *-morphe*) Se dit de deux éléments ou objets dont toutes les parties sont les images les unes des autres dans un miroir. *Les mains sont énantiomorphes.*

ÉNANTIOTROPE, ■ adj. [enɑ̃tjotʀɔp] (gr. *enantios*, inverse, et *-trope*) **Chim.** Qui peut prendre deux formes physiques différentes, le passage de l'une à l'autre étant déterminé par une température et une pression spécifiques. *Lehmann définit en 1888 deux types de comportements, l'un énantiotrope, l'autre monotrope.*

ÉNARCHIE, ■ n. f. [enaʀʃi] (*énarque*) **Fam.** Ensemble des anciens élèves de l'ÉNA. ◆ **Fam.** et péj. Occupation des postes de la haute fonction publique par des énarques. *Il critiquait l'énarchie, éminente particularité française, et l'accusait sans doute à tort de bureaucratie.* ► **ÉNARCHIQUE**, adj. [enaʀʃik]

ÉNARQUE, ■ n. m. et f. [enaʀk] (*ÉNA*) Ancien élève de l'École nationale d'administration (ÉNA). « *C'est ainsi que l'on pouvait s'amuser à désigner les prototypes, l'énarque de Bonne Famille, le Cadre Moyen, ou le Marginal Confortable* », Labro.

ENARRHÉ, ÉE, p. p. d'enarrher [ɑ̃naʀe] (on prononce *an-na-*)

ENARRHEMENT, n. m. [ɑ̃naʀ(ə)mɑ̃] Voy. ARRHEMENT.

ENARRHER, v. tr. [ɑ̃naʀe] (on prononce *an-na-* ; 1 *en-* et *arrhes*) ▷ Donner des arrhes. ◆ On dit plutôt *arrher.* ◁

ÉNARTHROSE, ■ n. f. [enaʀtʀoz] (gr. *enarthrôsis*, action d'articuler, de *enarthroun*, emboîter des articulations) **Anat.** Type d'articulation constituée d'éléments sphériques permettant aux os d'effectuer des mouvements selon trois axes différents. *L'épaule est une énarthrose.*

EN-AVANT, ■ n. m. inv. [ɑ̃navɑ̃] (1 *en-* et *avant*) Au rugby, faute commise lorsqu'un joueur passe le ballon vers l'avant à un joueur de son équipe ou de l'équipe adverse. *Des en-avant.*

EN-BUT, ■ n. m. [ɑ̃byt] (1 *en-* et *but*) Au rugby, zone située derrière la ligne de but et dans laquelle les essais peuvent être marqués. *Des en-but* ou *en-buts.*

ENCABANAGE, ■ n. m. [ɑ̃kabanaʒ] (*encabaner*) Garnissage de claies à l'aide de branches de mûrier réalisé pour ensuite y disposer des vers à soie afin qu'ils y forment leur cocon.

ENCABANER, ■ v. tr. [ɑ̃kabane] (1 *en-* et provenç. *cabano*, cabane) Disposer des vers à soie sur des claies recouvertes de branches de mûrier pour leur permettre de former leur cocon. ■ **Fam.** Enfermer. *Il refuse d'être encabané dans ce sauna.*

ENCABLURE ou **ENCÂBLURE**, n. f. [ãkablyʀ] (1 *en-* et *câble*) **Mar.** Distance de cent vingt brasses (environ deux cents mètres).

1 **ENCADRÉ, ÉE**, p. p. d'encadrer. [ãkadʀe]

2 **ENCADRÉ**, ▪ n. m. [ãkadʀe] (*encadrer*) Texte inséré dans un cadre pour le mettre en valeur. *Toutes les adresses sont répertoriées dans l'encadré ci-dessous.*

ENCADREMENT, n. m. [ãkadʀəmã] (*encadrer*) Action d'encadrer ; ce qui encadre. *L'encadrement d'un tableau.* ♦ **Archit.** Profils ou ornements ajoutés pour servir d'entourage à un panneau. ♦ **Fig.** Ce qui fait comme fait le cadre d'un tableau. *Ces arbres font un bel encadrement au château.* ▪ Ce qui constitue le cadre entourant une ouverture. *L'encadrement d'une fenêtre, d'une porte.* ▪ Ensemble de personnes chargées d'un groupe. *Le personnel d'encadrement d'un établissement scolaire.* ▪ Ensemble du personnel cadre d'une entreprise ou d'une structure. ▪ Ensemble de mesures économiques prises pour limiter l'augmentation des prix ou le nombre de crédits accordés aux entreprises et aux particuliers par les banques.

ENCADRER, v. tr. [ãkadʀe] (1 *en-* et *cadre*) Garnir d'un cadre. ♦ **Par extens.** Entourer. *Des haies d'aubépine encadraient cette prairie. Un bandeau de cheveux noirs encadre son front.* ♦ **Fig.** Insérer dans un ouvrage d'esprit. ♦ **Milit.** Mettre dans le cadre d'un régiment, d'un corps. ♦ S'encadrer, v. pr. Être placé comme dans un cadre. ▪ V. tr. Organiser l'accueil, la formation ou la direction d'une personne ou d'un groupe de personnes. *Encadrer une nouvelle recrue. Encadrer des collégiens en classe verte.* ▪ **Fam.** *Ne pas pouvoir encadrer quelqu'un*, être dans l'incapacité de le supporter. ▪ Entourer quelqu'un de deux personnes dans le but de l'escorter ou de le surveiller. ▪ **Math.** Déterminer les valeurs maximale et minimale que peut prendre une variable. ▪ **Milit.** *Encadrer un objectif*, effectuer des tirs dont les trajectoires se rapprochent progressivement de la cible. ▪ **V. pr. Fam.** Heurter de plein fouet un obstacle. *La voiture s'est encadrée dans un pylône.*

ENCADREUR, EUSE, ▪ n. m. et n. f. [ãkadʀœʀ, øz] (*encadrer*) Personne dont le métier consiste à réaliser l'encadrement de documents plats pour ensuite les fixer au mur. *L'encadreur a entouré le tableau d'une marie-louise.*

ENCAGÉ, ÉE, p. p. d'encager. [ãkaʒe] **Fig.** Mis en prison. « *Pour ses méfaits dans la geôle encagé* », VOLTAIRE.

ENCAGER, v. tr. [ãkaʒe] (1 *en-* et *cage*) Mettre en cage. *Encager des oiseaux.* ♦ **Par extens.** et **fam.** Mettre en prison. ▪ ENCAGEMENT, n. m. [ãkaʒ(ə)mã]

ENCAGOULÉ, ÉE, ▪ adj. [ãkagule] (de *encagouler*) Qui a la tête recouverte d'une cagoule.

ENCAGOULER, ▪ v. tr. [ãkagule] (1 *en-* et *cagoule*) Recouvrir la tête d'un cagoule. *Les ravisseurs ont encagoulé leur victime pendant l'enlèvement.*

ENCAISSABLE, ▪ adj. [ãkesabl] (*encaisser*) Que l'on peut encaisser. *Un chèque encaissable uniquement à la fin du mois.*

ENCAISSAGE, n. m. [ãkesaʒ] (*encaisser*) Action d'encaisser une plante.

ENCAISSANT, ANTE, adj. [ãkesã, ãt] (*encaisser*) Qui encaisse, qui forme un encaissement.

ENCAISSE, n. f. [ãkes] (1 *en-* et *caisse*) Somme totale des valeurs qui sont dans la caisse ou en portefeuille. ♦ *L'encaisse métallique*, les valeurs en métaux précieux.

1 **ENCAISSÉ, ÉE**, p. p. d'encaisser. [ãkese] Dont les bords sont escarpés. *Route, rivière encaissée.*

2 **ENCAISSÉ**, ▪ n. m. [ãkese] (*encaisser*) **Géol.** Terrain au sein duquel se forme un matériau rocheux différent de ceux qui le constituent.

ENCAISSEMENT, n. m. [ãkes(ə)mã] (*encaisser*) Action de mettre en une caisse. *L'encaissement d'un oranger.* ♦ Action de recevoir en caisse une somme ou la valeur d'un billet, d'une lettre de change. ♦ État d'un fleuve, d'un chemin encaissé. ♦ Faire une route par encaissement, c'est-à-dire en creusant une tranchée qu'on remplit de cailloux.

ENCAISSER, v. tr. [ãkese] (1 *en-* et *caisse*) Mettre dans une caisse. *Encaisser des marchandises, des orangers.* ♦ *Encaisser des fonds*, les recevoir et les porter en avoir. *Encaisser un effet, un billet, une traite*, en toucher la valeur. ♦ *Encaisser une rivière*, la contenir par des berges artificielles, par des digues continues. ♦ *Encaisser une route*, en creuser l'emplacement. ♦ S'encaisser, v. pr. S'enfoncer comme dans un encaissement. ▪ V. tr. **Fam.** Recevoir et supporter une atteinte physique. *Encaisser un coup.* ▪ **Fig.** et **fam.** Supporter quelque chose sans réagir, avec abnégation. *Il a eu du mal à encaisser l'échec.* ▪ **Fam.** *Ne pas pouvoir encaisser quelqu'un*, être incapable de le supporter.

ENCAISSEUR, ▪ n. m. [ãkesœʀ] (*encaisser*) Employé de banque qui procède aux encaissements à domicile. ▪ REM. Le féminin *encaisseuse*, quoique possible, ne se rencontre guère.

ENCAISSEUSE, ▪ n. f. [ãkesøz] (*encaisser*) Machine utilisée pour mettre directement en caisse, en carton les produits qui doivent être livrés. *Une encaisseuse de bouteilles.*

ENCALMINÉ, ÉE, ▪ adj. [ãkalmine] (1 *en-* et *calme*) **Mar.** Immobilisé dans son évolution par manque de vent. *Une goélette encalminée.*

ENCAN, n. m. [ãkã] (lat. *in quantum*, pour combien) Vente publique à l'enchère. *Vendre, mettre à l'encan.* ♦ **Fig.** *Mettre l'honneur, la justice à l'encan.*

ENCANAILLÉ, ÉE, p. p. d'encanailler. [ãkanaje]

ENCANAILLER, v. tr. [ãkanaje] (1 *en-* et *canaille*) Mêler, associer avec de la canaille, avec des gens d'un rang bien inférieur. *Avec qui nous avez-vous encanaillés ?* ♦ S'encanailler, v. pr. Faire société avec la canaille. ▪ ENCANAILLEMENT, n. m. [ãkanaj(ə)mã]

ENCANTEUR, EUSE, ▪ n. m. et n. f. [ãkãtœʀ, øz] (*encan*) **Québec** Commissaire-priseur.

ENCAPSULER, ▪ v. tr. [ãkapsyle] (1 *en-* et *capsule*) Doser et enfermer une poudre ou une substance fluide dans une capsule ou une gélule. ▪ ENCAPSULATION, n. f. [ãkapsylasjõ]

ENCAPUCHONNÉ, ÉE, p. p. d'encapuchonner. [ãkapyʃɔne]

ENCAPUCHONNER, v. tr. [ãkapyʃɔne] (1 *en-* et *capuchon*) Couvrir d'un capuchon. ♦ S'encapuchonner, v. pr. Se couvrir la tête d'un capuchon. ♦ ▷ **Fig.** Embrasser la vie monastique. ◁ ▪ Ramener la tête contre le poitrail pour tenter de se soustraire à l'action du mors, en parlant d'un cheval.

ENCAQUÉ, ÉE, p. p. d'encaquer. [ãkake] **Fam.** *Ils sont encaqués comme des harengs*, ils sont très serrés.

ENCAQUEMENT, n. m. [ãkak(ə)mã] (*encaquer*) Action, manière d'encaquer.

ENCAQUER, v. tr. [ãkake] (1 *en-* et *caque*) Mettre en caque. *Encaquer des harengs, de la poudre à canon.* ♦ **Par extens.** et **fam.** Presser, entasser dans une voiture, dans un vaisseau, dans un appartement, dans une prison, etc. ♦ S'encaquer, v. pr. S'entasser, en parlant des personnes.

ENCAQUEUR, EUSE, n. m. et n. f. [ãkakœʀ, øz] (*encaquer*) Celui, celle qui encaque des harengs.

ENCART, n. m. [ãkaʀ] (*encarter*) **Techn.** Les huit pages qui dans une feuille in-12 se placent entre les huit premières et les huit dernières. ♦ Feuille ou feuillet inséré dans une publication. *Un encart publicitaire de quatre pages.* ▪ REM. On écrivait aussi *enquart*.

ENCARTAGE, ▪ n. m. [ãkaʀtaʒ] (*encarter*) Action de fixer quelque chose sur un carton ou de l'insérer entre deux feuilles de carton. *L'encartage des échantillons de tissus d'ameublement.*

ENCARTÉ, ÉE, p. p. d'encarter. [ãkaʀte]

ENCARTER, v. tr. [ãkaʀte] (1 *en-* et *carte*) **Impr.** Insérer un carton dans une feuille à l'endroit où il doit être. ♦ **Techn.** Mettre dans une feuille in-12 les encarts. ♦ **Syn.** d'encartonner. ♦ **V. pr.** Être encarté. ▪ Insérer quelque chose entre deux cartons. *Encarter des échantillons de tissus d'ameublement.* ▪ Fixer des objets de petite taille sur un support en carton pour les présenter à la vente. *Encarter des pressions.*

ENCARTEUSE, ▪ n. f. [ãkaʀtøz] (*encarter*) **Techn.** Machine qui encarte des objets de petite taille. *Une encarteuse à pressions.*

ENCARTONNAGE, ▪ n. m. [ãkaʀtɔnaʒ] (*encartonner*) ▷ Action d'encartonner. ◁

ENCARTONNEMENT, n. m. [ãkaʀtɔn(ə)mã] (*encartonner*) ▷ État d'une chose encartonnée. ◁

ENCARTONNER, v. tr. [ãkaʀtɔne] (1 *en-* et *carton*) ▷ Insérer des cartons entre les plis du drap qu'on veut catir à chaud. ♦ On dit aussi *encarter*. ◁

EN-CAS ou **ENCAS**, n. m. [ãka] (1 *en-* et *cas.*) Chose préparée pour servir en cas de besoin. *C'est un en-cas*, Voy. CAS. ▪ Repas frugal prévu en cas de besoin. *Prévoyez un encas pour le retour.*

ENCASERNER, ▪ v. tr. [ãkazɛʀne] (1 *en-* et *caserne*) Faire loger dans une caserne. *Encaserner des pompiers.*

ENCASTELÉ, ÉE, p. p. d'encasteler. [ãkastəle] *Cheval encastelé*, celui dont la fourchette du pied n'a pas sa grandeur naturelle, parce qu'il a le talon trop étroit.

ENCASTELER (S'), v. pr. [ãkastəle] (ital. *incastellare*, entourer de fortifications, de *castello*, château fort) **Vétér.** Devenir encastelé.

ENCASTELURE, n. f. [ãkastəlyʀ] (ital. *incastellatura*, de *incastellare*) Défectuosité du sabot des chevaux qui consiste dans le resserrement des quartiers et même des talons, et cause une compression douloureuse.

ENCASTILLAGE, n. m. [ãkastijaʒ] (*encastillé*) **Mar.** La partie d'un vaisseau qui paraît aux yeux depuis la surface de l'eau jusqu'en haut du bois.

ENCASTILLÉ, ÉE, adj. [ãkastije] (*encastiller*, croisement de l'anc. fr. *enchasteler* de *chastel*, château, et de l'esp. *encastillar*.) **Mar.** *Navire encastillé*, navire qui est fort élevé par ses hauts, c'est-à-dire par les parties qui sont sur le pont.

ENCASTRABLE, ■ adj. [ɑ̃kastʀabl] (*encastrer*) Que l'on peut encastrer. *Un lave-vaisselle encastrable.*

ENCASTRÉ, ÉE, p. p. d'encastrer. [ɑ̃kastʀe]

ENCASTREMENT, n. m. [ɑ̃kastʀəmɑ̃] (*encastrer*) Action d'encastrer. ♦ Entaille dans le bois ou le fer pour y introduire une autre pièce. ■ *Jeu d'encastrement,* jeu d'éveil dans lequel l'enfant apprend à insérer des objets de forme géométrique dans un support plat dont la surface reproduit les mêmes formes évidées.

ENCASTRER, v. tr. [ɑ̃kastʀe] (ital. *incastrare*) Joindre deux choses par le moyen d'une entaille. *Encastrer une pierre dans une autre.* ♦ S'encastrer, v. pr. Se joindre en rentrant l'un dans l'autre, en parlant de deux pièces entaillées. ♦ Fig. *La voiture s'est encastrée sous le camion.* ■ V. tr. Insérer le plus justement possible un objet dans un espace ou une cavité prévu à cet effet. *Encastrer un lave-linge. Encastrer une table à repasser amovible dans un placard.*

ENCAUSTIQUAGE, ■ n. m. [ɑ̃kostikaʒ] (*encaustiquer*) Action de passer à l'encaustique. *L'encaustiquage du parquet.*

ENCAUSTIQUE, n. f. [ɑ̃kostik] (gr. *egkaiein,* faire brûler) Peinture préparée avec de la cire fondue. ♦ Adj. *Peinture encaustique.* ♦ Préparation faite avec de l'essence de térébenthine et de la cire pour rendre luisants les meubles et les parquets.

ENCAUSTIQUER, v. tr. [ɑ̃kostike] (*encaustique*) Étendre de l'encaustique et frotter pour rendre luisants les objets encaustiqués.

ENCAVAGE, ■ n. m. [ɑ̃kavaʒ] (*encaver*) **Suisse** Fait de mettre des denrées en cave dans le but de les faire vieillir. *L'encavage de meules de fromage.*

ENCAVÉ, ÉE, p. p. d'encaver. [ɑ̃kave]

ENCAVEMENT, n. m. [ɑ̃kav(ə)mɑ̃] (*encaver*) Action d'encaver.

ENCAVER, v. tr. [ɑ̃kave] (1 *en-* et *cave*) Mettre du vin en cave. ♦ S'encaver, v. pr. Être encavé.

ENCAVEUR, EUSE, n. m. et n. f. [ɑ̃kavœr, øz] (*encaver*) Personne qui encave le vin.

ENCEINDRE, v. tr. [ɑ̃sɛ̃dʀ] (lat. *incingere*) Entourer d'une ceinture. ♦ Par extens. *Enceindre de fossés, de palissades.*

ENCEINT, EINTE, p. p. d'enceindre. [ɑ̃sɛ̃, ɛ̃t]

1 **ENCEINTE**, n. f. [ɑ̃sɛ̃t] (*p. p.* fém. substantivé de *enceindre*) Circuit de murailles, de fossés. ♦ **Fortif.** *Enceinte d'une place,* les courtines, les bastions et le fossé qui l'environnent. ♦ Un espace qui est clos. ♦ Fig. « *Ils se renfermèrent dans l'enceinte d'une retraite austère* », MASSILLON. ♦ Salle plus ou moins vaste. *L'enceinte du tribunal.* ♦ **Vén.** Endroit qu'on entoure de pieux, de toiles, de filets ou de chasseurs, pour y prendre ou tuer du gibier, des loups, des sangliers. ■ Ensemble de caisses contenant plusieurs haut-parleurs, associé à un amplificateur et pouvant reproduire tous les registres sonores.

2 **ENCEINTE**, adj. f. [ɑ̃sɛ̃t] (lat. *incincta,* de *incingere,* entourer) *Femme enceinte,* femme qui porte un enfant dans son sein.

ENCEINTER, ■ v. tr. [ɑ̃sɛ̃te] (2 *enceinte*) **Afriq.** Mettre une femme enceinte.

ENCELLULEMENT, n. m. [ɑ̃selyl(ə)mɑ̃] (*encelluler*) ▷ Action d'encelluler ; état d'une personne encellulée. ◁

ENCELLULER, ■ v. tr. [ɑ̃selyle] (1 *en-* et *cellule*) ▷ Mettre, enfermer dans une cellule, en parlant de religieuses, de prisonniers. ◁

ENCENS, n. m. [ɑ̃sɑ̃] (on ne prononce pas le *s* final ; lat. chrét. *incensum,* toute matière brûlée, encens, du lat. *incendere,* brûler) Nom vulgaire de la résine appelée, en matière médicale, *oliban.* ♦ Composition que l'on brûle comme parfum. ♦ ▷ *Donner de l'encens,* brûler de l'encens devant quelqu'un ou devant quelque chose, pour accomplir une cérémonie religieuse. ◁ ♦ Fig. Hommage, louange, flatterie. « *Vendre au plus offrant son encens et ses vers* », BOILEAU. ♦ *Un grain d'encens,* un peu de flatterie. ♦ Au XVIIe siècle, *encens* se disait au pluriel pour louanges, flatteries. « *Porter nos vœux et nos encens aux pieds du trône* », FLÉCHIER. « *Un autre qui partout va gueuser des encens* », MOLIÈRE. ♦ Aujourd'hui, on ne se sert du pluriel qu'en parlant de différentes espèces d'encens.

ENCENSÉ, ÉE, p. p. d'encenser. [ɑ̃sɑ̃se]

ENCENSEMENT, n. m. [ɑ̃sɑ̃s(ə)mɑ̃] (*encenser*) Action d'encenser.

ENCENSER, v. tr. [ɑ̃sɑ̃se] (*encens*) Faire brûler l'encens devant quelqu'un, devant quelque chose. *Encenser une idole. Encenser l'évêque.* ♦ Absol. *Il entra pendant qu'on encensait.* ♦ Fig. Honorer d'une sorte de culte, d'hommage. « *On encense et on adore l'idole qu'on méprise* », MASSILLON. ♦ Donner des louanges excessives. *Encenser la fortune, les défauts de quelqu'un.* ♦ **Fam.**

Encenser à tour de bras, donner des louanges outrées. ♦ S'encenser, v. pr. Se donner les uns aux autres de l'encens, des flatteries. ■ V. intr. **Équit.** Remuer la tête de bas en haut, en parlant d'un cheval.

ENCENSEUR, EUSE, n. m. et n. f. [ɑ̃sɑ̃sœr, øz] (*encenser*) Ne se dit qu'au fig. Celui qui donne de l'encens, des louanges excessives. ■ Célébrant ou enfant de chœur chargé de l'encensoir.

ENCENSOIR, n. m. [ɑ̃sɑ̃swar] (radic. de *encenser*) Vase sacré, ou sorte de cassolette suspendue à de longues chaînettes, dans laquelle on brûle de l'encens. ♦ Fig. *Prendre l'encensoir,* louer excessivement. ♦ Fig. et fam. *Casser le nez à coups d'encensoir,* donner de l'encensoir par le nez, donner en face des louanges outrées. ♦ Fig. Le sacerdoce, le pontificat. *Il tient le sceptre et l'encensoir.* ■ *Donner des coups d'encensoir, manier l'encensoir,* flatter de manière excessive.

ENCÉPAGEMENT, ■ n. m. [ɑ̃sepaʒ(ə)mɑ̃] (1 *en-* et *cépage*) **Agric.** Nomenclature des cépages composant un vignoble ou que l'on trouve dans un pays, une région, un cru. *La qualité et la richesse de l'encépagement français.*

ENCÉPHALE, n. m. [ɑ̃sefal] (gr. *egkephalos* [*muelos*], la moelle de la tête, de *en,* dans et *kephalê,* tête) **Anat.** L'organe nerveux qui, chez tous les animaux vertébrés, est contenu dans la cavité du crâne.

ENCÉPHALINE, ■ n. f. [ɑ̃sefalin] Voy. ENKÉPHALINE.

ENCÉPHALIQUE, adj. [ɑ̃sefalik] (*encéphale*) **Anat.** Qui appartient à l'encéphale.

ENCÉPHALITE, n. f. [ɑ̃sefalit] (*encéphale*) **Méd.** Inflammation de l'encéphale. ■ ENCÉPHALITIQUE, adj. [ɑ̃sefalitik]

ENCÉPHALOGRAMME, ■ n. m. [ɑ̃sefalogram] (*encéphale* et *-gramme*) **Méd.** Examen radiographique de l'encéphale obtenu par encéphalographie. « *Lui, dont le cerveau déroulait à perte de vue la pelote de ses idées en un seul fil sans but ni sursaut, encéphalogramme plat, cheveu d'ange mort* », PENNAC.

ENCÉPHALOGRAPHIE, ■ n. f. [ɑ̃sefalografi] (*encéphale* et *-graphie*) **Méd.** Toute exploration radiographique de l'encéphale quelle que soit la technique utilisée.

ENCÉPHALOMYÉLITE, ■ n. f. [ɑ̃sefalomjelit] (*encéphale* et *myélite*) **Méd.** Inflammation de l'encéphale et de la moelle épinière. *Une encéphalomyélite aiguë ou subaiguë. Une encéphalomyélite équine.*

ENCÉPHALOPATHIE, ■ n. f. [ɑ̃sefalopati] (*encéphale* et *-pathie*) Affection non inflammatoire du cerveau souvent dégénérative. *Encéphalopathie spongiforme des bovins.* ■ **Abrév.** ESB.

ENCERCLEMENT, ■ n. m. [ɑ̃sɛrkləmɑ̃] (*encercler*) Action de cerner quelque chose ou quelqu'un ; son résultat.

ENCERCLER, ■ v. tr. [ɑ̃sɛrkle] (1 *en-* et *cercle*) **Vieilli** Entourer d'un cercle. ■ Cerner de tous côtés pour empêcher quelqu'un de fuir. *Nous étions complètement encerclés par l'ennemi.*

1 **ENCHAÎNÉ, ÉE** ou **ENCHAINÉ, ÉE**, p. p. d'enchaîner. [ɑ̃ʃene]

2 **ENCHAÎNÉ** ou **ENCHAINÉ**, ■ n. m. [ɑ̃ʃene] (p. p. d'*enchaîner*) **Cin.** Liaison entre deux séquences. *Un fondu enchaîné.*

ENCHAÎNEMENT ou **ENCHAINEMENT**, n. m. [ɑ̃ʃɛn(ə)mɑ̃] (*enchaîner*) Action de mettre à la chaîne. *L'enchaînement des forçats.* ♦ Fig. Suite ou série de choses de même nature, ou qui ont des rapports entre elles. *L'enchaînement des causes, des idées, etc.* ■ Manière d'enchaîner, de lier logiquement ou selon des règles établies, plusieurs éléments. *L'enchaînement d'un discours. L'enchaînement des mots d'un énoncé.* ■ Texte de liaison ou de transition entre deux moments d'un spectacle ou d'une émission radiophonique ou télévisuelle. ■ **Mus.** Suite d'accords répondant aux règles de l'harmonie. ■ **Danse** Succession de mouvements ou de pas constituant une unité.

ENCHAÎNER ou **ENCHAINER**, v. tr. [ɑ̃ʃene] (1 *en-* et *chaîne*) Attacher avec une chaîne. *Enchaîner un criminel, un animal féroce.* ♦ Par extens. *Le froid enchaîne les eaux,* il en glace la surface, qui cesse de couler. ♦ Fig. « *Maudit soit le premier dont la verve insensée [...] Voulut avec la rime enchaîner la raison !* », BOILEAU. ♦ ▷ *Enchaîner la victoire,* être constamment victorieux ; *enchaîner la fortune,* avoir des succès constants. ◁ ▷ *Enchaîner à son char,* devenir le maître de, rendre esclave, Voy. CHAR. ◁ ♦ Subjuguer, dompter, asservir. « *Lorsque son bras enchaîne et ravage la terre* », VOLTAIRE. ♦ Attacher par des liens moraux. ♦ Unir par des liens logiques, coordonner. *Enchaîner des propositions, des faits, etc.* ♦ ▷ Suspendre l'activité, le mouvement habituel. *La peur enchaîne ses pas. Enchaîner les vents.* ◁ ♦ S'enchaîner, v. pr. Se mettre soi-même à la chaîne. ♦ Être lié l'un à l'autre. *Les prospérités s'enchaînent comme les revers.* ■ V. intr. Passer rapidement à la réplique ou à la séquence suivante, au cinéma ou au théâtre. ■ **Rem.** On dit plutôt auj. *enchaîner les victoires.*

ENCHAÎNURE ou **ENCHAINURE**, n. f. [ɑ̃ʃenyr] (*enchaîner*) ▷ Entrelacement d'anneaux, de fils, de cordons et autres objets semblables. ◁

ENCHANTÉ, ÉE, p. p. d'enchanter. [ãʃɑ̃te] Fait par enchantement. *Séjour enchanté.* ♦ Très agréable. *Lieu enchanté.* ■ Très heureux. *Je suis enchantée de l'avoir revu.*

ENCHANTELAGE, n. m. [ãʃɑ̃t(ə)laʒ] (*enchanteler*) Action d'enchanteler.

ENCHANTELÉ, ÉE, p. p. d'enchanteler. [ãʃɑ̃t(ə)le]

ENCHANTELER, v. tr. [ãʃɑ̃t(ə)le] (1 en- et *chantel*, côté, coin, bonde de tonneau ; croisement sém. avec *enchanterer*, mettre un tonneau sur le *chantier*, support de bois) Mettre du bois dans le chantier. ♦ Établir une pièce de vin sur deux pièces de bois pour l'élever de terre.

ENCHANTEMENT, n. m. [ãʃɑ̃t(ə)mɑ̃] (*enchanter*) Action d'enchanter. *Les enchantements de Médée.* ♦ Effet produit par cette action. *Rompre un enchantement.* ♦ Par exagération. *Cet édifice s'est trouvé bâti comme par enchantement.* ♦ Chose merveilleuse, qui surprend. *C'était une succession d'enchantements.* ♦ Ce qui captive le cœur et les sens. *Les enchantements de la poésie.* ♦ Satisfaction, joie vive. *Cette nouvelle l'a mis dans l'enchantement.*

ENCHANTER, v. tr. [ãʃɑ̃te] (lat. *incantare*, formuler des incantations) Produire une opération surnaturelle sur quelqu'un ou quelque chose par des paroles magiques. ♦ *Se laisser enchanter,* ne pas résister à ce qui charme, captive. ♦ Il se dit des choses en un sens analogue. *Il enchanta ma vie.* ♦ Causer un très vif plaisir. *La musique m'enchante.* ♦ Rendre charmant. *L'amitié enchante ce séjour.* ♦ S'enchanter, v. pr. Être ravi, enchanté. ♦ Se plaire vivement l'un à l'autre.

ENCHANTEUR, ERESSE, n. m. et n. f. [ãʃɑ̃tœr, (ə)rɛs] (*enchanter*) Celui, celle qui fait les enchantements. ♦ Par extens. Celui, celle qui séduit, qui entraîne les cœurs. ♦ Adj. Qui enchante, charme, séduit. *Un séjour enchanteur. Une voix enchanteresse.*

ENCHAPER, v. tr. [ãʃape] (1 en- et *chape*) ▷ Enfermer un baril de vin ou de marchandise dans un second baril. ◁

ENCHAPERONNÉ, ÉE, p. p. d'enchaperonner. [ãʃap(ə)rɔne] ▷ Couvert du chaperon de deuil, dans un convoi funèbre. ◁

ENCHAPERONNEMENT, n. m. [ãʃap(ə)rɔn(ə)mɑ̃] (*enchaperonner*) Action d'enchaperonner ; résultat de cette action.

ENCHAPERONNER, v. tr. [ãʃap(ə)rɔne] (1 en- et *chaperon*) **Vén.** Couvrir la tête d'un chaperon. *Enchaperonner l'oiseau.*

ENCHARGER, v. tr. [ãʃarʒe] (1 en- et *charge*) ▷ Donner charge, commission, recommandation. « *On m'a enchargé de prendre garde que personne ne me vît* », Molière. ◁

ENCHÂSSÉ, ÉE, p. p. d'enchâsser. [ãʃase]

ENCHÂSSEMENT, ■ n. m. [ãʃas(ə)mɑ̃] (*enchâsser*) Action d'insérer quelque chose dans un support ou un ensemble ; son résultat. *L'enchâssement d'une pierre précieuse dans une monture.*

ENCHÂSSER, v. tr. [ãʃase] (1 en- et *châsse*) Insérer, fixer dans une châsse. *Enchâsser des reliques.* ♦ Fig. et plais. *Enchâsser, faire enchâsser,* conserver comme une relique ce qui ne mérite pas un pareil soin. ♦ Mettre dans une monture, encastrer. *Enchâsser un diamant.* ♦ Fig. *Enchâsser une citation dans une histoire.* ♦ S'enchâsser, v. pr. Être enchâssé.

ENCHÂSSURE, n. f. [ãʃasyr] (*enchâsser*) Action d'enchâsser ; son résultat.

ENCHÂTELER ■ v. tr. [ãʃɑt(ə)le] (1 en- et anc. fr. *chastel*, au sens de *chastelot, chastelet,* petit tas ajouté à une mesure rase) **Suisse** Remplir quelque chose à ras bord.

ENCHATONNEMENT, n. m. [ãʃatɔn(ə)mɑ̃] (*enchatonner*) Action d'enchatonner ; effet de cette action.

ENCHATONNER, v. tr. [ãʃatɔne] (1 en- et 1 *chaton*) Insérer une pierre précieuse dans un chaton. ♦ S'enchatonner, v. pr. S'incruster dans un chaton.

ENCHAUSSÉ, ÉE, p. p. d'enchausser. [ãʃose]

ENCHAUSSER, v. tr. [ãʃose] (1 en- et *chausser*) Couvrir de paille ou de fumier une plante, soit pour la faire blanchir, soit pour la garantir de la gelée.

ENCHEMISAGE, ■ n. m. [ãʃ(ə)mizaʒ] (*enchemiser*) Action de recouvrir un livre, un objet d'une chemise protectrice ; son résultat. *L'enchemisage d'une boîte, des côtés, de l'intérieur.*

ENCHEMISER, ■ v. tr. [ãʃ(ə)mize] (1 en- et *chemise*) Entourer un livre d'une chemise de protection. ■ Recouvrir un projectile d'une surface protectrice. *Enchemiser un obus.*

ENCHÈRE, n. f. [ãʃɛr] (*enchérir*) Offre d'un prix supérieur dans une vente ; somme que l'on met pour cette offre. *Mettre une enchère.* ♦ *Folle enchère,* enchère trop haute et qu'on ne peut pas payer ; ce qui force à une nouvelle enchère dont la différence et les frais sont à la charge de celui qui a fait la folle enchère. ♦ Fig. *Payer la folle enchère,* être victime de sa propre imprudence. ♦ L'encan. *Vendre aux enchères, à l'enchère.* ♦ Fig. *Mettre une faveur aux enchères,* ne l'accorder qu'au plus offrant. ♦ Fig. *Mettre enchère,*

disputer comme dans un encan. ♦ *Être à l'enchère,* se dit de l'homme prêt à vendre ses services à celui qui les payera le mieux. ■ Aux cartes, demande ou annonce supérieure à celle des adversaires.

ENCHÉRI, IE, p. p. d'enchérir. [ãʃeri]

ENCHÉRIR, v. tr. [ãʃerir] (1 en- et *cher*) Mettre une enchère sur quelque chose. *Enchérir une maison.* ♦ V. intr. Mettre une enchère, des enchères. *Enchérir sur un autre.* ♦ Fig. Aller au-delà, faire plus qu'un autre. *La renommée enchérit toujours sur la vérité.* ♦ Ce mot enchérit sur tel autre, il ajoute à l'idée qu'il exprime. ♦ V. tr. Augmenter le prix d'une marchandise. ♦ ▷ V. intr. Se conjugue avec *être* ou *avoir* suivant le sens. Devenir plus cher. ◁

ENCHÉRISSEMENT, n. m. [ãʃeris(ə)mɑ̃] (*enchérir*) Augmentation de prix.

ENCHÉRISSEUR, EUSE, n. m. et n. f. [ãʃerisœr, øz] (*enchérir*) Personne qui met une enchère. *Vendre au plus offrant et dernier enchérisseur.* ♦ *Fol enchérisseur,* celui qui a fait une folle enchère.

ENCHEVALEMENT, n. m. [ãʃəval(ə)mɑ̃] (anc. fr. *enchevaler,* de 1 en- et *chevalet,* pièce d'étai) Opération par laquelle on étaye une maison pour y faire des reprises en sous-œuvre.

ENCHEVAUCHER, v. tr. [ãʃəvoʃe] (1 en- et *chevaucher*) Pratiquer une enchevauchure.

ENCHEVAUCHURE, n. f. [ãʃəvoʃyr] (*enchevaucher*) Jonction de pièces de bois par feuillure ou recouvrement. ♦ Position des tuiles et des ardoises qui se couvrent en partie les unes les autres.

ENCHEVÊTRÉ, ÉE, p. p. d'enchevêtrer. [ãʃ(ə)vetre] Fig. Qui est mal en ordre, difficile à débrouiller. *Affaires enchevêtrées.* ♦ *Style enchevêtré,* style dont l'obscurité vient de la construction de la phrase.

ENCHEVÊTREMENT, n. m. [ãʃ(ə)vetrəmɑ̃] (*enchevêtrer*) Action d'enchevêtrer ; résultat de cette action. ♦ Fig. État de choses difficiles à débrouiller. ♦ Vice du style enchevêtré. ■ Réseau complexe et dense. *Un enchevêtrement de couloirs et de corridors dans lequel il est facile de se perdre.*

ENCHEVÊTRER, v. tr. [ãʃ(ə)vetre] (1 en- et *chevêtre*) Mettre un chevêtre, un licou à un cheval. ♦ Constr. Joindre des solives par un chevêtre. ♦ Fig. Embrouiller. ♦ S'enchevêtrer, v. pr. Se prendre la jambe. ♦ Fig. S'embrouiller. *Il s'enchevêtra dans un raisonnement.* ■ V. tr. Emmêler, désordonner quelque chose au point de ne plus pouvoir y remettre de l'ordre. *Il a enchevêtré les fils de l'ordinateur et de ses périphériques.*

ENCHEVÊTRURE, n. f. [ãʃ(ə)vetryr] (*enchevêtrer*) **Constr.** Assemblage de solives qui dans un plancher environnent et supportent le foyer de la cheminée. ♦ Vétér. Excoriation ou plaie qu'un cheval se fait au pli du paturon, ou même plus haut, avec sa longe.

ENCHIFRENÉ, ÉE, p. p. d'enchifrener. [ãʃifrəne]

ENCHIFRÈNEMENT, n. m. [ãʃifrɛn(ə)mɑ̃] (*enchifrener*) Embarras dans le nez résultant d'un rhume de cerveau.

ENCHIFRENER, v. tr. [ãʃifrəne] (1 en- et *chanfrein*) Causer un enchifrènement. ♦ S'enchifrener, v. pr. *Je me suis subitement enchifrené.*

ENCHIRIDION, n. m. [ãkiridjɔ̃] (*ch* se prononce *k* et non *ch* ; gr. *egkheiridios,* que l'on tient dans la main, de *en,* dans, et *kheir,* main) Manuel, petit livre portatif. ♦ Se dit seulement du manuel d'un auteur ancien. *L'enchiridion d'Épictète.*

ENCHYMOSE, n. f. [ãkimoz] (*ch* se prononce *k* et non *ch* ; gr. *egkhumôsis,* diffusion des humeurs à travers le corps) **Méd.** Afflux de sang dans les vaisseaux cutanés. ■ REM. On dit plutôt auj. *ecchymose.*

ENCIREMENT, n. m. [ãsir(ə)mɑ̃] (*encirer*) ▷ Action d'encirer ; son effet. ◁

ENCIRER, v. tr. [ãsire] (1 en- et *cire*) ▷ Enduire, imbiber de cire. ◁

ENCLASSÉ, ÉE, p. p. d'enclasser. [ãklase]

ENCLASSEMENT, n. m. [ãklas(ə)mɑ̃] (*enclasser*) ▷ Action d'enclasser. ◁

ENCLASSER, v. tr. [ãklase] (1 en- et *classer*) ▷ Mettre dans des classes. « *On enrôle, on enclasse les matelots* », Voltaire. ◁

ENCLAVE, n. f. [ãklav] (*enclaver*) Terrain entouré par d'autres terrains. ♦ Pays renfermé dans un autre. ♦ Jurispr. État d'un fonds entouré de tous côtés par des fonds appartenant à autrui. ♦ Archit. Engagement d'un corps dans un autre. ■ Géol. Roche d'une nature différente de celle dans laquelle elle est englobée.

ENCLAVÉ, ÉE, p. p. d'enclaver. [ãklave]

ENCLAVEMENT, n. m. [ãklav(ə)mɑ̃] (*enclaver*) Action d'enclaver ; état de ce qui est enclavé.

ENCLAVER, v. tr. [ãklave] (lat. vulg. *inclavare,* du lat. *clavis,* clé) Enclore une chose dans une autre. *Enclaver une terre dans un parc.* ♦ *Enclaver une pierre,* la lier avec d'autres pierres qui sont déjà placées. ♦ S'enclaver, v. pr. Être enclavé. ■ V. tr. Insérer quelque chose à l'intérieur d'autre chose.

ENCLENCHEMENT, ■ n. m. [ãklɑ̃ʃmɑ̃] (*enclencher*) Action de faire fonctionner quelque chose. *L'enclenchement de l'ouverture automatique* *d'une porte.* ■ **Fig.** Action de mettre un processus en route. *L'enclenchement des négociations.* ■ Dispositif qui permet d'activer et de rendre solidaires les différents éléments d'un mécanisme.

ENCLENCHER, ■ v. tr. [ɑ̃klɑ̃ʃe] (1 en- et *clenche*) Faire fonctionner un mécanisme. *Enclencher la marche arrière.* ■ **Fig.** *Ils enclenchèrent le processus de destruction.* ■ S'enclencher, v. pr. Se mettre en marche. *La machine s'enclenche.*

ENCLIN, INE, adj. [ɑ̃klɛ̃, in] (anc. fr. *encliner*, du lat. *inclinare*, pencher) Qui a un penchant pour quelque chose. ♦ « *Plus enclin à blâmer que savant à bien faire* », Boileau. ♦ On dit *enclin à* avec un verbe ; et avec un substantif, *enclin à* ou *enclin vers*. ■ **Rem.** On dit auj. *enclin à* dans tous les cas.

ENCLIQUETAGE, n. m. [ɑ̃klik(ə)taʒ] (*encliqueter*) Appareil pour s'opposer à la rétrogradation, dans une mécanique.

ENCLIQUETER, v. tr. [ɑ̃klik(ə)te] (1 en- et *cliquet*) Faire un encliquetage ; arrêter au moyen d'un encliquetage.

ENCLITIQUE, n. f. [ɑ̃klitik] (gr. *egklitikos, egklinein,* pencher) **Gramm. grecq.** Mot qui, perdant son accent, se lie au mot précédent et en fait pour la prononciation réellement partie. ♦ En français, *ce* est enclitique dans : *Est-ce ? était-ce ? que sera-ce ?, etc.* ♦ Adj. *Les mots, les particules enclitiques.*

ENCLOÎTRER ou **ENCLOITRER,** v. tr. [ɑ̃klwatʀe] (1 en- et *cloître*) Mettre dans un cloître. ♦ S'encloîtrer, v. pr. Se mettre dans un cloître.

ENCLORE, v. tr. [ɑ̃klɔʀ] (lat. *includere,* enfermer) Clore de murs, de haies, etc. *Enclore son jardin.* ♦ Enclaver. *Il a enclos ce bois dans son parc.* ♦ Enfermer. « *Ceux qu'enclôt la tombe noire* », La Fontaine. ♦ S'enclore, v. pr. Fermer de murs son jardin, son champ.

1 ENCLOS, n. m. [ɑ̃klo] (*enclore*) Espace enfermé dans une enceinte de murs, de haies, etc. *Un enclos attenant au jardin.* ♦ L'enceinte même. *Réparer son enclos.* ♦ *Enclos paroissial,* zone clôturée qui englobe l'église et le cimetière spécial. dans les villages bretons.

2 ENCLOS, OSE, p. p. d'enclore. [ɑ̃klo, oz]

ENCLOUAGE, n. m. [ɑ̃kluaʒ] (*enclouer*) Action d'enclouer une pièce de canon. ■ **Chir.** Insertion d'un clou pour immobiliser des os fracturés.

ENCLOUÉ, ÉE, p. p. d'enclouer. [ɑ̃klue]

ENCLOUER, v. tr. [ɑ̃klue] (1 en- et *clouer*) Blesser le cheval avec un clou, quand on le ferre. ♦ Enfoncer avec force un clou dans la lumière d'un canon pour empêcher qu'on ne puisse s'en servir. ♦ S'enclouer, v. pr. Être blessé par un clou qui entre dans le pied, en parlant du cheval. ♦ ▷ S'enferrer, se prendre par ses propres arguments. ◁ ■ **Chir.** Immobiliser des os fracturés en insérant un clou pour maintenir les fragments.

ENCLOUURE, n. f. [ɑ̃kluyʀ] (*enclouer*) Blessure d'un cheval qui s'est encloué. ♦ Blessure faite au pied du cheval et du bœuf par les clous que le maréchal implante pour fixer le fer. ♦ **Fig.** Empêchement, nœud d'une difficulté. *Voilà l'enclouure.*

ENCLUME, n. f. [ɑ̃klym] (lat. *incus,* génit. *incudis,* prob. avec infl. de *includere,* enfermer) Masse de fer aciérée sur laquelle on bat le fer et les autres métaux. ♦ *Dur comme une enclume,* très dur. ♦ *Se trouver entre l'enclume et le marteau,* être engagé entre deux partis, entre deux intérêts contraires, de manière à souffrir des deux côtés. ♦ *Remettre un ouvrage sur l'enclume,* le refaire, lui donner une autre forme. ♦ **Anat.** Un des osselets de l'oreille moyenne. ♦ **Prov.** *Il faut être enclume ou marteau,* il faut être opprimé ou oppresseur. ♦ *Il vaut mieux être marteau qu'enclume,* il vaut mieux battre qu'être battu. ■ **Anat.** Osselet de l'oreille placé entre l'enclume et l'étrier.

ENCLUMEAU ou **ENCLUMOT,** n. m. [ɑ̃klymo] (*enclume*) Petite enclume portative.

ENCLUMETTE, n. f. [ɑ̃klymɛt] (*enclume*) ▷ Petite enclume portative à l'usage des faucheurs, pour aiguiser leur faux en la battant. ◁

ENCOCHE, n. f. [ɑ̃kɔʃ] (*encocher*) Établi du sabotier. ♦ Entaille faite par le boulanger sur la taille, pour marquer le pain qu'il fournit à crédit. ■ Entaille de petite taille destinée à servir d'arrêt pour une autre pièce, dans un mécanisme.

ENCOCHÉ, ÉE, p. p. d'encocher. [ɑ̃kɔʃe] **Hérald.** Flèche posée sur un arc, que l'arc soit bandé ou non.

ENCOCHEMENT ou **ENCOCHAGE,** n. m. [ɑ̃kɔʃ(ə)mɑ̃, ɑ̃kɔʃaʒ] (*encocher*) Action d'encocher.

ENCOCHER, v. tr. [ɑ̃kɔʃe] (1 en- et *coche*) Appliquer la coche d'une flèche sur la corde de l'arc. ♦ Faire une encoche sur la taille d'un boulanger. ■ Pratiquer une encoche dans quelque chose.

ENCODER, ■ v. tr. [ɑ̃kode] (1 en- et *code*) Produire un message selon un code défini. ■ **Inform.** Saisir en le codant un document. *Encoder une vidéo.* ■ **Ling.** Traduire de sa langue maternelle en une langue étrangère ou produire un énoncé directement dans une langue étrangère. ■ ENCODAGE, n. m. [ɑ̃kodaʒ]

ENCODEUR, ■ n. m. [ɑ̃kodœʀ] (*encoder*) **Inform.** Appareil assurant la traduction sous forme numérique de données saisies et leur stockage en vue de leur exploitation ultérieure. ■ Logiciel qui permet de convertir les plages d'un CD audio en données compressées.

ENCOFFRÉ, ÉE, p. p. d'encoffrer. [ɑ̃kofʀe]

ENCOFFRER, v. tr. [ɑ̃kofʀe] (1 en- et *coffre*) ▷ Enfermer dans un coffre. ♦ **Fig.** Mettre en prison. ♦ Serrer soigneusement par avarice. ♦ S'approprier par friponnerie. ◁

ENCOIFFER (S'), v. pr. [ɑ̃kwafe] (1 en- et *coiffe*) ▷ S'enticher, s'infatuer. « *Si on y songe trop, on s'entête et on s'encoiffe* », Pascal. ◁

ENCOIGNURE, n. f. [ɑ̃kɔɲyʀ] ou [ɑ̃kwaɲyʀ] (anc. fr. *encoignier,* de 1 en- et *coing*) Coin formé par la jonction de deux murailles. *L'encoignure de la rue.* ■ Petit meuble fait pour être placé dans un coin. ■ **Rem.** On disait aussi *encognure.*

ENCOLLAGE, n. m. [ɑ̃kolaʒ] (*encoller*) Action d'encoller ; résultat de cette action. ♦ L'apprêt même qui sert à encoller. ■ Préparation des fils de chaîne avant le tissage.

ENCOLLÉ, ÉE, p. p. d'encoller. [ɑ̃kole]

ENCOLLER, v. tr. [ɑ̃kole] (1 en- et *colle*) Appliquer, étendre sur quelque chose un apprêt de colle ou de gomme. ♦ **Techn.** *Encoller le bois,* y appliquer une ou plusieurs couches de colle, avant que de le dorer.

ENCOLLEUR, EUSE, ■ n. m. et n. f. [ɑ̃kolœʀ, øz] (*encoller*) Personne qui encolle les tissus. ■ N. f. *Une encolleuse,* machine à encoller les tissus.

ENCOLURE, n. f. [ɑ̃kolyʀ] (1 en- et *col*) Nom que l'on donne au cou du cheval et des autres mammifères. ♦ ▷ **Fam.** La tournure, la façon d'être d'une personne. ◁ ♦ ▷ *Avoir l'encolure de,* avoir l'air, l'apparence de... *Avoir l'encolure d'un fripon.* ◁ ■ **Techn.** Le dégagement de l'habit autour du cou. ■ Taille du cou d'un homme. ■ Partie du vêtement qui entoure le cou. *Une encolure en V.* ■ Partie d'un vêtement sur laquelle est fixé le col.

ENCOMBRANT, ANTE, adj. [ɑ̃kɔ̃bʀɑ̃, ɑ̃t] (*encombrer*) Qui encombre, qui cause de l'encombrement. *Marchandises encombrantes.*

ENCOMBRE, n. m. [ɑ̃kɔ̃bʀ] (*encombrer*) Accident fâcheux qui empêche, qui fait échouer. ■ SANS ENCOMBRE, loc. adv. Sans incident, sans rencontrer de difficulté majeure.

ENCOMBRÉ, ÉE, p. p. d'encombrer. [ɑ̃kɔ̃bʀe]

ENCOMBREMENT, n. m. [ɑ̃kɔ̃bʀəmɑ̃] (*encombrer*) Action d'encombrer. ♦ Amas de matériaux, de voitures, de personnes qui encombrent un passage. ■ Surface encombrée par un objet. *Une table à repasser de faible encombrement.* ■ **Méd.** Accumulation de mucosités. *Souffrir d'encombrement bronchique.* ■ **Inform.** Situation de saturation d'un réseau ou d'un système du fait d'un trop grand nombre de demandes d'opérations.

ENCOMBRER, v. tr. [ɑ̃kɔ̃bʀe] (1 en- et anc. fr. *combre,* barrage sur une rivière, du lat. médiév. *combrus,* abatis d'arbres, prob. d'orig. gaul.) Obstruer un passage. ♦ **Fig.** *Ils encombrent les antichambres.* ♦ S'encombrer, v. pr. Devenir encombré. ■ Causer une gêne en occupant beaucoup de place. *Les cartons encombrent le grenier.* ■ **Inform.** Saturer un système ou un réseau. ■ **Fig.** *Encombrer sa mémoire,* la surcharger.

ENCONTRE (À L'), loc. prép. [ɑ̃kɔ̃tʀ] (b. lat. *incontra,* de *in* et *contra*) À l'encontre de, en s'opposant à. *Je ne vais pas à l'encontre de ce que vous dites.* ♦ **Absol.** *Je ne vais pas à l'encontre.* ♦ À l'opposite, en face. « *Quand les beaux oiseaux volent à l'encontre du soleil* », Chateaubriand. ■ **Mar.** *Deux navires vont à l'encontre l'un de l'autre,* lorsqu'ils font des routes diamétralement opposées.

ENCOPRÉSIE, ■ n. f. [ɑ̃kopʀezi] (gr. *kopros,* excrément, sur le modèle de *énurésie*) **Méd.** Trouble fonctionnel ou psychologique qui entraîne des difficultés de contrôle de la défécation.

ENCOR, adv. [ɑ̃kɔʀ] Voy. ENCORE.

ENCORBELLEMENT, n. m. [ɑ̃kɔʀbɛl(ə)mɑ̃] (1 en- et l'anc. fr. *corbel,* corbeau) **Archit.** Construction en saillie portant à faux sur quelque console ou corbeau, au-delà d'un mur. *Balcon, galerie en encorbellement.*

ENCORDER (S'), ■ v. pr. [ɑ̃kɔʀde] (1 en- et *corde*) S'attacher l'un à l'autre avec une corde, notamment lors d'une ascension difficile.

ENCORE, adv. [ɑ̃kɔʀ] (lat. vulg. *hinc hac hora* ou *hinc ad horam,* maintenant à cette heure) Jusqu'au moment dont il s'agit. *Il vit encore.* ♦ S'emploie quelque fois substantivement comme *les si, les mais.* « *Et les encore* »,

La Fontaine. ◆ ▷ *D'encore en encore*, en allant d'un encore à un autre encore, en allant encore plus loin. ◁ ◆ De nouveau. *Quoi ! vous le faites encore ?* ◆ De plus. ◆ Indique aussi augmentation, surcroît. *Il est encore plus riche que son frère.* ◆ En un sens restrictif. « *Je n'y sais qu'un remède, encore en est-il fâcheux* », P. Corneille. ◆ C'est-à-dire passe pour, on admettrait que. ◆ Du moins. « *Encor si nous pouvions prolonger son erreur !* », Voltaire. ◆ *Pas encore*, se dit par abréviation pour ; *non pas encore. Faut-il venir ? Pas encore.* ◆ *Encore !* pris elliptiquement signifie soit recommencez, ajoutez, soit l'improbation et le mécontentement que fait éprouver un fait qui se renouvelle. ◆ Mais *encore* s'emploie comme corrélatif de *non seulement.* ◆ encore que, loc. conj. Gouvernant le subjonctif, quoique, bien que. « *Encor qu'il soit sans crime, il n'est pas innocent* », P. Corneille. ◆ *Encore que* se construit avec des adjectifs et des adverbes. « *Et ce souhait impie encore qu'impuissant* », P. Corneille. « *Vous en êtes la cause encor qu'innocemment* », P. Corneille. ◆ En vers, on écrit *encore* ou *encor*, suivant le besoin de la rime ou de la mesure. L'ancienne prose écrivait aussi *encores*.

ENCORNÉ, ÉE, adj. [ãkɔʀne] (*encorner*) Qui a des cornes.

ENCORNER, v. tr. [ãkɔʀne] (1 *en-* et *corne*) Frapper, percer avec les cornes.

ENCORNET, ■ n. m. [ãkɔʀnɛ] (de 1 *en-* et *cornet*) Calmar.

ENCORNETER, v. tr. [ãkɔʀnəte] (1 *en-* et *cornette*) ▷ Coiffer d'une cornette, habiller en femme. ◆ S'encorneter, v. pr. Se coiffer d'une cornette. ◁

ENCOUBLE, ■ n. f. [ãkubl] (*encoubler*) **Suisse** Ce qui entrave ou occasionne une gêne.

ENCOUBLER (S'), ■ v. pr. [ãkuble] (mot suisse romand, du franco-provenç. *encobolar*, de 1 *en-* et *couble, couple*, entrave au cou du bétail) **Suisse** Faire une chute.

ENCOURAGÉ, ÉE, p. p. d'encourager. [ãkuʀaʒe]

ENCOURAGEANT, ANTE, adj. [ãkuʀaʒã, ãt] (*encourager*) Qui encourage.

ENCOURAGEMENT, n. m. [ãkuʀaʒ(ə)mã] (*encourager*) Action d'encourager. *L'encouragement au travail.* ◆ Ce qui encourage. *Les éloges et les récompenses sont des encouragements.* ◆ Dans le langage administratif, toute protection, toute récompense accordée aux arts et à l'industrie, etc. ◆ *Société d'encouragement*, nom donné à diverses sociétés scientifiques, agricoles ou industrielles.

ENCOURAGER, v. tr. [ãkuʀaʒe] (1 *en-* et *courage*) Inspirer du courage, exciter, animer. ◆ Favoriser par une protection spéciale. *Encourager les sciences, les arts, etc.* ◆ Il se dit aussi des choses mauvaises que l'on favorise. *Encourager le vice, le crime.* ◆ S'encourager, v. pr. Se donner réciproquement du courage. ◆ S'encourager soi-même. ■ V. tr. *Encourager quelqu'un à faire quelque chose*, l'inciter.

ENCOURIR, v. tr. [ãkuʀiʀ] (lat. *incurrere*, se jeter sur, tomber dans) Tomber par quelque méfait sous le coup d'une pénalité. *Encourir des peines, une amende.* ◆ Par extens. S'exposer à. *Encourir la honte, le blâme.*

EN-COURS ou **ENCOURS,** ■ n. m. [ãkuʀ] (1 *en-* et *cours*) Montant des effets attribués par une banque et qui n'ont pas encore atteint la date d'échéance. ■ **Comptab.** Ensemble de biens et de services en cours de production.

ENCOURU, UE, p. p. d'encourir. [ãkuʀy]

ENCRAGE, ■ n. m. [ãkʀaʒ] (*encrer*) **Impr.** Opération qui consiste à enduire d'encre un élément d'une machine à imprimer ou d'une presse. *Les opérations d'encrage d'un rouleau d'imprimerie.*

ENCRASSÉ, ÉE, p. p. d'encrasser. [ãkʀase] Plein de crasse.

ENCRASSEMENT, n. m. [ãkʀas(ə)mã] (*encrasser*) Action d'encrasser ; résultat de cette action. *L'encrassement d'une machine.*

ENCRASSER, v. tr. [ãkʀase] (1 *en-* et *crasse*) Rendre crasseux. *La poudre encrasse les habits.* ◆ S'encrasser, v. pr. Se couvrir de crasse. ◆ ▷ Fig. et fam. Se mésallier ; s'avilir par la fréquentation de gens de mauvaise compagnie. ◁

ENCRE, n. f. [ãkʀ] (lat. *encaustum*, gr. *egkauston*, peinture à l'encaustique) Liqueur ordinairement noire dont on se sert pour écrire, pour imprimer. ◆ *Encre rouge, bleue, etc.*, liquides colorés dont on se sert quelquefois pour écrire. ◆ *Encre d'imprimerie*, pâte liquide qui consiste en un mélange de noir de fumée et d'huile de lin cuite. ◆ **Fig.** *Des soupçons plus noirs que l'encre.* ◆ ▷ *Écrire de la bonne encre* ou *de bonne encre à quelqu'un*, lui écrire sans ménagement, vertement. ◁ ◆ *C'est la bouteille à l'encre*, se dit d'une affaire compliquée et rendue obscure, d'une personne qu'on ne comprend pas et qui ne se comprend pas elle-même. ◆ *Être dans la bouteille à l'encre*, être dans le secret d'une affaire, d'une intrigue. On dit plus ordinairement : *être dans la bouteille.* ◆ *Encre de Chine*, composition sèche qu'on emploie en détrempe et au pinceau. ■ Liquide noir produit par certains mollusques, lorsqu'ils se sentent menacés. ■ *Encre sympathique*, liquide incolore qui se révèle sur le papier sous l'effet de la chaleur. ■ *Se faire un sang d'encre*, s'inquiéter beaucoup. ■ *Une nuit d'encre*, sans étoiles. ■ **Bot.** Champignon qui attaque les châtaigniers.

ENCRÉ, ÉE, p. p. d'encrer. [ãkʀe]

ENCRÊPÉ, ÉE, p. p. d'encrêper. [ãkʀepe]

ENCRÊPER, v. tr. [ãkʀepe] (1 *en-* et *crêpe*) Garnir de crêpe. ◆ S'encrêper, v. pr. Prendre un crêpe, s'habiller de deuil.

ENCRER, v. tr. [ãkʀe] (*encre*) **Impr.** Enduire d'encre.

ENCREUR, ■ adj. m. [ãkʀœʀ] (*encrer*) Qui encre un support. *Un rouleau, un tampon encreur.*

ENCRIER, n. m. [ãkʀije] (*encre*) Petit vase où l'on met de l'encre pour la prendre avec la plume. *Encrier de corne ou cornet.* ■ **Impr.** Réservoir qui alimente en encre les rouleaux encreurs d'une presse à imprimer.

ENCRINE, n. m. [ãkʀin] (lat. sav. [XVIIIᵉ siècle] *encrinus*, du gr. *en*, dans et *krinon*, lis) Sorte de zoophyte.

ENCRINITE, n. m. [ãkʀinit] (*encrine*) Encrine pétrifié.

ENCRINITIQUE, adj. [ãkʀinitik] (*encrinite*) *Terrain encrinitique*, terrain qui renferme des encrinites.

ENCROISEMENT, n. m. [ãkʀwaz(ə)mã] (*encroiser*) ▷ Action d'encroiser, de faire une croix. ◁

ENCROISER, v. tr. [ãkʀwaze] (1 *en-* et *croiser*) ▷ **Techn.** Croiser les fils d'une partie ourdie. ◁

ENCROUÉ, ÉE, adj. [ãkʀue] (b. lat. jurid. *incrocare*, pendre à un croc) *Arbre encroué*, celui qui étant tombé sur un autre par une cause quelconque y demeure embarrassé.

ENCROÛTANT, ANTE ou **ENCROUTANT, ANTE,** adj. [ãkʀutã, ãt] (*encroûter*) **Zool.** Qui enveloppe les corps et y forme une sorte de croûte.

ENCROÛTÉ, ÉE ou **ENCROUTÉ, ÉE,** p. p. d'encroûter. [ãkʀute] **Fig.** et **fam.** *Encroûté de préjugés*, qui en a l'esprit imbu. *Un pédant encroûté*, un homme d'une extrême pédanterie. ◆ **Absol.** *Il est encroûté.*

ENCROÛTEMENT ou **ENCROUTEMENT,** n. m. [ãkʀut(ə)mã] (*encroûter*) Action d'encroûter. ■ Fait de s'enfermer dans une routine.

ENCROÛTER ou **ENCROUTER,** v. tr. [ãkʀute] (1 *en-* et *croûte*) Enduire un mur de mortier. ◆ S'encroûter, v. pr. Se couvrir d'une sorte de croûte. ◆ **Fig.** et **fam.** Devenir routinier, stupide ; et aussi avec un régime. *S'encroûter de préjugés.*

ENCUIRASSÉ, ÉE, p. p. d'encuirasser. [ãkɥiʀase]

ENCUIRASSER, v. tr. [ãkɥiʀase] (1 *en-* et *cuirasse*) Couvrir d'une cuirasse, d'une couche de poussière, etc. ◆ S'encuirasser, v. pr. Se couvrir d'une couche épaisse de poussière, de crasse, en parlant de la peau, du linge. ◆ **Par extens.** Se couvrir d'un corset, comparé à une cuirasse.

ENCULAGE, ■ n. m. [ãkylaʒ] (*enculer*) **Vulg.** Action de sodomiser. ■ **Vulg.** *Enculage de mouches*, souci du détail tellement poussé qu'il en devient irritant et inutile. *Cette réunion n'a servi à rien : aucune décision concrète, ni remarque pertinente, juste de l'enculage de mouches.*

ENCULÉ, ÉE, ■ n. m. et n. f. [ãkyle] (*enculer*) **Vulg.** Terme d'injure. *Quel enculé ce type !*

ENCULER, ■ v. tr. [ãkyle] (1 *en-* et *cul*) **Vulg.** Sodomiser. ■ Terme d'injure. *Va te faire enculer !*

ENCUVAGE, n. m. [ãkyvaʒ] (*encuver*) Action d'encuver le linge ou la vendange.

ENCUVÉ, ÉE, p. p. d'encuver. [ãkyve] Mis dans la cuve.

ENCUVEMENT, n. m. [ãkyv(ə)mã] (*encuver*) Action d'encuver.

ENCUVER, v. tr. [ãkyve] (1 *en-* et *cuve*) Mettre dans une cuve ce qui doit y recevoir sa préparation. *Encuver la vendange, du linge à blanchir.*

ENCYCLIQUE, n. f. [ãsiklik] (lat. chrét. *encyclicæ* [*litteræ*], du gr. *egkuklios*, circulaire) Lettre circulaire du pape sur quelque point de dogme ou de doctrine. *Une encyclique.* ◆ Adj. *Lettre encyclique.*

ENCYCLOPÉDIE, n. f. [ãsiklopedi] (gr. *egkuklios paideia*, instruction complète, lit. qui embrasse le cercle entier) Enchaînement, ensemble de toutes les sciences réunies dans un même ouvrage ou dans une même tête. ◆ *Encyclopédie méthodique*, ouvrage traitant méthodiquement de toutes les sciences et de tous les arts. ◆ Abusivement, *encyclopédie d'une science, d'une connaissance*, l'ensemble de cette science, de cette connaissance. ◆ **Absol.** *L'Encyclopédie*, ouvrage fait par Diderot, d'Alembert et ceux qu'on nommait au XVIIIᵉ siècle les philosophes. ◆ **Fig.** *Une encyclopédie vivante*, un homme qui embrasse toutes les connaissances ou du moins le plus grand nombre. *Sa tête est une véritable encyclopédie.*

ENCYCLOPÉDIQUE, adj. [ãsiklopedik] (*encyclopédie*) Qui appartient à l'encyclopédie. ◆ Qui embrasse toutes les sciences. *Un esprit encyclopédique. Revue encyclopédique.*

ENCYCLOPÉDISME, ■ n. m. [ãsiklopedism] (*encyclopédie*) Souvent péj. Tendance à l'accumulation d'un grand nombre de connaissances dans divers domaines.

ENCYCLOPÉDISTE, n. m. [ãsiklopedist] (*encyclopédie*) Écrivain, auteur d'une encyclopédie. ♦ **Absol.** *Les encyclopédistes*, ceux qui ont travaillé à *L'Encyclopédie* du XVIIIᵉ siècle. ■ Auteur qui rédige des articles d'encyclopédie.

ENDÉANS, ■ prép. [ãdeã] (1 *en-*, de l'anc. fr. *enz*, à l'intérieur, dans, du lat. *intus*) Belg. Dans le temps fixé de. *Une réponse est attendue endéans les trois jours.*

EN DEÇÀ, ■ loc. adv. [ãd(ə)sa] Voy. DEÇÀ.

ENDÉCAGONE, adj. [ɛ̃dekagon] Voy. HENDÉCAGONE.

EN DEHORS, ■ loc. adv. [ãdəɔʀ] (1 *en* et *dehors*) Voy. DEHORS.

ENDÉMICITÉ, ■ n. f. [ãdemisite] (*endémique*) **Méd.** Caractère récurrent d'une maladie endémique. *L'endémicité amarile est celle qui se rapporte à la fièvre jaune.*

ENDÉMIE, n. f. [ãdemi] (gr. *endêmion* [*nosêma*], maladie d'un lieu, de *en*, dans et *dêmos*, contrée) **Méd.** Maladie qui règne habituellement dans un canton, dans un pays, et qui est due à une cause locale.

ENDÉMIQUE, adj. [ãdemik] (*endémie*) **Méd.** Qui a le caractère de l'endémie. *La lèpre endémique en Judée.* ■ *Une espèce endémique*, végétal ou espèce animale spécifique à une région. ■ *Un chômage endémique*, qui sévit en permanence et avec persistance.

ENDÉMISME, ■ n. m. [ãdemism] (*endémique*) **Biol.** Caractère d'une espèce animale ou végétale dont la présence est limitée à une seule région.

ENDÉMOÉPIDÉMIE, ■ n. f. [ãdemoepidemi] (*endémie* et *épidémie*) Poussée d'une maladie endémique.

ENDENTÉ, ÉE, ■ p. p. d'endenter. [ãdãte] *Être bien endenté*, avoir de belles dents. ♦ **Fig.** Avoir bon appétit. ♦ **Par extens.** Muni de dents. *Roue endentée.* ♦ **Hérald.** *Bande, pal endenté*, c'est-à-dire entaillé de petites dents.

ENDENTEMENT, n. m. [ãdãt(ə)mã] (*endenter*) **Méc.** Action d'endenter.

ENDENTER, v. tr. [ãdãte] (1 *en-* et *dent*) Garnir de dents une roue, une machine. ♦ *Endenter une poutrelle*, la fixer dans une entaille faite à une autre poutre. ♦ *S'endenter*, v. pr. Être fixé dans une entaille.

ENDETTÉ, ÉE, ■ p. p. d'endetter. [ãdete] Qui a des dettes.

ENDETTEMENT, n. m. [ãdɛt(ə)mã] (*endetter*) Action de s'endetter. ♦ *L'endettement public*, les dettes contractées par l'État.

ENDETTER, v. tr. [ãdete] (1 *en-* et *dette*) Charger de dettes. ♦ *S'endetter*, v. pr. Contracter des dettes.

ENDEUILLER, ■ v. tr. [ãdøje] (1 *en-* et *deuil*) Plonger dans le deuil, la tristesse, à la suite de la mort de quelqu'un.

ENDÊVÉ, ÉE, p. p. d'endêver et adj. [ãdeve] Impatient, irritable, obstiné. ♦ n. *Un endêvé. Une endêvée.*

ENDÊVER, v. intr. [ãdeve] (1 *en-* et anc. fr. *desver*, devenir fou, être furieux) Pop. Avoir grand dépit de quelque chose. *Il endêvait de cela.* ♦ *Faire endêver quelqu'un*, le faire enrager, le dépiter.

ENDIABLÉ, ÉE, adj. [ãdjable] (1 *en-* et *diable*) Qui est possédé du démon. ♦ Qui a la nature du diable, qui ne vaut pas mieux que le diable. *Vous êtes endiablé.* « *Chemins endiablés* », MME DE SÉVIGNÉ. ♦ n. *C'est un endiablé.* ♦ Qui a le diable au corps, dont l'ardeur est dévorante. ♦ ▷ *Être endiablé de*, avoir la manie de. « *Chacun est endiablé de me croire habile homme* », MOLIÈRE. ■ *Être endiablé après* ou *sur*, courir après. « *C'est bien être endiablé après mon argent* », MOLIÈRE. ◁ ■ Empreint d'une fougue et d'une vivacité importantes. *Une musique au rythme endiablé.*

ENDIABLER, v. intr. [ãdjable] (*endiablé*) Enrager, être furieux, se donner à tous les diables. *Faire endiabler quelqu'un.*

ENDIAMANTÉ, ÉE, ■ adj. [ãdjamãte] (1 *en-* et *diamant*) Paré de bijoux ornés de diamants. *Des princesses endiamantées.*

ENDIGAGE, n. m. [ãdigaʒ] (*endiguer*) ▷ Syn. d'endiguement. ◁

ENDIGUEMENT, n. m. [ãdig(ə)mã] (*endiguer*) Action de contenir les eaux au moyen de digues. ♦ Travaux faits pour endiguer. ■ **Fig.** *L'endiguement d'une émeute.*

ENDIGUER, v. tr. [ãdige] (1 *en-* et *digue*) Contenir des eaux à l'aide d'une digue. *Endiguer un fleuve.* ■ **Fig.** Juguler un phénomène. *Endiguer une émeute*, la réprimer.

ENDIMANCHÉ, ÉE, ■ p. p. d'endimancher. [ãdimãʃe]

ENDIMANCHER, v. tr. [ãdimãʃe] (1 *en-* et *dimanche*) Mettre à quelqu'un les habits du dimanche. ♦ *S'endimancher*, v. pr. Mettre ses habits du dimanche, ses plus beaux habits. ■ *Avoir l'air endimanché*, être peu à l'aise dans sa tenue vestimentaire.

ENDIVE, n. f. [ãdiv] (lat. médiév. *endivia*, du lat. *intibum*, chicorée sauvage) La chicorée des jardins. ■ **Belg.** Scarole.

ENDIVISIONNER, ■ v. tr. [ãdivizjɔne] (1 *en-* et *division*) Constituer des divisions militaires en réunissant des unités.

ENDO..., ■ [ãdo] Élément tiré du grec qui signifie *à l'intérieur de*.

ENDOBLASTE, ■ n. m. [ãdoblast] (*endo-* et *-blaste*) **Physiol.** Feuillet de l'œuf qui donne naissance aux organes digestifs du fœtus. *L'endoblaste apparaît lors de la deuxième semaine.* ■ REM. On dit aussi *endoderme*.

ENDOBLASTIQUE, ■ adj. [ãdoblastik] (*endoblaste*) Qui concerne l'endoblaste. ■ REM. On dit aussi *endodermique*.

ENDOCARDE, ■ n. m. [ãdokaʀd] (*endo-* et *-carde*) **Méd.** Tunique qui tapisse l'intérieur du cœur et en délimite les différentes cavités. *Une lésion de l'endocarde.*

ENDOCARDITE, ■ n. f. [ãdokaʀdit] (*endocarde*) **Méd.** Inflammation de l'endocarde. *Une endocardite infectieuse.*

ENDOCARPE, ■ n. m. [ãdokaʀp] (*endo-* et *-carpe*) **Bot.** Partie centrale d'un fruit qui recouvre la graine et est plus généralement appelée *noyau*. *Un endocarpe ligneux. Enlever l'endocarpe de la graine.*

ENDOCRÂNIEN, IENNE, ■ adj. [ãdokranjɛ̃, jɛn] (*endocrâne*) **Méd.** Relatif à l'intérieur du crâne. *Tumeur, douleur endocrânienne.*

ENDOCRINE, ■ adj. f. [ãdokrin] (*endo-* et gr. *krinein*, sécréter) **Biol.** *Glande endocrine*, glande qui déverse directement dans le sang ses sécrétions. *La thyroïde est une glande endocrine.*

ENDOCRINIEN, IENNE, ■ adj. [ãdokrinjɛ̃, jɛn] (*endocrine*) Qui concerne les glandes endocrines. *Le système endocrinien. Des troubles, des déséquilibres endocriniens.*

ENDOCRINOLOGIE, ■ n. f. [ãdokrinoloʒi] (*endocrine* et *-logie*) **Méd.** Science médicale qui étudie les glandes endocrines.

ENDOCRINOLOGUE ou **ENDOCRINOLOGISTE**, ■ n. m. et n. f. [ãdokrinolɔg, ãdokrinoloʒist] (*endocrine* et *-logue*, *-logiste*) Médecin spécialisé en endocrinologie. *Une endocrinologue, un médecin endocrinologue.*

ENDOCTRINABLE, adj. [ãdɔktrinabl] (*endoctriner*) Qui peut être endoctriné.

ENDOCTRINÉ, ÉE, ■ p. p. d'endoctriner. [ãdɔktrine]

ENDOCTRINEMENT, n. m. [ãdɔktrin(ə)mã] (*endoctriner*) Action d'endoctriner, résultat de cette action.

ENDOCTRINER, v. tr. [ãdɔktrine] (1 *en-* et *doctrine*) Donner à quelqu'un une doctrine, c'est-à-dire une croyance, une opinion toute faite. ♦ **Par extens.** et **ironiq.** Donner de l'instruction. ■ Donner à quelqu'un certaines instructions pour qu'il fasse ou dise une chose comme on le désire.

ENDOCTRINEUR, EUSE, n. m. et n. f. [ãdɔktrinœr, øz] (*endoctriner*) Néologisme. Personne qui endoctrine.

ENDODERME, ■ n. m. [ãdodɛrm] (*endo-* et *-derme*) Voy. ENDOBLASTE.

ENDODERMIQUE, ■ adj. [ãdodɛrmik] (*endoderme*) Voy. ENDOBLASTIQUE.

ENDODONTIE, ■ n. f. [ãdodõsi] (*end[o]-* et *-odontie*) **Méd.** Étude scientifique de la racine et de la pulpe des dents. *Clinique spécialisée en endodontie.* ■ ENDODONTIQUE, adj. [ãdodõtik]

ENDOGAME, ■ adj. [ãdogam] (*endo-* et *-game*) Qui ne peut se marier qu'avec une personne de sa tribu, de son clan. *Certains peuples endogames n'ont pu éviter la consanguinité.*

ENDOGAMIE, ■ n. f. [ãdogami] (*endo-* et *-gamie*) **Sociol.** Obligation pour les membres d'un groupe social de se marier uniquement avec un membre de ce groupe. ■ ENDOGAMIQUE, adj. [ãdogamik]

ENDOGÈNE, ■ adj. [ãdoʒɛn] (*endo-* et *-gène*) Qui naît de l'intérieur, qui a une cause interne. ■ **Biol.** Provenant de l'intérieur d'un organisme ou d'une partie de cet organisme. *Des organes endogènes.* ■ **Géol.** *Roches endogènes*, provenant des profondeurs du globe terrestre.

ENDOLORI, IE, ■ p. p. d'endolorir et adj. [ãdolori] *Membres endoloris.*

ENDOLORIR, v. tr. [ãdolorir] (1 *en-* et lat. *dolor*) Rendre douloureux. ♦ *S'endolorir*, v. pr. Devenir douloureux.

ENDOLORISSEMENT, n. m. [ãdoloris(ə)mã] (radic. du p. prés. de *endolorir*) Néologisme. Action d'endolorir ; état d'une partie qui est devenue douloureuse. ■ REM. N'est plus considéré comme un néologisme aujourd'hui, mais il reste rare.

ENDOMÈTRE, ■ n. f. [ɑ̃dɔmɛtʀ] (*endo-* et gr. *mêtra*, matrice) **Anat.** Muqueuse utérine dont la desquamation à la fin de chaque cycle menstruel génère les règles. *La pénétration ovulaire crée une brèche dans l'endomètre.*

ENDOMÉTRIOSE, ■ n. f. [ɑ̃dɔmetʀijoz] (*endomètre* et *-ose*) **Méd.** Affection caractérisée par le développement de tumeurs bénignes dans l'utérus et le développement de la muqueuse utérine hors de l'utérus.

ENDOMÉTRITE, ■ n. f. [ɑ̃dɔmetʀit] (*endomètre* et *-ite*) **Méd.** Inflammation de la muqueuse utérine. *Une endométrite fungique, putride.*

ENDOMMAGÉ, ÉE, p. p. d'endommager. [ɑ̃dɔmaʒe]

ENDOMMAGEMENT, n. m. [ɑ̃dɔmaʒ(ə)mɑ̃] (*endommager*) Action d'endommager ; résultat de cette action.

ENDOMMAGER, v. tr. [ɑ̃dɔmaʒe] (1 *en-* et *dommage*) Causer du dommage. ♦ S'endommager, v. pr. Être endommagé.

ENDOMORPHINE, ■ n. f. [ɑ̃dɔmɔʀfin] Voy. ENDORPHINE.

ENDOMORPHISME, ■ n. m. [ɑ̃dɔmɔʀfism] (*endo-* et *morphisme*) **Math.** Similitude entre le morphisme de départ et le morphisme d'arrivée d'un ensemble. *Les endomorphismes des variétés abéliennes.*

ENDOPARASITE, ■ n. m. [ɑ̃dɔpaʀazit] (*endo-* et *parasite*) **Biol.** Parasite végétal ou animal qui se développe à l'intérieur de l'organisme. *Les endoparasites du tube digestif ne sont pas comparables aux ectoparasites, vivant à l'extérieur de l'organisme, comme la puce.*

ENDOPHASIE, ■ n. f. [ɑ̃dɔfazi] (*endo-* et gr. *phasis*, parole) **Psych.** Langage interne. *Dans le cadre de l'endophasie qui fait partie de l'expérience commune, il formulait des phrases qu'il entendait distinctement dans sa tête sans s'exprimer.*

ENDOPLASME, ■ n. m. [ɑ̃dɔplasm] (*endo-* et *-plasme*) **Biol.** Ce qui est au centre du cytoplasme des cellules animales. *L'endoplasme et l'ectoplasme du protozoaire. Le noyau est séparé de l'endoplasme par une fine membrane.* ■ ENDOPLASMIQUE, adj. [ɑ̃dɔplasmik]

ENDORÉISME, ■ n. m. [ɑ̃dɔreism] (*endo-* et gr. *rhein*, couler) **Géol.** Spécificité des régions dont les cours d'eau se jettent dans une mer intérieure ou se perdent dans une dépression terrestre. *Cette région est caractérisée par l'endoréisme tandis que celle-ci, où les fleuves vont vers la mer, est caractérisée par l'exoréisme.* ■ ENDORÉIQUE, adj. [ɑ̃dɔreik] *L'écoulement endoréique d'une rivière.*

ENDORMANT, ANTE, adj. [ɑ̃dɔʀmɑ̃, ɑ̃t] (*endormir*) Qui est propre à endormir. ♦ **Fig.** Ennuyeux. *Des histoires endormantes.*

ENDORMEUR, EUSE, n. m. et n. f. [ɑ̃dɔʀmœʀ, øz] (*endormir*) Malfaiteur qui emploie des drogues somnifères. ♦ **Fig.** Celui, celle qui endort quelqu'un, c'est-à-dire l'entretient dans des espérances chimériques ou dans une inaction préjudiciable. ♦ Celui qui ennuie par ses paroles ou par ses ouvrages.

ENDORMI, IE, p. p. d'endormir. [ɑ̃dɔʀmi] n. **Fig.** *C'est un endormi, une endormie.* ♦ *Faire l'endormi,* faire semblant de dormir ou d'être peu intelligent, peu actif. ■ Paisible car tout le monde y est endormi. *Une maison, une ville endormie.* ■ Dont l'activité est ralentie. *Une végétation endormie.* ■ Très inactif et indolent. *Un enfant endormi en classe mais très actif en récréation.*

ENDORMIR, v. tr. [ɑ̃dɔʀmiʀ] (lat. *indormire*) Faire dormir. *Endormir un enfant.* ♦ **Fig.** Il se dit de ce qui est fort ennuyeux, d'abord de l'ouvrage ou du récit, et par suite de l'auteur même. *Cette pièce, cet auteur m'endort.* ♦ Jeter dans un état moral comparé au sommeil du corps. *Endormir la prudence, la vigilance de quelqu'un.* ♦ Engourdir, calmer. *Endormir un membre, la douleur, etc.* ♦ S'endormir, v. pr. Tomber dans le sommeil. ♦ **Fig.** N'avoir pas soin de son devoir, de ses affaires, n'y pas veiller. *S'endormir dans l'oisiveté.* « *Les erreurs sur lesquelles votre esprit s'endort* », MASSILLON. ■ **Absol.** *Ne pas s'endormir,* être très éveillé sur ses intérêts. ♦ *S'endormir du sommeil de la mort, de la tombe,* mourir. ♦ *S'endormir dans le Seigneur,* mourir en état de grâce. ■ V. tr. Gagner la confiance de quelqu'un pour mieux le duper. *Elle s'est laissé endormir par ses paroles galantes.*

ENDORMISSEMENT, ■ n. m. [ɑ̃dɔʀmis(ə)mɑ̃] (radic. du p. prés. de *endormir*) Étape située entre la conscience et le sommeil qui conduit à s'endormir. *La période d'endormissement nécessite en général le calme.*

ENDORPHINE ou **ENDOMORPHINE**, ■ n. f. [ɑ̃dɔʀfin, ɑ̃dɔmɔʀfin] (angl. *endorphin,* de *endogenous morphine*) **Biol.** Peptide aux propriétés antalgiques, sécrété par le cerveau. *L'endomorphine sécrétée grâce à l'hypothalamus agit contre la douleur de manière équivalente à la morphine.*

ENDOS, n. m. [ɑ̃do] (*endosser*) Signature qu'on écrit au dos d'un billet pour le passer à l'ordre d'un autre. *Mettre son endos à une lettre de change.*

ENDOSCOPE, ■ n. m. [ɑ̃dɔskɔp] (*endo-* et *-scope*) Tube optique éclairant introduit dans des cavités du corps humain.

ENDOSCOPIE, ■ n. f. [ɑ̃dɔskopi] (*endoscope*) Utilisation d'un endoscope pour explorer une cavité ou un conduit du corps et éventuellement pratiquer une intervention chirurgicale. *L'opération s'est faite sous endoscopie.* ■ ENDOSCOPIQUE, adj. [ɑ̃dɔskopik]

ENDOSMOSE, n. f. [ɑ̃dɔsmoz] (*end[o]* et gr. *ôsmos,* poussée) **Phys.** Courant de dehors en dedans qui s'établit à travers une cloison membraneuse séparant deux liquides de densité différente ; c'est l'opposé de l'*exosmose.*

ENDOSMOTIQUE, adj. [ɑ̃dɔsmotik] (*endosmose*) Qui a rapport à l'endosmose.

ENDOSSABLE, ■ adj. [ɑ̃dosabl] (*endosser*) Que l'on peut endosser. ■ *Un chèque endossable,* un chèque qui peut être encaissé.

ENDOSSATAIRE, ■ n. m. et n. f. [ɑ̃dosatɛʀ] (*endosser*) Personne qui profite de l'endossement d'un effet. *L'endossataire et l'endosseur. Ces billets portent ton nom comme endossataire.*

ENDOSSE, n. f. [ɑ̃dos] (*endosser*) ▷ Toute la peine et la responsabilité de quelque chose. *Vous en aurez l'endosse.* ♦ Syn. d'endossure. ◁

ENDOSSÉ, ÉE, p. p. d'endosser. [ɑ̃dose]

ENDOSSEMENT ou **ENDOS**, n. m. [ɑ̃dos(ə)mɑ̃, ɑ̃do] (*endosser*) Ordre écrit au dos d'un billet à ordre pour le transmettre.

ENDOSSER, v. tr. [ɑ̃dose] (1 *en-* et *dos*) Mettre sur son dos, se revêtir de. « *Il s'habille en berger, endosse un hoqueton* », LA FONTAINE. ♦ **Fig.** *Endosser la cuirasse,* s'est dit pour devenir militaire. ♦ **Fig.** et **fam.** *Endosser le harnais,* se revêtir des habits de sa profession. ♦ *Endosser l'uniforme,* devenir militaire. ♦ **Fig.** Charger quelqu'un d'une commission désagréable. *On l'a endossé de cela.* ♦ On dit dans le même sens : *Il a endossé cela.* ♦ Au jeu, charger ou être chargé de la perte. ♦ **Comm.** Mettre sa signature au dos d'un billet ; faire un endossement. *Endosser une lettre de change.* ♦ **Techn.** Faire le dos d'un volume relié. ♦ S'endosser, v. pr. Être endossé. ■ V. tr. **Fig.** Prendre et assumer la responsabilité de quelque chose. *Endosser l'erreur d'un collègue.*

ENDOSSEUR, n. m. [ɑ̃dosœʀ] (*endosser*) Celui qui a endossé un effet de commerce pour en faire le transport à un autre. ♦ **Fig.** et **fam.** Celui qui prend la responsabilité d'une affaire.

ENDOSSURE, n. f. [ɑ̃dosyʀ] (*endosser*) **Techn.** Préparation du dos d'un livre relié. ♦ On dit aussi *endosse.*

ENDOTHÉLIAL, ALE, ■ adj. [ɑ̃doteljal] (*endothélium*) Qui concerne l'endothélium. ■ Dont la structure est identique à celle de l'endothélium.

ENDOTHÉLIUM, ■ n. m. [ɑ̃doteljɔm] (d'après *épithélium,* avec chang. de préf.) **Anat.** L'ensemble des cellules qui recouvrent la paroi interne du cœur et des vaisseaux du système circulatoire. *Les endothéliums vasculaires.*

ENDOTHERME, ■ adj. [ɑ̃dotɛʀm] (*endo-* et *-therme*) **Physiol.** Doté d'un système de régulation de la chaleur interne du corps. *Les mammifères sont endothermes.*

ENDOTHERMIQUE, ■ adj. [ɑ̃dotɛʀmik] (*endo-* et *-thermique*) **Chim.** Qui absorbe la chaleur. *Une réaction endothermique.*

ENDOTOXINE, ■ n. f. [ɑ̃dotɔksin] (*endo-* et *toxine*) Toxine qui ne peut se développer qu'en cas de destruction du germe bactérien qui la sécrète. *L'endotoxine typhique. L'endotoxine s'oppose à l'exotoxine, véritable sécrétion d'une bactérie.*

ENDROIT, n. m. [ɑ̃dʀwa] (substantivation de l'anc. fr. *endreit, endroit* [adv., exactement, ou prép., auprès de, au moment de] de 1 *en-* et adv. *droit*) Le beau côté d'une étoffe par rapport à l'envers. ♦ **Fig.** Aspect particulier d'une personne ou d'une chose. « *Et voyons l'homme enfin par l'endroit le plus beau* », BOILEAU. ♦ *Se montrer, se faire voir par son bel endroit, par son mauvais endroit, par son vilain endroit,* se montrer par ses qualités avantageuses, par ses défauts. ♦ *C'est le plus bel endroit de sa vie,* l'action la plus louable. ♦ Il se dit des parties du corps. *Blessé deux fois au même endroit.* ♦ **Fig.** *C'est son endroit sensible,* se dit de tout ce qui touche le plus quelqu'un. ♦ *Endroit faible,* le côté par lequel on a le moins de force, de mérite, de talent, etc. *Prendre quelqu'un par son endroit faible.* ♦ Espace déterminé. *Voilà l'endroit où l'on veut bâtir.* ♦ **Fam.** Le lieu qu'on habite, en parlant d'une ville peu importante, d'un bourg, d'un village. *Les gens de l'endroit.* ♦ Partie, passage d'un ouvrage. *Le plus bel endroit d'un livre.* ♦ Origine, source. « *Elle le savait d'un endroit non suspect* », MME DE SÉVIGNÉ. ♦ Au propre, *bon endroit,* bonne provenance. *Du vin qui vient d'un bon endroit.* ♦ **Fig.** « *Ce que je vous dirai vient directement de bons endroits* », MME DE SÉVIGNÉ. ♦ À L'ENDROIT DE, loc. prép. Envers, à l'égard de. « *Le peuple, inégal à l'endroit des tyrans, S'il les déteste morts, les adore vivants* », P. CORNEILLE. ♦ *En son endroit,* à son égard. ■ PAR ENDROITS, loc. adv. Çà et là. ■ *Mettre quelque chose à l'endroit,* dans le bon sens. *Mettre ses chaussettes à l'endroit. Mets le livre à l'endroit que je puisse lire.* ♦ **Fam.** *Le petit endroit,* les toilettes.

ENDUCTION, ■ n. f. [ɑ̃dyksjɔ̃] (b. lat. *inductio,* action d'étendre sur, enduit, refait d'après *enduit*) **Techn.** Action qui consiste à déposer une fine pellicule de produit à la surface d'une matière textile dans le but de la protéger, d'en modifier l'aspect ou encore d'en accroître les qualités.

ENDUIRE, v. tr. [ɑ̃dɥiʀ] (lat. *inducere*, appliquer sur, mettre une couche) Couvrir d'un enduit. *Enduire une muraille de plâtre.* ◆ S'**enduire**, v. pr. Être enduit. ◆ S'enduire soi-même.

ENDUISANT, ANTE, adj. [ɑ̃dɥizɑ̃, ɑ̃t] (*enduire*) Qui est propre à enduire.

1 **ENDUIT**, n. m. [ɑ̃dɥi] (substantivation de 2 *enduit*) Matière molle dont on couvre la surface de certains objets. ◆ Couche de chaux, de plâtre, de mortier, etc., qu'on applique sur les murailles. ■ **Méd.** Sécrétion naturelle d'aspect visqueux qui recouvre certains organes.

2 **ENDUIT, ITE**, p. p. d'enduire. [ɑ̃dɥi, it]

ENDURABLE, adj. [ɑ̃dyʀabl] (*endurer*) Qui peut être enduré.

ENDURANCE, n. f. [ɑ̃dyʀɑ̃s] (*endurer*) Capacité à résister à la fatigue physique ou morale. ■ Épreuve sportive de longue durée fondée sur la résistance physique du ou des compétiteurs. *Une course d'endurance.* ■ *Test d'endurance* ou *épreuve d'endurance*, essai visant à éprouver les capacités de fonctionnement d'un appareil électrique ou électronique durant une utilisation prolongée.

ENDURANT, ANTE, adj. [ɑ̃dyʀɑ̃, ɑ̃t] (*endurer*) Qui sait supporter les choses dures. ◆ *N'être pas endurant, être peu endurant*, ne pas supporter ce qui offense, blesse, impatiente.

ENDURCI, IE, p. p. d'endurcir. [ɑ̃dyʀsi] **Fig.** Qui a pris une dureté morale. *Pécheur endurci. Endurci dans ses habitudes.* ◆ n. Celui qui a perdu tout sentiment de piété. ■ Qui est devenu peu sensible. *Un cœur endurci.* ■ *Un célibataire endurci*, célibataire de longue date qui s'est figé dans des habitudes devenues immuables avec le temps.

ENDURCIR, v. tr. [ɑ̃dyʀsiʀ] (1 *en-* et *durcir*) Rendre dur. ◆ **Fig.** Donner une dureté morale. ◆ Il se dit des sentiments, du cœur, etc. ◆ « *Un cœur qu'ont endurci la fatigue et les ans* », MONTESQUIEU. ■ **Absol.** « *Les grandeurs endurcissent toujours* », MONTESQUIEU. ◆ Rendre résistant, robuste, capable de supporter. *L'exercice endurcit le corps.* ◆ **Absol.** *Il n'y a rien qui endurcisse comme le travail des champs.* ◆ S'**endurcir**, v. pr. Devenir dur. ◆ **Fig.** Contracter une dureté morale. *S'endurcir au crime.* « *Les hommes corrompus s'endurcissent contre ce qui pourrait les toucher* », FÉNELON. ◆ Devenir résistant à la fatigue, apprendre à supporter. *S'endurcir à la peine. Son corps s'endurcit.*

ENDURCISSEMENT, n. m. [ɑ̃dyʀsis(ə)mɑ̃] (radic. du p. prés. de *endurcir*) ▷ **Méd.** Augmentation de la consistance, de la densité d'un organe qui, de mou qu'il était, devient dur. ◁ ◆ **Fig.** Perte de la sensibilité. ◆ État d'une âme qui a perdu tout sentiment de piété, de vertu. « *L'endurcissement au péché traîne une mort funeste* », MOLIÈRE. ◆ Opiniâtreté. ◆ Action de s'endurcir, de devenir dur à la fatigue, capable de supporter. *L'endurcissement du corps aux fatigues.*

ENDURÉ, ÉE, p. p. d'endurer. [ɑ̃dyʀe]

ENDURER, v. tr. [ɑ̃dyʀe] (lat. *indurare*, endurcir, puis s'endurcir) Supporter ce qui est dur, pénible. ◆ ▷ *Endurer que,* avec le subjonctif, *endurer de,* avec l'infinitif, permettre. ◁ ◆ V. intr. Avoir de la constance à supporter. « *On recommande assez la patience aux autres, Mais il s'en trouve peu qui veuillent endurer* », P. CORNEILLE. ◆ S'**endurer**, v. pr. Être enduré.

ENDURO, ■ n. m. et n. f. [ɑ̃dyʀo] (mot angl.) **Sp.** Course d'endurance à moto et sur un terrain variable. *L'annulation de l'enduro du Touquet.* ■ N. f. *Une enduro*, type de moto utilisé pour courir un enduro. ■ **ENDURISTE**, n. m. et n. f. [ɑ̃dyʀist]

ENDYMION, ■ n. m. [ɑ̃dimjɔ̃] (*Endymion*, personnage de la mythologie) **Bot.** Plante des sous-bois caractérisée par des petites clochettes bleues. *L'endymion est aussi appelé jacinthe des bois.*

EN EFFET, loc. adv. [ɑ̃nefɛ] Voy. EFFET.

ÉNERGÉTICIEN, IENNE, ■ n. m. et n. f. [enɛʀʒetisjɛ̃, jɛn] (*énergétique*) Scientifique spécialisé dans la recherche énergétique. ■ **Méd.** Spécialiste des flux d'énergie, de ses transformations, chez l'être humain. *Elle était énergéticienne et naturopathe.*

ÉNERGÉTIQUE, ■ adj. [enɛʀʒetik] (gr. *energêtikos*, propre à agir, efficace) Qui est relatif à l'énergie. *Les ressources énergétiques du pays.* ■ Qui alimente l'organisme en énergie. *Des aliments énergétiques.* ■ N. f. Science de l'énergie et de tous ses aspects.

ÉNERGIE, n. f. [enɛʀʒi] (gr. *energeia*, de *en*, dans, et *ergon*, action) Puissance active de l'organisme. *L'énergie musculaire.* ◆ Vertu naturelle et efficace que possèdent les choses. *L'énergie d'un remède.* ◆ *Énergie d'un mot.* ◆ Force d'âme. *Montrer de l'énergie.* ◆ *L'énergie d'un sentiment.* ■ Puissance utilisée pour les usages domestiques et industriels. ■ *Sources d'énergie*, ensemble des matières permettant la production d'énergie. ■ **Phys.** Ce qui résulte de la production d'un travail. *L'énergie mécanique, électrique, hydraulique.*

ÉNERGIQUE, adj. [enɛʀʒik] (*énergie*) Qui a de l'énergie. *Homme énergique.* ◆ Il se dit des choses. *Remède, mesures énergiques.*

ÉNERGIQUEMENT, adv. [enɛʀʒik(ə)mɑ̃] (*énergique*) Avec énergie.

ÉNERGISANT, ANTE, ■ adj. [enɛʀʒizɑ̃, ɑ̃t] (sur l'angl. *energizing*) Qui stimule ou confère de l'énergie à l'organisme. *Une boisson énergisante.* « *Il s'agit d'un moyen d'agression bien caractérisé, il ne s'agit sûrement pas d'un acte énergisant* », MORAND. ■ N. m. Médicament qui stimule l'activité cérébrale et psychique.

ÉNERGIVORE, ■ adj. [enɛʀʒivɔʀ] (*énergie* et -*vore*) **Fam.** Qui a d'importants besoins énergétiques. *Un véhicule, une agriculture, une technologie énergivore.*

ÉNERGUMÈNE, n. m. et n. f. [enɛʀgymɛn] (gr. chrét. *energoumenos*, part. passif de *energein*, agir sur, influencer) ▷ Celui, celle qui est possédé du démon. ◁ ◆ **Fig.** Personne qu'agite un enthousiasme déréglé ou une vive passion. *Crier comme un énergumène.* ◆ Par hyperbole, homme qui pousse ses raisonnements ou ses assertions jusqu'à la folie. ■ **Par extens.** Personne qui n'inspire pas confiance. *Nous avons eu affaire à un énergumène qui ne nous a pas été d'une grande aide.*

ÉNERVANT, ANTE, adj. [enɛʀvɑ̃, ɑ̃t] (*énerver*) Qui est propre à énerver. ◆ ▷ Au sens moral. *Une éducation énervante.* ◁

ÉNERVATION, n. f. [enɛʀvasjɔ̃] (b. lat. *enervatio*, épuisement) Supplice dans lequel on estropiait le patient en appliquant le feu sur les jarrets et les genoux. ◆ Section de deux tendons à la tête du cheval. ◆ **Fig.** Action d'énerver, de rendre moralement faible. ■ **Chir.** Ablation d'un nerf.

ÉNERVÉ, ÉE, p. p. d'énerver. [enɛʀve] Qui a perdu sa force. ◆ **Abusiv.** Qui a les nerfs agacés. ■ N. m. et n. f. Personne très agitée nerveusement.

ÉNERVEMENT, n. m. [enɛʀvəmɑ̃] (*énerver*) État de ce qui est énervé.

ÉNERVER, v. tr. [enɛʀve] (lat. *enervare*, retirer les nerfs, épuiser, de *e[x]-*, privation et *nervus*, nerf, force) Faire subir le supplice de l'énervation. ◆ **Fig.** Ôter le nerf, la force physique ou morale. *La chaleur énerve le corps.* ◆ **Absol.** *Les voluptés énervent.* ◆ **Fig.** *Énerver le langage, le style.* ◆ S'**énerver**, v. pr. Être énervé. *Le courage s'énerve dans les voluptés.* ◆ V. tr. Provoquer de la nervosité, de l'agacement. *Il m'énerve avec ses remarques désagréables.* ◆ S'**énerver**, v. pr. Devenir nerveux, perdre patience. *Ne t'énerve pas, ça va s'arranger !*

EN ÉTANT, [ɑ̃netɑ̃] (1 *en* et anc. fr. *estant*, qui est debout.) ▷ **Sylvic.** *Bois en étant*, bois sur pied. ■ **Rem.** On disait aussi *en estant*, ou *en estan*. ◁

ENFAÎTÉ, ÉE ou **ENFAITÉ, ÉE**, p. p. d'enfaîter. [ɑ̃fete]

ENFAÎTEAU ou **ENFAITEAU**, n. m. [ɑ̃feto] (*enfaîter*) Tuile en demi-canal, qui sert à couvrir le faîte d'une maison.

ENFAÎTEMENT ou **ENFAITEMENT**, n. m. [ɑ̃fɛt(ə)mɑ̃] (*enfaîter*) Garniture de plomb qui recouvre le faîte d'un toit en ardoises.

ENFAÎTER ou **ENFAITER**, v. tr. [ɑ̃fete] (1 *en-* et *faîte*) Couvrir le faîte d'un toit avec un enfaîtement ou des enfaîteaux.

ENFANCE, n. f. [ɑ̃fɑ̃s] (lat. *infantia*, enfance) Période de la vie humaine qui s'étend depuis la naissance jusque vers la septième année, et dans le langage général, jusqu'au-delà, jusqu'à treize ou quatorze ans. ◆ **Collect.** Les enfants. *Ils n'épargnèrent ni la vieillesse, ni l'enfance.* ◆ **Fig.** État de puérilité prolongé dans le reste de la vie. « *Dans une longue enfance ils l'auraient fait vieillir* », RACINE. ◆ *Retomber, tomber en enfance, être en enfance*, tomber, être dans l'imbécillité de la vieillesse. ◆ Acte, sentiment d'enfant, enfantillage. *C'est une vraie enfance. Faire des enfances* », MME DE SÉVIGNÉ. ◆ **Fig.** Les commencements d'une chose. *L'enfance d'un art, d'une science.* « *Dans les temps bien heureux du monde en son enfance* », BOILEAU. ■ *C'est l'enfance de l'art*, c'est très facile.

ENFANT, n. m. [ɑ̃fɑ̃] (lat. *infans*, qui ne parle pas, nourrisson, de *in-* privatif et p. prés. de *fari*, parler) Individu de l'espèce humaine qui est dans l'âge de l'enfance. ◆ *Ce n'est pas un jeu d'enfant, ce n'est pas jeu d'enfant*, se dit quand il s'agit de choses sérieuses et importantes. ◆ *Être innocent comme l'enfant qui vient de naître*, être tout à fait innocent. ◆ *Enfant gâté*, l'enfant à qui ses parents laissent faire toutes ses volontés, et par extens. personne qui se passe ou à qui l'on passe tous ses caprices. ◆ *Faire l'enfant, être enfant*, badiner comme un enfant, s'amuser à des choses puériles. ◆ Adj. « *Tout enfant qu'elle était* », FLÉCHIER. ◆ *Un peuple enfant*, pas encore civilisé. ◆ D'ENFANT, loc. adj. Faible, futile. *Ce sont scrupules d'enfant.* ◆ ▷ *Mal d'enfant*, le travail de l'accouchement. ◁ ◆ N. f. Petite fille, jeune fille. *La pauvre enfant.* ◆ *Enfant* exprime un rapport de génération, *fils* ou *fille. Il eut plusieurs enfants.* ◆ *Enfant de famille, enfant chéri*, enfant qui était avantagé aux dépens des autres. ◆ *Enfant de famille*, enfant de bonne maison. ◆ *Enfant de France*, prince ou princesse, enfant du roi qui occupait le trône. ◆ *Enfant de chœur*, enfant qui chante au chœur. ◆ *Enfants perdus*, soldats qui marchent, pour quelque entreprise extraordinaire, à la tête d'un corps de troupes ; personnes qu'on met en avant dans une affaire hasardeuse. ◆ Néologisme. *Enfant terrible*, enfant qui, en répétant ce qu'il a entendu dire, blesse profondément ceux à qui il parle, et par ext. celui qui par trop de sincérité compromet sa cause, son parti. ◆ Terme de familiarité, d'encouragement, avec un accent paternel. *Mon enfant, écoutez-moi.* ◆ *Un bon enfant*, un homme de bonne humeur, et aussi un homme qui n'a pas de malice. ◆ On dit de même : *une bonne enfant*. ◆ *Il est bon enfant de croire cela*, il est bien simple de le croire. ◆ Adj. *Un air, un sourire bon enfant*. ◆ Les êtres humains considérés comme fils du ciel, de Dieu, de la terre, de la patrie, etc. *Les enfants d'une même patrie. Les enfants de Dieu et de l'Église.* ■ N. m. pl. Descendants. *Nous sommes tous enfants d'Adam.* ◆ Natif. *Les enfants de Paris.* ◆ Partisan, sectateur, disciple. *Les enfants de la liberté et de l'égalité.* ◆ *Les enfants de Bellone, de Mars,* les guerriers. *Les enfants d'Apollon,* les poètes. ◆ Ce qui est l'effet, la conséquence, le produit de. « *Les arts sont les enfants de la nécessité* », La Fontaine.

ENFANTÉ, ÉE, p. p. d'enfanter. [ɑ̃fɑ̃te]

ENFANTEMENT, n. m. [ɑ̃fɑ̃t(ə)mɑ̃] (*enfanter*) Action d'enfanter. ◆ Fig. « *Ce long enfantement de la grandeur romaine* », Delille. ◆ Composition, conception littéraire. *Cet ouvrage a été d'un enfantement laborieux.*

ENFANTER, v. tr. [ɑ̃fɑ̃te] (*enfant*) Donner le jour à un enfant. ◆ Par extens. « *Que la terre enfante son sauveur !* », Racine. ◆ Absol. « *Le chaos se féconde et la nature enfante* », Delille. ◆ Fig. Créer, concevoir, produire. *Enfanter des tempêtes. Le génie enfante des miracles.* ◆ Absol. *Cet auteur enfante difficilement, il ne produit des ouvrages qu'avec peine.* ◆ ▷ Dans le langage mystique, *enfanter une âme* en ou *à Jésus-Christ,* la rendre digne de Jésus-Christ et de la vie éternelle. ◁ ◆ S'enfanter, v. pr. Être enfanté, être produit. ◆ Prov. *C'est la montagne qui enfante une souris,* se dit de grands projets qui ne produisent rien.

ENFANTILLAGE, n. m. [ɑ̃fɑ̃tijaʒ] (anc. fr. *enfantil,* enfantin) Actions, manières, paroles qui ne conviennent qu'à un enfant.

ENFANTIN, INE, adj. [ɑ̃fɑ̃tɛ̃, in] (de *enfant*) Qui appartient à l'enfance. *Visage enfantin. Des jeux enfantins.* ■ Typique d'un enfant. *Faire des réflexions enfantines, des réflexions puériles. C'est enfantin,* facile. ■ *École enfantine,* école maternelle.

ENFARGER (S'), ■ v. pr. [ɑ̃faʀʒe] (anc. fr. *enfergier,* de 1 *en-* et *ferges,* entrave) Se prendre les pieds dans quelque chose. *S'enfarger dans le tapis.* ■ Fig. S'embrouiller dans les difficultés. *S'enfarger dans les méandres de l'administration.* ■ V. tr. Faire trébucher une personne. ■ Entraver les pattes d'un animal pour l'empêcher de fuir.

ENFARINÉ, ÉE, p. p. d'enfariner. [ɑ̃faʀine] Fig. *Être enfariné d'une science,* en avoir quelque teinture. ◆ *Être enfariné d'une doctrine,* en être infatué. ◆ *Venir la gueule enfarinée,* venir avec une folle confiance.

ENFARINER, v. tr. [ɑ̃faʀine] (1 *en-* et *farine*) Poudrer de farine. ◆ S'enfariner, v. pr. Se couvrir de farine. ◆ Fig. et fam. Prendre une légère teinture de quelque science.

ENFER, n. m. [ɑ̃fɛʀ] (lat. *infernus,* d'en bas, des enfers) Dans les anciennes religions, lieu souterrain qu'habitaient les âmes des morts. *Les enfers comprenaient le Tartare pour les méchants, et les champs Élysées pour les justes. Les trois juges des enfers, Minos, Éaque et Rhadamanthe.* ◆ En ce sens, *enfer* se dit le plus souvent au pluriel. ■ Lieu destiné au supplice des damnés, dans la religion chrétienne ; on dit dans le même sens, au pluriel, *les enfers.* ■ Fig. Chose excessivement déplaisante, pénible. « *Sauvez-vous de cet enfer-là* [les procès] », Molière. ◆ Par extens. *Les démons, les puissances de l'enfer.* ◆ *Un enfer,* lieu, réunion, vie commune où règnent la discorde, la confusion. ◆ Désordre, trouble. « *Mettre le scandale et l'enfer dans sa maison* », J.-J. Rousseau. ◆ Violente peine qu'inspire la passion ou le remords. *Avoir l'enfer dans le cœur. Porter son enfer avec soi.* ◆ *Furie d'enfer, monstre échappé de l'enfer,* personne très méchante. ◆ *Tison d'enfer, porte d'enfer,* personne capable d'opérer la perte des âmes. ◆ D'enfer, loc. adj. Excessif. *Faire un feu d'enfer. Un train, un jeu d'enfer.* ◆ ▷ *C'est un métier d'enfer,* c'est un métier extrêmement fatigant. ◁ ◆ Fam. Qui attire l'attention par son côté extraordinaire, sensationnel. *Une idée d'enfer, une allure d'enfer.* ■ N. m. Lieu d'une bibliothèque qui renferme les livres interdits au public du fait de leur caractère licencieux.

ENFERMÉ, ÉE, p. p. d'enfermer. [ɑ̃fɛʀme] n. Celui qui est enfermé. *Les enfermés périssaient.* ◆ N. m. *Sentir l'enfermé,* exhaler une odeur que contractent souvent les choses enfermées. ◆ On dit plus souvent le *renfermé.*

ENFERMEMENT, ■ n. m. [ɑ̃fɛʀməmɑ̃] (*enfermer*) Action ou fait d'isoler quelque chose ou quelqu'un en l'enfermant. *L'enfermement d'une personne atteinte de folie dans un asile.* ■ Fig. Fait de s'isoler du monde extérieur. *L'enfermement dans un mutisme total.*

ENFERMER, v. tr. [ɑ̃fɛʀme] (1 *en-* et *fermer*) Mettre en un lieu fermé. ◆ Fig. *Enfermer le loup dans la bergerie,* enfermer quelqu'un dans l'endroit

même où il peut faire le plus de mal ; se dit aussi d'une plaie, d'un ulcère qu'on ferme trop tôt. ◆ Absol. *Enfermer,* mettre dans une prison, dans un cloître, dans une maison d'aliénés, dans un appartement qui sert de lieu de réclusion. ◆ Serrer. *Enfermer le sucre.* ◆ *Enfermer son chagrin,* ne pas s'y abandonner. ◆ *Enfermer sa honte,* la cacher. ◆ Entourer, clore. ◆ Contenir, avoir en soi. « *Ce corps n'enferme point une âme si commune* », P. Corneille. « *Tout ce que le monde enferme* », Massillon. ◆ Supposer, contenir comme conséquence. « *La qualité de menteur enferme l'intention de mentir* », Pascal. ◆ S'enfermer, v. pr. Se mettre en un lieu fermé. ◆ *S'enfermer dans une place,* s'établir, pour la défendre, dans une place qui va être assiégée. ◆ Fermer la porte sur soi pour s'isoler. ◆ S'impliquer. « *Ces trois choses ne se séparent jamais et s'enferment l'une l'autre* », Bossuet.

ENFERRÉ, ÉE, p. p. d'enferrer. [ɑ̃fɛʀe]

ENFERRER, v. tr. [ɑ̃fɛʀe] (1 *en-* et *fer*) Enfoncer le fer d'une arme dans le corps de quelqu'un. ◆ S'enferrer, v. pr. Se percer de l'épée de son adversaire. ◆ Fig. S'embrouiller, se prendre à ses propres pièges, se compromettre.

ENFEU, ■ n. m. [ɑ̃fø] (*enfouir*) Archéol. Niche funéraire formant une arcade sur un fond plat, aménagée dans les murs d'une église. *Des enfeus. Le droit d'enfeu.*

ENFICHABLE, ■ adj. [ɑ̃fiʃabl] (*enficher*) Dont la finesse permet d'être inséré dans un support comme une fiche.

ENFICHER, ■ v. tr. [ɑ̃fiʃe] (1 *en-* et *fiche*) Techn. Introduire un composant électrique ou électronique dans un autre composant dont la configuration permet de le recevoir exactement, dans le but d'établir une connexion entre les deux. *Enficher la prise d'un modem dans une prise téléphonique.*

ENFIELLER, v. tr. [ɑ̃fjele] (1 *en-* et *fiel*) Mêler de fiel. ◆ Fig. Emplir de malveillance, d'envie. *Une plume enfiellée.*

ENFIÉVRER, v. tr. [ɑ̃fjevʀe] (1 *en-* et *fièvre*) Donner la fièvre. « *Il m'a enfiévré de sa passion* », Beaumarchais. ■ S'enfiévrer, v. pr. s'exalter sous l'effet d'une passion, d'une fièvre. *Les fans s'enfièvrent dès l'entrée sur scène de leur idole.* ■ ENFIÈVREMENT, n. m. [ɑ̃fjevʀəmɑ̃]

ENFILADE, n. f. [ɑ̃filad] (*enfiler*) Suite de chambres dont les portes sont sur une même ligne. ◆ EN ENFILADE, loc. adv. Se dit de pièces de plain-pied qui ouvrent l'une dans l'autre. *Plusieurs pièces en enfilade.* ◆ Par extens. Choses qui se suivent et s'enchaînent. *Une enfilade de noms.* ◆ Milit. Action de diriger le feu sur un bâtiment, sur un ouvrage ou sur une troupe de manière à les prendre dans le sens de la longueur. *Prendre, tirer en enfilade.*

ENFILAGE, ■ n. m. [ɑ̃filaʒ] (*enfiler*) Action d'enfiler de petits objets sur un fil. *L'enfilage de coquillages permet de réaliser de jolis colliers.*

ENFILÉ, ÉE, p. p. d'enfiler. [ɑ̃file] Hérald. Se dit des pièces rondes, telles que les couronnes, les annelets, etc., lorsqu'elles sont passées dans des lances, dans des fasces, etc.

ENFILER, v. tr. [ɑ̃file] (1 *en-* et *fil*) Passer un fil dans le trou d'une aiguille, d'une perle, etc. ◆ Fig. et fam. *Ce n'est pas pour enfiler des perles,* ce n'est pas en vain, ce n'est pas sans quelque motif caché. ◆ Percer de part en part. ◆ *Enfiler un chemin, une rue,* s'y engager. ◆ Absol. *Enfiler à droite, à gauche.* ◆ Fig. « *J'enfilais une fausse route* », J.-J. Rousseau. ◆ Raconter, débiter. « *Quand un plaideur s'en vient m'enfiler son procès* », La Fontaine. ◆ ▷ Fam. Engager dans une partie de jeu désavantageuse. ◁ ◆ ▷ Pop. Tromper, enjôler. ◁ ◆ Milit. Battre dans le sens de la longueur. *Le feu de la place enfile cette tranchée.* ◆ Mar. Tirer en enfilade sur un bâtiment. ◆ Donner sur, être ouvert sur, en parlant de communications. *Une porte enfile cet appartement.* ◆ S'enfiler, v. pr. Être enfilé. ◆ Se percer l'un l'autre d'une épée. ◆ ▷ Jeu S'engager dans une mauvaise veine, s'engager dans une perte considérable. ◁ ◆ *Enfiler des chaussettes,* les mettre. ■ S'enfiler, v. pr. Fam. Ingurgiter. *Il s'est enfilé deux bières en dix minutes.*

ENFILEUR, EUSE, n. m. et n. f. [ɑ̃filœʀ, øz] (*enfiler*) ▷ Personne qui passe les têtes des épingles dans les branches. ◁ ◆ Fig. « *Ces enfileurs de paroles* », Gresset. ◆ ▷ Pop. Trompeur, enjôleur. ◁

ENFIN, adv. [ɑ̃fɛ̃] (1 *en-* et *fin*) Définitivement, pour conclure. *Mais enfin que vous a-t-il dit ?* ◆ Après une attente. *Enfin je vous trouve.* ■ Pour exhorter ou attirer l'attention. *Finirez-vous enfin par m'écouter. Quand arrêterez-vous enfin de me parler de cette manière ?* ■ Pour marquer une concession ou une restriction. *Il a tout mangé, enfin presque.* ■ Pour exprimer une résignation. *Enfin, si vous y tenez, je m'incline.*

ENFLAMMÉ, ÉE, p. p. d'enflammer. [ɑ̃flame]

ENFLAMMER, v. tr. [ɑ̃flame] (lat. *inflammare*) Mettre en feu, en flammes. ◆ Fig. Exciter comme une flamme dans le cœur, dans l'âme. « *Je sais combien est pur le zèle qui t'enflamme* », Racine. « *J'enflammerai son jeune cœur de tous les sentiments d'amitié, de générosité, de reconnaissance* », J.-J. Rousseau. ◆ Il se dit aussi des passions qui brûlent et emportent. « *Ah ! que vous enflammez mon désir curieux !* », Racine. ◆ Faire naître la passion de l'amour. *Un regard a suffi pour l'enflammer.* ♦ **Méd.** Causer l'inflammation. ♦ **Fig.** *Les veilles enflamment le sang.* ♦ **S'enflammer,** v. pr. Prendre feu. ♦ **Fig.** *La guerre s'enflamme.* ♦ Se passionner, s'animer, s'emporter. *Cet homme s'enflamme facilement.* « *Ils s'enflamment de l'amour de la gloire* », Fénelon. ♦ Il se dit aussi de passions qui éclatent dans les yeux, dans le sang, etc. « *Vous eussiez vu leurs yeux s'enflammer de colère* », P. Corneille. ♦ Être saisi du sentiment de l'amour. ♦ **Méd.** Prendre les caractères de l'inflammation.

ENFLE, n. m. [ɑ̃fl] (*enfler*) ▷ Jeu de cartes qui se joue avec un jeu complet et un nombre indéterminé de joueurs. ◁

ENFLÉ, ÉE, p. p. d'enfler. [ɑ̃fle] *Être enflé,* être hydropique. ♦ n. *Un gros homme.* ♦ « *C'est ce gros enflé de conseiller* », Beaumarchais. ♦ *Être enflé comme un ballon,* être très enflé, et fig. avoir un orgueil excessif. ♦ Qui a de l'emphase. *Un style enflé.* ♦ n. « *Je hais également le bouffon et l'enflé* », Pascal.

ENFLÉCHURE, ▪ n. f. [ɑ̃fleʃyʀ] (1 *en-* et *flèche*) Mar. Cordage perpendiculaire aux haubans constituant des échelons permettant de monter dans la mâture. *Le mousse montait dans les enfléchures.*

ENFLEMENT, n. m. [ɑ̃fləmɑ̃] (*enfler*) État d'une chose enflée.

ENFLER, v. tr. [ɑ̃fle] (lat. *inflare,* souffler dans) Remplir de souffle, d'air. *Enfler ses chalumeaux.* ♦ Grossir, en remplissant d'air, de gaz. *Enfler un ballon, ses joues.* ♦ *Le vent enfle les voiles,* il les rend tendues par le souffle. ♦ **Fig.** *Enfler les voiles,* se dit de ce qui favorise, fait avancer. ♦ Grossir, en remplissant d'un liquide. *L'eau enfle le ventre d'un hydropique.* ♦ **Fig.** Faire paraître plus grand par une sorte d'enflure. « *Ceux qui croient augmenter leur mérite à force d'enfler leur nom* », Fontenelle. ♦ *Enfler la voix, un son,* les renforcer. ♦ Augmenter par l'afflux d'un liquide. *Les pluies ont enflé la rivière.* ♦ **Fig.** « *De mille exploits fameux enfler ma renommée* », P. Corneille. « *Enfler si fort votre revenu* », Massillon. ♦ Exagérer, surfaire. *Enfler la dépense.* ♦ *Enfler son mérite.* ♦ Donner plus de force à certains sentiments. *Cela enfle mon courage.* ♦ Inspirer de l'orgueil, de la confiance, de la présomption. « *Les bons succès nous enflent* », Fléchier. ♦ **Absol.** « *Vous allez voir la science qui enfle céder à la simplicité qui édifie* », Massillon. ♦ *Enfler son style,* écrire d'une manière ampoulée. ♦ **V. intr.** Devenir plus gros. ♦ **S'enfler,** v. pr. Devenir enflé. *Le ballon s'enfla.* « *Les voiles s'enflent d'un vent favorable* », Fénelon. ♦ Devenir tuméfié. *Son pied s'enfla beaucoup.* ♦ Être soulevé. « *L'onde s'enfle dessous* [les vaisseaux] », P. Corneille. ♦ Devenir plus gros, plus ample. ♦ S'enorgueillir. *S'enfler d'orgueil.* « *Ne vous enflez donc pas d'une si grande gloire* », Molière. ♦ Être exagéré. « *Des hommes naturellement outrés et dans la bouche desquels tout s'enfle* », Massillon. ♦ Prendre un ton, un style ampoulé. ♦ **V. intr. Fam.** *Avoir les chevilles qui enflent,* manquer de modestie.

ENFLEURAGE, ▪ n. m. [ɑ̃flœʀaʒ] (*enfleurer*) Techn. Principe qui consiste à provoquer l'extraction du parfum de fleurs par macération dans une substance grasse. *L'enfleurage à froid pour les fleurs qui ne supportent pas la chaleur.*

ENFLEURER, ▪ v. tr. [ɑ̃flœʀe] (1 *en-* et *fleur*) Techn. Faire macérer des fleurs dans une substance grasse pour absorber et ainsi extraire leur parfum.

ENFLURE, n. f. [ɑ̃flyʀ] (*enfler*) État de ce qui est enflé. *Une enflure au cou.* ♦ **Fig.** *L'enflure du cœur,* vaine présomption de soi-même. ♦ *L'enflure du style,* le vice du style enflé. ♦ **Injur.** Idiot, imbécile. *Quelle enflure !*

ENFOIRÉ, ÉE, ▪ n. m. et n. f. [ɑ̃fwaʀe] (1 *en-* et 2 *foire*) Fam. Imbécile, salaud.

ENFONÇAGE, n. m. [ɑ̃fɔ̃saʒ] (*enfoncer*) ▷ Action d'enfoncer, d'empiler une substance dans un récipient ; par exemple, de la poudre dans un baril. ♦ Action de remettre le fond à un tonneau. ◁

ENFONCÉ, ÉE, p. p. d'enfoncer. [ɑ̃fɔ̃se] Profond. *Une alcôve enfoncée.* ♦ *Des yeux enfoncés dans la tête,* des yeux creux. ♦ *Il a la tête enfoncée entre les deux épaules,* c'est-à-dire il a le cou très court. ♦ **Fig.** *Esprit enfoncé dans la matière,* épais, stupide. ♦ *Un homme enfoncé,* un homme qui cache ses pensées, ses sentiments. ♦ Bossuet et Fénelon ont employé *enfoncé* dans le sens de *foncé ;* ce sens n'est plus en usage. *Un vert enfoncé.* ♦ ▷ **Pop.** Néolog. Vaincu, déjoué, ruiné. ◁ Rem. Ce néologisme ne s'est pas maintenu dans l'usage actuel.

ENFONCEMENT, n. m. [ɑ̃fɔ̃s(ə)mɑ̃] (*enfoncer*) Action de faire pénétrer profondément. ♦ Action de rompre, de forcer. *L'enfoncement d'une porte.* ♦ Un creux. *Un enfoncement de terrain.* ♦ Vide produit par une paroi en retrait. *L'enfoncement d'un mur.* ♦ Partie de façade formant un arrière-corps. ♦ Partie la plus reculée. *Dans l'enfoncement de la scène on voit un palais.* ♦ **Peint.** *Il y a beaucoup d'enfoncement dans ce tableau,* la perspective des fonds y est bien rendue. ♦ **Mar.** Endroit enfoncé dans une baie, dans une rade. ♦ Abri pour un vaisseau.

ENFONCER, v. tr. [ɑ̃fɔ̃se] (1 *en-* et anc. fr. *fons,* fond) Pousser vers le fond ; faire pénétrer profondément. *Enfoncer un pieu en terre, son épée dans le corps.*

♦ **Fig.** *Cela nous enfonça davantage dans nos maux.* ♦ *Enfoncer son chapeau dans la tête,* faire entrer avant la tête dans le chapeau. ♦ **Fig.** *Enfoncer son chapeau,* prendre une attitude déterminée, et aussi prendre une résolution hardie. ♦ **Fig.** *Enfoncer à quelqu'un le poignard dans le sein,* lui causer un très vif chagrin, une perte cruelle. ♦ Néologisme pop. Vaincre, déjouer ou ruiner quelqu'un. *Il m'a enfoncé.* ♦ Forcer, briser, faire une ouverture dans les parois. *Enfonçons la maison. Enfonce la porte. Enfoncer une côte.* ♦ **Fig.** et **fam.** *Enfoncer une porte ouverte,* se vanter d'avoir surmonté un obstacle qui n'existait pas. ♦ **Milit.** Mettre une troupe en désordre. ♦ ▷ Mettre le fond à une futaille. ◁ ♦ **V. intr.** Aller au fond. *La nacelle enfonça. Enfoncer dans un bourbier.* ♦ **Fig.** « *Enfoncez, vous trouverez partout des intérêts cachés* », Bossuet. ♦ **S'enfoncer,** v. pr. Toucher, pénétrer dans un fond. *Le vaisseau s'enfonce dans les vagues. Le terrain s'enfonce sous ses pas.* ♦ **Par extens.** *Il s'enfonça dans son lit.* ♦ Pénétrer fort avant. « *Je m'enfonçai dans une sombre forêt* », Fénelon. ♦ **Fig.** « *Tous les jours ils s'enfonçaient de plus en plus dans le crime* », Bossuet. ♦ S'écrouler, en tombant dans le fond. *Le plancher s'enfonça.* ♦ Présenter un enfoncement, un retrait. ♦ Être dans un fond. ♦ S'adonner entièrement à, s'absorber dans. *S'enfoncer dans des rêveries.* ♦ **Pop.** Se ruiner soi-même. ♦ Se ruiner l'un l'autre. ▪ **V. tr. Fig.** *Enfoncer une porte ouverte,* essayer de prouver quelque chose qui tombe sous le sens. ▪ **Fig.** *Enfoncer le clou,* répéter quelque chose de manière intempestive pour s'assurer de la bonne compréhension de son interlocuteur.

ENFONCEUR, EUSE, n. m. et n. f. [ɑ̃fɔ̃sœʀ, øz] (*enfoncer*) Personne qui enfonce. ♦ **Fig.** *Un enfonceur de portes ouvertes,* un fanfaron qui se vante de braver des obstacles, des périls imaginaires. ▪ **Fig.** *Un enfonceur de portes ouvertes,* une personne qui se plaît à démontrer des choses qui tombent sous le sens et n'ont nul besoin d'être démontrées ou expliquées.

ENFONÇURE, n. f. [ɑ̃fɔ̃syʀ] (*enfoncer*) Creux qui se fait par enfoncement. « *En une enfonçure du rocher* », La Fontaine. ♦ Assemblage des pièces du fond d'une futaille ou d'un lit, etc.

ENFORCI, IE, p. p. d'enforcir. [ɑ̃fɔʀsi]

ENFORCIR, v. tr. [ɑ̃fɔʀsiʀ] (1 *en-* et *force*) ▷ Rendre plus fort, plus résistant. ♦ **V. intr.** Devenir plus fort, croître. ♦ **Pop.** En parlant des personnes, devenir plus gras, plus gros. ♦ **S'enforcir,** v. pr. Devenir plus fort. ◁

ENFOUI, IE, p. p. d'enfouir. [ɑ̃fwi] **Fig.** *Souvenir enfoui.*

ENFOUIR, v. tr. [ɑ̃fwiʀ] (lat. *infodere,* creuser, enterrer) Mettre dans un trou en terre. *Enfouir son argent, un animal mort.* ♦ *Enfouir des plantes,* les mettre en terre. ♦ **Par extens.** Cacher sous d'autres choses, retirer dans un lieu reculé. ♦ **Fig.** *Il ne faut pas enfouir les talents que la nature nous a donnés.* ♦ **S'enfouir,** v. pr. Se retirer dans un lieu reculé. *S'enfouir dans une province.* ▪ **Par extens.** Se cacher, se protéger en s'enfonçant dans quelque chose. *S'enfouir sous la couette.*

ENFOUISSEMENT, n. m. [ɑ̃fwis(ə)mɑ̃] (radic. du p. prés. de *enfouir*) Action d'enfouir.

ENFOUISSEUR, n. m. [ɑ̃fwisœʀ] (radic. du p. prés. de *enfouir*) Celui qui enfouit. ▪ **Agric.** Dispositif fixé sur une charrue et qui permet d'amender la terre avec du fumier.

ENFOURCHÉ, ÉE, p. p. d'enfourcher. [ɑ̃fuʀʃe]

ENFOURCHEMENT, ▪ n. m. [ɑ̃fuʀʃəmɑ̃] (*enfourcher*) Archit. Jonction entre les deux parties courbes d'un arc ou d'une voûte. ▪ Menuis. Technique d'assemblage de deux pièces de bois par une enture verticale. *Un assemblage à enfourchement.* ▪ **Sp.** Au judo, prise qui permet de maintenir l'adversaire au sol en le bloquant entre ses jambes. *L'enfourchement aux épaules.*

ENFOURCHER, v. tr. [ɑ̃fuʀʃe] (1 *en-* et *fourche*) Se placer sur un cheval en faisant la fourche, c'est-à-dire jambe deçà jambe delà. ♦ Percer avec la fourche. ▪ **Par extens.** Grimper à califourchon sur quelque chose. *Il enfourcha son vélo et partit en trombe.* ▪ *Enfourcher son dada, son cheval de course,* avoir l'habitude d'orienter les conversations sur son sujet de prédilection.

ENFOURCHURE, n. f. [ɑ̃fuʀʃyʀ] (1 *en-* et *fourche*) ▷ Point où un arbre se bifurque. ◁ ♦ La tête d'un cerf, lorsque l'extrémité du bois se termine en deux pointes qui ont l'apparence d'une fourche. ♦ La naissance de la fourche que forment les deux jambes d'un pantalon, d'un caleçon. ▪ **Équit.** Endroit où le cavalier enfourche son cheval.

ENFOURNAGE, n. m. [ɑ̃fuʀnaʒ] (*enfourner*) Action d'enfourner.

ENFOURNÉ, ÉE, p. p. d'enfourner. [ɑ̃fuʀne] Mis dans le four.

ENFOURNEMENT, n. m. [ɑ̃fuʀnəmɑ̃] (*enfourner*) Action de mettre les pains au four. ♦ Suite des opérations d'une verrerie, etc. ▪ Rem. On dit aussi *enfournage.*

ENFOURNER, v. tr. [ɑ̃fuʀne] (1 *en-* et anc. fr. *forn,* four, du lat. *furnus*) Mettre dans un four. *Enfourner du pain.* ♦ Mettre dans un creuset les matières du verre. ♦ **Absol.** *On enfournera à neuf heures.* ♦ **Fig.** et **fam.** *Bien* *enfourner, mal enfourner,* commencer une chose bien ou mal. ♦ **S'enfourner,** v. pr. S'engager dans un lieu d'où l'on ne peut que difficilement sortir, et par ext. s'engager dans quelque affaire difficile. ♦ ▷ *À l'enfourner,* au début, en commençant une affaire. ◁ ▪ Ranger à la hâte et sans grand soin quelque chose. *Elle n'a eu que le temps d'enfourner les papiers qui traînaient dans un tiroir, avant son arrivée.* ▪ **Fam.** *Enfourner une assiette de gâteaux,* les manger avidement.

ENFOURNEUR, n. m. [ɑ̃furnœr] (*enfourner*) Ouvrier qui enfourne.

ENFREINDRE, v. tr. [ɑ̃frɛ̃dr] (lat. *infringere,* briser) Rompre, en parlant de ce qui engage, lie, oblige. *Enfreindre les lois, sa promesse, etc.* ♦ **S'enfreindre,** v. pr. Être enfreint.

ENFREINT, EINTE, p. p. d'enfreindre. [ɑ̃frɛ̃, ɛ̃t]

ENFROQUÉ, ÉE, p. p. d'enfroquer. [ɑ̃frɔke] ▷ Qui porte un froc. ♦ n. *Des enfroqués.* ◁

ENFROQUER, v. tr. [ɑ̃frɔke] (1 *en-* et *froc*) ▷ Mettre le froc, faire moine. ♦ **S'enfroquer,** v. pr. Se faire moine. ◁

ENFUI, IE, p. p. d'enfuir. [ɑ̃fɥi] *Des esclaves enfuis. Le temps enfui.* ♦ Ce participe, à l'état isolé, n'est pas dans le *Dictionnaire* de l'Académie.

ENFUIR (S'), v. pr. [ɑ̃fɥir] (2 *en-* et *fuir*) Se retirer en toute hâte, en prenant la fuite. *S'enfuir au moment du danger. S'enfuir de prison.* ♦ Avec ellipse du pronom personnel. *Comment l'avez-vous laissé enfuir ?* ♦ **Par extens.** « *Les rivages s'enfuyaient loin de nous* », Fénelon. ♦ S'évanouir, disparaître. *Le temps s'enfuit.* ♦ ▷ S'échapper d'un vase, en parlant d'une liqueur. ◁ ♦ **Par méton.** *Un vase s'enfuit,* lorsqu'il laisse échapper la liqueur qu'il contient. ♦ Aujourd'hui, ne dit plus ordinairement en ce sens *fuir.*

ENFUMAGE, ▪ n. m. [ɑ̃fymaʒ] (*enfumer*) Procédé qui consiste à neutraliser ou faire fuir un animal avec de la fumée. *L'enfumage d'une ruche.*

ENFUMÉ, ÉE, p. p. d'enfumer. [ɑ̃fyme] ▷ *Tableau enfumé,* tableau noirci par le temps. ♦ *Verre enfumé,* verre noirci par la fumée, dont on se sert pour regarder le soleil. ♦ De couleur de fumée. *Teint jaune, enfumé.* ◁

ENFUMER, v. tr. [ɑ̃fyme] (1 *en-* et *fumer*) Emplir de fumée. ♦ Noircir par la fumée. ♦ **Art** Étendre une teinte rousse sur un tableau pour lui donner l'apparence d'un vieil original. ♦ Incommoder par la fumée. ♦ *Enfumer un renard, des abeilles,* les forcer de sortir de leur retraite par la fumée. ♦ ▷ **Fig.** Troubler l'esprit par les fumées de l'orgueil ou du vin. ◁ ♦ ▷ **S'enfumer,** v. pr. S'entourer de fumée. ♦ ▷ Se noircir par la fumée. ◁ ◁

ENFÛTAGE ou **ENFUTAGE,** ▪ n. m. [ɑ̃fytaʒ] (*enfûter*) Action de mettre notamment du vin en fûts. *Enfûtage de la bière.*

ENFÛTER ou **ENFUTER,** ▪ n. m. [ɑ̃fyte] (1 *en-* et *fût*) Remplir notamment de vin des fûts ou des futailles. *Enfûter du cidre.* ▪ Rem. On dit aussi *enfutailler.*

ENGAGÉ, ÉE, p. p. d'engager. [ɑ̃gaʒe] N. m. *Un engagé,* un homme qui est entré au service militaire. ▪ **Adj.** Qui prend position et défend une idéologie ou une cause. *La poésie engagée.* ▪ Dont l'entreprise ou la réalisation est en cours. *Des démarches bien engagées.* ▪ **Archit.** En partie englobé dans un pilier ou un mur. *Restaurer une colonne engagée.* ▪ **Mar.** Dont l'inclinaison, la gîte, ne permettent aucun relèvement. *Un bateau engagé.*

ENGAGEANT, ANTE, adj. [ɑ̃gaʒɑ̃, ɑ̃t] (*engager*) Qui engage, qui attire. *Une personne engageante. Paroles, manières engageantes.*

ENGAGEANTES, n. f. pl. [ɑ̃gaʒɑ̃t] (*engager*) ▷ Parure, nœud de rubans que les femmes portaient autrefois au cou. ◁

ENGAGEMENT, n. m. [ɑ̃gaʒ(ə)mɑ̃] (*engager*) Mise en gage. ♦ **Jurispr.** *Engagement d'immeubles,* acte par lequel on cède à quelqu'un la jouissance d'un bien-fonds pour la sûreté d'une dette. ♦ Acte ou billet qui renferme l'énoncé d'un engagement. ♦ Action d'engager, de s'engager par un acte. *Faire honneur à ses engagements,* payer tout ce qu'on doit, et fig. tenir tout ce qu'on a promis. ♦ Il se dit aussi des actes diplomatiques. ♦ Promesse qui engage. *Engagement tacite.* ♦ **Par extens.** *Le succès qu'il a obtenu est comme un engagement d'en mériter d'autres.* ♦ État où l'on est engagé, lié, mariage, amour, monde. *Les engagements du cœur. Un tendre engagement de cœur.* ♦ Ce qui engage, pousse, excite. *C'est un engagement à bien faire.* ♦ Action de s'engager pour un service, de s'enrôler. *Un engagement dans un corps de troupes, au théâtre.* ♦ Le prix de l'engagement. ♦ Combat partiel entre des corps séparés. ♦ **Escrime** Attaque composée qui se fait en gagnant le faible de l'épée de l'adversaire pour se rendre maître de la ligne droite. ▪ **Fig.** Action de mettre en chantier, de commencer quelque chose. *L'engagement de négociations.* ▪ **Sp.** Mise en jeu du ballon au début d'une partie ou après un but au football. *L'engagement sifflé par l'arbitre.* ▪ Expression de la revendication et de la défense d'une idéologie dans un ou d'une idéologie par un moyen artistique. *Étudier l'engagement en littérature.* ▪ Fait d'investir un lieu étroit. *L'engagement de la foule dans le périmètre de sécurité n'a pu être contenu.* ▪ **Méd.** Déplacement du fœtus vers le bassin au début de l'accouchement. ▪ Inscription à un concours ou une compétition sportive.

ENGAGER, v. tr. [ɑ̃gaʒe] (1 *en-* et *gage*) Mettre en gage. ♦ Assigner pour gage. *Engager ses biens à ses créanciers.* ♦ *Engager sa foi, sa parole, son cœur.* ♦ Obliger, lier, promettre. « *Outre mon intérêt ma parole m'engage* », Rotrou. *Il lui engagea sa fille.* ♦ **Absol.** *Cela n'engage à rien.* ♦ Prendre des gens à gages. *Engager un domestique.* ♦ Faire contracter un engagement. *Engager un acteur.* ♦ **Enrôler.** ♦ *Engager une chose dans une autre,* l'y faire entrer de manière à ne pouvoir que difficilement l'en dégager. ♦ **Archit.** Faire pénétrer une construction dans une autre. ♦ On le dit aussi de personnes, de troupes qui pénètrent en quelque lieu. *Il engage l'armée dans un défilé.* ♦ **Escrime** *Engager le fer,* faire un engagement ; toucher le fer de son adversaire. ♦ *Engager le combat,* le commencer en attaquant le premier. ♦ *Engager une troupe,* lui faire prendre part au combat. ♦ **Par extens.** *Engager une discussion, la partie, etc.* ♦ **Fig.** *Engager le combat,* commencer une querelle, une discussion. ♦ Faire entrer, en parlant de sentiments, de passions, de positions où l'on est retenu comme un gage. *Engager quelqu'un dans une querelle. Engager dans les intérêts du roi.* ♦ Pousser, exhorter. *Je vous engage à prendre patience.* ♦ On trouve aussi : *engager de,* devant un infinitif. ♦ Entraîner, induire, en parlant des choses. « *L'intérêt du pays n'est pas ce qui l'engage* », P. Corneille. ♦ ▷ Inviter. *Engager quelqu'un à dîner.* ◁ ♦ **S'engager,** v. pr. Être mis en gage. ♦ Contracter un emprunt, un engagement. ♦ Se faire caution, répondre. ♦ **Par extens.** *S'engager à* ou *de,* devant un infinitif. ♦ **Absol.** *Ne vous engagez pas.* ♦ *S'engager à quelqu'un,* s'obliger envers lui. ♦ Prendre un engagement, entrer dans une condition où l'on est tenu de rester. *S'engager dans le service militaire, dans les ordres, à l'Opéra, etc.* ♦ **Absol.** *S'engager,* se faire soldat ; et avec ellipse du pronom personnel : *son père l'a fait engager.* ♦ *S'avancer,* pénétrer avant. *S'engager dans un défilé, dans un mauvais pas.* ♦ Être commencé, en parlant d'un combat, d'une discussion, d'une affaire. ♦ ♦ **Méd.** Devenir malade, en parlant des organes. *La poitrine s'engage.* ◁ ♦ Entrer dans quelque sentiment, dans quelque situation morale, s'appliquer à. *S'engager dans l'étude des sciences.* « *Sais-tu dans quels périls aujourd'hui tu t'engages ?* », Boileau. *Il s'est trop engagé pour reculer.* ▪ Exprimer une position idéologique au travers de son art. *Un auteur qui s'est engagé toute sa vie.*

ENGAGISTE, n. m. [ɑ̃gaʒist] (*engager*) Celui qui obtenait, à certaines conditions, la possession de quelque partie du domaine royal pour un certain nombre d'années.

ENGAINANT, ANTE, ▪ adj. [ɑ̃gɛnɑ̃, ɑ̃t] (*engainer*) **Bot.** Qui recouvre à la façon d'une gaine. *Pétiole engainant. Feuille engainante.*

ENGAINÉ, ÉE, p. p. d'engainer. [ɑ̃gɛne] *Statue engainée,* celle qui se termine non par des membres, mais par une sorte de gaine. *Les Hermès sont des statues engainées.*

ENGAINER, v. tr. [ɑ̃gɛne] (1 *en-* et *gaine*) Mettre en gaine. ♦ **Bot.** Envelopper les tiges par la base, en parlant des feuilles. ♦ **S'engainer,** v. pr. Être engainé.

ENGAMER, ▪ v. tr. [ɑ̃game] (*gamo,* goître, d'orig. germ.) **Pêche** Avaler l'hameçon dans son intégralité, en parlant d'un poisson. *La carpe a engamé l'appât.*

ENGANE, ▪ n. f. [ɑ̃gan] (nom vulg. d'une espèce de soude) **Bot.** Autre nom de la salicorne. *L'engane comestible.*

ENGAZONNEMENT, n. m. [ɑ̃gazɔn(ə)mɑ̃] (*engazonner*) Action de couvrir de gazon, de faire naître du gazon. ▪ Son résultat. *L'engazonnement d'un jardin.*

ENGAZONNER, v. tr. [ɑ̃gazɔne] (1 *en-* et *gazon*) Garnir de gazon.

ENGÉ, ÉE, p. p. d'enger. [ɑ̃ʒe] **Fam.** Embarrassé de.

ENGEANCE, n. f. [ɑ̃ʒɑ̃s] (*enger*) Race, en parlant de certains animaux domestiques. ♦ **Par extens.** Il se dit des hommes [1]. « *L'engeance humaine* », La Fontaine. ♦ En mauvaise part. *L'engeance des médisants.* ♦ Il se dit parfois même d'une seule personne. *Ah ! malheureuse engeance !* ▪ Rem. 1 : La notion de race ne repose sur aucun fondement scientifique et a une connotation raciste.

ENGEANCER, v. tr. [ɑ̃ʒɑ̃se] ▷ **Fam.** Embarrasser de quelqu'un. ♦ **S'engeancer,** v. pr. Être engeancé. ◁

ENGELURE, n. f. [ɑ̃ʒ(ə)lyr] (a. fr. *engeler*) Gonflement circonscrit, causant démangeaison et douleur, que le froid fait venir aux doigts des mains et des pieds et au talon.

ENGENDRABLE, adj. [ɑ̃ʒɑ̃drabl] (*engendrer*) Qui peut être engendré.

ENGENDRANT, ANTE, adj. [ɑ̃ʒɑ̃drɑ̃, ɑ̃t] (*engendrer*) Qui engendre, qui produit.

ENGENDRÉ, ÉE, p. p. d'engendrer. [ɑ̃ʒɑ̃dre] On met *par* quand on nomme le père. *Isaac engendré par Abraham.* ♦ On met à volonté *de* ou *par* en toute autre circonstance.

ENGENDREMENT, n. m. [ɑ̃ʒɑ̃drəmɑ̃] (*engendrer*) Action d'engendrer ; résultat de cette action.

1 ENGENDRER, v. tr. [ɑ̃ʒɑ̃dʀe] (lat. *ingenerare*) **Relig.** Produire par voie de génération. *Abraham engendra Isaac.* ♦ **Théol.** Dieu le Père engendra le Fils. ♦ **Fig.** Causer, occasionner, produire, donner lieu à. ♦ *Ne pas engendrer la mélancolie*, être d'un naturel gai. ♦ **Géom.** Produire, décrire, en se mouvant, une ligne, une courbe, etc. ♦ **S'engendrer**, v. pr. Être engendré.

2 ENGENDRER, v. tr. [ɑ̃ʒɑ̃dʀe] (1 *en-* et *gendre*) ▷ **Fam.** Pourvoir d'un gendre. ♦ Prendre pour gendre. ♦ **S'engendrer**, v. pr. Se donner un gendre. ◁

ENGENDREUR, n. m. [ɑ̃ʒɑ̃dʀœʀ] (*engendrer*) Celui qui engendre. « *L'engendreur et l'engendré* », VOLTAIRE.

ENGEÔLER, v. tr. [ɑ̃ʒole] Voy. ENJÔLER.

ENGEÔLEUR, n. m. [ɑ̃ʒolœʀ] Voy. ENJÔLEUR.

ENGER, v. tr. [ɑ̃ʒe] (p.-ê. lat. *indicare*, désigner) Anciennement, pourvoir d'un plant, d'une herbe. *L'ambassadeur Nicot a engé la France de l'herbe nicotiane* [tabac]. ♦ Aujourd'hui, embarrasser d'une sotte ou d'une mauvaise engeance. « *Votre père se moque-t-il de vouloir vous enger de son avocat de Limoges?* », MOLIÈRE. ♦ Il est vieux et peu usité.

ENGERBAGE, n. m. [ɑ̃ʒɛʀbaʒ] (*engerber*) Action d'engerber les blés qui sont en javelles, des tonneaux de vin.

ENGERBÉ, ÉE, p. p. d'engerber. [ɑ̃ʒɛʀbe]

ENGERBER, v. tr. [ɑ̃ʒɛʀbe] (1 *en-* et *gerbe*) Mettre en gerbes. ♦ **Par extens.** Entasser l'un sur l'autre, mettre en tas. *Engerber des tonneaux de vin, des javelles de blé.*

ENGIN, n. m. [ɑ̃ʒɛ̃] (lat. *ingenium*, intelligence) Adresse, industrie. ♦ En ce sens, il ne se dit plus que proverbialement : *Mieux vaut engin que force.* ♦ Instrument. *Un engin pour casser des noix.* ♦ Nom donné à toutes sortes de machines, surtout à celles qui servent à lever ou à tirer des fardeaux. ♦ *Engins de guerre,* les machines dont on se servait avant l'emploi du canon. ♦ Piège. *Un engin à prendre les rats.* ♦ L'ensemble de ce qui sert à équiper un chasseur, un pêcheur. *Engins prohibés.*

ENGINEERING, ■ n. m. [ɛnʒiniʀiŋ] (mot angl.) Recommandation officielle : Ingénierie. *Société d'engineering.*

ENGLACÉ, ÉE, ■ adj. [ɑ̃glase] (1 *en-* et *glace*) Couvert de glace. *Un terrain englacé.*

ENGLOBÉ, ÉE, p. p. d'englober. [ɑ̃globe]

ENGLOBER, v. tr. [ɑ̃globe] (1 *en-* et *globe*) Réunir dans un seul tout. *Les Romains englobèrent la Judée dans leur empire.*

ENGLOUTI, IE, p. p. d'engloutir. [ɑ̃gluti]

ENGLOUTIR, v. tr. [ɑ̃glutiʀ] (b. lat. *ingluttire*) Avaler avec avidité. ♦ **Fig.** Absorber, s'emparer de, saisir pour soi. « *Ce grand empire qui a englouti tous les empires de l'univers* », BOSSUET. ♦ Absorber comme dans un gouffre. *La mer engloutit le vaisseau.* ♦ **Fig.** « *Éternité, néant, passé, sombres abîmes, Que faites-vous des jours que vous engloutissez ?* », LAMARTINE. ♦ Dissiper, dévorer. ♦ **S'engloutir**, v. pr. Se perdre dans un gouffre. ■ **Fig.** *Engloutir sa fortune*, la dilapider.

ENGLOUTISSEMENT, n. m. [ɑ̃glutis(ə)mɑ̃] (*engloutir*) Néologisme. Action d'engloutir ; résultat de cette action. ■ **REM.** N'est plus un néologisme aujourd'hui.

ENGLOUTISSEUR, n. m. [ɑ̃glutisœʀ] (*engloutir*) Celui qui engloutit.

ENGLUÉ, ÉE, p. p. d'engluer. [ɑ̃glye]

ENGLUEMENT ou **ENGLUAGE**, n. m. [ɑ̃glymɑ̃, ɑ̃glyaʒ] (*engluer*) Action d'engluer ; résultat de cette action. ♦ **Hortic.** Composition destinée à recouvrir les plaies des arbres.

ENGLUER, v. tr. [ɑ̃glye] (1 *en-* et *glu*) Enduire de glu. ♦ Prendre avec de la glu. ♦ **Fig.** Prendre comme dans de la glu. ♦ **S'engluer**, v. pr. Être pris à la glu. ♦ S'épaissir comme de la glu. ♦ **Fig.** *S'engluer,* être pris à quelque piège.

ENGOBAGE, n. m. [ɑ̃gobaʒ] (*engober*) Action d'engober.

ENGOBE, n. m. [ɑ̃gɔb] (*engober*) Matière terreuse dont les potiers recouvrent leur pâte pour en changer la couleur.

ENGOBER, v. tr. [ɑ̃gobe] (1 *en-* et *gober*, d'un radic. gaul. *gobbo-*, bec, bouche) Appliquer un engobe.

ENGOMMAGE, n. m. [ɑ̃gomaʒ] (*engommer*) Action d'engommer.

ENGOMMER, v. tr. [ɑ̃gome] (1 *en-* et *gomme*) Enduire de gomme.

ENGONCÉ, ÉE, p. p. d'engoncer. [ɑ̃gɔ̃se] Qui a le cou enfoncé dans les épaules. ■ *Avoir l'air engoncé,* avoir l'air maladroit, emprunté.

ENGONCEMENT, n. m. [ɑ̃gɔ̃s(ə)mɑ̃] (*engoncer*) État d'une personne engoncée.

ENGONCER, v. tr. [ɑ̃gɔ̃se] (1 *en-* et *gond*, par comparaison moqueuse) Faire paraître, en parlant d'un habit, le cou dans les épaules. *Cet habit vous engonce.* ♦ **S'engoncer**, v. pr. Enfoncer le cou dans les épaules, ou s'habiller de façon à paraître engoncé. *S'engoncer dans son habit, dans sa cravate.*

ENGORGÉ, ÉE, p. p. d'engorger. [ɑ̃gɔʀʒe] **Méd.** Qui est le siège d'un engorgement. ♦ *Moulure engorgée,* moulure qui a perdu une partie de ses formes par la quantité de peinture qui a été mise dessus. ■ *Un carrefour engorgé,* dont la circulation est bloquée du fait d'un afflux de voitures.

ENGORGEMENT, n. m. [ɑ̃gɔʀʒəmɑ̃] (*engorger*) Gêne d'écoulement par obstruction, dans un tuyau, dans un canal. ♦ **Méd.** Augmentation de volume et souvent de consistance, caractérisée par la présence d'une matière amorphe demi-solide ou liquide qui a exsudé. *L'engorgement des glandes.* ♦ Distension des vaisseaux ou des conduits excréteurs et intestinaux, avec embarras à l'écoulement des matières qu'ils renferment. ♦ **Fig.** Gêne, embarras. *Engorgement de marchandises. L'engorgement de la circulation,* en parlant de l'argent. ■ *L'engorgement d'un carrefour,* son obstruction due à un afflux de voitures.

ENGORGER, v. tr. [ɑ̃gɔʀʒe] (1 *en-* et *gorge*) Obstruer un conduit, un passage. ♦ **S'engorger**, v. pr. Être engorgé. ■ Saturer totalement la circulation de quelque chose. *Les voitures engorgent le carrefour.*

ENGOUÉ, ÉE, p. p. d'engouer. [ɑ̃gwe]

ENGOUEMENT, n. m. [ɑ̃gumɑ̃] (*engouer*) ▷ Embarras dans le gosier. ◁ ♦ **Méd.** Obstruction d'un conduit ou d'une cavité quelconque par des matières accumulées. ♦ **Fig.** Sentiments favorables et excessifs que l'on conçoit sans grande raison pour quelqu'un ou quelque chose. *Son engouement pour cet ouvrage, pour cette personne est extrême.*

ENGOUER, v. tr. [ɑ̃gwe] (1 *en-* et *goue*, joue) ▷ Obstruer le gosier. ◁ ♦ **S'engouer**, v. pr. Se causer un embarras dans le gosier. ♦ **Fig.** Être pris d'engouement. *S'engouer de quelqu'un, de quelque chose.* ♦ **Absol.** *Cet homme s'engoue facilement.*

ENGOUFFRÉ, ÉE, p. p. d'engouffrer. [ɑ̃gufʀe]

ENGOUFFRER (S'), v. pr. [ɑ̃gufʀe] (1 *en-* et *gouffre*) Tomber dans un gouffre. ♦ **Par extens.** Il se dit des courants d'eau ou d'air qui pénètrent dans une sorte de gouffre. *Le vent s'engouffrait dans la cheminée.* ♦ **Fig.** *Que de fortunes viennent s'engouffrer dans les jeux de bourse !* ♦ ▷ V. tr. *Engouffrer,* faire tomber, faire disparaître dans un gouffre. ◁ ♦ La forme active n'est pas donnée par l'Académie. ■ **ENGOUFFREMENT**, n. m. [ɑ̃gufʀəmɑ̃]

ENGOULANT, ANTE, adj. [ɑ̃gulɑ̃, ɑ̃t] (*engouler*) **Hérald.** Se dit d'un animal qui est représenté engloutissant dans sa gueule une pièce des armoiries.

ENGOULÉ, ÉE, p. p. d'engouler. [ɑ̃gule] **Hérald.** Dont les extrémités entrent dans les gueules d'animaux.

ENGOULER, v. tr. [ɑ̃gule] (1 *en-* et anc. fr. *goule*, gueule) ▷ Saisir à pleine gueule. *Ce chien engoule tout ce qu'on lui jette.* ◁

ENGOULEVENT, n. m. [ɑ̃gul(ə)vɑ̃] (*engouler* et *vent*) Genre d'oiseaux dont l'espèce la plus commune est vulgairement appelée *crapaud volant.*

ENGOURDI, IE, p. p. d'engourdir. [ɑ̃guʀdi] **Fig.** *N'avoir pas les mains engourdies,* être habile à prendre, à voler. ♦ **Fig.** *Un esprit engourdi.*

ENGOURDIR, v. tr. [ɑ̃guʀdiʀ] (1 *en-* et *gourd*) Causer dans un membre une sorte de paralysie momentanée, incomplète. *Le froid engourdit les membres.* ♦ **Fig.** *L'oisiveté engourdit l'esprit.* ♦ **S'engourdir**, v. pr. Devenir engourdi. ♦ **Fig.** *Vous vous engourdissez dans le repos.*

ENGOURDISSEMENT, n. m. [ɑ̃guʀdis(ə)mɑ̃] (*engourdir*) Sorte de paralysie momentanée causée par le froid ou une autre cause. *Un engourdissement au bras.* ♦ Il se dit aussi d'un état qui rend les facultés obtuses. *Un engourdissement total m'ôta jusqu'à la faculté de parler et de penser.* ♦ Il se dit enfin de l'état où tombent certains animaux hibernants, tels que la marmotte, le hérisson, etc. ♦ **Fig.** Torpeur. *L'engourdissement de l'esprit.*

ENGRAIS, n. m. [ɑ̃gʀɛ] (*engraisser*) Pâture qu'on donne aux volailles pour les engraisser. ♦ *Mettre à l'engrais,* se dit des bestiaux que l'on met dans les herbages pour qu'ils s'y engraissent. ♦ Tout ce qui, déposé à la surface du sol et mêlé à la terre arable, augmente ou rétablit la fécondité. ■ *Engrais vert,* plante sur pied enfouie par un labour dans le but d'enrichir la terre.

ENGRAISSANT, ANTE, adj. [ɑ̃gʀɛsɑ̃, ɑ̃t] (*engraisser*) Qui engraisse. ♦ ▷ Qui tache de graisse. « *La pommade est trop engraissante* », MME DE SÉVIGNÉ. ◁

ENGRAISSÉ, ÉE, p. p. d'engraisser. [ɑ̃gʀese]

ENGRAISSEMENT ou **ENGRAISSAGE**, n. m. [ɑ̃gʀɛs(ə)mɑ̃, ɑ̃gʀesaʒ] (*engraisser*) Action d'engraisser. *L'engraissement des bestiaux.* ♦ État de celui qui engraisse.

ENGRAISSER, v. tr. [ɑ̃gʀese] (1 *en-* et *graisse*) Faire devenir gras. *Engraisser des bestiaux, des poulets, etc.* « *Des gens qui ne semblent vivre que pour nourrir et engraisser leurs corps* », BOURDALOUE. ♦ Enduire d'un corps gras.

♦ Souiller de graisse. *Engraisser ses habits.* ♦ On dit plutôt *graisser.* ♦ *Engraisser des terres,* leur donner de l'engrais. ♦ **Fig.** Rendre riche. ♦ **V. intr.** Devenir gras, prendre de l'embonpoint. ♦ S'engraisser, v. pr. Devenir gras. ♦ **Fig.** S'enrichir. « *Il s'engraisse du travail et de la substance des pauvres* », FLÉCHIER. ♦ **Prov.** *L'œil du maître engraisse le cheval,* quand le maître va voir souvent ses chevaux, les valets en prennent plus de soin, et fig. quand on surveille soi-même ses affaires, il n'y a pas de coulage, de dilapidation.

ENGRAISSEUR, n. m. [ɑ̃gʀɛsœʀ, øz] (*engraisser*) Celui qui engraisse des bestiaux.

ENGRAMME, ■ n. m. [ɑ̃gʀam] (d'après l'all. *Engramm,* du gr. *en,* dans, et *gramma,* trace) **Psych.** Trace laissée dans le cerveau humain par les événements et les actions, et susceptible de générer des souvenirs. *L'engramme est considéré comme la trace biologique de la mémoire.*

ENGRANGÉ, ÉE, p. p. d'engranger. [ɑ̃gʀɑ̃ʒe]

ENGRANGEMENT, n. m. [ɑ̃gʀɑ̃ʒ(ə)mɑ̃] (*engranger*) Action d'engranger.

ENGRANGER, v. tr. [ɑ̃gʀɑ̃ʒe] (1 *en-* et *grange*) Serrer dans une grange. ♦ **Absol.** *Hâtez-vous d'engranger.* ■ **Fig.** Rassembler et mettre de côté. *Engranger des savoirs, des richesses.*

ENGRAVÉ, ÉE, p. p. d'engraver. [ɑ̃gʀave]

ENGRAVEMENT, n. m. [ɑ̃gʀav(ə)mɑ̃] (*engraver*) État d'un bateau, d'un train de bois engravé. ♦ Ensablement.

1 ENGRAVER, v. tr. [ɑ̃gʀave] (1 *en-* et *gravier*) Engager une embarcation dans le sable, dans la vase. ♦ Ensabler. *La Loire engrava des terres ensemencées de blé.* ♦ **V. intr.** *La chaloupe engrava.* ♦ S'engraver, v. pr. S'engager dans le sable. *Notre bateau s'engrava. Nous nous engravâmes.*

2 ENGRAVER, v. tr. [ɑ̃gʀave] (1 *en-* et *graver*) Graver sur. *Engraver des lettres sur une colonne.* ♦ **Techn.** Entailler le plomb d'une gouttière, d'une lucarne.

ENGRAVURE, n. f. [ɑ̃gʀavyʀ] (1 *engraver*) **Art** Résultat de l'action d'engraver, et par ext. l'action elle-même d'engraver.

ENGRÊLÉ, ÉE, adj. [ɑ̃gʀɛle] (1 *en-* et *grêle,* gracile) **Hérald.** Se dit de certaines pièces honorables de l'écu, qui sont à petites dents fort menues, dont les côtés s'arrondissent un peu.

ENGRÊLER, v. tr. [ɑ̃gʀɛle] (*engrêlé*) Mettre une engrêlure à une dentelle.

ENGRÊLURE, n. f. [ɑ̃gʀɛlyʀ] (*engrêler*) **Hérald.** Bordure engrêlée. ♦ Espèce de dentelle d'un demi-centimètre de largeur, formant un jour à dents aiguës rapprochées et égales.

ENGRENAGE, n. m. [ɑ̃gʀənaʒ] (2 *engrener*) Disposition de roues qui s'engrènent. ■ Succession d'événements ou de circonstances qui aggravent une situation délicate et la rendent inéluctable. *Mettre le doigt dans l'engrenage de la jalousie.*

ENGRENANT, ANTE, adj. [ɑ̃gʀənɑ̃, ɑ̃t] (2 *engrener*) Qui engrène. *Roue engrenante.*

1 ENGRENÉ, ÉE, p. p. de 1 engrener. [ɑ̃gʀəne] Garni de grain. *Trémie engrenée.* ♦ Nourri de grain. *Volailles engrenées.*

2 ENGRENÉ, ÉE, p. p. de 2 engrener. [ɑ̃gʀəne] *Des roues engrenées.*

1 ENGRÈNEMENT, n. m. [ɑ̃gʀɛn(ə)mɑ̃] (1 *engrener*) Action de mettre le blé dans la trémie du moulin. ♦ Action d'engrener des animaux.

2 ENGRÈNEMENT, n. m. [ɑ̃gʀɛn(ə)mɑ̃] (2 *engrener*) Action d'engrener une roue. ♦ Action de présenter le blé à la machine à battre.

1 ENGRENER, v. tr. [ɑ̃gʀəne] (1 *en-* et *grain*) Mettre du grain dans la trémie du moulin. ♦ **Fig. et absol.** *Puisqu'il a engrené, c'est à lui à moudre,* c'est-à-dire il faut qu'il achève ce qu'il a commencé. ♦ **Fig.** Commencer d'une certaine façon. *Engrener une affaire.* ♦ Engraisser avec du grain les bestiaux, la volaille, etc. ♦ Au sens neutre, être mis au grain. ♦ **Prov.** *Qui bien engrène, bien finit.*

2 ENGRENER, v. intr. [ɑ̃gʀəne] (1 *en-* et lat. *crena,* cran) Se dit d'une roue dentelée qui, en entrant dans une autre, la fait mouvoir. ♦ **V. tr.** Présenter le blé avec sa paille à la machine à battre. ♦ S'engrener, v. pr. Se joindre par engrenure. *Cette roue s'engrène sur* ou *dans celle-là.*

ENGRENEUR, n. m. [ɑ̃gʀənœʀ] (1 *engrener*) Celui qui présente le blé avec sa paille à la machine à battre. ■ Dispositif qui présente et insère la paille dans la batteuse. *Engreneur automatique.*

ENGRENURE, n. f. [ɑ̃gʀənyʀ] (2 *engrener*) Position respective de deux roues qui s'engrènent. ♦ **Anat.** Mode d'union des os de la voûte du crâne à l'aide de dentelures qui s'engrènent.

ENGRI, n. m. [ɑ̃gʀi] (mot d'un dialecte bantou) ▷ Espèce de léopard du Congo. ♦ On trouvait aussi *engroi.* ◁

ENGROIS, ■ n. m. [ɑ̃gʀwa] Coin d'acier enfoncé dans l'œil d'un outil pour bien en fixer le manche. *Enfoncer un engrois dans le manche d'un pic, d'un marteau.*

ENGROSSER, ■ v. tr. [ɑ̃gʀose] (1 *en-* et anc. fr. *groisse,* grosseur) **Fam.** Mettre une femme enceinte. ■ **Par extens.** Rendre fertile. *Engrosser la terre.*

ENGRUMELÉ, ÉE, p. p. d'engrumeler. [ɑ̃gʀym(ə)le]

ENGRUMELER, v. tr. [ɑ̃gʀym(ə)le] (1 *en-* et *grumeau*) Mettre en grumeaux. ♦ S'engrumeler, v. pr. Se mettre en grumeaux. ♦ Avec ellipse du pronom. *Cela fait engrumeler le sang.*

ENGUENILLÉ, ÉE, p. p. d'engueniller. [ɑ̃g(ə)nije]

ENGUENILLER, v. tr. [ɑ̃g(ə)nije] (1 *en-* et *guenille*) Couvrir de guenilles. ♦ S'engueniller, v. pr. Se couvrir de guenilles.

ENGUEULADE, ■ n. f. [ɑ̃gølad] (*engueuler*) **Fam.** Action de réprimander grossièrement quelqu'un. *Il a pris une bonne engueulade à son retour.* ■ **Fam.** Dispute vive. *Nous avons régulièrement des engueulades, mais cela ne prête jamais à conséquence.*

ENGUEULER, ■ v. tr. [ɑ̃góle] (1 *en-* et *gueule*) **Fam.** Réprimander quelqu'un de façon souvent grossière et violente, l'accabler de reproches. *Il s'est fait engueuler par ses parents.* ■ S'engueuler, v. pr. Se disputer violemment. *Ils se sont engueulés toute la matinée.*

ENGUICHÉ, ÉE, adj. [ɑ̃giʃe] (1 *en-* et anc. fr. *guiche,* courroie par laquelle on suspend au cou le bouclier) **Hérald.** Se dit des trompes et autres instruments, dont l'embouchure est d'un autre émail que le corps.

ENGUICHURE, n. f. [ɑ̃giʃyʀ] (*enguiché*) Nom des cordons qui servent à porter un cor de chasse. ■ **Rem.** Graphie ancienne : *anguichure.*

ENGUIRLANDER, v. tr. [ɑ̃giʀlɑ̃de] (1 *en-* et *guirlande*) Garnir, décorer de guirlandes. ■ **Fam.** Gronder, réprimander quelqu'un. *Il va encore se faire enguirlander s'il rentre trop tard.*

ENHARDI, IE, p. p. d'enhardir [ɑ̃aʀdi] (on ne prononce pas le *n* entre *en-* et *-hardi*)

ENHARDIR, v. tr. [ɑ̃aʀdiʀ] (on ne prononce pas le *n* entre *en-* et *-hardir.* 1 *en-* et *hardi*) Donner de la hardiesse, faire oser. *Ce bon succès l'a enhardi.* ♦ **Absol.** *Le succès enhardit.* ♦ S'enhardir, v. pr. Devenir hardi, oser. ♦ On dit ordinairement *enhardir à* avec un verbe à l'infinitif ; mais on trouve aussi *enhardir de.*

ENHARDISSEMENT, n. m. [ɑ̃aʀdis(ə)mɑ̃] (on ne prononce pas le *n* entre *en-* et *-hardissement. Enhardir*) Action d'enhardir, de s'enhardir.

ENHARMONIE, n. f. [ɑ̃naʀmoni] (*enharmonique*) Fait que deux notes distinctes et consécutives aient le même son sur les instruments à clavier. *Enharmonie tonale.* ■ **Rem.** On prononce le *n* entre *en-* et *harmonie.*

ENHARMONIQUE, ■ adj. [ɑ̃naʀmonik] (gr. *enarmonios,* en accord parfait) **Vx Mus.** *Le genre enharmonique* ou n. m. *l'enharmonique,* façon particulière de diviser la quarte. ■ **Mus.** Manière d'écrire dans le genre chromatique, en désignant le même son successivement par deux notes différentes, comme sol dièse et la bémol. ■ **Rem.** On prononçait autrefois [ɑ̃naʀmonik] en faisant entendre *èn,* et non *an.*

ENHARNACHÉ, ÉE, p. p. d'enharnacher [ɑ̃aʀnaʃe] (on ne prononce pas le *n* entre *en-* et *harnaché*)

ENHARNACHEMENT, n. m. [ɑ̃aʀnaʃ(ə)mɑ̃] (on ne prononce pas le *n* entre *en-* et *-harnachement. enharnacher*) ▷ Action d'enharnacher ; ce qui enharnache ; harnais. ◁

ENHARNACHER, v. tr. [ɑ̃aʀnaʃe] (on ne prononce pas le *n* entre *en-* et *harnacher.* 1 *en-* et *harnacher*) ▷ Mettre le harnais. *Enharnacher un cheval.* ♦ Habiller grotesquement. ♦ S'enharnacher, v. pr. Se vêtir grotesquement. ◁

ENHERBÉ, ÉE, p. p. d'enherber. [ɑ̃nɛʀbe]

ENHERBER, v. tr. [ɑ̃nɛʀbe] (1 *en-* et *herbe*) Mettre en herbe. *Enherber un terrain.*

ÉNIÈME ou **N-IÈME**, ■ adj. [enjɛm] (*n*) Qui occupe un rang indéterminé, généralement élevé. *Pour la énième fois, rends-moi mon livre.* ■ **Rem.** On écrit aussi *nième.*

ÉNIGMATIQUE, adj. [enigmatik] (lat. *ænigmaticus*) Qui renferme une énigme, dont le sens n'est pas clair. *Discours énigmatique.* ♦ **Fig.** *Un homme énigmatique,* homme dont on ne connaît pas la position, dont on ne peut pénétrer les sentiments.

ÉNIGMATIQUEMENT, adv. [enigmatik(ə)mɑ̃] (*énigmatique*) D'une manière énigmatique.

ÉNIGME, n. f. [enigm] (gr. *ainigma*) Définition de choses en termes obscurs qui sont données à deviner. ♦ *Le mot de l'énigme,* ce qui est à deviner dans une énigme. ♦ **Fig. et fam.** *Voilà le mot de l'énigme,* voilà l'explication de ce qu'on ne comprenait pas. ♦ **Par extens.** Tout ce qu'il n'est pas facile de comprendre, de deviner au premier abord. *Cet homme est une énigme. Parler par énigmes.*

ENIVRANT, ANTE, adj. [ɑ̃nivʀɑ̃, ɑ̃t] (*enivrer*) Qui enivre. *Boisson enivrante.* ♦ **Fig.** Qui abuse, qui exalte, qui charme. *Louanges enivrantes.*

ENIVRÉ, ÉE, p. p. d'enivrer. [ãnivre]

ENIVREMENT, n. m. [ãnivrəmã] (*enivrer*) État de celui qui est enivré. ◆ **Fig.** État d'ivresse morale. *L'enivrement des passions.* ◆ **Absol.** « *La passion de l'étude a ses instants d'humeur et de dégoût comme ses moments de plaisir et d'enivrement* », D'ALEMBERT.

ENIVRER, v. tr. [ãnivre] (1 *en-* et *ivre*) Causer l'ivresse. *Un verre de vin l'enivre.* ◆ **Absol.** *Certains vins enivrent très vite.* ◆ Faire boire jusqu'à l'ivresse. ◆ **Fig.** Faire, pour ainsi dire, boire ce qui cause une ivresse morale. *Enivrer quelqu'un de louanges.* ◆ Il se dit aussi de choses qui causent une ivresse morale. « *Sa trop grande prospérité enivra son cœur* », FÉNELON. ◆ **Absol.** *La prospérité enivre.* ◆ S'enivrer, v. pr. Se mettre en état d'ivresse. ◆ **Fig.** *S'enivrer de sang, d'encens, de la bonne opinion de soi-même, etc.* ◆ **Fam.** *Il s'enivre de son vin*, il s'entête de ses propres idées.

ENJAMBÉ, ÉE, p. p. d'enjamber. [ãʒãbe] *Être haut enjambé,* avoir les jambes fort longues.

ENJAMBÉE, n. f. [ãʒãbe] (1 *en-* et *jambe*) Pas le plus grand qu'on puisse faire en étendant les jambes. ◆ Espace d'une enjambée. *Ce fossé n'a qu'une enjambée.*

ENJAMBEMENT, n. m. [ãʒãb(ə)mã] (*enjamber*) **Versif.** L'état ou le défaut du vers qui enjambe sur le suivant. ■ **Biol.** Entrecroisement de chromosomes qui se produit lors de la formation des gamètes et duquel résulte le mélange des gènes. *Enjambement chromosomique.*

ENJAMBER, v. tr. [ãʒãbe] (1 *en-* et *jambe*) Franchir avec les jambes seules, soit que l'on coure, que l'on marche ou que l'on saute. *Enjamber deux marches à la fois.* ◆ **Fig.** Enjamber, se dit d'un homme qui saute par-dessus un degré, d'un écolier qui saute une classe. ◆ **V. intr.** *Il ne faut qu'enjamber pour passer le ruisseau.* ◆ Marcher à grands pas. ◆ **Archit.** Il se dit d'une poutre qui se prolonge sur une autre. ◆ **Versif.** *Un vers enjambe sur un autre quand,* le sens n'étant pas fini, on rejette sur le vers suivant un ou deux mots. ◆ **Fam.** Empiéter. *Il a enjambé sur l'héritage de son voisin.* ■ Relier deux points en passant par-dessus quelque chose. *Le pont enjambe le fleuve.*

ENJAVELÉ, ÉE, p. p. d'enjaveler. [ãʒav(ə)le] *Blés enjavelés.*

ENJAVELER, v. tr. [ãʒav(ə)le] (1 *en-* et *javelle*) Mettre en javelle des moissons que l'on coupe.

ENJEU, n. m. [ãʒø] (1 *en-* et *jeu*) Argent qu'on met au jeu à chaque partie. ◆ **Fig.** *Retirer son enjeu,* se retirer à temps d'une mauvaise affaire. ■ **Par extens.** Tout ce qui peut être gagné ou perdu dans une entreprise. *L'enjeu des élections. Des enjeux politiques, commerciaux, sportifs.*

ENJOINDRE, v. tr. [ãʒwɛ̃dʀ] (lat. *injungere*, appliquer, imposer, refait d'après joindre) Commander expressément et avec autorité. *On lui enjoint de répondre.* ◆ **Par extens.** *Je sais ce que l'honneur m'enjoint.*

ENJOINT, OINTE, p. p. d'enjoindre. [ãʒwɛ̃, ɛ̃t]

ENJÔLÉ, ÉE, p. p. d'enjôler. [ãʒole]

ENJÔLEMENT, n. m. [ãʒol(ə)mã] (*enjôler*) Action d'enjôler.

ENJÔLER, v. tr. [ãʒole] (1 *en-* et *geôle*) Abuser par des manières ou paroles flatteuses. « *Il m'enjôla si bien par ses beaux discours que j'acceptai la proposition* », LESAGE. ◆ S'enjôler, v. pr. S'enjôler l'un l'autre. ■ **Rem.** On écrivait aussi engeôler.

ENJÔLEUR, EUSE, n. m. et n. f. [ãʒolœʀ, øz] (*enjôler*) Celui, celle qui enjôle. ■ **Rem.** On écrivait aussi engeôleur.

ENJOLIVÉ, ÉE, p. p. d'enjoliver. [ãʒolive] Rendu plus joli.

ENJOLIVEMENT, n. m. [ãʒoliv(ə)mã] (*enjoliver*) Action d'enjoliver ; ce qui rend une chose plus jolie.

ENJOLIVER, v. tr. [ãʒolive] (1 *en-* et anc. fr. *jolif,* gai, beau) Rendre quelque chose plus joli. *Enjoliver un ouvrage, son style, etc.* ◆ S'enjoliver, v. pr. Devenir plus joli.

1 **ENJOLIVEUR, EUSE**, n. m. et n. m. [ãʒolivœʀ, øz] (*enjoliver*) Personne qui aime à enjoliver.

2 **ENJOLIVEUR**, ■ n. m. [ãʒolivœʀ] (*enjoliver*) Disque métallique qui masque la partie centrale d'une roue de voiture. *Les enjoliveurs n'ont aucun rôle fonctionnel ; ils participent à l'esthétique de la voiture.*

ENJOLIVURE, n. f. [ãʒolivyʀ] (*enjoliver*) Ornement fait à de petits ouvrages.

ENJOUÉ, ÉE, adj. [ãʒwe] (*enjouer*) Qui a de l'enjouement ; où il y a de l'enjouement. *Un homme enjoué. Style enjoué.*

ENJOUEMENT, n. m. [ãʒumã] (*enjouer*) Gaieté qui semble se jouer. *Avoir de l'enjouement dans l'esprit.*

ENJOUER, v. tr. [ãʒwe] (1 *en-* et *jouer*) ▷ Rendre enjoué. « *Il enjoue sa narration et occupe agréablement le lecteur* », BOILEAU. ◁

ENJUGUER, ■ v. tr. [ãʒyge] (1 *en-* et lat. *jugum,* joug) Atteler un animal de trait à un joug. *Enjuguer des bœufs.*

ENKÉPHALINE ou **ENCÉPHALINE**, ■ n. f. [ãkefalin, ãsefalin] (gr. *egkephalos,* qui est dans la tête) **Méd.** Substance constituée d'acides aminés qui intervient dans la transmission de la sensation de douleur dans le corps humain et a une action antalgique.

ENKYSTÉ, ÉE, adj. [ãkiste] (1 *en-* et *kyste*) **Méd.** Logé dans un kyste.

ENKYSTEMENT, n. m. [ãkistəmã] (*enkyster*) **Méd.** Action de s'enkyster ; résultat de cette action.

ENKYSTER (S'), v. pr. [ãkiste] (1 *en-* et *kyste*) Se loger, être logé dans un kyste. *Une tumeur qui s'enkyste.*

ENLACÉ, ÉE, p. p. d'enlacer. [ãlase]

ENLACEMENT, n. m. [ãlas(ə)mã] (*enlacer*) Action d'enlacer ; état de ce qui est enlacé. *L'enlacement des bras, des rimes, etc.*

ENLACER, v. tr. [ãlase] (1 *en-* et *lacer*) Disposer en forme de lacs. *Enlacer des rubans, des fleurs, etc.* ◆ Passer plusieurs choses dans un même lacet. *Enlacer des papiers.* ◆ **Fig.** Étreindre, prendre comme dans un lacs. ◆ S'enlacer, v. pr. Être enlacé. ◆ S'enlacer l'un l'autre.

ENLAÇURE, ■ n. f. [ãlasyʀ] (*enlacer*) **Techn.** Assemblage d'un tenon et d'une mortaise au moyen de chevilles.

ENLAIDI, IE, p. p. d'enlaidir. [ãledi] Rendu laid.

ENLAIDIR, v. tr. [ãledir] (1 *en-* et *laid*) Rendre laid. ◆ **Absol.** *La colère enlaidit.* ◆ **Fig.** « *Peut-être mon âme a-t-elle des taches et des rides qui l'enlaidissent à vos yeux* », MASSILLON. ◆ **V. intr.** Se conjugue avec *être* ou *avoir,* suivant le sens. Devenir laid. ◆ S'enlaidir, v. pr. Se rendre laid.

ENLAIDISSEMENT, n. m. [ãledis(ə)mã] (*enlaidir*) Action d'enlaidir ; résultat de cette action.

ENLEVAGE, ■ n. m. [ãl(ə)vaʒ] (*enlever*) **Techn.** Action qui consiste à détruire le colorant ou le fixateur sur un tissu. *Enlevage de la teinture.* ■ Accélération du mouvement des rames dans la partie terminale d'une course d'aviron. *Enlevage en fin de course.*

ENLEVÉ, ÉE, p. p. d'enlever. [ãl(ə)ve] **Sculpt.** *Feuilles enlevées,* feuilles détachées du fond. ◆ **Fig.** et **fam.** *Cela est enlevé,* se dit d'un dessin large, facile et hardi, d'un morceau de musique joué très bien et très vivement, et aussi d'une scène, au théâtre. ◆ Fait rapidement.

ENLÈVEMENT, n. m. [ãlɛv(ə)mã] (*enlever*) Action d'enlever, d'emporter. *L'enlèvement d'un échafaudage, d'un corps mort, etc.* ◆ En parlant des personnes, rapt. ◆ Accaparement. *L'enlèvement des grains amena la disette.*

ENLEVER, v. tr. [ãl(ə)ve] (2 *en-* et *lever*) Faire aller en haut. *Ce plateau de la balance enlève l'autre.* ◆ Emporter, entraîner. ◆ Emporter d'un endroit dans un autre. *Enlever des matériaux.* ◆ *Enlever un corps,* prendre un corps mort pour le porter en terre ou pour le présenter à l'église. ◆ Ôter à. ◆ *Enlever un poste, une place, un régiment,* s'en emparer de vive force ou vivement. *Enlever des drapeaux à l'ennemi.* ◆ Ravir, prendre par force. ◆ Causer la mort, en parlant des maladies. ◆ *Enlever des marchandises,* se hâter de les acheter ; accaparer. ◆ Commettre un rapt. ◆ Ôter, arracher. *Enlever l'écorce d'un arbre.* ◆ Faire disparaître. *Ce savon enlève les taches.* ◆ Par exagération. *Enlever le palais,* se dit des mets trop chauds ou trop épicés. ◆ Faire une arrestation. ◆ *Enlever un cheval,* le porter vigoureusement en avant. ◆ **Fam.** Faire une chose rapidement. *Enlevez-moi cela.* ◆ Ravir, transporter. *Cet orateur enlève son auditoire.* ◆ **Absol.** *Une éloquence qui enlève.* ◆ Obtenir par une sorte de violence. *Enlever les suffrages.* ◆ Il se dit aussi de l'action exercée sur une multitude, sur une troupe pour la décider, l'entraîner. *Ces paroles enlevèrent la foule.* ◆ S'enlever, v. pr. Être levé en haut. ◆ Être détaché, ôté. ◆ Être efface. ◆ Être acheté avec empressement. ◆ Exécuter avec virtuosité une pièce de musique. *Enlever un morceau de violon.* ■ *Enlever quelque chose à quelqu'un,* lui ôter, l'en priver.

ENLEVEUR, n. m. [ãl(ə)vœʀ] (*enlever*) Celui qui enlève.

ENLEVURE, n. f. [ãl(ə)vyʀ] (*enlever*) Ampoule qui vient sur la peau. ◆ On dit plutôt aujourd'hui *élevure.* ◆ **Peint.** Élévation de la couleur qui se détache de la toile. ◆ **Sculpt.** Saillie.

ENLIASSER, v. tr. [ãljase] (1 *en-* et *liasse*) Mettre en liasses.

ENLIÉ, ÉE, p. p. d'enlier. [ãlje]

ENLIER, v. tr. [ãlje] (1 *en-* et *lier*) Joindre ensemble des pierres et des briques, dans la construction d'un mur, en les posant à plat, les unes en long et les autres en large.

ENLIGNÉ, ÉE, p. p. d'enligner. [ãliɲe] ou [ãlinje]

ENLIGNEMENT, n. m. [ãliɲəmã] ou [ãlinjəmã] (*enligner*) Action d'enligner ; état de ce qui est enligné.

ENLIGNER, v. tr. [ãliɲe] ou [ãlinje] (1 *en-* et *ligne*) **Techn.** Mettre, avec la règle et le cordeau, les pièces de bois sur une même ligne. ◆ **Typogr.** Disposer les lignes d'un livre.

ENLISEMENT, n. m. [ãliz(ə)mã] (*enliser*) Action d'enliser ou de s'enliser. ■ Rᴇᴍ. Graphie ancienne : *enlizement*.

ENLISER, v. tr. [ãlize] (1 *en-* et *lise*, sable mouvant) Enfoncer dans une lise, dans un sable mouvant. ◆ S'enliser, v. pr. S'enfoncer dans les sables mouvants. ■ S'enliser, v. pr. Fig. Se trouver dans une situation bloquée, sans issue. *Une activité caritative qui s'enlise.* ■ Rᴇᴍ. Graphie ancienne : *enlizer*.

ENLUMINÉ, ÉE, p. p. d'enluminer. [ãlymine] Colorié. ◆ *Figure enluminée*, figure rendue très rouge par l'usage des liqueurs alcooliques ou par quelque passion.

ENLUMINEMENT, n. m. [ãlymin(ə)mã] (*enluminer*) Action d'enluminer ; état de ce qui est enluminé.

ENLUMINER, v. tr. [ãlymine] (*illuminare*, avec substitution de préf.) Ajouter avec le pinceau des couleurs vives sur une estampe, sur une carte de géographie. ◆ Absol. *L'art d'enluminer.* ◆ Par extens. Colorer. *L'ardeur de la fièvre lui avait enluminé le visage.* ◆ S'enluminer la trogne, boire avec excès. ◆ Fig. *Enluminer son style*, y répandre des ornements qui ont plus d'éclat que de naturel. ◆ S'enluminer, v. pr. Se mettre du rouge. ◆ Devenir rouge.

ENLUMINEUR, EUSE, n. m. et n. f. [ãlyminœʀ, øz] (*enluminer*) Celui, celle qui enlumine. *Enlumineur d'images.*

ENLUMINURE, n. f. [ãlyminyʀ] (*enluminer*) Action d'enluminer ; l'art de l'enlumineur ; objet enluminé. ◆ Peintures qui ornaient autrefois les manuscrits. ◆ Par extens. Coloration rouge et brillante, surtout celle du visage. ◆ Fig. Faux éclat dans le style. « *Les enluminures m'ont fait tort* », Pᴀsᴄᴀʟ.

ENNÉA..., [enea] Préfixe qui veut dire neuf, du gr. *ennea*.

ENNÉADE, ■ n. f. [enead] (gr. *ennéa*, neuf) Rassemblement de neuf choses identiques ou de neuf personnes. *Ennéade de divinités. Ennéade d'enfants.*

ENNÉAGONAL, ALE, adj. [eneagonal] (*ennéagone*) Qui a neuf angles. ■ *Des polyèdres ennéagonaux.*

ENNÉAGONE, n. m. [eneagon] (*ennéa-* et *-gone*) Géom. Figure qui a neuf côtés. ◆ Adj. Autrefois, on a dit *ennéagone* pour *ennéagonal.*

ENNÉAGYNIE, n. f. [eneaʒini] (*ennéagyne*, à neuf pistils, de *ennéa-* et *-gyne*) Ordre du système de Linné renfermant les plantes à neuf pistils.

ENNÉANDRIE, n. f. [eneãdri] (*ennéandre*, de *ennéa-* et *-andre*) Classe du système de Linné renfermant les plantes dont la fleur a neuf étamines.

ENNEIGÉ, ÉE, ■ adj. [ãneʒe] (1 *en-* et *neige*) Couvert de neige. *Routes enneigées.*

ENNEIGEMENT, ■ n. m. [ãnεʒ(ə)mã] (*enneigé*) État d'un terrain enneigé. ■ Hauteur de cet état. *L'enneigement de cette surface est de cinq mètres.*

ENNEIGEUR, ■ n. m. [ãneʒœr] (*enneigé*) Canon à neige. *Gouttes d'eau délivrées par l'enneigeur.*

ENNEMI, IE, n. m. et n. f. [εn(ə)mi] (lat. *inimicus*) Celui, celle qui hait quelqu'un, et cherche toutes les occasions de lui nuire. ◆ *Un ennemi juré*, celui qui a fait comme le serment de haïr quelqu'un. ◆ *Un ennemi de Dieu*, un impie. ◆ *Un ennemi de l'État*, un séditieux, un agent de trouble. ◆ *Être ennemi de soi-même*, nuire à ses propres intérêts. ◆ Fig. « *Mes défauts désormais sont mes seuls ennemis* », Bᴏɪʟᴇᴀᴜ. ◆ *L'ennemi du genre humain* et absol. *l'ennemi*, le démon. ◆ Les gens, l'armée, la nation contre laquelle on combat. ◆ Il se dit des animaux. *Le chat est ennemi de la souris.* ◆ Par extens. Celui, celle qui a de l'aversion, de l'éloignement pour certaines choses. *Un ennemi du travail.* ◆ Il se dit des choses qui sont opposées. *L'eau et le feu sont ennemis.* ◆ Adj. Hostile. *Des peuples ennemis.* ◆ Qui hait. *Ennemi du mensonge.* ◆ Contraire. *La fortune ennemie.* ◆ *Astre ennemi*, se dit, par une métaphore tirée de l'astrologie, d'une influence malfaisante, d'un destin funeste. ◆ Peint. *Des couleurs ennemies*, couleurs qui ne s'assortissent pas. ◆ *Pôles ennemis*, les pôles qui se repoussent, en parlant des aimants et de l'électricité. ◆ Prov. *Le mieux est l'ennemi du bien*, on gâte souvent ce qu'on cherche trop à améliorer. ◆ *Ennemi public*, individu qui constitue un danger pour la société. *Ce tueur en série est l'ennemi public n° 1.* ■ *Passer à l'ennemi*, trahir son camp.

ENNOBLI, IE, p. p. d'ennoblir. [ãnɔbli]

ENNOBLIR, v. tr. [ãnɔbliʀ] (1 *en-* et *noble*) Donner de la noblesse, de l'élévation, de la dignité. ◆ Absol. *L'habitude d'ennoblir*, en écrivant. ◆ S'ennoblir, v. pr. Gagner de la noblesse, de la dignité, de l'honneur. ■ Optimiser la qualité d'un matériau ou d'un textile. *Ennoblir un produit.*

ENNOBLISSEMENT, ■ n. m. [ãnɔblis(ə)mã] (*ennoblir*) Fait de conférer de la dignité ou de la noblesse à quelque chose ou quelqu'un. *L'ennoblissement d'un sentiment.* ◆ Optimisation de la qualité d'un matériau ou d'un textile.

ENNOYAGE ou **ENNOIEMENT**, ■ n. m. [ãnwajaʒ, ãnwamã] (*ennoyer*) Géol. Recouvrement d'une région côtière ou d'un terrain par de l'eau. *Ennoiement de récifs.* ■ Stoppage des activités de pompage dans une mine de charbon. *Ennoyage des mines.*

ENNOYER, ■ v. tr. [ãnwaje] (1 *en-* et *noyer*) Recouvrir jusqu'à faire disparaître totalement une partie de continent. *Des chaînes de montagnes ennoyées.*

ENNUAGER, ■ v. tr. [ãnɥaʒe] ou [ãnɥaʒe] (1 *en-* et *nuage*) Couvrir de nuages. *Une perturbation va ennuager la région. Le ciel s'ennuage.* ■ Par anal. Enrouler ou entourer de choses vaporeuses donnant l'impression d'un nuage. « *Je trouvai la duchesse ennuagée dans la brume d'une robe en crêpe de Chine gris* », Pʀᴏᴜsᴛ. ◆ Fig. *Leurs dettes ennuagent leur vie quotidienne.*

ENNUI, n. m. [ãnɥi] (*ennuyer*) Tourment de l'âme causé par la mort de personnes aimées, par leur absence, par la perte d'espérance, par des malheurs quelconques. « *Ce n'est qu'avec le temps qu'un grand ennui se passe* », Qᴜɪɴᴀᴜʟᴛ. ◆ Contrariété. *Être accablé d'ennuis.* ◆ Sorte de vide qui se fait sentir à l'âme privée d'action ou d'intérêt aux choses. *Avoir, éprouver de l'ennui.* « *L'ennui est entré dans le monde par la paresse* », Lᴀ Bʀᴜʏᴇ̀ʀᴇ. ◆ Dégoût de tout. *L'ennui de la vie.*

ENNUYANT, ANTE, adj. [ãnɥijã, ãt] (*ennuyer*) ▷ Qui ennuie, importune, contrarie dans le moment. *Homme, temps ennuyant.* ◁ ■ Belg. et Canada Ennuyeux.

ENNUYÉ, ÉE, p. p. d'ennuyer. [ãnɥije] ▷ N. m. et n. f. *Un ennuyé.* ◁

ENNUYER, v. impers. [ãnɥije] (b. lat. *inodiare*, être un objet de haine, du lat. *in odio esse*) Il ennuie à, c'est-à-dire de l'ennui est éprouvé. « *Il m'ennuie de ne plus vous avoir* », Mᴍᴇ ᴅᴇ Sᴇ́ᴠɪɢɴᴇ́. ◆ V. tr. Causer de l'ennui. « *Le sage quelquefois évite le monde de peur d'être ennuyé* », Lᴀ Bʀᴜʏᴇ̀ʀᴇ. ◆ Absol. « *Un homme habile sent s'il convient ou s'il ennuie* », Lᴀ Bʀᴜʏᴇ̀ʀᴇ. ◆ S'ennuyer, v. pr. Éprouver de l'ennui. *S'ennuyer de tout.* ◆ S'ennuyer à, avec l'infinitif. *S'ennuyer à attendre.* ■ S'ennuyer de quelqu'un, ressentir son absence. *Son frère est à l'armée, elle s'ennuie de lui.* ■ S'ennuyer à cent sous de l'heure, ou fam. *s'ennuyer comme un rat mort*, s'ennuyer grandement.

ENNUYEUSEMENT, adv. [ãnɥijøz(ə)mã] (*ennuyeux*) D'une manière ennuyeuse.

ENNUYEUX, EUSE, adj. [ãnɥijø, øz] (*ennuyer*) Qui cause de l'ennui, d'une manière constante. *Cet homme est bien ennuyeux.* ◆ Fam. *Ennuyeux comme la pluie*, très ennuyeux. ◆ N. m. et n. f. *C'est un ennuyeux.* ◆ Qui ennuie, en parlant des choses. *Un discours ennuyeux.*

ÉNONCÉ, ÉE, p. p. d'énoncer. [enɔse] N. m. Ce qu'on énonce. *L'énoncé d'un problème.* ◆ *Un simple énoncé*, une chose avancée sans développement ou explication. ◆ *Un faux énoncé*, une chose avancée contre la vérité. ◆ Ling. Paroles émises par un locuteur. Énoncé *s'oppose à* énonciation.

ÉNONCER, v. tr. [enɔse] (lat. *enuntiare*) Rendre en termes nets. *Savoir énoncer ce que l'on pense.* ◆ Dr. *Énoncer faux*, articuler quelque chose contre la vérité. ◆ S'énoncer, v. pr. Être énoncé. « *Ce que l'on conçoit bien s'énonce clairement* », Bᴏɪʟᴇᴀᴜ. ◆ Exposer sa pensée, parler. *Il s'énonce avec facilité.*

ÉNONCIATIF, IVE, adj. [enɔsjatif, iv] (lat. *enuntiativus*) Qui énonce. *Terme énonciatif.*

ÉNONCIATION, n. f. [enɔsjasjɔ̃] (lat. *enunciatio*) Action d'énoncer par la parole ou dans un écrit. ◆ Les termes mêmes qui énoncent. *Énonciation d'une clause.* ◆ Syn. de proposition. « *Une énonciation affirmative ou négative parfaite est un axiome* », Dɪᴅᴇʀᴏᴛ. ◆ La manière de s'énoncer. ■ Ling. Émission individuelle d'un énoncé dans des conditions spatio-temporelles déterminées. *Le sujet de l'énonciation. Les indices de l'énonciation.*

ÉNOPHTALMIE, ■ n. f. [enɔftalmi] (gr. *en*, dans, et *ophthalmos*, œil) Méd. Enfoncement anormal du globe oculaire dans l'orbite. *L'énophtalmie est symptomatique de certaines paralysies.*

ENORGUEILLI, IE, p. p. d'enorgueillir. [ãnɔrgøji]

ENORGUEILLIR, v. tr. [ãnɔrgøjiʀ] (1 *en-* et *orgueil*) Rendre orgueilleux. *Les succès l'enorgueillissent.* ◆ S'enorgueillir, v. pr. Devenir orgueilleux. *S'enorgueillir de ses succès.*

ÉNORME, adj. [enɔrm] (lat. *enormis*, hors norme) Qui sort des règles, des bornes ; qui est choquant ou révoltant par son excès. *Une faute énorme. Cela semble énorme et insensé.* ◆ Extraordinaire par sa grosseur ou par sa grandeur. *Un énorme bloc de granit. Une fortune énorme.* ◆ Par extens. et fam. *Il y avait un monde énorme.* ◆ Il se dit aussi de la durée. *Un temps énorme.* ◆ Beaucoup. *Il reconnaît ses torts, c'est déjà énorme.* ◆ Invraisemblable. *Il aurait piloté un Concorde, puis un sous-marin, c'est énorme !*

ÉNORMÉMENT, adv. [enɔrmemã] (*énorme*) D'une manière énorme.

ÉNORMITÉ, n. f. [enɔrmite] (lat. *enormitas*) Qualité de ce qui sort des règles, des bornes, de ce qui révolte par l'excès. *L'énormité de son crime.* ◆ Absol. Action atroce, indigne, honteuse. ◆ Paroles absurdes, révoltantes. *Commettre, dire des énormités.* ◆ Excès de grandeur, de grosseur. *L'énormité de sa taille.* ◆ Fig. *L'énormité des dettes.*

ÉNOUÉ, ÉE, p. p. d'énouer. [enwe]

ÉNOUER, v. tr. [enwe] (é- et *nœud*) Éplucher le drap, en ôter avec de petites pincettes de fer les nœuds de fil, etc.

ENQUART, n. m. [ākaʀ] Voy. ENCART.

ENQUÉRANT, ANTE, adj. [ākeʀā] (*enquérir*) Qui s'enquiert avec trop de curiosité. ◆ Il est peu usité.

ENQUÉRIR (S'), v. pr. [ākeʀiʀ] (lat. *inquirere*) Faire des recherches sur. *Enquérez-vous de cela.* ◆ Hérald. *Armes à enquérir*, Voy. ENQUERRE. ◆ Chercher à connaître, étudier. *S'enquérir des principes des choses.* ▪ *S'enquérir de quelqu'un*, prendre de ses nouvelles ou lui demander son concours. *La directrice s'est enquise de son comportement en classe.*

ENQUERRE, v. tr. [ākeʀ] (anc. infin. avant *enquérir*) Hérald. *Armes à enquerre* ou *à enquérir*, armes qui, étant contre les règles ordinaires, font qu'en les voyant on se demande la raison de cette manière extraordinaire.

ENQUÊTE, n. f. [ākɛt] (lat. vulg. *inquæsita*, p. p. neutre plur. substantivé de *inquærere*) Audition de témoins en justice, pour vérifier l'existence ou la non-existence de faits articulés dans un procès. ◆ Il se dit aussi, en termes de canonisation ou de béatification, des recherches pour constater les faits. ◆ Études, recherches, en matière d'administration, faites par ordre de l'autorité. *Enquête commerciale. Enquête sur les fers.* ◆ *Enquête de commodo et incommodo*, littéralement *enquête sur l'avantage et le désavantage*, celle qui précède la mise en activité de certaines usines ou fabriques rangées parmi les établissements dangereux ou insalubres. ▪ Étude d'une question ou d'un problème constituée de documents et de témoignages des gens concernés. *Faire une enquête sur les régimes.*

1 **ENQUÊTER**, ▪ v. intr. [ākete] (*enquête*) Mener une enquête. *Enquêter sur l'assassinat du notable.*

2 **ENQUÊTER (S')**, v. pr. [ākete] (*enquête*) ▷ S'enquérir. ◆ *Ne s'enquêter de rien*, ne se mettre en peine de rien. ◁

ENQUÊTEUR, TEUSE ou **TRICE**, n. m. et n. f. [ākɛtœʀ, tøz] ou [tʀis] (*enquêter*) Autrefois, juge ou officier qui avait pouvoir de faire des enquêtes. ◆ Adj. *Juge enquêteur.* ▪ Personne qui effectue des enquêtes policières ou sociologiques. *L'enquêteur a trouvé une piste sérieuse.*

ENQUIQUINANT, ANTE, ▪ adj. [ākikinā, āt] (*enquiquiner*) Fam. Qui ennuie, importune. *C'est une question enquiquinante.*

ENQUIQUINEMENT, ▪ n. m. [ākikin(ə)mā] (*enquiquiner*) Fam. Soucis, tracas. *Au fond, ton idée de pique-nique, c'est beaucoup d'enquiquinement pour peu de choses.*

ENQUIQUINER, ▪ v. tr. [ākikine] (1 en- et arg. *kiki*, cou) Fam. Ennuyer, importuner. *Tu m'enquiquines avec tes questions indiscrètes !* ▪ ENQUIQUINEUR, EUSE, n. m. et n. f. [ākikinœʀ, øz]

ENQUIS, ISE, p. p. d'enquérir. [āki, iz] Auprès de qui on a fait enquête. *Ce témoin enquis de son âge, s'il avait vu, etc.*

ENRACINABLE, adj. [āʀasinabl] (*enraciner*) Qui peut être enraciné.

ENRACINÉ, ÉE, p. p. d'enraciner. [āʀasine] Qui a beaucoup de racines, beaucoup de chevelu, en parlant d'une plante.

ENRACINEMENT, n. m. [āʀasin(ə)mā] (*enraciner*) Action d'enraciner, de s'enraciner. ◆ Fig. *L'enracinement des vices.*

ENRACINER, v. tr. [āʀasine] (1 en- et *racine*) Faire prendre racine à. *Enraciner un arbre.* ◆ Fig. Fixer par des attaches morales comparées à des racines. « *C'est un préjugé qu'on a enraciné dans les esprits* », FÉNELON. ◆ S'enraciner, v. pr. Prendre racine. ◆ Fig. Se fixer par des attaches morales. *Cette coutume s'enracina.* ◆ Avec suppression du pronom personnel. *Ne laissez pas enraciner les abus.*

ENRAGÉ, ÉE, p. p. d'enrager. [āʀaʒe] Qui est affecté de la rage. ◆ Fig. *Un chien enragé*, un fort méchant homme. ◆ Pop. *Il a mangé de la vache enragée*, il a beaucoup souffert de privations et de fatigues. ◆ Fig. Très irrité. *Être enragé contre quelqu'un*, être très animé contre. ◆ Très violent, excessif, en parlant des personnes. *Bavard enragé.* ▪ *Il fait une dépense enragée* », MME DE SÉVIGNÉ. « *Un bruit enragé* », LA BRUYÈRE. ◆ *Une musique enragée* ou *d'enragé*, musique bruyante et discordante ; se dit aussi du tapage. ◆ N. m. et n. f. *Un enragé, une enragée*, une personne atteinte de la rage. ◆ Fig. Celui, celle qui se livre à des actions violentes ou folles. ◆ *Crier comme un enragé*, jeter les hauts cris. ▪ Hist. Sans-culotte très virulent pendant la période de la Convention. *Les Enragés.*

ENRAGEANT, ANTE, adj. [āʀaʒā, āt] (*enrager*) Fam. Qui fait enrager.

ENRAGEMENT, n. m. [āʀaʒ(ə)mā] (*enrager*) L'état de celui qui enrage.

ENRAGER, v. intr. [āʀaʒe] (1 en- et *rage*) Se conjugue avec *être* ou *avoir*, suivant le sens : Être pris de la rage. *Ce chien a été mordu ; il est à craindre qu'il n'enrage.* ◆ Par extens. Souffrir une douleur excessive. *Il enrage du mal de dents.* ◆ *Il n'enrage pas de mentir*, ou *il n'enrage pas pour mentir*, c'est un grand menteur. ◆ Être tourmenté d'un violent désir. *Enrager de soif, de*

jouer, etc. ◆ Éprouver un violent dépit, une grande impatience. *Faire enrager quelqu'un.* « *Quand vous devriez en enrager* », MME DE SÉVIGNÉ. ◆ Il se construit avec *de* et le verbe à l'infinitif ou avec *que* et le verbe au subjonctif. « *J'enrage de me taire et d'entendre mentir* », P. CORNEILLE. « *J'enrage que mon père et ma mère ne m'aient pas bien fait étudier dans toutes les sciences, quand j'étais jeune* », MOLIÈRE. ▪ *Faire enrager quelqu'un*, le taquiner jusqu'à provoquer son exaspération. *Tes allusions l'ont fait enrager. Si elle continue à la critiquer, elle va la faire enrager.*

ENRAIEMENT ou **ENRAYEMENT**, n. m. [āʀɛmā] (1 *enrayer*) Action d'enrayer. ▪ Fig. Fait de stopper l'évolution de quelque chose. *L'enraiement d'un mal.*

ENRAYAGE, ▪ n. m. [āʀejaʒ] (1 *enrayer*) Dysfonctionnement accidentel d'un mécanisme. *L'enrayage d'un revolver.*

1 **ENRAYÉ, ÉE**, p. p. d'enrayer. [āʀeje] Fig. *Affaire enrayée.*

2 **ENRAYÉ, ÉE**, p. p. d'enrayer. [āʀeje] *Champ enrayé.*

1 **ENRAYER**, v. tr. [āʀeje] (1 en- et anc. fr. *rai*, rayon) Mettre les rais d'une roue dans leurs mortaises. ◆ Retenir les roues en barrant les rais avec un bâton, une chaîne, une corde, ou en se servant d'un sabot. ◆ Absol. *On enraye aux descentes rapides.* ◆ Fig. Retenir. ◆ Fig. S'arrêter sur une mauvaise pente. *Il est temps d'enrayer.* ▪ Empêcher par accident un mécanisme de fonctionner. ▪ Fig. Stopper l'évolution de quelque chose. *Enrayer un déficit.* ◆ S'enrayer, v. pr. Être bloqué dans son fonctionnement. *Depuis qu'il ne s'en est pas servi, son arme s'est enrayée.*

2 **ENRAYER**, v. tr. [āʀeje] (1 en- et *raie*) Tracer le premier sillon dans un champ qu'on veut labourer.

1 **ENRAYURE**, n. f. [āʀejyʀ] (1 *enrayer*) Ce qui sert à enrayer une roue. ▪ Techn. Fixation en étoile de montants ou de poutres de bois. *L'enrayure des combles.*

2 **ENRAYURE**, ▪ n. f. [āʀejyʀ] (2 *enrayer*) Agric. Premier sillon tracé dans un champ. *Les enrayures de la charrue.*

ENRÉGIMENTÉ, ÉE, p. p. d'enrégimenter. [āʀeʒimāte]

ENRÉGIMENTER, v. tr. [āʀeʒimāte] (1 en- et *régiment*) Former en régiment. *Enrégimenter des soldats.* ◆ Fig. Faire entrer dans un parti, dans une coterie. ▪ S'enrégimenter, v. pr. Se mettre dans un parti, dans une coterie.

ENREGISTRABLE, adj. [āʀəʒistʀabl] (*enregistrer*) Qui peut, qui doit être enregistré.

ENREGISTRÉ, ÉE, p. p. d'enregistrer. [āʀəʒistʀe]

ENREGISTREMENT, n. m. [āʀəʒistʀəmā] (*enregistrer*) Action d'enregistrer. *Bureau, droit d'enregistrement.* ◆ Taxe qui se perçoit sur l'enregistrement des actes. ◆ Absol. *L'enregistrement*, l'administration de l'enregistrement. ◆ Acte par lequel une cour souveraine faisait transcrire sur ses registres une ordonnance, un édit du roi. ▪ Fixation de données, d'images ou de sons sur un support pour en permettre la conservation. *Un enregistrement numérique.* ▪ Support sur lequel peuvent être fixés des données, des images ou des sons. *Écouter un enregistrement.*

ENREGISTRER, v. tr. [āʀəʒistʀe] (1 en- et *registre*) Noter quelque chose sur un registre. ◆ Fam. Prendre note. ◆ Transcrire, mentionner un acte sur un registre public. *Enregistrer un acte de vente.* ◆ Anciennement, faire, en parlant d'une cour souveraine, l'enregistrement d'une ordonnance. ▪ S'enregistrer, v. pr. Être enregistré. ▪ Procéder à l'enregistrement de données, d'images ou de sons. *Enregistrer un film à la télévision.* ▪ Relever et transcrire des valeurs à l'aide de machines diverses. *Enregistrer les pulsations cardiaques de quelqu'un.*

ENREGISTREUR, n. m. [āʀəʒistʀœʀ] (*enregistrer*) Phys. Appareil qui enregistre au fur et à mesure certains phénomènes tels qu'ils se passent. ◆ Adj. *Appareil enregistreur.*

ENRÊNEMENT, ▪ n. m. [āʀɛn(ə)mā] (*enrêner*) Ensemble des rênes et harnais utilisés pour brider un cheval. *Longer une pouliche avec un enrênement.* ▪ Action de brider un cheval.

ENRÊNER, ▪ v. tr. [āʀɛne] (1 en- et *rêne*) Brider un cheval au moyen de rênes et de harnais avant de le monter. *Enrêner un poney.*

ENRÉSINEMENT, ▪ n. m. [āʀezin(ə)mā] (1 en- et *résine*) Sylvic. Fait de reboiser un lieu avec des résineux. *Enrésinement artificiel, naturel. L'enrésinement des vallées, des berges.*

ENRHUMÉ, ÉE, p. p. d'enrhumer. [āʀyme] N. m. et n. f. *Un enrhumé.*

ENRHUMER, v. tr. [āʀyme] (1 en- et *rhume*) Causer un rhume. ◆ S'enrhumer, v. pr. Contracter un rhume.

ENRICHI, IE, p. p. d'enrichir. [āʀiʃi] N. m. et n. f. *Les enrichis.*

ENRICHIR, v. tr. [āʀiʃiʀ] (1 en- et *riche*) Rendre riche. ◆ Absol. *Le travail enrichit.* ◆ Par extens. et fig. Se dit de tout ce que l'on compare à une richesse. *Il enrichit continuellement sa mémoire.* « *Elle n'a travaillé qu'à enrichir* son âme », Patru. ✦ Garnir de quelque ornement riche ou précieux. *Enrichir une montre de pierreries, un livre de figures.* ✦ **Fig.** Il se dit d'ornements moraux ou intellectuels. *Enrichir la science de nouvelles découvertes.* ✦ *Enrichir une langue,* la doter d'expressions nouvelles, de tournures heureuses. ✦ *S'enrichir,* v. pr. Devenir riche. ✦ **Techn.** *Un filon s'enrichit* lorsqu'il devient ou plus épais ou plus chargé de parties métalliques. ✦ **Par extens.** Devenir possesseur d'objets considérés comme précieux. *On s'enrichit du bien qu'on fait.* ✦ **Fig.** Recevoir des richesses intellectuelles ou morales. *La mémoire s'enrichit par la lecture. S'enrichir de mille vertus.* ✦ **Prov.** *Qui paye ses dettes s'enrichit.* ■ Rendre une terre plus fertile. ■ Rendre plus riche en augmentant la proportion d'un des constituants. *Enrichir du lait avec de la vitamine D.*

ENRICHISSANT, ANTE, ■ adj. [ɑ̃riʃisɑ̃, ɑ̃t] (*enrichir*) Qui enrichit l'esprit par l'apport de connaissances ou l'expérience. *Une lecture enrichissante. Un travail enrichissant.*

ENRICHISSEMENT, n. m. [ɑ̃riʃis(ə)mɑ̃] (*enrichir*) Action de rendre riche. ✦ Action d'augmenter le prix par quelque chose de précieux. *L'enrichissement d'un habit, d'un palais.* ✦ **Fig.** Il se dit des embellissements moraux, intellectuels, littéraires. « *Sans chercher aucun enrichissement d'éloquence* », P. Corneille. ✦ *L'enrichissement d'une langue,* l'acquisition de mots nouveaux, de tournures nouvelles. ■ Processus visant à rendre plus riche un produit ou un minerai en augmentant la proportion de l'un de ses constituants. *L'enrichissement du lait.*

ENROBAGE ou **ENROBEMENT,** ■ n. m. [ɑ̃robaʒ, ɑ̃rɔb(ə)mɑ̃] (*enrober*) Action d'envelopper quelque chose d'une couche protectrice ou de garniture. *Enrobage de béton. Enrobage de confiserie.* ■ Son résultat. *Une glace vanille avec un enrobage de chocolat.*

1 **ENROBÉ, ÉE,** ■ adj. [ɑ̃robe] (*enrober*) **Fam.** Qui a un peu d'embonpoint. *Un enfant enrobé.*

2 **ENROBÉ,** ■ n. m. [ɑ̃robe] (*enrober*) Revêtement constitué de granulat et de bitume. *Le terrain de tennis a été recouvert d'un enrobé ocre rappelant la couleur de la terre battue.*

ENROBER, ■ v. tr. [ɑ̃robe] (1 *en-* et *robe*) Entourer d'une couche qui protège ou garnit. *Le confiseur enrobe les dragées de chocolat.* ■ **Fig.** Envelopper pour atténuer ou masquer. *Enrober des reproches dans des phrases mielleuses.* « *Quand elle vient en contact avec l'abstraction, elle cherche à l'enrober de représentations concrètes* », Mounier.

ENROBEUSE, ■ n. f. [ɑ̃robøz] (*enrober*) Machine utilisée pour enrober les bonbons et chocolats. *Le chocolat est en finition à l'enrobeuse.*

ENROCHEMENT, n. m. [ɑ̃rɔʃ(ə)mɑ̃] (*enrocher*) Fondation en roche sur un sol submergé ou mobile.

ENROCHER, v. tr. [ɑ̃rɔʃe] (1 *en-* et *roche*) Faire un enrochement.

ENRÔLÉ, ÉE, p. p. d'enrôler. [ɑ̃role] N. m. et n. f. *Les enrôlés.*

ENRÔLEMENT, n. m. [ɑ̃rol(ə)mɑ̃] (*enrôler*) Action d'enrôler ou de s'enrôler. ✦ L'acte, la feuille constatant l'enrôlement.

ENRÔLER, v. tr. [ɑ̃role] (1 *en-* et *rôle*) Inscrire sur un rôle, et particulièrement sur les rôles de l'armée. *Enrôler des soldats.* ✦ **Fig.** « *Il enrôla tous les amours-propres dans cette ligue* », Chateaubriand. ✦ *S'enrôler,* v. pr. Entrer au service militaire. *S'enrôler dans l'infanterie.* ✦ **Fig.** *S'enrôler dans un parti, au service de quelqu'un, etc.*

ENRÔLEUR, n. m. [ɑ̃rolœr] (*enrôler*) ▷ Celui qui enrôle des soldats. ◁

ENROUÉ, ÉE, p. p. d'enrouer. [ɑ̃rwe] ou [ɑ̃rue] Qui a de l'enrouement. *Voix enrouée.* ✦ *Parler enroué,* parler d'une voix enrouée.

ENROUEMENT, n. m. [ɑ̃rumɑ̃] (*enrouer*) Altération particulière de la voix et de la toux, qui les rend sourdes et voilées.

ENROUER, v. tr. [ɑ̃rwe] ou [ɑ̃rue] (1 *en-* et lat. *raucus,* rauque) Causer l'enrouement. ✦ *S'enrouer,* v. pr. Être affecté d'enrouement.

ENROUILLÉ, ÉE, p. p. d'enrouiller. [ɑ̃ruje] ▷ Couvert de rouille. ✦ **Fig.** « *Le savoir enrouillé des pédants* », Molière. ◁

ENROUILLEMENT, n. m. [ɑ̃ruj(ə)mɑ̃] ▷ Action de s'enrouiller ; état de ce qui s'enrouille. ◁

ENROUILLER, v. tr. [ɑ̃ruje] (1 *en-* et *rouille*) ▷ Rendre rouillé, couvrir de rouille. ✦ **Fig.** *L'oisiveté enrouille l'esprit.* ✦ *S'enrouiller,* v. pr. Devenir rouillé. ✦ On dit plutôt : *Se rouiller.* ✦ *Ne pas laisser enrouiller ses dents,* manger de grand appétit. ✦ **Fig.** *S'enrouiller en province,* n'être plus au courant des habitudes du monde. ✦ *S'enrouiller dans l'oisiveté,* perdre son activité, son aptitude. ◁

ENROULABLE, ■ adj. [ɑ̃rulabl] (*enrouler*) Qui peut être enroulé sur soi. *Elle a acheté un futon enroulable, facile à ranger et à transporter.*

ENROULAGE, n. m. [ɑ̃rulaʒ] (*enrouler*) Action d'enrouler, de s'enrouler.

ENROULÉ, ÉE, p. p. d'enrouler. [ɑ̃rule] *Chenille enroulée,* chenille qui vit dans des feuilles qu'elle roule en cornet.

ENROULEMENT, n. m. [ɑ̃rul(ə)mɑ̃] (*enrouler*) Action d'enrouler ou de s'enrouler ; état de ce qui est enroulé, de ce qui est en forme de spirale. *L'enroulement d'un cordon autour du corps.* ✦ **Bot.** Déformation dans laquelle les organes axiles des végétaux sont courbés de haut en bas et roulés sur eux-mêmes. ✦ **Archit.** Ornement en ligne spirale. *La volute est un enroulement.* ✦ Ornements engagés les uns dans les autres. *Les enroulements du genre arabesque.*

ENROULER, v. tr. [ɑ̃rule] (1 *en-* et *rouler*) Rouler plusieurs fois une chose autour d'une autre ; la replier sur elle-même. ✦ *S'enrouler,* v. pr. Former plusieurs tours.

ENROULEUR, EUSE, ■ adj. [ɑ̃rulœr, øz] (*enrouler*) Qui sert à enrouler. ■ N. m. Système enrouleur. *Un enrouleur de tuyau d'arrosage.*

ENRUBANNAGE, ■ n. m. [ɑ̃rybanaʒ] (*enrubanner*) **Agric.** Procédé qui consiste à enrouler les ballots de paille cylindriques dans du film plastique en vue de les stocker. *L'enrubannage des bottes de foin, des balles de paille.*

ENRUBANNER, v. tr. [ɑ̃rybane] (1 *en-* et *ruban*) Néologisme. Couvrir de rubans. *Chapeau enrubanné.* ✦ *S'enrubanner,* v. pr. Se parer de rubans. ■ **Agric.** Entourer des ballots de paille cylindriques d'un film plastique avant de les stocker. *Enrubanner des balles de fourrage.* ■ **Rem.** N'est plus un néologisme aujourd'hui.

ENSABLÉ, ÉE, p. p. d'ensabler. [ɑ̃sable]

ENSABLEMENT, n. m. [ɑ̃sabləmɑ̃] (*ensabler*) Obstruction d'un chenal par le sable que les eaux ou les vents amènent. ✦ Action de remplir de sable, et le résultat de cette action. ■ Immobilisation d'un objet ou d'un véhicule dans le sable. *L'ensablement d'une épave sur la plage.*

ENSABLER, v. tr. [ɑ̃sable] (1 *en-* et *sable*) Faire échouer sur le sable. ✦ Couvrir de sable. *La Loire ensabla ce pays.* ✦ Remplir de sable. *Ensabler une barque.* ✦ *S'ensabler,* v. pr. Échouer dans le sable. ✦ Être rempli de sable.

ENSABOTÉ, ÉE, p. p. d'ensaboter. [ɑ̃sabote] ▷ Chaussé de sabots. ◁

ENSABOTEMENT, n. m. [ɑ̃sabot(ə)mɑ̃] (*ensaboter*) ▷ Action d'enrayer une voiture avec le sabot. ◁

ENSABOTER, v. tr. [ɑ̃sabote] (1 *en-* et *sabot*) ▷ Chausser quelqu'un avec des sabots. ✦ Enrayer une voiture avec le sabot. ◁

ENSACHAGE, ■ n. m. [ɑ̃saʃaʒ] (*ensacher*) Mise en sac, en sachet. *L'ensachage des aliments pour chien.*

ENSACHÉ, ÉE, p. p. d'ensacher. [ɑ̃saʃe] Mis dans un sac.

ENSACHEMENT, n. m. [ɑ̃saʃ(ə)mɑ̃] (*ensacher*) ▷ Action d'ensacher. ◁

ENSACHER, v. tr. [ɑ̃saʃe] (1 *en-* et 1 *sac*) Mettre dans un sac.

ENSACHEUSE, ■ n. f. [ɑ̃saʃøz] (*ensacher*) **Techn.** Machine utilisée pour ensacher des substances en poudre. *Ensacheuse automatique.*

ENSAISINÉ, ÉE, p. p. d'ensaisiner. [ɑ̃sezine]

ENSAISINEMENT, n. m. [ɑ̃sezin(ə)mɑ̃] (*ensaisine*) En droit féodal, action d'ensaisiner. ✦ En droit coutumier, *ensaisinement des rentes constituées,* formalité qui donnait au créancier un privilège pour sa créance.

ENSAISINER, v. tr. [ɑ̃sezine] (1 *en-* et *saisine*) En droit féodal, reconnaître par acte un nouveau tenancier, en parlant du seigneur. ✦ Mettre en possession de quelque chose.

ENSANGLANTÉ, ÉE, p. p. d'ensanglanter. [ɑ̃sɑ̃glɑ̃te]

ENSANGLANTEMENT, n. m. [ɑ̃sɑ̃glɑ̃t(ə)mɑ̃] (*ensanglanter*) ▷ Action d'ensanglanter ; le résultat de cette action. ◁

ENSANGLANTER, v. tr. [ɑ̃sɑ̃glɑ̃te] (1 *en-* et *sanglant*) Souiller de sang. ✦ Rougir de son propre sang. ✦ Rougir du sang des autres. ✦ **Par extens.** Il se dit d'objets et d'événements à propos desquels le sang est versé. « *Jephté ensanglante sa victoire par un sacrifice qui ne peut être excusé que par un ordre secret de Dieu* », Bossuet. ✦ *Ce prince a ensanglanté son règne,* il s'est montré cruel. ✦ Il se dit aussi de ce qui fait verser beaucoup de sang. « *Ces guerres ont ensanglanté l'Europe bien longtemps* », Voltaire. ✦ *Ensanglanter des jeux,* les faire dégénérer en rixe sanglante. ✦ *Ensanglanter le théâtre,* représenter des meurtres sur le théâtre. ✦ *S'ensanglanter,* v. pr. Se tacher de sang. ■ **Poétiq.** Colorer en rouge. *Le reflet du soleil couchant ensanglantait la neige.*

ENSEIGNABLE, adj. [ɑ̃seɲabl] ou [ɑ̃seɲjabl] (*enseigner*) Qui peut être enseigné, en parlant des personnes et des choses.

ENSEIGNANT, ANTE, adj. [ɑ̃seɲɑ̃, ɑ̃t] ou [ɑ̃seɲjɑ̃, ɑ̃t] (*enseigner*) Qui enseigne. « *Notre manie enseignante et pédantesque* », J.-J. Rousseau. ✦ *Le corps enseignant,* l'université. ✦ *Église enseignante,* la réunion des premiers pasteurs de l'Église. ■ N. m. et n. f. *Un enseignant, une enseignante.* ■ **Rem.** *Le corps enseignant* désigne auj. l'ensemble des personnes qui enseignent dans le primaire et dans le secondaire.

ENSEIGNANT-CHERCHEUR, ■ n. m. et n. f. [ɑ̃seɲɑ̃ʃɛrʃœr] ou [ɑ̃seɲjɑ̃ʃɛrʃœr] (*enseignant* et *chercheur*) Enseignant d'université qui travaille aussi à la recherche. *Les maîtres de conférence et les professeurs des universités sont des enseignants-chercheurs.*

ENSEIGNE, n. f. [ɑ̃sɛɲ] ou [ɑ̃sɛnj] (lat. *insignia,* plur. de *insigne,* marque) Marque, indice pour faire reconnaître quelque chose. *Donner de bonnes, de fausses enseignes.* ♦ *À bonnes enseignes,* à bon titre, avec sûreté, en toute garantie. ♦ *À telles enseignes que,* en preuve que. ♦ Tableau figuratif appliqué au mur d'une maison pour indiquer le commerce ou la profession de celui qui l'habite. « *L'enseigne fait la chalandise* », L<small>A</small> F<small>ONTAINE</small>. ♦ *Nous sommes tous deux logés à la même enseigne,* nous sommes dans le même embarras, ou malheur, ou perte. ♦ *Il a logé à l'enseigne de la lune, il a couché à l'enseigne de la belle étoile,* se dit de quelqu'un qui a couché dehors. ♦ **Fig.** « *On ne passe point dans le monde pour se connaître en vers, si l'on n'a mis à l'enseigne de poète* », P<small>ASCAL</small>. ♦ *C'est une enseigne à bière,* se dit d'un portrait, d'un tableau mal peint. ♦ Drapeau, signe de ralliement dans les armées romaines. *Les enseignes romaines étaient des aigles.* ♦ **Par extens.** Toute espèce d'étendard. ♦ **Fig.** *Marcher, combattre sous les enseignes de quelqu'un,* se ranger sous son autorité. ♦ **Mar.** *Enseigne de poupe,* le pavillon qui se met sur la poupe. ♦ Dans l'ancienne infanterie française, la charge de porte-drapeau. ♦ La compagnie commandée par celui qui avait la charge d'enseigne. ♦ **N. m.** Celui qui portait l'enseigne. ♦ Dans la marine, *un enseigne de vaisseau,* officier dont le grade était le moins élevé ; on dit maintenant lieutenant de frégate. ■ **Prov.** *À bon vin pas d'enseigne,* il n'est pas nécessaire de faire beaucoup d'efforts pour mettre en vogue ce qui est bon. ■ R<small>EM</small>. On écrit auj. *À telle enseigne* et *À bonne enseigne.*

ENSEIGNÉ, ÉE, p. p. d'enseigner. [ɑ̃seɲe] ou [ɑ̃senje]

ENSEIGNEMENT, n. m. [ɑ̃seɲəmɑ̃] ou [ɑ̃senjəmɑ̃] (*enseigner*) L'action d'enseigner. ♦ *Enseignement public,* l'enseignement que donne l'État ; il se divise en primaire, secondaire et supérieur. ♦ Se dit des différentes méthodes d'enseignement. *Enseignement individuel, mutuel, simultané.* ♦ *Enseignement libre,* enseignement que donnent les particuliers. ♦ *La carrière de l'enseignement,* le corps enseignant. ♦ *Il est entré dans l'enseignement.* ♦ L'action d'instruire en général. *L'enseignement développe la moralité d'un peuple.* ♦ Précepte qui enseigne à faire ou à éviter. « *Les enseignements que Dieu donnait à son peuple* », B<small>OSSUET</small>. ♦ Ce qu'on tire d'une expérience. *Tirer l'enseignement de ses propres échecs permet d'avancer.*

ENSEIGNER, v. tr. [ɑ̃seɲe] ou [ɑ̃senje] (lat. vulg. *insignare,* signaler, du lat. *insignire*) Indiquer par signes, faire connaître. *Enseigner le chemin.* ♦ Faire savoir, démontrer, en parlant d'un art, d'une science, en donner des leçons. *Enseigner le latin, le dessin, etc.* ♦ **Absol.** « *Les gens qui veulent toujours enseigner empêchent beaucoup d'apprendre* », M<small>ONTESQUIEU</small>. ♦ Faire connaître comme par une sorte de leçon. « *Enseignez la raison, la justice et les mœurs* », V<small>OLTAIRE</small>. ♦ « *Tout le monde veut enseigner à bien faire, et personne ne veut l'apprendre* », J.-J. R<small>OUSSEAU</small>. ♦ ▷ Instruire, avec un nom de personne pour complément direct. *Enseigner la jeunesse.* ◁ ♦ *S'enseigner,* v. pr. Se faire leçon à soi-même. ♦ *Être enseigné,* démontré. ■ *Enseigner quelque chose à quelqu'un,* lui en inculquer la connaissance. *Elle lui enseigne des recettes.*

ENSEIGNEUR, n. m. [ɑ̃seɲœr] ou [ɑ̃senjœr] (*enseigner*) ▷ Celui qui enseigne. « *Ceux qui se disaient penseurs, enseigneurs* », V<small>OLTAIRE</small>. ■ R<small>EM</small>. On dit auj. *enseignant.* ◁

ENSELLÉ, ÉE, adj. [ɑ̃sele] (*enseller*) Dont le dos et les reins, en parlant du cheval, présentent une concavité marquée, semblable à une selle. ♦ *Navire ensellé,* navire dont l'avant et l'arrière sont fort relevés, et le milieu fort bas.

ENSELLER, v. tr. [ɑ̃sele] (1 *en-* et *selle*) Mettre la selle à un cheval.

ENSELLURE, ■ n. f. [ɑ̃selyr] (*enseller*) **Méd.** *Ensellure lombaire,* courbure naturelle de la région lombaire. *L'ensellure lombaire est souvent accentuée chez les femmes enceintes.*

ENSEMBLE, adv. [ɑ̃sɑ̃bl] (lat. *insimul*) L'un avec l'autre, les uns avec les autres. *Ils sont sortis ensemble.* ♦ *Être bien ensemble,* se dit de gens qui ont de bons rapports entre eux. ♦ À la fois, en même temps, simultanément. ♦ *Tout ensemble,* même sens. ♦ *Ensemble,* en corps, en masse. ♦ *Le tout ensemble,* le tout pris à la fois et sans avoir égard aux détails. ♦ ▷ **Peint.** *Cette figure est bien ensemble,* elle a de justes proportions. *Mettre une figure ensemble, en ensemble* ou *d'ensemble.* ◁ ♦ **N. m.** L'union des parties dans un tout ; l'effet qui en résulte. *Tout cela forme un bel ensemble.* ♦ **Mus.** Accord. *Exécuter des chœurs avec ensemble.* ♦ *Morceau d'ensemble* ou simplement *ensemble,* morceau composé de plusieurs parties exécutées par plusieurs instruments ou plusieurs voix. ♦ **Milit.** *Ces soldats commencent à mettre de l'ensemble dans leurs mouvements,* ils manœuvrent, ils manient leurs armes avec accord. ♦ La totalité. *L'ensemble des hommes qui peuplent la terre.* ■ DANS L'ENSEMBLE, loc. adv. De manière générale. *Dans l'ensemble, les enfants ont été sages. Les étudiants ont dans l'ensemble réussi leur examen.* ■ *Une vue d'ensemble,* une vue globale. *Peux-tu me donner une vue d'ensemble de la situation ?* ■ *Dans son ensemble,* totalement. *Il approuve la réforme dans son ensemble.* ■ *Un ensemble de,* un certain nombre de. *Un ensemble de lois. La*

vie m'a appris un ensemble de choses. ■ Tenue vestimentaire féminine composée d'au moins deux pièces. *Un ensemble en pied de poule.* ■ Petit groupe de musiciens. *Un ensemble vocal.* ■ **Math.** Réunion d'éléments ayant des propriétés communes. *L'ensemble des entiers naturels.*

ENSEMBLIER, IÈRE, ■ n. m. et n. f. [ɑ̃sɑ̃blije, jɛr] (*ensemble*) Professionnel de la décoration intérieur qui crée des ensembles. *L'ensemblier a fait des merveilles dans mon salon.* ■ **Audiov.** Personne chargée de la création et de l'aménagement de décors. *L'ensemblier d'un film.* ■ **N. m.** Entreprise spécialisée dans la réalisation et l'installation d'ensembles industriels complexes.

ENSEMBLISTE, ■ adj. [ɑ̃sɑ̃blist] (*ensemble*) **Math.** Qui concerne les ensembles. *Calcul ensembliste.*

ENSEMENCÉ, ÉE, p. p. d'ensemencer. [ɑ̃s(ə)mɑ̃se]

ENSEMENCEMENT, n. m. [ɑ̃s(ə)mɑ̃s(ə)mɑ̃] (*ensemencer*) Action de répandre sur le sol et d'enterrer les semences destinées à reproduire des récoltes nouvelles. ■ Résultat de cette action. *Ensemencement de céréales, d'un champ.*

ENSEMENCER, v. tr. [ɑ̃s(ə)mɑ̃se] (1 *en-* et *semence*) Opérer l'ensemencement. *Ensemencer un champ.* ♦ *Ensemencer un étang, une rivière,* y mettre du poisson, de l'alevin. ♦ *S'ensemencer,* v. pr. *Pour les céréales, la terre s'ensemence à l'automne ou au printemps.* ■ Procéder à l'introduction de micro-organismes dans un bouillon de culture pour faire se développer.

1 **ENSERRÉ, ÉE**, p. p. d'enserrer. [ɑ̃sere] Serré dans.

2 **ENSERRÉ, ÉE**, p. p. d'enserrer. [ɑ̃sere] ▷ Mis en serre. ◁

ENSERREMENT, n. m. [ɑ̃sɛr(ə)mɑ̃] (*enserrer*) Action d'enserrer, d'enfermer.

1 **ENSERRER**, v. tr. [ɑ̃sere] (1 *en-* et *serrer*) Serrer dans, enfermer, contenir. *Enserrer un trésor.* « *Tout ce que le globe enserre Célèbre un Dieu créateur* », J.-B. R<small>OUSSEAU</small>.

2 **ENSERRER**, v. tr. [ɑ̃sere] (1 *en-* et *serre*) ▷ Mettre en serre. *Enserrer des orangers.* ◁

ENSEVELI, IE, p. p. d'ensevelir. [ɑ̃səv(ə)li]

ENSEVELIR, v. tr. [ɑ̃səv(ə)lir] (1 *en-* et lat. *sepelire,* ensevelir) Dans le style élevé, déposer dans la sépulture. ♦ **Absol.** « *Qui tôt ensevelit souvent assassine* », M<small>OLIÈRE</small>. ♦ **Par extens.** Mettre sous quelque chose qui est considéré comme un tas. « *C'est sous les ruines du trône qu'il faut l'ensevelir* », M<small>ARMONTEL</small>. ♦ Faire disparaître. « *Un homme de cœur qui n'a pas un assez beau nom doit l'ensevelir sous un meilleur* », L<small>A</small> B<small>RUYÈRE</small>. ♦ Cacher. *Ensevelir son secret dans le sein d'un ami.* ♦ Envelopper le corps d'un mort dans un linceul. ♦ *S'ensevelir,* v. pr. Laisser tomber sur soi ce qui est comparé à une sépulture. *S'ensevelir sous les ruines de la place,* la défendre jusqu'à la mort. ♦ Se cacher. *S'ensevelir dans la retraite, dans la solitude,* se retirer du monde. ♦ **Par extens.** S'absorber, se plonger dans. *S'ensevelir dans les livres, dans la débauche, dans le chagrin.*

ENSEVELISSEMENT, n. m. [ɑ̃səv(ə)lis(ə)mɑ̃] (*ensevelir*) Action d'ensevelir.

ENSEVELISSEUR, EUSE, n. m. et n. f. [ɑ̃səv(ə)lisœr, øz] (*ensevelir*) ▷ Celui, celle qui ensevelit. ◁

ENSILAGE, ■ n. m. [ɑ̃silaʒ] (*ensiler*) **Agric.** Réduction en copeaux de végétaux verts qui sont ensuite pressés et stockés en silos et qui serviront, après fermentation, de nourriture au bétail. *L'ensilage du maïs.* ■ Végétaux fermentés et stockés en silos. *Il nourrit ses bêtes avec de l'ensilage.*

ENSILER, ■ v. tr. [ɑ̃sile] (1 *en-* et *silo*) **Agric.** Mettre en silo. *Ensiler du fourrage.*

ENSILEUSE, ■ n. f. [ɑ̃siløz] (*ensiler*) **Agric.** Machine agricole qui fauche et réduit en copeaux des végétaux verts destinés à subir une fermentation en silos. *Récolter du maïs avec une ensileuse.*

ENSIMAGE, ■ n. m. [ɑ̃simaʒ] (anc. fr. *ensimer,* de 1 *en-* et *saïm,* graisse) **Techn.** Imbibition de fibres textiles avec de l'huile végétale pour en faciliter la filature. *L'ensimage de la laine.*

ENSOLEILLÉ, ÉE, ■ adj. [ɑ̃soleje] (*ensoleiller*) Soumis à l'exposition solaire. *Un appartement ensoleillé.* ■ *Une journée ensoleillée,* journée durant laquelle brille le soleil.

ENSOLEILLEMENT, ■ n. m. [ɑ̃solɛj(ə)mɑ̃] (*ensoleiller*) Exposition d'un lieu au soleil. *L'ensoleillement d'un jardin.* ■ Temps pendant lequel un lieu est exposé au soleil. *Le faible ensoleillement d'une région.*

ENSOLEILLER, ■ v. tr. [ɑ̃soleje] (1 *en-* et *soleil*) Illuminer de soleil. *Les baies vitrées permettent d'ensoleiller l'appartement.* ■ **Fig.** Donner de la joie et du bonheur. *Ensoleiller la vie de quelqu'un.*

ENSOMMEILLÉ, ÉE, ■ adj. [ɑ̃someje] (1 *en-* et *sommeil*) Sous l'emprise du sommeil. *Répondre d'une voix ensommeillée.*

ENSORCELANT, ANTE, adj. [ɑ̃sɔrsəlɑ̃, ɑ̃t] (*ensorceler*) Qui charme, qui plaît. « *Paroles ensorcelantes* », L<small>A</small> F<small>ONTAINE</small>.

ENSORCELÉ, ÉE, p. p. d'ensorceler. [ɑ̃sɔrsəle]

ENSORCELER, v. tr. [ɑ̃sɔrsəle] (1 en- et radical de *sorcier*) Troubler, abuser par des sortilèges. ♦ Captiver les bonnes grâces. « *Il flatte, il s'insinue, il ensorcelle tous ceux qui ne pouvaient pas le souffrir* », FÉNELON. ♦ Avec un nom de personne ou de chose pour complément indirect. « *Rien n'est pareil aux cajoleries dont la duchesse de Bourgogne sut ensorceler Mme de Maintenon* », SAINT-SIMON. ♦ S'ensorceler, v. pr. Être captivé par. *S'ensorceler de visions.*

ENSORCELEUR, EUSE, n. m. et n. f. [ɑ̃sɔrsəlœr, øz] (*ensorceler*) Celui, celle qui ensorcelle.

ENSORCELLEMENT, n. m. [ɑ̃sɔrsɛl(ə)mɑ̃] (*ensorceler*) Action d'ensorceler ; résultat de cette action. ♦ Fig. Passion ou préjugé aveugle.

ENSOUFRÉ, ÉE, p. p. d'ensoufrer. [ɑ̃sufre] Rempli de soufre.

ENSOUFRER, v. tr. [ɑ̃sufre] (1 en- et *soufre*) Enduire de soufre ; imprégner de la vapeur du soufre.

ENSOUPLE, n. f. [ɑ̃supl] (b. lat. *insubulum*) Rouleau de bois sur lequel le tisserand monte la chaîne, pour faire la toile. ■ REM. On disait aussi *ensuple*.

ENSUIFER, v. tr. [ɑ̃sɥife] (1 en- et *suif*) Garnir de suif ; enduire de suif.

ENSUITE, adv. [ɑ̃sɥit] (*en suite*, 1 en- et *suite*) À la suite de, après cela. *Travaillez d'abord, vous vous reposerez ensuite.* ♦ ENSUITE DE, loc. prép. À la suite de, après. ♦ *Ensuite de quoi*, après quoi. *Ensuite de cela.* ■ Dans un deuxième temps. *On mange et ensuite on dansera.* ■ D'autre part. *D'abord tu n'es pas majeur, ensuite, c'est trop dangereux.* ■ Plus loin derrière.

ENSUIVANT, adj. m. [ɑ̃sɥivɑ̃] (*ensuivre*) Pratiq. Suivant. *Le dimanche ensuivant.* ♦ Vieilli et peu usité.

ENSUIVRE (S'), v. pr. [ɑ̃sɥivr] (lat. *insequi*) Ne se conjugue qu'à la 3ᵉ pers. du sing. et du plur. Venir après. *Ce qui s'ensuit.* ♦ Survenir comme effet, découler comme conséquence. *Voilà le principe ; la conséquence s'en ensuiva.* « *Quels inconvénients auraient pu s'en ensuivre* », MOLIÈRE. ♦ Les exemples des meilleurs auteurs prouvent qu'*ensuivre* se construit comme *s'enfuir*. Il ne faudrait pas écrire *s'en suivre*, en deux mots, pour signifier découler de là ; en ce sens, on se sert de *suivre*, verbe neutre : *il suit de là*, et non *il se suit de là.* ■ Impers. *Il s'ensuit que...* ♦ *Jusqu'à ce que mort s'ensuive*, jusqu'à la fin. ■ Fam. *Et tout ce qui s'ensuit*, et tout ce qui en découle logiquement.

ENSUPLE, n. f. [ɑ̃sypl] Voy. ENSOUPLE.

ENSUQUÉ, ÉE, ■ adj. [ɑ̃syke] (provenç. *ensuca*, assommé) Fam. Midi Abruti par la chaleur, l'alcool, la fatigue. *Il a trop bu, il est complètement ensuqué ! Avec ce soleil, je suis ensuquée.*

ENTABLÉ, ÉE, p. p. d'entabler. [ɑ̃table] *Cheval entablé.*

ENTABLEMENT, n. m. [ɑ̃tabləmɑ̃] (2 *entabler*) Archit. La saillie qui est au haut des murailles d'un bâtiment. ♦ Partie de l'édifice au-dessus de la colonne, du pilastre, et qui comprend l'architrave, la frise et la corniche. ■ Moulure couronnant un meuble.

1 ENTABLER, ■ v. tr. [ɑ̃table] (1 en- et *table*) Techn. Joindre deux éléments et les fixer en leur milieu et à la moitié de leur épaisseur. *Entabler deux pièces de métal.*

2 ENTABLER (S'), ■ v. pr. [ɑ̃table] (1 en- et *table*) On dit qu'*un cheval s'entable*, quand les hanches devancent les épaules.

ENTABLURE, ■ n. f. [ɑ̃tablyr] (*entabler*) Point de fixation de deux éléments entablés. *L'entablure des deux pièces de bois.*

ENTACHÉ, ÉE, p. p. d'entacher. [ɑ̃taʃe] *Entaché de lèpre.* ♦ Fig. *Être entaché d'avarice. Un acte entaché de nullité.* ♦ Absol. *Homme entaché*, homme qui a quelque tache à son honneur, à sa moralité. ■ Dr. *Entaché de nullité*, inefficace du fait d'un vice de forme.

ENTACHER, v. tr. [ɑ̃taʃe] (1 en- et *tacher*) Gâter par quelque maladie qui agit comme une tache. *Son mauvais régime l'a entaché de scrofules.* ♦ Peu usité en cet emploi. ♦ Fig. Marquer d'une tache, d'une souillure. *Cet arrêt l'entache dans son honneur.* ♦ S'entacher, v. pr. Devenir entaché.

ENTAILLAGE, ■ n. m. [ɑ̃tajaʒ] (*entailler*) Action de faire des entailles dans quelque chose. *L'entaillage du tronc d'un arbre.*

ENTAILLE, n. f. [ɑ̃taj] (*entailler*) Coupure avec enlèvement de parties. *Faire une entaille au pain.* ♦ Incision, blessure faite avec un instrument tranchant. ♦ Portion de tige ou de branche enlevée au-dessus et au-dessous d'une branche, d'un œil, etc., en entamant légèrement l'aubier pour interrompre le cours de la sève.

ENTAILLÉ, ÉE, p. p. d'entailler. [ɑ̃taje]

ENTAILLER, v. tr. [ɑ̃taje] (1 en- et *tailler*) Faire une entaille. *Entailler une poutre.* ♦ *S'entailler le doigt, la main*, s'y faire une coupure. ♦ Anciennement, sculpter.

ENTAILLURE, n. f. [ɑ̃tajyr] (*entailler*) ▷ Entaille. ◁

ENTAME, n. f. [ɑ̃tam] (*entamer*) Premier morceau coupé d'un pain. ♦ Fig. Prémices de certains objets. *Il en a l'entame.* ■ Dans une partie de cartes, première carte jouée. *Une entame à cœur.* ■ Le premier morceau de toute nourriture impossible à diviser autrement qu'en la coupant. *L'entame d'un pâté, d'un rôti.*

ENTAMÉ, ÉE, p. p. d'entamer. [ɑ̃tame]

ENTAMEMENT, n. m. [ɑ̃tam(ə)mɑ̃] (*entamer*) ▷ L'action d'entamer. ◁

ENTAMER, v. tr. [ɑ̃tame] (lat. chrét. *intaminare*, souiller, rac. de *tangere*, toucher) Couper le premier morceau, commencer à prendre une partie d'une chose. *Entamer un pain, un sac d'argent.* ♦ Par extens. Couper en incisant. *Entamer la peau.* ♦ Fig. Faire impression sur. ♦ Porter atteinte à. *Entamer la réputation, le crédit de quelqu'un.* ♦ *Entamer quelqu'un*, entreprendre sur ses droits, empiéter sur sa charge ; avoir de l'avantage sur lui. ♦ Faire capituler quelqu'un avec son devoir. *Il n'est pas facile de l'entamer.* ♦ Pénétrer les vœux, les sentiments secrets de quelqu'un. *Il est impénétrable, on ne peut l'entamer.* ♦ Milit. *Entamer un carré, un corps de troupes*, commencer à le rompre, à le faire fléchir. ♦ Commencer. *Entamer une discussion, un procès.* ■ Attaquer l'intégrité ou la surface de quelque chose. *Le choc a entamé l'émail de la casserole. Le dissolvant entame le plastique.* ■ Jouer en premier, aux cartes. *Il a entamé la partie.*

ENTAMURE, n. f. [ɑ̃tamyr] (*entamer*) ▷ Syn. d'entame. *Entamure du pain.* ♦ L'action de faire l'entame. ♦ Coupure, incision. ◁

ENTARTRAGE, ■ n. m. [ɑ̃tartraʒ] (*entartrer*) Action de recouvrir de tartre. ■ État de ce qui est couvert ou empli de tartre. *L'entartrage de la machine à laver a provoqué une fuite.*

ENTARTRER, ■ v. tr. [ɑ̃tartre] (1 en- et *tartre*) Recouvrir de tartre. *L'eau calcaire entartre la cafetière. Une chaudière entartrée.* ■ S'entartrer, v. pr. *Une canalisation qui s'est entartrée.*

ENTASSÉ, ÉE, p. p. d'entasser. [ɑ̃tase] Se dit d'un homme qui a la tête enfoncée dans les épaules.

ENTASSEMENT, n. m. [ɑ̃tas(ə)mɑ̃] (*entasser*) Amas confus. *Un entassement de papiers, de livres.* ♦ Fig. « *C'est un entassement de faussetés, d'absurdités et d'injures* », VOLTAIRE. ♦ État d'hommes ou d'animaux rassemblés dans un lieu trop étroit. ■ Fait d'accumuler et de mettre en tas des objets. *L'entassement de linge dans sa salle de bains est la preuve de son aversion pour la lessive.*

ENTASSER, v. tr. [ɑ̃tase] (1 en- et *tas*) Mettre en tas. ♦ Accumuler. *Entasser des écus.* ♦ Absol. *Sa passion est d'entasser toujours.* ♦ Fig. *Entasser des citations. Entasser vertu sur vertu, bonne œuvre sur bonne œuvre. Entasser les honneurs sur la tête d'un homme.* ♦ Réunir dans un espace trop étroit. ♦ S'entasser, v. pr. Être mis en tas. ♦ Se mettre, en parlant de personnes, dans un lieu étroit.

ENTASSEUR, EUSE, n. m. et n. f. [ɑ̃tasœr, øz] (*entasser*) ▷ Néologisme. Celui, celle qui entasse. ■ REM. N'est plus un néologisme aujourd'hui. ◁

1 ENTE, n. f. [ɑ̃t] (*enter*) Espèce de greffe qui consiste à insérer un scion dans un autre arbre. ♦ L'arbre même où l'on a fait une ente. *De jeunes entes.* ■ *Prune d'ente*, variété de prunier obtenue par greffe et qui produit les pruneaux.

2 ENTE, n. f. [ɑ̃t] (anc. fr. *hante*, bois d'une lance, manche d'un outil, du lat. *hasta*, lance, croisé avec l'anc. b. frq. *hant*, main ; cf. *hampe*) Le bois qui sert de manche à un pinceau.

ENTÉ, ÉE, p. p. d'enter. [ɑ̃te] Par extens. *Une tête de lion entée sur le corps d'une chèvre.* ♦ Fig. Il se dit aussi des choses qui sont supposées unies, entées. *Il a un orgueil enté sur une très grande dignité d'âme.* ♦ ▷ *Cette maison est entée sur telle autre*, elle en a pris le nom. ◁ ♦ Il se dit d'une personne par rapport à ses diverses qualités. *C'est un financier enté sur un praticien.* ■ Hérald. *Écu enté*, dont les différentes parties sont greffées les unes dans les autres.

ENTÉLÉCHIE, ■ n. f. [ɑ̃teleʃi] (lat. *entelechia*, gr. *entelekheia*) Philos. État de perfection, d'accomplissement total d'un être ou d'une chose, chez Aristote. *Selon Aristote, Dieu est une entéléchie.* ■ Par extens. Ce qui permet de s'épanouir totalement. *Ta présence quotidienne est mon entéléchie.*

ENTELLE, ■ n. f. [ɑ̃tɛl] (*Entellus*, compagnon d'Énée dont Cuvier a donné le nom à ce singe) Zool. Grand singe grimpeur à membres longs, à la peau noirâtre et au pelage jaunâtre argenté, et qui est considéré comme un animal sacré en Inde. *L'entelle est arboricole et se nourrit de feuilles.*

ENTEMENT, n. m. [ɑ̃t(ə)mɑ̃] (*enter*) ▷ Action d'enter. ◁

ENTENDANT, ANTE, adj. [ɑ̃tɑ̃dɑ̃, ɑ̃t] (*entendre*) Qui entend. ■ N. m. et n. f. Personne dont l'ouïe fonctionne correctement. *Les entendants et les malentendants.*

ENTENDEMENT, n. m. [ɑ̃tɑ̃d(ə)mɑ̃] (*entendre*) L'esprit considéré en tant qu'il conçoit. « *L'entendement est la lumière que Dieu nous a donnée pour* *nous conduire »*, Bossuet. ◆ Bon esprit, jugement, sens. *C'est un homme d'entendement.* ■ *Cela dépasse l'entendement*, cela dépasse tout ce qu'on peut imaginer. *Sa réaction dépasse l'entendement.* ■ **Philos.** La compréhension par opposition à la sensibilité.

ENTENDEUR, n. m. [ɑ̃tɑ̃dœʀ] (*entendre*) Celui qui entend et comprend. ◆ Se dit surtout en ces deux locutions : *À bon entendeur salut* (littéralement, celui qui comprend bien se sauve), celui qui comprend ce qu'on dit doit en faire son profit ; *À bon entendeur peu de paroles* ou *demi-mot*, une longue explication est inutile à un homme intelligent.

ENTENDRE, v. intr. [ɑ̃tɑ̃dʀ] (lat. *intendere*, montrer de l'attention à) Étymologiquement, tendre vers, d'où avoir intention, dessein, avec un verbe à l'infinitif, ou *que* et le verbe au subjonctif ou quelquefois au conditionnel. *J'entends être obéi* ou *qu'on m'obéisse.* ◆ Avec le mot indéterminé *le*, il se prend activement. *Je l'entends ainsi*, je veux que la chose soit ainsi. ◆ *Entendre à*, consentir, acquiescer. « *Elle ne veut entendre à nulle proposition* », Mme de Sévigné. ◆ V. tr. Recevoir l'impression des sons. *Entendre du bruit.* ◆ *Entendre dire*, apprendre ce qui se dit. ◆ *Entendre parler d'une chose*, en être informé par la parole. ◆ *Ne pas vouloir entendre parler d'une chose*, la rejeter absolument sans vouloir même y prêter l'oreille. ◆ *Faire entendre*, faire parvenir à l'ouïe. ◆ *Se faire entendre*, être ouï. ◆ Être dit de manière à être compris. ◆ *Se faire entendre à*, parler à. *La gloire s'est fait entendre à son cœur.* ◆ **Absol.** *Entendre*, avoir l'ouïe. *Parlez plus haut, il n'entend pas.* ◆ *Entendre dur, clair*, avoir l'oreille dure, fine. ◆ **Fig.** *N'entendre que d'une oreille*, être uniquement dirigé par. ◆ **Fig.** *Il n'entend pas de cette oreille-là*, il ne veut pas écouter la proposition qu'on lui fait. ◆ *Prêter l'oreille. Que ceux qui m'entendent me jugent. Condamner sans entendre.* ◆ *Entendre en confession* ou simplement *entendre*, se dit du prêtre qui entend la confession d'un pénitent. ◆ *Entendre la messe, les vêpres, le sermon*, y assister. *À l'entendre*, si on l'en croit. ◆ *N'en pas savoir auquel ou à qui ou à quoi entendre*, ne pas savoir à qui ou à quoi il importe de faire attention. ◆ Exaucer. *Dieu entendit ses vœux.* ◆ Comprendre, saisir le sens. « *Des mystères sacrés que nous n'entendons pas* », P. Corneille. *Il n'entend pas un mot de français.* ◆ *Entendre à demi-mot*, comprendre ce qui est dit d'une façon mystérieuse, voilée. ◆ *Donner à entendre, laisser entendre, faire entendre*, insinuer, faire comprendre une chose. ◆ *Se faire entendre*, être compris. **Absol.** Comprendre. *En vain vous feignez de ne pas entendre.* ◆ *Entendre*, vouloir dire. *Qu'entendez-vous par ces paroles ?* ◆ *Entendre*, connaître, être habile dans. *Entendre la guerre.* ◆ *L'entendre bien, mal*, le comprendre bien, mal, y être habile, malhabile. ◆ *Entendre finesse à quelque chose*, y vouloir comprendre plus que la chose ne signifie. ◆ *Ne pas entendre malice à quelque chose*, faire ou dire quelque chose sans mauvaise intention. ◆ *Entendre raillerie*, prendre bien les choses dites en plaisantant. ◆ *Entendre raison*, acquiescer à ce qui est juste et raisonnable. *S'entendre*, v. pr. Être perçu par l'oreille. *S'entendre*, s'entendre l'un l'autre. ◆ Être compris. *Cela s'entend, cela s'entend bien*, cela se suppose ainsi. ◆ *S'entend*, cela va sans dire. ◆ Se comprendre l'un l'autre. ◆ Se comprendre soi-même. ◆ Se concerter, être d'accord, d'intelligence. « *Je ne veux point m'entendre avec vos ennemis* », Mme de Sévigné. ◆ *Nous nous entendons bien*, nous vivons bien ensemble. ◆ *S'entendre comme larrons en foire*, se concerter pour quelque chose de blâmable ou de suspect. ◆ *S'entendre en* ou *à*, être habile dans une chose, se connaître à une chose. *Il s'entend en musique, en tableaux. Il s'entend à la culture.* ◆ **Fam.** *Il s'y entend comme à ramer des choux*, il ne comprend rien à ce qu'il fait. ◆ **Fig.** *Qui n'entend qu'une cloche n'entend qu'un son*, il faut entendre les deux parties. ◆ *Il n'est pire sourd que celui qui ne veut pas entendre*, se dit d'un homme qui feint de ne pas ouïr ou de ne pas comprendre. ■ *Entendre parler de quelque chose*, en être averti, informé, en avoir connaissance. *J'ai entendu parler de cette association. Son frère ? Je n'en ai jamais entendu parler.* ■ Recueillir le témoignage de quelqu'un. *Il n'a pas encore été entendu par la police.* ◆ *Faites comme vous l'entendez*, agissez comme bon vous semble.

ENTENDU, UE, p. p. d'entendre. [ɑ̃tɑ̃dy] **Dr.** *La cause est entendue*, les débats sont clos. *Entendu toutes les parties*, ou bien *les parties entendues.* ◆ BIEN ENTENDU, loc. adv. Assurément, sans doute. ◆ BIEN ENTENDU QUE, loc. conj. Toutefois, pourtant. ◆ *Entendu*, qui a l'intelligence d'une chose. *Un homme entendu aux affaires.* « *Qu'on ne croie pas qu'il fût peu entendu dans les affaires* », Bossuet. ◆ *Faire l'entendu*, agir en personne qui s'entend aux choses, et le plus souvent faire l'important, le capable. ◆ *Bien entendu*, disposé avec intelligence, avec art. ◆ *Bien entendu, mal entendu*, se dit aussi des choses morales. *Un zèle mal entendu.* ◆ *Un sourire entendu*, un sourire de connivence. ◆ *C'est entendu*, c'est d'accord. ◆ Convenu ou accepté après concertation. *L'affaire est entendue, vous aurez ce que vous demandez.*

ENTÉNÉBRER, ■ v. tr. [ɑ̃tenebʀe] (1 *en-* et *ténèbre*) **Littér.** Plonger dans l'obscurité. *L'orage enténébrait la chambre.* ■ **Fig.** Faire peser de la tristesse sur quelque chose. *Les échecs enténébrent sa carrière.*

ENTENTE, n. f. [ɑ̃tɑ̃t] (*entendre*) Manière d'entendre, de comprendre. *Mot à double entente.* ◆ Intelligence dans la distribution des parties d'une composition, d'un ensemble. *Il a l'entente du coloris, des lumières, etc.* ◆ **Par extens.** *Cet auteur a l'entente de la scène.* ◆ Bonne intelligence. *Il y a de l'entente dans cette famille. Entente cordiale.* ■ *Politique d'entente*, entente entre collaborateurs.

ENTER, v. tr. [ɑ̃te] (lat. vulg. *imputare*, greffer, de *impotus*, greffe, gr. *emphutos*, implanté) Greffer par ente. ◆ **Fig.** « *Ils entent sur cette politesse un esprit de règle* », La Bruyère. ◆ Allonger plus ou moins quand on a préalablement coupé le bout qui était usé ou trop court. *Enter des bas.* ◆ *S'enter*, v. pr. Être enté. ◆ **Fig.** *Un vice s'ente sur un autre vice.* ■ **Techn.** Assembler bout à bout deux éléments d'une charpente. *Enter deux pièces de bois l'une sur l'autre.*

ENTÉRALGIE, ■ n. f. [ɑ̃teralʒi] (*entér[o]-* et *-algie*) **Méd.** Douleur de l'intestin. *Entéralgie provoquée par l'indigestion.*

ENTÉRINÉ, ÉE, p. p. d'entériner. [ɑ̃terine]

ENTÉRINEMENT, n. m. [ɑ̃terin(ə)mɑ̃] (*entériner*) Action d'entériner ; jugement par lequel on entérine. ◆ État d'un acte entériné.

ENTÉRINER, v. tr. [ɑ̃terine] (anc. fr. *entérin*, entier) Ratifier juridiquement un acte pour le rendre valable. *Entériner une requête.* ◆ **Absol.** *Le Parlement entérine.* ■ **Par extens.** Rendre quelque chose légitime. *Entériner une coutume.*

ENTÉRIQUE, ■ adj. [ɑ̃terik] (*entérite*) **Méd.** Qui concerne les intestins. *Infection, douleur entérique.*

ENTÉRITE, n. f. [ɑ̃terit] (*entér[o]-* et *-ite*) Inflammation de la membrane muqueuse qui tapisse le canal intestinal.

ENTÉRO..., [ɑ̃teʀo] Élément de composition pour les mots de médecine qui vient du gr. *enteron*, intestin, intérieur.

ENTÉROBACTÉRIE, ■ n. f. [ɑ̃terobakteri] (*entéro-* et *bactérie*) **Méd.** Groupe de bactéries présentes dans l'intestin humain. *Des entérobactéries pathogènes. Des diarrhées provoquées par une entérobactérie.*

ENTÉROCOLITE, ■ n. f. [ɑ̃terokolit] (*entéro-* et *colite*) **Méd.** Inflammation à la fois de l'intestin grêle et du côlon. *Entérocolite aiguë.*

ENTÉROCOQUE, ■ n. m. [ɑ̃terokɔk] (*entéro-* et *-coque*) **Méd.** Streptocoque toujours présent dans l'intestin humain et qui peut être responsable d'infections urinaires. *Une infection à l'entérocoque.*

ENTÉROKINASE, ■ n. f. [ɑ̃terokinaz] (*entéro-* et *kinase*) **Méd.** Enzyme soluble sécrétée par le duodénum et qui intervient dans l'activation des enzymes pancréatiques. *L'entérokinase participe à la digestion des protéines.*

ENTÉROPNEUSTE, ■ n. m. [ɑ̃teropnɔst] (*entéro-* et *-pneuste*) **Zool.** Ver marin qui vit dans le sable et est muni d'une trompe qui lui permet d'aspirer l'eau nécessaire à sa respiration. *La trompe de l'entéropneuste.*

ENTÉROVIRUS, ■ n. m. [ɑ̃terovirys] (*entéro-* et *virus*) **Méd.** Groupe de virus présent dans le système digestif humain, qui s'y développe et peut être responsable d'une épidémie. *L'entérovirus peut notamment provoquer la gastro-entérite.*

ENTERRÉ, ÉE, p. p. d'enterrer. [ɑ̃tere] Qui a, en parlant d'un lieu, une situation basse, une vue bornée.

ENTERREMENT, n. m. [ɑ̃ter(ə)mɑ̃] (*enterrer*) Mise en terre. *L'enterrement des charognes.* ◆ Mise dans la sépulture. ◆ Cérémonies observées dans les funérailles. ◆ Le cortège funèbre. ◆ *Figure, air, mine d'enterrement*, figure sombre, triste. ■ **Fig.** Abandon définitif de quelque chose. *L'enterrement d'un projet.*

ENTERRER, v. tr. [ɑ̃tere] (1 *en-* et *terre*) Mettre dans la terre. *Enterrer son or.* ◆ **Fig.** *Enterrer de l'argent*, le dépenser en travaux, en remuements de terre. ◆ Inhumer, mettre un corps mort en terre. ◆ **Absol.** *Autrefois on enterrait dans les églises.* ■ **Par extens.** Survivre à. *Il nous enterrera tous.* ◆ Recouvrir de choses amoncelées en un tas de terre. *La maison tomba et les débris l'enterrèrent.* ◆ Obliger à demeurer dans un lieu triste et ennuyeux. *Il veut m'enterrer en province.* ◆ Il se dit des choses qu'on met comme en terre et qu'on fait oublier. *Enterrer ses talents.* ◆ Faire oublier, effacer la réputation de quelqu'un. *Ce poète a enterré ses rivaux.* ◆ Voir la fin de. ◆ **Fam.** *Enterrer le carnaval*, se livrer aux dernières folies du carnaval. ◆ Tenir caché. *Enterrer un secret.* ◆ *S'enterrer*, v. pr. Être inhumé. ◆ Être recouvert de débris qui s'écroulent. ◆ **Fig.** *S'enterrer sous les ruines d'une place*, mourir en défendant une place de guerre. ◆ Se mettre dans un lieu retiré, dans une retraite profonde. *S'enterrer dans une province.* ◆ *S'enterrer tout vif*, rompre tout commerce avec le monde. ■ V. tr. Abandonner quelque chose de manière définitive. *Enterrer un projet.* ■ *Enterrer sa vie de garçon, de jeune fille*, organiser une fête joyeuse avant son mariage.

ENTERREUR, n. m. [ɑ̃terœr] (*enterreur*) ▷ Celui qui enterre. ◁

ENTÊTANT, ANTE, ■ adj. [ɑ̃tetɑ̃, ɑ̃t] (*entêter*) Dont l'odeur incommode. *Des fleurs au parfum entêtant.* ■ Qui provoque l'étourdissement. *Un rythme entêtant. Une musique entêtante.*

EN-TÊTE, n.m. [ɑ̃tɛt] (1 *en-* et *tête*) Ce qui s'écrit en tête d'une lettre, d'un tableau. *Faire imprimer des en-têtes.*

ENTÊTÉ, ÉE, p.p. d'entêter. [ɑ̃tete] Absol. Qui tient à ses volontés, à ses idées, sans en démordre. *Un vieillard entêté.* ◆ N.m. et n.f. *Un entêté. Une entêtée.*

ENTÊTEMENT, n.m. [ɑ̃tɛt(ə)mɑ̃] (*entêter*) Action de se porter à la tête, d'affecter la tête. *L'entêtement par des parfums.* ◆ **Fig.** État d'un esprit, d'un cœur, d'une âme entêtée. *L'entêtement pour les Anciens.* ◆ Il se dit de celui qui est un objet d'entêtement. « *Lorsque vous étiez la coqueluche et l'entêtement de certaines femmes* », La Bruyère. ◆ Attachement excessif d'une personne à ses opinions.

ENTÊTER, v.tr. [ɑ̃tete] (1 *en-* et *tête*) Remplir la tête de vapeurs qui l'incommodent. ◆ **Absol.** *Le charbon entête.* ◆ **Fig.** Porter à la tête des fumées d'orgueil, de vanité, etc. *Sa grandeur l'entête.* ◆ **Absol.** *Les louanges entêtent.* ◆ Prévenir d'une passion pour. *Qui vous a entêté de cette personne, d'une pareille opinion?* ◆ S'entêter de, v.pr. Prendre des préventions favorables et tenaces à l'égard de quelqu'un. ◆ Il se dit aussi des choses. *S'entêter d'un préjugé.* ◆ Tenir fortement à sa volonté, à ses opinions. *Il s'entête dans cette détermination.*

ENTHALPIE, ■ n.f. [ɑ̃talpi] (radic. du gr. *enthalpein*, réchauffer dans) **Phys.** Fonction exprimant la quantité de chaleur produite lors d'une transformation thermomécanique. *L'enthalpie est la somme de l'énergie interne d'un système fermé et du produit de la pression par le volume. La variation d'enthalpie.*

ENTHOUSIASMANT, ANTE, ■ adj. [ɑ̃tuzjasmɑ̃, ɑ̃t] (*enthousiasmer*) Qui suscite de l'enthousiasme. *Une idée enthousiasmante.* « *Quoi de plus enthousiasmant que cette vie des enfants de la balle!* », Guilloux.

ENTHOUSIASME, n.m. [ɑ̃tuzjasm] (gr. *enthousiasmos*, transport divin) Fureur divine, état physique désordonné comme celui des sibylles qui rendaient des oracles. ◆ Par extens. Inspiration divine, se manifestant par des discours pleins de grandes images. *L'enthousiasme des prophètes.* ◆ Mouvement passionné, transport qu'un poète, un artiste éprouve dans le moment de la composition. *L'enthousiasme transporte les poètes.* ◆ Tout transport qui, enlevant l'âme à elle-même, excite à des actes extraordinaires. *L'enthousiasme guerrier, religieux.* ◆ Grande joie, vive allégresse. *Il fut accueilli avec enthousiasme.* ◆ Admiration vive et passionnée. *Son enthousiasme pour cet auteur l'aveugle.*

ENTHOUSIASMÉ, ÉE, p.p. d'enthousiasmer. [ɑ̃tuzjasme]

ENTHOUSIASMER, v.tr. [ɑ̃tuzjasme] (*enthousiasme*) Ravir d'enthousiasme, d'admiration. ◆ S'enthousiasmer, v.pr. S'éprendre d'enthousiasme. *Cet homme s'enthousiasme pour tout ce qui est nouveau.* « *Il s'enthousiasme sur votre solide mérite* », Mme de Sévigné.

ENTHOUSIASTE, n.m. et n.f. [ɑ̃tuzjast] (gr. tardif *enthousiastês*) Personne que l'on croyait possédée de la divinité ou violemment inspirée par elle. ◆ Visionnaire qui se croit inspiré. ◆ Celui, celle qui a une admiration excessive pour quelque chose. ◆ **Adj.** Inspiré, visionnaire. *Pythagore, disciple enthousiaste des prêtres de l'Égypte.* ◆ Prompt à s'enthousiasmer. *Un peuple enthousiaste des nouveautés.* ◆ Qui tient de l'enthousiasme. *Des démonstrations enthousiastes.*

ENTHYMÈME, n.m. [ɑ̃timɛm] (gr. *enthumêma*, qui est dans la pensée, parce que ce raisonnement s'appuie sur ce que tout le monde a dans l'esprit) Syllogisme réduit à deux propositions, dont la première est appelée antécédent, et la seconde conséquent. *La proposition de Descartes :* Je pense, donc je suis, *est un enthymème.*

ENTICHÉ, ÉE, p.p. d'enticher. [ɑ̃tiʃe] Qui commence à se gâter, en parlant des fruits. Aujourd'hui, on ne dit plus que *taché.* ◆ **Fig.** Qui a quelque lésion morale comparée à la lésion d'un fruit entiché. « *Grâce au ciel je ne suis point entiché de ce vice-là* », Lesage. ◆ Qui est opiniâtrement attaché à. *Entiché d'une opinion.*

ENTICHEMENT, n.m. [ɑ̃tiʃ(ə)mɑ̃] (*enticher*) Néologisme. Action d'enticher ; résultat de cette action. *Ses entichements nobiliaires.* ■ Rem. N'est plus un néologisme aujourd'hui.

ENTICHER, v.tr. [ɑ̃tiʃe] (1 *en-* et anc. fr. *tèche*, tache) Commencer à gâter, à corrompre. En ce sens il n'est usité qu'au participe passé. ◆ **Fig.** Gâter par quelque chose de faux ou de moralement mauvais. *Qui vous a entiché de cette opinion?* ◆ S'enticher, v.pr. Devenir entiché. *Il s'était entiché de ce vice.* ◆ S'éprendre d'une personne.

ENTIER, IÈRE, adj. [ɑ̃tje, jɛʀ] (lat. *integer*) Qui a toutes ses parties, toute son étendue. *L'univers entier.* ◆ Qui n'est pas châtré. *Cheval entier.* ◆ **Arith.** *Nombre entier*, nombre qui ne renferme que des unités entières. ◆ **Fig.** Il se dit des choses abstraites, morales, qui sont dans leur totalité. *Une entière confiance.* ◆ Qui n'a pas subi de diminution, de déchet, de modification. *Conserver ses facultés entières.* ◆ Qui maintient entières ses idées, ses volontés. *C'est un homme entier.* ◆ Il se joint à *tout ;* ce qui lui donne plus de force. *Le pays tout entier.* ◆ *Tout entier à*, uniquement occupé de. ◆ *Se livrer tout entier à, se donner tout entier à, se donner entier à*, se donner, consacrer tout son temps, se dévouer à. ◆ *Mourir tout entier*, mourir sans laisser de postérité, de souvenir, de renommée. ◆ **N.m.** La totalité, l'ensemble d'une chose. ◆ *En son entier*, dans un état d'intégrité, dans le même état qu'auparavant. ◆ **Arithm.** *Un entier*, un nombre entier. ◆ *Un entier*, un cheval entier. ◆ EN ENTIER, loc. adv. Entièrement, complètement. ■ **Adj.** *La question reste entière*, sans résolution ou explication. ■ **N.m.** Produit postal préaffranchi, tel qu'une enveloppe ou une carte. *Entier postal.*

ENTIÈREMENT, adv. [ɑ̃tjɛʀ(ə)mɑ̃] (*entier*) D'une manière entière. *Se livrer entièrement à l'étude.*

ENTIÈRETÉ, ■ n.f. [ɑ̃tjɛʀ(ə)te] (*entier*) **Belg.** La totalité de quelque chose. *Il a dilapidé l'entièreté de ses économies.*

ENTITÉ, n.f. [ɑ̃tite] (lat. médiév. *entitas*, du lat. *ens*, p. prés. de *esse*, être) **Scolast.** Ce qui constitue l'existence d'une chose, existence considérée comme distincte et indépendant de la chose même. ■ **Philos.** Objet ou réalité conçu par l'esprit. ■ **Méd.** *Entité morbide*, fait de considérer une maladie comme un ensemble de symptômes avérés et définis.

ENTOILAGE, ■ n.m. [ɑ̃twalaʒ] (*entoiler*) Action d'entoiler ; le résultat de cette action ; la toile dont on s'est servi pour entoiler. ■ **Techn.** Toile spécifique pour entoiler. ■ **Techn.** Type de reliure en toile. *L'entoilage d'une brochure.*

ENTOILÉ, ÉE, p.p. d'entoiler. [ɑ̃twale] *Une estampe entoilée.*

ENTOILER, v.tr. [ɑ̃twale] (1 *en-* et *toile*) Garnir de toile quelque chose de plus léger et de plus fin pour le soutenir, le garantir d'accident. *Entoiler une carte, une estampe.* ■ Recouvrir ou relier avec de l'entoilage. *Entoiler un dictionnaire.*

ENTÔLAGE, ■ n.m. [ɑ̃tolaʒ] (*entôler*) **Arg.** Vol d'un client par une prostituée. *Vol à l'entôlage.*

ENTÔLER, ■ v.tr. [ɑ̃tole] (1 *en-* et *tôle*, chambre) **Arg.** Détrousser un client, en parlant d'une prostituée. *Il s'est fait entôlé.* ■ **Fam.** Duper quelqu'un pour le voler. *Entôler son associé.*

ENTÔLEUR, EUSE, ■ n.m. et n.f. [ɑ̃tolœʀ, øz] (*entôler*) **Arg.** et fam. Personne qui vole en dupant. *Son associé n'est qu'un entôleur.*

ENTOLOME, ■ n.m. [ɑ̃tolom] (gr. *entos*, à l'intérieur et *lôma*, bord) **Bot.** Champignon forestier, dont les lamelles et les spores sont rosés. *L'entolome livide est mortel pour l'homme.*

ENTOMO..., ■ [ɑ̃tomo] Élément de composition du grec *entomon*, insecte.

ENTOMOLOGIE, n.f. [ɑ̃tomoloʒi] (*entomo-* et *-logie*) Partie de la zoologie qui traite des insectes.

ENTOMOLOGIQUE, adj. [ɑ̃tomoloʒik] (*entomologie*) Qui appartient, qui a rapport à l'entomologie.

ENTOMOLOGISTE, n.m. et n.f. [ɑ̃tomoloʒist] (*entomologie*) Personne qui s'occupe d'entomologie, de l'étude des insectes.

ENTOMOPHAGE, ■ adj. [ɑ̃tomofaʒ] (*entomo-* et *-phage*) **Zool.** Qui consomme des insectes. *Un oiseau entomophage.*

ENTOMOPHILE, ■ adj. [ɑ̃tomofil] (*entomo-* et *-phile*) Pollinisé par des insectes. *Les orchidées sont des plantes entomophiles.*

ENTONNAGE ou **ENTONNEMENT**, n.m. [ɑ̃tonaʒ, ɑ̃ton(ə)mɑ̃] (1 *entonner*) Action d'entonner un liquide. ■ REM. On dit aussi *une entonnaison.*

1 **ENTONNÉ, ÉE**, p.p. d'entonner. [ɑ̃tone] Mis en tonneau.

2 **ENTONNÉ, ÉE**, p.p. d'entonner. [ɑ̃tone] Mis sur le ton.

ENTONNEMENT, n.m. [ɑ̃ton(ə)mɑ̃] (1 *entonner*) Action de mettre en tonne.

1 **ENTONNER**, v.tr. [ɑ̃tone] (1 *en-* et *tonne*) Verser une liqueur dans un tonneau. ◆ **Fig.** et absol. *Il entonne bien*, il boit bien. ◆ ▷ S'entonner, v.pr. S'engouffrer avec impétuosité dans un lieu étroit, en parlant du vent. ◁

2 **ENTONNER**, v.tr. [ɑ̃tone] (1 *en-* et 2 *ton*) Mettre un air sur le ton. *Entonner un air.* ◆ Chanter le commencement d'un hymne, d'une antienne. ◆ **Absol.** *Ce chantre entonne bien.* ◆ Se mettre à chanter. ◆ **Fig.** *Entonner les louanges de quelqu'un.* ◆ **Fig.** *Entonner la trompette*, prendre le style héroïque ou lyrique.

ENTONNOIR, n.m. [ɑ̃tonwaʀ] (1 *entonner*) Instrument à l'aide duquel on verse une liqueur dans un tonneau, dans un vase. ◆ EN ENTONNOIR, loc. adv. En forme d'entonnoir. *Une vallée en entonnoir. Fleur en entonnoir.* ◆ **Anat.** Prolongement conique de la base du troisième ventricule du cerveau. ◆ ▷ **Chir.** Instrument qui sert à conduire le cautère actuel vers certaines parties. ◁ ■ Par anal. Trou en forme de cône dans le sol, provoqué par une explosion. *Entonnoirs d'obus.*

ENTORSE, n. f. [ɑ̃tɔʀs] (fém. substantivé de l'anc. fr. *entors*, p. p. de *entordre*, du lat. *intorquere*, tordre) Distension violente et subite des ligaments et des parties molles qui entourent les articulations et particulièrement celles du pied. ♦ **Fig.** et **fam.** *Donner une entorse à quelqu'un,* lui enlever une partie de son crédit. ♦ *Donner une entorse à un texte,* le détourner du vrai sens. ♦ *Donner une entorse à la vérité,* l'altérer. ▪ **Rem.** On dit plutôt auj. *faire une entorse à.*

ENTORTILLAGE ou **ENTORTILLEMENT**, n. m. [ɑ̃tɔʀtijaʒ, ɑ̃tɔʀtij(ə)mɑ̃] (*entortiller*) Action d'entortiller ; résultat de cette action.

ENTORTILLÉ, ÉE, p. p. d'entortiller. [ɑ̃tɔʀtije] **Fig.** Qui a le caractère de l'entortillage. *Des phrases entortillées.*

ENTORTILLEMENT, n. m. [ɑ̃tɔʀtij(ə)mɑ̃] (*entortiller*) Action de ce qui s'entortille autour d'une chose ; état d'une chose entortillée autour d'une autre. ♦ **Fig.** Embarras, obscurité du style. « *Quel entortillement dans tout ce discours* », Bossuet.

ENTORTILLER, v. tr. [ɑ̃tɔʀtije] (prob. lat. vulg. *intortiliare*, du supin *tortum* de *torquere*, tordre) Envelopper tout autour en tortillant. *Entortillez cela dans un linge.* ♦ **Fig.** Exprimer une chose d'une manière embarrassée, avec recherche. *Entortiller son style.* ♦ **Fam.** Circonvenir, séduire. ♦ *S'entortiller,* v. pr. S'attacher à une chose en l'entourant plusieurs fois. *Le serpent s'entortilla autour de sa jambe.* ♦ **Fam.** S'envelopper dans un manteau, dans une couverture. ♦ **Fig.** *S'entortiller dans des phrases équivoques.* ♦ **Absol.** *Vous vous entortillez.*

ENTOUR, n. m. [ɑ̃tuʀ] (1 *en-* et *tour*) N'est guère usité qu'au pluriel. *Lieux circonvoisins. Les entours des Tuileries.* ♦ **Fig.** Ce qui entoure, ce qui concourt à. « *Allons, je veux savoir Tous les entours de ce procédé noir* », Voltaire. ♦ **Par extens.** Ceux qui vivent dans la familiarité de quelqu'un, ses voisins, ses serviteurs, etc. ♦ *Savoir bien prendre les entours,* gagner ceux qui entourent la personne dont on a besoin. ♦ À l'entour, **loc. adv.** Voy. **alentour.**

ENTOURAGE, n. m. [ɑ̃tuʀaʒ] (*entourer*) Se dit de tout ce qui entoure, protège un objet. *Mettre un entourage à un arbre.* ♦ Ornements qui entourent un bijou. *Entourage de perles.* ♦ **Fig.** Ceux qui vivent dans la familiarité de quelqu'un.

ENTOURANT, ANTE, adj. [ɑ̃tuʀɑ̃, ɑ̃t] (*entourer*) Qui sert à entourer.

ENTOURÉ, ÉE, p. p. d'entourer. [ɑ̃tuʀe] **Fig.** *Un homme bien, mal entouré,* un homme qui a dans sa familiarité des gens honnêtes, malhonnêtes.

ENTOURER, v. tr. [ɑ̃tuʀe] (*entour*) Mettre autour. *Entourer une ville de murailles.* ♦ **Fig.** *Entourer de soins un enfant.* ♦ Il se dit des personnes qui se mettent autour d'une autre, et des personnes que l'on met autour de quelqu'un. *Les gendarmes entourent les rebelles. La police l'a entouré d'espions.* ♦ Former la société, la compagnie habituelle de quelqu'un. ♦ *S'entourer,* v. pr. Réunir autour de soi, établir dans sa familiarité. *S'entourer de savants, d'artistes.* ♦ Mettre autour de soi, en parlant de choses. *S'entourer d'objets d'art.* ♦ **Fig.** *S'entourer de précautions, de mystère.* ▪ S'occuper de, être prévenant pour quelqu'un. *Nous l'avons beaucoup entourée après son divorce.*

ENTOURLOUPE ou **ENTOURLOUPETTE**, ▪ n. f. [ɑ̃tuʀlup, ɑ̃tuʀlupɛt] (1 *en-* et *tour,* au sens de ruse, tromperie, peut-être avec influence de *turlupin*) **Fam.** Mauvais tour. *Être victime d'une entourloupe.*

ENTOURNURE, n. f. [ɑ̃tuʀnyʀ] (anc. fr. *entourner*) Partie du corsage où la manche s'adapte. ♦ Le haut de la manche elle-même. *L'entournure de la manche.* ♦ **Fig.** et **fam.** *Cela le gêne dans les entournures,* cela le met mal à l'aise. ♦ *C'est là l'entournure,* le point difficile. ▪ **Fig.** *Être gêné aux entournures,* avoir des soucis d'argent.

EN-TOUT-CAS, n. m. inv. [ɑ̃tuka] (1 *en-, tout* et *cas*) ▷ Espèce de parapluie qui est plus petit que la forme ordinaire des parapluies et un peu plus grand qu'une ombrelle, et qui sert à abriter de la pluie ou du soleil. ♦ **Au pl.** *Des en-tout-cas.* ◁

ENTOZOAIRE, n. m. [ɑ̃tozoɛʀ] (gr. *entos,* à l'intérieur, et *-zoaire*) Animal qui vit dans le corps d'autres animaux.

ENTRABATTRE (S'), v. pr. [ɑ̃tʀabatʀ] (*entre-* et *abattre*) ▷ S'abattre l'un l'autre. ▪ **Rem.** Graphie ancienne : *entr'abattre (s').* ◁

ENTRABORDER (S'), v. pr. [ɑ̃tʀabɔʀde] (*entre-* et *aborder*) ▷ S'aborder mutuellement. ▪ **Rem.** Graphie ancienne : *entr'aborder (s').* ◁

ENTRACCORDER (S'), v. pr. [ɑ̃tʀakɔʀde] (*entre-* et *accorder*) ▷ S'accorder, se mettre de bonne intelligence ensemble. ♦ **Par extens.** « *Et pour lier des mots si mal s'entr'accordants* », Boileau. ▪ **Rem.** Graphie ancienne : *entr'accorder (s').* ◁

ENTRACCUSER (S'), v. pr. [ɑ̃tʀakyze] (*entre-* et *accuser*) S'accuser l'un l'autre. ▪ **Rem.** Graphie ancienne : *s'entr'accuser.*

ENTRACTE, n. m. [ɑ̃tʀakt] (*entre-* et *acte*) Intervalle entre deux actes d'une pièce de théâtre. ♦ Partie d'un spectacle qui s'exécute entre deux actes, intermède. ♦ ▷ **Par extens.** « *Il y a des entr'actes à nos conversations* », Mme de Sévigné. ◁ ♦ **Par extens.** Pause qui sépare deux parties d'un spectacle. ▪ **Rem.** Graphie ancienne : *entr'acte.*

ENTRADMIRER (S'), v. pr. [ɑ̃tʀadmire] (*entre-* et *admirer*) ▷ S'admirer mutuellement. ▪ **Rem.** Graphie ancienne : *entr'admirer (s').* ◁

ENTRAIDE, ▪ n. f. [ɑ̃tʀɛd] (*s'entraider*) Action de s'apporter une aide mutuelle. ▪ Son résultat. *L'entraide a permis de reloger les habitants sinistrés.*

ENTRAIDER (S'), v. pr. [ɑ̃tʀede] S'aider mutuellement.

ENTRAILLES, n. f. pl. [ɑ̃tʀaj] (lat. vulg. *intralia,* du lat. *interanea,* intestins) Nom générique donné aux parties enfermées dans le tronc de l'homme et des animaux, et particulièrement dans le ventre. ♦ *Sentir crier ses entrailles,* avoir faim. ♦ ▷ **Fig.** *Déchirer ses entrailles,* en parlant d'un peuple, être en proie aux discordes civiles. ◁ ♦ **Fig.** *Sentir ses entrailles se déchirer,* éprouver une vive douleur. ◁ ♦ Sein de la mère. *Le fruit de vos entrailles.* ♦ Il se dit des lieux les plus profonds de la terre. ♦ **Fig.** Ce qu'il y a de plus intime dans une composition littéraire. *Les entrailles du sujet.* ♦ Ce qui sort de nous, notre famille, nos enfants. « *Madame, épargnez-les, épargnez vos entrailles* », P. Corneille. ♦ L'intérieur, le fond de l'âme. « *Ceux qui tirent, pour ainsi dire, de leurs entrailles tout ce qu'ils expriment sur le papier* », La Bruyère. ♦ ▷ Sensibilité, tendre affection. *Mes entrailles se troublent pour lui. Avoir pour quelqu'un des entrailles de mère, de père.* ♦ **Absol.** *La politique n'a point d'entrailles. Un homme sans entrailles.* ♦ *Cet acteur a des entrailles,* il joue avec chaleur et une grande vérité dans les situations pathétiques. ♦ **Relig.** *Les entrailles de la miséricorde divine.*

ENTRAIMER (S') ou **ENTR'AIMER (S')**, v. pr. [ɑ̃tʀeme] (*entre-* et *aimer*) S'aimer l'un l'autre. « *Souvenez-vous que tous les hommes doivent s'entr'aimer* », Fénelon.

ENTRAIN, n. m. [ɑ̃tʀɛ̃] (1 *en-* et *train*) Chaleur, gaieté naturelle et communicative. *Cet homme a de l'entrain.* ♦ Ardeur au travail. *Étudier avec entrain.* ♦ Mouvement rapide et animé d'une pièce de théâtre, d'une composition, dans l'enchaînement des scènes et des situations.

ENTRAÎNABLE ou **ENTRAINABLE**, adj. [ɑ̃tʀenabl] (*entraîner,* ou *en* et *train* d'après la locution [être] en train) Néologisme. Que l'on peut entraîner, qui se laisse entraîner.

ENTRAÎNANT, ANTE ou **ENTRAINANT, ANTE**, adj. [ɑ̃tʀɛnɑ̃, ɑ̃t] (*entraîner*) Qui entraîne le cœur, l'esprit. ▪ *Une musique entraînante,* dont le rythme vif incite à la danse.

1 ENTRAÎNÉ, ÉE ou **ENTRAINE, ÉE**, p. p. d'entraîner. [ɑ̃tʀene]

2 ENTRAÎNÉ, ÉE ou **ENTRAINÉ, ÉE**, p. p. d'entraîner. [ɑ̃tʀene] *Cheval entraîné,* cheval préparé pour la course.

1 ENTRAÎNEMENT ou **ENTRAINEMENT**, n. m. [ɑ̃tʀen(ə)mɑ̃] (*entraîner*) Action d'entraîner ; état de ce qui est entraîné. ♦ **Fig.** *L'entraînement de l'exemple, des passions.* ♦ **Absol.** *Mêler le calcul à l'entraînement.* ▪ Transmission d'un mouvement à quelque chose. ▪ *Vous y arriverez avec un peu d'entraînement,* un peu de pratique.

2 ENTRAÎNEMENT ou **ENTRAINEMENT**, n. m. [ɑ̃tʀɛn(ə)mɑ̃] (*entraîner*) Action de préparer un cheval pour la course, un homme pour certains exercices, par un régime convenable.

1 ENTRAÎNER ou **ENTRAINER**, v. tr. [ɑ̃tʀene] (2 *en-* et *traîner*) Traîner avec soi, après soi. ♦ **Fig.** *Entraîner quelqu'un dans sa ruine.* ♦ Agir sur les sentiments. *Cet orateur entraîne tous les esprits. Entraîner dans un complot, dans le vice, etc.* ♦ **Absol.** *Le charme de cette lecture entraîne.* ▪ Être la cause, avoir pour conséquence. *La guerre entraîne avec elle ou après elle bien des maux.* ♦ **Jurispr.** Avoir pour effet nécessaire. ♦ *S'entraîner,* v. pr. S'entraîner l'un l'autre. ▪ **V. tr.** Emmener quelqu'un avec soi. *Je vais essayer de l'entraîner vers la sortie pour qu'il vous laisse tranquille.* ▪ Donner un mouvement à quelque chose, actionner. *Le moteur entraîne la courroie de distribution.*

2 ENTRAÎNER ou **ENTRAINER**, v. tr. [ɑ̃tʀene] (1 *en* et angl. *to train,* former, dresser) Préparer par un système d'alimentation et de médicaments un cheval à la course, un boxeur à la lutte, etc. ▪ *S'entraîner,* v. pr. Se préparer moralement et physiquement à une épreuve sportive. *Il s'entraîne tous les soirs.*

ENTRAÎNEUR, EUSE ou **ENTRAINEUR, EUSE**, n. m. et n. f. [ɑ̃tʀɛnœʀ, øz] (2 *entraîner*) Personne qui entraîne, qui prépare les chevaux pour la course. ▪ Personne qui prépare les sportifs pour une compétition. *L'entraîneur d'une équipe de football.* ♦ **Fig.** Personne qui entraîne les autres à sa suite. ▪ **N. f.** *Une entraîneuse,* jeune femme employée dans un bar pour inciter les clients à danser et consommer.

ENTRAIT, n. m. [ɑ̃tʀɛ] (*en[tre]* et anc. fr. *tref,* poutre, du lat. *trabs*) La pièce principale d'un comble, celle qui empêche l'écartement des arbalétriers.

ENTRANT, ANTE, adj. [ãtʀã, ãt] (*entrer*) Qui entre. *Les personnes en-trantes.* ◆ N. m. et n. f. La personne qui entre. *Les entrants et les sortants.* ◆ **Par extens.** Qui prend son tour dans l'exercice temporaire d'une fonction. *Le vérificateur entrant.* ◆ n. *Un nouvel entrant. Les nouveaux entrants.* ◆ **Fig.** Qui entre, qui pénètre, qui s'insinue. « *Sois entrant, effronté* », RÉGNIER.

ENTRAPERCEVOIR, ▪ v. tr. [ãtʀapɛʀsəvwaʀ] (*entre-* et *apercevoir*) Aper-cevoir à peine et très rapidement. *Nous nous sommes entraperçus.* ▪ REM. Graphie ancienne : *entr'apercevoir.*

ENTRAPPELER (S'), v. pr. [ãtʀap(ə)le] (*entre-* et *appeler*) ▷ S'appeler l'un l'autre. ▪ REM. Graphie ancienne : *entr'appeler (s).* ◁

ENTRAPPRENDRE (S'), v. pr. [ãtʀapʀãdʀ] (*entre-* et *apprendre*) ▷ Se don-ner des leçons réciproques. ▪ REM. Graphie ancienne : *entr'apprendre (s).* ◁

ENTRAPPROCHER (S'), v. pr. [ãtʀapʀɔʃe] (*entre-* et *approcher*) ▷ S'appro-cher l'un de l'autre. ▪ REM. Graphie ancienne : *entr'approcher (s).* ◁

ENTRASSASSINER (S'), v. pr. [ãtʀasasine] (*entre-* et *assassiner*) ▷ S'assas-siner l'un l'autre. ▪ REM. Graphie ancienne : *entr'assassiner (s).* ◁

ENTRASSOMMER (S'), v. pr. [ãtʀasɔme] (*entre-* et *assommer*) ▷ S'assom-mer l'un l'autre. ▪ REM. Graphie ancienne : *entr'assommer (s).* ◁

ENTRATTAQUER (S'), v. pr. [ãtʀatake] (*entre-* et *attaquer*) ▷ S'attaquer l'un l'autre. ▪ REM. Graphie ancienne : *entr'attaquer (s).* ◁

ENTRAVANT, ANTE, adj. [ãtʀavã, ãt] (*entraver*) Qui entrave.

ENTRAVE, n. f. [ãtʀav] Voy. ENTRAVES.

ENTRAVÉ, ÉE, p. p. d'entraver. [ãtʀave] *Une jupe entravée*, resserrée dans sa partie inférieure.

ENTRAVER, v. tr. [ãtʀave] (1 en- et anc. fr. *tref*, poutre, ou provenç. *en-travar*, de *trau*, poutre, du lat. *trabs*, poutre) Mettre des entraves. ◆ **Fig.** Embarrasser, gêner. *Entraver la marche des affaires.* ◆ S'entraver, v. pr. Se prendre dans des entraves. ◆ **Fig.** Se faire mutuellement obstacle.

ENTRAVERTIR (S'), v. pr. [ãtʀavɛʀtiʀ] (*entre-* et *avertir*) ▷ S'avertir mu-tuellement. ▪ REM. Graphie ancienne : *entr'avertir (s).* ◁

ENTRAVES, n. f. pl. [ãtʀav] (*entraver*) Lien qu'on met aux jambes de cer-tains animaux et particulièrement des chevaux. ◆ Ce mot a aussi un singu-lier ; car on peut mettre *une entrave* ou *deux entraves* à un cheval. ◆ **Fig.** Ce qui retient, contient, empêche. « *Nous ne saurions briser nos fers et nos en-traves* », BOILEAU. *Les entraves de la langue.* ◆ En ce sens, il s'emploie aussi au sing. *La jeunesse a besoin de quelque entrave qui la retienne.* ▪ **Par extens.** Tout lien utilisé pour attacher quelqu'un et lui empêcher tout mouvement.

ENTRAVOUER (S'), v. pr. [ãtʀavwe] (*entre-* et *avouer*) ▷ S'avouer quelque chose réciproquement l'un à l'autre. ▪ REM. Graphie ancienne : *entr'avouer (s).* ◁

ENTRE, prép. [ãtʀ] (lat. *inter*) Dans l'espace qui sépare deux ou plusieurs objets. *Tours est entre Paris et Bordeaux.* ◆ **Fam.** *Mettre quelqu'un entre quatre murailles*, le mettre en prison. ◆ *Entre deux eaux*, sous l'eau. ◆ *Entre deux vins*, dans un état voisin de l'ivresse. ◆ **Fam.** *Entre quatre yeux* (on prononce *quatre-z-yeux*), seul à seul, sans témoins. ◆ *Regarder quelqu'un entre les deux yeux*, le regarder fixement. ◆ *Entre les bras*, sur le sein. ◆ *Entre les mains de*, au pouvoir de... ◆ *Entre ses mains*, en parlant d'un médecin, d'un avocat, d'un professeur, d'un directeur de conscience, etc., signifie être traité par lui, être sous sa direction, etc. ◆ **Fig.** *Entre les deux*, ni bien ni mal. ◆ Il se dit des objets intellectuels, moraux, abstraits. *L'homme placé entre le vice et la vertu.* ◆ *Être entre la vie et la mort*, être près d'expirer. ◆ Il se dit, en un sens analogue, d'un intervalle qui n'est qu'idéal, moral, entre les personnes. *Se tenir entre deux partis.* ◆ Dans un temps qui suit une époque et en précède une autre. *Entre midi et une heure.* ◆ *Entre la poire et le fromage*, Voy. FROMAGE. ◆ *Entre chien et loup*, Voy. CHIEN. ◆ Il exprime le rapport des personnes ou des choses ont l'une avec l'autre. *L'accord conclu entre la France et l'Angleterre. Entre amis.* ◆ *Soit dit entre nous*, ou el-liptiquement *entre nous*, que cela ne soit pas redit à d'autres, mais de vous à moi seulement, entre vous et moi. ◆ *Entre nous*, signifie aussi sans per-sonne d'étranger. ◆ **Fam.** *Entre nous tous*, nous ensemble ; *entre eux tous*, eux ensemble. ◆ *Entre* avec un pronom personnel au pluriel signifie sou-vent sans sortir de la classe où l'on est. *Ils se marient entre eux.* ◆ Au nombre de, parmi. « *Vous que l'Orient compte entre ses plus grands rois* », RACINE. *Entre autres*, se dit quand on veut désigner d'une façon particulière quel-qu'un ou quelque chose. ◆ *Entre tous*, au suprême degré. ◆ *Brave entre les braves*, extrêmement brave. ◆ Il exprime aussi distribution, séparation, distinction, choix. « *Il se distingue entre tous ses disciples* », LA BRUYÈRE. ◆ *D'entre*, du milieu de. *Jésus avait ressuscité Lazare d'entre les morts.* ◆ Parmi. *Quelqu'un d'entre vous...*

ENTRÉ, ÉE, p. p. d'entrer. [ãtʀe]

ENTREBÂILLÉ, ÉE, p. p. d'entrebâiller. [ãtʀəbaje] REM. Graphie an-cienne : *entre-bâillé.*

ENTREBÂILLEMENT, n. m. [ãtʀəbaj(ə)mã] (*entrebâiller*) État de ce qui est ouvert à demi. *L'entrebâillement d'une porte.* ▪ REM. Graphie ancienne : *entre-bâillement.*

ENTREBÂILLER, v. tr. [ãtʀəbaje] (*entre-* et *bailler*) Ouvrir un peu. *Entre-bâiller une porte.* ◆ S'entrebâiller, v. pr. *La porte s'entrebâille.* ▪ REM. Graphie ancienne : *entre-bâiller.*

ENTREBÂILLEUR, ▪ n. m. [ãtʀəbajœʀ] (*entrebâiller*) Chaîne ou tige mé-tallique fixée à la fois sur une porte et sur le montant, et permettant l'en-trebâillement, mais pas l'ouverture. ▪ Dispositif permettant de tenir une fenêtre entrebâillée.

ENTRE-BAISER (S') ou **ENTREBAISER (S')**, v. pr. [ãtʀəbeze] (*entre-* et *bai-ser*) ▷ Se baiser réciproquement. ◁

ENTREBANDE ou **ENTRE-BANDE**, ▪ n. f. [ãtʀəbãd] (*entre-* et *bande*) Bande à l'extrémité d'une pièce d'étoffe.

ENTREBATTRE (S') ou **ENTRE-BATTRE (S')**, v. pr. [ãtʀəbatʀ] (*entre-* et *battre*) ▷ Se battre l'un l'autre. ◁

ENTRE-BLESSER (S') ou **ENTREBLESSER (S')**, v. pr. [ãtʀəblese] (*entre-* et *blesser*) ▷ Se blesser l'un l'autre. ◁

ENTRE-CHARGER (S') ou **ENTRECHARGER (S')**, v. pr. [ãtʀəʃaʀʒe] (*entre-* et *charger*) ▷ Se charger réciproquement. ◆ S'accuser l'un l'autre. ◁

ENTRECHAT, n. m. [ãtʀəʃa] (it. [*salto*] *intrecciato*, saut entrelacé, de *trec-cia*, tresse) **Danse** Saut léger, dans lequel les pieds battent rapidement l'un contre l'autre. *Battre un entrechat.*

ENTRE-CHERCHER (S') ou **ENTRECHERCHER (S')**, v. pr. [ãtʀəʃɛʀʃe] (*entre-* et *chercher*) ▷ Se chercher l'un l'autre. ◁

ENTRECHOQUEMENT, n. m. [ãtʀəʃɔk(ə)mã] (*entrechoquer*) Choc de plusieurs combattants. ▪ REM. Graphie ancienne : *entre-choquement.*

1 **ENTRECHOQUER**, ▪ v. tr. [ãtʀəʃɔke] (*entre-* et *choquer*) Cogner l'un contre l'autre. *Entrechoquer des verres.*

2 **ENTRECHOQUER (S')**, v. pr. [ãtʀəʃɔke] (*entre-* et *choquer*) Se choquer l'un l'autre. ◆ Se contredire, s'opposer l'un à l'autre. ◆ Gilbert l'a employé activement : *Le verre entre-choque le verre.* ▪ REM. Graphie ancienne : *entre-choquer.*

ENTRECOLONNE ou **ENTRECOLONNEMENT**, n. m. [ãtʀəkolɔn, ãtʀəkolɔn(ə)mã] (*entre-* et *colonne*, calque du lat. archit. *intercolumnium*) **Archit.** Espace compris ou projeté entre deux colonnes consécutives. ▪ REM. Graphies anciennes : *entre-colonne, entre-colonnement.*

ENTRE-COMMUNIQUER (S') ou **ENTRECOMMUNIQUER (S')**, v. pr. [ãtʀəkɔmynike] (*entre-* et *communiquer*) ▷ Communiquer réciproque-ment l'un à l'autre. « *Le mieux sera de ne plus rien s'entre-communiquer* », BOSSUET. ◁

ENTRE-CONNAÎTRE (S') ou **ENTRE-CONNAITRE (S')**, v. pr. [ãtʀəkɔnɛtʀ] (*entre-* et *connaître*) ▷ Se connaître mutuellement. « *On s'entre-connaît bien* », P. CORNEILLE. ▪ REM. On écrit aussi *entreconnaître (s), s'entreconnaitre.* ◁

ENTRE-CONSOLER (S') ou **ENTRECONSOLER (S')**, v. pr. [ãtʀəkõsole] (*entre-* et *consoler*) ▷ Se consoler l'un l'autre. ◁

ENTRECÔTE, n. f. [ãtʀəkot] (*entre-* et *côte*) Morceau de viande coupé entre deux côtes du bœuf. ◆ Au pl. *Des entrecôtes.* ▪ REM. Graphie ancienne : *entre-côte.* ▪ REM. Le nom était autrefois masculin.

ENTRECOUPÉ, ÉE, p. p. d'entrecouper. [ãtʀəkupe] Coupé en divers points. *La Grèce entrecoupée de tous côtés par des mers.* ◆ **Par extens.** Inter-rompu, saccadé. *Une voix entrecoupée de profonds soupirs. Mots entrecoupés.*

ENTRECOUPEMENT, n. m. [ãtʀəkup(ə)mã] (*entrecouper*) ▷ Action d'en-trecouper ; résultat de cette action. ◁

ENTRECOUPER, v. tr. [ãtʀəkupe] (*entre-* et *couper*) Couper, diviser en plu-sieurs endroits. *Des canaux entrecoupaient les jardins.* ◆ **Techn.** Poser les pa-trons sur une étoffe de façon que les contours des uns entrent dans ce qui est laissé par les entailles des autres, afin qu'il y ait le moins possible d'étoffe perdue. ◆ **Par extens.** Interrompre fréquemment. *Entrecouper un récit de digressions.* « *De profonds soupirs entrecoupaient toutes mes paroles* », FÉNE-LON. ◆ S'entrecouper, v. pr. Se dit des chevaux qui se blessent en frottant un pied contre l'autre. On dit plus ordinairement *se couper.* ◆ Se dit de lignes qui se croisent. *Des parallèles qui s'entrecoupent.* ◆ Couper réciproquement l'un à l'autre. *Ils se sont entrecoupé la gorge.* ◆ **Par extens.** S'interrompre l'un l'autre. « *Nous nous entrecoupâmes de mille questions* », MOLIÈRE.

ENTRÉCOUTER (S'), v. pr. [ãtʀəkute] (*entre-* et *écouter*) ▷ S'écouter réci-proquement. ▪ REM. Graphie ancienne : *entr'écouter (s).* ◁

ENTRE-CRAINDRE (S') ou **ENTRECRAINDRE (S')**, [ãtʀəkʀɛ̃dʀ] (*entre-* et *craindre*) ▷ Se craindre réciproquement. ◁

ENTRÉCRIRE (S'), v. pr. [ãtʀekʀiʀ] (entre- et écrire) ▷ Écrire réciproquement quelque chose l'un à l'autre. ■ REM. Graphie ancienne : entr'écrire (s'). ◁

ENTRECROISÉ, ÉE, p. p. d'entrecroiser. [ãtʀəkʀwaze] REM. Graphie ancienne : entre-croisé.

ENTRECROISEMENT, n. m. [ãtʀəkʀwaz(ə)mã] (entrecroiser) État de choses qui s'entrecroisent. ■ REM. Graphie ancienne : entre-croisement.

ENTRECROISER, v. tr. [ãtʀəkʀwaze] (entre- et croiser) Croiser réciproquement. Entrecroiser des fils. ♦ S'entrecroiser, v. pr. Se croiser l'un l'autre. Des lignes qui s'entrecroisent. ■ REM. Graphie ancienne : entre-croiser.

ENTRECUISSE, ■ n. m. [ãtʀəkɥis] (entre- et cuisse) Partie située entre le haut des cuisses. ■ REM. On peut aussi écrire un entrecuisses.

ENTRE-DÉCHIRER (S') ou **ENTREDÉCHIRER (S')**, v. pr. [ãtʀədeʃiʀe] (entre- et déchirer) Se déchirer l'un l'autre. ♦ Par extens. Se battre. ♦ Fig. Médire l'un de l'autre.

ENTREDEMANDER (S') ou **ENTRE-DEMANDER (S')**, v. pr. [ãtʀəd(ə)mãde] (entre- et demander) ▷ Se demander réciproquement quelque chose l'un à l'autre. ◁

ENTRE-DÉTRUIRE (S') ou **ENTREDÉTRUIRE (S')**, v. pr. [ãtʀədetʀɥiʀ] (entre- et détruire) Se détruire l'un l'autre. ♦ Par extens. Être en opposition, en contradiction. « Vos réponses s'entre-détruisent », PASCAL.

ENTRE-DEUX ou **ENTREDEUX**, n. m. [ãtʀədø] (entre- et deux) Partie ou place qui forme séparation entre deux choses. L'entre-deux des épaules. ♦ Fig. « Il y a des amusements de passion ou de vanité qui dissipent et qui mettent quelque entre-deux entre Dieu et nous », FÉNELON. ♦ ENTRE-DEUX, loc. adv. Exprime un terme ou un degré moyen. –Fait-il froid? –Entre-deux. ♦ N. m. Espèce de console qu'on place entre deux fenêtres. ♦ Petite bande de dentelle ou de mousseline ou percale brodée. ♦ Sp. Remise en jeu en lançant le ballon entre deux joueurs.

ENTRE-DEUX-GUERRES, ■ n. m. inv. [ãtʀədøɡɛʀ] (entre-, deux et guerre) Période entre les deux guerres mondiales, de 1918 à 1939. La jeunesse de l'entre-deux-guerres. ■ Période qui sépare deux guerres dans un pays.

ENTRE-DEVOIR (S') ou **ENTREDEVOIR (S')**, v. pr. [ãtʀədəvwaʀ] (entre- et devoir) ▷ Devoir réciproquement quelque chose l'un à l'autre. « Ils s'entredoivent la vie », P. CORNEILLE. ◁

ENTREDÉVORER (S') ou **ENTRE-DÉVORER (S')**, v. pr. (entre- et dévorer) Se dévorer mutuellement.

ENTREDIRE (S') ou **ENTRE-DIRE (S')**, v. pr. [ãtʀədiʀ] (entre- et dire) ▷ Dire réciproquement quelque chose l'un à l'autre. Ils s'entre-dirent leurs vérités. ◁

ENTREDONNER (S'), v. pr. [ãtʀədɔne] (entre- et donner) ▷ Se donner réciproquement quelque chose. ♦ Absol. Se frapper l'un l'autre. « Les deux éperviers s'entre-donnaient du bec », VAUGELAS. ■ REM. Graphie ancienne : entre-donner (s').

ENTRÉE, n. f. [ãtʀe] (substantivation du p. p. fém. de entrer) Action d'entrer. ♦ Cérémonie solennelle avec laquelle un personnage considérable entre ou est reçu dans une ville. L'entrée d'Alexandre à Babylone. ♦ Entrée se dit aussi d'un vainqueur qui est reçu dans une ville soumise. ♦ Théât. Action d'entrer en scène ; moment d'y entrer. Manquer son entrée. ♦ Entrée de ballet ou simplement entrée, divertissement exécuté par un certain nombre de danseurs, dans un ballet, dans un opéra. Une entrée de paysannes. ♦ Mus. Se dit du moment où chaque partie commence à se faire entendre. L'entrée des cors. ♦ Droit d'entrer sans payer dans un spectacle. Avoir son entrée ou ses entrées à la Comédie-Française. ♦ Droit de siéger. Avoir entrée au Conseil d'État. ♦ Accès dans un lieu. ♦ Autrefois, privilège attaché à certains rangs et à certaines charges, d'entrer à certaines heures dans la chambre du roi. Cette charge donne toutes les entrées. Les grandes entrées, les entrées qu'avaient les gentilshommes de la chambre. Les petites entrées, les entrées que donnaient les autres charges. ♦ Admission. L'entrée de mon fils au collège. L'examen d'entrée à une école. ♦ Ce qu'on payait pour entrer ; bienvenue. ♦ Endroit par où l'on entre, l'on pénètre. L'entrée de la maison. ♦ Les abords. À l'entrée du bois. ♦ Ouverture de certaines choses. L'entrée d'un chapeau, d'une chaussure, d'une manche. ♦ Ouverture par laquelle une clé entre dans la serrure. ♦ Fig. Il se dit de tout ce qui est comparé à une action d'entrer, à un acheminement. « Ce serait leur fermer l'entrée de notre religion », PASCAL. « Solon donna entrée dans les affaires publiques à tout le peuple », FÉNELON. L'entrée dans le monde, se dit des personnes qui commencent à fréquenter la société. ♦ Occasion, opportunité. Donner entrée à un abus. ♦ Il se dit du premier temps, des premiers moments de quelque chose qui dure. L'entrée de l'hiver, de son pontificat, etc. ♦ Début, commencement. « Ce que j'ai touché dès l'entrée de ce discours », BOSSUET. ♦ On dit dans le même sens : Entrée en possession, en jouissance. ♦ Entrée en séance, action de commencer une séance. ♦ D'ENTRÉE, loc. adv. Tout d'abord, dès le début. ♦ D'entrée

de jeu, dès le commencement du jeu, et fig. d'abord. ♦ Permission d'entrer dans un pays, en parlant de marchandises, de livres, etc. ♦ Avoir l'entrée d'un port, avoir accompli les formalités nécessaires pour y être admis. ♦ Dr. Droit qu'on paye pour les marchandises qui entrent dans certaines villes ou certains pays. ♦ Cuis. Mets qui se servent au commencement du repas. ♦ N. f. pl. Comm. Se dit des valeurs, des marchandises qui entrent. Le livre des entrées. ♦ Ling. Mot traité sous forme d'article dans un dictionnaire. ♦ Techn. Insertion de données dans un dispositif électronique. ■ Math. Tableau à double entrée, tableau dans lequel les valeurs résultent d'un rapport entre les lignes et les colonnes.

ENTRE-FAIRE (S') ou **ENTREFAIRE (S')**, v. pr. [ãtʀəfɛʀ] (entre- et faire) ▷ Se faire l'un à l'autre. Les vents s'entre-font la guerre. ◁

ENTREFAITES, n. f. pl. [ãtʀəfɛt] (entre- et p. p. fém. plur. de faire) Usité seulement dans : Sur ces entrefaites, c'est-à-dire dans cette circonstance, en ce moment-là. ♦ On dit aussi : Dans ces entrefaites. ♦ On dit quelquefois au singulier : Dans ou sur cette entrefaite, sur l'entrefaite.

ENTRE-FLATTER (S') ou **ENTREFLATTER**, v. pr. [ãtʀəflate] (entre- et flatter) ▷ Se flatter réciproquement. « La vie humaine n'est qu'une illusion perpétuelle ; on ne fait que s'entre-tromper et s'entre-flatter », PASCAL. ◁

ENTRE-FRAPPER (S') ou **ENTREFRAPPER**, v. pr. [ãtʀəfʀape] (entre- et frapper) ▷ Se frapper l'un l'autre. ◁

ENTREGENT, n. m. [ãtʀəʒã] (entre- et gent) Adresse à se conduire dans le monde, à se lier, à obtenir ce qu'on désire. ♦ Savoir, avoir l'entregent. ■ REM. On dit aujourd'hui avoir de l'entregent.

ENTRÉGORGER (S') ou **ENTRE-ÉGORGER (S')**, v. pr. [ãtʀeɡɔʀʒe] (entre- et égorger) S'égorger les uns les autres. ♦ Par exagération. Se combattre à outrance. ■ REM. Graphie ancienne : entr'égorger (s').

ENTRE-GRATTER (S') ou **ENTREGRATTER**, v. pr. [ãtʀəɡʀate] (entre- et gratter) ▷ Se gratter l'un l'autre, et fig. se flatter l'un l'autre. ◁

ENTRE-HAÏR (S') ou **ENTREHAÏR**, v. pr. [ãtʀaiʀ] (entre- et haïr) Se haïr mutuellement.

ENTRE-HEURTER (S'), v. pr. [ãtʀœʀte] (entre- et heurter) Se heurter mutuellement.

ENTREJAMBE, ■ n. m. [ãtʀəʒãb] (entre- et jambe) Espace entre le haut des cuisses. ♦ Partie d'un pantalon ou d'une culotte située entre les jambes. Un caleçon à entrejambe renforcé. ■ Techn. Espace compris entre les pieds d'un meuble. L'entrejambe d'un fauteuil. ■ REM. On peut aussi écrire un entrejambes.

ENTRE-JURER (S') ou **ENTREJURER (S')**, v. pr. [ãtʀəʒyʀe] (entre- et jurer) ▷ Se jurer réciproquement quelque chose l'un à l'autre. ◁

ENTRELACÉ, ÉE, p. p. d'entrelacer. [ãtʀəlase] Deux mains entrelacées. ♦ Fig. Rimes entrelacées.

ENTRELACEMENT, n. m. [ãtʀəlas(ə)mã] (entrelacer) Action d'entrelacer ou de s'entrelacer ; état de ce qui est entrelacé. Entrelacement de chiffres, de branches. ♦ Fig. « Les vers irréguliers ont le même entrelacement de rimes que les odes », FÉNELON.

ENTRELACER, v. tr. [ãtʀəlase] (entre- et lacer) Joindre comme par un lacs. Entrelacer des guirlandes. Ils entrelacent leurs bras en dansant. ♦ S'entrelacer, v. pr. Être disposé comme un lacs. Le lierre s'entrelace à cet arbre.

ENTRELACS, n. m. [ãtʀəla] (entrelacer, avec infl. graphique de lacs) Cordons entrelacés pour faire quelques nœuds. ♦ Archit. Ornement de fleurons et de listels liés ensemble et croisés. ♦ Peint. Ornement de feuillages qui se croisent dans un tableau. ♦ Traits de plume qui se lient et s'entrelacent les uns dans les autres.

ENTRELARDÉ, ÉE, p. p. d'entrelarder. [ãtʀəlaʀde] Viande entrelardée, viande mêlée de gras et de maigre. ♦ Fig. Style entrelardé, style mêlé de français et d'une autre langue, surtout de latin. ♦ On dit aussi : Style bigarré.

ENTRELARDEMENT, n. m. [ãtʀəlaʀdəmã] (entrelarder) Cuis. Action d'entrelarder ; état d'une viande entrelardée.

ENTRELARDER, v. tr. [ãtʀəlaʀde] (entre- et larder) Piquer de lard. Entrelarder un filet de bœuf. ♦ Fig. Entrelarder un discours de vers, de citations, y insérer des vers, des citations.

ENTRELIGNE ou **ENTRE-LIGNE**, n. m. [ãtʀəliɲ] ou [ãtʀəlinj] (entre- et ligne) ▷ L'espace entre deux lignes d'écriture. ♦ En entreligne, dans l'espace qui est entre deux lignes. ♦ Mus. Les espaces ou intervalles qui sont entre les lignes de la portée. On dit plutôt intervalle ou interligne. ♦ Ce qui est écrit entre deux lignes. Un entre-ligne portait que... ◁

ENTRE-LIRE ou **ENTRELIRE**, v. tr. [ãtʀəliʀ] (entre- et lire) ▷ Lire imparfaitement, à demi. « Je n'ai fait que l'entre-lire », BEAUMARCHAIS. ◁

ENTRE-LOUER (S') ou **ENTRELOUER (S')**, v. pr. [ãtʀəlwe] ou [ãtʀəlue] (entre- et louer) ▷ Se louer l'un l'autre. ◁

ENTRELUIRE ou **ENTRE-LUIRE**, v. intr. [ãtrəlɥiʀ] (*entre-* et *luire*) ▷ Luire à demi. ◁

ENTREMANGER (S') ou **ENTRE-MANGER (S')**, v. pr. [ãtrəmãʒe] (*entre-* et *manger*) Se manger les uns les autres.

ENTREMÊLÉ, ÉE, p. p. d'entremêler. [ãtrəmɛle]

ENTREMÊLEMENT, n. m. [ãtrəmɛl(ə)mã] (*entremêler*) Action d'entremêler ; résultat de cette action.

ENTREMÊLER, v. tr. [ãtrəmɛle] (*entre-* et *mêler*) Mêler par-ci par-là, insérer par-ci par-là. *Entremêler des fleurs rouges à, avec, dans, de, parmi des fleurs blanches.* ◆ Fig. *Entremêler la retraite et la société.* ◆ S'entremêler, v. pr. Être entremêlé. ◆ ▷ S'entremettre. *À quoi bon s'entremêler ici ?* ◁ ◆ Insérer à l'intérieur de quelque chose. *Entremêler une confidence de soupirs et de silences.*

ENTREMETS, n. m. [ãtrəmɛ] (*entre-* et *mets*) **Cuis.** Le second service, celui où paraît le rôti. ◆ Particulièrement, *les entremets*, ou au singulier dans le sens de plat d'entremets, les mets servis en même temps que le rôti et que l'on mange après, pâtisseries, œufs, fritures, salades, etc. ◆ L'instant de ce service. ■ Préparation sucrée servie avec le fromage ou en dessert. *Le riz au lait est un entremets.*

ENTREMETTEUR, EUSE, n. m. et n. f. [ãtrəmɛtœr, øz] ([s] *entremettre*) Celui, celle qui s'entremet. *Il a été l'entremetteur de cette affaire.* ◆ En mauvaise part, celui, celle qui sert des intrigues.

ENTREMETTRE (S'), v. pr. [ãtrəmɛtr] (*entre-* et *mettre*) S'employer dans une affaire en faveur de tiers. *Il s'entremit de cette affaire.*

ENTREMIS, ISE, p. p. d'entremettre. [ãtrəmi, iz]

ENTREMISE, n. f. [ãtrəmiz] (substantivation du p. p. fém. de [s] *entremettre*) Action de celui qui s'entremet. *Il a obtenu cette place par l'entremise d'un ami.*

ENTRE-MOQUER (S') ou **ENTREMOQUER (S')**, v. pr. [ãtrəmoke] (*entre-* et *moquer*) ▷ Se moquer l'un de l'autre. ◁

ENTRENŒUD ou **ENTRE-NŒUD**, n. m. [ãtrənø] (*entre-* et *nœud*) **Bot.** Espace compris entre deux nœuds de certaines tiges. ◆ Au pl. *Des entrenœuds* ou *des entre-nœuds.*

ENTRENTENDRE (S'), v. pr. [ãtrãtãdr] (*entre-* et *entendre*) ▷ Être d'intelligence l'un avec l'autre. « *Vous vous entr'entendez comme larrons en foire* », P. CORNEILLE. ■ REM. Graphie ancienne : *entr'entendre (s').* ◁

ENTRENUIRE (S') ou **ENTRE-NUIRE (S')**, v. pr. [ãtrənɥiʀ] (*entre-* et *nuire*) Se nuire réciproquement l'un à l'autre. *Elles se sont entre-nui.*

ENTREPAS, n. m. [ãtrəpa] (*entre-* et *pas*) Syn. peu usité d'amble.

ENTRE-PAYER (S') ou **ENTREPAYER (S')**, v. pr. [ãtrəpeje] (*entre-* et *payer*) ▷ Se payer l'un l'autre. « *Nous nous entre-payons de la même monnaie* », P. CORNEILLE. ◁

ENTRE-PERCER (S') ou **ENTREPERCER (S')**, v. pr. [ãtrəpɛrse] (*entre-* et *percer*) ▷ Se percer l'un l'autre. ◁

ENTREPONT, n. m. [ãtrəpõ] (*entre-* et *pont*) Étage entre deux ponts dans un vaisseau. ◆ L'étage inférieur d'un grand navire. ◆ *Faux entrepont, second entrepont.* ■ REM. Graphie ancienne : *entre-pont.*

ENTREPOSÉ, ÉE, p. p. d'entreposer. [ãtrəpoze]

ENTREPOSER, v. tr. [ãtrəpoze] (*entre-* et *poser*) Mettre des marchandises en entrepôt. ■ Stocker provisoirement dans un endroit clos. *Entreposer des meubles dans un garage.* ■ ENTREPOSAGE, n. m. [ãtrəpozaʒ]

ENTREPOSEUR, n. m. [ãtrəpozœr] (*entreposer*) Celui qui tient les marchandises en entrepôt. ◆ Agent préposé à la garde et à la vente de certaines choses dont le gouvernement a le monopole. *Un entreposeur des tabacs.*

ENTREPOSITAIRE, n. m. et n. f. [ãtrəpoziter] (*entreposer*, d'après *dépositaire*) Celui, celle qui a, ou qui dépose des marchandises dans un entrepôt.

ENTREPÔT, n. m. [ãtrəpo] (*entreposer*, avec infl. de *dépôt*) Lieu de dépôt pour les marchandises, en attendant la vente, ou l'expédition, ou l'acquittement des droits de douane. ◆ Certains magasins où l'on vend pour le compte du gouvernement ou d'une compagnie. *Entrepôt de tabac, de sel.*

ENTRE-POUSSER (S') ou **ENTREPOUSSER (S')**, v. pr. [ãtrəpuse] (*entre-* et *pousser*) ▷ Se pousser quelque chose l'un à l'autre. ◆ Se pousser l'un l'autre. ◁

ENTREPRENABLE, adj. [ãtrəprənabl] (*entreprendre*) Qui peut être entrepris.

ENTREPRENANT, ANTE, adj. [ãtrəprənã, ãt] (*entreprendre*) Qui se porte activement à quelque entreprise. *Un homme entreprenant.* ◆ En mauvaise part, qui se laisse aller à des hardiesses excessives. « *Le roi entreprenant est odieux à tous les autres* », FÉNELON. ■ Qui montre de la hardiesse pour séduire. *Un homme très entreprenant.*

ENTREPRENDRE, v. tr. [ãtrəprãdr] (*entre-* et *prendre*) Se mettre à faire une chose. ◆ *Tout entreprendre*, se porter aux dernières extrémités. ◆ Entreprendre de, avec l'infinitif. « *N'entreprenez donc plus de faire les maîtres* », PASCAL. ◆ Absol. *Ce n'est pas tout d'entreprendre, il faut exécuter.* ◆ S'engager à faire certains travaux ou certaines fournitures à un prix et à des conditions déterminés. *Il a entrepris la fourniture des vivres.* ◆ *Entreprendre quelqu'un*, s'attaquer à lui. ◆ Tâcher de gagner quelqu'un. ◆ Commencer à s'occuper d'une personne pour la former, l'instruire. ◆ Rendre perclus. *Un rhumatisme lui entreprend toute la jambe.* ◆ V. intr. *Entreprendre sur*, faire des attaques, des empiétements. *Entreprendre sur ses voisins.* « *C'est entreprendre sur la clémence de Dieu, de punir sans nécessité* », VAUVENARGUES. ◆ *Entreprendre contre quelqu'un*, entreprendre contre sa vie, sur sa vie, chercher à le faire périr. ◆ *Entreprendre sur la liberté de quelqu'un*, essayer de lui ôter la liberté. ◆ S'entreprendre, v. pr. Être entrepris. ◆ S'attaquer réciproquement. ◆ Devenir malade. ◁ ◆ V. tr. Fam. *Entreprendre une femme*, tenter de la séduire.

ENTREPRENEUR, EUSE, n. m. et n. f. [ãtrəprənœr, øz] (*entreprendre*) Celui, celle qui entreprend quelque chose. ◆ Celui, celle qui entreprend d'exécuter certains travaux, de faire certaines fournitures. ◆ Celui, celle qui se livre à certaines exploitations. *Entrepreneur de diligences.* ◆ Adj. *Maître entrepreneur.* ◆ Absol. *Un entrepreneur*, un constructeur de bâtiments.

ENTREPRENEURIAL, ALE, ■ adj. [ãtrəprənœrjal] (angl. *entrepreneurial*, de *entrepreneur*) Relatif à la création et la gestion d'entreprise.

ENTREPRENEURIAT, ■ n. m. [ãtrəprənœrja] (radic. de *entrepreneurial*) Activité liée à la création d'entreprise. *Une réforme qui favorise l'entrepreneuriat.*

ENTRE-PRESSER (S') ou **ENTREPRESSER (S')**, v. pr. [ãtrəprese] (*entre-* et *presser*) ▷ Se presser l'un l'autre. « *Tant qu'à passer s'entre-pressant chacune* », LA FONTAINE. ◁

ENTRE-PRÊTER (S') ou **ENTREPRÊTER (S')**, v. pr. [ãtrəprɛte] (*entre-* et *prêter*) ▷ Se prêter réciproquement quelque chose l'un à l'autre. « *Il faut s'entre-prêter des yeux à se conduire* », P. CORNEILLE. ◁

ENTREPRIS, ISE, p. p. d'entreprendre. [ãtrəpri, iz] ▷ Malade de, perclus. *Entrepris d'un torticolis.* ◁ ◆ ▷ Fig. et fam. *Se dit d'un homme embarrassé de sa contenance.* ◁

ENTREPRISE, n. f. [ãtrəpriz] (substantivation du p. p. fém. de *entreprendre*) Dessein formé qu'on met à exécution. *Échouer dans une entreprise.* ◆ Opérations militaires. ◆ *Entreprise industrielle*, opération de l'industrie. ◆ Conditions déterminées pour l'exécution de certains travaux, pour une fourniture. *Les travaux publics se donnent à l'entreprise.* ◆ Établissement industriel ou commercial. *Entreprise générale des messageries.* ◆ Opération de commerce. ◆ Empiétement. *Une entreprise sur la prérogative royale.* ◆ Tentative contre, attaque. *Une entreprise contre la personne d'un prince.* ■ *Une entreprise publique*, un établissement placé sous la tutelle des pouvoirs publics.

ENTRE-QUERELLER (S') ou **ENTREQUERELLER (S')**, v. pr. [ãtrəkərele] (*entre-* et *quereller*) ▷ Se quereller l'un l'autre. ◁

ENTRER, v. intr. [ãtre] (lat. *intrare*) Se conjugue avec être. Passer du dehors au dedans. *Entrons dans le salon.* ◆ *Entrer en prison*, être mis en prison. ◆ *Entrer au port*, aborder. ◆ *Entrer en chaire, à l'autel*, y monter, en parlant d'un prêtre. ◆ *Entrer en scène*, paraître sur la scène pour jouer son rôle. ◆ Absol. *J'entre et je salue.* ◆ Fig. « *Sortant d'un embarras pour entrer dans un autre* », MOLIÈRE. ◆ Il se dit aussi de l'introduction en des conditions comparées à un lieu où l'on entre. *Entrer dans les emplois.* ◆ *Entrer au service*, devenir militaire. ◆ *Entrer dans les pages, aux pages*, ou simplement *entrer page, être reçu page.* ◆ *Entrer dans une famille*, s'allier avec elle. ◆ *Entrer dans une carrière*, *Entrer dans le commerce, dans la marine, dans l'administration, etc.* ◆ *Entrer en ménage*, se marier. ◆ *Entrer en religion*, se faire religieux. ◆ *Entrer dans le monde, à la cour*, commencer à paraître dans le monde, à la cour. ◆ *Entrer dans la vie*, naître. ◆ *Entrer dans le monde*, y être reçu. ◆ *Entrer dans un collège, au collège, à l'École polytechnique.* ◆ *Entrer dans un corps, dans une académie*, y être nommé, être élu pour en faire partie. ◆ *Entrer en condition, entrer en place*, devenir domestique. ◆ *Entrer au service de quelqu'un*, devenir domestique de quelqu'un. ◆ *Entrer* exprime le commencement d'une chose. *Entrer en convalescence. Entrer dans la belle saison.* ◆ *Entrer en rivalité, faire une entreprise, poursuivre un but en rivalité d'intérêt avec quelqu'un.* ◆ *Entrer en danse*, prendre place dans une danse, et fig. s'engager dans quelque affaire dont d'abord on n'était que spectateur. ◆ Fig. Éprouver certains sentiments. *Entrer en désespoir, en indignation, en colère, en fureur.* ◆ Comprendre, saisir. *Entrer dans la pensée de quelqu'un, dans le sens d'un auteur.* ◆ Donner adhésion, assentiment. *Entrer dans les sentiments, dans les idées de quelqu'un.* ◆ *Entrer avant dans une science*, y acquérir des connaissances profondes. ◆ *Cet auteur, ce peintre entre bien dans les passions*, il les exprime, il les représente bien. ◆ *Ce comédien entre bien dans l'esprit de ses rôles*, il reproduit fidèlement le personnage qu'il représente. ♦ *Entrer dans la plaisanterie*, s'y prêter. ♦ Sympathiser à. « *Elle feignit d'entrer dans sa douleur* », FÉNELON. ♦ Prendre part à, s'occuper de. « *Ne paraissant entrer en rien* », MASSILLON. ♦ *Entrer dans un complot, dans une intrigue, dans une affaire, dans une guerre*, y participer. ♦ Contribuer à. *J'entrerai dans la dépense*. ♦ S'engager dans, entamer, exposer. *Entrer en propos*. ♦ *Entrer en matière*, commencer à traiter le sujet dont il s'agit. ♦ **Théol.** *Entrer en jugement*, se dit de Dieu jugeant les hommes. ♦ *Entrer en tentation*, être tenté. ♦ *Entrer dans l'âme, dans le cœur*, s'y insinuer, y faire impression. ♦ Pénétrer, avec un nom de chose pour sujet. *Le vaisseau entra dans le port*. ♦ Il se dit des marchandises, des produits qui sont apportés dans une contrée, dans un lieu. ♦ **Fig.** S'insinuer, naître en parlant de sentiments. *La défiance entre dans les cœurs*. ♦ *Entrer dans l'esprit*, se dit des connaissances, des idées que l'esprit saisit. ♦ *On ne peut rien lui faire entrer dans la tête*, on ne peut rien lui faire comprendre. ♦ *Cela ne m'est jamais entré dans l'esprit, dans la tête, etc.*, je ne l'ai jamais cru, ou je n'y ai jamais songé ; et impers. *Il ne m'est jamais entré en pensée que, etc.* ♦ Faire partie, être compris. *L'égoïsme entre dans une grande partie de nos actions*. ♦ *Cela n'entre pas dans ses vues, dans ses intentions*, cela n'est pas conforme à ses vues ; et impers. *Il n'entre pas dans ses vues que, etc.* ♦ Être pour quelque chose. « *Notre intérêt entre pour beaucoup dans notre fidélité* », MASSILLON. ♦ Être employé dans la composition d'une chose, dans sa confection. *Les drogues qui entrent dans ce remède*. ♦ Être contenu. *Cela n'entrera pas dans votre poche*. ♦ **Impers.** *Il entre deux mètres d'étoffe dans ce manteau*. ♦ **Par hypallage** *Ce chapeau ne peut entrer*, la tête ne peut entrer dans le chapeau. ♦ **V. tr.** Faire entrer (l'Académie n'a pas *entrer* dans le sens actif). *Entrez ce cheval dans l'écurie, ce piano sur la fenêtre*. ♦ **Comm.** Inscrire des objets sur le registre des entrées. *Entrez ces traites*. ♦ Il se dit aussi des marchandises étrangères qu'on apporte dans un pays. « *Il vaut mieux défendre de porter ces dentelles que de les entrer* », J.-J. ROUSSEAU.

ENTRERAIL ou **ENTRE-RAIL**, ■ n. m. [ɑ̃tʀəʀaj] (*entre-* et *rail*) **Ch. de fer.** Espace séparant les deux rails d'une voie ferrée.

ENTREREGARDER (S') ou **ENTRE-REGARDER (S')**, v. pr. [ɑ̃tʀəʀəgaʀde] (*entre-* et *regarder*) Se regarder l'un l'autre. « *Les vieillards s'entre-regardèrent en souriant* », FÉNELON. ♦ **V. tr.** Regarder furtivement, jeter de temps en temps un coup d'œil.

ENTRE-RÉPONDRE (S') ou **ENTRERÉPONDRE (S')**, v. pr. [ɑ̃tʀəʀepɔ̃dʀ] (*entre-* et *répondre*) ▷ Se répondre réciproquement l'un à l'autre. ◁

ENTRE-SECOURIR (S') ou **ENTRESECOURIR (S')**, v. pr. [ɑ̃tʀəsəkuʀiʀ] (*entre-* et *secourir*) ▷ Se secourir l'un l'autre. ◁

ENTRESOL, n. m. [ɑ̃tʀəsɔl] (esp. *entresuelo*, de *entre*, entre, et *suelo*, plancher, étage) **Archit.** Logement pris sur la hauteur d'un étage ; appartement entre le rez-de-chaussée et le premier étage. ■ **Rem.** Graphie ancienne : *entre-sol*.

ENTRESOUTENIR (S'), v. pr. [ɑ̃tʀəsut(ə)niʀ] (*entre-* et *soutenir*) ▷ Se soutenir l'un l'autre. ■ **Rem.** Graphie ancienne : *entre-souvenir (s')*. ◁

ENTRESUIVI, IE ou **ENTRE-SUIVI, IE**, adj. [ɑ̃tʀəsɥivi] (*entresuivre*) ▷ Qui ne se suit pas également, qui est entrecoupé, semé de variations. « *L'aise et l'ennui de la vie Ont leur course entre-suivie* », MALHERBE. ◁

ENTRESUIVRE (S') ou **ENTRE-SUIVRE (S')**, v. pr. [ɑ̃tʀəsɥivʀ] (*entre-* et *suivre*) Venir à la suite l'un de l'autre. *Les jours et les nuits s'entre-suivent*.

ENTRETAILLE, n. f. [ɑ̃tʀətaj] (*entre-* et *taille*) **Techn.** Taille légère entre d'autres plus fortes. ♦ Chez les graveurs sur bois, taille plus nourrie dans certains endroits que dans le reste de la longueur.

ENTRETAILLÉ, ÉE, p. p. de s'entretailler. [ɑ̃tʀətaje] **Rem.** Graphie ancienne : *entre-taillé*.

ENTRETAILLER (S'), v. pr. [ɑ̃tʀətaje] (*entre-* et *tailler*) S'entrecouper. *Ce cheval s'entretaille en marchant*. ■ **Rem.** Graphie ancienne : *entre-tailler*.

ENTRETAILLURE, n. f. [ɑ̃tʀətajyʀ] (*s'entretailler*) Blessure que se fait aux jambes un cheval qui s'entretaille.

ENTRE-TEMPS ou **ENTRETEMPS**, n. m. [ɑ̃tʀətɑ̃] (*entre-* et *tant*, refait sur *temps* par fausse étymologie, sous l'infl. du sens moderne) Intervalle de temps entre deux actions. « *Tout est à craindre dans cet entre-temps* », Mme DE SÉVIGNÉ. ♦ **Au pl.** *Des entre-temps* ou *des entretemps*. ■ **Adv.** Durant cet intervalle de temps.

ENTRETÈNEMENT, n. m. [ɑ̃tʀətɛn(ə)mɑ̃] (*entretenir*) ▷ Action de pourvoir à l'entretien de quelqu'un ou de quelque chose. « *L'entretènement de ses plaisirs ne coûte rien à personne* », BALZAC. ♦ Il a vieilli. L'on ne dit plus guère qu'*entretien*. ◁

ENTRETENEUR, n. m. [ɑ̃tʀət(ə)nœʀ] (*entretenir*) Celui qui entretient. *Boute-feu et entreteneur de séditions*. ♦ Peu usité en ce sens. ♦ En mauv. part, celui qui pourvoit aux dépenses de quelqu'un.

ENTRETENIR, v. tr. [ɑ̃tʀət(ə)niʀ] (*entre-* et *tenir*) Tenir en bon état. *Entretenir un bâtiment, une route, une maison, etc.* ♦ Tenir sur pied. *Entretenir une armée*. ♦ Maintenir dans le même état, rendre durable. *Entretenir l'abondance*. ♦ *S'entretenir la main*, continuer à tenir la main agile et adroite par l'exercice. ♦ *Entretenir une correspondance*, écrire et répondre par lettres. ♦ *Entretenir commerce avec quelqu'un*, être en relations suivies avec lui. ♦ Nourrir, repaître. *Tout contribue à entretenir son illusion*. ♦ *Entretenir ses pensées, ses rêveries*, méditer, rêver. ♦ Il se dit aussi des personnes chez qui l'on nourrit certains sentiments. « *La plupart de ceux qui nous entourent, nous entretiennent dans leurs préjugés* », CONDILLAC. ♦ *Entretenir quelqu'un d'espérances*, le tromper en lui donnant des espérances, des promesses qu'on n'a pas intention d'effectuer. ♦ Fournir ce qui est nécessaire à la dépense. *Entretenir une nombreuse famille, une armée, un grand train, etc.* ♦ Parler à quelqu'un, conférer sur un sujet. ♦ ▷ S'entretenir, v. pr. ▷ Être tenu, assujetti réciproquement. *Ces deux pièces de bois s'entretiennent*. ◁ ♦ **Fig.** « *Toutes les choses s'entretiennent par un lien naturel et insensible* », PASCAL. ◁ ♦ Être conservé. *La sagesse s'entretient par les bons conseils*. ♦ Se fournir de choses nécessaires. ♦ *S'entretenir du jeu*, y gagner de quoi vivre. ♦ **Fig.** *S'entretenir de chimères*, s'en repaître. ♦ *S'entretenir*, se maintenir en état pour ne pas perdre la souplesse de ses membres, pour ne pas oublier ce qu'on sait. *S'entretenir de Dieu*, parler de Dieu. ♦ *S'entretenir avec Dieu*, penser à Dieu. ♦ *S'entretenir de ses pensées, avec ses pensées*, méditer, réfléchir. ■ Avoir une conversation avec quelqu'un. *Ils se sont longuement entretenus au sujet de l'organisation des vacances.* ◁

ENTRETENU, UE, p. p. d'entretenir. [ɑ̃tʀət(ə)ny] Qui profite de l'argent d'un amant. *Une femme entretenue*. ■ **Rem.** Se dit aussi d'un homme.

ENTRETIEN, n. m. [ɑ̃tʀətjɛ̃] (*entretenir*) Action d'entretenir, de maintenir, de conserver. « *Éternel entretien de haine et de pitié* », P. CORNEILLE. ♦ Ce qui est nécessaire pour la subsistance et les autres besoins. *L'entretien d'une famille.* ♦ Nourriture et soins que l'on donne aux animaux. ♦ Particulièrement, dépense pour l'habillement. ♦ Réparations qu'exigent certaines choses pour être tenues en état. *L'entretien du pavé*. ♦ Dépense faite pour les réparations. *Ce bâtiment est de grand entretien*. ♦ Conversation sur un sujet particulier. ♦ Talent de conversation. « *Le pauvre esprit de femme et le sec entretien !* », MOLIÈRE. ♦ Le sujet de la conversation. « *Vous faites aujourd'hui l'entretien de la ville* », Th. CORNEILLE. ♦ **Au pl.** Titres de certains ouvrages en dialogues.

ENTRETISSER, ■ v. tr. [ɑ̃tʀətise] (*entre-* et *tisser*) Réunir ensemble dans un même tissage, une même trame.

ENTRETOILE, n. f. [ɑ̃tʀətwal] (*entre-* et *toile*) Ornement de dentelle placé entre deux bandes de toile.

ENTRETOISE, n. f. [ɑ̃tʀətwaz] (*entre-* et anc. fr. *toise*, latte, morceau de bois) Pièce de bois, de fer, qui se met entre deux autres pour les fortifier ou les unir.

ENTRETOISER, ■ v. tr. [ɑ̃tʀətwaze] (*entretoise*) **Archit.** Étayer horizontalement deux pièces parallèles à l'aide d'une entretoise. ■ **ENTRETOISEMENT**, n. m. [ɑ̃tʀətwaz(ə)mɑ̃].

ENTRETOUCHER (S'), v. pr. [ɑ̃tʀətuʃe] (*entre-* et *toucher*) ▷ Se toucher mutuellement. ■ **Rem.** Graphie ancienne : *entre-toucher (s')*. ◁

ENTRE-TROMPER (S') ou **ENTRETROMPER (S')**, v. pr. [ɑ̃tʀətʀɔ̃pe] (*entre-* et *tromper*) ▷ Se tromper l'un l'autre. ◁

ENTRETUER (S') ou **ENTRE-TUER (S')**, v. pr. [ɑ̃tʀətɥe] ou [ɑ̃tʀətye] (*entre-* et *tuer*) Se tuer l'un l'autre.

ENTREVOIE, n. f. [ɑ̃tʀəvwa] (*entre-* et *voie*) Espace compris entre deux voies d'un chemin de fer. ■ **Rem.** Graphie ancienne : *entre-voie*.

ENTREVOIR, v. tr. [ɑ̃tʀəvwaʀ] (*entre-* et *voir*) Ne voir qu'imparfaitement. ♦ **Fig.** *Nous ne faisons qu'entrevoir la vérité*. ♦ Prévoir ♦ Ne voir qu'un moment. ♦ S'entrevoir, v. pr. Avoir une rapide entrevue. ♦ Se rendre mutuellement visite.

ENTREVOUS, n. m. [ɑ̃tʀəvu] (*entre-* et anc. fr. *vous*, voûté, courbé) L'espace qui est entre chaque solive. ♦ Espace garni de plâtre ou maçonnerie entre les poteaux d'une cloison.

ENTREVOÛTER ou **ENTREVOUTER**, ■ v. tr. [ɑ̃tʀəvute] (*entrevous*, d'après *voûter*) Combler un entrevous avec du plâtre.

ENTREVU, UE, p. p. d'entrevoir. [ɑ̃tʀəvy]

ENTREVUE, n. f. [ɑ̃tʀəvy] (substantivation du p. p. fém. de *entrevoir*) Rencontre entre des personnes pour causer ou pour traiter d'affaires.

ENTRISME, ■ n. m. [ɑ̃tʀism] (*entrer*) **Polit.** Infiltration de nouveaux militants au sein d'un groupe, en vue de le fragiliser ou de modifier sa ligne d'action.

ENTROPIE, ■ n. f. [ɑ̃tʀopi] (all. *Entropie*, du gr. *entropê*, action de se retourner, de *entrepein*, tourner le dos) **Phys.** Grandeur permettant d'évaluer le degré de désordre d'un système.

ENTROPION, ■ n. m. [ɑ̃tʀɔpjɔ̃] (antonyme de *ectropion* par changement de préf. d'après *entropê*, action de se retourner) **Méd.** Renversement des paupières en dedans, ce qui provoque une irritation de la cornée du fait de la proximité des cils.

ENTROQUE, ■ n. m. [ɑ̃tʀɔk] (gr. *en*, dans, et *trokhos*, disque, anneau, pour la forme présentée par les fossiles) Fossilisation des tiges ou des bras des invertébrés marins fixés au rochers (encrines). *Le calcaire à entroques.*

ENTROUÏ, ÏE, p. p. d'entr'ouïr. [ɑ̃tʀui] ou [ɑ̃tʀwi] ▷ Rᴇᴍ. Graphie ancienne : *entr'ouï, ïe.* ◁

ENTROUÏR, v. tr. [ɑ̃tʀuiʀ] ou [ɑ̃tʀwiʀ] (entre- et *ouïr*) ▷ N'entendre qu'à demi. ■ Rᴇᴍ. Graphie ancienne : *entr'ouïr.* ◁

ENTROUVERT, ERTE, p. p. d'entrouvrir. [ɑ̃tʀuvɛʀ, ɛʀt] *Cheval entrouvert,* cheval qui s'est écarté les jambes de derrière par un effort, et qui en reste incommodé. ■ Rᴇᴍ. Graphie ancienne : *entr'ouvert.*

ENTROUVERTURE, n. f. [ɑ̃tʀuvɛʀtyʀ] (*entrouvert*) État de ce qui est entrouvert. *L'entrouverture d'une porte.* ◆ Incommodité d'un cheval entrouvert. ■ Rᴇᴍ. Graphie ancienne : *entr'ouverture.*

ENTROUVRIR, v. tr. [ɑ̃tʀuvʀiʀ] (entre- et *ouvrir*) Ouvrir par disjonction. « *Des mers pour eux il entrouvrit les eaux* », Rᴀᴄɪɴᴇ. ◆ Ouvrir à demi. *Entrouvrir la porte, les yeux.* ◆ S'entrouvrir, v. pr. *La terre s'entrouvrit.* ◆ S'ouvrir à demi. ■ Rᴇᴍ. Graphie ancienne : *entr'ouvrir.*

ENTUBER, ■ v. tr. [ɑ̃tybe] (1 en- et *tube*) **Fam.** Abuser par tromperie ou escroquerie. *Se faire entuber.* ■ ENTUBAGE, n. m. [ɑ̃tybaʒ]

ENTURBANNÉ, ÉE, ■ adj. [ɑ̃tyʀbane] (1 en- et *turban*) Dont la chevelure est masquée par un turban.

ENTURE, n. f. [ɑ̃tyʀ] (*enter*) La fente où l'on met l'ente ou la greffe. ◆ Chevilles qui forment des échelons dans une pièce de bois.

ÉNUCLÉATION, ■ n. f. [enykleasjɔ̃] (radic. du lat. *enucleatum,* supin de *enuclear,* enlever le noyau ; lat. médiév. *enucleatio,* explication) **Méd.** Ablation chirurgicale du globe oculaire. ■ Ablation chirurgicale d'une tumeur bénigne.

ÉNUCLÉER, ■ v. tr. [enyklee] (lat. *enucleare,* enlever le noyau) **Méd.** Retirer une tumeur en l'extirpant par une incision. ■ **Méd.** Retirer chirurgicalement un globe oculaire.

ÉNUMÉRATEUR, n. m. [enymeratœʀ] (*énumérer*) ▷ Celui qui fait une énumération. « *On prête l'oreille aux déclamateurs, aux énumérateurs* », Lᴀ Bʀᴜʏᴇ̀ʀᴇ. ◁

ÉNUMÉRATIF, IVE, adj. [enymeratif, iv] (*énumération*) Qui énumère, qui sert à l'énumération. ◆ **Gramm.** Se dit des adverbes qui servent à énumérer, comme : *premièrement,* etc.

ÉNUMÉRATION, n. f. [enymerasjɔ̃] (lat. *enumeratio*) Action d'énumérer. ◆ Figure de rhétorique, qui consiste à passer en revue toutes les manières, toutes les circonstances, toutes les parties. ◆ Partie d'un discours qui précède la péroraison, où l'auteur récapitule toutes les preuves comprises dans l'argumentation. ◆ **Log.** *Énumération incomplète,* sorte de sophisme. ■ Liste ou suite résultant d'une énumération.

ÉNUMÉRÉ, ÉE, p. p. d'énumérer. [enymere]

ÉNUMÉRER, v. tr. [enymere] (lat. *enumerare*) Compter un à un. ◆ **Rhét.** Faire une énumération.

ÉNUQUER (S'), ■ v. pr. [enyke] (é- et *nuque*) Se casser le cou.

ÉNURÉSIE, ■ n. f. [enyʀezi] (gr. *enourein,* uriner sur, de *en,* dans, sur, et *ouron,* urine) **Méd.** Émission involontaire d'urine, surtout nocturne, chez l'enfant.

ÉNURÉTIQUE, ■ adj. [enyʀetik] (*énurésie*) Souffrant d'incontinence urinaire nocturne. ■ Qui a trait à l'énurésie. ■ N. m. et n. f. *Un énurétique, une énurétique.*

ENVAHI, IE, p. p. d'envahir. [ɑ̃vai]

ENVAHIR, v. tr. [ɑ̃vaiʀ] (lat. pop. *invadire,* du lat. *invadere*) Occuper par force. *Envahir un pays, l'autorité, etc.* ◆ Il se dit aussi des animaux. *Les sauterelles envahissent des contrées entières.* ◆ Il se dit de l'action de s'emparer du commerce et autres choses comparées à un domaine. ◆ Occuper, gagner, en parlant du feu, de l'eau, des plantes, etc. ◆ **Fig.** *La politique envahit tout,* on ne s'occupe que de politique. ◆ Submerger, en parlant des sentiments. *Se laisser envahir par la colère et la haine.*

ENVAHISSANT, ANTE, adj. [ɑ̃vaisɑ̃, ɑ̃t] (*envahir*) Qui envahit.

ENVAHISSEMENT, n. m. [ɑ̃vais(ə)mɑ̃] (radic. du p. prés. de *envahir*) Action d'envahir. *L'envahissement de la mer.* ◆ **Fig.** *Les envahissements du pouvoir.*

ENVAHISSEUR, n. m. [ɑ̃vaisœʀ] (radic. du p. prés. de *envahir*) Celui qui envahit. ◆ Adj. *Un peuple, un conquérant envahisseur.*

ENVASEMENT, n. m. [ɑ̃vaz(ə)mɑ̃] (*envaser*) Dépôt de terre ou de vase fait par les eaux sur un terrain. ◆ État d'une chose envasée.

ENVASER, v. tr. [ɑ̃vaze] (1 en- et *vase*) Encombrer de vase, enfoncer dans la vase. ◆ S'envaser, v. pr. Être encombré de vase. ◆ S'enfoncer dans la vase.

ENVELOPPANT, ANTE, adj. [ɑ̃v(ə)lɔpɑ̃, ɑ̃t] (*envelopper*) Qui enveloppe. « *La partie enveloppante* », J.-J. Rᴏᴜssᴇᴀᴜ. ■ **N. f. Géom.** *Enveloppante,* ligne qui en enveloppe une autre. ■ *Des paroles enveloppantes,* des paroles qui séduisent.

ENVELOPPE, n. f. [ɑ̃v(ə)lɔp] (*envelopper*) Ce qui enveloppe ou sert à envelopper. *L'enveloppe d'un paquet, d'une lettre.* ◆ *Écrire sous l'enveloppe de quelqu'un,* enfermer sous son adresse une lettre destinée à un autre. ◆ **Bot.** *Enveloppes florales,* le périanthe, c'est-à-dire le calice et la corolle. ◆ **Fortif.** Ouvrage qui en entoure et en couvre un autre. ◆ **Fig.** Ce qui cache, comme fait une enveloppe. « *Vous ne verrez sa vérité que sous de belles enveloppes* », Fᴇ́ɴᴇʟᴏɴ. ◆ **Fig.** *Enveloppe épaisse,* apparence d'un corps épais et de lourdeur que présentent certains hommes. *Homme d'esprit sous une enveloppe épaisse.* ■ Somme allouée par un organisme public. *La mairie a voté une enveloppe pour la réalisation de la manifestation culturelle.* ■ **Fam.** Commission illégale. *Il a été condamné pour avoir touché des enveloppes.*

ENVELOPPÉ, ÉE, p. p. d'envelopper. [ɑ̃v(ə)lɔpe] ▷ *Avoir l'esprit enveloppé dans la matière,* être fort grossier, sans esprit. ◁ ◆ ▷ **Fig.** *Un esprit enveloppé,* un homme dont les idées sont confuses et les expressions obscures. ◁ ◆ ▷ *Discours enveloppé,* discours dont l'expression est rendue obscure par circonspection. ◁ ◆ ▷ *Raisonnement enveloppé,* raisonnement obscur, embarrassé. ◁ ◆ *Une personne enveloppée,* un peu ronde.

ENVELOPPÉE, n. f. [ɑ̃v(ə)lɔpe] **Fortif.** Ouvrage qui a pour objet de rétrécir un fossé. ◆ **Géom.** Ligne enveloppée par une autre.

ENVELOPPEMENT, n. m. [ɑ̃v(ə)lɔp(ə)mɑ̃] (substantivation d'*enveloppé*) Action d'envelopper. ◆ **Par extens.** Germes en état d'enveloppement, encore dans leurs enveloppes, et fig. idées à l'état d'enveloppement, idées qui n'ont encore reçu aucun développement. ■ **Milit.** Stratégie qui consiste à attaquer un ennemi de face et à revers dans le même temps pour l'encercler.

ENVELOPPER, v. tr. [ɑ̃v(ə)lɔpe] (1 en- et l'anc. fr. *voloper,* entourer, d'orig. obsc.) Mettre autour d'une chose quelque objet qui la couvre. *Envelopper des marchandises.* ◆ Il se dit de la chose qui enveloppe. *La toile qui enveloppe ces marchandises.* ◆ **Par extens.** *Le vent l'enveloppe.* ◆ Environner, entourer. *Envelopper l'ennemi.* ◆ Prendre comme dans un filet. « *Envelopper une dupe* », Lᴀ Bʀᴜʏᴇ̀ʀᴇ. ◆ Comprendre dans. *Envelopper quelqu'un dans une accusation, dans sa ruine.* ◆ Obscurcir, voiler. « *Tout à coup une noire tempête enveloppa le ciel* », Fᴇ́ɴᴇʟᴏɴ. ◆ **Par extens.** *Une nuit obscure enveloppe son esprit.* ◆ Cacher, déguiser, dissimuler. *On a enveloppé cette vérité de fables ridicules.* ◆ S'envelopper, v. pr. Mettre autour de soi quelque chose qui entoure. *S'envelopper dans son manteau.* ◆ **Fig.** *S'envelopper de mystère.* ◆ S'obscurcir. ◆ Être compris, renfermé. ◆ S'exprimer avec obscurité, avec ambages.

ENVENIMATION, ■ n. f. [ɑ̃v(ə)nimasjɔ̃] (*envenimer*) **Méd.** Dispersion d'un venin dans l'organisme.

ENVENIMÉ, ÉE, p. p. d'envenimer. [ɑ̃v(ə)nime]

ENVENIMEMENT, n. m. [ɑ̃vənim(ə)mɑ̃] (*envenimer*) Action d'envenimer ; résultat de cette action.

ENVENIMER, v. tr. [ɑ̃v(ə)nime] (1 en- et *venim,* anc. forme de *venin*) Infecter de venin. *Certains sauvages enveniment leurs flèches* [1]. ◆ On dit plutôt *empoisonner.* ◆ Donner un caractère malin à une plaie. ◆ **Fig.** Donner un caractère odieux. *Envenimer un fait, un récit.* ◆ Inspirer des sentiments d'aigreur, de haine contre quelqu'un. ◆ Rendre plus cuisant, plus vif, en parlant de sentiments, de querelles, etc. *Envenimer une querelle.* ◆ S'envenimer, v. pr. Devenir envenimé. ◆ Être tourné par la malveillance en un mauvais sens. ■ Rᴇᴍ. 1 : Le mot *sauvage* n'avait pas, à l'époque de Littré, la connotation péjorative et raciste qu'il peut avoir aujourd'hui.

ENVENIMEUR, n. m. [ɑ̃v(ə)nimœʀ] **Fig.** Celui qui envenime.

ENVERGÉ, ÉE, p. p. d'enverger. [ɑ̃vɛʀʒe]

ENVERGER, v. tr. [ɑ̃vɛʀʒe] (1 en- et *verge,* baguette) Garnir de petites branches d'osier. ◆ Croiser les fils d'une partie ourdie.

ENVERGEURE, ■ n. f. [ɑ̃vɛʀʒyʀ] Voy. ᴇɴᴠᴇʀᴊᴜʀᴇ.

ENVERGUÉ, ÉE, p. p. d'enverguer. [ɑ̃vɛʀge]

ENVERGUER, v. tr. [ɑ̃vɛʀge] (1 en- et *vergue*) Attacher les voiles aux vergues.

ENVERGURE, n. f. [ɑ̃vɛʀgyʀ] (1 en- et *vergue*) **Mar.** L'arrangement des voiles dans leur largeur sur les mâts. ◆ Largeur d'un bâtiment. ◆ **Par anal.** Étendue des ailes d'un oiseau, du bout de l'une à l'extrémité de l'autre. ■ Ampleur de l'intelligence ou de l'ouverture d'esprit. *Un homme de peu d'envergure.* ■ Importance d'une chose. *Une activité professionnelle de grande envergure.*

ENVERJURE ou **ENVERGEURE**, ■ n. f. [ɑ̃vɛʁʒyʁ] (*enverger*) **Techn**. Croisement des fils de chaîne d'une étoffe.

1 ENVERS, prép. [ɑ̃vɛʁ] (prép. *en* et prép. *vers*) À l'égard de, pour. *Compatissant envers les pauvres.* ✦ **ENVERS ET CONTRE TOUS**, loc. adv. Qui terminait les formules des serments de foi et hommage, et qui signifiait contre tout le monde.

2 ENVERS, n. m. [ɑ̃vɛʁ] (lat. *inversus*, p. p. de *invertere*, retourner) Le côté opposé à l'endroit, le côté qui ne doit pas être exposé à la vue. *L'envers d'une étoffe.* ✦ *Étoffe à deux envers,* plus souvent aujourd'hui *sans envers,* étoffe qui n'a ni envers ni endroit. *L'envers d'une feuille d'arbre,* le côté qui regarde le sol. ✦ **Fig**. Le contraire. « *Vous serez toujours [...] Un envers du bon sens* », MOLIÈRE. ■ **Fig**. La face cachée et négative de quelque chose. ■ À L'ENVERS, loc. adv. Qui se dit lorsque l'envers se met ou se prend par erreur pour l'endroit. *Mettre sa chemise à l'envers.* ■ **Fig**. Dans un état de désordre et de ruine. *Ses affaires sont à l'envers.* ■ *Avoir la tête, la raison à l'envers,* être tout à fait étranger au bon sens, à la raison.

1 ENVI, n. m. [ɑ̃vi] (anc. fr. *envier*, convier, provoquer, de *invitare*, inviter, engager) Argent qu'on met au jeu pour enchérir sur son compagnon. *On fait des envis au brelan.*

2 ENVI (À L'), loc. adv. [ɑ̃vi] (1 *envi*) À qui mieux mieux, en rivalité ; se dit des personnes et des choses. ✦ Il se dit d'une seule chose qui rivalise comme avec elle-même. « *La flotte qu'à l'envi favorisait Neptune* », P. CORNEILLE. ✦ À L'ENVI DE, loc. prép. En rivalisant avec.

ENVIABLE, adj. [ɑ̃vjabl] (*envier*) Digne d'envie ; que l'on peut envier.

ENVIE, n. f. [ɑ̃vi] (lat. *invidia*) Chagrin et haine qu'on ressent du bonheur, des succès, des avantages d'autrui. ✦ Désir de jouir d'un avantage pareil à celui d'autrui. *Regarder d'un œil d'envie le bonheur d'autrui.* ✦ *Faire envie,* exciter l'envie, le désir. ✦ L'odieux d'une chose. *Jeter sur quelqu'un toute l'envie d'une vilaine action.* ✦ Désir, volonté. « *Sans pouvoir satisfaire à leurs vaines envies* », LA FONTAINE. ✦ *Avoir envie,* avoir désir, désirer. ✦ *Faire envie,* se dit des choses qui excitent le désir. ✦ *Envie* s'applique aussi aux différents besoins corporels. *Envie de manger, de boire.* ✦ *Envie de vomir,* soulèvement de cœur. ✦ Petites portions de peau qui se détachent autour des ongles. ✦ Taches que les enfants apportent en naissant. ✦ **Prov**. *Il vaut mieux faire envie que pitié.*

ENVIÉ, ÉE, p. p. d'envier. [ɑ̃vje]

ENVIEILLI, IE, p. p. d'envieillir. [ɑ̃vjeji] ▷ **Fig**. Qui a contracté par le long temps quelque habitude. « *Les pécheurs les plus envieillis* », PASCAL. ✦ Invétéré, en parlant des choses. *Une haine, une maladie envieillie.* ◁

ENVIEILLIR, v. intr. [ɑ̃vjejiʁ] (1 *en-* et *vieil*, vieux) ▷ Devenir vieux dans. *Faire envieillir l'innocence dans la misère.* ✦ V. tr. Faire paraître vieux. ✦ S'envieillir, v. pr. Devenir vieux. ◁

ENVIEILLISSEMENT, n. m. [ɑ̃vjejis(ə)mɑ̃] (radic. du p. prés. de *envieillir*) ▷ L'action d'envieillir ; le résultat de cette action. ◁

ENVIER, v. tr. [ɑ̃vje] (*envie*) Éprouver envers quelqu'un le sentiment de l'envie. ✦ Éprouver pour quelque chose le sentiment de l'envie. ✦ *Envier quelque chose à quelqu'un,* désirer posséder ce qu'il possède. ✦ Souhaiter, sans être envieux, ce que quelqu'un possède. *Envier la haute fortune de quelqu'un.* ✦ Ne pas accorder, refuser. « *Pourquoi m'enviez-vous l'air que vous respirez?* », RACINE. ✦ S'envier, v. pr. Se porter envie l'un à l'autre. ■ V. tr. *N'avoir rien à envier à personne,* avoir tout ce qu'on souhaite.

ENVIEUSEMENT, ■ adv. [ɑ̃vjøz(ə)mɑ̃] (*envieux*) En éprouvant de l'envie.

ENVIEUX, EUSE, adj. [ɑ̃vjø, øz] (*envie*, d'après le lat. *invidiosus*) Qui éprouve de l'envie. *Envieux du bien d'autrui. Un esprit envieux.* ■ N. m. et n. f. *Un envieux. Une envieuse.* ✦ Qui a le caractère de l'envie. *Un regard envieux.* ✦ Désireux. *Envieux d'arrêter le carnage.* ✦ Qui n'accorde pas, qui refuse. « *Quel démon envieux M'a refusé l'honneur de mourir à vos yeux?* », RACINE. ■ *Faire des envieux,* susciter l'envie d'autrui.

ENVINÉ, ÉE, adj. [ɑ̃vine] (1 *en-* et *vin*) Qui a pris l'odeur du vin, en parlant d'un vase.

ENVIRON, prép. [ɑ̃viʁɔ̃] (1 *en-* et l'anc. fr. *viron*, rond, cercle, de *virer*) Dans le voisinage de. « *Une petite glande située environ le milieu de la substance* », DESCARTES. ✦ Il se dit du voisinage du temps. *Environ ce même temps.* « *Environ la neuvième heure* », VOLTAIRE. ✦ Adv. À peu près, un peu plus, un peu moins. *Il y a environ vingt ans.* ✦ L'Académie ne donne pas *environ* préposition.

ENVIRONNANT, ANTE, adj. [ɑ̃viʁɔnɑ̃, ɑ̃t] (*environner*) Qui environne, qui est dans les environs. *Les lieux environnants.*

ENVIRONNÉ, ÉE, p. p. d'environner. [ɑ̃viʁɔne]

ENVIRONNEMENT, n. m. [ɑ̃viʁɔn(ə)mɑ̃] (*environner*) Action d'environner ; résultat de cette action. ■ Ensemble des conditions de vie d'un être vivant. *Vivre dans un environnement peu propice au travail. Un animal qui ne se reproduit que dans un environnement marin.* ■ Cadre naturel constitué de la faune et de la flore et dans lequel l'homme évolue. *Militer pour la protection de l'environnement.* ■ Conditions extérieures susceptibles d'avoir des conséquences sur quelque chose. *L'environnement économique est peu propice à l'emploi en période de récession.* ■ **Inform**. Configuration nécessaire au fonctionnement d'un ordinateur.

ENVIRONNEMENTAL, ALE, ■ adj. [ɑ̃viʁɔn(ə)mɑ̃tal] (*environnement* ou angl. *environmental*) Qui concerne le respect de l'environnement. *La politique environnementale du département.*

ENVIRONNEMENTALISME, ■ n. m. [ɑ̃viʁɔn(ə)mɑ̃talism] (*environnement*) Ensemble de mesures et d'actions favorables à la protection et à la défense de l'environnement.

ENVIRONNEMENTALISTE, ■ adj. [ɑ̃viʁɔn(ə)mɑ̃talist] (*environnement*) Favorable au respect de l'environnement. ■ N. m. et n. f. Personne qui œuvre en faveur de la protection et du respect de l'environnement.

ENVIRONNER, v. tr. [ɑ̃viʁɔne] (*environ*) Mettre autour. *Environner une ville de fossés.* ✦ Être autour. *Un mur environnait la ville.* ✦ Se mettre autour. *Le peuple l'environne.* ✦ **Fig**. *Les dangers l'environnent de toutes parts.* ✦ S'environner, v. pr. Réunir autour de soi. ✦ Prendre pour entours. *Il ne s'environne que d'hommes suspects.*

ENVIRONS, n. m. pl. [ɑ̃viʁɔ̃] (substantivation de *environ*) Les lieux circonvoisins. *Paris et ses environs.* ✦ *Aux environs de,* ne se dit que de l'espace, et non du temps ; ne dites donc pas : *J'irai te voir aux environs de Noël ; aux environs de quatre heures.*

ENVISAGÉ, ÉE, p. p. d'envisager. [ɑ̃vizaʒe]

ENVISAGEABLE, ■ adj. [ɑ̃vizaʒabl] (*envisager*) Qu'il est possible d'envisager. *Une révision du contrat est tout à fait envisageable.* « *Et le pire était toujours envisageable* », IZZO.

ENVISAGEMENT, n. m. [ɑ̃vizaʒ(ə)mɑ̃] (*envisager*) Action d'envisager.

ENVISAGER, v. tr. [ɑ̃vizaʒe] (1 *en-* et *visage*) ▷ Regarder une personne au visage. « *Plus je vous envisage, Et moins je me remets, monsieur, votre visage* », RACINE. ◁ ✦ ▷ Tourner le regard vers. ◁ ✦ ▷ **Fig**. Tourner le regard vers, se régler sur. « *C'est lui seul que la cour envisage* », RACINE. ◁ ✦ Regarder face à face en esprit. *Envisager la mort avec fermeté.* ✦ *Envisager de,* suivi de l'infinitif. « *Il ne peut envisager de rentrer dans le service* », MME DE SÉVIGNÉ. ✦ Considérer. « *Il faut observer par quel côté il envisage la chose* », PASCAL. ✦ Se faire une idée de, regarder comme. ✦ ▷ S'envisager, v. pr. ▷ Se regarder soi-même. ◁ ✦ **Fig**. « *Chacun s'envisage toujours par certains côtés favorables* », MASSILLON. ✦ ▷ Se regarder mutuellement. ◁ ✦ Être considéré. ■ V. tr. *Envisager que,* considérer, penser que. *J'avais envisagé que vous pourriez dormir à la maison ce soir.* ◁

ENVOI, n. m. [ɑ̃vwa] (*envoyer*) Action d'envoyer, d'expédier des marchandises. ✦ La chose même qu'on a envoyée. ✦ *Lettre d'envoi,* lettre qui annonce qu'une chose a été envoyée. ✦ **Jurispr**. *Envoi en possession,* jugement qui autorise à prendre possession de certains biens. ✦ Vers mis à la suite de certaines pièces de poésie, comme un hommage à la personne à qui elles sont adressées. ■ **Sp**. *Coup d'envoi,* envoi du ballon qui ouvre le match au football. ■ **Fig**. *Coup d'envoi,* inauguration d'une entreprise, d'une manifestation quelconque. *Le coup d'envoi de notre prochaine campagne de publicité aura lieu dans trois mois.*

ENVOILÉ, ÉE, p. p. de s'envoiler. [ɑ̃vwale]

ENVOILER (S'), v. pr. [ɑ̃vwale] (1 *en-* et *voile*) (par comparaison avec la courbure de la voile) Se courber, gauchir, en parlant du fer, de l'acier, lorsqu'on les trempe.

ENVOISINÉ, ÉE, adj. [ɑ̃vwazine] (1 *en-* et *voisin*) ▷ Qui a des voisins. *Être bien, mal envoisiné.* ◁

ENVOISINER, v. tr. [ɑ̃vwazine] (1 *en-* et *voisin*) ▷ Entourer de voisins. ✦ S'envoisiner, v. pr. Se donner des voisins. ◁

ENVOL, ■ n. m. [ɑ̃vɔl] (*envoler*) Élévation dans les airs. *L'envol d'un oiseau.* ■ **Fig**. Développement soudain et important. *L'envol des appareils numériques.*

ENVOLÉ, ÉE, p. p. de s'envoler. [ɑ̃vole]

ENVOLÉE, n. f. [ɑ̃vole] (substantivation du p. p. fém. de *envoler*) Envol soudain. *Une envolée de mouettes.* ■ Accroissement rapide et important. *Une envolée des prix.* ■ **Fig**. Moment oratoire empreint d'un grand lyrisme ou d'une grande émotion.

ENVOLER (S'), v. pr. [ɑ̃vole] (2 *en-* et *voler*) Partir en volant. ✦ Avec ellipse du pronom personnel. *Le moindre bruit fera envoler cet oiseau.* ■ **Fam**. *Les oiseaux se sont envolés* ou *sont envolés,* se dit lorsque certaines personnes, s'étant retirées dans un endroit où l'on espérait les surprendre, ne s'y trouvent plus. ✦ Par extens. Se dit des choses légères que le vent emporte. *Mes papiers s'envolèrent.* ✦ *L'âme s'envole,* se dit pour exprimer que l'on meurt. ✦ Disparaître, s'effacer, s'écouler. *Le temps, l'occasion s'envole.*

« *Sur les ailes du temps la tristesse s'envole* », La Fontaine. ■ Augmenter considérablement et rapidement. *Le prix du pétrole s'est envolé.*

ENVOÛTANT, ANTE ou **ENVOUTANT, ANTE**, ■ adj. [ᾱvutᾱ, ᾱt] (*envoûter*) Qui opère une séduction. *Un parfum envoûtant.*

ENVOÛTÉ, ÉE ou **ENVOUTÉ, ÉE**, p. p. d'envoûter. [ᾱvute]

ENVOÛTEMENT ou **ENVOUTEMENT**, n. m. [ᾱvut(ə)mᾱ] (*envoûter*) Opération magique par laquelle on envoûtait une personne. ■ Fig. Fait de charmer quelqu'un. ■ État de celui qui est charmé. *L'envoûtement n'a été que de courte durée ; il a vite compris qu'il avait affaire à un intrigant.*

ENVOÛTER ou **ENVOUTER**, v. tr. [ᾱvute] (1 *en-* et anc. fr. *volt*, *vout*, visage, du lat. *vultus*) Faire un prétendu maléfice, qui consistait à former une figure de cire suivant la ressemblance d'une personne, avec la persuasion qu'à la suite de certaines pratiques on faisait souffrir à la personne elle-même toutes les atteintes portées à cette figure. ■ Fig. Séduire irrésistiblement quelqu'un. *Il s'est laissé envoûter par un intrigant.*

ENVOÛTEUR, EUSE ou **ENVOUTEUR, EUSE**, ■ n. m. et n. f. [ᾱvutœr, øz] (*envoûter*) Personne qui jette les envoûtements. ■ Personne qui cherche à attirer quelqu'un en le subjuguant.

ENVOYE, n. m. [ᾱvwa] (orig. inc.) Un des noms vulgaires du serpent qu'on nomme aussi *orvet* et *aveugle*.

ENVOYÉ, ÉE, p. p. d'envoyer. [ᾱvwaje] N. m. et n. f. Personne qui a quelque mission. *Un envoyé. Une envoyée.* ◆ Ministre envoyé par un souverain ou par une république, mais dont la dignité est inférieure à celle d'ambassadeur. ◆ *Envoyée*, n. f. La femme d'un envoyé. ◆ *Envoyé spécial*, journaliste chargé d'une mission dans un endroit précis et pour un événement précis. ■ Fig. *Un envoyé du ciel*, une personne qui arrive à un moment opportun.

ENVOYER, v. tr. [ᾱvwaje] (b. lat *inviare*, marcher sur, parcourir) Mettre en voie, en chemin ; faire partir. *Envoyer un courrier, des présents, etc.* ◆ *Envoyer à la mort*, remettre quelqu'un à ceux qui doivent lui ôter la vie, et fig. exposer à un péril mortel. ◆ Fig. et fam. *Envoyer promener, paître, coucher*, renvoyer, congédier quelqu'un avec humeur, avec colère. ◆ *Envoyer quelqu'un au diable, à tous les diables*, le repousser avec colère, avec impatience. ◆ *Envoyer dans l'autre monde, envoyer ad patres*, faire mourir. ◆ Absol. *J'enverrai ce soir chez lui.* ◆ *Envoyer* suivi d'un infinitif prend tantôt la préposition *pour* et tantôt ne la prend pas : *J'envoyai mon fils au-devant de lui l'assurer... ou pour l'assurer.* On ne peut mettre l'infinitif sans préposition que quand le régime d'*envoyer*, exprimé ou sous-entendu, fait lui-même l'action dont il s'agit. Il faut donc dire : *J'envoyai mon fils au-devant de lui pour l'empêcher de venir.* ◆ Faire porter. *Envoyer une lettre, un défi.* ◆ Lancer. *La lumière que le soleil nous envoie. Envoyer un coup de canon, un coup de fusil.* ■ Par extens. *Envoyer un coup de pied, un soufflet*, donner un coup de pied, un soufflet. ◆ Fig. *Envoyer un mot piquant.* ◆ Fig. Faire parvenir. *Envoyer l'effroi, la guerre.* ◆ Il se dit de ce que l'on attribue à une volonté divine, à la nature, au sort. *Dieu nous envoie des biens, des maux.* ◆ Député à une assemblée. *Paris a envoyé à l'assemblée.* ◆ S'envoyer, v. pr. Être envoyé. ◆ S'échanger du courrier l'un à l'autre. *Ils s'envoient régulièrement des mots doux.* ■ Fam. Ingurgiter quelque chose. *Il s'est envoyé trois bières.* ■ Fam. Prendre de mauvais gré la charge de quelque chose. *Il s'est envoyé toute la comptabilité en deux jours.*

ENVOYEUR, EUSE, n. m. et n. f. [ᾱvwajœr, øz] (*envoyer*) Personne qui fait un envoi, personne à qui l'envoi est fait recevant la note du destinataire.

ENZOOTIE, ■ n. f. [ᾱzooti] (antonyme de *épizootie* par chang. de préf.) **Méd.** Maladie qui touche les animaux dans une zone géographique spécifique, à certaines époques déterminées et qui peut être chronique. *Contrairement à l'épizootie qui atteint un grand nombre d'animaux, l'enzootie ne touche qu'une localité.*

ENZYMATIQUE, ■ adj. [ᾱzimatik] (*enzyme*) Généré par des enzymes. ■ *Système enzymatique*, ensemble d'enzymes qui agissent successivement.

ENZYME, ■ n. f. ou n. m. [ᾱzim] (all. *Enzym*, du gr. *en*, dans, et *zumê*, levain) **Chim.** Protéine de l'organisme qui catalyse et accélère de nombreuses réactions chimiques. *Les enzymes de l'appareil digestif.*

ENZYMOLOGIE, ■ n. f. [ᾱzimoloʒi] (*enzyme* et *-logie*) Étude scientifique portant sur les enzymes et les ferments, ainsi que sur leurs propriétés. ■ ENZYMOLOGIQUE, adj. [ᾱzimoloʒik]

ENZYMOPATHIE, ■ n. f. [ᾱzimopati] (*enzyme* et *-pathie*) **Méd.** Maladie héréditaire provoquée par l'absence, l'insuffisance ou l'altération d'une enzyme.

ÉOCÈNE, adj. [eosɛn] (angl. *eocene*, du gr. *êôs*, aurore, et *kainos*, nouveau) **Géol.** Se dit du groupe le plus ancien parmi les terrains récents.

ÉOLIEN, IENNE, adj. [eoljɛ̃, jɛn] (*Éolie*, du gr. *Aiolis*) Dialecte éolien et n. m. *l'éolien*, celui des cinq dialectes de la langue grecque qui était propre aux peuples de l'Éolie. ◆ *Mode éolien*, l'un des modes de la musique des Grecs. ■ REM. On disait aussi *éolique*.

ÉOLIENNE, adj. f. [eoljɛn] (substantivation de *éolien*, relatif au vent, du gr. *Aiolos*, Éole, p.-ê. de *aiolos*, rapide, vif) Usité seulement dans cette locution : *Harpe éolienne*, table ou boîte sonore sur laquelle sont tendues des cordes que le vent fait vibrer. ■ Causé par le vent. *Observer l'érosion éolienne.* ■ Adj. Qui utilise l'énergie du vent. *Une ferme éolienne.* ■ N. f. *Une éolienne*, roue à pales fixée en haut d'un mât et qui convertit l'énergie du vent en électricité.

ÉOLIPILE ou **ÉOLIPYLE**, n. m. [eolipil] (*Éole* et lat. *pila*, balle, boule, d'après le *æolipila*, boule d'Éole, faussement rattaché au gr. *pulê*, porte) **Phys.** Instrument consistant en une sphère creuse pourvue d'un tube, qui remplie d'eau et chauffée donne issue à un jet de vapeur.

ÉOLIQUE, adj. [eolik] (gr. *aiolikos*, d'Éolie) Voy. ÉOLIEN.

ÉON, ■ n. m. [eɔ̃] (gr. *aiôn*, durée, éternité) **Philos.** Puissance éternelle qui émane de Dieu et qui sert d'intermédiaire entre celui-ci et le monde. ■ **Géol.** Plus grande division des temps géologiques, dont la durée s'étale sur plusieurs centaines de millions d'années. *L'histoire de la Terre est divisée en trois éons.*

ÉONISME, ■ n. m. [eonism] (Charles de Beaumont d'*Éon*, 1728-1810, célèbre pour l'incertitude qu'il a entretenue sur son sexe) Besoin de se travestir en femme ressenti par certains hommes.

ÉOSINE, ■ n. f. [eozin] (all. *Eosin*, du gr. *êôs*, aurore) Colorant antiseptique de couleur rouge, utilisé en pharmacie et en histologie.

ÉOSINOPHILE, ■ adj. [eozinofil] (*éosine* et *-phile*) Que l'éosine peut facilement colorer. *Des polynucléaires éosinophiles.* ■ N. m. Globule blanc sensible à la coloration par éosine, souvent présent dans l'expectoration des asthmatiques et des tuberculeux.

ÉPACTAL, ALE, adj. [epaktal] Qui se rapporte à l'épacte.

ÉPACTE, ■ n. f. [epakt] (lat. *epactæ*, du gr. *epaktai [hêmerai]* jours intercalaires, de *epagein*, introduire, ajouter) Nombre indiquant l'âge de la lune au commencement de l'année, c'est-à-dire le nombre de jours écoulés depuis la dernière nouvelle lune jusqu'à la fin de l'année qui vient de finir. ◆ Différence en jours, heures, minutes et secondes, qui existe entre une révolution solaire et douze révolutions lunaires. ◆ *Cycle des épactes*, espace de trente années, après lesquelles épactes reviennent dans le même ordre.

ÉPAGNEUL, EULE, n. m. et n. f. [epanœl] ou [epanjœl] ([*chien*] *espagnol*, originaire d'Espagne) Espèce de chien de chasse à longs poils, originaire d'Espagne. ◆ Adj. *Un chien épagneul. Une chienne épagneule.*

ÉPAIR, ■ n. m. [epɛr] (orig. inc.) Qualité du papier révélée et observable par sa transparence. *Un épair irrégulier ou fondu.* ■ En appos. *Du papier épair.*

ÉPAIS, AISSE, adj. [epɛ, ɛs] (lat. *spissus*, serré, compact) Qui a une certaine épaisseur, quant à la dimension. *Mur épais de deux mètres.* ◆ Fort, solide, par opposition à mince. *Drap épais.* ■ Par extens. *Langue épaisse*, langue pâteuse, lourde, articulant difficilement. ◆ *Taille épaisse*, taille grosse, peu élégante. ◆ *Cheval épais*, cheval gros, lourd, sans élégance. ◆ Serré, touffu. *Des cheveux, des bataillons, des bois épais.* ◆ Dense, peu fluide. *Du vin épais. Un épais brouillard.* ◆ Fig. *Épais à couper au couteau*, se dit d'un esprit grossier, d'une ruse grossière, etc. ◆ Fig. Lourd, pesant, grossier. ◆ Il se dit des choses dans un sens analogue. *Une ignorance épaisse.* ◆ ▷ N. m. Épaisseur. *Une pierre qui a deux pieds d'épais.* ◁ Adv. Avec densité, d'une manière serrée. *Semer trop épais.* ■ Fam. *Il n'y en a pas épais*, il y en a peu.

ÉPAISSEMENT, adv. [epɛs(ə)mᾱ] (*épais, épaisse*) ▷ D'une manière épaisse. ◁

ÉPAISSEUR, n. f. [epesœr] (*épais*) **Géom.** L'une des trois dimensions d'un corps solide, par opposition à la longueur et à la largeur. ◆ Dans le langage ordinaire, *épaisseur* se dit également, en parlant d'un corps solide, de la dimension dans le sens vertical ou profondeur, et de la dimension dans le sens horizontal ou largeur. *Épaisseur d'un mur, d'une pierre.* ◆ Qualité de ce qui a une certaine épaisseur. ◆ Degré de densité, de résistance d'un tissu. ◆ Qualité de ce qui est serré, rapproché. *L'épaisseur de la foule, d'un plant, d'un bois.* ◆ Qualité de ce qui a beaucoup de consistance. *L'épaisseur d'un sirop.* ◆ Qualité de ce qui est dense. *L'épaisseur du brouillard.* ◆ Il se dit d'esprits comparés à quelque chose d'épais, de lourd, de peu subtil. ■ Couche. *Plier un tissu en plusieurs épaisseurs.* ■ Fig. Richesse dans la personnalité. *Personnage qui a une certaine épaisseur.*

ÉPAISSI, IE, p. p. d'épaissir. [epesi]

ÉPAISSIR, v. tr. [epesir] (*épais*) Rendre plus épais quant à la dimension. *Épaissir un mur.* ◆ Rendre plus épais quant à la consistance. *Épaissir un sirop.* ◆ Rendre plus dense. *Les vapeurs épaississent l'air.* ◆ Fig. « *Épaississons la nuit qui voile sa naissance* », Voltaire. ■ V. intr. Devenir plus large. *Sa taille épaissit.* ◆ Devenir plus consistant. *Le sirop épaissit en cuisant.* ◆ Par extens. Devenir plus dense, plus serré, touffu. *L'ombre du bois épaissit.* ◆ S'épaissir, v. pr. Devenir gros. ◆ Devenir plus consistant. ◆ Fig. « *Plus il avançait dans la carrière, plus les ténèbres s'épaississaient autour de lui* », Barthélemy. ◆ Devenir embarrassé. *Sa langue s'épaissit.* ◆ Devenir lourd, inhabile à comprendre. *Son esprit s'épaissit tous les jours.* ■ Augmenter en intensité. *Le mystère s'épaissit.*

ÉPAISSISSANT, ANTE, adj. [epesisã, ãt] (*épais*) Qui a la propriété d'épaissir ou de s'épaissir. ■ N. m. *Un épaississant*, composant qui rend une préparation plus épaisse.

ÉPAISSISSEMENT, n. m. [epesis(ə)mã] (radic. du p. prés. de *épaissir*) Action d'épaissir, de s'épaissir ; état de ce qui est épaissi, au propre et au figuré.

ÉPAISSISSEUR, ■ n. m. [epesisœʀ] (radic. du p. prés. de *épaissir*) Appareil servant à épaissir un corps en suspension dans un liquide.

ÉPAMPRAGE, n. m. [epãpʀaʒ] (*épamprer*) Action d'épamprer la vigne, le blé.

ÉPAMPRÉ, ÉE, p. p. d'épamprer. [epãpʀe]

ÉPAMPREMENT, n. m. [epãpʀəmã] (*épamprer*) Action d'épamprer la vigne.

ÉPAMPRER, v. tr. [epãpʀe] (*é-* et *pampre*) Ôter de la vigne les pampres, les feuilles inutiles. ♦ Par extens. Diminuer, au printemps, l'excès de végétation herbacée des blés.

ÉPANCHÉ, ÉE, p. p. d'épancher. [epãʃe]

ÉPANCHEMENT, n. m. [epãʃ(ə)mã] (*épancher*) Action d'épancher. *L'épanchement du vin dans les libations que faisaient les Anciens.* ♦ Fig. « *Magnifique et inépuisable dans l'épanchement de ses dons* », MARMONTEL. ♦ Méd. Accumulation d'un fluide dans une partie du corps qui n'est pas destinée à le contenir. *Épanchement de sang, de bile.* ♦ Fig. Communication de sentiments et de pensées intimes. *Des épanchements de cœur.*

ÉPANCHER, v. tr. [epãʃe] (lat. pop. *expandicare*, du lat. *expandere*, étendre, déployer) Dans le style élevé, verser. *Épancher du vin.* ♦ Fig. Produire libéralement. « *Les fruits que la terre épanchait de son sein* », FÉNELON. « *Un grand cœur veut dans l'ombre épancher ses bienfaits* », GILBERT. ♦ Communiquer des choses intimes. *Épancher son secret.* ♦ *Épancher son cœur*, exposer avec sincérité sa pensée, ses sentiments. ♦ S'épancher, v. pr. Être épanché. ♦ Fig. « *Le sommeil sur ses yeux commence à s'épancher* », BOILEAU. ♦ Méd. Se dit du sang, d'une humeur qui s'extravase. *Le sang s'est épanché dans la poitrine.* ♦ Verser librement les sentiments de son cœur.

ÉPANDAGE, ■ n. m. [epãdaʒ] (*épandre*) Agric. Opération qui consiste à répandre du fumier, de l'engrais sur un sol pour l'amender. *L'épandage d'un champ de maïs.* ■ *Champ d'épandage*, terrain sur lequel les eaux d'égout s'épurent par filtrage.

ÉPANDEUR, ■ n. m. [epãdœʀ] (*épandre*) Machine permettant de répandre uniformément de l'engrais ou du fumier sur la terre.

ÉPANDEUSE, ■ n. f. [epãdøz] (*épandre*) Techn. Machine de travaux publics servant à étendre uniformément des substances malléables. *Une épandeuse à goudron.*

ÉPANDRE, v. tr. [epãdʀ] (lat. *expandere*) Étendre en versant, en dispersant, en éparpillant. *Ce fleuve épand ses eaux dans la campagne. Épandre du fumier dans un champ.* ♦ Fig. Verser, donner, accorder en abondance. « *Je ne sais d'homme nécessaire Que celui dont le luxe épand beaucoup de bien* », LA FONTAINE. ♦ *S'épandre dans la campagne.* ♦ Fig. « *Un bruit s'épand qu'Enghien et Condé sont passés* », BOILEAU. « *Un embrasement qui s'épand au loin dans une forêt* », LA BRUYÈRE. ♦ Être versé, donné libéralement.

ÉPANDU, UE, p. p. d'épandre. [epãdy]

ÉPANNELER, ■ v. tr. [epan(ə)le] (*é-* et anc. fr. *pennel*, patron employé dans la coupe des pierres) Techn. Tailler une pierre en veillant à laisser de la matière autour de la forme définitive pour éviter toute dégradation lors du transport et de la manutention. ♦ ÉPANNELEUR, n. m. [epan(ə)lœʀ] ♦ ÉPANNELAGE, n. m. [epan(ə)laʒ]

ÉPANORTHOSE, n. f. [epanɔʀtoz] (gr. *epanorthôsis*, de *orthos*, droit, juste) Figure de rhétorique, dite plus souvent *correction*, par laquelle on feint de corriger ce qu'on avait dit, comme trop faible.

ÉPANOUI, IE, p. p. d'épanouir. [epanwi] ou [epanui] Fig. *Cœur épanoui.* Pleinement développé d'un point de vue physique. *Une femme épanouie.*

ÉPANOUIR, v. tr. [epanwiʀ] ou [epanuiʀ] (anc. b. frq. *spannjan*, tendre) Se dit, en parlant des fleurs et des boutons dont les feuilles, les pétales s'ouvrent et s'étalent. *La chaleur épanouit les fleurs.* ♦ Fig. *La gaieté épanouit le visage.* ♦ Fig. et fam. *Épanouir la rate*, faire rire, réjouir. ♦ S'épanouir, v. pr. *Déployer ses feuilles*, sortir du bouton. ♦ Fig. *Mon âme s'épanouit.* ♦ *Son visage s'épanouit*, il prend l'aspect de la joie, du contentement. ♦ *Sa rate s'épanouit*, il devient gai. ♦ Être joyeux, radieux. ♦ Fig. Se développer pleinement. *Cet enfant timide s'épanouit au contact des autres.*

ÉPANOUISSANT, ANTE, ■ adj. [epanwisã, ãt] ou [epanuisã, ãt] (*épanouir*) Qui permet de se développer pleinement intellectuellement. *Exercer un métier épanouissant.*

ÉPANOUISSEMENT, n. m. [epanwis(ə)mã] ou [epanuis(ə)mã] (radic. du p. prés. de *épanouir*) Action de s'épanouir ; état de ce qui est épanoui. *L'épanouissement des fleurs.* ♦ Anat. *Épanouissement des vaisseaux, des fibres tendineuses, des nerfs,* disposition anatomique qui résulte de la subdivision en branches, fibres et tubes. ♦ Fig. Se dit d'un sentiment chaud et agréable qui agit sur le cœur en l'épanouissant. *Épanouissement du cœur.* ♦ *Épanouissement du visage,* air de gaieté, de vif contentement. ♦ *Épanouissement de rate,* joie, gaieté éclatante. ■ Fig. Le fait de se développer pleinement. *L'épanouissement d'un don artistique.*

ÉPAR ou **ÉPART**, ■ n. m. [epaʀ] (germ. *sparro,* poutre) Barre permettant de fermer une porte.

ÉPARCET, n. m. [eparsɛ] Voy. ESPARCETTE.

ÉPARCHIE, ■ n. f. [eparʃi] (lat. ecclés. *eparchia,* du gr. *eparkhia,* province, gouvernement) Relig. Diocèse dans l'Église catholique. ■ Circonscription de l'Empire romain. ■ Division administrative et religieuse dans l'ancien Empire byzantin. ■ Circonscription administrative en Grèce contemporaine.

ÉPARER (S'), v. pr. [epaʀe] (anc. fr. *esparer,* délivrer, étendre, ruer, du lat. *ex* et *parare*) Équit. Syn. peu usité de ruer.

ÉPARGNANT, ANTE, adj. [eparɲã, ãt] ou [eparnjã, ãt] (*épargner*) Qui use d'épargne, qui est très économe. *Un homme épargnant.* ■ N. m. et n. f. Celui ou celle qui met de l'argent de côté.

ÉPARGNE, n. f. [eparɲ] ou [eparnj] (*épargner*) Administration des dépenses telle qu'elles soient moindres que les recettes. ♦ ▷ *L'épargne de bouche,* la diminution de dépense sur la nourriture. ◁ ♦ ▷ *Aller à l'épargne,* chercher à épargner. ◁ ♦ La somme que l'on a économisée. ♦ *Caisse d'épargne,* établissement de bienfaisance où les plus petites sommes sont reçues et portent intérêt. ♦ Ancien nom du trésor royal. ■ Fig. Il se dit de tout ce qu'on économise comme on fait pour l'argent. *L'épargne du temps.* ♦ ▷ *Poire d'épargne* ou simplement *épargne,* sorte de poire, dite aussi *beauprésent.* ◁ ♦ Art *Taille d'épargne, taille en épargne,* sorte de taille qui se fait lorsque, enlevant le fond, on laisse en relief les traits qui doivent paraître.

ÉPARGNÉ, ÉE, p. p. d'épargner. [eparɲe] ou [eparnje]

ÉPARGNER, v. tr. [eparɲe] ou [eparnje] (anc. b. frq. *sparanjan,* traiter avec indulgence) User d'épargne dans la dépense ; ménager une chose. *Épargner son argent, son pain.* ♦ Absol. *Il faut épargner.* ♦ *S'épargner une chose,* se la refuser par épargne. ♦ Fig. Ne donner qu'avec réserve. *Épargner ses pas, ses démarches.* ♦ Supprimer, écarter. « *Épargnons des discours superflus* », P. CORNEILLE. ♦ *Ne pas épargner,* employer sans réserve. ♦ *Ne rien épargner,* employer tous les moyens. ♦ *S'épargner quelque chose,* épargner à soi quelque chose, s'en dispenser, s'en exempter. *Épargnez-vous ce soin.* ♦ *Épargner quelque chose à quelqu'un,* l'en préserver, l'en garantir. ♦ En un sens analogue. « *Ces deux maximes bien entendues épargneraient bien des préceptes de morale* », J.-J. ROUSSEAU. ♦ Traiter avec indulgence. *Épargner la vieillesse, l'enfance, la faiblesse, etc.* ♦ *Ne m'épargnez pas,* mettez-moi à contribution. ♦ Laisser vivre, laisser subsister. *La mort n'épargne personne.* ♦ Faire grâce, parler avec ménagement de quelqu'un. ♦ *Épargner quelqu'un,* en parler avec modération ; *ne pas l'épargner,* en parler mal ; *n'épargner personne,* médire de tout le monde. ♦ *Ne pas épargner,* battre. ♦ Art Employer avec habileté la matière que l'on travaille. ♦ Peint. Faire servir le blanc du papier ou de l'ivoire aux effets de lumière. ♦ Peint. Ne rien coucher sur certaines parties d'un tableau. ♦ S'épargner, v. pr. Se traiter l'un l'autre avec ménagement. ♦ *Ne pas s'épargner,* dire tout ce qu'on sait de soi, bon ou mauvais. ♦ *Ne pas s'épargner à une chose,* y travailler de toutes ses forces.

ÉPARPILLÉ, ÉE, p. p. d'éparpiller. [eparpije] Disséminé.

ÉPARPILLEMENT, n. m. [eparpij(ə)mã] (*éparpiller*) Action d'éparpiller ; état de ce qui est éparpillé.

ÉPARPILLER, v. tr. [eparpije] (prob. b. lat. *disparpaliare,* dér. expressif de *dispalare,* répandre, p.-ê. croisé avec le lat. *spargere,* jeter çà et là) Disperser çà et là. *Éparpiller des papiers, des notes.* ♦ *Éparpiller ses troupes,* les distribuer en petits corps. ♦ Fig. « *La vie de Paris éparpille les idées* », VOLTAIRE. *Éparpiller l'argent,* le répandre en différentes mains. ♦ *Éparpiller son argent,* le dépenser en frivolités. ♦ S'éparpiller, v. pr. Être éparpillé. ♦ Se disperser. ♦ Passer d'idées à autres, d'occupations à autres. *Il ne faut pas s'éparpiller sur plusieurs choses.* ■ V. tr. Fig. Disperser de manière inefficace. *Éparpiller son énergie, sa force, ses compétences.*

ÉPARQUE, ■ n. m. [eparkə] (gr. *eparkhos,* de *eparkhein,* commander) Préfet de Constantinople dans l'Empire byzantin. ■ Gouverneur d'une province dans l'Empire romain.

1 **ÉPARS**, n. m. [epaʀ] (anc. fr. *espartir,* partager, faire des éclairs, surtout de chaleur, du lat. *partire,* diviser en parties) Mar. Petit éclair qui n'est pas suivi de coup de tonnerre.

2 **ÉPARS, ARSE**, adj. [epaʀ, aʀs] (anc. fr. *espars*, p. p. de *espardre*, disperser, du lat. *spargere*) Épandu çà et là. *Des membres épars.* ◆ *Avoir les cheveux épars*, les avoir en désordre. ◆ Fig. *Souvenirs épars.*

ÉPART, ■ n. m. [epaʀ] Voy. ÉPAR.

ÉPARVIN ou **ÉPERVIN**, n. m. [epaʀvɛ̃, epeʀvɛ̃] (p.-ê. anc. b. frq. *sparwun*, accus. de *sparo*, passereau, par analogie de démarche ou de forme de la tumeur) Tumeur qui vient au jarret d'un cheval.

ÉPATAMMENT, ■ adv. [epatamɑ̃] (*épatant*) Fam. D'une manière épatante, excellente.

ÉPATANT, ANTE, ■ adj. [epatɑ̃, ɑ̃t] (*épater*) Fam. Qui provoque l'enthousiasme, la joie. *Un film épatant.* « *Ce qu'il y a d'épatant dans le maniement du temps et des calendriers, c'est qu'il combine la liberté, l'arbitraire, le hasard, et la nécessité* », D'ORMESSON.

ÉPATE, ■ n. f. [epat] (*épater*) Fam. *Faire de l'épate*, chercher à épater autrui.

ÉPATÉ, ÉE, ■ p. p. d'épater. [epate] Dont le pied est cassé. *Un verre épaté.* ◆ *Un nez épaté*, nez court, plat, écrasé. ■ Fam. Très surpris.

ÉPATEMENT, n. m. [epat(ə)mɑ̃] (*épater*) État de ce qui est épaté, plat. *Épatement du nez.* ■ Fam. État de grande surprise. *La surprise a provoqué un épatement général.*

ÉPATER, v. tr. [epate] (*é-* et *patte*) Rompre le pied d'un verre. ◆ Pop. Faire tomber sur les quatre pattes, et fig. étonner, déconcerter. ◆ S'épater, v. pr. Être épaté. ◆ Prendre une certaine largeur, en devenant moindre en hauteur. ◆ Tomber à terre tout de son long.

ÉPATEUR, EUSE, ■ n. m. et n. f. [epatœʀ, øz] (*épater*) Personne qui cherche à surprendre autrui.

ÉPAUFRER, ■ v. tr. [epofʀe] (anc. fr. *espautrer*, faire éclater, du frq. *spalturôian*, briser ; p.-ê. infl. de *érafler*) Endommager accidentellement une pierre de taille.

ÉPAUFRURE, ■ n. f. [epofʀyʀ] (*épaufrer*) Éclat d'une pierre de taille résultant d'un mauvais coup.

ÉPAULARD, n. m. [epolaʀ] (prob. croisement avec *épaule* de l'anc. fr. *espaar*, épaulard, de *espee*, pour la forme de sa nageoire dorsale) Nom vulgaire de la phocène orque de Cuvier.

ÉPAULE, n. f. [epol] (lat. *spathula*, spatule, omoplate) Partie la plus élevée du bras chez l'homme. ■ Fam. *Hausser, lever les épaules*, témoigner, en haussant les épaules, qu'une chose déplaît, choque. ◆ *Mettre quelqu'un à la porte par les deux épaules*, le chasser honteusement. ◆ *Porter sur les épaules*, se dit d'un fardeau dont on a les épaules chargées, et fig. de quelqu'un qui est à charge. ◆ *Plier, baisser les épaules*, subir un affront avec résignation. ◆ *Avoir les épaules assez fortes, trop faibles pour...*, être capable, incapable d'exécuter une chose. ◆ *Donner un coup d'épaule à quelqu'un*, lui venir en aide dans un embarras, dans une difficulté. ◆ *Prêter l'épaule à quelqu'un*, lui fournir les ressources dont il a besoin. ◆ *Prêter l'épaule à quelque chose*, y être favorable. ◆ *Un tour d'épaule, un coup d'épaule*, un effort pour quelque chose. ◆ *Regarder quelqu'un par-dessus l'épaule*, le regarder avec mépris. ◆ *Faire quelque chose par-dessus l'épaule*, ne point la faire du tout. ◆ Partie la plus élevée de la jambe de devant chez les quadrupèdes. *Une épaule de mouton.* ◆ Fortif. *L'épaule d'un bastion*, le terrain à l'endroit où la face et le flanc se joignent. ■ Fig. *Avoir la tête sur les épaules*, faire preuve de bon sens. ■ Fig. *Changer son fusil d'épaule*, changer radicalement d'opinion.

1 **ÉPAULÉ, ÉE**, ■ p. p. d'épauler. [epole]

2 **ÉPAULÉ**, ■ n. m. [epole] (*épaule*) Sp. En haltérophilie, mouvement qui consiste à élever la barre aux épaules en un seul temps.

ÉPAULÉE, ■ n. f. [epole] (*épaule*) Effort qu'on fait de l'épaule pour pousser quelque chose. ■ Fig. et fam. *Faire une chose par épaulées*, à diverses reprises, négligemment. ◆ Le quartier de devant du mouton, dont on a retranché l'épaule.

ÉPAULÉ-JETÉ, ■ n. m. [epoleʒ(ə)te] (*épauler* et *jeter*) Sp. En haltérophilie, mouvement qui succède à l'épaulé et qui consiste en une détente du corps pour hisser la barre à bout de bras. *Des épaulés-jetés.*

ÉPAULEMENT, n. m. [epol(ə)mɑ̃] (*épauler*) Rempart de fascines, de terre, etc., servant à garantir du feu de l'ennemi. ◆ *L'épaulement d'un tenon*, côté d'un tenon moins diminué que l'autre, pour donner plus de force à la pièce de bois. ◆ Menuis. Petit espace de bois plein entre deux mortaises. ■ Dénivellation naturelle entre deux replats.

ÉPAULER, v. tr. [epole] (*épaule*) Rompre, démettre l'épaule, en parlant des animaux. ◆ Fig. *Prêter l'épaule*, assister, aider à. *Je vous épaulerai de mon crédit.* ◆ Milit. *Épauler des troupes*, les mettre à l'abri du feu de l'ennemi par un épaulement. ◆ *Épauler un fusil*, en appuyer la crosse contre l'épaule pour faire feu. ◆ S'épauler, v. pr. En parlant des quadrupèdes, se blesser à

l'épaule. ◆ Fig. Se donner réciproquement de l'appui, du secours. ◆ Milit. Se couvrir d'un épaulement. ■ Coudre des épaulettes sur un vêtement. ■ Amortir le poids d'une construction à l'aide d'un mur de soutien.

ÉPAULETTE, n. f. [epolɛt] (*épaule*) Bande de toile ou d'étoffe, attachée sur la partie du vêtement qui couvre le dessus de l'épaule. *L'épaulette d'une robe.* ◆ Large bande de galon que les militaires portent sur chaque épaule, et qui est ordinairement garnie d'une touffe de filets pendants. ◆ *Épaulette à grosse torsade*, celle qui indique un grade supérieur ; les grades inférieurs ont de petites torsades. ◆ *Épaulette* se prend surtout pour désigner le grade d'officier. *Obtenir l'épaulette. Double épaulette*, le grade de capitaine. ■ Demi-cercle de tissu rembourré et cousu sous l'épaule d'un vêtement dans le but d'en accentuer la carrure.

ÉPAVE, adj. [epav] (substantivation de l'anc. fr. *espave*, égaré, du lat. *expavidus*, épouvanté) Jurispr. Qui est égaré et dont on ne connaît point le propriétaire. *Cheval, biens épaves.* ◆ N. f. Chose perdue et non réclamée dont la propriété appartient à l'État. ◆ *Épaves maritimes*, les objets que la mer jette sur ses bords. ◆ *Épaves d'eau*, objets trouvés dans les rivières ou sur leurs rives. ◆ Fig. Ce qui reste après perte ou ruine. *Recueillir les épaves de sa fortune.* ■ Bateau naufragé. ■ Véhicule hors d'usage ou accidenté et irréparable. ■ Fam. et péj. Personne détruite moralement ou physiquement. *Une épave, ce poivrot !*

ÉPAVISTE, ■ n. m. et n. f. [epavist] (*épave*) Personne dont l'activité professionnelle consiste à acheter et démonter des épaves automobiles pour ensuite revendre les matériaux recyclables et les pièces détachées réutilisables.

ÉPEAUTRE, n. m. [epotʀ] (b. lat. *spelta*, avec infl. germ.) Espèce de froment.

ÉPÉE, n. f. [epe] (lat. impér. *spatha*, battoir, épée longue) Chez les Anciens, arme offensive semblable à un sabre droit, dont on frappait l'adversaire ; chez les modernes, arme offensive longue et aiguë que l'on porte suspendue au côté. ◆ *Avoir l'épée sur la gorge*, être saisi et menacé d'être tué, et fig. être vivement pressé. ◆ *Un coup d'épée*, un coup donné avec l'épée. ■ Fam. *Un coup d'épée*, un coup donné avec l'épée. ■ Fam. *Un coup d'épée dans l'eau*, un effort sans résultat. ◆ *Poursuivre, presser l'épée dans les reins*, presser vivement à la guerre, dans une affaire, dans une discussion. ◆ *Emporter une chose à la pointe de l'épée*, l'obtenir par la voie des armes, et fig. avec effort, de vive force. ◆ *Poser l'épée*, cesser la guerre. ◆ *Rendre son épée*, se déclarer vaincu, céder. ◆ *Briser son épée*, quitter le service. ◆ Fig. *Se blesser de son épée*, se faire du mal en voulant en faire aux autres. ◆ *Épée de chevet*, Voy. CHEVET. ◆ *Épée à deux mains*, épée à lame très longue et très forte dont on se servait au Moyen Âge. ◆ L'état militaire. « *À la fin j'ai quitté la robe pour l'épée* », P. CORNEILLE. ◆ *Les gens d'épée*, les militaires. ◆ Fig. Vaillance à la guerre. *Il ne doit son élévation qu'à son épée.* ◆ *Une bonne épée*, un bon tireur, un homme brave. ◆ *Épée de Damoclès*, danger imminent, permanent. ■ *Passer quelqu'un au fil de l'épée*, le tuer avec une épée. ■ Sp. Arme utilisée en escrime. *Le fleuret, l'épée et le sabre sont les trois armes de l'escrime.*

ÉPEICHE, ■ n. f. [epɛʃ] (a. h. all. *Spëch*, pic) Oiseau grimpeur des régions d'Europe et d'Asie, au plumage jaune et noir tacheté de rouge et blanc appelé aussi *cul rouge*.

ÉPEICHETTE, ■ n. f. [epeʃɛt] (*épeiche*) Pic de petite taille au plumage blanc et noir avec une calotte rouge pour les mâles.

ÉPEIRE, ■ n. f. [epɛʀ] (lat. sav. *epeira*, d'orig. obsc.) Araignée commune d'Europe à l'abdomen développé qui tisse de grandes toiles verticales dans les bois et les jardins.

ÉPÉISTE, ■ n. m. et n. f. [epeist] (*épée*) Sportif qui manie l'épée.

ÉPELÉ, ÉE, ■ p. p. d'épeler. [ep(ə)le]

ÉPELER, v. tr. [ep(ə)le] (anc. b. frq. *spellôn*, expliquer) Nommer les lettres qui composent un mot et en former des syllabes en les assemblant. *Épeler un mot.* ◆ Absol. *Cet enfant commence à épeler.* ◆ Lire avec difficulté.

ÉPELLATION, n. f. [epelasjɔ̃] (*épeler*) Action d'épeler ; l'art d'épeler.

ÉPENDYME, ■ n. m. [epɑ̃dim] (gr. *epi*, sur, et *enduma*, vêtement) Méd. Tissu qui tapisse les ventricules cérébraux et le canal central de la moelle épinière. *Le canal de l'ependyme.*

ÉPENTHÈSE, n. f. [epɑ̃tɛz] (gr. *epenthesis*, de *epi*, en plus, *en*, à l'intérieur, et *tithenai*, placer) Gramm. Addition, insertion d'une lettre ou même d'une syllabe au milieu d'un mot.

ÉPENTHÉTIQUE, adj. [epɑ̃tetik] (*épenthèse*) Qui est ajouté par épenthèse.

ÉPÉPINER, ■ v. tr. [epepine] (*é-* et *pépin*) Enlever les pépins. *Épépiner des groseilles à la plume d'oie.*

ÉPERDU, UE, adj. [epɛʀdy] (p. p. de l'anc. fr. *esperdre*, perdre complètement) Qui est profondément troublé par la crainte ou par une passion quelconque. ◆ Vif, violent, en parlant de l'amour. *Un amour éperdu.* ◆ Transporté d'amour. ■ Animé d'un profond et violent sentiment. *Un homme éperdu de liberté.*

ÉPERDUMENT, adv. [epɛrdymã] (*éperdu*) D'une manière éperdue.

ÉPERLAN, n.m. [epɛrlɑ̃] (m. néerl. *spierlinc*) Petit poisson de mer qui a des couleurs nacrées fort brillantes. ♦ *Avaler l'éperlan sans l'éplucher,* manger goulûment.

ÉPERON, n.m. [ep(ə)rɔ̃] (anc. b. frq. *sporo*) Petite branche de métal qui s'adapte aux talons, et est armée à l'extrémité d'une espèce de roue en étoile dont les pointes servent à exciter le cheval. ♦ Anciennement, *chausser les éperons,* faire chevalier. ♦ Fam. *Gagner ses éperons,* se distinguer à sa première affaire, et fig. bien mériter par ses actes. ♦ ▷ Fig. *Cet homme a besoin d'éperon,* il a besoin d'être excité, poussé. ◁ ♦ ▷ *Chausser de près les éperons à quelqu'un,* poursuivre de près quelqu'un qui s'enfuit. ◁ ♦ ▷ *Ce cheval n'a ni bouche ni éperon,* il a la bouche dure et n'est pas sensible à l'éperon, et fig. *cet homme n'a ni bouche ni éperon,* il est stupide, insensible. ◁ ♦ Par anal. Ergot des coqs. ♦ Bot. Prolongement postérieur de la base du calice ou de la corolle de certaines fleurs. ♦ Chez les Anciens, partie de la proue d'un bâtiment terminée en pointe. ♦ Milit. Fortification en angle saillant, qui se fait au milieu des courtines, sur les bords des rivières, etc., pour garantir une place. ♦ Tout ouvrage qui sert à rompre le cours de l'eau. ♦ Ouvrage de maçonnerie terminé en pointe et servant d'appui à un bâtiment, à un mur. ♦ Fig. et fam. Rides qui se forment au coin de l'œil des vieillards.

ÉPERONNÉ, ÉE, adj. [ep(ə)rɔne] (*éperon*) Qui a des éperons aux talons. ♦ *Muni d'un éperon,* en parlant des coqs et des chiens. ♦ Bot. Terminé en éperon. ♦ *Avoir les yeux éperonnés* ou *être éperonné,* avoir des rides au coin de l'œil.

ÉPERONNEMENT, n.m. [ep(ə)rɔn(ə)mɑ̃] (*éperonner*) Action d'éperonner.

ÉPERONNER, v. tr. [ep(ə)rɔne] (*éperon*) Piquer avec l'éperon. ♦ Fig. Aiguillonner, stimuler. « *La peur l'éperonne et retarde* », RÉGNIER. ♦ Chausser les éperons à quelqu'un. ♦ *Éperonner un coq,* chausser ses ergots de pointes d'acier pour le combat. ■ Mar. *Éperonner un bateau,* l'attaquer en perçant sa coque avec l'étrave.

ÉPERONNIER, n.m. [ep(ə)rɔnje] (*éperon*) Celui qui fait ou qui vend des éperons, des mors, des étriers, etc.

ÉPERVIER, n.m. [epɛrvje] (anc. b. frq. *sparwari* ; cf. b. lat. *sparvarius*) Oiseau de proie dont on se sert dans la fauconnerie. ♦ Filet à prendre du poisson. *Jeter l'épervier.*

ÉPERVIÈRE, n.f. [epɛrvjɛr] (*épervier,* parce que cette plante était censée éclaircir la vue de l'oiseau) Genre de plantes à fleurs composées.

ÉPERVIN, n.m. [epɛrvɛ̃] Voy. ÉPARVIN.

ÉPHÈBE, n.m. [efɛb] (gr. *ephêbos,* de *hêbê,* jeunesse, vigueur) Antiq. grecq. Jeune homme parvenu à l'âge de puberté. ■ Jeune garçon d'une beauté quasiment féminine.

ÉPHÉBIE, ■ n.f. [efebi] (gr. *ephêbia*) Antiq. grecq. Éducation civique et militaire des éphèbes.

ÉPHÉDRA, ■ n.m. [efedra] (lat. sav., du gr. *ephedra,* siège, sorte de prêle) Bot. Arbuste méditerranéen très peu feuillu, à fleurs jaunes, dont les baies rouges sont comestibles, et desquelles on extrait l'éphédrine.

ÉPHÉDRINE, ■ n.f. [efedrin] (*ephedra*) Biol. Alcaloïde extrait de l'éphédra et utilisé en pharmacopée pour ses propriétés décongestionnantes et stimulantes.

ÉPHÉLIDE, n.f. [efelid] (gr. *ephêlis,* tache de rousseur, de *hêlios,* soleil) Méd. Tache à la peau.

ÉPHÉMÈRE, adj. [efemɛr] (gr. *ephêmeros,* de *hêmera,* journée) Qui ne dure que, qui ne vit qu'un jour, *Fleurs, animaux éphémères.* ♦ Par extens. Momentané, passager. *Bonheur, ouvrages, productions éphémères.* ♦ N.m. Genre d'insectes névroptères qui naissent et meurent le même jour. ♦ N.f. Bot. *Éphémère de Virginie* ou simplement *éphémère,* nom vulgaire de la tradescantie virginienne.

ÉPHÉMÉRIDE, n.f. [efemerid] (gr. *ephêmeris,* quotidien) Au pl. Tables astronomiques par lesquelles on détermine, jour par jour, le lieu de chaque planète dans le zodiaque. ♦ Ouvrage qui énumère et enseigne les événements sujets à calcul et à prévision dans l'année. ♦ Livre, ouvrage indiquant les événements arrivés le même jour de l'année à différentes époques. ♦ Titre, dans l'Antiquité, d'ouvrages racontant jour par jour la vie d'un personnage. ■ Calendrier dont une feuille est détachée chaque jour.

ÉPHOD, n.m. [efɔd] (mot hébreu) Espèce de surplis de toile de lin, en usage parmi les lévites ; il tombait jusqu'à terre.

ÉPHORAT, ■ n.m. [efora] (*éphore*) Charge d'un éphore.

ÉPHORE, n.m. [efɔr] (gr. *ephoros,* qui surveille, de *horan,* voir, observer) Magistrats lacédémoniens au nombre de cinq établis pour contrebalancer l'autorité des rois et du sénat, et qu'on renouvelait tous les ans.

ÉPI, n.m. [epi] (lat. *spica,* pointe, épi) Partie du blé, du froment et de plusieurs autres graminées, qui, placée au sommet de la tige, est formée par la réunion des graines. ♦ Graines, fleurs disposées en épi. ♦ Par extens. *Un épi de diamants,* un assemblage de diamants montés en forme d'épi. ♦ *Épi de cheveux,* petite touffe de cheveux qui ont une direction contraire aux autres. ■ *En épi,* en oblique. *Apprendre à garer une voiture en épi.*

ÉPIAGE n.m. ou **ÉPIAISON**, n.f. [epjaʒ, epjezɔ̃] (*épier*) La formation de l'épi dans le chaume et sa sortie du tuyau.

ÉPIAIRE, ■ n.m. [epjɛr] (*épi*) Bot. Herbe sauvage des bois et marais dont la forme de la fleur rappelle celle d'un épi. *Le crosne et la bétoine sont des épiaires.*

ÉPIALE, adj. [epjal] (gr. *êpialos,* fièvre avec frissons, p.-ê. à *êpios,* doux : fièvre bénigne ?) *Fièvre épiale,* nom, chez les Anciens, d'une fièvre continue dans laquelle on sentait avec une chaleur générale des frissons intercurrents.

ÉPICANTHUS, ■ n.m. [epikɑ̃tys] (épi- et kanthos, coin de l'œil) Anat. Repli cutané en forme de demi-lune qui recouvre plus ou moins l'angle interne de l'œil, et est typique des populations asiatiques.

ÉPICARPE, ■ n.m. [epikarp] (*épi-* et *-carpe*) Bot. Enveloppe du péricarpe d'un fruit.

ÉPICE, n.f. [epis] (lat. *species,* espèce, b. lat. denrée, épice) Toute drogue aromatique ou piquante dont on se sert pour l'assaisonnement. ♦ *Quatre épices,* mélange de girofle, de muscade, de poivre noir, de cannelle ou de gingembre en poudre. ♦ *Pain d'épice,* sorte de pain qui se fait avec de la farine de seigle, du miel et des épices, et qui est d'une couleur jaune foncé. ♦ *De pain d'épice,* de couleur de pain d'épice. ♦ N. f. pl. Anciennement, dragées, confitures. ♦ Ce qui était dû aux juges pour le jugement d'un procès par écrit. ♦ ▷ Fig. et fam. Mordant du style, ou langage graveleux. *Il n'épargne pas les épices.* ◁

ÉPICÉ, ÉE, p. p. d'épicer. [epise] (*épice*) Fig. Rempli de traits mordants ou de choses graveleuses.

ÉPICÉA, ■ n.m. [episea] (lat. impér. *picea,* épicéa) Mot corrompu de picéa. Voy. PICÉA.

ÉPICÈNE, adj. [episɛn] (gr. *epikoinos,* possédé en commun, de *koinos,* commun) Gramm. Qui désigne indifféremment l'un ou l'autre sexe : par exemple *enfant,* qui désigne un garçon ou une fille, est un nom épicène. ■ Ling. En parlant d'un mot, qui ne connaît aucune variation, qu'il soit au masculin ou au féminin. *Je est épicène.*

ÉPICENTRE, ■ n.m. [episɑ̃tr] (*épi-* et *centre*) Zone de la surface terrestre située au-dessus du foyer d'un tremblement de terre. Situer l'épicentre sismique.

ÉPICER, v. tr. [epise] (*épice*) Assaisonner avec des épices. ♦ Absol. *Ce cuisinier épice trop.* ♦ Autrefois, on disait qu'un juge épiçait rudement, pour signifier qu'il taxait trop haut les épices d'un procès.

ÉPICERIE, n.f. [epis(ə)ri] (*épicier*) ▷ Toutes sortes d'épices. *Le commerce des épiceries.* ◁ ♦ Commerce non seulement des épices, mais aussi du sucre, du miel, du café et d'une foule d'autres menus objets de consommation courante. ■ Lieu où se fait ce commerce.

ÉPICHÉRÈME, ■ n.m. [epikerɛm] (gr. *epikheirêma,* de *epikheirein,* entreprendre, entreprendre de démontrer) Syllogisme dans lequel les prémisses ou l'une des prémisses est accompagnée de sa preuve.

ÉPICIER, IÈRE, n.m. et n.f. [episje, jɛr] (*épice*) Celui, celle qui tient un commerce d'épicerie. ♦ Fig. *Ce livre ira chez l'épicier, est bon pour l'épicier,* se dit d'un mauvais ouvrage qui sera vendu pour le papier et servira à faire des sacs et des cornets. ♦ Adj. *Marchand, garçon épicier.*

ÉPICLÈSE, ■ n.f. [opiklɛz] (gr. *epiklêsis,* de *epikalein,* appeler à soi) Relig. Invocation à l'Esprit saint qui suit la consécration et précède l'anamnèse dans la liturgie.

ÉPICONDYLE, ■ n.m. [epikɔ̃dil] (*épi-* et *condyle*) Anat. Protubérance située à l'extrémité inférieure de l'humérus et à l'extérieur du coude. ■ ÉPICONDYLIEN, IENNE, adj. [epikɔ̃dilje, jɛn]

ÉPICONDYLITE, ■ n.f. [epikɔ̃dilit] (*épicondyle*) Méd. Inflammation au niveau de l'épicondyle.

ÉPICRÂNE, ■ n.m. [epikrɑn] (gr. *epikranon,* coiffure, de *epi,* sur, et *kranion,* crâne) Anat. L'ensemble des parties qui recouvrent le crâne. ♦ Adj. Qui est situé sur le crâne. *Le muscle épicrâne.* ■ ÉPICRÂNIEN, IENNE, adj. [epikrɑnjɛ̃, jɛn]

ÉPICURÉISME, n.m. [epikyreism] Voy. ÉPICURISME, qui est meilleur.

ÉPICURIEN, IENNE, n.m. et n.f. [epikyrjɛ̃, jɛn] (*Épicure*) Sectateur d'Épicure. ♦ Un voluptueux, une voluptueuse, qui aime le plaisir et qui s'y connaît. ♦ Adj. Conforme aux opinions d'Épicure. *Système épicurien.* ♦ Qui cherche plaisirs des sens. *Morale épicurienne.*

ÉPICURISME, n. m. [epikyʀism] (lat. *Epicurus*, gr. *Epikouros*, v. 341-v. 270, philosophe grec) Doctrine d'Épicure et des épicuriens. ◆ *Morale des épicuriens*, recherche de la volupté, soit au sens élevé, soit au sens bas. ▪ Rem. On disait aussi *épicuréisme*.

ÉPICYCLE, n. m. [episikl] (gr. *epikuklos*) Petit cercle imaginé par les anciens astronomes, et dont le centre parcourt la circonférence d'un cercle plus grand.

ÉPICYCLOÏDAL, ALE, adj. [episikloidal] (*épicycloïde*) Qui a rapport, qui appartient à l'épicycloïde.

ÉPICYCLOÏDE, n. f. [episikloid] (*épicycle* et *-oïde*) Courbe engendrée par la révolution d'un point de la circonférence d'un cercle qui roule sur la partie concave ou convexe d'un autre cercle.

ÉPIDÉMIE, n. f. [epidemi] (gr. *epidêmia*, séjour dans un pays, épidémie, de *epi*, dans, et *dêmos*, pays) Maladie, contagieuse ou non, qui attaque un très grand nombre de personnes. ◆ **Fig.** Ce qui s'empare des esprits comme l'épidémie s'empare des corps. « *Il est pour ainsi dire des épidémies d'esprit qui gagnent les hommes de proche en proche comme une espèce de contagion* », J.-J. Rousseau.

ÉPIDÉMIOLOGIE, ▪ n. f. [epidemjɔlɔʒi] (*épidémie* et *-logie*) Étude scientifique des facteurs de risque déterminant la fréquence, la répartition et l'évolution des maladies. *L'épidémiologie du cancer*. ▪ ÉPIDÉMIOLOGIQUE, adj. [epidemjɔlɔʒik] ▪ ÉPIDÉMIOLOGISTE, n. m. et n. f. [epidemjɔlɔʒist]

ÉPIDÉMIQUE, adj. [epidemik] (*épidémie*) Qui tient de l'épidémie. *Maladie épidémique*. ◆ **Fig.** Qui a le caractère de l'épidémie morale. *Un engouement épidémique*.

ÉPIDÉMIQUEMENT, adv. [epidemik(ə)mɑ̃] (*épidémique*) D'une manière épidémique.

ÉPIDERME, n. m. [epidɛʀm] (gr. *epidermis*, mot grec, de *epi*, sur, et *derma*, peau) Membrane transparente qui fait partie de la peau et recouvre toute la surface du derme. ◆ **Fig.** *Il a l'épiderme sensible*, il est facile à toucher, à offenser. ◆ *Chatouiller à quelqu'un l'épiderme*, le flatter. ◆ **Par extens.** Pellicule mince servant d'enveloppe aux plantes herbacées et aux jeunes rameaux. ◆ Couche extérieure recouvrant quelque chose. « *À peine connaissons-nous l'épiderme de notre globe* », Bonnet.

ÉPIDERMIQUE, adj. [epidɛʀmik] (*épiderme*) Qui a rapport ou qui appartient à l'épiderme. ▪ *Un sentiment épidermique*, réactionnel.

ÉPIDIDYME, ▪ n. m. [epididim] (gr. *epididumis*, de *epi*, sur, et *didumos*, double, testicule) **Méd.** Petit organe situé le long du testicule, contenant un canal par lequel passe le sperme.

ÉPIDIDYMITE, ▪ n. f. [epididimit] (*épididyme*) **Méd.** Inflammation aiguë de l'épididyme qui s'accompagne souvent d'une orchite.

ÉPIDOTE, ▪ n. f. [epidɔt] (gr. *epidotos*, de *epididonai*, s'étendre) **Géol.** Silicate contenant de l'aluminium, du calcium et du fer et dont la couleur varie du jaune au noir en passant par le vert et le brun.

ÉPIDURAL, ALE, ▪ adj. [epidyʀal] (*épi-* et *dural*, de *dur*[*e-mère*]) **Méd.** Qui est situé ou se pratique dans la région du canal rachidien. *Une anesthésie épidurale*.

1 ÉPIÉ, ÉE, p. p. d'épier [epje] (*épi*) Monté, posé en épi.

2 ÉPIÉ, ÉE, p. p. d'épier. [epje] Observé secrètement.

1 ÉPIER, v. intr. [epje] (*épi*) Se conjugue avec *être* ou *avoir*, suivant le sens. *Monter en épi. Le blé a épié, est épié*.

2 ÉPIER, v. tr. [epje] (anc. b. frq. *spehôn*, observer attentivement) Observer secrètement quelqu'un. ◆ Il se dit aussi des choses. *On épie vos démarches*. ◆ **Absol.** *On épie*. ◆ **Par extens.** Observer attentivement, essayer de découvrir, de pénétrer. ◆ *Épier l'occasion, le moment d'agir*, attendre l'instant convenable. ▪ S'épier, v. pr. S'observer secrètement l'un l'autre. ▪ *Épier le retour de quelqu'un*, le guetter avec impatience.

ÉPIERRAGE, n. m. [epjeʀaʒ] (*épierrer*) Syn. d'épierrement.

ÉPIERRÉ, ÉE, p. p. d'épierrer. [epjeʀe]

ÉPIERREMENT, n. m. [epjeʀ(ə)mɑ̃] (*épierrer*) Enlèvement des pierres qui couvrent un terrain.

ÉPIERRER, v. tr. [epjeʀe] (*é-* et *pierre*) Ôter les pierres d'un terrain. ◆ **Absol.** *Épierrer n'est pas toujours utile*.

ÉPIERREUR, ▪ n. m. [epjeʀœʀ] (*épierrer*) Machine agricole utilisée pour épierrer les récoltes de betteraves, pommes de terre et céréales.

ÉPIERREUSE, ▪ n. f. [epjeʀøz] (*épierrer*) Machine servant à épierrer.

ÉPIEU, n. m. [epjø] (anc. b. frq. *speot*) Bâton d'un mètre et demi environ de longueur, garni par le bout d'un fer large et pointu, et qui sert particulièrement à la chasse du sanglier et autres grosses bêtes. *Des épieux*.

ÉPIEUR, EUSE, n. m. et n. f. [epjœʀ, øz] (*épier*) Celui, celle qui épie.

ÉPIGASTRALGIE, n. f. [epigastʀalʒi] (*épigastre* et *-algie*) **Méd.** Douleur à l'épigastre.

ÉPIGASTRALGIQUE, adj. [epigastʀalʒik] (*épigastralgie*) Qui a rapport à l'épigastralgie.

ÉPIGASTRE, n. m. [epigastʀ] (gr. *epigastrion*, de *épi-* et *gastros*, ventre) **Anat.** La partie supérieure de l'abdomen.

ÉPIGASTRIQUE, adj. [epigastʀik] (*épigastre*) Qui appartient à l'épigastre. *La région épigastrique*.

ÉPIGÉ, ÉE, ▪ adj. [epiʒe] (gr. *epigaios*, qui est sur terre) **Bot.** Qui croît au-dessus du sol. *Des cotylédons épigés*.

ÉPIGENÈSE, ▪ n. f. [epiʒənɛz] (*épi-* et *-genèse*) Théorie selon laquelle un embryon se forme à partir d'une cellule unique qui subit des multiplications et différenciations progressives. *L'épigenèse est la théorie qui s'oppose à l'ontogenèse*.

ÉPIGÉNIE, ▪ n. f. [epiʒeni] (*épi-* et *-génie*) **Minér.** Modification de la nature chimique d'un minerai à l'intérieur d'une roche. ▪ **Géol.** Phénomène suivant lequel un cours d'eau creuse une vallée quelle que soit la nature des roches et sans dévier de son trajet. ▪ ÉPIGÉNIQUE, adj. [epiʒenik]

ÉPIGLOTTE, n. f. [epiglɔt] (gr. *epiglôttis*) **Anat.** Valvule fibrocartilagineuse, qui, placée à la partie supérieure du larynx, recouvre la glotte au moment de la déglutition, et empêche ainsi l'introduction des aliments ou des boissons dans les voies aériennes.

ÉPIGONE, ▪ n. m. [epigɔn] (gr. *epigonos*, descendant) **Litt.** et **péj.** Successeur qui manque d'originalité dans une école philosophique, littéraire ou un parti. *Les épigones du romantisme*.

ÉPIGRAMMATIQUE, adj. [epigramatik] (lat. *epigrammaticus*) Qui appartient à l'épigramme. *Style, trait épigrammatique*.

ÉPIGRAMMATIQUEMENT, adv. [epigramatik(ə)mɑ̃] (*épigrammatique*) D'une manière épigrammatique.

ÉPIGRAMMATISTE, n. m. [epigramatist] (*épigramme*) Auteur d'épigrammes.

ÉPIGRAMME, n. f. [epigram] (gr. *epigramma*) Anciennement, petite pièce de vers sur toute sorte de sujets. ◆ Courte pièce de vers qui se termine par un mot ou par un trait piquant. ◆ **Par extens.** Mot très piquant ou railleur, lancé dans la conversation ordinaire ou ailleurs. ▪ **N. m. Cuis.** Plat constitué de morceaux de poitrine panés et de côtelettes.

ÉPIGRAPHE, n. f. [epigraf] (gr. *epigraphê*, inscription, maxime) Inscription mise sur un édifice pour en marquer la date, la destination, etc. ◆ Courte citation qu'on met en tête d'un ouvrage ou d'un chapitre pour en indiquer l'esprit.

ÉPIGRAPHIE, n. f. [epigrafi] (*épigraphe*) Science des inscriptions. ▪ ÉPIGRAPHISTE, n. m. et n. f. [epigrafist]

ÉPIGRAPHIQUE, adj. [epigrafik] (*épigraphie*) Qui est propre à l'épigraphe. *Style épigraphique*. ◆ Qui est relatif à l'épigraphie.

ÉPIGYNE, ▪ adj. [epiʒin] (*épi-* et *-gyne*) **Bot.** Qui se fixe au-dessus de l'ovaire d'une fleur.

ÉPILATEUR, ▪ n. m. [epilatœʀ] (*épiler*) Appareil servant à arracher les poils avec leur bulbe. *Un épilateur électrique. Un épilateur à la cire*.

ÉPILATION, n. f. [epilasjɔ̃] (*épiler*) Action d'arracher des poils. ◆ **Méd.** Avulsion des cheveux, afin de guérir certaines affections du système pileux.

ÉPILATOIRE, adj. [epilatwaʀ] (*épiler*) Qui sert à épiler. *Pâte épilatoire*.

ÉPILÉ, ÉE, p. p. d'épiler. [epile]

ÉPILEPSIE, n. f. [epilɛpsi] (gr. *epilêpsia*, arrêt soudain) **Méd.** Affection cérébrale caractérisée par la perte subite de connaissance et par des convulsions. *Avoir une attaque d'épilepsie*.

ÉPILEPTIFORME, ▪ adj. [epilɛptifɔʀm] (rad. de *épileptique* et *-forme*) Dont les symptômes sont similaires à ceux de l'épilepsie.

ÉPILEPTIQUE, adj. [epilɛptik] (gr. *epilêptikos*) Qui est de la nature de l'épilepsie. *Convulsions épileptiques*. ◆ Qui y est sujet. ▪ **N. m. et n. f.** *Un épileptique. Une épileptique*.

ÉPILER, v. tr. [epile] (*é-* et lat. *pilus*, poil) Arracher, faire tomber les poils et les cheveux. ◆ **Absol.** Onguent pour épiler. ◆ Enlever les cheveux blancs. ◆ S'épiler, v. pr. S'ôter les cheveux, et en particulier les cheveux blancs. ▪ S'ôter les poils en les arrachant. *S'épiler les aisselles*.

ÉPILEUR, EUSE, n. m. et n. f. [epilœʀ, øz] (*épiler*) Celui, celle qui épile.

ÉPILLET, n. m. [epijɛ] (dimin. de *épi*) **Bot.** Subdivision d'un épi composé.

ÉPILOBE, ▪ n. m. [epilɔb] (*épi-* et *-lobe*) **Bot.** Plante vivace à fleurs pourpres qui se développe dans les lieux humides et les forêts.

ÉPILOGUE, n. m. [epilɔg] (gr. *epilogos*) Sorte de conclusion, de résumé placé à la fin d'un apologue, d'un poème ou d'un discours, et surtout d'un livre. ■ Dénouement d'une histoire.

ÉPILOGUÉ, ÉE, p. p. de épiloguer. [epiloge]

ÉPILOGUER, v. intr. [epiloge] (*épilogue*) Chercher, trouver à redire. *C'est un homme qui épilogue sur tout.* ♦ V. tr. Censurer. *Épiloguer les actions d'autrui.* ♦ ▷ S'épiloguer, v. pr. Se critiquer mutuellement. ◁

ÉPILOGUEUR, EUSE, n. m. et n. f. [epilogœr, øz] (*épiloguer*) Personne qui épilogue, qui ne fait qu'épiloguer.

ÉPINARD, n. m. [epinar] (lat. médiév. *spinarchia*, de l'ar. *isbinah*) Plante potagère. ♦ *Vert d'épinards*, jus des épinards cuits et pilés. ♦ **Fig.** *Frange, épaulette, gland à graine d'épinards.* L'épaulette à graine d'épinards indique un grade supérieur dans l'armée française. ■ Au pl. Feuilles d'épinard que l'on consomme. ■ *Mettre du beurre dans les épinards*, améliorer une situation.

ÉPINCER ou **ÉPINCETER**, v. tr. [epɛ̃se, epɛ̃s(ə)te] (*é-* et *pince* ou *pincette*) Techn. Ôter les défauts et protubérances apparus lors du tissage à la surface d'un tissu. ■ Ôter les bourgeons qui se développent sur le tronc d'un arbre. ■ **ÉPINÇAGE**, n. m. [epɛ̃saʒ]

ÉPINCEUR, EUSE, ■ n. m. et n. f. [epɛ̃sœr, øz] (*épincer*) Personne qui épince les tissus.

ÉPINE, n. f. [epin] (lat. *spina*) Arbre ou arbrisseau dont les branches sont armées de piquants. ♦ *Épine blanche*, aubépine. ♦ *Épine noire*, prunellier. ♦ Piquant qui vient sur certains végétaux. *La rose et ses épines.* ♦ **Fig.** *Une épine au pied*, un sujet de gêne et d'inquiétudes. ♦ *Tirer à quelqu'un une épine du pied*, le tirer d'embarras. ♦ Au pl. Difficultés, choses fâcheuses, désagréables. « *Les mariages ont assez d'épines sans cette amertume* », FÉNELON. ♦ *Être sur les épines, sur des épines*, être dans une grande impatience, dans une grande anxiété. ♦ *Marcher sur les épines*, se trouver dans une conjoncture très difficile. ♦ **Anat.** Nom donné aux éminences osseuses allongées, telles que *l'épine nasale, l'épine du dos, l'épine dorsale* ou absol. *l'épine*, la colonne vertébrale. ♦ ▷ **Fig.** *Courber l'épine*, faire une platitude ou une démonstration de civilité exagérée. ◁ ♦ **Prov.** *Il n'est point de roses sans épines*, il n'est point de joie sans quelque déplaisir. ■ Pic sur le dos de certains animaux. *Les épines d'un oursin.*

1 ÉPINETTE, n. f. [epinɛt] (dimin. de *épine*) Nom d'un instrument de musique, dont on jouait par un clavier composé de quarante-neuf touches, et dont les cordes étaient pincées par des pointes de plumes de corbeau en forme d'épines.

2 ÉPINETTE, n. f. [epinɛt] (dimin. de *épine*) Cage en bois, en osier, dans laquelle on place une volaille pour l'engraisser.

3 ÉPINETTE, ■ n. f. [epinɛt] (dimin. de *pin*, refait d'apr. *épine*) **Canada** Épicéa.

ÉPINEURIEN, IENNE, ■ adj. [epinørjɛ̃, jɛn] (*épi-* et gr. *neuron*, nerf) **Zool.** Dont le cerveau se situe au-dessus de l'appareil digestif, en parlant des animaux. *Les épineuriens s'opposent aux hyponeuriens dont la chaîne nerveuse se situe sous l'appareil digestif.*

ÉPINEUX, EUSE, adj. [epinø, øz] (lat. class. *spinosus*) Hérissé d'épines. *Les arbres épineux.* ♦ **Fig.** Hérissé de difficultés, d'embarras. *Une affaire épineuse. Les questions les plus épineuses.* ♦ Qui fait des difficultés sur tout. « *Les hommes sont si épineux sur les moindres intérêts* », LA BRUYÈRE.

ÉPINE-VINETTE, n. f. [epin(ə)vinɛt] (*épine* et *vinette*, dimin. de *vin*) Arbuste armé de piquants, qui produit de petites baies acides. ♦ Au pl. *Des épines-vinettes.*

ÉPINGARD ou **ÉPINGARE**, n. m. [epɛ̃gar] (espingole) Petit canon au dessous d'une livre de balles.

ÉPINGLAGE, ■ n. m. [epɛ̃glaʒ] (*épingler*) Action de réunir et de maintenir avec des épingles. *L'épinglage des billets de banque. Procéder à l'épinglage d'un ourlet sur quelqu'un.*

ÉPINGLE, n. f. [epɛ̃gl] (lat. vulg. *spingula*, du lat. *spinula*, petite épine, et *spicula*, piquant) Petite pointe métallique en fil de laiton garnie d'une tête, dont on se sert généralement pour la toilette. ♦ **Fig.** et **fam.** *Tirer son épingle du jeu* (locution empruntée à un jeu d'enfants), se dégager adroitement ou sans perte d'une mauvaise affaire. ♦ *Être tiré à quatre épingles*, être très paré, très ajusté. ♦ *Cela ne vaut pas une épingle*, cela est sans valeur, sans importance. ♦ **Fig.** *Coups d'épingles*, petites offenses, petites contrariétés. ♦ *Épingle à cheveux*, épingle à deux branches qui sert aux femmes à retenir leurs cheveux. ♦ *Épingle de cravate*, bijou ou fine épingle, qui se fixe au linge sur la poitrine et sur la cravate. *Épingle de diamant.* ♦ ▷ Au pl. *Don fait à une femme quand on conclut quelque marché avec son mari.* ◁ ♦ ▷ En quelques provinces, *épingles* se dit pour *arrhes*. ◁ ■ Petite tige métallique garnie d'une tête et utilisée pour fixer ensemble des choses souples. *Marquer un ourlet*

avec des épingles. *Maintenir une liasse de billets avec une épingle.* ■ *Épingle de sûreté, épingle de nourrice, épingle double*, tige métallique repliée sur elle-même et fermée par un crochet plat. ■ *Chercher une épingle dans une botte, une meule de foin*, chercher quelque chose d'introuvable. ■ *Monter quelque chose en épingle*, donner une importance excessive à un fait qui n'en vaut pas la peine.

ÉPINGLÉ, adj. [epɛ̃gle] *Velours épinglé*, tissu à petites côtes légères en travers de l'étoffe, faites avec des fils de soie.

ÉPINGLER, v. tr. [epɛ̃gle] (*épingle*) Ficher une épingle, attacher avec une épingle. ♦ ▷ Déboucher la lumière d'un fusil avec l'épinglette. ◁ ♦ ▷ *Épingler un bec de gaz*, nettoyer à l'aide d'une épingle très fine les petits trous par où le gaz s'échappe. ◁ ♦ S'épingler, v. pr. Attacher ses épingles. ■ **Fam.** *Épingler quelqu'un*, l'arrêter. ♦ *Épingler quelque chose*, le mettre en évidence. *Il passe son temps à épingler les erreurs de chacun.* ■ **Fam.** *Se faire épingler*, être arrêté.

ÉPINGLERIE, n. f. [epɛ̃gləri] (*épingle*) Manufacture d'épingles.

ÉPINGLETTE, n. f. [epɛ̃glɛt] (dimin. de *épingle*) Aiguille de fer pour percer la gargousse avant d'amorcer. ♦ Épingle de fil d'archal pour déboucher la lumière du fusil. ♦ Insigne fixable au moyen d'une épingle. ■ REM. Recommandation officielle pour *pin's*.

ÉPINGLIER, IÈRE, n. m. et n. f. [epɛ̃glije, jɛr] (*épingle*) Celui, celle qui fait ou qui vend des épingles.

ÉPINIER, n. m. [epinje] (*épine*) Fourré d'épines, où se retirent les bêtes noires.

ÉPINIÈRE, adj. f. [epinjɛr] (*épine*) **Anat.** *La moelle épinière*, organe central nerveux que renferme l'épine du dos ou colonne vertébrale, et qui est continu avec le cerveau.

ÉPINOCHE, n. f. [epinɔʃ] (*épine*) Petit poisson commun dans les ruisseaux, vulgairement *écharde* ou *épinard*.

ÉPINOCHETTE, ■ n. f. [epinɔʃɛt] (dimin. de *épinoche*) Épinoche de petite taille.

ÉPIOOLITHIQUE, adj. [epioolitik] (*épi-* et *oolithique*) **Géol.** Se dit des terrains situés au-dessus du calcaire oolithique.

ÉPIORNIS, ■ n. m. [epjɔrnis] Voy. ÆPYORNIS.

ÉPIPALÉOLITHIQUE, ■ adj. [epipaleolitik] (*épi-* et *paléolithique*) Entre le Paléolithique et le Mésolithique. ■ N. m. *L'épipaléolithique.*

ÉPIPASTIQUE, adj. [epipastik] (gr. *epipastos*) **Pharm.** *Papier épipastique*, papier saupoudré de poudre de cantharides.

ÉPIPÉLAGIQUE, ■ adj. [epipelaʒik] (*épi-* et *pélagique*) **Biol.** Vivant dans un étage sous-marin peu profond, en parlant d'organismes pélagiques.

ÉPIPHANE, ■ adj. [epifan] (gr. *epiphanês*, illustre) **Hist.** Épithète associée aux rois hellénistiques.

ÉPIPHANIE, n. f. [epifani] (gr. *epiphaneia*) Fête de la manifestation de Jésus aux gentils ; le jour des Rois.

ÉPIPHÉNOMÈNE, ■ n. m. [epifenɔmɛn] (*épi-* et *phénomène*) Phénomène secondaire qui découle d'un fait plus important. ■ **Méd.** Symptôme sans importance qui vient s'ajouter aux symptômes principaux.

ÉPIPHÉNOMÉNISME, ■ n. m. [epifenɔmenism] (*épiphénomène*) **Philos.** Théorie qui considère la conscience comme un phénomène ajouté aux différents processus physiologiques de l'organisme, et n'ayant donc aucun rôle fondamental tout comme un épiphénomène.

ÉPIPHONÈME, n. m. [epifonɛm] (gr. *epiphônêma*) **Rhét.** Sorte d'exclamation sentencieuse par laquelle on termine un récit.

ÉPIPHORA, n. m. [epifora] (gr. *epiphora*) Flux habituel des larmes qui tombent sur les joues au lieu de passer par les points lacrymaux.

ÉPIPHYLLE, ■ adj. [epifil] (*épi-* et *-phylle*) **Bot.** Qui se développe sur les feuilles vivantes d'une plante. *La migration du sporange en position épiphylle.*

ÉPIPHYSE, ■ n. f. [epifiz] (*épi-* et gr. *phusis*, croissance) **Méd.** Renflement à l'extrémité des os longs. ■ Glande située entre les hémisphères cérébraux.

ÉPIPHYSITE, ■ n. f. [epifizit] (*épiphyse*) **Méd.** Défaut de croissance d'un os ou d'une épiphyse entraînant son inflammation.

ÉPIPHYTE, ■ adj. [epifit] (*épi-* et gr. *phuton*, plante) **Bot.** Qui se développe sur d'autres plantes sans pomper leurs substances nutritives. ■ N. m. *Un épiphyte. Le lierre est un épiphyte.*

ÉPIPHYTIE, ■ n. f. [epifiti] (*épiphyte*) **Bot.** Pathologie qui touche successivement tous les spécimens d'un même végétal dans une zone géographique déterminée.

ÉPIPLOON, n. m. [epiploɔ̃] (gr. *epiploon*) Grand repli du péritoine qui flotte sur la surface des intestins.

ÉPIQUE, adj. [epik] (gr. *epikos*, relatif à l'épopée) Se dit des grandes compositions en vers où le poète raconte une action. ♦ Propre à l'épopée. *Le* *genre épique. Des vers épiques. Le ton épique.* ◆ Qui s'applique à l'épopée. *Un poète épique.* ◆ Par extens. Digne de l'épopée.

ÉPIROGENÈSE, ■ n. f. [epiroʒənɛz] (gr. *epeiros*, continent, et *-genèse*) Géol. Ensemble des mouvements des continents. ■ ÉPIROGÉNIQUE, adj. [epiroʒenik]

ÉPISCLÉRITE, ■ n. f. [episklerit] (*épi-* et *-sclérite*) Méd. Inflammation du tissu cellulaire entourant la sclérite de l'œil.

ÉPISCOPAL, ALE, adj. [episkopal] (lat. chrét. *épiscopalis*) Qui appartient à l'évêque. *Palais épiscopal. Ornements épiscopaux.* ◆ *L'Église épiscopale*, l'Église anglicane, ainsi dite parce qu'elle a conservé les évêques. ◆ *Épiscopaux*, nom qu'on donne, en Angleterre, à ceux qui composent l'Église anglicane, par opposition aux presbytériens.

ÉPISCOPALIEN, IENNE, ■ adj. [episkopaljɛ̃, jɛn] (*épiscopal*) Favorable à l'épiscopalisme. ■ Relatif à l'Église anglicane des États-Unis.

ÉPISCOPALISME, ■ n. m. [episkopalism] (*épiscopal*) Théorie propre à l'Église anglicane selon laquelle l'assemblée des évêques est plus puissante que le pape.

ÉPISCOPAT, n. m. [episkopa] (lat. chrét. *episcopatus*) Dignité d'évêque. ◆ Temps durant lequel un évêque occupe un siège. ◆ Corps des évêques. *L'épiscopat français.*

ÉPISCOPE, ■ n. m. [episkɔp] (*épi-* et *-scope*) Appareil d'optique muni de miroirs utilisé dans les chars de combat pour observer l'extérieur tout en restant à l'intérieur. ■ Appareil utilisé dans les classes pour projeter sur un écran une image, à partir du support papier inséré devant un jeu de miroirs. *Notre instituteur utilisait l'épiscope pour projeter sur le mur l'image d'un livre qu'il avait apporté.*

ÉPISIOTOMIE, ■ n. f. [epizjotomi] (gr. *epision*, pubis, et *-tomie*) Méd. Opération qui consiste à pratiquer une ou plusieurs incisions sur le pourtour de la vulve au moment de l'accouchement pour prévenir une éventuelle déchirure.

ÉPISODE, n. m. [epizɔd] (gr. *epeisodion*, accessoire) Action incidente liée à l'action principale dans un poème, dans un roman, dans un récit, dans un tableau. ◆ Incident, fait remarquable qui se rattache à un ensemble d'événements importants. ■ Partie d'une œuvre cinématographique ou télévisée. *Une série en vingt épisodes.*

ÉPISODIQUE, adj. [epizodik] (*épisode*) Qui appartient à l'épisode, qui n'est pas essentiel à l'action principale. ◆ *Pièce épisodique* ou *pièce à tiroirs*, pièce composée de scènes qui ne sont pas liées entre elles, comme *Les Fâcheux* de Molière. ■ Qui se produit par intermittence. *Un mal-être épisodique.*

ÉPISODIQUEMENT, adv. [epizodik(ə)mɑ̃] (*épisodique*) D'une façon épisodique.

ÉPISPADIAS, ■ n. m. [epispadjas] (*épi-* et gr. *spân*, déchirer) Méd. Malformation congénitale de l'urètre chez l'homme.

ÉPISPASTIQUE, adj. [epispastik] (gr. *epispastikos*, qui attire) Pharm. Qui irrite la peau et soulève l'épiderme. *Les cantharides sont épispastiques.* ◆ N. m. *Un épispastique énergique.*

ÉPISSÉ, ÉE, p. p. de épisser. [epise]

ÉPISSER, v. tr. [epise] (m. néerl. *splissen*) Mar. Séparer les torons de deux bouts de corde et les entrelacer de manière à réunir les deux cordes.

ÉPISSOIR n. m. ou **ÉPISSOIRE**, n. f. [episwar] (*épisser*) Mar. Instrument en forme de poinçon, dont on se sert pour épisser les câbles.

ÉPISSURE, n. f. [episyr] (*épisser*) Mar. Assemblage de deux bouts de cordages par l'entrelacement de leurs torons.

ÉPISTAXIS, ■ n. f. [epistaksis] (*épi-* et gr. *staxis*, écoulement) Méd. Saignement de nez.

ÉPISTÉMÉ, ■ n. f. [episteme] (gr. *epistêmê*, science) Ensemble des connaissances fondamentales propres à une population pour une période donnée. ■ Rem. On trouve aussi les graphies *épistémè* et *épistémé*.

ÉPISTÉMOLOGIE, ■ n. f. [epistemoloʒi] (gr. *epistêmê*, science, et *-logie*) Philos. Étude des fondements, des méthodes et du développement des sciences. *L'épistémologie des sciences du langage.* ■ ÉPISTÉMOLOGIQUE, adj. [epistemoloʒik] ■ ÉPISTÉMOLOGUE ou ÉPISTÉMOLOGISTE, n. m. et n. f. [epistemolɔg, epistemoloʒist]

ÉPISTOLAIRE, adj. [epistolɛr] (lat. médiév. *epistolarium*) Qui appartient à l'épître ; qui concerne la manière d'écrire les lettres. *Genre épistolaire.* ◆ N. m. Auteur qui a cultivé ce genre. *Mme de Sévigné et Voltaire sont nos meilleurs épistolaires.*

ÉPISTOLIER, ÈRE, n. m. et n. f. [epistolje, jɛr] (b. lat. *epistolaris*) Celui, celle qui est célèbre par les lettres qu'il a écrites, et aussi celui, celle qui écrit beaucoup de lettres.

ÉPISTOLOGRAPHE, n. m. [epistolograf] (gr. *epistolographos*) Celui qui écrit des lettres. ◆ Auteur ancien d'un recueil de lettres.

ÉPISTYLE, n. m. [epistil] (gr. *epistulion*, *épi-* et *stulos*, colonne) Archit. Architrave ou poutre placée horizontalement sur des chapiteaux de colonnes et s'étendant de l'un à l'autre, de manière à former un lit continu sur lequel repose la construction qui couronne l'édifice.

ÉPITAPHE, n. f. [epitaf] (gr. *epitaphios*, *épi-* et *taphos*, tombeau) Inscription sur un tombeau. ◆ Fig. *Faire l'épitaphe de quelqu'un*, dire après sa mort le bien ou le mal qu'on en pense. ◆ *Menteur comme une épitaphe*, se dit d'un louangeur exagéré.

ÉPITASE, n. f. [epitaz] (gr. *epitasis*) Chez les Anciens, appui de la voix sur la syllabe accentuée. ◆ Partie du poème dramatique qui, venant après la *protase*, contient les incidents essentiels et le nœud de la pièce.

ÉPITAXIE, ■ n. f. [epitaksi] (*épi-* et gr. *taxis*, arrangement, ordre) Géol. Réaction chimique naturelle qui aboutit à la mutation d'un cristal en une autre substance ayant une structure cristalline identique.

ÉPITHALAME, n. m. [epitalam] (gr. *epithalamion*) Petit poème pour célébrer un mariage. ◆ Gravure allégorique composée pour accompagner des vers sur la célébration d'un mariage.

ÉPITHÉLIAL, ALE, ■ adj. [epiteljal] (*épithélium*) Qui se rapporte à l'épithélium. *Des éléments épithéliaux.*

ÉPITHÉLIOMA, ■ n. m. [epiteljoma] (*épithélium*) Méd. Pathologie causée par le développement excessif et désordonné d'un épithélium.

ÉPITHÉLIUM, ■ n. m. [epiteljɔm] (*épi-* et gr. *thêlê*, mamelon) Méd. Tissu formé de cellules juxtaposées, couvrant le corps et les cavités internes de l'organisme.

ÉPITHÈME, n. m. [epitɛm] (gr. *epithema*) Tout médicament topique autre que l'onguent et l'emplâtre.

ÉPITHÈTE, n. f. [epitɛt] (gr. *epitheton*, ajouté) Mot qualificatif. Dans *nuit obscure* le mot *obscure* est une épithète. ◆ Qualification, ordinairement en mauvaise part. *L'épithète est trop forte.*

ÉPITHÉTIQUE, adj. [epitetik] (*épithète*) Chargé, rempli d'épithètes.

ÉPITOGE, n. f. [epitoʒ] (lat. impér. *epitogium*) Sorte de manteau des anciens Romains, qui se portait par-dessus la toge. ◆ Sorte de chaperon que les présidents à mortier et le greffier en chef du parlement portaient dans les grandes cérémonies. ◆ Sorte d'ornement en soie, dit aussi chausse, que les professeurs portent sur la robe, attaché sur l'épaule, pendant devant et derrière.

ÉPITOMÉ, n. m. [epitome] (lat. class. *epitome*, du gr. *epitomê*, abrégé) Abrégé d'un livre. ◆ S'écrit et se prononce toujours *épitomé*, quand on parle d'un abrégé de l'histoire sainte ou de l'histoire grecque à l'usage des élèves qui commencent l'étude du latin. ■ Rem. On écrivait aussi *epitome*.

ÉPÎTRE ou **ÉPITRE** n. f. [epitr] (lat. class. *epistola*, du gr. *epistolê*) Lettre missive chez les anciens. *Les épîtres de Cicéron.* ◆ Fam. *J'ai reçu de lui une longue épître.* ◆ Lettre en vers sur un sujet philosophique ou satirique. *Les Épîtres de Boileau.* ◆ *Épître dédicatoire*, dédicace mise en tête d'un livre. ◆ Leçon qui se dit un peu avant l'Évangile. *La messe en est à l'épître.* ◆ *Le côté de l'épître*, la droite de l'autel.

ÉPITROPE, n. f. [epitrɔp] (gr. *epitropê*, de *tropos*, tour) Figure de rhét. qui consiste à accorder quelque chose qu'on pourrait contester, afin de donner plus d'autorité à ce qu'on veut persuader.

ÉPIZOÏQUE, adj. [epizoik] (*épi-* et *zôon*, être vivant) Géol. Se dit de terrains supérieurs à ceux qui renferment des débris de corps organisés.

ÉPIZOOTIE, n. f. [epizooti] (*épi-* et gr. *zôotês*, nature animale) Maladie qui règne sur beaucoup d'animaux à la fois. ■ Rem. On prononçait autrefois [epizoosi].

ÉPIZOOTIQUE, adj. [epizootik] (*épizootie*) Qui tient de l'épizootie.

ÉPLORÉ, ÉE, adj. [eplore] (*é-* et anc. fr. *plorer*, pleurer) Qui est tout en pleurs. *Une femme éplorée.* ◆ Par extens. *Les rameaux éplorés du saule.*

ÉPLOYÉ, ÉE, adj. [eplwaje] (*é-* et *ployer*) Hérald. *Oiseaux éployés*, ceux qui ont les ailes étendues. ■ Litt. *Un journal éployé*, déplié et posé à plat.

ÉPLUCHAGE ou **ÉPLUCHEMENT**, n. m. [eplyʃaʒ, eplyʃ(ə)mɑ̃] (*éplucher*) Action, manière d'éplucher des étoffes, des légumes, etc. ◆ Fig. Examen minutieux.

ÉPLUCHÉ, ÉE, p. p. de éplucher. [eplyʃe]

ÉPLUCHE-LÉGUME, ■ n. m. [eplyʃ(ə)legym] (*éplucher* et *légume*) Ustensile de cuisine utilisé pour peler les légumes ou les fruits, dont la lame comporte deux fentes tranchantes. *Des épluche-légumes.* ■ Rem. On dit aussi *éplucheur*.

ÉPLUCHEMENT, n. m. [eplyʃ(ə)mɑ̃] Voy. ÉPLUCHAGE.

ÉPLUCHER, v. tr. [eplyʃe] (*é-* et anc. fr. *peluchier*, nettoyer, du b. lat. *pilucare*, de *pilus*, poil) Enlever les bourres, les pailles, etc., des étoffes. *Éplucher des laines.* ◆ Ôter soigneusement les ordures qui peuvent se trouver dans des herbes, dans des grains, etc. ◆ *Éplucher de la salade, un fruit, des lentilles, etc.* ◆ *Éplucher un champ,* le débarrasser des herbes. ◆ **Fig.** Examiner comme on fait pour une chose qu'on épluche. « *Éplucher les questions épineuses de la dialectique* », Fontenelle. ◆ *Éplucher une personne,* s'enquérir de ce qu'elle est, de sa conduite, etc. ◆ **Dr.** *Éplucher une personne,* tâcher de la trouver en défaut. ◆ Rechercher avec un soin minutieux ce qu'il peut y avoir d'incorrect, de répréhensible en quelque chose. *Éplucher les défauts, la conduite, le style, de quelqu'un.* ◆ S'éplucher, v. pr. Il se dit de certains animaux qui se nettoient le poil ou la plume. ◆ **Fig.** S'examiner soi-même. ◆ Être épluché, être nettoyé.

ÉPLUCHETTE, ■ n. f. [eplyʃɛt] (*éplucher*) **Québec** Manifestation fêtant la fin de la récolte du maïs.

1 ÉPLUCHEUR, EUSE, n. m. et n. f. [eplyʃœr, øz] (*éplucher*) Celui, celle qui, dans une manufacture, épluche les laines, les soies. ◆ Celui, celle qui épluche des herbes, des légumes, etc. ◆ **Fig.** Celui qui ne laisse rien passer. *Un éplucheur de mots.*

2 ÉPLUCHEUR, ■ n. m. [eplyʃœr] (*éplucher*) Voy. ÉPLUCHE-LÉGUME.

ÉPLUCHEUSE, ■ n. f. [eplyʃøz] (*éplucher*) Machine qui épluche les légumes. *Une éplucheuse à pommes de terre.*

ÉPLUCHOIR, n. m. [eplyʃwar] (*éplucher*) ▷ Instrument pour éplucher. ◁

ÉPLUCHURE, n. f. [eplyʃyr] (*éplucher*) Ordure qu'on enlève quand on épluche. ◆ **Fig.** « *Depuis la mort du roi, l'ancienne cour se trouvait éparpillée, Dangeau, retiré chez lui, ne voyait plus que des restes d'épluchures* », Saint-Simon.

EPO, ■ n. f. [əpeo] (sigle de *érythropoïétine*) Protéine de synthèse utilisée médicalement pour traiter les fortes anémies et utilisée de manière dérivée comme produit dopant par les sportifs.

ÉPODE, n. f. [epɔd] (gr. *epôdos,* de *épi-* et *ôdê,* chant) **Prosod. grecq.** La troisième partie d'un chant divisé en strophe, antistrophe et épode. ◆ *Les Épodes d'Horace,* le dernier livre de ses odes. ■ Couplet lyrique constitué de deux vers d'inégale longueur.

ÉPOI, n. m. [epwa] (prob. germ. *spit,* broche) **Vén.** Cor qui est au sommet de la tête du cerf.

ÉPOINTAGE, n. m. [epwɛ̃taʒ] (*épointer*) Action d'épointer un outil.

ÉPOINTÉ, ÉE, p. p. de épointer. [epwɛ̃te] *Cheval épointé,* cheval qui s'est démis les hanches. ◆ *Chien épointé,* chien qui s'est cassé les cuisses.

ÉPOINTEMENT, n. m. [epwɛ̃t(ə)mɑ̃] (*épointer*) État d'un outil épointé.

ÉPOINTER, v. tr. [epwɛ̃te] (*é-* et *pointe*) Casser la pointe, émousser. *Épointer une aiguille, un couteau.* ◆ S'épointer, v. pr. Perdre sa pointe.

ÉPOISSES, ■ n. m. [epwas] (*Époisses,* village de la Côte-d'Or) Fromage au lait de vache au goût prononcé, à pâte molle et à croûte orangée lavée à la sauge ou au marc de Bourgogne. *Fromage d'Époisses.* « *On appelle confit, dans le pays, un époisses mis à mariner dans un bain de vin blanc et de marc bourguignon* », Courtine.

ÉPONGE, n. f. [epɔ̃ʒ] (lat. class. *spongia*) Substance provenant d'un zoophyte marin très légère et poreuse, qui absorbe les liquides dans lesquels on la plonge. ◆ **Fam.** *Boire comme une éponge,* boire beaucoup. ◆ *Avoir une éponge dans le gosier, dans l'estomac,* être grand buveur. ◆ *Passer l'éponge,* effacer avec l'éponge. ◆ **Fig.** *Passer l'éponge sur quelque faute,* la pardonner. ◆ *Presser l'éponge,* extorquer de quelqu'un tout ce qu'il est possible d'en tirer. ◆ Le zoophyte lui-même. ◆ **Bot.** *Éponge d'églantier,* Voy. bédégar. ◆ **Chim.** *Éponge* ou *mousse de platine,* platine spongieux, provenant de la décomposition par le feu du chlorure de platine ammoniacal. ■ Tissu dont la surface se compose de fils bouclés et utilisé pour absorber l'eau. ■ **En appos.** *Une serviette éponge.*

ÉPONGÉ, ÉE, p. p. de éponger. [epɔ̃ʒe]

ÉPONGEAGE, ■ n. m. [epɔ̃ʒaʒ] (*éponger*) Action d'étancher avec une éponge. ◆ Son résultat.

ÉPONGER, v. tr. [epɔ̃ʒe] (*éponge*) Étancher avec une éponge ou quelque chose de spongieux. ◆ Nettoyer avec l'éponge. ◆ S'éponger, v. pr. S'essuyer. ■ *Éponger une dette,* la payer.

ÉPONTE, ■ n. f. [epɔ̃t] (lat. impér. *spona,* bois du lit) **Minér.** Roche entourant un filon de minerai.

ÉPONTILLE, ■ n. f. [epɔ̃tij] (ital. *pontello,* de *ponta,* pointe) **Mar.** Support de bois sur lequel repose un navire en construction. ■ **Mar.** Support de bois qui soutient le pont d'un bateau.

ÉPONYME, adj. [eponim] (gr. *epônumos,* de *épi-* et *-onyme*) *L'archonte éponyme* ou n. m. *l'éponyme,* le premier des neuf archontes d'Athènes qui donnait son nom à l'année. ◆ Se dit aussi des divinités qui, donnant leur nom à une ville, l'avaient sous leur protection. *Les dieux éponymes* ou *les éponymes.* ■ Qui donne son nom à quelque chose.

ÉPONYMIE, ■ n. f. [eponimi] (*éponyme*) **Antiq.** Fonction des magistrats éponymes. *La tradition de l'éponymie.* ■ Durée de cette fonction.

ÉPOPÉE, n. f. [epope] (gr. *epopoïïa*) Narration en vers d'actions grandes et héroïques. *L'Iliade est une épopée.* ◆ Le poème épique proprement dit, soumis à ses règles. ■ **Fig.** Suite d'événements historiques à caractère glorieux et héroïque. ■ **Par extens.** Série d'aventures. *Nos vacances furent une véritable épopée.*

ÉPOQUE, n. f. [epɔk] (gr. *epokhê*) Point déterminé dans l'histoire ; moment où quelque fait remarquable s'est passé. *La naissance de Jésus-Christ est l'époque où commence l'ère chrétienne.* ◆ Événement remarquable choisi dans l'histoire pour y établir des divisions ; chaque espace de temps qui s'écoule entre deux de ces événements. ◆ *Faire époque,* se dit d'un fait important et remarquable. ◆ Toute partie du temps par rapport à ce qui s'y passe. *L'époque de sa mort. Les connaissances de notre époque.* ◆ **Géol.** Nom des durées qui ont succédé chaque fois et respectivement aux grands changements que la Terre a subis. ■ Période de l'histoire marquée par un style artistique. ■ *D'époque,* qui date réellement de l'époque qu'on lui attribue. *Une commode d'époque Louis XVI.*

ÉPOUDRÉ, ÉE, p. p. de époudrer. [epudre]

ÉPOUDRER, v. tr. [epudre] (*é-* et *poudre*) ▷ Ôter la poussière, la poudre dont une chose est couverte. *Époudrer des meubles.* ◆ On dit plus souvent *épousseter.* ◁

ÉPOUFFÉ, ÉE, adj. [epufe] (2 *s'épouffer*) ▷ **Fam.** Qui s'est essoufflé pour un sujet sans importance. *Il arrive tout épouffé.* ◁

1 ÉPOUFFER (S'), v. pr. [epufe] (p.-ê. de 2 *s'épouffer*) ▷ **Pop.** Se dérober, disparaître, s'enfuir. ◁

2 ÉPOUFFER (S'), v. pr. [epufe] (*é-* et *pouffer*) ▷ **Fam.** S'essouffler. Ne se dit guère que dans : *S'épouffer de rire,* rire avec excès. ◁

ÉPOUILLÉ, ÉE, p. p. de épouiller. [epuje]

ÉPOUILLER, v. tr. [epuje] (*é-* et *pou*) Chercher les poux à quelqu'un. ◆ S'épouiller, v. pr. Chercher ses poux. ■ **ÉPOUILLAGE**, n. m. [epujaʒ]

ÉPOUMONÉ, ÉE, p. p. de époumoner. [epumone]

ÉPOUMONER, v. tr. [epumone] (*é-* et *poumon*) Fatiguer les poumons à parler, à crier. *Cette lecture m'a époumoné.* ◆ S'époumoner, v. pr. Se fatiguer les poumons.

ÉPOUSAILLES, ■ n. f. pl. [epuzaj] (lat. class. *sponsalia*) Célébration d'un mariage. *Le jour des épousailles.*

ÉPOUSE, n. f. [epuz] Voy. ÉPOUX.

ÉPOUSÉ, ÉE, p. p. de épouser. [epuze] Qui a contracté mariage, en parlant d'une femme, et plus rarement de l'homme. ◆ N. m. *L'épousé.*

ÉPOUSÉE, n. f. [epuze] (*épouser*) Celle qu'on vient d'épouser ou qu'on va épouser. ◆ *Marcher comme une épousée,* marcher lentement, d'une manière réservée. ◆ *Être parée comme une épousée de village,* être chargée de parure.

ÉPOUSER, v. tr. [epuze] (lat. *sponsare*) Prendre pour époux ou pour épouse. ◆ ▷ Il se dit des choses qu'on reçoit en épousant une femme. *Épouser une grosse dot.* ◁ ◆ *Il épouse la misère,* se dit en parlant d'une personne qui se marie à une autre très pauvre. ◆ **Fig.** S'attacher par choix à, prendre parti pour. « *Il fallut épouser les passions du frère* », P. Corneille. « *Tu épouseras mes intérêts* », Lesage. ◆ **Fam.** *Épouser une étude,* un instrument de musique, s'y appliquer. ◆ S'épouser, v. pr. S'unir par mariage. ■ S'adapter parfaitement à la forme de quelque chose. *Un vêtement qui épouse les formes.*

ÉPOUSEUR, n. m. [epuzœr] (*épouser*) Celui qui recherche une fille en mariage.

ÉPOUSSETAGE, ■ n. m. [epus(ə)taʒ] (*épousseter*) Action d'épousseter.

ÉPOUSSETÉ, ÉE, p. p. de épousseter. [epus(ə)te]

ÉPOUSSETER, v. tr. [epus(ə)te] (*é-* et rad. de *poussière*) Ôter la poussière avec une vergette, une brosse. *Épousseter son habit.* ◆ **Absol.** *On n'en finit pas d'épousseter.* ◆ **Fig.** *Épousseter quelqu'un,* le battre. ◆ Critiquer sans ménagement. ◆ S'épousseter, v. pr. Se brosser.

ÉPOUSSETTE, n. f. [epusɛt] (*épousseter*) Réunion de plusieurs brins de bruyère, de poil ou de crin liés ensemble, dont on se sert pour faire tomber la poussière de dessus les meubles. ◆ On l'emploie très souvent au pluriel, quoiqu'il ne s'agisse que d'*une époussette.* ◆ Abusivement, brosse ou vergette.

ÉPOUSTOUFLANT, ANTE, ■ adj. [epustuflɑ̃, ɑ̃t] (*époustoufler*) Qui provoque un grand étonnement. *Un spectacle époustouflant.* « *L'époustouflant temple d'Abou-Simbel* », Gide.

ÉPOUSTOUFLER, ■ v. tr. [epustufle] (orig. incert., p.-ê. de l'anc. fr. *soi espousser*, perdre haleine) Fam. Provoquer un grand étonnement. *Cette rumeur nous a époustouflés.*

ÉPOUVANTABLE, adj. [epuvɑ̃tabl] (*épouvanter*) Capable de causer une épouvante. *Cris épouvantables.* ♦ Par exagération et en mauvaise part, excessif, monstrueux. *Action épouvantable.* ■ Fort peu agréable. *Un temps épouvantable.*

ÉPOUVANTABLEMENT, adv. [epuvɑ̃tabləmɑ̃] (*épouvantable*) D'une manière épouvantable, excessive.

ÉPOUVANTAIL, n.m. [epuvɑ̃taj] (*épouvanter*) Objet quelconque propre à effrayer les oiseaux et placé dans un champ, un jardin, pour les empêcher de venir manger les semences déposées dans la terre, les fruits, etc. ♦ Fig. *C'est un épouvantail de chènevière, à chènevière,* ou simplement *c'est un épouvantail,* se dit d'une personne ou d'une chose beaucoup moins redoutable qu'elle ne le paraît. ♦ Personne très laide. ♦ Fig. Ce qui cause l'épouvante. « *Ce grand mot dont il fait un épouvantail à son parti* », Bossuet. ♦ Au pl. *Des épouvantails.*

ÉPOUVANTE, n. f. [epuvɑ̃t] (*épouvanter*) Terreur profonde et soudaine. *Prendre l'épouvante.* « *Ce cri glace d'épouvante les ennemis* », Fénelon.

ÉPOUVANTÉ, ÉE, p. p. de épouvanter. [epuvɑ̃te]

ÉPOUVANTEMENT, n.m. [epuvɑ̃t(ə)mɑ̃] (*épouvanter*) Action d'épouvanter. « *L'Écriture appelle la mort le roi des épouvantements* », Chateaubriand.

ÉPOUVANTER, v. tr. [epuvɑ̃te] (lat. vulg. *expaventare,* de *expavere,* craindre) Causer de l'épouvante. *Le nom seul d'assassin l'épouvante et l'arrête* », Racine. ♦ S'épouvanter, v. pr. Être frappé d'épouvante. ■ V. tr. Provoquer de l'appréhension. *Passer un examen l'épouvante au plus au point.*

ÉPOUX, OUSE, n. m. et n. f. [epu, uz] (lat. class. *sponsus*) Celui, celle qui a épousé, qui est conjoint par mariage. ♦ Dans le langage mystique, *le céleste époux, l'époux de l'Église,* Jésus-Christ. ♦ *L'épouse de Jésus-Christ,* l'Église. *Les épouses de Jésus-Christ,* les religieuses. ♦ N.m. pl. *Les époux,* le mari et la femme ; les gens mariés.

ÉPOXY, ■ adj. inv. [epɔksi] (*époxyde*) À base d'époxyde. *Un adhésif époxy.* ■ N. m. Matériau composé d'époxyde. *Des époxys.*

ÉPOXYDE, ■ n.m. [epɔksid] (*épi-* et *oxyde*) Chim. Liaison entre un atome d'oxygène et deux atomes de carbone. ■ ÉPOXYDIQUE, adj. [epɔksidik]

ÉPREINDRE, v. tr. [eprɛ̃dr] (lat. *exprimere*) Presser entre ses doigts quelque chose pour en exprimer le suc. *Épreindre du verjus, des herbes.* ♦ Se dit aussi du liquide qu'on fait sortir en épreignant. ♦ S'épreindre, v. pr. Être épreint.

ÉPREINT, EINTE, p. p. de épreindre. [eprɛ̃, ɛ̃t]

ÉPREINTE, n.f. [eprɛ̃t] (*épreint*) Envies fréquentes, inutiles et douloureuses d'aller à la selle. *Avoir des épreintes.* ♦ Il ne se dit guère qu'au pluriel.

ÉPRENDRE (S'), v. pr. [eprɑ̃dr] (*é-* et *prendre*) Se mettre à, s'attacher à, en parlant du feu. « *Si le feu s'éprend en ces corps* », Descartes. ♦ Fig. Se laisser entraîner par quelque passion, quelque sentiment. *Il s'est épris d'une belle passion pour moi.* « *Qu'il étudie les plus grands maîtres, qu'il s'éprenne de la simplicité* », Diderot. ♦ V. tr. Éprendre, inspirer amour, amitié. « *Et l'amour qui pour lui m'éprit si follement* », P. Corneille. ♦ ÉPRENDRE, v. tr. qui n'est pas dans l'Académie, ne se trouve qu'au figuré.

ÉPREUVE, n.f. [eprœv] (*éprouver*) Opération à laquelle on juge si une chose a la qualité que nous lui croyons. ♦ Fig. *Faire l'épreuve d'une chose,* en essayer. ♦ *Faire l'épreuve,* recevoir témoignage de, marque de. *Il fit l'épreuve de mon amitié.* ♦ Au sens moral. « *La vraie épreuve du courage N'est que dans le danger que l'on touche du doigt* », La Fontaine. ♦ Se dit aussi en parlant des personnes. *Tenter une épreuve sur quelqu'un.* ♦ *Mettre quelqu'un, quelque chose à l'épreuve,* essayer si quelqu'un, quelque chose peut suffire, résister, fournir, etc. « *Je ne veux point mettre ma vertu à l'épreuve* », Mme de Sévigné. ♦ Fam. *Mettre à l'épreuve la patience de quelqu'un,* abuser de sa patience. ♦ *À l'épreuve,* après avoir essayé. *Acheter quelque chose à l'épreuve.* ♦ *Être à l'épreuve de,* pouvoir résister à. *Cette cuirasse est à l'épreuve du mousquet.* ♦ Fig. « *Mon cœur n'est point à l'épreuve des traits* », P. Corneille. ♦ Absol. *Être à l'épreuve, à toute épreuve,* opposer à tout une force invincible de résistance. ♦ Dans les assemblées délibérantes, *épreuve par assis et levé,* mode de voter dans lequel ceux qui adoptent, puis ceux qui rejettent se lèvent ; le bureau juge où est la majorité. ♦ Souffrances, malheurs, dangers, etc., qui éprouvent et qui exigent force et courage. ♦ *Épreuve judiciaire,* manière de décider de la vérité ou de la fausseté d'une accusation, en usage au Moyen Âge. *Épreuve du feu, de l'eau, etc.* ♦ Feuille d'impression sur laquelle on indique les corrections et les changements que le compositeur doit faire. ♦ Première feuille d'essai d'une planche gravée. ♦ Toute estampe tirée après que le travail est entièrement terminé. *Épreuve avant la lettre, après la lettre,* Voy. LETTRE. ■ Compétition sportive. ■ Partie qui compose

un concours ou un examen. *Échouer à la dernière épreuve.* ■ Phot. Image réalisée à partir d'un cliché.

ÉPRIS, ISE, p. p. de éprendre. [epri, iz] Fig. « *Épris de colère et d'amour* », Rotrou. « *Il y a des âmes sales, éprises du gain et de l'intérêt* », La Bruyère. ♦ Absol. Amoureux.

EPROM, ■ n. f. inv. [eprɔm] (acronyme de l'angl. *erasable programmable read-only memory*) Inform. Mémoire morte dont on ne peut effacer ou modifier le contenu qu'à l'aide d'un appareil produisant des rayons ultraviolets.

ÉPROUVANT, ANTE, ■ adj. [epruvɑ̃, ɑ̃t] (*éprouver*) Pénible à supporter. *Un interrogatoire éprouvant.*

ÉPROUVÉ, ÉE, p. p. de éprouver. [epruve] En parlant des choses. *Une fidélité éprouvée.* ♦ *C'est un homme dont la vie a été fort éprouvée, qui a été éprouvé,* il a beaucoup souffert.

ÉPROUVER, v. tr. [epruve] (*é-* et *prouver*) Reconnaître par une opération si une chose a la qualité requise. *Éprouver une arme à feu, un remède.* ♦ Mettre à l'épreuve, en parlant des personnes, des choses. ♦ Faire subir des épreuves, mettre en des difficultés ou des souffrances qui donnent occasion au mérite. « *Dieu nous éprouve en toutes manières* », Bossuet. ♦ Apprendre par sa propre expérience. *J'éprouvai trop tard que...* ♦ Ressentir. *Éprouver un froid rigoureux, du plaisir, etc.* ♦ Subir. *La forme du gouvernement éprouva de grandes altérations.* ♦ S'éprouver, v. pr. Être éprouvé. ♦ Se mettre soi-même à l'épreuve. ♦ Se mettre l'un l'autre à l'épreuve. ♦ Tenter aventure. « *Contre un si grand courage il voulut s'éprouver* », Racine.

ÉPROUVETTE, n.f. [epruvɛt] (*éprouver*) Instrument dont on se sert pour faire quelque épreuve. ♦ Phys. Tube de verre ou de cristal, fermé par un bout, ouvert par l'autre, ordinairement divisé en parties d'une égale capacité et servant à diverses manipulations. ♦ Chir. Espèce de sonde.

EPS, ■ n. m. [əpeɛs] (sigle de *éducation physique et sportive*) Enseignement du sport en milieu scolaire. *Un professeur d'EPS.*

EPSILON, ■ n. m. [ɛpsilɔn] (gr. *epsilon, é* simple) Cinquième lettre et deuxième voyelle de l'alphabet grec, E, ε, correspondant au *é* de l'alphabet latin. *Des epsilons.*

EPTACORDE, EPTAGONE, [ɛptakɔrd, ɛptagɔn] Voy. HEPTACORDE, HEPTAGONE.

ÉPUCÉ, ÉE, p. p. de épucer. [epyse]

ÉPUCER, v. tr. [epyse] (*é-* et *puce*) Débarrasser des puces. ♦ S'épucer, v. pr. Se débarrasser de ses puces.

ÉPUISABLE, adj. [epɥizabl] (*épuiser*) Qui peut être épuisé.

ÉPUISANT, ANTE, adj. [epɥizɑ̃, ɑ̃t] (*épuiser*) Qui est propre à épuiser. *Culture épuisante,* culture qui épuise rapidement la terre.

ÉPUISÉ, ÉE, p. p. de épuiser. [epɥize] À bout de forces. ♦ Vendu en intégralité et dont la fabrication n'est pas reconduite. *Un modèle épuisé.*

ÉPUISEMENT, n. m. [epɥiz(ə)mɑ̃] (*épuiser*) Action d'épuiser. *L'épuisement des eaux de la mine.* ♦ Perte considérable des forces et de l'énergie vitale. *Tomber dans l'épuisement.* ♦ Tarissement moral. *L'épuisement du cœur. Épuisement des finances,* pénurie du trésor public. ♦ Math. *Méthode par épuisement,* méthode qui consiste à épuiser toutes les racines d'une équation.

ÉPUISER, v. tr. [epɥize] (*é-* et *puiser*) Mettre à sec. ♦ Il se dit du sang et de tout ce qui contribue à entretenir les forces du corps. *On l'a épuisé par des saignées. Ses débauches ont épuisé ses forces.* ♦ Absol. *C'est ce qui épuise le plus.* ♦ Il se dit des forces morales et intellectuelles. « *La nature nous a donné des goûts qu'il est aussi dangereux d'éteindre que d'épuiser* », Barthélemy. ♦ *Épuiser une terre,* la faire devenir inféconde par suite de cultures mal combinées ou de mauvais assolements. ♦ *Épuiser une mine,* en extraire tout le métal qu'elle contient. ♦ Causer l'appauvrissement d'un État, la dépopulation d'un pays, la ruine d'une armée. ♦ Consommer, absorber complètement. *Épuiser ses ressources.* ♦ Fig. *Épuiser le crédit de ses amis. Épuiser la patience,* faire qu'on ne puisse plus supporter. ♦ *Épuiser le sort, les coups, la vengeance, la colère, etc.,* avoir éprouvé du sort, du ciel, etc., tout ce qu'il y a de plus funeste. ♦ Mettre en usage toutes les ressources de. « *On épuise toutes sortes d'artifices pour le tromper* », Fénelon. ♦ *Épuiser un sujet,* n'y omettre aucun détail, le traiter à fond. ♦ Math. Traiter comme par la méthode de l'épuisement. ♦ S'épuiser, v. pr. Se tarir. *Les sources, les vivres, etc., s'épuisent.* ♦ Se vendre jusqu'au dernier exemplaire. *Une édition qui s'épuise rapidement.* ♦ Employer tout ce qu'on a de force ou d'habileté. *S'épuiser en regrets inutiles, en efforts superflus.* ♦ S'épuiser en conjectures, faire une multitude de conjectures coup sur coup. ♦ Employer tout ce qu'on a. « *Ceux qui s'épuisent en folles dépenses* », Fléchier. « *Son État s'épuise d'argent et d'hommes* », Fénelon.

ÉPUISETTE, n.f. [epɥizɛt] (*épuiser*) Écope. ♦ Pêche Petit filet en forme de poche, monté sur un cerceau.

ÉPULIDE ou **ÉPULIE**, n. f. [epylid, epyli] (gr. *epoulis*, de *épi-* et *oulôn*, gencive) **Chir.** Petite excroissance qui se forme sur les gencives.

ÉPULONS, n. m. pl. [epylɔ̃] (lat. *epulæ*, nourriture, festin) Prêtres de Rome qui présidaient aux repas donnés en l'honneur des dieux.

ÉPULOTIQUE, adj. [epylotik] (gr. *epoulôtikos*) **Pharm.** Qui favorise la cicatrisation. ◆ N. m. *Un bon épulotique.*

ÉPULPEUR, ■ n. m. [epylpœr] (*é-* et *pulpe*) **Techn.** Appareil qui sépare le jus des pulpes de betteraves.

ÉPURATEUR, ■ n. m. [epyratœr] (*épurer*) Appareil utilisé pour se débarrasser des impuretés d'un gaz ou d'un liquide. *Un épurateur d'air.*

ÉPURATION, n. f. [epyrasjɔ̃] (*épurer*) Action d'épurer. *L'épuration des métaux, des huiles.* ◆ **Fig.** *L'épuration des mœurs, du goût.* ■ **Par extens.** *L'épuration d'un corps, d'une compagnie*, exclusion de ceux qui sont indignes d'en faire partie. ■ *Station d'épuration*, lieu de traitement des eaux usées.

ÉPURATOIRE ou **ÉPURATIF, IVE**, adj. [epyratwar, epyratif, iv] (*épurer*) Qui sert à épurer.

ÉPURE, n. f. [epyr] (*épurer*) **Archit.** Dessin d'une construction tracé sur une muraille ou sur un plancher, de la grandeur dont l'ouvrage doit être exécuté. ◆ **Géom.** Représentation sur un plan des points et lignes situés dans l'espace et appartenant à un corps de forme déterminée. ◆ L'ensemble de lignes et de points que l'on trace sur un plan pour résoudre un problème de géométrie descriptive, pure ou appliquée.

ÉPURÉ, ÉE, p. p. de épurer. [epyre]

ÉPUREMENT, n. m. [epyr(ə)mɑ̃] (*épurer*) Action d'épurer ; état de ce qui est épuré. *L'épurement des métaux.* ◆ **Fig.** Se dit de la pureté morale. « *La croix est la vraie épreuve de la foi, le parfait épurement de la charité* », BOSSUET. ◆ Exclusion pour cause politique ou autre. *L'épurement d'une compagnie.*

ÉPURER, v. tr. [epyre] (*é-* et *pur*) Rendre pur, purifier. *Épurer de l'eau, de l'huile, des métaux.* ◆ Rendre plus pur, en parlant des choses morales. *Épurer les mœurs, les sentiments, etc.* ◆ *Épurer un auteur*, l'expurger. ◆ *Épurer le théâtre*, n'y mettre rien qui puisse blesser les mœurs. ◆ Rendre poli, châtié, en parlant du langage et des ouvrages d'esprit. *Épurer la langue. Épurer son style de certains idiotismes.* ◆ Éliminer d'une compagnie, d'un corps, les membres qui sont jugés indignes d'en faire partie. ◆ S'épurer, v. pr. Devenir plus pur. ◆ **Fig.** « *Cette purification par laquelle l'âme s'épure peu à peu* », BOSSUET. ◆ Devenir plus châtié, en parlant de la langue.

ÉPURGE, n. f. [epyrʒ] (anc. fr. *espurgier*, lat. class. *expurgare*, purger) Un des noms vulgaires de l'*Euphorbia lathyris*, dite petite épurge. ◆ Grande épurge, un des noms vulgaires du *ricin* commun.

ÉQUANIMITÉ, ■ n. f. [ekwanimite] (lat. *æquanimitas*, égalité d'âme) Égalité d'humeur, quiétude. *Être d'une équanimité sans faille.*

ÉQUARRI, IE, p. p. de équarrir. [ekari]

ÉQUARRIR, v. tr. [ekarir] (anc. fr. *esquarrer*, du lat. vulg. *exquadrare*, du lat. class. *quadrare*, tailler en carré) Tailler à angle droit. *Équarrir une pierre.* ◆ Rendre carré. « *L'habitude où nous sommes d'équarrir nos parterres* », BERNARDIN DE SAINT-PIERRE. ◆ Couper par quartiers, dépecer un animal mort ou qu'on abat. *Équarrir un cheval, un mouton.*

ÉQUARRISSAGE, n. m. [ekarisaʒ] (*équarrir*) État de ce qui est équarri. ◆ *Bois d'équarrissage*, bois qui doit avoir au moins seize centimètres en tous les sens. ◆ Action de dépecer, pour en utiliser les diverses parties, les cadavres d'animaux dont la chair ne doit pas être consommée par l'homme.

ÉQUARRISSEMENT, n. m. [ekaris(ə)mɑ̃] (*équarrir*) Action d'équarrir ; état de ce qui est équarri. ◆ Manière de mesurer les pierres.

ÉQUARRISSEUR, n. m. [ekarisœr] (*équarrir*) Celui qui fait métier de dépecer les bêtes mortes ou abattues.

ÉQUATEUR, n. m. [ekwatœr] (lat. médiév. *æquator*) Grand cercle de la sphère céleste, perpendiculaire à l'axe, et qui la divise en deux hémisphères, l'un méridional, l'autre septentrional. ◆ Grand cercle de la sphère terrestre, projection de l'équateur céleste sur notre globe, appelé autrement ligne équinoxiale ou simplement ligne. ■ Ensemble des terres situées à la limite des deux hémisphères de la sphère terrestre.

ÉQUATION, n. f. [ekwasjɔ̃] (lat. *æquatio*) **Alg.** Formule de l'égalité établie entre deux quantités. *Équation du premier degré.* ◆ **Astron.** Quantité variable, mais déterminée par le calcul, qu'il faut ajouter ou ôter aux mouvements moyens pour obtenir les mouvements vrais. ■ **Par extens.** Formule établissant un rapport d'égalité.

ÉQUATORIAL, ALE, adj. [ekwatorjal] (*équateur*) Qui appartient à l'équateur. *Les climats équatoriaux. Plante équatoriale.* ◆ *Ligne équatoriale*, l'équateur. ◆ N. m. Instrument pour suivre le mouvement des astres, pour déterminer leur ascension droite et leur déclinaison.

ÉQUATORIEN, IENNE, ■ adj. [ekwatorjɛ̃, jɛn] (*Équateur*) De la république d'Équateur. ■ N. m. et n. f. *Un Équatorien, une Équatorienne.*

ÉQUERRE, n. f. [ekɛr] (lat. vulg. *exquadra*, voir *équarrir*) Instrument de mathématiques ou de construction, servant à tracer des angles droits. ◆ *Fausse équerre*, équerre à charnière qui s'ouvre et se ferme. ◆ *Fausse équerre*, l'angle formé par les faces contiguës d'un bâtiment, d'une pièce de bois, etc., lorsque cet angle n'est pas un angle droit. ◆ Ce qui est à angle droit. *Mettre d'équerre.* ■ Pièce en forme de T ou de L utilisée pour renforcer une construction ou un ouvrage de menuiserie. ■ *À l'équerre*, à angle droit. ■ *En équerre*, de manière à former un angle droit.

ÉQUESTRE, adj. [ekɛstr] (lat. class. *equestris*, de *equus*, cheval) Figure, statue équestre, figure, statue représentant une personne à cheval. ◆ *L'ordre équestre*, l'ordre des chevaliers romains. ◆ Noblesse du second savoy en Pologne. ■ Relatif à l'équitation. ■ **Rem.** On prononçait autrefois [ekɥɛstr].

ÉQUEUTER, ■ v. tr. [ekøte] (*é-* et *queue*) Ôter la queue d'un fruit. *Équeuter des cerises.* ■ ÉQUEUTAGE, n. m. [ekøtaʒ]

ÉQUIANGLE, adj. [ekɥiɑ̃gl] (*équi-* et *angle*) Se dit des figures dont tous les angles sont égaux.

ÉQUIDÉ, ■ n. m. [ekide] (lat. class. *equus*, cheval) **Zool.** Mammifère ongulé ne prenant appui que sur un doigt armé d'un sabot tel le cheval, l'âne ou le zèbre.

ÉQUIDISTANCE, ■ n. f. [ekɥidistɑ̃s] (on prononce le *u* ; *équidistant*) Égale distance entre plusieurs points.

ÉQUIDISTANT, ANTE, adj. [ekɥidistɑ̃, ɑ̃t] (on prononce le *u* ; b. lat. *æquidistans*) **Géom.** Qui, dans toutes ses parties, est également éloigné des parties d'un autre corps. *Les lignes parallèles sont équidistantes.*

ÉQUILATÉRAL, ALE, adj. [ekɥilateral] (on prononce le *u* ; lat. *æquilateralis*) **Géom.** Dont tous les côtés sont égaux entre eux. *Des triangles équilatéraux.*

ÉQUILATÈRE, adj. [ekɥilater] (on prononce le *u* ; lat *æquilaterus*) **Géom.** Syn. peu usité d'équilatéral.

ÉQUILIBRAGE, ■ n. m. [ekilibraʒ] (*équilibrer*) Répartition harmonieuse des masses autour d'un axe de rotation. *L'équilibrage des roues d'une voiture.*

ÉQUILIBRANT, ANTE, adj. [ekilibrɑ̃, ɑ̃t] (*équilibrer*) Qui établit, qui rétablit l'équilibre. *La puissance équilibrante.*

ÉQUILIBRE, n. m. [ekilibr] (lat. impér. *æquilibrium*, de *équi-* et *libra*, balance) **Méc.** État d'un corps sollicité par deux ou un plus grand nombre de forces qui s'entredétruisent ou qui s'annulent sur une résistance. ◆ Dans le langage général, état d'un corps qui se tient debout, sans pencher d'aucun côté. *Cela est en équilibre.* ◆ *Perdre l'équilibre*, perdre la position où l'équilibre se maintient. ◆ **Fig.** « *Un certain état d'équilibre entre le crime et la vertu* », MASSILLON. ◆ **Danse** Position du corps sur un seul pied. ◆ *Tour d'équilibre*, tour d'adresse dans lequel on maintient en équilibre son corps ou quelque objet fragile en équilibre. ◆ **Fig.** Juste proportion, juste mesure. « *De la droite raison je sens mieux l'équilibre* », BOILEAU. ◆ *Faire, rétablir, tenir l'équilibre*, rendre des choses égales. « *Tenez l'équilibre entre les uns et les autres* », FÉNELON. ◆ *L'équilibre des humeurs*, ancien terme de physiologie pour exprimer une juste proportion des humeurs. ◆ **Peint.** *L'équilibre d'une composition*, la distribution égale des masses dans un tableau. ◆ **Polit.** État des pouvoirs qui se contiennent les uns les autres. ◆ ▷ *L'équilibre européen*, la balance des possessions territoriales telle que les traités l'ont établie. ◁ ■ Fonctionnement harmonieux de l'activité mentale d'un individu.

ÉQUILIBRÉ, ÉE, p. p. d'équilibrer. [ekilibre] **Fig.** Dont les facultés se maintiennent en un juste rapport.

ÉQUILIBRER, v. tr. [ekilibre] (*équilibre*) Mettre, tenir en équilibre. ◆ S'équilibrer, v. pr. Se mettre en équilibre. ◆ Se faire équilibre l'un à l'autre.

ÉQUILIBRISTE, n. m. et n. f. [ekilibrist] (*équilibre*) Celui, celle dont le métier est de faire des tours d'adresse.

ÉQUILLE, n. f. [ekij] (p.-ê. de *quille*, ce poisson pénétrant dans le sable comme une quille) Nom, sur les côtes de Normandie, du poisson dit ailleurs lançon.

ÉQUIMOLAIRE, ■ adj. [ekɥimoler] (on prononce le *u* ; *équi-* et *-mole*) **Chim.** Dont les constituants chimiques sont en égale quantité, mesurée en moles. *Un dosage équimolaire. Le mélange équimolaire oxygène et protoxyde d'azote.*

ÉQUIN, INE, ■ adj. [ekɛ̃, in] (lat. class. *esquinus*, propre au cheval) Qui se rapporte au cheval. *Un vétérinaire équin.* ■ **Méd.** *Pied équin*, qui présente une difformité par son prolongement de la jambe.

ÉQUINISME, ■ n. m. [ekinism] (*équin*) **Méd.** Déformation du pied caractérisée par une flexion plantaire qui ne permet qu'un appui sur le bout du pied. *L'équinisme est aussi appelé pied bot équin.*

ÉQUINOXE, n. m. [ekinɔks] (lat. *æquinoctium*, de *équi-* et *nox*, nuit) Moment donné où le Soleil, passant à l'équateur, rend les jours égaux aux nuits dans tous les pays du monde. *L'équinoxe du printemps. L'équinoxe d'automne.*

ÉQUINOXIAL, ALE, adj. [ekinɔksjal] (lat. *æquinoctialis*) Qui appartient à l'équinoxe. ♦ *La ligne équinoxiale*, l'équateur terrestre. ♦ *Points équinoxiaux*, les points où l'écliptique coupe l'équateur. ♦ *Les pays équinoxiaux*, ceux qui sont voisins de l'équateur. ♦ **Bot.** *Fleurs équinoxiales*, fleurs qui s'ouvrent et se ferment chaque jour à des heures déterminées.

ÉQUIPAGE, n. m. [ekipaʒ] (*équiper*) **Mar.** Le personnel de bord pour la manœuvre et le service du vaisseau. ♦ **Par extens.** Toutes les choses nécessaires pour certaines entreprises ou opérations. *Équipage de chasse.* ♦ ▷ *En bon équipage*, bien disposé, bien préparé. ◁ ♦ ▷ *Équipage de construction*, les chariots, grues, échelles, etc. ◁ ♦ ▷ Train, suite de chevaux, de voitures, de valets, etc. « *Il marche sans suite et sans équipage* », FLÉCHIER. ◁ ♦ ▷ *Équipage de guerre*, les fourgons, chevaux, harnais, tentes et autres appareils. ◁ ♦ ▷ Voiture de maître et ce qui en dépend. ◁ ♦ *Avoir équipage*, avoir voiture et chevaux. ◁ ♦ Tout ce qu'il faut pour mettre une personne en état de s'acquitter d'un certain office. « *Elle est prête à partir sans plus grand équipage* », P. CORNEILLE. ♦ ▷ **Fam.** Manière dont une personne est vêtue. *En équipage de chasseur.* « *Le trop superbe équipage Peut souvent en un passage Causer du retardement* », LA FONTAINE. ◁ ♦ ▷ *Mettre en piteux équipage*, gâter de toute façon. ◁ ♦ Personnel de bord d'un avion.

ÉQUIPE, n. f. [ekip] (*équiper*) Réunion de deux, quatre ou six ouvriers qui transportent sur brancards des pierres. ♦ Un certain nombre d'ouvriers attachés à un travail spécial. *Homme d'équipe.* ♦ Série de bateaux amarrés les uns aux autres, allant à la voile ou traînés par des hommes. ♦ Groupe de personnes pratiquant un même sport lors de compétitions ou de matchs. ■ *Faire équipe avec quelqu'un*, s'associer pour une entreprise commune. ■ *L'esprit d'équipe*, solidarité entre les membres d'un groupe. ■ *Fine équipe*, groupe de personnes qui sont de connivence pour se divertir.

ÉQUIPÉ, ÉE, p. p. d'équiper. [ekipe]

ÉQUIPÉE, n. f. [ekipe] (*équiper*) Proprement, action de partir avec équipage. ♦ **Fig.** Action, démarche irréfléchie.

ÉQUIPEMENT, n. m. [ekip(ə)mɑ̃] (*équiper*) Tout ce qui sert aux manœuvres, à l'armement du navire, à la subsistance de l'équipage. ♦ Tout ce qui sert à habiller, à pourvoir d'outils, d'armes, etc. *L'équipement d'un soldat.* ♦ Action de pourvoir à ces besoins. *L'équipement des troupes est complet.*

ÉQUIPEMENTIER, ■ n. m. [ekip(ə)mɑ̃tje] (*équipement*) Fabricant d'équipements de base utiles à la construction et à l'assemblage d'engins de l'industrie automobile et aéronautique.

ÉQUIPER, v. tr. [ekipe] (anc. nord. *skipa*, arranger, équiper) Pourvoir un vaisseau de tout ce qu'il lui faut pour la manœuvre, la subsistance, la défense, etc. Pourvoir de choses nécessaires, de vêtements. *Équiper un soldat.* ♦ Accoutrer. ♦ ▷ **Fig. et fam.** *Il a été bien équipé*, il a été maltraité, raillé comme il faut. ◁ ♦ S'équiper, v. pr. Pourvoir à son équipement. ♦ S'accoutrer. ♦ Fournir les éléments nécessaires pour un but précis. *Équiper une maison d'une alarme.*

ÉQUIPIER, IÈRE, ■ n. m. et n. f. [ekipje, jɛʀ] (*équipe*) Membre d'une équipe. ■ **Techn.** Membre d'un équipage sur un voilier.

ÉQUIPOLLÉ, ÉE, p. p. d'équipoller. [ekɥipole]

ÉQUIPOLLENCE, n. f. [ekɥipolɑ̃s] (b. lat. *æquipollentia*, équivalence) Égalité de valeurs. ♦ Peu usité. ♦ **Log.** Il se dit des propositions équivalentes. *L'équipollence des propositions.* ■ **Rem.** On prononçait autrefois [ekipolɑ̃s].

ÉQUIPOLLENT, ENTE, adj. [ekɥipolɑ̃, ɑ̃t] (lat. *æquipollens*, équivalent) **Vx** Équivalent. *L'un est équipollent à l'autre.* ♦ **N. m.** L'équivalent. *Je lui ai rendu l'équipollent.* ♦ À L'ÉQUIPOLLENT, loc. adv. À proportion. ■ **Rem.** On prononçait autrefois [ekipolɑ̃, ɑ̃t].

ÉQUIPOLLER, v. tr. [ekɥipole] (rad. de *équipollent*) **Vx** Égaler, valoir autant. *Le gain équipolle la perte.* ♦ **V. intr.** Équivaloir. *Cette clause équipolle à l'autre.*

ÉQUIPOTENT, ■ adj. m. [ekɥipotɑ̃] (*équi-* et *potens*, puissant) **Math.** Qui caractérise deux ensembles reliés par une relation bijective. ■ **ÉQUIPOTENCE**, n. f. [ekɥipotɑ̃s]

ÉQUIPOTENTIEL, ELLE, ■ adj. [ekɥipotɑ̃sjɛl] (*équi-* et *potentiel*) Dont les potentiels électriques sont identiques.

ÉQUIPROBABLE, ■ adj. [ekɥiprobabl] (*équi-* et *probable*) Dont le taux de probabilité est identique.

ÉQUISÉTACÉES, n. f. pl. [ekɥisetase] (lat. *equisetum*) Famille de plantes acotylédones, qui ne renferme que le genre *Equisetum*, prêle.

ÉQUISÉTOPHYTE, ■ n. m. [ekɥisetofit] (*equisetum*, prêle et gr. *phuton*, plante) **Bot.** Type de plante cryptogame à rhizome dont les fleurs sont disposées en épi. *La prêle est un équisétophyte.*

ÉQUITABLE, adj. [ekitabl] (*équité*) Qui a de l'équité, en parlant des personnes. « *Il n'est pas permis au plus équitable homme du monde d'être juge en sa cause* », PASCAL. ♦ Conforme à l'équité, en parlant des choses. *Un jugement équitable.*

ÉQUITABLEMENT, adv. [ekitabləmɑ̃] (*équitable*) D'une manière équitable.

ÉQUITATION, n. f. [ekitasjɔ̃] (lat. impér. *equitatio*) L'art de monter à cheval. *Apprendre l'équitation.* ♦ Action de monter à cheval. *On lui recommande l'équitation.* ■ **Rem.** On prononçait autrefois [ekɥitasjɔ̃].

ÉQUITÉ, n. f. [ekite] (lat. *æquitas*) Disposition à faire à chacun part égale, à reconnaître impartialement le droit de chacun. ♦ La justice naturelle, par opposition à la justice légale. ♦ EN ÉQUITÉ, loc. adv. Conformément à l'équité, indépendamment de toute loi ou convention.

ÉQUIVALENCE, n. f. [ekivalɑ̃s] (lat. médiév. *æquivalentia*, valeur égale) Qualité de ce qui est équivalent. *L'équivalence de deux termes.* ♦ Obtention d'un grade de l'université de France, sans examen ni thèse, par un gradué d'une université étrangère.

ÉQUIVALENT, ENTE, adj. [ekivalɑ̃, ɑ̃t] (b. lat. *æquivalens*) Qui équivaut, qui est de même valeur. *Un service équivalent à celui que l'on a reçu.* ♦ **Géom.** Se dit des surfaces ou des volumes qui ont les mêmes contenances sans avoir les mêmes formes. ♦ **N. m.** Ce qui équivaut. *On lui offrit l'équivalent.*

ÉQUIVALOIR, v. intr. [ekivalwaʀ] (b. lat. *æquivalere*, valoir autant) Être de même prix, de même valeur. ♦ **Par extens.** Être à peu près la même chose que. *Cette réponse aurait équivalu à un refus.* ♦ C'est une grosse faute de faire *équivaloir* actif. *Cette chose équivaut telle autre* ; il faut : *à telle autre.*

ÉQUIVOQUE, adj. [ekivɔk] (b. lat. *æquivocus*, à double sens) Qui peut s'interpréter en différents sens, s'appliquer à différentes choses. *Un terme équivoque.* ♦ Se dit de tout ce sur quoi on peut porter des jugements divers. *Une expérience équivoque.* ♦ En mauvaise part, suspect, en parlant des personnes. ♦ *Un homme équivoque*, homme à qui l'on ne peut se fier. ♦ Il se dit aussi des choses qui excitent quelque soupçon peu honorable. *Des professions équivoques.* ♦ **N. f.** *Sens équivoque*, interprétation à double entente. ♦ Mauvais jeu de mots, calembour. ♦ Fait ou situation qui peut être interprété de plusieurs manières et crée donc une certaine incertitude. *Une décision qui ne laisse pas de place à l'équivoque.*

ÉQUIVOQUER, v. intr. [ekivoke] (*équivoque*) User d'équivoque. ♦ S'équivoquer, v. pr. Dire involontairement un mot pour un autre.

ÉRABLE, n. m. [eʀabl] (b. lat. *acerabulus*, de *acer*, érable) Genre d'arbres de la famille des acérinées, qui croît dans les pays tempérés. ♦ *Érable sycomore*, nom vulgaire de *l'érable faux platane* des botanistes.

ÉRABLIÈRE, ■ n. f. [eʀabli|jeʀ] (*érable*) Plantation entièrement constituée d'érables. ■ **Québec** Lieu de culture des érables exploités pour leur sucre.

ÉRADICATION, n. f. [eʀadikasjɔ̃] (lat. *eradicatio*, déracinement) Action de déraciner, d'extirper. ■ Action de faire disparaître totalement une maladie ou ses facteurs de cause, d'une région précise. *L'éradication de la peste bubonique.* ■ Suppression totale d'un mal ou d'un phénomène. *Prendre des mesures visant à l'éradication de la délinquance juvénile.*

ÉRADIQUER, ■ v. tr. [eʀadike] (lat. *eradicare*, déraciner, de *ex-* et *radix*, racine) Supprimer définitivement quelque chose. *Éradiquer la criminalité.*

ÉRAFLÉ, ÉE, p. p. d'érafler. [eʀafle] *Joue éraflée.*

ÉRAFLEMENT, ■ n. m. [eʀafləmɑ̃] (*érafler*) Action d'écorcher superficiellement.

ÉRAFLER, v. tr. [eʀafle] (*é-* et *rafle*) Écorcher légèrement, effleurer la peau. ♦ ▷ Enlever une portion de la surface intérieure de l'âme d'un canon, en parlant d'un boulet. ◁ ■ Abîmer superficiellement la surface de quelque chose. *Érafler la peinture d'une carrosserie.*

ÉRAFLURE, n. f. [eʀaflyʀ] (*érafler*) Légère écorchure. ■ Accroc superficiel sur quelque chose.

ÉRAILLÉ, ÉE, p. p. d'érailler. [eʀaje] Qui présente un aspect semblable à celui d'une étoffe éraillée. *Visage, teint éraillé.* ♦ *Avoir l'œil éraillé*, avoir des filets rouges dans l'œil, ou les paupières renversées. ■ *Une voix éraillée*, une voix rude et âpre.

ÉRAILLEMENT, n. m. [eʀaj(ə)mɑ̃] (*érailler*) Action d'érailler. Renversement de la paupière inférieure, qui l'empêche de se réunir à la paupière supérieure pour couvrir l'œil. ♦ Fait d'être éraillé.

ÉRAILLER, v. tr. [eʀaje] (altér. de l'anc. fr. *esroillier*, rouler les yeux) Relâcher, séparer, en parlant du tissu des étoffes. *Érailler du satin.* ♦ S'érailler, v. pr. Devenir éraillé. *La soie sujette à s'érailler. Ses yeux se sont éraillés.* ■ Déchirer ou entailler superficiellement. ■ Rendre la voix rauque.

ÉRAILLURE, n. f. [eʀajyʀ] (*érailler*) Marque qui reste à une étoffe quand elle est éraillée. ■ Entaille ou déchirure superficielle.

ÉRATÉ, ÉE, p. p. de érater. [erate] **Fig.** et **fam.** *Rire, courir comme un ératé*, rire beaucoup, courir sans point de côté, comme si on n'avait pas de rate. Voy. DÉRATÉ.

ÉRATER, v. tr. [erate] (*é-* et *rate*) Ôter la rate. ◆ **S'érater**, v. pr. **Fig.** et **fam.** S'essouffler à force de courir.

ÉRATHÈME, ■ n. m. [eratɛm] (*ère* et gr. *thema*, ce qui est déposé) **Géol.** Division en strates. *L'érathème est l'équivalent de l'ère en ce qui concerne les dépôts géologiques.*

ERBIUM, ■ n. m. [ɛrbjɔm] (lat. *erbia*, de *Ytterby*, ville de Suède) **Chim.** Métal du groupe des terres rares.

ÈRE, n. f. [ɛr] (b. lat. *æra*, nombre, époque) Époque fixe d'où l'on commence à compter les années. ◆ *Ère des Olympiades*, ère grecque commençant l'an 776 av. J.-C. ◆ *Ère de la fondation de Rome*, commençant à l'an 753 av. J.-C. ◆ *Ère chrétienne, ère vulgaire, ère de l'Incarnation*, commençant à la naissance de J.-C. ◆ *Ère des musulmans*, Voy. HÉGIRE. ◆ *Ère républicaine*, ère établie à partir du 22 septembre 1792 et supprimée à partir du 1er janvier 1806. ◆ La suite des années que l'on compte depuis un point fixe. *Les événements qui se sont accomplis durant l'ère républicaine.* ◆ **Par extens.** Époque remarquable ; ouverture d'un nouvel ordre de choses. *Une nouvelle ère commence.*

ÉRÈBE, n. m. [erɛb] (gr. *Erebos*, divinité infernale) **Mythol.** La partie plus obscure de l'enfer ; l'enfer même.

ÉRECTEUR, TRICE, adj. [erɛktœr, tris] (rad. de *érection*) Qui cause une érection. ■ **Anat.** *Muscles érecteurs* ou n. m. *les érecteurs*, muscles qui servent à redresser certains organes.

ÉRECTILE, ■ adj. [erɛktil] (rad. de *érection*) Organe ou poil qui peut éprouver une érection. *Les poils érectiles du chat.*

ÉRECTION, n. f. [erɛksjɔ̃] (lat. impér. *erectio*) Action d'ériger un monument. *L'érection d'une statue, d'un temple.* ◆ **Fig.** Institution, établissement. *L'érection d'un tribunal. L'érection d'une terre en duché.* ■ Gonflement et raidissement d'un organe. *Avoir une érection, être en érection, avoir le pénis en érection.*

ÉREINTAGE, ■ n. m. [erɛ̃taʒ] (*éreinter*) Action de critiquer, de maltraiter quelqu'un dans un écrit. « *L'éreintage ne doit être pratiqué que contre les suppôts de l'erreur* », BAUDELAIRE.

ÉREINTANT, ANTE, ■ adj. [erɛ̃tɑ̃, ɑ̃t] (*éreinter*) Qui cause une fatigue extrême. *Un rythme de vie éreintant.*

ÉREINTÉ, ÉE, p. p. de éreinter. [erɛ̃te] **Par extens.** Très fatigué.

ÉREINTEMENT, n. m. [erɛ̃t(ə)mɑ̃] (*éreinter*) Néologisme. Action d'éreinter un auteur, un acteur, un homme politique, etc. ■ Fatigue extrême.

ÉREINTER, v. tr. [erɛ̃te] (*é-* et *rein*) Rompre ou fouler les reins, et par ext. battre, rosser. ◆ **Fam.** Excéder de fatigue. ◆ **Fig.** Faire perdre le crédit, la réputation, etc. ◆ *Éreinter quelqu'un*, le maltraiter excessivement dans une feuille publique, dans un compte rendu. ◆ **S'éreinter**, v. pr. Se donner un tour de rein. ◆ Se fatiguer excessivement. ◆ **Fig.** Se maltraiter l'un l'autre par la critique.

ÉREINTEUR, EUSE, n. m. et n. f. [erɛ̃tœr, øz] (*éreinter*) Néolog. Personne qui éreinte dans un discours public, dans un journal ou dans un écrit.

ÉRÉMISTE ou **RMISTE**, ■ [eremist] (*RMI*) Personne qui perçoit le revenu minimum d'insertion. *Les érémistes perçoivent leur allocation chaque mois.*

ÉRÉMITIQUE, adj. [eremitik] (lat. *eremiticus*, relatif à l'ermite) *La vie érémitique*, la vie isolée, par opposition à la vie cénobitique.

ÉRÉMITISME, ■ n. m. [eremitism] (rad. de *érémitique*) Type de vie menée par les ermites. *Un historien de l'érémitsme.*

ÉRÉSIPÉLATEUX, EUSE, adj. [erezipelatø, øz] Voy. ÉRYSIPÉLATEUX.

ÉRÉSIPÈLE, n. m. [erezipɛl] Orthographe et prononciation vulgaire et vicieuse du mot érysipèle. Voy. ÉRYSIPÈLE.

ÉRÉTHISME, n. m. [eretism] (gr. *erethismos*, irritation) **Physiol.** État d'irritation, d'excitation ; exaltation des phénomènes vitaux dans un organe. ◆ **Fig.** Violence d'une passion portée à son plus haut degré.

ÉREUTOPHOBIE ou **ÉRYTHROPHOBIE**, ■ n. f. [erøtofobi, eritrofobi] (gr. *eruthô*, je rougis, et *-phobie*) Phobie de rougir sans raison.

ERG, ■ n. m. [ɛrg] (ar. *irq*, dune mouvante) **Géogr.** Étendue de sable couverte de dunes. *Les ergs du Sahara.* ■ **Par extens.** Désert. ■ **Métrol.** Ancienne unité de mesure.

ERGASTOPLASME, ■ n. m. [ɛrgastoplasm] (gr. *ergastês*, qui travaille, et *plasma*, ouvrage façonné) **Bot.** Type de réticulum endoplasmique qui se fixe sur les ribosomes pour y générer des protéines.

ERGASTULE, ■ n. m. [ɛrgastyl] (lat. *ergastulum*) **Antiq. rom.** Prison souterraine destinée aux esclaves ou servant de logement aux gladiateurs.

ERGATIF, ■ n. m. [ɛrgatif] (gr. *ergatos*, qui travaille) **Ling.** Cas grammatical marquant l'être ou l'objet qui accomplit l'action exprimée par le verbe dans certaines langues, comme le basque.

ERGO, conj. [ɛrgo] (mot lat.) ▷ Conséquemment, donc. « *Ma fille est nonne, ergo, c'est une sainte* », LA FONTAINE. ◆ **N. m. inv.** « *Un ergo sophistique* », RÉGNIER. ◆ **Au pl.** *Des ergo.* ◁

ERGO-GLU ou **ERGO-GLUC**, [ɛrgogly, ɛrgoglyk] (*ergo* et prob. forme onomat. redondante) ▷ Expression familière par laquelle on se moque de grands raisonnements qui ne concluent rien. ◁

ERGOL, ■ n. m. [ɛrgɔl] (gr. *ergon*, travail, d'apr. *propergol*) **Chim.** Substance utilisée comme source d'énergie pour constituer un mélange fusant. *L'ergol est l'un des comburants utilisés dans les fusées classiques.*

ERGOLOGIE, ■ n. f. [ɛrgolɔʒi] (gr. *ergon*, travail, et *-logie*) Science qui étudie l'activité musculaire.

ERGOMÈTRE, ■ n. m. [ɛrgomɛtr] (gr. *ergon*, travail, et *-mètre*) Appareil utilisé en ergométrie.

ERGOMÉTRIE, ■ n. f. [ɛrgometri] (gr. *ergon*, travail, et *-métrie*) **Méd.** Analyse de l'activité musculaire d'un individu sous forme de tests.

ERGONOMIE, ■ n. f. [ɛrgonomi] (gr. *ergon*, travail, et *nomos*, loi, règle) Science qui étudie les conditions de travail en entreprise. ◆ Amélioration des relations de l'homme avec son matériel de travail : bureau, chaise... ■ ERGONOME ou ERGONOMISTE, n. m. et n. f. [ɛrgonɔm, ɛrgonomist]

ERGONOMIQUE, ■ adj. [ɛrgonomik] (*ergonomie*) Qui a trait à l'ergonomie. ■ Conçu pour répondre de manière optimale à un besoin. *Un oreiller ergonomique.*

ERGONOMISTE, ■ n. m. et n. f. [ɛrgonomist] Voy. ERGONOMIE.

ERGOSTÉROL, ■ n. m. [ɛrgosterɔl] (*ergot* et *stérol*) **Biol.** Stérol présent chez les végétaux et principalement le seigle et qui se convertit en vitamine D sous l'effet des ultraviolets.

ERGOT, ■ n. m. [ɛrgo] (orig. incert., p.-ê. du rad. préroman, *arg*, chose pointue) Ongle pointu, éperon qui est à la partie postérieure du pied de certains oiseaux. *Les ergots d'un coq.* ◆ **Fig.** et **fam.** *Se lever, monter sur ses ergots*, le prendre sur un ton fier et menaçant. ◆ **Bot.** *Ergot de blé, ergot de seigle*, maladie qui attaque le grain de blé ou de seigle.

ERGOTAGE, n. m. [ɛrgotaʒ] (*ergoter*) Voy. ERGOTERIE.

ERGOTAMINE, ■ n. f. [ɛrgotamin] (*ergot*) **Biol.** Extrait de l'ergot de seigle utilisé en pharmacopée.

ERGOTÉ, ÉE, adj. [ɛrgote] (*ergot*) Qui a des ergots. *Chien bien ergoté.* ◆ *Seigle ergoté*, seigle attaqué par l'ergot.

ERGOTER, v. intr. [ɛrgote] (prob. de *ergo*) Chicaner par des raisonnements captieux, trouver à redire.

ERGOTERIE, n. f. [ɛrgot(ə)ri] (*ergoter*) Action d'ergoter ; observation vétilleuse ; raisonnements captieux. ◆ On dit aussi *ergotage*.

ERGOTEUR, EUSE, n. m. et n. f. [ɛrgotœr, øz] (*ergoter*) Celui, celle qui ne fait qu'ergoter.

ERGOTHÉRAPIE, ■ n. f. [ɛrgoterapi] (gr. *ergon*, travail, et *thérapie*) Méthode thérapeutique qui utilise le travail manuel pour réadapter les handicapés physiques ou mentaux à la vie sociale. ■ ERGOTHÉRAPEUTE, n. m. et n. f. [ɛrgoterapøt]

ERGOTISME, ■ n. m. [ɛrgotism] (*ergot*) **Méd.** Empoisonnement par du seigle ergoté. ■ Tendance à chicaner.

ÉRICACÉE ou **ÉRICINÉE**, n. f. pl. [erikase, erisine] (lat. *erice*, bruyère) Famille de plantes dicotylédones monopétales.

ÉRIDAN, ■ n. m. [eridɑ̃] (lat. *Eridanus*) Ancien nom du Pô. ◆ Constellation de l'hémisphère austral.

ÉRIGÉ, ÉE, p. p. de ériger. [eriʒe]

ÉRIGER, v. tr. [eriʒe] (lat. class. *erigere*) Élever, construire, dresser. *Ériger un temple, un autel.* ◆ Instituer, établir. *Ériger un tribunal, une église en cathédrale.* ◆ **Fig.** Transformer en une chose considérée comme plus élevée, plus importante. « *Chacun veut en sagesse ériger sa folie* », BOILEAU. « *L'argent en honnête homme érige un scélérat* », BOILEAU. ◆ **S'ériger**, v. pr. Être érigé, dressé, construit. ◆ Se poser comme. *S'ériger en tyran, en juge, etc.*

ÉRIGÉRON, ■ n. m. [eriʒerɔ̃] (gr. *erigerôn*) **Bot.** Plante à fleurs roses ou blanches, proche de l'aster.

ÉRIGNE ou moins usité **ÉRINE**, n. f. [eriɲ] ou [erin, erin] (anc. fr. *iragne, araigne*, araignée) Petite pince armée de crochets dont on se sert soit en disséquant, soit dans certaines opérations, pour soulever et écarter les parties qu'on veut disséquer.

ÉRISTALE, ■ n. m. [eristal] (lat. *eristalis*) **Zool.** Grosse mouche à l'abdomen noir et jaune qui se développe surtout dans les eaux usées.

ÉRISTIQUE, ■ adj. [ɛʀistik] (gr. *eristikos*) Qui a trait à la controverse. *Un dialogue éristique.* ■ N. m. Art d'utiliser la controverse philosophique.

ERLENMEYER, ■ n. m. [ɛʀlɛnmejɛʀ] (*Erlenmeyer*, nom de son inventeur) Chim. Fiole à fond plat et de forme conique. *Des erlenmeyers.*

ERMIN, n. m. [ɛʀmɛ̃] (orig. inconnue) Droit qui se paye pour l'entrée et la sortie des marchandises dans les échelles du Levant.

ERMINETTE ou **HERMINETTE**, n. f. [ɛʀminɛt] (dimin. de *hermine*) Espèce de hache lunaire convexe pour planer et doler le bois.

ERMITAGE, n. m. [ɛʀmitaʒ] (*ermite*) Habitation d'un ermite. ♦ Par abus, couvent d'ermites. ♦ Fig. Lieu écarté, solitaire. ♦ Petite maison de campagne simple et modeste. ♦ *Vin de l'Hermitage*, vin d'un cru fameux du Dauphiné. ■ REM. Graphie ancienne : *hermitage*.

ERMITE, n. m. [ɛʀmit] (lat. *eremita*, du gr. *erêmitês*, du désert ; l'orthographe juste est donc *ermite*) Solitaire retiré dans un lieu désert, où il se livre à des exercices de piété. ♦ Fam. *Vivre comme un ermite*, vivre seul, loin du monde. ♦ Zool. Crustacé du genre pagure appelé aussi *bernard-l'ermite*. ♦ Prov. *Quand le diable fut vieux, il se fit ermite*, un vieux pêcheur se convertit alors que l'âge lui interdit les plaisirs. ■ REM. Graphie ancienne : *hermite*.

ÉRODÉ, ÉE, p. p. de éroder. [eʀode]

ÉRODER, v. tr. [eʀode] (lat. class. *erodere*, ronger) Didact. Ronger. *L'arsenic érode l'estomac.* ■ S'éroder, v. pr. S'abîmer lentement. *La falaise s'érode.*

ÉROGÈNE, ■ adj. [eʀoʒɛn] (gr. *erôs*, amour, et suff. *-gène*) Qui peut procurer du plaisir sexuel, en parlant des parties du corps. *Zone érogène.*

ÉROS, ■ n. m. [eʀos] (gr. *Erôs*, dieu de l'amour) Psych. Amour charnel qui satisfait les désirs sexuels. ■ Dans les théories freudiennes, représentation des pulsions de vie par opposition à celles de mort.

ÉROSIF, IVE, adj. [eʀozif, iv] (lat. *erosum*, de *erodere*, ronger) Qui a la propriété d'éroder. ■ Sensible à l'érosion. *Une pierre érosive.*

ÉROSION, n. f. [eʀozjɔ̃] (lat. impér. *erosio*, ulcération) Action ou effet d'une substance érosive. ■ Dégradation du relief sous l'effet des agents atmosphériques. ■ Fig. Dégradation lente. *L'érosion de la passion amoureuse.*

ÉROTIQUE, adj. [eʀotik] (gr. *erôtikos*, relatif à l'amour) Qui appartient, qui se rapporte à l'amour. *Ouvrage, poème érotique.* ■ Méd. Délire érotique. ■ N. m. pl. *Les érotiques grecs*, les poètes grecs qui ont chanté l'amour. ■ Qui a rapport au désir et à l'amour charnel. *Massage érotique.*

ÉROTIQUEMENT, adv. [eʀotik(ə)mɑ̃] (*érotique*) D'une manière érotique.

ÉROTISANT, ANTE, ■ adj. [eʀotizɑ̃, ɑ̃t] (*érotiser*) Qui confère une dimension érotique à quelque chose. *Le pouvoir érotisant d'un tableau.*

ÉROTISER, ■ v. tr. [eʀotize] (rad. de *érotique*) Conférer une dimension érotique à quelque chose. ■ ÉROTISATION, n. f. [eʀotizasjɔ̃]

ÉROTISME, ■ n. m. [eʀotism] (rad. de *érotique*) Penchant pour le plaisir sexuel. ■ Évocation de poses lascives ou de thèmes érotiques. *L'érotisme d'une photographie, d'un film.* ■ Type de plaisir. *Érotisme buccal.*

ÉROTOLOGIE, ■ n. f. [eʀotoloʒi] (gr. *erôs*, amour, et *-logie*) Étude de l'érotisme et de l'amour charnel. ■ ÉROTOLOGUE, adj. ou n. et n. f. [eʀotolɔg]

ÉROTOMANIE, n. f. [eʀotomani] (gr. *erôs*, amour, et *-manie*) Méd. Aliénation mentale causée par l'amour, ou caractérisée par un délire érotique. ■ Psych. Besoin immodéré de se sentir aimé. ■ ÉROTOMANE, adj. [eʀotoman]

ERPÉTOLOGIE, n. f. [ɛʀpetoloʒi] Voy. HERPÉTOLOGIE.

ERPÉTOLOGIQUE, ■ adj. [ɛʀpetoloʒik] Voy. HERPÉTOLOGIE.

ERPÉTOLOGISTE, ■ n. m. et n. f. [ɛʀpetoloʒist] Voy. HERPÉTOLOGISTE.

ERRANCE, ■ n. f. [eʀɑ̃s] (*errer*) Situation de déplacement constant sans but. *Vivre une errance perpétuelle.*

1 ERRANT, ANTE, adj. [eʀɑ̃, ɑ̃t] (*errer*) Qui erre, qui n'est pas fixé. *Peuples errants. Une vie errante.* ♦ Fig. *Mener une vie errante*, vivre au hasard, sans but. ♦ ▷ *Étoiles errantes*, les planètes, par opposition aux étoiles fixes. ◁ ♦ Poétiq. Qui flotte. « *Et mon âme déjà sur mes lèvres errante* », RACINE. ♦ Par extens. Qui ne se fixe pas. *Imagination errante.* « *Ses yeux sont sans cesse errants de tous côtés* », FÉNELON. ♦ Qui se trompe, qui erre dans la doctrine, dans la religion. ♦ N. m. pl. Ceux qui errent dans la foi.

2 ERRANT, ANTE, adj. [eʀɑ̃, ɑ̃t] (anc. fr. *errer*, du b. lat. *iterare*, de *itinerare*) Qui voyage au hasard. Usité seulement dans ces deux locutions : *Le Juif errant ; Chevalier errant*, chevalier qui courait le monde à la recherche d'aventures. ♦ Fig. et fam. *C'est un Chevalier errant*, il change souvent de demeure, il voyage sans cesse.

ERRATA, n. m. [eʀata] (pl. du lat. *erratum*) Voy. ERRATUM.

ERRATIQUE, adj. [eʀatik] (lat. class. *erraticus*, vagabond) Zool. Qui n'a pas d'habitation fixe. ♦ ▷ Astron. *Planète erratique*, comète. ◁ ♦ Méd. Irrégulier, déréglé. *Fièvres, douleurs erratiques.* ♦ Géol. *Blocs erratiques*, fragments de roche qui paraissent avoir été transportés loin des formations auxquelles ils appartenaient.

ERRATUM, n. m. [eʀatɔm] (mot lat., erreur, faute) Liste des fautes reconnues dans l'impression d'un livre. ♦ Au pl. *Des errata* ou *des erratums*. L'Académie remarque que quelques-uns disent *erratum* quand il n'y a qu'une seule faute. Mais il vaut mieux se servir d'*errata* en tous cas.

ERRE, n. f. [ɛʀ] (lat. class. *iter*, chemin, voyage) Train, allure. Il n'est usité que dans ces locutions : *Aller grand'erre ; Aller belle erre.* ♦ Mar. Vitesse acquise par le navire. ♦ Au pl. Traces et routes d'un cerf. ♦ Fig. *Suivre les erres, aller sur les erres de quelqu'un*, l'imiter dans sa conduite ; adopter ses opinions, ses sentiments.

ERREMENTS, n. m. pl. [eʀ(ə)mɑ̃] (anc. fr. *errer*, du lat. *itinerare*) Procédé habituel, en parlant d'affaires. *Suivre les derniers, les anciens errements. Suivre les vieux errements*, faire une chose comme on la faisait autrefois. ■ Habitude néfaste et blâmable.

ERRER, v. intr. [eʀe] (lat. *errare*, errer, faire fausse route) Aller de côté et d'autre, à l'aventure. *Errer çà et là.* ♦ Fig. S'égarer, flotter çà et là. « *Mais sans errer en vain dans ces vagues propos* », BOILEAU. ♦ Se dit de la pensée, de l'esprit qui ne se fixe pas. « *Notre esprit erre sur mille vains objets* », MASSILLON. ♦ Laisser errer, laisser en toute liberté. *Laisser errer sa plume sur le papier. Laisser errer ses pensées, s'abandonner à ses rêveries.* ♦ Se tromper, avoir une opinion fausse. « *Ils n'auront point le malheur d'avoir erré dans la foi* », PASCAL. ◁ ▷ Absol. Se tromper dans quelque doctrine. ◁

ERREUR, n. f. [eʀœʀ] (lat. class. *error*) ▷ Action d'errer çà et là. « *Contez-moi d'Ilion les terribles assauts Et vos longues erreurs sur la terre et sur l'onde* », DELILLE. ◁ ♦ Ne se dit, en ce sens, que dans le style élevé. ♦ Action d'errer moralement ou intellectuellement ; état d'un esprit qui se trompe. ♦ *Laisser dans l'erreur*, ne pas redresser quelqu'un qui se trompe. ♦ *Mettre en erreur*, faire que quelqu'un se trompe. ♦ Illusion. *L'erreur des sens.* ♦ Fausse doctrine, fausse opinion. ♦ *Erreur populaire*, fausse opinion accréditée parmi le vulgaire. ♦ Au pl. Dérèglement dans les mœurs. *Il reviendra tôt ou tard de ses erreurs.* ♦ Faute, méprise. *Erreur de rédaction.* ♦ *Erreur de calcul*, faute commise dans une supputation. ♦ Astron. Différence entre le calcul et l'observation. ♦ Jurispr. Opinion contraire à la vérité sur le fait ou sur le droit. ♦ *Erreur sur la personne*, erreur qui consiste à prendre une personne pour une autre. ♦ *Erreur sur la substance*, chose prise pour une autre. ♦ Prov. *Erreur n'est pas compte*, on peut toujours revenir sur une erreur. ■ *Erreur judiciaire*, erreur relative à la condamnation judiciaire d'un individu. ■ Acte maladroit et regrettable. *Commettre une erreur de jugement.* ■ *Par erreur*, par mégarde. ■ *Faire erreur*, se tromper. ■ *Induire quelqu'un en erreur*, faire que quelqu'un se trompe.

ERRHIN, INE, adj. [eʀɛ̃, in] (gr. *errhinon*, de *rhinos*, nez) Se dit des médicaments qu'on introduit dans les narines. ■ N. m. *Les errhins.*

ERRONÉ, ÉE, adj. [eʀone] (lat. class. *erroneus*) Qui est entaché d'erreur. *Proposition erronée.* ■ ERRONÉMENT, adv. [eʀonemɑ̃]

ERS, n. m. [ɛʀ] (lat. class. *ervum*) Bot. Genre de plantes légumineuses dont la principale espèce est l'ers lentille.

ERSATZ, ■ n. m. [ɛʀzats] (all. *Ersatz*, remplacement) Substitut de moindre qualité d'un produit ou d'un objet. *Des ersatz.* « *Nous aurons été corrompus par quatre années d'éthique d'ersatz où tout est ersatz : du café au sentiment de l'honneur* », BORY.

1 ERSE, adj. [ɛʀs] (empr. au gaélique) *Le dialecte erse* ou n. m. *l'erse*, dialecte celtique parlé dans la haute Écosse.

2 ERSE, ■ n. f. [ɛʀs] (altér. de *herse*) Mar. Anneau de cordage.

ERSEAU, ■ n. m. [ɛʀso] (2 *erse*) Mar. Anneau de cordage de petite taille utilisé pour fixer un aviron. *Des erseaux.*

ÉRUBESCENT, ENTE, ■ adj. [eʀybesɑ̃, ɑ̃t] (lat. *erubescens*, de *erubescere*, rougir) Qui se colore en rouge. « *Hier, c'était les blancs, les roses lis, les lis d'or érubescents, et demain c'est les passeroses, les ifs plaintifs* », MORÉAS.

ÉRUCAGE ou **ÉRUCAGO** n. f. ou **ÉRUCAGUE**, n. f. [eʀykaʒ, eʀykago, eʀykag] (lat. *eruca*, 1 roquette) Bot. Plante qui est une espèce de roquette et qui croît dans les blés de nos provinces méridionales.

ÉRUCIQUE, ■ adj. [eʀysik] (lat. *eruca*, voir *erucage*) *Acide érucique*, acide présent dans certaines huiles alimentaires.

ÉRUCTATION, n. f. [eʀyktasjɔ̃] (b. lat. *eructatio*) Émission sonore par la bouche de gaz provenant de l'estomac.

ÉRUCTER, ■ v. intr. [eʀykte] (lat. class. *eructare*, rejeter, vomir) Expulser des gaz par la bouche en faisant du bruit. ■ Fig. Crier en postillonnant. *Éructer des grossièretés, des insultes.*

ÉRUDIT, ITE, adj. [eʀydi, it] (lat. *eruditus*, instruit) Qui a beaucoup d'érudition. ♦ *Le peuple érudit*, les savants qui cultivent l'érudition. ♦ Qui a le caractère, les qualités de l'érudition. *Ouvrage érudit.* ♦ N. m. et n. f. *Un érudit, une érudite.*

ÉRUDITION, n. f. [eʀydisjɔ̃] (lat. class. *eruditio*, de *erudire*, instruire) Savoir approfondi dans les langues anciennes, dans les origines des peuples, dans les inscriptions et les médailles, en un mot dans tous les documents qui fournissent les matériaux à l'histoire. ◆ Choses érudites, recherches savantes, curieuses. « Des éruditions la cour est ennemie », La Fontaine.

ÉRUGINEUX, EUSE, adj. [eʀyʒinø, øz] (lat. class. *æruginosus*) Qui tient de la rouille de cuivre ; qui est de la couleur de vert-de-gris. *Crachats érugineux.*

ÉRUPTIF, IVE, adj. [eʀyptif, iv] (lat. *eruptus*, de *erumpere*, faire éruption) **Géol.** Qui a rapport aux éruptions volcaniques. ◆ **Méd.** Accompagné d'éruption. *Fièvre éruptive.*

ÉRUPTION, n. f. [eʀypsjɔ̃] (lat. class. *eruptio*, de *erumpere*, faire éruption) Sortie instantanée et violente. *L'éruption d'un volcan.* ◆ **Méd.** Évacuation abondante de sang, d'humeur, de pus. ◆ Sortie de taches, de pustules, de boutons, etc., qui paraissent sur la peau. *Éruption de petite vérole.* ◆ *Éruption des dents,* la crise dans laquelle les premières dents sortent de l'alvéole. ◆ Par extens. *Éruption des branches d'un arbre.*

ÉRYSIMON, n. m. [eʀizimɔ̃] (gr. *erusimon*) Genre de plantes crucifères.

ÉRYSIPÉLATEUX, EUSE ou **ÉRÉSIPÉLATEUX, EUSE**, adj. [eʀizipelatø, øz, eʀezipelatø, øz] (*érysipèle* ou *érésipèle*) Qui tient de l'érysipèle. *Inflammation érysipélateuse.*

ÉRYSIPÈLE ou **ÉRÉSIPÈLE**, n. m. [eʀizipɛl, eʀezipɛl] (gr. *erusipelas*, inflammation de la peau) **Méd.** Inflammation superficielle de la peau avec tension et tumeur.

ÉRYTHÉMATEUX, EUSE, ■ adj. [eʀitematø, øz] (*érythème*) **Méd.** Symptomatique de l'érythème.

ÉRYTHÈME, ■ n. m. [eʀitɛm] (gr. *eruthêma*, rougeur) **Méd.** Rougeur cutanée qui s'efface sous la pression, souvent provoquée par un frottement. *Érythème fessier chez les nourrissons.*

ÉRYTHRASMA, ■ n. m. [eʀitʀasma] (gr. *eruthros*, rouge) **Méd.** Maladie de peau caractérisée par l'apparition de tâches jaune brunâtre dans la région inguinale.

ÉRYTHRÉEN, ÉENNE, ■ adj. [eʀitʀeɛ̃, eɛn] (*Érythrée*) D'Érythrée. ■ N. m. et n. f. *Les Érythréens.*

ÉRYTHRINE, ■ n. f. [eʀitʀin] (gr. *eruthros*, rouge) **Bot.** Arbrisseau exotique à fleurs rouges.

ÉRYTHRO..., [eʀitʀo] mot employé en composition dans les termes de science, et signifiant rouge, du gr. *eruthros*.

ÉRYTHROBLASTE, ■ n. m. [eʀitʀoblast] (*érythro-* et gr. *blastos*, germe) Globule rouge à noyau présent dans la moelle qui se transforme ensuite en hématie.

ÉRYTHROCYTE, ■ n. m. [eʀitʀosit] (*érythro-* et gr. *kutos*, cellule) Globule rouge en forme de lentille qui contient l'hémoglobine. ■ **ÉRYTHROCYTAIRE**, adj. [eʀitʀositɛʀ]

ÉRYTHRODERMIE, ■ n. f. [eʀitʀodɛʀmi] (*érythro-* et gr. *derma*, peau) Inflammation généralisée de la peau.

ÉRYTHROPHOBIE, ■ n. f. [eʀitʀofobi] Voy. éreutophobie.

ÉRYTHROPOÏÈSE, ■ n. f. [eʀitʀopojez] (*érythro-* et gr. *poêsis*, création) **Biol.** Ensemble des processus cellulaires qui ont lieu dans la moelle osseuse et conduisent à la synthèse de globules rouges.

ÉRYTHROPOÏÉTINE, ■ n. f. [eʀitʀopojetin] Voy. epo.

ÉRYTHROSE, ■ n. f. [eʀitʀoz] (gr. *eruthros*, rouge) Rougeur anormale de la peau. *Un visage marqué par l'érythrose.*

ÉRYTHROSINE, ■ n. f. [eʀitʀozin] (gr. *eruthros*, rouge) Colorant alimentaire rouge qui peut être extrait de la rhubarbe.

ES... ou **É...**, [ɛs] ou [e] préfixe marquant l'éloignement, répondant à la préposition latine *ex*.

ÈS, prép. [ɛs] (contraction de *en les*) Dans les. *Bachelier ès lettres. Licencié ès sciences.* ◆ Hors de cet emploi, *ès* se dit par plaisanterie avec affectation d'archaïsme. « *S'il advient que ces petits vers-ci Tombent ès mains de quelque galant homme* », Voltaire.

ESB, ■ n. f. [æsbe] (sigle de *encéphalopathie spongiforme bovine*) Maladie à évolution lente et mortelle, affectant le système nerveux des animaux (ovins, bovins) et transmissible à l'homme. *Un nouveau cas d'ESB a été signalé.*

ESBIGNER, ■ v. tr. [ɛsbiɲe] ou [ɛsbiɲe] (arg. ital. *sbignare*, courir) **Fam.** et **vieilli** Dérober ou cacher quelque chose. *Il était maître dans l'art d'esbigner des portefeuilles.* ■ S'esbigner, v. pr. **Fam.** Se sauver discrètement. « *Je m'esbigne, ou, comme on dit à la cour, je file* », Hugo.

ESBROUFE, n. m. [ɛsbʀuf] (prob. du provenç. mod. *esbrouf*, ébrouement) **Pop.** et **fam.** *Faire de l'esbroufe, faire ses esbroufes,* faire de l'embarras, se donner de grands mouvements pour rien.

ESBROUFEUR, EUSE, n. m. et n. f. [ɛsbʀufœʀ, øz] (*esbroufe*) **Pop.** Personne qui fait de l'esbroufe.

ESCABEAU n. m. ou **ESCABELLE**, n. f. [ɛskabo, ɛskabɛl] (lat. class. *scabellum*, petit banc) ▷ Siège de bois sans bras, ni dossier. ◁ ■ Marchepied transportable comptant plusieurs marches. *Des escabeaux.*

ESCABÈCHE, ■ n. f. [ɛskabɛʃ] (esp. *escabeche*, de l'ar. *iskebeg*, viandes marinées) **Cuis.** Marinade de petits poissons dont on a ôté la tête. *Sardines à l'escabèche, en escabèche.*

ESCABELLE, ■ n. f. [ɛskabɛl] Voy. escabeau. **Belg.** Escabeau.

ESCACHE, ■ n. f. [ɛskaʃ] (*écacher*) Mors ovale.

ESCADRE, ■ n. f. [ɛskadʀ] (ital. *squadra*, brigade) Réunion de vaisseaux de guerre sous un amiral. ◆ *Chef d'escadre,* aujourd'hui contre-amiral. ◆ Anciennement, division d'une flotte. ■ Unité d'avions de combat.

ESCADRILLE, ■ n. f. [ɛskadʀij] (ital. *squadriglia*, petite escadre) Escadre de vaisseaux légers, comme frégates, corvettes, etc. ■ Groupe d'avions de combat.

ESCADRON, ■ n. m. [ɛskadʀɔ̃] (ital. *squadrone*) Troupe de combattants, généralement à cheval. ◆ Toute espèce de bande, comparée à un escadron de guerre. « *Anges saints, rangez à l'entour vos escadrons invisibles* », Bossuet. ◆ Division d'un régiment de cavalerie, commandée par un capitaine. ◆ *Chef d'escadrons* (au pluriel) *dans la cavalerie ; chef d'escadron dans l'artillerie et l'état-major,* grade au-dessous de lieutenant-colonel, au-dessus de capitaine. ■ Unité d'avions de combat.

ESCADRONNER, v. intr. [ɛskadʀɔne] (*escadron*) Faire des évolutions propres à la cavalerie.

ESCAGASSER, ■ v. tr. [ɛskagase] (provenç. *escagassa*, écraser) **Fam.** Ennuyer par son discours. *Tu escagasses tout le monde avec ton discours.* ■ S'escagasser, v. pr. Se donner de la peine. *Je m'escagasse à réussir cet exercice.*

ESCALADE, ■ n. f. [ɛskalad] (provenç. *escalada* ou du lat. *scala,* échelle) Attaque, assaut à l'aide d'échelles. *Monter à l'escalade. Donner l'escalade.* ◆ Action d'un voleur qui s'introduit quelque part en franchissant un obstacle, mur ou haie. ■ *Faire l'escalade,* grimper sur. ■ Discipline sportive qui consiste en l'ascension de parois abruptes. ■ *Mur d'escalade,* mur de béton reproduisant les aspérités d'une paroi rocheuse. ■ **Milit.** Processus qui conduit à l'utilisation de moyens stratégiques et offensifs de plus en plus puissants. ■ **Par extens.** Évolution rapide d'un phénomène. *L'escalade de la méchanceté.*

ESCALADÉ, ÉE, p. p. de escalader. [ɛskalade]

ESCALADER, v. tr. [ɛskalade] (*escalade*) Attaquer, emporter par escalade. *Escalader une forteresse.* ◆ Monter dans une maison par les fenêtres ; passer par-dessus un mur de clôture. ◆ **Par extens.** *Escalader un arbre pour cueillir des fruits.*

ESCALATOR, ■ n. m. [ɛskalatɔʀ] (mot angl., escalier mécanique) Escalier roulant. ■ Rem. Recommandation officielle : escalier mécanique.

ESCALE, n. f. [ɛskal] (ital. *scala*) **Mar.** Ville maritime de la Méditerranée ou plus particulièrement des États barbaresques, où les navires de commerce abordent [1]. ◆ *Faire escale,* relâcher. ■ Fait de s'arrêter pour procéder au ravitaillement, au débarquement ou à l'embarquement de passagers ou de marchandises, en parlant d'un navire ou d'un avion. ■ Temps de l'arrêt. ■ Rem. 1 : *Barbaresque* est un ancien terme qui désignait les habitants de la Libye et du Maghreb actuels.

ESCALER, v. intr. [ɛskale] (*escale*) **Mar.** Relâcher.

ESCALIER, n. m. [ɛskalje] (b. lat. *scalarium,* du lat. *scala,* échelle) Suite de degrés qui, dans un bâtiment ou autre part, sert à monter ou à descendre. ◆ Machine pour élever l'eau par échelons. ◆ On dit *escalier* pour *degré* abusivement : *Monter les escaliers quatre à quatre. Escalier* signifie *une réunion de degrés.* ■ *Escalier mécanique,* recommandation officielle pour escalator.

ESCALIN, n. m. [ɛskalɛ̃] (prob. moy. néerl. *schellinc*) Monnaie des Pays-Bas qui vaut soixante-cinq centimes environ.

ESCALOPE, ■ n. f. [ɛskalɔp] (orig. incert., p.-ê. de *écale*) Tranche de veau ou autre viande apprêtée d'une manière particulière.

ESCALOPER, ■ v. tr. [ɛskalɔpe] (*escalope*) Couper en tranches fines une pièce de viande ou de poisson. *Escaloper des coquilles Saint-Jacques.*

ESCAMOTABLE, ■ adj. [ɛskamotabl] (*escamoter*) Qui peut être replié. *Une échelle escamotable.*

ESCAMOTAGE, n. m. [ɛskamotaʒ] (*escamoter*) L'art, l'action de l'escamoteur. ◆ **Fig.** Action de dérober subtilement.

ESCAMOTE, n. f. [ɛskamɔt] (*escamoter*) Petite balle de liège qui sert à escamoter avec les gobelets. ◆ En général, objet que les saltimbanques escamotent.

ESCAMOTÉ, ÉE, p. p. de escamoter. [ɛskamɔte]

ESCAMOTER, v. tr. [ɛskamɔte] (orig. incert., p.-ê. du provenç. *escamotar*) Faire disparaître quelque chose par un tour de main, un tour de gobelet, ou de toute autre manière. *Escamoter une muscade, une carte.* ◆ **Absol.** *Il escamote bien.* ◆ **Par extens.** Dérober subtilement. ◆ **Milit.** *Escamoter l'arme,* supprimer, dans le maniement du fusil, certains mouvements prescrits par l'ordonnance, afin d'accélérer la charge. ■ Faire rentrer un élément saillant d'une machine. *Escamoter le train d'atterrissage d'un avion.* ■ **Fig.** Éviter ou éluder quelque chose. ■ **Fig.** Supprimer ou passer rapidement sur quelque chose. *Escamoter un mot.*

ESCAMOTEUR, EUSE, n. m. et n. f. [ɛskamɔtœr, øz] (*escamoter*) Personne qui escamote. ◆ **Fig.** *Escamoteur, escamoteuse,* celui, celle qui dérobe subtilement.

ESCAMPATIVOS, n. m. pl. [ɛskɑ̃pativos] (empr. au gascon, départ précipité, voir *escamper*) *Faire des escampativos,* s'échapper furtivement, faire une absence furtive. ◆ **Au sing.** *Je vais faire un petit escampativos.*

ESCAMPER, v. intr. [ɛskɑ̃pe] (ital. *scampare*) **Fam.** Se retirer, s'enfuir en grande hâte.

ESCAMPETTE, n. f. [ɛskɑ̃pɛt] (dimin. de l'anc. fr. *escampe,* fuite) **Fam.** Usité seulement dans la locution : *Prendre la poudre* ou *de la poudre d'escampette,* s'enfuir.

ESCAPADE, n. f. [ɛskapad] (ital. *scappata,* de *scappare,* échapper) Action de s'échapper d'un lieu, en manquant à un devoir pour un plaisir ou un caprice. *Faire une escapade.* ◆ Action subite d'un cheval qui s'emporte. ◆ **Fig.** Acte par où l'on s'échappe des règles de la bienséance ou du bon sens.

ESCAPE, n. f. [ɛskap] (lat. impér. *scapus,* tige de plante) **Archit.** Le fût d'une colonne, et proprement la partie inférieure et la plus proche de la base.

ESCARBILLE, n. f. [ɛskarbij] (m. néerl. *schrabben,* gratter) Portion de houille qui, ayant échappé à la combustion, reste mêlée avec des cendres.

ESCARBOT, n. m. [ɛskarbo] (lat. impér. *scarabæus,* prob. avec influ. de *escargot*) Insecte du genre des scarabées. ◆ Nom du hanneton vulgaire dans certaines contrées. ◆ **Adj.** « *La gent escarbote* », LA FONTAINE.

ESCARBOUCLE, n. f. [ɛskarbukl] (lat. class. *carbunculus,* petit charbon) Nom que les anciens donnaient au rubis. ◆ **Fig.** *Des yeux d'escarboucle.*

ESCARBOUILLER, v. tr. [ɛskarbuje] (*escarbille*) Écraser. « *Le nez escarbouillé* », RÉGNIER. ■ **Rem.** On écrit auj. *écrabouiller.*

ESCARCELLE, n. f. [ɛskarsɛl] (ital. *scarsella,* bourse, de *scarso,* avare) Grande bourse à l'antique, qui se portait suspendue à la ceinture. ◆ **Fig.** *Il pleut dans son escarcelle,* il devient riche.

ESCARGOT, n. m. [ɛskargo] (provenç. *escargol*) Espèce de limaçon. ◆ **Techn.** Machine en spirale, dite ordinairement vis d'Archimède, servant à épuiser l'eau. ◆ *Escalier en escargot* ou simplement *escargot,* escalier en spirale. ■ *Comme un escargot,* très lentement. ■ *Opération escargot,* opération de protestation menée par les routiers et consistant à avancer lentement pour freiner la circulation.

ESCARGOTIÈRE, ■ n. f. [ɛskargɔtjɛr] (*escargot*) Lieu d'élevage des escargots destinés à l'alimentation. ■ Plat utilisé pour servir les escargots, muni de petites cavités dans lesquelles on les dépose.

ESCARMOUCHE, n. f. [ɛskarmuʃ] (ital. *scaramuccia,* p.-ê. du longobard *skirmjan,* protéger) Combat entre des corps détachés ou entre des tirailleurs. ◆ **Fig.** Escarmouche de plumes. ◆ Échange de propos vifs.

ESCARMOUCHER, v. intr. [ɛskarmuʃe] (*escarmouche*) Combattre par escarmouches. ◆ Disputer légèrement. ◆ S'escarmoucher, v. pr. Même sens.

ESCARMOUCHEUR, n. m. [ɛskarmuʃœr] (*escarmoucher*) Celui qui va à l'escarmouche.

ESCAROLE, n. f. [ɛskarɔl] (lat. bot. *scariola*) Plante potagère, espèce de chicorée à larges feuilles, dite aussi *scarole.*

ESCAROTIQUE, adj. [ɛskarɔtik] Fausse orthographe du Dictionnaire de l'Académie pour *escharotique.* ■ Voy. ESCARROTIQUE.

1 ESCARPE, n. f. [ɛskarp] (ital. *scarpa,* talus de rempart) **Fortif.** Muraille de terre ou de maçonnerie qui règne au-dessus du fossé du côté de la place.

2 ESCARPE, n. m. [ɛskarp] (prob. provenç. *escarpi,* metre en pièces) **Arg.** Voleur, et particulièrement celui qui ne recule pas devant l'assassinat.

ESCARPÉ, ÉE, p. p. de escarper et adj. [ɛskarpe] Qui a un talus fort raide, abrupt. *Rivage escarpé. Île escarpée.*

ESCARPEMENT, n. m. [ɛskarpəmɑ̃] (*escarper*) État de ce qui est escarpé. *L'escarpement d'une montagne.* ◆ **Géogr.** Pentes des plateaux ; monts accolés aux plateaux ; versant le plus abrupt d'une montagne. ◆ **Fortif.** Pente raide. *L'escarpement d'un fossé.*

ESCARPER, v. tr. [ɛskarpe] (1 *escarpe*) Couper droit de haut en bas, en parlant d'un rocher, d'une montagne, d'un fossé, d'une route, etc. « *Les vagues de la mer rongent le pied de certaines côtes et en escarpent toute la hauteur en falaise* », CUVIER. ◆ S'escarper, v. pr. Devenir escarpé, raide, incliné.

ESCARPIN, n. m. [ɛskarpɛ̃] (ital. *scarpino*) Soulier léger qui laisse le coup de pied découvert. ◆ **Fig.** *Jouer de l'escarpin,* s'enfuir. ◆ **N. m. pl.** Sorte de torture qui consistait dans le serrement des pieds. *On lui a mis les escarpins.*

ESCARPOLETTE, n. f. [ɛskarpɔlɛt] (p.-ê. de l'ital. *scarpoletta,* petite écharpe) Siège suspendu par des cordes sur lequel on se balance.

1 ESCARRE, n. f. [ɛskar] (2 *escarre*) **Vx** Ouverture faite avec violence, avec fracas. *Le canon a fait une grande escarre dans ce bataillon, dans ce mur.*

2 ESCARRE, n. f. [ɛskar] (gr. *eskhara,* braise) Croûte noirâtre qui se forme sur la peau par gangrène ou par application d'un caustique ou du feu. ■ **Rem.** Graphie ancienne : *eschare.*

ESCARRIFICATION, n. f. [ɛskarifikasjɔ̃] (2 *escarre*) Production d'une escarre. ■ **Rem.** Graphie ancienne : *escharification.*

ESCARRIFIER, v. tr. [ɛskarifje] (2 *escarre*) Produire une escarre. ■ **Rem.** Graphie ancienne : *escharifier.*

ESCARROTIQUE, adj. [ɛskarɔtik] (gr. *eskharôtikos*) Qui produit une escarre. ◆ **N. m.** *Un escarrotique,* substance qui, appliquée sur une partie vivante, la désorganise. ■ **Rem.** Graphies anciennes : *escharotique, escarotique.*

ESCAVEÇADE, n. f. [ɛskav(ə)sad] (prob. de *é-* et *caveçon*) **Manège** Secousse du caveçon pour presser le cheval d'obéir.

ESCHATOLOGIE, ■ n. f. [ɛskatɔlɔʒi] (gr. *eskatos,* dernier, et *-logie*) **Théol.** Étude relative aux croyances sur les fins dernières de l'homme et du monde. ■ ESCHATOLOGIQUE, adj. [ɛskatɔlɔʒik]

ESCIENT, n. m. [ɛsjɑ̃] ou [ɛsjɑ̃] (lat. class. *sciens,* en connaissance de cause) Il ne s'emploie que dans ces deux locutions adverbiales : *À son escient, à mon escient,* sciemment, avec connaissance de cause ; *À bon escient,* sciemment, tout de bon, véritablement.

ESCLAFFER (S'), ■ v. pr. [ɛsklafe] (provenç. *esclafa,* éclater) Pouffer de rire bruyamment.

ESCLAIRE, n. m. [ɛsklɛr] (orig. incert.) **Vén.** Oiseau de proie dont le corps est allongé et qui vole bien.

ESCLANDRE, n. m. [ɛsklɑ̃dr] (lat. chrét. *scandalum,* pierre d'achoppement, péché) Bruit scandaleux à propos de quelque accident fâcheux, désagréable. ◆ *Faire esclandre* ou *causer de l'esclandre,* faire du tapage. ◆ *Faire esclandre* ou *causer une façon scandaleuse.* ◆ *Faire un esclandre à quelqu'un,* lui faire une querelle publique et scandaleuse.

ESCLAVAGE, n. m. [ɛsklavaʒ] (*esclave*) État d'esclave dans l'Antiquité. *Réduire en esclavage des femmes, des enfants.* ◆ État d'esclave chez les modernes. ◆ **Par extens.** Assujettissement, dépendance. *Être en esclavage sous un despote. Tenir les peuples dans l'esclavage.* ◆ **Fig.** Ce qui assujettit, subjugue. *L'esclavage des passions. L'esclavage de la rime,* la gêne, la contrainte qu'elle impose. ◆ Ce qui laisse peu de liberté, de loisir. *Cet emploi est un esclavage.* ◆ Sorte de chaîne, ordinairement ornée de diamants ou de pierres précieuses, qui descend sur la poitrine en demi-cercle.

ESCLAVAGISME, ■ n. m. [ɛsklavaʒism] (*esclavage*) Organisation sociale et économique fondée sur l'esclavage. ■ Théorie qui reconnaît et approuve l'esclavage.

ESCLAVAGISTE, n. m. et n. f. [ɛsklavaʒist] (*esclavage*) **Néolog.** Celui, celle qui, dans les pays où sont esclaves, est partisan de l'esclavage. ■ **Adj.** *Un système esclavagiste.* ■ **Rem.** Ce terme n'est plus considéré comme un néologisme aujourd'hui. À l'époque de Littré, l'esclavage subsistait encore dans certains pays.

ESCLAVE, n. m. et n. f. [ɛsklav] (lat. médiév. *sclavus,* slave, du fait du grand nombre de Slaves asservis par Othon le Grand et ses successeurs) Celui, celle qui est sous la puissance absolue d'un maître. ◆ **Fig.** « *Il [un livre] est esclave né de quiconque l'achète* », BOILEAU. ◆ Celui qui est soumis à une domination étrangère, à un gouvernement despotique. « *Fut-il jamais au joug esclaves plus soumis ?* », RACINE. ◆ *En esclave, à la façon des esclaves,* servilement. ◆ Dominé par, assujetti à. « *Une âme mondaine est esclave de ses passions* », MASSILLON. ◆ *Être esclave de sa parole,* tenir religieusement la promesse qu'on a faite. ◆ *Être esclave de son devoir,* l'accomplir scrupuleusement. ◆ Qui est volontairement asservi aux volontés de quelqu'un. ◆ Qui n'a aucun moment de libre. *Cet emploi le rend esclave.* ◆ **Adj.** *Les nègres esclaves* [1]. ◆ **Fig.** *Avoir une âme esclave,* avoir une âme vile et basse.

♦ **Par extens.** Qui obéit comme ferait un esclave. ■ Rᴇᴍ. 1 : À l'époque de Littré, *nègre* n'était pas un terme raciste.

ESCOBAR, n. m. [ɛskobaʀ] (*Escobar*, jésuite espagnol) Nom d'un jésuite, célèbre casuiste. ♦ Adroit hypocrite, qui use de mots à double entente, etc. ■ Rᴇᴍ. Péjoratif dans ce sens.

ESCOBARDÉ, ÉE, p. p. de escobarder. [ɛskobaʀde]

ESCOBARDER, v. intr. [ɛskobaʀde] (*escobar*) User de réticences, de mots à double entente dans le dessein de tromper. ♦ V. tr. Obtenir, se procurer par ruse, par mensonge.

ESCOBARDERIE, n. f. [ɛskobaʀdəʀi] (*escobarder*) Parole, acte par lequel on escobarde.

ESCOFFION, n. m. [ɛskofjɔ̃] (ital. *scuffione*, de *cuffia*, coiffe) Ancienne coiffure à l'usage des femmes du peuple.

ESCOGRIFFE, n. m. [ɛskogʀif] (orig. incert., p.-ê. de *griffe*) Celui qui prend hardiment, sans demander. ♦ **Fam.** Homme de grande taille et mal fait. « *Ce grand escogriffe de maître d'armes* », Mᴏʟɪᴇʀᴇ.

ESCOMPTE, n. m. [ɛskɔ̃t] (ital. *sconto*, de *scontare*, escompter) Prime payée au banquier ou à toute autre personne qui fait avance du montant d'un effet avant l'échéance. *Le taux de l'escompte.* ♦ Opération de banque qui consiste à payer le montant d'un effet non échu, sous déduction d'une somme pour intérêt, change ou frais de recouvrement.

ESCOMPTÉ, ÉE, p. p. de escompter. [ɛskɔ̃te]

ESCOMPTER, v. tr. [ɛskɔ̃te] (ital. *scontare*) Payer à quelqu'un le montant d'un effet avant l'échéance, moyennant un escompte. ♦ **Absol.** *Faire l'escompte des billets,* faire la banque. ♦ Dépenser d'avance. *Escompter le succès d'une affaire.* ♦ Dépenser, consommer rapidement et prématurément. *Escompter la vie, sa jeunesse.* ♦ S'escompter, v. pr. Être escompté. ■ V. tr. Compter sur quelque chose et agir en conséquence. ■ ESCOMPTABLE, adj. [ɛskɔ̃tabl]

ESCOMPTEUR, EUSE, n. m. et n. f. [ɛskɔ̃tœʀ, øz] (*escompter*) Personne qui fait l'escompte. ♦ Adj. *Banquier escompteur,* celui qui fait l'escompte.

ESCOPE, n. f. [ɛskɔp] (angl. *scoop*) Voy. ᴇᴄᴏᴘᴇ.

ESCOPETTE, n. f. [ɛskɔpɛt] (ital. *schioppetto*, dimin. de *schioppo*, sorte d'arquebuse, du lat. *scloppus*, bruit produit en frappant sur une joue gonflée) Espèce de carabine que l'on portait ordinairement en bandoulière. ♦ Sorte d'arquebuse dont la cavalerie française se servait sous le règne de Henri IV et de Louis XIV.

ESCOPETTERIE, n. f. [ɛskɔpɛtəʀi] (*escopette*) Décharge d'escopettes.

ESCORTE, n. f. [ɛskɔʀt] (ital. *scorta*, de *scorgere*, accompagner, du lat. vulg. *excorrigere*, diriger) Troupe armée qui est commandée pour suivre quelqu'un ou quelque chose, et veiller à sa sûreté, dans une route. ♦ *Escorte d'honneur,* troupe de soldats ou de citoyens armés qui accompagne un souverain, un prince ou tout autre grand personnage. ■ **Mar.** Vaisseaux de guerre qui accompagnent des bâtiments de transport, des navires marchands, etc. ♦ Cortège. *Faire escorte à quelqu'un.* ♦ Il se dit aussi d'une seule personne. *Je vous servirai d'escorte.* ♦ **Fig.** « *L'ambition et toute son escorte* », Bᴏɪʟᴇᴀᴜ.

ESCORTÉ, ÉE, p. p. de escorter. [ɛskɔʀte]

ESCORTER, v. tr. [ɛskɔʀte] (*escorte*) Accompagner pour protéger, défendre ou surveiller pendant la marche. ♦ Il se dit de même d'une seule personne qui accompagne. ♦ **Fig.** « *Le mérite est un sot si l'argent ne l'escorte* », Mᴏɴᴛ-ғʟᴇᴜʀʏ.

ESCORTEUR, ■ n. m. [ɛskɔʀtœʀ] (*escorter*) **Milit.** Navire qui prévient des attaques sous-marines et aériennes. ■ **Mar.** Petit bateau qui escorte les gros navires à leur entrée dans le port.

ESCOT, n. m. [ɛsko] (altér. de *Aerschot*, Brabant) Sorte d'étoffe de laine à tissu croisé, dont on fait des robes de deuil, des vêtements pour religieuses et des tabliers communs.

ESCOUADE, n. f. [ɛskwad] (ital. *squadra*) Fraction d'une compagnie sous les ordres d'un caporal ou d'un brigadier. ■ Petit groupe d'individus. *Une escouade de déménageurs.*

ESCOURGÉE, n. f. [ɛskuʀʒe] (é- et anc. fr. *courgiée*, courroie, du lat. *corrigea*) Fouet fait de plusieurs lanières de cuir. ♦ Coups donnés avec ce fouet.

ESCOURGEON ou **ÉCOURGEON,** n. m. [ɛskuʀʒɔ̃, ekuʀʒɔ̃] (orig. incert., p.-ê. de l'anc. fr. *corjon*, lanière) Variété d'orge appelée orge d'automne ou d'hiver. ♦ Variété précoce de l'orge commune, que l'on fait manger en vert aux chevaux.

ESCOUSSE, n. f. [ɛskus] (lat. *excussa*, de *excutere*, faire tomber en secouant) ▷ **Fam.** Élan qu'on prend pour mieux sauter. *Prendre son escousse.* ◁

ESCRIME, n. f. [ɛskʀim] (ital. *scrima*, art de manier l'épée) Art de faire des armes ; exercice pour se battre à l'épée ou au sabre. *Maître d'escrime.* ♦ **Fig.** « *Dans les combats d'esprit savant maître d'escrime* », Bᴏɪʟᴇᴀᴜ.

ESCRIMER, v. intr. [ɛskʀime] (*escrime*) S'exercer à faire des armes. ♦ Faire le coup d'épée. ♦ **Fig.** Faire tous ses efforts. ♦ **Fam.** Disputer contre quelqu'un sur une matière d'érudition, de science, etc. ♦ S'escrimer, v. pr. Se battre. ♦ **Fig.** *S'escrimer des pieds et des mains,* faire les plus grands efforts. ♦ Se disputer. ♦ *S'escrimer de,* s'exercer, s'appliquer à. *S'escrimer de poésie, du pinceau.* ♦ *S'escrimer à une chose impossible.* ♦ **Pop.** *S'escrimer des mâchoires, des dents,* bien manger.

ESCRIMEUR, EUSE, n. m. et n. f. [ɛskʀimœʀ, øz] (*escrime*) Personne qui connaît l'escrime.

ESCROC, n. m. [ɛskʀo] (ital. *scrocco*, coquin) Celui qui pratique l'escroquerie. ■ **Par extens.** Personne peu honnête en affaires.

ESCROQUÉ, ÉE, p. p. de escroquer. [ɛskʀoke]

ESCROQUER, v. tr. [ɛskʀoke] (ital. *scroccare*, vivre aux dépens d'un autre, de *crocco*, croc, crochet) Tirer quelque chose d'une personne par fourberie. ♦ Avec un nom de personne pour complément. *Escroquer quelqu'un.* ♦ **Absol.** *Il ne fait qu'escroquer.* ♦ **Fig.** *Escroquer des approbations.* ♦ S'escroquer, v. pr. Se faire l'un à l'autre des escroqueries.

ESCROQUERIE, n. f. [ɛskʀɔk(ə)ʀi] (*escroquer*) Action d'escroquer. ♦ **Jurispr.** Vol à l'aide d'artifices, de manœuvres frauduleuses.

ESCROQUEUR, EUSE, n. m. et n. f. [ɛskʀokœʀ, øz] (*escroquer*) Celui, celle qui escroque.

ESGOURDE, ■ n. f. [ɛsguʀd] (orig. incert. p.-ê. altér. de *écoute,* d'apr. *dégourdi*) **Fam.** Oreille. *Ouvrez vos esgourdes !* ■ Rᴇᴍ. On l'emploie généralement au pl.

E-SI-MI, [esimi] (*mi,* note de musique) ▷ **Vx Mus.** Le ton de mi. ◁

ÉSOTÉRIQUE, adj. [ezoteʀik] (gr. *esôterikos,* réservé aux initiés) *Doctrine ésotérique,* doctrine secrète que certains philosophes de l'Antiquité ne communiquaient qu'à un petit nombre de leurs disciples ; il se dit par opposition à *exotérique.* ■ Qui n'est compréhensible que pour des initiés. *Utiliser un langage ésotérique pour donner du mystère à un écrit.* ■ Qui ne peut et ne doit être transmis qu'à des personnes considérées comme initiées. *Des rites ésotériques franc-maçonniques.*

ÉSOTÉRISME, ■ n. m. [ezoteʀism] (*ésotérique*) Principe qui consistait à garder secrètes certaines connaissances pour ne les transmettre qu'à des initiés, et qui fut appliqué par certaines organisations ou philosophies anciennes. *L'ésotérisme des sociétés secrètes.* ■ Ce qui n'est compréhensible que pour une personne initiée. *L'ésotérisme des rites franc-maçonniques.* ■ Ce qui est empreint d'un caractère mystérieux ou énigmatique dans une œuvre littéraire ou scientifique. *Étudier l'ésotérisme d'un roman fantastique.*

ESPACE, n. m. [ɛspas] (lat. *spatium*) Certaine étendue superficielle. ♦ Étendue indéfinie. ♦ Il se dit au pluriel dans le même sens. « *Le silence éternel de ces espaces infinis m'effraye* », Pᴀsᴄᴀʟ. ♦ *Espace céleste* ou simplement *espace,* le ciel. ◁ ♦ *Espaces imaginaires,* espaces qui n'existent pas, locution tirée de la philosophie ancienne qui, au-delà de la sphère du monde, n'admettait ni aucun corps ni aucun lieu. ♦ **Fam.** *Se promener* ou *voyager dans les espaces imaginaires,* se créer des visions, des idées chimériques. ♦ ▷ *Se perdre dans les espaces,* divaguer. ◁ ♦ Étendue de temps. « *Et rose, elle a vécu ce que vivent les roses, L'espace d'un matin* », Mᴀʟʜᴇʀʙᴇ. ♦ **Mus.** Intervalle blanc des lignes de la portée. ♦ **N. f. Impr.** Petite pièce de fonte qui sert à séparer les mots. ■ **Impr.** Blanc séparant deux mots ou deux lettres. ■ N. m. Ce qui sépare deux objets ou deux points. *N'oubliez pas de laisser un espace entre chaque exposant.* ■ Superficie dévolue à une activité, ou occupée par un objet. *Espace non-fumeur.* ■ Volume occupé par quelque chose. *Nous allons changer d'entrepôt car nous manquons d'espace ici.* ■ Milieu au-delà de l'atmosphère. *La conquête de l'espace. Envoyer un satellite dans l'espace.* ■ **Psych.** Ce qui entoure et constitue les points de repères de l'individu pour sc mouvoir. *L'espace visuel et auditif.* ■ **Math.** Ensemble des points définis pour la constitution d'une structure abstraite. *Un cours de géométrie dans l'espace.* ■ *Espace aérien,* zone aérienne contrôlée par un pays. ■ *Espace vert,* zone réservée à la végétation dans une agglomération ou dans un ensemble d'immeubles. ■ *Espace publicitaire,* partie d'un journal ou le temps d'une émission radiophonique ou télévisuelle de la publicité. ■ *Espace vital,* zone géographique dans laquelle un état souhaite s'étendre d'un point de vue démographique ou économique, ou fig. zone nécessaire au confort d'une personne. ■ Rᴇᴍ. En musique, on dit plutôt auj. *interligne.*

ESPACÉ, ÉE, p. p. d'espacer. [ɛspase] Mis à distance.

ESPACEMENT, n. m. [ɛspas(ə)mɑ̃] (*espacer*) Action d'espacer. ♦ **Impr.** Intervalle entre les mots, entre les lignes. ■ Distance qui sépare deux choses ou deux personnes. *L'espacement entre les immeubles.* ■ Temps écoulé entre deux événements. *L'espacement des manifestations culturelles organisées par un musée.*

ESPACER, v. tr. [ɛspase] (*espace*) Ranger plusieurs choses de manière à laisser entre elles l'espace nécessaire. ✦ **Impr.** Établir un intervalle régulier entre les mots et les lignes. ✦ S'espacer, v. pr. Prendre de l'espace, s'étendre. ▪ V. tr. Séparer par un laps de temps. *Espacer les séances de chimiothérapie en fin de traitement.* ▪ S'espacer, v. pr. devenir plus rare. *Ses visites se sont espacées pendant l'été, mais il commence à revenir plus régulièrement.*

ESPACE-TEMPS, ▪ n. m. sing. [ɛspas(ə)tɑ̃] (*espace* et *temps*) Phys. Ensemble de quatre variables nécessaires pour définir précisément un événement dans la théorie de la relativité. *La notion d'espace-temps est née en 1907 et a été formalisée par Minkowski.*

ESPADON, n. m. [ɛspadɔ̃] (ital. *spadone*, augmentatif de *spada*, épée) Grande et large épée qu'on tenait à deux mains. ✦ **Sp.** Sabre. *Se battre à l'espadon.* ✦ **Hist. nat.** Squale dont la mâchoire supérieure est armée d'un os plat et allongé comme un glaive.

ESPADONNER, v. intr. [ɛspadɔne] (*espadon*) Se servir de l'espadon.

ESPADRILLE, n. f. [ɛspadʀij] (lat. *spartum*, sparte) Nom donné, dans les Pyrénées, à une espèce de chaussure dont la semelle est en sparte.

ESPAGNOL, OLE, ▪ adj. [ɛspaɲɔl] ou [ɛspanjɔl] (*Espagne*) Originaire ou typique de l'Espagne. ▪ N. m. et n. f. *Un Espagnol, une Espagnole.* ▪ N. m. Langue officielle de l'Espagne et des pays d'Amérique latine.

ESPAGNOLETTE, n. f. [ɛspaɲɔlɛt] ou [ɛspanjɔlɛt] (*espagnol*) Sorte de ratine fine qu'on fabriquait en Espagne, et qui a été initiée en France. ✦ Ferrure servant à fermer une fenêtre. ▪ *Fermer à l'espagnolette*, maintenir un ouvrant entrebâillé grâce à l'espagnolette.

ESPALIER, n. m. [ɛspalje] (ital. *spalliere*, appui pour les épaules) Rangée d'arbres fruitiers dont les branches sont dressées et appliquées contre un mur ou sur un treillage. ▪ *Une culture en espalier*, que l'on fait pousser contre un mur ou sur un treillage. ▪ Échelle à larges barreaux fixée sur un mur et utilisée en gymnastique.

ESPALME, n. m. [ɛspalm] (*espalmer*) Matière qu'on mêle au goudron employé à calfater la carène des vaisseaux.

ESPALMÉ, ÉE, p. p. d'espalmer. [ɛspalme]

ESPALMER, v. tr. [ɛspalme] (ital. *spalmere*, enduire de suif) **Mar.** Nettoyer la carène d'un bâtiment et l'enduire de suif.

ESPAR, n. m. [ɛspaʀ] (anc. fr. *spara*, pièce de bois) Levier qui sert pour la grosse artillerie. ✦ Longues pièces de sapin dont on fait de petits mâts, des bouts-dehors de vergues, etc.

ESPARCETTE, n. f. [ɛspaʀsɛt] (anc. fr. *esparz*, espacé) Nom vulgaire du *sainfoin.* ▪ REM. On disait aussi *un éparcet.*

ESPARS, n. m. pl. [ɛspaʀ] L'Académie ne donne que le pluriel de ce mot. Voy. ESPAR.

ESPÈCE, n. f. [ɛspɛs] (lat. *species*, aspect) **Théol.** Dans le sacrement de l'eucharistie, les apparences du pain et du vin après la transsubstantiation. *Communier sous les deux espèces.* ✦ *Sorte de toutes les espèces.* ✦ *Espèce de*, suivi d'un nom de personne, se dit de personnes, d'êtres qui n'ont pas toutes les qualités requises, qui ne sont pas tout à fait ce qu'il faudrait qu'ils fussent. *Une espèce d'intendant, d'avocat, etc.* ✦ *Espèce de*, suivi d'un nom de chose, se dit des choses qui sont très voisines et qui se remplacent presque. *L'enseignement est une espèce de sacerdoce.* ✦ *Une pauvre espèce.* Absol. *Une espèce*, se dit de gens sans mérite, sans qualités. ✦ *Des gens de toute espèce*, c-à-d. de toute condition, de tout caractère. ✦ **Pharm.** Les poudres mélangées qui forment la base des électuaires. ✦ Mélange de racines, de fleurs, de semences ou d'autres substances végétales, douées de propriétés médicales. *Espèces amères, apéritives, etc.* ✦ Division du genre, réunion d'individus sous un caractère commun qui les distingue de ceux qui appartiennent au même genre. ✦ Un des lieux communs de rhétorique. *Le genre et l'espèce.* ✦ **Chim.** *Espèce*, collection d'individus identiques par leur composition élémentaire et immédiate. ✦ Collection d'individus descendants d'êtres vivants ou ayant vécu, qui se ressemblent plus entre eux qu'ils ne ressemblent à tous les autres analogues. *Les espèces vivantes.* ✦ *L'espèce humaine*, le genre humain. ✦ **Jurispr.** Le cas particulier sur lequel il s'agit de prononcer. *Cet argument n'est pas admissible dans l'espèce.* ✦ **Arith.** Se dit de qualités, par rapport à leur nature. *Dix heures et trois minutes sont des quantités de même espèce.* ✦ **N. f. pl.** *Espèces sonnantes* ou absol. *espèces*, pièces de monnaie. *Payer en espèces sonnantes.* ✦ Se dit aussi au sing. *L'espèce est rare dans sa bourse.* ▪ **Fam.** *Espèce de*, pour renforcer une injure. *Quelle espèce d'idiot, ce type !* ▪ *En l'espèce*, dans le cas présent.

ESPÉRANCE, n. f. [ɛspeʀɑ̃s] (*espérer*) Attente d'un bien qu'on désire et qu'on entrevoit comme probable. « *Nous n'avons jamais qu'un moment à vivre, et nous avons toujours des espérances pour plusieurs années* », FLÉCHIER.

✦ *De grande espérance*, qui fait concevoir une haute idée d'un mérite futur. ✦ *En espérance*, en perspective, en comptant qu'une chose se fera. ✦ *Dans l'espérance de* ou *que*, en espérant que, etc. ✦ *Être sans espérance*, se dit d'un malade qu'on n'espère plus conserver et aussi des personnes qui n'espèrent plus le conserver. ▪ **Au pl.** *Espérances* signifie ce que l'on attend au décès de quelque parent. *Elle a de belles espérances.* ✦ Se dit pour la personne ou la chose sur laquelle se fonde l'espérance. « *Voilà donc votre roi, votre unique espérance* », RACINE. ✦ Celle des trois vertus théologales par laquelle nous espérons posséder Dieu. ▪ *Espérance de vie*, durée moyenne de vie d'un être humain. ▪ *Contre toute espérance*, alors que cela semblait impossible. ▪ *Espérance mathématique*, toute valeur que peut prendre une variable et qui est établie selon une probabilité.

ESPÉRANT, ANTE, adj. [ɛspeʀɑ̃, ɑ̃t] (*espérer*) Qui espère. *Une jeunesse espérante et enthousiaste.*

ESPÉRANTISTE, ▪ adj. [ɛspeʀɑ̃tist] (*espéranto*) Qui concerne l'espéranto. *La jeunesse espérantiste.* ▪ N. m. et n. f. Personne qui pratique l'espéranto ou qui en défend les principes.

ESPÉRANTO, ▪ n. m. [ɛspeʀɑ̃to] (*espérer*) Langue artificielle, créée sur les racines des langues indo-européennes en 1887 pour faciliter la compréhension entre les différents peuples.

ESPÉRÉ, ÉE, p. p. d'espérer. [ɛspeʀe]

ESPÉRER, v. tr. [ɛspeʀe] (lat. *sperare*) Attendre un bien qu'on désire et que l'on entrevoit comme probable. *J'espère que vous le ferez. Je n'espère pas que vous le fassiez. J'espérais qu'il viendrait.* ✦ *Espérer* avec de et un infinitif. « *Hélas ! puis-je espérer de vous revoir encore ?* », RACINE. ✦ *Espérer* avec un infinitif, sans préposition. « *J'espérais y régner sans effroi* », BOILEAU. ✦ *Espérer quelqu'un*, espérer sa venue, sa présence. ✦ **Absol.** *Espérez.* ✦ *Espérer en*, avoir confiance. « *Espère en ton courage, espère en ma promesse* », P. CORNEILLE. ✦ *Espérer à*. « *N'espérons plus, mon âme, aux promesses du monde* », MALHERBE. ✦ *Espérer de*, avec une personne pour régime. « *Ceux de qui j'espérais sont tous mes ennemis* », VOLTAIRE. ✦ ▷ *Espérer bien de*, avec un nom de chose pour régime, avoir bonne espérance qu'une chose se fera. ◁ ▪ *Espérer quelque chose*, avoir bon espoir concernant sa réalisation. *Espérer une victoire.*

ESPERLUETTE, ▪ n. f. [ɛspɛʀlɥɛt] (mot enfantin d'orig. pic., p.-ê de *epeler* et *pirouette*) Caractère typographique représentant le *et* commercial (&). REM. On disait aussi *perluette.*

ESPIÈGLE, adj. [ɛspjɛgl] (all. *Eulenspiegel*, héros d'un conte allemand) Vif et malicieux sans méchanceté. *Un enfant espiègle.* ✦ N. m. et n. f. *Un espiègle. Une espiègle.*

ESPIÈGLERIE, n. f. [ɛspjɛgl(ə)ʀi] (*espiègle*) Tour d'espiègle.

ESPINGOLE, n. f. [ɛspɛ̃gɔl] (anc. fr. *espringale*, arbalète) Fusil court, à canon évasé en trompe, qu'on charge de plusieurs balles.

ESPION, ONNE, n. m. et n. f. [ɛspjɔ̃, ɔn] (ital. *spione*) Celui qui se glisse dans le camp ennemi pour surprendre les desseins des chefs. ✦ Personne de la police chargée d'épier la conduite et les projets de certaines personnes. ✦ Celui, celle qui surveille par intérêt ou par curiosité les actions d'autrui. ✦ En bonne part. « *Colbert avait des espions pour découvrir le mérite caché ou naissant* », FONTENELLE. ▪ N. m. Petit miroir incliné et placé devant une fenêtre pour voir sans être vu.

ESPIONITE, ▪ n. f. [ɛspjɔnit] Voy. ESPIONNITE.

ESPIONNAGE, n. m. [ɛspjɔnaʒ] (*espionner*) Action d'espionner ; métier d'espion. ▪ *Espionnage industriel*, ensemble des moyens mis en œuvre par une société industrielle pour découvrir les procédés et les innovations de ses concurrents.

ESPIONNÉ, ÉE, p. p. d'espionner. [ɛspjɔne]

ESPIONNER, v. tr. [ɛspjɔne] (*espion*) Observer quelqu'un, ses actions, ses discours en espion. ✦ S'espionner, v. pr. S'observer l'un à l'autre en espions.

ESPIONNITE ou **ESPIONITE**, ▪ n. f. [ɛspjɔnit] (*espion*) **Fam.** Phobie des personnes qui se sentent espionnées en permanence.

ESPLANADE, n. f. [ɛsplanad] (ital. *spianata*, de *pianare*, aplanir) **Fortif.** Espace uni ou terre-plein qui s'étend depuis le glacis d'une citadelle jusqu'aux premières maisons de la ville. ✦ Espace uni et découvert devant un grand édifice. *L'esplanade des Invalides.* ✦ Lieu plus ou moins élevé d'où l'œil embrasse une certaine étendue de pays.

ESPOIR, n. m. [ɛspwaʀ] (*espérer*) Le fait même d'espérer. ✦ *Sous espoir, dans l'espoir de*, en espérant, dans l'imagination qui espère. *Des succès en espoir.* ✦ **Au pl.** *Les doux espoirs.* ✦ Sentiment inspiré par le fait d'espérer. *Ne perdez pas espoir.* ▪ **Par extens.** L'objet ou la personne sur qui se fonde un espoir. *Elle est l'espoir du cinéma français.* ▪ *Il n'y a plus d'espoir*, tout est perdu, la personne va succomber. ▪ *C'est sans espoir*, la situation est irréversible.

ESPONTON, n. m. [ɛspɔ̃tɔ̃] (ital. *spuntone*) Demi-pique que portaient autrefois les officiers d'infanterie, et dont on se sert sur les vaisseaux pour l'abordage.

ESPRESSIVO, ■ adv. [ɛspresivo] (mot it.) Avec expression. *Un adagio espressivo en si bémol majeur.*

ESPRINGALE, n. f. [ɛsprɛ̃gal] (all. *springen*) Espèce de baliste autrefois en usage dans les armées du Moyen Âge.

ESPRIT, n. m. [ɛspri] (lat. *spiritus*) Souffle. « *L'esprit de Dieu était porté sur les eaux* », SACI. ♦ **Gramm. anc.** Aspiration. *Esprit rude, signe d'aspiration, esprit doux, signe qui marque l'absence d'aspiration.* ♦ Substance incorporelle et intellectuelle. « *Le premier de tous les esprits, c'est Dieu* », BOSSUET. ♦ *Le Saint-Esprit, l'Esprit Saint,* la troisième personne de la Trinité. ♦ *Les esprits célestes,* les anges. ♦ *Les esprits de ténèbres,* les anges déchus. ♦ **Fig.** *L'esprit du démon,* pensée malfaisante qui germe en nous et qui se révèle par quelque action méchante. ♦ Lutin, génie, revenant, apparition d'un mort. *Il revient des esprits.* ♦ La vie considérée, suivant l'opinion ancienne, en tant qu'elle est le souffle. « *Un esprit vit en nous et meut tous les ressorts* », LA FONTAINE. ♦ *Rendre l'esprit,* mourir. ♦ Les corps légers et subtils qu'on regardait comme le principe de la vie et des sentiments. *Esprits vitaux.* ♦ *Reprendre ses esprits,* sortir de syncope, se remettre. ♦ **Chim.** La partie la plus volatile des corps soumis à la distillation. *Esprit-de-vin.* **Absol.** *Les esprits,* nom des liqueurs alcooliques et en particulier de *l'esprit-de-vin.* ♦ **Anc. chim.** *Esprit volatil,* nom donné à tous les sous-carbonates d'ammoniaque provenant de la distillation de matières animales. ♦ L'âme de l'homme. *L'esprit et le corps.* ♦ Dans l'Écriture sainte, l'esprit par opposition à la chair. *Vivre selon l'esprit.* ♦ *En esprit,* spirituellement. « *Les Gentils s'unissent en esprit aux Juifs* », BOSSUET. ♦ *Les esprits bienheureux,* les âmes qui sont en paradis. ♦ Grâce et don de Dieu. *L'esprit de prophétie.* ♦ L'âme considérée comme l'agent des pensées, des souvenirs, des volontés. ♦ *Être bien, se mettre bien dans l'esprit de quelqu'un,* posséder, gagner ses bonnes grâces, sa bienveillance. ♦ *Mettre en l'esprit,* suggérer, inspirer. ♦ *Venir en l'esprit,* se dit des pensées qui surviennent. ♦ *Perdre l'esprit,* devenir fou. ♦ *En esprit,* par la pensée, en imagination. ♦ Les facultés intellectuelles. *Esprit solide, orné.* ♦ *L'esprit et le cœur,* la partie intellectuelle et la partie morale de l'homme. ♦ *Bon esprit,* un esprit qui a les qualités requises. ♦ *Avoir le bon esprit de,* être assez raisonnable pour. ♦ *Avoir l'esprit bien fait, avoir un bon esprit,* et aussi ne pas se fâcher des contrariétés, des plaisanteries. ♦ *L'esprit humain,* l'esprit de l'homme en général. ♦ Vivacité d'esprit qui fait trouver des saillies piquantes, des mots spirituels, des aperçus ingénieux. *Traits d'esprit.* « *L'esprit qu'on veut avoir gâte celui qu'on a* », GRESSET. ♦ *Faux esprit,* pensée fausse et recherchée. ♦ **Prov.** *L'esprit court les rues,* rien n'est plus commun que de l'esprit. ♦ Les sentiments de l'âme. « *Ce que j'ai dans l'esprit, je ne le puis celer* », P. CORNEILLE. ♦ Humeur, caractère. *Un esprit remuant.* ♦ *Le bel esprit,* la culture des belles-lettres, de la littérature. ♦ *Un bel esprit, de beaux esprits,* ceux qui se distinguent par l'élégance et la délicatesse, parfois affectées. ♦ *Une femme bel esprit,* une femme qui a des prétentions aux connaissances qui constituent le bel esprit. ♦ Se dit des personnes considérées par rapport au caractère de leur esprit. « *Les esprits généreux jugent tout par eux-mêmes* », P. CORNEILLE. ♦ *Un grand esprit,* un homme dont les pensées ont de l'étendue, de la portée, de la profondeur. ♦ *Un esprit faux,* celui qui ne voit pas les vrais rapports des choses. ♦ *Un petit esprit,* un homme dont les pensées manquent d'étendue, de portée. ♦ *Un esprit fort,* celui qui affecte de se mettre au-dessus des opinions reçues, surtout en matière religieuse. ♦ Opinions, sentiments communs à un certain nombre de personnes et aux grands corps. *L'esprit de famille, de parti, de corps, etc.* ♦ *Esprit public,* opinion qui se forme dans une nation sur les objets qui l'intéressent. ♦ *Les esprits,* les hommes d'un État, d'un corps, d'une assemblée, considérés par rapport aux dispositions collectives qui les animent. *Les esprits étaient irrités.* ♦ Principes, motifs, impulsions, tendances, d'après lesquels on se dirige. *L'esprit d'une législation.* « *L'esprit de la monarchie est la guerre et l'agrandissement ; l'esprit de la république est la paix et la modération* », MONTESQUIEU. ♦ *Entrer dans l'esprit de son rôle,* jouer un rôle comme il doit être joué. ♦ *Esprit de retour,* le désir qu'une personne éloignée de son pays a d'y retourner. ♦ Aptitude, disposition. *Il a l'esprit des affaires, du commerce.* ♦ Le sens d'un auteur, d'un texte, etc. ♦ Le caractère d'un auteur. ♦ *La lettre tue et l'esprit vivifie,* il faut s'attacher au sens, non aux mots. ♦ Choix de pensées extraites d'un auteur. *L'Esprit de Montesquieu.* ♦ Aigrette de plumes que les femmes mettent dans leur coiffure. ♦ *Tulle point d'esprit,* Voy. POINT. ■ *Avoir l'esprit ailleurs,* être songeur, rêver. ■ Disposition de l'humeur. *Avoir l'esprit à rire, à plaisanter, à travailler.* ■ *Dans mon esprit,* pour, selon moi. ■ *Reprendre ses esprits,* retrouver son calme et sa lucidité. ■ *Avoir mauvais esprit, faire preuve de mauvais esprit,* être mesquin et malveillant. ■ *Faire de l'esprit,* faire de l'humour trainé. ■ *Les grands esprits se rencontrent,* se dit lorsque deux personnes émettent une même idée ou une même opinion. ■ *Esprit de parfum,* solution plus concentrée que l'eau de parfum.

ESQUARRE ou **ESCARRE**, ■ n. f. [ɛskaʀ] (var. de *équerre*) **Hérald.** Pièce figurant une équerre.

ESQUICHER, v. intr. [ɛskiʃe] (provenç. *esquicha,* serrer) Au jeu de reversi, jouer sa carte la plus faible. ♦ *S'esquicher,* v. pr. Même sens. ♦ **Fig.** Éviter de se prononcer. ■ **Midi** Exercer une pression.

ESQUIF, n. m. [ɛskif] (ital. *schifo*) Canot, barque.

ESQUILLE, n. f. [ɛskij] (lat. *schidiæ,* du gr. *skhidion*) **Chir.** Petit fragment d'un os carié ou fracturé.

ESQUILLEUX, EUSE, adj. [ɛskijø, øz] (*esquille*) Qui se brise en esquilles ; qui est garni d'esquilles. *Cassure esquilleuse.*

ESQUIMAU, AUDE adj. ou **ESKIMO**, ■ adj. inv. [ɛskimo, od] (*eskimo,* nom donné par les Indiens aux habitants des terres arctiques) Qui est propre aux Esquimaux. ■ Peuple des régions arctiques du Groenland, du nord de l'Amérique et de la Sibérie orientale. ■ REM. On préfère l'emploi du terme *Inuit.* ■ N. m. Ensemble des parlers des esquimaux. ■ N. m. (nom déposé) Crème glacée généralement enrobée d'une croûte de chocolat fixée sur un bâtonnet.

ESQUIMAUTAGE, ■ n. m. [ɛskimotaʒ] (*esquimau*) **Sp.** Immersion totale avec un retournement complet à bord d'un kayak. *Réussir un esquimautage nécessite de l'entraînement.*

ESQUINANCIE, n. f. [ɛskinãsi] (ital. *schinanzia,* du gr. *kunagkhê*) **Méd.** Inflammation de la gorge.

1 **ESQUINE**, n. f. [ɛskin] (autre forme d'*échine*) **Hippol.** Se dit des reins du cheval. ♦ Vieux et inusité.

2 **ESQUINE**, n. f. [ɛskin] (prob. altération de *Chine,* pays d'origine de cette plante) ▷ **Bot.** Plante d'Amérique dont la racine est employée comme sudorifique. ◁

ESQUINTANT, ANTE, ■ adj. [ɛskɛ̃tã, ãt] (*esquinter*) **Fam.** Qui provoque une grande fatigue. *Un travail esquintant.*

ESQUINTER, ■ v. tr. [ɛskɛ̃te] (lat. *exquintare,* diviser en cinq morceaux) Abîmer quelqu'un ou quelque chose. ■ **Fig.** Faire des reproches à. *Esquinter un discours.* ■ *S'esquinter,* v. pr. Se fatiguer. *S'esquinter la santé.* ■ **Fam.** Causer une grande fatigue. *Son boulot l'esquinte.*

ESQUIPOT, n. m. [ɛskipo] (orig. inc.) ▷ Sorte de tirelire en terre cuite où l'on dépose de minces épargnes. ♦ Se dit aussi, à certains jeux, de la masse des enjeux. ◁

ESQUIRE, ■ n. m. [ɛskwajœʀ] (angl. *esquire,* écuyer) Titre de noblesse devenu uniquement honorifique ou de courtoisie et que l'on appose après le nom des familles non nobles mais ayant un rang social élevé, spécialt. sur le courrier, en Grande-Bretagne.

ESQUISSE, n. f. [ɛskis] (lat. *schedius,* œuvre improvisée) **Peint.** Premier plan d'un ouvrage. *Esquisse au crayon.* ♦ **Sculpt.** Premier modèle qu'on fait en terre cuite ou en cire. ♦ **Par extens.** Se dit des ouvrages d'esprit. *Une esquisse littéraire. L'esquisse d'un discours.* ■ **Fig.** Apparition ou manifestation progressive de quelque chose. *À cette nouvelle, on vit se dessiner sur son visage l'esquisse d'un sourire.*

ESQUISSÉ, ÉE, p. p. d'esquisser. [ɛskise]

ESQUISSER, v. tr. [ɛskise] (*esquisse*) Faire une esquisse. *Esquisser une figure, un tableau.* ♦ **Par extens.** Décrire sommairement. ■ **Fig.** *Esquisser un geste,* l'ébaucher.

ESQUIVE, ■ n. f. [ɛskiv] (*esquiver*) **Sp.** Action d'éviter une attaque ou un coup par un déplacement du corps. *Une esquive de boxeur.* ■ **Fig.** Fait d'éluder une question embarrassante, une difficulté.

ESQUIVÉ, ÉE, p. p. d'esquiver. [ɛskive]

ESQUIVEMENT, n. m. [ɛskiv(ə)mã] (*esquiver*) Action d'esquiver.

ESQUIVER, v. tr. [ɛskive] (anc. h. all. *skiuhan,* avoir peur) Éviter adroitement quelque chose ou quelqu'un. ♦ **Par extens.** *Esquiver une difficulté,* s'y soustraire, sans la résoudre. ♦ **Absol.** « *Les petits, en toute affaire, esquivent fort aisément* », LA FONTAINE. ♦ *S'esquiver,* v. pr. Se retirer d'un lieu, d'un cercle, en évitant d'être remarqué.

ESSAI, n. m. [esɛ] (lat. *exagium*) Moyens divers par lesquels on assure si un objet convient à l'emploi qu'on en veut faire. *Faire l'essai d'une machine, d'un remède.* ♦ Opération analytique qu'on exécute en petit, à l'effet de reconnaître la nature et le nombre des substances contenues dans un minéral. ♦ Opération qu'on fait subir à l'or et à l'argent pour en apprécier le degré de pureté. ♦ ▷ Action de déguster les mets chez les rois et les princes. « *Faites faire un essai par quelque domestique* », P. CORNEILLE. ◁ ♦ La coupe dans laquelle se fait cet essai. ♦ Petite portion de quelque chose qui sert à juger du reste. *Des essais de vin.* ♦ *Essai bouteille.* ♦ **Fig.** Tentative comparée aux opérations d'essai. *Faire essai de ses forces.* ♦ Prémices, avant-goût. « *D'un courage naissant sont-ce là les essais ?* », RACINE. ♦ *Faire l'essai,* ressentir, éprouver. ♦ *Coup d'essai,* première tentative. ♦ *À l'essai,* par forme d'essai. *Prendre à l'essai un domestique.* ◆ *Mettre à l'essai,* éprouver, pousser à bout. ◆ Première production d'un esprit qui s'essaye dans un genre quelconque. *Les essais d'un jeune homme.* ◆ Titre de beaucoup de livres spéciaux. *Les Essais de Montaigne. Essai de morale.* ■ **Chim.** *Tube à essai,* tube de verre étroit utilisé pour réaliser des expériences. ■ Au rugby, points accordés à une équipe dont un des joueurs parvient à poser le ballon derrière la ligne de but de l'équipe adverse. *Transformer un essai.* ■ **Cin.** *Bout d'essai,* court extrait de film tourné pour évaluer les aptitudes d'un acteur.

ESSAIM, n. m. [esɛ̃] (lat. *examen*) Colonie d'abeilles sortant de la ruche mère pour aller chercher une autre habitation. ◆ **Par extens.** Multitude d'autres insectes. ◆ **Fig.** *Des essaims de barbares venus du Nord.*

ESSAIMAGE, n. m. [esemaʒ] (*essaimer*) Temps de l'année où les essaims d'abeilles sortent des ruches. ■ **Fig.** Déplacement pour se fixer ailleurs. *L'essaimage d'une population persécutée.* ■ **Écon.** Encouragement d'une entreprise envers ses salariés à la création de leur propre entreprise. *Les pratiques d'essaimage constituent un puissant levier de la création d'entreprises, d'emplois et de richesses.*

ESSAIMEMENT, n. m. [esem(ə)mɑ̃] (*essaimer*) Partage qui se fait, à certaines époques de l'année, des abeilles d'une ruche, une partie abandonnant l'ancienne demeure pour aller s'en construire une autre.

ESSAIMER, v. intr. [eseme] (*essaim*) Se conjugue avec *être* ou *avoir,* suivant le sens. *Sortir en essaim,* en parlant des abeilles. ■ **Par extens.** Se déplacer pour constituer un nouveau groupe. *La population opprimée a essaimé dans les pays limitrophes.* ■ **V. tr.** Envoyer quelque chose ailleurs dans le but de l'implanter ou de le faire connaître. *Cette multinationale a essaimé des sites de production dans plusieurs pays d'Europe et d'Asie.*

ESSANGÉ, ÉE, p. p. d'essanger. [esɑ̃ʒe]

ESSANGER, v. tr. [esɑ̃ʒe] (lat. *exsaniare*) Décrasser du linge dans de l'eau, avant de le mettre à la lessive. ■ ESSANGEAGE, n. m. [esɑ̃ʒaʒ]

ESSART, n. m. [esaʀ] (lat. *exsartum*) Champ défriché et prêt à être mis en culture.

ESSARTAGE ou **ESSARTEMENT,** n. m. [esaʀtaʒ, esaʀtəmɑ̃] (*essarter*) Action d'essarter.

ESSARTÉ, ÉE, p. p. d'essarter. [esaʀte]

ESSARTER, v. tr. [esaʀte] (*essart*) Arracher le bois, les épines d'une terre pour la défricher. ◆ *Essarter des bois,* les éclaircir en arrachant les sous-bois et les épines.

ESSAYAGE, n. m. [esejaʒ] (*essayer*) Action d'essayer un vêtement. *Essayage d'un costume.* ■ *Cabine d'essayage,* lieu où l'on se déshabille pour essayer les vêtements. ■ Le fait de tester le bon fonctionnement d'un appareil. *Le service après-vente a procédé à l'essayage des différentes machines.*

ESSAYÉ, ÉE, p. p. d'essayer. [eseje]

ESSAYER, v. tr. [eseje] (lat. *exagiare,* peser) Reconnaître par certains moyens si l'objet convient, est capable de son office, etc. *Essayer un cheval, une arme à feu.* ◆ *Essayer de l'or, de l'argent,* examiner à quel titre ils sont. ◆ *Essayer un vêtement,* le mettre afin de voir s'il va bien. ◆ Déguster. *Essayer du vin.* ■ **Fig.** Reconnaître, comme par des essais, l'action de. « *Essayer sur Cinna ce que peut la clémence* », P. Corneille. ◆ Soumettre à l'essai, à l'appréciation. *Essayer le goût du public en lui donnant des ouvrages nouveaux.* ◆ Reconnaître si quelque chose est réel. « *Essayer dès ce jour l'effet de mes promesses* », Racine. ◆ Tenter. « *J'essaierai tour à tour la force et la douceur* », Racine. ■ **V. intr.** *Essayer d'une chose,* l'éprouver pour savoir si elle est propre à ce qu'on en attend. « *Essayez de tous les plaisirs ; ils ne guériront pas ce fonds d'ennui* », Massillon. ◆ *Essayer de* ou *à,* avec l'infinitif, tâcher, faire des efforts. *Essayez de distraire.* « *Essayez sur ce point à la faire parler* », P. Corneille. ◆ S'essayer, v. pr. S'éprouver, voir si l'on est capable d'une chose. *S'essayer à la course, à nager.* ◆ Faire la première épreuve de ses forces. ◆ S'éprouver l'un l'autre.

ESSAYEUR, EUSE, n. m. et n. f. [esejœʀ, øz] (*essayer*) Celui qui dans un hôtel des monnaies est préposé à l'essai des matières d'or et d'argent et à la vérification du titre des monnaies. ◆ *Essayeur, essayeuse,* se dit, chez les tailleurs et chez les couturières, de celui ou celle qui essaye un vêtement. ■ Personne dont la profession consiste à faire subir des tests ou des essais aux produits et matériaux manufacturés avant leur commercialisation. *Un essayeur de jouets.*

ESSAYISTE, ■ n. m. et n. f. [esejist] (angl. *essayist,* de *essay,* essai) Personne qui écrit des essais littéraires. ■ **Adj.** *Des journalistes essayistes.*

1 **ESSE,** n. f. [ɛs] (la lettre *S*) Cheville de fer tortue, placée au bout de l'essieu d'une voiture pour empêcher la roue de sortir de l'essieu. ◆ Crochet qui termine chaque extrémité du fléau d'une balance, et auquel on attache les cordons. ◆ Crochet au bout d'un câble pour élever les pierres. ◆ Ouverture faite en S sur la table des instruments de la famille du violon. ■

Crochet métallique qui a la forme d'un *S. Les esses d'une chambre froide de boucherie.*

2 **ESSE,** ■ n. f. [ɛs] (frq. *hiltia,* poignée d'épée) **Techn.** Cheville métallique à tête plate utilisée pour fixer une roue sur un essieu. *Une fusée d'essieu percée d'un trou d'esse.*

ESSENCE, n. f. [esɑ̃s] (lat. *essentia*) **Philos.** et **théol.** Ce qui est. *Dieu est l'essence première.* ◆ *La divine essence,* Dieu. ◆ Ce qui fait le fond, la nature d'un objet. « *Il est de l'essence d'un bon livre d'avoir des censeurs* », Boileau. « *L'essence d'un Spartiate était l'obéissance aux lois de Lycurgue* », Voltaire. ◆ **Pratiq.** La chose même que l'on a reçue. *Rendre en essence.* ◆ **Sylvic.** Espèce, nature des arbres qui prédominent en un terrain. *Un bois d'essence de chêne.* ■ **Chim.** *Essences,* liquides sans viscosité, très volatils, appelés autrefois *huiles essentielles.* ■ **Pharm.** Substance aromatique très volatile qu'on extrait de certains végétaux. *Essence de rose.* ◆ *Essence d'Orient,* liqueur préparée avec des écailles de l'ablette, pour la fabrication des fausses perles. ■ Liquide produit par distillation du pétrole et utilisé comme carburant. *Faire le plein d'essence. Une pompe à essence.* ■ *Par essence,* par définition, par nature.

ESSENCERIE, ■ n. f. [esɑ̃s(ə)ʀi] (*essence*) **Sénég.** Station à essence.

ESSÉNIEN, IENNE, n. m. et n. f. [esenjɛ̃, jɛn] (araméen, *hasen*) Adepte d'une secte de Juifs faisant profession de communauté de biens. ■ **Adj.** *La vie ascétique prônée par l'idéologie essénienne.*

ESSENTIALISME, ■ n. m. [esɑ̃sjalism] (lat. *essentialis*) **Philos.** Doctrine philosophique qui affirme la primauté de l'essence sur l'existence. ■ ESSENTIALISTE, n. m. et n. f. ou adj. [esɑ̃sjalist]

ESSENTIEL, ELLE, adj. [esɑ̃sjɛl] (lat. *essentialis*) Qui appartient à l'essence ou nature propre d'une chose. *La rondeur est essentielle au cercle.* ◆ **Absol.** Nécessaire, indispensable, qu'on ne peut séparer. *La justice est la vertu essentielle d'un roi.* ◆ **Hist. nat.** *Caractères essentiels,* ceux qui expriment les particularités les plus remarquables des espèces, des genres. ◆ Grave, important, sérieux. ◆ En parlant des personnes, doué de qualités sur lesquelles on peut compter. « *Ami aussi essentiel qu'aimable* », Voltaire. ◆ **Pharm.** *Principes essentiels,* produits qui appartiennent en propre à chaque plante. ◆ *Huile essentielle,* ancien syn. d'essence. ◆ **N. m.** Le point principal, important. *L'essentiel est de faire bien.* ■ *L'essentiel de,* la majeure partie de quelque chose. *Elle a passé l'essentiel de sa vie à étudier.* ■ **Adj. Méd.** Dont on ne peut déterminer les causes. *Souffrir d'une maladie essentielle.*

ESSENTIELLEMENT, adv. [esɑ̃sjɛl(ə)mɑ̃] (*essentiel*) Par essence. *L'homme est essentiellement sociable.* ◆ À un très haut degré.

ESSETTE, n. f. [esɛt] (la lettre *S*) Sorte de marteau à tête ronde d'un côté et tranchant de l'autre.

ESSEULÉ, ÉE, p. p. d'esseuler. [esøle] Laissé seul, éloigné de tous. ◆ L'Académie ne donne *esseulé* que comme adj.

ESSEULER, v. tr. [esøle] (*es-* et *seul*) Laisser seul.

ESSIEU, n. m. [esjø] (lat. *axis,* axe) Pièce de bois ou de fer dont les bouts entrent dans les moyeux des roues. ■ **Rem.** On écrivait aussi *aissieu.*

ESSOR, n. m. [esɔʀ] (*s'essorer*) Action de l'oiseau qui s'élance pour prendre son vol. *Prendre l'essor.* ◆ **Par extens.** « *Son âme, prenant l'essor...* », Racine. ◆ *Prendre l'essor,* s'en aller à la hâte. ◆ **Fig.** Mouvement moral par lequel un homme, un esprit, une âme se portent aux choses élevées, étendues. *Donner l'essor à son génie, à son imagination.* ◆ *Prendre l'essor,* se dégager d'une contrainte, d'une sujétion, d'une infériorité. ◆ Développement rapide. *Essor des arts, de l'industrie.*

ESSORAGE, ■ n. m. [esɔʀaʒ] (*essorer*) Action d'ôter l'eau imprégnée dans un objet. ■ **Fig.** Le fait de perdre tout son argent.

ESSORANT, ANTE, adj. [esɔʀɑ̃, ɑ̃t] (*essor*) **Hérald.** Oiseau représenté les ailes à demi ouvertes et l'œil regardant le soleil.

ESSORÉ, ÉE, p. p. d'essorer. [esɔʀe] **Hérald.** Se dit de la couverture d'une maison, quand elle est d'un émail différent de celui du corps de ladite maison.

ESSORER, v. tr. [esɔʀe] (b. lat. *exaurare,* de *aura,* vent) Exposer du linge à l'air pour qu'il sèche. ◆ Rouler du linge mouillé dans un linge sec pour le repasser. ◆ S'essorer, v. pr. Se dit de l'oiseau qui s'écarte, et qui revient difficilement sur le poing. ■ Ôter l'eau de quelque chose en le pressant ou en le secouant. *Essorer la salade. Essorer des chemises.* ■ S'essorer, v. pr. S'envoler en parlant d'un oiseau.

ESSOREUSE, ■ n. f. [esɔʀøz] (*essorer*) Machine qui sert à éliminer l'eau dans un objet ou du linge mouillé. ■ Ustensile de cuisine qui permet d'essorer la salade. ■ Appareil qui sépare la mélasse du sucre cristallisé.

ESSORILLÉ, ÉE, p. p. d'essoriller. [esɔʀije] **N. m. pl.** *Les essorillés,* famille de mammifères de l'ordre des rongeurs.

ESSORILLEMENT, n. m. [esɔʀij(ə)mɑ̃] (*essoriller*) Action d'essoriller un chien.

ESSORILLER, v. tr. [esɔʀije] (*oreille*) Couper les oreilles. *Essoriller un chien.*

ESSOUCHAGE ou **ESSOUCHEMENT**, ▪ n. m. [esuʃaʒ, esuʃ(ə)mɑ̃] (*essoucher*) **Agric.** Action d'arracher des souches du sol. *Effectué également par souci d'esthétisme et de sécurité, l'essouchement est un complément à l'abattage.*

ESSOUCHER, ▪ v. tr. [esuʃe] (*es-* et *souche*) Ôter les souches d'arbre d'un terrain en les arrachant. *Débroussailler et essoucher avant d'effectuer l'exploitation forestière.*

ESSOUFFLÉ, ÉE, p. p. d'essouffler. [esufle] Hors d'haleine.

ESSOUFFLEMENT, n. m. [esufləmɑ̃] (*essouffler*) État de celui qui est essoufflé. ▪ Respiration haletante et gênée. ▪ **Fig.** Perte de dynamisme. *L'essoufflement d'un mouvement de solidarité.*

ESSOUFFLER, v. tr. [esufle] (*es-* et *souffler*) Mettre hors d'haleine par une course ou une ascension rapide. ♦ S'essouffler, v. pr. Perdre haleine. ▪ **Fig.** Perdre de la vitalité, du dynamisme. *Une production qui s'essouffle. Un mouvement de revendication qui s'essouffle.* ▪ *S'essouffler à faire quelque chose,* ne pas y parvenir.

ESSUI, n. m. [esɥi] (*essuyer*) Lieu où l'on étend une chose pour la faire sécher. ♦ Émail terne.

ESSUIE, ▪ n. m. [esɥi] (*essuyer*) **Belg.** Essuie-main.

ESSUIE-GLACE, ▪ n. m. [esɥiglas] (*essuyer* et *glace*) Raclette de caoutchouc qui permet de nettoyer les glaces ou les vitres. ▪ **Spécialt** Dispositif électrique qui permet de nettoyer le pare-brise d'une voiture à l'aide d'une lame caoutchoutée qui adhère à la paroi vitrée. *Voiture équipée d'un essuie-glace arrière. Des essuie-glaces.*

ESSUIE-MAIN, n. m. [esɥimɛ̃] (*essuyer* et *main*) Linge avec lequel on s'essuie les mains après les avoir lavées. ♦ Au pl. *Des essuie-mains.*

ESSUIE-PIED, ▪ n. m. [esɥipje] (*essuyer* et *pied*) Tapis disposé à l'entrée d'un lieu pour s'essuyer les pieds. *Des essuie-pieds.*

ESSUIE-TOUT, ▪ n. m. inv. [esɥitu] (*essuyer* et *tout*) Papier absorbant en rouleau, qui permet de nettoyer en essuyant. *Des essuie-tout.*

ESSUIE-VERRE, ▪ n. m. [esɥivɛʀ] (*essuyer* et *verre*) Torchon en étoffe fine destiné à l'essuyage des verres. *Des essuie-verres.*

ESSUYAGE, n. m. [esɥijaʒ] (*essuyer*) Action d'essuyer ; résultat de cette action.

ESSUYÉ, ÉE, p. p. d'essuyer. [esɥije]

ESSUYER, v. tr. [esɥije] (b. lat. *exsuccare*, extraire le suc de) Ôter l'eau, la sueur, l'humidité, etc. en frottant. *Essuyer une table, de la vaisselle.* ♦ *Essuyer les larmes,* les ôter du visage avec un mouchoir, et fig. consoler. ♦ *Essuyer les plâtres,* occuper le premier un appartement dans une maison nouvelle, et fig. s'exposer au premier inconvénient d'une affaire. ♦ ▷ Sécher, en parlant de l'action du soleil, du vent. ♦ Ôter une tache, un enduit. ♦ Subir, supporter. « *Il est des contretemps qu'il faut qu'un sage essuie* », RACINE. ♦ *Essuyer le feu de l'ennemi,* recevoir des décharges de canons et de fusils, et fig. essuyer le premier feu, recevoir le premier des manifestations de colère, des reproches, etc. ♦ S'essuyer, v. pr. Ôter l'humidité, les taches qu'on a sur soi. ♦ Ôter toute saleté ou poussière de quelque chose. *Essuyer le rebord des fenêtres.*

ESSUYEUR, EUSE, ▪ n. m. et n. f. [esɥijœʀ, øz] (*essuyer*) **Impr.** Lame de caoutchouc souple utilisée pour ôter l'excédent d'encre sur les formes d'impression.

EST, n. m. [ɛst] (moy. angl. *east*) Celui des quatre points cardinaux qui est du côté du soleil levant. ♦ Par extens. La partie du Ciel, de la Terre, d'une contrée, qui est du côté de l'est. *Un vent d'est.* ▪ Adj. *Longitude est.* ▪ L'Alsace-Lorraine. *Elle est originaire de l'Est.* ▪ Ensemble des pays européens qui ont appartenu au bloc socialiste entre 1949 et 1989. ▪ Adj. Orienté à l'est. *Elle nous fit entrer par le portail est.* ▪ **Abrév.** E.

ESTABLISHMENT, ▪ n. m. [establiʃmɛnt] (mot angl.) Classe sociale supérieure qui défend ses privilèges, l'ordre établi.

ESTACADE, n. f. [ɛstakad] (ital. *steccata*) Grosses et longues pièces de bois garnies de fer et de chaînes qu'on met à l'entrée d'un port, dans un chenal, pour les fermer.

ESTAFETTE, n. f. [ɛstafɛt] (ital. *staffetta*, de *staffa*, courrier) ▷ Courrier qui porte le paquet d'une poste à l'autre. ◁ ▪ Militaire en charge de la transmission des dépêches.

ESTAFIER, n. m. [ɛstafje] (ital. *staffiere*) ▷ En Italie, domestique armé et portant manteau. ◁ ♦ ▷ En France, en mauvaise part, laquais de haute taille. ◁ ▪ **Péj.** Personne en charge de la protection rapprochée de quelqu'un. *Il est venu avec son estafier.*

ESTAFILADE, n. f. [ɛstafilad] (ital. *staffilata*) Grande coupure. *Une estafilade sur le nez. Ce manteau a une estafilade.*

ESTAFILADÉ, ÉE, p. p. d'estafilader. [ɛstafilade]

ESTAFILADER, v. tr. [ɛstafilade] (*estafilade*) Faire, donner une estafilade.

ESTAGNON, n. m. [ɛstaɲɔ̃] ou [ɛstaɲo] (provenç. *estanh*, étain) Sorte de bouteille en cuivre étamé, usitée dans le midi de la France. ▪ **Afriq.** Récipient en métal renfermant des huiles ou des essences.

EST-ALLEMAND, ANDE, ▪ adj. [ɛstal(ə)mɑ̃, ɑ̃d] (*est* et *allemand*) De l'ancienne République Démocratique d'Allemagne. *Les autorités est-allemandes.*

ESTAME, n. f. [ɛstam] (*étaim*) Laine tricotée dont on fait des bas et d'autres pièces d'habillement.

ESTAMET, n. m. [ɛstamɛ] (d'*estame*) Petite étoffe de laine. ▪ REM. On disait aussi *une estamette*.

ESTAMETTE, n. f. [ɛstamɛt] Voy. ESTAMET.

ESTAMINET, n. m. [ɛstaminɛ] (wall. *stamon*, pièce avec des poteaux) Café où l'on fume. ♦ La salle particulière où l'on fume dans un café. ♦ **Fig.** *Ton, langage d'estaminet,* ton, langage sans gêne. ▪ Brasserie typique des Flandres. *L'estaminet est un établissement convivial où l'on peut déguster des plats régionaux, comme la carbonnade flamande ou le potchevleesch.*

ESTAMPAGE, n. m. [ɛstɑ̃paʒ] (*estamper*) Action d'estamper. *Prendre l'estampage d'un monument épigraphique.* ♦ Action d'imprimer des ornements dans les pâtes céramiques. ♦ Opération par laquelle on donne la forme convenable à des pièces de tôle, etc. découpées à l'emporte-pièce. ▪ **Fam.** Duperie.

1 ESTAMPE, n. f. [ɛstɑ̃p] (ital. *stampa*) Image imprimée par le moyen d'une planche gravée.

2 ESTAMPE, ▪ n. f. [ɛstɑ̃p] (*estamper*) Outil servant à estamper.

ESTAMPÉ, ÉE, p. p. d'estamper. [ɛstɑ̃pe]

ESTAMPER, v. tr. [ɛstɑ̃pe] (frq. *stampon*, broyer) Faire une empreinte avec une matrice gravée. *On estampe la monnaie avec le balancier.* ▪ **Fam.** Escroquer quelqu'un en lui soutirant de l'argent ou en majorant sa facture.

ESTAMPEUR, EUSE, n. m. et n. m. [ɛstɑ̃pœʀ, øz] (*estamper*) Orfèvre, bijoutier ou bijoutière qui estampe. ♦ Adj. *Les balanciers estampeurs à la Monnaie.* ▪ Personne qui dupe autrui pour lui soutirer de l'argent. ▪ N. m. Outil servant à estamper.

ESTAMPILLAGE, n. m. [ɛstɑ̃pijaʒ] (*estampiller*) Action d'estampiller.

ESTAMPILLE, n. f. [ɛstɑ̃pij] (esp. *estampa*) Empreinte appliquée sur des lettres, brevets, diplômes, etc. pour en constater l'authenticité. ♦ Marque attestant la provenance de certaines marchandises. ♦ Marque apposée à des livres pour indiquer la bibliothèque à laquelle ils appartiennent, et aussi pour leur permettre de circuler. ♦ Instrument avec lequel on fait les estampilles.

ESTAMPILLÉ, ÉE, p. p. d'estampiller. [ɛstɑ̃pije]

ESTAMPILLER, v. tr. [ɛstɑ̃pije] (*estampille*) Marquer d'une estampille.

ESTANCIA, ▪ n. f. [ɛstɑ̃sja] (mot esp.) Exploitation agricole de grande taille en Amérique latine. *Des estancias.*

ESTANT, [ɛstɑ̃] Voy. EN ÉTANT.

EST-CE QUE, ▪ adv. interr. [ɛs(ə)kə] (*être, ce* et *que*) Pour introduire une interrogation directe. *Est-ce que tu comptes te mettre à travailler un jour ?* ▪ **Fam.** À la suite d'un adverbe ou d'un pronom interrogatif. *Comment est-ce que tu penses t'en sortir cette fois-ci ?*

ESTE, ▪ n. m. [ɛst] Voy. ESTONIEN.

1 ESTER, v. intr. [ɛste] (lat. *stare*) **Dr.** Usité seulement à l'infinitif : *Ester en jugement,* poursuivre une action en justice ou défendre cette action. ▪ REM. On dit aussi *ester en justice*.

2 ESTER, ▪ n. m. [ɛstɛʀ] (*éther*) **Chim.** Composé organique formé par réaction entre un alcool et un acide carboxylique. *Les esters sont utilisés en parfumerie, en pharmacie ou encore en cosmétologie.*

ESTÉRASE, ▪ n. f. [ɛsteʀaz] (2 *ester*) **Biol.** Enzyme qui provoque l'hydrolyse des esters.

ESTÈRE, n. f. [ɛstɛʀ] (esp. *estera*, du lat. *storea*) Natte de jonc.

ESTÉRIFICATION, ▪ n. f. [ɛsteʀifikasjɔ̃] (*estérifier*) **Chim.** Constitution d'un ester par association d'un acide carboxylique et d'un alcool. ▪ Réaction chimique aboutissant à la transformation d'un acide carboxylique en ester.

ESTÉRIFIER, ▪ v. tr. [ɛsteʀifje] (2 *ester*) Associer un acide carboxylique à un alcool pour obtenir un ester.

ESTERLIN, n. m. [ɛstɛʀlɛ̃] (angl. *sterling*, lat. médiév. *esterlingus*, d'orig. obsc) Nom d'une ancienne monnaie. ♦ En orfèvrerie, poids de vingt-huit grains et demi.

ESTEUBLE, n. f. [ɛstœbl] Voy. ÉTEULE.

ESTHÉSIE, ■ n. f. [ɛstezi] (gr. *aisthêsis*, sensation) **Physiol.** Perception des sensations. *Une esthésie tactile.* ■ **ESTHÉSIOLOGIE**, n. f. [ɛstezjɔloʒi]

ESTHÈTE, ■ n. m. et n. f. [ɛstɛt] (gr. *aisthêtês*, sensible) Personne qui prône le culte de la beauté. ■ **Péj.** Personne qui ne s'attache qu'à la beauté au détriment des autres valeurs.

ESTHÉTICIEN, IENNE, ■ n. m. et n. f. [ɛstetisjɛ̃, jɛn] (*esthétique*) Personne préoccupée par l'esthétique sous toutes ses formes. ■ Personne dont le métier est de maquiller, dispenser des soins de beauté.

1 **ESTHÉTIQUE**, n. f. [ɛstetik] (gr. *aisthêtikos*, qui a la faculté de sentir, qui peut être perçu par les sens) Science qui détermine le caractère du beau dans les productions de la nature et de l'art ; philosophie des beaux-arts. ■ Beauté et harmonie de quelque chose. *L'esthétique d'une architecture.* ■ *Un orgue d'esthétique nord-allemande,* qui reprend les caractéristiques techniques et conceptuelles des orgues d'Allemagne du Nord. ■ *Esthétique industrielle,* domaine d'activité développant la conception d'objets à la fois beaux et fonctionnels. ■ **REM.** Graphie ancienne : *æsthétique.*

2 **ESTHÉTIQUE**, adj. [ɛstetik] (1 *esthétique*) Se dit de ce qui se rapporte au sentiment du beau. *Appréciation esthétique.* ■ Qui vise à améliorer ou préserver l'apparence physique d'une personne. *Les soins esthétiques. La chirurgie esthétique.*

ESTHÉTIQUEMENT, ■ adv. [ɛstetik(ə)mɑ̃] (2 *esthétique*) De manière à respecter un certain esthétisme. *Ces vieux entrepôts ont été esthétiquement réhabilités.* ■ En considérant le point de vue esthétique. *Esthétiquement, c'est intéressant.*

ESTHÉTISANT, ANTE, ■ adj. [ɛstetizɑ̃, ɑ̃t] (*esthétiser*) **Péj.** Soucieux de la beauté formelle. *Un auteur esthétisant.*

ESTHÉTISER, ■ v. tr. [ɛstetize] (*esthète*) Améliorer l'esthétique de quelque chose. *Esthétiser une décoration d'intérieur.* ◆ **V. intr.** Donner trop d'importance à l'esthétique. ■ **ESTHÉTISATION**, n. f. [ɛstetizasjɔ̃]

ESTHÉTISME, ■ n. m. [ɛstetism] (*esthète*) Doctrine artistique qui met au premier plan le culte du beau. « *Son esthétisme lui fait mépriser la vie bourgeoise* », BARRÈS. ■ Mouvement artistique et littéraire anglais de la fin du XIXᵉ siècle opposé au naturalisme.

ESTIMABLE, adj. [ɛstimabl] (*estimer*) Qui mérite d'être estimé. ◆ Qui a des qualités solides, mais non brillantes. *Un auteur, un livre estimable.* ■ Dont on peut évaluer l'importance. *Un meuble dont le coût est difficilement estimable du fait de l'importance des restaurations.*

ESTIMATEUR, n. m. [ɛstimatœʀ] (lat. *æstimator*) Celui qui estime, qui apprécie. « *Le monde, injuste estimateur des choses du ciel* », MASSILLON. ◆ Celui qu'on charge d'estimer la valeur, le prix de certaines choses.

ESTIMATIF, IVE, adj. [ɛstimatif, iv] (*estimer*) Qui a pour objet une estimation. *État, devis estimatif.*

ESTIMATION, n. f. [ɛstimasjɔ̃] (lat. *æstimatio*) Action d'évaluer, d'apprécier. ◆ ▷ Appréciation qu'on fait en mer du chemin parcouru, de la position du navire, etc. ◁ ◆ Jugement par lequel on attache du prix. « *Cette estimation trompeuse qui nous fait honorer des talents pernicieux* », J.-J. ROUSSEAU. ■ Action d'évaluer la valeur financière de quelque chose. *L'estimation du tableau a été réalisée par un expert de renom.* ■ Évaluation ou appréciation réalisée avant la réalisation effective de quelque chose. *Les résultats de l'élection ont confirmé l'estimation des observateurs.*

ESTIMATOIRE, ■ adj. [ɛstimatwaʀ] (*estimation*) **Didact.** Qui a trait à l'estimation. *Des actions estimatoires.*

ESTIME, n. f. [ɛstim] (*estimer*) Sentiment qui attache du prix à quelqu'un ou à quelque chose. ◆ *Estime de soi-même,* la juste opinion de soi que donne une bonne conscience. ◆ *Faire estime,* faire cas. ◆ *Estime au sens passif,* l'estime qu'on inspire, bonne réputation gloire. *Être en grande estime.* « *L'estime de modération qu'il avait parmi les nôtres* », BOSSUET. ◆ Opinion, jugement, appréciation. *C'est de mon jugement avoir mauvaise estime.* ◆ Évaluation approximative, surtout en termes de mer. ◆ *À l'estime,* de manière approximative. ■ *Succès d'estime,* succès très modéré d'une œuvre auprès du grand public malgré l'opinion positive de la critique.

ESTIMÉ, ÉE, p. p. d'estimer. [ɛstime]

ESTIMER, v. tr. [ɛstime] (lat. *æstimare*) Déterminer la valeur, le prix de quelque chose. ◆ Faire cas, avoir de la considération pour. ◆ Croire, réputer, présumer. « *Je n'estime pas que l'homme soit capable de former un projet...* », LA BRUYÈRE. ■ **Mar.** Faire une estime. ◆ S'estimer, v. pr. Avoir de l'estime pour soi-même. ◆ *S'estimer son prix,* avoir de soi la juste opinion qu'on doit en avoir. ◆ Avoir une estime réciproque. ◆ Déterminer sa propre valeur. Se croire, se réputer. *S'estimer heureux.* ■ Évaluer de manière approximative. *Les pertes ont été estimées bien en deçà de leur valeur. Il ne nous est pas encore possible d'estimer le nombre de victimes.*

ESTIVAGE, n. m. [ɛstivaʒ] (*estiver*) Saison d'été que les troupeaux passent dans les montagnes.

ESTIVAL, ALE, adj. [ɛstival] (lat. *æstivalis*) Qui appartient à l'été. ◆ **Bot.** Qui est d'été. *Fleurs estivales.* ◆ **Méd.** *Maladies estivales,* maladies qui règnent en été. ■ Qui se produit ou se déroule en été. *Un travail estival.*

ESTIVANT, ANTE, ■ n. m. et n. f. [ɛstivɑ̃, ɑ̃t] (provenç. *estiva*) Personne qui passe ses congés d'été dans un lieu de villégiature.

ESTIVATION, n. f. [ɛstivasjɔ̃] (lat. bot. *æstivatio*) Sorte d'engourdissement qui s'empare de certains animaux, par exemple les serpents, des crocodiles, pendant un certain nombre de jours de la saison la plus chaude.

1 **ESTIVE**, ■ n. f. [ɛstiv] (lat. *stipare*, entasser) **Mar.** *Charger en estive,* au maximum. ■ *Charger un navire en estive,* en équilibrant la charge.

2 **ESTIVE**, ■ n. f. [ɛstiv] (*estiver*) Pâturage estival en montagne.

ESTIVER, v. tr. [ɛstive] (lat. *æstivare*) Mettre les bestiaux pendant l'été dans les pâturages. ◆ **V. intr.** Demeurer dans un endroit pendant l'été.

ESTOC, n. m. [ɛstɔk] (anc. provenç. *estoc*) ▷ **Sylvic.** Souche. *Couper un arbre à blanc estoc,* le couper au pied sur la souche. *Faire une coupe à blanc estoc,* sans laisser de baliveaux. ◁ ◆ ▷ **Fig.** *Être réduit à blanc estoc,* être entièrement ruiné. ◁ ◆ **Dr.** Souche, origine d'une famille. *Être de bon estoc.* ◁ ◆ **Fig.** *Cela ne vient pas de son estoc,* cela ne lui vient pas naturellement. ◁ ◆ *Brin d'estoc,* bâton ferré en pointe par les deux bouts. ◆ **Par extens.** Ancienne épée droite fort longue. ◆ La pointe d'une épée. *Frapper d'estoc et de taille.* ◆ **Fig.** *D'estoc et de taille,* de quelque manière que ce soit.

ESTOCADE, n. f. [ɛstɔkad] (ital. *stoccata*) **Escrime** Botte, grand coup de pointe. *Allonger, parer une estocade.* ◆ **Fam.** Attaque à laquelle on ne s'attend pas. ■ Coup d'épée achevant le taureau dans une corrida. ■ **Fig.** *Donner l'estocade à quelqu'un,* lui donner le coup de grâce.

ESTOCADER, v. intr. [ɛstɔkade] (*estocade*) ▷ Porter des estocades. ◆ **Fig.** Argumenter vivement contre quelqu'un. ◁

ESTOMAC, n. m. [ɛstɔma] (lat. *stomachus,* du gr. *stomakhos,* orifice organique) Viscère où s'opère la digestion des aliments. ◆ *Avoir l'estomac creux,* vide, n'avoir pas mangé. ◆ *Il a deux estomacs, plusieurs estomacs,* se dit d'un gros mangeur. ■ La partie du corps qui répond à l'estomac, la poitrine. *Recevoir un coup dans l'estomac.* ◆ *L'estomac d'une volaille ou d'une perdrix,* ce qui reste quand les cuisses et les ailes ont été détachées. ■ *Avoir l'estomac dans les talons,* avoir très faim. ◆ **Fam.** *Avoir de l'estomac,* faire preuve d'audace. ◆ *À l'estomac,* en usant de culot. ■ *Rester sur l'estomac,* causer des difficultés de digestion, et fig. être difficile à admettre ou à accepter. *Ses mensonges me sont restés sur l'estomac pendant longtemps.* ■ *Lavage d'estomac. Brûlures d'estomac.*

ESTOMAQUÉ, ÉE, p. p. de s'estomaquer. [ɛstomake]

1 **ESTOMAQUER**, ■ v. tr. [ɛstomake] (lat. *stomachari*) **Fam.** Couper le souffle d'étonnement. *Son audace nous a tous estomaqués.*

2 **ESTOMAQUER (S')**, ■ v. pr. [ɛstomake] (lat. *stomachari*) ▷ Se tenir pour offensé de quelque chose, s'en choquer. ◆ S'épuiser à force de parler. ◁

ESTOMPAGE, ■ n. m. [ɛstɔ̃paʒ] (*estomper*) Action d'adoucir un trait ou de l'ombrer. ■ Spécificité de ce qui est atténué. *L'estompage des haines séculaires.*

ESTOMPE, n. f. [ɛstɔ̃p] (néerl. *stomp,* petit morceau) Petit rouleau fait de peau ou de papier, et terminé ordinairement en pointe, pour étendre le crayon ou le pastel sur le papier. *Dessin à l'estompe.* ◆ Ce dessin même.

ESTOMPÉ, ÉE, p. p. d'estomper. [ɛstɔ̃pe]

ESTOMPEMENT, ■ n. m. [ɛstɔ̃p(ə)mɑ̃] (*estomper*) Fait de s'adoucir, de s'atténuer. *L'estompement du sens critique.*

ESTOMPER, v. tr. [ɛstɔ̃pe] (*estompe*) Dessiner, ombrer avec l'estompe. ■ Donner un aspect flou. *Le brouillard estompe le haut des immeubles.* ■ **Fig.** Atténuer la vigueur ou la rudesse. *Le temps estompe la passion.* ■ S'estomper, v. pr. Devenir moins net. *L'arc-en-ciel s'estompe au bout de quelques minutes jusqu'à disparaître totalement.* ■ **Fig.** Devenir moins violent. *Sa jalousie s'est estompée avec le temps.*

ESTONIEN, IENNE ou **ESTE**, ■ adj. [ɛstɔnjɛ̃, jɛn, ɛst] (*Estonie*) Typique ou originaire d'Estonie. ■ N. m. Langue officielle de l'Estonie. *L'estonien appartient à la famille des langues finno-ougriennes.* ■ N. m. et n. f. *Un Estonien, une Estonienne.*

ESTOPPEL, ■ n. m. [ɛstɔpɛl] (mot angl.) **Dr.** Principe selon lequel un État ne peut en aucun cas avoir une position différente de celle qu'il a adoptée précédemment lorsqu'il est partie dans un procès.

ESTOUFFADE ou **ÉTOUFFADE**, n. f. [ɛstufad, etufad] (ital. *stuffata,* étuvée) Manière de cuire des viandes en vases clos. ◆ Le mets ainsi préparé. *Une estouffade de perdrix.* ◆ On dit aussi *étouffée.*

ESTOURBIR, v. tr. [esturbiʀ] (all. *sterben*, mourir) **Fam.** Donner un coup dans le but d'étourdir. *Le voleur a estourbi le chien pour pouvoir entrer dans la maison.* ■ **Fig.** *La nouvelle l'a littéralement estourbie.*

1 **ESTRADE**, n. f. [estʀad] (ital. *strada*, route) Terme de guerre usité seulement en cette locution. *Battre l'estrade*, courir la campagne, aller à la découverte. ♦ *Les batteurs d'estrade,* les éclaireurs, et par ext. les gens qui courent les chemins.

2 **ESTRADE**, ■ n. f. [estʀad] (esp. *estrado*, salle de réception, du lat. *sternere*) Plancher élevé dans une chambre, dans un édifice, un peu au-dessus du parquet, pour y placer un lit, un trône, pour y faire une cérémonie. *Monter sur l'estrade d'une classe pour réciter son texte.*

ESTRADIOL, ■ n.m. [estʀadjɔl] Voy. ŒSTRADIOL.

ESTRADIOT ou **STRADIOT**, ■ n.m. [estʀadjo, stʀadjo] (gr. *stratiotês*, soldat) Cavalier léger d'origine grecque ou albanaise, qui avait fonction d'éclaireur aux XVᵉ et XVIᵉ siècles dans les armées européennes.

ESTRAGON, n.m. [estʀagɔ̃] (ar. *tarhun*, prob. du gr. *dracontion*, serpentaire) Espèce d'armoise aromatique, qu'on met dans les salades et dans les ragoûts.

ESTRAMAÇON, n.m. [estʀamasɔ̃] (ital. *stramazzone*, de *mazza*, arme) Épée droite, longue et à deux tranchants. ♦ *Coup d'estramaçon* ou simplement *estramaçon*, coup de taille.

ESTRAMAÇONNÉ, ÉE, p. p. d'estramaçonner. [estʀamasɔne]

ESTRAMAÇONNER, v. tr. [estʀamasɔne] (*estramaçon*) Frapper de coups d'estramaçon. ♦ V. intr. *Il ne cessa d'estramaçonner.* ♦ S'estramaçonner, v. pr. Se battre à coups d'estramaçon.

ESTRAN, ■ n.m. [estʀɑ̃] (néerl. *strang[e]*, grève) Espace du littoral que la mer recouvre ou découvre en fonction des marées.

ESTRAPADE, n.f. [estʀapad] (ital. *strappata*, de *strappare*, arracher) Supplice de mer qui consiste à guider un coupable à la hauteur d'une vergue, d'où le laissant tomber dans la mer, on l'y plonge autant de fois que le porte sa sentence. ♦ *L'estrapade de terre se donne en liant les pieds et les mains du coupable derrière le dos, et le laissant tomber jusqu'à deux ou trois pieds de terre.* ♦ La potence au haut de laquelle on élevait le patient. ♦ Tour d'acrobate qui passe le corps entre ses bras et la corde à laquelle il est suspendu par les mains.

ESTRAPADÉ, ÉE, p. p. d'estrapader. [estʀapade]

ESTRAPADER, v. tr. [estʀapade] (*estrapade*) Infliger l'estrapade.

ESTRAPASSÉ, ÉE, p. p. d'estrapasser. [estʀapase]

ESTRAPASSER, v. tr. [estʀapase] (ital. *strapazzare*, maltraiter, prob. du lat. *pati*, souffrir) Fatiguer, excéder un cheval par un exercice trop violent.

ESTRAPONTIN, n.m. [estʀapɔ̃tɛ̃] Voy. STRAPONTIN.

ESTROGÈNE, ■ n.m. [estʀɔʒɛn] Voy. ŒSTROGÈNE.

ESTRONE, ■ n.m. [etʀɔn] Voy. ŒSTRONE.

ESTROPIÉ, ÉE, p. p. d'estropier. [estʀɔpje] N. m. et n. f. *Un estropié.*

ESTROPIEMENT, n.m. [estʀɔpimɑ̃] (*estropier*) Action d'estropier ; résultat de cette action.

ESTROPIER, v. tr. [estʀɔpje] (ital. *stroppiare*, prob. du lat. *turpis*, laid) Priver de l'usage d'un membre par coups ou blessures. ♦ En parlant des maladies. *Un rhumatisme l'a estropié.* ♦ *Estropier un nom, un mot*, les défigurer en prononçant ou en écrivant. ♦ *Estropier une pensée, un passage*, en altérer le sens, l'expression. ♦ *Estropier un vers*, en altérer la mesure. ♦ *Estropier un morceau, une chanson*, le jouer mal, la chanter mal. ♦ **Peint.** *Estropier une figure*, n'en pas observer les proportions. ♦ *S'estropier*, v. pr. S'estropier soi-même. ♦ S'estropier l'un l'autre. ♦ **Fig.** « *Voulant se redresser soi-même on s'estropie* », BOILEAU.

ESTUAIRE, n.m. [estɥɛʀ] (lat. *æstuarium*) **Antiq. rom.** Étang maritime où l'on nourrissait du poisson. ♦ ▷ Sinuosité du littoral qui n'est couverte d'eau qu'à la marée montante. ◁ ♦ Embouchure d'un fleuve qui forme un golfe.

ESTUARIEN, IENNE, ■ adj. [estɥaʀjɛ̃, jɛn] (*estuaire*) Qui a trait aux estuaires. *La zone estuarienne du Nil, en Égypte.*

ESTUDIANTIN, INE, ■ adj. [estydjɑ̃tɛ̃, in] (esp. *estudiante*) Qui se rapporte aux étudiants. *La vie estudiantine.*

ESTURGEON, n.m. [estyʀʒɔ̃] (frq. *sturjo*) Gros poisson qui remonte de la mer dans les grands fleuves.

ÉSULE, n.f. [ezyl] ou [ezyl] (lat. sav. médiév. *esula*, de *edere*, manger) Nom de plusieurs euphorbes.

ET, conj. [e] (lat. *et*) Sert à lier entre elles les parties semblables du discours. *Corneille et Racine. Bon et sage.* ♦ Après les noms d'heure, de mesure, quand il y a une fraction on met *et : Midi et demi.* ♦ On peut aussi supprimer *et*, excepté quand la fraction est *demi : Minuit un quart* ; une aune, un tiers, etc. ♦ Dans les noms de nombre composés, *et* se met généralement devant *un* quoiqu'il ne se mette pas devant *deux, trois, quatre*, etc. *Vingt et un, trente et un*, etc. Il n'y a d'exception que pour *cent* et *quatre-vingt : Quatre-vingt-un, cent un.* ♦ *Et* se met aussi devant *onze* après *soixante : Soixante et onze.* ♦ *Et* répété sert à donner plus de force à la phrase. ♦ *Et* s'emploie au commencement des phrases qui en suivent d'autres sans liaison immédiate, dans le style biblique ou poétique. *Et Jésus dit à ses disciples.* ♦ *Et fût-il*, quand même il serait. ♦ *Et fussiez-vous*, quand même vous seriez. ♦ *Et de*, suivi d'un infinitif, se met quelquefois à la fin d'un récit pour signifier que l'évènement se produisit par l'action que l'infinitif exprime. *Ainsi parla-t-il ; et chacun de rire.* ♦ *et cætera* ou *et cetera, Et les autres choses, et le reste, et tout ce qui s'en suit.* Par abréviation on écrit *etc.* ♦ **N. m.** Le signe qui représente cette expression. *Un et cætera. Des et cætera.* ■ Pour marquer une distinction. *Il y a maison et maison*, toutes les maisons ne sont pas de même qualité. ■ **Inform.** Opérateur booléen marquant la liaison.

ÊTA, ■ n.m. [eta] ou [eta] Septième lettre de l'alphabet grec correspondant au ê de l'alphabet latin : H,η. *Des êtas* ou *des êta.*

ÉTABLAGE, n.m. [etablaʒ] (*étable*) ▷ Ce qu'on paye pour la place d'un cheval, d'un bœuf, etc. dans une étable, une écurie. ◁

1 **ÉTABLE**, n.f. [etabl] (lat. *stabulum*) Logement où l'on met les bestiaux et plus particulièrement les bœufs. ♦ **Mythol.** *Les étables d'Augias*, étables si encombrées de fumier que ce fut un des travaux d'Hercule de les nettoyer, et fig. lieux très sales, et aussi affaires embrouillées et malhonnêtes.

2 **ÉTABLE**, n.m. [etabl] (autre forme de *étrave* ; anc. nord. *stafn*) Continuation de la quille d'un vaisseau depuis l'endroit où elle commence à se courber.

ÉTABLÉ, ÉE, p. p. d'établer. [etable]

ÉTABLER, v. tr. [etable] (lat. *stabulare*) Loger dans une étable, dans une écurie. *Établer des moutons.*

1 **ÉTABLI**, n.m. [etabli] (anc. fr. *establie*) Sorte de table longue, étroite et épaisse sur laquelle les menuisiers, les serruriers, etc. fixent les pièces auxquelles ils travaillent ♦ Table haute sur laquelle les tailleurs travaillent, les jambes croisées.

2 **ÉTABLI, IE**, p. p. d'établir. [etabli] **Fig.** *Le gouvernement établi*, le gouvernement qui, au moment où l'on parle, a le pouvoir. ♦ Institué. *Obéir aux puissances établies.* ■ Bien installé et solide. *Une notoriété bien établie.* ■ Fixé par la pratique et dans le temps. *Une habitude établie.*

ÉTABLIR, v. tr. [etabliʀ] (lat. *stabilire*, affermir, étayer) Asseoir et fixer une chose en quelque endroit. *Établir les fondements d'un édifice.* ♦ **Fig.** *Établir sa réputation*, sa renommée. ♦ *Bien établir sa fortune, son crédit*, les rendre assez solides pour qu'il ne soit pas facile d'y porter atteinte. ♦ **Absol.** *La violence abat, la douceur établit.* ♦ Installer, placer, mettre. *Établir un camp, une machine.* ♦ Fonder, disposer. *Établir une fabrique.* ♦ *Établir une correspondance entre deux villes.* ♦ Mettre à demeure en un certain lieu. *Les Phocéens établirent dans la Gaule une colonie qu'ils nommèrent Marseille.* ♦ Mettre en un logement. ♦ Il se dit semblablement des choses. *Établir sa demeure à Paris.* ♦ **Milit.** Poster d'une façon stable. ♦ Instituer, pourvoir d'une fonction. *Établir un magistrat dans une charge.* ♦ On le dit de même des choses. *Établir un gouvernement, une administration, un impôt.* ♦ Mettre dans un état, dans un emploi avantageux, dans une condition fixe. *Il a bien établi tous ses enfants.* ♦ *Établir une fille*, la marier. ♦ Mettre en crédit, en faveur. *Ses alliances l'établirent à la cour.* ♦ Il se dit en parlant des doctrines, des lois, des devoirs, etc. *Établir la foi chez les infidèles. Établir l'ordre.* ♦ Démontrer. *Établir une vérité, une proposition, un fait.* ♦ *Établir un compte, la balance d'un compte*, faire un état de ce qui est dû. ♦ *S'établir*, v. pr. Fixer sa demeure en un lieu. ♦ Prendre place à demeure pour un temps plus ou moins long. *Il s'est établi dans mon cabinet.* ♦ S'affermir. Prendre position. ♦ Gagner faveur, confiance. ♦ Se faire un état, une position. *S'établir marchand de vin.* ♦ Se marier. ♦ S'instituer, se considérer comme. *S'établir juge des actes d'autrui.* ♦ Être établi. ♦ **V. impers.** *Il s'établissait peu à peu parmi eux l'opinion que...* ♦ **Mar.** *S'établir*, s'affourcher pour séjourner sur une rade.

ÉTABLISSEMENT, n.m. [etablis(ə)mɑ̃] (*établir*) Action d'établir, d'instituer, de fonder. *L'établissement d'une fabrique, d'un tribunal.* ♦ **Par extens.** *L'établissement du christianisme.* ♦ Fondation d'un ordre social ou politique. *Établissement politique, religieux.* ♦ Lieu où une personne fixe sa résidence, le siège de ses affaires. ♦ Il se dit dans un sens analogue de colonies qui se fixent en une contrée. *Une colonie d'Ioniens fit un établissement sur la côte d'Asie.* ♦ Le lieu même occupé avec ses dépendances. *Les établissements des Anglais dans l'Inde.* ♦ Ce qui sert essentiellement à l'exercice d'une profession, d'un métier. *Un établissement de menuisier.* ♦ Toute espèce de fonds de commerce. ♦ **Milit.** Action de se poster. ♦ Emploi, charge. « *Ils osent* *honorer le mérite dénué de grands établissements* », La Bruyère. ♦ Action de procurer emploi, charge ou avoir. *L'établissement d'un parent, de ses enfants.* ♦ Mariage. ♦ Exposé, preuve. *L'établissement d'un fait, d'un droit.* ♦ **Pratiq.** *Établissement de propriété,* analyse des titres en vertu desquels les parties contractantes possèdent un bien cédé. ♦ Fondation faite en vue d'un service public. *Des établissements de charité.* ♦ *Établissements publics,* édifices élevés aux frais du public et destinés à certains services ; tels sont les églises, les hôpitaux, les musées, les casernes, etc. ♦ Usine, siège d'exploitation industrielle. ♦ **N. m. pl.** *Les Établissements de saint Louis,* recueil de coutumes fait sous ce roi. ♦ **Mar.** *L'établissement du port* ou *l'établissement des marées,* l'indication de l'heure de la haute mer, le jour de la nouvelle et de la pleine lune, dans un certain port. ▪ *Établissement d'utilité publique,* structure associative ou organisme privé qui intervient dans des actions d'intérêt général. ▪ *Établissement financier,* société privée qui propose des services financiers bien que n'étant pas une banque. *Souscrire un emprunt auprès d'un établissement financier.*

ÉTAGE, n. m. [etaʒ] (anc. fr. *ester,* du lat. *stare,* être debout) Espace entre deux planchers, formant un ou plusieurs appartements de plain-pied. ♦ *Maison à un étage,* maison qui n'a que le rez-de-chaussée. ♦ *Le premier étage,* celui qui est au-dessus du rez-de-chaussée. ♦ Communément on sous-entend *étage,* et l'on dit : *Le premier, le second, etc.* ♦ **Par anal.** Il se dit des choses disposées par rang les unes au-dessus des autres. *Deux étages de redoutes.* ♦ ▷ **Fig.** *C'est un sot à triple étage,* il est sot au dernier point. ◁ ♦ Se dit des différents plans d'un terrain qui monte. ♦ ▷ Dans le style badin, sillon qui partage le menton chez les personnes très grasses. « *Son menton sur son sein descend à double étage* », Boileau. ◁ ♦ **Fig.** Rang, condition. « *Il tutoie en parlant ceux du plus haut étage* », Molière. ♦ Degré, espèce, genre. *Des esprits de tout étage.* ♦ *De bas étage,* de mauvais goût. ♦ Élément d'un ensemble conçu en strates. ▪ **Bot.** Ensemble végétal typique d'une zone géographique déterminée par son altitude. *L'étage nival.* ▪ Chacun des tronçons constituant le corps d'une fusée. *Une fusée bi-étage mono-propulseur.* ♦ **Géol.** Ensemble de terrains contenant des fossiles identiques et correspondant donc à un même âge de l'évolution. *L'étage supérieur du système jurassique moyen.*

ÉTAGÉ, ÉE, p. p. d'étager. [etaʒe]

ÉTAGEMENT, n. m. [etaʒ(ə)mã] (*étager*) Disposition de ce qui est étagé.

ÉTAGER, v. tr. [etaʒe] (*étage*) Disposer, tailler par étages. ♦ *Étager des redoutes,* disposer des redoutes les unes au-dessus des autres. ♦ S'étager, v. pr. Être rangé comme en étage.

ÉTAGÈRE, n. f. [etaʒɛr] (*étage*) Dressoir, meuble composé de tablettes disposées par étages. ▪ Planche fixée horizontalement à l'intérieur d'un meuble ou directement au mur.

ÉTAGISTE, n. m. [etaʒist] (*étage*) Industriel en charge de la conception et de la réalisation d'un étage de fusée.

1 ÉTAI, n. m. [etɛ] (frq. *staka,* soutien) Forte pièce de bois qu'on emploie pour soutenir un mur qui menace ruine, une construction qu'on reprend en sous-œuvre.

2 ÉTAI, n. m. [etɛ] (saxon *staeg* ; prob. infl. de 1 *étai*) Gros cordage qui sert à soutenir les mâts d'un navire. *Tenir en étai le grand mât.*

ÉTAIEMENT ou **ÉTAYEMENT,** n. m. [etemã] (*étayer*) Action d'étayer ; manière dont une chose est étayée. *Une tour d'étaiement.* ▪ **Rem.** On dit aussi *étayage.*

ÉTAIM, n. m. [etɛ] (lat. *stamen,* chaîne de tisserand, fil) ▷ Sorte de longue laine qu'on a fait passer par un peigne ou grande carde. ◁

ÉTAIN, n. m. [etɛ̃] (lat. *stannum*) Métal d'un blanc grisâtre, plus dur mais moins pesant que le plomb, ductile et oxydable, faisant entendre un petit craquement nommé cri de l'étain, quand on le plie en différents sens. ▪ Objet façonné avec ce métal. *Il collectionnait toutes sortes d'étains, cruches, cuillères, gobelets, plats, pichets, etc.*

ÉTAL, n. m. [etal] (frq. *stal,* lieu clos et couvert) Anciennement, table sur laquelle un marchand mettait en vente sa marchandise. ♦ Aujourd'hui, table sur laquelle les bouchers débitent les viandes. ♦ Boutique de boucher. *Ce boucher a plusieurs étaux.*

ÉTALAGE, n. m. [etalaʒ] (1 *étaler*) Exposition de marchandises ; les marchandises étalées. ♦ Droit d'étaler. ♦ ▷ **Fig.** et **fam.** Grande toilette. ◁ ♦ Montre, faite avec ostentation, de ce qu'on est ou de ce qu'on a. *Un étalage d'éloquence.* ♦ Endroit où sont présentées les marchandises. *Les étalages en bois des marchés.* ♦ *Faire étalage de quelque chose,* le montrer de manière ostentatoire.

ÉTALAGER, v. tr. [etalaʒe] (*étalage*) Disposer avec harmonie des marchandises sur un étalage ou dans une vitrine.

ÉTALAGISTE, adj. [etalaʒist] (*étalage*) Qui étale sa marchandise dans les rues ou sur les places. *Un marchand, une marchande étalagiste.* ♦ **N. m. et**

n. f. *Un étalagiste. Une étalagiste.* ▪ Personne dont le métier consiste à disposer avec harmonie les marchandises dans les vitrines de magasin.

ÉTALE, adj. [etal] (1 *étaler*) Se dit de la mer qui a cessé de monter et qui ne descend pas encore. ♦ **N. m.** *l'étale de la marée.* ♦ **Adj. m. et f.** *Vent étale,* vent médiocrement fort. ▪ Qui ne montre aucun mouvement ou aucune évolution. *Une mer étale. Un navire étale.*

ÉTALÉ, ÉE, p. p. d'étaler. [etale]

ÉTALEMENT, n. m. [etal(ə)mã] (1 *étaler*) Action d'étaler. ▪ Action d'échelonner dans le temps. *L'étalement des échéances d'un paiement.*

1 ÉTALER, v. tr. [etale] (*étal*) Exposer pour vendre. ♦ **Fig.** *Étaler sa marchandise,* tirer vanité de ce qu'on sait, de ce qu'on possède. ♦ **Absol.** L'endroit où les marchands étalent. ♦ Étendre, déployer. *Étaler une robe.* ♦ *Étaler son jeu,* montrer toutes ses cartes. ♦ Faire voir, montrer avec l'idée d'éclat, de solennité. *Étaler sa puissance.* « *Elle m'étale avec plaisir toute sa belle âme* », Mme de Sévigné. « *Un de ces exemples redoutables qui étalent aux yeux du monde sa vanité tout entière* », Bossuet. ♦ Exposer en un langage qui fait valoir les choses. « *Que j'allais à tes yeux étaler de merveilles !* », Boileau. ♦ Faire parade, déployer avec vanité. *Étaler sa science.* ♦ **Pop.** Jeter par terre. ♦ S'étaler, v. pr. Se montrer avec ostentation. ♦ Être montré avec ostentation. *S'étaler sur l'herbe.* ♦ **Pop.** Se laisser tomber. ♦ S'étendre, se répandre, se déployer. ♦ **V. tr.** Répartir en couche mince. *Étaler de la confiture sur une tartine.* ▪ Disposer côte à côte. *Étaler des feuilles sur une table pour les trier et les classer.* ▪ Échelonner dans le temps. *Étaler des versements.*

2 ÉTALER, v. tr. [etale] (*étale*) **Mar.** *Étaler la marée, étaler contre la marée,* mouiller pendant la marée contraire.

ÉTALIER, n. m. [etalje] (*étal*) Celui qui tient un étal au compte d'un maître boucher. ♦ **Adj.** *Garçon étalier.*

ÉTALINGUÉ, ÉE, p. p. d'étalinguer. [etalɛ̃ge]

ÉTALINGUER, v. tr. [etalɛ̃ge] (néerl. *stag-lijn,* ligne d'étai) **Mar.** Amarrer un câble à l'organeau de l'ancre.

1 ÉTALON, n. m. [etalɔ̃] (lat. *stallum,* écurie) Cheval entier pour la conservation de la race. ▪ **Par extens.** Mâle destiné à la reproduction.

2 ÉTALON, n. m. [etalɔ̃] (frq. *stalo,* bâton) Modèle des mesures et des poids légalement autorisés. *Fixer l'étalon d'une mesure.* ♦ ▷ Aire sur laquelle on trace le plan d'un bâtiment. ◁ ▪ Baliveau de l'âge de la dernière coupe. ▪ Ce qui sert de repère pour estimer la richesse d'un pays. *L'étalon monétaire.*

ÉTALONNAGE, n. m. [etalɔnaʒ] (*étalonner*) Action d'étalonner des poids, des mesures.

ÉTALONNÉ, ÉE, p. p. d'étalonner. [etalɔne]

ÉTALONNEMENT, n. m. [etalɔn(ə)mã] (*étalonner*) Syn. d'étalonnage.

ÉTALONNER, v. tr. [etalɔne] (2 *étalon*) Faire une empreinte sur une mesure, sur un poids dont on a constaté la conformité avec l'étalon. ▪ Comparer quelque chose avec un étalon. ▪ Déterminer les graduations d'un instrument de mesure en fonction d'un étalon. *L'étalonnage d'un hygromètre.* ▪ **Psych.** *Étalonner un test,* le comparer avec celui d'un groupe de référence.

ÉTALONNEUR, EUSE, n. m. et n. f. [etalɔnœr, øz] (*étalonner*) Personne qui est préposée à l'étalonnage.

ÉTAMAGE, n. m. [etamaʒ] (*étamer*) Action d'étamer ; manière dont une chose est étamée.

ÉTAMBOT, n. m. [etãbo] (anc. fr. *estant,* qui est debout, et néerl. *bord,* pièce de bois) **Mar.** Forte pièce de bois élevée à l'extrémité de la quille sur l'arrière du bâtiment.

ÉTAMÉ, ÉE, p. p. d'étamer. [etame]

ÉTAMER, v. tr. [etame] (*étain*) Recouvrir d'une couche d'étain. ♦ *Étamer une glace,* y mettre le tain.

ÉTAMEUR, n. m. [etamœr] (*étamer*) Artisan qui étame.

1 ÉTAMINE, n. f. [etamin] (lat. *stamen,* génit. *staminis* fil) Petite étoffe légère. *Étamine à voile pour les religieuses.* ♦ Tissu très peu serré de crin, de laine, etc. *Un bluctoir fait d'étamine.* ♦ Toute pièce d'étoffe qui sert à filtrer. ♦ ▷ *Passer par l'étamine,* être examiné sévèrement ; être soumis à des épreuves. ◁ ♦ ▷ **V. tr.** *Il faut passer ces opinions par l'étamine.* ◁

2 ÉTAMINE, n. f. [etamin] (lat. *stamina,* plur. de *stamen*) Organe des végétaux composé du filet qui s'élève du centre de la fleur, et de l'anthère qui termine le filet en forme de petite tête.

ÉTAMINIER, n. m. [etaminje] (1 *étamine*) Celui qui fait de l'étamine.

ÉTAMPAGE, n. m. [etãpaʒ] (*étamper*) Action d'imprimer, par une forte pression, un dessin à une plaque métallique mince, en la frappant fortement entre deux moules, dont l'un est gravé en creux et l'autre en relief.

ÉTAMPE, n. f. [etãp] (*étamper*) Modèle sur lequel on frappe un métal pour y faire l'empreinte. ♦ Instrument pour percer le fer.

ÉTAMPÉ, ÉE, p. p. d'étamper. [etɑ̃pe]

ÉTAMPER, v. tr. [etɑ̃pe] (le même qu'*estamper*) *Étamper un fer à cheval,* y faire les huit trous. ♦ Se servir de l'étampe pour pratiquer diverses opérations.

ÉTAMPERCHE ou **ÉTEMPERCHE,** ■ n. f. [etɑ̃pɛʁʃ] (*estant* et *perche*) Constr. Perche soutenant un échafaudage. ■ Rem. On dit aussi *écoperche.*

ÉTAMPEUR, EUSE, n. m. et n. f. [etɑ̃pœʁ, øz] (*étamper*) Personne qui étampe.

ÉTAMPURE, ■ n. f. [etɑ̃pyʁ] (*étamper*) Trou d'un fer à cheval. *Percer les étampures d'un fer à cheval.* ■ Élargissement de l'extrémité d'un trou percé dans une surface métallique.

ÉTAMURE, n. f. [etamyʁ] (*étamer*) La matière qui sert à l'étamage.

ÉTANCHE, adj. [etɑ̃ʃ] (*étancher*) Se dit de ce qui retient bien les liquides. *Un tonneau, une chaussée étanche.* ■ Fig. Qui sépare et isole totalement. *Une cloison étanche.*

ÉTANCHÉ, ÉE, p. p. d'étancher. [etɑ̃ʃe]

ÉTANCHÉITÉ, ■ n. f. [etɑ̃ʃeite] (*étanche*) Caractère de ce qui est imperméable aux liquides et aux gaz. *L'étanchéité du joint de la porte d'un lave-vaisselle.*

ÉTANCHEMENT, n. m. [etɑ̃ʃ(ə)mɑ̃] (*étancher*) Action d'étancher.

ÉTANCHER, v. tr. [etɑ̃ʃe] (p.-ê. issu du lat. *stare,* se tenir immobile) Arrêter l'écoulement d'un liquide. *Étancher une source.* ♦ *Étancher ses larmes,* cesser de pleurer. ♦ *Étancher les larmes de quelqu'un,* le consoler. ♦ Mar. *Étancher une voie d'eau,* la boucher, l'arrêter. ♦ *Étancher la soif,* l'apaiser en buvant. ♦ S'étancher, v. pr. Être arrêté, en parlant d'un liquide qui coule. ■ Être apaisé, en parlant de la soif. ■ V. tr. Rendre quelque chose imperméable. *Étancher une cuve.*

ÉTANÇON, n. m. [etɑ̃sɔ̃] (anc. fr. *estance,* appui, d'*estant*) Pièce de bois qu'on met pour soutenir un mur ou des terres minées. ♦ Mar. Nom de pièces de bois posées debout, sous les baux, et qui servent, pendant que les vaisseaux sont amarrés dans les ports, à les soutenir.

ÉTANÇONNÉ, ÉE, p. p. d'étançonner. [etɑ̃sɔne]

ÉTANÇONNEMENT, n. m. [etɑ̃sɔn(ə)mɑ̃] (*étançonner*) Action d'étançonner ; résultat de cette action.

ÉTANÇONNER, v. tr. [etɑ̃sɔne] (*étançon*) Soutenir par des étançons.

ÉTANFICHE, n. f. [etɑ̃fiʃ] (anc. fr. *estant,* qui est debout, et *fiche*) Hauteur de plusieurs lits de pierre qui font masse ensemble dans une carrière.

ÉTANG, n. m. [etɑ̃] (*étancher*) Amas d'eau stagnante. ♦ *Étang salé,* étang communiquant avec la mer.

1 ÉTANT, p. prés. [etɑ̃] N. m. Philos. L'individu en tant qu'être. « *Quelle acception de l'étant et quel concept de la vérité font que la science puisse devenir recherche ?* », Heidegger.

2 ÉTANT (EN), loc. adv. [etɑ̃] Voy. EN ÉTANT.

ÉTANT DONNÉ (QUE), ■ loc. prép. et loc. conj. [etɑ̃dɔne] (*être, donner* et *que*) Du fait (que). *Étant donné les circonstances, j'annule mon voyage. Étant donné qu'il est là, nous pouvons commencer.*

ÉTAPE, n. f. [etap] (flam. *stapel,* entrepôt) ▷ Ville, localité, comptoir, où il y a entrepôt et commerce d'échange. « *Alexandrie étant devenue la seule étape, cette étape grossit* », Montesquieu. ◁ ♦ ▷ Fourniture de vivres, de fourrages qu'on fait aux troupes qui sont en route. ◁ ♦ ▷ Magasin où l'on met les vivres destinés aux troupes qui passent. ◁ ♦ ▷ Lieu où des troupes en marche s'arrêtent pour passer la nuit. ◁ ♦ La distance entre deux étapes. ♦ Fig. *Faire une bonne étape,* faire une bonne partie d'un travail. ♦ Par extens. Lieu où l'on s'arrête. ♦ Fig. *Les étapes de l'humanité.* ■ Point d'arrêt d'un voyageur. *Faire étape sur la côte.* ■ Course cycliste entre deux villes de repos. *Gagner une étape* ♦ *Brûler les étapes,* aller plus vite que prévu.

ÉTAPIER, n. m. [etapje] (*étape*) ▷ Celui qui est chargé de fournir l'étape ou les provisions aux gens de guerre qui passent. ◁

ÉTARQUER, ■ v. tr. [etaʁke] (néerl. *sterken,* consolider) Mar. Tendre le plus possible une voile. *Étarquer une voile.* ■ S'étarquer, v. pr. *La voile s'étarque sous la brise.*

ÉTASUNIEN, IENNE, ■ adj. [etazynjɛ̃, jɛn] Voy. ÉTATS-UNIEN, IENNE.

ÉTAT, n. m. [eta] (lat. *status,* de *stare,* être debout) Manière d'être, fixe et durable. ♦ *L'état de nature,* par opposition à *l'état de société,* la vie des hommes sauvages ou des hommes supposés dans l'état d'isolement[1]. ♦ Théol. *État d'innocence,* état auquel le premier homme a été avant le péché. ♦ *État de grâce, de péché,* état de l'âme réconciliée, non réconciliée. ♦ Jurispr. *État des personnes,* l'ensemble des qualités juridiques d'une personne, de ses droits et de ses obligations. ♦ Qualité à raison de laquelle une

personne exerce un droit ou accomplit une obligation. *État de mineur.* ♦ *État civil,* condition d'une personne dérivant des actes qui constatent les rapports de parenté, de mariage, et les autres faits de la vie civile. ♦ *État d'accusation,* état du prévenu contre lequel la chambre d'accusation a prononcé le renvoi à la cour d'assises. ♦ Astron. *État du ciel,* disposition où se trouvent les astres les uns à l'égard des autres dans un certain moment. ♦ Phys. Manière d'être de la matière pondérable, qui se présente sous trois formes : *l'état solide, l'état liquide* et *l'état gazeux.* ♦ *Faire état de,* compter sur. ♦ *Faire état que,* présumer, penser, être assuré. ♦ *Faire état de,* estimer, attacher de l'importance, faire cas. ♦ Disposition dans laquelle une personne, une chose se trouve. *Être dans son état naturel. Mon arc est en bon état.* ♦ Pop. *Être dans tous ses états,* être fort troublé, fort agité. ♦ *Être en état de,* être dans une situation telle, que l'on peut, etc. « *Mon père est en état de vous accorder tout* », P. Corneille. ♦ Il se dit avec *que* et le subjonctif. « *Je suis bien en état que l'on me vienne voir !* », Molière. ♦ *Mettre en état de,* ne pouvoir pas. ♦ *Mettre en état, hors d'état,* donner, ôter le pouvoir de. ♦ Absol. *En état,* en bonne condition. *Mettre les lieux en état. Laisser les choses en état,* les laisser telles qu'elles se trouvent. ♦ *En l'état,* les choses étant ainsi. ♦ *En tout état de cause,* quoi qu'il en soit. ♦ *L'état de la question,* l'exposition de tout ce qui concerne une question, une affaire. ♦ *État de situation,* écrit, exposé qui indique quel est à un moment donné le recouvrement de l'impôt, quel est le nombre d'hommes présents au corps de troupes, etc. ♦ Absol. *État,* liste, tableau. ♦ *État de la France, de l'Angleterre,* titre de certains livres qui contiennent le dénombrement des charges, des dignités, des forces, etc. ♦ Mémoire, détail article par article. *État de comptes, etc.* ♦ *État de lieux,* acte contenant la description détaillée d'un immeuble. ♦ Position sociale. *Il ne faut pas avoir des goûts au-dessus de son état.* ♦ *Être au-dessus de son état,* avoir des sentiments ou des lumières supérieures à la condition où l'on est. ♦ Manière de vivre. *Tenir un grand état,* vivre splendidement. ♦ *Avoir un grand état de maison,* avoir une maison considérable, un grand nombre de domestiques. ♦ Profession. ♦ Anciennement, réunion de députés des divers ordres représentant soit le pays tout entier soit une province. *Une tenue d'états.* ♦ *Les états généraux* ou absol. *les états,* l'assemblée des trois ordres du royaume. ♦ *Le tiers état,* la partie de la nation française qui n'était comprise ni dans le clergé ni dans la noblesse, et qui formait le tiers ou troisième ordre dans les états généraux. ♦ *Pays d'états,* en France, provinces qui avaient des assemblées locales, par opposition à pays d'élection. ♦ La forme du gouvernement d'un peuple, d'une nation. *État monarchique, républicain.* ♦ Le gouvernement, l'administration suprême d'un pays. *Le chef de l'État.* ♦ L'étendue de pays soumise à une seule souveraineté politique. ♦ On écrit avec un *É* majuscule *État,* quand il signifie le gouvernement d'un pays, un corps de nation, l'ensemble d'un pays sous une même domination. ■ *État civil,* service public chargé de constater les principales informations inhérentes aux personnes. ■ Rem. 1 : Le mot *sauvage* n'avait pas, à l'époque de Littré, la connotation péjorative et raciste qu'il peut avoir aujourd'hui.

ÉTATIQUE, ■ adj. [etatik] (*État*) Qui est relatif à l'État. *Une discrimination étatique.*

ÉTATISATION, ■ n. f. [etatizasjɔ̃] (*étatiser*) Action de transférer la gestion de biens ou de structures privées à l'État. *L'étatisation des systèmes de soins.*

ÉTATISER, ■ n. m. [etatize] (*État*) Faire transférer la gestion à l'État.

ÉTATISME, ■ n. m. [etatism] (*État*) Doctrine politique qui prône l'intervention de l'État dans la vie économique et sociale du pays. *Un étatisme de marché.*

ÉTATISTE, ■ adj. [etatist] (*étatisme*) Qui a trait à l'étatisme. *Une politique étatiste.* ■ N. m. et n. f. Personne qui soutient et défend l'étatisme. *Des étatistes libéraux.*

ÉTAT-MAJOR, ■ n. m. [etamaʒɔʁ] (*état* et *major*) En général, se dit des officiers et sous-officiers sans troupes. ♦ Les officiers attachés à un général. ♦ Corps d'officiers chargés spécialement du service d'état-major. ♦ *État-major général,* le corps des officiers généraux ; *l'état-major du général en chef.* ♦ Le lieu où se tiennent les bureaux de l'état-major. ♦ Dans la marine, les officiers d'un bâtiment. ♦ Fig. *État-major* se dit souvent, par plaisanterie, des personnages les plus considérables. *L'état-major d'une association.* ■ Au pl. *Des états-majors.*

ÉTATS-UNIEN, IENNE ou **ÉTASUNIEN, IENNE,** ■ adj. [etazynjɛ̃, jɛn] (*États-Unis*) Typique ou originaire des États-Unis. ■ N. m. et n. f. *Un États-unien, une États-unienne, un Étasunien, une Étasunienne.*

ÉTAU, n. m. [eto] (anc. b. frq. *stok,* souche) Instrument au moyen duquel les serruriers, les forgerons, etc. établissent et fixent les pièces auxquelles ils travaillent. ♦ Fig. *Être pris, serré comme dans un étau,* ou simplement *être dans un étau,* être très étroitement serré. ♦ Fig. Ce qui rend une situation inextricable. *Il sentait l'étau se resserrer. Des étaux.*

ÉTAU-LIMEUR, ■ n. m. [etolimœʁ] (*étau* et *limeur*) Techn. Machine utilisée pour raboter des surfaces en métal. *Des étaux-limeurs.*

ÉTAYAGE, n. m. [etejaʒ] (*étayer*) Action d'étayer. ■ Action de réunir et d'organiser des arguments pour renforcer une théorie ou un raisonnement. ■ REM. On dit aussi *étaiement* ou *étayement*.

ÉTAYÉ, ÉE, p. p. d'étayer. [eteje] *Une maison étayée.*

ÉTAYEMENT, n. m. [etɛj(ə)mã] Voy. ÉTAIEMENT.

ÉTAYER, v. tr. [eteje] (*étai*) Appuyer, soutenir par des étais. *Étayer un mur.* ◆ Fig. « *Et au nom de justice Vous osez abuser pour étayer vos droits* », M.-J. CHÉNIER. ◆ S'étayer, v. pr. Se soutenir sur un étai, sur un bâton. ◆ Fig. *S'étayer du nom de ses aïeux.* ◆ Se soutenir l'un l'autre.

ET CÆTERA OU **ET CETERA**, ■ loc. adv. [ɛtsetera] (lat. *et* et *cætera*, toutes les autres choses) Voy. ET. **Abrév.** etc. ■ REM. On écrivait aussi *et cœtera*.

1 ÉTÉ, n. m. [ete] (lat. *æstas*) La saison qui suit le printemps et précède l'automne. ◆ *Été astronomique,* qui commence le 21 juin et finit le 22 septembre. ◆ *Été météorologique,* qui est le véritable été dans le sens populaire, il commence du 10 au 15 mai, et va jusqu'au 15 ou 20 août. *Salon d'été. Habit d'été.* ◆ Fam. *Se mettre en été,* quitter les habillements d'hiver et se vêtir légèrement. ◆ *L'été de la Saint-Martin, de la Saint-Denis,* l'époque de ces fêtes, ainsi dit parce qu'à ce moment de l'automne il y a souvent de beaux jours. ◆ Fig. *Été de la Saint-Martin,* les retours de jeunesse, les derniers rayons de beauté des femmes. ◆ Fig. et poétiq. *L'été de la vie, de l'âge,* l'époque de force et de maturité. ◆ *Pas d'été* ou simplement *été,* figure de contredanse, la seconde du quadrille ordinaire. ■ *Été indien,* période de beau temps en octobre. ■ *Été comme hiver,* de tout temps, à longueur d'année. *Il ne porte jamais de pull été comme hiver.*

2 ÉTÉ, p. p. du verbe être. [ete]

ÉTEIGNEMENT, n. m. [etɛɲmã] ou [etɛnjəmã] (*éteindre*) Action d'éteindre ; résultat de cette action.

ÉTEIGNEUR, EUSE, n. m. et n. f. [etɛɲœr, øz] ou [etenjœr, øz] (*éteindre*) Celui, celle qui éteint, au propre et au figuré.

ÉTEIGNOIR, n. m. [etɛɲwar] ou [etenjwar] (*éteindre*) Petit ustensile creux en forme de cône qui sert à éteindre la chandelle. ◆ Fam. Celui ou ce qui éteint le sentiment, les lumières, les progrès.

ÉTEINDRE, v. tr. [etɛ̃dr] (lat. *extinguere,* éteindre, faire disparaître) Étouffer le feu, en arrêter l'activité, l'action. *Éteindre un incendie.* ◆ Il se dit aussi de ce qui est allumé. *Éteindre la bougie.* ◆ Fig. *Éteindre les lumières,* empêcher le développement des sciences, de l'instruction, etc. ◆ *Éteindre la chaux,* mettre de la chaux vive en contact avec de l'eau pour former un hydrate de chaux. ◆ **Poétiq.** *Éteindre la clarté des yeux,* rendre aveugle. ◆ **Milit.** *Éteindre le feu,* faire cesser le feu de l'artillerie ennemie par une artillerie supérieure. ◆ *Éteindre la vie,* faire mourir. ◆ *Éteindre une famille, une race,* n'en laisser subsister aucun membre pour la continuer [1]. ◆ Calmer, en parlant de tout ce qui est comparé à un feu, à une flamme, à un incendie. *Éteindre l'ardeur de la fièvre.* « *Éteindre sa soif dans un clair ruisseau* », FÉNELON. ◆ Détruire, faire disparaître. « *L'indifférence éteint en quelque sorte la volonté* », BOSSUET. ◆ *Éteindre une rente, une dette,* la rembourser, la payer. ◆ **Peint.** Adoucir, affaiblir. *Éteindre les lumières d'un tableau.* ◆ Il se dit, en un sens analogue, de l'éclat qui s'efface. *La tristesse a éteint l'éclat de ses yeux.* ◆ S'éteindre., v. pr. Cesser de brûler. *Le feu, la bougie s'éteint.* ◆ Il se dit des maisons, des dignités qui finissent faute d'héritiers. ◆ Avec suppression du pronom personnel. « *Le jour qui de leurs rois vit éteindre la race* », RACINE. ◆ Cesser d'exister, être détruit. ◆ Mourir doucement. ◆ Se dit en parlant du jour qui finit. Expirer, en parlant de la voix. **V. tr.** *Éteindre un appareil électrique,* en arrêter le fonctionnement. ◆ Par extens. et fam. *Éteindre la lumière, l'eau.* ◆ **V. pr.** S'éteindre, rendre l'âme. *Elle s'est éteinte la semaine dernière.* ■ REM. 1 : Appliquée aux humains, la notion de race ne repose sur aucun fondement scientifique et a une connotation raciste.

ÉTEINT, EINTE, p. p. d'éteindre. [etɛ̃, ɛ̃t] *Homme éteint,* homme dont les facultés sont amorties soit par les fatigues, soit par l'âge. ◆ *Une voix éteinte,* une voix si faible qu'on peut à peine l'entendre. ■ Qui a perdu tout éclat, toute vivacité. *Un regard éteint.* ◆ *Volcan éteint,* qui n'a plus d'activité en surface.

ÉTEMPERCHE, ■ n. f. [etãpɛrʃ] Voy. ÉTAMPERCHE.

ÉTENDAGE, n. m. [etãdaʒ] (*étendre*) Assemblage de cordes tendues pour y étendre des objets à sécher. ◆ Lieu où est l'étendage. ■ Action d'étendre dans le but de faire sécher. *L'étendage des draps.* ■ **Suisse** Lieu où le linge est étendu.

ÉTENDARD, n. m. [etãdar] (anc. b. frq. *standhard,* stable, fixe, parce que l'étendard était souvent planté en terre pendant la bataille) Toute sorte d'enseigne de guerre. ◆ Aujourd'hui, *étendard* se dit des enseignes de la cavalerie. ◆ Fig. *L'étendard,* le parti sous lequel on se range. ◆ *Suivre les étendards, se ranger sous les étendards, combattre sous les étendards de,* etc. embrasser le parti de..., s'attacher à... ◆ *Lever l'étendard,* se déclarer chef d'un parti, d'une faction. ◆ *Lever, arborer l'étendard de la révolte,* se révolter. ◆ *Lever l'étendard,* pratiquer avec ostentation quelque chose. « *On peut être homme de bien sans lever l'étendard* », MASSILLON.

ÉTENDERIE, ■ n. f. [etãd(ə)ri] (*étendre*) **Techn.** Four destiné à refroidir le verre puis à le recuire. *Déposé un ruban de verre sur l'étenderie.*

ÉTENDOIR, n. m. [etãdwar] (*étendre*) Long liteau en bois, surmonté par un bout d'une traverse qui sert à porter et à étendre sur des cordes les feuilles imprimées sortant de la presse. ◆ Endroit où l'on étend ce qu'on veut faire sécher. ◆ Perche sur laquelle les blanchisseuses étendent le linge.

ÉTENDRE, v. tr. [etãdr] (lat. *extendere*) Donner à une chose plus de surface. ◆ *Étendre des troupes,* leur faire occuper plus de terrain, leur donner plus de front. ◆ Fig. et fam. Déployer en long et en large. *Étendre son manteau par terre pour se coucher.* ◆ *Étendre du linge,* le placer sur des cordes pour qu'il y sèche. ◆ *Étendre les bras, les jambes,* les allonger. ◆ Coucher de son long. *Étendre un blessé sur un lit.* ◆ Renverser à terre. *Étendre un homme sur le carreau,* le renverser mort par terre. ◆ Développer, amplifier. *Étendre un sujet.* ◆ *Étendre le sens, la signification d'un mot, les termes d'un arrêt,* lui attribuer un sens plus ample qu'il n'a. ◆ Augmenter, agrandir, prolonger. *Étendre son empire, sa domination, sa vie.* ◆ Fig. « *On n'étend l'esprit qu'en abrégeant ses idées* », MALEBRANCHE. ◆ Porter jusqu'à, faire aller jusqu'à. *Étendre sa gloire dans tout l'univers.* ◆ *Étendre ses soins sur toutes les parties de l'administration.* ◆ *Étendre la vue,* la porter sur un point éloigné. ◆ **Chim.** *Étendre de l'alcool,* y ajouter de l'eau et l'affaiblir de la sorte. ◆ On dit de même *étendre du vin avec de l'eau.* ◆ S'étendre, v. pr. Prendre plus de surface. ◆ Se déployer. ◆ Se coucher tout de son long. ◆ Être allongé. *Ses jambes s'étendaient sous la table.* ◆ Aller jusqu'à. « *Et sa bonté s'étend sur toute la nature* », RACINE. ◆ Occuper une certaine étendue. « *L'empire des Perses s'étendait jusqu'à l'Indus* », MONTESQUIEU. ◆ Par extens. *Sa réputation s'étend par toute l'Europe.* ◆ Fig. Prendre plus de portée, en parlant de l'esprit. *Ses idées se sont étendues.* ◆ Il se dit des personnes, en parlant de leurs propriétés. *Ce propriétaire s'est étendu de ce côté.* ◆ Il se dit de la vue, de la voix. *La vue s'étend très loin.* ◆ Embrasser, être applicable à. *Cette règle s'étend à tout.* ◆ *S'étendre sur quelque sujet,* le traiter avec développement. ◆ Se dit d'une armée qui pousse au loin ses corps, ses partis. ◆ Durer. *La vie ordinaire ne s'étend pas au-delà de soixante-dix ans.* ◆ Appliquer quelque chose en couche liée sur une surface. *Étendre de la peinture pour éviter les coulures.* ◆ Fam. Recaler quelqu'un à un examen. *Il s'est fait étendre à l'oral.*

ÉTENDU, UE, p. p. d'étendre. [etãdy] Vaste, grand. ◆ Fig. *Nos devoirs sont fort étendus.* ◆ Qui saisit par l'intelligence beaucoup d'objets. *Un esprit étendu.* ◆ Qui a de l'extension. *Ce terme est très étendu.* ◆ **Phys.** Qui jouit de la propriété de la matière dite étendue. ◆ **Chim.** À quoi on a ajouté de l'eau. ■ Qui est totalement déployé. *Les bras étendus vers le haut.* ■ Disposé sur une corde tendue, pour sécher. *Jouer à cache-cache entre les draps étendus.*

ÉTENDUE, n. f. [etãdy] (lat. *extendita,* de *extendere,* étendre) L'espace étendu devant nos yeux, sous nos pas. ◆ Propriété générale de la matière, qui fait qu'elle occupe une certaine portion de l'espace. ◆ Se dit aussi de chaque dimension. *L'étendue d'une ligne, d'une surface.* ◆ Superficie. *Un parc d'une grande étendue.* ◆ Durée. ◆ Portée, en parlant de la vue, de la voix. ◆ **Mus.** Distance entre le son le plus grave et le son le plus aigu, ou somme de tous les sons propres à une voix, à un instrument. ◆ Fig. Ce qu'une chose embrasse. *L'étendue d'un engagement.* ◆ **Gramm.** *Étendue des noms appellatifs,* l'ensemble des êtres auxquels ces noms peuvent convenir. *Le mot cheval a moins d'étendue que le mot quadrupède.* ◆ Développement, longueur. *L'étendue d'un discours.* ◆ *Étendue d'esprit,* la faculté de comprendre un grand nombre d'objets sans les confondre. ■ **Philos.** Aptitude d'un corps à occuper une partie de l'espace. ■ Fig. *L'étendue d'une catastrophe,* son amplitude, son importance.

ÉTERNEL, ELLE, adj. [etɛrnɛl] (b. lat. *æternalis,* du lat. *æternus,* de *ævus,* durée) Qui n'a pas eu de commencement et n'aura point de fin. *Dieu est éternel.* ◆ *Une vérité éternelle,* une vérité immuable. ◆ Qui n'aura point de fin. *Le bonheur éternel du paradis.* ◆ *La ville éternelle,* Rome. ◆ **Poétiq.** *Le sommeil éternel,* la mort. ◆ **Par extens.** Dont on ne peut prévoir la fin, fixer le terme. ◆ *Un éternel adieu,* adieu que se font des personnes qui ne doivent plus se revoir. ◆ Qui semble ne devoir pas finir, qui fatigue, qui ennuie. *Une plainte éternelle. Un causeur éternel.* ◆ N. m. Dieu. « *L'Éternel est son nom, le monde est son ouvrage* », RACINE. ◆ En cet emploi on met un É majuscule. ■ Qui est toujours associé à quelque chose ou à quelqu'un. *Il a encore mis son éternel manteau râpé.*

ÉTERNELLE, n. f. [etɛrnɛl] (*éternel*) Plante. Voy. IMMORTELLE.

ÉTERNELLEMENT, adv. [etɛrnɛl(ə)mã] (*éternel*) D'une façon éternelle. *Dieu existe éternellement.* ◆ Sans fin. *Le bonheur des élus durera éternellement.* ◆ Sans cesse, continuellement. *Resterez-vous là éternellement ?*

ÉTERNISÉ, ÉE, p. p. d'éterniser. [etɛrnize]

ÉTERNISER, v. tr. [etɛʀnize] (lat. *æternus*) Faire durer sans fin. *Éterniser son nom, son pouvoir.* ♦ Donner une gloire sans fin. ♦ Prolonger indéfiniment, traîner en longueur. *Éterniser un procès, la guerre, etc.* ♦ **S'éterniser**, v. pr. Se donner une durée sans fin. ♦ Se perpétuer. *Les abus s'éternisent.* ♦ Se donner une renommée éternelle. ♦ **Fam.** Rester longtemps, trop longtemps quelque part.

ÉTERNITÉ, n. f. [etɛʀnite] (lat. *æternitas*) Durée qui n'a ni commencement ni fin. *L'éternité de Dieu.* ♦ *De toute éternité, dans l'éternité,* d'après le dessein éternellement le même de Dieu. *Son heure était marquée de toute éternité.* ♦ *De toute éternité* signifie aussi de temps immémorial. ♦ Temps qui n'aura point de fin. *L'éternité des peines.* ♦ *L'éternité bienheureuse,* le bonheur sans fin des élus. *L'éternité malheureuse,* le malheur sans fin des damnés. ♦ Au pl. *Éternités,* l'éternité passée et l'éternité à venir. « *Notre existence se trouve entre deux éternités »,* VOLTAIRE. ♦ Par exagération, un temps fort long. ♦ Mémoire éternelle. *Se promettre l'éternité.* ■ Laps de temps très long. *Ça fait une éternité que nous ne nous sommes vus.*

ÉTERNUE, n. f. [etɛʀny] (*éternuer*) Nom, chez les herboristes, de la ptarmique vulgaire.

ÉTERNUEMENT, n. m. [etɛʀnymɑ̃] (*éternuer*) Mouvement subit et convulsif du diaphragme, par suite duquel l'air est expiré brusquement par le nez et par la bouche. ■ REM. Graphie ancienne : *éternument.*

ÉTERNUER, v. intr. [etɛʀnɥe] ou [etɛʀnye] (lat. *sternuere*) Faire un éternuement. *Le tabac me fait éternuer.*

ÉTERNUEUR, EUSE, n. m. et n. f. [etɛʀnɥœʀ, øz] (*éternuer*) Celui, celle qui éternue fréquemment.

ÉTÉSIEN, adj. m. [etezjɛ̃] (gr. *etêsiai,* qui reviennent tous les ans, de *etos,* année) *Les vents étésiens,* vents du nord qui soufflent dans la Méditerranée après le lever de la canicule, pendant quarante jours environ.

ÉTÊTAGE, ■ n. m. [etetaʒ] Voy. ÉTÊTEMENT.

ÉTÊTÉ, ÉE, p. p. d'étêter. [etete] *Arbre étêté.* ♦ **Hérald.** Se dit des animaux représentés sans tête.

ÉTÊTEMENT ou **ÉTÊTAGE**, n. m. [etɛt(ə)mɑ̃] ou [etetaʒ] (*étêter*) Mode d'élagage qui consiste à retrancher les branches qui forment la tête d'un arbre.

ÉTÊTER, v. tr. [etete] (*é-* et *tête*) Couper la tête d'un arbre. *Étêter des saules.* ♦ Par anal. *Étêter un clou, etc.* ■ **Techn.** Ôter du pétrole sa partie la moins lourde.

ÉTEUF, n. m. [etœf] (frq. *stôt,* balle) ▷ Petite balle pour jouer à la longue paume. ♦ *Courir après son éteuf,* se donner beaucoup de peine pour ressaisir un avantage qui échappe. ♦ *Se renvoyer l'éteuf,* se rendre la pareille. ■ REM. On prononçait autrefois [etø] sans faire entendre le *f.* ◁

ÉTEULE, n. f. [etœl] (lat. *stipula*) Chaume qui reste sur place après la moisson faite. ■ REM. On disait aussi autrefois *esteuble.*

ÉTHANAL, ■ n. m. [etanal] (*éthane*) **Chim.** Aldéhyde fabriqué à partir de l'alcool éthylique et caractérisé par une forte odeur de pomme. *Des éthanals.*

ÉTHANE, ■ n. m. [etan] (*éthyle* et *-ane*) **Chim.** Gaz incolore et inodore qui a les propriétés des hydrocarbures et se transforme en éthylène ou en acétylène sous l'effet d'une forte température. *Mélangé à l'air, l'éthane explose facilement.*

ÉTHANOÏQUE, ■ adj. [etanoik] (*éthane*) **Chim.** *Acide éthanoïque,* acide acétique.

ÉTHANOL, ■ n. m. [etanɔl] (*éthan[e]* et *-ol*) Alcool résultant de la distillation de sucres fermentés. *Utilisation de l'éthanol comme solvant.*

ÉTHER, n. m. [etɛʀ] (lat. *æther,* gr. *aithêr,* partie supérieure de l'atmosphère, de *aithein,* brûler) Selon les Anciens, substance très subtile au-dessus de la sphère de l'air, qui était la matière du feu. ♦ Chez les Modernes, l'air le plus pur, celui qui est dans les régions supérieures de l'atmosphère. ♦ Par extens. Les espaces célestes. ♦ **Phys.** Fluide hypothétique, admis pour expliquer les phénomènes de la lumière et de la chaleur. ♦ **Chim.** Liquides très volatils qu'on obtient par la distillation d'un acide mêlé avec de l'alcool. *Éther sulfurique.*

ÉTHÉRÉ, ÉE, adj. [etere] (lat. *æthereus*) Qui est de la nature de l'éther, qui appartient à l'éther. ♦ *La voûte éthérée,* le ciel. ♦ *Les régions éthérées,* l'espace du ciel, et fig. les régions pures et sublimes de l'âme. ♦ **Fig.** Il se dit des sentiments très purs et très élevés. *Une piété éthérée.* ♦ **Chim.** Qui a les qualités ou les propriétés de l'éther. *Liqueur, odeur éthérée.*

ÉTHÉRIFICATION, n. f. [eterifikasjɔ̃] (*éthérifier*) Conversion en éther.

ÉTHÉRIFIER, v. tr. [eterifje] (*éther*) **Chim.** Convertir, transformer en éther.

ÉTHÉRIQUE, adj. m. [eterik] (*éther*) Se dit d'un acide produit par la combustion de l'alcool.

ÉTHÉRISATION, n. f. [eterizasjɔ̃] (*éthériser*) Action d'éthériser.

ÉTHÉRISER, v. tr. [eterize] (*éther*) **Chim.** Combiner avec l'éther. ♦ Plonger, en faisant respirer l'éther, dans un état où la personne perd tout sentiment d'elle-même.

ÉTHÉROMANIE, ■ n. f. [eteromani] (*éther* et *manie*) Usage de l'éther comme stupéfiant. ■ ÉTHÉROMANE, n. m. et n. f. [eteroman]

ÉTHIOPIEN, IENNE, ■ adj. [etjɔpjɛ̃, jɛn] (*Éthiopie*) Originaire ou typique d'Éthiopie. ■ N. m. Langue sémitique d'Éthiopie. ■ N. m. et n. f. *Un Éthiopien, une Éthiopienne.*

ÉTHIOPS, n. m. [etjɔps] (gr. *aithiops,* au visage brûlé) Nom donné à certains oxydes et à des sulfures métalliques, de couleur noire.

ÉTHIQUE, n. f. [etik] (gr. *êthikos,* qui concerne les mœurs) La science de la morale. ■ Adj. Qui appartient à la morale. *Préceptes éthiques.* ■ *Éthique médicale,* ensemble de principes moraux qui encadrent la pratique et la recherche médicale.

ETHMOÏDAL, ALE, adj. [ɛtmoidal] (*ethmoïde*) **Anat.** Qui appartient à l'ethmoïde. *Les os ethmoïdaux.*

ETHMOÏDE, adj. [ɛtmoid] (gr. *êthmos,* crible et *-oïde*) **Anat.** *Os ethmoïde* et n. m. *l'ethmoïde,* os du crâne dont la lame supérieure est criblée de petits trous, et qui concourt à former les cavités nasales.

ETHNARCHIE, n. f. [ɛtnaʀʃi] (gr. *ethnarkhia*) **Antiq.** Dignité d'ethnarque. ♦ Territoire possédé par un ethnarque.

ETHNARQUE, n. m. [ɛtnaʀk] (gr. *ethnarkhês,* de *ethnos,* peuple et *arkhein,* commander) **Antiq.** Celui qui commandait dans une province.

ETHNICISER, ■ v. tr. [ɛtnisize] (*ethnique*) Conférer une dimension ethnique à quelque chose. *Ethniciser les phénomènes de violence urbaine.* ■ ETHNICISATION, n. f. [ɛtnisizasjɔ̃]

ETHNICITÉ, ■ n. f. [ɛtnisite] (*ethnique*) Typicité ethnique d'un groupe de personnes ou de quelque chose en émanant. *Réactions qui tiennent de l'ethnicité.*

ETHNIE, ■ n. f. [ɛtni] (gr. *ethnos,* peuple) Groupe de personnes ayant en commun un héritage socioculturel et linguistique et partageant un même territoire. *Les différentes ethnies d'un même pays.*

ETHNIQUE, adj. [ɛtnik] (gr. *ethnikos,* de *ethnos,* peuple) ▷ Qui appartient au paganisme, dans le style des Pères de l'Église. ◁ ♦ **Gramm.** *Mot ethnique,* mot qui désigne l'habitant d'un certain pays. *Français est un mot ethnique.* ■ N. m. *L'ethnique,* la désignation qui caractérise un peuple. ♦ Propre à une ethnie ou des ethnies. *Une musique ethnique.* ♦ *Une population ethnique,* constituée de plusieurs ethnies. ■ *Purification ethnique,* appropriation d'un territoire par une ethnie au détriment d'une autre.

ETHNIQUEMENT, ■ adv. [ɛtnik(ə)mɑ̃] (*ethnique*) D'un point de vue ethnique. *Une nation ethniquement pure.*

ETHNO..., ■ [ɛtno] préfixe qui veut dire *peuple.*

ETHNOBIOLOGIE, ■ n. f. [ɛtnɔbjɔlɔʒi] (*ethno-* et *biologie*) Étude des liens et des rapports entre une population et les évènements biologiques auxquels elle est soumise. ■ ETHNOBIOLOGIQUE, adj. [ɛtnɔbjɔlɔʒik]

ETHNOBIOLOGISTE, ■ n. m. et n. f. [ɛtnɔbjɔlɔʒist] (*ethnobiologie*) Personne spécialisée en ethnobiologie.

ETHNOCENTRIQUE, ■ adj. [ɛtnɔsɑ̃tʀik] (*ethnocentrisme*) Relatif à l'ethnocentrisme. *Un nationalisme ethnocentrique.* « *Parti d'un point de vue sans doute ethnocentrique, l'anthropologie culturelle tend à s'en dégager actuellement »,* GURVITCH.

ETHNOCENTRISME, ■ n. m. [ɛtnɔsɑ̃tʀism] (*ethno-* et *anthropocentrisme*) Tendance à accorder la primauté aux valeurs du groupe auquel on appartient. *Le refus de l'ethnocentrisme et le respect des différentes cultures.*

ETHNOCIDE, ■ n. m. [ɛtnɔsid] (*ethno-* et *-cide*) Éradication de la culture d'une ethnie par une autre ethnie. ■ REM. Si le terme de *génocide* renvoie à la volonté d'extermination d'un groupe humain, celui d'*ethnocide* renvoie à la destruction de la culture de ce groupe.

ETHNOGENÈSE, ■ n. f. [ɛtnoʒənɛz] (*ethno-* et *genèse*) Théorie qui établit que la constitution d'une population résulte de l'association de plusieurs ethnies. *L'ethnogenèse des Celtes.*

ETHNOGRAPHE, ■ n. m. et n. f. [ɛtnograf] (*ethnographie*) Personne qui s'adonne à l'ethnographie.

ETHNOGRAPHIE, n. f. [ɛtnografi] (*ethno-* et *-graphie*) Science qui a pour objet l'étude et la description des divers peuples.

ETHNOGRAPHIQUE, adj. [ɛtnografik] (*ethnographie*) Relatif à l'ethnographie.

ETHNOLINGUISTE, ■ n. m. et n. f. [ɛtnolɛ̃gɥist] (*ethnolinguistique*) Chercheur spécialisé en ethnolinguistique.

ETHNOLINGUISTIQUE, ■ n. f. [ɛtnolɛ̃gɥistik] (*ethno-* et *linguistique*) Science qui a pour objet l'étude des langues en tant que moyen d'expression d'une culture, et plus spécialement des langues qui ne connaissent pas l'écriture. ■ **Adj.** *Une étude ethnolinguistique.*

ETHNOLOGIE, n. f. [ɛtnoloʒi] (*ethno-* et *-logie*) Traité sur l'origine et la distribution des peuples. ■ Étude des caractéristiques linguistiques, religieuses, sociales, politiques, économiques et historiques d'un peuple.

ETHNOLOGIQUE, adj. [ɛtnoloʒik] (*ethnologie*) Qui concerne l'ethnologie.

ETHNOLOGUE, n. m. et n. f. [ɛtnolɔg] (*ethnologie*) Personne qui s'occupe d'ethnologie. ■ **Rem.** On disait aussi autrefois *ethnologiste.*

ETHNOMÉTHODOLOGIE, ■ n. f. [ɛtnometodoloʒi] (*ethno-* et *méthodologie*) Étude de la société à travers les gestes quotidiens de la vie. « *J'utilise le terme ethnométhodologie pour parler de l'étude [...] des actions pratiques en tant que les accomplissements contingents en cours des pratiques techniques organisées de la vie quotidienne* », GARFINKEL.

ETHNOMUSICOLOGIE, ■ n. f. [ɛtnomyzikoloʒi] (*ethno-* et *musicologie*) Étude de la musique ethnique. ■ **ETHNOMUSICOLOGUE**, n. m. et n. f. [ɛtnomyzikolɔg]

ETHNONYME, ■ n. m. [ɛtnonim] (*ethno-* et *-onyme*) Mot dérivé d'un nom propre de lieu. *Japonaiserie est un ethnonyme.*

ETHNOPSYCHIATRIE, ■ n. f. [ɛtnopsikjatʀi] (*ethno-* et *psychiatrie*) Étude des rapports entre trouble psychique et ethnie. *L'ethnopsychiatrie est chargée de traiter les migrants et leurs enfants pour les aider à évoluer en gérant au mieux les conséquences sociales, judiciaires et scolaires de leur migration.* ■ ETHNOPSYCHIATRE, n. m. et n. f. [ɛtnopsikjatʀ]

ETHNOPSYCHOLOGIE, ■ n. f. [ɛtnopsikoloʒi] (*ethno-* et *psychologie*) Étude des caractéristiques psychiques des membres d'une ethnie. ■ ETHNOPSYCHOLOGUE, n. m. et n. f. [ɛtnopsikolɔg]

ÉTHOGRAMME, ■ n. m. [etogʀam] (*étho-* et *gramme*) Ensemble des caractéristiques comportementales spécifiques d'une espèce animale. *L'éthogramme du comportement reproducteur chez le chien.*

ÉTHOLOGIE, n. f. [etoloʒi] (*étho-* et *-logie*) Discours ou traité sur les mœurs et les manières. ■ Étude du comportement des espèces animales dans leur milieu naturel.

ÉTHOLOGIQUE, adj. [etoloʒik] (*éthologie*) Qui appartient à l'éthologie.

ÉTHOLOGUE, n. m. et n. f. [etolɔg] (*éthologie*) Personne qui s'occupe d'éthologie.

ÉTHOPÉE, n. f. [etope] (gr. *êthopoïïa*, de *êthos*, mœurs, et *poiein*, décrire) Peinture des mœurs et des passions humaines.

ÉTHOS, n. m. [etos] (gr. *êthos*, mœurs) Voy. ITHOS, qui est le même mot selon la prononciation des Grecs modernes. **Anthrop.** Ensemble des comportements spécifiques des individus d'une même société. « *C'est l'éthos de la danse contemporaine* », L'EXPRESS.

ÉTHUSE, ■ n. f. [etyz] Voy. ÆTHUSE.

ÉTHYLE, n. m. [etil] (*éth[er]* et *-yle*) **Chim.** Composé qu'on obtient en décomposant l'éther iodhydrique par le zinc.

ÉTHYLÈNE, ■ n. m. [etilɛn] (*éthyle*) **Chim.** Gaz incolore, d'odeur éthérée, émis par les fruits en cours de maturation ou dérivé du pétrole. *On utilise l'éthylène dans la fabrication de matières plastiques.*

ÉTHYLÉNIQUE, ■ adj. [etilenik] (*éthylène*) **Chim.** Dont la structure compte une double liaison typique de l'éthylène et des hydrocarbures.

ÉTHYLIQUE, ■ adj. [etilik] (*éthyle*) **Chim.** Qui contient le radical éthyle. ■ *Alcool éthylique*, éthanol. ■ **Méd.** Provoqué par une trop forte consommation d'alcool. *Coma éthylique.* ■ N. m. et n. f. **Méd.** Personne souffrant d'éthylisme.

ÉTHYLISME, ■ n. m. [etilism] (*éthylique*) **Méd.** Intoxication due à une consommation excessive d'alcool.

ÉTHYLOTEST ou **ÉTHYLOMÈTRE**, ■ n. m. [etilotɛst, etilomɛtʀ] (*éthyle* et *test* ou *-mètre*) Appareil permettant de définir le taux d'alcoolémie d'un individu.

ÉTIAGE, n. m. [etjaʒ] (*étier*) Le plus grand abaissement des eaux d'une rivière. *L'étiage est marqué par un zéro.*

ÉTIER, n. m. [etje] (lat. *æstuarium*) Fossé par lequel on fait entrer l'eau de mer dans les marais salants.

ÉTINCELAGE, ■ n. m. [etɛ̃s(ə)laʒ] (*étinceler*) **Chir.** Utilisation d'un courant électrique pour détruire un tissu malade. ■ **Méc.** Utilisation d'étincelles électriques pour abraser. *Soudage par étincelage.*

ÉTINCELANT, ANTE, adj. [etɛ̃s(ə)lɑ̃, ɑ̃t] (*étinceler*) Qui étincelle. ♦ **Fig.** *Des yeux étincelants. Les yeux étincelants de joie.* ♦ **Fig.** Qui jette un vif éclat,

en parlant de ce qui brille moralement, littérairement. *Des vers étincelants de beauté.*

ÉTINCELÉ, ÉE, adj. [etɛ̃s(ə)le] **Hérald.** Semé d'étincelles.

ÉTINCELER, v. intr. [etɛ̃s(ə)le] (*étincelle*) Jeter des étincelles. ♦ Se dit de ce qui brille comme si des étincelles en sortaient. *Les étoiles étincellent.* ♦ **Par extens.** *Le regard, l'œil étincelle*, il devient brillant. ♦ *Les passions étincellent par* ou *dans les yeux.* ♦ **Fig.** Avoir d'éclatantes beautés, en parlant des ouvrages d'esprit. ♦ On peut dire aussi que les beautés étincellent dans un ouvrage. ♦ Il se dit même des personnes. « *Malgré son fatras obscur, Souvent Brébeuf étincelle* », BOILEAU.

ÉTINCELLE, n. f. [etɛ̃sɛl] (lat. *scintilla*) Parcelle en ignition et lumineuse qui se détache d'un corps qui brûle ou d'un corps qu'on a choqué. ♦ **Fig.** *L'étincelle divine qui anime l'homme, l'âme, l'intelligence.* ♦ **Fig.** Ce qui est comparé à une étincelle qui met le feu ou à une étincelle qui jette une courte et vive lumière. *Une étincelle de courage. Des étincelles de génie.* ♦ **Phys.** *Étincelle électrique*, trait de lumière et de feu qui part soudain d'un corps électrisé, quand on en approche un autre. ■ **Fam.** *Faire des étincelles*, réussir brillamment quelque chose.

ÉTINCELLEMENT, n. m. [etɛ̃sɛl(ə)mɑ̃] (*étinceler*) Éclat de ce qui étincelle. ♦ Scintillation, en parlant des étoiles.

ÉTIOLÉ, ÉE, p. p. d'étioler. [etjole]

ÉTIOLEMENT, ■ n. m. [etjɔl(ə)mɑ̃] (*étioler*) **Bot.** État d'une plante qui, ayant crû dans un endroit obscur ou peu éclairé, n'a fourni que des pousses grêles, allongées, d'un blanc jaunâtre. ♦ **Méd.** Affaiblissement morbide qui survient chez les individus soustraits à l'influence de la lumière et d'un air pur et vif. ♦ **Fig.** *L'étiolement de l'esprit.*

ÉTIOLER, v. tr. [etjole] (*euteule*) **Bot.** Causer l'étiolement. ♦ **Méd.** Produire l'étiolement sur une personne. ♦ S'étioler, v. pr. Devenir étiolé. ♦ **Par extens.** *Un enfant qui s'étiole.* ♦ **Fig.** Il se dit du caractère, de l'intelligence, des grâces, de l'esprit, de la beauté, etc. ■ **Agric.** Étiolement volontaire de certaines cultures pour les faire blanchir. *L'étiolement des endives.*

ÉTIOLOGIE, n. f. [etjoloʒi] (gr. *aitiologia*, de *aitia*, cause, et *-logia*) **Philos.** Étude sur les causes des choses. ■ **Méd.** Études des causes des maux. ■ **Par extens.** L'ensemble des causes d'une maladie. ■ **Rem.** On écrivait aussi *aitiologie.*

ÉTIOLOGIQUE, adj. [etjoloʒik] (gr. *aitiologikos*) Qui a rapport à l'étiologie.

ÉTIOPATHIE, ■ n. f. [etjopati] (gr. *aitia*, cause, et *pathos*, affection) Médecine douce qui tente de trouver la source du mal pour la traiter par la manipulation. ■ **ÉTIOPATHE**, n. m. et n. f. [etjopat]

ÉTIQUE, adj. [etik] (le même que *hectique*) **Anc. méd.** Qui est dans l'étisie. ♦ *Fièvre étique*, fièvre habituelle qui amaigrit le corps. On dit aujourd'hui *hectique.* ♦ **Par extens.** Très maigre. *Corps, visage étique.*

ÉTIQUETAGE, ■ n. m. [etik(ə)taʒ] (*étiqueter*) Action de marquer d'une étiquette. *L'étiquetage des articles de la nouvelle collection.*

ÉTIQUETÉ, ÉE, p. p. d'étiqueter. [etik(ə)te]

ÉTIQUETER, v. tr. [etik(ə)te] (*étiquette*) Marquer d'une étiquette. *Étiqueter des papiers, des marchandises.* ■ **Fig.** Catégoriser quelqu'un en fonction de son origine, de son comportement ou de son appartenance à un parti ou un organisme.

ÉTIQUETEUR, EUSE, ■ n. m. et n. f. [etik(ə)tœr, øz] (*étiqueter*) Personne chargée de poser des étiquettes. ■ N. f. Machine servant à apposer des étiquettes. *Étiqueteuse de bureau.*

ÉTIQUETTE, n. f. [etikɛt] (pic. *estiquier*, enfoncer, ficher ; le sens aulique vient de l'esp. *etiqueta*) Petit écriteau qu'on met sur des objets pour reconnaître ce qu'ils sont. ♦ Autrefois, petit écriteau qu'on fixait sur un sac de procès, avec les noms du demandeur, du défendeur, du procureur, etc. ♦ **Fig.** *Juger, condamner sur l'étiquette du sac* ou simplement *sur l'étiquette*, prononcer à simple vue et sans examen. ♦ Cérémonial de cour. ♦ Formes cérémonieuses dont les particuliers usent entre eux. *Tenir à l'étiquette. Dîner d'étiquette.* ■ Désignation de quelqu'un en fonction de son origine ou de son appartenance à un parti ou un organisme. ■ *Sans étiquette*, sans couleur politique. ■ **Inform.** Série de caractères permettant d'identifier une groupe de données ou une séquence de programmation.

ÉTIRABLE, adj. [etiʀabl] (*étirer*) Qui peut être étiré.

ÉTIRAGE, n. m. [etiʀaʒ] (*étirer*) Action d'étirer un fil métallique. ♦ Allongement des barres d'un métal.

ÉTIRÉ, ÉE, p. p. d'étirer. [etiʀe]

ÉTIREMENT, ■ n. m. [etiʀ(ə)mɑ̃] (*étirer*) Action d'étirer, de s'étirer. *Étirement d'une photo avec un logiciel de traitement d'image.* ■ **Spécialt** Exercice physique consistant à faire travailler en douceur ses muscles. *Séance d'étirements.*

ÉTIRER, v. tr. [etiʀe] (1 *é-* et *tirer*) **Métall.** Étendre, allonger. *Étirer du fer.* ♦ S'étirer, v. pr. Être étiré. ♦ *Pop. S'étirer,* s'étendre les membres. ▪ Provoquer un étirement par traction.

ÉTIREUR, EUSE, ▪ n. m. et n. f. [etiʀœʀ, øz] (*étirer*) Personne spécialisée dans l'étirage. ▪ N. f. **Métall.** Machine à étirer le métal.

ÉTISIE, n. f. [etizi] (*étique*) Maladie qui amaigrit et fait fondre le corps. ♦ État d'émaciation extrême, résultant de quelque maladie chronique.

ÉTOC, ▪ n. m. [etɔk] (*estoc*) **Mar.** Crête de rocher proche de la côte qui n'apparaît qu'à marée basse et constitue un danger pour les bateaux. *Des étocs.*

ÉTOFFE, n. f. [etɔf] (*étoffer*) Nom général des tissus de soie, de laine et d'autres matières dont on fait des habits et des ameublements. ♦ **Fig.** *Ne pas épargner l'étoffe,* employer une plus grande quantité de matière qu'il ne fallait. ♦ *Tailler en pleine étoffe,* se donner ses coudées franches, prendre autant qu'on veut, faire ce qu'on veut. ♦ **Fig.** Matière, matériaux, sujet. « *L'étoffe me manque quelquefois pour remplir mes lettres* », Mme de Sévigné. ♦ Valeur et qualité des personnes et des choses. « *Un sot n'a pas assez d'étoffe pour être bon* », La Rochefoucauld. ♦ *Il y a en lui l'étoffe d'un grand écrivain,* il est capable de devenir grand écrivain. ♦ **Absol.** *Il y a de l'étoffe,* se dit de quelqu'un qui a de la valeur, de grandes dispositions. ♦ Condition, naissance. *Être de mince étoffe.* ♦ **Au pl.** Proprement le matériel d'une imprimerie, et par ext. l'intérêt que l'imprimeur en doit tirer et qu'il calcule en dehors des prix de composition, de mise en pages et de tirage, etc. ▪ Pièce d'acier utilisée en coutellerie pour façonner les parties non tranchantes. ▪ Alliage de plomb et d'étain utilisé pour façonner des tuyaux d'orgue. ▪ N. f. pl. **Impr.** Somme facturée par un imprimeur pour couvrir l'amortissement des ses machines.

ÉTOFFÉ, ÉE, p. p. d'étoffer. [etofe] **Fig.** *Un homme bien étoffé,* bien vêtu. *Maison bien étoffée,* bien meublée. ♦ Qui a du corps, de l'embonpoint. ♦ Qui a des qualités de force et d'ampleur. *Une voix de basse étoffée.*

ÉTOFFER, v. tr. [etofe] (frq. *stopfôn,* mettre, fourrer) Employer pour une chose toute l'étoffe, toute la matière nécessaire. ♦ Garnir de tout ce qui est nécessaire. *Étoffer un carrosse, un lit.* ♦ Conférer plus de matière ou de richesse à quelque chose. *Étoffer un texte.* ♦ S'étoffer, v. pr. Prendre de l'embonpoint, de la carrure. *Un enfant chétif qui s'étoffe au moment de l'adolescence.* ▪ **Fig.** Acquérir de l'importance, de l'expérience.

ÉTOILE, n. f. [etwal] (lat. *stella*) Primitivement et dans le langage ordinaire, tout astre, soit fixe, soit errant. ♦ **Fig.** Personne éminente ou chère. ♦ *L'étoile du matin, l'étoile du soir, l'étoile du berger,* la planète Vénus. ♦ *Étoile fixe* ou simplement *étoile,* astre fixe qui brille de sa lumière propre. *Chaque étoile fixe est un soleil comme le nôtre.* ♦ **Fam.** *Loger, coucher à la belle étoile,* coucher dehors, en plein air. ♦ *Faire voir à quelqu'un les étoiles en plein midi,* lui donner un grand coup sur les yeux, sur la tête, qui lui fait voir mille bluettes, et aussi lui en imposer, lui en faire accroire. ♦ *Étoiles tombantes, étoiles filantes,* petits corps que l'on voit pendant la nuit traverser l'air et s'éteindre presque aussitôt. ♦ **Fig.** Destinée, fortune, influence prétendue des astres. ♦ *Être né sous une heureuse, sous une fâcheuse étoile,* réussir, échouer en ce qu'on fait. ♦ *Lire dans les étoiles,* se dit des faiseurs d'horoscope. ♦ Ornement qui a quelque ressemblance avec une étoile. ♦ Insigne de décoration. ♦ *L'étoile des braves,* la croix de la Légion d'honneur. ♦ Fêlure en forme d'étoile faite à une bouteille, à une vitre, etc. ♦ **Impr.** Astérisque. ♦ **Vétér.** *Étoile en tête* ou simplement *étoile,* marque blanche au front du cheval et du bœuf. ♦ *Étoile de mer,* astérie. ♦ Point central où aboutissent plusieurs allées, qui forment comme autant de rayons d'étoile. ♦ **Fortif.** *Étoile* ou *fort à étoile,* ouvrage de fortification fait à angles saillants et qui a six pointes. ♦ *Étoile jaune,* marque distinctive constituée d'une étoile jaune en tissu que les nazis et le gouvernement de Vichy firent porter aux Juifs. ▪ Impact entouré de rayons sur une surface vitrée. *Une étoile sur un pare-brise.* ▪ Indice en forme d'étoile utilisé pour classifier les hôtels et restaurants. *Être invité dans un trois étoiles.* ▪ Récompense décernée aux skieurs apprenants et qui atteste de leur niveau d'acquisition. *Il a raté sa deuxième étoile.* ▪ Artiste célèbre. *Un gala de charité réunissant de nombreuses étoiles.* ▪ *Danseur, danseuse étoile,* danseur ou danseuse qui occupe le plus haut rang dans un corps de ballet.

ÉTOILÉ, ÉE, p. p. d'étoiler. [etwale] *Le séjour étoilé, la voûte étoilée,* le ciel. ♦ **Bot.** *Feuilles étoilées,* petites feuilles verticillées, fort étalées, disposées en rayons. ♦ *Chambre étoilée,* Juridiction exceptionnelle établie en Angleterre depuis Henri VII jusqu'à la fin du long parlement. ▪ Orné d'étoiles. *Du papier étoilé.* ▪ Organisé en rayons partant d'un centre. ▪ Qui laisse transparaître des fêlures ou des brisures ayant des formes d'étoiles. *Suite aux multiples jets de pierre dont ils avaient eu à souffrir, les vitraux étaient tout étoilés.* ▪ *La bannière étoilée,* le drapeau des États-Unis d'Amérique. ▪ **Géom.** *Polygone étoilé,* polygone à cinq branches qui a la forme d'une étoile.

ÉTOILEMENT, n. m. [etwal(ə)mã] (*étoiler*) Fêlure en étoile. ▪ Fait de s'étoiler. ▪ Disposition en étoile. *Étoilement d'une zone industrielle.*

ÉTOILER, v. tr. [etwale] (*étoile*) Garnir d'étoiles. ♦ Fêler en étoile. ♦ S'étoiler, v. pr. Se fêler en forme d'étoile.

ÉTOLE, n. f. [etɔl] (lat. *stola,* longue robe, du gr. *stolê,* vêtement) Ornement sacerdotal qui consiste dans une bande d'étoffe, chargée de trois croix et qui descend du cou jusqu'aux pieds. ▪ Large écharpe en fourrure portée sur les épaules.

ÉTONNAMMENT, adv. [etonamã] (*étonnant*) D'une manière étonnante.

ÉTONNANT, ANTE, adj. [etonã, ãt] (*étonner*) Qui frappe d'ébranlement moral. *Une étonnante nouvelle.* ♦ Qui étonne. *Un bonheur étonnant.* ♦ *Il est, il n'est pas étonnant que...* avec le verbe suivant au subjonctif, on doit, on ne doit pas être surpris que... ♦ **Fam.** *C'est un homme étonnant,* c'est un homme digne d'admiration, ou singulier.

ÉTONNÉ, ÉE, p. p. d'étonner. [etone] **Archit.** Se dit d'une voûte, d'une construction, d'une pierre qui a été ébranlée, lézardée par une commotion quelconque. ♦ Saisi par quelque chose d'inattendu, de singulier. *Un air étonné.* ♦ N. m. et n. f. *Jouer l'étonné,* faire comme si on était étonné.

ÉTONNEMENT, n. m. [eton(ə)mã] (*étonner*) ▷ Ébranlement, commotion. *Depuis sa chute, il lui est resté un étonnement du cerveau.* ◁ ♦ *Étonnement du sabot,* ébranlement occasionné dans le pied du cheval par un choc violent. ♦ **Fig.** Ébranlement moral. « *La colère de Dieu le tenait dans un profond étonnement* », Bossuet. ♦ Sensation morale causée par quelque chose d'extraordinaire, de singulier, d'inattendu. *Je suis dans l'étonnement de voir, etc.* ♦ **Au pl.** « *Dans ces étonnements dont mon âme est frappée* », P. Corneille. ♦ *Au grand étonnement de tout le monde,* tout le monde étant ébloui. ♦ Admiration. *Être ravi d'étonnement.* ♦ **Archit.** Action amenant à ce qu'une chose soit ébranlée, le résultat de cette action. *Étonnement des voûtes.* ▪ **Techn.** Ébréchure causée dans un diamant par un choc. ▪ **Techn.** Technique permettant l'éclatement des matières denses comme la pierre. *Étonnement par le feu.*

ÉTONNER, v. tr. [etone] (lat. pop. *extonare,* du lat. *adtonare* par chang. de préf.) ▷ Causer un ébranlement. *Le coup lui a étonné la tête.* ◁ ♦ Se dit du sabot d'un cheval qui se heurte violemment à quelque obstacle. *Ce cheval s'est étonné le pied.* ♦ *Étonner un diamant,* y faire une fêlure. ♦ **Fig.** Causer un ébranlement moral. « *Trop de vérité nous étonne* », Pascal. ♦ Causer, en qualité d'extraordinaire, de singulier, d'inattendu, une certaine sensation. *Les exploits de ce héros étonnent l'univers.* ♦ **Absol.** « *Ces œuvres marquaient le pouvoir de bien faire plutôt que la volonté d'étonner* », J.-J. Rousseau. ♦ S'étonner, v. pr. Se dit d'une voûte, lorsque, étant surchargée, elle paraît s'affaiblir par le poids. ♦ Ressentir un ébranlement moral, hésiter, s'effrayer. ♦ Trouver étrange, singulier. *Je m'étonne de vos manières.* ♦ On dit : *Ne pas s'étonner si ; Ne pas s'étonner de ce que ; S'étonner que,* avec le verbe suivant au subjonctif ; *S'étonner de,* avec le verbe à l'infinitif. ▪ **Impers.** *Étonner* peut revêtir une construction impersonnelle dans laquelle le verbe *étonner* sera suivi de la conjonction *que* qui, elle-même, impliquera l'usage du subjonctif pour le verbe lui succédant. *Il m'étonne qu'il ne soit pas présent.*

ÉTOUFFADE, n. f. [etufad] Voy. étouffée. **Rem.** On écrit auj. *estouffade.*

ÉTOUFFAGE, n. m. [etufaʒ] (*étouffer*) Action d'asphyxier les abeilles, la cochenille, les chrysalides des vers à soie, etc.

ÉTOUFFANT, ANTE, adj. [etufã, ãt] (*étouffer*) Qui fait qu'on étouffe, qu'on respire à peine. *Un air étouffant.* ▪ **Fig.** et par méton. Qui oppresse, qui ne met pas à l'aise. *Un climat de réunion étouffant.*

ÉTOUFFÉ, ÉE, p. p. d'étouffer. [etufe] *Endroit étouffé,* endroit où il y a peu d'air. ♦ *Rire étouffé,* le rire qui échappe à une personne s'efforçant de le retenir.

ÉTOUFFÉE, n. f. [etufe] (*étouffer*) Préparation de viandes cuites dans un vase bien fermé. *Perdrix à l'étouffée.*

ÉTOUFFEMENT, n. m. [etuf(ə)mã] (*étouffer*) Action d'étouffer. *L'étouffement d'un incendie.* ♦ **Fig.** *L'étouffement d'une révolte.* ♦ Difficulté à respirer. *J'ai des étouffements.*

ÉTOUFFER, v. tr. [etufe] (croisement de l'anc. fr. *estoper,* garnir d'étoupe, obstruer, avec l'*estofer,* rembourrer) Ôter la respiration en privant de communication avec l'air ou en comprimant. ♦ Par exagération, serrer fortement. ♦ **Fig.** *Étouffer quelqu'un,* le perdre, le faire périr. ♦ Ôter la communication avec l'air libre, et par là empêcher de brûler. *Étouffer un incendie, du charbon.* ♦ **Fig.** *Étouffer la révolte.* ♦ *Étouffer une affaire,* empêcher qu'elle n'éclate, qu'elle n'ait des suites. ♦ Priver les plantes de l'air nécessaire à leur végétation. ♦ **Fig.** « *Le prédicateur a étouffé le philosophe* », Voltaire. ♦ *Étouffer des sons,* les rendre moins éclatants. ♦ Ne pas laisser entendre. *Étouffer les cris d'un innocent.* ♦ *Étouffer la voix,* en empêcher l'émission. ♦ **Fig.** *Étouffer la voix de la nature.* ♦ Retenir sa voix, ses soupirs, etc. ♦ Supprimer, détruire. « *Il faut donc étouffer tous les sentiments de la nature* », Mme de Sévigné. « *On étouffe l'esprit des enfants sous un amas de connaissances inutiles* », Voltaire. ♦ V. intr. Avoir la respiration gênée par défaut d'air. ◆ **Fam.** *Étouffer de rire,* rire jusqu'à perdre la respiration. ◆ *Étouffer à force de manger,* avoir la respiration gênée parce que l'estomac est trop plein. ◆ *Étouffer de rage,* être si en colère qu'on en perd la respiration. ◆ **Fig.** « *J'étouffais dans l'univers, j'aurais voulu m'élancer dans l'infini* », J.-J. ROUSSEAU. ◆ *S'étouffer,* v. pr. Perdre la respiration. ◆ *S'étouffer,* se serrer les uns les autres dans une grande foule. ◆ Se faire périr l'un l'autre. ■ *Être étouffé,* n'être pas entendu. ■ **Mar.** *Étouffer une voile,* serrer une voile à l'aide de ses mains ou ses bras contre un mât ou une vergue afin qu'elle n'ait pas prise au vent. ■ **Cuis.** Cuire dans un récipient hermétiquement clos afin d'éviter toute évaporation.

ÉTOUFFEUR, EUSE, n. m. et n. f. [etufœr, øz] (*étouffer*) Celui, celle qui étouffe, au sens actif. ◆ Nom vulgaire du boa.

ÉTOUFFOIR, n. m. [etufwar] (*étouffer*) Espèce de boîte en tôle, dont on se sert pour éteindre la braise. ◆ **Fig.** Pièce chaude et sans air. ◆ Petits tampons de drap qui retombent sur les cordes d'un piano, et en étouffent le son aussitôt que le doigt cesse de presser la touche. ■ **Fam.** Pièce dans laquelle on éprouve des difficultés à respirer. *Cette chambre est un véritable étouffoir.*

ÉTOUPAGE, n. m. [etupaʒ] (*étouper*) Action d'étouper ; ce qui étoupe.

ÉTOUPE, n. f. [etup] (lat. *stuppa*) Partie la plus grossière de la filasse. ◆ **Fig.** *Mettre le feu aux étoupes,* exciter à la sédition, aux querelles, aux procès, à satisfaire quelque passion. ◆ On dit de même : *Le feu prend aux étoupes.* ■ **Fig.** *Avoir les cheveux en étoupe,* avoir les cheveux touffus et emmêlés.

ÉTOUPÉ, ÉE, p. p. d'étouper. [etupe]

ÉTOUPEMENT, n. m. [etup(ə)mã] Action d'étouper ; résultat de cette action.

ÉTOUPER, v. tr. [etupe] (*étoupe*) Boucher, remplir avec de l'étoupe. *Étouper un bateau, les fentes d'un tonneau.* ◆ *S'étouper les oreilles,* se les remplir de coton.

ÉTOUPILLE, n. f. [etupij] (dim. d'*étoupe*) Sorte de mèche inflammable qui sert d'amorce au canon. ■ Dispositif d'amorçage d'une charge. *Explosion d'un mine par une étoupille.*

ÉTOUPILLER, ■ v. tr. [etupije] (*étoupille*) Adjoindre une étoupille. *Étoupiller des mèches.*

ÉTOUPILLON, n. m. [etupijõ] (*étoupe*) Mèche d'étoupe suiffée qu'on met dans la lumière du canon pour garantir la charge contre l'humidité. ■ Étoupille de petite taille.

ÉTOURDERIE, n. f. [eturdəri] (*étourdi*) Caractère, acte d'étourdi.

1 ÉTOURDI, IE, p. p. d'étourdir. [eturdi]

2 ÉTOURDI, IE, adj. [eturdi] Qui agit sans réflexion, sans prêter attention. ◆ *Être étourdi comme un hanneton,* comme le premier coup de matines, être fort étourdi. ◆ Il se dit aussi des choses. *Une action étourdie.* ■ N. m. et n. f. *L'étourdi ne calcule rien. Une étourdie.* ◆ À L'ÉTOURDIE, loc. adv. Étourdiment.

ÉTOURDIMENT, adv. [eturdimã] (*étourdi*) D'une façon étourdie.

ÉTOURDIR, v. tr. [eturdir] (lat. pop. *exturdire,* de *turdus,* grive [ivre de raisin]) Causer dans le cerveau un ébranlement qui en trouble et en suspend les fonctions. ◆ **Fig.** « *La pesanteur du coup souvent nous étourdit* », P. CORNEILLE. ◆ Il se dit de ce qui cause une sorte d'ivresse. *Quelques verres de vin l'étourdirent.* ◆ **Fig.** *Les honneurs l'ont étourdi.* ◆ **Absol.** *L'opium étourdit.* ◆ Fatiguer par le bruit. ◆ **Fam.** Importuner, fatiguer par du bavardage. ◆ On dit de même : *Étourdir les oreilles.* ◆ *Étourdir quelqu'un de quelque chose,* le lui répéter d'une manière fastidieuse. ◆ *Étourdir une douleur physique,* faire qu'elle soit moins sensible. ◆ *Étourdir une douleur morale,* faire que l'esprit en soit moins occupé. ◆ *Étourdir quelqu'un,* l'empêcher par toutes sortes de distractions de réfléchir. ◆ Causer étonnement, stupeur. ◆ *Étourdir la viande,* la cuire à demi. *Étourdir l'eau,* la chauffer légèrement. ◆ *S'étourdir,* v. pr. S'occuper follement. *Il s'étourdit de chimères.* ◆ Distraire son esprit de ce qui l'occupe, l'inquiète. ◆ *S'étourdir sur quelque chose,* y penser le moins possible, s'en distraire. ◆ *Chercher à s'étourdir,* chercher à étourdir sa douleur, à distraire son chagrin, ses inquiétudes, etc.

ÉTOURDISSANT, ANTE, adj. [eturdisã, ãt] (*étourdir*) Qui étourdit par son bruit. ◆ **Fig.** *Des fêtes étourdissantes. Une toilette étourdissante.* On dit aussi : *Elle était étourdissante de toilette.*

ÉTOURDISSEMENT, n. m. [eturdis(ə)mã] (*étourdissant*) Ébranlement causé par un coup violent ou par une forte commotion. ◆ État de trouble cérébral qu'on éprouve soit en montant sur un édifice élevé, soit en regardant dans un abîme, soit par une cause interne. *Avoir des étourdissements.* ◆ Trouble où nous jette un malheur subit, une mauvaise nouvelle. ◆ Action de s'étourdir sur... ◆ État qui fait tourner la tête par orgueil, vanité, etc. « *Il est bien difficile d'être aussi fortuné sans un peu d'étourdissement* », MARMONTEL. ■ Altération des perceptions qui peut se traduire par une perte momentanée de la conscience. *Être pris d'un étourdissement.* ■ Griserie résultant de la connaissance d'un fait, d'une action. *Dans l'étourdissement de la victoire, il oublia tout ce qu'il avait dû subir auparavant.*

ÉTOURNEAU, n. m. [eturno] (lat. *sturnus*) Sansonnet, de l'ordre des passereaux. ◆ **Fig.** Homme léger, inconsidéré. ◆ Cheval d'un poil gris jaunâtre. ◆ **Adj.** *Cheval étourneau.*

ÉTRANGE, adj. [etrãʒ] (lat. *extraneus,* étranger) ▷ Étranger. Vieilli en ce sens. « *Messire Jean, est-ce quelqu'un d'étrange ?* », LA FONTAINE. ◁ ◆ Qui est hors des conditions, des apparences communes. *Une résolution étrange.* « *Il n'est pas étrange de penser beaucoup et peu juste* », VAUVENARGUES. ◆ Il se dit aussi des personnes. *Il n'est pas si étrange que vous le dites.* ■ N. m. Ce qui est étrange. *L'étrange et l'insolite vont souvent de pair.*

ÉTRANGÉ, ÉE, p. p. d'étranger. [etrãʒe] Éloigné d'un pays.

ÉTRANGEMENT, adv. [etrãʒ(ə)mã] (*étrange*) D'une manière étrange. ■ ▷ Extrêmement, excessivement. *Il est étrangement soucieux de votre bien-être.* ◁

1 ÉTRANGER, ÈRE, adj. [etrãʒe, εr] (*étrange*) Qui est d'une autre nation, qui appartient, qui a rapport aux autres pays. *Les coutumes, les nations étrangères.* ◆ *Affaires étrangères,* relations d'un État avec les gouvernements étrangers. ◆ *Être étranger dans son pays,* ne pas en connaître les usages. ◆ **Par extens.** *Être étranger dans sa famille,* ne pas savoir les affaires de sa maison. ◆ *N'être étranger nulle part,* avoir ce qu'il faut pour ne se trouver embarrassé nulle part. ◆ Qui n'appartient pas à. « *On écarte tout cet attirail qui t'est étranger, pour pénétrer jusqu'à toi qui n'es qu'un fat* », LA BRUYÈRE. ◆ Avec quoi on n'a pas de rapport. « *Quel séjour étranger et pour vous et pour moi* », RACINE. ◆ Qui ne concerne pas. ◆ En parlant des personnes, qui n'est pas parent. ◆ Qui ne se mêle point d'une chose. *Il n'est pas étranger à cette affaire.* ◆ *Être étranger à une science,* n'en avoir aucune notion. ◆ Qui n'a point de liaison, d'intimité avec. *Nous sommes étrangers l'un à l'autre.* ◆ Qui n'a aucun rapport, aucune conformité avec l'objet dont on parle. *Une dissertation étrangère au sujet.* ◆ Qui n'est pas naturel ou propre à une personne ou à une chose. *Se montrer sous des dehors étrangers.* ◆ En parlant des choses, ignoré de. *Cette science m'est étrangère.* ◆ Ignoré, en parlant des sentiments. *La bienveillance lui est étrangère.* ◆ Qui est inconnu. *Vos traits ne me sont pas étrangers.* ◆ **Chim.** Qui n'est pas de même nature que le corps auquel il est uni, allié. *Métal purifié de tout corps étrangers.* ◆ **Chir.** *Corps étranger,* toute chose qui se trouve engagée contre nature dans les parties vivantes. ◆ N. m. Un peuple étranger. « *L'étranger est en fuite* », RACINE. ◆ Les pays étrangers. *Vivre, passer à l'étranger.* ◆ N. m. et n. f. *Étranger, étrangère,* une personne qui n'est pas du pays où elle se trouve. ◆ Celui, celle qui n'est pas d'une famille. ■ **Adj. Milit.** *Légion étrangère,* corps formé par les légionnaires.

2 ÉTRANGER, v. tr. [etrãʒe] (*étrange*) Faire éloigner d'un lieu, désaccoutumer d'y venir, en parlant d'animaux. *Étranger le gibier d'un pays.* ◆ **Fig.** et **fam.** Écarter, éloigner, en parlant des personnes. ◆ *S'étranger,* v. pr. S'éloigner, s'écarter. *Le gibier s'est étrangé de cette plaine.*

ÉTRANGETÉ, n. f. [etrãʒ(ə)te] (*étrange*) Caractère de ce qui est étrange. ■ Chose ou action étrange. *Cette sculpture est une étrangeté.* ■ **Phys.** Nombre quantique utilisé lors de l'explication du comportement des particules étranges et principalement de leurs interactions. *Étrangeté nulle.*

ÉTRANGLANT, ANTE, adj. [etrãglã, ãt] Qui accable, qui étonne. ◆ Qui coupe court à autre. « *C'est une raison étranglante* », MME DE SÉVIGNÉ.

ÉTRANGLÉ, ÉE, p. p. d'étrangler. [etrãgle] **Fig.** *Un pays étranglé entre deux armées.* ◆ *Voix étranglée,* voix identique à celle d'un homme qu'on étrangle. ◆ **Chir.** Qui a subi l'étranglement, la constriction. *Hernie étranglée.* ◆ Qui est resserré dans quelque partie de sa longueur. *Le corps de la guêpe est étranglé par le milieu.* ◆ Qui manque de développement ◆ *Habit étranglé,* habit trop étroit.

ÉTRANGLEMENT, n. m. [etrãgləmã] (*étrangler*) Action d'étrangler ; état de celui qui est étranglé. ◆ **Chir.** Toute constriction exercée sur une partie quelconque de manière à y suspendre la circulation. *Étranglement des hernies.* ◆ État de ce qui est étranglé, rétréci en certains points. ■ **Fig.** Acte entrepris afin d'entraver la bonne marche d'une chose ou d'y mettre un terme. *L'étranglement des indépendances.* ■ **Sp.** Au judo, à la lutte, prise d'immobilisation portée au cou de l'adversaire qui l'étranglerait s'il tentait de s'en défaire.

ÉTRANGLER, v. tr. [etrãgle] (lat. *strangulare*) Faire perdre la respiration ou la vie en pressant le gosier avec force ou en l'obstruant. ◆ Par exagération. *Étrangler quelqu'un,* le maltraiter, le châtier. ◆ **Fig.** *J'ai un mot qui m'étrangle,* c'est-à-dire je ne puis m'empêcher de le dire. ◆ **Fam.** Causer la ruine. ◆ Ne pas donner à une chose la largeur nécessaire. *Étrangler un corridor.* ◆ Ne pas donner à un sujet l'étendue et les développements qu'il exige. ◆ *Étrangler une affaire,* l'expédier trop promptement et sans l'avoir bien examinée. ◆ **V. intr.** Éprouver ce qu'on éprouve quand quelqu'un nous étrangle. ✦ *Étrangler de soif*, avoir grande soif. ✦ *S'étrangler*, v. pr. S'ôter la vie par étranglement. ✦ Se prendre réciproquement à la gorge. ✦ Se faire mal à la gorge. *S'étrangler à force de crier.* ✦ *S'étrangler*, avaler de travers. ■ V. tr. Mar. *Étrangler une voile*, étouffer une voile.

ÉTRANGLEUR, EUSE, ■ n. m. et n. f. [etʀɑ̃glœʀ, øz] (*étrangler*) Personne qui étrangle sa victime. *Ce meurtrier est un étrangleur.* ■ **Fig.** *Des mains d'étrangleur*, des mains robustes et fortes. ■ **Adj.** *Collier étrangleur*, qui se resserre autour du cou du chien pour le retenir. ■ **N. m. Techn.** Système régulant le débit de gaz dans le carburateur d'un véhicule.

ÉTRANGUILLON, n. m. [etʀɑ̃gijɔ̃] (*étrangler*) Angine qui attaque le bœuf et le cheval. ✦ *Poire d'étranguillon*, espèce de poire très âpre.

ÉTRAPE, n. f. [etʀap] (*étraper*) Petite faucille qui sert à couper le chaume.

ÉTRAPÉ, ÉE, p. p. d'étraper. [etʀape]

ÉTRAPER, v. tr. [etʀape] (anc. fr. *estreper* déraciner, du lat. *exstirpare*) Couper le chaume avec l'étrape.

ÉTRAVE, n. f. [etʀav] (anc. nord. *stafn*) Nom des pièces de bois courbes qui forment la proue du vaisseau.

1 ÊTRE, v. intr. [etʀ] (lat. *esse, fui* et *stare*) Sert en général à lier l'attribut au sujet, à indiquer l'existence de l'attribut dans le sujet, à attribuer à quelqu'un ou à quelque chose une qualité, un état, etc. ✦ Avec suppression de l'attribut, avoir l'existence réelle. « *Que l'homme considère ce qu'il est* », PASCAL. ✦ Se dit aussi d'une existence purement idéale. « *Où la vertu n'est point, la liberté n'est pas* », DUCIS. ✦ *Cela n'est pas*, cela n'est pas vrai, réel. *Cela sera*, cela arrivera. ✦ *Vous n'étiez pas encore au monde*, ou simplement *vous n'étiez pas encore*, vous n'étiez pas encore né. ✦ En poésie et dans le style élevé, *n'être plus*, avoir cessé de vivre. ✦ Le prétérit *fut* ou impers. *il fut* se dit pour signifier que quelque chose a cessé d'exister. « *Il fut des Juifs, il fut une insolente race¹* », RACINE. ✦ *Être* se dit quelquefois pour exprimer la réalité, par opposition à l'apparence. « *Il faut être, si l'on veut paraître* », Mme DE SÉVIGNÉ. ✦ Se trouver en un lieu. *Soyez là.* ✦ **Fig.** *Être ailleurs*, ne pas prêter son attention. ✦ *Être* est construit avec certains adverbes et avec des locutions adverbiales. *Être bien, être mal avec quelqu'un*, être avec quelqu'un dans de bons, dans de mauvais rapports. *Être bien, être mal*, se porter bien, se porter mal. ✦ *Être*, construit avec la préposition *à*, exprime en particulier l'appartenance, la dépendance. *Cette maison est à moi.* ✦ *Être à...*, être lié par les nœuds du mariage ; être au service de. ✦ *Je suis tout à vous*, tout disposé à faire ce qui vous sera agréable. ✦ *Il n'est plus à lui*, se dit d'un homme dont l'esprit est dans une agitation extrême. ✦ On dit dans un sens analogue : *N'être plus soi-même.* ✦ *Être à*, se dit aussi de la situation, du temps, de l'occupation, etc. *Le malade est à l'agonie. Il est à son travail.* ✦ *Être à*, se dit en mathématiques des rapports et des proportions. *2 est à 4 comme 8 à 16.* ✦ *Être à quelque chose*, y être occupé, y prêter attention. *Être à*, suivi d'un infinitif, être occupé à. ✦ **Fam.** *Il est toujours à se plaindre.* ✦ *Être à plaindre, à blâmer*, être digne de pitié, de blâme. ✦ *Cela est à vendre, à louer*, on veut vendre, on veut louer cela. ✦ **Impers.** *Il est à croire, à désirer*, etc. on doit croire, désirer, etc. ✦ *Être*, construit avec la préposition *de*, indique le rapport de l'effet à la cause, l'origine, l'extraction. *Cette tragédie est de Corneille. Ces figues sont du Levant.* ✦ *Être de*, exprime la profession, la condition, la matière, l'occupation, la participation, la manière d'être, etc. ✦ **Généal.** *Être du trois au quatre, du cinq au quatre avec quelqu'un*, avoir un bisaïeul, un trisaïeul commun. ✦ *Être*, construit avec la particule *en*, exprime le point où l'on est parvenu dans un travail, une affaire, et quelquefois l'état où l'on est réduit. *Où en êtes-vous de votre ouvrage? Où en est l'affaire?* ✦ *Il ne sait où il en est*, il est troublé au point qu'il ne sait plus ce qu'il fait. ✦ *En être*, être de la partie, de l'affaire, etc. *J'en suis pour ma peine, pour mon argent*, j'ai perdu ma peine, mon argent. ✦ *Être sur, pointiller sur...* « *En être avec moi sur le plus ou sur le moins* », LA BRUYÈRE. ✦ *En être*, se dit du résultat, des conséquences d'une chose. ✦ *Il en est de, il n'en est pas de*, exprime ou nie la similitude, la conformité. ✦ *Être*, construit avec la particule *y*. *Y être*, être chez soi. *Je n'y suis pour rien*, je n'ai pris aucune part à la chose dont il s'agit, ou je n'y suis pas compromis. *Vous n'y êtes pas*, vous ne comprenez pas. *Il n'y est plus*, il ne fait plus attention, il est dérouté. ✦ *Être* se construit avec différentes prépositions, *après, avec, pour, sous, selon, sur.* ✦ *Être que de, être de*, être à la place de ; ne se dit qu'avec les conjonctions *si* ou *quand. Quand je serais de vous, je ne le ferais pas davantage. Il s'étais que de vous, je saurais, etc.* ✦ **Impers.** *Il est, il y a*, on le trouve. *Il est des hommes que la résistance anime.* ✦ *Un coquin s'il en est, un coquin s'il en fut*, se dit pour exprimer qu'un homme est aussi coquin qu'il est possible. ✦ *Il en est de,...* il est au pouvoir de... ✦ *Est-il*, signifiant il est certain, ne s'emploie que dans des phrases construites ainsi : *Toujours est-il ; or est-il.* ✦ *Il est midi, trois heures*, c'est l'heure actuelle est midi, trois heures. *Il est jour. Il est nuit. Il n'est que de...*, c'est-à-dire le mieux est de... ✦ *Il n'est pas que...* avec *ne* et le verbe suivant au subjonctif. « *Il n'est pas que vous ne sachiez quelques nouvelles de cette affaire* », MOLIÈRE. ✦ *Être*, construit avec *ce* antécédent, Voy. CE. ✦ *C'est... que*, avec un substantif. *C'est une plate*

composition que cette comédie. ✦ *Est-ce que* se dit pour interroger. ✦ *C'est à vous de...*, il vous appartient de. ✦ *Ce n'est pas que...* avec l'indicatif ou avec le subjonctif précédé de *ne*, c.-à-d. après tout. ✦ *Ce que c'est que de...*, c.-à-d. à quoi abouti..., voilà le sort. ✦ *Voilà ce que c'est*, voilà en quoi consiste la chose. ✦ *C'est-à-dire*, Voy. DIRE. ✦ *Soit!* expression elliptique d'assentiment. *Vous le voulez ; soit!* ✦ *Ainsi soit-il*, formule qui termine certaines prières. ✦ Expression de souhait. « *Sois-je du ciel écrasé, si je mens!* », MOLIÈRE. ✦ SOIT, conj. Voy. SOIT. ✦ **Ellipt.** *N'était, n'eût été*, si ce n'était, si ce n'eût été. ✦ *Fût-il...* quand même il serait... ✦ *Ne fut-ce... que*, quand ce ne serait même il serait... ✦ *Ne fût-ce... que*, quand ce ne serait que... ✦ *Cela étant*, vu que la chose est ainsi. ✦ *Étant* ou *en étant*, dans une construction absolue, c'est-à-dire ne se rapportant ni au sujet ni au régime de la phrase. « *Vous ne pouvez différer, étant important de ne vous pas arrêter davantage* », BOSSUET. ✦ *Être* s'emploie comme auxiliaire des verbes passifs, d'un grand nombre de verbes neutres et de tous les verbes réfléchis. ✦ *Être* aux temps passés se dit pour *aller*, quand on est allé dans un lieu et qu'on en est revenu. *Il a été à Rome* exprime qu'il est revenu. C'est abusivement qu'on l'emploie en d'autres circonstances ; cependant, dans l'usage vulgaire, on se sert souvent de *je fus* et *j'ai été* au sens d'*aller* avec un infinitif suivant. « *À peine ai-je été les voir trois ou quatre fois* », PASCAL. « *Je fus retrouver mon janséniste* », PASCAL. « *Elle fut au-devant d'elle les bras ouverts* », Mme DE SÉVIGNÉ. ✦ **Prov.** *On ne peut pas être et avoir été*, on ne peut être vieux et jeune tout ensemble. ■ REM. 1 : Propos à connotation raciste mis par Racine dans la bouche d'Aman, personnage de sa pièce *Esther* (1689).

2 ÊTRE, n. m. [etʀ] (emploi subst. de 1 *être*) État, existence, qualité de ce qui est. « *Si notre être n'est rien, tout ce que nous bâtissons dessus que peut-il être?* », BOSSUET. ✦ *Le non-être*, le néant, l'anéantissement. ✦ Ce qui est. « *Moi néant, moi ombre de l'être, je vois Celui qui est* », FÉNELON. ✦ *Être suprême*, l'être au-dessus de tout. ✦ **Absol.** *L'Être suprême*, l'Être des êtres, Dieu. ✦ Quand *Être* signifie Dieu, on met un Ê majuscule. ✦ *La science de l'être*, l'ontologie. ✦ Tout ce qui existe, considéré comme ayant l'existence d'une façon quelconque. *Les êtres vivants.* ✦ *Être pensant*, l'être doué de la pensée. ✦ *Être de raison*, ce qui n'existe que dans l'imagination ou dans la conception. ✦ Une personne. *Un pauvre petit être.* ✦ Personne, avec une signification de dénigrement. *Quel être insupportable!* ✦ Vie, naissance. *Donner l'être.* « *Vous ignorez son nom et ceux dont il tient l'être* », MOLIÈRE. ✦ Ce qui constitue la nature, le fond d'une chose, le caractère d'un être vivant. « *C'est donc la pensée qui fait l'être de l'homme* », PASCAL. ✦ *Un nouvel être*, nouveaux sentiments, nouvelles forces, nouvelles ardeurs. *J'ai pris un nouvel être.* ✦ La réalité. *Préférer l'être au paraître.* ✦ *Manière d'être*, condition, position dans le monde. ■ N. m. pl. *Les êtres*, Voy. ÊTRES.

3 ÊTRE, n. m. [etʀ] (lat. *stare*, se tenir debout) **Admin. forest.** S'emploie dans la locution : *À blanc être*, Syn. de à blanc-estoc.

ÉTRÉCI, IE, p. p. d'étrécir. [etʀesi] Rendu plus étroit.

ÉTRÉCIR, v. tr. [etʀesiʀ] (lat. pop. *strictiare*, de *strictus*, étroit) ▷ Rendre plus étroit. *Étrécir un habit.* ◁ Aujourd'hui, on dit plus souvent rétrécir. ✦ **Fig.** « *De peur que les peines n'étrécissent le cœur que Dieu veut dilater* », BOSSUET. ✦ *S'étrécir*, v. pr. Devenir plus étroit. ✦ **Fig.** Devenir plus intime. ✦ **Fig.** Devenir étroit, inhabile à comprendre. « *L'esprit s'étrécit à mesure que l'âme se corrompt* », J.-J. ROUSSEAU. ✦ **Équit.** *Étrécir un cheval*, l'entraîner petit à petit vers un espace moins grand que celui sur lequel il évoluait.

ÉTRÉCISSEMENT, n. m. [etʀesis(ə)mɑ̃] (*étrécir*) Action d'étrécir ; état de ce qui est étréci.

ÉTREINDRE, v. tr. [etʀɛ̃dʀ] (lat. *stringere*) Serrer fortement par un lien. ✦ Serrer, presser. ✦ **Fig.** Étreindre les nœuds d'une alliance, les resserrer. ✦ *S'étreindre*, v. pr. Se serrer l'un à l'autre. ✦ **Prov.** *Qui trop embrasse mal étreint*, il ne faut pas faire plusieurs entreprises à la fois. ■ **Fig.** Oppresser moralement ou sentimentalement. *Ce sentiment m'étreint.*

ÉTREINT, EINTE, p. p. d'étreindre. [etʀɛ̃, ɛ̃t]

ÉTREINTE, n. f. [etʀɛ̃t] (*étreindre*) Action par laquelle on étreint. *L'étreinte d'un nœud.* ✦ **Par extens.** Action de presser quelqu'un dans ses bras. *Une étreinte amoureuse.* ✦ Lien qui unit avec une grande force morale. « *D'un nœud sacré l'inviolable étreinte* », P. CORNEILLE. ✦ **Fig.** Douleur morale.

ÊTRE-LÀ, ■ n. m. inv. [etʀəla] (calque de l'all. *Dasein*) **Philos.** Selon Heidegger, l'essence humaine conçue comme découlant d'une conscience de l'existence. *Caractères ontologiques de l'être-là.*

ÉTRENNE, n. f. [etʀɛn] (lat. *strena*) Présent à l'occasion du premier jour de l'an. ✦ En ce sens, il s'emploie le plus souvent au pluriel. ✦ **Au sing.** Un cadeau. ✦ ▷ **Au sing.** Première vente que fait un marchand dans sa journée. ◁ ✦ Le premier usage qu'on fait d'une chose.

ÉTRENNÉ, ÉE, p. p. d'étrenner. [etʀene]

ÉTRENNER, v. tr. [etʀene] (*étrenne*) Donner des étrennes à quelqu'un. *Il a étrenné d'une poupée cette petite fille.* ✦ **Par extens.** Faire usage d'une chose pour la première fois. ✦ Être le premier qui achète à un marchand. ■ **V. intr.** Faire une première vente, en parlant des marchands. ■ ▷ **Fam.** Être victime d'un acte fâcheux. *Les syndicalistes sont montés au créneau et c'est moi qui suis étrenné.* ◁

ÊTRES, n. m. pl. [ɛtʀ] (lat. *extera*, ce qui est à l'extérieur) ▷ Les diverses parties d'une maison ; la distribution différente des pièces dont elle se compose. *Je sais les êtres, je vous conduirai.* ◁

ÉTRÉSILLON, n. m. [etʀesijɔ̃] (lat. *tendere*, tendre) Pièce de bois qu'on place en travers dans les tranchées des fondations. ◆ Étançon pour maintenir les terres dans une mine. ◆ Pièce de bois, qui sert d'arc-boutant.

ÉTRÉSILLONNÉ, ÉE, p. p. d'étrésillonner. [etʀesijɔne]

ÉTRÉSILLONNER, v. tr. [etʀesijɔne] (étrésillon) Soutenir avec des étrésillons.

ÉTRIER, n. m. [etʀije] (a. frq. *streup*) Anneau pendant de chaque côté d'une selle et servant à appuyer les pieds du cavalier. ◆ *Pied de l'étrier*, pied gauche. ◆ *Courir à franc étrier*, courir autant que le cheval peut aller. ◆ *Avoir toujours le pied à l'étrier*, être toujours en voyage, ou se tenir prêt à partir. ◆ *Avoir le pied à l'étrier*, être sur le point de partir, et fig. être en bonne voie de réussir. ◆ *Mettre le pied à l'étrier à quelqu'un*, l'introduire dans une carrière. ◆ *Perdre les étriers, vider les étriers*, être renversé de cheval, et fig. être déconcerté, perdre de son crédit. ◆ *Être ferme sur ses étriers*, être solide sur son cheval, et fig. être inébranlable dans sa manière de voir ; être dans une position cheval en tenant l'étrier, et fig. l'aider dans son entreprise. ◆ **Fam.** *Le coup de l'étrier*, le dernier coup qu'on boit, au moment de partir. ◆ **Chir.** Bandage pour le pied après la saignée. ◆ Barre de fer qui sert à soutenir une poutre. ▪ **Anat.** Osselet situé dans l'oreille moyenne.

ÉTRILLE, n. f. [etʀij] (lat. *strigilis*) Sorte de brosse en fer, employée dans le pansage des grands animaux domestiques et surtout des solipèdes. ◆ *Cela ne vaut pas le manche d'une étrille*, cela n'a aucune valeur. ▪ Petit crabe dont les pattes postérieures sont aplaties et la carapace recouverte de poils.

ÉTRILLÉ, ÉE, p. p. d'étriller. [etʀije]

ÉTRILLER, v. tr. [etʀije] (lat. pop. *strigiliare*) Nettoyer le poil d'un cheval avec l'étrille. ◆ **Fig.** et **fam.** *Étriller quelqu'un*, le battre, le malmener. ◆ Faire payer trop cher. *On l'a étrillé dans cet hôtel.* ◆ *Être étrillé*, faire de grosses pertes au jeu ou ailleurs, ou passer par quelque rude maladie.

ÉTRIPÉ, ÉE, p. p. d'étriper. [etʀipe]

ÉTRIPER, v. tr. [etʀipe] (é- et *tripe*) Ôter les tripes d'un animal. ◆ **Fam.** *Aller à étripe-cheval*, presser un cheval. ◆ S'étriper., v. pr. **Fam.** Se disputer violemment, en venir aux mains. *Ces deux mégères étaient sur le point de s'étriper quand les gendarmes sont arrivés.* ▪ **ÉTRIPAGE**, n. m. [etʀipaʒ]

ÉTRIQUÉ, ÉE, adj. [etʀike] (*étriquer*) Qui n'a pas l'ampleur suffisante. *Un habit étriqué.* ◆ **Fig.** *Une scène étriquée.* ▪ **N. m.** « *Les longueurs doivent être accourcies ; mais l'étriqué et l'étranglé détruit tout* », **Voltaire.**

ÉTRIQUER, v. tr. [etʀike] (néerl. *striken*, s'étendre) Rendre étriqué. ▪ En parlant d'un habit, serrer de trop. *Ce costume vous étrique.*

ÉTRIVIÈRE, n. f. [etʀivjɛʀ] (anc. fr. *estrief*, étrier ; Voy. ÉTRIER.) Courroie à laquelle est suspendu l'étrier. ◆ *Coup d'étrivière*, coup donné avec culté nouvelle, un nouveau retard. ◆ *Au pl. Coups d'étrivières*. Donner les étrivières. ◆ **Fig.** Mauvais traitement qui humilie ou déshonore. ◆ *S'en tirer avec les étrivières*, recevoir quelque dommage, perdre de l'argent.

ÉTROIT, OITE, adj. [etʀwa, wat] (lat. *strictus*) Qui a peu ou n'a pas assez de largeur. *Habit étroit. Rue étroite.* ◆ Resserré, restreint. *Vivre dans un cercle étroit.* ◆ *Des bornes étroites, d'étroites limites*, se dit de ce qui a peu d'extension, de ce qui est fort limité. ◆ *C'est un cerveau étroit, un esprit étroit*, c'est un homme de peu de capacité, un homme dont les idées ont peu d'étendue. ◆ Ce qui est sans portée, sans grandeur, sans générosité. *Une politique étroite.* ◆ Où manque l'aisance. *Une vie étroite.* ◆ Très uni, intime. *Un commerce étroit.* « *Ce sont deux arts qui ont une étroite liaison ensemble* », **Molière.** ◆ *Cœur étroit*, cœur qui n'a point d'expansion, de charité, de sensibilité. ◆ *Droit étroit*, droit rigoureusement conforme au texte de la loi, par opposition à droit par interprétation. ◆ *Prendre quelque chose dans le sens étroit*, l'interpréter selon toute la rigueur de la lettre. ◆ En termes de l'Écriture, *la voie étroite, le chemin étroit*, le chemin du salut, par opposition à la voie large, c'est-à-dire la perdition. ◆ À L'ÉTROIT, loc. adv. Dans un espace trop resserré. ◆ **Fig.** À la gêne. ◆ *Être à l'étroit, vivre à l'étroit*, n'avoir pas les commodités de la vie.

ÉTROITEMENT, adv. [etʀwat(ə)mɑ̃] (*étroit*) À l'endroit, dans un espace resserré. ◆ D'une manière étroite, serrée. *Ils se tenaient embrassés étroitement.* ◆ **Fig.** *Ils sont étroitement liés.* ◆ Rigoureusement, à la rigueur. *Observer étroitement le carême.* ◆ Avec une grande surveillance. *Garder étroitement un prisonnier.* ◆ En vertu d'une obligation étroite. *Il vous est expressément et étroitement ordonné de*, etc.

ÉTROITESSE, n. f. [etʀwatɛs] (*étroit*) Qualité de ce qui est étroit. *L'étroitesse d'un petit logement.* ◆ **Fig.** *L'étroitesse d'esprit.*

ÉTRON, n. m. [etʀɔ̃] (anc. frq. *strunt*) Très bas. Matière fécale, consistante et moulée. ◆ *Étron de Suisse*, petit cône fait avec de la poudre à canon mouillée et mise en pâte.

ÉTRONÇONNÉ, ÉE, p. p. d'étronçonner. [etʀɔ̃sɔne]

ÉTRONÇONNER, v. tr. [etʀɔ̃sɔne] (é- et *tronçon*) Couper fort bas la tête d'un arbre.

ÉTUDE, n. f. [etyd] (lat. *studium*) Application d'esprit pour apprendre ou approfondir les sciences, les lettres, les beaux-arts. ◆ Connaissances acquises. *Avoir de l'étude.* ◆ *N'avoir point d'étude, nulle étude, être sans étude*, n'avoir point fait les études littéraires qu'on fait d'ordinaire dans la jeunesse. ◆ **Au pl.** Les différents degrés de l'instruction classique. *Faire de bonnes études.* ◆ *Faire ses études, faire des études*, passer par les différents degrés d'instruction qui doivent former l'esprit de la jeunesse. ◆ **Théât.** Action d'apprendre par cœur un rôle. ◆ *Mettre une pièce à l'étude*, en commencer les répétitions. ◆ L'étude se dit de tout travail préparatoire. *L'étude d'une question. Les études d'un chemin de fer.* ◆ Un dessin ou un morceau de peinture, de sculpture, exécuté pour l'étude particulière d'un objet. *Une étude de paysage.* ◆ *Tête d'étude*, tête dessinée pour servir de modèle. ◆ **Mus.** Composition faite pour exercer doigté, au jeu d'un instrument. ◆ Soin particulier que l'on apporte à quelque chose. « *Ils emploient toute leur étude à chercher* », **Pascal.** « *Se faire une étude d'une bagatelle* », **Bossuet.** ◆ Prémédiation. « *Barbare avec étude* », **Voltaire.** ◆ « *Objet d'étude, de soin, Votre exemple est par tout une étude pour moi* », **P. Corneille.** ◆ En mauvaise part, affectation, recherche. *Évitez l'apprêt et l'étude.* ◆ *Étude*, titre d'ouvrage. *Études sur la musique ancienne.* ◆ Lieu où l'on réunit les élèves pour étudier leurs leçons et faire leurs devoirs. *Maître d'étude.* ◆ Le temps de ces exercices. *L'étude du soir.* ◆ Pièce où un notaire, un avoué, un huissier fait travailler ses clercs. ◆ Clientèle du notaire, de l'avoué, etc. *Acheter une étude.* ◆ *Être à l'étude*, être examiné en vue de prendre une décision. *La question sera à l'étude lors du prochain congrès.* ▪ *Étude de marché*, analyse des comportements humains menée selon des critères prédéfinis afin de comprendre le rapport que le consommateur établit à un produit et ce en vue d'en élargir la diffusion et la vente.

ÉTUDIANT, ANTE, n. m. et n. f. [etydjɑ̃, ɑ̃t] (*étudier*) Celui, celle qui étudie. ◆ Celui, celle qui étudie dans une université, une grande école. ▪ Adj. Qui a trait aux étudiants. *Les revendications étudiantes ont été prises en compte par le gouvernement.*

ÉTUDIÉ, ÉE, p. p. d'étudier. [etydje] **Fig.** « *Feignant des sentiments longtemps étudiés* », **Voltaire.** ◆ Fait, travaillé, fini avec soin. ◆ *Qui sent l'étude*, le travail. « *L'arrangement étudié des expressions* », **Massillon.** ◆ Affecté, sans naturel. *Des larmes étudiées. Cet homme est étudié.* ◆ **Comm.** *Prix étudiés*, prix fixés au plus juste.

ÉTUDIER, v. intr. [etydje] (lat. *studere*) Appliquer son esprit à l'étude des sciences, des lettres, etc. *Étudier en droit, en médecine.* ◆ *Faire étudier*, faire faire à un enfant le cours des classes. ◆ V. tr. S'appliquer à apprendre une science, un art, à comprendre un auteur, à bien connaître quelque chose. *Étudier les mathématiques, le grec.* ◆ Tâcher d'apprendre par cœur. *Étudier un rôle, ses leçons.* ◆ Méditer, préparer. *Étudier un discours, un compliment.* S'exercer sur un instrument de musique. ◆ *Étudier un projet, un plan*, en vérifier les moyens d'exécution et la dépense. ◆ *Étudier une draperie, une passe*, s'assurer de leur effet avant l'exécution définitive. ◆ Examiner attentivement. *Étudier les phénomènes de l'électricité.* ◆ Observer avec soin l'humeur, les habitudes, les inclinations des personnes. ◆ *Étudier un terrain*, en examiner les diverses parties pour l'objet qu'on se propose, et fig. chercher à connaître à fond les choses et les hommes. ◆ *Étudier le moment favorable*, l'épier afin de le saisir et d'en profiter. ◆ S'étudier, v. pr. Être étudié. Faire étude de soi-même. ◆ S'étudier avec à et le verbe à l'infinitif, s'appliquer, s'exercer. « *Il s'étudiait à reconnaître les talents* », **Fontenelle.** ▪ S'étudier, v. pr. Procéder à une analyse de soi-même. *Il passe le plus clair de son temps à s'étudier.* ▪ *S'étudier du coin de l'œil*, chercher à connaître quelque chose de l'autre afin d'en tirer profit. *Les boxeurs s'étudiaient du coin de l'œil avant le combat.*

ÉTUDIOLE, n. f. [etydjɔl] (dim. d'*étude*) Petit meuble à plusieurs tiroirs, qui se place sur une commode ou sur une table.

ÉTUI, n. m. [etɥi] (lat. *studium*, soin) Sorte de boîte disposée de la façon que les choses qu'on y veut placer y soient étroitement serrées. *Étui de chapeau* ou *à chapeau. Étui de mathématique*, boîte contenant des instruments de mathématique. ◆ Petit meuble de poche cylindrique où l'on enferme des aiguilles. ◆ **Fig.** Lieu étroit. *Le corps considéré comme un étui pour l'âme.* « *La nature a donné à mon âme un étui très faible et très mauvais* », **Voltaire.** ◆ **Abusiv.** *Étui* se dit pour gaine qui est le mot propre pour les choses tranchantes. ▪ *Étui de cartouche*, cylindre renfermant la charge explosive de la cartouche. ▪ *Étui à voiles*, enveloppe de toile dans lequel les voiles, après avoir été pliées, sont rangées.

ÉTUVAGE, n. m. [etyvaʒ] (*étuver*) Action d'étuver. ■ REM. On disait autrefois *étuvement*.

ÉTUVE, n. f. [etyv] (lat. vulg. *extupa*, pièce pour bains de vapeur) Lieu où l'on élève à volonté la température pour provoquer la transpiration. ♦ Par exagération. *Cette chambre est une étuve.* ♦ Lieu dont on élève artificiellement la température pour y faire dessécher différentes substances. ♦ Lieu échauffé dans lequel on transforme le vin en vinaigre. ■ ▷ Salle ou établissement dans lequel on prenait des bains. ◁ **Méd.** Système clos qui, par sa température maintenue constante, permet l'étude de phénomènes nécessitant ces conditions. *Dans un laboratoire, la culture de microbes se fait généralement dans des étuves.*

ÉTUVÉ, ÉE, p. p. d'étuver. [etyve]

ÉTUVÉE, n. f. [etyve] (*étuver*) Manière de cuire les aliments dans leur vapeur. *Mettre du veau à l'étuvée.* ♦ Mets ainsi préparé.

ÉTUVEMENT, ■ n. m. [etyv(ə)mɑ̃] (*étuver*) Voy. ÉTUVAGE.

ÉTUVER, v. tr. [etyve] (*étuve*) Mettre au four ou à l'étuve. ♦ **Cuis.** Faire une étuvée. ♦ Faire une lotion douce. *Étuver une plaie.* ♦ S'étuver, v. pr. Se faire une lotion. ■ ▷ V. tr. Baigner une personne dans de l'eau chaude. ◁ ■ S'étuver, v. pr. Se baigner dans de l'eau chaude. ■ ÉTUVEUR, EUSE, n. m. et n. f. [etyvœʀ, øz]

ÉTUVISTE, n. m. [etyvist] (*étuve*) Celui qui tient des étuves, des bains de vapeur. ♦ On dit aujourd'hui baigneur.

ÉTYMOLOGIE, n. f. [etimɔlɔʒi] (gr. *etumologia*, de *etumos*, vrai et *-logia*) Doctrine de la dérivation des mots par rapport à leurs racines, et de leur composition par rapport à leurs simples. ♦ Dérivation d'un mot par rapport à un autre qui est dit la racine. ■ Science qui étudie l'origine des mots d'une langue au travers des différentes évolutions de formes et de sens qu'ils ont connues. *Étymologie latine.* ■ Résultat de cette science pour un mot donné. *Chercher l'étymologie d'un mot.*

ÉTYMOLOGIQUE, adj. [etimɔlɔʒik] (lat. *etymologicus*) Qui concerne les étymologies. ■ Qui va dans le sens de l'étymologie, qui y est conforme. *Une définition étymologique.*

ÉTYMOLOGIQUEMENT, adv. [etimɔlɔʒik(ə)mɑ̃] (*étymologique*) D'après l'étymologie, selon les règles de l'étymologie.

ÉTYMOLOGISTE, n. m. et n. f. [etimɔlɔʒist] (*étymologie*) Celui, celle qui recherche les étymologies.

ÉTYMON, ■ n. m. [etimɔ̃] (gr. *etumon*, vrai sens) Forme attestée ou établie, ancienne ou récente, de laquelle est issu un mot. *Un étymon latin.*

EU, EUE, p. p. du verbe avoir. [y]

EUBACTÉRIE, ■ n. f. [øbakteʀi] (*eu-* et *bactérie*) **Biol.** Bactérie dite vraie, possédant une paroi rigide, et comptant une grande variété d'espèces. *Les eubactéries appartiennent au groupe des procaryotes.*

EUBAGE, n. m. [øbaʒ] (gr. *euagês*, pur, saint) Chez les Gaulois, classe qui, placée entre les druides et les bardes, avait pour principale occupation l'étude de l'astronomie, des choses naturelles et de la divination.

EUCALYPTUS, ■ n. m. [økaliptys] (mot lat., du gr. *eu*, bien, et *kaluptos*, couvert) Grand arbre des régions méditerranéennes et tropicales, aux feuilles gris-vert très odorantes. ■ Huile essentielle tirée de cet arbre. *Des bonbons à l'eucalyptus.* ■ REM. On prononce le *s*.

EUCARIDE, ■ n. m. [økaʀid] (*eu-* et gr. *karis*, squille, écrevisse de mer) **Zool.** Catégorie de crustacés dont la carapace est soudée à tous les segments du thorax. *Le homard est l'un des eucarides les plus célèbres.*

EUCARYOTE, ■ adj. [økaʀjɔt] (*eu-* et du gr. *karuon*, noyau) **Biol.** Se dit d'un organisme vivant dont les cellules possèdent un noyau isolé du cytoplasme par une membrane et qui contient de l'ADN. *Une cellule eucaryote.* ■ N. m. *Les eucaryotes s'opposent aux procaryotes.*

EUCHARISTIE, n. f. [økaʀisti] (*ch* se prononce *k*. gr. *eukharistia*, reconnaissance) Le sacrement du corps et du sang de Jésus-Christ sous les espèces du pain et du vin. *Exposer, porter l'eucharistie.*

EUCHARISTIQUE, adj. [økaʀistik] (*ch* se prononce *k*. gr. *eukharistikos*) Qui appartient à l'eucharistie. *Les espèces eucharistiques.*

EUCLIDIEN, IENNE, ■ adj. [øklidjɛ̃, jɛn] (*Euclide*, mathématicien grec de l'Antiquité) Fondé sur les postulats émis par Euclide. *Géométrie euclidienne.*

EUCOLOGE, n. m. [økɔlɔʒ] (gr. chrét. *eukhologion*, de *eukhê*, prière) Livre contenant l'office des dimanches et des principales fêtes de l'année. ■ **Relig.** Livre contenant des prières liturgiques.

EUCRASIE, n. f. [økʀazi] (gr. *eukrasia*) Bonne constitution du corps, juste tempérament des humeurs.

EUCRASIQUE, adj. [økʀazik] (*eucrasie*) Qui a rapport à l'eucrasie ; capable d'améliorer la crase humorale.

EUDÉMIS, ■ n. m. [ødemis] (lat. *eudemis*) **Zool.** Papillon dont la chenille, communément appelée *ver de la vigne,* est connue pour attaquer la vigne. *L'eudémis est un papillon nocturne.*

EUDÉMONISME, ■ n. m. [ødemɔnism] (gr. *eudaimonismos*) **Philos.** Doctrine considérant que la visée de toute action doit être le bonheur. *Selon l'eudémonisme, le bonheur est une valeur intellectuelle. Eudémonisme rationnel.*

EUDIOMÈTRE, n. f. [ødjɔmɛtʀ] (gr. *eudia*, beau temps et *-mètre*) Instrument consistant en un tube fort épais et employé à déterminer la proportion relative des gaz qui composent l'air atmosphérique ou tout autre mélange gazeux.

EUDIOMÉTRIE, n. f. [ødjɔmetʀi] (*eudiomètre*) Art d'analyser les gaz à l'aide de l'eudiomètre.

EUDIOMÉTRIQUE, adj. [ødjɔmetʀik] (*eudiométrie*) Qui a rapport à l'eudiométrie.

EUDISTE, ■ n. m. [ødist] (*saint Jean Eudes*, 1601-1680) Membre de la congrégation religieuse fondée par Jean Eudes dont la mission principale consiste en l'enseignement et la prédication. *Formation des séminaristes par les eudistes.*

EUFRAISE, ■ n. f. [øfʀɛz] Voy. EUPHRAISE.

EUGÉNISME, ■ n. m. [øʒenism] (angl. *eugenism,* du gr. *eu*, bien et *genos*, naissance) Ensemble des activités liées à la recherche de l'amélioration de l'espèce humaine. ■ EUGÉNIQUE, adj. [øʒenik] ■ EUGÉNISTE, n. m. et n. f. [øʒenist]

EUGLÈNE, ■ n. f. [øglɛn] (gr. *euglênos*, aux belles prunelles) **Biol.** Organisme unicellulaire flagellé et chlorophyllien vivant en eau douce. *Les euglènes peuvent vivre sans réaliser la photosynthèse.*

EUH !, interj. [ø] (Qui sert à marquer l'étonnement, l'appréhension, l'ennui, l'impatience, surtout quand elle est redoublée. ♦ On s'en sert encore en la redoublant pour se dispenser de répondre d'une manière positive.

EULOGIES, n. f. pl. [ølɔʒi] (gr. *eulogiai*) Nom, dans l'Église grecque, des restes brisés des espèces eucharistiques, distribués entre les fidèles non encore admis à la communion. ■ ▷ **Relig.** Bénédiction portée sur une chose. *Eulogies et prophéties.* ◁ ■ ▷ Par méton. Bénédiction du pain et du vin. ◁ ■ REM. Le mot s'emploie également au singulier.

EUMÉNIDE, ■ n. f. [ømenid] (gr. *Eumenis*, bienveillante, par antiphrase) **Mythol.** Furie et autre nom des Érinyes.

EUNECTE, ■ n. m. [ønɛkt] (*eu-* et du gr. *nêktos*, qui nage) Grand serpent constricteur également appelé anaconda. *L'eunecte est originaire d'Amérique du Sud.*

EUNUQUE, n. m. [ønyk] (gr. *eunoukhos*, gardien de la couche) Anciennement, chez les souverains de l'Asie et de l'Égypte, homme employé à la garde de la chambre des princes. ♦ Homme employé à la garde des femmes, particulièrement dans l'Orient. ■ Homme castré. ■ **Fig.** et **fam.** Homme peu viril.

EUPATOIRE, n. f. [øpatwaʀ] (gr. *eupatorion*) Genre de plantes de la famille des composées.

EUPATRIDE, ■ n. [øpatʀid] (gr. *eupatridês*, de naissance noble) **Antiq.** Noble d'Attique.

EUPHAUSIACÉ, ■ n. m. [øfozjase] (*eu-* et gr. *phausis*, lumière, éclat) Genre de crustacés pélagiques. *Les euphausiacés se caractérisent par des organes lumineux. Des crevettes du groupe des euphausiacés.*

EUPHÉMIQUE, adj. [øfemik] (*euphémisme*) Qui appartient à l'euphémisme.

EUPHÉMIQUEMENT, adv. [øfemik(ə)mɑ̃] (*euphémique*) Par euphémisme.

EUPHÉMISME, n. m. [øfemism] (gr. *euphêmismos*) Figure de rhétorique qui consiste dans l'adoucissement d'un mot dur.

EUPHONIE, n. f. [øfoni] (gr. *euphônia*) **Mus.** Son agréable d'une seule voix ou d'un seul instrument. ♦ **Gramm.** Ce qui rend la prononciation douce et coulante.

EUPHONIQUE, adj. [øfonik] (*euphonie*) Qui produit l'euphonie, qui se met par euphonie. ♦ *Lettre euphonique,* lettre employée pour adoucir la prononciation, comme l' *s* dans *vas-y.*

EUPHONIQUEMENT, adv. [øfonik(ə)mɑ̃] (*euphonique*) D'une manière euphonique.

EUPHORBE, n. f. [øfɔʀb] (lat. *euphorbia,* du gr. *euphorbos*, bien nourri) Genre de plantes à suc laiteux, âcre et caustique. ■ REM. Ce mot était autrefois masculin.

EUPHORBIACÉES, n. f. pl. [øfɔʀbjase] (lat. *euphorbia*) Famille de plantes à laquelle le genre euphorbe a donné son nom.

EUPHORIE, ■ n. f. [øfɔʀi] (gr. *euphoria*, force de porter) État de bien-être physique et moral s'accompagnant d'un sentiment de joie. *Être en pleine euphorie. Euphorie générale.* ■ Période de prospérité. *Euphorie financière.* ■ EUPHORIQUE, adj. [øfɔʀik]

EUPHORISANT, ANTE, ■ adj. [øfɔʀizɑ̃, ɑ̃t] (*euphoriser*) Qui suscite la joie et la bonne humeur. *Une ambiance euphorisante.* ■ N. m. Médicament dont l'absorption provoque un sentiment de bien-être. *Prescription d'un euphorisant en cas de dépression nerveuse.* ■ EUPHORISER, v. tr. [øfɔʀize]

EUPHOTIQUE, ■ adj. [øfɔtik] (gr. *eu* et *phôs*, génit. *phôtos*, lumière) **Écol.** Se dit de la surface d'une eau où la lumière du jour s'enfonce, permettant ainsi la réalisation de la photosynthèse. *Couche euphotique d'un océan.*

EUPHRAISE, n. f. [øfʀɛz] (gr. *euphrasia*, gaîté, de *eu*, bien, et *phrèn*, cœur) Plante employée autrefois contre les maladies des yeux. ■ REM. Graphie ancienne : *eufraise.*

EUPHUISME, ■ n. m. [øfɥism] (angl. *euphuism*) **Litt.** Style de langage affecté et précieux à la mode dans l'Angleterre élisabéthaine. « *L'euphuisme, maniérisme du style mis à la mode chez les Anglais par un roman de John Lyly,* Euphues *(1579)* », SALOMON.

EUPLECTELLE, ■ n. f. [øplɛktɛl] (gr. *euplektos*, bien tressé) Éponge de mer. *Squelette siliceux de l'euplectelle.*

EURAFRICAIN, AINE, ■ adj. [øʀafʀikɛ̃, ɛn] (*Europe* et *Afrique*) Qui a trait à la fois à l'Europe et à l'Afrique. *Une association eurafricaine.*

EURASIATIQUE, ■ adj. [øʀazjatik] (*Europe* et *Asie*) Qui a trait à l'Eurasie, l'ensemble géographique regroupant l'Asie et l'Europe. *Continent eurasiatique. Coopération économique eurasiatique.*

EURASIEN, IENNE, ■ n. m. et n. f. [øʀazjɛ̃, jɛn] (*Eurasie*) Métis issu de l'union de parents asiatiques et européens. *Une Eurasienne.* ■ Adj. Qui a trait à l'Eurasie. *Territoire eurasien.*

EURÊKA, ■ interj. [øʀeka] (mot gr. attribué à Archimède, j'ai trouvé) Employé pour dire que l'on vient juste de trouver la solution à un problème. *Eurêka ! J'ai trouvé !*

EURL, ■ n. f. [øɛʀɛl] (sigle de *entreprise unipersonnelle à responsabilité limitée*) SARL constituée d'un unique associé.

EURO, ■ n. m. [øʀo] (*Europe*) Unité monétaire en cours dans plusieurs pays de l'Union européenne (symbole €). *Un billet de vingt euros.* ■ *Centime d'euro,* division de l'euro valant un centième d'euro. ■ *Zone euro,* pays de l'Union européenne ayant adopté l'euro comme monnaie.

EUROBANQUE, ■ n. f. [øʀobɑ̃k] (*euro-* et *banque*) **Financ.** Banque dont l'activité repose sur les eurodevises. *Eurobanque internationale.*

EUROCENTRISME ou **EUROPÉOCENTRISME**, ■ n. m. [øʀosɑ̃tʀism] (*euro-* et *centre*) Tendance à considérer une situation uniquement du point de vue européen. *Eurocentrisme historique et culturel.*

EUROCRATE, ■ n. m. et n. f. [øʀokʀat] (*euro-* et de *bureaucrate*) **Fam.** et **péj.** Fonctionnaire travaillant pour une institution européenne. *Le pouvoir des eurocrates.*

EURODÉPUTÉ, ÉE, ■ n. m. et n. f. [øʀodepyte] (*euro-* et de *député*) Député siégeant au parlement européen. *Campagne d'un eurodéputé libéral.*

EURODEVISE, ■ n. f. [øʀodəviz] (*euro-* et de *devise*) **Financ.** Devise appartenant à des non-résidents et déposée dans une banque d'un pays différent du pays d'origine de la devise concernée. ■ REM. On dit aussi *euromonnaie.*

EURODOLLAR, ■ n. m. [øʀodɔlaʀ] (*euro-* et de *dollar*) **Financ.** Dollar américain détenu par un ressortissant d'un autre pays que les États-Unis. ■ **Financ.** Avoir libellé en dollars américains qu'un ressortissant des États-Unis possède dans une banque située hors de son pays, notamment dans une banque européenne. *L'accroissement des marchés en eurodollars.*

EUROMARCHÉ, ■ n. m. [øʀomaʀʃe] (*euro-* et de *marché*) **Financ.** Marché européen où circulent les capitaux. *Euromarché des eurodollars.*

EUROMISSILE, ■ n. m. [øʀomisil] (*euro-* et *missile*) Missile nucléaire de moyenne portée et de deuxième génération basé en Europe.

EUROMONNAIE, ■ n. f. [øʀomɔnɛ] (*euro-* et *monnaie*) Voy. EURODEVISE.

EUROPÉANISER, ■ v. tr. [øʀopeanize] (*européen*) Apporter des éléments de culture et de civilisation européenne à. *Européaniser un concept américain.* ■ Traiter au niveau de l'Union européenne. *Européaniser le réseau ferroviaire.* ■ EUROPÉANISATION, n. f. [øʀopeanizasjɔ̃]

EUROPÉEN, ÉENNE, adj. [øʀopeɛ̃, ɛɛn] (*Europe*) Qui appartient à l'Europe. ◆ N. m. et n. f. Habitant, habitante de l'Europe.

EUROPÉOCENTRISME, ■ n. m. [øʀopedosɑ̃tʀism] (*européen* et *centre*) Eurocentrisme.

EUROPIUM, ■ n. m. [øʀɔpjɔm] (*Europe*) **Chim.** Élément chimique de numéro atomique 63 et dont le symbole est Eu. *Diffusion thermique de l'europium.* ■ Métal gris clair appartenant à la famille des terres rares.

EUROSCEPTIQUE, ■ n. m. et n. f. [øʀosɛptik] (*euro-* et de *sceptique*) Personne ne croyant pas en l'utilité de l'Union européenne. ■ Qui relève de tous les caractères propres à l'eurosceptique. *Courant, presse eurosceptique.*

EURO STOXX 50, ■ n. m. inv. [øʀostɔkssɛ̃kɑ̃t] Indice boursier lancé en février 1998 couvrant l'Europe entière et établi sur la base des cinquante plus grandes valeurs européennes. *Des euro stoxx 50.*

EURYHALIN, INE, ■ adj. [øʀjalɛ̃, in] (gr. *eurus*, large et *hals*, sel) Capable, en milieu marin, de s'adapter à une grande variation de la salinité, en parlant d'un organisme. *Le bar est un poisson euryhalin.*

EURYTHERME, ■ adj. [øʀitɛʀm] (gr. *eurus*, large et *thermos*, chaud) **Zool.** Se dit d'un animal qui est capable de s'adapter à des variations de température sans que cela l'affecte. *Reptile eurytherme.*

EURYTHERMIE, ■ n. f. [øʀitɛʀmi] (*eurytherme*) **Zool.** Caractère d'un animal eurytherme. *Eurythermie de la sole.*

EURYTHMIE, n. f. [øʀitmi] (gr. *euruthmia*) Belle proportion, en parlant des parties d'un ouvrage d'architecture. ◆ **Peint.** Harmonie dans la composition. ◆ **Mus.** Heureux choix du rythme et du mouvement d'un morceau. ■ REM. Graphie ancienne : *eurhythmie.*

EURYTHMIQUE, adj. [øʀitmik] (*eurythmie*) Qui a un rythme régulier. ■ REM. Graphie ancienne : *eurhythmique.*

EUSKERA ou **EUSKÉRA**, ■ n. m. [øskeʀa] ou [øuʃkeʀa] (mot basque) Langue du Pays basque. ■ REM. On trouve aussi *euskara.*

EUSTACHE, n. m. [østaʃ] (*Eustache* Dubois, coutelier) ▷ Petit couteau grossier, à manche de bois. ◁

EUSTATIQUE, ■ adj. [østatik] (*eu-* et gr. *statikos*, qui concerne l'équilibre) Qui a trait à l'eustatisme. *Cycles, variations eustatiques.*

EUSTATISME, ■ n. m. [østatism] (*eustatique*) **Écol.** Variation du niveau des mers et des océans principalement due aux glaciations. *Le changement climatique a entraîné un eustatisme.*

EUSTHÉNOPTÉRON ou **EUSTHENOPTERON**, ■ n. m. [østenɔptɛʀɔ̃] (gr. *eusthenês*, vigoureux et *pteron*, nageoire) Poisson muni de puissantes nageoires et d'une structure osseuse, que l'on considère, dans certaines théories de l'évolution des espèces, comme l'ancêtre de l'homme. *L'eusthénoptéron est un poisson fossile.*

EUTECTIQUE, ■ adj. [øtɛktik] (gr. *eutêktos*, qui fond aisément) Qui a trait à l'eutexie. *Mélange eutectique.*

EUTEXIE, ■ n. f. [øtɛksi] (gr. *eutêxia*, propriété de se fondre aisément) **Chim.** Propriété de deux corps solides, qui mélangés dans une certaine proportion, peuvent fusionner à une température constante. *Point d'eutexie.*

EUTHANASIE, ■ n. f. [øtanazi] (gr. *euthanasia*, mort douce) Pratique consistant à provoquer la mort d'un malade incurable afin d'abréger ses souffrances. ■ *Euthanasie active,* par l'administration d'une substance mortelle. ■ *Euthanasie passive,* par l'interruption des soins. ■ Action de donner la mort à un animal de façon douce. *Euthanasie d'un chien agressif.* ■ **Par extens.** Éradication des individus considérés comme porteurs d'une tare. *Kubrick, dans le* Docteur Folamour, *dénonce les dérives extrémistes auxquelles peut conduire l'euthanasie.* ■ EUTHANASIER, v. tr. [øtanazje]

EUTHÉRIEN, ■ n. m. [øteʀjɛ̃] (*eu* et *thérion*, bête sauvage) **Biol.** Mammifère présentant un utérus dans lequel se fait la gestation par l'intermédiaire du placenta. *L'homme, comme beaucoup de mammifères, est un euthérien.*

EUTOCIE, ■ n. f. [øtɔsi] (gr. *eutokia*) **Méd.** Accouchement normal, sans complication. *Eutocie s'oppose à dystocie.*

EUTOCIQUE, ■ adj. [øtɔsik] (*eutocie*) **Méd.** En parlant d'un accouchement, qui se passe normalement, sans complication. *Grossesse, accouchement eutocique.*

EUTROPHISATION, ■ n. f. [øtʀɔfizasjɔ̃] (*eu-* et gr. *trophê*, nourriture) **Zool.** Enrichissement d'une eau en éléments nutritifs, véritable engrais pour les plantes aquatiques, qui conduit à leur prolifération, et qui, du fait de leur respiration, débouche sur un appauvrissement notable de la teneur en oxygène du milieu concerné. *L'eutrophisation naturelle d'un lac.*

EUX, m. pl. [ø] (lat. *illos*, accus. plur. du démonstr. *ille*) Masculin pluriel du pronom *il, lui*. S'emploie comme régime de préposition. *C'est à eux qu'il faut vous adresser.* ◆ *Eux* peut être complément direct du verbe quand ce verbe est sous-entendu. *Qui accusez-vous ? Eux, sans doute.* ◆ S'emploie comme sujet. *Nous voulons partir, eux prétendent rester.* ◆ **Fam.** *Eux autres,* ces gens-là dont on parle. ■ REM. En tant que complément direct et en tant que sujet, *eux* peut également être utilisé pour marquer l'insistance. *Quant à eux, ils ne perdent rien pour attendre. Ils ne font jamais la vaisselle, eux.*

ÉVACUANT, ANTE, adj. [evakyɑ̃, ɑ̃t] (*évacuer*) Qui détermine facilite des évacuations. *Remède évacuant.* ♦ N. m. *Un évacuant.*

ÉVACUATEUR, TRICE, ■ adj. [evakyatœr, tris] (*évacuer*) Qui permet d'évacuer. *Une ponction évacuatrice.* ■ N. m. *Évacuateur de crue,* dispositif dont l'ouverture des vannes permet de déverser les excédents d'eau.

ÉVACUATIF, IVE, adj. [evakyatif, iv] (*évacuation*) Syn. d'évacuant.

ÉVACUATION, n. f. [evakyasjɔ̃] (b. lat. *evacuatio*) Action de vider. *L'évacuation d'un hôpital.* ♦ Action de sortir d'une place, d'un pays qu'on occupait. ♦ Action de sortir d'un établissement. ♦ Sortie des matières excrémentielles, sécrétées ou exhalées, à travers un organe quelconque ouvert naturellement ou par l'art. ♦ Issue de matières par le haut ou par le bas. ♦ Les matières évacuées. ■ Action de déverser le liquide d'un lieu. *L'évacuation des eaux.* ■ **Milit.** Retrait des troupes d'un lieu occupé. *Tranchées d'évacuation.*

ÉVACUÉ, ÉE, p. p. d'évacuer. [evakye] ou [evakye]

ÉVACUER, v. tr. [evakye] ou [evakye] (lat. *evacuare*) **Milit.** Cesser d'occuper un lieu, un pays. ♦ On dit aussi : *Évacuer des troupes,* les faire sortir du lieu qu'elles occupent. ♦ Sortir d'un lieu quelconque. *Le public a évacué la salle.* ♦ Faire sortir du corps un liquide, une humeur. ♦ **Absol.** *Évacuer,* rendre beaucoup d'humeurs par le haut ou par le bas. ♦ S'évacuer, v. pr. Être évacué. ♦ Être chassé hors du corps. ■ Déverser un liquide d'un lieu. ■ *Évacuer une difficulté,* s'en débarrasser. ♦ *Évacuer un blessé,* le porter vers un lieu où il pourra être soigné. *Le conducteur est gravement blessé ; il faut l'évacuer d'urgence.*

ÉVADÉ, ÉE, p. p. d'évader. [evade] N. m. et n. f. *Les évadés. Une évadée.*

ÉVADER (S'), v. pr. [evade] (lat. *evadere*) S'échapper furtivement d'un lieu où l'on était retenu. ♦ Quitter un lieu sans être vu. ♦ Absol. et avec ellipse du pronom personnel. « *Ce n'est pas mon dessein qu'on me fasse évader* », P. Corneille. ♦ Fig. Se tirer d'embarras par une échappatoire. ■ Fuir par l'esprit.

ÉVAGATION, n. f. [evagasjɔ̃] (lat. *evagatio*) Ascét. Disposition qui fait que l'esprit se détache de l'objet auquel il devrait se fixer. *Les évagations de mon esprit.*

ÉVAGINATION, ■ n. f. [evaʒinasjɔ̃] (é- et lat. *vagina,* gaine) Méd. Pathologie caractérisée par la saillie d'un organe hors de son emplacement initial. *Évagination de l'intestin, du péritoine. Évagination ventrale.*

ÉVALUABLE, adj. [evalɥabl] (*évaluer*) Qui peut être évalué.

ÉVALUATIF, IVE, ■ adj. [evalɥatif, iv] (*évaluer*) Qui est porteur d'une évaluation. *Crédit évaluatif. Recherche évaluative.*

ÉVALUATION, n. f. [evalɥasjɔ̃] (*évaluer*) Action d'évaluer. ■ Résultat de cette action. ■ Examen, contrôle. *Dès l'école maternelle, commencent les évaluations.*

ÉVALUÉ, ÉE, p. p. d'évaluer. [evalɥe] ou [evalye]

ÉVALUER, v. tr. [evalɥe] ou [evalye] (é- et *value*) Estimer la valeur, le prix d'une chose. ♦ Fixer approximativement une quantité. *La durée du phénomène fut évaluée à cinq minutes.* ♦ S'évaluer, v. pr. Être évalué. ■ *Évaluer un élève,* le noter. *L'étudiant sera évalué pour son exposé.*

ÉVANESCENT, ENTE, ■ adj. [evanesɑ̃, ɑ̃t] (lat. *evanescens*) Qui tend à disparaître peu à peu. *Un parfum évanescent.* ♦ Fig. Qui apparaît de façon fugitive. *Des ombres évanescentes.* « *Bonheur : un mot fragile, évanescent, léger surtout* », Delerm. ♦ Flou. *Il essayait de se souvenir des personnages de son rêve, mais tout n'était plus que formes évanescentes.* ♦ Fig. Que l'on a du mal à comprendre, à saisir. *Un être évanescent.* ♦ ÉVANESCENCE, n. f. [evanesɑ̃s]

ÉVANGÉLIAIRE, n. m. [evɑ̃ʒeljɛr] (b. lat. *evangeliarium*) Livre qui contient les évangiles lus ou chantés à chaque messe.

ÉVANGÉLIQUE, adj. [evɑ̃ʒelik] (lat. chrét. *evangelicus*) Qui appartient, qui est conforme à l'Évangile. *Une vie évangélique. La loi évangélique.* ♦ Il se dit aussi des personnes. « *Des pauvres évangéliques contents de leur pauvreté* », Bourdaloue. ♦ Qui est de la religion protestante. *Ministre évangélique. Chapelle évangélique.* ♦ N. m. et n. f. *Les évangéliques.*

ÉVANGÉLIQUEMENT, adv. [evɑ̃ʒelik(ə)mɑ̃] (*évangélique*) D'une manière évangélique. *Vivre, prêcher évangéliquement.*

ÉVANGÉLISATION, n. f. [evɑ̃ʒelizasjɔ̃] (*évangéliser*) La prédication de l'Évangile ; ses effets.

ÉVANGÉLISÉ, ÉE, p. p. d'évangéliser. [evɑ̃ʒelize]

ÉVANGÉLISER, v. tr. [evɑ̃ʒelize] (lat. chrét. *evangelizare*) Prêcher l'Évangile afin de convertir au christianisme. *Saint Paul évangélisa les gentils.* ♦ **Absol.** *Saint François Xavier a évangélisé dans le Japon.*

ÉVANGÉLISME, n. m. [evɑ̃ʒelism] (*évangéliste*) Néol. Caractère des enseignements évangéliques. ■ Aspiration à vivre selon le mode traditionnel préconisé par les Évangiles. ■ **Rem.** N'est plus un néologisme aujourd'hui.

ÉVANGÉLISTE, n. m. [evɑ̃ʒelist] (lat. chrét. *evangelista*) Chacun des quatre saints qui ont écrit les Évangiles. ♦ Prédicateur en général. ♦ Chez les protestants, celui qui assiste le pasteur.

ÉVANGILE, n. m. [evɑ̃ʒil] (lat. chrét. *evangelium,* bonne nouvelle, du gr. *eu,* bien, et *aggellein,* annoncer) La loi, la doctrine de Jésus-Christ. ♦ Nom des livres qui contiennent la vie et la doctrine de Jésus-Christ. *L'Évangile selon saint Matthieu.* ♦ **Absol.** *L'Évangile,* le recueil des quatre Évangiles reconnus par l'Église. ♦ *Croire une chose comme l'Évangile,* la croire sans réserve. ♦ **Fam.** *Ce n'est pas mot d'Évangile,* c'est une chose qui mérite peu de foi. ♦ *Parole d'Évangile,* chose qui mérite toute confiance. ♦ La partie de l'Évangile qu'on lit à la messe. ♦ *Le côté de l'évangile,* le côté gauche de l'autel en entrant dans le chœur. ♦ *C'est l'évangile du jour,* se dit d'une chose nouvelle dont tout le monde s'entretient. ■ *Évangile* prend un *É* majuscule quand il s'agit de la loi de Jésus-Christ, des livres qui contiennent sa vie et du recueil de ces livres. Il prend un *é* minuscule quand il s'agit de la partie de l'Évangile que le prêtre dit.

ÉVANOUI, IE, p. p. de s'évanouir. [evanwi] ou [evanui]

ÉVANOUIR (S'), v. pr. [evanwir] ou [evanuir] (lat. *evanescere*) Disparaître sans laisser de trace. ♦ Avec suppression du pronom personnel, quand certains verbes, *voir, sentir, faire, etc.* précèdent. *Il sentit évanouir toute sa crainte.* ♦ *Faire évanouir,* faire disparaître. ♦ **Alg.** *Faire évanouir une inconnue,* la supprimer à l'aide d'une opération dans une équation. ♦ *S'évanouir,* perdre connaissance, tomber en faiblesse. ♦ *Faire évanouir,* causer une faiblesse, une perte de connaissance. ■ Cesser d'être, d'exister. *Cette race de dinosaure s'est évanouie il y a fort longtemps.*

ÉVANOUISSEMENT, n. m. [evanwis(ə)mɑ̃] ou [evanuis(ə)mɑ̃] (*évanouissant*) Action de disparaître sans laisser de trace. ♦ **Alg.** Disparition d'une quantité, d'un dénominateur. ♦ Syncope, perte de sentiment.

ÉVAPORABLE, adj. [evaporabl] (*évaporer*) Qui est susceptible de s'évaporer.

ÉVAPORATEUR, ■ n. m. [evaporatœr] (*évaporer*) Appareil servant à éliminer l'eau de certains produits par évaporation. ■ Appareil utilisant la vapeur des chaudières pour distiller l'eau de mer à bord d'un navire. *Évaporateur à sel marin.* ■ **Chim.** Appareil utilisé afin d'ôter ou de limiter la présence d'un composé volatile dans une solution. ■ Dans une installation frigorifique, appareil conduisant à l'évaporation du fluide frigorigène sous forme d'un gaz froid.

ÉVAPORATIF, IVE, adj. [evaporatif, iv] (*évaporer*) Qui tient à l'évaporation, qui en dépend ou la produit.

ÉVAPORATION, n. f. [evaporasjɔ̃] (lat. *evaporatio*) Passage d'un liquide à l'état de gaz. ♦ Ascension lente et graduelle dans l'air d'un liquide qui s'y répand sous la forme de fluide aériforme. ♦ Opération par laquelle on sépare le sel de l'eau qui le contient. ♦ ▷ Fig. Légèreté d'esprit. ◁ ■ Fig. Fait de diminuer de manière importante, de disparaître. *L'évaporation des effectifs.*

ÉVAPORATOIRE, adj. [evaporatwar] (*évaporer*) Phys. *Appareil évaporatoire,* appareil propre à favoriser l'évaporation.

ÉVAPORÉ, ÉE, p. p. d'évaporer. [evapore] Fig. Qui a de l'étourderie avec peu de réserve. ♦ Il se dit aussi des choses. *Des airs évaporés.* ♦ N. m. et n. f. *Un évaporé. Une évaporée.*

ÉVAPORER, v. tr. [evapore] (lat. *evaporare*) Résoudre en vapeur, en parlant des liquides. *Évaporer un liquide.* ♦ Fig. Donner issue, laisser s'exhaler. ♦ S'évaporer, v. pr. S'en aller en vapeurs. ♦ Avec suppression du pronom personnel. *Faire évaporer une liqueur.* ♦ Fig. Se répandre au-dehors, se faire jour. ♦ Absol. avec ellipse du pronom personnel. « *Laissons évaporer un peu sa bile émue* », Regnard. ♦ Se dissiper, se perdre. « *Au milieu des jeux et des assemblées où l'âme se dissipe et s'évapore ordinairement* », Fléchier. ♦ *Son esprit s'évapore,* il devient fou. ♦ ▷ Montrer de la légèreté dans ses discours, dans sa conduite. ◁ ■ Disparaître lentement. *Ses remords s'évaporaient peu à peu.* ■ **Fam.** Disparaître sans laisser la moindre trace. *Le suspect s'est littéralement évaporé.*

ÉVAPORITE, ■ n. f. [evaporit] (*évaporer*) Résidus, provenant d'une évaporation d'eau salée, qui se déposent dans un milieu ou une matière. *Évaporite de sel.*

ÉVAPOTRANSPIRATION, ■ n. f. [evapotrɑ̃spirasjɔ̃] (*évaporer* et *transpiration*) Bot. Processus d'évacuation par évaporation de l'eau contenue dans les plantes. *Évapotranspiration des arbres, des cultures, des sols.* ■ Ensemble de la quantité ainsi évaporée.

ÉVASÉ, ÉE, p. p. d'évaser. [evaze] *Verre évasé.* ♦ **Fam.** *Un nez évasé,* nez dont les narines sont très ouvertes.

ÉVASEMENT, n. m. [evaz(ə)mɑ̃] (*évaser*) Action d'évaser ; état de ce qui est évasé. *Évasement des arches d'un pont, d'une embrasure.*

ÉVASER, v. tr. [evaze] (*é-* et *vase*) Élargir un orifice, une ouverture. ◆ **Jard.** *Évaser un arbre,* lui faire prendre plus de circonférence. ◆ S'évaser, v. pr. Devenir évasé.

ÉVASIF, IVE, adj. [evazif, iv] (*évasion*) Qui sert à éluder. *Réponse évasive.*

ÉVASION, n. f. [evazjɔ̃] (lat. *evasio*) Action de s'évader. ◆ **Fig.** Moyens, arguments évasifs. ■ Fuite par l'esprit. *Devant la dure réalité, il manifeste un désir d'évasion.* ■ *Évasion des capitaux,* exportation à l'étranger de capitaux afin de ne pas être soumis aux taxations du pays d'origine. ■ *Évasion fiscale,* recherche de lieux qui bénéficient d'une fiscalité moins lourde que dans le pays d'origine pour y asseoir son siège social.

ÉVASIVEMENT, adv. [evaziv(ə)mɑ̃] (*évasif*) D'une manière évasive.

ÉVÊCHÉ, n. m. [eveʃe] (*évêque*) Territoire soumis à l'autorité spirituelle d'un évêque. ◆ La dignité épiscopale. ◆ Siège d'un évêché. ◆ Le palais épiscopal. ■ Habitat où réside l'évêque. *L'évêché, une bâtisse du XIXᵉ siècle, était sobre mais confortable.* ■ **Hist.** *Les Trois-Évêchés,* ensemble formé par les trois villes épiscopales de Metz, Toul et Verdun.

ÉVEIL, n. m. [evej] (*éveiller*) Avis donné à quelqu'un sur une chose qui l'intéresse et à laquelle il n'y pensait pas. *Donner l'éveil à quelqu'un.* ◆ *Tenir en éveil,* tenir attentif. ◆ *Être, se tenir en éveil,* être attentif, sur ses gardes. ■ Action de sortir du sommeil ou d'un engourdissement. ■ Épanouissement de la sensibilité de quelqu'un. *L'éveil des enfants à la lecture.* ■ *L'éveil de l'intelligence,* sa manifestation. ■ **Fig.** Le début, le commencement. *L'éveil des sentiments.*

ÉVEILLÉ, ÉE, p. p. d'éveiller. [eveje] Gai, vif. *Il a l'air éveillé.* ◆ **N. m.** et n. f. *C'est un éveillé, une éveillée.*

ÉVEILLER, v. tr. [eveje] (lat. *evigilare*) Tirer quelqu'un du sommeil. ◆ **Fig.** Donner de la gaieté. ◆ Rendre plus actif. ◆ Stimuler, exciter. ◆ Faire naître. « *Quelle foule d'idées, j'éveille dans son cerveau par ce peu de mots !* », J.-J. ROUSSEAU. ◆ S'éveiller, v. pr. Sortir du sommeil. ◆ **Fig.** « *Il n'est pas mauvais que le peuple s'éveille de temps en temps* », RETZ. ◆ Prendre de la vivacité, en parlant de choses. ■ Prendre de la maturité, de l'expérience. *Cet enfant s'éveilla aux sentiments amoureux.* ■ *S'éveiller à,* commencer à s'intéresser à quelque chose que jusque-là on ne connaissait pas ou peu. *S'éveiller aux sentiments amoureux.* ◆ **V. tr.** *Éveiller quelqu'un à quelque chose,* lui faire découvrir en lui en donnant le goût. *Éveiller un enfant à la lecture.*

ÉVEILLEUR, EUSE, ■ n. m. et n. f. [evejœr, øz] (*éveiller*) Personne qui éveille, au sens propre comme au sens figuré. *L'éveilleur du couvent. Cet homme est un éveilleur de vocations.*

ÉVEINAGE, ■ n. m. [evenaʒ] (*é-* et *veine*) **Méd.** Ablation d'une veine à l'aide d'un instrument que l'on introduit à l'intérieur de la veine et qui permet de l'arracher par retournement. *Éveinage de la saphène. Éveinage chirurgical.*

ÉVÉNEMENT ou **ÉVÈNEMENT**, n. m. [even(ə)mɑ̃] (lat. *evenire,* arriver, se produire) Tout ce qui arrive. ◆ *Faire événement,* causer un sentiment de surprise. ◆ *C'est tout un événement,* c'est une grande affaire, une chose inattendue. ◆ Incident dramatique. *Ce drame est plein d'événements.* ◆ ▷ Issue, bon ou mauvais succès. « *L'événement n'a point démenti mon attente* », RACINE. ◁ ■ Dénouement dans une pièce de théâtre. ◆ **Dr.** *L'événement de la condition,* la réalisation. ◆ À TOUT ÉVÉNEMENT, loc. adv. À tout hasard, quoi qu'il arrive. ■ Chose qui revêt un caractère exceptionnel. *La venue de cet artiste en France est un événement.* ■ *Heureux événement,* venue au monde d'un enfant. *Elle attend un heureux événement.* ■ Au pl. Point marquant de l'histoire. *Les événements du 11 septembre.*

ÉVÉNEMENTIEL, ELLE ou **ÉVÈNEMENTIEL, ELLE**, ■ adj. [even(ə)mɑ̃sjɛl] (*événement*) Qui décrit les événements sans les analyser. *Histoire événementielle.* ■ **N. m.** *L'événementiel,* l'ensemble des activités liées aux manifestations culturelles publiques. *Travailler dans l'événementiel.* ■ **Psych.** Qui tient à un événement particulier. *Névrose événementielle.*

ÉVENT, n. m. [evɑ̃] (*éventer*) ▷ L'exposition au vent, le grand air. *Mettre des marchandises à l'évent. Donner de l'évent à une pièce de vin.* ◁ ◆ **Fig.** et **fam.** *Avoir la tête à l'évent,* être très étourdi. ◆ *Une tête à l'évent,* un étourdi. ◆ *Évent,* altération des viandes et des liqueurs qui ont été exposées trop longtemps au grand air. ■ Orifice nasal sur la tête des cétacés. *Grâce à leur évent, les cétacés peuvent respirer sans sortir la tête de l'eau. Vapeur d'eau sortant de l'évent.* ■ Conduit situé dans les tuyaux et réservoirs et permettant l'évacuation de gaz. ■ Par méton. Odeur propagée par un produit laissé à l'air.

ÉVENTAIL, n. m. [evɑ̃taj] (*éventer*) Sorte d'écran portatif avec lequel les dames s'éventent. ◆ Peinture exécutée sur un éventail. ◆ *Tailler un arbre en éventail,* lui donner la forme d'un éventail. ◆ Au pl. *Des éventails.* ■ Grand choix. *Un éventail de possibilités.*

ÉVENTAILLIER, n. m. [evɑ̃taje] (*éventail*) Marchand d'éventails.

ÉVENTAILLISTE, n. m. et n. f. [evɑ̃tajist] (*éventail*) Personne qui fait des éventails. ◆ Peintre qui ne peint que des éventails.

ÉVENTAIRE, n. m. [evɑ̃tɛr] (p.-ê. *inventaire* influencé par *éventer*) ▷ Sorte de plateau d'osier sur lequel des marchandes de fruits et de légumes portent leur marchandise. ◁ ■ Étalage de produits vendus à l'extérieur d'une boutique ou sur un marché. *Éventaire d'un fleuriste.*

ÉVENTÉ, ÉE, p. p. d'éventer. [evɑ̃te] **Fig.** Étourdi, inconsidéré. *Une tête éventée. Des airs éventés.* ◆ **N. m.** et n. f. *Un vieux éventé.* ■ Dévoilé. *Un procédé éventé.*

ÉVENTEMENT, n. m. [evɑ̃t(ə)mɑ̃] (*éventer*) Action d'éventer.

ÉVENTER, v. tr. [evɑ̃te] (lat. *exventare,* reconstitué à partir de langues romanes : provenç. et catal. *esventar,* ital. *sventare,* roum. *zvinta*) Agiter l'air avec un éventail. *Des gens éventent le sultan pendant sa promenade.* ◆ Mettre au vent, exposer au grand air. ◆ *Éventer du grain,* le remuer de temps en temps pour prévenir la fermentation. ◆ Altérer par l'exposition à l'air. *Éventer de la poudre, une liqueur, etc.* ◆ *Éventer une mine,* découvrir l'endroit où elle est pratiquée et empêcher l'effet. ◆ **Fig.** *Éventer la mine, la mèche, la poudre,* pénétrer un dessein secret et empêcher qu'il ne réussisse, le divulguer. *Éventer un complot, un secret.* ◆ **Jard.** *Éventer la sève,* faire de trop grandes plaies aux arbres, ou tirer ses coupes trop en longueur. ◆ **Vén.** *Éventer la voie,* se dit du chien qui trouve une voie fraîche. ◆ **Absol.** *Lorsque le loup veut sortir du bois, il évente de tous côtés.* ◆ **Mar.** *Éventer une voile,* la disposer de manière à mettre le vent dedans. ◆ **V. intr.** **Manège** Lever trop le nez, en parlant du cheval. ◆ S'éventer, v. pr. Se donner de l'air. ◆ Se gâter à l'air. ◆ Avec ellipse du pronom personnel. *Laisser éventer du vin.* ◆ Être découvert, connu. *Le secret s'est éventé.*

ÉVENTEUR, EUSE, n. m. et n. f. [evɑ̃tœr, øz] (*éventer*) Personne qui évente.

ÉVENTIF, IVE, adj. [evɑ̃tif, iv] (lat. *eventum,* supin de *evenire*) Qui peut advenir. *Des probabilités éventives.*

ÉVENTOIR, n. m. [evɑ̃twar] (*éventer*) Sorte d'éventail grossier dont on se sert dans les cuisines pour allumer les charbons.

ÉVENTRATION, ■ n. f. [evɑ̃trasjɔ̃] (*éventrer*) **Méd.** Hernie abdominale se traduisant par un passage des intestins à travers la paroi abdominale.

ÉVENTRÉ, ÉE, p. p. d'éventrer. [evɑ̃tre]

ÉVENTRER, v. tr. [evɑ̃tre] (*é-* et *ventre*) Ouvrir le ventre. ◆ **Vén.** Blesser avec le boutoir. *Le sanglier éventra plusieurs chiens.* ◆ **Par extens.** Ouvrir en coupant. *Éventrer un pâté.* ◆ S'éventrer, v. pr. S'ouvrir le ventre.

ÉVENTREUR, EUSE, ■ n. m. et rare n. f. [evɑ̃trœr, øz] (*éventrer*) Personne qui éventre ses victimes. *Jack l'Éventreur.*

ÉVENTUALITÉ, n. f. [evɑ̃tɥalite] (*éventuel*) Caractère de ce qui est éventuel. *L'éventualité d'une clause.* ◆ Événement futur, incertain. *Les éventualités de la guerre.*

ÉVENTUEL, ELLE, adj. [evɑ̃tɥɛl] (lat. *eventus,* événement) Qui est subordonnée à quelque événement incertain. *Clause éventuelle.* ◆ *Profits éventuels,* profits qui ne sont pas fixes et réguliers. ◆ *Traitement éventuel* et n. m. *l'éventuel,* traitement attribué aux professeurs des facultés et des lycées, et prélevé pour les premiers sur les droits d'examen, et pour les seconds sur la pension et les frais d'études payés par les élèves.

ÉVENTUELLEMENT, adv. [evɑ̃tɥɛl(ə)mɑ̃] (*éventuel*) D'une manière éventuelle.

ÉVÊQUE, n. m. [evɛk] (lat. *episcopus,* gr. *episkopos,* qui veille sur) Prélat chargé de la direction spirituelle d'une circonscription territoriale. ◆ *Évêque in partibus infidelium* ou par abréviation *évêque in partibus,* évêque dont le diocèse est dans les pays des infidèles, et par conséquent n'a point de siège effectif. ◆ **Prov.** *Devenir d'évêque meunier,* passer d'une bonne à une médiocre condition, déchoir. ■ **Prov.** *Un chien regarde bien un évêque,* rien n'interdit de regarder et de juger quelqu'un qui est plus haut placé que soi.

ÉVERSION, n. f. [evɛrsjɔ̃] (lat. *eversio*) ▷ Ruine, renversement d'une ville, d'un État. ◁ ■ **Méd.** Retournement d'une muqueuse vers l'extérieur. *Éversion de la paupière.*

ÉVERTUER (S'), v. pr. [evɛrtɥe] ou [evɛrtye] (*é-* et *vertu*) Faire vertu, faire effort pour arriver à quelque chose de louable ; s'efforcer de. « *Il n'est pas digne d'un chrétien de ne s'évertuer contre la mort qu'au moment qu'elle se présente pour l'enlever* », BOSSUET. Avec un nom de chose pour sujet. « *Ma constance contre elle à regret s'évertue* », P. CORNEILLE. ◆ ▷ **Absol.** Se remuer, s'agiter. « *Allons, qu'on s'évertue* », RACINE.

ÉVHÉMÉRISME, ■ n. m. [evemerism] (*Évhémère,* v. -300) **Philos.** Conception du philosophe grec Évhémère selon laquelle les dieux de la mythologie ont été des hommes qui se sont vus divinisés après leur mort. *Application de l'évhémérisme aux dogmes chrétiens par les philosophes du XVIIIᵉ siècle.*

ÉVICTION, n. f. [eviksjɔ̃] (lat. *evictio*) **Dr.** Dépossession que l'on subit, en vertu d'une sentence ou d'un droit exercé de quelque autre façon, d'une chose qu'on avait acquise de bonne foi. *Subir l'éviction. Garantir de l'éviction.* ■ **Par extens.** Action d'évincer, son résultat. *Éviction d'un concurrent, d'un salarié.*

ÉVIDAGE, n. m. [evidaʒ] (*évider*) Action d'évider.

ÉVIDÉ, ÉE, p. p. d'évider. [evide]

ÉVIDEMENT, n. m. [evid(ə)mɑ̃] (*évider*) État de ce qui est évidé. ■ **Chir.** Vider le contenu d'un os tout en conservant le périoste. *Évidement du fémur, du poignet.*

ÉVIDEMMENT, adv. [evidamɑ̃] (*évident*) D'une manière évidente. ◆ *Évidemment,* au commencement de la phrase, il est certain que. ◆ *Évidemment il a prouvé ce qu'il voulait démontrer.* ◆ S'emploie dans les réponses pour *certainement.*

ÉVIDENCE, n. f. [evidɑ̃s] (lat. *evidentia*) Caractère de ce qui est évident ; notion si parfaite d'une vérité qu'elle n'a pas besoin d'autre preuve. ◆ *Mettre en évidence,* mettre connaître clairement, manifestement. ◆ *Se mettre en évidence,* faire qu'un objet frappe les yeux, soit remarqué. ◆ *Se mettre en évidence,* se faire remarquer. ◆ *Se mettre en évidence,* être manifesté, en parlant des choses. ◆ *Être en évidence,* être remarqué, attirer l'attention générale. ◆ *Être en évidence,* être manifesté, en parlant des choses.

ÉVIDENT, ENTE, adj. [evidɑ̃, ɑ̃t] (lat. *evidens*) Qui est connu tout d'abord et sans peine. *Vérité évidente.* ◆ *Il est évident que,* il est clair et incontestable que. ◆ **Fam.** *Ce n'est pas évident,* ce n'est pas facile, ce n'est pas certain. *Cette acrobatie n'est pas évidente. Ce n'est pas évident qu'il vienne.*

ÉVIDER, v. tr. [evide] (*é-* et *vide*) Creuser en cannelure. *Évider une lame d'épée.* ◆ Échancrer. ◆ Creuser à l'intérieur. ◆ **Archit.** Tailler à jour, sculpter.

ÉVIDOIR, n. m. [evidwar] (*évider*) Outil dont un facteur d'instruments se sert pour évider les flûtes, les clarinettes, etc.

ÉVIDURE, n. f. [evidyr] (*évider*) Creux pratiqué dans un objet préalablement évidé. *L'évidure d'une flûte.*

ÉVIER, n. m. [evje] (lat. *aquarius,* relatif à l'eau) Large pierre creusée en bassin, sur laquelle on lave la vaisselle, et qui a un conduit pour l'écoulement des eaux de la cuisine.

ÉVINCÉ, ÉE, p. p. d'évincer. [evɛ̃se]

ÉVINCEMENT, n. m. [evɛ̃s(ə)mɑ̃] (*évincer*) Action d'évincer. *L'évincement d'un associé.*

ÉVINCER, v. tr. [evɛ̃se] (lat. *evincere,* vaincre complètement) **Dr.** Déposséder juridiquement quelqu'un. ◆ **Par extens.** Enlever à quelqu'un par intrigue une place, une affaire, etc. ◆ *S'évincer,* v. pr. Se chasser l'un l'autre.

ÉVISCÉRATION, ■ n. f. [eviserasjɔ̃] (*éviscérer*) Extraction des viscères. *Éviscération des poissons, des volailles.* ■ **Méd.** *Éviscération du globe oculaire,* opération chirurgicale consistant à vider la cavité oculaire du globe afin d'y laisser la place pour un implant.

ÉVISCÉRER, ■ v. tr. [evisere] (*é-* et *viscère*) Extraire les viscères, les entrailles. *Éviscérer un poulet, une sardine.*

ÉVITABLE, adj. [evitabl] (lat. *evitabilis*) Qui peut être évité.

ÉVITAGE, n. m. [evitaʒ] (*éviter*) **Mar.** Espace suffisant pour qu'un navire à l'ancre puisse facilement tourner lorsque le vent ou la marée change. ◆ Mouvement que fait un navire pour éviter. *Faire un évitage.*

ÉVITÉ, ÉE, p. p. d'éviter. [evite]

ÉVITÉE, n. f. [evite] (*éviter*) **Mar.** Syn. d'évitage.

ÉVITEMENT, n. m. [evit(ə)mɑ̃] (*éviter*) Action d'éviter. ◆ Dans les chemins de fer, *gare d'évitement,* portion de voie supplémentaire pour remiser un train et laisser la voie principale libre et ouverte.

ÉVITER, v. tr. [evite] (lat. *evitare*) Se détourner de personnes ou d'objets, dont la rencontre est désagréable ou nuisible. « *Ses yeux qui vainement voulaient vous éviter* », RACINE. ◆ Échapper à. *Éviter la prison, sa destinée, etc.* ◆ Ne pas donner lieu. *Éviter une querelle.* ◆ Se garder de. *Évitez les longueurs.* ◆ Avec *de* et l'infinitif. « *J'évite d'être long et je deviens obscur* », BOILEAU. ◆ Avec *que* et le subjonctif. *J'évitais qu'il m'en parlât* ou *qu'il m'en parlât.* ◆ **Mus.** *Éviter une cadence,* passer brusquement, dans une note de cadence, à un accord différent de celui qu'elle annonçait ; ajouter à cet accord final une dissonance pour faire transition. ◆ V. intr. *Un vaisseau a évité,* lorsqu'il a changé bout pour bout, à la longueur de son câble, sans qu'il ait levé ses ancres. ◆ *S'éviter,* v. pr. Se détourner l'un de l'autre. ◆ *S'éviter,* faire effort pour perdre souvenir de soi-même. « *Il craint d'être à soi-même et cherche à s'éviter* », BOILEAU. ◆ Être évité. ◆ Ne dites pas : *Éviter quelque chose à quelqu'un.*

Éviter ne peut avoir un régime indirect. C'est *épargner* qu'il faut employer en ce cas.

ÉVOCABLE, adj. [evokabl] (*évoquer*) Qu'on peut évoquer. *Un démon évocable.* ◆ **Dr.** Il se dit des causes que certains tribunaux peuvent évoquer.

ÉVOCATEUR, TRICE, ■ adj. [evokatœr, tris] (*évoquer*) Qui a le pouvoir de faire apparaître une image à l'esprit. *Un titre évocateur.*

ÉVOCATION, n. f. [evokasjɔ̃] (lat. *evocatio*) Action d'évoquer, de faire apparaître les démons, les ombres ou les âmes des morts. ◆ Action de la part d'un tribunal supérieur de retenir la connaissance d'une affaire qui n'a pas subi le premier degré de juridiction, ou de s'en saisir d'office. ■ Fait de rappeler à la mémoire un fait ancien ou oublié. *L'évocation des souvenirs. L'évocation d'une époque révolue.* ■ Action de rappeler un sujet, des propos tenus. *L'évocation des difficultés de l'entreprise. L'évocation du discours de rentrée.*

ÉVOCATOIRE, adj. [evokatwar] (lat. *evocatorius*) **Dr.** Qui donne lieu à une évocation. *Cause évocatoire.* ■ Qui provoque une évocation.

ÉVOLUÉ, ÉE, adj. [evolɥe] ou [evolɥe] (*évoluer*) Qui a subi son évolution, son développement. *La fièvre jaune évoluée.*

ÉVOLUER, v. intr. [evolɥe] ou [evolɥe] (radic. de *évolution*) **Milit.** et **mar.** Exécuter des évolutions. *Ce bâtiment évolue bien.* ◆ **Techn.** Faire un tour sur soi-même. ◆ **Fig.** et **néol.** Passer par des phases progressives. ◆ Se mouvoir dans l'espace. *Observons comment il va évoluer dans ce nid de guêpes.* ■ **Sp.** Participer à un championnat, y exercer sa compétence. *Ce pongiste évolue dans ce championnat depuis de nombreuses années.* ◆ **Rem.** N'est plus un néologisme dans le fait de passer par des phases progressives. *Il ne cesse de progresser, il a beaucoup évolué.*

ÉVOLUTIF, IVE, ■ adj. [evolytif, iv] (*évolution*) Qui peut évoluer, qui est porteur de cette tendance. *Un concept évolutif.* ■ **Méd.** Qui est changeant et tend dans la grande majorité des cas vers une aggravation. *Une lésion évolutive.*

ÉVOLUTION, n. f. [evolysjɔ̃] (lat. *evolutio,* action de dérouler) **Physiol.** Action de sortir en se déroulant. *L'évolution des bourgeons.* ◆ **Fig.** Développement d'une idée, d'un système, d'une science, d'un art. ◆ *L'évolution historique,* le développement des sociétés suivant un ordre déterminé. ◆ Mouvements du corps dans les exercices. ◆ Mouvements qu'on fait exécuter dans un manège. ◆ Mouvement de troupes qui changent leur position pour en prendre une nouvelle. ◆ Se dit aussi d'une escadre. *Évolution navale.* ◆ Changement porteur d'une connotation souvent positive. *Une nette évolution de ces résultats ce semestre.* ■ **Biol.** Ensemble des différentes phases d'une espèce vivante donnée, qui sommées chronologiquement les unes aux autres constituent un tout évolutif. *Les différentes étapes de l'évolution de l'espèce.*

ÉVOLUTIONNISME, ■ n. m. [evolysjɔnism] (*évolution*) Théorie selon laquelle ce qui existe aujourd'hui est le résultat d'une transformation de ce qui existait auparavant. *Évolutionnisme d'Hegel.* ■ **ÉVOLUTIONNISTE,** n. m. et n. f. ou adj. [evolysjɔnist]

ÉVOQUÉ, ÉE, p. p. d'évoquer. [evoke]

ÉVOQUER, v. tr. [evoke] (lat. *evocare,* appeler) Faire apparaître les démons ou les âmes des morts par l'effet de certaines conjurations. ◆ **Fig.** Il se dit des orateurs qui apostrophent les mânes des héros. ◆ *Évoquer un souvenir,* le rappeler. ◆ **Dr.** Attirer à soi la connaissance d'une affaire. « *Le parlement évoque à soi l'affaire* », LA FONTAINE. ■ Exprimer une chose, s'y rapporter dans un discours. *On évoque souvent le statut des étudiants en France.*

ÉVULSIF, IVE, ■ adj. [evylsif, iv] (*évulsion*) Qui est propre à arracher.

ÉVULSION, n. f. [evylsjɔ̃] (lat. *evulsio*) **Didact.** Action d'arracher, extraction. *Évulsion d'une dent.*

EVZONE, ■ n. m. [ɛvzon] (gr. *euzônos*) Soldat grec de l'infanterie légère, vêtu d'une fustanelle. *L'entrée d'un édifice public gardée par un evzone.*

1 EX, [ɛks] (lat. *ex*) particule qui se joint par le trait d'union à certains mots pour exprimer l'état ou la position antérieure d'une personne : *un ex-ministre.*

2 EX, ■ n. m. et n. f. [ɛks] (lat. *ex*) **Fam.** Personne avec qui on a eu des relations amoureuses qui ne sont plus d'actualité. *Elle aime encore son ex. Je ne veux pas entendre parler de ses ex.*

EX ABRUPTO, loc. adv. [ɛksabrypto] Voy. ABRUPTO. **Rem.** Graphie ancienne : *ex-abrupto.*

EXACERBATION, n. f. [ɛgzaserbasjɔ̃] (lat. *exacerbatio,* action d'irriter) Accroissement passager de l'intensité des accidents d'une maladie. ■ **Par extens.** Haut degré atteint momentanément dans le domaine des sentiments. *L'exacerbation du désir.*

EXACERBER, ■ v. tr. [ɛgzaserbe] (lat. *exacerbare,* irriter) Porter à son degré le plus haut, le plus intense. *La douleur a été exacerbée par le choc.* ■ Rendre plus vif, plus violent. *Exacerber les tensions sociales.*

EXACT, ACTE, adj. [ɛgzakt] (lat. *exactus*) Qui suit rigoureusement la vérité, la convention. *Historien exact. Soyez exact au rendez-vous.* ◆ En parlant des choses, fait avec soin, avec ponctualité. *Compte exact. Expression exacte.* ◆ *Les sciences exactes,* les mathématiques et les sciences qui s'appuient sur les mathématiques. ◆ Qui est conforme à son modèle. *Copie exacte.* ◆ Sévère, rigoureux. *L'exacte justice. Une diète exacte.*

EXACTEMENT, adv. [ɛgzaktəmɑ̃] (*exact*) D'une manière exacte.

EXACTEUR, n. m. [ɛgzaktœʀ] (lat. *exactor*) ▷ Celui qui exige ce qui est dû à lui ou à un autre. « *Un maître, sévère exacteur de ses droits* », Bourdaloue. ◆ Celui qui commet une exaction. ◁

EXACTION, n. f. [ɛgzaksjɔ̃] (lat. *exactio*, bannissement, recouvrement, exigence) Action d'exiger une chose due. ◆ Acte d'un percepteur des deniers publics, et en général d'un administrateur quelconque qui exige ce qui n'est pas dû ou plus qu'il n'est dû. ◆ Contribution exigée d'une population comme amende et punition. ◆ Au pl. Actes de violence, pillages, exercés à l'encontre de certaines populations. *Exactions des milices, des terroristes. Exactions politiques.*

EXACTITUDE, n. f. [ɛgzaktityd] (*exact*) Qualité de la personne qui est exacte. « *L'exactitude à garder les petites choses* », Bossuet. ◆ Précision, justesse dans les choses. *L'exactitude d'un calcul, d'une mesure.*

EXAÈDRE, adj. et n. m. [ɛgzaɛdʀ] Voy. hexaèdre.

EX ÆQUO ou **EX-ÆQUO**, ◼ adj. [ɛgzeko] (mots lat., *ex*, de, et *æquus*, égal) Qui occupe la même place dans un classement. *Départager des candidats ex-æquos.* ◼ N. m. et n. f. *Les ex-æquos.* ◼ Adv. *Arriver ex-æquo.* ◼ Rem. On écrit aussi *ex-aequo, ex aequo.*

EXAGÉRANT, ANTE, adj. [ɛgzaʒeʀɑ̃, ɑ̃t] (*exagérer*) Qui exagère. « *Tertullien, plus exagérant que saint Cyprien* », Fénelon.

EXAGÉRATEUR, TRICE, n. m. et n. f. [ɛgzaʒeʀatœʀ, tʀis] (lat. *exaggerator*) Celui, celle qui exagère. ◆ Adj. *Il n'est point exagérateur.*

EXAGÉRATIF, IVE, adj. [ɛgzaʒeʀatif, iv] (*exagération*) Qui tient de l'exagération. « *Un langage exagératif* », Bossuet.

EXAGÉRATION, n. f. [ɛgzaʒeʀasjɔ̃] (lat. *exaggeratio*) Action d'exagérer ; résultat de cette action. ◆ Art *L'exagération des formes, des gestes.*

EXAGÉRÉ, ÉE, adj. [ɛgzaʒeʀe] (*exagérer*) Qui porte le caractère de l'exagération. *Des expressions exagérées.* ◆ N. m. Ce qui porte le caractère de l'exagération. ◆ Dont les sentiments ne gardent pas la juste mesure, en parlant des personnes. ◆ N. m. et n. f. Celui, celle qui a des opinions outrées, violentes, surtout en politique. ◆ Art Qui n'est pas soumis aux justes proportions.

EXAGÉRÉMENT, adv. [ɛgzaʒeʀemɑ̃] (*exagérer*) D'une manière exagérée.

EXAGÉRER, v. tr. [ɛgzaʒeʀe] (lat. *exaggerare*, hausser en remblai, amplifier) Donner aux choses des proportions plus grandes qu'elles n'ont réellement. ◆ *Exagérer quelqu'un,* exagérer son mérite, ses qualités. ◆ *S'exagérer,* exagérer à soi. *S'exagérer sa peine.* ◆ Absol. *Sans exagérer.* ◆ Donner une expression excessive. ◆ Peint. et sculpt. *Exagérer les formes,* les proportions des figures. ◼ Combler la mesure. *Tu exagères, tu aurais pu ranger ta chambre.*

EXAGÉREUR, EUSE, n. m. et n. f. [ɛgzaʒeʀœʀ, øz] (*exagérer*) Personne qui exagère. « *N'avez-vous point quelque exagéreuse ?* », Mme de Sévigné.

EXAGONE, adj. [ɛgzagon] Voy. hexagone.

EXALTABLE, adj. [ɛgzaltabl] (*exalter*) Qui peut s'exalter.

EXALTANT, ANTE, adj. [ɛgzaltɑ̃, ɑ̃t] (*exalter*) Qui exalte. *Passion exaltante.* ◼ Qui aiguillonne la curiosité, qui stimule fortement la réflexion. *Débat, livre exaltant.*

EXALTATION, n. f. [ɛgzaltasjɔ̃] (lat. *exaltatio*) Action d'élever, d'exhausser. *L'exaltation de la sainte croix.* ◆ L'avènement, l'intronisation d'un pape. ◆ Action de rendre plus éclatant, plus glorieux. « *L'exaltation du nom et de la grandeur de Dieu*, Pascal. ◆ État de l'esprit haussé au-delà de son état ordinaire. *L'exaltation des esprits.* ◆ *Exaltation politique,* ardeur excessive dans les opinions et les partis politiques. ◆ Méd. Augmentation démesurée de l'action d'un organe ou d'un système d'organes.

EXALTÉ, ÉE, p. p. d'exalter. [ɛgzalte] En politique, *le parti exalté,* le parti révolutionnaire le plus ardent. ◆ N. m. et n. f. *C'est un exalté, une exaltée.*

EXALTER, v. tr. [ɛgzalte] (lat. *exaltare*, exhausser) Élever très haut, louer, vanter beaucoup. *Exalter le mérite d'une action.* ◆ Rendre plus actif. *Exalter les propriétés d'un médicament, les fonctions du foie.* ◆ Fig. *Exalter des sentiments.* ◆ Élever l'esprit au-dessus de son état ordinaire. ◆ Absol. *S'exaltant pour exalter.* ◆ *Exalter son âme,* prendre des sentiments d'orgueil. ◆ Jeter dans une sorte de transport, de délire. ◆ *S'exalter,* v. pr. Être élevé, loué. ◆ Prendre de l'exaltation, s'enthousiasmer pour. ◆ Se louer, se vanter réciproquement.

EXAMEN, n. m. [ɛgzamɛ̃] (lat. *examen*, languette de balance) Action d'examiner. *L'examen d'une affaire.* ◆ *Examen de conscience,* préparation à la confession. ◆ *Faire son examen de conscience,* examiner attentivement sa propre conduite. ◆ Philos. *Le libre examen,* le droit naturel de n'accepter comme vrai que ce qu'admet la raison ou l'expérience. ◆ Épreuve orale ou écrite que subit un candidat à tel ou tel grade ou à une école. *Passer son examen.* ◆ Par extens. Sorte d'interrogatoire qu'on fait subir à quelqu'un sur certains faits. *Examen d'un accusé.* ◼ Dr. *Mise en examen,* mesure prise d'intenter une action juridique contre une personne quand son innocence dans une affaire n'est pas probante, la présentation des faits qui lui sont reprochés. *Mise en examen pour homicide volontaire.* ◼ Méd. Observation faite par différents moyens en vue de vérifier l'état de santé d'un patient. *Examen gynécologique.*

EXAMINABLE, adj. [ɛgzaminabl] (*examiner*) Qui peut, qui doit être examiné.

EXAMINATEUR, TRICE, n. m. et n. f. [ɛgzaminatœʀ, tʀis] (lat. *examinator*) Personne qui examine. « *Ces curieux examinateurs des coutumes reçues* », Pascal. ◆ Personne qui a pour fonction de faire subir les examens aux candidats pour des grades ou des fonctions. ◆ Adj. *Dame examinatrice.*

EXAMINATION, n. f. [ɛgzaminasjɔ̃] (*examiner*) Action d'examiner.

EXAMINÉ, ÉE, p. p. d'examiner. [ɛgzamine]

EXAMINER, v. tr. [ɛgzamine] (lat. *examinare*, peser) Considérer avec attention et pour se rendre compte. ◆ *Examiner,* se dit des différentes commissions pour le théâtre, le colportage, les autorisations des livres, etc. ◆ Absol. *On doute on examine.* ◆ Regarder attentivement. ◆ Faire subir un examen. ◆ *S'examiner,* v. pr. Examiner sa conscience, ses propres actions. ◆ Se regarder l'un l'autre. ◼ *Examiner à la loupe,* se livrer à une observation très méticuleuse d'une chose. *Examiner à la loupe des contrats.* ◼ Méd. *Examiner un patient,* lui faire subir des examens. *Le médecin l'a examiné. Examiner une blessure.*

EX ANTE, ◼ loc. adj. [ɛgzɑ̃te] (mot lat. *d'avant*) S'emploie pour parler d'une évaluation de faits économiques qui s'inscrit comme prévisionnelle. *Évaluation ex ante du programme. Des dispositions ex ante.*

EXANTHÉMATEUX, EUSE ou **EXANTHÉMATIQUE**, adj. [ɛgzɑ̃tematø, øz, ɛgzɑ̃tematik] (*exanthème*) Qui a rapport aux exanthèmes.

EXANTHÈME, n. m. [ɛgzɑ̃tɛm] (gr. *exanthêma*, efflorescence) Groupe de maladies cutanées dont le caractère est une rougeur plus ou moins vive, disparaissant momentanément sous la pression du doigt, et existant sans vésicules, papules, ni pustules.

EXARCHAT, n. m. [ɛgzaʀka] (*ch* se prononce *k*. lat. médiév. *exarchatus*) Province gouvernée par un exarque. *L'exarchat de Ravenne.* ◆ Dignité d'exarque.

EXARQUE, n. m. [ɛgzaʀk] (gr. *exarkhos,* de *arkhein,* commander) Vicaire général de l'empereur en Occident qui faisait sa résidence à Ravenne. ◆ Dans l'Église grecque, dignitaire député par le patriarche pour visiter les provinces.

EXASPÉRATION, n. f. [ɛgzaspeʀasjɔ̃] (lat. *exasperatio*) État d'un esprit exaspéré. ◆ Par extens. État d'agitation, d'irritation des esprits. ◆ Méd. Accroissement de l'intensité des symptômes d'une maladie.

EXASPÉRÉ, ÉE, p. p. d'exaspérer. [ɛgzaspeʀe]

EXASPÉRER, v. tr. [ɛgzaspeʀe] (lat. *exasperare*, rendre rude, aigrir) Irriter à l'excès. ◆ Rendre plus âpre, plus cuisant. *Exaspérer une douleur.* ◆ *S'exaspérer,* v. pr. Devenir irrité. ◆ Devenir plus âpre, en parlant d'un mal. ◼ EXASPÉRANT, ANTE, adj. [ɛgzaspeʀɑ̃, ɑ̃t]

EXAUCÉ, ÉE, p. p. d'exaucer. [ɛgzose]

EXAUCEMENT, n. m. [ɛgzos(ə)mɑ̃] (*exaucer*) Action d'exaucer ; état de celui qui est exaucé.

EXAUCER, v. tr. [ɛgzose] (var. de *exhausser,* avec infl. du lat. *exaudire,* écouter avec bienveillance) Écouter favorablement celui qui prie, supplie. ◆ Se dit aussi de l'accomplissement de ce qu'on demande. *Exaucer des vœux.*

EX CATHEDRA, ◼ adj. [ɛkskatedʀa] (mots lat.) Du haut de la chaire. *Un cours ex cathedra.* ◼ Adv. D'un ton magistral. *Affirmer quelque chose ex cathedra.*

EXCAVATION, n. f. [ɛkskavasjɔ̃] (lat. *excavatio*) Action d'excaver. ◆ Creux dans le sol.

EXCAVER, v. tr. [ɛkskave] (lat. *excavare*) Creuser sous terre. ◼ EXCAVATEUR, TRICE, n. m. et n. f. [ɛkskavatœʀ, tʀis]

EXCÉDANT, ANTE, adj. [ɛksedɑ̃, ɑ̃t] (*excéder*) Qui excède, qui est de surcroît. *Les sommes excédantes.* ◆ ▷ N. m. Surcroît ; nombre, quantité qui excède. *Un excédant de compte.* ◁ ◆ Fig. *Un excédant de forces.* ◆ Qui excède, qui fatigue, importune à l'excès. *Un ton excédant.* ◼ EXCÉDENTAIRE, adj. [ɛksedɑ̃tɛʀ]

EXCÉDÉ, ÉE, p. p. d'excéder. [ɛksede]

EXCÉDENT, n. m. [ɛksedɑ̃] (lat. *excedens*, p. prés. de *excedere*) Quantité dépassant la mesure attendue. *Un excédent de marchandises. Un excédent de poids.*

EXCÉDER, v. tr. [ɛksede] (lat. *excedere*) Outrepasser, aller au-delà des justes bornes. *Excéder son pouvoir.* ♦ **Absol.** « *Dieu a tout fait avec mesure, avec nombre et avec poids ; rien n'excède, rien ne manque* », Bossuet. ♦ Dépasser. *N'excédez pas cette somme.* ♦ Surpasser en longueur, en dimension, en valeur. ♦ Battre outrageusement (sens autrefois très usité en matière criminelle). ♦ *Excéder quelqu'un de coups.* ♦ Accabler au-delà de ce qu'on peut supporter. *Cette course m'a excédé.* ♦ *Excéder de plaisir,* fatiguer à force de plaisir. ♦ **Fam.** *Excéder quelqu'un de bonne chère,* l'exciter à quelque excès de table par l'abondance des mets. ♦ Importuner, tourmenter. ♦ *S'excéder,* v. pr. Se fatiguer à l'excès. *S'excéder à la chasse, de travail, de débauches, etc.*

EXCELLEMMENT, adv. [ɛkselamɑ̃] (*excellent*) D'une manière excellente, parfaitement. ♦ Par excellence. « *Qui n'est pas contre eux est excellemment pour eux* », Pascal.

EXCELLENCE, n. f. [ɛkselɑ̃s] (lat. *excellentia*) Éminent degré de qualité, en un genre. *L'excellence d'un remède, d'un fruit.* ♦ **Fam.** *Avoir une grande idée de sa propre excellence,* être infatué de soi, de son mérite. ♦ *Prix d'excellence,* prix unique décerné à l'élève qui s'est le plus distingué pendant toute l'année scolaire, dans toutes les branches d'étude réunies ; prix donné à l'élève qui a obtenu le plus de points dans les compositions durant les deux premiers trimestres de l'année, dit aussi prix de semestre. ♦ **PAR EXCELLENCE**, loc. adv. Au plus haut degré. « *Bien fait et beau par excellence* », La Fontaine. *Aristote a été appelé le philosophe par excellence. Dieu est l'être par excellence.* ♦ Titre qu'on donne aux ambassadeurs, aux ministres. *Il se fait donner de l'Excellence, on l'appelle Votre Excellence.* ♦ *Une Excellence,* une personne qui a droit au titre d'Excellence. ♦ En ce sens, on met des majuscules : *Votre Excellence, Son Excellence.* On écrit aussi en abrégé V. Exc. et S. Exc.

EXCELLENT, ENTE, adj. [ɛkselɑ̃, ɑ̃t] (lat. *excellens*) Qui est à un degré éminent, qui l'emporte. ♦ Titre qui se donne dans certaines formules nobiliaires. *Très haut et très excellent prince.* ♦ Qui est très bon en son genre. *Excellent vin. Un excellent cheval. Un excellent prince.* « *L'art des plus excellents ouvriers* », La Bruyère. ♦ *Un excellent homme* ou *un homme excellent,* un homme doué d'une grande bonté de cœur. ♦ *Être excellent sur quelqu'un, sur quelque chose,* en bien parler, et quelquefois ironiquement, s'en moquer. ♦ **N. m.** Ce qui excelle. « *Se consoler du grand et de l'excellent par le médiocre* », La Bruyère.

EXCELLENTISSIME, adj. [ɛkselɑ̃tisim] (ital. *eccellentissimo*, superl. de *eccelente*) Forme superlative d'excellent. Titre donné aux sénateurs de Venise. ♦ **Fam.** Très bon, parfait. *C'est excellentissime. Un vin excellentissime.*

EXCELLER, v. intr. [ɛksele] (lat. *excellere*) Être supérieur en son genre. « *La plupart de ceux qui ont excellé en quelque genre n'y ont point eu de maître* », Fontenelle. ♦ Il se construit avec *à* et l'infinitif. « *Tel qu'il a rimer qui juge sottement* », Boileau. ♦ Il se dit aussi des choses. « *La géométrie excelle en ces trois genres* », Pascal.

EXCENTRATION, ■ n. f. [ɛksɑ̃trasjɔ̃] (*excentrer*) Action d'excentrer. *Excentration des roues. Excentration des villes.*

EXCENTRÉ, ÉE, ■ adj. [ɛksɑ̃tre] (*excentrer*) **Techn.** Déplacé par rapport au centre ou à l'axe. *Parasol excentré.* ■ **Fig.** Qui se situe loin du centre. *Une capitale excentrée.*

EXCENTRER, ■ v. tr. [ɛksɑ̃tre] (1 *ex-* et *centrer*) Déplacer par rapport au centre ou à l'axe. *Excentrer une roue, une ville.*

EXCENTRICITÉ, n. f. [ɛksɑ̃trisite] (*excentrique*) **Géom.** Distance du centre d'une ellipse à son foyer. ♦ Éloignement du centre. *L'excentricité d'un quartier.* ♦ **Fig.** et néol. emprunté à l'anglais. Caractère original, bizarre, façons singulières. *Se faire remarquer par son excentricité, par ses excentricités.* ■ **Rem.** N'est plus un néologisme aujourd'hui.

EXCENTRIQUE, adj. [ɛksɑ̃trik] (lat. médiév. *excentricus*, du gr. *ekkentros*) **Géom.** Qui est en dehors du centre ; dont les centres ne se rapportent pas. ♦ Se dit des ellipses par rapport à leur plus ou moins grande excentricité. ♦ **Milit.** *Mouvement excentrique,* mouvement qui écarte un corps du centre des opérations. ♦ **Bot.** *Couches ligneuses excentriques,* celles qui ne sont pas concentriques à la moelle de l'arbre. ♦ Qui est loin du centre. *Quartier excentrique.* ♦ **Fig.** et néologisme emprunté à l'anglais. Qui pense et agit en opposition avec les habitudes reçues. ■ **Rem.** N'est plus un néologisme aujourd'hui.

EXCENTRIQUEMENT, adv. [ɛksɑ̃trik(ə)mɑ̃] (*excentrique*) D'une manière excentrique.

1 EXCEPTÉ, prép. [ɛksɛpte] (*excepter*) À la réserve de. « *Tout était Dieu excepté Dieu lui-même* », Bossuet. ♦ *Excepté,* suivi d'une préposition, quand le terme duquel on excepte est lui-même régi par cette préposition. « *La*

malheureuse facilité qu'ont les hommes de s'accoutumer à tout, excepté au repos et au bonheur », Barthélemy. ♦ Cependant on peut suivre aussi la règle ordinaire. « *Il faut regarder Dieu comme l'auteur de tous les biens et de tous les maux, excepté le péché* », Pascal. ♦ **EXCEPTÉ DE**, **conj.** Avec l'indicatif. ♦ *Excepté* est invariable, comme préposition, placé avant le substantif, et variable, comme participe, placé après : *Excepté une femme, une femme exceptée.*

2 EXCEPTÉ, ÉE, p. p. d'excepter. [ɛksɛpte]

EXCEPTER, v. tr. [ɛksɛpte] (lat. *exceptare*, retirer) Ne pas comprendre dans. *On excepta les chefs de l'amnistie.* ♦ *Excepter que,* avec l'indicatif. ♦ *S'excepter,* v. pr. Se mettre en dehors de. ♦ *On excepte toujours les présents* ou *les personnes présentes,* c'est-à-dire les jugements qu'on exprime sont censés ne s'appliquer en rien aux présents.

EXCEPTION, n. f. [ɛksɛpsjɔ̃] (lat. *exceptio*) Action d'excepter. ♦ **À L'EXCEPTION DE**, loc. adv. Excepté, hormis. ♦ Ce qui n'est pas soumis à la règle, à la loi commune. *C'est une exception. Il n'y a point d'exception à cette loi.* ♦ *Cet homme est une exception,* il a des qualités ou des vices qui le mettent à part. ♦ **Gramm.** Constatation d'une irrégularité ; mot qui échappe à la règle. ♦ **Dr.** Tous moyens opposés à une demande judiciaire, particulièrement à la procédure. ♦ *Lois, tribunaux d'exception,* loi, tribunaux qui sont hors de la règle de la constitution du pouvoir judiciaire. ♦ **Prov.** *L'exception confirme la règle,* c'est-à-dire l'exception, manifestant la règle, la constate. ♦ *Il n'y a point de règles sans exceptions,* se dit pour excuser quelque manquement. ■ *L'exception confirme la règle,* sans règle il n'y a pas d'exception. ■ *Exception culturelle,* caractère de ce qui s'écarte d'un modèle culturel dominant, qui affirme une identité propre. *Ce groupe fait figure d'emblème de l'exception culturelle française.*

EXCEPTIONNEL, ELLE, adj. [ɛksɛpsjɔnɛl] (*exception*) Qui a rapport à une exception. *Disposition exceptionnelle.* ♦ **Néol.** Qui fait exception, extraordinaire. *Un bon marché exceptionnel.* ■ **Rem.** N'est plus un néologisme aujourd'hui.

EXCEPTIONNELLEMENT, adj. [ɛksɛpsjɔnɛl(ə)mɑ̃] (*exceptionnel*) D'une manière exceptionnelle.

EXCÈS, n. m. [ɛksɛ] (lat. *excessus,* sortie) Différence en plus de deux quantités inégales. *L'excès d'une ligne sur une autre.* ♦ **Arith.** Le résultat d'une soustraction. ♦ **Fig.** Ce qui dépasse une limite ordinaire, une mesure moyenne. *L'excès du froid, du plaisir, etc.* ♦ **Absol.** *Se jeter d'un excès dans l'autre.* ♦ *Excès de pouvoir,* fait de rendre une décision ou d'agir en dehors des attributions légales. ♦ **Au pl.** Débauche, déréglement. *Faire des excès.* ♦ **Au sing. Fam.** *Nous avons fait hier un petit excès,* se dit d'une partie de table. ♦ **Au pl.** Violences, outrages. « *Il prévit à quels excès ils se porteraient* », Bossuet. ♦ **Dr.** *Séparation de corps pour cause d'excès, de sévices et d'injures graves.* ♦ **À L'EXCÈS, JUSQU'À L'EXCÈS**, loc. adv. Outre mesure, à l'extrême. ♦ *Dans l'excès,* au-delà de la limite ordinaire. « *Madame de Nesles est affligée dans l'excès* », Mme de Sévigné. ♦ **Prov.** *L'excès en tout est un défaut.* ♦ *Avec excès,* sans aucune mesure. *Manger avec excès.* ■ *Sans excès,* avec modération. *Boire sans excès.* ■ *Excès de langage,* paroles discourtoises, outrageuses.

EXCESSIF, IVE, adj. [ɛksesif, iv] (lat. médiév. *excessivus*) Qui excède la règle, la mesure, le degré ordinaire. *Un froid, un prix excessif.* ♦ *Climat excessif,* celui où l'hiver est extrêmement froid, et l'été extrêmement chaud. ♦ Il se dit des personnes qui portent les choses à l'excès. *C'est un homme excessif.*

EXCESSIVEMENT, adv. [ɛksesiv(ə)mɑ̃] (*excessif*) Avec excès, à un degré excessif. *Boire excessivement. Excessivement grand.*

EXCIPER, v. intr. [ɛksipe] (lat. *excipere,* retirer, disposer par une clause spéciale) **Dr.** Alléguer une exception, une fin de non-recevoir. *Exciper de l'autorité de la chose jugée.* ♦ S'appuyer, s'autoriser d'une pièce, etc. *Il excipa de plusieurs actes.*

EXCIPIENT, n. m. [ɛksipjɑ̃] (lat. *excipiens,* part. de *excipere,* recevoir) **Pharm.** Substance qui sert à dissoudre ou à incorporer certains médicaments, soit pour leur donner la forme convenable, soit pour en masquer la saveur ou en diminuer l'activité.

EXCISE, n. f. [ɛksiz] (angl. *excise,* accise) Impôt établi sur la bière, le cidre, etc. en Angleterre. ♦ Le bureau où l'on perçoit l'excise.

EXCISER, v. tr. [ɛksize] (lat. *excisum,* supin de *excidere,* enlever en coupant) **Chir.** Faire une excision.

EXCISION, n. f. [ɛksizjɔ̃] (lat. *excisio*) **Chir.** Opération par laquelle on enlève des parties d'un petit volume. ■ **Spécial** Ablation du clitoris.

EXCITABILITÉ, n. f. [ɛksitabilite] (*excitable* ou de l'angl. *excitability*) Faculté qui appartient aux corps vivants d'entrer en action, quand ils reçoivent l'action d'une cause stimulante. ♦ Caractère de ce qui peut être excité.

EXCITABLE, adj. [ɛksitabl] (*exciter*) Qui est susceptible d'être excité.

EXCITANT, ANTE, adj. [ɛksitã, ãt] (*exciter*) **Méd.** Qui a pour effet d'augmenter l'action vitale des organes. ♦ **N. m.** *Les excitants.* ♦ **Théol.** Grâce excitante, grâce qui excite seulement sans déterminer. ♦ Dans le langage général, qui excite, anime, provoque. *Des paroles excitantes.* ■ **N. m.** Ce qui stimule, excite l'organisme, souvent de manière nocive. *Le café, le tabac sont des excitants.*

EXCITATEUR, TRICE, n. m. et n. f. [ɛksitatœr, tʁis] (lat. *excitator*) Personne qui excite. *Un excitateur de troubles.* ♦ **N. m. Phys.** Instrument métallique à l'aide duquel on décharge, sans recevoir de commotion, un appareil électrique. ■ **Relig.** *Frère excitateur*, personne qui, au sein d'une communauté religieuse, a la charge de réveiller les autres. ■ **Adj.** Qui excite. *Des injures excitatrices.*

EXCITATIF, IVE, adj. [ɛksitatif, iv] (lat. médiév. *excitativus*) Syn. d'excitant, qui est plus usité.

EXCITATION, n. f. [ɛksitasjɔ̃] (lat. *excitatio*) Action d'exciter. ♦ **Dr.** *Excitation à la haine* ou *au mépris du gouvernement, à la débauche, etc.* délits prévus et punis par le code. ♦ **Méd.** État d'activité plus grande, soit d'un organe, soit de l'économie tout entière. ♦ **Fig.** *L'excitation des esprits était grande.* ■ Action visant à pousser à, à encourager à. *L'excitation à la sédition.* ■ **Physiol.** Action qui a pour but de déclencher une réaction neuronale chez un sujet. *Excitation auditive. Excitation d'un muscle, d'un nerf.* **Phys.** Création d'un flux d'induction, au moyen d'un courant électrique, dans un moteur, un générateur, etc. *Excitation en série des moteurs.* ■ **Chim.** Phénomène par lequel un atome, une molécule, un noyau atteint un état d'énergie supérieur à son niveau initial. *Excitation d'un ion.*

EXCITÉ, ÉE, p. p. d'exciter. [ɛksite] **Absol.** Qui est dans un état d'excitation. ■ **N. m.** et n. f. **Fam.** et **péj.** Personne qui manifeste de l'excitation. *Cet excité pourrait au moins regarder où il va. C'est une drôle d'excitée celle-là.* ■ **Chim.** *Atome excité*, atome ayant été soumis à une excitation.

EXCITEMENT, n. m. [ɛksit(ə)mã] (*exciter*) État de ce qui est excité. *L'excitement des esprits.*

EXCITER, v. tr. [ɛksite] (lat. *excitare*, faire sortir, animer) Pousser à, presser de. *Exciter quelqu'un au travail.* ♦ Avec certains noms de chose pour régime. *Exciter le courage, la douleur, etc.* ♦ Avec un nom de chose pour sujet. « *Ma gloire, mon repos, tout m'excite à partir* », **Racine.** ♦ Animer, encourager. *Exciter les soldats par son exemple.* ■ **Absol.** *Le bon exemple excite.* ♦ Irriter. *N'excitez pas ces animaux.* ♦ Faire naître, causer, avec un nom de personne ou de chose pour sujet. « *Nul mets n'excitait leur envie* », **La Fontaine.** *Exciter le rire et les larmes.* ♦ *Exciter l'envie, la pitié, l'admiration, etc.* être un objet d'envie, de pitié, etc. ♦ **Méd.** Produire l'excitation. ♦ *S'exciter,* v. pr. Se donner excitation. *S'exciter au combat. S'exciter réciproquement.* ♦ Être excité, causé. « *Je prévis les troubles qui s'exciteraient bientôt dans la petite république de Genève* », **Voltaire.** ■ **Impers.** « *Il s'excite en nous divers sentiments* », **Bossuet.** ■ **Phys.** Amener un atome, une molécule, un noyau à un état d'excitation. *Exciter un ion.* ♦ *Exciter la bile,* faire naître un sentiment de colère. *Il excite la bile de son colocataire.* ■ Faire naître le désir. *Sa tenue sexy l'excitait.* ■ *S'exciter sur,* marquer beaucoup d'intérêt pour. *S'exciter sur des projets de voyage.* ■ **Fam.** *S'exciter sur,* s'énerver sur. *Ne t'excite pas sur lui comme ça !*

EXCLAMATIF, IVE, adj. [ɛksklamatif, iv] (b. lat. *exclamativus*) Qui exprime, marque l'exclamation. *Point exclamatif. Phrase exclamative.*

EXCLAMATION, n. f. [ɛksklamasjɔ̃] (lat. *exclamatio*) Cri subit de joie, d'admiration, de surprise, d'indignation, etc. ♦ **Gramm.** *Point d'exclamation,* point ainsi figuré (!) ♦ Figure de rhétorique, qui consiste à se livrer tout à coup dans le discours aux élans impétueux de la passion.

EXCLAMER (S'), v. pr. [ɛksklame] (lat. *exclamare*) Pousser des exclamations. ♦ On devrait dire *exclamer* comme au xvie siècle ; mais l'assimilation avec *s'écrier* l'a emporté.

EXCLU, UE, p. p. d'exclure. [ɛkskly] **N. m.** et n. f. *On a admis de nouveau les exclus.* ♦ Jusque dans le courant du xviiie siècle, on a dit *exclus, excluse,* comme *exclu, exclue.*

EXCLURE, v. tr. [ɛksklyʁ] (lat. *excludere*) Interdire l'accès, retrancher, renvoyer quelqu'un d'un corps, d'une assemblée. ♦ **Fig.** Ôter un rang. « *Le droit de Julien exclut les chrétiens non seulement des honneurs, mais des études* », **Bossuet.** ♦ N'être pas compatible avec. « *La faveur des princes n'exclut pas le mérite et ne le suppose pas aussi* », **La Bruyère.** ♦ *S'exclure,* v. pr. Se mettre hors, s'interdire. ♦ Se mettre hors l'un l'autre. *Ces deux prétendants s'efforçaient de s'exclure.* ♦ Il se dit des choses incompatibles. ♦ Refuser, rejeter l'usage de. *Un régime qui exclut le sel.* ♦ Renvoyer quelqu'un, le faire quitter un endroit. *Le professeur l'a exclu du cours à cause de son insolence.* ■ Ne pas prendre en compte. *L'enquêteur a exclu cette piste.*

EXCLUSIF, IVE, adj. [ɛksklyzif, iv] (lat. médiév. *exclusivus*) Qui a la force d'exclure. *Un droit exclusif de tout autre.* ♦ Avoir voix exclusive dans une

élection, avoir le droit d'exclure de candidat présenté. ♦ Qui jouit de privilèges exclusifs. *Une compagnie exclusive.* ♦ Qui est incompatible avec. « *Des idolâtries exclusives du salut* », **Bossuet.** ♦ Il se dit aussi des personnes qui n'admettent pas ce qui est contraire à leur opinion, à leurs goûts. *L'esprit de parti rend exclusif.* ♦ On dit dans le même sens : *Goût, patriotisme exclusif, etc.* ■ Produit et vendu par une seule firme. *Un modèle exclusif.*

EXCLUSION, n. f. [ɛksklyzjɔ̃] (lat. *exclusio*) Action d'exclure, de mettre hors. ♦ **Fig.** « *Tant s'en faut que l'imagination donne l'exclusion au génie* », **Vauvenargues.** ♦ Action d'interdire quelque chose à quelqu'un. ♦ Incompatibilité. ♦ Caractère exclusif. ♦ **Math.** *Méthode d'exclusion,* mode de solution des problèmes fondé sur ce qu'on exclut successivement les inconnues. ♦ **À l'exclusion de, loc. prép.** Telle personne ou telle chose étant exclues.

EXCLUSIVEMENT, adv. [ɛksklyziv(ə)mã] (*exclusif*) En excluant. « *Si t'exclusivement à toute autre science vous endoctrinez votre enfant dans la géométrie* », **Chateaubriand.** ♦ Uniquement. ♦ En ne comprenant pas. *Jusqu'au mois de mai exclusivement.*

EXCLUSIVISME, n. m. [ɛksklyzivism] (*exclusif* ou de l'angl. *exclusivist*) Néol. Esprit d'exclusion. ■ **Rem.** Il n'est plus un néologisme aujourd'hui mais il est rare.

EXCLUSIVITÉ, n. f. [ɛksklyzivite] (*exclusif*) Droit réservé à une seule personne, physique ou morale, d'exploiter commercialement un produit. *Cette chaîne télévisée détient l'exclusivité sur les droits de retransmission du match.* ■ *Film en exclusivité,* dont la première exploitation est limitée à un nombre restreint de salles. ■ Produit ainsi commercialisé. *Découvrez notre nouvelle exclusivité.* ■ Information importante publiée en premier par un média.

EXCOMMUNICATION, n. f. [ɛkskɔmynikasjɔ̃] (lat. chrét. *excommunicatio*) Punition ecclésiastique séparant quelqu'un de la communion de l'Église. *Fulminer une excommunication.* ■ **Par anal.** Littér. Rejet d'une personne hors d'un groupe. *Excommunication d'un membre d'un parti politique.*

EXCOMMUNIÉ, ÉE, p. p. d'excommunier. [ɛkskɔmynje] **N. m.** et n. f. *Un excommunié.* ♦ ▷ **Fig.** *Il est fait comme un excommunié,* il est mal habillé, en désordre. ◁ ♦ ▷ *Un visage d'excommunié,* une mauvaise mine. ◁

EXCOMMUNIER, v. tr. [ɛkskɔmynje] (lat. chrét. *excommunicare*) Retrancher quelqu'un de la communion de l'Église. ♦ **Absol.** *Le consistoire chez les protestants seul a droit d'excommunier.* ♦ *S'excommunier,* v. pr. Se retrancher de la communion des fidèles. « *Il s'excommunie lui-même du christianisme* », **Bossuet.** ♦ S'excommunier l'un l'autre. ■ **V. tr.** Littér. Par anal. Rejeter une personne hors d'un groupe. *Excommunier un adhérent.*

EXCORIATION, n. f. [ɛkskɔʁjasjɔ̃] (lat. médiév. *excoriatio*) Légère plaie qui n'intéresse que la peau.

EXCORIÉ, ÉE, p. p. d'excorier. [ɛkskɔʁje]

EXCORIER, v. tr. [ɛkskɔʁje] (lat. *excoriare*, de *corium*, peau) **Chir.** Écorcher légèrement. ♦ *S'excorier,* v. pr. Se faire une excoriation à soi-même. ♦ Être excorié.

EXCRÉMENT, n. m. [ɛkskʁemã] (lat. *excrementum,* criblure, excrétion, déjections) Tout ce qui est évacué du corps de l'animal par les émonctoires naturels, comme les matières fécales, l'urine, la sueur, etc. ♦ En particulier, les matières fécales. ♦ **Fig.** « *Va-t'en, chétif insecte, excrément de la Terre* », **La Fontaine.**

EXCRÉMENTEUX, EUSE, adj. [ɛkskʁemãtø, øz] (*excrément*) **Méd.** Qui est de la nature de l'excrément.

EXCRÉMENTIEL, ELLE, adj. [ɛkskʁemãsjɛl] (*excrément*) **Méd.** Qui appartient à l'excrément. *Humeurs excrémentielles.* ■ **Rem.** On disait aussi autrefois *excrémentitiel.*

EXCRÉTER, v. tr. [ɛkskʁete] (*excrétion*) **Physiol.** Opérer l'excrétion.

EXCRÉTEUR, TRICE, adj. [ɛkskʁetœr, tʁis] (*excrétion*) Qui sert aux excrétions. *Conduit, vaisseau excréteur.*

EXCRÉTION, n. f. [ɛkskʁesjɔ̃] (lat. *excretum,* supin de *excernere,* cribler, trier) **Physiol.** Action par laquelle certains organes creux rejettent au-dehors les matières liquides ou solides qu'ils contiennent. *L'excrétion des matières fécales, de l'urine, de la salive, etc.* ♦ *Les excrétions,* les matières excrémentielles.

EXCRÉTOIRE, adj. [ɛkskʁetwaʁ] (*excrétion*) **Anat.** Qui procure l'excrétion. ♦ *Glandes excrétoires des plantes,* celles dont la surface laisse suinter un liquide.

EXCROISSANCE, n. f. [ɛkskʁwasãs] (lat. *excrescentia*) Sorte de tumeur qui se forme sur le corps des animaux ou des végétaux. ♦ **Fig.** « *Le parlement de Dombes n'était qu'une excroissance inutile* », **Voltaire.** ♦ **Par extens.** « *De* *petites excroissances que nous nommons des montagnes »*, BONNET. ■ Tumeur qui se développe sur la peau ou les muqueuses de l'être humain. *Excroissance de chair.*

EXCURSION, n. f. [ɛkskyʁsjɔ̃] (lat. *excursio*, marche, voyage) Course au-dehors. *Des excursions botaniques.* ♦ **Fig.** Digression. *Faire une excursion hors de son sujet.* ♦ ▷ Irruption sur le territoire ennemi. ◁ ♦ Longue dissertation sur un point d'antiquité peu connu, à l'occasion d'un mot, d'une pensée d'un auteur. ♦ On dit aussi excursus, en ce sens.

EXCURSIONNISTE, n. m. et n. f. [ɛkskyʁsjɔnist] (*excursion*) Néol. Celui, celle qui fait une excursion scientifique ou de plaisir. ■ REM. N'est plus un néologisme aujourd'hui. Il est vieilli.

EXCURSUS, n. m. [ɛkskyʁsys] (on prononce le *s* final ; lat. *excursus*, course, digression) Voy. EXCURSION, dans son dernier sens seulement.

EXCUSABLE, adj. [ɛkskyzabl] (lat. *excusabilis*) Qui est digne d'excuse, en parlant des personnes ou des choses.

EXCUSATION, n. f. [ɛkskyzasjɔ̃] (lat. *excusatio*, justification) **Anc. jurispr.** Excuses qu'on allègue pour être dispensé d'une tutelle, d'une charge. ♦ On ne dit plus aujourd'hui qu'excuse.

EXCUSE, n. f. [ɛkskyz] (*excuser*) Raison qu'on allègue pour se disculper ou pour disculper un autre. ♦ **Fig.** *« Leur incrédulité n'a plus d'excuse »*, BOS-SUET. ♦ Prétexte. ♦ Motif qui empêche un juré de siéger, un élève d'assister à la classe, etc. ♦ Motif légal pour se dispenser d'une charge imposée par la loi. ♦ Circonstance qui diminue la gravité d'un crime et par suite atténue la peine. ♦ *Faire excuse à quelqu'un*, le prier qu'il l'excuse. ♦ **Fam.** *Je vous fais excuse*, formule en usage quand on veut contredire. ♦ *Faire des excuses à quelqu'un*, lui témoigner le regret que l'on a de l'avoir offensé, gêné ou contrarié. ♦ *Exiger des excuses*, demander une réparation par excuse. ♦ *Faire ses excuses*, dire par politesse, quand on manque à quelque devoir de société ou qu'on refuse poliment quelque invitation. ♦ *Recevoir les excuses de quelqu'un*, se déclarer satisfait de la politesse qu'il a faite en s'excusant. ♦ Il faut rejeter la locution *demander excuse* dans le sens de *demander pardon*. ■ *Se confondre en excuses*, multiplier les paroles visant à être excusé d'une chose, d'un acte. ■ **Ellipt.** et fam. *Toutes mes excuses*, formule tronquée mise pour : *je vous présente toutes mes excuses.* ■ *Devoir des excuses à quelqu'un*, devoir à un individu, du fait d'une erreur commise à l'encontre de sa personne, des paroles porteuses d'excuses. ■ *Présenter ses excuses,* avouer une faute, reconnaître sa part de responsabilité dans une erreur et implicitement en demander le pardon.

EXCUSÉ, ÉE, p. p. d'excuser. [ɛkskyze]

EXCUSER, v. tr. [ɛkskyze] (lat. *excusare*) Donner les raisons qui peuvent disculper quelqu'un d'une faute. *Excuser quelqu'un d'une faute.* ♦ *Excuser une chose sur*, la rejeter sur. ♦ *Excuser à*, suivi d'un nom de personne, excuser envers, auprès de. *Vous m'excuserez à lui si, etc.* ♦ Recevoir, admettre les raisons que quelqu'un allègue pour se disculper. ♦ *Excuser un juré, un député, etc.* recevoir comme valables les motifs qui l'empêchent de siéger. ♦ Servir d'excuse, avec un nom de chose pour sujet. ♦ Pardonner, tolérer par indulgence. *Excusez cet oubli.* ♦ *Excuser quelqu'un de faire une chose*, le dispenser de la faire. ♦ **Absol.** Être indulgent. *Je vous prie d'excuser. Excusez-moi, vous m'excuserez*, formules de civilité. ♦ S'excuser, v. pr. Présenter ses excuses, ses raisons pour se disculper. *Il s'excuse sur qu'il ignorait cette défense.* ♦ *S'excuser sur une personne ou une chose*, rejeter la faute sur cette personne ou cette chose. ♦ *S'excuser de faire une chose*, s'en dispenser. ♦ **Absol.** *S'excuser.* ♦ Être excusé. *« Une telle action ne saurait s'excuser »*, MOLIÈRE. ■ **Prov.** *Qui s'excuse s'accuse*, la personne qui se justifie se rend coupable d'une faute. ■ **Spécialt** Transmettre les excuses d'une personne. *Il n'a pu être présent et m'a chargé de l'excuser.*

EXEAT ou **EXÉAT**, n. m. [ɛgzeat] (lat. *exeat* de *exire*, sortir, qu'il ou elle sorte !) Permission que l'évêque donne à un ecclésiastique, son diocésain, d'aller exercer dans un autre diocèse. ♦ Dans les lycées, collèges, etc. bulletin, permis de sortie. ♦ Dans les bibliothèques, permis de sortir avec des livres. ♦ **Fig.** *Donner à quelqu'un son exeat*, le congédier. ♦ **Au pl.** *Des exeat.* ■ REM. On écrit aussi *des exeats.*

EXÉCRABLE, adj. [ɛgzekʁabl] (lat. impér. *exsecrabilis*, abominable) Qu'on doit exécrer, avoir en horreur. *Un acte exécrable. « Un exécrable Juif, l'opprobre des humains[1] »*, RACINE. ♦ *Serment exécrable*, serment accompagné d'imprécations. ♦ Par exagération, très mauvais, pitoyable. *Un vin, un livre exécrable.* ■ REM. 1 : Propos raciste mis par Racine dans la bouche d'Aman, personnage de sa pièce *Esther* (1689).

EXÉCRABLEMENT, adv. [ɛgzekʁabləmɑ̃] (*exécrable*) D'une manière exécrable.

EXÉCRATION, n. f. [ɛgzekʁasjɔ̃] (lat. *exsecratio*, serment solennel, malédiction) Chez les anciens, menaces et malédictions sous des formules religieuses. ♦ Aujourd'hui, imprécation, jurement. ♦ Sentiment qui fait maudire. *« La sagesse est en exécration aux pécheurs »*, SACI. ♦ Chose exécrable.

♦ Dans le même sens, en parlant des personnes. *Il sera l'exécration de la postérité.*

EXÉCRÉ, ÉE, p. p. d'exécrer. [ɛgzekʁe]

EXÉCRER, v. tr. [ɛgzekʁe] (lat. *exsecrari*, maudire, lancer des imprécations, de *ex* et *sacer*) Avoir en exécration. *Tout le monde l'exècre.* ♦ S'exécrer, v. pr. Avoir une haine violente l'un pour l'autre.

EXÉCUTABLE, adj. [ɛgzekytabl] (*exécuter*) Qui peut être exécuté.

EXÉCUTANT, ANTE, n. m. et n. f. [ɛgzekytɑ̃, ɑ̃t] (*exécuter*) **Mus.** Musicien, musicienne qui exécute sa partie dans un concert. ■ Personne qui remplit une tâche qu'on lui a confiée. *Elle ne souhaitait pas dans ce travail n'être qu'une exécutante.*

EXÉCUTÉ, ÉE, p. p. d'exécuter. [ɛgzekyte]

EXÉCUTER, v. tr. [ɛgzekyte] (radic. de *exécution*) Mettre à effet, mener à accomplissement. *Exécutez mon ordre.* ♦ **Absol.** *Commandez, j'exécuterai.* ♦ **Art** Faire un ouvrage d'après un modèle, un plan. *Exécuter un monument, un bas-relief.* ♦ **Absol.** *Il conçoit bien, mais il exécute mal.* ♦ **Par extens.** *Exécuter un morceau de musique, un ballet, un opéra. Exécuter des mouvements*, se mouvoir d'une certaine façon. On dit de même : *Exécuter une manœuvre, des évolutions.* ♦ **Dr.** Saisir les biens d'un débiteur pour les vendre par autorité de justice. ♦ **Écon.** *Exécuter une personne*, faire vendre ou acheter publiquement les valeurs dont cette personne est acheteur ou vendeur, lorsqu'elle ne remplit pas au terme son engagement. ♦ **Milit.** *Exécuter militairement un soldat*, le punir de mort. ♦ *Exécuter militairement, une ville*, y exercer toutes les rigueurs militaires. ♦ *Exécuter à mort* ou simplement, ce qui est plus usité, *exécuter*, faire mourir par suite d'une condamnation judiciaire. ♦ S'exécuter, v. pr. Se résoudre à faire une chose par raison ou par complaisance. ♦ Vendre ce qu'on possède pour éviter la saisie. ♦ Avec un nom de chose pour sujet, être mis à effet. *« L'édit du prince s'exécute »*, LA FONTAINE. V. tr. **Dr.** Appliquer concrètement des décisions de justice. ■ **Inform.** En parlant d'un système informatique, traiter et accomplir la tâche demandée. *Exécuter un programme d'installation.*

EXÉCUTEUR, TRICE, n. m. et n. f. [ɛgzekytœʁ, tʁis] (lat. impér. *executor*, celui qui accomplit, magistrat chargé de poursuivre, du lat. *exsequi*, poursuivre, exécuter) Celui, celle qui exécute. *« Le prince est exécuteur de la loi de Dieu »*, BOSSUET. ♦ **Adj.** *Puissance exécutrice.* ♦ On dit plutôt aujourd'hui *exécutif* (qui est un néologisme). ♦ *Exécuteur, exécutrice testamentaire*, celui, celle que le testateur a chargé d'exécuter ses dispositions testamentaires. ♦ *L'exécuteur des hautes œuvres* ou absol. *l'exécuteur*, le bourreau. ♦ **Par extens.** *L'exécuteur de la justice de Dieu.*

EXÉCUTIF, IVE, adj. [ɛgzekytif, iv] (radic. de *exécution*) Chargé de l'exécution. ■ *La puissance exécutive, le pouvoir exécutif*, pouvoir chargé d'exécuter les lois. Voy. EXÉCUTEUR. ♦ On dit quelquefois substantivement *l'exécutif* pour le pouvoir exécutif.

EXÉCUTION, n. f. [ɛgzekysjɔ̃] (lat. *executio*, accomplissement, poursuite judiciaire, de *exsequi*) Action de passer du projet, du dessein conçu à l'acte, à l'accomplissement. ♦ *Mettre à exécution*, exécuter. ♦ *Homme d'exécution*, homme capable d'exécuter hardiment une entreprise. ♦ **Art** Action d'exécuter d'après certaines règles, ou conformément à un modèle, à un plan. ♦ Manière d'exécuter. **Peint.** Habileté à exécuter. *Ce peintre est de l'exécution.* ♦ **Mus.** L'action de jouer sur des instruments ou de chanter un morceau. ♦ Facilité de lire et d'exécuter une partie vocale ou instrumentale. ♦ *L'exécution d'un mouvement, d'une manœuvre*, l'action d'opérer un mouvement, une manœuvre. ♦ **Dr.** Fait d'accomplir ce qu'un acte ou un jugement prescrivent. ♦ **Dr.** *Exécution d'un débiteur*, vente de ses biens par autorité de justice. ♦ **Bourse** Vente ou achat public des valeurs dont une personne est acheteur ou vendeur, lorsque cette personne ne remplit pas au terme son engagement. ♦ **Milit.** *Exécution militaire*, mise à mort d'un condamné par un conseil de guerre. ♦ *Exécution militaire*, dégât que l'on fait dans un pays, dans une ville pour punir les habitants ou la contraindre à faire ce qu'on exige d'eux. ♦ *Supplice capital.* ♦ **Milit.** *Peloton d'exécution*, ensemble des membres d'un corps militaire qui ont pour mission de fusiller un condamné à mort. *Passer devant le peloton d'exécution.* ■ Accomplissement d'un exercice jugé difficile. *L'exécution d'un double saut périlleux.* ■ **Fam. Milit.** *Exécution !* injonction demandant l'exécution d'un ordre donné au préalable.

EXÉCUTOIRE, adj. [ɛgzekytwaʁ] (b. lat. *exsecutorius*, exécutif) **Dr.** Qui doit être mis à exécution ; qui donne le pouvoir d'exécuter. *Les lois sont exécutoires en vertu de leur promulgation.* ♦ **Pratiq.** *Titre exécutoire* ou n. m. et n. f. *un exécutoire*, mandement du juge qui taxe le chiffre des frais et en vertu duquel on en poursuit le paiement. ♦ *Force exécutoire d'un acte*, autorisation, pour l'exécution d'un acte, au recours de la force publique. ♦ **Dr.** *Formule exécutoire*, formule qui légitime l'utilisation de la force dans le cadre de certains actes exécutoires.

EXÉCUTOIREMENT, adv. [ɛgzekytwaʁ(ə)mɑ̃] (*exécutoire*) D'une manière exécutoire.

EXÈDRE, ■ n. f. [ɛgzɛdʀ] (lat. *exedra*, salle de réunion, avec des sièges, gr. *exedra*, de *ex* et *edra* siège) **Antiq.** Salle de conversation, abritée et munie de sièges, où l'on se réunissait pour discuter. ■ **Archit.** Partie d'une basilique romaine constituée d'une succession de sièges formant un demi-cercle ; dans l'abside d'une basilique chrétienne, banc semi-circulaire. ■ **Par extens.** Banc de pierre qui a la forme d'un demi-cercle et qui orne un jardin. *Les concerts étaient donnés par l'orchestre dans l'exèdre située dans le parc et autour de laquelle le public trouvait des chaises.*

EXÉGÈSE, n. f. [ɛgzezɛz] (gr. *exêgêsis*, récit, explication, de *exêgeisthai*, guider, expliquer en détail, interpréter) Explication grammaticale et mot pour mot. ◆ Interprétation grammaticale et historique de la Bible. ◆ Explication des lois et textes du droit. *Exégèse du Code.* ◆ Toute interprétation en matière d'histoire. *L'exégèse historique.*

EXÉGÈTE, ■ n. m. et rare f. [ɛgzezɛt] (gr. *exêgêtês*, qui dirige, qui interprète, de *exêgeisthai*) Personne qui se consacre à l'interprétation des textes, et plus spécialement des textes sacrés. *Un exégète de Proust.*

EXÉGÉTIQUE, adj. [ɛgzezetik] (gr. *exêgêtikos*, propre à raconter ou à expliquer) Qui sert à interpréter, à expliquer. *Commentaire exégétique.* ◆ *Méthode exégétique*, celle qui procède par l'interprétation des textes.

EXÉMA, ■ n. m. [ɛgzema] Voy. ECZÉMA.

1 EXEMPLAIRE, adj. [ɛgzãplɛʀ] (lat. *exemplaris*, de *exemplum*, qui sert de modèle) Qui peut servir d'exemple. *Une conduite exemplaire.* ◆ Qui doit effrayer comme exemple. *Punition exemplaire.* ■ **EXEMPLARITÉ,** n. f. [ɛgzãplaʀite]

2 EXEMPLAIRE, ■ n. m. [ɛgzãplɛʀ] (b. lat. *exemplarium*, de lat. *exemplar*, copie, type) Modèle à suivre. « *Ce roi, des bons rois l'éternel exemplaire* », MALHERBE. ◆ Archétype, idée divine. *L'univers, selon Platon, est un exemplaire de la divinité.* ◆ Chaque objet provenant d'un type commun. *Il n'y a que deux exemplaires de ce livre.* ◆ **Par extens.** Individus de même espèce ou variété, soit animale, soit végétale, que l'on conserve dans les collections comme échantillons de cette espèce ou variété.

EXEMPLAIREMENT, adv. [ɛgzãplɛʀ(ə)mã] (*exemplaire*) D'une manière exemplaire. *Vivre, punir exemplairement.*

EXEMPLE, n. m. [ɛgzãpl] (anc. fr. *esample*, nouvelle, récit à enseignement moral, du lat. *exemplum*, modèle, exemple) Ce qui peut être imité en tant que modèle. « *Il y a de mauvais exemples qui sont pires que les crimes* », MONTESQUIEU. ◆ *Le commun exemple*, ce que chacun fait. ◆ *Un homme de mauvais exemple*, un homme dont la conduite est déréglée. ◆ *Prendre exemple de*, sur, se conformer à. ◆ *Exemple de bonté, de charité*, acte de bonté, de charité. ◆ *Donner un exemple de*, faire un acte de. ◆ *Donner l'exemple*, faire le premier. ◆ Chose dont on peut tirer enseignement. *Vous devez un exemple à la postérité.* ◆ Personne du sort ou des actions de laquelle on peut tirer enseignement. « *Quel exemple terrible ne suis-je pas pour les rois ?* », FÉNELON. ◆ *Il est l'exemple de ses condisciples*, il se conduit de manière à servir d'exemple à ses condisciples. ◆ *Faire un exemple de quelqu'un*, le punir pour apprendre aux autres les peines auxquelles ils s'exposeraient s'ils commettaient les mêmes fautes. ◆ **Absol.** *Faire des exemples.* ◆ *Exemple d'une chose*, celui, celle qui a éprouvé, subi une certaine chose et qui en sert aux autres d'avertissement. « *Rome a été un exemple de la justice de Dieu* », BOSSUET. ◆ Chose pareille à la chose dont il s'agit. « *O vertu sans exemple !* », P. CORNEILLE. ◆ *Exemple que...*, fait qui prouve que... « *J'avoue que j'ai vu dans nos histoires des exemples qu'on a payé de son bien une erreur* », VOLTAIRE. ◆ Passage d'auteur qui sert à prouver quelque fait de langage. ◆ Modèle d'écriture. L'Académie dit que plusieurs font en ce sens *exemple* du féminin ; mais il n'y a aucune raison pour conserver cette anomalie. ◆ **PAR EXEMPLE,** loc. adv. S'emploie pour expliquer ou confirmer ce qu'on veut dire. *Par exemple, il est certain que...* ◆ Sorte d'exclamation familière qui exprime l'étonnement, la surprise. *Par exemple ! voilà qui est fort.* ◆ À L'EXEMPLE DE, loc. prép. Par imitation, pour se conformer à. ■ *Donner l'exemple*, montrer la bonne marche à suivre aux suivants. ■ *Prendre exemple sur quelqu'un*, imiter une personne dans la réalisation d'un acte du fait de la bonne conduite dont il a fait preuve face à cette même difficulté.

EXEMPLIFICATION, ■ n. f. [ɛgzãplifikasjõ] (*exemplifier*) Action d'exemplifier. *L'exemplification dans les dictionnaires permet de mettre en contexte les entrées.*

EXEMPLIFIER, ■ v. tr. [ɛgzãplifje] (*exemple*) Expliquer par un exemple. *Exemplifier une règle de grammaire.*

1 EXEMPT, n. m. [ɛgzã] (2 *exempt*) Autrefois, sous-officier de cavalerie qui commandait en l'absence du capitaine et des lieutenants. ◆ Aujourd'hui, officier de police. ■ Personne exemptée d'une charge.

2 EXEMPT, EMPTE, adj. [ɛgzã, ãt] (lat. *exemptus*, p. p. de *eximere*, retirer, soustraire) Qui n'est point assujetti à. *Exempt d'impôt.* ◆ **Fig.** « *On ne plaint jamais dans autrui que des maux dont on ne se croit pas exempt soi-même* »,

J.-J. ROUSSEAU. ◆ Dispensé de. ◆ Qui n'éprouve pas. *Exempt d'ambition.* ◆ Il se dit de même des choses. *Un ouvrage exempt de défauts.*

EXEMPTÉ, ÉE, p. p. d'exempter. [ɛgzãte] ou [ɛgzãpte] N. m. et n. f. *Un exempté.* ■ REM. S'emploie aussi au féminin. *Une exemptée.* ■ Adj. Qui est exempt de. *Il est exempté d'impôt.*

EXEMPTER, v. tr. [ɛgzãte] ou [ɛgzãpte] (*exempt*) Rendre exempt, affranchir d'une chose obligatoire. *Exempter d'impôt.* ◆ Préserver, garantir de. ◆ Dispenser de. ◆ S'exempter, v pr S'ôter une chose obligatoire. *S'exempter de toute responsabilité.* ◆ Se dispenser de.

EXEMPTION, n. f. [ɛgzãpsjõ] (lat. *exemptio*, action d'ôter) Dispense, affranchissement d'une charge, d'une obligation. *Exemption du service militaire.* ◆ ▷ Certificat que le maître donne à un écolier quand il est satisfait de lui, et à l'aide duquel l'écolier peut se racheter de quelque punition ou obtenir une sortie de faveur. ◁ État où l'on n'est pas sujet à, où l'on est délivré de. *L'exemption des peines de la vie.* ■ **Relig.** Privilège qui permet de soustraire une personne du clergé régulier, un ordre, ou un institut religieux à la juridiction épiscopale pour les placer sous l'autorité pontificale.

EXEQUATUR ou **EXÉQUATUR,** n. m. [ɛgzekwatyʀ] (lat. *exsequi*, exécuter, qu'il [qu'on] exécute) **Pratiq.** Ordre ou permission d'exécuter. ◆ Formule par laquelle une sentence d'arbitres ou un jugement rendu par un tribunal étranger est rendu exécutoire. ◆ Autorisation à un agent étranger d'exercer ses fonctions dans le pays. *Ce consul a reçu son exequatur.* ■ Au pl. *Des exequatur* ou *des exequaturs.*

EXERÇANT, ANTE, adj. [ɛgzɛʀsã, ãt] (*exercer*) Qui exerce, qui pratique. *Médecin exerçant. La pharmacie exerçante.*

EXERCÉ, ÉE, p. p. d'exercer. [ɛgzɛʀse] « *Exercé dans la guerre* », BOSSUET. « *Un peuple qui est exercé à la vertu* », FÉNELON. ■ Devenu compétent dans une discipline à force d'exercice. *Un peintre exercé.*

EXERCER, v. tr. [ɛgzɛʀse] (lat. *exercere*, ne pas laisser en repos, former par des exercices, pratiquer) Dresser, former par certains mouvements réguliers. *Exercer le corps. Exercer des conscrits au maniement des armes. Exercer des chiens à la chasse.* ◆ Mouvoir, pour mettre ou tenir en état de mieux faire certaines fonctions. *Exercer ses bras, ses jambes.* ◆ *Exercer son bras, sa vigueur*, user pleinement de sa force musculaire. ◆ *S'exercer*, exercer à soi-même. *S'exercer les doigts sur le piano.* ◆ **Fig.** Il se dit des choses intellectuelles et morales. *Exercer des acteurs, la mémoire d'un enfant. Exercer la patience.* ◆ *Exercer sa plume, son éloquence, ses talents*, employer sa plume, son éloquence, ses talents. ◆ Avec un nom de chose pour sujet. *Cela exerce l'esprit.* ◆ Mettre à l'épreuve. *Exercer la patience de quelqu'un. Dieu se plaît à exercer les bons.* ◆ Pratiquer une profession, un métier. *Exercer une charge*, en faire les fonctions. ◆ On dit de même : *Exercer la piraterie, le brigandage.* ◆ Se dit absolument, en parlant d'une charge, d'une profession. *Ce médecin n'exerce plus.* ◆ Gérer, administrer. *Exercer l'autorité souveraine.* ◆ *Exercer la police*, faire observer la police, et fig. surveiller attentivement. ◆ *Exercer son droit, ses droits*, en user, les faire valoir. ◆ *Exercer une grande surveillance sur quelqu'un, sur quelque chose*, surveiller attentivement quelqu'un ou quelque chose. ◆ **Fig.** *Exercer de l'ascendant, de l'influence*, avoir beaucoup d'empire, d'ascendant, d'influence. ◆ *Exercer une action sur*, influer sur. ◆ *Exercer une action*, produire un effet, avec un nom de chose pour sujet. *L'action que la lumière exerce sur les plantes.* ◆ Mettre en usage. *Exercer sa clémence, sa cruauté, sa colère, etc.* faire des actes de clémence, de cruauté, de colère, etc. ◆ V. intr. Se dit des commis du fisc qui vont chez certains marchands constater ce qui est soumis aux droits indirects. On dit aussi activ. *exercer un cabaretier.* ◆ **Pratiq.** *Exercer un droit, une action*, agir en vertu d'un droit, d'une action. ◆ *S'exercer*, v. pr. Se préparer, se former par des mouvements réguliers. *S'exercer à faire des armes.* ◆ Il se dit aussi des membres, des forces. ◆ **Par extens.** *S'exercer à la patience.* ◆ Prendre pour objet de ses attaques. *Leur critique s'exerce sur ce livre.* ◆ Être pratiqué. *La fraude s'exerce impunément.* ◆ Il se dit des choses intellectuelles ou morales mises à l'épreuve. *Ma patience a de quoi s'exercer.* ◆ V. tr. Entraîner afin d'améliorer par la pratique. *Il exerce son talent à l'œuvre de sa vie.* ◆ *Exercer à*, mettre régulièrement en pratique des aptitudes afin d'améliorer ses performances dans une activité. *Il exerce son talent au maniement du sabre.*

EXERCICE, n. m. [ɛgzɛʀsis] (lat. *exercitium*, exercice, pratique) Action d'exercer quelqu'un à quelque chose ou de s'y former soi-même. *Cela s'apprend par un long exercice. Les exercices du corps. Les exercices du corps.* ◆ L'action d'exercer, de s'exercer au maniement des armes et aux évolutions. *L'exercice du fusil.* ◆ *Exercice à feu*, exercice où l'on apprend aux soldats à tirer. ◆ Les exercices du corps soumis à certaines règles, tels que monter à cheval, danser, etc. *Les exercices de la gymnastique.* ◆ **Fig.** et **fam.** Peine, fatigue, embarras. *L'ennemi nous a donné bien de l'exercice.* ◆ Ce qui exerce l'esprit, les facultés. *Exercice de la mémoire.* ◆ *Exercices publics*, conférences sur ce qui se faisait dans les hautes écoles. ◆ Dans les classes, *exercices au tableau*, les exercices de traduction ou de calcul que l'élève fait à la craie sur un tableau noir. ◆ Devoirs donnés pour familiariser l'élève avec les règles. ◆ Livres qui contiennent les exercices. ♦ **Au pl.** Ce qui fait l'occupation habituelle d'une compagnie. *Exercices académiques.* ♦ **Mus.** Morceau composé pour familiariser un exécutant avec une des difficultés du chant ou de l'instrument. ♦ Il se dit des choses morales qu'on met en pratique. *L'exercice du culte, de la religion catholique.* ♦ *Exercices spirituels,* certaines pratiques de dévotion qui se font dans les communautés religieuses où l'on se met en retraite. ♦ Occupation. « *Tout autre exercice que la guerre leur était interdit* », ROLLIN. ♦ Action de faire ce qui est d'une fonction, d'une charge, du pouvoir. *L'exercice d'une profession, du pouvoir.* ♦ *Être dans l'exercice de ses fonctions,* remplir actuellement certaines fonctions. ♦ Action d'user d'un droit. *L'exercice d'un privilège.* ♦ *Collège de plein exercice,* collège où les classes comprennent jusqu'à la philosophie inclusivement, avec les classes de mathématiques. ♦ **Financ.** La perception et l'emploi des revenus publics relativement à chaque année. ♦ Visite des commis chez certains marchands pour la perception des droits indirects. ■ *En exercice,* en activité.

EXERCISEUR, ■ n. m. [ɛgzɛʀsizœʀ] (angl. *exerciser,* de *[to] exercise*) Appareil qui, par un système de résistance, concourt à faire travailler les muscles du corps humain. *Utiliser un exerciseur après un accouchement.*

EXÉRÈSE, n. f. [ɛgzeʀɛz] (gr. *exairesis,* extraction, de *ex* et *airein,* saisir) **Chir.** Opération par laquelle on enlève du corps tout ce qui lui est inutile, étranger ou nuisible.

EXERGUE, n. m. [ɛgzɛʀg] (lat. sav. *exergum,* hors de l'œuvre, du gr. *ex,* hors de et *ergon,* ouvrage) Petit espace hors d'œuvre, qui se pratique dans une médaille, pour y mettre l'inscription, la date. ♦ Le mot, la devise, la date, qui se trouvent dans cet espace. ■ *Mettre en exergue,* en évidence. ■ **Abusiv.** Citation placée au début d'un ouvrage et qui a généralement pour but de donner l'esprit du texte qui suit. *J'apprécie la citation donnée en exergue à ce livre.*

EXFILTRATION, ■ n. f. [ɛksfiltʀasjɔ̃] (*exfiltrer*) Action d'exfiltrer un agent.

EXFILTRER, ■ v. tr. [ɛksfiltʀe] (antonyme de *infiltrer* par chang. de préf.) Rapatrier un agent secret infiltré. *Exfiltrer un agent recherché.*

EXFOLIANT, ANTE, ■ adj. [ɛksfɔljɑ̃, ɑ̃t] (*exfolier*) Qui permet d'éliminer les cellules mortes de la peau. *Gel douche exfoliant.*

EXFOLIATION, n. f. [ɛksfɔljasjɔ̃] (radic. du supin, *exfoliatum* du b. lat. *exfoliare,* effeuiller) Soulèvement et chute de l'écorce par feuillets minces et desséchés. ♦ **Chir.** Séparation, par feuilles ou par lames, des parties d'un os, d'un tendon, d'un cartilage, etc. qui sont frappés de nécrose. ■ Élimination des cellules mortes de la peau. ■ **Bot.** Perte de pétales, de feuilles, ou de lamelles touchant une fleur ou un arbre ; enlever les pétales, les feuilles d'une plante. *Pour obtenir des feuilles plus petites, il faut pratiquer l'exfoliation à la fin du printemps en gardant le pétiole.*

EXFOLIÉ, ÉE, p. p. d'exfolier. [ɛksfɔlje]

EXFOLIER, v. tr. [ɛksfɔlje] (b. lat. *exfoliare,* effeuiller) **Bot.** Enlever une écorce par lamelles. ♦ S'exfolier, v. pr. Se dit de l'écorce qui s'en va par lamelles. ♦ Se dit aussi d'une substance qui s'enlève par des parties larges et minces. ♦ Se dit enfin d'un os, d'un tendon, d'un cartilage malade, dont les parties privées de vie se détachent par parcelles. ■ **Bot.** Perdre des feuilles ou des pétales.

EXHALAISON, n. f. [ɛgzalɛzɔ̃] (radic. de *exhaler*) Vapeur, odeur qui s'exhale de certains corps.

EXHALANT, ANTE, adj. [ɛgzalɑ̃, ɑ̃t] (*exhaler*) **Anat.** *Vaisseaux exhalants,* vaisseaux servant à l'exhalation.

EXHALATION, n. f. [ɛgzalasjɔ̃] (lat. *exhalatio*) Action d'exhaler. ♦ **Bot.** L'action des plantes qui donnent à l'atmosphère les gaz absorbés par elles. ♦ **Physiol.** Action par laquelle certains fluides sont versés à la surface des diverses membranes et de la peau.

EXHALÉ, ÉE, p. p. d'exhaler. [ɛgzale]

EXHALER, v. tr. [ɛgzale] (lat. *exhalare,* rendre par le souffle) Émettre, dégager, en parlant de vapeurs, d'odeurs. ♦ **Fig.** « *Depuis que je suis né, j'ai vu la calomnie Exhaler les venins de sa bouche impunie* », VOLTAIRE. ♦ *Exhaler son âme, sa vie,* mourir. ♦ Exprimer avec vivacité ; faire éclater en paroles. *Exhaler sa douleur, sa bile, sa mauvaise humeur.* ♦ S'exhaler, v. pr. Être exhalé. *Les vapeurs qui s'exhalent le soir.* ♦ **Impers.** *Il s'exhale des vapeurs de ce marais.* ♦ **Fig.** « *Tout le venin empesté du noir Cocyte semblait s'exhaler de son cœur* », FÉNELON, en parlant de sentiments, de passions. « *Non, je n'ai point un courroux à s'exhaler en paroles vaines* », MOLIÈRE.

EXHAURE, ■ n. f. [ɛgzɔʀ] (p.-ê. d'après le lat. *exhaurire,* vider en puisant) Extraction des eaux d'infiltration d'une mine, d'un terrain ou d'une carrière. *Un puit d'exhaure.*

EXHAUSSÉ, ÉE, p. p. d'exhausser. [ɛgzose] **Adj.** Surélevé. *La partie exhaussée d'une berge.*

EXHAUSSEMENT, n. m. [ɛgzos(ə)mɑ̃] (*exhausser*) Élévation, en parlant de construction. *L'exhaussement d'un mur.*

EXHAUSSER, v. tr. [ɛgzose] (réfection de l'anc. fr. *eshalcier* [*es-* et *hausser*] sur le modèle du lat. *exaltare,* exhausser) Élever à une grande hauteur. ♦ « *Les titres dont les hommes tâchent d'exhausser leur bassesse* », MASSILLON. ♦ Donner plus de hauteur à ce qui a déjà une certaine hauteur. *Exhausser un mur.* ♦ S'exhausser, v. pr. Devenir plus haut.

EXHAUSTEUR, ■ n. m. [ɛgzostœʀ] (radic. de *exhaustum,* supin de *exhaurire,* vider en puisant) Produit chimique ajouté à un aliment pour en rehausser le goût. *Les exhausteurs de goût sont des substances qui n'ont pas de saveur propre, mais permettent de renforcer le goût ou l'odeur d'un aliment.*

EXHAUSTIF, IVE, ■ adj. [ɛgzostif, iv] (angl. *exhaustive,* de *[to] exhaust,* épuiser, du radic. de *exhaustum,* supin du lat. *exhaurire,* vider en puisant) Qui rend compte d'un sujet dans sa totalité, sans rien omettre. *Un inventaire exhaustif.* ♦ Qui épuise les réserves, les forces d'un organisme ou d'une chose. *Un investissement moral exhaustif.* ■ **EXHAUSTIVITÉ,** n. f. [ɛgzostivite] ■ **EXHAUSTIVEMENT,** adv. [ɛgzostiv(ə)mɑ̃]

EXHAUSTION, ■ n. f. [ɛgzostjɔ̃] (b. lat. *exhaustio,* du radic. de *exhaustum,* supin de *exhaurire,* vider en puisant) **Math.** Méthode de calcul d'une grandeur visant à se rapprocher le plus possible de sa dimension grâce à une suite d'approximations de plus en plus précises. ■ **Log.** Méthode d'analyse qui revient à épuiser toutes les hypothèses sous-tendues par un problème.

EXHÉRÉDATION, n. f. [ɛgzeʀedasjɔ̃] (lat. impér. *exheredatio,* lat. *exheredare,* déshériter) Action, droit d'exhéréder. ♦ L'état de celui qui est exhérédé.

EXHÉRÉDÉ, ÉE, p. p. d'exhéréder. [ɛgzeʀede]

EXHÉRÉDER, v. tr. [ɛgzeʀede] (lat. *exheredare,* de *heres,* génit. *heredis,* héritier) Syn. technique de déshériter. ♦ **Absol.** *Le droit d'exhéréder.*

EXHIBÉ, ÉE, p. p. d'exhiber. [ɛgzibe]

EXHIBER, v. tr. [ɛgzibe] (lat. *exhibere,* produire au jour) Produire une pièce en justice. *Exhiber ses titres.* ♦ **Fam.** *Il nous exhiba une pancarte chargée d'attestations.* ♦ S'exhiber, v. pr. Se produire, se montrer, dans le langage plaisant. ■ **V. tr.** Montrer ouvertement et sans pudeur. ♦ Montrer de manière ostensible. *Exhiber son anatomie.* ■ **Fam.** Montrer quelque chose avec une fierté non dissimulée ou impudiquement. *Depuis qu'il est marié, il exhibe sans cesse son alliance.*

EXHIBITION, n. f. [ɛgzibisjɔ̃] (lat. impér. *exhibitio*) Action de produire un acte, une pièce. ♦ **Fam.** Action de montrer, de tirer de sa poche, etc. ♦ Réunion, dans un lieu donné, des animaux qui concourent pour des prix ou des primes. ♦ On dit de même : *Exhibition de tableaux.* ♦ **Fig.** Étalage indécent. *Une exhibition de luxe.* ■ Rencontre sportive faisant appel à des champions célèbres mais qui ne s'inscrit pas dans le cadre d'une compétition officielle.

EXHIBITIONNISME, ■ n. m. [ɛgzibisjɔnism] (*exhibition*) Obsession poussant un adulte à montrer son sexe dans les lieux publics. *Condamné pour exhibitionnisme.* ♦ **Fig.** Goût d'étaler sa vie privée, intime. ■ EXHIBITIONNISTE, n. m. et n. f. ou adj. [ɛgzibisjɔnist]

EXHILARANT, ANTE, adj. [ɛgzilaʀɑ̃, ɑ̃t] (lat. *exhilarans* part. de *exhilarare,* réjouir) Qui donne de l'hilarité. « *La douceur exhilarante de l'harmonie* », MOLIÈRE.

EXHORTATION, n. f. [ɛgzɔʀtasjɔ̃] (lat. *exhortatio,* encouragement) Discours en vue d'exhorter. ♦ *Exhortation religieuse,* discours de piété, en langage familier, qui se fait pour exhorter à la dévotion. ♦ **Fig.** *Ce succès était une exhortation.*

EXHORTÉ, ÉE, p. p. d'exhorter. [ɛgzɔʀte]

EXHORTER, v. tr. [ɛgzɔʀte] (lat. *exhortari,* encourager) Pousser à... par des paroles. *Exhorter à la paix, à bien vivre.* ♦ Donner du courage. *Exhorter des troupes.* ♦ *Exhorter quelqu'un à la mort,* l'exhorter à mourir en bon chrétien. ♦ Exhorter avec *que* et le verbe suivant au subjonctif. « *Nous vous exhortons que vous ne receviez pas en vain la grâce de Dieu* », BOSSUET. ♦ Exhorter avec *de* et le verbe suivant à l'infinitif (plus rare que *exhorter à*). « *Elle m'exhortait de consulter d'habiles gens* », J.-J. ROUSSEAU. ♦ S'exhorter, v. pr. Se donner des exhortations à soi-même. ♦ Se donner des exhortations réciproques.

EXHUMATION, n. f. [ɛgzymasjɔ̃] (*exhumer*) Action d'exhumer un corps. ■ Action de sortir quelque chose de l'oubli. ■ **Par anal.** Action de sortir de terre ce qui jusque-là y était enfoui. *L'exhumation d'un trésor.*

EXHUMÉ, ÉE, p. p. d'exhumer. [ɛgzyme]

EXHUMER, v. tr. [ɛgzyme] (lat. médiév. *exhumare,* formé sur le lat. *humare,* mettre en terre) Tirer un corps de la sépulture. ♦ **Fig.** Tirer de l'oubli. *Exhumer des titres.* ■ **Litt.** Faire renaître une chose oubliée. *Exhumer des souvenirs d'enfance.* « *Car c'est dans son antique héritage, ce qu'elle aura de meilleur* *et de plus beau à exhumer* », S**AND**. ■ **Par anal.** Sortir de terre ce qui jusque-là y était enfoui. *Exhumer un trésor d'un chantier de fouilles.*

EXIGÉ, ÉE, p. p. d'exiger. [ɛgziʒe] Réclamé comme dû.

EXIGEANT, EANTE, adj. [ɛgziʒɑ̃, ɑ̃t] (*exiger*) Qui est habitué à exiger beaucoup. *Se montrer exigeant.*

EXIGENCE, n. f. [ɛgziʒɑ̃s] (b. lat. *exigentia*) Caractère, prétention de celui qui est exigeant. ◆ Ce qui est exigé. *Les exigences du monde.* ◆ Prétention injuste imposée à une personne. ◆ Occurrence, besoin. *Selon l'exigence des affaires.* ■ R**EM**. Dans les trois derniers cas, ce mot est plus souvent employé au pluriel qu'au singulier.

EXIGER, v. tr. [ɛgziʒe] (lat. *exigere*, pousser dehors, mener à terme, faire payer, réclamer) Réclamer quelque chose en vertu d'un droit fondé ou prétendu. ◆ Obliger ou vouloir obliger à quelque chose qui n'est pas dû. *Il exige des intérêts exorbitants.* ◆ Faire fournir par force. *Exiger des contributions de guerre.* ◆ **Fig.** Il se dit, avec un nom de chose pour sujet, de ce qui oblige moralement. « *Je sais ce que de moi le rang de père exige* », R**ACINE**. ◆ Avoir nécessairement besoin. *Cette affaire exige votre présence.* ◆ S'exiger, v. pr. Être exigé. ■ **EXIGIBILITÉ,** n. f. [ɛgziʒibilite] (*exigible*) État de ce qui est exigible. *L'exigibilité d'une dette.*

EXIGIBLE, adj. [ɛgziʒibl] (*exiger*) Qu'on peut exiger. *Dette exigible.*

EXIGU, UË ou **EXIGU, ÜE,** adj. [ɛgzigy] (lat. *exiguus*) Petit, avec insuffisance. *Un logement, un repas exigu.* ■ **Fig.** Qui est trop étroit, limité. *Ce pessimiste trouvait la vie bien exiguë.*

EXIGUÏTÉ ou **EXIGÜITÉ,** n. f. [ɛgziguite] (lat. *exiguitas*) Petitesse, avec insuffisance. *L'exiguïté de ses ressources.* ■ **Fig.** Caractère de ce qui est étroit, limité. *L'exiguïté de notre amour.*

EXIL, n. m. [ɛgzil] (réfection de l'anc. fr. *eissil, exill,* détresse, bannissement, d'après le lat. *ex[s]ilium,* exil, bannissement) Expulsion hors de la patrie. ◆ *Exil volontaire,* action de quitter volontairement son pays. ◆ **Par extens.** Tout séjour hors du lieu où l'on voudrait être. *La ville où nous sommes est pour nous un lieu d'exil. Vivre loin de vous est un exil pour moi.* ◆ Dans le langage mystique, *la Terre est un lieu d'exil.* ■ **Par extens.** Lieu où demeure un exilé. ■ **Astrol.** Astre qui n'occupe pas le signe zodiacal qui lui est habituellement assigné. *En astrologie, l'exil représente une force tournée vers autrui.*

EXILÉ, ÉE, p. p. d'exiler. [ɛgzile] N. m. et n. f. *Un exilé.* ■ R**EM**. S'emploie aussi au féminin. *Une exilée.*

EXILER, v. tr. [ɛgzile] (soit *exil,* soit b. lat. *exiliare*) Envoyer en exil. ◆ **Par extens.** « *Les oiseaux que l'hiver exile Reviendront avec le printemps* », B**ÉRANGER**. ◆ Reléguer quelqu'un dans ses terres ; c'était le roi, non les tribunaux, qui infligeait cette sorte de punition. ◆ **Par extens.** *Exiler quelqu'un de notre présence,* lui défendre de se présenter devant nous. ◆ S'exiler, v. pr. Se condamner à un exil volontaire ; se retirer loin du monde. ◆ S'exiler l'un de l'autre. ◆ Être exilé. ◆ **Fig.** « *L'amour du bien commun de tous les cœurs s'exile* », D**ELAVIGNE**.

EXISTANT, ANTE, adj. [ɛgzistɑ̃, ɑ̃t] (*exister*) Qui existe actuellement. *Toutes les créatures existantes.* ◆ N. m. Ce qui existe.

EXISTENCE, n. f. [ɛgzistɑ̃s] (b. lat. *ex[s]istentia,* du lat. *ex[s]istere,* sortir de, se dresser) État de ce qui existe. *L'existence de Dieu.* ◆ Réalité. *L'existence d'un complot, d'un fait.* ◆ **Admin.** et **comm.** Existence en magasin, la quantité de marchandises que renferment les magasins. ◆ Vie. *Donner, recevoir l'existence.* ◆ Être persuadé d'une chose comme de son existence, y croire fermement. ◆ Rang, position sociale. *Avoir une belle existence.* ■ **Par méton.** Être humain. *Les pompiers ont sauvé de nombreuses existences lors du séisme.* ■ **Philos.** Conception d'un être fondée sur sa conscience et son expérience. *L'existence ne se définit pas, ne se déduit pas, elle se vit.*

EXISTENTIALISME, ■ n. m. [ɛgzistɑ̃sjalism] (*existentiel*) Doctrine philosophique qui a pour objet la spécificité de l'existence de l'homme en tant qu'être conscient. ■ **EXISTENTIALISTE,** n. m. et n. f. ou adj. [ɛgzistɑ̃sjalist]

EXISTENTIEL, ELLE, ■ adj. [ɛgzistɑ̃sjɛl] (b. lat. *ex[s]istentialis*) Qui est relatif à l'existence. *Des problèmes existentiels.* ■ **Log.** et **math.** *Quantificateur existentiel,* symbole indiquant, dans un ensemble donné, l'existence d'au moins un élément vérifiant une propriété.

EXISTER, v. intr. [ɛgziste] (lat. *ex[s]istere,* sortir de, se dresser) Avoir l'être. « *Rien n'existe que par Celui qui est* », J.-J. R**OUSSEAU**. ◆ Simplement, être, se trouver, avoir lieu actuellement. *Ce monument n'existe plus depuis longtemps.* ◆ Impers. *Il existe une loi qui, etc.* ◆ Vivre. *Quand j'aurai cessé d'exister.* ■ Avoir une certaine importance. *Elle n'existe plus pour lui.* ■ **Philos.** Présenter une réalité palpable. *Autrui aide à exister car il renvoie le sens que l'on se donne à soi-même.*

EX-LIBRIS ou **EXLIBRIS,** ■ n. m. [ɛkslibʀis] (lat. *ex libris,* venant des livres) Inscription apposée à l'intérieur d'un livre pour en notifier le propriétaire. ■ **Spécialt** Vignette artistique collée à l'intérieur d'un livre.

EX NIHILO, ■ adv. [ɛksniilo] (mots lat.) À partir de rien. *Une agglomération créée ex nihilo.* ■ Adj. inv. *Création ex nihilo.*

EXOCET, n. m. [ɛgzosɛ] (lat. sav. [Pline] *exocœtus,* gr. *exôkoitos,* de *exô,* à l'extérieur, et *koitê,* couche, désignant un poisson qui vient dormir sur le rivage) Genre de poissons malacoptérygiens abdominaux, pourvus de grandes nageoires pectorales qui leur permettent de voler. ■ N. m. **Milit.** Missile utilisé pour détruire des navires. *Des exocets.*

EXOCRINE, ■ adj. [ɛgzokʀin] (gr. *exô,* à l'extérieur, et *krinein,* sécréter [Aristote]) **Physiol.** Dont les produits de sécrétion sont libérés à la surface de la peau, d'une muqueuse, d'une cavité organique. *Les glandes exocrines.*

EXODE, n. m. [ɛgzɔd] (gr. *exodos,* sortie) Le second livre du Pentateuque, qui contient l'histoire de la sortie d'Égypte. ■ **Par extens.** Départ en nombre d'une population. ■ **Spécialt** Fuite des Français face à l'invasion allemande en 1940. ■ *Exode rural,* migration des campagnes vers les villes. ■ Avec une majuscule. La marche des Hébreux hors d'Égypte. *Les dix plaies d'Égypte sont les châtiments qu'aurait infligé Dieu à l'Égypte pendant l'Exode.*

EXOGAMIE, ■ n. f. [ɛgzogami] (angl. *exogamy,* de *exo-* et *-gamie*) Contrainte pour le membre d'une communauté (tribu, clan, etc.) de choisir le ou la futur(e) conjoint(e) en dehors de celle-ci. ■ **EXOGAMIQUE,** adj. [ɛgzogamik] ■ **EXOGAME,** adj. [ɛgzogam]

EXOGÈNE, ■ adj. [ɛgzoʒɛn] (*exo-* et *-gène*) Qui a une cause extérieure. *Norme exogène.* ■ Qui se produit ou se situe à l'extérieur. ■ **Méd.** Qui a sa source hors de l'organisme. ■ **Géol.** Qui prend naissance à la surface de la terre. *Des végétaux exogènes.*

EXOMPHALE, n. f. [ɛgzɔ̃fal] (gr. *exomphalos,* au nombril saillant, de *ex* et *omphalos,* nombril) Hernie ombilicale.

EXONDER, ■ v. tr. [ɛgzɔ̃de] (*exondé,* antonyme de *inondé* par changement de préfixe) Remettre à sec en parlant d'une terre inondée auparavant. *Exonder une cuvette.* ■ V. pr. *Quand la chaîne de montagnes s'est soulevée, de grands espaces se sont exondés.*

EXONÉRATION, n. f. [ɛgzonerasjɔ̃] (b. lat. jurid. *exoneratio,* rabais) **Pratiq.** Décharge, soulagement. *Exonération d'impôts.* ◆ Remplacement militaire fait par l'État même, au moyen d'une somme fixée chaque année.

EXONÉRER, v. tr. [ɛgzonere] (lat. *exonerare,* décharger, de *onus,* génit. *oneris,* fardeau) Faire cesser ce qui est onéreux, ou écarter la partie onéreuse d'une chose. ◆ *Exonérer une marchandise,* ne pas lui faire payer les droits de douane. ◆ Payer à l'État ce qu'il faut pour exempter du service militaire. ◆ S'exonérer, v. pr. Acquitter une dette. ◆ Payer à l'État son remplacement militaire. ■ Dégager d'une obligation financière. ■ *Être exonéré d'impôts,* ne pas devoir en payer. ■ **Fig.** Se délester d'une chose. *Exonérer quelqu'un d'un travail.*

EXOPHTALMIE, n. f. [ɛgzɔftalmi] (gr. *exophthalmos,* qui a les yeux saillants, de *ex* et *ophthalmos,* œil) **Chir.** Sortie de l'œil hors de l'orbite par l'effet de quelque lésion. ■ R**EM**. Graphie ancienne : *exophthalmie.* ■ **EXOPHTALMIQUE,** adj. [ɛgzɔftalmik]

EXOPLANÈTE, ■ n. f. [ɛgzoplanɛt] (*exo-* et *planète*) **Astron.** Planète n'appartenant pas au système solaire et gravitant autour d'une autre orbite. *La première exoplanète a été découverte en 1995 grâce au télescope de l'observatoire de Haute-Provence.*

EXORABLE, adj. [ɛgzoʀabl] (lat. *exorabilis,* de *exoro,* chercher à fléchir par des prières) Qui se laisse fléchir par des supplications. « *Qu'exorable à la prière, le prince soit ferme contre les demandes* », M**ONTESQUIEU**.

EXORBITAMMENT, adv. [ɛgzɔʀbitamɑ̃] (*exorbitant*) D'une manière exorbitante.

EXORBITANCE, n. f. [ɛgzɔʀbitɑ̃s] (*exorbitant*) ▷ Néolog. Qualité de ce qui est exorbitant. *L'exorbitance des profits, d'une prérogative.* ◁

EXORBITANT, ANTE, adj. [ɛgzɔʀbitɑ̃, ɑ̃t] (lat. *exorbitans,* p. prés. de *exorbitare,* dévier, de *ex* et *orbita,* ornière) Qui sort des limites ; qui dépasse de beaucoup la juste mesure. *Une dépense exorbitante. Un prix exorbitant.* ◆ On dit : *Exorbitant de. Des privilèges exorbitants du droit commun.* ◆ **Fig.** Qui blesse les convenances, la morale, la règle. « *C'est une action exorbitante* », M**OLIÈRE**. ■ **Dr.** Qui déroge à une chose. *Disposition exorbitante du droit commun.*

EXORBITÉ, ÉE, ■ adj. [ɛgzɔʀbite] (1 *ex-* et *orbite*) Sorti de l'orbite. ■ **Fig.** Qui traduit un grand étonnement. *Lancer un regard exorbité.*

EXORCISÉ, ÉE, p. p. d'exorciser. [ɛgzɔʀsize]

EXORCISER, v. tr. [ɛgzɔʀsize] (b. lat. *exorcizare,* du gr. *exorkizein,* faire prêter serment, gr. chrét. faire jurer par Dieu) Conjurer les démons, les chasser du corps des possédés à l'aide des paroles et des cérémonies de l'Église. ◆ **Absol.** *Le pouvoir d'exorciser.* ◆ *Exorciser un possédé,* employer les exorcismes de l'Église pour le délivrer. ◆ Prononcer sur le sel, sur l'eau, les prières de l'Église. ■ Faire disparaître quelque chose de funeste, en délivrer quelqu'un. *Exorciser un mal.* ■ **EXORCISATION,** n. f. [ɛgzɔʀsizasjɔ̃]

EXORCISEUR, n. m. [ɛgzɔʀsizœʀ] (*exorciser*) Celui qui pratique l'exorcisme.

EXORCISME, n. m. [ɛgzɔʀsism] (latin chrétien, du gr. *exorkismos*) Nom de certaines prières ecclésiastiques qui se font pour chasser le démon. ◆ Sorte de charme qui consiste à dire de certains vers ou de certaines paroles dans la vue de produire des effets surnaturels. ■ **Fig.** Ce qui peut chasser un sentiment, une inquiétude, un tourment. *Le sport était le seul exorcisme à ses interrogations incessantes.*

EXORCISTE, n. m. et n. f. [ɛgzɔʀsist] (lat. chrét. *exorcista*, gr. chrét. *exorkistês*) Personne qui exorcise. ■ **Relig.** Clerc ayant reçu le troisième ordre mineur et dont la mission consistait à chasser les démons.

EXORDE, n. m. [ɛgzɔʀd] (lat. *exordium*, de *exordiri*, commencer à ourdir, à parler) **Rhét.** La première partie du discours. *Exorde par insinuation. Exorde ex abrupto.* ◆ **Par extens.** Début, commencement.

EXORÉIQUE, ■ adj. [ɛgzoʀeik] (*exoréisme*) **Hydrol.** Qui s'écoule dans l'océan ou la mer. *Le drainage exoréique est un écoulement linéaire qui aboutit à l'océan sous forme de delta ou d'estuaire.*

EXORÉISME, ■ n. m. [ɛgzoʀeism] (*exo-* et gr. *rhein*, couler) **Hydrol.** Écoulement des eaux vers l'océan ou la mer. *Pour mesurer l'exoréisme, on utilise la notion de débit à ne pas confondre avec un régime.*

EXOSMOSE, n. f. [ɛgzɔsmoz] (*exo-* et *osmose*) **Phys.** Courant de dedans en dehors qui s'établit, en même temps que son opposé l'endosmose, à travers une cloison membraneuse séparant deux liquides de densité différente.

EXOSPHÈRE, ■ n. f. [ɛgzɔsfɛʀ] (*exo-* et *sphère*) Partie de l'atmosphère, où les particules ne sont plus soumises à la pesanteur et prennent la direction du milieu interplanétaire. *L'exosphère s'étend jusqu'à 10 000 kilomètres au-dessus de la surface de la Terre.*

EXOSQUELETTE, ■ n. m. [ɛgzoskələt] (*exo-* et *squelette*) Enveloppe se présentant sous la forme d'un squelette extérieur chez certains invertébrés comme les insectes, les crustacés et les mollusques. *L'exosquelette a un rôle de soutien et de protection du corps de certains invertébrés.*

EXOSTOSE, n. f. [ɛgzostoz] (gr. *exostôsis*, de *ex* et *osteon*, os) Tumeur osseuse qui se développe à la surface d'un os. ◆ Excroissances, tumeurs sur le tronc de certains arbres.

EXOTÉRIQUE, adj. [ɛgzoteʀik] (gr. *exôterikos*, extérieur, étranger, public, de *exô*, au-dehors) Qui se fait au-dehors, public. Opposé à ésotérique. *Doctrine exotérique.*

EXOTHERMIQUE, ■ adj. [ɛgzotɛʀmik] (*exo-* et *thermique*) **Phys.** Auquel est adjoint un dégagement de chaleur. *Un composé exothermique.*

EXOTIQUE, adj. [ɛgzotik] (lat. *exoticus*, du gr. *exôtikos*, de *exô*, au-dehors) Qui n'est pas naturel au pays. *Végétaux exotiques.* ◆ **Fig.** *Terme, usage exotique.* ■ Provenant des pays chauds et lointains. ■ **Rem.** Il existe une utilisation substantivée du mot qui revêt alors une valeur neutre. *L'exotique et le lointain.*

EXOTISME, ■ n. f. [ɛgzotism] (*exotique*) Caractère de ce qui est étranger. *L'exotisme d'une expression.* ■ Attirance pour ce qui est exotique. ■ **Par méton.** Style, expression qui dénote un goût prononcé pour l'exotisme. *L'exotisme de Bernardin de Saint-Pierre..*

EXOTOXINE, ■ n. f. [ɛgzotoksin] (*exo-* et *toxine*) **Biol.** Toxine diffusée dans le milieu ambiant par certaines bactéries et qui peut se caractériser par une forte toxicité. *Les exotoxines sont généralement de nature protéique.*

EXP., ■ [ɛksponãs)jɛl] (abréviation de *exponentiel*) **Math.** Symbole de la fonction exponentielle.

EXPANSÉ, ÉE, ■ adj. [ɛkspãse] (radic. de *expansion*) Qui concerne des matières caractérisées par leur constitution cellulaire légère et leur qualité isolante. *Polystyrène expansé.*

EXPANSIBILITÉ, n. f. [ɛkspãsibilite] (*expansible*) **Phys.** Propriété des gaz, des vapeurs qui tendent à occuper un plus grand espace.

EXPANSIBLE, adj. [ɛkspãsibl] (radic. de *expansion*) Susceptible d'expansibilité.

EXPANSIF, IVE, adj. [ɛkspãsif, iv] (radic. de *expansion*) Qui peut dilater ou se dilater. *Force expansive. Fluide expansif.* ◆ **Fig.** Qui s'épanche avec effusion. *Bonté expansive. Homme expansif.* ■ Qui est en expansion ou tend à l'être. *Une nation à la politique expansive.*

EXPANSION, n. f. [ɛkspãsjõ] (b. lat. *expansio*, action d'étendre, du lat. *expandere*, supin *expansum*, étendre, déployer) **Phys.** Dilatation d'un corps doué d'expansibilité. ■ **Anat.** et **bot.** Prolongement de certaines parties. ◆ Ces parties elles-mêmes prolongées. ◆ **Fig.** Action de s'étendre, et de se développer. *L'expansion du mouvement révolutionnaire.* ◆ Épanchement des pensées, des sentiments. ■ Action de faire part de ses sentiments. ■ Augmentation. *L'expansion d'un territoire. L'expansion de la population urbaine.*

■ **Astron.** *Théorie de l'expansion de l'univers,* hypothèse selon laquelle les galaxies s'éloignent les unes des autres à une vitesse proportionnelle à la distance les séparant. ■ **Écon.** *Expansion économique,* hausse du revenu national et de l'activité économique d'un pays donné. *L'expansion économique s'est accompagnée d'une inflation.*

EXPANSIONNISME, ■ n. m. [ɛkspãsjonism] (*expansion*) Doctrine qui préconise le développement d'un pays par le biais d'une politique de conquête. *L'expansionnisme américain.* ■ EXPANSIONNISTE, n. m. et n. f. ou adj. [ɛkspãsjonist]

EXPANSIVITÉ, ■ n. f. [ɛkspãsivite] (*expansif*) Caractère communicatif et démonstratif d'une personne. « *Jovial, aisé, bien en chair, voire un peu plantureux, il est l'expansivité et l'euphorie en personne* », MOUNIER. ■ EXPANSIF, IVE, n. m. et n. f. ou adj. [ɛkspãsif, iv]

EXPATRIATION, n. f. [ɛkspatʀijasjõ] (*expatrier*) Action d'expatrier ou de s'expatrier. ■ État de la personne expatriée.

EXPATRIÉ, ÉE, p. p. d'expatrier. [ɛkspatʀije]

EXPATRIER, v. tr. [ɛkspatʀije] (*ex-* et *patrie*) Obliger quelqu'un à quitter sa patrie. ◆ *S'expatrier,* v. pr. Quitter sa patrie, aller s'établir à l'étranger. ■ **V. tr. Par anal.** *Expatrier des capitaux,* les placer, les réinvestir dans une entreprise étrangère.

EXPECTANT, ANTE, adj. [ɛkspɛktã, ãt] (lat. *ex[s]pectans,* p. prés. de *ex[s]pectare,* attendre) Qui attend. ■ *Médecine expectante,* celle qui, attendant que la nature agisse par elle-même, emploie des moyens peu actifs. ◆ **Par extens.** *Méthode expectante.* ◆ *Être dans une attitude expectante,* attendre les événements pour se décider. ◆ Qui est dans l'attente d'une place, d'un paiement, etc. ◆ **N. m.** Celui qui doit avoir la première place vacante. « *Il fut reçu expectant à l'Hôtel-Dieu* », FONTENELLE.

EXPECTATIF, IVE, adj. [ɛkspɛktatif, iv] (radic.du lat. *ex[s]pectatum,* supin de *ex[s]pectare,* attendre) Qui donne droit d'attendre, d'espérer. *Les indults étaient des grâces expectatives.* ■ Qui exprime une attente. *Il m'adressa un regard expectatif.*

EXPECTATION, n. f. [ɛkspɛktasjõ] (lat. *ex[s]pectatio,* attente, désir, curiosité) Attente de quelque événement. « *La grande expectation du public a été heureusement terminée* », BOSSUET. ■ **Méd.** Méthode dans laquelle le médecin, laissant agir la nature, n'intervient activement qu'à l'apparition de symptômes fâcheux.

EXPECTATIVE, n. f. [ɛkspɛktativ] (fém. substantivé de *expectatif*) Attente fondée sur des droits, des promesses ou des probabilités. *Être dans l'expectative. Avoir l'expectative d'un emploi, d'une succession.* ◆ *En expectative,* en espérance. ◆ Espèce de droit de survivance qu'on donne en certains pays. *Le roi d'Espagne lui donna l'expectative de la première commanderie vacante.*

EXPECTORANT, ANTE, adj. [ɛkspɛktorã, ãt] (*expectorer*) Qui facilite l'expectoration. ◆ **N. m.** *Un bon expectorant.*

EXPECTORATION, n. f. [ɛkspɛktorasjõ] (*expectorer*) **Méd.** Action d'expectorer.

EXPECTORÉ, ÉE, p. p. d'expectorer. [ɛkspɛktore]

EXPECTORER, v. tr. [ɛkspɛktore] (lat. *expectorare,* chasser du cœur, de *ex* et *pectus,* poitrine, cœur) **Méd.** Rejeter, en toussant, les mucosités ou autres matières qui obstruent les bronches. ◆ **Absol.** *Cela fait expectorer.* ◆ **Fig. Dr. rom.** Rendre publique une nomination *in petto. Expectorer un cardinal.*

EXPÉDIÉ, ÉE, p. p. d'expédier. [ɛkspedje] N. f. *Expédiée,* genre d'écriture courante.

1 **EXPÉDIENT**, adj. [ɛkspedjã] (p. prés. du lat. *expedire,* expédier) Qui expédie, facilite, profite. *Il est expédient de faire cela.* « *Vous seul [Dieu] savez ce qui m'est expédient* », PASCAL. ◆ *Expédient* n'est employé qu'au masculin et avec le verbe *être.* ■ Adapté aux circonstances, opportun.

2 **EXPÉDIENT**, n. m. [ɛkspedjã] (substantivation de 1 *expédient*) Moyen de se tirer d'embarras, d'arriver à ses fins. *Être fécond, fertile en expédients.* ◆ Il se prend souvent en mauvaise part pour indiquer une mesure qui tire d'embarras pour le moment, mais laisse subsister la difficulté. *Ce n'est là qu'un expédient.* ◆ **Au pl.** Moyens onéreux et extrêmes qu'on emploie pour se procurer de l'argent. *Il est aux expédients.*

EXPÉDIER, v. tr. [ɛkspedje] (lat. *expedire,* débarrasser le pied, dégager, apprêter, expliquer, de *pes,* génit. *pedis,* pied) Faire partir pour une destination. *Expédier un ballot par le chemin de fer. Expédier un courrier.* ◆ Hâter l'exécution d'une chose, la fin d'une affaire. « *Ceux qui expédient le plus d'affaires* », FÉNELON. ◆ En ce sens, il se dit aussi de personnes. *Ce juge expédie promptement les parties.* ◆ Déclarer à la hâte. *Expédier ses motifs.* ◆ **Fam.** *Expédier de l'argent, des provisions,* les dépenser promptement. ◆ Se débarrasser d'un importun. ◆ Mettre à mal, ruiner. ◆ Faire mourir. *La maladie l'aura bientôt expédié. Ce médecin expédie ses malades.* ◆ **Pratiq.** Faire la copie littérale d'un acte. ◆ *S'expédier,* v. pr. Se hâter, se dépêcher. ◆ Être fait à la hâte, promptement.

EXPÉDITEUR, TRICE, n. m. et n. f. [ɛkspeditœʀ, tʀis] (*expédier*, d'après *expédition*) Celui, celle qui expédie des marchandises. ▪ REM. On peut aussi trouver un emploi adjectival. *Une compagnie expéditrice.*

EXPÉDITIF, IVE, adj. [ɛkspeditif, iv] (lat. médiév. *expeditivus*, convenable) Qui expédie promptement les affaires, prompt en besogne. « *C'est un homme expéditif, qui aime à dépêcher ses malades* », MOLIÈRE. ◆ Il se dit aussi des choses qu'on dépêche et qu'on fait promptement. *Un moyen expéditif.*

EXPÉDITION, n. f. [ɛkspedisjɔ̃] (lat. *expeditio*, préparatifs de guerre ; infl. sémantique de *expédier*) Action d'expédier, d'envoyer par une voie quelconque de transport. ◆ Au pl. Dépêches, lettres, actes. *Ce courrier attend ses expéditions.* ◆ Action d'expédier, de hâter ; diligence. *L'expédition des affaires.* ◆ *Homme d'expédition*, homme qui termine promptement les affaires. ◆ **Milit.** Entreprise à main armée et en corps de troupe contre un pays. *L'expédition de Xerxès contre la Grèce.* ◆ *Expédition maritime* ou simplement *expédition*, entreprise pour des découvertes, pour le commerce ou pour la guerre de mer. ◆ **Fig.** et **ironiq.** Équipée, chose faite mal à propos. ◆ **Pratiq.** Action de copier. *L'expédition d'un acte.* ◆ Copie légale non revêtue de la forme exécutoire d'actes notariés ou de jugements. ◆ Ensemble des choses envoyées à une personne. *Vous devriez avoir déjà reçu l'expédition envoyée hier.*

EXPÉDITIONNAIRE, n. m. [ɛkspedisjɔnɛʀ] (*expédition*) Celui qui est chargé de faire des envois de marchandises. ◆ Commis chargé de faire des expéditions ou copies. ◆ Chargé d'une expédition militaire. *L'armée expéditionnaire du Mexique.* ▪ **EXPÉDITIONNAIRE**, adj. [ɛkspedisjɔnɛʀ]

EXPÉDITIVEMENT, adv. [ɛkspeditiv(ə)mɑ̃] (*expéditif*) D'une manière expéditive.

EXPÉRIENCE, n. f. [ɛkspeʀjɑ̃s] (lat. *experientia*, essai, épreuve) Acte d'éprouver, d'avoir éprouvé. « *L'expérience du monde en dégoûte* », J.-J. ROUSSEAU. ◆ Faire l'expérience d'une chose, la ressentir, l'éprouver ; essayer si une chose réussit. ◆ *Faire l'expérience de*, faire l'apprentissage. *Faire l'expérience de la guerre.* ◆ Connaissance des choses acquise par un long usage. « *L'expérience consommée est la couronne des vieillards* », SACI. « *Un roi sans expérience de la guerre se passe.* », FÉNELON. ◆ Tentative pour reconnaître comment une chose se passe. *Expérience de physique, de chimie.* ◆ *Expérience* se dit quelquefois absolument pour méthode expérimentale. ▪ **Philos.** Connaissances acquises par le biais du vécu, contrairement aux connaissances innées. « *L'empirisme n'est rien autre chose qu'une sorte d'expérience inconsciente et comme instinctive acquise par l'habitude et la pratique même des choses* », C. BERNARD.

EXPÉRIMENTAL, ALE, adj. [ɛkspeʀimɑ̃tal] (lat. médiév. *experimentalis*) Qui est fondé sur l'expérience. *Physique expérimentale. Résultats expérimentaux.* ▪ Qui est mis en pratique en tant qu'essai. *Une thérapie expérimentale.* ▪ Où l'on se livre à des expériences. *Un laboratoire expérimental.*

EXPÉRIMENTALEMENT, adv. [ɛkspeʀimɑ̃tal(ə)mɑ̃] (*expérimental*) D'une manière expérimentale.

EXPÉRIMENTATEUR, TRICE, n. m. et n. f. [ɛkspeʀimɑ̃tatœʀ, tʀis] (*expérimenter*) Celui, celle qui fait des expériences. ◆ Adj. *Habileté expérimentatrice.*

EXPÉRIMENTATION, n. f. [ɛkspeʀimɑ̃tasjɔ̃] (*expérimenter*) Néolog. Action d'expérimenter. ◆ Méthode par laquelle s'acquièrent les connaissances positives, dans la plupart des sciences. ▪ REM. Il n'est plus aujourd'hui un néologisme.

EXPÉRIMENTÉ, ÉE, p. p. d'expérimenter. [ɛkspeʀimɑ̃te] Adj. *Un médecin expérimenté.*

EXPÉRIMENTER, v. tr. [ɛkspeʀimɑ̃te] (b. lat. *experimentare*) Éprouver par expérience. *Expérimenter un remède.* ◆ Absol. *Le désir d'expérimenter.* ◆ Absol. Dans les sciences expérimentales, solliciter la production des faits qu'on veut observer, afin de pouvoir parvenir à en assigner la loi, à en déterminer les causes, etc. ◆ S'expérimenter, v. pr. S'instruire par expérience. ◆ Être l'objet d'une expérience. *Un remède doit s'expérimenter facilement.*

EXPERT, PERTE, adj. [ɛkspɛʀ, pɛʀt] (lat. *expertus*, qui a fait ses preuves, p. p. de *experiri*, éprouver) Qui a acquis par l'expérience une grande habileté dans un métier, dans quelque chose. ◆ On dit : *Expert en, dans et à.* Avec un infinitif, on dit : *Expert à.* ◆ N. m. et n. f. « *Je le laisse juger aux experts* », LA FONTAINE. ◆ N. m. Dr. Celui qui, ayant la connaissance de certaines choses, est commis pour les vérifier et pour en décider. *S'en rapporter au dire des experts.* ◆ *À dire d'experts*, Voy. DIRE. ▪ EXPERTEMENT, adv. [ɛkspɛʀtəmɑ̃]

EXPERT-COMPTABLE, EXPERTE-COMPTABLE, ▪ n. m. et n. f. [ɛkspɛʀkɔ̃tabl, ɛkspɛʀt(ə)kɔ̃tabl] (*expert* et *comptable*) Personne spécialisée dans la gestion et l'analyse de la comptabilité. *Des experts-comptables.*

EXPERTISE, n. f. [ɛkspɛʀtiz] (*expert*) **Dr.** Visite et opération d'experts. *Faire une expertise.* ◆ Procès-verbal, rapport des experts. ▪ Estimation de la valeur financière d'un bien réalisée par un expert. *L'expertise d'un tableau.*

EXPERTISER, v. intr. [ɛkspɛʀtize] (*expertise*) Faire une expertise. ◆ V. tr. *On expertisera le dégât.* ◆ S'expertiser, v. pr. Être expertisé.

EXPIABLE, adj. [ɛkspjabl] (lat. *expiabilis*) Qui peut être expié.

EXPIATEUR, TRICE, adj. [ɛkspjatœʀ, tʀis] (lat. chrét. *expiator*, celui qui purifie) Propre à expier. *Des dons expiateurs. Une victime expiatrice.*

EXPIATION, n. f. [ɛkspjasjɔ̃] (lat. *expiatio*, de *expiare*, purifier, réparer) Action d'expier un crime, un délit, une faute. ◆ Cérémonie religieuse faite en vue d'apaiser la colère céleste. ◆ *Fête de l'expiation*, la quatrième des fêtes établies par Moïse. ▪ Par extens. Réparation d'une faute obtenue en infligeant une peine destinée à la compenser. *Ce fut une expiation très symbolique.*

EXPIATOIRE, adj. [ɛkspjatwaʀ] (lat. chrét. *expiatorius*) Qui se rapporte à l'expiation. *Des victimes expiatoires.* ◆ *Sacrifice expiatoire*, sacrifice qui se fait pour l'expiation de quelque faute.

EXPIÉ, ÉE, p. p. d'expier. [ɛkspje]

EXPIER, v. tr. [ɛkspje] (lat. *expiare*, purifier par des expiations, racheter, réparer) Réparer un crime par la peine qu'on fait subir. ◆ Antiq. Purifier quelqu'un, au moyen de la cérémonie appelée expiation, de la souillure contractée par quelque faute grave. ◆ Réparer, par la peine qu'on subit, un crime, une faute. *Expier son crime.* ◆ Avec un nom de chose pour sujet. « *L'opprobre et le supplice expieront votre audace* », LA MOTTE. ◆ Réparer d'une façon quelconque. « *Impatient déjà d'expier son offense* », RACINE. ◆ S'expier, v. pr.

EXPIRANT, ANTE, adj. [ɛkspiʀɑ̃, ɑ̃t] (*expirer*) Qui expire, qui est près d'expirer. ◆ Fig. Qui finit. *Un pouvoir expirant.* ◆ *Voix expirante*, voix qui se fait à peine entendre.

EXPIRATEUR, TRICE, adj. [ɛkspiʀatœʀ, tʀis] (radic. de *expirer*) **Anat.** *Muscles expirateurs*, muscles qui contribuent à l'expiration.

EXPIRATION, n. f. [ɛkspiʀasjɔ̃] (lat. *expiratio*, exhalaison) **Physiol.** Action par laquelle les poumons expulsent l'air qu'ils ont inspiré. ◆ Se dit aussi en parlant d'un soufflet de forge. ◆ Fin, terme. *Expiration d'un brevet.* ◆ Fin d'un certain temps marqué. *À l'expiration de l'année.* ◆ Échéance d'un terme convenu. *L'expiration d'un bail.*

EXPIRATOIRE, ▪ adj. [ɛkspiʀatwaʀ] (*expiration*) Qui est relatif à l'expiration. *La mesure du débit expiratoire de pointe permet le dépistage de l'asthme.*

EXPIRÉ, ÉE, p. p. d'expirer. [ɛkspiʀe]

EXPIRER, v. tr. [ɛkspiʀe] (anc. fr. *espirer*, mourir, refait d'après le lat. *ex[s]pirare*, exhaler, rendre le dernier soupir) **Physiol.** Expulser l'air qui est entré dans la poitrine. ◆ V. intr. Se conjugue avec *être* ou *avoir*, suivant le sens. Mourir. *Cet homme a expiré à l'instant ; il est expiré depuis quelques heures.* ◆ Fig. *Les flots expirent à mes pieds. La liberté expire.* ◆ Prendre fin, arriver à son terme. *Son bail expire à la Saint-Jean.* ◆ Fig. Cesser, se dissiper, s'évanouir. ▪ Cesser progressivement d'être. *Le feu expirait.*

EXPLÉTIF, IVE, adj. [ɛkspletif, iv] (b. lat. *expletivus*, du radic. de *expletum*, supin de *explere*, remplir) **Gramm.** Se dit des mots inutiles au sens, mais qui servent à remplir la phrase. *Moi est explétif dans :* « *Prends-moi le bon parti* », BOILEAU. ◆ *Particule explétive*, petit mot ou partie de mot qui s'ajoute sans changer le sens. ◆ N. m. *Un explétif.*

EXPLÉTIVEMENT, adv. [ɛkspletiv(ə)mɑ̃] (*explétif*) D'une manière explétive.

EXPLICABLE, adj. [ɛksplikabl] (lat. impér. *explicabilis*) Qui peut être expliqué. *Cela n'est pas explicable.*

EXPLICATEUR, TRICE, n. m. et n. f. [ɛksplikatœʀ, tʀis] (lat. *explicator*, celui qui sait exposer) Celui, celle qui fait l'explication de certaines choses exposées à la curiosité publique. *L'explicateur d'une ménagerie, d'un panorama.* ▪ Adj. Qui donne la cause d'une chose. *La raison explicatrice de l'univers. Une critique explicatrice.*

EXPLICATIF, IVE, adj. [ɛksplikatif, iv] (*explication*) Qui sert à expliquer. *Commentaire explicatif.* ◆ **Gramm.** *Proposition explicative*, proposition incidente qui ne sert qu'à expliquer une idée principale.

EXPLICATION, n. f. [ɛksplikasjɔ̃] (lat. *explicatio*) Discours par lequel on expose quelque chose de manière à en donner l'intelligence, la raison. *L'explication des songes.* ◆ Ce qui aide à trouver la cause, le motif d'une chose difficile à concevoir. *Cela me donne l'explication de certains faits.* ◆ Justification, éclaircissement. *Me donnerez-vous l'explication d'une telle conduite ?* ◆ *Avoir une explication avec quelqu'un*, le forcer à expliquer ses intentions. ◆ *Demander à quelqu'un l'explication d'une parole*, lui demander d'expliquer un propos qu'il a tenu et qui paraît offensant. ◆ Il se dit très souvent au plur. *Demander des explications.* ♦ Interprétation, par la parole, de représentations et choses figurées. *L'explication de la sphère.* ♦ Dans les classes, l'explication, la traduction de vive voix d'un auteur après préparation ou à livre ouvert. ■ Discussion entre au moins deux personnes en litige qui vise à élucider les raisons d'une mésentente et à tirer les conclusions quant à leurs futurs rapports. *Ils eurent une explication tendue.*

EXPLICITE, adj. [ɛksplisit] (lat. *explicitus*, clair, de *explicare*) Qui est formellement expliqué, énoncé. *Clause, volonté explicite.* ■ **Dr.** Qui est totalement et formellement énoncé. *Clause explicite.*

EXPLICITEMENT, adv. [ɛksplisit(ə)mɑ̃] (*explicite*) D'une manière explicite.

EXPLICITER, ■ v. tr. [ɛksplisite] (*explicite*) Énoncer ou rédiger de façon claire et formelle. *Je t'expliciterai ce qui te paraît flou.* ■ **Dr.** Énoncer totalement et formellement.

EXPLIQUÉ, ÉE, p. p. d'expliquer. [ɛksplike]

EXPLIQUER, v. tr. [ɛksplike] (lat. *explicare*, déployer, débrouiller, développer, de *ex* et *plicare*, plier) Rendre intelligible ce qui est obscur. ♦ Faire connaître la cause, le motif de ce qui paraît singulier, inconcevable. *Expliquer un phénomène. Ceci explique pourquoi il n'est pas venu.* ♦ S'expliquer, expliquer à soi-même. ♦ Faire entendre nettement, déclarer. *Expliquer sa pensée.* ♦ Faire connaître, exprimer, manifester. ♦ Interpréter des représentations figurées. *Expliquer un tableau.* ♦ Instruire sur quelque chose. « *J'adore le Seigneur, on m'explique sa loi* », RACINE. ♦ Faire un exposé. ♦ Donner la traduction. ♦ Classe. *Expliquer un auteur*, le traduire de vive voix ; et **absol.** *On a trop peu de temps pour expliquer.* ♦ S'expliquer, v. pr. Faire connaître sa pensée, sa manière de voir. ♦ S'expliquer, donner un éclaircissement. ♦ S'expliquer avec quelqu'un, avoir avec lui un éclaircissement. ♦ Avec ellipse du pronom personnel. *Il faut faire expliquer cet homme.* ♦ On dit aussi : *je le ferai s'expliquer.* ♦ S'expliquer d'une chose, en dire ce qu'on en pense. ♦ Être expliqué, être rendu intelligible. *Cela s'explique de soi-même.* ♦ Être expliqué l'un par l'autre. ♦ Se faire connaître, en parlant des sentiments. « *Que n'est-il permis à votre douleur de s'expliquer ?* », MASSILLON. ♦ Être exposé, manifesté. ♦ Se déployer, se développer. « *Ainsi la tragédie agit, marche et s'explique* », BOILEAU. ■ **Fam.** S'expliquer, échanger des coups. *Allons nous expliquer à l'extérieur.*

EXPLIQUEUR, EUSE, n. m. et n. f. [ɛksplikœr, øz] (*expliquer*) Celui, celle qui explique. *La science des expliqueurs de songes.*

EXPLOIT, n. m. [ɛksplwa] (prob. *exploiter*) (lat. *explicitum*) Chose accomplie en guerre, action d'éclat. ♦ **Dr.** Acte que l'huissier dresse et signifie pour assigner, notifier, saisir. ■ Chose ou action mémorable. ■ **Fam.** Se vanter de ses exploits, de ses succès.

EXPLOITABLE, adj. [ɛksplwatabl] (*exploiter*) Qui peut être exploité avec avantage. *Ferme exploitable.* ♦ *Bois exploitables*, bois en état d'être abattus. ♦ ▷ Se dit des biens qui peuvent être saisis par exploit et vendus par justice. ◁

EXPLOITANT, ANTE, adj. [ɛksplwatɑ̃, ɑ̃t] (*exploiter*) ▷ *Huissier exploitant par tout le ressort*, huissier qui a droit d'y signifier des exploits. ◁ ■ **N. m.** et n. f. Celui, celle qui exploite une entreprise, des terres, etc.

EXPLOITATION, n. f. [ɛksplwatasjɔ̃] (*exploiter*) Action d'exploiter des terres, des bois, une mine, etc. ♦ *Chemin d'exploitation,* chemin fait pour les besoins d'une exploitation. ♦ *Chemin de fer en état d'exploitation,* chemin de fer achevé et tout prêt pour servir au transport. ♦ **Par extens.** Se dit d'un privilège de théâtre, d'un journal, d'un brevet. ♦ La chose exploitée. ♦ Le lieu où l'on exploite. *Il a en Algérie une vaste exploitation.* ■ En un sens défavorable, *exploitation d'un homme,* le profit excessif que l'on en tire en l'employant. ■ **Milit.** Emploi d'un avantage qui permet la mise en déroute ou la destruction de l'adversaire. ■ **Cin.** *L'exploitation d'un film,* tout ce qui touche à la carrière commerciale d'un film.

EXPLOITÉ, ÉE, p. p. d'exploiter. [ɛksplwate] Une mine exploitée. ■ **N. m.** et n. f. Personne qui est exploitée par une ou des autres. *Marx distinguait les exploiteurs des exploités.*

EXPLOITER, v. tr. [ɛksplwate] (lat. pop. *explicitare*, accomplir, du supin *explicitum* de *explicare*) Faire valoir, tirer le produit. *Exploiter une ferme, une mine, un chemin de fer, un journal, un théâtre, etc.* ♦ *Exploiter des bois,* abattre, façonner et débiter les bois dans la forêt. ♦ **Par extens.** Tirer profit ou bon parti de quelque chose. *Exploiter la curiosité publique.* ♦ En mauvaise part, tirer un profit illicite ou peu honorable de quelque chose. *Exploiter la crédulité publique. Exploiter une dupe, des ouvriers.* ♦ ▷ V. intr. Par plaisanterie, faire quelque exploit, quelque prouesse. ◁ ♦ *Exploiter sur les grands chemins,* voler sur la grande route. ♦ **Dr.** Dresser et signifier des exploits. ♦ V. tr. Sommer par exploit. ♦ S'exploiter, v. pr. Être exploité.

EXPLOITEUR, EUSE, n. m. et n. f. [ɛksplwatœr, øz] (*exploiter*) Celui, celle qui exploite une terre, une mine, etc. ♦ Celui, celle qui tire des avantages illicites ou excessifs de quelque position. ♦ Celui, celle qui abuse, à son profit, de la confiance d'une personne. *Une exploiteuse.*

EXPLORABLE, adj. [ɛksplɔrabl] (*explorer*) Qu'on peut explorer.

EXPLORATEUR, TRICE, n. m. et n. f. [ɛksplɔratœr, tris] (lat. *explorator*, éclaireur) Celui, celle qui explore. ♦ Celui qui va ou qu'on envoie à la découverte dans un pays. ♦ **Adj.** Qui explore, qui se livre à des recherches. *Philosophe explorateur.* ♦ **Chir.** Qui a pour but de reconnaître quelque chose dans un organe, dans une tumeur. *Ponction exploratrice.*

EXPLORATION, n. f. [ɛksplɔrasjɔ̃] (lat. *exploratio*, observation, examen) Action d'explorer un pays. ♦ Recherche scientifique. ♦ Action d'examiner attentivement les symptômes d'une maladie, de sonder une plaie, un ulcère.

EXPLORATOIRE, ■ adj. [ɛksplɔratwar] (radic. de *exploration*) Qui implique une notion d'exploration avant une intervention. *Une chirurgie exploratoire. Une expédition exploratoire.*

EXPLORÉ, ÉE, p. p. d'explorer. [ɛksplɔre]

EXPLORER, v. tr. [ɛksplɔre] (lat. *explorare*, observer, faire une reconnaissance militaire) Parcourir en examinant, en cherchant à découvrir. *Explorer des contrées.* ♦ Parcourir du regard. ♦ **Fig.** *Explorer une bibliothèque,* les vieux documents. ♦ **Méd.** Examiner attentivement les symptômes d'une maladie ; sonder une plaie, etc.

EXPLOSER, ■ v. intr. [ɛksploze] (*explosion*) Désintégrer violemment. *Lorsque la bombe a explosé, elle a tout détruit dans un rayon de 5 km.* ■ **Fig.** et **fam.** Être largement au-dessus des autres. *Il a explosé son score.* ■ **Fig.** et **fam.** Révéler quelqu'un ou quelque chose. *Son talent a explosé lors de ce match.* ■ **Fig.** et **fam.** Entrer dans une violente colère. *Il explose pour un rien.* ■ **Fig.** et **fam.** Rouer de coups de façon à blesser gravement. *Je vais t'exploser la tête.*

EXPLOSEUR, ■ n. m. [ɛksplozœr] (*exploser*) Appareil portatif, générateur d'un courant électrique, qui permet de faire exploser à distance des mines. *Un exploseur électronique à condensateurs.*

EXPLOSIBILITÉ, ■ n. f. [ɛksplozibilite] (*explosible*) Caractère de ce qui peut provoquer une explosion. *Des substances ou préparations toxiques présentant un risque d'inflammabilité ou d'explosibilité.*

EXPLOSIBLE, adj. [ɛksplozibl] (*exploser*) ▷ Susceptible de faire explosion. ◁

EXPLOSIF, IVE, adj. [ɛksplozif, iv] (radic. de *explosion*) **Phys.** Qui est relatif à l'explosion ; qui a le caractère d'une explosion. ■ **N. m.** Substance qui peut exploser. ■ **Adj.** Qui peut susciter de vives réactions. *Des propos, des révélations explosives.* ■ *Caractère explosif,* caractère d'une personne encline aux emportements. ■ **Ling.** *Consonne explosive* ou n. f. *explosive,* consonne placée devant une voyelle et porteuse du phénomène d'explosion.

EXPLOSION, n. f. [ɛksplozjɔ̃] (lat. *explosio*, action de rejeter, de huer, de *explausum*, supin de *explaudere*, rejeter en battant des mains) Action d'éclater avec un bruit instantané. *L'explosion d'une mine, d'un volcan.* ♦ Action d'éclater, en parlant d'une passion, d'une sédition, d'une révolution, d'une maladie, etc. ■ *Explosion démographique,* hausse de la population dans un territoire donné pendant une période donnée. ■ **Techn.** *Moteur à explosion,* moteur fonctionnant grâce à la réaction explosive produite entre une étincelle électrique et un mélange gazeux. ■ **Phys.** Réaction explosive due à la libération très rapide d'un gaz ayant été maintenu sous pression auparavant. ■ **Ling.** Son bref naissant d'une brusque émission d'air lors de la fermeture des organes articulatoires et qui, après l'implosion et l'occlusion, constitue la phase terminale de l'expression d'une consonne occlusive. *En allemand et dans les langues scandinaves, la glotte est encore ouverte au moment de l'explosion, ce qui permet au souffle de s'échapper des poumons après celle ci, d'où l'aspiration (h) avec les consonnes occlusives sourdes à l'initiale*

EXPO, ■ n. f. [ɛkspo] Voy. EXPOSITION.

EXPONENTIEL, ELLE, ■ adj. [ɛkspɔnɑ̃sjɛl] (lat. *exponens*, génit. *-entis*, p. prés. de *exponere*, mettre en vue, exposer) **Math.** Qui est relatif à l'exposant. *Une fonction exponentielle.* ♦ **Par extens.** Qui croît très rapidement. *Une violence exponentielle.* ■ EXPONENTIELLEMENT, adv. [ɛkspɔnɑ̃sjɛl(ə)mɑ̃]

EXPORTABLE, ■ adj. [ɛkspɔrtabl] (*exporter*) Que l'on peut exporter. *De la marchandise exportable. Des données informatiques exportables.*

EXPORTATEUR, TRICE, n. m. et n. f. [ɛkspɔrtatœr, tris] (lat. *exporter*) Personne qui exporte des marchandises. ♦ **Adj.** *Fabricant exportateur.*

EXPORTATION, n. f. [ɛkspɔrtasjɔ̃] (lat. *exportatio*, exportation, déportation) Action d'exporter des marchandises. *L'exportation du blé.* ■ **Fig.** *L'exportation des idées.* ♦ Choses qu'on fait sortir d'un pays. *Le chiffre des exportations s'est accru.* ■ **Abrév.** Export.

EXPORTÉ, ÉE, p. p. d'exporter. [ɛkspɔrte]

EXPORTER, v. tr. [ɛkspɔʀte] (lat. *exportare*, porter au-dehors, bannir) Transporter à l'étranger les produits du sol ou de l'industrie nationale. ♦ **Absol.** Défense d'exporter. ♦ S'exporter, v. pr. Être exporté. ■ Véhiculer à l'étranger. *Exporter un mode de vie.* ■ **Inform.** Rendre des données compatibles avec une autre logiciel et les y implanter. ■ **Fig.** Diffuser à l'étranger. *Exporter une tradition.*

EXPORTEUR, n. m. [ɛkspɔʀtœʀ] (*exporter*) Syn. d'exportateur.

EXPOSANT, ANTE, n. m. et n. f. [ɛkspozɑ̃, ɑ̃t] (*exposer*) Celui, celle qui expose ses prétentions dans une requête en justice ou autre. ♦ Celui, celle qui met ses produits industriels ou artistiques dans une exposition publique. ♦ **Math.** Petit chiffre placé à droite et un peu au-dessus d'un nombre et qui en exprime la puissance.

1 **EXPOSÉ**, n. m. [ɛkspoze] (*exposer*) Récit d'un fait et de ses circonstances. ♦ Ce qui est déduit dans une requête présentée au juge. ♦ Compte rendu. *L'exposé d'une doctrine.* ■ **Spécialt** Exercice scolaire consistant à présenter oralement devant sa classe son point de vue sur une question imposée ou choisie. *Faire un exposé sur un ouvrage littéraire.*

2 **EXPOSÉ, ÉE**, p. p. d'exposer. [ɛkspoze] Qui peut courir des risques.

EXPOSER, v. tr. [ɛkspoze] (réfection, sur le modèle de *poser*, de l'anc. fr. *espondre*, de *exponere*, mettre en vue, livrer à, exposer par écrit) Mettre en vue, présenter aux regards. ♦ *Exposer en spectacle*, faire voir à tout le monde. ♦ **Fig.** *Être exposé à la vue du public, aux regards, aux yeux de tous, être dans une situation qui attire l'attention publique. Cette place expose à la vue de toute la Terre, aux yeux de tout le monde. ♦ Exposer le saint sacrement*, le présenter à l'adoration des fidèles. ♦ Se dit des artistes, des agriculteurs, des industriels qui mettent leurs œuvres, leurs produits sous les yeux du public. ♦ **Absol.** *Cet artiste n'a pas exposé cette année.* ♦ *Exposer en vente*, se dit des choses que l'on expose à la vue du public pour être vendues. *Exposer un criminel*, lui faire subir la peine du carcan. ♦ *Exposer un enfant*, dans le sens ancien, abandonner un enfant dans un lieu désert pour s'en défaire, pour qu'il y périsse. ♦ Dans le sens moderne, l'abandonner dans un établissement destiné à recueillir les enfants. ♦ Placer, tourner vers. *Bien exposer un bâtiment, un espalier, l'exposer au levant, au midi.* ♦ Soumettre à l'action de. *Exposer des hardes à l'air.* ♦ *Exposer aux bêtes un condamné*, le leur livrer pour qu'elles le déchirent. ♦ *Exposer au péril, au danger*, faire courir le péril, le danger. ♦ **Absol.** *Exposer quelqu'un*, lui faire courir un péril. ♦ *Exposer à*, faire courir le risque de. ♦ *Exposer quelque chose*, courir le risque de la perdre. *Exposer sa vie.* ♦ Faire courir risque, avec un nom de chose pour sujet. *Cela vous expose à bien des calomnies.* ♦ *Être exposé à*, courir le risque de. *Être exposé à périr.* ♦ *Être exposé à*, être en butte à. ♦ *Exposer*, faire connaître. ♦ Faire un exposé. ♦ Expliquer. *Exposer une doctrine.* ♦ **Absol.** *Ce professeur expose bien.* ■ **Litt.** Faire l'exposition d'une œuvre dramatique. ♦ S'exposer, v. pr. Être mis en vue. ♦ Courir un péril. *S'exposer à la mort.* ♦ **Absol.** *S'exposer*, se mettre en danger, courir des risques. ♦ Se mettre en butte. *S'exposer au feu des ennemis.* ♦ Se mettre dans le cas de faire ou de subir quelque chose de fâcheux. *S'exposer à un refus.* ♦ Être expliqué. ■ **V. tr. Phot.** Confronter une surface sensible à des rayons lumineux.

EXPOSITION, n. f. [ɛkspozisjɔ̃] (lat. *expositio*) Action d'exposer aux regards ; état de la chose exposée, mise en vue. *L'exposition du saint sacrement.* ♦ *Exposition de peinture* ou simplement *exposition*, mise sous les regards du public, de tableaux, en un lieu approprié. ♦ Exposition des produits de l'art et de l'industrie. ■ *Exposition universelle*, celle dans laquelle sont reçus les produits de tous les pays. ■ Le lieu où l'on expose. ♦ Manière dont un tableau est placé relativement au point d'où lui vient le jour et au point d'où il doit être vu. ♦ La peine infamante du carcan. ♦ Action d'abandonner un enfant sur la voie publique ou dans un hospice. ♦ Direction de la surface d'un terrain, d'un édifice, par rapport aux points cardinaux. *L'exposition au midi.* ♦ Récit, narration. *Explication. L'exposition de la doctrine chrétienne.* ♦ **Litt.** Partie d'une œuvre où l'on fait connaître le sujet. ■ Fait de soumettre à quelque chose. *Exposition au soleil.* ■ **Mus.** Présentation des thèmes et éléments principaux d'une pièce. ■ **Fam.** Expo. ■ **Phot.** Confrontation d'une surface sensible aux rayons lumineux. ■ **Relig.** *L'exposition du saint sacrement*, présentation de l'hostie aux fidèles dans un but d'adoration.

1 **EXPRÈS**, adv. [ɛkspʀɛ] (2 *exprès* : anc. fr. *par expres*, de propos délibéré) À certaine fin, avec une intention positive. « *Vous vous taisez exprès* », Molière. ♦ *Tout exprès*, même sens avec plus de force. ♦ *C'est comme un fait exprès*, se dit d'une chose qui devient fâcheuse par l'occurrence. ♦ Ne dites pas : *Par exprès.* ♦ *Faire exprès*, agir intentionnellement. ♦ *Être fait exprès pour*, parfaitement adapter à. *Ce manteau semble avoir été fait exprès pour lui.*

2 **EXPRÈS, ESSE**, adj. [ɛkspʀɛ, ɛs] (lat. *expressus*, p. p. adjectivé de *exprimere*, mis en relief, exprimé nettement) Qui est exprimé de manière à ne laisser aucun doute. *Ce sont ses mots exprès.* ♦ Il se dit de ce qui est fermement déterminé, arrêté. *Intention expresse.* ♦ Qui s'exprime en termes exprès, en parlant des personnes ou des livres. ♦ **N. m.** Messager chargé d'une mission déterminée. ■ *Lettre expresse*, lettre remise dans les plus brefs délais à son destinataire par un porteur spécial.

EXPRESS, adj. m. [ɛkspʀɛs] (2 *exprès* ; infl. sur *[café] express*, de l'ital. *espresso*) **Ch. de fer.** *Train express* ou n. m. *express*, train qui marche beaucoup plus vite que les trains directs et omnibus, et ne s'arrête qu'à un petit nombre de stations. ♦ Fait rapidement. ♦ Qui assure un service ou un déplacement rapide. ♦ *Café express*, boisson, dont la concentration en café est plus moins élevée, et qui est obtenue grâce au passage de la vapeur d'eau sous pression à travers le café moulu.

EXPRESSÉMENT, adv. [ɛkspʀesemɑ̃] (2 *exprès*) En termes exprès ; tout exprès.

EXPRESSIF, IVE, adj. [ɛkspʀesif, iv] (radic. de *expression*) Qui a la vertu de bien exprimer. *Un terme, un geste expressif.* ♦ Qui a de l'expression. *Une physionomie expressive.*

EXPRESSION, n. f. [ɛkspʀesjɔ̃] (lat. impér. *expressio*, action de faire sortir en pressant, expression de la pensée, de *exprimere*, supin *expressum*) Action d'exprimer le suc de certaines choses par la pression. *Huiles tirées par expression.* ♦ **Fig.** Manière de rendre sa pensée par la parole ou par la plume. ♦ Les mots eux-mêmes. « *La noblesse de ses expressions vient de celle de ses sentiments* », Bossuet. ♦ *Au-dessus de toute expression, au-delà de toute expression, au-delà de l'expression*, qui ne peut être suffisamment exprimé, soit en bien, soit en mal. ♦ Manière dont les impressions que nous recevons du dehors se peignent dans tout notre extérieur, et notamment dans les traits du visage. ♦ **Absol.** *L'expression*, une certaine disposition des traits qui fait que les sentiments s'y peignent en caractères nets et apparents. *Tête pleine d'expression.* ♦ **Peint.** Représentation vive et naturelle des passions, des attitudes, des actions de ceux qu'on peint. ♦ **Mus.** Qualité par laquelle le compositeur sent vivement et rend avec vérité. ♦ Il se dit aussi des exécutants, des chanteurs, des instruments. ♦ Manifestation. « *De cette manière la parole des députés serait l'expression de la voix de la nation* », Montesquieu. ♦ **Math.** Forme sous laquelle on représente des constructions, des résultats. *Une expression algébrique.* ♦ *Réduire à sa plus simple expression*, ramener les termes d'une fraction, d'une formule, d'une équation au moindre nombre possible. ♦ **Fig.** *Réduire quelque chose à sa plus simple expression*, la réduire au moindre volume. ♦ **Fam.** *Passez-moi l'expression*, formule utilisée pour indiquer qu'on utilise des mots familiers ou crus mais qui expriment bien sa pensée. ■ **Polit.** *Liberté d'expression*, Droit garantissant au citoyen la liberté d'exprimer publiquement ses opinions. ■ Tout moyen utilisé pour exprimer une chose, un sentiment. *L'expression corporelle.* ■ **Litt.** *Écrivain d'expression française*, écrivain qui écrit en français bien que ce ne soit pas sa langue maternelle.

EXPRESSIONNISME, ■ n. m. [ɛkspʀesjɔnism] (all. *Expressionismus* infl. de *impressionnisme*) Courant artistique du début du XXᵉ siècle qui favorise l'expression de la représentation des sentiments et de la réalité. *L'expressionnisme allemand.* ■ **Par extens.** Ensemble des traits esthétiques qui définissent ou évoquent du mouvement. ■ EXPRESSIONNISTE, n. m. et n. f. ou adj. [ɛkspʀesjɔnist]

EXPRESSIVEMENT, adv. [ɛkspʀesiv(ə)mɑ̃] (*expressif*) D'une manière expressive.

EXPRESSIVITÉ, ■ n. f. [ɛkspʀesivite] (*expressif*) Qualité, degré de ce qui est expressif. *L'expressivité d'un regard.*

EXPRESSO, ■ n. m. [ɛkspʀeso] (ital. *espresso*, sur commande, prob. de *esprimere*, extraire en pressant) Café très corsé obtenu grâce au principe de percolation. *Machine à expresso. Deux expressos.*

EXPRIMABLE, adj. [ɛkspʀimabl] (*exprimer*) Qui peut être exprimé, énoncé.

EXPRIMAGE, ■ n. m. [ɛkspʀimaʒ] (*exprimer*) **Techn.** Opération consistant à exercer des pressions sur un textile afin d'en soustraire les excès de colorant ou d'apprêt. *Un exprimage de basse et haute pression.*

EXPRIMÉ, ÉE, p. p. d'exprimer. [ɛkspʀime]

EXPRIMER, v. tr. [ɛkspʀime] (lat. *exprimere*, faire sortir en pressant, exprimer) Extraire la liqueur de certaines choses en les pressant. ♦ **Fig.** *Les malheureux dont on exprime la sueur.* ♦ Rendre par les paroles. ♦ Énoncer en termes exprès. ♦ Représenter par le style, le dessin ou la musique. ♦ Manifester, faire connaître. *Exprimer sa douleur par des larmes.* ♦ S'exprimer, v. pr. Être tiré par expression. *Le vin s'exprime du raisin.* ♦ Se faire comprendre par la parole. *S'exprimer en bons termes.* ♦ Être exprimé.

EX PROFESSO, loc. adv. [ɛkspʀofeso] (lat. *ex*, selon, et ablatif de *professum*, ce qui est déclaré ouvertement) Voy. PROFESSO.

EXPROPRIATION, n. f. [ɛkspʀopʀijasjɔ̃] (*exproprier*) Action d'exproprier. *Expropriation pour cause d'utilité publique.* ♦ **Dr.** *Expropriation forcée*, saisie des biens d'un débiteur.

EXPROPRIÉ, ÉE, p. p. d'exproprier. [ɛkspʀɔpʀije] N. m. et n. f. *Les expropriés.* ■ Rᴇᴍ. S'emploie aussi au féminin. *Une expropriée.*

EXPROPRIER, v. tr. [ɛkspʀɔpʀije] (antonyme de *approprier* par changement de préfixe) Ôter à quelqu'un la propriété d'un bien par voie légale. ♦ *Exproprier pour cause d'utilité publique*, se dit de l'administration qui, pour un service public, prend la propriété de quelqu'un, moyennant indemnité. ■ EXPROPRIANT, ANTE, adj. ou n. m. et n. f. [ɛkspʀɔpʀijã, ãt]

EXPUGNABLE, adj. [ɛkspyɲabl] ou [ɛkspynjabl] (lat. *expugnabilis*, de *expugnare*, prendre d'assaut) Que l'on peut prendre de vive force.

EXPULSÉ, ÉE, p. p. d'expulser. [ɛkspylse] N. m. et n. f. *Les expulsés.* ♦ **Méd.** *Un calcul expulsé de la vessie.* ■ Rᴇᴍ. S'emploie aussi au féminin. *Une expulsée.*

EXPULSER, v. tr. [ɛkspylse] (lat. *expulsare*, renvoyer, fréquentatif de *expellere*, supin *expulsum*, repousser) Chasser quelqu'un du lieu où il était établi, d'un bien dont il était en possession. *On l'expulsa de sa terre.* ♦ **Par extens.** Exclure d'un lieu, d'une compagnie. ♦ **Méd.** Faire évacuer. ■ **Dr.** Obliger une personne à quitter son logement en vertu d'une décision juridique. *Expulser des familles parce qu'elles ne peuvent plus payer leur loyer.*

EXPULSEUR, ULTRICE, adj. [ɛkspylsœʀ, yltʀis] (lat. *expulsor, expultrix*, celui qui chasse, radic. du supin *expulsum* de *expellere*, repousser) Qui expulse. *Action expultrice.* ♦ **Physiol.** *Force expultrice*, celle que possède la substance organisée de rejeter les principes qui lui sont devenus nuisibles.

EXPULSIF, IVE, adj. [ɛkspylsif, iv] (b. lat. *expulsivus*, qui a la vertu d'éloigner ; *expulsion*) **Méd.** Qui a la vertu, la force d'expulser.

EXPULSION, n. f. [ɛkspylsjɔ̃] (*expulsio*, bannissement, radic. du supin *expulsum* de *expellere*, repousser) Action d'expulser. *L'expulsion des rois à Rome.* ♦ **Dr.** Action de faire sortir un locataire, un tenancier des lieux qu'il occupe. *Il était mort exsangue.* ♦ **Méd.** Phase terminale d'un accouchement à l'issue de laquelle sort le nouveau-né. *L'expulsion est la deuxième étape de l'accouchement et dure environ 20 minutes pour un premier accouchement et un peu moins à partir du second.*

EXPURGATION, n. f. [ɛkspyʀɡasjɔ̃] (lat. *expurgatio*, justification, excuse) Action d'expurger un livre.

EXPURGATOIRE, adj. [ɛkspyʀɡatwaʀ] (*expurger*) *Index expurgatoire*, catalogue de livres qui sont défendus à Rome, jusqu'à ce qu'ils aient été purgés et corrigés.

EXPURGÉ, ÉE, p. p. d'expurger. [ɛkspyʀʒe]

EXPURGER, v. tr. [ɛkspyʀʒe] (réfection étym. de l'anc. fr. *espurgier*, du lat. *expurgare*, nettoyer, corriger) Ôter les expressions licencieuses ou grossières qui peuvent se trouver dans un livre, et aussi ce qui choque telle ou telle doctrine ou opinion établie. ♦ *S'expurger*, v. pr. Être expurgé. ■ V. tr. *Expurger une société, une compagnie*, en exclure les membres qu'on considère comme inutiles ou dangereux.

EXQUIS, ISE, adj. [ɛkski, iz] (lat. *exquisitus*, recherché, raffiné, p. p. adjectivé de *exquirere*, rechercher) Qui a quelque chose de recherche et d'excellent. *Un mets exquis.* ♦ Il se dit de choses de prix. *Des meubles exquis.* ♦ **Fig.** *Un travail exquis.* ♦ Qui est d'une excellence où se fait sentir la délicatesse, en parlant des qualités de l'esprit, du cœur. *Un jugement, un goût exquis.* ♦ Il se dit quelquefois des personnes. ♦ N. m. Ce qui est exquis. ■ **Adj. Méd.** *Douleur exquise*, douleur vive et concentrée en un point précis. ■ EXQUISITÉ, n. f. [ɛkskizite]

EXQUISEMENT, adv. [ɛkskiz(ə)mã] (*exquis*) D'une manière exquise.

EXSANGUE, ■ adj. [ɛksãɡ] (lat. *exsanguis*) Qui est vidé de son sang, ou qui est mal irrigué. *Il est mort exsangue.* ■ **Fig.** Blanc, livide. *Un visage exsangue.* ■ **Fig.** Qui a perdu sa vivacité, son énergie. *Un pays exsangue.*

EXSANGUINOTRANSFUSION ou **EXSANGUINO-TRANSFUSION**, ■ n. f. [ɛksãɡinotʀãsfyzjɔ̃] (*exsanguino-*, du lat. *exsanguis*, et *transfusion*) **Méd.** Substitution du sang d'un patient par une quantité identique de sang fournie par un donneur compatible. *L'exsanguinotransfusion se pratique pour certaines maladies comme les intoxications graves, certaines leucémies aiguës et certaines maladies rénales.*

EXSUCCION, n. f. [ɛksysjɔ̃] (1 *ex*- et *succion*) Action d'absorber par la succion. *Les ventouses tirent le sang par une sorte d'exsuccion.*

EXSUDAT, ■ n. m. [ɛksyda] (radic. de *exsuder*) **Méd.** Liquide qui suinte d'une plaie. ■ **Bot.** Liquide qui s'écoule d'un végétal.

EXSUDATION, n. f. [ɛksydasjɔ̃] (b. lat. *exsudatio*, transpiration) **Physiol.** Suintement d'une humeur à travers les parois de son réservoir naturel. ♦ Issue d'un liquide hors des tissus, sortant tel qu'il est et non élaboré par l'organe sécréteur.

EXSUDÉ, ÉE, p. p. d'exsuder. [ɛksyde]

EXSUDER, v. intr. [ɛksyde] (lat. impér. *exsudare*, s'évaporer, rendre par suintement, dégoutter) Se conjugue avec *être* ou *avoir*, suivant le sens. Sortir à la façon de la sueur. *Le sang exsude quelquefois.*

EXTANT, ANTE, adj. [ɛkstã, ãt] (*ex[s]tans*, part de *ex[s]tare*, se montrer, exister) ▷ **Pratiq.** Qui est en nature. *Tous les effets extants de la succession.* ◁

EXTASE, n. f. [ɛkstaz] (gr. *ekstasis*, déplacement, égarement de l'esprit, extase, de *ek* et *stasis*, situation) Élévation extraordinaire de l'esprit dans la contemplation des choses divines, qui détache une personne des objets sensibles jusqu'à rompre la communication de ses sens avec tout ce qui l'environne. ♦ **Par extens.** Vive admiration, volupté intime qui absorbe tout autre sentiment. *Être en extase d'admiration. Cela me ravit en extase.* ♦ **Méd.** Affection du cerveau dans laquelle l'exaltation de certaines idées suspend les sensations, arrête les mouvements volontaires.

EXTASIÉ, ÉE, p. p. de s'extasier. [ɛkstazje]

EXTASIER (S'), v. pr. [ɛkstazje] (*extase*) Être saisi d'une vive admiration. ♦ S'extasier à, sur, devant quelque chose. ♦ Avec ellipse du pronom personnel. « *Chaque vers qu'il entend le fait extasier* », Boileau.

EXTATIQUE, adj. [ɛkstatik] (gr. *ekstatikos*, qui fait sortir de soi, qui est hors de soi) Qui est causé par l'extase. *Des transports extatiques.* ♦ Qui est ravi en extase. *Un esprit extatique.* ♦ N. m. et n. f. *Un extatique. Une extatique.* ♦ Qui cause un vif transport comparé à l'extase.

EXTENSEUR, adj. [ɛkstãsœʀ] (radic. de *extension*) **Anat.** Qui sert à étendre. *Les muscles extenseurs du bras.* ♦ N. m. *L'extenseur du pouce.* ■ Appareil de musculation composé de plusieurs câbles élastiques et de deux poignées.

EXTENSIBILITÉ, n. f. [ɛkstãsibilite] (*extensible*) Qualité de ce qui est extensible.

EXTENSIBLE, adj. [ɛkstãsibl] (radic. de *extension*) Qui est susceptible d'être étendu par l'action simultanée de deux forces agissant en sens contraire. *L'or est le plus extensible de tous les métaux.* ♦ **Anat.** Qui peut s'étendre, s'allonger. ■ Qui est susceptible d'englober d'autres éléments, de s'appliquer à d'autres éléments que ceux de la catégorie originale. *Hypothèse extensible.*

EXTENSIF, IVE, adj. [ɛkstãsif, iv] (b. lat. *extensivus*, susceptible d'extension) Qui a la vertu de produire l'extension. *Force extensive.* ♦ **Gramm.** Qui exprime l'extension. *Mot pris dans un sens extensif.* ■ *Culture* ou *Élevage extensif*, pratiqué sur de grandes superficies à rendements faibles. ■ **Log.** Pour un concept, qui peut toucher un nombre plus évolutif d'objets. *La notion d'habitat est plus extensive que celle de maison.*

EXTENSION, n. f. [ɛkstãsjɔ̃] (lat. impér. *extensio*, allongement, diffusion, du supin *extensum* de *extendere*, étendre, prolonger, augmenter) Action d'étendre ou de s'étendre. *L'or est susceptible d'une extension prodigieuse.* ♦ **Physiol.** Action de mettre un membre en droite ligne avec un autre. *L'extension de la main, de l'avant-bras.* ♦ **Chir.** Action d'étendre un membre raccourci par une fracture ou une luxation. ♦ **Mus.** Effort d'écartement du petit doigt pour atteindre à certaines notes élevées sur les cordes du violon. ♦ Dans le langage vulgaire, relâchement, distension, par quelque effort, d'un tendon, d'un ligament. ♦ Étendue. *Extension en longueur, en largeur, en profondeur.* ♦ **Fig.** Accroissement, augmentation. *L'extension de son autorité.* ♦ Action d'étendre une loi, un article à des objets qui n'y étaient pas d'abord inclus. ♦ **Log.** Syn. d'étendue. ♦ **Gramm.** Action d'étendre la signification d'un mot.

EXTENSO (IN), adv. [ɛkstɛ̃so] (lat. *in*, dans, et ablatif de *extensum*, p. p. neutre substantivé de *extendere*) Dans toute son étendue. *Citer les pièces in extenso.* ■ Rᴇᴍ. Graphie ancienne : *in-extenso*.

EXTENSOMÈTRE, ■ n. m. [ɛkstãsomɛtʀ] (radic. de *extension* et -*mètre*) **Techn.** Appareil permettant d'apprécier, grâce à un système de quantification, les déformations subies par un corps soumis à des contraintes mécaniques. *Pour observer les mouvements d'un volcan, on installe généralement des extensomètres sur certaines fissures centimétriques dans des dalles de basalte.*

EXTÉNUANT, ANTE, ■ adj. [ɛkstenɥã, ãt] (*exténuer*) Qui exténue. *Cet enfant est exténuant. Un travail exténuant.*

EXTÉNUATION, n. f. [ɛkstenɥasjɔ̃] (lat. *extenuatio*, radic. de *tenuis*, mince, faible) Action de rendre ténu, maigre et faible ; résultat de cette action. ♦ Figure de pensée qui consiste à substituer à la véritable idée de la chose dont on parle, une idée du même genre, mais moins forte. ■ État d'épuisement extrême.

EXTÉNUÉ, ÉE, p. p. d'exténuer. [ɛkstenɥe] ou [ɛkstenye] *Visage exténué.*

EXTÉNUER, v. tr. [ɛkstenɥe] ou [ɛkstenye] (lat. *extenuare*) Rendre ténu et faible. *Il est exténué par une longue abstinence.* ♦ **Fig.** Amoindrir beaucoup. *Exténuez l'effet de certaines paroles.* ♦ *S'exténuer*, v. pr. Se faire petit, ténu. ♦ Diminuer, devenir moindre. ♦ *S'épuiser*, user ses forces. ♦ Épuiser les forces.

EXTÉRIEUR, EURE, adj. [ɛksterjœr] (lat. *exterior*, compar. de *exter*, du dehors) Qui est au-dehors. *La forme extérieure.* ♦ Avantages extérieurs, la beauté, la taille, etc. ♦ Qui se passe au-dehors. *Une vie tout extérieure. Le culte extérieur.* ♦ Qui a rapport aux pays étrangers. *Le commerce extérieur. La politique extérieure. Ministre des relations extérieures.* ♦ **N. m.** Ce qui est au-dehors d'un local. *J'entends du bruit à l'extérieur.* ♦ Les pays étrangers. *Des nouvelles de l'extérieur.* ♦ Ce qui paraît au-dehors. *L'extérieur d'un bâtiment.* ♦ L'ensemble de l'apparence d'une personne. *Un extérieur simple.* ♦ Ce qui paraît de la conduite. « *Donner trop à l'extérieur dans les exercices de la piété* », Bossuet. ■ *Extérieur à,* situé hors de. ■ *De l'extérieur,* hors d'un endroit. *On percevait sa voix forte de l'extérieur.* ■ En parlant d'une chose, qui n'y a pas trait. *Des recommandations extérieures au sujet.* ■ **Fig.** Qui est uniquement d'apparence. *Cette quiétude extérieure masque un grand tourment.* ■ **Math.** *Angle extérieur d'un polygone,* angle formé par l'intersection d'un côté et par le prolongement d'un autre qui lui est directement voisin. ■ **Cin.** *Tourner en extérieur,* tourner en dehors des studios. ■ **Sp.** *Jouer à l'extérieur,* disputer une rencontre en terrain adverse. ■ **EXTÉRIORITÉ,** n. f. [ɛksterjorite]

EXTÉRIEUREMENT, adv. [ɛksterjœr(ə)mɑ̃] (*extérieur*) À l'extérieur, au-dehors. ♦ **Fig.** *Il n'est honnête homme qu'extérieurement.*

EXTÉRIORISER, ■ v. tr. [ɛksterjorize] (radic. du lat. *exterior*) Placer, mettre à l'extérieur. ■ Exprimer ses sentiments. *Extérioriser sa douleur.* ■ S'extérioriser, v. pr. Montrer de soi. *Cet enfant, hier si timide, commence à s'extérioriser.* ■ **EXTÉRIORISATION,** n. f. [ɛksterjorizasjɔ̃]

EXTERMINATEUR, TRICE, adj. [ɛksterminatœr, tris] (lat. chrét. *exterminator,* celui qui rejette) Qui extermine. *Une peste exterminatrice.* ♦ *L'ange exterminateur,* celui qui tua les premiers-nés des Égyptiens. ♦ **N. m. et n. f.** *Exterminateur des monstres.*

EXTERMINATION, n. f. [ɛksterminasjɔ̃] (lat. chrét. *exterminatio,* destruction) Action d'exterminer. *L'extermination d'un peuple, de l'hérésie. Guerre d'extermination.* ■ **Hist.** *Camp d'extermination,* pendant la Seconde Guerre mondiale, camp nazi où l'on exécutait massivement les personnes qui y avaient été déportées. *L'horreur des camps d'extermination.*

EXTERMINÉ, ÉE, p. p. d'exterminer. [ɛkstermine]

EXTERMINER, v. tr. [ɛkstermine] (lat. *exterminare,* rejeter, de *terminus,* borne, limite ; lat. chrét., faire mourir) Chasser entièrement, faire disparaître. « *Exterminez, grands dieux, de la Terre où nous sommes, Quiconque avec plaisir répand le sang des hommes* », Voltaire. ♦ **Par extens.** *Exterminer la religion païenne.* ♦ Faire périr entièrement. « *On doit de tous les Juifs exterminer la race*[1] », Racine. ♦ Il se dit aussi d'une seule personne. « *Et ne pouvez-vous pas d'un mot l'exterminer ?* », Racine. ♦ **Absol.** « *La politique des monarques de l'Asie était d'exterminer pour commander* », Condillac. ♦ S'exterminer, v. pr. Se chasser l'un l'autre. ♦ Dans le langage familier, se fatiguer beaucoup. ■ **Rem. 1 :** Propos à connotation raciste mis par Racine dans la bouche de Mardochée, personnage de sa pièce *Esther* (1689).

EXTERNALISER, ■ v. tr. [ɛksternalize] (angl. *[to] externalize*) Faire faire certaines activités en dehors de son entreprise. *Externaliser son service comptable.* ■ **EXTERNALISATION,** n. f. [ɛksternalizasjɔ̃]

EXTERNAT, n. m. [ɛksterna] (*externe*) École où l'on ne reçoit que des élèves externes. ♦ L'ensemble des élèves externes. ♦ Service d'externe dans les hôpitaux. ■ À l'école, régime auquel sont soumis les externes. *L'internat et l'externat.*

EXTERNE, adj. [ɛkstern] (lat. *externus*) Qui est au-dehors. ♦ **Méd.** Se dit des affections qui, occupant les parties superficielles du corps, ne sont pas produites par des causes intérieures. ♦ *Médicament pour l'usage externe,* médicament qui doit être appliqué à la peau, et non être pris à l'intérieur. ♦ **Géom.** *Angle externe.* ♦ *Élève externe* ou n. m. et n. f. *externe,* élève qui vient du dehors à un établissement d'instruction pour y suivre un cours. ♦ **N. m.** Nom donné à des étudiants en médecine chargés du premier degré du service médical dans les hôpitaux. ♦ **Rem.** S'emploie aussi au féminin. *Une externe.*

EXTÉROCEPTIF, IVE, ■ adj. [ɛksteroseptif, iv] (angl. *exteroceptive,* du radic. lat. *exter-* et *capere,* prendre, recueillir) **Physiol.** Se dit de la capacité à percevoir des stimuli en provenance du milieu extérieur par le biais de récepteurs sensoriels placés à la périphérie de l'organisme. *Des réflexes extéroceptifs.*

EXTERRITORIALITÉ, ■ n. f. [ɛksteritojalite] (*ex-* et *territorial*) **Dr.** Fiction juridique conférant aux représentants diplomatiques d'un État une immunité qui leur permet de ne pas subir l'autorité et les lois de l'État étranger où ils exercent puisqu'ils sont considérés comme résidants du territoire national. *Le droit d'exterritorialité.*

EXTINCTEUR, TRICE, ■ adj. [ɛkstɛktœr, tris] (lat. *exstinctor,* celui qui éteint, destructeur, radic. du supin *exstinctum* de *exstinguere*) Qui permet

d'éteindre un feu. ■ **N. m.** Appareil qui projette un produit qui étouffe un incendie.

EXTINCTIF, IVE, ■ adj. [ɛkstɛktif, iv] (radic. de *extinction*) **Dr.** Qui a pour conséquence l'extinction d'un droit. *Une décision extinctive.*

EXTINCTION, n. f. [ɛkstɛksjɔ̃] (lat. *exstinctio,* anéantissement, radic. du supin *exstinctum* de *exstinguere*) Action d'éteindre ; état de ce qui est éteint. *L'extinction d'un incendie.* ♦ Action de verser de l'eau sur la chaux vive et de la transformer en chaux éteinte. ♦ Action de diminuer l'intensité de la lumière. ♦ Perte totale. *L'extinction des forces, de la chaleur naturelle.* ■ **Fam.** *Disputer jusqu'à extinction de chaleur naturelle* ou simplement *jusqu'à extinction,* disputer longtemps et avec opiniâtreté. ♦ *Extinction de voix,* affection du larynx qui affaiblit tellement la voix qu'on peut à peine se faire entendre. ♦ **Fig.** Se dit de ce qu'on éteint comme un feu. *L'extinction de l'hérésie.* ♦ Se dit aussi des familles, races, tribus dont il ne reste plus personne en vie[1]. ♦ Acte qui met fin à l'existence d'une obligation, d'une dette, d'une action, d'un privilège. ■ **Milit.** *Extinction des feux,* ordre formel d'éteindre tout éclairage et par ext. l'heure à laquelle l'éclairage doit être coupé. ■ **Dr.** *Extinction des feux* ou *des bougies,* moment d'une vente aux enchères où s'éteignent les trois bougies, signal marquant l'adjudication du bien à débattre à la personne ayant fait la meilleure offre. ■ **Rem. 1 :** La notion de race ne repose sur aucun fondement scientifique et a une connotation raciste.

EXTIRPABLE, ■ adj. [ɛkstirpabl] (*extirper*) Qui offre la possibilité d'être extirpé. *Une tumeur extirpable.*

EXTIRPATEUR, n. m. [ɛkstirpatœr] (lat. chrét. *exstirpator,* celui qui déracine) Celui qui extirpe. ♦ **Fig.** *L'extirpateur de l'hérésie.* ♦ Instrument agricole servant à déraciner et à entraîner les herbes nuisibles.

EXTIRPATION, n. f. [ɛkstirpasjɔ̃] (lat. *exstirpatio,* déracinement) Action d'arracher les racines des plantes. ♦ **Chir.** Action de retrancher une tumeur, un polype, jusque dans les derniers prolongements. ♦ **Fig.** Destruction. *L'extirpation des vices, des hérésies.*

EXTIRPÉ, ÉE, p. p. d'extirper. [ɛkstirpe]

EXTIRPER, v. tr. [ɛkstirpe] (lat. *exstirpare,* de *ex* et *stirps,* racine) Arracher une plante avec ses racines. ♦ Il ne se dit guère qu'en parlant des plantes qui nuisent. ♦ **Chir.** Enlever en ôtant toutes les racines. *Extirper un cancer.* ♦ **Fig.** Détruire entièrement. *Extirper les abus, les vices.* ♦ *Extirper une race, une population,* la détruire entièrement[1]. ■ **Fam.** Faire sortir difficilement. S'extirper, v. pr. **Fam.** Se sortir avec difficulté de quelque chose ou d'un lieu. ■ **Rem. 1 :** La notion de race ne repose sur aucun fondement scientifique et a une connotation raciste. ■ **EXTIRPABLE,** adj. [ɛkstirpabl]

EXTORQUÉ, ÉE, p. p. d'extorquer. [ɛkstorke]

EXTORQUER, v. tr. [ɛkstorke] (lat. *extorquere,* arracher en tordant) Obtenir par violence morale. *Extorquer un consentement, de l'argent, etc.*

EXTORQUEUR, EUSE, n. m. et n. f. [ɛkstorkœr, øz] (*extorquer*) Personne qui extorque.

EXTORSION, n. f. [ɛkstorsjɔ̃] (lat. *extorsio,* radic. du supin *extorsum,* de *extorquere*) Manière violente de prendre ou de se procurer quelque chose. *L'extorsion d'un consentement.* ♦ Exaction, concussion.

1 EXTRA..., [ɛkstra] (lat. *extra*) Préfixe qui signifie en dehors.

2 EXTRA, n. m. [ɛkstra] (abrégé populaire d'*extraordinaire*) **Fam.** Ce que l'on fait d'extraordinaire. ♦ Ce que l'on mange, ce que l'on sert sur la table de plus que de coutume ou de meilleure qualité que de coutume. *Faire un extra. Du vin d'extra.* ♦ Au pl. *Des extras.* ■ Serveur engagé occasionnellement. ■ **Adj.** De très bonne qualité. ■ **Fam.** Formidable. ■ Chose que l'on se permet et qui va au-delà de ce que l'on s'autorise habituellement. *Nous avons fait un extra : nous nous sommes offert un repas dans un grand restaurant.*

EXTRACONJUGAL, ALE, ■ adj. [ɛkstrakɔ̃ʒygal] (1 *extra-* et *conjugal*) Qui a lieu en dehors du mariage. *Des aventures extraconjugales.*

EXTRACORPOREL, ELLE, ■ adj. [ɛkstrakorporɛl] (1 *extra-* et *corporel*) Qui se situe à l'extérieur du corps.

EXTRACOURANT, ■ n. m. [ɛkstrakurɑ̃] (1 *extra-* et *courant*) **Électr.** Courant produit lors de l'ouverture ou de la fermeture d'un circuit traversé par un courant électrique, et se traduisant par un arc électrique. *L'extracourant a été découvert en 1832 par Joseph Henry.*

EXTRACTEUR, ■ n. m. [ɛkstraktœr] (lat. médiév. *extractor* ; extraction) Appareil qui sert à l'extraction. *Extracteur d'air. Extracteur de texte.* ■ **Chir.** Appareil servant à l'extraction d'un corps étranger de l'organisme. *Un extracteur de mucus infantile.* ■ Partie d'une arme à feu permettant l'extraction de la douille. *Un extracteur de douille intégré dans l'ensemble canon.* ■ **Techn.** Appareil permettant de dissocier la cire du miel grâce à la force centrifuge.

EXTRACTIF, IVE, adj. [ɛkstʀaktif, iv] (lat. *extractum* ; extraction) **Gramm.** Qui marque extraction. *De est une préposition extractive.* ♦ **Chim.** Qui est extrait des végétaux. *Principes extractifs.* ♦ Qui sert, qui est relatif à l'extraction. *Machine extractive.*

EXTRACTION, n. f. [ɛkstʀaksjɔ̃] (b. lat. *extractio*, radic. du supin *extractum* de *extrahere*, retirer) Action d'extraire, de tirer hors. ♦ **Chir.** *L'extraction d'une dent, d'une balle.* ♦ *L'extraction d'un prisonnier,* l'action de le faire sortir momentanément de la prison pour quelque objet. ♦ **Chim.** et **pharm.** Opération par laquelle on sépare une substance quelconque du composé dont elle fait partie. *L'extraction d'un sel.* ♦ Opération par laquelle on tire les métaux de la terre, de la mine. ♦ **Fig.** La naissance considérée par rapport à la famille d'où l'on provient. *La noblesse d'extraction. Homme de basse extraction.* ♦ **Math.** La manière de trouver les racines d'un nombre donné, et l'opération par laquelle on les trouve.

EXTRADER, ▪ v. tr. [ɛkstʀade] (*extradition*) **Dr.** Livrer un individu recherché par une autre nation dont il dépend et qui le réclame pour le juger.

EXTRADITION, n. f. [ɛkstʀadisjɔ̃] (1 *ex*- et lat. *traditio*, action de remettre) Action de remettre un réfugié pour une cause quelconque au gouvernement étranger qui le réclame.

EXTRADOS, n. m. [ɛkstʀado] (1 *extra*- et *dos*) La surface convexe et extérieure d'une voûte. ▪ Surface supérieure de l'aile d'un avion.

EXTRADOSSÉ, ÉE, adj. [ɛkstʀadose] (*extrados*) Qui a un extrados.

EXTRADOSSER, v. tr. [ɛkstʀadose] (*extrados*) Faire l'extrados.

EXTRA-DRY, ▪ adj. inv. [ɛkstʀadʀaj] (*extra*- et angl. *dry*, sec) Très sec. *Un cocktail extra-dry.*

EXTRAFIN, INE, adj. [ɛkstʀafɛ̃, in] (1 *extra*- et *fin*) Qui est d'une qualité très fine. *Liqueurs extrafines.* ▪ **Rem.** Graphie ancienne : *extra-fin.*

EXTRAFORT, ▪ adj. [ɛkstʀafɔʀ] (1*extra*- et *fort*) Qui est d'une qualité particulièrement résistante. *Tissu extrafort.* ▪ Dont le goût est très relevé. *Une moutarde extraforte.* ▪ N. m. Ruban très résistant utilisé généralement pour renforcer les ourlets.

EXTRAGALACTIQUE, ▪ adj. [ɛkstʀagalaktik] (1*extra*- et *galactique*) **Astron.** Qui se trouve hors de notre galaxie. *L'univers extragalactique.*

EXTRAIRE, v. tr. [ɛkstʀɛʀ] (réfection de l'anc. fr. *estraire*, du lat. vulg. *estragere*, lat. *extrahere*, retirer) Tirer une chose d'un lieu, d'un corps où elle s'est formée ou introduite. *Extraire des pierres d'une carrière, une épine du pied, une balle, une dent.* ♦ Par extens. *Extraire un prisonnier de prison,* l'en faire sortir pour comparaître, pour être transféré, etc. ♦ Séparer une substance d'une autre par une opération chimique. ♦ Copier un passage, un article dans un livre, dans un journal. ♦ *Extraire un livre,* en faire un résumé, et aussi en faire des extraits. ♦ **Math.** *Extraire la racine carrée, la racine cubique d'un nombre,* la chercher, la trouver. ♦ *Extraire les entiers d'une fraction,* chercher combien de fois le numérateur contient le dénominateur. ♦ *S'extraire,* v. pr. être extrait. ♦ Se dit aussi des racines des nombres.

1 **EXTRAIT**, n. m. [ɛkstʀɛ] (*extraire*) **Chim.** Produit qu'on a extrait d'une substance. *Extrait de guimauve.* ♦ Passage, article tiré d'un livre, d'un écrit. ♦ Abrégé, sommaire. *Faire l'extrait d'un livre, d'une correspondance.* ♦ **Pratiq.** Analyse ou copie sommaire ou partielle d'un acte. ♦ **Fig.** et **fam.** *Un extrait d'homme,* un très petit homme. ♦ *Extrait des registres de l'état civil,* copie certifiée d'après les registres de l'état civil, et constatant naissance, mariage, mort. *Extrait baptistaire ou extrait de baptême.* ♦ Au jeu de loto, numéro unique sorti sur une ligne. ♦ À la loterie, un seul numéro gagnant.

2 **EXTRAIT, AITE**, p. p. d'extraire. [ɛkstʀɛ, ɛt]

EXTRAJUDICIAIRE, adj. [ɛkstʀaʒydisjɛʀ] (1 *extra*- et *judiciaire*) Acte extrajudiciaire, acte qui ne se rattache pas à un procès pendant en justice.

EXTRAJUDICIAIREMENT, adv. [ɛkstʀaʒydisjɛʀ(ə)mã] (*extrajudiciaire*) Par acte ou forme extrajudiciaire.

EXTRALÉGAL, ALE, ▪ adj. [ɛkstʀalegal] (*extra*- et *légal*) Qui est effectué en dehors de la légalité. ▪ Au pl. *Extralégaux.*

EXTRALINGUISTIQUE, ▪ adj. [ɛkstʀalɛ̃ɡɥistik] (*extra*- et *linguistique*) Qui ne touche pas la langue ou la linguistique. *Dans le chat dort, le groupe nominal le chat représente le chat de la réalité extralinguistique, le chat dont je parle.*

EXTRALUCIDE, ▪ adj. [ɛkstʀalysid] (*extra*- et *lucide*) Qui possède des dons de voyance. *Une voyante extralucide.* ▪ N. m. et n. f. *Un, une extralucide.*

EXTRA-MUROS, adv. [ɛkstʀamyʀos] (lat. *extra*, hors de et accus. de *murus*, muraille) Locution latine qui s'est introduite dans le langage familier et dans le langage administratif, et qui signifie hors des murs d'une ville ou d'une citadelle. *Demeurer extra-muros.*

EXTRANÉITÉ, ▪ n. f. [ɛkstʀaneite] (lat. *extraneus*, étranger ; le lat. médiév. *extraneitas* est attesté) **Dr.** Statut juridique d'étranger. *Son extranéité le dispensait de voter.* ▪ **Fig.** Caractère de quelque chose étranger à une autre chose.

EXTRANET, ▪ n. m. [ɛkstʀanɛt] (*extra*- et de *net*) **Inform.** Réseau constitué d'un intranet et permettant de favoriser la communication avec des organismes extérieurs. *L'accès à l'extranet doit être sécurisé dans la mesure où cela offre un accès au système d'information à des personnes situées en dehors de l'entreprise.*

EXTRAORDINAIRE, adj. [ɛkstʀaɔʀdinɛʀ] (lat. *extraordinarius*, supplémentaire, inusité) Qui n'est pas selon l'ordinaire, selon l'ordre. *Action, évènement extraordinaire.* ♦ *Dépense extraordinaire,* dépense qui excède celle que l'on fait ordinairement, ou dépense imprévue. ♦ *Conseiller d'État en service extraordinaire,* conseiller d'État qui n'a pas de traitement et qui ne remplit pas de fonctions au conseil. ♦ *Ambassadeur extraordinaire,* celui qu'un gouvernement envoie en certains cas particuliers. ♦ Singulier, rare. *Un génie, un homme extraordinaire.* ♦ Étrange, bizarre. ▪ N. m. Chose qui se fait contre l'ordinaire. « *Le goût de l'extraordinaire est le caractère de la médiocrité* », DIDEROT. ♦ *D'extraordinaire,* en surplus, non attendu. « *Vingt personnes d'extraordinaire à table* », MME DE SÉVIGNÉ. ♦ Dans les comptes, ce qui est outre la dépense ordinaire fonds pour y faire face. *L'extraordinaire monte à tant.* ♦ Anciennement, *l'extraordinaire des guerres* ou *de la guerre,* **Absol.** *l'extraordinaire,* fonds destiné aux dépenses de la guerre. ♦ En matière ecclésiastique, autorité placée en dehors de celle du diocésain. « *Se confesser à l'ordinaire ou à l'extraordinaire* », BOSSUET. ▪ Qui est à même d'impressionner de par son caractère peu commun. *Un tour de magie extraordinaire.* ♦ Très importante, conséquente. *Un capital extraordinaire.* ▪ PAR EXTRAORDINAIRE, loc. adv. Par un fait extraordinaire, inhabituel.

EXTRAORDINAIREMENT, adv. [ɛkstʀaɔʀdinɛʀ(ə)mã] (*extraordinaire*) D'une façon extraordinaire, par extraordinaire. ♦ Extrêmement.

EXTRAPARLEMENTAIRE, ▪ adj. [ɛkstʀapaʀləmãtɛʀ] (*extra*- et *parlementaire*) Qui est, qui se passe en dehors du parlement. *Une commission d'enquête extraparlementaire.*

EXTRAPASSER, v. tr. [ɛkstʀapse] Voy. STRAPASSER.

EXTRAPATRIMONIAL, ALE, ▪ adj. [ɛkstʀapatʀimɔnjal] (*extra*- et *patrimonial*) Qui est ou qui se situe en dehors du patrimoine. *Des préjudices extrapatrimoniaux.*

EXTRAPOLATION, ▪ n. f. [ɛkstʀapɔlasjɔ̃] (*extrapoler*) Déduction souvent généralisante. *Ses extrapolations sont parfois curieuses.*

EXTRAPOLER, ▪ v. tr. [ɛkstʀapɔle] (sur le modèle de *interpoler*, par changement de préfixe) Proposer une conclusion fondée sur aucune base tangible. *N'extrapole pas sur ce que je t'ai dit rapidement.* ▪ **Math.** Donner approximativement les valeurs d'une fonction quand elle atteint les limites qui n'appartiennent pas à l'intervalle d'étude.

EXTRAPYRAMIDAL, ALE, ▪ adj. [ɛkstʀapiʀamidal] (*extra*- et *pyramidal*) **Anat.** *Système extrapyramidal,* ensemble des structures nerveuses participant au contrôle de la motricité.

EXTRARÈGLEMENTAIRE, adj. [ɛkstʀaʀeɡləmãtɛʀ] (*extra*- et *règlementaire*) Qui est en dehors des règlements. ▪ **Rem.** Graphie ancienne : *extraréglementaire.*

EXTRASCOLAIRE, ▪ adj. [ɛkstʀaskɔlɛʀ] (*extra*- et *scolaire*) En dehors de l'école. *Des activités extrascolaires.*

EXTRASENSIBLE, ▪ adj. [ɛkstʀasãsibl] (*extra*- et *sensible*) Que les sens ne discernent pas. *Une peau extrasensible aux UV.*

EXTRASENSORIEL, ELLE, ▪ adj. [ɛkstʀasãsɔʀjɛl] (*extra*- et *sensible*) Qui ne peut être perçu par les sens. *Des expériences extrasensorielles.*

EXTRASTATUTAIRE, ▪ adj. [ɛkstʀastatytɛʀ] (*extra*- et *statutaire*) Qui est, qui s'effectue en dehors du statut. *Un pacte extrastatutaire.*

EXTRASYSTOLE, ▪ n. f. [ɛkstʀasistɔl] (*extra*- et *systole*) **Méd.** Contraction du cœur survenant juste avant ou après une contraction normale, et ressentie comme un choc violent dans la poitrine. *Extrasystoles ventriculaires.* ▪ EXTRASYSTOLIQUE, adj. [ɛkstʀasistɔlik]

EXTRATERRESTRE, ▪ n. m. et n. f. [ɛkstʀateʀɛstʀ] (*extra*- et *terrestre*) Créature habitant une autre planète que la Terre. *E. T., l'extraterrestre.* ▪ Adj. Qui n'est pas terrestre. *Activité extraterrestre.*

EXTRATERRITORIAL, ALE, ▪ adj. [ɛkstʀateʀitɔʀjal] (*extra*- et *territorial*) En dehors du territoire. ▪ **Écon.** Relatif à des activités bancaires ou financières qui ont lieu en dehors du territoire. ▪ **Mar.** Qui concerne les zones maritimes n'appartenant pas au pays défini. *Pêche extraterritoriale.*

EXTRA-UTÉRIN, INE, ▪ adj. [ɛkstʀayteʀɛ̃, in] (*extra*- et *utérin*) En dehors de l'utérus. *Une grossesse extra-utérine. Extra-utérins.*

EXTRAVAGAMMENT, adv. [ɛkstʀavagamã] (*extravagant*) D'une manière extravagante.

EXTRAVAGANCE, n. f. [ɛkstravagɑ̃s] (radic. de *extravagant*) État de celui qui est extravagant. ◆ Se dit des choses. *L'extravagance de sa conduite.* ◆ Fait, discours extravagant. *Faire, dire des extravagances.*

EXTRAVAGANT, ANTE, adj. [ɛkstravagɑ̃, ɑ̃t] (lat. médiév. *extravagans*, de *extra* et *vagans*, part. prés. de *vagari*, errer) Qui extravague, qui est bizarre. *Des gens extravagants.* ◆ Qui a le caractère de l'extravagance. *Discours extravagant. Un prix extravagant.* ◆ N. m. et n. f. *Un extravagant. Une extravagante.*

EXTRAVAGANTE, n. f. [ɛkstravagɑ̃t] ou [ɛkstravagɑ̃t] (fém. substantivé de *extravagant*) Nom de constitutions des papes postérieures aux Clémentines, ainsi dites parce qu'elles furent conservées en dehors du corps du droit canonique.

EXTRAVAGUER, v. intr. [ɛkstravage] (*extravagant*) Dire, faire des choses folles et dépourvues de raison.

EXTRAVASATION ou **EXTRAVASION**, n. f. [ɛkstravazasjɔ̃, ɛkstravazjɔ̃] (*extravaser*) Méd. Épanchement d'un liquide hors de ses vaisseaux. *L'extravasation du sang.*

EXTRAVASÉ, ÉE, p. p. de s'extravaser. [ɛkstravaze]

EXTRAVASER (S'), v. pr. [ɛkstravaze] (sur le modèle de *transvaser*, par changement de préfixe) Méd. Se répandre, en parlant d'une humeur, hors de ce qui la contient. ◆ Il se dit des sucs végétaux. ◆ Avec ellipse du pronom. *Une commotion morale fit extravaser la bile.*

EXTRAVASION, n. f. [ɛkstravazjɔ̃] Voy. EXTRAVASATION.

EXTRAVÉHICULAIRE, ◼ adj. [ɛkstraveikylɛʀ] (*extra-* et *véhiculaire*) Qui caractérise une activité humaine réalisée à l'extérieur d'un engin spatial, c'est-à-dire dans l'espace. *Une sortie extravéhiculaire.*

EXTRAVERTI, IE, ◼ n. m. et n. f. [ɛkstraverti] (all. *Extravertiert*) Personne ouverte sur l'extérieur, sur les autres. *Elle n'est pas timide, c'est au contraire une extravertie.* ◼ Adj. Qui est dirigé vers l'extérieur. *Un comportement extraverti.* ◼ EXTRAVERSION, n. f. [ɛkstraversjɔ̃]

EXTRÊME, adj. [ɛkstʀɛm] (lat. *extremus*, superl. de *exter*, le plus à l'extérieur) Qui est tout à fait au bout. *L'extrême limite. À l'extrême frontière.* ◆ Porté au dernier point, au plus haut degré. *Ma surprise est extrême. Les maux les plus extrêmes.* ◆ Parti extrême, parti violent, hasardeux. ◆ *Les voies extrêmes*, ce qui est le plus à la rigueur. ◆ *Remèdes extrêmes*, remèdes hasardeux auxquels on n'a recours que quand ils paraissent être devenus la seule ressource du malade. ◆ Qui est éloigné de l'état modéré. *Toutes ses affections sont extrêmes.* ◆ *Les climats extrêmes*, les climats très chauds ou très froids ; et aussi les climats où les différences sont très grandes entre l'été et l'hiver. ◆ Qui outre, qui n'a point de mesure, en parlant des personnes. « *Les femmes sont extrêmes, elles sont meilleures ou pires que les hommes* », LA BRUYÈRE. ◆ N. m. Dernière limite des choses. ◆ *À l'extrême*, à la dernière limite, sans mesure ni réserve. ◆ *Pousser, porter tout à l'extrême*, n'avoir de modération en rien. ◆ *Les extrêmes*, les deux dernières limites d'une chose qui sont l'une à une extrémité et l'autre à l'autre, et par suite les contraires. ◆ *Les extrêmes se touchent*, il arrive souvent que des choses opposées sont pourtant très voisines, ou reviennent l'une à l'autre. ◆ **Arithm.** Le premier et le dernier terme d'une proportion. ◆ Parti violent. « *Les extrêmes sont toujours fâcheux ; mais ce sont des moyens sages quand ils sont nécessaires* », RETZ. ◆ **Prov.** Aux maux extrêmes, les extrêmes remèdes. ◼ **Polit.** *L'extrême droite, l'extrême gauche*, ensemble des parties d'extrême droite ou gauche dont les opinions politiques sont les plus tranchées et les plus radicales. ◼ Qui manifeste un manque de modération. *Un homme aux opinions extrêmes.*

EXTRÊMEMENT, adv. [ɛkstʀɛm(ə)mɑ̃] (*extrême*) D'une manière extrême, au dernier degré. *Des gens extrêmement vertueux.* ◆ Très, beaucoup, fort. *Il est extrêmement riche.*

EXTRÊME-ONCTION, n. f. [ɛkstʀɛmɔ̃ksjɔ̃] (lat. *extrema unctio*) Le sacrement qu'on administre aux malades en danger de mourir, par l'application des saintes huiles. *Recevoir l'extrême-onction.* ◼ Au pl. *Des extrêmes-onctions.*

EXTRÊME-ORIENTAL, ALE, ◼ adj. [ɛkstʀɛmɔʀjɑ̃tal] (*extrême* et *orient*) Qui a trait à l'Extrême-Orient. *Les arts extrême-orientaux.*

EXTREMIS (IN), loc. adv. [ɛkstʀemis] (lat. *in* et ablat. plur. neutre de *extremus*) À la dernière extrémité, à l'article de la mort. *Disposition testamentaire in extremis. Mariage in extremis.*

EXTRÉMISME, ◼ n. m. [ɛkstʀemism] (*extrême*) Doctrine qui prône des avis et attitudes extrêmes. ◼ EXTRÉMISTE, n. m. et n. f. ou adj. [ɛkstʀemist]

EXTRÉMITÉ, n. f. [ɛkstʀemite] (lat. *extremitas*, de *extremus*) Bout, fin. *Les deux extrémités d'une ligne. Les extrémités du monde.* ◆ Le bout d'une époque, d'un temps. *À l'extrémité du IXe siècle.* ◆ Fig. « *Vous verrez dans une seule vie toutes les extrémités des choses humaines* », BOSSUET. ◆ N. m. pl. Les membres et le plus ordinairement les pieds et les mains seulement. ◆ Position la plus fâcheuse, la plus dangereuse. « *Le peuple souffrait les plus dures extrémités* », BOSSUET. « *Vous voyez en quelle extrémité sont réduits les alliés* », FÉNELON. ◆ Parti extrême, pensée extrême. « *Le zèle tout seul s'emporte à

des extrémités dangereuses », FLÉCHIER. ◆ *Pousser les choses à l'extrémité*, les traiter sans mesure, les conduire à une catastrophe. ◆ *Pousser quelqu'un à l'extrémité, aux extrémités*, le pousser à bout. ◆ Voies de fait. *Il s'est porté contre lui aux extrémités les plus odieuses.* ◆ Grandeur extrême, énormité. *L'extrémité de nos misères.* « *Rien ne peut égaler l'extrémité du danger où je me trouve* », MASSILLON. ◆ Excès. « *La parfaite raison fuit toute extrémité* », MOLIÈRE. « *Vous allez toujours d'une extrémité à l'autre* », PASCAL. ◆ *À l'extrémité*, au dernier moment. ◆ *À la dernière extrémité, à toute extrémité*, quand on ne peut plus faire autrement. ◆ *À l'extrémité, à la dernière extrémité*, au dernier instant de la vie, dans le plus grand danger. ◆ En parlant d'une place assiégée. *La ville est à l'extrémité.*

EXTREMUM ou **EXTRÉMUM**, ◼ n. m. [ɛkstʀemɔm] (neutre du lat. *extremus*, sur le modèle de *maximum*) Math. Valeur minimum ou maximum atteinte par une fonction. *Des extremums, des extrémums.*

EXTRINSÈQUE, adj. [ɛkstʀɛsɛk] (lat. *extrinsecus*, du dehors) Qui est ou se trouve en dehors. *Causes extrinsèques.* ◆ **Rhét.** Lieux communs extrinsèques, ceux qui ne sont pas tirés de la définition même d'un fait, mais des circonstances qui s'y rapportent, comme la loi, les titres, les témoins, la voix publique, etc. ◆ **Financ.** *Valeur extrinsèque*, valeur légale d'une monnaie, abstraction faite du poids.

EXTRINSÈQUEMENT, adv. [ɛkstʀɛsɛk(ə)mɑ̃] (*extrinsèque*) D'une manière extrinsèque.

EXTRORSE, ◼ adj. [ɛkstʀɔʀs] (b. lat. *extrorsus*, vers le dehors) Bot. En parlant d'un pétale, qui s'ouvre vers l'extérieur de la fleur. *Une anthère extrorse.*

EXTRUSION, ◼ n. f. [ɛkstʀyzjɔ̃] (radic. du supin *extrusum* du lat. *extrudere*, pousser dehors, sur le modèle de *intrusion* ; 1905) Géol. Expulsion de lave formant un dôme ou une aiguille. ◼ Procédé de fabrication de produits métalliques ou en matière plastique par écoulement. ◼ EXTRUDER, v. tr. [ɛkstʀyde] ◼ EXTRUSIF, IVE, adj. [ɛkstʀyzif, iv]

EXUBÉRAMMENT, adv. [ɛgzyberamɑ̃] (*exubérant*) D'une manière exubérante.

EXUBÉRANCE, n. f. [ɛgzyberɑ̃s] (lat. impér. *exuberantia*, abondance) Plénitude qui surabonde. *Exubérance de végétation.* ◆ **Fig.** *Exubérance de sève*, se dit d'une personne en qui la force et l'ardeur surabondent. ◆ Défaut de l'écrivain qui ne sait pas s'arrêter. *Exubérance d'images, d'idées.* ◼ Expression excessive dans ses propos ou son comportement.

EXUBÉRANT, ANTE, adj. [ɛgzyberɑ̃, ɑ̃t] (lat. *exuberans*, p. prés. de *exuberare*, regorger) Qui a de l'exubérance. *Style exubérant.* ◼ Qui se manifeste sans retenue.

EXUBÉRER, v. intr. [ɛgzybere] (lat. *exuberare*, regorger, de *ex* et *uber*, fécond, apparenté à *uber*, mamelle, sein) Être exubérant.

EXULCÉRATION, n. f. [ɛgzylserasjɔ̃] (lat. impér. *exulceratio*, action d'irriter ; méd., ulcération) Méd. Ulcération légère et superficielle.

EXULCÉRÉ, ÉE, p. p. d'exulcérer. [ɛgzylsere]

EXULCÉRER, v. tr. [ɛgzylsere] (lat. *exulcerare*, exaspérer [radic. de *ulcus*, génit. *-eris*, plaie] ; lat. imp., former des ulcères) Causer, déterminer une exulcération. ◆ S'exulcérer, v. intr. Être exulcéré.

EXULTATION, n. f. [ɛgzyltasjɔ̃] (lat. *exsultatio*, saut, transport de joie) Action d'exulter. « *Je vois l'exultation barbare de mes ennemis* », J.-J. ROUSSEAU.

EXULTER, v. intr. [ɛgzylte] (lat. *exsultare*, bondir, manifester ses sentiments, fréquentatif de *saltare*, sauter) Témoigner une joie triomphante. *Nos voisins exultaient de nos défaites.* « *Il exulte en public* », VOLTAIRE. ◆ Ce verbe est peu usité. ◼ REM. Aujourd'hui, l'utilisation d'*exulter* est plus courante qu'autrefois.

EXUTOIRE, n. m. [ɛgzytwaʀ] (lat. *exutus*, p. p. de *exuere*, débarrasser) Ulcère établi et entretenu par l'art, pour déterminer une suppuration permanente. ◆ **Fig.** Issue donnée à de mauvaises dispositions. ◼ Orifice permettant l'évacuation des eaux.

EXUVIE, ◼ n. f. [ɛgzyvi] (lat. *exuviae*, dépouille, de *exuere*, débarrasser) Zool. Peau abandonnée par un arthropode ou un serpent après une mue. *La mue commence par le pourtour de la bouche, la vipère se frotte aux broussailles pour dégager la tête puis accroche l'exuvie pour en sortir le corps.*

EX VIVO, ◼ loc. adv. et loc. adj. [ɛksvivo] (lat. *ex* et ablatif de *vivus*, vivant) Chir. Se dit d'un acte chirurgical pendant lequel est extraite une matière organique que l'on va par la suite réimplanter. *Un transfert de gène ex-vivo.*

EX-VOTO ou **EXVOTO**, n. m. [ɛksvoto] (lat. *ex voto [suscepto]*, d'après le vœu fait, formule des plaques votives) Figure représentative qu'on suspend, à la suite d'un vœu, dans les chapelles. ◼ Au pl. *Des ex-voto.* ◼ On écrit aussi aujourd'hui *des ex-votos* ou *des exvotos.*

EYE-LINER, ◼ n. m. [ajlajnœʀ] (angl. *eyeliner* de *eye*, œil et *line*, ligne) Produit de maquillage permettant de tracer des traits que l'on applique au-dessus de la racine des cils et que l'on étire d'un seul coup de pinceau afin de surligner le regard. *Un trait d'eye-liner. Des eye-liners.*

f

F, [εf] (lat. *f*) N. f. quand on prononce cette lettre *èf*, et n. m. quand on la prononce *fe*. La sixième lettre de l'alphabet et la quatrième consonne. ◆ **Mus.** *F* ou *F-ut-fa* indique le ton de *fa*. ◆ *F* écrit au-dessus ou au-dessous d'une note signifie *forte* ; *FF* signifie *fortissimo*. ■ *F*, franc ou frère dans la franc-maçonnerie. ■ *F1, F2, F3, etc.*, logement composé d'une, de deux ou de trois pièces, etc. *Ils ont acheté un F5 à Paris.* On dit aujourd'hui *T1, T2, T3, etc.* ■ **Math.** *f*, fonction. *f(x)*. ■ *F*, degré Fahrenheit. *0° Celsius correspond à 32° Fahrenheit.* ■ *F*, franc. *FF, franc français ; FB, franc belge ; FS, franc suisse.* ■ *F*, symbole du farad. Voy. FARAD.

FA, n. m. inv. [fa] (première lettre du latin *famuli* dans l'hymne à saint Jean-Baptiste de Paul Diacre) **Mus.** La quatrième note de la gamme d'*ut*. ◆ Signe qui représente cette note. ◆ La clé de *fa*, signe en forme de C retourné et suivi de deux points, qui indique la ligne sur laquelle est la note *fa*. ■ *Des fa.*

FAB, ■ adj. inv. [εfabe] (sigle de *franco à bord*) **Comm.** *Franco à bord*, qui concerne les marchandises livrées à bord du navire, tous frais, droits, taxes et risques à charge du vendeur, jusqu'au moment où ces marchandises ont passé le bastingage du navire, fret et assurance maritime étant exclus. *Valeur* FAB *d'une marchandise livrée.* ■ REM. Recommandation officielle de FOB (*Free on board*).

FABACÉE, ■ n. f. [fabase] (lat. *faba*, fève) **Bot.** Plante herbacée, arbuste, arbre ou liane des zones froides à tropicales dont les fruits sont des gousses. *Les fabacées étaient appelées légumineuses. Le haricot et le trèfle sont des fabacées.*

FABAGO n. m. ou **FABAGELLE,** n. f. [fabago, fabaʒεl] (orig. incert.) ▷ Plante qui passe pour vermifuge. ◁

FABALE, ■ n. f. [fabal] (lat. *faba*, fève) **Bot.** Plante légumineuse.

FABLE, n. f. [fabl] (lat. *fabula*, conversation, récit mythique, pièce de théâtre) Sujet de malins récits. « *Nous allons servir de fable et de risée à tout le monde* », MOLIÈRE. ◆ Récit imaginaire, c'est-à-dire d'imagination. ◆ Récits mythologiques relatifs au polythéisme. *Les dieux de la Fable.* En ce sens il s'écrit avec majuscule. ◆ Tout récit ayant un caractère mythologique quelconque. « *Les fables sont l'histoire des temps grossiers* », VOLTAIRE. ◆ La suite des faits qui forment une pièce dramatique ou épique. ◆ Petit récit qui cache une moralité sous le voile d'une fiction, et dans lequel d'ordinaire les animaux sont les personnages. ◆ Mensonge, chose controuvée. ■ *Fable express*, petit récit humoristique très court se terminant par un jeu de mot qui constitue la morale de l'histoire.

FABLIAU, n. m. [fablijo] (dim. de *fable*) Conte en vers, à la mode dans les premiers âges de la poésie française (XIIIᵉ et XIVᵉ s.). ■ *Des fabliaux.*

FABLIER, n. m. [fablije] (*fable*) Poète, auteur de fables. ◆ Recueil de fables. *Fablier de l'enfance.*

FABRICANT, ANTE, n. m. et n. f. [fabrikɑ̃, ɑ̃t] (lat. *fabricare*) Personne qui fabrique ou qui fait fabriquer. *Fabricant de draps.* ◆ Le chef d'un établissement d'industrie manufacturière. *Les fabricants de Lyon.*

FABRICATEUR, TRICE, n. m. et n. f. [fabrikatœr, tris] (lat. *fabricator*) ▷ Personne qui fabrique ou qui fait fabriquer. ◁ ◆ *Le fabricateur souverain*, Dieu, le Créateur. ◁ ◆ En mauvaise part. *Un fabricateur de fausse monnaie, de calomnies.*

FABRICATION, n. f. [fabrikasjɔ̃] (lat. *fabricatio*) L'art ou l'action de fabriquer. *La fabrication des chandelles.* ◆ **Écon.** et **polit.** Industrie qui modifie les produits naturels et qu'on nomme ordinairement industrie manufacturière. ◆ En mauvaise part. *La fabrication de la fausse monnaie, d'un faux en écriture, de fausses nouvelles.*

FABRICIEN ou **FABRICIER,** n. m. [fabrisjɛ̃, fabrisje] (*fabrique*) Membre du conseil de fabrique d'une paroisse.

FABRIQUE, n. f. [fabrik] (lat. *fabrica*, métier d'artisan, fabrication) Construction d'un édifice ; il ne se dit guère qu'en parlant d'une église. ◆ Par anal. « *Une fabrique si immense [l'univers]* », VOLTAIRE. ◆ **Archit.** Construction dont la principale décoration consiste dans l'arrangement et l'appareil des matériaux. *Ce bâtiment présente de belles fabriques.* ◆ Par extens. Toutes constructions qui servent à l'ornement des parcs, des jardins. *Une belle fabrique rustique.* ◆ **Peint.** Tous les bâtiments en général que les peintures représentent, mais plus particulièrement ceux qui ont plus d'apparence. ◆ Fabrication. *Ce drap est de bonne fabrique.* ◆ *De fabrique*, se dit de certaines marchandises de médiocre qualité. *Des montres de fabrique.* ◆ Fig. et fam. *Ces deux hommes sont de même fabrique*, ils ne valent pas mieux l'un que l'autre. ◆ Établissement où l'on fabrique. ◆ Établissement où l'on fabrique les articles dont on parle. *Cette étoffe est de la fabrique de Lyon.* ◆ **Collect.** *Les ouvriers d'une fabrique.* ◆ Fig. *Cela sort de sa fabrique*, c'est pure invention de sa part. ◆ Tout ce qui appartient à une église paroissiale, les fonds et revenus affectés à l'entretien de l'église, l'argenterie, le luminaire, les ornements, etc. ◆ **Collect.** Les marguilliers chargés de l'administration des revenus et dépenses d'une église. ◆ Banc que les marguilliers occupent dans l'église. ■ *De fabrique*, ce qui vient directement du fabricant. *Prix de fabrique. Marque de fabrique.*

FABRIQUÉ, ÉE, p. p. de fabriquer. [fabrike]

FABRIQUER, v. tr. [fabrike] (lat. *fabricare*) Faire certains ouvrages par des procédés mécaniques. *Fabriquer des draps.* ◆ Tenir une fabrique, faire fabriquer. ◆ Absol. *Il a cessé de fabriquer.* ◆ En mauvaise part. *Fabriquer de la fausse monnaie.* ◆ Fig. *Fabriquer de fausses nouvelles*, une calomnie. ◆ Se dit de ce qui est comparé au produit d'une fabrique. « *Le ciel [...] pour différents emplois nous fabrique en naissant* », MOLIÈRE. ◆ Se fabriquer, v. pr. Être fabriqué ■ Fam. Faire. *Mais qu'est-ce que tu fabriques ?* ■ Péj. *Fabriquer un champion*, former un sportif pour qu'il gagne toutes les compétitions. ■ Inventer quelque chose. *Fabriquer une histoire de toutes pièces.* ■ V. pr. Se faire soi-même un outil, un objet, etc. *Ils se sont fabriqué une échelle.*

FABULATEUR, TRICE, ■ n. m. et n. f. [fabylatœr, tris] (lat. *fabulator*, conteur) **Psych.** Personne qui fabule. *L'imagination d'une fabulatrice.* ■ Adj. Relatif à la fabulation. *La fonction fabulatrice d'un récit. Un enfant fabulateur.*

FABULATION, ■ n. f. [fabylasjɔ̃] (lat. *fabulatio*, conversation, récit) Récit imaginaire fait par une personne qui croit réellement ce qu'elle invente. *La fabulation d'un jeune enfant.* ◆ **Philos.** Imagination. *Fabulation pathologique d'un adulte.* « *Convenons alors de mettre à plat les représentations fantasmatiques, et appelons fabulation ou fiction l'acte qui les fait surgir* », BERGSON.

FABULER, ■ v. intr. [fabyle] (lat. *fabulari*, parler, bavarder) Présenter comme réels des faits imaginaires. *Regarde la vérité en face et arrête de fabuler !*

FABULEUSEMENT, adv. [fabyløz(ə)mɑ̃] (*fabuleux*) D'une manière fabuleuse, extraordinaire. ■ *Elle est fabuleusement belle.*

FABULEUX, EUSE, adj. [fabylø, øz] (lat. *fabulosus*) Qui tient de la fable ; controuvé, imaginaire. ◆ Qui a rapport à la mythologie. *Les temps fabuleux.* ◆ Fig. Qui passe toute croyance, bien que réel. *Une fortune fabuleuse.* ■ Fam. Extraordinaire, à peine croyable. ◆ N. m. Les circonstances fabuleuses d'un récit. *Ces aventures tiennent du fabuleux. Le fabuleux d'un poème.* ■ REM. Il est littéraire dans son premier sens.

FABULISTE, n. m. et n. f. [fabylist] (lat. *fabula*) Auteur qui compose des fables.

FAC, ■ n. f. [fak] (abrév. de *faculté*) Fam. Université. *J'ai cours à la fac aujourd'hui. Aller à la fac.*

FAÇADE, n. f. [fasad] (ital. *facciata*, de *faccia*, face) Un des côtés d'un bâtiment, d'un édifice lorsqu'il se présente au spectateur ou lorsqu'il décore une place, une rue. ◆ Le côté où se trouve la principale entrée. *La façade du Louvre.* ■ Fig. Apparence trompeuse. *Sa gentillesse n'est qu'une façade.* ■ Fam. *Se ravaler la façade*, se remaquiller.

FACE, n. f. [fas] (lat. *facies*) Visage. *La face humaine. Les muscles de la face.* ◆ *Un homme à deux faces, à double face*, homme perfide, trompeur, faux. ◆ *Faire face*, se retourner quand on est poursuivi, et résister aux assaillants, et fig. pourvoir à une chose, parer à un inconvénient. *Faire face à ses engagements.* ◆ **Milit.** *Faire face à l'ennemi*, lui présenter le front des lignes. ◆ Dans une pièce de monnaie, côté où se trouve la tête du souverain. ◆ *Pile ou face.* Voy. PILE. ◆ *Face*, en histoire naturelle, se dit aussi des animaux mammifères. *La face du chien.* ◆ Au jeu de bassette, la première carte que découvre celui qui tient la banque. ◆ Il se dit des tempes par rapport aux cheveux qui les couvrent. *Il a les faces dégarnies.* ◆ **Peint.** et **sculpt.** Hauteur équivalant à celle de la face et qui sert à déterminer la dimension en longueur d'une figure humaine. On divise ordinairement la hauteur du corps en dix parties égales, que l'on appelle *faces*. ◆ *La face de Dieu*, la présence de la divinité. ◆ Façade. « *S'il rencontre un palais, il m'en décrit la face* »,

BOILEAU. ◆ *Faire face,* avoir la façade tournée vers un point. ◆ Surface que présente une chose. *La face supérieure d'un bloc de marbre.* ◆ **Géom.** Les diverses surfaces planes qui limitent un solide. *Les pyramides d'Égypte ont quatre faces.* ◆ Superficie. *La face de la Terre.* ◆ Aspect. *Paris a changé de face.* ◆ **Fig.** Il se dit des divers aspects ou points de vue que présente quelque chose. « *Le ton de voix change un discours de face* », PASCAL. ◆ État, situation des choses. *La face des affaires.* ◆ À LA FACE DE, **loc. prép.** En présence, à la vue de. *À la face du Soleil.* ◆ **Fig.** *À la face de tout l'univers.* ◆ DE FACE, **loc. adv.** Du point où l'on voit toute la face. *Une figure dessinée de face.* ◆ **Milit.** *De face,* de front. ◆ EN FACE, **loc. adv.** Par devant. *Voir quelque chose en face.* ◆ *Regarder quelqu'un en face,* fixer ses regards sur son visage, et fig. soutenir le regard de quelqu'un. ◆ *Regarder le péril, la mort en face,* les regarder sans effroi, sans trouble. ◆ Vis-à-vis. *Avoir le soleil en face.* ◆ Devant la personne même, la personne même étant présente. *Quoi! vous osez me soutenir en face que, etc.* ◆ EN FACE DE, **loc. prép.** Vis-à-vis. *En face du théâtre.* ◆ *Se placer en face de quelqu'un,* se placer devant lui, et fig. lui résister ouvertement. ◆ ▷ *En face de l'Église,* devant les ministres de l'Église, et suivant les formes ordinaires de l'Église. *Se marier en face de l'Église.* ◁ FACE À FACE, **loc. adv.** Vis-à-vis l'un de l'autre, en parlant de deux personnes. ◆ **Fig.** *Nous voilà face à face avec la vérité. Voir Dieu face à face.* ■ **N. m.** Rencontre, dialogue entre deux personnes. *Leur face-à-face a été décisif.* ■ **Fam.** *Face de rat,* injure. *Espèce de face de rat!* ■ **Fam.** *Cracher à la face de quelqu'un,* manifester du mépris pour quelqu'un. *Arrête de lui cracher à la face, tu es injuste!* ■ **Fam.** *Jeter la vérité en pleine face* ou *à la face de quelqu'un,* lui dire toute la vérité. *Il a pâli quand je lui ai jeté la vérité en pleine face.* ■ **Fam.** *Se voiler la face,* se cacher la vérité. *Ouvre les yeux, arrête de te voiler la face.* ■ **Fig.** *Faire face,* surmonter une crise, un obstacle. *Sa situation professionnelle est difficile mais il fait face.* ■ *Perdre la face,* être ridiculisé, atteint dans sa dignité et son honneur. *Devant ses collègues, il a perdu la face.* ■ **Fam.** *Sauver la face,* conserver sa dignité dans l'échec. *L'équipe a perdu mais elle a sauvé la face en réduisant le score.* ■ *Du ruban adhésif à double face,* dont les deux faces sont adhésives.

1 FACÉ, ÉE, adj. [fase] (*face*) ▷ Usité seulement dans la locution : *être bien facé,* avoir le visage plein, une noble figure. ◁

2 FACÉ, ÉE, p. p. de facer. [fase]

FACE-À-FACE, ■ **n. m. inv.** [fasafas] (*face*) Rencontre, dialogue entre deux personnes. *Des face-à-face télévisés.*

FACE-À-MAIN, ■ **n. m.** [fasamɛ̃] (*face* et *main*) ▷ Binocle muni d'un long manche et que l'on tient à la main. *Des faces-à-main.* ◁

FACER, v. tr. [fase] (*face*) ▷ Au jeu de bassette, amener la carte sur laquelle un joueur a mis son argent. ◁

FACÉTIE, n. f. [fasesi] (le *t* se prononce *s*; lat. *facetia*) Discours, acte qui tient le milieu entre la plaisanterie et la bouffonnerie.

FACÉTIEUSEMENT, adv. [fasesjøz(ə)mã] (le premier *t* se prononce *s*; *facétieux*) D'une manière facétieuse.

FACÉTIEUX, EUSE, adj. [fasesjø, øz] (le *t* se prononce *s*; facétie) Qui a le caractère de la facétie ou qui aime faire des facéties. *Un conte facétieux. Un homme facétieux.* ◆ **N. m.** et **n. f.** Personne facétieuse. ◆ **N. m.** Le ton facétieux.

FACETTE, n. f. [fasɛt] (dim. de *face*) Petite face ; un des côtés d'un corps à faces nombreuses. *Diamant taillé à facettes.* ◆ *Être à facettes,* présenter des aspects divers. *Un homme à facettes.* ◆ *Style à facettes,* style qui présente des brillants entrecoupés. ◆ *Yeux à facettes,* yeux des insectes, composés d'une multitude de petites faces. ■ Petite surface. *La facette d'une dent.*

FACETTÉ, ÉE, p. p. de facetter. [fasete] *Un rubis facetté.*

FACETTER, v. tr. [fasete] (*facette*) Tailler à facettes. *Facetter un diamant.*

FÂCHÉ, ÉE, p. p. de fâcher. [fɑʃe] **Adj.** Qui est contrarié. *Il est fâché par ce discours.* ■ Qui navre. ■ En colère. *Elle est très fâchée contre toi!* ■ Qui est brouillé. « *En somme nous étions fâchés... notre brouille a duré quinze jours... il est revenu, on a parlé d'autre chose* », CÉLINE. ■ Incompétent. *Elle est fâchée avec les mathématiques.*

FÂCHER, v. tr. [fɑʃe] (lat. *fastidire,* prendre des airs dédaigneux) Exciter un déplaisir permanent, indisposer fortement. *Il ne faut fâcher personne.* ◆ Causer du déplaisir, de la peine. *Votre refus l'a fâché.* ◆ Avec un nom de chose pour sujet. *Une chose me fâche, c'est que, etc.* ◆ Dans le style élevé, causer de la douleur, de l'indignation. ◆ *Fâcher* s'emploie impersonnellement et signifie il est pénible à. *Il me [à moi] fâche de voir que, etc.* ◆ Avec *que* et le subjonctif. *Il leur fâchait qu'il en fût ainsi.* ◆ Se fâcher, v. pr. Prendre de l'humeur, témoigner un vif mécontentement. *Je ne me fâche de rien.* « *Je ne me fâche jamais que l'on m'écrive* », BOSSUET. ◆ S'affliger. S'irriter. Se brouiller, se mettre mal avec quelqu'un. *Ils se sont encore fâchés.*

FÂCHERIE, n. f. [fɑʃ(ə)ʀi] (*fâcher*) État d'une personne fâchée. « *Les grands et les petits ont mêmes accidents, mêmes fâcheries* », PASCAL. ◆ Brouille. *Il y a de la fâcherie entre eux.*

FÂCHEUSEMENT, adv. [fɑʃøz(ə)mã] (*fâcheux*) D'une manière fâcheuse.

FÂCHEUX, EUSE, adj. [fɑʃø, øz] (*fâcher*) Qui fâche, qui cause du chagrin, en parlant des choses. *De fâcheuses nouvelles.* ◆ *Fâcheux à,* suivi d'un infinitif. « *Pardonnez-moi ce mot, il est fâcheux à dire* », P. CORNEILLE. ◆ *Un air fâcheux,* air qui annonce de mauvaises dispositions. ◆ *Il est fâcheux de,* avec l'infinitif, ou *que* avec le subjonctif, c'est une chose triste, regrettable de ou que. ◆ **N. m.** Ce qu'il y a de fâcheux. *Le fâcheux de l'affaire est que, etc.* ◆ Pénible. *Un chemin fâcheux.* ◆ Qui est d'humeur difficile, en parlant de personnes. ◆ Rigoureux, sévère, cruel. « *Rome eut des maîtres fâcheux* », BOSSUET. ◆ Importun, incommode. ◆ **N. m.** et **n. f.** « *Un fâcheux est celui qui, sans faire à quelqu'un un fort grand tort, ne laisse pas de l'embarrasser beaucoup* », LA BRUYÈRE.

FACHO, ■ **n. m.** [faʃo] (abrév. de *fasciste*) **Fam.** Partisan du régime fasciste. *Des fachos d'extrême droite.* ◆ **Par extens.** Personne qui abuse de son autorité. *C'est un vrai facho ce prof!*

FACIAL, ALE, adj. [fasjal] (*face*) **Anat.** Qui appartient à la face. *Angle facial. Nerfs faciaux.*

FACIENDE, n. f. [fasjãd] (ital. *faccienda*) ▷ Cabale, intrigue. *Ils sont de la même faciende.* ◁

FACIÈS, n. m. [fasjɛs] (on prononce le *s*; lat. *facies,* face) **Hist. nat.** L'aspect, le port, la physionomie d'un corps, tel qu'il se présente à première vue et avant un examen ultérieur. *Le faciès mongol.* ◆ **Géol.** et **géogr.** Ensemble des caractères lithographiques et paléontologiques observables d'un sédiment qui permet de dater sa formation. *Un faciès glaciaire,* de la période glaciaire. ■ **REM.** Graphie ancienne : *facies.*

FACILE, adj. [fasil] (lat. *facilis*) Que l'on fait, que l'on obtient sans peine. ◆ *Avoir le travail facile,* travailler vite et bien. ◆ *Auteur facile,* auteur que l'on comprend sans peine. ◆ **Impers.** *Il est facile de...* ◆ **N. m.** *C'est le facile de la chose.* ◆ *Facile à...,* en parlant des choses, avec un verbe à l'infinitif, se dit de ce qui se fait sans peine ; et alors le verbe prend la signification passive. *Idée facile à concevoir.* ◆ **Fam.** *Cela est facile à dire,* sorte de reproche qu'on adresse à ceux qui conseillent ce qu'ils ne feraient pas. ◆ *Facile à...,* en parlant des personnes. *Le plus facile des hommes à se consoler.* ◆ Il se dit des compositions qui ne sentent point la gêne, qui se développent sans peine, sans effort. *Un style facile. Des chants faciles.* ◆ Qui fait sans peine, qui crée, qui produit, exécute aisément. *Un génie, un talent facile.* ◆ On dit de même : *une plume, un crayon facile.* ◆ Traitable. ◆ En parlant des choses. *Une mer facile.* ◆ Il se dit des dispositions morales commodes aux autres. « *Déjà même les dieux nous semblaient plus faciles* », VOLTAIRE. ◆ *Un homme facile à vivre,* un homme dont l'humeur est égale et accommodante. ◆ Il se dit des choses dans le même sens. « *Sa facile bonté, sur son front répandue* », RACINE. ◆ Qui manque de la fermeté nécessaire, qui se laisse aller à une indulgence, à une complaisance excessive. ◆ *Facile comme bonjour,* très facile. ■ *Avoir la parole facile,* être très loquace et se sentir à l'aise dans la prise de parole. ■ *Avoir la vie facile,* n'avoir aucun ennui, notamment pécuniaire. ■ *Une blague facile,* vile et sans profondeur. ■ Docile. *Un enfant facile.* ■ *Une femme* ou *une fille facile,* avec qui on peut escompter avoir facilement des relations sexuelles. ■ **Adv.** Au moins. *Pour y aller, il faut vingt minutes facile.*

FACILEMENT, adv. [fasil(ə)mã] (*facile*) Avec facilité, sans peine.

1 FACILITÉ, n. f. [fasilite] (lat. *facilitas*) Qualité de ce qui est facile. *La facilité d'un travail.* ◆ Absence d'obstacle. *La facilité de sortir, d'entrer.* ◆ Au pl. Moyen d'arriver à un but. « *Vous apportez toutes les facilités possibles à l'union* », BOSSUET. ◆ Délai accordé à un acheteur, à un débiteur pour le paiement. ◆ Au sing. *Vendre avec facilité pour le paiement.* ◆ Disposition à faire quelque chose sans peine ni effort. *Il a une grande facilité à ou pour parler. Écrire avec facilité.* ◆ Absol. Aptitude à concevoir, à produire, à travailler sans efforts. *Cet enfant n'a aucune facilité.* ◆ On dit dans le même sens : *facilité d'esprit, de conception, etc.* ◆ Manière facile dont une chose est ou semble faite. *Avec cette grande facilité de la facilité.* ◆ Condescendance, complaisance. *Il est d'une grande facilité en affaires.* ◆ Manque de fermeté, complaisance, indulgence excessive. ◆ *Facilité de mœurs* ou *de caractère,* disposition naturelle à s'accommoder sans peine avec tout le monde. ■ Caractère de ce qui est fait sans effort et qui est fait souvent sans grande qualité. *Une solution de facilité.*

2 FACILITÉ, ÉE, p. p. de faciliter. [fasilite] **N. m. Mus.** *Facilité,* variante plus simple d'un passage difficile.

FACILITER, v. tr. [fasilite] (*facile*) Rendre facile, moins difficile. *Faciliter une tâche.* ■ Se faciliter, v. pr. *Se faciliter la vie en acceptant de payer différents services.* ■ **FACILITATION, n. f.** [fasilitasjɔ̃]

FAÇON, n. f. [fasɔ̃] (lat. *factio,* pouvoir de faire, manière de faire) Action de faire. *Un trait de ma façon.* « *Ce héros de ma façon* », P. CORNEILLE. ◆ Travail de l'artisan qui fait quelque chose. *Payer la façon d'un habit.* ◆ *À façon,* se dit d'un travail qu'un ouvrier accomplit chez lui pour un patron qui fournit la matière. *Un ouvrier à façon.* ◆ *Bois à façon,* bois que l'on fournit à l'entrepreneur. ◆ Au pl. Les apprêts que l'on fait subir à certains objets pour les employer. ♦ Manière dont on fait une chose, forme qu'on lui donne. *Son habit est d'une façon toute particulière.* ♦ *En bonne façon,* suivant les règles, bien conditionné. ♦ *Mené à sa dernière façon,* achevé. ♦ **Agric.** Opération qui a pour but le travail, l'ameublissement de la terre. *Les labours, hersages, etc. sont des façons. Donner une première façon à la vigne.* ♦ **Mar.** *Les façons d'un bâtiment,* les courbes données à la carène, à l'avant, à l'arrière. ♦ *Manière, sorte. C'est sa façon. On en parle d'une façon étrange.* ♦ *En toutes façons,* à tous égards. ♦ *De toute façon,* quoi qu'il en soit, en dépit de tout. ♦ **Fam.** *S'en donner de la bonne façon,* bien manger, faire une grande dépense. ♦ **Fam.** *En donner de la bonne façon à quelqu'un,* le maltraiter en actions ou en paroles. ♦ On dit de même : *de la belle façon.* ♦ **Fam.** *Des gens d'une certaine façon,* des gens d'un certain rang. ♦ *Façon d'agir, façon de faire,* manière de se comporter. ♦ *Façon de voir,* opinion, idée qu'on se fait. ♦ *Façon de penser,* pensées que l'on a, jugement que l'on porte. ♦ *Façon de parler, de dire,* manière dont on s'exprime. ♦ *Façon de parler,* phrase, locution. ♦ **Fig.** *C'est une façon de parler,* c'est-à-dire ce qui est dit ne doit pas être pris à la rigueur. ♦ *Par façon de,* et elliptiquement dans le langage familier, *façon de. Je lui dis, façon de plaisanter, que, etc.* ♦ *Façon d'être,* manière de se conduire. ♦ Manière propre d'un écrivain, d'un artiste. « *La seconde façon d'un auteur est la critique de la première* », d'OLIVET. ♦ *Une façon de...,* se dit de ce qui n'a guère que l'apparence. *C'est une façon de bel esprit.* ♦ L'air, le maintien, le port d'une personne. ♦ **Fam.** *N'avoir ni mine ni façon,* en parlant d'une personne, être sans grâce et sans maintien ; en parlant d'une chose, n'avoir point de mine, et fig. être absurde. ♦ Au pl. *Manières,* procédés dont on use. *Les enfants ont de petites façons qui plaisent.* ♦ *Faire des façons à quelqu'un,* l'inviter, l'agacer. ♦ *Manières affectées, ton.* ♦ *Faire des façons,* prendre un air affecté, se donner un air de réserve et de pruderie. ♦ Politesses cérémonieuses, manière gênante de témoigner ses égards, sa réserve. ♦ *Sans façon,* sans cérémonie. *Un dîner sans façon. Un homme sans façon.* ♦ SANS FAÇON, n. m. Conduite simple, non cérémonieuse, ou qui va jusqu'au familier déplacé. ♦ *Façons,* difficulté pour se décider, pour consentir. ♦ *Ne pas faire façon de,* ne pas hésiter à, sur. ♦ Soin, attention, circonspection. *Cela ne mérite pas qu'on apporte tant de façons.* ♦ *Sans plus de façon, sans autre façon,* incontinent, sans s'arrêter. ♦ Ornement broché à l'extrémité des coins d'une paire de bas. ♦ PAR FAÇON, **loc. adv.** Pour faire comme le veut l'usage. ♦ DE LA FAÇON, **loc. adv.** De cette façon. ♦ DE FAÇON QUE ou DE TELLE FAÇON QUE, **loc. conj.** Avec l'indicatif. Si bien que, tellement que. *Je vis de façon que je ne fais de tort à personne.* Avec le subjonctif. *Il faut vivre de façon qu'on ne fasse tort à personne.* ♦ DE FAÇON À, **loc. prép.** Avec l'infinitif. De cette façon. *Conduisez-vous de façon à vous faire aimer.* ♦ DE TELLE FAÇON que... *Conduisez-vous de façon à vous faire aimer.* ♦ SANS FAÇON, **loc. prép.** Non merci. ♦ *À ma façon, ta façon, sa façon, etc.,* de mon invention, etc. *Un gâteau fait à sa façon.* ■ *En aucune façon,* en aucun cas. *En aucune façon je n'ai envie d'aller là-bas.*

FACONDE, n. f. [fakɔ̃d] (lat. *facundia*) Facilité à parler d'abondance. ♦ Loquacité, incontinence de paroles.

FAÇONNAGE, ■ n. m. [fasɔnaʒ] (*façonner*) Action de façonner. *Atelier de façonnage. Façonnage du papier.* ■ **Spécial** Nettoyage des troncs d'arbres fraîchement coupés dans le cadre de la fabrication d'objets à partir du bois. *Façonnage du bois.* ■ **Impr.** Ensemble des opérations de pliage, découpage, assemblage, encartage, piqûre, couture, reliure, etc., qui donnent aux imprimés leur forme définitive. *Façonnage avec le massicot.* ■ Dans l'industrie pétrolière, sous-traitance.

FAÇONNÉ, ÉE, p. p. de façonner. [fasɔne] *Étoffe façonnée,* étoffe qui est tissée de manière à former des dessins. ■ N. m. *Le façonné.*

FAÇONNEMENT, n. m. [fasɔn(ə)mã] (*façonner*) Action de façonner, de donner la façon ; résultat de cette action. ♦ **Fig.** Fait de former un esprit, d'éduquer d'une certaine manière. *Le façonnement de l'esprit.*

FAÇONNER, v. tr. [fasɔne] (*façon*) Travailler une chose, lui donner une façon, une forme particulière. ♦ *Façonner du bois qui vient d'être abattu,* l'ébrancher, le scier de manière qu'il puisse être vendu. ♦ Donner la dernière façon à un ouvrage, y ajouter des ornements. *Façonner un vase, une étoffe.* ♦ *Façonner un champ, une vigne,* leur donner les façons convenables. ♦ **Fig.** Former les mœurs, l'esprit. *On façonne les hommes par l'éducation.* ♦ En mauvaise part. *Façonner au crime.* ♦ *Façonner un cheval,* lui donner une allure régulière et gracieuse. ♦ Accoutumer. *Je l'ai façonné à mes manières.* ♦ *Se façonner,* v. pr. Recevoir une certaine façon. ♦ Se former. S'accoutumer, se conformer. « *Au joug depuis longtemps ils se sont façonnés* », RACINE.

FAÇONNERIE, n. f. [fasɔn(ə)ri] (*façonner*) Manière de façonner les étoffes ; son action ; ses effets.

FAÇONNIER, IÈRE, adj. [fasɔnje, jɛr] (*façon*) Qui fait trop de façons, de cérémonies. ♦ Il se dit aussi des choses. « *L'éducation façonnière des riches* », J.-J. ROUSSEAU. ♦ N. m. et n. f. *Un façonnier. Une façonnière.* ♦ Personne qui affecte une vertu qu'elle n'a pas. ♦ N. m. et n. f. Ouvrier, ouvrière qui travaille aux ouvrages façonnés. ♦ Adj. *Ouvrier façonnier.*

FAC-SIMILAIRE, adj. [faksimilɛr] (*fac-simile*) Qui tient du fac-similé. *Copie fac-similaire,* copie qui reproduit l'original. ■ *Des copies fac-similaires.*

FAC-SIMILÉ ou **FACSIMILÉ,** n. m. [faksimile] (lat. *fac* et *simile,* fais une chose semblable) Imitation exacte, soit imprimée, soit gravée, d'une écriture, d'un dessin. ■ *Des fac-similés.* ■ REM. Graphie ancienne : *fac-simile.*

FACTAGE, n. m. [faktaʒ] (*facteur*) L'action du facteur pour transporter la marchandise de la messagerie, ou du roulage, ou du chemin de fer, au domicile ou au magasin du destinataire. ♦ Compagnie établie pour le transport des paquets, pour les commissions. ♦ ▷ Ce qu'on paye au facteur. ◁

FACTEUR, TRICE, n. m. et n. f. [faktœr, tris] (lat. *factor,* créateur, fabricant) Personne qui fabrique des instruments de musique. *Facteur de pianos.* ♦ **Math.** *Les facteurs du produit* ou simplement *les facteurs,* le multiplicande et le multiplicateur. ♦ **Fig.** Chacun des éléments qui concourent à un résultat. *Le travail et le capital sont les deux facteurs de la richesse publique.* ♦ Personne qui est chargée d'un négoce pour le compte d'une autre. ♦ Employé chargé de distribuer les lettres envoyées par la poste. ♦ Employé dans une entreprise de transport, qui charge et décharge, porte les objets transportés à leur destination. ♦ ▷ Au f. *Factrice,* femme qui dans les magasins est chargée de servir les acheteurs. ◁ ♦ Personne qui, préposée par le gouvernement dans les marchés publics, vend les denrées aux enchères et en gros. *Les facteurs de la halle.* ♦ Il se dit aussi au féminin, en ce sens. ■ Paramètre. *Un facteur économique.* ■ **Phys.** Rapport entre deux grandeurs de mêmes caractéristiques. *Facteur de proportionnalité.* ■ **Biol.** Substance destinée à favoriser un processus pathologique. *Un facteur de croissance.*

FACTICE, adj. [faktis] (lat. *facticius*) Qui est fait ou imité par l'art. *Pierre factice.* ♦ **Fig.** Qui n'est pas naturel. *Un goût factice.* ♦ *Besoin factice,* besoin qui résulte non de la nature, mais du caprice ou de l'habitude. ♦ **Gramm.** *Mot factice,* mot qui n'est pas reçu, mais qui est formé selon l'analogie. ♦ *Idée factice,* idée qui dérive d'un travail de l'intelligence, par opposition à idée innée. ■ Qui est feint. *Une douceur factice.* ■ FACTICEMENT, adv. [faktis(ə)mã]

FACTICITÉ, ■ n. f. [faktisite] (*factice*) Caractère de ce qui est factice, de ce qui imite. ▷ *Je trouvais, à en caresser le projet, cet âcre plaisir d'ironie qui permet seul, à un certain âge, de supporter la facticité de la vie mondaine* », BOURGET. ■ **Philos.** Caractère d'un fait difficilement justifiable ontologiquement. « *La conscience va d'échec en échec et d'antinomie en antinomie pour justifier son injustifiable contingence, son irrémédiable facticité* », VUILLEMIN.

FACTIEUSEMENT, adv. [faksjøz(ə)mã] (*factieux*) D'une manière factieuse.

FACTIEUX, EUSE, adj. [faksjø, øz] (lat. *factiosus,* intrigant) Qui excite du trouble dans l'État. *Une secte factieuse.* ♦ N. m. et n. f. Personne qui fait partie d'une faction, qui a un esprit de désordre. ♦ Qui est en proie aux factions. *Des temps factieux.* ♦ Qui a le caractère de la faction. *Une gloire factieuse.*

FACTION, n. f. [faksjɔ̃] (lat. *factio,* action, association, parti politique, cabale) ▷ Action de faire, au sens propre qui ne subsiste plus que dans un terme d'alchimie : *faction de l'œuvre divin,* accomplissement du grand œuvre. ◁ ♦ Chez les Latins, différentes troupes de concurrents aux jeux du cirque. ♦ Parti remuant et séditieux dans un État, dans un corps. ♦ La garde que fait un soldat en un poste. *Faire sa faction. Relever de faction.* ♦ **Fig.** et **fam.** Attente prolongée. *Faire faction dans la rue.* ■ Machination d'un petit groupe d'individus ayant pour but de mettre en avant leurs intérêts propres. *Faction divisant une classe.*

FACTIONNAIRE, adj. [faksjɔnɛr] (*faction*) **Milit.** Qui est assujetti à faire faction. *Soldat factionnaire.* ♦ N. m. Soldat en faction.

FACTITIF, IVE, ■ adj. [faktitif, iv] (lat. *factitare,* fréquent. de *facere,* faire) **Gramm.** Se dit du sujet d'un verbe qui ne fait pas l'action mais qui en est la cause. *Constructions factitives.* Le verbe *montrer* dans le sens de *faire voir quelque chose à quelqu'un* est *factitif.*

FACTORAT, n. m. [faktora] (lat. *factor*) ▷ Charge, fonction de facteur. ◁

FACTORERIE ou plus correctement **FACTORIE,** n. f. [faktor(ə)ri, faktori] (lat. *factor*) ▷ Siège des bureaux des facteurs d'une compagnie de commerce à l'étranger. *Factorie hollandaise.* ◁

FACTORIEL, ELLE, ■ adj. [faktorjɛl] (*facteur*) **Math.** Qui est relatif aux facteurs. *Méthodes factorielles.* ■ *Analyse factorielle,* analyse qui permet d'interpréter des données issues de séries d'observations comme résultantes des facteurs que l'on sépare et mesure. ■ N. f. Produit des nombres entiers inférieurs ou égaux au nombre dont on calcule la factorielle. *La factorielle de 3 se note 3 ! et a pour valeur 6 (1 x 2 x 3).*

FACTORING, ■ n. m. [faktoriŋ] (mot angl.) **Écon.** Fait de transmettre des créances commerciales à un organisme chargé de leur recouvrement. ■ REM. On recommande officiellement l'emploi de *affacturage.*

FACTORISER, ■ v. tr. [faktɔʀize] (*facteur*) **Math.** Mettre en facteur. *Factoriser une équation.* ■ FACTORISATION, n. f. [faktɔʀizasjɔ̃] *La factorisation d'une équation.*

FACTOTUM, n. m. [faktotɔm] (*um se prononce om ; lat. fac totum,* fais tout) Personne qui fait toute chose dans une maison, auprès d'une autre personne. ◆ Au pl. *Des factotums.* ■ REM. On disait aussi *factoton.*

FACTUEL, ELLE, ■ adj. [faktɥɛl] (angl. *factual,* de *fact*) Relatif aux faits. *Analyse factuelle. Une preuve factuelle.*

FACTUM, n. m. [faktɔm] (*um se prononce om ; lat. factum,* action) **Dr.** Exposé des faits d'un procès. ◆ Aujourd'hui l'on dit, en ce sens, mémoire. ◆ Mémoire qu'une personne publie pour attaquer ou pour se défendre. ◆ Au pl. *Des factums.*

FACTURATION, ■ n. f. [faktyʀasjɔ̃] (*facturer*) Établissement d'une facture. *Logiciel de facturation.* ■ Par extens. Service chargé de cette tâche, dans une entreprise. *Un service de facturation.*

1 **FACTURE**, n. f. [faktyʀ] (lat. *factura,* façon, fabrication) Manière dont une chose est faite, en parlant de productions littéraires, de musique, de peinture. *La facture de cette scène est bonne.* ◆ *Couplet de facture,* couplet composé pour l'effet. ◆ **Mus.** Caractère d'un morceau de musique au point de vue de l'art de la composition. ◆ Qualité, largeur, grosseur des tuyaux d'orgue. *Les jeux de la petite facture.* ■ **Techn.** Fabrication des instruments de musique. *Facture d'orgue.*

2 **FACTURE**, n. f. [faktyʀ] (*facteur*) Mémoire de l'espèce et du prix des marchandises vendues à quelqu'un. *Présenter sa facture.* ◆ **Fam.** *La facture est salée,* trop élevée. ◆ **Fam.** Ensemble des dépenses faites pour une action publique. *Il va falloir payer la facture de la guerre.*

FACTURÉ, ÉE, ■ p. p. de facturer. [faktyʀe] *Un article facturé.*

FACTURER, v. tr. [faktyʀe] (1 et 2 *facture*) Fabriquer. « *Les Arabes facturent le sel ammoniac* », BUFFON. ◆ Dans les maisons de commerce, se dit pour faire la facture de. *Facturer un article.*

FACTURETTE, ■ n. f. [faktyʀɛt] (2 *facture*) Petit reçu à conserver, imprimé par une machine de paiement et fourni par un commerçant qu'on vient de régler par carte bancaire.

FACTURIER, IÈRE, ■ n. m. et n. f. [faktyʀje, jɛʀ] (2 *facture*) Personne chargée de tenir à jour les factures de l'entreprise. ■ En appos. *Une secrétaire facturière.* ■ N. f. Système informatique permettant la saisie des factures et des facturations. ■ N. m. *Un facturier,* registre dans lequel on note les factures (encaissées ou débitées).

FACULE, ■ n. f. [fakyl] (lat. *facula,* petite torche) **Astron.** Petite tache très brillante visible sur la photosphère solaire. *Facule du soleil.*

FACULTAIRE, ■ adj. [fakylteʀ] (*faculté*) Relatif à une faculté. *Des tâches facultaires. Un diagnostic facultaire d'un professeur de faculté.*

FACULTATIF, IVE, ■ adj. [fakyltatif, iv] (*faculté*) Qui accorde une faculté, un droit, un pouvoir. *Bref facultatif.* ◆ Par extens. Qui donne ou laisse la faculté de faire ou de ne pas faire une chose. *Cette disposition de la loi est facultative.* ◆ **Dr.** *Obligation facultative,* obligation où le débiteur a la faculté de donner en paiement une chose autre que la chose due.

FACULTATIVEMENT, adv. [fakyltativ(ə)mɑ̃] (*facultatif*) D'une manière facultative.

FACULTÉ, n. f. [fakylte] (lat. *facultas*) Moyen, pouvoir, droit de faire quelque chose. *Je n'ai pas la faculté de délibérer. La faculté de disposer de son bien.* ◆ *La faculté du légat,* ses pouvoirs. ◆ Puissance physique ou morale, fonction du corps ou de l'esprit. *La faculté de se mouvoir. Les facultés de l'âme.* ◆ Par extens. Vertu d'une substance, pouvoir. *L'aimant a la faculté d'attirer le fer.* ◆ Facilité, talent. *La faculté de bien dire. Il est doué de brillantes facultés.* ◆ Au pl. Les biens, les ressources, les moyens dont on dispose. *Chacun a été taxé selon ses facultés.* ◆ Corps scientifique ou littéraire chargé d'un enseignement spécial dans une université. *Il y avait autrefois quatre facultés, la faculté de théologie, celle de droit, celle de médecine et celle des arts. Depuis la création de l'université impériale, la faculté des arts a été divisée en deux, celle des sciences et celle des lettres, de sorte qu'il y a aujourd'hui cinq facultés.* ◆ ▷ Dans l'usage commun, *la faculté de médecine* se nomme simplement *la Faculté.* ◁ ◆ Dans le langage des classes, genre d'exercice ou de composition. *La version est sa meilleure faculté.*

FADA, ■ adj. [fada] (lat. *fatuus,* insensé, sot) **Fam. Midi** Un peu fou. *Tu es le barman le plus fada de toute la Canebière !* N. m. et n. f. *Un, une fada. Des fadas.*

FADAISE, n. f. [fadɛz] (provenç. *fadeza,* sottise) Bagatelle fade ; mot, pensée, discours qui ne signifie rien ou qui exprime quelque chose de si commun que cela ne vaut pas la peine d'être dit. ◆ Absol. *La fadaise,* les propos qui sont pures bagatelles. « *Songez à me répondre, et laissons la fadaise* », MOLIÈRE. ■ REM. S'emploie auj. le plus souvent au pluriel.

FADASSE, adj. [fadas] (*fade*) Qui a quelque chose de fade au point d'entraîner le dégoût. *Un plat fadasse.* ◆ N. m. et n. f. *C'est une grande fadasse.* ■ Terne, sans éclat. *Une couleur fadasse.* ■ REM. Il est familier aujourd'hui. ■ **FADASSERIE**, n. f. [fadas(ə)ʀi]

FADE, adj. [fad] (lat. vulg. *fatidus,* croisement de *fatuus,* fade, avec *sapidus,* qui a de la saveur) Qui est sans saveur. *Un vin fade.* ◆ *Se sentir le cœur fade,* avoir du dégoût. ◆ Fig. *Un plaisir ennuyeux et fade.* ◆ Fig. Il se dit de ce qui n'est ni piquant, ni vif. *Un compliment fade.* ◆ En parlant de l'air et du visage, qui offre le caractère de l'insipidité déplaisante. ◆ En parlant des personnes, insipide et prétentieux. « *Un caractère bien fade est celui de n'en avoir aucun* », LA BRUYÈRE. ◆ N. m. et n. f. « *Un grand fade* », J.-J. ROUSSEAU. ■ **Belg.** Lourd et étouffant en parlant du temps. *Un temps fade.*

FADÉ, ÉE, ■ adj. [fade] (provenç. *fada,* doter) **Fam.** Mené à terme, réussi. *Ah, elle est fadée ton affaire !*

FADEMENT, adv. [fad(ə)mɑ̃] (*fade*) D'une manière fade.

FADER (SE), ■ v. pr. [fade] (provenç. *fadar,* doter, munir, partager) **Fam.** Devoir supporter quelqu'un ou quelque chose. *Se fader un prétentieux à un cocktail. Je me fade les embouteillages tous les matins.*

FADEUR, n. f. [fadœʀ] (*fade*) Qualité de ce qui est fade. *La fadeur d'un mets.* ◆ Fig. Il se dit de ce qui manque de vivacité, de piquant, d'animation. ◆ Il se dit aussi de la mine, des manières, de la conversation. *Des fadeurs.* ◆ Il se dit enfin d'un excès de flatterie dans la complaisance ou dans la louange. « *La fadeur des éloges lui était à charge* », MASSILLON. ◆ Discours fade ; louange fade ; galanterie fade.

FADING, ■ n. m. [fediŋ] (mot angl., fait de disparaître) **Télécomm.** Diminution momentanée de la puissance d'un signal radioélectrique à l'entrée d'un récepteur. *Zone de fading.* ■ Par extens. Variation de la puissance de ce signal, due aux conditions de propagation des ondes. ■ REM. On recommande officiellement l'emploi de *évanouissement.*

FADISTE, ■ n. m. et n. f. [fadist] Artiste chantant le fado. *Fadistes portugais.*

FADO, ■ n. m. [fado] (port., lat. *fatum,* destin) Chant traditionnel portugais accompagné à la guitare, souvent mélancolique, et dont les thèmes récurrents sont le pays, l'amour et le destin. *Chanter des fados.*

FAENA ou **FAÉNA**, ■ n. f. [faena] (mot esp.) Dans une corrida, travail du torero qui utilise une muleta. *Des faenas.*

FAF, ■ n. m. et n. f. [faf] (*fasciste*) **Fam.** Fasciste. *Les fafs d'un mouvement extrémiste.*

FAFIOT, ■ n. m. [fafjo] (radic. onomat. *faf,* objet sans valeur) **Pop.** Billet de banque. *Fafiot de cinq euros.* ■ *Des fafiots,* de l'argent.

FAGNE, ■ n. f. [faɲ] ou [fanj] (anc. b. frq. *fanja,* fange) **Est et Belg.** Dans les Ardennes, zone tourbeuse.

FAGOT, ■ n. m. [fago] (orig. inc.) Assemblage de menues branches ; bourrée dans laquelle se trouvent trois ou quatre brins de bois plus gros que les autres. ◆ *L'âme d'un fagot,* l'intérieur fait du plus menu bois. ◆ **Fam.** *C'est un fagot d'épines,* se dit d'une personne revêche et bourrue. ◆ **Pop.** *Être habillé comme un fagot, c'est un fagot habillé,* se dit d'une personne habillée fort mal, sans aucun goût. ◆ *Elle est faite comme un fagot,* elle est mal faite. ◆ *Cet homme sent le fagot,* il a des sentiments d'hérétique, et court risque d'être brûlé. ◆ *Un livre qui sent le fagot,* pour lequel on pourrait faire brûler son auteur. ◆ Aujourd'hui, *sentir le fagot* ne se dit guère qu'en plaisantant pour faire entendre à quelqu'un qu'on n'a pas grande confiance dans la sincérité de ses croyances. ◆ Fig. Contes fagotés, récit de choses peu importantes, bourdes. *Cette nouvelle est un fagot.* ◆ Paquet, faisceau. « *J'ai reçu un fagot de lettres* », MME DE SÉVIGNÉ. ◆ Ouvrage de charpenterie, de menuiserie, dont les pièces démontées sont liées en paquet. ◆ ▷ **Mus.** Ancien syn. de basson. ◁ ◆ **Prov.** *Il y a fagots et fagots,* il y a de la différence entre des personnes de même état, entre des choses de même sorte. ■ *De derrière les fagots,* de qualité et souvent réservé pour de grandes occasions. *Une bouteille de vin de derrière les fagots.*

FAGOTAGE, n. m. [fagotaʒ] (*fagoter*) Acte de la personne qui fagote ; action de fagoter. ◆ Bois propre à être mis en fagots. ◆ **Fig. et fam.** Travail, opération, collection faite à la hâte et sans soin. ■ **Fam.** Accoutrement, manière de s'habiller. *Qu'est-ce que c'est que ce fagotage ?*

FAGOTÉ, ÉE, p. p. de fagoter. [fagote]

FAGOTEMENT, n. m. [fagot(ə)mɑ̃] (*fagoter*) ▷ Syn. de fagotage. ◁

FAGOTER, v. tr. [fagote] (*fagot*) Mettre en fagots. ◆ Fig. Mal disposer, mal arranger. ◆ Habiller avec mauvais goût. ◆ Arranger un conte, un mensonge, et, en un autre sens, tramer. *Je ne sais ce qu'ils fagotent ensemble.* ◆ Se fagoter, v. pr. Être mis en fagots. ◆ Fig. S'habiller avec mauvais goût. ◆ Être composé, inventé sans grand soin.

FAGOTEUR n. m. ou **FAGOTIER, IÈRE**, n. m. et n. f. [fagotœʀ, fagotje, jɛʀ] (*fagoter*) ▷ Personne qui fait des fagots. ◆ **Fig. et par dénigrement** *Un fagoteur de romans.* ◁

FAGOTIN, n. m. [fagotɛ̃] (dim. de *fagot*) Petit fagot préparé avec des morceaux de bois blanc qu'on fend en une multitude de bûchettes pour allumer le feu. ◆ ▷ Singe habillé que montrent les charlatans et les bateleurs. ◁ ■ **Par extens.** Bouffon d'un théâtre de foire. ◆ **Fam.** *C'est un vrai fagotin,* se dit d'un mauvais plaisant.

FAGOUE, n. f. [fagu] (orig. inc.) Nom donné par les bouchers au ris de veau. ◆ Nom vulgaire du pancréas chez le porc.

FAGUENAS, n. m. [fag(ə)nɑ] (orig. inc.) ▷ **Fam. et vieilli** Odeur rebutante qui sort d'un corps échauffé ; odeur d'hôpital. ◁

FAHRENHEIT (DEGRÉ), ■ n. m. [faʀœnajt] (D. G. *Fahrenheit,* 1686-1736) Unité de mesure de température définie par l'échelle Fahrenheit, utilisée surtout aux États-Unis. *À 0° Celsius équivalent 32° Fahrenheit.*

FAIBLARD, ARDE, ■ adj. [feblaʀ, aʀd] (*faible*) **Fam.** Qui est un peu faible physiquement. *Elle se sentait faiblarde.* ■ **Fig.** Qui manque de substance, d'énergie. *Un discours faiblard.* « *Châssis faussé, moteur faiblard, freins néant !* », BLIER.

FAIBLE, adj. [febl] (lat. *flebilis,* digne d'être pleuré) Qui est sans force, sans vigueur. ◆ *Dans un âge faible,* dans l'enfance. ◆ *Avoir les yeux faibles, la vue faible,* supporter difficilement le grand jour. ◆ Il se dit des facultés intellectuelles. *Notre faible raison. Une tête faible.* ◆ *Un esprit faible,* un esprit qui n'a pas de force ou d'étendue, qui se laisse dominer. ◆ Qui manque de puissance, de ressources, etc. *Un État faible.* ◆ Qui est dépourvu de talent, de capacité. *Un écrivain faible. Un élève faible.* ◆ Il se dit, dans un sens analogue, des productions de l'art ou de l'esprit. *Un ouvrage faible. Style faible,* style qui n'a pas de force. ◆ Qui manque de force morale, qui est trop indulgent. *Une mère trop faible. Un cœur faible.* ◆ Peu considérable, par rapport à la quantité, à la valeur, à l'intensité. « *De si faibles sujets troublent cette grande âme* », P. CORNEILLE. ◆ *Du vin faible, du café faible,* du vin, du café où la partie aqueuse prédomine. ◆ Qui est au-dessous du taux, du titre, de l'étalon légal. *Monnaie faible. Un mètre faible.* ◆ Qui n'a pas assez d'épaisseur, de grosseur, de solidité. *Cette poutre est faible.* ◆ Il se dit d'un poste, d'une place de guerre mal fortifiée. *Le côté faible.* Voy. CÔTÉ. ◆ *Faible de,* avec un substantif, indique le genre de faiblesse. *Un cheval faible de reins. Un homme faible de caractère.* ■ N. m. Il se dit de toute personne qui manque de force et a besoin de protection. « *Donner courage aux faibles* », PASCAL. ◆ Il se dit aussi des personnes dont l'âme n'est pas forte, se trouble, s'émeut facilement. ◆ Ce qui a de moins fort, de moins solide dans une chose. *Le faible d'une place de guerre.* ◆ En escrime, *le faible d'une épée,* le tiers du tranchant, qui fait l'extrémité de la lame. ■ **Fig.** Ce qu'il y a de défectueux en quelque chose. *Toutes les grandeurs ont leur faible.* ◆ *le fort et le faible,* ce sur quoi l'on peut compter et ce sur quoi l'on ne peut pas compter. ◆ *Le point faible de quelqu'un, de quelque chose,* ce qui présente une faiblesse. *L'orthographe est son point faible.* ■ **Péj.** *Le sexe faible,* la femme. ■ **Péj.** *Une faible femme,* une femme sans défense. ■ Petit, bas. *À faible hauteur. Un faible rendement.* ■ REM. On disait autrefois également *foible.*

FAIBLEMENT, adv. [feblǝmɑ̃] (*faible*) D'une manière faible.

FAIBLESSE, n. f. [feblɛs] (*faible*) Manque de force. *La faiblesse du corps.* ◆ Il se dit des facultés intellectuelles. *Faiblesse de jugement, de mémoire.* ◆ Manque de puissance, de ressources. ◆ Défaillance, évanouissement. *Tomber en faiblesse.* ■ **Fig.** Manque de talent, de capacité. ◆ Il se dit, dans un sens analogue, des productions de l'art et de l'esprit. *La faiblesse du style.* ◆ *La faiblesse d'un raisonnement, d'un argument,* leur insuffisance à prouver ce qui est en question. ◆ Manque de force morale. ◆ On dit de même : *faiblesse de caractère, d'âme, d'esprit, de cœur, de courage,* etc. ◆ Complaisance, inclination, qui se laisse aller. *Les faiblesses d'une mère pour ses enfants.* ◆ Défaut de raison, d'empire sur soi-même, et actes qui en sont la suite. ◆ En parlant des choses, manque de solidité ou de force. *La faiblesse d'une poutre, d'une digue,* etc. ◆ Il se dit de ce qui est peu considérable en son genre. *La faiblesse de nos connaissances.* ◆ *La faiblesse d'un poids, d'une mesure, d'une monnaie,* condition d'un poids, d'une mesure, d'une monnaie qui sont un peu au-dessous de la valeur légale. ■ *Avoir une faiblesse pour quelqu'un, quelque chose,* l'apprécier. *Elle a une faiblesse pour les hommes en uniforme.* ■ REM. On disait autrefois également *foiblesse.*

FAIBLIR, v. intr. [febliʀ] (*faible*) Perdre de sa force, de son courage, de sa persévérance. *Il sentit son courage faiblir.* ◆ Perdre de son mérite dans les arts ou dans les lettres. ◆ Il se dit aussi des ouvrages mêmes. *Cette pièce faiblit de scène en scène.* ◆ En parlant des choses. *Le vent faiblit.* ■ REM. On disait autrefois également *foiblir.*

FAIBLISSANT, ANTE, adj. [feblisɑ̃, ɑ̃t] (*faiblir*) Qui faiblit, qui devient faible. *Une voix faiblissante.*

FAÏENCE, n. f. [fajɑ̃s] (*Faenza,* bourg d'Italie) Poterie de terre vernissée ou émaillée. ■ **Par extens.** *La faïence,* objets de faïence. *La faïence de Delft. De la faïence anglaise.* ■ *Se regarder en chiens de faïence,* se regarder droit dans les yeux, avec hostilité et sans se parler.

FAÏENCÉ, ÉE, ■ adj. [fajɑ̃se] (*faïence*) Qui est fait de faïence ou qui a l'aspect de la faïence. *De la vaisselle faïencée.*

FAÏENCERIE, n. f. [fajɑ̃s(ǝ)ʀi] (*faïence*) Fabrique de faïence. *Établir une faïencerie.* ◆ Poterie en faïence. *Fonds, articles de faïencerie.* ◆ L'art de faire la faïence.

FAÏENCIER, IÈRE, n. m. et n. f. [fajɑ̃sje, jɛʀ] (*faïence*) Personne qui fabrique ou qui vend de la faïence. ◆ Adj. Qui appartient à la faïence, qui tient de la faïence. *L'industrie faïencière. Ouvrier faïencier.*

FAIGNANT, ANTE, ■ adj. [feɲɑ̃, ɑ̃t] ou [fenjɑ̃, ɑ̃t] Voy. FEIGNANT.

1 **FAILLE**, n. f. [faj] (*faillir*) **Géol.** Rupture, solution de continuité d'une couche, d'une stratification ; solution remplie de matériaux étrangers. ■ **Fig.** Défaut, manque. *Un raisonnement sans faille.*

2 **FAILLE**, n. f. [faj] (orig. obsc.) Étoffe de soie noire à gros grains, fabriquée primitivement en Flandre. ◆ Vêtement de tête des bourgeoises flamandes.

FAILLER (SE), ■ v. pr. [faje] (1 *faille*) **Géol.** Former des failles, être transformé par une faille. *Relief qui se faille. Pli faillé.*

FAILLI, IE, p. p. de faillir. [faji] ▷ *Failli de cœur, cœur failli,* lâche, sans cœur. ◁ ◆ *À jour failli, à coup failli.* Voy. FAILLIR. ◆ **Hérald.** Se dit de deux chevrons rompus dans leurs montants. ■ N. m. Commerçant qui a fait faillite. ◆ Adj. *Un commerçant failli.*

FAILLIBILITÉ, n. f. [fajibilite] (*faillible*) Possibilité de faillir, de se tromper.

FAILLIBLE, adj. [fajibl] (*faillir*) Qui peut se tromper, faillir. *Tout homme est faillible.*

FAILLIR, v. intr. [fajiʀ] (lat. *fallere,* faire glisser, tromper, échapper) Manquer le but, ne pas toucher ce qu'on vise. ◆ *Jouer à coup faillant, à coup failli,* jouer à la place du premier des joueurs qui manque. ◆ Faire défaut, manquer à. « *Pas n'y faudrai* », LA FONTAINE. ◆ *J'irai là sans faillir,* j'irai sans faute, sans y manquer. ◆ En parlant des choses, faire défaut. ◆ Se tromper, se méprendre en quelque chose. ◆ Tomber en faute, avoir tort, pécher. ◆ Céder, manquer. *Cet édifice a failli par le pied.* ◆ Être au bout, au terme. *À jour faillant. À jour failli.* ◆ **Prov.** *Au bout de l'aune faut le drap,* à force d'auner on arrive au bout de la pièce de drap, et fig. toutes choses ont leur fin. ◆ Il se dit des fonctions de la vie qui manquent, qui font défaut. *La mémoire lui a failli* ou *lui est faillie* suivant le sens. ◆ *Le cœur me faut,* se dit quand on sent quelque faiblesse, quelque épuisement, et qu'on a besoin de manger. ◆ *Le cœur faut,* se dit aussi de l'effet d'impressions morales. ◆ *Faire faillite. Le banquier a failli* ou *est failli.* ◆ En ce sens, l'usage s'introduit de conjuguer régulièrement *faillir* sur *finir. Un négociant qui faillit, qui faillissait,* etc. ◆ Être sur le point de. *Je faillis à mourir de rire.* ◆ On peut supprimer, et aujourd'hui on supprime communément la préposition *à. On faillit tout gâter.* ◆ ▷ On dit aussi *faillir de. J'ai failli de tomber.* ◁

FAILLITE, n. f. [fajit] (ital. *fallita,* faute, de *fallire,* manquer d'argent) Action d'un commerçant qui cesse ses paiements ; état d'un commerçant qui a cessé ses paiements. *Faire faillite.* ■ **Fig.** *La faillite d'un projet.*

FAIM, n. f. [fɛ̃] (lat. *fames*) Besoin de manger. ◆ *Avoir faim,* ressentir le besoin de manger. ◆ **Fig.** *Avoir faim de,* avoir appétit de. ◆ **Fam.** *Crier à la faim,* être pressé de manger. ◆ On dit aussi : *crier la faim.* ◆ *Mourir de faim, crever de faim,* manquer des choses nécessaires à la vie. ■ N. m. et n. f. *Un meurt-de-faim.* Voy. MOURIR. ◆ *Faim canine,* état maladif dans lequel les chiens mangent avec une grande voracité ils s'en vomissent bientôt. ◆ *Faim de loup,* la boulimie. ◆ **Par extens.** *Faim canine, faim de loup,* appétit dévorant. ◆ Famine. ■ **Fig.** Désir très vif, passionné, en mauvaise part. *La faim insatiable des richesses.* ◆ En bonne part. « *Ceux qui ont faim de la justice* », BOSSUET. ◆ **Prov.** *La faim chasse le loup hors du bois,* fait sortir le loup hors du bois, la faim oblige les plus fainéants à travailler, ou bien contraint un homme à faire des choses hors de son caractère. ■ *Rester sur sa faim,* ne pas obtenir complètement ce qu'on attendait. ■ *Donner faim,* générer une sensation de faim ; par extens. donner l'envie de manger. *Cette odeur me donne faim.* ■ *Manger à sa faim,* manger suffisamment pour ne plus ressentir la sensation de faim. *De nombreuses personnes ne mangent pas à leur faim.* ■ **Prov.** *La faim est mauvaise conseillère,* avoir faim pousse à faire certaines choses répréhensibles. ■ *Faire une grève de la faim,* refuser de se nourrir pour revendiquer quelque chose ou pour manifester son désaccord. *Pour proclamer son innocence, le condamné a entamé une grève de la faim.*

FAIM-VALLE, n. f. [fɛval] (*faim,* et b. bret. *gwall,* mauvais) Sorte de névrose qui force les chevaux à s'arrêter tout à coup et ne leur permet de reprendre le travail qu'après que le besoin de manger qui les saisit est satisfait. ◆ ▷ On trouve aussi *faim-calle.* ◁ ■ *Des faims-valles.*

FAINE, n. f. [fɛn] (lat. *fagina*, gland) Le fruit du hêtre. ■ REM. Graphie ancienne : *faîne*.

FAINÉANT, ANTE, adj. [feneã, ãt] (altération pop., d'après *faire* et *néant*, de *feignant*, p. prés. de *feindre*, rester inactif) Qui ne fait rien, qui ne veut point travailler. *Ouvrier fainéant.* ♦ *Les rois fainéants*, rois de la première race, qui abandonnèrent le pouvoir aux maires du palais [1]. ♦ N. m. et n. f. Personne qui n'aime point le travail, qui vit dans la paresse. ■ *Cet étudiant est un vrai fainéant !* ■ REM. 1 : *Race* est à comprendre ici au sens de *dynastie*.

FAINÉANTER, v. intr. [feneãte] (*fainéant*) Être fainéant, faire le fainéant.

FAINÉANTISE, n. f. [feneãtiz] (*fainéant*) Vice du fainéant.

FAÎNÉE ou **FAINÉE**, n. f. [fene] (*faine*) Récolte des faînes.

1 **FAIRE**, v. tr. [fɛʀ] (lat. *facere*) Donner l'être ou la forme. *Dieu a fait l'homme à son image.* ♦ Engendrer. ♦ *Faire des petits*, en parlant des femelles des animaux, mettre bas. ♦ Façonner, fabriquer, construire, en parlant des œuvres matérielles de l'art ou de l'industrie. *Faire du pain, un habit, une maison, etc. Faire le vin. Faire le dîner, le déjeuner.* ♦ En parlant des œuvres de l'intelligence, de l'imagination. *Faire un projet, un plan, un poème, etc.* ♦ Peindre. *Faire l'histoire. Faire les animaux.* ♦ En parlant de tout ce qu'un sujet opère, effectue, exécute dans l'ordre physique ou dans l'ordre moral. ♦ ▷ *Faire que sage*, faire la chose que ferait une personne sage. ◁ ♦ *Faire quelque chose pour quelqu'un*, lui accorder ou lui faire obtenir quelque chose. ♦ Il se dit des choses. *La mine fit explosion.* ♦ Opérer. *Les planètes font leur révolution autour du Soleil.* ♦ *Se faire*, faire à soi, se créer, se procurer. ♦ *Se faire fête d'une chose*, s'en réjouir. ♦ *Se faire honneur* ou *gloire de quelque chose*, s'en tenir honoré, glorieux. ♦ *Faire d'une personne, d'une chose...*, la changer en, en user comme de... « *Que de tous tes sujets il fasse des rebelles* », P. CORNEILLE. ♦ *Faire de quelque chose une obligation, un devoir, etc.*, l'imposer comme une obligation, un devoir. ♦ *Faire ses délices de quelque chose*, y prendre un plaisir extrême. ♦ *Faire*, suivi de la préposition *de*, signifie disposer de quelqu'un ou de quelque chose, en tirer parti d'une façon quelconque. *Que faire de cet homme-là ?* ♦ *N'avoir que faire de*, n'avoir pas besoin de, être inutile, ne faire nul cas de. ♦ Employer ses forces, son activité à quelque chose, s'en occuper, y passer son temps. *Faire un travail, sa besogne, etc.* ♦ *Faire du mal à quelqu'un*, lui causer une souffrance physique ou morale. ♦ *Faire quelque chose à quelqu'un*, l'offenser, lui faire du mal. *Faire du bien à quelqu'un*, donner des secours à quelqu'un dans la gêne ; se dit aussi d'une chose qui procure du bien-être. ♦ **Agric.** Récolter. *On fait beaucoup de vin en Bourgogne. Faire les foins, la moisson, etc.* ♦ **Fig.** *Faire ses orges.* Voy. ORGE. ♦ Semer, cultiver, sans impliquer l'idée de récolte. *J'avais fait du blé d'hiver.* ♦ Dans le commerce, *faire* signifie le genre d'opérations auxquelles on se livre. *Ce négociant fait les eaux-de-vie.* ♦ Produire le même effet, le même résultat que... *Le coup de fusil, quoique chargé de petit plomb, fit balle.* ♦ Arranger, mettre dans un état convenable. *Faire une chambre, un lit.* ♦ Mettre en pratique, observer, en parlant des choses d'obligation, de précepte. *Faire ce que Dieu ordonne. Faites votre devoir.* ♦ **Jurispr.** *Obligation de faire*, obligation d'accomplir une action. ♦ Se conformer à une prescription, à une obligation temporaire. *Faire diète.* ♦ **Fig.** *Faire son devoir*, se dit de choses employées avec succès à faire quelque chose. *Le canon fit son devoir de démolir la place.* ♦ *Faire une fête*, la célébrer. ♦ Former par un exercice convenable. ♦ Accoutumer, habituer. *Les voyages l'ont fait à la fatigue.* ♦ Se dit des choses qui marquent espace, étendue. *Faire des pas, une promenade.* ♦ **Fig.** *Faire son chemin*, obtenir de l'avancement, s'enrichir. ♦ *Faire* exprime un grand nombre de modes d'action et de manières d'être, au moyen des autres mots de la phrase auxquels il est lié et qui lui donnent sa signification spéciale. En voici quelques exemples. *Faire l'admiration*, être admiré. *Faire des affaires à quelqu'un*, lui susciter des embarras, des querelles, des périls. *Faire de mauvaises affaires*, se ruiner, faire faillite. *Faire sentinelle*, faire faction. ♦ **Mar.** *Faire de l'eau.* Voy. EAU *Faire les vivres, faire du bois*, faire la provision de vivres, de bois pour le bâtiment. ♦ *Faire sa tête*, se dit du cerf dont le bois pousse depuis le mois de mars jusqu'au mois d'août. ♦ **Jeu** *Faire les cartes*, les battre avant de les distribuer. **Absol.** *À qui est-ce à faire ? Faire une levée. Faire le jeu*, mettre au jeu. *Faire tant de points*, gagner tant de points. *Faire la partie de quelqu'un*, jouer avec lui. *Faire le whist, le boston de quelqu'un*, jouer habituellement avec lui le whist, le boston. Au billard, *faire* signifie faire entrer une bille dans la blouse. ♦ Amasser, mettre ensemble, en parlant d'argent ou de choses dont on a besoin. *Faire une somme. Faire des provisions.* ♦ *Faire de l'argent*, s'en procurer. ♦ *Faire des recrues*, appeler des hommes sous les drapeaux. ♦ Acquérir, gagner. *Faire de beaux bénéfices.* ♦ *Faire fortune*, gagner beaucoup d'argent. ♦ *Faire sa fortune*, devenir riche. ♦ Consacrer un temps à l'étude d'une chose. *Faire son apprentissage.* ♦ *Faire son temps*, accomplir les années de son service. ♦ *Ce vieillard a fait son temps*, il a vécu longtemps. ♦ *Cela a fait son temps*, cela n'est plus de mise, n'a plus d'influence. ♦ Il se dit en parlant des professions, métiers, emplois qu'on exerce. *Faire la médecine, le commerce, la banque.* ♦ **Fig.** *Faire métier et marchandise de*, trafiquer malhonnêtement de. ♦ ▷ Passer par, en parlant de domestiques. *Ce domestique a fait plusieurs maîtres.* ◁ ♦ *Faire une maladie*, la subir. ♦ Il se dit de différentes occupations de la vie courante. *Faire de l'exercice, des visites, une promenade, un bon dîner, etc.* ♦ Constituer quelqu'un en une certaine dignité ou titre. « *Je puis faire les rois, je puis les déposer* », RACINE. ♦ *Faire de l'Académie*, élire membre de l'Académie. ♦ Faire donner une profession. *Il a fait son fils avocat.* ♦ Donner à quelqu'un certaine qualité, condition, avec un nom de personne pour sujet. *Vous l'avez fait heureux. Faire quelqu'un dupe.* ♦ Avec un nom de chose pour sujet. « *Inspirez-nous cette bonne volonté qui fait les justes* », MASSILLON. ♦ **Financ.** *La rente, la Bourse a fait tant*, le taux de la rente, de la Bourse a été tant. ♦ Il se dit des personnes qu'on se concilie, qu'on s'attache, etc. *J'ai fait un ami.* ♦ Représenter un personnage. *Faire les valets.* ♦ **Fig.** *Faire tel ou tel personnage*, se donner pour avoir telle ou telle qualité. ♦ **Fig.** *Faire un sot personnage, un plat personnage*, figurer d'une manière peu honorable, désagréable ou nulle. ♦ Prendre le caractère de, jouer le rôle de. *Faire le prophète.* ♦ Feindre d'être ce qu'on n'est pas. « *Tu fais adroitement le doux et le sévère.* », P. CORNEILLE. ♦ Mettre de l'affectation à se montrer avec telle ou telle qualité. « *On fait le philosophe et l'esprit fort* », MASSILLON. ♦ Se donner certains airs, prendre certaines manières. *Il fait l'impertinent.* ♦ *Faire le mort*, faire semblant d'être mort, et fig. et fam. dissimuler. ♦ *Faire du*, trancher de, simuler. « *Il fait de l'insensible* », P. CORNEILLE. ♦ Causer, déterminer, procurer, avec un nom de personne ou de chose pour sujet. « *Quand je lui veux partout faire des ennemis* », P. CORNEILLE. *Vous voyez ce que la douceur a fait sur son esprit.* ♦ **Fig.** *Faire la pluie et le beau temps*, régler tout à son gré. ♦ *Cela ne lui fait ni chaud ni froid*, cela lui est tout à fait indifférent. ♦ Être, constituer. « *L'habit fait la doctrine* », PASCAL. ♦ Il se dit aussi de choses qui, par leur réunion, forment un tout, un ensemble. *Deux et deux font quatre. Les qualités qui font le grand homme.* ♦ *Faire tout*, avoir la suprême influence, être décisif. ♦ *Ne rien faire à...*, être sans importance dans... ♦ Représenter comme, en parlant de personnes ou de choses. *On me fait l'auteur de ce pamphlet.* ♦ Évaluer à un certain prix. *Combien faites-vous le mètre de velours ?* ♦ Allouer, en parlant d'une somme. ♦ *Faire les fonds*, fournir l'argent nécessaire. ♦ **Gramm.** Avoir une certaine désinence ou flexion. *Cheval fait au pluriel chevaux.* ♦ Rendre des excréments. *Faire du sang, de la bile.* ♦ **Absol.** Rendre ses excréments. ♦ *Chemin faisant*, tout en cheminant ; par inversion pour *en faisant chemin.* ♦ *Faire*, suivi d'un adjectif pris adverbialement. *Faire court*, abréger. ♦ *Faire tant que*, en venir à. *À tant faire que de choisir, encore faut-il avoir ce qu'il y a de mieux.* ♦ *Faire*, construit avec la particule *en*. *En faire de même, trop, assez, autant.* ♦ *En faire à sa tête*, ne faire que sa volonté. ♦ *En faire à deux fois*, se reprendre plus d'une fois à quelque chose, avoir de l'hésitation. ♦ *Faire*, construit avec un infinitif ; en cet emploi, le participe *fait* est toujours invariable. *Les soupçons qu'il a fait naître.* ♦ Être cause. *Cela fait dire à Cicéron que...* ♦ *Faire faire*, être cause qu'on fait. « *Télémaque prend ces armes, don précieux de la sage Minerve, qui les avait fait faire par Vulcain* », FÉNELON. ♦ Avec *faire*, on supprime d'ordinaire le pronom personnel d'un verbe réfléchi. *Je l'en ferai repentir.* ♦ Charger de. *Je ferai bâtir ma maison à ou par cet architecte.* ♦ Attribuer, prétendre. *Vous faites dire à Cicéron une chose qu'il n'a jamais dite.* ♦ *Faire à savoir*, faire connaître. *On fait à savoir à tous que, etc.* (la forme vraie et ancienne est *assavoir*) ♦ V. intr. Opérer, travailler, se comporter. « *Il faut faire et non pas dire* », MOLIÈRE. ♦ *Ainsi fit-il, aussi fit-il*, se dit par inversion pour *il fit ainsi.* ♦ *Faire*, avec un adverbe ou une locution adverbiale, se comporter comme l'indiquent l'adverbe ou la locution. « *Ayez soin que tous deux fassent en gens de cœur* », P. CORNEILLE. ♦ *Bien faire*, agir à propos. ♦ *Bien faire*, faire du bien. « *La miséricorde divine ne cesse jamais de bien faire aux hommes* », BOSSUET. ♦ *Faire bien*, se bien conduire. ♦ *Bien faire, mal faire*, se comporter bien, mal dans un combat. ♦ *Faire bien*, avoir du succès, réussir. ♦ *Faire bien, faire mal*, s'assortir, ne pas s'assortir, produire un bon, un mauvais effet. *Le bleu et le jaune font bien l'un avec l'autre.* ♦ *Faire bien à*, en parlant des choses, être agréable, utile. ♦ *Faire bien* ou *mal* ou tout autre adverbe ou locution adverbiale avec *de*, avoir raison, tort de... *Nous ferions bien de partir.* ♦ *Faire à quelqu'un*, lui causer une certaine impression. ♦ *Rien ne lui fait*, il est insensible aux avis, aux reproches, etc. ♦ *Faire des armes*, s'exercer à l'escrime. ♦ *Faire*, avoir une part dans le jeu, dans une affaire. *Faisons de moitié.* ♦ *Faire que*, agir de manière que, avec l'indicatif quand la phrase est affirmative et à l'indicatif : *cela fait qu'on vient, cela fera qu'on viendra ;* avec le subjonctif, quand on veut exprimer un souhait, un désir, un but qu'on se propose : *faites qu'on vienne.* ♦ *Fasse le ciel que !*, se dit par forme de souhait. ♦ Finir. *Nous n'aurions jamais fait, si nous voulions, etc.* ♦ *Faire de*, avec *ainsi, comme*, etc. se comporter à l'égard de. « *Tout homme bien sage Doit faire des habits ainsi que du langage* », MOLIÈRE. ♦ *Faire pour quelqu'un*, le suppléer, tenir sa place, et aussi être son agent, son commissionnaire, sa caution. ♦ *Faire dans les draps*, être négociant en draps. ♦ *Faire pour*, travailler pour. « *Et comme ils font pour eux, faisons aussi pour nous* », P. CORNEILLE. ♦ *Faire pour, faire contre*, être favorable à, contraire à, avec un nom de personne pour sujet. ♦ Avec un nom de chose pour sujet. Avoir une influence, un effet quelconque. *L'argent fait plus auprès de lui qu'aucune recommandation.* ♦ *Faire à*, importer à, contribuer à. ♦ Dire, répliquer ; il n'est d'usage que

dans ces locutions familières : *fait-il, fis-je, etc.* ♦ *Avoir fort à faire,* avoir beaucoup d'efforts à faire pour venir à bout de quelque chose. ♦ *C'est à faire à... de...,* se dit de quelqu'un qu'on reconnaît pour très capable de faire une chose. *C'est à faire à lui d'ordonner une fête.* ♦ **Absol.** *C'était à faire à eux.* ♦ *C'est à faire à... de...,* il n'appartient qu'à. ♦ *Ne faire que,* suivi d'un infinitif, signifie incessamment. *Il ne fait qu'étudier.* ♦ En un autre sens, *ne faire que* équivaut à *seulement. Je n'ai fait que le voir.* ♦ *Ne faire que de,* tout à l'heure. *Il ne fait que de sortir.* ♦ *Faire* sert à remplacer un verbe qu'il faudrait répéter, et prend alors la signification de ce verbe. « *L'exemple touche plus que ne fait la menace* », P. CORNEILLE. ♦ **Impers.** *Faire* sert à marquer l'état de l'atmosphère. *Il fait jour, froid, etc.* ♦ **Par extens.** Se dit des diverses conditions des choses. *Il fait cher vivre à Paris.* ♦ **Se faire,** v. pr. Se constituer en un certain état. *Se faire avocat.* ♦ Se produire réciproquement. « *Les grands hommes se font les uns les autres* », BOSSUET. ♦ *Se faire,* être son propre instituteur, son propre maître. ♦ Se développer, en parlant des personnes. *Ce jeune homme se fera.* ♦ Se bonifier, en parlant des choses. *Ce vin s'est fait.* ♦ *Se faire à,* s'accoutumer, s'habituer, condescendre à. ♦ *Se faire,* suivi d'un adjectif, devenir. *Ces arbres commencent à se faire beaux.* ♦ *Se faire,* suivi d'un infinitif, rend le verbe causatif en même temps que réfléchi. *Elle s'est fait connaître.* « *L'histoire, de quelque manière qu'elle soit écrite, a le privilège de se faire lire* », D'OLIVET. ♦ **Fam.** *Se laisser faire,* ne pas opposer de résistance. ♦ *Se faire,* être fait. *Tout se fait par lui.* ♦ *La nuit se fait,* la nuit commence. ♦ **Impers.** Être, arriver. *Comment se fait-il que vous ne soyez pas venu ? Il s'est fait des choses qu'on ne sait pas.* ♦ On dit de même : *il se fait tard,* il se fait nuit. ■ **V. tr.** *Cela ne fait rien, ça ne fait rien,* cela n'est pas grave. *Cela ne fait rien si tu ne peux pas m'aider.* ■ **Fam.** *Faire médecine, droit, etc.,* poursuivre des études de médecine, de droit, etc. ■ **Fam.** *Ça le fait,* c'est concevable. *Ta chanson, ça le fait grave !* ■ **V. pr.** *Se faire à quelque chose,* s'y habituer. *Je ne m'y ferai jamais.* ■ **Fam.** *Ça ne se fait pas,* cela n'est pas correct. *Ne mange pas avec les doigts, ça ne se fait pas.* ■ **Fam.** *S'en faire,* s'inquiéter. *Ne t'en fais pas, tout ira bien.* ♦ *Faire ses devoirs,* apprendre ses leçons, faire ses exercices, etc. *Faire ses devoirs en rentrant de l'école.* ■ *Faire les cent pas,* marcher de long en large pour patienter, réfléchir ou pour pallier une angoisse. *En attendant son tour, il faisait les cent pas.* ■ *Bien faire,* vouloir faire bien les choses qu'on entreprend. *Il a cru bien faire.*

2 FAIRE, n. m. [fɛʀ] (1 *faire*) L'action, la puissance de faire. « *Dieu donne le vouloir et le faire selon son bon plaisir* », FÉNELON. ♦ **Bx-arts** et **littér.** Manière propre de chaque artiste. ♦ Ton général, caractère d'une œuvre. ♦ Au pl. *Des faires différents.* ■ Action d'agir.

FAIRE-LE-FAUT, n. m. inv. [fɛʀ(ə)lǝfo] (*faire, le,* et [*il*] *faut*) ▷ Chose inévitable, qu'il faut faire, subir. *Je voyais la chose devenir un faire-le-faut.* ■ *Des faire-le-faut.* ◁

FAIRE-PART, n. m. inv. [fɛʀ(ə)paʀ] (*faire* et *part*) Annonce écrite faisant part d'un événement important dans la vie de quelqu'un. *Des faire-part de naissance, de mariage, de décès.*

FAIRE-VALOIR, n. m. inv. [fɛʀ(ə)valwaʀ] (*faire* et *valoir*) Acteur, actrice de second plan servant à en mettre un(e) autre en valeur. ■ **Par extens.** Personne dont on se sert pour mettre en valeur quelqu'un d'autre. *Jouer les faire-valoir.* ■ **Agric.** Fait d'exploiter une terre, un domaine agricole. *Entretenir son faire-valoir.* ♦ *Faire-valoir direct,* fait, pour un agriculteur, d'exploiter ses terres lui-même.

FAIR-PLAY ou **FAIRPLAY,** ■ n. m. inv. [fɛʀplɛ] (*ai* et *ay* se prononce *è ;* mot angl., de *fair,* loyal, et *play,* jeu) Pratique d'un sport dans le respect des règles et des joueurs. *Le fair-play devrait toujours être présent sur le terrain.* ■ **REM.** On recommande officiellement *franc-jeu.* ■ **Adj.** *Des joueurs de foot pas très fair-play.* ■ **Par extens.** *Qui reste beau joueur dans une situation d'échec face à quelqu'un. Ne te fâche pas, sois fair-play !*

FAIRWAY, ■ n. m. [fɛʀwɛ] (*ai* et *ay* se prononce *è ;* mot angl. *fair,* bon, et *way,* voie, chemin) Au golf, partie du terrain qui est entretenue et qui se situe entre le départ de jeu et le green. *Gazon d'un fairway. Des fairways.*

FAISABILITÉ, ■ n. f. [fǝzabilite] (*faisable,* d'après l'angl. *feasibility*) Ensemble des possibilités de réussite d'un projet, tant sur le plan technique qu'économique. *Étude de faisabilité.*

FAISABLE, adj. [fǝzabl] (1 *faire*) Qui peut être fait. *Des choses faisables.* ♦ *Cela est faisable,* cela ne répugne point à la justice. ♦ Au billard, *une bille faisable,* bille qu'on peut faire. ■ Qui ne présente pas de difficultés particulières. *Ce devoir est tout à fait faisable.*

FAISAN, ANE, n. m. et n. f. [fǝzɑ̃, an] (lat. *phasianus,* gr. *phasianos,* oiseau du Phase) Oiseau de la famille des gallinacés, de la grosseur d'une poule. ■ **Cuis.** *Un faisan aux marrons.* ■ **N. m.** Pop. Individu impliqué dans des affaires véreuses. *C'est un vrai faisan, cet homme-là.* ■ **N. f.** La femelle du faisan. ■ **Adj.** *Poule faisane.* ■ **REM.** On dit aussi *faisande* pour la femelle.

FAISANCES, n. f. pl. [fǝzɑ̃s] (*faisant,* p. prés. de 1 *faire*) Ce qu'un fermier s'oblige de fournir à son bailleur en sus du prix du bail. ♦ *Faisance-valoir,* action de faire valoir une terre ; terre que l'on fait valoir.

FAISANDAGE, ■ n. m. [fǝzɑ̃daʒ] (*faisander*) Technique permettant de faisander du gibier. *Faisandage d'un lapin.* ■ Fait de se faisander, en parlant de la viande de gibier. *Faisandage des viandes.*

FAISANDE, n. f. et adj. [fǝzɑ̃d] Voy. FAISANE.

FAISANDÉ, ÉE, p. p. de faisander. [fǝzɑ̃de]

FAISANDEAU, n. m. [fǝzɑ̃do] (dim. de *faisan*) Jeune faisan. ■ **REM.** On dit aussi *faisanneau.*

FAISANDER, v. tr. [fǝzɑ̃de] (*faisan*) Donner au gibier, en le gardant quelque temps, un certain fumet que le faisan prend en se mortifiant. ♦ Se dit aussi de toute viande qu'il est à propos de garder avant de l'apprêter. ♦ *Se faisander,* v. pr. Devenir faisandé. ♦ Avec ellipse du pronom *se. Vous avez trop laissé faisander ce lapin.*

FAISANDERIE, n. f. [fǝzɑ̃d(ə)ʀi] (*faisanr*) Lieu où l'on élève des faisans.

FAISANDIER, IÈRE, n. m. et n. f. [fǝzɑ̃dje, jɛʀ] (*faisan*) Personne qui tient une faisanderie.

FAISANE, n. f. et adj. [fǝzan] Voy. FAISAN.

FAISANNEAU, ■ n. m. [fǝzano] Voy. FAISANDEAU.

FAISANT, ANTE, adj. [fǝzɑ̃, ɑ̃t] (1 *faire*) Qui fait, qui agit.

FAISCEAU, n. m. [feso] (b. lat. *fascellus,* dim. du lat. *fascis,* faisceau, fagot) Assemblage de choses longues, liées ensemble. *Un faisceau de flèches.* ♦ **Fig.** En parlant de personnes bien unies, former un faisceau. ♦ Au pl. Verges liées avec une hache qu'ils surmontait ; c'était chez les Romains le symbole de la puissance. *Prendre les faisceaux,* être élevé à la dignité consulaire. *Déposer les faisceaux,* se démettre de l'autorité consulaire ou dictatoriale. ♦ **Phys.** *Faisceau aimanté,* Réunion méthodique d'aimants artificiels. *Faisceau lumineux,* assemblage de rayons de lumière partant du même point, se dirigeant dans l'espace en divergeant et formant un cône lumineux. ♦ **Anat.** Groupe régulier de fibres. ♦ **Archit.** *Colonne en faisceau,* colonne formée d'un assemblage de petites colonnes. ♦ **Milit.** Assemblage de fusils qu'on forme en engageant les baïonnettes les unes dans les autres. ■ Symbole du fascisme en Italie sous Mussolini. ■ **Fig.** Ensemble d'éléments étroitement liés qui forment un tout uni. *Un faisceau de preuves.*

FAISEUR, EUSE, n. m. et n. f. [fǝzœʀ, øz] (1 *faire*) Personne qui fait quelque chose. *Les faiseurs de projets.* ♦ *Faiseur de tours,* escamoteur. ♦ *Faiseur d'affaires,* homme qui a un cabinet et qui traite pour autrui toute sorte d'affaires d'argent. ♦ **Par extens.** et **fam.** *Faiseur d'embarras,* personne qui affecte des airs, des prétentions. ♦ Personne qui fabrique certains objets. *Un faiseur d'instruments.* ♦ **Fam.** *Cela est d'un bon faiseur,* c'est l'œuvre d'un artisan habile. *Une robe de la bonne faiseuse.* ♦ Il se dit en parlant des auteurs. « *Mais nous autres faiseurs de livres et d'écrits* », BOILEAU. ♦ Souvent il se prend en mauvaise part. *Des faiseurs de romans. Un faiseur de phrases.* ♦ **Absol.** Personne qui travaille habituellement pour une autre. *Ce libraire a ses faiseurs attitrés.* ♦ En mauvaise part. Un homme qui a envie de faire du nouveau, du bruit ; un intrigant ; personne qui fait des affaires peu honorables. ♦ **Prov.** *Les grands diseurs ne sont pas les grands faiseurs.* ■ *Faiseur de,* personne qui fabrique quelque chose. *Un faiseur de meubles.*

FAISSELLE, ■ n. f. [fesɛl] (lat. *fiscella,* petite corbeille) Récipient à parois perforées servant à égoutter certains fromages blancs. *Fromage en faisselle.* ■ **Par méton.** Le fromage lui-même. *Des faisselles moulées à la louche.*

1 FAIT, n. m. [fɛ] ou [fɛt] (lat. *factum*) Chose faite, acte, action. *Chacun répond de son fait.* ♦ *Venir au fait,* passer à l'acte. ♦ *Au fait et au prendre,* au moment d'agir, de parler, etc. ♦ *Prendre quelqu'un sur le fait,* le surprendre dans l'acte même qu'il commet. ♦ *Cela est du fait d'un tel,* c'est un tel qui en est l'auteur. ♦ Au pl. Belles actions, exploits. « *Les faits de guerre ne sont pas trop amusants* », VOLTAIRE. ♦ On le joint souvent en ce sens avec une épithète. *Des hauts faits. Des faits glorieux.* ♦ *Faits et gestes d'une personne,* se dit, par plaisanterie, de sa conduite. ♦ *Fait de guerre,* acte qui a le caractère de guerre entre nations. ♦ Combat. *Un brillant fait de guerre.* ♦ *Voie de fait,* acte par lequel on s'empare violemment d'une chose ; acte de rigueur, et par extens. coups portés, blessure faite par la violence ; en ce sens, il se dit surtout au pluriel. ♦ *Prendre le fait de quelqu'un, prendre fait et cause pour quelqu'un,* intervenir en cause pour lui, prendre le langage commun, se déclarer pour quelqu'un, prendre son parti. ♦ *Toute chose qui arrive, qui a lieu. Un fait avéré.* ♦ *Faits accomplis,* questions jugées par l'événement et faits sur lesquels il n'y a plus à revenir. ♦ L'événement, le cas, l'espèce dont il s'agit dans une contestation, dans une discussion, dans une plaidoirie. *Aller au fait, venir au fait,* s'occuper du point de la discussion, et fam. en venir à l'essentiel, au principal, à l'intéressant. ♦ **Ellipt.** *Au fait.* ♦ *Au fait,* tout bien considéré. ♦ *Erreur de fait,* se dit quand on s'appuie sur un fait qui n'est pas réel. ♦ *C'est un fait à part,* c'est un autre fait, c'est autre chose, c'est une autre affaire. ♦ *Mettre, poser un fait,* avancer une proposition incontestable. ♦ *Se mettre au fait,* s'instruire de quelque chose, s'y faire, s'y former. ♦ **Jurispr.** Il se dit par opposition à droit. *La possession de fait.* ♦

Toute chose dont on a reconnu, constaté la réalité. *L'observation des faits.* ♦ Ce qui concerne quelqu'un, ce qui lui est spécial. « *Tout son fait, croyez-moi, n'est rien qu'hypocrisie* », MOLIÈRE. ♦ Conduite. *Il y a un peu de malice dans son fait.* ♦ Ce qui est convenable à quelqu'un. *Cet emploi serait bien son fait.* ♦ La part qui revient à quelqu'un. *Chacun a eu son fait.* ♦ Fig. *Donner à quelqu'un son fait,* se venger de lui, le battre dans une discussion, dans une lutte, dans un combat. ♦ Le bien, la fortune de quelqu'un. « *Bienheureux celui qui a tout son fait bien placé* », MOLIÈRE. ♦ DANS LE FAIT, loc. adv. Réellement, effectivement. ♦ PAR LE FAIT, même sens. ♦ DE FAIT, loc. adv. En réalité, véritablement. ♦ En effet, certainement. ♦ ET DE FAIT, Même sens. ♦ EN FAIT DE, loc. prép. En ce qui concerne. *Maître en fait d'armes.* ♦ SI FAIT, loc. adv. Au contraire, quand on veut affirmer ce qu'un autre nie. ♦ TOUT À FAIT, loc. adv. Entièrement. ■ PAR SON FAIT, loc. adv. Par sa faute. *Ils ont tous été punis par son fait.* ■ *Prendre quelqu'un sur le fait,* surprendre quelqu'un en flagrant délit. *Le cambrioleur a été pris sur le fait.* ■ *Prendre fait et cause pour quelqu'un,* prendre la défense de quelqu'un. ■ *Dire son fait à quelqu'un,* dire sans ménagement tout ce qu'on pense de cette personne. *J'ai été franc avec lui et je lui ai dit son fait.* ■ *Faits divers,* ensemble des événements du jour tels que des crimes, des vols ou des agressions publiés dans les journaux dans la rubrique du même nom. *La rubrique des faits divers.* ■ *Les faits et gestes de quelqu'un,* ses activités. *Surveiller les moindres de ses faits et gestes.* ■ *C'est un fait,* c'est absolument certain et indiscutable. *Il n'est pas à la hauteur, c'est un fait.* ■ *Gouvernement de fait,* non reconnu. ■ *De ce fait,* par conséquent. *Cet élève a triché ; de ce fait, il a eu zéro.*

2 FAIT, AITE, p. p. de faire. [fɛ, ɛt] *Bien fait, mal fait,* ayant le corps bien ou mal proportionné. ♦ *Esprit bien fait, mal fait,* personne dont la raison est, n'est pas saine et droite. ♦ *Être fait pour,* être propre à, capable de, destiné à. ♦ Habillé, arrangé. « *Suis-je en voleur ou bien en assassin ?* », P. CORNEILLE. ♦ *Homme fait,* homme arrivé à la force de l'âge. ♦ Qui est à point pour être mangé. *De la viande faite. Un fromage frais.* ♦ *Phrase toute faite,* phrase consacrée dans sa construction et dans laquelle on ne peut rien changer. ♦ *À prix fait,* à prix convenu. ♦ *c'en est fait,* la chose est accomplie. ♦ *C'est fait de moi,* je suis perdu. ♦ On trouve aussi : *C'en est fait de,* par un pléonasme vicieux de *en* et de. ♦ **Prov.** *Ce qui est fait est fait,* quand une chose est accomplie, il faut en prendre son parti. ■ *Bien fait !,* se dit à quelqu'un dont on estime qu'il n'a eu que ce qu'il mérite. *Elle t'a giflé ? Bien fait !* ■ Fabriqué. *Un meuble bien fait.* ■ *Vite fait bien fait,* fait rapidement et facilement. *J'ai fini mon devoir vite fait bien fait.* ■ *Tout fait,* préparé à l'avance. *Un plat tout fait.* ■ *Vite fait,* fait ou exécuté rapidement. *Elle est partie vite fait.* ■ Fardé. *Des ongles faits,* propres et souvent vernis. ■ *Il est fait comme un rat, il est fait,* pris par la police.

FAÎTAGE ou **FAITAGE,** n.m. [fetaʒ] *(faîte ;* anc. fr. *festage,* droit payé à un seigneur pour les constructions qui ont un faîte) Nom de la pièce de bois qui fait le sommet de la charpente d'un bâtiment. ♦ Plomb ou tuiles concaves qui protègent le haut d'un toit. ■ **Litt.** Toiture.

FAITARDISE, n.f. [fetardiz] (anc. fr. *faitard,* de *fait* et *tard*) ▷ Paresse, fainéantise. ◁

FAÎTE ou **FAITE,** n.m. [fɛt] (lat. *fastigium*) La partie la plus élevée d'un édifice. ♦ Syn. de faîtage. ■ **Par extens.** La partie la plus haute de quelque chose d'élevé. *Le faîte d'une cheminée.* ♦ Fig. Le plus haut point. *Le faîte des grandeurs.* ♦ Côté opposé à la lisière dans les draps, les étoffes.

FAÎTEAU ou **FAITEAU,** ■ n.m. [feto] *(faîte)* Ornement sur le faîte d'un toit, généralement en métal ou en poterie. *Faîteau composé de fleurs.*

FAÎTIER, IÈRE ou **FAITIER, IÈRE,** ■ adj. [fetje, jɛʁ] *(faîte)* Suisse Qui est au centre de. *Une administration faîtière.*

FAÎTIÈRE ou **FAITIÈRE,** adj. f. [fetjɛʁ] *(faîte)* Qui est placée au faîte d'un comble. *Tuile faîtière.* ♦ N. f. *Faîtière,* tuile à demi-canal qui recouvre le faîte d'un toit. ♦ Sorte de lucarne pratiquée dans le toit. ■ Barre que l'on place entre les mâts d'une tente pour les maintenir et pour soutenir le toit.

FAITOUT n.m. ou **FAIT-TOUT,** ■ n.m. [fɛtu] *(faire* et *tout)* Récipient haut à anses et couvercle dans lequel on peut faire cuire toutes sortes d'aliments. *Des faitouts* ou *des fait-tout* en inox.

FAIX, n.m. [fɛ] (lat. *fascis,* paquet, fardeau) ▷ Charge sous laquelle on plie. ◁ ♦ **Par extens.** Charge. ■ Fig. *Il ne peut porter tout seul le faix de tant de grandes affaires.* ♦ **Absol.** *Succomber sous le faix, plier sous le faix,* ne pas pouvoir supporter quelque chose qui accable. ♦ **Poétiq.** *Le faix des ans.* ♦ Se dit en parlant d'un bâtiment qui s'est affaissé comme il doit faire. *Ce bâtiment a pris son faix.*

FAKIR, n.m. [fakiʁ] (ar. *faqir,* pauvre) Religieux mahométan qui vit d'aumônes et qui se livre souvent à un extrême ascétisme. *Ce fakir s'allonge sur un lit de clous.* ■ En Inde, religieux qui vit d'aumônes et qui se mortifie en public. ■ **Par extens.** Personne qui imite les fakirs dans des spectacles. *Fakir de foire.* ■ REM. Graphie ancienne : *faquir.*

FAKIRISME, ■ n.m. [fakiʁism] *(fakir)* Ensemble des actions du fakir. *Spectacle de fakirisme.*

FALAFEL, ■ n.m. [falafɛl] (mot arabe) **Cuis.** Dans la cuisine libanaise, petite boulette de pois chiches et de fèves concassés. *Faire frire des falafels.*

FALAISE, n. f. [falɛz] (germ. *falisa* ou *falisia,* rocher) Terres ou rochers escarpés le long de la mer. ■ **Géol.** *Falaise morte,* rocher abrupt situé en retrait de la côte. ■ Paroi rocheuse.

FALAISER, v. intr. [faleze] *(falaise)* ▷ Mar. Briser contre une falaise, en parlant de la mer. ♦ Peu usité. ◁

FALARIQUE, n. f. [falaʁik] (lat. *falarica,* de *falæ,* tours de bois) **Antiq.** Espèce de lance, entortillée d'étoupes pleines de soufre et d'autres matières inflammables, qu'on lançait pour mettre le feu aux maisons, aux tours en bois. ■ REM. Graphie ancienne : *phalarique.*

FALBALA, ■ n.m. [falbala] (prob. franco-provenç. *farbella,* guenille.) ▷ Bande d'étoffe plissée que l'on met au bas et autour des jupes. ◁ ♦ Aujourd'hui, on dit *volant.* ♦ On met aussi des falbalas à des rideaux. ■ Ornements qui surchargent un vêtement ou une décoration. *Il y a trop de falbalas dans cette maison !*

FALCIDIE ou **FALCIDIENNE,** adj. f. [falsidi, falsidjɛn] *(Falcidius,* tribun de la plèbe qui a porté la *lex falcidia)* ▷ Dr. rom. *Quarte falcidie* ou *falcidienne,* portion dont l'héritier testamentaire, chargé de legs excessifs, avait le droit de faire la distraction. ♦ N. f. *La falcidie.* ◁

FALCIFORME, ■ adj. [falsifɔʁm] (lat. *falx,* génit. *falcis,* faux, et *-forme*) Qui a la forme d'une faux ou d'une faucille. *Griffes falciformes.* ■ **Méd.** *Anémie falciforme,* maladie héréditaire caractérisée par l'altération de l'hémoglobine.

FALCONIDÉ, ■ n.m. [falkonide] (lat. *falco,* faucon) Oiseau de proie de la famille des rapaces diurnes au bec crochu, à la queue fourchue et au vol rapide. *L'aigle, le gerfaut, le milan sont des falconidés.* ■ REM. On dit aussi *falconiforme.*

FALDISTOIRE, ■ n.m. [faldistwaʁ] (lat. médiév. *faldistorium,* fauteuil) **Relig.** Siège d'évêque sans dossier. *Les accoudoirs du faldistoire.*

FALERNE, ■ n.m. [falɛʁn] *(Falerne,* ville italienne) Vin de l'Antiquité. *Falerne de Campanie.*

FALLACE, n. f. [falas] (lat. *fallacia)* ▷ Vx Action de tromper en quelque mauvaise intention. ◁

FALLACIEUSEMENT, adv. [falasjøz(ə)mɑ̃] *(fallacieux)* D'une manière fallacieuse.

FALLACIEUX, EUSE, adj. [falasjø, øz] (lat. *fallaciosus)* Qui trompe et égare pour nuire. *Homme, serment fallacieux.* ■ Illusoire. *Une idée fallacieuse.*

FALLOIR, v. impers. [falwaʁ] (réfection de *faillir,* manquer, faire défaut, sur le modèle de *valoir)* Faire besoin. *Il lui fallait cent francs.* ♦ Il se dit de l'argent à donner pour achat d'une marchandise, pour prix d'un salaire. *Combien vous faut-il pour votre marchandise ?* ♦ Employé avec le pronom personnel *se* et précédé de la particule *en,* ce verbe indique une différence en moins, et il se conjugue dans les verbes réfléchis avec le verbe *être. Il s'en faut tant que la somme y soit. Il ne s'en est pas fallu l'épaisseur d'un cheveu.* ♦ On le dit aussi avec la préposition *de.* « *Il ne s'en est fallu que d'un moment* », VOLTAIRE. ♦ Il se construit avec *que* et le subjonctif. *Il s'en fallait qu'il n'eût achevé.* ♦ *Il s'en faut beaucoup,* il s'en faut bien, la différence en moins est grande. *Il s'en faut beaucoup qu'il ait satisfait l'attente du public.* ♦ On dit aussi : *beaucoup s'en faut ; il s'en faut de beaucoup.* ♦ Avec *ne* surabondant (qu'il vaut mieux ne pas mettre). « *Il s'en fallait beaucoup que tout ne fût fait* », FONTENELLE. ♦ *Il s'en faut peu, peu s'en faut,* la différence en moins est petite, locution qui a pris le sens de presque. *Peu s'en faut que je ne vinsse.* ♦ *Il s'en faut de peu,* s'emploie quand il s'agit d'une différence en quantité. ♦ Après *il s'en faut, il s'en faut beaucoup, de beaucoup, il s'en faut peu que,* le verbe de la proposition subordonnée ne prend *ne* que si la première proposition est interrogative ou renferme une expression négative. ♦ *Falloir,* être de nécessité, de devoir, d'obligation. *Il ne faut pas croire tout ce qu'on dit.* ♦ Avec *que* il veut le subjonctif. « *Il faut bien que je pleure* », P. CORNEILLE. ♦ En ce sens il est peu usité à l'infinitif. *Il va falloir partir.* ♦ ▷ Il, dans le langage familier, peut se supprimer. *Fallut partir.* ◁ ♦ *Faut-il ? fallait-il ? etc.* s'emploie pour exprimer un regret. *Fallait-il qu'il entreprît ce fatal voyage ?* ♦ Avec ellipse du verbe qui précède. *Fallut plus qu'il ne faut* (s. e. parler). ♦ *Il le faut,* cela est nécessaire. ♦ *Un homme comme il faut,* homme de bon ton, de bonne compagnie. *L'air très comme il faut.* ♦ SI FAUT-IL QUE ou ou ENCORE FAUT-IL QUE, loc. conj. Il est nécessaire, malgré tout, que. ♦ TANT S'EN FAUT QUE, loc. conj. Bien loin que. ♦ Fam. *Tant s'en faut qu'au contraire,* s'emploie pour dire simplement au contraire. ■ *Loin s'en faut,* loin de là. *Je ne te mens pas, loin s'en faut !* ■ *Il s'en est fallu de peu que je m'en aille.* ■ *Faut voir,* se dit pour soulever quelque chose de remarquable. *Faut voir comme il est beau ! Faut voir sa bêtise.* ■ *Faut le faire !*

pour quelque chose qui est difficile à faire. *Il a couru le marathon de New York, faut le faire !* ■ REM. Aujourd'hui, il est usité à l'infinitif dans le sens de devoir. *Il va falloir l'opérer.*

1 FALOT, n. m. [falo] (ital. *falò*, feu allumé pour une fête) Grande lanterne. ♦ Hérald. Meuble d'armoiries en forme de vase avec un manche. ♦ Mar. *Le falot* ou *fanal* est la lanterne dorée sur son chandelier, au plus haut de la poupe. ■ Arg. Milit. Tribunal de guerre. *Passer au falot.*

2 FALOT, OTE, adj. [falo, ɔt] (angl. *fallow*, forme écossaise de *fellow*, compagnon.) ▷ Plaisant, drôle, grotesque. *Conte falot.* ◁ ■ **N. m.** et n. f. *Il fait le falot.* ■ Mod. Insignifiant, qui manque de personnalité. *Un homme falot.*

FALOTEMENT, adv. [falɔt(ə)mɑ̃] (2 *falot*) D'une manière falote.

FALOTERIE, n. f. [falɔt(ə)ʀi] (2 *falot*) Acte de falot.

FALOURDE, n. f. [faluʀd] (orig. inc.) ▷ Fagot de quatre ou cinq bûches liées ensemble. ◁

FALQUER, v. intr. [falke] (lat. médiév. *falcare*, faucher, du lat. *falx*, génit. *falcis*, faux) *Faire falquer un cheval*, le faire couler sur les hanches en deux ou trois temps.

FALSIFIABILITÉ, ■ n. f. [falsifjabilite] (*falsifiable*) Sc. Caractère d'un énoncé ou d'une théorie scientifique qui peut être soumis à une expérience susceptible d'en montrer éventuellement la fausseté. *Selon Popper, ce qui ne relève pas de la falsifiabilité n'est pas scientifique.*

FALSIFIABLE, ■ adj. [falsifjabl] (*falsifier*) Qui peut être falsifié. *Une carte à puce falsifiable.*

FALSIFICATEUR, TRICE, n. m. et n. f. [falsifikatœʀ, tʀis] (*falsifier*) Personne qui falsifie. *Une falsificatrice.*

FALSIFICATION, n. f. [falsifikasjɔ̃] (*falsifier*) Action de falsifier ; résultat de cette action. *La falsification des monnaies.* ♦ Altération volontaire et frauduleuse des substances alimentaires, des vins, des alcools, d'une substance médicamenteuse. ♦ Altération des textes, des faits. ♦ *Falsification d'une pièce d'identité.* ■ Fig. Altération. *La falsification de la vérité.*

FALSIFIÉ, ÉE, p. p. de falsifier. [falsifje]

FALSIFIER, v. tr. [falsifje] (lat. médiév. *falsificare*) Altérer avec dessein de tromper. *Falsifier l'écriture, un seing, etc.* ♦ Altérer une substance par un mélange. ♦ *Falsifier de la monnaie*, en altérer la valeur. ♦ Ne pas rendre, ne pas rapporter les choses telles qu'elles sont. ♦ Donner une fausse apparence. ♦ *Falsifier les clés*, faire de fausses clés. ♦ Se falsifier, v. pr. Être falsifié.

FALUCHE, ■ n. f. [falyʃ] (mot lillois, galette) **Nord** Petit pain rond et blanc, peu cuit. *Manger une faluche avec de la cassonade.* ■ Coiffe traditionnelle des étudiants, faite de velours noir et ornée de rubans et de décorations à valeur symbolique.

FALUN, n. m. [falœ̃] ou [falɛ̃] (orig. inc.) Débris coquilliers de divers âges formant des dépôts meubles, exploités en quelques endroits pour l'amendement des terres.

FALUNAGE, n. m. [falynaʒ] (*faluner*) Action de déposer du falun sur les terrains en culture, pour les amender.

FALUNÉ, ÉE, p. p. de faluner. [falyne]

FALUNER, v. tr. [falyne] (*falun*) Amender un champ avec du falun.

FALUNEUR, n. m. [falynœʀ] (*falun*) ▷ Ouvrier qui exploite le falun. ◁

FALUNIÈRE, n. f. [falynjɛʀ] (*falun*) ▷ Mine de falun ; endroit d'où l'on tire du falun. *Les falunières de la Touraine.* ◁

FALZAR, ■ n. m. [falzaʀ] (orig. inc.) Fam. Pantalon. *Remonter son falzar.*

FAMAS, ■ n. m. [famas] (acronyme de *fusil d'assaut de la manufacture d'armes de Saint-Étienne*) Fusil automatique utilisé dans l'armée française. *Tirer au famas.*

FAMÉ, ÉE, adj. [fame] (*fâme*) Ne se dit que joint aux adverbes *bien, mal* : *bien famé, mal famé*, qui a une bonne, une mauvaise réputation. ■ *Une rue mal famée.*

FÂME, n. f. [fɑm] (lat. *fama*) ▷ Réputation. Mot tombé en désuétude et conservé seulement dans cette locution d'anc. pratique : *rétabli en sa bonne fâme et réputation.* ◁

FAMÉLIQUE, adj. [famelik] (lat. *famelicus*) Qui a souvent faim, faute d'avoir de quoi manger. *Un écrivain famélique.* « *La famélique et honteuse lésine* », BOILEAU. ♦ En parlant des choses. *Visage famélique.* ■ N. m. et n. f. *Un famélique, une famélique.*

FAMEUSEMENT, adv. [famøz(ə)mɑ̃] (*fameux*) D'une manière fameuse. ♦ Dans le langage populaire, extrêmement, excellemment. ■ REM. Est soutenu aujourd'hui.

FAMEUX, EUSE, adj. [famø, øz] (lat. *famosus*) Qui a une grande réputation, bonne ou mauvaise. ♦ Il se dit aussi des choses. *Une journée fameuse.*

♦ Il se dit aussi dans le langage familier, en mauvaise part, pour désigner un excès. *Un fameux ivrogne.* ♦ Dans le langage populaire, excellent, admirable. *C'est fameux !*

FAMILIAL, ALE, adj. [familjal] (lat. *familia*) Qui est de la famille, qui a rapport à la famille. *Organisation familiale. Liens familiaux. La vie familiale.* ■ N. f. Voiture conçue pour transporter plus de cinq passagers. ■ *Allocations familiales*, aide financière donnée par l'État aux familles qui ont des enfants. *Caisses d'allocations familiales. Toucher les allocations familiales.*

FAMILIARISÉ, ÉE, p. p. de familiariser. [familjaʀize]

FAMILIARISER, v. tr. [familjaʀize] (*familier*, d'après le lat. *familiaris*) Rendre familier, apprivoisé. ♦ Habituer à. *Familiariser quelqu'un au travail, un cheval avec le bruit des armes à feu.* ♦ *Se familiariser*, familiariser à soi, se rendre propre. *Se familiariser la manière d'un artiste, le style d'un auteur.* ♦ *Se familiariser un auteur*, le posséder bien, l'entendre bien. *Se familiariser une langue étrangère.* ♦ Se familiariser, v. pr. Se rendre familier avec quelqu'un. *Se familiariser avec tout le monde.* ♦ Absol. Prendre des manières trop familières. ♦ S'accoutumer à. *Se familiariser avec le danger.* ♦ Acquérir la connaissance facile d'une chose. « *Se familiariser avec une langue étrangère* », BOILEAU.

FAMILIARITÉ, n. f. [familjaʀite] (lat. *familiaritas*) Grande intimité. *Admettre, recevoir quelqu'un dans sa familiarité.* ♦ Manière libre et familière. *La familiarité a toujours quelque fâcheuse conséquence.* ♦ Ton familier. ♦ Au pl. *Choses familières*, traits familiers. ♦ Manières libres et inconvenantes. *Prendre des familiarités avec quelqu'un.* ■ Au sing. Par extens. Intimité.

FAMILIER, IÈRE, adj. [familje, jɛʀ] (lat. *familiaris*, de la maison, familier) Qui vit avec quelqu'un sans façon et comme en famille. *Un de ses amis les plus familiers.* ♦ Mythol. rom. *Dieux familiers*, dieux lares des maisons de chaque particulier. ♦ Petits génies, lutins, qu'on croyait habiter la maison. ♦ *Esprit, démon, génie familier*, être surnaturel que l'on disait être attaché à une personne pour l'inspirer, la diriger. ♦ Qui se familiarise, qui se comporte avec familiarité. *Une femme douce et familière.* ♦ Qui a trop de familiarité. ♦ Il se dit des choses qui ont un caractère de familiarité. *Ils vivent dans un commerce très familier. Il a des manières un peu trop familières.* ♦ *Animal familier*, animal qui a de la tendance à s'apprivoiser. ♦ Qui est du parler de la conversation. *Style familier.* ♦ Ordinaire, habituel. *L'allégorie est familière aux poètes grecs.* ♦ Avec quoi l'on se familiarise. « *L'accoutumance ainsi nous rend tout familier* », LA FONTAINE. ♦ Il se dit ce que l'on connaît pour l'avoir souvent vu, étudié, pratiqué. *Son visage m'est familier. Des notions familières à tout le monde.* ■ N. m. et n. f. *Familier, familière*, personne qui est dans la familiarité d'une personne éminente. ♦ *Les familiers de la maison*, personnes qui sont reçues habituellement et familièrement dans une maison. ♦ Personne qui affecte la familiarité avec les personnes d'un rang au-dessus du sien. *Il fait le familier avec le ministre.* ♦ Officier de l'inquisition. *Un familier du saint office.* ♦ N. m. Ce qui a le caractère du style familier. ♦ Manières familières. *Il a été d'un familier auquel je ne m'attendais guère.*

FAMILIÈREMENT, adv. [familjɛʀ(ə)mɑ̃] (*familier*) D'une manière familière.

FAMILISTÈRE, ■ n. m. [familistɛʀ] (radic. de *famille*, sur modèle de *phalanstère*) Entreprise régionale qui vend des articles à bon marché.

FAMILLE, n. f. [famij] (lat. *familia*) Chez les Romains, réunion de serviteurs, d'esclaves appartenant à un seul individu ou attachés à un service public. ♦ ▷ Toutes les personnes, parents ou non, maîtres ou serviteurs, qui vivent sous le même toit. *Chef de la famille.* ◁ ♦ L'ensemble des personnes d'un même sang, comme père, mère, enfants, frères, oncles, neveux, cousins, etc. ♦ *La grande famille humaine*, l'humanité tout entière. ♦ *Avoir un air de famille*, se dit de la ressemblance que l'on trouve entre les différents membres d'une même famille. ♦ *Fils de famille, enfant de famille*, jeune homme qui est d'une bonne famille. ♦ Les personnes du même sang vivant sous le même toit, et plus spécialement le père, la mère et les enfants. ♦ *Père de famille, mère de famille*, personne qui est mariée et qui a des enfants [1]. ♦ *En famille*, chez soi, au milieu des siens. ♦ *La sainte Famille*, Joseph, la Vierge et l'Enfant Jésus. ♦ *Une Sainte Famille*, tableau qui représente la sainte Famille. ♦ Les enfants par rapport aux parents. *Avoir de la famille.* ♦ Race composée de ceux qui sont du même sang par les mâles [2]. *Il est de famille de robe. Famille régnante.* ♦ Tous les religieux d'un même ordre, d'un même classe, d'un même monastère. ♦ Tous les philosophes d'une même école. ♦ Il se dit des choses qui offrent des analogies d'origine ou de ressemblance. ■ Hist. nat. Groupes de genres liés par des caractères communs. *La famille des labiées, des singes, etc.* ♦ Chim. *La famille des sels.* ♦ Gramm. *Famille de mots*, ensemble de mots se rattachant à la même racine. ♦ Ensemble de personnes qui sont unies par le sang, par alliance ou par adoption. ■ *Famille recomposée*, constituée d'un père et d'une mère qui ont chacun leurs propres enfants. ■ *Famille monoparentale*, qui n'est composée que d'un seul parent. ■ *De famille*, qui appartient à la famille et qui se transmet généralement de génération en génération. *Des bijoux de famille. Une maison de famille. Un livret de famille.* ■ *Des familles,* à l'usage des familles. *La messe des familles.* ■ *Nom de famille,* patronyme. *En se mariant, elle a pris le nom de famille de son mari.* ■ *Famille par alliance,* la belle-famille. ◆ *Laver son linge sale en famille,* régler ses comptes uniquement entre personnes concernées. ◆ *Avoir un air de famille,* se ressembler ; ressembler à. *Il y a un air de famille entre ces deux cousins.* ■ **Pop.** *Bijoux de famille,* le pénis et les testicules. ■ Rem. 1 : Aujourd'hui, le père ou la mère de famille peut être une personne mariée ou non. ■ Rem. 2 : La notion de race ne repose sur aucun fondement scientifique et a une connotation raciste.

FAMINE, n. f. [famin] (lat. *fames*) Manque d'aliments, dans une ville, dans une province, etc. ◆ Il se dit quelquefois même en parlant d'un seul individu. *« Pressé par la famine, le loup brave le danger »,* BUFFON. ◆ *Crier famine,* se plaindre du manque où l'on est. ◆ *Crier famine sur un tas de blé,* se plaindre sans raison. ◆ *Prendre une place par famine,* se dit d'une place bloquée qui finit par se rendre faute de vivres. ◆ **Fig.** *Prendre quelqu'un par famine* ou *par la famine,* lui retrancher le nécessaire, lui refuser de l'argent pour lui faire faire ce qu'il ne veut pas. ■ *De famine,* très faible. *Un salaire de famine.*

FAN ou, plus rare, **FANA,** ■ adj. [fan, fana] (angl. *fanatic*) **Fam.** Très enthousiaste à l'égard de quelqu'un ou de quelque chose. *Être fan d'un chanteur à la mode.* ■ **Par extens.** Amateur, amatrice. *Tu m'as fait du sucré-salé, j'en suis fan.* ■ N. m. et n. f. *Les adolescents sont souvent des fans de télé.*

FANAGE, n. m. [fanaʒ] (*faner*) Action de faner. ◆ ▷ Salaire du faneur. ◁ ◆ Tout le feuillage d'une plante. ◆ Dessiccation des plantes fourragères.

FANAISON, n. f. [fanezɔ̃] (*faner*) Temps où l'on fane les foins.

FANAL, n. m. [fanal] (ital. *fanale,* du gr. byz. *phanarion*) ▷ Feu qu'on allume durant la nuit au sommet des tours, à l'entrée des ports, le long des plages maritimes. *Allumer des fanaux.* ◁ ◆ **Fig.** *« Athènes étant comme le fanal de toute la Terre »,* ROLLIN. ◆ **Par extens.** Grosse lanterne dont on se sert à bord des vaisseaux. ◆ **Par extens.** Lanterne, réverbère. ◆ **Fig.** Ce qui sert de guide, de lumière intellectuelle.

FANATIQUE, adj. [fanatik] (lat. *fanaticus,* de *fanum,* temple) ▷ Qui croit avoir des inspirations divines. ◁ ◆ Qui est animé d'un zèle outré pour la religion. ◆ **Par extens.** Qui se passionne à l'excès pour une opinion. *Homme fanatique de la liberté.* ◆ Il se dit des passions, des doctrines. *Un zèle fanatique. Des doctrines fanatiques.* ◆ N. m. et n. f. Personne qui croit avoir des inspirations divines. ◆ Personne que le fanatisme religieux inspire. ◆ **Par extens.** Personne qui a une passion excessive pour quelqu'un ou quelque chose. *Les fanatiques de Corneille. Les fanatiques en politique.* ■ **Abrév.** Fan. (ou, plus rare, fana) *Les fans de la nouvelle star.*

FANATIQUEMENT, ■ adv. [fanatik(ə)mɑ̃] (*fanatique*) D'une manière fanatique. *Admirer fanatiquement un acteur. Être dévoué fanatiquement à un homme politique.*

FANATISÉ, ÉE, p. p. de fanatiser. [fanatize]

FANATISER, v. tr. [fanatize] (*fanatique*) Rendre fanatique pour une religion, un parti. ◆ Se fanatiser, v. pr. Devenir fanatique. ■ Pousser quelqu'un à avoir des pensées extrêmes et un comportement excessif. *Fanatiser des jeunes influençables.* ■ FANATISATION, n. f. [fanatizasjɔ̃]

FANATISEUR, n. m. [fanatizœr] (*fanatiser*) ▷ Personne qui fanatise. ◁

FANATISME, n. m. [fanatism] (*fanatique*) ▷ Illusion du fanatique, de celui qui croit avoir des inspirations divines. ◁ ◆ Secte ou doctrine fanatique. ◆ Zèle outré pour une religion. ◆ Attachement opiniâtre et violent à un parti, à une opinion, etc.

FANCHON, n. f. [fãʃɔ̃] (*Fanchon,* hypocoristique de Françoise) Petit fichu à pointe ou arrondi que les femmes portent en place de bonnet ou par dessus le bonnet.

FAN-CLUB, ■ n. m. [fanklœb] (mot angl., de *fan* et *club*) Association de personnes admiratrices, fans de la même vedette. *Le fan-club de Johnny Hallyday. Des fan-clubs.*

FANCY-FAIR, ■ n. f. [fɑ̃sifɛr] (mot angl. de *fancy,* fantaisies, et *fair,* foire) **Belg.** Fête de bienfaisance. *Des fancy-fairs.*

FANDANGO, n. m. [fɑ̃dɑ̃go] (esp. *fandango*) Danse espagnole à trois temps et à mouvement vif, avec accompagnement de castagnettes ; air de cette danse. ◆ Au pl. *Des fandangos.*

FANE, n. f. [fan] (*faner*) Feuille sèche tombée de l'arbre. ◆ Débris de feuilles ou d'arbres que l'on ramasse pour faire litière aux animaux. ◆ Tiges vertes ou desséchées des plantes qui ne sont pas cultivées comme fourragères, telles que la pomme de terre, le colza, la fève, etc. ◆ L'enveloppe de la fleur des anémones et des renoncules.

FANÉ, ÉE, p. p. de faner. [fane] Qui a perdu sa fraîcheur. *Fleur fanée.* ◆ **Par extens.** Qui est flétri, défraîchi. *Beauté fanée.*

FANER, v. tr. [fane] (lat. *fænum,* foin) Tourner et retourner l'herbe d'un pré fauché pour la faire sécher. ◆ **Absol.** *Voilà un bon temps pour faner.* ◆ Faire perdre la fraîcheur. *Le grand hâle fane les fleurs.* ◆ **Par extens.** Altérer l'éclat d'une étoffe, du teint. ◆ Se faner, v. pr. Perdre sa fraîcheur, son éclat. ◆ **Par extens.** Se dit des couleurs et du teint. ◆ On dit de même : *la beauté se fane.* ◆ Avec ellipse du pronom. *Laisser faner une fleur.*

FANEUR, EUSE, n. m. et n. f. [fanœr, øz] (*faner*) Personne qui fane les foins. ◆ N. f. *Faneuse,* machine composée pour remplacer le râteau et la fourche dans le fanage.

FANFAN, n. m. et n. f. [fɑ̃fɑ̃] (altération d'*enfant*) ▷ Un petit enfant. ◆ Il se dit aussi d'un grand niais. *Un grand fanfan. Des fanfans.* ◁

FANFARE, n. f. [fɑ̃far] (prob. onomat., rac. *fanfa-*) Air dans le mode majeur et d'un mouvement vif et bien rythmé, exécuté par des cors ou des trompettes. ◆ **Par extens.** Toute musique militaire. ◆ Air qu'on sonne au lancer du cerf. ◆ Réunion de musiciens se servant d'instruments de cuivre. ◆ **Fig.** Démonstrations de triomphe et de satisfaction. ■ *En fanfare,* avec grand bruit. *Un réveil en fanfare.* ■ *Reliure à la fanfare,* reliure parée d'ornements à feuillage au XVIIᵉ s.

FANFARON, ONNE, adj. [fɑ̃farɔ̃, ɔn] (esp. *fanfarron,* rac. onomat. *fanfa-*) Qui sonne la fanfare sur lui-même, qui exagère sa bravoure. ◆ En général, qui se vante trop, qui veut passer pour valoir plus qu'il ne vaut en effet. ◆ Particulièrement, qui affecte une bravoure qu'il n'a pas. ◆ Il se dit des choses. *Un air fanfaron.* ■ N. m. et n. f. Personne qui se vante outre mesure de succès réels ou imaginaires. ◆ Personne qui se vante de qualités, d'un mérite qu'elle n'a pas. *« Ce ne sont point fanfarons de vertu »,* MOLIÈRE. ◆ *Un fanfaron de vice,* personne qui se vante d'être plus vicieuse qu'elle ne l'est en effet. ◆ Personne qui fait parade de courage sans en avoir. *Fanfaron* s'est dit pour muscadin.

FANFARONNADE, n. f. [fɑ̃farɔnad] (*fanfaron*) Acte, parole de fanfaron.

FANFARONNER, v. intr. [fɑ̃farɔne] (*fanfaron*) ▷ Faire des fanfaronnades. ◁

FANFARONNERIE, n. f. [fɑ̃farɔn(ə)ri] (*fanfaron*) ▷ Caractère du fanfaron. ◆ Habitude de faire, de dire des fanfaronnades. ◁

FANFRELUCHE, n. f. [fɑ̃frəlyʃ] (b. lat. *famfaluca,* du gr. *pompholux,* bulle d'eau, ornement de coiffure de femme) Chose très petite, presque sans substance et qui se détruit très facilement. ◆ **Péj.** Ornement apparent, de peu de valeur et de peu de goût. ◆ **Fig.** *« Cette idée m'a toujours paru une fanfreluche de Rabelais »,* VOLTAIRE.

FANGE, n. f. [fɑ̃ʒ] (germ. *fanga*) Boue, bourbe. ◆ **Par extens.** et poétiq. Pays marécageux. ◆ **Fig.** Ce qui souille comme fait la fange ; bassesse, abjection. *Des hommes nés dans la fange. « Vous êtes depuis longtemps enfoncés dans la fange de notre antique barbarie »,* VOLTAIRE. ◆ *Couvrir de fange,* insulter grossièrement, couvrir d'ignominie. ◆ Les voluptés du monde, par opposition à la vie dévote. *Plongé dans la fange des voluptés terrestres.* ■ Rem. Il est littéraire dans ce sens.

FANGEUX, EUSE, adj. [fɑ̃ʒø, øz] (*fange*) Qui est plein de fange. ◆ Couvert de fange, en parlant des personnes. ■ **Litt.** Troublé, peu clair. *Un esprit fangeux.*

FANGOTHÉRAPIE, ■ n. f. [fɑ̃goterapi] (*fange* et *thérapie*) **Méd.** Traitement dermatologique qui consiste à appliquer de la boue chaude sur le corps ou à plonger une personne dans un bain de boue. *L'effet calmant de la fangothérapie.*

FANION, ■ n. m. [fanjɔ̃] (probab. de *fanillon,* dimin. de *fanon*) Petit drapeau carré ou triangulaire qui servait de signe de ralliement militaire. ■ **Par extens.** Le même objet comme signe de ralliement ou de balisage. *Fanions de scouts, de clubs sportifs. Fanions sur une voiture ministérielle. Fanions qui jalonnent des parcours.*

FANNY, ■ n. f. [fani] (probablement par allusion à une serveuse de café de ce nom) Score de zéro à une partie de pétanque. *Faire, embrasser, baiser Fanny. Se prendre une fanny.* ■ **Par extens.** À propos d'autres jeux comme le baby-foot.

FANOIR, ■ n. m. [fanwar] (*faner*) Cône en bois, à claire-voie, sur lequel on jette l'herbe fauchée, etc. pour la faire sécher.

1 **FANON,** n. m. [fanɔ̃] (anc. b. frq. *fano,* morceau d'étoffe) Pièce de drap, de toile, de soierie, suspendue au bout d'une lance, d'une pique, et qui sert de signe de ralliement. ◆ **Hérald.** Large bracelet qui pend au bras droit. ◆ Manipule que les prêtres portent au bras gauche lorsqu'ils officient. ◆ Au pl. Les deux pendants de derrière de la mitre d'un évêque, d'un archevêque, d'une bannière. ◆ *Fanon,* peau pendante que les taureaux, les bœufs ont sous la gorge. ◆ *Fanon de dindon.* ◆ Lames cornées qui garnissent transversalement le palais de certains cétacés. *Les fanons de la baleine.* ■ **Fig.** Repli du cou d'une personne âgée ou très maigre.

2 **FANON**, n. m. [fanɔ̃] (même orig. que 1 *fanon*) ▷ **Chir.** Espèce de cylindre fait avec une poignée de paille entourée d'une bande étroite et serrée que l'on employait dans le pansement des fractures de la cuisse et de la jambe. ◁

FANTAISIE, n. f. [fɑ̃tezi] (gr. *phantasia*) ▷ Ancien syn. d'imagination. ◁ ◆ *De fantaisie*, par l'œuvre de l'imagination, sans réalité. ◆ *Tête de fantaisie*, tête de pure imagination. ◆ *Robe, habit de fantaisie*, robe, habit qui n'est pas conforme à la mode courante, surtout à l'uniforme réglementaire, et qu'on imagine. ◆ *Un objet de fantaisie* ou *une fantaisie*, une chose curieuse, singulière. ◆ *Un nom de fantaisie*, un nom qu'on imagine de prendre. ◆ ▷ Esprit, pensée, idée. « *Ce qu'un enfant a dans la fantaisie* », La Fontaine. « *Un certain fou athénien s'était mis dans la fantaisie que tous les vaisseaux lui appartenaient* », Fontenelle. ◁ ◆ *Avoir une fantaisie*, avoir l'idée. ◆ Volonté passagère. « *La fantaisie m'a pris de me lever* », Mme de Sévigné. ◆ Désir singulier, goût passager. ◆ *À la fantaisie*, selon qu'on en a volonté. *Vivre à sa fantaisie*. ◆ Goût particulier. « *De tous les visages il n'y en avait point à sa fantaisie comme le vôtre* », Mme de Sévigné. ◆ *Avoir des fantaisies*, avoir des goûts extraordinaires qui ne sont pas de durée. ◆ Il se dit d'un amour passager. ◆ Caprice, boutade. *Cet homme a des fantaisies ridicules*. ◆ *Se passer la fantaisie d'une chose*, satisfaire son caprice. ◆ **Peint.** Ouvrage où l'on a suivi son caprice et son imagination en s'affranchissant des règles. *Des arabesques sont des fantaisies*. ◆ **Mus.** Réunion d'airs pris selon le caprice du compositeur, et liés entre eux par des transitions ou ritournelles.

FANTAISISTE, n. m. et n. f. [fɑ̃tezist] (*fantaisie*) ▷ Peintre de fantaisies. ◁ ◆ Écrivain qui est dans les lettres ce que le fantaisiste est dans la peinture. ◆ Adj. *Un peintre fantaisiste*. ◆ Qui aime la fantaisie, dont le comportement est empreint de fantaisie. *Elle est trop fantaisiste pour se plier à un règlement.* ◆ Qu'on ne peut prendre au sérieux. *Cette solution fantaisiste ne résoudra en rien notre problème.* ◆ N. m. et n. f. *C'est un, une fantaisiste.*

FANTASIA, n. f. [fɑ̃tazja] (mot ar., panache, gloriole, prob. empr. à l'esp. *fantasia*, arrogance) Courses usitées chez les Arabes dans les fêtes, qui consistent à s'élancer de toute la vitesse de leurs chevaux, à revenir sur leurs pas, avec de grands cris, en déchargeant leurs armes.

FANTASMAGORIE, n. f. [fɑ̃tasmagori] (gr. *phantasma*, fantôme, sur le modèle de *allégorie*) Art de faire paraître des figures lumineuses au sein d'une obscurité profonde. ◆ **Littér.** Abus d'effets produits par des moyens où l'on trompe l'esprit. ■ Représentation imaginaire. *Être dans la fantasmagorie*. ■ Rem. On écrivait aussi *phantasmagorie*.

FANTASMAGORIQUE, adj. [fɑ̃tasmagorik] (*fantasmagorie*) Qui appartient à la fantasmagorie. *Apparition fantasmagorique*. ■ Rem. On écrivait aussi *phantasmagorique*.

FANTASMAGORIQUEMENT, adv. [fɑ̃tasmagorik(ə)mɑ̃] (*fantasmagorique*) ▷ À la manière d'une fantasmagorie. ■ Rem. On écrivait aussi *phantasmagoriquement*. ◁

FANTASMASCOPE ou **FANTASMATOSCOPE**, n. m. [fɑ̃tasmaskɔp, fɑ̃tasmatoskɔp] (gr. *phantasma* ou *fantasmato-* et *-scope*) ▷ **Opt.** Instrument qui produit la fantasmagorie. ■ Rem. On écrivait aussi *phantasmascope*. ◁

FANTASMATIQUE, ■ adj. [fɑ̃tasmatik] (*fantasme*) Qui présente un caractère irréel. « *Une grande divagation fantasmatique qui la trimbale dans un domaine imaginaire de l'existence* », Blondin. ■ Qui relève du fantasme. *Une vision fantasmatique.*

FANTASME, n. m. [fɑ̃tasm] (gr. *phantasma*, apparition) **Psych.** Représentation imaginaire de scènes dans lesquelles un sujet transpose un désir inconscient, un traumatisme refoulé, une angoisse. *Fantasme inconscient.* ■ Spécialt Dans le domaine sexuel. *Avoir des fantasmes. Assouvir un fantasme.* ■ Par extens. Souhait ardent difficile à réaliser. *Prendre des vacances, c'est mon grand fantasme.* ■ Rem. Graphie ancienne : *phantasme*.

FANTASMER, ■ v. intr. [fɑ̃tasme] (*fantasme*) Avoir des fantasmes. *Fantasmer sur les mannequins.* ■ V. tr. Imaginer quelque chose en tant que fantasme. *Fantasmer un baiser, un coït.*

FANTASQUE, adj. [fɑ̃task] (réfection de l'anc. fr. *fantaste*, sur le modèle de *fantastique*) Sujet à des fantaisies. ◆ *Cheval fantasque*, cheval qui a des caprices. ◆ Bizarre, extraordinaire en son genre. *Habit fantasque.* ◆ N. m. et n. f. *Un fantasque. Une fantasque.* ■ Adj. Se dit également d'une personne étrange, dont on ne peut prévoir le comportement. *Un artiste fantasque.*

FANTASQUEMENT, adv. [fɑ̃taskəmɑ̃] (*fantasque*) ▷ D'une manière fantasque. ◁

FANTASSIN, n. m. [fɑ̃tasɛ̃] (ital. *fantaccino*, dim. de *fante*, aphérèse de *infante*) Soldat d'infanterie.

FANTASTIQUE, adj. [fɑ̃tastik] (lat. *fantasticus*, du gr. *phantastikos*) Qui n'existe qu'en imagination. *Des idées fantastiques.* « *Persée, Bacchus et autres personnages fantastiques* », Voltaire. ◆ Qui n'a que l'apparence d'un être

corporel. *Vision fantastique.* ◆ *Contes fantastiques*, contes de fées, contes de revenants ; contes où le surnaturel joue un grand rôle. ◆ N. m. Ce qui n'existe que dans l'imagination. ◆ *Le fantastique*, le genre des contes fantastiques. ■ Qui plaît par son caractère extraordinaire. *Ils ont eu une chance fantastique.*

FANTASTIQUEMENT, adv. [fɑ̃tastik(ə)mɑ̃] (*fantastique*) D'une manière fantastique. ■ Extraordinairement. *Elle est fantastiquement gentille.*

FANTOCCINI, n. m. pl. [fɑ̃totʃini] (*cc* se prononce *tch* ; ital. *fantoccini*) Marionnettes de théâtre. Voy. FANTOCHE.

FANTOCHE, n. m. [fɑ̃tɔʃ] (ital. *fantoccio*, marionnette, de *fante*, enfant) Marionnette articulée que l'on maintient et que l'on fait mouvoir par des fils. *Fantoche du théâtre de Guignol.* ■ Mod. et fig. Personne terne, sans enthousiasme et sans volonté, souvent manipulée par les autres. *Ce politicien n'est qu'un fantoche.* ■ Adj. *Gouvernement fantoche.*

FANTOMATIQUE, ■ adj. [fɑ̃tomatik] (*fantôme*) Qui tient du fantôme, de l'irréalité. *Silhouette fantomatique.*

FANTÔME, n. m. [fɑ̃tom] (lat. *fantasma*, du gr. *phantasma*) Image des morts qui apparaît surnaturellement. ◆ Par extens. Ce qui a l'apparence d'un fantôme. ◆ Il se dit poétiquement de personnages fictifs qui occupent l'imagination. ◆ Simulacre surnaturel d'une personne. ◆ Par extens. Personne très maigre. ◆ Personne qui n'a que l'apparence de ce qu'elle devrait être. « *Mettre sur le trône un fantôme pour roi* », P. Corneille. ◆ Par extens. « *Un imposteur, un fantôme de pénitent* », Massillon. ◆ Vaine apparence que présentent les choses. « *Ils courent après un fantôme d'une fausse gloire* », Fénelon. ◆ Chimères. « *Tous ces fantômes qui l'abusaient s'évanouiront* », Massillon. ◆ Fig. *Combattre des fantômes*, discuter ce qui n'a pas été dit. ◆ Fam. *Se faire des fantômes de rien*, s'exagérer une difficulté, un péril. ◆ Chir. Mannequin propre à l'étude de certaines opérations. ◆ Petit papier que l'on met à la place d'un livre dans une bibliothèque pour signifier qu'il est en prêt. *Indiquer le nom de l'emprunteur sur le fantôme.* ■ En appos. *Train fantôme*, attraction de fête foraine où des personnes, montées dans un petit train, assistent à des phénomènes fantastiques produits par des artifices. *Monter dans un train fantôme.* ■ *Un parti politique fantôme*, qui n'a aucune réalité. ■ *Une ville fantôme*, une ville vide, désertée par ses habitants.

FANTON, n. m. [fɑ̃tɔ̃] Voy. FENTON.

FANUM, n. m. [fanɔm] (*um* se prononce *om* ; lat. *fanum*) ▷ **Antiq. rom.** Terrain consacré par des paroles religieuses ; temple. ◆ *Des fanums.* ◁

FANZINE, ■ n. f. [fɑ̃zin] (mot angl., *fan* et [*maga*]*zine*) Revue de moindre diffusion, publiée par des amateurs, et concernant surtout la BD, mais aussi la science-fiction, la musique, le cinéma, ou tout autre domaine. *Fanzine de bande dessinée.*

FAON, n. m. [fɑ̃] (lat. *fœtus*, portée des animaux) Le petit de la biche, ou de la chevrette, ou de la daine. ◆ Absol. Se dit toujours du faon de la biche. ◆ Par extens. Petit de toute autre bête fauve. *Le faon du renne.*

FAONNER, v. intr. [fane] (*faon*) ▷ Mettre bas, en parlant des biches et des chevrettes ou femelles de chevreuil. ◆ Se dit aussi en parlant de toute autre bête fauve. ◁

FAQ, ■ n. f. [ɛfaky] ou [fak] (abrév. de *foire aux questions*) Voy. FOIRE.

FAQUIN, n. m. [fakɛ̃] (prob. moy. fr. *facque*, poche : cf. *compagnons de la facque*, voleurs) ▷ Portefaix (sens propre, qui n'est plus de tout usité). ◆ Mannequin de bois ou de paille, propre à l'exercice de la lance. ◆ Fig. Un homme de néant, mélange de ridicule et de bassesse. ◁

FAQUINERIE, n. f. [fakin(ə)ri] (*faquin*) Action ou caractère de faquin.

FAQUIR, n. m. [fakir] Voy. FAKIR.

FAR, ■ n. m. [far] (b. lat. *farsus*, farce, avec infl. du lat. *far*, épeautre) **Cuis.** Entremets proche du flan, mais plus consistant, dans lequel sont généralement incorporés des pruneaux. *Un far breton. Un far aux pruneaux, aux pommes.*

FARAD, ■ n. m. [farad] (*Faraday*, 1791-1867, physicien et chimiste anglais) **Phys.** Ancienne unité de capacité électrique dont le symbole est F. *Un farad équivaut à 96 485,34 coulombs.*

FARADAY, ■ n. m. [faradɛ] (*Faraday*, physicien et chimiste anglais) *Appareil de Faraday*, dispositif qui permet de démontrer qu'un aimant tourne autour de son axe sous l'influence d'un courant. ■ *Cage de Faraday*, nom de la propriété qu'a un espace, entièrement englobé par un conducteur dont le potentiel électrique reste constant, d'être complètement étanche aux phénomènes qui se produisent dans le milieu extérieur (et inversement). *Une automobile constitue une cage de Faraday.*

FARADIQUE, ■ adj. [faradik] (*faraday*) ▷ **Phys.** Relatif au courant alternatif. *Courant faradique.* ■ Relatif à la théorie du faraday. ◁

FARAMINEUX, EUSE, ■ adj. [faraminø, øz] (région., b. lat. *feramen*, bête sauvage) **Vieilli** Extraordinaire. *Des histoires faramineuses.* ■ Par extens. *Des sommes faramineuses.*

FARANDOLE, n. f. [faʀɑ̃dɔl] (provenç. *farandoulo*, de *branda*, remuer, branler) Danse provençale, qui est une espèce de course mesurée, exécutée par plusieurs personnes qui se tiennent par la main. ◆ *L'air de la farandole*, allégro à six huit fortement cadencé. ■ Par extens. Toute chaîne de personnes qui se tiennent par la main et qui se déplacent sur un air de musique. *Faire la farandole.* ■ Fig. Assortiment. *Une farandole de desserts.*

FARAUD, AUDE, n. m. et n. f. [faʀo, od] (esp. *faraute*, messager de guerre, empr. au *héraut*) Pop. Personne qui porte de beaux habits et en est fière. ◆ Adj. *Un air faraud.* ◆ N. m. et n. f. ou adj. Fam. Prétentieux et naïf en même temps. *Faire la faraude.*

1 **FARCE**, n. f. [faʀs] (b. lat. *farsus*, p. p. de *farcire*) Viandes hachées et épicées, qu'on introduit dans les volailles ou dans le gibier mis à la broche, dans les pâtés, etc. ◆ Hachis fait d'herbes cuites. *Farce d'épinards.* ■ Par extens. *Farce d'oseille.* ■ Farce fine, farce faite de veau et de porc et d'une autre viande, généralement du veau, hachés très finement.

2 **FARCE**, n. f. [faʀs] (1 *farce*, pour désigner les intermèdes) Pièce dramatique et souvent simple dialogue où l'on emploie les plaisanteries hasardées et les lazzis burlesques. ◆ Mus. Petit opéra bouffe en un acte en usage en Italie. ◆ Le comique bas et grossier propre aux farces. *Cet auteur tombe dans la farce.* ◆ Fig. Action plaisante, ridicule, récit bouffon. ◆ Pop. *Faire une farce à quelqu'un*, lui faire une bonne ou une mauvaise plaisanterie. ◆ *Faire des farces*, se divertir d'une manière bouffonne. ◆ ▷ *Faire ses farces*, mener une conduite déréglée. ◁ ◆ ◆ Il se prend comme adjectif dans le langage populaire, au sens de plaisant. *Des paroles farces.* ◁ ■ *Farces et attrapes*, ensemble des accessoires de papier, de carton utilisés dans les fêtes. *Un magasin de farces et attrapes.* ■ Rem. *Faire une farce à quelqu'un* n'est plus familier aujourd'hui.

FARCEUR, EUSE, n. m. et n. f. [faʀsœʀ, øz] (2 *farce*, ou anc. fr. *farser*, railler, de 2 *farce*) ▷ Comédien, comédienne qui ne joue que dans les farces. ◁ ◆ Fig. Un homme qui est dans l'habitude de faire des bouffonneries. ◆ ▷ Pop. Se dit d'un jeune homme qui a mauvaise conduite. ◁ ◆ Il se dit aussi d'une personne qui se moque du monde, ou de celle sur la parole ou la probité de laquelle on ne peut compter. ■ Adj. *Un enfant très farceur.*

FARCI, IE, p. p. de farcir. [faʀsi] Fig. « *Sa lettre est toute farcie de tendresse* », Mme de Sévigné. ◆ ▷ *Pièces farcies*, pièces dans lesquelles on mêlait à la langue vulgaire des mots de latin ou même d'une autre langue. ◁ ■ *Dinde farcie, tomates farcies*, que l'on remplit de farce avant la cuisson.

FARCIN, n. m. [faʀsɛ̃] (lat. *farciminum*, de *farcimen*, boudin, saucisse) Affection chronique et souvent contagieuse qui attaque les chevaux, les mulets, et qui consiste en une inflammation, suivie de ramollissement des ganglions et vaisseaux lymphatiques.

FARCINEUX, EUSE, adj. [faʀsinø, øz] (*farcin*) Qui a le farcin. *Cheval farcineux.* ◆ Qui tient du farcin. *Bouton farcineux.*

FARCIR, v. tr. [faʀsiʀ] (lat. *farcire*) Cuis. Remplir de farce. ◆ Par extens. *Se farcir*, farcir à soi, se remplir. *Se farcir l'estomac de viandes.* ◆ Fig. Remplir comme on remplit d'une farce. *Farcir un discours de citations.* ◆ Farcir à soi. « *Le fatras dont je m'étais farci la tête* », J.-J. Rousseau. ◆ Se farcir, v. pr. Fam. Être farci. ■ Se farcir, v. pr. Fam. Avoir à faire malgré soi. *C'est encore moi qui me farcis tout le boulot !* ■ Fam. et péj. Supporter. *Ta sœur, il faut se la farcir !* ■ Vulg. *Se farcir quelqu'un*, avoir des relations sexuelles avec quelqu'un. *Il s'est farci cette fille.*

FARCISSURE, n. f. [faʀsisyʀ] (*farcir*) ▷ Action de farcir ; la farce dont un mets est farci. ◁

FARD, n. m. [faʀ] (*farder*) Composition destinée à embellir le teint, en remédiant aux défauts qu'il a. *Du fard à joues, à paupières.* ◆ ▷ Fig. Déguisement, feinte, dissimulation dans les discours. « *Leurs paroles n'ont point de fard* », Malherbe. ◁ ◆ Littér. Faux ornements. « *Soyez simple avec art, Sublime sans orgueil, agréable sans fard* », Boileau. ■ Fam. *Piquer un fard*, rougir soudainement sous le coup d'une émotion.

1 **FARDAGE**, ■ n. m. [faʀdaʒ] (1 *farder*) Comm. Fait de dissimuler ou de travestir de la marchandise défectueuse pour frauder.

2 **FARDAGE**, ■ n. m. [faʀdaʒ] (2 *farder*) Mar. Ensemble des superstructures d'un bateau qui offrent de la prise au vent. ■ Plancher mis à fond de cale pour protéger les marchandises. *Isoler des marchandises de l'eau par un fardage.*

1 **FARDE**, ■ n. f. [faʀd] (ar. *farda*, charge d'un chameau) Comm. Balle de café pesant 185 kg. *Farde de moka.*

2 **FARDE**, ■ n. f. [faʀd] (anc. fr. *farde*, altération de hardes) Belg. Chemise cartonnée. *Ranger des documents dans une farde.* ■ Liasse de feuilles volantes. ■ Cartouche de cigarettes. *Acheter ses cigarettes par fardes.*

FARDÉ, ÉE, p. p. de farder. [faʀde] Prov. *Temps pommelé et femme fardée ne sont pas de longue durée.* ◆ Que l'on a fardé, maquillé. *Des yeux fardés. Des joues fardées.* ■ Grimé. *Un comédien fardé.*

FARDEAU, n. m. [faʀdo] (1 *farde*) Chose plus ou moins pesante destinée à être transportée ou élevée soit par l'homme, soit par les bêtes de somme, soit par un véhicule. ◆ Fig. Se dit, dans le langage élevé, d'impôts trop lourds. ◆ Poétiq. *Fardeau de la Terre*, homme, race inutile au monde[1]. ◆ Ce qui pèse moralement. « *Se délivrer par la calomnie du fardeau de la reconnaissance* », Marmontel. ◆ Poétiq. *Le fardeau des ans.* ◆ Ce qui exige beaucoup de soin et engage la responsabilité. *Le fardeau de l'empire.* ◆ Se dit de ce que coûtent les guerres en hommes et en argent. « *Ils soutinrent le fardeau de tant de guerres* », Bossuet. ◆ Techn. Terres, roches qui menacent d'ébouler. ■ Rem. 1 : La notion de race ne repose sur aucun fondement scientifique et a une connotation raciste.

FARDEMENT, ■ n. m. [faʀdəmɑ̃] (1 *farder*) ▷ L'action de farder. ◁

1 **FARDER**, v. tr. [faʀde] (frq. *farwidon*, teindre) Mettre du fard. ◆ *Se farder*, farder à soi. *Se farder le visage.* ◆ Donner à une chose du lustre, une apparence qui en cache les défauts. *Farder une étoffe, sa marchandise.* ◆ Fig. *Farder sa marchandise*, tromper, faire illusion. ◆ Déguiser ce qui peut déplaire et choquer. « *Je vous estime trop pour vouloir rien farder* », P. Corneille. ◆ Littér. Parer d'ornements de mauvais goût. *Farder un discours, son langage.* ◆ Se farder, v. pr. S'enduire de fard. ◆ Fig. « *On a beau se farder aux yeux de l'univers* », Boileau. ◆ Être fardé. « *Tout se farde à la cour, jusqu'à la vérité* », Boursault. ■ Rem. Il est littéraire aujourd'hui dans son deuxième sens.

2 **FARDER**, v. intr. [faʀde] (*se charger*, de 1 *farde*) ▷ S'affaisser sous son propre poids, en parlant de murs et de constructions. ◁ ◆ Mar. Se dit d'une voile qui prend sous le vent une forme arrondie.

FARDEUR, n. m. [faʀdœʀ] (1 *farder*) ▷ Personne qui déguise, qui farde quelque marchandise. ◁

FARDIER, n. m. [faʀdje] (1 *farde*) ▷ Chariot à roues basses pour transporter des blocs de pierre, des statues, etc. ◁

FARDOCHES, ■ n. f. pl. [faʀdɔʃ] (mot québécois, *ferloches*) Québec Broussailles. *Marcher à travers les fardoches.*

FARÉ, ■ n. m. [faʀe] (mot tahitien) Tahiti Habitation traditionnelle tahitienne en bois et recouverte de paille. *Vivre dans un faré. Des farés.*

FARFADET, n. m. [faʀfadɛ] (mot provenç. de *fadet*, lutin, croisé avec l'ital. *farfarello*, id., ou renforcé par une particule *far-*) Esprit follet, lutin gracieux. ◆ Fig. et fam. Homme vif en ses mouvements, frivole en ses goûts et en ses discours.

FARFELU, UE, ■ adj. [faʀfəly] (rac. onomat. *faf-*, chose gonflée et vaine, croisée p.-ê. avec l'ital. *farfallo*, papillon, ou *farfarello*, démon) Fam. Bizarre. *Il a toujours des anecdotes farfelues à me raconter.* ■ N. m. et n. f. *Quel farfelu, ce type ! Des farfelues portant des chapeaux démesurés.*

FARFOUILLÉ, ÉE, p. p. de farfouiller. [faʀfuje]

FARFOUILLER, v. intr. [faʀfuje] (*fouiller*, renforcé par une particule *far-*) Fam. Fouiller dans une chose et la mettre en désordre. ◆ V. tr. Déranger, bouleverser. *On a farfouillé mes papiers.*

FARFOUILLEUR, EUSE, n. m. et n. f. [faʀfujœʀ, øz] (*farfouiller*) Personne qui farfouille.

FARGUES, ■ n. f. pl. [faʀg] (lat. médiév. *falca*, planche qui empêche l'eau de rentrer, de l'ar. *falga*, éclat de bois) Mar. Bordage de petite dimension montant au-dessus du pont ou du plat-bord et servant généralement de cale-pied ou de garde-corps. ■ Cornière en aluminium permettant de fixer des poulies. *Des rails de fargues.*

FARIBOLE, n. f. [faʀibɔl] (orig. inc.) Chose vaine et frivole. *Elle ne raconte que des fariboles.* ■ Rem. S'emploie auj. le plus souvent au pluriel. *Dire des fariboles.*

FARIDONDAINE, n. f. [faʀidɔ̃dɛn] (onomatopée, particule *far*[*i*]- et refrain *dondaine*) ▷ Mot qui entre dans le refrain de certaines chansons. ◆ On dit de même la *faridondon*, quand il faut rimer en *on*. ◁

FARIGOULE, ■ n. f. [faʀigul] (b. lat. *fericula*, sauvage, ou *ferricula*, calqué sur le gr. *sidêritis*, de fer, qui désigne diverses plantes) Proven. Thym. *De la liqueur de farigoule.*

FARINACÉ, ÉE, adj. [faʀinase] (lat. *farinaceus*) Qui est de la nature de la farine ; qui en a l'apparence.

FARINAGE, ■ n. m. [faʀinaʒ] (*fariner*) Perte de brillant d'une peinture et décomposition superficielle de celle-ci en poussière.

FARINE, n. f. [faʀin] (lat. *farina*, de *far*, blé) Poudre blanche que l'on obtient par la trituration des graines des céréales. ◆ *Fleur de farine*, la plus belle farine de froment. ◆ Par extens. Poudre que l'on obtient par la trituration de diverses semences. ◆ Fig. *De même farine*, se dit de choses et de personnes qui ne valent pas mieux l'une que l'autre. *Des gens de même farine.* ■ Fam. *Rouler quelqu'un dans la farine*, le tromper. ■ *Farine animale*, alimentation pour les animaux obtenue par broyage de viande, de chair de poissons, d'os. *Moutons nourris avec de la farine animale.*

FARINER, v. tr. [faʀine] (*farine*) Saupoudrer de farine. ♦ V. intr. Produire une poussière semblable à de la farine. *La peau farine.* ♦ Se fariner, v. pr. Se blanchir avec de la farine.

FARINET, n. m. [faʀinɛ] (p.-ê. de *farine*) Dé à jouer, marqué sur une seule face.

FARINEUX, EUSE, adj. [faʀinø, øz] (lat. *farinosus*) Qui est de la nature de la farine. *Des substances farineuses.* ♦ Qui contient, qui produit beaucoup de farine. ♦ Qui contient une grande quantité de fécule amylacée. ♦ Qui est blanc de farine. ♦ Couvert d'une espèce de poussière blanche, semblable à de la farine. ♦ Se dit des animaux dont le corps est couvert d'une poussière farinacée. ♦ Se dit des plantes qui offrent une poussière blanchâtre sur leurs rameaux. ♦ Se dit, en pathologie, de certaines dartres ou éruptions cutanées dans lesquelles l'épiderme s'exfolie en petites parcelles semblables à de la farine. ♦ Peint. *Coloris farineux,* coloris d'un ton gris et fade. ■ Dont l'aspect et la consistance ressemblent à de la farine. *Une pomme farineuse.* ■ N. m. *Les farineux,* végétaux comestibles qui font partie des légumineuses ou qui contiennent de la fécule. *Les pois, les pommes de terre, etc. sont des farineux.*

FARINIER, n. m. [faʀinje] (lat. *farinarius*) ▷ Marchand de farine. ◁

FARLOUCHE ou **FERLOUCHE**, ■ n. f. [faʀluʃ, fɛʀluʃ] (orig. inc.) **Québec** Mélange constitué de raisins secs et de mélasse utilisé pour garnir un fond de tarte. *Une tarte à la farlouche.*

FARLOUSE, ■ n. f. [faʀluz] (orig. inc.) **Zool.** Petit oiseau brun rayé, au plumage sombre et dont la gorge et la poitrine jaunes sont tachetées, appelé *pipit des prés* ou *béguinette. La migration de la farlouse.*

FARNIENTE, n. m. [faʀnjɛ̃t] ou [faʀnjɛ̃te] (ital. *fare,* faire, et *niente,* rien) Mot italien qui est entré dans la langue française, et qui signifie une douce oisiveté. ■ REM. Graphie ancienne : *far-niente.*

FARO, n. m. [faʀo] (mot wallon) Espèce de bière de Bruxelles.

1 **FAROUCHE**, adj. [faʀuʃ] (b. lat. *forasticus,* sauvage, étranger, de *foras,* dehors) Qui n'est point apprivoisé. *Les bêtes farouches.* ♦ *Cheval farouche,* cheval qui craint la présence de l'homme. ♦ **Fam.** *Cet homme n'est pas farouche,* se dit d'un homme qui se laisse corrompre facilement par l'intérêt. ♦ Qui fuit la société. ♦ Qui a une rudesse sauvage. ♦ N. m. et n. f. *Un farouche. Une farouche.* ♦ Il se dit de même de l'air, du regard, des manières, des sentiments, etc. « *La vertu n'a garde d'être austère et farouche* », BALZAC. ♦ Redoutable dans le combat. *Soldats farouches.* ■ Dur, barbare, cruel. Il se dit aussi des choses. « *Ayons une valeur qui n'ait rien de farouche* », MOLIÈRE. ■ Qui ne se laisse pas séduire facilement. *Une femme farouche.* ■ Timide. *Un enfant farouche. Ne sois pas farouche !*

2 **FAROUCHE**, ■ n. m. [faʀuʃ] (provenç. *farouch,* du lat. *farrago,* mélange de grains) **Agric.** Trèfle cultivé et utilisé comme fourrage. *Farouche incarnat.* ■ REM. On écrit aussi *farouch.*

FAROUCHEMENT, ■ adv. [faʀuʃ(ə)mɑ̃] (1 *farouche*) D'une manière farouche, violente, brutale. *Répondre farouchement à quelqu'un.*

FARRAGO, n. m. [faʀago] (lat. *farrago,* de *far,* blé) Mélange de diverses espèces de grains. ♦ **Fig.** Amas, mélange confus de choses disparates. *Ce livre est un farrago.*

FARSI, ■ n. m. [faʀsi] (mot iranien) Autre nom donné à la langue persane, en Iran. *Parler le farsi.*

FART, ■ n. m. [faʀ] (mot norv., voyage, vitesse) Substance grasse d'aspect cireux dont on enduit les skis pour qu'ils glissent convenablement sur la neige.

FARTAGE, ■ n. m. [faʀtaʒ] (*farter*) Fait d'appliquer du fart sur des skis. *Glissement des skis facilité par le fartage.*

FARTER, ■ v. tr. [faʀte] (*fart*) Enduire des skis de fart. *Des skis trop fartés.*

FAR WEST ou **FAR-WEST**, ■ n. m. inv. [faʀwɛst] (mot amér. *far,* loin, et *west,* ouest) *Le Far West,* ensemble des terres situées à l'ouest du Mississippi, aux États-Unis. ■ **Fig.** Lieu où chacun peut faire sa loi. *Quel far west, ici !*

FASCE, n. f. [fas] (lat. *fascia,* bande, bandelette) **Héral.** Pièce honorable qui coupe l'écu horizontalement par le milieu, et qui en occupe le tiers. ♦ **Archit.** Les frises ou les trois bandes qui composent l'architrave.

FASCÉ, ÉE, adj. [fase] (*fasce*) **Héral.** Divisé en fasces égales en largeur et en nombre.

FASCIA, n. m. [fasja] (lat. *fascia,* bande, bandelette) **Anat.** Tissu cellulaire fibreux qui couvre, soutient et sépare tous les muscles et groupes de muscles. *Fascia aponévrotique. Des fascias.*

FASCIATION, n. f. [fasjasjɔ̃] (lat. *fascia,* bande, bandelette) **Bot.** Type anormal de croissance, par lequel le sommet de la tige d'un végétal s'élargit en éventail.

FASCICULE, n. m. [fasikyl] (lat. *fasciculus,* petit paquet) ▷ **Pharm.** Quantité de plantes qu'on peut embrasser avec un bras ployé contre la hanche ; on l'évalue à douze poignées. ◁ ♦ En librairie, partie des ouvrages publiés par livraison. ■ **Milit.** *Fascicule de mobilisation,* petit cahier remis aux réservistes expliquant dans le détail ce qu'il faut faire en cas de mobilisation. *Présenter son fascicule de mobilisation.*

FASCICULÉ, ÉE, adj. [fasikyle] (*fascicule*) **Bot.** *Feuilles, racines fasciculées,* feuilles, racines rassemblées en faisceau. ■ **Archit.** *Colonne fasciculée, pilier fasciculé,* colonne, pilier formés d'un faisceau de cinq colonnes jointives.

FASCIÉ, ÉE, adj. [fasje] (lat. *fascia,* bande) **Hist. nat.** Marqué de bandes. *Coquillage fascié.*

FASCINAGE, n. m. [fasinaʒ] (2 *fasciner*) **Fortif.** Action de faire des fascines ; ouvrage fait de fascines. ♦ Opération qui consiste à garnir de fascines les bords d'un cours d'eau.

FASCINANT, ANTE, ■ adj. [fasinɑ̃, ɑ̃t] (*fasciner*) Qui fascine. *Une personne fascinante.* « *L'univers miroitant de la civilisation mercantile, les prisons de l'abondance, les pièges fascinants du bonheur* », PEREC. ■ **Fig.** Qui éblouit par la beauté ou le prestige. *Une beauté fascinante.*

FASCINATEUR, TRICE, adj. [fasinatœʀ, tʀis] (*fasciner*) Qui fascine. ■ N. m. et n. f. Vx Personne qui fascine. *C'est un fascinateur.* ■ REM. Il est littéraire aujourd'hui comme adjectif.

FASCINATION, n. f. [fasinasjɔ̃] (lat. *fascinatio*) Action de fasciner. ♦ Faculté de fasciner leur proie qu'on attribue à certains animaux. ♦ Puissance que les adeptes du magnétisme prétendent exercer sur les personnes soumises à leurs opérations. ♦ **Fig.** Impression comparée à l'action de la fascination.

FASCINE, n. f. [fasin] (anc. fr. *faissine,* du lat. *fascina*) Sorte de fagots dont on se sert pour combler les fossés d'une place, pour épauler des batteries, ou pour accommoder de mauvais chemins.

FASCINÉ, ÉE, p. p. de 1 et 2 fasciner. [fasine]

1 **FASCINER**, v. tr. [fasine] (lat. *fascinare,* de *fascinum,* charme, maléfice) ▷ Troubler, égarer par sorcellerie. ◁ ♦ Il se dit de certains animaux qui paralysent les mouvements de leur proie en la regardant fixement. ♦ **Fig.** Charmer, tromper, abuser. « *Le charme qui le fascinait tombe tout d'un coup* », MASSILLON. ♦ **Absol.** « *La fraude fascine, et le fanatisme subjugue* », VOLTAIRE. ♦ Se fasciner, v. pr. Se causer à soi-même une fascination. ♦ V. tr. Captiver la pensée. *Ce roman m'a fasciné.* ■ Soumettre à sa domination par la seule puissance du regard. *L'hypnotiseur m'a fascinée.*

2 **FASCINER**, ■ v. tr. [fasine] (*fascine*) Fortifier un terrassement avec des fascines. *Fasciner un fossé.*

FASCISANT, ANTE, ■ adj. [faʃizɑ̃, ɑ̃t] (*fascisme*) Qui se rapproche du fascisme. *Des méthodes fascisantes.*

FASCISER, ■ v. tr. [faʃize] (*fascisme*) Rendre fasciste. *Une armée fascisée.* ■ FASCISATION, n. f. [faʃizasjɔ̃] *La fascisation d'un parti politique.*

FASCISME, ■ n. m. [faʃism] (ç se prononce *ch* ; ital. *fascismo,* faisceau, au sens de : union de forces politiques réunies dans un but commun) Régime autoritaire et nationaliste établi par Mussolini en 1922. ■ **Par extens.** *Le fascisme du régime nazi.* ■ **Par extens.** Régime politique dictatorial ; ensemble de situations intolérantes, intolérables ou considérées comme telles. *Un tel comportement, c'est du fascisme !* ■ REM. On prononçait aussi [fasism] autrefois.

FASCISTE, ■ adj. [faʃist] (ital. *fascista*) Relatif au fascisme. *Des fascistes d'extrême droite.* ■ N. m. et n. f. *Un, une fasciste.* ■ **Abrév. fam.** Facho. *Des fachos.*

FASÉOLE, n. f. [fazeɔl] (lat. *faseolus*) Espèce de haricot. ■ REM. Graphie ancienne : *phaséole.*

FASEYER, ■ v. intr. [fazeje] (néerl. *faselen,* se mouvoir violemment) **Mar.** En parlant d'une voile insuffisamment bordée, battre au vent. *Voiles qui faseyent.* ■ REM. On disait aussi *fasier* autrefois.

FASHION, n. f. [faʃœn] (mot angl.) Mot anglais qui s'emploie pour désigner la mode, le ton et les manières du grand monde, et le beau monde lui-même. ■ Adj. *Des jeans fashions.* ■ REM. On prononçait autrefois [faʃjɔ̃] Aujourd'hui *sh* se prononce *ch* et *ion* se prononce *eun.*

FASHIONABLE, n. m. et n. f. [faʃjonabl] (angl. *fashionable*) Jeune homme, jeune femme qui est à la tête de la mode. ♦ Adj. *Tenue fashionable.*

FASIER, v. intr. [fazje] Voy. FASEYER.

1 **FASTE**, n. m. [fast] (lat. *fastus,* orgueil, fierté) Magnificence qui se déploie et s'étale. *Le faste royal.* ♦ Affectation de paraître avec luxe et éclat. ♦ **Par extens.** Étalage, ostentation dans les actes ou dans les paroles. « *Toujours un peu de faste entre parmi nos pleurs* », LA FONTAINE. ♦ *Faste* n'a pas de pluriel.

2 **FASTE**, adj. [fast] (lat. *fastus,* de *fas,* volonté divine, ce qui est permis par les dieux) **Antiq. rom.** *Jour faste,* jour où il était permis de rendre la

justice, par opposition à jour néfaste. ▪ **Par extens.** et mod. Sans embûche, heureux, où l'on a de la chance. *Un jour faste. Une année faste.*

FASTES, n. m. pl. [fast] (lat. *fasti*, ss. ent. *libri*) Les tables du calendrier des anciens Romains. ◆ *Les fastes consulaires*, registre qui contenait, outre les triomphes, les noms des consuls, des dictateurs et des censeurs. ◆ ▷ Dans le style élevé, calendrier en général. ◁ Fig. Les monuments écrits qui conservent le souvenir et la suite des événements. ◆ *Les fastes sacrés de l'Église*, le martyrologe. ◆ *Inscrire son nom dans les fastes de la gloire*, se rendre illustre, immortel.

FAST-FOOD, ▪ n. m. [fastfud] (mot angl., de *fast*, rapide, et *food*, nourriture) Restauration rapide. ▪ Salle ou échoppe où l'on peut se restaurer ou emporter des produits frais préemballés ou préparés rapidement et qui consistent surtout en sandwichs, produits frits et salades. *Des fast-foods à tous les coins de rue.* ▪ REM. *food* se prononce *foud.* ▪ On recommande officiellement l'emploi de *restauration rapide.*

FASTIDIEUSEMENT, adv. [fastidjøz(ə)mã] (*fastidieux*) D'une manière fastidieuse.

FASTIDIEUX, EUSE, adj. [fastidjø, øz] (lat. *fastidiosus*, de *fastidium*, dégoût) Qui cause de l'ennui, de la monotonie. ◆ Il se dit aussi des personnes. *Cet homme est fastidieux.* ◆ ▷ N. m. et n. f. *C'est un fastidieux.* ◁

FASTIGIÉ, ÉE, adj. [fastiʒje] (b. lat. *fastigiatus*, élevé en pointe) Bot. Se dit des rameaux, des fleurs qui, partant d'un point commun, s'élèvent à la même hauteur et forment un plan horizontal.

FASTOCHE, ▪ adj. [fastɔʃ] (*facile*) Fam. Facile. *Il est fastoche, cet exercice.* « *Pourquoi faire fastoche quand on peut faire duraille?* », SEGUIN.

FASTUEUSEMENT, adv. [fastɥøz(ə)mã] (*fastueux*) D'une manière fastueuse.

FASTUEUX, EUSE, adj. [fastɥø, øz] (lat. *fastuosus*, dédaigneux, magnifique) Qui aime le faste, le luxe, la magnificence. ◆ Où il y a du faste, du luxe. *Un fastueux équipage.* ◆ Fig. Qui s'étale comme fait le faste. *Une science fastueuse.* ◆ Il se dit aussi des personnes en ce sens. « *L'ignorant s'érige en savant fastueux* », BOILEAU. ◆ Où règne l'orgueil. *Des titres fastueux.*

FAT, FATE, adj. [fat] (le *t* se prononce; a. provenç., sot, du lat. *fatuus*) Qui n'est usité qu'au masculin. Sot, niais. ◆ Ce sens a vieilli. ◆ Qui est à la fois sans jugement et plein de complaisance pour lui-même. ◆ Il se dit quelquefois des choses. « *Il y a peut-être je ne sais quoi de fat à vous envoyer sa médaille* », VOLTAIRE. ◆ ▷ N. m. et n. f. « *Un fat est celui que les sots croient un homme de mérite* », LA BRUYÈRE. ◁ ◆ Il se dit d'une personne qui a des prétentions, ou dont la parure est très recherchée. ▪ REM. Dans son premier sens, il est littéraire aujourd'hui et il est utilisé aussi au féminin. *Une attitude fate.*

FATAL, ALE, adj. [fatal] (lat. *fatalis*) Qui porte avec soi une destinée irrévocable. ◆ En ce sens, aujourd'hui, *fatal* ne s'emploie qu'absolument; mais au XVIIe siècle il comportait la préposition *à* et un complément. « *C'était une chose fatale à la race de Brutus de délivrer la république* », VAUGELAS. ◆ Marqué par le destin. *L'instant fatal.* ◆ *L'heure fatale*, l'heure de la mort. ◆ *La barque fatale*, la barque dans laquelle le polythéisme raconte que les âmes des morts traversaient l'Achéron pour entrer dans les enfers. ◆ Qui entraîne avec soi quelque suite importante, en bien ou en mal. ◆ Qui produit du mal, des malheurs. « *Sans ce métier fatal au repos de ma vie* », BOILEAU. ◆ *Le coup fatal*, le coup qui donne la mort. ◆ Comm. *Terme fatal*, le terme après lequel tout délai expire. ◆ *Fatal* n'a point de pluriel. Cependant l'Académie inscrit *fatals* en disant qu'il est peu usité. ◆ Fam. *C'est fatal*, c'est sûr, inévitable. *Ils se sont séparés, c'était fatal.* ◆ *Femme fatale*, d'une beauté à laquelle on ne peut résister. ▪ REM. *L'heure fatale* est littéraire aujourd'hui.

FATALEMENT, adv. [fatal(ə)mã] (*fatal*) Par une destinée inévitable. ◆ Par un malheur extraordinaire.

FATALISME, n. m. [fatalism] (*fatal*) Doctrine qui attribue tout à la fatalité, et ne laisse rien au libre arbitre. ▪ Propension à imaginer un dénouement malheureux à tout événement.

FATALISTE, n. m. et n. f. [fatalist] (*fatal*) Personne qui croit au fatalisme. ◆ Adj. *Un esprit fataliste. Système fataliste.*

FATALITÉ, n. f. [fatalite] (lat. *fatalitas*) Enchaînement des choses fatales, de ce qui est réglé par le destin. *Une fatalité inévitable. Le dogme de la fatalité.* ◆ Dans la philosophie moderne, la nécessité qui résulte de la nature des choses. ◆ Circonstances malheureuses. « *Il est des fatalités qui nous entraînent malgré nous* », J.-J. ROUSSEAU. ◆ Caractère de ce qui est fatal, irrémédiable et inévitable. *La fatalité de la mort.*

FATIDIQUE, adj. [fatidik] (lat. *fatidicus*) Qui révèle ce que les destins ont ordonné. *Le trépied fatidique*, le trépied sur lequel était placée la pythie à Delphes.

FATIGABILITÉ, ▪ n. f. [fatigabilite] (*fatigable*) Propension à la fatigue, tendance à être souvent fatigué. *La fatigabilité d'un convalescent.*

FATIGABLE, ▪ adj. [fatigabl] (*fatiguer*) Qui est régulièrement fatigué. *Une personne âgée fatigable. Un malade fatigable.*

FATIGANT, ANTE, adj. [fatigã, ãt] (*fatiguer*) Qui fatigue. *Travail, exercice fatigant.* ◆ Qui demande une attention pénible. *Lecture, étude fatigante.* ◆ **Par extens.** Importun, ennuyeux. *Conversation fatigante. C'est un homme fatigant.*

FATIGUE, n. f. [fatig] (*fatiguer*) Sentiment douloureux avec difficulté d'agir, que cause un travail excessif ou trop prolongé. *Être excédé de fatigue.* ◆ ▷ *Homme de fatigue*, homme capable de supporter un travail pénible. ◁ ◆ *Cheval de fatigue*, cheval qu'on applique aux plus rudes travaux. ◆ ▷ *Habit de fatigue*, habit qu'on porte pour vaquer à ses occupations ordinaires. ◁ ◆ *Tomber de fatigue*, ne pouvoir se soutenir sur ses jambes à cause d'une excessive fatigue. ◆ *La fatigue du cheval, de la voiture*, fatigue que cause le mouvement du cheval, la secousse de la voiture. ◆ Travail pénible. ▪ **Méd.** Asthénie. *Une fatigue chronique.* ▪ **Techn.** Altération d'un mécanisme ou d'une pièce mécanique qui s'use à cause des frottements. *La fatigue d'un moteur.*

FATIGUÉ, ÉE, p. p. de fatiguer. [fatige] Dont l'activité diminue à la suite d'un effort. *Un cœur fatigué.* ▪ *Personne fatiguée*, qui ressent un état de fatigue. ◆ Qui marque physiquement la fatigue. *Un visage fatigué. Une mine fatiguée.* ◆ Un peu souffrant. ▪ Fig. Qui est usé. *Des chaussures fatiguées.* ◆ Lassé de quelque chose. *Fatiguée par son comportement, elle l'a quitté.*

FATIGUER, v. tr. [fatige] (lat. *fatigare*, harasser, tourmenter) Causer de la fatigue. *Fatiguer un cheval, l'ennemi, etc.* ◆ Causer un certain malaise comparé à la fatigue. *Cette écriture fatigue les yeux.* ◆ Absol. *Cette étude fatigue.* ◆ *Fatiguer un champ*, lui faire produire une même récolte plus souvent qu'il ne faudrait. ◆ Importuner. « *Ce sceptre, cet empire... fatiguent souvent leur triste possesseur* », RACINE. ◆ ▷ Dans le style élevé, *fatiguer le ciel de ses prières*, adresser au ciel des demandes incessantes. ◁ ◆ Fam. *Fatiguer une salade*, la retourner longtemps. ◆ *Fatiguer la terre*, la retourner souvent. ◆ *Fatiguer sa voix*, lui faire perdre sa fraîcheur. ◆ Art *Fatiguer un ouvrage*, le retoucher avec un soin trop minutieux. ◆ *Fatiguer la couleur*, y porter à diverses reprises le pinceau, de sorte que le coloris perd sa fraîcheur et les tons leur franchise. ◆ V. intr. Se donner, éprouver de la fatigue. *Les troupes fatiguent.* « *Tu fatigues assez pour gagner davantage* », LA FONTAINE. ◆ **Par extens.** *Une poutre qui fatiguait rompit.* ◆ Se dit d'un vaisseau violemment tourmenté par les lames. ◆ Se fatiguer, v. pr. Ressentir de la fatigue. ◆ On dit aussi : *Se fatiguer de. On se fatigue même du plaisir.*

FATMA, ▪ n. f. [fatma] (ar. *Fatima*, nom de la fille du prophète Mahomet) Péj. et vieilli Femme arabe. *Des fatmas.*

FATRAS, n. m. [fatrɑ] (p.-ê. b. lat. *farsura*, action de farcir) Amas confus de choses. *Un fatras de papiers, de livres.* ◆ **Par extens.** et fig. Amas de choses fastidieuses, paroles ou écrits. ◆ Absol. *Le fatras*, le style confus et insipide.

FATRASIE, ▪ n. f. [fatrazi] (*fatras*) Genre poétique du XIIIe s., très rigoureux sur la forme (six vers de cinq syllabes, rimes a-a-b-a-a-b, suivis de cinq vers de sept syllabes; rimes b-a-b-a-b) mais dont le contenu est irrationnel. *Les fatrasies du Moyen Âge.*

FATRASSER, v. intr. [fatrase] (*fatras*) ▷ S'occuper à des niaiseries. ◁

FATRASSERIE, n. f. [fatras(ə)ri] (*fatras*) ▷ Recueil de fatras et d'inutilités; ouvrage d'une personne qui fatrasse; action de fatrasser. ◁

FATRASSEUR ou **FATRASSIER**, n. m. [fatrascœr, fatrasje] (*fatras*) ▷ Personne qui fatrasse. ◁

FATUAIRE, ▪ n. m. [fatɥer] (lat. *fatuari*, être en proie au délire prophétique) ▷ Antiq. Enthousiaste qui se croyait inspiré et annonçait les choses futures. ◁

FATUITÉ, n. f. [fatɥite] (lat. *fatuitas*, de *fatuus*, sot) Sottise accompagnée d'une bonne opinion de soi-même, qui fait prendre ridiculement l'air, les manières et les prétentions du mérite. ◆ Il se dit aussi du genre de fatuité que donnent quelquefois les succès dans le monde. ◆ Propos ou actes impertinents. *Il a dit une grande fatuité.*

FATUM, ▪ n. m. [fatɔm] (mot lat.) Litt. Destin. « *S'abordant sous l'action d'un fatum qu'ils croiront jusqu'au bout dû au hasard* », PEREC.

FATWA, ▪ n. f. [fatwa] (mot ar.) Décision concernant la doctrine ou le droit religieux, émise par une autorité religieuse musulmane, et rendue publique. *Fatwa pour la guerre sainte. Des fatwas.* ▪ REM. *wa* se prononce *oua.*

FAUBERT, ▪ n. m. [fober] (orig. inc.) Mar. Sorte de serpillière composée de fils de caret et utilisée pour nettoyer et assécher le pont des navires. *Essuyer avec un faubert.*

FAUBOURG, n. m. [fobur] (altération de l'anc. fr. *forsborc*, de *fors*, hors, et *borc*, bourg) Quartier d'une ville situé en dehors de son enceinte. ◆ *La ville et les faubourgs*, tout le monde. ◆ Dans certaines grandes villes, quartier qui primitivement était un des faubourgs. *À Paris, le faubourg Saint-Germain.*

◆ La population des faubourgs de Paris. *Soulever les faubourgs.* ■ Mod. Quartier situé à la périphérie d'une grande ville. *Faubourgs industriels.*

FAUBOURIEN, IENNE, adj. [fobuʀjɛ̃, jɛn] (*faubourg*) **Pop.** Qui appartient, qui a rapport aux faubourgs ou à ses habitants. *Des manières faubouriennes.* ◆ N. m. et n. f. Habitant des faubourgs de Paris. *Une faubourienne.*

FAUCARD, ■ n. m. [fokaʀ] (pic. *fauquer*, faucher) **Agric.** Faux à long manche utilisée pour faucher les herbes ou les branches dans les marais, les rivières et les étangs. *Les tranchants d'un faucard.*

FAUCARDER, ■ v. tr. [fokaʀde] (*faucard*) **Agric.** Faucher les herbes ou les branches dans les marais, les rivières et les étangs. *Faucarder les herbes aquatiques.*

FAUCHAGE, n. m. [foʃaʒ] (*faucher*) Action de faucher ; travail du faucheur. *Le fauchage d'un pré.* ■ **Artill.** Mécanisme de tir. ◆ Au football, action de faire tomber irrégulièrement le joueur qui détient le ballon. *Carton rouge pour fauchage.*

FAUCHAISON, n. f. [foʃɛzɔ̃] (*faucher*) Temps où l'on fauche. ■ *L'époque de la fauchaison.*

FAUCHARD, ■ n. m. [foʃaʀ] (radic. de *faucher*) **Hist.** Arme composée d'une lame de faux fixée à un long manche de bois et utilisée par les paysans qui étaient amenés à combattre. ■ **Agric.** Espèce de serpe à deux tranchants et à long manche. *Couper les branches hautes d'un arbre avec un fauchard.*

FAUCHE, n. f. [foʃ] (*faucher*) Le produit du fauchage. *La fauche a été bonne.* ◆ Il se dit aussi du temps où l'on fauche. ■ **Fam.** Fait de n'avoir plus d'argent. *C'est la fauche en ce moment.* ■ **Mod.** Vol. *Attention à la fauche dans le bus.*

FAUCHÉ, ÉE, p. p. de faucher. [foʃe] **Fam.** Sans plus d'argent. *Elle est complètement fauchée.* ■ N. m. et n. f. Personne qui n'a plus d'argent. *C'est un fauché.*

FAUCHÉE, n. f. [foʃe] (*faucher*) ▷ Ce qu'un faucheur peut couper de foin par jour ou sans affiler sa faux. ◁

FAUCHER, v. tr. [foʃe] (*faux*) Couper les foins, la moisson avec la faux. *Faucher l'herbe.* ◆ **Fig.** *La mort fauche tout,* anéantit tout. ◆ ◆ *Faucher les abus,* les préjugés. ◆ V. intr. On dit d'un cheval qu'il fauche, lorsque, en avançant une des jambes de devant, il lui fait décrire un demi-cercle. ■ Tuer quelqu'un en le renversant. *Le chauffard a fauché les deux piétons.* ■ **Fam.** Voler, dérober. *Il s'est fait faucher son portable.* ■ Au football, faire tomber illégalement et brutalement le joueur qui détient le ballon. *Faucher son adversaire.*

FAUCHET, n. m. [foʃɛ] (dim. de *faux*) Râteau armé de dents de bois, qui sert à rassembler l'herbe fauchée.

FAUCHETTE, ■ n. f. [foʃɛt] (*fauchet*) **Agric.** Petite serpe utilisée pour faire des fagots.

1 FAUCHEUR, EUSE, n. m. et n. f. [foʃœʀ, øz] (*faucher*) Personne qui fauche les foins, les avoines. ◆ *La faucheuse,* la mort. ■ **Rem.** Il est littéraire aujourd'hui. ■ N. f. **Agric.** Machine agricole utilisée pour faucher l'herbe.

2 FAUCHEUR ou **FAUCHEUX,** n. m. [foʃœʀ, foʃø] (*faucher*) Nom d'une araignée des champs, dont les jambes sont fort longues, menues, couvertes de poil.

FAUCHON, ■ n. m. [foʃɔ̃] (*faux*) **Agric.** Petite faux munie d'un manche et d'une lame courte et large. *Couper les céréales avec un fauchon.*

FAUCILLE, n. f. [fosij] (dim. de *faux*) Instrument qui consiste en une lame d'acier courbée en demi-cercle, fixée à une poignée de bois, et qui sert à couper les tiges des plantes céréales pour la récolte des grains. ◆ **Pop.** *Droit comme une faucille,* se dit d'une chose toute tortue. ◆ ▷ **Fig.** *Mettre la faucille dans la moisson d'autrui,* empiéter sur les fonctions, le métier d'autrui. ◁ ◆ *La faucille et le marteau,* emblème du parti communiste soviétique. ■ **Poétiq.** *La faucille d'or,* la lune.

FAUCILLON, n. m. [fosijɔ̃] (dim. de *faucille*) Instrument recourbé en forme de faucille pour couper du menu bois.

FAUCON, n. m. [fokɔ̃] (lat. *falco*) Oiseau de proie de l'ordre des rapaces. ◆ Anciennement, espèce de petit canon. ■ **Fig. Polit.** Partisan de la force dans un conflit. *Les faucons et les colombes.*

FAUCONNEAU, n. m. [fokono] (dim. de *faucon*) Jeune faucon. ◆ Anciennement sorte de petit canon.

FAUCONNERIE, n. f. [fokon(ə)ʀi] (*faucon*) Art de dresser et de gouverner les faucons et tous les oiseaux de proie. ◆ Traité sur la chasse à l'oiseau. ◆ La chasse avec l'oiseau de proie. ◆ Lieu où l'on élève et nourrit les faucons. ◆ L'équipage de la chasse au faucon.

FAUCONNIER, n. m. [fokɔnje] (*faucon*) Personne qui dresse et gouverne les oiseaux de proie. ◆ *Le grand fauconnier,* officier de la maison du roi ayant autorité sur tous les fauconniers.

FAUCONNIÈRE, n. f. [fokɔnjɛʀ] (*faucon*) ▷ Gibecière des fauconniers. ◆ Toute espèce de gibecière séparée en deux, que l'on met à l'arçon de la selle pour porter de menues hardes. ◁

FAUCRE, ■ n. m. [fokʀ] (germ. *filz, felt,* feutre) **Archéol.** Crochet mobile qui, vissé sur le flanc droit d'une armure, servait à soutenir la lance.

FAUFIL, n. m. [fofil] (*faux* et *fil*) Fil employé pour aider à faire une couture ou pour empêcher une doublure de se déranger, et qui ne doit pas rester. ■ Point de bâti.

FAUFILAGE, ■ n. m. [fofilaʒ] (*faufiler*) Fait de faufiler un tissu. *Le faufilage d'une chemise. Points de faufilage.*

FAUFILÉ, ÉE, p. p. de faufiler. [fofile] ▷ **Fig.** Qui a société avec. « *Les académiciens et autres gens de lettres avec lesquels j'étais déjà faufilé* », J.-J. Rousseau. ◁

FAUFILER, v. tr. [fofile] (*faufil*) Faire une couture à longs points pour mieux faire ensuite la couture définitive. ◆ **Absol.** *Elle ne sait même pas faufiler.* ◆ ▷ **Fig.** Introduire. ◁ ◆ ▷ V. intr. Faire société. « *Et si vous l'ignorez, sachez que je faufile Avec ducs, etc.* », Regnard. ◁ ◆ Se faufiler, v. pr. S'insinuer avec adresse auprès de quelqu'un, dans une maison, dans une société. ◆ Se glisser à travers. *Il se faufile dans la foule* ou *à travers la foule.*

FAUFILURE, n. f. [fofilyʀ] (*faufiler*) Couture à points espacés. ◆ L'action de faufiler.

FAULX, n. f. [fo] (1 *faux*) ▷ Ancienne orthographe de *faux,* n. f. ■ Voy. **FAUX.** ◁

FAUNE, n. m. [fon] (lat. *faunus,* dieu champêtre) Divinité champêtre chez les Romains. ◆ Au f. Nymphe qui, dans les compositions des arts du dessin, s'allie aux faunes, et qui en a les traits. ◆ N. f. L'ensemble des animaux d'un pays. ◆ Ouvrage contenant la description des animaux d'un pays. ■ **Fig.** et **péj.** Ensemble de personnes fréquentant un même lieu. *Il y a une drôle de faune dans cette galerie commerciale.*

FAUNESQUE, ■ adj. [fonɛsk] (*faune*) **Litt.** Relatif aux divinités champêtres. *Un tribunal faunesque. Un visage faunesque.*

FAUNESSE, ■ n. f. [fonɛs] (*faune*) Divinité champêtre femelle. *Faunesse des champs.* « *Après les chasseresses élancées et les naïades de Jean Goujon, entre les belles nymphes de Versailles surprises au bain par Girardon et les faunesses de Carpeaux tirées des bois pour se glisser dans la fête des villes* », Faure.

FAUNIQUE, ■ adj. [fonik] (*faune*) Relatif à la faune. *Observation faunique.*

FAUSSAIRE, n. m. et n. f. [fosɛʀ] (lat. *falsarius,* de *falsus,* faux) Personne qui fait un faux acte, une fausse signature, ou qui altère un acte authentique. *Une faussaire.* ◆ Adj. « *Il y a même dans cette fiction je ne sais quoi de faussaire qui me fait de la peine* », Voltaire. ◆ Il se dit quelquefois pour menteur, trompeur.

FAUSSÉ, ÉE, p. p. de fausser. [fose]

FAUSSEMENT, adv. [fos(ə)mɑ̃] (2 *faux*) Contre la vérité.

FAUSSER, v. tr. [fose] (b. lat. *falsare,* de *falsus,* faux) Rendre faux, rendre contraire à la vérité, en parlant des promesses données. *Fausser son serment, sa foi, etc.* ◆ *Fausser le sens de la loi, d'un texte,* donner une fausse interprétation à une loi, à un texte. ◆ **Fam.** *Fausser compagnie,* proprement être faux à une compagnie, quitter une compagnie sans prendre congé ; ne pas se trouver à un rendez-vous ; ne pas faire ce qui était promis ou attendu. ◆ Rendre faux, détruire la justesse. *Fausser la voix.* ◆ Courber, tordre un corps solide, de sorte qu'il ne se redresse plus de lui-même. *Fausser une clé, une lame.* ◆ *Fausser une serrure,* en gâter les ressorts. ◆ Enfoncer sans traverser. *Les coups d'épée faussèrent ses armes.* ◆ ▷ V. intr. Chanter faux. ◁ ◆ Se fausser, v. pr. Être faussé. ◆ Devenir faux. ◆ Être tordu, enfoncé. ◆ **Milit.** Ne plus former une ligne droite, en parlant des rangs.

1 FAUSSET, n. m. [fosɛ] (ital. *falsetto*) **Mus.** Voix de tête. « *La comtesse s'égosille, le comte prend son fausset* », Mme de Sévigné. ◆ **Fam.** *Avoir une voix de fausset,* se dit d'un homme fait dont la voix est grêle. ◆ Homme ou chanteur qui a une voix de fausset.

2 FAUSSET, n. m. [fosɛ] (*fausser,* percer) Petite broche de bois servant à boucher le trou fait avec un foret à un tonneau.

FAUSSETÉ, n. f. [fos(ə)te] (b. lat. *falsitas*) Qualité de ce qui est faux. *La fausseté d'une nouvelle.* ◆ Chose fausse. *Recourir à des faussetés.* ◆ Duplicité, hypocrisie. *On sent une fausseté dans ce qu'elle dit.* ◆ Qualité de ce qui manque de justesse. *Une certaine fausseté dans son jugement.*

FAUSTIEN, IENNE, ■ adj. [fostjɛ̃, jɛn] (*Faust*) Relatif à Faust et au pacte passé avec le diable. *Un combat faustien.*

FAUTE, n. f. [fot] (lat. pop. *fallita,* manque, action de faillir, issu du lat. *fallere,* tromper) Action de faillir, manquement contre. *Faire une faute.* ◆ *Ce n'est pas ma faute,* je n'ai pu prévenir la chose, elle ne m'est pas imputable. ◆ **Jurispr.** Négligence ou incurie sans intention de nuire. ◆ Manquement contre un principe, une règle. *Faute d'orthographe, de style.* ◆ Imperfection dans un ouvrage. ◆ État de ce qui a failli, privation, absence. *Il y a faute de* *vivres. Faute de secours.* ♦ *Faire faute,* manquer, être en moins, faire défaut. ♦ *Faire faute à* ou *de,* manquer à, ne pas faire. ♦ *Se faire faute de,* s'abstenir de. « *Pourquoi se feraient-ils faute de pleurer* », J.-J. Rousseau. ♦ *Ne pas se faire faute de quelque chose,* user de quelque chose sans ménagement, sans réserve. ♦ Crevasse qui s'est faite dans un tuyau de conduite en plomb. ■ faute de, loc. prép. Par manque. *Faute de s'entendre.* ♦ **Faute de** signifie par manque de... *C'est faute d'attention qu'il n'a pas relevé cette erreur.* Mais en parlant d'une erreur commise par quelqu'un, on ne dira pas : *c'est une faute d'attention* ; il faudra dire : *c'est une faute d'inattention,* ou plutôt : *c'est une faute commise par inattention.* ■ à faute de, loc. adv. Dans le cas où manquerait... si on ne pouvait pas... « *À faute d'être aimée on peut se faire craindre* », P. Corneille. ♦ sans faute, loc. adv. Immanquablement. ♦ **Prov.** *Qui fait la faute la boit,* la personne qui a fait une faute en doit porter la peine. ■ *Être en faute,* faire quelque chose de répréhensible. *Dans cet accident, il est en faute, il a grillé le feu rouge.* ■ *Faute !* Dans certains sports, erreur technique ou désobéissance aux règles entraînant une sanction. ■ *Un sans faute,* sans aucune faute. *Il a fait un sans faute au questionnaire.* ■ **Fam.** *La faute à qui,* de qui vient la faute. *Le vase est cassé, la faute à qui ?* ■ **Fam.** *De ma faute, ta faute, sa faute,* etc., c'est à cause de moi, de toi, etc. *On a perdu, c'est de ta faute !* ■ *Prendre quelqu'un en faute,* le surprendre dans une action répréhensible.

FAUTER, ■ v. intr. [fote] (*faute*) Vx. ou plais. Commettre la faute, pour une jeune fille, d'avoir des relations sexuelles avant le mariage. *Fille qui a fauté.* ■ **Afriq.** Faire des fautes d'orthographe. *Cet élève faute beaucoup.*

FAUTEUIL, n. m. [fotœj] (frq. *faldistôl*, siège pliant ; cf. anc. h. all. *faltstuol*) Grand siège à dos et à bras. ♦ *Fauteuil à la Voltaire* ou *fauteuil Voltaire* ou *un Voltaire,* grand fauteuil à dos renversé. ♦ Fauteuil que dans la salle des séances de l'Académie française chaque académicien occupe. ♦ **Absol.** *Le fauteuil.* ♦ **Fig.** La place de membre de l'Académie française. *Solliciter le fauteuil.* ♦ **Absol.** La présidence d'une assemblée délibérante. ■ Siège attribué à un membre d'une assemblée, etc. *Fauteuil présidentiel.* ■ *Arriver dans un fauteuil,* arriver premier dans une compétition, facilement.

FAUTEUR, TRICE, n. m. et n. f. [fotœr, tris] (lat. *fautor,* de *favere,* favoriser) Personne qui favorise, protège. ♦ Il se dit le plus souvent en mauvaise part. *Un fauteur de désordres, de l'hérésie.*

FAUTIF, IVE, adj. [fotif, iv] (*faute*) Qui est sujet à faillir. *L'homme est fautif. Nos sens sont fautifs.* ♦ Plein de fautes. « *Rien n'est si fautif que ces lois* », Pascal. ♦ On dit souvent, mais à tort, *fautif* dans le sens de qui a failli. ■ N. m. et n. f. Personne qui est en faute, qui a la responsabilité d'une erreur. *C'est lui, le fautif !*

FAUTIVEMENT, adv. [fotiv(ə)mã] (*fautif*) D'une manière fautive.

FAUVE, adj. [fov] (germ. *falwa-* ; cf. anc. h. all. *falo*) Qui tire sur le roux. *Poil fauve.* ♦ *Les bêtes fauves,* les cerfs, les chevreuils et les daims. ♦ N. m. La couleur fauve. ♦ N. m. L'ensemble des bêtes fauves. *Il y a du fauve dans cette forêt.* ♦ *Odeur fauve,* odeur forte qui rappelle celle des fauves. ■ N. m. Artiste se réclamant du fauvisme. ■ **Mod.** Ensemble des félins de grande taille comme le tigre, le puma, etc. *Une chasse aux fauves. Dompter des fauves dans un cirque.* ■ Adj. **Peint.** La période fauve de certains peintres.

FAUVERIE, ■ n. f. [fov(ə)ri] (*fauve*) Dans un zoo, lieu où les fauves sont enfermés et vivent. *Mettre les lions dans la fauverie.*

FAUVETTE, n. f. [fovɛt] (dim. de *fauve*) Passereau du genre sylvie. ♦ ▷ **Fig.** Chanteuse agréable. *C'est une fauvette.* ◁

FAUVISME, ■ n. m. [fovism] (*fauves,* terme dont un critique qualifia un groupe de peintres du début du XXᵉ s.) Courant pictural qui insiste sur l'expression brute des formes et des couleurs. *Derain et Vlaminck sont les plus connus des peintres du fauvisme.*

1 FAUX, n. f. [fo] (lat. *falx*) Instrument formé d'une lame longue, un peu courbée et attachée au bout d'un long manche, à l'aide duquel on coupe les plantes fourragères, etc. ♦ **Fig. et poétiq.** *La faux du temps, de la mort, le temps, la mort.* ♦ Lames de faux dont on armait, dans l'Antiquité, des chars destinés à être lancés sur les bataillons ennemis. ■ **Anat.** Repli de membrane. *La faux du cerveau.* ■ REM. Graphie ancienne : *faulx.*

2 FAUX, AUSSE, adj. [fo, os] (lat. *falsus*) Qui n'est pas vrai. *De faux rapports.* ♦ *Faux témoin.* Voy. témoin. ♦ *Faux emploi.* Voy. emploi. ♦ *Avoir un faux air de quelqu'un,* avoir avec lui une certaine ressemblance. ♦ *Il est faux que...* avec le subjonctif. ♦ Vain, mal fondé. *Fausse joie.* ♦ Qui s'écarte du naturel, du vrai, en parlant d'ouvrages d'esprit et des compositions des artistes. *Genre, coloris faux.* ♦ *Couleur fausse,* couleur qui ne se range pas nettement dans une couleur déterminée. ♦ Qui manque de justesse, d'exactitude, de rectitude. *Calcul, argument, raisonnement faux.* ♦ Qui n'est pas conforme aux exigences de la règle. *Vers faux.* ♦ **Hérald.** *Fausses armes,* armes qui ne sont pas suivant les règles. ♦ **Mus.** Qui n'est pas dans le ton, qui n'est pas juste. ♦ *Fausse note,* note jouée ou chantée à la place de la note véritable. ♦ *Note fausse,* note qui n'est pas juste. ♦ Se

dit de tout ce qui n'est pas tel qu'il doit être ou qu'il a coutume d'être. *Fausses démarches. Fausses mesures.* ♦ *Faux bond.* Voy. bond. ♦ *Faux feu.* Voy. feu. ♦ *Faux jour.* Voy. jour. ♦ *Faire un faux pas,* trébucher, et fig. commettre quelque faute. ♦ **Math.** *Règle de fausse position,* Voy. règle. ♦ **Danse** *Fausse position.* Voy. position. ♦ **Mar.** *Fausse route.* Voy. route. ♦ **Mar.** *Fausse manœuvre.* Voy. manœuvre. ♦ Au jeu, *fausse carte,* carte marquée avec laquelle on triche au jeu. ♦ *Fausse carte,* une carte entrée seule dans un jeu, et qui est désavantageuse. ♦ **Jurispr.** Supposé, altéré. *Signature fausse.* ♦ *À fausses enseignes,* en se servant de marques supposées (locution qui a vieilli). ♦ *Fausse clé,* clé qui ouvre la porte d'autrui. ♦ Fait à l'imitation d'une chose vraie. *Faux cheveux. Diamants faux.* ♦ **Fig.** *Faux brillants.* Voy. brillant. ♦ Simulé, contrefait. *Un prétexte faux.* ♦ *Faux semblant.* Voy. semblant. ♦ **Milit.** *Fausse attaque,* attaque faite pour détourner l'attention de l'ennemi du point où la véritable attaque se fait. ♦ *Fausse alarme,* alarme donnée pour inquiéter l'ennemi, et dans le langage général, alarme vaine et sans sujet. ♦ Qui n'est pas, en parlant des personnes, ce qu'il semble ou ce qu'il dit être. *Un faux ami. Un faux brave.* ♦ Qui affecte, pour tromper, des sentiments qu'il n'a pas. *Un cœur faux.* ♦ Il se dit aussi de l'air, du regard, etc. *Un air faux.* ♦ **Hist. nat.** *Faux* s'ajoute aux noms de végétaux ou de minéraux ayant quelque ressemblance avec les végétaux ou minéraux que ces noms désignent. *Faux ébénier. Faux diamant,* zircone. ♦ Il se joint à beaucoup de noms d'objets qui ont certaines ressemblances avec d'autres. *Fausses manches. Fausse équerre,* etc. ♦ *Fausses côtes.* Voy. côtes. ♦ *Faux-bourdon.* Voy. bourdon. ♦ N. m. Ce qui n'est pas vrai. *Discerner le faux d'avec le vrai.* ♦ **Fig.** *Plaider le faux pour savoir le vrai,* dire des choses fausses, pour ne pas laisser pénétrer sa pensée et amener ainsi les autres à dire la leur. ♦ **Littér.** Ce qui n'est pas naturel. « *Le faux est toujours fade, ennuyeux, languissant* », Boileau. ♦ **Mus.** Ce qui n'est pas dans le ton. ♦ Altération, supposition d'actes, de pièces, de signatures. *Commettre un faux.* ♦ *S'inscrire en faux,* attaquer en justice un acte, une pièce comme fausse. ♦ *S'inscrire en faux contre une allégation,* la nier positivement. ♦ Ce qui n'a que l'apparence d'être précieux, en parlant de certains objets de parure ou d'utilité. *Fabricant en faux,* personne qui fabrique des objets imitant l'or, l'argent ou autres matières précieuses. ♦ faux, adv. D'une manière fausse. *Raisonner faux.* ♦ à faux, loc. adv. À tort, d'une manière fautive. *Accuser à faux.* ♦ *Frapper à faux,* se dit d'un coup de marteau qui ne frappe pas juste sur le clou, et fig. mal appliquer un reproche, une punition. ♦ **Archit.** *Porter à faux,* se dit des pièces mal posées qui ne portent pas directement sur leur point d'appui. ■ n. *Un porte-à-faux. Des porte-à-faux.* ♦ **Fig.** *Porter à faux,* se dit de ce qui n'est pas solidement prouvé, établi. ■ *Avoir tout faux,* se tromper complètement. *Tu as tout faux dans cet exercice. Si tu le crois, tu as tout faux !* ■ *Faire un faux numéro,* au téléphone, se tromper de numéro à composer. *Je ne suis pas Mme..., vous avez fait un faux numéro.* ■ *Fausse route,* trouble de la déglutition caractérisé par le passage d'aliments ou de la salive dans la trachée au lieu de l'œsophage et entraînant un étouffement et une toux. ■ *Fausse couche.* Voy. couche.

FAUX-BORD, ■ n. m. [fobɔr] Voy. bord.

FAUX BOURDON, ■ n. m. [foburdɔ̃] Voy. bourdon.

FAUX-CUL, ■ n. m. [foky] (*faux* et *cul*) Vx Armature métallique ou coussin capitonné placé jadis à l'endroit des fesses sous les vastes jupes longues. ■ **Fig. et fam.** Personne hypocrite. *Quels faux-culs !*

FAUX-FACTURIER, ■ n. m. [fofaktyrje] (*faux* et *facturier*) Personne qui établit intentionnellement de fausses factures. *Des faux-facturiers.*

FAUX-FILET, ■ n. m. [fofilɛ] Voy. filet.

FAUX-FUYANT, n. m. [fofɥijã] (moy. fr. *forsfuyant,* de *fors,* dehors, et *fuir*) Chemin détourné, voie par laquelle on peut s'en aller sans être vu. ♦ **Fig.** Défaite, échappatoire. *Chercher des faux-fuyants.*

FAUX MONNAYEUR, n. m. [fomɔnejœr] Voy. monnayeur.

FAUX-SAUNAGE, n. m. [fosonaʒ] Voy. saunage.

FAUX-SAUNIER, n. m. [fosonje] Voy. saunier.

FAUX SEMBLANT, ■ n. m. [fosãblã] Voy. semblant.

FAUX-SENS, ■ n. m. [fosãs] (*faux* et *sens*) Traduction erronée d'un mot, d'une phrase. *Une version latine pleine de faux-sens. Des faux amis en anglais qui entraînent des faux-sens.*

FAVELA ou **FAVÉLA,** ■ n. f. [favela] (mot port. du Brésil, nom d'une plante) Ensemble d'habitations populaires grossièrement construites. *Les favelas de Rio sont dispersées un peu partout dans la ville.* ■ Bidonville.

FAVEROLE, ■ n. f. [fav(ə)rɔl] Voy. féverole.

FAVEUR, n. f. [favœr] (lat. *favor*) Au sens actif, bienveillance, bonnes grâces, appui donné par un prince, par un personnage puissant, par le public, etc. *La faveur du prince. La faveur publique.* ♦ **Absol.** *Devoir tout à la faveur.* ♦ *Hommes, gens de faveur,* personnes qui ne doivent leur élévation qu'à la protection. ♦ *Place, emploi de faveur,* place, emploi qu'on accorde à quelqu'un sans qu'il y ait de titres. ♦ *Prendre faveur*, s'accréditer. ♦ Dans les théâtres, *entrée de faveur*, entrée gratuite accordée à une personne qui n'y a point de droit. ♦ *Billet de faveur*, billet accordé gratuitement pour une seule représentation. ■ **Fig.** *Les faveurs de la fortune*, les honneurs, les richesses, etc. ♦ Au sens passif, bienveillance, bonnes grâces, appui reçu par quelqu'un ; crédit, pouvoir qu'on a auprès d'un prince, d'un personnage puissant. *Être en faveur auprès de quelqu'un.* ♦ **Absol.** La puissance d'un favori. ♦ Bienfait, octroi gracieux, marque d'amitié, de bienveillance. *Il le combla de faveurs.* ♦ Formule de politesse. *Faites-moi la faveur de...*, ayez la bonté de... ♦ **Au pl.** Les bonnes grâces d'une femme. ♦ Indulgence. *Les juges l'ont traité avec faveur.* ♦ Condition favorable. ♦ Ruban uni et très étroit. ♦ EN FAVEUR DE, loc. prép. En considération de. ♦ Au profit, à l'avantage. *Faire un testament en faveur de quelqu'un.* ♦ Dans l'intérêt de, pour la cause de. « *Il écrivait au sénat en faveur des chrétiens* », BOSSUET. ♦ À LA FAVEUR DE, loc. prép. Au moyen, à l'aide de. *À la faveur de la nuit.* ■ *Un traitement de faveur*, avantage, considération obtenue par faveur de quelqu'un. *Je bénéficie d'un traitement de faveur avec cette augmentation de salaire.* ■ Fin ruban. *Un paquet fermé par une faveur.*

FAVISME, ■ n. m. [favism] (lat. *faba*, fève) **Méd.** Destruction des globules rouges survenant après la consommation de fèves chez des individus présentant un déficit d'une enzyme habituellement présente dans le sang. *Anémie, jaunisse due au favisme.*

FAVORABLE, adj. [favoʀabl] (lat. *favorabilis*) Qui donne faveur. « *Favorable à ceux qui méritaient sa protection* », FLÉCHIER. ♦ Se dit des choses. *Sort favorable.* ♦ *Succès favorable*, heureux succès. ♦ Qui est en faveur, à l'avantage de. *Avoir une idée favorable de quelqu'un. Présenter une chose du côté favorable.*

FAVORABLEMENT, adv. [favoʀabləmɑ̃] (*favorable*) D'une manière favorable.

FAVORI, ITE, adj. [favoʀi, it] (ital. *favorito*, *-a*, p. p. de *favorire*, favoriser) Qui est l'objet d'une faveur particulière. *Plutarque est ma lecture favorite.* ♦ N. m. et n. f. Personne qui est l'objet d'une prédilection habituelle. ♦ Personne qui tient le premier rang dans la faveur, les bonnes grâces d'une autre personne en crédit. ♦ **Fig.** *Les favoris de la fortune.* ♦ *Favori des Muses, d'Apollon*, poète excellent. ♦ N. m. *Favori*, touffe de barbe qui encadre les joues. ■ N. m. En équitation, cheval donné comme vainqueur de la course. *Miser sur le favori.* ■ **Inform.** Lien vers un serveur ou un site qu'on apprécie particulièrement et qu'on décide de mettre sous une liste de marque-pages virtuels. *Ajouter un site sur les dictionnaires dans ses favoris.*

FAVORISANT, ANTE, ■ adj. [favoʀizɑ̃, ɑ̃t] (*favoriser*) Qui favorise quelque chose. *Des conditions favorisantes d'évolution.*

FAVORISÉ, ÉE, p. p. de favoriser. [favoʀize] *Les catégories sociales favorisées*, qui vivent au-dessus du seuil de pauvreté, qui ont des moyens financiers généralement conséquents.

FAVORISER, v. tr. [favoʀize] (lat. *favor*, faveur) Donner faveur, aide. *Un bon juge ne favorise jamais une partie aux dépens de l'autre.* ♦ Gratifier quelqu'un d'une chose, la lui accorder. *Il finit par me favoriser de sa protection.* ♦ **Fig.** *La nature l'a favorisé de ses dons*, il a en partage des avantages naturels. ♦ Être conforme aux désirs, seconder les desseins, en parlant des choses. « *Cette porte secrète ici nous favorise* », P. CORNEILLE. ♦ Aider à, contribuer à. *Favoriser le développement d'une industrie.* ♦ Se favoriser, v. pr. Se prêter faveur, secours l'un à l'autre.

FAVORITE, ■ n. f. [favoʀit] (*favori*) ▷ Maîtresse attitrée d'un roi. *Louis XIV et sa favorite, la marquise de Montespan.* ◁

FAVORITISME, n. m. [favoʀitism] (*favori*) Règne, domination, influence des favoris. ■ Attitude des personnes qui accordent des avantages sans esprit de justice. *C'est du favoritisme de la part de ce professeur !*

FAVUS, ■ n. m. [favys] (on prononce le *s* ; lat. *favus*, gâteau de miel) **Méd.** Parasite provoquant une affection du cuir chevelu, contagieuse, caractérisée par des croûtes jaunâtres et entraînant la chute définitive des cheveux. *Favus de l'homme, de la poule.*

FAX, ■ n. m. [faks] (abrév. de *téléfax*) **Télécomm.** Télécommunication ayant pour objet la reproduction à distance d'un document sous la forme d'un autre document semblable à l'original ; son résultat, la télécopie. *Envoyer un fax de confirmation lors d'une réservation.* ■ REM. On recommande officiellement l'emploi de *télécopie*. ■ **Par extens.** Appareil permettant d'émettre et de recevoir des télécopies. *Je peux utiliser le fax ?* ■ REM. Recomm. offic. : *télécopieur*.

FAXER, ■ v. tr. [fakse] (*fax*) Envoyer par fax. *Je vous faxe sa réponse.* ■ REM. Recomm. offic. : *télécopier*.

FAYARD, ■ n. m. [fajaʀ] (franco-provenç. de *fou*, hêtre, lat. *fagus*) **Région.** Suisse Hêtre. *Bois de fayards.*

FAYENCE, FAYENCERIE, FAYENCIER, [fajɑ̃s, fajɑ̃s(ə)ʀi, fajɑ̃sje] Voy. FAÏENCE, FAÏENCERIE, FAÏENCIER.

FAYOT, ■ n. m. [fajo] (provenç. *fayol*, du lat. *phaseolus*) **Fam.** Haricot. *Manger des fayots à la caserne.* ■ **Fig.** Personne qui fait du zèle pour obtenir les faveurs de quelqu'un. *Les chouchous des institutrices étaient souvent traités de fayots.* ■ **Arg. Milit.** Sous-officier qui se rengage.

FAYOTER, ■ v. intr. [fajote] (*fayot*) Faire du zèle pour s'attirer les faveurs de quelqu'un. *Fayoter pour se faire bien voir par le professeur.* ■ FAYOTAGE, n. m. [fajotaʒ]

FCP, ■ n. m. [ɛfsepe] (sigle de *fonds commun de placement*) **Financ.** Portefeuille de valeurs mobilières mutualisées au sein d'un fonds et dont la gestion est assurée par une société de gestion qui agit au nom des porteurs de parts. *Les FCP d'entreprise.*

FÉAGE, n. m. [feaʒ] (b. lat. *feodagium*, de *feodum*, fief) ▷ **Jurispr.** et **féod.** Contrat d'inféodation ; tenure en fief. ◁

FÉAL, ALE, adj. [feal] (anc. forme de *fidèle*, du lat. *fidelis*) ▷ Vx Mot qui était usité dans les lettres royales. Fidèle. *À nos amés et féaux conseillers, etc.* ◁ ♦ **Fam.** *C'est mon féal, son féal*, mon ami dévoué, son compagnon fidèle. ■ REM. Il est littéraire aujourd'hui.

FÉBRICITANT, ANTE, adj. [febʀisitɑ̃, ɑ̃t] (lat. *febricitare*) ▷ **Méd.** Qui a la fièvre. ♦ N. m. et n. f. *Un fébricitant. Une fébricitante.* ◁

FÉBRICULE, ■ n. f. [febʀikyl] (lat. *febricula*, petite fièvre) Vx Méd. État léger de fébrilité. *Une fébricule à 38 degrés.*

FÉBRIFUGE, ■ adj. [febʀifyʒ] (lat. *febrifugia*, de *febris*, fièvre, et *fugare*, faire fuir) **Méd.** Qui combat, qui soigne les fièvres d'accès. *Le tilleul est une plante fébrifuge.* ■ N. m. *Un fébrifuge.*

FÉBRILE, adj. [febʀil] (lat. *febrilis*) **Méd.** Qui tient à la fièvre, qui est de la nature de la fièvre. *Pouls fébrile.* ♦ **Fig.** *Une ardeur fébrile*, une ardeur excessive.

FÉBRILEMENT, ■ adv. [febʀil(ə)mɑ̃] (*fébrile*) D'une manière fébrile. *Les enfants attendent fébrilement le soir de Noël pour découvrir leurs cadeaux.*

FÉBRILITÉ, ■ n. f. [febʀilite] (*fébrile*) État de grande excitation nerveuse. *Fébrilité due au stress, à l'émotion. Préparer une fête dans une grande fébrilité.*

FÉCAL, ALE, adj. [fekal] (lat. *fæx*, génit. *fæcis*) Qui appartient aux gros excréments de l'homme et des animaux. *Matière fécale. Résidus fécaux.*

FÉCALOME, ■ n. m. [fekalom] (*fécal* et *-ome*) **Méd.** Bouchon de selles durcies dans le rectum ou le côlon qui peut être responsable d'une occlusion intestinale. *Dilatation de l'intestin par les fécalomes.* ■ REM. On dit aussi *scatome.*

FÈCES, n. f. pl. [fɛs] (on prononce *fès* ; lat. *fæces*) **Chim.** et **pharm.** Sédiment formé par toute espèce de liqueur. ♦ **Méd.** Syn. d'excréments, de matière fécale. ■ REM. On prononçait [fɛsəs] autrefois.

FÉCIAL ou **FÉTIAL**, n. m. [fesjal] (lat. *fecialis*) **Antiq. rom.** Nom donné à des prêtres de Jupiter italique, qui jouaient un grand rôle dans les rapports internationaux et dans la conclusion de traités de paix. ♦ **Adj.** Qui appartient aux féciaux. *Le droit fécial.*

FÉCOND, ONDE, adj. [fekɔ̃, ɔ̃d] (lat. *fecundus*) Propre à la reproduction, qui peut produire beaucoup. ♦ *Race féconde*, race d'animaux qui se fait remarquer par son abondante multiplication. ♦ *Plante féconde*, plante qui produit beaucoup. ♦ Qui produit abondamment, en parlant de la terre ou de ce qui est comparé à la terre. *Des champs féconds.* ♦ **Fig.** *Source féconde*, Mine féconde, ce qui produit abondamment. *C'est une source féconde d'erreurs.* ♦ **Fig.** Il se dit de tout ce qui produit abondamment. « *La France, en grands noms plus féconde Qu'aucun climat de l'univers* », LA FONTAINE. « *Qu'en nobles sentiments il soit toujours fécond* », BOILEAU. ♦ *Principe fécond*, principe dont on déduit un grand nombre de conséquences. ♦ *Sujet, matière féconde*, sujet, matière qui prête beaucoup à l'imagination de l'artiste, du poète. ♦ On dit de même : *esprit fécond, imagination féconde.* ♦ *Auteur fécond*, auteur qui a beaucoup écrit. ♦ Fécondant. *Des pluies fécondes.* ■ Qui peut se reproduire. *Une femme féconde.* ■ **Fig.** *Fécond en*, qui produit quelque chose abondamment. *Une journée féconde en événements.*

FÉCONDABILITÉ, ■ n. f. [fekɔ̃dabilite] (*fécondable*) **Physiol.** Probabilité, pour un couple ayant des rapports sexuels non protégés durant la période ovulatoire, d'obtenir une grossesse clinique dans un cycle menstruel. ■ Aptitude d'une femme à être fécondée. *Taux de fécondabilité pour une année.*

FÉCONDABLE, ■ adj. [fekɔ̃dabl] (*féconder*) Qui peut être fécondé. *Une femme fécondable. Un ovule fécondable.*

FÉCONDANT, ANTE, adj. [fekɔ̃dɑ̃, ɑ̃t] (*féconder*) Qui féconde. ■ Qui rend fécond. *Eau fécondante.*

FÉCONDATEUR, TRICE, adj. [fekɔ̃datœʀ, tʀis] (*féconder*) Qui a la force de féconder. ■ *Un élément fécondateur.* ■ N. m. **Méd.** Dans une insémination artificielle, canule utilisée pour introduire du sperme près de l'ovule. ■ REM. Il est littéraire aujourd'hui dans son emploi adjectival.

FÉCONDATION, n. f. [fekɔdasjɔ̃] (*féconder*) Action de féconder, résultat de cette action, en parlant des êtres organisés. ■ *La fécondation de l'ovule par le spermatozoïde. Une fécondation artificielle. Une fécondation in vitro.*

FÉCONDÉ, ÉE, p. p. de féconder. [fekɔde]

FÉCONDER, v. tr. [fekɔde] (lat. *fecundare*) Communiquer à un germe la cause immédiate de son développement. ◆ Rendre abondant en produits. *Le Nil féconde l'Égypte.* ◆ **Fig.** *La méditation féconde l'esprit.* ◆ Se féconder, v. pr. Devenir fécond. ■ Transformer un ovule ou un œuf en embryon. *L'ovule est fécondé par un spermatozoïde.* ■ **Par extens.** Rendre une femme enceinte ou une femelle pleine.

FÉCONDITÉ, n. f. [fekɔdite] (lat. *fecunditas*) Faculté dont jouissent les corps vivants de se reproduire. ◆ En particulier, dans l'espèce humaine, production des enfants, en parlant des mariages ou des femmes. ◆ Faculté que possède la terre de produire. « *Le Nil portait partout la fécondité* », Bossuet. ◆ **Par extens.** Se dit de l'esprit qui produit. ◆ Il se dit, dans un sens analogue, de ce qui prête beaucoup aux développements, aux aperçus. *La fécondité d'un sujet.*

FÉCULE, n. f. [fekyl] (lat. *fæcula*, tartre, dimin. de *fæx*, lie) Autrefois, nom donné aux matières qui se précipitent des sucs obtenus par expression. ◆ Aujourd'hui, substance analogue à l'amidon, qu'on retire de diverses plantes. *Fécule de pommes de terre.*

FÉCULENCE, n. f. [fekylɑ̃s] (lat. *fæculentia*, abondance de boue, de *fæx*, lie) ▷ **Chim.** État des liqueurs qui sont chargées de lie, de sédiment. ◁ ◆ Qualité de ce qui contient de la fécule ou amidon.

FÉCULENT, ENTE, adj. [fekylɑ̃, ɑ̃t] (lat. *fæculentus*, bourbeux, de *fæx*, lie) Épais, chargé de lie. ◆ Qui renferme de la fécule ou amidon. *Une substance féculente.* ◆ **N. m.** *Un féculent.*

FÉCULER, v. tr. [fekyle] (*fécule*) **Techn.** Extraire de la fécule de quelque chose. *Féculer du manioc.*

FÉCULERIE, n. f. [fekyl(ə)ri] (*fécule*) Fabrique de fécule.

FÉCULEUX, EUSE, adj. [fekylø, øz] (*fécule*) Qui contient de la fécule.

FÉCULIER, IÈRE, n. m. et n. f. [fekylje, jɛr] (*fécule*) Personne qui fabrique de la fécule. *Une féculière.* ■ **Adj.** Relatif à la féculerie. *Une industrie féculière.*

FEDAYIN ou **FÉDAYIN**, ■ n. m. [fedajin] (mot ar., ceux qui se sacrifient) Résistant, en particulier palestinien, qui exerce une guérilla. *Des fedayins* ou *des fedayin.* ■ **Rem.** *in* se prononce *in*.

FÉDÉRAL, ALE, adj. [federal] (lat. *fædus*, traité d'alliance ; infl. de l'angl. *federal*) Qui a rapport à une confédération d'États. *La Suisse, les États-Unis sont des gouvernements fédéraux.* ■ Qui appartient à un État fédéral. *Une armée fédérale.* ◆ Relatif au gouvernement central d'un État fédéral. *Une police fédérale. Une capitale fédérale.* ■ **N. m.** *Le fédéral*, se dit d'un État dans lequel on a partagé les compétences constitutionnelles entre le gouvernement central et les collectivités locales appartenant à cet État. ■ **Hist.** *Les fédéraux*, pendant la guerre de Sécession aux États-Unis, partisans du Nord.

FÉDÉRALISÉ, ÉE, p. p. de fédéraliser. [federalize]

FÉDÉRALISER, v. tr. [federalize] (*fédéral*) Organiser en fédération, soumettre au régime fédératif. ◆ Se fédéraliser, v. pr. Se former en fédération.

FÉDÉRALISME, n. m. [federalism] (*fédéral*) Système, doctrine du gouvernement fédératif qui partage ses compétences constitutionnelles avec les collectivités locales. ■ **Suisse** En Suisse romande, politique qui cherche à conserver l'autonomie des cantons par rapport au pouvoir central. ■ **Hist.** En France, projet de décentralisation (1789).

FÉDÉRALISTE, adj. [federalist] (*fédéral*) Qui a rapport au fédéralisme. ◆ **N. m.** Partisan du fédéralisme. ■ **N. m. Suisse** En Suisse romande, partisan de l'autonomie des cantons par rapport au pouvoir central. *Les fédéralistes.*

FÉDÉRATEUR, TRICE, ■ n. m. et n. f. [federatœr, tris] (*fédérer*) Personne ou groupe favorisant la formation d'une fédération. *Le fédérateur d'une association.* ■ **Adj.** Qui rassemble. *Idées fédératrices.*

FÉDÉRATIF, IVE, adj. [federatif, iv] (lat. *fæderatus*, allié ; infl. de l'angl. *federative*) Qui a rapport à une confédération, à une alliance politique. *Gouvernement, pacte fédératif.*

FÉDÉRATION, n. f. [federasjɔ̃] (b. lat. *fæderatio*, alliance, union) Union politique d'États. *La fédération américaine.* ◆ **Par extens.** Fédération du genre humain. ◆ Nom des associations armées qui se formaient pendant la Révolution. ◆ Réunion des députés de toutes les gardes nationales et de tous les corps de l'armée, qui se fit au Champ-de-Mars à Paris en 1790 pour prêter serment à la Constitution. ■ Groupement des gardes nationaux sous la Commune. ■ Association de plusieurs groupes de personnes qui ont un intérêt en commun. *La fédération française d'équitation. Une fédération de syndicats.*

FÉDÉRÉ, ÉE, adj. [federe] (lat. *fœderatus*, allié, ami) Qui fait partie d'une fédération ou qui est membre d'un État fédéral. *Les cantons fédérés.* ◆ **N. m.** Membre d'une fédération. ■ **Hist.** Membre d'une fédération pendant la Révolution. ■ Soldat insurgé de la Commune. *Les Fédérés s'opposaient aux Versaillais.* ■ *Le mur des Fédérés*, un des murs du cimetière du Père Lachaise, à Paris, où l'on fusilla les insurgés de la Commune.

FÉDÉRER, v. tr. [federe] (*fédéré*) Former en une fédération. ◆ Se fédérer, v. pr. Se former en fédération. ■ **Fig.** Rassembler pour donner plus de force. *Fédérer les énergies.*

FÉE, n. f. [fe] (lat. *fata*, déesses des destinées, de *fatum*, destin) Être fantastique à qui l'on attribuait un pouvoir surnaturel, le don de divination et une très grande influence sur la destinée, et que l'on se figurait avec une baguette, signe de puissance. ◆ *Conte de fées*, sorte de conte où les fées jouent un rôle. ◆ **Fig.** *Une table qui semblait avoir été servie par les fées.* ◆ *C'est une fée*, se dit d'une femme qui charme par ses grâces et sa dextérité. ◆ *Ouvrage de fée*, ouvrage délicat, fait avec une grande perfection. ◆ *Travailler comme une fée*, travailler avec une adresse admirable. ◆ **Adj.** Enchanté. *Bayard, cheval de Renaud, était un cheval fée.* ■ *Doigts de fée.* Voy. DOIGT. ■ *Une fée du logis*, une maîtresse de maison irréprochable. *Sa mère est une vraie fée du logis !*

FÉÉ, ÉE, p. p. de féer. [fee] ▷ Produit par l'art magique. ◁

FEED-BACK, ■ n. m. inv. [fidbak] (*feed* se prononce *fid* ; mot angl., *to feed*, nourrir, et *back*, en retour) Action en retour qui a un effet de correction, rétroaction. ■ **Biol.** Mécanisme de rétrocontrôle et d'autorégulation de certains corps. *Des feed-back.*

FEEDER, ■ n. m. [fidœr] (angl. [*to*] *feed*, nourrir) **Électr.** Câble formé de deux conducteurs concentriques isolés, et utilisé pour l'alimentation électrique de certains types d'antennes. *Un feeder de gaz.* ■ **Rem.** On recommande officiellement l'emploi de *câble coaxial* ou simplement *coaxial.* ■ Ligne de transport d'énergie électrique entre la sortie de l'émetteur et les antennes d'émission. ■ **Rem.** On recommande officiellement l'emploi de *ligne d'alimentation.*

FEELING, ■ n. m. [filiŋ] (*ee* se prononce *i* ; mot angl., sentiment) **Mus.** Émotion manifestée dans l'interprétation d'une œuvre. *Chanteur qui a du feeling.* ■ **Par extens.** Ressenti, intuition. *Avoir un bon feeling avec les enfants.*

FÉER, v. tr. [fee] (*fée*) ▷ Douer de propriétés magiques. ◁

FÉERIE ou **FÉÉRIE**, n. f. [feeri] ou [feri] (*fée*) ▷ L'art ou la puissance des fées. ◁ ◆ ▷ Merveilleux où figurent les fées, les génies. ◁ ◆ Pièce de théâtre où paraissent des fées, des démons, des enchanteurs, etc. ◆ **Fig.** *C'est une féerie, une vraie féerie*, c'est un spectacle ravissant.

FÉERIQUE ou **FÉÉRIQUE**, adj. [feerik] ou [ferik] (*féerie*) Qui appartient aux fées ; qui est produit par la puissance des fées. ◆ **Par extens.** Merveilleusement beau. *Spectacle féerique.*

FEHLING (LIQUEUR DE), ■ n. f. [feliŋ] (*Fehling*, 1811-1885, chimiste allemand) **Chim.** Substance réactive utilisée pour mettre en évidence certains glucides. *Dosage des sucres réducteurs au moyen de la liqueur de Fehling.*

FEIGNANT ou **FAIGNANT, ANTE**, ■ adj. [fɛɲɑ̃, ɑ̃t] ou [fɛɲɑ̃, ɑ̃t] (*feindre*, paresser) **Fam.** Paresseux, de façon chronique. *Un élève feignant.* ■ **N. m.** et n. f. *Travaille un peu, feignant !* « *Ces feignants qui pensent qu'à picoler, dormir, regarder le sport tout l'après-midi !* », Blier.

FEINDRE, v. tr. [fɛdr] (lat. *fingere*) Faire, produire, prendre une apparence fausse pour tromper. « *Feignez, si vous voulez, de ne me pas entendre* », Molière. « *Pourquoi feindre à nos yeux une fausse tristesse ?* », Racine. ◆ **Absol.** *Il est honteux de feindre.* ◆ Supposer. ◆ Controuver, imaginer. *Feindre une maladie.* ◆ *Feindre à quelqu'un*, rapporter faussement. ◆ *Se feindre quelque chose*, feindre à soi quelque chose, supposer à soi quelque chose. ◆ Hésiter, faire difficulté. Il se construit avec la préposition *à*, quand il n'est pas accompagné d'une négation. « *Vous ne devez point feindre à me le faire voir* », Molière. ◆ Il se construit avec la préposition *de*, quand il est accompagné d'une négation. « *Nous ne feignons point de mettre tout en usage* », Molière. ◆ Se feindre, v. pr. Se supposer. *Se feindre coupable.* ◆ Être feint. ■ **Litt.** Cacher ses ressentiments à quelqu'un.

FEINT, EINTE, p. p. de feindre. [fɛ, ɛt] Qui n'est pas véritable. ◆ *Porte, colonne, fenêtre feinte*, représentation d'une porte, d'une colonne, d'une fenêtre que l'on fait pour la symétrie ou pour l'agrément. ◆ **N. m.** *Le feint*, imitation, par la peinture, des diverses espèces de marbres, de bois, de moulures, etc.

FEINTE, n. f. [fɛt] (p. p. fém. substantivé de *feindre*) Action de feindre, de cacher sous une fausse apparence. ◆ *Avoir une feinte*, feindre quelque chose. ◆ Figure de rhétorique qui consiste à feindre de passer sous silence une chose qu'on ne laisse pas d'exprimer. On dit plus souvent prétérition, prétermission, paralepse. ◆ **Par extens.** Art du poète, invention. « *La feinte* est un pays plein de terres désertes, Tous les jours nos auteurs y font des découvertes », LA FONTAINE. ◆ En escrime, jeu couvert et trompeur, par lequel on frappe l'ennemi dans un endroit différent de celui où on le menace. ◆ Se dit aussi au jeu. ■ **Impr.** Défaut de touche dans une feuille. ◆ Légère claudication dans la marche d'un cheval. ■ **Mod.** Mouvement simulé pour tromper un adversaire et le surprendre. ◆ Piège ou ruse. *Faire une feinte à quelqu'un.*

FEINTER, ■ v. tr. [fɛ̃te] (*feinte*) En sport, simuler pour tromper l'adversaire. *L'attaquant a feinté le gardien de but.* ■ **Fam.** Duper. *Tu m'as bien feintée sur ce coup-là!* ◆ V. intr. En escrime, faire une feinte. *Il a feinté et touché.*

FEINTEUR, EUSE, ■ n. m. et n. f. [fɛ̃tœʀ, øz] (*feinter*) **Fam.** En sport, personne qui feinte. *Le feinteur a simulé un tir vers le but pour mettre hors de position son adversaire.* ◆ Personne qui cherche à duper une autre personne. *T'es un petit feinteur, toi!*

FEINTISE, n. f. [fɛ̃tiz] (p. p. de *feindre*) ▷ Habitude de la feinte. ◆ Syn. vieilli de feinte. ◁

FELD-MARÉCHAL, n. m. [fɛldmaʀeʃal] (all. *Feldmarschall,* de *Feld,* champ, et *Marschall,* maréchal) Le grade de feld-maréchal correspond, chez les puissances du Nord, à celui de maréchal de France. ■ *Des feld-maréchaux.*

FELDSPATH, n. m. [fɛldspat] (all. *Feldspath,* de *Feld,* champ, et *Spath,* spath) Pierre dure, à structure lamelleuse, composée de silice, d'alumine et de potasse, et qui ressemble au cristal de roche. ■ *Des feldspaths.*

FELDSPATHIQUE, adj. [fɛldspatik] (*feldspath*) Qui contient du feldspath.

FELDSPATHOÏDE, ■ n. m. [fɛldspatoid] (*feldspath* et *-oïde*) **Minér.** Minéral constitué d'oxyde de silice, d'oxyde d'aluminium et de potassium et que l'on trouve dans les roches volcaniques.

FELDWEBEL ou **FELDWÉBEL,** ■ n. m. [fɛldvebɛl] (mot all.) Sergent-chef dans l'armée allemande. *Le feldwebel correspond dans l'armée française au grade d'adjudant.*

FÊLÉ, ÉE, p. p. de fêler. [fele] N. m. *Ce vase sonne le fêlé.* ◆ Fig. *Avoir la tête fêlée. Le timbre fêlé,* être un peu fou. ◆ *C'est un pot fêlé,* se dit d'une personne valétudinaire. ■ N. m. et n. f. *Une fêlée, des fêlés.*

FÊLER, v. tr. [fele] (lat. pop. *fagellare,* de *flagellare,* fouetter) Fendre des parois minces, des bords minces, sans que ces parois, ces bords se séparent. *Fêler une bouteille.* ◆ Se fêler, v. pr. Être fêlé. ◆ Fig. *Sa tête se fêle,* il devient un peu fou.

FÉLIBRE, ■ n. m. [felibʀ] (mot provenç.; *félibrige*) Écrivain, poète de langue provençale. *Un félibre de Sète.*

FÉLIBRIGE, ■ n. m. [felibʀiʒ] (région., réunion de félibres, p.-ê. du lat. *fellibris,* nourrisson, de *fellare,* têter, les poètes étant les nourrissons des muses) Mouvement littéraire apparu en 1854 sous l'impulsion de sept écrivains provençaux dont Frédéric Mistral, et prônant la défense de la langue d'oc et des valeurs culturelles qui y sont attachées.

FÉLICITATION, n. f. [felisitasjɔ̃] (*féliciter*) Action de féliciter; compliment sur ce qui est arrivé d'agréable à quelqu'un. ■ Mention couronnant des résultats scolaires, un examen. *Il a reçu les félicitations du jury.* ■ REM. On l'emploie aujourd'hui au pluriel. *Des félicitations.*

1 **FÉLICITÉ,** n. f. [felisite] (lat. *felicitas,* de *felix,* qui a de la chance, heureux) État où l'on jouit de ce qui contente. ◆ Au pl. « *De quel comble de gloire et de félicités Dans quel abîme affreux vous me précipitez!* », RACINE. Il se dit aussi quelquefois au sens actif pour la félicité qu'une chose donne. ◆ Chose qui contribue à la félicité. ◆ Il se dit en ce sens plus souvent au pluriel. « *Je m'élève aujourd'hui au-dessus de toutes les félicités humaines* », FLÉCHIER. ◆ Fortune qui favorise, heureuse chance. ■ REM. Il est littéraire aujourd'hui.

2 **FÉLICITÉ, ÉE,** p. p. de féliciter. [felisite]

FÉLICITER, v. tr. [felisite] (lat. *felicitare,* rendre heureux) Exprimer à quelqu'un que l'on prend part à la joie que lui cause un succès, un événement heureux ou agréable. *Je vous félicite de vos succès.* ◆ On dit aussi: *féliciter sur.* ◆ Se féliciter, v. pr. S'applaudir, s'estimer heureux. ◆ Se faire compliment l'un à l'autre.

FÉLIDÉ, ■ n. m. [felide] (lat. *felis,* chat) Animal de la famille du chat, carnivore à denture puissante, digitigrade à griffes rétractiles. *Le chat, le guépard, le lynx, le lion ou le tigre sont des félidés.*

FÉLIN, INE, adj. [felɛ̃, in] (lat. *felinus,* de chat) **Zool.** Qui a de la ressemblance avec le chat; qui appartient au genre chat. *La race féline.* ◆ Fig. *Cette femme a des manières félines,* une grâce toute féline. ◆ N. m. *Un félin,* animal du type chat.

FÉLINITÉ, ■ n. f. [felinite] (*félin*) **Litt.** Caractère félin d'une personne souple et gracieuse. *On trouve chez cette femme une certaine félinité.* ■ Fig.

Caractère d'une personne qui est indépendante et parfois sournoise comme un chat.

FELLAGHA ou **FELLAGA,** ■ n. m. [felaga] (mot ar. de *fellag,* coupeur de route) Partisan armé algérien ou tunisien luttant pour l'indépendance de son pays pendant la présence française. ■ Adj. *Les bastions fellaghas.*

FELLAH, n. m. [fela] (ar. *fallâh,* laboureur, cultivateur) Nom des paysans ou des propriétaires agricoles de l'Égypte. *Les fellahs.*

FELLATION, ■ n. f. [felasjɔ̃] (lat. *fellare,* sucer) Excitation buccale et linguale du sexe de l'homme. *Pratiquer* ou *faire une fellation.*

FELLINIEN, IENNE, ■ adj. [felinjɛ̃, jɛn] (Federico *Fellini,* réalisateur italien) Relatif à l'univers imaginaire de Fellini. *L'esprit fellinien.*

FÉLON, ONNE, adj. [felɔ̃, ɔn] (b. lat. *felo*) Traître et rebelle; il se disait d'un vassal qui agissait contre la foi due à son seigneur. ◆ Par extens. Traître et méchant. ◆ Il se dit aussi des choses. « *Les ongles félons de la lionne* », LA FONTAINE. ◆ N. m. et n. f. *Un félon, une félonne.* ■ REM. Il est littéraire aujourd'hui dans son sens par extension.

FÉLONIE, n. f. [feloni] (*félon*) Acte de félon, offense d'un vassal envers son seigneur, ou réciproquement du seigneur envers son vassal. ◆ Fig. « *Vous me jurerez de ne point commettre acte de félonie* », J.-J. ROUSSEAU. ◆ Par extens. Mélange de méchanceté et de trahison. ■ REM. Il est littéraire aujourd'hui dans ce sens.

FELOUQUE, n. f. [fəluk] (ar. *faluka,* navire) **Mar.** Petit bâtiment étroit et long, à voiles et à rames.

FÊLURE, n. f. [felyʀ] (*fêler*) Fente d'une chose fêlée. ◆ Fig. et fam. Léger trouble de l'intelligence. *Il a une fêlure.*

FEMELLE, n. f. [fəmɛl] (lat. *femella,* petite femme) Animal du sexe féminin. *La femelle du singe.* ◆ ▷ Il se dit de femmes en termes de succession et de généalogie. *Les avantages des mâles et des femelles.* ◁ S'emploie familièrement lorsque l'on parle de femmes en mauvaise part. *C'est une adroite femelle* [1]. ◆ Adj. *Un serin femelle. Une perdrix femelle.* ◆ ▷ Fig. *C'est un démon femelle,* se dit d'une femme très méchante [2]. ◁ ◆ **Fam.** *Le peuple femelle,* les femmes [3]. ◆ ▷ **Bot.** Il se dit de l'organe destiné à donner le fruit. *Le pistil est l'organe femelle. Fleur femelle,* fleur qui ne porte que des pistils. ◆ *Duché femelle,* duché qui pouvait être possédé par les femmes. ■ **Techn.** Se dit d'une pièce dans laquelle on enfonce le saillant d'une autre dite mâle. *Des prises femelles. Un connecteur femelle.* ■ REM. 1, 2 et 3 : Il est péjoratif dans ces emplois.

FÉMELOT, ■ n. m. [fem(ə)lo] (*femelle*) **Mar.** Ferrure en forme d'œil qui constitue la partie femelle du pivot du gouvernail. *Fémelot supérieur.*

FÉMININ, INE, adj. [feminɛ̃, in] (lat. *femininus*) Qui appartient au sexe féminin. ◆ Qui appartient aux femmes ou leur est propre. *L'esprit féminin.* ◆ Qui tient de la femme. *Un visage féminin.* ◆ **Gramm.** *Noms féminins,* noms qui représentent les êtres femelles, ou ceux qui sont considérés comme tels. *Genre féminin,* genre attribué à ces noms. *Adjectif féminin,* adjectif qui a la forme affectée à ce genre. *Terminaison féminine,* terminaison que forme l'*e* muet. Dans le même sens, *vers féminin, rime féminine.* ◆ N. m. *Le féminin,* le genre féminin. ◆ *Le sexe féminin,* les femmes. ■ Venant des femmes, qui a rapport aux femmes. *Des revendications féminines.*

FÉMINISANT, ANTE, ■ adj. [feminizɑ̃, ɑ̃t] (*féminiser*) **Biol.** Qui féminise. *Gènes féminisants.*

FÉMINISÉ, ÉE, p. p. de féminiser. [feminize]

FÉMINISER, v. tr. [feminize] (radic. du lat. *femina,* femme) **Gramm.** Donner à un mot le genre féminin. ◆ Rendre efféminé. *Féminiser les manières.* ◆ Se féminiser, v. pr. Devenir efféminé. ■ Se féminiser, v. pr. Devenir accessible aux femmes. *La politique se féminise peu à peu.* ■ Permettre un accès aux choses à toutes les femmes. *Féminiser un métier.* ■ **Biol.** Chez un mâle, provoquer le développement de caractères sexuels secondaires femelles. *Féminiser par action hormonale.* ■ **FÉMINISATION,** n. f. [feminizasjɔ̃] *La féminisation des noms de métier.*

FÉMINISME, ■ n. m. [feminism] (lat. *femina*) Mouvement dont les premières manifestations se situent dans les années 1960, préconisant l'amélioration de la condition féminine, essentiellement à travers les questions de sexualité et de contraception, et l'égalité de droits et de salaires avec les hommes. « *Le féminisme, c'est de ne pas compter sur le Prince Charmant* », RENARD. ■ **FÉMINISTE,** n. m. et n. f. ou adj. [feminist] *Une féministe. Un mouvement féministe.*

FÉMINITÉ, ■ n. f. [feminite] (*féminin*) Ce qui relève du sexe féminin. *Refuser sa féminité.* ■ Ensemble des caractéristiques propres aux femmes ou considérées comme telles. *Des marques de féminité.*

FÉMINITUDE, ■ n. f. [feminityd] (*féminin,* sur le modèle de *négritude*) Identité sexuelle féminine, manières d'être, de penser, etc., des femmes. *Féminitude des professions.* « *Une mer nous sépare. Tu veux savoir où j'ai mal. À ma féminitude, à ma solitude* », HANSKA.

FEMME, n. f. [fam] (lat. *femina*, femelle, puis femme) L'être qui dans l'espèce humaine appartient au sexe féminin ; la compagne de l'homme. ♦ *Elle est bien femme*, elle a les penchants, les qualités, les grâces ordinaires à son sexe. ♦ *Être femme à*, avec un verbe à l'infinitif, être capable de. ♦ **Fam.** *Une bonne femme*, une femme dont le caractère est simple et bon ; une femme âgée ; une femme d'une condition inférieure. ♦ *Remède de bonne femme*, un de ces remèdes, le plus souvent inactifs, dont la connaissance est familière aux femmes âgées. ♦ *Épouse*. ♦ *Chercher femme*, chercher à se marier. ♦ *Femme de bien, femme d'honneur*, femme qui se conduit bien. ♦ Femme qui est ou a été mariée, par opposition à fille. ♦ ▷ *Femme de qualité* ou *femme du monde*, femme appartenant à la noblesse. ◁ ♦ *La femme une telle*, se dit en parlant d'une femme d'une condition peu relevée ; se dit aussi en justice [1]. ♦ *Femme de chambre*, femme attachée au service intérieur et particulier d'une personne du sexe. ♦ ▷ Au pl. Absol. *Femmes*, se dit de plusieurs femmes de chambre attachées au service de la même personne. ◁ ♦ *Femme de charge*, femme attachée au service d'une maison, pour avoir soin du linge, de la vaisselle d'argent, etc. ♦ *Femme de ménage*, femme du dehors par laquelle on fait faire son ménage. ♦ ▷ Se dit aussi de la maîtresse de maison. *C'est une excellente femme de ménage.* ◁ ♦ *Femme de journée*, femme qu'on emploie à la maison pour un travail quelconque, et que l'on paye à tant la journée. ♦ **Fig.** *C'est une femme, une vraie femme*, se dit d'un homme sans énergie, sans courage. ♦ *Femme*, se prend quelquefois adjectivement. « *Et je sais même sur ce fait [garder un secret] Bon nombre d'hommes qui sont femmes* », LA FONTAINE. ■ *La femme*, l'ensemble des femmes. *La ménopause chez la femme.* ■ *Jeune femme*, femme jeune, mariée ou non (par opposition à *fille*). ■ *Femme-enfant*, femme qui a conservé un caractère d'enfant ou qui a un comportement enfantin. *Des femmes-enfants.* ■ *Maîtresse femme*, ayant beaucoup de caractère et souvent dirigiste. *Sa mère est une maîtresse femme.* ■ *Femme-objet*, qui est considérée par l'homme seulement comme un objet sexuel. *Des femmes-objets.* ■ *Femme au foyer*, femme qui n'a pas d'activité professionnelle et qui reste à son domicile, généralement pour s'occuper de ses enfants. ■ *Femme de chambre*, femme attachée au service d'un hôtel. *La femme de chambre a changé les draps et les serviettes.* ■ **Prov.** *Ce que femme veut, Dieu le veut*, les femmes obtiennent toujours ce qu'elles veulent. ■ *Cherchez la femme*, cherchez ce qui a poussé un homme à agir (sous-entendu, c'est une femme). ■ REM. *Bonne femme* est aujourd'hui souvent une expression péjorative. *Il est venu avec sa bonne femme.* ■ REM. 1 : Cette expression est péjorative. Elle n'est plus en usage dans le langage juridique.

FEMMELETTE, n. f. [fam(ə)lɛt] (dim. de *femme*) ▷ Femme légère, ignorante, sans conséquence. ◁ ♦ **Fig.** Homme qui a des manières féminines. ■ REM. Il est péjoratif aujourd'hui dans ce sens.

FÉMORAL, ALE, adj. [femoral] (lat. *femoralis*, de *femur*, génit. *femoris* cuisse) **Anat.** Qui a rapport ou qui appartient au fémur, à la cuisse. *Les muscles fémoraux.*

FEMTO..., ■ [fɛmto] préfixe qui veut dire *quinze* en danois et utilisé en métrologie. *Deux femtogrammes, femtosecondes.*

FÉMUR, n. m. [femyR] (lat. *femur*, cuisse) **Anat.** L'os de la cuisse.

FENAISON, n. f. [fənɛzɔ̃] (anc. fr. *fener*, faner) Action de couper les foins ; temps où se fait cette coupe. ♦ Action de dessécher les produits des prairies naturelles et artificielles.

FENDAGE, ■ n. m. [fɑ̃daʒ] (*fendre*) **Techn.** Fait de fendre quelque chose. *Le fendage d'une pierre.*

1 FENDANT, n. m. [fɑ̃dɑ̃] (*fendre*) ▷ Personne qui veut se faire passer pour brave, se faire craindre. *Faire le fendant.* ◁ ■ Cépage de chasselas blanc de petite renommée et cultivé dans le Valais. ■ **Par extens.** Vin blanc issu du cépage de chasselas blanc.

2 FENDANT, n. m. [fɑ̃dɑ̃] (*fendre*) ▷ En escrime, coup de taille appliqué de haut en bas. ◁

3 FENDANT, ANTE, ■ adj. [fɑ̃dɑ̃, ɑ̃t] (*fendre*) **Fam.** Drôle. *Cette histoire est fendante.*

FENDARD ou **FENDART**, ■ n. m. [fɑ̃daR] (radic. de *fendu*) **Pop.** Pantalon. *Tu l'as mis où, mon fendard?*

FENDERIE, n. f. [fɑ̃d(ə)Ri] (*fendre*) ▷ L'art, l'action de fendre le fer, de le séparer en verges après qu'il a été mis en barres. ♦ Partie d'une forge où l'on fend le fer. ♦ Machine pour faire des verges carrées de fer. ◁

FENDEUR, EUSE, n. m. et n. f. [fɑ̃dœR, øz] (*fendre*) Personne qui fend. *Fendeur de bois.* ♦ **N. m.** Ouvrier qui travaille à fendre le fer, l'ardoise, etc.

FENDILLÉ, ÉE, p. p. de fendiller. [fɑ̃dije]

FENDILLEMENT, n. m. [fɑ̃dij(ə)mɑ̃] (*fendiller*) Action du bois qui se fendille.

FENDILLER (SE), v. pr. [fɑ̃dije] (dim. de *fendre*) Il se dit du bois et de toute matière dans laquelle il se forme de petites fentes, des gerçures.

FENDOIR, n. m. [fɑ̃dwaR] (*fendre*) **Techn.** Outil qui sert à fendre.

FENDRE, v. tr. [fɑ̃dR] (lat. *findere*) Diviser un corps dur ou résistant dans le sens de sa longueur. *Fendre du bois. Fendre la tête d'un coup de sabre.* ♦ **Fig.** *Fendre la tête à quelqu'un*, lui faire aux oreilles un bruit insupportable. ♦ **Fam.** *Il me semble qu'on me fend la tête*, j'éprouve un très violent mal de tête. ♦ **Fig.** *Fendre le cœur*, exciter la plus vive commisération. ♦ **Fig.** *Fendre un cheveu en quatre*, faire des distinctions, des divisions trop subtiles. ♦ Séparer, traverser les parties d'une masse. *Les éclairs fendaient la nue. La flèche fend l'air.* ♦ **Par extens.** *Fendre une foule*, la traverser en l'écartant. ♦ Faire que les parties d'un corps continu se séparent et laissent des intervalles entre elles. *La gelée fend les pierres. Geler à pierre fendre.* ♦ **V. intr.** Ne s'emploie que figurément au *cœur me fend, le cœur me fend*, j'éprouve un vif chagrin, une vive pitié. *La tête me fend*, j'éprouve un embarras extrême à la tête. ♦ **Se fendre**, v. pr. Être fendu. *Le bois blanc se fend facilement.* ♦ Il se dit d'une masse dont les parties se séparent et laissent des ouvertures entre elles. ♦ **Par extens.** Se dit d'une foule qui s'ouvre. ♦ **Fig.** *Mon cœur se fend.* ♦ Avec suppression du pronom personnel. *Des choses qui vous feraient fendre le cœur.* ♦ En escrime, *se fendre*, porter la jambe droite en avant en laissant le pied gauche en place. ♦ **Pop.** *Se fendre*, faire une dépense extraordinaire (locution figurée tirée de l'escrime). ■ **V. pr. Fam.** *Se fendre de*, faire l'effort de fournir. *Elle s'est fendue d'une belle lettre au directeur.* ♦ **Fam.** *Se fendre la pipe, la gueule, la poire*, rire aux éclats. *Elles se sont bien fendu la poire à ce spectacle!*

FENDU, UE, p. p. de fendre. [fɑ̃dy] Il se dit des yeux, de la bouche dont l'ouverture est grande. *Des yeux bien fendus.* ♦ **Fam.** *Avoir la bouche fendue jusqu'aux oreilles*, l'avoir démesurément grande. ♦ *Un homme bien fendu*, homme qui a les cuisses et les jambes longues. ■ Qui contient des fêlures, des fentes. *Du bois fendu. Un crâne fendu. Un mur fendu.*

FÊNE, n. f. [fɛn] Voy. FAINE.

FENESTRAGE, ■ n. m. [fənɛstraʒ] Voy. FENÊTRAGE.

FENESTRATION, ■ n. f. [fənɛstrasjɔ̃] (lat. *fenestra*) **Techn.** Élément composant et subdivisant une fenêtre. ■ Ensemble et disposition des fenêtres d'un bâtiment ou d'une partie de bâtiment. *Fenestration d'édifices.* ■ **Méd.** Fait de créer une ouverture dans la paroi d'un organe. *Fenestration des tympans.*

FENESTRÉ, ÉE, adj. [fənɛstre] Voy. FENÊTRÉ.

FENESTRON, ■ n. m. [fənɛstrɔ̃] (provenç., petite fenêtre, du lat. *fenestra*) **Archit.** Petit orifice de communication avec l'extérieur. *Fenestron d'un clocher.* ■ **Aéronaut.** Rotor muni de nombreuses pales, encastré dans la queue arrière de certains hélicoptères.

FENÊTRAGE, ■ n. m. [fənɛtraʒ] (*fenêtre*) **Archit.** L'ensemble des fenêtres d'une maison. ■ L'ordre, la disposition des jours, des fenêtres d'un édifice. ■ REM. On disait autrefois *fenestrage*.

FENÊTRE, n. f. [fənɛtR] (lat. *fenestra*) Ouverture ménagée dans les murs d'une construction pour introduire le jour et l'air à l'intérieur. ♦ *Se mettre à la fenêtre*, passer la tête en dehors de la fenêtre. ♦ **Fig.** *Jeter quelqu'un par la fenêtre*, le faire sauter par la fenêtre, sorte de menace pour donner une haute idée de sa force. ♦ **Fam.** *Jeter tout par les fenêtres*, dissiper son bien en folles dépenses. ♦ *Il ne jettera pas son bien par les fenêtres*, se dit d'un bon ménager. ◁ ♦ *Chassez-le par la porte, il rentrera par la fenêtre*, se dit d'un importun dont on ne saurait se débarrasser. ♦ Cadre vitré qui ferme la fenêtre. ♦ **Anat.** Les deux ouvertures placées à la paroi interne de la cavité du tympan. ♦ Ouverture de forme rectangulaire. *Une enveloppe à fenêtre.* ■ **Inform.** Zone d'un écran d'ordinateur dans laquelle s'affichent les données d'un fichier. *Ouvrir deux fenêtres en même temps.* ■ *Fenêtre active*, fenêtre qui correspond à l'application en cours. ■ *Jeter son argent par les fenêtres*, gaspiller son argent en effectuant beaucoup de dépenses inutiles.

FENÊTRÉ, ÉE, p. p. de fenêtrer. [f(ə)nɛtre] **Bot.** *Feuilles fenêtrées*, feuilles percées à jour. ♦ **Chir.** *Compresses, linges fenêtrés*, où l'on a pratiqué des ouvertures. ■ REM. On disait autrefois *fenestré*.

FENÊTRER, v. tr. [fənɛtre] (*fenêtre*) Percer des fenêtres, les garnir de châssis et de vitrerie. ♦ **Chir.** Faire des trous à jour. *Fenêtrer un linge.*

FENG SHUI ou **FENG-SHUI**, ■ n. m. [fɛŋʃɥi] (chin. *feng*, vent, et *shui*, eau) Art de faire circuler les énergies dans un environnement de façon à favoriser le bien-être de chacun et à attirer la chance dans tous les domaines. ■ **Par extens.** Discipline dont l'objet est d'aménager l'espace vital (d'une maison, d'un appartement, de bureaux) de façon à optimiser la circulation de l'énergie cosmique en vue d'améliorer la qualité de vie. *Des feng shui* ou *des feng shuis.*

FENIL, n. m. [fənil] ou [fəni] (on prononce ou non le *l* ; lat. *fænile*, de *fænum*, foin) L'endroit où l'on serre les fourrages. ■ REM. Graphie ancienne : *fénil*. On prononçait [f] ou [ənij] selon l'Académie avec *il* comme dans *fille*.

FENNEC, ■ n. m. [fenɛk] (ar. *fanak*) Renard des sables d'une taille de quarante centimètres environ, à grandes oreilles, vivant essentiellement la nuit, dans les déserts d'Afrique du Nord. *Le fennec se nourrit de petits rongeurs, d'insectes et de fruits.*

FENOUIL, n. m. [fənuj] (lat. *feniculum*) Plante aromatique de la famille des ombellifères, qui porte des fleurs jaunes.

FENOUILLET n. m. ou **FENOUILLETTE**, n. f. [fənujɛ, fənujɛt] (*fenouil*) ▷ Sorte de pomme qui a une odeur de fenouil. ◆ Le pommier qui produit cette pomme. ◁

FENOUILLETTE, n. f. [fənujɛt] (*fenouil*) ▷ Eau-de-vie distillée avec de la graine de fenouil.

FENTE, n. f. [fãt] (substantif verbal de *fendre*) Petite ouverture en long. *Fente d'une muraille.* ◆ En jardin, *enter, greffer en fente.* ◆ État du bois qui se fend spontanément. ◆ *Bois de fente,* bois qu'on fend pour échalas, lattes, etc. ◆ **Anat.** Échancrure étroite et profonde existant dans un os, et donnant passage à des nerfs ou à des vaisseaux ; séparation étroite et allongée entre deux parties. *La fente vulvaire.* ◆ **Chir.** Fracture légère, incomplète, des os du crâne. ◆ Excavation, gerçures dans une masse. *Des fentes de rochers.* ■ Coupure perpendiculaire au bord et généralement faite dans un tissu. *Une fente de jupe.*

FENTON ou **FANTON**, n. m. [fãtõ] (*fente*) Nom donné au fer réduit en baguettes carrées. ◆ En charpenterie, morceaux de bois coupés pour en faire des chevilles.

FENUGREC, n. m. [fənygʁɛk] (lat. *fænum græcum,* foin grec) Plante légumineuse à graine odorante.

FÉODAL, ALE, adj. [feodal] (lat. médiév. *feodalis*) ▷ Qui appartient à un fief. ◁ ◆ *Seigneur féodal,* le seigneur d'un fief. ◆ *Droits féodaux,* droits auxquels les vassaux étaient soumis envers leurs seigneurs. ◆ Qui appartient à la féodalité, en tant que mode de gouvernement. *Gouvernement, régime, système féodal.* ◆ *Temps féodaux,* les temps où le gouvernement féodal était en vigueur. ◆ Il se dit, par dénigrement, pour caractériser ce que le régime féodal a d'antipathique à la liberté moderne. « *Ces tyrans féodaux* », Voltaire.

FÉODALEMENT, adv. [feodal(ə)mã] (*féodal*) En vertu du droit féodal.

FÉODALISER, v. tr. [feodalize] (*féodal*) Pourvoir d'institutions féodales.

FÉODALISME, n. m. [feodalism] (*féodal*) Système politique de la féodalité. ◆ Domination des possesseurs de grands domaines, de grands capitaux.

FÉODALITÉ, n. f. [feodalite] (*féodal*) ▷ Qualité de fief ; tenue d'un héritage à titre de fief. ◁ ◆ Foi et hommage que le vassal doit au suzerain. ◆ Qualité de ce qui est féodal. *La féodalité d'une rente.* ◆ Régime féodal ; l'ensemble des institutions féodales. ◆ **Fig.** *La féodalité financière,* système ou situation dans laquelle les grands capitalistes dominent.

1 FER, n. m. [fɛʁ] (lat. *ferrum*) Métal ductile, malléable, d'un emploi considérable dans les arts. ◆ En t. de commerce, il se dit au pluriel. *Les différentes sortes de fers.* ◆ **Fig.** et **fam.** *Un corps de fer, une santé de fer, un tempérament de fer,* c.-à-d. robuste, qui résiste à tout. ◆ *Une tête de fer,* une personne que la plus grande contention d'esprit ne fatigue pas, et aussi une personne extrêmement opiniâtre. ◆ *Un cœur de fer,* un cœur dur, impitoyable, inflexible. ◆ **Fig.** *Avoir un bras de fer, une main de fer,* avoir le bras, la main extrêmement vigoureuse ; exercer avec dureté, avec rigueur le pouvoir dont on est revêtu. *Gouverner avec un sceptre de fer. Un joug de fer.* ◆ *Le siècle de fer, l'âge de fer,* l'âge qui, suivant la mythologie, succéda au siècle d'airain, et fut signalé par le débordement des violences et des crimes. ◆ *Un siècle de fer,* un siècle d'ignorance, de barbarie, et aussi un siècle signalé par les guerres et les violences. ◆ La pointe qui termine une pique, une lance, une flèche. ◆ L'épée, le fleuret. *Croiser, engager le fer.* ◆ **Fam.** *Battre le fer,* s'exercer à l'escrime. ◆ Un instrument tranchant. ◆ **Chir.** *Employer le fer et le feu,* employer dans une opération l'instrument tranchant et le fer rougi, et fig. employer les moyens les plus violents. ◆ Dans le style oratoire ou poétique, poignard, épée, et en général toute arme tranchante. ◆ *Porter le fer et la flamme dans un pays,* ravager un pays en tuant et en brûlant. ◆ Il se dit de quelques outils servant à divers usages. *Un fer à friser, à gaufrer, etc.* ◆ *Fer chaud,* instrument en fer que l'on chauffait pour marquer à l'épaule certains condamnés. ◆ *Fer à repasser,* fer dont les lingères se servent pour repasser le linge. ◆ **Fig.** *Mettre les fers au feu,* s'occuper activement d'une affaire. ◆ *Fer,* instrument qui sert à faire des empreintes sur la reliure. *Fer de cheval* ou elliptiquement *fer,* bande de fer formant semelle, que l'on fixe sous la face inférieure du pied du cheval et de quelques autres bêtes de somme. ◆ Par catachrèse, *fer d'argent, fer d'or.* ◆ *Tomber les quatre fers en l'air,* se dit d'un cheval à qui les quatre pieds manquent à la fois et qui tombe sur le dos, et fam. d'un homme qui tombe à la renverse, et fig. de celui qui reste frappé d'étonnement. ◆ *Cela ne vaut pas les quatre fers d'un chien,* cela ne vaut rien du tout. ◆ *En fer à cheval,* en forme de croissant. *Cela fait le fer à cheval, forme le fer à cheval, etc.* ◆ **Archit.** *Fer à cheval,*

escalier qui a deux rampes et qui est fait en demi-cercle. ◆ *Fer de cheval,* se dit d'un fer qu'on met au pied d'un cheval ; fer à cheval, d'un ouvrage en forme de fer de cheval. ◆ *Fer de lacet, fer d'aiguillette,* petite pièce de métal dont un lacet, une aiguillette est garnie par le bout. ■ N. m. pl. Chaînes, ceps, menottes. *Avoir les fers aux pieds et aux mains.* ◆ On dit, surtout pour les peines militaires : *il a été condamné à cinq ans de fers.* ◆ **Fig.** *Jeter quelqu'un dans les fers,* le retenir dans les fers, le mettre en prison, le retenir en prison. ◆ **Fig.** et **poétiq.** État d'oppression, d'esclavage. « *Rompez vos fers, tribus captives* », Racine. ◆ **Poétiq.** Tyrannie qu'exerce l'amour. ◆ ▷ *Cette pièce de monnaie est entre deux fers,* se dit d'une pièce qui ne trébuche pas quand on la pèse. ◁ ◆ **Prov.** *Il faut battre le fer pendant qu'il est chaud,* il ne faut point suspendre la poursuite d'une affaire en voie de succès. ■ Élément atomique de symbole *Fe,* de numéro atomique 26 et de masse atomique 55,847. ■ *Croire dur comme fer à quelque chose,* en être absolument certain, y croire absolument. *Son projet, j'y crois dur comme fer !* ■ Sels de fer. *Il y a du fer dans les épinards.* ■ *Volonté de fer,* volonté à toute épreuve, qui ne faiblit pas. ■ *Donner un coup de fer à quelque chose,* repasser rapidement un vêtement pour le rafraîchir. *Ma jupe est froissée, tu peux lui donner un coup de fer ?* ■ *Nager comme un fer à repasser,* avoir des difficultés à nager. ■ Au golf, *fer,* club dont la tête est métallique. ■ Rem. *Fer de cheval* est remplacé aujourd'hui par *fer à cheval.*

2 FER, n. m. [fɛʁ] (l'expression existe aussi, avec la même acception, en hébr. mishnaïque, *so'n-garzel,* petit bétail de fer, b. all., *iserenkô,* vache de fer) ▷ **Jurispr.** Employé dans cette locution : *Cheptel de fer,* cheptel dans lequel le preneur doit représenter, à la fin du bail, des bestiaux d'une valeur égale à celle de ceux qu'il a reçus. ◁

FÉRA, ■ n. f. [fera] (dial. [Suisse romande] *ferra,* d'origine pré-romane) Poisson des lacs de montagne au corps épais et dont la chair délicate est très recherchée. *Un filet de féra.*

FÉRAL, ALE, ■ adj. [feral] (lat. chrét. *feralis,* de bête sauvage, de *fera*) Qui retourne à l'état sauvage, en parlant d'un animal domestique. *Des chats férals* ou *féraux.*

FÉRALIES, ■ n. f. pl. [ferali] (lat. *feralia*) Antiq. rom. Grandes fêtes annuelles données en l'honneur des morts. *Pendant les féralies, les temples étaient fermés, et les mariages interdits.*

FER-BLANC, n. m. [fɛʁblã] (*fer* et *blanc*) Fer doux réduit en lames déliées qu'on trempe dans de l'étain fondu. ◆ Au pl. *Des fers-blancs.*

FERBLANTERIE, n. f. [fɛʁblãt(ə)ʁi] (*ferblantier*) Art, commerce, marchandises du ferblantier. ■ Objet sans valeur. *Des ferblanteries démodées.*

FERBLANTIER, n. m. [fɛʁblãtje] (*fer-blanc*) Personne qui travaille en fer-blanc, qui vend des ouvrages en fer-blanc. ◆ Adj. *Marchand ferblantier.*

FER-CHAUD, n. m. [fɛʁʃo] (*fer* et *chaud*) ▷ Maladie qui consiste en une chaleur insupportable à l'estomac : c'est la pyrosis. ◆ *Des fers-chauds.* ◁

...FÈRE, ■ [fɛʁ] suffixe du latin *ferre,* qui veut dire porter, renfermer. *Une plante florifère.*

FÉRET, n. m. [ferɛ] (dim. de *fer*) ▷ Hématite rouge. ◁

FERIA ou **FÉRIA**, ■ n. f. [ferja] (mot esp., jour de fête) En Espagne et dans le sud de la France, fête annuelle caractérisée par des manifestations taurines, des prestations artistiques et des activités foraines. *La feria de Nîmes.*

FÉRIABLE, adj. [ferjabl] (*férie*) ▷ Qui doit être fêté. ◁

FÉRIAL, ALE, adj. [ferjal] (*férie*) ▷ Qui concerne la férie. *Les offices fériaux.* ◁

FÉRIE, n. f. [feri] (lat. *feria*) Antiq. rom. Jour pendant lequel il y avait cessation de travail. ◆ Aujourd'hui, jour de fête durant lequel on ne travaille pas. ◆ **Relig.** Les différents jours de la semaine, à l'exception de samedi et de dimanche. *Le lundi est la deuxième férie.* ■ Rem. On dit aujourd'hui *jour férié.*

FÉRIÉ, adj. m. [ferje] (lat. *feriatus,* de loisir) ▷ Il se dit des jours où la cessation du travail est prescrite par la religion. ◁ ■ Rem. Les fêtes civiles peuvent aussi être l'occasion de jours fériés. *Le premier mai est un jour férié.*

FÉRINGIEN, IENNE, ■ n. m. et n. f. ou adj. [ferɛ̃ʒjɛ̃, jɛn] Voy. féroïen.

FÉRIR, v. tr. [feriʁ] (lat. *ferire*) ▷ Frapper. T. vieilli usité seulement dans cette locution : *sans coup férir,* sans en venir aux mains, fig. et fam. sans difficulté, sans résistance. ◁

FERLÉ, ÉE, p. p. de ferler. [fɛʁle]

FERLER, v. tr. [fɛʁle] (angl. [*to*] *furl*) Plisser la voile et l'attacher le long de la vergue. ◆ *Se ferler,* v. pronom. Être furlé.

FERLOUCHE, ■ n. f. [fɛʁluʃ] Voy. farlouche.

FERMAGE, n. m. [fɛʁmaʒ] (2 *ferme*) Le prix du bail à ferme, payé annuellement au propriétaire pendant la durée du bail. ■ Action d'exploiter une ferme.

FERMAIL, n. m. [fɛʀmaj] (b. lat. *firmaculum* du lat. *firmare*) ▷ Agrafe, crochet, boucle, surtout en parlant de livres. ◁ ♦ **Hérald.** Boucle ronde ou en losange. ♦ Au pl. *Des fermaux.*

FERMANT, ANTE, adj. [fɛʀmɑ̃, ɑ̃t] (*fermer*) Qui se ferme. *Meuble fermant.* ♦ ▷ À PORTES FERMANTES, loc. adv. Quand on ferme les portes. ◁ ♦ ▷ À JOUR FERMANT, loc. adv. À la fin du jour. ♦ N. m. *Fermant,* volet qui recouvre un tableau ou un miroir. ◁

1 **FERME**, adj. [fɛʀm] (lat. *firmus*) Qui a de la consistance, de la dureté. *Un terrain ferme.* ♦ *La terre ferme,* le continent. ♦ Qui tient fixement. *Ce plancher est ferme.* ♦ **Fig.** *Une paix ferme.* ♦ Qui se tient sans chanceler. *Être ferme sur ses pieds, à cheval.* ♦ *Être ferme sur ses étriers,* se tenir d'aplomb à cheval, et fig. défendre son sentiment, être immuable dans sa résolution. ♦ DE PIED FERME, loc. adv. Sans reculer ; sans bouger d'un lieu. ♦ **Fig.** et fam. *Attendre quelqu'un de pied ferme,* l'attendre avec la résolution de lui résister. ♦ *Un pas ferme,* un pas dans lequel le pied se pose avec solidité sur le sol. ♦ Fig. « *Il marchait d'un pas ferme au bord des précipices* », VOLTAIRE. ♦ Vigoureux, fort. *Avoir la main ferme, les reins fermes.* ♦ *Avoir la main ferme,* avoir une main qui ne tremble pas. ♦ **Fig.** *Tracer d'une main ferme le tableau d'une époque,* en raconter les événements dans un style ferme. ♦ Il se dit dans un sens analogue de la santé. *Une constitution très ferme.* ♦ **Art** et **littér.** Qui a le caractère de la vigueur. *Burin, pinceau ferme. Exécution ferme. Style ferme.* ♦ **Fig.** Qui a de la solidité morale, qui ne se laisse ni changer, ni détourner. *Ferme dans son devoir. Un ami ferme et sûr.* ♦ *Rester ferme,* ne pas changer d'opinion ; ne pas laisser abattre par l'adversité, intimider par le péril. ♦ Il se dit des choses en un sens analogue. *Une ferme espérance.* ♦ *Avoir le jugement ferme, l'esprit ferme, la tête ferme,* avoir l'esprit solide et droit. ♦ Qui révèle de la fermeté. *Regard, voix ferme.* ♦ **Comm.** et bourse Marché, achat, vente ferme, marché, achat, vente qui emporte obligation de faire ou de prendre livraison. ♦ *Marché à prix ferme,* marché passé par les ministres avec les fournisseurs pour les approvisionnements de l'armée, etc. ♦ **Adv.** *D'une manière ferme,* fortement. *Frapper ferme.* ♦ *Se tenir ferme,* se tenir solidement. ♦ *Faire ferme,* s'arrêter dans une retraite, et tenir tête à l'ennemi. ♦ *Tenir ferme,* opposer une résistance vigoureuse. ♦ **Fig.** *Il tint ferme contre la critique.* ♦ *Tenir ferme,* ne pas renoncer à, ne pas abandonner. « *Tenons ferme dans l'espérance* », BOSSUET. ♦ *Parler ferme à quelqu'un,* lui parler avec force et de manière à lui imposer. ♦ *Fort et ferme,* avec force, avec ardeur, avec appétit, etc. ♦ ▷ FERME !, interj. S'emploie pour exciter, encourager. *Allons, ferme !* ♦ *Être condamné à la prison ferme,* sans sursis. *Il est condamné à deux ans de prison ferme.* ▪ *Avoir la ferme intention de,* être déterminé à. *Il a la ferme intention de se présenter aux élections.* ◁

2 **FERME**, n. f. [fɛʀm] (anc. fr. *fermer,* établir de manière ferme, donner à ferme) Convention par laquelle un propriétaire abandonne à quelqu'un, pour un temps et moyennant un prix, la jouissance d'une terre, d'une maison, etc. *Donner, prendre à ferme.* ♦ **Par extens.** Convention par laquelle le propriétaire d'un droit abandonne à quelqu'un, pour un temps et pour un prix déterminés, la jouissance de ce droit. *La ferme des chaises d'une église.* ♦ *La ferme des jeux,* la faculté accordée par un État de tenir des maisons de jeu. ♦ Délégation que le souverain fait du droit de percevoir certains revenus. « *Le Sénat donnait les revenus à ferme* », MONTESQUIEU. ♦ Dans l'ancienne monarchie, *les fermes du roi,* certaines portions de revenus royaux et des impôts publics, dont la levée était confiée par un bail à une ou plusieurs personnes, qui en rendaient la somme convenue au trésor royal. ♦ Administration chargée de percevoir les revenus publics donnés à ferme. ♦ *Ferme générale,* Administration composée de tous les fermiers généraux réunis. ♦ Domaines ruraux donnés à ferme. ♦ Habitation de fermier ; bâtiment d'exploitation de la ferme.

3 **FERME**, n. f. [fɛʀm] (*fermer,* attacher, fixer) Décoration de théâtre montée sur un châssis et qui se détache de la toile du fond. *Les fermes représentent une colonnade, un arbre, etc.* ♦ **Techn.** Assemblage de pièces, sur lesquelles posent d'autres pièces qui portent un comble.

FERMÉ, ÉE, p. p. de fermer. [fɛʀme] **Gramm.** *É fermé, é aigu,* comme dans *bonté.* ♦ **Fig.** *Cieux fermés,* un ciel qui ne verse ni pluie, ni rosée. ♦ *Yeux fermés,* yeux dont les paupières sont appliquées l'une contre l'autre. ♦ **Fig.** *Les yeux fermés,* se dit quand on agit par confiance ou par déférence pour quelqu'un ; se dit aussi de celui qui se laisse abuser, induire en erreur. ♦ **Mar.** *Port fermé,* port obstrué par les glaces ou bien entouré de côtes. ♦ *Nuit fermée,* le moment où l'obscurité est devenue complète. ♦ *Aristocratie fermée, classe fermée,* aristocratie ou classe dont les membres ne s'allient qu'entre eux. ▪ Qui ne se laisse pas changer d'avis. *Un homme fermé à toute nouvelle proposition.* ▪ *Question fermée,* question posée de telle sorte qu'elle n'implique pas de réponse ou à laquelle on ne peut répondre que par *oui* ou par *non.*

FERMEMENT, adv. [fɛʀməmɑ̃] (1 *ferme*) D'une manière ferme, avec vigueur. ♦ D'une manière ferme, invariablement, constamment.

FERMENT, n. m. [fɛʀmɑ̃] (lat. *fermentum,* levain) Substance qui a la propriété, sous certaines influences, de développer dans les matières orga-

niques une action moléculaire d'où résultent différents produits tels que de l'alcool, de l'acide acétique, etc. ♦ **Fig.** Ce qui excite ou entretient. *Un ferment de discorde, de guerre.*

FERMENTABLE, ▪ adj. [fɛʀmɑ̃tabl] Voy. FERMENTESCIBLE.

FERMENTANT, ANTE, adj. [fɛʀmɑ̃tɑ̃, ɑ̃t] (*fermenter*) Qui fermente.

FERMENTATIF, IVE, adj. [fɛʀmɑ̃tatif, iv] (*fermenter*) Qui produit la fermentation. *La levure de bière est une matière fermentative.*

FERMENTATION, n. f. [fɛʀmɑ̃tasjɔ̃] (*fermenter*) **Chim.** Réaction spontanée qui s'opère dans un corps d'origine organique par la seule présence d'un ferment. ♦ *Fermentation vineuse, spiritueuse* ou *alcoolique,* fermentation qui produit l'alcool par la décomposition du sucre. *Fermentation acide,* fermentation qui produit l'acide acétique. ♦ **Fig.** Agitation des esprits. *Les esprits sont en fermentation.*

FERMENTÉ, ÉE, p. p. de fermenter. [fɛʀmɑ̃te]

FERMENTER, v. intr. [fɛʀmɑ̃te] (lat. *fermentare*) **Chim.** Être, entrer en fermentation. ♦ **Fig.** S'agiter, s'émouvoir. *Les esprits, les têtes fermentent.* ♦ Il se dit aussi des passions et des sentiments.

FERMENTESCIBLE, adj. [fɛʀmɑ̃tesibl] (lat. *fermentescere,* entrer en fermentation) Qui est sujet à la fermentation. ▪ REM. On dit aussi *fermentable.*

FERMER, v. tr. [fɛʀme] (lat. *firmare,* rendre ferme, fortifier ; sens de clore en b. lat.) Arrêter, fixer, barrer, l'arrêter ou l'attacher. *Fermer une baie de porte* ou *de croisée,* établir sur ses pieds-droits une arcade ou une plate-bande, ou y poser des linteaux. ♦ *Fermer l'e,* lui donner le son fermé. ♦ Appliquer, mettre ferme une chose qui sert à clore. *Fermez la porte.* ♦ *Fermer la porte à quelqu'un,* l'empêcher d'entrer. ♦ **Fam.** *Fermer la porte au nez de quelqu'un,* pousser rudement la porte contre lui au moment où il se présente pour entrer. ♦ **Fig.** *Fermer la porte à quelqu'un,* ne pas le recevoir. ♦ **Absol.** *Fermer sa porte,* refuser toute visite. ♦ **Fig.** *La porte des emplois, des honneurs lui est fermée.* ♦ **Fig.** *Fermer la porte aux désordres, aux abus,* les empêcher, les prévenir. ♦ *Fermer la porte aux mauvaises pensées, aux mauvais conseils,* les éloigner, les rejeter. ♦ *Fermer ses portes,* se dit d'une ville qui se décide à résister à un ennemi. ♦ **Par extens.** Clore ce qui est ouvert. *Fermer un magasin, un secrétaire, une boutique, etc.* ♦ **Fig.** et fam. *Fermer boutique,* cesser de travailler ou de vendre, quitter le commerce. ♦ **Archit.** *Fermer une voûte,* en poser la clé. ♦ **Mar.** *Fermer un port,* en barrer l'entrée. ♦ **Par anal.** *Fermer un robinet, un tiroir, les rideaux, etc.* ♦ Rapprocher l'une contre l'autre des parties dont l'écartement figurait une ouverture. *Fermer un couteau, des ciseaux, un livre, la main.* ♦ *Fermer une lettre,* la plier et la cacheter. ♦ *Fermer les yeux,* rapprocher les paupières, et par extens. mourir. ♦ *Ne pouvoir fermer l'œil,* ne pouvoir dormir. ♦ **Fig.** *Fermer les yeux sur quelque chose,* faire semblant de ne pas s'apercevoir de ce qui a lieu. ♦ *Fermer les yeux à la vérité, à l'évidence,* se refuser à voir ce qui est évident, à croire ce qui est certain. ♦ *Fermer les yeux,* intercepter la vue. ♦ *Fermer les yeux à quelqu'un,* rapprocher ses paupières après qu'il est mort, et fig. l'assister dans ses derniers moments. ♦ *Fermer la bouche,* rapprocher ses lèvres de manière que sa bouche ne soit plus ouverte. ♦ *Fermer la bouche,* se dit d'une cérémonie dans laquelle le pape impose les doigts sur la bouche d'un nouveau cardinal pour l'avertir qu'il n'a point encore voix délibérative. ♦ **Fig.** *Fermer la bouche à quelqu'un,* lui imposer silence d'autorité, ou le réduire à ne pouvoir répondre. ♦ Fermer la bouche à la médisance, à la calomnie. ♦ **Fig.** *Fermer le cœur de quelqu'un à un sentiment,* l'empêcher de l'éprouver. ♦ *Fermer l'oreille à quelque chose,* ne pas l'écouter. *Fermer l'oreille à la calomnie, aux médisances.* ♦ *Fermer sa bourse,* en nouer les cordons, et fig. cesser de prêter de l'argent. ♦ *Fermer une plaie,* la cicatriser, et fig. réparer des maux. ♦ Rendre un passage difficile, impraticable. *Fermer un chemin.* ♦ Empêcher l'accès, repousser. *Une armée fermait le passage. Fermer les mers.* ♦ **Fig.** *Fermer à quelqu'un le chemin des honneurs.* ♦ Enclore. *Fermer une ville, un parc.* ♦ *Fermer la parenthèse,* mettre le signe qui la termine, et fig. terminer une digression, revenir à son sujet. ♦ Cesser, suspendre des travaux, des exercices, des réunions. *Fermer un atelier, un temple, etc.* ♦ *Fermer le palais, le théâtre,* faire cesser la plaidoirie, les spectacles. ♦ Arrêter, clore, terminer. *Fermer une liste, un débat, une session.* ♦ *Fermer la marche,* marcher le dernier. ♦ *Fermer le jeu,* au domino, poser un dé auquel personne ne peut en adapter un autre. ♦ **V. intr.** Être bien clos. *Cette porte ferme bien.* ♦ N'être plus ouvert. ♦ Ne pas tenir ouvert. *Les marchands ferment les jours de fête.* ♦ Fermer la porte, les portes. *On ferme.* ♦ Servir à clore. ♦ **Bourse** *Les cours ont fermé à tel taux,* le taux était tel quand les derniers cours ont été cotés. ♦ *Se fermer,* v. pr. Être clos, cesser d'être ouvert. ♦ **Fig.** *Son cœur va se fermer pour moi.* ♦ *Ses yeux se ferment,* il s'endort, il meurt. ♦ Se cicatriser. ♦ S'enfermer. ♦ **V. tr. Fam.** *La fermer,* ne rien dire, se taire. *Ferme-la !* ▪ *Fermer à clé,* verrouiller une porte. *Fermer à clé une maison, une voiture.*

FERMETÉ, n. f. [fɛʀməte] (lat. *firmitas,* de *firmus,* ferme) État de ce qui est fermement fixé. ♦ Qualité de ce qui ne cède pas ou cède peu à la pression. *La fermeté des chairs.* ♦ Vigueur, force. *La fermeté des reins.* ♦ *Fermeté de* *la main,* assurance de la main qui exécute quelque chose. ♦ Fig. *Fermeté d'esprit, de jugement,* esprit, jugement qui n'erre ni ne chancelle. ♦ Art Vigueur, hardiesse d'exécution. *Fermeté de pinceau, de burin.* ♦ Fig. *Fermeté de style.* ♦ Il se dit de la contenance, de la voix, du regard qui ne se laisse pas troubler. *Parler, regarder avec fermeté.* ♦ Force morale, qui s'exerce contre les obstacles, dans les périls, dans les souffrances, dans les revers. *La fermeté dans le malheur.* ■ Financ. Caractéristique d'un cours de la Bourse qui ne change pas pendant une période donnée. *La fermeté des cours du pétrole. La fermeté de l'euro.*

FERMETTE, ■ n. f. [fɛʀmɛt] (2 *ferme*) Petite ferme. ■ Petite maison rurale servant de résidence secondaire. *Acheter une fermette rénovée.*

FERMETURE, n. f. [fɛʀmətyʀ] (*fermer*) Ce qui sert à fermer, à clore. *La fermeture d'un manteau. La fermeture d'une porte.* ♦ L'action de fermer. *La fermeture des bureaux. La fermeture pour travaux.* ♦ *Fermeture d'un magasin,* se dit d'un magasin qui cesse de vendre. ♦ Au jeu de dominos, action de fermer le jeu. ■ (Nom déposé) *Fermeture éclair,* système muni de deux glissières parallèles qui se joignent et permettent de fermer un vêtement, un sac. *Des fermetures éclair.* ■ *La fermeture de l'objectif d'un appareil photo.* ■ Inform. *La fermeture d'une fenêtre,* fait de fermer la fenêtre active sur un ordinateur. ■ Inform. *Une fermeture de session,* fait de fermer la session d'un utilisateur sur un ordinateur partagé ; par extension, fait d'arrêter le système de l'ordinateur.

FERMI, ■ n. m. [fɛʀmi] (Enrico *Fermi,* 1901-1954, physicien italien) Phys. Unité de longueur équivalant à la taille du neutron ou du proton.

FERMIER, ÈRE, n. m. et n. f. [fɛʀmje, ɛʀ] (2 *ferme*) Personne qui tient à bail un bien-fonds, une exploitation rurale. ♦ Personne qui prend des droits, des entreprises à ferme. *Le fermier des chaises d'une église.* ♦ *Fermier d'annonces,* fermier qui prend à ferme les annonces dans un journal. ♦ ▷ *Fermier,* fermier à qui le souverain afferme le droit de lever certains impôts. ♦ ▷ Dans l'ancienne monarchie, *fermier général* ou simplement *fermier,* un de ceux auxquels les droits du roi étaient affermés. ◁ ♦ Adj. *Garçon fermier.* ■ Qui offre les mêmes qualités qu'un produit élaboré dans une ferme. *Poulet fermier. Brie fermier.* ■ Propriétaire d'une exploitation agricole. *Un fermier. Une fermière.*

FERMION, ■ n. m. [fɛʀmjɔ̃] (Enrico *Fermi,* 1901-1954, physicien italien) Phys. Particule élémentaire de spin demi-entier. *Les fermions rassemblent toutes les particules de matière.*

FERMIUM, ■ n. m. [fɛʀmjɔm] (Enrico *Fermi*) Phys. Élément chimique, produit artificiellement et radioactif, de symbole Fm et de numéro atomique 100. *Le fermium a été découvert en 1952.*

FERMOIR, n. m. [fɛʀmwaʀ] (*fermer*) Petite attache ou agrafe qui sert à tenir fermé un livre, un portefeuille, etc. ♦ Fermeture de métal des sacs de femme, bourses, etc. ♦ ▷ Ciseau de charpentier ; ciseau de sculpteur à ébaucher. ◁

FÉROCE, adj. [feʀɔs] (lat. *ferox*) Qui se plaît dans le meurtre, en parlant des animaux. *Un tigre féroce.* ♦ Fig. *C'est une bête féroce,* se dit d'un homme brutal, cruel. ♦ Par extens. Se dit des personnes par rapport à leur caractère, à leurs habitudes. ♦ Qui a le caractère de la férocité. *Une résolution féroce.* Par exagération, il se dit de mœurs dures. ♦ Par plaisanterie, *un appétit féroce,* une faim qui ne doit rien épargner. ■ FÉROCEMENT, adv. [feʀɔs(ə)mɑ̃]

FÉROCITÉ, n. f. [feʀɔsite] (lat. *ferocitas,* de *ferox*) Naturel d'un animal féroce. ♦ Naturel farouche. ♦ Par extens. Il se dit des personnes, de leur caractère, de leurs manières. « Ce n'est une chose toujours nouvelle de contempler avec quelle férocité les hommes traitent d'autres hommes », La Bruyère. ♦ Acte de férocité. ♦ Par exagération, il se dit de manières, de mœurs dures, brusques.

FÉROÏEN, ÏENNE, ■ adj. [feʀɔjɛ̃, jɛn] (îles *Féroé*) Relatif aux îles Féroé. *Le paysage féroïen.* ■ N. m. et n. f. Habitant des îles Féroé. *Les Féroïens.* ■ Le *féroïen,* langue parlée sur ces îles. ■ Rem. On dit aussi *féringien.*

FERRADE, ■ n. f. [feʀad] (provenç. *ferrado,* de *ferra,* ferrer) Proven. Fait de marquer le bétail au fer rouge. ■ Par extens. Fête qu'on célèbre pour cette occasion. *Ferrade camarguaise.*

FERRAGE, n. m. [feʀaʒ] (*ferrer*) Action de ferrer un cheval, une roue, etc. ♦ L'ensemble des instruments en fer. ♦ Fait de poser des ferrures à une porte. *Ferrage des portes.*

FERRAILLAGE, ■ n. m. [feʀajaʒ] (*ferraille*) Ensemble des armatures en fer qu'on met dans le béton pour en faire du béton armé. *Ferraillage de dalles.*

FERRAILLE, n. f. [feʀaj] (*fer*) Vieux fers usés ou rouillés mis au rebut. ■ Fam. Pièce de petite monnaie. *Payer quelque chose avec de la ferraille.*

FERRAILLEMENT, ■ n. m. [feʀaj(ə)mɑ̃] (*ferrailler*) Fait de ferrailler quelque chose. *Ferraillement de deux lames.* ■ Bruit que fait la ferraille.

FERRAILLER, v. intr. [feʀaje] (*ferraille*) Frapper des lames de sabre ou d'épée les unes contre les autres ou contre quelque autre objet, de manière à faire du bruit. ♦ En escrime, tirer mal, contre les principes. ♦ Il se dit, en un sens opposé, des spadassins, des querelleurs qui ne cherchent que l'occasion de se battre à l'épée. ♦ Par extens. Faire la guerre comme un spadassin tire l'épée. ♦ Fig. Se disputer fortement.

FERRAILLEUR, EUSE, n. m. et n. f. [feʀajœʀ, øz] (*Ferrailler*) Personne qui récupère et vend de la ferraille. *Une ferrailleuse.* ■ N. m. Fam. Homme qui aime à ferrailler. ♦ Fig. Homme qui a des disputes.

FERRALLITIQUE, ■ adj. [feʀalitik] (*ferr*[*o*]-, aluminium, et *lit*[*h*]*ique*) Géol. Sol *ferrallitique,* sol devenu rouge par l'altération de tous les minéraux originels.

FERRALLITISATION, ■ n. m. [feʀalitizasjɔ̃] (*ferrallitique*) Géol. Constitution d'un sol ferrallitique par altération des minéraux originels. *Processus de ferrallitisation.*

FERRANDINE. n. f. [feʀɑ̃din] (anc. fr. *ferrant,* gris clair, couleur de fer) ▷ Étoffe légère dont toute la chaîne était de soie, mais dont la trame n'était qu'en laine, ou même en poil, en fil ou en coton. ◁

FERRANDINIER, ■ n. m. [feʀɑ̃dinje] (*ferrandine*) ▷ Fabricant de ferrandine. ◁

FERRANT, adj. m. [feʀɑ̃] (*ferrer*) *Maréchal-ferrant,* maréchal qui ferre les chevaux.

FERRATE, n. m. [feʀat] (*fer*) Chim. Nom des sels formés avec l'acide ferrique.

FERRATIER ou **FERRETIER, ■** n. m. [feʀatje] ou [feʀ(ə)tje] (*fer*) Techn. Masse de maréchal-ferrant utilisée pour forger les fers.

FERRATISME, ■ n. m. [feʀatism] (*ferrata*) Fait de pratiquer la via ferrata.

FERRÉ, ÉE, p. p. de ferrer. [feʀe] ▷ *Avoir le palais ferré,* manger avidement quelque chose de brûlant. ◁ ♦ ▷ Pop. *Il avalerait des charrettes ferrées,* se dit d'un grand mangeur. ◁ ♦ ▷ *Un mangeur de charrettes ferrées,* un fanfaron, un faux brave. ◁ ♦ *Souliers ferrés,* souliers garnis de clous. ♦ Fig. et fam. *Être ferré, être ferré à glace sur un sujet,* y être fort habile. ♦ *Eau ferrée,* eau dans laquelle on a fait éteindre un fer rouge, ou rouiller des clous. ♦ *Chemin ferré,* chemin dont le fond est ferme et pierreux. ■ *Voie ferrée,* voie conçue pour la circulation des chemins de fer. ■ Qui a des fers. *Un cheval ferré.* ■ Rem. On dit aujourd'hui *être ferré sur un sujet.*

FERRÉDOXINE, ■ n. f. [feʀedɔksin] (*ferrum,* fer) Chim. Protéine simple de transferts d'électrons contenant du soufre et du fer et ayant un rôle essentiel dans l'oxydation et la réduction chez les êtres vivants. *Rôle de la ferrédoxine dans la photosynthèse des plantes vertes.*

FERREMENT, n. m. [feʀ(ə)mɑ̃] (lat. *ferramentum*) Outil de fer. ♦ Instruments de chirurgie. ♦ Au pl. Pièces de fer qui entrent dans la construction d'un bâtiment, d'une machine. ■ Fait de ferrer un cheval.

FERRER, v. tr. [feʀe] (b. lat. *ferrare,* d'après *ferratus,* garni de fer) Garnir de fer. *Ferrer une porte, un bâton.* ♦ *Ferrer des lacets, des aiguillettes,* en garnir les extrémités de métal. ♦ Par catachrèse, *ferrer d'or, d'argent.* ♦ *Ferrer un cheval,* garnir ses pieds de fers attachés avec des clous. ♦ *Ferrer un cheval à glace,* lui appliquer des fers cramponnés ou des clous à tête pointue, pour l'empêcher de glisser. ♦ ▷ Fig. et fam. *Cet homme n'est pas facile à ferrer,* il est difficile à diriger, à convaincre. ◁ ♦ *Se laisser ferrer,* être docile, obéissant, soumis. ♦ Dans la pêche à la ligne, donner un coup sec du poignet, au moment où le poisson mord, afin d'engager le fer de l'hameçon dans les chairs. ♦ Appliquer un plomb de visite sur une pièce d'étoffe et la marquer avec un coin d'acier.

FERRET, n. m. [feʀe] (dim. de *fer*) Petit fer et en général morceau de métal ou de corps dur terminant une aiguillette ou un lacet. ■ Minér. *Ferret d'Espagne,* hématite rouge.

FERRETIER, ■ n. m. [feʀ(ə)tje] Voy. ferratier.

FERREUR, ■ n. m. [feʀœʀ] (*ferrer*) Ouvrier qui met des ferrets. ♦ Ouvrier qui pose des serrures.

FERREUX, EUSE, ■ adj. [feʀø, øz] (*fer*) Qui contient du fer. *Roches ferreuses. Métaux non ferreux.* ■ Chim. Dans lequel le fer est bivalent. *Chlorure, sulfate ferreux.*

FERRI..., FERRO..., ■ [feʀi] ou [feʀo] Préfixe du latin *ferre,* fer, qui indique la présence de fer. *Des ferroalliages.*

FERRICYANURE, ■ n. m. [feʀisjanyʀ] (*ferri-* et *cyanure*) Chim. Complexe du fer. *Ferricyanure de potassium.*

FERRIÈRE, n. f. [feʀjɛʀ] (*fer*) Sac de voyage, dans lequel on porte ce qui est nécessaire pour ferrer un cheval. ♦ Sac de cuir où les serruriers mettent leurs outils.

FERRIFÈRE, adj. [feʀifɛʀ] (lat. *ferrum* et *ferre*) Qui porte du fer ; qui contient du fer.

FERRIMAGNÉTISME, ■ n. m. [feʀimaɲetism] ou [feʀimanjetism] (*ferri-* et *magnétisme*) Phys. Magnétisme qui concerne les ferrites. ■ FERRIMAGNÉ-TIQUE, adj. [feʀimaɲetik] ou [feʀimanjetik]

FERRIQUE, adj. [feʀik] (*fer*) Chim. *Acide ferrique*, acide non encore isolé, obtenu à l'état de ferrate de potasse.

FERRITE, ■ n. f. [feʀit] (*fer*) Phys. Oxyde ferromagnétique à structure cubique ou hexagonale. *Perméabilité de la ferrite.*

FERRO..., ■ [feʀo] Voy. FERRI.

FERROALLIAGE, ■ n. m. [feʀoaljaʒ] (*ferro-* et *alliage*) Alliage à base de fer. *Ferroalliage riche en chrome.*

FERROCÉRIUM, ■ n. m. [feʀoseʀjɔm] (*ferro-* et *cérium*) Alliage de fer et de cérium, qu'on utilise notamment pour fabriquer les pierres à briquet.

FERROCHROME, ■ n. m. [feʀokʀom] (*ferro* et *chrome*) Alliage de fer et de chrome utilisé dans la fabrication des aciers inoxydables. *Fonderies de ferro-chrome.*

FERROCIMENT, ■ n. m. [feʀosimɑ̃] (*ferro-* et *ciment*) Techn. Matériau qu'on obtient en projetant du mortier sur un treillis métallique. *Drains en ferrociment. Utilisation du ferrociment dans la construction des voiliers.*

FERROCYANURE, ■ n. m. [feʀosjanyʀ] (*ferro-* et *cyanure*) Chim. Complexe du fer voisin du ferricyanure. *Ferrocyanure de potassium, de sodium.*

FERROÉLECTRICITÉ, ■ n. f. [feʀoelektʀisite] (*ferro-* et *électricité*) Phys. Polarisation électrique de certains cristaux sous l'action d'un champ électrique. ■ FERROÉLECTRIQUE, adj. [feʀoelektʀik]

FERROMAGNÉTISME, ■ n. m. [feʀomaɲetism] ou [feʀomanjetism] (*ferro-* et *magnétisme*) Phys. Propriété magnétique de certains alliages placés dans un champ magnétique. *Ferromagnétisme du nickel.* ■ FERROMAGNÉ-TIQUE, adj. [feʀomaɲetik] ou [feʀomanjetik]

FERROMANGANÈSE, ■ n. m. [feʀomɑ̃ganɛz] (*ferro-* et *manganèse*) Alliage de fer et de manganèse. *Encroûtements de ferromanganèse.*

FERROMOLYBDÈNE, ■ n. m. [feʀomolibdɛn] (*ferro-* et *molybdène*) Alliage de fer et de molybdène. *Poudre de ferromolybdène.*

FERRONICKEL, ■ n. m. [feʀonikɛl] (*ferro-* et *nickel*) Alliage de fer et de nickel. *Le ferronickel sert à fabriquer des résistances électriques.*

FERRONNERIE, n. f. [feʀɔn(ə)ʀi] (*ferron*, marchand de fer, de *fer*) Lieu où l'on fabrique les gros ouvrages de fer. ◆ Techn. Ouvrages de fer que fabriquent les cloutiers. ■ Fabrication d'objets d'art en fer. *Ferronnerie d'art.*

FERRONNIER, IÈRE, n. m. et n. f. [feʀonje, jɛʀ] (*ferron*, marchand de fer, de *fer*) Personne qui fabrique et vend des ouvrages de fer.

FERRONNIÈRE, n. f. [feʀɔnjɛʀ] (d'après *La Belle Ferronnière*, nom donné au portrait, p.-ê. par Léonard de Vinci, d'une femme portant cet ornement) Chaîne d'or portant au milieu un joyau que les femmes se placent sur le front.

FERROPROTÉINE, ■ n. f. [feʀoprotein] (*ferro-* et *protéine*) Biol. Protéine contenant du fer. *L'hémoglobine est une ferroprotéine.*

FERROSILICIUM, ■ n. m. [feʀosilisjɔm] (*ferro-* et *silicium*) Alliage de fer et de silicium. *Le ferrosilicium permet de constituer des alliages ferreux.*

FERROTYPIE, ■ n. f. [feʀotipi] (*ferro-* et *-typie*) Techn. Procédé photographique, qui n'est plus usité, aux sels de fer.

FERROUTAGE, ■ n. m. [feʀʀutaʒ] (*fer* et *route*) Transport combiné par rail et route. *Ferroutage de marchandises, de camions.* ■ FERROUTER, v. tr. [feʀʀute] ■ FERROUTIER, IÈRE, adj. [feʀʀutje, jɛʀ]

FERROVIAIRE, ■ adj. [feʀovjɛʀ] (ital. *ferroviario*, de *ferrovia*, chemin de fer) Qui concerne le chemin de fer, son réseau, son trafic, son exploitation. *Transport, signalisation ferroviaire.*

FERRUGINEUX, EUSE, adj. [feʀyʒinø, øz] (lat. *ferrugo*, rouille) Qui tient de la nature du fer à l'état d'oxyde. *Terre, eau ferrugineuse.* ◆ N. m. pl. *Les ferrugineux*, médicaments qui contiennent une préparation de fer.

FERRURE, n. f. [feʀyʀ] (*ferrer*) Garniture de fer. *La ferrure d'une porte.* ◆ Opération qui consiste à adapter des fers convenables sur le sabot du cheval, de l'âne, du mulet, et sur les onglons du bœuf. ◆ Manière de ferrer. ◆ L'ensemble des fers que porte actuellement un animal.

FERRY ou **FERRY-BOAT**, ■ n. m. [feʀi, feʀibot] (mot angl., de *ferry*, passage en bac, et *boat*, bateau) Navire aménagé pour le transport des véhicules et de leurs passagers, et qui effectue des traversées fluviales ou maritimes. *Les ferrys qui relient la France à l'Angleterre. Des ferrys ou des ferries (pluriel anglais), des ferry-boats.* ■ REM. *oa* se prononce ô.

FERTÉ, ■ n. f. [feʀte] (forme pop. de *fermeté*, forteresse, du lat. *firmitas*) Forteresse. *La Ferté-Bernard.*

FERTILE, adj. [feʀtil] (lat. *fertilis*) Qui produit, qui rapporte beaucoup, en parlant de la terre. *Terre fertile*, fertile en blé. ◆ Par extens. *Année fertile*, année abondante en récoltes. ◆ Bot. *Étamines fertiles*, étamines dont les anthères sont pleines de pollen. ◆ Fig. Qui produit abondamment. « *La satire en leçons, en nouveautés fertile* », BOILEAU. ◆ *Esprit, imagination fertile*, esprit, imagination qui produit beaucoup et sans peine. ◆ *Sujet fertile, matière fertile*, sujet sur lequel il y a beaucoup de choses à dire, matière qui fournit d'amples développements. ■ Biol. Se dit d'une femelle capable de procréer.

FERTILEMENT, adv. [feʀtil(ə)mɑ̃] (*fertile*) D'une manière fertile.

FERTILISABLE, adj. [feʀtilizabl] (*fertiliser*) Qui peut être fertilisé.

FERTILISANT, ANTE, adj. [feʀtilizɑ̃, ɑ̃t] (*fertiliser*) Qui est propre à fertiliser. ■ N. m. Produit fertilisant. *Un fertilisant.*

FERTILISATION, n. f. [feʀtilizasjɔ̃] (*fertiliser*) Action de rendre fertile.

FERTILISÉ, ÉE, p. p. de fertiliser. [feʀtilize]

FERTILISER, v. tr. [feʀtilize] (*fertile*) Rendre fertile. *Les engrais fertilisent les terres.* ◆ Se fertiliser, v. pr. Devenir fertile.

FERTILITÉ, n. f. [feʀtilite] (lat. *fertilitas*) Qualité de ce qui est fertile. *La fertilité de la terre.* ◆ Abondance. *Année de fertilité.* ◆ Fig. *Une grande fertilité d'esprit.* ■ Sociol. Capacité naturelle des populations à se reproduire. *Le taux de fertilité est peu élevé dans les pays industrialisés.*

FÉRU, UE, p. p. de férir. [feʀy] ▷ Vétér. Blessé d'un coup. *Ce cheval a le tendon féru.* ◁ ◆ Fig. *Être féru d'une personne, d'une chose*, en être très épris. ◆ *Être féru contre quelqu'un*, être fort indisposé contre lui. ◁ ■ N. m. et n. f. *C'est un féru de sport.*

FÉRULE, n. f. [feʀyl] (lat. *ferula*) Genre de plantes ombellifères. ◆ ▷ Petite palette de bois ou de cuir avec laquelle on frappe les écoliers dans la main. ◁ ◆ *Coup de férule. Donner, recevoir des férules.* ◁ ◆ Fig. *Donner la férule, tenir la férule*, se dit en parlant d'un collège en maître d'école, et fig. exercer une autorité sévère. ◁ ◆ *Être sous la férule de quelqu'un*, être sous la direction sévère d'une personne. ◆ Fig. Autorité sévère, rigoureuse.

FERVEMMENT, adv. [feʀvamɑ̃] (*fervent*) ▷ Avec ferveur. ◁

FERVENT, ENTE, adj. [feʀvɑ̃, ɑ̃t] (lat. *fervens*, p. prés. de *fervere*, bouillir) Qui a beaucoup de ferveur. ◆ Où il y a de la ferveur, qu'on fait avec ferveur. *Une prière fervente.* ■ N. m. et n. f. Personne passionnée. *Les fervents d'une doctrine.*

FERVEUR, n. f. [feʀvœʀ] (lat. *fervor*, bouillonnement, chaleur) Sentiment vif qui porte aux choses de piété, de charité. ◆ Au pl. « *Se livrant aux ferveurs de la charité la plus consommée* », BOURDALOUE. ◆ Ardeur d'un goût, d'une passion. *La ferveur de l'étude.*

FESCENNIN, INE, adj. [fesenɛ̃, in] (lat. *fescenninus*, de Fescenna, ville d'étrurie) Antiq. lat. Se dit d'une sorte de poésie grossière et licencieuse, qui, usitée à Fescennie en Étrurie, passa de là à Rome et fut employée dans les divertissements dramatiques.

FESSE, n. f. [fɛs] (lat. *fissa*, plur. de *fissum*, fente, et lat. vulg. *fissa*, cul, de *findere*, fendre) Chacune des deux parties charnues du derrière de l'homme et du singe. ◆ ▷ *Donner sur les fesses*, donner le fouet. ◁ ◆ Fig. *Il en a eu dans les fesses*, il a fait quelque grosse perte. ◁ ◆ Mar. Partie de la poupe du navire. ■ Fam. *Serrer les fesses*, éprouver de la peur. ■ Fam. *Avoir chaud aux fesses*, échapper à quelque chose de désagréable ou de dangereux. ■ Fam. *Avoir le feu aux fesses*, être pressé. ■ Fam. *Avoir quelqu'un aux fesses*, être poursuivi par cette personne. ■ Fam. *Poser ses fesses quelque part*, s'y asseoir ou prendre du repos. ■ Fam. *Être sur les fesses*, être stupéfait. ■ Fam. *Coûter la peau des fesses*, être horriblement cher. ■ Fam. *Occupe-toi de tes fesses !*, occupe-toi de ce qui te regarde. ■ Vulg. *De mes fesses !*, sans intérêt ou quelconque. ■ Fam. *Histoire de fesses*, histoire connotée sexuellement.

FESSÉ, ÉE, p. p. de fesser. [fese]

FESSE-CAHIER, n. m. [fɛs(ə)kaje] (*fesser*, faire vite, et *cahier*) ▷ Terme de dénigrement. Copiste qui gagne sa vie à faire des écritures. ◆ Au pl. *Des fesse-cahier* ou *fesse-cahiers*. ◁

FESSÉE, n. f. [fese] (p. p. fém. substantivé de *fesser*) Fam. Coups de main ou de verges donnés sur les fesses. *Il a eu la fessée.* ■ Fam. Défaite cuisante. *Ils ont pris une de ces fessées !*

FESSE-MAILLE, n. m. [fɛs(ə)maj] (*fesser* et *maille*, petite monnaie) ▷ Pop. Un avare, un vilain, un ladre. ◆ On dit mieux *pince-maille*. ■ Au pl. *Des fesse-mailles.* ◁

FESSE-MATHIEU, n. m. [fɛs(ə)matjø] (*fesser* et saint *Matthieu*, patron des usuriers) Fam. Usurier sordide ; homme qui prête sur gage. ◆ Au pl. *Des fesse-mathieux*, d'après l'Académie. ■ Personne avare.

FESSER, v. tr. [fese] (prob. anc. fr. *faisse*, lien, du lat. *fascia*, avec infl. de *fesse*) Frapper sur les fesses avec des verges ou avec la main. ◆ En général et dans le langage plaisant, châtier. ♦ *Fig. Se faire fesser,* s'exposer aux choses les plus humiliantes. « *Il se ferait fesser pour moins d'un quart d'écu* », MO-LIÈRE. ♦ ▷ **Fig.** Faire vite. ◁ ♦ ▷ *Fesser son vin,* boire beaucoup. ◁ ♦ ▷ *Fesser le cahier,* faire des rôles à la hâte. ◁ ♦ Se fesser, v. pr. Se donner le fouet à soi-même. ♦ Se donner le fouet l'un à l'autre.

FESSEUR, EUSE, n. m. et n. f. [fɛsœʁ, øz] (*fesser*) Celui, celle qui fouette.

1 **FESSIER,** n. m. [fesje] (*fesse*) **Très fam.** Les fesses.

2 **FESSIER, IÈRE,** adj. [fesje, jɛʁ] (*fesse*) **Anat.** Qui appartient aux fesses. *Muscles fessiers.* ♦ **N. m.** *Les fessiers.*

FESSU, UE, adj. [fesy] (*fesse*) **Fam.** Qui a de grosses fesses.

FESTIF, IVE, ■ adj. [fɛstif, iv] (lat. *festivus,* de fête, agréable) En rapport à une fête ou empreint d'un caractère de fête. *Une réception très festive.*

FESTIN, n. m. [fɛstɛ̃] (ital. *festino,* petite fête, de *festa*) Repas somptueux. ♦ **Fam.** *Il n'y avait que cela pour tout festin,* il n'y avait que cela à manger. ♦ **Prov.** *Il n'est festin que de gens chiches,* les gens parcimonieux sont magnifiques dans les occasions d'éclat.

FESTINÉ, ÉE, p. p. de festiner. [fɛstine]

FESTINER, v. intr. [fɛstine] (*festin*) ▷ **Fam.** Faire festin. ♦ **V. tr.** Servir un festin à quelqu'un. ◁

FESTIVAL, n. m. [fɛstival] (mot angl., fête, de l'anc. fr. *festival,* de fête, joyeux, du lat. *festivus*) Nom de grandes fêtes musicales. ♦ Au pl. *Des festivals.* ■ **Par extens.** Manifestation théâtrale, cinématographique, ou musicale se déroulant généralement sur plusieurs jours dans une région donnée. *Participer à un festival de musique ancienne.* ♦ **Fam.** Manifestation importante et abondante de quelque chose. *Sa copie est un festival de fautes d'ortho-graphe.*

FESTIVITÉ, ■ n. f. pl. [fɛstivite] (lat. *festivitas,* joie d'un jour de fête, de *festivus*) Célébrations, réjouissances qui accompagnent un jour de fête. *Festivi-tés de Noël, d'un mariage. Calendrier des festivités.* ■ **REM.** S'emploie surtout au pluriel.

FEST-NOZ, ■ n. m. [fɛstnoz] (mot bret., de *fest,* fête, et *noz,* nuit) Fête noc-turne qui associe danses traditionnelles et bagad, en Bretagne. *Des fest-noz ou des festou-noz* (pluriel breton).

FESTOIEMENT, n. m. [fɛstwamɑ̃] (*festoyer*) ▷ Action de festoyer. ◁

FESTON, n. m. [fɛstɔ̃] (ital. *festone,* ornement de fête) Mélange de fleurs, de feuilles et de petites branches liées en cordon qu'on emploie dans les fêtes. ♦ **Par extens.** *Les festons des arbres.* ♦ **Archit.** Ornement en forme de festons. ♦ **Fig.** et **pop.** *Faire* ou *décrire* ou *dessiner des festons,* aller en zigzag. *Cet ivrogne fait des festons.* ◁ ♦ Il se dit de découpures en forme de festons. ♦ *Feston* ou *point de feston,* point de broderie. ♦ Broderie que compose ce point. *Un col au feston.* ♦ La partie de draperie retroussée en petits flots croisés, que l'on met par le haut d'une tenture, d'une croisée, pour cacher la tête des rideaux.

FESTONNÉ, ÉE, p. p. de festonner. [fɛstone] **Bot.** Se dit des feuilles munies de découpures peu profondes. ♦ *Un col festonné,* un col brodé au point de feston.

FESTONNER, v. tr. [fɛstone] (*feston*) Orner de festons. ♦ Broder ou décou-per en festons. ♦ **Absol.** *Festonner,* faire une broderie en point de feston. ♦ ▷ **V. intr. Fig.** et **pop.** Aller en zigzag, étant ivre. ◁ ♦ Se festonner, v. pr. Se garnir de festons. ◁

FESTOYANT, n. m. [fɛstwajɑ̃] (*festoyer*) ▷ Celui qui festoie. ■ **REM.** On disait aussi *fêtoyant.* ◁

FESTOYÉ, ÉE, p. p. de festoyer. [fɛstwaje] **REM.** On disait aussi *fêtoyé.*

FESTOYER, v. tr. [fɛstwaje] (anc. fr. *feste,* fête) **Fam.** Faire fête à quelqu'un, le bien recevoir. ♦ Se festoyer, v. pr. Se faire fête l'un à l'autre. ■ **V. intr.** Partici-per à une fête et y faire bonne chère. *Ils ont festoyé toute la nuit.* ■ **REM.** On disait aussi *fêtoyer.*

FESTUCAIRE, n. m. [fɛstykɛʁ] (lat. *festuca,* fétu, baguette) ▷ Genre de vers intestinaux. ◁

FETA ou **FÉTA,** ■ n. f. [feta] (gr. *pheta,* tranche) Fromage de brebis ou de chèvre, d'origine grecque, dont l'aspect est blanc et friable, et la saveur douce et légèrement aigre. *Feuilleté, tomates à la feta. Des fetas.*

FÊTARD, ARDE, ■ n. m. et n. f. [fɛtaʁ, aʁd] (*fête*) Personne qui aime faire la fête, parfois avec excès. « *Écoutez l'histoire affreuse L'aventure douloureuse D'un fêtard Qui chaque soir Rentrait tard Dans son appartement d'lav'nue Mozart* », VIAN.

FÊTE, n. f. [fɛt] (lat. *festa,* plur. de *festum*) Jour consacré à des actes de reli-gion, cérémonies par lesquelles on célèbre ce jour. ♦ Dans la religion catho-lique, célébration du service divin en commémoration de quelque mystère ou en l'honneur de quelque saint. ♦ *Jour de fête,* jour férié. ♦ **Par extens.**

C'est pour nous un jour de fête. ♦ *Fête-Dieu* (c.-à-d. Fête de Dieu) ou *Fête du saint sacrement,* la fête que l'on célèbre en l'honneur du saint sacrement (on met une majuscule à Fête). ♦ *Fêtes fêtées* ou *fêtes chômées,* celles où le travail est défendu et qui sont d'obligation. ♦ **Fam.** *Fêtes carillonnées,* les plus grandes fêtes. ♦ *Fête d'une personne,* le jour de la fête du saint dont cette personne porte le nom comme nom de baptême. ♦ *Fête patronale,* ou *fête d'un lieu, d'un village,* le jour de la fête du saint sous l'invocation duquel est placé ce lieu, ce village. ♦ Commémoration d'un anniversaire. *Fête de naissance.* ♦ Réjouissances publiques faites à des époques mémo-rables, à l'occasion de quelque événement, et aussi réjouissances données par un roi, un prince, un grand seigneur. ♦ Réjouissances qui se font dans des assemblées de famille ou d'amis. *Des habits de fête.* ♦ Les garçons de la fête, jeunes garçons, parents ou amis des mariés, qui font les honneurs de la fête. ♦ **Fig.** *Se donner une fête,* se divertir aux dépens de quelqu'un. ♦ *Faire fête,* célébrer une fête. ♦ *Faire fête à quelqu'un,* lui faire un accueil empressé, le bien traiter. ♦ *Se faire une fête de quelque chose,* s'en promettre beaucoup de plaisir. ♦ *Troubler la fête,* troubler la joie, les plaisirs d'une réunion publique ou particulière. ♦ Divertissement de danse et de chant que l'on introduit dans un opéra ou un drame. ♦ **Prov.** *Il n'y a pas de bonne fête sans lendemain,* quand on se met en fête un jour, le lendemain on s'amuse encore. ♦ *Ce n'est pas tous les jours fête,* l'occasion de se réjouir ne se présente pas tous les jours. ■ *Fête foraine,* ensemble des manèges et attractions installés temporairement pour le divertissement du public.

FÊTÉ, ÉE, p. p. de fêter. [fete]

FÊTE-DIEU, ■ n. m. [fɛt(ə)djø] Voy. FÊTE.

FÊTER, v. tr. [fete] (*fête*) Chômer, célébrer une fête. *Fêter la Saint-Jean.* ♦ **Fig.** *C'est un saint qu'on ne fête point, qu'on ne fête plus,* se dit d'un homme qui n'a point de crédit, ou qui a perdu tout son crédit. ♦ **Par anal.** *Je veux fêter le jour qui nous rassemble.* ♦ *Fêter quelqu'un,* célébrer sa fête, et fig. le bien traiter, l'accueillir. ♦ *Fêter la bouteille,* aimer à boire, boire souvent.

FETFA, n. m. [fɛtfa] (prononc. turque de l'ar. *fatwa,* décision sur une ques-tion de droit) Chez les musulmans, sentence prononcée par le mufti sur un point de doctrine ou de droit difficile à résoudre ; elle supplée au silence de la loi et demeure sans appel. ♦ Au pl. *Des fetfas.*

FÉTIAL, n. m. [fesjal] Voy. FÉCIAL.

FÉTICHE, n. m. [fetiʃ] (port. *feitiço,* sortilège, amulette, du lat. *facticius,* artificiel) Objet naturel, animal divinisé, bois, pierre, idole grossière. ♦ ▷ **Fig.** *C'est son fétiche,* c'est la personne pour laquelle il a le plus de véné-ration. ◁ ♦ **Adj.** *Dieux fétiches.* ■ **N. m.** Objet ou chiffre dont on pense qu'il porte bonheur. ■ **Psych.** Partie du corps ou objet non sexuel qu'une personne érotise par perversion sexuelle.

FÉTICHEUR, ■ n. m. [fetiʃœʁ] (*fétiche*) **Afriq.** Prêtre garant du culte dans certaines religions animistes, qui recourt à la fabrication, l'utilisation et la prescription d'amulettes ou de fétiches. *Le colonisateur voulait parler au fé-ticheur du village.* ■ Personne investie d'un pouvoir magique et qui recourt aux fétiches pour guérir les maux ou jeter le mal.

FÉTICHISME, n. m. [fetiʃism] (*fétiche*) Le culte des fétiches. ♦ **Fig.** Adora-tion aveugle d'une personne, de ses défauts, de ses caprices, et aussi d'un système. *Le fétichisme de la royauté.* ■ **Afriq.** Religion animiste basée sur l'utilisation de fétiches et d'amulettes auxquels sont attribuées des proprié-tés surhumaines. ■ **Psych.** Érotisation perverse d'un objet ou d'une partie du corps non sexuelle. *Le fétichisme des mains.*

FÉTICHISTE, n. m. et n. f. [fetiʃist] (*fétiche*) Celui, celle qui adore les fé-tiches. ♦ **Adj.** *Les populations fétichistes.* ♦ Atteint de fétichisme sexuel. ♦ Relatif aux fétiches des religions animistes.

FÉTIDE, adj. [fetid] (lat. *fœtidus,* de *fœtere,* puer) Qui a une odeur très désagréable et qui fait soulever le cœur. ♦ On dit aussi : *odeur fétide.*

FÉTIDITÉ, n. f. [fetidite] (*fétide*) Qualité de ce qui est fétide.

FÉTOYANT, n. m. [fetwajɑ̃] Voy. FESTOYANT.

FÉTOYER, v. tr. [fetwaje] Voy. FESTOYER Qui est plus usité.

FÉTU, n. m. [fety] (lat. *festuca*) Brin de paille ♦ *Cela ne vaut pas un fétu,* se dit de choses dont on ne fait aucun cas.

FÉTUQUE, n. f. [fetyk] (lat. *festuca*) Genre de plantes graminées.

FÉTUS, n. m. [fetys] Voy. FŒTUS.

1 **FEU,** n. m. [fø] (lat. *focus*) Développement de chaleur et de lumière, d'où résulte la combustion par l'échauffement des corps. ♦ Au pl. *La montagne vomissait des feux.* ♦ *Faire feu,* se dit de corps qui, se choquant, produisent du feu, des étincelles. ♦ ▷ **Fig.** *Faire feu des quatre pieds,* faire tous ses ef-forts pour réussir. ◁ ♦ **Fig.** *Jeter feu et flamme, vomir feu et flamme,* se livrer à un grand emportement. ♦ *Prendre feu,* s'enflammer, et fig. s'émouvoir, s'irriter vivement et tout à coup. ♦ **Fig.** *C'est le feu et l'eau,* se dit de deux choses tout à fait contraires, de deux personnes qui se haïssent ou qui sont d'opinions opposées, de caractères incompatibles. ♦ **Fig.** et **fam.** *N'y voir que du feu,* être ébloui au point de ne rien voir, et aussi ne rien comprendre

dans une affaire. ◆ *Calorique. Le feu répandu dans l'intérieur du globe.* ◆ Chez les anciens, un des quatre éléments. ◆ *Le feu,* objet principal du culte des anciens Persans. ◆ *Feu sacré,* feu qui, chez les Romains, était entretenu constamment et gardé nuit et jour par les vestales. ◆ **Fig.** *Feu sacré,* sentiments nobles et passionnés qui se conservent et se transmettent. *Le feu sacré de la liberté.* ◆ *Feu sacré,* génie. ◆ *Feu sacré,* dévouement, zèle à servir. ◆ ▷ *Feu central,* le foyer de chaleur qu'on suppose exister au centre du globe terrestre. ◁ ◆ Incendie, embrasement. ◆ *Mettre le feu,* incendier, et fig. porter le trouble, soulever les passions. ◆ *Courir au feu,* se hâter de porter du secours quand un incendie éclate. ◆ **Fig.** *On y court comme au feu,* se dit de tout ce qui attire un grand concours de personnes. ◆ *Courir comme au feu,* se dit aussi d'un grand empressement. ◆ ▷ *Jeter des cris de feu,* jeter de grands cris, comme dans un incendie. ◁ ◆ ▷ *Faire la part du feu,* laisser brûler des parties qu'on croit ne pouvoir sauver, pour préserver ce qu'il y a chance de préserver. ◁ ◆ Toute matière combustible allumée. *Feu vif.* ◆ *Mettre de l'eau sur le feu,* mettre sur le feu un vase plein d'eau. ◆ ▷ *Mettre les fers au feu.* Voy. **FER.** ◁ ◆ *Passer une chose au feu,* la passer au travers de la flamme. ◆ *Jeter au feu,* se dit de quelque objet qu'on veut anéantir. ◆ **Fig.** *Feu de paille,* sentiment, ardeur de peu de durée. ◆ *Feu de paille,* troubles passagers. ◆ *Jeter de l'huile sur le feu,* le rendre plus actif, en y versant de l'huile, et fig. exciter encore des passions déjà allumées. **Fig.** *Faire trop grand feu du bois de quelqu'un,* user trop librement de son argent, de ses provisions. ◆ *Jouer avec le feu,* manier du feu pour s'amuser, et fig. s'exposer imprudemment à quelque péril. ◆ ▷ **Fig.** *Mettre le feu sous le ventre à quelqu'un,* l'exciter vivement. ◁ ◆ Ce qui sert à allumer. *J'ai un cigare, mais je n'ai pas de feu.* ◆ ▷ *Donner du feu trop chaud, trop ardent à la viande,* la faire rôtir à trop grand feu. ◁ ◆ *Cuire à petit feu,* en faisant un petit feu. ◆ *Coup de feu,* action d'animer le feu pour donner aux mets le dernier degré de cuisson, et fig. le moment où l'on est le plus occupé. ◆ *Feux de joie,* ceux qu'on allume en signe de réjouissance. ◆ *Feu de la Saint-Jean,* feu qu'on allume le jour de la Saint-Jean. ◆ **Au pl.** Les feux qu'allume une armée, et son bivouac. ◆ *Le feu,* le supplice du bûcher. *Le supplice du feu.* ◆ *Brûler à petit feu,* brûler lentement un condamné. ◆ **Fig.** *Faire mourir quelqu'un à petit feu,* lui causer des peines d'esprit, des inquiétudes, des chagrins qui le minent. ◆ Au Moyen Âge, *épreuve du feu,* épreuve qui s'employait pour décider des accusations. ◆ **Fig.** *Mettre la main au feu pour une personne ou une chose,* en être sûr, en répondre. ◆ On dit dans le sens contraire : *je n'en mettrais pas la main au feu.* ◆ **Fig.** et **fam.** *Il se jetterait dans le feu pour lui, il se mettrait au feu pour lui,* il ferait tout pour lui prouver son affection, son dévouement. ◁ ◆ *Danse du feu,* danse de sauvages autour du poteau auquel ils attachent leurs prisonniers [1]. ◆ *Le feu de l'enfer,* les tourments des damnés. ◆ Cautérisation à l'aide du fer rouge. ◆ **Fig.** *Employer le fer et le feu,* employer les moyens les plus violents. ◆ ▷ *Donner le feu à un cheval,* appliquer un couteau de fer tout ardent sur quelque tumeur qu'on veut résoudre. ◁ ◆ *Feu,* bas fourneau où s'opère la réduction d'un métal. ◆ *Feu catalan,* bas fourneau en forme de renardière. ◆ *Coup de feu,* défaut résultant de l'action trop vive du feu sur un objet, sur un rôti, sur une porcelaine, etc. ◆ ▷ *Pompe à feu,* pompe mue par une machine à vapeur ; la machine elle-même. ◁ ◆ *Pompe à feu,* pompe à incendie. ◆ *Décharges d'armes à feu. Essuyer le feu de l'ennemi.* ◆ *Faire feu,* se dit d'une troupe qui tire avec ses fusils et son artillerie. ◆ **Mar.** *Faire feu des deux bords.* ◆ ▷ *Faire feu,* se dit aussi d'un soldat qui lâche isolément un coup de fusil. ◁ ◆ ◆ *Feu roulant,* suite incessante de coups. ◁ ◆ **Fig.** *Un feu roulant de saillies, d'épigrammes,* saillies, épigrammes lancées coup sur coup. ◆ ▷ *Exercice à feu.* Voy. **EXERCICE.** ◁ ◆ *Entre deux feux,* se dit d'un corps de troupes enveloppé par l'ennemi et sur lequel on tire de deux côtés. ◆ **Fig.** *Entre deux feux,* se dit d'une personne pressée de deux côtés par des créanciers, par des ordres contraires, etc. ◆ *Aller au feu,* aller à un combat. ◆ *Voir le feu,* assister à un combat. ◆ *Mettre le feu à un canon,* allumer l'amorce qui enflamme la charge. ◆ *Les armes à feu,* les fusils, les pistolets, les canons, les mortiers. ◆ *Bouche à feu,* une pièce d'artillerie. ◆ *Coup de feu,* détonation, décharge d'un fusil ; blessure faite par une arme à feu. ◆ ▷ *Pot à feu.* Voy. **POT.** ◁ ◆ *Feu d'artifice,* jeux et effets de lumière produits par la préparation de matières inflammables d'après les règles de la pyrotechnie, et fig. suite de traits brillants dans la conversation. ◆ *Le feu qu'on entretient ordinairement dans une cheminée, dans un poêle. Il y a toujours six feux dans cette maison.* ◆ Cheminée, chambre à feu. *Le coin du feu.* Voy. **COIN.** ◆ *Garniture de feu* ou simplement *feu,* l'ensemble de ce qui garnit une cheminée, chenets, pelle et pincettes. ◆ ▷ Un ménage, une famille dans un village ou dans un bourg. *Il y a cent feux dans ce village.* ◁ ◆ ▷ *N'avoir ni feu ni lieu,* n'avoir point de logis assuré. ◁ ◆ ▷ Lueur des torches, des flambeaux, des fanaux. *Pêcher au feu.* ◁ ◆ **Dr.** Bougies dont on se sert aux audiences des criées pour déterminer la durée du temps pendant lequel on peut enchérir. *Après l'extinction de trois feux.* ◆ ▷ Ce qu'un acteur reçoit en sus de ses appointements fixes, chaque fois qu'il joue. ◆ ▷ Torche, instrument de destruction. *Le fer et le feu à la main.* ◁ ◆ *Mettre à feu et à sang,* exercer toutes les destructions, toutes les cruautés de la guerre. ◆ ▷ Fanal allumé sur une plage. *Le feu du Havre.* ◆ ◆ **Mar.** Fa-

naux allumés la nuit sur un bâtiment pour faire connaître la position qu'il occupe. ◁ ◆ *Feu Saint-Elme.* Voy. **ELME (SAINT-).** ◆ *Feu follet.* Voy. **FOLLET.** ◆ *Feu grisou.* Voy. **GRISOU.** ◆ ▷ La lumière des astres, du soleil. « *L'orient était tout en feu* », FÉNELON. ◁ ◆ ▷ *Les feux du firmament, les feux de la nuit,* les astres. ◁ ◆ *Les feux du jour, de l'aurore,* l'éclat du jour. ◆ ▷ La chaleur du soleil. *Les feux d'un soleil brûlant.* ◆ ▷ *Les feux de l'été,* les chaleurs excessives de l'été. ◁ ◆ Éclat que lance un diamant frappé par la lumière. ◆ **Fig.** *Le feu des regards,* des regards animés. ◆ *Le feu lui sort par les yeux,* ses yeux étincellent de colère. ◆ *Couleur de feu,* couleur qui ressemble à celle du feu. *Un ruban couleur de feu.* ◆ *Tache de feu* ou simplement *feu,* tache rousse qui se voit sur la tête ou le corps de certains chevaux, chiens ou autres animaux. ◆ *Marque de feu,* tache d'alezan vif tranchant sur le fond de la robe. ◆ Vive chaleur qui se fait sentir dans le corps ou dans une partie du corps. *Le feu de la fièvre.* ◆ Nom vulgaire de diverses éruptions. ◆ Passions, sentiments, mouvements de l'âme comparés à un feu qui brûle. *Le premier feu de la colère. Le feu du courage.* ◆ ▷ *Jeter tout son feu,* faire ou dire tout ce que la colère ou l'indignation inspire, et s'apaiser soudain. ◁ ◆ ▷ *Jeter son feu,* faire d'abord preuve de talent, de génie, et puis rester au-dessous des espérances conçues. ◁ ◆ *De feu, en feu,* passionné, ardent, très animé. « *L'âme toute en feu, les yeux étincelants* », P. CORNEILLE. ◆ *Être de feu, tout de feu, tout feu pour quelque chose,* être passionné, engoué pour cette chose. ◆ *Feu,* vivacité d'esprit, d'imagination, de style. ◆ On dit dans un sens analogue : *un esprit tout de feu ; une âme de feu.* ◆ ▷ *Avoir du feu,* se dit d'un cheval qui a de la vivacité. ◁ ◆ Inspiration. *Être plein d'un beau feu.* ◆ *Le feu de la composition,* espèce d'entraînement, d'application ardente, avec laquelle on travaille à une œuvre quelconque. ◆ Vivacité d'action, de mouvement, de geste. *Cet orateur a du feu.* ◆ Il se dit des liqueurs spiritueuses dans lesquelles l'alcool laisse sentir son montant. *Cette eau-de-vie a du feu.* ◆ **Poétiq.** *Feu,* la passion de l'amour. ◆ ▷ Révolution, agitation, mouvements populaires, guerres. « *Toute l'Europe est en feu* », MME DE SÉVIGNÉ. *Dans le feu des disputes.* ◆ *Mettre en feu,* exciter guerres, troubles, querelles. ◆ *Feu ardent,* un des noms vulgaires de la bryone. ◆ **Prov.** *Il n'est feu que de bois vert,* il n'y a pas d'activité plus grande que celle de la jeunesse. ■ *Faire feu de tout bois,* recourir à tous les moyens possibles pour parvenir à ses fins. ■ **Fam.** *Avoir le feu aux fesses,* être très pressé. ■ Système dont est muni un véhicule, qui permet d'éclairer la route. *Les feux de croisement, de route, de position.* ■ *Feux de détresse,* clignotant que l'on actionne pour indiquer un danger. ■ *Feu tricolore,* ou *feu,* dispositif lumineux permettant de régler la circulation des véhicules. ■ *Faire long feu,* échouer. ■ **Fam.** *Cela n'a pas fait long feu,* cela n'a pas duré longtemps. ■ **REM.** 1 : Cette pratique n'existe plus aujourd'hui. Le mot *sauvage* n'avait pas, à l'époque de Littré, la connotation péjorative et raciste qu'il peut avoir aujourd'hui.

2 FEU, EUE, adj. [fø] (lat. vulg. *fatutus,* qui a telle destinée, du lat. *fatum,* destinée) Défunt, défunte. ◆ Après l'article défini ou après un adjectif possessif, il s'accorde avec son substantif. *La feue reine.* ◆ Avant l'article défini ou l'adjectif possessif, il est invariable. *Feu la reine.* ◆ Il se met devant *monsieur* et *madame,* et alors il est invariable. ◆ D'après l'Académie, *feu* n'a pas de pluriel ; cette opinion n'est pas fondée ; et il est correct de dire : *les feus rois de Prusse et d'Angleterre ; feus mes oncles.*

FEUDATAIRE, n.m. [fødatɛr] (lat. médiév. *feudatarius,* de *feudum,* fief) Celui qui possède un fief avec foi et hommage au seigneur suzerain. ◆ **Adj.** *Les princes feudataires d'Allemagne.*

FEUDISTE, n.m. [fødist] (lat. médiév. *feudista,* de *feudum,* fief) Homme versé dans la matière des fiefs. ◆ **Adj.** *Un docteur feudiste.*

FEUIL, ■ n.m. [fœj] (lat. *folia,* feuille) **Techn.** Très fine pellicule de peinture ou de revêtement protecteur. *Des feuils antirayonnement et isolants réfléchissants.*

FEUILLAGE, n.m. [fœjaʒ] (*feuille*) Ensemble des feuilles d'une plante. *Le feuillage des arbres.* ◆ Branches couvertes de feuilles. ◆ Amas de feuilles. *Un lit de feuillage.* ◆ **Art** Représentation de feuillage. ◆ **Archit.** Ornement des chapiteaux, des corniches et autres membres, composé de feuilles d'acanthe ou autres.

FEUILLAGISTE, ■ n.m. et n.f. [fœjaʒist] (*feuillage*) Spécialiste de la fabrication de feuillage artificiel. *Elle est fleuriste et feuillagiste.*

FEUILLAISON, n.f. [fœjezɔ̃] (*feuille*) Le renouvellement annuel des feuilles. *Le temps de la feuillaison.*

FEUILLANT, n.m. [fœjɑ̃] (*Feuillants*) Nom de religieux réformés de l'ordre de Cîteaux, dont le siège était au village des Feuillants, en Languedoc. ◆ Membre d'un club de royalistes modérés qui avaient adhéré à la Constitution (en 1791, 1792). ◆ **Adj.** *Le parti feuillant.*

1 FEUILLANTINE, n.f. [fœjɑ̃tin] (*Feuillants*) Religieuse de l'ordre des feuillants.

2 FEUILLANTINE, n.f. [fœjɑ̃tin] (prob. réfection de *florentine,* pâtisserie feuilletée du XVIIe s.) Sorte de pâtisserie feuilletée.

FEUILLARD, n. m. [føjaʀ] (*feuille*) Réunion de branches d'arbres encore garnies de leurs feuilles et conservées pour l'alimentation des bestiaux. ◆ Branches de châtaignier ou de saule fendues, dont on fait des cercles. ◆ Techn. Attache métallique utilisée pour clore ou renforcer un emballage. ■ Métall. Tôle métallique rendue très fine par un laminage à froid.

FEUILLE, n. f. [føj] (lat. folia, plur. de *folium*, feuille d'arbre, de papier) Partie mince et plate et ordinairement verte du végétal, qui naît des tiges et des rameaux. ◆ *Feuille morte*. feuille qui se détache des arbres à l'automne. ◆ *Une robe feuille-morte*, Voy. FEUILLE-MORTE. ◆ ▷ *Vin, bois de deux, de trois feuilles*, vin, bois de deux, de trois années. ◁ ◆ *Trembler comme la feuille*, avoir une grande peur. ◆ ▷ Les pétales, les pièces qui forment la corolle de certaines fleurs. *Une feuille de rose*. ◆ Ornements qui imitent des feuilles. *Une broderie en feuilles d'olivier*. ◆ **Archit.** *Feuilles d'acanthe, d'olivier et d'autres arbres*, ornements de chapiteaux. ◆ **Par anal.** Matière étendue, plate et mince. *Feuille de carton, de tôle, de fer-blanc.* ◆ Partie mince qui se détache par couches d'un tout. *L'ardoise se détache par feuilles.* ◆ Or, argent battu et très mince. *Une feuille d'or.* ◆ ▷ Chaque partie d'un paravent qui se replie. ◁ ◆ Morceau de papier d'une certaine grandeur, coupé carrément et qui se plie en deux parties dites feuillets. ◆ *Un livre en feuilles*, non encore broché. ◆ **Impr.** Nombre de pages déterminé suivant la différence de format. *Feuille in-quarto*, celle qui a huit pages ; *feuille in-octavo*, celle qui en a seize, etc. ◆ Journal, gazette. *Une feuille périodique.* ◆ *Feuille volante*, feuille détachée, imprimée ou écrite. ◆ **Par extens.** *Feuilles volantes*, petits écrits, journaux, brochures. ◆ ▷ Cahiers volants sur lesquels on écrit tous les jours le courant d'affaires soit publiques soit privées. *La feuille d'audience.* ◁ ◆ ▷ Chez les messagers et les voituriers, extrait ou duplicata des registres. ◁ ◆ *Feuille de route*, indication des étapes d'une troupe. ◆ ▷ Écrit semblable délivré à un militaire qui voyage isolément. ◁ ◆ ▷ *Feuille des bénéfices*, celle où l'on inscrit les bénéfices vacants et les bénéfices que l'on confère. ◁ ■ *Feuille de chêne*, salade de la famille des laitues, aux feuilles très découpées. ■ *Feuille de chou.* Voy. CHOU. ■ *Document sur lequel figurent un certain type d'informations. Feuille de maladie.* ■ **Inform.** Page quadrillée affichée à l'écran dans un tableur. *Feuille de calcul.*

FEUILLÉ, ÉE, p. p. de feuiller. [føje] N. m. La partie d'un paysage qui représente les feuilles. ◆ Manière de feuiller.

FEUILLÉE, n. f. [føje] (*feuiller*) Abri formé de feuillage. *Sous la feuillée.* ◆ Petites constructions qu'on fait dans un champ ou ailleurs avec des branchages. ◆ Branches d'arbre nouvellement coupées, que l'on emploie pour orner quelque lieu. ◆ Branches d'arbres, fraîches ou sèches, pour la nourriture des animaux. ◆ N. f. pl. Installation sommaire servant de latrines dans un camp en pleine nature.

FEUILLE-MORTE, adj. inv. [føj(ə)mɔʀt] (*feuille* et 2 *mort*) Qui est de la couleur des feuilles sèches. « *Les feuilles qui tombent sont feuille-morte ; mais celles qui tiennent encore sont vertes* », MME DE SÉVIGNÉ. ◆ La couleur feuille-morte. *Une robe feuille-morte.*

FEUILLER, v. tr. [føje] (*feuille*) ▷ Feuiller le fourneau, recouvrir un fourneau à charbon d'une couche de feuilles vertes. ◁ ◆ ▷ **Peint.** Représenter le feuillage des arbres. ◆ ◆ Absol. *Ce paysagiste feuille bien.* ◁ ◆ ◆ N. m. Peint. *Feuiller.* Syn. de feuillé. ◁ ◆ V. tr. Techn. Faire une feuillure. ◆ V. intr. Prendre des feuilles, se garnir de feuilles. ◆ Se feuiller, v. pr. Se garnir de feuilles.

FEUILLERET, ■ n. m. [føj(ə)ʀɛ] (*feuiller*) **Menuis.** Bouvet de menuisier spécifique pour la réalisation de feuillures sur des portes, des fenêtres et des lames de parquet. *Le fer du feuilleret est émoussé.*

FEUILLET, n. m. [føjɛ] (anc. fr. *feuil*, feuille de papier) Chaque partie d'une feuille de papier pliée formant deux pages. ◆ **Géol.** Parties minces dans lesquelles se subdivise une couche, une assise, un lit. ◆ Planche mince propre à faire des panneaux. ◆ Troisième estomac des ruminants. ■ **Biol.** *Feuillets embryonnaires*, couches de cellules fondamentales d'un embryon qui permettront la formation des différents tissus et organes.

FEUILLETAGE, n. m. [føj(ə)taʒ] (*feuilleter*) Manière de feuilleter la pâtisserie. ◆ Pâtisserie feuilletée.

FEUILLETÉ, ÉE, p. p. de feuilleter. [føj(ə)te] *Pâte feuilletée*, et n. m. du feuilleté.

FEUILLETER, v. tr. [føj(ə)te] (*feuillet*) Parcourir un livre, un manuscrit, en tournant les feuillets ; lire légèrement, superficiellement. ◆ **Par extens.** Étudier, rechercher dans des livres. ◆ **Fig.** « *Feuilletez à loisir tous les siècles passés* », BOILEAU. ◆ **Techn.** Préparer la pâte de manière qu'elle se lève comme par feuillets. ◆ Se feuilleter, v. pr. Se diviser en feuillets ou par feuillets.

FEUILLETIS, ■ n. m. [føj(ə)ti] (*feuilleter*) **Techn.** Endroit facile à cliver dans une épaisseur d'ardoise. ■ Partie tranchante d'une pierre précieuse taillée.

FEUILLETON, n. m. [føj(ə)tɔ̃] (*feuillet*) **Techn.** Petit cahier composé de huit pages, le gros en ayant seize, dans la feuille in-douze. ◆ ▷ *Feuilleton des pétitions*, tableau distribué aux membres des assemblées délibérantes, contenant les noms et l'objet de la demande des pétitionnaires. ◁ ◆ Article de littérature, de critique, de beaux-arts, roman inséré au bas d'un journal. ■ Épisode d'un film, d'une histoire que l'on retransmet sur les ondes. *Feuilleton télévisé.* ■ Fig. Narration longue et pleine de rebondissements. ■ Épisode extrait d'un roman, publié de manière régulière dans une revue et dont l'ensemble constitue un roman-feuilleton.

FEUILLETONESQUE, ■ adj. [føj(ə)tonɛsk] (*feuilleton*) Typique d'un feuilleton. *Des péripéties feuilletonesques.* « *Nous poursuivions ensemble l'élaboration non d'un roman de cape et d'épée ou de quelque autre récit feuilletonesque, mais d'une exemplaire chanson de geste* », LEIRIS.

FEUILLETONNISTE, n. m. et n. f. [føj(ə)tɔnist] (*feuilleton*) Faiseur, faiseuse de feuilletons.

FEUILLETTE, n. f. [føjɛt] (prob., par antiphrase, *feuillette*, mesure d'un tiers de litre : cf. *fillette*) Tonneau contenant environ 135 litres ; demi-muid.

FEUILLU, UE, adj. [føjy] (*feuille*) Qui a beaucoup de feuilles. « *Sous le rameau le plus feuillu* », BUFFON. ■ N. m. Arbre à feuille, par opposition aux arbres qui portent des aiguilles.

FEUILLURE, n. f. [føjyʀ] (*feuiller*) En menuiserie, entaillure dans laquelle les fenêtres et les portes sont encadrées pour qu'elles ferment juste. ■ **Menuis.** Rainure aménagée dans une pièce de bois pour y insérer un panneau.

FEULEMENT, ■ n. m. [føl(ə)mã] (*feuler*) Cri rauque ou grondement sourd des félins. *Les feulements du tigre, du chat en colère.*

FEULER, ■ v. intr. [føle] (orig. inc., p.-ê. onomat.) Émettre son cri, en parlant du tigre. ■ **Par extens.** Pousser des grondements rauques, en parlant d'un chat, d'une personne. « *Le plus menaçant des chats se traînait vers moi, en feulant bas* », GENEVOIX.

FEURRE, n. m. [fœʀ] (anc. b. frq. *fodar*, fourrage pour animaux) ▷ Paille de toute sorte de blé. ◆ Paille pour empailler les chaises. ◁

FEUTRABLE, adj. [føtʀabl] (*feutrer*) ▷ Qui est susceptible de se feutrer. ◁

FEUTRAGE, n. m. [føtʀaʒ] (de *feutrer*) Action de feutrer du poil ou de la laine. ■ Action de se feutrer. ■ Biol. Structure fibreuse dont la texture rappelle celle du feutre.

FEUTRE, n. m. [føtʀ] (lat. médiév. *filtrum*, de l'anc. b. frq. *filtir*, étoffe grossière) Sorte d'étoffe faite avec de la laine ou du poil foulé. *Un chapeau de feutre.* ◆ Par méton. *Un feutre* pour *un chapeau de feutre*, et même pour tout chapeau. ◆ ▷ Bourre dont les selliers rembourrent les selles. ◁ ◆ ▷ Espèce de bottines en feutre qu'on met dans l'appartement. ◁ ■ *Stylo, crayon feutre*, ou *feutre*, stylo, crayon dont la pointe est imbibée d'une matière colorante.

FEUTRÉ, ÉE, p. p. de feutrer. [føtʀe] Dont l'aspect a pris celui du feutre. *Un gilet de laine feutré.* ■ Qui semble absorber tous les bruits. *Un logement cosy et feutré. À pas feutrés*, en faisant aussi peu de bruit que si l'on marchait sur une surface de feutre.

FEUTREMENT, n. m. [føtʀəmã] (*feutrer*) ▷ Action, manière de feutrer. ◁

FEUTRER, v. tr. [føtʀe] (*feutre*) Mettre en feutre du poil ou de la laine. ◆ ▷ Garnir de bourre. ◁ ◆ Se feutrer, v. pr. Être feutré. ■ V. intr. Prendre l'aspect du feutre au lavage. ■ V. tr. Garnir quelque chose d'une épaisseur de feutre. ■ Amoindrir, étouffer des sons. *La moquette feutre les bruits de pas.*

FEUTRIER, n. m. [føtʀije] (de *feutre*) Ouvrier en feutre. ◆ Adj. *Ouvrier feutrier.*

FEUTRINE, ■ n. f. [føtʀin] (*feutre*) Feutre de laine léger et souple, servant à la décoration ou à la confection. *Tapis de jeu en feutrine.*

FÈVE, n. f. [fɛv] (lat. *faba*) Plante de la famille des légumineuses qui produit des semences alimentaires. ◆ Les semences de cette plante. ◆ *La fève de marais, la grosse fève*, celle qui se sert sur les tables. ◆ *La robe d'une fève*, l'enveloppe que l'on ôte quand on veut la manger. ◆ ▷ *Gâteau de la fève*, gâteau dans lequel on met une fève le jour des Rois. ◆ ▷ *Roi de la fève*, celui à qui est échue la fève du gâteau. ◁ ◆ **Par extens.** Semences de certaines autres plantes. *Fève de haricot*, le haricot. ◆ ▷ *Tabac à la fève*, tabac aromatisé. ◁ ◆ ▷ Chrysalide des insectes. ◁ ■ Figurine qui tient lieu de fève dans la galette des rois. ■ **Québec** Haricot.

FÈVEROLE ou **FÉVEROLE**, n. f. [fɛv(ə)ʀɔl] (*fève*) Petite fève, variété de fève particulièrement réservée pour l'usage des bestiaux. ■ REM. On dit aussi *faverole.*

FÉVIER, ■ n. m. [fevje] (*fève*) Arbre d'ornement épineux dont les fruits comestibles sont de longues gousses rappelant celles des fèves. *Le févier à trois épines est un bel arbre ornemental d'une dizaine de mètres de haut.*

FÉVRIER, n. m. [fevʀije] (lat. *februarius*, mois des expiations religieuses, de *februare*, purifier) Le second mois de l'année.

FEZ, n. m. [fɛz] (*Fez*) Calotte de laine rouge ou blanche, que l'on fabrique à Fez, capitale du Maroc. ■ REM. Auj. Fez n'est plus la capitale du Maroc.

FI, interj. [fi] (lat. *fi*, interj. d'admiration) Exprime le blâme, le dédain, le mépris. ◆ Se construit avec la préposition *de*. « *Adieu donc ; fi du plaisir Que la crainte peut corrompre !* », LA FONTAINE. ◆ *Faire fi d'une chose*, la dédaigner. ◆ *Fi donc*, se dit quand on entend exprimer quelque chose qui blesse la délicatesse, et aussi quelque chose d'équivoque.

FIABILISER, ■ v. tr. [fjabilize] (*fiable*) Accroître la fiabilité de quelque chose.

FIABILITÉ, ■ n. f. [fjabilite] (*fiable*) Techn. Caractéristique d'un dispositif à fonctionner en montrant le moins de dysfonctionnements ou défaillances possibles dans un temps donné. *Avez-vous testé la fiabilité de ce matériel électronique ?* ■ Qualité d'une personne digne de confiance. « *Depuis qu'il avait pour métier les sentiments et non plus les louanges, il avait perdu beaucoup de sa fiabilité* », ORSENNA. ◆ Qualité d'une chose dont le fonctionnement a été éprouvé. *La fiabilité d'une méthode de gestion*.

FIABLE, ■ adj. [fjabl] (*se fier*) Digne de confiance. *Un employé fiable*. ■ Dont le fonctionnement est sûr. *Un partenaire fiable. Une voiture d'occasion peu fiable*.

FIACRE, n. m. [fjakʀ] (hôtel Saint-*Fiacre*, rue Saint-Antoine à Paris, où se tenaient les premiers fiacres) Voiture qui stationne sur les places et que l'on prend pour un prix fixé à la course ou à l'heure. ◆ Par extens. Le cocher de fiacre. ◆ ▷ Pop. *Jouer, chanter comme un fiacre*, jouer, chanter très mal. ◁ ◆ ▷ *Jurer, sacrer comme un fiacre*, prononcer beaucoup de jurements. ◁ ■ Mauvaise voiture.

FIANÇAILLES, n. f. pl. [fjɑ̃saj] ou [fijɑ̃saj] (*fiancer*) Promesse de mariage faite devant le prêtre. ◆ En général, promesse de mariage. ■ Temps écoulé entre la promesse et le mariage.

FIANCÉ, ÉE, p. p. de fiancer. [fjɑ̃se] ou [fijɑ̃se] N. m. et n. f. *Un fiancé. Une fiancée*.

FIANCER, v. tr. [fjɑ̃se] ou [fijɑ̃se] (anc. fr. *fiance*, état de l'âme qui se fie) Unir par une promesse solennelle de mariage. ◆ Faire la cérémonie des fiançailles. ◆ Accorder en mariage, en parlant du père, de la mère. ◆ Se fiancer, v. pr. Devenir fiancé.

FIASCO, n. m. [fjasko] (ital. *fare fiasco*, essuyer un échec) Mot italien usité dans ces locutions : *faire fiasco*, échouer complètement. *C'est un fiasco*. ■ Panne sexuelle temporaire.

FIASQUE, ■ n. f. [fjask] (ital. *fiasco*) Bouteille utilisée en Italie, dont le corps large est entouré de paille et dont le col est très long. *Une fiasque de grappa*.

FIBRANNE, ■ n. f. [fibʀan] (*fibre*) Fibre textile artificielle à base de cellulose. ■ Textile artificiel obtenu par torsion des fibres cellulosiques. *La fibranne a été inventée en 1911 par P. Giard. La rayonne et la fibranne peuvent être lavées sans dommage*.

FIBRATE, ■ n. m. [fibʀat] (*fibre*) Pharm. Type de médicament prescrit pour réduire le taux de lipides dans le sang. *Un régime prescrit avec ou sans fibrate*.

FIBRE, n. f. [fibʀ] (lat. *fibra*) Anat. Élément anatomique long et frêle. *Fibre nerveuse*. ◆ Poétiq. Les cordes d'une lyre. ◆ Longs filets qui entrent dans la composition des végétaux. ◆ Filaments des substances terreuses ou métalliques. ◆ Fig. Disposition à s'irriter. *Avoir la fibre sensible*. ◆ En ce sens, il ne s'emploie qu'au singulier. ■ Substance alimentaire constituée de cellulose. *Un aliment riche en fibres*. ■ *Fibre optique*, filament utilisé pour la transmission d'informations.

FIBREUX, EUSE, adj. [fibʀø, øz] (*fibre*) Qui est composé de fibres, qui est formé par une réunion de fibres.

FIBRILLAIRE, ■ adj. [fibʀilɛʀ] (*fibrille*) Composé de fibrilles ou relatif aux fibrilles. *Une membrane fibrillaire. Des trémulations fibrillaires du cœur*.

FIBRILLATION, ■ n. f. [fibʀilasjɔ̃] (*fibrille*) Méd. Suite de contractions rapides et anarchiques du cœur. *La fibrillation des oreillettes, des ventricules*.

FIBRILLE, n. f. [fibʀil] (on prononce *il* comme dans *mille* ; de *fibre*) Anat. Petite fibre. ◆ Bot. Dernières ramifications de la racine.

FIBRILLER, ■ v. intr. [fibʀile] (*fibrille*) Battre très vite et de façon complètement anarchique, en parlant du cœur.

FIBRINE, n. f. [fibʀin] (*fibre*) Substance organique blanche, insipide et inodore, qui se rencontre dans le chyle, le sang et certains liquides émanés du sang. ■ FIBRINEUX, EUSE, adj. [fibʀinø, øz]

FIBRINOGÈNE, ■ n. m. [fibʀinɔʒɛn] (*fibrine* et -*gène*) Physiol. Protéine plasmatique soluble synthétisée par le foie qui se transforme en fibrine sous l'action de la thrombine. *La transformation du fibrinogène par la thrombine*.

FIBRINOLYSE, ■ n. f. [fibʀinɔliz] (*fibrine* et -*lyse*) Biol. Ensemble des processus qui conduisent à la dégradation naturelle des caillots de fibrine. *La fibrinolyse se produit naturellement en principe vingt-quatre heures après la coagulation du sang*.

FIBRINOLYTIQUE, ■ adj. [fibʀinolitik] (*fibrinolyse*) Méd. Se dit d'un médicament prescrit pour la résorption de caillots de fibrine dans les cas de thromboses.

FIBROBLASTE, ■ n. f. [fibʀoblast] (*fibre* et -*blaste*) Biol. Cellule non mature du tissu conjonctif responsable de la formation du collagène et de la substance fondamentale.

FIBROCIMENT, ■ n. m. [fibʀosimɑ̃] (nom déposé, *fibre* et *ciment*) Matériau constitué de ciment, d'amiante et/ou de fibres naturelles et synthétiques. *Il existe du fibrociment sans amiante à base de fibres végétales locales, utilisé dans certains pays d'Amérique centrale. Des plaques de fibrociment*.

FIBROMATEUX, EUSE, ■ adj. [fibʀomatø, øz] (*fibrome*) Méd. Qui présente les caractéristiques structurelles du fibrome. ■ Dont la structure présente des fibromes. ■ N. m. et n. f. *Un fibromateux, une fibromateuse*, personne qui a un fibrome.

FIBROMATOSE, ■ n. f. [fibʀomatoz] (*fibrome*) Méd. Pathologie caractérisée par le développement simultané de plusieurs fibromes. *Une fibromatose lamellaire*.

FIBROME, ■ n. m. [fibʀom] (*fibre* et -*ome*) Méd. Tumeur bénigne constituée de tissus fibreux durs et denses. *Le fibrome utérin n'évolue jamais en cancer*.

FIBROMYALGIE, ■ n. f. [fibʀomjalʒi] (*fibro-* et *myalgie*, de *myo-* et -*algie*) Méd. Maladie rhumatismale caractérisée par une fatigue chronique et de nombreuses douleurs musculaires, et qui touche surtout les femmes. *Elle souffre de fibromyalgie*.

FIBROSCOPE, ■ n. m. [fibʀoskɔp] (*fibre* et -*scope*) Endoscope de petite taille, contenant de la fibre optique et utilisé pour réaliser une fibroscopie. *Ce qu'il voyait au bout du fibroscope descendu dans le pharynx lui permit d'établir un diagnostic*.

FIBROSCOPIE, ■ n. f. [fibʀoskopi] (*fibre* et -*scopie*) Examen réalisé avec un appareil fait de fibres optiques flexibles qui transmettent sur un écran des images des organes internes du corps. *Subir une fibroscopie bronchique*. ■ FIBROSCOPIQUE, adj. [fibʀoskopik]

FIBROSE, ■ n. f. [fibʀoz] (*fibre* et -*ose*) Méd. Accumulation anormale du tissu conjonctif dans un organe ou une articulation. *Une fibrose périarticulaire. Une fibrose du genou*.

FIBULE, n. f. [fibyl] (lat. *fibula*) Agrafe antique.

FIC, n. m. [fik] (lat. *ficus*, verrue) Chir. Excroissance, tumeur qui vient en différentes parties du corps.

FICAIRE, n. f. [fikɛʀ] (lat. *ficus*, verrue, du fait des propriétés médicinales de cette plante) Plante commune dans les prés, du genre renoncule.

FICELAGE, ■ n. m. [fis(ə)laʒ] (*ficeler*) Action de lier ou d'attacher quelque chose avec une ficelle. *Procéder au ficelage du poulet avant de le fixer sur la broche*. ■ Le résultat de cette action.

FICELÉ, ÉE, p. p. de ficeler. [fis(ə)le]

FICELER, v. tr. [fis(ə)le] (*ficelle*) Attacher, lier fortement avec de la ficelle. ◆ Se ficeler, v. pr. Fig. et pop. S'habiller. ■ Fam. Concevoir, élaborer. *Elle a bien ficelé son affaire*.

FICELLE, n. f. [fisɛl] (lat. pop. *filicella*, du lat. *filum*) Petite corde. ◆ Fig. *Tenir la ficelle* ou *les ficelles*, faire mouvoir à son gré des personnes ; locution tirée de la ficelle avec laquelle on fait mouvoir les pantins. ◆ Pop. *On voit la ficelle*, on voit comment la chose s'est faite. ◆ *Les ficelles d'un art*, les procédés dans ce qu'ils ont de grossier. ◆ *Pain long*, plus fin que la baguette. ■ *Tirer sur la ficelle*, aller à la limite de l'acceptable.

FICELLERIE, ■ n. f. [fisɛl(ə)ʀi] (*ficelle*) Industrie de la ficelle. ■ Fabrique de ficelle.

FICELLIER, n. m. [fiseljé] (*ficelle*) Dévidoir pour la ficelle.

FICHAGE, ■ n. m. [fiʃaʒ] (de *fiche*) Action de mettre sur fiches, dans un but d'information ou de surveillance. *Procéder au fichage du personnel, des suspects*.

FICHANT, ANTE, adj. [fiʃɑ̃, ɑ̃t] (de *ficher*) Fortif. *Feu fichant*, ancien syn. de feu plongeant. ■ Milit. *Tir fichant*, qui touche l'obstacle quasiment à la verticale.

1 **FICHE**, n. f. [fiʃ] (1 *ficher*) ▷ Action de ficher, d'enfoncer ; quantité dont on enfonce dans le sol un pieu de fondation. ◁ ◆ Petit morceau de fer ou d'autre métal servant à la penture des portes, des fenêtres, des armoires, etc. ◆ Morceau d'ivoire ou d'os long et plat qui sert de monnaie ou de marque

au jeu. ◆ ▷ *Fiche de consolation,* fiche que l'on donne en surcroît du bénéfice en certains jeux, et fig. petit dédommagement de quelque perte, adoucissement à une disgrâce. ◁ ◆ Feuilles de carton sur lesquelles on écrit des titres d'ouvrages, que l'on classe alphabétiquement dans des boîtes, et auxquelles on recourt pour trouver le volume dans la bibliothèque. ■ Étiquette. ■ Feuille sur laquelle sont rassemblées un certain nombre d'informations. *Une fiche d'état civil. Collectionner les fiches cuisine d'une revue.* ■ Électr. Petite tige métallique insérée dans une prise et servant au raccordement de deux conducteurs.

2 FICHE, ■ v. tr. [fiʃ] Voy. FICHER.

FICHÉ, ÉE, p. p. de ficher. [fiʃe]

1 FICHER, v. tr. [fiʃe] (lat. *figere,* planter) Faire pénétrer et fixer par la pointe, par un bout. ◆ *Se ficher,* ficher à soi, enfoncer dans soi. ◆ **Fig.** Se dit des yeux, des regards qu'on arrête sur quelqu'un ou quelque chose. *Ficher les yeux en terre, sur quelque chose.* ◆ *Se ficher,* v. pr. Être fiché, enfoncé. ■ **Fam.** Faire. *Mais qu'est-ce qu'il fiche encore ?* ■ Donner, flanquer. *Ficher une gifle.* ■ *Ficher la paix,* laisser tranquille. ■ Mettre. *Je l'ai fichu à la porte.* ■ *Ficher le camp,* partir. ■ Se ficher, v. pr. **Fam.** Se moquer. *Je m'en fiche comme de l'an quarante.* ■ REM. On emploie couramment l'infinitif *fiche* par analogie avec *foutre. Il voulait fiche le camp.*

2 FICHER, ■ v. tr. [fiʃe] (*fiche*) Inscrire dans un fichier. *Ficher un suspect.*

FICHET, n. m. [fiʃɛ] (*fiche*) Petit morceau d'ivoire qu'on met dans les trous du trictrac pour marquer les trous gagnés. ◆ ▷ Petite fiche insérée à moitié dans les volumes d'une bibliothèque et portant le numéro du volume. ◁

FICHIER, ■ n. m. [fiʃje] (*fiche*) Ensemble de fiches. *Le fichier des clients, des élèves. Consulter, tenir un fichier.* ■ Classeur, boîte, meuble dans lequel sont rangées des fiches. *Armoire à fichiers.* ■ **Inform.** Ensemble organisé de données numériques regroupées dans la même unité de traitement. *Fichier texte, image. Ouvrir, envoyer un fichier.*

FICHISTE, ■ n. m. et n. f. [fiʃist] (*fiche*) Documentaliste spécialisé(e) dans la conception et l'élaboration de fiches. *Le préparateur de commandes fit une suggestion au fichiste des produits.*

FICHTRE, ■ interj. [fiʃtR] (1 *ficher* et *foutre*) **Fam.** Pour exprimer la surprise ou la désapprobation. *Fichtre, il n'a pas perdu de temps pour profiter de la situation.*

FICHTREMENT, ■ adv. [fiʃtRəmã] (*fichtre*) **Fam.** Diablement. *Ça sent fichtrement bon !*

1 FICHU, n. m. [fiʃy] (2 *fichu,* au sens de mis à la hâte) Léger vêtement en pointe dont les femmes se couvrent le cou, la gorge et les épaules.

2 FICHU, UE, adj. [fiʃy] (1 *ficher*) **Fam.** Mal fait, ridicule, inconvenant. *Un fichu drôle. « Prométhée fera une fichue figure »,* VOLTAIRE. ◆ **Très fam.** Perdu sans ressource. ■ **Fam.** Mauvais, détestable. *Il a un fichu caractère. Fichu temps.* ■ Trop abîmé pour être réutilisé. *La télé est fichue.* ■ *Être fichu de faire quelque chose,* en être capable. *Elle n'est jamais fichue d'arriver à l'heure.* ■ **Fam.** *Mal fichu,* légèrement souffrant en parlant d'une personne. ■ **Fam.** *Mal fichu,* mal réalisé ou mal conçu. *Ce manuel est vraiment mal fichu, on ne trouve jamais ce qu'on y cherche.* ■ **Fam.** *Bien fichu,* bien conçu et bien réalisé. ◆ **Fam.** *Bien fichu,* bien proportionné physiquement. *Un homme bien fichu.*

FICOÏDE, n. m. [fikoid] (lat. *ficus,* figuier, et *-oïde*) Genre de plantes exotiques à feuilles charnues et à fleurs rayonnées.

FICTIF, IVE, adj. [fiktif, iv] (lat. *fictus,* p. p. de *fingere,* feindre) Qui n'est pas réel. *Des monnaies fictives. Un être fictif. Entrepôt fictif.*

FICTION, n. f. [fiksjɔ̃] (lat. *fictio*) Invention de choses fictives. *« La poésie épique Se soutient par la fable et vit de fiction »,* BOILEAU. ◆ **Jurispr.** *Fiction de droit, fiction légale, fiction de la loi, fiction introduite ou autorisée par la loi en faveur de quelqu'un.* ◆ *De fiction,* par convention. *Une valeur de fiction.* ◆ Mensonge, dissimulation. ■ *Un film, un livre de fiction,* inventé de toute pièce.

FICTIONNEL, ELLE, ■ adj. [fiksjɔnɛl] (de *fiction*) Propre à la fiction. ■ Qui fait appel à la fiction. *La littérature fictionnelle.*

FICTIVEMENT, adv. [fiktiv(ə)mã] (*fictif*) Par fiction.

FICUS, ■ n. m. [fikys] (mot lat., figuier) Plante d'appartement d'origine tropicale. *Le caoutchouc fait partie des ficus.*

FIDÉICOMMIS, n. m. [fideikɔmi] (lat. *fideicommissum,* ce qui est confié à la bonne foi, de *fides* et *committere*) Don ou legs que celui qui reçoit la libéralité doit remettre à une autre personne.

FIDÉICOMMISSAIRE, adj. [fideikɔmisɛR] (b. lat. *fideicommissarium*) Qui a rapport au fidéicommis. *Héritier fidéicommissaire.* ◆ **N. m.** *Fidéicommissaire,* celui à qui la libéralité doit être remise en exécution du fidéicommis.

FIDÉISME, ■ n. m. [fideism] (lat. *fides,* foi) **Théol.** Doctrine qui n'accepte comme vérité absolue que ce qui est fondé sur la foi et non sur la raison, même dans le domaine de la raison. *Le fidéisme fut condamné par Grégoire XVI.* ■ **Philos.** Doctrine consistant à admettre la foi comme source de vérité. *Le fidéisme s'oppose au rationalisme.*

FIDÉISTE, ■ adj. [fideist] (*fidéisme*) **Théol.** Qui a trait au fidéisme. *Une tendance fidéiste.* ■ **N. m. et n. f.** **Théol.** Personne adepte du fidéisme.

FIDÉJUSSEUR, n. m. [fideʒysœR] (b. lat. jurid. *fidejussor,* de *fides,* foi, et *jubere,* commander) **Jurispr.** Caution, celui qui s'oblige pour garantir une dette.

FIDÉJUSSION, n. f. [fideʒysjɔ̃] (b. lat. jurid. *fidejussio*) **Dr.** Cautionnement. ◆ Action de fidéjusseur.

FIDÉJUSSOIRE, adj. [fideʒyswaR] (b. lat. jurid. *fidejussorius*) Qui a rapport à la fidéjussion.

FIDÈLE, adj. [fidɛl] (lat. *fidelis*) Qui garde la foi donnée, les engagements pris. *Fidèle à son roi, à sa parole, etc.* ◆ *Être fidèle à,* ne pas manquer à. *Être fidèle à ses principes, à garder un secret.* ◆ Dont les affections ne changent pas. *Ami fidèle.* ◆ Il se dit aussi des sentiments eux-mêmes. *Amitié fidèle.* ◆ En parlant d'un employé, d'un domestique, etc. qui ne commet point de soustractions. ◆ Qui professe la vraie religion. *Le peuple fidèle.* ◆ Qui ne s'écarte point de la vérité. *Fidèle en ses paroles.* ◆ Exact, conforme à la vérité. *Un fidèle rapport. Une mémoire fidèle.* ◆ *Souvenir fidèle,* souvenir exact et durable. ◆ *Miroir, glace fidèle,* qui reproduit exactement les traits. ◆ *Traducteur, traduction fidèle,* qui reproduit exactement l'original. ◆ Il se dit des choses qui accomplissent ce qu'on en attend. *Un service fidèle.* ◆ **N. m.** et n. f. Ami ou amie dévoué(e). *C'est mon fidèle.* ◆ Personne qui a la vraie foi. ◆ Dans les temps mérovingiens, compagnons du prince. ■ **Adj.** Qui n'entretient de relation amoureuse qu'avec son conjoint. *Un époux fidèle.* ■ **Métrol.** Précis dans les mesures indiquées quelles que soient les circonstances extérieures. *Un baromètre fidèle.* ■ Qui accomplit, suit régulièrement quelque chose. *Les clients fidèles d'une boutique.* ■ **N. m. et n. f.** *C'est un fidèle de nos concerts.*

FIDÈLEMENT, adv. [fidɛl(ə)mã] (*fidèle*) D'une manière fidèle, exacte.

FIDÉLISATION, ■ n. m. [fidelizasjɔ̃] (*fidéliser*) Action de s'attacher l'attention ou l'intérêt de personnes. *Les cartes de fidélité sont un moyen de fidélisation de la clientèle.*

FIDÉLISER, ■ v. tr. [fidelize] (*fidèle*) Rendre fidèle, s'attacher durablement l'intérêt d'un groupe de personnes. *Magasin qui fidélise sa clientèle par une politique de prix réduits.*

FIDÉLITÉ, n. f. [fidelite] (lat. *fidelitas*) Qualité de celui qui est fidèle, attaché à ses devoirs, à ses engagements. *La fidélité à ses serments. Jurer fidélité à la constitution.* ◆ ▷ Qualité qui fait qu'on garde la foi promise à un souverain. ◁ ◆ Conservation des sentiments tendres entre amis. ◆ Exactitude, vérité, sincérité. *La fidélité d'un historien, d'un récit.* ◆ Il se dit de la mémoire retenant bien et exactement. *La fidélité d'un caissier.* ■ Probité. *La fidélité d'un caissier.* ◆ Fait de rester fidèle à son partenaire. *La fidélité dans un couple.* ■ Fait de rester attaché à un commerçant, à un service. *Notre journal tient à récompenser la fidélité de ses lecteurs.*

FIDJIEN, IENNE, ■ adj. [fidʒjɛ̃, jɛn] (îles *Fidji*) Originaire ou typique des îles Fidji. ■ **N. m. et n. f.** *Un Fidjien, une Fidjienne.* ■ **N. m.** Langue d'origine mélanésienne parlée dans les îles Fidji.

FIDUCIAIRE, adj. [fidysjɛR] (lat. *fiduciarius,* confié en dépôt ; b. lat., sens jur.) **Dr. rom.** *Héritier fiduciaire,* celui qui est chargé de remettre un fidéicommis. ◆ **Écon. et polit.** Qui dépend de la confiance. *Monnaie fiduciaire,* monnaie de papier. ■ Qui prend en charge la comptabilité d'une entreprise. *Société fiduciaire.*

FIDUCIAIREMENT, adv. [fidysjɛR(ə)mã] (*fiduciaire*) D'une manière fiduciaire.

FIÉ, ÉE, p. p. de fier. [fje] Remis à la foi de.

FIEF, n. m. [fjɛf] (lat. médiév. *feum,* prob. de l'anc. b. frq. *fehu,* bétail ; infl. de *allodum,* alleu, et *fiever,* donner un fief, de l'anc. forme *fieu*) **Féod.** Domaine noble, relevant du seigneur d'un autre domaine, concédé sous condition de foi et hommage, et assujetti à certains services et à certaines redevances. ◆ *Fief de dignité,* celui auquel était attaché un titre, comme un duché, etc. ◆ Certaines propriétés, autres que les domaines, et possédées de la même manière que les fiefs. *Le droit de chasse, les essaims d'abeilles pouvaient devenir fiefs.* ■ **Fig.** Secteur où l'on exerce en maître. ■ *Franc-fief,* fief que possède un roturier contre la règle commune et grâce à la dispense du roi.

FIEFFÉ, ÉE, p. p. de fieffer. [fjefe] Qui tenait quelque chose en fief. ◆ ▷ Qui est donné en fief. ◁ ■ **Fig. et fam.** Il se joint à une appellation injurieuse qu'il renforce. *Un coquin fieffé. Une coquette fieffée.*

FIEFFER, v. tr. [fjefe] (*fief*) ▷ Donner en fief. *Fieffer un domaine.* ✦ Aujourd'hui en Normandie, vendre moyennant une rente perpétuelle ou foncière. ◁

FIEL, n. m. [fjɛl] (lat. *fel*) La bile des animaux. ✦ Fig. Amertumes, chagrins, peine. ✦ Haine, animosité, humeur caustique. « *Ils déchargent tout leur fiel sur l'homme* », BOSSUET. ✦ *Plume trempée dans le fiel*, manière d'écrire pleine d'amertume et de méchanceté. ✦ *Être sans fiel, n'avoir point de fiel, n'avoir ni méchanceté ni rancune.* ✦ *Se nourrir de fiel, s'abreuver de fiel*, vivre dans le mécontentement, la jalousie, la haine.

FIELLEUX, EUSE, ■ adj. [fjelø, øz] (*fiel*) Empli de fiel, de haine. *Des propos fielleux.* « *L'auteur... nous dit cela d'un ton nerveux, saccadé, fielleux, et la bile semblait verdir plus qu'à l'ordinaire ses lunettes sans yeux* », GONCOURT.

FIENTE, n. f. [fjɑ̃t] (lat. pop. *femita*, du lat. *fimus*, fumier) Excréments mollasses ou liquides de certains animaux. *Fiente de vache, de pigeon.* ■ REM. On dit plutôt auj. *bouse de vache*, la fiente désigne surtout les excréments des volatiles.

FIENTER, v. intr. [fjɑ̃te] (*fiente*) Rendre de la fiente.

1 **FIER**, v. tr. [fje] (lat. *fidare*) ▷ Commettre à la foi de quelqu'un. *Je lui fierais tout ce que j'ai au monde.* ◁ ✦ Se fier, v. pr. Mettre sa confiance. ✦ *Se fier à quelqu'un* ou *à quelque chose*, s'assurer sur quelqu'un ou sur quelque chose. ✦ *Se fier à quelqu'un de quelque chose*, avoir confiance en quelqu'un pour cette chose. ✦ *Se fier en*, mettre sa confiance en. ✦ *Se fier sur*, compter sur.

2 **FIER, IÈRE**, adj. [fjɛr] (lat. *ferus*) Hérald. Se dit d'un lion qui a le poil hérissé. ✦ Violent, qui a l'audace, l'intrépidité d'une bête farouche. *De fiers coursiers.* ✦ Qui a un orgueil se montrant dans la contenance, dans les manières. ✦ Il se dit de la conduite, de la contenance, du ton, des actions, des discours, etc. *Une attitude, une démarche fière.* ✦ Qui s'enorgueillit de. *Il est fier de ses richesses.* ✦ Qui a des sentiments nobles, élevés. *Une âme fière.* ✦ Peint. *Touche fière*, touche vigoureuse et hardie. *Fier ciseau.* ◁ ✦ Dans le langage familier, grand, remarquable. *Voilà une fière étourderie. Un fier marcheur.* ✦ N. m. et n. f. *Faire le fier*, se montrer fier. ■ Adj. *Fier comme Artaban*, très fier.

FIER-À-BRAS, n. m. [fjɛrabra] (*Fierabras*, géant sarrasin des chansons de geste, p.-ê. de *fera bracchia*, bras sauvages) Fam. Faux brave, fanfaron, rodomont. ■ Au pl. *Des fiers-à-bras.*

FIÈREMENT, adv. [fjɛr(ə)mɑ̃] (*fier*) D'une manière fière. ✦ Avec courage, bravement. ✦ ▷ Peindre *fièrement*, coucher des couleurs hardiment et à grands coups. ◁ ✦ Il se dit, dans un sens analogue, des peintures faites par le style. *Un personnage fièrement dessiné.* ◁ ✦ Dans le langage populaire, extrêmement, fortement. *On l'a fièrement tancé.*

FIÉROT, OTE, ■ adj. [fjero, ɔt] (*fier*) Fam. Qui montre une fierté, une prétention toute puérile. « *Il était content et fiérot comme un chien qui se promène avec une pomme de pin dans la gueule* », MONTHERLANT.

FIERTE, n. f. [fjɛrt] (lat. *feretrum*, brancard) ▷ La châsse d'un saint. ◁

FIERTÉ, n. f. [fjɛrte] (lat. *feritas*) Qualité d'un courage fier, intrépide. ✦ État d'un esprit fier, qui s'enorgueillit de ses avantages réels ou supposés. ✦ Au pl. *Fiertés*, actes de fierté. ✦ Qualité d'une âme fière, hauteur de courage. ✦ Fig. Il se dit des choses. *La fierté de sa contenance.* ✦ ▷ Peint. *Fierté de touche, de coloris.* ◁

FIESTA, ■ n. f. [fjɛsta] (mot esp.) Fam. Fête. *Nous avons fait la fiesta toute la nuit.*

FIÈVRE, n. f. [fjevr] (lat. *febris*) État maladif, caractérisé par l'accélération du pouls et l'augmentation de la chaleur du corps. *Un accès de fièvre.* ✦ Pop. *Avoir les fièvres*, être atteint d'une fièvre intermittente. ✦ ▷ Fam. *Sentir la fièvre*, répandre une odeur aigre et légèrement nauséabonde qui sort du corps de la plupart des fiévreux. ◁ ✦ *Avoir une fièvre de cheval*, une fièvre très violente. ✦ Fig. Émotion, trouble violent de l'âme. « *Un souffle, une ombre, un rien, tout lui donnait la fièvre* », LA FONTAINE. ✦ Agitation des esprits. *Paris avait la fièvre.*

FIÉVREUSEMENT, ■ adv. [fjevrøz(ə)mɑ̃] (*fiévreux*) Avec fièvre. « *Les inventeurs cherchaient fiévreusement dans leurs images, dans les annales des guerres d'autrefois, les moyens de se défaire des fils de fer barbelés, de déjouer les sous-marins ou de paralyser les vols d'avions...* », VALÉRY.

FIÉVREUX, EUSE, adj. [fjevrø, øz] (*fièvre*) Qui cause la fièvre. *Un pays fiévreux.* ✦ Qui est sujet à la fièvre. *Un tempérament fiévreux.* ✦ N. m. et n. f. Personne malade de la fièvre. ✦ Fig. Qui cause une agitation morale comparée à la fièvre du corps. *L'ardeur fiévreuse des plaisirs.*

FIÉVROTTE, n. f. [fjevrɔt] (*fièvre*) Fam. Petite fièvre.

FIFILLE, ■ n. f. [fifij] (*fille*) Fam. Fille. « *C'est une bonne affaire, fifille !* », BALZAC.

FIFRE, n. m. [fifr] (m. h. all. *phifer*) Petite flûte d'un son fort aigu. ✦ Musicien qui joue du fifre.

FIFRELIN, ■ n. m. [fifrəlɛ̃] (all. *Pfifferling*, chanterelle, objet sans valeur) Fam. et vieilli Petite monnaie. « *Il ne payait aucun loyer pas un fifrelin* », CÉLINE. ✦ Fig. « *Juju, tu n'auras rien du soleil, rien, pas un fifrelin de chaleur et de vie* », FALLET. ■ Abrév. *Fifre.*

FIFTY-FIFTY, ■ loc. adv. [fiftififti] (mot angl., de *fifty*, cinquante) Fam. Moitié-moitié. *Partager une addition fifty-fifty.* ■ N. m. Yacht de croisière pouvant fonctionner à la voile ou avec les moteurs. *Des fifty-fiftys* ou *des fifty-fifties* (pluriel anglais).

FIGARO, ■ n. m. [figaro] (*Figaro*, personnage du Barbier de Séville de Beaumarchais) Fam. Coiffeur. *Des figaros de quartier.*

FIGÉ, ÉE, p. p. de figer. [fiʒe]

FIGEMENT, n. m. [fiʒ(ə)mɑ̃] (*figer*) Action de figer ; état de ce qui est figé.

FIGER, v. tr. [fiʒe] (lat. *figere*, planter, fixer) Congeler, par l'effet du refroidissement, en parlant des liquides gras. ✦ Par extens. *Le venin fige le sang.* ✦ Se figer, v. pr. Être congelé. ✦ Il se dit quelquefois de la coagulation du sang. ✦ Fig. « *Ah ! vous me faites peur, et tout mon sang se fige* », MOLIÈRE. ■ V. tr. Fig. Immobiliser. *La surprise le figea sur place.* ■ *Expression figée*, dans laquelle la variation des termes est restreinte. *Sucrer les fraises* et il y a *sont des expressions figées.*

FIGNOLAGE, ■ n. m. [fiɲolaʒ] ou [fiɲjolaʒ] (*fignoler*) Fam. Action de réaliser minutieusement quelque chose. *Le fignolage d'un plan.*

FIGNOLER, ■ v. tr. [fiɲole] ou [fiɲjole] (*fin*) Fam. Réaliser, exécuter avec un soin minutieux, dans le moindre détail. *Fignoler un tableau, un texte.* ■ ▷ Se fignoler, v. pr. Fam. Se pomponner. ◁

FIGNOLEUR, EUSE, ■ n. m. et n. f. [fiɲolœr, øz] ou [fiɲjolœr, øz] (*fignoler*) Fam. Personne qui aime à fignoler. *C'est un fignoleur de première !*

FIGUE, n. f. [fig] (lat. *ficus*) Le fruit du figuier. ✦ Fig. et fam. *Moitié figue et moitié raisin*, moitié de gré, moitié de force ; bien et mal ; partie sérieusement, partie en plaisantant. ✦ *Faire la figue*, mépriser, braver, se moquer. ✦ *Figue de Barbarie*, fruit du cactier ou figuier d'Inde. ■ REM. On dit auj. *mi-figue, mi-raisin.*

FIGUERAIE, ■ n. f. [fig(ə)rɛ] Voy. FIGUERIE.

FIGUERIE, n. f. [fig(ə)ri] (*figuier*) Lieu planté de figuiers. ■ REM. On dit aussi *figueraie.*

FIGUIER, n. m. [figje] (*figue*) Arbre de la famille des urticées qui produit la figue. ✦ *Figuier d'Adam, figuier des banians*, le bananier. ✦ *Figuier d'Inde*, le cactier. ■ REM. Le *figuier d'Inde* est aussi appelé *figuier de Barbarie* ou *oponce.*

FIGULINE, n. f. [figylin] (lat. *figulina*, art du potier) Vase en terre cuite. « *Palissy s'intitulait inventeur des figulines rustiques* », VOLTAIRE.

FIGURABLE, adj. [figyrabl] (*figurer*) ▷ Susceptible de prendre des figures. ◁

1 **FIGURANT, ANTE**, adj. [figyrɑ̃, ɑ̃t] (*figurer*) Qui sert de symbole.

2 **FIGURANT, ANTE**, n. m. et n. f. [figyrɑ̃, ɑ̃t] (*figurer*) Danseur, danseuse qui a un rôle dans les corps de ballets. ✦ Personnage accessoire ou muet dans une pièce de théâtre. ■ Se dit auj. également des acteurs muets au cinéma. ■ Par extens. Personne qui assiste à une réunion ou à une manifestation sans y prendre part ni y intervenir.

FIGURATIF, IVE, adj. [figyratif, iv] (b. lat. *figurativus*) Qui représente la figure, la forme d'un objet. *Plan figuratif.* ✦ *Écriture figurative*, celle qui est formée de la représentation des objets. ✦ Gramm. grecq. *Lettre figurative* ou n. f. *la figurative*, la lettre caractéristique de certains temps des verbes. ✦ Qui expose par figure, par symbole. *L'Ancien Testament est figuratif.* ■ *Art figuratif*, art qui s'intéresse à la forme, à la représentation concrète des objets ou de la réalité. *L'art figuratif s'oppose à l'art abstrait.* ■ N. m. Artiste qui pratique l'art figuratif.

FIGURATION, n. f. [figyrasjɔ̃] (lat. *figuratio*) Action de figurer. *La figuration de la prononciation.* ✦ Figure particulière d'un minéral. ■ Rôle de figurant au cinéma, au théâtre. ■ Ensemble des figurants d'une distribution cinématographique ou théâtrale. ✦ *Faire de la figuration*, participer à quelque chose sans intervenir.

FIGURATIVEMENT, adv. [figyrativ(ə)mɑ̃] (*figuratif*) D'une manière figurative.

FIGURE, n. f. [figyr] (lat. *figura*, structure, figure, forme, de *fingere*, façonner) La forme extérieure d'un corps. *La figure de la terre.* « *Quelque divinité sous une figure humaine* », FÉNELON. ✦ Le visage de l'homme. ✦ Absol. *Avoir de la figure*, avoir une figure qui se fait remarquer. ✦ L'apparence, la contenance, les manières. *Un orgueil qui se cache sous la figure de l'humilité.* « *Chacun fait ici-bas la figure qu'il peut* », MOLIÈRE. ✦ Absol. *Faire figure*, être dans une situation avantageuse, paraître beaucoup, dépenser beaucoup. ✦ *Le Chevalier de la triste figure*, don Quichotte, et par allusion celui qui a l'air maussade. ◆ *Faire triste figure*, avoir une mine piteuse, et fig. jouer un rôle misérable en quelque affaire. ◆ ▷ Représentation de certains objets. *Figures d'animaux, de plantes, etc.* ◁ ◆ **Art** Représentation d'un personnage. *Il n'y a que deux figures dans ce tableau.* ◆ ▷ **Archit.** Trait que l'on fait de la forme d'un bâtiment pour en lever les mesures. ◁ ◆ **Danse** Chemin décrit par les danseurs suivant certaines lignes déterminées. ◆ Les danses qui sont figurées d'une manière particulière. *Il y a cinq figures dans un quadrille.* ◆ **Escrime** Les différentes positions du corps, du bras ou de l'épée. ◆ Les cartes qui représentent les rois, les dames et les valets. ◆ **Mus.** Notes de différentes valeurs, silences, et généralement signe quelconque employé dans l'écriture musicale. ◆ **Géom.** Espace borné par des lignes. *Figure plane.* ◆ **Rhét.** et **gramm.** Certaines formes de langage qui donnent au discours plus de grâce et de vivacité, d'éclat et d'énergie. « *De figures sans nombre égayez votre ouvrage* », BOILEAU. ◆ *Figures de mots*, celles qui tirent quelque effet de l'arrangement des mots ou de leur forme matérielle (répétition, opposition, onomatopée). ◆ *Figures ou tropes*, celles qui consistent soit à étendre, soit à détourner la signification d'un mot (catachrèse, métonymie, etc.). ◆ *Figures de construction*, ou *de syntaxe*, ou *de grammaire*, celles dans lesquelles les constructions s'écartent de l'ordre simple, naturel ou direct (ellipse, etc.). ◆ *Figures de pensée*, celles qui sont indépendantes de l'expression (antithèse, apostrophe, etc.). ◆ *Figures de rhétorique*, toutes les figures de pensée et de mots. ◆ Dans le sens mystique, ce qui est regardé comme la représentation, le symbole. *Jérusalem fut la figure de l'Église.* ◆ ▷ Dans le langage général, en un sens analogue. *Ne parlons plus en figure.* ◁ ■ *Cas de figure*, situation envisagée comme étant possible.

FIGURÉ, ÉE, p. p. de figurer. [figyʀe] *Plan figuré d'une maison, d'une terre*, plan qui en retrace la figure. ◆ *Copie figurée d'une écriture*, fac-similé. ◆ *Pierre figurée*, pierre dont la forme présente certaine ressemblance avec un objet quelconque naturel ou artificiel. ◆ *Danse figurée*, danse composée de différentes figures et de différents pas. ◆ **Hérald.** Se dit de toutes les choses sur lesquelles la figure humaine est exprimée, telles que le soleil, les vents. ◆ Accoutré. « *Voici monsieur Dubois plaisamment figuré* », MOLIÈRE. ◆ **Arithm.** *Nombres figurés*, suite de nombres formés selon une certaine loi. ◆ *Musique figurée*, par opposition au plain-chant. ◆ **Rhét.** et **gramm.** Qui est détourné de l'emploi propre. *Le sens figuré d'un mot.* ◆ *Terme, phrase figurée*, terme, phrase dans laquelle il y a une figure. ◆ *Style figuré, langage figuré*, style, langage dans lequel on trouve beaucoup de figures. ◆ **N. m.** Le sens métaphorique. *Ce mot est pris au figuré.* ◆ **Géom.** Représentation des différents objets que renferme un terrain dont on lève le plan.

FIGURÉMENT, adv. [figyʀemɑ̃] *(figuré)* D'une manière figurée, métaphorique. *Parler figurément.*

FIGURER, v. tr. [figyʀe] (lat. *figurare*, façonner, orner de figures) Donner une certaine forme ou figure. « *Ce n'est point à l'argile à juger du temps qu'on emploie à la figurer* », ROLLIN. ◆ Représenter par la peinture, par la sculpture. ◆ Avoir la forme de. *La corolle de la capucine figure un capuchon.* ◆ Représenter comme. « *Ce Dieu… N'est point tel que l'erreur le figure à vos yeux* », RACINE. ◆ *Se figurer*, figurer à soi, se représenter, s'imaginer. « *Peut-on se figurer de si folles chimères?* », BOILEAU. ◆ *Se figurer*, suivi d'un infinitif, ne demande point de préposition. *Il se figure pouvoir réussir.* ◆ Représenter par un symbole. *Les Égyptiens figuraient l'année par un serpent qui se mord la queue.* ◆ Dans un sens mystique, être la figure. *L'immolation de l'agneau pascal figurait l'immolation de Jésus-Christ sur la croix.* ◆ **V. intr.** En parlant des choses, avoir de la convenance, être en harmonie. *Ces deux tableaux figurent bien de chaque côté de la cheminée.* ◆ Représenter dans une pièce de théâtre un personnage accessoire ou un personnage muet. ◆ **Par extens.** Être en hors-d'œuvre, n'être que pour l'apparence. ◆ Exister, être placé. *Son nom ne figure plus sur la liste.* ◆ **Fig.** Jouer un certain rôle. ◆ **Absol.** Paraître avec distinction, tenir un certain rang. ◆ Se figurer, v. pr. Être représenté.

FIGURINE, n. f. [figyʀin] (ital. *figurina*) Très petite figure de terre ou de métal. ◆ **Peint.** Figure de petite dimension et d'arrière plan. ■ FIGURINISTE, n. m. et n. f. [figyʀinist]

FIGURISME, n. m. [figyʀism] *(figure)* Système de ceux qui regardent l'Ancien Testament comme la figure du Nouveau.

FIGURISTE, n. m. [figyʀist] *(figure)* Celui qui coule des figures en plâtre. ◆ **Théol.** Celui qui embrasse le figurisme. ◆ Celui qui explique l'histoire par des figures ou symboles.

FIL, n. m. [fil] (lat. *filum*) Fibre longue et déliée qu'on détache de l'écorce des plantes textiles. *Fil de chanvre, de lin.* ◆ Ce qui se forme avec des brins de chanvre ou de lin qu'on tord entre les doigts avec le fuseau ou le rouet. ◆ *Ne tenir qu'à un fil*, manquer, pouvoir être détruit, etc. pour la moindre cause. ◆ **Fam.** *Donner du fil à retordre*, donner de la peine à quelqu'un, lui causer des embarras, des difficultés. ◆ Ce qui est fait de petits brins de soie, de coton, de laine, etc. tordus ensemble. *Fil de laine, de coton, de soie, etc.* ◆ *Le fil qu'Ariane donna à Thésée pour sortir du labyrinthe.* **Fig.** *Le fil*, ce qui dirige. ◆ Le fil considéré dans son emploi pour tisser les étoffes. ◆

Couper de droit fil, ou *aller de droit fil*, couper de la toile entre deux fils sans biaiser. ◆ **Par extens.** *De droit fil*, en droite ligne. ◆ Substance flexible et déliée que les chenilles, les araignées tirent de leur corps. ◆ *Fils de la Vierge, fils de Notre-Dame*, filandres qui voltigent dans l'air en automne et qui sont produits par diverses araignées. ◆ *Fil de perles*, collier de perles enfilées. ◆ *Fil à plomb*, masse pesante suspendue à l'extrémité d'un fil, indiquant la direction de la pesanteur ou la ligne verticale. ◆ Le fil qui tient à une marionnette et qui sert à la faire mouvoir. ◆ **Fig.** *Tenir les fils, faire jouer les fils.* ◆ Métal tiré à la filière. *Fil d'argent, d'archal.* ◆ *Le fil de la vie, de nos destinées, de nos jours, etc.*, le cours de la vie, par allusion à la fable des Parques. ◆ Il se dit des fibres dont l'assemblage forme le bois. *Bois de fil*, bois employé de manière que toutes les fibres en sont disposées sur la longueur de l'ouvrage. ◆ **Par anal.** *Le fil de la viande, d'un cristal, du marbre.* ◆ Le tranchant d'un instrument coupant. ◆ *Donner le fil à un rasoir, à un sabre*, en rendre la lame fort tranchante. ◆ ▷ On dit dans un sens analogue : *ce rasoir a le fil.* ◁ ◆ *Ôter le fil à une lame tranchante*, la passer sur la pierre à aiguiser pour en ôter la partie faible et pliante du fil. ◆ *Passer au fil de l'épée*, tuer en passant l'épée au travers du corps. ◆ **Fig.** et pop. *Avoir le fil*, être fin, rusé. ◆ Courant de l'eau. ◆ **Fig.** « *Dès qu'on est dans le fil de l'eau, il n'y a qu'à se laisser aller* », VOLTAIRE. ◆ **Fig.** *Aller contre le fil de l'eau*, entreprendre une chose à laquelle tout est contraire. ◆ **Fig.** Suite, liaison, enchaînement. *Reprendre le fil de son discours. Tenir le fil d'une affaire.* ■ **Par anal.** *Fil électrique, fil téléphonique.* ■ **Fam.** *Coup de fil*, appel téléphonique.

FILABLE, adj. [filabl] *(filer)* Qui peut être filé.

FIL-À-FIL, ■ n. m. inv. [filafil] *(fil à fil)* Tissu obtenu en alternant des fils de deux couleurs différentes pour donner un aspect chiné. *Des fil-à-fil.*

FILAGE, n. m. [filaʒ] *(filer)* Action, manière de filer le chanvre, le lin, la laine, la soie, etc. ◆ Ouvrage du fileur pour lequel il doit recevoir un salaire. ■ **Art** Répétition au cours de laquelle l'œuvre est jouée du début à la fin. ■ **Cin.** Procédé cinématographique qui consiste à déplacer rapidement la caméra pendant le tournage pour donner un aspect flou à l'image.

FILAGRAMME, n. m. [filagʀam] (var. de *filigrane*) Voy. FILIGRANE.

1 **FILAIRE**, ■ adj. [filɛʀ] *(fil)* **Télécomm.** Relatif à la transmission sans fil. *Le téléphone filaire n'est pas un téléphone portable.*

2 **FILAIRE**, ■ n. f. [filɛʀ] (lat. sav. [XVIIIᵉ s.] *filaria*, de *filum*) **Zool.** Ver parasite de l'homme qui sévit dans les régions chaudes. *La filaire n'a pas de crochet dans la bouche et vit notamment dans les tissus cellulaires sous-cutanés.*

FILAMENT, n. m. [filamɑ̃] (b. lat. *filamentum*, assemblage de fils, de *filum*, fil) Petit brin long et délié comme celui qu'on tire du chanvre, du lin. *Les filaments des plantes.* ◆ **Anat.** Organe ou débris d'organe mince et allongé formé de fibres ou de tubes. ■ Fil très fin contenu dans une ampoule, et qui permet d'éclairer lorsqu'il est porté à incandescence.

FILAMENTEUX, EUSE, adj. [filamɑ̃tø, øz] *(filament)* **Bot.** Qui a des filaments. *Écorce filamenteuse.*

FILANDIÈRE, n. f. [filɑ̃djɛʀ] (b. lat. *filanda*, ce qui est à filer) En style archaïque ou badin, femme dont le métier est de filer. ◆ Adj. *Les sœurs filandières*, les Parques.

FILANDRE, n. f. [filɑ̃dʀ] (b. lat. *filanda*, ce qui est à filer ; anc. fr. *filandrier*) Long fil blanc qui voltige dans l'air en automne. ◆ Longue fibre coriace qu'on trouve dans les chairs des animaux. ◆ Long filet qui existe dans certains légumes et les rendent désagréables. ■ Fil produit par l'araignée et auquel elle se pend pour se déplacer dans les airs.

FILANDREUX, EUSE, adj. [filɑ̃dʀø, øz] *(filandre)* Rempli de filandres. *Viande filandreuse. Légumes filandreux.* ◆ **Fig.** *Style filandreux*, style dont les phrases sont longues et entortillées. ◆ On dit aussi : *un écrivain filandreux.*

FILANT, ANTE, adj. [filɑ̃, ɑ̃t] *(filer)* Qui file, coule doucement. *Un liquide filant.* ◆ *Étoiles filantes.* Voy. ÉTOILE. ■ *Pouls filant*, dont l'intensité est très faible.

FILANZANE, ■ n. m. [filɑ̃zan] (mot malgache) Chaise à porteur à Madagascar. *Des filanzanes de tous types attendaient, chacune avec quatre gaillards la soutenant.*

FILAO, ■ n. m. [filao] (mot créole) **Afriq.** Arbre tropical aussi appelé *casuarina* qui pousse en bordure de mer et dont on utilise le bois en menuiserie. *Les filaos poussent dans des terrains humides.*

FILARIOSE, ■ n. f. [filaʀjoz] (lat. sav. *filaria* et *-ose*) **Méd.** Maladie parasitaire provoquée par le filaire et transmise à l'homme par la piqûre de certains moustiques.

FILASSE, n. f. [filas] (lat. pop. *filacea*, de *filum*, fil) Amas de filaments tirés de l'écorce du chanvre ou du lin, et qui, mis sur la quenouille, donne le fil à l'aide du fuseau. ◆ *Des cheveux de filasse*, des cheveux qui ont la couleur de la filasse. ◆ ▷ **Fig.** *Ce n'est que de la filasse*, se dit d'une viande filandreuse. ◁

FILASSIER, IÈRE, n. m. et n. f. [filasje, jɛʀ] (*filasse*) ▷ Celui, celle qui façonne la filasse, qui en fait le commerce. ◁

FILATEUR, TRICE, n. m. et n. f. [filatœʀ, tʀis] (de *filature*) Personne qui dirige une filature.

FILATURE, n. f. [filatyʀ] (*filer*) Usine où l'on fabrique du fil pour étoffe. ◆ L'art de filer en grand. ◆ Action de filer. ■ Action de suivre quelqu'un à son insu pour surveiller ses faits et gestes.

FIL DE FER, ■ n. m. [fildəfɛʀ] (*fil* et *fer*) Voy. FIL.

FILDEFÉRISTE ou **FIL-DE-FÉRISTE**, ■ n. m. et n. f. [fildeferist] (*fil de fer*) Équilibriste évoluant sur un fil métallique. *Des fildeféristes, des fil-de-féristes.*

FILE, n. f. [fil] (*filer*) Suite, rangée de choses ou de personnes disposées une à une sur une même ligne, les unes derrière les autres. ◆ *Prendre la file des voitures*, mettre sa voiture à la queue des autres. ◆ Fig. *Une longue file de prospérités.* ◆ *À la file*, l'un après l'autre. ◆ Rangée de soldats qui sont les uns derrière les autres. ◆ *Serrer les files*, se rapprocher à mesure qu'un homme manque dans les files. ◆ *Chef de file*, le premier d'une file, le chef. ◆ *Feu de file*, feu d'une troupe où tous les hommes tirent l'un après l'autre et sans interruption. ◆ *Voie d'une chaussée. Se mettre sur la file de gauche.* ■ *En file, en file indienne*, les uns derrière les autres. ◆ *Prendre la file*, se placer derrière la dernière personne d'une file d'attente. ■ *Se garer en double file*, sur la route et le long des voitures en stationnement. ■ **Belg.** *Faire la file*, faire la queue. ■ **Suisse** *De file*, à la suite.

1 **FILÉ**, n. m. [file] (*filer*) Or, argent tiré à la filière, et appliqué sur un fil de soie ou de chanvre. *Du filé d'or.* ◆ Fil textile prêt au tissage.

2 **FILÉ, ÉE**, p. p. de filer. [file] **Mus.** *Cordes filées*, celles qui sont entourées d'un fil de laiton argenté. ◆ Fig. Par allusion au fil des Parques, *des jours filés d'or et de soie*, une vie heureuse, brillante.

FILEMENT, n. m. [fil(ə)mɑ̃] (*filer*) ▷ Action de filer. ■ **Rem.** On dit plutôt auj. *filage*. ◁

FILER, v. tr. [file] (b. lat. *filare*, étirer en fil, de *filum*, fil) Tordre ensemble des brins de chanvre, de lin, de soie, de laine, et en former un fil. ◆ **Absol.** *Filer au fuseau, au rouet.* ◆ **Par anal.** *Filer* se dit de la fabrication des cordes et des métaux dont on fait des fils. ◆ *Filer des cordes*, se dit, pour les instruments de musique, des cordes à boyau ou des recouvertes d'un fil argenté. ◆ Il se dit des vers à soie qui font sortir la soie de leur corps, et de l'araignée qui produit les fils nécessaires à la fabrication de sa toile. ◆ **Absol.** *Les vers à soie filent.* ◆ *Filer avec jours, vie, destin*, se dit en parlant de l'accomplissement de la vie des mortels, par allusion aux Parques. ◆ Conduire d'une manière égale et soutenue. *Filer un son.* ◆ **Fam.** *Filer une période*, faire une période à plusieurs membres. ◆ *Filer une intrigue, une scène*, la préparer, la conduire avec art. ◆ **Mar.** *Filer un cordage*, le détendre par degrés quand il est roide et le forcer de céder doucement à l'effort qui le tend et l'entraîne. ◆ *Filer du câble*, mettre hors du navire une longueur de câble plus grande que celle qui y était déjà. ◆ Il se dit de la vitesse plus ou moins grande d'un navire. *Ce navire file huit ou dix nœuds à l'heure.* ◆ **Absol.** *Ce bâtiment file bien.* ◆ Au jeu, *filer ses cartes*, les découvrir lentement et peu à peu, et aussi s'en débarrasser. ◆ *Filer la carte*, tirer chaque carte assez d'attention pour la reconnaître par l'envers, et se procurer par tricherie les bonnes. ◆ **V. intr.** Être lâché, en parlant d'une manœuvre, d'une corde. ◆ Aller de suite, près à près. ◆ *Faire filer des troupes dans un pays*, les y faire passer sans bruit. ◆ Se dit du gibier quand il vole ou court sans faire de crochets. ◆ En parlant de certains météores, se mouvoir dans le ciel avec assez de rapidité pour offrir à l'œil une ligne de feu. *Une étoile qui file.* ◆ **Pop.** S'en aller, se retirer. ◆ **Fam.** *Filer doux*, se soumettre sans murmurer, supporter, subir quelque chose de désagréable. ◆ Ne mettre au jeu que ce qu'on est obligé d'y mettre. ◆ À la bouillotte, ne pas tenir, après avoir ouvert la partie, ce qui est proposé. ◆ Il se dit des liqueurs qui deviennent visqueuses. ◆ **V. tr.** Être filé. ■ **V. tr.** *Filer ses collants*, en faire sauter les mailles. ■ **Fam.** Donner. *Je lui ai filé un coup de main.* ■ Suivre quelqu'un à son insu pour surveiller ses faits et gestes.

FILERIE, n. f. [fil(ə)ʀi] (*filer*) ▷ Lieu où l'on file le chanvre pour faire les cordes. ◆ Bande de fer plat pour passer le fil de fer. ◁

FILET, n. m. [filɛ] (*fil*) Petit fil, fil délié. ◆ *N'avoir qu'un filet de vie*, être d'une constitution très débile. ◆ ▷ Bridon léger à mors articulé. ◁ ◆ **Art Divers** ornements longs et déliés. *Reliure avec filets.* ◆ *Filet de vis*, la saillie en spirale qui règne autour de son cylindre. ◆ Petit trait tracé sur le papier. ◆ **Impr.** Traits plus ou moins déliés et de formes diverses. ◆ **Bot.** Fibre dans une plante ; la partie déliée de l'étamine, celle qui supporte l'anthère. ◆ **Anat.** Ramifications les plus ténues des nerfs. ◆ Mince membrane qui rattache le dessous de la langue à la paroi inférieure de la bouche. ◆ ▷ *Avoir le filet*, se dit improprement de ceux dont la langue est embarrassée. ◆ ▷ *Il n'a pas le filet*, se dit de quelqu'un qui parle beaucoup. ◁ ◆ Terme de boucherie. La partie la plus estimée du bœuf, qui est placée entre le rognon et les côtes, vers la partie postérieure de l'échine et dans l'intérieur

du corps. ◆ *Faux filet*, partie du bœuf qui se trouve sur l'échine dans la longueur du filet, mais au-dessus des os. ◆ **Par anal.** *Un filet de sole.* ◆ Petite quantité d'un liquide qui coule. *Un filet d'eau.* ◆ *Un filet de vinaigre*, un peu de vinaigre mêlé avec un assaisonnement. ◆ **Fig.** *Un filet de voix*, une voix faible. ◆ Rets pour prendre des poissons ou des oiseaux. ◆ **Fig.** *Prendre d'un seul coup de filet plusieurs voleurs*, les prendre à la fois. ◆ *Un bon coup de filet*, une bonne aubaine, un profit considérable ; une rafle. ◆ **Fig.** Piège, séduction. « *Elle le prend ainsi au filet par de longs discours* », SACI. ◆ **Mar.** *Filet de bastingage*, filet dans lequel les matelots rangeaient leurs sacs et leurs hamacs. ◆ Réseau ou maille formée en tournant une quelconque autour d'un petit moule. *Une bourse au filet.* ◆ Sorte de sac. *Le filet au pain.* ◆ Ouvrage à mailles dont on enveloppe les cheveux. ◆ *Un filet de voiture*, filet suspendu au plafond d'une voiture. ◆ ▷ Les rets du jeu de paume placés au-dessus des murs. ◁ ◆ Réseau de mailles tendu entre deux piquets séparant le terrain de jeu, la table de ping-pong en deux. *Mettre la balle dans le filet.*

1 **FILETAGE**, ■ n. m. [fil(ə)taʒ] (*fileter*) **Techn.** Technique de tournage qui consiste à creuser une rainure hélicoïdale le long d'une tige métallique pour fabriquer une vis. *Une machine pour le décolletage et le filetage.* ■ Rainure réalisée le long d'une vis et qui permet de constituer des filets. *Je ne peux plus visser ce boulon, le filetage a été écrasé.* ■ Action de bobiner du fil métallique autour d'un objet cylindrique.

2 **FILETAGE**, ■ n. m. [fil(ə)taʒ] (*fileter*) Action de lever des filets de poisson pour les mettre en conserve. *Envoyer des poissons au filetage.*

FILETÉ, ■ n. m. [fil(ə)te] (*filet*) Tissu de coton présentant des rayures en relief du fait d'un mode de tissage qui utilise un fil de chaîne plus épais que le fil de trame. *Un joli fileté pour sa pochette.*

FILETER, v. tr. [fil(ə)te] (*filet*) Faire le filet d'une vis. ◆ **Mus.** Incruster la table et le fond d'un violon, d'une basse, etc. d'un double filet très mince. ◆ Faire passer, par les trous calibrés d'une filière, les fils métalliques. ◆ **V. intr.** Pousser des lignes ou filets.

FILEUR, EUSE, n. m. et n. f. [filœʀ, øz] (*filer*) Celui, celle qui file. *Fileur d'or.* ◆ ▷ *Fileur de cartes*, escroc aux jeux de cartes. ◁ ◆ Adj. Qui file. *Araignée fileuse.* ■ N. m. et n. f. Personne qui gère une machine à tisser dans une filature.

FILIAL, ALE, adj. [filjal] (b. lat. *filialis*) Propre à l'enfant, relativement au père ou à la mère. *Respect filial. Soins filiaux.* ◆ **Par extens.** *Sentiment filial*, sentiment qui ressemble aux sentiments d'un fils pour son père.

FILIALE, ■ n. f. [filjal] (*filial*) Société gérée financièrement par une société mère mais qui possède une capacité juridique qui lui est propre. *La société a créé une filiale à l'étranger.*

FILIALEMENT, adv. [filjal(ə)mɑ̃] (*filial*) D'une manière filiale.

FILIALISATION, ■ n. f. [filjalizasjɔ̃] (*filialiser*) Action de cloisonner les diverses productions ou activités d'une entreprise en constituant des filiales. *La filialisation de leurs services, d'un groupe.*

FILIALISER, ■ v. tr. [filjalize] (*filiale*) Transférer une partie des activités d'une entreprise dans une ou plusieurs filiales. *Les opérateurs de télécommunications ont décidé de filialiser leurs activités dans le secteur du câble.*

FILIATION, n. f. [filjasjɔ̃] (b. lat. *filiatio*) Descendance de père en fils en ligne directe. ◆ Se dit du seul degré de génération des pères et mères aux enfants. ◆ Fig. *Il y a dans l'ordre des sciences une espèce de filiation.* ◆ Dépendance d'un monastère à l'égard d'un autre, parce qu'il en tire son origine. ◆ Adoption d'un corps, d'une compagnie par une autre. ◆ Liaison entre des choses qui naissent les unes des autres. *La filiation des mots, des idées.*

FILICINÉE, ■ n. f. [filisine] (lat. *filix*, fougère) **Bot.** Classe de plantes cryptogames à sporanges. *La fougère est une filicinée.* ■ Rem. On dit aussi *filicopside*, n. f.

FILICOPHYTE, ■ n. f. [filikofit] (lat. *filix*, fougère, et *-phyte*) **Bot.** Embranchement de plantes cryptogames regroupant notamment les filicinées.

FILICOPSIDE, ■ n. f. [filikɔpsid] (lat. *filix*, fougère, et gr. *opsis*, apparence) Voy. FILICINÉE.

FILICULE, n. f. [filikyl] (lat. *filicula*) **Bot.** Petites espèces de fougères employées dans les pharmacies.

FILIÈRE, n. f. [filjɛʀ] (*fil*) **Hérald.** Bordure étroite qui n'a qu'un tiers d'une des sept parties de la largeur de l'écu. ◆ Plaque d'acier percée de plusieurs trous, par lesquels on fait passer les métaux pour les réduire en fils. ◆ **Fig.** *Passer par la filière de*, être obligé de subir, etc. ◆ *Passer par la filière*, subir de longues, de rudes épreuves. ◆ *Filière de gens*, grand nombre de gens par les mains desquels doit passer une affaire. ■ Machine à fileter. ■ Voie proposée aux lycéens, aux étudiants qui cherchent à se spécialiser. *Les filières technologiques.* ■ Ensemble des intermédiaires assurant la réalisation des différentes étapes de fabrication d'un produit. *La filière agroalimentaire.* ▪ **Par extens.** Ensemble des intermédiaires dans une entreprise frauduleuse. *Remonter une filière terroriste.* ▪ **Phys.** Ensemble de réacteurs constitués de la même façon et fonctionnant de manière identique. ▪ **Zool.** Orifice permettant aux araignées et aux chenilles d'étirer leur fil.

FILIFORME, adj. [filifɔʀm] (lat. *filum* et *-forme*) **Bot.** Délié comme un fil. ♦ **Méd.** *Pouls filiforme,* pouls tellement faible et vide qu'il ne se sent plus que comme un fil. ▪ Très mince.

FILIGRANE, n. m. [filigʀan] (ital. *filigrana,* de *filo,* et *grana,* graine) Ouvrage d'or ou d'argent travaillé à jour et dont les figures sont formées de petits filets enlacés les uns dans les autres ou contournés les uns sur les autres ; il y a des grains sur les filets. ♦ Lettres, lignes ou figures fixées sur la forme à fabriquer le papier et dont la marque paraît sur la feuille. ♦ Cette marque même. ▪ **Rem.** On disait aussi *filagramme,* dans les deux sens. ♦ **Fig.** *En filigrane,* à l'arrière-plan. ▪ FILIGRANER, v. tr. [filigʀane]

FILIN, n. m. [filɛ̃] (*fil*) **Mar.** Nom donné à tout cordage qui n'est pas *câble* ou *grelin.*

FILIPENDULE, adj. [filipɑ̃dyl] (lat. *filum* et *pendulus,* qui pend) **Bot.** Qui est attaché, suspendu à des filets. *Graine filipendule.* ♦ **N. f.** Plante de la famille des rosacées.

FILLASSE, ▪ n. f. [fijas] (*fille*) **Péj.** Fille sans grand intérêt. « *Mon ami avait une sœur nommée Solange, grosse fillasse qui m'inspirait une véritable aversion* », Duhamel. ▪ **Vx** Fille vulgaire ou de mauvaise vie.

FILLE, n. f. [fij] (lat. *filia*) Personne du sexe féminin, par rapport à son père et à sa mère. ♦ **Fig.** *La foi, fille du ciel.* ♦ **Poétiq.** *Les filles de Mémoire,* les Muses. ♦ *Les filles d'enfer,* les Furies. ♦ Dans le style élevé, celle qui est issue, originaire de. *La fille des Césars.* ♦ *Filles de France,* les filles du roi et de la reine de France. ♦ *Fille d'Ève,* femme et surtout femme curieuse. ♦ ▷ **Fig.** *Une fille de l'Église,* une femme catholique. ◁ ♦ Tout enfant du sexe féminin. *Le ciel a comblé mes vœux en me donnant une fille.* ♦ *Fille* se dit par opposition à femme mariée. *Rester fille.* ♦ *La fille,* terme très fam. qui se dit en parlant d'une fille dont on ne sait pas le nom. ♦ Nom qu'on donne à certaines religieuses. *Les filles du Calvaire.* ♦ **Fig.** Il se dit des églises, abbayes et prieurés qui sont de la dépendance d'une autre église ou abbaye. ♦ Celle qu'on regarde, qu'on aime ou qu'on traite comme sa fille. *Elle est une fille pour moi.* ♦ *Ma fille,* terme d'affection. ♦ Anciennement, *la Fille aînée des rois de France,* l'université de Paris. ♦ *Fille d'honneur,* fille de qualité attachée au service d'une princesse. ♦ *Les filles de la reine.* **Par extens.** *Fille d'honneur,* jeune fille qui assiste et accompagne la mariée pendant la journée des épousailles. ♦ ▷ *Fille de boutique,* fille employée à la vente dans une boutique. ◁ ♦ *Fille de service, fille d'auberge,* fille employée aux différents services d'une maison, d'une auberge. ♦ ▷ **Absol.** *La fille,* la servante. ◁ ♦ *Fille d'opéra,* chanteuse ou danseuse à l'opéra. ♦ **Fig.** *Fille* se dit de ce qui est produit par. *La misère est fille du vice.* ▪ *Jeune fille,* femme jeune et non mariée. ▪ **Fam.** et **péj.** *Vieille fille,* femme âgée, non mariée et aigrie.

FILLÉR ou **FILLER**, ▪ n. m. [filɛʀ] (se prononce comme *filaire ;* mot hongrois) Monnaie en cours en Hongrie. *Des fillérs, des fillers.*

1 FILLETTE, n. f. [fijɛt] (*fille*) Petite fille, jeune fille.

2 FILLETTE, ▪ n. f. [fijɛt] (prob. altération de *feuillette,* même sens) Bouteille d'une contenance d'un tiers de litre utilisée pour embouteiller les vins d'Anjou. *Des fillettes de cabernet.*

FILLEUL, EULE, n. m. et n. f. [fijœl] (lat. *filiolus,* fils en bas âge ou chéri) Celui, celle qui a été tenue sur les fonts de baptême, par rapport à son parrain et à sa marraine. ♦ Enfant d'un pays en développement qu'une personne a choisi de parrainer, de soutenir moralement et financièrement.

FILM, ▪ n. m. [film] (mot angl., membrane) Pellicule de celluloïd perforée, sur laquelle est enregistrée une suite de vues à l'aide d'une caméra. *Film en super 8. Bobines de film.* ♦ Œuvre cinématographique enregistrée sur ce support. *Film policier, d'aventures. Produire, réaliser, tourner un film.* **Par anal.** Suite d'événements se déroulant selon un ordre chronologique. *Revoir le film de sa vie.* ▪ Fine pellicule d'une matière qui recouvre une surface, un objet. *Emballer des restes dans un film de plastique.*

FILMAGE, ▪ n. m. [filmaʒ] (*filmer*) Action d'enregistrer quelque chose sur un film. *Le filmage ou le tournage d'une scène en décor naturel.* ▪ Mise sous film plastique d'un objet pour le protéger. *Un atelier de filmage automatique.*

FILMER, ▪ v. tr. [filme] (*film*) Enregistrer sur une pellicule cinématographique. *Filmer un spectacle.*

FILMIQUE, ▪ adj. [filmik] (*film*) Qui a trait à film cinématographique. *L'industrie filmique.*

FILMOGÈNE, ▪ adj. [filmɔʒɛn] (angl. *film,* fine couche, et *-gène*) Dont la consistance légère permet de constituer un feuil. *Une peinture filmogène.*

FILMOGRAPHIE, ▪ n. f. [filmɔgʀafi] (*film* et *-graphie*) Liste de films rassemblés en fonction de leur auteur, de leurs acteurs ou de leur appartenance à un genre. *La filmographie des meilleurs films de science-fiction.* ▪ FILMOGRAPHIQUE, adj. [filmɔgʀafik]

FILMOLOGIE, ▪ n. f. [filmɔlɔʒi] (*film* et *-logie*) Étude du cinéma d'un point de vue esthétique et social. ▪ FILMOLOGIQUE, adj. [filmɔlɔʒik]

FILMOTHÈQUE, ▪ n. f. [filmɔtɛk] (*film* et *-thèque*) Rassemblement et archivage d'un grand nombre de microfilms. *La filmothèque de la Bibliothèque de l'image.*

FILOCHE, n. f. [filɔʃ] (*filocher*) Espèce de tissu, de filet fait de corde, de fil ou de soie. ▪ **Fam.** Filature effectuée par un policier.

FILOCHER, ▪ v. intr. [filɔʃe] (*filer*) **Fam.** Se déplacer très rapidement. ▪ **V. tr.** **Fam.** Filer quelqu'un. *On m'a filoché, déclara le truand.*

FILOGUIDÉ, ÉE, ▪ adj. [filɔgide] (*fil* et *guidé*) **Techn.** Téléguidé au moyen d'un fil. *Un jouet filoguidé.*

FILOIR, n. m. [filwaʀ] (*filer*) ▷ Machine à filer. ◁

FILON, n. m. [filɔ̃] (ital. *filone,* de *filo,* fil) Veine métallique ou fossile. ♦ **Fig.** « *L'Angleterre développe tous les genres d'industrie, exploite tous les filons de la prospérité humaine* », Mirabeau.

FILONIEN, IENNE, ▪ adj. [filɔnjɛ̃, jɛn] (*filon*) Présent sous la forme de filons ou qui contient des filons. *Un terrain filonien.* ▪ **Géol.** Dont le sous-sol est riche en filons métalliques ou fossiles. *Des gîtes métallifères filoniens.*

FILOSELLE, n. f. [filozɛl] (ital. *filosello,* du lat. *folliculus,* petit sac, enveloppe) Soie irrégulière, dite aussi *fleuret* ou *bourre de soie,* distribuée autour des longs fils qui forment le corps des cocons.

FILOU, FILOUTE, n. m. et n. f. [filu, filut] (*filer*) Voleur, voleuse qui emploie l'adresse. ♦ **Adj.** « *Un Dieu filou* [Mercure] », Fénelon. ♦ Il se dit aussi de celui ou celle qui trompe au jeu.

FILOUTAGE, n. m. [filutaʒ] (*filouter*) Habitude de filou ; métier de filou.

FILOUTÉ, ÉE, p. p. de filouter. [filute]

FILOUTER, ▪ v. tr. [filute] (*filou*) Voler en filou. ♦ **Absol.** « *Aller filouter* », Pascal. ♦ Tromper au jeu. ♦ **Fam.** *Filouter quelqu'un de tant,* le tromper de tant.

FILOUTERIE, n. f. [filut(ə)ʀi] (*filouter*) Action, tour de filou.

FILOUTIER, IÈRE, adj. [filutje, jɛʀ] (*filou*) De filou.

FILS, n. m. [fis] (on prononce *fiss ;* lat. *filius*) Un enfant mâle, par rapport à son père ou à sa mère. ♦ *Fils* se construit souvent avec le nom du père sans préposition : *le fils* ou *les fils Guérin.* ♦ *Le fils de la maison, le fils du maître de la maison.* ♦ *Fils de famille,* celui qui vit sous l'autorité de son père et de sa mère, ou sous l'autorité d'un tuteur ; jeune homme qui est d'une bonne famille. ♦ *Fils de France,* enfant mâle du roi de France. ♦ *Fils naturel,* fils né hors du mariage. ♦ *Fils en Jésus-Christ,* se dit des fidèles par rapport à leurs pères spirituels. ♦ *Le Fils aîné de l'Église,* titre des rois de France. ♦ *Le Fils de Dieu,* Jésus-Christ. ♦ Celui qu'on regarde ou qu'on aime comme son fils. ♦ *Mon fils,* manière amicale dont les personnes d'un certain âge ou d'un caractère vénérable adressent la parole à un jeune homme ou à un homme qui n'est pas leur fils. ♦ **Poétiq.** *Les fils de Mars,* les guerriers. ♦ ▷ *Les fils de la victoire,* les guerriers que la victoire favorise. ◁ ♦ *Les fils d'Apollon,* les poètes. ♦ Se dit aussi pour désigner simplement le sexe masculin, un enfant mâle, un garçon. ♦ ▷ Dans le style élevé, celui qui est de tel ou tel pays. *Les fils d'Albion,* les Anglais. ◁ ♦ Descendant, issu de telle ou telle race[1]. *Fils des rois et des dieux.* ♦ ▷ **Fig.** *Un fils de la terre,* un homme obscur qui s'est élevé à un haut rang. ◁ ♦ **Fig.** *Il est fils de ses œuvres,* se dit d'un homme qui ne doit qu'à lui-même la position à laquelle il est arrivé. ♦ **Fig.** Il se dit de ce qui est produit par. *Le luxe est fils de la vanité.* ♦ *Fils spirituel,* personne garante de l'œuvre d'un maître et chargée de la poursuivre. ▪ **Péj.** *Fils à papa,* jeune homme qui profite de la position sociale ou de la fortune de son père. ▪ **En appos.** *Durand fils,* le fils de monsieur Durand. ▪ **Prov.** *Tel père, tel fils,* les défauts et qualités du père se retrouvent chez le fils. On prononçait autrefois [fi] sans faire entendre le *s.* ▪ **Rem. 1 :** La notion de race ne repose sur aucun fondement scientifique et a une connotation raciste.

FILTRABLE, ▪ adj. [filtʀabl] (*filtrer*) Qui peut subir un filtrage.

FILTRAGE, n. m. [filtʀaʒ] (*filtrer*) L'action, l'opération de passer ou de faire passer une liqueur à travers un filtre. ▪ **Fig.** *Le filtrage des appels téléphoniques,* sélection des appels effectuée avant d'y répondre et en fonction de l'interlocuteur.

FILTRANT, ANTE, adj. [filtʀɑ̃, ɑ̃t] (*filtrer*) Qui sert à filtrer.

FILTRAT, ▪ n. m. [filtʀa] (*filtrer*) Ce qui reste de matière solide après la filtration d'un liquide. *Un filtrat d'algues marines.*

FILTRATION, n. f. [filtʀasjɔ̃] (*filtrer*) Opération qui consiste à passer un liquide à travers un filtre pour le débarrasser des parties solides qui en troublent la transparence et qui sont trop légères pour se précipiter. ◆ Passage d'un liquide à travers un corps destiné à l'éclaircir.

1 FILTRE, n. m. [filtʀ] (lat. médiév. *filtrum*) Étoffe, papier, linge, charbon, et en général corps poreux à travers lequel on fait passer un liquide pour le clarifier. ◆ Appareil destiné à la filtration des eaux en grand. ■ Embout d'une cigarette, d'un cigarillo retenant une partie de la nicotine et des goudrons. ■ **Électr.** Dispositif permettant de supprimer certaines composantes d'un flux. *Un filtre antiparasite.* ■ **Inform.** Fonction permettant d'afficher des données selon des critères définis.

2 FILTRE, n. m. [filtʀ] Voy. PHILTRE.

FILTRÉ, ÉE, p. p. de filtrer. [filtʀe]

FILTRE-PRESSE, ■ n. m. [filtʀəpʀɛs] (1 *filtre* et 1 *presse*) Dispositif permettant d'effectuer la filtration d'un liquide sous pression. *Des filtres-presses. Cette huile a été soumise à une filtration au filtre-presse.*

FILTRER, v. tr. [filtʀe] (1 *filtre*) Faire passer par le filtre. ◆ V. intr. Passer à travers un filtre. ◆ Par extens. Passer comme à travers un filtre. *L'eau filtrait de tous côtés.* ◆ Se filtrer, v. pr. Passer à travers un filtre, comme à travers un filtre. ■ Sélectionner. *Filtrer ses appels téléphoniques.*

FILURE, n. f. [filyʀ] (*filer*) ▷ Qualité de ce qui est filé. ◁

1 FIN, n. f. [fɛ̃] (lat. *finis*) Celle des deux extrémités où une chose cesse d'exister, en parlant soit de l'espace, soit de la durée. ◆ *Mettre fin à,* faire cesser ; achever, accomplir. ◆ *Faire une fin,* se fixer, et en particulier se marier. ◆ **Fam.** *N'avoir ni fin ni cesse,* ne pas cesser, ne pas finir. ◆ **Mort.** *Telle vie, telle fin,* veut dire que les méchants finissent mal. ◆ *Faire une bonne fin, une belle fin,* mourir dans des sentiments de piété et de repentir. ◆ *Tirer à la fin, à sa fin,* être près de finir, d'expirer. ◆ **Vén.** *Être sur ses fins,* en parlant de la bête qui va succomber. ◆ *Ce qu'on se propose pour but,* le terme d'une action. « *Quelle fin on doit se proposer en gouvernant les hommes* », FÉNELON. « *La plupart des hommes, pour arriver à leurs fins, sont plus capables d'un grand effort que d'une longue persévérance* », LA BRUYÈRE. ◆ *La fin justifie les moyens,* se dit pour excuser des moyens coupables en considérant la bonté de la fin. ◆ *Faire une chose à bonne fin, à mauvaise fin,* la faire à bonne intention, à mauvaise intention. ◆ *À ces fins,* afin d'effectuer l'objet qu'on se propose. ◆ On dit au singulier : *À cette fin.* ◆ *À toute fin,* pour servir en tout cas. ◆ *Un cheval à toute fin,* un cheval de selle et d'attelage à la fois. ◆ ▷ *À telle fin que de raison (pour une fin telle que la raison indiquera),* se dit, dans le style d'affaires, pour exprimer qu'on fait une chose sans savoir précisément à quoi elle servira, mais dans la prévision qu'elle pourra être utile. ◁ ◆ Dans le langage général, *à fin que de raison,* pour servir comme il conviendra, à tout événement. ◆ Le but auquel un être tend par sa nature. « *L'homme devient à lui-même son principe et sa fin* », FLÉCHIER. ◆ Il se dit aussi des choses. « *Cette nation connut la vraie fin de la politique* », BOSSUET. ◆ **Dr.** *Fin* et plus souvent *fins* désigne toute espèce de demande, prétention ou exception présentée au tribunal par les parties. *Le prévenu demande à être renvoyé des fins de la plainte.* ◆ *Fin de non-recevoir,* refus d'admettre une action judiciaire, et dans le langage général refus pour des raisons extrinsèques. ◆ **Comm.** *Fin courant* indique la fin du mois qui court, et *fin prochain* celle du mois prochain. *Fin janvier.* ◆ À LA FIN, loc. adv. Enfin, après tout. ◆ **Fam.** *À la fin des fins, en fin finale,* même sens que enfin. ◆ *Sans fin,* sans qu'il y ait de terme, de fin. ◆ *En fin de compte,* finalement. ◆ **Prov.** *La fin couronne l'œuvre,* c'est-à-dire on regarde le succès, et s'il est bon, le reste est oublié. ◆ *Qui veut la fin veut les moyens,* quand on veut une chose, il faut accepter les moyens. ■ *À toutes fins utiles,* pour s'en servir si besoin est.

2 FIN, INE, adj. [fɛ̃, in] (adjectivation de 1 *fin,* au sens de degré extrême ; cf. lat. médiév. *finus,* de belle qualité) Qui est à l'état de pureté. *Or fin.* ◆ N. m. *C'est du fin,* c'est de l'or ou de l'argent. ◆ Qui est de qualité supérieure. *Vin fin.* ◆ *Fines herbes,* menues herbes qui servent aux assaisonnements, comme le cerfeuil, le persil, la pimprenelle, l'estragon. ◆ *Fine fleur de la chevalerie,* l'élite des chevaliers, et parfois un chevalier accompli. ◆ Véritable, par opposition à faux, en parlant d'ouvrages de broderie, de pierres précieuses, de dentelles d'or et d'argent. ◆ Se dit explétivement dans certaines locutions pour renforcer un action du moyen auquel il est joint. *Le fin fond de la mer.* ◆ **Fig. et fam.** *Le fin mot,* le mot dernier, décisif, par lequel une personne fait connaître son intention, ses vues ; le véritable motif, le motif caché qu'on n'avoue qu'à la dernière extrémité. ◆ Il se joint dans le langage familier à quelques adjectifs. *Fin seul,* ▷ tout à fait seul. ◁ ◆ *Le fin premier,* le premier de tous. ◆ Qui excelle en quelque qualité, en parlant des personnes. *Un fin connaisseur.* ◆ Recherché, en parlant des mets. *Un souper fin.* ◆ Qui a délicatesse et élégance. *Des traits fins.* ◆ Qui est de forme svelte, élégante. *Avoir la taille fine, la jambe fine.* ◆ *Cheval fin,* cheval qui a la tête sèche, la taille fine et les jambes en rapport avec le corps. ◆ Qui est délié, menu. *La pointe de cet instrument est trop fine. Du fil fin.* ◆ *Oiseaux à bec fin* ou simplement *becs-fins,* nom donné, en raison de la forme de leur bec, à différents petits oiseaux. ◆ Se dit des étoffes faites avec des fils très fins.

Un drap fin. ◆ N. m. *Blanchisseuse de fin, de linge fin.* ◆ *Plume fine,* plume à écrire dont le bec est fin. ◆ ▷ N. m. *Écrire en fin,* employer la plus fine écriture. ◁ ◆ En parlant des sens, qui a une grande sensibilité. *Odorat très fin. Oreille fine.* ◆ *Avoir le nez fin,* en parlant d'un chien, bien sentir le gibier, et fig. avoir beaucoup de sagacité. ◆ **Fig.** *Avoir l'oreille fine,* se connaître en musique. ◆ Qui n'est appréciable que par un esprit pénétrant ou un goût délicat. *Une expression, une plaisanterie fine.* ◆ Il se dit de l'esprit, du goût, du jugement, etc. pour en signifier la subtilité, la sagacité. ◆ Rusé, adroit, pénétrant. *Un fin matois. Le renard est très fin.* ◆ **Fig.** *C'est un fin renard, une fine bête, une fine mouche,* une personne fort rusée. ◆ N. m. et n. f. *De plus fins y ont été pris comme moi.* ◆ *Faire le fin,* se piquer de ruse, d'adresse, de finesse. ◆ **Fam.** *Jouer au plus fin,* c'est-à-dire à qui sera le plus fin. ◆ Il se dit des choses qui décèlent de l'adresse, de la ruse. *Le tour est fin.* ◆ **Adv.** Au billard, *prendre une bille fin,* la toucher sur le côté. ◆ **Adj.** *Prenez la bille très fine.* ◆ N. m. Ce qu'il y a de décisif, de principal. « *C'est prendre le fin des choses* », MOLIÈRE. ◆ Ce qu'il y a de plus caché en une affaire. ◆ *Savoir le fort et le fin d'un art,* le connaître parfaitement. ◆ ▷ *Le fin de l'autruche,* ce qu'il y a de plus délié dans le plumage de l'autruche. ◁

FINAGE, n. m. [finaʒ] (lat. médiév. *finagium*) ▷ **Dr.** Étendue d'une juridiction ou d'une paroisse. ◆ Se dit, en quelques provinces, de l'étendue du territoire d'une commune. ◁

1 FINAL, ALE, adj. [final] (b. lat. *finalis*) Qui finit, qui est à la fin. *Compte final.* ◆ *Point final,* le point qui termine une phrase. ◆ **Théol.** Qui dure jusqu'à la fin de la vie. *Impénitence finale.* ◆ **Fam.** *Mourir dans l'impénitence finale,* garder, contre les avis, une opinion qu'on s'est formée. ◆ *Cause finale,* le but qu'on se propose. ◆ **Philos.** *Cause finale,* la fin, la destination dernière des choses et par conséquent l'objet pour lequel elles sont faites. ◆ N. f. La dernière syllabe d'un mot. ◆ **Danse** La cinquième et dernière figure du quadrille ordinaire. ◆ *Final* adj. fait au masculin pluriel *finals.* ■ N. f. Dernier match d'une compétition à l'issue duquel sera désigné le vainqueur. ■ AU FINAL, loc. adv. Au bout du compte. *Il employait à tout propos la formule « au final » qui n'était pas du meilleur effet.*

2 FINAL ou **FINALE**, n. m. [final] (ital. *finale*) Morceau d'ensemble qui termine un acte d'opéra ; le dernier morceau d'une symphonie, d'une sonate, etc. ◆ Au pl. *Des finales* ou *des finals.*

FINALEMENT, adv. [final(ə)mɑ̃] (*final*) Pour en finir, en dernier résultat.

FINALISATION, ■ n. f. [finalizasjɔ̃] (*finaliser*) Action de terminer, de mettre un terme à quelque chose.

FINALISER, ■ v. tr. [finalize] (1 *final*) Donner un but, une orientation précise à quelque chose. *Finaliser son désir d'aider les autres.* ■ Mettre au point, établir de manière définitive. *Finaliser un projet.*

FINALISME, ■ n. m. [finalism] (*finaliste*) **Philos.** Doctrine qui explique l'univers et ses phénomènes par la finalité. *Le finalisme chrétien.* « *Nous distinguons trois théories, le probabilisme, l'évolution est le seul produit du hasard, le finalisme, l'évolution est le produit d'une force spirituelle, le déterminisme, l'évolution est produite par une énergie matérielle* », BONET BETORET.

FINALISTE, ■ adj. [finalist] (1 *final* et *finale,* suivant les sens) **Philos.** Qui admet la notion de finalité. *Théorie finaliste.* ■ Qualifié pour disputer une finale. *Équipes finalistes.* ■ N. m. et n. f. *Les finalistes se serrent la main avant le match.*

FINALITÉ, n. f. [finalite] (1 *final* ; b. lat. *finalitas,* désinence) **Philos.** Doctrine d'après laquelle on admet que rien n'est et ne se fait que pour une fin voulue et déterminée.

FINANÇABLE, ■ adj. [finɑ̃sabl] (*financer*) Que l'on peut financer. *Un projet aisément finançable.*

FINANCE, n. f. [finɑ̃s] (anc. fr. *finer,* finir, payer) Argent comptant. ◆ Au pl. L'état de la fortune, les ressources pécuniaires d'une personne. *Il est mal dans ses finances.* ◆ Les recettes et les dépenses de l'État. *Loi des finances. Le ministre des Finances.* ◆ L'administration qui régit les deniers de l'État. ◆ L'art d'établir et de régir le trésor public. *Il sait bien les finances.* ◆ Il se dit aussi en ce sens au singulier. ◆ Il se dit de ceux qui manient les revenus de l'État, ou de ceux qui font de grandes affaires d'argent. *Un homme de finance.* ◆ *La haute finance,* les banquiers, les grands capitalistes. ◆ *Matières, affaires de finance,* matières, affaires relatives aux finances. ■ *Moyennant finance,* contre une somme d'argent.

FINANCÉ, ÉE, p. p. de financer. [finɑ̃se]

FINANCEMENT, ■ n. m. [finɑ̃s(ə)mɑ̃] (*financer*) Action de fournir les capitaux nécessaires à la réalisation d'un projet, au fonctionnement d'un organisme, d'une entreprise. *Financement d'un logement, d'une voiture.*

FINANCER, v. intr. [finɑ̃se] (*finance*) **Fam.** Fournir, débourser de l'argent, avec l'idée qu'on paye ou trop ou malgré soi. ■ Pourvoir au financement d'un projet.

1 FINANCIER, IÈRE, n. m. et n. f. [finãsje, jɛʀ] (*finance*) Personne qui fait des opérations de banque, de grandes affaires d'argent. ◆ Autrefois, ceux qui avaient la ferme ou la régie des droits du roi. ◆ Personne qui entend les affaires de finance. ◆ **Fam.** Homme opulent. ◆ **Théât.** Comédien qui joue les rôles de financier. ■ N. m. Pâtisserie à base de poudre d'amande.

2 FINANCIER, IÈRE, adj. [finãsje, jɛʀ] (*finance*) Qui a rapport aux finances. *Système financier. Opérations financières.* ◆ Qui est propre aux gens de finance. *Morgue financière.* ◆ *Écriture financière*, écriture en lettres rondes. ◆ N. f. *Financière*, sorte de préparation culinaire. *Vol-au-vent à la financière.*

FINANCIÈREMENT, adv. [finãsjeʀ(ə)mã] (2 *financier*) En matière de finance. ◆ À la manière des financiers.

FINASSER, v. intr. [finase] (*finesse*, avec chang. de suff.) User de mauvaises finesses.

FINASSERIE, n. f. [finas(ə)ʀi] (*finasser*) Petite ou mauvaise finesse.

FINASSEUR, EUSE, n. m. et n. f. [finasœr, øz] (*finasser*) Celui, celle qui finasse.

FINASSIER, IÈRE, n. m. et n. f. [finasje, jɛʀ] (*finasser*) Celui, celle qui emploie des finasseries. ◆ Adj. *Un caractère finassier.*

FINAUD, AUDE, adj. [fino, od] (2 *fin*) Qui a une finesse dont il est bon de se défier. *Un paysan finaud.* ◆ N. m. et n. f. *Un finaud.*

FINAUDERIE, ■ n. f. [finod(ə)ʀi] (*finaud*) **Vx** Manière d'agir ou aptitude de celui qui use de finesse. « *Il était capable, avec sa finauderie de normand, de faire ce dont on l'accusait, et même de s'en vanter comme d'un bon tour* », MAUPASSANT.

FINE, ■ n. f. [fin] (2 *fin*) Eau-de-vie naturelle de très bonne qualité. *Un verre de fine champagne.*

FINEMENT, adv. [fin(ə)mã] (2 *fin*) D'une façon fine, avec élégance et délicatesse. ◆ D'une façon menue, fine, déliée. *Du lin filé finement.* ◆ Il se dit des sens. *Sentir finement.* ◆ Avec un esprit délicat et subtil. *Juger finement des choses.* ◆ Avec adresse, avec ruse. *Il l'a attrapé finement.*

FINES, ■ n. f. pl. [fin] (2 *fin*) **Techn.** Poudre minérale utilisée en travaux publics pour augmenter la compacité des sols en bitume. *Les fines argileuses plus sensibles à la floculation. Teneur en fines.* ■ Poudre minérale associée au béton pour le rendre plus compact. ■ Résidus de minerai spécialt. du charbon de très petite taille. ■ Copeaux de bois utilisés pour la fabrication de la pâte à papier.

FINESSE, n. f. [finɛs] (2 *fin*) Qualité de ce qui est fin, de ce qui a le caractère d'une élégante délicatesse. *Réponse pleine de finesse.* ◆ Il se dit de ce qui a une forme délicate et élégante. *La finesse des traits.* ◆ *Finesse de ciseau, de pinceau, de burin*, manière délicate et gracieuse de sculpter, de peindre, de graver. ◆ *Finesses de touche, finesses de ton*, effets de touche, de ton, remarquables par leur grâce et leur délicatesse. ◆ Qualité de ce qui est svelte et élégant. *La finesse de la taille.* ◆ Qualité de ce qui est fin, délié, menu. *La finesse des cheveux, d'une dentelle.* ◆ Subtilité des sens. *La finesse de l'ouïe.* ◆ Qualité qui fait que l'esprit saisit et perçoit les choses fines. *La finesse du jugement.* ◆ **Absol.** Finesse se dit pour *finesse d'esprit.* ◆ Entendre finesse à quelque chose, y donner un sens fin et quelquefois malin. *Chercher finesse à une chose.* ◆ *N'y pas savoir de finesse*, ne pas vouloir tromper, faire illusion. ◆ *Faire finesse d'une chose* ou simplement *faire finesse*, cacher, dissimuler ce qu'on ne devrait pas cacher, dissimuler. ◆ Il se dit de la chose même qui est difficile à saisir, à sentir. *Les finesses de la langue.* ◆ Supercherie, ruse. « *Enfin j'ai vu le monde et j'en sais les finesses* », MOLIÈRE. ◆ Acte de finesse, de ruse. *Des finesses cousues de fil blanc*, des artifices grossiers.

FINET, ETTE, adj. [finɛ, ɛt] (2 *fin*) ▷ Qui a de petites finesses. ◁

FINETTE, n. f. [finɛt] (2 *fin*) Étoffe croisée à l'endroit et tirée à poils à l'envers. *Camisole, doublure de finette.*

FINI, IE, p. p. de finir. [fini] *Tout est fini*, les choses sont dans un état tel, qu'il n'y a plus à y changer. ◆ *Un homme fini*, un homme qui n'a plus rien à attendre de l'avenir. ◆ **Art** Soigneusement terminé. ◆ Dans le parler vulgaire, qui atteint le plus haut degré, qui possède une qualité au plus haut degré. ◆ Qui n'est pas sans fin ou sans bornes. ◆ **Math.** Grandeur finie, celle qui a des bornes. ◆ *Modes finis*, les modes personnels dans les verbes ; on dit plutôt modes définis. ◆ N. m. *Le fini*, ce qui a des bornes. ◆ La qualité d'un ouvrage terminé avec soin. ■ Adj. *Produit fini*, prêt à l'emploi. ■ Péj. et fam. *C'est un charlatan fini*, qui a de grandes aptitudes dans son domaine.

FINIMENT, n. m. [finimã] (*fini*) ▷ **Peint.** Qualité d'un ouvrage travaillé avec le plus grand soin. ◆ On dit plutôt *le fini.* ◁

FINIR, v. tr. [finiʀ] (lat. *finire*) Conduire à achèvement, à terme. *Finir un ouvrage.* ◆ Mettre fin à, faire cesser. *Finir sa vie.* ◆ *Finir le cours de*, mettre un terme à. ◆ *Finir son cours*, avec un nom de chose pour sujet, cesser. ◆

Finir un verre, un plat, etc., achever de boire, de manger ce qui restait dedans. ◆ Avec un nom de chose pour sujet, être la fin, le terme. *L'instant qui va finir sa vie.* ◆ Mettre la dernière main. *Finir un ouvrage.* ◆ Exécuter avec beaucoup de soin, d'une manière minutieuse. ◆ ▷ **Absol.** *Ce peintre finit trop.* ◁ ◆ V. intr. Ne pas continuer de faire ou de dire. ◆ Il se construit avec *de* et l'infinitif. *Finir de parler.* ◆ *En finir*, mettre fin à quelque chose, et d'ordinaire à une chose longue et ennuyeuse. *Finissez-en.* ◆ ▷ *Ne pas finir à*, avec un infinitif, ne pouvoir achever de. ◁ ◆ Prendre fin, arriver à son terme. « *Comptons comme un pur néant tout ce qui finit* », BOSSUET. ◆ *Ne pas finir*, n'avoir point de borne, être infini. ◆ Être terminé, se terminer. *Le mur finit en tel endroit.* ◆ **Fam.** *Ne pas finir*, avoir une longueur démesurée. ◆ *Finir en*, avoir l'extrémité conformée en. *Sa queue finit en pointe.* ◆ Avoir une certaine issue. *Cela finira mal.* ◆ Il se dit des personnes en un sens analogue. *Ce jeune homme finira mal.* ◆ *Finir par*, avec un infinitif, arriver à la longue à un terme. *Il finira par payer.* ◆ Mourir. ◆ Se finir, v. pr. Prendre fin, cesser.

FINISH (AU), ■ loc. adv. et loc. adj. [finiʃ] (mot angl., du temps où, à la boxe anglaise, le système de comptage n'existait pas) **Sp.** À l'usure, avec opiniâtreté et effort. *Avoir un adversaire au finish. Match qui s'impose au finish.* ■ À la fin. « *Peut-être pas tellement racé, le dessin au finish, mais joli* », GIRAUD.

FINISSAGE, ■ n. m. [finisaʒ] (*finir*) **Techn.** Réalisation des finitions d'un ouvrage. *Des travaux de finissage. Le finissage des textiles. Cire, matériel de finissage.*

FINISSANT, ANTE, adj. [finisã, ãt] (*finir*) Qui finit, qui touche à sa fin.

FINISSEUR, EUSE, ■ n. m. et n. f. [finisœr, øz] (radic du p. prés. de *finir*) Personne en charge des finitions d'un ouvrage, d'un objet. ■ **Sp.** Athlète qui montre toutes ses capacités dans la dernière partie d'une épreuve. *Avec ses qualités de finisseur, il prit la tête au dernier moment.* ■ N. m. Engin de travaux publics qui façonne le revêtement des chaussées.

FINISSURE, ■ n. f. [finisyʀ] (radic du p. prés. de *finir*) Suite d'opérations qui constituent la finition de la reliure d'un ouvrage. ■ Dernière coupe d'un jambon, d'un rôti, d'un pâté. *On coupe en premier l'entame, et en dernier la finissure.*

FINITION, ■ n. f. [finisjɔ̃] (lat. *finitio*, délimitation, achèvement) Ensemble des opérations qui achèvent l'exécution d'une tâche, un ouvrage. *Enduit de finition. Il ne reste plus que les finitions à faire.* ■ Aspect plus ou moins soigné que présente un objet terminé. *Un vêtement d'une finition irréprochable.*

FINITUDE, ■ n. f. [finityd] (*fini* p.-ê. infl. de l'angl *finitude*) **Philos.** Fait de considérer toute chose comme ayant une fin. « *Qu'il puisse toujours échouer, c'est la marque de sa pure finitude et de sa pure historicité* », DÉRIDA.

FINLANDAIS, AISE, ■ adj. [fɛ̃lɑ̃dɛ, ɛz] (*Finlande*) Originaire ou typique de Finlande. ■ N. m. et n. f. *Un Finlandais, une Finlandaise.*

FINLANDISATION, ■ n. f. [fɛ̃lɑ̃dizasjɔ̃] (*Finlande*) Ensemble de mesures et obligations imposées par un État puissant à un de ses pays limitrophes dont la puissance est moindre. *Il craignait la finlandisation de son pays par le puissant voisin.* ■ **FINLANDISER**, v. tr. [fɛ̃lɑ̃dize]

FINNOIS, OISE, ■ adj. [finwa, waz] (lat. *Fenni*, gr. *Phinnoi*, peuple de Scandinavie) Relatif à la Finlande et à ses pays limitrophes. ■ N. m. Langue parlée en Finlande.

FIOLE, n. f. [fjɔl] (lat. *phiala*, du gr. *phialê*, vase, coupe) Petit flacon de verre. ◆ Petite bouteille à col long et d'un verre très mince, en usage chez les pharmaciens. ■ **Fam.** Tête. *Se payer la fiole de quelqu'un*, se moquer de lui.

FION, ■ n. m. [fjɔ̃] (var. de *fignon*, d'orig. inc.) **Arg.** et **vulg.** Fesses. « *Ils se repointent ici, ils se prennent des dragées dans le fion* », THÉRAME. ■ **Fig.** Chance. *Ne pas avoir de fion dans la vie.*

FIORD, ■ n. m. [fjɔrd] Voy. FJORD.

FIORITURE, n. f. [fjɔʀityʀ] (ital. *fioritura*, floraison) **Mus.** Ornement ajouté à la musique vocale, à la musique instrumentale par d'habiles exécutants, et qui consiste en gammes, traits, appoggiatures, trilles, etc. ■ **Fig.** Ornements subtils. *Un style chargé de fioritures.*

FIOUL ou **FUEL**, ■ n. m. [fjul] (angl. *fuel oil*, huile combustible) Combustible issu de la distillation du pétrole et employé notamment pour le chauffage domestique. *Chaudière au fioul. Livraison de fioul à domicile.* ■ La graphie *fioul* correspond mieux au système graphique du français.

FIQH, ■ n. m. [fik] (mot ar.) Droit religieux dans la religion musulmane. *Le commentaire coranique et le fiqh sont essentiels dans la théologie islamique.*

FIREWALL, ■ n. m. [fajœrwol] (mot angl., de *fire*, feu, et *wall*, mur) **Inform.** Serveur formant une sorte de pare-feu protégeant un ordinateur ou un système d'ordinateurs en réseau contre le piratage et assurant la sécurité des informations transmises entre les machines en contrôlant systématiquement les entrées et les sorties. *Des firewalls.*

FIREWIRE, ■ n. m. inv. [fajœrwajœr] (mot angl. de *fire*, feu, et *wire*, dépêche) Norme utilisée pour les connecteurs qui relient un ordinateur et ses périphériques à haut débit et leur permet d'échanger rapidement des données. ■ Rem. On trouve dans l'usage le pluriel. *Des ports, des cartes firewires pour un ordinateur.*

FIRMAMENT, n. m. [firmamã] (lat. *firmamentum*, ce qui affermit, soutien) Dans la Bible, cloison solide qui soutient le ciel et sépare les eaux supérieures des eaux inférieures. ♦ Dans l'ancienne astronomie, le huitième ciel dans lequel on supposait que les étoiles fixes étaient placées, et que l'on se représentait comme étant de cristal. ♦ Dans le langage actuel, le ciel, la voûte circulaire où les astres semblent attachés.

FIRMAN, n. m. [firmã] (turc *ferman*, du pers. *farman*, ordonnance royale) Ordre émané de la Sublime Porte ou de toute autre cour musulmane. ♦ Passeport ou permission de trafiquer qu'on accorde aux marchands étrangers qui font le commerce dans le Levant.

FIRME, ■ n. f. [firm] (prob. angl. *firm*, signature, puis entreprise commerciale, de l'ital. *firma*, confirmation d'un engagement) Société industrielle ou commerciale, à désignation légale. *Firme multinationale. Travailler pour une firme étrangère.*

FISC, n. m. [fisk] (on prononce le *c* final ; lat. *fiscus*, panier, trésor impérial) Le trésor du prince ; les finances de l'État. ♦ *L'administration du fisc,* celle des finances publiques. *Les employés du fisc.*

FISCAL, ALE, adj. [fiskal] (lat. impér. *fiscalis*) Qui appartient au fisc, qui concerne le fisc. *Droits fiscaux.* ♦ Qui a pour but d'augmenter les produits de l'impôt. *Mesure fiscale.* ♦ Très zélé pour le fisc, en mauvaise part. ♦ Anciennement, *procureur fiscal, avocat fiscal* et n. m. *le fiscal,* nom d'officiers des justices seigneuriales, et qui remplissaient les fonctions de ministère public.

FISCALEMENT, adv. [fiskal(ə)mã] (*fiscal*) D'un manière fiscale.

FISCALISATION, ■ n. f. [fiskalizasjõ] (*fiscaliser*) Fait d'instituer un impôt sur quelque chose. *Une fiscalisation partielle.* ■ Son résultat. *Une fiscalisation trop élevée.*

FISCALISER, ■ v. tr. [fiskalize] (*fiscal*) Imposer un impôt sur quelque chose. *Fiscaliser des bénéfices.* ■ Financer en utilisant l'argent d'un impôt. *Fiscaliser la Sécurité sociale.*

FISCALISTE, ■ n. m. et n. f. [fiskalist] (*fiscal*) Personne spécialisée en droit fiscal.

FISCALITÉ, n. f. [fiskalite] (*fiscal*) Système de lois relatives au fisc. ♦ Disposition à exagérer les droits du fisc.

FISH-EYE, ■ n. m. [fiʃaj] (mot angl., de *fish*, poisson, et *eye*, œil) Phot. Objectif photographique pourvu d'un angle très large, d'au moins 180 degrés. *Les fish-eyes sont à très courte focale.*

FISSA, ■ adv. [fisa] (ar. *fissaa*, à l'instant, de *fi*, dans, et *saa*, moment) Fam. Rapidement. *Il a fait fissa.*

FISSIBLE, ■ adj. [fisibl] (*fission*) Phys. Fissile. ■ FISSIBILITÉ, n. f. [fisibilite]

FISSILE, ■ adj. [fisil] (lat. *fissilis*, de *fissum*, supin de *findere*, fendre) Qui se divise facilement. *Une roche fissile.* ■ Phys. Qui peut subir une fission nucléaire. *Des matières fissiles comme l'uranium, le plutonium.*

FISSION, ■ n. f. [fisjõ] (angl. *fission*, du lat. *fissio*, de *findere*, fendre) Phys. Fragmentation d'un noyau atomique lourd en deux morceaux ou plus, qui libère une énergie nucléaire importante et peut entraîner une réaction en chaîne. *Le phénomène de fission a été découvert dans les années 1930.* ■ FISSIONNER, v. tr. et v. intr. [fisjone]

FISSIPÈDE, adj. [fisiped] (b. lat. *fissipes*, génit. *-pedis*, qui a les pieds fourchus) Il se dit des quadrupèdes qui ont les pieds divisés en plusieurs doigts. *Les chiens et les loups sont fissipèdes.* ♦ Il se dit aussi des oiseaux dont les doigts ne sont pas réunis par une membrane. ♦ N. m. *Les fissipèdes.*

FISSURATION, ■ n. f. [fisyrasjõ] (de *fissurer*) Fait de s'abîmer en fissures. ■ Formation progressive d'une fissure. *La fissuration du mur a mis plusieurs années avant de devenir dangereuse.*

FISSURE, n. f. [fisyr] (lat. *fissura*, de *findere*, fendre) Petite fente, crevasse. *Les fissures d'un mur.* ♦ Anat. Nom donné à différents sillons. ♦ Chir. Toute solution de continuité étroite et peu profonde. ♦ Fracture longitudinale d'un os fêlé. ♦ Fig. Désaccord insidieux, point faible d'une relation humaine. *La fissure de leur amitié.*

FISSURER, ■ v. tr. [fisyre] (*fissure*) Provoquer des fissures. *Les racines ont fissuré le sol.* ■ Se fissurer, v. pr. *Maison qui se fissure.* ■ Fig. *Leur amitié s'est fissurée au fil du temps.*

FISTON, ■ n. m. [fistõ] (*fils*) Fam. Fils. *Je te présente mon fiston.* ■ Terme d'affection utilisé à l'égard de jeunes hommes. *Fais attention, fiston !*

FISTULAIRE, adj. [fistyler] (lat. sav. [Agassiz et Linné] *fistularia* ; en b. lat. *fistularis*, bon contre les fistules) Qui est percé d'un pertuis dans toute sa longueur. ♦ ▷ N. f. Genre d'algues marines. ◁ ♦ ▷ Genre de mollusques. ◁

FISTULE, n. f. [fistyl] (lat. *fistula*, tuyau, roseau, fistule) Ulcère dont l'entrée est étroite et qui communique avec une cavité naturelle. *Fistule lacrymale.* ♦ Dans le langage vulgaire, *fistule* s'entend de *la fistule à l'anus.* ♦ Ulcère en forme de canal étroit, entretenu par un état pathologique local ou par la présence d'un corps étranger, sans communication avec une cavité naturelle.

FISTULEUX, EUSE, adj. [fistylø, øz] (lat. *fistulosus*) Qui est de la nature de la fistule. ♦ Bot. Qui est cylindrique et percé d'un canal intérieur : *tige fistuleuse.*

FISTULINE, ■ n. f. [fistylin] (*fistule*) Bot. Champignon comestible qui se développe sur le tronc des arbres et qui est caractérisé par un chapeau très épais et de couleur rouge sang. *Le fistuline est aussi appelé langue-de-bœuf ou foie-de-bœuf.*

FITNESS, ■ n. m. [fitnɛs] (mot angl., aptitude, bonne santé) Ensemble d'activités destinées à conserver une bonne forme physique, au moyen d'exercices pratiqués avec divers appareils. *Matériel de fitness.*

FIV, ■ n. f. [efive] (sigle de *fécondation in vitro*) Méd. Processus qui consiste à effectuer la fécondation d'un ovule en laboratoire. *La fécondation in vitro ou FIV a initialement été mise au point pour permettre aux femmes dont les trompes sont altérées de concevoir des enfants, elle consiste à organiser la rencontre des spermatozoïdes et des ovocytes en laboratoire et à favoriser ainsi la fécondation, en transférant ensuite dans l'utérus les embryons obtenus.*

FIVÈTE, ■ n. f. [fivet] (acronyme de *fécondation in vitro* et *transfert d'embryon*) Technique de procréation assistée qui consiste à prélever un ovule pour le féconder en laboratoire avant de le replacer dans l'utérus. *Il est nécessaire de faire six à huit tentatives de fivète en moyenne pour une grossesse réussie.*

FIXAGE, n. m. [fiksaʒ] (*fixer*) Techn. Action de fixer. ♦ En photographie, opération par laquelle on détruit la sensibilité d'une préparation photographique amenée par la lumière à un état dont on veut conserver l'impression. ■ Financ. Technique boursière qui consiste à définir la cote de produits les uns par rapport aux autres à un moment donné. *Le fixage du prix d'achat d'un produit.* ■ Financ. Cotation de l'or à la Bourse.

1 **FIXATEUR**, ■ n. m. [fiksatœr] (*fixer*) En photographie, ce qui fixe l'image. *L'hyposulfite de soude s'emploie comme fixateur.* ■ Substance vaporisée à la surface d'un dessin ou d'un revêtement fragile afin de renforcer sa tenue et de le protéger. *Utiliser un fixateur pour protéger de la faïence.* ■ Biol. Produit qui permet de fixer des cellules sur une lame de verre sans altérer leur structure en vue d'un examen microscopique. *Le fixateur contient également des agents qui dissolvent les globules rouges et le mucus.*

2 **FIXATEUR, TRICE**, ■ adj. [fiksatœr, tris] (*fixer*) Qui permet de fixer quelque chose. *Une bactérie fixatrice d'azote.*

1 **FIXATIF, IVE**, adj. [fiksatif, iv] (*fixer*) Techn. Qui sert à fixer.

2 **FIXATIF**, ■ n. m. [fiksatif] (*fixer*) Solution qui, vaporisée sur un dessin, en permet la protection et la conservation. *Le fixatif à base d'alcool renforce l'adhérence du fusain, des crayons de couleur et des pastels.*

FIXATION, n. f. [fiksasjõ] (*fixer*) Action de fixer. *La fixation d'un poteau dans la terre.* ♦ Arrêt d'un corps mobile horizontal ou suspendu. *La fixation d'une girouette.* ♦ Chim. Opération par laquelle on rend solide un corps liquide ou gazeux. ♦ Action de déterminer, de régler d'après un taux, un étalon, etc. *Fixation d'un prix de vente.* ♦ Fig. *La fixation des idées, des termes, du langage.* ■ Dispositif servant à maintenir fixe une pièce mobile. ■ Attachement excessif à un fait, à une idée. *Il fait une fixation sur mon absence.* ■ Fait de soumettre des cellules à l'action d'un fixateur en vue d'un examen microscopique. *Une fixation de cellules en culture.* ■ Psych. Attachement excessif à un être ou une image appartenant au passé et qui entraîne une absence d'évolution dans le développement de l'individu. *Les deux mécanismes toujours présents dans la formation d'une névrose sont la fixation et la régression.*

1 **FIXE**, adj. [fiks] (lat. *fixus*) Qui ne se meut point, qui est toujours à la même place. *Point fixe.* ♦ Être à poste fixe en un lieu, y être à demeure, y être sédentaire. ♦ Avoir la vue fixe, les yeux fixes, le regard fixe, tenir les yeux attachés sur un objet, et aussi avoir les yeux ouverts et immobiles. ♦ ▷ *Les étoiles fixes* et n. f. *les fixes,* les étoiles qui gardent toujours la même situation entre elles, par opposition aux planètes. ◁ ♦ Qui ne varie point. *Prix fixe.* ♦ *Couleur fixe,* couleur qui reste la même de quelque côté qu'on la regarde. ♦ *Douleur fixe,* douleur qui se fait sentir, sans discontinuation, en un point. ♦ *Idée fixe,* idée dominante qui absorbe l'esprit. ♦ Déterminé. *À jour fixe.* ♦ Réglé, par opposition à casuel. *Des appointements fixes.* ♦ N. m. *Le fixe,* la quotité fixe des appointements. ♦ Décidé à, résolu à. « *Tantôt à me venger*

fixe et déterminée », Racine. ♦ ▷ **Chim.** Qui n'est point volatilisable par le feu. ◁ ♦ *Gaz fixes*, gaz qui ne peuvent être amenés à l'état liquide ou solide. ♦ ▷ **N. m. pl.** *Les fixes*, les corps qui ne sont pas volatilisables par le feu. ◁ ♦ **fixe !**, interj. Terme de commandement militaire, pour qu'une troupe regarde de juste devant soi. ■ *Beau fixe*, beau temps permanent.

2 FIXE, ■ n. m. [fiks] (angl. [*to*] *fix*) **Fam.** Injection de drogue. *Il a été arrêté au moment où il se faisait un fixe, pendant que l'autre sniffait un rail de cocaïne.*

FIXÉ, ÉE, p. p. de fixer. [fikse] N. m. *Fixé*, petit tableau à l'huile, ordinairement peint sur taffetas, et appliqué à une glace qui lui tient lieu de vernis. ■ Adj. *Être fixé sur*, avoir connaissance de. *Il ne s'engagera pas tant qu'il ne sera pas fixé sur son salaire.* ■ *Au jour fixé*, au jour qui est convenu. *Se présenter au jour fixé au tribunal.*

FIXEMENT, adv. [fiksəmɑ̃] (*fixe*) D'une manière fixe.

FIXER, v. tr. [fikse] (*fixe*) Rendre fixe, affermir, arrêter. *Fixer au moyen d'un clou.* ♦ **Par extens.** *Fixer ses yeux, ses regards, sa vue sur quelqu'un, sur quelque objet*, les y tenir attachés. *On ne doit pas dire fixer quelqu'un, quelque chose.* ♦ **Fig.** *Fixer les regards, fixer l'attention*, attirer l'attention. ♦ *Fixer les yeux*, rendre les yeux fixes. « *Un désespoir farouche fixe vos yeux troublés* », Voltaire. ♦ *Fixer ses idées sur le papier*, les écrire. *Fixer quelque chose sur la toile.* ♦ *Fixer dans la mémoire, dans l'esprit*, établir d'une manière durable dans le souvenir. ♦ *Fixer les esprits*, les arrêter à une opinion déterminée. ♦ Arrêter un objet fixe, fixer les goûts de quelqu'un. ♦ *Fixer les désirs de quelqu'un*, faire qu'ils se portent sur lui. ♦ Régulariser, rendre régulier en parlant des affections morales. *Fixer la conduite, les inclinations, etc.* ♦ Régler, préciser, évaluer. *Fixer la valeur des monnaies, l'état de la question, etc.* ♦ Assigner. *Fixer le lieu du rendez-vous.* ♦ *Fixer une langue*, déterminer quel est l'usage des meilleurs écrivains à une époque classique, le suivre ou l'imposer. ♦ Faire résider. *Le commerce nous a fixés dans ce port.* ♦ *Fixer sa demeure à*, établir son domicile à. ♦ ▷ **Chim.** Mettre un corps volatil en état de supporter l'action du feu sans se sublimer ou se volatiliser. ◁ ♦ En photographie, opérer le fixage. ◁ ♦ **Se fixer**, v. pr. S'attacher. ♦ **Par extens.** *Tous les yeux se fixèrent sur lui.* ♦ *Se fixer*, se dit aussi des yeux qui deviennent immobiles. ♦ **Fig.** *Se fixer*, prendre une attache ferme, définitive. ♦ **Absol.** *S'établir par un mariage.* ♦ Se ranger, prendre pied dans le bien. ♦ Se déterminer à quelque chose. *À quoi vous fixez-vous ? Mon choix s'est fixé sur...* ♦ Établir sa résidence d'une manière fixe. ■ Protéger l'éclat des couleurs et du tracé d'un dessin en pulvérisant un fixateur. *Fixer les pastels et les traits au fusain.* ■ Lever un doute ou une incertitude concernant quelque chose ou quelqu'un. *Au moins, maintenant, nous sommes fixés sur la nature de ses sentiments.* ■ REM. On dit auj. *fixer quelqu'un* ou *quelque chose*.

FIXETTE, ■ n. f. [fikset] (radic. de *fixation*) **Fam.** Idée obsédante. *Elle fait une fixette sur son poids.*

FIXING, ■ n. m. [fiksiŋ] (mot angl.) **Financ.** Fixage. Voy. ce mot.

FIXISME, ■ n. m. [fiksism] (*fixe*) Doctrine qui affirme que les espèces ont été créées de manière subite, indépendamment les unes des autres, qu'elles sont fixes dans le temps et n'ont subi aucune évolution depuis leur création. *Le fixisme est la théorie antagoniste à la théorie de l'évolution de Darwin.*

FIXISTE, ■ adj. [fiksist] (*fixisme*) Qui a trait au fixisme. ■ N. m. et n. f. Personne qui adhère au fixisme. *Les fixistes pensent que les espèces sont créées par Dieu à partir d'un couple original, et qu'elles ne changent pas au cours du temps.*

FIXITÉ, n. f. [fiksite] (*fixe*) Qualité de ce qui est fixe. ♦ **Fig.** *La fixité des principes.* ♦ **Chim.** Propriété qu'ont certains corps de ne pouvoir être volatilisés par l'action du feu.

FJELD ou **FIELD**, ■ n. m. [fjɛld] (mot norvégien) **Géol.** Plateau rocheux résultant de l'usure d'un glacier et constituant un champ de glace. *La glaciation scandinave est caractérisée par l'existence, sur la façade atlantique, de fields d'altitude modérée.*

FJORD ou **FIORD**, ■ n. m. [fjɔrd] (mot norvégien) **Géol.** Vallée glaciaire très encaissée et sinueuse qui résulte de l'envahissement par les eaux de la fonte d'un glacier. *Les grands fjords norvégiens.*

FLAC, ■ interj. [flak] (onomat.) Imite le bruit des gouttes d'eau qui tombent. *Flac, flac, pas de doute, le robinet n'est pas fermé.*

FLACCIDITÉ, n. f. [flaksidite] (lat. *flaccidus*, flasque, mou) **Phys. et méd.** État d'une chose flasque, qui fléchit sous la pression. *La flaccidité des chairs.*

FLACHE, ■ n. f. [flaʃ] (anc. fr. *flache*, flasque) Défaut en creux dans une pièce de bois ou une pierre. ■ Défaut d'un revêtement de sol dans lequel

l'eau de pluie s'infiltre. *Les flaches du pavage.* ■ Entame de l'écorce d'un arbre qui laisse le tronc à découvert.

FLACHERIE, ■ n. f. [flaʃ(ə)ʀi] (anc. fr. *flac, flache*, mou) **Bot.** Maladie mortelle qui touche les vers à soie. *C'est Pasteur qui mit en évidence la notion de terrain particulier pour que la flacherie se déclare.*

FLACHEUX, EUSE, ■ adj. [flaʃø, øz] (*flache*) Dont la surface présente des flaches. *Du bois flacheux.*

FLACON, n. m. [flakɔ̃] (b. lat. *flasco*, bouteille de vin) Petite bouteille qui se ferme avec un bouchon de verre ou de métal. ♦ **Par extens.** Bouteille de vin. ■ Ce que contient un flacon.

FLACONNAGE, ■ n. m. [flakɔnaʒ] (*flacon*) Conception et réalisation de flacons. *Le flaconnage dans l'industrie du parfum.* ■ Assortiment de flacons ou de bouteilles de petite taille. ■ Conditionnement d'un liquide en flacons.

FLACONNIER, ■ n. m. [flakɔnje] (*flacon*) Personne qui réalise des flacons. ■ Petite boîte renfermant un ensemble de flacons. *Un flaconnier Louis XV contenant dans son étui des flacons montés or et un petit entonnoir en or.*

FLACON-POMPE, ■ n. m. [flakɔ̃pɔ̃p] (*flacon* et *pompe*) Flacon surmonté d'un dispositif qui, lorsqu'on appuie dessus, délivre une dose du contenant. *Des flacons-pompes. Un lait démaquillant en flacon-pompe.*

FLA-FLA ou **FLAFLA**, ■ n. m. [flafla] (*fla*, onomat. suggérant le bruit d'un choc, en particulier coup de tambour) Chichi, simagrée, fioriture. *Une cérémonie rapide et sans fla-flas.*

FLAGADA, ■ adj. [flagada] (*flaquer*, foirer, avec infl. des dér. du lat. *flaccus*, et p.-ê. de *flapi*) **Fam.** Fatigué, apathique. *Je me sens tout flagada aujourd'hui.*

FLAGELLAIRE, ■ adj. [flaʒeleʀ] (*flagelle*) Qui concerne le flagelle. *La structure flagellaire des spermatozoïdes.*

FLAGELLANT, ■ n. m. [flaʒelɑ̃] (de *flageller*) Nom d'une espèce d'hérétiques du XIIIᵉ siècle, qui s'assemblaient pour se donner la discipline. ♦ ▷ Nom de corporations religieuses, mais composées de laïques, qui subsistent encore dans le midi de la France et qui prennent part à certaines cérémonies. ◁

FLAGELLATEUR, TRICE, ■ adj. [flaʒelatœʀ, tʀis] (de *flageller*) Relatif à la flagellation. *Une punition flagellatrice.* ■ N. m. et n. f. Personne qui fait subir la flagellation. *Le fanatisme d'un flagellateur.*

FLAGELLATION, n. f. [flaʒelasjɔ̃] (lat. chrét. *flagellatio*) Action d'infliger le supplice du fouet. ♦ Tableau représentant la flagellation de Jésus-Christ ; en ce sens, il prend une majuscule. ♦ L'action de se flageller.

FLAGELLE, ■ n. m. [flaʒɛl] (lat. *flagellum*, fouet) **Biol.** Organe de locomotion des bactéries et des protozoaires.

FLAGELLÉ, ÉE, p. p. de flageller. [flaʒele] Adj. Pourvu d'un flagelle. *Une cellule flagellée.* ■ N. m. Type de protozoaire qui peut se mouvoir grâce à un flagelle. *Un flagellé mobile.*

FLAGELLER, ■ v. tr. [flaʒele] (lat. *flagellare*) Infliger le supplice du fouet. ♦ **Fig.** Se dit des écrits satiriques qui attaquent quelqu'un avec acerbité. ♦ **Se flageller**, v. pr. Se fouetter soi-même dans un esprit de mortification. ♦ Se fouetter l'un l'autre ; fig. s'infliger de violentes critiques.

FLAGEOLANT, ANTE, ■ adj. [flaʒolɑ̃, ɑ̃t] (*flageoler*) Qui a les jambes chancelantes. *Après l'accident, il rejoignit sa voiture, étourdi et flageolant.*

FLAGEOLEMENT, ■ n. m. [flaʒɔl(ə)mɑ̃] (*flageoler*) Malaise caractérisé par l'impression que les jambes vacillent. *Il entendit le bruit de ses mâchoires en mouvement, accompagnées en silence par un lent flageolement des genoux.*

FLAGEOLER, v. intr. [flaʒole] (anc. fr. *flageoler*, jouer du flageolet ; sens mod. p.-ê. par comparaison de la jambe avec la flûte) ▷ Jouer du flageolet. ◁ ♦ Se dit du cheval, lorsque les articulations du genou et du jarret tremblent et vacillent dans la marche. ♦ **Par extens.** Se dit des jambes de l'homme qui lui font défaut.

1 FLAGEOLET, n. m. [flaʒolɛ] (dim. de l'anc. fr. *flajol*, flûte, du b. lat. *flabellare*, souffler) Sorte de flûte à bec percée de six trous et armée de clés, qui a des sons très aigus. ♦ Le jeu de l'orgue le plus aigu.

2 FLAGEOLET, n. m. [flaʒolɛ] (*flageole*, flûte, croisé avec l'ital. *flagiulo*, haricot, du lat. *phaseolus*, gr. *phasêlos*, fésole) Variété de haricots, dite aussi nain hâtif de Laon.

FLAGORNÉ, ÉE, p. p. de flagorner. [flagɔʀne]

FLAGORNER, v. tr. [flagɔʀne] (orig. obsc. : p.-ê. croisement de l'anc. fr. *fageoler*, babiller, ou de *flatter*, avec *corner*, publier partout) Flatter souvent et bassement. ♦ ▷ **Se flagorner**, v. pr. Se flatter bassement l'un l'autre. ◁

FLAGORNERIE, n. f. [flagɔʀnəʀi] (*flagorner*) Flatterie basse et assidue.

FLAGORNEUR, EUSE, ■ n. m. et n. f. [flagɔʀnœʀ, øz] (*flagorner*) Celui, celle qui flagorne.

FLAGRANCE, n. f. [flagʀɑ̃s] (*flagrant*) État de ce qui est flagrant.

FLAGRANT, ANTE, adj. [flagrɑ̃, ɑ̃t] (lat. *flagrans*, brûlant, éclatant) Qui se commet au moment même. *Pris en flagrant délit.* ♦ Fig. *Être pris en flagrant délit de médisance.* ■ Qui se voit, se perçoit immédiatement. *Une erreur flagrante.*

FLAIR, n. m. [flɛʀ] (*flairer*) Action de flairer. ♦ *L'odorat du chien.* ♦ Fig. *Il a du flair, c'est un homme fin.*

FLAIRÉ, ÉE, p. p. de flairer. [flɛʀe]

FLAIREMENT, n. m. [flɛʀ(ə)mɑ̃] (*flairer*) ▷ Action de flairer. ◁

FLAIRER, v. tr. [flɛʀe] (lat. pop. *flagrare*, du lat. *fragrare*, exhaler fortement une odeur) Appliquer avec intention le sens de l'odorat, reconnaître à l'odeur. ♦ « *L'agneau distingue au simple flairer son tyran de son défenseur* », Bernardin de Saint-Pierre. ♦ Fig. et fam. Pressentir. *J'avais flairé cela.* ♦ Se flairer, v. pr. Se flairer l'un à l'autre. ♦ ▷ Fig. Être flairé, être pressenti. ◁

FLAIREUR, EUSE, n. m. et n. f. [flɛʀœʀ, øz] (*flairer*) Personne qui flaire. ♦ ▷ *Un flaireur de cuisine*, un parasite. ◁ ♦ ▷ Fig. Personne qui évente une affaire. ◁ ♦ Adj. Qui permet de flairer. *Les chiens flaireurs trouvent les victimes en localisant l'odeur portée dans l'air.*

FLAMAND, ANDE, ■ adj. [flamɑ̃, ɑ̃d] (*Flandre*) Originaire de la Flandre. *Une vache flamande.* ■ N. m. et n. f. « *Les Flamandes dansent sans mot dire* », Brel. ■ Propre à la Flandre, à ses habitants. *Meuble flamand, gaufre flamande.* ■ N. m. Dialecte néerlandais parlé dans le nord de la Belgique. *Apprendre le flamand.*

FLAMANT, n. m. [flamɑ̃] (lat. *flamma*, flamme, et suff. germ. *-enc*) Oiseau de l'ordre des échassiers, ainsi nommé à cause de son plumage rouge clair ; c'est le phénicoptère.

FLAMBAGE, n. m. [flɑ̃baʒ] (*flamber*) Action de flamber les toiles de coton pour brûler le duvet. ♦ Action de flamber une volaille. ■ Techn. Déformation courbe d'une pièce d'une grande longueur sous l'action d'une pression exercée en l'une de ses extrémités. *Les biellettes de manœuvre des clapets ont subi un flambage sous l'effet de la déformation.*

FLAMBANT, ANTE, adj. [flɑ̃bɑ̃, ɑ̃t] (*flamber*) Qui flambe. *Des tisons flambants.* ♦ Pop. *Un habit tout flambant neuf*, un habit tout neuf. ♦ Se dit aussi de la personne. *Il était tout flambant.* ♦ Hérald. Qui est ondé en forme de flamme.

FLAMBARD, ■ n. m. [flɑ̃baʀ] (*flambe*) Charbon en partie consumé. *Du flambard encore incandescent.* ■ Fam. Fanfaron. *Faire le flambard.*

FLAMBE, n. f. [flɑ̃b] (lat. *flammula*) Au propre et inusité, flamme. ♦ L'iris. ♦ Épée à lame ondulée de l'archange Michel, qui ressemble à une flamme qui monte.

FLAMBÉ, ÉE, p. p. de flamber. [flɑ̃be] Bot. Qui offre des dessins ondoyants en forme de flamme. ♦ Fig. et fam. Ruiné, perdu, en parlant des personnes. ♦ N. m. *Flambé*, espèce de papillon. ■ Arrosé d'alcool que l'on fait brûler. *Crêpes flambées.* ■ Tarte flambée, pâte recouverte de crème, d'oignons et de lardons que l'on fait cuire dans un four à pain.

FLAMBEAU, n. m. [flɑ̃bo] (*flambe*) Espèce de torche de cire pour éclairer dans les rues et les cours. ♦ *Flambeau de poing*, flambeau de cire qu'on porte à la main. ♦ *Aux flambeaux*, à la lumière des flambeaux, ♦ Fig. *Marcher au flambeau de l'espérance.* ♦ ▷ Chandelle de cire ou de suif qu'on allume pour éclairer l'intérieur des maisons. ◁ ♦ Par méton. Chandelier. *Flambeau d'argent, de bronze.* ♦ Poétiq. *Les flambeaux de la nuit*, les étoiles. ♦ ▷ *Le pâle flambeau de la nuit, des nuits*, la lune. ◁ ♦ ▷ *Le flambeau du monde*, le soleil. ◁ ♦ Fig. Il se prend pour ce qu'on représente avec un flambeau soit pour éclairer soit pour brûler. *Le flambeau de l'hymen*, le mariage. *Le flambeau de la guerre, de la discorde. Le flambeau de la vie*, la vie même. ♦ ▷ Les lumières qui éclairent la raison, l'esprit, l'intelligence. ◁ ♦ ▷ Poétiq. Personnes éminentes par leurs lumières. « *Flambeaux de nos conseils, prêtres qui m'entendez* », Delavigne. ◁ ■ *Passer le flambeau*, transmettre à son successeur tout ce qui lui permettra de poursuivre une œuvre, une entreprise.

FLAMBÉE, n. f. [flɑ̃be] (*flamber*) ▷ Feu clair de bourrée ou de javelle. ◁ ■ Feu dans l'âtre d'une cheminée. ■ Augmentation soudaine et rapide. *Flambée de violence. Flambée des prix.*

FLAMBEMENT, ■ n. m. [flɑ̃b(ə)mɑ̃] (*flamber*) Techn. Flambage. Voy. ce mot.

FLAMBER, v. intr. [flɑ̃be] (*flambe*) Jeter de la flamme. ♦ V. tr. Passer quelque chose par la flamme. *Flamber des hardes, une volaille, un cochon.* ♦ ▷ *Flamber un fusil, des pistolets*, y brûler une amorce par précaution quand il y a longtemps qu'on s'en est servi. ◁ ♦ Fig. Dépenser follement. *Flamber sa fortune.* ♦ Dévaliser au jeu ou autrement. ♦ Arroser un mets d'alcool puis l'enflammer pour le parfumer. *Flamber une volaille au cognac.* ♦ V. intr. Se consumer en produisant de vives flammes. *Les cageots ont flambé rapidement.* ■ Connaître une augmentation soudaine et rapide. *Le prix du pétrole*

flambe. ■ Manifester une émotion ou un sentiment avec intensité. *Ses yeux flambent de colère.*

FLAMBERGE, n. f. [flɑ̃bɛʀʒ] (germ. *froberga*, avec infl. de *flambe*) L'épée de Renaud de Montauban, l'aîné des quatre fils Aymon. ♦ Par plaisanterie, épée. ♦ *Mettre flamberge au vent*, tirer son épée, et fig. faire bravade. ♦ Ellipt. *Flamberge au vent.*

FLAMBEUR, EUSE, ■ n. m. et n. f. [flɑ̃bœʀ, øz] (*flamber*) Personne qui a une passion dévorante pour le jeu. *Flambeur qui court les casinos.* ■ Personne qui dépense follement. *Il achète tout ce qui lui plaît, c'est un flambeur !*

FLAMBOIEMENT, ■ n. m. [flɑ̃bwamɑ̃] (*flamboyer*) Éclat de ce qui brille comme une flamme ou qui en a la couleur. *Le flamboiement des érables en automne au Canada.* « *Le ciel est rouge, comme si le soleil allait crever la terre, jaillir au milieu de cet immense flamboiement qui le précède* », Bianciotti.

FLAMBOYANT, ANTE, adj. [flɑ̃bwajɑ̃, ɑ̃t] (*flamboyer*) Qui flamboie. *Œil flamboyant.* ♦ Archit. Gothique flamboyant, gothique qui emploie des ornements contournés en forme de flamme, et qui est le second âge de l'architecture ogivale. ♦ ▷ N. f. *Flamboyante*, fusée qui a la forme d'une comète. ◁ ■ Adj. Fig. Remarquable pour son éclat. *Un style flamboyant.* ■ N. m. Arbre tropical de très haute taille caractérisé par des fleurs d'un rouge très vif. *Les grappes de fleurs du flamboyant sont très parfumées et font les délices des abeilles et des colibris.*

FLAMBOYER, v. intr. [flɑ̃bwaje] (*flambe*) Briller avec l'éclat du feu, surtout en parlant des armes ou des pierreries. ♦ Par extens. *Son œil flamboie.*

FLAMENCO, ■ n. m. [flamɛŋko] (mot esp., gitan venu des Flandres) Musique populaire andalouse introduite par les gitans, chantée et dansée, et utilisant essentiellement le son des guitares et les battements de mains. *Danseur, guitare de flamenco. Le flamenco exprime tout le vécu tragique, l'émotion poignante, l'indicible douleur des gitans.*

FLAMICHE, ■ n. f. [flamiʃ] (*flamme*) Tarte aux poireaux, spécialité culinaire du nord de la France. *La flamiche aux poireaux peut se faire également avec de la citrouille et des oignons ou encore avec du Maroilles.*

FLAMINE, n. m. [flamin] (lat. *flamen*, génit. *flaminis*) Prêtre chez les Romains.

FLAMINGANT, ANTE, ■ adj. [flamɛ̃gɑ̃, ɑ̃t] (*flamand*) Où l'on s'exprime en flamand. *Une communauté flamingante.* ■ N. m. et n. f. Personne qui prône et soutient le flamingantisme. *Les flamingants craignent la francisation des Flandres.*

FLAMINGANTISME, ■ n. m. [flamɛ̃gɑ̃tism] (*flamingant*) Péj. Défense et affirmation de l'identité flamande d'un point de vue culturel et linguistique qui s'oppose au développement de la francophonie. *Le flamingantisme est un mouvement qui a été initié par les prêtres des Flandres sous l'occupation française à partir de 1792.*

1 FLAMME, n. f. [flam] (lat. *flamma*) Auréole lumineuse et diversement colorée qui s'élève à la surface des corps qu'on brûle, et qui résulte de la combustion des gaz produits par la décomposition de ces corps. ♦ *Flamme du Bengale*, sorte d'artifice qui lance une lumière colorée de diverses couleurs. ♦ *Livrer aux flammes*, détruire par l'incendie et aussi faire périr sur le bûcher. ♦ *Porter le fer et la flamme en un pays*, y tuer les gens et y brûler les demeures. ♦ Fig. *Mettre un pays en flamme*, y porter la guerre ou la discorde. ♦ *Les flammes éternelles, les flammes de l'enfer*, les tourments des damnés. ♦ *Les flammes du purgatoire*, les souffrances de ceux qui sont dans le purgatoire. ♦ Fig. Passion, ardeur. « *Le discours qui tendent à allumer de telles flammes* », Bossuet. ♦ ▷ *Être de flamme pour...*, être épris de... ◁ ♦ *Jeter feu et flamme contre quelqu'un*, être fort irrité contre quelqu'un et l'exprimer avec une extrême violence. ♦ En particulier, la passion de l'amour. ♦ Mar. Bande d'étoffe plus ou moins large et longue, et terminée par une double langue, qu'on met pour parer le vaisseau au grand mât et aux vergues. ♦ Éclat, brillant. *La flamme de l'émeraude.* ■ Tampon apposé sur un pli postal qui porte l'emblème d'une ville, d'une région. ■ *Déclarer sa flamme*, avouer l'amour que l'on porte à quelqu'un. *Il lui a déclaré sa flamme hier au restaurant.*

2 FLAMME, n. f. [flam] (b. lat. *phlebotomus*, gr. *phlebotomos*, de *phleps*, veine, et *temnein*, couper) Sorte de lancette pour saigner les chevaux.

FLAMMÉ, ÉE, ■ adj. [flame] (*flamme*) Dont la cuisson a laissé des marques plus ou moins colorées. *Une céramique flammée.*

FLAMMÈCHE, n. f. [flamɛʃ] (frq. *falawiska*, cendre) Petite parcelle enflammée qui s'élève d'un brasier.

FLAMMEROLE, n. f. [flam(ə)ʀɔl] (*flamme*) Exhalaison qui sort des lieux marécageux et qui s'enflamme dans l'atmosphère. ♦ ▷ N. f. pl. Le feu Saint-Elme. ◁

1 FLAN, n. m. [flɑ̃] (all. *Flado*, crêpe, galette) Tarte faite avec de la crème fouettée, des œufs et de la farine.

2 FLAN, n. m. [flɑ̃] (1 *flan*) Pièce de métal qu'on a taillée et préparée pour en faire une pièce de monnaie, un jeton, une médaille. ■ **Fam.** *Comme deux ronds de flan*, stupéfait, très étonné.

3 FLAN, ■ n. m. [flɑ̃] (germ. *flado*, disque destiné à recevoir une empreinte par pression) **Pop.** *Au flan*, au hasard. *Choisir une carte au flan.*

FLANC, n. m. [flɑ̃] (on ne prononce pas le *c* final ; frq. *hlanka*, hanche) Chaque côté du corps, depuis le défaut des côtes jusqu'aux hanches. ◆ **Fam.** *Être sur le flanc*, être alité. ◆ *Battre du flanc* ou *des flancs*, se dit d'un cheval essoufflé. ◆ **Fig.** *Se battre les flancs pour quelque chose*, se donner beaucoup de mouvement sans succès (métaphore prise du lion qui se bat les flancs de sa queue quand il est irrité). ◆ Les entrailles. « *Des victimes vous-même interrogez le flanc* », RACINE. ◆ **Poétiq.** Le sein d'une mère. ◆ Se dit des objets creux et enfoncés. *Les flancs des rochers.* ◆ Côté d'une chose. *Le flanc d'un vaisseau.* ◆ Pente d'une montagne ; la partie comprise entre la cime et le pied. ◆ **Fortif.** Partie du bastion qui est entre la face du bastion et la courtine. ◆ **Milit.** Le côté d'une troupe par opposition à son front. ◆ *Par le flanc droit, par le flanc gauche*, commandement militaire pour faire tourner tout le monde en même temps à droite ou à gauche. ◆ *Marche de flanc*, marche d'une armée qui se dirige par le côté qu'un de ses flancs occupe. ◆ *Une troupe prête le flanc*, quand son flanc, qui est son côté faible, est exposé aux attaques de l'ennemi. ◆ **Fig.** *Prêter le flanc*, donner prise aux attaques de la critique. ■ **Fam.** *Tirer au flanc*, faire preuve de fainéantise. ■ *Être sur le flanc*, être épuisé de fatigue ou être alité. ■ *À flanc de*, sur le côté, la pente de. ■ *Bat-flanc*, cloison de bois, mobile, qui sépare deux chevaux dans une écurie, ou deux lits dans un dortoir.

FLANC-GARDE, ■ n. f. [flɑ̃ɡaʀd] (*flanc* et 1 *garde*) **Milit.** Groupe de soldats détaché d'une unité et chargé de protéger les flancs d'une troupe en marche. *Précédée de deux patrouilles dont je dirigeais la marche, flanquée de deux petites flancs-gardes, notre petite troupe s'avançait de front.*

FLANCHER, ■ v. intr. [flɑ̃ʃe] (orig. obsc. : anc. fr. *flenchir*, faiblir, ou altération de *flacher*, mollir?) **Fam.** Manquer de force, de courage. *Ce n'est pas le moment de flancher.* ◆ Faiblir. *La consommation est en train de flancher.*

FLANCHET, ■ n. m. [flɑ̃ʃɛ] (*flanc*) Pièce de viande de bœuf ou de veau, située dans le bas de l'abdomen et souvent utilisée pour la préparation de ragoûts ou de pot-au-feu. *Un flanchet de veau au basilic.*

FLANCONADE, n. f. [flɑ̃kɔnad] (*flanc*, ou plutôt ital. *fianconata*, même sens) **Escrime** Botte de quarte forcée qu'on porte dans le flanc de son adversaire.

FLANDRICISME, ■ n. m. [flɑ̃dʀisism] (*Flandre*) Expression, mot ou construction syntaxique typiquement flamand utilisé par les francophones de Belgique et du nord de la France. *Propre torchon et septante sont des flandricismes.*

FLANDRIN, INE, adj. [flɑ̃dʀɛ̃, in] (*Flandre*) ▷ Qui est de Flandre. *Brebis flandrines.* ◁ ◆ N. m. **Fam.** *Flandrin*, homme grand et fluet.

FLANELLE, n. f. [flanɛl] (angl. *fannel*, du gall. *gwalen*, vêtement de laine) Étoffe mince de laine plucheuse, tissée un peu lâche.

FLÂNER, v. intr. [flɑne] (anc. nord. *flana*, marcher, se précipiter étourdiment) Se promener sans but, au hasard ; user son temps sans profit.

FLÂNERIE, n. f. [flɑn(ə)ʀi] (*flâner*) Action de flâner ; promenade sans but, au hasard, à l'aventure.

FLÂNEUR, EUSE, n. m. et n. f. [flɑnœʀ, øz] (*flâner*) Celui, celle qui flâne.

FLANQUANT, ANTE, adj. [flɑ̃kɑ̃, ɑ̃t] (1 *flanquer*) ▷ *Angle, bastion flanquant*, celui d'où l'on découvre le pied des fortifications d'une place, de manière à en défendre les approches. ◁

1 FLANQUÉ, ÉE, p. p. de 1 flanquer. [flɑ̃ke] **Hérald.** Se dit de toutes les figures qui en ont d'autres à leurs côtés.

2 FLANQUÉ, ÉE, p. p. de 2 flanquer. [flɑ̃ke] *Un coup de fouet flanqué à travers le visage.*

FLANQUEMENT, n. m. [flɑ̃k(ə)mɑ̃] (1 *flanquer*) **Fortif.** Action de flanquer ; résultat de cette action. ◆ Action de protéger le flanc d'un corps d'armée, d'un bataillon.

1 FLANQUER, ■ v. tr. [flɑ̃ke] (*flanc*) ▷ **Fortif.** Il se dit de la partie d'une fortification qui en voit une autre de flanc. *Bastions qui flanquent la courtine.* ◁ ◆ ▷ Construire, élever la partie d'une fortification qui doit en flanquer une autre. ◁ ◆ **Archit.** Il se dit des ouvrages ou ornements qui terminent une façade. ◆ Être placé à côté comme accompagnement. ◆ **Milit.** Se placer sur le flanc d'un bataillon, d'un corps d'armée pour le protéger. ◆ Être situé à côté de quelque chose. *Une petite maison flanquée de deux grands immeubles.* ■ *Flanquer la frousse à quelqu'un*, lui faire peur. ■ *Flanquer quelqu'un à la porte*, le renvoyer. ■ *Flanquer quelque chose par terre*, le faire échouer. ■ *Flanquer un coup de poing à quelqu'un*, lui asséner avec force.

2 FLANQUER, v. tr. [flɑ̃ke] (1 *flanquer* ou onomat.) **Pop.** Lancer un coup ; jeter brusquement quelque chose à quelqu'un. ◆ *Se flanquer*, v. pr. Se flanquer contre le mur, par terre.

FLAPI, IE, ■ adj. [flapi] (franco-provenç. *flap*, flétri, prob. du lat. médiév. *faluppa*, balle de blé) Fatigué et sans force.

FLAQUE, n. f. [flak] (forme normanno-pic. de *flache*) Petite mare d'eau croupissante.

FLAQUÉ, ÉE, p. p. de flaquer. [flake]

FLAQUÉE, n. f. [flake] (*flaquer*) ▷ Une certaine quantité de liquide lancée avec force. ◁

FLAQUER, v. tr. [flake] (onomat. *flac*) ▷ **Fam.** Jeter avec force un liquide. « *Il flaque plus de la moitié de son vin au visage de celui qui est à sa droite* », LA BRUYÈRE. ◁

FLASH, ■ n. m. [flaʃ] (mot angl., éclair) Lumière brève et intense provoquée par une lampe fixée à un appareil photographique, et destinée à illuminer un sujet, une scène lors d'une prise de vue en milieu sombre. *Des flashs* ou *des flashes* (pluriel anglais). ■ **Par méton.** Cette lampe elle-même. *Appareil à flash intégré.* ■ **Par anal.** Ce qui dure très peu de temps. *Vente flash.* ■ Souvenir, idée qui arrive soudainement. *Avoir un flash.* ■ Information brève transmise en urgence. ■ **Fam.** Sensation brutale et brève provoquée par une injection de drogue.

FLASHAGE, ■ n. m. [flaʃaʒ] (*flasher*) **Impr.** Production d'un film servant à la réalisation de plaques d'impression. *Le flashage est une étape intermédiaire entre la présentation assistée par ordinateur et l'impression finale.*

FLASHANT, ANTE, ■ adj. [flaʃɑ̃, ɑ̃t] (*flash*) Qui provoque un éblouissement similaire à celui d'un flash. *Un radar automatique flashant.* ■ Qui attire le regard, l'attention. *Elle porte toujours des couleurs flashantes.*

FLASH-BACK, ■ n. m. inv. [flaʃbak] (mot angl., scène-éclair du passé) Séquence d'un film évoquant un événement passé, par rapport au déroulement chronologique. ■ **Par anal.** Réminiscence d'événements passés. *Faire un flash-back sur des souvenirs d'enfance. Des flash-back.*

FLASHER, ■ v. intr. [flaʃe] (*flash*) **Fam.** Éprouver une vive attirance, un coup de foudre. *Elle lui avoua qu'elle avait flashé sur lui. Flasher sur une robe en vitrine.* ■ **V. tr.** Photographier à l'aide d'un flash. ■ **Impr.** Produire à l'aide d'une photocomposeuse de films et de bromures des textes mis en pages.

1 FLASQUE, adj. [flask] (anc. fr. *flac, flache*, du lat. *flaccus*, mou, pendant) Qui est sans fermeté ni résistance. *Des chairs flasques.* ◆ **Par extens.** Mou, faible, sans vigueur. *Un homme flasque.* ◆ Il se dit d'un style lâche et traînant, et des auteurs qui ont ce style.

2 FLASQUE, n. m. [flask] (prob. néerl. *vlac, vlacke*, surface, fond plat) Nom de deux pièces de charpente, qui forment les deux côtés d'un affût de canon.

3 FLASQUE, ■ n. f. [flask] (b. lat. *flasco*, bouteille de vin) Flacon au corps aplati et le plus souvent en métal. *Une flasque de whisky.*

FLASQUEMENT, adv. [flaskəmɑ̃] (1 *flasque*) D'une manière flasque.

1 FLAT, ■ adj. m. [fla] Atteint de flacherie, en parlant des vers à soie. *Des vers à soie morts flats.*

2 FLAT, ■ n. m. [flat] (on prononce le *t* final ; mot angl.) **Belg.** Logement d'une pièce. *Louer un flat pour un étudiant.*

FLÂTRÉ, ÉE, p. p. de flâtrer. [flɑtʀe]

FLÂTRER, v. tr. [flɑtʀe] (anc. fr. *flat*, coup ; 2 *flétrir*) ▷ Appliquer un fer rouge en forme de clé à un animal qui a été mordu, afin de le préserver de la rage. ◁

FLATTÉ, ÉE, p. p. de flatter. [flate]

FLATTER, v. tr. [flate] (frq. *flat*, plat) Caresser par quelque attouchement. *Flatter un enfant, un cheval avec la main.* ◆ *Se flatter*, caresser à soi-même. *Se flatter le menton de la main.* ◆ *Flatter la corde d'un instrument de musique*, la toucher doucement. ◆ *Flatter le dé*, jeter doucement les dés, et fig. déguiser, adoucir quelque chose de fâcheux pour quelqu'un. ◆ Traiter avec trop de douceur et de ménagement. ◆ *Flatter une plaie*, n'y appliquer que des remèdes trop doux. ◆ Adoucir. *Pour flatter votre douleur.* ◆ Charmer, délecter, en parlant des sens. *La musique flatte l'oreille.* ◆ Causer une vive satisfaction. « *Le joug du devoir n'a rien qui flatte l'orgueil* », MASSILLON. ◆ Favoriser. *Ceux que flatte la fortune.* ◆ Donner des louanges vraies ou fausses dans le dessein de plaire, de séduire. ■ **Absol.** *Il ne sut jamais flatter.* ◆ Excuser par une complaisance répréhensible. *Flatter les défauts de quelqu'un.* ◆ **Peint.** *Flatter une personne*, la représenter plus belle qu'elle n'est. ◆ *Ce miroir flatte*, il fait paraître les traits plus agréables. ◆ Tromper, en déguisant la vérité d'une manière avantageuse pour celui à qui on s'adresse. *Vous me flattez.* ◆ Il se dit d'un sens analogue, des choses qui trompent, qui font illusion. « *Vain espoir qui me flatte !* », RACINE. ◆ ▷ Faire espérer. « *Ne m'as-tu pas flatté d'une fausse espérance ?* », RACINE. ◁ ◆ ◆ « *On m'a flatté que vous pourriez venir dans nos retraites* », VOLTAIRE. ◁ ◆ Se flatter,

v. pr. Être trop prévenu à son avantage. ✦ Tirer vanité. *Se flatter de sa nais-sance.* ✦ Tirer contentement. « *Je ne me flatte point d'une gloire insensée* », RACINE. ✦ Se donner l'un à l'autre des louanges excessives. ✦ S'entretenir d'une espérance. *Il se flatte qu'on aura besoin de lui. Il se flatte de plaire.* ✦ ▷ Absol. Conserver des espérances au sujet d'un malade en danger. ◁ ✦ Entretenir quelque sentiment qui plaît. ✦ Se persuader, aimer à croire. *Il se flatte que vous approuverez sa conduite.*

FLATTERIE, n. f. [flat.(ə)ʀi] (*flatter*) Action de flatter, louange fausse ou exagérée donnée dans une vue intéressée.

FLATTEUR, EUSE, adj. [flatœʀ, øz] (*flatter*) Caressant par quelque attou-chement. *Le chien est un animal flatteur.* ✦ *Avoir des manières flatteuses,* avoir des manières douces, insinuantes. ✦ Agréable, séduisant. *Un espoir si flatteur.* ✦ Se dit de ce qui est un témoignage d'approbation, de louange, de faveur. *Un murmure flatteur s'éleva dans l'assemblée.* ✦ Qui loue avec exa-gération. ✦ *Miroir flatteur,* miroir où l'on se voit plus beau qu'on n'est. ✦ N. m. et n. f. Celui, celle qui cherche à séduire par des louanges.

FLATTEUSEMENT, adv. [flatøz(ə)mɑ̃] (*flatteur*) D'une manière flatteuse.

FLATUEUX, EUSE, adj. [flatɥø, øz] (lat. *flatus*, vent) **Méd.** Qui cause des vents. *Certains aliments sont flatueux.*

FLATULENCE, ■ n. f. [flatylɑ̃s] (*flatulent*) Accumulation de gaz dans les intestins, accompagnée généralement d'une évacuation. *Médicament contre les flatulences.*

FLATULENT, ENTE, ■ adj. [flatylɑ̃, ɑ̃t] (lat. *flatus*, vent) Accompagné de gaz intestinaux ou en produisant. *Souffrir de colique flatulente.*

FLATUOSITÉ, n. f. [flatɥozite] (*flatueux*) **Méd.** Gaz développé dans le ca-nal digestif. *Être sujet aux flatuosités.*

FLAVESCENT, ENTE, ■ adj. [flavesɑ̃, ɑ̃t] (lat. *flavescens*, de *flavescere*, jau-nir) D'une couleur jaune mordoré ou blond. « *Promesses D'ivresse Exaltant Languissamment La volupté future Des moissons flavescentes* », RABEARIZAFY.

FLAVEUR, ■ n. f. [flavœʀ] (angl. *flavour*, goût) Sensation provoquée par le goût, l'arôme, la saveur d'un aliment.

FLÉAU, n. m. [fleo] (lat. *flagellum*, fléau) ▷ Instrument qui sert à battre le blé. ◁ ✦ *Fléau d'armes,* arme contondante en forme de fléau, dont on se servait dans le Moyen Âge. ✦ **Fig.** Fouet qui châtie ; il se dit des personnes ou des choses qui semblent être instruments des punitions divines. « *Notre faiblesse gémit sous les fléaux de Dieu* », BOSSUET. « *Cet homme était un fléau de la colère des cieux* », ROLLIN. ✦ **Fig.** Toute grande calamité ou souffrance. ✦ **Par anal.** Ce qui est nuisible, funeste. *Les fléaux de la vie humaine.* « *Les rois qui ne songent qu'à se faire craindre sont les fléaux du genre humain* », FÉ-NELON. ✦ Par exagération, personne ennuyeuse, insupportable. *Un bavard est un fléau dans un salon.* ✦ Dans une balance, tige de fer aux extrémités de laquelle sont suspendus les plateaux de la balance. ✦ Barre de fer ou de bois qui sert à fermer les deux battants d'une porte cochère.

FLÉCHAGE, ■ n. m. [fleʃaʒ] (*flécher*) Action de baliser un itinéraire au moyen de panneaux indicateurs. *Procéder au fléchage d'une déviation avant d'effectuer des travaux de voirie.* ■ Ensemble des indications signalétiques balisant un itinéraire. *Ce fléchage est mal fait, on peut se perdre facilement.*

1 FLÈCHE, n. f. [flɛʃ] (frq. *fliukka*, flèche, trait, du germ. *fleukkon*, voler) Tige de bois armée d'un fer aigu qu'on lance avec un arc ou une arbalète. ✦ **Fig.** *C'est la flèche du Parthe,* c'est un trait piquant lancé au moment où l'on se retire ; par allusion aux Parthes qui tiraient en fuyant. ✦ **Fig.** *Tout bois n'est pas bon à faire flèche,* il faut savoir choisir les personnes quand on veut les employer. ✦ **Fig.** *Faire flèche de tout bois,* mettre tout en œuvre pour arriver à quelque fin. ✦ **Fig.** Ce qui est comparé à une flèche. *Les flèches de la colère de Dieu,* fléaux qu'il envoie aux hommes pour les punir. *Les flèches de l'Amour,* les impressions qu'il produit dans les cœurs. ✦ Signe en forme de flèche dont on se sert dans les cartes de géographie, dans les plans, etc. ✦ Certaines choses représentant une flèche, ou faites en forme de flèche. *La flèche d'un lit.* ✦ Longue pièce de bois cambrée qui dans un carrosse joint le train de derrière avec celui de devant. ◁ ✦ La partie d'un clocher qui surmonte la tour ou la cage et qui est en pointe. ✦ **Sylvic.** La tige, le tronc d'un arbre. ✦ **Fortif.** Syn. de bonnette. ✦ ▷ Languettes pointues de couleurs alternantes qui divisent la table du trictrac. ◁ ✦ **Géom.** *La flèche d'un arc de cercle,* la perpendiculaire menée du milieu de la corde à l'arc. ■ **Par anal.** Parole acerbe et railleuse. *Décocher une flèche à quelqu'un.* ■ *Flèche d'une grue,* structure métallique qui soutient le rail et la nacelle du conducteur en hauteur. ■ **Fig.** *Monter en flèche,* connaître une forte augmentation. *Ses résultats sont montés en flèche au cours du dernier trimestre.* ■ **Fig.** *Comme une flèche,* très rapidement. ■ **Fam.** Personne rapide dans l'exécution de son travail. *Ce n'est pas une flèche,* il n'est pas très intelligent. ■ *Se trouver, être en flèche,* se positionner à l'avant d'un groupe de personnes. *Il est en flèche depuis qu'il est devenu chef de projet.*

2 FLÈCHE, n. f. [flɛʃ] (a. pic. *flec* et norm. *flique*, pièce de lard) Bande levée depuis l'épaule jusqu'à la cuisse du porc.

FLÉCHER, ■ v. tr. [fleʃe] (1 *flèche*) Orienter par des flèches et des panneaux indiquant la direction à suivre. *Un parcours fléché.*

FLÉCHETTE, ■ n. f. [fleʃɛt] (1 *flèche*) Petite flèche. ■ *Jeu de fléchettes,* jeu d'adresse où on lance à la main une petite flèche sur une cible.

FLÉCHI, IE, p. p. de fléchir. [fleʃi]

FLÉCHIÈRE, n. f. [fleʃjɛʀ] (1 *flèche*) Syn. de sagittaire, plante.

FLÉCHIR, v. tr. [fleʃiʀ] (lat. *flectere*) Donner une inflexion, ployer. *Fléchir la tige d'un arbre.* ✦ Il se dit de l'action des muscles qui font faire aux membres une inflexion, un angle. *Les muscles qui fléchissent le pied sur la jambe.* ✦ *Fléchir le genou,* s'agenouiller, et fig. se soumettre. ✦ *Fléchir les genoux devant les idoles,* adorer les idoles. ✦ **Fig.** Toucher, attendrir, faire céder. « *La grâce fléchit les cœurs les plus endurcis* », BOSSUET. ✦ **V. intr.** Avoir une courbure. ✦ Plier, céder sous la charge. ✦ *Le genou fléchit,* on s'age-nouille, et fig. on se soumet. ✦ **Fig.** Se soumettre, céder. « *Tout a fléchi sous leur menace* », MALHERBE. ✦ *Fléchir sous le joug,* s'y soumettre. ✦ Se relâcher de sa sévérité ou de sa fermeté. ✦ Diminuer, devenir moindre. ✦ Ne plus combattre avec la même vigueur, commencer à céder. ✦ *Se fléchir,* v. pr. Être ployé. ✦ S'accommoder à. « *La raison se fléchit à tout* », BONNET. ✦ Être touché, apaisé. « *Qui l'eût cru que pour moi le ciel dût se fléchir !* », BOILEAU. ✦ Subir une diminution, un recul. *La croissance a quelque peu fléchi ces dernières semaines.*

FLÉCHISSABLE, adj. [fleʃisabl] (radic. du p. prés. de *fléchir*) Qui peut être courbé, ployé.

FLÉCHISSEMENT, n. m. [fleʃis(ə)mɑ̃] (radic. du p. prés. de *fléchir*) Action de fléchir les membres. ✦ État d'un corps qui fléchit sous la charge.

FLÉCHISSEUR, adj. m. [fleʃisœʀ] (radic. du p. prés. de *fléchir*) **Anat.** Qui détermine la flexion des parties, en parlant des muscles. ✦ N. m. *Les fléchis-seurs du genou.*

FLEGMAGOGUE, adj. [flɛgmagɔg] (gr. *phlegmagôgos,* de *phlegma,* humeur, et *agein,* entraîner) ▷ **Méd.** Qui évacue le flegme, la pituite. ■ REM. Gra-phie ancienne : *phlegmagogue.* ◁

FLEGMASIE, n. f. [flɛgmazi] Voy. PHLEGMASIE.

FLEGMATIQUE, adj. [flɛgmatik] (lat. *phlegmaticus,* du gr. *phlegmatikos*) ▷ **Méd.** Qui abonde en phlegme, lymphatique. *Tempérament flegmatique.* ✦ **Fig.** Qui est d'un caractère froid et lent. *Un homme flegmatique.* ✦ N. m. et n. f. *Un flegmatique.* ■ REM. Graphie ancienne : *phlegmatique.* ◁

FLEGMATIQUEMENT, adv. [flɛgmatik(ə)mɑ̃] (*flegmatique*) D'une ma-nière flegmatique.

FLEGME, n. m. [flɛgm] (gr. *phlegma*) ▷ **Méd.** L'une des quatre humeurs cardinales des anciens, dite aussi *pituite.* ◁ ✦ Aujourd'hui, syn. peu em-ployé de sérosité, d'humeur aqueuse. ✦ ▷ Matière pituiteuse qu'on rejette en toussant, en crachant, en vomissant. ◁ ✦ *Les flegmes,* produits aqueux de la première distillation des mélasses, des jus de betteraves ou de grains. ✦ **Fig.** Caractère posé, patient. « *Ce flegme pourra-t-il ne s'échauffer de rien?* », MOLIÈRE. ■ REM. Graphie ancienne : *phlegme.*

FLEGMON, FLEGMONEUX, [flɛgmɔ̃, flɛgmɔnø] Voy. PHLEGMON, PHLEG-MONEUX.

FLEIN, ■ n. m. [flɛ̃] (orig. inc.) Cagette de très petite taille constituée de lamelles formant un cannage et utilisée pour transporter les petits fruits délicats. *Un flein de framboises.*

FLEMMARD, ARDE, ■ adj. [flemar, aʀd] (*flemme*) **Fam.** Qui a la flemme, paresseux. ■ N. m. et n. f. *Un flemmard, une flemmarde.*

FLEMMARDER, ■ v. intr. [flemaʀde] (*flemmard*) **Fam.** Se laisser aller à ne rien faire. *Il aime à flemmarder les matins où il ne travaille pas.*

FLEMMARDISE, ■ n. f. [flemaʀdiz] (*flemmard*) **Fam.** Comportement de ce-lui qui aime flemmarder. *Flemmardise et travail ne sont pas compatibles.*

FLEMME, ■ n. f. [flɛm] (ital. *flemma,* lenteur) **Fam.** Paresse, nonchalance. *Avoir la flemme,* désirer de rien faire. ■ *Battre, tirer sa flemme,* rester dans la paresse.

FLÉOLE, n. f. [fleɔl] (gr. *phleôs,* roseau) Genre de graminées, la plupart vi-vaces, et donnant un bon fourrage. ■ REM. Graphie ancienne : *phléole.*

FLET, ■ n. m. [flɛ] (néerl. *vlete,* poisson proche de la raie) **Zool.** Poisson plat et long vivant dans les estuaires et le long des côtes atlantiques. *Le flet vit sur des fonds couverts de sédiment et son activité est essentiellement nocturne.*

FLÉTAN, ■ n. m. [fletɑ̃] (néerl. *vleting*) Poisson plat de deux à trois mètres de long, vivant dans les mers froides et pêché pour sa chair consommée fraîche ou fumée ou pour son foie dont on extrait une huile. *Un filet de flétan.*

FLÉTRI, IE, p. p. des deux verbes flétrir. [fletʀi]

1 FLÉTRIR, v. tr. [fletʀiʀ] (anc. fr. *flestre,* du lat. *flaccidus,* flasque) Faire perdre à une plante la couleur de vie. ✦ Ternir. *Le grand air flétrit les cou-leurs.* ✦ **Fig.** *Flétrir les lauriers,* porter atteinte à la gloire. ✦ Il se dit de l'action de l'âge, des passions, des souffrances sur le visage, sur le corps. *L'âge flétrit la beauté.* ✦ Abattre, ôter l'énergie, la vigueur, le courage. « *La douleur avait flétri son cœur* », FÉNELON. ✦ *Se flétrir*, v. pr. Devenir flétri. *Les fleurs se flétrissent du matin au soir.* ✦ Il se dit, en chirurgie, d'une partie, d'une tumeur, d'une végétation qui perd sa vitalité et devient flasque.

2 **FLÉTRIR**, v. tr. [fletʀiʀ] (anc. fr. *flatir*, jeter par terre, du frq. *flat*, plat ; infl. de 1 *flétrir*) ▷ Marquer une personne d'un fer chaud en punition d'un crime. ◁ ✦ Frapper d'une condamnation déshonorante. ✦ **Absol.** « *Ce n'est pas le pouvoir qui flétrit, c'est le public* », VOLTAIRE. ✦ **Fig.** Diffamer, déshonorer, traiter comme infâme. *Flétrir la vertu, la gloire de quelqu'un.* ✦ *Se flétrir*, v. pr. Se déshonorer.

1 **FLÉTRISSANT, ANTE**, adj. [fletʀisɑ̃, ɑ̃t] (1 *flétrir*) Qui fait perdre la couleur de vie à une plante. ✦ **Fig.** « *Quand l'âge aura sur nous mis sa main flétrissante* », A. CHÉNIER.

2 **FLÉTRISSANT, ANTE**, adj. [fletʀisɑ̃, ɑ̃t] (2 *flétrir*) Qui déshonore.

FLÉTRISSEMENT, ▪ n. m. [fletʀis(ə)mɑ̃] (1 *flétrir*) Maladie qui fait se flétrir un végétal. ▪ Fait de se ternir, de perdre sa fraîcheur. *Le flétrissement de la peau.*

1 **FLÉTRISSURE**, n. f. [fletʀisyʀ] (1 *flétrir*) Altération de la fraîcheur et de l'éclat des fleurs, des couleurs, du teint, de la beauté, etc.

2 **FLÉTRISSURE**, n. f. [fletʀisyʀ] (2 *flétrir*) ▷ La marque d'un fer chaud. ◁ ✦ **Fig.** Grave atteinte à la réputation, à l'honneur. *Porter sur son front la flétrissure des vices.*

FLEUR, n. f. [flœʀ] (lat. *flos*, génit. *floris*) Corolle simple ou composée de certaines plantes, ordinairement odorante et douée de vives couleurs. *Fleur simple, double.* ✦ *Langage des fleurs*, langage symbolique dans lequel on exprime une pensée, un sentiment secret par des fleurs isolées ou arrangées d'après un certain choix. ◁ ✦ **Pharm.** *Les quatre fleurs*, celles de mauve, de pied-de-chat, de pas-d'âne et de coquelicot, dont on fait une tisane pectorale. ◁ ✦ **Par extens.** Plantes qu'on cultive pour l'agrément. ✦ Figure, représentation de diverses fleurs. ✦ *Étoffe à fleurs*, étoffe où il y a des fleurs. *Damas à fleurs.* ✦ *Fleurs artificielles.* **Absol.** *Fleurs*, imitations des fleurs ou des plantes à fleurs, employées à la parure ou à la décoration. ✦ **Archit.** Ornements qui imitent les fleurs. ✦ **Fig.** *Semer, jeter, répandre des fleurs sur la tombe de quelqu'un*, donner des louanges à sa mémoire. ✦ Agréments, plaisirs. « *De fleurs en fleurs, de plaisirs en plaisirs, Promenons nos désirs* », RACINE. ✦ *Cacher sous des fleurs*, couvrir de fleurs le bord du précipice, un piège, cacher sous des apparences séduisantes des choses dangereuses. ✦ *Le temps où certaines choses sont dans toute leur beauté, dans tout leur éclat. À la fleur des ans.* ✦ **Poétiq.** Personne jeune, belle, ou même jeune enfant. « *De cette fleur si tendre et si tôt moissonnée* », RACINE. ✦ Ornement, embellissement, parure d'un style fleuri. *Jeter quelques fleurs sur un sujet aride.* ✦ *Fleurs de rhétorique*, nom donné à tous les ornements du style. ✦ En mauvaise part, se dit d'un discours où les fleurs de rhétorique sont prodiguées sans mesure et sans goût. ✦ Velouté délicat qui recouvre la peau de certains fruits. *Des prunes couvertes de leur fleur.* ✦ Les couleurs brillantes du teint. ✦ **Par extens.** Lustre, tendre éclat de la beauté, de la santé. « *La mort ternit dans les plus beaux corps toute cette fleur de beauté* », BOSSUET. ✦ « *La jeunesse en sa fleur brille sur son visage* », BOILEAU. ✦ **Par extens.** Lustre, éclat des choses morales ou intellectuelles. *Cette fleur d'innocence qui donne tant de charme au jeune âge.* ✦ Superficie. *Son esprit ne contemple que la fleur des objets.* ✦ **À FLEUR DE**, loc. prép. Au niveau, sur le même plan. *La digue est à fleur d'eau.* ✦ *Fleur de coin*, Voy. COIN. ◁ ✦ Première ou premier usage d'une chose nouvelle. *Avoir la fleur d'une étoffe.* ✦ Ce qu'il y a de meilleur, d'excellent. *Ne prendre que la fleur d'un sujet.* ✦ **Par antiphrase** « *La fleur des drôles* », BEAUMARCHAIS. « *Fine fleur de Normand* », LA FONTAINE. ✦ ▷ *Fleur de chevalerie, fine fleur de chevalerie,* Voy. FIN. ◁ ✦ *La fleur des chevaliers*, le plus brave des chevaliers. ✦ *Fleur des coursiers*, un excellent cheval. ✦ ▷ *La fleur des pois*, Voy. POIS. ◁ ✦ *Fleur de farine*, la partie la plus fine de la farine. ✦ *Fleur* est le nom d'une foule de plantes. ✦ *Fleurs de vin, de bière, de vinaigre*, pellicules qui se produisent sur ces liquides et qui sont formées de petites plantes, dites *mycodermes.* ✦ **Anc. chim.** *Fleurs*, les substances en poudre et les sublimés, qui se composent de particules très divisées ou d'aiguilles fort déliées. *Fleur d'alun, d'antimoine.* ✦ **Techn.** Le côté de la peau d'où le poil a été enlevé. ✦ **Fig.** *Faire une fleur à quelqu'un*, lui accorder une faveur. ▪ *À fleur de peau*, dont la sensibilité est exacerbée. *Sois gentil avec elle, elle est à fleur de peau en ce moment.* ✦ *Comme une fleur*, facilement, avec naïveté. *Elle a accepté sa proposition comme une fleur.* ▪ *À, dans la fleur de*, en pleine période d'épanouissement. *Dans la fleur de l'âge.* ▪ **Adj.** *Fleur bleue*, rêveur et sentimental. *Elle lit beaucoup de livres fleur bleue.*

FLEURAISON, n. f. [flœʀɛzɔ̃] (*fleur*) Syn. de floraison. ✦ Quelques botanistes font une distinction entre *fleuraison* et *floraison*, mot auquel ils donnent le sens exclusif d'état de fleur.

FLEURDELISÉ, ÉE, p. p. de fleurdeliser. [flœʀdəlize]

FLEURDELISER, v. tr. [flœʀdəlize] (*fleur de lis*) Orner de fleurs de lis un écusson, un manteau. ✦ Anciennement, marquer un criminel d'une fleur de lis avec un fer chaud.

FLEURÉ, ÉE, adj. [flœʀe] (*fleur*) **Hérald.** Se dit des bandes, des bordures et d'autres pièces qui ont leurs bords en forme de fleur. ✦ On dit aussi *fleureté* et *fleuronné.*

FLEURER, v. intr. [flœʀe] (b. lat. *flatare*, souffler) Répandre, exhaler une odeur. *Cela fleure bon.* ✦ ◁ *Cela fleure comme baume*, cela sent très bon, et fig. cela doit être avantageux, lucratif. ◁ ✦ ▷ *Sa réputation fleure comme baume*, elle est excellente. ◁ ✦ Au XVIIᵉ siècle il n'y avait aucune distinction, pas plus qu'auparavant, entre *fleurer* et *flairer.*

1 **FLEURET**, n. m. [flœʀɛ] (ital. *fioretto*, petite fleur, à cause du bouton comparé à un bouton de fleur) Sorte d'épée à lame carrée et flexible, terminée par un bouton garni de cuir, et qui sert à s'exercer à l'escrime. ✦ Instrument d'acier qu'on emploie pour percer les roches.

2 **FLEURET**, n. m. [flœʀɛ] (catal. *floret*, fil de coton ou de laine) ▷ Sorte de soie tirée de la bourre qui est aux environs du cocon. ✦ Fil de bourre de soie qu'on mêle dans plusieurs étoffes avec de la soie ou de la laine. ✦ Ruban fait de ce même fil. ✦ Étoffe faite avec la soie des cocons de rebut. ◁

3 **FLEURET**, n. m. [flœʀɛ] (prob. ital. *fioretto*, petite fleur) Ancien pas de danse qui se composait d'un demi-coupé et de deux pas marchés sur la pointe du pied.

FLEURETÉ, ÉE, adj. [flœʀ(ə)te] Voy. FLEURÉ.

FLEURETTE, n. f. [flœʀɛt] (*fleur*) Petite fleur. ✦ **Par extens.** Chose sans importance. ✦ **Fig.** Propos galant. *Conter des fleurettes.* ✦ Compliments, choses flatteuses. ▪ **REM.** On dit aussi auj. *conter fleurette.*

FLEURI, IE, p. p. de fleurir. [flœʀi] *La saison fleurie*, le printemps. ✦ ▷ *Pâques fleuries*, le dimanche des Rameaux. ◁ **Fig.** *Route fleurie, chemin fleuri*, les moyens faciles, la vie heureuse, etc. ✦ Qui est d'une bonne couleur, en parlant du visage, du teint, de la peau. ✦ ▷ **Peint.** *Couleur fleurie*, couleur dont tous les tons brillants semblent tenir de l'éclat des fleurs. ◁ ✦ *Barbe fleurie*, barbe blanche. ✦ *Jaspe fleuri*, jaspe panaché, jaspe dans lequel le vert domine. ✦ **N. m.** *Fleuri*, aspect nuancé que présentent certaines billes de bois après avoir été sciées. ✦ **Littér.** Rempli d'ornements. *Le style fleuri.* ✦ ▷ *Esprit fleuri*, esprit remarquable surtout par l'éclat et l'agrément. ◁ ✦ **Mus.** *Contrepoint fleuri* ou *figuré*, celui où les parties procèdent par des valeurs ou des rythmes différents. ✦ **Archit.** *Roman fleuri, gothique fleuri*, roman, gothique où les ornements sont multipliés à l'excès. ▪ Dont la surface est couverte de moisissures. *Un fromage à la croûte fleurie.*

FLEURIR, v. intr. [flœʀiʀ] (lat. *florere*) Se conjugue avec *être* ou *avoir*, suivant le sens. Pousser des fleurs, être en fleur. ✦ **Par extens.** Se dit de la barbe qui commence à pousser à la joue d'un jeune homme. ✦ Être dans son commencement. ✦ **Fig.** Être dans un état brillant comparé à l'éclat d'un arbre en fleur. ✦ En ce sens, *fleurir* fait à l'imparfait *fleurissait* et *florissait*, et *florissant* au participe présent. Il faut toujours dire *florissait* quand il s'agit d'une personne ou d'une collection de personnes. *Athènes florissait sous Périclès.* ✦ **V. tr.** Parer d'une fleur, d'un bouquet. ✦ **Fig.** *Fleurir son style*, y mettre beaucoup d'ornements, de fleurs. ✦ *Se fleurir*, v. pr. Prendre des fleurs pour en faire un bouquet ou les mettre à sa boutonnière, à son chapeau.

FLEURISSANT, ANTE, adj. [flœʀisɑ̃, ɑ̃t] (*fleurir*) Qui pousse des fleurs ; qui est en fleur. « *Un pré plein d'herbe et fleurissant* », LA FONTAINE. ✦ *Fleurissant* se dit au propre et *florissant* au figuré.

FLEURISTE, n. m. [flœʀist] (*fleur*) Amateur de fleurs, celui qui prend plaisir à les cultiver. ✦ *Fleuriste artificiel*, celui qui fait ou vend des fleurs artificielles. ✦ **Absol.** et au f. Ouvrière qui fait des fleurs artificielles. ✦ Peintre qui s'adonne particulièrement à peindre les fleurs. On dit maintenant *peintre de fleurs.* ✦ **Adj.** *Marchand, marchande fleuriste*, celui, celle qui vend des fleurs artificielles. ✦ *Jardinier fleuriste*, jardinier qui cultive des fleurs. ✦ *Jardin fleuriste*, jardin destiné à la culture des fleurs. ▪ **N. m.** et n. f. Personne qui vend des fleurs.

FLEURON, n. m. [flœʀɔ̃] (*fleur*) Ornement en forme de fleur. *Les fleurons d'une couronne.* ✦ **Fig.** *C'est le plus beau fleuron de sa couronne*, c'est une des importantes prérogatives, une des plus belles provinces du prince ; **Par extens.** Ce qu'il y a de plus avantageux pour une personne. ✦ Ornement qu'on place dans les endroits d'un livre où il reste de l'espace à remplir et sur le dos des livres. ✦ **Archit.** Ornement sculpté représentant une feuille ou une fleur. ✦ **Bot.** Chacune des petites fleurs dont la réunion forme une fleur composée.

FLEURONNÉ, ÉE, adj. [flœʀɔne] (*fleuron*) **Hérald.** Syn. de fleuré. ✦ **Paléogr.** Orné de fleurs. *Lettres fleuronnées.* ✦ Se dit des plantes dont les fleurs sont des fleurons.

FLEURONNER, v. tr. [flœʀɔne] (*fleuron*) Orner de fleurons.

FLEUVE, n. m. [flœv] (lat. *fluvius*) Grand cours d'eau qui conserve ordinairement son nom jusqu'à la mer. ✦ **Fig.** Ce qui abonde et coule comme fait un fleuve. *Des fleuves de sang.* ◆ *Un fleuve d'éloquence, de poésie,* une éloquence, une poésie qui coule avec l'abondance et la grandeur d'un fleuve. ◆ **Poétiq.** *Le fleuve de la vie,* le cours de la vie. ◆ **Mythol.** Divinité qui préside à un fleuve. ◆ **Fam.** *Ruisseler comme un fleuve,* dégoutter d'eau, de pluie. ◆ **Sculpt.** et peint. Personnage allégorique représentant la divinité d'un fleuve. ◆ Grande quantité d'un élément naturel en mouvement. *Un fleuve de boue.* ■ Adj. Qui est très long. *Un roman fleuve* ou *un roman-fleuve.*

FLEXIBILISER, ■ v. tr. [flɛksibilize] (*flexible*) Rendre plus souple, donner de la flexibilité à quelque chose. *Flexibiliser les horaires de travail du personnel féminin.*

FLEXIBILITÉ, n. f. [flɛksibilite] (*flexible*) Qualité de ce qui est flexible. *La flexibilité du jonc.* ◆ *Fig.* Ce qui se plie comme les choses flexibles. « *La flexibilité de l'esprit* », PASCAL. ◆ *Flexibilité de la voix,* qualité qui fait qu'elle peut augmenter ou diminuer sans le moindre effort l'intensité des sons et passer rapidement d'une note à une autre. ◆ **Peint.** *Flexibilité des contours,* le contraire de *roideur.*

FLEXIBLE, adj. [flɛksibl] (lat. *flexibilis*) Qui se laisse courber jusqu'à un certain point sans se briser. ◆ *Fig.* Qui cède facilement aux impressions qu'on veut lui donner. *Caractère flexible.* ◆ *Esprit flexible,* esprit qui passe avec facilité d'un travail, d'un sujet à un autre. ◆ *Voix flexible,* voix qui passe facilement d'un ton à un autre. ◆ *L'ensemble des biens.* ■ *Des horaires d'ouverture flexibles.* ■ N. m. Tuyau réalisé dans une matière souple et reliant deux éléments fixes. *Un flexible de gazinière, de douche.*

FLEXION, n. f. [flɛksjɔ̃] (lat. *flexio*) Action de fléchir ; état de ce qui est fléchi. *La flexion d'une solive.* ◆ **Physiol.** Action des muscles fléchisseurs. ◆ **Gramm.** Modifications qu'éprouvent un mot qui se décline, un verbe qui se conjugue.

FLEXOGRAPHIE, ■ n. f. [flɛksografi] (radic. de *flexible* et -*graphie*) **Impr.** Technique d'impression consistant à appliquer sur un support souple des encres liquides à solvant volatil. *Ces dix dernières années, la flexographie s'est affirmée en gagnant des parts de marché dans l'impression d'emballages.*

FLEXUEUX, EUSE, adj. [flɛksɥø, øz] (lat. *flexuosus*) Fléchi plusieurs fois dans sa longueur. *Tige flexueuse.*

FLEXUOSITÉ, n. f. [flɛksɥozite] (*flexueux*) État de ce qui est flexueux.

FLEXURE, ■ n. f. [flɛksyʀ] (lat. *flexura,* courbe, inflexion) **Géol.** Mouvement tectonique de faible amplitude qui entraîne la formation d'un pli de couche. *La flexure des couches sédimentaires dans une carrière de calcaire.*

FLIBUSTE, ■ n. f. [flibyst] (*flibustier*) Vx Activité de piraterie menée par des flibustiers. *La flibuste, qui se démarquait de la piraterie, fut principalement un phénomène de réaction.* ■ Vx L'ensemble des flibustiers. *Dans la flibuste, les compagnons pratiquaient la communauté de biens.*

FLIBUSTER, v. intr. [flibyste] (*flibustier*) Se livrer au métier de flibustier. ◆ V. tr. Pop. Voler, filouter.

FLIBUSTERIE, n. f. [flibystəʀi] (*flibuster*) Action de flibuster.

FLIBUSTIER, n. m. [flibystje] (angl. *freebooter,* pirate) ▷ Aventurier, pirate appartenant à une association d'hommes établis dans quelques îles d'Amérique et toujours en guerre autrefois contre les Espagnols. ◁ ◆ **Par extens.** Brigand, voleur à main armée. ◆ Chevalier d'industrie, homme qui vit de rapine et d'escroquerie.

FLIC, ■ n. m. [flik] (all. *Flick,* garçon) **Fam.** Policier. *Appeler les flics.* ■ *Vingt-deux, voilà les flics !,* expression utilisée pour avertir quelqu'un de l'arrivée de la police. ■ **Par extens.** Personne chargée de contrôler ou de réprimer.

FLICAGE, ■ n. m. [flikaʒ] (*fliquer*) **Fam.** Quadrillage d'un lieu par la police dans le but de le surveiller. *Le flicage d'une zone à risques.* ■ **Péj.** et **par extens.** Surveillance incessante des faits et gestes de quelqu'un. *Le flicage des pirates informatiques.*

FLIC FLAC, n. m. [flikflak] (onomat.) ▷ Onomatopée par laquelle on exprime le bruit du coup de fouet ou de soufflets donnés de suite. *On entendit « flic flac ».* ◁ ◆ ▷ N. m. **Danse** Sorte de pas (alors les deux mots se réunissent). *Faire des flicflacs.* ◁ ■ Onomatopée par laquelle on exprime le bruit d'un liquide qui s'égoutte.

FLINGUE, ■ n. m. [flɛ̃g] (bavarois *Flinke,* fusil) **Fam.** Arme à feu. *Jette ton flingue !*

FLINGUER, ■ v. tr. [flɛ̃ge] (*flingue*) **Fam.** Tuer avec une arme à feu. ■ **Fam.** Détériorer au point de rendre inutilisable. *Il a flingué sa bagnole dans un accident.* ■ Se flinguer, v. pr. Se suicider avec une arme à feu.

FLINGUEUR, EUSE, ■ n. m. et n. f. [flɛ̃gœʀ, øz] (*flinguer*) **Fam.** Personne qui tue au moyen d'une arme à feu. ■ Adj. « *Les Tontons flingueurs* » : un film célèbre de G. Lautner.

FLINT ou **FLINT-GLASS**, n. m. [flint, flintglas] (angl. *flint-glass,* de *flint,* silex, et *glass,* verre) Verre en cristal servant avec le crown-glass à faire les lentilles achromatiques des microscopes. ■ Au pl. *Des flints.*

FLIPOT, ■ n. m. [flipo] (nom pr. *Félipot,* de *Philippe*) Petite pièce de placage étroite et allongée que l'on insère dans les fentes d'un ouvrage de menuiserie, pour les masquer. *Boucher les fentes d'un meuble avec des flipots de chêne enfoncés au marteau et collés.*

1 FLIPPER, ■ v. intr. [flipe] (angl. *[to] flip,* secouer) **Arg.** Éprouver un sentiment d'exaltation sous l'effet d'une drogue. ■ Ressentir un état d'angoisse par manque de drogue. ■ **Par extens.** Être déprimé ou angoissé. *Flipper avant un examen.* ■ FLIPPANT, ANTE, adj. [flipɑ̃, ɑ̃t]

2 FLIPPER, ■ n. m. [flipœʀ] (on prononce à l'anglaise : *fli-peur.* angl. *[to] flip,* renvoyer) Mécanisme d'un billard électrique, actionné par un joueur grâce à des boutons latéraux et servant à donner une impulsion à une bille d'acier. ■ Billard électrique contenant des manettes qui permettent de renvoyer les balles vers le haut. *Une partie de flipper.*

FLIQUER, ■ v. tr. [flike] (*flic*) **Fam.** Pratiquer une surveillance policière. *Fliquer un suspect. Être fliqué.* ■ **Par extens.** Surveiller et réprimer.

FLIRT, ■ n. m. [flœʀt] (on prononce à l'anglaise : *fleurt* ; mot angl.) Relation amoureuse superficielle et éphémère, servant parfois de préliminaire à une relation sexuelle. *Avoir un flirt.* ■ Personne avec laquelle on flirte. ■ **Fig.** Tentative de rapprochement, en parlant de groupes souvent opposés. *Le flirt des employés avec les dirigeants.*

FLIRTER, ■ v. intr. [flœʀte] (on prononce à l'anglaise : *fleur-té* ; angl. *[to] flirt,* faire du charme) Avoir un flirt. ■ **Fig.** Se rapprocher, côtoyer. *Flirter avec son adversaire.* ■ FLIRTEUR, EUSE, adj. ou n. m. et n. f. [flœʀtœʀ, øz]

1 FLOC, ■ interj. [flɔk] (onomat.) Pour reproduire le bruit d'une chute dans l'eau, d'un plongeon. *Les gouttes tombaient les unes après les autres, on entendait « floc, floc floc ».*

2 FLOC, ■ n. m. [flɔk] Liqueur à base d'armagnac et de jus de raisin. *Boire un verre de floc de Gascogne.*

FLOCAGE, ■ n. m. [flɔkaʒ] (angl. *flock,* bourre de laine) Technique qui consiste à projeter des fibres textiles synthétiques sur une surface adhésive pour lui donner un aspect pelucheux. *Le flocage de tee-shirts.* ■ Insonorisation d'un local réalisée à l'aide de panneaux recouverts de fibres textiles. *Le flocage est une technique d'insonorisation et d'isolation par projection d'un mélange de colle et de textile.*

1 FLOCHE, n. f. [flɔʃ] (*floc,* flocon de laine, du lat. *floccus*) Petit lambeau qui s'effile. ◆ Adj. *Soie floche,* celle dont les brins ne sont pas moulinés. ■ Adj. À faible torsion, en parlant d'un fil. *Des fils floches.*

2 FLOCHE, ■ n. m. [flɔʃ] (lat. *floccus*) **Belg.** Objet de passementerie en forme de gland. « *Pour la nuit, on l'avait coiffé d'une calotte en toile de Bergame à floche d'argent* », MALPERTUIS. ■ Ganse située à chaque extrémité d'un lacet de chaussure. *Des floches en plastique, en métal.*

FLOCK-BOOK, ■ n. m. [flɔkbuk] (mot angl., de *flock,* troupeau, et *book,* livre) Document relié retraçant la généalogie des meilleures races d'ovins et de chèvres. *Les premiers flock-books sont adoptés à partir du début de la IIIe République, pour accompagner l'organisation du régime politique sur une base terrienne et rurale, avec notamment la création d'un ministère de l'Agriculture.*

FLOCON, ■ n. m. [flɔkɔ̃] (lat. *floccus*) Petite touffe de laine, de soie. ◆ **Par extens.** Ce qui a la forme d'un flocon de laine. *Des flocons de plumes, de neige.* ◆ **Chim.** Se dit de certains précipités qui ont la forme de flocons. ■ Aliment déshydraté ou lyophilisé se présentant sous la forme de fines lamelles. *Des flocons d'avoine. Purée, bouillie en flocons.*

FLOCONNER, ■ v. intr. [flɔkɔne] (*flocon*) **Litt.** Se constituer en flocons. *Le brouillard floconne quand il commence à se lever.*

FLOCONNEUX, EUSE, adj. [flɔkɔnø, øz] (*flocon*) Plein, rempli de flocons. ◆ *Précipité floconneux, pus floconneux,* précipité, pus blanc, léger, formé de filaments entremêlés sans ordre. ◆ **Bot.** Qui est disposé par flocons. ■ Qui a l'apparence de flocons.

FLOCULANT, ■ n. m. [flɔkylɑ̃] (*floculer*) **Chim.** Produit déclenchant une floculation. *L'utilisation de floculants permet de retrouver une eau cristalline dans les piscines des particuliers.*

FLOCULATION, ■ n. f. [flɔkylasjɔ̃] (b. lat. *flocculus,* flocon de petite taille) **Chim.** Type de précipitation des corps colloïdaux en suspension dans un liquide donnant l'impression d'une accumulation de flocons. *La floculation dans le traitement des eaux de process industriels.* ■ **Méd.** Précipitation provoquée sur un échantillon sanguin pour le dépistage de maladies hépatiques. *Les facteurs qui peuvent améliorer la floculation sont le gradient de vitesse, le temps et le pH.*

FLOCULER, ■ v. intr. [flɔkyle] (du b. lat. *flocculus*) **Chim.** Constituer une précipitation par accumulation de flocons. *Floculer les impuretés dans les eaux de piscine.*

FLOE, ■ n. m. [flo] (le *e* final est muet ; mot angl.) Bloc de glace de très grande taille indépendant de la banquise. *Des floes peuvent se retrouver bloqués lors de la formation de la banquise côtière.*

FLONFLON, n. m. [flɔ̃flɔ̃] (onomat.) ▷ Onomatopée qui s'employait comme refrain de chanson, et qui maintenant désigne les refrains, des couplets de vaudeville. *De gais flonflons.* ◁ ■ **Au pl.** Sons bruyants et entraînants d'une musique populaire. *Les flonflons de la kermesse.*

FLOP, ■ n. m. [flɔp] (mot angl.) **Fam.** Échec complet. *Le flop d'un film.* ■ *Faire un flop,* subir un échec.

FLOPÉE, ■ n. f. [flope] (lat. médiév. *faluppa,* balle de blé) **Arg.** Série de coups. *Infliger une flopée.* ■ **Fam.** Une multitude, un grand nombre de. *Une flopée de clients.*

FLOQUER, ■ v. tr. [floke] (prob. [soie] *floche,* du lat. *fluxus,* mou) Appliquer des fibres sur une surface adhésive afin d'obtenir un revêtement.

FLORAISON, n. f. [florɛzɔ̃] (réfection de *fleuraison,* d'après le lat. *flos,* génit. *floris*) ▷ **Bot.** Développement et épanouissement de la fleur. ◆ L'époque où les plantes fleurissent. ◆ L'état des plantes en fleur. ◆ **Rem.** On disait plutôt *fleuraison* autrefois. ◁

FLORAL, ALE, adj. [floral] (lat. *floralis*) **Bot.** Qui appartient à la fleur ou qui l'accompagne. *Des appendices floraux.* ◆ *Enveloppes florales,* le calice et la corolle. ◆ **Zool.** Qui vit ou se trouve sur les fleurs. ◆ **Antiq. rom.** *Jeux floraux,* ceux qu'on célébrait en l'honneur de Flore. ◆ **Par extens.** *Jeux floraux,* concours de poésie et d'éloquence ouvert chaque année à Toulouse, et où l'on distribue divers prix représentant des fleurs d'or et d'argent. *Académie des Jeux floraux.* ■ Qui présente de nombreuses fleurs, des végétaux. *Parc floral.*

FLORALIES, ■ n. f. pl. [florali] (lat. *floralia*) Fêtes célébrées au printemps à Rome en l'honneur de la déesse Flore. ■ Célébration horticole caractérisée par une exposition de fleurs.

FLORE, n. f. [flɔr] (lat. *Flora,* déesse des fleurs) Chez les anciens Latins, la déesse des fleurs. ◆ Livre contenant la description des plantes qui croissent naturellement dans un pays. *La Flore française.* ◆ **Par extens.** L'ensemble des plantes d'un pays. On ne met pas de capitale en ce sens.

FLORÉAL, n. m. [floreal] (lat. *floreus,* couvert de fleurs) Le huitième mois du calendrier républicain (du 20 avril au 20 mai).

FLORENCE, n. m. [florɑ̃s] (*Florence,* ville d'Italie) Taffetas léger qu'on tirait autrefois de la ville de Florence.

FLORENCÉ, ÉE, adj. [florɑ̃se] (*Florence*) **Hérald.** Se dit d'une croix terminée en fleur de lis dans ses quatre pointes.

FLORENTIN, INE, ■ adj. [florɑ̃tɛ̃, in] (*Florence,* ville d'Italie) De Florence. *Peintres florentins. Baiser florentin.* ■ **N. m.** Friandise faite d'une mince couche de biscuit sec recouvert de chocolat, de fruit confit et d'amandes. ■ **N. f.** *À la florentine,* garni d'épinards, en parlant d'une spécialité culinaire. ■ **N. m. et n. f.** *Un Florentin, une Florentine.*

FLORENTINE, n. f. [florɑ̃tin] (*Florence*) Satin façonné.

FLORÈS, [florɛs] (on prononce le *s* final ; p.-ê. du provenç. *faire flori,* de *floridus,* couvert de fleurs) **Fam.** *Faire florès,* briller, faire une dépense d'éclat. ◆ Obtenir des succès, de la réputation. *Cet acteur fait florès en province.*

FLORICOLE, ■ adj. [florikɔl] (*flori-* et *-cole*) Relatif à la floriculture. *L'industrie floricole.* ◆ Qui vit ou se développe sur les fleurs. *Les papillons et les abeilles sont des insectes floricoles.*

FLORICULTURE, ■ n. f. [florikyltyr] (*flori-* et *culture*) Domaine de l'horticulture qui a trait à la culture des fleurs à couper et des plantes d'ornement. *Le secteur des plantes vivantes et des produits de la floriculture.*

FLORIDÉES, ■ n. f. pl. [floride] (radic. du lat. *flos, floris,* et suff. *-idée*) **Bot.** Sous-classe d'algues marines de couleur rouge et généralement incrustées de calcaire, ce qui favorise leur fossilisation. *Les floridées sont très répandues dans les mers du Japon.*

FLORIFÈRE, ■ adj. [florifɛr] (*flori-* et *-fère*) **Bot.** Pourvu de fleurs. *Une plante florifère.* ◆ Qui fleurit. *Un cactus florifère.*

FLORILÈGE, ■ n. m. [florilɛʒ] (lat. *florilegus,* qui butine les fleurs, de *flos* et *legere,* choisir) Recueil de textes choisis. *Le florilège de la poésie antillaise.* ■ **Par extens.** Sélection des meilleurs morceaux. *Un florilège de chansons.*

FLORIN, n. m. [florɛ̃] (ital. *fiorino,* monnaie marquée d'une fleur de lis) Pièce de monnaie. *Florin d'or.* ◆ Monnaie de compte qui varie de valeur suivant les pays. ■ Monnaie qui était en cours aux Pays-Bas avant l'euro. *1 euro vaut 2,20371 florins.*

FLORISSANT, ANTE, adj. [florisɑ̃, ɑ̃t] (anc. fr. *florir,* fleurir) Qui est dans un état prospère. *Une santé florissante. Un État florissant.* ◆ Qui est en honneur, en crédit, en vogue.

FLORISTIQUE, ■ adj. [floristik] (*flore*) **Bot.** Relatif à la flore. *Les conséquences floristiques d'une catastrophe naturelle.*

FLOSCULEUX, EUSE, adj. [flɔskylø, øz] (lat. *flosculus,* jeune fleur) Se dit d'une fleur composée qui ne renferme que des fleurons.

1 FLOT, n. m. [flo] (anc. nord. *flod* et radic. frq. *flot-,* flux) Lame d'eau soulevée dans la mer par l'action du vent. ◆ **Fig.** « *Il [l'homme] a, comme la mer, ses flots et ses caprices* », Boileau. ◆ **Au pl.** La mer. ◆ Il se dit aussi des lames d'eau soulevées dans un lac, dans un fleuve par le vent ou par toute autre cause. ◆ *Les flots ou le flot d'un fleuve,* simplement les eaux de ce fleuve. ◆ La marée montante. ◆ Il se dit de ce qui ondule comme font les flots. *Les flots d'une noire chevelure.* ◆ **Fig.** Il se dit de ce qui abonde comme un flot. *Des flots de sang.* ◆ **Par exagération** *Des flots d'encre ont coulé dans ce débat.* ◆ *Des flots de bile,* de violentes invectives dictées par la colère, l'indignation, le mépris. ◆ **Poétiq.** *Des flots d'harmonie,* une musique ou une poésie qui charme l'oreille. ◆ Les mouvements d'une grande foule ; la multitude elle-même. *Des flots d'ennemis.*

2 FLOT, n. m. [flo] (*flotter*) État de ce qui flotte ; usité seulement dans ces locutions : *être à flot,* avoir assez d'eau pour flotter ; *mettre, remettre à flot.* ◆ **Fig.** et **fam.** *Mettre quelqu'un à flot,* lui fournir des moyens, des fonds, des ressources pour qu'il fasse ses affaires. ◆ *Mettre du bois à flot,* jeter des arbres, des bûches dans un cours d'eau pour qu'ils descendent en flottant. ◆ *À flot perdu,* sans que les bûches soient attachées les unes aux autres. ◆ *Flot, train de bois qui flotte,* quantité de bois jeté dans un courant qui l'emmène ; l'action d'y jeter des bûches. ■ *À flots,* en grande quantité. *Une réception où le champagne coule à flots.* ◆ *Être à flots,* flotter et fig. ne pas avoir de soucis financiers. ◆ **Fig.** *Remettre à flot,* rétablir la situation financière par un apport d'argent. *Remettre à flot l'économie d'un pays.*

FLOTTABILITÉ, n. f. [flɔtabilite] (*flottable*) Qualité de ce qui flotte. *Puissance de flottabilité d'un navire blindé.*

FLOTTABLE, adj. [flɔtabl] (1 *flotter*) Il se dit des ruisseaux et des rivières sur lesquels le bois peut flotter en train ou à bûche perdue. ◆ Qui peut flotter, se tenir à flot.

FLOTTAGE, n. m. [flɔtaʒ] (1 *flotter*) Transport par eau de bois flotté. ◆ Bois abandonné au cours de l'eau.

FLOTTAISON, n. f. [flɔtɛzɔ̃] (1 *flotter*) **Mar.** Plan qui divise la partie du vaisseau qui est dans l'eau de celle qui est hors de l'eau. ◆ *Ligne de flottaison,* celle qui sépare la partie submergée de celle qui ne l'est pas.

FLOTTANT, ANTE, adj. [flɔtɑ̃, ɑ̃t] (1 *flotter*) Qui flotte. *Des glaces flottantes.* ◆ *Ligne flottante,* ligne où l'hameçon est soutenu dans l'eau. ◆ **Poétiq.** Se dit des corps célestes qui paraissent flotter dans l'espace. ◆ **Par extens.** Qui ondoie comme le flot. *Une robe flottante. Des cheveux flottants.* ◆ ▷ **Peint.** *Draperie flottante,* draperie dessinée avec plis amples et larges. ◁ ◆ **Fig.** Peu assuré, peu fixe. *Des esprits flottants.* « *Toujours flottant entre le devoir et la fortune* », Massillon. ◆ Mal assuré. « *Espoir flottant* », P. Corneille. ◆ *Dette flottante,* portion de la dette publique qui, n'ayant point été consolidée, est exigible à certains termes.

1 FLOTTE, n. f. [flɔt] (anc. fr. *flote* ; grand nombre, p.-ê. de l'ital. *flotta, frotta,* du lat. *fluctus,* flot, vague) Réunion d'un certain nombre de bâtiments marchands ou de vaisseaux de guerre, destinés à naviguer ensemble. ◆ *Aller de flotte,* aller de conserve ou en compagnie. ◆ La force navale d'une nation. ◆ Dans le langage populaire, il signifie quelquefois *grand nombre.* ◆ *Il en est arrivé une flotte.*

2 FLOTTE, n. f. [flɔt] (1 *flotter,* ou anc. nord. *floti,* radeau) Bouées ou tonneaux vides que l'on attache à différents points de la longueur d'un câble pour le tenir suspendu. On dit aussi *flotteur.* ◆ Morceau de liège ou autre corps léger qui soutient la ligne et les hameçons dans l'eau.

3 FLOTTE, ■ n. f. [flɔt] (1 *flotter*) **Fam.** Eau, pluie. *On a eu la flotte tout le trajet.*

FLOTTÉ, ÉE, p. p. de flotter. [flote] *Bois flotté,* bois à brûler qui est venu par le flottage.

FLOTTEMENT, n. m. [flɔt(ə)mɑ̃] (1 *flotter*) **Milit.** Mouvement d'ondulation qui dérange l'alignement d'une troupe. ◆ **Fig.** Hésitation, irrésolution. ■ État de fluctuation d'une monnaie qui dépend des variations du marché des changes. *Le flottement généralisé des monnaies a comme conséquence l'instabilité monétaire.*

1 FLOTTER, v. intr. [flote] (1 *flot*) Être porté sur un liquide sans aller au fond. ◆ **Fig.** « *Nous flottons dans la mer de ce monde au gré de nos passions* », Nicole. ◆ Être, rester à flot, en parlant du bois qu'on fait descendre un cours d'eau. ◆ Faire aller ses flots. « *Il verra les deux mers flotter sous son empire* », J.-B. Rousseau. ◆ Voltiger en ondoyant. « *Leurs beaux cheveux flottaient au gré du vent* », Fénelon. ◆ **Peint.** Se dit des plis d'une draperie qui se détachent loin du corps. ◆ « *Sa main sur ses chevaux laissait flotter les rênes* », Racine. ◆ **Milit.** Ne pas bien conserver son alignement, en parlant d'une troupe. ◆ **Fig.** Être emporté çà et là. « *Pour vous ôter du trouble où flottent vos esprits* », P. CORNEILLE. ◆ Aller au hasard. « *Je laissais au hasard flotter ma rêverie* », MUSSET. ◆ N'être pas fixé, en parlant de choses, de soupçons, etc. ◆ Hésiter, être irrésolu, incertain. « *Mon cœur étonné flotte plus que jamais* », P. CORNEILLE. « *On peut flotter quelques années entre les sacrements et les rechutes* », MASSILLON. ◆ Tenir de l'un et de l'autre. « *La finesse flotte entre le vice et la vertu* », LA BRUYÈRE. ◆ Être mal assuré. « *Nos couronnes... flotteraient sur nos têtes* », RACINE. ◆ V. tr. **Mar.** *Flotter un câble,* le faire soutenir ou soulager dans l'eau. ◆ Être dans un vêtement trop grand, trop large. *Depuis qu'il a perdu du poids, il flotte dans ses vêtements.* ▪ *Flotter du bois,* le véhiculer par flottage.

2 **FLOTTER,** ▪ v. impers. [flote] (3 *flotte*) **Fam.** Pleuvoir.

FLOTTEUR, n. m. [flotœr] (1 *flotter*) Ouvrier qui fait ou qui conduit les trains de bois. ◆ Corps léger que l'on fait flotter sur un cours d'eau pour en mesurer la vitesse. ◆ Dans les machines à vapeur, *flotteur d'alarme,* instrument qui avertit les chauffeurs de l'abaissement du niveau de l'eau par un bruit aigu. ▪ Objet léger qui permet à une embarcation de flotter. *Les flotteurs d'un catamaran.*

FLOTTILLE, n. f. [flotij] (1 *flotte*) Flotte de petits bâtiments.

FLOU, n. m. [flu] (lat. *flavus,* jaune, flétri) **Peint.** Manière légère et fondue, par opposition aux tons durs et secs. ◆ Adj. Léger, gracieux. *Un pinceau flou.* ◆ Adj. **Péj.** Lâchement dessiné. ◆ Adv. *Peindre flou,* peindre d'une manière légère, bien fondue. ◆ Adj. Dont les contours et les détails manquent de netteté. *Une photo floue.* ▪ **Fig.** Qui manque de précision. *Je n'ai qu'une idée floue de la question.* ▪ N. m. Caractère de ce qui est flou, au propre et au figuré. *Réduire le flou d'une photo. Le flou d'un projet à ses débuts.* ▪ *Flou artistique,* manque voulu de précision.

FLOUER, v. tr. [flue] (prob. lat. *fraudare,* faire tort par fraude) Terme d'argot devenu populaire. Voler, escroquer, duper. ◆ Absol. *Il ne fait que flouer.*

FLOUERIE, n. f. [fluri] (*flouer*) **Pop.** Escroquerie, tromperie.

FLOUEUR, n. m. [fluœr] (*flouer*) **Pop.** Filou ; faiseur de dupes. ◆ Au f. *Une floueuse.*

FLOU-FLOU, n. m. [fluflu] Onomatopée pour imiter le léger bruit que le vent fait faire à une étoffe de soie. ▪ Voy. FROUFROU.

FLOUVE, n. f. [fluv] (orig. inc.) **Bot.** Genre de plantes graminées.

FLOUZE ou **FLOUSE,** ▪ n. m. [fluz] (ar. *flus,* monnaie de bronze) **Arg.** Argent. « *Qui est-ce qui croirait qu'on peut gagner autant de flouze à vendre de la potasse?* », GUÉRIN.

FLUAGE, ▪ n. m. [flyaʒ] (*fluer*) **Techn.** Déformation lente et progressive d'un matériau soumis à une charge constante. *Pour le béton, le risque de fluage diminue très rapidement dans le temps, avec l'accroissement des résistances.*

FLUATATION, ▪ n. f. [flyatasjɔ̃] (*fluate*) Technique de durcissement et d'imperméabilisation des surfaces bétonnées, utilisant l'action du fluate. *La fluatation permet une bonne tenue et une étanchéité des façades.*

FLUATE, ▪ n. m. [flyat] (*fluor*) **Chim.** Silicate de fluor. *Le fluate est utilisé dans la gravure sur verre.*

FLUCTUANT, ANTE, adj. [flyktɥɑ̃, ɑ̃t] (lat. *fluctuans*) Qui ondoie comme un flot. ◆ **Chir.** Qui offre de la fluctuation, la sensation d'un liquide renfermé. *Tumeur fluctuante.*

FLUCTUATION, n. f. [flyktɥasjɔ̃] (lat. *fluctuatio,* agitation, hésitation) Agitation, alternative de ce qui est comparé à un flot. *Les fluctuations de l'opinion, de la rente.* ◆ **Chir.** Mouvement d'oscillation d'un fluide épanché dans quelque tumeur.

FLUCTUER, ▪ v. intr. [flyktɥe] (lat. *fluctuare,* être agité, flotter) Être variable. *Le cours de la bourse fluctue.*

FLUCTUEUX, EUSE, adj. [flyktɥø, øz] (lat. *fluctuosus,* aux flots agités) Agité de mouvements contraires, violents.

FLUENT, ENTE, adj. [flyɑ̃, ɑ̃t] (*fluer*) **Philos.** Qui coule. *Les choses fluentes,* par opposition aux choses permanentes.

FLUER, v. intr. [flye] (lat. *fluere*) ▷ Couler, s'épancher. *Cette rivière flue vers le couchant.* ◆ Se dit de la mer qui monte. *La mer flue et reflue.* ◆ **Méd.** Se dit des humeurs qui coulent de quelques parties du corps. ◁

FLUET, ETTE, adj. [flyɛ, ɛt] (dim. de *flou*) Se dit du corps mince et d'apparence délicate. *Il est fluet. Taille fluette.*

FLUETTE, ▪ n. f. [flyɛt] (sans doute de *fluet*) **Suisse** Fine baguette de pain aussi appelée *flûte.*

FLUIDE, ▪ adj. [flɥid] (lat. *fluidus*) **Phys.** Il se dit, par opposition à solide, des corps dont les molécules sont si peu adhérentes entre elles, qu'elles se meuvent facilement les unes sur les autres, comme l'eau, l'air. ◆ N. m. *L'air est un fluide.* ◆ Nom donné aux substances hypothétiques que les

physiciens ont imaginées pour se rendre compte de certains phénomènes. *Le fluide électrique.* ◆ Dans le langage du magnétisme animal, prétendues émanations dont le magnétisme croit disposer. ▪ Adj. **Fig.** *Un style fluide.*

FLUIDIFIANT, ANTE, ▪ adj. [flɥidifjɑ̃, ɑ̃t] (*fluidifier*) **Méd.** Qui favorise la fluidification des mucosités et des sécrétions bronchiques. *Des médicaments fluidifiants.* ▪ Qui rend plus fluides les peintures et les bitumes. ▪ N. m. Médicament qui fluidifie les mucosités et lutte contre l'encombrement bronchique. *Alterner la prise de fluidifiants et d'expectorants.*

FLUIDIFICATION, n. f. [flɥidifikasjɔ̃] (*fluidifier*) **Phys.** Réduction d'un corps à l'état de fluide.

FLUIDIFIER, v. tr. [flɥidifje] (*fluide*) **Phys.** Réduire à l'état de fluide.

FLUIDIQUE, ▪ adj. [flɥidik] (*fluide*) Qui a trait aux fluides. *L'ingénierie fluidique.* ▪ Qui est d'une nature identique à celle des fluides. *Un aspect fluidique.* ▪ N. f. **Techn.** Utilisation de fluides pour l'activation et le contrôle de dispositifs basés sur des automatismes. *Les fonctions telles que le réglage, la commande et l'automatisation en général au niveau de la construction des machines et des appareils ne pourraient être réalisées en l'absence de la fluidique.*

FLUIDISATION, ▪ n. f. [flɥidizasjɔ̃] (*fluidiser*) **Techn.** Procédé qui permet de mettre en suspension une substance légère et peu dense dans un courant fluide. *La fluidisation consiste à faire passer une phase fluide, très souvent un gaz, à travers un lit de particules, supportées par une grille, pour les mettre en suspension.*

FLUIDISER, ▪ v. tr. [flɥidize] (*fluide*) **Techn.** Provoquer une fluidisation. *Fluidiser un substrat.*

FLUIDITÉ, n. f. [flɥidite] (*fluide*) État de ce qui est fluide.

FLUO, ▪ adj. inv. [flyo] (abrév. de *fluorescent*) D'aspect fluorescent, en parlant de couleurs. *Un jaune fluo. Des gants fluo.*

FLUOR, adj. [flyɔr] (b. lat. *fluor,* écoulement) En minéralogie, épithète donnée à plusieurs minéraux incombustibles et fusibles. ◆ *Spath fluor* ou simplement *fluor,* sorte de pierre nommée en chimie *fluorure de calcium.* ◆ N. m. **Chim.** Corps simple, non encore isolé, dit aussi *fluorine* et *phtore,* radical présumé de l'acide fluorhydrique.

FLUORATION, ▪ n. f. [flyorasjɔ̃] (*fluor*) **Techn.** Enrichissement en fluor des eaux destinées à la consommation. *La fluoration de l'eau réduit le nombre de caries de 60% chez l'enfant et de 35% chez l'adulte.* ▪ **Méd.** Application sur les dents de produits riches en fluor dans le but de prévenir la formation des caries. *La fluoration permet d'améliorer l'hygiène dentaire.*

FLUORÉ, ÉE, ▪ adj. [flyore] (*fluor*) Riche en fluor. *Une eau fluorée.*

FLUORESCÉINE, ▪ n. f. [flyoresein] (*fluorescent*) **Chim.** Substance colorante jaune qui, en solution, prend une couleur verte très prononcée. *La fluorescéine est utilisée en ophtalmologie pour pratiquer des fonds de l'œil.*

FLUORESCENCE, ▪ n. f. [flyoresɑ̃s] (mot angl.) Capacité d'une substance à produire un rayonnement. *Lorsqu'un rayon lumineux frappe un corps, les électrons de celui-ci sont excités ; lorsqu'ils reviennent à leur état normal, ils émettent une énergie électromagnétique, ce qui produit la fluorescence.*

FLUORESCENT, ENTE, ▪ adj. [flyoresɑ̃, ɑ̃t] (mot angl.) Qui émet de la lumière suite à un rayonnement. *Des lacets fluorescents.* ▪ **Abrév.** Fluo.

FLUORHYDRATE, n. m. [flyoridrat] (*fluor* et *hydrate*) Sel produit par la combinaison de l'acide fluorhydrique avec une base.

FLUORHYDRIQUE, adj. [flyoridrik] (*fluor* et *hydrique*) *Acide fluorhydrique,* acide produit par la combinaison de l'hydrogène avec le fluor.

FLUORINE ou **FLUORITE,** n. f. [flyorin, flyorit] (*fluor*) Espèce minérale résultant de la combinaison du fluor avec le calcium ; dite aussi *chaux fluatée.* ◆ Radical hypothétique du fluor.

FLUORIQUE, adj. [flyorik] (*fluor*) *Acide fluorique,* ancien nom de *l'acide fluorhydrique.*

FLUORITE, ▪ n. f. [flyorit] Voy. FLUORINE.

FLUORURE, n. m. [flyoryr] (*fluor*) Combinaison de fluor avec un autre corps simple.

FLUOTOURNAGE, ▪ n. m. [flyoturnaʒ] (lat. *fluere,* couler, et *tournage*) Technique qui consiste à déformer une pièce métallique par repoussage sur mandrin afin d'en réduire l'épaisseur jusqu'à obtenir une pièce creuse de révolution.

FLUSH, ▪ n. m. [flœʃ] (on prononce à l'anglaise : *fleuch* ; mot angl.) Au poker, série de cinq cartes de la même couleur. ▪ Adj. *Une quinte flush,* série de cinq cartes qui se suivent.

1 **FLÛTE** ou **FLUTE,** n. f. [flyt] (onomat. croisée avec le lat. *flare,* souffler) Dans un sens général, tout instrument à vent, en bois et à trous que l'on bouche avec les doigts, et dans lequel on souffle. ◆ **Fig.** *Ajustez vos flûtes,* se dit soit en parlant à un homme qui ne paraît pas d'accord avec lui-même, soit en parlant à plusieurs personnes qui ne conviennent pas des moyens

de faire réussir quelque chose. ◆ En ce dernier sens, on dit également : *Accordez vos flûtes.* ◆ ▷ *Flûtes à bec,* les instruments comme la clarinette, le hautbois et surtout le flageolet. ◁ ◆ ▷ *Double flûte,* nom d'un instrument usité chez les anciens, qui avait un bec et deux corps. ◁ ◆ Instrument à vent en forme de cylindre, percé de trous, garni de clés ; on dit aussi *flûte traversière.* ◆ *Petite flûte,* flûte d'un timbre perçant. ◆ L'artiste qui joue de la flûte ; on dit aussi *flûtiste.* ◆ *Jeu de flûtes,* la partie d'un jeu d'orgues qui ressemble au son des flûtes. ◆ *Flûte à l'oignon,* mirliton. ◆ *Flûte de pan,* Voy. PAN. ◆ Sorte de petit pain long. ◆ Sorte de long verre à boire. ◆ *Être monté sur des flûtes,* avoir des jambes longues et grêles. ◆ **Prov.** *Ce qui vient de la flûte s'en retourne au tambour,* le bien mal acquis ou acquis trop facilement se dissipe de même (c.-à-d. : ce qu'on a gagné en jouant de la flûte se dépense à faire jouer du tambour). ◆ *Il est du bois dont on fait des flûtes,* il dit et fait tout ce qu'on veut. ■ **Interj.** Exprime l'agacement, le regret. *Flûte ! j'ai oublié mes clés.*

2 FLÛTE ou **FLUTE**, n. f. [flyt] (néerl. *fluit,* ou altération de *fuste* sous infl. de *flûte*) Navire de charge, à fond plat, large, gros et lourd, au XVIIᵉ siècle.

1 FLÛTÉ, ÉE ou **FLUTÉ, ÉE**, adj. [flyte] (*flûter*) Qui imite le son doux de la flûte. ◆ Se dit particulièrement des sons produits sur les instruments à cordes en laissant aller mollement l'archet. ◆ **Fig.** *Voix flûtée,* voix douce. ◆ *Un ton flûté,* un ton de voix dans lequel il y a une certaine affectation de douceur.

2 FLÛTÉ, ÉE ou **FLUTÉ, ÉE**, p. p. de flûter. [flyte]

FLÛTEAU ou **FLUTEAU**, n. m. [flyto] (1 *flûte*) Flûte grossière ; sifflet. ■ Plantain qui croît dans l'eau.

FLÛTER ou **FLUTER**, v. intr. [flyte] (1 *flûte*) Jouer de la flûte. Il ne se dit que par ironie ou en plaisantant. ◆ **Fig.** et **pop.** Boire beaucoup.

FLÛTEUR, EUSE ou **FLUTEUR, EUSE**, n. m. et n. f. [flytœʀ, øz] (*flûter*) **Plais.** Celui, celle qui joue de la flûte. ■ Nom de plusieurs oiseaux.

FLÛTIAU ou **FLUTIAU**, ■ n. m. [flytjo] (*flûte*) Flûte de petite taille réalisée le plus souvent avec un roseau. *Tailler un flûtiau.* ■ Mirliton.

FLÛTISTE ou **FLUTISTE**, n. m. et n. f. [flytist] (1 *flûte*) Néolog. Musicien qui joue de la flûte. ■ **Rem.** Ce mot n'est plus un néologisme aujourd'hui.

FLUVIAL, ALE, adj. [flyvjal] (lat. *fluvialis*) Qui appartient aux fleuves, aux rivières. *La pêche fluviale. Bassins fluviaux.*

FLUVIATILE, adj. [flyvjatil] (lat. *fluviatilis*) Qui vit, qui croît dans l'eau des fleuves, des ruisseaux, ou sur leurs bords. *Plantes, coquilles fluviatiles.*

FLUVIOGLACIAIRE, ■ adj. [flyvjoɡlasjeʀ] (lat. *fluvius,* fleuve, et *glaciaire*) **Géol.** Qui contient des sédiments provenant des glaciers et véhiculés par des cours d'eau. *Des plaines d'épandage fluvioglaciaire.*

FLUVIOMÈTRE ou **FLUVIOGRAPHE**, ■ n. m. [flyvjɔmɛtʀ, flyvjɔɡʀaf] (lat. *fluvius,* fleuve, et *-mètre* ou *-graphe*) Appareil permettant d'évaluer la hauteur d'un cours d'eau et ses variations. *Le fluviographe permet notamment de mesurer et d'enregistrer le niveau des fleuves canalisés.*

FLUVIOMÉTRIQUE, ■ adj. [flyvjometʀik] (*fluviomètre*) Qui concerne le niveau d'un cours d'eau et ses variations. *Faire une détection fluviométrique.*

FLUX, n. m. [fly] (lat. *fluxus,* écoulement) Marée montante. ◆ **Fig.** *Le flux impétueux de la foule.* ◆ *Le flux et le reflux,* la marée montante et la marée descendante. ◆ **Par extens.** « *Les baleines faisant avec leurs narines un flux et un reflux de l'onde amère* », FÉNELON. ◆ **Fig.** *Le flux et le reflux de la faveur populaire.* ◆ Écoulement abondant, effusion. « *Le flux de nos larmes* », MALHERBE. ◆ *Flux de paroles,* bavardage. ◆ **Méd.** Écoulement d'un liquide quelconque hors de son réservoir habituel. *Flux purulent. Flux de bile.* ◆ *Flux de sang, flux dysentérique,* dévoiement dans lequel on rend du sang. ◆ *Flux de ventre* ou absol. *flux,* diarrhée ou dysenterie. ◆ **Chim.** Syn. de fondant. ◆ À certains jeux, suite de cartes de même couleur. ■ **Phys.** Ce qui traverse un conducteur. *Flux électrique, lumineux.* ■ *Flux migratoire,* importante migration de population.

FLUXION, n. f. [flyksjɔ̃] (b. lat. *fluxio,* écoulement) **Méd.** Abord d'un liquide vers le point où l'appelle une cause excitante. ◆ Afflux de sang ou d'autres liquides et certains tissus qui se tuméfient. *Fluxion sur les yeux.* ◆ Engorgement phlegmoneux du tissu cellulaire des joues et des gencives. ◆ *Fluxion de poitrine,* syn. vulgaire de pneumonie ou de pleurésie. ◆ ▷ **Math.** *Méthode des fluxions,* celle où l'on considère les quantités finies comme engendrées par un flux continuel ; ainsi la ligne est la fluxion du point, la surface la fluxion de la ligne, etc. ◁

FLUXIONNAIRE, adj. [flyksjɔnɛʀ] (*fluxion*) **Méd.** Qui est sujet aux fluxions. ◆ Qui a rapport aux fluxions.

FLUXMÈTRE, ■ n. m. [flymɛtʀ] (on ne prononce pas le *x.* de *flux* et *-mètre*) **Métrol.** Appareil permettant de mesurer les flux magnétiques. *Il existe des fluxmètres qui permettent de mesurer des rayonnements particuliers, comme l'ultraviolet, qui a des effets très importants sur les organismes vivants.*

FLYSCH, ■ n. m. [fliʃ] (mot suisse) **Géol.** Accumulation de sédiments détritiques terrigène résultant des premiers stades de l'orogenèse et conduisant à la constitution de montagnes jeunes. *Les flyschs se forment par des avalanches sous-marines de boues et de sables provenant de dépôts de faible profondeur.*

FM, ■ n. f. [ɛfɛm] (sigle de *Frequency Modulation*) Modulation de fréquence radiophonique. *Écouter la bande* FM.

FOARRE, ■ n. m. [fwaʀ] Voy. FOERRE.

FOB, ■ adj. inv. [ɛfobe] (sigle de l'angl. *free on board,* franco à bord) Dont le coût inclut les frais d'enlèvement de la marchandise, de chargement sur le navire transporteur et les éventuels autres frais entre ces deux étapes. *Les exportations* FOB *reprennent et appliquent les principes que la Chambre de commerce internationale souhaite faire prévaloir au niveau mondial.* ■ **Rem.** Recommandation officielle : *franco à bord* (FAB).

FOC, n. m. [fɔk] (néerl. *focke,* misaine) Voile triangulaire qui se déploie entre le mât de misaine et le beaupré. ◆ *Grand foc,* voile triangulaire qui se hisse à la tête du petit mât de hune. ◆ *Foc d'artimon,* sorte de voile d'étai qui s'installe entre le grand mât et le mât d'artimon.

FOCAL, ALE, adj. [fɔkal] (angl. *focal,* du lat. *focus,* foyer) **Géom.** et **phys.** Qui a rapport au foyer d'un miroir ou d'une lentille.

FOCALISATION, ■ n. f. [fɔkalizasjɔ̃] (*focaliser*) Action de faire converger en un point. ■ **Litt.** Position d'un auteur vis-à-vis de son récit et de ses personnages. *La focalisation interne permet de traduire les pensées et les émotions d'un personnage.*

FOCALISER, ■ v. tr. [fɔkalize] (*focal*) **Phys.** Faire converger en un point. *Focaliser un faisceau de particules.* ■ **Fig.** Concentrer sur un point. *Focaliser son énergie.* ■ Se focaliser, v. pr. Se concentrer. *Se focaliser sur un énoncé.*

FOCOMÈTRE, ■ n. m. [fɔkɔmɛtʀ] (radic. de *focal* et *mètre*) **Métrol.** Instrument utilisé pour établir la distance focale d'une lentille. *À l'aide d'un focomètre à balayage, les chercheurs mesurent de façon précise les courbes de puissance des lentilles de contact.*

FŒHN, ■ n. m. [føn] (on prononce *feu-n'* ; lat. *favonius,* zéphyr) Vent chaud et sec soufflant dans les régions montagneuses, et particulièrement dans les Alpes. ■ **Suisse** Sèche-cheveux.

FOÈNE ou **FOËNE**, ■ n. f. [fwɛn] (lat. *fuscina,* trident) Harpon de grande taille, muni de plusieurs pointes et utilisé pour pêcher les poissons plats et les poissons de grande taille. *La pêche à la foène.* ■ **Rem.** On dit aussi *fouène,* et on disait aussi *fouine* et *fouane* autrefois.

FOERRE ou **FOARRE**, n. m. [fwɛʀ, fwaʀ] (lat. médiév. *foderum,* du frq. *fodar,* fourrage pour les animaux) Terme vieilli. Paille longue de toute sorte de blé.

FŒTAL, ALE, ■ adj. [fetal] (æ se prononce *é* ; de *fœtus*) Qui se rapporte au fœtus. *L'évolution fœtale.*

FŒTICIDE, ■ n. m. [fetisid] (æ se prononce *é* ; de *fœtus* et *-cide*) Destruction quasiment systématique des fœtus de sexe féminin, pratiquée dans certains pays surpeuplés à la suite d'une décision gouvernementale. *Dans certains pays, on déplore la persistance de pratiques telles que le fœticide et l'infanticide des petites filles.* ■ **Adj.** *Certaines molécules sont strictement interdites pendant la grossesse car elles représentent un risque fœticide important.*

FŒTOLOGIE, ■ n. f. [fetɔlɔʒi] (æ se prononce *é* ; de *fœtus* et *-logie*) Domaine d'étude des différents stades d'évolution du fœtus humain. *Les chercheurs en fœtologie ont mis en évidence les compétences sensorielles du fœtus.* ■ **FŒTOLOGIQUE**, adj. [fetɔlɔʒik]

FŒTOMATERNEL, ELLE, ■ adj. [fetomatɛʀnɛl] (æ se prononce *é* ; de *fœtus* et *maternel*) Qui concerne à la fois la mère et le fœtus. *La pharmacologie fœtomaternelle.*

FŒTOPATHIE, ■ n. f. [fetopati] (æ se prononce *é* ; de *fœtus* et *-pathie*) **Méd.** Toute affection non génétique qui peut frapper le fœtus âgé de plus de trois mois de vie intra-utérine et causer des lésions irréversibles sur les organes déjà constitués à ce stade. *Une fœtopathie peut être une anomalie du développement, une atteinte due à un germe, bactérie ou virus, une pathologie résultant du comportement de la mère (prise d'alcool, de médicament ou de drogue).*

FŒTOSCOPIE, ■ n. f. [fetoskopi] (æ se prononce *é* ; de *fœtus* et *-scopie*) Examen pratiqué avec un endoscope et qui permet de visualiser le fœtus dans le ventre de sa mère. *Lorsqu'un examen échographique montre une anomalie au niveau du fœtus, en pratique, pour avoir plus de renseignements, une fœtoscopie.* ■ **FŒTOSCOPIQUE**, adj. [fetoskopik]

FŒTUS, n. m. [fetys] (æ se prononce *é* ; lat. *fœtus*) **Physiol.** Le produit de la conception encore renfermé dans l'utérus. ■ **Rem.** On écrivait aussi *fétus.*

FOFOLLE, ■ n. f. [fofɔl] Voy. FOUFOU.

FOGGARA, ■ n. f. [fogaʀa] (mot ar.) Galerie souterraine pratiquée dans les palmeraies du Sahara pour l'irrigation. *Les foggaras sont équipées de regards,* *visibles à la surface du désert, qui servent au creusement puis à l'entretien des galeries.*

FOI, n. f. [fwa] (lat. *fides*) Fidélité, exactitude à remplir ses engagements et par ext. assurance, serments, protestations de loyauté. ◆ *La foi des traités, des engagements, du serment, etc.,* l'assurance que l'on donne de quelque chose par les traités, les engagements, etc. ◆ **Fig.** *Sur la foi des traités,* selon la confiance établie entre les honnêtes gens. ◆ *Donner sa foi,* faire une promesse solennelle. ◆ *Jurer sa foi,* affirmer par serment. ◆ *Foi de gentilhomme, foi d'honnête homme, etc.,* façons de parler dont on use pour attester plus fermement quelque chose. ◆ *Foi de, sur ma foi, par ma foi, ma foi,* locutions affirmatives de ce qu'on dit ou de ce qu'on avance. ◆ *Foi et hommage,* serment de fidélité que le vassal prêtait entre les mains du suzerain. *Homme de foi.* ◆ **Hérald.** *Foi* se dit de deux mains jointes en signe d'alliance. ◆ *Foi conjugale,* la promesse de fidélité que les deux époux se font au moment du mariage. ◆ *Bonne foi,* qualité de celui pour qui la foi est toujours sacrée, et plus généralement sincérité, franchise. ◆ *Laisser quelqu'un sur sa bonne foi,* le laisser maître de sa conduite, ne pas le surveiller. ◆ *Être de bonne foi,* être trop confiant. ◆ **Jurispr.** *Bonne foi,* la conviction où l'on est que l'on exerce un droit légitimement, dans les conditions légales. ◆ *En bonne foi, de bonne foi,* manière d'en appeler à la franchise, à la justice. ◆ *De bonne foi, en bonne foi,* sincèrement. ◆ *Mauvaise foi,* déloyauté, absence de franchise, de sincérité. *Homme de mauvaise foi.* ◆ *Foi,* valeur du témoignage rendu, véracité. *Croire sur la foi d'autrui. Attester la foi publique.* ◆ *Faire foi,* prouver, témoigner. ◆ Dans le langage des certificats : *En foi de quoi j'ai signé, etc.* ◆ **Fig.** *Sur la foi de,* en se confiant, en croyant à... ◆ *Créance que l'on accorde aux hommes ou aux choses. J'ai foi à, en, dans vos discours.* ◆ *Ajouter foi à, prêter foi à,* croire, donner créance à. ◆ *Avoir foi en soi-même,* être plein de confiance en son habileté, en son succès, etc. ◆ *Croyance aux dogmes de la religion. La propagation de la foi.* ◆ *Avoir la foi,* être convaincu de la vérité d'une religion, et en particulier de la religion chrétienne. ◆ *La foi,* l'espérance et la charité, sont une des trois vertus théologiques. ◆ **Fam.** *N'avoir ni foi ni loi,* n'avoir ni religion ni morale. ◆ *L'objet de la foi,* les dogmes d'une religion ; cette religion même. *Les ennemis de la foi. Il est de foi que, etc.* ◆ *Profession de foi,* exposition des dogmes ou principes que l'on tient pour orthodoxes, et dans le langage général, toute déclaration de principes auxquels on adhère, et particulièrement la déclaration qu'un candidat fait de ses opinions. ◆ *Articles de foi,* Voy. ARTICLE. ◆ *Le cachet de la Poste faisant foi,* attestant de la date effective de l'envoi.

FOIBLE, FOIBLESSE, FOIBLIR, [fœbl, febles, feblir] Voy. FAIBLE, FAIBLESSE, FAIBLIR, seuls usités aujourd'hui.

FOIE, n. m. [fwa] (lat. *ficatum,* foie gras d'oie engraissée avec des figues [*ficus*], puis foie ; calqué sur le gr. *sukôton,* de *sukon,* figue) Viscère qui occupe l'hypocondre droit et une partie de l'épigastre. ◆ **Cuis.** Il se dit du foie que l'on mange. *Un pâté de foie gras.* ◆ ▷ **Anc. chim.** Substance dont la couleur ressemble à celle du foie. *Foie de soufre.* ◁ ◆ **Fam.** *Avoir les foies,* avoir très peur.

FOIL, ■ n. m. [fɔjl] (mot angl.) **Aéronaut.** Surface inclinable de la forme d'un patin, fixée sous les hydroptères ou les bateaux susceptibles de déjauger. *Des foils.*

1 FOIN, n. m. [fwɛ̃] (lat. *fenum*) Herbe des prairies fauchée et séchée au soleil pour la nourriture des bestiaux. ◆ *Bête à manger du foin,* très bête. ◆ **Fig.** et **fam.** *Mettre du foin dans ses bottes,* amasser de l'argent. ◆ *Avoir du foin dans ses bottes,* avoir de la fortune. ◆ Herbe des prairies qui n'est pas encore fauchée. *Une pièce de foin.* ◆ En ce sens, on se sert surtout du pluriel. *Faire ses foins.* ◆ **Fig.** *Faire ses foins,* faire de gros profits. ◆ *Foin d'artichaut,* amas de barbes qui garnissent le fond d'un artichaut. ■ **Fam.** Tapage bruyant, scandale. *C'est quoi tout ce foin ? Il a fait tout un foin parce qu'on ne l'avait pas prévenu.*

2 FOIN, loc. interj. [fwɛ̃] (1 *foin,* ou altération de *fi*) Mot fam. dont on se sert pour exprimer la répulsion. « *Foin du loup et de sa race !* », LA FONTAINE.

FOIRADE, ■ n. f. [fwarad] (*foire*) **Fam.** Fait d'échouer dans sa réalisation. *Monter cette entreprise a été une belle foirade !*

FOIRAIL ou **FOIRAL**, ■ n. m. [fwaraj, fwaral] (*foirer*) **Centre** et **Sud** Lieu où se déroule une foire. *Des foirails.*

1 FOIRE, n. f. [fwar] (lat. *feria,* jour de fête) Assemblée considérable et publique qui se tient en temps et lieu désignés d'avance, où tous les marchands peuvent étaler et vendre des objets de leur commerce. ◆ ▷ *Foires franches,* foires établies avec certaines exemptions de droits. ◁ ◆ *Champ de foire,* le lieu où se tient une foire. ◆ **Fig.** *Ils s'entendent comme larrons en foire,* Voy. LARRON. ◆ **Prov.** *La foire n'est pas sur le pont,* il n'est pas besoin de tant se presser. ◆ *Présent qu'on fait au temps de la foire.* ■ **Fam.** *Foire d'empoigne,* rivalité entre personnes qui cherchent chacune à obtenir la meilleure part. ■ *Fête foraine.* ■ **Fam.** Fête, chahut. *Ils ont fait la foire toute la nuit.* ■ *Foire aux questions,* page d'un site Internet sur laquelle on peut lire les questions les plus fréquentes et leurs réponses. **Abrév.** FAQ.

2 FOIRE, n. f. [fwar] (lat. *foria,* diarrhée) **Vulg.** Flux de ventre. *Avoir la foire.* ■ ▷ **Fig.** et **bassement** *Avoir la foire,* avoir peur. ◁

FOIRE-EXPOSITION, ■ n. f. [fwarɛkspozisjɔ̃] (*foire* et *exposition*) Quinzaine commerciale permettant aux petits producteurs d'exposer et de faire connaître leurs produits. *Des foires-expositions.*

FOIRER, v. intr. [fware] (2 *foire*) **Vulg.** Aller par bas, quand on a le cours de ventre. ◆ **Fig.** Se conduire lâchement. ■ **V. tr.** Ne pas réussir. *Elle a foiré son bac.* ■ **Absol.** *Ça foire à chaque fois.*

FOIREUX, EUSE, adj. [fwarø, øz] (2 *foirer*) **Vulg.** Qui a la foire. ◆ **Pop.** *Avoir la mine foireuse,* avoir le teint pâle. ■ **N. m.** et **n. f.** *Un foireux.* ◆ **Trivial** et fig. Un poltron. ■ **Adj.** Qui risque d'échouer. *Un plan foireux.*

FOIS, n. f. [fwa] (lat. *vices,* tour, succession, retour) Terme par lequel on considère un cas, un fait, une vicissitude dans leur unité ou dans leur réitération. *Une fois par an.* ◆ *Ne se pas faire dire une chose deux fois,* se hâter de faire. ◆ *Une fois, deux fois,* se dit dans les enchères. ◆ **Par extens.** Dans l'usage ordinaire, *une fois, deux fois, trois fois, encore une fois, pour la dernière fois,* expressions par lesquelles on insiste, on enjoint. ◆ **Par exagération,** *vingt fois, cent fois, mille fois, etc.,* fort souvent, un très grand nombre de fois. ◆ Il se dit particulièrement de qualités qu'on répète, ou qu'on multiplie, ou que l'on compare à d'autres. *Deux fois trois font six.* ◆ **Fig.** *Avoir deux fois, cent fois raison,* être parfaitement assuré de son fait. ◆ *Une fois, une fois pour toutes, une bonne fois,* décidément, définitivement. ◆ *Vingt fois, cent fois, mille fois pour une,* se dit d'une chose qu'on a été trop souvent obligé de faire ou de dire. ◆ *Avec par. Par deux fois.* ◆ *Avec à.* « *Mes pareils à deux fois ne se font pas connaître* », P. CORNEILLE. ◆ *À DEUX FOIS,* loc. adv. **Fig.** Avec attention, avec réserve, avec lenteur. *Y regarder à deux fois.* ◆ *N'en pas faire à deux fois,* ne pas hésiter. ◆ *Avec pour. Cela est bon pour une fois.* ◆ *D'autres fois,* en d'autres moments. ◆ *Une fois,* jadis. ◆ Dans une certaine occasion, à une certaine époque. *J'étais une fois à lire.* ◆ *Toutes les fois que à toutes les fois que,* aussi souvent que. ◆ *UNE FOIS QUE,* loc. conj. Dès que, aussitôt que. *Une fois que je serai parti.* ◆ **Ellipt.** *Une fois parti,* je ne reviendrai plus. ◆ ▷ On dit dans le même sens : *dès qu'une fois, lorsqu'une fois.* ◁ ◆ ▷ *DE FOIS À AUTRE,* loc. adv. De temps à autre. ◁ ◆ *À LA FOIS, TOUT À LA FOIS,* loc. adv. En même temps, ensemble. ◆ **Prov.** *Une fois n'est pas coutume.* ◆ *Il n'y a que la première fois qui coûte.* ◆ *Il était une fois,* formule par laquelle commencent la plupart des contes. ■ *Pour une fois,* de manière exceptionnelle. ■ **Fam.** *Des fois,* parfois. *Des fois il se met en colère sans qu'on sache pourquoi.* ■ **Fam.** *Des fois que,* au cas où. ■ *Trois fois rien,* presque rien.

FOISON, n. f. [fwazɔ̃] (lat. *fusio,* diffusion) Extrême abondance. *Il y a foison de fruits.* ◆ *À FOISON,* loc. adv. En abondance.

FOISONNANT, ANTE, adj. [fwazonɑ̃, ɑ̃t] (*foisonner*) Qui foisonne.

FOISONNEMENT, n. m. [fwazon(ə)mɑ̃] (*foisonner*) Action de foisonner ; augmentation du volume de certains corps, en passant d'un état à un autre : par exemple, la chaux.

FOISONNER, v. intr. [fwazone] (*foison*) Avoir à foison. *Cette province foisonne en blés.* ◆ Être à foison. ◆ Augmenter en volume. *Les chaux grasses foisonnent beaucoup.* ◆ Multiplier, produire des petits à foison. *Les lapins foisonnent beaucoup.* ◆ **Prov.** *Cherté foisonne,* on ménage les choses quand elles sont chères, ou les marchands en apportent quantité.

FOL, OLLE, adj. [fɔl] Voy. FOU.

FOLACHE, ■ n. f. [folaʃ] (*fol*) **Fam. Suisse** Femme peu réfléchie, un peu fofolle. *Quelle folache !*

FOLÂTRE, adj. [folatr] (*fol*) Qui aime à faire gaiement de petites folies. ◆ **N. m.** et **n. f.** *Laissons ce folâtre.* Se dit aussi de choses. *Air folâtre. Jeux folâtres.*

FOLÂTREMENT, adj. [folatrəmɑ̃] (*folâtre*) D'une manière folâtre.

FOLÂTRER, adv. [folatre] (*folâtre*) Faire le folâtre.

FOLÂTRERIE, n. f. [folatrəri] (*folâtre*) Action, parole folâtre.

FOLIACÉ, ÉE, adj. [foljase] (lat. *foliaceus,* qui a la forme d'une feuille) **Bot.** Qui est de la nature des feuilles. ◆ **Zool.** Qui est en forme de feuille. ◆ **Minér.** Qui se divise en feuilles ou lames.

FOLIAIRE, ■ adj. [foljɛr] (lat. *folium*) **Bot.** Qui concerne les feuilles. *Un insecticide foliaire.*

FOLIATION, ■ n. f. [foljasjɔ̃] (lat. *folium*) **Bot.** Développement des feuilles sur une tige selon une disposition particulière à chaque espèce végétale. ■ Époque du développement des feuilles qui suit le bourgeonnement. La foliation est aussi appelée *feuillaison.* ■ **Géol.** Structuration d'une roche en couches parallèles de textures et de compositions minéralogiques variées, donnant l'impression d'une superposition de feuilles. *La foliation régulière et parallèle des gneiss.*

FOLICHON, ONNE, adj. [foliʃɔ̃, ɔn] (*fol*) **Fam.** Qui aime à se livrer à quelque gaie folie. *Un esprit folichon.* ◆ *Ce n'est pas folichon,* ce n'est pas gai, c'est ennuyeux.

FOLICHONNER, v. intr. [foliʃɔne] (*folichon*) Faire le folichon.

1 FOLIE, n. f. [foli] (*fol*) Dérangement de l'esprit. ◆ *Aimer à la folie*, aimer à l'excès. ◆ *La folie de la croix*, ce qui dans le christianisme paraît insensé aux sages de la terre. ◆ Dans le langage médical, lésion plus ou moins complète des facultés intellectuelles et affectives. ◆ Par exagération, absence de raison, extravagance, manque de jugement. ◆ *Action folle*, idée folle. ◆ Gaieté vive dans laquelle on fait ou dit des choses propres à divertir. ◆ *La Folie*, personnage fictif qu'on représente sous la figure d'une femme avec une marmotte et des grelots. ◆ Joyeusetés en paroles ou en actions. *Dire, faire mille folies.* ◆ Idées bizarres ou absurdes. ◆ Écart de conduite. *Folies de jeunesse.* ◆ Caricature, charge plaisante. ◆ Écrit plaisant qui a un caractère de charge, de caricature. ◆ Goût exclusif, idée en laquelle on se complaît. *Chacun a sa folie.* ◆ **Prov.** *Les plus courtes folies sont les meilleures.* ■ **Fam.** *Faire des folies*, des dépenses excessives. ■ *Avoir la folie des grandeurs*, faire les choses avec excès.

2 FOLIE, n. f. [foli] (*feuillée*, qui présentait aussi les formes *foillie, folie*, abri de feuillage, cabane, petite maison) Se dit de certaines maisons de plaisance, d'ordinaire avec l'idée qu'elles ont coûté beaucoup d'argent. *La folie-Beaujon.*

FOLIÉ, ÉE, adj. [folje] (lat. *foliatus*) **Bot.** Garni de feuilles. ◆ **Pharm.** Réduit ou préparé en forme de feuilles.

FOLIO, n. m. [foljo] (lat. *folium*) Syn. de feuillet, c'est-à-dire une feuille de papier considérée par rapport à ses deux pages ; il se dit en parlant de registres, de manuscrits. ◆ *Folio recto* ou simplement *recto*, la première page du feuillet. *Folio verso* ou simplement *verso*, la seconde page du feuillet ◆ **Impr.** Le chiffre qui numérote chaque page. **Au pl.** *Des folios.*

FOLIOLE, n. f. [foljɔl] (lat. *foliolum*) **Bot.** Chacune des petites feuilles qui forment une feuille composée. ◆ ▷ Les pièces du calice et celles de l'involucre. ◁

FOLIOTER, ■ n. m. [foljote] Numéroter les pages d'un ouvrage imprimé. *Folioter un livre.* ■ **FOLIOTAGE**, n. m. [foljotaʒ]

FOLIOTEUR, EUSE, ■ n. m. et n. f. [foljotœr, øz] (*folioter*) **Impr.** Machine ou dispositif permettant de numéroter les pages d'un ouvrage. *Un folioteur numéroteur.*

FOLIQUE, ■ adj. [folik] (lat. *folium*, feuille) *Acide folique*, vitamine dotée d'un important potentiel antianémique et que l'on trouve dans le foie, les épinards ou le riz.

FOLK, ■ n. m. [folk] (angl. *folk*, peuple) Genre musical pop nord-américain d'inspiration folklorique. ■ **Adj.** Propre au folk. *Le rythme folk.*

FOLKLORE, ■ n. m. [folklɔr] (mot angl., de *folk*, peuple, et *lore*, connaissances traditionnelles) Ensemble des traditions, des coutumes et des arts populaires d'un pays, d'une région. *Les chants du folklore arabe.* ◆ Ce qui est pittoresque et dépourvu de profondeur. *Le folklore d'une cérémonie.*

FOLKLORIQUE, ■ adj. [folklɔrik] (*folklore*) Qui appartient au folklore. *Une danse folklorique.* ■ Pittoresque et dépourvu de profondeur. *Cette intervention est folklorique.* ■ **Fam.** *Folklo.*

FOLKLORISTE, ■ n. m. et n. f. [folklɔrist] (*folklore*) Personne qui s'intéresse ou étudie le folklore. *L'intérêt des folkloristes s'est déplacé de la question de l'origine des contes et de leur diffusion, vers les questions de forme, d'interprétation mythique, psychanalytique et ethnologique, et du rôle de la tradition orale dans une communauté donnée.*

1 FOLLE, ■ n. f. [fol] (lat. *follis*, enveloppe) **Normand.** Filet de pêche à très larges mailles utilisé pour la pêche en haute mer.

2 FOLLE, ■ n. f. [fol] (*fou*) **Péj.** Homosexuel aux manières efféminées. *Une grande folle.*

FOLLE-BLANCHE, ■ n. f. [fɔl(ə)blɑ̃ʃ] (*fou* et *blanc*) Cépage blanc cultivé pour la production de gros-plant. *Des folles-blanches.*

FOLLEMENT, adv. [fɔl(ə)mɑ̃] (*fol*) D'une manière folle.

FOLLET, ETTE, adj. [fɔlɛ, ɛt] (*fol*) **Fam.** Qui fait ou dit de petites folies. ◆ **N. m.** et **n. f.** *La follette.* ◆ *Esprit follet* ou **n. m.** *follet*, sorte de lutin familier plus malin que malfaisant. ◆ *Poil follet*, poil rare et léger qui pousse avant la barbe. ◆ *Feu follet*, flamme erratique produite par des émanations gazeuses qui, s'élevant des endroits marécageux, s'enflamment spontanément et n'ont que peu de durée, et fig. chose fugace, qui ne fait que passer.

1 FOLLICULAIRE, n. m. [folikylɛr] (lat. *folliculum*) Terme de dénigrement. Journaliste. ◆ **Adj.** *« Les aboyeurs folliculaires »*, VOLTAIRE.

2 FOLLICULAIRE, ■ adj. [folikylɛr] (de *follicule*) **Biol.** Qui concerne les follicules. *Le liquide folliculaire est contenu dans les follicules ovariens.*

FOLLICULE, n. m. [folikyl] (lat. *folliculus*, petit sac) **Bot.** Fruit capsulaire, membraneux et allongé, qui n'a qu'une seule suture. ◆ Cocon du ver à soie. ◆ **Anat.** Nom de glandes caractérisées par leur forme, qui est celle d'un petit sac.

FOLLICULINE, ■ n. f. [folikylin] (*follicule*) **Physiol.** Hormone œstrogène produite par les follicules ovariens. *La folliculine et l'œstradiol.*

FOLLICULITE, ■ n. f. [folikylit] (*follicule*) **Méd.** Inflammation touchant les follicules du système pileux. *Une folliculite peut survenir en de nombreux endroits poilus du corps : visage, paupières, tronc, cuisses, cuir chevelu.*

FOMENTATEUR, TRICE, n. m. et n. f. [fɔmɑ̃tatœr, tris] (*fomenter*) Celui, celle qui fomente des troubles, qui excite à la sédition, à la révolte.

FOMENTATION, ■ n. f. [fɔmɑ̃tasjɔ̃] (b. lat. *fomentatio*, soulagement) ▷ Application d'un épithème chaud et liquide sur une partie du corps. ◁ ■ Action de préparer une révolte, des actes d'hostilité.

FOMENTÉ, ÉE, p. p. de fomenter. [fɔmɑ̃te]

FOMENTER, v. tr. [fɔmɑ̃te] (b. lat. médiév. *fomentare*, de *fomentum*, calmant, de *fovere*, tenir au chaud, soulager, entretenir) ▷ **Méd.** Faire des fomentations. ◁ ◆ Entretenir, en parlant d'une substance dont l'application est nuisible. *Ce remède fomente le mal.* ◆ **Fig.** Entretenir, exciter. *Fomenter la guerre, les factions, les vices.* ◆ Se fomenter, v. pr. **Fig.** Être fomenté, entretenu.

FONÇAGE, ■ n. m. [fɔ̃saʒ] (1 *foncer*) Action de constituer un fond à un récipient. ■ Action de creuser un conduit dans la terre ou dans une mine et de le matérialiser par des pilotis ou des étais. *Le fonçage d'un puits.* ■ **Rem.** On dit aussi *foncement*. ■ Action d'enduire un papier peint d'une couleur uniforme qui servira de fond au motif.

FONÇAILLE, ■ n. f. [fɔ̃saj] (1 *foncer*) Chacune des pièces de bois entrant dans la constitution du fond d'un tonneau.

1 FONCÉ, ÉE, p. p. de 1 foncer. [fɔ̃se] **Fig.** Qui est de la nuance la plus sombre d'une couleur. *Bleu foncé.*

2 FONCÉ, ÉE, p. p. de 2 foncer. [fɔ̃se] ▷ Qui a un certain fond d'argent. *Cet homme-là est foncé.* ◁ ◆ **Fig.** Peu usité. Habile en certaines choses. *Il est foncé sur ces matières.* ◁

FONCEMENT, ■ n. m. [fɔ̃s(ə)mɑ̃] Voy. FONÇAGE.

1 FONCER, v. tr. [fɔ̃se] (*fond*) Mettre un fond à un tonneau. ◆ **Cuis.** Préparer un morceau de pâte pour faire le fond d'un pâté, etc. ◆ *Foncer un puits*, le creuser. ◆ **Fig.** Charger une couleur, la rendre plus sombre par la teinture. ◆ Se foncer, v. pr. Devenir foncé. ◆ **V. intr. Fig.** et pop. Se jeter sur quelqu'un. *Il a foncé sur moi.* ■ **Fam.** Aller très vite. *Il fonce sur l'autoroute.*

2 FONCER, v. intr. [fɔ̃se] (*fonds*) ▷ **Vx** Fournir des fonds, de l'argent. ◆ *Foncer à l'appointement*, fournir aux dépenses nécessaires. ◁

FONCEUR, EUSE, ■ n. m. et n. f. [fɔ̃sœr, øz] (1 *foncer*) Personne qui creuse des puits. ■ Personne hardie qui va de l'avant. *Un fonceur audacieux. Avoir un tempérament de fonceur.* ■ **Adj.** *Être fonceur, fonceuse.*

FONCIER, IÈRE, adj. [fɔ̃sje, jɛr] (*fonds*) Qui est relatif à un fonds de terre. *Propriétaire foncier.* ◆ Qui est établi sur le fonds d'une terre. *Rente foncière.* ◆ *Impôt foncier* et **n. m.** *le foncier*, impôt établi sur le fonds d'un terrain édifié ou non. ◆ *Crédit foncier*, Voy. CRÉDIT. ◆ **Fig.** Qui pénètre jusqu'au fond. *« Un orgueil foncier »*, BOSSUET. ■ **N.** *le foncier*, la propriété foncière.

FONCIÈREMENT, adv. [fɔ̃sjɛr(ə)mɑ̃] (*foncier*) À fond. *Il sait foncièrement cette affaire.* ◆ Dans le fond. *Foncièrement méchant.*

FONCTION, n. f. [fɔ̃ksjɔ̃] (lat. *functio*, accomplissement, exécution) Action propre à chaque emploi. *Les fonctions de juge, de roi.* ◆ **Fig.** *Faire fonction de*, tenir lieu de. ◆ L'emploi, la charge même. *Fonction publique.* ◆ Il se dit en ce sens souvent au pluriel. *Il a repris ses fonctions.* ◆ Dans l'économie animale et dans le langage ordinaire, l'action des différents organes. *Les fonctions des sens.* ◆ ▷ *Faire bien ses fonctions*, bien manger, bien digérer, bien dormir, etc. ◁ ◆ **Math.** *Une quantité est dite fonction d'une autre quand elle en dépend, que cette dépendance puisse ou non s'exprimer analytiquement.* ◆ **Chim.** *Fonction d'un corps*, l'ensemble des propriétés qu'il possède. ■ **Gramm.** Rôle que joue un mot, un groupe de mots au sein d'une phrase. ■ *En fonction de*, suivant l'évolution de.

FONCTIONNAIRE, n. m. et n. f. [fɔ̃ksjɔnɛr] (*fonction*) Celui, celle qui remplit une fonction. ■ Personne qui travaille et est payée par l'État. *Les policiers, certains enseignants, les employés des ministères sont des fonctionnaires.*

FONCTIONNALISER, ■ v. tr. [fɔ̃ksjɔnalize] (*fonctionnel*) Donner davantage de fonctionnalité à quelque chose. *Fonctionnaliser une maison en y installant un ascenseur.*

FONCTIONNALISME, ■ n. m. [fɔ̃ksjɔnalism] (*fonctionnel*) **Archit.** Théorie selon laquelle la beauté d'une œuvre d'art ou d'un bâtiment est fonction de sa fonctionnalité. *Dans le fonctionnalisme, le décor et le superflu sont exclus.* ■ **Sociol.** Doctrine qui établit que l'organisation de la société repose sur la manière dont ses différents constituants fonctionnent les uns par rapport aux autres. ■ Étude de la langue considérée comme un moyen de communication. *Le fonctionnalisme est aussi appelé linguistique fonctionnelle.* ■ **FONCTIONNALISTE**, n. m. et n. f. ou adj. [fɔ̃ksjɔnalist]

FONCTIONNALITÉ, ■ n. f. [fɔ̃ksjɔnalite] (*fonctionnel*) Caractère de ce qui répond le plus justement à un besoin, de ce qui est pratique et fonctionnel. *La fonctionnalité d'une cuisine.* ■ **N. f. pl.** *Les fonctionnalités*, les possibilités d'utilisation et de traitement offertes par un logiciel ou un dispositif informatique.

FONCTIONNANT, ANTE, adj. [fɔ̃ksjɔnɑ̃, ɑ̃t] (*fonctionner*) ▷ Qui est en train de fonctionner, qui peut fonctionner. *Machine fonctionnante.* ◁

FONCTIONNARIAT, ■ n. m. [fɔ̃ksjɔnaRja] (*fonctionnaire*) État de fonctionnaire.

FONCTIONNARISER, ■ v. tr. [fɔ̃ksjɔnaRize] (*fonctionnaire*) Assimiler au corps des fonctionnaires. *Fonctionnariser un vacataire.* ■ **FONCTIONNARISATION**, n. f. [fɔ̃ksjɔnaRizasjɔ̃]

FONCTIONNARISME, ■ n. m. [fɔ̃ksjɔnaRism] (*fonctionnaire*) **Péj.** Mode de fonctionnement dans lequel les fonctionnaires jouent un rôle prépondérant.

FONCTIONNEL, ELLE, ■ adj. [fɔ̃ksjɔnɛl] (*fonction*) Qui concerne une fonction organique ou psychique du corps humain. *Souffrir d'un trouble fonctionnel de la parole.* ■ Qui répond à un besoin, a une fonction le plus justement possible tout en étant pratique à utiliser. *Sa maison est très fonctionnelle.* ■ Qui concerne une fonction scientifique. *L'espace fonctionnel en mathématiques.* ■ *Linguistique fonctionnelle*, Voy. FONCTIONNALISME.

FONCTIONNELLEMENT, ■ adv. [fɔ̃ksjɔnɛl(ə)mɑ̃] (*fonctionnel*) De manière pratique. *Une voiture équipée fonctionnellement.*

FONCTIONNEMENT, n. m. [fɔ̃ksjɔn(ə)mɑ̃] (*fonctionner*) **Néolog.** L'action d'une machine, la manière dont elle fonctionne. ♦ Se dit aussi d'établissements. *Le fonctionnement de l'amortissement est suspendu.* ♦ Se dit enfin des organes du corps vivant. ■ REM. N'est plus un néologisme auj.

FONCTIONNER, v. intr. [fɔ̃ksjɔne] (*fonction*) Faire sa fonction. ♦ Il se dit surtout du jeu des machines. ♦ Par extens. *Son estomac fonctionne mal.* ♦ Il se dit aussi de certains établissements. *L'amortissement a cessé de fonctionner.*

FOND, n. m. [fɔ̃] (lat. *fundus*) Ce qu'il y a de plus bas dans une cavité, dans une chose creuse ou profonde. *Le fond d'un vase, de l'abîme.* ♦ **Archit.** *Fond de cuve*, creux dont les angles sont arrondis. ♦ *Fossé à fond de cuve*, celui qui est escarpé des deux côtés. ♦ **Fig. et fam.** *Le fond du sac*, ce qu'il y a de caché, de mystérieux dans une affaire. ♦ **Mar.** *Fond de cale*, Voy. CALE. ♦ Ce qui est, ce qui reste au fond. *Le fond d'une bouteille.* ♦ Le sol sur lequel repose la mer, une rivière, etc. *Le fond de la mer.* ♦ **Fig.** *C'est une mer sans fond et sans rive*, se dit des choses qui dépassent la portée de l'esprit humain. ♦ *C'est une affaire, une question qui n'a ni fond, ni rive*, c'est une affaire, une question fort embrouillée. ♦ *Couler à fond*, Voy. COULER. ♦ **Mar.** Superficie de la terre, au-dessous de l'eau. *Fond de sable.* ♦ Hauteur d'eau. *Il y a peu de fond.* ♦ *Haut-fond*, fond qui s'élève presque jusqu'à la superficie de l'eau et où les bâtiments risquent de toucher. ♦ **Mar.** *Ligne de fond*, celle qui plombée repose sur le fond. ♦ Terrain considéré par rapport à sa fermeté, à sa composition, pour fonder, bâtir, etc. ♦ ▷ **Fig.** *Faire fond sur quelqu'un, sur quelque chose*, y compter fermement, s'en faire un appui, un auxiliaire. ◁ ♦ La partie la plus reculée, la plus profonde, la plus retirée. *Le fond d'une boutique, des forêts.* ♦ **Fig.** *Du fond de sa misère il crie vers le ciel.* ♦ Côté de certaines cavités opposé à l'ouverture. *Le fond d'un coffre. Boîte à double fond. Le fond d'un chapeau.* ♦ L'assemblage de petites douves qui ferme un tonneau. ♦ *Le fond d'un carrosse*, la partie opposée aux glaces du devant. ♦ *Un fond de lit*, le châssis qui porte la paillasse. ♦ ▷ *Fond de bain*, le linge dont on revêt l'intérieur d'une baignoire. ◁ ♦ *Un fond de pantalon*, la partie de derrière. ♦ *Le fond d'un artichaut*, le réceptacle charnu qui porte les feuilles. ♦ L'étoffe sur laquelle on fait une broderie. *Broder sur un fond de satin.* ♦ Réseau qui sert d'assiette aux dessins pour les dentelles. ♦ **Peint.** Le champ d'un tableau sur lequel les figures se détachent. ♦ **Peint. en bât.** Nom des premières couches, lorsque celles-ci sont recouvertes par d'autres que l'on nomme *couches de teinte*. ♦ **Par extens.** « *Le fond de son plumage est brun* », BUFFON. ♦ Les plans les plus reculés d'un paysage. ♦ La représentation du lieu de la scène dans un tableau. *Un paysage sert de fond au tableau.* ♦ **Théât.** La décoration qui forme le fond de la scène. ♦ **Fig.** Ce qui fait comme un fond, comme quelque chose de permanent. ♦ *Un fond de vérité, de raison*, se dit pour exprimer qu'il y a quelque chose de vrai, de raisonnable dans une chose. ♦ *Venir au fond des choses* ou simplement *venir au fond, entrer dans le fond*, examiner complètement, s'expliquer sans détour. ♦ *Avoir du fond*, se dit d'un cheval qui supporte un long exercice sans se fatiguer, et d'un homme quand il peut supporter le travail, la fatigue, etc. ou quand il possède des connaissances solides. ♦ **Dr.** Ce qui fait la matière du procès. *Plaider, juger au fond.* ♦ **Fig.** Ce qu'il y a de plus intime, de plus caché dans le cœur. « *Le Seigneur voit le fond du cœur* », SACI. ♦ DE FOND EN COMBLE, loc. adv. De la base au sommet. *Détruire un monument de fond en comble.* ♦ **Fig.** Entièrement, radicalement. *Ruiner une personne, un système de fond en comble.* ♦ À FOND, loc. adv. Complètement, jusqu'au bout. « *Examiner les choses à fond* », PASCAL. ♦ *Charger à fond, faire une*

charge à fond, attaquer avec impétuosité et acharnement. ♦ *À fond de train*, Voy. TRAIN. ♦ AU FOND, DANS LE FOND, loc. adv. En réalité. ■ **Méd.** *Fond d'œil*, examen médical pour visualiser ce qui est derrière la rétine. *Des fonds d'œil.* ■ *Fond de teint*, substance cosmétique que l'on applique sur le visage pour colorer et unifier le teint. *Un fond de teint matifiant.* ■ *Fond sonore*, musique ou bruit qui accompagne et met en valeur une activité ou un spectacle. ■ *Fond de sauce*, bouillon de légumes ou de viande servant de base à l'élaboration d'une sauce. ■ *Fond de tarte*, pâte à tarte étendue sur le fond d'une tourtière et blanchie au four. ■ *Ski de fond*, ski pratiqué sur une longue distance à plat par opposition à la descente de pistes. ■ *Course de fond*, course sur une longue distance. ■ *Question de fond*, question fondamentale, de base.

FONDAMENTAL, ALE, adj. [fɔ̃damɑ̃tal] (lat. chrét. *fundamentalis*) Qui sert de fondement. *Pierre fondamentale.* ♦ **Anat.** *L'os fondamental*, le sacrum. ♦ Qui joue dans une chose le rôle que joue le fondement dans un édifice. *Principes fondamentaux. La loi fondamentale d'un État.* ♦ **Théol.** *Articles fondamentaux*, les dogmes que tout chrétien est obligé de professer sous peine de damnation. ♦ **Mus.** *Son fondamental*, note qui sert de fondement à l'accord. *Accord fondamental.* ♦ *Recherche fondamentale*, qui concerne essentiellement la théorie.

FONDAMENTALEMENT, adv. [fɔ̃damɑ̃tal(ə)mɑ̃] (*fondamental*) Sur de bons fondements, sur de bons principes. *Une maxime fondamentalement établie.* ♦ Au fond, essentiellement. ♦ Totalement, complètement.

FONDAMENTALISME, ■ n. m. [fɔ̃damɑ̃talism] (*fondamental*) Courant théologique à tendance dogmatique qui consiste à n'admettre que ce qui apparaît comme fondamental, originel. *Le fondamentalisme ne représente pas une confession ou une union d'Églises, mais un courant de pensée qui peut se retrouver dans différentes confessions.*

FONDAMENTALISTE, ■ adj. [fɔ̃damɑ̃talist] (*fondamental*) Qui concerne le fondamentalisme. *Un courant fondamentaliste.* ■ **N. m. et n. f.** Personne partisane du fondamentalisme. *Les fondamentalistes protestants pensent que la vérité est enfermée dans la Bible et les fondamentalistes catholiques dans les énonciations du pape.* ■ Personne qui étudie le fondamentalisme.

FONDANT, ANTE, adj. [fɔ̃dɑ̃, ɑ̃t] (*fondre*) Qui a beaucoup d'eau, qui se fond dans la bouche. *Une poire fondante.* ♦ *Bonbons fondants* ou n. m. pl. *fondants*, bonbons qui contiennent à l'intérieur une liqueur ou une pâte sucrée et parfumée. ♦ Qui est tout mouillé, ruisselant. *Une jeune fille toute fondante en larmes.* ♦ **Méd.** *Médicament fondant* ou n. m. *fondant*, médicament auquel on attribue la propriété de résoudre les engorgements. ♦ **N. m. Chim.** Substance qui, fondant facilement, facilite la fusion de certains corps infusibles par eux-mêmes. ■ **Fam.** Mignon à faire fondre. *Il est fondant, ce bébé.*

FONDATEUR, TRICE, n. m. et n. f. [fɔ̃datœr, tris] (lat. *fundator*) Celui, celle qui a fondé une institution, un gouvernement, une religion, une doctrine, etc. ♦ Celui, celle qui a fondé quelque maison religieuse ou quelque hôpital, des messes dans une église, des prix dans une académie, etc. ♦ **Adj.** *Membres fondateurs. Dames fondatrices.*

FONDATION, n. f. [fɔ̃dasjɔ̃] (lat. archit. *fundationes* [plur.], base, assise, lat. chrét. *fundatio*, action de fonder) Action d'asseoir les fondements d'un bâtiment. ♦ **Abusiv.** Les fondements mêmes ; en ce sens, il se dit souvent au pluriel. ♦ **Fig.** Action de créer quelque établissement. *La fondation d'une colonie, d'un hôpital.* ♦ Il se dit, absolument surtout au pluriel, de l'établissement même. *Les fondations de Louis XIV.* ♦ Fonds légué pour une œuvre pieuse, ou charitable, ou louable d'une façon quelconque.

FONDÉ, ÉE, p. p. de fonder. [fɔ̃de] **Fig.** *Un édifice fondé sur le sable*, édifice qui ne paraît pas solide, et fig. un système spécieux, sans doctrine mal sûre. ♦ **Fig.** *Fondé sur, fondé en*, établi sur, qui repose sur. « *La théologie de Grotius est fondée en raison et en pratique* », BOSSUET. ♦ **Absol.** Qui est appuyé de raisons ou d'autorités. *Nouvelles, reproches fondés.* ♦ *Être fondé à*, avoir des raisons plausibles de. ♦ **N. m. et n. f.** *Un fondé de pouvoir, de procuration* ou absol. *un fondé*, celui qui est muni du pouvoir d'agir pour un autre, de la procuration d'un autre.

FONDEMENT, n. m. [fɔ̃d(ə)mɑ̃] (lat. *fundamentum*) Maçonnerie qui sert de base aux murs d'un édifice ; il s'emploie beaucoup au pluriel. ♦ Au pl. L'excavation pour asseoir les fondements. ♦ **Par extens.** *Les fondements d'une ville. Les fondements d'une montagne*, la terre ou les roches sur lesquelles elle repose. ♦ **Abusiv.** *Les fondements de la Terre*, les parties profondes que l'on croyait soutenir la terre. ♦ **Fig.** Le premier établissement d'un empire, d'un royaume, d'une doctrine. « *Il pose les fondements de son Église* », BOSSUET. ♦ **Fig.** Ce qui fait le fond, l'appui, la base, le principal soutien. « *L'histoire du peuple de Dieu fait le fondement de la religion* », BOSSUET. ♦ **Fig.** Confiance. *Il n'y a point de fondement à faire sur son amitié.* ♦ Cause, raison, motif. *Une haine sans fondement.* ♦ Vérité, réalité. « *Ô ciel ! de ce discours quel est le fondement ?* », RACINE. ♦ ▷ Nom vulgaire de l'anus. ◁

FONDER, v. tr. [fɔ̃de] (lat. *fundare*) Établir les fondements d'une construction. ◆ *Fonder une ville*, être le premier à la bâtir. ◆ ▷ **Fam.** *Fonder sa cuisine*, pourvoir à ce qui regarde la subsistance. ◁ ◆ **Fig.** Faire le premier établissement d'une chose. *Fonder une académie, une colonie, un ordre religieux, etc.* ◆ **Fig.** Avec un nom de chose pour sujet, servir comme de fondement. *Cet ouvrage fonda sa réputation.* ◆ Léguer, donner un fonds pour l'établissement d'une œuvre religieuse, charitable, littéraire. *Fonder une église, un prix d'éloquence.* ◆ **Fig.** Établir d'une façon permanente. ◆ *Fonder sur*, asseoir, faire reposer sur. « *Malheureux l'homme qui fonde Sur les hommes son appui* », **Racine.** ◆ Justifier, donner la raison de. *Voilà sur quoi il fonde son opinion.* ◆ **Dr.** *Fonder quelqu'un de procuration*, lui donner sa procuration. ◆ *Se fonder*, v. pr. Être fondé, au propre et au fig. ◆ **Fig.** Être appuyé sur. « *Comme le seul espoir où mon bonheur se fonde* », P. **Corneille.** ◆ Prendre ses motifs, ses raisons. « *Il se fonde sur nos pères* », **Pascal.**

FONDERIE, n. f. [fɔ̃d(ə)ʀi] (*fondre*) Usine où l'on fond des métaux, où l'on purifie le métal tiré de la mine. ◆ Usine où l'on fabrique certains objets avec du métal fondu. *Une fonderie de canons, de caractères.* ◆ L'art du fondeur.

1 **FONDEUR, EUSE**, n. m. et n. f. [fɔ̃dœʀ, øz] (*fondre*) Personne qui fait profession de fondre des métaux. ◆ **Adj.** *Maître fondeur.* ◆ *Fondeur en caractères d'imprimerie* ou simplement *fondeur en caractères.* ◆ **Fig.** *Être surpris, penaud comme un fondeur de cloches*, Voy. **cloche.** ◆ Marchand de fonte. ■ Artiste qui moule des sujets en bronze. *Fondeur de bronze, de fer.*

2 **FONDEUR, EUSE**, ■ n. m. et n. f. [fɔ̃dœʀ, øz] (*fond*) Personne pratiquant le ski de fond. *Fondeur olympique.*

FONDEUSE, ■ n. f. [fɔ̃døz] (*fondre*) **Techn.** Machine permettant de fondre des métaux puis de les couler. *Fondeuse de métaux, de caractères d'imprimerie.*

FONDIS, ■ n. m. [fɔ̃di] Voy. **fontis.**

FONDOIR, n. m. [fɔ̃dwaʀ] (*fondre*) Lieu où les bouchers fondent la graisse de leurs animaux pour en faire du suif.

FONDOUK, ■ n. m. [fɔ̃duk] (ar. *funduq*, caravansérail) Auberge et entrepôt pour le stockage des marchandises destinés aux marchands dans les pays arabes. *Un fondouk ou un caravansérail. Des fondouks d'Afrique du Nord.*

FONDRE, v. tr. [fɔ̃dʀ] (lat. *fundere*, verser, répandre, fondre) Rendre liquide un corps solide en le soumettant à l'action de la chaleur. ◆ **Fig.** « *Je ne sais quoi de divin semblait fondre son cœur* », **Fénelon.** ◆ *Fondre les métaux*, fabriquer, mouler certains objets avec des métaux que l'on fond à cet effet. ◆ Jeter en moule. *Fondre une cloche, une statue, des caractères d'imprimerie, des balles.* ◆ **Fig.** *Fondre la cloche*, Voy. **cloche.** ◆ **Fig.** Consumer en prodigalités. *Fondre son bien.* ◆ **Méd.** Exercer une action résolutive sur un engorgement. *Fondre un calcul*, le dissoudre. ◆ **Fig.** Faire que des choses auparavant distinctes ne forment qu'un seul tout. *Fondre deux systèmes, un ouvrage dans un autre.* ◆ **Peint.** *Fondre des couleurs, des teintes*, ménager les passages entre les couleurs, les teintes. ◆ **V. intr.** Se conjugue avec *être* ou *avoir*, suivant le sens. Devenir liquide, entrer en fusion. *La cire fond.* ◆ **Par extens.** Se dissoudre. *Le sucre fond dans l'eau.* ◆ **Méd.** Entrer en résolution. ◆ **Fig.** Diminuer, se réduire à rien. *L'argent fond entre ses mains.* ◆ **Fam.** *Fondre à vue d'œil*, perdre tout son embonpoint. ◆ **Fig.** et par **exagération** *Le ciel fond en eau* **Absol.** *Le ciel fond*, il tombe une très forte pluie. ◆ *Fondre en sueur*, être trempé de sueur. ◆ *Fondre en larmes*, verser des larmes abondantes. S'abîmer, s'écrouler. ◆ *Fondre sur*, se conjugue avec *avoir* en ce sens et dans les suivants. Être lancé, se lancer avec violence de haut en bas. *Le tonnerre fond sur la terre.* ◆ Assaillir impétueusement. *Fondre sur l'ennemi.* ◆ **Fig.** *Les maux fondent sur eux.* ◆ *Se fondre*, v. pr. Devenir liquide par l'action de la chaleur. ◆ *Se fondre en eau*, se dit du ciel, des nuages qui laissent tomber une pluie abondante. ◆ *Se fondre en larmes, en sueur*, pleurer, suer abondamment. ◆ *Il s'est fondu* ou *il est fondu*, se dit de quelqu'un ou de quelque chose qui a disparu tout à coup sans qu'on sache ce qu'il est devenu. ◆ Diminuer, être réduit à rien. ◆ Être transformé en, avec une idée de réduction. ◆ Se laisser amollir, attendrir, séduire. ◆ En parlant des couleurs, de la lumière, se confondre par des nuances graduées. ◆ Être comblé, se confondre. ■ **V. intr.** Se laisser attendrir. *Une grand-mère qui fond devant ses petits-enfants.* ◆ *Fondre dans la bouche*, être tellement tendre qu'il n'est besoin de mastiquer. *Ce chocolat fond dans la bouche.* ■ **V. pr.** *Se fondre dans la masse*, tenter de passer inaperçu en s'insérant dans une foule.

FONDRIER, adj. m. [fɔ̃dʀije] (anc. fr. *fondrer*, s'effondrer, du lat. pop. *funderare*) *Bois fondrier*, bois qui ne flotte plus, qui va au fond.

FONDRIÈRE, n. f. [fɔ̃dʀijɛʀ] (*fondrier* : [*terre*] *fondrière*, où l'on enfonce) Sorte d'enfoncement dans le sol où les eaux bourbeuses s'amassent.

FONDS, n. m. [fɔ̃] (réfection graphique de l'anc. fr. *fonz*, du lat. *fundus*, au sens de terre cultivée ou habitée) Le sol d'un champ, d'une terre, d'un domaine. ◆ **Absol.** *Biens-fonds*, biens immeubles, tels que les terres, les maisons. ◆ *Le fonds et le tréfonds*, Voy. **tréfonds.** ◆ **Par extens.** Somme d'argent plus ou moins considérable destinée à quelque usage. ◆ **Au pl.** Un

avoir, un pécule en argent. *Nos fonds sont bas.* ◆ *Être en fonds*, avoir de l'argent comptant. ◆ **Fig.** *Être en fonds pour faire quelque chose*, être bien en état de le faire. ◆ Un bien, un capital quelconque, par opposition aux revenus qu'il produit. « *Mangeant son fonds avec son revenu* », La **Fontaine.** ◆ *Les fonds publics* ou absol. *les fonds*, les fonds destinés à servir les intérêts des emprunts qu'a faits l'État. *Les fonds ont baissé, ont monté.* ◆ **Fig.** et **plais.** *Les fonds sont en baisse*, l'argent manque. ◆ *Fonds perdu* ou *fonds perdus*, capital aliéné moyennant une rente qui s'éteint à la mort de celui qui a déposé le fonds. *Placer ses biens à fonds perdu.* ◆ Établissement industriel ou commercial, avec son achalandage, ses ustensiles, ses marchandises, etc. *Un fonds de commerce.* ◆ **Fig.** Ce qui constitue, par rapport aux dispositions corporelles, morales ou intellectuelles, comme un fonds, un capital. *Un fonds de savoir, de malice, de philosophie, de santé, etc.* ◆ On dit d'un homme ou d'un esprit qu'il a ou qu'il n'a pas de fonds, pour exprimer qu'il a ou qu'il n'a pas de solidité et de connaissances acquises. ◆ Matière à traiter. *C'est un fonds très riche et qu'on n'a pas encore exploité.* ■ Ensemble d'œuvres issues d'une collection privée et léguées à une bibliothèque ou un musée. *Le fonds des archives.*

FONDU, UE, p. p. de fondre. [fɔ̃dy] *Cheval fondu*, Jeu d'enfants qui sautent l'un par-dessus l'autre. ■ **N. m.** *Fondu enchaîné*, succession d'images qui se superposent quand on passe de l'une à l'autre. ■ **N. m. et n. f. Fam.** Personne passionnée. *C'est un fondu de cinéma.* ■ *Le fondu d'un tableau*, la graduation progressive de ses couleurs.

FONDUE, n. f. [fɔ̃dy] (suisse *fondu*, œufs et fromage fondu) ▷ Mets qui se fait avec des œufs brouillés et un mélange de fromage de Gruyère fondu au feu. ◁ ■ *Fondue savoyarde*, fromage fondu dans du vin blanc et dans lequel on trempe des bouts de pain. ■ *Fondue bourguignonne*, plat composé de morceaux de bœuf cru que l'on fait cuire dans un poêlon d'huile bouillante. ◆ *Une fondue de légumes*, légumes mijotés lentement dans de l'huile pour leur faire perdre leur eau et les rendre fondants. *Une fondue d'oignons, de poireaux.* ■ **Canada** *Fondue parmesan*, beignets à base de parmesan et de sauce béchamel.

FONGIBLE, adj. [fɔ̃ʒibl] (lat. *fungi*, accomplir, remplir une fonction) **Jurispr.** Se dit de toutes les choses qui peuvent se compter, se peser ou se mesurer, et qui se consomment par l'usage.

FONGICIDE, ■ adj. [fɔ̃ʒisid] (lat. *fongus*, champignon, et *-cide*) Qui détruit les champignons parasites, en parlant d'une substance. *Une crème fongicide.* ■ **N. m.** *Un fongicide.*

FONGIFORME, ■ adj. [fɔ̃ʒifɔʀm] (lat. *fongus*, champignon, et *-forme*) De la forme d'un champignon. *Papille gustative fongiforme.*

FONGIQUE, ■ adj. [fɔ̃ʒik] (lat. *fongus*, champignon) Qui se rapporte aux champignons. *Un trouble fongique.*

FONGOSITÉ, n. f. [fɔ̃gozite] (*fongueux*) État de ce qui est fongueux. ◆ **Méd.** Petite tumeur fongueuse. ◆ Végétation charnue, mollasse, spongieuse, en forme de champignon.

FONGUEUX, EUSE, adj. [fɔ̃gø, øz] (lat. *fungosus*, spongieux) **Méd.** Qui est de la nature du fongus. *Ulcère fongueux.* ◆ **Bot.** Qui ressemble au champignon.

FONGUS, n. m. [fɔ̃gys] (lat. *fungus*, champignon, excroissance) **Méd.** Excroissance charnue qui s'élève d'un ulcère ou d'une plaie en forme de champignon. ◆ **Bot.** Champignon de mer. ■ **Rem.** On écrivait aussi *fungus*. ■ On prononce le *s*.

FONIO, n. m. [fɔnjo] (mot d'Afrique occidentale) Céréale africaine produisant des grains de très petite taille utilisés pour le couscous. *Préparer des bouillies avec du fonio. Des fonios.*

FONTAINE, n. f. [fɔ̃tɛn] (b. lat. *fontana*, de *fons*, génit. *fontis*, source) Eau vive qui s'épanche sur le sol par un cours continu. ◆ *Des yeux devenus fontaines*, des yeux qui pleurent abondamment. ◆ *Fontaine de Jouvence*, Voy. **jouvence.** ◆ Vaisseau de cuivre, de grès, de terre, etc. qui sert de réservoir d'eau et qu'on place d'ordinaire dans une cuisine. ◆ Édifice public qui verse l'eau. ◆ Syn. de fontanelle. ◆ **Prov.** *Il ne faut pas dire : « Fontaine, je ne boirai pas de ton eau »*, c'est-à-dire : il ne faut pas assurer qu'on n'aura jamais besoin de telle personne ou de telle chose. ■ *Fontaine réfrigérante*, distributeur d'eau fraîche.

FONTAINEBLEAU, ■ n. m. [fɔ̃tɛn(ə)blo] (*Fontainebleau*, ville de Seine-et-Marne) Fromage frais composé de fromage blanc fouetté additionné de crème. *Des fontainebleaux.*

FONTAINIER, n. m. [fɔ̃tenje] (*fontaine*) Celui qui est chargé de la surveillance ou du service des fontaines publiques. ◆ Celui qui fabrique ou qui vend des fontaines pour l'usage domestique. ◆ **Adj.** *Marchand fontainier.* ◆ Celui qui va à la recherche des sources. ■ **Rem.** On disait aussi *fontenier.*

FONTANELLE, n. f. [fɔ̃tanɛl] (anc. fr. *fontenelle*, petite fontaine) Endroit où la suture coronale et la suture sagittale aboutissent, et qui est fort mou chez les enfants. ◆ Cautère, vésicatoire, séton en plein écoulement.

FONTANGE, n. f. [fɔ̃tɑ̃ʒ] (Marie-Angélique de *Fontanges*, favorite de Louis XIV) Nœud de ruban que les femmes portaient sur leur coiffure.

1 **FONTE**, n. f. [fɔ̃t] (*fondre*) Action de fondre. ◆ *Remettre un objet à la fonte*, le faire fondre de nouveau pour le travailler. ◆ **Fig.** « *Remettez pour le mieux ces deux vers à la fonte* », La Fontaine. ◆ Conversion des monnaies de cours en d'autres monnaies nouvelles. ◆ Acte de ce qui fond, de ce qui se liquéfie. *La fonte des neiges.* ◆ L'action ou l'art de mouler certains objets qu'on fait avec le bronze ou avec quelque autre métal fondu. ◆ *Fer de fonte* ou simplement *fonte*, produit immédiat du minerai de fer traité par le charbon dans les hauts fourneaux. ◆ Certain alliage de métaux dont le cuivre fait la base. *Canon de fonte.* ◆ L'art, le travail du fondeur. ◆ **Impr.** Ensemble de caractères fondus sur un certain type. *Une fonte de petit romain.* ◆ ▷ **Peint.** Passage bien ménagé d'une teinte à une autre. ◁ ◆ **Méd.** *Fonte purulente d'un organe*, la suppuration consécutive à l'inflammation. ▪ **Bot.** Type de maladie qui touche les semis ou les jeunes plants. *Fonte des semis.*

2 **FONTE**, n. f. [fɔ̃t] (ital. *fonda*, du lat. *funda*, bourse) Chacun des deux fourreaux de cuir où se placent les pistolets sur le devant d'une selle.

FONTENIER, n. m. [fɔ̃tənje] Voy. fontainier.

FONTICULE, n. m. [fɔ̃tikyl] (lat. *fonticulus*) Syn. de cautère.

FONTINE, ▪ n. f. [fɔ̃tin] Fromage italien à pâte cuite et à base de lait de vache.

FONTIS ou **FONDIS**, ▪ n. m. [fɔ̃ti, fɔ̃di] (*fondre*, s'effondrer) **Géol.** Affaissement du sol provoqué par l'effondrement d'une galerie souterraine ou d'une mine. *Fontis dû à la friabilité du sol.*

FONTS, n. m. pl. [fɔ̃] (lat. chrét. *fontes*, plur. de *fons*, source) Dans l'ancienne Église, vaisseau où l'on pratiquait le baptême par immersion. ◆ Aujourd'hui, vaisseau où l'on reçoit l'eau qui tombe pendant l'administration du baptême. *Les fonts baptismaux.* ◆ *Tenir un enfant sur les fonts*, en être le parrain ou la marraine.

FOOTBALL, ▪ n. m. [futbol] (angl. *foot*, pied, et *ball*, balle) Sport opposant deux équipes de onze joueurs et consistant à introduire un ballon rond dans le but du camp adverse en le frappant principalement du pied. *Les deux mi-temps d'un match de football.* ▪ **Abrév.** Foot.

FOOTBALLEUR, EUSE, ▪ n. m. et n. f. [futbolœr, øz] (*football*) Personne pratiquant le football. *Une footballeuse amatrice.*

FOOTBALLISTIQUE, ▪ adj. [futbalistik] (*football*) Qui concerne le football. *Un journal footballistique.*

FOOTING, ▪ n. m. [futiŋ] (mot angl., point d'appui, de *foot*, pied) Marche ou course à pied pratiquée pour maintenir sa forme physique. *Faire du footing.*

FOR, n. m. [fɔr] (lat. *forum*, place publique, tribunal) ▷ **Juridict.** N'est usité qu'en ces locutions : *Le for extérieur*, l'autorité de la justice humaine. ◁ ◆ ▷ *Le for intérieur*, l'autorité de l'Église sur les âmes et sur les choses spirituelles. ◁ ◆ **Fig.** *Le for intérieur* ou *le for de la conscience*, le jugement de la propre conscience. ▪ *En*, *dans son for intérieur*, au plus profond de soi-même, dans sa conscience. *Il connaissait la vérité dans son for intérieur.* ▪ **Dr. Suisse** Lieu du lancement ou du commencement d'une manifestation.

1 **FORAGE**, n. m. [fɔraʒ] (*forer*) Action de forer ; résultat de cette action. *Le forage d'un canon, d'un puits artésien.* ▪ Ensemble des techniques et des pratiques conduisant à la constitution d'un puits. *Le forage pétrolier.*

2 **FORAGE**, n. m. [fɔraʒ] (*forer*) **Féod.** Droit sur le vin et autres boissons levé par le seigneur.

FORAIN, AINE, adj. [fɔrɛ̃, ɛn] (b. lat. *foranus*, étranger, du lat. *foris*, à l'extérieur) Qui est de dehors, étranger. ◆ *Propriétaire forain*, celui qui n'a pas son domicile dans le lieu où sont ses biens. ◆ *Marchand forain* ou n. m. *un forain*, marchand qui court les foires. ◆ *Théâtre forain*, petit théâtre dressé à la foire. ◆ **N. m. pl.** *Les forains*, les bateleurs de la foire. ◆ **Mar.** *Rade foraine*, rade ouverte aux vents du large. ◆ *Fête foraine*, Voy. fête.

FORAMINIFÈRE, ▪ n. m. [fɔraminifɛr] (lat. *foramen*, trou, et -*fère*) **Zool.** Protozoaire marin fossile ou actuel dont la structure calcaire est percée d'une multitude de trous permettant le passage des pseudopodes nécessaires à la locomotion et à la préhension. *Les nummulites sont des foraminifères.*

FORBAN, n. m. [fɔrbɑ̃] (anc. fr. *forbannir*, bannir) Corsaire, pirate. ◆ *Un forban littéraire*, un plagiaire. ▪ Individu peu scrupuleux et peu honnête. *Les magouilles d'un forban.*

FORÇAGE, n. m. [fɔrsaʒ] (*forcer*) ▷ **Financ.** Excédant que peut avoir une pièce au-dessus du poids. ◁ ▪ **Agric.** et **hortic.** Traitement permettant de provoquer et d'accélérer le développement d'une plante en dehors de ses périodes de croissance normales. *Le mûrissement artificiel des fruits par le forçage.* ▪ **Vén.** Fait de forcer une bête traquée.

FORÇAT, n. m. [fɔrsa] (ital. *forzato*, galérien) Malfaiteur que la justice condamne à des travaux auxquels il ne peut se soustraire. ◆ Autrefois le forçat subissait sa peine dans les galères, où il ramait. ◆ Aujourd'hui les forçats sont ou employés dans les arsenaux militaires ou déportés. ◆ *Forçat libéré*, forçat qui a accompli la durée de sa détention. ◆ **Fig.** *Travailler comme un forçat*, travailler excessivement.

FORCE, n. f. [fɔrs] (b. lat. *fortia*, pl. neutre du lat. *fortis*, vigoureux, courageux, pris pour un sing.) La propriété qui fait que le corps d'un homme ou d'un animal a une grande puissance d'action. ◆ *De toute sa force*, autant que l'on peut. ◆ *Être de force à*, être assez fort pour, et par extens. être assez habile pour, ou ironiquement assez niais pour, et généralement être capable de. ◆ *Tour de force*, action qui demande beaucoup de force ou d'adresse, et fig. solution heureuse d'une grande difficulté. ◆ *Tour de force*, dans les beaux-arts, se dit, en mauvaise part, des effets plus difficiles qu'agréables. ◆ Dans les métiers, manœuvres ou opérations de force, celles qui exigent des efforts considérables et des appareils puissants. ◆ **Au pl.** *Les forces du corps.* *La force de l'âge*, l'époque de la vie où l'on a le plus de force. *Être dans toute sa force.* ◆ *Être dans toute sa force*, se dit des affaires politiques ou autres qui sont au plus haut point du débat et qui préoccupent l'attention publique. ◆ Puissance, supériorité. « *Moïse brisa autrefois la force d'Amalec* », Massillon. ◆ *Avoir force*, avoir une influence active. « *Son exemple aurait force* », P. Corneille. ◆ Ressources que procurent le bien, le crédit, le pouvoir, le talent, la position, etc. *Les forces d'un parti.* ◆ *Les forces humaines*, ce que l'homme en général est en état de faire ou de supporter. ◆ *Force* se dit des États que l'on compare à un corps vivant. « *Les grands hommes font la force d'un empire* », Bossuet. ◆ Il se dit aussi de la puissance d'un peuple, d'un État, de ses ressources, de ce qui le rend florissant. *Les forces de la France.* ◆ *La force d'une armée*, ce qui la rend considérable, redoutable. ◆ *La force d'une place de guerre*, ses moyens de défense, ses fortifications, sa garnison. ◆ *Être en force*, être en état de se défendre ou d'attaquer. ◆ **Au pl.** *Les forces*, les troupes d'un État, d'un souverain. ◆ **Mar.** *Force* ou *forces navales*, la flotte d'un pays. ◆ Supériorité physique de force ; pouvoir de contraindre. *Repousser la force par la force.* ◆ *Force majeure*, force à laquelle on ne peut résister. ◆ *Force publique*, Réunion des forces individuelles organisées par la constitution pour maintenir les droits de tous et assurer l'exécution de la volonté générale. ◆ *Force armée*, corps de troupe requis pour faire exécuter la loi, ou les mesures des agents de l'autorité, lorsqu'il y a résistance. ◆ *Force est demeurée à la loi*, les magistrats chargés de l'exécution de la loi ont triomphé de ceux qui voulaient l'enfreindre. ◆ *Force ouverte*, l'emploi patent de la force. ◆ *Faire force à*, contraindre, contenir. Violence. *Employer la force.* ◆ *Maison de force*, maison où l'on enferme les gens de mauvaises mœurs qu'on veut corriger. ◆ *Il est bien force, force m'est, force lui est de*, il est nécessaire, indispensable de. ◆ Aptitude à concevoir, à combiner, à réfléchir, à imaginer. *Avoir une grande force de tête, de conception.* ◆ **Absol.** *Ce penseur est de la force.* ◆ Habileté, talent, expérience qu'on a dans un art, dans un exercice, dans une science. *Il est de première force sur le violon, aux échecs.* ◆ **Ironiq.** *Un fou de sa force*, un homme aussi fou que lui. ◆ Il se dit de l'énergie morale. *La force d'âme.* ◆ *Avoir la force de*, être assez ferme pour, etc. ◆ Il se dit de la puissance d'action et d'impulsion des agents physiques. *La force de la poudre à canon, d'une machine.* ◆ Impulsion qu'a reçue le corps lancé, poussé. *La force d'un boulet, d'un coup.* ◆ **Mar.** *Faire force de rames*, ramer à toutes forces. *Faire force de voiles*, augmenter la surface de la voilure, donner plus de prise au vent, et fig. faire tous ses efforts pour réussir en quelque affaire. *Faire force de vent, force de voiles.* ◆ L'impétuosité. *La force du courant.* ◆ *La force du pouls*, le plus ou moins de force avec laquelle l'artère soulève le doigt qui la presse. ◆ *Son cœur bat avec force.* ◆ *Force* se dit aussi de la puissance de résistance. *La force d'une poutre, d'un drap.* ◆ **Méc.** Toute cause de mouvement. *Force centripète, centrifuge. Force mouvante* ou *motrice.* ◆ *Forces vives*, le produit de la force motrice par le carré de la vitesse. ◆ **Fig.** *Les forces vives de la nation*, la partie la plus vigoureuse et la plus saine de la nation. ◆ *Force d'inertie*, celle en vertu de laquelle un mobile tend à conserver l'impulsion reçue, et aussi la résistance qu'il oppose à ce qui doit le mettre en mouvement quand il est en repos. ◆ **Fig.** *Force d'inertie*, résistance passive qui consiste surtout à ne pas obéir. ◆ Au sens métaphysique, *les forces*, les substances qui sont causes. *L'esprit est une force.* ◆ *Forces de la nature*, les diverses propriétés de la matière, telles que la gravitation, la chaleur, l'électricité, le magnétisme, la vie, etc. ◆ En parlant des choses, intensité, énergie, efficacité. *La force de la chaleur, d'un poison, de la sève, etc.* ◆ Qualité dont on appelle aussi *intensité*. ◆ En parlant des choses intellectuelles et morales. *Il me faut essayer la force de mes pleurs. Les lois perdent leur force.* ◆ *La force du sang*, mouvements secrets de la nature entre personnes unies par les liens du sang. ◆ Il se dit du discours, du style, des expressions, pour signifier l'action puissante exercée sur l'esprit. *La force de l'éloquence.* ◆ *Dans la force, dans toute la force du mot*, complètement, sans réserve. ◆ Il se dit du raisonnement, des preuves pour exprimer l'action par laquelle ils s'imposent à l'esprit. *La force du raisonnement.* ◆ En un sens analogue, *la force de la situation*, en parlant d'une situation dramatique. ◆ **Peint. et sculpt.** Caractère et vigueur manifestés dans les formes ; en parlant du coloris, emploi intelligent de couleurs vigoureuses ; en parlant d'un tableau entier, effet vigoureux que produit l'opposition habile des ombres et des lumières. ◆ Ce qu'il y a de fort, de contraignant dans les choses, et quelquefois de nécessaire ou d'inévitable. *La force des choses, de l'habitude, etc.* ◆ *La force de la vérité*, le pouvoir que la vérité a sur l'esprit des hommes. ◆ **Jurispr.** *Force de chose jugée*, autorité d'une décision administrative ou judiciaire rendue en dernier ressort. ◆ *Force de loi*, autorité équivalente à celle d'une loi. *Une coutume ayant force de loi.* ◆ Il s'emploie pour exprimer une forte quantité. *Force gens.* « *La renommée n'en dit pas force bien* », MOLIÈRE. ◆ À FORCE, *loc. adv.* Beaucoup, extrêmement. *Travailler à force.* ◆ À FORCE DE, *loc. prép.* Par beaucoup de. « *À force de sagesse on peut être blâmable* », MOLIÈRE. ◆ *À force de bras*, sans autre aide que les bras. ◆ *À force de rames*, en forçant de rames. ◆ *À force de reins*, par la force des reins. *À la force du poignet.* ◆ À TOUTE FORCE, *loc. adv.* Par toute sorte de moyens. ◆ À toute extrémité. « *À toute force enfin elle se résolut* », LA FONTAINE. ◆ À tout prendre. *On pourrait à toute force lui accorder ce qu'il demande.* ◆ DE FORCE, *loc. adv.* Avec effort. *Faire entrer de force une chose dans une autre.* ◆ Par la contrainte. ◆ *Prendre une ville de force*, s'en emparer par une attaque. ◆ *De gré ou de force*, soit qu'on veuille ou qu'on ne veuille pas. ◆ PAR FORCE, À FORCE OUVERTE ou DE VIVE FORCE, *loc. adv.* En employant la force, la violence ; par une violence manifeste. ◆ Malgré qu'on en ait. « *Les Maures ont appris par force à vous connaître* », P. CORNEILLE. ◆ *Emporter une place de vive force*, l'emporter par une attaque brusque. ◆ **Fig.** *Attaquer de vive force un préjugé.* ■ *Être, venir en force*, en nombre. *Ils sont venus en force à la soirée.* ■ *Être, faire la force de quelqu'un*, constituer son principal atout. *C'est son sens des affaires qui fait sa force.* ■ *Force de la nature*, personne d'une excellente constitution et d'une grande résistance physique et mentale. ◆ *Force de vente*, l'ensemble des personnes qui travaillent à la vente dans une entreprise. *BTS force de vente.* ■ *Forces armées*, ensemble des puissances militaires d'un pays. ■ *Force de frappe*, ensemble de moyens militaires qui permettent une intervention rapide et puissante.

FORCÉ, ÉE, p. p. de forcer. [fɔʀse] Qui n'est pas volontaire. *Emprunt forcé.* ◆ *Travaux forcés*, Voy. TRAVAIL. ◆ *Marche forcée*, marche plus rapide ou plus prolongée que la marche ordinaire. ◆ Qui manque de sincérité et de liberté. *Des sentiments forcés.* « *Il a un ris forcé* », LA BRUYÈRE. ◆ Qui n'a ni souplesse ni liberté, éloigné du naturel, en parlant des ouvrages d'esprit. Tiré de trop loin. *Rapprochement forcé.* ◆ *Style forcé*, style où l'on sort du naturel. ◆ **Peint.** *Coloris forcé*, coloris outré. ◆ Qui a été ouvert de force. *Une voiture forcée.* ■ **Fam.** *C'est forcé !*, cela va se produire inévitablement. *Il va échouer, c'est forcé !* ◆ **Agric. et hortic.** Dont le développement est accéléré artificiellement. *Des salades forcées qui n'ont quasiment pas de racines.*

FORCEMENT, n. m. [fɔʀsəmɑ̃] (*forcer*) Action de forcer.

FORCÉMENT, adv. [fɔʀsemɑ̃] (*forcé*) Par force, par contrainte. *Il a fait forcément cette démarche.* ◆ Par une conséquence forcée.

FORCENÉ, ÉE, adj. [fɔʀsəne] (*forsener*, être à côté du sens, de *fors*, hors de, et *sen*, raison ; mal. orthog. de *force*) Qui est hors de sens. « *La perte de toute espérance rend forcené* », FÉNELON. *Forcené de douleur.* ◆ Passionné pour. « *Me voilà forcené des échecs* », J.-J. ROUSSEAU. ◆ Furieux. *Des cris forcenés.* ◆ **Hérald.** Se dit d'un cheval emporté et furieux. ◆ N. m. et n. f. *Un forcené, une forcenée.*

FORCEPS, n. m. [fɔʀsɛps] (lat. *forceps*, tenailles) Instrument de chirurgie destiné à embrasser la tête du fœtus et à l'extraire. ■ **Fig.** *Au forceps*, avec difficulté. *Une loi adoptée au forceps.*

FORCER, v. tr. [fɔʀse] (lat. *fortia*) Faire subir à une chose une violence, une effraction. *Forcer une porte.* ◆ *Forcer une clé, une serrure*, tordre une clé, les ressorts d'une serrure. ◆ *Forcer la main*, se dit en parlant d'un cheval qui refuse d'obéir. ◆ **Fig.** *Forcer la main à quelqu'un*, le contraindre à faire quelque chose. ◆ *Avoir la main forcée*, faire quelque chose malgré soi. ◆ **Fig.** *Forcer le sens*, lui donner violence qui le dénature. ◆ Prendre, traverser de vive force. *Forcer une ville, le passage, l'entrée, etc.* ◆ **Par extens.** *Forcer la consigne*, l'enfreindre avec violence. ◆ **Fig.** *Forcer la porte de quelqu'un*, entrer chez quelqu'un malgré la défense qu'il a faite de laisser entrer. ◆ Triompher de la résistance d'une troupe militaire. *Forcer les ennemis dans leur retranchement.* ◆ **Fig.** *Forcer quelqu'un dans ses retranchements*, Voy. RETRANCHEMENT. ◆ Faire violence à une femme. ◆ *Forcer un cheval*, l'excéder de fatigue. ◆ Se dit aussi des hommes. « *On force les nègres de travail*[1] », BUFFON. ◆ *Forcer sa main*, se fatiguer la main par quelque effort. ◆ **Vén.** *Forcer une bête*, la courre jusqu'aux abois. ◆ Surmonter, vaincre. *Forcer les obstacles.* ◆ **Fig.** Faire fléchir par amour. « *Si on a pu le vaincre, on n'a pu le forcer* », BOSSUET. ◆ Ne pas laisser la liberté de faire ou ne pas faire. ◆ Il se dit des sentiments, des passions, etc. « *Apprends d'elle à forcer ton propre sentiment* », P. CORNEILLE. ◆ *Forcer*, avec *à* suivi d'un infinitif. « *Nous sommes*

forcés à reconnaître nos misères », BOURDALOUE. ◆ *Forcer*, avec *de* et un infinitif. « *L'intempérance du malade force quelquefois le médecin d'être cruel* », PATRU. ◆ **Jeu** Contraindre à jeter une carte forte ou un atout, au whist et au boston. ◆ Obtenir par force, par importunité. *Forcer le consentement de quelqu'un.* ◆ *Forcer les respects, l'admiration*, les obtenir de ceux mêmes qui ne sont pas disposés à les accorder. ◆ **Hortic.** *Forcer une plante*, l'obliger à fleurir ou à porter du fruit plus tôt qu'elle ne le ferait naturellement, au risque de la fatiguer. ◆ *Forcer à fruit*, tailler long pour avoir plus de fruits. ◆ Exagérer, outrer. « *Ne forçons point notre talent* », LA FONTAINE. ◆ *Forcer sa voix*, faire des efforts de voix. ◆ *Forcer nature*, faire plus qu'on ne doit ou qu'on ne peut. ◆ *Forcer la recette*, passer en recette plus qu'on n'a reçu. ◆ Hâter, précipiter. *Forcer le pas, la marche.* ◆ **V. intr. Mar.** *Forcer de voiles*, augmenter la voilure. ◆ *Forcer de rames*, ramer aussi fort qu'il est possible. ◆ **Jeu** Jeter une carte supérieure à celle qui a d'abord été jouée. ◆ Se forcer, v. pr. Faire trop d'efforts, mettre trop de véhémence à quelque chose. S'efforcer. « *Forcez-vous à lui plaire* », P. CORNEILLE. ◆ Faire effort sur soi-même. *Forcez-vous, avalez cette médecine.* ■ REM. 1 : À l'époque de Littré, *nègre* n'était pas un terme raciste.

FORCERIE, ■ n. f. [fɔʀsəʀi] (*forcer*) **Agric.** Serre chauffée dans laquelle on produit des plants forcés. *Forcerie de légumes.*

FORCES, n. f. pl. [fɔʀs] (lat. *forfex*, génit. *forficis*, ciseaux) Sorte de grands ciseaux pour tondre les draps, pour couper les étoffes et les tailler, pour couper les tôles, etc. *Une paire de forces.*

FORCING, ■ n. m. [fɔʀsiŋ] (mot angl., de *to force*, forcer) **Sp.** Action d'accélérer la cadence et d'attaquer avec acharnement. *Faire le forcing sur son adversaire.* ■ **Par anal.** Pression intense. *Faire le forcing pour entrer en discothèque.* ■ **Fam.** Effort considérable. *Cet étudiant fait du forcing pour réussir ses examens.*

FORCIR, ■ v. intr. [fɔʀsiʀ] (*fort*) Prendre du poids. *Il a forci.* ■ **Fig.** Prendre de l'ampleur, de l'intensité. *Le vent forcit.*

FORCLORE, v. tr. [fɔʀklɔʀ] (*fors* et *clore*) Qui n'est usité qu'au prés. de l'infin. et au part. passé. **Pratiq.** Exclure de faire quelque production en justice, après certains délais passés. *Forclore quelqu'un de produire.*

FORCLOS, OSE, p. p. de forclore. [fɔʀklo, oz]

FORCLUSION, n. f. [fɔʀklyzjɔ̃] (*forclore*, d'après *exclusion*) **Pratiq.** Exclusion de faire une production en justice par suite de l'expiration du délai préfixé. ■ **Psych.** Rejet d'une image ou d'une représentation insupportable pour l'individu avant son intégration par l'inconscient. *La forclusion serait responsable des psychoses.*

FORDISME, ■ n. m. [fɔʀdism] (Henry Ford, 1863-1947, industriel américain) **Écon.** Organisation du travail à la chaîne pour accroître la productivité. *Le fordisme implique la standardisation des produits.*

FORÉ, ÉE, p. p. de forer. [fɔʀe] *Clé forée.*

FORER, v. tr. [fɔʀe] (lat. *forare*) Faire un trou, percer à l'aide d'engins mus par un mécanisme. *Forer une clé, un canon, un puits artésien.*

FORESTAGE, ■ n. m. [fɔʀɛstaʒ] (*forestier*) Activité forestière pratiquée par des non-spécialistes. *Un hameau de forestage. Des travaux de forestage.*

FORESTERIE, ■ n. f. [fɔʀɛstəʀi] (*forestier*) Ensemble des activités ayant trait à l'exploitation et l'aménagement des forêts. *Recherches en foresterie urbaine.*

FORESTIER, IÈRE, adj. [fɔʀɛstje, jɛʀ] (*forest*, forêt, ou b. lat. *forestarius*, régisseur d'une forêt) Qui a une charge dans les forêts. *Garde forestier.* ◆ N. m. et n. f. *Un forestier.* ◆ Qui concerne les forêts. *Le code forestier. Arbres forestiers*, arbres des grandes forêts. ◆ *École forestière*, école destinée à former les employés propres à soigner et à conserver les forêts de l'État et de la liste civile. ■ N. f. *À la forestière* ou *forestière*, aux champignons. *Une omelette forestière.*

FORET, n. m. [fɔʀɛ] (*forer*) Petit instrument de fer dont on se sert pour percer des plaques métalliques. ◆ Petit instrument en pointe avec lequel on perce les tonneaux. ■ Embout que l'on adapte à une perceuse.

FORÊT, n. f. [fɔʀɛ] (b. lat. *silva forestis*, forêt relevant de cour de justice du roi, de *forum*, tribunal) Vaste terrain planté de bois ; terrain couvert d'arbres exploités pour le chauffage, les constructions, etc. ◆ ▷ **Fig. et fam.** *Vous étiez là dans une forêt*, vous étiez au milieu des fripons. ◁ ◆ On dit dans le même sens : *C'est la forêt de Bondy*, à cause qu'il y a un temps où la forêt de Bondy près Paris était infestée de voleurs. ◆ *Eaux et Forêts*, les forêts, les étangs, les cours d'eau, en tant qu'ils sont l'objet d'une surveillance exercée par l'État. ◆ *Les Eaux et Forêts*, l'administration des cours d'eau, des lacs, des bois dépendants du domaine public. ◆ **Par extens.** Grande quantité, amas de choses longues et menues. *Une forêt de lances, de mâts, de cheveux, etc.* ◆ Grande quantité de pièces de bois qui forment le comble de quelque vaste édifice. *La forêt du dôme des Invalides, de Notre-Dame.* ■ *Forêt vierge*, forêt équatoriale très dense, dans laquelle il est difficile de pénétrer.

FORÊT-GALERIE, ■ n. f. [fɔʀεgal(ə)ʀi] (*forêt* et *galerie*) Formation végétale tropicale constituée d'arbres très hauts, qui se développent le long d'un cours d'eau. *Des forêts-galeries.*

FORÊT-NOIRE, ■ n. f. [fɔʀεnwaʀ] (la *Forêt-Noire,* en Allemagne) Pâtisserie composée d'une génoise au chocolat et garnie principalement de crème et de cerises à l'eau-de-vie. *Préparer une forêt-noire pour le dessert. Des forêts-noires.*

FOREUR, ■ n. m. [fɔʀœʀ] (*forer*) Ouvrier spécialisé dans le forage. *Foreur de canons.* ■ Animal qui creuse son habitat, surtout dans le bois. *La marmotte est un foreur de tunnels.*

FOREUSE, ■ n. f. [fɔʀøz] (*forer*) Techn. Machine permettant de forer les matériaux résistants. *Foreuse de mines, de puits.*

FORFAIRE, v. intr. [fɔʀfεʀ] (*fors* et *faire*) Faire quelque chose contre le devoir, l'honneur. ◆ *Forfaire à l'honneur,* commettre un acte qui déshonore. ◆ V. tr. Perdre par un forfait.

1 **FORFAIT**, n. m. [fɔʀfε] (*forfaire*) Crime énorme commis avec audace.

2 **FORFAIT**, n. m. [fɔʀfε] (*fur,* taux, tarif déterminé à l'avance, et *fait*) Marché par lequel on s'engage à faire ou à fournir une chose pour un prix déterminé, à perte ou à gain. *Traiter, prendre à forfait.* ◆ *Vendre, acheter à forfait,* vendre, acheter en bloc, et sans estimation préalable. ■ Système d'abonnement à forfait pris auprès d'un fournisseur de services. *Prendre un forfait de trois heures auprès d'un opérateur. Un forfait de remontée mécanique pour un skieur.* ■ **Par méton.** Durée d'appel, de connexion à laquelle donne droit un tel abonnement. *Je ne peux plus téléphoner de mon portable, je n'ai plus de forfait.* ■ **Dr.** Estimation par le fisc des revenus d'une personne non salariée en vue de fixer son imposition.

3 **FORFAIT**, ■ n. m. [fɔʀfε] (*forfaire*) Somme que doit payer le propriétaire d'un cheval engagé pour le retirer de la course. ■ *Déclarer forfait,* renoncer à participer à une épreuve. *Déclarer forfait à cause d'une blessure. Le tennisman est déclaré forfait.* ■ **Fig.** *Déclarer forfait,* renoncer à poursuivre ce que l'on a entrepris. *Cette tâche est trop difficile, je déclare forfait.*

4 **FORFAIT, AITE**, p. p. de forfaire [fɔʀfε, εt] (*forfaire*) Perdu pour cause de grand crime. *Son fief forfait pour cause de félonie.*

FORFAITAIRE, ■ adj. [fɔʀfetεʀ] (2 *forfait*) Dont les conditions sont fixées par un forfait. *Un abonnement forfaitaire.*

FORFAITAIREMENT, ■ adv. [fɔʀfetεʀ(ə)mɑ̃] (*forfaitaire*) Suivant les conditions fixées par un forfait. *Charges fixées forfaitairement à 90 euros.*

FORFAITURE, n. f. [fɔʀfetyʀ] (*forfaire*) Prévarication d'un magistrat. ◆ **Féod.** Violation du serment de foi et hommage.

FORFANTE, n. m. [fɔʀfɑ̃t] (ital. *furfante,* coquin) **Vieilli** Hâbleur, fanfaron, charlatan.

FORFANTERIE, n. f. [fɔʀfɑ̃t(ə)ʀi] (ital. *furfanteria*) Caractère du forfante et caractère des choses que fait le forfante. « *Que d'affectation et de forfanterie !* », MOLIÈRE.

FORFICULE, ■ n. m. [fɔʀfikyl] (lat. *forficula,* dimin. de *forfex,* ciseaux) **Zool.** Insecte nocturne muni d'une paire de pinces situées à l'extrémité de son abdomen. Le forficule est aussi appelé *perce-oreille.*

FORGE, n. f. [fɔʀʒ] (lat. *fabrica,* atelier, forge) Usine dans laquelle la fonte de fer est transformée en fer proprement dit. ■ Fourneau, atelier où les métaux se travaillent au feu et au marteau. ■ **Mar.** *Forge volante,* petite forge de tôle, avec l'enclume, le soufflet, etc. ◆ **Fig.** *Cet ouvrage sort de la forge,* est encore tout chaud de la forge, il sort des mains de l'auteur. ◆ Atelier d'un maréchal-ferrant. ◆ *Forge de campagne,* petite forge portative qui sert aux maréchaux-ferrants dans les armées en marche.

FORGÉ, ÉE, p. p. de forger. [fɔʀʒe]

FORGEABLE, adj. [fɔʀʒabl] (*forger*) Qu'on peut forger.

FORGEAGE ou **FORGEMENT**, n. m. [fɔʀʒaʒ, fɔʀʒəmɑ̃] (*forger*) Action de forger.

FORGER, v. tr. [fɔʀʒe] (lat. *fabricare*) Travailler le fer, l'argent, etc. au feu et au marteau. ◆ *Se forger,* forger pour soi. ◆ **Absol.** *Apprendre à forger.* ◆ *Forger à froid,* travailler un métal au marteau sans le faire chauffer. ◆ **Fig.** *Forger ses fers, se forger des fers,* être cause de sa propre servitude. ◆ **Fig.** *Forger des vers,* les faire péniblement. ◆ **Fig.** Imaginer, inventer. *Forger des mots, des systèmes.* ◆ *Se forger,* forger à soi-même, s'imaginer, se figurer. *Se forger des chimères, des monstres.* « *Le loup déjà se forge une félicité...* », LA FONTAINE. ◆ Supposer une écrit, l'attribuer à un auteur qui ne l'a pas écrit. ◆ V. intr. En parlant du cheval, frapper, dans les allures du pas et du trot, les fers de devant avec ceux de derrière. ◆ *Se forger,* v. pr. Être forgé, au propre et au figuré. ■ **Fig.** Façonner. *Forger le caractère d'un enfant.*

FORGERON, n. m. [fɔʀʒəʀɔ̃] (*forger*) Celui qui travaille le fer à la forge et au marteau. ◆ **Adj.** *Ouvrier forgeron.* ◆ **Par extens.** Le propriétaire, le directeur d'une ou de plusieurs forges. ◆ **Prov.** *À forger ou en forgeant on devient forgeron,* à force de faire un métier on l'apprend.

FORGEUR, EUSE, n. m. et n. f. [fɔʀʒœʀ, øz] (*forger*) N. m. Ouvrier qui forge certains objets. ◆ **Adj.** *Cylindres forgeurs.* ◆ **N. m. et n. f. Fig.** Personne qui invente des faussetés. *Forgeur de nouvelles, de calomnies.*

FORHUER ou **FORHUIR**, v. intr. [fɔʀɥe, fɔʀɥiʀ] (*fors* et *huer*) ▷ Sonner d'un instrument pour appeler les chiens. *Forhuir du cor.* ◆ *Forhuir* ne se dit qu'à l'infinitif ; *forhuer,* qui n'est pas dans le *Dictionnaire de l'Académie,* donne les autres temps : *forhuant, forhuais,* etc. ◁

FORINT, ■ n. m. [fɔʀint] (mot hongrois) Monnaie hongroise. *Des forints.*

FORJET, n. m. [fɔʀʒε] (*forjeter*) **Archit.** Saillie hors d'alignement.

FORJETER, v. intr. [fɔʀʒəte] (*fors* et *jeter*) **Archit.** Sortir de l'alignement, de l'aplomb. *Ce mur forjette.* ◆ V. tr. Construire des saillies hors de l'alignement général d'un édifice. ◆ Se forjeter, v. pr. S'avancer hors de l'alignement.

FORLANCÉ, ÉE, p. p. de forlancer. [fɔʀlɑ̃se]

FORLANCER, v. tr. [fɔʀlɑ̃se] (*fors* et *lancer*) Faire sortir une bête de son gîte.

FORLANE, ■ n. f. [fɔʀlan] (ital. *furlana*) Danse populaire italienne du XVIIᵉ siècle, originaire de la région du Frioul et devenue danse de cour en France au XVIIIᵉ siècle. *Stendhal appréciait que Vigano ouvre son ballet,* Otello, *par une forlane, un bel air à danser.* ■ Pièce instrumentale en ternaire extraite d'une suite.

FORLIGNEMENT, n. m. [fɔʀliɲəmɑ̃] ou [fɔʀliɲjəmɑ̃] (*forligner*) Action de forligner.

FORLIGNER, v. intr. [fɔʀliɲe] ou [fɔʀliɲje] (*fors* et *ligne*) Dégénérer de la vertu de ses ancêtres. *Il a forligné de l'honneur de son père.*

FORLONGE, n. m. [fɔʀlɔ̃ʒ] (*forlonger*) *Il va de forlonge, il chasse le forlonge,* se dit d'un chien qui suit de loin, qui chasse de loin.

FORLONGÉ, ÉE, p. p. de forlonger. [fɔʀlɔ̃ʒe] *Un cerf forlongé.*

FORLONGER, v. intr. [fɔʀlɔ̃ʒe] (*fors* et *longer*) **Vén.** S'écarter de ses parages ordinaires, en parlant de la bête. ◆ Avoir beaucoup d'avance sur les chiens, en parlant du cerf. ◆ Se forlonger, v. pr. S'écarter de ses parages. ◆ S'éloigner. *La chasse se forlongea.*

FORMAGE, n. m. [fɔʀmaʒ] (*former*) **Techn.** Action de modifier une matière conditionnée en plaque ou en tube pour constituer un objet manufacturé de forme différente. *Formage du verre des pare-brise. Formage du métal.*

FORMALDÉHYDE, ■ n. m. [fɔʀmaldeid] (*formique* et *aldéhyde*) **Chim.** Gaz irritant résultant de l'oxydation de l'alcool méthylique, utilisé comme désinfectant et aussi appelé *aldéhyde formique.* Le formaldéhyde est présent notamment dans la colle, la peinture à l'eau, les produits d'entretien. Le formaldéhyde est classé dans la catégorie des cancérigènes pour l'homme.

FORMALISATION, ■ n. f. [fɔʀmalizasjɔ̃] (*formaliser*) Action de donner une structure formelle à quelque chose. *La formalisation du langage.*

FORMALISÉ, ÉE, p. p. de 2 formaliser. [fɔʀmalize] Qui s'est fâché.

1 **FORMALISER**, ■ v. tr. [fɔʀmalize] (lat. *formalis*) Donner une structure formelle. *Formaliser un langage.*

2 **FORMALISER (SE)**, v. pr. [fɔʀmalize] (lat. *formalis*) S'offenser, trouver mauvais. *Je ne saurais me formaliser de cela.* ◆ Dans le langage ordinaire, il est souvent actif. *Il suffit d'un rien pour le formaliser.*

FORMALISME, n. m. [fɔʀmalism] (*formel*) Attachement excessif aux formalités. ■ **Relig.** Réglementation excessive des actes de la vie. ◆ Goût de l'étiquette. ■ **Philos.** Doctrine selon laquelle les sciences reposent sur un système de conventions. *Formalisme kantien.* ■ **Art** Recherche excessive de la beauté des formes. *Formalisme esthétique.* ■ **Math.** et **log.** Tendance à considérer que les mathématiques sont une association de systèmes formels.

FORMALISTE, adj. [fɔʀmalist] (lat. *formalis*) Qui s'attache scrupuleusement aux formes. « *Les Romains étaient extrêmement formalistes* », MONTESQUIEU. ◆ Attaché aux choses d'étiquette. « *Ces princes si formalistes sur leur rang* », LA BRUYÈRE. ■ N. m. et n. f. *Un formaliste sévère.* ■ Adj. Qui soutient ou prône le formalisme en art et en philosophie.

FORMALITÉ, n. f. [fɔʀmalite] (lat. *formalis*) Manière formelle, expresse de procéder dans certains actes civils, judiciaires, administratifs, religieux. *Remplir les formalités.* ◆ *Formalités de justice,* la manière de procéder qu'impose la justice. ◆ Acte de cérémonie, d'étiquette recherchée. ◆ Attachement aux formes reçues. ■ Acte de peu d'importance que l'on effectue facilement. *Il considère cet examen comme une simple formalité.*

FORMANT, ■ n. m. [fɔʀmɑ̃] (lat. *formans*, p. prés. de *formare*, donner une forme) Ling. Élément utilisé pour former des mots complexes. *Les préfixes sont des formants.* ■ **Phonét.** Fréquence associée aux différents sons du langage. *Les formants d'un* e.

FORMARIAGE, ■ n. m. [fɔʀmaʀjaʒ] (*fors* et *mariage*) Hist. Union d'un serf avec une personne de condition ou de seigneurie différente.

FORMAT, n. m. [fɔʀma] (lat. *formatus*, p. p. de *formare*, donner une forme) Dimension d'un livre, déterminée par le nombre de pages que renferme chaque feuille. *Format in-folio, in-quarto, in-dix-huit.* ■ **Par extens.** Dimension d'un ouvrage, d'une feuille déterminée par sa hauteur et sa largeur. *Format d'impression.* ■ **Fam.** Taille d'une personne. *C'est un petit format.* ■ **Inform.** Ensemble des caractéristiques de la structure des données dans un fichier. *Enregistrer un fichier sous un nouveau format. Format non reconnu par un logiciel.* ■ **Inform.** Mise en forme spécifique de ces données. ■ **Phot.** et **cin.** Largeur du film photographique ou cinématographique. *Photographie de format 24 x 36.*

FORMATAGE, ■ n. m. [fɔʀmataʒ] (*formater*) Action de mettre au format. *Formatage d'un texte. Formatage du disque dur.*

FORMATER, ■ v. tr. [fɔʀmate] (angl. [*to*] *format*) Inform. Établir des repères sur un support informatique en fonction d'un format donné. *Formater un disque.* ■ Mettre au format. *Formater une photographie.*

FORMATEUR, TRICE, adj. [fɔʀmatœʀ, tʀis] (lat. *formator*, de *formare*) Qui forme, qui crée. « *Il existe une intelligence formatrice* », VOLTAIRE. ■ N. m. et n. f. Celui, celle qui forme. « *Dieu, parfait architecte et absolu formateur de tout ce qui est* », BOSSUET. ■ Personne en charge de la formation ou de l'instruction d'autrui. *Formateur en tourisme, en marketing.*

FORMATIF, IVE, adj. [fɔʀmatif, iv] (*former*) Gramm. *La lettre formative* et n. f. *la formative*, dite aussi *la caractéristique*, la lettre qui, dans quelques langues, sert à déterminer certaines formes spéciales des mots. ■ Didact. Utilisé pour former. *Examen, test formatif.* ■ Ling. *Les éléments formatifs*, permettant de former des mots complexes. *Les suffixes sont des éléments formatifs.*

FORMATION, n. f. [fɔʀmasjɔ̃] (lat. *formatio*) Au sens actif, action de former, d'instituer. *La formation d'un régiment, d'un camp.* ◆ Au sens passif, action par laquelle une chose se forme ou est formée. *La formation d'un abcès.* ◆ Géol. Mode de production d'une roche, etc. ■ Ensemble de couches, de terrains qui ont été formés à la même époque et par une semblable opération. *Formation calcaire, etc.* ◆ Disposition que prennent les différentes sections d'une troupe. *La formation en bataille.* ◆ Gramm. La manière de modifier un nom, un verbe, en ajoutant certaines désinences. *La formation des cas, des temps, etc.* ■ Action de se former, de s'instruire ; résultat de cette action. *Être en formation. Il a une formation littéraire.* ■ *Formation permanente, continue*, possibilité offerte aux salariés de suivre une formation tout en travaillant. ■ *Formation en alternance*, qui alterne enseignement et apprentissage. ■ Somme des savoirs et connaissances acquises par quelqu'un. *Avoir une solide formation en musique.* ■ Constitution d'un groupe de personnes qui défendent une même idéologie. *Une formation politique.* ■ Bot. *Formation végétale*, ensemble de végétaux d'espèces différentes qui constituent un ensemble homogène.

FORME, n. f. [fɔʀm] (lat. *forma*) L'ensemble des qualités d'un être ; ce qui détermine la matière à être telle ou telle chose. ◆ Phys. *Forme solide, liquide, gazeuse*, les corps à l'état solide, liquide, gazeux. ◆ Fig. État, aspect. *La misère sous toutes ses formes.* ◆ Fig. La constitution, le mode particulier de certaines choses. *Changer la forme de l'État.* ◆ Gramm. *La forme d'un mot*, sa composition, ses modifications. *Les formes actives d'un verbe.* ◆ L'apparence extérieure sous laquelle un corps se montre à nos yeux. *Une cour de forme carrée. Sous une forme humaine.* ◆ *Prendre forme*, prendre une manière d'être, un aspect qui satisfait, ou simplement qui permet de distinguer. ◆ *Formes cristallines*, les formes régulières propres à chaque espèce de cristal. ◆ Au pl. Les contours d'un objet. *Les formes du corps.* ◆ Tour du style, diverses façons d'exprimer la pensée. *Cette forme appartient à la prose.* ◆ Manière dont une chose est présentée ou traitée. *La forme d'un compliment.* ◆ *Par forme de*, en manière de. *Par forme d'avis.* ◆ La formule usitée dans certains actes ou écrits. *La forme d'une quittance.* ◆ *La forme d'un argument*, la manière bonne ou mauvaise dont les parties d'un argument sont disposées. ◆ *En forme*, conformément à la manière dont l'argument doit être pour qu'il soit selon les règles. « *J'en ferai un argument en forme* », PASCAL. ◆ Manière ou façon d'agir, de procéder suivant certaines règles, certains usages convenus. *Prescrire une forme de conduite. Les formes de la justice.* ◆ *Sans forme de procès*, sans avoir observé les formes de justice, et fig. sans rien écouter. ◆ *Dans les formes*, suivant les règles établies, les usages convenus. « *Rien ne se fait dans les formes* », BOSSUET. ◆ *En forme, en bonne forme, en bonne et due forme* avec toutes les formalités requises, et aussi avec tous les caractères, avec toutes les conditions que la chose comporte. *Un combat en forme.* ◆ *Pour la forme*, pour sauver les apparences. ◆

Absol. Procéd. Se dit des formes judiciaires, par opposition à ce qui fait le fond d'un procès. *La forme a emporté le fond.* ◆ Manière d'agir, de s'exprimer. *Il a les formes un peu rudes.* ◆ **Fam.** et absol. *Avoir des formes*, avoir des formes polies. ◆ **Art** Moule sur lequel on donne à certaines choses la forme qui leur convient. *Mettre un chapeau sur forme.* ◆ *Forme du chapeau*, la partie élevée au-dessus des bords et dans laquelle entre la tête. ◆ Morceau de bois qui a la figure du pied et qui sert à monter un soulier. ◆ Vase ou panier percé de trous dans lequel on met écouler le fromage. ◆ **Impr.** Châssis de fer dans lequel on serre la composition. ◆ Banc garni d'étoffe et rembourré. *Une forme de velours.* ◆ Stalle de chœur. ◆ Gîte du lièvre. *Lièvre en forme.* ◆ **Mar.** Bassin sur le bord de la mer pour la construction ou le carénage d'un vaisseau. ◆ *Être en forme*, en bonne santé physique ou morale. ◆ Contours galbés d'un être humain. *Une personne qui a peu de formes.* ■ La manière dont une chose abstraite peut être représentée ou matérialisée. *Les multiples formes de la violence.* ■ *En forme de quelque chose*, dont le contour en rappelle ou en évoque la forme. *Une bougie en forme d'étoile. Une lettre d'amour en forme de poésie.* ■ Structure sur laquelle est composée une œuvre musicale. *La forme sonate.* ■ **Techn.** Couche de matériaux sur laquelle est étendu le revêtement d'une chaussée. ■ **Impr.** Châssis métallique sur lequel sont fixés les blocs des caractères typographiques. ■ **Mar.** Bassin où sont entreposés des bateaux en construction ou en réparation. *Forme de radoub.* ■ **Vétér.** Excroissance tumorale sur la phalange d'un cheval.

FORMÉ, ÉE, p. p. de former. [fɔʀme] *Fruits formés*, fruits noués. ◆ Fig. Suffisamment développé. *Un goût formé.* ■ Qui a atteint la puberté. *Une jeune fille formée.* ■ Qui respecte les règles de la grammaire et de la syntaxe. *Un énoncé correctement formé.*

FORMEL, ELLE, adj. [fɔʀmɛl] (lat. *formalis*, qui a trait aux moules du fondeur, qui sert de type) Exprès, nettement déterminé. *Un texte, un démenti formel.* ◆ **Philos.** Qui fait qu'une chose est telle qu'elle est. *Une cause formelle.* ◆ N. m. *Le formel et le matériel.* ◆ Qui est en effet. « *Cette réalité que les philosophes appellent actuelle ou formelle* », DESCARTES. ■ Qui a trait à la forme ou l'apparence de quelque chose. *Les caractéristiques formelles d'un texte.* ■ Qui n'est qu'apparent et superficiel. *Faire preuve d'une politesse formelle.*

FORMELLEMENT, adv. [fɔʀmɛl(ə)mɑ̃] (*formel*) D'une manière formelle.

FORMER, v. tr. [fɔʀme] (lat. *formare*) Donner l'être et la forme. *Dieu a formé l'homme à son image.* ◆ Donner une certaine forme, une certaine figure. *Former des vases, un triangle, ses lettres en écrivant.* ◆ **Hortic.** *Former les arbres*, les façonner, leur donner une bonne forme. ◆ **Gramm.** Composer des mots, les modifier par le changement des désinences. *Former les temps d'un verbe.* ◆ Produire, donner naissance à, avec un nom de personne pour sujet. *Former des liens, des nœuds, une liaison avec quelqu'un.* ◆ Avec un nom de chose pour sujet. *Les vapeurs forment les nuages.* ◆ Constituer, composer. *Les qualités et les défauts qui forment le caractère français.* ◆ Faire entendre. *Former des sons.* ◆ Proposer, exposer ce qu'on a conçu. *Former des objections.* ◆ Organiser, instituer, établir. *Former une société.* ◆ Concevoir, en parlant d'idées, de projets, de sentiments. *Former des desseins, une entreprise.* ◆ Faire contracter, par une certaine éducation, de l'habileté, des habitudes, des manières, des mœurs. *Former des soldats, des marins. Former le cœur, l'esprit d'un jeune homme.* « *Dieu ayant résolu de former Son peuple à la vertu par des lois* », BOSSUET. ◆ Régler sur un certain modèle. « *Par le secours de l'histoire, ils forment leurs jugements... sur les événements passés* », BOSSUET. *Former son style sur celui d'un autre. Former son goût* ou *se former le goût.* ◆ *Se former*, former à soi-même. ◆ Se former, v. pr. Prendre forme. ◆ Être produit, recevoir naissance, en parlant des personnes et des choses. ◆ Être conçu dans l'esprit. *Apparaître, surgir.* « *Plus on poursuivait les sorciers, plus il s'en formait* », VOLTAIRE. ◆ Prendre une certaine organisation, institution, *Des rassemblements se forment. Les empires se forment.* ■ **Milit.** Se disposer, s'arranger. *Le régiment se forma en bataille.* ◆ Absol. *Les régiments se formèrent.* ◆ Être dressé, élevé, instruit. « *Corneille s'était formé tout seul* », VOLTAIRE. ◆ Se dit des choses dont la forme devient plus parfaite, plus prononcée, et des personnes elles-mêmes. *Sa taille se forme.* « *Les enfants se forment et grandissent* », J.-J. ROUSSEAU. ◆ Devenir plus parfait. *Le goût se forme par la lecture des bons auteurs.* ◆ Devenir plus habile, prendre de meilleures manières, etc.

FORMICA, ■ n. m. [fɔʀmika] (nom déposé) Matière plastique comprimée recouverte de résine fabriquée. *Les cuisines en formica des années 1950. Des formicas.*

FORMICA-LEO, n. m. [fɔʀmikaleo] Voy. FOURMILION.

FORMICANT, adj. m. [fɔʀmikɑ̃] (lat. *formicans*, p. prés. de *formicare*, démanger) Méd. *Pouls formicant*, pouls petit, faible et fréquent, qui ne donne que la sensation d'un fourmillement.

FORMIDABLE, adj. [fɔʀmidabl] (lat. *formidabilis*, redoutable) Capable d'inspirer la plus grande crainte, en parlant des personnes. *Des hommes* formidables. *Formidable à tout le genre humain.* ◆ Il se dit aussi des choses. *Une voix formidable.* « *Cette grandeur formidable au monde* », Bossuet. ■ **Fam.** Que l'on apprécie fortement. *Nous avons passé des vacances formidables. C'est une femme formidable. Tu as été formidable.*

FORMIDABLEMENT, ■ adv. [fɔʀmidabləmɑ̃] (*formidable*) D'une manière formidable. *Il a formidablement réussi.*

FORMIER, n. m. [fɔʀmje] (*forme*) Celui qui fait, qui vend des formes pour les chaussures.

FORMIQUE, adj. [fɔʀmik] (haplologie de *formicique*, du lat. *formica*, fourmi) **Chim.** *Acide formique*, acide qu'on extrait des fourmis.

FORMOL, ■ n. m. [fɔʀmɔl] (radic. de *formique*) Solution aqueuse d'aldéhyde formique utilisée comme antiseptique ou comme conservateur de prélèvement anatomique.

FORMUÉ, ÉE, p. p. de formuer. [fɔʀmɥe] *Un faucon formué.*

FORMUER, v. tr. [fɔʀmɥe] (*fors* et *muer*) Faire passer la mue à un oiseau.

FORMULABLE, ■ adj. [fɔʀmylabl] (*formuler*) Que l'on peut formuler. *Un sentiment difficilement formulable.*

FORMULAIRE, n. m. [fɔʀmylɛʀ] (*formule*) Livre, recueil de formules. *Formulaires des notaires. Formulaire pharmaceutique.* ◆ **Fig.** « *Tout ce jargon n'est qu'un vain formulaire* », J.-J. Rousseau. ◆ Modèle sur lequel on doit rédiger un tableau, un état, une statistique. ◆ Profession de foi dressée par articles. ◆ Imprimé que l'on doit compléter en apportant des renseignements. *Remplir un formulaire.* ■ **Par extens.** *Remplir un formulaire en ligne*, sur Internet.

FORMULATION, n. f. [fɔʀmylasjɔ̃] (*formuler*) Action de formuler ; résultat de cette action.

FORMULE, n. f. [fɔʀmyl] (lat. *formula*) Forme d'expression qui contient les termes mêmes dans lesquels un acte doit être conçu. *Formule de testament.* ◆ Confession de foi. ◆ *Formules philosophiques*, phrases qui résument et définissent un système. ◆ **Fig.** *Ne parler que par formules*, avoir un langage sentencieux et compassé. ◆ Certaines expressions qu'il faut prononcer en certaines circonstances. ◆ Certaines expressions cérémonieuses ou de convenance que les relations habituelles de la vie. *Formules de politesse.* ◆ **Math.** Ensemble de termes algébriques contenant l'expression générale d'un calcul ou son résultat. *Formule algébrique.* ◆ **Chim.** *Formule atomique* ou simplement *formule*, celle qui réunit les symboles ou éléments entrant dans la constitution d'un composé quelconque. ◆ **Méd.** Exposé des substances qui doivent entrer dans un médicament composé. ◆ Façon de faire qui permet d'obtenir quelque chose, de parvenir à un résultat. *Il a trouvé la formule.* ■ Présentation type d'un produit, d'un service. *Le restaurant vous propose trois formules. Une nouvelle formule de voyage.* ■ Énoncé censé donner effet à quelque chose lorsqu'il est formulé. *Une formule magique.* ◆ Énoncé concis et chargé d'un sens fort. *Avoir le sens de la formule.* ◆ *Formule sanguine*, dosage des éléments globulaires contenus dans le sang d'un individu à partir de l'étude d'un échantillon. ■ Type de voiture de course. *Courir sur une formule 3000.*

FORMULÉ, ÉE, p. p. de formuler. [fɔʀmyle]

FORMULER, v. tr. [fɔʀmyle] (*formule*) **Pratiq.** Dresser suivant les formules. *Formuler un jugement.* ◆ **Alg.** Donner la formule générale d'un calcul. **Méd.** Déterminer la composition d'un médicament dans les termes de l'art. ◆ **Fig.** Néol. Énoncer avec la précision d'une formule. *Formuler sa pensée.* ◆ *Se formuler*, v. pr. Être formulé. ■ Rem. *Formuler* dans le sens *énoncer* n'est plus un néologisme aujourd'hui.

FORNICATEUR, TRICE, n. m. et n. f. [fɔʀnikatœʀ, tʀis] (lat. chrét. *fornicator*, débauché) Celui, celle qui commet le péché de fornication.

FORNICATION, n. f. [fɔʀnikasjɔ̃] (lat. *fornicatio*) **Dogmatiq.** Le péché de la chair. ◆ **Fig.** Infidélité du peuple juif abandonnant le vrai Dieu pour les dieux étrangers. ■ **Fam.** Rapport sexuel. *Fornication d'un couple. Fornication des lapins.*

FORNIQUER, v. intr. [fɔʀnike] (lat. chrét. *fornicare*) Commettre le péché de fornication. ■ **Fam.** Avoir des rapports sexuels. *Forniquer avec une femme.*

FORPAISER, v. intr. [fɔʀpeze] (*fors* et *pays*) ▷ Quitter son gîte et s'en aller en des parages éloignés, en parlant des bêtes qu'on poursuit. ◁

FORPAÎTRE ou **FORPAITRE**, v. intr. [fɔʀpɛtʀ] (*fors* et *paître*) ▷ En parlant des bêtes, aller chercher sa pâture dans des lieux éloignés. ◁

FORS, prép. [fɔʀ] (lat. *foris*, dehors, du dehors) Terme vieilli pour lequel on dit *hors*, *hormis*, *excepté*. *Tout est perdu fors l'honneur.*

FORSENANT, adj. m. [fɔʀsənɑ̃] (anc. fr. *forsener*) Se dit d'un chien qui a beaucoup d'ardeur.

FORSYTHIA, ■ n. m. [fɔʀsisja] (*th* se prononce *s* ; *Forsyth*, botaniste angl.) Arbuste d'origine asiatique à fleurs jaunes, florissant au début du printemps. *Orner un jardin avec des forsythias.*

FORT, ORTE, adj. [fɔʀ, ɔʀt] (lat. *fortis*, vigoureux, courageux) Qui a beaucoup de force. ◆ **Fam.** *Être fort comme un Turc, comme un bœuf*, être extrêmement fort. ◆ Dans le langage biblique, *le Dieu fort*, Dieu. ◆ Il se dit de la force de certaines choses. *Les aimants les plus forts.* ◆ **Par extens.** Qui a pour soi la force matérielle. « *La raison du plus fort est toujours la meilleure* », La Fontaine. ◆ Qui a pour soi la force morale, la puissance, l'influence. ◆ *Fort de*, qui puise force et confiance dans. *Fort de sa vertu.* ◆ ▷ **Fig.** En parlant de choses. *Des vers forts de choses.* ◁ ◆ *Se faire fort* (littéralement, se donner pour assez fort, se dire assez fort pour), se porter caution, s'engager à faire quelque chose. *Je me fais fort d'en venir à bout. Se porter fort pour quelqu'un*, répondre de son consentement, et aussi se porter garant pour lui (*fort* dans ces deux cas-là est toujours invariable). ◆ **Milit.** Redoutable par le nombre, l'armement, la position, etc. *Un ennemi fort. Une armée forte de trente mille hommes.* ◆ Qui est en état de résister aux attaques de l'ennemi, en parlant de positions, de villes de guerre. ◆ Capable, par la grosseur, par l'épaisseur, de résister au choc, au poids, en parlant des choses. *De fortes murailles.* ◆ Il se dit de même des tissus, des cuirs, etc. *Une étoffe très forte.* ◆ Grand et puissant de corps. *Un homme grand et fort. Un fort cheval.* ◆ On dit de même : *avoir la main forte, le pied fort.* ◆ Qui est considérable en son genre, en parlant des choses. *Un fort salaire.* ◆ *Un ordinaire fort*, une table servie copieusement chaque jour. *Un plat fort*, un plat copieux. ◆ Qui est en quelque excès sur la juste mesure. *Des mesures fortes.* ◆ *Monnaie forte*, monnaie évaluée sur un pied avantageux à celui qui la reçoit en paiement. ◆ Qui a une longue portée, en parlant de la vision. *Une forte lunette. Des yeux forts.* ◆ *Voix forte*, voix pleine et qui se fait bien entendre. ◆ **Gramm.** *Articulations fortes*, p, t, k, f, s, ch. ◆ **Mus.** *Temps fort*, Voy. temps. ◆ Qui a une grande ténacité. *Colle forte. Terre forte*, terre grasse tenace et difficile à labourer. ◆ Touffu, dru, rangé près à près. *Les blés sont forts.* ◆ Rude, difficile. *Un ressort très fort.* ◆ Chargé, en parlant d'une couleur, d'une liqueur. *Bouillon fort. Des teintes plus fortes.* ◆ Qui fait beaucoup d'impression sur le goût, l'odorat. *De fortes épices.* ◆ *Liqueurs fortes*, liqueurs alcooliques. ◆ Âcre au goût, désagréable à l'odorat. *Du beurre fort. Une haleine forte.* ◆ **Fig.** Qui a de la grandeur, de l'impétuosité, de la violence, en parlant des choses. *Une forte maladie. Un pouls fort.* ◆ En parlant de la mer, grosse, houleuse. ◆ Il se dit, dans un sens analogue, des choses morales. *La vérité est forte. Une forte haine.* ◆ *Un fort marchand*, un marchand qui fait de grandes affaires. ◆ Qui a de la force d'âme, de la fermeté. *La femme forte de l'Écriture. Une âme forte.* ◆ Il se dit, en un même sens, de certaines choses morales ou intellectuelles. *Une éducation forte et sévère.* ◆ Habile, capable. *Vous êtes plus fort que moi aux échecs. Fort en raisonnement, sur la géographie*, etc. ◆ **Absol.** *Un homme fort*, un homme dont l'esprit a beaucoup d'étendue, de pénétration, de force. ◆ *Un élève fort*, un élève qui sait bien ce qu'on lui enseigne. ◆ **Fam.** *Il est fort pour parler*, il parle plus qu'il n'agit. ◆ **Fam.** *Être fort pour*, avoir du goût pour. ◆ *Être fort en gueule*, avoir la repartie prompte, piquante, insolente. ◆ En parlant des ouvrages d'esprit, qui témoigne de la force, de l'habileté. *Ce jeune homme a fait une composition très forte.* ◆ *C'est une forte tête*, c'est un homme judicieux et sagace. ◆ *Une tête forte*, un homme qui supporte bien le vin. ◆ *Une imagination forte*, imagination qui se représente les choses avec énergie. ◆ *Avoir l'esprit fort*, avoir de la vigueur, de la pénétration dans l'esprit. ◆ *Esprit fort*, Voy. esprit. ◆ Bien fondé, appuyé sur de bons principes. *De fortes preuves.* ◆ Il se dit du style, des expressions, pour signifier que l'énergie est jointe à la justesse. *Un style fort.* ◆ **Peint.** Qui a de la précision et ne laisse rien de douteux. *Contours forts.* ◆ Il se dit, en un autre sens, des expressions qui ont quelque chose d'outré, de dur. « *Le paradoxe est fort* », Molière. ◆ **Fam.** *Cela est fort, paraît fort, c'est par trop fort*, etc. se dit d'une chose qu'on ne peut croire, qui surprend désagréablement. ◆ **N. m.** Celui qui a une grande force musculaire ; il ne se dit que dans cette locution : *les forts de la halle*, les portefaix qui font le service de la halle au blé de Paris. ◆ Celui qui a la force ou la puissance. *Protéger le faible contre le fort.* ◆ La partie la plus forte, la plus résistante d'une chose. *Le fort d'une poutre.* ◆ *Le fort de l'épée*, le tiers du tranchant qui est à partir du talon, et avec lequel on pare surtout. *Le fort et le faible*, ce qu'il y a de fort et de faible dans une personne, dans une chose. ◆ *Du fort au faible*, le fort portant le faible, toute compensation faite. ◆ Se dit en parlant des sons. *Passer du doux au fort.* ◆ **Financ.** *Le fort*, ce qui est en excès. ◆ **Vén.** Le plus épais du bois et des buissons, où les bêtes sauvages se retirent. *Relancer la bête dans son fort.* ◆ Ouvrage de terre ou de maçonnerie capable de résister aux attaques de l'ennemi. ◆ **Fig.** La partie essentielle, principale d'une chose. *Le fort de l'objection, de la dispute.* ◆ *Le fort et le fin*, ce qu'il y a le plus difficile dans un art, dans une science. ◆ *Le plus fort*, ce qu'il y a de plus difficile, de plus pénible. ◆ *De son plus fort*, autant que l'on peut. ◆ Le plus haut degré, en parlant de choses physiques ou morales. *Au fort de la tempête. Dans le fort de la colère.* ◆ Ce qui fait la force, la supériorité d'une personne. *La critique est son fort.* ◆ Faire fort, compter sur, arguer de. ◆ **Adv.** D'une manière forte. *Pousser fort.* ■ Au sens moral. *Aimer fort.* ■ **Fam.** *De plus fort en plus fort*, avec une force croissante. ◆ Extrêmement, beaucoup. *Il gèle fort. Fort beau.* ◆ *Si fort*, suivi d'un adjectif. « *Un si rare service et si fort important* », P. Corneille.

FORTE ou **FORTÉ**, adv. [fɔrte] (ital. *forte*) **Mus.** Se met aux endroits où le son doit être renforcé. ♦ **N. m.** *Un forte.* ♦ S'est dit autrefois pour *forte-piano.* ♦ Au pl. *Des forte* ou *des fortés.* ■ **Abrév.** f.

FORTEMENT, adv. [fɔrtəmɑ̃] (*fort*) Avec une grande force musculaire. ♦ Il se dit aussi de la force qu'a une chose. *Cela tient fortement à la muraille.* ♦ Par extens. Avec vigueur. *Ce bois pousse fortement. Des contours, des muscles fortement dessinés. Les traits du visage marqués fortement.* ♦ **Fig.** Avec énergie. *Appuyer fortement une demande. Fortement irrité. Penser, écrire fortement.*

FORTE-PIANO ou **FORTÉ-PIANO**, n. m. [fɔrtepjano] (ital. *forte-piano*) Nom qui fut donné pendant quelque temps à l'instrument que nous nommons aujourd'hui *piano.* ■ *Des forte-pianos* ou *des forté-pianos.*

FORTERESSE, n. f. [fɔrtərɛs] (*fort*) Lieu régulièrement fortifié pour résister aux attaques d'un ennemi. ♦ **Fig.** « *Les impies se retranchent comme dans leur forteresse imprenable* », BOSSUET. ■ *Forteresse volante,* bombardier américain de la Seconde Guerre mondiale.

FORTICHE, ■ adj. [fɔrtiʃ] (*fort*) **Fam.** Intelligent et habile. *Il est fortiche en mécanique.* ■ **N. m.** et n. f. *Un fortiche, une fortiche.*

FORTIFIABLE, adj. [fɔrtifjabl] (*fortifier*) Qui peut être fortifié.

FORTIFIANT, ANTE, adj. [fɔrtifjɑ̃, ɑ̃t] (*fortifier*) Qui augmente les forces, en parlant des remèdes, des aliments. ♦ **N. m.** *Un fortifiant.*

FORTIFICATION, n. f. [fɔrtifikasjɔ̃] (b. lat. *fortificatio*) Action de fortifier une place, un poste. ♦ L'art de fortifier. ♦ Au pl. *Étudier les fortifications, s'entendre aux fortifications.* ♦ Ouvrage de défense ou ensemble des ouvrages qu'on élève autour d'une ville pour la défendre contre les entreprises de l'ennemi. ♦ En ce sens, il se dit surtout au pluriel.

FORTIFIÉ, ÉE, p. p. de fortifier. [fɔrtifje]

FORTIFIER, v. tr. [fɔrtifje] (lat. *fortificare*) Rendre fort, donner des forces. *Cet exercice fortifie le corps.* ♦ **Peint.** *Fortifier une figure,* lui donner plus de grosseur. *Fortifier les teintes, les ombres.* ♦ **Fig.** Il se dit au sens moral. *Ces méditations fortifient l'esprit.* ♦ *Fortifier quelqu'un dans une résolution,* l'y affermir, l'y faire persister. ♦ Corroborer, confirmer. *Cela fortifie les soupçons.* ♦ *Fortifier une place, un poste,* l'entourer d'ouvrages de défense. ♦ Se fortifier, v. pr. Devenir plus fort. *Cet enfant se fortifie.* ♦ **Fig.** *L'esprit se fortifie par l'étude.* ♦ Avec ellipse du pronom personnel. « *Chaque jour voyait fortifier leur charité* », MASSILLON. ♦ S'affermir. *Se fortifier dans sa résolution.* ♦ Se donner l'un à l'autre des forces, du courage. ♦ S'entourer de fortifications.

FORTIN, n. m. [fɔrtɛ̃] (*fort*) Petit fort.

FORTIORI (A), adv. [afɔrsjori] Voy. A FORTIORI.

FORTISSIMO, adv. [fɔrtisimo] (ital. *fortissimo*) **Mus.** Très fort. ♦ **N. m.** *Un fortissimo.* ♦ Au pl. *Des fortissimo* ou *des fortissimos.* ■ **Abrév.** ff.

FORTITRER, v. intr. [fɔrtitre] (*fors,* et anc. fr. *titre,* endroit où on plaçait les chasseurs en demi-cercle autour du bois) ▷ *Un cerf fortitre,* quand il évite de passer près des chiens frais et des relais. ◁

FORTRAIT, AITE, adj. [fɔrtrɛ, ɛt] (p. p. de l'anc. verbe *fortraire,* surmener) *Cheval fortrait,* cheval malade par suite d'une fatigue excessive.

FORTRAITURE, n. f. [fɔrtrɛtyr] (*fortrait*) Maladie du cheval fortrait.

FORTRAN, ■ n. m. [fɔrtrɑ̃] (acronyme de l'angl. *formula translation,* traduction de formule) **Inform.** Langage informatique permettant la programmation d'applications scientifiques ou mathématiques.

FORTUIT, ITE, adj. [fɔrtɥi, it] (lat. *fortuitus,* de *fors,* hasard) Qui arrive par fortune, par accident, sans liaison de cause. *Un incident fortuit.* ♦ **N. m.** *Le fortuit.*

FORTUITEMENT, adv. [fɔrtɥit(ə)mɑ̃] (*fortuit*) D'une manière fortuite.

FORTUNE, n. f. [fɔrtyn] (lat. *fortuna,* sort, chance) Terme du polythéisme gréco-romain. Divinité qui présidait aux hasards de la vie. ♦ Il s'écrit en ce sens avec une majuscule. ♦ Il se dit, par allusion, en un sens analogue au précédent, mais sans majuscule. *La fortune est changeante.* ♦ *La roue de la fortune,* les accidents divers de la vie des hommes et dans le sort des États. *Les jeux, les coups, les caprices de la fortune.* ♦ **Fig.** *Adorer, encenser la fortune,* s'attacher à ceux qui sont en faveur, en crédit. ♦ Chance, hasard. *Nous courons fortune de tout perdre. Voilà une étrange fortune !* ♦ *Tenter fortune,* s'engager dans des entreprises dont l'issue dépend de chances qu'on ne peut ni calculer ni prévoir. ♦ *Chercher fortune,* chercher les occasions qui peuvent procurer ce que l'on désire, biens, plaisirs, etc. ♦ *La fortune des armes,* les hasards, les chances de la guerre. ♦ **Fam.** *La fortune du pot,* le dîner tel qu'il se trouve. ♦ DE FORTUNE , PAR FORTUNE , DE GRANDE FORTUNE ou PAR FORTUNE, loc. adv. Par hasard, par grand hasard. ♦ *Bonne fortune,* heureuse circonstance, chance heureuse. ♦ *Bonne fortune,* la bonne aventure. ♦ *Bonne fortune,* faveurs d'une femme. *Un homme à bonnes fortunes.* ♦ ▷ *Être en bonne fortune,* être à un rendez-vous. ◁ ♦ *Mauvaise fortune,* adversité, suite d'événements fâcheux. ♦ Il se prend quelquefois pour *bonheur.*

Je vous dois cette fortune. ♦ *Il est en fortune,* il gagne tout ce qu'il veut. ♦ **Fig.** *Être en fortune,* être en verve, en crédit. ♦ En un sens opposé, malheur. *Contre mauvaise fortune bon cœur.* ♦ On dit aussi sans ellipse : *Faites contre mauvaise fortune bon cœur.* ♦ *La bonne et la mauvaise fortune,* la prospérité et l'adversité. ♦ **Mar.** *Fortune de mer,* les accidents qui arrivent aux navigateurs, naufrages, tempêtes, pirates, etc. ♦ *Fortune de vent,* gros temps. ♦ *Gouvernails, mâts, etc. de fortune,* gouvernails, mâts qui ne servent que momentanément. ♦ *La fortune de quelqu'un,* ce qui peut lui arriver de bien ou de mal. *Suivre la fortune de son maître.* ♦ Il se dit aussi des choses. *La fortune d'un livre, des empires.* ♦ *La fortune de quelqu'un,* son heureuse fortune, les succès qu'il obtient. ♦ Il se dit, au pluriel des variations du sort, de la destinée. *Cette doctrine a eu des fortunes très diverses.* ♦ L'état, la condition où l'on est. *Se contenter de sa fortune. Les fortunes médiocres.* ♦ *Une grande fortune,* une condition élevée. ♦ *Chacun est artisan de sa fortune,* en général nos succès dépendent de nous. ♦ Élévation de quelqu'un dans la condition, le rang, les honneurs, les emplois, les richesses. ♦ *Les biens de la fortune,* les richesses, les honneurs, les emplois. ♦ *Faire fortune,* s'élever haut dans les honneurs, les emplois, les richesses, et fig. en parlant des choses, obtenir du succès, réussir. ♦ *Faire la fortune de quelqu'un,* le faire parvenir à une position élevée. ♦ *Faire sa fortune,* parvenir à une position élevée. ♦ *Soldat de fortune,* homme de guerre qui s'est élevé des derniers grades aux plus élevés par ses propres efforts. ♦ Autrefois, *officier de fortune,* soldat devenu officier. ♦ *Les grandes fortunes,* les personnes élevées par le rang, les honneurs, les emplois, les richesses. ♦ Richesses, biens. *Jouir d'une grande fortune.* ♦ *Homme de fortune,* homme riche. ♦ *Être mal avec la fortune,* être besogneux. ♦ *Faire fortune,* devenir riche. ♦ DE FORTUNE, loc. adj. Fait avec les quelques moyens dont on dispose. *Un radeau de fortune.* ♦ *Revers de fortune,* épisode fâcheux de la vie qui intervient alors que tout allait bien ; mauvaise passe financière.

FORTUNÉ, ÉE, adj. [fɔrtyne] (lat. *fortunatus*) Bien traité de la fortune ou du sort. *Fortuné ne doit pas être employé avec* riche. ♦ **N. m.** et n. f. *Région fortunés du siècle.* ♦ Qui a le caractère du bonheur. *Siècle fortuné. Région fortunée.* ■ REM. Auj., *fortuné* s'emploie couramment dans le sens de *riche.*

FORT-VÊTU, n. m. [fɔrvety] ▷ Mauvaise orthographe de l'Académie pour *forvêtu.* ◁

FORUM, n. m. [fɔrɔm] (lat. *forum*) **Antiq. rom.** Place où se tenait quelque marché. ♦ Particulièrement, place où le peuple romain discutait les affaires publiques. ♦ En cet emploi on met une *F* majuscule. ♦ **Fig.** Les lieux où se discutent les affaires publiques. En cet emploi, on ne met pas de majuscule. ♦ Au pl. *Des forums.* ■ Réunion de personnes débattant sur un sujet, colloque. *Forum sur la réforme de l'orthographe.* ■ Ensemble des internautes échangeant des messages sur un même sujet. *Accéder au forum littéraire d'un site.*

FORURE, n. f. [fɔryr] (*forer*) Trou fait avec un foret. ♦ Trou d'une clé.

FORVÊTU, n. m. [fɔrvety] (*fors* et *vêtu*) **Vieilli** Homme de néant à qui on a mis un bel habit sur le corps. ■ REM. On écrivait aussi *fort-vêtu.*

FOSSE, n. f. [fos] (lat. *fossa,* de *fodere,* creuser) Creux fait dans la terre. ♦ Trou creusé à plomb pour prendre des loups. ♦ Trou creusé en terre et dans lequel on met les morts. ♦ **Fig.** *Être sur le bord de sa fosse, avoir un pied dans la fosse,* être fort vieux ou dangereusement malade. ♦ **Fig.** *Creuser sa fosse,* altérer sa santé. ♦ Creux longitudinal que font les jardiniers pour planter des asperges. ♦ **Anat.** Cavité plus ou moins grande, dont l'ouverture est plus large que le fond. *Les fosses nasales.* ♦ *Basse-fosse,* cachot très profond dans une prison. ♦ *Fosse d'aisances,* excavation voûtée dans laquelle sont reçues les matières des latrines. ■ *Fosse commune,* dans laquelle sont enterrés plusieurs corps. ■ *Fosse septique,* dispositif conçu pour collecter, liquéfier et aseptiser une matière polluante ou des excréments. *Fosse septique des toilettes.* ■ *Fosse d'orchestre,* espace aménagé en contrebas d'une scène d'opéra, dans lequel se tient l'orchestre. ■ *Fosse océanique, fosse abyssale,* profonde dénivellation sous-marine. ■ Puits d'une exploitation de houille. ■ Cavité aménagée dans le sol d'un garage afin de pouvoir accéder au dessous des voitures. *Fosse de nettoyage.* ♦ **Fig.** *La fosse aux lions,* l'endroit dans lequel on doit gérer une situation difficile ou conflictuelle. *En acceptant le débat, tu t'es jeté dans la fosse aux lions.*

FOSSÉ, n. m. [fose] (b. lat. *fossatum*) Sorte de fosse continue servant soit à l'écoulement des eaux, soit à la séparation de terrains. ♦ **Fig.** *Le grand fossé,* le tombeau. ♦ **Fig.** *Sauter le fossé,* se risquer après avoir longtemps hésité ; faire par nécessité ce qu'on ne voudrait pas faire. ♦ Creux continu servant à la défense d'une place de guerre. ♦ **Prov.** *Au bout du fossé la culbute,* manière de faire entendre qu'on se résout aux conséquences fâcheuses que pourrait avoir une résolution hardie et imprudente. ♦ *Ce qui tombe dans le fossé est pour le soldat,* ce qu'on laisse tomber est pour celui qui le ramasse. ■ **Fig.** Écart entre deux personnes, deux groupes de personnes. *Le fossé des générations.*

FOSSETTE, n. f. [fosɛt] (*fosse*) ▷ Petite fosse que les enfants font pour jouer aux billes, etc. « *Il courait jouer à la fossette* », MOLIÈRE. ◁ ♦ ▷ Petite fosse pour prendre des oiseaux. ◁ ◆ Petit creux, cavité que certaines personnes ont au menton ou à la joue.

FOSSILE, adj. [fɔsil] (lat. *fossilis*, tiré de la terre) **Géol.** Qui est extrait, qui provient du sein de la terre, en parlant de certaines substances. *Sel, charbon fossile.* ◆ Qui est trouvé dans le sein de la terre, en parlant des restes de corps organisés. *Plantes, animaux fossiles.* ◆ **Fig.** et **plais.** *Fossile* se dit de ce qui est arriéré, hors de mode. ◆ **N. m.** Toute substance qui se tire de la terre, telle que minéraux, roches, etc. ◆ Coquilles, plantes, et tous restes de corps organisés que l'on trouve enfouis à différentes profondeurs et qui présentent encore leurs formes primitives malgré leur pétrification. ▪ Personne considérée comme arriérée.

FOSSILIFÈRE, ▪ adj. [fɔsilifɛR] (*fossile* et *-fère*) Riche en fossiles. *Une roche fossilifère.*

FOSSILISATION, ▪ n. f. [fɔsilizasjɔ̃] (*fossiliser*) Processus qui conduit à la transformation d'un corps en fossile du fait de sa conservation dans des sédiments. *Fossilisation des dinosaures, des végétaux.*

FOSSILISER, ▪ v. tr. [fɔsilize] (*fossile*) Rendre fossile. *Fossiliser des ossements.* ▪ Se fossiliser, v. pr. Passer à l'état de fossile. ▪ **Fig.** et **péj.** Camper sur ses positions arriérées. *Se fossiliser dans le marxisme.*

FOSSOYAGE, n. m. [foswajaʒ] (*fossoyer*) Action de fossoyer ; travail du fossoyeur.

FOSSOYÉ, ÉE, p. p. de fossoyer. [foswaje]

FOSSOYER, v. tr. [foswaje] (*fosse*) Clore par des fossés.

FOSSOYEUR, EUSE, n. m. et n. f. [foswajœR, øz] (*fossoyer*) Personne qui creuse les fosses dans un cimetière. ◆ ▷ *La fossoyeuse*, la mort. ◁ ◆ *Le fossoyeur*, nom vulgaire et spécifique du *nécrophore fossoyeur*. ▪ **Fig.** Personne qui provoque volontairement l'anéantissement de quelque chose. *Le fossoyeur d'une association.*

1 FOU, FOL ou **FOLLE**, adj. [fu, fɔl] (b. lat. *follis*, soufflet pour le feu, outre, ballon, bourse ; b. lat., idiot) Qui a perdu la raison. ◆ **Par exagération** *Être fou de*, avoir pour ainsi dire perdu l'esprit à cause de. *Il est fou de joie.* ◆ *Chien fou*, chien enragé. ◆ Celui ou celle qui fait ou dit des extravagances. ◆ **Par exagération** *Fou à lier*, extrêmement fou, extrêmement déraisonnable. ◆ **Fig.** *Être fou de*, avoir une passion, une affection, un goût très prononcé pour... « *Un avare idolâtre et fou de son argent* », BOILEAU. ◆ Il se dit de ceux qui ne montrent pas le sens, la prudence, la modération nécessaires. *Tel se croit sage qui est fou.* ◆ Contraire à la prudence, à la raison, à la modération. *Un fol espoir.* ◆ **Pratiq.** *Folle enchère*, Voy. ENCHÈRE. ◆ Excessif. *Il y avait un monde fou. Un mal de tête fou.* ◆ *Un rire fou*, un rire excessif. *Un fou rire*, un rire qu'on ne peut maîtriser. ◆ Fort gai, très enjoué. *Que vous êtes fou ! Humeur, gaieté folle.* ◆ *Boussole folle, aiguille folle*, boussole, aiguille aimantée qui ne s'arrête plus à un point fixe. ◆ *Folle avoine* ou *avoine stérile*, noms vulgaires d'une graminée du genre avoine. ◆ **N. m.** et n. f. Celui, celle qui a perdu la raison. ◆ Celui, celle qui, sans avoir l'esprit dérangé, fait ou dit des extravagances. ◆ *Être comme un fou*, avoir pour ainsi dire perdu l'esprit par quelque émotion morale. ◆ **Fig.** *La folle du logis*, l'imagination. ◆ Bouffon, en parlant des bouffons à gages qu'avaient autrefois les rois. ◆ *Faire le fou*, faire le bouffon en société. ◆ Nom d'un genre d'oiseaux palmipèdes. ▪ Adj. Que l'on ne peut contrôler. *Une voiture folle a percuté la foule.*

2 FOU, n. m. [fu] (orig. inc. ; a remplacé l'anc. fr. *alfin*, de l'ar. *al fil*, l'éléphant ; p.-ê. par comparaison avec le fou du roi) Pièces du jeu d'échecs, dont s'une se place à côté du roi et l'autre à côté de la reine, et qui peuvent parcourir tout l'échiquier en diagonale.

FOUACE, n. f. [fwas] (lat. pop. *focacia*, pain cuit sous la cendre, de *focus*, feu) Voy. FOUGASSE.

FOUACIER, IÈRE, ▪ n. m. et n. f. [fwasje] (*fouace*) Personne qui fabrique ou vend des fougasses.

FOUAGE, n. m. [fwaʒ] (anc. fr. *fou*, feu) Redevance féodale exigée pour chaque feu sur les biens roturiers.

FOUAILLE, n. f. [fwaj] (anc. fr. *fou*, feu ; parce qu'on l'a fait cuire avant de la donner aux chiens) **Vén.** Part qu'on fait aux chiens d'un sanglier ; c'est ce qu'on appelle *curée*, en parlant du cerf.

FOUAILLÉ, ÉE, p. p. de fouailler. [fwaje]

FOUAILLER, v. tr. [fwaje] (*fouaille*, fagot) Frapper souvent avec le fouet. ◆ ▷ **Fam.** Corriger des enfants indociles. ◁ ◆ ▷ **Milit.** Détruire par l'artillerie. ◁ ◆ **Par extens.** Causer une douleur cinglante comme un coup de fouet. *Le vent et la neige fouaillent les visages.* ▪ **Fig.** Torturer comme le ferait un fouet. *Les soucis le fouaillent grandement.* ▪ **Fig.** Blesser avec des mots.

FOUANE, ▪ n. f. [fwan] Voy. FOUINE.

FOUCADE, ▪ n. f. [fukad] (*fougue* ; cf. norm. *éfouque*, violence inutile) **Fam.** Impulsion, lubie.

1 FOUDRE, n. m. et n. f. [fudR] (lat. *fulgur*) Sorte de trait enflammé qui vient le plus souvent des nuées et qu'accompagne une violente détonation. ◆ *Que la foudre m'écrase*, sorte d'imprécation par laquelle on affirme ou nie. ◆ *Foudre*, au propre, est dans le langage ordinaire du féminin, mais le langage élevé et la poésie peuvent le faire masculin. « *Tout chargé de lauriers, craignez encor le foudre* », P. CORNEILLE. « *Anastase mourut frappé du foudre* », BOSSUET. ◆ *Comme la foudre*, avec la rapidité de la foudre, avec une violence, une rapidité irrésistible. ◆ Ensemble des phénomènes que produit l'électricité atmosphérique lorsqu'elle se combine par étincelle avec celle de la Terre ou d'un autre nuage. ◆ *Coup de foudre*, atteinte infligée par la foudre, et fig. événement désastreux qui atterre, qui déconcerte, qui cause une peine extrême. ◆ *Pierre de foudre* ou *carreau*, pierre qui passait pour être tombée du ciel avec la foudre ; c'est un aérolithe. ◆ Sorte de dard enflammé qui était l'arme de Jupiter. ◆ **Peint.** et **sculpt.** Représentation de la foudre de Jupiter. ◆ En ces deux sens, *foudre* est toujours masculin. ◆ La colère, la vengeance divine. ◆ **Poétiq.** Catastrophe, destruction. ◆ Au fém. et au masc. *Les foudres de l'Église, les foudres de Rome, les foudres du Vatican, les foudres de l'excommunication, les foudres des censures ecclésiastiques*, les sentences d'excommunication. ◆ Au fém. et au masc. *Les foudres de l'éloquence*, les grands mouvements par lesquels l'orateur confond ses adversaires. « *Un foudre d'éloquence*, un grand orateur. ◆ Au masc. et au fém. L'artillerie, les canons, les mines. ◆ *Les foudres de la guerre*, les canons, l'artillerie. ◆ *Foudre de guerre*, un conquérant, un guerrier qui fait trembler ses ennemis, un homme vaillant. ◆ *Coup de foudre*, amour qui se déclare soudainement. *Dès leur première rencontre, cela a été le coup de foudre.* ▪ **Fig.** *J'ai eu le coup de foudre pour cette maison.*

2 FOUDRE, n. m. [fudR] (all. *Fuder*, voiture de charge, mesure de liquide) Grand tonneau contenant plusieurs muids de liquide.

FOUDROIEMENT, n. m. [fudRwamɑ̃] (*foudroyer*) Action de foudroyer. ▪ Son résultat. *Foudroiement des avions.*

FOUDROYAGE, ▪ n. m. [fudRwajaʒ] (*foudroyer*) Destruction de vieux bâtiments à l'aide d'explosifs. *Le foudroyage d'un immeuble.*

FOUDROYANT, ANTE, adj. [fudRwajɑ̃, ɑ̃t] (*foudroyer*) Qui foudroie. ◆ **Fig.** Qui frappe avec la rapidité de la foudre. *Épée foudroyante.* ◆ *Apoplexie foudroyante*, apoplexie qui cause une prompte mort. ◆ Qui exprime une vive indignation, une terrible colère. *Une lettre foudroyante. Des regards foudroyants.* ◆ Qui terrifie, qui interdit et confond. *Nouvelle foudroyante.* ▪ N. f. *Foudroyante*, espèce de fusée.

FOUDROYÉ, ÉE, p. p. de foudroyer. [fudRwaje]

FOUDROYER, v. tr. [fudRwaje] (*foudre*) Frapper de la foudre. ◆ *Que le Ciel me foudroie*, sorte d'affirmation, de serment. ◆ Battre, renverser à coups de canon. *Foudroyer une ville.* ◆ Frapper avec une arme à feu quelconque. ◆ Frapper, renverser comme avec la foudre. « *Louis foudroie les villes plutôt qu'il ne les assiège* », BOSSUET. ◆ **Fig.** Interdire, étonner comme avec la foudre. ◆ Terrasser, confondre. *Foudroyer l'orgueil.* ◆ Combattre avec véhémence, frapper de réprobation. « *L'Église ne foudroie pas toujours les erreurs naissantes* », BOSSUET. ◆ **V. intr.** Se dit de la foudre qui éclate. « *Ô toi qui foudroies sur les impies* », d'ABLANCOURT. ◆ **Fig.** Avoir l'éclat et la force de la foudre, en parlant d'un orateur, d'un poète. ▪ Causer une mort instantanée. *Une rupture d'anévrisme l'a foudroyé.* ▪ *Foudroyer quelqu'un du regard*, lui lancer un regard noir de colère.

FOUÉE, n. f. [fwe] (anc. fr. *fou*, feu) Chasse aux petits oiseaux qui se fait la nuit à la clarté du feu. ◆ Feu qu'on allume dans un four. ◆ Fagot.

FOUET, n. m. [fwɛ] (anc. fr. *fou*, hêtre) Longue cordelette de cuir ou de chanvre fixée au bout d'un manche, dont on se sert pour conduire et exciter les chevaux. ◆ **Fig.** et **fam.** *Donner un coup de fouet*, menacer, presser, obliger quelqu'un de faire promptement ce qu'on exige de lui. ◆ *Coup de fouet*, impulsion, excitation. ◆ Coups de verge dont on châtie les enfants. *Donner le fouet.* ◆ Coups de verge dont la justice faisait châtier quelques délinquants ou criminels. ◆ **Fig.** Toute punition morale infligée à un vice, à un travers. *Le fouet de la satire, du ridicule.* ◆ Lanière de cuir qui sert à frapper un sabot pour le faire tourner. ◆ Ficelle que les cochers et les charretiers mettent d'ordinaire au bout de leur fouet. ◆ Nom de ficelles employées dans la reliure. ◆ *Le fouet de l'aile*, le bout de l'aile des oiseaux. ◆ Chez certains mammifères, les poils longs ou en touffe qui garnissent le bout de la queue. ◆ **Milit.** *Tir de plein fouet*, tir horizontal. ▪ Ustensile de cuisine servant à battre vivement une préparation. *Monter des blancs en neige au fouet. Coup de fouet*, stimulant, remontant temporaire. *Sa venue m'a donné un coup de fouet.* ▪ **Méd.** *Coup de fouet*, douleur fulgurante causée par une déchirure musculaire. ▪ *De plein fouet*, pleinement et violemment. *L'oiseau a heurté la vitre de plein fouet.*

FOUETTABLE, adj. [fwetabl] (*fouetter*) Qui mérite d'être fouetté.

FOUETTARD, ▪ adj. m. [fwetaR] (*fouetter*) *Père fouettard*, personnage imaginaire qui accompagnait saint Nicolas et menaçait les enfants turbulents du fouet.

1 FOUETTÉ, ÉE, p. p. de fouetter. [fwete] *Crème fouettée.* ♦ **Fig.** *Crème fouettée,* ouvrage brillant, mais peu solide. ♦ En parlant des fleurs, des fruits, tacheté de petites raies.

2 FOUETTÉ, ■ n. m. [fwete] (*fouetter*) En danse classique, mouvement qui consiste à effectuer une pirouette sur une pointe en s'aidant de l'autre jambe qui fait des ronds en l'air. *Fouetté en dehors. Fouetté sauté.*

FOUETTEMENT, n. m. [fwɛt(ə)mɑ̃] (*fouetter*) Action de fouetter. ♦ Il se dit aussi de la pluie, de la neige, etc. qui fouettent.

FOUETTER, v. tr. [fwete] (*fouet*) Frapper du fouet. *Fouetter les chevaux.* ♦ Donner le fouet. ♦ **Fam.** *Il n'y a pas là de quoi fouetter un chat,* c'est une bagatelle, une faute légère. ♦ **Fig.** *Avoir d'autres chiens à fouetter,* avoir bien d'autres affaires en tête. ♦ **Fig.** *Donner des verges pour se faire fouetter,* fournir des armes contre soi-même. ♦ **Fig.** Frapper par la satire. « *Fouetter d'un vers sanglant ces grands hommes d'un jour* », GILBERT. ♦ *Fouetter des œufs, de la crème,* les battre avec des verges pour les faire mousser. ♦ *Fouetter le sang,* exciter l'impatience, l'irritation. ♦ *Fouetter le sang,* le faire circuler. ♦ Frapper, cingler à la manière d'un fouet. *La pluie me fouette le visage.* ♦ Lancer comme avec un fouet. *La tourmente leur fouette la neige au visage.* ♦ **Mar.** *Les voiles fouettent les mâts,* lorsqu'elles frappent avec violence contre. ♦ Se dit du canon qui bat sans obstacle un endroit. ♦ **V. intr.** *La pluie fouettait contre la fenêtre.* ♦ Se fouetter, v. pr. Se donner à soi-même des coups de fouet. ♦ Se donner réciproquement des coups de fouet. ♦ Susciter, stimuler quelque chose. *Fouetter la curiosité.* ■ **Fam.** Dégager une mauvaise odeur. *Ça fouette dans les vestiaires !*

FOUETTEUR, EUSE, n. m. et n. f. [fwetœr, øz] (*fouetter*) Celui, celle qui fouette. ♦ **Adj.** *Le frère fouetteur,* celui qui, dans les anciens collèges ecclésiastiques, donnait le fouet.

1 FOUFOU, FOFOLLE, ■ adj. [fufu, fofɔl] (*fou*) **Fam.** Un peu énervé, farfelu. *Cette personne paraît un peu fofolle mais on peut compter sur elle.*

2 FOUFOU, ■ n. m. [fufu] (mot africain) **Afriq.** Boulette de farine de manioc cuite à l'eau et servie avec de la viande ou du poisson en sauce. *Des foufous.*

1 FOUGASSE, n. f. [fugas] (prob. ital. *fogata*) Espèce de mine qui n'est qu'un petit fourneau en forme de puits, qu'on charge de barils de poudre, et qu'on fait jouer par le moyen d'une saucisse. ♦ **Fig.** Coup de tête, incartade.

2 FOUGASSE, ■ n. f. [fugas] (a. provenç. *fogatza,* du lat. pop. *focacia,* fouace) Sorte de pain fait de fleur de farine, en forme de galette, cuit sous la cendre. *Fougasse aux lardons.* ■ ▷ **Fig.** *Rendre en pain blanc pour fougasse,* se venger d'une légère offense par une plus grande. ◁ ♦ Galette briochée parfumée à la fleur d'oranger. ■ REM. On disait aussi *fouace.*

FOUGER, v. intr. [fuʒe] (lat. *fodicare*) Creuser et fouiller le sol avec le boutoir, se dit du sanglier et du porc.

FOUGERAIE, n. f. [fuʒ(ə)rɛ] (*fougère*) Lieu planté de fougères.

FOUGÈRE, n. f. [fuʒɛr] (lat. *filix,* génit. *filicis*) Famille de plantes qui croît dans les bois et dans les landes. ♦ ▷ **Poétiq.** Verre à boire, ainsi dit parce que, avant qu'on eût, pour la fabrication du verre, la soude, on y employait la potasse extraite des cendres de la fougère ou de tout autre végétal. ◁

FOUGEROLE, n. f. [fuʒ(ə)rɔl] (*fougère*) Petite fougère.

FOUGON, n. m. [fugɔ̃] (lat. *focus* ; cf. a. provenç. *fuganho* ; dauph. *fougoun,* fourneau portatif) **Mar. Médit.** Le foyer ou la cuisine du vaisseau.

1 FOUGUE, n. f. [fug] (lat. *fuga,* fuite) Mouvement impétueux, violent, ordinairement avec emportement et colère. *Être, entrer en fougue.* ♦ Impétuosité naturelle. *Un cheval qui a trop de fougue. La fougue du caractère. La fougue de la jeunesse,* l'emportement avec lequel les jeunes gens se livrent aux plaisirs. ♦ L'emportement propre aux artistes et qui leur fait faire des hardiesses et même des écarts.

2 FOUGUE, n. f. [fug] (orig. inc.) *Mât de fougue,* le mât d'artimon. ♦ *Vergue de fougue,* vergue qui ne porte point de voiles. ♦ *Perroquet de fougue,* hunier du mât d'artimon.

FOUGUEUSEMENT, ■ adv. [fugøz(ə)mɑ̃] (*fougueux*) En montrant de la fougue. *Embrasser fougueusement quelqu'un.*

FOUGUEUX, EUSE, adj. [fugø, øz] (1 *fougue*) Plein de fougue. *Un torrent, un animal fougueux. Ma fougueuse jeunesse.*

FOUI, IE, p. p. de fouir. [fwi]

FOUILLE, n. f. [fuj] (*fouiller*) Ouverture faite en fouillant la terre, pour creuser un canal, des fondations, pour mettre à découvert des monuments ensevelis, etc. *Faire des fouilles.* ♦ Action de fouiller un lieu, une personne pour y trouver des choses cachées. ■ **Fam.** Les poches d'un vêtement. *En avoir plein les fouilles,* avoir plein d'argent.

FOUILLÉ, ÉE, p. p. de fouiller. [fuje] Réalisé avec minutie et en détail. *Une recherche fouillée.*

FOUILLE-AU-POT, n. m. inv. [fujopo] (*fouille* et *pot*) Petit marmiton. ♦ Au pl. *Des fouille-au-pot.*

FOUILLEMENT, n. m. [fuj(ə)mɑ̃] (*fouiller*) ▷ Action de fouiller, de chercher. ◁

FOUILLER, v. tr. [fuje] (lat. *fodicare,* percer) Creuser la terre. ♦ Chercher en creusant. « *La bécassine fouille les vers dans la vase* », BUFFON. ♦ *Fouiller quelqu'un,* chercher dans ses poches pour voir s'il n'y cache point quelque chose. ♦ *Fouiller les manuscrits, les bibliothèques,* y faire des recherches laborieuses. ♦ **Fig.** *Fouiller la nature,* faire des recherches pour la connaître. ♦ **Fig.** *Fouiller les cendres des morts,* faire une recherche odieuse de la vie d'un homme mort. ♦ **Milit.** *Fouiller un bois,* y faire une reconnaissance. ♦ **Sculpt.** et **archit.** Tailler et évider les ornements, pour leur donner plus de relief. *Fouiller le marbre, une draperie.* ♦ **Fig.** et abusiv. *Fouiller son style.* ♦ **V. intr.** Faire des creux dans la terre. ♦ Chercher quelque chose en remuant, en déplaçant les objets qui peuvent se cacher. *Fouiller dans une armoire.* ♦ *Fouiller dans les poches* **Absol.** *Fouiller,* faire une recherche dans les poches de quelqu'un. ♦ *Fouiller à la poche, dans sa poche, dans sa bourse,* mettre la main à sa propre poche, à sa bourse, pour y chercher quelque chose. ♦ Faire des recherches. ♦ **Fig.** *Fouiller dans les secrets de la nature, dans l'avenir. Fouiller dans sa mémoire.* ♦ *Se fouiller,* v. pr. Rechercher ce qu'on a dans ses poches. ♦ Faire l'un sur l'autre une recherche dans les vêtements, dans les poches.

FOUILLEUR, EUSE, n. m. et n. f. [fujœr, øz] (*fouiller*) Personne qui fouille. ♦ **N. m.** Instrument d'agriculture propre à remuer et à ameublir le sous-sol, sans ramener à la surface la terre qui le compose.

FOUILLIS, n. m. [fuji] (*fouiller*) Masse d'objets confus et en désordre. *Un fouillis de papiers.* ♦ Il se dit aussi en parlant de fleurs, de plantes, de broussailles. ♦ **Fig.** Il se dit des compositions littéraires, où se trouvent beaucoup de choses désordonnées.

FOUINARD, ARDE, ■ adj. [fwinar, ard] (*fouine*) **Fam.** et péj. Qui fouine partout. *Curiosité d'un fouinard.* ■ **N. m.** et n. f. *Un fouinard, une fouinarde.*

1 FOUINE, n. f. [fwin] (lat. [*mustela*] *fagina,* de *fagus,* hêtre) Nom vulgaire de la martre des hêtres. ♦ La peau fournie par la fouine. ■ *Nez de fouine,* allongé comme celui de la fouine. ■ Personne très curieuse, sans cesse à l'affût.

2 FOUINE, n. f. [fwin] (lat. *fuscina,* trident) Instrument de fer dont on se sert pour soulever et empiler les gerbes. ♦ Trident ou fourche à plusieurs branches pointues ou barbelées qu'on lance à certains gros poissons. ♦ On dit aussi en ce sens *foène* et *fouane.*

FOUINER, ■ v. intr. [fwine] (*fouine*) **Fam.** Fouiller méticuleusement en vue de découvrir des choses secrètes. *Fouiner dans les placards. Je t'interdis de fouiner dans mes affaires.*

FOUINEUR, EUSE, ■ n. m. et n. f. [fwinœr, øz] (*fouiner*) Personne curieuse qui fouille partout. ■ **Adj.** *Un regard fouineur.*

FOUIR, v. tr. [fwir] (lat. *fodere*) Creuser. *Fouir la terre, un puits.* ♦ Par extens. Mettre dans la terre qui a été fouie. « *L'un y va fouir des haricots, l'autre de la vesce* », P.-L. COURIER.

FOUISSAGE, ■ n. m. [fwisaʒ] (*fouir*) Action de creuser le sol. *Fouissage des rongeurs.*

FOUISSEUR, EUSE, n. m. et n. f. [fwisœr, øz] (*fouir*) Nom commun de tous les mammifères qui creusent le sol avec une grande facilité, comme font les taupes. ♦ **Adj.** *Les animaux fouisseurs.* ■ Qui permet de fouir. *La taupe a des pattes fouisseuses.*

FOULAGE, n. m. [fulaʒ] (*fouler*) **Art** Action de fouler ; le résultat de cette action. *Préparer les draps au foulage.* ♦ Il se dit aussi de l'écrasement des raisins pour faire le vin. ■ **Impr.** Relief qui apparaît au verso de la feuille imprimée du fait de la pression plus ou moins importante des caractères d'imprimerie.

FOULANT, ANTE, adj. [fulɑ̃, ɑ̃t] (*fouler*) **Phys.** *Pompe foulante.* ■ **Fam.** Ennuyeux et fatigant. *Un passe-temps peu foulant.*

FOULARD, n. m. [fular] (orig. inc.) Nom d'un taffetas des Indes orientales, imprimé en diverses nuances, pour faire des mouchoirs, des robes [1]. ♦ Mouchoir de poche ou de cou. ■ Voile que portent certaines femmes de religion musulmane. *Foulard islamique.* ■ REM. 1 : *Indes orientales* était le nom donné aux colonies néerlandaises d'Asie.

FOULE, n. f. [ful] (*fouler*) **Art** Action de fouler les draps. ♦ Opération par laquelle on foule les feutres. ♦ Atelier où l'on foule. ♦ Presse qui résulte d'une grande multitude de gens, et par suite cette multitude elle-même. ♦ Le vulgaire, le commun des hommes. ♦ *Se tirer de la foule,* se distinguer, s'élever au-dessus du commun. ♦ **Par extens.** Grand nombre. *Une foule de* *gens se sont opposés* ou *s'est opposée à mon passage. Une foule de raisons.* ♦ EN FOULE, loc. adv. En grand nombre, en parlant des personnes et des choses. ■ *Il y a foule ici,* c'est l'affluence.

FOULÉ, ÉE, p. p. de fouler. [fule]

FOULÉE, n. f. [fule] (*fouler*) **Manège** Instant pendant lequel le pied du cheval pose sur le sol. ♦ **Au pl. Vén.** Traces légères que la bête laisse en passant sur l'herbe ou sur les feuilles. ♦ Quantité de peaux que l'on pile à la fois. ■ Enjambée d'une personne qui court. *Courir à grandes foulées.* ■ *Dans la foulée,* immédiatement après, en enchaînant directement.

FOULEMENT, n. m. [ful(ə)mɑ̃] (*fouler*) Action de fouler.

FOULER, v. tr. [fule] (b. lat. *fullare,* de *fullo,* foulon) Presser, écraser une chose qui n'oppose guère de résistance. *Fouler un lit.* ♦ *Fouler une cuve,* y écraser les grappes de raisin. ♦ *Fouler le drap* pour le rendre plus ferme et plus serré. ♦ *Fouler le cuir,* lui donner un certain apprêt en le foulant aux pieds dans une cuve. ♦ Manier et préparer le chapeau à force de bras sur le fouloir. ♦ Marcher dessus. « *La terre que je foule est à moi* », J.-J. ROUSSEAU. ♦ *Fouler aux pieds,* marcher dessus en appuyant avec les pieds, presque toujours avec le sens du mépris, de la colère, de la vengeance, et fig. traiter avec mépris, dédaigner, braver. ♦ Opprimer. ♦ Accabler d'impôts, d'exactions. *Fouler le peuple.* ♦ ▷ Blesser par frottement ou par tiraillement. *La selle foule ce cheval.* ◁ ♦ Distendre une articulation, la contondre. *Cette chute m'a foulé le poignet.* ♦ *Se fouler,* fouler à soi. *Se fouler le pied.* ♦ **Fig.** et pop. *Il ne se foule pas la rate,* il ne se donne ni mal ni peine. ♦ V. intr. Exercer une action de pression. *On feutre en foulant.* ♦ Se dit de l'action de la presse à imprimer sur les feuilles. ♦ *Se fouler,* v. pr. Être pressé, serré par la foule. ♦ **Fig.** et fam. *Il ne se foule pas,* il ne se donne pas beaucoup de peine. ♦ Éprouver une foulure.

FOULERIE, n. f. [ful(ə)ʀi] (*fouler*) Atelier de foulage. ♦ Machine à fouler.

FOULEUR, EUSE, n. m. et n. f. [fulœʀ, øz] (*fouler*) Personne qui foule le raisin dans la cuve. ♦ Syn. de foulon.

FOULOIR, n. m. [fulwaʀ] (*fouler*) Instrument avec lequel on foule. ♦ Le lieu où l'on foule.

FOULON, n. m. [fulɔ̃] (lat. *fullo*) Artisan qui prépare les étoffes de laine en les faisant fouler au moulin. ♦ *Moulin à foulon,* moulin qui sert à fouler les draps. ♦ *Terre à foulon,* argile qui sert à dégraisser les draps.

FOULQUE, n. f. [fulk] (lat. *fulica*) Genre d'oiseaux échassiers.

FOULTITUDE, ■ n. f. [fultityd] (*foule* et *multitude*) **Fam.** Grand nombre. *Une foultitude de gens.*

FOULURE, n. f. [fulyʀ] (*fouler*) Action de fouler des draps, des peaux. ♦ Au pl. **Vén.** Marques légères que le pied du cerf laisse sur l'herbe. ♦ Blessure d'une partie foulée. *Une foulure au pied.*

FOUR, n. m. [fuʀ] (lat. *furnus*) Ouvrage de maçonnerie rond et voûté où l'on fait cuire le pain. ♦ ▷ *Four de campagne,* ustensile de ménage, espèce de couvercle en tôle, à double rebord, dont l'un, plus creux, emboîte le plat et dont l'autre reçoit des charbons allumés. ◁ ♦ *Pièce de four,* gâteau et autre pièce de pâtisserie cuite au four. ◁ ♦ *Petits fours,* sorte de petite pâtisserie légère pour desserts, pour soirées, etc. ♦ **Fam.** *Il y fait chaud comme dans un four,* **Absol.** *C'est un véritable four,* se dit d'un endroit où il fait une très grande chaleur. ♦ *Il y fait noir comme dans un four,* se dit d'un lieu très obscur. ♦ *Grande comme un four,* se dit d'une bouche très étendue. *L'endroit où est le four. Aller au four.* ♦ Lieux voûtés et ouverts en haut où l'on fait cuire la chaux, le plâtre, etc. ♦ ▷ *Four à poulet,* endroit clos où l'on entretient une température suffisante pour faire éclore les œufs. ◁ ♦ *Faire four,* se disait des comédiens qui refusaient de jouer, quand la recette ne couvrait pas les frais. Aujourd'hui, se dit d'un comédien ou de tout autre qui échoue, d'un livre, d'une entreprise qui ne réussit pas. ♦ On dit dans le même sens : *C'est un four.* ♦ **Prov.** *Vous viendrez cuire à mon four,* vous aurez besoin de moi et je me vengerai. ♦ *Ce n'est pas pour vous que le four chauffe,* la chose, l'affaire n'est pas pour vous. ■ Appareil ménager électrique ou à gaz dans lequel on met des aliments à cuire. *Faire cuire un rôti au four. Four à micro-ondes.* ■ **Par extens.** *Four de potier. Four à briques.* ■ **Fam.** *Ouvrir le four,* ouvrir la bouche.

1 FOURBE, adj. [fuʀb] (*2 fourbe*) Qui a recours, pour tromper, à des moyens odieux. ♦ N. m. et n. f. *Un fourbe.*

2 FOURBE, n. f. [fuʀb] (prob. de *fourbir,* au sens arg. de voler ; cf. anc. fr. *forbeter,* tromper) Caractère du fourbe ; disposition à fourber, habitude de fourber. « *La fourbe n'est le jeu que des petites âmes* », P. CORNEILLE. ♦ Acte de fourbe. « *Sa fourbe fut bientôt découverte* », BOSSUET. ■ **REM.** On dit plutôt auj. *fourberie.*

FOURBÉ, ÉE, p. p. de fourber. [fuʀbe]

FOURBER, v. tr. [fuʀbe] (*2 fourbe*) ▷ Tromper en fourbe. « *Oui, oui, fourber un fourbe est une œuvre louable* », DESTOUCHES. ♦ **Absol.** « *Prendre plaisir à fourber sans dessein* », P. CORNEILLE. ◁

FOURBERIE, n. f. [fuʀbəʀi] (*2 fourbe*) Action de fourber. ♦ **Par extens.** Penchant à fourber. ■ Ruse mise en œuvre pour duper quelqu'un. « *Les Fourberies de Scapin* » de Molière.

1 FOURBI, IE, p. p. de fourbir. [fuʀbi]

2 FOURBI, ■ n. m. [fuʀbi] (p. p. substantivé de *fourbir* ; arg. milit. désignant l'équipement qu'on doit astiquer) **Fam.** L'ensemble des affaires de quelqu'un. *En voyage, il faut toujours qu'il emporte tout son fourbi !* ■ Ensemble désordonné d'objets hétéroclites. *Rangez-moi ce fourbi !*

FOURBIR, v. tr. [fuʀbiʀ] (frq. *furbjan*) Polir par le frottement, en parlant d'ustensiles de fer, de cuivre, et des armes. ♦ *Se fourbir,* v. pr. Être fourbi. ♦ *Se fourbir,* se dit de cuirassiers ou autres qui nettoient leur armure. ♦ **Fig.** *Fourbir ses armes,* préparer minutieusement ses arguments, se préparer à faire front à une épreuve.

FOURBISSAGE, n. m. [fuʀbisaʒ] (*fourbir*) Action de fourbir ; le résultat de cette action.

FOURBISSEUR, n. m. [fuʀbisœʀ] (*fourbir*) Artisan qui fourbit et qui monte les sabres, les épées.

FOURBISSIME, adj. [fuʀbisim] (*1 fourbe*) Mot dit par plaisanterie. Très fourbe.

FOURBISSURE, n. f. [fuʀbisyʀ] (*fourbir*) ▷ Action de fourbir. ◁

FOURBU, UE, adj. [fuʀby] (p. p. de l'anc. fr. *forboire,* boire avec excès) Atteint de fourbure, maladie qui ôte aux chevaux l'usage des jambes. ♦ **Fig.** Incapable de marcher à cause d'un excès de fatigue. *Je suis fourbu.*

FOURBURE, n. f. [fuʀbyʀ] (*fourbu*) Inflammation du tissu réticulaire du pied chez le cheval, et en général chez les solipèdes et les ruminants.

FOURCHE, n. f. [fuʀʃ] (lat. *furca*) Instrument à long manche, muni, au bout, de dents aiguës, et qui sert à remuer le fumier, les fourrages, etc. **Fig.** et fam. *Faire quelque chose à la fourche,* le faire négligemment, grossièrement. ♦ Bois fourchu. *Une fourche de bois.* ♦ **Mar.** Se dit de deux mâts ou mâtereaux réunis vers le sommet pour élever des fardeaux. ♦ Autrefois, *fourche d'arquebuse,* bâton garni d'un fer fourchu dont on se servait pour appuyer le mousquet en tirant. ♦ *Faire la, une fourche,* se dit d'un chemin, d'une rivière, etc. qui se bifurque. ♦ *Fourches patibulaires,* gibet à plusieurs piliers élevé dans la campagne. ♦ *Fourches Caudines,* défilé où l'armée romaine prise par les Samnites ne fut lâchée qu'après avoir passé sous le joug. ♦ **Fig.** *Passer par les fourches Caudines,* subir des conditions humiliantes. ♦ Instrument qui sert à prendre le poisson en l'enferrant. ♦ **Hérald.** La queue du lion, lorsqu'elle est divisée en deux. ■ **Par anal.** *La fourche d'un vélo.* ■ Division qui apparaît à l'extrémité des cheveux longs. *Un shampooing qui élimine les fourches.* ■ **Belg.** Temps libre entre deux cours. *Aller se laver les mains pendant la fourche.*

FOURCHÉ, ÉE, p. p. de fourcher. [fuʀʃe] Qui fait la fourche, qui se bifurque. *Pied fourché. Chemin fourché.* ♦ **Hérald.** *Croix fourchée,* celle dont les branches sont terminées par trois pointes. ♦ *Pied fourché,* bureau où l'on payait les droits d'entrée sur le bétail qui a le pied fendu.

FOURCHÉE, n. f. [fuʀʃe] (*fourche*) La quantité de fumier, de foin, de fourrage qu'on enlève d'un coup avec une fourche.

FOURCHE-FIÈRE, n. f. [fuʀʃfjɛʀ] (lat. *furca ferrea,* fourche de fer) Fourche à deux dents longues, aiguës et solides. ■ *Des fourches-fières.*

FOURCHER, v. intr. [fuʀʃe] (*fourche*) Faire la fourche. *Un arbre qui fourche.* ♦ Être bifurqué. ♦ **Fig.** *Cette famille, cette race n'a point fourché,* elle n'a formé qu'une seule branche [1]. ♦ **Fig.** *La langue fourche,* quand elle prononce un mot pour un autre. ♦ *Se fourcher,* v. pr. Prendre une disposition fourchue. ♦ Se bifurquer. ■ V. intr. Se diviser en deux. *Ses cheveux fourchent.* ■ V. tr. Utiliser une fourche pour déplacer du fumier ou pour retourner la terre. ■ **REM. 1 :** La notion de race ne repose sur aucun fondement scientifique et a une connotation raciste.

FOURCHETÉE, n. f. [fuʀʃəte] (*fourchette*) Ce qu'on peut prendre en une seule fois avec une fourchette.

FOURCHETTE, n. f. [fuʀʃɛt] (*fourche*) Ustensile de table à trois ou quatre dents dont on se sert pour prendre les morceaux dans son assiette. ♦ *Grande fourchette,* la fourchette à découper. ♦ *Déjeuner à la fourchette,* manger de la viande en déjeunant. ♦ **Fig.** et fam. On dit aussi : *une bonne fourchette,* un homme qui mange bien. *Il a un joli coup de fourchette.* ♦ *La fourchette du père Adam,* se dit par plaisanterie quand on prend avec les doigts ce qui se mange ordinairement avec une fourchette. ♦ *Au hasard de la fourchette,* se disait de ces établissements où l'on plongeait la fourchette dans le pot pour un sou, avec droit de garder ce qu'on amenait, et fig. sans choix, sans discernement. ♦ Sorte de pieu fourchu dont les arquebusiers se servaient pour appuyer leur arme en tirant. ♦ Le petit os divisé en deux branches qui est entre les deux ailes d'une volaille. ♦ **Pop.** *La fourchette de l'estomac,* le bréchet. ♦ Partie du sabot du cheval située à sa face inférieure. ♦ Au jeu de cartes, *avoir la fourchette,* avoir la dame et l'as. ■ Ce qui est compris entre deux valeurs extrêmes. *Donner une fourchette de prix.* ■ *Fourchette d'embrayage,* sur une bicyclette, levier en forme de Y qui permet de passer d'un plateau à l'autre.

FOURCHON, n. m. [fuʀʃɔ̃] (*fourche*) Chaque branche d'une fourche, d'une fourchette. ◆ Fourche d'un arbre, l'endroit d'où sortent les branches.

FOURCHU, UE, adj. [fuʀʃy] (*fourche*) Qui fait la fourche. *Une queue fourchue.* ◆ *Arbre fourchu,* arbre qui se bifurque. ◆ *Faire l'arbre fourchu,* se poser la tête en bas et les pieds en haut écartés l'un de l'autre. ◆ *Pied fourchu,* pied fendu des animaux ruminants. ◆ *Les pieds fourchus,* les bœufs, moutons, etc. ou en général tous les animaux qui ruminent. ◆ *Pied fourchu,* pied attribué par la mythologie aux sylvains, et par imitation au Diable. ◆ *Fig. Il a le pied fourchu,* se dit d'un homme méchant, dangereux, mécréant.

1 FOURGON, n. m. [fuʀgɔ̃] (lat. pop. *furicare,* fouiller, ou lat. *furca*) Longue perche garnie de fer pour remuer la braise dans le four. ◆ *Prov. La pelle se moque du fourgon,* se dit de deux personnes également ridicules qui se moquent l'une de l'autre, ou d'une personne qui blâme dans une autre ce qu'on pourrait reprendre en elle-même.

2 FOURGON, n. m. [fuʀgɔ̃] (prob. 1 *fourgon,* qui a dû désigner la ridelle de la voiture) Longue voiture couverte dont on se sert dans les équipages militaires et dans les voyages pour porter les bagages, les provisions. ■ *Fourgon funéraire,* corbillard. ■ Wagon accolé à un train de voyageurs et destiné au transport des agents, des bagages et du courrier. *Fourgon de tête, fourgon de queue.*

FOURGONNER, v. intr. [fuʀgɔne] (1 *fourgon*) Remuer la braise du four avec le fourgon. ◆ **Fam.** Remuer le feu avec les pincettes. ◆ **Par extens.** Fouiller en dérangeant tout.

FOURGONNETTE, ■ n. f. [fuʀgɔnɛt] (2 *fourgon*) Petite voiture automobile destinée au transport de marchandises, disposant généralement de deux places et s'ouvrant par l'arrière.

FOURGON-POMPE, ■ n. m. [fuʀgɔ̃pɔ̃p] (*fourgon* et *pompe*) Véhicule de pompiers équipé de lances à incendie. *Des fourgons-pompes.*

FOURGUE, ■ n. m. [fuʀg] (*fourguer*) **Arg.** Receleur qui écoule de la marchandise volée. ■ N. f. Activité d'un receleur. *Il vit de la fourgue.* ■ Marchandise volée et vendue de manière illicite. *Trafic de fourgue.*

FOURGUER, ■ v. tr. [fuʀge] (lat. pop. *furicare,* fouiller, de *fur,* voleur) **Arg.** Vendre de manière illicite. *Fourguer de la marchandise volée.* ■ **Par extens.** Brader, se débarrasser de. *Fourguer ses meubles.* ■ **Arg.** Dénoncer quelqu'un à la police. *Il a fourgué ses complices en espérant obtenir une remise de peine.*

FOURIÉRISME, ■ n. m. [fuʀjeʀism] (Ch. *Fourier,* 1772-1837, inventeur du système) Doctrine philosophique et sociale de Ch. Fourier selon laquelle les hommes vivant en communauté doivent se consacrer à leurs passions et être heureux. ■ FOURIÉRISTE, adj. ou n. m. et n. f. [fuʀjeʀist]

FOURME, ■ n. f. [fuʀm] (lat. *forma,* moule à fromage) Fromage onctueux et ferme à base de lait de vache. ■ *Fourme d'Ambert,* fourme composée de moisissures bleues préparée dans le Centre de la France.

FOURMI, n. f. [fuʀmi] (lat. *formica*) Petit insecte hyménoptère qui vit en société sous terre. ◆ *Fig. Se faire plus petit qu'une fourmi,* s'abaisser, s'humilier. ◆ *Avoir des fourmis dans quelque partie du corps,* y sentir des picotements. ◆ *Œufs de fourmis* se dit improprement aux larves et aux nymphes de la fourmi fauve. ■ *Un travail de fourmi,* un travail laborieux et minutieux. ■ **Arg.** Petit vendeur de drogue.

FOURMILIER, n. m. [fuʀmilje] (*fourmilière*) Mammifère de l'Amérique qui se nourrit particulièrement de fourmis. ◆ Nom d'oiseaux de la Guyane qui se nourrissent de fourmis.

FOURMILIÈRE, n. f. [fuʀmiljɛʀ] (anc. fr. *formiere,* de *formicaria,* habitation construite par les fourmis) Habitation des fourmis. ◆ Toutes les fourmis qui habitent la même fourmilière. ◆ **Par extens.** Une grande quantité de certains autres insectes ou d'animaux. *Une fourmilière de vers.* ◆ **Fig.** Lieu où réside une multitude de personnes. « *Les hommes ne sont point faits pour être entassés en fourmilières* », J.-J. ROUSSEAU. ◆ Une grande multitude de personnes se remuant, s'agitant.

FOURMILION ou **FOURMI-LION,** n. m. [fuʀmiljɔ̃] (*fourmi* et *lion,* du b. lat. *formicoleon*) Petit insecte névroptère, fort vorace, qui se nourrit de fourmis et autres insectes. ■ *Des fourmilions* ou *des fourmis-lions.* ■ REM. On disait aussi *formica-leo.*

FOURMILLANT, ANTE, adj. [fuʀmijɑ̃, ɑ̃t] (*fourmiller*) Où les habitants sont nombreux comme des fourmis.

FOURMILLEMENT, n. m. [fuʀmij(ə)mɑ̃] (*fourmiller*) Action de fourmiller. *Le fourmillement d'une multitude.* ◆ Sensation de picotement comme si des fourmis couraient sur la peau.

FOURMILLER, v. intr. [fuʀmije] (lat. *formicare,* démanger) S'agiter, se remuer en grand nombre comme des fourmis. ◆ On donne aussi pour sujet à ce verbe le nom des choses où est ce qui fourmille. *Ce fromage fourmille de vers.* ◆ Être épars et en grand nombre. « *Le mauvais fourmille et le bon est rare* », VOLTAIRE. ◆ Être abondant en, rempli de. « *Le monde fourmille de philosophes* », VAUVENARGUES. ◆ Être le siège d'un picotement. *Toute la main me fourmille.*

FOURNAGE, n. m. [fuʀnaʒ] (*forn,* anc. forme de *four*) Ce qu'on paye au fournier pour la cuisson du pain.

FOURNAISE, n. f. [fuʀnɛz] (lat. *fornax,* four) Grand four où brûle un feu ardent. ◆ **Fig.** *Jeter un peu d'eau dans la fournaise,* faire quelque chose pour calmer des passions qui n'en deviennent que plus allumées. ◆ **Par extens.** *C'est une fournaise,* se dit d'un lieu très ardent et aussi d'un lieu très échauffé. ◆ **Fig.** Creuset. *La vertu s'épure dans l'adversité, comme le métal dans la fournaise.* ■ Incendie violent et étendu. *Fournaise d'une forêt.* ■ **Par anal.** Endroit dans lequel règne une grande chaleur. *La véranda est une vraie fournaise en été.* ◆ **Fig.** Lieu central d'affrontements, d'un combat. ■ **Canada** Chauffage central.

FOURNEAU, n. m. [fuʀno] (*forn,* anc. forme de *four*) Sorte de four dans lequel on fond le verre. ◆ Petite construction en maçonnerie en brique, et même en fonte ou en tôle, pour cuire les aliments. ◆ Ustensile, ordinairement de terre ou de fer, servant aux mêmes usages dans les petites cuisines. ◆ Appareil composé de vaisseaux et de foyers pour soumettre certaines substances à l'action du feu. ◆ *Fourneau à réverbère,* fourneau muni d'un dôme ou réverbère, qui rabat la chaleur sur la surface de l'appareil. ◆ *Haut-fourneau,* bâtiment dans lequel on réduit les minerais de fer. ◆ *Haut-fourneau* désigne aussi l'usine entière. ◆ Ustensile de laboratoire dans lequel on chauffe à une haute température des vases où doit s'effectuer une réaction chimique ou une opération pharmaceutique. ◆ *Fourneau de mine* ou simplement *fourneau,* cavité pratiquée dans l'intérieur de la terre ou d'une maçonnerie, disposée de telle sorte que, le feu étant mis à la poudre dont on la remplit, l'effet soit dirigé contre l'obstacle que l'on veut détruire. ◆ *Le fourneau d'une pipe,* la partie où l'on fait brûler le tabac. ■ *Être aux fourneaux,* préparer le repas. ■ REM. Graphie ancienne : *haut fourneau.*

FOURNÉE, n. f. [fuʀne] (*forn,* anc. forme de *four*) La quantité de pain que l'on fait cuire à la fois dans un four. ◆ Ce qu'on met à cuire dans les fours à tuile, à poterie, etc. ◆ Certain nombre de personnes qui sont nommées à la fois à une même dignité ; il se dit avec un sens d'ironie ou de défaveur. *Fournée de sénateurs.* ◆ Il se dit aussi de ceux qui sont jugés ensemble. *On n'a fait qu'une fournée de toute la bande.* ■ **Fam.** Ensemble de personnes qui font une même action en même temps. *Une première fournée de candidats.*

FOURNIER, IÈRE, n. m. et n. f. [fuʀnje, jɛʀ] (lat. *furnarius,* boulanger) Celui, celle qui tient un four à pain. ◆ Celui qui travaille au four.

FOURNIL, n. m. [fuʀni] ou [fuʀnil] (le *l* se prononce ou non ; anc. fr. *forn,* four) Pièce attenant au four et où l'on pétrit la pâte.

FOURNIMENT, n. m. [fuʀnimɑ̃] (*fournir*) Anciennement, étui à poudre que portaient les mousquetaires à pied. ◆ Aujourd'hui, buffleterie, objets d'équipement d'un soldat. ■ **Par extens.** et **fam.** Ensemble des objets que l'on prend avec soi. *Il a débarqué chez nous avec tout son fourniment !*

FOURNIR, v. tr. [fuʀniʀ] (germ. *frumjan,* exécuter, faire, avec prob. infl. de *garnir*) Procurer une provision de quelque chose. *Fournir l'armée de blé.* ◆ Il se dit particulièrement avec une idée d'habitude. *Fournir une maison de chandelle.* ◆ **Absol.** Procurer en général les provisions nécessaires. *Fournir une maison.* ◆ Garnir. *Fournir une maison de meubles.* ◆ Livrer, faire avoir, avec un nom de personne pour sujet. *Fournir de l'argent à quelqu'un.* ◆ Avec un nom de chose pour sujet. *Les fruits fournissent une nourriture saine.* ◆ **Fig.** *Fournir matière à des conjectures.* ◆ **Dr.** *Fournir et faire valoir une dette, une rente,* la garantir et la payer en cas d'insolvabilité du débiteur. ◆ **Admin.** Produire, exposer. *Fournir ses pièces.* ◆ Parfaire, achever. *Fournir la somme entière.* ◆ **Escrime** *Fournir à quelqu'un un coup d'épée,* lui donner un bon coup d'épée. ◆ ▷ *Fournir la carrière,* la parcourir tout entière. ◁ ◆ **Fig.** *Fournir sa carrière,* achever de vivre. ◁ ◆ ▷ *Fournir une carrière,* accomplir quelque travail, achever quelque œuvre. ◁ ◆ **V. intr.** Fournir habituellement les provisions. ◆ Subvenir, contribuer. *Fournir à la dépense, aux frais.* ◆ Suffire. « *Il faut un corps de fer pour fournir aux plaisirs que le monde vous impose* », MASSILLON. ◆ Jouer une carte de la couleur qui est demandée. ◆ Fournir à trèfle, et activement, transitivement, *fournir du trèfle.* ◆ Se fournir v. pr. S'approvisionner.

FOURNISSEMENT, n. m. [fuʀnis(ə)mɑ̃] (*fournir*) ▷ Action de fournir, de procurer. *Le sel pour le fournissement des greniers.* ◁ ◆ On dit aujourd'hui *fourniture.* ◆ Fonds, apport de chaque associé. ◆ Action d'établir les comptes respectifs.

FOURNISSEUR, EUSE, n. m. et n. f. [fuʀnisœʀ, øz] (*fournir*) Personne qui entreprend la fourniture de marchandises ou de certaines denrées. ■ *Four-*

nisseur d'accès, société qui fournit à ses clients un accès à Internet. ■ Adj. *Des entreprises fournisseuses de produits technologiques.*

FOURNITURE, n. f. [fuʀnityʀ] (*fournir*) Provision fournie ou à fournir. ♦ Action d'approvisionner. ♦ Ce que fournissent certains ouvriers, les tailleurs, les tapissiers, en employant l'étoffe, la matière principale. ♦ ▷ Fines herbes pour assaisonnement, pour salade. ◁ ♦ Petit matériel nécessaire à l'exécution de certains travaux. *Fournitures scolaires.*

1 FOURRAGE, n. m. [fuʀaʒ] (anc. fr. *fuere,* du frq. *fodra,* paille) Nom donné aux tiges, feuilles et racines des plantes vertes dont les bestiaux se nourrissent. ♦ L'herbe qu'on coupe à l'armée pour la nourriture des chevaux. ♦ ▷ L'action même de couper, d'apporter le fourrage. *Aller au fourrage.* ◁ ♦ ▷ Se dit aussi des troupes commandées tant pour faire le fourrage que pour le soutenir. ◁ ■ Milit. Foin, herbe dont on se sert pour bourrer le canon.

2 FOURRAGE, ■ n. m. [fuʀaʒ] (*fourrer*) Action de garnir avec une préparation culinaire. *Procédez au fourrage des choux à l'aide d'une cuillère.* ■ Ce qui sert à fourrer. *Préparez un fourrage au chocolat.*

FOURRAGÉ, ÉE, p. p. de fourrager. [fuʀaʒe] Pillé.

FOURRAGEMENT, n. m. [fuʀaʒ(ə)mã] (1 *fourrager*) ▷ Action de fourrager. ◁

1 FOURRAGER, v. intr. [fuʀaʒe] (1 *fourrage*) Aller au fourrage. ♦ Fig. *Fourrager dans tous les livres,* se dit d'un compilateur ou d'un plagiaire. ♦ V. tr. Ravager. *Fourrager un pays.* ♦ Fam. Mettre en désordre. *Fourrager des papiers.*

2 FOURRAGER, ÈRE, adj. [fuʀaʒe, ɛʀ] (1 *fourrage*) *Plante fourragère,* plante qu'on cultive comme fourrage. ♦ *Culture fourragère,* culture qui a pour but la production des fourrages. ■ Dont on se sert comme fourrage. *Le chou fourrager.*

FOURRAGEUR, n. m. [fuʀaʒœʀ] (1 *fourrager*) Cavalier qui va au fourrage.

FOURRAGEUX, EUSE, adj. [fuʀaʒø, øz] (1 *fourrage*) ▷ Qui fournit du fourrage, qui se consomme comme fourrage. ◁

FOURRE, ■ n. f. [fuʀ] (anc. fr. *fuere,* du germ. *fodr,* étui) Suisse Housse protectrice, et spécial. taie. *Une fourre de duvet.*

1 FOURRÉ, n. m. [fuʀe] (*fourrer*) Partie de bois très fournie d'arbrisseaux, d'arbustes, etc. ♦ Par anal. *Un fourré de lilas.*

2 FOURRÉ, ÉE, p. p. de fourrer. [fuʀe] *Manteau fourré.* ♦ *Un innocent fourré de malice,* homme malicieux qui feint d'être simple et bon. ♦ *Langue fourrée,* langue de bœuf, de cochon, de mouton, recouverte d'une peau et que l'on fait cuire selon certaine manière. ♦ Garni d'arbres, d'arbustes, etc. *Pays fourré.* ♦ *Bois fourré,* bois qui est très garni de broussailles et d'épines. ♦ ▷ *Médaille, monnaie fourrée,* celle dont l'intérieur n'est pas d'or ou d'argent, comme les faces. ♦ On dit aujourd'hui *médaille plaquée.* ♦ Fig. *Paix fourrée,* paix fausse, peu sincère, comme est fausse une médaille fourrée. ♦ Escrime *Coup fourré,* coup que l'on donne en même temps que l'on en reçoit un, et fig. mauvais offices que se rendent deux personnes en même temps l'une à l'autre. ■ *Bonbons fourrés,* dont l'intérieur est garni d'une crème.

FOURREAU, n. m. [fuʀo] (anc. fr. *fuere,* gaine de l'épée, du germ. *fodr,* étui) Sorte de gaine, d'enveloppe servant à recouvrir un objet pour le préserver. *Fourreau d'épée, de parapluie.* ♦ ▷ Fig. *Le fourreau est jeté,* se dit d'une guerre à outrance. ◁ ♦ *Tirer l'épée du fourreau,* commencer la guerre. *Remettre l'épée au fourreau,* faire la paix. ♦ ▷ *Coucher dans son fourreau,* coucher tout habillé. ◁ ♦ Fig. *La lame use le fourreau,* se dit d'une personne chez qui la grande activité de l'âme use le corps. ♦ *Robe d'enfant.* ♦ Ce qui enferme et couvre l'épi quand il n'est pas encore bien formé. ■ Robe étroite et moulante, généralement longue. ■ Adj. *Une robe de soirée fourreau.*

FOURRER, v. tr. [fuʀe] (anc. fr. *fuere,* fourreau) Garnir, doubler de fourrure. *Fourrer un manteau d'hermine.* ♦ Techn. Couvrir avec des lames d'or et d'argent soudées par les bords un flan qu'on passe ensuite dans les fers pour le monnayer. *Fourrer une médaille.* ♦ Donner avec excès, sans discrétion. *Elle lui fourre toujours à manger.* ♦ Mettre dans un endroit creux, caché. *Fourrez cela dans votre poche.* ♦ Introduire, mettre dans. *Fourrer son bras dans un trou.* ♦ Fig. et fam. *Fourrer son nez où on n'a que faire, fourrer son nez partout,* se mêler indiscrètement de tout. ♦ En prison, emprisonner. ♦ Fig. *Fourrer dans l'esprit,* mettre dans l'esprit. ♦ *Fourrer une chose dans la tête,* dans l'esprit de quelqu'un, la lui faire comprendre. ♦ *Fourrer dans l'esprit,* infatuer d'une chose. ♦ *Se fourrer dans la tête, dans l'esprit,* s'obstiner, s'infatuer. ♦ Introduire quelqu'un dans une maison, dans une administration, l'engager dans une affaire. ♦ Insérer mal à propos. *Il fourre toujours du latin dans ses discours.* ♦ Se fourrer, v. pr. Se vêtir de fourrures ou chaudement. ♦ Se mettre, se placer. ♦ Fig. *Il cherche quelque trou où se fourrer,* se dit d'un homme qui cherche quelque emploi, quelque condition. ♦ Fig. S'introduire, s'entremettre. « *Vous êtes un sot de venir vous*

fourrer où vous n'avez que faire », MOLIÈRE. ■ V. tr. Garnir l'intérieur d'un aliment, d'une préparation culinaire. *Fourrer des dattes.* ■ Suisse Recouvrir d'une protection. *Fourrer ses livres de classe.* ■ Fam. *Se fourrer le doigt dans l'œil jusqu'au coude,* se méprendre complètement, le plus souvent par ignorance ou naïveté.

FOURRE-TOUT ou **FOURRETOUT,** ■ n. m. [fuʀ(ə)tu] (*fourrer* et *tout*) Lieu, débarras, meuble où l'on place des objets et affaires de toute sorte. « *Votre chambre est un innommable fourre-tout, en ce moment »,* ALAIN-FOURNIER. *Elle a acheté un fourre-tout chez un brocanteur.* ■ Grand sac de voyage souple composé d'une seule poche. *Il portait son fourre-tout en bandoulière.* « *Je n'avais que mon fourre-tout comme bagage »,* CENDRARS. ■ Fig. et péj. Ce qui est composé d'éléments très disparates. *Son site n'est qu'un fourre-tout : impossible de trouver quelque chose d'intéressant.* ■ Au pl. *Des fourre-tout* ou *des fourretouts.* ■ Adj. *Un sac, une loi fourre-tout.*

FOURREUR, EUSE, n. m. [fuʀœʀ, øz] (*fourrer*) Marchand, marchande de fourrures. ■ Personne spécialisée dans la confection de vêtements de fourrure.

FOURRIER, n. m. [fuʀje] (anc. fr. *fuere* ou *foare,* fourrage) Autrefois, officier dont la fonction était de marquer le logement de ceux qui suivaient la Cour. ♦ Fig. Avant-coureur. « *Un fourrier de la mort »,* P. CORNEILLE. ♦ Aujourd'hui, sous-officier chargé de pourvoir au logement des soldats, de répartir les vivres, etc. ♦ Adj. *Sergent fourrier.* ♦ Mar. Celui qui travaille en sous-ordre aux écritures du service et de la comptabilité.

FOURRIÈRE, n. f. [fuʀjɛʀ] (anc. fr. *fuere, foare,* fourrage) ▷ Bâtiment dans l'arrière-cour d'une grande maison où l'on renferme diverses provisions. ◁ ♦ Service chargé de distribuer et de fournir ces provisions. ♦ Lieu où l'on retient des chevaux, voitures, etc. qui ont été saisis, jusqu'au paiement des amendes. *Mettre une voiture en fourrière.* ■ Lieu où sont recueillis les chiens abandonnés.

FOURRURE, n. f. [fuʀyʀ] (*fourrer*) Peau de certains animaux, munie de son poil et préparée, dont on garnit les vêtements. ■ ▷ Par extens. En parlant d'oiseaux. *La fourrure des eiders.* ◁ ♦ Robe garnie de fourrures. *La fourrure d'un docteur, d'un président.* ♦ Par extens. La personne même qui porte cette robe. ♦ Hérald. Peaux velues qui entrent dans les armoiries ; il y en a deux, l'hermine et le vair. ♦ Pelage touffu de certains animaux. *La fourrure d'un ours.* ■ Étoffe imitant la fourrure. *Fausse fourrure. Fourrure synthétique.*

FOURVOIEMENT, n. m. [fuʀvwamã] (*fourvoyer*) Action de se fourvoyer, de s'égarer. ♦ Fig. Erreur, méprise.

FOURVOYANT, ANTE, adj. [fuʀvwajã, ãt] (*fourvoyer*) Qui fourvoie, qui égare.

FOURVOYÉ, ÉE, p. p. de fourvoyer. [fuʀvwaje]

FOURVOYER, v. tr. [fuʀvwaje] (anc. fr. *fors,* du lat. *foris,* et *voie*) Faire perdre le vrai chemin. ♦ Fig. *Les mauvais exemples l'ont fourvoyé.* ♦ Fig. Mettre en défaut. ♦ Se fourvoyer, v. pr. Perdre le vrai chemin. ♦ Vén. S'écarter de la voie. ♦ Avec ellipse du pronom personnel. *Faire fourvoyer quelqu'un,* être cause qu'il se fourvoie, être la cause de son fourvoiement. ♦ Fig. *Plus on suit ses passions, plus on se fourvoie.* ♦ Il se dit des méprises grossières. *Cet auteur s'est fourvoyé.*

FOUTAISE, ■ n. f. [futɛz] (1 *foutre*) Fam. Chose futile, absurdité. *Comment peut-on s'intéresser à ces foutaises ?* ■ Interj. *Foutaises que tout cela !* ■ REM. S'emploie le plus souvent au pluriel.

FOUTEAU, n. m. [futo] (lat. pop. *fogustellum,* du lat. *fagus,* hêtre) Un des noms provinciaux du hêtre.

FOUTELAIE, n. f. [fut(ə)lɛ] (*fouteau*) Lieu planté de fouteaux.

FOUTIMASSER, ■ v. intr. [futimase] (1 *foutre* ; cf. genev. *fichimasser*) Fam. Suisse S'occuper à quelque chose d'inutile, s'agiter en vain sans se décider. *Mais qu'est-ce qu'il foutimasse encore ?*

FOUTOIR, ■ n. m. [futwaʀ] (1 *foutre*) Très fam. Lieu où règne le désordre. *Impossible de s'y retrouver dans tout ce foutoir.* « *Là-haut, c'était une pagaille terrible, un foutoir monstre »,* DÉON. ■ Par extens. Désordre général. *Tu parles d'une organisation, c'est un vrai foutoir !*

FOUTOU ou **FOUFOU,** ■ n. m. [futu, fufu] (mot baoulé, langue de l'Afrique de l'Ouest) Spécialité culinaire de la Côte d'Ivoire à base de banane plantain et de manioc réduits en purée et présentés sous forme de boulettes.

FOUTRAQUE, ■ adj. [futʀak] (1 *fou*) Fam. Qui fait preuve d'excentricité. ■ N. m. et n. f. « *Toi, tu as seulement besoin qu'on te rafraîchisse les idées, pauvre foutraque »,* POURRAT.

1 FOUTRE, ■ v. intr. [futʀ] (lat. *futuere,* avoir des rapports sexuels avec une femme) Très vulg. Faire l'amour. ■ V. tr. Fam. Faire. *Qu'est-ce que tu fous ?* ■ Fam. Jeter brusquement et avec rudesse. *Foutre quelqu'un à la porte.* ■ Se foutre, v. pr. Fam. Se mettre. *Se foutre en colère.* ■ Fam. *Se foutre de quelqu'un,* se moquer de lui, le traiter par le mépris. *Deux heures de retard : tu te fous de moi ou quoi ?* ■ Interj. Fichtre.

2 **FOUTRE**, ■ n.m. [futʀ] (1 *foutre*) Vulg. Sperme.

FOUTREMENT, ■ adv. [futʀəmã] (2 *foutre*) Fam. Très, beaucoup. *Il s'est foutrement amoché dans son accident.*

FOUTRIQUET, ■ n.m. [futʀikɛ] (1 *foutre*) Personnage insignifiant auquel aucun crédit ne peut être apporté.

FOUTU, UE, ■ adj. [futy] (1 *foutre*) Fam. Disposé, arrangé. *Cet appartement est mal foutu.* ■ Irrémédiablement manqué, raté. *Sa carrière est foutue.* ■ Capable. *Il n'est pas foutu d'aligner trois lignes sans faire quinze fautes.*

FOVÉA ou **FOVEA**, ■ n.f. [fovea] (lat. *fovea*, fosse) Méd. Partie centrale de la rétine où l'acuité visuelle est la plus élevée. ■ FOVÉAL, ALE, adj. [foveal] *Des signaux fovéaux.*

FOX, ■ n.m. [fɔks] Voy. FOX-TERRIER.

FOXÉ, ÉE, ■ adj. [fɔkse] (angl. *fox*, renard) Œnol. Dont l'arôme ou la saveur rappelle l'odeur de la fourrure du renard. *L'odeur, la saveur foxée d'un vin brésilien.*

FOX-HOUND, ■ n.m. [fɔksawnd] ou [fɔksaund] (mot angl., de *fox*, renard, et *hound*, chien de meute) Chien courant, spécialisé dans la chasse au renard. *Des fox-hounds.*

FOX-TERRIER, ■ n.m. [fɔkstɛʁje] (mot angl., de *fox*, renard, et *terrier*, chien terrier) Chien terrier de race d'origine anglaise. *Des fox-terriers.* ■ Abrév. Fox.

FOX-TROT, ■ n.m. [fɔkstʀɔt] (mot angl., de *fox*, renard, et *trot*, trot) Danse enlevée à deux temps, d'origine américaine. *Des fox-trot* ou *des fox-trots.*

FOYARD, n.m. [fojaʀ] (anc. fr. *fou*, hêtre, du lat. *fagus*) Un des noms vulgaires du hêtre.

FOYER, n.m. [fwaje] (lat. *focus*) Lieu dans les pièces d'une maison où l'on fait le feu. ◆ ▷ Fig. et fam. *Garder son foyer*, mener une vie retirée et tranquille. ◁ ◆ Par extens. Le feu même qui brûle dans le foyer. ◆ **Par extens.** Un feu allumé par la nature, un volcan. ◆ La partie où se met le feu dans certains appareils. *Le foyer d'un fourneau.* ◆ Le fourneau d'une pipe. ◆ Lieu, point d'où la lumière ou la chaleur rayonne. ◆ Fig. Le siège, le centre. *Cette ville est le foyer des lumières.* ◆ **Physiol.** *Foyer perceptif*, endroit du cerveau où se font les perceptions apportées par certains nerfs. ◆ *Foyer d'une maladie*, le siège principal de cette maladie. ◆ *Le foyer d'une maladie contagieuse*, le lieu où elle sévit avec le plus d'intensité. ◆ **Fig.** Maison. « *Tout malheureux trouvait asile à leur foyer* », M.-J. CHÉNIER. ◆ Au pl. Demeure, pays. *Rentrer dans ses foyers.* ◆ **Théât.** La salle commune où se rassemblent les acteurs. *Le foyer des acteurs.* ◆ La salle commune où se promènent les spectateurs pendant les entractes. ◆ **Phys.** Le point de l'axe d'un miroir concave ou d'une lentille biconvexe où se réunissent et s'entrecroisent les rayons lumineux ou calorifiques après la réflexion et la réfraction. ◆ **Géom.** *Le foyer d'une ellipse, d'une hyperbole, d'une parabole*, le point les points où se réunissent et d'où partent les rayons vecteurs. ◆ ▷ Espèce de tapis qu'on place devant le foyer. ◁ ■ Lieu où se réunissent des personnes d'une collectivité pour se divertir. *Le foyer d'un lycée, d'une caserne.* ■ Établissement hébergeant de jeunes adultes. *Il habite dans un foyer de jeunes travailleurs.* ■ *Mère au foyer*, femme qui n'exerce pas d'activité professionnelle et qui reste chez elle pour s'occuper de ses enfants. ■ *Foyer fiscal*, ensemble des personnes d'une famille constituant une entité au vu de l'administration. *Le foyer fiscal comprend le chef de famille, le conjoint, les enfants et les personnes à charge.*

FRAC, n.m. [fʀak] (on prononce le *c* final ; angl. *frock*, de l'anc. fr. *froc*) Habit d'homme qui se boutonne sur la poitrine et se termine en deux longues basques.

FRACAS, n.m. [fʀaka] (*fracasser*) Rupture ou fracture violente et bruyante. ◆ Bruit semblable à celui d'une chose qu'on brise ; grand bruit. ◆ Tout ce qui offre tumulte, désordre avec bruit. *Le fracas du monde, des villes.* ◆ *Faire du fracas*, crier bien haut, se plaindre hautement. ◆ Dans les compositions littéraires et surtout dans les pièces de théâtre, ce qui frappe l'oreille et l'esprit comme fait le fracas. « *Le public veut de grands mots et du fracas* », VOLTAIRE. ◆ Peint. Multitude et confusion d'objets qui frappent et fatiguent la vue. ◆ Bruit qu'on fait dans le monde. *Faire du fracas.* ◆ Il se dit, dans un sens analogue, des choses qui, attirant l'attention du public, excitent une sorte de soulèvement. ■ *Avec pertes et fracas*, de façon violente, sans ménagement.

FRACASSANT, ANTE, ■ adj. [fʀakasã, ãt] (*fracasser*) Qui produit un bruit assourdissant. *Des roulements de tambour fracassants.* ■ **Fig.** et cour. Qui suscite de vives réactions, qui fait sensation. *La presse s'est emparée de ces révélations fracassantes.*

FRACASSÉ, ÉE, ■ p.p. de fracasser. [fʀakase]

FRACASSEMENT, ■ n.m. [fʀakas(ə)mã] (*fracasser*) Action de fracasser. *Le fracassement d'une vitrine, d'une serrure.*

FRACASSER, v. tr. [fʀakase] (ital. *fracassare*, prob. du lat. *frangere*, briser, et *quassare*, secouer) Briser en éclats. ◆ Se fracasser, v. pr. Être brisé en éclats.

FRACTAL, ALE, ■ adj. [fʀaktal] (lat. *fractum*, supin de *frangere*, briser) Math. Qui présente une forme irrégulière, interrompue et fragmentée. *Des ensembles fractals.* ■ N. f. *Une fractale*, objet fractal dont les motifs se répètent à différentes échelles. *Le flocon de neige est une fractale.*

FRACTION, n.f. [fʀaksjõ] (b. lat. *fractio*) Action de rompre, de briser le pain eucharistique. ◆ Portion, partie. *Une fraction de l'assemblée.* ◆ **Arithm.** Quantité qui exprime une ou plusieurs parties égales de l'unité. ■ *En une fraction de seconde*, très rapidement.

FRACTIONNAIRE, adj. [fʀaksjɔnɛʁ] (*fraction*) Il se dit de toute quantité représentée sous la forme d'une fraction. ◆ *Nombre fractionnaire*, celui qui se compose d'un entier et d'une fraction.

FRACTIONNÉ, ÉE, p. p. de fractionner. [fʀaksjɔne]

FRACTIONNEL, ELLE, ■ adj. [fʀaksjɔnɛl] (*fraction*) Polit. Dont l'action a pour but de diviser. *Les décisions fractionnelles d'un groupe d'opposants.*

FRACTIONNEMENT, n.m. [fʀaksjɔn(ə)mã] (*fractionner*) Action de réduire en fractions, en portions ; effet de cette action. ■ **Chim.** Séparation provoquée des constituants d'un mélange liquide ou gazeux.

FRACTIONNER, v. tr. [fʀaksjɔne] (*fraction*) Réduire en fractions, en petites parties. ◆ Se fractionner, v. pr. Être fractionné.

FRACTIONNISME, ■ n.m. [fʀaksjɔnism] (*fraction*) Polit. Attitude de ceux qui cherchent à détruire l'unité d'un groupe. ■ FRACTIONNISTE, adj. ou n. m. et n. f. [fʀaksjɔnist]

FRACTURATION, ■ n.f. [fʀaktyʀasjõ] (*fracturer*) Techn. Rupture due à un choc violent. *La fracturation d'une fissure naturelle permet d'accéder plus facilement aux hydrocarbures.*

FRACTURE, n.f. [fʀaktyʀ] (lat. *fractura*, fragment, puis fracture) Action de fracturer. *Fracture d'une porte.* ◆ État de ce qui est fracturé. *La fracture du jaspe paraît terreuse.* ◆ **Chir.** Solution de continuité, rupture des os ou des cartilages. *La fracture du bras.* ■ *Fracture ouverte*, fracture d'un os s'accompagnant d'une plaie. ■ **Géol.** Faille de l'écorce terrestre. ■ **Fig.** Inégalités au sein d'un groupe. *La fracture sociale.*

FRACTURÉ, ÉE, p. p. de fracturer. [fʀaktyʀe]

FRACTURER, v. tr. [fʀaktyʀe] (*fracture*) Rompre la continuité d'un corps solide. ◆ **Chir.** Rompre la continuité d'un os, d'un cartilage. *Fracturer le crâne.* ◆ Se fracturer, avec un régime direct, éprouver la fracture de. *Il s'est fracturé la jambe.* ◆ Se fracturer, v. pr. Éprouver une solution de continuité, en parlant d'un corps solide, d'un os.

FRAGILE, adj. [fʀaʒil] (lat. *fragilis*, de *frangere*, briser) Facile à briser, sujet à se casser. *Un vase fragile.* ◆ **Fam.** *Fragile comme le verre*, très fragile. ◆ **Fig.** Qui n'est pas solidement établi, qui est de peu de durée. *Biens fragiles.* « *Les œuvres des humains sont fragiles comme eux* », VOLTAIRE. ◆ Sujet à tomber en faute, enclin au péché. ■ Qui manque de résistance physique ou morale. *Avoir une santé fragile. Elle se remet peu à peu de son divorce, mais elle reste encore très fragile.*

FRAGILISATION, ■ n.f. [fʀaʒilizasjõ] (*fragiliser*) Fait de se fragiliser. *La déficience en calcium ou en phosphore est un facteur de fragilisation du squelette.*

FRAGILISER, ■ v. tr. [fʀaʒilize] (*fragile*) Rendre plus vulnérable ou plus précaire. *Le stress fragilise psychologiquement.* ■ FRAGILISANT, ANTE, adj. [fʀaʒilizã, ãt]

FRAGILITÉ, n.f. [fʀaʒilite] (lat. *fragilitas*) Disposition à être brisé facilement. *La fragilité du verre.* ◆ **Fig.** Instabilité. *La fragilité des choses humaines.* ◆ Faiblesse contre les tentations ; facilité à pécher. *La fragilité de l'espèce humaine.* « *On se pardonne facilement des fragilités* », MASSILLON.

FRAGMENT, n.m. [fʀagmã] (lat. *fragmentum*) Morceau d'une chose qui a été brisée en éclats. *Les fragments d'un vase.* ◆ Petites parcelles de l'hostie rompue. ◆ **Fig.** Ce qui est resté d'un livre, d'un poème perdu. ◆ Morceau d'un livre, d'un ouvrage qui n'est point encore terminé ou qui n'a pu l'être. ◆ Morceau détaché. *Fragments historiques.* ◆ Morceau extrait d'un ouvrage.

FRAGMENTAIRE, adj. [fʀagmãtɛʁ] (*fragment*) Qui est par fragments. ■ Par extens. Qui présente des lacunes. *Un savoir fragmentaire.*

FRAGMENTAIREMENT, ■ adv. [fʀagmãtɛʁ(ə)mã] (*fragmentaire*) D'une façon fragmentaire. *Ces conversations n'ont été que fragmentairement notées.*

FRAGMENTATION, n.f. [fʀagmãtasjõ] (*fragmenter*) Action de fragmenter ; division par fragments.

FRAGMENTER, v. tr. [fʀagmãte] (*fragment*) Diviser, séparer par fragments. ◆ Se fragmenter, v. pr. Être divisé par fragments. ■ FRAGMENTABLE, adj. [fʀagmãtabl]

FRAGMENTEUX, EUSE, adj. [fʀagmãtø, øz] (*fragment*) ▷ Didact. Qui résulte d'un assemblage de fragments. ◁

FRAGON, ■ n.m. [fʀagɔ̃] (b. lat. *brisco, frisgo*, houx, prob. d'orig. gaul.) Plante vivace, de la famille du houx, au feuillage persistant, dont les petites feuilles se terminent en pointes très piquantes. *Le fragon porte des fleurs blanches ou vertes puis des baies rouges.*

FRAGRANCE, ■ n.f. [fʀagʀɑ̃s] (lat. chrét. *fragrantia*, odeur suave) Senteur agréable. *Ce parfum à la fragrance de chocolat est avant-gardiste.*

FRAGRANT, ANTE, ■ adj. [fʀagʀɑ̃, ɑ̃t] (lat. *fragrans*, p prés. de *fragrare*, exhaler une odeur) Dont l'odeur est suave, agréable. *Un buisson aux fleurs fragrantes. « Qui pourrait n'être pas attiré par ce fragrant parfum? »*, MONTALEMBERT.

1 **FRAI**, n.m. [fʀɛ] (3 *frayer*) Action de frayer, acte de la fécondation chez les poissons. ♦ *Œufs fécondés par le frai.* ♦ *Petits poissons pour peupler. Mettre du frai dans un étang.* ♦ Se dit aussi des œufs de quelques ovipares aquatiques, comme la grenouille, le crapaud.

2 **FRAI**, n.m. [fʀɛ] (2 *frayer*) Diminution de poids des monnaies par l'effet de la circulation.

FRAÎCHEMENT ou **FRAICHEMENT**, adv. [fʀɛʃ(ə)mɑ̃] (*frais, fraîche*) Au frais, dans un endroit frais. ♦ *Être vêtu fraîchement*, avoir des habits qui ne tiennent pas chaud. ♦ Récemment, depuis peu.

FRAÎCHEUR ou **FRAICHEUR**, n.f. [fʀɛʃœʀ] (*frais, fraîche*) Froid doux et modéré qui, tempérant la chaleur de l'atmosphère, cause une sensation agréable. *La fraîcheur de la nuit, d'un bois.* ◁ ♦ **Absol.** *La fraîcheur*, le moment du jour où il fait frais. ◁ ♦ Froid plus ou moins vif. *Les fraîcheurs du soir sont perfides dans cette saison.* ♦ ▷ Douleur causée par le froid, l'humidité. *Gagner des fraîcheurs.* ◁ ♦ **Fig.** Lustre, brillant, vif éclat. *La fraîcheur d'un costume, d'un tableau.* ♦ **Par extens.** *La fraîcheur des pensées, de l'imagination, du style.* ♦ Air de jeunesse, de santé. ♦ **Mar.** Vent très faible qui commence après un calme plat.

FRAÎCHIN ou **FRAICHIN**, ■ n.m. [fʀɛʃɛ̃] (altération du moy. fr. *freschume*, odeur de poisson frais, de *fresc, fresche*, anc. forme de 2 *frais*) Odeur caractéristique de la marée. *Un vent chargé de fraîchin.*

FRAÎCHIR ou **FRAICHIR**, v. intr. [fʀɛʃiʀ] (2 *frais*) **Mar.** Devenir plus fort, en parlant du vent. ♦ **Impers.** *Il fraîchit.* ■ Devenir plus frais, plus froid. *Prends un pull, le temps fraîchit.*

FRAIRIE, n.f. [fʀeʀi] (lat. *fratria*, du gr. *phratria*) Partie de bonne chère et de divertissement. *Être de frairie.*

1 **FRAIS**, n.m.pl. [fʀɛ] (b. lat. *fractum*, dépense, de *frangere*, briser, affaiblir) Argent qu'on emploie à quelque chose ; ce que coûte une chose. ◁ ♦ *À peu de frais*, sans dépenser beaucoup d'argent, et fig. sans embarras, sans peine. ♦ ▷ *Faire les frais d'une chose*, fournir l'argent qu'elle exige, et fig. faire les frais de quelque chose, fournir la matière principale de quelque chose, contribuer le plus à quelque chose. *Faire les frais de la conversation.* ◁ ♦ **Fig.** *Faire les frais, faire les premiers frais*, faire les avances, solliciter le premier. ◁ ♦ **Absol.** *Faire des frais pour quelqu'un*, lui faire des avances d'argent. ♦ ▷ *Se mettre en frais*, faire, à quelque occasion, plus de dépense que de coutume. ◁ ♦ ▷ **Fig.** Faire des efforts pour réussir, pour plaire. *Se mettre en frais d'amabilité.* ◁ ♦ **Fig.** *En frais pour ses frais*, ne pas obtenir ce pour quoi on avait fait de avances. ♦ ▷ *Sur nouveaux frais*, en considérant tout ce qu'on avait fait comme nul ; de nouveau, derechef. ◁ ♦ **Dr.** Déboursés et émoluments accordés par tarifs aux officiers ministériels. ♦ *Faux frais*, dépenses qui n'entrent pas en taxe, et dans le langage général, toutes les menues dépenses qui accompagnent une dépense principale. ♦ Se dit, à certains jeux, tels que le billard, la paume, etc., de la dépense qu'on y fait. ■ *Frais généraux*, ensemble des dépenses inhérentes au fonctionnement général d'une entreprise, qui ne peuvent être classées dans une catégorie spécifique. ■ *À grands frais*, en dépensant beaucoup d'argent ; fig. en déployant beaucoup d'énergie. ♦ **Fam.** *Arrêter les frais*, cesser une action qui n'apporte que des inconvénients.

2 **FRAIS, AÎCHE** ou **FRAIS, AICHE**, adj. [fʀɛ, ɛʃ] (anc. fr. *fresc*, du germ. *frisk*, récent, frais) Qui est d'une température intermédiaire entre le chaud et le froid. *Un vent frais. Une cave fraîche.* ♦ ▷ *Une robe fraîche, un habit frais*, robe, habit qui ne tient pas chaud. ◁ ♦ **Mar.** *Vent frais*, vent assez fort qui est favorable à la navigation. ♦ **N.m.** *Joli frais, bon frais, grand frais.* ♦ Nouvellement fait, produit. *Des traces toutes fraîches.* ♦ **Fig.** *La plaie est encore fraîche*, se dit d'une vive affliction que le temps n'a pas encore adoucie. ♦ Qui n'est pas encore séché. *Écriture fraîche.* ♦ *Pain frais*, par opposition à *pain rassis*, pain conservant encore la mollesse qu'il a en sortant du four dans la mie, et dans la croûte la dureté cassante. ♦ *Noix fraîches*, les noix qui ne sont pas desséchées. ♦ *Qui n'est ni salé, ni fumé. Du porc, du beurre frais.* ♦ Qui est de date récente. *Nouvelles fraîches.* ♦ *Avoir le souvenir frais, la mémoire fraîche de quelque chose*, en avoir un souvenir très présent. ♦ ▷ *Être frais de quelque chose*, en avoir la mémoire récente. ◁ ♦ *Il est encore tout*

frais du collège, il ne fait que d'en sortir. ♦ Qui n'a souffert aucune altération par l'effet du temps. *Poisson frais.* ♦ Qui a conservé l'éclat que donne l'état frais, récent, qui ne s'est point flétri. *Des roses fraîches.* ♦ **Fig.** Il se dit de ce que l'on compare au lustre, à l'éclat des fleurs. *Cette jeune personne est fraîche comme une rose. Des étoffes fraîches.* ♦ **Peint.** *Coloris frais.* ♦ Qui a un certain air de jeunesse et de vigueur. *Un vieillard encore frais.* ♦ Qui n'est pas fatigué ou qui n'est plus fatigué. *Des chevaux frais. J'ai dormi une heure, je suis frais.* ♦ *Troupes fraîches*, troupes qui ne sont point encore fatiguées, qui n'ont point encore donné. ♦ **Ironiq.** Qui est dans un grand embarras. *Vous avez perdu votre argent au jeu, vous voilà frais !* ■ LE FRAIS, n.m. Air frais, température fraîche. ♦ **Plais.** *Mettre quelqu'un au frais*, le mettre en prison. ♦ **Adv.** *Il fait frais. Boire frais.* ♦ *Frais*, construit avec un participe, signifie tout nouvellement, et bien qu'il soit adverbe, s'accorde avec son substantif en genre et en nombre. *Une maison toute fraîche bâtie. Des roses fraîches cueillies.* ♦ ▷ *De frais*, tout récemment. ◁ ♦ **Pop.** *À la fraîche*, au moment de la journée où il fait frais. ♦ *Prendre le frais*, passer un moment à l'extérieur, ou dans un endroit plus frais. *Par cette chaleur, il ferait bon prendre le frais à la piscine.* ■ REM. Aujourd'hui, *à la fraîche* n'est plus jugé comme populaire.

FRAISAGE, ■ n.m. [fʀezaʒ] (3 *fraiser*) Usinage d'une pièce de métal, de bois au moyen d'une fraise. *Le fraisage du trou d'une vis. Le fraisage modifie une pièce par enlèvement de matière.*

1 **FRAISE**, n.f. [fʀez] (lat. pop. *fraga*, plur. de *fragum*) Fruit du fraisier. ■ **Par extens.** Tache naturelle qui affecte la forme d'une fraise. ■ **Fam.** *Ramener sa fraise*, intervenir quand on ne vous le demande pas. ■ **Fam.** *Sucrer les fraises*, être très âgé, agité par des tremblements. ■ REM. La fraise, d'un point de vue botanique, n'est pas le fruit du fraisier, mais un organe reproducteur.

2 **FRAISE**, n.f. [fʀez] (prob. lat. *fresus*, de *frendere*, écraser, à cause des plis que présente cette membrane.) **Cuis.** Le mésentère du veau, de l'agneau.

3 **FRAISE**, n.f. [fʀez] (prob. 2 *fraise*, par analogie de forme) Sorte de collet double et à godrons qu'on portait au XVIe siècle et au commencement du XVIIe. ♦ *La fraise du dindon*, la chair rouge qui lui pend sous le bec. ♦ **Fortif.** Palissades plantées dans le talus extérieur du parapet et inclinées à l'horizon.

4 **FRAISE**, ■ n.f. [fʀez] (2 *fraise*, par analogie de forme) Outil dont la rotation rapide permet d'usiner des pièces de bois, de métal, etc. ■ Instrument, muni d'une petite roue, dont se sert le dentiste pour soigner les dents cariées.

FRAISÉ, ÉE, ■ p.p. de fraiser. [fʀeze]

1 **FRAISER**, v. tr. [fʀeze] (3 *fraiser*) Plisser en forme de fraise. ♦ **Fortif.** Garnir un bastion d'une fraise.

2 **FRAISER** ou **FRASER**, v. tr. [fʀeze, fʀaze] (lat. *fresus*, de *frendere*, broyer, écraser) *Fraiser la pâte*, la pétrir.

3 **FRAISER**, ■ v. tr. [fʀeze] (4 *fraise*) Usiner une pièce au moyen d'une fraise.

FRAISERAIE, ■ n.f. [fʀez(ə)ʀɛ] (1 *fraise*) Lieu planté de fraisiers. *Recouvrir sa fraiseraie d'une couche de feuilles. La fraiseraie vient d'ouvrir au public.*

FRAISETTE, n.f. [fʀezɛt] (3 *fraise*) Petite fraise, manchette.

FRAISEUR, EUSE, ■ n.m. et n.f. [fʀezœʀ, øz] (4 *fraise*) Ouvrier, ouvrière en métallurgie ou en menuiserie spécialisé(e) dans le fraisage des matériaux. *Un tourneur-fraiseur.* ■ N.f. Machine-outil servant au fraisage des matériaux.

FRAISICULTEUR, TRICE, ■ n.m. et n.f. [fʀezikyltœʀ, tʀis] (1 *fraise* et *-culteur*) Personne qui cultive et vend des fraises. ■ FRAISICULTURE, n.f. [fʀezikyltyʀ]

FRAISIER, n.m. [fʀezje] (1 *fraise*) Plante de la famille des rosacées, à fleurs blanches et qui produit les fraises. ♦ *Fraisier en arbre*, l'arbousier. ■ Gâteau garni de crème et de fraises.

FRAISIÈRE, n.f. [fʀezjɛʀ] (*fraisier*) Terrain planté de fraisiers. ■ REM. Terme employé aujourd'hui encore au Canada et en Belgique, alors qu'en France on emploie plutôt *fraiseraie*.

FRAISIL, n.m. [fʀezil] (on prononce le *l* final ; altération de l'anc. fr. *fesil, faisil*, mâchefer, du lat. pop. *facilis*, du lat. *fax, facis*, torche) Nom que les serruriers et autres artisans en fer donnent à la cendre du charbon de terre qui demeure dans la forge. ■ REM. On prononçait autrefois [fʀezi] sans faire entendre le *l*.

FRAISURE, ■ n.f. [fʀezyʀ] (4 *fraise*) **Techn.** Ouverture en forme de cône pratiquée à l'aide d'une fraise.

FRAMBOISE, n.f. [fʀɑ̃bwaz] (anc. b. frq. *brambasi*, mûre de ronce) Le fruit du framboisier. ■ Liqueur de framboise. *Boire un verre de framboise en digestif.*

FRAMBOISÉ, ÉE, p. p. de framboiser. [fʀɑ̃bwaze]

FRAMBOISER, v. tr. [fʀɑ̃bwaze] (*framboise*) Aromatiser avec de la framboise.

FRAMBOISIER, n. m. [fʀɑ̃bwazje] (*framboise*) Arbrisseau épineux de la famille des rosacées, du genre ronce, qui produit la framboise. ▪ Gâteau garni de crème et de framboises.

FRAMÉE, n. f. [fʀame] (lat. *framea*) Arme des anciens Francs, qui était une espèce de lance à fer très long.

1 **FRANC**, n. m. [fʀɑ̃] (orig. disc. ; p.-ê. abrév. de *Francorum rex*, inscription figurant sur les pièces) Anciennement, synonyme de la livre tournois valant 20 sous. ♦ ▷ Aujourd'hui, pièce d'argent alliée d'un 165/1 000 de cuivre, pesant cinq grammes, unité monétaire du système décimal. ◁ ♦ ▷ *Au marc le franc* ou *au centime le franc*, proportionnellement à ce que chacun doit ou à ce qui est dû à chacun. ◁ ▪ Unité monétaire de différents pays. *Le franc suisse, le franc CFA.* ▪ **Fam.** *Trois francs six sous*, somme dérisoire. ▪ **REM.** Le franc n'a plus cours auj. en France, il a été remplacé par l'euro depuis le 17 février 2002.

2 **FRANC, ANCHE**, adj. [fʀɑ̃, ɑ̃ʃ] (le *c* ne se prononce qu'en liaison ; lat. médiév. *francus*, homme libre) Qui jouit de sa liberté. *Un esclave en entrant en France devient franc et libre.* ♦ *Corps francs,* Voy. CORPS. ♦ *Coudées franches,* Voy. COUDÉE. ♦ ▷ Qui n'a point souffert de dommage. « *Échappé, Non pas franc, car pour gage il y laissa sa queue* », LA FONTAINE. ◁ ♦ Exempt d'impôts, de charges, de charges. ♦ **Fig.** *Être franc de,* exempt de. *Franc d'ambition.* ♦ *Port franc,* port où les marchandises jouissent de la franchise des droits d'entrée et de sortie. ♦ *Villes franches,* celles qui ne payaient pas la taille. ♦ **Fig.** *Part franche,* celle à laquelle on a droit sans payer. ♦ Dont on a payé d'avance le transport. *Une lettre franche de port.* ♦ *Franc de port* se dit adverbialement. *Une bourriche franc de port.* ♦ **Fig.** Qui dit ouvertement ce qu'il pense, qui agit conformément à ce qu'il dit. ♦ Il se dit des choses. *Une conduite, des manières franches.* ♦ Qui a les qualités requises, sans mélange. *Drogue franche. Vin franc.* ♦ *Terre franche,* bonne terre végétale sans cailloux. **Peint.** et **sculpt.** *Dessin, pinceau, ciseau franc,* net et hardi. ♦ **Mar.** *Vent franc,* vent dont la direction et la force ne varient pas. ♦ Vrai, véritable (mais avec une nuance ironique). *Ce qu'il vous dit est une franche sottise.* « *Ces francs pêcheurs, pêcheurs endurcis* », PASCAL. ♦ ▷ *Un franc Breton, un franc Picard,* un homme qui a pleinement les qualités et les défauts des gens de ces provinces. ◁ ♦ Sert à renforcer certains termes injurieux. *De francs ivrognes. Un franc animal.* ♦ Entier, complet, en parlant de choses. *Huit jours francs.* ♦ **Escrime** *Botte franche,* coup de fleuret porté net et qui n'a pu être paré. ♦ *Avoir un jeu (manière de jouer) franc,* avoir un jeu bien dessiné et sans timidité. ♦ **Fig.** *Y aller de franc jeu,* y aller pour tout de bon, sans arrière-pensée. ♦ **Hortic.** Qui n'a pas été greffé. ♦ *Un arbre franc de pied* ou simplement *arbre franc,* arbre qui, sans avoir besoin d'être greffé, produit une bonne espèce de fruit. ♦ On le dit des fruits mêmes. *Noisettes franches.* ♦ *Cheval franc du collier,* Voy. COLLIER. ♦ **Héral d.** *Franc canton,* pièce à dextre dans un carré. ♦ **Adv.** Ouvertement, résolument, sans rien déguiser ; dit de qu'avec *tout un peu. Je vous dirai tout franc que,* etc. ♦ *Franc et net,* même sens. ♦ ▷ *Franc-pensant* s'est dit pour *libre penseur.* « *Tous les franc-pensants* », VOLTAIRE. ◁ ♦ Entièrement, sans qu'il y manque rien. *Il sauta le fossé franc, tout franc.* ♦ Avec exemption de toutes charges, peines, dettes, etc.

3 **FRANC, ANQUE**, n. m. et n. f. [fʀɑ̃, ɑ̃k] (b. lat. *Franci,* les Francs, de l'anc. b. frq. *Frank*) ▷ Nom générique des Européens dans les ports du Levant. ◁ ♦ **Adj.** *Langue franque,* jargon mêlé d'italien, d'espagnol, etc. à l'usage des Francs d'Orient. ◁ ▪ **N. m.** et n. f. Nom des peuples germaniques qui envahirent le nord-ouest de l'Empire romain à partir du IIIᵉ siècle apr. J.-C. *Clovis, roi des Francs.* ▪ **Adj.** *Les peuples francs.*

FRANÇAIS, AISE, adj. [fʀɑ̃sɛ, ɛz] (*Franc*) Qui est de France. *Le territoire, le caractère français.* ♦ *Théâtre Français,* théâtre de Paris consacré spécialement à la représentation des tragédies et des comédies. ♦ On dit, dans le même sens, au pluriel, *les Français.* ♦ *Théâtre français,* l'ensemble de toutes les pièces dramatiques qui ont eu du succès sur nos théâtres. ♦ **N. m.** et n. f. Celui, celle qui est née en France. ♦ **Collect.** « *Le Français, né malin, forma le vaudeville* », BOILEAU. ♦ **N. m.** *Le français,* la langue française. ♦ ▷ *Entendre le français,* comprendre la langue française, et fig. comprendre à demi-mot. ◁ ♦ *En bon français,* clairement, franchement, sans ménagement. ♦ **Adj.** *Ce qui n'est pas clair n'est pas français.* ♦ *Cela n'est pas français,* se dit d'un propos contraire à l'honneur, au sentiment national. ♦ **Adv.** *Parler français,* s'exprimer en langage français, et fig. s'expliquer clairement, intelligiblement. ♦ ▷ *Parler français à quelqu'un,* lui parler avec autorité et d'un ton menaçant. ◁ ♦ *À la française,* à la manière des Français. *S'habiller à la française.* ▪ **N. m.** *Le français de Belgique, du Québec, etc.,* la langue française telle qu'on la parle dans ces pays, ces régions. ▪ **N. m.** et n. f. Personne qui habite en France, qui est originaire de France. *Les Français.*

FRANC-ALLEU, n. m. [fʀɑ̃kalø] Voy. ALLEU.

FRANCATU, n. m. [fʀɑ̃katy] (orig. inc. ; p.-ê. angev.) Espèce de pomme qui se conserve longtemps. ▪ **Au pl.** *Des francatus.*

FRANC-BORD, n. m. [fʀɑ̃bɔʀ] (2 *franc* et *bord*) Terrain laissé libre sur le bord et le long d'une rivière, d'un canal. ♦ **Mar.** Bordage qui couvre un vaisseau de la quille à la préceinte. ♦ **Au pl.** *Des francs-bords.*

FRANC-BOURGEOIS, ▪ n. m. [fʀɑ̃buʀʒwa] (2 *franc* et *bourgeois*) **Hist.** Au Moyen Âge, citoyen d'une ville qui n'avait pas à s'acquitter des charges municipales. *Des francs-bourgeois.*

FRANC-COMTOIS, OISE, ▪ adj. [fʀɑ̃kɔ̃twa, waz] (*Franche-Comté*, région de l'Est de la France) De la Franche-Comté. *Les spécialités fromagères franc-comtoises.* ▪ **N. m.** et n. f. *Un Franc-Comtois, une Franc-Comtoise, les Francs-Comtois, les Franc-Comtoises.*

FRANC-ÉTABLE (DE), loc. adv. [fʀɑ̃ketabl] Voy. ÉTABLE.

FRANC-FIEF, n. m. [fʀɑ̃fjɛf] Voy. FIEF.

FRANC-FUNIN, n. m. [fʀɑ̃fynɛ̃] Voy. FUNIN.

FRANCHEMENT, adv. [fʀɑ̃ʃ(ə)mɑ̃] (2 *franc, franche*) Avec exemption de toutes charges, dettes, etc. ♦ Avec franchise. *Parlez franchement.* ♦ D'une manière résolue et précise, sans hésiter ni se retenir. ♦ **Fig.** *Se prononcer franchement pour une opinion.*

FRANCHI, IE, p. p. de franchir. [fʀɑ̃ʃi]

FRANCHIPANE, n. f. [fʀɑ̃ʃipan] Voy. FRANGIPANE.

FRANCHIR, v. tr. [fʀɑ̃ʃiʀ] (2 *franc, franche*) Traverser résolument, franchement des passages difficiles, de grands espaces. ♦ *Franchir les limites, franchir les bornes,* passer au-delà des bornes. ♦ **Fig.** *Franchir les bornes du savoir, de la pudeur.* ♦ Passer en sautant par-dessus quelque chose. *Franchir une barrière.* ♦ **Mar.** *Franchir une barre, un écueil,* les passer sans échouer. ♦ *Franchir la lame,* s'élever sur la lame et la descendre facilement. ♦ **Fig.** Il se dit de ce que l'on compare à des passages difficiles, à des obstacles que l'on franchit. *Franchir les difficultés, les obstacles.* ♦ **V. intr. Mar.** *La pompe franchit,* quand elle donne plus d'eau que le vaisseau n'en reçoit. ♦ *Le vent franchit,* quand il commence à devenir favorable. ♦ *Se franchir,* v. pr. Être franchi.

FRANCHISAGE, ▪ n. m. [fʀɑ̃ʃizaʒ] (adaptation de l'angl. *franchising*) Système par lequel une société concède à des entreprises indépendantes, moyennant une redevance, le droit de se présenter sous sa raison sociale et sa marque pour vendre des produits ou services.

FRANCHISE, n. f. [fʀɑ̃ʃiz] (2 *franc, franche*) État de celui qui n'est assujetti à aucun maître ; liberté. ♦ ▷ *Les franchises d'un pays, d'une ville,* les droits que possède un pays, une ville, et qui limitent l'autorité souveraine. ◁ ♦ ▷ Immunité, exemption. *Jouir de certaines franchises.* ◁ ♦ *La franchise d'un lieu,* l'avantage dont il jouit de recevoir les marchandises étrangères franches de toute taxe. ♦ *Franchise des lettres,* exemption de droits de poste accordée à certaines lettres. ♦ ▷ Droit d'asile attaché à certains lieux. ◁ ♦ ▷ Le lieu même de la franchise. ◁ ♦ Sincérité avec laquelle on parle à autrui. ♦ *Franchise de pinceau, franchise de burin,* travail facile et hardi du pinceau, du burin. ▪ Somme qui reste à la charge d'un assuré lors du remboursement d'un sinistre.

FRANCHISÉ, ÉE, ▪ adj. [fʀɑ̃ʃize] (*franchiser*) Qui est lié à une société mère par un contrat de franchisage. ▪ **N. m.** et n. f. *Un franchisé, une franchisée.*

FRANCHISER, ▪ v. tr. [fʀɑ̃ʃize] (radic. de *franchisage*) Lier par un contrat de franchisage. *Franchiser son entreprise.*

FRANCHISEUR, EUSE, ▪ n. m. et n. f. [fʀɑ̃ʃizœʀ, øz] (*franchiser*) Société mère qui concède un droit de représentation de sa marque par un contrat de franchisage.

FRANCHISSABLE, adj. [fʀɑ̃ʃisabl] (radic. du p. prés. de *franchir*) Qu'on peut franchir.

FRANCHISSEMENT, ▪ n. m. [fʀɑ̃ʃis(ə)mɑ̃] (radic. du p. prés. de *franchir*) Fait de dépasser un obstacle ou une limite. *Le franchissement d'une frontière, de la ligne blanche.*

FRANCHOUILLARD, ARDE, ▪ adj. [fʀɑ̃ʃujaʀ, aʀd] (*français,* et p.-ê. *ch[auvin]* et suff. péjoratif *-ouillard*) Qui relève de la bonhomie et de la camaraderie typiquement françaises. *Un ton franchouillard.*

FRANCIEN, IENNE, ▪ adj. [fʀɑ̃sjɛ̃, jɛn] (*France*) Relatif à une région, constituée au Moyen Âge de l'Île-de-France et de l'Orléanais. ▪ **N. m.** Dialecte roman parlé dans ce même espace géographique durant cette même période historique.

FRANCILIEN, IENNE, ▪ adj. [fʀɑ̃siljɛ̃, jɛn] (*Île-de-France*) Relatif à la région Île-de-France. ▪ **N. m.** et n. f. *Un Francilien, une Francilienne.*

FRANCIQUE, ▪ n. m. [fʀɑ̃sik] (b. lat. *francicus,* des Francs) Langue des Francs constituée par un substrat de dialectes du germanique occidental. *Le francique supérieur et le francique moyen.*

FRANCISABLE, ■ adj. [fʀɑ̃sizabl] (*franciser*) Que l'on peut franciser. *Un mot difficilement francisable.* ■ **Spécialt Inform.** Se dit d'un logiciel que l'on peut obtenir dans une version française.

FRANCISATION, n. f. [fʀɑ̃sizasjɔ̃] (*franciser*) **Dr.** Acte qui constate la nationalité d'un navire français. ♦ Action de franciser. *La francisation d'un mot latin.*

FRANCISCAIN, n. m. [fʀɑ̃siskɛ̃] (lat. médiéval *Franciscus*, François) Religieux de l'ordre de Saint-François d'Assise. ♦ Adj. *Un moine franciscain.* ■ Au f. *La mission franciscaine.*

FRANCISÉ, ÉE, p. p. de franciser. [fʀɑ̃size]

FRANCISER, v. tr. [fʀɑ̃size] (radic. de *français*) Donner la forme française à un mot étranger. ♦ Donner les manières françaises. *Racine a francisé les héros de l'Antiquité.* ♦ Se franciser, v. pr. Devenir français. ♦ Prendre les manières françaises. ■ FRANCISANT, ANTE, adj. [fʀɑ̃sizɑ̃, ɑ̃t]

FRANCISQUE, n. f. [fʀɑ̃sisk] (b. lat. [*securis*] *francisca*, hache franque) Hache d'armes que portaient les Francs.

FRANCITÉ, ■ n. f. [fʀɑ̃site] (*France*) Propriété de ce qui est français.

FRANCIUM, ■ n. m. [fʀɑ̃sjɔm] (*France*, pays de son inventeur, Marguerite Perey) **Chim.** Élément radioactif de la famille des alcalins et de numéro atomique 87. *Le francium, découvert en 1937 et d'abord nommé* actinium, *se trouve dans les minerais d'uranium.*

FRANC-MAÇON, ONNE, n. m. et n. f. [fʀɑ̃masɔ̃, ɔn] (adaptation de l'angl. *freemason*, libre maçon ; membre d'une confrérie de bâtisseurs au Moyen Âge) Personne qui est initiée à la franc-maçonnerie. *Une loge de francs-maçons.* ♦ Adj. *Une loge franc-maçonne.* ■ Au f. pl. *Des franc-maçonnes.*

FRANC-MAÇONNERIE, n. f. [fʀɑ̃masɔn(ə)ʀi] (*franc-maçon*) Association secrète et philanthropique, qui fait un emploi symbolique des instruments à l'usage de l'architecte et du maçon, et dont les lieux de réunion sont appelés *loges*. ♦ **Fig.** Sentiment de sympathie qui naît facilement entre gens de même profession, de mêmes idées. ■ Au pl. *Des franc-maçonneries.*

FRANC-MAÇONNIQUE, ■ adj. [fʀɑ̃masɔnik] (*franc-maçon*) Qui a trait à la franc-maçonnerie. *Les symboles francs-maçonniques.*

1 FRANCO, adv. [fʀɑ̃ko] (ital. [*porto*] *franco*) **Comm.** Sans frais de transport. *Vous recevrez ce paquet franco* ou, plus souvent, *franco de port.* ■ **Fam.** Franchement. *Y aller franco.*

2 FRANCO..., ■ [fʀɑ̃ko] Préfixe tiré du radical de *français* qui marque le rapport entre la France et une autre nation. *Une production franco-italienne. Des accords franco-marocains.*

FRANCO-FRANÇAIS, AISE, ■ adj. [fʀɑ̃kofʀɑ̃sɛ, ɛz] (*franco-* et *français*) **Fam. et ironiq.** Propre à la France, aux Français, de façon exclusive. *Des polémiques toutes franco-françaises.* ♦ Qui caractérise une relation entre deux entités françaises. *Les restructurations franco-françaises avaient pour objectif de permettre aux groupes français de faire face à leurs concurrents européens.*

FRANCOLIN, n. m. [fʀɑ̃kolɛ̃] (ital. *francolino* ; p.-ê. de *franco*, libre, courageux) Oiseau de la famille des sylvains, qui est de la grosseur du faisan.

FRANCOPHILE, ■ adj. [fʀɑ̃kofil] (*franco-* et *-phile*) Qui témoigne d'une forte sympathie à l'égard de la France, des Français, ainsi que de leur langue et de leur culture. ■ N. m. et n. f. Personne qui aime la France, les Français, et, d'une manière générale, tout ce qui s'y rapporte. ■ FRANCOPHILIE, n. f. [fʀɑ̃kofili]

FRANCOPHOBE, ■ adj. [fʀɑ̃kofɔb] (*franco-* et *-phobe*) Qui éprouve de l'aversion pour les Français, leur culture et leur mode de vie. ■ N. m. et n. f. *Un, une francophobe* ■ FRANCOPHOBIE, n. f. [fʀɑ̃kofobi]

FRANCOPHONE, ■ adj. [fʀɑ̃kofɔn] (*franco-* et *-phone*) Qui parle français. *Sa mère est francophone et son père anglophone.* ■ Qui appartient à la francophonie. *L'Afrique, la Belgique francophone.* « *Nous acceptons francophones tous ceux qui sont ou semblent destinés à rester ou à devenir participants de notre langue* », ONÉSIME RECLUS. ■ N. m. et n. f. *Les francophones de Suisse, du Canada.*

FRANCOPHONIE, ■ n. f. [fʀɑ̃kofoni] (*francophone*) Ensemble de l'espace linguistique (et de l'espace géographique ou politique qui s'y rapporte) dont la langue officielle ou dominante est le français.

FRANCO-PROVENÇAL, ALE, ■ adj. [fʀɑ̃koprovɑ̃sal] (*franco-* et *provençal*) **Ling.** Qui concerne l'ensemble des dialectes du Dauphiné, de la Suisse romande et des régions qui leur sont proches. *Les locuteurs franco-provençaux.* ■ N. m. Dialecte franco-provençal.

FRANC-PARLER, ■ n. m. [fʀɑ̃paʀle] (2 *franc* et 2 *parler*) Manière directe et libre, parfois brutale envers l'interlocuteur, d'exprimer son opinion ou son sentiment intime. « *Il ne parlait pas souvent le René mais quand il se décidait, il avait son franc-parler* », LANZMANN. *Des francs-parlers.*

FRANC-PARLEUR, ■ n. m. [fʀɑ̃paʀlœʀ] (*franc* et *parleur*) Personne qui a son franc-parler. *Une conversation entre deux francs-parleurs.*

FRANC-QUARTIER, n. m. [fʀɑ̃kaʀtje] Voy. QUARTIER.

FRANC-RÉAL, n. m. [fʀɑ̃real] (2 *franc*, sans greffe, et *réal*, royal) Espèce de poire. *Le franc-réal d'été.* ♦ Au pl. *Des francs-réals.*

FRANC-SALÉ, n. m. [fʀɑ̃sale] (2 *franc* et *salé* ▷ Droit de prendre à la gabelle certaine quantité de sel sans payer la taxe. ■ Au pl. *Des francs-salés.* ◁

FRANC-TIREUR, n. m. [fʀɑ̃tiʀœʀ] (2 *franc* et *tireur*) Soldat de certains corps pendant les guerres de la Révolution et la guerre de la France contre la Prusse en 1870. ♦ Au pl. *Des francs-tireurs.* ■ Combattant qui intervient en dehors de toute armée régulière. ■ **Fig.** Personne qui agit de façon indépendante. *Elle a toujours été considérée comme le franc-tireur de l'équipe.* ■ Adj. inv. en genre. *Une députée franc-tireur.*

FRANGE, n. f. [fʀɑ̃ʒ] (lat. pop. *frimbia*, du lat. *fimbria*) Bande d'un tissu étroit d'où pendent des filets et qui sert à orner les robes, les meubles, les parements d'église, etc. ■ Bande de cheveux coupés droit qui couvrent le front. ■ Ce qui est à la limite. *Une population repoussée aux franges de la capitale.* ■ Minorité. *Cette mesure concerne une petite frange de la population.*

FRANGÉ, ÉE, p. p. de franger. [fʀɑ̃ʒe] **Hérald.** *Gonfanons frangés*, gonfanons qui ont des franges d'un autre émail. ♦ **Hist. nat.** Découpé sur les bords. ♦ N. m. *Un frangé.*

1 FRANGER, v. tr. [fʀɑ̃ʒe] (*frange*) Garnir, orner de franges.

2 FRANGER ou **FRANGIER**, n. m. [fʀɑ̃ʒe, fʀɑ̃ʒje] (*frange*) ▷ Ouvrier qui fait de la frange. ◁

FRANGIBILITÉ, n. f. [fʀɑ̃ʒibilite] (*frangible*) Qualité de ce qui est frangible.

FRANGIBLE, adj. [fʀɑ̃ʒibl] (lat. *frangere*, briser) Qui est susceptible d'être rompu.

FRANGIN, INE, ■ n. m. et n. f. [fʀɑ̃ʒɛ̃, in] (orig. incert. ; altération de *frère* ; p.-ê. sous infl. de *franc*) **Fam.** Frère, sœur. ■ Ami, camarade digne de confiance.

FRANGIPANE, n. f. [fʀɑ̃ʒipan] (marquis de *Frangipani*, créateur d'un parfum à base d'amandes amères au XVIᵉ s.) Espèce de parfum. *Pommade à la frangipane.* ♦ Sorte de liqueur parfumée. ♦ *Gants à la frangipane*, gants faits avec une peau parfumée. ♦ Genre de crème dont on se sert pour garnir ou foncer certaines pièces de pâtisserie. *Tarte à la frangipane* ou *de frangipane.* ♦ La tarte elle-même. ♦ Genre de poire. ♦ On a dit aussi *franchipane.*

FRANGIPANIER, n. m. [fʀɑ̃ʒipanje] (*frangipane*, l'odeur des fleurs de cet arbuste rappelant celle de la frangipane) Arbrisseau des îles d'Amérique qui a des rapports avec le laurier-rose et qui donne un suc laiteux et fort caustique.

FRANGLAIS, ■ n. m. [fʀɑ̃glɛ] (mot-valise formé de *français* et *anglais*) Discours mêlant au français un nombre important de termes de langue anglaise non intégrés à la langue française.

FRANQUE, adj. f. [fʀɑ̃k] Voy. FRANC.

FRANQUETTE, n. f. [fʀɑ̃kɛt] (2 *franc*) ▷ Usité seulement dans cette locution familière : *à la franquette*, *à la bonne franquette*, c'est-à-dire tout uniment, franchement. ◁ ■ **Fam.** *À la bonne franquette*, de façon simple, sans se soucier des convenances. *Ici, on dîne à la bonne franquette.*

FRANQUISME, ■ n. m. [fʀɑ̃kism] (Francisco *Franco*, 1892-1975, dictateur espagnol) Régime politique totalitaire fondé sur une dictature militaire, mis en place en Espagne en 1939 par Franco. ■ Doctrine idéologique de ce régime, proche du fascisme. ■ FRANQUISTE, n. m. et n. f. et adj. [fʀɑ̃kist]

FRANSQUILLON, ■ n. m. [fʀɑ̃skijɔ̃] (wall. *franskilion*, qui affecte les manières et le langage des Français) **Péj. Belg.** Flamand francophile et qui parle le français avec affectation.

FRANSQUILLONNER, ■ v. intr. [fʀɑ̃skijɔne] (*fransquillon*) **Péj. Belg.** Parler le français avec affectation, pour un Flamand.

FRAPPANT, ANTE, adj. [fʀapɑ̃, ɑ̃t] (*frapper*) Qui fait une vive impression sur l'esprit et les sens. *Portrait frappant. Vérité frappante.*

FRAPPE, n. f. [fʀap] (*frapper*) Empreinte que le balancier laisse sur la monnaie. ♦ Assortiment de matrices pour fondre des caractères d'imprimerie. ■ Action de frapper un texte à la machine. *Faute de frappe.* ■ Bombardement. *Forces de frappe. Frappe aérienne.*

FRAPPÉ, ÉE, p. p. de frapper. [fʀape] *Drap bien frappé*, drap fort serré. ♦ Qui reçoit une empreinte par le coup du balancier. *Pièce de monnaie bien frappée.* ♦ **Fig.** *Un ouvrage frappé au bon coin*, un bon ouvrage. ♦ Rafraîchi par le moyen de la glace. *Du champagne frappé.* ♦ N. m. **Mus.** Temps de la mesure dans lequel on baisse le pied ou la main, ou le bâton de mesure, et qui marque la note la plus forte. ♦ **Adj.** *Le temps frappé.* ■ **Fam.** Qui a l'esprit dérangé. *Il est frappé ou quoi ?*

FRAPPEMENT, n. m. [fʀap(ə)mɑ̃] (*frapper*) Action de frapper. ♦ *Le frappement du rocher,* l'action de Moïse frappant le rocher.

FRAPPER, v. tr. [fʀape] (onomat. *frap-*, choc brutal) Donner un ou plusieurs coups. ♦ *Se frapper,* frapper à soi. *Se frapper le sein.* ♦ *Frapper un coup,* donner un coup sur quelque chose, et fig. faire quelque tentative violente, périlleuse. ♦ *Frapper les grands coups,* employer les grands moyens, faire quelque chose d'extraordinaire. ♦ *Frapper l'air,* ébranler l'air par la commotion d'un bruit. ♦ Battre et serrer sur le métier la trame d'une toile, etc. ♦ **Techn.** Donner l'empreinte. *Frapper de la monnaie.* ♦ **Fig.** *Bien frapper un vers,* le marquer d'une vive empreinte. ♦ Frapper avec un instrument tranchant ou avec une arme. ♦ **Absol.** « *Il frappe et le tyran tombe aussitôt sans vie* », P. Corneille. ♦ *Frapper de glace* ou simplement *frapper,* rafraîchir très promptement du vin, une liqueur avec de la glace. ♦ Se porter vers, darder sur. *La lumière frappe ce mur.* ♦ Faire impression sur les organes de la vue ou de l'ouïe. ♦ **Fig.** *Frapper les yeux,* attirer l'attention. ♦ Faire impression sur l'esprit ou le cœur. ♦ **Absol.** « *Voilà ce qui surprend, frappe, saisit, attache* », Boileau. ♦ Il se dit des coups du sort, des afflictions divines. *La main de Dieu m'a frappé.* ♦ **Absol.** « *Tu frappes, tu guéris, tu perds et ressuscites* », Racine. ♦ Faire mourir. *Dieu frappa tous les premiers-nés des Égyptiens.* ♦ Punir. Affecter, affliger. ♦ Il se dit des maladies. *Il a été frappé d'apoplexie.* ♦ **Dr.** Être établi, assigné sur. *Cette hypothèque frappe tous les biens du débiteur.* ♦ **Absol.** *Son hypothèque frappe sur tel immeuble.* ♦ **Admin.** *Frapper les marchandises d'un droit à l'entrée, à la sortie.* ♦ **V. intr.** Donner un coup. *Frapper dans la main, du pied.* ♦ *Frapper à une porte* ou simplement *frapper,* frapper pour la faire ouvrir. ♦ **Fig.** *Frapper à toutes les portes,* s'adresser à toutes sortes de personnes. ♦ **Fig.** *Frapper à,* s'approcher de. ◁ ♦ ▷ *Frapper à la borne,* atteindre la limite. ◁ *L'heure a frappé,* elle a sonné. ♦ Se frapper, v. pr. Se donner un coup. ♦ Se porter un coup d'une arme. ♦ Se frapper réciproquement. ♦ S'affecter de terreur ou de crainte. ♦ Être frappé, en parlant du vin qu'on rafraîchit par la glace. ■ Écrire à l'aide d'un clavier. *Placez votre curseur à l'endroit où vous voulez frapper votre texte.* ■ Rem. On dit plus couramment *taper.*

FRAPPEUR, EUSE, n. m. et n. f. [fʀapœʀ, øz] (*frapper*) ▷ **Fam.** Celui, celle qui frappe. ◁ ♦ ▷ Ouvrier forgeron. ◁ ♦ **Adj.** *Esprit frappeur,* esprit que l'on s'imagine frapper les murs, les meubles, et faire par là connaître sa volonté.

FRASER, ■ v. tr. [fʀaze] Voy. FRAISER.

FRASIL ou **FRAZIL**, ■ n. m. [fʀazil] ou [fʀazi] (on prononce ou non le *l* final) Canada Fins cristaux de glace qui se forment à la surface d'une eau en mouvement.

FRASQUE, n. f. [fʀask] (ital. *frasca*, sornette, caprice) **Fam.** Acte extravagant fait avec quelque éclat ou scandale. *Faire une frasque.* ■ Rem. S'emploie auj. le plus souvent au plur. *Les frasques de jeunesse.*

FRATER, n. m. [fʀatɛʀ] (*er* se prononce *ère* et non *é* ; lat. *frater*, frère) ▷ Garçon chirurgien. ♦ Chirurgien ou médecin de bas étage. ♦ Celui qui fait la barbe à bord d'un vaisseau et dans un régiment. ◁

FRATERNEL, ELLE, adj. [fʀatɛʀnɛl] (lat. *fraternus*) Qui appartient, qui convient à des frères. *Union fraternelle.* ♦ **Par extens.** *Une paix fraternelle.* ♦ *Charité fraternelle,* charité des chrétiens entre eux. ♦ ▷ *Correction fraternelle,* réprimande douce et secrète. ◁

FRATERNELLEMENT, adv. [fʀatɛʀnɛl(ə)mɑ̃] (*fraternel*) D'une manière fraternelle. *Vivre fraternellement.*

FRATERNISATION, n. f. [fʀatɛʀnizasjɔ̃] (*fraterniser*) Action de fraterniser.

FRATERNISER, v. intr. [fʀatɛʀnize] (lat. *fraternus*) Vivre en frères, faire acte de bonne amitié. *Fraterniser avec quelqu'un.* ♦ Il se dit de deux corps ou compagnies qui se réunissent pour quelque solennité commune, pour se donner des marques de bon vouloir. ♦ ▷ Pendant la Révolution, contracter une union politique, adhérer aux opinions nationales. ◁

FRATERNITÉ, n. f. [fʀatɛʀnite] (lat. *fraternitas*) Parenté entre frères et sœurs. ♦ Liaison étroite de ceux qui, sans être frères, se traitent comme frères. *Fraternité des arts.* ♦ L'amour universel qui unit tous les membres de la famille humaine. ♦ *Fraternité d'armes,* union que contractaient deux chevaliers qui se promettaient de s'aider envers et contre tous. ♦ **Par extens.** Se dit de deux guerriers quelconques, des peuples. *La fraternité des peuples.*

1 FRATRICIDE, n. m. et n. f. [fʀatʀisid] (lat. *fratricida*, de *frater*, frère, et *cædere*, tuer) Personne qui tue son frère ou sa sœur. ♦ **Adj.** *Une guerre fratricide.*

2 FRATRICIDE, n. m. [fʀatʀisid] (lat. *fratricidium*, de *fratricida*) Crime que commet celui qui tue son frère ou sa sœur.

FRATRIE, ■ n. f. [fʀatʀi] (lat. *frater*, frère) Ensemble des frères et sœurs d'une même famille.

FRAUDE, n. f. [fʀod] (lat. *fraus*, génit. *fraudis*) Acte de mauvaise foi et de tromperie. ♦ *Fraude pieuse,* moyen illégitime employé pour assurer l'empire de la religion ; ruse employée pour décider quelqu'un à une bonne action. ♦ Action de soustraire des marchandises aux droits de douane ou d'octroi. ♦ Les marchandises elles-mêmes. ♦ *En fraude,* sans payer les droits. *Entrer du vin en fraude.*

FRAUDÉ, ÉE, p. p. de frauder. [fʀode]

FRAUDER, v. tr. [fʀode] (lat. *fraudare*) Tromper, décevoir. ♦ Frustrer par quelque fraude. ♦ **Fig.** *Frauder les lois,* faire quelque chose qui est défendu par les lois. ♦ Éluder par quelque ruse le paiement de droits, de taxes, de redevances. ♦ *Frauder du vin, des dentelles, etc.,* faire passer du vin, des dentelles en fraude. ♦ **Absol.** *Frauder,* soustraire des marchandises au paiement des droits. ♦ **V. intr.** Tricher à un examen, à un concours, etc. *Il a été surpris en train de frauder.*

FRAUDEUR, EUSE, n. m. et n. f. [fʀodœʀ, øz] (*frauder*) Celui, celle qui fait la fraude, qui soustrait aux droits ce qui en est passible.

FRAUDULEUSEMENT, adv. [fʀodyløz(ə)mɑ̃] (*frauduleux*) D'une manière frauduleuse.

FRAUDULEUX, EUSE, adj. [fʀodylø, øz] (b. lat. *fraudulosus*) Porté à la fraude. *Un esprit frauduleux.* ♦ Qui est entaché de fraude. ♦ *Banqueroute frauduleuse,* Voy. BANQUEROUTE. ♦ Qui fraude les droits de douane, de régie ou d'octroi.

FRAXINÉES, n. f. pl. [fʀaksine] (lat. *fraxinus*, frêne) ▷ **Bot.** Groupe d'arbres ayant pour type le genre frêne. ◁

FRAXINELLE, n. f. [fʀaksinɛl] (lat. *fraxinus*, frêne) Plante ainsi nommée de la ressemblance des feuilles avec celles du frêne.

1 FRAYÉ, ÉE, p. p. de 1 frayer. [fʀeje] *Route frayée.*

2 FRAYÉ, ÉE, p. p. de 4 frayer. [fʀeje] *Cheval frayé aux ars.*

FRAYEMENT, n. m. [fʀɛj(ə)mɑ̃] (1 *frayer*) Action de frayer un chemin.

1 FRAYER, v. tr. [fʀeje] (lat. *fricare*, frotter) Rendre praticable par les pas et le cheminement. *Frayer un chemin.* ♦ **Fig.** *Frayer le chemin, l'accès,* aplanir les difficultés, faciliter l'accès, et quelquefois simplement précéder. ♦ *Se frayer,* frayer à soi, rendre praticable pour soi un chemin, une voie, etc. fig. *se frayer le chemin au trône, le chemin des honneurs.*

2 FRAYER, v. intr. [fʀeje] (lat. *fricare*, frotter) S'user par le frottement, en parlant de la monnaie. ♦ **Fig.** Avoir des relations habituelles et amicales avec quelqu'un. *Ces deux hommes ne frayent pas ensemble.* ♦ **V. tr.** Altérer des pièces d'or et d'argent en imitant l'altération que l'usure produit. ■ **Région.** Avoir des relations amoureuses. *Elle est en âge de frayer.*

3 FRAYER, v. intr. [fʀeje] (1 *frai*) Se dit de l'acte de la génération chez les poissons. *La saison où frayent les poissons.*

4 FRAYER, v. tr. [fʀeje] (lat. *fricare*, frotter) ▷ Frotter contre. *La roue m'a frayé la cuisse.* ◁ ♦ Aujourd'hui on dit plus communément *frôler.* ♦ **Vén.** *Le cerf fraye sa tête.* ♦ *Se frayer,* v. pr. Se léser par frottement. ♦ **Vétér.** *Se frayer aux ars,* se dit des chevaux qui s'excorient à cette région par un exercice pénible ou seulement rapide.

FRAYÈRE, ■ n. f. [fʀejɛʀ] (3 *frayer*) Lieu où se reproduisent les poissons. *Une frayère naturelle, artificielle.*

FRAYEUR, n. f. [fʀejœʀ] (lat. *fragor,* craquement, fracas, sous l'infl. de *effrayer*) Grande peur. ♦ Par exagération, *faire frayeur,* exciter un sentiment de malaise.

FRAYOIR, n. m. [fʀejwaʀ] (4 *frayer*) **Chasse** Endroit sur les baliveaux où le cerf a frayé sa tête et où il a enlevé l'écorce.

FRAZIL, ■ n. m. [fʀazil] ou [fʀazi] Voy. FRASIL.

FREDAINE, n. f. [fʀadɛn] (anc. provenç. *fradin*, scélérat, du goth. *fraaitheis*, rebelle) Écart de conduite par folie de jeunesse, de tempérament ou autrement. *Faire des fredaines.* ♦ **Par extens.** Ce qui est irrégulier, capricieux. ■ Rem. S'emploie auj. le plus souvent au plur.

FREDON, n. m. [fʀadɔ̃] (lat. *fritinnire*, gazouiller) ▷ Vocalise qui se composait principalement d'une foule de petits agréments abandonnés aujourd'hui. ◁ ♦ Refrain, ritournelle. ♦ Anciennement, réunion de trois cartes semblables, à certains jeux. *Fredon de rois.* ♦ ▷ **Fig.** Rendez-vous de trois personnes. ◁

FREDONNÉ, ÉE, p. p. de fredonner. [fʀadone]

FREDONNEMENT, n. m. [fʀadɔn(ə)mɑ̃] (*fredonner*) Chant de celui qui fredonne.

FREDONNER, v. intr. [fʀadɔne] (*fredon*) ▷ **Mus.** Faire des fredons. ◁ ♦ Chanter entre ses dents, sans articuler les paroles. ♦ **V. tr.** *Fredonner un air.* ♦ **Par extens.** « *On dirait que Ronsard Vient encor fredonner ses idylles gothiques* », Boileau.

FREDONNEUR, EUSE, n. m. et n. f. [fʀədɔnœʀ, øz] (*fredonner*) **Fam.** Celui, celle qui fredonne, qui chante à demi-voix. ■ D'emploi rare auj., mais n'est plus considéré comme familier.

FREE-FLY, ■ n. m. [fʀiflaj] (mot angl., *free*, libre et *fly*, vol) Saut en chute libre au cours duquel on effectue différentes figures avant l'ouverture du parachute. *Je me suis initiée au free-fly. Des sauts, des figures de free-fly.* ■ Rᴇᴍ. Ne s'emploie pas au pl.

FREE-JAZZ, ■ n. m. [fʀidʒaz] (mot angl., *free*, libre et *jazz*) Style de jazz caractérisé par un affranchissement des structures tonales et rythmiques du jazz classique, un rapport plus libre à l'improvisation et une recherche approfondie sur le son. *Le free-jazz est né au début des années 1960 parallèlement à un mouvement d'émancipation politique et sociale. Des free-jazz.*

FREE-LANCE, ■ adj. [fʀilãs] (*ee* se prononce *i* ; mot angl., mercenaire, de *free*, libre, et *lance*, soldat) Se dit d'une personne indépendante qui réalise ponctuellement un travail de commande pour une entreprise dont elle n'est pas salariée. *Les prestataires free-lances.* ■ N. m. et n. f. Personne qui travaille en free-lance. ■ N. m. Cette façon de travailler. *Faire du free-lance.*

FREE-MARTIN, ■ n. m. [fʀimaʀtɛ̃] (mot angl., orig. inc. ; peut-être à rapprocher du gaélique d'Irlande *mart*, génisse) **Vétér.** Femelle bovine stérile en raison de l'influence hormonale qu'elle a subie *in utero* d'un fœtus mâle jumeau. *Des free-martins.*

FREE-SHOP, ■ n. m. [fʀiʃɔp] (mot angl., *free*, libre, et *shop*, boutique) Boutique dont les produits mis en vente ne sont pas soumis au paiement des taxes. *Les free-shops d'un aéroport.* ■ Recommandation officielle : *boutique hors taxes.*

FREESIA ou **FRÉSIA**, ■ n. m. [fʀezja] (*Frees*, nom pr.) Plante bulbeuse produisant de petites fleurs très parfumées aux coloris divers. *Un bouquet de dix freesias.*

FREEWARE, ■ adj. [fʀiwɛʀ] (mot angl., de *free*, libre ; sur le modèle de *hardware*) **Inform.** Logiciel gratuit dont l'auteur garde les droits. *Télécharger des freewares sur Internet.* ■ Rᴇᴍ. Les Québécois ont créé le mot *gratuiciel* pour remplacer *freeware*.

FREEZER, ■ n. m. [fʀizœʀ] (on prononce à l'anglaise : *fri-zeur* ; mot angl., de *to freeze*, geler) Compartiment d'un réfrigérateur ou réfrigérateur indépendant, servant à la congélation des aliments. *Des freezers.*

FRÉGATAGE, ■ n. m. [fʀegataʒ] (*frégate*) Caractéristique qu'offre une coque de bateau plus large à la hauteur de la flottaison qu'au niveau du pont. *Le frégatage caractéristique des navires porteurs de canons.*

FRÉGATE, n. f. [fʀegat] (ital. *fregata*) Anciennement, très petit bâtiment à rames, usité dans la Méditerranée. ♦ Aujourd'hui, bâtiment de guerre qui pour la force vient après les vaisseaux de ligne, le plus grand des navires de guerre à une seule batterie. ♦ Oiseau de mer des Tropiques qui vole fort loin des terres. ■ **Milit.** Navire de moyen tonnage servant principalement à la lutte anti-sous-marine et antiaérienne.

FRÉGATER, ■ v. tr. [fʀegate] (*frégate*) Donner l'aspect d'une frégate à une coque de navire. *Ils frégatèrent ce vaisseau pour le rendre plus rapide.*

FREIN, n. m. [fʀɛ̃] (lat. *frenum*, mors, de *frendere*, grincer des dents) Mors, partie de la bride qu'on passe dans la bouche du cheval pour le gouverner, le diriger. ♦ Fig. « *Celui qui met un frein à la fureur des flots* », Rᴀᴄɪɴᴇ. ♦ *Ronger son frein*, se dit du cheval qui, forcé au repos, mâche le frein qu'il a dans la bouche, et fig. *ronger son frein*, réprimer le dépit qu'on éprouve ; être condamné à l'ennui. ♦ Fig. Ce qui retient sous l'autorité, dans les bornes du devoir, de la raison. *Mettre un frein à ses passions.* ♦ *Mettre un frein à sa langue*, s'abstenir de parler par prudence ou par honnêteté. ♦ **Anat.** Nom de certains ligaments qui brident ou retiennent une partie. *Le frein de la langue.* ♦ Appareil pour modérer ou détruire la vitesse d'un mécanisme. *Le frein d'une locomotive.* ■ *Frein moteur*, ralentissement exercé sur les roues d'un véhicule lorsqu'on rétrograde. *Utilisez votre frein moteur avant d'aborder un virage.* ■ *Coup de frein*, pression exercée sur la pédale de frein. *Donner un coup de frein.* ■ **Fig.** *Coup de frein*, action qui ralentit une progression. *Ces mesures constituent un coup de frein à la libéralisation des services postaux.*

FREINAGE, ■ n. m. [fʀenaʒ] (*freiner*) Action de freiner, résultat de cette action. *Garder la maîtrise de son véhicule en cas de freinage sur chaussée glissante.* ■ Dispositif qui assure le freinage. *Véhicule équipé d'un freinage électronique.* ■ Fig. *Le freinage de l'inflation.*

FREINANT, ANTE, ■ adj. [fʀenã, ãt] (*freiner*) Qui freine, ralentit. *Les forces motrices et les forces freinantes.* ■ Fig. *Différents facteurs mobilisateurs ou freinants ont influé sur le déroulement du projet.*

FREINATEUR, TRICE ou **FRÉNATEUR, TRICE**, ■ adj. [fʀenatœʀ, tʀis] (*freiner*) Qui modère une activité de l'organisme. *Le pouvoir freinateur du coupe-faim sur l'appétit.*

FREINER, ■ v. intr. [fʀene] (*frein*) Diminuer l'allure, pour un véhicule, un mécanisme ou, plus généralement, tout corps en mouvement. *La voiture*

---

freina juste à temps. ■ V. tr. Ralentir le déplacement de quelque chose, l'arrêter. *Il freine la meule à aiguiser.* ■ Fig. Rendre difficile à accomplir ou modérer une activité, un entrain. *Leurs retards freinaient tout le projet.*

FREINTE, ■ n. f. [fʀɛ̃t] (anc. fr. *frainte*, de *fraindre*, briser, faiblir, du lat. *frangere*) **Comm.** Perte inévitable, et donc considérée comme normale, de poids ou de volume que subit un produit avant sa livraison. *Le calcul de la freinte à la manipulation des grains.*

FRELAMPIER, ■ n. m. [fʀəlãpje] (*ferlamper*, boire avec avidité, de *fer-*, préf. intensif, du holl. *ver-*, et *lamper*) ▷ **Pop.** et **vieilli** Homme de peu et qui n'est bon à rien. ◁

FRELATAGE, n. m. [fʀəlataʒ] (*frelater*) Action de frelater du vin, des drogues, etc.

FRELATÉ, ÉE, p. p. de frelater. [fʀəlate]

FRELATEMENT, n. m. [fʀəlat(ə)mã] (*frelater*) ▷ Syn. de frelatage. ◁

FRELATER, v. tr. [fʀəlate] (m. néerl. *verlaten*, transvaser) Altérer par mélange ou sophistication, altération. *Frelater des eaux-de-vie.* ♦ Fig. *Frelater le goût.* « *Ne laissez point ainsi frelater votre cœur* », Vᴏʟᴛᴀɪʀᴇ. ♦ Se frelater, v. pr. Être frelaté.

FRELATERIE, n. f. [fʀəlat(ə)ʀi] (*frelater*) ▷ Syn. de frelatage. ◁

FRELATEUR, ■ n. m. [fʀəlatœʀ] (*frelater*) Celui qui frelate du vin, des drogues, etc. ■ Quoique possible et régulier, le féminin *frelateuse* ne se rencontre pas.

FRÊLE, adj. [fʀɛl] (lat. *fragilis*) Qui a peu de solidité, de résistance. *Une frêle barque.* « *Ma vieille et frêle machine* », Vᴏʟᴛᴀɪʀᴇ. ♦ Par extens. *Un corps, une santé frêle.* ♦ Fig. « *La beauté du visage est un frêle ornement* », MᴏʟɪÈʀᴇ.

FRÊLEMENT, ■ adv. [fʀɛl(ə)mã] (*frêle*) En donnant l'impression d'une certaine fragilité, faiblesse. *Il tient frêlement debout.*

1 FRELON, n. m. [fʀəlɔ̃] (frq. *hurslo*) Nom vulgaire de la guêpe frelon. ♦ Fig. Celui qui, étant incapable de faire un ouvrage, cherche à le décrier et quelquefois à s'en emparer.

2 FRELON, n. m. [fʀəlɔ̃] (p.-ê. de *fragon*, avec infl. de 1 *frelon*) Houx-frelon, petit-houx ou houssus.

FRELUCHE, n. f. [fʀəlyʃ] (var. par aphérèse de *fanfreluche*) Petite houppe de soie sortant d'un bouton, d'un gland, etc. ♦ Nom de certains petits fils qui volent en l'air dans les beaux jours de l'été. ♦ N. f. pl. Fig. Choses frivoles et badines.

FRELUQUET, n. m. [fʀəlykɛ] (*freluque*, mèche, var. de *freluche*) Homme léger, frivole et sans mérite. ♦ Adj. *Un air freluquet.* ■ N. m. Fam. Homme chétif.

FRÉMIR, v. intr. [fʀemiʀ] (lat. vulg. *fremire*, du lat. *fremere*, produire un bruit sourd, dire en frémissant) Produire un bruit par l'agitation de ce qui a beaucoup de parties. *J'entends frémir les flots. Le feuillage frémit.* ♦ Il se dit, par extension, de tout grand bruit. « *La discorde en fureur frémit de toutes parts* », Rᴀᴄɪɴᴇ. ♦ Éprouver un mouvement de vibration qui produit un frémissement léger, un faible murmure. *Des cordes à l'unisson frémissent.* ♦ Il se dit aussi de l'eau qui murmure et s'agite avant de bouillir. ♦ Fig. Éprouver un tremblement, une sorte de vibration intérieure par l'effet de la crainte, de l'horreur, de la colère. *Frémir de crainte, de colère, etc.* ♦ Fig. *Cela fait frémir le bon goût.* ♦ *Cela fait frémir la nature*, se dit de ce qui cause beaucoup d'horreur.

FRÉMISSANT, ANTE, adj. [fʀemisã, ãt] (*frémir*) Qui frémit. *Des coursiers frémissants. Les vagues frémissantes.*

FRÉMISSEMENT, n. m. [fʀemis(ə)mã] (radic. du p. prés. de *frémir*) Bruit de ce qui s'agite en beaucoup de parties. *Le frémissement du feuillage, de l'océan, de l'air, etc.* ♦ Par extens. Toute espèce de grand bruit. ♦ Mouvement léger de vibration, surtout en parlant des corps sonores. *Le frémissement d'une cloche, des cordes d'une harpe.* ♦ Bruit particulier produit par le dégagement de l'air contenu dans l'eau qu'on fait chauffer sur un foyer. ♦ Méd. Tremblement des membres ou de tout le corps qui précède ou accompagne le frisson de la fièvre. ♦ Fig. Émotion de celui qui frémit. *Frémissement d'horreur, de plaisir, etc.* ■ Fig. Légère évolution en mieux.

FRÊNAIE, n. f. [fʀɛnɛ] (frê-nê ; *frêne*) Lieu planté de frênes.

FRÉNATEUR, TRICE, ■ adj. [fʀenatœʀ, tʀis] Voy. ꜰʀᴇɪɴᴀᴛᴇᴜʀ.

FRENCH CANCAN ou **FRENCH-CANCAN**, ■ n. m. [fʀɛnʃkãkã] (angl. *french* et 2 *cancan*) Danse caractérisée par de nombreux levers de jambe, très en vogue au xɪxᵉ siècle dans les cabarets de France. *Des french cancans* ou *des french-cancans.*

FRÊNE, n. m. [fʀɛn] (lat. *fraxinus*) **Bot.** Genre de la famille des oléacées. ♦ Arbre forestier dont le bois est blanc et sans nœuds. ♦ Bois de cet arbre.

FRÉNÉSIE, n. f. [fʀenezi] (lat. médiév. *phrenesia*, du gr. *phrenêsis*, folie) ▷ **Méd.** État de délire, de fureur, qui survient dans quelques maladies de l'encéphale. « *Charles VI tombé en frénésie* », VOLTAIRE. ◁ ♦ **Par extens.** Fol emportement comparé à la frénésie du malade.

FRÉNÉTIQUE, adj. [fʀenetik] (lat. *phreneticus*, gr. *phrenitikos*) ▷ **Méd.** Qui a rapport à la frénésie ou qui en est atteint. ◁ ♦ ▷ **N. m.** et **n. f.** « *C'est un frénétique qui s'élance hors de la porte de l'hôpital* », DIDEROT. ◁ ♦ Poussé jusqu'à la frénésie. *Passion frénétique.*

FRÉNÉTIQUEMENT, ■ adv. [fʀenetik(ə)mɑ̃] (*frénétique*) Avec frénésie. *S'agiter frénétiquement.* « *La nuit, Alexis redescendait s'asseoir à la table du bas, masquant la lampe avec un képi de spahi extrait d'une cantine, et écrivait frénétiquement* », POIROT-DELPECH.

FRÉON, ■ n. m. [fʀeɔ̃] (rad. de *froid*, sur le modèle de *néon*, nom déposé) Dérivé du méthane, obtenu par le remplacement d'atomes d'hydrogène par des atomes de chlore ou de fluor et utilisé, dans la vie courante, pour produire du froid dans les réfrigérateurs.

FRÉQUEMMENT, adv. [fʀekamɑ̃] (*fréquent*) D'une manière fréquente.

FRÉQUENCE, n. f. [fʀekɑ̃s] (lat. *frequentia*, affluence) Il se dit de ce qui arrive, de ce qui se fait plusieurs fois. ♦ **Méd.** La fréquence du pouls, la succession rapide de ses battements. ■ **Phys.** Nombre d'ondes qui reviennent en un temps donné.

FRÉQUENCEMÈTRE, ■ n. m. [fʀekɑ̃s(ə)mɛtʀ] (*fréquence* et *-mètre*) **Phys.** Appareil utilisé pour mesurer un mouvement périodique. *Pour mesurer la fréquence de ce phénomène ondulatoire, plusieurs fréquencemètres étaient à sa disposition.*

FRÉQUENT, ENTE, adj. [fʀekɑ̃, ɑ̃t] (lat. *frequens*) Qui arrive plusieurs fois. *De fréquentes entrevues.* ◁ ▷ **Méd.** *Pouls fréquent*, pouls qui bat plus vite qu'à l'ordinaire. ◁ ♦ ▷ *Respiration fréquente*, mouvement de respiration plus accéléré que dans l'état normal. ◁

FRÉQUENTABLE, ■ adj. [fʀekɑ̃tabl] (*fréquenter*) Suffisamment convenable pour pouvoir être fréquenté. *Ce voyou n'est pas fréquentable.*

FRÉQUENTATIF, IVE, adj. [fʀekɑ̃tatif, iv] (lat. impér. *frequentativus*) **Gramm.** *Mots fréquentatifs*, mots dérivés qui indiquent une action faite fréquemment. « *Criailler* » est un mot fréquentatif. ♦ **N. m.** *Un fréquentatif.*

FRÉQUENTATION, n. f. [fʀekɑ̃tasjɔ̃] (lat. *frequentatio*, abondance) Action de fréquenter. *La fréquentation des gens de bien.* ◁ ▷ *La fréquentation des sacrements*, le fréquent usage de la confession et de la communion. ◁ ■ Personne fréquentée. *Je ne connais pas ses fréquentations.*

FRÉQUENTÉ, ÉE, p. p. de fréquenter. [fʀekɑ̃te]

FRÉQUENTER, v. tr. [fʀekɑ̃te] (lat. *frequentare*) Aller souvent dans un lieu. *Fréquenter les églises, les spectacles, etc.* ♦ ▷ *Fréquenter les sacrements*, en faire souvent usage. ◁ ♦ Avoir des relations habituelles avec quelqu'un, le visiter souvent. « *Dites-moi qui vous fréquentez, je vous dirai qui vous êtes* », BOURDALOUE. ♦ **V. intr.** « *Il fréquentait au logis de l'intimé* », PATRU. « *Il fréquentait chez le compère Pierre* », LA FONTAINE. ♦ Se fréquenter, v. pr. Avoir des relations habituelles l'un avec l'autre. ■ **V. intr. Fam.** Avoir une relation amoureuse. *Elle n'a pas l'âge de fréquenter !*

FRÉQUENTIEL, IELLE, ■ adj. [fʀekɑ̃sjɛl] (*fréquence*) Qui se rapporte à une fréquence, un mouvement périodique. *Analyses fréquentielles des données expérimentales.*

FRÈRE, n. m. [fʀɛʀ] (lat. *frater*) Celui qui est né du même père et de la même mère, ou seulement de l'un des deux. ♦ **Fig.** Celui qui a les sentiments d'un frère. *En lui je trouve un frère.* ♦ *Frère de père et de mère* ou *frère germain*, Voy. GERMAIN. ♦ *Frère de père* ou *frère consanguin*, Voy. CONSANGUIN. ♦ *Frère de mère* ou *frère utérin*, Voy. UTÉRIN. ♦ *Frère de lait*, le fils de la nourrice par rapport au nourrisson, et réciproquement. ♦ *Beau-frère*, Voy. BEAU-FRÈRE. ♦ Titre que les rois, les empereurs de la chrétienté se donnent entre eux en s'écrivant ou en parlant l'un de l'autre. ♦ Se dit de tous les hommes comme liés par des sentiments de fraternité. « *Enfants du même Dieu, vivons du moins en frères* », VOLTAIRE. ♦ Se dit particulièrement des chrétiens considérés comme tous enfants de Dieu par le baptême. ♦ *Frère d'armes*, camarade de guerre. ♦ *Frères d'armes*, se disait spécialement de deux chevaliers qui avaient contracté une alliance d'armes. ♦ **Fig.** Il se dit des choses qui ont une certaine communauté. *Le sommeil, frère de la mort.* ♦ Titre que se donnent les religieux. *Frère Antoine.* ♦ **Au pl.** Titre qui se joint au nom de certains ordres. *Les frères de la Doctrine chrétienne.* ♦ Les membres d'une même société. *Trahir ses frères.* ♦ *Un faux frère*, celui qui trahit ses associés.

FRÉROT, n. m. [fʀeʀo] (dim. de *frère*) Terme familier dont on se sert quelquefois dans le sens de *frère*.

FRESAIE, n. f. [fʀəzɛ] (altération de l'anc. fr. *presaie*, du lat. *praesaga avis*, oiseau qui prédit, [le malheur] ; avec p.-ê. infl. de *orfraie*) Oiseau nocturne dit aussi *effraie*.

FRÉSIA, ■ n. m. [fʀezja] Voy. FREESIA.

FRESQUE, n. f. [fʀɛsk] (ital. *al fresco, sur* [*un enduit*] *frais*) Manière de peindre qui consiste à enduire la muraille de mortier et à peindre sur cette surface encore fraîche avec des couleurs à l'eau. *Peindre à fresque.* ♦ Peinture à fresque. *Les fresques de Michel-Ange et de Raphaël au Vatican.* ■ Œuvre littéraire, cinématographique de grande ampleur.

FRESQUISTE, ■ **n. m.** et **n. f.** [fʀɛskist] (*fresque*) Artiste qui réalise des fresques. *Le fresquiste d'une grotte. Le peintre fresquiste Hans Ardüser du XVIᵉ siècle.*

FRESSURE, n. f. [fʀɛsyʀ] (lat. *frixura*, morceau à frire, de *frigere*, faire frire) **Bouch.** Les gros viscères qui se tiennent, comme les poumons, le cœur, le foie. *Fressure de cochon, de veau.*

FRET, n. m. [fʀɛt] (on prononce le *t* final ; prob. néerl. *vrecht, vracht*, cargaison, prix du transport par bateau) **Mar.** Action de louer un bâtiment à un tiers. *Prendre, donner un navire à fret.* ♦ Prix que l'on paye pour la location d'un navire ou pour le loyer d'une place dans un navire. ♦ Prix du transport des marchandises. ♦ La cargaison même. ■ **Rem.** *Fret* s'emploie auj. pour les divers moyens de transport, qu'ils soient fluviaux, aériens ou terrestres. *Le fret aérien.* ■ **Rem.** On prononçait autrefois [fʀɛ].

FRÉTÉ, ÉE, p. p. de fréter. [fʀete]

FRÈTEMENT, n. m. [fʀɛt(ə)mɑ̃] (*fréter*) **Mar.** Action de louer un bâtiment à un tiers. ■ Action de fréter. *Le frètement de la soute d'un avion.*

FRÉTER, v. tr. [fʀete] (*fret*) Donner un navire à louage, en location. ♦ **Absol.** *Fréter au mois.* ♦ Il s'emploie parfois abusivement pour affréter, prendre à louage. ♦ Charger, équiper un navire. ■ **Rem.** *Fréter* s'applique auj. aux divers moyens de transport, qu'ils soient fluviaux, aériens ou terrestres.

FRÉTEUR, EUSE, n. m. et plus rare n. f. [fʀetœʀ, øz] (*fréter*) Personne qui loue ou donne à fret un navire qui est sa propriété. ♦ **Abusiv.** Se dit du commerçant qui prend le bâtiment à louage. ■ **Rem.** *Fréteur* s'applique auj. aux divers moyens de transport, qu'ils soient fluviaux, aériens ou terrestres. ■ **Adj.** *Une compagnie fréteuse.*

FRÉTILLANT, ANTE, adj. [fʀetijɑ̃, ɑ̃t] (*frétiller*) Qui frétille.

FRÉTILLEMENT, n. m. [fʀetij(ə)mɑ̃] (*frétiller*) Mouvement de ce qui frétille.

FRÉTILLER, v. intr. [fʀetije] (p.-ê. radic. de l'anc. fr. *froitier, freter*, frotter) Se remuer par des mouvements vifs et courts. *Cette carpe frétille encore.* ♦ ▷ **Fam.** *Les pieds lui frétillent*, se dit d'un homme qui a impatience de s'en aller. ◁ ♦ ▷ *La langue me frétille, j'ai grande envie de parler.* ◁

FRÉTILLON, n. m. et n. f. [fʀetijɔ̃] (*frétiller*) ▷ Personne qui s'agite sans cesse. ◁

FRETIN, n. m. [fʀətɛ̃] (anc. fr. *frait, fret*, débris, p. p. de *fraindre, freindre*, du lat. *frangere*, briser) Choses de rebut, de peu de valeur. ♦ Se dit aussi des personnes. ♦ Le menu poisson. « *Un carpeau qui n'était encore que fretin* », LA FONTAINE.

FRETTAGE, n. m. [fʀetaʒ] (*fretter*) Action de fretter.

1 **FRETTE**, n. f. [fʀɛt] (prob. frq. *fetur*, chaîne) Lien de fer dont on garnit le moyeu des roues, la tête d'un pieu, un canon.

2 **FRETTE**, n. f. [fʀɛt] (prob. fém. de l'anc. fr. *frait, fret* ; fretin) **Hérald.** Barreaux entrelacés en filets.

1 **FRETTÉ, ÉE**, p. p. de fretter. [fʀete] *Pieu fretté.*

2 **FRETTÉ, ÉE**, adj. [fʀete] (2 *frette*) **Hérald.** Couvert de bâtons croisés en sautoirs, qui laissent des espaces vides et égaux en forme de losanges.

FRETTER, v. tr. [fʀete] (1 *frette*) Garnir d'une frette. *Fretter une roue, un pieu, un canon.*

FREUDIEN, IENNE, ■ adj. [fʀødjɛ̃, jɛn] (S. Freud, 1856-1939, fondateur de la psychanalyse) Qui se rapporte aux travaux, aux méthodes ou aux conceptions du théoricien et praticien de la psychanalyse Sigmund Freud. *Les concepts freudiens.* « *Cette ingénuité sur laquelle il ne peut rien, qui a pour résultat que nulle "censure" au sens freudien du terme n'est opérante* », DU BOS.

FREUDISME, ■ n. m. [fʀødism] (*freudien*) Ensemble des théories psychanalytiques élaborées par Freud et ses disciples. *Lacan et Bettelheim sont des héritiers du freudisme.*

FREUDO-MARXISME, ■ n. m. [fʀødomaʀksism] (*freudisme* et *marxisme*) Articulation théorique des pensées de Freud et de Marx. ■ **FREUDO-MARXISTE**, adj. ou n. m. et n. f. [fʀødomaʀksist] *La critique freudo-marxiste d'un art, du sport, etc.*

FREUX, n. m. [fʀø] (frq. *hrôk*) Espèce de corbeau.

FRIABILITÉ, n. f. [fʀijabilite] (*friable*) Qualité de ce qui est friable.

FRIABLE, adj. [fʀijabl] (lat. *friabilis*) Qui est susceptible de se réduire en menus fragments ou en poudre grossière.

FRIAND, ANDE, adj. [fʀijɑ̃, ɑ̃d] (*frire*) Qui flatte le palais d'une manière délicate. *Un mets friand.* ♦ **Fig.** *Un morceau friand.* ♦ Qui aime et apprécie la chère fine et délicate. ♦ *Avoir le goût friand,* avoir le goût délicat et bien apprécier les bons morceaux. ♦ *Être friand de,* aimer beaucoup une chose. ♦ **Fig.** *Être friand de louanges.* ■ **N. m.** Hachis de viande recouvert de pâte feuilletée que l'on fait cuire au four. ■ **Par anal.** *Friand au fromage.*

FRIANDISE, n. f. [fʀijɑ̃diz] (*friand*) Goût pour la chère délicate. ♦ **Fig.** « *Leur friandise de louanges* », MOLIÈRE. ♦ **Au pl.** Choses friandes, particulièrement des sucreries et des pâtisseries.

FRIBOURG, ■ n. m. [fʀibuʀ] (*Fribourg,* canton de Suisse) Fromage au lait de vache, à pâte pressée cuite et fabriqué en Suisse.

FRIC, ■ n. m. [fʀik] (p.-ê.. abrév. de *fricot,* bombance) **Fam.** Argent. *Il est plein de fric.*

FRICADELLE, ■ n. f. [fʀikadɛl] (radic. de *fricasser*) Viande hachée et assaisonnée que l'on façonne en grosses boulettes avant de la faire frire à la poêle. *Fricadelle de veau, de bœuf.*

FRICANDEAU, n. m. [fʀikɑ̃do] (radic. de *fricasser*) Morceau de veau lardé qu'on fricassait dans la poêle. ♦ Aujourd'hui, morceau de veau piqué cuit dans son jus, dans du bouillon ou de l'eau, et servi sur de l'oseille ou de la chicorée. ■ **Au pl.** *Des fricandeaux.*

FRICASSÉ, ÉE, p. p. de fricasser. [fʀikase]

FRICASSÉE, n. f. [fʀikase] (p. p. fém. substantivé de *fricasser*) Viande fricassée. *Une fricassée de poulet.* ♦ ▷ **Fig.** Tas d'objets amalgamés comme une fricassée. ◁ ♦ ▷ **Pop.** *Faire une fricassée,* tout casser. ◁

FRICASSER, v. tr. [fʀikase] (prob. rad. de *frire* croisé avec *casser* ou avec *coactiare,* écraser et rapetisser) Accommoder de la viande ou des légumes avec du beurre ou des herbes et les faire cuire dans une sauce. *Fricasser du veau, des pommes de terre.* ♦ ▷ **Fig. et fam.** Dissiper en dépenses extravagantes. « *Sans fruit aucun [il] vendit et fricassa Tout son avoir* », LA FONTAINE. ◁ ♦ **Fig.** et très fam. Faire périr, perdre. ♦ Se fricasser, v. pr. Être fricassé.

FRICASSEUR, EUSE, n. m. [fʀikasœʀ, øz] (*fricasser*) Personne qui fait des fricassées. ♦ Il ne se dit que d'un mauvais cuisinier.

FRICATIF, IVE, ■ adj. [fʀikatif, iv] (radic. du lat. *fricatum,* supin de *fricare,* frotter) **Phonét.** Dont l'émission se caractérise par le bruit de friction dû au passage de l'air dans une ouverture rétrécie. *Le phonème fricatif [v].* ■ **N. f.** Consonne fricative. *Le [f] est une fricative.*

FRIC-FRAC ou **FRICFRAC**, ■ n. m. [fʀikfʀak] (formation onom. avec alternance vocal. ; cf. *clic-clac*) **Arg.** Vol avec effraction. « *On le rouait de coups, et quinze jours plus tard, voilà qu'on revenait dans son salon pour un fric-frac nocturne* », BLIER. *Des fric-frac ou des fricfracs.* ■ **Rem.** On trouve également le pluriel *fric-fracs.*

FRICHE, n. f. [fʀiʃ] (prob. du néerl. *virsch [lant],* terre fraîche) Terrain non cultivé, soit de tout temps, soit par abandon. ♦ *En friche,* dans l'état de non-culture. ■ **Fig.** *En friche,* non achevé. *Nous avons fini par reprendre ce projet en friche depuis de longues années.* ■ **Par anal.** *Friche industrielle,* bâtiments industriels abandonnés. *La reconversion des friches industrielles.*

FRICHTI, ■ n. m. [fʀiʃti] (all. *Frühstück,* petit déjeuner) **Fam.** Préparation culinaire. *Il s'est fait un frichti pour la pause de midi.*

FRICOT, ■ n. m. [fʀiko] (radic. de *fricasser*) **Pop.** Toute viande en ragoût. *Un bon fricot.*

FRICOTAGE, ■ n. m. [fʀikotaʒ] (*fricoter*) **Fam.** Trafic malhonnête, douteux. *Il se livrait à divers fricotages boursiers.* ■ **Fam. et péj.** Relations que l'on entretient avec quelqu'un. *Ce fricotage avec la mafia va lui jouer des tours.*

FRICOTER, v. intr. [fʀikote] (*fricot*) **Pop.** Faire un ragoût, faire de la cuisine. ♦ ▷ Se régaler. ◁ ♦ **Fig.** Agioter, se livrer à des spéculations d'argent. ♦ ▷ **V. tr.** *Fricoter tout son bien,* le dépenser en bombances. ◁ ♦ **Fig.** *Fricoter une affaire,* faire une affaire d'agiotage. ♦ **Fam.** et péj. Entretenir des relations douteuses avec quelqu'un, et spécial avoir une relation amoureuse. *Ils fricotent ensemble depuis un bout de temps.*

FRICOTEUR, EUSE, n. m. et n. f. [fʀikotœʀ, øz] (*fricoter*) ▷ Mauvais cuisinier. ◁ ♦ **Fig.** Celui qui se procure des bénéfices illicites dans les affaires. ♦ Dans les armées, maraudeur. ■ **Rem.** Auj. ce terme est jugé familier.

FRICTION, n. f. [fʀiksjɔ̃] (b. lat. *fictio,* de *fricare,* frotter) **Méd.** Frottement sur une partie de la peau à l'aide d'un corps rude ou avec une substance médicamenteuse. ■ **Techn.** Frottement entre deux pièces d'un mécanisme. ■ **Fig.** Désaccord profond. *Un point de friction.*

FRICTIONNÉ, ÉE, p. p. de frictionner. [fʀiksjɔne]

FRICTIONNEL, ELLE, ■ adj. [fʀiksjɔnɛl] (*friction*) **Techn.** Qui a trait au frottement dans un mécanisme. *Force frictionnelle.* ■ **Écon.** *Chômage frictionnel,* fait de ne pas travailler entre deux emplois. ■ **Fig.** Caractérisé par un désaccord. *Leurs relations sont assez frictionnelles.*

FRICTIONNER, v. tr. [fʀiksjɔne] (*friction*) Faire des frictions. *Frictionner un noyé.* ♦ **Absol.** *Frictionnez fort.* ♦ Se frictionner, v. pr. Se faire des frictions.

FRIDOLIN, ■ n. m. [fʀidolɛ̃] (*Fridolin,* prénom allem.) **Péj.** Surnom donné aux Allemands durant la Seconde Guerre mondiale.

FRIGIDAIRE, ■ n. m. [fʀiʒidɛʀ] (lat. *frigidarium,* chambre froide, glacière ; marque déposée) Appareil électrique permettant d'isoler les aliments des fluctuations de température et de les maintenir au froid de manière constante. ■ **Par métaphore** Lieu très froid. ■ **Abrév.** Frigo.

FRIGIDARIUM, ■ n. m. [fʀiʒidaʀjɔm] (mot lat.) **Archéol.** Lieu, dans les thermes, réservé aux bains froids. *Des frigidariums.*

FRIGIDE, ■ adj. [fʀiʒid] (lat. *frigidus,* froid, languissant) **Litt.** Dont la température est fraîche. *L'eau frigide des glaciers.* ■ Qui n'éprouve pas de plaisir sexuel, en parlant d'une femme. ■ **Fig.** *Une société frigide.*

FRIGIDITÉ, n. f. [fʀiʒidite] (*frigide*) Qualité de ce qui est froid et excite la sensation du froid. ■ Incapacité pour une femme à éprouver le plaisir sexuel ou à jouir lors d'un coït.

FRIGO, ■ n. m. [fʀigo] (apocope de *frigidaire* et suff. *-o*) Voy. FRIGIDAIRE.

FRIGORIE, ■ n. f. [fʀigɔʀi] (lat. *frigus,* froidure, sur le modèle de *calorie*) **Phys.** Ancienne unité de mesure exprimant une baisse de calories. *Il faut une frigorie pour abaisser d'un degré la température d'un litre d'eau.* ■ **Rem.** Les mesures en frigories sont encore employées dans certaines professions (les climatiseurs, par exemple).

FRIGORIFIÉ, ÉE, ■ p. p. de frigorifier. [fʀigɔʀifje] **Adj. Fig.** Qui a très froid. *Ils sont rentrés frigorifiés de leur balade dans la neige.*

FRIGORIFIER, ■ v. tr. [fʀigɔʀifje] (*frigorifique*) Réfrigérer un aliment dans le but de le conserver plus longtemps.

FRIGORIFIQUE, adj. [fʀigɔʀifik] (lat. impér. *frigorificus,* de *frigus,* génit. *frigoris,* froid, et *facere,* faire) **Phys.** Qui cause le froid. *Mélanges frigorifiques.*

FRIGORIGÈNE, ■ adj. [fʀigɔʀiʒɛn] (lat. *frigus,* froid, et *-gène*) Fluide utilisé dans des systèmes de réfrigération.

FRIGORISTE, ■ n. m. et n. f. [fʀigɔʀist] (lat. *frigus,* génit. *frigoris,* froid) Personne dont l'activité professionnelle est en rapport avec la production du froid. *Les frigoristes de la chaîne alimentaire.* ■ **Adj.** *Un ingénieur frigoriste.*

FRILEUSEMENT, ■ adv. [fʀiløz(ə)mɑ̃] (*frileux*) En faisant preuve de frilosité. *Elle s'enveloppa frileusement dans son châle.* ■ Sans vouloir prendre de risques. *Un pays qui reste frileusement derrière ses frontières.*

FRILEUX, EUSE, adj. [fʀilø, øz] (b. lat. *frigorosus,* glacial) Qui est très sensible au froid. ♦ **N. m.** et n. f. *Un frileux. Une frileuse.* ■ **Fig.** Qui n'ose pas prendre de risque, réticent. *Une entreprise frileuse.*

FRILOSITÉ, ■ n. f. [fʀilozite] (*frileux*) Hypersensibilité au froid. ■ **Fig.** Réticence. *La frilosité des consommateurs engendre un ralentissement général de l'économie.*

FRIMAIRE, n. m. [fʀimɛʀ] (mot créé par Fabre d'Églantine à partir de *frimas*) Le troisième mois du calendrier républicain (du 21 novembre au 20 décembre).

FRIMAS, n. m. [fʀima] (anc. fr. *frime,* gelée blanche, du frq. *hrîm*) Petits glaçons dus à un brouillard épais qui se congèle avant de tomber. ♦ Le temps, la saison des frimas, l'hiver.

FRIME, n. f. [fʀim] (anc. fr. *frume,* mine, faux-semblant ; p.-ê. du b. lat. *frumen,* gosier) **Pop.** Semblant, feinte. *Ce n'est que pour la frime.*

FRIMER, ■ v. tr. [fʀime] (*frime*) Mimer, feindre. ■ **V. intr.** Vouloir épater, exagérer sa valeur pour susciter l'admiration ou la jalousie des autres.

FRIMEUR, EUSE, ■ adj. [fʀimœʀ, øz] (*frimer*) Personne qui se vante, qui cherche à en imposer, qui frime. « *On est rentrés chez lui, dans sa voiture rouge à la con, un truc allemand ou italien, typique de ce genre de salaud frimeur et bidon, milieu de zéros et de dégénérés* », LABRO.

FRIMOUSSE, n. f. [fʀimus] (prob. *frime*) Mot populaire par lequel on désigne la figure, le visage.

FRINGALE, n. f. [fʀɛ̃gal] (prob. altération de *faim-valle,* épilepsie des chevaux) Besoin irrésistible de manger qu'il faut satisfaire à l'instant. ■ **Fig.** Vif désir. *Il a par moments des fringales de lecture.* ■ **Rem.** Ce terme est jugé familier auj. aussi bien au sens propre qu'au sens figuré.

FRINGANT, ANTE, adj. [fʀɛ̃gɑ̃, ɑ̃t] (*fringuer*) Qui a quelque chose de vif et comme de dansant. ♦ **N. m.** et n. f. *Faire le fringant,* se donner des airs pétulants. ■ Qui est vif dans ses allures. *Un cheval fringant.*

FRINGILLIDÉ, ■ n. m. [fʀɛ̃ʒilide] (lat. *fringilla,* pinson) Petit passereau à bec conique dont la famille comprend le pinson, le bouvreuil, ou la fauvette. *La plupart des fringillidés sont granivores.*

FRINGUER, v. intr. [fʀɛ̃ge] (*fringues*, danses, gambades) ▷ **Pop.** Sautiller en dansant. ◁ ◆ Il se dit aussi des chevaux. ■ **Se fringuer**, v. pr. **Fam.** S'habiller. *Il a toujours une drôle de façon de se fringuer.* ■ **Fam.** P. p. *Être bien, mal fringué.*

FRINGUES, ■ n. f. pl. [fʀɛ̃g] (*fringuer*, au sens de s'habiller.) **Fam.** Vêtements.

FRIPE, ■ n. f. [fʀip] (suivant le sens *friper*, avaler goulûment, et var. de l'anc. fr. *frepe*, chiffon, du b. lat. *faluppa*, fibre, petite chose sans valeur) ▷ Vieilli Mangeaille. ◁ ■ Vêtement très usé, haillon. ■ **Par extens.** Vêtement d'occasion.

FRIPÉ, ÉE, p. p. de friper. [fʀipe]

FRIPER, v. tr. [fʀipe] (sens vestimentaire, *fripe* ; sens alimentaire, anc. fr. *friper*, s'agiter) Chiffonner. *Friper sa robe.* ◆ ▷ Gâter par usure. ◁ ◆ ▷ **Fam.** Dissiper en de folles ou vilaines dépenses. ◁ ◆ ▷ **Pop.** Manger goulûment. ◁ ◆ ▷ Dérober, friponner. ◁ ◆ **Se friper**, v. pr. Devenir chiffonné, usé.

FRIPERIE, n. f. [fʀip(ə)ʀi] (*fripe*, chiffon) Vêtements, meubles qui, ayant servi, sont plus ou moins usés. ◆ ▷ *Se jeter sur la friperie de quelqu'un*, se jeter sur lui pour le battre, et fig. se moquer de quelqu'un, en dire du mal. ◁ ◆ ▷ **Fig.** Friperie littéraire, vieilleries, lieux communs, etc. ◁ ◆ Métier qui consiste à acheter et à vendre de vieux meubles, de vieux habits. ◆ Lieux où logent ceux qui vendent de la friperie. *Acheter un habit à la friperie.* ◆ Les friperies aujourd'hui vendent essentiellement des vêtements et des accessoires de toilette.

FRIPE-SAUCE, n. m. [fʀip(ə)sos] (*friper*, manger, et *sauce*) ▷ **Pop.** Goinfre, goulu. ◆ Mauvais cuisinier. ■ Au pl. *Des fripe-sauces.* ◁

FRIPIER, IÈRE, n. m. et n. f. [fʀipje, jɛʀ] (*fripe*, chiffon) Celui, celle qui fait le commerce de friperie. ◆ **Adj.** Un marchand fripier. ◆ ▷ **Fig.** et **fam.** *Fripier d'écrits*, compilateur, plagiaire. ◁

FRIPON, ONNE, n. m. et n. f. [fʀipɔ̃, ɔn] (*friper*, dérober) Celui, celle qui vole adroitement, par ruse. ◆ Se dit d'une personne qui ne se fait aucun scrupule de tromper, qui se rend coupable de quelque acte déloyal. ◆ Par badinage, se dit des enfants, des gens jeunes, qui sont espiègles, malins. *Un fripon d'enfant.* ◆ ▷ Au f. Femme coquette, adroite et fine. ◁ ■ **N. m. pl.** Petites tresses de cheveux ou anneaux que les femmes faisaient descendre sur leur front au-dessus des yeux. ◆ **Adj.** Qui est sans probité par rapport à l'argent. ◆ Coquet, éveillé. *Un air fripon.*

FRIPONNÉ, ÉE, p. p. de friponner. [fʀipɔne]

FRIPONNEAU, n. m. [fʀipɔno] (dim. de *fripon*) Un pauvre diable qui est fripon, voleur. ◆ Jeune fripon.

FRIPONNER, v. tr. [fʀipɔne] (*fripon*) Escroquer en fripon. ◆ En parlant de personnes. « *Voilà un fripon que je friponnerai, sur ma parole* », REGNARD. ◆ **Absol.** *Friponner au jeu.*

FRIPONNERIE, n. f. [fʀipɔn(ə)ʀi] (*fripon*) Action de fripon.

FRIPOUILLE, ■ n. f. [fʀipuj] (*fripe*, chiffon) Canaille, personne malhonnête. « *Je devenais une petite fripouille qu'un jour ou l'autre il faudrait venir décrocher du commissariat* », SIMONIN. ■ **Adj.** *Un gamin fripouille.*

FRIPOUILLERIE, n. f. [fʀipuj(ə)ʀi] (*fripouille*) Acte malhonnête digne d'une fripouille. *Il voulait mettre un terme à toute cette petite fripouillerie politique.* « *Il était au courant des menus trafics de la maison : pas une fripouillerie dont il ne connût les tenants et les aboutissants !* », CHANDERNAGOR.

FRIQUÉ, ÉE, ■ adj. [fʀike] (*fric*) **Fam.** Riche. *Une famille friquée.*

FRIQUET, n. m. [fʀikɛ] (anc. fr. *friquet*, élégant, de *frique*, galant, vif) Nom d'une espèce de moineau.

FRIRE, v. tr. [fʀiʀ] (lat. *frigere*) Mettre du beurre, de l'huile ou de la graisse dans une poêle, faire bien chauffer et faire cuire dedans. *Frire du poisson.* ◆ ▷ **Fam.** *Il n'y a rien à frire*, il n'y a rien à manger. ◁ ◆ ▷ **Fig.** *N'avoir plus de quoi frire*, n'avoir plus de bien, de ressource. ◁ ◆ ▷ **Fig.** *Il n'y a rien à frire dans cette affaire*, elle n'offre aucun profit à faire. ◁ ◆ **V. intr.** Se cuire dans la poêle. *Le beurre frit dans la poêle.* ◆ **Se frire**, v. pr. Être frit. ■ REM. S'emploie surtout au p. p. (Voy. frit) ou avec *faire. Faire frire les beignets cinq minutes dans l'huile bouillante.*

FRISAGE, ■ n. m. [fʀizaʒ] (*friser*) **Menuis.** Décor esthétique réalisé par juxtaposition de différents placages de bois aux motifs géométriques. *Un échiquier réalisé en frisage*

FRISANT, ANTE, ■ adj. [fʀizɑ̃, ɑ̃t] (p. prés. de *friser*, effleurer) Qui rase, effleure une surface, en parlant d'une lumière. *Une lumière tamisée et frisante.*

FRISBEE, ■ n. m. [fʀizbi] (*ee* se prononce *i* ; mot angl., marque déposée) Disque, le plus souvent en plastique, qui plane en l'air lorsqu'il est mis en rotation et projeté dans une direction donnée par un mouvement spécifique du poignet. *Les enfants ont emporté leurs frisbees à la plage.* ■ Jeu avec un frisbee. *Une partie de frisbee.*

1 FRISE, n. f. [fʀiz] (prob. b. lat. *phrygium [opus]*, [ouvrage] phrygien, les Phrygiens étant réputés pour leur art) **Archit.** Partie de l'entablement qui est entre l'architrave et la corniche. ◆ **Par extens.** Les bas-reliefs et les ornements en général disposés autour d'un vase, ou à un chambranle de porte ou de cheminée. ◆ **Menuis.** *Frises de parquet*, bandes qui séparent les feuilles du parquet. ◆ **N. f. pl.** Bandes de toile placées au cintre d'un théâtre pour figurer un ciel ou un plafond. ■ Bande décorative présentant un motif qui se répète.

2 FRISE, n. f. [fʀiz] (*friser*) ▷ Sorte d'étoffe de laine à poil frisé. ◆ **Mar.** Morceaux de laine épaisse qui garnissent les sabords pour empêcher l'eau de pénétrer. ◁

3 FRISE, n. f. [fʀiz] (*Frise*, région côtière de la mer du Nord) Sorte de toile venant de la Frise en Hollande. *Des toiles de Frise* ou simplement *des frises.*

4 FRISE, n. f. [fʀiz] (prob. adapté du néerl. *Friese ruiter*, même sens) **Fortif.** Usité seulement en cette locution : *Cheval de frise*, pièce de bois longue de dix à douze pieds et taillée à cinq ou six pans armés de pointes de fer, qu'on met en travers pour boucher une brèche ou pour retrancher un camp. ■ Au pl. *Des chevaux de frise.*

FRISÉ, ÉE, p. p. de friser. [fʀize] *Choux frisés*, choux crépus et verts qui viennent en hiver. ◆ **N. m.** Ce qui est roulé en dessous. *Le frisé d'un chou.* ■ *Frisé comme un mouton*, dont la chevelure est très frisée.

FRISÉE, ■ n. f. [fʀize] (p. p. fém. substantivée de *friser*) Variété de chicorée aux feuilles dentelées que l'on consomme en salade. *Une frisée aux lardons.*

FRISELIS, ■ n. m. [fʀiz(ə)li] (*friser*) Très léger frémissement. *Le friselis du vent dans le feuillage.*

FRISER, v. tr. [fʀize] (orig. inc. ; p.-ê. *frire*, pour la ressemblance de forme entre les cheveux frisés et les aliments tordus par la chaleur) Donner la forme de boucle aux cheveux. *Friser ses cheveux au fer, avec le fer. Fer à friser.* ◆ *Friser quelqu'un*, lui friser les cheveux. ◆ **Fig.** « *Un bel esprit méprise une histoire nue ; il veut l'habiller, l'orner de broderies, la friser* », FÉNELON. ◆ Friser le poil de certaines étoffes. ◆ **Fig.** et **fam.** Raser la surface, effleurer en passant. *La balle lui a frisé le bras.* « *Progné me vient enlever les morceaux, Caracolant, frisant l'air et les eaux* », LA FONTAINE. ◆ *Friser quelqu'un*, passer fort près de lui. ◆ Au jeu de paume, *friser la corde*, se dit de la balle quand, passant très près de la corde, il s'en faut de très peu qu'elle ne soit arrêtée dans le filet. ◆ ▷ **Fig.** *Friser la corde*, être bien près de subir quelque perte. ◁ ◆ Courir de très près le risque de. ◆ *Friser la corde*, se dit de quelqu'un qui court le risque d'être pendu. ◆ **Fig.** Approcher de. *Friser l'impertinent*, se montrer presque tel. *Friser la quarantaine*, avoir bien près de quarante ans. ◆ **V. intr.** Être frisé. *Ses cheveux frisent naturellement.* ◆ Se dit des caractères qui paraissent doublement imprimés sur la feuille. ◆ **Se friser**, v. pr. Être frisé. ◆ Se faire une frisure. ◆ Se friser, passer fort près l'un de l'autre.

1 FRISETTE, ■ n. f. [fʀizɛt] (*friser*) Petite boucle de cheveux. ■ **Par anal.** *Des frisettes de papier, de chocolat.*

2 FRISETTE, ■ n. f. [fʀizɛt] (1 *frise*) Petite lame de bois ornementale. *Poser de la frisette au plafond d'une chambre mansardée.*

FRISOLÉE, ■ n. f. [fʀizole] (*frisoler*, dim. région. de *friser*, en raison de l'aspect frisé des feuilles attaquées par la maladie) **Bot.** Maladie virale des végétaux due à un virus qui donne un aspect frisé aux feuilles. *La frisolée jaune de la tomate.*

1 FRISON, n. m. [fʀizɔ̃] (*friser*) Chacune des boucles d'une frisure. ■ **Par anal.** *Des frisons de bois, de métal.*

2 FRISON, ONNE, ■ adj. [fʀizɔ̃, ɔn] (*Frise*, région côtière de la mer du Nord) De la Frise. *Les vaches frisonnes.* ■ **N. m.** et n. f. *Les Frisons.* ■ **N. m.** Langue du groupe germanique parlée dans cette région.

FRISOTTANT, ANTE ou **FRISOTANT, ANTE**, ■ adj. [fʀizɔtɑ̃, ɑ̃t] (p. prés. de *frisotter*) Qui frisotte. *Une barbe frisottante.*

FRISOTTÉ, ÉE, p. p. de frisotter. [fʀizote]

FRISOTTER, v. tr. [fʀizote] (fréquentatif de *friser*) Friser souvent et par petites boucles. ◆ Se frisotter, v. pr.

FRISOTTIS, ■ n. m. [fʀizoti] (*frisotter*) Petite boucle de cheveux fins. *Des cheveux difficiles à coiffer et qui ont tendance à faire des frisottis.*

FRISQUE, adj. [fʀisk] (goth. *frisk*, avide) ▷ Vif et pimpant. ◁

FRISQUET, ETTE, adj. [fʀiskɛ, ɛt] (wall. *frisque*, froid) Se dit populairement d'un petit froid vif et piquant. *Il fait frisquet.*

FRISQUETTE, n. f. [fʀiskɛt] (orig. inc.) **Impr.** Pièce de la presse à bras que les imprimeurs abaissent sur la feuille, pour la maintenir sur le tympan et pour que les marges et les blancs ne soient pas maculés.

FRISSON, n. m. [fʀisɔ̃] (b. lat. *frictio*, rapproché par étymologie popul. de *frigere*, avoir froid) Contraction subite et passagère de la peau et des fibres superficielles des plans musculaires, accompagnée d'un sentiment de froid. ♦ **Par extens.** Léger mouvement d'une chose qui tremble. « *Au frisson d'une feuille il est prêt à s'enfuir* », ANDRIEUX. ♦ **Fig.** Vif saisissement de terreur, d'horreur. *Rien que d'y penser, j'en ai le frisson.* ♦ Il se dit aussi des émotions agréables. *Sentir un doux frisson.*

FRISSONNANT, ANTE, adj. [fʀisɔnɑ̃, ɑ̃t] (*frissonner*) Qui frissonne. ♦ Qui éprouve un léger tremblement, en parlant des choses.

FRISSONNEMENT, n. m. [fʀisɔn(ə)mɑ̃] (*frissonner*) Action de frissonner. *Le frissonnement de la fièvre.* ♦ Frémissement causé par l'émotion. « *Un frissonnement d'horreur et de crainte* », VOLTAIRE.

FRISSONNER, v. intr. [fʀisɔne] (*frisson*) Avoir le frisson. ♦ Avoir le frisson parce qu'on est exposé au froid. ♦ Éprouver un léger tremblement, en parlant des choses. *Les feuilles frissonnent.* ♦ Éprouver un frémissement d'émotion. « *Mon âme cependant de colère frissonne* », RÉGNIER. « *Cette pensée me fait frissonner* », MME DE SÉVIGNÉ. ♦ Éprouver un frémissement de terreur. ♦ Éprouver un frémissement d'admiration.

FRISURE, n. f. [fʀizyʀ] (*friser*) Façon de friser. ♦ Chevelure frisée. *Le vent a dérangé sa frisure.* ♦ Façon donnée au poil de certaines étoffes de laine, draps, ratines.

FRIT, ITE, p. p. de frire. [fʀi, it] **Fig.** *Cet homme est frit,* il est perdu sans ressource. ♦ *Tout est frit,* tout est mangé, dissipé. ♦ *Ces deux emplois sont auj. jugés familiers.* ■ **Adj.** Cuit dans la friture. *Des pommes de terre frites. Du poisson frit.*

FRITE, ■ **n. f.** [fʀit] (substantivation du fém. de *frit*) Bâtonnet de pomme de terre cuite dans un bain d'huile bouillante. *Une barquette de frites.* ■ *Un steak* ou *un bifteck frites,* servi avec des frites. ■ **Fam.** *Avoir la frite,* être en bonne forme. ■ **Fam.** Coup rapide et douloureux donné sur la fesse avec l'index replié au haut en bas avec le revers de la main.

FRITER, ■ **v. intr.** [fʀite] (*frite, coup*) **Fam.** *Ça va friter,* cela va tourner à la bagarre. ♦ **Se friter, v. pr. Fam.** Se battre, en venir aux mains. *Ils se sont frités à deux contre un.* ■ **Par extens.** Avoir de sérieux démêlés. *Elle s'est fritée avec son chef de service et a fini par démissionner.*

FRITERIE, ■ **n. f.** [fʀit(ə)ʀi] (*frite*) Échoppe, le plus souvent ambulant, où l'on vend des frites et des fritures.

FRITEUSE, ■ **n. f.** [fʀitøz] (*frite*) Ustensile de cuisine servant à la cuisson des frites et des fritures en général. *Une friteuse électrique.*

FRITILLAIRE, n. f. [fʀitilɛʀ] (lat. *fritillus,* cornet à dés, la forme des fleurs rappelant cet objet) Genre de plantes liliacées dont la fleur ressemble à celle de la tulipe et dont les bulbes renferment un principe âcre et drastique.

FRITONS, ■ **n. m. pl.** [fʀitɔ̃] (*frit*) Sorte de pâté composé de résidus de porc, de canard ou d'oie frits longuement dans de la graisse. *Des fritons de porc, de canard.*

FRITTAGE, n. m. [fʀitaʒ] (*fritter*) Action de réduire en fritte.

FRITTE, n. f. [fʀit] (empr. prob. à l'ital. *fritta,* de *fritto,* frit) Mélange de substances terreuses et de substances salines auquel on a fait éprouver un commencement de fusion pour en former le verre.

FRITTER, v. tr. [fʀite] (*fritte*) Exposer les mélanges vitrifiables à la calcination.

FRITURE, n. f. [fʀityʀ] (lat. *frictum,* supin de *frigere,* faire frire) Action, manière de frire. ♦ La graisse ou le beurre fondu(e) qui sert à frire. ♦ Plat de poissons frits. *Friture de goujons.* ■ **Belg.** Friterie. ■ **Fam.** Bruits parasites qui font grésiller un téléphone, un poste de radio. *Il y a trop de friture sur la ligne, je n'entends rien.*

FRITZ, ■ **n. m.** [fʀits] (*Fritz,* prénom all.) **Péj.** Allemand ou soldat allemand, pendant la guerre. *Des Fritz.* ■ **Adj.** « *Malgré ses origines fritz, il n'était pas raciste, Otto* », BOUDARD.

FRIVOLE, adj. [fʀivɔl] (lat. *frivolus,* futile) Léger et de peu d'importance. *Amusements frivoles.* ♦ En parlant des choses, qui ne mérite point de confiance. *Espoir frivole.* ♦ En parlant des personnes, qui ne se plaît qu'aux choses légères et sans importance. *Esprit frivole et superficiel.* ■ **N. m.** Ce qui est frivole. *Le goût du frivole.*

FRIVOLEMENT, adv. [fʀivɔl(ə)mɑ̃] (*frivole*) D'une manière frivole.

FRIVOLITÉ, n. f. [fʀivolite] (*frivole*) Caractère de celui qui est frivole, de ce qui est frivole. « *La frivolité ôte à l'attention sa force, à la pensée son originalité* », MME DE STAËL. ♦ Chose frivole. *Ne s'occuper que de frivolités.* ♦ Espèce de petite fleur qu'on fait avec du fil et un petit moule ou une navette sans aiguille ni crochet. *Un col en frivolités.* ■ Petits accessoires de mode sans valeur. *Marchande de frivolités.*

FROC, n. m. [fʀɔk] (on prononce le *c* final ; anc. b. frq. *hrokk,* tunique, vêtement masculin) La partie de l'habit des moines qui couvre la tête et les épaules. ♦ **Par extens.** L'habillement entier. ♦ **Fig.** La profession monacale. *Prendre, porter, quitter le froc.* ♦ **Fam.** *Jeter le froc aux orties* ou simplement *jeter le froc,* renoncer à la vie religieuse. ♦ **Par extens.** Quitter la profession, l'occupation qu'on avait embrassée. ■ **Fam.** Pantalon. *Il nage dans son froc.* ■ **Fam.** *Baisser son froc,* se soumettre bassement, accepter des conditions humiliantes. *Pas question de baisser mon froc sous prétexte que c'est lui le patron.*

FROCARD, n. m. [fʀɔkaʀ] (*froc*) **Péj.** et **fam.** Un moine.

FRŒBÉLIEN, IENNE ou **FRŒBELIEN, IENNE,** ■ **adj.** [fʀøbeljɛ̃, jɛn] (*Fröbel,* pédagogue allemand) Relatif à Fröbel, à ses théories. *En 1837, le pédagogue allemand Fröbel fonda le premier jardin d'enfants, donnant naissance à un esprit froebelien pour les structures préscolaires.* ■ **N. m.** et **n. f. Belg.** Enseignant de l'école maternelle.

1 FROID, n. m. [fʀwa] (substantivation de *2 froid*) Manque de chaleur, sensation que fait éprouver toute déperdition calorique. *Sentir du froid. Avoir froid aux mains.* ♦ *Prendre froid,* avoir un refroidissement. ♦ **Fig.** *Souffler le froid et le chaud,* approuver et blâmer, être tour à tour d'avis contraire. ♦ **Fam.** *Cela ne fait ni froid ni chaud,* cela ne sert ni ne nuit. ♦ *Cela ne lui fait ni chaud ni froid,* cela lui est indifférent. ♦ **Pop.** *Il n'a pas froid aux yeux,* c'est un homme brave et résolu (c'est-à-dire il a les yeux ardents). ♦ Basse température. *Le froid de l'hiver. Il fait froid.* ♦ ▷ Il se dit en ce sens au pluriel. *Les froids de cette année.* ♦ **Poétiq.** Ce qui est comparé au froid des hivers. « *Un cœur déjà glacé par le froid des années* », RACINE. ♦ Refroidissement du corps, par l'effet d'une cause corporelle ou morale. « *Un froid mortel a passé dans mon cœur* », VOLTAIRE. ♦ Air sérieux et sévère. *Il est d'un froid glacial.* ♦ Indifférence. « *Et nous-même, comment en parlons-nous ? Avec le même froid que si nous n'y prenions nul intérêt* », BOURDALOUE. ♦ Mésintelligence, mécontentement. *Il y a du froid entre eux.* ♦ Manque de chaleur et de vie dans les ouvrages d'esprit. *Cela jette du froid sur cette scène.* ■ Dans le sens de mésentente, *froid* est auj. employé comme un nom comptable : *Il y a un froid entre eux.* ■ *Jeter un froid,* provoquer un profond sentiment de gêne. ■ *Être en froid avec quelqu'un,* ne plus entretenir de relations cordiales avec lui. ■ **Fam.** *Un froid de canard, de chien,* un froid très vigoureux. ■ Très basse température créée artificiellement que l'on utilise dans l'industrie. *La chaîne du froid. Un technicien en froid.*

2 FROID, OIDE, adj. [fʀwa, wad] (lat. *frigidus*) Qui n'a pas de chaleur. *Climat, vent froid.* ♦ **Fig.** *Une vie triste et froide.* ♦ ▷ **Fig.** et **fam.** *Il ne trouve rien de trop chaud ni trop froid,* c'est un homme qui prend de toutes mains, qui accepte tout. ◁ ♦ Qui ne garantit pas du froid. *Vêtement, habitation froide.* ♦ Refroidi. *Ce potage est froid.* ♦ *Déjeuner froid,* déjeuner où l'on ne sert que des mets froids. ♦ *Viandes froides,* viandes préparées pour être mangées froides. ♦ Qui atténue, corrige la chaleur animale. *Les quatre semences froides,* les semences de concombre, de melon, de citrouille et de courge. ♦ Qui détruit la chaleur animale. *Il y a des poisons froids.* ♦ ▷ *Humeurs froides,* nom vulgaire des scrofules. ◁ ♦ Qui n'a pas beaucoup de chaleur animale. *Animaux à sang froid.* ♦ **Fig.** Qui ne s'émeut pas en raison d'un tempérament flegmatique. *Un homme, un air froid.* ♦ Qui ne s'émeut pas en raison du calme, de la force de l'âme. *La froide raison.* « *Être froid dans le péril* », LA BRUYÈRE. ♦ *Sang-froid,* Voy. SANG. ♦ Qui n'a pas ou qui a peu de chaleur morale. *Cœur froid. Il resta froid à ce spectacle. Orateur froid,* orateur qui ne touche pas ses auditeurs et qui ne paraît pas lui-même touché. *Imagination froide,* imagination dépourvue de chaleur, d'activité, d'énergie. *Un auteur froid,* un auteur qui n'émeut pas son lecteur. *Un acteur froid,* un acteur qui n'émeut pas son public. *Des raisons froides,* raisons qui ne partent pas d'un esprit touché. ♦ Qui n'a pas de zèle à servir. *Un ami froid.* ♦ Qui a réserve, froideur, éloignement. *Il est bien froid aujourd'hui avec vous. Faire froide mine à quelqu'un.* ♦ En parlant des choses, qui témoigne réserve, froideur, éloignement. *Un abord froid. Sa réponse est froide.* ♦ ▷ *Faire froid à quelqu'un* ou plus souvent *battre froid à quelqu'un,* lui faire mauvaise mine, mauvais accueil. ◁ ♦ Qui marque une profonde insensibilité. *Une haine froide et réfléchie.* ♦ **Littér.** Qui n'a rien d'animé, qui manque d'expression. *Cette tragédie est froide.* ♦ *Style froid,* style qui ne produit aucun effet sur les âmes. ♦ **Peint.** et **sculpt.** Qui manque de vie et de chaleur. *Un morceau de musique, un tableau froid. Tons froids,* tons qui manquent d'éclat. ♦ À FROID, **loc. adv.** Sans être échauffé. *Forger un fer à froid. Infuser à froid.* ♦ **Fig.** *À froid,* sans émotion, sans passion, sans emportement. ♦ **Teint.** *Donner une couleur à froid, teindre à froid,* teindre sans feu, ne point faire passer les étoffes par un bain chaud. ■ **Méd.** *Intervention à froid,* en l'absence de toute inflammation.

FROIDEMENT, adv. [fʀwad(ə)mɑ̃] (*froid*) De manière à sentir le froid. *Être vêtu froidement.* ♦ **Fig.** D'une manière froide, sans chaleur, sans émotion. *Il écoute froidement les injures.* « *Il conte brièvement mais froidement* », LA BRUYÈRE. ♦ D'une manière froide, avec réserve, sans encourager. « *Vous louez les œuvres d'autrui froidement* », GOMBAUT.

FROIDEUR, n. f. [fʁwadœʁ] (*froid*) État de ce qui est froid. *La froideur du temps, du marbre.* ♦ **Fig.** Il se dit de ce qui glace comme le froid. *La froideur de la vieillesse.* ♦ Il se dit du tempérament. ♦ **Fig.** Manque de chaleur morale. *La froideur du caractère.* ♦ On dit dans un sens analogue : *la froideur de l'imagination.* ♦ Il se dit des compositions littéraires. *La froideur d'une tragédie, du style.* ♦ Manières, paroles par lesquelles on témoigne son indifférence. *Sa froideur, ses froideurs me désespèrent.* ♦ On dit dans un sens analogue : *la froideur d'un accueil, d'une réponse.* ♦ Diminution, refroidissement d'affection, état de personnes qui ne vivent plus ensemble avec la même amitié qu'auparavant. *Il y a de la froideur entre eux.*

FROIDI, IE, p. p. de froidir. [fʁwadi]

FROIDIR, v. intr. [fʁwadiʁ] (*froid*) Devenir froid, cesser d'être chaud. ♦ Se froidir, v. pr. *Le dîner se froidit.* ♦ On dit de préférence *refroidir, se refroidir.*

FROIDURE, n. f. [fʁwadyʁ] (*froid*) Le froid du temps, de la saison, du climat. ♦ En poésie, l'hiver. ■ **Méd.** Lésion cutanée provoquée par le froid.

FROIDUREUX, EUSE, adj. [fʁwadyʁø, øz] (*froidure*) ▷ Qui amène la froidure. ◁

FROISSABLE, ■ adj. [fʁwasabl] (*froisser*) Qui se froisse, se fripe facilement. *Ranger correctement ses vêtements froissables au fond de la valise.*

FROISSANT, ANTE, ■ adj. [fʁwasɑ̃, ɑ̃t] (*froisser*) Qui froisse, blesse moralement. *Une remarque froissante.*

FROISSÉ, ÉE, p. p. de froisser. [fʁwase] **Fam.** *Tôle froissée,* carrosserie endommagée à la suite d'un accident.

FROISSEMENT, n. m. [fʁwas(ə)mɑ̃] (*froisser*) Action de froisser ; résultat de cette action. *Le froissement des vêtements, d'un membre contre une pierre, etc.* ♦ **Fig.** Choc, heurt, lutte. *Le froissement des intérêts, des amours-propres.* ♦ Offense, désagrément. *Il a éprouvé des froissements.*

FROISSER, v. tr. [fʁwase] (lat. vulg. *frustiare,* mettre en morceaux, du lat. *frustum,* morceau) Frotter fortement, de manière à produire un commencement d'écrasement. ♦ *Froisser des épis,* en faire sortir le grain par la pression. ♦ Chiffonner, faire prendre des plis irréguliers. *Froisser du drap.* ♦ ▷ Meurtrir par une pression violente, par un choc. « *L'un me heurte d'un ais dont je suis tout froissé* », BOILEAU. ◁ ♦ *Se froisser un membre,* avoir un membre froissé par. ♦ **Fig.** Offenser, choquer. *Froisser les intérêts, les amours-propres.* ♦ Se froisser, v. pr. Être froissé. ♦ **Fig.** Se piquer, prendre de l'humeur.

FROISSURE, n. f. [fʁwasyʁ] (*froisser*) Impression produite sur un corps par le froissement. *La froissure d'une étoffe.*

FRÔLÉ, ÉE, p. p. de frôler. [fʁole]

FRÔLEMENT, n. m. [fʁol(ə)mɑ̃] (*frôler*) Action de frôler, l'effet d'une chose qui frôle. *Le frôlement de la langue contre le palais. Je sentis le frôlement de sa robe.*

FRÔLER, v. tr. [fʁole] (prob. onomat. consonantique *f-r-l-*, bruit léger) Toucher légèrement en frottant. *La balle le frôla.* ■ Passer très près de. *Frôler le mur.* ■ **Fig.** *Ils ont frôlé l'accident.*

FRÔLEUR, EUSE, ■ n. m. et n. f. [fʁolœʁ, øz] (*frôler*) Personne qui recherche les sensations érotiques en effleurant le corps de quelqu'un à son insu. *Méfiez-vous des frôleurs dans le métro.* ■ Adj. *Main frôleuse.*

FROMAGE, n. m. [fʁomaʒ] (b. lat. *[caseus] formaticus,* [fromage] fait dans la forme) Substance alimentaire préparée avec la crème ou le caséum du lait, et plus ordinairement avec ces deux matières unies. ♦ Masse de fromage en pain. *Fromage de Gruyère.* ♦ **Fam.** *Entre la poire et le fromage,* au dessert, lorsque la gaieté excitée par la bonne chère fait parler librement. ♦ *Fromage à la crème,* celui qui se fait avec du bon lait auquel on ajoute de la crème. ♦ *Fromage à la glace* ou *fromage glacé,* mets composé de crème, de sucre, etc. et frappé de glace. ♦ ▷ **Par extens.** *Fromage de cochon,* hachis de charcuterie. ◁ ♦ *Fromage d'Italie,* foie de veau ou de cochon haché et pilé avec du lard et de la panne. ♦ *Au fromage,* dont la composition renferme du fromage cuit. *Soufflé au fromage.* ■ *Fromage blanc,* lait caillé auquel on laisse son aspect granuleux ou que l'on bat pour le rendre onctueux. ■ **Fam.** *Faire un fromage de quelque chose,* en faire un scandale. ■ *Fromage de tête,* plat de charcuterie composé de morceaux de tête de porc cuits et pris en gelée.

1 **FROMAGER, ÈRE**, n. m. et n. f. [fʁomaʒe, ɛʁ] (*fromage*) Celui, celle qui fait ou qui vend des fromages. ■ N. m. Vaisseau, récipient percé de trous dans lequel on dresse le lait caillé pour faire des fromages. ■ Adj. Relatif au fromage en tant que produit de consommation. *L'industrie fromagère.*

2 **FROMAGER**, n. m. [fʁomaʒe] (*fromage,* pour la tendreté de son bois) **Bot.** Genre de la famille des sterculiacées ; ce sont des arbres de l'Amérique tropicale, très grands et portant des fruits très gros.

FROMAGERIE, n. f. [fʁomaʒ(ə)ʁi] (*fromage*) Fabrique, commerce de fromages. ♦ Chambre où l'on fait sécher les fromages ; lieu où on les conserve. ♦ Boutique, marché où on les vend.

FROMENT, n. m. [fʁomɑ̃] (lat. *frumentum,* blé en grains) La meilleure espèce de blé. ♦ Le grain du froment. *Un hectolitre de froment.* ♦ ▷ Dans le langage mystique, *le froment des élus,* ce qu'il y a de plus saint dans la doctrine. ◁ ♦ ▷ Se dit aussi des âmes les plus pures, les plus saintes. ◁

FROMENTACÉE, adj. f. [fʁomɑ̃tase] (*froment*) ▷ Se dit des plantes qui ont du rapport avec le froment, comme les orges, les chiendents. ◁

FROMENTAL, ALE, ■ adj. [fʁomɑ̃tal] (*froment*) Où pousse le froment. *Des terrains fromentaux.* ■ N. m. Variété d'avoine cultivée comme plante fourragère.

FROMETON ou **FROMTON**, ■ n. m. [fʁom(ə)tɔ̃] (altération de *fromage*) **Fam.** Fromage. *C'est du fromton à deux balles, disaient les poilus.*

FRONCE, n. f. [fʁɔ̃s] (anc. b. frq. *hrunkja,* ride) **Cout.** Sorte de pli formé par le fil d'un point devant passé dans une étoffe et tiré pour en diminuer la largeur ou l'ampleur. ♦ Pli défectueux qui se trouve dans le papier. ■ *Une jupe, un corsage à fronces,* qui comporte des fronces.

FRONCÉ, ÉE, p. p. de froncer. [fʁɔ̃se] *Corsage froncé.*

FRONCEMENT, n. m. [fʁɔ̃s(ə)mɑ̃] (*froncer*) Action de froncer ; état de ce qui est froncé. *Le froncement des sourcils.*

FRONCER, v. tr. [fʁɔ̃se] (de *fronce*) Rider en contractant, en resserrant. « *Le rhinocéros ne peut ni froncer, ni contracter sa peau* », BUFFON. ♦ *Froncer les sourcils,* les rapprocher – ce qui est souvent un signe de mécontentement. ♦ Coudre à plis serrés. ♦ *Froncer une jupe,* faire des fronces au haut de cette jupe. ♦ Se froncer, v. pr. Se rider.

FRONCEUR, EUSE, ■ adj. [fʁɔ̃sœʁ, øz] (*fronce*) Qui permet de réaliser des fronces sur un tissu. *Galon, ruban fronceur. L'aiguille fronceuse d'une machine à coudre.*

FRONCIS, n. m. [fʁɔ̃si] (on ne prononce pas le *s* final ; de *fronce*) Les plis d'un vêtement froncé. *Faire un froncis à une manche.*

FRONDAISON, ■ n. f. [fʁɔ̃dezɔ̃] (2 *fronde*) N. f. Ensemble des branches et des feuilles d'un arbre qui se situent au-dessus du tronc. *La frondaison d'un chêne.* ■ **Bot.** Épanouissement des feuilles sur un arbre. *L'époque de la frondaison.*

1 **FRONDE**, n. f. [fʁɔ̃d] (anc. fr. *fonde, fronde, flondre,* du lat. *funda*) Arme à jet, consistant en un fond de cuir suspendu par deux cordes. ♦ ▷ **Chir.** Bandage à quatre chefs, extrémités. ◁ ♦ Nom du parti qui s'insurgea contre Mazarin et la Cour pendant la minorité de Louis XIV ; en ce sens on met une majuscule. ■ **Par extens.** Esprit critique à l'égard de l'autorité établie. *Avoir l'esprit de fronde.*

2 **FRONDE**, n. f. [fʁɔ̃d] (lat. *frons,* génit. *frondis,* feuillage) **Bot.** Nom qu'on donne généralement aux expansions membraneuses des acotylédones. *Les fougères ont des frondes.*

FRONDÉ, ÉE, p. p. de fronder. [fʁɔ̃de]

FRONDER, v. tr. [fʁɔ̃de] (1 *fronde*) ▷ Lancer avec la fronde. ◁ ♦ ▷ **Par extens.** *Il lui fronda une assiette à la tête.* ◁ ♦ ▷ *Fronder quelque chose* ou *quelqu'un,* le frapper avec une chose lancée. ◁ ♦ **Absol.** S'est dit, sous la minorité de Louis XIV, pour prendre part aux intrigues, aux luttes de la Fronde. ♦ **Par extens.** « *L'art de fronder et bouleverser les États est d'ébranler les coutumes établies* », PASCAL. ♦ Faire le mécontent, le critique à l'égard de choses ou de personnes. « *Bien des gens ont frondé cette comédie* », MOLIÈRE. ♦ **Absol.** *Cet homme passe sa vie à fronder.*

FRONDEUR, EUSE, n. m. et n. f. [fʁɔ̃dœʁ, øz] (*fronder*) Personne qui lance des pierres avec la fronde. ♦ *Frondeur, frondeuse,* celui qui, sous la minorité de Louis XIV, appartenait au parti de la Fronde. ♦ **Par extens.** Celui, celle qui parle contre le gouvernement. ♦ Celui, celle qui fronde, qui critique. ♦ Adj. *Un siècle, un esprit frondeur.* ♦ ▷ Personne qui montre une humeur morose, chagrine, qui désapprouve tout. ◁

FRONSAC, ■ n. m. [fʁɔ̃sak] (*Fronsac,* ville de la région de Bordeaux) Vin rouge classé en AOC de la région de Bordeaux. *Les fronsacs, très prisés sous Richelieu, vieillissent bien.*

FRONT, n. m. [fʁɔ̃] (lat. *frons*) Partie de la face qui s'étend de l'origine des cheveux aux sourcils et d'une tempe à l'autre. ♦ **Fig.** « *Sion a son front dans les cieux* », RACINE. ♦ ▷ *Le front rougit,* se dit d'un sentiment de honte qui y fait monter la rougeur. ◁ ♦ ▷ **Fig.** *N'avoir point de front,* n'avoir ni honte, ni pudeur. ◁ ♦ Le devant de la tête de certains animaux. *Le front d'un cheval, d'un bœuf.* ♦ **Fig.** *Un front sévère.* ♦ **Fig.** Humilier, ▷ courber, baisser le front, ◁ se dit de l'humiliation, de l'abaissement de la servitude. ♦ **Fig.** *Relever le front,* reprendre du courage, de l'audace, de la fermeté. ♦ *Le front levé,* avec assurance, sans craindre aucun reproche.

Aller, marcher le front levé. ◆ La personne elle-même, dans le langage poétique. *Un front couronné.* ◆ L'air, l'attitude, le langage, les manières, surtout en poésie. « *Il s'avance au trépas Avec le même front qu'il donnait les États* », P. CORNEILLE. ◆ Impudence, effronterie. « *Quoi ! vous avez le front de trouver cela beau !* », MOLIÈRE. ◆ *De quel front,* avec quelle impudence. ◆ *Un front d'airain,* Voy. AIRAIN. ◆ **Fig.** et **poétiq.** Le haut, le sommet. *Cette montagne élève son front jusque dans les nues.* ◆ Étendue que présente le devant de certaines choses. *Le front d'un bâtiment.* ◆ **Fortif.** *Front d'une place,* ce qui est compris entre les deux bastions voisins. ◆ La face d'une troupe rangée en ligne. *Le front d'un bataillon.* ◆ ▷ *Front de bandière,* Voy. BANDIÈRE. ◁ ◆ *Front de bataille,* rang antérieur d'une troupe ou d'une ligne déployée. ◆ *Faire front,* se dit d'une troupe qui, étant de flanc, se tourne de manière à présenter le front. ◆ *Front !* commandement militaire, pour dire à une troupe de faire face. ◆ DE FRONT, **loc. adv.** Par-devant. ◆ **Fig.** Sans ménagement, sans prendre des biais. *Une loi qui attaque de front un vice.* ◆ *De front,* sur la même ligne. « *M. Leibnitz mena de front toutes les sciences* », FONTENELLE. ◆ **Fig.** En même temps. *Mener deux affaires de front.* ◆ ▷ FRONT À FRONT, **loc. adv.** Opposé l'un à l'autre, en face l'un de l'autre. ■ *Front de mer,* aménagement urbain en bordure de mer. ■ *À la sueur de son front,* en travaillant beaucoup. *Aller au combat de sang armés. Aller au front.* ■ **Fig.** *Faire front,* affronter un obstacle avec un esprit de résistance. *Quelle que soit la situation, elle a toujours su faire front. Faire front aux difficultés.* ◁

FRONTAIL, ■ n. m. [fʀɔ̃taj] (altération de 1 *frontal* par chang. de suff.) Au pl. *Des frontails.* Voy. FRONTAL.

1 FRONTAL, n. m. [fʀɔ̃tal] (*front*) ▷ Topique, traitement appliqué sur le front en forme de bandeau. ◁ ◆ ▷ Sorte de question, de torture qui consiste à étreindre avec une corde à nœuds le front du patient. ◁ ◆ Il se dit pour *fronteau de cheval* Voy. FRONTEAU. ■ **Rem.** *Frontal* est auj. plus courant que *fronteau.* On dit également *frontail.* ■ **Au pl.** *Des frontaux.*

2 FRONTAL, ALE, adj. [fʀɔ̃tal] (*front*) **Anat.** Qui appartient au front. *Les muscles frontaux.* ◆ *Os frontal* ou *coronal,* n. m. *le frontal,* os situé à la partie antérieure du crâne et supérieure de la face. ◆ Qui se situe sur le devant. *Choc frontal. Lave-linge à ouverture frontale. Des airbags frontaux.*

FRONTALEMENT, ■ adv. [fʀɔ̃tal(ə)mɑ̃] (*frontal*) Sur le devant. *Heurter un mur frontalement.* ■ **Fig.** De front, sans ménagement. *Il n'a pas hésité à s'attaquer frontalement au mouvement d'opposition.* « *Le design, en effet, depuis le Bauhaus, s'oppose frontalement à l'esprit de mode, aux jeux gratuits du décoratif* », LIPOVETSKY.

FRONTALIER, IÈRE, ■ adj. [fʀɔ̃talje, jɛʀ] (gasc. *frountalié,* habitant de zône frontière, de *froun, frountal*) Qui se situe à la frontière de deux États. *Zone frontalière.* ■ **N. m.** et **n. f.** Personne qui vit près d'une frontière. ■ **Spécialt** *Frontalier, frontalière,* qui travaille dans le pays voisin.

FRONTALITÉ, ■ n. f. [fʀɔ̃talite] (*frontal*) Caractère de ce qui se présente de front. *La frontalité de la scène dans le théâtre médiéval.*

FRONTEAU, n. m. [fʀɔ̃to] (*front*) Sorte de bandeau appliqué sur le front. ◆ Bandeau que se mettent les Juifs autour du front et qui porte en inscription le nom de Dieu ou quelque passage de l'Écriture. ◆ ▷ Partie de la têtière qui passe au-dessus des yeux du cheval. ◁ ◆ **Archit.** Petit fronton qu'on met au-dessus des petites portes ou des fenêtres. ■ **Au pl.** *Des fronteaux.*

FRONTIÈRE, n. f. [fʀɔ̃tjɛʀ] (*front*) Limites qui séparent un État d'un autre État. ■ **Adj.** Qui est sur la frontière. *Ville frontière.* ■ **Fig.** *La frontière entre deux notions.*

FRONTIGNAN, n. m. [fʀɔ̃tiɲɑ̃] ou [fʀɔ̃tinjɑ̃] (*Frontignan,* ville de l'Hérault) Vin muscat récolté près de Frontignan (Hérault). *Du vieux frontignan.*

FRONTISPICE, n. m. [fʀɔ̃tispis] (b. lat. *frontispicium,* cimaise, fronton) ▷ La face principale et la plus haute d'un grand édifice. ◁ ◆ Titre d'un livre orné de figures gravées ou imprimées. ◆ Gravure que l'on place en regard du titre d'un livre et dont le sujet est analogue au but et à l'esprit de l'ouvrage.

FRONTISTE, ■ adj. [fʀɔ̃tist] (*Front national,* nom d'un parti d'extrême droite français) Relatif au Front national. *Les votes frontistes.* ■ **N. m.** et **n. f.** *Les frontistes.*

FRONTON, n. m. [fʀɔ̃tɔ̃] (ital. *frontone,* de *fronte,* front) Ornement d'architecture, de forme triangulaire ordinairement, qui surmonte et couronne la principale entrée d'un édifice. ■ Mur sur lequel rebondit la balle de pelote basque.

FROTTAGE, n. m. [fʀɔtaʒ] (*frotter*) ▷ Travail du frotteur. ◁ ■ Action de frotter.

FROTTANT, ANTE, adj. [fʀɔtɑ̃, ɑ̃t] (*frotter*) Qui sert à frotter. *Substance frottante.* ◆ Qui est soumis à un frottement.

FROTTÉ, ÉE, p. p. de frotter. [fʀɔte] ▷ **Fig.** Qui a pris une légère teinture, une légère connaissance de quelque chose. *Frotté de grec et de latin.* ◁ ■ **Fig.** et **fam.** Battu, rossé.

FROTTÉE, n. f. [fʀɔte] (*frotter*) **Fam.** Rossée que l'on administre à quelqu'un. ◆ *Frottée d'ail,* croûte de pain frottée d'ail.

FROTTE-MANCHE, ■ n. m. [fʀɔt(ə)mɑ̃ʃ] (*frotter* et *manche*) **Fam. Belg.** Flatteur, lèche-bottes. *Des frotte-manches.*

FROTTEMENT, n. m. [fʀɔt(ə)mɑ̃] (*frotter*) Action de frotter. ◆ Résistance que les corps éprouvent à se mouvoir les uns sur les autres. ◆ **Fig.** Fréquentation, contact. *Le frottement du monde.* ■ **Fig.** Friction, désaccord.

FROTTER, v. tr. [fʀɔte] (lat. *fricare*) Passer une chose sur une autre en appuyant. ◆ *Se frotter les yeux,* passer sa main sur ses yeux quand on se réveille pour écarter les paupières et rendre la vue plus nette, et fig. être surpris, étonné. ◆ *Se frotter les mains,* frotter ses mains l'une contre l'autre pour les nettoyer, les réchauffer, etc., et fig. se réjouir. ◆ Enduire avec de la cire et frotter pour faire reluire. *Frotter des chaises.* ◆ Particulièrement, étendre de la cire sur un parquet et le frotter avec une brosse pour le faire reluire. *Frotter un appartement.* ◆ **Absol.** *Ce domestique sait frotter.* ◆ Faire des onctions. ◆ Faire des frictions. ◆ Battre, maltraiter, rosser. ◆ On dit de même : *frotter les oreilles à quelqu'un.* ◆ **V. intr.** Se dit d'une chose qui glisse sur une autre sans exercer une pression. ◆ *Se frotter,* v. pr. Exercer sur soi-même un frottement. *Se frotter avec la main. Se frotter contre quelque chose.* ◆ Exercer réciproquement un frottement. *Se frotter l'un à l'autre.* ◆ **Fig.** Fréquenter, avoir commerce avec. *Il est bon de se frotter aux savants.* ◆ **Fig.** S'attaquer à quelqu'un, entreprendre certaines choses. « *J'ai mon compte, je ne m'y frotte plus* », J.-J. ROUSSEAU. ◆ S'enduire, se frictionner. ◆ **Fig.** Prendre une légère connaissance de. *Se frotter de latin.* ◁ ◆ *Se frotter,* se battre l'un contre l'autre. ■ **Prov.** *Qui s'y frotte s'y pique,* celui qui s'attaque à cet homme, qui entreprend cette affaire en reçoit du dommage.

1 FROTTEUR, EUSE, n. m. et n. f. [fʀɔtœʀ, øz] (*frotter*) Personne qui frotte les parquets. ■ **Psych.** Maniaque qui éprouve une jouissance à se frotter contre les autres. *Le frotteur peut s'exciter en se frottant à des vêtements féminins !*

2 FROTTEUR, n. m. [fʀɔtœʀ] (*frotter*) **Techn.** Appareil permettant la préparation du sable au moyen d'un mouvement de glissement entre la surface des meules et celle de la couche dense mais fine de sable dans le but de distribuer le liant. ■ **Électr.** Appareil ayant la forme d'une gouttière, rendant possible la prise de courant sur une ligne aérienne. ■ **Ch. de fer.** Prise de courant disposée sur le rail de contact. *Frotteur sur troisième rail.*

FROTTI-FROTTA, ■ n. m. inv. [fʀɔtifʀɔta] (*frotter,* redoubl. sur le modèle de *prêchi-prêcha*) **Fam.** Action de se frotter contre quelqu'un, notamment en dansant. *Ils se sont fait du frotti-frotta toute la soirée. Des frotti-frotta.*

FROTTIS, n. m. [fʀɔti] (*frotter*) **Peint.** Couche de peinture appliquée de façon irrégulière en couche dense mais fine de telle sorte que l'on puisse percevoir le grain de la toile. *Couvrir une toile de frottis rose.* ■ **Méd.** Prélèvement de cellules pour les étudier au microscope, étalées sur une lamelle. *Un frottis vaginal est utilisé comme test de dépistage du cancer du col de l'utérus.*

FROTTOIR, n. m. [fʀɔtwaʀ] (*frotter*) ▷ Linge dont on se sert pour frotter la tête ou le corps. ◁ ◆ Linge dont les barbiers se servent pour essuyer le rasoir. ◆ **Phys.** Chacun des coussins entre lesquels on fait tourner le plateau de verre d'une machine électrique. ◆ Brosse pour frotter le plancher.

FROUER, v. intr. [fʀue] (onomat. *frou-*) Faire un certain sifflement, par lequel on imite le cri de la chouette, pour attirer des oiseaux.

FROUFOUTANT, ANTE, ■ adj. [fʀufʀutɑ̃, ɑ̃t] (*froufrouter*) Qui froufroute. *De la lingerie froufroutante.*

FROUFROU, ■ n. m. [fʀufʀu] (onomat. *frou-*) Bruit léger de frottement de tissu. *Le froufrou des robes.* ■ Vêtement féminin à connotation précieuse, fragile. ■ N. m. pl. Ornements légers autour d'un vêtement, volants. ■ **Par extens.** Tout bruit léger. *Le froufrou des ailes d'un oiseau. Des froufrous.*

FROUFROUTER, ■ v. intr. [fʀufʀute] (*froufrou*) Pour une étoffe, produire un léger son de froissement. ■ **Par extens.** Émettre un bruit évoquant le froissement d'un tissu. ■ FROUFROUTEMENT, n. m. [fʀufʀut(ə)mɑ̃]

FROUSSARD, ARDE, ■ n. m. et n. f. [fʀusaʀ, aʀd] (*frousse*) **Fam.** Personne peureuse. « *J'ai passé la nuit dehors, comme un imbécile... comme un froussard... Tu comprends, la mobilisation, pour moi, ça voulait dire : perquisitions, arrestations...* », MARTIN DU GARD. ■ **Adj.** Qui a la frousse. *Un chien froussard.*

FROUSSE, ■ n. f. [fʀus] (p.-ê. provenç. *frous,* bruit strident ; radic. onomat. *frou-*) **Fam.** Peur très forte ou manque de courage. *Avoir la frousse.*

FRUCTIDOR, n. m. [fʀyktidɔʀ] (lat. *fructus*) Le douzième mois du calendrier républicain (du 18 août au 16 septembre).

FRUCTIFÈRE, ■ adj. [fʁyktifɛʁ] (lat. *fructus*, fruit et *-fère*) **Bot.** Qui donne ou qui est susceptible de donner des fruits. *Bourgeon, vigne fructifère. L'avocatier est un arbuste fructifère.*

FRUCTIFIANT, ANTE, adj. [fʁyktifjɑ̃, ɑ̃t] (*fructifier*) Qui fructifie. Il ne se dit qu'au figuré. *Des paroles fructifiantes.*

FRUCTIFICATION, n. f. [fʁyktifikasjɔ̃] (lat. impér. *fructificatio*) **Bot.** Production de fruits. ◆ Ensemble des phénomènes qui accompagnent la formation du fruit jusqu'à sa maturité. ◆ Disposition des parties dont la réunion produit le fruit. ◆ Ensemble des fruits que porte un végétal quelconque. ◆ Le temps où la fructification a lieu. ◆ Dans les cryptogames, ensemble des organes reproducteurs.

FRUCTIFIER, v. intr. [fʁyktifje] (lat. impér. *fructificare*) Produire du fruit. ◆ **Bot.** Il se dit des végétaux qui sont en fructification. ◆ **Fig.** Produire un effet, un résultat avantageux. *Les bons exemples fructifient.* ◆ Produire des bénéfices. *Faire fructifier une somme d'argent.* ◆ ▷ *Faire fructifier la vigne du Seigneur,* faire des conversions. ◁

FRUCTOSE, ■ n. m. [fʁyktoz] (lat. *fructus*, fruit et *-ose*) Sucre contenu à l'état naturel dans les fruits mûrs et le miel. *On trouve aussi du fructose dans le nectar des fleurs. Fructose et saccharose.*

FRUCTUEUSEMENT, adv. [fʁyktɥøz(ə)mɑ̃] (*fructueux*) Avec fruit, avec succès.

FRUCTUEUX, EUSE, adj. [fʁyktɥø, øz] (lat. *fructuosus*, fécond) Qui produit du fruit. *Rameaux fructueux.* ◆ **Fig.** Utile, salutaire. « *Cette affliction fructueuse, cette douleur salutaire de la pénitence* », Bossuet. ◆ Lucratif. *Occupation fructueuse.*

FRUGAL, ALE, adj. [fʁygal] (lat. impér. *frugalis*) Inusité au plur. masc. Qui se contente d'une nourriture simple, d'aliments peu recherchés. ◆ Il se dit des choses au même sens. *Une vie frugale. Repas frugal.*

FRUGALEMENT, adv. [fʁygal(ə)mɑ̃] (*frugal*) D'une manière frugale.

FRUGALITÉ, n. f. [fʁygalite] (lat. *frugalitas*) Qualité de ce qui est frugal ; simplicité de vie, de mœurs.

FRUGIVORE, adj. [fʁyʒivɔʁ] (lat. *frux*, génit. *frugis*, production de la terre, et *-vore*) Qui ne se nourrit que de fruits, de végétaux. *L'ours brun est frugivore.* ◆ On dit de même : *vie frugivore.* ◆ N. m. pl. *Les frugivores,* animaux ne vivant que de fruits et de grains.

1 FRUIT, n. m. [fʁɥi] (lat. *fructus*, ce dont on jouit, récompense) Produit des végétaux qui provient de l'évolution de la fleur et qui contient les graines. ◆ Se dit particulièrement des productions des arbres fruitiers. ◆ *Fruits rouges,* les fraises, framboises, cerises, groseilles. ◆ **Pharm.** *Les quatre fruits,* les dattes privées de noyaux, les jujubes, les figues et les raisins ou les pruneaux secs. ◆ *Mettre à fruit,* tailler un arbre de manière qu'il rapporte du fruit. ◆ **Fig.** « *La mort, ennemie des fruits que nous promettait la princesse, les a ravagés dans la fleur* », Bossuet. ◆ *Le fruit défendu,* le fruit auquel Dieu avait défendu dans le paradis terrestre qu'Adam et Ève touchassent, et fig. ce qu'on ne peut désirer que témérairement ou indûment et qu'on désire précisément parce qu'on en est privé. ◆ ▷ **Fig.** *C'est du fruit nouveau,* c'est une chose nouvelle, inattendue. ◁ ◆ *Fruits secs,* fruits que l'on fait sécher et que l'on conserve. ◆ ▷ **Fig.** *Fruit sec,* expression servant à désigner les jeunes gens qui n'ont pas satisfait complètement aux examens de sortie d'une école fournissant des sujets pour les services publics. *Un fruit sec de Saint-Cyr.* ◁ ◆ Le dessert. *Servir le fruit.* ◆ En cet emploi, il n'a point de pluriel. ◆ ▷ *Fruit monté,* fruit de dessert décoré avec des cristaux, des figures de sucre, etc. ◁ ◆ Au pl. Les productions de la terre, les récoltes. ◆ **Dr.** Les produits, les revenus d'une terre, d'un fonds, d'une charge. ◆ Par assimilation, l'enfant par rapport à sa mère, quand il est encore dans le sein maternel ou qu'il vient de naître. *Le fruit de vos entrailles est béni.* ◆ L'enfant déjà né, par rapport au père et à la mère. « *Enghien, de son hymen le seul et digne fruit* », Boileau. ◆ **Fig.** « *Allez, partez, mes vers, dernier fruit de ma veine* », Boileau. ◆ **Fig.** Avantage, profit. « *Quel fruit de ce labeur pensez-vous recueillir ?* », La Fontaine. ◆ On dit, au pluriel, dans un sens analogue, *les fruits d'un travail, d'une industrie, de la paix, etc.* ◆ Le résultat, l'effet de quelque chose, en bien ou en mal. « *Sa modération était le fruit d'une sagesse consommée* », Bossuet. « *Le fruit des guerres civiles de Rome a été l'esclavage* », Voltaire. ◆ Dans le langage de l'Église, effets avantageux obtenus par la pénitence, par les exhortations, les prédications, etc. « *Le grand fruit que faisait parmi les gentils la prédication de l'Évangile* », Bossuet. ◆ **Archit.** *Fruits,* ornements de sculpture qui représentent des fruits naturels. ■ *Fruits de mer,* crustacés et coquillages comestibles. *Un plateau de fruits de mer.* ■ *Fruits déguisés,* fruits secs, principalement des dattes, des noix et des pruneaux, fourrés à la pâte d'amande, servis traditionnellement à Noël. ■ *Fruits confits,* fruits dont on a remplacé l'eau qu'ils contiennent naturellement par du sucre après les avoir plongés à plusieurs reprises dans un sirop porté à ébullition. ■ *Pâte de fruits,* confiserie à base de fruits mixés

portés à ébullition avec du sucre, puis séchés au moins trois semaines. *Pâte de fruits à la fraise, aux abricots.*

2 FRUIT, n. m. [fʁɥi] (*effriter,* amenuiser, avec infl. de *fruit*) Inclinaison donnée à la face antérieure d'un mur, qui, à mesure qu'il s'élève et pour en diminuer l'épaisseur, s'éloigne du plan vertical mené par sa base. *Un mur à plomb n'a point de fruit.*

FRUITÉ, ÉE, adj. [fʁɥite] (1 *fruit*) **Hérald.** Se dit d'un arbre chargé de fruits d'un émail différent. ■ Qui contient des fruits ou des extraits de fruits. *Boisson fruitée. Yaourt fruité.*

FRUITERIE, n. f. [fʁɥit(ə)ʁi] (1 *fruit*) Endroit où l'on conserve le fruit. ◆ Office où sont déposés les fruits, etc. ◆ Le commerce du fruitier ; sa boutique.

FRUITICULTEUR, TRICE, ■ n. m. et n. f. [fʁɥitikyltœʁ, tʁis] (1 *fruit* et *-culteur*) Personne qui cultive des arbres fruitiers et qui en vend la production. *Fruiticulteur maraîcher.*

1 FRUITIER, IÈRE, adj. [fʁɥitje, jɛʁ] (1 *fruit*) Qui produit du fruit. *Des arbres fruitiers.* ◆ *Jardin fruitier,* jardin planté d'arbres à fruit. ■ Relatif à la culture des fruits. *Une région fruitière.*

2 FRUITIER, IÈRE, n. m. et n. f. [fʁɥitje, jɛʁ] (1 *fruit*) Celui, celle qui vend du fruit, des légumes. ◆ N. m. Jardin rempli uniquement d'arbres fruitiers. On dit plutôt *verger.* ◆ Endroit où l'on garde le fruit.

FRUMENTAIRE, ■ adj. [fʁymɑ̃tɛʁ] (lat. *frumentarius,* qui concerne le blé, de *frumentum,* blé) **Antiq.** Relatif au blé et au froment. *Émeutes frumentaires.* ■ *Lois frumentaires,* lois régissant la distribution du blé, instaurées par Caïus Gracchus, dans l'Antiquité romaine.

FRUSQUES, ■ n. f. pl. [fʁysk] (*frusquin,* avec infl. de *hardes, nippes,* sur le genre et le nombre) **Fam.** Vêtement. ■ **Spécialt** Habits de mauvaise confection. *Elle porte toujours ses vieilles frusques.*

FRUSQUIN, n. m. [fʁyskɛ̃] (orig. inc. ; cf. *saint-crépin,* les outils du cordonnier) **Pop.** Ce qu'on a d'argent, l'avoir en général. ◆ On dit aussi *saint-frusquin. Il a mangé tout son saint-frusquin.*

FRUSTE, adj. [fʁyst] (ital. *frusto,* morceau, du lat. *frustum,* bouchée) Se dit d'une médaille ou d'une pierre antique dont on ne peut plus reconnaître les figures et les caractères ; d'une sculpture dont le temps a altéré la forme. ◆ **Fig.** *Style, poésie fruste,* style, poésie rude qui porte la marque d'une haute antiquité. ◆ N. m. « *Diognète sait d'une médaille le fruste* », La Bruyère. ■ **Par extens.** Mal dégrossi. *Un art fruste.* ■ **Fig.** Qui manque de raffinement, inculte. *Un homme fruste.*

FRUSTRANT, ANTE, ■ adj. [fʁystʁɑ̃, ɑ̃t] (*frustrer*) Qui frustre, qui ne satisfait pas. *Une histoire frustrante. C'est frustrant de ne pas pouvoir lui parler.*

FRUSTRATEUR, TRICE, n. m. et n. f. [fʁystʁatœʁ, tʁis] (radic. de *frustratum,* supin de *frustrari*) Personne qui frustre.

FRUSTRATION, n. f. [fʁystʁasjɔ̃] (lat. *frustratio,* tromperie) Action de frustrer.

1 FRUSTRATOIRE, adj. [fʁystʁatwaʁ] (b. lat. *frustratorius,* trompeur) **Dr.** Fait pour frustrer, pour éluder. *Acte frustratoire.*

2 FRUSTRATOIRE, n. m. [fʁystʁatwaʁ] (1 *frustratoire*) ▷ Boisson sucrée ou aromatisée qu'on prend après le repas pour la digestion. ◁

FRUSTRÉ, ÉE, p. p. de frustrer. [fʁystʁe]

FRUSTRER, v. tr. [fʁystʁe] (lat. *frustrari,* tromper, décevoir) Priver quelqu'un de ce qui lui est dû, de ce qui lui est dû revenir, de ce qu'il espère. *Frustrer de son bien ses enfants.* ◆ **Fig.** Tromper. *Frustrer l'espoir, l'attente.* « *J'espère que je ne serai plus frustré dans mon attente* », Bossuet. ◆ Se frustrer de, v. pr. Se priver soi-même de.

FRUTESCENT, ENTE, adj. [fʁytesɑ̃, ɑ̃t] (p. prés. du lat. *frutescere,* se couvrir de rejetons) **Bot.** Qui a le port ou la nature d'un arbrisseau.

FTP, ■ n. m. [ɛftepe] (sigle de l'angl. *file transfer protocol,* protocole de transfert de fichier) Protocole définissant la façon dont des données doivent être transférées sur un réseau. ■ Adj. Qui utilise un FTP. *Télécharger un site sur un serveur grâce à un logiciel FTP.*

FUCACÉ, ÉE, adj. [fykase] (lat. *fucus*) **Bot.** Qui ressemble à un fucus. ◆ N. f. pl. *Les fucacées,* famille de plantes qui appartient à l'ordre des phycées, classe des algues.

FUCHSIA, n. m. [fyʃja] (*chs* se prononce *ch* ; dédicace à Leonhart *Fuchs,* 1501-1566, botaniste bavarois) Genre de plantes de la famille des œnothérées, dont plusieurs espèces sont cultivées pour l'ornement. ◆ Adj. inv. Rose très vif, de la couleur du fuchsia. *Des pulls fuchsia.* ■ **Rem.** On prononçait autrefois [fyksja] en faisant entendre *ksia* et non *chia.*

FUCHSINE, n. f. [fyksin] (*ch* se prononce *k* ; *Fuchs,* traduction allemande de *Renard,* nom de la firme où ce produit a été conçu) Matière colorante rouge fabriquée avec l'aniline.

FUCUS, n. m. [fykys] (on prononce le *s*; lat. *fucus*) **Bot.** Genre de plantes, dit aussi *varech*, qui sert de type à la famille des fucacées et qui renferme le fucus vésiculeux.

FUDGE, ■ n. m. [fœdʒ] (mot angl., fondant) **Québec** Confiserie chocolatée fondante. *Fudge de Noël. Fudge aux cerises.* ■ *Sauce au fudge*, nappage chocolaté qui recouvre les glaces.

FUÉGIEN, IENNE, ■ n. m. et n. f. [fɥeʒjɛ̃, jɛn] (esp. *fuego*, feu) Originaire ou habitant de la Terre de Feu. ■ Adj. Relatif à la Terre de Feu ou à ses habitants. *L'archipel fuégien.*

FUEL, ■ n. m. [fjul] (*ue* se prononce *iou*; mot angl., huile combustible) Dérivé du pétrole, obtenu par distillation et utilisé principalement comme combustible pour le chauffage domestique. *Se chauffer au fuel.* ■ **Rem.** On recommande officiellement la graphie *fioul*.

FUERO ou **FUÉRO**, ■ n. m. [fwero] (mot esp., coutume, juridiction) **Hist.** Ensemble des règles juridiques qui régissaient le fonctionnement de la seigneurie de Biscaye au XVᵉ siècle. *Fuero fédéral.*

FUGACE, adj. [fygas] (lat. *fugax*) Qui fuit, s'échappe, dure peu. *Symptôme, perception fugace.* ◆ *Couleur fugace*, celle qui se détruit promptement par l'action de l'air ou de la lumière. ◆ Qui laisse échapper. *Mémoire fugace.*

FUGACITÉ, n. f. [fygasite] (b. lat. *fugacitas*) **Néol.** Qualité de ce qui est fugace. *La fugacité de certains symptômes.* ■ **Rem.** N'est plus un néologisme.

FUGITIF, IVE, adj. [fyʒitif, iv] (lat. *fugitivus*) Qui s'enfuit, qui s'est échappé. *Un esclave fugitif.* ◆ **Fig.** « *Hommes déserteurs de votre âme et fugitifs de vous-mêmes* », Bossuet. ◆ Banni, chassé de son pays. *Une reine fugitive.* ◆ N. m. et n. f. *Un fugitif.* ◆ Il se dit des choses qui passent et s'éloignent rapidement. *Une ombre fugitive. Des pensées fugitives.* ◆ Peu durable. *Des biens fugitifs.* ◆ **Litt.** *Poésies fugitives*, petites pièces de vers sur des sujets légers.

FUGITIVEMENT, adv. [fyʒitiv(ə)mɑ̃] (*fugitif*) **Néol.** D'une manière fugitive. ■ **Rem.** N'est plus un néologisme.

FUGU, ■ n. m. [fugu] (mot jap., difformité, malformation, tétrodon) Poisson-ballon, comestible, dont les viscères contiennent un poison très violent et dont la chair et la peau sont très appréciées des Japonais. *La consommation de fugu, ou diodon, entraîne le décès par empoisonnement d'environ 300 personnes par an. Le Yubiki est une salade à base de peau de fugu, assaisonnée de vinaigre et de sauce de soja. Des fugus.*

FUGUE, n. f. [fyg] (ital. *fuga*, du lat. *fuga*, fuite) *Fugue*, au sens propre, fuite, n'est usité que dans le langage familier. *Faire une fugue*, s'enfuir. « *Vous dites que vous méditez une fugue dans mes déserts* », Voltaire. ◆ **Mus.** Sorte de composition où l'on a réuni toutes les difficultés possibles sous les noms de sujet, contresujet, réponse, exposition, épisodes, reprises modulées, stretto et pédales, ces diverses parties se répondant toujours et semblant fuir l'une l'autre.

FUGUÉ, ÉE, adj. [fyge] (ital. *fugato*) **Mus.** Qui est dans la forme d'une fugue. *Chœur fugué.*

FUGUER, ■ v. intr. [fyge] (*fugue*) Quitter secrètement son lieu de résidence habituel ou légal (domicile familial, pensionnat) sans objectif précis. *Elle est très inquiète, son fils a fugué cette nuit.*

FUGUEUR, EUSE, ■ n. m. et n. f. [fygœr, øz] (*fugue*) Personne qui fugue. *Ce fugueur reste introuvable.* ■ Adj. *Une adolescente fugueuse.*

FÜHRER, ■ n. m. [fyrœr] (mot allem., chef, guide) Titre adopté par Adolf Hitler en 1934. ■ **Par extens.** Dictateur.

FUI, IE, p. p. de fuir. [fɥi] Dont on s'éloigne.

FUIE, n. f. [fɥi] (lat. vulg. *fugita*) Petite volière où l'on nourrit des pigeons domestiques en petite quantité.

FUIR, v. intr. [fɥir] (lat. *fugere*) Se soustraire hâtivement à un péril, à une menace, à quelque chose ou à quelqu'un. ◆ Quitter son pays, s'éloigner. ◆ **Mar.** *Fuir devant le temps, fuir vent arrière*, se dit d'un bâtiment qui, pris par les gros temps, court avec une très grande vitesse en se laissant aller au vent. ◆ S'éloigner de, s'écarter de. « *Fuis plutôt de ses yeux* », P. Corneille. ◆ **Fig.** Éluder, différer, échapper à une conclusion. *Je ne puis terminer avec cet homme ; il fuit toujours.* ◆ En parlant des choses, passer, s'éloigner rapidement. « *Tout fuit, tout disparaît à mes yeux* », Bossuet. « *Le port semblait fuir derrière nous* », Fénelon. ◆ Il se dit du temps qui s'écoule rapidement. « *Hâtons-nous, le temps fuit et nous traîne avec soi* », Boileau. ◆ Ne pas échoir. *Cette succession ne peut lui fuir.* ◆ *Fuir de*, avec un infinitif, avoir de la répugnance pour, éviter de. « *La véritable vertu ne fuit pas toujours de se faire voir, mais jamais elle ne se montre qu'à simple parure* », Bossuet. ◆ Se dérober sous les pas. *Le terrain fuyait sous nos pas.* ◆ **Peint.** Il se dit des parties du tableau qui paraissent s'enfoncer dans le lointain. ◆ **Par anal.** *Le front du nègre fuit en arrière*[1]. ◆ Il se dit d'un vase ou tonneau qui laisse échapper le liquide. ◆ **V. tr.** Éviter par crainte ou par aversion, se soustraire

à. « *On ne vous oblige pas à fuir le monde* », Bourdaloue. ◆ S'éloigner de. « *J'ai fui la ville aux muses si contraire* », A. Chénier. ◆ **Fig.** *Fuir le vice, le travail, etc.* ◆ Il se dit dans un sens analogue des choses qui, métaphoriquement, s'éloignent. « *L'amour fuit la contrainte* », Racine. « *La santé que j'appelle et qui fuit mes douleurs* », A. Chénier. ◆ Dépasser l'intelligence, la conception. « *Vous qui devez savoir les choses de la vie, Et que rien ne doit fuir en cet âge avancé* », La Fontaine. ◆ Ne pas se présenter à l'esprit. « *Je trouve au coin d'un bois le mot qui m'avait fui* », Boileau. ◆ Se fuir, v. pr. Fuir loin l'un de l'autre. ◆ Se distraire d'un remords, d'une peine. « *Irai-je, errant encore, et me fuyant moi-même ?* », Voltaire. ■ **Rem. 1** : Cette caractérisation physique ne repose sur aucun fondement scientifique. Il faut noter qu'à l'époque de Littré, *nègre* n'était pas un terme raciste.

FUITE, n. f. [fɥit] (réfection de *fuie* sur le modèle de *suite*) Action de fuir. ◆ **Fig.** *Un grand bruit mit mon songe en fuite.* ◆ *Prendre la fuite*, se dit d'un banqueroutier qui se dérobe, d'un homme infidèle qui emporte ce qui ne lui appartient pas. ◆ *Une Fuite*, tableau représentant la fuite de la Sainte Famille. ◆ **N. f. pl. Vén.** Voies du cerf qui fuit, distance d'un élan à un autre. ◆ **Fig.** Action d'éviter, de s'éloigner de. *La fuite des honneurs, de la Cour.* ◆ Il se dit des choses qui passent, qui s'éloignent rapidement. *La fuite du temps, de l'occasion.* ◆ **Peint.** De belles fuites, de beaux lointains. ◆ Échappatoire, délai. « *C'est l'ordinaire de ceux qui ont tort de chercher des fuites* », La Fontaine. ◆ Fente par où un liquide s'échappe. ◆ Le liquide même ou le gaz qui s'échappe. ◆ **Fig.** Divulgation. *Je ne dis rien car je crains les fuites.*

FULGURAL, ALE, adj. [fylgyral] (lat. *fulguralis*) Qui concerne les éclairs et la foudre. *Des vers fulguraux* ◆ *Science fulgurale*, prétendue divination par la foudre, usitée chez les Romains.

FULGURANCE, ■ n. f. [fylgyrɑ̃s] (*fulgurer*) **Litt.** État de ce qui ressemble à l'éclair ou à son éclat. *Fulgurance des météores, d'un incendie.* ■ **Fig.** Ce qui est fulgurant. *Fulgurance d'idées. La fulgurance de son passage.*

FULGURANT, ANTE, adj. [fylgyrɑ̃, ɑ̃t] (part. prés. du lat. *fulgurare*) Environné d'éclairs. *Trombe fulgurante.* ■ Très rapide. *Des progrès fulgurants.* ■ Qui éclaire soudainement la pensée. *Une idée fulgurante.*

FULGURATION, n. f. [fylgyrasjɔ̃] (lat. *fulguratio*) Lueur électrique qui se montre dans les hautes régions de l'atmosphère, sans être accompagnée, comme l'éclair, par le bruit du tonnerre. ◆ **Chim.** Éclair de la coupelle.

FULGURER, ■ v. intr. [fylgyre] (lat. *fulgurare*) Jeter des éclairs. *L'orage fulgure.* ■ **Par extens.** Scintiller, briller de mille feux. « *Un rais de soleil fuse des volets mi-clos, fait fulgurer sur la cheminée le cadre d'une photographie chère à Félicité* », Mauriac. ■ **Fig.** Présenter un attrait soudain et particulier. *Quand ils se voyaient, le désir fulgurait dans leurs yeux.*

FULIGINEUX, EUSE, adj. [fyliʒinø, øz] (lat. *fuliginosus*, de *fuligo*, génit. *fuliginis*, suie, fumée épaisse) Qui est de couleur de suie, noirâtre. *Des taches fuligineuses.* ◆ *Vapeurs fuligineuses*, vapeurs qui portent avec elles une sorte de suie. ◆ **Méd.** *Lèvres, langue fuligineuses*, lèvres, langue couvertes d'un enduit noirâtre.

FULIGULE, ■ n. m. [fyligyl] (radic. du lat. *fuligo*, suie, pour la couleur sombre de ce canard) Canard plongeur au corps arrondi, au pelage sombre, possédant de grandes pattes et un bec large. *Fuligule morillon. Petit fuligule.*

FULL, ■ n. m. [ful] (mot angl., complet, entier) Combinaison de cartes formée d'une paire et d'un brelan, au poker. *Full aux rois par les dames. Des fulls.*

FULL-CONTACT, ■ n. m. [fulkɔ̃takt] (mot angl., contact complet) Art martial, forme américaine du karaté, dans laquelle les coups sont réellement portés, comme aux pieds, rappelant la boxe française. *Le full-contact a été créé en 1974 par Mike Andersson. Des full-contacts.*

FULLERÈNE, ■ n. m. [fyl(ə)rɛn] (*Fuller*, chimiste américain) **Chim.** Classe de molécule composée uniquement d'atomes de carbone. *La plus petite molécule de fullerène contient 20 atomes de carbone, tandis que la plus connue en contient 60.*

FULMICOTON, n. m. [fylmikotɔ̃] (lat. *fulmen*, foudre et *coton*) Coton qu'une préparation chimique a rendu détonant comme la poudre ; dit aussi *coton-poudre* et *pyroxyle*. ■ **Rem.** Graphie ancienne : *fulmi-coton*.

FULMINANT, ANTE, adj. [fylminɑ̃, ɑ̃t] (part. prés du lat. *fulminare*) Qui lance la foudre. *Jupiter fulminant.* ◆ Qui produit la foudre. *Nuage fulminant.* ◆ **Chim.** *Composés fulminants*, composés qui détonent facilement. *Poudre fulminante.* ◆ **Fig.** Qui éclate en menaces. *Il est toujours fulminant.* ◆ Qui révèle un grand emportement. *Un regard fulminant. Une lettre fulminante.* ◆ Qui foudroie, qui accable. « *Cette censure ne laisse pas d'être fulminante* », Bossuet.

FULMINATE, n. m. [fylminat] (lat. *fulmen*, génit. *fulminis*, foudre) **Chim.** Sel produit par la combinaison de l'acide fulminique avec une base.

FULMINATION, n. f. [fylminasjɔ̃] (lat. *fulminatio*, lancement de la foudre) **Chim**. Détonation de matières fulminantes produite par une décomposition instantanée. ◆ **Dr**. Action de fulminer une sentence. *Fulmination d'un monitoire.* ■ **Fig**. Accès de colère.

FULMINÉ, ÉE, p. p. de fulminer. [fylmine]

FULMINER, v. intr. [fylmine] (lat. *fulminare*) Lancer la foudre et les éclairs. ◆ **Chim**. Faire explosion, détoner. ◆ **Fig**. S'emporter en violentes menaces, en violents reproches. ◆ V. tr. **Dr**. Publier un acte de condamnation avec certaines formalités. *Fulminer une excommunication, une bulle.* ◆ Par extens. *Fulminer un arrêt.*

FULMINIQUE, adj. m. [fylminik] (lat. *fulmen*, foudre) **Chim**. *Acide fulminique,* combinaison du cyanogène et de l'oxygène.

FUMABLE, ■ adj. [fymabl] (*fumer*) Qui peut être fumé. *Drogue, opium fumable. Le crack est un dérivé fumable de la cocaïne.*

1 FUMAGE, n. m. [fymaʒ] (*fumer*) Fausse couleur d'or qu'on donne à l'argent filé et aux lames d'argent en les exposant à la fumée de certaines compositions. ◆ L'action de fumer certains comestibles pour les mieux conserver.

2 FUMAGE n. m. ou **FUMAISON**, n. f. [fymaʒ, fymezɔ̃] (*fumer*) Action de mettre du fumier dans une terre.

FUMAGINE, ■ n. f. [fymaʒin] (lat. *fumus*, fumée) **Bot**. Champignon parasitaire qui se développe sur les sécrétions sucrées des cochenilles et des pucerons, en ralentissant la croissance des plantes et en laissant une couche noirâtre sur les feuilles. *La fumagine empêche par exemple la photosynthèse de l'olivier, bloque les échanges gazeux des feuilles, entraînant l'asphyxie de l'arbre.*

FUMANT, ANTE, adj. [fymɑ̃, ɑ̃t] (*fumer*) Qui jette de la fumée. *Une mèche fumante.* « *Ses chevaux fumants de sueur* », FÉNELON. ◆ *Fumant de sang,* couvert d'un sang qui coule encore. ◆ Qui ressemble à la fumée. *L'écume fumante des flots.* ◆ **Fig**. Animé au point de sembler exhaler feu et fumée. « *Fumant encor d'un généreux courroux* », P. CORNEILLE.

FUMARIACÉE, ■ n. f. [fymaʀjase] (lat. sav. *fumaria*, fumeterre) Plante herbacée à latex, rhizomateuse ou tubéreuse, poussant principalement dans l'hémisphère Nord, dans les régions tempérées à subtropicales. *La famille des fumariacées comprend, entre autres, la fumeterre.*

FUMAROLLE, n. f. [fymaʀɔl] Voy. FUMEROLLE.

FUMASSE, ■ adj. [fymas] **Fam**. Furieux, en pétard, en colère. *D'humeur fumasse.* « *Il n'est pas qu'un peu fumasse de s'être fait entubé !* », LASAYGUES.

1 FUMÉ, n. m. [fyme] (1 *fumer*) Gravure en caractères. Empreinte faite sur une carte avec un poinçon noirci à la fumée et qui montre si la lettre est bien gravée.

2 FUMÉ, ÉE, p. p. de 1 et 2 fumer. [fyme] *Verre fumé,* verre exposé à la fumée dont on se sert pour observer les éclipses, verre de couleur de fumée employé pour ménager la vue. ◆ **Fig**. et pop. Perdu. *Il est fumé. C'est une affaire fumée.* ■ Adj. Qui a subi une opération de fumage. *Saumon fumé.*

3 FUMÉ, ÉE, p. p. de 2 fumer. [fyme] Qui a reçu du fumier.

FUME-CIGARE, ■ n. m. [fym(ə)sigaʀ] (*fumer* et *cigare*) Tube sur lequel on applique un cigare pour le fumer. *Des fume-cigares.*

FUME-CIGARETTE, ■ n. m. [fym(ə)sigaʀɛt] (*fumer* et *cigarette*) Tube sur lequel on applique une cigarette pour la fumer. *Le fume-cigarette permet de fumer une cigarette sans qu'elle touche les lèvres. Des fume-cigarettes.*

FUMÉE, n. f. [fyme] (lat. *fumus*) Espèce de nuage grisâtre ou noir qui s'élève des foyers de combustion. ◆ *Noir de fumée,* Voy. NOIR. ◆ Il se dit de la fumée des monstres fabuleux qu'on suppose vomir du feu. ◁ ◆ *Fumée du tabac,* celle qui s'exhale d'une pipe, d'un cigare qui brûlent. ◆ Vapeur qui s'exhale des viandes chaudes. « *Qui vint à ces festins conduit par la fumée* », BOILEAU. ◆ ▷ **Fig**. *Manger son pain à la fumée du rôt,* se repaître d'une vaine fumée, tandis que son ennemi le rôt, le bon de l'affaire. ◁ ◆ ▷ La fumée qui sort d'un encensoir, et fig. louange. ◆ Vapeur qui s'élève de l'haleine et de la transpiration, surtout pendant l'hiver. ◆ Vapeur qu'exhalent les corps humides, quand ils sont plus chauds que l'air ambiant. ◆ **Fig**. Ce qui n'a, comme la fumée, ni consistance, ni valeur. « *Le monde et sa fumée* », MASSILLON. « *La réputation est une fumée, l'amitié est le seul plaisir solide* », VOLTAIRE. ◆ *S'en aller en fumée,* se perdre sans effet ni résultat. ◆ *Se repaître, s'enivrer de fumée,* se livrer à des espérances chimériques. ◆ N. f. pl. Effet produit sur le cerveau par l'ingestion dans l'estomac d'une trop grande quantité de liqueurs spiritueuses. « *Les douces fumées d'un vin de Sillery* », LA BRUYÈRE. ◆ Vapeurs qu'on suppose monter de l'estomac ou des entrailles au cerveau. *Des fumées noires lui troublent le cerveau.* ◆ **Fig**. Ce qui monte à l'esprit comme les fumées du vin montent au cerveau. « *Déjà les fumées de l'ambition me montaient à la tête* », J.-J. ROUSSEAU. ◆ N. f. pl. Taches qui diminuent beaucoup la valeur d'un diamant. ◆ La fiente des

bêtes fauves. ◆ **Prov**. *Il n'y a point de fumée sans feu,* il n'y a pas d'effet sans cause, il ne court point de bruit sans quelque fondement.

1 FUMER, v. intr. [fyme] (lat. *fumare*) Jeter de la fumée. *Le bois vert fume beaucoup. L'encens fume.* ◆ *Cette cheminée, cette chambre fume,* se dit quand la fumée, au lieu de sortir par le tuyau de la cheminée, se rabat et entre dans la chambre. ◆ Impers. *Il fume dans cette chambre.* ◆ **Poétiq**. *Faire fumer les autels,* y brûler de l'encens, y offrir des sacrifices. ◆ Exhaler une vapeur humide qui devient visible. *Le marécage, ce cheval, le sang fume.* ◆ **Fig**. et pop. Avoir du dépit, de l'impatience. *Il fume, mais il n'ose témoigner son dépit.* ◆ V. tr. Exposer à la fumée. *Fumer des jambons.* ◆ **Chasse** *Fumer les renards,* remplir de fumée le terrier des renards. ◆ Aspirer et rendre en fumée par la bouche. *Fumer la pipe, le cigare, l'opium.* ◆ **Absol**. *Fumer,* prendre du tabac en fumée. ◆ Se fumer, v. pr. Être exposé à la fumée. ◆ Être fumé. *Le tabac se fume avec plaisir.*

2 FUMER, v. tr. [fyme] (*fumier*) Épandre du fumier sur une terre. *Fumer un champ.* ◆ **Absol**. *Il faut fumer si l'on veut avoir des récoltes.*

FUMERIE, ■ n. f. [fym(ə)ʀi] (1 *fumer*) Endroit où l'on fume l'opium, le haschich.

FUMEROLLE ou **FUMEROLE**, n. f. [fym(ə)ʀɔl] (lat. *fumariolum,* petite cheminée) Émission de vapeurs chaudes, de fumées par les crevasses du sol dans le voisinage de feux souterrains. ■ **REM**. On disait aussi *fumarolle.*

FUMEROLLIEN, IENNE, ■ adj. [fym(ə)ʀɔljɛ̃, jɛn] (*fumerolle*) Relatif à un site volcanique comprenant des fumerolles. *L'activité fumerollienne de la montagne Pelée s'est intensifiée en 1901, un an avant son éruption.*

FUMERON, n. m. [fym(ə)ʀɔ̃] (1 *fumer*) Morceau de charbon mal cuit et qui jette beaucoup de fumée.

FUMET, n. m. [fymɛ] (1 *fumer*) Vapeur agréable à l'odorat, qui s'exhale de certaines viandes, de certains vins. ◆ **Chasse** Émanation qui se dégage du corps des animaux et des lieux fréquentés par eux. ■ Fond de volaille ou de poisson utilisé dans la préparation d'une sauce.

FUMETERRE, n. f. [fym(ə)tɛʀ] (lat. *fumus terræ,* fumée de la terre) Plante officinale très amère, dite aussi *fiel de terre.*

FUMETTE, ■ n. f. [fymɛt] (1 *fumer*) **Fam**. Action de fumer un joint. *Il luttait contre la fumette.*

1 FUMEUR, EUSE, n. m. et n. f. [fymœr, øz] (1 *fumer*) Personne qui a l'habitude de fumer du tabac. ◆ On le dit aussi d'autres substances. *Fumeur d'opium, de cigarettes de camphre.* ■ En appos. Se dit d'un endroit où il est légalement autorisé de fumer. *Espace fumeurs.*

2 FUMEUR, EUSE, ■ n. m. et n. f. [fymœr, øz] (1 *fumer*) Personne dont le métier est de fumer des aliments. *Un fumeur de saumon.*

FUMEUX, EUSE, adj. [fymø, øz] (lat. *fumosus*) Qui exhale, qui répand de la fumée. *Une lampe fumeuse.* ◆ **Fig**. Qui envoie des fumées, des vapeurs à la tête. *Un vin fumeux.* ■ Qui manque de transparence et dont on doit se méfier. *Un projet fumeux.*

FUMIER, n. m. [fymje] (b. lat. *femarium,* du lat. *fimus*) La paille qui a servi de litière aux animaux domestiques, s'est mêlée avec leur fiente, s'est imbibée de leur urine et s'est ensuite décomposée par la fermentation. ◆ Se dit abusivement de différents engrais tels que les excréments d'animaux, la gadoue, les matières animales ou végétales en putréfaction, les balayures des rues, etc. ◆ Amas de fumier que l'on forme dans un trou, dans une fosse, dans une cour. ◆ ▷ **Fig**. *Il ne faut pas l'attaquer sur son fumier,* il ne faut pas l'attaquer chez lui, à l'endroit où il est le plus fort. ◁ ◆ ▷ *Être comme Job sur son fumier,* être réduit au dernier degré de misère et de souffrance. ◁ ◆ ▷ *Mourir sur un fumier,* mourir dans la misère après avoir tout perdu. ◁ ◆ **Fig**. Misère et abjection. « *Les uns sur le fumier, les autres sur le trône* », MASSILLON. ◆ **Fig**. Se dit de ce dont on ne fait aucun cas. « *Et comme du fumier regarde tout le monde* », MOLIÈRE. ■ **Fam**. et injur. Personne méprisable. *Quel fumier, ce type !*

FUMIGATEUR, ■ n. m. [fymigatœr] (*fumiger*) Appareil générant et diffusant de la fumée par fumigation. *Un fumigateur électrique.*

FUMIGATION, n. f. [fymigasjɔ̃] (b. lat. *fumigatio*) **Méd**. Action d'exposer à des fumées, à des vapeurs le corps ou une partie du corps. ◆ Action de répandre la fumée ou la vapeur d'une substance odorante ou désinfectante pour assainir un lieu.

FUMIGATOIRE, adj. [fymigatwaʀ] (*fumigation*) **Méd**. Qui sert aux fumigations. *Appareil fumigatoire.* ◆ *Boîte fumigatoire,* boîte contenant les objets qui servent aux fumigations pour les noyés ou les asphyxiés.

FUMIGÉ, ÉE, p. p. de fumiger. [fymiʒe]

FUMIGÈNE, ■ adj. [fymiʒɛn] (lat. *fumus,* fumée, et *-gène,* qui engendre) Qui produit une fumée abondante, souvent colorée, dans le but de dissimuler ou au contraire de signaler une présence. ■ N. m. Objet dont la fonction est fumigène.

FUMIGER, v. tr. [fymiʒe] (lat. *fumigare*) **Chim.** Exposer un corps à la fumée de certaines substances brûlées ou chauffées. ♦ **Méd.** Administrer une fumigation.

FUMISTE, n. m. et n. f. [fymist] (*fumer*) N. m. Celui dont la profession est de construire les cheminées et de les empêcher de fumer. ♦ Adj. *Poêlier fumiste.* ♦ **Fam.** Personne peu consciencieuse. *Un drôle de fumiste, ce garçon! C'est une fumiste.*

FUMISTERIE, n. f. [fymistəri] (*fumiste*) Art, travail du fumiste. ■ Fam. Ce que l'on ne peut prendre au sérieux. *C'est de la fumisterie, ton affaire!*

FUMIVORE, adj. [fymivɔr] (lat. *fumus* et *-vore*) Qui absorbe la fumée. *Appareil, cheminée fumivore.*

FUMOIR, n. m. [fymwar] (1 *fumer*) Pièce où l'on va fumer sa pipe ou son cigare dans un cercle ou chez un particulier. ♦ Bâtiment destiné à fumer les viandes et les poissons.

FUMURE, n. f. [fymyr] (2 *fumer*) Engrais d'un champ par le fumier. ♦ Quantité de fumier pour la préparation à une récolte.

1 FUN, ■ adj. inv. [fœn] (mot angl., divertissement, amusement) Amusant et branché. *Des bars fun. Il est trop fun ton frère!*

2 FUN, ■ n. m. [fœn] Abréviation de *funboard*.

FUNAMBULE, n. m. et n. f. [fynãbyl] (lat. *funambulus*) Danseur, danseuse de corde.

FUNBOARD, ■ n. m. [fœnbɔrd] (mot angl., de *fun*, amusement, et *board*, planche) Planche à voile dont le flotteur a une taille généralement inférieure à 3 mètres. *Le funboard permet la pratique du saut.* ■ Sport acrobatique que l'on pratique avec cette planche. *Un champion de funboard.* ■ Abrév. Fun. ■ Rem. Ce terme d'origine anglaise n'est pourtant utilisé qu'en français.

FUNBOARDEUR, EUSE ou **FUNBOARDER**, ■ n. m. et n. f. [fœnbɔrdœr, øz] (*funboard*) Personne pratiquant le funboard. *Les acrobaties du funboarder.*

FUNÈBRE, adj. [fynɛbr] (lat. *funebris*) Qui appartient aux funérailles. *Devoir funèbre. Les honneurs funèbres.* ♦ *Les pompes funèbres*, administration qui se charge de pourvoir à tout ce qui regarde les funérailles. ♦ **Fig.** Qui inspire des idées de tristesse et de mort. « *Mille cloches émues D'un funèbre concert font retentir les nues* », Boileau. ♦ *La couche funèbre*, le lit où quelqu'un est mort. ♦ *Oiseaux funèbres*, nom donné à certains oiseaux nocturnes.

FUNÉRAILLES, n. f. pl. [fyneraj] (lat. médiév. *funeralia*, plur. neutre de *funeralis*, funèbre) Cérémonie des enterrements pompeux. ♦ Fig. « *Les funérailles de la félicité publique morte en France depuis plus de quatre ans* », Boileau. ♦ **Poétiq.** La mort. « *Ce jour presque éclaira vos propres funérailles* », Racine.

FUNÉRAIRE, adj. [fynerɛr] (b. lat. *funerarius*) Qui concerne les funérailles. *Frais funéraires.* ♦ *Colonne funéraire*, colonne qui porte une urne renfermant les cendres d'un mort.

FUNÉRARIUM ■ n. m. [fynerarjɔm] (*funérailles*, construit comme *crématorium*) Établissement où les pompes funèbres organisent la cérémonie des funérailles d'une personne, avant la cérémonie des obsèques. *Des funérariums.*

FUNESTE, adj. [fynɛst] (lat. *funestus*, funèbre, sinistre) Qui porte malheur et désolation avec soi. *Une race funeste* [1]. « *Le naufrage et la mort sont moins funestes que les plaisirs qui attaquent la vertu* », Fénelon. ♦ *Le coup funeste*, le coup qui donne la mort. ♦ *Funeste à.* « *Combien il en paraît [d'hommes] dans l'histoire, à qui leur audace a été funeste!* », Bossuet. ♦ Triste et douloureux. *Je fis les plus funestes réflexions.* ■ Rem. 1 : La notion de race ne repose sur aucun fondement scientifique et a une connotation raciste.

FUNESTEMENT, adv. [fynɛstəmã] (*funeste*) D'une manière funeste.

FUNGUS, n. m. [fɔ̃gys] Voy. fongus.

FUNICULAIRE, adj. [fynikylɛr] (lat. *funiculus*, petite corde, ficelle, de *funis*) Qui est composé de cordes. *Machines, appareils funiculaires.* ■ N. m. Voiture sur rail, mue par câble ou grâce à une crémaillère. *Le funiculaire de Montmartre.* ♦ Adj. **Biol.** Relatif au cordon ombilical ou spermatique. *Artère, veine funiculaire.*

FUNICULE, ■ n. m. [fynikyl] (lat. *funiculus*, cordon) **Bot.** Cordon assez fin qui relie l'ovule au placenta des plantes à graines. *Les vaisseaux du funicule.*

FUNIN, n. m. [fynɛ̃] (lat. *funis*, corde, cordage) ▷ **Mar.** Nom de divers cordages d'un vaisseau. ◁

FUNK, ■ n. m. [fœnk] (anglo-amér. *funk*, odeur désagréable) Mouvement musical né dans les années 1970. *Danser sur le funk.* ■ Adj. Relatif au funk. *Musique funk.*

FUNKY, ■ n. m. [fœŋki] (mot angl., fétide) Mouvement musical issu du blues et du gospel. ■ Adj. inv. Par extens. Qui est fun. *Il est funky, ce type! Une saveur funky.*

FUR, n. m. [fyr] (lat. *forum*, marché, lat. médiév., prix) Ne se dit que dans ces locutions : *au fur et à mesure, à fur et mesure, à fur et à mesure que* ou *de*, c'est-à-dire *à mesure que* ou *de.*

FURANIQUE, ■ adj. [fyranik] (*furane*) Relatif aux dérivés du furfural. *Les polyols furaniques servent à la production de mousse isolante dans l'industrie du bâtiment.*

FURANNE ou **FURANE**, ■ n. m. [fyran] (abrév. de *furfurane*, du lat. *furfur*, cosse de grain, son) Molécule hétérocyclique de biphényle polychloré à laquelle s'est greffé un atome d'oxygène utilisé comme solvant pour les matières plastiques et les résines. *Lorsqu'un second atome d'oxygène se greffe au furanne, ce dernier devient une molécule de dioxine.*

FURAX, ■ adj. inv. [fyraks] (*furieux*) Fam. Furieux. « *Dans les dessins animés, le taureau furax crache une fumée drue par les naseaux* », Vergne. *Elles sont furax!*

FURCULA, ■ n. f. [fyrkyla] (mot lat., petite fourche) **Biol.** Os ayant la forme d'une fourchette que l'on trouve sur l'abdomen d'un grand nombre d'insectes. *La furcula permet aux insectes comme le criquet de sauter.*

FURET, n. m. [fyrɛ] (b. lat. *furo*) Petit animal du genre des martres dont on se sert pour la chasse des lapins de garenne. ♦ **Fig. et fam.** Personne qui fouille partout. ♦ Homme qui a beaucoup d'habileté à découvrir certaines choses. ♦ Amusement qui consiste à se passer l'un à l'autre un objet quelconque, de telle façon qu'il échappe à la personne qui doit le saisir. *Jouer au furet.* ■ Outil de plomberie servant à introduire un câble dans une canalisation pour la déboucher.

FURETAGE, n. m. [fyr(ə)taʒ] (*fureter*) Chasse au lapin avec le furet. ♦ **Fig.** Action de fureter. ♦ Action d'ôter les arbres mûrs, viciés, dépérissants, nuisibles à la bonne tenue d'une forêt.

FURETÉ, ÉE, p. p. de fureter. [fyr(ə)te]

FURETER, v. intr. [fyr(ə)te] (*furet*) Chasser au furet. ♦ V. tr. *Fureter un terrier, un bois, une garenne.* ♦ **Fig.** Fouiller, chercher partout. ♦ **Fig.** Activ. « *Des gens qui, furetant les clés du coffre-fort* », Regnard. ♦ **Absol.** S'empresser à savoir des nouvelles de tout, chercher à satisfaire sa curiosité sur tout. ♦ Activ. *Fureter des nouvelles.*

FURETEUR, EUSE, n. m. et n. f. [fyr(ə)tœr, øz] (*fureter*) Celui qui chasse au furet. ♦ **Fig. et fam.** Celui, celle qui fouille, qui cherche partout. ♦ Celui, celle qui s'enquiert de tout, qui cherche à tout savoir. *Fureteur de nouvelles.*

FUREUR, n. f. [fyrœr] (lat. *furor*) Folie frénétique. *Des accès de fureur.* ♦ **Par exagération** Sorte de folie. ♦ Passion excessive, démesurée pour ou contre une personne. *Il aime, il hait avec fureur, jusqu'à la fureur.* ♦ À la *fureur*, d'une façon passionnée. ♦ Passion excessive, démesurée pour une chose. *La fureur des duels.* « *La fureur de la plupart des Français, c'est d'avoir de l'esprit* », Montesquieu. ♦ *Faire fureur*, être fort en vogue. ♦ **Fam.** Habitude importune, fatigante, nuisible de faire quelque chose. *La fureur de parler.* ♦ Colère extrême. ♦ Se dit aussi des animaux. ♦ Emportement, violence. « *L'autre d'un si grand zèle admire la fureur* », P. Corneille. « *Dans la plus grande fureur des guerres civiles* », Bossuet. ♦ Agitation violente de choses inanimées. *La fureur des flots.* ♦ Transport qui ravit l'âme. *La fureur prophétique, poétique.* ♦ Au pl. Il se dit des emportements, des transports en tout genre. *Les fureurs de la guerre, de l'amour. De poétiques fureurs.*

FURFURACÉ, ÉE, ■ adj. [fyrfyrase] (lat. *furfur*, cosse de grain, son, et *-acée*) Dont l'apparence est celle du son (la céréale) ou des pellicules. ■ Méd. *Desquamation furfuracée*, chute de la peau sous la forme de petites écailles. ■ Méd. *Dartre furfuracée*, impétigo, dermatose prenant la forme d'une tache rosée accompagnée d'une desquamation furfuracée.

FURFURAL, ■ n. m. [fyrfyral] (lat. *furfur*, son) **Chim.** Liquide incolore souvent utilisé comme solvant pour la synthèse des résines et des laques. *Le furfural, volatile et toxique, est notamment utilisé pour fabriquer du plastique et des huiles de graissage. Des furfurals.*

FURIA, ■ n. f. [fyrja] (mot ital., fureur) Enthousiasme. *Mettre la furia dans une soirée. Furia politique.* « *Quelques mots partaient en sifflant, chassés par une furia comprimée* », Gide.

FURIBARD, ARDE, ■ adj. [fyribar, ard] (*furibond*) Qui est dans une forte colère, bruyante et expressive. « *Il s'est tiré furibard et plein d'injures* », Hanska.

FURIBOND, ONDE, adj. [fyribɔ̃, ɔ̃d] (lat. *furibundus*, délirant, inspiré par les dieux) Sujet à de grands emportements de colère. ♦ Dont les traits, les gestes annoncent une grande colère. ■ N. m. et n. f. *Un furibond. Une furibonde.* ♦ Qui annonce la fureur. *Gestes furibonds.* ♦ Qui a le caractère de la fureur. *Rage furibonde.*

FURIE, n. f. [fyʀi] (lat. *furia*, délire) Dans la mythologie, nom des trois divinités infernales qui tourmentaient les méchants. ◆ Par extens. « *La volupté... c'est une Furie qui n'épargne rien* », MASSILLON. ◆ En ce sens, il prend une majuscule. ◆ Fig. Femme très méchante et très emportée. ◆ Emportement de colère. « *Que sert de s'emporter à ces vaines furies ?* », P. CORNEILLE. « *Leur effroyable décharge met les nôtres en furie* », BOSSUET. Par exagération Il se dit d'un simple mécontentement. « *Il me met en furie par le sot livre qu'il vient de lire* », Mme DE SÉVIGNÉ. ◆ Il se dit du mouvement violent et impétueux d'un animal irrité. *La furie des bêtes sauvages.* ◆ Impétuosité de colère, d'attaque. ◆ *La furie française,* l'impétuosité de la première attaque des troupes françaises. ◆ Impétuosité d'action, action rapide. « *Il écrit, de cette furie, à tout ce qui est hors de Paris* », Mme DE SÉVIGNÉ. ◆ Passion excessive et déraisonnable. « *N'écris plus, guéris-toi d'une vaine furie* », BOILEAU. ◆ Grande violence des choses. *La mer en furie.* ◆ L'état le plus violent d'une chose, la plus grande intensité. *La furie de la mêlée. Dans la furie de son mal.*

FURIEUSEMENT, adv. [fyʀjøz(ə)mɑ̃] (*furieux*) Avec furie. ◆ Fig. et fam. Extrêmement, excessivement.

FURIEUX, EUSE, adj. [fyʀjø, øz] (lat. *furiosus,* en délire) Qui est en proie à une sorte de folie violente. ◆ N. m. et n. f. Dr. Celui qui est atteint de fureur. *Prononcer l'interdiction d'un furieux.* ◆ Qui est en fureur. *Furieux contre ses rivaux.* ◆ N. m. et n. f. *Un furieux, une furieuse.* ◆ Se dit aussi des animaux. « *Faibles agneaux livrés à des loups furieux* », RACINE. ◆ Hérald. Se dit d'un taureau élevé sur ses pieds. ◆ Poussé, animé par la fureur. *Une main furieuse.* « *On ne sait point d'où part ce dessein furieux* », RACINE. ◆ Qui dénote la fureur. *Cris, regards furieux.* ◆ Violent, en parlant des choses. *Vent furieux.* ◆ Qui se porte à l'attaque comme si la furie le transportait. « *Furieux dans la guerre* », P. CORNEILLE. ◆ Il se dit des choses de guerre dans le même sens. *Charge furieuse.* ◆ Il se dit des passions sans frein. ◆ Fig. et fam. Excessif, en parlant soit des personnes, soit des choses. *Un furieux mangeur.* « *Il fait une furieuse dépense en esprit* », MOLIÈRE. ◆ En ce sens, il se met devant son substantif.

FURIOSO, ◼ adj. [fyʀjozo] (mot ital., furieux, fou) Mus. Relatif à un caractère violent, plein de fureurs, en parlant d'une œuvre. *Allegro furioso.* ◼ Adv. Avec exaltation, ardeur. *Jouer furioso.* ◼ N. m. inv. *Des furioso.*

FUROLE, n. f. [fyʀɔl] (normanno-pic., d'orig. germ. ; cf. anc. angl. *fyr,* anc. nord. *fyrr,* feu.) Exhalaison enflammée qui apparaît sur la terre et à la surface de la mer. ◼ REM. Graphie ancienne : *furolle.*

FURONCLE, n. m. [fyʀɔ̃kl] (lat. *furunculus,* abcès) Chir. Tumeur inflammatoire circonscrite, offrant au centre une saillie ; d'où le nom vulgaire de *clou* que porte le furoncle.

FURONCULOSE, ◼ n. f. [fyʀɔ̃kyloz] (lat. *furunculus* et *-ose*) Infection se traduisant par la présence simultanée ou consécutive de plusieurs furoncles sur différentes parties du corps. *Une crise aiguë de furonculose.*

FURTIF, IVE, adj. [fyʀtif, iv] (lat. *furtivus*) Qui se fait comme un vol, en cachette, à la dérobée. *Regard furtif. Une édition furtive.* ◆ On dit de même *une main furtive.* ◆ Se dit d'engins qui ont la capacité de se soustraire aux contrôles radar. *Avions, chars furtifs. La technologie furtive.*

FURTIVEMENT, adv. [fyʀtiv(ə)mɑ̃] (*furtif*) D'une manière furtive.

FURTIVITÉ, ◼ n. f. [fyʀtivite] (*furtif*) Techn. Qualité que possèdent certains engins à passer à travers les contrôles radar. *Furtivité des hélicoptères, des avions, des sous-marins.*

FUSAIN, n. m. [fyzɛ̃] (lat. *fusus,* fuseau) Bot. Arbrisseau des haies. ◆ Charbon fourni par le fusain et servant à tracer des esquisses. ◆ Absol. *Un fusain,* un crayon de fusain. ◆ Un dessin fait au fusain. *Voilà un beau fusain.*

FUSAINISTE ou **FUSINISTE**, ◼ n. [fyzenist, fyzinist] (*fusain*) Personne qui dessine au fusain. *Il est fusainiste et portraitiste.*

FUSARIOSE, ◼ n. f. [fyzaʀjoz] (lat. sav. *fusarium,* champignon vénéneux, et *-ose*) Biol. Maladie propre aux plantes due à un champignon parasite. *Fusariose de la pomme de terre, du bananier.*

FUSAROLLE, n. f. [fyzaʀɔl] (ital. *fusarola,* de *fuso,* fuseau) ▷ Petit membre d'architecture, taillé en forme de collier, à grains un peu longs, sous l'ove des chapiteaux. ◁

1 FUSCINE, ◼ n. f. [fysin] (lat. *fuscina,* fourche à trois dents) Antiq. Trident, fourche à trois dents utilisée par les pêcheurs de l'Antiquité et qui est également l'emblème de Neptune, dieu de la mer chez les Romains. *La fuscine permettait d'harponner le poisson.*

2 FUSCINE, ◼ n. f. [fysin] (lat. *fuscus,* noir) Biol. Pigment noir qui teinte la rétine. *La fuscine se trouve dans les cellules épithéliales de la rétine.*

FUSEAU, n. m. [fyzo] (anc. fr. *fus,* du lat. *fusus*) Petit instrument en bois tourné qui sert à tordre et à enrouler le fil, lorsqu'on file à la quenouille. ◆ ▷ Fam. *Jambes de fuseau,* jambes très minces. ◁ ◆ ▷ Fig. *Faire bruire ses*

fuseaux, Voy. BRUIRE. ◁ ◆ Poétiq. *Le fuseau des Parques,* la vie. ◆ Sorte de petit fuseau où le fil est enroulé pour faire du passement, de la dentelle. ◆ Géom. Portion d'une surface sphérique comprise entre deux demi-grands cercles. ◼ *Fuseau horaire,* découpage du globe terrestre en vingt-quatre zones correspondant à l'heure civile en cours dans cette zone. ◼ Pantalon ajusté qui se termine par un élastique que l'on passe sous le pied.

FUSÉE, n. f. [fyzo] (anc. fr. *fus,* du lat. *fusus,* fuseau) La masse de fil enroulé sur le fuseau. ◆ ▷ Fig. *Démêler une fusée,* pénétrer un mystère, une intrigue, etc. ◁ ◆ Archit. *Colonne de fusée,* celle qui ressemble à un fuseau par quelque défaut de proportion qui la fait paraître trop ventrue. ◆ Pièce d'artifice formée d'un cylindre de carton ou de papier rempli de poudre à canon. ◆ *Fusée à la congrève,* Voy. CONGRÈVE. ◆ Horlog. Petit cône cannelé autour duquel se loge la chaîne d'une montre, quand on la monte. ◆ Chir. Trajet plus ou moins long et sinueux que parcourt le pus dans certains cas. ◆ Hérald. Meuble de l'écu en forme de losange. ◆ Mus. Trait diatonique très rapide. ◼ Engin spatial de forme allongée, doté d'un ou plusieurs moteurs à réaction. *Lancement de la fusée « Ariane ».*

FUSÉE-SONDE, ◼ n. f. [fyzesɔ̃d] (*fusée* et *sonde*) Fusée non habitée utilisée pour la prise de mesures et les expériences scientifiques. *Des fusées-sondes.*

FUSELAGE, ◼ n. m. [fyz(ə)laʒ] (*fuselé*) Corps principal d'un avion où sont notamment fixées les ailes et dont la forme en fuseau facilite la pénétration dans l'air. *Fuselage arrière.*

FUSELÉ, ÉE, adj. [fyz(ə)le] (*fusel,* anc. forme de *fuseau*) Qui est en forme de fuseau. ◆ *Colonne fuselée,* colonne dont le fût est renflé vers le tiers de sa hauteur. ◆ Hérald. Chargé de fusées.

FUSELER, ◼ v. tr. [fyz(ə)le] (*fuselé*) Donner la forme d'un fuseau à. *Faire de l'exercice pour fuseler ses jambes. Taille fuselée.*

FUSÉOLOGIE, ◼ n. f. [fyzeoloʒi] (*fusée* et *-logie*) Science qui étudie les fusées spatiales. *Fuséologie soviétique. Recherches en fuséologie.*

FUSER, v. intr. [fyze] (lat. *fusus,* p. p. de *fundere,* fondre) Se répandre imperceptiblement. *Couleurs qui fusent.* ◆ Se répandre en fondant au feu. *La cire fuse.* ◆ Se dit des sels dont la fonte est accompagnée d'une légère déflagration. ◼ Fig. *Les critiques fusaient de partout.*

FUSETTE, ◼ n. f. [fyzet] (*fuseau*) Tube, généralement en plastique ou en carton, utilisé pour l'enroulement du fil à coudre. *Faire une fusette.*

FUSIBILITÉ, n. f. [fyzibilite] (*fusible*) Qualité de ce qui est fusible ; disposition à se fondre. *La fusibilité des métaux.*

FUSIBLE, adj. [fyzibl] (lat. médiév. *fusibilis*) Qui a la propriété de passer de l'état solide à l'état liquide par l'effet de la chaleur. *Le plomb est très fusible.* ◼ N. m. Élément qui, en fondant, protège un circuit électrique contre une élévation d'intensité. *Changer un fusible qui a sauté.* ◼ Fig. et fam. Personne dont les fonctions servent à protéger celles de son supérieur hiérarchique.

FUSIFORME, adj. [fyzifɔʀm] (lat. *fusus* et *forme*) Qui est en forme de fuseau. *Racine fusiforme.*

FUSIL, n. m. [fyzi] (lat. vulg. *focilis,* qui produit le feu, du lat. *focus*) Petite pièce d'acier avec laquelle on bat la pierre à feu pour allumer l'amadou. *Battre le fusil.* ◆ Par extens. Arme à feu longue de plusieurs pieds et portative. *Fusil de chasse, à un coup, à deux coups. Fusil à percussion ou à piston.* ◆ *Fusil de munition,* fusil de gros calibre qui est l'arme ordinaire de l'infanterie et auquel s'adapte une baïonnette. ◆ *Fusil à vent,* autrefois canne à vent, instrument fait en forme d'un fusil ordinaire, mais où la balle est chassée par l'action de l'air fortement comprimé. ◆ Phys. *Fusil électrique,* le pistolet de Volta. ◆ Morceau de fer ou d'acier pour aiguiser des couteaux. ◼ *En chien de fusil,* Voy. CHIEN. ◼ *Changer son fusil d'épaule,* changer de camp, changer d'avis.

FUSILIER, n. m. [fyzilje] (*fusil*) Fantassin armé d'un fusil. ◆ Dans un bataillon d'infanterie, soldat des compagnies du centre, par opposition aux grenadiers et aux voltigeurs.

FUSILLADE, n. f. [fyzijad] (*fusillade*) Décharge de coups de fusil. *Une vive fusillade.* ◼ Action d'exécuter un groupe de personnes avec une arme à feu. *La fusillade a fait sept morts.*

FUSILLÉ, ÉE, p. p. de fusiller. [fyzije] N. m. et n. f. Personne exécutée au cours d'une fusillade.

FUSILLER, v. tr. [fyzije] (*fusil*) Tuer à coups de fusil. ◆ Fig. et fam. Accabler de plaisanteries, de lazzi. ◆ Se fusiller, v. pr. Se combattre à coups de fusil. ◼ Fig. *Fusiller quelqu'un du regard,* lui lancer un regard lourd de reproches, de colère. ◼ Fam. Détériorer au point de rendre inutilisable.

FUSILLEUR, n. m. [fyzijœʀ] (*fusiller*) Celui qui fusille ou qui en donne l'ordre. *La tête du fusilleur.*

FUSIL-MITRAILLEUR, ◼ n. m. [fyzimitʀajœʀ] (*fusil* et *mitrailleur*) Arme légère à tir automatique, pouvant tirer coup par coup ou en rafale. *Des fusils-mitrailleurs.*

FUSINISTE, ◼ n. m. et n. f. [fyzinist] Voy. FUSAINISTE.

FUSION, n. f. [fyzjɔ̃] (lat. *fusio*) Passage d'un corps solide à l'état liquide par la chaleur. *Le métal entre en fusion.* ♦ **Fig.** Mélange intime, réunion, conciliation. *La fusion de deux systèmes, de deux partis.* ■ Réunion de deux entreprises en une seule. *La fusion de deux groupes bancaires.* ■ *Fusion nucléaire,* qui part de noyaux légers pour former des noyaux lourds.

FUSIONNEL, ELLE, ■ adj. [fyzjɔnɛl] (*fusion*) Se dit d'une relation très étroite et intime entre deux personnes. *Un couple fusionnel.*

FUSIONNEMENT, n. m. [fyzjɔn(ə)mɑ̃] (*fusion*) Action de fusionner. *Le fusionnement des partis, des compagnies de chemins de fer.*

FUSIONNER, v. tr. [fyzjɔne] (*fusion*) Opérer la fusion entre des compagnies, des partis, etc. ♦ V. intr. Faire fusion. *Ces compagnies ont fusionné.* ♦ Se fusionner, v. pr. Même sens.

FUSIONNISTE, adj. [fyzjɔnist] (*fusion*) Qui tient à un système de fusion. *Politique fusionniste.* ♦ N. m. et n. f. *Les fusionnistes.*

FUSTANELLE, ■ n. f. [fystanɛl] (lat. *fustaneum*, tissu de coton) Jupe plissée, courte et évasée qui fait partie du costume traditionnel grec. *Les soldats de l'infanterie grecque portent la fustanelle.*

FUSTE, n. f. [fyst] (ital. *fusta*, embarcation légère et rapide, du lat. médiév. *fusta*, poutre, tonneau) ▷ **Vieilli Mar.** Long bâtiment qui va à voiles et à rames. ◁

FUSTET, n. m. [fystɛ] (ar. *fústuq, fústaq*, pistachier) **Bot.** Espèce de sumac dont le bois, jaunâtre et veiné, sert en médecine et pour la teinture. ♦ On a dit aussi *fustel.*

FUSTIGATION, n. f. [fystigasjɔ̃] (*fustiger*) Action de fustiger.

FUSTIGÉ, ÉE, p. p. de fustiger. [fystiʒe]

FUSTIGER, v. tr. [fystiʒe] (b. lat. *fustigare*, du lat. *fustis*, bâton) Battre à coups de fouet. ♦ Se fustiger, v. pr. Se donner des coups de fouet. ■ S'opposer violemment par la parole, par l'écrit contre des faits jugés indignes. *Fustiger les actes racistes.*

FÛT ou **FUT**, n. m. [fy] (lat. *fustis*, bois coupé, bâton) *Bois de haut fût,* bois élevé. ♦ Le bois sur lequel est monté le canon d'un fusil. ♦ Par extens. *Le fût d'un rabot.* ♦ **Archit.** Le corps de la colonne compris entre la base et le chapiteau. ♦ Tonneau où l'on met le vin. ♦ *Sentir le fût,* en parlant du vin, avoir un mauvais goût pris dans le tonneau.

FUTAIE, n. f. [fytɛ] (*fût*) Bois, forêt de grands arbres. *Bois de haute futaie.* ♦ Bois venu par graine. ♦ Mode d'exploitation d'une forêt où l'on laisse les arbres arriver à une longue croissance ; il est opposé à *taillis.*

FUTAILLE, n. f. [fytaj] (*fût*) Tonneau pour le vin, le cidre, etc. ♦ *Double futaille,* futaille renfermée dans une autre. ♦ Grande quantité de tonneaux.

FUTAINE, n. f. [fytɛn] (lat. médiév. *fustaneum*, bois d'arbre, calqué sur le gr. *xulina* [*lina*], fils provenant d'un arbre) Étoffe de fil et de coton. *Camisole de futaine.*

FUTAL ou **FUTE**, ■ n. m. [fytal, fyt] (ar. *fût'a*, ample culotte de femme, ou all. *futte*, étui) Fam. Pantalon. *Tu peux repasser mon fute ? Des futals.*

FUTÉ, ÉE, adj. [fyte] (anc. fr. *fuster*, battre) Au sens propre, usité seulement en blason, muni d'un fût. *Javeline futée,* javeline dont le fer et le bois sont de deux émaux différents. ♦ **Fig.** Qui a de l'expérience, de la ruse, comme celui qui a été battu et rebattu d'une chose.

FUTÉE, n. f. [fyte] (*fût*) Espèce de mastic composé de sciure de bois et de colle forte qui sert à remplir les fentes et les trous du bois.

F-UT-FA, [ɛfytfa] ▷ **Mus.** Le ton de fa. ◁

FUTILE, adj. [fytil] (lat. *futilis*) Qui est de peu de conséquence, de peu de valeur. *Un talent futile. Raisons futiles.* ♦ Il se dit aussi des personnes. *Un homme futile.*

FUTILEMENT, ■ adv. [fytil(ə)mɑ̃] (*futile*) Avec futilité. *Parler futilement. Dépenser son argent futilement.*

FUTILITÉ, n. f. [fytilite] (lat. *futilitas*) Caractère de ce qui est futile. *La futilité d'un raisonnement.* ♦ Chose futile. *S'attacher à des futilités.*

FUTON, ■ n. m. [fytɔ̃] (mot jap., matelas, édredon) Matelas japonais traditionnel en coton.

FUTUR, URE, adj. [fytyʀ] (lat. *futurus*, part. futur de *esse*, être) Qui sera. *Le temps futur.* ♦ **Pratiq.** *Le futur mariage,* le mariage dont on dresse le contrat. *Les futurs époux, le futur époux, la future épouse,* les deux personnes qui contractent ensemble pour se marier ensuite. ♦ N. m. et n. f. *Les futurs, le futur, la future.* ♦ On dit aussi dans le langage ordinaire : *gendre futur, belle-mère future, etc.* ♦ N. m. Ce qui sera. « *Il y en a qui n'ont du futur aucune inquiétude* », BOSSUET. ♦ **Gramm.** Temps du verbe qui exprime une action, un état qui seront. ♦ *Futur antérieur, futur passé.* ♦ **Log.** *Futur contingent,* ce qui peut arriver ou n'arriver pas.

FUTURISME, ■ n. m. [fytyʀism] (ital. *futurismo*, de *futuro*, futur) Attitude de celui qui a tendance à sacrifier le passé et à se tourner vers l'avenir. ♦ Mouvement esthétique (littéraire et artistique), né en 1909 et fondé par le poète italien Marinetti, affirmant une rupture totale avec le passé en s'insurgeant contre la tradition et exaltant le mouvement et tout ce qui préfigurait le monde futur.

FUTURISTE, ■ n. m. et n. f. [fytyʀist] (ital. *futurista*) Adepte du futurisme. *Ce peintre est un futuriste.* ■ Adj. Qui évoque l'état futur de la société, les techniques et les progrès de l'avenir. *Une vision futuriste. Une architecture futuriste.*

FUTURITION, n. f. [fytyʀisjɔ̃] (*futur*) ▷ Qualité d'une chose en tant que future. « *Ce qui n'a aucune possibilité n'a aucune futurition* », FÉNELON. ◁

FUTUROLOGIE, ■ n. f. [fytyʀɔloʒi] (*futur* et *-logie*) Prospective appliquée du futur, dans une perspective globale, tant technique qu'humaine. *La futurologie consiste notamment à prévoir à long terme les besoins sociaux et à les planifier.*

FUTUROLOGUE, ■ n. m. et n. f. [fytyʀɔlɔg] (*futurologie*) Spécialiste de la futurologie. *Le futurologue projette dans l'avenir l'état actuel de la société.*

FUYANT, ANTE, adj. [fɥijɑ̃, ɑ̃t] (*fuir*) Qui fuit. ♦ **Fig.** et poétiq. « *Adieu, monde fuyant* », LAMARTINE. ♦ **Peint.** Qui paraît s'enfoncer sur l'arrière-plan d'un tableau. ♦ *Échelle fuyante,* décroissement graduel des objets en raison de la perspective. ♦ N. m. pl. *Les fuyants d'un tableau.* ♦ *Front fuyant,* front déprimé en avant et incliné en arrière. ■ Qui manque de franchise. *Regard fuyant.*

FUYARD, ARDE, adj. [fɥijaʀ, aʀd] (*fuir*) Qui a coutume de s'enfuir. *Troupe fuyarde.* ♦ *Pigeon fuyard,* pigeon qui ne s'arrête pas dans les volières et basses-cours. ♦ N. m. *Des fuyards.*

g

G, n. m. [ʒe] (lat. *g*) La septième lettre de l'alphabet et la cinquième consonne. ■ **Mus.** Sol.

GABA, ■ n. m. [gaba] (acronyme de *gamma-aminobutyric acid*) **Chim.** Neurotransmetteur inhibiteur synthétisé à partir de l'acide glutamique qui agit sur la fibre postsynaptique. *L'activité du GABA transaminase serait excessive chez les épileptiques.*

GABARDINE, ■ n. f. [gabaʀdin] (esp. *gabardina*) Tissu croisé de laine ou de coton à fines côtes en diagonales sur l'endroit. *Un pantalon en gabardine.* ■ Manteau de pluie imperméable dans ce tissu. *Mettre sa gabardine.*

GABARE ou **GABARRE**, n. f. [gabaʀ] (anc. provenç. *gabarra*, b. lat. *carabus*, barque recouverte de peaux ; cf. *caravelle*) Embarcation à voiles et à rames qui sert à charger et à décharger les bâtiments. ♦ Sorte de bâtiment de pêcheur. ♦ Dans la marine de guerre, bâtiment de charge et de transport. ♦ Gros bateau qui navigue sur les rivières. ♦ Filet, sorte de grande seine.

GABARIAGE, ■ n. m. [gabaʀjaʒ] (*gabarier*) **Mar.** Opération consistant en la construction d'un gabarit de marine. *Gabariage effectué par le chaudronnier. Plan de gabariage.*

GABARIER ou **GABARRIER**, n. m. [gabaʀje] Patron, matelot des petites gabares. ♦ Portefaix qui charge et décharge les gabares.

GABARIT, n. m. [gabaʀi] (provenç. *gabarrit, garbi*, modèle de construction d'un bateau ou d'autres objets, du goth. *garwi*, préparation) **Mar.** Modèle de grandeur naturelle que les charpentiers font avec des pièces de bois fort minces pour représenter la longueur, la largeur et le calibre des membres et des parties du vaisseau, et d'après lequel ils travaillent les pièces de bois qui doivent effectivement entrer dans le bâtiment. ■ **Techn.** Modèle servant à vérifier les dimensions d'un objet. ■ Appareil utilisé pour vérifier les formes et les dimensions d'un objet. ■ Dimension réglementaire d'un objet. *Le gabarit d'un véhicule.* ■ Dimension physique d'une personne. *Un homme de petit gabarit.* ■ Qualité, genre. *Ces deux ouvrages sont du même gabarit.*

GABARRE, n. f. [gabaʀ] Voy. GABARE.

GABARRIER, n. m. [gabaʀje] Voy. GABARIER.

GABATINE, n. f. [gabatin] (anc. fr. *gab*, plaisanterie, moquerie) ▷ Action d'en faire accroire en se moquant. ♦ *Donner de la gabatine à quelqu'un,* lui en faire accroire. *Un donneur de gabatine.* ◁

GABBRO, ■ n. m. [gabʀo] (mot ital., terrain infertile) **Géol.** Roche éruptive qui contient du pyroxène. *Gabbros magmatiques. Gabbros consécutifs à un volcanisme.*

GABEGIE, n. f. [gab(ə)ʒi] (anc. fr. *gaber*, se moquer) **Pop.** Fraude, supercherie. *Il y a de la gabegie là-dessous.*

GABELAGE, n. m. [gab(o)laʒ] (*gabelle*) ▷ Espace de temps que le sel doit demeurer dans le grenier avant d'être mis en vente. ♦ Marques des commis pour reconnaître la qualité du sel. ◁

GABELÉ, ÉE, p. p. de gabeler. [gab(ə)le] ▷ *Sel gabelé.* ◁

GABELER, v. intr. [gab(ə)le] (*gabelle*) ▷ Porter le sel dans un magasin pour le faire sécher. ◁

GABELEUR, n. m. [gab(ə)lœʀ] (*gabelle*) ▷ Employé de la gabelle. ♦ Homme chargé de faire sécher le sel. ◁

GABELLE, n. f. [gabɛl] (ital. *gabella*, impôt) Anciennement, l'impôt sur le sel. ♦ *Pays de gabelle,* les provinces où l'impôt de la gabelle était établi. ♦ *Frauder la gabelle,* faire quelque fraude pour échapper aux droits du sel, et fig. échapper par adresse à une obligation qui pèse sur tous les autres. ♦ Grenier où se vendait le sel. ♦ Anciennement, tout impôt sur les denrées et les produits de l'industrie. *Gabelle de drap, de vin, etc.*

GABELOU, ■ n. m. [gab(ə)lu] (*gabelle*) **Péj.** Employé de la Douane ou de l'administration des Contributions indirectes. ■ **Hist.** Employé de la gabelle. *Des gabelous* ou *des gabeloux.*

GABIER, n. m. [gabje] (a. provenç. *gabia*, cage, lanterne de clocher) Matelot qui se tient dans les hunes pour visiter et entretenir le gréement.

GABION, n. m. [gabjɔ̃] (ital. *gabbione*, de *gabbia*, cage) Grand panier qu'on remplit de terre dans les sièges pour mettre à couvert les travailleurs et les soldats. ■ Hutte utilisée pour la chasse au gibier d'eau.

GABIONNÉ, ÉE, p. p. de gabionner. [gabjɔne]

GABIONNER, v. tr. [gabjɔne] (*gabion*) ▷ Couvrir avec des gabions. ♦ Se gabionner, v. pr. Se couvrir de gabions. ◁

GABLE ou **GÂBLE**, ■ n. m. [gabl] (lat. *gabulum*, gibet, potence) **Archit.** Décoration de forme pyramidale qui orne l'arc d'un portail gothique. *Le gable d'une cathédrale gothique.*

GABONAIS, AISE, ■ n. m. et n. f. [gabonɛ, ɛz] (*Gabon*) Originaire ou habitant du Gabon, en Afrique centrale. ■ Adj. Relatif à ce pays, à ses habitants ou à sa culture. *La presse gabonaise.*

GÂCHAGE, ■ n. m. [gɑʃaʒ] (*gâcher*) Action de gâcher. *Gâchage du plâtre. Gâchage du temps, de l'argent. Gâchage du prix.*

1 GÂCHE, n. f. [gɑʃ] (*gâcher*) Outil de maçon qui sert à détremper la chaux ou le plâtre.

2 GÂCHE, n. f. [gɑʃ] (anc. b. frq. *gaspia*, boucle) Pièce de fer percée dans laquelle entre le pêne de la serrure d'une porte.

GÂCHÉ, ÉE, p. p. de gâcher. [gɑʃe]

GÂCHER, v. tr. [gɑʃe] (anc. b. frq. *waskôn*, laver) Délayer du mortier ou du plâtre pour maçonner. ♦ **Fig.** et **fam.** Faire un ouvrage grossièrement, sans goût. ♦ **Fam.** Donner sa marchandise à vil prix. ■ **Fig.** Compromettre, perdre quelque chose dont on aurait pu tirer parti. *Gâcher son argent. Il ne faut pas gâcher la nourriture.* ■ *Gâcher le métier,* travailler à trop bon marché.

GÂCHETTE, n. f. [gɑʃɛt] (dim. de *gâche*) La petite pièce d'une serrure qui se met sous le pêne. ♦ Morceau de fer qui fait partir la détente d'un fusil. ■ **Abusiv.** Détente d'une arme à feu. *Appuyer sur la gâchette.*

GÂCHEUR, EUSE, n. m. et n. f. [gɑʃœʀ, øz] (*gâcher*) Ouvrier qui gâche le mortier, le plâtre. ♦ **Fig.** et **pop.** Mauvais ouvrier ; on le dit aussi d'un mauvais écrivain. ♦ Marchand qui vend à vil prix. ♦ Au f. *Gâcheuse,* femme qui travaille mal.

GÂCHEUX, EUSE, adj. [gɑʃø, øz] (*gâcher*) ▷ Détrempé d'eau, bourbeux. ◁

GÂCHIS, n. m. [gɑʃi] (*gâcher*) Espèce de mortier fait de plâtre, de sable et de chaux. ♦ **Par extens.** Quantité de boue détrempée, tas d'ordure liquide. ♦ **Fig.** et **fam.** Affaire embrouillée et désagréable. ♦ Écrit, discours où les idées sont sans ordre et confuses. ■ Perte, gaspillage. *Un gâchis de papier. C'est du gâchis.*

GADE, n. m. [gad] (lat. sav. *gadus* [Linné], du gr. *gados*, morue) Genre de poissons dont la morue, le merlan, la barbote ou lotte forment les principales espèces.

GADGET, ■ n. m. [gadʒɛt] (on prononce le *t* ; mot angl.) Petit objet ingénieux, amusant et nouveau, utile ou non. *Un gadget électronique.* ■ **Péj.** Objet sans réelle utilité.

GADIN, ■ n. m. [gadɛ̃] (orig. incert.) **Fam.** Chute. *Prendre un gadin.*

GADJO, ■ n. m. [gadʒo] (tzigane, *kadjo*) Homme n'appartenant pas à l'ethnie des gitans. « *T'es le fils d'un gadjo, t'es le fils d'un blafard* », ANA JOSE NACHO.

GADOLINIUM, ■ n. m. [gadɔlinjɔm] (J. *Gadolin*, chimiste finlandais) **Chim.** Élément chimique malléable et ductile, d'un éclat blanc argenté et dont la numérotation atomique est 64. *Des composés de gadolinium sont injectés pour contraster des images obtenues par résonance magnétique. Le symbole du gadolinium est Gd.*

GADOUARD, n. m. [gadwaʀ] (*gadoue*) ▷ Vidangeur. ◁

GADOUE, n. f. [gadu] (orig. inc.) La matière fécale tirée des fosses d'aisances qui sert d'engrais. ♦ Se dit aussi des boues et des immondices des rues employées pour engrais ■ **Fam.** Terre détrempée, boue. *Patauger dans la gadoue.*

GAEC, ■ n. m. [gaɛk] (sigle de *Groupement agricole d'exploitation en commun*) Forme juridique dans laquelle des agriculteurs sont associés. *GAEC totaux, partiels.*

GAÉLIQUE, adj. [gaelik] (angl. *gaelic*, de *Gael*, nom donné aux peuples celt. écossais, puis irlandais, par altération de *Gaidheal* et *Gaidel*) Qui appartient aux Gaëls. *La langue gaélique* ou n. m. *le gaélique,* langue parlée au nord de l'Écosse, dans les hautes terres.

1 GAFFE, n. f. [gaf] (a. provenç. *gaf*, de *gafar*, saisir) Longue perche à l'extrémité de laquelle est fixée une pointe de fer garnie latéralement d'un crochet. *La gaffe sert à conduire le bateau, à sonder l'eau, à tirer à terre les gros poissons, etc.*

2 **GAFFE**, ■ n. f. [gaf] (1 *gaffe*, argot des marins au XIXᵉ siècle, *faire une gaffe* est devenu : faire ou dire une sottise) **Fam.** Action, parole maladroite. *Faire une belle gaffe.* ■ **Fam.** *Faire gaffe*, faire attention, se méfier. *Fais gaffe de ne pas tomber.*

GAFFÉ, ÉE, p. p. de gaffer. [gafe]

1 **GAFFER**, v. tr. [gafe] (1 *gaffe*) Accrocher avec une gaffe.

2 **GAFFER**, ■ v. intr. [gafe] (2 *gaffe*) **Fam.** Commettre une gaffe. *Je ne me confie plus à lui, il gaffe tout le temps.*

GAFFEUR, EUSE, ■ n. m. et n. f. [gafœʀ, øz] (2 *gaffer*) **Fam.** Personne qui commet des gaffes. *La maladresse du gaffeur.*

GAG, ■ n. m. [gag] (mot angl., histoire drôle) Effet comique engendré par des jeux scéniques burlesques. *Des gags visuels.* ■ Incident amusant, situation burlesque, qui provoque la surprise. *Leur rencontre est un vrai gag !* ■ **GAGUESQUE**, adj. [gagɛsk]

GAGA, ■ adj. [gaga] (*gâteux*) **Fam.** Gâteux. *Elle est complètement gaga de son petit-fils. Ils sont gagas.*

GAGAKU, ■ n. m. [gagaku] (mot jap. , musique élégante et raffinée) Musique et danse traditionnelles de la cour impériale du Japon. *Le gagaku, qui s'articulait entre les instruments à vents comme l'orgue à bouche, et les instruments à cordes et à percussion, était joué lors des banquets impériaux ou à l'occasion de certaines fêtes du calendrier.*

GAGE, n. m. [gaʒ] (anc. b. frq. *waddi*, gage, avec infl. du lat. *vas*, génit. *vadis*, caution ou goth. *vadi*, caution) Dépôt qu'on fait de quelque objet entre les mains d'autrui, pour sûreté d'une dette, d'un emprunt. *Emprunter sur gage. Mettre en gage.* ◆ ▷ **Fig.** *Demeurer pour les gages ou pour gage*, périr dans une circonstance où d'autres s'échappent ; être arrêté, être pris d'une façon quelconque. ◁ ◆ **Fig.** *Donner des gages à un parti*, faire une démarche décisive, éclatante, pour être accepté dans un parti. ◆ **Par extens.** Tout meuble ou immeuble qui assure le paiement d'une dette. ◆ Dans les petits jeux ou jeux de société, objet qu'on dépose quand on s'est trompé et qu'on ne peut retirer qu'après avoir subi une épreuve. ◆ Ce que l'on consigne et met en main tierce, pour garantie d'une somme à payer, quand, dans une contestation entre deux ou plusieurs personnes, il est convenu que celle qui sera condamnée payera cette somme. ◆ Autrefois, *gage de bataille* ou *gage du combat*, engagement de combattre manifesté par l'offre d'un gant pour gage et contracté quand l'ennemi, en ramassant le gant, avait accepté le gage. ◆ **Fig.** Tout ce qui est assimilé à un gage comme garantie. « *Épée que Laërte lui avait donnée comme un gage de sa tendresse* », Fénelon. ◆ *Gage de l'amour*, enfant. ◆ **N. m. pl.** Ce qu'on paye aux domestiques par an pour leurs services. ◆ ▷ *Être aux gages de quelqu'un*, être payé par lui pour certains offices. ◆ *À gages*, qui reçoit des gages. *Un homme à gages.* ◆ ▷ *En mauvaise part, à gages*, qui est payé pour faire quelque service peu honorable. *Des applaudissements à gages.* ◁ ◆ *Gages* se dit quelquefois du salaire d'un capitaine de navire, d'un matelot.

GAGÉ, ÉE, p. p. de gager. [gaʒe] *Meubles gagés*, ceux qui ont été saisis pour la sûreté de quelque dette.

GAGE-MORT, n. m. [gaʒ(ə)mɔʀ] Voy. MORT-GAGE.

GAGER, v. tr. [gaʒe] (*gage*, ou anc. b. frq. *wadjare*, gager) S'engager à..., par une sorte de gage. ◆ Convenir avec quelqu'un, sur une contestation, que celui des deux qui aurait tort donnera à l'autre une somme ou quelque autre chose. ◆ **Absol.** *Gageons.* ◆ Il se dit quelquefois comme simple affirmation. « *Et moi je gage qu'il ne saurait être approuvé d'aucune personne raisonnable* », Molière. ◆ *Donner des gages*, un salaire, des appointements à quelqu'un.

GAGERIE, n. f. [gaʒ(ə)ʀi] (*gage*) ▷ **Pratiq.** *Saisie-gagerie*, simple saisie de meubles sans transport, sans condamnation et même sans permission du juge, ayant seulement pour objet d'assurer le gage du créancier. ◁

GAGEUR, EUSE, n. m. et n. f. [gaʒœʀ, øz] (*gager*) Celui, celle qui gage ou qui est dans l'habitude de gager.

GAGEURE ou **GAGEÜRE**, n. f. [gaʒyʀ] (*gager*) Promesse de payer telle ou telle somme, de donner tel ou tel objet, stipulée par des personnes qui ont fait un pari. ◆ *Faire gageure que*, avancer une chose en offrant de la soutenir par une gageure. ◆ *Soutenir la gageure*, accepter la gageure qui est proposée, et fig. persévérer dans une entreprise. ◆ La chose gagée elle-même. *Payer une gageure.* ■ Action, projet ou opinion qui semble impossible. *Le convaincre est une véritable gageure.* ■ **REM.** *eu* se prononce u.

GAGISTE, n. m. [gaʒist] (*gage*) Celui qui est gagé pour quelque service sans être domestique. *Gagiste de théâtre, de musique.*

GAGNABLE, ■ adj. [gaɲabl] ou [ganjabl] (*gagner*) Qui est susceptible d'être gagné. *Partie, procès gagnable.*

GAGNAGE, n. m. [gaɲaʒ] ou [ganjaʒ] (anc. fr. *gagner*, paître) Pâtis, pâturage où vont paître les troupeaux. ◆ Champs ensemencés. ◆ **Chasse** On dit que les bêtes vont au gagnage, quand elles vont chercher leur nourriture dans les terres semées de grains ou chargées d'herbe.

GAGNANT, ANTE, n. m. et n. f. [gaɲɑ̃, ɑ̃t] ou [ganjɑ̃, ɑ̃t] (*gagner*) Celui, celle qui gagne au jeu, à la loterie. ◆ **Adj.** *Billet gagnant. Carte gagnante.*

GAGNÉ, ÉE, p. p. de gagner. [gaɲe] ou [ganje] *Partie gagnée*, partie de jeu où l'on a eu l'avantage. ◆ *Donner gagné*, reconnaître qu'une personne a l'avantage sur nous.

GAGNE-DENIER, n. m. [gaɲ(ə)dənje] ou [ganj(ə)dənje] (*gagner* et *denier*) ▷ Celui qui gagne sa vie par un travail corporel, sans savoir un métier en particulier. ◆ Au pl. *Des gagne-deniers.* ◁

GAGNE-PAIN, n. m. [gaɲ(ə)pɛ̃] ou [ganj(ə)pɛ̃] (*gagner* et *pain*) Ce qui fait subsister quelqu'un, ce qui sert à gagner sa vie, son pain. « *Un bûcheron perdit son gagne-pain, c'est sa cognée* », La Fontaine. ◆ Il se dit aussi des personnes. ◆ Au pl. *Des gagne-pain* ou *des gagne-pains.*

GAGNE-PETIT, n. m. [gaɲ(ə)pəti] ou [ganj(ə)pəti] (*gagner* et *petit*, peu) Rémouleur, celui qui va par les rues pour aiguiser des couteaux, des ciseaux. ◆ Au pl. *Des gagne-petit* ou *des gagne-petits.* ■ Personne dont le travail est peu rémunérateur. ■ Personne dont les ambitions sont quasi nulles. *Tu es un paresseux et un gagne-petit.*

GAGNER, v. tr. [gaɲe] ou [ganje] (anc. b. frq. *weindanjan*, faire paître, puis s'assurer un avantage) ▷ **Chasse** Paître, en parlant des animaux de chasse. ◁ ◆ Tirer un profit en général. ◆ **Absol.** « *On hasarde de perdre en voulant trop gagner* », La Fontaine. ◆ *Gagner de l'argent*, devenir possesseur de sommes d'argent par un travail, par des entreprises, etc. ◆ Assurer par le travail. *Gagner sa vie en travaillant à la terre.* ◆ **Absol.** *Gagner sa vie*, gagner de quoi vivre en travaillant. ◆ Acquérir au jeu la possession de quelque chose. ◆ ▷ *Gagner les cartes*, faire une ou plusieurs levées de plus que son adversaire. ◁ ◆ *Jouer à qui perd gagne*, convenir que le gain de la partie sera pour celui qui la perdra. ◆ *Telle carte gagne*, signifie que celui qui a cette carte gagne ce qu'on a mis dessus. ◆ Aux loteries, *tel billet, tel numéro gagne*, un lot est échu à tel billet, à tel numéro. ◆ Il se dit des avantages que l'on remporte. *Gagner le prix de la lutte, de la course.* ◆ Il se construit quelquefois avec la préposition *sur*. *Il a gagné le prix sur tel.* ◆ *Gagner une bataille*, battre l'ennemi. ◆ *Gagner un procès*, avoir en sa faveur la sentence du juge. ◆ *Gagner une gageure, un pari*, avoir l'avantage dans une gageure, dans un pari. ◆ *Gagner la partie* ou absol. *gagner*, avoir l'avantage dans une partie de jeu. ◆ **Fig.** Mériter. *Il gagne bien son argent.* ◆ *Gagner le Ciel, le paradis*, le mériter par ses œuvres. ◆ *Gagner du temps*, s'arranger de manière que le temps soit ménagé, que la chose soit différée, renvoyée à un meilleur moment. ◆ Il se dit des avantages, des qualités qu'une personne ou qu'une chose acquiert. ◆ En un sens opposé, prendre quelque mal, tomber en quelque inconvénient. *Gagner un rhume, une pleurésie.* ◆ Obtenir quelque chose de quelqu'un. ◆ Acquérir, en parlant des cœurs, des esprits, des sentiments. *Gagner les suffrages, etc.* ◆ Se rendre favorable. ◆ *Se laisser gagner*, permettre à sa volonté de céder. ◆ En mauvaise part, corrompre par des dons ou autrement. ◆ S'emparer, se rendre maître. ◆ **Par extens.** *La mer gagne du terrain.* ◆ **Fam.** *Gagner du chemin, du pays*, avancer, poursuivre sa route, et fig. faire des progrès, réussir. ◁ ◆ Se diriger vers un endroit, y parvenir. « *Ils gagnent leurs vaisseaux* », P. Corneille. ◆ **Fam.** *Gagner la porte*, se diriger vers la porte pour s'enfuir. ◆ **Fam.** *Gagner le large, gagner les champs, etc.*, s'enfuir, s'esquiver. ◆ ▷ **Mar.** *Gagner le vent, le dessus du vent*, se mettre, à l'égard d'un autre vaisseau, entre lui et le côté d'où le vent souffle. ◁ ◆ ▷ *Gagner au vent*, s'approcher du point de l'horizon d'où le vent paraît souffler. ◁ ◆ Atteindre, rejoindre, ou même dépasser. ◆ *Gagner quelqu'un de vitesse*, arriver avant lui, et fig. le prévenir. ◆ Se propager, faire des progrès. *Le feu gagnait la maison voisine.* ◆ *La faim, le froid me gagne*, s'empare de moi peu à peu. ◆ **Fam.** *Gagner au pied*, s'enfuir. ◆ **V. intr.** Devenir meilleur. ◆ Avoir un profit, un avantage. ◆ Avancer en crédit, en considération. « *Il y a des gens qui gagnent à être extraordinaires* », La Bruyère. ◆ Paraître meilleur. *Cet ouvrage gagne à la lecture.* ◆ *Gagner sur*, obtenir que. « *J'avais gagné sur lui qu'il aimerait la vie* », P. Corneille. ◆ L'emporter. « *Pourvu que votre amour gagne sur vos douleurs* », P. Corneille. ◆ S'étendre, se propager. *L'incendie, le mal gagnait.* ◆ *Se gagner*, v. pr. Être acquis à titre de profit. ◆ Être obtenu, conquis, en parlant du cœur, de l'affection, etc. ◆ Se vaincre, se surmonter. « *Il y a mille choses sur lesquelles je ne saurais me gagner* », Massillon. ◆ Être contracté, en parlant de la maladie. *Ce mal se gagne.*

GAGNEUR, EUSE, n. m. et n. f. [gaɲœʀ, øz] ou [ganjœʀ, øz] (*gagner*) Celui, celle qui gagne, qui fait un profit. ◆ *Gagneur de batailles*, celui qui remporte des victoires. ■ **N. f.** Prostituée.

GAGUI, n. f. [gagi] (orig. inc.) ▷ **Pop.** Fille ou femme qui a beaucoup d'embonpoint et qui est fort enjouée. ◁

GAI, GAIE, adj. [gɛ] (prob. anc. h. all. *gâhi*, prompt) Qui a de la gaieté. ◆ **Fam.** *Être un peu gai*, être un peu animé par le vin. ◆ *Cheval gai*, cheval qui a de la vivacité. ◆ **Hérald.** *Cheval gai*, cheval nu sans harnais. ◆ Qui porte le caractère de la gaieté, en parlant des choses. *Humeur gaie.* ♦ Où règne la gaieté. *Un gai repas.* ♦ Qui inspire de la gaieté. *Une chanson gaie.* ♦ *Appartement gai*, appartement bien exposé, qui a une vue agréable. ♦ *Avoir le vin gai*, être de belle humeur quand on a un peu bu. ♦ **Peint.** *Couleurs gaies*, couleurs vives, légères et brillantes. ♦ *La gaie science, le gai savoir*, noms que portaient autrefois la poésie des troubadours. ♦ **Mus.** Syn. d'*allegro.* ♦ *Propos, conte gai*, se dit de propos, de contes un peu libres. ♦ *Gai !* interjection qui s'emploie pour exciter à la gaieté et aussi au mouvement, à l'action. ▪ Homme homosexuel. ▪ Qui se rapporte aux homosexuels. *La communauté gaie.* ▪ N. m. *Les gais.* ▪ REM. En ce sens, on écrit aussi *gay. Être gay. Les gays.*

GAÏAC, n. m. [gajak] (taino (arawak des Antilles) *guayak*) Arbre d'Amérique, de la famille des rutacées, dont le bois est dur, pesant et résineux.

GAÏACOL, ▪ n. m. [gajakɔl] (*gaïac*) Substance antiseptique et analgésique se présentant sous la forme de gros cristaux incolores obtenus par synthèse de la pyrocatéchine. *Le gaïacol est extrait de la résine de gaïac ou du goudron de hêtre.*

GAIEMENT, adv. [gemã] (*gai*) Avec gaieté. *Vivre gaiement.* ♦ De bon cœur. *Aller gaiement au combat.* ▪ REM. Graphie ancienne : *gaîment.*

GAIETÉ, n. f. [gete] (*gai*) Belle humeur. ♦ *Avoir de la gaieté dans le style*, écrire d'une manière agréable et enjouée. ♦ Vivacité de belle humeur franche et communicative. ♦ Pointe de vin. *Être en gaieté.* ♦ *Ce cheval a de la gaieté*, il a de la vivacité. ♦ Au pl. *Paroles, actions gaies*, folâtres. ▪ DE GAIETÉ DE CŒUR, loc. adv. De propos délibéré et sans sujet. ▪ Caractère de ce qui exprime ou inspire la bonne humeur, l'optimisme. *La gaieté d'une mélodie.* ▪ REM. Graphie ancienne : *gaîté.*

1 GAILLARD, n. m. [gajaʀ] (2 *gaillard*, au sens de fort, solide) *Château gaillard*, château fort) *Gaillard d'arrière*, toute la partie du pont située à l'arrière du mât d'artimon. *Gaillard d'avant*, tout ce qui est en avant du mât de misaine.

2 GAILLARD, ARDE, adj. [gajaʀ, aʀd] (rac. celt. *gal-*, force) Qui a un caractère de vaillance et de hardiesse. ♦ Plein d'allégresse et de vivacité. ♦ Il se dit aussi des choses. *Une humeur gaillarde.* ♦ Qui est légèrement pris de vin. ♦ Il se dit des discours, des actes un peu libres. *Un propos gaillard.* ♦ Sain, dispos. ♦ *Vent gaillard*, vent qui est un peu froid. ♦ N. m. *Un gaillard*, un homme vigoureux, dispos, décidé. ♦ Au f. *Une gaillarde*, une femme peu scrupuleuse, trop libre. ▪ REM. Péjoratif dans ce dernier sens.

1 GAILLARDE, n. f. [gajaʀd] (2 *gaillard*) Caractère d'imprimerie qui est entre le petit-romain et le petit-texte.

2 GAILLARDE, n. f. [gajaʀd] (2 *gaillard*) Nom d'une ancienne danse française. ♦ L'air sur lequel on la dansait.

GAILLARDEMENT, adv. [gajaʀdəmã] (2 *gaillard*) D'une façon gaillarde. ♦ Légèrement, sans façon. *Il fait cela un peu gaillardement.* ♦ Avec entrain et courage. *Attaquer gaillardement.*

GAILLARDISE, n. f. [gajaʀdiz] (2 *gaillard*) Gaieté un peu vive. ♦ Discours, propos un peu libre.

GAILLET, n. m. [gajɛ] (contraction de *caille-lait*) Voy. CAILLE-LAIT.

GAÎMENT, adv. [gemã] Voy. GAIEMENT.

GAIN, n. m. [gɛ̃] (*gagner*) Ce que l'on gagne, ce que l'on obtient en fait d'argent ou de valeurs. ♦ Fig. Avantage, succès, réussite dans une entreprise, une affaire. ♦ *Gain d'une bataille*, action de remporter une victoire. ♦ *Gain d'un procès*, avantage dans un procès obtenu par sentence des juges. ♦ *Gain de cause*, l'avantage que l'on obtient dans un procès, et par extens. dans un débat quelconque. ♦ *Le gain d'une partie*, l'avantage obtenu dans une partie de jeu.

GAINAGE, ▪ n. m. [genaʒ] (*gainer*) Action de gainer. *Gainage de câbles. Gainage en caoutchouc.*

GAINE, n. f. [gɛn] (lat. *vagina*) Étui de couteau ou d'un instrument tranchant ou aigu. ♦ **Archit.** Espèce de support, plus large du haut que du bas, sur lequel on place un buste. ♦ **Bot.** Partie inférieure de certaines feuilles embrassant la tige et remplaçant en quelque sorte le pétiole. ♦ **Anat.** Nom donné à certaines parties qui servent d'enveloppe à d'autres. ▪ Sous-vêtement féminin en tissu élastique destiné à affiner la silhouette. ▪ **Fig.** Ce qui empêche le libre développement de quelque chose. ▪ **Techn.** Enveloppe, conduit. *La gaine d'un câble électrique.* ▪ REM. Graphie ancienne : *gaîne.*

GAINER, ▪ v. tr. [gene] (*gaine*) Mettre une gaine à. *Gainer des câbles électriques.*

GAINERIE, n. f. [gen(ə)ʀi] (*gaine*) Fabrique de gaines ; commerce du gainier ; les ouvrages qu'il vend. ▪ REM. Graphie ancienne : *gaînerie.*

1 GAINIER, IÈRE, n. m. et n. f. [genje, jɛʀ] (*gaine*) Ouvrier qui fait des gaines. ▪ REM. Graphie ancienne : *gaînier.*

2 GAINIER, n. m. [genje] (*gaine*, au sens bot.) Gainier commun, Voy. ARBRE DE JUDÉE. ▪ REM. Graphie ancienne : *gaînier.*

GAÎTÉ, n. m. [gete] Voy. GAIETÉ.

GAIZE, ▪ n. f. [gez] (aphérèse de *agaise*, rocher schisteux, d'orig. inc.) Grès jaune verdâtre siliceux et fertile. *La gaize se trouve en particulier dans les Ardennes. Du ciment à la gaize.*

GAL, ▪ n. m. [gal] (*Galilée*) Unité d'accélération servant à mesurer l'accélération linéaire de la pesanteur et valant environ 1 cm par seconde carrée. *Des gals.*

GALA, ▪ n. m. [gala] (esp. *gala*, vêtement d'apparat, de l'anc. fr. *gale*, réjouissance) Mot qui dans plusieurs cours signifie fête, réjouissance. ♦ **Par extens.** Il se dit des fêtes, des réjouissances des particuliers. ♦ *Voitures de gala*, voitures qui ne servent que dans certaines circonstances solennelles. ♦ **Fam.** Un repas splendide.

GALACTIQUE, ▪ adj. [galaktik] (gr. *gala, galaktos*, lait) Relatif à la Voie lactée. ▪ **Astron.** Qui appartient à une galaxie en général et à la Galaxie en particulier. *Univers galactique.*

GALACTOGÈNE, ▪ n. m. [galaktoʒɛn] (gr. *gala, galaktos*, lait et *-gène*, qui engendre) Substance qui encourage la sécrétion de lait. ▪ Adj. Se dit d'une substance entraînant ou favorisant la sécrétion du lait. *Tisane, hormone galactogène.*

GALACTOGRAPHIE, ▪ n. f. [galaktogʀafi] (*galacto-* et *-gène*) **Méd.** Examen radiologique qui observe le canal galactophore au moyen de son opacification préconisé en cas d'écoulement spontané. *Faire une galactographie en complément d'une mammographie.*

GALACTOMÈTRE, ▪ n. m. [galaktomɛtʀ] (*galacto-* et *-mètre*) Instrument propre à mesurer la pureté du lait.

GALACTOPHORE, ▪ adj. [galaktofɔʀ] (*galacto-* et *-phore*) *Canal galactophore*, canal qui conduit le lait produit par les éléments glandulaires vers les pores du mamelon. *Conduits galactophores.*

GALACTOSE, ▪ n. m. [galaktoz] (*galacto-* et *-ose*) Glucide simple qui est un des constituants du lactose par exemple. *Le galactose peut être utilisé à des fins thérapeutiques.*

GALACTOSIDASE, ▪ n. f. [galaktozidaz] (*galact(o)-*, *oside* et *-sidase*) *Alpha-galactosidase*, enzyme lysosomale. ▪ *Bêta-galactosidase*, enzyme catalysant la dégradation du galactose.

GALAGO, ▪ n. m. [galago] (mot d'une langue du Sénégal) Lémurien carnassier nocturne de petite taille qui vit en Afrique australe, aisément reconnaissable à son pelage gris et ras, sa queue touffue et plus longue que son corps ainsi que ses grands yeux qui reflètent la lumière. *Le galago fait des bonds au sol ou d'arbre en arbre à la manière des kangourous. Le galago du Sénégal.*

GALALITHE, ▪ n. f. [galalit] (*gala-* et *-lithe*) Polymère formé à base de lait qui se travaille comme la corne et dont l'aspect est proche de celui de l'ivoire. *Des boutons de vêtements en galalithe.*

GALAMMENT, adv. [galamã] (*galant*) D'une manière galante. ♦ Avec goût et élégance. *S'habiller galamment.* ♦ De bonne grâce. *Faire les choses galamment.* ♦ Avec courage. *Il a galamment soutenu cette affaire.* ♦ En galant homme. ♦ Habilement, adroitement.

GALANDAGE, ▪ n. m. [galãdaʒ] (*ga(r)lande*, guirlande) Cloison de briques posées de champ l'une à côté de l'autre.

GALANT, ANTE, adj. [galã, ãt] (part. de l'anc. fr. *galer*, se réjouir) Empressé auprès des femmes ; qui cherche à leur plaire. ♦ *Femme galante*, femme qui est dans l'habitude d'avoir des commerces de galanterie. ♦ Qui a le caractère de la galanterie, en parlant des choses. *Humeur, intrigue galante.* ♦ **Peint.** *Goût galant*, celui qui peint des sujets gracieux, des pastorales. ♦ Qui a de la grâce, de l'élégance. ♦ Distingué, élégant, en parlant des choses. « *Cela a un tour spirituel et galant* », MOLIÈRE. « *Les habits sont magnifiques et galants* », MME DE SÉVIGNÉ. ♦ N. m. *Le galant*, ce qui est galant. ♦ *Un galant homme*, un homme qui a de la probité, des procédés de bonne compagnie. ♦ N. m. *Un galant*, un homme qui a de l'élégance, de la grâce, de l'habileté à plaire. ♦ Amant, amoureux. ♦ Homme alerte, à qui il ne faut pas trop se fier. ♦ *Verts galants*, sorte de bandits du XVᵉ siècle, ainsi nommés parce qu'ils se tenaient dans les bois. ♦ **Fig.** *Vert galant*, homme vif, alerte, vigoureux, et particulièrement homme empressé auprès des femmes.

GALANTERIE, n. f. [galãt(ə)ʀi] (*galant*) Soins, empressement auprès des femmes qu'inspire le désir de leur plaire. ♦ Propos flatteurs qu'on tient à une femme. ♦ Commerce amoureux. ♦ Il se dit des petits présents qu'on se fait dans la société. *Il m'a fait une jolie galanterie.* ♦ **Fig.** « *Ceux qui se font galanterie de se déchirer l'un l'autre* », MOLIÈRE.

GALANTIN, n. m. [galãtɛ̃] (*galant*) ▷ **Fam.** Homme ridiculement galant. ◁

GALANTINE, n. f. [galãtin] (prob. dalmate de Raguse *galatina*, de *gelare*, geler) Sorte de mets composé de volaille, de chair de veau, de lard, d'épices, etc.

GALANTISÉ, ÉE, p. p. de galantiser. [galãtize]

GALANTISER, v. tr. [galãtize] (*galant*) ▷ Flatter d'une manière galante, dire des galanteries. ♦ **Absol.** Galantiser. ◁

GALAPIAT, ▪ n. m. [galapja] (prob. radic. *gal-*, gloutonnerie, et radic. de *laper*) Fam. Polisson, vaurien. *Petit galapiat !*

GALATE, ▪ n. m. et n. f. [galat] (*Galatia*) Originaire de la Galatie. ▪ Adj. Relatif à cette région ou à ses habitants. *Une voûte galate.*

GALAXIE, n. f. [galaksi] (gr. *galaxias kuklos*) Voie lactée. ▪ Amas d'étoiles, de gaz et de poussières présent dans l'Univers. ▪ *La Galaxie*, celle qui comprend le Soleil.

GALBANUM, n. m. [galbanɔm] (lat. *galbanum*) ▷ Gomme-résine tirée d'une plante du même nom. ♦ **Fig.** et **fam.** *Du galbanum*, de fausses promesses, des paroles mensongères. *Donner, vendre du galbanum.* ◁

GALBE, n. m. [galb] (ital. *garbo*, manière dont une chose est faite, de *garbare*, plaire) **Archit.** Grâce du contour d'une colonne, d'un vase, du feuillage d'ornement, de la courbure extérieure d'une coupe. ♦ **Par extens.** Caractère d'une figure. *La régularité du galbe grec.*

GALBÉ, ÉE, ▪ adj. [galbe] (*galbe*) Qui a une silhouette gracieuse, un galbe harmonieux. *Une jambe bien galbée.* ▪ Dont le contour présente une forme mi-concave, mi-convexe. *Des pieds de table galbés.* ▪ *Colonne galbée*, dont le diamètre s'amincit vers le haut.

GALBER, ▪ v. tr. [galbe] (*galbe*) Donner du galbe à. *Galber une commode, un vase.*

GALE, n. f. [gal] (var. de *galle*) Maladie cutanée et contagieuse caractérisée par de petites vésicules, la présence d'un insecte nommé acare, et de grandes démangeaisons. ♦ *Être méchant comme la gale*, être fort méchant. ♦ **Bot.** Maladie des végétaux caractérisée par des rugosités.

GALÉ, n. m. [gale] **Bot.** Nom vulgaire et spécifique du *Myrica galé*, famille des amentacées.

GALÉACE ou **GALÉASSE**, n. f. [galeas] (anc. fr. *galée*, galère) Au Moyen Âge, nom d'un grand vaisseau de bas bord, à rames et à voiles.

GALÉE, n. f. [gale] (gr. *galeê*, belette, de *galeos*, requin) Planche rectangulaire garnie de deux tasseaux formant équerre, et dans laquelle le compositeur place les lignes qu'il a construites dans son composteur.

GALÉGA, n. m. [galega] (prob. ital. *galega*, du gr. *gala*, lait, et *agein*, pousser, ou *aix*, génit. *aigos*, chèvre) **Bot.** Genre de plantes légumineuses, qui a pour type le galéga officinal.

GALÉJADE, ▪ n. f. [galeʒad] (provenç. *galejado*) Récit exagéré d'un fait. ▪ Histoire inventée destinée à s'amuser aux dépens de quelqu'un. *Dire des galéjades.*

GALÉJER, ▪ v. intr. [galeʒe] (provenç. *galeja*, plaisanter) Dire, raconter des galéjades. *Arrête de galéjer sur sa tenue vestimentaire.*

GALÈNE, n. f. [galɛn] (gr. *galênê*) Sulfure de plomb natif.

GALÉNIQUE, adj. [galenik] (gr. *galênikos*, de *Galênos*, Gallien) **Méd.** Qui a rapport à la doctrine de Galien. ♦ Qui traite les maladies suivant les principes de Galien.

GALÉNISME, n. m. [galenism] (*Galenus*, nom lat. du médecin grec Galien) La doctrine de Galien.

GALÉNISTE, n. m. [galenist] (*Galenus*, nom lat. du médecin grec Galien) Médecin sectateur de Galien. ♦ **Adj.** *Médecin galéniste.*

GALÉOPITHÈQUE, ▪ n. m. [galeopitɛk] (gr. *galeos*, belette, et *pithêkos*, singe) Lémur volant, surtout actif la nuit, et qui se reconnaît grâce à sa membrane latérale pourvue d'un muscle extenseur très large. *Les galéopithèques sont insectivores.*

GALÉOPSIS, n. m. [galeopsis] (gr. *galiopsis*) **Bot.** Nom d'un genre de plantes labiées.

GALER, v. tr. [gale] (*gale*) ▷ Pop. Égratigner. ♦ Se galer, v. pr. Se gratter. ◁

GALÈRE, n. f. [galɛʀ] (catal. *galera*) **Mar.** Bâtiment à rames et à voiles qui était le vaisseau de guerre des anciens. ♦ La galère fut aussi le vaisseau du Moyen Âge. ♦ Dans les temps modernes, bâtiment long et peu élevé au-dessus de l'eau, qui allait à voiles et à rames. ♦ *Que diable allait-il faire dans cette galère ?* locution tirée du *Scapin* de Molière et qui signifie : Pourquoi s'est-il mêlé de cette affaire mauvaise, périlleuse, etc. ♦ **Fig.** *Vogue la galère !* arrive ce qui pourra. ♦ **Au** pl. *La peine de ceux qui étaient condamnés à ramer sur les galères*, peine remplacée par les travaux forcés. ♦ **Fig.** et **fam.**

Condition désagréable. *Ce métier est une galère. Vie de galère.* ♦ Long fourneau en briques réfractaires, dans lequel on peut faire chauffer plusieurs vases à la fois.

GALÉRER, ▪ v. intr. [galeʀe] (*galère*) Fam. Éprouver des difficultés (personnelles ou professionnelles) pénibles. *Il galère pour trouver une copine. Financièrement, je galère.* ▪ Être à la recherche d'un travail sans en trouver. *Des chômeurs qui galèrent.* ▪ Faire un travail pénible et peu rémunéré. *La plonge, ça me galère !*

GALERIE, n. f. [gal(ə)ʀi] (lat. médiév. *galeria*, de *Galilæa*, porche d'église, parce que cette région était le pays des Gentils par opposition à la Judée) Lieu d'une maison qui est couvert et propre à la promenade. ♦ Corridor ou allée qui sert à la communication et au dégagement des appartements. ♦ *Galerie de tableaux, de peintures*, galerie où on a réuni une collection de tableaux. ♦ La collection même de ces tableaux. ♦ **Fig.** Collection de portraits, de statues ou de bustes représentant des personnages célèbres. ♦ Galerie où l'on a réuni des objets d'histoire naturelle. ♦ Dans un jeu de paume, allée longue et couverte d'où l'on regarde les joueurs. ♦ **Par extens.** Toute réunion de personnes qui en regardent d'autres jouer. ♦ **Fig.** Le monde, les hommes considérés comme assistants. *On doit faire le bien sans s'inquiéter de la galerie.* ▪ Dans les théâtres, balcon en encorbellement, avec un ou deux rangs de banquettes. ▪ **Mar.** Balcon saillant hors du bordage vers l'arrière. ▪ **Fortif.** Passage couvert de tous côtés à l'aide de planches. ♦ Route que les mineurs pratiquent sous terre pour découvrir les filons. ♦ Issues pratiquées pour les eaux. ▪ Long passage couvert aménagé à l'intérieur ou à l'extérieur d'un bâtiment. *Galerie Montmartre.* ▪ *Galerie marchande*, passage couvert bordé de magasins, dans un centre commercial. ▪ Accessoire fixé sur le toit d'une voiture, utilisé pour le transport des bagages ou des objets encombrants.

GALÉRIEN, n. m. [galeʀjɛ̃] (*galère*) Celui qui ramait sur les galères. ♦ Il se dit aujourd'hui pour forçat. ♦ *Souffrir comme un galérien*, mener une vie de galérien, mener une existence dure et pénible. ♦ *Travailler comme un galérien*, se livrer à un travail pénible.

GALERISTE, ▪ n. m. et n. f. [gal(ə)ʀist] (*galerie*) Personne qui dirige une galerie d'art. *Rencontrer un galeriste lors d'un vernissage.*

GALERNE, n. f. [galɛʀn] (lat. pop. *galerna*) Vent entre le nord et l'ouest. *Un vent de galerne. La galerne est froide.*

GALET, n. m. [galɛ] (dim. de l'anc. fr. *gal*, caillou, d'un radic. pré-roman gallo-, pierre) Caillou poli et arrondi qui se trouve sur le bord de la mer. ♦ **Collect.** *Le galet*, un amas de galets. ♦ Jeu où l'on pousse un palet sur une longue table. ▪ **Techn.** Pièce ronde qui permet le roulement.

GALETAS, n. m. [gal(ə)tɑ] (*galatas*, de la tour *Galata*, point culminant de Constantinople) Logement pratiqué sous les combles. ♦ Tout logement misérable.

GALETTE, n. f. [galɛt] (*galet*) Gâteau rond et plat. ♦ **Mar.** Nom du biscuit qui se distribue aux gens de mer. ♦ La carcasse du chapeau d'homme faite en poil de lapin, en carton ou en toile imprégnée de gomme laque. ▪ *Galette des Rois*, gâteau de pâte feuilletée qui contient une fève et que l'on mange à l'Épiphanie. ▪ Crêpe à base de farine de sarrasin. ▪ *Plat comme une galette*, très plat. ▪ Objet qui a la forme d'une galette. ▪ **Fig.** et **fam.** Argent. *Avoir de la galette.*

GALEUX, EUSE, adj. [galø, øz] (*gale*) Qui a la gale. ♦ **Fig.** *Brebis galeuse*, personne dont la fréquentation est dangereuse. *Éviter, fuir une personne comme une brebis galeuse.* ♦ **Par extens.** Il se dit des arbres et des plantes. ♦ N. m. et n. f. Une personne qui a la gale. *Un galeux. Une galeuse.*

GALHAUBAN, ▪ n. m. [galobã] (anc. fr. *garlande*, guirlande, et *hauban*) **Mar.** Nom de longues cordes qui, descendant du haut des mâts de hune et de perroquet aux deux côtés du vaisseau, servent à soutenir ces mâts.

GALIBOT, ▪ n. m. [galibo] (pic. *galibier*, polisson) **Techn.** Jeune ouvrier employé au service de la voirie dans les galeries des mines. *Les galibots dans les houillères.*

GALICIEN, IENNE, ▪ n. m. et n. f. [galisjɛ̃, jɛn] (*Galice*) Personne originaire de Galicie ou de Galice. ▪ N. m. Langue parlée en Galice. *Le galicien est une langue romane.* ▪ Adj. Relatif à la Galicie, à la Galice ou à leurs habitants. *Folklore galicien.*

1 **GALILÉEN, ÉENNE**, ▪ n. m. et n. f. [galileɛ̃, ɛn] (*Galilée*) Personne qui est née ou qui vit dans la région de Galilée en Israël. ▪ Adj. Relatif à cette région ou ses habitants. ▪ N. m. *Le Galiléen*, Jésus-Christ, qui vécut longtemps en Galilée.

2 **GALILÉEN, ÉENNE**, ▪ adj. [galileɛ̃, ɛn] (*Galilée*, astronome et physicien ital.) Relatif aux travaux de Galilée. *La relativité galiléenne. Un référentiel galiléen.*

GALIMAFRÉE, n. f. [galimafʀe] (prob. *galer*, mener joyeuse vie, et pic. *mafrer*, manger beaucoup) Ragoût composé de restes de viandes. ♦ Mets mal préparé, déplaisant.

GALIMATIAS, n. m. [galimatjɑ] (orig. inc.) Discours embrouillé, confus, obscur. ♦ *Galimatias double*, galimatias inintelligible et à celui qui le fait et à celui qui l'écoute. ♦ Imbroglio.

GALION, n. m. [galjɔ̃] (anc. fr. galie, var. de *galée*, petit navire de guerre) **Mar.** Grand bâtiment de charge que l'Espagne employait autrefois à transporter en Europe les produits des mines du Pérou. ♦ ▷ **Fig.** *Les galions sont arrivés*, on a reçu beaucoup d'argent. ◁

GALIOTE, n. f. [galjɔt] (anc. fr. *galiot*, de galie, avec infl. de l'ital. *galeotta*) Petit bâtiment qui va à rames et à voiles. ♦ *Galiote à bombes*, bâtiment très fort de bois, employé à porter des mortiers et à lancer des bombes. ♦ Long bateau couvert dont on se sert pour voyager sur les rivières.

GALIPETTE, ■ n. f. [galipɛt] (dial. de l'Ouest, p.-ê de *galipia*, goinfre) **Fam.** Cabriole, pirouette. *Faire des galipettes. Galipette arrière.* ■ **Par extens.** et **fam.** *Faire des galipettes*, avoir des relations sexuelles. *Faire des galipettes toute la nuit.*

GALIPOT, n. m. [galipo] (landais *guarapot*, mastic résineux) Térébenthine concrète, impure, qui s'est solidifiée sur l'arbre même par l'évaporation spontanée de son essence. ♦ Sorte de mastic particulier à la marine.

GALIPOTE, ■ n. f. [galipɔt] **Québec Fam.** *Courir la galipote*, rechercher des aventures extraconjugales. *Faire la galipote.*

GALIPOTER, ■ v. tr. [galipote] (*galipot*) Recouvrir de galipot. *Galipoter une coque.*

GALLATE, n. m. [galat] (*galle*) **Chim.** Sel produit par la combinaison de l'acide gallique avec une base.

GALLE, n. f. [gal] (lat. *galla*) **Bot.** Excroissance produite sur diverses parties des végétaux par les piqûres d'insectes qui y déposent leurs œufs. ♦ *Noix de galle* ou *galle du Levant*, galle d'un chêne de l'Asie Mineure qui sert à teindre en noir et à faire de l'encre. ♦ *Galle du rosier*, plus connue sous le nom de bédégar ou bédéguar.

GALLÉRIE, ■ n. f. [galeʀi] (lat. sav. *galleria*) Insecte dont la chenille creuse des galeries dans la cire des ruches d'abeilles. *La gallérie est également connue sous le nom de fausse teigne de la cire.*

GALLEUX, EUSE, ■ adj. [galø, øz] (*gallium*) **Chim.** Relatif aux éléments composés de gallium divalent.

GALLICAN, ANE, adj. [galikɑ̃, an] (lat. médiév. *gallicanus*, français) Usité seulement dans ces phrases : *l'Église gallicane*, l'Église de France ; *le rite gallican*, le rite de l'Église gallicane. ♦ **N. m.** Partisan des libertés de l'Église gallicane.

GALLICANISME, n. m. [galikanism] (*gallican*) Ensemble des principes de l'Église gallicane ; attachement à ces principes.

GALLICISME, n. m. [galisism] (lat. *gallicus*, gaulois) Forme de construction propre à la langue française. ♦ Façon de parler empruntée du français et transportée dans une autre langue.

GALLICOLE, ■ adj. [galikɔl] (*galle* et *-cole*) Relatif à un insecte vivant dans les galles ou étant à l'origine de leur apparition. *Pucerons gallicoles.*

GALLINACÉS, n. m. pl. [galinase] (lat. *gallinaceus*, de poule) Nom du quatrième ordre de la classe des oiseaux, ordre qui comprend les poules, dindons, en un mot la plupart de nos oiseaux de basse-cour. ♦ **Adj.** *Les oiseaux gallinacés.*

GALLINULE, ■ n. f. [galinyl] (b. lat. *gallinula*, petite poule) Poule d'eau ne dépassant pas les 38 cm, reconnaissable à sa couleur noire et à son bec rouge à pointe jaune. *Les gallinules sont omnivores : elles mangent par exemple des plantes aquatiques, des feuilles, des mollusques, des têtards, des insectes, des vers de terre.*

1 **GALLIQUE**, adj. [galik] (lat. *gallicus*) Qui appartient aux anciens Gaulois. *Peuplades, poésies galliques.*

2 **GALLIQUE**, adj. [galik] (*galle*) **Chim.** *Acide gallique*, acide existant dans la noix de galle.

GALLIUM, ■ n. m. [galjɔm] (lat. *gallus*, coq, en hommage à son découvreur, Lecoq de Boisbaudran) **Chim.** Métal de couleur argentée qui reste liquide jusqu'à 2 400 °C. *Le symbole du gallium est Ga.*

GALLOIS, OISE, ■ n. m. et n. f. [galwa, waz] (*Galle*) Personne qui est née ou qui vit au pays de Galles. *Les Gallois.* ■ **N. m.** Langue celtique parlée au pays de Galles. *La richesse du gallois.* ■ **Adj.** *Une cité galloise.*

GALLON, n. m. [galɔ̃] (angl. *gallon*) Mesure anglaise de capacité pour les liquides, de 4,54 l.

GALLO-ROMAIN, AINE, adj. [galoʀomɛ̃, ɛn] (lat. *Gallus* et *Romanus*) Qui appartient à la fois aux Gaulois et aux Romains depuis la conquête des Gaules par les Romains. *Période gallo-romaine.* ♦ **N. m.** ou **n. f.** *Les Gallo-Romains.*

GALLO-ROMAN, ANE, ■ adj. [galoʀomɑ̃, an] (*gallo-* et *roman*) Se dit des langues d'origine romane parlées en Gaule. *Le français est une langue gallo-romane.* ■ **N. m.** *Le Gallo-roman.* ■ **Adj. Par extens.** *Des cités gallo-romanes.*

GALOCHE, n. f. [galɔʃ] (étym. très disc. : gr. *kalopous*, forme du cordonnier, ou lat. *gallica*, chaussure gauloise, ou norm. et pic. *gallos*, galet, pour la dureté de la semelle) ▷ Chaussure de cuir que l'on porte par-dessus les souliers pour garantir les pieds de l'humidité. ◁ ♦ **Fam.** *Menton de galoche*, menton long et recourbé. ■ **Fam.** Chaussure un peu épaisse, godillot. ■ **Vulg.** Baiser. *Rouler une galoche.*

GALON, n. m. [galɔ̃] (*galonner*) Tissu d'or, d'argent, de soie, plus étroit et plus épais qu'un ruban. ♦ **Vx** Habits, vieux galons, cri des fripiers dans les rues de Paris. ♦ *Quand on prend du galon*, on n'en saurait trop prendre, c'est-à-dire quand on est à même, il faut prendre tout ce qui peut être pris. ♦ *Bande de galon*, de différents tissus suivant le grade, que les sous-officiers portent sur la manche de leur habit. *Les galons de caporal.* ♦ Petit ruban de soie pour les souliers de femme.

GALONNÉ, ÉE, p. p. de galonner. [galone] **Fam.** *Il est tout galonné*, il est tout couvert de galons.

GALONNER, v. tr. [galone] (orig. incert.) Orner ou border de galon. *Galonner un habit, un chapeau.* ♦ Se galonner, v. pr. S'orner de galons.

GALOP, n. m. [galo] (soit *galoper*, soit *walhlaup*, course du cavalier vers le champ de bataille) La plus élevée et la plus rapide des allures du cheval. ♦ ▷ *Un temps de galop*, un court espace parcouru au galop. ◁ ♦ ▷ **Par extens.** *Aller, courir le galop*, se hâter, aller fort vite. ◁ ♦ **Fig.** « *Chassez le naturel, il revient au galop* », DESTOUCHES. ♦ **Fig.** *Aller au galop, courir au galop*, faire une chose avec précipitation. ♦ Danse hongroise à deux temps et d'un mouvement vif, introduite dans la danse française et formant une des figures du quadrille. ♦ Air sur lequel on danse le galop. ♦ **Fig.** et **pop.** Réprimande, gronderie. ■ *Galop d'essai*, course qui permet d'apprécier les capacités d'un cheval. ♦ **Fig.** Mise à l'épreuve. *Faire un galop d'essai dans une entreprise.*

GALOPADE, n. f. [galopad] (*galoper*) Action de galoper. ♦ Air de manège, sorte de galop en trois temps et très raccourci. ♦ ▷ **Pop.** Réprimande, gronderie. ◁ ■ Course rapide. *La galopade des chiens. La galopade des gamins.*

GALOPANT, ANTE, adj. [galopɑ̃, ɑ̃t] (*galoper*) Qui croît très rapidement. *Chômage galopant.* ■ **Méd.** *Phtisie galopante*, phtisie pulmonaire dont la marche est très rapide.

GALOPE, ■ n. f. [galɔp] (*galoper*) **Techn.** Outil utilisé par le relieur pour tracer rapidement des raies.

GALOPÉ, ÉE, p. p. de galoper. [galope]

GALOPER, v. intr. [galope] (anc. b. frq. *wala hlaupan*, bien sauter, ou *galop*, danse vive) Aller au galop. *Ce cheval galope bien.* ♦ Il se dit du cavalier. ♦ **Fig.** « *Le chagrin monte en croupe et galope avec lui* », BOILEAU. ♦ **Fam.** Courir de côté et d'autre. ♦ Faire beaucoup de démarches pour une affaire. ♦ Marcher d'un pas très rapide. ♦ **Fig.** « *Je vois déjà comme le temps galopera* », MME DE SÉVIGNÉ. ♦ Faire à la hâte. ♦ Danser le galop. ♦ **V. tr.** *Galoper un cheval*, le faire aller au galop. ♦ **Fig.** et **fam.** Poursuivre quelqu'un. *Les gendarmes l'ont galopé.* ♦ *Galoper quelqu'un*, se rendre assidu dans tous les lieux où l'on peut le voir, où l'on peut lui parler. ♦ **Fig.** et **fam.** Il se dit de ce qui tourmente avec intensité. *La peur le galope.*

GALOPIN, n. m. [galopɛ̃] (*galoper*) ▷ Petit garçon qu'on emploie à faire des commissions. ◁ ♦ ▷ Dans les grandes maisons royales, petits marmitons. ◁ ♦ **Pop.** et **par mépris** Petit polisson, petit garçon quelconque.

GALOUBET, n. m. [galubɛ] (mot provenç., prob. a. provenç. *galaubeiar*, bien agir, du goth. *galaubei*, grande valeur) Instrument à vent qui n'a que trois trous et qu'on joue de la main gauche, tandis que la droite frappe sur un tambourin.

GALUCHAT, n. m. [galyʃa] (nom de l'inventeur) Peau d'une espèce de raie qu'on colore en vert et qu'on emploie à couvrir des étuis, des gaines, des fourreaux.

GALURIN, ■ n. m. [galyʀɛ̃] (anc. fr. *galeron*, chapeau de fauconnier, du lat. *galerus*, bonnet de fourrure) **Fam.** Chapeau. ■ **Abrév.** Galure.

GALVANIQUE, adj. [galvanik] (*galvanisme*) **Phys.** Qui a rapport au galvanisme. *Pile galvanique.* ■ **Techn.** Qui résulte de la galvanoplastie. *La corrosion galvanique.*

GALVANIQUEMENT, adv. [galvanik(ə)mɑ̃] (*galvanique*) ▷ D'une manière galvanique ; par le galvanisme. ◁

GALVANISATION, n. f. [galvanizasjɔ̃] (*galvaniser*) Opération par laquelle on recouvre les objets en fer d'une couche légère de zinc pour les préserver de l'oxydation. ◆ Application immédiate de l'électricité produite par les actions chimiques. ■ **Fig.** Le fait d'exalter passagèrement. *La galvanisation des foules par des discours.*

GALVANISÉ, ÉE, p. p. de galvaniser. [galvanize]

GALVANISER, v. tr. [galvanize] (*Galvani*, physicien italien, 1737-1798) **Phys.** Électriser au moyen de la pile galvanique ou voltaïque. ◆ Communiquer des mouvements aux muscles soit pendant la vie, soit peu de temps après la mort, à l'aide de l'électricité galvanique. ◆ **Fig.** Donner une vie factice et momentanée. ■ Donner une impulsion, exalter, passagèrement. *Il galvanisait les foules par ses discours.*

GALVANISME, n. m. [galvanism] (*Galvani*, physicien italien) Électricité qui se développe par le simple contact de deux corps hétérogènes. ◆ Phénomène électrique qui consiste en des excitations produites dans les nerfs et les muscles.

GALVANOMÈTRE, ■ n. m. [galvanomɛtʀ] (*galvano-* et *-mètre*) Appareil de mesure de l'intensité utilisant l'effet magnétique du courant, formé d'une bobine montée sur pivot munie d'un noyau de fer et sur lequel sont fixées deux aiguilles aimantées de pôles opposés. *Galvanomètre à cadre mobile, à aimant mobile.*

GALVANOPLASTIE, n. f. [galvanoplasti] (*galvano-* et *-plastie*) Art d'appliquer une couche métallique sur une matière quelconque au moyen de la pile galvanique.

GALVANOPLASTIQUE, ■ adj. [galvanoplastik] (*galvanoplastie*) Relatif à la galvanoplastie. *Industrie, moulage galvanoplastique.*

GALVANOTYPE, ■ n. m. [galvanotip] (*galvano-* et *-type*) Cliché typographique recouvert de cuivre réalisé par galvanoplastie.

GALVANOTYPIE, ■ n. f. [galvanotipi] (*galvano-* et *-typie*) Procédé permettant l'obtention par galvanoplastie de clichés typographiques recouverts de cuivre en vue d'en tirer un nombre important. *Timbres fabriqués par galvanotypie.*

GALVAUDAGE, ■ n. m. [galvodaʒ] (*galvauder*) Action de galvauder, de gâcher. *Le galvaudage des valeurs traditionnelles.*

GALVAUDÉ, ÉE, p. p. de galvauder. [galvode]

GALVAUDER, v. tr. [galvode] (p.-ê. croisement ironique de l'anc. fr. *galer*, festoyer qqn, avec *ravauder*) Réprimander quelqu'un avec hauteur. ◆ Vieux en ce sens. ■ **Pop.** Mettre en désordre, gâter, gâcher. *Galvauder un ouvrage, une affaire, sa fortune.* ◆ **Fig.** Déshonorer.

GAMAY, n. m. [gamɛ] (*Gamay*, village de Bourgogne) Cépage de qualité inférieure. ◆ On écrivait aussi *gamet*. ■ **Rem.** Le gamay n'est plus considéré aujourd'hui comme étant de qualité inférieure.

GAMBA, ■ n. f. [gɑ̃ba] (mot esp., crevette) Grosse crevette que l'on trouve dans les eaux profondes de l'océan Atlantique. *Brochette de gambas.* ■ **Rem.** On entend souvent *une gambas*, avec le s prononcé.

GAMBADE, n. f. [gɑ̃bad] (ital. *gambata*, ou provenç. *cambado*) Saut sans art et sans cadence. ◆ **Fig.** *Faire des gambades*, se réjouir, s'en donner. ◆ Par dénigrement, la danse. « *Au lieu d'occuper mon élève à des gambades* », J.-J. Rousseau. ◆ ▷ **Fig.** *Faire la gambade, payer en gambades*, payer en monnaie de singe, se défendre de payer une dette par toutes sortes de raisons, répondre à une demande sérieuse par des plaisanteries. ◁

GAMBADER, v. intr. [gɑ̃bade] (*gambade*) Faire des gambades.

GAMBADEUR, EUSE, n. m. et n. f. [gɑ̃badœʀ, øz] (*gambader*) ▷ Celui, celle qui gambade. ◁

GAMBE (VIOLE DE), ■ n. f. [gɑ̃b] (ital. *viola da gamba*, viole de jambe) **Mus.** Instrument à cordes et à archet, ancêtre du violoncelle, qui se jouait serré verticalement entre les jambes. *Des violes de gambe.*

GAMBERGE, ■ n. f. [gɑ̃bɛʀʒ] (*gamberger*) **Fam.** Réflexion, intelligence. « *J'ai gâché mes vingt berges, la gamberge, la gamberge a fait de moi un pauvre homme de plus* », Jean Yanne.

GAMBERGER, ■ v. intr. [gɑ̃bɛʀʒe] (var. de *comberger*, *gomberger*, arg. pour compter) **Fam.** Réfléchir, cogiter.

GAMBETTE, ■ n. f. [gɑ̃bɛt] (a. pic. *gambete*, jambette) **Fam.** Jambe. ■ N. m. Oiseau échassier migrateur, à bec droit, autrement appelé chevalier à pieds rouges.

GAMBILLER, v. intr. [gɑ̃bije] (norm. ou pic. *gambe*, jambe) ▷ **Fam.** Remuer les jambes de côté et d'autre quand elles sont pendantes. ◁ ■ Danser.

GAMBISTE, ■ n. m. et n. f. [gɑ̃bist] (*gambe*) Personne qui joue de la viole de gambe.

GAMBIT, n. m. [gɑ̃bi] (ital. *gambetto*, croc-en-jambe) Coup au jeu d'échecs qui consiste, au commencement de la partie, à jouer le pion de la reine, et à s'emparer d'une tour dans les trois ou quatre premiers coups.

GAMBUSIE, ■ n. f. [gɑ̃byzi] (lat. sav. (1933) *gambusia*, de l'hisp.-amér. *gambuxia*, nom d'une variété de poisson qui vit en Amérique latine) Poisson de petite taille qui vit dans les étangs, fossés et marais d'Amérique du Nord, et qui se nourrit des larves de moustiques. *La gambusie est plus connue sous le nom de guppy sauvage.*

GAMELAN, ■ n. m. [gam(ə)lɑ̃] (javanais *gamel*, instrument) Ensemble instrumental traditionnel indonésien composé principalement d'instruments à percussions, tels que le gong, le métallophone, le xylophone, le tambour, les cymbale, *Gamelan et flûtes.*

GAMELLE, ■ n. f. [gamɛl] (esp. *gamella*, récipient, du lat. *camella*, écuelle) Écuelle de bois ou de fer-blanc dans laquelle plusieurs matelots ou soldats mangent ensemble. ◆ ▷ *Être à la gamelle, manger à la gamelle*, être à l'ordinaire des soldats ; manger dans le même plat. ◁ ■ Récipient individuel muni d'un couvercle servant à transporter un repas ; contenu de ce récipient. ■ **Fig.** et **fam.** *Ramasser, prendre une gamelle*, faire une chute ; subir un échec.

GAMET, n. m. [gamɛ] Voy. GAMAY.

GAMÈTE, ■ n. m. [gamɛt] (lat. sav. (XIXᵉ s.) *gametis*, radic du gr. *gamos*, mariage) **Biol.** Cellule reproductrice sexuée destinée à la fécondation et dont le noyau possède la moitié des chromosomes des autres cellules de l'organisme. *Les gamètes sont produits exclusivement dans les glandes sexuelles, ovaires et testicules.*

GAMÉTOGENÈSE, ■ n. f. [gametoʒənɛz] (*gamète* et *genèse*) Naissance et développement des gamètes au cours de la vie de l'organisme. *Reproduction par gamétogenèse.*

GAMÉTOPHYTE, ■ n. m. [gametofit] (*gamète* et *-phyte*) **Bot.** Stade du cycle reproductif des plantes au cours duquel le noyau des cellules ne renferme qu'un jeu de chromosomes.

GAMIN, n. m. [gamɛ̃] (p.-ê. dial. lorrain, radic. germ *gamm-* ; cf. aléman. *gammel*, gaieté, vaurien) ▷ Petit garçon qui aide les poêliers, les fumistes, les briqueters, etc. ◁ ■ **Pop.** Petit garçon qui passe son temps à jouer et à polissonner dans les rues. ■ Au f. Se dit familièrement d'une petite fille espiègle et hardie. ◆ Adj. *Un peuple gamin.* ■ N. m. et n. f. **Fam.** Enfant, adolescent(e). *Une gamine.*

GAMINER, v. intr. [gamine] (*gamin*) ▷ **Fam.** Faire le gamin. ◁

GAMINERIE, ■ n. f. [gamin(ə)ʀi] (*gamin*) Action, espièglerie de gamin.

GAMMA, ■ n. m. [gama] Troisième lettre de l'alphabet grec, écrite Γ, γ correspondant à G, g dans l'alphabet français. ■ **Astron.** *Point gamma* ou *point γ*, point d'intersection du cercle écliptique et du cercle équateur de la sphère céleste. *Le point γ* ou *le point vernal.* ■ **Phys.** *Rayons gamma*, radiations électromagnétiques très pénétrantes, de fréquence élevée. *Radiographie par rayons gamma.*

GAMMAGLOBULINE, ■ n. f. [gamaglobylin] (*gamma* et *globuline*) **Biol.** Substance protéinée présente dans les plaquettes sanguines et qui contient les anticorps, défenseurs naturels de l'organisme. *Vérifier le taux de gammaglobuline.*

GAMMAGRAPHIE, ■ n. f. [gamagrafi] (*gamma* et *graphein*, écrire) **Techn.** Cliché radiographique qui utilise le rayonnement électromagnétique gamma. *La gammagraphie industrielle peut présenter des risques en cas de transgression des règles de sécurité.*

GAMMARE, ■ n. m. [gamaʀ] (lat. *cammarus*, *gammarus*, crevette ou écrevisse, gr. *kammaros*, crevette) Crevette d'eau douce, vivant dans les rivières et les torrents et pouvant mesurer jusqu'à 15 mm. *La présence de gammares atteste la qualité de l'eau.*

GAMMATHÉRAPIE, ■ n. f. [gamaterapi] (*gamma* et *thérapie*) Traitement d'une affection par rayons gamma. *Traitement du cancer par gammathérapie.*

GAMME, ■ n. f. [gam] (*gamma*, nom d'une lettre grecque désignant au XIᵉ s. la première note de la gamme, puis la gamme entière) Les sept notes principales de la musique disposées selon leur ordre naturel dans l'intervalle d'une octave. *Gamme majeure, mineure.* ◆ ▷ **Fig.** *Chanter sa gamme à quelqu'un*, le réprimander et lui dire des vérités dures. ◁ ◆ ▷ *Changer de gamme*, changer de langage, de conduite. ◁ ◆ ▷ *Hors de gamme*, ne sachant plus que faire, mis dans l'embarras. ◁ ◆ **Peint.** *Succession de nuances.* ◆ **Peint.** *Gamme de tons*, succession de tons, de couleurs qui s'harmonisent. ■ Série d'éléments de même nature présentant des différences d'aspect, de qualité. *Éprouver toute la gamme des sentiments. Une gamme de produits.* ■ *Haut de gamme, bas de gamme*, de qualité supérieure, de qualité inférieure.

GAMMÉE, ■ adj. f. [game] (lettre *gamma*) *Croix gammée*, dont chaque branche a la forme d'un gamma majuscule Γ. « *On eut le délicat plaisir d'entendre Germaine la traiter de "pute nazie" et d'"essuie-bottes à croix gammée"* », Bory.

GAMOPÉTALE, ■ adj. [gamopetal] (gr. *gamos*, mariage, et *pétale*) Se dit des fleurs dont les pétales sont soudés entre eux. *Une fleur à corolle gamopétale.* ■ N. f. *Une gamopétale.*

GAMOSÉPALE, ■ adj. [gamosepal] (gr. *gamos*, mariage et *sépale*) Bot. Se dit des plantes dont les sépales sont soudés entre eux. *Un calice gamosépale.*

GAN, ■ n. m. [gan] Langue dérivée du chinois qui est parlée en Chine méridionale. *Le gan est principalement parlé dans la province du Jiangxi, au sud-est de la République populaire de Chine.*

1 **GANACHE**, n. f. [ganaʃ] (ital. *ganascia*, b. lat. *ganathos*, altération du gr. *gnathos*) La mâchoire inférieure du cheval. ♦ ▷ Fig. et pop. *Une ganache*, une personne dépourvue de talents et d'intelligence. ◁

2 **GANACHE**, ■ n. f. [ganaʃ] (orig. inc.) Préparation fondante à base de chocolat et de crème fraîche.

GANADERIA ou **GANADÉRIA**, ■ n. f. [ganaderja] (mot esp. de *ganado*, troupeau) Propriété terrienne dans laquelle sont élevés les taureaux de combat. *Des ganaderias.*

GANDIN, n. m. [gɑ̃dɛ̃] ou [gɑ̃dẽ] (dial du Sud-Est : dauph. *gandina*, guenippe, *gandin*, nigaud ; cf. *gourgandine* ; mis à la mode en 1855 par le nom d'un personnage de théâtre) ▷ Néol. Dandy ridicule. ◁

GANDOURA, ■ n. f. [gɑ̃duʁa] (mot ar.) Longue tunique sans manches, en toile légère, que l'on porte dans les pays d'Afrique du Nord et du Proche-Orient. *Des gandouras.* ■ Rem. On écrivait aussi autrefois *gandourah.*

GANER, v. intr. [gane] (*gano*) ▷ Au jeu de l'hombre, laisser aller la main. ◁

GANG, ■ n. m. [gɑ̃g] (mot angl.) Association de malfaiteurs. *Des gangs.* ■ Réunion de personnes sans scrupules.

1 **GANGA**, ■ n. m. [gɑ̃ga] (onomat. catalane, esp. et port., reproduisant le son de cet oiseau) Oiseau de taille moyenne ressemblant au pigeon. *Le ganga est également connu sous le nom de gélinotte des Pyrénées.*

2 **GANGA**, ■ n. m. [gɑ̃ga] (mot hindi) Théol. Personnification du Gange, le fleuve sacré, chez les hindous. *Selon la légende, le ganga purifie les cendres des défunts par son eau salutaire.*

GANGÉTIQUE, ■ adj. [gɑ̃ʒetik] (*Gange*) Relatif au Gange. *La plaine gangétique.*

GANGLION, n. m. [gɑ̃glijɔ̃] (lat *ganglion*, enflure, gr. *gagglion*) Anat. Nom donné à divers organes qui ont l'apparence d'une nodosité. ♦ Tumeur dure et indolente.

GANGLIONNAIRE, ■ adj. [gɑ̃glijɔnɛʁ] (*ganglion*) Relatif aux ganglions. *Être atteint de tuberculose ganglionnaire.*

GANGRENÉ, ÉE ou **GANGRÉNÉ, ÉE**, p. p. de gangrener. [gɑ̃gʁəne, gɑ̃gʁene]

GANGRÈNE, n. f. [gɑ̃gʁɛn] (lat. *gangræna*, gr. *gaggraina*) Méd. Destruction complète de la vie dans une partie du corps. ♦ *Gangrène sénile*, gangrène qui affecte les extrémités chez les vieillards. ♦ Fig. Doctrines pernicieuses, corruption des mœurs. ♦ « *Il n'est point de gangrène si contagieuse que l'hérésie* », Bourdaloue. ♦ Maladie des arbres qui détruit l'écorce et le bois. ■ Rem. Graphie ancienne : *cangrène.*

GANGRENER ou **GANGRÉNER**, v. tr. [gɑ̃gʁəne] ou [gɑ̃gʁene] (*gangrène*) Causer la gangrène. *La congélation gangrène les parties qu'elle frappe.* ♦ Fig. « *Une âme que vous avez gangrenée* », Fénelon. ♦ Se gangrener, v. pr. Se corrompre par la gangrène.

GANGRENEUX, EUSE ou **GANGRÉNEUX, EUSE**, adj. [gɑ̃gʁənø, øz] ou [gɑ̃gʁenø, øz] (*gangrène*) Qui est de la nature de la gangrène. *Une inflammation, une odeur gangréneuse.*

GANGSTER, ■ n. m. [gɑ̃gstɛʁ] (mot anglo-amér., de *gang*) Membre d'un gang. *Jouer au gangster.* ■ Personne qui exploite les autres sans scrupules. ■ Crapule, escroc. *Des gangsters.*

GANGSTÉRISME, ■ n. m. [gɑ̃gsterism] (*gangster*) Banditisme, activités pratiquées par les gangsters. *Condamner quelqu'un pour un acte de gangstérisme.*

GANGUE, n. f. [gɑ̃g] (all. *Gang*, chemin, filon) Nom donné, dans les filons métallifères, aux parties non métalliques qui enveloppent le minerai. *La gangue du diamant.* ♦ Fig. Ce qui enveloppe, dissimule quelque chose.

GANGUÉ, ÉE, ■ adj. [gɑ̃ge] (*gangue*) Enveloppé, ensaché d'une gangue. *Le sanglier a souvent le groin gangué de terre.*

GANO, n. m. [gano] (esp. *gano*, je gagne) ▷ T. du jeu d'hombre qui signifie : Laissez-moi venir la main, j'ai le roi. ◁

GANOÏDE, ■ n. m. [ganoid] (gr. *ganos*, éclat) Substance dure et brillante ayant l'aspect de l'émail. ■ N. m. pl. Espèce de poissons dont le squelette est ossifié. *L'esturgeon appartient aux ganoïdes.* ■ Adj. Relatif aux écailles de certains poissons. *Écailles ganoïdes.*

GANSE, n. f. [gɑ̃s] (prob. provenç *ganso*, boucle, ganse) Cordonnet de coton, de soie, d'or, d'argent, etc. ♦ *Ganse de cheveux*, tresse de cheveux, cheveux tressés en forme de ganse.

GANSER, ■ v. tr. [gɑ̃se] (*ganse*) Garnir d'une ganse. *Les femmes gansaient élégamment leur coiffe de ruban au XVIIIᵉ siècle.*

GANT, ■ n. m. [gɑ̃] (anc. b. frq. *want*, moufle) Partie de l'habillement qui couvre la main et chaque doigt séparément. *Une paire de gants. Gants de peau, de fil*, etc. ♦ ▷ *Gants d'ambre, de fleur d'orange, de jasmin*, gants parfumés avec ces différentes odeurs. ◁ ♦ ▷ *Prendre ses gants*, se disposer à sortir. ◁ ♦ *Les gants jaunes*, sobriquet donné quelquefois aux dandys. ♦ *Jeter le gant*, se disait autrefois d'un chevalier qui jetait effectivement son gant quand il défiait au combat un autre chevalier, qui, le relevant, acceptait le combat. ♦ Fig. *Jeter le gant*, défier quelqu'un au combat ou à toute autre lutte. ♦ ▷ *Relever, ramasser le gant*, accepter le défi. ◁ ♦ ▷ Fig. et fam. *Être souple comme un gant*, être d'une humeur facile, accommodante. ◁ ♦ Au pl. *Gants* se disait jadis pour bonne main. ♦ ▷ Fig. *Avoir les gants d'une chose*, en avoir la première idée, ou le mérite, ou le profit. ◁ ▷ *Se donner les gants d'une chose*, s'en attribuer l'honneur mal à propos. ◁ ♦ *Gant de Notre-Dame*, nom de différentes plantes : ancolie, digitale, gantelée. ■ Fig. *Aller comme un gant à quelqu'un*, lui aller, lui convenir parfaitement. ♦ Fig. *Prendre, mettre des gants*, agir avec ménagement, délicatesse. ■ Fig. *Retourner quelqu'un comme un gant*, le faire changer complètement d'avis. ♦ *Jeter, raccrocher les gants*, arrêter sa carrière de boxeur. Par extens. Prendre sa retraite dans n'importe quel domaine. ■ *Gant de crin*, gant en crin servant à frictionner le corps pour en enlever les peaux mortes. ■ *Gant de toilette*, Pièce rectangulaire en éponge dans laquelle on glisse la main et qui sert à se savonner le corps et le visage.

GANTÉ, ÉE, p. p. de ganter. [gɑ̃te]

GANTELÉE, n. f. [gɑ̃t(ə)le] (radic. de *gantelet*) ▷ Espèce de campanule, dite aussi *gantelet*. ♦ Gantelée se dit aussi de la digitale. ◁

GANTELET, n. m. [gɑ̃t(ə)lɛ] (dim. de *gant*) Gant couvert de lames de fer, qui faisait partie de l'armure d'un chevalier. ♦ Morceau de cuir dont les chapeliers, les cordonniers, les reliurs, etc. se couvrent la paume de la main ou le bras pour le travail. ♦ Syn. de gantelée.

GANTER, v. tr. [gɑ̃te] (*gant*) Mettre des gants à. *Ganter un enfant.* ♦ Il se dit aussi des gants par rapport à la main. *Ces gants me gantent mal.* ♦ Absol. *Des gants qui gantent bien.* ♦ ▷ Fig. et fam. *Cela me gante*, cela fait mon affaire, me convient. ◁ ♦ Se ganter, v. pr. Mettre ses gants. ♦ Être ganté. *Elle a la main si petite qu'elle ne trouve pas à se ganter.*

GANTERIE, n. f. [gɑ̃t(ə)ʁi] (*gantier*) Le métier ou le commerce du gantier. ♦ Fabrique, magasin de gants.

GANTIER, IÈRE, n. m. et n. f. [gɑ̃tje, jɛʁ] (*gant*) Celui, celle qui fait ou qui vend des gants. ♦ Adj. *Marchand gantier.*

GANTOIS, OISE, ■ n. m. et n. f. [gɑ̃twa, waz] (*Gand*) Habitant ou originaire de Gand. ■ Adj. *Originellement, le waterzoï est une spécialité gantoise.* ■ *Bleu gantois*, fromage à pâte persillée au lait cru de vache.

1 **GAP**, ■ n. m. [gap] (mot angl., trou, fossé) Écart, fossé. ■ Écon. Écart entre le développement de deux entreprises dans un même domaine. *Des gaps de production.*

2 **GAP**, ■ n. m. [gap] (sigle de *groupe auxiliaire de puissance*) Techn. Turbine auxiliaire utilisée pour rendre autonomes certains appareils.

3 **GAP**, ■ n. m. [gap] Chim. Phosphure de gallium. *Le gap est utilisé comme semi-conducteur pour la fabrication de certains composants électroniques.*

4 **GAP**, ■ n. f. [gap] (sigle de *gestion des actifs-passifs*) Écon. Type de gestion dont l'objectif est le maintien d'une croissance équilibrée du revenu des intérêts tout en contrôlant les risques liés à la variation des taux d'intérêt.

GAPENÇAIS, AISE, ■ n. m. et n. f. [gapɑ̃sɛ, ɛz] (*Gap*, ville des Hautes-Alpes) Habitant ou originaire de la ville de Gap. *Les Gapençais.* ■ Adj. *Le groupement scolaire gapençais.*

GAPERON, ■ n. m. [gap(ə)ʁɔ̃] (région. *gaspe* ou *gape*, babeurre, avec lequel le gaperon était fabriqué à l'origine) Fromage auvergnat en forme de dôme à la croûte dure, à la pâte élastique contenant de l'ail et du poivre moulu, ce qui lui donne une saveur piquante. *Des tripoux à la crème de gaperon.*

GÂPETTE, ■ n. f. [gɑpɛt] (p.-ê. altération de *capette*, petit capuchon) ▷ Casquette. ◁ ■ Rem. Employé auj. de façon ironique. *T'as une belle gâpette !*

GARAGE, n. m. [gaʁaʒ] (*garer*) Navig. Action de faire entrer les bateaux dans une gare. ♦ Ch. de fer. Action de garer les wagons. ♦ *Voie de garage*, voie dans laquelle on doit garer les wagons de service, etc. ♦ Fig. *Voie de* *garage,* situation, emploi qui n'offre pas de possibilité d'évolution. ▪ Bâtiment où l'on met des véhicules à l'abri. ▪ Entreprise commerciale où l'on vend, entretient et répare les automobiles.

GARAGISTE, ▪ n. m. [gaʀaʒist] (*garage*) Personne qui gère un garage.

GARANÇAGE, n. m. [gaʀɑ̃saʒ] (*garancer*) ▷ Teinture à la garance. ◁

GARANCE, n. f. [gaʀɑ̃s] (anc. b. frq. *wratja* (cf. all. *rezza*), garance, du lat. *bractea,* feuille d'or, confondu avec le b. lat. *blatta,* pourpre.) Plante de la famille des rubiacées, dont les racines desséchées et pulvérisées fournissent une belle teinte rouge. ◆ La couleur rouge qu'on tire de cette plante. ◆ Adj. inv. *Des draps garance.*

GARANCÉ, ÉE, p. p. de garancer. [gaʀɑ̃se]

GARANCER, v. tr. [gaʀɑ̃se] (*garance*) ▷ Teindre en garance. ◁

GARANCIÈRE, n. f. [gaʀɑ̃sjɛʀ] (*garance*) ▷ Champ semé de garance. ◁

GARANT, ANTE, n. m. et n. f. [gaʀɑ̃, ɑ̃t] (anc. fr. *guarant,* du frq. *warjan,* désigner comme vrai) Celui, celle qui répond de son propre fait ou du fait d'autrui. *Tout homme est garant de ses faits et promesses.* ◆ Adj. *Les parties garantes.* ◆ **Fig.** et **fam.** *Je vous suis garant, je vous suis garante que cela est vrai,* je vous l'assure. ◆ **Dr.** Celui, celle qui est caution d'un autre. *Être garant d'une dette, d'une obligation.* ◆ Celui, celle qui est obligé de faire raison à un autre de la chose qu'il lui a vendue ou transportée. ◆ **Fig.** Auteur dont on a tiré un fait, un principe. ◆ Personne de qui on tient une nouvelle. ◆ En parlant des choses, sûreté, garantie. *Sa conduite passée vous est garant de l'avenir.* ◆ En cet emploi, *garant* est toujours masculin. ◆ À ɢᴀʀᴀɴᴛ, loc. adv. En garantie. *Prendre à garant.*

GARANTI, IE, p. p. de garantir. [gaʀɑ̃ti] N. m. **Dr.** *Le garanti,* celui qu'on est obligé de garantir.

GARANTIE, n. f. [gaʀɑ̃ti] (p. p. fém. substantivé de *garantir*) Engagement par lequel on se rend garant. *Vendre avec garantie.* ◆ Dédommagement auquel on s'est obligé. *Appeler quelqu'un en garantie.* ◆ Demande en garantie, acte par lequel le défendeur au principal appelle en cause la personne contre laquelle il a un recours à exercer. ◆ *Ce qui garantit une chose,* ce qui la rend sûre. *Je veux de bonnes garanties.* ◆ *Garanties constitutionnelles,* celles qui résultent pour les citoyens de la constitution. ◆ *Garantie individuelle,* la protection que la loi doit à chaque citoyen. ◆ *Bureau de garantie,* lieu où l'on constate le titre des matières d'or et d'argent.

GARANTIR, v. tr. [gaʀɑ̃tiʀ] (*garant*) Se rendre garant, répondre d'une chose. *Garantir une créance, un traité.* ◆ Assurer pour un temps la bonté, la qualité d'une marchandise. ◆ **Par extens.** Rendre sûr, indubitable. *Le contrôle garantit le titre des pièces d'or et d'argent.* ◆ Affirmer, certifier. *Je vous le garantis.* ◆ Défendre quelqu'un contre une demande. *Garantir quelqu'un de toutes poursuites.* ◆ Indemniser quelqu'un du tort qu'il souffre par une éviction, par une condamnation, etc. ◆ Mettre à l'abri. *Ce paravent nous garantit du froid. Garantir quelqu'un du besoin.* ◆ *Garantir une chose,* prendre les précautions nécessaires pour qu'elle ne soit pas endommagée. ◆ Se garantir, v. pr. Se mettre en sûreté. *Se garantir du péril.* ◆ **Absol.** « *Par ce moyen Ésope se garantit* », Lᴀ Fᴏɴᴛᴀɪɴᴇ.

GARBURE, n. f. [gaʀbyʀ] (gasc. *garburo,* soupe aux choux et au confit d'oie ou de canard) Potage épais, fait de pain de seigle, de choux et de lard.

GARCE, ▪ n. f. [gaʀs] (fém. de *gars*) **Fam.** Femme ayant un comportement réprouvé par la morale [1]. « *Il n'est pas loin de penser que cette petite garce est capable de tout* », Dᴏʀᴍᴀɴɴ. « *Garce de … !* / Fichu … ! *Garce de vie !* » **Fig.** *La garce !* Pour marquer le dépit. « *La nostalgie m'avait pris de vitesse, la garce* », Jᴀʀᴅɪɴ. ▪ Adj. *Elle est un peu garce, cette fille* [2]. ▪ Rᴇᴍ. 1 et 2 : Péjoratif dans ces deux sens.

GARCETTE, n. f. [gaʀsɛt] (*garce* [anc. fr. *garcete,* jeune fille de basse condition] ou esp. *garceta,* cheveux tressés tombant sur les tempes, d'orig. inc.) **Mar.** Tresse plate de fil de caret. ◆ Instrument avec lequel on frappait sur le dos nu des matelots qui avaient encouru un châtiment.

GARÇON, n. m. [gaʀsɔ̃] (anc. fr. *garçun,* jeune homme de basse condition, de l'anc. b. frq. *wrakkjo,* vagabond, cas régime *wrakkjone)* Enfant mâle. ◆ **Fam.** Il se dit pour fils. ◆ **Fam.** Un jeune homme, un homme. ◆ *Bon garçon,* homme serviable et facile à vivre. ◆ *Brave garçon,* celui qui a fait une chose dont on est satisfait. ◆ *Déjeuner, dîner de garçons,* déjeuner, dîner où il n'y a que les hommes. ◆ *Les garçons de la noce,* les jeunes gens chargés de faire les honneurs de la noce. ◆ *Garçons d'honneur,* les deux jeunes gens qui, dans la cérémonie du mariage, tiennent le poêle sur la tête des mariés. ◆ **Fam.** *Mauvais garçon, méchant garçon,* homme déterminé, brave, querelleur. ◆ *Être petit garçon auprès de quelqu'un,* lui être fort inférieur. ◆ *Traiter quelqu'un en petit garçon,* le traiter comme si on avait une grande supériorité sur lui. ◆ Celui qui demeure dans le célibat. ◆ *Faire sa vie de garçon,* mener une vie indépendante, s'affranchir de tout devoir, de toute réserve. ◁ ◆ *Logement, appartement de garçon,* logement, appartement qui ne convient qu'à un homme seul et non marié. ▷ ◆ Ouvrier qui travaille

pour le compte d'un maître. *Garçon tailleur.* ◁ ◆ Domestique. ◆ Nom donné en général à ceux qui servent les acheteurs chez certains marchands, aux domestiques de restaurant, de café, aux employés subalternes dans certains établissements, dans certaines administrations. *Un garçon de café, de bain, de bureau, etc.* ▪ *Enterrer sa vie de garçon,* fêter sa dernière soirée de célibataire avant son mariage.

GARÇONNE, ▪ n. f. [gaʀsɔn] (*garçon,* du roman de Victor Marguerite, *La Garçonne,* 1922) Jeune femme aux allures ou attitudes masculines. ▪ *À la garçonne,* à la façon d'un garçon. *Coiffée à la garçonne. Une allure garçonne.*

GARÇONNIÈRE, n. f. [gaʀsɔnjɛʀ] (*garçon*) ▷ Familier et qui n'est pas sans quelque blâme. Jeune fille qui aime à jouer, à courir avec les garçons. ◁ ▷ ◆ Adj. *Cette petite fille est trop garçonnière.* ◁ ▪ N. f. Logement de petite taille, qui sert le plus souvent à des rendez-vous clandestins. « *Toujours selon mes sources, la tête de la tour avait été creusée afin qu'une garçonnière put y être aménagée pour s'envoyer en l'air dans les nuages* », Jᴀʀᴅɪɴ.

1 GARDE, n. f. [gaʀd] (plus prob. anc. b. frq. *warda,* action d'observer, d'épier, que déverbal de *garder*) Action de garder, de conserver, de défendre quelqu'un ou quelque chose. *Avoir la garde d'une bibliothèque, d'une ville, etc.* ◆ *À la garde, sous la garde de Dieu,* sous la protection de Dieu. ◆ **Fam.** *À la garde de Dieu,* il en arrivera ce qu'il pourra. ◆ *Mettre quelqu'un sous bonne garde,* le donner à garder à qui peut en répondre. ◆ En parlant des personnes et au sens actif, *être de bonne garde,* garder avec soin ce qu'on possède. ◆ En parlant de certaines choses, des fruits, etc., et au sens passif, *être de bonne garde de,* se conserver longtemps sans se gâter. ◆ Étendue de la juridiction d'un officier préposé à la conservation des bois. ◆ Guet, surveillance. « *Tant les chiens faisaient bonne garde* », Lᴀ Fᴏɴᴛᴀɪɴᴇ. **Fig.** « *Elle mit une garde de prudence sur ses lèvres* », Fʟᴇ́ᴄʜɪᴇʀ. ◆ *Prendre garde,* faire attention. ◆ *Prendre garde à un sou, à un denier,* être très parcimonieux. ◆ *Prendre garde à,* veiller, prendre ses précautions. *Garde à vous !* commandement militaire signifiant à une troupe de se tenir prête à exécuter le commandement qui va suivre. ◆ *Prendre garde,* avec *que* et le subjonctif, sans négation, avoir soin que telle chose soit. « *Prenez garde, mon fils, que vous entendiez tout ce que vous faites* », Bᴏssᴜᴇᴛ. ◆ *Prendre garde,* avec *que* et le subjonctif, et *ne,* avoir soin que telle chose ne soit pas. « *On m'a enchargé de prendre garde que personne ne me vît* », Mᴏʟɪᴇ̀ʀᴇ. ◆ *Prendre garde que,* avec l'indicatif, remarquer. *Prenez garde que l'auteur ne dit pas ce que vous pensez.* ◆ *Prendre garde à,* et un infinitif construit sans négation, avoir soin de. « *Prenez garde à sanctifier l'extérieur par l'intérieur* », Bᴏssᴜᴇᴛ. ◆ *Prendre garde à, prendre garde de,* et un infinitif construit avec une négation, avoir soin de ne pas. « *Il faut prendre garde à ne pas se tromper* », Pᴀsᴄᴀʟ. « *Prends garde de ne t'enfler pas* », Bᴏssᴜᴇᴛ. ◆ *Prendre garde de,* et un infinitif construit sans négation, s'efforcer d'éviter. *Prenez garde de tomber.* ◆ *Se donner de garde,* prendre ses précautions. « *Donnez-vous de garde des faux prophètes* », Bᴏssᴜᴇᴛ. ◆ *Se donner de garde d'une chose,* l'éviter, la fuir. « *Donnez-vous de garde de toute avarice* », Bᴏssᴜᴇᴛ. ◆ *N'avoir garde de,* n'avoir pas la volonté, le pouvoir. « *Ils n'avaient garde de le reconnaître au milieu des flots* », Fᴇ́ɴᴇʟᴏɴ. **Fig.** *N'avoir garde de,* en parlant des choses, ne pas pouvoir. *Cette permission n'avait garde d'être refusée.* ◆ Service de surveillance rempli par une personne ou un corps de personnes. ◆ ▷ Service des pages, des gentilshommes, des valets de pied, etc., auprès des rois et des princes. ◁ Service de vingt-quatre heures que fait un petit corps de troupe pour garder ou surveiller. *Monter la garde,* Voy. ᴅᴇsᴄᴇɴᴅʀᴇ. ◆ **Collect.** *Les soldats qui montent la garde. Doubler la garde,* *Corps de garde,* Voy. ᴄᴏʀᴘs. ◆ **Absol.** *La garde,* les soldats ou les officiers de police qui sont postés en un lieu déterminé pour veiller à la sûreté publique. ◆ *À la garde !* locution elliptique dont on se sert pour appeler la garde dans un moment de danger. ◆ Corps de troupes affecté au service près du souverain. *Garde royale, impériale.* ◆ *Grand-garde,* corps de cavalerie placé à la tête d'un camp pour empêcher que l'armée ne soit surprise. ◆ *Garde avancée,* corps que l'on met au-delà de la grand-garde pour plus de sûreté. ◆ *Garde nationale,* citoyens armés pour le maintien de l'ordre. ◆ *Garde d'honneur,* troupe choisie pour escorter des personnages auxquels on rend des honneurs militaires. ◆ La partie d'une épée, d'un sabre ou d'un poignard qui sert à couvrir la main. ◆ *Monter une garde,* établir la garde d'une épée telle qu'elle doit être. **Fig.** et **fam.** *Monter une garde à quelqu'un,* le réprimander vivement. ◆ On a dit au pluriel *les gardes d'une épée ;* de là la locution : *S'en donner jusqu'aux gardes,* boire et manger tout son soûl, et en général prendre d'un plaisir sans réserve ni modération. **Escrime** *La garde,* l'attitude du bras quand on tient l'épée pour le combat. ◆ *Se mettre, se tenir en garde,* se mettre, se tenir en état de défense, l'épée à la main. ◆ **Ellipt.** *En garde !* mettez-vous en garde. ◆ **Fig.** *Se tenir, être en garde,* se défier, n'être point surpris. ◆ **Fig.** *Être hors de garde,* être déconcerté dans ses mesures. ◆ Il y a quatre gardes générales de l'épée (prime, seconde, tierce, quarte), de là la locution figurée : *Être, se mettre, se tenir sur ses gardes,* faire attention à ne pas se laisser surprendre. ◆ Au jeu, petite carte de même couleur qu'un roi ou une carte principale, et qui protège ce roi, cette carte principale. ◆ ▷ **Fig.** et **fam.** *Avoir toujours garde à carreau*, être toujours prêt à se défendre, à riposter. ◁ ▪ **N. f. pl.** Petites pointes de fer qui entrent dans les fentes du panneton d'une clé. ◆ Feuillet que l'on met au commencement et à la fin d'un livre. ▪ *Garde à vue*, mesure qui permet à un officier de police judiciaire, dans le cadre d'une enquête, de retenir dans les locaux de la police tout individu.

2 GARDE, n. m. [gaʀd] (1 *garde*) Celui que l'on charge de garder, de surveiller une personne. ◆ Homme armé faisant partie de la garde d'un roi, d'un prince, d'un gouverneur, etc. ◆ *Garde royal*, *garde impérial*, soldat de la garde royale, de la garde impériale. ◆ *Garde national*, citoyen qui fait partie de la garde nationale. *Les gardes nationaux.* ◆ *Un garde d'honneur*, un soldat appartenant à la garde d'honneur. ◆ *Garde du corps*, celui qui gardait la personne du roi. ◆ *Le régiment des gardes* ou absol. *les gardes* ou n. f. *les gardes françaises*, régiment d'infanterie destiné à garder les avenues des lieux où le roi était logé. ◆ *Garde* est masculin : *Un garde du roi* ; mais quand on parlait du corps entier des gardes, l'usage avait fait ce substantif féminin : *Les gardes françaises.* ◆ *Un garde française*, un soldat des gardes françaises. ◆ *Gardes maritimes*, les garde-pêche. ◆ Employé chargé de la garde de certains dépôts. *Garde des meubles de la couronne.* ◆ *Garde général des archives*, employé supérieur qui est à la tête du dépôt des archives de l'État. ◆ *Garde des Sceaux*, le ministre de la Justice, auquel sont confiés les sceaux de l'État. ▪ *Garde champêtre*, agent préposé à la garde des propriétés rurales. ◆ *Garde forestier*, agent préposé à la conservation des forêts. ◆ *Garde de commerce*, officier subalterne chargé de mettre à exécution les contraintes par corps. ◆ *Garde d'artillerie*, du génie, sous-officier d'état-major chargé de la conservation du matériel de l'artillerie ou du génie. ▪ *Garde du corps*, personne dont le métier est la protection d'autrui.

3 GARDE, n. f. [gaʀd] ou [gaʀd] (abrév. de *garde-malade*) Femme dont la profession est de garder et de soigner les malades. ◆ On dit aussi *garde-malade*.

GARDÉ, ÉE, p. p. de garder. [gaʀde] Aux cartes, *roi gardé*, *dame gardée*, roi, dame qui a une ou plusieurs gardes.

GARDE-À-VOUS, ▪ n. m. inv. [gaʀdavu] (1*garde* et *à vous* [*!*] : interjection substantivée) Ordre militaire, commandant aux soldats de se tenir droit, les talons joints et les mains le long du corps en signe de respect pour l'officier qui en intime l'ordre. ▪ *Se mettre*, *être au garde-à-vous*, se mettre, être dans une position figée, immobile.

GARDE À VUE, ▪ n. f. [gaʀdavy] (1 *garde* et *vue*) **Dr.** Mesure grâce à laquelle un officier de police judiciaire retient dans les locaux de la police ou de la gendarmerie, pour une durée déterminée légalement de 24 h qui peut être prolongée de 24 h sur autorisation écrite du procureur de la République, toute personne qui doit rester à la disposition des services de police pour les nécessités d'une enquête. *Seuls les suspects dans une enquête peuvent être mis en garde à vue.* ▪ **REM.** Dans les enquêtes sur le terrorisme ou le trafic et usage de drogue, la garde à vue peut durer 4 jours.

GARDE-BARRIÈRE, n. m. [gaʀd(ə)baʀjɛʀ] (2 *garde* et *barrière*) Homme préposé à la garde d'une barrière sur un chemin de fer. ◆ Employé de l'octroi aux portes d'une ville. ◆ Au pl. *Des garde-barrières.* ▪ Au pl. On écrit aussi *des gardes-barrières.*

GARDE-BŒUF, ▪ n. m. [gaʀdəbœf] (*garder* et *bœuf*) Aigrette ou petit héron blanc qui se nourrit des insectes déterrés par les bœufs. *Les garde-bœufs sont également appelés pique-bœufs.*

GARDE-BOIS, n. m. [gaʀdəbwa] (2 *garde* et *bois*) ▷ Garde préposé pour la conservation des bois et de la chasse d'un domaine. ◆ Au pl. *Des garde-bois.* ◁

GARDE-BOUE, ▪ n. m. [gaʀdəbu] (*garder* et *boue*) Bande située au-dessus d'une roue (voiture, moto ou vélo) afin d'éviter les éclaboussures de boue. *Des garde-boue* ou *des garde-boues.*

GARDE-BOURGEOISE, n. f. [gaʀd(ə)buʀʒwaz] (1 *garde* et *bourgeoise*) ▷ **Dr.** et **féod.** Droit des bourgeois analogue à la garde-noble pour les nobles. ◆ Au pl. *Des gardes-bourgeoises.* ◁

GARDE-BOUTIQUE, n. m. [gaʀd(ə)butik] (2 *garde* [fig.] et *boutique*) ▷ Tout objet que le marchand a dans sa boutique et qu'il ne peut vendre. ◆ Le martin-pêcheur. ◆ Au pl. *Des garde-boutique* ou *garde-boutiques.* ◁

GARDE-CENDRE, n. m. [gaʀdəsɑ̃dʀ] (*garder* et *cendre*) ▷ Plate-bande en cuivre qui sert à retenir la cendre et les charbons qui pourraient s'échapper du foyer. ◆ Au pl. *Des garde-cendre* ou *garde-cendres.* ◁

GARDE-CHASSE, n. m. [gaʀdəʃas] (2 *garde* et *chasse*) Celui qui est préposé à la garde du gibier dans une terre. ◆ Au pl. *Des gardes-chasses* ou *des garde-chasses.* On dit aussi : *Garde des chasses*, *garde de chasse.*

GARDE-CHIOURME, n. m. [gaʀdəʃjuʀm] (2 *garde* et *chiourme*) Surveillant des forçats dans les bagnes. ◆ Au pl. *Des gardes-chiourmes* ou *des garde-chiourmes.*

GARDE-CORPS, n. m. [gaʀdəkɔʀ] (*garder* et *corps*) **Mar.** Syn. de garde-fou. ▪ Au pl. *Des garde-corps.*

GARDE-CÔTE, n. m. [gaʀdəkot] (*garder* et *côte*) Vaisseau chargé de surveiller les côtes. ◆ **Adj.** *Vaisseau garde-côte.* ◆ Au pl. *Garde-côtes* ou *gardes-côtes*, suivant l'Académie, milice chargée de la garde des côtes. ◆ **Adj.** *Des compagnies garde-côtes.*

GARDE-CROTTE, n. m. [gaʀdəkʀɔt] (*garder* et *crotte*) ▷ Bandes de cuir qui, mises au-dessus des roues des calèches, garantissent de la boue. ◆ Au pl. *Des garde-crotte* ou *des garde-crottes.* ◁

GARDE-ÉTALON, n. m. [gaʀdetalɔ̃] (2 *garde* et *étalon*) ▷ Agent de l'administration des haras qui a la garde de l'étalon donné par l'État pour les haras. ◆ Au pl. *Des garde-étalon* ou *des garde-étalons.* ◁

GARDE-FEU, n. m. [gaʀdəfø] (*garder* et *feu*) Grille ou légère plaque de fer, de tôle et surtout de toile métallique que l'on met devant une cheminée pour se préserver des accidents du feu. ◆ Au pl. *Des garde-feu* ou *des garde-feux.*

GARDE-FOU, n. m. [gaʀdəfu] (*garder* et *fou*) Balustrade ou parapet qui, mis au bord des ponts, des quais, des terrasses, etc., empêche de tomber. ◆ Au pl. *Des garde-fous.* ▪ **Fig.** Ce qui empêche de commettre une erreur.

GARDE-MAGASIN, n. m. [gaʀd(ə)magazɛ̃] (2 *garde* et *magasin*) Employé chargé de garder les magasins. ◆ Au pl. *Des garde-magasin* ou *des garde-magasins.*

GARDE-MAIN, n. m. [gaʀdəmɛ̃] (*garder* et *main*) Papier que l'on met sous la main en écrivant, en dessinant ou en brodant, afin de préserver l'ouvrage que l'on fait. ◆ Au pl. *Des garde-main* ou *des garde-mains.*

GARDE-MALADE, n. m. et n. f. [gaʀd(ə)malad] (2 *garde* et *malade*) Celui, celle qui donne ses soins aux malades. ◆ Au pl. *Des garde-malade* ou *des garde-malades.* ▪ On écrit aussi au pluriel aujourd'hui *des gardes-malades.*

GARDE-MANCHE, n. m. [gaʀdəmɑ̃ʃ] (*garder* et *manche*) ▷ Fausse manche qu'on met pour garantir les bras d'un vêtement. ◆ Au pl. *Des garde-manche* ou *des garde-manches.*

GARDE-MANGER, n. m. [gaʀd(ə)mɑ̃ʒe] (*garder* et *manger*) Lieu pour garder ou serrer de la viande et autres aliments. ◆ Petite armoire formée de châssis garnis de toile où l'on renferme les aliments. ◆ Au pl. *Des garde-manger.*

GARDE-MEUBLE, n. m. [gaʀdəmœbl] (*garder* et *meuble*) Lieu où l'on garde des meubles. ◆ *Le garde-meuble de la couronne* ou absol. *le garde-meuble*, le lieu où l'on garde les meubles de l'État. ◆ *L'administration du garde-meuble.* ◆ Au pl. *Des garde-meuble* ou *des garde-meubles.*

GARDÉNIA, ▪ n. m. [gaʀdenja] (*Garden*, botaniste anglais) Arbuste d'origine exotique à feuillage persistant, à grandes fleurs ornementales, blanches et très odorantes. ▪ Fleur de cet arbuste. *Des gardénias.*

GARDE-NOBLE, n. f. [gaʀdənɔbl] (1 *garde* et *noble*) ▷ **Dr.** et **féod.** Droit qu'avait le survivant de deux époux nobles de jouir du bien des enfants, venant de la succession du prédécédé, jusqu'à un certain âge des enfants, à la charge de les nourrir, entretenir et élever. ◆ Au pl. *Des gardes-nobles.* ◁

GARDE-NOTE, n. m. [gaʀdənɔt] (2 *garde* et *note*) ▷ Qualité qui se joignait autrefois à celle de notaire. *Notaire garde-note.* ◆ Au pl. *Des garde-note* ou *des garde-notes*, ou suivant l'Académie *des gardes-notes.* ◁

GARDEN-PARTY, ▪ n. f. [gaʀdənpaʀti] (mot angl., fête dans le jardin) Réception mondaine organisée dans un grand jardin. *Donner une garden-party.* *Des garden-partys.*

GARDE-PÊCHE, n. m. [gaʀdəpɛʃ] (2 *garde* et *pêche*) Celui qui est chargé de la police des fleuves, des rivières, etc., en ce qui concerne la pêche. ◆ Au pl. *Des garde-pêche* ou *des garde-pêches.*

GARDE-PORT, n. m. [gaʀdəpɔʀ] (2 *garde* et *port*) Agent chargé de recevoir les marchandises déposées dans les ports des rivières et de les placer. ◆ Au pl. *Des garde-port* ou *des garde-ports.*

GARDER, v. intr. [gaʀde] (germ. *wardôn*, regarder vers d'où surveiller, conserver, le premier sens s'étant perdu en fr. au profit de l'anc. fr. *esgarder* et de *regarde*) Prendre garde, avoir soin qu'une chose soit évitée. « *Rentrez dans la maison et gardez de rien dire* », MOLIÈRE. ◆ *Garder avec que*, sans *ne* consécutif. « *Adieu, sors, et surtout garde bien qu'on te voie* », P. CORNEILLE. ◆ *Garder avec que* et *ne* consécutif. « *Gardez qu'avant le coup votre dessein n'éclate* », RACINE. ◆ **V. tr.** Prendre garde, surveiller, prendre soin. *Garder un enfant, la chasse, etc.* ◆ *Garder des prisonniers*, prendre garde qu'ils ne s'évadent. ◆ *Garder les gages, les enjeux*, en être dépositaire. ◆ ▷ **Fig.** et **fam.** *En donner à garder à quelqu'un*, lui en faire accroire. ◁ ◆ Rester dans la chambre d'un malade pour lui donner les petits soins. ◆ Veiller à la sûreté d'un souverain, d'une personne considérable. ◆ Prendre soin, en parlant des troupeaux. *Garder les vaches.* ◆ Défendre un lieu, un poste. ◆ Ne pas quitter. *Garder la chambre.* ◆ *Garder le lit*, demeurer au lit, d'ordinaire pour cause de maladie. ◆ *Garder la prison, garder les arrêts*, rester en prison, aux arrêts. ◆ *Garder les rangs,* demeurer dans les rangs. ◆ Préserver, garantir. « *Ce qui est nécessaire pour nous garder de toute injure* », PASCAL. « *Grand Dieu, gardez son innocence* », MASSILLON. ◆ Par forme de souhait. *Dieu m'en garde!* que Dieu me préserve de! ◆ Conserver une chose, l'empêcher de se perdre, de se gâter, etc. ◆ Retenir une chose, ne pas s'en dessaisir. *Garder copie d'un acte.* ◆ **Par extens.** *Garder la fièvre, un rhume,* en être longtemps malade. ◆ Ne pas perdre, en parlant de choses morales. *Garder ses habitudes.* ◆ Fig. *Garder son rang,* soutenir avec dignité son rang. ◆ Être fidèle à, observer. « *Ma parole est donnée et je la veux garder* », P. CORNEILLE. *Garder les lois, une trêve.* ◆ *Garder le silence,* rester silencieux. ◆ *Garder un secret,* ne pas le révéler. ◆ Ne pas changer la personne dont on se sert pour quoi que ce soit. *Garder ses domestiques.* ◆ *Garder quelqu'un,* le retenir chez soi. ◆ Réserver. « *On court grand risque de s'abuser, lorsque l'on compte sur le bien qu'un autre vous garde* », MOLIÈRE. ◆ Fig. et fam. *La garder à quelqu'un, la lui garder bonne, lui en garder,* conserver du ressentiment contre quelqu'un. ◆ Se garder, v. pr. Prendre garde contre, se préserver de. « *Gardez-vous, dira l'un, de cet esprit critique* », BOILEAU. ◆ *Se garder de,* suivi d'un infinitif, avoir grand soin de ne pas. « *Gardez-vous de rien dédaigner* », LA FONTAINE.

GARDERIE, n. f. [gaʀdəʀi] (*garder*) Eaux et forêts. Étendue de bois qui est sous la surveillance d'un garde. ◆ Crèche, endroit où les enfants sont gardés soit toute la journée, soit après l'école. ◆ *Une halte-garderie,* crèche dans laquelle le bébé de deux mois à trois ans peut être gardé par une puéricultrice ou une éducatrice de façon occasionnelle ou régulière.

GARDE-RIVIÈRE, ▪ n. m. et n. f. [gaʀd(ə)ʀivjɛʀ] (*2 garde* et *rivière*) Agent chargé de l'application sur le terrain des politiques de gestion des rivières. *Les gardes-rivières sont par exemple chargés de nettoyer les cours d'eaux, de débroussailler les rives, etc.*

1 GARDE-ROBE, n. f. [gaʀdəʀɔb] (*garder* et *robe*) Chambre destinée à renfermer les habits, le linge et toutes les hardes. ◆ Grande armoire où l'on suspend des habits, des robes, sans les plier. ◆ **Par extens.** Tous les habits à l'usage d'une personne. ◆ ▷ Lieu où l'on met la chaise percée. *Aller à la garde-robe.* ◁ ◆ ▷ *Une garde-robe,* une évacuation alvine. ◁ ◆ Nom donné à diverses plantes odorantes auxquelles on attribue la propriété d'écarter des vêtements les insectes. ▪ Au pl. *Des garde-robes.*

2 GARDE-ROBE, n. m. [gaʀdəʀɔb] (*garder* et *robe*) Tablier de toile que les femmes et les enfants portent pour conserver leurs vêtements. ◆ Au pl. *Des garde-robes.*

GARDE-RÔLE, n. m. [gaʀdəʀol] (*2 garde* et *rôle*) ▷ Celui qui gardait les rôles des offices de France. ◆ Au pl. *Des garde-rôle* ou *des garde-rôles.* ◁

GARDE-SAC, n. m. [gaʀdəsak] (*2 garde* et *sac*) Greffier garde-sac, officier qui était chargé de garder les sacs des procès. ◆ Au pl. *Des garde-sacs.*

GARDE-SCEL, n. m. [gaʀdəsɛl] (*2 garde* et *scel*) ▷ Officier préposé, dans les anciennes juridictions, pour sceller les expéditions. ◆ Au pl. *Des garde-scel* ou *des garde-scels.* ◁

GARDE-SCELLÉ, n. m. [gaʀdəsele] (*2 garde* et *scellés*) Homme commis pour garder les scellés. ◆ Au pl. *Des garde-scellés.*

GARDE-TEMPS, ▪ n. m. [gaʀdətɑ̃] (*garder* et *temps*) Techn. Horloge de grande précision utilisée principalement dans les observatoires en astronomie. ▪ Terme générique des appareils dont la fonction est la mesure du temps. *Un cadran solaire, une montre ou encore une clepsydre sont des garde-temps.* ▪ Mar. Chronomètre utilisé pour déterminer les longitudes.

GARDEUR, EUSE, n. m. et n. f. [gaʀdœʀ, øz] (*garder*) Celui, celle qui garde des animaux. *Un gardeur de vaches, de cochons.*

GARDE-VAISSELLE, n. m. [gaʀd(ə)vesɛl] (*2 garde* et *vaisselle*) ▷ Celui qui a la vaisselle du roi en sa garde. ◆ Au pl. *Des garde-vaisselle* ou *des garde-vaisselles.* ◁

GARDE-VENTE, n. m. [gaʀdəvɑ̃t] (*2 garde* et *vente*) ▷ Celui, dit aussi facteur, qu'un marchand de bois prépose à la garde et à l'exploitation des bois dont il s'est rendu adjudicataire. ◆ Au pl. *Des garde-vente* ou *des garde-ventes.* ◁

GARDE-VOIE, ▪ n. m. [gaʀdəvwa] (*2 garde* et *voie*) Personne chargée de la pose, de l'inspection et de l'entretien des voies de chemin de fer. *Des gardes-voies.*

GARDE-VUE, n. m. [gaʀdəvy] (*garder* et *vue*) Visière qu'on place au-dessus des yeux pour se garantir du trop grand éclat de la lumière. ◆ Espèce d'abat-jour. ◆ Au pl. *Des garde-vue* ou *des garde-vues.*

GARDIAN, ▪ n. m. [gaʀdjɑ̃] (mot provenç.) Cavalier en Camargue chargé de garder un troupeau.

GARDIEN, IENNE, n. m. et n. f. [gaʀdjɛ̃, jɛn] (anc. fr. *guardiain,* du lat. médiév. *guardianus,* qui a remplacé *guardenc,* de *garder,* avec suff. germ. *-enc*) Celui, celle qui garde quelqu'un ou quelque chose. *Le gardien d'un détenu, d'un dépôt, etc.* ◆ Celui qui veille à la conservation d'une chose. *Le*

gardien d'un monument. ◆ Agent préposé à la surveillance dans les jardins publics, dans les musées. ◆ Celui qui est préposé par la justice à la garde des objets saisis. ◆ Titre que l'on donne au supérieur de certains couvents. ◆ **Par extens.** Celui qui défend, protège. *Vous êtes le gardien de nos libertés.* ◆ Fig. « *Le travail et la sobriété furent les premiers gardiens de cette liberté* », VOLTAIRE. ▪ Adj. *Ange gardien,* ange qui, d'après les croyances catholiques, protège chaque individu, et fig. personne qui veille sur une autre avec affection. ▪ *Gardien (but),* joueur chargé d'empêcher le ballon d'entrer dans les buts de son équipe. ▪ *Gardien de la paix,* agent de police.

GARDIENNAGE, ▪ n. m. [gaʀdjenaʒ] (*garder*) Fonction de gardien. ▪ Service du gardien. *Frais de gardiennage.* ▪ Fait de garder, de surveiller un lieu.

GARDIENNÉ, ÉE, ▪ adj. [gaʀdjene] (p. p. de *gardienner*) Qui est gardé par un gardien. *Parking gardienné.*

GARDIENNER, ▪ v. tr. [gaʀdjene] (*gardien*) Garder par un gardien. *Une garantie assistance à domicile pour gardienner un domicile en cas de cambriolage.*

GARDON, n. m. [gaʀdɔ̃] (orig. incert., p.-ê. *garder,* pour son habitude de revenir là d'où il a été chassé, ou *regarder,* pour ses yeux rouges caractéristiques) Petit poisson d'eau douce. ◆ Fam. *Être frais comme un gardon,* avoir un air de fraîcheur et de santé.

1 GARE, interj. [gaʀ] (impératif de *garer*) S'emploie lorsqu'on avertit de se ranger, de faire place, d'éviter quelque chose qui est lancé, qui tombe. *Gare à l'eau!* ◆ ▷ *Frapper sans dire gare,* sans avoir menacé. ◁ ◆ *Sans dire gare,* sans avertir. ◆ *Gare* exprime aussi qu'on appréhende certaines choses fâcheuses. *Gare le froid!* ▪ REM. On dit plutôt auj. *sans crier gare.*

2 GARE, n. f. [gaʀ] (*garer*) Lieu disposé sur les rivières pour servir d'abri aux bateaux contre les glaces, les inondations, etc. ◆ **Par extens.** Lieu de dépôt de marchandises ; station d'embarquement et de débarquement des voyageurs et des marchandises sur les chemins de fer. ▪ *Gare maritime,* gare dont les voies sont situées sur les quais d'un port. ▪ *Gare routière,* lieu d'arrivée et de départ des autocars ou des camions.

GARÉ, ÉE, p. p. de garer. [gaʀe]

GARENNE, n. f. [gaʀɛn] (anc. fr. *garanne, warenne,* domaine de chasse réservée, lat. médiév. *warenna,* p.-ê. du gaul. *varros,* poteau [lieu isolé par des piquets]) Lieu à la campagne planté d'arbres, où il y a des lapins et où on a soin de les conserver. ◆ *Lapin de garenne,* par opposition à lapin de clapier ou de choux. ◆ Lieu de garde, de réserve pour certains animaux. ◆ *Garenne à poisson,* espèce de réservoir que l'on fait dans les rivières ou étangs.

GARENNIER, n. m. [gaʀenje] (*garenne*) ▷ Celui qui garde une garenne. ◁

GARER, v. tr. [gaʀe] (anc. fr. *varer,* se défendre, le sens mod. étant d'abord maritime, de l'anc. nord. *varask,* être sur ses gardes, parent du germ. *warôn,* faire attention, protéger) Faire entrer et mettre à l'abri dans une gare. *Garer un bateau, un convoi.* ◆ Se garer, v. pr. Se ranger de côté, en parlant d'un bateau qui en laisse passer d'autres. ◆ Se dit d'un train de chemin de fer qui entre dans la gare d'évitement pour laisser passer un autre train. ◆ Il se dit aussi des voitures qui se rangent, se détournent. *Se garer des voitures.* ◆ Fig. et fam. Se préserver, se défendre, éviter. *Garez-vous de cet homme.* ▪ Mettre à l'abri, dans un lieu de stationnement, ou ranger de côté. *Garer sa voiture. Se garer sur un parking.*

GARGANTUA, n. m. [gaʀgɑ̃tɥa] (*Gargantua,* nom propre) Personnage gigantesque de Rabelais célèbre par son appétit. ◆ Par antonomase, homme qui mange énormément.

GARGANTUESQUE, ▪ adj. [gaʀgɑ̃tɥɛsk] (*Gargantua,* géant héros de Rabelais) Très copieux. *Des repas gargantuesques.*

GARGARISÉ, ÉE, p. p. de gargariser. [gaʀgaʀize]

GARGARISER, v. tr. [gaʀgaʀize] (lat. *gargarizare,* gr. *gargarizein,* rac. onomat. *garg-* : cf. *gargouillis*) Laver la gorge, la bouche avec un liquide qu'on met en contact avec toute la membrane muqueuse gutturale ou buccale, en le promenant et l'agitant dans la bouche. ◆ Se gargariser, v. pr. Laver sa bouche ou sa gorge avec un liquide. ◆ Avec suppression du pronom. *Faites gargariser cet enfant.* ▪ Fig. et fam. Se procurer une joie, une fierté de quelque chose. *Il se gargarise sans cesse de ses exploits.* ▪ Afficher, dans ses propos, une certaine complaisance pour le sujet dont on parle.

GARGARISME, n. m. [gaʀgaʀism] (lat. *gargarisma* ; gr. *gargarismos*) Liqueur préparée pour se gargariser. ◆ L'action de se gargariser.

GARGOTAGE, n. m. [gaʀgotaʒ] (*gargote*) ▷ Pop. Repas malpropre ; viande mal apprêtée. ◁

GARGOTE, n. f. [gaʀgot] (*gargoter*) Petit cabaret où l'on donne à manger à bas prix. ◆ Tout cabaret ou restaurant ou même ménage où l'on mange malproprement.

GARGOTER, v. intr. [gaʀgote] (moy. fr. *gargotte,* gorge, gosier, var. de l'anc. fr. *gargate,* de la rac. onomat. *garg-*) ▷ Hanter les gargotes. ◆ Boire et manger malproprement. ◁

GARGOTIER, IÈRE, n. m. et n. f. [ɡaʁɡɔtje, jɛʁ] (*gargote*) Celui, celle qui tient une gargote. ♦ Mauvais traiteur, mauvais cuisinier.

GARGOUILLADE, n. f. [ɡaʁɡujad] (*gargouiller*) Nom d'un pas de danse qui n'est plus en usage. ♦ **Mus.** Ornement de mauvais goût, sans netteté.

GARGOUILLE, n. f. [ɡaʁɡuj] (anc. fr. *gargoule*, de la rac. onomat. *garg-* et *goule*, gueule) L'endroit soit d'une gouttière, soit d'un tuyau, par où l'eau tombe. ♦ Canal rond et étroit, construit entre des murs pour faciliter l'entrée et la sortie des eaux. ♦ **Hérald.** Certaines figures de serpent.

GARGOUILLEMENT ou **GARGOUILLIS**, n. m. [ɡaʁɡuj(ə)mɑ̃] ou [ɡaʁguji] (*gargouiller*) Bruit que fait quelquefois l'eau dans la gorge, dans l'estomac et dans les entrailles.

GARGOUILLER, v. intr. [ɡaʁguje] (*gargouille*, croisement avec *jargoiller*, *gazouiller*, articuler des paroles incompréhensibles) Il se dit du bruit qui se produit dans les intestins. *Le ventre lui gargouille.* ♦ Faire le bruit d'une eau tombant d'une gargouille. ♦ Barboter dans l'eau, en parlant des enfants.

GARGOUILLETTE ou **GARGOULETTE**, n. f. [ɡaʁgujɛt] ou [ɡaʁgulɛt] (dim. de *gargouille* et anc. fr. *gargoule*) Sorte de vase.

GARGOUILLIS, n. m. [ɡaʁguji] (*gargouiller*) **Fam.** Bruit que fait l'eau en tombant d'une gargouille. ▪ Par anal. *Le gargouillis d'une fontaine.*

GARGOUSSE, n. f. [ɡaʁgus] (provenç. *cargousso*, *gargousso*, de *carga*, charger) Charge de poudre à canon dans son enveloppe.

GARI, ▪ n. m. [ɡaʁi] (mot africain) **Afriq.** Semoule ou farine de manioc. *Poulet au gari. Gari au cacahouètes.* ▪ Gingembre mariné dans du vinaigre de riz, du miré, du saké et du sucre, en gastronomie asiatique. *Le gari est utilisé dans certaines recettes de sushis pour adoucir le goût du wasabi.*

GARIBALDIEN, IENNE, n. m. [ɡaʁibaldjɛ̃, jɛn] (*Garibaldi*, combattant pour l'indépendance et l'unification de l'Italie, 1807-1882) Partisan de Garibaldi. *Un régiment de garibaldiens.* ▪ **Adj.** *Un activiste garibaldien.*

GARIGUE, ▪ n. f. [ɡaʁig] (région. *garriga*) Voy. GARRIGUE.

GARIGUETTE, ▪ n. f. [ɡaʁigɛt] Voy. GARRIGUETTE.

GARLANDAGE, n. m. [ɡaʁlɑ̃daʒ] (anc. fr. *garlande*, guirlande) **Mar.** Rebord de la hune.

GARNEMENT, n. m. [ɡaʁnəmɑ̃] (anc. fr. *guarnement*, guerrier, puis vaurien) Mauvais sujet, libertin, vaurien.

GARNI, IE, p. p. de garnir. [ɡaʁni] Meublé pour être loué. *Chambre garnie. Hôtel garni.* ♦ **N. m.** *Un garni*, maison meublée où l'on donne à loger à des ouvriers. *Plat garni*, plat de viande ou de poisson servi avec des légumes. ▪ *Choucroute garnie*, choucroute cuite servie avec un assortiment de viandes. ▪ *Assiette garnie*, assiette ou plat composé d'un assortiment. *Une assiette garnie de friandises, de crudités.*

GARNIÉRITE, ▪ n. f. [ɡaʁnjeʁit] (du nom de son découvreur, J. *Garnier*, géologue français) Minerai industriel du nickel qui se présente sous la forme de cristaux. *La garniérite est également appelée nouméaïte.*

GARNIR, v. tr. [ɡaʁniʁ] (a. fr., avertir, se tenir sur ses gardes, du germ. *warnjan*, prendre garde à quelque chose) Pourvoir un objet de ce qui est nécessaire pour le mettre en état de remplir sa destination. *Garnir une boutique. Garnir une bibliothèque de livres.* ♦ **Pop.** *Se garnir le ventre, la panse*, bien manger. ♦ Munir de ce qui est nécessaire pour la défense. *Garnir une place de guerre.* ♦ Entourer d'une chose comme ornement ou accessoire. *Garnir un chapeau de rubans, une chambre de tableaux.* ♦ *Garnir une robe*, y mettre une garniture. ♦ *Garnir un ragoût, un mets*, y mettre des champignons, etc. *Garnir une salade*, y mettre de petites herbes hachées. ♦ Il se dit des choses mêmes avec lesquelles on garnit. *Les meubles qui garnissent un appartement.* ♦ Remplir, occuper un espace. *Des femmes élégamment parées garnissent les loges.* ♦ Renforcer. *Garnir des volets de tôle. Garnir des bas*, y mettre des morceaux ou passer des fils pour faire comme une doublure aux talons. ♦ Se garnir, v. pr. Se munir. ♦ ▷ *Se garnir contre le froid*, se vêtir de manière à être préservé du froid. ◁ ♦ ▷ *Se garnir d'argent*, en prendre sur soi. ◁ ♦ Être garni. *Les robes se garnissent.* ♦ Devenir plein. *La salle se garnit lentement.*

GARNISAIRE, n. m. [ɡaʁnizɛʁ] (syncope de *garnisonnaire*, de *garnison*) ▷ Celui qu'on établit chez les contribuables en retard, pour les obliger à payer. ◁

GARNISON, n. f. [ɡaʁnizɔ̃] (anc. fr. *garnisson*, défense, protection, de *garnir*) Troupes qu'on met dans une place pour la défendre ou y séjourner quelque temps. *Ville de garnison*, ville où l'on met ordinairement des troupes en garnison. ♦ Lieu de séjour pour les troupes. *Passer sa vie dans des garnisons.* ♦ Un homme ou plusieurs hommes qui gardent les meubles d'une personne lorsqu'ils sont saisis, ou qui sont établis chez un débiteur du fisc pour l'obliger à payer.

GARNISSAGE, ▪ n. m. [ɡaʁnisaʒ] (radic. du p. prés. de *garnir*) Action de garnir, de remplir de garnitures. ▪ Résultat de cette action. *Le garnissage d'un coussin, d'un matelas.* ▪ Matériau utilisé pour garnir.

GARNISSEUR, EUSE, ▪ n. m. et n. f. [ɡaʁnisœʁ, øz] (radic. du p. prés. de *garnir*) **Techn.** Personne dont le métier est de rembourrer, garnir, principalement les oreillers, coussins, duvet, chaises, etc. *Des tapissiers-garnisseurs.*

GARNITURE, n. f. [ɡaʁnityʁ] (*garnir*) Ce qui est mis à une chose pour la garnir ou l'orner. ♦ Meubles d'une chambre ; l'intérieur et l'entourage d'un lit. ♦ *Garniture de cheminée, pendule, flambeaux, porcelaines, etc.* qui parent le dessus d'une cheminée. ♦ *Garniture de foyer,* pelle, pincettes, chenets, barre. ♦ Ornement en passementerie, lacet, soutache, ruban, fleurs ou étoffe qui se pose sur un vêtement quelconque de femme ou objet de lingerie. *Mettre une garniture, des garnitures à une robe.* ♦ **Cuis.** Accessoires qui servent à l'assaisonnement ou à l'ornement. ♦ Ce qui se met à une chose pour la renforcer. *Mettre une garniture à des bas.* ♦ Assortiment complet de quelque chose que ce soit. *Garniture de boutons.* ♦ **Impr.** Morceaux de bois ou de métal avec lesquels on serre les formes dans leurs châssis. ♦ Ce qui accompagne un plat de viande ou de poisson. *Garniture de frein,* élément qui, dans le dispositif de freinage d'une automobile, permet d'obtenir un coefficient de frottement plus élevé. ▪ **Techn.** Joint qui assure l'étanchéité d'une pièce.

1 GAROU, n. m. [ɡaʁu] Voy. LOUP-GAROU.

2 GAROU, n. m. [ɡaʁu] (provenç. *garupa*, de formation préromane) Arbrisseau toujours vert, le daphné. ♦ *Garou des bois*, bois gentil.

GAROUAGE, n. m. [ɡaʁwaʒ] (1 *garou*) ▷ *Aller en garouage, être en garouage*, aller en partie de plaisir. ◁

GARRIGUE, n. f. [ɡaʁig] (provenç. *garriga*, se rattachant à une base préromane *carra-*, pierre ou chêne) Lande, terre inculte. ▪ Végétation des régions méditerranéennes composée essentiellement de buissons et de chênes verts. ▪ REM. Graphie ancienne : *garigue*.

GARRIGUETTE ou **GARIGUETTE**, ▪ n. f. [ɡaʁigɛt] (*garrigue*) Variété précoce de fraise oblongue et goûteuse. *J'ai préparé des garriguettes à la crème en dessert.*

GARROCHER, ▪ v. tr. [ɡaʁoʃe] **Fam. Québec** Jeter, lancer des pierres. ▪ **Fig.** *Garrocher son argent par les fenêtres*, jeter son argent par les fenêtres. ▪ Se garrocher, v. pr. Se dépêcher, courir.

1 GARROT, n. m. [ɡaʁo] (anc. fr. *garrot, garroc*, gros bâton ; orig. incert. : *garokier*, barrer la route [anc. b. frq. *wrokkôn*, tordre], ou *wrok*, partie noueuse d'un tronc d'arbre) Trait d'arbalète. ♦ Morceau de bois court que l'on passe dans une corde pour la serrer en tordant. *Le supplice du garrot.* ▪ Lien que l'on noue autour d'un membre pour arrêter la circulation du sang, pour mettre fin à une hémorragie.

2 GARROT, n. m. [ɡaʁo] (anc. fr. *gerrot*, prob. provenç. *garrot*, du gaul. *garra*, partie de la jambe) Partie du corps de certains quadrupèdes, particulièrement du cheval, du mulet, du bœuf, etc., qui, du sommet des épaules, s'étend jusqu'à l'extrémité du cou et de l'encolure.

GARROTTAGE, n. m. [ɡaʁotaʒ] (*garroter*) Action de garrotter ; état de ce qui est garrotté.

GARROTTE n. f. ou **GARROT**, ▪ n. m. [ɡaʁɔt] ou [ɡaʁo] (esp. *garrote*, gros gourdin, bâton, garrot) Ancien supplice pratiqué au Portugal et en Espagne lorsque la peine de mort était appliquée, consistant à passer une espèce de collier de fer autour du cou du condamné, refermé à l'aide d'une clavette et relié à un poteau ; le bourreau, en donnant des tours de tourniquets, l'étranglait en rapprochant le collier du poteau.

GARROTTÉ, ÉE, p. p. de garrotter. [ɡaʁote]

GARROTTER, v. tr. [ɡaʁote] (*garrot*) Attacher comme avec un garrot, fortement. ♦ **Fig.** « *Trop de préjugés garrottent encore les mortels* », MIRABEAU. ♦ **Fig.** *Garrotter quelqu'un*, prendre dans un acte toutes les précautions possibles pour qu'il ne manque pas aux engagements contractés.

GARS, n. m. [ɡɑ] (anc. cas sujet de *garçon*) **Fam.** Garçon.

GARUS, n. m. [ɡaʁys] (*Garus*, nom de l'inventeur) ▷ Élixir employé dans certaines affections de l'estomac. *Prendre du garus.* ♦ On dit aussi *élixir de Garus.* ◁

GASCON, ONNE, n. m. et n. f. [ɡaskɔ̃, ɔn] (lat. impér. *Vasco*, génit. *Vasconis*) Habitant de la Gascogne. ♦ **Fig. et fam.** Fanfaron, hâbleur. ♦ *En Gascon*, sans se compromettre. « *Se tirer en Gascon d'une semblable affaire* », LA FONTAINE. ♦ **Adj.** « *Tout a l'humeur gasconne en un auteur gascon* », BOILEAU. ♦ **N. m.** *Le gascon*, patois propre aux habitants de la Gascogne. ♦ **Adj.** *Cette façon de parler est gasconne.*

GASCONISME, n. m. [ɡaskonism] (*gascon*) Façon de parler vicieuse propre aux Gascons.

GASCONNADE, n. f. [ɡaskɔnad] (*gascon*) Langage de Gascon, fanfaronnade, vanterie outrée.

GASCONNER, v. intr. [gaskɔne] (*gascon*) ▷ Parler avec l'accent gascon. ◆ Dire des hâbleries, des gasconnades. ◁

GASOIL ou **GAS-OIL**, ■ n. m. [gazwal] Voy. GAZOLE.

GASPACHO, ■ n. m. [gaspatʃo] (*ch* se prononce *tch* ; esp. *gazpacho*) Soupe froide andalouse constituée de tomates, d'oignons et d'épices (surtout des piments) dans laquelle on rajoute des morceaux de tomate crue, de concombre et du pain.

GASPILLAGE, n. m. [gaspijaʒ] (*gaspiller*) Action de gaspiller.

GASPILLÉ, ÉE, p. p. de gaspiller. [gaspije]

GASPILLER, v. tr. [gaspije] (prob. croisement de dial. de l'Ouest *gaspailler* avec le provenç. *gaspilha*, grappiller, gaspiller) Mettre en désordre. *Gaspiller des papiers.* ◆ Dépenser au hasard, sans but et sans goût. *Gaspiller son bien.* ◆ Fig. *Gaspiller son temps*, le perdre sans profit. ◆ Se gaspiller, v. pr. Être gaspillé.

GASPILLEUR, EUSE, n. m. et n. f. [gaspijœʀ, øz] (*gaspiller*) Celui, celle qui gaspille.

GASTER, n. m. [gastɛʀ] (lat. *gaster*, du gr. *gastêr*) Le ventre, l'estomac.

GASTÉRALE, ■ n. f. [gasteʀal] (gr. *gastêr*, ventre) Espèce de champignon. *La vesse-de-loup est une gastérale.* ■ On dit aussi un *gastéromycète*

GASTÉROPODES, n. m. pl. [gasteʀopɔd] (*gastéro-* et *-pode*) Ordre de la classe des mollusques. ■ Au sing. *L'escargot est un gastéropode.*

GASTRALGIE, n. f. [gastʀalʒi] (*gastr[o]-* et *-algie*) Douleur nerveuse d'estomac, sans fièvre.

GASTRALGIQUE, adj. [gastʀalʒik] (*gastralgie*) Qui a le caractère de la gastralgie.

GASTRECTOMIE, ■ n. f. [gastʀɛktomi] (*gastr[o]-* et *-ectomie*) **Méd.** Ablation de la totalité ou d'une partie de l'estomac. *Il est fréquent que l'on observe un syndrome de malabsorption à la suite d'une gastrectomie.*

GASTRINE, ■ n. f. [gastʀin] (angl. *gastrin*) **Biol.** Protéine produite par l'estomac qui stimule la sécrétion acide. *C'est l'arrivée du bol alimentaire au contact des cellules de la partie inférieure de l'estomac qui provoque la sécrétion de gastrine.*

GASTRIQUE, adj. [gastʀik] (radic. du gr. *gastros*, génitif de *gastêr*, estomac) **Anat.** Qui appartient, qui a rapport à l'estomac.

GASTRITE, n. f. [gastʀit] (radic. du gr. *gastros*, génitif de *gastêr*, estomac) Inflammation de la membrane muqueuse de l'estomac.

GASTR(O)..., [gastʀo] élément de composition des mots venant du gr. *gastêr*, et signifiant ventre, estomac.

GASTROENTÉRITE, ■ n. f. [gastʀoɑ̃teʀit] (*gastro-* et *entérite*) Inflammation de l'estomac et des intestins. ■ **Abrév.** Gastro.

GASTROENTÉROLOGIE, ■ n. f. [gastʀoɑ̃teʀolɔʒi] (*gastro-* et *entérologie*) Discipline de la médecine qui étudie le tube digestif.

GASTROENTÉROLOGUE, ■ n. m. et n. f. [gastʀoɑ̃teʀolɔg] (*gastroentérologie*) Médecin spécialisé en gastroentérologie. *Prendre rendez-vous chez un gastroentérologue.*

GASTRO-INTESTINAL, ALE, ■ adj. [gastʀoɛ̃tɛstinal] (*gastro-* et *intestinal*) Relatif à l'estomac et à l'intestin. *Avoir des troubles gastro-intestinaux.* ■ **Rem.** On peut aussi écrire *gastroïntestinal.*

GASTRONOME, n. m. et n. f. [gastʀonɔm] (*gastronomie*) Celui, celle qui connaît l'art de faire bonne chère, qui aime la bonne chère.

GASTRONOMIE, n. f. [gastʀonomi] (gr. *gastronomia*) L'art de faire bonne chère.

GASTRONOMIQUE, adj. [gastʀonomik] (*gastronomie*) Qui appartient, qui a rapport à la gastronomie.

GASTRORRHAPHIE, n. f. [gastʀoʀafi] (gr. *gastrorrhaphia*, de *gastêr*, ventre, et *rhaptein*, coudre) **Chir.** Suture que l'on fait aux parois abdominales pour réunir les plaies pénétrantes étendues et inégales.

GASTROSCOPIE, ■ n. f. [gastʀoskopi] (*gastro-* et *-scopie*) **Méd.** Examen endoscopique de l'œsophage et de l'estomac. *La gastroscopie est couramment utilisée pour rechercher des lésions inflammatoires, un ulcère de l'estomac ou du duodénum ou des lésions cancéreuses.*

GASTROTOMIE, n. f. [gastʀotomi] (*gastro-* et *-tomie*) **Chir.** Incision faite à la cavité du ventre pour réduire une hernie, faire cesser un étranglement, etc.

GASTRULA, ■ n. f. [gastʀyla] (lat. sav. [XIXᵉ s.], du lat. *gastra*, vase ventru, gr. *gastra*) **Biol.** Second stade de développement de l'embryon, qui survient quelques jours après la fécondation de l'ovule par le spermatozoïde. *La gastrula fait suite au stade de blastula et précède celui de neurula.*

GASTRULATION, ■ n. f. [gastʀylasjɔ̃] (*gastrula*) Étape essentielle du développement embryonnaire au cours de laquelle la blastula devient gastrula.

GÂTÉ, ÉE, p. p. de gâter. [gate] Altéré par la putréfaction. *Viande gâtée. Fruits gâtés.* ◆ N. m. *Le gâté*, la partie gâtée. ◆ *Enfant gâté*, enfant que ses parents gâtent par une trop grande indulgence.

GÂTEAU, n. m. [gato] (anc. fr. *gastel*, prob. de l'anc. h. frq. *wastil*, de *wahs*, cire, cf. angl. *wax*) Pâtisserie faite avec de la farine, du beurre et des œufs. ◆ *Gâteau des Rois*, gâteau qu'on mange le jour des Rois, et dans lequel il y a une fève. ◆ Fig. *Trouver la fève au gâteau*, avoir quelque bonne chance. ◆ *Gâteau de riz, gâteau de pommes de terre*, gâteau où le riz, la pomme de terre remplacent la farine. ◆ Fig. Quelque bon morceau, quelque affaire utile, avantageuse. *Se partager le gâteau.* ◆ Certaines sucreries qui tiennent de la conserve. *Gâteau à la crème. Gâteau de Savoie.* ◆ La gaufre où les abeilles font la cire et le miel. ◆ Masse de résine pour isoler les corps qu'on veut électriser. ◆ Morceau de cire ou de terre dont les sculpteurs remplissent les creux d'un moule. ◆ Masse de métal se figeant après fusion dans le fourneau. ◆ Fam. *C'est du gâteau*, c'est facile, agréable. ■ **Fam.** Qui gâte les enfants. *Un papa gâteau.*

GÂTE-BOIS, ■ n. m. [gɑt(ə)bwa] (*gâter* et *bois*) Papillon qui vit à l'état larvaire sous l'écorce des arbres dans des galeries qu'il a creusées. *Des gâte-bois.*

GÂTE-ENFANT, ■ n. m. et n. f. [gɑtɑ̃fɑ̃] (*gâter* et *enfant*) ▷ Celui, celle qui gâte un enfant. ◆ Au pl. *Des gâte-enfants.* ◁

GÂTE-MÉTIER, ■ n. m. [gɑt(ə)metje] (*gâter* et *métier*) Celui qui donne sa marchandise ou sa peine à trop bas prix. ◆ Au pl. *Des gâte-métier* ou *des gâte-métiers.*

GÂTE-PAPIER, ■ n. m. [gɑt(ə)papje] (*gâter* et *papier*) Mauvais écrivain. ◆ Au pl. *Des gâte-papier* ou *des gâte-papiers.*

GÂTE-PÂTE, ■ n. m. [gɑt(ə)pat] (*gâter* et *pâte*) ▷ Mauvais boulanger ou mauvais pâtissier. ◆ Fig. Tout homme qui fait mal ce qui est de son métier, de sa profession. ◆ Au pl. *Des gâte-pâte* ou *des gâte-pâtes.* ◁

GÂTER, v. tr. [gate] (lat. *vastare*, rendre désert, dépeupler, avec infl. du germ. *wôstjan*, ravager) Ravager, dévaster (sens vieilli). *L'armée ennemie gâta le pays.* ◆ Mettre en mauvais état, détériorer. *Le tailleur a gâté cet habit.* ◆ Par extens. Il se dit des choses qui ôtent la forme, la régularité. *Certaines restaurations gâtent les monuments.* ◆ Fig. Altérer les choses morales, intellectuelles, les affaires. *L'affectation gâte les dons naturels.* ◆ Fam. *Gâter les affaires*, empêcher, par imprudence ou par malice, qu'une affaire ne se conclue, qu'un raccommodement ne s'accomplisse, etc. ◆ *Gâter ses affaires*, perdre la faveur qu'on avait auprès d'une personne. ◆ *Gâter le métier*, faire trop bon marché de sa peine ou de sa marchandise, en sorte que cela fait tort aux autres. ◆ Fig. *Gâter le métier*, faire que ce que font les autres paraît peu de chose. ◆ Salir, tacher. *Gâter un habit.* ◆ Fig. *Gâter du papier*, écrire beaucoup et mal. ◆ Altérer par la putréfaction. ◆ Fausser le jugement. « *Les fables qui gâtent l'esprit* », VOLTAIRE. ◆ Fig. Corrompre, dépraver. ◆ Entretenir les faiblesses, les défauts, les vices de quelqu'un par trop de complaisance, de douceur. *Gâter une femme, un enfant.* ◆ Se gâter, v. pr. Devenir détérioré. ■ Il se dit des affaires qui vont mal. ◆ Absol. *Cela se gâte*, cela va mal. ◆ *Le temps, le ciel se gâte*, il se couvre de nuages, nous aurons de l'eau. ◆ Être attaqué par la corruption. *Ces fruits se gâtent.* ◆ Fig. Se salir. ◆ Fig. Être changé de bien en mal. ■ Combler quelqu'un de cadeaux, d'attentions. *Il a gâté sa fille pour son anniversaire.*

GÂTERIE, n. f. [gɑt(ə)ʀi] (*gâter*) Action de gâter, cajolerie, petits soins. ■ Petit présent, friandise. ■ **Vulg.** Fellation. *Faire une gâterie à un homme.*

GÂTE-SAUCE, ■ n. m. [gɑt(ə)sos] (*gâter* et *sauce*) Marmiton ; mauvais cuisinier. ◆ Au pl. *Des gâte-sauce* ou *des gâte-sauces.*

GÂTEUR, EUSE, n. m. et n. f. [gɑtœʀ, øz] (*gâter*) ▷ Celui, celle qui gâte. *Gâteur d'enfants.* ◁

GÂTEUX, EUSE, n. m. et n. f. [gɑtø, øz] (*gâter*, lâcher inconsciemment les urines et les selles) Paralytique et infirme, qui rend involontairement les urines et les selles. ◆ Adj. *Un malade gâteux.* ◆ Aliéné chez lequel l'intelligence est profondément affaiblie. ◆ Dont les fonctions intellectuelles sont amoindries. *Vieillard gâteux.* ■ Se dit d'une personne qui fait preuve d'une admiration irraisonnée. *Le père de cet enfant est complètement gâteux.*

GÂTIFIER, ■ v. intr. [gatifje] (radic. de *gâteux*) **Fam.** Bêtifier, devenir gâteux. *Il gâtifie complètement avec son chaton.*

GÂTINE, ■ n. f. [gatin] (anc. fr. *guastine*, terrain inculte, pillage, prob. de l'anc. b. frq. *wôstinna*, désert) Terrain stérile.

GÂTISME, ■ n. m. [gatism] (radic. de *gâteux*) État d'une personne dont les facultés physiques et mentales sont amoindries par l'âge ou la maladie.

GATTE, ■ n. f. [gat] (frq. *wahta*, guet) **Mar.** Endroit d'un navire, situé à l'avant du pont, qui servait au nettoyage du câble de l'ancre ainsi qu'au rejet des eaux égouttées.

GATTER, ■ v. tr. [gate] **Arg. Suisse** Faire l'école buissonnière, sécher les cours.

GATTILIER, n. m. [gatilje] (esp. *sauzgatillo*, de *sauce*, saule, et *gato*, chat, à cause de l'aspect doux et velu de ses fleurs) Genre *vitex*, famille des verbénacées. *L'agnus-castus est un gattilier.*

GATTINE, n. f. [gatin] ▷ Maladie des vers à soie. ◁

GAUCHE, adj. [goʃ] (orig. inc.) Qui est de travers. *Une règle, du bois gauche.* ◆ Qui se présente en obliquité. ◆ **Fig.** « *Les lois des Visigoths sont puériles, gauches, idiotes* », MONTESQUIEU. ◆ Qui est du côté où le cœur bat. *La main gauche.* ◆ *Gauche* se dit aussi des animaux. *Le pied gauche d'un cheval.* ◆ ▷ *Mariage de la main gauche*, mariage dans lequel le marié, qui est noble et d'une condition supérieure à celle de la mariée, l'épouse en lui donnant la main gauche, et ne lui communique ni à elle ni aux enfants son rang et sa condition. ◁ ◆ **Par extens.** Tout mariage inégal. ◆ ▷ *Mariage du côté gauche*, toute union entre un homme et une femme qui n'a pas été consacrée par l'état civil ni par l'Église. ◁ ◆ **N. f.** *La gauche* (sous-entendu main), *le côté gauche.* ◆ *Gauche* se dit d'une armée, d'une troupe, etc. *L'aile gauche* ou *subst. la gauche*, la partie de l'armée qui est du côté gauche de chacun des hommes supposés regarder l'ennemi. ◆ Dans une assemblée délibérante, il se dit de la partie qui est à la gauche du président. *Le côté gauche* ou *n. f. la gauche*, parti de l'opposition dans les chambres françaises. ◆ En parlant d'un bâtiment, le côté gauche répond au côté gauche d'un homme qui serait adossé à la façade de ce bâtiment. ◆ Il se dit d'une rivière relativement à la personne qui en suit le cours. *La rive gauche d'un fleuve.* ◆ *La partie gauche d'un objet*, celle qui répond au côté gauche du spectateur placé en face. *La gauche d'un tableau. La gauche de la scène.* ◆ **Fig.** Maladroit. *Une démarche gauche.* ◆ Gêné, contraint, sans grâce. *Un maintien gauche.* ◆ **N. m.** *Le gauche*, ce qu'il y a de gauche, de contraint. ◆ À GAUCHE, loc. adv. *Du côté gauche, à main gauche.* ◆ **Fig.** *À gauche*, mal, sans fondement, de travers. ◆ *Donner à gauche*, se tromper, et aussi se mal conduire. ◆ ▷ *Prendre une chose à gauche*, la comprendre, l'interpréter dans un sens tout à fait différent du sens réel. ◁ ◆ *À droite et à gauche*, de tous côtés. ◆ *Prendre à droite et à gauche*, prendre de toutes mains. ■ **N. m.** Boxe *Le gauche*, le poing gauche. *Envoyer un crochet du gauche.*

GAUCHEMENT, adv. [go(ə)mɑ̃] (*gauche*) D'une manière contrainte, gênée, maladroite. *Se présenter gauchement.*

GAUCHER, ÈRE, adj. [goʃe, ɛʁ] (*gauche*) Qui se sert de la main gauche plus souvent que de la droite, et spécialement qui se sert exclusivement de la main gauche pour un certain usage, par exemple pour écrire, pour faire des armes, etc. ◆ **N. m. et n. f.** *Un gaucher. Une gauchère.*

GAUCHERIE, n. f. [goʃ(ə)ʁi] (*gauche*) Action d'une personne gauche, maladroite, peu sagace. ◆ Manque d'aisance, d'adresse, de grâce. *La gaucherie du maintien.*

GAUCHIR, v. intr. [goʃiʁ] (anc. fr. *guenchir*, faire des détours, du frq. *wenkjan*, vaciller, avec infl. de *gauchier*, déformer) Perdre sa forme, se contourner. *Cette règle gauchit.* ◆ Détourner le corps pour éviter quelque coup. ◆ Se détourner de la ligne directe de sa route. ◆ **Fig.** S'écarter de la rectitude, de la franchise. « *Quelle misère de gauchir toujours, et de n'oser jamais parler franchement dans une matière de religion !* », BOSSUET. ◆ *Gauchir à*, autour, contre, ne pas aborder franchement. *Gauchir aux difficultés.* « *Contre son insolence on ne doit point gauchir* », MOLIÈRE. ■ **V. tr.** Rendre gauche, déformer. *L'humidité a gauchi le bois de la fenêtre.* ■ **Fig.** Fausser, dénaturer. *Gauchir une idée.*

GAUCHISANT, ANTE, ■ n. m. et n. f. [goʃizɑ̃, ɑ̃t] (*gauche*) Péj. Qui est plutôt favorable aux idées de gauche en politique. ■ **Adj.** *Une politique gauchisante.*

GAUCHISME, ■ n. m. [goʃism] (*gauche*) Courant politique d'extrême gauche prônant la révolution.

GAUCHISSEMENT, n. m. [goʃis(ə)mɑ̃] (radic. du p. prés. de *gauchir*) Action de gauchir ; le résultat de cette action.

GAUCHISTE, ■ n. m. et n. f. [goʃist] (*gauche*) Partisan du gauchisme. ■ **Adj.** *Une attitude gauchiste.*

1 **GAUCHO**, ■ n. m. et n. f. [gawtʃo] (araucan ou quechua *cachu*, camarade) Gardien des troupeaux de bovins à cheval en Argentine. *Symboles de rébellion, de courage et de liberté face aux colonisateurs espagnols, les gauchos sont dépendants des traditions cavalières transmises de pères en fils depuis plus de quatre cents ans.*

2 **GAUCHO**, ■ n. m. et n. f. [goʃo] (abréviation de *gauchiste*) **Fam.** et péj. Gauchiste. *Ils étaient toute une bande de gauchos à vouloir refaire le monde.*

1 **GAUDE**, n. f. [god] (germ. *walda*) Espèce de réséda employée pour la teinture en jaune.

2 **GAUDE**, n. f. [god] (1 *gaude*, par analogie de couleur) Bouillie faite avec de la farine de maïs.

GAUDIR (SE), v. pr. [godiʁ] (lat. *gaudere*) ▷ **Fam.** Se réjouir. ◆ Se moquer. *Se gaudir de quelqu'un.* ◆ Il est vieux. ◁

GAUDRIOLE, n. f. [godʁijɔl] (prob. croisement de *gaudir* avec *cabriole*) Propos gai et un peu libre. ◆ *La gaudriole*, l'amour physique.

GAUFRAGE, n. m. [gofʁaʒ] (*gaufrer*) Action de gaufrer les étoffes, les rubans, les papiers et autres objets.

GAUFRE, n. f. [gofʁ] (anc. fr. *walfre*, de l'anc. b. frq. *wafla*, prob. gâteau et rayon de miel ; le sens ornemental vient de *gaufrer*) Rayon, gâteau de miel. *Une gaufre de miel.* ◆ Pâtisserie mince et légère, cuite entre deux fers. ◆ Façon qu'on donne à une étoffe, à une reliure, en y faisant plusieurs figures avec un fer chaud.

GAUFRÉ, ÉE, p. p. de gaufrer. [gofʁe]

GAUFRER, v. tr. [gofʁe] (*gaufre*) Imprimer certaines figures sur des étoffes, sur des papiers ou autres objets, avec des fers faits exprès. ◆ Se gaufrer, v. pr. Être gaufré. ■ **Fam.** Tomber. *Il s'est gaufré devant tout le monde !*

GAUFRETTE, ■ n. f. [gofʁɛt] (*gaufre*) Petit biscuit sec, alvéolé, fourré ou non. *Des gaufrettes à la crème ou à la confiture.*

GAUFREUR, EUSE, n. m. et n. f. [gofʁœʁ, øz] (*gaufrer*) Ouvrier, ouvrière qui gaufre les étoffes.

GAUFREUSE, ■ n. f. [gofʁøz] (*gaufrer*) Machine servant à gaufrer. *Une gaufreuse à papier.*

GAUFRIER, n. m. [gofʁije] (*gaufre*) Ustensile de fer dans lequel on fait cuire des gaufres.

GAUFROIR, ■ n. m. [gofʁwaʁ] (*gaufrer*) Appareil servant au gaufrage.

GAUFRURE, n. f. [gofʁyʁ] (*gaufrer*) Empreinte que l'on fait sur une étoffe en la gaufrant.

GAULAGE, n. m. [golaʒ] (*gauler*) Action de gauler ; résultat de cette action. *Le gaulage des noix.*

GAULE, n. f. [gol] (anc. fr. *waulle*, longue perche, de l'anc. b. frq. *walu*, bâton) Grande perche. *C'est avec une gaule qu'on abat les noix.* ◆ Bâton. « *Il ne me fallait pas payer en coups de gaule* », MOLIÈRE. ◆ Houssine servant à dresser les chevaux. ◆ Manche de ligne.

GAULÉ, ÉE, p. p. de gauler. [gole]

GAULER, v. tr. [gole] (*gaule*) Battre un arbre avec une gaule, pour en faire tomber le fruit. ◆ Se gauler, v. pr. Être gaulé. ■ **Fam.** Prendre, arrêter. *Il s'est fait gauler.*

GAULETTE, ■ n. f. [golɛt] (*gaule*) Antilles, Réunion, Nouvelle-Calédonie. Branchage tressé calfeutré de paille enduite de terre mouillée utilisé pour les constructions des cases traditionnelles. ■ **Par extens.** Toute tige de bois fine et longue. ■ Ancienne unité de mesure à la Réunion. *444 gaulettes équivalaient à un hectare.*

GAULIS, n. m. [goli] (anc. fr. *waulich*, clôture de gaules) Eaux et forêts. Branches d'un taillis qu'on laisse croître. ◆ **Chasse** Grandes branches qui arrêtent les chasseurs courant dans l'épaisseur des bois. ◆ *Lames de gaulis*, lames minces de bois qui servent à faire différentes espèces de paniers.

GAULLIEN, IENNE, ■ adj. [goljɛ̃, jɛn] (Charles de *Gaulle*, homme d'État français, 1890-1970) Qui relève de la pensée du général de Gaulle. *Modèle gaullien.*

GAULLISME, ■ n. m. [golism] (Charles de *Gaulle*) Attitude politique des partisans du général de Gaulle au temps de la Résistance et de la Libération. *Le gaullisme est une lutte politique contre l'occupant.* ■ Ensemble des institutions, des attitudes politiques des partisans du général de Gaulle en tant que politicien et président de la République.

GAULLISTE, ■ n. m. et n. f. [golist] (Charles de *Gaulle*) Partisan du gaullisme. *Un gaulliste de la première heure.* ■ **Adj.** *La diplomatie gaulliste. Un mouvement gaulliste.*

GAULOIS, OISE, adj. [golwa, waz] (*Gaule*, de l'anc. b. frq. *Walhus*, les Romans ; homonyme de dérivé de *walhisk*, roma) Qui est de la Gaule. *Les peuples gaulois.* ◆ **Fig.** Qui a le caractère des vieilles et bonnes mœurs. *Une franchise gauloise.* ◆ Qui a le caractère inculte et mal poli des vieux temps. *Des manières gauloises.* ◆ Suranné. *Expression gauloise.* ◆ *Esprit gaulois*, mot gaulois, trait d'esprit, mot dont la liberté n'observe pas toutes les convenances. ◆ **N. m. et n. f.** Celui, celle qui est du pays de Gaule. ◆ Homme d'une certaine rudesse de manières ou de caractère. ◆ **N. m.** Langue parlée par les anciens Gaulois, qui était un dialecte des langues celtiques. ◆ Locution surannée. *C'est du gaulois.* ■ **Fam.** Français. *C'est bien une attitude de Gaulois, ça !*

GAULOISEMENT, ■ adv. [golwaz(ə)mɑ̃] (*gaulois*) De façon gauloise. ■ **Par extens.** et fam. À la française. *Une attitude gauloisement rock'n'roll.*

GAULOISERIE, ■ n. f. [golwaz(ə)ʁi] (*gaulois*) Parole licencieuse et osée. *Dire des gauloiseries.* ■ Caractère grivois.

GAULTHÉRIE, ■ n. f. [golteʁi] (*Gaulther*, botaniste canadien) Arbuste d'Amérique du Nord, dont on extrait une essence des feuilles à des fins médicales. *L'essence de gaulthérie est appelée wintergreen.*

GAUPE, n. f. [gop] (prob. apparenté à l'all. *Walpe*, femme sotte) T. d'injure et de mépris. Femme malpropre et désagréable.

GAUR, ■ n. m. [gɔr] (hindoustan, *gour*, transcrit *gaur*, *gore* en angl.) Sorte de bœuf vivant à l'état sauvage en Asie du Sud-Est et qui possède une bosse en forme de selle sur le dos. *Les gaurs sont de gros animaux pouvant mesurer 2 m à l'épaule et peser jusqu'à 900 kg.* ■ REM. On dit aussi *gayal*.

GAURES, n. m. pl. [gɔr] Sectaires de Zoroastre, désignés plus souvent sous le nom de Guèbres. Voy. GUÈBRES.

GAUSSER (SE), v. pr. [gose] (orig. incert. ; p.-ê. esp. *gozarse*, se réjouir, de *gozo*, joie, lat. *gaudium*) **Fam.** Se railler. « *Et nous voyons que d'un homme on se gausse* », MOLIÈRE. ♦ Absol. *Vous vous gaussez.* ♦ V. intr. « *Pierre s'arrête, rit, et en gaussant me dit* », P.-L. COURIER. ♦ V. tr. « *J'enrageais quand je vis cent hommes me gausser* », POISSON.

GAUSSERIE, n. f. [gos(ə)ri] (*gausser*) ▷ **Pop.** Moquerie, raillerie. ◁

GAUSSEUR, EUSE, n. m. et n. f. [gosœr, øz] (*gausser*) ▷ Celui, celle qui se gausse des autres. ♦ Adj. *Elle est gausseuse.* ◁

GAVAGE, ■ n. m. [gavaʒ] (*gaver*) Action de gaver. *Le gavage des oies et des canards dans le Sud-Ouest.* ■ Méd. Traitement de renutrition en hôpital dispensé dans certains cas graves de troubles du comportement alimentaire, tels que l'anorexie. *Des canules de gavage.*

1 GAVE, n. m. [gav] (mot pic., gosier) **Pop.** Jabot des oiseaux.

2 GAVE, n. m. [gav] (a. gasc. *gave*, *gabe* ; lat. médiéval *gabarus* ; prob. base préromane *gabaru*, *gabarru*) Nom que l'on donne dans les Pyrénées aux cours d'eau qui descendent des montagnes.

GAVEAU, n. m. [gavo] ▷ Membre d'une association d'ouvriers. ◁

GAVER, v. tr. [gave] (1 *gave*) **Pop.** Faire manger beaucoup et malgré eux des poulets, des pigeons, etc., pour les engraisser. ♦ **Par extens.** Gorger. *Gaver un enfant de bonbons.* ■ Se gaver, v. pr. Se gorger de nourriture. ■ **Fig.** Donner à profusion, combler. *Il nous a gavés de paroles.*

GAVEUR, EUSE, ■ n. m. et n. f. [gavœr, øz] (*gaver*) Personne qui gave les animaux. *Un gaveur d'oies.*

GAVEUSE, ■ n. f. [gavøz] (*gaver*) Appareil servant au gavage des animaux. *Une gaveuse manuelle pour oies et canards.*

GAVIAL, ■ n. m. [gavjal] (hindi *ghariyal*, de même sens) Espèce de crocodile qui vit en Inde, mesurant 6 à 7 m de long, muni d'une mâchoire comportant une centaine de dents, d'un museau très long et de pattes plus longues que celles des autres crocodiles. *Les gavials de Sumatra.*

GAVION, n. m. [gavjɔ̃] (1 *gave*) ▷ **Pop.** Gosier. ◁

GAVOTTE, n. f. [gavɔt] (provenç. *gavoto*, danse des *Gavots*, habitants des montagnes de Provence, du préroman *gaba*, *gava*, goitre) Danse grave sur un air à deux temps. ♦ Air sur lequel on danse la gavotte.

GAVROCHE, ■ n. m. [gavrɔʃ] (nom d'un des héros des *Misérables*, de V. Hugo) Titi parisien.

GAY, ■ n. m. [gɛ] (mot angl., gai) Homosexuel. *Les gays.* ■ Adj. Relatif à l'homosexualité masculine. *Des boîtes de nuit gays.*

GAYAC, n. m. [gajak] Voy. GAÏAC.

GAYAL, ■ n. m. [gajal] (mot hindi) Autre nom du gaur. *Des gayals.*

GAZ, n. m. [gaz] (mot créé par van Helmont, 1577-1640, du lat. *chaos*, gr. *khaos*, masse confuse des éléments) **Chim.** Tout fluide aériforme. ♦ **Absol.** *Le gaz*, celui qui est employé pour l'éclairage. ♦ *Le gaz, la compagnie du gaz*, celle qui fournit le gaz de l'éclairage. ♦ *Le gaz*, l'éclairage au gaz. ♦ Se dit aussi, improprement, des vapeurs de l'estomac et des intestins. ■ Au pl. Mélange d'air et de carburant dont la combustion assure le fonctionnement d'un moteur à explosion. ♦ **Fam.** *À pleins gaz* ou *pleins gaz*, à pleine puissance ; à toute vitesse. ■ **Fam.** *Mettre les gaz*, accélérer. ■ **Fam.** *Il y a de l'eau dans le gaz*, un désaccord surgit, une dispute menace d'éclater. ■ **Fig.** *Son histoire sent le gaz*, est louche, sent mauvais. ■ *Avoir des gaz*, avoir des flatulences.

GAZAGE, ■ n. m. [gazaʒ] (*gazer*) Action de gazer. *Le gazage des populations juives par les nazis pendant la Seconde Guerre mondiale.*

GAZE, n. f. [gaz] (orig. incert. : ar. *qazz*, bourre de soie, plutôt que *Gaza*, ville de Palestine) Espèce d'étoffe fort claire, faite de soie ou de fil d'or et d'argent. ♦ **Fig.** Voile, adoucissement. « *Nuls traits à découvert n'auront ici de place ; Tout y sera voilé, mais de gaze* », LA FONTAINE. ■ Tissu de coton très fin et stérilisé, utilisé pour les pansements.

GAZÉ, ÉE, p. p. de gazer. [gaze]

GAZÉIFIABLE, adj. [gazeifjabl] (*gazéifier*) ▷ **Chim.** Qui est susceptible de se convertir en gaz. ◁

GAZÉIFICATION, n. f. [gazeifikasjɔ̃] (*gazéifier*) **Chim.** Réduction d'une substance à l'état de gaz.

GAZÉIFIÉ, ÉE, p. p. de gazéifier. [gazeifje]

GAZÉIFIER, v. tr. [gazeifje] (*gazéi-* et *-ifier*) Transformer en gaz. ♦ Se gazéifier, v. pr. Être transformé en gaz.

GAZÉIFORME, adj. [gazeifɔrm] (*gazéi-* et *-forme*) ▷ Qui est à l'état de gaz. ◁

GAZÉITÉ, n. f. [gazeite] (*gaz*) ▷ **Chim.** Propriété qu'ont certains corps d'exister à l'état gazeux. ◁

GAZELLE, n. f. [gazɛl] (ar. *ghaza*) Bête fauve du genre des antilopes.

1 GAZER, v. tr. [gaze] (*gaze*) Mettre une gaze sur quelque chose. ♦ **Fig.** Voiler légèrement, déguiser dans un écrit ce qui est trop libre ou ce qui déplairait. ♦ **Absol.** *Gazez.*

2 GAZER, ■ v. tr. [gaze] (*gaz*) Intoxiquer avec des gaz. *Gazer un renard dans son terrier.* ■ V. intr. **Fam.** Aller vite. ■ **Fam.** *Ça gaze*, ça marche, ça va.

GAZETIER, n. m. [gaz(ə)tje] (*gazette*) ▷ Celui qui compose, publie un journal, une gazette. ♦ Aujourd'hui, on dit *journaliste*. ♦ **Fig.** Celui qui annonce à un tiers les nouvelles du pays où il est. ♦ Celui qui recueille les bruits qui courent. ♦ **Par dénigrement.** « *Ces gazetiers de mensonge* », VOLTAIRE. ◁

GAZETIN, n. m. [gaz(ə)tɛ̃] (dimin. de *gazette*) Vieilli Petite gazette.

1 GAZETTE, n. f. [gazɛt] (ital. *gazzetta*, du vénit. *gazeta*, pièce de monnaie représentant le prix de vente de la *Gazeta de le novite*, journal vénitien ; le mot *gazeta* vient plutôt du lat. *gaza*, trésor, gr. *gaza*, que du *gaza*, pie) Écrit périodique contenant les nouvelles politiques, littéraires, etc. ♦ *Une vieille gazette*, une chose qui n'a plus aucun intérêt. ♦ Titre de différents journaux. *La Gazette de France.* ♦ Détail minutieux de circonstances. *Faire la gazette de la cour.* ♦ **Par dénigrement** Histoire, poème, récit où les choses sont racontées sèchement et sans intérêt. ♦ Personne curieuse d'apprendre et de débiter toutes sortes de nouvelles. *C'est la gazette du quartier.*

2 GAZETTE, n. f. [gazɛt] Altération de casette. Voy. CASETTE.

GAZEUX, EUSE, adj. [gazø, øz] (*gaz*) **Chim.** Qui est de la nature du gaz ; qui est à l'état de gaz. ♦ *Air gazeux*, ancien nom de l'acide carbonique. ♦ *Limonade gazeuse*, Voy. LIMONADE.

1 GAZIER, ■ n. m. [gazje] (*gaz*) Ouvrier qui travaille au gaz de l'éclairage. ■ Employé dans une usine à gaz ou une compagnie du gaz.

2 GAZIER, IÈRE ■ n. m. et n. f. [gazje, jɛr] (*gaz*) Ouvrier, ouvrière en gaze.

GAZIFÈRE, adj. [gazifɛr] (*gaz* et *-fère*) ▷ **Chim.** Qui sert à faire le gaz. ♦ N. m. Appareil servant à faire le gaz inflammable pur. ◁

GAZINIÈRE, ■ n. f. [gazinjɛr] (*gaz* et *[cuis]inière*) Cuisinière à gaz.

GAZODUC, ■ n. m. [gazodyk] (*gazo-* et *-duc*, sur le modèle d'*oléoduc*) Conduite permettant de transporter le gaz naturel.

GAZOFACTEUR, n. m. [gazofaktœr] (*gazo-* et *facteur*) ▷ Usine où l'on fait du gaz portatif. ◁

GAZOGÈNE, n. m. [gazoʒɛn] (*gazo-* et *-gène*) Appareil portatif avec lequel on fait de l'eau de Seltz. ■ Appareil produisant un gaz à partir d'un combustible liquide ou solide.

GAZOLE ou **GASOIL**, ■ n. m. [gazɔl] ou [gazwal] (adaptation d'après pétrole de l'angl. *gas-oil*, de *gas*, gaz, et *oil*, huile) Produit issu de la distillation du pétrole, utilisé dans la fabrication du gaz et comme carburant pour les moteurs Diesel.

GAZOLINE, ■ n. f. [gazolin] (angl. *gasolene, gasoline*, de *gas*, gaz, suff. *-ol*-et *-ine*) Sorte d'essence extraite du pétrole brut. *Traitement de la gazoline pour la production d'hydrogène.*

GAZOMÈTRE, n. m. [gazomɛtr] (*gazo-* et *-mètre*) **Chim.** Appareil propre à mesurer la quantité d'un gaz. ♦ Appareil mesurant la quantité du gaz d'éclairage.

GAZON, n. m. [gazɔ̃] (anc. fr. *wason*, de l'anc. b. frq. *waso*, motte de terre recouverte d'herbe) Herbe courte et menue. ♦ *Gazon d'Olympe*, nom vulgaire de la *statice armérie*, dite aussi *gazon d'Espagne*. ♦ *Gazon anglais*, nom vulgaire de l'ivraie vivace. ♦ Terre couverte de gazon. *Danser sur le gazon.* ♦ **Fortif.** Revêtement d'un parapet. ♦ **Au pl.** Mottes de terre carrées et couvertes de gazon, dont on se sert pour faire des gazons artificiels. *Lever des gazons.* ♦ **Plais.** La perruque d'un chauve.

GAZONNANT, ANTE, ■ adj. [gazɔnɑ̃, ɑ̃t] (*gazonner*) Qui ressemble au gazon. *Une plante gazonnante.*

GAZONNÉ, ÉE, p. p. de gazonner. [gazone]

GAZONNEMENT, n. m. [gazon(ə)mɑ̃] (*gazonner*) Action de gazonner.

GAZONNER, v. tr. [gazɔne] (*gazon*) Revêtir de gazon. ♦ Établir un gazon sur le terrain. *Gazonner un carré de jardin.*

GAZOUILLANT, ANTE, adj. [gazujã, ãt] (*gazouiller*) Qui gazouille. *L'onde gazouillante.*

GAZOUILLEMENT, n. m. [gazuj(ə)mã] (*gazouiller*) Petit bruit agréable que font les oiseaux en chantant. ♦ **Par extens.** Le murmure d'une eau courante. ♦ La conversation, le chuchotement de petites filles. ♦ On dit aussi *gazouillis.* ▪ Babillage. *Les gazouillements d'un bébé.* ▪ **Rem.** On dit aussi *gazouillis.*

GAZOUILLER, v. intr. [gazuje] (radic. onomat. *gas-* : cf. *jaser*) Faire un petit bruit doux et agréable comme celui que produit le chant confus des petits oiseaux. ♦ **Par extens.** Il se dit des personnes. ♦ **V. tr.** Prononcer, chanter comme en gazouillant. *Gazouiller des couplets.* ♦ Se dit du bruit que font les ruisseaux en coulant sur les cailloux.

GAZOUILLEUR, EUSE, ▪ adj. [gazujœr, øz] (*gazouiller*) Qui gazouille. *Un poussin gazouilleur.*

GAZOUILLIS, n. m. [gazuji] (*gazouiller*) Syn. de gazouillement.

GEAI, n. m. [ʒɛ] (lat. *gaius*, onomat., ou du prénom *Gaius*, très courant chez les Romains et utilisé comme sobriquet, que cet oiseau parleur pouvait répéter) Oiseau de la famille des corbeaux, remarquable par son plumage bigarré ; il est de ceux à qui on peut apprendre à parler. ♦ ▷ *C'est le geai paré des plumes du paon, le geai de la fable,* se dit de quelqu'un qui se fait honneur d'une chose d'emprunt. ◁

GÉANT, ANTE, n. m. et n. f. [ʒeã, ãt] (lat. vulg. *gagantem*, de *gagas*, génit. *-antis*, altération du lat. *gigas*, gr. *gigas*) Nom d'êtres fabuleux d'une taille énorme, qui étaient fils de la Terre. ♦ Il se dit aussi d'êtres à forme plus ou moins humaine et d'une très grande taille. ♦ **Par extens.** Personne qui excède de beaucoup la taille ordinaire. ♦ *Aller, marcher à pas de géant,* aller, marcher à très grands pas. **Fig.** Faire des progrès rapides. ♦ **Fig.** *Géant* se dit quelquefois d'un génie prodigieux. *Michel-Ange est un géant.* ♦ Il se dit des animaux d'une taille colossale. *La baleine, ce géant des mers.* ▪ **Hist. nat.** Tout corps organisé dont la stature dépasse les proportions communes des individus de son espèce. ♦ **Adj.** *Une taille géante.* ▪ Pays, entreprise qui occupe une position économique dominante. *Les géants de l'industrie automobile.* ▪ *Étoile géante* ou ellipt. *une géante,* grosse étoile très lumineuse. ▪ **Fam.** Formidable. *C'est géant !*

GÉASTER, ▪ n. m. [ʒeastɛr] (gr. *gê,* terre et *astèr,* étoile) Famille de champignons. On compte en Europe quinze à vingt espèces de géasters de couleur variable, croissant surtout sur sol sablonneux et sous les pins.

GECKO, ▪ n. m. [ʒeko] (mot malais) Petit lézard d'Asie à peau tachetée et aux doigts garnis de lamelles adhésives. *Des geckos.*

GÉHENNE, n. f. [ʒeɛn] (lat. chrét. *gehenna,* gr. *geenna,* lieu de torture, enfer, de l'hébr. *gê-Hinnom,* vallée de Hinnom) Vallée près de Jérusalem où les Juifs brûlaient leurs fils et leurs filles en l'honneur des idoles. ♦ **Fig.** L'enfer, en style de l'Écriture. *La géhenne du feu.*

GEIE, ▪ n. m. [ʒeœiɛf] (sigle de *groupement européen d'intérêt économique*) Entité qui permet à des entreprises appartenant à au moins deux états membres de la Communauté européenne de fonder une entité de collaboration juridiquement indépendante dans le but de faciliter leurs activités économiques transnationales.

GEIGNANT, ANTE, adj. [ʒeɲã, ãt] ou [ʒenjã, ãt] (radic. du p. prés. de *geindre*) Qui a l'habitude de geindre.

GEIGNARD, ARDE, ▪ adj. [ʒeɲar, ard] ou [ʒenjar, ard] (radic. du p. prés. de *geindre*) Qui ne cesse de se lamenter. ▪ N. m. et n. f. *Un geignard, une geignarde.* « *D'un coup, sa voix se brisait, et il remettait ça, le geignard* », Blier.

GEIGNEMENT, ▪ n. m. [ʒeɲəmã] ou [ʒenjəmã] (radic. du p. prés. de *geindre*) Cri plaintif, fait de geindre. « *Les jeunes enfants se mettent à pleurer avec un geignement continu qui grince et n'arrange pas les choses* », Le Clézio. ▪ *Le geignement expiratoire chez les nourrissons.*

GEINDRE, v. intr. [ʒɛ̃dr] (attraction des verbes en *-eindre* sur l'anc. fr. *giembre,* de *gemere,* se plaindre) **Fam.** Gémir, mais avec l'idée de blâmer celui qui geint, ou de se moquer de lui.

GEISHA, ▪ n. f. [ɡejʃa] ou [ɡeʃa] (mot jap.) Danseuse et musicienne japonaise éduquée et spécialisée dès le plus jeune âge pour accompagner et divertir les hommes lors de réunions. *Des geishas.*

GEL, ▪ n. m. [ʒɛl] (lat. *gelu,* gel, grand froid) Temps très froid, dont les températures se situent au-dessous de 0°C. ▪ Congélation de l'eau. ▪ Substance transparente ou colorée de consistance ferme, élastique ou fondante. *Du gel pour cheveux.* ▪ **Fig.** Situation figée, suspension d'une activité. *Le gel des salaires.*

GELABLE, adj. [ʒəlabl] (*geler*) ▷ Qui est susceptible d'être gelé. ♦ Qui est exposé à être gelé. ◁

GÉLATINE, n. f. [ʒelatin] (ital. *gelatina,* de *gelare,* geler) Substance qu'on extrait, sous forme de gelée, des os des animaux.

GÉLATINEUX, EUSE, adj. [ʒelatinø, øz] (*gélatine*) Qui est de la nature de la gélatine. ♦ Qui a l'apparence de la gélatine.

GELÉ, ÉE, p. p. de geler. [ʒ(ə)le]

GELÉE, n. f. [ʒ(ə)le] (b. lat. *gelata,* p. p. substantivé de *gelare,* geler) Froid qui glace l'eau et qui rend les corps plus rigides. ♦ *Gelée blanche,* congélation de la rosée avant le lever du soleil, pendant les nuits sereines du printemps et de l'automne. ♦ Suc de viande ou de quelque autre substance qui a pris une consistance molle en se refroidissant. *Gelée de veau.* ♦ Jus de fruits cuits qui se coagule par le refroidissement. *Gelée de groseilles.* ▪ Toute substance gélatineuse. ▪ *Gelée royale,* substance sécrétée par les abeilles et qui sert à nourrir les larves.

GELER, v. tr. [ʒ(ə)le] (lat. *gelare*) Transformer en glace, durcir par le froid. ♦ **Par extens.** Détruire la vie dans les plantes, dans leurs boutons, dans leurs fleurs. ♦ **Par exagération** Causer du froid. *Voilà une porte qui nous gèle.* ♦ **Fig.** *Cet homme gèle ceux qui l'abordent,* son froid accueil les met mal à l'aise. ♦ **V. intr.** Se congeler. *La rivière a gelé.* ♦ Il se dit du mal que le froid cause aux végétaux ou à l'homme. *Les vignes ont gelé. Mes doigts gelèrent.* ♦ Avoir un froid excessif. ▪ **Impers.** *Il gèle à pierre fendre.* ♦ *Il a gelé blanc,* il y a eu une gelée blanche. ♦ *Se geler,* v. pr. Être transformé en glace. ♦ Être durci par le froid. ♦ Avoir très froid. ▪ **V. tr. Fig.** Arrêter, bloquer. *Geler les prix.*

GÉLIF, IVE, adj. [ʒelif, iv] (radic. de *geler*) Qui s'est fendu ou qui se fend par la gelée. *Arbres gélifs. Pierres gélives.* ♦ Buffon dit au féminin *gélisse* comme au XVIᵉ siècle, et comme on dit encore dans beaucoup de campagnes.

GÉLIFIANT, ▪ n. m. [ʒelifjã] (*gel*) Additif qui donne la consistance du gel à un produit, à une préparation. ▪ **Adj.** *Une substance gélifiante.*

GÉLIFICATION, ▪ n. f. [ʒelifikasjɔ̃] (*gel*) **Chim.** Processus de transformation en gel. *La gélification du dioxyde de carbone.* ▪ Processus de transformation en gélatine. *La gélification de confitures.*

GÉLIFIER, ▪ v. tr. [ʒelifje] (*gel*) **Chim.** Transformer en gel. ▪ Ajouter de la gélatine ou une substance gélifiante à un liquide de telle sorte que ce dernier prenne une consistance gélatineuse. *Gélifier une confiture.*

GÉLIFRACTION, ▪ n. f. [ʒelifraksjɔ̃] (*gel* et lat. *fractio,* action de briser) **Géol.** Action du gel. ▪ Éclatement des roches sous l'effet du gel. *L'érosion par gélifraction des roches.*

GELINE, n. f. [ʒ(ə)lin] (lat. vulg. *galina,* du lat. *gallina*) Poule ou poularde.

GELINOTTE ou **GÉLINOTTE**, n. f. [ʒelinɔt] (dim. de *geline*) Petite poule engraissée dans une basse-cour. ♦ *Gelinotte des bois* ou absol. *gelinotte,* espèce d'oiseau sauvage, bon à manger.

GÉLISOL, ▪ n. m. [ʒelisɔl] (*gel* et *sol*) **Géol.** Sol qui contient de la matière gelée en permanence. *Impact du gélisol sur l'hydrologie d'une région.*

GÉLISSE, ▪ adj. [ʒelis] Voy. gélif.

GÉLITURBATION, ▪ n. f. [ʒelityrbasjɔ̃] (*gel* et lat. *turbatio,* perturbation) **Géol.** Déplacement des particules d'un sol sous l'effet des gels et dégels successifs.

GÉLIVITÉ, ▪ n. f. [ʒelivite] (*gélif*) Susceptibilité d'un matériau au gel. *La gélivité du béton.*

GÉLIVURE, n. f. [ʒelivyr] (*gélif*) Gerçure, fente des arbres causée par une forte gelée. ♦ État d'une pierre gélive.

GÉLULE, ▪ n. f. [ʒelyl] (*gélatine* et *capsule*) Petite capsule de gélatine renfermant une substance médicamenteuse.

GELURE, ▪ n. f. [ʒəlyr] (*geler*) Lésion produite sur la peau par le gel. *Gelures aux doigts, aux orteils.*

GÉMEAUX, n. m. pl. [ʒemo] (a. fr. sing. *jumel, gimel,* du lat. *gemellus*) ▷ Frères jumeaux. ◁ ♦ **Adj.** *Deux princes gémeaux.* ♦ L'un des douze signes du zodiaque ; en ce sens, il prend une majuscule. ♦ *Un gémeaux, une gémeaux,* personne née sous le signe des gémeaux.

GÉMELLAIRE, ▪ adj. [ʒemelɛr] (lat. *gemellus,* jumeau) Qui est relatif aux jumeaux. *Une grossesse gémellaire.*

GÉMELLIPARE, ▪ adj. [ʒemelipar] (lat. *gemellipara,* mère de jumeaux) Qui engendre des jumeaux. *Une femme gémellipare.*

GÉMELLIPARITÉ, ▪ n. f. [ʒemeliparite] (*gémellipare*) État d'une femme qui a accouché de jumeaux.

GÉMELLITÉ, ▪ n. f. [ʒemelite] (lat. *gemellus,* jumeau) Fait d'être jumeau. *Les impacts psychologiques de la gémellité.*

GÉMINATION, ▪ n. f. [ʒeminasjɔ̃] (lat. *geminatio,* répétition de mots) Action de produire des choses qui vont par paire. ▪ **Ling.** Fait de redoubler un mot, une syllabe, un phonème. *En français, on peut notamment distinguer par la gémination le conditionnel de l'imparfait : courrais et courais.*

GÉMINÉ, ÉE, adj. [ʒemine] (p. p. de *géminer*) **Dr.** Réitéré. *Arrêts géminés.* ♦ **Archit.** *Colonnes géminées,* colonnes groupées deux à deux, mais avec quelque intervalle. ♦ **Bot.** Se dit de parties qui sont disposées deux à deux, ou qui naissent par paire d'un même point. ▪ **Ling.** Qui est double, en parlant d'une lettre ou d'un phonème. *Une consonne géminée à l'écrit ne se traduit pas toujours par une consonne géminée à l'oral.* ▪ **N. f.** *Une géminée,* consonne géminée.

GÉMINER, ▪ v. tr. [ʒemine] (lat. *geminare,* doubler) **Didact.** Grouper, disposer par paire. *Géminer deux écoles primaires.*

GÉMIR, v. intr. [ʒemir] (lat. *gemere,* se plaindre, avec changement de conjugaison) Exhaler sa souffrance, sa peine, d'une voix plaintive et inarticulée. ♦ **Par extens.** Se plaindre sous un poids qui accable. ♦ **Fig.** « *J'ai fait taire les lois et gémir l'innocence* », **Racine.** « *Le royaume gémissait sous la tyrannie* », **Fénelon.** ♦ Être péniblement ou désagréablement affecté de quelque chose. *Gémir de ou sur quelque chose.* ♦ Il se dit du cri de certains oiseaux. *La colombe gémit.* ♦ Par analogie, il se dit des choses qui font entendre une sorte de murmure. « *Les marteaux faisaient gémir les cavernes de la Terre* », **Fénelon.** ♦ S'affaisser, en parlant des choses qui reçoivent un poids, une pression considérable. « *La mer gémissait sous le nombre et sous la grandeur énorme de nos navires* », **Massillon.** ♦ ▷ **Fig.** et **fam.** *Faire gémir la presse,* faire beaucoup imprimer. ◁

GÉMISSANT, ANTE, adj. [ʒemisɑ̃, ɑ̃t] (*gémir*) Qui gémit. *Des voix gémissantes.*

GÉMISSEMENT, n. m. [ʒemis(ə)mɑ̃] (radic. du p. prés de *gémir*) Cri plaintif de celui qui gémit. ♦ **Théol.** *Gémissement du cœur,* vif sentiment de regret d'avoir péché. ♦ Plainte en général. *Les gémissements de l'opprimé.* ♦ Cri de la colombe, de la tourterelle. ♦ Bruit, murmure, que certaines choses font entendre. *Le sourd gémissement des forêts.*

GEMMAGE, ▪ n. m. [ʒemaʒ] (*gemmer,* inciser l'écorce des pins pour récolter la résine, du gasc. *gema,* exploiter la résine) Récolte, par incision, de la résine des pins. *Les campagnes de gemmage commencent vers la fin du mois de janvier, et se terminent généralement à la fin du mois de novembre.*

GEMMAIL, ▪ n. m. [ʒemaj] (*gemme* et [*vitr*]*ail*) Sorte de vitrail. *Des gemmaux.*

GEMMATION, n. f. [ʒemasjɔ̃] (radic. du lat. *gemmatum,* supin de *gemmare,* bourgeonner) **Bot.** Développement des boutons dans les plantes vivaces. ♦ Époque de leur épanouissement. ♦ Ensemble des bourgeons d'un végétal. ♦ Disposition générale des bourgeons.

1 GEMME, n. f. [ʒem] (lat. *gemma,* pierre précieuse) Toute espèce de pierres précieuses. ♦ *Gemme orientale,* nom donné vulgairement aux variétés du corindon hyalin. ♦ **Adj.** Se dit des pierres précieuses et du sel. *Pierre gemme. Sel gemme,* sel cristallisé que l'on tire des mines.

2 GEMME, n. f. [ʒem] (lat. *gemma,* bourgeon) **Bot.** Nom donné à toutes les parties susceptibles de reproduire un végétal.

GEMMÉ, ÉE, adj. [ʒeme] (*gemmer*) Qui est orné de gemmes, de pierres précieuses. *Une croix gemmée.*

GEMMER, ▪ v. tr. [ʒeme] (2 *gemme*) Orner de gemmes. *Gemmer des pins.*

GEMMEUR, EUSE, ▪ n. m. et n. f. [ʒemœr, øz] (*gemmer*) Personne qui s'occupe du gemmage.

GEMMIFÈRE, ▪ adj. [ʒemifɛr] (2 *gemme* et *-fère,* d'après le lat. *gemmifer,* qui renferme des pierres précieuses) Qui possède des bourgeons.

GEMMIPARE, ▪ adj. [ʒemipar] (2 *gemme* et *-pare*) **Biol.** Qui se reproduit par gemmiparité. *Une génération gemmipare.*

GEMMIPARITÉ, ▪ n. f. [ʒemiparite] (*gemmipare*) Forme de reproduction propre à certains animaux.

GEMMOLOGIE, ▪ n. f. [ʒemoloʒi] (1 *gemme* et *-logie*) Science qui a pour objet l'étude des gemmes.

GEMMOLOGUE ou **GEMMOLOGISTE**, ▪ n. m. et n. f. [ʒemolɔg] ou [ʒemoloʒist] (*gemmologie*) Personne spécialisée dans l'étude des gemmes.

GEMMOTHÉRAPIE, ▪ n. f. [ʒemoterapi] (2 *gemme* et *thérapie*) Utilisation à des fins thérapeutiques des bourgeons des plantes.

GEMMULE, ▪ n. f. [ʒemyl] (lat. *gemmula,* petit bourgeon) **Biol.** Premier bourgeon d'une plante, à partir duquel pousseront la tige et les feuilles.

GÉMONIES, n. f. pl. [ʒemoni] (lat. *gemoniæ* [*scalæ*]) À Rome, escalier sur lequel on exposait les corps des condamnés qui avaient été étranglés dans la prison ; de là on traînait ces corps avec des crocs dans le Tibre. ♦ **Fig.** « *Traîner Socrate aux gémonies* », **Lamartine.** ▪ *Vouer, traîner aux gémonies,* vilipender, outrager, mépriser quelqu'un ou quelque chose.

GÉNAL, ALE, adj. [ʒenal] (lat. *gena,* joue) **Anat.** Qui appartient aux joues. *Glandes génales. Muscles génaux.*

GÊNANT, ANTE, adj. [ʒenɑ̃, ɑ̃t] (*gêner*) Qui gêne. *Une loi gênante.*

GENCIVE, n. f. [ʒɑ̃siv] (lat. *gingiva*) Chair, tissu rougeâtre, qui garnit les deux arcades dentaires et adhère fortement au pourtour du collet des dents.

GENDARME, n. m. et n. f. [ʒɑ̃darm] (plur. *gens d'armes,* soldats, déb. xive siècle ; sing. *gendarme* fin xive s.) Anciennement, homme de guerre à cheval armé de toutes pièces et qui avait sous ses ordres un certain nombre d'hommes à cheval. ♦ En ce sens, on écrit quelquefois : *Gens d'armes.* ♦ Plus tard, cavalier de certaines compagnies d'ordonnance. ♦ **Fam.** *C'est un gendarme, un vrai gendarme,* c'est une femme forte et hardie. ♦ Aujourd'hui, soldat appartenant à un corps qui est chargé de maintenir la sûreté et la tranquillité publiques. ♦ Nom donné à certains points qui se trouvent dans les diamants ressemblant à une fêlure. ♦ Petite tache qui se forme à l'œil. ♦ Au pl. Bluettes qui sortent du feu. ▪ *Un gendarme, un bâton de gendarme,* saucisse sèche plate. ▪ **Rem.** Rare ou fam. *gendarmette, n. f.*

GENDARMÉ, ÉE, p. p. de gendarmer. [ʒɑ̃darme]

GENDARMER (SE), v. pr. [ʒɑ̃darme] (*gendarme*) S'emporter mal à propos pour peu de chose. « *Votre esprit se gendarme toujours contre tout ce qu'on dit* », **Molière.**

GENDARMERIE, n. f. [ʒɑ̃darmǝri] (*gendarme*) Anciennement, corps composé de gendarmes ou hommes d'armes. ♦ Aujourd'hui, corps militaire qui veille à la sûreté publique. ♦ La caserne des gendarmes. *Aller à la gendarmerie.*

GENDRE, n. m. [ʒɑ̃dr] (lat. *gener*) Nom du mari par rapport au père et à la mère de sa femme.

GÈNE, ▪ n. m. [ʒen] (gr. *genos,* origine ; déb. xxe s.) Fragment d'un chromosome d'un être vivant, produisant et transmettant les caractères héréditaires.

GÊNE, n. f. [ʒen] (anc. fr. *gehine,* puis *gehenne,* torture pour faire avouer, de *gehir,* avouer, anc. b. frq. *jehhjan* ; attraction de *géhenne*) ▷ La question qu'on faisait subir aux accusés pour leur arracher des révélations. ◁ ♦ ▷ *Mettre à la gêne,* donner la question. **Fig.** Soumettre à une vive peine, mettre dans un grand embarras. ◁ ♦ ▷ *Donner la gêne,* donner la question, et fig. imposer un grand effort. ◁ ♦ **Par extens.** Douleurs très vives comparées à celles de la question. ♦ Ce qui met trop à l'étroit, mal à l'aise. *Être à la gêne dans ses souliers. Gêne dans la respiration.* ♦ Embarras que cause le séjour d'une personne chez une autre. ♦ Contrainte fâcheuse, état pénible où l'on se trouve. ♦ *Être sans gêne,* prendre ses aises sans s'inquiéter des autres. ♦ On dit dans un sens analogue : *C'est un monsieur sans gêne* ou *c'est un sans gêne.* ▪ **N. m.** *Le sans-gêne,* Voy. **sans-gêne.** ♦ État voisin de la pauvreté, pénurie. *Être dans la gêne.* ♦ **Prov.** *Où il y a de la gêne il n'y a pas de plaisir.* ▪ Sentiment de malaise, embarras. *Dissimuler sa gêne.*

GÊNÉ, ÉE, p. p. de gêner. [ʒene]

GÉNÉALOGIE, n. f. [ʒenealoʒi] (lat. *genealogia,* du gr. *genealogia,* de *genea,* génération, naissance, et *legein,* exposer) Suite d'ancêtres qui établit une filiation. ♦ Il se dit aussi des chevaux de pur sang. ♦ Étude et connaissance de l'origine et de la filiation des familles. *Savant en généalogie.*

GÉNÉALOGIQUE, adj. [ʒenealoʒik] (*généalogie*) Qui appartient à la généalogie. *Histoire généalogique.* ♦ *Arbre généalogique des sciences,* classification des connaissances humaines, suivant un certain plan, une certaine dérivation.

GÉNÉALOGIQUEMENT, adv. [ʒenealoʒik(ǝ)mɑ̃] (*généalogique*) D'une manière généalogique.

GÉNÉALOGISTE, n. m. et n. f. [ʒenealoʒist] (*généalogie*) Personne qui dresse des généalogies.

GÉNÉPI, n. m. [ʒenepi] (mot savant du lat. *Dianæ spicum,* épi de Diane, transposition du gr. *artemisia,* plante d'Artémis ; *armoise*) Armoise médicale, tonique et sudorifique qu'on trouve dans les Alpes. ▪ Liqueur à base de plantes aromatiques nommées *armoise. Boire un verre de génépi.* ▪ **Rem.** On disait aussi autrefois *génipi.*

GÊNER, v. tr. [ʒene] (*gêne* ; anc. fr. *jehisner,* avouer sous la torture, *gehenner,* soumettre à la torture) Faire souffrir la torture (sens qui a vieilli). « *Celle que dans les fers elle aimait à gêner* », **P. Corneille.** ♦ **Fig.** Faire souffrir, infliger une torture morale. ♦ Causer de la gêne, incommoder les mouvements du corps. ♦ Empêcher le libre mouvement de quelque chose que ce soit. *Gêner la circulation du sang, des voitures, la navigation, etc.* ♦ **Par extens.** Causer de l'embarras chez quelqu'un. ♦ Être un embarras pour quelqu'un. ♦ Mettre obstacle, empêcher, contraindre. *Gêner le commerce.* ♦ Causer une pénurie d'argent. ♦ **Se gêner,** v. pr. Se causer à soi-même une vive affliction. ♦ Se serrer soit les uns contre les autres, soit contre quelque chose. ♦ Se causer de l'embarras réciproquement l'un à l'autre. ♦ S'imposer à soi-même une gêne, une contrainte. ♦ S'imposer une pénurie d'argent. ▪ **Ironiq.** *Ne vous gênez pas !* se dit à une personne qui se montre impolie, inconvenante.

GÉNÉRAL, ALE, adj. [ʒeneʀal] (lat. *generalis*, qui appartient au genre, par oppos. au particulier) Commun à un genre, à la plupart. *Faits généraux. Une opinion générale.* ✦ *Parler, répondre en termes généraux*, parler, répondre de manière à ne pas préciser. ✦ *Un combat général*, un combat dans lequel toute l'armée est engagée. ✦ **Méd.** *Maladies* ou *affections générales*, celles dans lesquelles toutes les parties de l'économie offrent des troubles. ✦ Il se joint comme titre à des noms d'offices publics, pour en exprimer l'étendue. *Inspecteur, directeur, avocat général, etc.* ✦ *Officiers généraux*, officiers supérieurs qui commandent une portion plus ou moins grande d'une armée, formée de plusieurs corps distincts. ✦ **N. m.** *Général*, chef militaire qui commande une armée ou un corps d'armée, ou une arme spéciale. ✦ **N. f.** *Générale*, la femme d'un général. ✦ Le supérieur de tout un ordre religieux. ✦ **N. m. Log.** Ce qui convient au genre entier. *On ne doit point conclure du particulier au général.* ✦ **EN GÉNÉRAL**, loc. adv. Ordinairement, d'une manière générale. ✦ *En général*, au point de vue général. ▪ *Répétition générale* ou ellipt. *la générale*, dernière répétition d'une pièce de théâtre ou d'un spectacle, qui a lieu devant un public restreint.

GÉNÉRALAT, n. m. [ʒeneʀala] (ital. *generalato*) Dignité de général, de chef militaire. ✦ Emploi de celui qui est le supérieur de tout un ordre. ✦ Temps que dure le généralat.

GÉNÉRALE, n. f. [ʒeneʀal] (fém. substantivé de *général*) Batterie de tambour pour rassembler tout le monde, et en particulier pour donner l'alarme. *Battre la générale.*

GÉNÉRALEMENT, adv. [ʒeneʀal(ə)mã] (*général*) En général, communément. *Opinion généralement reçue.* ✦ Au point de vue général.

GÉNÉRALISABLE, adj. [ʒeneʀalizabl] (*généraliser*) Qui peut être généralisé.

GÉNÉRALISANT, ANTE, adj. [ʒeneʀalizã, ãt] (*généraliser*) Qui a la propriété de généraliser.

GÉNÉRALISATEUR, TRICE, adj. [ʒeneʀalizatœʀ, tʀis] (*généraliser*) Qui généralise. *Esprit généralisateur.*

GÉNÉRALISATION, n. f. [ʒeneʀalizasjɔ̃] (*généraliser*) Action de généraliser. ✦ Faculté de généraliser. ✦ Action de se généraliser, de devenir général. ✦ **Méd.** *Généralisation d'une maladie*, état d'une maladie qui de locale devient générale.

GÉNÉRALISÉ, ÉE, p. p. de généraliser. [ʒeneʀalize]

GÉNÉRALISER, v. tr. [ʒeneʀalize] (*général*) Rendre général. *Généraliser une idée, une méthode.* ✦ Absol. *Les anciens généralisaient.* ✦ Rendre commun à beaucoup. *Généraliser une opinion.* ✦ Se généraliser, v. pr. Devenir commun à beaucoup. ✦ **Méd.** Devenir commun à toute l'économie.

GÉNÉRALISSIME, n. m. [ʒeneʀalisim] (superlatif à forme latine de *général*) Général supérieur, celui qui commande même aux généraux, ou celui qui a l'autorité supérieure sur plusieurs armées.

GÉNÉRALISTE, ▪ adj. [ʒeneʀalist] (*général*, sur le modèle de *spécialiste*) Caractère de ce qui est général. *Un discours généraliste.* ▪ *Un médecin généraliste*, médecin qui pratique la médecine générale. ▪ Qui n'est pas spécialisé. *Une formation généraliste.* ▪ **N. m. et n. f.** *Un, une généraliste.*

GÉNÉRALITÉ, n. f. [ʒeneʀalite] (lat. sav. [vᵉ s.] lat. *generalitas*) **Log.** Qualité de ce qui est général. ✦ Au pl. L'ensemble des idées générales d'un sujet quelconque. *Généralités scientifiques.* ✦ Au pl. Paroles, discours sans rapport direct au sujet. *Se perdre en généralités.* ✦ Le plus grand nombre. *L'opinion de la généralité des philosophes.* ✦ Anciennement, division du royaume de France pour la levée des impôts. *Chaque généralité était subdivisée en élections.*

GÉNÉRATEUR, TRICE, adj. [ʒeneʀatœʀ, tʀis] (lat. *generator*, celui qui produit) Qui sert à la génération. ✦ **Fig.** Qui produit. *Le principe générateur d'une erreur.* ✦ **Géom.** Points, lignes ou figures dont le mouvement est supposé former les plans ou les solides. ✦ **N. f.** *La génératrice*, la ligne qui par son mouvement produit une surface. ✦ **Mus.** *Son générateur*, la basse relativement aux accords qui s'y superposent. ✦ **N. m.** Syn. de chaudière à vapeur. ✦ **N. f.** *Génératrice*, appareil qui produit de l'énergie électrique à partir d'une autre énergie.

GÉNÉRATIF, IVE, adj. [ʒeneʀatif, iv] (b. lat. *generativus*, qui engendre, qui produit) Qui a rapport à la génération.

GÉNÉRATION, n. f. [ʒeneʀasjɔ̃] (lat. *generatio*) Production d'un être semblable à ses parents. *La génération des corps vivants, des plantes, etc.* ✦ **Théol.** Rapport entre le Père et le Fils. ✦ Les personnes engendrées, les descendants. *La génération de Noé.* ✦ Chaque degré de filiation en ligne directe. *Il y a une génération du père au fils, et deux du père au petit-fils.* ✦ Espace de trente ans, qui sert d'évaluation courante pour la durée moyenne de la vie humaine. ✦ Tous les hommes vivant dans le même temps ou à peu près. *La génération présente.* ✦ Filiation, en parlant des monastères fondés par un autre monastère. ✦ **Fig.** Production. *La génération des idées.* ✦

Géom. Construction d'une étendue déterminée, par le moyen d'une autre étendue supposée en mouvement. ✦ **Mus.** *Génération des sons*, hypothèse d'après laquelle la basse produit des sons qui s'y superposent de tierce en tierce. ▪ **Techn.** Catégorie de produits, considérés du point de vue de leur évolution technologique. *La nouvelle génération d'imprimantes.*

GÉNÉRATIONNEL, ELLE, ▪ adj. [ʒeneʀasjɔnɛl] (*génération*) Relatif à une génération. *Un conflit générationnel.*

GÉNÉRATRICE, ▪ n. f. [ʒeneʀatʀis] (lat. impér. *generatrix*, celle qui produit) **Électr.** Dynamo, appareil transformant toute énergie en énergie électrique. *La génératrice d'une éolienne.*

GÉNÉRER, ▪ v. tr. [ʒeneʀe] (a. fr., régénérer par le baptême, m. fr., engendrer, produire, du lat. *generare*, engendrer, produire, composer, lat. chrét., régénérer par le baptême) Engendrer, avoir pour conséquence. *La hausse de la TVA génère l'inflation.*

GÉNÉREUSEMENT, adv. [ʒeneʀøz(ə)mã] (*généreux*) D'une manière généreuse, avec un grand cœur. ✦ D'une main libérale. ✦ Courageusement. *Répandre généreusement son sang pour la patrie.*

GÉNÉREUX, EUSE, adj. [ʒeneʀø, øz] (lat. *generosus*, de bonne extraction, généreux, de *genus*, génit. *generis*, origine, extraction) Qui est d'un naturel noble, qui a un grand cœur. ✦ Il se dit de certains animaux. *Un généreux coursier.* ✦ Il se dit aussi des choses qui décèlent une noble nature. *Un dessein généreux.* ✦ Qui donne d'une main libérale. ✦ Courageux. *Un généreux et vaillant soldat.* ✦ *Sol généreux*, sol qui a une grande force productive. ✦ *Vin généreux*, vin bon et d'une certaine force. ✦ **N. m. et n. f.** *Un généreux, une généreuse*, un homme généreux, une femme généreuse. ✦ **Fam.** *Faire le généreux*, se montrer magnanime, libéral.

GÉNÉRIQUE, adj. [ʒeneʀik] (radic. du lat. *genus*, génit. *generis*, genre) Qui appartient au genre. *Terme générique. Caractère générique.* ▪ *Médicament générique*, médicament dont le brevet est tombé dans le domaine public et qui est vendu moins cher que le médicament d'origine. ▪ **N. m.** Liste des personnes qui ont collaboré à la réalisation d'un film, d'une émission de télévision.

GÉNÉRIQUEMENT, adv. [ʒeneʀik(ə)mã] (*générique*) D'une manière générique.

GÉNÉROSITÉ, n. f. [ʒeneʀozite] (lat. impér. *generositas*, bonne origine, magnanimité) Caractère de celui qui est généreux, qui a un grand cœur. ✦ Disposition à donner d'une main libérale. *Des actes de générosité.* ✦ Au pl. Dons, bienfaits. *Faire des générosités à ses amis.* ✦ Il se dit quelquefois au singulier : *Voilà une belle générosité qu'il vous a faite !*

GENÈSE, n. f. [ʒənɛz] (gr. *genesis*, production, création) Le premier livre de l'Ancien Testament, qui contient la création du monde. ✦ Dans cet emploi, il prend une majuscule. ✦ Système cosmogonique. ▪ Processus qui donne naissance à quelque chose. *La genèse d'un roman.*

GÉNÉSIAQUE, ▪ adj. [ʒenezjak] (lat. chrét. *genesiacus*) Relatif à la genèse. *Le récit génésiaque de la Création.*

GÉNÉSIQUE, ▪ adj. [ʒenezik] (*genèse*) Relatif à la sexualité, à la génération. *La santé génésique.* « *Je sens une effroyable puissance génésique m'envahir le cerveau et gicler par tous mes nerfs gonflés à se rompre, jusqu'à la surface de ma peau endolorie* », ABELLIO.

GENESTROLLE, n. f. [ʒənɛstʀɔl] (provenç. *genestrolo*) Espèce de genêt qu'on emploie pour teindre en jaune.

GENET, n. m. [ʒənɛ] (esp. [*cavallo*] *ginete*, [cheval] rapide, de l'ar. *zenêti*, nom d'un tribu berbère renommée pour sa cavalerie légère) Espèce de cheval d'Espagne, de petite taille, mais bien proportionné.

GENÊT, n. m. [ʒənɛ] (a. fr. fém. *geneste*, du lat. *genista*) Genre de plantes de la famille des légumineuses qui renferme divers arbrisseaux à fleurs jaunes. *Le genêt d'Espagne.*

GÉNÉTHLIAQUE, adj. [ʒenetljak] (gr. *genethliakos*, qui concerne le jour de la naissance, issu de *genethlê*, race, naissance) Qui est relatif à la naissance d'un enfant. *Poème généthliaque.*

GÉNÉTICIEN, IENNE, ▪ n. m. et n. f. [ʒenetisjɛ̃, jɛn] (*génétique*) Personne spécialiste de la génétique.

GÉNÉTIQUE, ▪ adj. [ʒenetik] (gr. *gennêtikos*, qui engendre, propre à la génération) **Philos.** Qui est relatif à la genèse, à la naissance d'un phénomène. *Une théorie génétique.* ▪ Qui est relatif aux gènes, à l'hérédité. *Une maladie génétique.* ▪ **N. f.** Science qui étudie les cellules organiques des êtres vivants contenant les informations héréditaires transmises d'une génération à une autre.

GÉNÉTIQUEMENT, ▪ adv. [ʒenetik(ə)mã] (*génétique*) En rapport avec la génétique. *Cellule génétiquement modifiée.*

GÉNÉTISME, ▪ n. m. [ʒenetism] (*génétique*) **Psych.** Théorie selon laquelle la perception de l'espace et l'appréhension des structures du monde extérieur s'acquièrent au cours de l'éducation. « *Le génétisme procède à la fois* *d'une forme particulière de naïveté progressiste et de référence au côté magique d'un déterminisme pensé comme implacable* », Axel Kahn.

GÉNÉTISTE, ▪ n. m. et n. f. [ʒenetist] (*génétique*) **Psych.** Adepte du génétisme. ▪ Adj. *Les théories génétistes.*

1 **GENETTE**, n. f. [ʒənɛt] (esp. *gineta*, de l'ar. *garnait*; cf. port. *janeta*) Genre de mammifères carnivores digitigrades.

2 **GENETTE (À LA)**, loc. adv. [ʒənɛt] (esp. *gineta* ; genet) *Aller à cheval à la genette*, avec les étriers fort courts.

GÊNEUR, EUSE, ▪ n. m. et n. f. [ʒenœr, øz] (*gêner*) Personne gênante.

GENEVOIS, OISE, ▪ n. m. et n. f. [ʒən(ə)vwa, waz] (*Genève*, ville suisse) Habitant ou originaire de Genève. ▪ Adj. *La longeole, saucisse à base de viande de porc et de graines de fenouil est une spécialité genevoise.*

GENÉVRIER, n. m. [ʒənevrije] (*genièvre*) Genre de la famille des conifères, où l'on distingue le genévrier commun, dit aussi *genièvre.*

GENÉVRIÈRE, n. f. [ʒənevrijer] (*genévrier*) Lieu planté de genévriers.

GÉNIAL, ALE, ▪ adj. [ʒenjal] (*génie* ; du lat. *genialis*, relatif au Génie, festif, gai, est issu le sens du m. fr., agréable, voluptueux) Qui fait preuve de génie. *Une invention géniale. Un écrivain génial.* ▪ **Fam.** Extraordinaire, formidable. *On a passé une soirée géniale.*

GÉNIALEMENT, ▪ adv. [ʒenjal(ə)mɑ̃] (*génial*) Avec génie. « *Je le revois, marchant sur la pointe de pieds, pour ne pas le déranger, tandis qu'il me prenait génialement le pouls tout en tenant génialement sa belle montre dans sa main* », Cohen.

GÉNIALITÉ, ▪ n. f. [ʒenjalite] (*génial*) Qualité de ce qui tient du génie. *La génialité des découvertes d'Albert Einstein.*

GÉNIE, n. m. [ʒeni] (lat. *genius*, Génie, d'où choix de vie heureuse, plaisir) **Dr.** Esprit ou démon bon ou mauvais qui présidait à la destinée de chaque homme. ♦ **Fig.** *Le bon génie, le mauvais génie de quelqu'un,* la personne qui par ses exemples ou ses conseils ou ses actions exerce une influence heureuse ou funeste sur la destinée de quelqu'un. ♦ Esprits ou démons qu'on croyait présider à de certains lieux, à des villes, etc. *Le génie de Rome.* ▪ **Par extens.** *Le génie de la France,* l'ange tutélaire de la France. ♦ **Fig.** *Le génie de la peinture, de la musique,* le génie qu'on imagine comme présidant à chacun de ces arts. ♦ Figures allégoriques d'enfants ou d'hommes ailés, qui représentent les vertus, les arts, les passions, etc. ♦ **Fig.** Talent inné, disposition naturelle à certaines choses. *Il avait du génie pour la musique.* « *Ceux en qui on remarque le génie de la guerre* », Fénelon. ♦ En mauvaise part. *Avoir le génie du mal.* ♦ *De génie,* se dit d'un travail inspiré par la propre invention de l'auteur. « *C'est le défaut de tous ces écrivains qui n'écrivent point de génie, mais par imitation* », Vauvenargues. ♦ Aptitude spéciale dépassant la mesure commune soit dans les lettres et les beaux-arts, soit dans les sciences et la philosophie, soit dans la guerre, la politique, etc. « *Le génie n'est autre chose qu'une grande aptitude à la patience* », Buffon. ♦ **Fig.** Ce qui inspire comme fait le génie. « *Le cœur fut leur génie* », A. Chénier. ♦ Joint à des épithètes défavorables, il exprime le peu de génie, de capacité qu'a une personne. *Génie borné.* ♦ Personne de génie. *Ce génie fut la lumière de son siècle.* ♦ **Fig.** Caractère propre et distinctif de personnes. « *Du ciel la prudence infinie Départ à chaque peuple un différent génie* », P. Corneille. ♦ Caractère propre et distinctif de choses. *Le génie de la langue française est la clarté.* ♦ L'art de l'attaque et de la défense des places, des postes, etc. *École d'artillerie et du génie.* ▪ **Absol.** *Le génie,* le corps des troupes du génie. ♦ *Le génie civil,* l'art des constructions civiles. ♦ Le corps d'ingénieurs chargé de ces constructions. ♦ *Génie maritime,* l'art de construire les vaisseaux. ♦ Corps d'officiers institué pour appliquer les hautes sciences à l'architecture navale. ♦ *Génie civil* (passage dans le civil du génie militaire créé par Napoléon et chargé des voies de transports des armées), discipline ayant pour objet la production et l'entretien des travaux publics et des bâtiments. ▪ **Par extens.** *Génie rural,* génie civil adapté aux communautés rurales. ▪ *Génie atomique, chimique, etc.,* ingénierie atomique, chimique, etc. ▪ *Génie climatique,* discipline ayant pour objet la maîtrise des sciences et techniques visant à l'optimisation des conditions de l'activité humaine par la réalisation de climats artificiels tout en préservant l'environnement et les consommations énergétiques. ▪ *Génie thermique,* production, maîtrise et utilisation rationalisée de l'énergie.

GENIÈVRE, n. m. [ʒənjevr] (lat. *juniperus*) Nom vulgaire du genévrier commun. ♦ Le fruit du genièvre. ♦ Liqueur qu'on en extrait. ▪ **GENIÈVRERIE**, n. f. [ʒənjevrəri]

GÉNIQUE, ▪ adj. [ʒenik] (*gène*) **Biol.** Relatif aux gènes ; provenant des gènes. ▪ *Thérapie génique,* thérapie qui consiste à corriger, à l'intérieur des cellules d'un organisme humain, les anomalies qui affectent son génome et qui sont responsables de pathologies graves souvent incurables. *La thérapie génique est une méthode thérapeutique encore expérimentale visant à utiliser les gènes comme traitement de certaines maladies génétiques.*

GÉNISSE, n. f. [ʒenis] (b. lat. *jenicia*, du lat. *junix*) Jeune vache qui n'a point porté.

GÉNITAL, ALE, adj. [ʒenital] (lat. *genitalis*, qui engendre, de *genere*) Qui sert à la génération. ▪ Relatif à la reproduction sexuée des êtres humains et des animaux. *L'appareil génital.* ▪ *Organe génital,* organe reproducteur. *Organe génital interne, externe.* ▪ **Psych.** *Stade génital,* stade du développement sexuel et libidinal caractérisé par l'organisation des pulsions sexuelles et par la prise de conscience de son propre sexe et du sexe opposé.

GÉNITALITÉ, ▪ n. f. [ʒenitalite] (*génital*) **Biol.** Capacité physiologique d'un être humain ou d'un animal à se reproduire. ▪ **Par extens.** Activité sexuelle. *Génitalité corporelle et génitalité psychique.*

GÉNITEUR, TRICE, ▪ n. m. et n. f. [ʒenitœr, tris] (lat. *genitor,* père) Personne qui a engendré. ▪ **N. m. Zool.** Animal reproducteur. ▪ Adj. *Un père géniteur.*

GÉNITIF, n. m. [ʒenitif] (lat. *genitivus casus,* cas qui engendre) **Gramm. grecq. et lat.** Cas auquel sont employés les noms comme compléments de noms, de quelques verbes, adverbes.

GÉNITOIRE, ▪ n. m. [ʒenitwar] (radic. de *génital*) **Fam.** et **plais.** Testicule. *Les génitoires.* « *Et j'étais là, tout nu, sur le bord du trottoir Exhibant, malgré moi, mes humbles génitoires* », Brassens.

GÉNITO-URINAIRE, ▪ adj. [ʒenitoyriner] (*génital* et *urinaire*) **Anat.** Relatif aux organes génitaux et urinaires. *L'appareil génito-urinaire féminin et masculin.*

GÉNITURE, n. f. [ʒenityr] (lat. *genitura,* génération, semence) ▷ **Fam.** L'enfant par rapport au père et à la mère. « *Quand la mère apaisant sa chère géniture* », La Fontaine. ♦ Il se dit aussi des animaux. « *Il advint qu'au hibou Dieu donna géniture* », La Fontaine. ◁

GÉNOCIDAIRE, ▪ adj. [ʒenosider] (*génocide*) Relatif au génocide. *Un crime génocidaire.* ▪ N. m. et n. f. Personne qui participe à un génocide.

GÉNOCIDE, ▪ n. m. [ʒenosid] (gr. *genos,* peuple, et *-cide*) Extermination totale ou partielle d'un groupe ethnique ou d'un peuple, pour des raisons liées au racisme, à la religion, au nationalisme ou à la géopolitique. « *C'est la guerre coloniale qui très souvent prend l'allure d'un authentique génocide* », Fanon. ▪ Adj. Relatif au génocide ; qui génère un génocide. *Une action génocide.*

1 **GÉNOIS, OISE**, ▪ adj. [ʒenwa, az] (*Gênes*) Relatif à Gênes. *L'architecture génoise.* ▪ N. m. et n. f. Habitant ou personne originaire de la ville de Gênes. *Les Génois.* ▪ N. m. *Le génois,* langue indo-européenne apparentée à la fois à l'italien et aux langues celtiques.

2 **GÉNOIS**, ▪ n. m. [ʒenwa] (*Gênes*) **Mar.** Voile d'avant dont la chute et la bordure viennent largement en arrière du mât.

GÉNOISE, ▪ n. f. [ʒenwaz] (*Gênes*) Pâte à biscuit très légère à base d'œufs, de farine et de sucre. *Génoise au chocolat, une pâte à génoise.* ▪ **Archit.** Corniche réalisée à l'aide de deux, trois ou quatre rangées de tuiles superposées et en débordement par rapport au pan de la toiture. *Une génoise à deux ou trois rangs de tuiles.*

GÉNOME, ▪ n. m. [ʒenom] (all. *Genom,* d'après *chromosome*) **Biol.** Ensemble des gènes, des chromosomes contenus dans une cellule reproductrice. ▪ **GÉNOMIQUE**, adj. [ʒenomik] *Séquence, carte génomique.*

GÉNOTHÈQUE, ▪ n. f. [ʒenotɛk] (*gène* et *-thèque*) **Biol.** Banque de gènes que l'on conserve dans de l'azote liquide. ▪ Ensemble de fragments d'ADN clonés.

GÉNOTYPE, ▪ n. m. [ʒenotip] (all. *Genotypus,* de *gène,* et *type*) **Biol.** Ensemble de gènes transmis d'une génération à une autre contenant des informations héréditaires caractéristiques d'un individu. ▪ **GÉNOTYPIQUE**, adj. [ʒenotipik]

GENOU, n. m. [ʒ(ə)nu] (lat. *genu*) Partie antérieure de l'articulation de la cuisse avec la jambe. ♦ *Mettre à genoux,* genre de punition usité dans les écoles. ♦ *Être, tomber, se prosterner aux genoux de quelqu'un,* prendre une posture de suppliant devant lui. ♦ **Fig.** *Être aux genoux de quelqu'un,* lui témoigner son amour par des respects et des adorations. ♦ *À genoux,* les genoux en terre. *Être à genoux pour prier. Tomber, se jeter à genoux devant quelqu'un.* ♦ On dit aussi : *Se mettre à deux genoux.* ♦ *À genoux !* locution elliptique par laquelle on commande de se mettre à genoux. ♦ **Fig.** *À genoux,* avec une profonde soumission. ♦ **Fig.** *À genoux,* en suppliant. « *Votre Rome à genoux vous parle par ma bouche* », P. Corneille. ♦ **Fig.** *Demander une chose à genoux, à deux genoux,* la demander avec instance. ♦ **Fig.** *Être à genoux,* avoir des sentiments serviles par intérêt ou autrement. ♦ *Genou* se dit aussi pour les animaux. *Le genou de l'éléphant.* ♦ **Méc.** Boule de cuivre ou d'autre matière, que l'on met en haut du pied qui soutient certains instruments, de façon à leur permettre de tourner en tous sens. ▪ *Faire du genou à quelqu'un,* lui toucher le genou avec son propre genou pour attirer son attention ou avec l'intention de le séduire. ■ **Fam.** *Être sur les genoux,* très fatigué. ■ **Techn.** Assemblage de deux pièces articulées et emboîtées l'une dans l'autre, l'une étant convexe, l'autre concave.

GENOUILLÉ, ÉE, ■ adj. [ʒənuje] (anc. fr. *genouil,* genou) **Anat.** *Corps genouillé,* partie du thalamus qui reçoit les informations des nerfs optiques et des nerfs auditifs.

GENOUILLÈRE, n. f. [ʒənujɛʀ] (anc. fr. *genouil,* genou) Partie de l'armure qui recouvrait le genou du chevalier. ◆ Partie des bottes à l'écuyère qui surpasse le genou. ◆ Ce qu'on attache sur le genou pour le garantir. ◆ *Les genouillères d'un cheval,* petite enveloppe de cuir qu'on attache aux genoux des chevaux. ■ **Méd.** Dispositif permettant le maintien de l'articulation du genou. ■ **Techn.** Tuyau articulé utilisé notamment dans les appareils de chauffage.

GÉNOVÉFAIN, n. m. [ʒenovefɛ̃] (lat. *Genovefa,* Geneviève) Chanoine de Sainte-Geneviève. ■ Adj. De Sainte-Geneviève. *Les abbayes génovéfaines.*

GENRE, n. m. [ʒɑ̃ʀ] (lat. *genus,* génit. *generis*) Caractère commun à diverses espèces ; ce qui comprend plusieurs espèces. *Le genre animal.* ◆ Assemblage de corps organiques ou inorganiques qui constituent des espèces et qui se ressemblent par quelques caractères communs. ■ **Par extens.** Genre prend, dans le langage ordinaire, le sens d'espèce, de famille, d'ordre, de classe. ◆ *Le genre humain,* l'ensemble des hommes considérés collectivement. ◆ Sorte, manière. *Ce genre d'ornement ne me plaît pas.* ◆ Mode, goût. *Voilà une plaisanterie de bien mauvais genre.* ■ **Fam.** Sorte d'affectation. *Il se donne un genre.* ■ **Ironiq.** *Le grand genre,* les usages du grand monde. ◆ Le style de l'auteur ; la manière de l'artiste. *Un tableau dans le genre du Corrège.* ◆ *Genres de style ;* les anciens en reconnaissaient trois : le sublime, le simple et le tempéré. ◆ Espèce de composition littéraire ; partie, subdivision dans les beaux-arts. *Le genre descriptif, historique.* ◆ *Peintre, tableau de genre,* peintre, tableau de portraits, de fleurs, d'intérieurs, par opposition à peintre, à tableau d'histoire et de paysage. ◆ **Gramm.** Propriété qu'ont les noms de représenter les sexes et dans certaines langues l'absence de sexe. *Les genres masculin, féminin et neutre.* ■ Manière d'être, de s'habiller, de se comporter. *Avoir un genre particulier. Il est du genre à faire un scandale.* ◆ *Avoir bon, mauvais genre,* avoir de bonnes, de mauvaises manières ; une allure distinguée, vulgaire. ■ *Ce n'est pas son genre,* cela ne correspond pas à son caractère, à ses goûts. *Ce n'est pas son genre de mentir.* ■ En son genre, dans son genre, dans son style. *Elle est plutôt jolie, dans son genre.* ■ Du même genre, du même espèce, du même style. *Un chien du même genre que le labrador.* ■ *Le genre de vie,* façon de vivre. *Changer son genre de vie.* ■ **Péj.** *Bon chic, bon genre,* sophistiqué. *Ils sont bon chic, bon genre.*

GENS, n. m. pl. [ʒɑ̃] (plur. de 1 *gent*) Nom collectif signifiant en général un certain nombre de personnes ; dans ce sens, gens est, suivant l'emploi, tantôt masculin, tantôt féminin. *Tous les honnêtes gens. Les vieilles gens.* « *Il y a à la ville, comme ailleurs, de fort sottes gens, des gens fades, oisifs, désoccupés* », **La Bruyère.** ◆ **Absol.** *Les gens,* les hommes en général. « *On doit se regarder soi-même un peu longtemps, Avant que de songer à condamner les gens* », **Molière.** ◆ Gens suivi de la préposition *de* et d'un substantif ; en cet emploi, gens est toujours masculin. *Les gens de cœur, d'honneur.* ◆ *Les gens de bien,* les personnes qui ont probité et honneur. ◆ ▷ *Les plus gens de bien,* les personnes qui ont le plus de vertu. ◁ ◆ *Les gens du monde,* les personnes qui vivent dans la société. ◆ *Être gens à,* être capables de. ◆ Gens sert à désigner certaines classes de personnes, certaines professions ; en ce sens, il est toujours masculin. *Les gens de finance, d'Église, d'épée, de robe.* ◆ *Les gens du roi,* les procureurs et avocats généraux, et ceux qu'on désignait sous les noms de procureurs ou avocats du roi. ◆ ▷ *Gens d'armes,* cavaliers des anciennes compagnies d'ordonnance (écrit plus ordinairement en un seul mot, Voy. **GENDARME** ◁ ◆ *Gens de guerre,* les militaires. ◆ *Les gens de cour,* les courtisans. ◆ *Gens d'affaires,* les hommes qui s'occupent d'affaires de Bourse, de banque, de commerce, etc. ◆ *Les gens de lettres,* les hommes livrés à la culture des lettres. ◆ Personnes qui sont d'un parti ; troupe soit d'une nation en guerre, soit d'un meneur quelconque ; en ce sens, il est toujours masculin. *Dix de nos gens y périrent.* ◆ ▷ Les domestiques, les personnes à la suite. *Les gens de M. un tel. Mes gens.* ◁ ◆ Bêtes et gens, les personnes avec les chevaux, avec les mulets qui leur servent. ■ *Petites gens,* personnes de milieu social modeste. « *Les petites gens Sont des gens sérieux Iront gentiment Peupler les banlieues* », **Renaud.** ◆ *Les jeunes gens,* les jeunes filles et les jeunes garçons. *Un groupe de jeunes gens.*

1 **GENT,** n. f. [ʒɑ̃] (on ne prononce pas le *t* final ; lat. *gens, gentis,* nation, peuple) **Au sing.** Nation, race [1]. « *La gent qui porte le turban !* », **Malherbe.** ◆ Cet emploi dans le style noble tombe en désuétude. ◆ **Au sing.** dans le style familier, race, espèce [2]. « *Vive la gent qui fend les airs !* », **La Fontaine.** ◆ **Fig.** *La gent moutonnière,* les personnes qui suivent l'impulsion donnée par les autres. ◆ **Au pl.** Anciennement, *le droit des gens,* le droit des nations (*gens* s'écrit toujours sans *t*), le droit naturel qui est commun à toutes les nations. ◆ Aujourd'hui, le droit de nation à nation. ■ **Plais.** *La gent fémi-*

nine, les femmes. ■ **Rem.** 1 et 2 : La notion de race ne repose sur aucun fondement scientifique et a une connotation raciste.

2 **GENT, ENTE,** adj. [ʒɑ̃, ɑ̃t] (lat. *genitus,* né) En style archaïque ou badin, gentil, joli.

GENTAMICINE ou **GENTAMYCINE,** ■ n. f. [ʒɑ̃tamisin] (*gentiane* et -*mycine,* du gr. *mukês,* champignon) **Méd.** Médicament antibiotique qui empêche la prolifération de certaines bactéries en agissant sur la plupart des germes sensibles et administré le plus souvent par voie intraveineuse. *La gentamicine peut présenter des effets toxiques graves notamment chez les patients présentant une insuffisance rénale.*

GENTIANE, n. f. [ʒɑ̃sjan] (le *t* se prononce *s.* lat. *gentiana*) Genre de plantes qui croissent surtout dans les montagnes. ■ Boisson à base d'alcool et de racine de gentiane, utilisée en apéritif. *Boire une gentiane, un verre de gentiane.*

1 **GENTIL,** n. m. [ʒɑ̃ti] (on ne prononce pas le *l* final.b. lat. *gentiles,* étrangers) Il se dit des anciens polythéistes, par opposition aux Juifs et aux Chrétiens. ◆ *L'apôtre des gentils,* saint Paul.

2 **GENTIL, ILLE,** adj. [ʒɑ̃ti, ij] (lat. *gentilis,* propre à une famille) Dans le style archaïque, *le gentil pays de France,* le noble pays de France. ◆ Délicat, généreux. *Un gentil procédé.* ◆ **Par extens.** En parlant des personnes, joli, mignon. ◆ **N. m. et n. f.** *Faire le gentil,* affecter des manières agréables. ◆ En parlant des choses, joli, mignon. *Ce bijou est gentil. Une chanson gentille.* ◆ **Ironiq.** *Vous faites là un gentil personnage,* vous faites là un vilain personnage. ◆ *Bois gentil,* nom vulgaire du *Daphne mezereum,* dit garou des bois. ■ Qui a des manières aimables, qui est attentionné. *Il s'est montré très gentil avec nous.* ■ Sage, en parlant d'un enfant. ■ **Fam.** *C'est bien gentil, mais...,* exprime une certaine réticence à faire quelque chose. *C'est bien gentil, mais je ne peux pas rester.* ■ **Fam.** Aimable, obéissant. *Sois gentil, apporte-moi mon pull.* ■ Important, considérable. *Il m'a volé la gentille somme de 3 000 euros.*

GENTILÉ, n. m. [ʒɑ̃tile] (lat. *gentile nomen,* nom d'une famille) Nom des habitants d'un pays, d'une ville. *Algérien est le gentilé d'Alger.*

GENTILHOMME, n. m. [ʒɑ̃tijɔm] (au pl. *gentilshommes* se prononce avec la liaison entre *gentils* et *homme.* 2 *gentil* et *homme*) ▷ Personne qui est de race noble. ◆ *Vivre en gentilhomme,* vivre sans rien faire. ◁ ◆ Titre de certains officiers attachés au service des princes. *Gentilshommes de la chambre,* gentilshommes qui servaient le roi lorsqu'il mangeait en chambre. *Gentilshommes ordinaires du roi,* gentilshommes qui se trouvaient auprès du roi pour recevoir ses ordres. ◁ **Litt.** Homme noble, délicat, courtois et généreux dans ses actes, ses manières. « *Mais Henri ne tremblait pas : le courage est une vertu de gentilhomme* », **Chandernagor.**

GENTILHOMMERIE, n. f. [ʒɑ̃tijɔm(ə)ʀi] (*gentilhomme*) ▷ Qualité de gentilhomme, avec un sens de moquerie ou de dénigrement. ◆ **Collect.** Les gentilshommes. ◁

GENTILHOMMIÈRE, n. f. [ʒɑ̃tijɔmjɛʀ] (*gentilhomme*) de dénigrement. Bien de campagne, petite maison d'un gentilhomme. ■ Petit château campagnard.

GENTILITÉ, n. f. [ʒɑ̃tilite] (lat. *gentilitas,* parenté au sein d'une famille) Les nations païennes. ◆ Profession d'idolâtrie. *Demeurer dans la gentilité.*

GENTILLÂTRE, n. m. [ʒɑ̃tijatʀ] (dér. péj. de 2 *gentil*) ▷ **Péj.** Gentilhomme pauvre. ◁

GENTILLESSE, n. f. [ʒɑ̃tijɛs] (2 *gentil*) Caractère de ce qui est à la fois joli et gracieux. *La gentillesse d'un enfant, d'une fable, d'un conte, etc.* ◆ Tour de souplesse. *Il a fait mille gentillesses devant nous.* ◆ Saillie agréable. *Les gentillesses de mon esprit.* ■ **Ironiq.** Trait de malice, de mauvaise conduite. ■ Caractère d'une personne gentille, aimable, serviable. *Auriez-vous la gentillesse de m'aider à porter cette valise ?* ■ Action, parole gentille, agréable. *Quelle gentillesse à mon égard !*

GENTILLET, ETTE, adj. [ʒɑ̃tijɛ, ɛt] (2 *gentil*) Assez gentil. ■ Plaisant mais sans grand intérêt. *Un film gentillet.*

GENTILSHOMMES, ■ n. m. pl. [ʒɑ̃tizɔm] Voy. **GENTILHOMME.**

GENTIMENT, adv. [ʒɑ̃timɑ̃] (2 *gentil*) D'une manière gentille. « *Je voudrais que cela fût tourné gentiment* », **Molière.** ◆ **Ironiq.** et très fam. *Vous voilà gentiment arrangé !* ■ De façon sage. *Allez jouer gentiment dans votre chambre.*

GENTLEMAN, n. m. [ʒɑ̃tləman] ou [dʒɛntəlman] (mot angl., de *gentle,* noble, et *man,* homme) Titre que prend en Angleterre tout individu bien élevé. ■ Homme bien élevé et distingué. *Des gentlemans ou des gentlemen* (pluriel anglais).

GENTLEMAN-FARMER, n. m. [ʒɑ̃tləmanfaʀmœʀ] ou [dʒɛntəlmanfaʀmœʀ] (angl., de *gentleman* et *farmer,* gentilhomme fermier) En Angleterre, propriétaire foncier qui exploite les terres sur lesquelles il vit. *Des gentlemans-farmers ou des gentlemen-farmers* (pluriel anglais).

GENTLEMAN-RIDER, ■ n. m. [ʒɑ̃tləmanʁajdœʁ] ou [dʒɛntəlmanʁajdœʁ] (angl., de *gentleman-rider*, cavalier) Jockey amateur participant à certaines courses. *Une compétition entre gentlemans-riders* ou *gentlemen-riders* (pluriel anglais).

GENTLEMAN'S AGREEMENT ou **GENTLEMEN'S AGREEMENT**, ■ n. m. [dʒɛntəlmansagriment] ou [dʒɛntəlmɛnsagriment] (angl., de *gentleman* et *agreement*, accord) Accord moral international n'ayant aucun poids juridique. ■ Promesse qui se fonde uniquement sur l'honneur de celui qui a donné sa parole. *Des gentleman's agreements* ou *gentlemen's agreements* (pluriel anglais).

GENTRY, ■ n. f. [dʒɛntʁi] (*g* se prononce *dj*. Mot angl., petite noblesse) Haute bourgeoisie anglaise. *Des gentrys* ou *des gentries* (pluriel anglais). ■ Par extens. Haute bourgeoisie. *La gentry polonaise, américaine.*

GÉNUFLECTEUR, TRICE, ■ adj. [ʒenyflɛktœʁ, tʁis] (radic du lat. *genuflectens*, admis à s'agenouiller) Qui fait des génuflexions. ■ N. m. et n. f. *Des génuflecteurs.* ■ **Fig.** et **rare** Personne soumise et servile.

GÉNUFLEXION, n. f. [ʒenyflɛksjɔ̃] (lat. chrét. *genuflexio*) Action de fléchir le genou ou les genoux, en signe d'adoration ou de soumission. *Il fit une génuflexion.* ■ **Litt.** Acte de soumission et de servilité.

1 GÉO, ■ n. f. [ʒeo] Voy. GÉOGRAPHIE.

2 GÉO..., ■ [ʒeo] préfixe qui signifie Terre, du grec *gê. La géographie.*

GÉOCENTRIQUE, adj. [ʒeosɑ̃tʁik] (*géo-* et *centre*) **Astron.** Qui appartient à une planète vue de la Terre. ♦ Qui a rapport au centre de la Terre. *Latitude géocentrique.* ■ *Mouvement géocentrique,* mouvement d'un astre se déplaçant autour de la Terre, considérée comme centre. ■ Qui concerne le géocentrisme. *Dans la conception géocentrique la Terre est le centre de l'Univers.*

GÉOCENTRISME, ■ n. m. [ʒeosɑ̃tʁism] (*géocentrique*) Ancienne conception du système solaire selon laquelle la Terre en est le centre. *C'est l'astronome et mathématicien grec du IIe siècle après J.-C., Ptolémée, qui, s'appuyant sur les principes pythagoriens et platoniciens, a défini la notion de géocentrisme.*

GÉOCHIMIE, ■ n. f. [ʒeoʃimi] (*géo-* et *chimie*) Étude des composantes chimiques de la croûte terrestre et du manteau, généralement appliquée à l'exploration minière. *La géochimie permet de mieux comprendre l'origine de la planète, l'apparition de la vie, ainsi que la genèse des continents.* ■ GÉOCHIMISTE, n. m. et n. f. [ʒeoʃimist] ■ GÉOCHIMIQUE, adj. [ʒeoʃimik]

GÉOCHRONOLOGIE, ■ n. f. [ʒeokʁonoloʒi] (*géo-* et *chronologie*) **Géogr.** Partie des sciences de la Terre qui traite de la datation relative (suite des événements géologiques) et absolue (âge) des roches et de leurs minéraux. ■ GÉOCHRONOLOGIQUE, adj. [ʒeokʁonoloʒik]

GÉOCROISEUR, ■ n. m. [ʒeokʁwazœʁ] (*géo-* et *croiseur*) **Astron.** Corps céleste de taille variable croisant ou frôlant l'orbite de la Terre.

GÉODE, n. f. [ʒeod] (gr. *geôdês*, terreux) Rognon de silex creux. ■ **Méd.** Cavité pathologique creusée dans un tissu, généralement osseux. *La tuberculose peut entraîner des géodes osseuses dans la colonne vertébrale.* ■ **Archit.** Grande infrastructure sphérique, en acier, creuse, et à l'intérieur de laquelle sont projetés des films, sur une partie de la surface interne de la sphère qui constitue l'écran. *La Géode de la Villette.*

GÉODÉSIE, n. f. [ʒeodezi] (gr. *geôdaisia*, partage de la Terre) Science qui a pour objet de mesurer le globe terrestre et ses parties, d'en déterminer la forme, etc. *Traité de géodésie.*

GÉODÉSIEN, IENNE, n. m. et n. f. [ʒeodezjɛ̃, jɛn] (*géodésie*) Personne qui s'occupe de géodésie.

GÉODÉSIQUE, adj. [ʒeodezik] (*géodésie*) Qui a rapport à la géodésie. ♦ *Ligne géodésique* ou n. f. *une géodésique,* ligne tracée entre deux points d'une surface quelconque et représentant également le chemin le plus court entre ces points.

GÉODÉSIQUEMENT, adv. [ʒeodezik(ə)mɑ̃] (*géodésique*) Par la géodésie, d'après la géodésie.

GÉODYNAMIQUE, ■ n. f. [ʒeodinamik] (*géo-* et *dynamique*) *Géodynamique interne,* étude des mouvements et des processus qui affectent l'intérieur de la Terre ; *géodynamique externe,* étude de la structure, de la dynamique, de la composition et de l'évolution temporelle des enveloppes externes de la Terre ainsi que des interactions entre ces enveloppes. ■ **Adj.** *L'évolution géodynamique de la chaîne des Andes.*

GÉOGLYPHE, ■ n. m. [ʒeoglif] (*géo-* et gr. *gluphê,* gravure) **Archéol.** Réseau de lignes et de motifs tracés au sol, sur une grande surface, et visibles uniquement en prenant de l'altitude. *Les géoglyphes de Nazca.*

GÉOGNOSIE, n. f. [ʒeognozi] (le *g* se prononce séparément du *n.* gr. *géo-* et *-gnosie*) Science traitant de la composition minéralogique, de la structure, de la forme et étendue des diverses couches ou masses minérales qui constituent la partie solide du globe terrestre.

GÉOGNOSTE, n. m. [ʒeognost] (le *g* se prononce séparément du *n. Géognosie*) ▷ Personne qui s'occupe de géognosie. ◁

GÉOGNOSTIQUE, adj. [ʒeognostik] (le *g* se prononce séparément du *n. Géognosie*) ▷ Qui a rapport à la géognosie. ◁

GÉOGRAPHE, n. m. et n. f. [ʒeograf] (lat. *geographus,* du gr. *geôgraphos,* qui décrit la Terre) Personne qui sait la géographie ; personne qui écrit sur la géographie ou qui l'enseigne. ♦ **En appos.** *Ingénieur-géographe,* personne qui dresse des cartes.

GÉOGRAPHIE, n. f. [ʒeografi] (lat. *geographia,* du gr. *geôgraphia,* description de la Terre) Science qui a pour objet de connaître les différentes parties de la superficie de la terre et d'en donner la description. ♦ *Géographie physique,* description de la terre par rapport aux dispositions de la surface, continents, eaux, montagnes, etc. ♦ *Géographie politique,* description de la terre par rapport aux États. ♦ *Géographie botanique,* partie de la botanique qui a pour objet la connaissance de la distribution des espèces végétales à la surface du globe terrestre. ♦ *Géographie historique,* description des pays par rapport aux évènements de l'histoire. ♦ *Carte de géographie* ou simplement *carte,* Voy. CARTE. ♦ *Traité de géographie. Une géographie.* ■ Science qui a pour objet la description et l'analyse des phénomènes physiques et humains à la surface de la Terre. ■ Ensemble des caractéristiques physiques et humaines d'une région. *Étudier la géographie de la Bretagne.* ■ **Fam.** Géo. *Un cours de géo.*

GÉOGRAPHIQUE, adj. [ʒeografik] (lat. *geographicus,* gr. *geôgraphikos*) Qui appartient à la géographie. *Dictionnaire géographique. Des cartes géographiques.* ♦ *Division géographique,* division qui est indiquée par les conditions naturelles du sol.

GÉOGRAPHIQUEMENT, adv. [ʒeografik(ə)mɑ̃] (*géographique*) D'une manière géographique, selon les principes de la géographie.

GÉOÏDE, ■ n. m. [ʒeoid] (*gé(o)-* et *-oïde*) **Géogr.** Surface équipotentielle du champ de pesanteur terrestre, voisine du niveau moyen des mers et qui sert de surface de référence pour la détermination des altitudes. *La mesure des creux et bosses du géoïde par altimétrie spatiale fournit des informations, par exemple, sur la dynamique interne du manteau terrestre.*

GEÔLAGE, n. m. [ʒolaʒ] (le *e* est muet. *Geôle*) ▷ Droit payé au geôlier à l'entrée et à la sortie de chaque prisonnier. ◁

GEÔLE, n. f. [ʒol] (le *e* est muet. *ital. gabbiula,* du lat. *caveola,* de *cavea,* cavité, cage) Prison. ♦ *La demeure du geôlier. Aller à la geôle.* ■ REM. Est littéraire aujourd'hui. Utilisé notamment aux Antilles.

GEÔLIER, n. m. [ʒolje] (le *e* est muet. *Geôle*) Le concierge d'une prison. ■ REM. Est littéraire aujourd'hui. Utilisé notamment aux Antilles.

GEÔLIÈRE, n. f. [ʒoljɛʁ] (le *e* est muet. *Geôlier*) La femme du geôlier. ♦ **Par extens.** Gardienne de prison. ■ REM. Est littéraire aujourd'hui. Utilisé notamment aux Antilles.

GÉOLOGIE, n. f. [ʒeoloʒi] (*géo-* et *-logie*) Science qui a pour objet l'histoire naturelle de la Terre, la connaissance de la forme extérieure du globe, l'étude des différents terrains, celle de leur formation et leur position actuelle. ■ Ensemble des caractéristiques propres au sous-sol d'une région. ■ Traité de géologie. *Une géologie qui a une valeur documentaire unique.*

GÉOLOGIQUE, adj. [ʒeoloʒik] (*géologie*) Qui concerne la géologie.

GÉOLOGIQUEMENT, adv. [ʒeoloʒik(ə)mɑ̃] (*géologique*) D'une manière conforme à la géologie.

GÉOLOGUE, n. m. et n. f. [ʒeolog] (*géologie*) Personne qui s'occupe de géologie.

GÉOMAGNÉTISME, ■ n. m. [ʒeomaɲetism] ou [ʒeomanjetism] (*géo-* et *magnétisme*) **Phys.** Champ magnétique terrestre et son étude. ■ GÉOMAGNÉTIQUE, adj. [ʒeomaɲetik] ou [ʒeomanjetik] *Un orage géomagnétique.*

GÉOMANCIE, n. f. [ʒeomɑ̃si] (lat. *geomantia,* gr. *geômanteia*) Art prétendu de deviner l'avenir en jetant une poignée de poussière ou de terre au hasard sur une table, d'après les lignes et les figures qui en résultent. ■ REM. On disait aussi *géomance* autrefois.

GÉOMANCIEN, IENNE, n. m. et n. f. [ʒeomɑ̃sjɛ̃, jɛn] (*géomancie*) Personne qui pratique la géomancie.

GÉOMÉTRAL, ALE, adj. [ʒeometʁal] (*géomètre*) **Archit.** Qui offre la dimension, la forme et la position des parties d'un ouvrage. *Élévation, coupe géométrale. Des plans géométraux.* ♦ *Chenille géométrale,* syn. d'arpenteuse. ■ **N. m.** *Un géométral,* plan qui représente les dimensions d'un objet, selon une échelle déterminée et sans perspective.

GÉOMÉTRALEMENT, adv. [ʒeometʁal(ə)mɑ̃] (*géométral*) **Archit.** D'une manière géométrale. *Un dessin tracé géométralement.*

GÉOMÈTRE, n. m. et n. f. [ʒeometʁ] (lat. *geometra,* du gr. *geômetrês*) Personne qui sait la géométrie. *Arpenteur-géomètre.* ♦ ▷ Personne qui est versée dans les mathématiques. *Newton fut un grand géomètre.* ◁ ♦ **Fig.**

L'éternel géomètre, Dieu. ♦ **Adj.** Qui caractérise le géomètre. « *Avoir l'esprit géomètre* », VOLTAIRE. ■ **Absol.** Personne spécialisée dans les plans et le nivellement de terrains. ■ **N. m.** ou **n. f.** Papillon de nuit dont la chenille se déplace telle la phalène du bouleau, en faisant s'approcher et s'éloigner les extrémités de son corps.

GÉOMÉTRIE, n. f. [ʒeometʀi] (lat. *geometria*, du gr. *geômetria*) Science qui a pour but la mesure des lignes, des surfaces et des volumes. *Géométrie élémentaire, descriptive.* ♦ **Fig.** Il se dit des actions auxquelles on dirait que la géométrie préside. *Il y a une géométrie cachée dans tous les arts de la main.* ♦ Traité de géométrie. *Une géométrie.* ■ **Math.** Étude des invariants de groupes divers, dont les éléments sont appelés points. *La géométrie algébrique.* ■ **Spécialt** Structure d'un avion. *Un avion à géométrie variable.* *À géométrie variable*, dont la forme et la structure peuvent varier. *Un prêt financier à géométrie variable. Une équipe à géométrie variable.*

GÉOMÉTRIQUE, adj. [ʒeometʀik] (lat. *geometricus*, gr. *geômetrikos*) Qui appartient à la géométrie. *Démonstration géométrique.* ♦ *Pas géométrique*, mesure de terrain de 1,62 m. ♦ *Esprit géométrique*, esprit qui procède avec méthode et exactitude. ■ Précis et régulier, à l'image des figures géométriques. *Un plan géométrique. La forme géométrique d'une maison.* ■ Qui est rigoureux et précis, à l'image de la géométrie. *Une précision géométrique.* ■ *Progression géométrique*, suite de nombres dans laquelle le rapport de deux nombres successifs est constant. $70 + 71 + 72 + 73 = 400 = 20^2$ *est une progression géométrique.* ■ *L'époque géométrique*, Art grec ancien (1015-700 avant J.-C.) caractérisé par la géométrisation de la représentation des formes.

GÉOMÉTRIQUEMENT, adv. [ʒeometʀik(ə)mɑ̃] (*géométrique*) D'une manière géométrique. ♦ Avec une grande rigueur. *Voilà qui est établi géométriquement.* ■ Par, grâce à la géométrie. *Géométriquement prouvé.*

GÉOMÉTRISER, ■ v. tr. [ʒeometʀize] (*géométrie*) Donner une forme géométrique à quelque chose et particulièrement, appliquer la géométrie et donner des formes géométriques à des représentations picturales, plastiques, etc. ■ **Fig.** Attribuer des principes géométriques en formalisant. *Géométriser le savoir, un sens, les croyances.* ■ **GÉOMÉTRISATION**, n. f. [ʒeometʀizasjɔ̃] *La géométrisation des formes. La géométrisation du savoir.*

GÉOMORPHOLOGIE, ■ n. f. [ʒeomɔʀfoloʒi] (*géo-* et *morphologie*) **Géogr.** Partie de la géographie physique qui étudie les formes du relief terrestre et leurs évolutions. ■ GÉOMORPHOLOGIQUE, adj. [ʒeomɔʀfoloʒik] ■ GÉOMORPHOLOGUE, n. m. et n. f. [ʒeomɔʀfolɔg]

GÉOPHAGE, ■ adj. [ʒeofaʒ] (*géo-* et *-phage*) Qui se nourrit de terre, en parlant d'un être humain ou d'un animal. *Un ver de terre géophage.* ■ **N. m.** et **n. f.** *Un, une géophage.*

GÉOPHAGIE, ■ n. f. [ʒeofaʒi] (*géo-* et *-phagie*) Fait de se nourrir de terre, en parlant d'un être humain ou d'un animal. *La géophagie chez l'être humain au est au considéré comme un trouble alimentaire d'origine psychologique au même titre que la boulimie ou que l'anorexie.* ■ Pratique alimentaire consistant à absorber des substances minérales, comme l'argile, et qui est très répandue dans les populations primitives ou défavorisées, dont le régime alimentaire est particulièrement déséquilibré.

GÉOPHILE, ■ n. m. [ʒeofil] (*géo-* et *-phile*) **Zool.** Gastéropode terrestre carnivore, au corps long, annelé et de couleur brune, vivant dans l'humus ou sous la terre.

GÉOPHONE, ■ n. m. [ʒeofɔn] (*géo-* et *-phone*) Appareil transformant les mouvements du sol en signaux électriques et permettant l'enregistrement des ondes très courtes qui se propagent dans le milieu ambiant. *Le géophone est utilisé en sismologie.*

GÉOPHYSIQUE, ■ n. f. [ʒeofizik] (*géo-* et *physique*) Science qui étudie les propriétés physiques de la Terre, sa structure et ses mouvements. ■ **Adj.** Qui est relatif à la physique de la Terre. *Une étude géophysique.* ■ GÉOPHYSICIEN, IENNE, n. m. et n. f. [ʒeofizisjɛ̃, jɛn]

GÉOPOLITIQUE, ■ n. f. [ʒeopolitik] (angl. *geopolitics*, de *géo-* et *politique*) Étude des rapports entre les États et les espaces géographiques, permettant de prendre en compte l'influence de la réalité géographique sur les décisions politiques des États ainsi que l'action des hommes sur cet espace. ■ **Adj.** *Un accord géopolitique.* ■ GÉOPOLITICIEN, IENNE, n. m. et n. f. [ʒeopolitisjɛ̃, jɛn]

GÉORAMA, ■ n. m. [ʒeoʀama] (*gé[o]-* et *-orama*) ▷ Globe creux, dont la surface intérieure offre la figure de la Terre, de sorte que le spectateur, placé au centre de ce globe, aperçoit l'ensemble des mers, des continents, etc. ◁

1 GÉORGIEN, IENNE, ■ adj. [ʒeoʀʒjɛ̃, jɛn] (*Géorgie*) Relatif à la Géorgie (Caucase). *La géographie géorgienne.* ■ **N. m.** et **n. f.** Habitant ou personne originaire de la Géorgie. *Les Géorgiennes.* ■ **N. m.** Le géorgien, langue parlée en Géorgie.

2 GÉORGIEN, IENNE, ■ adj. [ʒeoʀʒjɛ̃, jɛn] (*Géorgie*) Relatif à la Géorgie (État des États-Unis d'Amérique). *La capitale géorgienne.* ■ **N. m.** et **n. f.** Habitant ou personne originaire de la Géorgie. *Les Géorgiens.*

GÉORGIQUES, n. f. pl. [ʒeoʀʒik] (lat. *georgica*, du gr. *geôrgikos*, de *geôrgein*, travailler la terre) Ouvrages qui ont rapport aux travaux champêtres. *Les Géorgiques de Virgile.* ♦ **Adj.** *Poème géorgique.*

GÉOSTATION, ■ n. f. [ʒeostasjɔ̃] (*géo-* et *station*) **Astron.** Station d'études scientifiques basée sur Terre.

GÉOSTATIONNAIRE, ■ adj. [ʒeostasjɔnɛʀ] (*géo-* et *stationnaire*) **Astron.** *Satellite géostationnaire*, satellite géosynchrone animé d'un mouvement circulaire qui a une vitesse angulaire égale à celle de la Terre, sa vitesse apparente étant nulle.

GÉOSTATISTIQUE, ■ n. f. [ʒeostatistik] (*géo-* et *statistique*) Méthode de traitement de l'information qui combine l'analyse statistique d'une donnée et sa représentation cartographique adaptée. ■ **Adj.** *Une analyse géostatistique.*

GÉOSTRATÉGIE, ■ n. f. [ʒeostʀateʒi] (*géo-* et *stratégie*) **Milit.** Étude des relations entre États, à partir des données géographiques et démographiques. ■ GÉOSTRATÉGIQUE, adj. [ʒeostʀateʒik]

GÉOSTROPHIQUE, ■ adj. [ʒeostʀofik] (*géo-* et gr. *strophein*, tourner) **Météorol.** *Vent géostrophique*, vent qui s'écoule parallèlement aux isobares, suivant les effets de la force de Coriolis.

GÉOSYNCHRONE, ■ adj. [ʒeosɛ̃kʀon] (*géo-* et *synchrone*) **Astron.** *Satellite géosynchrone*, satellite de la Terre dont la période de révolution est de 24 heures, période de la rotation terrestre.

GÉOSYNCLINAL, ■ n. m. [ʒeosɛ̃klinal] (*géo-* et *synclinal*) **Géol.** Grande dépression de la croûte terrestre dont le plissement élabore les chaînes de montagnes. *Les géosynclinaux, accumulant d'épaisses couches de sédiments, se trouvaient il y a plusieurs millions d'années à l'emplacement des actuelles montagnes.*

GÉOTECHNIQUE, ■ n. f. [ʒeotɛknik] (*géo-* et *technique*) **Géol.** Ensemble des applications techniques liées à la connaissance des propriétés des sols, des roches et des ensembles géologiques. ■ **Adj.** *Une étude géotechnique.*

GÉOTEXTILE, ■ n. m. [ʒeotɛkstil] (*géo-* et *textile*) Sorte d'étoffe imputrescible, résistante, et que l'on peut difficilement perforer, utilisée en génie civil pour séparer et renforcer le sol naturel des graviers, du sable, ou utilisée en jardinage pour séparer les différentes couches de terre. *Le géotextile est, par exemple, utilisé avant les fondations lors de la construction d'un bâtiment.*

GÉOTHERMIE, ■ n. f. [ʒeotɛʀmi] (*géo-* et *thermie*) **Géol.** Chaleur présente au sein de la Terre. *L'utilisation de la géothermie comme source d'énergie.* ■ Science qui étudie la chaleur interne de la Terre. ■ GÉOTHERMIQUE, adj. [ʒeotɛʀmik]

GÉOTHERMOMÈTRE, ■ n. m. [ʒeotɛʀmomɛtʀ] (*géo-* et *thermomètre*) **Géol.** Thermomètre qui mesure la température dans le sol. ■ **Géol.** Indicateur des variations de température dans le sous-sol utilisé pour déterminer la température à laquelle l'eau a été portée dans le sous-sol et à laquelle elle a acquis sa minéralisation, par interaction avec les minéraux des roches traversées.

GÉOTROPISME, ■ n. m. [ʒeotʀopism] (*géo-* et *tropisme*) **Biol.** Évolution de la croissance d'un organe sous l'action de la pesanteur. ■ **Bot.** Type de croissance qu'effectue une plante, soit vers le bas (développement de la racine), soit vers le haut, dû à la gravité. *Le géotropisme est généralement considéré comme un élément positif pour les racines.*

GÉOTRUPE, ■ n. m. [ʒeotʀyp] (*géo-* et gr. *trupân*, percer) **Zool.** Insecte d'Europe et d'Asie dont la caractéristique principale est de creuser son terrier sous les excréments de certains animaux. *Il existe plusieurs variétés de géotrupes : géotrupe stercoraire, géotrupe du fumier, etc.*

GÉPHYRIEN, ■ n. m. [ʒefiʀjɛ̃] (lat. *gephyrea*, du gr. *gephura*, pont) **Zool.** Invertébré marin vivant dans la vase.

GÉRABLE, ■ adj. [ʒeʀabl] (*gérer*) Qui peut être géré. *Une situation gérable.*

GÉRANCE, n. f. [ʒeʀɑ̃s] (*gérant*) Fonctions de gérant. *Avoir la gérance d'une entreprise.* ♦ Temps que durent les fonctions du gérant. ♦ L'ensemble des personnes qui ont cette gérance.

GÉRANIOL, ■ n. m. [ʒeʀanjɔl] (*géranium* et *-ol*) **Chim.** Alcool terpénique utilisé notamment dans la fabrication de certains cosmétiques, médicaments et thés.

GÉRANIUM, n. m. [ʒeʀanjɔm] (lat. *geranium*, du gr. *geranos*, grue) **Bot.** Genre de plantes dont le fruit figure un bec de grue.

GÉRANT, ANTE, ■ n. m. et n. f. [ʒeʀɑ̃, ɑ̃t] (*gérer*) Personne qui gère pour un particulier ou pour une société. *Le gérant d'un journal, d'une entreprise, etc.* ♦ **Adj.** *Procureur gérant.* ■ **N. m.** et **n. f.** **Mod.** Personne mandatée pour diriger une entreprise. ■ Dirigeant des affaires sociales en entreprise.

GERBAGE, ■ n. m. [ʒɛʀbaʒ] (*gerber*) Agric. Fait de gerber, d'assembler en faisceau. *Le gerbage des foins.* ■ Techn. Fait d'empiler de la marchandise.

GERBE, n. f. [ʒɛʀb] (anc. b. frq. *garba*) Faisceau de blé coupé. *Lier des gerbes.* ◆ ▷ Absol. Féod. Dîme sur les moissons. *Lever la gerbe.* ◁ ◆ *Gerbe de fleurs,* gros bouquet de fleurs. ◆ Fig. *Gerbe d'eau,* faisceau que font plusieurs jets d'eau. ◆ *Gerbe de feu* ou simplement *gerbe,* assemblage de fusées qui partent ensemble. ◆ Se dit semblablement de ce que l'on compare à une gerbe d'eau ou de feu. ■ Phys. *Gerbe de particules,* résultat de l'interaction des rayons cosmiques et des molécules de l'atmosphère, qui présente un excès d'électrons se déplaçant à une vitesse proche de celle de la lumière. ■ Vulg. Vomi. *Il me file la gerbe. J'ai la gerbe,* j'ai envie de vomir.

GERBÉ, ÉE, p. p. de gerber. [ʒɛʀbe]

GERBÉE, n. f. [ʒɛʀbe] (*gerbe*) Botte de paille où il reste encore quelque grain. ◆ Fourrage composé de fanes et de fruits des céréales et des légumineuses que l'on récolte un peu avant la maturité et que l'on fait sécher.

GERBER, v. tr. [ʒɛʀbe] (*gerbe*) Mettre en gerbe. *Gerber du blé.* ◆ Mettre des pièces de vin les unes sur les autres dans une cave, dans un cellier. ◆ Empiler des bombes ou des boulets en un tas ayant une forme de prisme ou de pyramide. ◆ V. intr. Foisonner en gerbe. *Du froment qui gerbe bien.* ■ V. tr. Techn. Mettre en tas, empiler. *Gerber des palettes.* ■ V. intr. Très fam. Vomir. *Ton comportement me fait gerber.* ■ GERBANT, ANTE, adj. [ʒɛʀbɑ̃, ɑ̃t]

GERBÉRA ou **GERBERA**, ■ n. m. [ʒɛʀbeʀa] (Traugott *Gerber,* botaniste allemand) Plante de la famille des marguerites, originaire d'Afrique du Sud et d'Asie, cultivée pour ses fleurs de couleur rose, rouge, jaune ou orange.

GERBEUR, EUSE, ■ adj. [ʒɛʀbœʀ, øz] (*gerber*) Agric. Qui permet le gerbage des foins, des céréales. ■ N. m. Techn. Engin utilisé pour le gerbage de charges.

GERBIER, ■ n. m. [ʒɛʀbje] (*gerbe*) Tas de gerbe disposé dans les champs.

GERBILLE, ■ n. f. [ʒɛʀbij] (lat. sav. [XVIIIᵉ s.] *gerbillus,* de *gerboa,* gerboise) Petit rongeur proche de la souris vivant dans les savanes, les steppes, les déserts et les régions semi-désertiques. *La queue de la gerbille est couverte de poils, à l'inverse du rat ou de la souris, et parfois terminée par une touffe noire.*

GERBOISE, n. f. [ʒɛʀbwaz] (lat. sav. [XVIIIᵉ s.] *gerboa,* de l'ar. *djerbu*) Genre de mammifères rongeurs, à pattes de devant fort courtes et à queue garnie de longs poils à son extrémité.

GERCE, n. f. [ʒɛʀs] (*gercer*) Espèce de teigne qui ronge les étoffes. ◆ Fente produite par la dessiccation dans une pièce de bois.

GERCÉ, ÉE, p. p. de gercer. [ʒɛʀse]

GERCEMENT, n. m. [ʒɛʀsəmɑ̃] (*gercer*) Action de gercer ; effet de cette action.

GERCER, v. tr. [ʒɛʀse] (prob. b. lat. *charaxare,* du gr. *kharassein,* fendre déchirer) Causer de petites crevasses à la peau. *Gercer les lèvres, le visage.* ◆ Par extens. *Les chaleurs ont gercé la terre.* ◆ V. intr. Devenir gercé. *Les lèvres gercent.* ◆ Se gercer, v. pr. Être gercé, avoir des gerçures.

GERÇURE, n. f. [ʒɛʀsyʀ] (*gercer*) Petite fente ou crevasse peu profonde que l'on observe particulièrement à la peau, aux lèvres, et qui est produite par le froid ou par différentes autres causes. ◆ Petite fente qui se produit à la surface de la terre, à l'écorce des arbres, etc. ◆ En peinture, fendillement qui s'opère dans l'enduit, dans le vernis d'un tableau.

GÉRÉ, ÉE, p. p. de gérer. [ʒeʀe]

GÉRER, v. tr. [ʒeʀe] (lat. *gerere*) Administrer certains intérêts. *Gérer une tutelle, un domaine, des affaires, etc.* ■ Faire face à une situation difficile. *Gérer une crise.* ■ Utiliser au mieux, planifier. *Gérer son temps.* ■ Diriger ses propres affaires. *Gérer son personnel.*

GERFAUT, n. m. [ʒɛʀfo] (anc. fr. *gir,* vautour, et *faus,* faucon) Oiseau de proie du genre faucon.

GÉRIATRIE, ■ n. f. [ʒeʀjatʀi] (gr. *gerôn,* vieillard, et *-iatrie*) Branche médicale dans laquelle on étudie et soigne les maladies liées à la vieillesse. ■ GÉRIATRIQUE, adj. [ʒeʀjatʀik] *Le service gériatrique d'un hôpital.* ■ GÉRIATRE, n. m. et n. f. [ʒeʀjatʀ]

1 GERMAIN, AINE, n. m. et n. f. [ʒɛʀmɛ̃, ɛn] (lat. *germanus,* de *germen,* rejeton) Jurispr. Se dit des frères et sœurs nés d'un même père et d'une même mère. ◆ Adj. *Frères germains. Sœurs germaines.* ◆ *Cousins germains,* se dit des enfants issus des deux frères, des deux sœurs, ou de frère et de la sœur. ◆ Fig. « *Du bon temps... Que le vrai du propos était cousin germain* », RÉGNIER. ◆ *Cousins issus de germain* (germain écrit sans *s*), les enfants issus de deux cousins germains.

2 GERMAIN, AINE, adj. [ʒɛʀmɛ̃, ɛn] (lat. *Germanus*) Qui appartient à la Germanie, ancien nom de l'Allemagne. ◆ N. m. et n. f. Nom du peuple habitant la Germanie.

3 GERMAIN (SAINT-), n. m. [ʒɛʀmɛ̃] (*Saint-Germain,* dans la Sarthe, lieu de production) Variété de poire d'hiver. *Poire de Saint-Germain. Du Saint-Germain.* ◆ Au pl. *Des Saint-Germain* (sous-entendu poires de).

GERMANDRÉE, n. f. [ʒɛʀmɑ̃dʀe] (altér. du lat. *chamædrys,* du gr. *khamaidrus,* chêne nain, de *khamai,* à terre, et *drus,* chêne) Genre nombreux de la famille des labiées. *La germandrée officinale.*

GERMANIQUE, adj. ■ [ʒɛʀmanik] (lat. *germanicus*) Qui appartient aux Germains. *Les peuples germaniques.* ◆ Aujourd'hui, qui appartient aux Allemands, à l'Allemagne. ◆ *Empire germanique* ou *Empire romain germanique,* l'empire d'Occident renouvelé par Charlemagne. ■ *Les langues germaniques,* langues des peuples germains. ■ N. m. *Le germanique oriental,* le gothique ; *le germanique septentrional,* le nordique, l'islandais, le norvégien, le suédois et le danois ; *le germanique occidental,* l'allemand, le néerlandais, le flamand, l'anglais. ■ *Les pays germaniques,* pays de langue allemande. ■ N. m. et n. f. *Les Germaniques.*

GERMANISANT, ANTE, ■ adj. [ʒɛʀmanizɑ̃, ɑ̃t] (*germaniser*) Qui a un attrait certain pour ce qui est allemand ou germanique. ■ N. m. et n. f. *Un germanisant.*

GERMANISER, v. tr. [ʒɛʀmanize] (2 *germain*) Rendre germain ou allemand. ◆ V. intr. Faire des germanismes. ■ Donner une sonorité ou une forme allemande à un mot. *Germaniser du vocabulaire.* ■ GERMANISATION, n. f. [ʒɛʀmanizasjɔ̃]

GERMANISME, n. m. [ʒɛʀmanism] (*germanique*) Façon de parler, tour propre à la langue allemande. ■ Ling. Emprunt fait à la langue allemande.

GERMANISTE, n. m. et n. f. [ʒɛʀmanist] (*germanique*) Personne qui étudie les langues germaniques. ■ Spécialiste des langues et des civilisations germaniques.

GERMANIUM, ■ n. m. [ʒɛʀmanjɔm] (lat. *Germania,* Allemagne, pays du chimiste Winkler qui l'a découvert) Phys. Métal rare proche du silicium, utilisé notamment dans la fabrication de composants électroniques (symbole Ge ; numéro atomique 32 ; masse atomique 72,64). *Une diode en germanium.*

GERMANO..., ■ [ʒɛʀmano] (préfixe qui signifie allemand, du lat. *germanus.*) Germanophile. Germano-polonais.

GERMANOPHILE, ■ n. m. et n. f. [ʒɛʀmanofil] (*germano-* et *-phile*) Qui aime l'Allemagne et les Allemands. ■ Adj. *Un jugement germanophile.* ■ GERMANOPHILIE, n. f. [ʒɛʀmanofili]

GERMANOPHOBE, ■ n. m. et n. f. [ʒɛʀmanofɔb] (*germano-* et *-phobe*) Qui n'aime ni l'Allemagne ni les Allemands. ■ Adj. *Une politique germanophobe.* ■ GERMANOPHOBIE, n. f. [ʒɛʀmanofobi]

GERMANOPHONE, ■ adj. [ʒɛʀmanofɔn] (*germano-* et *-phone*) Qui parle allemand. ◆ Où l'on parle allemand. *Les cantons suisses germanophones.* ■ N. m. et n. f. *Un, une germanophone.*

GERMANOPRATIN, INE, ■ adj. [ʒɛʀmanopʀatɛ̃, in] (*Saint-Germain-des-Prés,* du lat. *pratum,* pré) Relatif au quartier de Saint-Germain-des-Prés, à Paris. *Les ruelles germanopratines typiques.* ■ N. m. et n. f. *Les Germanopratins.*

GERME, n. m. [ʒɛʀm] (lat. *germen*) Premier rudiment d'un nouvel être végétal. ◆ En général, premier rudiment de tout être organisé, végétal ou animal. ◆ La partie de la semence dont se forme la plante. *Le germe du blé.* ◆ La première pointe qui sort d'une graine, d'un bulbe, etc. ◆ Rudiment de certaines parties organiques. *Les germes des dents.* ◆ *Le germe d'une maladie,* les premières altérations qui disposent à la maladie ou qui la commencent. ◆ Fig. Le principe, la cause originelle de certaines choses. *Le germe d'un poème.* ◆ Au moral. *Le germe des vertus.* ◆ *En germe,* à l'état caché et prêt à se développer. ■ Organisme microscopique qui peut provoquer une maladie.

GERMÉ, ÉE, p. p. de germer. [ʒɛʀme]

GERMEN, ■ n. m. [ʒɛʀmen] (*en* se prononce ène. Mot lat., germe) Biol. Ensemble des cellules impliquées dans la formation des gamètes et dans la transmission du message héréditaire.

GERMER, v. intr. [ʒɛʀme] (lat. *germinare*) Se conjugue avec *être* ou *avoir,* suivant le sens. Il se dit des grains, des tubercules, des bulbes qui commencent à faire apparaître leur germe. ◆ Fig. « *Elle voyait germer ces précieuses semences de gloire et de vertu qu'elle avait jetées dans son cœur* », FLÉCHIER. ◆ S'implanter dans les esprits ou dans les cœurs. *Ces idées germent dans les esprits.* ◆ V. tr. Dans le style biblique et poétique, faire germer. « *Que la terre s'ouvre et qu'elle germe le Sauveur* », SACI. « *Que la terre germe l'herbe verte qui renferme une semence* », FÉNELON.

GERMICIDE, ■ n. m. [ʒɛʀmisid] (*germe* et *-cide*) Produit qui détruit les germes. ■ Adj. *Un liquide germicide.*

1 GERMINAL, n. m. [ʒɛʀminal] (lat. *germen,* génit. *germinis*) Le septième mois de l'année dans le calendrier républicain (du 21 mars au 19 avril). ■ Au pl. *Des germinals.*

2 **GERMINAL, ALE**, ■ adj. [ʒɛʀminal] (lat. *germen, germinis*) **Biol.** Qui se rapporte au germe ou au germen. *Le développement germinal.* ■ *Cellule germinale,* cellule reproductrice.

GERMINATEUR, TRICE, adj. [ʒɛʀminatœʀ, tʀis] (lat. *germinatum,* supin de *germinare*) Qui a le pouvoir de faire germer. *La vertu germinatrice.*

GERMINATIF, IVE, adj. [ʒɛʀminatif, iv] (lat. *germinatum,* supin de *germinare*) **Bot.** Syn. plus usité de germinateur. ♦ *Faculté germinative,* faculté qu'ont les graines de germer. ■ Relatif au germen.

GERMINATION, n. f. [ʒɛʀminasjɔ̃] (lat. *germinatio*) Acte par lequel l'embryon végétal s'accroît, se débarrasse des enveloppes de la graine, et finit par se suffire à lui-même en tirant sa nourriture à l'aide de sa jeune racine. ■ **Chim.** Formation de cristaux microscopiques. ■ **Méd.** Période de développement latent de certaines maladies. ■ **Fig.** Développement. « *Des hommes poussaient, une armée noire, vengeresse, [...] et dont la germination allait faire bientôt éclater la terre* », ZOLA.

GERMOIR, ■ n. m. [ʒɛʀmwaʀ] (*germer*) Récipient utilisé pour contenir les graines que l'on va faire germer avant de les semer. ■ Lieu où l'on fait germer des semences. ■ Lieu dans lequel on fait germer des semences. *Un germoir à orge pour la fabrication de la bière.*

GERMON, ■ n. m. [ʒɛʀmɔ̃] (mot poitevin, *gernon,* tanche) **Zool.** Thon blanc qui vit dans les eaux tempérées de l'Atlantique et dont la chair est très prisée. *Le germon a la réputation d'être la plus rare et la plus noble des espèces de thon.*

GÉROFLE, n. m. [ʒeʀɔfl] Voy. GIROFLE.

GÉROMÉ, ■ n. m. [ʒeʀome] (*Gérardmer*) Fromage au lait de vache, à pâte molle, à croûte lavée, de forme ronde et fabriqué en Lorraine et dans les Vosges. *Le munster ou munster-géromé est apprécié des amateurs de fromage pour sa saveur relevée sans être forte.*

GÉRONDIF, n. m. [ʒeʀɔ̃dif] (lat. gramm. tardif *gerundium,* de *gerere,* accomplir) **Gramm. lat.** Forme de l'infinitif constituant une sorte de déclinaison. ♦ Nom donné souvent en français à la locution composée de la préposition *en* et du participe présent.

GÉRONTE, n. m. [ʒeʀɔ̃t] (gr. *gérôn,* génit. *gerontos,* vieillard) Nom donné, dans les comédies françaises du XVIIᵉ siècle, à des vieillards qui se laissent dominer par ceux qui les entourent. ♦ **Fig.** Homme faible et qui se laisse gouverner.

GÉRONTISME, ■ n. m. [ʒeʀɔ̃tism] (*géronte*) Vieillissement accéléré et prématuré chez l'adulte ou l'enfant. *La maladie du gérontisme est également connue sous le nom de progéria.* ■ Organisation sociale reposant sur les personnes âgées.

GÉRONTO..., ■ [ʒeʀɔ̃to] préfixe qui signifie vieillard, du gr. *gérôn, gerontos.* *Gérontologie.*

GÉRONTOCRATIE, ■ n. f. [ʒeʀɔ̃tokʀasi] (*géronto-* et *-cratie*) Gouvernement exercé par des personnes âgées.

GÉRONTOLOGIE, ■ n. f. [ʒeʀɔ̃tolɔʒi] (*géronto-* et *-logie*) Branche de la médecine dans laquelle on étudie la vieillesse sous tous ses aspects, ainsi que les problèmes inhérents au vieillissement. ■ **GÉRONTOLOGIQUE**, adj. [ʒeʀɔ̃tolɔʒik] ■ **GÉRONTOLOGUE**, n. m. et n. f. [ʒeʀɔ̃tolɔg]

GÉRONTOPHILIE, ■ n. f. [ʒeʀɔ̃tofili] (*géronto-* et *-philie*) Caractère d'une personne qui est sexuellement attirée par les vieillards. ■ **GÉRONTOPHILE**, n. m. et n. f. ou adj. [ʒeʀɔ̃tofil]

GERRIS, ■ n. m. [ʒeʀis] (lat. *gerres,* sorte d'anchois) Petite punaise aquatique aux longues pattes hydrofuges, qui se nourrit des insectes tombés sur l'eau.

GERSEAU, ■ n. m. [ʒeʀso] (prob. *herseau,* de *herse*) **Mar.** Cordage utilisé pour renforcer une poulie.

GERZEAU, ■ n. m. [ʒeʀzo] (orig. inc. : p.-ê anc. b. frq. *gard,* aiguillon) Nielle, mauvaise herbe qui croît dans les blés.

GÉSIER, n. m. [ʒezje] (plur. lat. *gigeria,* entrailles) Deuxième estomac des oiseaux. *Le grain passe du jabot dans le gésier, où il est broyé et réduit en pâte avant d'arriver à l'estomac.*

GÉSINE, n. f. [ʒezin] (*gésir*) ▷ Mot vieilli signifiant les couches d'une femme. ♦ La Fontaine l'a dit des animaux : *Où la laie était en gésine.* ◁

GÉSIR, v. intr. défect. [ʒeziʀ] (lat. *jacere,* être étendu) qui n'est plus usité qu'aux formes suivantes : *il gît, nous gisons, vous gisez, ils gisent ; je gisais, etc. ; gisant ;* quelques-uns doublent sa forme. ■ Être couché, être étendu par terre. ♦ **Mar.** *La côte gît nord et sud,* elle s'étend du nord au sud. ♦ *Ci-gît,* formule des épitaphes. ♦ Être caché, se trouver. « *L'endroit où gisait cette somme enterrée* », LA FONTAINE. ♦ *C'est là que gît le lièvre,* c'est là le nœud de l'affaire, la difficulté. ♦ Consister. « *La fable gît dans la moralité* », LA MOTTE.

GESSE, n. f. [ʒɛs] (provenç. *gieissa,* du lat. [*faba*] *ægyptia,* fève d'égypte) Genre de plantes légumineuses, dont quelques-unes servent de fourrage, et même d'aliment à l'homme. ♦ La graine de la gesse.

GESTALTISME, ■ n. m. [geʃtaltism] (*s* se prononce *ch.* all. *Gestalt,* structure, forme, de *Gestalttheorie*) **Philos.** et **psych.** Théorie de la forme selon laquelle un individu perçoit, dans ses états de conscience, l'ensemble comme un tout organisé. ■ **GESTALTISTE**, n. m. et n. f. ou adj. [geʃtaltist]

GESTALT-THÉRAPIE ou **GESTALTTHÉRAPIE**, ■ n. m. [geʃtalteʀapi] (*s* se prononce *ch.* angl. *gestalt-therapy,* de l'all. *Gestalt,* structure, forme) **Psych.** Thérapie individuelle ou de groupe qui consiste à travailler sur la compréhension du rapport de la personne à son environnement, en prenant en compte l'ensemble des interactions entre le corps, le cœur, la tête, l'environnement social et le sens de la vie.

GESTANT, ANTE, ■ adj. [ʒɛstɑ̃, ɑ̃t] (*gestation*) Qui est en gestation. *Une femelle gestante.*

GESTAPISTE, ■ n. m. et n. f. [gɛstapist] (*Gestapo*) Personne membre de la Gestapo. ■ Adj. Relatif à la Gestapo ou qui évoque la Gestapo. *Une attitude gestapiste.*

GESTATION, n. f. [ʒɛstasjɔ̃] (lat. *gestatio,* action de porter) ▷ L'état d'un individu qui est porté. *Gestation à cheval, en voiture, etc.* ◁ ♦ **Hist. nat.** État des femelles des mammifères qui ont conçu ; durée de cet état. ■ Travail de préparation qui précède la naissance de quelque chose. *La gestation d'un film.*

GESTATOIRE, adj. [ʒɛstatwaʀ] (lat. impér. *gestatorius,* qui sert à porter) ▷ Usité seulement dans : *Chaise gestatoire,* la chaise à porteurs du pape. ◁

1 **GESTE**, ■ n. m. [ʒɛst] (lat. *gestus,* attitude, mouvement) L'action et le mouvement du corps et particulièrement des bras et des mains, action et mouvement employés à signifier quelque chose. ♦ Simple mouvement du bras, du corps ou de la tête. ■ Action. *Un geste politique.* ■ *Faire un geste,* une action généreuse. ■ *Joindre le geste à la parole,* mimer en même temps que l'on parle. ■ *Ne pas faire un geste,* ne pas bouger. ■ *Pas un geste !* ne bouge pas, ne bougez pas ! ■ *Avoir le geste large,* être généreux.

2 **GESTE**, n. f. [ʒɛst] (lat. *gesta,* actions, exploits, plur. neutre de *gestus,* p. p. de *gerere,* accomplir) Poème du Moyen Âge où est racontée d'une façon légendaire l'histoire de personnages historiques et particulièrement de Charlemagne et de ses preux. ♦ *Chansons de geste,* anciens poèmes qui traitent des actions des héros du cycle carlovingien.

GESTES, n. f. pl. [ʒɛst] (lat. *gesta*) Actions belles et mémorables (acception qui vieillit). « *Ce grand chroniqueur des gestes d'Alexandre* », BOILEAU. ♦ **Fam.** *Les faits et gestes,* actions, conduite. *Conter ses faits et gestes.* ■ **REM.** Ce nom était autrefois masculin.

GESTICULANT, ANTE, ■ adj. [ʒɛstikylɑ̃, ɑ̃t] (*gesticuler*) Qui gesticule. *Un enfant gesticulant.*

GESTICULATEUR, n. m. [ʒɛstikylatœʀ] (b. lat. *gesticulator*) ▷ Celui qui fait beaucoup de gestes en parlant. ◁

GESTICULATION, n. f. [ʒɛstikylasjɔ̃] (lat. impér. *gesticulatio*) Action de gesticuler. ■ **Milit.** Manœuvre stratégique destinée à impressionner et intimider un adversaire.

GESTICULÉ, ÉE, adj. [ʒɛstikyle] (*gesticuler*) Exprimé par gestes.

GESTICULER, v. intr. [ʒɛstikyle] (lat. impér. *gesticulari*) Faire beaucoup de gestes.

GESTION, n. f. [ʒɛstjɔ̃] (lat. *gestio*) Action, manière de gérer. ■ Fait de diriger un service et d'assurer une fonction ; durée de la gestion. ■ Administration et direction d'une entreprise selon des stratégies particulières, dans le but de dégager un profit. ■ *Gestion du personnel,* fait de gérer l'ensemble des problèmes liés au personnel d'une entreprise. ■ *Gestion d'affaires,* fait de gérer les intérêts d'une autre personne sans avoir eu son accord. ■ *Société de gestion,* société spécialisée dans le conseil en entreprise en matière de gestion. ■ *Gestion de bases de données,* utilisation de systèmes spécifiques pour stocker, organiser, rechercher, extraire et gérer l'accès aux données d'une base de données. *Un système de gestion de bases de données.* ■ *Gestion de l'information,* intégration des normes, des processus, des systèmes et des technologies de l'information pour permettre l'échange d'informations dans le but d'atteindre les objectifs d'une organisation en matière de gestion. ■ *Gestion du savoir,* coordination des processus, de la production et de l'échange de connaissances pour appuyer les buts stratégiques de l'organisation.

GESTIONNAIRE, ■ n. m. et n. f. [ʒɛstjɔnɛʀ] (*gestion*) Personne chargée de gérer une administration, une affaire. ■ Adj. *Un comptable gestionnaire.* ■ N. m. **Inform.** Programme informatique utilisé pour organiser et gérer les fichiers et dossiers stockés.

GESTIQUE, ■ n. f. [ʒɛstik] (1 *geste*) Ensemble des gestes codés et normalisés relatifs à un domaine. *La gestique d'un chef d'orchestre. La gestique dans le langage des signes.*

GESTUALITÉ, ■ n. f. [ʒɛstɥalite] (*gestuel*) Ensemble des gestes propres à une personne qui est significatif de son appartenance culturelle, ethnique, sociale, etc. *La gestualité d'un homme politique.*

GESTUEL, ELLE, ■ adj. [ʒɛstɥɛl] (1 *geste*) Qui a trait au geste. *Le langage gestuel.* ■ N. f. Expression gestuelle d'une personne, pouvant parfois s'assimiler à un langage des signes. *La gestuelle d'un acteur, d'un sourd.*

GETTER, ■ n. m. [ɡetɛʁ] (angl. *to get*, obtenir) Électron. Traitement thermique utilisé dans les tubes électroniques pour faire migrer les impuretés et pour obtenir un vide poussé.

GEWURZTRAMINER, ■ n. m. [ɡəvyʁtstʁaminɛʁ] (all. *gewürtz*, épicé, et *traminer*, nom d'un cépage) Cépage alsacien rose, très aromatique ; vin provenant de ce cépage. *Des gewurztraminers.*

GEYSER, n. m. [ʒezɛʁ] (mot angl. d'orig. islandaise) Sources jaillissantes d'eau bouillante, dont on trouve un grand nombre en Islande. ■ Grande gerbe d'eau ou de liquide. *Des geysers.* ■ ʀᴇᴍ. On prononçait autrefois [ɡezɛʁ].

GHESHA, ■ n. f. [ɡeʃa] Voy. ɢᴇɪsʜᴀ.

GHETTO, ■ n. m. [ɡeto] (mot ital., fonderie pour bombardes, éponyme d'une île vénitienne où les Juifs étaient contraints de résider) Quartier d'une ville où les Juifs étaient contraints de vivre isolés du reste de la population. *Le ghetto de Venise. Le ghetto de Varsovie.* ■ Par extens. Quartier d'une ville où vit essentiellement une population juive. *Des ghettos.* ■ Par extens. Quartier isolé d'une ville où une minorité ethnique ou religieuse vit séparée du reste de la société. *Le ghetto hispanique de Harlem.* ■ Fig. *Le ghetto des castes.*

GHETTOÏSATION, ■ n. f. [ɡetoizasjɔ̃] (*ghetto*) Action d'isoler, physiquement ou symboliquement, une minorité du reste de la société. *La ghettoïsation des homosexuels.*

GHILDE, ■ n. f. [ɡild] Voy. ɢᴜɪʟᴅᴇ.

GI, ■ n. m. [dʒiaj] (sigle de *Government Issue*) Soldat de l'armée américaine. *Des ɢɪ ou ɢɪ's* (pluriel américain).

GIAOUR, n. m. [ʒjauʁ] (turc *giaour*, non croyant) Mot par lequel les Turcs désignent tous ceux qui ne font pas profession de l'islamisme. ■ Au pl. *Des giaours.*

GIBBÉRELLINE, ■ n. f. [ʒibeʁelin] (lat. sav. *gibberella*, de *gibber*, bosse) Biol. Substance naturelle végétale favorisant la croissance des plantes et se comportant comme une hormone végétale. *La gibbérelline favorise la floraison.*

GIBBÉRELLIQUE, ■ adj. [ʒibeʁelik] (*gibbérelline*) Chim. *Acide gibbérellique*, acide qui stimule la croissance des plantes, favorise l'allongement des tiges pendant la multiplication végétative et active la croissance des embryons *in vitro*.

GIBBEUX, EUSE, adj. [ʒibø, øz] (b. lat. *gibbosus*, de *gibbus*, bosse) Relevé en bosses plus ou moins apparentes. *Les parties gibbeuses de la lune sont les plus éclairées.* ♦ *Partie gibbeuse du foie*, partie du foie d'où la veine cave prend naissance.

GIBBON, ■ n. m. [ʒibɔ̃] (prob. dial. de l'Inde) Petit singe arboricole, aux bras démesurément longs, sans queue, très agile et vivant dans les forêts équatoriales du Sud-Est asiatique. *Les gibbons vivent presque exclusivement dans les arbres.*

GIBBOSITÉ, n. f. [ʒibozite] (lat. médiév. *gibbositas*) Hist. nat. Proéminence en forme de bosse. ♦ Méd. Courbure de la colonne vertébrale ; ce qui y produit une bosse.

GIBBSITE, ■ n. f. [ɡipsit] (George *Gibbs*, 1776-1833, colonel et minéralogiste américain) Hydroxyde d'aluminium, de formule chimique $Al(OH)_3$, fréquent dans les sols des pays tropicaux où il forme une importante accumulation d'aluminium.

GIBECIÈRE, n. f. [ʒib(ə)sjɛʁ] (radic. de l'anc. fr. *gibecer*, aller à la chasse) Sorte de bourse large et plate qu'on portait autrefois à la ceinture. ♦ Sorte de grande poche ou de petit sac que le berger pend à son côté pour mettre son pain. ♦ Sorte de grande bourse où les chasseurs portent leurs munitions et mettent le gibier. ♦ Sac à l'usage des escamoteurs. ♦ *Tour de gibecière*, escamotage. ■ Vieilli Cartable à bretelles que l'on porte sur le dos.

GIBELET, n. m. [ʒib(ə)lɛ] (anc. fr. *wimbelquin*, vilebrequin.) Petit foret à l'usage des marchands de vin pour percer d'un coup les pièces à déguster.

GIBELIN, ■ n. m. [ʒib(ə)lɛ̃] (ital. *ghibellino*, de *Waiblingen*, château en Souabe des Hohenstaufen, dynastie impériale germanique) Partisan d'une faction attachée à l'empereur d'Allemagne et opposée aux Guelfes, pendant le Moyen Âge, en Italie (on met un G majuscule). ♦ Adj. *Gibelin, ine.* *La faction gibeline.*

GIBELOTTE, n. f. [ʒib(ə)lɔt] (anc. fr. *gibelet*, plat d'oiseaux) Sorte de ragoût de lapin.

GIBERNE, n. f. [ʒibɛʁn] (prob. lat. tardif *zaberna*, d'orig. inc.) ▷ Boîte recouverte de cuir où les soldats mettent leurs cartouches. ◁

GIBET, n. m. [ʒibɛ] (prob. anc. b. frq. *gibb*, bâton fourchu) Instrument de supplice pour la pendaison. ♦ Fourches patibulaires où l'on exposait les corps des suppliciés. ♦ Gibet se dit aussi de la croix. *Le gibet auquel Jésus fut attaché.*

GIBIER, n. m. [ʒibje] (anc. fr. *gibiez*, chasse aux oiseaux, de l'anc. b. frq. *gabaiti*, chasse au faucon) Collect. Animaux qu'on prend à la chasse. ♦ *Gibier à plumes*, les perdrix, cailles, etc. *Gibier à poil*, les lièvres, lapins, chevreuils, etc. *Gros gibier*, les cerfs, daims, sangliers, etc. *Menu gibier*, les lièvres, perdrix, bécasses, etc. ♦ Fig. Il se dit par mépris de personnes peu recommandables, dignes d'être chassées comme du gibier. ♦ *Gibier de potence*, personne qui mérite d'être pendue. ■ *Gibier de potence*, personne mauvaise.

GIBOULÉE, n. f. [ʒibule] (orig. inc., p.-ê. *gibler*, s'agiter ; cf. *secouée*) Espèce d'orage qui se réduit à des coups de vent passagers, avec de petites averses et de petites grêles, qui est bientôt suivi d'une éclaircie. *Les giboulées de mars.* ♦ *Par extens. Des giboulées de neige.* ♦ Pop. Volée de coups. *Il a reçu une giboulée.*

GIBOYER, v. intr. [ʒibwaje] (*gibier*) ▷ Fam. Chasser, prendre du gibier. ◁

GIBOYEUR, n. m. [ʒibwajœʁ] (*giboyer*) ▷ Celui qui chasse beaucoup. ♦ Celui qui fait provision de gibier pour l'expédier aux marchands. ◁

GIBOYEUX, EUSE, adj. [ʒibwajø, øz] (*giboyer*) Qui abonde en gibier. *Pays giboyeux.*

GIBUS, ■ n. m. [ʒibys] (on prononce le *s* final. Du nom de l'inventeur qui a enregistré le brevet en 1834) Chapeau haut-de-forme muni de ressorts à l'intérieur de la coiffe permettant de l'aplatir. ■ Adj. *Un chapeau gibus.*

GIC, ■ n. m. et n. f. [ʒeise] (sigle de *grand invalide civil*) Personne infirme dont le handicap est reconnu, qui est titulaire d'une carte d'invalidité et qui bénéficie de droits particuliers, notamment pour le stationnement ou dans les transports en commun.

GICLÉE, ■ n. f. [ʒikle] (*gicler*) Liquide qui jaillit avec force. ■ Fam. Rafale provenant d'une arme automatique. *Une giclée de mitraillette.*

GICLEMENT, ■ n. m. [ʒikləmɑ̃] (*gicler*) Fait de gicler. *Un giclement d'eau.*

GICLER, ■ v. intr. [ʒikle] (franco-provenç. *jicler, gigler*, d'orig. inc., p.-ê. *fistulare*, jouer de la flûte) Jaillir et se répandre en éclaboussant. *Le pétrole giclait partout.* ■ Fam. Être expulsé, évincé. *Il s'est fait gicler par la surveillante.* ■ V. tr. Suisse Éclabousser. *Les enfants dans la baignoire giclent leur mère.* ■ V. intr. Suisse Être projeté. *Ses crayons ont giclé dans la classe.*

GICLEUR, ■ n. m. [ʒiklœʁ] (*gicler*) Pièce possédant un orifice calibré permettant le passage et le dosage d'un fluide. *Un gicleur de carburateur.*

GIE, ■ n. m. [ʒeiə] (sigle de *groupement d'intérêt économique*) Écon. Groupement qui permet à des entreprises de mettre en commun certaines de leurs activités afin de faciliter leur développement, ou d'améliorer et d'accroître leurs résultats, tout en conservant leur individualité.

GIFLE, n. f. [ʒifl] (anc. b. frq. *kifel*, mâchoire.) Pop. Coup avec la main, tape sur la joue. *Donner, recevoir une gifle.* ■ Blessure d'amour-propre, affront. *Cette défaite a été une gifle pour lui.* ■ *Une paire de gifles*, va-et-vient de gifles données du plat de la main et de son revers, sur chaque joue.

GIFLER, v. tr. [ʒifle] (*gifle*) Pop. Donner une gifle. ♦ Se gifler, v. pr. Se donner des gifles l'un à l'autre. ♦ Se donner une gifle à soi-même. ■ V. tr. Fouetter. *La pluie gifle le visage.* ■ Fig. Abaisser, offenser quelqu'un. *Des paroles qui giflent.*

GIFLEUR, EUSE, n. m. et n. f. [ʒiflœʁ, øz] (*gifler*) Pop. Personne qui donne des gifles.

GIFT, ■ n. m. [gift] (acronyme de l'angl. *gametes intra-fallopian transfer* et *gift*, don, cadeau) Méd. Technique de fécondation *in vitro* qui consiste à placer les spermatozoïdes et les ovocytes directement dans la trompe de Fallope.

GIG, ■ n. m. et n. f. [ʒeiʒe] (sigle de *grand invalide de guerre*) Personne infirme dont le handicap causé par la guerre est reconnu, qui est titulaire d'une carte d'invalidité et qui bénéficie de droits particuliers, notamment pour le stationnement ou dans les transports en commun.

GIGA, ■ adv. [ʒiga] (gr. *gigas*, géant) Fam. Extraordinaire. *Ce jeu est giga top !*

GIGA..., ■ [ʒiga] préfixe du gr. *gigas*, qui signifie géant et qui multiplie une unité par 10^9. *Des gigaoctets.*

GIGANTESQUE, adj. [ʒigɑ̃tɛsk] (ital. *gigantesco*) Qui tient du géant. *Taille gigantesque.* ♦ Fig. Qui a des proportions excessives. *Projet gigantesque.* ♦ N. m. Ce qui a un caractère gigantesque. *N'aimer que le gigantesque.*

GIGANTESQUEMENT, adv. [ʒiɡɑ̃tɛskəmɑ̃] (*gigantesque*) Dans des proportions gigantesques.

GIGANTISME, ■ n. m. [ʒiɡɑ̃tism] (gr. *gigas*, génit. *gigantos*, géant) État d'un individu de très grande taille par rapport à son espèce, dû généralement à une trop forte sécrétion de l'hormone de croissance. ■ Développement exagéré de quelque chose, démesure. *Le gigantisme hollywoodien.*

GIGANTOMACHIE, n. f. [ʒiɡɑ̃tomaʃi] (gr. *gigantomakhia*) **Mythol.** Le combat des géants contre les dieux. ◆ Poème dont ce combat est le sujet.

GIGOGNE, n. f. [ʒiɡɔɲ] ou [ʒiɡɔɲ] (p.-ê. de *cigogne*, oiseau réputé pour son sens maternel) *Madame Gigogne* ou *la mère Gigogne*, nom d'un personnage de théâtre d'enfants ; elle est entourée d'un grand nombre de petits enfants qui sortent de dessous ses jupons. ◆ Fig. *Une mère Gigogne*, une femme qui a beaucoup d'enfants. ■ Adj. Se dit d'un ensemble d'objets identiques mais de taille décroissante que l'on peut emboîter les uns dans les autres. *Des poupées gigognes.*

GIGOLO, ■ n. m. [ʒiɡolo] (radic. de *gigolette*, angl. *giglet*, jeune évaporée.) **Fam.** Jeune amant entretenu par une femme généralement plus âgée. ◆ Jeune homme élégant mais dont l'attitude implique une forme de méfiance.

GIGOT, n. m. [ʒiɡo] (*gigue*, pour la forme de cet instrument de musique) Cuisse de mouton préparée par le boucher. ◆ *Gigot de mouton*, partie du mouton depuis le jarret jusqu'au-dessus de la queue. ◆ *Manche de gigot*, instrument qui emboîte l'os du gigot et le maintient tandis qu'on le découpe ; et aussi cet os lui-même. ◆ Au pl. Les jambes de derrière du cheval. ◆ **Pop.** Jambes d'une personne. *Étendre ses gigots.* ◆ *Manches gigot* ou *gigots*, manches de robe très amples du haut.

GIGOTÉ, ÉE, adj. [ʒiɡote] (*gigoter*) Qui a les membres forts, en parlant des chevaux et des chiens. ■ Rem. Graphie ancienne : *gigotté.*

GIGOTER, v. intr. [ʒiɡote] (*giguer*, sauter, gambader) **Pop.** Remuer vivement les jambes. ◆ Il se dit particulièrement d'un lièvre ou d'un autre animal qui secoue les jarrets en mourant. ◆ **Fam.** Danser. ■ Agiter tout son corps. *Un enfant qui gigote.* ■ Rem. Graphie ancienne : *gigotter.* ■ Rem. Est plutôt familier aujourd'hui. ■ GIGOTEMENT, n. m. [ʒiɡɔt(ə)mɑ̃]

1 **GIGUE**, n. f. [ʒiɡ] (*gigot*, sur le modèle de *cuisse/cuissot*) **Fam.** Jambe et surtout jambe longue. ◆ Se dit de la cuisse du chevreuil. ■ **Fam.** *Grande gigue*, fille grande et maigre.

2 **GIGUE**, n. f. [ʒiɡ] (angl. *jig*, danse vive) Danse ancienne d'un mouvement vif et gai, sur un air à deux temps. ◆ L'air sur lequel on danse. *Jouer une gigue.*

GILDE, ■ n. f. [ɡild] Voy. GUILDE.

GILET, n. m. [ʒilɛ] (ar. *galika*, du turc *yelek*, camisole) Sorte de veste courte et sans manches qui se porte sous l'habit ou la redingote. ◆ Camisole qui se porte sur la peau. *Gilet de flanelle.* ■ Veste de tricot. ◆ *Gilet de sauvetage*, accessoire en forme de veste qui maintient à la surface de l'eau la personne qui le porte. ◆ *Gilet pare-balles*, gilet qui protège des balles. ■ *Venir pleurer dans le gilet de quelqu'un*, venir se plaindre à lui. *Ne viens pas pleurer dans mon gilet !*

GILETIER, IÈRE, n. m. et n. f. [ʒil(ə)tje, jɛʁ] (*gilet*) Ouvrier, ouvrière qui fait des gilets.

1 **GILLE**, n. m. [ʒil] (*Gille[s]*) Personnage du théâtre de la foire, le niais. *Jouer les rôles de Gille* ou *les Gilles* (avec G majuscule). ◆ **Par extens.** Homme niais qu'on bafoue. ■ Personnage costumé qui défile traditionnellement au carnaval de Binche, en Belgique.

2 **GILLE**, n. m. [ʒil] (*ille* se prononce *il*, comme dans *ville*. Saint *Gilles*, dont la fête au 1ᵉʳ septembre marquait la date traditionnelle des déménagements en Bretagne) *Faire gille*, locution populaire qui signifie se retirer, s'enfuir (gille ne prend point de majuscule en ce sens). ◆ *Faire gille*, faire banqueroute.

GIMBLETTE, n. f. [ʒɛ̃blɛt] (provenç. *gimbeleto*, issu du lat. *gibba*, bosse) ▷ Petite pâtisserie dure, sèche, en forme d'anneau. ◁

GIMMICK, ■ n. m. [ɡimik] (mot angl.) **Fam.** Acte, procédé ou astuce destiné à faire sensation. *Un gimmick publicitaire. Des gimmicks.*

GIN, n. m. [dʒin] (*g* se prononce *dj*. Mot angl., altération de *geneva*, genièvre, du néerl. *genever* ; cf. anc. fr. *genevre*) Sorte d'eau-de-vie de grain qu'on fait en Angleterre.

GINDRE ou **GEINDRE**, n. m. [ʒɛ̃dʁ] (lat. *junior*, plus jeune) Premier ouvrier d'une boulangerie, celui qui pétrit le pain.

GIN-FIZZ, ■ n. m. [dʒinfiz] (*g* se prononce *dj*. Mot angl., de *gin* et *fizz*, pétillement) Cocktail à base de gin, de jus de citron et de sucre. *Boire des gin-fizz.*

GINGAS, n. m. [ʒɛ̃ɡa] (orig. inc.) ▷ Toile à carreaux dont on fait les matelas. ◁

GINGEMBRE, n. m. [ʒɛ̃ʒɑ̃bʁ] (lat. *zingiber*, gr. *ziggiberis*) Plante vivace du genre amome, dont la racine est employée comme condiment. ◆ La racine même de cette plante.

GINGIVAL, ALE, adj. [ʒɛ̃ʒival] (lat. *gingiva*) **Anat.** Qui a rapport aux gencives. *Muqueuse gingivale.*

GINGIVITE, n. f. [ʒɛ̃ʒivit] (lat. *gingiva*) **Méd.** Inflammation des gencives.

GINGUER, v. intr. [ʒɛ̃ɡe] (var. du dial. *ginguer*, ruer) ▷ T. des campagnes. Ruer. ◁

GINGUET, ETTE, adj. [ʒɛ̃ɡɛ, ɛt] (*ginguer*, sauter) Qui a peu de force, peu de valeur. *Vin ginguet. Habit ginguet.* ◆ **Fig.** *Esprit ginguet*, esprit médiocre et frivole. ◆ N. m. *Boire du ginguet*, boire du petit vin.

GINKGO, ■ n. m. [ʒiŋko] (mot jap., abricot d'argent) Arbre originaire d'Extrême-Orient, proche des conifères, aux feuilles lobées ou incisées en forme d'éventail. *Le ginkgo est un arbre très résistant. Des ginkgos.*

GIN-RUMMY ou **GIN-RAMI**, ■ n. m. [dʒinʁœmi] ou [dʒinʁami] (*g* se prononce *dj*. Mot angl., de *gin* et *rummy*, jeu de carte) Jeu de cartes qui se joue à deux et dont le but consiste à réaliser des figures, comme une suite, un brelan, etc., avant son adversaire.

GINSENG, n. m. [ʒinsɛŋ] (chin. *jen shen*, de *jen*, homme, et *shen*, plante) Plante qui croît en Tartarie et au Canada, et dont la racine, appelée du même nom, est tonique et stimulante. ■ Rem. On prononçait autrefois [ʒɛ̃]sɑ̃].

GIN-TONIC, ■ n. m. [dʒintonik] (*g* se prononce *dj*. Mots angl. *gin* et *tonic*) Cocktail à base de gin et de soda aux écorces d'oranges amères et au quinquina. *Déguster des gin-tonics, des verres de gin-tonic.*

GIORNO (A) ou **GIORNO (À)**, loc. adv. [adʒjɔʁno] (*g* se prononce *dj*. Loc ital.) Locution signifiant *à jour*, par laquelle on désigne un éclairage très brillant. *Une salle de spectacle éclairée a giorno.* ■ Adj. *Un éclairage a giorno.*

GIPSY, n. m. et n. f. [dʒipsi] (*g* se prononce *dj*. angl. *gipsy*, altération de *Egyptian*, parce que l'on pensait que les bohémiens venaient d'Égypte) Nom que l'on donne aux bohémiens d'Angleterre. ■ Au pl. *Des gipsys* ou *des gipsies* (pluriel anglais).

GIRAFE, n. f. [ʒiʁaf] (ital. *giraffa*, de l'ar. *zurâfa*) Très grand mammifère, dit anciennement caméléopard, qui se distingue surtout par son long cou et sa robe tachetée. ◆ **Pop.** et **fig.** Femme grande et qui a un très long cou. ■ **Cin.** Support articulé et mobile auquel est fixé un microphone. ■ **Fam.** *Peigner la girafe*, faire un travail inutile ; ne rien faire.

GIRAFIDÉ ou **GIRAFFIDÉ**, ■ n. m. [ʒiʁafide] (*girafe*) **Zool.** Grand mammifère ruminant d'Afrique dont la girafe et l'okapi sont le genre.

GIRAFON ou **GIRAFEAU**, ■ n. m. [ʒiʁafɔ̃] ou [ʒiʁafo] (dim. de *girafe*) Petit de la girafe. *Des girafons* ou *girafeaux.*

GIRANDE, n. f. [ʒiʁɑ̃d] (ital. *giranda*, de *girandola*) ▷ Faisceau de plusieurs jets d'eau. ◆ Gerbe de fusées volantes. ■ Rem. *girandole.* ◁

GIRANDOLE, n. f. [ʒiʁɑ̃dɔl] (ital. *girandola*) Syn. de girande. ◆ Chandelier à plusieurs branches que l'on met sur une table, sur des guéridons. ◆ Groupe de pierres précieuses que les femmes portent aux oreilles. ◆ Il se dit de quelques plantes dont les fleurs sont disposées en bouquet. ■ Guirlande lumineuse. ■ Bouquet final d'un feu d'artifice consistant en une gerbe de fusées tournantes.

GIRASOL, n. m. [ʒiʁasɔl] (ital. *girasole*, de *girare*, se tourner, et *sole*, soleil) Pierre précieuse qui jette un grand feu, surtout au soleil. *Le corindon girasol.* ◆ ▷ Tournesol, plante. ◁

GIRATION, ■ n. f. [ʒiʁasjɔ̃] (b. lat. *gyrare*, faire tourner en rond) Mouvement giratoire, circulaire. *La vitesse de giration.* ■ **Mar.** *Cercle de giration*, trace circulaire que décrit un bateau qui fait un tour complet.

GIRATOIRE, adj. [ʒiʁatwaʁ] (b. lat. *gyratum*, supin de *gyrare*) *Mouvement giratoire*, mouvement qui se fait en tournoyant. ◆ *Point giratoire*, le point autour duquel le mouvement s'exécute. ■ *Sens giratoire*, sens obligatoire de circulation des automobiles autour d'un rond-point. ■ *Carrefour giratoire* ou ellipt. *un giratoire*, rond-point. ■ Rem. On écrivait aussi *gyratoire* autrefois.

GIRAUMONT ou **GIRAUMON**, n. m. [ʒiʁomɔ̃] (tupi *jirumum*) Espèce de courge d'Amérique. ◆ Le fruit de cette courge.

GIRAVIATION, ■ n. f. [ʒiʁavjasjɔ̃] (b. lat. *gyrare*, tourner, et *aviation*) Ensemble des activités liées aux giravions.

GIRAVION, ■ n. m. [ʒiʁavjɔ̃] (b. lat. *gyrare*, tourner, et *avion*) Engin volant entraîné par un moteur et dont la sustentation en vol est obtenue par la réaction de l'air sur un ou plusieurs rotors. *L'autogire, l'hélicoptère et le convertible sont des giravions.*

GIRELLE, ■ n. f. [ʒiʀɛl] (provenç. *girello*, de *gir*, tournoiement, du lat. *gyrus*, cercle) Petit poisson aux couleurs vives, au corps fin et long et vivant dans les mers chaudes.

GIRIE, n. f. [ʒiʀi] (radic. du b. lat. *gyrare*, tourner) ▷ Pop. Plainte hypocrite, jérémiade ridicule. *Faire des giries.* ◆ Il se dit aussi pour manières, façons dans le langage ou le maintien. ◁

GIRL, ■ n. f. [gœʀl] (mot angl., fille) Danseuse de music-hall qui fait partie d'une troupe de danse. *Les girls et les boys dans une revue de music-hall.*

GIRODYNE, ■ n. m. [ʒiʀodin] (b. lat. *gyrare*, tourner, et *-dyne*) Engin volant dont le ou les rotors assurent la sustentation en vol et non la propulsion, obtenue par un autre moteur, à la différence du giravion.

GIROFLE, n. m. [ʒiʀɔfl] (lat. *caryophyllum*, gr. *karuophullon*, de *karuon*, noix, graine, et *phullon*, feuille) Bouton des fleurs du giroflier, qui a la figure d'un petit clou à tête et qui est employé comme épice. ◆ *Clou de girofle*, nom donné le plus habituellement à ces boutons. ◆ ▷ Plusieurs écrivent et disent *gérofle*. ◁ ■ *Essence de girofle*, essence extraite des feuilles de giroflier et utilisée en parfumerie.

1 GIROFLÉE, adj. f. [ʒiʀofle] (*girofle*) Ne s'emploie que dans *cannelle giroflée*, l'écorce du giroflier dans le commerce.

2 GIROFLÉE, n. f. [ʒiʀofle] (*girofle*) Genre de plantes crucifères, dont plusieurs espèces sont cultivées pour la beauté et le parfum des fleurs. *Giroflée de muraille ou jaune. Giroflée annuelle ou quarantaine. Giroflée de Mahon.* ◆ La fleur de ces plantes. *Giroflée blanche, double, simple.* ◆ Fig. et pop. *Une giroflée à cinq feuilles*, un soufflet si fortement appliqué que les cinq doigts laissent leur trace.

GIROFLIER, n. m. [ʒiʀoflije] (*girofle*) Arbre de la famille des myrtacées, qui porte le girofle.

GIROLLE ou **GIROLE**, n. f. [ʒiʀɔl] (p-ê provenç. *giroilla*, radic. du lat. *gyrus*, cercle, pour la forme de la tête) Espèce de champignon comestible.

GIRON, n. m. [ʒiʀɔ̃] (anc. b. frq. *gêro*, pièce de tissu coupée en pointe) Hérald. Triangle qui a une pointe longue faite comme une marche d'escalier à vis et qui finit au cœur de l'écu. ◆ Par extens. Espace qui s'étend de la ceinture aux genoux d'une personne assise. *Un enfant endormi dans le giron de sa mère.* ◆ Fig. *Le giron de l'Église*, la communion des fidèles. ◆ *Rentrer dans le giron*, revenir à une société, à un emploi qu'on avait quitté. ■ Archit. La largeur de la marche d'un escalier, le lieu où l'on pose le pied. ■ Fig. et litt. Endroit où l'on se sent en sécurité. *Le giron familial.*

GIROND, ONDE, ■ adj. [ʒiʀɔ̃, ɔ̃d] (*girer*, tourner, du lat. *gyrare*) Dont le corps est bien fait, potelé, rappelle surtout pour les femmes. « *C'était pas qu'elle avait l'air vieille et moche, au contraire, elle était jeune et toute gironde* », SEGUIN. ■ Arg. Agréable, plaisant. *Elle était plutôt gironde, sa vie.*

GIRONDIN, INE, ■ adj. [ʒiʀɔ̃dɛ̃, in] (*Gironde*) Relatif à la Gironde. *Un vin girondin. La qualité de vie girondine.* ■ Hist. *Parti girondin*, parti politique formé en 1791. ◆ Porteur des qualités de modération des Girondins, par opposition aux Jacobins qui seraient intransigeants. *Dans cette affaire, il se révélait plus girondin que jacobin.* ■ N. m. *Les Girondins.* ■ N. m. et n. f. Personne originaire du département de la Gironde ou qui y vit. *Les Girondines.*

GIRONNÉ, ÉE, adj. [ʒiʀone] (*giron*) Hérald. *Écu gironné*, écu divisé en plusieurs parties triangulaires dont les pointes s'unissent. ◆ Archit. *Marches gironnées*, marches des quartiers tournants d'un escalier rond ou ovale.

GIROUETTE, n. f. [ʒiʀwɛt] (croisement de l'anc. nord. *vedrviti*, girouette, avec *girer*) Feuille de tôle taillée ordinairement en forme de banderole et mobile sur un pivot, qu'on place sur le haut des maisons pour indiquer la direction du vent. ◆ Fig. *Tourner à tous vents comme une girouette*, changer d'opinion, de parti, à toutes les occasions ou circonstances. ◆ Mar. Toile tendue sur un cadre de bois qu'on place en haut des mâts. ◆ Fig. *C'est une girouette*, se dit d'une personne qui change souvent de sentiments, d'opinions.

GIROUETTÉ, ÉE, adj. [ʒiʀwete] (*girouette*) Héral. Surmonté d'une girouette.

GISANT, ANTE, adj. [ʒizɑ̃, ɑ̃t] (p. prés. de *gésir*) Quelques-uns doublent le *s*. Qui gît. *Des soldats gisants sur la poussière.* ◆ *Meule gisante*, meule sur laquelle la meule supérieure tourne. ◆ Mar. *Navire gisant*, navire échoué. ■ N. m. Statue funéraire représentant un mort couché.

GISEMENT, n. m. [ʒiz(ə)mɑ̃] (*gésir*) Mar. Situation des côtes. *Le gisement d'une terre.* ■ Position des masses de minéraux dans certains terrains. *Gisement en filons.* ■ Masse de minéraux exploitable. ■ Mar. Angle que fait, à partir de l'avant, la position d'un bateau avec la direction dans laquelle il va. *Gisement d'une direction*, angle que fait une direction avec l'axe parallèle à l'axe des ordonnées, orienté du sud vers le nord et compté dans le sens des aiguilles d'une montre. ■ Accumulation naturelle d'un grand nombre de coquillages permettant leur exploitation. *Un gisement de moules.* ■ Par extens. Ce que l'on peut exploiter. *Un gisement d'informations.*

GÎT ou **GIT**, [ʒi] 3ᵉ pers. du prés. de l'indic. du verbe *gésir*. Voy. GÉSIR.

GITAN, ANE, ■ n. m. et n. f. [ʒitɑ̃, an] (esp. *gitano*, de *egiptano*, égyptien) Tsigane d'Espagne. ■ Adj. *Une danse gitane.* ■ N. f. Marque de cigarette brune française.

GITANO, ANA, n. m. et n. f. [ʒitano, ana] (esp. *gitano, gitana*, tsigane) Nom espagnol des bohémiens. *Des gitanos, des gitanas.*

GÎTE ou **GITE**, n. m. [ʒit] (anc. p. p. substantivé de *gésir*) Le lieu où l'on demeure, où l'on couche ordinairement. *Trouver un bon gîte.* ◆ Par extens. *Revenir au gîte*, revenir parmi les siens. ◆ La couchée en voyage. *Arriver au gîte.* ◆ En chasse, le lieu où le lièvre repose. ◆ Masse de minéraux en son gisement. ◆ *Meule gisante.* ◆ Bouch. Partie du bœuf qui se trouve au-dessus de l'articulation des jambes jusqu'au commencement du gros de la cuisse et de l'épaule. ◆ Bouch. *Gîte à la noix*, morceau du bœuf qui se trouve dans la partie arrondie de la cuisse. ◆ Prov. *Un lièvre va toujours mourir au gîte*, c'est-à-dire : après avoir bien voyagé, on finit toujours par revenir dans son pays. ◆ *Gîte rural*, logement aménagé à la campagne que l'on peut louer. ■ *Gîte d'étape*, lieu aménagé où les randonneurs peuvent faire halte. ■ Mar. Inclinaison que prend un navire, sous l'effet du vent ou du poids d'une cargaison mal répartie. ■ Lieu de naufrage d'un bateau.

GÎTÉ, ÉE ou **GITÉ, ÉE**, p. p. de gîter. [ʒite]

GÎTER ou **GITER**, v. intr. [ʒite] (*gîte*) Fam. Demeurer, coucher. ◆ Il se dit particulièrement des auberges où l'on couche en voyage. ◆ Se dit des animaux. *Savoir où le lièvre gîte.* ◆ Se gîter, v. pr. Se loger, prendre un gîte. ■ Mar. S'incliner sur un bord, donner de la gîte en parlant d'un bateau. *Le bateau gîtait sous l'effet du vent.* ■ Être échoué, en parlant d'un bateau.

GÎTOLOGIE ou **GITOLOGIE**, ■ n. f. [ʒitoloʒi] (*gîte* et *-logie*) Géol. Étude des gîtes de métaux. ■ GÎTOLOGUE ou GITOLOGUE, n. m. et n. f. [ʒitolɔg] ■ GÎTOLOGIQUE ou GITOLOGIQUE, adj. [ʒitoloʒik] *Une carte gîtologique.*

GITON, ■ adj. [ʒitɔ̃] (*Giton*, personnage du *Satyricon* de Pétrone) Littér. Jeune homme entretenu par un homosexuel.

GIVRAGE, ■ n. m. [ʒivʀaʒ] (*givrer*) Formation de givre sur une surface exposée au froid. *Le givrage d'une fenêtre, d'un pare-brise.*

GIVRANT, ANTE, ■ adj. [ʒivʀɑ̃, ɑ̃t] (*givrer*) Qui givre ou fait accélérer la formation de givre. *Un vent, un brouillard givrant.*

1 GIVRE, n. f. [ʒivʀ] Voy. GUIVRE.

2 GIVRE, n. m. [ʒivʀ] (prob. pré-roman *gev[e]ro*) Légère couche de glace dont les corps se couvrent quand la température devient assez froide pour congeler l'humidité qui est dans l'air. ■ Couche poudreuse blanche qui recouvre certains fruits desséchés. ■ Chim. Cristaux blancs qui se forment à la surface d'un récipient lors d'un refroidissement. ■ Tache provenant d'un éclat fait par un outil, sur une pierre précieuse.

1 GIVRÉ, ÉE, adj. [ʒivʀe] (*givrer*) Qui est couvert de givre. ■ *Verre givré*, verre dont le bord est recouvert de sucre. ■ Fam. Fou. *Ce type est complètement givré !*

2 GIVRÉ, ÉE, adj. [ʒivʀe] Voy. GUIVRÉ.

GIVRER, ■ v. tr. [ʒivʀe] (*givre*) Couvrir de givre. *Le gel givrait les toitures des maisons.* ■ Se givrer, v. pr. Se couvrir de givre. *Les fenêtres se givrent quand l'hiver est rude.*

GIVREUX, EUSE, ■ adj. [ʒivʀø, øz] (*givre*) Se dit d'une pierre précieuse qui présente une petite tache ou une fêlure. *Un diamant givreux.*

GIVRURE, ■ n. f. [ʒivʀyʀ] (*givre*) En joaillerie, petite tache, défaut ou fêlure sur une pierre précieuse.

GLABELLE, ■ n. f. [glabɛl] (lat. *glabellus*, dim. de *glaber*, glabre) Anat. Zone du squelette du visage située entre les deux sourcils. *Une glabelle peu saillante, une glabelle proéminente.*

GLABRE, adj. [glabʀ] (lat. *glaber*) Hist. nat. Dépourvu de poils, de duvet. *Plante glabre. Peau glabre.* ■ Dépourvu de poils, imberbe. *Un visage glabre.*

GLAÇAGE, ■ n. m. [glasaʒ] (*glacer*) Action consistant à donner un aspect lisse et brillant à un objet ou une matière. *Le glaçage de chemises.* ■ Cuis. Fait de recouvrir une préparation d'une couche de sucre glace. *Le glaçage d'un gâteau.*

GLAÇANT, ANTE, adj. [glasɑ̃, ɑ̃t] (*glacer*) Qui glace. *Bise glaçante.* ◆ Fig. *Abord glaçant.*

GLACE, n. f. [glas] (b. lat. *glacia*, du lat. *glacies*) Eau congelée, solidifiée par le froid. ◆ *Glaces flottantes* ou simplement *glaces*, pièces de glace qui se détachent des côtes des régions polaires. ◆ *Rompre la glace*, la casser, et fig. hasarder une démarche hardie, entamer une explication délicate. ◆ La glace que l'on emploie pour remédier à certains états maladifs. *Mettre de la glace sur la tête d'un malade.* ◆ La glace qu'on emploie pour rafraîchir les boissons. ◆ Le degré qui dans les thermomètres indique le point de congélation et est marqué d'un zéro. *Le thermomètre est à glace.* ◆ Fig. Froid intérieur causé par des impressions morales, par l'âge. « *Il ne sent plus* le poids ni les glaces de l'âge », BOILEAU. ◆ **Fig.** Insensibilité, indifférence. « L'homme est de glace aux vérités ; Il est de feu pour le mensonge », LA FONTAINE. ◆ Être à la glace, se dit des ouvrages d'esprit qui glacent le lecteur ou le spectateur. ◆ Certaine froideur qui paraît dans les manières et les actions. « Quel accueil ! quelle glace ! », RACINE. ◆ Sorte de sorbet à la glace. Glace à la vanille. ◆ Jus de viande ou fond de cuisson réduit jusqu'à ce que la partie aqueuse en soit assez évaporée pour que le jus ait une consistance tremblante. ◆ Espèce de vernis fait de sucre et de blanc d'œuf, dont on recouvre certaines pâtisseries. ◆ Plaques de verre, de cristal dont on fait des miroirs. Étamer une glace. ◆ Miroir de grandes dimensions. ◆ Plaques de verre de grande dimension que l'on met dans les fenêtres, dans les portes. ◆ Châssis mobile et vitré d'une voiture. ◆ Dans un diamant, tache qui en diminue beaucoup la valeur. ■ Être, rester de glace, être ou paraître insensible. À l'annonce de cette nouvelle, il est resté de glace. ■ Sucre glace, sucre en poudre très fine dont on se sert pour les glaçages ou pour saupoudrer un dessert.

GLACÉ, ÉE, p. p. de glacer. [glase] Très froid. ◆ **Fig.** La main glacée de la mort. ◆ **Fig.** Qui n'a aucune chaleur morale. Un cœur glacé. ◆ Qui repousse par le froid des manières. Un accueil glacé. ◆ **N. m.** État de ce qui est glacé par un enduit, par un vernis. Le glacé des gants, du papier. ■ Gelé. Un sol glacé. ■ Crème glacée, glace au lait, souvent parfumée.

GLACER, v. tr. [glase] (lat. glaciare) Changer en glace les liquides. ◆ **Par extens.** Causer une vive sensation de froid. Ce vent glace le visage. ◆ **Fig.** Il se dit de la mort qui éteint la chaleur naturelle, de l'âge qui la diminue. ◆ Causer de la répulsion par le froid des manières. Son abord glace les gens. ◆ Causer le froid de l'ennui. ◆ **Absol.** Cet orateur a un débit qui glace. ◆ Causer une profonde impression morale qui glace. Vous me glacez de crainte, d'horreur. ◆ **Fig.** Glacer le sang, causer une émotion pénible et si forte que le mouvement du sang en semble arrêté. ◆ Glacer l'esprit, lui ôter la faculté de produire ses œuvres. ◆ On dit de même : Glacer l'imagination. ◆ En peinture, étendre une couleur légère et transparente sur une autre, pour lui donner de l'éclat. ◆ Donner un apprêt, un lustre à certaines étoffes, au papier, aux gants, etc. ◆ Couvrir d'une couche de sucre. Glacer des oranges. ◆ Couvrir certains mets d'une gelée de viande lisse et transparente. ◆ **V. intr.** Devenir glacé. ◆ Se glacer, v. pr. Être congelé. ◆ **Fig.** « Je sentis dans mon corps tout mon sang se glacer », RACINE. ◆ **Fig.** Se glacer, perdre de son feu, de son ardeur, de sa vigueur. ■ V. tr. Mettre un apprêt brillant sur une épreuve photographique.

GLACERIE, n. f. [glas(ə)ʀi] (glace) Art, commerce du glacier limonadier. ◆ Commerce ou usine du glacier, de celui qui fait des glaces de verre. La glacerie de Saint-Gobain.

GLACEUR, ■ n. m. [glasœʀ] (glacer) **Techn.** Ouvrier chargé du glaçage. Le glaceur est chargé de donner un apprêt à l'étoffe, au papier. Un glaceur de planche de surf.

GLACEUSE, ■ n. f. [glasøz] (glacer) **Techn.** Machine utilisée pour glacer les épreuves photographiques.

GLACEUX, EUSE, adj. [glasø, øz] (glacer) Plein de glace, où il gèle. Contrées glaceuses. Nuit glaceuse. ◆ Pierre glaceuse, pierre qui a des glaces. Diamant glaceux.

GLACIAIRE, adj. [glasjɛʀ] (lat. glacies) **Géol.** Qui appartient aux glaciers. ◆ Période glaciaire, période pendant laquelle la température de plusieurs vastes contrées a été beaucoup plus basse qu'elle n'est présentement. ◆ Régime glaciaire, régime des cours d'eau alimenté par la fonte des glaciers. ■ **Géol.** Modelé glaciaire, ensemble des formations particulières du relief causées par les mouvements des glaciers combinés avec l'entraînement des débris sédimentaires et le travail des cours d'eau sous-glaciaires. ■ **N. m.** Le glaciaire, la période glaciaire.

GLACIAL, ALE, adj. [glasjal] (lat. glacialis, de glacies) Qui glace, qui est très froid. Vent, air glacial. ◆ Mer glaciale, mer polaire couverte de glaces. ◆ Zone glaciale, la zone qui enferme le pôle arctique ou le pôle antarctique. ◆ **Fig.** Qui repousse par un froid accueil. Un accueil glacial. ◆ Un homme glacial, un homme qui ne manifeste aucune chaleur d'âme. ◆ Un style glacial, un ouvrage glacial, style, ouvrage qui ennuie. ■ Au m. pl. Glacials ou glaciaux. ■ **GLACIALEMENT**, adv. [glasjal(ə)mɑ̃]

GLACIALE, n. f. [glasjal] (lat. glacialis) **Bot.** Espèce de ficoïde dont les feuilles sont parsemées de vésicules transparentes.

GLACIATION, ■ n. f. [glasjasjɔ̃] (lat. glacies) Transformation en glace. La glaciation de l'eau. ■ **Géol.** Période pendant laquelle les glaces recouvrent entièrement une région.

GLACIEL, ELLE, ■ adj. [glasjɛl] (lat. glacies) Relatif aux dépôts transportés par les glaces flottantes. Un bloc glaciel. ■ Transport glaciel, mécanisme responsable du transport des sédiments à grain fin depuis les zones côtières jusqu'à la fosse du bassin arctique.

1 **GLACIER**, n. m. [glasje] (glace) Amas considérable de glace qu'on ne rencontre que dans les hautes vallées des montagnes.

2 **GLACIER, IÈRE**, n. m. et n. f. [glasje, jɛʀ] (glace) Limonadier qui fait des glaces. ◆ Fabricant de glaces de verre. ■ Personne qui fabrique des glaces et des sorbets.

GLACIÈRE, n. f. [glasjɛʀ] (glace) Amas de glaces. ◆ ▷ Cavité souterraine dans laquelle on conserve de la glace pour l'été. ◁ ◆ **Fig.** Lieu très froid. Cette chambre est une glacière. ■ Sorte de caisse refroidie par de la glace qui sert à conserver des denrées.

GLACIÉRISME, ■ n. m. [glasjeʀism] (glacier) Alpinisme pratiqué sur des glaciers. ■ GLACIÉRISTE, n. m. et n. f. [glasjeʀist] Il est guide et glaciériste.

GLACIOLOGIE, ■ n. f. [glasjɔlɔʒi] (lat. glacies et -logie) **Géogr.** Étude des glaciers, de la glace. ■ GLACIOLOGUE, n. m. et n. f. [glasjɔlɔg] ■ GLACIOLOGIQUE, adj. [glasjɔlɔʒik]

1 **GLACIS**, n. m. [glasi] (glacer, sens anc. de glisser) Talus, pente douce et unie. ◆ **Fortif.** Pente adoucie qui descend du haut du chemin couvert jusqu'à la campagne ouverte. ■ **Polit.** Zone géographique protectrice formée par des pays qui dépendent militairement d'un autre pays. ■ **Géol.** Forme du relief caractérisée par une surface plane et peu inclinée.

2 **GLACIS**, n. m. [glasi] (glacer) Préparation de couleurs légères et fuyantes qu'on applique avec un pinceau fort délié sur d'autres couleurs pour leur donner plus d'éclat.

GLAÇON, n. m. [glasɔ̃] (glace) Morceau de glace. ◆ **Fig.** On dit d'une personne très froide : C'est un glaçon. ■ **Archit.** Ornements qui imitent les glaçons naturels. ■ Petit cube de glace artificielle que l'on met dans une boisson pour la rafraîchir. Un soda avec des glaçons.

GLAÇURE, n. f. [glasyʀ] (all. Glasur, vernis) Action de recouvrir les poteries d'un enduit qui au feu doit se vitrifier.

GLADIATEUR, n. m. [gladjatœʀ] (lat. gladiator) Personne qui combattait dans les jeux du cirque à Rome. ◆ ▷ **Par extens.** Ferrailleur, duelliste. ◁ ◆ **Fig.** « Gladiateurs de plume », MAUCROIX.

GLAGOLITIQUE, ■ adj. [glagolitik] (slavon glagol, mot, parole) **Didact.** Alphabet glagolitique, alphabet slave introduit au IXᵉ siècle et utilisé pour les besoins de l'évangélisation des populations des Balkans. ■ Écriture glagolitique, écriture utilisée dans la littérature slave entre le IXᵉ et le XIᵉ siècle.

GLAÏEUL, n. m. [glajœl] (lat. gladiolus, épée courte, poignard) Nom du genre gladiolus, famille des iridées. ◆ On désigne aussi sous le nom de glaïeul deux espèces du genre iris : le glaïeul des marais et le glaïeul puant.

GLAIRE, n. f. [glɛʀ] (lat. vulg. clarea, prob. du lat. clarus, clair) Le blanc de l'œuf quand il n'est pas cuit. ◆ Blanc d'œuf dont les relieurs se servent pour frotter la couverture des livres en veau. ◆ Humeur que sécrètent les membranes muqueuses. ■ **Méd.** Glaire cervicale, substance visqueuse sécrétée par le col de l'utérus en période préovulatoire et permettant le déplacement des spermatozoïdes vers l'utérus et les trompes.

GLAIRÉ, ÉE, p. p. de glairer. [glɛʀe]

GLAIRER, v. tr. [glɛʀe] (glaire) En reliure, frotter la couverture d'un livre avec une éponge trempée dans des blancs d'œufs, pour y donner du lustre.

GLAIREUX, EUSE, adj. [glɛʀø, øz] (glaire) Qui est de la nature des glaires.

GLAIRURE, ■ n. f. [glɛʀyʀ] (glairer) **Techn.** Substance constituée de blanc d'œuf et d'alcool, utilisée en reliure pour donner du lustre à la couverture d'un livre.

GLAISE, n. f. [glɛz] (gaul. gliso, de sens incert., blanc, ou glu) Argile grasse et plastique qui sert à la fabrication de la poterie grossière. ◆ **Adj.** Terre glaise.

GLAISÉ, ÉE, p. p. de glaiser. [glɛze]

GLAISER, v. tr. [glɛze] (glaise) Faire un corroi de glaise. ◆ Glaiser des terres, les amender avec de la glaise.

GLAISEUX, EUSE, adj. [glɛzø, øz] (glaise) Qui est de la nature de la glaise. Les terres glaiseuses.

GLAISIÈRE, n. f. [glɛzjɛʀ] (glaise) Endroit d'où l'on tire la glaise.

GLAIVE, n. m. [glɛv] (lat. gladius) En poésie et dans le style soutenu, épée tranchante. ◆ **Fig.** Le glaive du Seigneur. « De quel glaive de douleur son âme ne fut-elle pas percée ? », MASSILLON. ◆ La guerre, les combats. Le glaive peut seul décider entre ces deux rivaux. ◆ Le droit de vie et de mort. Le souverain a la puissance du glaive. Le glaive des lois. ◆ Le glaive spirituel, la juridiction de l'Église. ◆ Le glaive de la parole, le pouvoir de l'éloquence. ◆ Au Moyen Âge, lance. ◆ Glaive courtois, lance sans fer tranchant. ◆ L'espadon, poisson.

GLAMA, n. m. [lama] Voy. LAMA.

GLAMOUR, ■ n. m. [glamuʀ] (mot angl.) Charme sophistiqué empreint d'éclat. Le glamour d'une star. ■ **Adj. inv.** Une tenue glamour.

GLAMOUREUX, EUSE, ■ adj. [glamurø, øz] (*glamour*) Qui est glamour. *Un couple glamoureux.*

GLANAGE, n. m. [glanaʒ] (*glaner*) Action de glaner.

GLAND, n. m. [glɑ̃] (lat. *glans*) Le fruit que porte le chêne. ♦ *Gland doux*, fruit comestible de plusieurs espèces de chênes. ♦ *Gland de terre*, la gesse tubéreuse. ♦ Morceau de métal ou de bois taillé en forme de gland, et par extens. petites houppes de laine, de fil ou de soie qui terminent des cordons. *Glands de rideaux, de bourse.* ■ **Anat.** Extrémité renflée de la verge. ■ Très fam. Personne maladroite et sotte. *Quel gland, ce type!*

GLANDE, n. f. [glɑ̃d] (lat. *glans*, génit. *glandis*) **Anat.** Nom des parties qui ont pour fonction d'effectuer la sécrétion de certains fluides. ♦ **Bot.** Nom d'organes de forme variée, remplis d'un liquide spécial. ♦ Tumeur survenue soit dans les glandes, soit dans les ganglions lymphatiques. ■ **Fig.** et très fam. *Avoir les glandes*, être énervé ; avoir peur. *J'ai les glandes de passer cet examen.*

1 GLANDÉ, ÉE, adj. [glɑ̃de] (*gland*) **Hérald.** Se dit des chênes chargés de glands d'un émail différent de celui de l'arbre.

2 GLANDÉ, ÉE, adj. [glɑ̃de] (*gland*) *Cheval glandé*, cheval qui a une tuméfaction des ganglions lymphatiques de la ganache.

GLANDÉE, n. f. [glɑ̃de] (*gland*) Récolte du gland.

GLANDER, ■ v. intr. [glɑ̃de] (*gland*) Très fam. Passer son temps à ne rien faire. *Il a glandé toute la journée.* ■ Très fam. Faire. *Ça fait une heure qu'on les attend, qu'est-ce qu'ils glandent ?* ■ GLANDEUR, EUSE, n. m. et n. f. [glɑ̃dœr, øz]

GLANDIFÈRE, adj. [glɑ̃difɛr] (lat. *glans* et -*fère*) **Bot.** Qui porte des glands.

GLANDULAIRE, adj. [glɑ̃dylɛr] (*glandule*) Syn. de glanduleux.

GLANDULE, n. f. [glɑ̃dyl] (lat. médiév. *glandula*) Petite glande.

GLANDULEUX, EUSE, adj. [glɑ̃dylø, øz] (lat. médiév. *glandulosus*) **Anat.** Qui a la forme, qui est de la nature d'une glande. *Tissu glanduleux.*

GLANE, n. f. [glan] (*glaner*) Poignée d'épis ramassés dans les champs après l'enlèvement des gerbes. ♦ ▷ **Fig.** *Il y a encore champ pour faire glane*, il reste encore pour les autres assez de travail ou de profit dans une affaire, dans une science, etc. ◁ ■ **Par extens.** *Glane* ou *torche*, petit faisceau de brins de paille liés ensemble ou tordus. ♦ *Glane d'oignons*, plusieurs oignons attachés à une glane de paille. ■ Action de glaner.

GLANÉ, ÉE, p. p. de glaner. [glane]

GLANER, v. tr. [glane] (b. lat. *glenare*, d'un radic. gaul. *glenn*-) Recueillir dans les champs les épis échappés au moissonneur. ♦ On dit aussi : *Glaner un champ.* ■ **Absol.** « *N'allez point dans un autre champ pour glaner* », SACI. ♦ **Fig.** Recueillir le peu qui a été laissé ou négligé par d'autres, en parlant de profits. ♦ **Fig.** Il se dit en un sens analogue des choses d'esprit. ■ **Absol.** « *L'on ne fait plus que glaner après les anciens* », LA BRUYÈRE.

GLANEUR, EUSE, n. m. et n. f. [glanœr, øz] (*glaner*) Personne qui glane.

GLANURE, n. f. [glanyr] (*glaner*) Ce que l'on glane après la moisson. ■ **Fig.** Petit document ou petite note qui rassemble, généralement de façon décousue, des données concernant des sujets variés. *J'ai écrit une glanure sur le répertoire de la chanson française des années 1920.*

GLAPIR, v. intr. [glapir] (probablement altération d'après *japper* de l'anc. fr. *glatir*, du lat. *glattire*, japper, d'orig. onomat.) Il se dit de l'aboi aigre des renards et des petits chiens. ♦ Se dit, par dénigrement, d'une voix humaine aigre et désagréable.

GLAPISSANT, ANTE, adj. [glapisɑ̃, ɑ̃t] (*glapir*) Qui glapit. *Des sons glapissants.* ♦ **Par dénigrement** *Voix glapissante*, voix comparée à celle des animaux qui glapissent.

GLAPISSEMENT, n. m. [glapis(ə)mɑ̃] (*glapir*) L'aboi aigre des renards et des petits chiens. ♦ **Par dénigrement** Il se dit aussi des personnes. ♦ **Fig.** « *Les glapissements de l'envieuse médiocrité* », MIRABEAU.

GLARÉOLE, ■ n. f. [glareɔl] (lat. sav. *glareola*, de *glarea*, gravier, p.-ê. parce qu'ils nichent au sol en colonie) **Zool.** Petit oiseau grégaire et échassier à ailes noires, à la gorge ocre jaune, au bec noir et rouge, vivant principalement dans les marécages. *La glaréole à collier est l'une des espèces d'oiseaux les plus menacées en France, il ne resterait plus qu'entre 30 et 70 couples de cette espèce, vivant tous en Camargue.*

GLAS, n. m. [glɑ] (on ne prononce pas le *s* final. lat. pop. *classum*, du lat. *classicum*, sonnerie de trompette) Son d'une cloche qu'on tinte pour annoncer la mort ou l'agonie de quelqu'un. ♦ Se dit des salves d'artillerie tirées aux funérailles d'un souverain ou d'un militaire élevé en grade. ■ **Fig.** *Sonner le glas de quelque chose*, annoncer sa fin.

GLASNOST, ■ n. f. [glasnɔst] (russe *glasny*, rendre public) **Hist.** En ex-URSS, politique de transparence de l'information menée dans les années 1980 par Mikhaïl Gorbatchev pendant la réforme de restructuration du pays (perestroïka). ■ **Par extens.** Action de rendre public un rapport, une information.

GLASS, ■ n. m. [glas] (all. *Glas*, verre à boire) **Arg.** et **vieilli** Verre d'alcool. *Des glass.*

GLATIR, ■ v. intr. [glatir] (lat. *glattire*, japper) Pousser un cri, en parlant de l'aigle. *L'aigle glatit.*

GLAUCOME, n. m. [glokom] (gr. *glaukôma*) **Méd.** Maladie des yeux où l'humeur vitrée devient opaque, avec déformation de la pupille et affaiblissement de la vue. ■ GLAUCOMATEUX, EUSE, n. m. et n. f. ou adj. [glokomatø, øz] *Un champ visuel glaucomateux.*

GLAUCONITE ou **GLAUCONIE**, ■ n. f. [glokonit] ou [glokoni] (gr. *glaukon*, neutre de *glaukos*, vert pâle) **Minér.** Silicate hydraté d'oxyde de fer et de potassium. *La glauconite fut découverte en 1828 par le géologue allemand, Keferstein.*

GLAUQUE, adj. [glok] (lat. *glaucus*, du gr. *glaukos*, vert pâle) Qui est de couleur vert de mer. *Feuilles glauques.* ♦ **Fig.** Sinistre, lugubre. *Une ambiance glauque.* ♦ Qui donne une impression de tristesse.

GLAVIOT, ■ n. m. [glavjo] (altér. de *claviot*, crachat, d'après *glaire*) Très fam. Crachat. ■ GLAVIOTER, v. intr. [glavjote]

GLÈBE, n. f. [glɛb] (lat. *gleba*) **Féod.** Fonds de terre avec ses serfs et ses droits. ♦ *Attaché à la glèbe*, se disait de celui qui ne pouvait quitter la glèbe, qui changeait de propriétaire quand la terre en changeait. ♦ Dans le style élevé, le champ qu'on travaille. ♦ Motte de terre.

GLÉCHOME ou **GLÉCOME**, ■ n. m. [glekom] (lat. sav. *glechoma*, du gr. *glêkôn*, pouliot, sorte de menthe) **Bot.** Plante vivace dont les tiges superficielles sont enracinées et appelée communément *lierre terrestre*, herbe de la Saint-Jean ou *couronne de terre*.

1 GLÈNE, n. f. [glɛn] (gr. *glênê*, prunelle de l'œil) **Anat.** Cavité peu profonde d'un os dans laquelle un autre os s'articule.

2 GLÈNE, ■ n. f. [glɛn] (dial. Loire *glène*, var. de *glane*, poignée) **Mar.** Écheveau de cordage lové, enroulé sur lui-même.

GLÉNER, ■ v. tr. [glene] (2 *glène*) **Mar.** Lover, enrouler un cordage sur lui-même.

GLÉNOÏDAL, ALE, adj. [glenoidal] (*glénoïde*) **Anat.** *Cavité glénoïdale*, cavité qui sert à l'emboîtement d'un os dans un autre. ■ Au pl. *Glénoïdaux.*

GLÉNOÏDE, adj. [glenoid] (1 *glène* et -*oïde*) **Anat.** Syn. de glénoïdal. *Fosse glénoïde.*

GLETTE, n. f. [glɛt] (lat. *glittus*, *glutus*, aggloméré) Nom dans l'affinage de l'oxyde de plomb ou litharge.

GLEUCOMÈTRE, n. m. [gløkomɛtr] Voy. GLUCOMÈTRE.

GLIAL, ALE, ■ adj. [glijal] (*glie*) **Anat.** Relatif au tissu conjonctif du système nerveux. *Des corps cellulaire gliaux. Les cellules gliales seraient dix fois plus nombreuses que les neurones.*

GLIE, ■ n. f. [gli] (aphérèse de *névroglie*, du gr. *neuron*, nerf, et *gloios*, substance gluante) Tissu conjonctif du système nerveux.

GLIOME, ■ n. m. [glijom] (*glie* et -*ome*) **Méd.** Type de tumeur du tissu conjonctif de soutien du système nerveux central (encéphale et moelle épinière). *Gliome malin cérébral, gliome optique, gliome hétéromorphe, etc.*

GLISSADE, n. f. [glisad] (*glisser*) Action de glisser. *Il fit une glissade et tomba.* ♦ Jeu d'enfant qui consiste à se lancer sur une surface de glace qu'on a frayée. ♦ L'endroit même de la glace ainsi frayée, nommé plus exactement *glissoire.* ♦ **Fig.** Faux pas, manquement dans la conduite. ♦ En danse, nom d'une espèce de coupé, qui ne se fait que pour aller de côté et sur la même ligne.

GLISSAGE, n. m. [glisaʒ] (*glisser*) Action de faire descendre les bois des montagnes par les couloirs.

GLISSANCE, ■ n. f. [glisɑ̃s] (*glissant*) Caractéristique d'une surface qui présente un faible coefficient de frottement. *Des essais de glissance des revêtements de sol, de peintures, de films pelliculés, de plastiques.*

GLISSANDO, ■ n. m. [glisɑ̃do] (mot it. sur le modèle des t. de mus. it. en -*ando*.) **Mus.** Exécution vocale ou instrumentale continue de toutes les notes intermédiaires entre une note de départ et une note d'arrivée. *Faire un glissando en guitare. Des glissandos.*

GLISSANT, ANTE, adj. [glisɑ̃, ɑ̃t] (*glisser*) Où l'on glisse facilement. *Le pavé est glissant.* ♦ **Fig.** Où l'on ne se maintient qu'avec difficulté ou péril. « *La finesse est l'occasion prochaine de la fourberie ; de l'une à l'autre le pas est glissant* », LA BRUYÈRE. ■ **Fig.** Qui est risqué. *Ce débat est un terrain glissant.* ■ **Fig.** *Être sur une pente glissante*, aller vers un danger, une menace. ■ Qui glisse facilement, notamment des mains. *Un savon glissant.*

GLISSE, ■ n. f. [glis] (*glisser*) Aptitude d'une personne ou d'un matériel à glisser sur une surface s'y prêtant. *Ce skieur a une bonne technique de glisse.*

■ *Sports de glisse,* ensemble des sports où l'on pratique la glisse sur toutes sortes de surfaces. ■ **Suisse** Sorte de luge ; glissage.

1 **GLISSÉ,** n. m. [glise] (*glisser*) Pas de danse qui consiste à passer le pied doucement devant soi, en effleurant le plancher. ■ **Adj.** *Un pas glissé.*

2 **GLISSÉ, ÉE,** p. p. de glisser. [glise]

GLISSEMENT, n. m. [glis(ə)mɑ̃] (*glisser*) Action de glisser. ■ *Glissement de terrain,* déplacement rapide d'une masse de terrains meubles ou rocheux au long d'une surface de rupture et dont le mouvement est engendré par l'action de la gravité ou de forces hydrauliques ou sismiques. ■ **Fig.** Fait de faire évoluer vers quelque chose de différent. *Un glissement de sens. Le glissement d'une opinion.* ■ **Écon.** Mesure de la variation d'une grandeur d'ordre économique, entre deux dates de référence. *Le glissement des prix.*

GLISSER, v. intr. [glise] (croisement de l'anc. fr. *gliier,* glisser [a. b. frq. *glidan*] et de l'a. et m. fr *glacier,* glisser) Couler sur un corps gras, ou lisse, ou poli. ♦ **Absol.** Faire des glissades. ♦ Manquer, en parlant du pied qui vient à couler sur quelque chose de gras, de poli, de mouvant. *Il glissa sur le pavé.* ♦ *Le pied lui a glissé,* son pied a glissé ; fig. se dit d'une personne qui insensiblement est tombée dans quelque faute. ♦ Un coup glisse, quand, au lieu d'enfoncer, il descend sans entamer profondément. ♦ **Fig.** Faire peu d'impression. *Nos remontrances n'ont fait que glisser sur lui.* ♦ Cheminer, comme en glissant, sur les eaux, dans les airs. *La barque glisse sur les eaux.* ♦ Échapper, ne pas être retenu. *Cela m'a glissé des mains.* ♦ **Fig. et fam.** *Glisser des mains à quelqu'un,* lui échapper. ♦ Pénétrer, en parlant des choses morales qui s'insinuent peu à peu. « *Ces paroles firent glisser l'espérance jusqu'au fond des entrailles de Calypso* », FÉNELON. ♦ Passer légèrement sur quelque matière. *Il ne faut pas glisser sur une matière aussi importante.* ♦ **V. tr.** Faire glisser. « *En glissant un pied vers lui* », VOLTAIRE. ♦ Couler adroitement ou furtivement un objet en quelque endroit. *Glisser sa main dans la poche de quelqu'un,* quelque pièce d'argent dans la main d'un pauvre. ♦ **Fig.** Mettre dans ce qu'on écrit ou ce qu'on dit quelque chose qu'on veut cacher ou qu'on n'ose pas énoncer directement. *Glisser son compliment.* ♦ *Glisser deux mots à l'oreille de quelqu'un,* lui dire deux mots à l'oreille. ♦ **Fig.** Insinuer, faire pénétrer par insinuation. *Glisser une erreur parmi le peuple.* ■ **Se glisser,** v. pr. Se couler, pénétrer sans être aperçu ou avec précaution. ♦ **Fig.** Pénétrer sans être aperçu, en parlant de choses. *Il s'est glissé des fautes dans cet ouvrage.* ♦ S'insinuer. ■ **Fig.** *Se laisser glisser,* se laisser mourir. ♦ **V. intr. Fig.** Se laisser aller à, s'abandonner. ■ *Se glisser dans la peau du personnage,* entrer dans la peau du personnage.

GLISSEUR, EUSE, n. m. et n. f. [glisœʀ, øz] (*glisser*) Personne qui glisse sur la glace. ■ **N. m. Math.** En algèbre, couple formé d'une droite et d'un vecteur directeur de même direction.

GLISSIÈRE, n. f. [glisjɛʀ] (*glisser*) Rainure pratiquée sur un objet fixe et permettant de faire glisser une pièce mobile. *Les glissières d'un meuble.* ■ *Fermeture à glissière,* fermeture Éclair. ♦ *Glissière de sécurité,* bordure métallique de protection disposée le long d'une route ou d'une autoroute pour empêcher un véhicule de sortir de la voie.

GLISSOIR, ■ n. m. [gliswaʀ] (*glisser*) Couloir aménagé sur une pente de montagne pour permettre le glissage des bois abattus.

GLISSOIRE, n. f. [gliswaʀ] (*glisser*) Endroit frayé sur la glace pour y glisser. ♦ On dit aussi, mais moins bien, *glissade.*

GLOBAL, ALE, ■ adj. [glɔbal] (*globe*) Qui est considéré dans son ensemble. *Une estimation globale des pertes. Des objectifs globaux.* ■ **Didact.** *Méthode globale,* méthode à la fois analytique et synthétique d'apprentissage de la lecture selon laquelle le travail mental de l'apprenant consiste à observer un ensemble (mot, phrase) avant d'analyser et de synthétiser les éléments constitutifs de cet ensemble.

GLOBALEMENT, ■ adv. [glɔbal(ə)mɑ̃] (*global*) D'une manière globale. *Globalement, il travaille bien à l'école.*

GLOBALISANT, ANTE ou **GLOBALISATEUR, TRICE,** ■ adj. [glɔbalizɑ̃, ɑ̃t] ou [glɔbalizatœʀ, tʀis] (*globaliser*) Qui globalise. *Une vision globalisante* ou *globalisatrice.*

GLOBALISATION, ■ n. f. [glɔbalizasjɔ̃] (*globaliser*) **Écon.** Mondialisation des échanges de biens et de services.

GLOBALISER, ■ v. tr. [glɔbalize] (*global*) Présenter, prendre de façon globale. *Globaliser les faits d'un accident.*

GLOBALISME, ■ n. m. [glɔbalism] (*global*) **Philos.** Doctrine selon laquelle un tout a certaines propriétés que ses éléments constitutifs, seuls, n'ont pas. « *Nous verrons que cette volonté totalisante, qui se caricature souvent en globalisme, est l'une des caractéristiques les plus fondamentales des pays sous-développés* », FANON.

GLOBALISTE, ■ adj. [glɔbalist] (*global*) **Didact.** Qui envisage quelque chose comme un tout, un ensemble. *Une analyse globaliste de la population.*

GLOBALITÉ, ■ n. f. [glɔbalite] (*global*) **Didact.** Caractère de ce qui est global. *Prendre en compte une situation dans sa globalité.*

GLOBE, n. m. [glɔb] (lat. *globus*) Corps rond ou à peu près sphérique. *Un globe de verre.* ♦ Il se dit des astres, des planètes. *Le globe du Soleil, de la Terre.* ♦ **Absol.** La Terre. *Faire le tour du globe.* ♦ *Globe terrestre,* globe de cuivre ou de carton sur lequel est représentée la figure de la Terre. ♦ *Globe céleste,* globe sur lequel sont représentées les étoiles dans les constellations qu'elles composent. ♦ Boule ronde surmontée d'une couronne, celle-ci d'une croix, symbole de la puissance souveraine. ♦ **Anat.** *Globe de l'œil* ou *globe oculaire.* ■ Sphère creuse de verre ou de cristal.

GLOBE-TROTTER ou **GLOBETROTTEUR, EUSE,** ■ n. m. et n. f. [glɔb(ə)tʀɔtœʀ, øz] (mot angl., de *globe,* globe, et (to) *trot,* parcourir) Personne qui parcourt le monde continuellement. *Des globe-trotters, des globetrotteurs.*

GLOBICÉPHALE, ■ n. m. [glɔbisefal] (*globe* et *-céphale*) **Zool.** Mammifère cétacé caractérisé par un renflement sur sa partie frontale. *Le dauphin d'Électre et l'orque sont des globicéphales.*

GLOBIGÉRINE, ■ n. f. [glɔbiʒeʀin] (*globe* et *-gère,* et *-ine*) **Zool.** Protozoaire fossile dont la coquille constitue une pierre calcaire. ■ Pâte argileuse et calcaire de couleur brun caramel que l'on trouve notamment sur l'île de Malte. *La globigérine est utilisée comme matériau de construction sur l'île de Malte.*

GLOBINE, ■ n. f. [glɔbin] (*hémoglobine*) **Biol.** Protéine constitutive de l'hémoglobine du sang.

GLOBULAIRE, adj. [glɔbylɛʀ] (*globule*) Qui a la forme d'un globe. *Des masses globulaires de fumée.* ■ Relatif aux globules sanguins. *La vitesse de sédimentation globulaire.* ■ **N. f.** Plante dicotylédone dont les fleurs bleu violacé sont réunies en têtes globuleuses et que l'on trouve principalement dans les rochers, les éboulis et les pelouses pierreuses.

GLOBULE, n. m. [glɔbyl] (lat. *globulus,* petite boule) Corps sphérique très petit. ♦ **Physiol.** Nom donné à des corpuscules plus ou moins arrondis, qui existent dans beaucoup de liquides et dans quelques tissus animaux. *Les globules du sang.* ♦ **Pharm.** Très petite pilule dans laquelle on administre certains médicaments très actifs. ♦ En homéopathie, dose infiniment petite sous forme globulaire. ■ **Biol.** *Globule blanc,* cellule du sang humain contenant un noyau et jouant essentiellement un rôle dans la défense de l'organisme contre les corps étrangers. *Les globules blancs sont également appelés leucocytes. Globule rouge,* cellule en forme de lentille biconcave et dont le rôle le plus important est d'assurer le transport de l'oxygène des poumons vers les tissus. *Les globules rouges sont également appelés hématies.* ■ **Biol.** *Globule polaire,* petite sphère que l'ovocyte expulse et qui forme, par la suite, le gamète femelle.

GLOBULEUX, EUSE, adj. [glɔbylø, øz] (*globule*) Qui est en forme de globule, ou composé de globules. ■ *Œil globuleux,* œil saillant.

GLOBULINE, ■ n. f. [glɔbylin] (*globule* et *-ine*) **Biol.** Protéine volumineuse du sang et de la lymphe qui est insoluble dans l'eau, qui possède un poids moléculaire relativement élevé, et qui remplit une fonction primordiale au niveau immunologique et hormonal.

GLOCKENSPIEL, ■ n. m. [glɔkənʃpil] (le *s* se prononce *ch.* Mot all., de *Glocke,* cloche, et *Spiel,* jeu) **Mus.** Instrument de percussion proche du métallophone, dont les lames sont frappées à l'aide de maillets ou de baguettes, en bois ou en caoutchouc. *Des glockenspiels.*

GLOIRE, n. f. [glwaʀ] (lat. *gloria*) Célébrité grande et honorable, en parlant des personnes. « *Aucun chemin de fleurs ne conduit à la gloire* », LA FONTAINE. ♦ *Dire, publier quelque chose à la gloire de quelqu'un,* dire, publier quelque chose qui lui fait honneur. ♦ *Faire gloire, se faire gloire, se faire une gloire, tenir à gloire, mettre sa gloire à,* se vanter d'une chose, en faire vanité. ♦ Éclat digne de louange, en parlant des choses. *La gloire des armes, du nom, etc.* ♦ En mauvaise part, vain orgueil. ♦ *Vaine gloire,* le sentiment trop avantageux de soi-même que la vanité inspire. ♦ *Fausse gloire,* fausse opinion de l'honneur, ambition déplacée. ♦ Il se dit des personnes justement célèbres. *Il fut la gloire de son siècle.* ♦ Éclat, splendeur. « *Venez dans mon palais, vous y verrez ma gloire* », RACINE. ♦ L'honneur, les hommages rendus à la Divinité. *Dieu est jaloux de sa gloire.* ♦ *Rendre gloire à Dieu,* lui rendre hommage, le confesser. ♦ *À la gloire de la vérité,* pour rendre à la vérité la gloire qui lui appartient. ♦ La splendeur dont Dieu s'environne quand il se manifeste. *Le Fils de Dieu viendra dans sa gloire.* ♦ **Par extens.** Les riches palais, les meubles brillants, les vêtements magnifiques des princes. *Salomon dans toute sa gloire.* ♦ La béatitude céleste. *La gloire des élus.* ♦ En peinture, cercle de lumière qui se met autour de la tête des saints ou des personnes illustres par leurs vertus. ♦ Représentation du ciel ouvert avec des personnages divins, les anges, etc. *Une gloire de Titien.* ♦ En sculpture, assemblage de rayons divergents au centre desquels apparaît un triangle, symbole de la Trinité. ♦ Machine de théâtre entourée de rayons lumineux sur laquelle se placent les acteurs qui représentent des dieux, etc. ■ *Pour la gloire*, sans profit. *Travailler pour la gloire.* ■ *Faire la gloire de quelqu'un*, participer à sa renommée. ■ *Rendre gloire à quelqu'un*, mettre en exergue sa valeur.

GLOME, ■ n. m. [glom] (lat. *glomus*, pelote) **Hippol.** Renflement corné de la face intérieure du sabot des équidés. *Les glomes se situent de chaque côté de la fourchette.*

GLOMÉRIS, ■ n. m. [glomeris] (lat. *glomus*, génit. *glomeris*, pelote) **Zool.** Arthropode dont le corps est cylindrique et qui a pour caractéristique de se mettre en boule en cas de danger ou quand on le touche.

GLOMÉRULE, ■ n. m. [glomeryl] (dimin. du lat. *glomus*, génit. *glomeris*) **Anat.** Peloton de vaisseaux ou de nerfs. *Les glomérules de Bowman dans le rein.* ■ **Bot.** Groupe de fleurs formant un ensemble compact. ■ GLOMÉRU-LAIRE, adj. [glomerylɛr]

GLOMÉRULOPATHIE, ■ n. f. [glomerylopati] (*glomérule* et -*pathie*) Néphropathie des glomérules du rein. *Être atteint de glomérulopathie.*

GLORIA PATRI ou simplement **GLORIA**, n. m. [glorjapatri, glorja] (lat. *gloria*, gloire, et *patri*, datif de *pater*, gloire au père) Verset qui termine tous les psaumes. ♦ **Pop.** *Gloria*, liqueur chaude composée de café, de sucre et d'eau-de-vie.

GLORIETTE, n. f. [glorjɛt] (dim. de *glorie*, anc. forme de *gloire*) Petit bâtiment, pavillon, cabinet de verdure, dans un parc ou un jardin. ■ Grande cage à oiseaux.

GLORIEUSEMENT, adv. [glorjøz(ə)mɑ̃] (*glorieux*) D'une manière glorieuse, digne de louange.

GLORIEUX, EUSE, adj. [glorjø, øz] (lat. *gloriosus*) Qui s'est acquis, qui mérite beaucoup de gloire. « *Il règne paisible et glorieux sur le trône de ses ancêtres* », BOSSUET. ♦ Qui est plein de gloire, qui procure de la gloire, en parlant des choses. *Une destinée glorieuse. Un trépas glorieux.* ♦ On dit d'un prince illustre qui n'est plus : *Prince de glorieuse mémoire.* ♦ Il se dit de la Vierge et des saints. *La glorieuse Vierge Marie.* ♦ **Théol.** *Corps glorieux*, état où seront les corps des bienheureux après la résurrection. ♦ Qui a le sentiment d'une sorte de gloire personnelle. « *Soyons assez glorieux pour ne point nous plaindre* », MME DE SÉVIGNÉ. ♦ *Être glorieux de quelque chose*, s'en faire honneur, en tirer vanité. ♦ Qui pousse ce sentiment de gloire jusqu'au défaut. « *La nation des auteurs est un peu vaine et glorieuse* », LESAGE. ■ N. m. et n. f. *Un glorieux, une glorieuse*, personne qui a le défaut d'être glorieux. ■ *Les Trente Glorieuses*, la période entre 1945 et 1975 pendant laquelle le développement économique a été prédominant. ■ **Fam.** *Ce n'est pas glorieux*, ce n'est pas quelque chose dont on peut être fier, dont on peut s'enorgueillir.

GLORIFICATEUR, TRICE, ■ adj. [glorifikatœr, tris] (*glorification*) **Litt.** Qui glorifie. « *Un ancien ami, [...] qui est resté, fidèlement et pieusement, le glorificateur du talent de votre mari* », FRÈRES GONCOURT. ■ N. m. et n. f. *Des glorificateurs.*

GLORIFICATION, n. f. [glorifikasjɔ̃] (b. lat. *glorificatio*) Action de glorifier. *La glorification de cet acte.* ♦ **Théol.** Élévation des justes à la gloire éternelle. *La glorification des élus.*

GLORIFIÉ, ÉE, p. p. de glorifier. [glorifje]

GLORIFIEMENT, n. m. [glorifimɑ̃] (*glorifier*) ▷ État de ce qui est glorifié. ◁

GLORIFIER, v. tr. [glorifje] (lat. chrét. *glorificare*) Donner de la gloire. *Glorifier un homme, une action.* ♦ Rendre gloire et honneur à Dieu. « *Glorifier Dieu par une vie digne de Dieu* », BOURDALOUE. ♦ **Théol.** Rendre participant de la gloire, de la béatitude éternelle. « *Je glorifierai quiconque m'aura rendu gloire* », SACI. ♦ Se glorifier de, v. pr. Faire gloire de quelque chose. ♦ *Se glorifier dans*, placer sa gloire dans. *Un père se glorifie dans ses enfants.*

GLORIOLE, n. f. [glorjɔl] (lat. *gloriola*, dim. de *gloria*) Petite gloire qu'on tire de petites choses. *Ma gloriole d'auteur est satisfaite.*

GLOSE, n. f. [gloz] (b. lat. *glosa*, mot peu usité, du gr. *glôssa*, langue, locution archaïque) ▷ Mot vieilli ou difficile, recueilli dans les auteurs grecs et expliqué. ◁ ♦ **Par extens.** Note explicative sur les mots ou sur les sens d'un texte, dans la même langue que le texte. ♦ Notes servant à l'éclaircissement d'un texte. ♦ Parodie rimée d'une pièce de poésie dont on répète un vers à la fin de chaque stance. ♦ Réflexions, interprétations critiques. « *C'est un texte où chacun fait sa glose* », BOILEAU. ■ Remarque malveillante. *Faire des gloses sur ses collègues.*

GLOSÉ, ÉE, p. p. de gloser. [gloze]

GLOSER, v. tr. [gloze] (*glose*) Commenter par gloses. ♦ **Fig.** Critiquer, censurer. « *Quoi ! pour un maigre auteur que je glose en passant* », BOILEAU. ♦ V. intr. Donner une glose. « *Ces commentateurs qui ont glosé sur les lois* », BOSSUET. ♦ **Fig.** *Gloser sur l'Évangile*, être madré, futé. ♦ Parler d'une façon

désapprobative. « *Et prend droit de gloser sur tous tant que nous sommes* », MOLIÈRE.

GLOSEUR, EUSE, n. m. et n. f. [glozœr, øz] (*gloser*) ▷ Personne qui glose sur tout, qui interprète tout en mal. ◁

GLOSSAIRE, n. m. [gloser] (lat. *glossarium*) Dictionnaire des mots anciens ou peu connus d'une langue et qui ont besoin d'être expliqués. ♦ **Par extens.** Vocabulaire.

GLOSSATEUR, TRICE, n. m. et n. f. [glosatœr, tris] (lat. *glosa, glossa*) Personne qui recueille ou qui rédige des gloses. ♦ Auteur d'une glose.

...GLOSSE, ■ [glos] suffixe qui signifie langue, du grec *glôssa*.

GLOSSINE, ■ n. f. [glosin] (gr. *glôssa*, langue) **Zool.** Espèce de mouche d'Afrique qui ne pond pas et qui a pour caractéristique d'être vecteur de la maladie du sommeil. *La mouche tsé-tsé est une glossine.*

GLOSSITE, n. f. [glosit] (gr. *glôssa*) **Méd.** Inflammation de la langue.

GLOSS(O)..., ■ [gloso] (préfixe qui signifie langue, du gr. *glôssa*) *Glossotomie.*

GLOSSODYNIE, ■ n. f. [glosodini] (*gloss(o)*- et -*odynie*) **Méd.** Douleur de la langue.

GLOSSOLALIE, ■ n. f. [glosolali] (*gloss(o)*- et -*lalie*) **Relig.** Aptitude surnaturelle à parler une autre langue. ■ **Méd.** Langage imaginaire utilisé par certains malades mentaux fondé sur des onomatopées et une syntaxe rudimentaire qui en permet parfois la compréhension. ■ GLOSSOLALE, n. m. et n. f. [glosolal]

GLOSSOPÈTRE, ■ n. m. [glosopɛtr] (*gloss(o)*- et gr. *petra*, pierre) **Hist. nat.** Nom de certaines pierres fossiles qui représentent une langue ; ce sont des dents de poissons fossiles.

GLOSSOPHARYNGIEN, IENNE, ■ adj. [glosofarɛ̃ʒjɛ̃, jɛn] (*glosso*- et *pharyngien*) **Anat.** Relatif à la langue et au pharynx. *Une maladie glossopharyngienne.* ■ N. m. *Le glossopharyngien*, le nerf glossopharyngien.

GLOSSOTOMIE, ■ n. f. [glosotomi] (*glosso*- et -*tomie*) **Chir.** Ablation de tout ou partie de la langue.

GLOTTAL, ALE, ■ adj. [glotal] (*glotte*) **Phonét.** Dont l'articulation se fait au niveau la glotte ; émis par la glotte. *Une consonne glottale. Des phonèmes glottaux.* ■ N. f. *Une glottale.*

GLOTTE, n. f. [glot] (gr. attiq. *glôtta*) **Anat.** Ouverture du larynx qui sert à l'émission de la voix. ■ *Coup de glotte*, occlusive produite par la fermeture brutale de la glotte. *Un coup de glotte en allemand.* ■ GLOTTIQUE, adj. [glotik]

GLOUGLOU, n. m. [gluglu] (onomatopée) Bruit que fait le vin qu'on verse d'une bouteille. « *Bouteille jolie, Qu'ils sont doux Vos petits glouglous* », MOLIÈRE. ♦ Le cri du dindon. ■ REM. Pluriel ancien : *des glougloux.*

GLOUGLOUTER, v. intr. [gluglute] (*glouglou*) Il se dit du cri des dindons. *Le dindon glougloute.* ■ REM. On disait aussi autrefois *glougloter.*

GLOUME, n. f. [glum] Voy. GLUME.

GLOUSSANT, ANTE, ■ adj. [glusɑ̃, ɑ̃t] (*glousser*) Qui glousse. *Un rire gloussant. Une dinde gloussante.*

GLOUSSEMENT, n. m. [glus(ə)mɑ̃] (*glousser*) Cri de la poule. ♦ **Par extens.** *Les gloussements des dindons.* ■ Petit cri ou rire niais. ■ REM. On disait aussi *clossement* autrefois.

GLOUSSER, v. intr. [gluse] (lat. *glocire*) Faire des gloussements, en parlant du cri des poules qui couvent. ■ Rire niaisement en poussant de petits cris. *Taisez-vous et arrêtez de glousser !* ■ REM. On disait aussi *closser* autrefois.

GLOUTERON, n. m. [glut(ə)rɔ̃] (moy. fr. *gloton*, bardane) Nom que l'on a donné à la bardane. ♦ Se dit aussi du caille-lait.

GLOUTON, ONNE, adj. [glutɔ̃, ɔn] (b. lat. *glutto*, du lat. *glutus*, gosier) Qui mange avec avidité, avec excès. ♦ Il se dit des choses. *Des appétits gloutons.* ♦ N. m. et n. f. *Un glouton. Une gloutonne.* ■ N. m. **Zool.** Mammifère carnivore sauvage, ressemblant à un petit ours, vivant dans la toundra et la taïga.

GLOUTONNEMENT, adv. [gluton(ə)mɑ̃] (*glouton*) D'une manière gloutonne. ■ **Fig.** *Travailler gloutonnement.*

GLOUTONNERIE, n. f. [gluton(ə)ri] (*glouton*) Vice du glouton.

GLOXINIA, ■ n. m. [glɔksinja] (dédicace à Benjamin *Gloxin*, botaniste fr. du XVIIIe s.) **Bot.** Plante d'ornement provenant d'Amérique du Sud dont les fleurs, colorées et en forme de cloche, sont regroupées. *Des gloxinias.*

GLU, n. f. [gly] (b. lat. *glus*, du lat. *gluten*) Matière visqueuse et tenace dont on se sert pour prendre les oiseaux et qui est fournie par la seconde écorce du houx ou le fruit de gui. ♦ **Fig.** « *Le plaisir est une glu qui colle et attache l'âme à son objet* », NICOLE. ♦ **Fig. et fam.** Personne importune dont il est difficile de se débarrasser. ■ Colle forte. *Utiliser de la glu pour recoller les morceaux d'un vase brisé.*

GLUANT, ANTE, adj. [glyɑ̃, ɑ̃t] (*gluer*) Qui est visqueux comme la glu. ♦ **Fig.** « *La pauvreté est si gluante qu'on ne s'en saurait dépêtrer* », D'ABLANCOURT. ♦ *Avoir les mains gluantes,* avoir les mains salies de quelque chose de gluant. **Fig.** Retenir plus qu'on ne doit de l'argent qui passe par les mains. ▪ Qui est recouvert d'une substance visqueuse comparable à la glu. *Son riz au lait est gluant.*

GLUAU, n. m. [glyo] (*glu*) Petite branche enduite de glu. *Tendre des gluaux aux oiseaux.*

GLUCAGON, ▪ n. m. [glykagɔ̃] (*gluco-* et gr. *agôn,* p. prés. de *agein,* amener) **Biol.** Hormone sécrétée par le pancréas lorsque la glycémie baisse, impliquée dans le maintien de la glycémie normale et qui contrôle la production de glucose dans le foie et régule la sécrétion d'insuline dans le pancréas.

GLUCIDE, ▪ n. m. [glysid] (gr. *glukus,* doux) Élément naturel ou artificiel composé de carbone, d'hydrogène et d'oxygène. ▪ GLUCIDIQUE, adj. [glysidik]

GLUCINIUM, ▪ n. m. [glysinjɔm] (*glucine*) **Vx Chim.** Béryllium.

GLUC(O)..., ▪ [glyko] préfixe qui signifie doux, du grec *glukus.*

GLUCOCORTICOÏDE, ▪ n. m. [glykokɔrtikoid] (*gluco-* et *corticoïde*) **Techn.** Hormone naturelle sécrétée chez l'homme par la glande corticosurrénale et ayant des caractéristiques anti-inflammatoires et antiallergiques.

GLUCOMÈTRE, ▪ n. m. [glykɔmɛtr] (*gluco-* et *-mètre*) Instrument qui indique la pesanteur spécifique du moût de raisin, et par suite la quantité de sucre qu'il contient. ▪ REM. On disait aussi *gleucomètre* et *glycomètre* autrefois.

GLUCONÉOGENÈSE, ▪ n. f. [glykoneoʒənɛz] Voy. NÉOGLUCOGENÈSE.

GLUCONIQUE, ▪ adj. [glykonik] (*glucose*) **Chim.** *Acide gluconique,* acide formé par oxydation du glucose.

GLUCOSE, n. m. [glykoz] (*gluco-* et *-ose*) **Chim.** Sucre de raisin, de miel ou d'amidon qui représente la principale source d'énergie de l'organisme. *Le glucose du foie. Du sirop de glucose.* ▪ REM. On disait autrefois *glycose* (nom féminin).

GLUCOSÉ, ÉE, ▪ adj. [glykoze] (*glucose*) Auquel on a ajouté du glucose ou que l'on a transformé en glucose. *Ingérer une solution glucosée avant un examen sanguin.*

GLUCOSERIE, ▪ n. f. [glykoz(ə)ri] (*glucose*) **Techn.** Fabrique et industrie du glucose.

GLUCOSIDE, ▪ n. m. [glykozid] (*glucose* et *-ide*) **Chim.** Substance végétale dans laquelle le glucose est lié à un élément non glucidique.

GLUÉ, ÉE, p. p. de gluer. [glye]

GLUER, v. tr. [glye] (*glu*) Enduire de glu. ♦ Salir de quelque chose de gluant. *Les confitures m'ont glué les mains.*

GLUI, n. m. [glɥi] (lat. vulg. *glodium,* paille de seigle) Grosse paille de seigle dont on couvre les toits. ♦ On s'en sert pour faire des liens, etc.

GLUME, n. f. [glym] (lat. *gluma,* pellicule) **Bot.** Bractée scarieuse, dite aussi *balle,* sorte d'écaille qui enveloppe la fleur des graminées. ▪ REM. On disait aussi *gloume* autrefois.

GLUMÉ, ÉE, adj. [glyme] (*glume*) Qui est muni d'une glume.

GLUMELLE, ▪ n. f. [glymɛl] (*glume*) **Bot.** Ensemble des deux bractées qui constitue l'enveloppe des fleurs chez les graminées. *Glumelle inférieure, glumelle supérieure.*

GLUON, ▪ n. m. [glyɔ̃] (*glu,* parce qu'il assure la cohésion des partons) **Phys.** Particule de spin entier responsable de l'interaction nucléaire permettant l'existence des protons et des neutrons. *Les gluons ont une masse et une charge électrique nulles.* ▪ REM. À la suite d'une émission de télévision pour la jeunesse des années 1980, le gluon est aujourd'hui appréhendé comme l'être vivant représentant l'essence, l'âme d'un objet.

GLUTAMATE, ▪ n. m. [glytamat] (*glutamique*) **Chim.** Sel utilisé comme agent de sapidité. *Dans la cuisine asiatique, le glutamate de sodium est utilisé comme condiment.*

GLUTAMINE, ▪ n. f. [glytamin] (*glutamique*) **Chim.** Acide aminé non essentiel qui favorise la reconstruction de la muqueuse intestinale et qui joue un rôle important dans la protection du système immunitaire.

GLUTAMIQUE, ▪ adj. [glytamik] (*gluten* et *amide*) **Chim.** *Acide glutamique,* acide aminé non essentiel jouant un rôle primordial dans plusieurs métabolismes. *La gelée royale contient, par exemple des acides glutamiques.*

GLUTEN, n. m. [glytɛn] (*en* se prononce *ène.* lat. *gluten,* génit. *glutinis,* gomme, glu) **Hist. nat.** Matière qui lie ensemble les parties d'un corps solide. ♦ Matière organique visqueuse et riche en azote qui reste lorsqu'on a

enlevé de la farine des céréales l'amidon qu'elle contenait. ♦ Espèce de pâte faite avec du froment.

GLUTINATIF, IVE, adj. [glytinatif, iv] (lat. *glutinativus*) **Méd.** Syn. d'agglutinatif.

GLUTINEUX, EUSE, ▪ adj. [glytinø, øz] (lat. *glutinosus,* visqueux) Qui ressemble au gluten, qui contient du gluten. ♦ Qui est collant, visqueux comme le gluten.

GLYCÉMIE, ▪ n. f. [glisemi] (*glyco-* et *-émie*) **Méd.** Quantité de glucose dans le sang. *Taux de glycémie.* ▪ GLYCÉMIQUE, adj. [glisemik]

GLYCÉRIDE, ▪ n. f. [gliserid] (*glycérine* et *-ide*) **Chim.** Variété de lipide simple provenant de l'association du glycérol avec un ou plusieurs acides gras. *Glycéride de germes de blé. Taux de glycérides.*

GLYCÉRINE, n. f. [gliserin] (gr. *glukeros,* de saveur douce) **Chim.** Liquide sirupeux, d'une saveur sucrée, miscible à l'eau, à l'alcool et à l'éther, que la saponification sépare de toutes les graisses. ▪ GLYCÉRINER, v. tr. [gliserine]

GLYCÉRIQUE, adj. [gliserik] (*glycérine*) Qui se rapporte à la glycérine ou à ses préparations. ♦ *Acide glycérique,* acide produit par la combinaison de l'acide azotique avec la glycérine. ▪ REM. On disait aussi autrefois *glycérinien.*

GLYCÉROL, ▪ n. m. [gliserɔl] (gr. *glukeros* et *-ol*) **Chim.** Alcool présent dans l'organisme qui contribue à l'élaboration des lipides.

GLYCÉROLÉ, ▪ n. m. [gliserole] (*glycérol*) Préparation médicamenteuse. *Pommade au glycérolé d'amidon utilisée dans le traitement de l'ichtyose.*

GLYCÉROPHTALIQUE, ▪ adj. [gliserɔftalik] (*glycérol* et *phtalique*) **Chim.** *Résine glycérophtalique,* résine dérivée du glycérol et de l'acide phtalique dont on fait de la peinture à très forte adhérence sur le bois et le métal.

1 **GLYCINE**, n. f. [glisin] (gr. *glukus*) Genre de la famille des légumineuses, où l'on distingue un bel arbuste sarmenteux, à grappes de fleurs bleues.

2 **GLYCINE**, ▪ n. f. [glisin] (var. de *glucine*) **Chim.** Acide aminé, une des unités constitutives des protéines. ▪ REM. On dit aussi *glycocolle.*

GLYCO..., ▪ [gliko] préfixe qui signifie doux, du grec *glukus.*

GLYCOCOLLE, ▪ n. m. [glikokɔl] Voy. GLYCINE.

GLYCOGÈNE, ▪ n. m. [glikoʒɛn] (*glyco-* et *-gène*) **Chim.** Réserve de glucides, stockée en même temps dans le foie et les muscles. *Le glycogène sert à stocker de l'énergie.*

GLYCOGENÈSE, ▪ n. f. [glikoʒənɛz] (*glyco-* et *genèse*) **Chim.** Processus de formation du glucose par certaines cellules de l'organisme, notamment dans le foie. ▪ GLYCOGÉNIQUE, adj. [glikoʒenik]

GLYCOGÉNOGENÈSE, ▪ n. f. [glikoʒenoʒənɛz] (*glycogène* et *genèse*) **Chim.** Transformation du glucose en glycogène par le foie et les muscles. *La glycogénogenèse évite l'accumulation de glucose dans le foie après la digestion.*

GLYCOL, ▪ n. m. [glikɔl] (*glyco-* et *-ol*) **Chim.** Dialcool. *Le glycol est employé comme antigel.* ▪ GLYCOLIQUE, adj. [glikolik]

GLYCOLIPIDE, ▪ n. m. [glikolipid] (*glyco-* et *lipide*) **Chim.** Lipide contenant un ou plusieurs glucides.

GLYCOLYSE, ▪ n. f. [glikoliz] (*glyco-* et *-lyse*) **Chim.** Processus de destruction du glucose au cours de laquelle une molécule de glucose est décomposée en deux molécules de pyruvate. *La glycolyse sert à la survie cellulaire des plaquettes sanguines.* ▪ GLYCOLYTIQUE, adj. [glikolitik]

GLYCOMÈTRE, n. m. [glikomɛtr] (*glyco-* et *-mètre*) ▷ Syn. moins bon de glycomètre. ◁

GLYCONIEN ou **GLYCONIQUE**, adj. m. [glikonjɛ̃] ou [glikonik] (gr. *Glukôn,* Glycon, poète lyrique qui a créé ce mètre) En prosodie grecque et latine, qui est composé d'un spondée et de deux dactyles. ♦ *Vers glyconien,* sorte de vers ancien.

GLYCOPROTÉINE, ▪ n. f. [glikoprotein] (*glyco-* et *protéine*) **Chim.** Protéine combinée à un hydrate de carbone complexe, transportée par le sang et soluble dans l'eau. ▪ GLYCOPROTÉIQUE, adj. [glikoproteik]

GLYCOSE, n. f. [glikoz] Voy. GLUCOSE.

GLYCOSURIE, ▪ n. f. [glikozyri] (*glycose* et *-urie*) **Méd.** Présence anormale, généralement pathologique, de glucose dans l'urine. *Analyse positive de la glycosurie en cas de diabète.* ▪ GLYCOSURIQUE, adj. [glikozyrik]

GLYPHE, n. m. [glif] (gr. *gluphê,* de *gluphein,* graver) **Archit.** Tout trait gravé en creux, tout canal creusé dans les ornements.

GLYPTIQUE, n. f. [gliptik] (gr. *gluptos,* gravé) L'art de graver sur les pierres fines.

GLYPTO..., ▪ [glipto] préfixe qui signifie gravé, du grec *gluptos.*

GLYPTODON ou **GLYPTODONTE**, ▪ n. m. [gliptodɔ̃] ou [gliptodɔ̃t] (*glypto-* et gr. *odous,* génit. *odontos,* dent) Mammifère fossile végétarien édenté, à carapace, proche du tatou actuel, que l'on trouve en Amérique du Sud. *Les Indiens se servaient de la carapace des glyptodons comme d'un abri.*

GLYPTOGRAPHIE, ▪ n. f. [gliptoɡʁafi] (*glypto-* et *-graphie*) Science spécialisée dans l'étude des pierres gravées.

GLYPTOTHÈQUE, ▪ n. f. [gliptotɛk] (*glypto-* et *-thèque*) Collection de pierres gravées, de sculptures. ▪ Musée présentant de telles collections.

GMT, ▪ n. m. [ʒeɛmte] (sigle de l'angl. *Greenwich Mean Time*) Heure moyenne du méridien de Greenwich. *Neuf heures* GMT.

GNANGNAN, ▪ adj. [ɲãɲã] ou [njãnjã] (onomat.) Qui est mou, dépourvu de vivacité. *Des garçons gnangnans.* ▪ Qui est trop naïf, mièvre. *Une histoire gnangnan.* ▪ N. m. et n. f. *Un, une gnangnan.*

GNEISS, n. m. [gnɛs] (le *g* se prononce séparément du *n.* Mot saxon) Roche composée de feldspath et de mica. ▪ GNEISSIQUE ou GNEISSEUX, EUSE, adj. [gnesik] ou [gnesø, øz] *Socle, môle gneissique.*

GNÈTE ou **GNETUM**, ▪ n. f. [gnɛt] ou [gnetɔm] (le *g* se prononce séparément du *n.* lat. sav. *gnetum*, p.-ê. d'un mot malais) **Bot.** Liane des forêts tropicales. *Les feuilles du gnetum sont consommées en Afrique en raison de leur richesse en protéines.*

GNÉTOPHYTE, ▪ n. f. [gnetofit] (le *g* se prononce séparément du *n.* G*nète* et *-phyte*) **Bot.** Famille de plantes ligneuses sans canaux résinifères.

GNETUM, ▪ n. m. [gnetɔm] (le *g* se prononce séparément du *n.*) Voy. GNÈTE.

GNIOLE, ▪ n. f. [nol] ou [njol] Voy. GNÔLE.

GNIOUF, ▪ n. m. [nuf] ou [njuf] Voy. GNOUF.

GNL, ▪ n. m. [ʒeɛnɛl] (sigle de *Gaz Naturel Liquéfié*) Gaz naturel que l'on a rendu liquide dans le but de réduire son volume et pour faciliter son transport.

GNOCCHI, ▪ n. m. [noki] ou [njoki] (ital. *gnocco*, petit pain) Boulette à base de purée de pommes de terre ou de semoule que l'on fait pocher, servie gratinée ou recouverte de sauce. *Des gnocchis* ou *des gnocchi* (pluriel italien).

GNOGNOTE ou **GNOGNOTTE**, ▪ n. f. [noɲɔt] ou [njonjɔt] (onomat.) **Fam.** Chose de peu de valeur. *Cette bague, c'est de la gnognote.* « *Président d'honneur, ce n'est pas de la gnognotte, hein? Antoine* », R. FALLET.

GNÔLE ou **GNIOLE**, ▪ n. f. [nol] ou [njol] (mot fr.-provenç.) **Fam.** Eau-de-vie. ▪ REM. Graphie ancienne : *niôle.*

GNOME, ▪ n. m. [gnom] (le *g* se prononce séparément du *n.* lat *gnomus* ou p.-ê. *genomus* créé par Paracelse, du gr. *gnômê*, intelligence, ou *gênomos*, habitant de la terre) Nom des esprits qui, dans le système des cabalistes, président à l'élément de la terre et à tout ce qu'elle renferme dans son sein. ▪ Par extens. Homme très petit et mal bâti.

GNOMIDE, n. f. [gnomid] (le *g* se prononce séparément du *n. gnome*) Femelle d'un gnome.

GNOMIQUE, adj. [gnomik] (le *g* se prononce séparément du *n.* gr. *gnômikos*, en forme de sentence) Qui contient des maximes, en parlant de poèmes, de vers. *Poésie gnomique.* ♦ N. m. *Les gnomiques,* les plus anciens philosophes grecs auteurs de sentences.

GNOMON, n. m. [gnomɔ̃] (le *g* se prononce séparément du *n.* gr. *gnômôn*, de *gignôskein*, connaître) ▷ Espèce de grand style dont les astronomes se servent pour connaître la hauteur du soleil. ◁ ♦ L'aiguille ou style du cadran solaire.

GNOMONIQUE, n. f. [gnomonik] (le *g* se prononce séparément du *n.* gr. *gnômonikos*, qui connaît, qui concerne les cadrans solaires) Arts de tracer des cadrans solaires, lunaires ou astraux. ▪ Adj. Relatif aux gnomons. *Des projections gnomoniques.*

GNON, ▪ n. m. [nɔ̃] ou [njɔ̃] (aphérèse de *oignon*) **Fam.** Coup. *Donner un gnon à quelqu'un.*

1 GNOSE, n. f. [gnoz] (le *g* se prononce séparément du *n.* gr. *gnôsis*, connaissance) **Théol.** La science religieuse supérieure. ♦ Doctrine des gnostiques. ▪ La philosophie supérieure détenant toutes les connaissances sacrées. ▪ Par extens. Le savoir par excellence.

2 ...GNOSE, ...GNOSIE, ▪ [gnoz, gnozi] suffixe qui signifie connaissance, du grec *gnôsis.*

GNOSÉOLOGIE, ▪ n. f. [gnozeoloʒi] (le *g* se prononce séparément du *n. gnose* et *-logie*) **Philos.** Théorie philosophique des fondements de la connaissance absolue.

GNOSIE, ▪ n. f. [gnozi] (le *g* se prononce séparément du *n.* gr. *gnôsis*, connaissance) **Psych.** Ensemble des connaissances élémentaires et des capacités permettant de reconnaître et de percevoir la forme d'un objet grâce à l'utilisation de l'un de ses sens. ▪ GNOSIQUE, adj. [gnozik] *Des troubles gnosiques.*

GNOSTICISME, ▪ n. m. [gnɔstism] (le *g* se prononce séparément du *n. gnostique*) Système des gnostiques.

GNOSTIQUE, n. m. et n. f. [gnɔstik] (le *g* se prononce séparément du *n.* gr. *gnôstikos*, qui sait) Nom d'hérétiques d'Égypte et de Syrie qui suivaient la gnose, c'est-à-dire un système mêlant les doctrines orientales et les idées chrétiennes. ♦ Adj. *L'hérésie gnostique.* ▪ N. m. et n. f. Personne adepte de la gnose.

GNOU, ▪ n. m. [gnu] (le *g* se prononce séparément du *n.* Mot hottentot) Grande antilope d'Afrique australe à crinière et longues cornes recourbées comme celles d'un bœuf. *Des gnous.*

GNOUF ou **GNIOUF**, ▪ n. m. [nuf] ou [njuf] (orig. inc.) **Arg.** Poste de police ; prison. *Aller au gnouf.* « *Ça a fini encore plus mal qu'un séjour au gnouf* », BOUDARD.

1 GO, ▪ n. m. [go] (mot jap.) Jeu de go, jeu de stratégie chinois à deux joueurs dont le but est de déplacer des pions noirs et blancs sur une grille dans le but de délimiter le territoire le plus grand et d'entourer son adversaire.

2 GO (TOUT DE), loc. adv. [go] (*gober*) Librement, sans obstacles. *Entrer tout de go.* ♦ Sans façon, sans cérémonie.

GOAL, ▪ n. m. [gol] (on prononce à l'anglaise : gôl. angl. *goal-keeper*, gardien de but) **Sp.** Gardien de but. ▪ REM. On recommande officiellement l'emploi de *but* ou *gardien de but.*

GOAL-AVERAGE ou **GOAL-AVÉRAGE**, ▪ n. m. [golaveʁaʒ] (angl. *goal*, but, et *average*, moyenne) **Sp.** Différence entre le nombre de buts ou de points marqués et encaissés, calculée dans une compétition en cas d'égalité entre deux équipes afin de les départager. *Des goal-averages.*

GOBBE, n. f. [gɔb] (*gober*) ▷ Sorte de bol pour empoisonner les bêtes puantes et les chiens errants. ♦ Bol pour engraisser la volaille. ◁

GOBÉ, ÉE, p. p. de gober. [gobe]

GOBELET, n. m. [gɔb(ə)lɛ] (a. provenç. *gobel*) Vase à boire, rond et sans anse. ♦ *Hausser le gobelet,* boire beaucoup. ♦ Ce que tient un gobelet. ♦ Autrefois, dans la maison du roi, office qui avait en charge le linge, le pain, le vin et le fruit qu'on devait servir au roi. ♦ *Le gobelet,* les officiers préposés à ce service. ♦ Sorte de vase à l'usage des escamoteurs. ♦ *Un joueur de gobelets,* un escamoteur. Fig. Un fourbe, un homme qui ne cherche qu'à tromper. ♦ **Bot.** Se dit de fleurs qui ont la forme d'un godet. ♦ Disposition des arbres fruitiers. ♦ Petit récipient en forme de gobelet à boire dans lequel on met les dés pour les agiter et les lancer.

GOBELETTERIE ou **GOBELETERIE**, n. f. [gɔb(ə)lɛt(ə)ʁi] (*gobelet*) Fabrication et commerce de gobelets, et en particulier de vases en verre et bouteilles.

GOBELETTIER ou **GOBELETIER, IÈRE**, n. m. et n. f. [gɔb(ə)letje, jɛʁ] ou [gɔb(ə)lətje, jɛʁ] (*gobelet*) Ouvrier, ouvrière qui travaille en gobeleterie. ♦ Marchand de gobeletterie. ♦ Adj. *Apprenti gobeletier.*

GOBELINS, n. m. pl. [gɔb(ə)lɛ̃] (*Gobelin*) Manufacture de teinture et de tapisserie à Paris, fondée par la famille des Gobelins.

GOBELOTTER, v. intr. [gɔb(ə)lote] (*gobelet* ou var. *gobelot*) ▷ **Fam.** Boire à plusieurs petits coups ; faire une partie de table. ♦ Boire dans des cabarets de bas étage. ◁

GOBELOTTEUR, EUSE, n. m. et n. f. [gɔb(ə)lotœʁ, øz] (*gobelotter*) ▷ Personne qui aime à gobelotter, qui gobelotte souvent. ◁

GOBE-MOUCHE, n. m. [gɔb(ə)muʃ] (*gober* et *mouche*) Oiseau de l'ordre des passereaux, qui se nourrit principalement de mouches. ♦ **Fig.** et fam. Personne qui n'a point d'avis à elle et qui paraît être de l'avis de tout le monde. ♦ Homme qui croit sans examen toutes les nouvelles débitées. ♦ Homme qui s'occupe de bagatelles. ♦ Au pl. *Des gobe-mouches.*

GOBER, v. tr. [gobe] (gaul. *gobbo*, bec, bouche) **Fam.** Avaler sans savourer, sans mâcher. ♦ Saisir et avaler. ♦ **Fig.** *Gober des mouches, du vent,* perdre du temps à niaiser, à attendre. ♦ **Pop.** *Tu la gobes,* tu es attrapé, puni, malmené. ♦ **Fig.** *Gober le morceau, l'hameçon,* se laisser facilement tromper. ♦ **Pop.** Faire prisonnier quelqu'un que l'on guette. ♦ **Fig.** Croire légèrement et sottement. « *Amusez les rois par des songes... Ils goberont l'appât* », LA FONTAINE. ♦ Se gober, v. pr. Être avalé en gobant. ▪ V. tr. Fam. Apprécier quelqu'un, l'estimer. *Je ne peux pas la gober.*

GOBERGE, n. f. [gobɛʁʒ] (altération d'*écoperche*) ▷ Nom d'une perche ou d'un instrument de bois qui sert à tenir quelque chose en presse, surtout chez les menuisiers. ♦ Au pl. Petits ais qui soutiennent la paillasse sur un bois de lit. ◁

GOBERGER (SE), v. pr. [gobɛʁʒe] (prob. moy. fr. *goberge*, forfanterie, de *gobe*, orgueilleux) **Fam.** Prendre ses aises. ♦ Se divertir. ♦ Se moquer. « *Gobergeons-nous ensemble de ce cousin de meunier* », DANCOURT.

GOBET, n. m. [gobɛ] (*gober*) ▷ **Fam.** Morceau que l'on gobe. ♦ **Fig.** et pop. *Prendre un homme au gobet,* le prendre, le saisir sans qu'il s'y attende. ♦ Espèce de cerise. *Des gobets à courte queue.* ♦ **Pop.** *C'est un bon gobet,* c'est un homme crédule, qui gobe tout ce qu'on dit. ◁

GOBETÉ, ÉE, p. p. de gobeter. [gɔb(ə)te]

GOBETER, v. tr. [gɔb(ə)te] (var. de *copter*, frapper la cloche avec le bâton) Jeter du mortier ou du plâtre avec la truelle et passer la main ou le plat de la truelle dessus, pour le faire entrer dans le joint.

GOBETIS, n. m. [gɔb(ə)ti] (*gobeter*) Plâtre jeté avec une truelle ou un balai, et sur lequel on passe la main pour le faire entrer dans les joints. ♦ Le travail ainsi exécuté.

GOBEUR, EUSE, n. m. et n. f. [gobœr, øz] (*gober*) Personne qui gobe. ♦ **Fig.** Celui qui croit tout ce qu'on lui dit. ♦ *Gobeur de mouches,* oiseau dit aussi bouvier ; **Fig.** Homme crédule.

GOBIE, ■ n. m. [gobi] (lat. sav. [Linné] *gobius*, d'après *gobio*, goujon) **Zool.** Petit poisson marin ou dulcicole caractérisé par ses nageoires ventrales qui lui permettent de se fixer aux rochers. *Le gobie est très prisé par les aquariophiles.*

GOBIN, n. m. [gobɛ̃] (ital. *gobbino*, du lat. *gibbus*) ▷ **Fam.** et peu usité. Bossu. ◁

GODAGE, n. m. [godaʒ] (*goder*) Faux pli d'une étoffe qui gode. ♦ Forme défectueuse du papier.

GODAILLE, n. f. [godaj] (*godailler*, ou anc. fr. *goudale*, bière, du néerl. *goed ale*, bonne bière) ▷ **Pop.** Débauche de table, grande ribote. ♦ Mauvais vin.

GODAILLER, v. intr. [godaje] (moy. fr. *godaille*, bière de l'anc. fr. *goudale*) **Pop.** Boire avec excès et souvent. ■ **Fam.** Syn. de goder.

GODAILLEUR, EUSE, n. m. et n. f. [godajœr, øz] (*godailler*) Personne qui aime à godailler.

GODAN ou **GODANT**, n. m. [godã] (anc. fr. *goder*, se réjouir, railler) ▷ **Pop.** Conte, tromperie. *Donner dans le godant,* se laisser abuser. ◁

GODASSE, ■ n. f. [godas] (*godillot*) **Fam.** Chaussure. *Il portait de grosses godasses.*

GODELUREAU, n. m. [god(ə)lyro] (croisement de *goder*, se réjouir, avec *galureau*, de *galer*, dissiper, et *lureau*, var. de *luron*) Jeune homme d'une conduite étourdie, qui fait le joli cœur auprès des femmes.

GODEMICHÉ, n. m. [god(ə)miʃe] (prob. esp. *gaudameci*, cuir de Gadamès, avec infl. du lat *gaude mihi,* réjouis-moi) Phallus artificiel dont on se sert pour se livrer à certains plaisirs sexuels. *Des godemichés en tout genre.* ■ Abrév. Gode. *Des godes.*

GODENOT, n. m. [god(ə)no] (*godet*) ▷ Petit figure de bois dont les joueurs de gobelets se servent pour amuser les spectateurs. ♦ **Pop.** Petit homme mal fait. ◁

GODER, v. intr. [gode] (radic. de *godron*) En parlant d'une étoffe, faire un pli un peu en rond là où l'étoffe doit être à droit fil.

GODET, n. m. [gode] (m. néerl. *kodde,* morceau de bois cylindrique) Petit vase à boire qui n'a ni pied ni anse. ♦ **Fig.** Faux pli d'une étoffe. ♦ Petit vase dans lequel les peintres mettent leurs couleurs. ♦ Il se dit des vaisseaux qui sont attachés aux cordes des roues servant à puiser l'eau. *Une roue à godets.* ♦ Verre recevant l'huile qui tombe d'un quinquet. ■ **Fam.** Verre. ■ Auge. **Méc.** *Chaîne à godets,* chaîne sans fin. *Une courroie à godets. Un élévateur à godets.*

GODICHE, ■ n. f. [godiʃ] (*Godon,* dimin. de Claude ; infl. du radic. onomat. *god-,* niais.) **Fam.** et péj. Fille, femme peu dégourdie, maladroite. *Quelle godiche !* ■ **Adj.** *Un air godiche.*

GODILLE, n. f. [godij] (orig. inc. ; dial. de l'Ouest et du Centre) Aviron qui, placé dans une entaille arrondie sur le derrière d'une embarcation, sert à la faire avancer et à la diriger. ■ **Fam.** *À la godille,* de mauvaise qualité ; inapproprié. *Un instrument à la godille.* ♦ En ski, enchaînement de virages courts, les skis parallèles.

GODILLER, v. intr. [godije] (*godille*) Gouverner un batelet avec la godille. ■ Pratiquer la godille, en ski.

GODILLEUR, EUSE, ■ n. m. et n. f. [godijœr, øz] (*godiller*) Batelier qui gouverne une embarcation avec la godille. ■ Personne qui pratique la godille, au ski.

GODILLOT, ■ n. m. [godijo] (*Godillot,* 1816-1893, fabricant de brodequins militaires qui inventa cette chaussure) Chaussure militaire. ♦ **Fam.** Grosse chaussure. ♦ **Fam.** Personne fidèle à un homme ou un parti, qui obéit sans discuter. *Les godillots du chef.*

GODIVEAU, n. m. [godivo] (*gaudebillaux,* tripes, du radic. *god-,* réjouissance, et de *beille,* boyaux, du lat. *botulus* ; infl. de *veau*) Sorte de pâté chaud composé d'andouillettes, de hachis de veau, etc.

GODRON, n. m. [godrɔ̃] (*godet*) Moulure ovale qu'on fait aux bords de la vaisselle d'argent. ♦ En sculpture et archit., ornements qu'on taille sur des

moulures, les uns fleuronnés, d'autres creusés. ♦ Plis ronds qu'on fait aux fraises, aux jabots. ♦ Fer avec lequel on fait ces plis.

GODRONNAGE, n. m. [godrɔnaʒ] (*godronner*) Action de godronner, et résultat de cette action.

GODRONNÉ, ÉE, p. p. de godronner. [godrɔne]

GODRONNER, v. tr. [godrɔne] (*godron*) Faire des godrons. *Godronner de la vaisselle, du linge.*

GODRONNEUR, EUSE, n. m. et n. f. [godrɔnœr, øz] (*godronner*) ▷ Ouvrier, ouvrière qui fait des godrons. ◁

GOÉLAND, n. m. [goelã] (bret. *gwelan,* mouette) Oiseau de mer, espèce de grande mouette. ■ **Rem.** Graphie ancienne : *goëland.*

GOÉLETTE, n. f. [goelɛt] (*goéland*) Bâtiment à deux mâts, du port de trente à cent tonneaux. ♦ Hirondelle de mer. ■ **Rem.** Graphie ancienne : *goëlette.*

GOÉMON, n. m. [goemɔ̃] (b. bret. *goumon*) Varech ou herbe marine. ♦ Engrais végétal composé de plantes de la famille des algues, recueillies sur les rochers au bord de la mer. ■ **Rem.** Graphie ancienne : *goëmon.* ■ **GOÉMONIER**, n. m. [goemonje]

GOÉTIE, n. f. [goesi] (le *t* se prononce *ss.* gr. *goêteia,* de *goês,* magicien, charlatan) Espèce de magie par laquelle on invoquait les génies malfaisants.

GOFFE, adj. [gɔf] (ital. *goffo*) ▷ **Fam.** et vieilli Mal fait, grossier. *Un homme, un habit goffe.* ◁

GOGAILLE, n. f. [gogaj] (anc. fr. *gogue,* divertissement) ▷ Repas joyeux. *Faire gogaille. Être en gogaille.* ◁

GOGLU, ■ n. m. [gogly] (moy. fr. *goguelu,* qui se pavane, de *gogue.*) Espèce de passereau insectivore d'Amérique du Nord. *Le goglu est également connu sous le nom de bobolink.*

1 **GOGO (À)**, loc. adv. [gogo] (redoubl. de la prem. syllabe de l'anc. fr. *gogue,* divertissement.) **Fam.** Dans l'abondance, à son aise. *Vivre à gogo. On a toute chose à gogo.*

2 **GOGO**, n. m. [gogo] (nom d'un personnage de Robert Macaire, de Frédéric Lemaître ; redoubl. de la prem. syllabe de *gober*) **Fam.** Homme crédule. *Quel gogo, cet homme !*

GOGS, ■ n. m. pl. [gɔg] Voy. GOGUENOTS.

GOGUENARD, ARDE, adj. [gog(ə)nar] (anc. fr. *gogue,* plaisanterie) Qui plaisante en se moquant. *Un ton goguenard.* ♦ N. m. et n. f. *Un goguenard.*

GOGUENARDER, v. intr. [gog(ə)narde] (*goguenard*) **Fam.** Faire le goguenard. ■ GOGUENARDISE, n. f. [gog(ə)nardiz]

GOGUENARDERIE, n. f. [gog(ə)nardəri] (*goguenard*) ▷ Plaisanterie de goguenard. ◁

GOGUENOTS, ■ n. m. pl. [gog(ə)no] (radic. de *goguenard*) **Très fam.** Lieu d'aisances. ■ Abrév. Gogs ou gogues.

GOGUETTES, n. f. pl. [gogɛt] (dim. de l'anc. fr. *gogue,* divertissement) **Fam.** Propos joyeux. ♦ *Être en goguettes, être en ses goguettes, être en belle humeur.* ♦ Il se dit aussi au singulier. *Un homme en goguette.* ♦ *Se mettre en goguettes,* se griser. ♦ **Fig.** *Chanter goguettes* ou *goguette à quelqu'un,* lui dire des injures, des choses offensantes, fâcheuses. ♦ *Goguette,* festin où règne la liberté.

GOÏ, ■ n. m. et n. f. [gɔj] Voy. GOY.

GOINFRE, n. m. et n. f. [gwɛ̃fr] (orig. inc.) **Fam.** Personne qui mange beaucoup et salement.

GOINFRER, v. intr. [gwɛ̃fre] (*goinfre*) **Fam.** Manger beaucoup, gloutonnement, malproprement. ■ **Rem.** Aujourd'hui, on l'utilise pronominalisé, *se goinfrer. Se goinfrer de sucreries.*

GOINFRERIE, n. f. [gwɛ̃frəri] (*goinfre*) Caractère, acte de goinfre.

GOITRE, n. m. [gwatr] (anc. fr. *goitron,* du lat. *guttur,* gorge) Tumeur qui se développe au-devant de la gorge. ■ **Rem.** Graphie ancienne : *goître.*

GOITREUX, EUSE, adj. [gwatrø, øz] (*goitre*) Qui est de la nature du goitre. *Tumeur goitreuse.* ♦ Qui est affecté de goitre. *Les individus goitreux.* ♦ N. m. et n. f. *Un goitreux. Une goitreuse.* ■ **Rem.** Graphie ancienne : *goîtreux.*

GOLDEN, ■ n. f. [gɔldɛn] (mot angl., doré) Variété de pomme à peau jaune. *Acheter des goldens.*

GOLD-POINT ou **GOLD POINT**, ■ n. m. [gɔldpɔjnt] (mot angl., de *gold,* or, et *point,* point) **Écon.** Taux de change en fonction duquel il est possible et préférable d'importer ou d'exporter de l'or. *Des gold-points.*

GOLÉE, ■ n. f. [gole] (altér. de *goulée*) **Suisse** Gorgée.

GOLEM, ■ n. m. [gɔlɛm] (mot hébr., embryon) Être à forme humaine auquel on donne la vie le temps de poser sur son front un verset biblique, dans la tradition juive européenne.

GOLF, ■ n. m. [gɔlf] (angl. *golf*, jeu d'origine écossaise) Sport de plein air qui se pratique sur un grand espace gazonné (un *green*) et qui consiste, à l'aide d'une canne (un *club*), à mettre successivement une petite balle dans les neuf ou dix-huit trous qui jalonnent le parcours. ■ Terrain aménagé pour pratiquer ce sport. ◆ *Golf miniature* ou *minigolf*, petit terrain de golf aménagé pour une pratique familiale. ■ Vieilli *Pantalon* ou *culotte de golf*, pantalon de sport bouffant et serré au-dessous du genou. ■ GOLFEUR, EUSE, n. m. et n. f. [gɔlfœʀ, øz] ■ GOLFIQUE, adj. [gɔlfik] *Initiation, vocabulaire golfique.*

GOLFE, n. m. [gɔlf] (ital. *golfo*, du gr. *kolpos*) Partie de mer qui rentre dans les terres, et dont l'ouverture du côté de la mer est ordinairement fort large.

GOLMOTE ou **GOLMOTTE**, ■ n. m. [gɔlmɔt] (var. de *coulemelle*) Nom d'une espèce de champignon comestible autrement appelé *amanite rougissante*.

GOMARISME, ■ n. m. [gɔmaʀism] (*Gomar*) Doctrine du théologien protestant néerlandais François *Gomar*, à la fin du XVIIᵉ siècle, qui soutenait, contre Arminius, que la foi est uniquement donnée à ceux qui sont élus par Dieu. ■ GOMARISTE, n. m. et n. f. ou adj. [gɔmaʀist]

GOMBO, ■ n. m. [gɔbo] (anglo-amér. *gombo*, du bantou de l'Angola *kingombo*) Bot. Plante alimentaire dont on consomme les feuilles notamment en ragoût. *Riz à la sauce gombo.*

GOMÉNOL, ■ n. m. [gɔmenɔl] (marque déposée ; *Gomen*, en Nouvelle-Calédonie, et suff. *-ol*) Espèce d'huile antiseptique et cicatrisante, généralement utilisée en gouttes pour le nez. ■ GOMÉNOLÉ, ÉE, adj. [gɔmenole] *De l'huile goménolée.*

GOMINA, ■ n. f. [gɔmina] (nom déposé ; hisp.-amér. *gomina*, cosmétique, de l'esp. *goma*, gomme) Pommade qui permet de lisser et de faire briller les cheveux.

GOMINER (SE), ■ v. pr. [gɔmine] (*gomina*) Se passer de la gomina sur les cheveux. *Des cheveux gominés. Les jeunes rockers dans les années 1950 se gominaient les cheveux.*

GOMMAGE, n. m. [gɔmaʒ] (*gommer*) Action de gommer ; résultat de cette action. *Le gommage des enveloppes à lettres.* ◆ Action d'effacer ce qui a été écrit au crayon avec une gomme ; le résultat de cette action. ■ **Par extens.** Fait d'effacer, d'atténuer ou de faire disparaître quelque chose. *Gommer les détails d'une histoire.* ■ Fait de nettoyer la peau avec un produit cosmétique spécifique destiné à éliminer les peaux mortes en surface ; ce produit. *Faire un gommage. Utiliser un gommage pour le visage.* ■ Rem. On disait autrefois *gommement.*

GOMME, n. f. [gɔm] (lat. *gummi*, gr. *kommi*) Substance visqueuse et transparente qui découle de certains arbres. *Gomme de cerisier, de prunier.* ◆ *Gomme adragant*, Voy. ADRAGANT. ◆ *Gomme arabique*, gomme fournie par plusieurs plantes du genre acacia, de la famille des légumineuses mimosées. ◆ *Gomme laque*, Voy. LAQUE. ◆ *Gomme élastique*, Voy. CAOUTCHOUC. ◆ Absol. morceau de gomme élastique qui sert à effacer le crayon. ◆ Maladie qui vient aux pêchers, aux pruniers, etc., et qui consiste en une plaie de l'écorce avec écoulement d'une matière gommeuse. ■ **Fam.** *À la gomme*, sans valeur, mauvais. *Une idée à la gomme.* ■ *Boule de gomme*, bonbon fabriqué à partir de gomme-gutte. Voy. ce mot. ■ *Gomme à mâcher*, chewing-gum. ■ Sorte de colle sèche qui adhère lorsqu'on l'humidifie. *La gomme d'un timbre.* ■ **Méd.** Maladie de la peau ou du tissu cellulaire sous-cutané caractérisée par la présence d'un liquide qui ressemble à une solution de gomme et présentant un aspect granuleux à la surface de la peau. *La gomme syphilitique.* ■ **Fam.** *Mettre la gomme*, accélérer l'allure d'un véhicule. *On ne sera jamais à l'heure à ce rendez-vous, mets la gomme !* ■ **Fam.** *Mystère et boule de gomme !* c'est un mystère, on n'en sait rien. *Pourquoi n'est-elle pas venue ? Mystère et boule de gomme !*

GOMMÉ, ÉE, p. p. de gommer. [gɔme]

GOMME-GUTTE, n. f. [gɔm(ə)gyt] (lat. *gummi guttæ*) Gomme-résine qui, formant avec l'eau une émulsion d'un beau jaune, sert à l'aquarelle. ◆ Au pl. *Des gommes-guttes.* ■ Rem. La gomme-gutte est également utilisée en médecine. ■ Rem. On disait aussi *gutte* autrefois.

GOMMEMENT, n. m. [gɔm(ə)mɑ̃] (*gommer*) ▷ Action de gommer. ■ Rem. On dit aujourd'hui *gommage.* ◁

GOMMER, v. tr. [gɔme] (*gomme*) Enduire de gomme. ◆ **Peint.** *Gommer une couleur*, y mettre un peu de gomme. ■ Effacer avec une gomme. *Gommer un dessin.* ■ **Fig.** Faire disparaître, atténuer. *Gommer un défaut.*

GOMME-RÉSINE, n. f. [gɔm(ə)ʀezin] (*gomme* et *résine*) Produit végétal qui participe de la nature des gommes et de celle des résines. ◆ Au pl. *Des gommes-résines.*

GOMMETTE, ■ n. f. [gɔmɛt] (*gomme*) Petit morceau de papier coloré, qui est gommé ou adhésif. ■ *Faire des gommettes*, faire un dessin ou faire faire un dessin sur lequel l'on colle des gommettes. *Je fais faire des gommettes à mon fils depuis qu'il a 16 mois.*

GOMMEUX, EUSE, adj. [gɔmø, øz] (*gomme*) Qui jette de la gomme. *Des arbres gommeux.* ◆ Qui est de la nature de la gomme, qui contient de la gomme. ■ **Méd.** *Lésion gommeuse*, lésion de la peau caractérisée par la présence d'un liquide qui ressemble à une solution de gomme et qui présente un aspect granuleux. ■ N. m. Vieux ou litt. Jeune homme prétentieux, au dandysme voyant, démesuré et grotesque.

GOMMIER, n. m. [gɔmje] (*gomme*) L'acacia des pays chauds qui donne beaucoup de gomme. ◆ Nom de plusieurs légumineuses mimosées.

GOMMIFÈRE, adj. [gɔmifɛʀ] (*gomme* et *-fère*) Bot. Qui produit de la gomme.

GOMMIQUE, adj. [gɔmik] (*gomme*) Qui se rapporte aux gommes. ◆ *Acide gommique*, corps qui, uni à des traces de chaux et autres bases terreuses, forme les gommes naturelles.

GOMMOSE, ■ n. f. [gɔmoz] (*gomme*) Bot. Maladie de certaines plantes caractérisée par une surabondance de la production de gomme.

GOMORRHÉEN, ENNE, ■ adj. [gɔmɔʀeɛ̃, ɛn] (*Gomorrhe*) Litt. Relatif à l'homosexualité féminine. *Un amour gomorrhéen.* « *Mais non, peut-être avait-il voulu dire genre gomorrhéen. Elle était avec une amie, peut-être qu'elles se tenaient par la taille, qu'elles regardaient d'autres femmes, qu'elles avaient en effet, un genre* », PROUST.

GOMPHOSE, n. f. [gɔfoz] (gr. *gomphôsis*, de *gomphoun*, assujettir avec des chevilles) Anat. Espèce d'articulation immobile où les os sont emboîtés.

GON, ■ n. m. [gɔ̃] (gr. *gônia*, angle) Géom. Unité de mesure des angles officiellement utilisée en topographie, également nommé grade (symbole, gr). *Le gon est la nouvelle appellation internationale du grade. Un tour complet compte 400 gons ou 360 degrés..*

GONADE, ■ n. f. [gɔnad] (gr. *gonê*, semence) Biol. Glande sexuelle qui sécrète des hormones et produit des gamètes. *Les gonades mâles sont les testicules ; les gonades femelles, les ovaires.* ■ GONADIQUE, adj. [gɔnadik]

GONADOSTIMULINE, ■ n. f. [gɔnadɔstimylin] (*gonade* et *stimuline*) Biol. Hormone sécrétée par l'hypophyse et le placenta, chargée de stimuler l'activité des gonades mâles et femelles. ■ Rem. On dit aussi *gonadotrophine.*

GONADOTROPE, ■ adj. [gɔnadɔtʀɔp] (*gonade* et *-trope*) Biol. Qui agit sur les gonades mâles et femelles. *Des hormones gonadotropes.*

GONADOTROPHINE ou **GONADOTROPINE**, ■ n. f. [gɔnadɔtʀɔfin] ou [gɔnadɔtʀɔpin] (*gonade* et gr. *trophê*, nourriture) Biol. Gonadostimuline. Voy. ce mot.

GONANGE, ■ n. m. [gɔnɑ̃ʒ] (gr. *gonê*, semence) Voy. GONOZOÏDE.

GOND, n. m. [gɔ̃] (bas. lat. *gumphus*, cheville, du gr. *gomphos*) Morceau de fer coudé, rond par la partie d'en haut, sur lequel tournent les pentures d'une porte. ◆ **Fig.** *Faire sortir, mettre quelqu'un hors des gonds*, exciter sa colère, sa crainte, son impatience, au point qu'il ne soit plus maître de lui. ◆ On dit aussi : *Sortir des gonds.* ■ Rem. On dit aussi aujourd'hui *sortir de ses gonds.*

GONDOLAGE, n. m. [gɔ̃dɔlaʒ] (*gondoler*) Action de gondoler, de se déjeter, de se renfler, en parlant du bois atteint par l'humidité. ■ Rem. On dit aussi *gondolement.*

GONDOLANT, ANTE, ■ adj. [gɔ̃dɔlɑ̃, ɑ̃t] (*gondoler*) Qui se gonfle et se déforme. *Du papier gondolant.* ■ **Fam.** Qui est amusant, très drôle. *Une histoire gondolante.* « *Le Petit Père pouvait bien lui postillonner sur le plastron tant qu'il voulait. C'était tout de même gondolant, ce qui était arrivé* », GUÉRIN.

GONDOLE, n. f. [gɔ̃dɔl] (ital. *gondola*, du gr. byz. *kontoura*, de *kontouros*, à queue courte) Petit bateau long et plat en usage à Venise. ◆ ▷ Nacelle d'aérostat. ◁ ◆ Petit vase à boire long et étroit, sans pied ni anse. ◆ ▷ Nom de certaines voitures publiques. *Gondoles parisiennes.* ◁ ■ **Comm.** Sorte de grande étagère sur laquelle est exposée la marchandise dans un supermarché ou dans un magasin en libre-service. *Des gondoles pleines de céréales.* ■ *Tête de gondole*, extrémité des gondoles de grands magasins qui se trouve dans l'allée centrale et sur laquelle sont exposées les promotions du rayon. *La promotion de la semaine exposée en tête de gondole.*

GONDOLÉ, ÉE, adj. [gɔ̃dole] (*gondoler*) Mar. Construit en forme de gondole. ◆ *Du bois gondolé*, du bois déjeté.

GONDOLEMENT, n. m. [gɔ̃dɔl(ə)mɑ̃] (*gondoler*) Voy. GONDOLAGE.

GONDOLER, v. intr. [gɔ̃dole] (*gondole*) Mar. Un bâtiment gondole quand les extrémités s'en relèvent vers celles des gondoles. ◆ Se gonfler, se déjeter, en parlant du bois. ◆ Se gondoler, v. pr. Fig. et fam. Se tordre de rire. ■ *Un papier qui se gondole.* ■ V. intr. Se gonfler, se déformer, notamment sous l'effet de l'humidité. *Du carton qui gondole.*

GONDOLIER, n. m. [gɔ̃dolje] (*gondole*) Batelier qui conduit une gondole. ■ N. m. et n. f. Personne employée pour approvisionner les gondoles en marchandises, dans un supermarché ou un magasin en libre-service. *Une gondolière.*

GONE, ■ n. m. [gɔn] (provenç. *goner*, mal vêtir) **Lyon** Jeune enfant, gamin.

1 **...GONE, ...GONAL, ALE**, ■ [gon, gonal] suffixe, du grec *gônia*, angle. *Hexagone. Diagonal.*

2 **...GONE, ...GONIE**, ■ [gon, goni] suffixe, du grec *gonos*, génération. *Cosmogonie.*

GONELLE, ■ n. f. [gonɛl] Voy. GONNELLE.

GONFALON ou **GONFANON**, n. m. [gɔ̃falɔ̃] ou [gɔ̃fanɔ̃] (anc. b. frq. *gundfano*, de *gund*, bataille, et *fano*, bannière) Écharpe ou bandelette terminée en pointe et dont les chevaliers ornaient leurs lances. ♦ Bannière ecclésiastique.

GONFALONIER ou **GONFANONIER**, n. m. [gɔ̃falonje] ou [gɔ̃fanonje] (*gonfalon*) Celui qui porte le gonfalon. ♦ Titre du chef de plusieurs républiques de l'Italie.

GONFLABLE, ■ adj. [gɔ̃flabl] (*gonfler*) Que l'on peut gonfler, qui se gonfle. *Un matelas gonflable.* ■ *Coussin gonflable*, recommandation officielle pour airbag.

GONFLAGE, ■ n. m. [gɔ̃flaʒ] (*gonfler*) Action de gonfler quelque chose ; le résultat. *Le gonflage d'un bateau pneumatique.* ■ REM. On dit aussi *gonflement.*

GONFLANT, ANTE, ■ adj. [gɔ̃flɑ̃, ɑ̃t] (*gonfler*) Qui augmente de volume. *Une coiffure gonflante.* ■ **Fam.** Qui énerve ou ennuie. *Ce film était gonflant.* ■ N. m. Caractère de ce qui peut augmenter de volume. *Le gonflant d'un coussin.*

GONFLE, ■ n. f. [gɔ̃fl] (*gonfler*) **Suisse** Congère.

GONFLÉ, ÉE, p. p. de gonfler. [gɔ̃fle]

GONFLEMENT, n. m. [gɔ̃fləmɑ̃] (*gonfler*) État de ce qui est gonflé. ■ Action de gonfler quelque chose. *Le gonflement d'un ballon.* ■ **Fig.** Augmentation en valeur, en intensité. *Le gonflement de la dette publique.*

GONFLER, v. tr. [gɔ̃fle] (lat. *conflare*, activer en soufflant) Rendre plus ample par une distension intérieure. *Gonfler une vessie.* ♦ **Par extens.** *L'orage gonfle les torrents.* ♦ *Gonfler* se dit aussi des aliments qui produisent des flatuosités, un sentiment de distension. ♦ **Fig.** Agir sur l'âme comme ce qui gonfle quelque chose. *Sa fortune l'a gonflé d'orgueil.* ♦ **V. intr.** Devenir gonflé. ♦ *Se gonfler*, v. pr. Devenir gonflé. *Ses veines se gonflent.* ♦ Le cœur se gonfle quand il devient gros et qu'on a envie de pleurer. ♦ On dit aussi que le cœur se gonfle de joie. ♦ **Fig.** Éprouver un sentiment qui gonfle l'âme comme l'air gonfle un ballon. *Se gonfler d'orgueil.* ♦ **V. tr.** Exagérer la valeur, l'importance. *Gonfler le chiffre d'affaires.* ■ **Très fam.** Exaspérer. *Arrête de me gonfler !* ■ **Fig.** et **fam.** *Être gonflé à bloc*, être plein d'ardeur et prêt à aller de l'avant. ■ *Être gonflé*, courageux ; avoir du culot ; exagérer. *Il est gonflé de couper la parole à tout le monde.* ■ **Très vulg.** *Les gonfler à quelqu'un*, exaspérer quelqu'un. *Tu me les gonfles avec cette histoire !* ♦ Manipuler quelque chose pour en augmenter la puissance. *Gonfler un moteur.*

GONFLETTE, ■ n. f. [gɔ̃flɛt] (*gonfler*) **Péj.** Musculation intensive dans le but d'augmenter au maximum le volume des muscles. *Cet homme est le roi de la gonflette.* ■ Musculature résultant de cette pratique. ■ **Fig.** Démesure.

GONFLEUR, ■ n. m. [gɔ̃flœʀ] (*gonfler*) Appareil utilisé pour gonfler quelque chose. *Un gonfleur pour pneumatiques.*

GONG, n. m. [gɔ̃g] (on prononce le *g* final. Mot malais, *gung*) Syn. de tamtam. ■ Instrument à percussion, originaire d'Extrême-Orient, composé d'un grand disque métallique suspendu que l'on frappe avec un maillet ou une baguette à tampon. ■ Instrument sonore qui sert à donner un signal. ■ Coup de gong ou sonnerie qui indique le début ou la fin d'un round. ■ *Être sauvé par le gong*, échapper de justesse à quelque chose. ■

GONGORISME, ■ n. m. [gɔ̃gɔʀism] (*Gongora*, 1561-1627, poète espagnol) **Didact.** Caractère particulièrement précieux d'un style d'écriture.

GONIN, n. m. [gonɛ̃] (*Gonin*, prestidigitateur de la cour de François Iᵉʳ) Employé seulement dans : *Maître gonin*, homme adroit, rusé, fripon. *Un tour de maître gonin.*

GONIO..., ■ préfixe, du grec *gônia*, angle. *Goniométrie.*

GONIOMÈTRE, n. m. [gonjomɛtʀ] (*gonio-* et *-mètre*) Instrument servant à mesurer l'ouverture des angles des cristaux. ♦ Appareil approprié à la mensuration de l'angle facial.

GONIOMÉTRIE, n. f. [gonjometʀi] (*goniomètre*) Art de mesurer les angles. ■ GONIOMÉTRIQUE, adj. [gonjometʀik]

GONNELLE ou **GONELLE**, ■ n. f. [gonɛl] (orig. inc.) Petit poisson au corps très allongé, recouvert de petites écailles et d'une épaisse muqueuse, dont la

base de la nageoire dorsale est tachetée d'ocelles noirs, très répandu sur les côtes atlantiques. *La gonnelle se nourrit principalement d'algues, de crustacés, de vers et de mollusques.*

GONOCHORISME, ■ n. m. [gonokoʀism] (gr. *gonos*, génération et *khôrismos*, séparation) **Biol.** Mode de reproduction sexuée impliquant l'existence de sexes distincts, mâles et femelles. *On oppose le gonochorisme à l'hermaphrodisme.* ■ GONOCHORIQUE, adj. [gonokoʀik]

GONOCOCCIE, ■ n. f. [gonokɔksi] (*gonocoque*) **Méd.** Infection vénérienne provoquée par le gonocoque, se manifestant par un écoulement douloureux au niveau des muqueuses de l'appareil urinaire et génital et d'autres organes, et pouvant provoquer une stérilité si elle n'est pas soignée rapidement. *Gonococcie cutanée, fébrile, etc.* ■ REM. La gonococcie est également appelée *blennorragie.*

GONOCOQUE, ■ n. m. [gonokɔk] (gr. *gonos*, semence et *-coque*) **Méd.** Bactérie responsable de la gonococcie ou blennorragie, transmise par voie sexuelle. *Infections à gonocoque.*

GONOCYTE, ■ n. m. [gonosit] (gr. *gonos*, semence et *-cyte*) **Biol.** Cellule souche des cellules reproductrices sexuées, mâles (spermatozoïde) ou femelles (ovule), avant la fécondation.

GONOPHORE, ■ n. m. [gonofɔʀ] (gr. *gonos*, semence, et *-phore*) Voy. GONOZOÏDE.

GONORRHÉE, n. f. [gonoʀe] (gr. *gonorrhoia*) **Méd.** Écoulement muqueux par le canal de l'urètre.

GONOSOME, ■ n. m. [gonozom] (gr. *gonos*, semence et *-some*) **Biol.** Chromosome sexuel appelé également hétérochromosome.

GONOZOÏDE, ■ n. m. [gonozoid] (gr. *gonos*, semence, et *-zoïde*) **Zool.** Polype hydrozoaire qui assure la reproduction sexuée dans une colonie. ■ REM. On dit aussi *gonange* ou *gonophore.*

GONZE, ZESSE, ■ n. m. et n. f. [gɔ̃z, zɛs] (ital. *gonzo*, individu stupide) **Fam.** Individu. « *Y'a un gonze mine de rien qu'a marié ma frangine.* », RENAUD. *Regarde cette gonzesse !*

GOPAK, ■ n. m. [gopak] (mot russe) Danse populaire d'origine russe, de rythme vif, au cours de laquelle les danseurs exécutent des sauts acrobatiques, des pirouettes, et souvent accompagnée de chants. *Des gopaks.* ■ REM. On dit aussi *hopak.*

GORD, n. m. [gɔʀ] (on ne prononce pas le *d* final. gaul. *gorto*, haie) Pêcherie consistant en deux rangs de perches plantées dans le fond de la rivière et formant un angle dont le sommet est fermé par un filet.

GORDIEN, adj. m. [gɔʀdjɛ̃] (lat. *Gordius*, roi légendaire de Phrygie, éponyme de la ville de *Gordium*) Voy. NŒUD.

GORE, ■ adj. [gɔʀ] (mot angl., sang séché) Qui présente beaucoup de scènes sanglantes. *Des films gores.* ■ N. m. Le gore est un genre cinématographique.

GORET, n. m. [goʀɛ] (dim. de l'anc. fr. *gore*, truie) Petit cochon. ♦ **Fig.** et **pop.** Petit garçon malpropre. ■ **Mar.** Balai à long manche utilisé pour nettoyer la carène d'un navire à flot.

GORETEX ou **GORE-TEX**, ■ n. m. [gɔʀ(ə)tɛks] (*Gore-tex*, nom déposé) Fibre textile imperméable, mais laissant respirer la peau, dérivée du téflon. *Le goretex reproduit le fonctionnement des micropores de la peau qui respire tout en restant étanche.*

GORFOU, ■ n. m. [gɔʀfu] (dan. *goirfugl*, sorte de pingouin) Espèce de manchot, dont la tête est ornée d'une huppe de plumes jaunes et vivant en Antarctique. *Des gorfous.*

GORGE, n. f. [gɔʀʒ] (lat. pop. *gurga*, du lat. *gurges*, tourbillon, gouffre) La partie antérieure du cou. ♦ *Tendre la gorge au couteau* ou simplement *tendre la gorge*, présenter la gorge pour être égorgé. ♦ *Tendre la gorge*, ne plus faire de résistance. ♦ *Tenir quelqu'un à la gorge*, lui serrer la gorge avec les mains, et fig. le réduire dans un état où il ne peut plus faire de résistance. ♦ **Fig.** *Prendre quelqu'un à la gorge*, lui faire violence, le presser sans relâche. ♦ **Fig.** *Tenir le pied sur la gorge à quelqu'un*, lui mettre, lui tenir le pistolet, le poignard, le couteau sur la gorge, lui faire violence. ♦ *Avoir le poignard, le couteau sur la gorge*, se dit de la personne qui est l'objet d'une violence. ♦ *Couper la gorge à quelqu'un*, le tuer, l'égorger, et fig. le ruiner, faire avorter ses desseins, lui faire le plus grand tort. ♦ *Se couper la gorge*, se donner la mort en s'ouvrant la gorge. ♦ *Se couper la gorge l'un l'autre*, s'entretuer. ♦ *Se couper la gorge avec quelqu'un*, se battre avec lui. ♦ *Il a menti par sa gorge*, il en a audacieusement menti. ♦ *Gorge* se dit aussi des animaux. *Le dogue prit le loup à la gorge.* ♦ Le dedans de la gorge, gosier. *Mal de gorge.* ♦ *Arroser la gorge*, boire. ♦ *Rire, crier à gorge déployée, à pleine gorge*, de toute sa force. ♦ **Chasse** *Ce chien a belle gorge*, il a la voix grosse et forte. ♦ **Mus.** *Chanter de la gorge*, chanter en resserrant la gorge avec effort. ♦ On dit dans le même sens : *Voix de la gorge.* ♦ En fauconnerie, le sachet supérieur de l'oiseau, dit vulgairement *poche*, et par métonymie ce qui entre dans la gorge, l'aliment. ◆ *Gorge chaude*, la chair des animaux vivants que l'on donne aux oiseaux de proie. ◆ **Fig.** *Faire des gorges chaudes, une gorge chaude de quelqu'un* ou *de quelque chose*, faire des plaisanteries, exercer sa malignité. ◆ *Rendre gorge*, se dit de l'oiseau qui rend la viande qu'il a avalée. ◆ **Fig.** *Rendre gorge*, restituer par force ce qu'on a pris ou acquis par des voies illicites. *Faire rendre gorge à quelqu'un.* ◆ Le sein d'une femme. *Une belle gorge.* ◆ *Entrée, ouverture plus ou moins rétrécie de cer*taines choses. ◆ Passage étroit entre deux montagnes. *Les gorges du Tyrol.* **Fortif.** Entrée d'une fortification du côté de la place. *La gorge d'un bastion, d'une redoute.* ◆ **Archit.** Moulure concave. ◆ Nom de différents oiseaux. *Gorge blanche*, sylvie grisette et mésange nonnette. *Gorge noire*, le rossignol des murailles. *Rouge gorge*, Voy. ROUGE-GORGE. ■ **Fig.** *Avoir le couteau sous* ou *sur la gorge*, subir une pression, une menace. ■ *Avoir un chat dans la gorge*, être enroué ; avoir des difficultés pour parler dues à des picotements dans la gorge. ■ *Avoir une boule dans la gorge*, être angoissé au point de ressentir un resserrement au niveau du larynx. On dit aussi *avoir la gorge serrée*. **Fam.** *Ça m'est resté au travers de la gorge*, je ne l'ai pas admis ni oublié. *Le mauvais coup qu'il m'a fait m'est resté au travers de la gorge.*

GORGÉ, ÉE, p. p. de gorger. [gɔʀʒe] **Hérald.** *Animal gorgé*, celui qui a le cou ceint d'une couronne dont l'émail est différent de celui de l'animal. ◆ **Vétér.** *Ce cheval a les jambes gorgées*, il a les jambes enflées.

GORGE-DE-PIGEON, adj. inv. [gɔʀʒ(ə)dəpiʒɔ̃] (*gorge* et *pigeon*) Se dit d'une couleur mélangée qui paraît varier suivant les points de vue comme la gorge du pigeon. *Des robes gorge-de-pigeon.* ◆ **N. m.** *Le gorge-de-pigeon*, la couleur gorge-de-pigeon.

GORGÉE, n. f. [gɔʀʒe] (*gorge*) Quantité de liquide qu'on peut avaler en une fois. *Boire à petites gorgées.*

GORGER, v. tr. [gɔʀʒe] (*gorge*) Mettre dans la gorge. ◆ Il se dit de l'action de l'homme qui gorge des pigeons, des dindons pour les engraisser. ◆ ▷ Donner à manger avec excès. *Il ne faut pas gorger les enfants.* ◁ **Fig.** Combler. *On les a gorgés de biens.* ■ Se gorger, v. pr. S'emplir de nourriture. *Se gorger de boire et de manger.* ◆ **Par extens.** Se remplir. ◆ **Fig.** « *Un pirate à nos yeux se gorge de butin* », LA FONTAINE. ■ V. tr. Saturer. *Un sol gorgé d'eau.*

GORGERETTE, n. f. [gɔʀgəʀɛt] (*gorge*) Sorte de collerette que les femmes portaient autrefois.

GORGERIN, n. m. [gɔʀʒəʀɛ̃] (*gorge*) Pièce de l'armure qui couvrait la gorge de l'homme d'armes. ◆ Partie du chapiteau dorique au-dessus de l'astragale de la colonne.

GORGET, ■ n. m. [gɔʀʒɛ] (*gorge*) **Techn.** Rabot utilisé pour fabriquer des moulures concaves appelées *gorge*. ■ Moulure concave plus petite que la gorge.

GORGONE, n. f. [gɔʀgɔn] (gr. *Gorgô*) **Mythol.** Nom de trois femmes, Méduse, Euryale et Sthényo, ayant le pouvoir de pétrifier ceux qui les regardaient. ◆ La tête de Méduse que portait l'égide ou bouclier de Minerve. ◆ Genre de polypiers qui ressemblent à des arbrisseaux.

GORGONZOLA, ■ n. m. [gɔʀgɔ̃zola] (*Gorgonzola*, ville d'Italie) Fromage italien au lait de vache et à moisissures qui ressemble au roquefort ou au bleu d'Auvergne. *Des gorgonzolas.*

GORILLE, n. m. [gɔʀij] (lat. sav. (XIXᵉ s.) *gorilla*, du nom indigène sur le radic. *gor-*, homme) Singe anthropomorphe, haut de 1,65 m à 1,85 m. ◆ **Fig.** et **fam.** Garde du corps. *Les gorilles d'un chef d'État.*

GOSETTE, ■ n. f. [gozɛt] (mot wallon dérivé de *gousse*) **Belg.** Chausson fourré. *Une gosette aux pommes.*

GOSIER, n. m. [gozje] (b. lat. *geusiae*, joue, d'orig. gaul.) Partie intérieure de la gorge, qui communique de l'arrière-bouche à l'œsophage. ◆ ▷ **Fig.** *Avoir le gosier pavé*, manger fort chaud ou très épicé. ◁ ◆ *Avoir le gosier sec*, aimer à boire, avoir toujours soif. ◆ Le canal par où sort la voix. *Le gosier d'un rossignol.* ◆ *Un beau gosier*, *un gosier brillant*, une belle voix.

GOSPEL, ■ n. m. [gɔspɛl] (angl. *gospel song*, de *gospel*, évangile, et *song*, chant) Chant gai et entraînant, d'inspiration religieuse, né au début du XXᵉ siècle dans la communauté noire des États-Unis.

GOSPLAN, ■ n. m. [gɔsplã] (abrév. du russe *gossoudarstviennyï planovyï komitet*, comité de planification d'État) **Hist.** Organisme officiel soviétique créé en 1921 pour élaborer divers plans de développement économique et en contrôler l'exécution (jusque 1990).

GOSSAMPIN, n. m. [gosãpɛ̃] (lat. sav. [Pline] *gossypinus*, cotonnier) ▷ **Bot.** Espèce de fromager, grand arbre de la famille des malvacées, dont le fruit renferme une sorte de coton. ◁

GOSSE, ■ n. m. et n. f. [gɔs] (orig. inc.) **Fam.** Enfant. *C'est une gentille gosse.* « *Son premier patron, un mercier, lui avait fait un gosse, elle avait à peine seize ans* », ARAGON. ■ *Un sale gosse*, un enfant impoli, insupportable. ■ *C'est un gosse*, un adulte qui est resté enfant dans l'âme. ■ **Fam.** *Un beau gosse, une*

belle gosse, un beau garçon, une belle fille. ■ **Adj.** *Être beau gosse*, être un beau garçon, une belle fille. *Il est beau gosse !* ■ **N. m. et n. f. Pop.** Fils ou fille. *Ils ont eu trois gosses. Avoir des gosses.*

GOTHA, ■ n. m. [gota] (*Gotha*, ville d'Allemagne où était publié un célèbre almanach de l'aristocratie) Almanach qui répertoriait les personnalités de l'aristocratie. ■ Ensemble des personnalités qui jouissent d'une certaine notoriété dans le monde politique, culturel ou artistique. *Le gotha artistique.* ■ Avion allemand de bombardement utilisé pendant la première guerre mondiale.

GOTHIQUE, adj. [gotik] (b. lat. *gothicus*) Qui appartient aux Goths. *La langue gothique* ou *le gothique*, langue parlée par les Goths. ◆ **Par extens.** et par abus, qui appartient au Moyen Âge. *Les siècles gothiques.* ◆ **N. f.** *La gothique*, l'écriture gothique. ◆ *Architecture gothique*, Architecture dite plus proprement *ogivale*. ◆ **N. m.** *Le gothique*, le style gothique, en parlant d'architecture et de sculpture. ◆ **Par extens.** et **par mépris** Il se dit de ce qui est trop ancien ou hors de mode. « *Le génie des Français a été presque toujours rétréci sous un gouvernement gothique* », VOLTAIRE. ◆ À LA GOTHIQUE, loc. adv. D'une façon gothique. « *Une église bâtie à la gothique* », FÉNELON. ■ Se dit du style artistique qui s'est développé en Europe à la fin du Moyen Âge. *L'architecture gothique. Une cathédrale gothique.*

GOTIQUE, ■ n. m. [gotik] (lat. *gothicus*) **Ling.** Langue des Goths.

GOTON, ■ n. f. [gotɔ̃] (abrév. de *Margoton*) **Fam.**, **vx** et **péj.** Femme dépravée.

GOUACHE, n. f. [gwaʃ] (ital. *guazzo*, terrain inondé, détrempé, du lat. *aquatio*, lieu où l'on trouve de l'eau) Sorte de peinture pour laquelle on emploie des couleurs opaques délayées avec de l'eau et de la gomme. ◆ Tableau en ce genre de peinture. ■ **Arg.** *Avoir la gouache*, être en pleine forme. *J'ai la gouache aujourd'hui !*

GOUACHER, ■ v. tr. [gwaʃe] (*gouache*) Peindre à la gouache. *Gouacher une aquarelle.*

GOUAILLE, ■ n. f. [gwaj] (*gouailler*) Fait de dire des railleries, souvent de façon insolente. *La gouaille d'un faubourien.* « *Elle a le sens du moderne, [...] elle a eu, tour à tour, celui de la gouaille populacière, méridionale et irrésistible, puis du médiéval, enfin du distingué* », CREVEL.

GOUAILLER, ■ v. tr. [gwaje] (radic. pré-lat. *gava-*, gorge, gosier) Railler avec insolence. ■ V. intr. **Mod.** Se moquer de quelqu'un.

GOUAILLERIE, ■ n. f. [gwaj(ə)ʀi] (*gouailler*) Raillerie d'une personne qui a pour habitude de gouailler.

GOUAILLEUR, EUSE, ■ adj. [gwajœʀ, øz] (*gouailler*) Qui gouaille, qui raille de façon insolente. *Un ton gouailleur. Une ambiance gouailleuse.*

GOUALANTE, ■ n. f. [gwalɑ̃t] (*goualer*, chanter) **Fam.** et **vieilli** Chanson populaire.

GOUALER, ■ v. tr. [gwale] (p-ê de *gouailler*) **Fam.** et **vieilli** Chanter dans les rues. ■ GOUALEUSE, n. f. [gwaløz]

GOUAPE, ■ n. f. [gwap] (esp. *guapo*, rufian) **Fam.** Voyou. *Ce gars est une vraie gouape.*

GOUDA, ■ n. m. [guda] (*Gouda*, ville de Hollande) Fromage de Hollande au lait de vache, à pâte non cuite et présenté sous une forme sphérique. *Des goudas.*

GOUDRON, ■ n. m. [gudʀɔ̃] (ar. *qitran, qatran*) Matière visqueuse à demi fluide, qui est le produit de la combustion et de la distillation des différentes parties des pins et des sapins. ◆ ▷ *Boire sur le goudron, boire du goudron*, boire de l'eau goudronnée. ◁ ◆ Dans la marine, goudron mêlé d'huile de poisson, de suif, etc. qui sert à enduire les bâtiments, les cordages, etc. ◆ *Goudron minéral*, sorte de bitume ou d'asphalte. ◆ *Goudron de houille*, ou *goudron minéral*, ou *goudron des gaz*, résidu de la distillation de la houille dans la fabrication du gaz de l'éclairage.

GOUDRONNAGE, n. m. [gudʀɔnaʒ] (*goudronner*) Action de goudronner. ■ Son résultat.

GOUDRONNÉ, ÉE, p. p. de goudronner. [gudʀɔne] ▷ *Eau goudronnée*, eau dans laquelle on a mis du goudron. ◁

GOUDRONNER, v. tr. [gudʀɔne] (*goudron*) Enduire ou imbiber de goudron. *Goudronner un mât, des cordages.*

GOUDRONNEUR, ■ n. m. [gudʀɔnœʀ] (*goudronner*) Ouvrier spécialisé dans le goudronnage de la chaussée.

GOUDRONNEUSE, ■ n. f. [gudʀɔnøz] (*goudronner*) Engin de travaux publics utilisé pour le goudronnage des chaussées.

GOUDRONNEUX, EUSE, adj. [gudʀɔnø, øz] (*goudron*) Qui est de la nature du goudron. *Des matières goudronneuses.*

GOUET, n. m. [gwɛ] (orig. inc.) **Bot.** Plante dite aussi *pied-de-veau, Arum maculatum* ou *Arum*. ■ **Vx** Grande serpe de bûcheron.

GOUFFRE, n. m. [gufʀ] (b. lat. *colpus*, du gr. *kolpos*, golfe) Cavité profonde, vide ou remplie d'eau, de feu, de flammes, etc. ♦ **Fig.** « *Ce gouffre infini ne peut être rempli que par un objet infini* », PASCAL. ♦ Tournoiement d'eau. *Les gouffres de la mer sont produits par le mouvement de deux ou de plusieurs courants contraires.* ♦ **Fig.** Ce qui, comparé à un gouffre, engloutit comme lui. « *Les hommes vont tous se confondre dans ce gouffre infini du néant* », BOSSUET. ♦ **Fig.** Il se dit de malheurs, de misères, de dangers dans lesquels on tombe comme dans un gouffre. « *Dans ce gouffre de maux c'est lui qui m'a plongée* », P. CORNEILLE. ♦ **Fig.** Il se dit de toutes les choses où l'on fait des frais, des sacrifices, des pertes immenses. *Ce procès est un gouffre.* ♦ *C'est un gouffre d'argent,* se dit d'une affaire où il faut toujours employer une grande quantité d'argent. ♦ *C'est un gouffre que cet homme-là,* c'est un grand dissipateur.

GOUGE, n. f. [guʒ] (b. lat. *gulbia*, burin) Outil de fer fait en forme de demi-canal, avec un manche de bois, à l'usage des sculpteurs, des plombiers, des menuisiers, des charpentiers.

GOUGER, ■ v. tr. [guʒe] (*gouge*) **Techn.** Travailler à la gouge, creuser à la gouge, notamment le bois.

GOUGÈRE, ■ n. f. [guʒɛʀ] (orig. inc.) **Cuis.** Spécialité culinaire de la Bourgogne faite de pâte à chou au fromage que l'on fait cuire au four. *Servir une gougère avec de la béchamel.*

GOUGNAFIER, ■ n. m. [guɲafje] ou [gunjafje] (moyen *goin*, lourdaud) **Fam.** Personne qui ne fait rien de bien ; bon à rien.

GOUINE, n. f. [gwin] (orig. inc., p-ê fém. du norm. *gouain*, salaud, de l'hébr. *goyim*, les non-juifs) Terme très bas d'injure. Femme de mauvaise vie. ■ **Mod.** et péj. Homosexuelle. *Des gouines.*

GOUJAT, n. m. [guʒa] (a. provenç. *gojat*, jeune homme) Valet d'armée. ♦ Apprenti maçon, dont la fonction est de porter les matériaux. ♦ **Par extens.** Homme sale et grossier. ♦ Homme malhonnête, coquin. ♦ Celui qui fait de la mauvaise besogne (rare). ■ **Adj.** *Un homme goujat. Des attitudes goujates* (rare).

GOUJATERIE, ■ n. f. [guʒat(ə)ʀi] (*goujat*) Conduite de goujat. *Sa goujaterie était légendaire.*

1 GOUJON, n. m. [guʒɔ̃] (lat. *gobio*) Nom d'un genre de poissons dans la famille des cyprinoïdes. ♦ **Fig.** *Faire avaler le goujon à quelqu'un,* lui faire accroire quelque chose. ■ *Taquiner le goujon,* pêcher à la ligne.

2 GOUJON, n. m. [guʒɔ̃] (*gouge*) Cheville de fer ; morceau de bois rond.

GOUJONNER, ■ v. tr. [guʒɔne] (2 *goujon*) **Techn.** Fixer un ensemble à l'aide de goujons. *Les joints ont été goujonnés.*

GOUJONNETTE, ■ n. f. [guʒɔnɛt] (1 *goujon*) **Cuis.** Filet de poisson. *Une goujonnette de flétan.*

GOUJONNIER, n. m. [guʒɔnje] (2 *goujon*) Petit épervier dont les mailles sont très serrées.

GOUJONNIÈRE, adj. f. [guʒɔnjɛʀ] (1 *goujon*) *Perche goujonnière,* nom donné par les pêcheurs de la Seine à la grémille.

GOULACHE ou **GOULASCH**, ■ n. m. ou n. f. [gulaʃ] (hongrois, abrév. de *gulyás hús,* de *gulyas,* bouvier, et *hus,* viande de bœuf) **Cuis.** Ragoût de bœuf cuit, assaisonné à la hongroise avec du paprika, des oignons et des tomates. *Des goulaches* ou *des goulaschs.* ■ **Rem.** On écrit aussi *goulash.*

GOULAFRE, ■ n. m. et n. f. [gulafʀ] (anc. fr. *goule,* gueule, du lat. *gula*) Belgique, Nord-Est. Goinfre.

GOULAG, ■ n. m. [gulag] (abrév. du russe *Glavnoïé Upravlenie Lagereï,* Direction générale des camps) Camp de travail forcé dans l'ancienne Union soviétique. *Des goulags.* ■ **Fig.** Ambiance autoritaire ou exercice pénible au cours d'une activité, dans un groupe. *Dans ce bureau, c'est le goulag !*

GOULASCH, GOULASH, ■ n. m. [gulaʃ] Voy. GOULACHE.

GOULE, n. f. [gul] (ar. *ghul,* démon) Génie qui, d'après les superstitions du Levant, dévore les corps dans les cimetières.

GOULÉE, n. f. [gule] (anc. fr. *goule,* gueule) **Pop.** Grosse bouchée. ♦ *N'en faire qu'une goulée,* manger très avidement quelque chose. ♦ **Prov.** *Brebis qui bêle perd sa goulée,* celui qui parle beaucoup à table mange peu, et fig. en parlant beaucoup on perd le temps d'agir. ■ **Rem.** Est familier aujourd'hui, dans le premier sens.

GOULET, n. m. [gulɛ] (dim. de l'anc. fr. *goule,* gueule) ▷ Le cou d'une bouteille. ◁ ♦ On dit plutôt aujourd'hui *goulot.* ♦ Entrée étroite d'un port ou d'une rade. ■ Couloir étroit et encaissé en montagne. ■ *Goulet d'étranglement,* Voy. GOULOT.

GOULETTE, n. f. [gulɛt] (anc. fr. *goule,* gueule) ▷ Voy. GOULOTTE. ◁

GOULEYANT, ANTE, ■ adj. [gulejɑ̃, ɑ̃t] (*goule,* gueule) **Œnol.** Qui caractérise un vin frais et léger. ■ **Fig.** Agréable.

GOULOT, n. m. [gulo] (anc. fr. *goule,* gueule) Le cou de tout vase dont l'entrée est étroite. *Le goulot d'une bouteille, d'un arrosoir.* ■ **Pop.** Bouche. *Refouler du goulot,* avoir mauvaise haleine. ■ **Fig.** *Goulot d'étranglement* ou, plus rare, *goulet d'étranglement,* passage difficile, en parlant d'un terrain, d'une route, d'un couloir montagneux, etc. ; fig. ensemble d'obstacles, d'épreuves difficiles à surmonter, et qui retarde un processus ou limite une évolution. *Cette affaire est un vrai goulot d'étranglement.*

GOULOTTE, n. f. [gulɔt] (anc. fr. *goule,* gueule) **Archit.** Petite rigole pour l'écoulement des eaux de la pluie. ■ **Techn.** Conduit incliné utilisé pour guider la chute de matériaux (gravats, etc.). ■ **Électr.** Conduit permettant le groupement d'un ensemble de fils électriques et assurant la protection mécanique de ces fils. ■ Couloir de glace étroit et encaissé. ■ **Rem.** On disait *goulette* autrefois.

GOULU, UE, adj. [guly] (anc. fr. *goule,* gueule) Qui aime à manger, qui mange avec avidité. ♦ **Fig.** « *Cette amitié goulue qui n'en veut que pour soi* », MOLIÈRE. ♦ **N. m.** et **n. f.** *Un goulu. Une goulue.* ♦ *Pois goulu,* espèce de pois dont on mange les cosses. ♦ On dit aussi *poids gourmands.*

GOULÛMENT ou **GOULUMENT**, adv. [gulymɑ̃] (*goulu*) D'une manière goulue.

GOUM, ■ n. m. [gum] (ar. *gum,* tribu, contingent de cavaliers) **Hist.** En Afrique du Nord, pendant la colonisation, formation militaire constituée d'autochtones recrutés par les Français. *Des goums.*

GOUMIER, ■ n. m. [gumje] (*goum*) **Hist.** Militaire dans un goum, en Afrique du Nord, pendant la colonisation.

GOUPIL, ■ n. m. [gupil] (on prononce le *l* final. b. lat. *vulpiculus,* du lat. *vulpes*) Vx ou litt. Renard.

GOUPILLE, n. f. [gupij] (fém. de *goupil*) Petite fiche ou cheville de laiton ou de fer, pour fixer les parties d'un ouvrage d'horlogerie, etc. ♦ Petite pièce de métal en forme de clavette, qu'on passe dans les chevilles de fer et autres métaux pour les tenir fermes.

GOUPILLER, v. tr. [gupije] (*goupille*) Garnir de goupilles. ■ **Fam.** Combiner quelque chose, arranger. *Qu'est-ce qu'ils goupillent encore tous les deux?* ■ *Se goupiller,* v. pr. S'arranger, se combiner. *Ça se goupille mal pour ce soir.*

GOUPILLON, ■ n. m. [gupijɔ̃] (anc. nord. *vippa,* idée de balancement) Petit bâton au bout duquel il y a des soies de cochon, et qui sert à l'église pour offrir ou donner de l'eau bénite. ♦ ▷ **Fig.** *Donner à quelqu'un du goupillon,* lui donner de l'eau bénite de cour. ◁ ■ **Art** Sorte de brosse. ■ Brosse cylindrique à long manche utilisé pour nettoyer les bouteilles, les biberons. ■ **Fam.** *Le sabre et le goupillon,* l'armée et l'église.

1 GOUR, ■ n. m. [guʀ] (ar. *gara*) **Géogr.** Grande butte abrupte formée par l'érosion, dans le Sahara. *Les gours du Sahara.*

2 GOUR, ■ n. m. [guʀ] (lat. *gurges,* masse d'eau) Cuvette de rivière ou de cours d'eau dans laquelle l'eau stagne, même en période sèche. ■ Lac profond. *Des gours.*

GOURANCE ou **GOURANTE**, ■ n. f. [guʀɑ̃s] ou [guʀɑ̃t] (*se gourer*) **Fam.** et **vieilli** Fait de se tromper, de se gourer. *Faire une gourance.*

GOURBET, ■ n. m. [guʀbɛ] (orig. inc.) **Bot.** Jonc des dunes. *Le gourbet est également appelé oyat.*

GOURBI, ■ n. m. [guʀbi] (mot ar.) Habitation rudimentaire traditionnelle d'Afrique du Nord. *Des gourbis.* ■ **Fam.** Habitation précaire, misérable et généralement mal entretenue. *Ils vivent dans un vrai gourbi.* ■ **Par extens. Milit.** Abri dans une tranchée.

GOURD, OURDE, adj. [guʀ, uʀd] (lat. *gurdus,* grossier) Perclus par le froid. *Mains gourdes.* ♦ **Fig.** *N'avoir pas les mains gourdes,* se dit d'un filou adroit, ou d'un homme âpre au gain. ■ **Fig.** Maladroit, gauche.

1 GOURDE, adj. [guʀd] (esp. *gordo,* gros) ▷ *Piastre gourde* et **n. f.** *une gourde,* Monnaie d'or. Voy. PIASTRE. ◁ ■ Monnaie en Haïti.

2 GOURDE, n. f. [guʀd] (anc. fr. *coorde,* du lat. *cucurbita*) Calebasse ou courge séchée et vidée dans laquelle les soldats et les pèlerins portent leur boisson. ♦ **Par extens.** Bouteille clissée. ■ **Fig.** et **fam.** Personne niaise, maladroite (employé au féminin). *Quelle gourde celle-là !*

GOURDIN, n. m. [guʀdɛ̃] (ital. *cordino,* de *corda,* corde) Gros bâton court.

GOURE, n. f. [guʀ] (*gourer*) ▷ **Pharm.** Toute drogue falsifiée. ♦ **Fig.** et **pop.** Attrape. ◁

GOUREN, ■ n. m. [guʀɛn] ou [guʀɛ̃] (mot bret.) Lutte traditionnelle pratiquée en Bretagne. *La fédération de gouren du Morbihan.*

GOURER (SE), ■ v. pr. [guʀe] (prob. radic. *gorr-,* agir comme un porc) **Fam.** Faire une erreur, se tromper. *Il s'est gouré de route pour venir.*

GOUREUR, EUSE, ■ n. m. et n. f. [guʀœʀ, øz] (*gourer*) ▷ Celui, celle qui falsifie des drogues, ou qui trompe dans un petit commerce. ◁

GOURGANDINE, ■ n. f. [guʀgɑ̃din] (prob. radic. de *gourer,* et a. provenç. *gandir,* s'esquiver.) ▷ Très fam. Femme de mauvaise vie. ◁

GOURGANE, n. f. [guʀgan] (orig. inc.) Petite fève de marais. ■ REM. *Gourgane* est aussi utilisé au Québec. *Une soupe aux gourganes.*

GOURGOURAN, n. m. [guʀguʀã] (*gros grain*, par l'interméd. de l'angl. *grogram*) Étoffe de soie qui vient des Indes [1]. ◆ Coquille du genre cône. ■ REM. 1 : *Les Indes* était le nom donné aux colonies britanniques de l'Inde.

GOURMADE, n. f. [guʀmad] (*gourmer*) ▷ Fam. Coup de poing, particulièrement sur la figure. ◁

GOURMAND, ANDE, adj. [guʀmã, ãd] (orig. inc.) Qui mange avec avidité et avec excès. ◆ N. m. et n. f. *Un gourmand. Une gourmande.* ◆ Un amateur de bonne chère, un gastronome. ◆ **Par extens.** *Gourmand de,* qui aime un certain mets. ◆ **Fig.** « *Vous connaissez comme je suis gourmand de vos ouvrages* », VOLTAIRE. ◆ **Agric.** Qui occupe la terre aux dépens des plantes utiles. *Des herbes gourmandes.* ◆ *Branche gourmande,* branche nouvelle détruisant par l'activité de sa végétation l'équilibre des diverses parties d'un arbre fruitier. ◆ *Arbre gourmand,* arbre qui pousse trop en branches. ◆ N. m. *Un gourmand,* rameau prenant un accroissement trop grand. ◆ *Pois gourmands* ou *pois goulus,* pois dont la cosse se mange. ■ **Adj.** Où la tradition culinaire est importante. *Une région gourmande.* ■ Qui veut toujours en avoir plus. *Être gourmand en salaire.* ■ Qui consomme beaucoup d'énergie. *Une voiture gourmande en carburant.*

GOURMANDÉ, ÉE, p. p. de gourmander. [guʀmãde]

GOURMANDER, v. intr. [guʀmãde] (*gourmand*) ▷ Se livrer à la gourmandise. ◁ ◆ Ce sens a vieilli. ◆ V. tr. **Fig.** Réprimander avec dureté ou vivacité. « *Moi, la plume à la main, je gourmande les vices* », BOILEAU. ◆ ▷ *Gourmander un cheval,* le manier rudement de la main. ◁ ◆ Contenir, dominer. « *Je prétends gourmander mes propres sentiments* », MOLIÈRE. ◆ En horticulture, se gourmander, v. pr. Se nuire, se gêner. ■ REM. Est littéraire aujourd'hui.

GOURMANDISE, n. f. [guʀmãdiz] (*gourmand*) Vice du gourmand. ◆ Choses que les gourmands aiment. ◆ Par analogie, défaut d'un arbre, d'une branche qui se nourrit au détriment des autres.

GOURME, n. f. [guʀm] (anc. b. frq. *worm,* pus) Maladie particulière aux jeunes chevaux, qui consiste dans l'inflammation de la muqueuse des premières voies respiratoires. ◆ ▷ Croûtes de lait chez les enfants. ◁ ◆ ▷ *Jeter sa gourme,* se dit des petits enfants qui ont quelque maladie de peau, et fig. des jeunes gens qui font des folies en entrant dans le monde. ◁

GOURMÉ, ÉE, p. p. de gourmer. [guʀme] **Fig.** *Être gourmé,* présenter l'apparence de la raideur et de la présomption. ◆ Qui a reçu des gourmades. ■ REM. Est littéraire aujourd'hui.

GOURMER, v. tr. [guʀme] (*gourme*) Mettre la gourmette à un cheval. ◆ ▷ Battre à coups de poings. ◁ ◆ Se gourmer, v. pr. Affecter un air raide. ◆ Se battre à coups de poing. ■ REM. La forme pronominale est littéraire aujourd'hui, dans le sens d'affecter un air raide.

GOURMET, n. m. [guʀmɛ] (anc. fr. *grommes,* valet, de l'anc. angl. *grom,* jeune garçon ; infl. de *gourmand*) ▷ Celui qui se connaît en vins, qui sait les goûter. ◁ ◆ *Expert gourmet piqueur de vins,* titre des experts attachés à l'entrepôt des vins de Paris. ◆ **Par extens.** Fin gourmand. ◆ **Adj.** *Un vieillard gourmet.* ◆ N. m. **Fig.** *Un gourmet de la littérature.*

GOURMETTE, n. f. [guʀmɛt] (*gourme*) Petite chaîne réunissant les deux branches du mors d'un cheval et passant sous la ganache. ◆ ▷ **Fig.** *Rompre sa gourmette,* s'abandonner à ses passions après avoir vécu dans la retenue. ◆ ◆ ▷ **Fig.** *Lâcher la gourmette à quelqu'un,* lui donner plus de liberté. ◁ ◆ Petite chaîne aux mailles aplaties que l'on porte au poignet.

GOURNABLE, ■ n. f. [guʀnabl] (néerl. *gordnagel,* clou de bois pour les bateaux) Vx Mar. Cheville de bois non façonnée dont on se sert pour attacher les planches du bordage d'un navire en bois. *Une gournable de roue de gouvernail.*

GOURNABLER, ■ v. tr. [guʀnable] (*gournable*) Mar. Poser des chevilles pour la construction et la liaison du bordage d'un navire en bois.

GOUROU ou **GURU**, ■ n. m. [guʀu] (mot hindi, du sanskrit *gurúh,* lourd, grave ; cf. gr. *barus*) Dans l'hindouisme, maître spirituel. ■ Maître à penser. *C'est un gourou dans sa discipline. Le gourou d'une secte. Des gourous.*

GOUSSANT ou **GOUSSAUT**, n. m. [gusã] ou [guso] (*gousse*) Cheval qui a l'encolure épaisse, les épaules grosses et qui est court des reins. ◆ Se dit aussi d'un chien lourd et trapu.

GOUSSE, n. f. [gus] (orig. inc.) Enveloppe des graines des plantes légumineuses. *Gousse de pois.* ◆ On dit aussi une *gousse d'ail, d'échalote,* pour une tête d'ail, d'échalote. ■ **Archit.** Ornement propre au chapiteau ionique.

GOUSSET, n. m. [gusɛ] (dim. de *gousse*) ◆ Le creux de l'aisselle. ◁ ◆ ▷ La mauvaise odeur qui vient de l'aisselle. *Sentir le gousset.* ◁ ◆ ▷ Pièce à la partie de la manche d'une chemise correspondant au gousset. ◁ ◆ ▷ Petite bourse que l'on portait d'abord sous l'aisselle et que l'on attacha ensuite en dedans de la ceinture de la culotte. ◁ ◆ ▷ *Avoir le gousset garni,* être

bien pourvu d'argent. ◁ ◆ ▷ *Avoir le gousset vide, le gousset plat,* être sans argent. ◁ ◆ Petite poche pratiquée à la ceinture du pantalon. *Un gousset de montre.* ■ **Techn.** Petit triangle en acier que l'on pose en renfort à l'intérieur de quelque chose ou que l'on utilise pour assembler des pièces.

GOÛT ou **GOUT**, n. m. [gu] (lat. *gustus*) Celui des sens par lequel l'homme et les animaux perçoivent les saveurs. ◆ **Par extens.** Saveur. *Ce pâté est d'un goût exquis.* ◆ *Haut goût,* tout ce qui réveille l'appétit et se met dans les sauces, comme le poivre, le citron, la muscade, le verjus, etc. *Cette sauce est de haut goût,* elle est salée, épicée. ◆ **Fig.** *Des plaisanteries de haut goût.* ◆ *Cette sauce n'a point de goût,* elle est fade. ◆ Par abus, odeur. *Un goût de renfermé.* ◆ Appétence des aliments, plaisir qu'on trouve à boire et à manger. *Ce malade ne trouve goût à rien.* ◆ Préférence dans le choix des aliments. *Dites votre goût.* ◆ **Fig.** Faculté qui fait apprécier les beautés et les défauts dans les ouvrages d'esprit et dans les productions des arts. « *Vous avez le goût bon* », MOLIÈRE. ◆ **Absol.** *Goût* se dit souvent pour bon goût. ◆ *Bon goût,* faculté acquise ou innée qui nous fait discerner l'à-propos, la convenance de telle ou telle chose, de telle ou telle manière. « *Elle ne trouve pas ce procédé d'un trop bon goût* », MME DE SÉVIGNÉ. ◆ *Mauvais goût* s'emploie dans le sens opposé. ◆ Sentiment d'appréciation propre à chacun. *Il ne faut point disputer sur les goûts.* ◆ Inclination qu'on a pour certaines choses et plaisir qu'on y trouve. *Avoir du goût pour les sciences. Le goût de la chasse, de la pêche.* « *Il a du goût à se faire voir* », LA BRUYÈRE. ◆ *Mettre en goût,* donner envie, désir. ◆ *Être en goût,* avoir envie, désir. ◆ *Faire une chose par goût,* la faire pour son plaisir. ◆ *Être au goût de, être du goût de,* être conforme à l'envie, au désir. ◆ *Prendre goût à,* se plaire à. ◆ Inclination pour les personnes et empressement à les rechercher. « *Le goût qu'elle a pour vous* », MME DE SÉVIGNÉ. ◆ « *Il est marié à une personne toute à son goût* », MME DE SÉVIGNÉ. ◆ Manière dont une chose est faite, caractère particulier de quelque ouvrage. *Des ornements d'un goût recherché. Le goût du jour.* ■ **Absol.** Élégance, grâce, agrément. ◆ *Le grand goût,* manière grande et élevée dans la littérature et les beaux-arts. ◆ La manière propre à un artiste, le caractère d'un siècle, etc. *Des vers dans le goût de Corneille.* « *Leurs ouvrages sont faits sur le goût de l'antiquité* », LA BRUYÈRE. ◆ **Fam.** *Dans le goût de,* semblable à. ■ *Avoir un goût,* se dit d'un aliment qui a un goût anormal et souvent mauvais. *Cette eau a un goût.* ■ *N'avoir goût à rien,* n'avoir aucune envie. ◆ **Fig.** *Faire passer à quelqu'un le goût du pain,* le tuer. **Par extens.** Faire en sorte de ne pas lui donner envie de recommencer quelque chose de répréhensible. *Il a voulu fuguer, je vais lui faire passer le goût du pain !* ■ *Avec goût,* avec élégance. *Elle décore toujours sa table avec goût.* ■ **Prov.** *Des goûts et des couleurs, on ne discute pas.* ■ *Tous les goûts sont dans la nature,* ce qui ne nous plaît pas peut plaire aux autres. ■ *À mon goût, à son goût,* etc., à ma convenance. *Cette décoration est tout à fait à mon goût.*

GOÛTÉ, ÉE ou **GOUTÉ, ÉE**, p. p. de goûter. [gute]

1 GOÛTER ou **GOUTER**, v. tr. [gute] (lat. *gustare*) Sentir par le sens du goût ce qui est savoureux. ◆ **Absol.** *Goûter sans avaler.* ◆ Se dit aussi des choses dont on ne juge que par l'odorat. *Goûtez ce tabac.* ◆ Vérifier la saveur d'une chose, en mettant dans la bouche une petite quantité de cette chose. ◆ **Fig.** Approuver, trouver bon et agréable. *Faire cas de, en parlant des personnes.* ◆ **Dévot.** *Goûter Dieu,* servir Dieu avec amour. ◆ Sentir avec plaisir, jouir de. « *Il ne put goûter le fruit de sa victoire* », FÉNELON. ◆ V. intr. Boire ou manger quelque peu d'une chose dont on n'a pas encore bu ou mangé. *Goûtez à notre vin.* ◆ **Fig.** Essayer, tâter, faire l'épreuve de. *Goûter de l'empire, de la vie, de tous les plaisirs, etc.* ◆ Se goûter, v. pr. Avoir du goût l'un pour l'autre. ◆ Avoir du goût pour soi-même, se laisser aller à l'amour-propre. ◆ Être goûté. *Le vin se goûte mieux quand on mange.* ■ Belgique, Canada. Avoir le goût de. *Le pain goûte le brûlé ; plaire en parlant du goût. Ce plat me goûte.*

2 GOÛTER ou **GOUTER**, v. intr. [gute] (lat. *gustare*) Faire un léger repas entre le dîner et le souper, ou entre le déjeuner et le dîner.

3 GOÛTER ou **GOUTER**, n. m. [gute] (2 *goûter*) Léger repas qu'on fait entre le dîner et le souper, ou le déjeuner et le dîner.

GOÛTEUR, EUSE ou **GOUTEUR, EUSE**, ■ n. m. et n. f. [gutœʀ, øz] (1 *goûter*) Personne employée pour goûter des plats, des préparations, des boissons, afin de vérifier leur saveur.

GOÛTEUX, EUSE ou **GOUTEUX, EUSE**, ■ adj. [gutø, øz] (1 *goûter*) Qui procure un plaisir gustatif, savoureux ; qui a beaucoup de goût.

GOUTTANT, ANTE, adj. [gutã, ãt] (1 *goutte*) Qui s'égoutte. *Linge gouttant.*

1 GOUTTE, n. f. [gut] (lat. *gutta*) Globule qui se détache de la masse d'un liquide. *Une goutte d'eau.* ◆ *Se ressembler comme deux gouttes d'eau, comme deux gouttes de lait,* se ressembler beaucoup. ◆ *Suer à grosses gouttes,* être tout couvert de sueur. ◆ Se dit des larmes. *De grosses gouttes coulaient le long de ses joues.* ◆ Il se dit aussi des mucosités nasales. *Avoir la goutte au nez.* ◆ **Fig.** *C'est une goutte d'eau dans la mer,* se dit d'une petite quantité qui se perd dans une plus grande. ◆ **Par extens.** Petite quantité de liquide.

Une goutte de bouillon. ✦ **Fig.** *Une goutte d'eau,* une très petite quantité de quoi que ce soit, et qui est tout à fait insuffisante pour les besoins. ✦ *La dernière goutte,* la petite quantité qui emplit le vase et le fait déborder ; et aussi la goutte du fond. *Boire jusqu'à la dernière goutte.* ✦ *Goutte* se dit du sang qui coule dans les veines ou hors des veines. *Tant qu'il me restera une goutte de sang dans les veines.* ✦ **Fig.** *S'ils ont quelque goutte de sang français dans les veines.* ✦ **Fig.** *N'avoir pas une goutte de sang dans les veines,* être saisi d'effroi, d'horreur. ✦ **Pop.** Petit verre plein d'eau-de-vie ou autre liqueur spiritueuse. *Offrir la goutte.* ✦ **Pharm.** Mesure de certains liquides médicamenteux qui s'emploient à très petites doses. *Des gouttes de laudanum.* ✦ **Archit.** Petits ornements de forme conique qui se placent dans les plafonds. ✦ *Goutte* se joint à la négation pour lui donner plus d'énergie. *Ne voir, n'entendre goutte.* ✦ GOUTTE À GOUTTE, **loc. adv.** Goutte après goutte. *Verser goutte à goutte.* ✦ *Mère goutte* ou *première goutte,* le vin, le cidre qui coule de la cuve ou du pressoir, sans qu'on ait pressuré le raisin, les pommes. ✦ On dit aussi : *Vin de goutte.* ✦ **Fig.** *Pressurer quelqu'un jusqu'à la dernière goutte,* en tirer tout ce qu'on peut lui arracher. ■ *Passer entre les gouttes,* éviter la pluie. ■ **Fig.** et **mod.** *Ne pas avoir une goutte de sang dans les veines,* ne pas avoir d'énergie, être mou. ■ *C'est la goutte d'eau qui fait déborder le vase,* c'est le détail qui, s'ajoutant à d'autres problèmes, amène à une situation que l'on ne peut plus supporter. ■ En joaillerie, pierre précieuse taillée en goutte, généralement utilisée en pendentif.

2 **GOUTTE,** n. f. [gut] (lat. *gutta,* la maladie étant attribuée à des gouttes d'humeur viciée) Maladie des petites articulations caractérisée par de la rougeur, du gonflement, de vives douleurs. *Avoir la goutte aux mains.* ✦ ▷ *N'avoir pas la goutte aux pieds,* être tout prêt à courir, à s'enfuir. ◁ ✦ *Goutte remontée,* goutte qui, quittant les petites articulations, se porte sur un organe important. ✦ *Goutte sciatique,* Voy. SCIATIQUE. ✦ *Goutte sereine,* amaurose.

GOUTTE-À-GOUTTE, ■ n. m. inv. [gutagut] (1 *goutte*) Mode d'administration d'une solution médicamenteuse par perfusion qui se fait lentement et régulièrement ; le dispositif permettant ce mode d'administration. *Des goutte-à-goutte.*

GOUTTELETTE, n. f. [gut(ə)lɛt] (1 *goutte*) Petite goutte d'un liquide.

GOUTTER, v. intr. [gute] (1 *goutte*) Laisser tomber goutte à goutte. *Les toits gouttent. Votre nez goutte.* ■ *Le robinet goutte,* il fuit.

GOUTTEREAU, ■ adj. m. [gut(ə)ʁo] (*gouttière*) **Archéol.** *Mur gouttereau,* dans les constructions gothiques, mur pourvu de gouttière.

GOUTTEUX, EUSE, adj. [gutø, øz] (2 *goutte*) Qui a la goutte ou qui y est sujet. ✦ N. m. et n. f. *Un goutteux. Une goutteuse.*

GOUTTIÈRE, n. f. [gutjɛʁ] (1 *goutte*) Bord inférieur des toits d'où l'eau tombe par gouttes quand il pleut. ✦ **Par extens.** Le toit. ✦ Canal demi-cylindrique attaché au-dessous du bord inférieur des toits pour recevoir l'eau de la pluie. ✦ *En gouttière,* en forme de gouttière. ✦ **Anat.** Rainure creusée sur la surface d'un os. ✦ En reliure, *la gouttière d'un livre,* côté du volume opposé au dos. ✦ **Méd.** Appareil qui sert à immobiliser un membre fracturé ou malade. ■ *Chat de gouttière,* chat bâtard. ✦ **Autom.** Petit rebord fixé sur le toit d'un véhicule pour canaliser l'eau de pluie.

GOUVERNABLE, adj. [guvɛʁnabl] (*gouverner*) **Néol.** Qui peut être gouverné. ■ **Rem.** N'est plus considéré comme un néologisme aujourd'hui.

GOUVERNAIL, n. m. [guvɛʁnaj] (lat. *gubernaculum*) Nom d'une pièce de bois longue, plate et large, qui est placée à l'arrière des vaisseaux ou bateaux et sert à la conduite du bâtiment. *La barre du gouvernail.* ✦ **Fig.** Il se dit en parlant du gouvernement d'un État. *Être au gouvernail, tenir le gouvernail des affaires.* ✦ *Gouvernail de profondeur,* gouvernail permettant de faire évoluer verticalement un sous-marin.

GOUVERNANCE, n. f. [guvɛʁnɑ̃s] (*gouvernant*) Juridiction qui existait dans quelques villes des Pays-Bas et à la tête de laquelle était le gouverneur. ✦ Place de gouverneur. ■ Action, manière de gouverner, de gérer. ■ **Sénég.** Ensemble des administrations d'une région ; les bâtiments de ces administrations ; le lieu de résidence du gouverneur.

GOUVERNANT, ANTE, adj. [guvɛʁnɑ̃, ɑ̃t] (*gouverner*) Qui gouverne. *Le parti gouvernant. La faction gouvernante.* ✦ N. m. pl. *Les gouvernants,* ceux qui tiennent le gouvernement.

GOUVERNANTE, n. f. [guvɛʁnɑ̃t] (*gouvernant*) ▷ Femme d'un gouverneur de province. ✦ Femme qui a le gouvernement d'une province, d'une ville. ✦ Femme à qui l'on confie l'éducation d'un ou de plusieurs enfants. ✦ Dame chargée à la Cour de la conduite de certaines jeunes filles ou jeunes dames. ✦ Femme qui a soin du ménage d'un homme seul. ◁

GOUVERNE, n. f. [guvɛʁn] (*gouverner*) Ce qui doit servir de règle de conduite dans une affaire. *Cette lettre vous servira de gouverne.* ✦ **Par extens.** *Je vous dis cela pour votre gouverne.* ■ **Aviat.** Organe de direction, de stabilité d'un avion. ■ **Mar.** Fait de donner une direction à un navire.

GOUVERNÉ, ÉE, p. p. de gouverner. [guvɛʁne] N. m. pl. *Les gouvernés,* les sujets, ceux qui obéissent. ■ Adj. Qui est dirigé.

GOUVERNEMENT, n. m. [guvɛʁnəmɑ̃] (*gouverner*) Action de gouverner, de régir. *Le gouvernement d'une banque, d'un ménage, etc.* ✦ *Avoir quelque chose en son gouvernement,* être chargé d'en avoir soin. ✦ *Le gouvernement des âmes,* la direction morale, religieuse qu'on donne aux âmes. ✦ Autorité qui régit un État ; constitution d'un État. *Gouvernement monarchique, républicain.* ■ **Absol.** *La science du gouvernement.* ✦ Le pouvoir suprême de Dieu. *Le gouvernement du monde.* ✦ Manière de gouverner. *Gouvernement tyrannique.* ✦ Ceux qui gouvernent. ✦ ▷ Charge d'un gouverneur. ◁ ✦ ▷ Ville, pays régi par un gouverneur. ◁ ✦ Division militaire de la France avant 1789. ▷ L'hôtel du gouverneur. ◁ ■ Le pouvoir politique d'un État ; ceux qui détiennent ce pouvoir. ■ Le pouvoir exécutif ; ceux qui le détiennent. *Le gouvernement français.* ■ Ensemble des ministres dans les régimes parlementaires. *Le chef du gouvernement,* le Premier ministre. ■ Façon dont est organisé politiquement un État. *Un gouvernement républicain, parlementaire, monarchique.*

GOUVERNEMENTAL, ALE, adj. [guvɛʁnəmɑ̃tal] (*gouvernement*) Qui appartient à l'autorité supérieure. *Le pouvoir gouvernemental.* ✦ Qui appuie le gouvernement. *Parti gouvernemental.* ■ Relatif au gouvernement. *Des projets gouvernementaux.*

GOUVERNEMENTALISME, ■ n. m. [guvɛʁnəmɑ̃talism] (*gouvernemental*) Fait de soutenir et d'approuver systématiquement l'ensemble des actions du gouvernement en place.

GOUVERNER, v. tr. [guvɛʁne] (lat. *gubernare*) Diriger avec le gouvernail. ✦ **Absol.** *Ce pilote gouverne bien.* ✦ **Fig.** *Bien gouverner sa barque,* conduire sagement sa fortune. ✦ **Par extens.** Diriger, conduire. *Gouverner des chevaux, un aérostat.* ✦ **Fig.** « *Il semblait à son gré gouverner le tonnerre* », RACINE. ✦ **Fig.** Régir, conduire avec autorité. *C'est au père à gouverner ses enfants.* « *Je gouverne l'empire où je fus acheté* », RACINE. ✦ **Absol.** Le roi règne et ne gouverne pas, dans le régime parlementaire. ✦ Il se dit de l'action de Dieu sur le monde. *Dieu gouverne l'univers.* ✦ Avoir l'empire sur des sentiments, des passions. *Gouverner ses passions.* ✦ ▷ Avoir une grande influence sur quelqu'un, le faire agir à son gré. « *Il y a autant de paresse que de faiblesse à se laisser gouverner* », LA BRUYÈRE. ◁ ✦ Se dit des choses qui nous commandent, auxquelles nous obéissons. *L'opinion gouverne le monde.* ✦ Administrer. *Bien gouverner son ménage.* ✦ Avoir qu'une chose soit en bon état. *Gouverner le vin, une cave.* ✦ *Gouverner un enfant,* en être le gouverneur. ✦ Soigner, élever des animaux. ✦ ▷ **Gramm.** Régir. *Ce verbe gouverne l'accusatif.* ◁ ✦ V. intr. Obéir au gouvernail. *Le vaisseau ne gouvernait plus.* ✦ Se gouverner, v. pr. Régir ses propres affaires, en parlant d'un peuple, d'un État. ✦ Être gouverné. ✦ Tenir une conduite bonne ou mauvaise. ✦ Se maîtriser. ■ V. tr. Exercer un pouvoir politique. *Gouverner les hommes.* ■ Exercer le pouvoir exécutif d'un État. *Gouverner un pays.*

GOUVERNÉS, ■ n. m. pl. [guvɛʁne] (*gouverner*) Ensemble des personnes soumises au pouvoir exécutif d'un État. *Les gouvernants et les gouvernés.*

GOUVERNEUR, n. m. [guvɛʁnœʁ] (lat. *gubernator,* sur le supin *gubernatum* de *gubernare*) ▷ Celui qui est chargé du commandement dans une province, dans une place, dans une maison royale. ◁ ✦ *Le gouverneur de la Banque de France, du Crédit foncier, etc.,* le directeur général de ces établissements. ✦ ▷ Celui qui dirige l'éducation d'un jeune homme. ◁ ■ ▷ Représentant de la métropole dans les anciennes colonies. ◁ ■ Aux États-Unis, chef du pouvoir exécutif d'un État. ■ *Gouverneur général,* au Canada, représentant du roi ou de la reine d'Angleterre. ■ **Milit.** *Gouverneur militaire,* celui qui commande une région militaire. ■ **Rem.** On trouve aussi parfois ce mot au féminin : *une gouverneuse* (rare).

GOUZI-GOUZI, ■ n. m. inv. [guziguzi] (onomat.) **Fam.** Guili-guili. *Faire des gouzi-gouzi à un bébé.*

GOY ou **GOÏ,** ■ n. m. et n. f. [gɔj] (hébr. mod. *goy,* non juif) Pour la communauté juive, désigne un chrétien ou une personne qui n'est pas juive. *Des goïs, des goys* ou *des goïm, des goyim* (pluriels hébreux). *Son fils s'est marié avec une goy.*

GOYAVE, n. f. [gɔjav] (arawak *guayaba*) Fruit du goyavier.

GOYAVIER, n. m. [gɔjavje] (*goyave*) Grand arbre d'Amérique et de l'Inde, qui porte un fruit long ou ovale dit *goyave.*

GPL, ■ n. m. [ʒepeɛl] (sigle de *gaz de pétrole liquéfié*) Mélange d'hydrocarbures utilisé comme combustible ou carburant. *Une voiture qui roule au GPL.*

GPRS, ■ n. m. [ʒepeɛʁɛs] (sigle de *General Packet Radio Service*) **Télécomm.** Service de transmission sans fil à débit rapide de données, basé sur le transfert par paquets, comme sur l'Internet, et permettant l'envoi de photos d'un téléphone mobile à l'autre. *Le GPRS est l'évolution du standard de téléphonie mobile GSM.*

GPS, ■ n. m. [ʒepeεs] (sigle de l'angl. *Global Positionning System*, système de repérage universel) Appareil de localisation par satellite utilisé notamment dans la navigation maritime, aérienne ou terrestre.

1 GR, ■ n. m. [ʒeεr] (nom déposé, sigle de *grande randonnée*) Parcours balisé pour les randonneurs. *Le GR 20 traverse la Corse.*

2 GR, ■ n. f. [ʒeεr] (sigle de *gymnastique rythmique*) Discipline de la gymnastique qui se pratique accompagnée d'une musique.

GRABAT, n. m. [grаba] (lat. *grabatus*, gr. *krabbatos*, d'orig. obsc.) Méchant lit ; le lit du pauvre. ♦ **Fam.** *Être sur le grabat*, être malade au lit. ♦ *Mettre sur le grabat*, rendre malade.

GRABATAIRE, n. m. et n. f. [grabatεr] (*grabat*) ▷ Nom de sectaires qui différaient de recevoir le baptême jusqu'au lit de mort. ◁ **Adj.** Malade et alité. ♦ **N. m.** et n. f. Dans le langage des bureaux de bienfaisance, malade qui ne quitte pas le lit. ■ **Rem.** Est littéraire aujourd'hui.

GRABATISATION, ■ n. f. [grabatizasjɔ̃] (*grabat*) **Méd.** Fait de devenir grabataire.

GRABEN, ■ n. m. [grabən] (mot all., fossé) **Géol.** Fossé tectonique ou effondrement de la masse comprise entre deux failles de rupture de l'écorce terrestre. *Étude du profil sismique du graben du Rhin.*

GRABUGE, n. m. [grabyʒ] (orig. incert. : p.-ê. ital. *garbuglio*, de *garbugliare*, embrouiller.) Querelle, noise. ♦ Nom d'une partie de cartes. *Jouer au grabuge.* ♦ Dégâts qui résultent d'un grabuge. ■ **Rem.** Est familier aujourd'hui.

GRÂCE, n. f. [grɑs] (lat. *gratia*) Ce qui plaît dans les attitudes, les manières, les discours. ♦ **Fam. et ironiq.** *Faire ses grâces, se donner des grâces*, vouloir prendre un air gracieux. ♦ *Bonne grâce*, grâce relevée de quelque chose de simple, de franc et de libre. *Bonne grâce*, se dit aussi des choses. *Cela a bonne grâce.* ♦ En un sens opposé, *mauvaise grâce. Personne de mauvaise grâce.* « *Que tout cet artifice est de mauvaise grâce !* », P. Corneille. ♦ *De bonne grâce*, volontiers, sans répugnance, sans se faire prier. ♦ En un sens opposé, *de mauvaise grâce.* ♦ *N'avoir pas bonne grâce, avoir mauvaise grâce de faire* ou *à faire telle ou telle chose*, faire quelque chose qui est contre la raison ou contre la bienséance. ♦ Agréments dans les choses, les animaux. *La grâce et la légèreté du cerf.* « *Les grâces dont la nature a orné la campagne* », Fénelon. ♦ Qualité du style qui consiste dans l'élégance unie à la facilité. *Cette expression a de la grâce.* ♦ Nom donné aux trois déesses compagnes de Vénus. *Les trois Grâces* (on met un grand G), Aglaé, Thalie et Euphrosyne. ♦ **Fig.** *Sacrifier aux Grâces*, avoir une grande élégance dans ses manières, dans ses discours. ♦ En tapisserie, *les bonnes grâces d'un lit*, les étoffes qu'on attache vers le chevet et vers les pieds pour accompagner les grands rideaux des lits à l'ancienne mode. ♦ Bienveillance qu'une personne accorde à une autre. ♦ *Être en grâce auprès de quelqu'un*, avoir sa bienveillance, sa faveur. ♦ *Être en grâce avec l'argent*, avoir de l'argent. ♦ **Fig.** *Rentrer en grâce avec*, se plaire de nouveau à. ♦ *Revenir en grâce*, plaire de nouveau. ♦ *Bonnes grâces*, faveur, bienveillance, amitié. *Gagner les bonnes grâces de quelqu'un.* ♦ Ce qui est accordé à quelqu'un comme lui étant agréable, utile, sans lui être dû strictement. « *Je demande la mort pour grâce ou pour supplice* », P. Corneille. ♦ **Fig.** « *La grâce inespérée d'un beau jour d'hiver* », Bossuet. ♦ *Demander en grâce*, demander comme une grâce, instamment. ♦ *Faire la grâce de*, formule de politesse. *La lettre que vous m'avez fait la grâce de m'écrire.* ♦ *Par la grâce de Dieu*, formule que les princes souverains ont coutume de mettre dans leurs titres. ♦ *De grâce, par grâce*, par pure bonté. ♦ **Théol.** Secours intérieur accordé par le ciel pour l'exercice du bien et pour la sanctification. ♦ *Grâce suffisante*, grâce donnée à tous les hommes. ♦ *La grâce justifiante* ou *sanctifiante*, celle qui rend juste intérieurement. ♦ *Être en état de grâce*, n'avoir sur la conscience aucun péché mortel. ♦ *Grâce d'état*, grâce propre et particulière, et dans le langage familier illusions attachées à une condition et qui la rendent supportable. ♦ *An de grâce*, se dit des années de l'ère chrétienne. ♦ *Coup de grâce*, dernier coup que l'exécuteur appliquait sur l'estomac du patient roué vif, pour hâter sa fin ; fig. ce qui achève de ruiner, de perdre quelqu'un. ♦ Ce qui est accordé au-delà de toute mesure ordinaire. *Des jours, des années de grâce.* ♦ Pardon, indulgence. *Demander grâce.* ♦ *Trouver grâce aux yeux, devant les yeux*, être excusé, pardonné, et aussi plaire, gagner la faveur. « *Esther lui plut et trouva grâce devant lui* », Saci. ♦ *Faire une grâce, faire grâce à quelqu'un*, lui accorder ce qu'il ne pourrait justement exiger. ♦ *Faire grâce de*, ne pas exiger. ♦ **Fig.** *Faire grâce de*, épargner quelque chose à quelqu'un. ♦ **Absol.** *Grâce !* c.-à-d. ne continuez pas. ♦ **Fig.** *Faire grâce à quelque chose*, l'accepter. « *Je fais grâce à l'esprit en faveur des sentiments* », Mme de Sévigné. ♦ Remise de la peine que le prince fait à un condamné. *Le souverain a le droit de grâce.* ♦ *Lettres de grâce* ou simplement *grâce*, lettres par lesquelles le souverain accorde la grâce d'un criminel. ♦ **Absol.** *Grâce !* c.-à-d. demander grâce, crier grâce. ♦ **Au pl.** Remerciement, témoignage de reconnaissance. « *Je rends grâces aux dieux de n'être pas Romain* », P. Corneille. ♦ On dit aussi : *Actions de grâce. Rendre des actions de grâces.* ♦ **Fig.** *Rendre grâce à*

quelque chose, attribuer à quelque chose une action favorable. ♦ *Grâce à Dieu, grâce au ciel*, par la faveur du ciel, heureusement. ♦ On dit aussi : *Grâces au ciel*, dans la poésie ou le style élevé. ♦ *Grâce à vous, grâce à vos soins*, formules polies de remerciement. ♦ *Grâce à, grâces à*, quand il s'agit de choses, signifie : par elles, par leur action. ♦ **Au pl.** Prière que l'on fait après le repas. *Dire ses grâces.* ♦ Titre d'honneur des ducs d'Angleterre. *Sa Grâce le duc d'Hamilton.* ♦ *Grâce* en cet emploi prend un G majuscule. ■ **Dr.** *Délai de grâce*, laps de temps pendant lequel un débiteur peut ne pas s'acquitter de sa dette en raison de sa situation financière du débiteur. On dit aussi *terme de grâce*. ■ À la grâce de Dieu, loc. adv. Comme Il lui plaira. ■ *État de grâce*, période où tout semble favorable. ■ **Dr.** *Un recours en grâce*, demande adressée au président du tribunal ou au président de la République par un condamné ou un membre de sa famille, afin que sa peine soit allégée ou qu'il puisse se soustraire à l'application de sa peine. *Sa demande de recours en grâce pour raisons médicales a été refusée.* ■ **Dr.** *Grâce présidentielle*, mesure de clémence accordée par le président de la République qui a pour objet de soustraire un condamné à l'application de la peine qu'on lui a infligée. *Le Président accorde des grâces présidentielles le 14 Juillet.*

GRACIABLE, adj. [grasjabl] (*gracier*) En droit criminel, qui peut mériter grâce. *Cas graciable.* ♦ Qu'on peut pardonner. « *La désobéissance n'eût pas été graciable* », J.-J. Rousseau.

GRACIÉ, ÉE, p. p. de gracier. [grasje] N. m. et n. f. *Les graciés.*

GRACIER, v. tr. [grasje] (lat. médiév. *gratiare*) En droit criminel, faire remise de sa peine à un condamné.

GRACIEUSÉ, ÉE, p. p. de gracieuser. [grasjøze]

GRACIEUSEMENT, adv. [grasjøz(ə)mã] (*gracieux*) D'une manière gracieuse. ■ Avec courtoisie. *Ils l'ont gracieusement accueillie.* ■ À titre gracieux, gratuit. *Une surprise gracieusement offerte aux nouveaux abonnés.*

GRACIEUSER, v. tr. [grasjøze] (*gracieux*) ▷ **Fam.** Faire de grandes démonstrations de bienveillance à quelqu'un. ◁

GRACIEUSETÉ, n. f. [grasjøz(ə)te] (*gracieux* ; b. lat. *gratiositas*, charme d'une chose) Civilité tout affectueuse. ♦ ▷ Gratification. ◁ ■ **Rem.** Est littéraire aujourd'hui.

GRACIEUX, EUSE, adj. [grasjø, øz] (lat. *gratiosus*, qui est en faveur) Qui a de la grâce. *Des traits gracieux.* ♦ Qui porte à l'imagination, à l'âme des idées, des peintures douces et charmantes. *Une fable gracieuse. Un tableau gracieux.* ♦ Poli, doux, civil. *Il est gracieux pour tout le monde.* ♦ À titre gracieux, par pure grâce, sans qu'on y soit obligé par aucune considération. ♦ Qui accorde des grâces. ♦ Il n'est usité en ce sens que comme titre de certains souverains. *Notre gracieux souverain.* ♦ **N. m.** *Le gracieux*, ce qu'il y a de gracieux.

GRACILE, ■ adj. [grasil] (lat. *gracilis*) Qui est mince et d'une fragilité délicate. *Une jeune fille gracile.*

GRACILITÉ, n. f. [grasilite] (lat. *gracilitas*) Qualité de ce qui est grêle. *La gracilité de la voix.*

GRACIOSO, n. m. [grasjozo] (mot esp., gracieux) Bouffon de la comédie espagnole. ♦ **Au pl.** *Des graciosos.* ■ **Adv. Mus.** Gracieusement. *Jouer gracioso.*

GRADATEUR, ■ n. m. [gradatœr] (*gradation*) **Techn.** Appareil de commande qui permet de contrôler la puissance absorbée par un récepteur en régime alternatif.

GRADATION, n. f. [gradasjɔ̃] (lat. *gradatio*, de *gradus*, degré) Passage successif d'un état à un autre. « *Ces gradations insensibles qui amènent les saisons* », Voltaire. *Les gradations entre les êtres.* ♦ Accroissement progressif. *La gradation de la lumière.* ♦ **Rhét.** Figure par laquelle on accumule plusieurs termes ou plusieurs idées qui enchérissent l'une sur l'autre. ♦ **Peint.** Passage insensible d'un ton à un autre. ♦ **Mus.** Progression du *piano* au *forte* et au *fortissimo*. ■ **Par extens.** Palier, grade. *Évoluer en entreprise par gradations successives.*

1 GRADE, n. m. [grad] (lat. *gradus*, de *gradi*, marcher, s'avancer) Degré de dignité, d'honneur dans une hiérarchie. *Un grade éminent.* ♦ Se dit de l'armée. *Le grade de capitaine.* ♦ Il se dit aussi des rangs universitaires. *Il y a trois grades dans l'université : bachelier, licencié, docteur. Prendre ses grades.* ■ Unité de mesure des angles (symbole, gr). ■ **Fam.** *En prendre pour son grade*, se faire réprimander.

2 GRADE, ■ n. m. [grad] (mot angl., degré) *Grade SAE* (*Society of Automotive Engineers*), grade de viscosité d'une huile pour moteurs.

3 ...GRADE, ■ [grad] (suffixe, du lat. *gradus*, de *gradi*, marcher) *Plantigrade* (qui marche sur la plante des pieds) et *digitigrade* (qui marche sur les mains, les doigts).

GRADÉ, ÉE, adj. [grade] (*grade*) Qui a un grade dans l'armée. *Militaire gradé.* ♦ Ne se dit que des grades inférieurs. ■ **N. m.** et n. f. *Un gradé, une gradée.*

GRADER, ■ n. m. [gradœr] (mot angl. [to] grade, niveler) **Techn.** Engin de terrassement servant à niveler un terrain. ■ REM. *Niveleuse* est la recommandation officielle pour *grader* ou *profileuse*.

GRADIENT, ■ n. m. [gradjã] (lat. *gradus*, degré, d'après *quotient*) Variation, orientée dans l'espace, d'une grandeur physique vectorielle. ■ **Phys.** *Gradient de champ magnétique*, accroissement de l'intensité du champ magnétique dans une direction donnée. ■ **Météorol.** *Gradient de pression*, variation spatiale de la pression mesurée en millibars par cent kilomètres. *Plus le gradient horizontal de pression est élevé (différence de pression entre deux points proches et de même altitude), plus le vent est fort.* ■ **Météorol.** *Gradient de température* ou *thermique*, taux de variation d'un élément météorologique en fonction de la distance. *Le gradient de pression s'exprime en millibars par cent kilomètres ou par degré géographique.* ■ **Électr.** *Gradient de potentiel*, différence de potentiel électrique par unité de distance entre deux points. ■ **Biol.** Mesure de la variation des potentialités métaboliques, physiologiques ou chimiques du corps d'un être vivant. ■ **Math.** *Gradient d'une fonction numérique*, vecteur dont les composantes sont égales à la dérivée de la fonction par rapport à la variable en abscisses.

GRADIN, n. m. [gradɛ̃] (ital. *gradino*, de *grado*, degré) Petit degré qu'on met sur un autel, sur un buffet, etc., pour y placer des chandeliers, des fleurs, etc. ♦ Bancs disposés en étages, par exemple dans les amphithéâtres. ♦ **Absol.** Les gradins des classes. *Il est encore sur les gradins.* ♦ En jardinage, *gradins de gazon*, marches ou degrés revêtus de gazon.

GRADINE, ■ n. f. [gradin] (ital. *gradina*) Ciseau à dents que les sculpteurs utilisent pour aplanir la surface qu'ils travaillent.

GRADUALISME, ■ n. m. [gradɥalism] (2 *graduel*) **Biol.** Théorie évolutive selon laquelle les nouvelles espèces apparaissent par transformation graduelle, lente et régulière, des espèces ancestrales. ■ Attitude globale consistant à procéder par paliers, lentement. ■ GRADUALISTE, adj. [gradɥalist]

GRADUALITÉ, ■ n. f. [gradɥalite] (2 *graduel*) **Didact.** Ce qui est graduel. *La gradualité d'une base de données.*

GRADUAT, ■ n. m. [gradɥa] (*graduer*) **Belg.** Cycle d'enseignement supérieur dans plusieurs spécialités, ne relevant pas de l'université ; le diplôme obtenu. *Faire un graduat en informatique.*

GRADUATION, n. f. [gradɥasjõ] (radic. de *graduer*) **Phys.** Opération par laquelle on détermine les degrés de l'échelle de quelques instruments de précision, comme les baromètres, les thermomètres, etc. ♦ **Chim.** Concentration progressive de certains liquides, pour en retirer les substances salines. ■ **Phys.** Ensemble des divisions qui déterminent les degrés de l'échelle des instruments de mesure.

1 GRADUÉ, ÉE, adj. [gradɥe] (*graduer*) **Géom.** *Cercle gradué*, cercle divisé en trois cent soixante degrés. ♦ **Chim.** *Feu gradué*, feu donné par degrés. ♦ Où la graduation est ménagée. *Cours de thèmes gradués.* ♦ Qui a obtenu un grade dans une faculté. ♦ **N. m.** et n. f. *Un gradué.* ■ **Adj.** Pourvu d'une graduation. *Un thermomètre gradué.*

2 GRADUÉ, ÉE, ■ n. m. et n. f. [gradɥe] (*graduer*) **Belg.** Titulaire d'un graduat. ■ **Adj.** Qui a obtenu son graduat.

1 GRADUEL, ELLE, adj. [gradɥɛl] (2 *graduel*) Qui va par degrés. *Augmentation graduelle.* ♦ **Jurispr.** *Substitution graduelle.*

2 GRADUEL, ■ n. m. [gradɥɛl] (lat. chrét. *grad[u]ales [psalmi]*, psaumes des degrés, parce que chantés sur les degrés du Temple, ou caractérisés par une reprise de mots de vers à vers) Versets qui se disent à la messe entre l'épître et l'évangile. ♦ Livre qui contient tout ce qui se chante au lutrin pendant la messe.

GRADUELLEMENT, adv. [gradɥɛl(ə)mã] (*graduel*) Par degrés, d'une façon graduelle.

GRADUER, v. tr. [gradɥe] (lat. scolast. *graduare*, conférer une dignité) Marquer des degrés de division. *Graduer un thermomètre.* ♦ Augmenter par degrés. *Graduer les difficultés suivant la force des élèves.* ♦ Conférer des degrés dans quelqu'une des facultés de théologie, de droit, de médecine, de sciences ou de lettres.

GRADUS AD PARNASSUM ou simplement **GRADUS**, n. m. [gradysad-parnasɔm] ou [gradys] (*gradus ad Parnassum*, degré vers le Parnasse) Titre d'un dictionnaire latin qui, indiquant la quantité de chaque mot, les synonymes, les épithètes, etc., sert à faire des vers latins. ■ **Par extens.** Dictionnaire poétique.

GRAFF, ■ n. m. [graf] (abrév. de *graffiti*) Composition picturale formée de dessins et d'inscriptions tracés à la bombe de peinture sur un mur. *Des graffs.* ■ GRAFFEUR, EUSE, n. m. et n. f. [grafœr, øz]

GRAFFITI, n. m. [grafiti] (mot ital. pluriel de *graffito*, de *grafio*, stylet, avec infl. de *graffiare*, griffer) Mot italien employé pour désigner ce qu'on trouvait d'écrit sur les murailles dans les villes et les monuments de l'Antiquité.

Les graffitis de Pompéi. ■ **Au pl.** *Des graffitis* ou *des graffiti* (pluriel italien). ■ Inscription, dessin tracé à la main ou à la bombe de peinture sur les murs. ■ REM. Graphie ancienne : *grafiti*. On disait *grafitto* au singulier. ■ GRAFFITEUR, EUSE, n. m. et n. f. [grafitœr, øz] ■ GRAFFITER, v. tr. [grafite]

GRAFIGNER, ■ v. tr. [grafiɲe] ou [grafinje] (lat. *graphium*, stylet) **Fam.** Québec Érafler.

GRAFITTO, n. m. [grafito] Voy. GRAFFITI.

GRAILLE, ■ n. f. [graj] (1 *graillon*) **Fam.** Nourriture. *Quelle bonne graille !*

GRAILLEMENT, n. m. [graj(ə)mã] (2 *grailler*) ▷ Voix sourde ou enrouée. ◁

1 GRAILLER, v. intr. [graje] (anc. fr. *graisle*, trompette, du lat. *gracilis*, grêle, pour son timbre) **Chasse** Sonner du cor sur un ton qui sert à rappeler les chiens.

2 GRAILLER, ■ v. intr. [graje] (*graille*, corneille, b. lat. *gracula*, femelle du choucas) Crier, en parlant des corneilles. ■ Parler avec une voix enrouée.

3 GRAILLER, ■ v. intr. [graje] (1 *graillon*) **Fam.** Manger. *Qu'est-ce qu'il y a à grailler, ce midi ? « J'ai rien graillé de toute la soirée »*, LASAYGUE.

1 GRAILLON, ■ n. m. [grajõ] (anc. fr. *graillier*, rôtir sur un gril) Goût, odeur de graisse ou de viande brûlée. ♦ Restes ramassés d'un repas. *Marchande de graillons.* ■ REM. Ce sens est toujours au pluriel. ■ Cuisine très grasse, friture grasse. *Digérer difficilement du graillon.*

2 GRAILLON, ■ n. m. [grajõ] (1 *graillon*) Excrétion épaisse de la poitrine dont on se débarrasse par la toux. ■ REM. Est familier aujourd'hui.

1 GRAILLONNER, v. intr. [grajɔne] (1 *graillon*) Prendre un goût, une odeur de graillon.

2 GRAILLONNER, v. intr. [grajɔne] (2 *graillon*) Tousser d'une manière cassée pour expulser la pituite hors de la gorge.

GRAILLONNEUR, EUSE, n. m. et n. f. [grajɔnœr, øz] (2 *grailloner*) ▷ Celui, celle qui graillonne souvent. ◁

GRAIN, ■ n. m. [grɛ̃] (lat. *granum*) Le fruit et la semence des céréales. *Un grain de froment.* ♦ **Absol.** Les grains récoltés. *L'importation, l'exportation des grains.* ♦ *Menus grains*, ceux qui servent à la nourriture des animaux, tels que l'orge, l'avoine, les vesces et les pois. ♦ *Poulets de grain*, poulets qu'on élève au printemps et qu'on nourrit de grain. ♦ **Par extens.** Fruit grenu ou semence grenue de certaines plantes. *Un grain de moutarde, de raisin, etc.* ♦ Petite partie qui est comparée à un grain de céréales. *Un grain de sel, de sable, de poudre à canon.* ♦ *Un grain d'encens*, une petite portion d'encens, et fig. un peu de flatterie. ♦ Il se dit de certaines choses faites en forme de grain. *Les grains d'un chapelet.* ■ **Pharm.** Nom donné à des préparations de forme globuleuse. ♦ Verroteries bleues, ou jaunes, ou blanches, ou rayées. *Un collier de grains.* ■ **Fig.** Très petite quantité. *Un grain d'orgueil, d'ambition, d'humeur, etc.* ♦ *Avoir un grain de folie dans la tête* ou **absol.** *avoir un grain*, être un peu fou. ♦ Petit poids, qui était la soixante-douzième partie d'un gros. ♦ **Fig.** *Ne pas peser un grain*, être svelte, allègre, et fig. être de peu de valeur, d'importance. ♦ Petites aspérités qui couvrent la surface de certaines étoffes, de certains cuirs, de certains fruits, etc. ♦ Parties serrées entre elles qui forment la masse des pierres, des métaux. *Le grain de l'ardoise, de l'acier.* ♦ Pustules et marques de petite vérole. ♦ *Grain de beauté*, petite tache noire sur la peau humaine. ♦ Pluie subite accompagnée de bourrasque. ■ **Mar.** *Grain de vent* ou simplement *grain*, changement subit dans l'atmosphère accompagné de violents coups de vent. ♦ Nuages qui annoncent le grain. *Grain noir.* ♦ *Veille au grain*, sorte d'avertissement nautique. ♦ **Fig.** *Veiller au grain*, veiller à ses intérêts. ■ **Fam.** *Mettre son grain de sel*, intervenir dans une conversation, une affaire, sans y être invité. *Elle veut toujours mettre son grain de sel dans leurs conversations.* ■ **Fam.** *Avoir, donner du grain à moudre*, avoir ou donner matière à réflexion. ■ *Eau-de-vie de grain* ou *de grains*, de céréales. ■ **Menuis.** *Grain d'orge*, petite rainure en V formée lors de l'assemblage de deux lames de bois par la rencontre des chanfreins. ■ **Menuis.** *Assemblage en grain d'orge*, sorte d'assemblage en forme de V, en creux ou en saillie, pratiqué sur certaines lames de parquet ou de lambris.

GRAINAGE, n. m. [grenaʒ] (*grener, grainer*) Action de grener la poudre de guerre et de chasse. ♦ État du sucre quand il cristallise en cristaux plus ou moins divisés. ■ REM. Graphie ancienne : *grenage*.

GRAINAILLE, n. f. [grenaj] (*graine*) ▷ Petite ou mauvaise graine. ◁

GRAINE, n. f. [gren] (lat. pop. *grana*, plur. de *granum*, grain) Dans une plante la partie qui la reproduit. *De la graine de laitue.* ♦ *Monter en graine*, se dit de certaines plantes qui montent et portent leur graine. ♦ **Fig.** *Monter en graine*, se dit de filles qui vieillissent sans se marier. ♦ **Fig.** *C'est une mauvaise graine*, se dit des jeunes gens malins, et aussi de mauvaises gens. ♦ *C'est de la graine de niais*, cela ne peut tromper que les sots ; c'est un niais. ♦ *Graine de vers à soie* ou simplement *graine*, les œufs de bombyx.

♦ *Graine d'écarlate*, cochenille. ♦ *Frange, gland à graine d'épinards*, frange, gland dont les filets ressemblent à un assemblage de graines d'épinards. ♦ *Épaulettes à graine d'épinards*, celles qui indiquent dans l'armée française un grade supérieur. ▪ **Mod.** *Monter en graine*, se dit d'un enfant qui grandit rapidement en peu de temps. ▪ *En prendre de la graine*, en tirer des leçons pour atteindre le même résultat. *J'étais premier de la classe à ton âge, prends-en de la graine !* ▪ *Graine de* (souvent péjoratif), se dit pour exprimer ce que l'on imagine de l'avenir d'une autre personne. *Une graine de voyou, de truand.* ▪ **Mod.** *Mauvaise graine*, se dit d'un enfant turbulent, difficile. ▪ **Fam.** *Casser la graine*, manger. ▪ **Par anal.** et **collect.** Œufs du ver à soie.

GRAINER, v. intr. [gʀɛne] (*grain*) Produire beaucoup de grains. *Les blés ont bien grené cette année.* ♦ **V. tr.** Réduire en petits grains. *Grener du tabac*, la poudre de guerre. ♦ *Grener le sel*, le raffiner pour le réduire en sel blanc. ♦ *Grener une peau*, la rendre grenue. ♦ *Se grener*, v. pr. Se cristalliser, en parlant du sel. ▪ Présenter une texture qui s'apparente à celle des grains. *Une pâte sablée à gâteaux qui graine.* ▪ **Rem.** Graphie ancienne *grener*.

GRAINETERIE, n. f. [gʀɛnɛt(ə)ʀi] (*grainetier*) Commerce du grainetier. ▪ **Rem.** Graphie ancienne *grèneterie*.

GRAINETIER, IÈRE, n. m. et n. f. [gʀɛn(ə)tje, jɛʀ] (*graine*) Celui, celle qui vend les graines. ♦ **Adj.** *Marchand grainetier* Voy. **grainier**. ▪ **Rem.** Graphie ancienne *grènetier, ière*.

GRAINIER, IÈRE, n. m. et n. f. [gʀɛnje, jɛʀ] (*graine*) Celui, celle qui vend en détail toutes sortes de grains, graines, légumes, même du foin et de la paille. ♦ On dit plus souvent *grainetier*. ▪ **N. m. Agric.** Lieu où sont stockées les graines de semence.

GRAISSAGE, n. m. [gʀɛsaʒ] (*graisser*) Action de graisser. ♦ Ce qui sert à graisser.

GRAISSE, n. f. [gʀɛs] (b. lat. *crassia*, du lat. *crassus*, gras) Substance onctueuse, de peu de consistance, fondant facilement, et répandue en diverses parties du corps. ♦ *Prendre de la graisse*, devenir gras. ♦ *Vivre de sa graisse, sur sa graisse*, se dit de l'ours, de la marmotte, du loir, etc., qui vivent de leur propre corps durant leur sommeil d'hiver ; fig. vivre sur son bien. ♦ En cuisine, *graisse* se dit de la graisse fondue et de la friture. ♦ Embonpoint. *La graisse l'incommode.* ♦ *Faire de la graisse*, s'engraisser dans le sommeil, dans l'indolence. ♦ **Fig.** *La graisse de la terre*, la substance qui contribue le plus à la fertilité. ♦ Sorte d'altération du vin dans laquelle il prend une apparence huileuse. ▪ **Impr.** Épaisseur du trait d'un caractère. ▪ Substance onctueuse et fondant facilement, tirée du corps de certains animaux à des fins domestiques et culinaires. *De la graisse d'oie. De la graisse à frire.* ▪ Matière grasse. *Graisse végétale ou animale.*

GRAISSÉ, ÉE, p. p. de graisser. [gʀɛse]

GRAISSER, v. tr. [gʀɛse] (*graisse*) Frotter, oindre de graisse ou d'un corps gras. *Graisser un essieu, des souliers, etc.* ♦ **Fam.** *Graisser ses bottes*, faire ses préparatifs de départ, et fig. se préparer à la mort. ♦ **Fig.** et **fam.** *Graisser la patte à quelqu'un*, le gagner par de l'argent. ♦ **Fig.** *Graisser le marteau*, donner de l'argent au portier pour être admis. ♦ Tacher de graisse. ♦ Rendre sale et crasseux. *Graisser son linge, ses habits.* ♦ **V. intr.** Tourner à la graisse, en parlant du vin. ♦ *Se graisser*, v. pr. Se tacher de graisse.

1 GRAISSEUR, EUSE, ▪ adj. [gʀɛsœʀ, øz] (*graisser*) Qui graisse. *Un tampon graisseur.*

2 GRAISSEUR, ▪ n. m. [gʀɛsœʀ] (*graisser*) Ouvrier chargé du graissage de machines. ▪ **Techn.** Dispositif permettant d'injecter automatiquement de la graisse dans un mécanisme pour en diminuer les frottements. *Un graisseur à mèche.*

GRAISSEUX, EUSE, adj. [gʀɛsø, øz] (*graisse*) Qui est de la nature de la graisse. *Les corps graisseux.* ▪ Qui est taché de graisse. *Un tablier graisseux.*

GRAM, ▪ n. m. inv. [gʀam] (H. C. J. *Gram*, 1853-1938, médecin danois) **Chim.** Méthode de coloration des bactéries cytoplasmiques utilisant une solution à base de violet de gentiane.

GRAMEN, n. m. [gʀamɛn] (*en* se prononce *ène* ; lat. *gramen*, gazon, herbe) Plante qui constitue principalement le gazon. ♦ Au pl. *Des gramens.* ▪ **Rem.** Est littéraire aujourd'hui.

GRAMINACÉE, ▪ n. f. [gʀaminase] (lat. *gramen*, herbe) Voy. **graminée**.

GRAMINÉE, adj. f. [gʀamine] (lat. *gramineus*, de *gramen*, herbe) Qui est de la nature du gazon. *Les plantes graminées.* ♦ **N. f. pl. Bot.** Famille de plantes monocotylédones à étamines hypogynes. *Le blé, le riz, le roseau, etc. sont des graminées.* ▪ **Rem.** On dit aussi, mais plus rarement, *graminacée*.

GRAMMAGE, ▪ n. m. [gʀamaʒ] (*gramme*) **Techn.** Indice exprimant le poids d'une feuille de papier, de carton d'une surface de 1 m². *Les grammages 70 ou 80 sont les plus couramment utilisés dans les imprimantes. Choisir un papier d'un plus fort grammage.*

GRAMMAIRE, n. f. [gʀamɛʀ] (lat. *grammatica*, du gr. *grammatikê* [tekhnê], art de lire et d'écrire) L'art d'exprimer ses pensées par la parole ou par l'écriture d'une manière conforme aux règles établies par le bon usage. ♦ *Classes de grammaire*, les classes de sixième, cinquième et quatrième dans les collèges et lycées. ♦ *Grammaire générale*, science raisonnée des principes communs à toutes les langues. ♦ *Grammaire comparée*, étude comparative des différentes langues. ♦ Livre où les règles du langage sont expliquées. *La grammaire de Port-Royal.* ▪ Ensemble des structures et des règles relatives à une langue. *La grammaire du chinois, de l'anglais, du français.* ▪ **Par extens.** Ensemble des règles qui régissent un art. *Grammaire de la sculpture.* ▪ **Inform.** En programmation, ensemble des règles qui définissent la sémantique et la syntaxe d'un langage informatique.

GRAMMAIRIEN, IENNE, n. m. et n. f. [gʀamɛʀjɛ̃, jɛn] (*grammaire*) Celui, celle qui s'occupe spécialement de la grammaire et des règles ou des usages d'une langue ; celui, celle qui a écrit sur la grammaire. ♦ Chez les anciens, nom donné à ceux qui se livraient à l'étude et à l'enseignement des lettres en général.

GRAMMATICAL, ALE, adj. [gʀamatikal] (lat. tardif *grammaticalis*) Qui appartient, qui est conforme à la grammaire. *Explication grammaticale. Des exercices grammaticaux.* ▪ *Mots grammaticaux*, mots relatifs à la syntaxe, ayant un contenu grammatical et pas de contenu sémantique, contrairement aux mots lexicaux. *Les articles, les adjectifs non qualificatifs, les conjonctions de coordination et de subordination et les prépositions sont des mots grammaticaux.* ▪ *Morphème grammatical*, morphème régi par la syntaxe. *Le s du pluriel en français est un morphème grammatical.*

GRAMMATICALEMENT, adv. [gʀamatikal(ə)mɑ̃] (*grammatical*) Selon la grammaire.

GRAMMATICALISER, ▪ v. tr. [gʀamatikalize] (*grammatical*) **Ling.** Donner un caractère grammatical, une fonction grammaticale à un élément. ▪ *Se grammaticaliser*, v. pr. *Le latin et le grec se sont grammaticalisés pour donner des affixes en français.* ▪ **GRAMMATICALISATION**, n. f. [gʀamatikalizasjɔ̃]

GRAMMATICALITÉ, ▪ n. f. [gʀamatikalite] (*grammatical*) **Ling.** Caractère d'un énoncé syntaxiquement correct.

GRAMMATISTE, n. m. [gʀamatist] (lat. *grammatista*, gr. *grammatistês*, maître élémentaire) Celui qui chez les Grecs enseignait aux enfants à lire et à écrire. ♦ ▷ Celui qui enseigne la grammaire, et qui ne voit rien au-delà des règles matérielles. ◁

GRAMME, n. m. [gʀam] (gr. *gramma*, caractère d'écriture ; sens tardif de *gramme* par calque du lat. *scripulum*, supposé à tort dér. de *scribere*, écrire) Nom donné, dans le nouveau système des poids et mesures, au poids d'un centimètre cube d'eau qu'on a distillée et qui est à son maximum de densité ; il sert d'unité conventionnelle pour la formation des autres poids. ▪ **Fig.** Quantité très petite. *Il n'a pas un gramme de graisse.*

GRAND, ANDE, adj. [gʀɑ̃, ɑ̃d] (lat. *grandis*) Qui a des dimensions plus qu'ordinaires. *Une grande ville.* ♦ Il se dit pour marquer simplement différence ou égalité entre des objets que l'on compare. *Sa maison est moins grande que la vôtre.* ♦ *Plus grand que nature*, se dit d'une statue, d'un tableau qui donne aux personnages une stature plus grande que la taille naturelle. ♦ *La fenêtre est restée toute grande ouverte*, ouverte autant qu'elle pouvait l'être. ♦ Dans cet emploi, *grande*, tout en étant au féminin, a une signification adverbiale. ♦ Il se dit d'une taille élevée. *Un homme grand.* ♦ Il se dit de ce qui a pris une certaine croissance. « *Petit poisson deviendra grand* », **La Fontaine.** ♦ **Fam.** *Une grande personne, les grandes personnes*, se dit de personnes d'âge fait, par opposition aux enfants. ♦ *Il y a deux grandes lieues d'ici*, il y a deux lieues et plus. *Deux grandes heures*, deux heures et plus. ♦ Qui est en grande quantité. *Il n'a pas grand argent.* ♦ *Le grand air*, l'atmosphère libre en un lieu découvert. ♦ Qui, au physique ou au moral, surpasse la plupart des autres choses de même genre. *De grands fardeaux. Grande fatigue.* ♦ **Fig.** *De grands mots*, des mots emphatiques. ♦ *Le grand remède*, celui auquel on a recours quand les autres sont épuisés. ♦ En alchimie, *le grand art*, l'art de faire la pierre philosophale. *Le grand œuvre*, Voy. **œuvre**. ♦ Il se dit de l'âge. *Un grand âge.* ♦ Important, principal. *Un des grands principes de la philosophie.* ♦ Il se dit des personnes qui surpassent les autres par le rang, par le pouvoir, par la dignité. *Un grand prince.* ♦ **Absol.** *Trancher du grand*, affecter la grandeur, la magnificence. ♦ **Fam.** *Les grands parents*, les grand-pères, grand-mères, grands-oncles, etc. ♦ Se dit aussi de Dieu. *Dieu seul est grand.* ♦ *Grand Dieu !* exclamation d'étonnement, de crainte, etc. ♦ *Grands dieux !* quand c'est un païen qui parle. ♦ *Promettre, jurer ses grands dieux*, faire de grandes protestations. ♦ Il se dit des personnes qui surpassent les autres par le génie, par les qualités morales, par les talents, etc. *Une grande reine. Un grand peintre.* ♦ Titre de certains princes ou personnages illustres ; en cet emploi, *grand* prend une majuscule. *Louis le Grand.* ♦ *Grand* devant un substantif lui donne, en bonne ou en mauvaise part, un sens superlatif. *Grand poltron. Grande bête.* ♦ Courageux, magnanime, noble. « *Que jamais on n'est grand qu'autant que l'on est juste* », **Boileau.** ♦

Qui a un caractère de noblesse et d'élévation. « *Ses traits sont grands et fiers* », A. CHÉNIER. ◆ **Bx-arts** *Grande manière*, manière appropriée aux sujets nobles, aux compositions vastes. ◆ Titre des dignitaires les plus élevés dans leur ordre. *Grand chancelier de la Légion d'honneur. Grand prêtre.* ◆ Se dit de certains officiers principaux de certains ordres. *Grand officier de la Légion d'honneur.* ◆ *Monsieur le Grand*, dans l'ancienne cour, le premier écuyer de la grande écurie du roi. ◆ Titre de certains princes souverains. *Le Grand Seigneur, le Grand Turc, le grand-duc.* ◆ *Grand*, devant un certain nombre de mots féminins, ne prend pas le *e* du féminin ; c'est un reste de l'ancienne langue dans laquelle *grand* était des deux genres. *Grand-bande*, Voy. BANDE *Grand-chambre*, une chambre de l'ancien parlement. *Grand-salle*, salle du palais de justice à Paris. *Grand-chère. Grand-chose. Grand-faim. Grand-soif. Grand-garde*, sorte de poste avancé. *Grand-hâte. Grand-mère. Grand-tante. Grand-messe. À grand-peine. Grand-peur. Grand-pitié. La grand-rue.* « *En grand-cérémonie* », LA FONTAINE. ■ **N. m.** *Les grands*, les personnes d'un âge fait. ◆ *Un grand*, un personnage élevé en dignité. « *Les grands pour la plupart sont masques de théâtre* », LA FONTAINE. ◆ *Grand d'Espagne*, titre de la première distinction en Espagne. ◆ Ce qu'il y a de grand, d'élevé, de noble. *Aimer le grand et l'extraordinaire.* ◆ **Bx-arts** *Le grand*, ce qui se distingue par la puissance d'exécution et la grandeur de pensée. ◆ Du luxe, de la dépense. *Donner dans le grand.* ◆ *Du petit au grand*, en comparant les petites choses aux grandes. ◆ **EN GRAND**, **loc. adv.** De dimension naturelle. *Il s'est fait peindre en grand.* ◆ *En grand*, avec toute l'étendue que comporte la chose dont il s'agit. *La culture en grand.* ◆ *En grand* se dit aussi par comparaison avec ce qui est plus petit. « *On veut que l'univers ne soit en grand que ce qu'une montre est en petit* », FONTENELLE. ◆ **Fig.** *Travailler en grand*, travailler sur un vaste plan, d'après une vue générale et complète. ◆ *Penser, agir en grand*, penser, agir d'une manière noble, élevée. ◆ *En grand*, en gros, en masse. « *Il avait vu en grand les mœurs des nations* », MARMONTEL. ◆ À LA GRANDE, **loc. adv.** À la manière des grands seigneurs. « *On ne peut voyager ni plus agréablement, ni plus à la grande* », MME DE SÉVIGNÉ. ■ **Adv.** *Voir grand*, avoir des projets ambitieux. ■ **N. m.** et **n. f.** *Comme un grand*, sans aide. ■ **Fam.** *Mon grand, ma grande*, façon affectueuse de nommer un enfant. ■ **Adj.** *Une fenêtre grande ouverte, la bouche grande ouverte*, ouverte en grand ; **Adv.** *les yeux grand ouverts. Film à grand spectacle*, film avec des décors importants, beaucoup de mises en scène. ■ *Laver à grandes eaux*, avec beaucoup d'eau. ■ *Au grand air*, à l'air libre, en plein air. ■ REM. Graphies anciennes : *grand'bande, grand'chambre, grand'salle, grand'chère, grand'chose, grand'faim, grand'soif, grand'garde, grand'hâte, grand'mère, grand'tante, grand'messe, grand'peine, grand'peur, grand'pitié, grand'rue, grand'cérémonie.*

GRAND-ANGLE, ■ **n. m.** [gʀɑ̃tɑ̃gl] (*grand* et *angle*) Objectif d'appareil photographique permettant une prise de vue très large. *Des grands-angles.* ■ REM. On dit aussi *grand-angulaire. Des grands-angulaires.*

GRAND-CHOSE (PAS), ■ **n. m. inv.** [gʀɑ̃ʃoz] (*grand* et *chose*) *Pas grand-chose*, presque rien, peu de choses. ■ **N. m.** et **n. f. Fam.** *Un pas grand-chose, une pas grand-chose*, personne à laquelle on accorde peu d'estime, peu de crédit.

GRAND-CROIX, **n. f.** [gʀɑ̃kʀwa] (*grand* et *croix*) Dignité élevée dans un ordre de chevalerie. ◆ **N. m.** Celui qui est revêtu de cette dignité. *C'est un grand-croix.* ■ Au pl. *Des grands-croix.*

GRAND-DUC, ■ **n. m.** [gʀɑ̃dyk] (*grand* et *duc*) Titre donné au souverain d'un grand-duché. *Des grands-ducs.* ■ Nom donné au prince de la famille impériale de Russie. ■ **Fam.** *Faire la tournée des grands-ducs*, faire la tournée des restaurants, des cabarets, des établissements de nuit.

GRAND-DUCAL, ALE, adj. [gʀɑ̃dykal] (*grand-duc*) Qui appartient à un grand-duc. *Les cours grand-ducales. Les officiers grand-ducaux.* ■ **Belg.** et **Luxembourg** Relatif au grand-duché de Luxembourg.

GRAND-DUCHÉ, ■ **n. m.** [gʀɑ̃dyʃe] (*grand-duc*, d'après *duché*) Pays dirigé par un grand-duc ou une grande-duchesse.

GRAND-DUCHESSE, ■ **n. f.** [gʀɑ̃dyʃɛs] (*grand-duc*) Titre donné à la souveraine d'un grand-duché. ■ Fille ou femme de grand-duc.

GRANDELET, ETTE, adj. [gʀɑ̃d(ə)lɛ, ɛt] (dimin. de *grand*) ▷ **Fam.** Un peu grand. ■ REM. On dit aussi *grandet, ette*. ◁

GRANDEMENT, adv. [gʀɑ̃d(ə)mɑ̃] (*grand*) Avec grandeur. ◆ *Faire les choses grandement*, se dit d'une personne qui n'épargne pas la dépense. ◆ Beaucoup. *Il est grandement temps.* ◆ Largement, en abondance. *Il a grandement de quoi vivre.*

GRANDESSE, n. f. [gʀɑ̃dɛs] (esp. *grandeza*) Dignité de grand d'Espagne.

GRANDET, ETTE, ■ adj. [gʀɑ̃dɛ, ɛt] (dimin. de *grand*) Voy. GRANDELET.

GRANDEUR, n. f. [gʀɑ̃dœʀ] (*grand*) Dimension de ce qui est grand. *La grandeur d'un parc, d'un homme, etc.* ◆ **Fam.** et **fig.** *Regarder du haut de sa grandeur*, avoir à l'égard des autres des manières de supériorité. ■ **Astron.** *Grandeur* se dit pour caractériser les différences d'éclat des étoiles fixes. *Une étoile de première grandeur.* ◆ **Math.** Quantité, tout ce qui est susceptible d'augmentation ou de diminution. ◆ Longueur. *La grandeur*

du voyage l'effraye. ◆ **Fig.** Importance, étendue, intensité. *La grandeur d'un crime.* ◆ Puissance, pouvoir, dignités, honneurs, magnificence. *Au comble de la grandeur et de la gloire.* « *On ne partage point la grandeur souveraine* », RACINE. ◆ **Absol.** « *Ni l'or ni la grandeur ne nous rendent heureux* », LA FONTAINE. ◆ Il se dit aussi de Dieu. « *J'entends chanter de Dieu les grandeurs infinies* », RACINE. ◆ Élévation et noblesse morales. *La grandeur de l'homme.* ◆ *Un air de grandeur*, un ton, des manières qui affectent la grandeur. ◆ *Grandeur d'âme*, qualité d'une âme grande. ◆ Titre qu'on donne aux évêques. *Sa Grandeur.* ■ **Fam.** *Avoir la folie des grandeurs*, être très ambitieux. ■ *Grandeur nature*, aux dimensions réelles. *Un portrait grandeur nature.* ◆ Dimension, qualité de ce qui peut être plus ou moins grand. *La grandeur d'une porte.*

GRAND-GUIGNOLESQUE, ■ adj. [gʀɑ̃giɲolɛsk, gʀɑ̃ɡiɲjolɛsk] (*Grand-Guignol*, nom d'un théâtre de la fin du XIXᵉ siècle, spécialisé dans les pièces horrifiantes) D'une horreur exagérée. *Une série de films grand-guignolesques.* ■ **Par extens.** Invraisemblable, trop exagéré pour être crédible. *La fin grand-guignolesque d'un film.*

GRANDI, IE, p. p. de grandir. [gʀɑ̃di]

GRANDILOQUENCE, ■ **n. f.** [gʀɑ̃dilokɑ̃s] (lat. *grandiloquus*, qui a le style pompeux) Manière emphatique et pompeuse de s'exprimer. « *Je crois que c'est vous-mêmes, Messieurs, qui vous mystifiez par votre fausse métaphysique et votre grandiloquence* », PROUDHON. ■ GRANDILOQUENT, ENTE, adj. [gʀɑ̃dilokɑ̃, ɑ̃t]

GRANDIOSE, adj. [gʀɑ̃djoz] (ital. *grandioso*) Qui frappe l'imagination par son caractère de grandeur, de noblesse. *Cette architecture est d'un style grandiose.* ■ **N. m.** Caractère grandiose. *Le grandiose de la campagne romaine.*

GRANDIR, v. intr. [gʀɑ̃diʀ] (lat. *grandire*) Se conjugue avec *être* ou *avoir*, suivant le sens. Devenir grand. *Cet enfant a bien grandi, est bien grandi.* ◆ **Fig.** Grandir en sagesse. ◆ **V. tr.** Rendre plus grand. ◆ Faire paraître plus grand. ◆ **Fig.** Donner de la grandeur morale. *L'adversité l'a grandi.* ◆ Exagérer. *Il grandit les moindres événements.* ◆ *Se grandir*, v. pr. Se rendre plus grand. ◆ **Fig.** *La médiocrité croit se grandir en rabaissant le mérite.* ■ **V. intr.** Augmenter, s'intensifier. *La lumière grandit. Un bruit qui grandit.* ■ **Fig.** *Sa gentillesse grandit.*

GRANDISSANT, ANTE, adj. [gʀɑ̃disɑ̃, ɑ̃t] (*grandir*) Qui grandit, qui croît peu à peu. *Une puissance grandissante.*

GRANDISSEMENT, ■ **n. m.** [gʀɑ̃dis(ə)mɑ̃] (radic. du p. prés. de *grandir*) **Vieilli** Fait de rendre plus grand. On dit aujourd'hui *agrandissement*. ■ **Opt.** Rapport entre les dimensions de l'objet photographié et les dimensions de son image sur la pellicule. *Un rapport de grandissement de 1,6 x.*

GRANDISSIME, adj. [gʀɑ̃disim] (lat. *grandissimus*, superl. de *grandis*, grand) **Fam.** Très grand. *Vous me ferez un grandissime plaisir.*

GRAND-LIVRE, ■ **n. m.** [gʀɑ̃livʀ] (*grand* et *livre*) **Comptab.** Registre ou fichier informatique sur lequel on reporte la totalité des comptes. *Des grands-livres.* ■ Registre sur lequel tous les créanciers de l'État sont répertoriés.

GRAND-MAMAN, ■ **n. f.** [gʀɑ̃mamɑ̃] (*grand* et *maman*) Dans le langage enfantin, grand-mère.

GRAND-MÈRE, **n. f.** [gʀɑ̃mɛʀ] (*grand* et *mère*) Aïeule. ◆ On dit quelquefois *mère-grand*, mais très familièrement et surtout dans les contes d'enfants. ◆ *Grand-mère* se dit aussi de femmes très vieilles. ◆ Au pl. *Des grands-mères.* ■ **Fam.** Vieille femme. *Des grands-mères qui tricotent.* ■ REM. Graphie ancienne : *grand'mère.*

GRAND-MESSE, ■ **n. f.** [gʀɑ̃mɛs] (*grand* et *messe*) Messe chantée. *Des grands-messes.* ◆ **Fig.** Grande réunion solennelle d'ordre politique, économique, culturel, etc. *La grand-messe des dirigeants d'entreprises.*

GRAND-ONCLE, ■ **n. m.** [gʀɑ̃tɔ̃kl] (*grand* et *oncle*) Le frère du grand-père ou de la grand-mère. ◆ Au pl. *Des grands-oncles.*

GRAND-PAPA, ■ **n. m.** [gʀɑ̃papa] (*grand* et *papa*) Dans le langage enfantin, grand-père. ■ **Ironiq.** *De grand-papa*, ancien, démodé. *Le téléphone, la cuisine de grand-papa.*

GRAND-PEINE (À), ■ **loc. adv.** [gʀɑ̃pɛn] (*grand* et *peine*) Avec difficulté. *Il a eu cet examen à grand-peine.*

GRAND-PÈRE, **n. m.** [gʀɑ̃pɛʀ] (*grand* et *père*) Aïeul. *Grand-père paternel, maternel.* ◆ Au pl. *Des grands-pères.* ■ **Fam.** Vieil homme.

GRANDS-PARENTS, ■ **n. m. pl.** [gʀɑ̃paʀɑ̃] (*grand* et *parent*) Le grand-père et la grand-mère.

GRAND-TANTE, ■ **n. f.** [gʀɑ̃tɑ̃t] (*grand* et *tante*) La sœur du grand-père ou de la grand-mère. ◆ Au pl. *Des grands-tantes.* ■ La femme du grand-oncle. ■ REM. Graphie ancienne : *grand'tante.*

GRAND-VOILE, ■ **n. f.** [gʀɑ̃vwal] (*grand* et *voile*) **Mar.** Voile du grand mât des gréements. *Des grands-voiles. Hissez la grand-voile !*

GRANGE, n. f. [gʀɑ̃ʒ] (lat. pop. *granica*) Bâtiment de ferme destiné au logement des gerbes et au battage des grains.

GRANGÉE, ■ n. f. [gʀɑ̃ʒe] (*grange*) **Agric.** Ce qui est contenu dans une grange. *Une grangée de foin.*

GRANIT, n. m. [gʀanit] (ital. *granito*, de *granire*, former des grains) Roche composée de grains de feldspath et de mica agrégés ensemble. ◆ On trouve aussi *granite*. ◆ Sorte d'apparence donnée à la reliure et à la peinture en bâtiments. ■ **Fig.** et **litt.** *Cœur de granit*, insensible.

GRANITÉ, ÉE, ■ adj. [gʀanite] (*granit*) Qui ressemble au granit, qui présente des grains. *Une tapisserie granitée.* ■ **N. m.** Tissu de laine qui présente de gros grains. ■ Sorbet à l'italienne de consistance granuleuse. *Servir un granité en trou normand.*

GRANITELLE, adj. [gʀanitɛl] (ital. *granitella*, granit à grain fin) *Marbre granitelle*, marbre qui ressemble au granit. ◆ **N. m.** Variété de granit gris à petits grains.

GRANITER, ■ v. tr. [gʀanite] (*granit*) **Techn.** Peindre une surface de telle façon qu'elle ressemble au granit. *Graniter une toile, un papier.*

GRANITEUX, EUSE, ■ adj. [gʀanitø, øz] (*granit*) **Minér.** Qui contient du granit. *Une pierre graniteuse.*

GRANITIQUE, adj. [gʀanitik] (*granit*) Qui est de la nature du granit. ■ **Fig.** et **litt.** *Un cœur granitique.*

GRANITO, ■ n. m. [gʀanito] (ital. *granito*, nom déposé) Matériau composé de pierres de couleur ou de marbre concassé, polis et noyés dans du ciment. *Une dalle de granito. Des granitos.*

GRANITOÏDE, ■ n. m. [gʀanitoid] (*granit* et *-oïde*) **Minér.** Roche proche du granit, apparentée au granit.

GRANIVORE, adj. [gʀanivɔʀ] (lat. *granum*, grain et *-vore*) **Zool.** Qui vit de grains. ◆ **N. m. pl.** Oiseaux qui vivent de graines, famille des conirostres, ordre des passereaux.

GRANNY-SMITH ou **GRANNY SMITH**, ■ n. f. inv. [gʀanismis] (mot angl., de *Maria Ann Smith*, dite *Granny Smith*, mamie Smith) Espèce de pomme verte, acidulée et juteuse. *Des granny-smith.* ■ **Abrév.** Granny. *Des grannys.*

GRANOCLASSEMENT, ■ n. m. [gʀanoklas(ə)mɑ̃] (*grano-*, grain et *classement*) Répartition des roches en fonction de la dimension des grains du haut vers le bas d'un lit ou dans une succession de lits.

GRANULAIRE, ■ adj. [gʀanylɛʀ] (*granule*) Qui se compose de granules. *Une roche granulaire.* ■ Qui a un aspect granuleux. *Une surface granulaire.*

GRANULAT, ■ n. m. [gʀanyla] (*granuler*) **Techn.** Sable ou graviers utilisés pour la fabrication de mortier ou de béton.

GRANULATION, n. f. [gʀanylasjɔ̃] (*granuler*) Opération par laquelle on réduit un métal en grenailles plus ou moins fines, en le faisant fondre, le faisant passer, à l'état liquide, à travers une sorte de crible, et le recevant dans un vase rempli d'eau. ◆ **Bot.** Apparence granuleuse de certaines substances végétales. ◆ **Méd.** Petites tumeurs arrondies, semblables à des grains.

GRANULE, ■ n. m. [gʀanyl] (lat. *granulum*, dim. de *granum*, grain) Petit grain. ■ **Pharm.** Petite pilule. ■ **Bot.** Organe reproducteur d'une plante cryptogame. ■ **N. f. Astron.** Petite tache brillante repérée sur la photosphère du Soleil.

GRANULÉ, ÉE, p. p. de granuler. [gʀanyle] **Hist. nat.** Qui renferme ou porte des granulations, ou en a l'apparence. ■ **N. m. Pharm.** Médicament sous forme de petit grain. ■ Grain.

GRANULER, v. tr. [gʀanyle] (*granule*) Réduire un métal en petits grains, en grenailles. *Granuler du plomb.*

GRANULEUX, EUSE, adj. [gʀanylø, øz] (*granule*) Qui est en petits grains. *Terre granuleuse.* ◆ Qui est à surface rugueuse. *Peau granuleuse.* ◆ **Méd.** Qui présente des granulations. *Poumon granuleux.*

GRANULIE, ■ n. f. [gʀanyli] (lat. *granulum*, en raison de la forme que prennent les lésions) **Méd.** Forme aiguë de la tuberculose caractérisée par l'apparition de lésions identiques (des granulations) dans l'ensemble de l'organisme. *La granulie méningée.*

GRANULITE, ■ n. f. [gʀanylit] (lat. *granulum*) **Minér.** Roche métamorphique de haute température et haute pression, claire à texture orientée, constituée de quartz, de feldspath et de petites quantités de grenat, et couvrant des surfaces importantes dans les socles anciens.

GRANULOCYTE, ■ n. m. [gʀanylosit] (lat. *granulum* et *-cyte*) **Biol.** Globule blanc qui présente des granulations et qui détruit certaines bactéries. *Les granulocytes se divisent en trois classes.*

GRANULOME, ■ n. m. [gʀanylom] (mot all., du lat. *granulum* et *-ome*) **Méd.** Tumeur inflammatoire non cancéreuse formée de cellules de grande

taille et entourées d'une couronne lymphocytaire. *Granulome hépatique, éosinophile.*

GRANULOMÉTRIE, ■ n. f. [gʀanylometʀi] (lat. *granulum* et *-métrie*) **Métrol.** Mesure des dimensions des grains d'une roche sédimentaire ; répartition des grains en fonction de leurs dimensions. ■ Mesure des caractéristiques dimensionnelles d'un produit pulvérulent.

GRAPEFRUIT ou **GRAPE-FRUIT**, ■ n. m. [gʀepfʀut] (on prononce à l'anglaise : *grep-froute* ; mot anglo-amér., de *grape*, raisin, et *fruit*, fruit, parce que ce fruit pousse en grappes) Poméla. *Des grapefruits* ou *grape-fruits.*

GRAPHE, ■ n. m. [gʀaf] (gr. *graphein*, écrire) **Math.** Ensemble de couples dont le premier élément est un point et le second son image par une application. ■ Représentation graphique de cette application. ■ **Ling.** Ensemble de couples caractéristiques d'une relation syntaxique ou sémantique représenté par des nœuds reliés par des arcs.

...GRAPHE, ...GRAPHIE, ...GRAPHIQUE, ■ [gʀaf, gʀafi, gʀafik] (suffixes, du grec *-graphos, -graphia*, de *graphein*, écrire) Suffixes utilisés pour former des noms qui désignent des personnes (*dactylographe, lexicographe, biographe, etc.*), des noms d'instruments (*télégraphe, normographe, oscillographe, etc.*), des adjectifs (*autographe*), des procédés (*chromatographie, héliographie, lithographie, etc.*), des ouvrages (*bibliographie, autobiographie, etc.*), des enregistrements (*électrocardiographie, etc.*).

GRAPHÈME, ■ n. m. [gʀafɛm] (radic. de *graphie*, sur le modèle de *phonème*) **Ling.** La plus petite unité graphique représentant un phonème (an, en...), une fonction morphologique (le *s* du pluriel) ou étymologique (*p* et *s* dans *temps*).

GRAPHEUR, ■ n. m. [gʀafœʀ] (gr. *graphein*, écrire, dessiner) **Inform.** Logiciel permettant d'afficher des données sous forme de graphique.

GRAPHIE, ■ n. f. [gʀafi] (gr. *graphein*, écrire) **Ling.** Représentation écrite d'un mot. ■ Façon d'écrire un mot. *Le mot* credo *a deux graphies :* credo *et* crédo.

GRAPHIOSE, ■ n. f. [gʀafjoz] (*graphium*, nom du champignon qui provoque cette maladie et *-ose*) **Bot.** Maladie de l'orme qui entraîne sa disparition.

GRAPHIQUE, adj. [gʀafik] (gr. *graphikos*, qui concerne l'écriture) Qui est figuré par le dessin. *Représentation graphique d'une machine.* ◆ Qui appartient à l'écriture. *Signes graphiques.* ◆ **Géom.** *Opérations graphiques*, celles qui consistent à résoudre des problèmes par le tracé des figures. ■ *Arts graphiques*, qui utilisent le dessin. ■ *Procédé graphique*, représentation graphique d'éléments en relation. ■ **Inform.** Ce qui est destiné à la représentation graphique d'éléments. *Une mémoire graphique.* ■ **N. m.** Représentation graphique du rapport de deux éléments. *Des graphiques.* ■ **N. f. Didact.** Ensemble des techniques permettant le traitement de l'information par des graphiques, des dessins, etc.

GRAPHIQUEMENT, adv. [gʀafik(ə)mɑ̃] (*graphique*) Par le dessin. ■ Par l'écriture.

GRAPHISME, ■ n. m. [gʀafism] (gr. *graphein*, écrire, dessiner) Caractère propre des signes écrits. ■ Esthétique individuelle d'une écriture. ■ Manière de dessiner, de tracer des lignes. ■ GRAPHISTE, n. m. et n. f. [gʀafist]

GRAPHITAGE, ■ n. m. [gʀafitaʒ] (*graphiter*) **Techn.** Fait de recouvrir des pièces métalliques de graphite. *La lubrification d'essieux par graphitage.*

GRAPHITE, n. m. [gʀafit] (gr. *graphein*, écrire) Substance dite aussi *plombagine*, qui est du carbone presque pur, et dont on se sert pour fabriquer les crayons dits de *Mines de plomb*.

GRAPHITER, ■ v. tr. [gʀafite] (*graphite*) Recouvrir de graphite. ■ Amalgamer avec du graphite. ■ GRAPHITÉ, ÉE, adj. [gʀafite] *De l'huile graphitée.*

GRAPHITEUX, EUSE, ■ adj. [gʀafitø, øz] (*graphite*) **Géol.** Qui contient du graphite. *Une pierre graphiteuse.* ■ **Rem.** On dit aussi *graphitique.*

GRAPHITISATION, ■ n. f. [gʀafitizasjɔ̃] (*graphiter*) **Techn.** Traitement thermique des fontes malléables dans le but d'en extraire le graphite.

GRAPHO..., ■ [gʀafo] Préfixe, du grec *graphein*, écrire. *Graphologue.*

GRAPHOLOGIE, ■ n. f. [gʀafolɔʒi] (*grapho-* et *-logie*) Étude de l'écriture qui permet de dresser un portrait psychologique du scripteur. ■ GRAPHOLOGUE, n. m. et n. f. [gʀafolɔg] ■ GRAPHOLOGIQUE, adj. [gʀafolɔʒik]

GRAPHOMANIE, ■ n. f. [gʀafomani] (*grapho-* et *-manie*) Pathologie caractérisée par un besoin viscéral d'écrire. ■ GRAPHOMANE, n. m. et n. f. [gʀafoman] *Un écrivain graphomane.*

GRAPHOMÈTRE, n. m. [gʀafomɛtʀ] (*grapho-* et *-mètre*) Instrument pour mesurer les angles dans les opérations d'arpentage.

GRAPIN, n. m. [gʀapɛ̃] Voy. GRAPPIN.

GRAPPA, ■ n. f. [gʀapa] (mot it.) Eau-de-vie fabriquée à partir de marc de raisin, spécialité du nord de l'Italie. *Un verre de grappa. De la grappa. Des grappas.*

GRAPPE, n. f. [gʀap] (germ. *krappa*, crochet) Assemblage de fruits ou de fleurs disposés par étage et soutenus sur un axe commun. *Grappe de raisin, de groseilles.* ◆ Fig. et fam. *Mordre à la grappe*, commencer à goûter une idée, saisir plus ou moins avidement une proposition. ◆ **Par extens.** Il se dit de choses disposées comme une grappe de raisin. ◆ Excroissances charnues qui se développent autour du paturon du cheval, de l'âne et du mulet. ◆ *Grappe de raisin*, sachet de balles et de biscaïens qu'on tire comme mitraille. ■ Fig. et pop. Organes sexuels masculins. ■ **Très fam.** *Lâche-moi la grappe !* laisse-moi tranquille.

GRAPPILLAGE, n. m. [gʀapijaʒ] (*grappiller*) Action d'enlever les grappes qui restent aux ceps après la vendange. ◆ Fig. Petites voleries. ◆ Action de faire quelque petit gain.

GRAPPILLÉ, ÉE, p. p. de grappiller. [gʀapije]

GRAPPILLER, v. intr. [gʀapije] (*grapper*, cueillir des raisins, prob. avec infl. de *piller*) Cueillir les petites grappes laissées par les vendangeurs. ◆ **Fig.** Faire un petit gain secret, illicite. ◆ V. tr. Faire quelque petit gain. *Il a grappillé quelque chose dans cette affaire.* ◆ Fig. Prendre au hasard. « *Vous n'avez jamais lu Les Provinciales qu'en courant, grappillant les endroits plaisants* », MME DE SÉVIGNÉ. ◆ V. tr. Cueillir, ramasser çà et là.

GRAPPILLEUR, EUSE, n. m. et n. f. [gʀapijœʀ, øz] (*grappiller*) Celui, celle qui grappille. ◆ Fig. Celui, celle qui fait de petits profits illicites.

GRAPPILLON, n. m. [gʀapijɔ̃] (dim. de *grappe*) Partie de grappe ; petite grappe. *Un grappillon de raisin.*

GRAPPIN, n. m. [gʀapɛ̃] (*grappe*) Mar. Petite ancre de chaloupe à quatre ou cinq branches recourbées. ◆ Sorte de crochet pour l'abordage. ◆ Fig. *Jeter, mettre le grappin, son grappin sur quelqu'un*, se rendre maître de son esprit. ■ Fig. et fam. *Mettre le grappin sur quelqu'un, quelque chose*, l'accaparer. ■ Techn. Instrument dont l'extrémité est pourvue de plusieurs crochets. *Un grappin de démolition.* ■ Rem. On écrivait aussi *grapin* autrefois.

GRAPTOLITE, ■ n. m. [gʀaptolit] (gr. *graptos*, gravé, et *-lit(h)e*) Fossile d'invertébrés coloniaux primitifs très variés de l'ère primaire (550 millions d'années).

GRAS, ASSE, adj. [gʀa, as] (lat. *crassus*, épais, gros) Semblable, analogue à la graisse. *Des substances grasses.* ◆ Qui est fourni de graisse. *Femme trop grasse. Poularde grasse.* ◆ *Être gras comme un moine, être gras à lard*, être fort gras. ◆ *Dormir la grasse matinée*, dormir bien avant dans le jour. ◆ Fig. *Sortir bien gras d'un emploi, d'une affaire*, s'y être enrichi. ◆ Il se dit de la viande par opposition au poisson et aux légumes. *L'Église défend les aliments gras en carême.* ◆ *La soupe grasse*, la soupe faite avec du bœuf ou du lard. ◆ *Jours gras*, chez les catholiques, jours où il est permis de manger de la viande ; plus particulièrement, le jeudi et les trois jours qui précèdent le carême. ◆ Où il y a plus ou moins de graisse. *Cette sauce est trop grasse.* ◆ Sali, rempli de graisse. *Avoir le menton gras.* ◆ Qui s'épaissit trop avec le temps. *De l'huile grasse.* ◆ *Fromage gras*, fromage qui est fait avec le lait non écrémé. ◆ *Vin gras*, vin qui a pris la graisse. ◆ **Peint.** *Couleur grasse*, couleur qui est couchée avec abondance. ◆ *Avoir la poitrine grasse*, être sujet à la toux suivie de l'expectoration de mucosités épaisses. *Toux grasse.* ◆ *Terre grasse*, terre forte, tenace et fangeuse. ◆ *Terre grasse*, argile qui sert à dégraisser les étoffes, à ôter les taches. ◆ *Argile grasse*, argile qui contient peu de silice. ◆ *Mortier gras*, mortier qui contient trop de chaux. ◆ **Par extens.** Le pavé est gras quand on glisse dessus. On dit aussi : *Il fait gras marcher.* ◆ Fertile. *Pays gras et abondant. Gras pâturages.* ◆ **Bot.** *Plantes grasses*, celles dont les tiges et les feuilles sont épaisses, charnues, telles que le cactus. ◆ *Avoir un parler gras*, ou bien *avoir la langue grasse*, parler comme si on avait quelque chose de gras, de pâteux dans la bouche. ◆ *Parler gras*, grasseyer. ◆ En charpente, *pièce de bois grasse*, pièce plus forte qu'elle ne doit être. ◆ Fig. Licencieux, graveleux. *Des discours un peu gras.* ◆ N. m. La partie grasse d'une viande. *Le gras d'un jambon.* ◆ **Absol.** La viande. *Il aime le gras.* ◆ *Légumes au gras*, légumes accommodés avec de la graisse. ◆ Chez les catholiques, *le gras*, la viande, les mets gras. ◆ *Manger gras*, manger de la viande les jours maigres. ◆ *Le gras de la jambe*, le mollet. ◆ Maladie des vers à soie. ◆ *Tourner au gras*, se dit du vin qui prend la graisse. ◆ **Chim.** *Gras des cadavres*, corps gras qui se forme par saponification des tissus animaux restés longtemps plongés dans l'eau ou enfouis dans une terre humide. ◆ **Adv.** *Parler gras*, grasseyer. ◆ *Peindre gras*, peindre par couches épaisses. ■ **Adj. Impr.** Épais, en parlant du trait d'un caractère. ■ *Peau, cheveux gras*, qui sécrètent du sébum leur donnant un aspect luisant. ■ *Acide gras*, constituant des lipides. ■ **Chim.** *Corps gras*, substance d'origine organique, ester de glycérine. ■ N. m. *Faire gras*, manger de la viande. ■ *Discuter le bout de gras*, discuter de tout et de rien. ■ **Adj.** Qui a de la graisse. *Une femme grasse.* ■ **Adv. Fam.** *Il n'y a pas gras à manger*, pas beaucoup à manger.

GRAS-DOUBLE, n. m. [gʀadubl] (*gras* et *double*) La membrane de l'estomac du bœuf. *Un plat de gras-double.* ◆ **Au pl.** *Des gras-doubles.*

GRAS-FONDU n. m. ou **GRAS-FONDURE**, n. f. [gʀafɔ̃dy, gʀafɔ̃dyʀ] (*gras* et *fondu* ou *fondure*) Diarrhée, chez le cheval, accompagnée d'un amaigrissement considérable. ◆ Se dit aussi d'autres animaux. ■ **Au pl.** *Des gras-fondu, des gras-fondures.*

GRASSEMENT, adv. [gʀas(ə)mã] (*gras*) Fort à l'aise. *Vivre grassement.* ◆ Largement, sans lésinerie. *Récompenser grassement.*

GRASSERIE, ■ n. f. [gʀas(ə)ʀi] (*gras*) Maladie contagieuse des vers à soie, provoquée par un virus et caractérisée par l'aspect transparent du corps du ver.

1 **GRASSET, ETTE**, adj. [gʀasɛ, ɛt] (dim. de *gras*) Qui est un peu gras.

2 **GRASSET**, ■ n. m. [gʀasɛ] (1 *grasset*) Partie du membre supérieur des quadrupèdes comprenant la rotule et l'ensemble charnu qui l'entoure. *Il lui donna un coup de fourche dans le grasset.*

GRASSETTE, n. f. [gʀasɛt] (*gras*) Genre de plantes aquatiques.

GRASSEYEMENT, n. m. [gʀasɛj(ə)mã] (*grasseyer*) Défaut de prononciation de celui qui grasseye.

GRASSEYER, v. intr. [gʀasɛje] (*gras*) Prononcer les *r* d'une manière vicieuse. *Cette femme grasseye.* ■ GRASSEYANT, ANTE, adj. [gʀasɛjã, ãt]

GRASSEYEUR, EUSE, n. m. et n. f. [gʀasɛjœʀ, øz] (*grasseyer*) ▷ Celui, celle qui grasseye. ◁

GRASSOUILLET, ETTE, adj. [gʀasujɛ, ɛt] (*gras*) Diminutif de *grasset*. *Un enfant grassouillet et potelé.*

GRATERON ou **GRATTERON**, n. m. [gʀat(ə)ʀɔ̃] (*gratter*) Nom vulgaire du gaillet accrochant, de l'aspérule odorante, de la bardane.

GRATICULE, n. f. [gʀatikyl] (ital. *graticola*, du lat. *craticula*, petite grille, de *cratis*, claie) Châssis préparé pour réduire un tableau.

GRATICULER, v. intr. [gʀatikyle] (ital. *graticolare*, de *graticola*) Diviser un dessin en un certain nombre de carreaux, reproduits en égal nombre, mais en petit, sur un papier ou sur une toile, afin d'en faire une copie réduite. ■ REM. On disait aussi *craticuler*.

GRATIFIANT, ANTE, ■ adj. [gʀatifjã, ãt] (*gratifier*) Qui gratifie, qui procure une certaine satisfaction personnelle. *Une réussite professionnelle gratifiante.*

GRATIFICATION, n. f. [gʀatifikasjɔ̃] (lat. *gratificatio*, libéralité) Libéralité qu'on fait à quelqu'un. ◆ Somme qu'on accorde à des employés comme récompense de leur travail. ■ Avantage pécuniaire venant s'ajouter à un salaire et dont le renouvellement est aléatoire et discrétionnaire. *Primes et gratifications. Les gratifications ont un caractère gratuit.* ■ Ce qui valorise, procure une satisfaction personnelle.

GRATIFIÉ, ÉE, p. p. de gratifier. [gʀatifje]

GRATIFIER, v. tr. [gʀatifje] (lat. *gratificari*, se rendre agréable, de *gratus*, agréable) Accorder un don, une faveur. *Gratifier quelqu'un d'une pension, d'un titre d'honneur.* ◆ Ironiq. et fam. Attribuer mal à propos une chose à quelqu'un. *Il me gratifie de ses bévues.* ◆ Se gratifier, v. pr. S'accorder l'un à l'autre. ■ V. tr. Satisfaire au niveau psychologique. ■ Valoriser ou revaloriser. *La réussite professionnelle l'a gratifié.*

GRATIN, n. m. [gʀatɛ̃] (*gratter*, racler) ▷ Partie de certains mets qui s'attache au fond du vase dans lequel on les a fait cuire. *Le gratin d'une bouillie.* ◁ ◆ Apprêt de certains mets couverts de chapelure et cuits entre deux feux. *Sole au gratin.* ◆ Le mets lui-même. *Un gratin.* ■ **Fam.** *Le gratin*, l'élite de la société. ■ Fine croûte dorée de chapelure et de fromage qui se forme à la surface du mets pendant la cuisson ; ce mets. *Un gratin d'endives. Gratin dauphinois.*

GRATINÉ, ÉE, ■ adj. [gʀatine] (*gratiner*) Qui est cuit en gratin. *Une purée gratinée.* ■ Une *soupe gratinée* ou simplement n. f. *une gratinée*, soupe à l'oignon parsemée de fromage que l'on passe au four pour la gratiner. ■ Fig. et fam. Qui est particulièrement ridicule, qui sort de l'ordinaire. *Une conversation gratinée. Cette fille est particulièrement gratinée !* « *Monsieur Petiot avait déplié le dernier papier. Et voilà le plus gratiné, dit-il. Écoutez bien* », CLAVEL.

GRATINER, v. intr. [gʀatine] (*gratin*) ▷ Se former en gratin, s'attacher au fond du poêlon. ◁ ◆ *Faire gratiner un mets*, le préparer en gratin. ◆ S'emploie aussi avec le pron. pers. *Cela se gratine.* ■ En parlant d'un mets, se couvrir d'une croûte dorée de chapelure et de fromage pendant la cuisson. *Gratiner un plat avant de le servir.*

GRATIOLE, n. f. [gʀasjol] (prob. ital. *graziola*, du lat. *gratia*, faveur, pour les vertus bénéfiques de la plante) Genre de plantes de la famille des scrofularinées. ◆ *Gratiole officinale*, plante employée comme purgatif.

GRATIS, adv. [gʀatis] (lat. *gratis*, par faveur, abl. plur. de *gratia*) Gratuitement, sans qu'il n'en coûte rien. *Ce médecin traite les pauvres gratis. Bal, spectacle, billets gratis.* ◆ ▷ N. m. Dans la chancellerie romaine, remise gratuite. *Obtenir le gratis de ses bulles.* ◁ ■ **Adj.** Gratuit. *Un billet de concert gratis.* ■ REM. On dit aussi *gratos* (fam.). *C'est gratos.*

GRATITUDE, n. f. [ɡʀatityd] (*ingratitude*, par suppression du préf. privatif) Sentiment de gré qu'on a à l'égard de celui qui a rendu service.

GRATOUILLER ou **GRATTOUILLER**, ▪ v. tr. [ɡʀatuje] (*gratter*) Fam. Gratter légèrement, procurer une légère sensation de démangeaison. *Ce pull gratouille* ou *grattouille.*

GRATTAGE, n. m. [ɡʀataʒ] (*gratter*) Action de gratter. ▪ Son résultat.

GRATTE, ▪ n. f. [ɡʀat] (*gratter*) Fam. Guitare. *Jouer de la gratte.* ▪ Petit profit peu licite. ▪ **Belg.** Égratignure.

GRATTÉ, ÉE, p. p. de gratter. [ɡʀate]

GRATTE-CIEL, ▪ n. m. [ɡʀat(ə)sjɛl] (calque de l'anglo-amér. *sky-scraper*, de *sky*, ciel et *to scrape*, gratter) Immeuble d'une très grande hauteur. *Des gratte-ciel* ou *des gratte-ciels.*

GRATTE-CUL, ▪ n. m. [ɡʀat(ə)ky] (*gratter* et *cul*) Le fruit du rosier et en particulier de l'églantier. ◆ Au pl. *Des gratte-cul* ou *culs.*

GRATTE-DOS, ▪ n. m. [ɡʀat(ə)do] (*gratter* et *dos*) Manche dont l'extrémité est pourvue d'une petite main, généralement en bois ou en ivoire, utilisée pour se gratter le dos. *Des gratte-dos.*

GRATTELEUX, EUSE, adj. [ɡʀat(ə)lø, øz] (*grattelle*) Qui a la grattelle.

GRATTELLE, n. f. [ɡʀatɛl] (*gratter*) Menue gale. ▪ **Rem.** Est familier et plutôt vieilli aujourd'hui.

GRATTEMENT, ▪ n. m. [ɡʀat(ə)mɑ̃] (*gratter*) Action de gratter, de se gratter. *Un grattement de tête.* ▪ Bruit lorsqu'on gratte quelque chose. *Entendre un grattement à la porte.*

GRATTE-PAPIER, n. m. [ɡʀat(ə)papje] (*gratter* et *papier*) Péj. Copiste, clerc, expéditionnaire, ou même chétif auteur, écrivain, journaliste. ◆ Au pl. *Des gratte-papier* ou *papiers.*

GRATTE-PIED, ▪ n. m. [ɡʀat(ə)pje] (*gratter* et *pied*) Paillasson dur, parfois métallique, sur lequel on frotte les semelles de ses chaussures pour les nettoyer. *Des gratte-pieds.*

GRATTER, v. tr. [ɡʀate] (prob. germ. occid. *krattôn*, frotter en raclant) Entamer légèrement la superficie. *Gratter une écriture pour l'effacer.* ◆ *Gratter une maison*, enlever la couche noire mise par le temps. ◆ **Fig.** et **fam.** *Gratter le papier*, gagner sa vie en travaillant dans la basse pratique. ◆ Remuer avec ses ongles, avec le sabot, en parlant de certains animaux. ◆ Par extens. *Gratter la terre*, la labourer légèrement. ◆ *Gratter la terre*, se dit aussi de tout labour de la terre. ◆ Frotter légèrement et à diverses reprises la peau avec les ongles ou quelque chose de semblable. *Gratter l'endroit qui démange.* ◆ **Fig.** *Gratter l'épaule à quelqu'un*, chercher à se le rendre favorable. ◆ *Se gratter la tête, l'oreille*, faire le geste de se gratter, ce qui est un signe d'embarras. ◆ Par extens. Faire une impression désagréable sur le sens du goût. *Ce vin gratte le gosier.* ◆ **Fig.** et **fam.** *« Il le gratte par où il se démange »*, Molière. ◆ **V. intr.** Fouiller avec la patte, le pied, le sabot, etc. ◆ **Fig.** Faire de petits profits ou de petites économies. ◆ *Gratter à une porte*, se dit d'une manière respectueuse d'avertir qu'on désire entrer. ◆ Par plaisanterie, *gratter de la guitare, gratter du piano*, jouer de ces instruments. ◆ Se gratter, v. pr. et fam. Exercer un frottement sur la peau. ◆ **Fig.** Se flatter soi-même. ◆ *Ce sont deux ânes qui se grattent*, se dit de deux ignorants qui s'encensent mutuellement. ◆ **Prov.** *Trop parler nuit, trop gratter cuit.* ▪ **V. tr.** Provoquer des démangeaisons. *Ce tissu me gratte.* ▪ **V. intr.** Fam. Travailler. ▪ **V. tr.** *Gratter une allumette*, l'enflammer en la frottant vivement sur l'enduit de la boîte d'allumettes. ▪ En parlant d'une plume de stylo, qui accroche sur le papier. ◆ **Fig.** *Gratter le vernis* ou simplement *gratter*, faire abstraction de l'apparence pour sonder en profondeur. *Il n'est pas si intelligent que ça, quand on gratte le vernis.* ▪ **Fam.** Dépasser, devancer, doubler quelqu'un. *Gratter des concurrents. Gratter une voiture sur l'autoroute. Se faire gratter*, se faire doubler. *Je me suis fait gratter par une moto.* ▪ **V. pr.** Fam. *Tu peux te gratter!* tu n'auras rien de ce que tu demandes.

GRATTERON, ▪ n. m. [ɡʀat(ə)ʀɔ̃] (*gratter*) Voy. GRATERON.

GRATTEUR, EUSE, n. m. et n. f. [ɡʀatœʀ, øz] (*gratter*) Celui, celle qui gratte. ◆ *Gratteur de papier*, mauvais écrivain.

GRATTOIR, n. m. [ɡʀatwaʀ] (*gratter*) Petit instrument propre à effacer l'écriture en grattant le papier. ◆ Il se dit de divers instruments qui servent à gratter. ▪ Grille métallique, paillasson sur lequel on frotte les semelles de chaussures afin de les nettoyer. En appos. *Tapis grattoir.* ▪ Enduit de la boîte d'allumettes contre lequel on frotte l'allumette pour l'enflammer.

GRATTONS, ▪ n. m. pl. [ɡʀatɔ̃] (*gratter*) Graisse animale fondue et salée que l'on consomme après refroidissement. *Brioche aux grattons.* ▪ Charcuterie à base de porc préalablement cuit dans la graisse. *Grattons lyonnais.* ▪ Partie d'un mets qui s'attache au fond du récipient dans lequel on l'a fait cuire.

GRATTOUILLER, ▪ v. tr. [ɡʀatuje] (*gratter*) Voy. GRATOUILLER.

GRATTURE, ▪ n. f. [ɡʀatyʀ] (*gratter*) Techn. Résidus obtenus par grattage d'un matériau ; raclure.

GRATUIT, ITE, adj. [ɡʀatɥi, it] (lat. *gratuitus*) Qu'on donne pour rien. *Consultations gratuites. Enseignement primaire gratuit.* ◆ *À titre gratuit*, sans qu'il en coûte rien. ◆ **N. m.** *Le gratuit.* ◆ *École gratuite*, école où l'enseignement est gratuit. ◆ *Élève gratuit*, élève qui ne paye rien. ◆ ▷ *Don gratuit*, somme que le clergé et certaines provinces octroyaient de temps en temps au roi pour les besoins de l'État. ◆ **Fig.** Qui n'a pas de raison suffisante, pas de motif. *Supposition, méchanceté gratuite.* ▪ Qui se fait bénévolement, sans contrepartie. *Bienveillance gratuite.*

GRATUITÉ, n. f. [ɡʀatɥite] (lat. *gratuitus* lat. médiév. *gratuitas*, faveur) Caractère de ce qui est gratuit. *La gratuité de l'enseignement primaire.* ◆ **Théol.** Ce qui est pur don de Dieu. *La gratuité de la prédestination.* ◆ Ce qui n'est pas payant. *La gratuité des soins pour les personnes en difficultés pécuniaires.* ▪ **Fig.** Caractère de ce qui est fait sans motif ni raison particulière. *La gratuité d'une remarque désobligeante. La gratuité d'un crime.*

GRATUITEMENT, adv. [ɡʀatɥit(ə)mɑ̃] (*gratuit*) D'une manière gratuite, pour rien, sans rétribution. ◆ **Fig.** Sans fondement, sans motif.

GRAU, ▪ n. m. [ɡʀo] (mot occ., du lat. *gradus*, au sens de cours d'un fleuve) Langued. Chenal qui relie une lagune, un étang ou un cours d'eau à la mer. *Des graus.* ▪ Couloir montagneux.

GRAVATIER, n. m. [ɡʀavatje] (*gravats*) Charretier qui enlève les gravois ou décombres.

GRAVATIF, IVE, adj. [ɡʀavatif, iv] (lat. *gravare*, alourdir) **Méd.** Qui consiste en un sentiment de pesanteur. *Douleur gravative.*

GRAVATS, n. m. pl. [ɡʀava] (anc. fr. *gravois*, gros sable, du pré-lat. *grava*, sable, gravier) La partie la plus grossière du plâtre après qu'on l'a sassé. ▪ Débris d'une muraille, d'un bâtiment. *Un tas de gravats.* ▪ **Rem.** On dit aussi, mais plus rarement, *gravois.*

1 **GRAVE**, adj. [ɡʀav] (lat. *gravis*, lourd, sérieux) **Phys.** Qui a un certain poids. *Les corps graves.* ◆ **Fig.** Qui a du poids, du sérieux, de la réserve. *Un grave magistrat.* ◆ Il se dit, en ce sens, des manières, des mœurs, des pensées, du style. ◆ Qui a de l'influence, du poids, de la considération. *Une autorité, un auteur grave.* ◆ Important, de conséquence. *« Et garde-toi de rire en ce grave sujet »*, Boileau. ◆ Qui peut entraîner des conséquences fâcheuses. *Une affaire grave.* ◆ Dangereux. *Blessure, maladie grave.* ◆ **Mus.** Il se dit des sons que produisent un petit nombre de vibrations en une seconde. *Les notes graves de la voix.* ◆ Se dit aussi d'un mouvement d'une certaine lenteur. ◆ *Accent grave*, accent qui est tourné de gauche à droite. ◆ En ce sens, on dit un *a* grave, un *e* grave, un *u* grave, c'est-à-dire marqué de l'accent grave. ◆ **N. m. Phys.** Corps pesant. *La chute des graves.* ◆ Litt. Pensée, style grave. *« Passer du grave au doux »*, Boileau. ◆ **Mus.** Ton grave. *Passer de l'aigu au grave.* ▪ **Fam.** Un peu fou, excentrique, se dit d'une personne qui agit de façon non-conventionnelle. *Il est grave ce type!* ◆ **Adv. Fam.** Avec excès, beaucoup, complètement. *Il jouait les jeunes du moment en disant : je suis grave d'accord avec toi, j'ai grave soif.*

2 **GRAVE**, ▪ n. f. [ɡʀav] (var. de *grève*) **Techn.** Mélange utilisé en couche de base de la constitution d'une route, d'une chaussée.

GRAVÉ, ÉE, p. p. de graver. [ɡʀave]

GRAVELÉE, adj. f. [ɡʀav(ə)le] (*gravelle*) ▷ *Cendre gravelée*, cendre faite avec de la lie de vin qu'on brûle. ◁

GRAVELEUX, EUSE, adj. [ɡʀav(ə)lø, øz] (*gravelle*) Qui est mêlé de gravier. ◆ ▷ **Méd.** Qui est relatif à la gravelle ou qui la dénote. *Affection graveleuse.* ◆ Qui est sujet à la gravelle. ◁ ◆ ▷ **N. m.** Un homme affecté de la gravelle. ◁ ◆ **Fig.** Qui est trop libre et voisin de l'obscénité. *Conte graveleux.*

GRAVELLE, n. f. [ɡʀavɛl] (dimin. de l'anc. fr. *grava*, sable, grève) ▷ **Méd.** Nom donné à de petits corps granuleux que dépose l'urine de certaines personnes. ◆ Maladie qui consiste en des urines chargées de cette gravelle. ◆ Nom donné à la lie de vin desséchée. ◁

GRAVELURE, n. f. [ɡʀav(ə)lyʀ] (*graveleux*) Propos trop libre et voisin de l'obscénité. ▪ **Rem.** Est rare aujourd'hui.

GRAVEMENT, adv. [ɡʀav(ə)mɑ̃] (*grave*) Avec gravité, d'une manière composée. ◆ Dangereusement, d'une manière à entraîner de fâcheuses conséquences. *Gravement malade.* ◆ **Mus.** Indique un mouvement lent, mais moins lent que celui qui est indiqué par *lentement.*

GRAVER, v. tr. [ɡʀave] (anc. b. frq. *graban*, creuser) Tracer quelque figure avec le burin, avec le ciseau. ◆ **Fig.** *« Ses rides sur son front ont gravé ses exploits »*, P. Corneille. ◆ **Absol.** *Graver sur l'airain*, en creux, en relief, etc. ◆ Graver sur une planche de cuivre, sur le bois la copie d'un tableau, d'un dessin, des lettres, etc. *Graver un tableau, de la musique.* ◆ **Absol.** *Graver*, graver sur le cuivre, sur bois, et activ. *graver un bois.* ◆ *Graver une médaille, une monnaie*, graver le poinçon avec lequel on frappe cette médaille, cette monnaie. ◆ *Graver des caractères d'imprimerie*, graver les poinçons avec lesquels on frappe les matrices employées à la fonte des caractères. ◆ **Fig.** Empreindre, marquer. *Gravez ces paroles dans vos cœurs.* ◆ Se graver,

v. pr. Être gravé. ♦ **Fig.** Être empreint profondément. ▪ **V. tr.** Enregistrer en traçant un sillon. *Graver un disque vinyle.* ▪ Inscrire des données sur un support informatique au moyen d'un faisceau laser. *Graver un cédérom, un DVD.*

GRAVES, ▪ n. f. pl. [gʀav] (var. de *grève*) **Géol.** Terrains datant de l'époque tertiaire en Gironde. ▪ N. m. Vin provenant des vignobles situés sur des graves, en Gironde. *Un bon graves.*

GRAVETTIEN, ▪ n. m. [gʀavetjɛ̃] (*Gravette*, en Dordogne) Culture et industrie découvertes pour la première fois sur le site de la Gravette en Dordogne, que l'on situe entre − 28 000 et − 20 000 ans, caractérisées par la maîtrise parfaite de la technique du débitage des lames produisant un type particulier de pointe aiguë en silex appelée *pointe de la Gravette.* ▪ **Adj.** *Gravettien, ienne.*

GRAVEUR, EUSE, n. m. [gʀavœʀ, øz] (*graver*) Celui, celle dont la profession est de graver. *Graveur sur acier, sur bois.* ♦ **Adj.** Apprenti graveur. ▪ N. m. Appareil qui permet d'enregistrer et de graver des données sur un cédérom ou un DVD. ▪ N. m. et n. f. Artiste qui utilise les procédés de gravure pour son art. *Un graveur spécialisé dans la lithographie.*

GRAVI, IE, p. p. de gravir. [gʀavi]

GRAVIDE, ▪ adj. [gʀavid] (lat. *gravida,* enceinte, de *gravis,* lourd) **Méd.** *Utérus gravide,* utérus contenant le fœtus et ses annexes (placenta, cordon ombilical, membranes, liquide amniotique, etc.). ▪ **Par extens.** Qui est en période de gestation ; pleine, en parlant d'une femelle de mammifère.

GRAVIDIQUE, ▪ adj. [gʀavidik] (*gravide*) **Méd.** Relatif à la grossesse. *Des problèmes gravidiques.*

GRAVIDITÉ, ▪ n. f. [gʀavidite] (lat. *graviditas*) **Méd.** État de gestation. *Les nausées matinales sont un des signes de gravidité chez la femme. Utérus fragilisé par la gravidité.*

GRAVIER, n. m. [gʀavje] (anc. fr. *grave,* grève) Gros sable mêlé de fort petits cailloux. ♦ Petite pierre qui se trouve dans le sédiment des urines.

GRAVIÈRE, ▪ n. f. [gʀavjɛʀ] (*gravier*) Carrière de graviers.

GRAVIFIQUE, ▪ adj. [gʀavifik] (lat. *gravis,* lourd) **Phys.** Relatif à la gravité. *Un champ gravifique constant.*

GRAVILLON, ▪ n. m. [gʀavijɔ̃] (*gravier*) Gravier très fin.

GRAVILLONNER, ▪ v. tr. [gʀavijɔne] (*gravillon*) Recouvrir de gravillons. *Gravillonner une chaussée puis la cylindrer. Terrasse gravillonnée.* ▪ GRAVILLONNAGE, n. m. [gʀavijɔnaʒ]

GRAVILLONNEUSE, ▪ n. f. [gʀavijɔnøz] (*gravillonner*) **Techn.** Engin de travaux publics utilisé pour répandre les gravillons uniformément sur une route goudronnée au préalable.

GRAVILLONNEUX, EUSE, ▪ adj. [gʀavijɔnø, øz] (*gravillonner*) Recouvert de gravillons. *Le lit gravillonneux d'une rivière. Route gravillonneuse.*

GRAVIMÉTRIE, ▪ n. f. [gʀavimetʀi] (lat. *gravis,* lourd et *-métrie*) **Phys.** Mesure et interprétation de la pesanteur à la surface du globe. ▪ GRAVIMÉTRIQUE, adj. [gʀavimetʀik] ▪ GRAVIMÈTRE, n. m. [gʀavimɛtʀ] *Le gravimètre sert entre autres à des recherches géophysiques pour le sous-sol.*

GRAVIR, v. intr. [gʀaviʀ] (anc. b. frq. *krawjan,* s'aider de ses griffes, de *krawa,* griffe) Monter avec effort à quelque endroit escarpé en s'aidant des pieds et des mains. ♦ **V. tr.** Gravir une muraille. ♦ Monter avec effort une pente raide. *Gravir jusqu'au sommet de la colline.* ♦ **V. tr.** Gravir les monts. ▪ **Fig.** Franchir progressivement. *Gravir les échelons de l'échelle sociale.*

GRAVISSET, GRAVISSON ou **GRAVISSEUR,** n. m. [gʀavisɛ, gʀavisɔ̃, gʀavisœʀ] (*gravir*) Un des noms vulgaires du grimpereau.

GRAVISSIME, ▪ adj. [gʀavisim] (lat. *gravissimus,* superl. de *gravis,* lourd) Qui est extrêmement grave. *Une faute gravissime.*

GRAVITANT, ANTE, adj. [gʀavitɑ̃, ɑ̃t] (*graviter*) Qui gravite.

GRAVITATION, n. f. [gʀavitasjɔ̃] (*graviter*) **Phys.** Force en vertu de laquelle tous les corps célestes pèsent les uns sur les autres en raison directe de leur masse et en raison inverse du carré de leur distance. ▪ GRAVITATIONNEL, ELLE, adj. [gʀavitasjɔnɛl] ▪ GRAVITATIONNELLEMENT, adv. [gʀavitasjɔnɛl(ə)mɑ̃]

GRAVITÉ, n. f. [gʀavite] (lat. *gravitas,* pesanteur) Pesanteur. « *La figure des corps ne change en rien leur gravité* », VOLTAIRE. ♦ *Centre de gravité,* point d'un corps situé de telle façon qu'une force appliquée en ce point tiendra le corps en équilibre. ♦ **Fig.** Qualité d'une personne grave ou d'une chose grave. *Perdre sa gravité. Discours plein de gravité.* ♦ Qualité du style grave. ♦ Importance. *La gravité du sujet, des circonstances.* ♦ Caractère dangereux. *La gravité d'une maladie.* ♦ Il se dit d'un son par rapport aux sons plus aigus. *La gravité d'un son, de la voix.*

GRAVITER, v. intr. [gʀavite] (lat. sav. mod. *gravitare,* sur le radic. du lat. *gravitas*) **Phys.** Être animé de la force dite *gravitation.* ♦ **Fig.** Tendre vers.

« *Toutes les sociétés gravitent vers le despotisme et la dissolution* », RAYNAL. ▪ **Fig.** *Graviter autour de,* évoluer autour de. *Les personnes qui gravitent autour du président.*

GRAVOIS, n. m. pl. [gʀavwa] Voy. GRAVATS.

GRAVURE, n. f. [gʀavyʀ] (*graver*) L'art de graver. *Gravure sur acier, sur bois.* ♦ L'ouvrage du graveur. *La gravure de ces planches est fort soignée.* ♦ Estampe. ♦ **Archit.** Tout ouvrage de sculpture de peu de profondeur. ▪ Image reproduisant un tableau, une photographie, etc. ▪ Fait d'enregistrer en traçant un sillon. *La gravure d'un disque vinyle ;* son résultat. ▪ Fait d'inscrire des données sur un support informatique au moyen d'un faisceau laser. *La gravure d'un cédérom ou d'un DVD.*

GRAY, ▪ n. m. [gʀɛ] (Louis Harold *Gray,* 1901-1978, physicien angl.) **Métrol.** Unité de mesure de la dose absorbée de radiation, c'est-à-dire la quantité d'énergie communiquée à la matière par unité de masse (symbole, Gy). *Des grays. Un gray équivaut à un joule absorbé par kilogramme de matière.*

GRÉ, n. m. [gʀe] (lat. *gratum,* chose agréable, neutre de *gratus*) Ce qui plaît, ce qui convient, ce qui est agréable à la volonté. *Se marier contre le gré de ses parents.* ♦ *Avoir quelque chose en gré,* le recevoir en gré, le prendre en gré, agréer, trouver bon quelque chose. ♦ *Prendre en gré quelqu'un,* se plaire avec lui. ♦ *À gré,* agréable, qui convient. ♦ *Trouver quelqu'un à son gré,* le trouver agréable. ♦ *Au gré de,* suivant la volonté de, suivant le désir, suivant ce qui plaît à. ♦ **Fig.** *Voguer au gré des flots.* ♦ **Fig.** *Au gré de,* suivant l'opinion de. « *Le sang, à votre gré, coule trop lentement* », RACINE. ♦ *De gré ou de force,* de bonne volonté ou malgré soi. ♦ *De gré à gré,* à l'amiable. « *Les hommes n'obéissent de bon gré qu'aux lois qu'ils se sont faites pour le bien de la société* », VOLTAIRE. ♦ *Bon gré mal gré,* volontairement ou de force. ♦ *Bon gré malgré qu'il en ait,* qu'il le veuille ou non. ♦ Gratitude, reconnaissance. « *Il y a des volontés de Dieu qui n'exigent de nous autre chose que le gré du cœur* », BOURDALOUE. ♦ *Savoir gré, bon gré de,* être satisfait de. ♦ *Se savoir gré de,* s'applaudir de. ♦ *Savoir mauvais gré, peu de gré de,* être mal satisfait de. ▪ *De mon plein gré, de son plein gré, etc.,* volontairement. *J'y suis allé de mon plein gré.*

GRÉAGE, ▪ n. m. [gʀeaʒ] Voy. GRÉEMENT.

GRÈBE, n. m. [gʀɛb] (mot savoyard, d'orig. inc.) Oiseau aquatique dont le plumage est d'un blanc argenté. ♦ Se dit aussi des plumes de ces oiseaux. *Un manchon de grèbe.*

GRÉBICHE ou **GRÉBIGE,** ▪ n. f. [gʀebiʃ, gʀebiʒ] (orig. inc. ; *gribiche*) **Impr.** Numéro afférent à un imprimé, inscrit sur les registres d'un imprimeur. ▪ Petite pièce métallique renforçant le bord de vêtements ou d'articles de maroquinerie.

GREC, ECQUE, adj. [gʀɛk] (lat. *graecus*) Qui est de Grèce, qui appartient à la Grèce. *La nation grecque.* ♦ Qui a rapport aux usages, à la langue des Grecs. ♦ *Y grec,* la pénultième des lettres de l'alphabet français. ♦ *Profil grec,* profil dans lequel le front et le nez se trouvent sur une ligne droite. ♦ *L'Église grecque,* l'Église d'Orient, qui diffère de l'Église romaine sur quelques points de dogme et sur l'autorité du pape. ♦ N. m. et n. f. *Grec, Grecque,* celui, celle qui habite la Grèce. ♦ Celui, celle qui appartient à l'Église grecque. ♦ *L'empire des Grecs,* l'empire d'Orient ou Bas-Empire. ▪ N. m. *Le grec,* la langue grecque. ▪ **Fig.** *Cela est du grec pour moi,* je n'y entends rien. ♦ **Fam.** *Un grec,* un homme qui filoute au jeu[1]. ♦ *À la grecque,* à la manière des Grecs. ▪ *À la grecque,* se dit de légumes assaisonnés d'huile d'olive et d'aromates. *Des champignons à la grecque.* ▪ **Rem.** 1 : Expression diffamatoire.

GRÉCISÉ, ÉE, p. p. de gréciser. [gʀesize]

GRÉCISER, ▪ v. tr. [gʀesize] (*grec*) Donner une forme grecque à un mot d'une autre langue.

GRÉCITÉ, ▪ n. f. [gʀesite] (b. lat. *græcitas*) L'ensemble de la langue grecque. *Haute grécité,* le grec ancien. *Basse grécité,* le grec des bas temps de l'empire d'Orient. ♦ Qualité de ce qui est ou n'est pas grec. *Fixer la grécité d'un mot.*

GRÉCO..., ▪ [gʀeko] Préfixe, du latin *graecus,* grec, et servant à construire des adjectifs composés. *Gréco-romain.*

GRÉCO-BOUDDHIQUE, ▪ adj. [gʀekobudik] (*gréco-* et *bouddhique*) **Didact.** Se dit de l'art bouddhique en Inde qui présente des caractéristiques de l'art grec ancien. *Une vasque gréco-bouddhique.*

GRÉCO-LATIN, INE, ▪ adj. [gʀekolatɛ̃, in] (*gréco-* et *latin*) Relatif à la fois au grec et au latin. *Des études gréco-latines.*

GRÉCO-ROMAIN, AINE, adj. [gʀekoʀɔmɛ̃, ɛn] (*gréco-* et *romain*) Qui appartient aux Grecs et aux Romains. *L'architecture gréco-romaine.* ▪ *Lutte gréco-romaine,* lutte qui exclut les coups et qui ne permet pas les prises au-dessus de la ceinture.

GRECQUE, n. f. [gʀɛk] (fém. substantivé de *grec*) Ornement composé d'une suite de lignes brisées à angles droits et rentrant sur elles-mêmes. ▪ **Techn.** Scie de relieur ; entaille que l'on obtient avec la grecque, permettant de placer la ficelle qui reliera les cahiers assemblés.

1 **GREDIN, INE**, n. m. et n. f. [gʀədɛ̃, in] (m. néerl. *gredich,* avide) Mendiant, mendiante (vieilli en ce sens). ◆ **Fig.** Une personne qui ne mérite aucune considération, qui est sans bien et sans bonnes qualités. ■ **Fam.** Garnement.

2 **GREDIN, INE**, n. m. et n. f. [gʀədɛ̃, in] (1 *gredin*) Petit chien à longs poils.

GREDINER, v. intr. [gʀədine] (1 *gredin*) ▷ Faire le gredin, agir en gredin. ◁

GREDINERIE, n. f. [gʀədin(ə)ʀi] (1 *gredin*) **Fam.** Action de gredin, bassesse. ■ **Rem.** Est vieilli aujourd'hui.

GRÉÉ, ÉE, p. p. de gréer. [gʀee]

GRÉEMENT ou **GRÉAGE**, n. m. [gʀemã] (*gréer*) **Mar.** L'ensemble de tous les cordages ou manœuvres nécessaires pour gréer un bâtiment. ◆ On dit dans un sens analogue : *Le gréement d'un mat, d'une vergue.* ◆ Art, action de gréer les bâtiments. ◆ Manière de gréer. ■ On écrivait aussi *grément* autrefois.

GREEN, ■ n. m. [gʀin] (*ee* se prononce *i*. Mot angl., vert) Au golf, surface gazonnée et tondue ras sur laquelle se trouve le trou et où l'on utilise obligatoirement un club particulier, *le putter. Des greens.*

GRÉER, v. tr. [gʀee] (anc. nord. *greida,* équiper, arranger) **Mar.** Garnir un bâtiment de voiles, poulies, manœuvres, etc. dont il a besoin pour naviguer. ◆ Par extens. *Gréer un mât, une vergue.*

GRÉEUR, n. m. [gʀeœʀ] (*gréer*) Ouvrier qui grée les bâtiments.

1 **GREFFE**, n. m. [gʀɛf] (lat. *graphium,* style, poinçon) Le lieu d'un tribunal où l'on dépose les minutes des actes de procédure, et où se font certaines déclarations, certains dépôts.

2 **GREFFE**, n. f. [gʀɛf] (emploi métaph. de l'anc. fr. *grefe,* du lat. *graphium,* poinçon) Opération par laquelle on ente sur une petite branche, un œil emprunté à un autre arbre, afin que la fleur ou le fruit de celui-ci soit porté sur celui-là. ◆ Jeune tige ou portion d'écorce pourvue d'un ou de plusieurs bourgeons qu'on transporte sur un autre individu. ■ **Chir.** Opération par laquelle on transfère un organe, un tissu sur un individu ; organe, tissu ainsi transféré.

GREFFÉ, ÉE, p. p. de greffer. [gʀefe]

GREFFER, v. tr. [gʀefe] (2 *greffe*) Faire une greffe. ◆ **Absol.** *Il y a plusieurs manières de greffer.* ◆ **Fig.** « *La législation anglaise est comme un arbre antique sur lequel les légistes ont greffé sans cesse les rejetons les plus étrangers* », Tocqueville. ◆ Se greffer, v. pr. Être greffé. ■ S'ajouter. *Des actions qui se greffent à d'autres.* ■ **GREFFAGE**, n. m. [gʀefaʒ]

GREFFEUR, n. m. [gʀefœʀ] (*greffer*) Celui qui greffe, qui sait greffer.

GREFFIER, IÈRE, n. m. et n. f. [gʀefje, jɛʀ] (lat. impér. *graphiarius,* relatif aux styles) Fonctionnaire qui tient le greffe, écrit les minutes des jugements, des arrêts, et assiste le juge dans certaines occasions. ■ N. m. Chat. « *Des greffiers mignons y en a plus bezef ; Ils sont tous devenus terrine du chef.* », Perret.

GREFFOIR, n. m. [gʀefwaʀ] (*greffer*) Instrument pour greffer.

GREFFON, ■ n. m. [gʀefɔ̃] (*greffe*) **Hortic.** Partie d'une plante que l'on greffe sur une autre. ■ Fragment de tissu transplanté lors d'une greffe.

GRÉGAIRE, ■ adj. [gʀegɛʀ] (lat. *gregarius,* du troupeau, du commun) Qui caractérise les individus qui vivent en troupeau. *Une espèce grégaire.* ■ Qui pousse les hommes à se rallier à un groupe. *Je n'aime pas cet esprit grégaire.* ■ *Instinct grégaire,* tendance naturelle à se rassembler avec les autres éléments d'un même groupe pour adopter le même comportement. *Les moutons de Panurge avaient l'instinct grégaire, certains mouvements de foule aussi.*

GRÉGARINE, ■ n. f. [gʀegaʀin] (lat. *gregarius*) **Zool.** Protozoaire vivant en groupe et qui parasite l'intestin de certains invertébrés. *La plus grande espèce de grégarine est la grégarine du homard.*

GRÉGARISATION, ■ n. f. [gʀegaʀizasjɔ̃] (*grégaire*) Évolution vers la grégarité. *La grégarisation ne serait qu'une manifestation secondaire provoquée par l'augmentation de la densité de l'espèce.*

GRÉGARISME, ■ n. m. [gʀegaʀism] (*grégaire*) Tendance à vivre en groupe ou en suivant les comportements d'un groupe. *Le grégarisme des sauterelles se rassemblant en nuage.*

GRÉGARITÉ, ■ n. f. [gʀegaʀite] (*grégaire*) État de ce qui relève de l'attitude de troupeau, de groupe agissant d'un seul mouvement. *Chez certaines espèces, la grégarité est souvent un moyen de défense contre les prédateurs et elle est particulièrement observée sur les individus jeunes et de petite taille.*

GRÈGE, adj. [gʀɛʒ] (ital. *greggio,* qui est à l'état naturel, de *grex,* troupeau ; cf. *gregarius,* commun, vulgaire) *Soie grège,* celle que l'on tire directement des cocons en les dévidant. ◆ N. m. *Des grèges.* ◆ On dit aussi : *Fil grège.* ■ D'une couleur entre le beige et le gris. ■ **Rem.** Graphie ancienne : *grége.*

GRÉGEOIS, n. m. [gʀeʒwa] (lat. pop. *græciscus,* de *græcus,* grec) Anciennement, nom du peuple dit aujourd'hui les Grecs. ◆ **Adj. m.** Employé seulement aujourd'hui dans cette locution : *Feu grégeois,* composition de matières combustibles.

GRÉGORIEN, IENNE, adj. [gʀegɔʀjɛ̃, jɛn] (lat. *Gregorius*) *Chant grégorien,* le plain-chant d'Église, dont l'invention est attribuée au pape Grégoire Ier. ◆ *Calendrier grégorien,* réformation de l'ancien calendrier faite par l'ordre du pape Grégoire XIII, en 1582. ■ **Rem.** Le calendrier grégorien est toujours en vigueur.

GRÈGUE, n. f. [gʀɛg] (provenç. *grégo,* grec) ▷ Haut-de-chausses, culotte ; on ne le dit plus qu'au pluriel. ◆ *Tirer ses grègues,* s'enfuir. ◆ **Pop.** *Laisser ses grègues,* mourir. ◁

1 **GRÊLE**, adj. [gʀɛl] (lat. *gracilis*) Long et menu. *Une tige grêle. Des jambes grêles.* ◆ **Anat.** *Intestin grêle,* la portion d'intestin qui s'étend depuis l'estomac jusqu'au cæcum exclusivement. ◆ **Par extens.** Se dit de ce qui est chétif, non suffisamment plein ou développé. *Une physionomie grêle.* ◆ Se dit d'une voix aiguë et faible. ◆ *Ton grêle,* le ton le plus haut d'un cor ou d'une trompette. ◆ **N. m.** en ce sens. *Sonner du grêle* ou *sonner grêle.*

2 **GRÊLE**, n. f. [gʀɛl] (*grêler*) Météore aqueux formé par de l'eau qui, congelée en l'air, tombe par grains de glace. ◆ ▷ **Fam.** *On le craint comme la grêle,* se dit d'un homme qui fait beaucoup de mal en un pays. ◁ ◆ **Fig.** *La grêle est tombée sur votre jardin, sur vos vignes,* c'est un grand malheur pour vous, une grande perte. ◆ **Fig.** Quantité considérable. *Une grêle de pierres. Une grêle de coups.* ◆ **Méd.** Tumeur qui se développe dans le tissu des paupières, dite aussi *chalazion.* ■ **Rem.** Auj., en médecine, n'utilise plus que le terme *chalazion,* qui est la transcription du mot grec initial, *khalazia* qui semble être également à l'origine du mot *grêle* dans ce sens.

GRÊLÉ, ÉE, p. p. de grêler. [gʀele] ▷ **Fig.** *Avoir l'air grêlé,* être mal vêtu, avoir l'air misérable. ◁ ◆ **Fig.** Marqué de la petite vérole. ◆ N. m. et n. f. *Un grêlé, une grêlée.* ◆ **Hérald.** Il se dit des couronnes de marquis ou de comte qui sont chargées d'un rang de grosses perles rondes.

GRÊLER, v. impers. [gʀele] (frq. *grisilôn,* grêler) Se dit quand il tombe de la grêle. *Il grêle.* ◆ ▷ **Fig.** *Grêler sur le persil,* exercer son influence, son pouvoir, sa critique sur des gens faibles, ou dans des choses de peu de conséquence. ◁ ◆ **V. tr.** Endommager par la grêle. *L'orage a grêlé nos vignes.* ◆ Il se dit aussi des personnes dont les propriétés ont été grêlées. *Je suis grêlé.* ◆ ▷ **Fig.** *Cet homme a été grêlé,* il a fait de grandes pertes, il a eu de grandes infortunes. ◁

GRELET, ■ n. m. [gʀəle] (Berry, var. de *grillon*) Grillon. « *[Enfant] noir comme un grelet. Et quand je mets la petite Fadette en comparaison avec un grelet, c'est vous dire qu'elle n'était pas belle, car ce pauvre petit cricri des champs est encore plus laid que celui des cheminées* », Sand.

GRELIN, n. m. [gʀəlɛ̃] (1 *grêle,* pour la minceur) **Mar.** Tout cordage dont la grosseur est au-dessous de celle du câble.

GRÊLON, n. m. [gʀelɔ̃] (*grêle*) Grain de grêle.

GRELOT, n. m. [gʀəlo] (radic. germ. *grel/i/ol/ull-,* évoquant des sons variés) Petite boule de métal creuse et percée de trous, renfermant un morceau de métal mobile qui la fait résonner dès qu'on la remue. ◆ ▷ **Fig.** *Attacher le grelot,* faire la première tentative dans une affaire hasardeuse. ◁ ◆ Insigne que porte la marotte de la Folie. ◆ **Bot.** *Fleurs en grelot,* fleurs qui ont la forme d'un grelot. ■ **Fam.** *Avoir les grelots,* avoir peur.

GRELOTTANT, ANTE, adj. [gʀəlɔtã, ãt] (*grelotter*) Tremblant de froid. ■ **Litt.** Au petit bruit tremblotant, grêle, cristallin comme celui d'un grelot. *Le timbre grelottant d'une sonnette de bicyclette. Une voix grelottante de peur.*

GRELOTTEMENT, ■ n. m. [gʀəlɔt(ə)mã] (*grelotter*) Fait de grelotter. ■ **Litt.** Petit bruit cristallin, ressemblant à celui d'un grelot. *Grelottement de téléphone, de sonnette.* « *Raclements, grelottements inconnus, chute bruyante d'un caillou à l'intérieur des cloisons* », Le Clézio.

GRELOTTER, v. intr. [gʀəlote] (*grelot*) Trembler de froid. ■ **Litt.** Émettre un petit bruit cristallin, comme le fait un grelot.

GRELUCHE, ■ n. f. [gʀəlyʃ] (*greluchon,* amant de cœur d'une femme entretenue) Prostituée. « *Les greluches se taillaient, pressées maintenant d'aller rejoindre leurs Jules. On entendait claquer leurs talons sur les dalles* », Simonin. ■ **Fam.** et péj. En parlant d'une personne de sexe féminin.

GRÉMENT, n. m. [gʀemã] Voy. gréement.

GRÉMIAL, n. m. [gʀemjal] (lat. *gremium,* giron) Morceau d'étoffe qu'on met sur les genoux du prélat officiant quand il s'assied. ◆ Au pl. *Des grémiaux.*

GRÉMIL, n. m. [gʀemil] (p.-ê. *gruinum milium,* mil de grue, du lat. *grus,* grue) Plante de la famille des borraginées, à graines nettes et très dures.

GRÉMILLE, n. f. [gʀemij] La perche goujonnière. ■ **Rem.** Graphie ancienne : *gremille* [gʀ] ou [əmij]

GRENACHE, n. m. [ɡʀənaʃ] (ital. *vernaccia*, de *Vernazza*, près de La Spezia) *Grenache blanc, grenache noir*, cépages estimés des Pyrénées orientales. ♦ *Vin de grenache*, vin de liqueur fait avec le grenache.

GRENADAGE, ▪ n. m. [ɡʀənadaʒ] (*grenade*) **Milit.** Attaque à la grenade ou lancement de grenades. *Un grenadage par hélicoptère.* ▪ **Par extens.** *Le déclenchement préventif d'avalanche par grenadage.*

GRENADE, n. f. [ɡʀənad] (lat. [*malum*]*granatum*, pomme à grains) Fruit du grenadier. ♦ Fleur des grenadiers de nos jardins qui ne donnent pas de fruit. ♦ Boule de fer creuse qu'on remplit d'étoupes et de poudre, et à laquelle on met le feu par une fusée, pour la jeter à la main dans un poste ennemi. ♦ Ornement militaire qui représente une grenade.

GRENADER, ▪ v. tr. [ɡʀənade] (*grenade*) **Milit.** Attaquer à la grenade ou de lancer des grenades. *Au large de Gibraltar, un sous-marin allemand s'est fait grenader sans nous causer de dégâts.*

GRENADEUR, ▪ n. m. [ɡʀənadœʀ] (*grenade*) **Milit.** Machine destinée au lancement des grenades sous-marines, et qui a été remplacée par le lance-roquettes et les lance-missiles. *Les grenadeurs ont été beaucoup utilisés au cours des deux guerres mondiales.*

GRENADIER, n. m. [ɡʀənadje] (*grenade*) Arbre originaire d'Afrique, de la famille des myrtacées, qui produit les grenades. ♦ Autrefois, soldat qui était chargé de lancer à la main les grenades. ♦ Aujourd'hui, soldat d'élite qui forme la première compagnie des bataillons d'infanterie, et qui est d'une taille élevée. ◁ ▷ **Fig.** *C'est un grenadier*, se dit d'une femme de haute taille qui a les manières libres et hardies. ◁ ♦ **Adj.** *Ton grenadier.*

GRENADIÈRE, n. f. [ɡʀənadjɛʀ] (*grenade*) Gibecière dans laquelle autrefois un grenadier portait des grenades. ♦ Nom de la seconde capucine d'un fusil, à laquelle s'attache la bretelle.

GRENADILLE, n. f. [ɡʀənadij] (empr. à l'hisp.-amér. *granadilla*, fleur et fruit de la Passion, de *granada*, grenade, par ressemblance avec ce fruit) Plante d'Amérique, dite aussi *fleur de la passion.*

GRENADIN, n. m. [ɡʀənadɛ̃] (*grenade*, par ressemblance de couleur, pour l'oiseau et l'œillet) Petit oiseau d'Afrique. ♦ Volaille farcie. ♦ Espèce d'œillet. ♦ **Adj.** *Sirop grenadin*, sirop contre la toux fait avec du jus de grenade. ♦ Tranche ronde et peu épaisse de veau, peut-être par référence étymol. dans ce sens avec l'épaisseur du fruit. *Un grenadin de veau saisi à la poêle.*

1 **GRENADINE**, n. f. [ɡʀənadin] (*grenade*, sorte de soie grenue, de *grain* pour son aspect) Soie qu'on emploie dans la fabrication de la dentelle noire. ♦ Barège de soie.

2 **GRENADINE**, ▪ n. f. [ɡʀənadin] (*grenade*) Sirop fait à partir de jus de grenade, puis de divers fruits rouges. *Un cocktail à base de jus d'ananas, de cognac et de sirop de grenadine.*

GRENAGE, n. m. [ɡʀənaʒ] Voy. **GRAINAGE.**

GRENAILLE, n. f. [ɡʀənaj] (*graine*) Graine de rebut qui sert à nourrir la volaille. ♦ Métal réduit en petits grains. ▪ Variété de toute petite pomme de terre. *Des grenailles farcies aux escargots et aux noisettes.*

GRENAILLÉ, ÉE, p. p. de grenailler. [ɡʀənaje]

GRENAILLEMENT, n. m. [ɡʀənaj(ə)mã] (*grenailler*) Action de grenailler ; réduction en grenailles.

GRENAILLER, v. tr. [ɡʀənaje] (*grenaille*) Mettre un métal en petits grains.

GRENAISON, ▪ n. f. [ɡʀənɛzõ] (*grener*) **Agric.** Formation des grains céréaliers. ▪ **Prov.** *Année de hannetons, année de grenaison.*

GRENAT, n. m. [ɡʀəna] (lat. *granatum*, grenade) Pierre fine ayant une couleur d'un rouge qu'on a comparé au rouge de la grenade. ♦ *Faux grenat*, cristal d'un rouge obscur. ♦ Sorte de toile damassée. ▪ **Adj. inv.** Rouge sombre. *Des robes grenat.*

GRENAUT, n. m. [ɡʀəno] (orig. inc.) Poisson à fort grosse tête.

GRENÉ, ÉE, p. p. de grener. [ɡʀəne] N. m. État grenu, surface grenue. *Le grené d'une meule.* ♦ Les parties d'un dessin, d'une gravure, etc. offrant une multitude de points très rapprochés les uns des autres. *Un beau grené.*

GRENELÉ, ÉE, p. p. de greneler. [ɡʀən(ə)le]

GRENELER, v. tr. [ɡʀən(ə)le] (*grener*) Faire paraître du grain sur une surface, comme on fait sur le cuir du chagrin.

GRENER, v. intr. [ɡʀəne] Voy. **GRAINER.**

GRENETER, v. tr. [ɡʀən(ə)te] (*grain*) Faire le grain sur le cuir avec un fer. ♦ Enrichir d'ornements en forme de grains.

GRÈNETERIE, n. f. [ɡʀɛnɛt(ə)ʀi] Voy. **GRAINETERIE.**

GRÈNETIER, IÈRE, n. m. et n. f. [ɡʀɛn(ə)tje, jɛʀ] Voy. **GRAINETIER, IÈRE.**

GRÈNETIS, n. m. [ɡʀɛn(ə)ti] (anc. et moy. fr. *greneter*, travailler le cuir, le métal) Cordon, en forme de grain, qui enferme les légendes des monnaies, des médailles.

GRENETTE, n. f. [ɡʀənɛt] (dim. de *graine*) Grains de poudre qui restent sur le tamis lorsqu'on passe la poudre sèche.

GRENIER, n. m. [ɡʀənje] (lat. *granarium*) Partie la plus haute d'un bâtiment, destinée à serrer les blés et les fourrages. *Grenier à blé, à foin.* ♦ ▷ **Fig.** *C'est un grenier à coups de poing*, se dit d'un enfant qu'on ne peut corriger, quelque châtiment qu'on lui inflige. ◁ ♦ **Fig.** En général, *grenier à*, chose qui produit beaucoup de. « *C'est un beau grenier à tracasserie* », VOLTAIRE. ♦ *Greniers publics* ou *greniers d'abondance*, magasins où l'on tient des grains en réserve pour les temps de disette. ♦ *Grenier à sel*, lieu où l'on débitait le sel sous la surveillance de l'autorité. ♦ **Par extens.** Dernier étage d'une maison, celui qui est sous les toits. « *Corneille et La Fontaine moururent dans des greniers* », VOLTAIRE. ♦ **Fam.** *Chercher depuis la cave jusqu'au grenier*, chercher dans tous les endroits de la maison. ♦ ▷ **Fig.** *Il va du grenier à la cave*, se dit d'un homme qui a des inégalités dans son humeur, ou dont les propos ne se suivent pas ; et de celui qui n'écrit pas droit. ◁ ♦ **Fig.** Province, pays fertile dont on tire beaucoup de blé. *La Beauce est un des greniers de Paris.* ♦ Bateau, navire chargé à même. *Charger en grenier du blé, du charbon.* ▪ Vide-grenier, Voy. **VIDE-GRENIER.**

GRENOUILLE, n. f. [ɡʀənuj] (lat. *ranuncula*) Petit animal qui appartient aux reptiles batraciens, de la famille des anoures. ♦ **Pop.** La somme d'argent qui a été mise en réserve par une association. ♦ ▷ *Manger, faire sauter la grenouille*, dérober cette somme d'argent. ◁

GRENOUILLER, v. intr. [ɡʀənuje] (*grenouille*) **Pop.** et **vieilli** Ivrogner. ▪ Barboter. ▪ **Fig.** *Grenouiller dans une affaire louche.*

GRENOUILLÈRE, n. f. [ɡʀənujɛʀ] (*grenouille*) Lieu marécageux où les grenouilles se retirent. ♦ **Fig.** Lieu humide et malsain. *Ce jardin est une grenouillère.* ▪ Vêtement confortable de nourrisson, d'une seule pièce, à manches longues et incluant les pieds. *Grenouillères en tissu éponge.*

GRENOUILLET, n. m. [ɡʀənujɛ] (*grenouille*) Espèce de muguet sauvage, dit *sceau de Salomon.* ♦ Syn. de grenouillette.

GRENOUILLETTE, n. f. [ɡʀənujɛt] (*grenouille*) Nom vulgaire de la renoncule aquatique à fleurs blanches. ♦ **Chir.** Petite tumeur molle sous la langue.

GRENU, UE, adj. [ɡʀəny] (*grain*) Qui a beaucoup de grains. *Épi grenu.* ♦ Dont le grain est beau et pressé, en parlant des cuirs. *Marocain grenu.* ♦ **N. m.** *Le grenu d'un cuir, d'un papier.* ♦ **Hist. nat.** Qui semble composé de petits grains. *Pierre grenue. Antenne grenue.*

GRENURE, ▪ n. f. [ɡʀənyʀ] (*grain*) **Techn.** Aspect de petits points, en relief ou en creux, sur une surface régulière. *Grenure d'une orange, d'un cuir, d'une œuvre artistique.*

GRÈS, n. m. [ɡʀɛ] (frq. *greot*, gravier, sable) Pierre formée de grains de sable fin. *Pavé de grès.* ♦ *Grès de Fontainebleau*, carbonate de chaux quartzifère ou quartz hyalin sableux. ♦ Pavé fait avec cette pierre. ♦ Produit qui provient de cette pierre. ♦ Espèce de terre glaise naturellement mêlée d'un sable fin, avec laquelle on fait la poterie dite de grès. ♦ Poterie, pots fabriqués avec cette glaise.

GRÉSAGE, ▪ n. m. [ɡʀezaʒ] (*gréser*) Action de gréser. *Un grésage hydropneumatique.* ▪ Résultat de cette action. *Le grésage du béton.*

GRÉSER, ▪ v. tr. [ɡʀeze] (*grès*, parce que le polissage peut être fait avec de la poudre de grès) **Bât.** Frotter un support afin d'en affiner le grain. *Gréser un mur, des marbres. Pierre à gréser.*

GRÉSEUX, EUSE, ▪ adj. [ɡʀezø, øz] (*grès*) Qui contient du grès. *Un calcaire gréseux.*

GRÉSIL, n. m. [ɡʀezil] (on prononce le *l* final. De *grésiller*) Variété de grêle, qui tombe au printemps et qui paraît formée de couches concentriques successivement congelées autour d'un noyau ou grêlon central. ♦ Verre pilé et réduit en poudre. ♦ On trouve aussi *groisil*, en ce sens. ▪ **Rem.** On prononçait autrefois [ɡʀezij].

GRÉSILLÉ, ÉE, p. p. de grésiller. [ɡʀezije]

GRÉSILLEMENT, n. m. [ɡʀezij(ə)mã] (*grésiller*) Action de grésiller ; état de ce qui est grésillé. *Le grésillement du parchemin par le feu.*

1 **GRÉSILLER**, v. impers. [ɡʀezije] (néerl. *griselen*, frissonner) Se dit du grésil qui tombe. *Il grésillait, il a grésillé toute la journée.*

2 **GRÉSILLER**, v. tr. [ɡʀezije] (prob. altération, d'après *grésiller*, de moy. fr. *gredillier*, forme norm. de *griller*) Déterminer un plissement, un racornissement. *Le feu grésille le parchemin.* ♦ **Se grésiller**, v. pr. *Le fer se grésille lorsqu'il se met en petits grumeaux, quand on le chauffe.* ▪ **V. intr.** Produire des petits bruits secs. *Le téléphone grésille.*

GRÉSOIR, ■ n.m. [grezwar] (prob. *gréser*) Techn. Instrument en fer ou en acier servant à tailler le verre des vitres. *Les vitraux sont découpés au moyen de fers chauds et de grésoirs.*

G-RÉ-SOL, [ʒeresɔl] Anc. terme de musique. *Le ton de sol.*

GRESSERIE, n. f. [grɛs(ə)ri] (*grès*) La carrière d'où l'on tire le grès. ♦ Pierres de grès mises en œuvre. ♦ Pots, vases, etc. faits de grès.

GRESSIN, ■ n.m. [grɛsɛ̃] (de l'ital. *grissino*, petit pain biscotté en forme de bâtonnet) Longue baguette fine biscotée. *Servir des gressins à l'apéritif.*

GREUBONS, ■ n.m. pl. [grøbɔ̃] (germ. *grouba*, creton de *grouben*, griller) Suisse Porc haché ou résidu solide du lard fondu. ■ *Taillé aux greubons*, pâtisserie vaudoise salée et incrustée de résidus de graisse de porc séchée. *Les taillés aux greubons se mangent froids après avoir été cuits au four.*

GREVÉ, ÉE, p. p. de grever. [grave] **Dr.** *Grevé de substitution*, qui est héritier ou légataire à charge de substitution. ■ N. m. et n. f. *Le grevé.*

GRÈVE, n. f. [grɛv] (lat. pop., *gravier*, et médiév., *sable*, *grava*, prob. d'orig. pré-romane) Terrain uni et sablonneux le long de la mer ou d'une grande rivière. ♦ *La Grève*, place de Paris sur le bord de la Seine, à côté de l'Hôtel-de-Ville, où se faisaient les exécutions juridiques. ♦ *Faire grève*, se tenir sur la place de Grève en attendant de l'ouvrage, suivant l'habitude de plusieurs corps de métiers parisiens (en ce sens on met un petit *g*). ♦ **Par extens.** Coalition d'ouvriers qui refusent de travailler tant qu'on ne leur aura pas accordé certaines conditions qu'ils réclament. *Se mettre en grève.* ■ *Grève de la faim*, refus de se nourrir en signe de protestation. ■ *Grève sauvage*, grève déclenchée en dehors de tout préavis syndical. *La peur du chômage est souvent le moteur des grèves sauvages.* ■ *Grève générale*, grève de toutes les structures productives d'un pays. *Les syndicats appellent à une grève générale.* ■ *Piquet de grève*, personnel restant placé à l'entrée d'un lieu en grève pour le surveiller et empêcher les employés d'entrer pour travailler. « *C'est dans les grèves générales que le prolétariat affirme son existence* », Sorel. ■ **Rem.** Auj. la grève n'est pas faite que par les ouvriers.

GREVER, v. tr. [grave] (lat. *gravare*, alourdir, augmenter, de *gravis*, lourd) Causer un grief, faire tort, apporter du dommage, faire du chagrin. ♦ Charger de contributions, d'hypothèques. ♦ **Fig.** *Grever son budget*, s'imposer une lourde dépense. ♦ Se grever, v. pr. S'imposer de lourdes dépenses.

GRIANNEAU, n.m. [grijano] (prob. dimin. d'un mot de la Suisse romande non attesté, *grian*, issu de *Grieggel*, individu maigre et déformé) Jeune coq de bruyère.

1 GRIBICHE, ■ adj. [gribiʃ] (peut-être norm. *gribiche*, femme méchante, du m. néerl. *kribbich*, grognon) *Sauce gribiche*, vinaigrette comportant de l'œuf dur écrasé, diversement assaisonnée.

2 GRIBICHE, ■ n. f. [gribiʃ] (m. néerl. *kribbich*, grognon) Suisse Femme méchante, acariâtre. *Cette femme est une vraie gribiche !*

GRIBLETTE, n. f. [griblɛt] (all. *Grieben*, creton) Petit morceau de porc, de veau, de volaille, etc. enveloppé de bandes de lard qu'on fait rôtir sur le gril.

GRIBOUILLAGE, n.m. [gribujaʒ] (*gribouiller*) **Fam.** Mauvaise peinture ; écriture mal formée.

GRIBOUILLE, ■ n.m. [gribuj] (*gribouiller*, pour l'idée de maladresse) *Politique de gribouille*, façon d'agir qui fait précipiter dans des difficultés plus grandes que celles qu'on cherche à éviter.

GRIBOUILLER, v. intr. [gribuje] (onomat. néerl. *kriebelen*, fourmiller, griffonner) Faire du gribouillage. ♦ V. tr. Écrire en gribouillant. *Gribouiller son devoir.* ♦ L'actif n'est pas dans le *Dictionnaire* de l'Académie.

GRIBOUILLETTE, n. f. [gribujet] (*gribouiller*) ▷ Jeu d'enfants. *Jeter une chose à la gribouillette*, la jeter au milieu d'enfants qui se disputent à qui l'aura. ◁

GRIBOUILLEUR, EUSE, n. m. et n. f. [gribujœr, øz] (*gribouiller*) Celui, celle qui gribouille.

GRIBOUILLIS, ■ n.m. [gribuji] (*gribouiller*) Écriture maladroite ou signes graphiques confus. *Il fait des gribouillis sur une feuille à chaque fois qu'il est au téléphone.*

GRIÈCHE, adj. [grijɛʃ] (fém. de *griois*, grec, croisement de *grieu*, grive et *grezois*, *grégeois*, grec, les Grecs étant réputés doulureux, méchant, usité seulement dans : *Ortie-grièche*, *pie-grièche*.

1 GRIEF, ■ n.m. [grijɛf] (*grever*, ou substantivation de 2 *grief*) Dommage que l'on reçoit. *Redresser les griefs.* ♦ Motifs de plainte. *Exposez vos griefs.* ♦ Au pl. Mémoire où l'on expose le préjudice résultant d'un jugement dont on appelle. *Donner des griefs.*

2 GRIEF, ÈVE, adj. [grijɛf, ɛv] (lat. *gravis*) ▷ Qui pèse sur la personne comme un poids qui l'accable. « *Des jugements téméraires, plus griefs que*

l'on ne pense », Bossuet. ♦ Douloureux. « *Non qu'il ne me soit grief que la terre possède Ce qui me fut si cher* », Malherbe. ◁

GRIÈVEMENT, adv. [grijɛv(ə)mã] (2 *grief*, *ève*) D'une manière grève [grave, pesante] ; excessivement. *Grièvement malade. Grièvement offensé.*

GRIÈVETÉ, n. f. [grijɛv(ə)te] (lat. *gravitas*) Énormité. *La grièveté du péché. Selon la grièveté des cas.*

GRIFFADE, n. f. [grifad] (*griffer*) ▷ Coup de griffe. ◁

GRIFFE, n. f. [grif] (*griffer*, ou frq. *grif*, action de saisir : cf. all. *Griff*) Ongle crochu de certains quadrupèdes ou d'un oiseau de proie. *Les griffes du lion.* ♦ **Fig.** *Donner un coup de griffe à quelqu'un*, lui rendre un mauvais service, médire de lui. ♦ Se dit par plaisanterie de l'homme et du démon. *La griffe du diable.* ♦ **Fig. et fam.** Pouvoir injuste et tyrannique ; rapacité des gens de chicane. *Tomber sous la griffe des gens de loi.* ♦ **Jard.** Les caïeux de renoncule, d'anémone, etc. *Griffes d'asperges*, le plant d'asperge. ♦ **Bot.** Appendice crochu à l'aide duquel certaines plantes grimpantes s'attachent aux corps qui les entourent. ♦ Empreinte imitant la signature d'une personne. *Exemplaire revêtu de la griffe de l'éditeur.* ♦ L'instrument qui sert à faire cette empreinte. ♦ Sorte d'instrument en forme de griffe d'animal qui sert à saisir, à tenir. ■ Marque d'un fabricant. *La griffe d'un couturier.* ■ Petit morceau de tissu qui est cousu à l'intérieur d'un vêtement et qui porte la marque du fabricant. ■ Style, marque caractéristique de quelqu'un. *La griffe d'un artiste.*

GRIFFÉ, ÉE, p. p. de griffer. [grife]

GRIFFER, v. tr. [grife] (frq. *gripan* : cf. h. all. *grifan*, prendre, saisir) **Fauconn.** Prendre avec la griffe. ♦ Donner un coup de griffe. *Le chat l'a griffé.* ♦ Se griffer, v. pr. Se donner l'un à l'autre des coups de griffe. ■ V. tr. Apposer la marque d'un créateur. *Griffer un vêtement.*

GRIFFEUR, EUSE, ■ adj. [grifœr, øz] (*griffer*) Qui griffe. *Animal griffeur.*

1 GRIFFON, n.m. [grifɔ̃] (lat. chrét. *gryphus*, sorte de vautour, par amalgame avec lat. *grypus*, du gr. *grups*, griffon, oiseau fabuleux) Oiseau de proie semblable à l'aigle. ♦ Animal fabuleux, moitié aigle et moitié lion. ♦ Nom donné aux différents points d'émergence des filets d'eau qui constituent une source. ♦ Chien anglais qui a les poils du corps très durs, et ceux de la tête longs et hérissés.

2 GRIFFON, n.m. [grifɔ̃] (*griffe*) Hameçon double.

GRIFFONNAGE, n.m. [grifɔnaʒ] (*griffonner*) Écriture mal formée et illisible. ♦ Écrit de peu de valeur.

GRIFFONNER, v. tr. [grifɔne] (*griffe*) Écrire mal, d'une manière très difficile à lire. ♦ **Absol.** Vous griffonnez. ♦ **Fig. et fam.** Composer, rédiger avec précipitation et négligence. « *Il brûle tout ce qu'il griffonne* », Mme de Sévigné. ♦ **Absol.** *C'est un homme qui ne sait que griffonner*, c'est un mauvais écrivain. ♦ Dessiner grossièrement. *Griffonner un croquis.*

GRIFFONNEUR, n.m. [grifɔnœr] (*griffonner*) Celui qui griffonne. ♦ Auteur qui écrit beaucoup, à la hâte et sans soin.

GRIFFU, UE, ■ adj. [grify] (*griffe*) Pourvu de griffes. *La patte griffue du chat.*

GRIFFURE, ■ n. f. [grifyr] (*griffer*) Trace laissée par des griffes ou des ongles. *Une griffure de chat.*

GRIGNARD, ARDE, ■ adj. [griɲar, ard] ou [griɲar, ard] (p.-ê. *grigner*) **Zool.** Qui a un prognathisme inférieur, en parlant des animaux. *Animaux grignards.*

GRIGNE, ■ n. f. [griɲ] ou [griɲj] (*grigner*) **Techn.** Incision que fait le boulanger sur le dessus du pain avant la cuisson pour favoriser sa levée. *La lame doit juste décoller la peau du pain pour une grigne qui développera de belles oreilles.*

GRIGNER, ■ v. intr. [griɲe] ou [griɲje] (frq. *grinân*, faire la moue) **Cout.** Plisser. *Tissu qui grigne.*

GRIGNON, n.m. [griɲɔ̃] ou [griɲjɔ̃] (*grigner*) Morceau de l'entamure du pain, du côté où il est le plus cuit.

GRIGNOTAGE, ■ n.m. [griɲɔtaʒ] ou [griɲjɔtaʒ] (*grignoter*) Action de grignoter. ■ Fait de manger souvent des petits encas qui ne nécessitent pas de se mettre à table. *C'est parfois l'habitude du grignotage qui cause la prise de poids.*

GRIGNOTÉ, ÉE, p. p. de grignoter. [griɲote] ou [griɲjote]

GRIGNOTEMENT, ■ n.m. [griɲɔt(ə)mã] ou [griɲjɔt(ə)mã] (*grignoter*) Action de grignoter. ■ Résultat de cette action. « *J'entendis derrière moi un bruit de grignotement léger, et (...) je découvris une adorable petite souris égarée* », M. Bataille. ■ **Fig.** « *Grillons, sauterelles, moustiques, déchiraient l'air à petits coups furtifs, de grignotements* », Fallet. *Le grignotement du temps.*

GRIGNOTER, v. intr. [griɲote] ou [griɲjote] (fréq. de l'anc. fr. *grigner*, montrer les dents) Manger doucement en rongeant. ♦ **Fig. et pop.** Faire quelque petit profit. *Il trouve à grignoter dans cette affaire.* ♦ **V. tr.** Grignoter son pain. ■ **Fig.** Faire disparaître progressivement. *Il a grignoté l'héritage.* ■ Gagner petit à petit. *Grignoter quelques mètres.* ■ Manger souvent des petits encas ne nécessitant pas de se mettre à table. *Pour ne pas grossir, évite de grignoter entre les repas.* ■ **Techn.** Découper du bois ou du métal à l'aide d'une machine spéciale. *Grignoter des panneaux de bois.*

GRIGNOTEUSE, ■ n. f. [gʀiɲotøz] ou [gʀiɲotøz] (*grignoter*) **Techn.** Machine-outil utilisée dans la découpe du métal ou du bois. *Des couteaux de rechange pour grignoteuses.*

GRIGNOTIS, n. m. [gʀiɲoti] ou [gʀiɲoti] (*grignoter*) Travail du graveur qui consiste en points ou en traits tremblés.

GRIGOU, n. m. [gʀigu] (mot langedoc., gredin, de *grec*, filou, dans le Midi) **Pop.** Gueux, misérable ; homme avare et sordide. ■ **Rem.** Auj. ironiquement. *Quels vieux grigous !*

GRIGRI, n. m. [gʀigʀi] (Guinée, diable ; Sénégal, talisman) Petit objet que l'on porte sur soi et auquel on attribue des pouvoirs de protection ou de porte-bonheur. *Des grigris.*

GRIL, n. m. [gʀil] (on prononce le *l* final ; anc. fr. *graïl*, du lat. *craticulum*) Ustensile de cuisine qui est formé de verges de fer parallèles et un peu écartées l'une de l'autre, et sur lequel on fait rôtir de la viande, du poisson, etc. ♦ **Fig.** et **fam.** *Être sur le gril*, dans une situation fâcheuse, dans une grande inquiétude, dans une grande impatience. ■ Plancher à claire-voie situé au-dessus de la scène d'un théâtre. ■ **Rem.** On prononçait autrefois [gʀi].

GRILL, ■ n. m. [gʀil] (angl. *grill-room*) Restaurant dans lequel on sert principalement des grillades.

GRILLADE, n. f. [gʀijad] (*griller*) Manière d'apprêter certaines viandes en les grillant. ♦ Viande grillée.

GRILLADERIE ou, rare, **GRILLARDERIE**, ■ n. f. [gʀijad(ə)ʀi, gʀijaʀdəʀi] (*grillade*) **Québec** Restaurant spécialisé dans les cuissons de viande faites sur grill. *Tu m'invites à la grilladerie ce soir ?*

GRILLADIN, INE ou **GRILLARDIN, INE**, ■ n. m. et n. f. [gʀijadɛ̃, in, gʀijaʀdɛ̃, in] (*grillade*) Personne employée dans un restaurant aux cuissons sur grill. *Commis grilladin ; rôtisseur grillardin, rôtisseuse grillardine.*

1 GRILLAGE, n. m. [gʀijaʒ] (*griller*) Action de griller ; résultat de cette action. ♦ Opération de métallurgie qui consiste à faire passer le minerai par plusieurs feux avant de le fondre. ♦ **Chim.** Combustion d'un corps à l'air libre. ♦ **Confis.** Action de faire griller des fruits, des noyaux dans du sucre. ♦ La chose grillée.

2 GRILLAGE, n. m. [gʀijaʒ] (*grille*) Garniture de fil de fer qu'on met aux fenêtres. ♦ **Pêche** Barreaux pour empêcher le poisson de sortir d'un étang.

GRILLAGER, v. tr. [gʀijaʒe] (*grillage*) Faire, poser des grillages. *Grillager une fenêtre, un soupirail.*

GRILLAGEUR, n. m. [gʀijaʒœʀ] (*grillager*) Celui qui fait du grillage, qui le pose.

GRILLARDERIE, ■ n. f. [gʀijaʀdəʀi] Voy. GRILLADERIE.

GRILLARDIN, INE, ■ n. m. et n. f. [gʀijaʀdɛ̃, in] Voy. GRILLADIN, INE.

GRILLE, n. f. [gʀij] (anc. fr. *graille*, du lat. *craticula*, petit gril, de *cratisn* claie, grille) Assemblage à claire-voie de barreaux de fer ou de bois, se traversant les uns les autres et servant à fermer une fenêtre, une ouverture. ♦ ▷ *Être sous les grilles*, être en prison. ◁ ♦ Barrière en petits carreaux fort serrés, qui sépare en deux le parloir d'un couvent. ♦ Le parloir même. ♦ Treillis de fer qui sépare d'avec le chœur ou la nef la place destinée aux religieuses. ♦ Clôtures ou séparations formées de longs barreaux montants et parallèles. *La grille du château.* ♦ Barres de fer sur lesquelles on place le charbon dans un fourneau. ♦ **Hérald.** Barreaux de la visière d'un heaume, qui servaient à garantir les yeux. ■ Assemblage de tiges métalliques qui sert à divers usages. La grille d'un four. ■ Quadrillage utilisé pour certains jeux. *Une grille de mots croisés.* ■ Tableau quadrillé présentant des informations organisées. *Une grille de programmes de télévision.* ■ *Grille de lecture*, théorie qui permet d'interpréter un texte, un événement. ■ **Rem.** Auj. on ne dit plus *être sous les grilles*, pour signifier qu'on est en prison, mais *être derrière les barreaux.*

1 GRILLÉ, ÉE, p. p. de 1 griller. [gʀije] N. m. *Le grillé*, mauvais état du raisin causé par une trop longue et trop forte chaleur. *Il y a beaucoup de grillé dans les vignes.*

2 GRILLÉ, ÉE, p. p. de 2 griller. [gʀije] Fermé avec une grille. ♦ **Théât.** Loge grillée, loge fermée du côté de la scène par une grille, qui permet de voir sans être vu.

GRILLE-PAIN, ■ n. m. [gʀij(ə)pɛ̃] (*griller* et *pain*) Appareil électroménager servant à griller des tranches de pain, des viennoiseries. *Des grille-pains* ou *des grille-pain.*

1 GRILLER, v. tr. [gʀije] (*gril*) Rôtir sur le gril. ♦ *Griller des métaux*, les faire chauffer à plusieurs reprises avant de les fondre. ♦ **Par extens.** Brûler d'une façon quelconque. *Se griller les doigts.* ♦ Chauffer trop fort. *Ce feu grille les jambes.* ♦ **Absol.** *Ce feu grille.* ♦ Il se dit de l'effet produit par la chaleur du soleil, par la gelée sur les plantes. ♦ **V. intr.** Éprouver un excès de chaleur. ♦ **Fig.** *Griller de*, avoir un extrême désir. « *L'autre grille déjà d'en conter la nouvelle* », LA FONTAINE. ♦ **Fam.** *Griller d'impatience, griller dans sa peau* ou absol. *griller*, être en proie à une vive impatience. ♦ Se griller, v. pr. Être rôti sur le gril. ♦ Avec suppression du pronom personnel : *Faites griller ces côtelettes.* ♦ Être brûlé d'une façon quelconque. *Ces fleurs se grillent.* ♦ Se chauffer trop fortement. ♦ **V. tr. Fam.** Mettre hors d'usage par une mauvaise utilisation. *Griller un appareil électrique.* ■ **Fam.** Dépasser. *Griller un concurrent.* ■ **Fam.** *Griller un feu (rouge)*, ne pas s'y arrêter. ■ **Fam.** Discréditer. *Se faire griller.* ■ **Fam.** *Griller une cigarette*, la fumer.

2 GRILLER, v. tr. [gʀije] (*grille*) Fermer avec une grille. *Griller une fenêtre.* ♦ **Fam.** *Griller une fille*, la mettre au couvent.

GRILLET n. m. ou **GRILLETTE**, n. f. [gʀijɛ, gʀijɛt] (*grelot*) **Hérald.** Sonnette ronde au cou des chiens et aux jambes des oiseaux de proie.

GRILLETÉ, ÉE, adj. [gʀij(ə)te] **Hérald.** Qui a des grillettes au pied ou au cou.

GRILLON, n. m. [gʀijɔ̃] (croisement entre *grillet*, du lat. *gryllus*, grillon, et *gresillon*) Petit insecte de l'ordre des orthoptères, qui aime les lieux chauds et obscurs et qui fait entendre un certain bruit. *Le grillon du foyer.* ♦ *Grillon-taupe*, courtilière.

GRIMAÇANT, ANTE, adj. [gʀimasɑ̃, ɑ̃t] (*grimacer*) Qui grimace. *Figure grimaçante.* ♦ **Fig.** « *Un style bigarré et grimaçant* », VOLTAIRE. ♦ **Par anal.** Qui fait de mauvais plis. *Robe grimaçante.*

GRIMACE, n. f. [gʀimas] (frq. *grîma*, masque) Contorsion du visage faite involontairement ou volontairement. « *Son visage faisait des grimaces hideuses* », FÉNELON. ♦ **Fig.** *Faire la grimace*, témoigner son déplaisir. ♦ **Fig.** *Faire la grimace à quelqu'un*, lui faire mauvais accueil. ♦ **Fig.** et **fam.** *Faire la grimace*, en parlant des vêtements, faire de mauvais plis. ♦ **Fig.** Feinte, dissimulation. ♦ Au pl. Manières affectées. ♦ Boîte à pains à cacheter dont le dessus est une pelote. ■ *Soupe à la grimace*, Voy. SOUPE.

GRIMACER, v. intr. [gʀimase] (*grimace*) Faire une grimace, des grimaces. ♦ **Fig. Art** Se dit d'une expression outrée. « *Ne fais plus grimacer tes odieux portraits* », VOLTAIRE. ♦ **Fig.** Il se dit des vêtements qui font de mauvais plis. ♦ **V. tr.** Simuler laidement. « *L'on voit à nu toutes les difformités du vice grimaçant la vertu* », BUFFON.

GRIMACERIE, n. f. [gʀimas(ə)ʀi] (*grimacer*) ▷ Action de grimacer. « *Il fit autour force grimaceries* », LA FONTAINE. ◁

GRIMACIER, IÈRE, adj. [gʀimasje, jɛʀ] (*grimace*) Qui fait ordinairement des grimaces. ♦ N. m. et n. f. *Un grimacier. Une grimacière.* « *Ils donnent bonnement dans le panneau des grimaciers* », MOLIÈRE. ♦ **Par extens.** Qui a des façons minaudières. ♦ **Fig.** Qui a le caractère de l'hypocrisie. « *Des démonstrations grimacières* », J.-J. ROUSSEAU.

GRIMAGE, ■ n. m. [gʀimaʒ] (*grimer*) Action de se grimer. ■ Résultat de cette action. *Le grimage d'un clown.*

GRIMAUD, n. m. [gʀimo] (frq. *grîma*, masque ; cf. *grimace*) ▷ Anciennement, nom donné aux écoliers des basses classes, aux élèves les plus ignorants. ♦ **Fig.** Mauvais écrivain, mauvais artiste. « *Allez, petit grimaud, barbouilleur de papier* », MOLIÈRE. ♦ Pédant encroûté. « *Il sait le grec, c'est un grimaud* », LA BRUYÈRE. ♦ Adj. *Grimaud, grimaude*, qui est d'humeur chagrine. ◁

GRIME, n. m. [gʀim] (*grimer*) ▷ Mauvais écolier. *C'est un grime.* ♦ **Théât.** Personnage des vieillards ridicules. *Jouer les grimes* ou adj. *les pères grimes.* ♦ On dit dans le même sens : *Cet acteur est un excellent grime.* ◁

GRIMÉ, ÉE, p. p. de grimer. [gʀime]

GRIMELIN, n. m. [gʀim(ə)lɛ̃] (dim. de *grime*) ▷ Petit garçon. ♦ Joueur dont le jeu est mesquin. ◁

GRIMELINAGE, n. m. [gʀim(ə)linaʒ] (*grimeliner*) ▷ Petit jeu mesquin. ♦ Petit gain qu'on se ménage dans une affaire. ◁

GRIMELINÉ, ÉE, p. p. de grimeliner. [gʀim(ə)line]

GRIMELINER, v. intr. [gʀim(ə)line] (*grimelin*) ▷ Jouer petit jeu et mesquinement. ♦ Se ménager quelque petit profit dans une affaire. ♦ V. tr. « *Grimeliner des lods et ventes* », VOLTAIRE. ◁

GRIMER (SE), v. pr. [gʀime] (prob. *grime* au sens de *grimace*) **Théât.** Se peindre les rides et se donner la physionomie d'un vieillard, d'une duègne. ■ Se maquiller, surtout dans un contexte théâtral. *Les comédiens se griment pour entrer dans la peau du personnage qu'ils ont à jouer.*

GRIMOIRE, n. m. [gʀimwaʀ] (altération de *grammaire* [censée être inintelligible], avec infl. de la famille de *grimace*) Livre des sorciers pour évoquer les démons, etc. ♦ **Fig.** *Savoir le grimoire, entendre le grimoire,* être habile dans les choses dont on se mêle. ♦ **Fig.** et **fam.** Discours obscur, écriture difficile à lire.

GRIMPANT, ANTE, adj. [gʀɛ̃pɑ̃, ɑ̃t] (*grimper*) Qui grimpe, qui a l'habitude de grimper. *Un animal grimpant.* ♦ **Bot.** *Plante grimpante,* plante dont la tige, trop faible pour se soutenir elle-même, s'élève le long des corps voisins, soit en se roulant autour d'eux, soit en s'y accrochant. ■ **N. m.** **Arg.** Pantalon. « *Il faisait "non" de la tête, en tenant son grimpant à deux mains* », VERCEL.

GRIMPÉ, ÉE, p. p. de grimper. [gʀɛ̃pe]

GRIMPER, v. intr. [gʀɛ̃pe] (holl. *grippen,* saisir) Gravir en s'aidant des pieds et des mains. ♦ Il se dit des animaux en un sens analogue. ♦ S'élever en s'attachant aux corps voisins, en parlant des plantes. ♦ Monter sur un lieu haut, sur quelque chose d'élevé. *Grimper sur les toits des maisons.* ♦ Se grimper, v. pr. *Se grimper sur l'impériale.* ■ V. intr. Augmenter rapidement. *Les prix grimpent.* ■ Monter en pente raide. *Cette rue grimpe.* ■ V. tr. Gravir. *Grimper un escalier.* ■ **Fig.** et **fam.** *Grimper aux rideaux,* se mettre en colère ; jouir.

GRIMPEREAU, n. m. [gʀɛ̃p(ə)ʀo] (prob. *gripper,* d'après *ramper*) Genre de petits oiseaux qui grimpent le long des arbres.

GRIMPETTE, ■ n. f. [gʀɛ̃pɛt] (*grimper*) **Fam.** Action de monter une pente raide relativement courte. *Ce n'est qu'une grimpette !* ■ Petite côte pentue.

GRIMPEUR, EUSE, ■ n. m. et n. f. [gʀɛ̃pœʀ, øz] (*grimper*) **Sp.** Alpiniste. *Le premier grimpeur escalade la paroi.* ■ Cycliste excellant dans les cols et les côtes. *Pour cette étape en montagne, il vaut mieux être un bon grimpeur qu'un bon sprinter.*

GRIMPEURS, n. m. pl. [gʀɛ̃pœʀ] (*grimper*) **Hist. nat.** Ordre d'oiseaux dont les doigts sont conformés de manière à leur permettre de grimper facilement le long des arbres.

GRIMPION, ONNE, ■ n. m. et n. f. [gʀɛ̃pjɔ̃, ɔn] **Suisse** Personne arriviste. *Ce gars a une volonté de grimpion et l'ambition de hisser sa petite personne au sommet.*

GRINÇANT, ANTE, ■ adj. [gʀɛ̃sɑ̃, ɑ̃t] (*grincer*) Qui produit un son aigre. *Une porte grinçante. Des violons grinçants.* ■ **Fig.** Qui laisse paraître une certaine aigreur. *Une comédie grinçante. La plume grinçante d'un critique.*

GRINCEMENT, n. m. [gʀɛ̃s(ə)mɑ̃] (*grincer*) Action de grincer les dents.

GRINCER, v. tr. [gʀɛ̃se] (anc. fr. *grisser,* doublet de *crisser*) Serrer les dents les unes contre les autres, de manière à faire entendre un craquement. « *Les douleurs de la néphrétique lui feront grincer les dents* », J.-J. ROUSSEAU. ■ V. intr. *Grincer des dents.* ♦ **Fig.** et **absol.** « *Et sa muse qui toujours grince* », VOLTAIRE. ♦ **Par extens.** *Une roue, une porte grince,* quand elle fait un bruit désagréable en tournant.

GRINCHE ou **GRINGE,** ■ n. m. et n. f. [gʀɛ̃ʃ, gʀɛ̃ʒ] (anc. fr. *grincher,* manifester de la mauvaise humeur) **Suisse** Personne grincheuse. ■ **Adj.** *Des hommes, des femmes grinches, gringes.*

GRINCHEUX, EUSE, adj. [gʀɛ̃ʃø, øz] (anc. fr. *grincher,* manifester de la mauvaise humeur) **Pop.** Qui est revêche.

GRINGALET, n. m. [gʀɛ̃galɛ] (prob. suisse all. *gränggeli,* homme insignifiant) Homme faible de corps et grêle. ♦ Homme sans consistance.

GRINGO, ■ n. m. [gʀiŋgo] (mot esp.) **Péj.** Nom donné par un Mexicain à une personne étrangère. *Des gringos.*

GRINGOLÉ, ÉE, adj. [gʀɛ̃gole] (héral. *gringole,* serpent, du m. néerl. *crinkelen,* serpenter) **Hérald.** Il se dit de certaines croix dont les extrémités aboutissent en têtes de serpents dites *gargouilles.*

GRINGOTTER, v. intr. [gʀɛ̃gote] (moy. fr. *gringot,* sorte de chant) ▷ En parlant des petits oiseaux, fredonner. ♦ **Fam.** Il se dit des personnes qui fredonnent mal. ♦ V. tr. *Gringotter un air.* ◁

GRINGUE, ■ n. m. [gʀɛ̃g] (p.-ê. de *grigne,* anc. mot signifiant *croûton de pain* ; dans l'idée d'appâter) **Fam.** *Faire du gringue,* courtiser, séduire quelqu'un. *Il a fait du gringue à cette fille toute la soirée.*

GRINGUENAUDE, n. f. [gʀɛ̃g(ə)nod] (orig. inc.) ▷ Ordure qui s'attache aux émonctoires. ♦ Restes de diverses choses bonnes à manger. *Des gringuenaudes de pâté.* ◁

GRIOT, OTTE, ■ n. m. et n. f. [gʀijo, ɔt] (peut-être du port. *criado,* domestique) En Afrique de l'Ouest, poète et musicien, vecteur de la tradition orale. *L'influence sociale des griots.*

1 **GRIOTTE,** n. f. [gʀijɔt] (provenç. *agriotta,* du lat. *acer,* âpre, piquant) Espèce de cerise à courte queue, qui est un peu aigre et plus grosse que les autres.

2 **GRIOTTE,** n. f. [gʀijɔt] (*griotte,* cerise) Marbre tacheté de rouge et de brun. *La griotte d'Italie.*

GRIOTTIER, n. m. [gʀijotje] (1 *griotte*) Arbre qui porte les griottes.

GRIP, ■ n. m. [gʀip] (mot angl.) Procédé antiglisse. ■ **Sp.** Partie du manche du club où l'on place ses mains ; position des mains sur un club de golf. *Des grips. Quand les grips sont un peu vieux, que l'adhérence n'est plus parfaite, il faut les changer.*

GRIPPAGE, ■ n. m. [gʀipaʒ] (*gripper*) Dysfonctionnement d'un appareil, d'une machine. *Grippage de moteur.* ■ Blocage ou difficulté, ralentissement dans quelque chose. *Le grippage de la croissance économique.*

GRIPPAL, ALE, ■ adj. [gʀipal] (*grippe*) Qui a rapport à la grippe. *Des virus grippaux.*

GRIPPE, n. f. [gʀip] (*gripper,* ou frq. *grip,* altération de *grif,* action de saisir.) **Fam.** Fantaisie, goût passager, capricieux. *C'est sa grippe d'acheter des livres.* ♦ *Prendre quelqu'un en grippe,* se prendre de grippe contre quelqu'un, se prévenir sans motif contre lui. ♦ Catarrhe épidémique. *Avoir la grippe.*

GRIPPÉ, ÉE, p. p. de gripper. [gʀipe] **Méd.** *Face grippée,* face dans laquelle les traits sont resserrés et contractés sur eux-mêmes. ♦ Atteint de la grippe.

1 **GRIPPEMENT,** n. m. [gʀip(ə)mɑ̃] (*gripper*) ▷ **Méd.** *Grippement de la face,* état de la face dans les douleurs abdominales aiguës. ◁

2 **GRIPPEMENT,** ■ n. m. [gʀip(ə)mɑ̃] (*gripper*) « *La caravane passa longtemps, roulant épaissement sur les taillis sa poussière grise, avec des coups de sifflet, des haltes, des grippements, des coups de freins énervés qui secouaient brutalement les véhicules d'avant en arrière* », GRACQ. ■ Voy. GRIPPAGE au sens de difficulté.

GRIPPER, v. tr. [gʀipe] (frq. *gripan,* empoigner, saisir) En parlant du chat ou de tout autre animal à griffes, saisir subtilement. ♦ **Par extens.** et **fam.** Dérober le bien d'autrui. ♦ **Pop.** Arrêter, saisir. ♦ **Fig.** Prévenir défavorablement. ♦ Se gripper, v. pr. Se retirer, se froncer, en parlant des étoffes. On dit aussi au neutre : *Cette étoffe grippe.* ♦ **Fig.** et **fam.** Se prévenir défavorablement et sans raison. ■ V. intr. ou v. pr. **Techn.** Se bloquer, en parlant d'un mécanisme. *Moteur qui grippe.*

GRIPPE-SOU, ■ n. m. [gʀip(ə)su] (*gripper* et *sou*) Nom qu'on donnait à celui qui recevait à l'Hôtel de Ville de Paris les rentes des particuliers, moyennant deux liards par livre. ♦ Homme qui fait de petits gains sordides. ■ Au pl. *Des grippe-sous.*

GRIS, ISE, adj. [gʀi, iz] (anc. b. frq. *grîs,* gris) Qui est de couleur entre blanc et noir. ♦ *Papier gris,* papier qui n'a pas de colle et qui sert à filtrer. ♦ *Vin gris,* vin paillet. ♦ *Patrouille grise,* ronde d'agents de police qui fait un service de sûreté pendant la nuit. ♦ *Sœur grise,* espèce de religieuse qui sert les malades. ♦ Il se dit de la nuance des cheveux qui par l'âge perdent leur couleur naturelle. *Tête grise.* ♦ **Fam.** *Être tout gris,* avoir les cheveux gris. ♦ **Par extens.** Sombre. *Temps gris,* temps couvert et froid. ♦ **Ellipt.** *Il fait gris.* ♦ **Fig.** Qui est déplaisant comme quelque chose de sombre. *Faire grise mine à quelqu'un,* lui faire mauvais visage. ♦ **Pop.** *En voir de grises,* éprouver de grandes contrariétés. ♦ *En faire voir de grises,* faire éprouver de grandes contrariétés. ♦ **Fig.** et **fam.** *Être gris,* être à moitié ivre. ■ **N. m.** La couleur grise. *Le gris.* ■ **Adj.** (emploi où *gris* reste invariable) *Couleur gris de fer. Étoffe gris-brun, gris de perle. Gris de souris.* ♦ *Le gris,* robe du cheval caractérisée par un mélange de poils blancs et de poils noirs. ♦ *Gris pommelé,* qui est mêlé de blanc et de noir. ♦ Habillement gris. *Il ne porte que du gris.* ♦ *Petit-gris,* Voy. PETIT-GRIS. ■ **Substance,** *matière grise,* partie du système nerveux central. ■ **Fig.** et **fam.** *Matière grise,* intelligence ; ensemble des chercheurs, des intellectuels d'un pays.

GRISAILLE, n. f. [gʀizaj] (*gris*) Peinture qui se fait avec du blanc et du noir, et qui représente des objets supposés blancs. *Les grisailles sont une imitation du bas-relief.* Peindre en grisaille. ♦ *Grisailles,* verres peints en tons légers. ♦ Esquisses préparatoires où les couleurs locales ne sont point indiquées. ♦ Mélange de cheveux bruns et de cheveux blancs dont on fait des perruques. ■ Caractère morne, triste. *La grisaille de l'hiver.*

GRISAILLÉ, ÉE, p. p. de grisailler. [gʀizaje] Fait en grisaille.

GRISAILLER, v. tr. [gʀizaje] (*grisaille*) Enduire de gris. ♦ V. intr. Prendre la couleur grise.

GRISANT, ANTE, ■ adj. [gʀizɑ̃, ɑ̃t] (*griser*) Qui grise. *Des vins grisants.* ■ **Fig.** *Des succès grisants.*

GRISARD, ■ n. m. [gʀizaʀ] (*gris*) **Bot.** Type de peuplier. *Le grisard s'implante comme plante pionnière sur les décharges, dans les prairies et le long des cours d'eau.* ■ **Zool.** Petit du goéland. *Au bout d'un jour, le grisard marche et se cache dans les rochers en attendant sa nourriture.*

GRISÂTRE, adj. [gʀizɑtʀ] (*gris*) Qui tire sur le gris. *Un vêtement grisâtre. Un ciel grisâtre.*

GRISBI, ■ n. m. [gʀizbi] (*griset,* pièce de six liards ; *-bi* est obsc.) **Arg.** Argent. *Touchez pas au grisbi* est le titre d'un roman de A. Simonin

GRISÉ, ÉE, p. p. de griser. [gʀize] Devenu à moitié ivre. ♦ **Fig.** *Grisé par les louanges, par le succès.*

GRISER, v. tr. [gʀize] (*gris*) Faire boire quelqu'un jusqu'à le rendre demi-ivre. ♦ En parlant de liqueurs fortes, de la fumée de tabac, etc. Porter à la tête, étourdir. ♦ Fig. *Ces belles promesses l'avaient grisé.* ♦ Se griser, v. pr. Devenir gris. ♦ Fig. S'exalter, devenir comme ivre. *Il se grise de ses propres paroles.*

GRISET, n. m. [gʀize] (dim. de *gris*) Jeune chardonneret qui n'a encore que ses plumes grises. ■ **Zool.** Requin vivipare des grands fonds à activité nocturne et se nourrissant de poissons et de crustacés. *Le griset a conservé une mâchoire à capacité réduite propre aux requins primitifs du Dévonien.*

GRISETTE, n. f. [gʀizɛt] (dim. de *gris*) Vêtement d'étoffe grise de peu de valeur. ♦ Jeune fille de petite condition ; jeune fille qui a un état, couturière, brodeuse, etc. ♦ Nom vulgaire de la sylvie cendrée.

GRISOLLER, v. intr. [gʀizole] (onomatopée) Il se dit du chant de l'alouette. *L'alouette grisolle.*

GRISON, ONNE, adj. [gʀizɔ̃, ɔn] (*gris*) ▷ Qui grisonne, qui est gris. *Barbe, chevelure grisonne.* ♦ N. m. La teinte grisonne. « *Un homme entre les deux âges Et tirant sur le grison* », LA FONTAINE. ♦ *Un grison*, un homme qui grisonne, qui vieillit. ♦ **Fam.** Un âne, un baudet. ◁

GRISONNANT, ANTE, adj. [gʀizonɑ̃, ɑ̃t] (*grisonner*) Qui commence à devenir gris. *Tête grisonnante.*

GRISONNEMENT, n. m. [gʀizon(ə)mɑ̃] (*grisonner*) Qualité de ce qui grisonne.

GRISONNER, v. intr. [gʀizone] (*grison*) Devenir grison. ■ Avoir le système pileux qui devient gris. *Tempes qui grisonnent.*

GRISOU, n. m. [gʀizu] (forme wallonne de *grégeois*) Gaz inflammable et explosible qui s'infiltre de temps en temps dans les mines, dans les houillères, et cause de graves accidents. ♦ Adj. *Feu grisou.* ♦ Au pl. *Des grisous.*

GRISOUMÈTRE, ■ n. m. [gʀizumɛtʀ] (*grisou* et *-mètre*) Appareil servant à mesurer le taux de grisou. *Le grisoumètre était utilisé par les mineurs pour voir s'il y avait du grisou en flottement dans l'air.*

GRISOUTEUX, EUSE, ■ adj. [gʀizutø, øz] (*grisou*) Qui contient du grisou. *Galeries grisouteuses.*

GRIVE, n. f. [gʀiv] (anc. fr. *grieu*, du lat. *græcus*, parce qu'elle passait pour hiverner en Grèce) Oiseau dont le plumage est mêlé de blanc et de brun, appartenant au genre merle. ♦ Fig. *Être soûl comme une grive*, être complètement ivre, locution qui vient de ce que, au temps des vendanges, les grives mangent beaucoup de raisin. ■ *Faute de grives, on mange des merles*, on se contente de ce qu'on a quand on ne peut avoir mieux.

1 **GRIVELÉ, ÉE**, adj. [gʀiv(ə)le] (dérivé de *grive*) Mêlé de gris et de blanc. *Un plumage grivelé.*

2 **GRIVELÉ, ÉE**, p. p. de griveler. [gʀiv(ə)le]

GRIVELÉE, n. f. [gʀiv(ə)le] (de *griveler*) ▷ Petit profit illicite. ◁

GRIVELER, v. intr. [gʀiv(ə)le] (*grive*, pour les ravages commis par l'oiseau.) ▷ Faire de petits profits secrets et illicites. ♦ Activ. *Griveler quelque argent.* ◁

GRIVÈLERIE, n. f. [gʀivɛl(ə)ʀi] (*griveler*) Action de griveler.

GRIVELEUR, n. m. [gʀiv(ə)lœʀ] (*griveler*) ▷ Celui qui fait des grivelées. ◁

GRIVELURE, n. f. [gʀiv(ə)lyʀ] (*grive*, pour sa couleur) Coloration en gris et en blanc.

GRIVETON, ■ n. m. [gʀiv(ə)tɔ̃] (*grivet*, fantassin, de l'arg. *grive*, guerre) Arg. Simple soldat. « *Ils parlaient de l'avenir ; quatre grivetons ; mais la guerre finie ça ferait de nouveau un bourgeois, un paysan, deux métallos* », S. DE BEAUVOIR.

GRIVOIS, OISE, n. m. et n. f. [gʀivwa, waz] (arg. *grive*, guerre) Homme ou femme d'un caractère libre, entreprenant, alerte à toute chose. ♦ Adj. D'une humeur libre et hardie ; leste en propos et en actions. *Des buveurs grivois.* ♦ Il se dit des choses dans le même sens. *Des chansons grivoises.*

GRIVOISERIE, ■ n. f. [gʀivwaz(ə)ʀi] (*grivois*) Propos, acte grivois, à tendance licencieuse. *Dire, faire des grivoiseries.*

GRIZZLI ou **GRIZZLY**, ■ n. m. [gʀizli] (angl. *grizzly*) Ours gris de grande taille vivant dans les montagnes Rocheuses. *Des grizzlis* ou *des grizzlys.*

GRŒNENDAEL, ■ n. m. [gʀonendal] (mot flam., issu d'un nom propre de village en Belgique) Zool. Chien à robe noire appartenant à l'une des quatre familles de bergers belges. *Des grœnendaels. Les hautes performances de travail des Grœnendaels.*

GROENLANDAIS, AISE, ■ adj. [gʀoenlɑ̃dɛ, ɛz] (*Groenland*) Qui concerne le Groenland. *Les étendues groenlandaises.* ■ N. m. et n. f. Personne originaire du Groenland ou y habitant. *Les Groenlandaises et les Groenlandais.*

GROG, n. m. [gʀɔg] (angl. *grog*) Boisson faite d'eau-de-vie, de rhum ou autre liqueur, d'eau chaude, de sucre et de citron. *Un verre de grog* ou **absol.** *un grog.*

GROGGY, ■ adj. inv. [gʀogi] (mot angl., ivre) **Fam.** Étourdi, sonné par un choc physique. *Le boxeur, groggy, tient toujours debout.*

GROGNARD, ARDE, adj. [gʀoɲaʀ, aʀd] ou [gʀonjaʀ, aʀd] (*grogner*) Qui est dans l'habitude de grogner. ♦ Il se dit aussi des choses. « *L'air grognard et maussade des valets* », J.-J. ROUSSEAU. ■ N. m. et n. f. *Un grognard. Une grognarde.* ♦ Nom donné aux soldats de la vieille garde sous le premier empire, et en général à un vieux soldat.

GROGNASSE, ■ n. f. [gʀoɲas] ou [gʀonjas] (*grogner*) **Vulg.** et **péj.** En parlant d'une personne de sexe féminin. « *Il dit rarement "les femmes", et plus volontiers "les grognasses", ou "les pisseuses" ou "les pétasses"* », MATZNEFF. ■ Prostituée.

GROGNASSER ou **GROGNONNER**, ■ v. intr. [gʀoɲase, gʀoɲone] ou [gʀonjase, gʀonjone] (*grogner*) **Fam.** Grogner, ronchonner. *Il grognasse dès le lever.*

GROGNE, ■ n. f. [gʀoɲ] ou [gʀonj] (*grogner*) Mécontentement social plus ou moins généralisé. *La grogne des étudiants.*

GROGNEMENT, n. m. [gʀoɲəmɑ̃] ou [gʀonjəmɑ̃] (*grogner*) Cri des pourceaux. ♦ Par extens. « *L'écureuil a un petit grognement de mécontentement* », BUFFON. ♦ **Fam.** Il se dit des personnes. *Cet homme fit entendre un grognement.*

GROGNER, v. intr. [gʀoɲe] ou [gʀonje] (lat. *grunnire*) Il se dit du cri du cochon. ♦ Fig. et fam. Murmurer, témoigner son mécontentement par un bruit sourd. ♦ V. tr. Pop. Gronder quelqu'un. ♦ Se grogner, v. pr. *Ils sont toujours à se grogner.* ■ Émettre un grondement. *Le chien grogne.* ■ **GROGNERIE**, n. f. [gʀoɲəʀi] ou [gʀonjəʀi] (*grogner*) **Fam.** Murmure, plainte, reproche.

GROGNEUR, EUSE, adj. [gʀoɲœʀ, øz] ou [gʀonjœʀ, øz] (*grogner*) Qui grogne souvent par mécontentement. ♦ N. m. et n. f. *Un grogneur. Une grogneuse.*

GROGNON, adj. m. et f. [gʀoɲɔ̃] ou [gʀonjɔ̃] (*grogner*) **Fam.** Qui est d'humeur grondeuse. *Caractère grognon.* ♦ N. m. et n. f. *Une vieille grognon.* ■ REM. Auj. le mot peut prendre la marque du féminin, même si c'est encore rare : *grognonne.*

GROGNONNER, v. intr. [gʀoɲone] ou [gʀonjone] (*grogner*) Grogner comme le pourceau. ♦ *Faire le grognon*, gronder habituellement et sans motif. ■ Voy. GROGNASSER.

GROIE, ■ n. f. [gʀwa] (anc. fr. *groe*, gravier) Sol calcaire souvent marneux. *Terres de groie en Charente.*

GROIN, n. m. [gʀwɛ̃] (b. lat. *grunium*) Museau de cochon. ♦ **Par extens.** Laid visage.

GROISIL, ■ n. m. [gʀwazi] ou [gʀwazil] (on prononce ou non le *l* final. *Grès*, p.-ê. avec infl. du néerl. *gruis*, débris, gravats, gravier, verre pilé) Débris de verre qu'on réutilise dans la même industrie. *Les groisils sont réutilisés dans le mélange des matières premières, avant la fusion.* ■ Voy. GRÉSIL.

1 **GROLE**, ■ n. f. [gʀol] (région.) **Savoie** Récipient en bois sculpté, abondamment saupoudré de sucre, dans lequel des morceaux de fruits sont flambés à l'eau-de-vie ; ce mélange obtenu. *Il une petite grole, soi-disant pour digérer.*

2 **GROLE** ou **GROLLE**, ■ n. f. [gʀol] (lat. pop. *grolla*) **Fam.** Chaussure. *Il a jeté ses groles.*

1 **GROLLE**, n. f. [gʀol] (lat. *gracula*) Espèce de corbeau.

2 **GROLLE**, ■ n. f. [gʀol] Voy. GROLE.

GROMMELER, v. intr. [gʀom(ə)le] (anc. all. *grummeln*) **Fam.** Murmurer, se plaindre entre les dents. ♦ V. tr. *On n'entend point ce qu'il grommelle entre ses dents.*

GROMMELLEMENT, n. m. [gʀomɛl(ə)mɑ̃] (*grommeler*) Action de grommeler.

GRONDANT, ANTE, adj. [gʀɔ̃dɑ̃, ɑ̃t] (*gronder*) Qui gronde. *Des animaux grondants.* ♦ Qui fait entendre un bruit sourd.

GRONDÉ, ÉE, p. p. de gronder. [gʀɔ̃de]

GRONDEMENT, n. m. [gʀɔ̃d(ə)mɑ̃] (*gronder*) Manière sourde et menaçante de faire entendre la voix, chez certains animaux. ♦ **Par extens.** Bruit sourd et prolongé. *Grondement du tonnerre.*

GRONDER, v. intr. [gʀɔ̃de] (lat. *grundire*) Faire entendre une voix sourde et menaçante, en parlant des animaux. ♦ **Par extens.** Murmurer, se plaindre entre ses dents, en parlant des hommes. ♦ Activ. « *Grondant une petite chanson entre ses dents* », MOLIÈRE. ♦ Faire un bruit sourd, en parlant des choses. *La mer, les vents grondent.* ♦ V. tr. Réprimander quelqu'un avec humeur dans le ton, dans les paroles. ♦ **Absol.** « *Cependant laisse ici gronder quelques censeurs* », BOILEAU. ♦ Se gronder, v. pr. Se faire à soi-même une réprimande. ◆ *Se gronder, se gronder l'un l'autre.* ■ **V. intr. Fig.** Menacer d'éclater. *La colère gronde.*

GRONDERIE, n. f. [gʀɔ̃d(ə)ʀi] (*gronder*) Réprimande faite avec humeur.

GRONDEUR, EUSE, adj. [gʀɔ̃dœʀ, øz] (*gronder*) Qui aime à gronder. *Humeur grondeuse.* ◆ **N. m. et n. f.** Un grondeur. Une grondeuse.

GRONDIN, n. m. [gʀɔ̃dɛ̃] (*gronder*) Nom de plusieurs poissons constituant un très bon aliment.

GROOM, n. m. [gʀum] (angl. *groom*) Palefrenier. ◆ Petit laquais. ■ Jeune employé en livrée, dans un hôtel. *Des grooms.*

GROS, OSSE, adj. [gʀo, os] (b. lat. *grossus,* de *crassus,* épais, gras) Qui a beaucoup de circonférence, de volume. *Gros homme. Gros arbre.* ◆ **Fig.** *Il a plus d'esprit qu'il n'est gros,* il a beaucoup d'esprit. ◆ *Les gros murs d'un bâtiment,* ceux qui, formant l'enceinte de ce bâtiment, portent les combles, les voûtes, etc. ◆ *Grosses réparations,* celles des gros murs, des voûtes, des couvertures, etc. ◆ Il se dit pour exprimer la grosseur relative. *Les souris sont moins grosses que les rats. Le gros bout et le petit bout.* ◆ **Fam.** *Pas plus gros que rien,* très petit. ◆ *De grosses lettres, de gros caractères,* des lettres, des caractères plus forts que les caractères ordinaires. ◆ *Écrire en gros,* se dit des enfants que l'on exerce d'abord à former de grosses lettres. ◆ Grossi, enflé. *Avoir la joue grosse. La rivière est grosse.* ◆ *Avoir les yeux gros de larmes,* les avoir remplis de larmes. ◆ **Fig.** *Cœur gros de soupirs,* se dit d'une personne qui a besoin de se soulager le cœur en soupirant. ◆ On dit de même : *Le cœur gros de chagrin.* ◆ *Avoir le cœur gros,* avoir un chagrin profond. ◆ **Adj. f.** Enceinte. *Cette femme est grosse de six mois.* ◆ **Fig.** *Une nuée grosse d'orage,* une nuée qui porte l'orage. ◆ **Fig.** *Gros de,* qui entraîne, qui porte une conséquence. *L'avenir est gros de malheurs.* ◆ **Mar.** Soulevé en vagues fortes. *La mer est grosse.* ◆ *Gros temps,* temps où le vent souffle avec force et soulève beaucoup la mer. ◆ Qui surpasse en étendue, en volume, en valeur, en importance la plupart des choses de même genre. *Une grosse rivière. De grosses pensions. Jouer gros jeu.* ◆ Qui est supérieur en nombre. *Une grosse escorte. Les gros bataillons,* les armées les plus puissantes. ◆ **Fig.** Qui a de la gravité ; qui a des suites, des conséquences. *Une grosse affaire. Une grosse fièvre. Grosse querelle.* ◆ En parlant des personnes, riche, opulent. *Une grosse héritière. De gros bourgeois.* ◆ *Une grosse maison,* une famille considérable par sa fortune et son importance ; et aussi une maison où il se fait beaucoup de dépenses. ◆ **Comm.** *Une grosse maison,* une maison qui fait beaucoup d'affaires. *Une grosse fortune,* de grandes richesses. ◆ Épais, grossier. *Gros fil. Grosse toile. Gros drap.* ◆ *Gros vin,* vin couvert et épais. ◆ *Les gros ouvrages,* dans une maison, ce qu'il y a de plus pénible dans le service. ◆ *Des choses grosses,* des choses qui sont palpables. ◆ **Fig. et fam.** *N'avoir qu'un gros bon sens,* avoir le sens bon et droit, mais peu délicat. ◆ *Un gros lourdaud,* un gros animal, une grosse bête, un homme stupide, maladroit, grossier. ◆ *À la grosse,* grossièrement. ◆ *Grosse voix,* voix grave et forte. ◆ *Faire la grosse voix,* contrefaire sa voix en lui donnant un ton grave. ◆ Bruyant, éclatant. *Gros rire. Grosse gaieté.* ◆ **Fig. et fam.** *Gros mot,* parole offensante ou de querelle. ◆ *De gros mots,* des jurements. ◆ **Fam.** *Gros juron,* jurement grossier. ◆ *De gros mots,* des paroles un peu libres. ◆ **Fig. et fam.** *Grosses vérités,* vérités dures, reproches graves. ◆ *Mettre à la grosse aventure* ou simplement *à la grosse,* Voy. AVENTURE. ◆ On dit de même : *Contrat à la grosse, prêt à la grosse.* ◆ *Gros vert, gros bleu,* vert foncé, bleu foncé. ◆ **N. m.** La partie la plus grosse. *Le gros de l'arbre,* le tronc. ◆ La partie la plus forte en nombre. *« Il suivait avec le gros de son infanterie »,* ROLLIN. ◆ *Le gros du monde,* la plus grande partie du monde. ◆ *Un gros,* un grand nombre de. *Un gros de courtisans.* ◆ Ce qu'il y a de principal et de plus considérable. *« Des parenthèses qui font oublier le gros de l'histoire »,* LA BRUYÈRE. ◆ *Le gros se dit du commerce dans lequel on ne vend que par notables parties. Marchand en gros. Tenir le gros.* ◆ *Demi-gros,* commerce où l'on vend à la fois en gros et en détail. ◆ *Le gros,* le revenu fixe d'une cure, par opposition au casuel. ◆ *Gros de Naples, gros de Tours,* étoffes de soie à gros grains. ◆ *Gros,* la cent-vingt-huitième partie de la livre ou la huitième partie d'une once. ◆ **Adv.** D'une manière grosse. ◆ *Écrire gros,* écrire en caractères plus gros que d'habitude. ◆ Beaucoup. *Gagner, perdre gros.* ◆ Au jeu, *coucher gros,* jouer gros jeu, et fig. risquer beaucoup. ◆ *Il y a gros à parier que,* il y a de fortes raisons de croire que. ◆ EN GROS, **loc. adv.** Par grande quantité. *Vendre en gros.* ◆ Considéré ensemble. *« En gros j'ai fait de vous un portrait fort avantageux »,* FÉNELON. ◆ D'une manière sommaire. *« Voilà l'histoire en gros »,* MOLIÈRE. ◆ TOUT EN GROS, **loc. adv.** Seulement, pas davantage. *Il y avait vingt personnes tout en gros.* ◆ **Fam.** *Avoir la grosse tête,* être vaniteux. ■ **Fam.** *Faire les gros yeux à quelqu'un,* le regarder avec sévérité.

■ **GROS-BEC,** n. m. [gʀobɛk] (*gros* et *bec*) Genre de passereaux qui ont le bec court, gros et dur. ◆ Au pl. *Des gros-becs.*

GROSCHEN, ■ n. m. [gʀoʃɛn] (mot all., du b. lat. *grossus,* gros, épais) Monnaie ancienne en Allemagne et en Autriche. *Les riches gisements de minerai d'argent permirent au roi Venceslas II de réaliser en Bohême une réforme monétaire en introduisant un nouveau moyen de paiement, les groschens de Prague,*

monnaie qui fut frappée en1300. ■ Centième du schilling autrichien. *Des groschens.*

GROSEILLE, n. f. [gʀozɛj] (anc. b. frq. *krusil*) Fruit du groseillier. ◆ Sirop de groseille. *Buvez de la groseille.* ◆ Confiture de groseille. *Une tartine de groseille.* ◆ **Adj. inv.** Couleur de la groseille rouge. *Des rubans groseille.* ◆ *Groseille à maquereau* ou *groseille verte,* fruit vert ou rougeâtre plus gros que la groseille ordinaire, ainsi dite parce qu'elle entre dans une sauce que l'on fait pour le maquereau.

GROSEILLIER, n. m. [gʀozeje] (*groseille*) Arbrisseau qui porte la groseille.

GROS-GRAIN, ■ n. m. [gʀogʀɛ̃] (*gros* au sens de grossier et *grain* au sens de texture) Tissu qui présente des cotes. *Des gros-grains.*

GROS-NOIR, ■ n. m. [gʀonwaʀ] (*gros* et *noir*) Espèce de raisin noir à gros grains. ◆ Au pl. *Des gros-noirs.*

GROS-PORTEUR, ■ n. m. [gʀopɔʀtœʀ] (*gros* et *porteur*) Véhicule ayant une grosse capacité de transport. *Avions gros-porteurs.* ■ **N. m.** *Des gros-porteurs.*

1 **GROSSE,** n. f. [gʀos] (substantivation du fém. de *gros* ; cf. lat. médiév. *grossa,* même sens) Douze douzaines de certaines marchandises. *Une grosse de soie,* d'écheveaux de soie.

2 **GROSSE,** n. f. [gʀos] (substantivation du fém. de *gros*) Écriture en gros caractères. ◆ **Dr.** Expédition d'un acte ou d'un jugement, qui, délivrée en forme exécutoire par un notaire, par un greffier, est écrite ordinairement en plus gros caractères que la minute. *La grosse d'un contrat.*

GROSSEMENT, adv. [gʀos(ə)mɑ̃] (*gros*) ▷ En gros, d'une manière non fine. *Cela est grossement fait.* ◁

GROSSERIE, n. f. [gʀos(ə)ʀi] (*gros*) ▷ Tous les gros ouvrages des taillandiers. ◆ *Le commerce en gros.* ◁

GROSSESSE, n. f. [gʀosɛs] (*gros, grosse*) L'état d'une femme enceinte ; la durée de cet état.

GROSSEUR, n. f. [gʀosœʀ] (*gros*) La circonférence, le volume de ce qui est gros. *La grosseur du corps, d'un arbre,* etc. ◆ Tumeur. *Il a une grosseur au cou.*

GROSSI, IE, p. p. de grossir. [gʀosi]

GROSSIER, IÈRE, adj. [gʀosje] (*gros*) Qui manque de ténuité, de finesse, de délicatesse. *Un air grossier. Du linge grossier.* ◆ *Vêtements grossiers,* ceux qui sont faits d'une étoffe grosse et de peu de valeur. ◆ *Traits grossiers,* ceux qui, sans être irréguliers, n'ont ni finesse ni grâce. ◆ Il se dit des aliments peu recherchés ou de mauvaise qualité. ◆ Qui n'est pas délicatement fait, proprement fait. *Un travail grossier.* ◆ **Par extens.** *Un essai grossier. Imitation grossière.* ◆ **Fig.** Il se dit au moral de ce qui n'a rien de délicat. *Des plaisirs grossiers.* ◆ **Fig.** Mal poli, inculte de mœurs et d'esprit. *Une âme basse et grossière. Des peuples grossiers.* ◆ Qui suppose ignorance, sottise, maladresse. *Erreur grossière.* ◆ *Ignorance grossière,* grande, profonde ignorance. ◆ *N'avoir de quelque chose qu'une idée grossière,* n'en avoir qu'une connaissance sommaire et imparfaite. ◆ Incivil, malhonnête. ◆ *Il est grossier comme du pain d'orge,* il est très grossier. ◆ **N. m. et n. f.** Un grossier. ◆ *Injures grossières,* injures qui consistent en termes insultants et bas. ◆ Obscène. *Être grossier dans ses propos. Discours, propos grossiers.* ◆ **N. m.** Ce qui est grossier. *« Le grossier et le bas »,* BOSSUET.

GROSSIÈREMENT, adv. [gʀosjɛʀmɑ̃] (*grossier*) D'une manière grossière. *Grossièrement vêtu.* ◆ Avec maladresse. *Il loue grossièrement.* ◆ D'une manière qui suppose ignorance. *Se tromper grossièrement.* ◆ Avec incivilité. ◆ Imparfaitement. *Juger grossièrement de la distance.*

GROSSIÈRETÉ, n. f. [gʀosjɛʀte] (*grossier*) Caractère de ce qui est grossier, rude, sans délicatesse. *La grossièreté d'un travail, d'une étoffe,* etc. ◆ **Par anal.** *La grossièreté d'un mensonge.* ◆ Rudesse qui vient du défaut de civilisation. *La grossièreté des mœurs, d'une langue,* etc. ◆ Impolitesse, défaut de civilité. ◆ *Parole grossière,* malhonnête, action incivile. *Dire, faire des grossièretés.* ◆ Ce qui est contraire aux sentiments purs, aux choses spirituelles, intellectuelles.

GROSSIR, v. intr. [gʀosiʀ] (*gros*) Devenir gros. ◆ Recevoir surcroît, augmentation. *« Nous verrons notre camp grossir à chaque pas »,* RACINE. ◆ Paraître plus gros. ◆ **Mar.** Se dit de l'état de la mer, lorsque les lames s'accroissent à chaque instant. ◆ **V. tr.** *Rendre gros, plus gros,* apporter de l'augmentation. *Les pluies ont grossi la rivière. « Ses troupes malgré lui grossirent votre armée »,* P. CORNEILLE. ◆ **Fig.** *Grossir sa voix,* prendre une voix plus forte et plus grave. ◆ Faire paraître gros. *« Certains verres grossissent les objets »,* FÉNELON. ◆ **Fig.** *« Notre imagination nous grossit le temps présent »,* PASCAL. ◆ **Phot.** Reproduire en plus grand. ◆ **Fig.** Exagérer. *La peur grossit les objets. « Que vous prenez de peine à grossir vos ennuis ! »,* P. CORNEILLE. ◆ *Se grossir,* v. pr. Devenir plus gros. *La rivière s'est grossie. Leur troupe se grossit peu à peu.* ◆ Se faire plus gros. ◆ Paraître plus gros. ◆ **Fig.** Être exagéré.

GROSSISSANT, ANTE, adj. [grosisɑ̃, ɑ̃t] (*grossir*) Qui a la propriété de grossir. *Un verre grossissant.* ♦ Qui devient plus gros. *Dette grossissante.*

GROSSISSEMENT, n. m. [grosis(ə)mɑ̃] (radic. du p. prés. de *grossir*) Action de grossir ; le résultat de cette action. *Le grossissement du raisin.* ♦ **Phys.** Rapport, dans les instruments d'optique, entre la grandeur absolue de l'image et celle de l'objet. ♦ **Phot.** Action de reproduire en plus grand.

GROSSISTE, ■ n. m. et rare f. [grosist] ([*commerce en*]*gros*) Commerçant intermédiaire entre les producteurs et les revendeurs. *Un grossiste en appareils électroménagers.*

GROSSO MODO, ■ adv. [grosomodo] (ablatif du lat. *grossus*, grossier et *modus*, façon) De manière grossière, sans précisions, approximativement. « *Quant au français, il s'y donnait plus à fond : il avait, grosso modo, saisi la signification d'accords grammaticaux plus ou moins incongrus* », PEREC.

GROSSOYÉ, ÉE, p. p. de grossoyer. [groswaje] *Un acte grossoyé.*

GROSSOYER, v. tr. [groswaje] (2 *grosse*) Faire la grosse d'un acte.

GROSSULAIRE, ■ n. m. [grosyler] (lat. sav. *grossularia*, groseille, par anal. de couleur) Variété de grenat, le plus souvent vert pâle comme la groseille à maquereau. *Le grossulaire, pierre fine et dure, existe dans d'autres teintes que le vert.* ■ **Adj.** *Grenats grossulaires.*

GROTESQUE, adj. [grotɛsk] Voy. GROTESQUES.

GROTESQUEMENT, adv. [grotɛskəmɑ̃] (*grotesque*) D'une manière grotesque, ridicule, extravagante. *Grotesquement vêtu.*

GROTESQUES, n. f. pl. [grotɛsk] (ital. *grottesca*, fresque de grotte, après la découverte des maisons de Pompéi) Arabesques à l'imitation de celles qui ont été trouvées dans les édifices anciens ensevelis sous terre. ♦ **Par extens.** Figures qui font rire en outrant la nature. ♦ **Adj.** Qui outre et contrefait la nature d'une manière bizarre. *Des figures, des peintures grotesques.* ♦ **Fig.** Ridicule, bizarre, extravagant. ♦ **N. m.** Ce qui est dans le genre grotesque. *Il ne faut pas mêler le sublime au grotesque.* ♦ Danseur, bouffon, et par extens. figure risible.

GROTTE, n. f. [grɔt] (ital. *grotta*, du lat. *crypta* ; substitué à l'anc. fr. *cro[u]te*, de *crypta*) Caverne naturelle ou faite de main d'homme.

GROUILLANT, ANTE, adj. [grujɑ̃, ɑ̃t] (*grouiller*) **Fam.** Qui grouille, qui remue. *Des enfants tout grouillants.* ♦ Qui fourmille de. *Une barbe grouillante de vermine.*

GROUILLEMENT, n. m. [gruj(ə)mɑ̃] (*grouiller*) Mouvement et bruit de ce qui grouille. *Le grouillement des intestins.*

GROUILLER, v. intr. [gruje] (anc. fr. *crouler*, s'agiter, et *grouller*, grogner, du néerl. *grollen*, gronder) **Fam.** Se remuer. « *Elle grouille aussi peu qu'une pièce de bois* », MOLIÈRE. ♦ Il se dit du bruit des flatuosités dans les intestins. *Les boyaux lui grouillent.* ♦ Fourmiller. *Ce fromage grouille de vers. Les vers grouillent dans ce fromage.* ■ Se grouiller, v. pr. **Fam.** Se dépêcher. *Grouille-toi, on va être en retard !* ■ REM. On entend aussi la forme ellipt. *Grouille !*

GROUILLOT, ■ n. m. [grujo] (*se grouiller*, se dépêcher, lui-même de *groule*, apprentie qui fait des courses,. du dial. Ouest *grouler*, grouiller) **Fam.** Jeune apprenti ou employé inexpérimenté, chargé de transmettre les messages et d'effectuer diverses tâches subalternes.

GROUP, n. m. [grup] (on prononce le *p* final ; ital. *gruppo*) Sac d'argent cacheté qu'on envoie d'une ville à l'autre. ■ Au pl. *Des groups.*

GROUPAGE, ■ n. m. [grupaʒ] (*grouper*) Action de grouper. *Un groupage de commandes.* ♦ Fait de faire partie d'un groupe. *Le groupage sanguin.* ■ **Inform.** Opération consistant à réunir plusieurs flux d'informations en un seul, dans un réseau. *Groupage et dégroupage.*

GROUPAL, ALE, ■ adj. [grupal] (*groupe*) **Psych.** Relatif au groupe en tant que référence. *Attachement groupal compulsif. Liens groupaux à l'adolescence.* ■ N. m. *Faire un travail du groupal à l'individu.*

GROUPE, n. m. [grup] (ital. *gruppo*, nœud, puis groupe) Un certain nombre de personnes réunies. *Un groupe de curieux.* ♦ **Sculpt.** et **peint.** Assemblage d'objets tellement rapprochés ou unis que l'œil les embrase à la fois. *Un groupe d'animaux.* ♦ Se dit de plusieurs colonnes accouplées. ♦ **Mus.** Se dit de plusieurs notes réunies ensemble par leurs queues. ♦ **Fig.** Réunion d'objets formant un tout distinct. *Un groupe d'îles, de maisons, de lettres*, etc. ♦ Ensemble de personnes qui ont des caractères, des intérêts communs. *Un groupe politique.* ♦ Formation de musiciens. *Un groupe de rock.* ♦ *Groupe industriel,* ensemble d'entreprises dépendant de la même société mère. ♦ *Groupe sanguin,* classification rassemblant des personnes dont le sang est caractérisé par d'identiques propriétés des antigènes portés par les globules rouges.

GROUPÉ, ÉE, p. p. de grouper. [grupe]

GROUPEMENT, n. m. [grup(ə)mɑ̃] (*grouper*) Action de grouper, réunion d'objets propres à se grouper.

GROUPER, v. tr. [grupe] (*groupe*) Réunir, en parlant de choses ou d'êtres vivants. *Grouper des faits, des mots, des bataillons*, etc. ♦ Disposer en groupe. « *Les peintres groupent leurs figures* », MONTESQUIEU. ♦ *Grouper des colonnes,* les réunir deux à deux. ♦ **V. intr. Art** Être groupé. *Ces figures groupent bien.* ♦ Se grouper, v. pr. Former un groupe. ♦ Être en groupe.

GROUPIE, ■ n. m. et n. f. [grupi] (mot angl.) **Fam.** Fervent admirateur, et surtout fervente admiratrice, d'une personne célèbre. *Les groupies du chanteur rock.* « *Elle passe sa vie à l'attendre Pour un mot pour un geste tendre La groupie du pianiste* », MICHEL BERGER.

GROUPUSCULAIRE, ■ adj. [grupyskyler] (*groupuscule*) Qui appartient à un groupuscule. *Organisations politiques groupusculaires.*

GROUPUSCULE, ■ n. m. [grupyskyl] (*groupe*, sur le modèle de *corpuscule*) Groupe politique dont les membres sont très peu nombreux. *Un groupuscule clandestin.*

GROUSE, ■ n. f. [gruz] (mot angl.) **Zool.** Oiseau roux trapu vivant dans les bruyères et les landes écossaises et irlandaises. *Alors que certaines grouses vivent à une altitude de 900 mètres, d'autres restent au niveau de la mer.*

GRUAU, n. m. [gryo] (anc. fr. *gru*, de l'anc. b. frq. *grût*) Grain mondé et moulu grossièrement, de manière à présenter un grain de farine non réduit en poussière, mais sans trace de son. ♦ **Par extens.** Farine d'orge ou d'avoine, séchée au four, dont on sépare le son sans bluteau. ♦ *La fine fleur de froment. Pain de gruau.* ♦ Bouillie, tisane faite avec du gruau. *Boire du gruau.* ■ Au pl. *Des gruaux.*

1 GRUE, n. f. [gry] (lat. *grus*) Gros oiseau voyageur, de l'ordre des échassiers, qui vole par bandes. ♦ **Fig.** et **fam.** *Faire le pied de grue,* attendre longtemps sur ses pieds. ♦ *Avoir un cou de grue,* avoir le cou très long. ♦ **Fig.** et **fam.** Niais, qui se laisse facilement tromper. « *Me prends-tu pour une grue ?* », BRUEYS. ♦ Grande femme qui a l'air gauche. ♦ **Astron.** Constellation de l'hémisphère austral.

2 GRUE, n. f. [gry] (1 *grue*) Grande machine de bois ou de fer qui sert à élever de grosses pierres, de grands fardeaux. ♦ Ancienne machine de guerre.

GRUERIE, n. f. [gryri] (*gruyer*) Nom d'une ancienne juridiction subordonnée aux maîtres des eaux et forêts, qui jugeait en première instance de ce qui concernait les bois. ♦ Lieu où s'exerçait cette juridiction.

GRUGÉ, ÉE, p. p. de gruger. [gryʒe]

GRUGEOIR, ■ n. m. [gryʒwar] (*gruger*) **Techn.** Pince plate servant à la correction de découpes dans le verre. *Un grugeoir à angles variables.* ■ **Normand.** Appareil servant à concasser les pommes avant leur pressage, pendant l'élaboration du cidre. *Traditionnellement les pommes étaient pilées dans une auge circulaire mais cette méthode a été abandonnée au profit des petits grugeoirs mécaniques moins encombrants.*

GRUGER, v. tr. [gryʒe] (néerl. *gruizen*, broyer) ▷ Briser quelque chose de dur avec les dents. *Gruger du sucre.* ◁ ♦ **Fam.** Manger. « *Perrin fort gravement ouvre l'huître et la gruge* », LA FONTAINE. ◁ ♦ **Fig.** *Gruger quelqu'un,* lui dissiper son bien par toutes sortes de petites rapines. ■ **Fam.** et **par extens.** Tromper quelqu'un de façon plus générale. *Je t'ai bien grugé hier au poker !*

GRUGEUR, EUSE, n. m. et n. f. [gryʒœr, øz] (*gruger*) Celui, celle qui gruge, qui mange, qui dépouille. *Les grugeurs de nos biens.* ■ **Fam.** Personne qui triche. *Je ne joue plus avec lui, c'est un grugeur.*

GRUIFORME, ■ adj. [gryifɔrm] (lat. *grus*, grue et *-forme*) **Zool.** Oiseau échassier au bec long et pointu et dépourvu de jabot. *La grue, l'outarde font partie de l'ordre des gruiformes.* ■ **Adj.** *Le râle d'eau est un oiseau gruiforme.*

GRULETTE, ■ n. f. [grylɛt] (orig. inc.) **Suisse** *Avoir la grulette,* trembler.

GRUME, ■ n. f. [grym] (b. lat. *gruma*, écorce d'un fruit, de *gluma*, pellicule de graine.) Écorce laissée sur le bois coupé. *Des chênes en grume.* ♦ *Bois en grume,* bois de charpente et de charronnage qui a encore son écorce. ■ Tronc d'arbre abattu, dont on a ôté les branches. *Transports de grumes.*

GRUMEAU, n. m. [grymo] (lat. *grumulus*, petit tas) Petite agglomération de quelque chose de pulvérulent, de sablonneux, etc. *Du sel en grumeaux.* ♦ Particulièrement, petite masse d'albumine, de fibrine ou de caséine, coagulée dans un liquide animal, tel que le sang, le pus, le lait. ■ Petite masse de matière coagulée dans un liquide, une pâte.

GRUMELÉ, ÉE, p. p. de grumeler. [grym(ə)le]

GRUMELER (SE), v. pr. [grym(ə)le] (anc. fr. *grumel*, grumeau) Se mettre en grumeaux.

GRUMELEUX, EUSE, adj. [grym(ə)lø, øz] (anc. fr. *grumel*, grumeau) Qui a de petites inégalités dures, au-dehors ou au-dedans. *Bois grumeleux. Poire grumeleuse.* ♦ Composé de grumeaux. *Sang grumeleux.*

GRUMIER, ■ n.m. [gʀymje] (*grume*) Véhicule adapté au transport de grumes. *On charge les grumes sur le grumier à l'aide d'un râtelier.*

GRUPPETTO, ■ n.m. [gʀupeto] (mot it.) **Mus.** Ornement mélodique constitué de trois ou quatre notes brèves qui entourent la note principale. *Des gruppettos* ou *des gruppeti* (pluriel italien).

GRUTER, ■ v. tr. [gʀyte] (2 *grue*) Déplacer au moyen d'une grue. *Faire gruter un voilier pour sa mise à l'eau.*

GRUTIER, IÈRE, ■ n. m. et n. f. [gʀytje, jɛʀ] (2 *grue*) Personne qui conduit une grue sur un chantier, un plateau de cinéma.

1 **GRUYER**, n. m. [gʀyije] (prob. gallo-rom. *grodiarius*, de l'anc. b. frq. *grôdi*, vert) ▷ Le seigneur qui avait un droit d'usage sur la forêt de ses vassaux. ◆ Officier qui connaissait, en première instance, des délits commis dans les forêts et dans les rivières de son département. ◁

2 **GRUYER, ÈRE**, adj. [gʀyije, ɛʀ] (1 *grue*) ▷ Usité seulement dans ces locutions : *Oiseau gruyer*, celui qui est dressé à voler la grue ; *faisan gruyer*, faisan qui ressemble à la grue. ◁

GRUYÈRE, ■ n. f. [gʀyijɛʀ] (la *Gruyère*, région de Suisse près de Gruyères) Fromage fait de lait de vache qui tire son nom de Gruyère, bourg du canton de Fribourg, en Suisse. *Du fromage de Gruyère. De bon gruyère.*

GRYPHÉE, ■ n. f. [gʀife] (lat. impér. *grypus*, du gr. *grupos*, recourbé) Mollusque bivalve comestible. *Déguster des gryphées.*

GSM, ■ n. m. [ʒeɛsɛm] (sigle angl. de *global system for mobile communication*, système global pour les communications mobiles) Norme internationale concernant la téléphonie mobile. *Le GSM comprend la définition des bandes de fréquences (en Europe env. 900 et 1 800 MHz) ainsi que les protocoles de transmission de signaux.*

GUACAMOLE, ■ n.m. [gwakamɔl] (*gua* se prononce goua. Mot esp.) **Cuis.** Préparation épicée à base de chair d'avocat mixée, de tomate, d'oignon et de citron, servie en entrée et accompagnée de tortillas ou de chips mexicaines.

GUADELOUPÉEN, ENNE, ■ adj. [gwad(ə)lupeɛ̃, ɛn] (*Guadeloupe*) Qui a rapport à la Guadeloupe. *Recettes guadeloupéennes.* ■ N. m. et n. f. Personne originaire de Guadeloupe ou y habitant.

GUAI ou **GUAIS**, ■ adj. m. [gɛ] (prob. var. orth. de *gai*, au sens de vif, en parlant d'un animal) **Zool.** *Hareng guai* ou *hareng guais,* hareng ayant perdu ses réserves, d'œufs pour la femelle, de laitance pour le mâle. *Les harengs deviennent guais au printemps et leur chair devient plus sèche à la consommation.*

GUANACO, ■ n.m. [gwanako] (*gua* se prononce goua. Mot esp. issu du quechua *huanaco*) **Zool.** Mammifère ruminant sauvage du Pérou ressemblant au lama. *Très gracieux dans leurs mouvements, les guanacos peuvent courir à une vitesse de 65 km/h.*

GUANINE, ■ n.m. [gwanin] (*guano*) **Chim.** Composé basique découvert dans le guano. *La guanine entre dans la composition des acides nucléiques.*

GUANO, ■ n.m. [gwano] (*gua* se prononce goua. Mot esp., du quechua *huano, huanu*, engrais, fumier) Substance produite par des amas de fiente d'oiseaux de mer, qui se trouve dans les îles de la côte du Pérou et est employée comme engrais.

GUARANI, IE, ■ adj. [gwarani] (*Guaranis*, nom de peuple) Qui a rapport aux Guaranis, Indiens d'Amérique du sud. *Les coutumes guaranies en forêt amazonienne.* ■ N. m. *Le guarani*, la langue guarani. *On estime à six millions de personnes le nombre de locuteurs du guarani.*

GUATÉMALTÈQUE, ■ adj. [gwatemaltɛk] (*Guatemala*, nom de pays) Qui a rapport au Guatemala. *Le peuple guatémaltèque.* ■ N. m. et n. f. Personne originaire du Guatemala ou y habitant. *Les Guatémaltèques.*

GUÉ, ■ n.m. [ge] (lat. *vadum*) Endroit d'une rivière où l'eau est si basse qu'on peut la passer en marchant.

GUÉABLE, adj. [geabl] (*gué*) Que l'on peut passer à gué.

GUÈBRE, ■ n.m. et n. f. [gɛbr] (pers. *gabr*, adorateur du feu) Celui, celle qui est attaché à la religion de Zoroastre. ◆ On dit aussi *gaures.* Voy. ce mot.

GUÉDÉ, ÉE, p. p. de guéder. [gede] Teint en guède.

GUÈDE, n. f. [gɛd] (germ. *waizda-*) **Bot.** Pastel, plante dont les feuilles servent à teindre en bleu foncé. ◆ **Teint.** Cuve au pastel, pour teindre en bleu.

GUÉDER, v. tr. [gede] (*guède*) Teindre avec la guède. ◆ **Fig.** Soûler, rassasier. *On l'a guédé de truffes et de vins fins.* ◆ **Se guéder**, v. pr. Se rassasier.

GUÉÉ, ÉE, p. p. de guéer. [gee]

GUÉER, v. tr. [gee] (*gué*) Traverser à gué. *Guéer une rivière.* ◆ Baigner, laver dans l'eau. *Guéer du linge, un cheval.* ◆ **Se guéer**, v. pr. Être passé à gué.

GUELFE, n. m. [gɛlf] (all. *Welf*, grande famille qui prit le parti des papes) Dans le Moyen Âge, celui qui appartenait au parti soutenant les papes contre les empereurs d'Allemagne. ◆ Adj. *Le parti guelfe.*

GUENILLE, n. f. [gənij] (*guenipe*) Haillon, chiffon. ◆ Par extens. et surtout au plur. Toutes sortes de hardes vieilles et usées. ◆ *En guenille*, se dit d'une personne dont le vêtement est tout délabré. ◆ **Fig.** et fam. *Être après les guenilles de quelqu'un*, le poursuivre, lui faire une mauvaise affaire. ◆ **Fig.** Chose de peu d'importance. « *Le corps, cette guenille* », MOLIÈRE.

GUENILLON, n.m. [gənijɔ̃] (*guenille*) ▷ Petite guenille. « *De sales guenillons* », BOILEAU. ◆ Par extens. et plais. Petit morceau de papier, billet. « *Un petit guenillon de billet* », MME DE SÉVIGNÉ. ◆ **Fig.** Petit écrit, écrit de peu de valeur. ◁

GUENIPE, n. f. [gənip] (sens premier : guenille, du dial. Ouest et Centre gasne, mare, *gana*, sentier fangeux, du gaul. *wadana*, eau) ▷ **Très fam.** Femme malpropre, maussade, de très basse condition. ◆ Femme de mauvaise vie. ◁

GUENON, n. f. [gənɔ̃] (radic. de *guenippe*) Genre de singes à longue queue. ◆ La femelle du singe. ◆ Une femme très laide, sans mérite, sans agrément. ◆ Une femme de mauvaise vie. ■ REM. Péjoratif et familier dans ces deux derniers sens.

GUENUCHE, n. f. [gənyʃ] (*guenon*) Petite guenon. ◆ **Fig.** Femme petite et laide. ■ REM. Péjoratif dans ces sens.

GUÉPARD, ■ n.m. [gepar] (ital. *gattopardo*, de *gatto*, chat, et *pardo*, chat-pard.) Espèce de chat des Indes [1]. ■ Mammifère carnivore à pelage jaune tacheté de noir, qui vit en Asie et en Afrique. ■ REM. 1 : *Les Indes* était le nom donné aux colonies britanniques de l'Inde.

GUÊPE, ■ n. f. [gɛp] (lat. *vespa*) Genre d'insectes de l'ordre des hyménoptères, dont les femelles sont pourvues d'un aiguillon rétractile analogue à celui des abeilles. ◆ On dit aussi *mouche-guêpe.* ◆ *La guêpe-frelon*, le frelon. ◆ **Fig.** *Taille de guêpe*, taille excessivement fine.

GUÊPIER, n.m. [gepje] (*guêpe*) Lieu où les guêpes construisent les alvéoles qui leur servent de nid. ◆ **Fig.** *Tomber dans un guêpier, dans le guêpier*, être engagé dans une fâcheuse affaire ; se trouver au milieu de gens suspects ou menaçants. ◆ *Se mettre la tête dans le guêpier*, s'engager dans une affaire où l'on risque d'être dupé. ◆ On dit dans un sens analogue : *Cette affaire est un guêpier.* ◆ Oiseau au plumage bigarré, se nourrissant essentiellement de guêpes et d'abeilles.

GUÊPIÈRE, ■ n. f. [gepjɛʀ] ([*taille de*]*guêpe*) Sous-vêtement moulant qui amincit la taille.

GUERDON, n.m. [gɛʀdɔ̃] (anc. b. frq. *widarlôn*, récompense en retour, croisé avec lat. *donum*, don) ▷ **Vieilli** Récompense. ◁

GUERDONNÉ, ÉE, p. p. de guerdonner. [gɛʀdɔne]

GUERDONNER, v. tr. [gɛʀdɔne] (*guerdon*) ▷ **Vieilli** Récompenser. ◁

GUÈRE ou en vers **GUÈRES**, adv. [gɛʀ] (anc. b. frq. *weigaro*, beaucoup) Signifiant beaucoup, mais qui n'est plus employé qu'avec la négation et le sens de peu. *Il ne s'en est guère fallu que, etc.* ◆ *Ne... guère...*, presque point. « *C'est un don que le ciel ne nous refuse guère* », RACINE. ◆ *Ne... guère que...*, à peu près, seulement. *Il n'y a guère que vous qui ayez lu ce livre.* ◆ *Guère précédé de la préposition à.* « *Le pauvre Segrais ne tient à guère* », MME DE SÉVIGNÉ. ◆ *Guère précédé de la préposition de.* Il ne s'en faut de guère que, etc. ◆ *Guère suivi de la préposition de.* N'avoir guère d'argent. ◆ Dans le langage familier, on sous-entend dans quelques cas la négation ; ce qui donne à *guère* le sens de peu. *Je vais vous verser du vin. – Guère, je vous prie.*

GUÉRET, n. m. [geʀɛ] (lat. *vervactum*, terre en jachère, avec infl. d'une prononciation germ.) Terre labourée non ensemencée. ◆ **Poétiq.** Toutes terres labourables. « *Des guérets d'épis chargés* », BOILEAU.

GUÉRÉZA, ■ n.m. [geʀeza] **Zool.** Singe noir et blanc de Tanzanie dont la queue touffue permet le camouflage. *Les guérézas poussent des sortes de grondements graves qui signalent leur territoire et peuvent pousser des cris de plus d'une minute, audibles jusqu'à 1,5 km.*

GUÉRI, IE, p. p. de guérir. [geʀi]

GUÉRIDON, n. m. [geʀidɔ̃] (refrain *ô gué laridon*) Table ronde à un seul pied, sur laquelle on place des flambeaux, des porcelaines, etc.

GUÉRILLA, n. f. [geʀija] (*lla* se prononce ya. esp. *guerilla*) Nom espagnol des corps francs, des partisans. *Bandes de guérillas.*

GUÉRILLÉRO, n.m. [geʀijeʀo] (*llé* se prononce yé. Mot esp.) Soldat qui fait partie d'une guérilla. *Les guérilléros.* ■ REM. Graphie ancienne : *guérillero.*

GUÉRIR, v. tr. [geʀiʀ] (anc. b. frq. *warjan*, défendre) Délivrer de maladie, faire revenir en santé. ◆ **Par extens.** *Guérir un rhume.* ◆ **Absol.** « *Tu frappes et guéris, tu perds et ressuscites* », RACINE. ◆ *L'art de guérir*, la médecine. ◆

Fig. et **fam.** *Cela ne guérit de rien*, cela ne sert à rien. ♦ **Fig.** *Guérir quelqu'un*, faire disparaître en lui ce qui est comparé à une maladie. ♦ *Guérir quelqu'un de quelque chose*, lui ôter quelque inclination, quelque habitude qui n'est pas bonne. *Guérir quelqu'un du goût des romans.* ♦ Il se dit aussi des choses qu'on guérit. *Recouvrer la santé.* ♦ **V. intr.** Recouvrer la santé. ♦ **Fig.** « *Le sage guérit de l'ambition par l'ambition même* », La Bruyère. ♦ **Fam.** *On ne guérit point de la peur, de l'ivrognerie, etc.*, ce sont des défauts qui ne se corrigent pas ; et activement : *On ne guérit point la peur, l'ivrognerie, etc.* ♦ **Absol.** Il se dit des maladies qui s'en vont. *Cette blessure guérira.* ♦ **Se guérir**, **v. pr.** Être guéri. *Une maladie dont on ne peut se guérir.* ♦ **Fig.** *Se guérir de ses préjugés.* ♦ Recevoir guérison, en parlant de la maladie. *Son mal se guérit.* ♦ Se procurer la guérison à soi-même, au propre et au figuré.

GUÉRISON, **n. f.** [geʀizɔ̃] (*guérir*) Recouvrement de la santé. *La guérison d'un fiévreux.* ♦ L'action de faire disparaître la maladie. *La guérison des fièvres par le quinquina.* ♦ **Fig.** Action de faire disparaître ce qui est comparé aux maladies du corps. « *Nos maux de votre main eurent leur guérison* », Racine.

GUÉRISSABLE, **adj.** [geʀisabl] (radic. du p. prés. de *guérir*) Qu'on peut guérir.

GUÉRISSEUR, **n. m.** [geʀisœʀ] (radic. du p. prés. de *guérir*) Celui qui guérit.

GUÉRITE, **n. f.** [geʀit] (prob. anc. fr. *garrette*, guérite, de *guarir*, protéger) Refuge ; sens primitif conservé seulement dans cette locution : *Gagner la guérite*, s'enfuir. ♦ Petit logement de bois ou de pierre, rond ou carré, qui sert de retraite aux sentinelles. ♦ Petit donjon au haut d'un bâtiment pour avoir de la vue.

GUERRE, **n. f.** [gɛʀ] (anc. b. frq. *werra*, troubles, querelle) La voie des armes employée de peuple à peuple, de prince à prince, pour vider un différend. ♦ *Guerre de mer*, guerre maritime, guerre qui se fait sur mer. ♦ *Guerre civile, intestine*, guerre entre les citoyens d'un même État. ♦ *Guerre étrangère*, guerre contre une nation étrangère. ♦ *Guerre de religion*, guerre qui se fait à cause de la religion. ♦ *Guerre sainte*, guerre qui se faisait autrefois contre les infidèles pour conquérir la terre sainte. ♦ *Guerre à mort*, guerre dans laquelle on ne fait aucun quartier. ♦ *Guerre d'extermination*, guerre à outrance. ♦ *Faire la guerre à l'œil*, observer attentivement les démarches de l'ennemi, et fig. observer avec soin ce qui se fait, afin de profiter des conjonctures. ♦ *De guerre lasse*, quand on est las de la guerre (c.-à-d. la *guerre*, pour les gens qui font la guerre, étant *lasse*). ♦ **Fig.** *Faire quelque chose de guerre lasse*, le faire après avoir longtemps résisté. ♦ *De bonne guerre*, se dit de ce qui se fait selon les lois et usages de la guerre, et fig. de bonne prise, légitimement. ♦ *Faire bonne guerre*, user de tous les ménagements que les lois de la guerre permettent, et fig. en user honnêtement dans une discussion d'intérêts ; prendre ses avantages sans blesser aucune des bienséances et des règles de l'honnêteté. ♦ On personnifie quelquefois la guerre. « *La Guerre au front d'airain* », Boileau. ♦ Expédition, campagne. *Ce régiment a fait plusieurs guerres.* ♦ *En guerre*, durant le temps de guerre. ♦ *S'en aller en guerre*, partir pour une expédition. ♦ *Ruse de guerre*, stratagème employé dans la guerre. ♦ **Fig.** *Tour de vieille guerre*, ruses, adresses qui sont à la disposition d'un homme expérimenté. ♦ *L'art militaire. Ce général sait la guerre.* ♦ *Homme de guerre*, homme qui sait la guerre. ♦ *Gens de guerre*, militaires. ♦ *Petite guerre*, celle qui se fait par détachements ou par partis ; simulacre de combat pour faire manœuvrer et exercer les troupes. ♦ **Absol.** *Le département de la guerre*, le ministère, les bureaux de ce département. *Ministre de la guerre. Chef de bureau à la guerre.* ♦ *Guerre ouverte*, hostilité déclarée, inimitié, agression qui ne se cache pas. ♦ *Nom de guerre*, nom que chaque soldat prenait autrefois en s'enrôlant, et fig. sobriquet donné par plaisanterie. ♦ Il se dit en parlant des animaux qui en attaquent d'autres pour en faire leur proie. *Le loup fait la guerre aux brebis.* ♦ *État de guerre*, état d'hostilité de tous contre tous. ♦ **Fig.** Toute espèce de débat, de démêlé, de lutte. *Cet homme est toujours en guerre avec ses voisins.* ♦ **Fam.** *Faire la guerre à quelqu'un*, lui faire souvent des réprimandes, lui chercher querelle. ♦ *Faire la guerre à quelque chose*, s'en prendre à cette chose, l'attaquer, la détruire. ♦ *Faire la guerre au pain*, en manger beaucoup. ♦ *Faire la guerre à*, combattre, lutter contre. ♦ *Faire la guerre à ses passions*, combattre, réprimer ses passions. ♦ *Guerre de plume*, discussion, dispute par des écrits entre des hommes de différents partis. ♦ **Fig.** Guerre se dit des choses qui combattent, qui attaquent, qui sont en lutte. *Les éléments en guerre.* **Prov.** *À la guerre comme à la guerre*, c'est-à-dire il faut souffrir la fatigue ou prendre du bon temps selon les occasions. ♦ *Qui terre a guerre a*, celui qui possède de la terre est sujet à avoir des procès.

GUERRIER, IÈRE, **adj.** [geʀje, jɛʀ] (*guerre*) Qui appartient à la guerre. *Les travaux guerriers. La trompette guerrière.* ♦ Qui est porté ou propre à la guerre. *Un prince guerrier. Ardeur guerrière.* ♦ *Avoir l'air guerrier, la mine guerrière*, avoir l'air, la contenance d'un homme de guerre. ♦ **N. m.** Celui qui fait la guerre. ♦ **Au f.** *Une guerrière.* ♦ **Poétiq.** Soldat.

GUERROYANT, ANTE, **adj.** [geʀwajɑ̃, ɑ̃t] Qui aime à guerroyer. *Humeur guerroyante.*

GUERROYER, **v. intr.** [geʀwaje] (*guerre*) Faire la guerre. ♦ **Fig.** *Guerroyer contre les philosophes.* ♦ **V. tr.** « *Je veux guerroyer le roi mon seigneur* », Voltaire.

GUERROYEUR, **n. m.** [geʀwajœʀ] (*guerroyer*) Celui qui se plaît à faire la guerre.

GUET, **n. m.** [gɛ] (*guetter*, ou masc. de *guette*) Action par laquelle on observe, on épie ce qui se passe, ce qui se fait. *Faire le guet.* ♦ *Avoir l'œil, l'oreille au guet*, regarder, écouter attentivement ce qui se passe. ♦ Il se dit de quelques animaux. *Le chat est au guet. Ce chien est de très bon guet.* ♦ Surveillance exercée pendant la nuit dans une place de guerre, dans une ville. *Ce sont les bourgeois qui font le guet.* ♦ Troupe chargée de la surveillance pendant la nuit dans une ville. ♦ *Chevalier du guet*, chef de la compagnie du guet. ♦ *Mot du guet*, mot donné à ceux qui sont du guet pour qu'ils puissent se reconnaître. ♦ ▷ **Fig.** *Ils se sont donné le mot du guet*, ils sont d'intelligence. ◁

GUETALI ou **GUÉTALI**, ■ **n. m.** [getali] (*guetter*) **Réun.** Terrasse couverte.

GUET-APENS, **n. m.** [getapɑ̃] ([*a*]*guet* et p. p. de l'anc. fr. *apenser*, préméditer) Embûche dressée pour assassiner, pour dévaliser quelqu'un, pour lui faire quelque grand outrage. ♦ **Fig.** Tout dessein prémédité de nuire. ♦ **Fig.** *C'est un guet-apens*, se dit familièrement de mille petites surprises dans la vie ordinaire. ♦ **Au pl.** *Des guets-apens* (prononcé comme au singulier).

GUÈTE, ■ **n. f.** [gɛt] Voy. GUETTE.

GUÊTRE, **n. f.** [gɛtʀ] (prob. anc. b. frq. *wrist*, cou-de-pied.) Chaussure qui sert à couvrir la jambe et le dessus du soulier, et qui se ferme sur le côté avec des boucles ou des boutons. ♦ *Demi-guêtre*, guêtre montant à mi-jambe. ♦ **Fig.** et **fam.** *Tirer ses guêtres*, s'en aller. *Laisser ses guêtres quelque part*, y mourir. ♦ Dans ces locutions, on dit *guêtres* pour *grègues*, par confusion. ■ Protection de chaussure en tissu. ■ *Bouton de guêtre*, un des noms du champignon appelé aussi *rose* ou *rosé des prés*.

GUÊTRÉ, ÉE, **p. p.** de guêtrer. [getʀe]

GUÊTRER, **v. tr.** [getʀe] (*guêtre*) Mettre des guêtres. ♦ **Se guêtrer**, **v. pr.** Mettre ses guêtres. ■ **Rem.** L'emploi de ce verbe est devenu rare.

1 GUETTE, ■ **n. f.** [gɛt] (anc. b. frq. *wahta*, guet) Tourelle de château fort où veillait le guetteur. *La guette surmonte l'escalier d'accès au sommet de la tourelle.*

2 GUETTE ou **GUÈTE**, ■ **n. f.** [gɛt] (prob. altération de *guêtre* ; cf. le dér. *guettron*) **Techn.** Pièce de bois en croix ou demi-croix qu'on place en diagonale sur une structure de bois, un pan, une charpente, pour empêcher sa déformation. *Des guettes en croix de Saint-André sous les fenêtres.*

GUETTÉ, ÉE, **p. p.** de guetter. [gete]

GUETTER, **v. tr.** [gete] (anc. b. frq. *wahtôn*, surveiller) Épier, observer, à dessein de surprendre, de nuire. *Le chat guette la souris.* ♦ **Fig.** Attendre quelqu'un à un endroit où il doit passer. ♦ **Absol.** *Guettez de ce côté.* ♦ *Guetter une occasion favorable*, se tenir prêt à saisir l'occasion quand elle se présentera. ♦ **Se guetter**, **v. pr.** Faire le guet l'un de l'autre.

GUETTEUR, **n. m.** [getœʀ] (*guetter*) Anciennement, employé qui se tenait dans le beffroi d'une ville pour annoncer par le son d'une cloche l'arrivée des troupes, un incendie, etc. ♦ Celui qui, placé à une station maritime, indique ce qui se montre en mer ou ce qui survient. ■ **N. m.** et **n. f.** Personne qui guette. *Un guetteur, une guetteuse.*

GUEULANTE, ■ **n. f.** [gølɑ̃t] (*gueuler*) **Fam.** Manifestation verbale violente. *Pousser une gueulante.* « *De temps en temps je suis obligé de pousser une gueulante, mais en règle générale, ça va, il n'y a pas de problème.* », Rochant.

GUEULARD, ARDE, **n. m.** et **n. f.** [gølaʀ, aʀd] (*gueule*) **Pop.** Celui, celle qui a l'habitude de crier, de parler fort haut et beaucoup. ♦ Celui, celle qui aime à manger. ♦ **N. m.** **Métall.** Ouverture supérieure du haut fourneau. ■ **N. m.** **Mar.** Porte-voix.

GUEULE, **n. f.** [gœl] (lat. *gula*, gosier, bouche) La bouche dans la plupart des quadrupèdes carnassiers et des poissons. *La gueule d'un chien, d'un brochet*, etc. ♦ **Fig.** *La gueule du loup*, Voy. LOUP. ♦ **Poétiq.** Gueule de certains êtres mythologiques ou monstrueux. ♦ **Pop.** et **par mépris** La bouche, en parlant des personnes. ♦ **Fig.** et **pop.** *Quelle gueule il a !* comme il bavarde, comme il crie ! ♦ ▷ *Donner sur la gueule à quelqu'un*, lui donner un coup sur la face, et fig. le faire taire. ◁ ♦ *Fort en gueule*, bavard et insolent. ♦ *Gueule ferrée*, homme qui a l'injure à la bouche, qui a de l'impudence. ♦ **Fig.** Gueule, en tant qu'elle sert à manger. « *Certain hâbleur à la gueule affamée* », Boileau. ♦ *Avoir la gueule pavée, la gueule ferrée*, manger très chaud ou des choses très épicées. ♦ *Gueule fine*, se dit d'une personne qui se connaît en bons morceaux. ♦ Ouverture. *La gueule d'un four.* ♦ **Bot.** *Gueule-de-loup*, nom vulgaire donné au muflier à grandes fleurs. ■ **Pop.** *Casser la gueule à quelqu'un*, le frapper. ■ **Pop.** *Faire la gueule*, bouder. ■ **Pop.** *Se casser la gueule*, tomber. ■ **Fam.** *Se jeter dans la gueule du loup*, aller au-devant d'un danger certain. ■ **Fam.** *Ouvrir, fermer sa gueule,* s'exprimer, se taire. ■ **Fam.** *Avoir une grande gueule,* parler sans cesse et sans délicatesse, souvent en se mettant en valeur. ■ **Vulg.** *Délit de sale gueule,* Voy. DÉLIT. ■ REM. Auj. on dit plutôt *une fine gueule* qu'*une gueule fine.*

GUEULÉ, ÉE, p. p. de gueuler. [gœle]

GUEULÉE, n. f. [gœle] *(gueule)* ▷ Grosse bouchée, ce qui tient dans la gueule, dans la bouche. ◁

GUEULER, v. intr. [gœle] *(gueule)* Parler beaucoup et fort haut ; se plaindre en criant. ◆ V. tr. **Chasse** Il se dit d'un lévrier qui saisit bien le lièvre.

GUEULES, n. m. [gœl] (lat. *gula,* gosier d'un animal, dont la peau est recherchée en pelleterie, souvent teinte en rouge) **Hérald.** La couleur rouge. *Dans la gravure, le gueules se marque par une suite de lignes parallèles et verticales.*

GUEULETON, ■ n. m. [gœl(ə)tɔ̃] *(gueule)* **Fam.** Repas copieux, souvent bien arrosé, partagé par plusieurs personnes.

GUEULETONNER, ■ v. intr. [gœl(ə)tɔne] *(gueuleton)* **Fam.** Faire un bon repas. « *Je l'imaginais en train de gueuletonner, se goinfrer à gogo, le porc, avec le pognon qu'il en avait tiré* », BOUDARD.

GUEUSAILLE, n. f. [gøzaj] *(gueux)* ▷ **Pop.** et **collect.** Troupe de gueux. ◁

GUEUSAILLER, v. intr. [gøzaje] *(gueusaille)* ▷ **Pop.** Faire métier de gueuser. ◁

GUEUSANT, ANTE, adj. [gøzɑ̃, ɑ̃t] *(gueuser)* ▷ Qui gueuse. ◁

GUEUSARD, n. m. [gøzaʀ] *(gueux)* **Fam.** Gueux renforcé. ◁

1 **GUEUSE,** n. f. [gøz] (b. all. *göse,* oies, pour l'analogie de forme) Masse de fonte brute, de forme triangulaire, qui sort du haut fourneau.

2 **GUEUSE,** ■ n. f. [gøz] Voy. GUEUZE.

GUEUSÉ, ÉE, p. p. de gueuser. [gøze]

GUEUSER, v. intr. [gøze] *(gueux)* ▷ Faire métier de demander l'aumône. « *Et moi qui l'ai reçu gueusant et n'ayant rien* », MOLIÈRE. ◆ V. tr. *Gueuser son pain.* ◆ **Fig.** « *Un auteur qui partout va gueuser des encens* », MOLIÈRE. ◁

GUEUSERIE, n. f. [gøz(ə)ʀi] *(gueux)* ▷ Condition de gueux. ◆ Mendicité. « *Tout pays où la gueuserie est une profession est mal gouverné* », VOLTAIRE. ◆ **Fig.** Une chose vile, de peu de prix. ◁

GUEUX, EUSE, adj. [gø, øz] (prob. m. néerl. *guit,* coquin, fripon) Qui est nécessiteux, réduit à mendier. ◆ **Fam.** *Être gueux comme un rat,* comme un rat d'église, être fort pauvre. ◆ Qui n'a pas de quoi vivre selon son état ou ses désirs. « *Riche, gueux, triste ou gai, je veux faire des vers* », BOILEAU. ◆ Il se dit des choses qui attestent la gueuserie. *Un équipage gueux.* ◆ N. m. Celui qui fait métier de demander l'aumône. ◆ Celui qui est dans la gêne. ◆ Terme de dédain qu'on applique à des gens de mauvaise apparence ou de mauvaise conduite. Coquin, fripon. ◆ **Très fam.** Au f. Une coquine, une femme qui vit mal [1]. ◆ *Gueuse de,* dans le langage populaire, s'emploie comme *diable de. Une gueuse de souris m'empêche de dormir.* ◆ N. m. pl. *Les Gueux,* les huguenots de Flandres, au XVIᵉ siècle. ■ **Fam.** *Courir la gueuse,* chercher l'aventure galante. « *Avoir une femme à lui, ça lui semble plus mâle que de courir la gueuse ; c'est plus commode aussi.* », BEAUVOIR. ■ REM. 1 : Péjoratif dans ce sens.

GUEUZE ou **GUEUSE,** ■ n. f. [gøz] (mot bruxellois d'orig. inc.) Bière bruxelloise forte subissant deux fermentations. *Des chopes de gueuze.*

GUÈZE, ■ n. m. [gɛz] (éthiop. *gaz*) Langue éthiopienne classique. *La guèze est une langue liturgique de l'Église orthodoxe éthiopienne, autrefois parlée dans le royaume d'Aksoum.*

GUGUSSE, ■ n. m. [gygys] (du nom du clown *Auguste*) **Fam.** Personne qu'on ne prend pas au sérieux. *Ce sont de drôles de gugusses !*

GUI, n. m. [gi] (lat. *viscum,* avec infl. de l'a. frq. *wihsila,* griotte) **Bot.** Nom d'un genre de plantes parasites qui naissent sur les branches de différents arbres. ◆ *Gui de chêne* ou simplement *gui,* le gui blanc des botanistes.

GUIBOLE, ■ n. f. [gibɔl] *(guibonne,* jambe, du norm. *guibon,* cuisse) **Fam.** Jambe. *En avoir plein les guiboles.*

GUIBRE, ■ n. f. [gibʀ] (p.-ê. *guivre,* serpent fantastique gardien de trésor, ou *vive*) **Mar.** Ensemble des pièces de construction assemblées qui prolongent la proue d'un bateau et sont parfois ornementées d'un animal, serpent ou poisson. *La guibre est reliée à l'étrave, de chaque côté, par une pièce de bois courbe ou les herpès, longues pièces de bois recourbées et décorées qui constituent les montants supérieurs de la proue.*

1 **GUICHE** ou **GUIGUE,** ■ n. f. [giʃ, gig] (frq. *withthja,* lien d'osier) Au Moyen Âge, courroie par laquelle était suspendu le cor. ■ Bande d'étoffe faisant partie du vêtement du Chartreux.

2 **GUICHE,** ■ n. f. [giʃ] (du nom du marquis de la *Guiche* qui aurait lancé la mode de cette coiffure) Mèche de cheveux en accroche-cœur, recourbée et plaquée sur le front ou les temps. ■ Se dit d'une personne mal habillée. *Regardez-moi cette grande guiche !*

GUICHET, n. m. [giʃɛ] (anc. scand. *vik,* baie, d'où cachette, réduit) Petite porte pratiquée dans une grande, surtout en parlant des portes d'une ville, d'une forteresse, d'une prison. ◆ Petite ouverture à hauteur d'appui dans un mur ou une porte, par laquelle on peut parler à quelqu'un ou lui faire passer quelque chose sans ouvrir la porte. ◆ Petite ouverture qui permet de communiquer avec un employé d'une administration, d'une banque, d'une gare.

GUICHETIER, n. m. [giʃ(ə)tje] *(guichet)* ▷ Valet de geôlier, qui ouvre et ferme les guichets. ◁ ◆ **Par extens.** Homme qui en garde un autre. ■ N. m. et n. f. **Guichetière.** Employé, employée qui se tient derrière un guichet.

GUIDAGE, ■ n. m. [gidaʒ] *(guider)* Action ou dispositif permettant le contrôle de direction, de fonctionnement. *Systèmes de guidage.*

GUIDANCE, ■ n. f. [gidɑ̃s] *(guider)* Aide psychologique apportée à une personne ayant des problèmes d'adaptation à son milieu de vie au sens large, et plus spécialement aux enfants en difficulté. *Guidance aux handicapés moteurs, aux adolescents associaux.*

1 **GUIDE,** n. m. et n. f. [gid] (a. provenç. *guida,* ou ital. *guida.*) Celui, celle qui conduit une personne et, l'accompagnant, lui montre le chemin. « *Les voyageurs sans guide assez souvent s'égarent* », BOILEAU. ◆ **Milit.** Personne du pays qui connaît les routes et dirige la marche d'un détachement. ◆ Dans le premier empire, les guides, compagnies ou escadrons qui étaient comme les gardes du corps d'un général en chef. ◆ Soldats sur lesquels les autres doivent régler leurs mouvements dans les évolutions. Le guide d'un peloton. ◆ **Fig.** Celui ou celle qui dirige dans la vie, dans les affaires, dans une entreprise. *Une jeune fille ne peut avoir de meilleur guide que sa mère.* ◆ Tout ce qui dirige ou inspire quelqu'un dans ses actions. *La loi seule est mon guide.* ◆ Titre de divers ouvrages qui renferment des instructions. *Le Guide de l'arpenteur. Le Guide des étrangers à Paris.*

2 **GUIDE,** n. f. [gid] (1 *guide*) ▷ Lanières de cuir ou cordons de chanvre dont se servent les postillons ou cochers pour diriger les chevaux attelés à une voiture. ◆ *Payer les guides,* payer au postillon le droit prescrit pour chaque poste. *Payer les guides doubles,* payer le double de ce droit. ◆ *Conduire à grandes guides,* aller à toute vitesse. ◆ **Fig.** *Mener la vie à grandes guides,* prodiguer sa fortune, sa santé. ◁

GUIDÉ, ÉE, p. p. de guider. [gide]

GUIDE-ÂNE, n. m. [gidɑn] *(guider et âne)* **Fam.** Tout ce qui contient des instructions, des règles propres à guider dans un travail. ◆ Petit livre qui contient l'ordre des offices relatifs à chaque fête. ◆ Transparent rayé employé pour écrire droit. ■ Au pl. *Des guide-ânes.*

GUIDEAU, ■ n. m. [gido] *(guider)* Barrage fait de planches inclinées de sorte que l'eau puisse s'écouler. *Constructions de guideaux à l'entrée de ports.* ■ Filet de pêche de forme conique. *Pêche au guideau pour les anguilles.*

GUIDE-FIL, ■ n. m. [gid(ə)fil] *(guider et fil)* Mécanisme qui dirige les fils dans une machine servant à faire de la couture. *Des guide-fils.*

GUIDE-FILM, ■ n. m. [gid(ə)film] *(guider et film)* Dispositif destiné à garder un film dans une position qui l'empêche d'être endommagé. *Des guide-films. Un film 35 mm se présentant en cartouche rigide, incluant la bobine réceptrice, la bobine émettrice et le guide-film, solidarisés.*

GUIDE-LAME, ■ n. m. [gid(ə)lam] *(guider et lame)* Outil qui sert à régler le mouvement des lames tranchantes dans une faucheuse mécanique. *Des guide-lames. Une huile conçue pour bien adhérer au guide-lame en présence de saleté et d'eau et ainsi former une pellicule efficace pour réduire les frottements.*

GUIDE-MAIN, ■ n. m. [gid(ə)mɛ̃] *(guider et main)* Barre attachée au piano devant le clavier, destinée, pour les enfants qui commencent, à tenir les poignets droits. ■ Au pl. *Des guide-mains.*

GUIDER, v. tr. [gide] (anc. b. frq. *witan,* conduire) Accompagner quelqu'un pour lui montrer le chemin. ◆ **Fig.** *Guider quelqu'un dans le chemin de l'honneur.* ◆ Il se dit des choses qui mettent sur la voie. *Des traces sur le sol nous guidaient.* ◆ Faire aller, diriger. *Guider un bateau.* ◆ **Fig.** Il se dit de ce qui, personne ou chose, dirige quelqu'un dans ses actions, dans son langage, etc. « *Mais ma force est au Dieu dont l'intérêt me guide* », RACINE. ◆ **Se guider,** v. pr. Se diriger.

GUIDEROPE, ■ n. m. [gid(ə)ʀɔp] (angl., de *guide* et *rope,* corde) **Aviat.** Cordage d'aérostat qu'on laisse à terre pour pouvoir stabiliser l'altitude ou diminuer la vitesse. *Le guiderope fonctionne comme un lest automatique.*

GUIDON, n. m. [gidɔ̃] *(guider)* Autrefois, l'étendard d'une compagnie de gendarmerie ou grosse cavalerie. ◆ Nom de l'officier qui portait l'enseigne dans les compagnies de gendarmes. ◆ La charge de guidon. ◆ Aujourd'hui, petit drapeau qui sert dans l'alignement. ◆ **Mar.** Banderole plus courte que la flamme et qui sert aux signaux. ◆ Bannière d'une confrérie, d'un corps quelconque. ◆ Titre de certains ouvrages servant de guide. *Le Guidon de la* *mer.* ■ Tube métallique qui commande la direction de la roue avant d'une bicyclette, d'une motocyclette.

GUIGNARD, n. m. [giɲaʀ] ou [ginjaʀ] (*guigner*) Oiseau du genre des pluviers, dont la chair est très délicate.

GUIGNE, n. f. [giɲ] ou [ginj] (p.-ê. anc. b. frq. *wihsila*, griotte) Cerise douce assez semblable au bigarreau, mais plus petite. ■ **Fam.** Malchance. *Avoir, porter la guigne.*

GUIGNÉ, ÉE, p. p. de guigner. [giɲe] ou [ginje]

GUIGNER, v. intr. [giɲe] ou [ginje] (anc. b. frq. *wingjan*, faire signe.) Fermer à demi les yeux en regardant du coin de l'œil. *Guigner de l'œil.* ♦ **V. tr.** Regarder sans faire semblant, à la dérobée, guetter. ♦ **Fig.** Former quelque dessein sur quelque personne, sur quelque chose. *Guigner une héritière, un héritage.*

GUIGNIER, n. m. [giɲe] ou [ginje] (*guigne*) Arbre qui porte les guignes.

GUIGNOL, n. m. [giɲɔl] ou [ginjɔl] (*Guignol*, nom d'une marionnette) Sorte de polichinelle. ■ **Fig.** et péj. *Quels guignols, ces types!*

GUIGNOLET, ■ n. m. [giɲɔlɛ] ou [ginjɔlɛ] (*guigne*) Eau-de-vie de guigne servie le plus souvent à l'apéritif. ■ *Guignolet-kirsch,* guignolet auquel on a ajouté du kirsch au moment de la mise en bouteille.

GUIGNON, n. m. [giɲɔ̃] ou [ginjɔ̃] (*guigner*, regarder de manière défavorable) Mauvaise chance, principalement au jeu. *Tu me portes guignon. Être en guignon.*

GUIGNONNANT, ANTE, adj. [giɲɔnɑ̃, ɑ̃t] ou [ginjɔnɑ̃, ɑ̃t] (*guignon*) ▷ **Pop.** Irritant, impatientant. *Cela est guignonnant.* ■ Rem. Graphie ancienne : *guignonant.* ◁

1 **GUIGUE**, ■ n. f. [gig] Voy. guiche.

2 **GUIGUE**, ■ n. f. [gig] (angl. *gig*, désignant différentes choses animées de mouvements rapides) Bateau effilé à fond plat utilisé comme bateau pilote, canot de sauvetage, et servant parfois dans les courses.

GUILDE, ■ n. f. [gild] (néerl. *gilde*, réunion de fête, puis corporation, avec infl. du sens de l'étymon anc. b. frq. *gilda*, troupe de soldats) Association regroupant commerçants, artisans ou artistes ayant des intérêts communs. *Les guildes du Moyen Âge.* ■ Rem. Graphie ancienne : *gilde.*

GUILDIVE, n. f. [gildiv] (angl. *kill-devil,* de [*to*] *kill,* tuer et *devil,* diable) Nom qu'on donne, dans les îles de l'Amérique, à l'eau-de-vie qu'on tire des gros sirops de sucre et de l'écume des premières chaudières. ♦ On dit aussi *tafia.*

GUILÉE, n. f. [gile] (orig. inc.) Giboulée, pluie soudaine.

GUILI-GUILI, ■ n. m. [giligili] (onomatopée) Chatouille. *Faire guili-guili à un enfant. Des guili-guilis ou des guilis-guilis.*

GUILLAGE, n. m. [gijaʒ] (*guiller*) Fermentation de la bière récemment entonnée, qui produit l'écume nommée *levure.*

GUILLAUME, n. m. [gijom] (n. propre *Guillaume*) Sorte de rabot qui sert à faire les moulures et dont le fût est fort étroit.

GUILLEDOU, ■ n. m. [gij(ə)du] (*guiler,* tromper et *doux*) **Fam.** et désuet Utilisé seulement dans l'expression *courir le guilledou,* chercher l'aventure galante. « *Pas besoin d'avoir des guiboles de coureur... pour courir le guilledou* », Malet.

GUILLEMET, n. m. [gij(ə)mɛ] (*Guillaume,* imprimeur qui a inventé ce signe) Sorte de double crochet, très petit, qu'on emploie en tête et à la fin d'une citation.

GUILLEMETÉ, ÉE, p. p. de guillemeter. [gij(ə)məte]

GUILLEMETER, v. tr. [gij(ə)məte] (*guillemet*) Distinguer par des guillemets. *Je guillemetterai ces trois lignes.* ■ Rem. Rare.

GUILLEMOT, ■ n. m. [gij(ə)mo] (diminutif de *guillaume,* appliqué à un oiseau : cf. *martinet*) **Zool.** Oiseau proche du pingouin. *Les guillemots poussent des cris assez graves proches du croassement.*

GUILLER, v. intr. [gije] (m. néerl. *gilen,* fermenter) Se dit de la bière qui pousse la levure au-dehors.

GUILLERET, ETTE, adj. [gij(ə)ʀɛ, ɛt] (anc. fr. *guiler,* tromper, de l'anc. b. frq. *wigila,* ruse) Qui a une pointe de gaieté. ♦ ▷ *Un habit guilleret,* un habit trop léger pour la saison. ◁ ♦ ▷ *Ouvrage guilleret,* ouvrage peu solide. ◁ ♦ ▷ Un peu libre. *Un conte guilleret.* ◁

GUILLERI, n. m. [gij(ə)ʀi] (anc. fr. *guiler,* tromper) Chant du moineau.

GUILLOCHAGE, n. m. [gijɔʃaʒ] (*guillocher*) Action de guillocher ; résultat de cette action.

GUILLOCHÉ, ÉE, p. p. de guillocher. [gijɔʃe]

GUILLOCHER, v. tr. [gijɔʃe] (ital. *ghicciare,* goutter, p.-ê. orner de lignes entrelacées, croisé avec *ghiotto,* glouton) Faire des guillochis sur quelque chose.

GUILLOCHIS, n. m. [gijɔʃi] (*guillocher*) Ornement composé de lignes, de traits qui se croisent avec symétrie. ♦ *Guillochis de parterre,* compartiments de buis ou de gazon diversement entrelacés. ■ Rem. On dit aussi *guillochure.*

GUILLON, ■ n. m. [gijɔ̃] (mot rég. de Saône-et-Loire, Ain, Isère, Savoie, Lyon, canton de Vaud, *guille,* aiguille en bois pour tirer le vin du tonneau) **Suisse** Petite cheville de bois servant à boucher le trou fait dans un tonneau pour goûter le vin.

GUILLOTINE, n. f. [gijotin] (Joseph *Guillotin,* 1734-1814, nom du médecin qui en préconisa l'usage) Instrument de supplice qui sert à trancher la tête d'un condamné. ♦ *Fenêtre à guillotine,* fenêtre à coulisse qui se lève au lieu de s'ouvrir.

GUILLOTINÉ, ÉE, p. p. de guillotiner. [gijotine] N. m. et n. f. *Un guillotiné.*

GUILLOTINEMENT, n. m. [gijotin(ə)mɑ̃] (*guillotiner*) ▷ Action de guillotiner. ◁

GUILLOTINER, v. tr. [gijotine] (*guillotine*) Trancher la tête au moyen de la guillotine. ♦ *Se guillotiner,* v. pr. s'envoyer l'un à l'autre à la guillotine.

GUIMAUVE, n. f. [gimov] (b. lat. *bismalva,* du lat. [*i*]*bis*[*cum*], guimauve et *malva,* mauve) **Bot.** Genre de plantes de la famille des malvacées. ♦ *La guimauve ordinaire* ou absol. guimauve.

GUIMBARDE, n. f. [gɛ̃baʀd] (provenç. *guimbardo,* intrument, barque, danse, de *guimba,* sauter) Chariot long et couvert à quatre roues. ♦ Petit instrument sonore, composé d'une branche de fer pliée en deux, avec une languette d'acier qui fait ressort ; on en joue en le tenant entre les dents. ♦ Mauvaise guitare. ♦ *Jeu de la guimbarde,* espèce de jeu de cartes appelé aussi la *mariée.* ♦ Outil de menuisier pour fouiller des fonds parallèlement au dessus de l'ouvrage. ♦ Vieille automobile.

GUIMPE, n. f. [gɛ̃p] (anc. b. frq. *wimpil,* fichu de tête) Toile dont les religieuses se couvrent la gorge. ♦ Espèce de fichu ou chemisette qui se met avec les robes décolletées et qui monte jusqu'au cou.

GUINCHER, ■ v. intr. [gɛ̃ʃe] (anc. fr. *guenchir,* obliquer, esquiver) **Fam.** Danser. *Guincher dans les guinguettes, les bals musette.* « *À Joinville le Pont pon pon Tous deux nous irons ron ron Regarder guincher chez chez Chez Gégène* », Roger Pierre.

GUINDAGE, n. m. [gɛ̃daʒ] (*guinder*) Action d'élever les fardeaux au moyen d'une machine. ♦ **Mar.** Action de guinder un mât.

GUINDAILLE, ■ n. f. [gɛ̃daj] (prob. forme altérée de *godaille*) **Fam. Belg.** Fête. ■ Petit texte humoristique chanté lors des guindailles en guise d'hymne. *Le meilleur moyen pour faire une guindaille est de respecter la rythmique verbale du texte.*

GUINDAILLER, ■ v. intr. [gɛ̃daje] (*guindaille*) **Fam. Belg.** Faire la fête. *Il guindaille tous les week-ends.*

GUINDAILLEUR, EUSE, ■ n. m. et n. f. [gɛ̃dajœʀ, øz] (*guindaille*) **Fam. Belg.** Personne qui fait la fête. *Un guindailleur invétéré.*

GUINDAL, n. m. [gɛ̃dal] (*guinder*) **Mar.** Machine pour hisser les fardeaux qu'on doit embarquer.

GUINDANT, n. m. [gɛ̃dɑ̃] (*guinder*) **Mar.** La hauteur d'un pavillon du côté où il est attaché, par opposition à sa longueur, qu'on nomme le battant.

GUINDÉ, ÉE, p. p. de guinder. [gɛ̃de] **Fig.** Qui a un caractère factice d'élévation. *Un bel esprit guindé.* ♦ *Il est toujours guindé,* il a l'air contraint, il veut paraître toujours grave. ♦ *Être guindé à cheval,* s'y tenir raide.

GUINDEAU, ■ n. m. [gɛ̃do] (*guinder*) **Mar.** Treuil à axe horizontal, qu'on utilise au mouillage et quand on relève la chaîne de l'ancre. *Il existe deux types de guindeaux : le guindeau à poupée verticale qui peut être manœuvré à l'aide de n'importe quelle manivelle de winch ; le guindeau horizontal qui utilise un levier soumis à un mouvement alternatif pour remonter la chaîne.*

GUINDER, v. tr. [gɛ̃de] (anc. nord. *vinda,* enrouler, hisser au moyen d'un treuil) Lever en haut par le moyen d'une machine. ♦ **Mar.** Hisser, en parlant d'un mât. ♦ **Fig.** Donner une élévation factice. *Guinder son style, son esprit.* ♦ *Se guinder,* v. pr. Se hisser soi-même, se porter à un lieu plus élevé. ♦ **Par extens.** « *Nous grimpons à son cinquième étage et par une échelle nous nous guindons à un sixième* », Montesquieu. ♦ **Fig.** Prendre les airs de grandeur. ♦ Affecter trop d'élévation dans les choses morales, dans les choses d'esprit. « *Il vaut mieux écrire froidement que de se guinder* », Vauvenargues.

GUINÉE, n. f. [gine] (angl. *guinea*) Ancienne monnaie d'or anglaise qui valait 21 shillings ou 26 francs 50 centimes, ainsi dite parce que les premières guinées furent frappées avec de l'or de Guinée. ♦ Toile bleue de coton.

GUINÉEN, ENNE, ■ adj. [ginéɛ̃, ɛn] (*Guinée*) Qui a rapport à la Guinée. ■ N. m. et n. f. Personne originaire de Guinée ou y habitant. *Les Guinéens et les Guinéennes.*

GUINGAN, n. m. [gɛ̃gã] (*Guingamp*, ville de Bretagne) Étoffe de coton fine et employée souvent à faire des robes.

GUINGOIS, n. m. [gɛ̃gwa] (prob. *ginguer, guinguer*, ruer) Travers, ce qui n'est point droit, ce qui n'a point la figure qu'il devrait avoir. Il y a du guingois dans cette construction. ◆ **Fig.** *Il y a du guingois dans cet esprit-là.* ◆ DE GUINGOIS, loc. adv. De travers. ◆ **Fig.** *Avoir l'esprit de guingois.*

GUINGUETTE, n. f. [gɛ̃gɛt] (*vin guinguet, ginguet*, vin suret et bon marché) Cabaret des environs des villes, et où le peuple va boire et se réjouir les jours de fête. ◆ Petite maison de campagne.

GUIPAGE, ■ n. m. [gipaʒ] (*guiper*) Action de guiper. ■ Résultat de cette action. *Des machines pour le guipage de fils.*

GUIPER, ■ v. tr. [gipe] (anc. b. frq. *wipan*, entourer de quelque chose) Techn. Torsader un fil de couture. ■ **Électr.** Entourer d'un isolant. *Guiper un fil électrique.*

GUIPURE, n. f. [gipyʀ] (*guiper*) Espèce de dentelle dans laquelle il n'y a pas de fond.

GUIRLANDE, n. f. [giʀlãd] (ital. *ghirlanda*) Arrangement de fleurs, de feuilles ou d'objets servant d'ornement, formant une chaîne flexible et pouvant s'enrouler, se suspendre. ◆ Choses qui par leur disposition imitent des festons, des guirlandes. *Une guirlande de diamants.* ◆ Ornements de feuillage ou de fleurs peints ou sculptés. ◆ **Fig.** Choix de petites pièces de poésie. *Une guirlande poétique.*

GUISE, n. f. [giz] (germ. *wisa*) Manière, façon, goût, fantaisie. *Chacun agit selon sa guise.* « *Les poètes font à leur guise* », MOLIÈRE. ◆ EN GUISE DE, loc. adv. À la façon de, en manière de, à la place de.

GUITARE, n. f. [gitaʀ] (esp. *guitarra*, de l'ar. *kitara*, du gr. *kithara*, cithare) Instrument de musique à six cordes et à manche divisé en demi-tons par des touchettes. ◆ **Fig.** et fam. Répétition ennuyeuse, rengaine. *C'est toujours la même guitare.* ◆ **Fig.** La guitare représente les chansons ou la poésie badine, comme la lyre la poésie noble.

GUITARISTE, n. m. et n. f. [gitaʀist] (*guitare*) Personne qui joue de la guitare.

GUITOUNE, ■ n. f. [gitun] (ar. maghrébin *gitun*, tente) Fam. Tente ou abri sommaire. « *Une guitoune en planches ou en carton pour les lapins, les poules, le chien* », CENDRARS.

GUIVRE, n. f. [givʀ] (b. lat. *wipera*, du lat. *vipera*) Hérald. Serpent. ■ REM. On disait aussi *givre* autrefois.

GUIVRÉ, ÉE, adj. [givʀe] Hérald. Orné de guivres.

GUJARATI, ■ n. m. [gudʒaʀati] (*Gujarat*) Langue indo-aryenne parlée dans l'état de Gujarat en Inde. ■ Adj. *Alphabet, langue gujarati.*

GULDEN, ■ n. m. [gyldɛn] (mot néerl.) Ancienne unité monétaire des Pays-Bas. *Dès 1486, l'archiduc Sigismond du Tyrol fit frapper une grosse pièce d'argent valant un florin d'or ou gulden.*

GULF-STREAM, ■ n. m. [gœlfstʀim] (angl.) Courant océanique chaud qui va du Golfe du Mexique vers l'Europe. *Durant la dernière ère glaciaire, le gulf-stream s'est à de nombreuses reprises ralenti, et a raccourci sa course à la suite des augmentations des températures en Europe.*

GUMÈNE, n. f. [gymɛn] (ital. *gumena*, p.-ê. du grec [*seira hê*]*goumenê*, corde de remorquage, ou *khamilos*, cordage de l'ancre) Hérald. Le câble d'une ancre.

GUMMIFÈRE, ■ adj. [gymifɛʀ] (b. lat. *gummi*, gomme et *-fère*) Qui produit de la gomme. *Arbres gummifères.*

GUNITAGE, ■ n. m. [gynitaʒ] (angl. *gun*, canon) Techn. Forte projection sous pression, au canon, de ciment ou de béton sur des talus pour les renforcer, les protéger. *Le gunitage est préconisé pour arrêter les mouvements de terrains.*

GÜNZ ou **GUNZ**, ■ n. m. [gynts] (du nom d'une rivière en All.) Première période de glaciation du Quaternaire. *Le günz est considéré comme la plus importante glaciation.*

GUPPY, ■ n. m. [gypi] (*Guppy*, nom propre) Petit poisson exotique d'aquarium. *Des guppys.*

GUS ou **GUSSE**, ■ n. m. [gys] (arg. *gus*, fripon du provenç. *gus*) Fam. Personnage qu'on ne prend pas au sérieux. *Un drôle de gus, ce type.*

GUSTATIF, IVE, adj. [gystatif, iv] (radic. du lat. *gustatum*, supin de *gustare*, goûter) Anat. Qui appartient à l'organe du goût. *Le nerf gustatif.*

GUSTATION, n. f. [gystasjõ] (b. lat. *gustatio*) Perception des saveurs ; exercice du goût.

GUTTA-PERCHA, n. f. [gytapeʀka] (*ch* se prononce *k* et non *ch* ; malais *getah percha*, de *getah*, sécrétion gomme [cf. lat. *gutta?*], et *percha*, nom de

l'arbre) Substance différant du caoutchouc, en ce qu'elle n'est ni élastique ni extensible, bien que douée de flexibilité. ■ Au pl. *Des guttas-perchas.*

GUTTE, n. f. [gyt] Voy. GOMME-GUTTE.

GUTTURAL, ALE, adj. [gytyʀal] (lat. *guttur*, gosier) Anat. Qui appartient au gosier. *Toux gutturale.* ◆ *Conduit guttural du tympan*, la trompe d'Eustache. ◆ **Gramm.** Qui se prononce du gosier. *Sons gutturaux.* ◆ N. f. Lettre qu'on prononce du gosier. *Les gutturales k, g.*

GUYANAIS, AISE, ■ adj. [gɥijanɛ, ɛz] (*Guyane*) Qui concerne la Guyane. ■ N. m. et n. f. Personne originaire de Guyane ou y habitant. *Les Guyanaises et les Guyanais.*

1 GUYOT, ■ n. m. [gɥijo] (Arnold *Guyot*, 1807-1884 géographe amér. d'orig. suisse) Géol. Volcan sous-marin, mont au cône tronqué. *Le diamètre des guyots peut aller de 1 à 100 km, et leur hauteur au-dessus du fond océanique, entre 0,1 et 1 km.*

2 GUYOT, ■ n. f. [gɥijo] (Jules *Guyot*, nom d'un médecin) Variété de poire. *La guyot est une poire à la chair juteuse et sucrée, récoltée dès le mois de juillet.*

3 GUYOT, ■ n. m. [gɥijo] (*Guyot*, nom propre) Système de taille particulier utilisé en viticulture. *Le guyot est très répandu dans les vignobles professionnels.*

GUZLA, ■ n. f. [gyzla] (serbo-cr. *gusle*) Instrument de musique à archet utilisé chez les peuples salves des Balkans. *Des guzlas.*

GYM, ■ n. f. [ʒim] (abrév. de *gymnastique*) Gymnastique sportive. *Faire de la gym.* ■ REM. Cette abréviation ne s'utilise pas au pluriel.

GYMKHANA, ■ n. m. [ʒimkana] (angl., de *gymnastics* et hindi *gedkhana*, aire de jeu) Fête de plein air, où se déroulent plusieurs jeux et épreuves d'adresse. ■ Épreuve sportive à cheval, à vélo ou en véhicule motorisé, où les concurrents doivent parcourir un tracé ou un circuit semé d'obstacles variés. *Des gymkhanas.*

GYMNASE, ■ n. m. [ʒimnaz] (gr. *gumnasion*) Lieu où les Grecs s'exerçaient à lutter, à jeter le disque, et autres jeux de force. ◆ Établissement où l'on forme la jeunesse aux exercices du corps. ◆ *Gymnase* ou *gymnasium*, nom que l'on donne en Allemagne aux collèges ou écoles latines. ■ Établissement où l'on pratique diverses activités physiques.

GYMNASIAL, ALE, ■ adj. [ʒimnazjal] (*gymnase*) Qui concerne le gymnase, c'est-à-dire l'école, dans certains pays d'Europe, spécialement en Suisse. *Les établissements gymnasiaux.*

GYMNASIARQUE, ■ n. m. [ʒimnazjaʀk] (gr. *gumnasiarkhos*, citoyen chargé de subvenir aux frais d'un gymnase, surveillant de gymnase) Antiq. Chef du gymnase. ◆ ▷ Celui qui dans les écoles publiques dirige un système d'exercices gymnastiques. ◁

GYMNASTE, n. m. [ʒimnast] (gr. *gumnastês*) Antiq. Officier préposé dans le gymnase à l'éducation des athlètes. ◆ Chez les modernes, celui qui enseigne par son exemple à exécuter les mouvements de la gymnastique. ■ Par extens. Celui qui fait des tours de force et d'agilité. ■ Sportif qui pratique la gymnastique. ■ REM. Pour ce dernier sens, le mot s'emploie aussi au féminin. *Une gymnaste.*

GYMNASTIQUE, adj. [ʒimnastik] (gr. *gumnastikos*) ▷ Qui concerne les exercices du corps. *Les exercices gymnastiques.* ◁ ◆ N. f. La gymnastique, l'art, l'action d'exercer les corps pour le fortifier. ◆ **Fig.** *La déclamation était une gymnastique de l'éloquence.* ◆ ▷ Par extens. Le lieu où sont établis les objets nécessaires à ces exercices et où l'on va s'exercer. ◁

GYMNIQUE, adj. [ʒimnik] (gr. *gumnikos*) Antiq. Il se dit des jeux où les athlètes combattaient. *Jeux gymniques.* ◆ N. f. La gymnique, l'art des exercices des athlètes.

GYMNOCARPE, ■ adj. [ʒimnokaʀp] (*gymno-*, nu et *-carpe*, fruit) Bot. Dont les fruits ne sont soudés à aucun organe accessoire. *Un lichen gymnocarpe.*

GYMNOSOPHISTE, n. m. [ʒimnosofist] (gr. *gumnosophistês*, de *gumnos*, nu, et *sophistês*, sage) Philosophe indien qui s'abstenait de viandes et s'adonnait à la contemplation. *La secte des gymnosophistes.*

GYMNOSPERME, adj. [ʒimnospɛʀm] (gr. *gumnospermos*, dont les graines sont nues) Bot. Qui appartient à la gymnospermie. ◆ N. f. Graine nue et paraissant dépourvue d'épisperme.

GYMNOSPERMIE, n. f. [ʒimnospɛʀmi] (*gymnosperme*) Dans le système de Linné, premier ordre de la didynamie, lequel renferme les plantes dont les fleurs ont quatre graines nues au fond du calice.

GYMNOTE, ■ n. m. [ʒimnɔt] (lat. sav. *gymnotus*, du gr. *gumnos*, nu et *nôtos*, dos) Zool. Poisson d'Amérique du Sud, dépourvu de nageoire dorsale et susceptible de générer de fortes décharges électriques. *Les médecins romains appliquaient des gymnotes sur des patients pour guérir les maux de tête et les rhumatismes.*

GYNANDRE, adj. [ʒinɑ̃dʀ] (*gyn[o]*- et -*andre*) **Bot.** Dont les étamines sont attachées au pistil. *Plantes gynandres.* ♦ Se dit aussi des étamines. *Étamines gynandres.*

GYNANDRIE, n. f. [ʒinɑ̃dʀi] (*gynandre*) Classe du système de Linné, qui renferme les plantes dont les étamines naissent sur le pistil.

GYNÉCÉE, n. m. [ʒinese] (gr. *gunaikeion*) **Antiq.** Appartement des femmes.

GYNÉCOCRATIE, n. f. [ʒinekokʀasi] (gr. *gunaikokratia*, domination des femmes, de *gunê*, génit. *gunaikos*, et -*kratia*) État où les femmes peuvent gouverner. *L'Angleterre est une gynécocratie.* ♦ Empire composé de femmes.

GYNÉCOCRATIQUE, adj. [ʒinekokʀatik] (*gynécocratie*) Qui a rapport à la gynécocratie.

GYNÉCOLOGIE, ■ n. f. [ʒinekoloʒi] (*gynéco*- et -*logie*) Branche de la médecine spécialisée dans l'étude de l'organisme de la femme et de ses organes génitaux.

GYNÉCOLOGIQUE, ■ adj. [ʒinekoloʒik] (*gynécologie*) Qui concerne la gynécologie. *Des examens gynécologiques.*

GYNÉCOLOGUE, ■ n. m. et n. f. [ʒinekoloɡ] (*gynécologie*) Médecin spécialiste de gynécologie. *Se faire prescrire la pilule par sa gynécologue.*

GYNÉCOMASTIE, ■ n. f. [ʒinekomasti] (*gynéco*-, et *mastos*, sein) **Méd.** Hypertrophie des glandes mammaires, chez l'homme. *On estime à 4 % la proportion des hommes porteurs d'une gynécomastie pubertaire persistante.* ■ **Chir.** L'intervention chirurgicale permettant de réduire cette hypertrophie mammaire.

GYNÉRIUM, ■ n. m. [ʒineʀjɔm] (lat. *gynerium*) **Bot.** Grande graminée ornementale à longs plumets duveteux d'un blanc argenté. *Le gynérium est surnommé herbe de la pampa.*

GYPAÈTE, n. m. [ʒipaɛt] (gr. *gups*, vautour, et *aetos*, aigle) Espèce d'oiseau de proie intermédiaire entre le vautour et le faucon.

GYPSE, n. m. [ʒips] (gr. *gupsos*) La pierre à plâtre ou sulfate de chaux, qui est appelé *plâtre* lorsqu'il est déshydraté par la calcination et pulvérisé.

GYPSERIE, ■ n. f. [ʒipsəʀi] (*gypse*) Ornementation architecturale sculptée, en plâtre ou en stuc. *Des entrepreneurs en gypserie, en peinture et en décoration.*

GYPSEUX, EUSE, adj. [ʒipsø, øz] (*gypse*) Qui est de la nature du gypse.

GYPSOPHILE, ■ n. f. [ʒipsofil] (*gypse* et -*phile*) Plante herbacée des sols calcaires, à très petites fleurs blanches. *Un bouquet de gypsophiles séchées.*

GYRATOIRE, adj. [ʒiʀatwaʀ] Voy. GIRATOIRE.

GYRIN, ■ n. m. [ʒiʀɛ̃] (gr. *guros*, cercle) **Zool.** Petit insecte coléoptère vivant en groupe au-dessus des eaux douces, et évoluant par tourbillons très rapides. *Les gyrins possèdent deux paires d'yeux : une paire au-dessus de la tête pour voir à la surface de l'eau, et une paire en-dessous leur permettant de voir sous l'eau.*

GYROCOMPAS, ■ n. m. [ʒiʀokɔ̃pa] (*gyro*- et *compas*) **Techn.** Appareil gyroscopique de navigation maritime et aérienne, équivalent à une boussole. *Dans un gyrocompas, les gyroscopes sont placés à l'intérieur d'une sphère flottant dans un liquide conducteur à densité calibrée et à température constante.*

GYROMAGNÉTIQUE, ■ adj. [ʒiʀomaɲetik] ou [ʒiʀomanjetik] (*gyro*- et *magnétique*) **Phys.** Qui concerne les propriétés magnétiques des particules ou des corps effectuant des rotations sur eux-mêmes. *Mesure du rapport gyromagnétique du neutron.*

GYROMANCIE, n. f. [ʒiʀomɑ̃si] (*gyro*- et -*mancie*) Divination qui se pratiquait en marchant en rond.

GYROMANCIEN, IENNE, n. m. et n. f. [ʒiʀomɑ̃sjɛ̃, jɛn] (*gyromancie*) Personne qui pratique la gyromancie.

GYROMÈTRE, ■ n. m. [ʒiʀomɛtʀ] (*gyro*- et -*mètre*) **Techn.** Appareil utilisé pour repérer les changements d'orientation d'un avion. *Le gyromètre apparaît comme l'élément fondamental de tout système de commande d'attitude comme les centrales inertielles de lanceur, d'avions, de sous-marins ou de satellites.*

GYROMITRE, ■ n. f. [ʒiʀomitʀ] (*gyro*- et *mitre*) **Bot.** Champignon ascomycète voisin de la morille, dont le chapeau forme des replis évoquant l'aspect d'une cervelle. *La gyromitre est toxique si elle est consommée fraîche.*

GYROPHARE, ■ n. m. [ʒiʀofaʀ] (*gyro*- et *phare*) Dispositif lumineux rotatif placé sur le toit des véhicules prioritaires.

GYROPILOTE, ■ n. m. [ʒiʀopilɔt] (*gyro*- et *pilote*) **Techn.** Gyrocompas utilisé pour le pilotage automatique des bateaux ou des avions. *Le paramétrage d'un gyropilote.*

GYROSCOPE, ■ n. m. [ʒiʀoskɔp] (*gyro*- et -*scope*) Appareil monté sur support, composé d'un disque tournant à grande vitesse autour d'un axe de rotation fixe, utilisé notamment en navigation pour maintenir le cap d'un engin naval, aérien ou spatial.

GYROSCOPIQUE, ■ adj. [ʒiʀoskopik] (*gyroscope*) Qui concerne le gyroscope, qui ressemble au mouvement du gyroscope. *L'effet gyroscopique de la rotation d'une roue.* ■ Qui est équipé d'un gyroscope. *Compas gyroscopique.*

GYROSTAT, ■ n. m. [ʒiʀosta] (*gyro*- et -*stat*) **Phys.** Tout solide animé d'un mouvement de rotation rapide autour de son axe. *La toupie est un gyrostat.*

GYROVAGUE, n. m. [ʒiʀovag] (*gyro*- et lat. *vagari*, aller çà et là) ▷ Moine des premiers temps qui passait sa vie à courir de province en province, de cellule en cellule, vivant d'aumônes. ◁

h

H, n. f. [aʃ] (lat. *h*) Est *n. f.* quand on prononce cette lettre *ache*, et *n. m.* quand on la prononce *he*. La huitième lettre de l'alphabet. *H muette. H aspirée.* ■ Rᴇᴍ. Aujourd'hui, *h* est plutôt employé comme nom masculin.

HA!, interj. [ha] (*h* aspiré) Exprime la surprise et quelquefois le soulagement. « *À tous les beaux endroits qui méritent des has* », Mᴏʟɪ̀ᴇʀᴇ. ■ Répété, figure le rire. *Ha, ha ! qu'il est amusant !*

HABANERA ou **HABANÉRA**, ■ n. f. [ˈabaneʀa] (*h* aspiré, esp. *La Habana*, ville cubaine) Danse originaire de Cuba, importée en Espagne. ■ Musique qui accompagne cette danse, exécutée sur un rythme binaire. *La Habanera est un air de* Carmen *de Bizet.*

HABEAS-CORPUS ou **HABEAS CORPUS**, ■ n. m. [abeaskɔʀpys] (locut. lat. médiév. *habeas corpus* [*ad subjiciendum*], que tu aies ta personne physique à présenter [devant le juge], de *corpus*, corps, et *habeas*, 2ᵉ pers. du subj. de *habere*) **Dr. angl.** Loi votée par le Parlement anglais en 1679, qui stipule que toute personne arrêtée doit être présentée devant un juge dans les trois jours qui suivent. ■ **Par extens.** Institution découlant de cette loi, et qui assure le respect de la liberté individuelle.

HABILE, adj. [abil] (lat. *habilis*, commode à tenir, bien adapté) ▷ Dispos, apte à agir, expéditif. ◁ ♦ **Adv.** *Habile, habile !* dépêchez-vous. ◁ ♦ **Dr.** Qui a la capacité, le droit de faire une chose. *Habile à succéder.* ♦ **Fig.** Qui sait faire, capable d'appliquer ce qu'il sait. *Un habile capitaine. Habile dans les arts. Habile à profiter de ses avantages.* « *Nous nous croyons bientôt les plus habiles, quand nous sommes les plus heureux* », Bᴏssᴜᴇᴛ. ♦ Dans un sens péjoratif, il se dit de celui qui a quelque industrie mauvaise, quelque habileté fâcheuse. *Un habile fripon.* ♦ *Mal habile,* Voy. ᴍᴀʟʜᴀʙɪʟᴇ. ♦ En parlant des actions, où il y a de l'habileté, qui témoigne de l'habileté. *Cette démarche est habile.* ■ **N. m.** Celui qui est habile. ♦ *Les habiles,* ceux qui ont pour habileté l'intrigue.

HABILEMENT, adv. [abil(ə)mɑ̃] (*habile*) ▷ Promptement, diligemment. ◁ ♦ **Fig.** Avec habileté, adresse, intelligence.

HABILETÉ, n. f. [abil(ə)te] (*habile*) Qualité de celui qui est habile. ■ Qualité de ce qui est fait avec adresse, technique, diplomatie. *Habileté procédurale. Habileté d'une réponse, d'une négociation.*

HABILITATION, ■ n. f. [abilitasjɔ̃] (*habiliter*) Autorisation donnée par l'administration pour l'exercice de certaines activités. *Faire une demande d'habilitation.*

1 **HABILITÉ**, n. f. [abilite] (lat. *habilitas*, aptitude) Qualité qui rend propre à, apte à. « *Nous n'apportons point en naissant l'habilité à faire ces choses* », Bᴏssᴜᴇᴛ. ♦ Il se dit surtout en jurisprudence. *Habilité à succéder.*

2 **HABILITÉ, ÉE**, p. p. de habiliter. [abilite]

HABILITER, v. tr. [abilite] (lat. *habilitare*, rendre apte) **Dr.** Rendre quelqu'un habile à faire quelque chose, lever les obstacles qui l'en empêchaient. *Habiliter un mineur à contracter.* ■ Donner à quelqu'un la capacité officielle à effectuer une action. *Être habilité à siéger dans un jury.*

HABILLAGE, n. m. [abijaʒ] (*habiller*) **Cuis.** Préparation des pièces qu'on met à la broche. ♦ Opération qui consiste à écorcher, vider et mettre en état pour la cuisine les bêtes tuées. ■ Action de s'habiller, d'habiller quelqu'un. ■ Action de recouvrir, d'entourer quelque chose ; ce qui recouvre ou entoure quelque chose. *L'habillage d'une fenêtre.*

HABILLANT, ANTE, adj. [abijɑ̃, ɑ̃t] (*habiller*) ▷ Qui sied, qui va bien. *Étoffe habillante.* ◁

HABILLÉ, ÉE, p. p. d'habiller. [abije] Qui est couvert d'un vêtement. ♦ ■ N. m. et n. f. *Un habillé de noir.* ◁ ♦ ▷ **Fig.** et **pop.** *Un habillé de soie,* un porc. ◁ ♦ **Fam.** *Un habit habillé,* un habit de cérémonie, de grande toilette. ■ Rᴇᴍ. Ce dernier sens n'est plus fam. aujourd'hui.

HABILLEMENT, n. m. [abij(ə)mɑ̃] (*habiller*) Tout ce qui sert à couvrir le corps, sauf la chaussure. ♦ Action d'habiller, de pourvoir d'habits. *L'habillement des troupes.* ■ Ensemble des métiers du vêtement.

HABILLER, v. tr. [abije] (*bille* ; anc. fr. *abiller*, préparer une bille de bois ; infl. de la famille de *habit*) **Cuis.** Dépouiller, vider du gibier, du poisson pour l'accommoder. ♦ **Bouch.** Faire l'habillage d'une bête tuée. ♦ Mettre sur quelqu'un les diverses pièces d'étoffe dont on couvre le corps. ♦ Donner, fournir des habits à quelqu'un. ♦ Faire des habits à quelqu'un. ♦ **Absol.** *Ce tailleur habille très bien.* ♦ **Fig.** *Habiller quelqu'un de toutes pièces* ou simplement *habiller,* en dire beaucoup de mal. ♦ Faire prendre tel ou tel costume. *Habiller des Romains en Perses.* ♦ **Fig.** *Habiller une pensée en vers,* la mettre en vers. ♦ **Fig.** Donner à un personnage un caractère qui lui est étranger. ♦ Il se dit de l'effet que font les habits qu'on porte. *Ce costume vous habille très bien.* ♦ **Absol.** *Cette étoffe habille bien.* ♦ **Par extens.** Couvrir, envelopper. ♦ **Art** Draper les figures. ♦ **S'habiller,** v. pr. Mettre des habits. ♦ Se pourvoir d'habits. *Il s'habille chez les premiers tailleurs.* ♦ Il se dit de la manière de s'habiller. *Cette femme s'habille bien.* ♦ **Absol.** *S'habiller,* se mettre en toilette. ♦ **Fig.** Se couvrir. « *Ces imposteurs qui s'habillent insolemment du premier nom illustre qu'ils s'avisent de prendre* », Mᴏʟɪ̀ᴇʀᴇ. ■ Recouvrir, envelopper. *Habiller un siège.* ■ **Techn.** Apprêter une chose pour un usage déterminé. *Habiller des bouteilles, des peaux.*

HABILLEUR, EUSE, ■ n. m. et n. f. [abijœʀ, øz] (*habiller*) Personne chargée d'aider à l'habillage des comédiens, des mannequins, et qui s'occupe de l'entretien des costumes. *Une habilleuse de théâtre, de cinéma.*

HABIT, n. m. [abi] (lat. *habitus*, manière d'être) ▷ Ce qui se met par-dessus la chemise et le gilet pour couvrir le corps, chez l'homme, et chez la femme, ce qui se met par-dessus le jupon. ◁ ♦ ▷ *Mettre habit bas,* quitter son habit pour se livrer à quelque travail manuel. ◁ ♦ Partie de l'habillement de l'homme ouverte par devant, et à basques plus ou moins larges. *Un habit noir.* ♦ ▷ *Habit long,* la soutane. ◁ ♦ ▷ *Habit court,* l'habit que les ecclésiastiques portent quelquefois au lieu de leur soutane. ◁ ♦ Le vêtement des religieux et religieuses. ♦ **Absol.** *Prendre l'habit,* se faire religieux, religieuse. ♦ *Prise d'habit,* entrée en religion. ♦ **Prov.** *L'habit ne fait pas le moine,* on ne doit pas juger des personnes par l'apparence. ■ **Au pl.** Vêtements. *Enlever ses habits.* ■ *L'habit vert,* la tenue officielle, noire à broderies vertes, des membres de l'Académie française. ■ **Par méton.** *Les habits verts,* les académiciens. ■ *Habit de lumière,* costume aux couleurs vives porté par le matador, notamment au cours de la cérémonie de l'alternative.

HABITABILITÉ, ■ n. f. [abitabilite] (*habitable*) Ensemble des critères (espace, isolation, hygiène) qu'offre un logement pour la qualité de vie des occupants. *Certificat d'habitabilité.* ■ Mesure de l'espace offert par une voiture à ses passagers. *Cette berline a une habitabilité généreuse.*

HABITABLE, adj. [abitabl] (lat. *habitabilis*) Qui peut être habité, où l'on peut habiter. *Maison habitable.* ♦ *La terre habitable,* la partie du globe terrestre où les hommes peuvent résider.

HABITACLE, n. m. [abitakl] (b. lat. *habitaculum*, demeure) Habitation, demeure ; il ne se dit que dans le style soutenu et dans celui de l'Écriture. *L'habitacle du Très Haut.* « *Un bourg... habitacle d'impies* », Lᴀ Fᴏɴᴛᴀɪɴᴇ. ♦ **Mar.** Armoire dans laquelle est placée la boussole ou compas de route. ■ Endroit réservé au pilote et à l'équipage dans un avion. ■ Partie d'une automobile où les occupants prennent place.

HABITANT, ANTE, n. m. et n. f. [abitɑ̃, ɑ̃t] (*habiter*) Celui, celle qui habite, qui fait sa demeure fixe en un lieu. *Les habitants des mondes.* ♦ **Poétiq.** *Les habitants des forêts,* les animaux sauvages. *Les habitants de l'air,* les oiseaux. *Les habitants des eaux,* les poissons. ♦ ▷ Celui qui possède un domaine, une habitation dans une colonie. *Un habitant de la Martinique.* ◁ ♦ **Adj.** **Dr.** Domicilié. ■ **N. m. et n. f.** Personne qui réside habituellement dans un lieu déterminé. *Les habitants de la commune, de l'immeuble.* ■ *Loger chez l'habitant,* loger chez des gens du pays. *Tous les ans, en Grèce, nous logeons chez l'habitant pendant nos vacances.*

HABITAT, n. m. [abita] (*habiter*) **Bot.** Lieu spécialement habité par une espèce végétale. ■ Lieu habité par une espèce animale. ■ Ensemble et organisation des habitations dans un lieu donné. *L'habitat urbain.* ■ Ensemble des conditions de logement. *Améliorer l'habitat.*

HABITATION, n. f. [abitasjɔ̃] (lat. *habitatio*, domicile) Action d'habiter un lieu. *L'habitation de cette maison est malsaine.* ♦ Il se dit des animaux. *Le tigre fait son habitation dans les contrées brûlantes.* ♦ L'endroit où l'on demeure, domicile, maison. *Une belle habitation.* ♦ ▷ **Hist. nat.** Climat que chaque être vivant préfère. On ne doit pas confondre l'habitation avec l'habitat, qui est un lieu spécial, tandis que l'habitation est un climat, une région. ◁ ♦ ▷ *Habitation d'un animal,* les lieux qu'il fréquente habituellement. ◁ ♦ ▷ L'établissement qu'une colonie forme dans un pays éloigné. ◁ ■ ▷ Bien possédé par un particulier aux colonies. ◁ ■ *Taxe d'habitation,* impôt annuel versé par chaque propriétaire ou locataire d'un bien immobilier. ■ *Habitation à loyer modéré,* Voy. ʜʟᴍ.

HABITÉ, ÉE, p. p. d'habiter. [abite]

HABITER, v. tr. [abite] (lat. *habitare*) Occuper comme demeure. ◆ Fig. *La paix habite ce séjour.* ◆ V. intr. Faire sa demeure. *Habiter à la campagne.* ◆ Il se dit des animaux et des plantes. ◆ Fig. « *Ce n'est point sur ses bords [du Permesse] qu'habite la richesse* », Boileau. ◆ Il se dit de l'impression sanctifiante que Dieu fait sur l'âme. « *Dieu descend et revient habiter parmi nous* », Racine. ◆ En un sens contraire. « *C'est le péché qui habite en moi* », Saci.

HABITUATION, ■ n. f. [abityasjɔ̃] (*habituer*) Psych. Disparition progressive des réactions à un stimulus répété. *L'habituation correspond à un apprentissage dans la mesure où elle conduit à un changement stable du comportement qui fait suite à l'expérience vécue par l'organisme.*

HABITUDE, n. f. [abityd] (lat. *habitudo*, manière d'être) ▷ Hist. nat. Conformation, configuration d'un végétal ou d'un animal. ◁ ◆ ▷ Méd. Habitude extérieure, habitude du corps, la constitution, l'aspect général du corps. ◁ ◆ **Par extens.** Disposition acquise par la répétition des mêmes actes. *Prendre une habitude. La force de l'habitude.* ◆ Habitude se dit des animaux. « *Les habitudes naturelles de ces oiseaux* », Buffon. ◆ Fam. *C'est un homme d'habitude*, le moindre changement dans sa manière de vivre le dérange. ◆ ▷ Fig. et fam. Dans le même sens : *c'est un animal, une bête d'habitude.* ◁ ◆ Habitude avec la préposition *de* suivie d'un substantif ou d'un verbe. « *Vous vous êtes fait une habitude de votre présomption* », Bourdaloue. « *Je me suis fait une habitude nécessaire de vous voir* », Mme de Sévigné. ◆ ▷ Habitude avec la préposition *à* suivie d'un substantif ou d'un verbe. « *L'habitude à régner et l'horreur d'en déchoir* », P. Corneille. « *L'habitude qu'il a à la flatterie* », La Bruyère. ◁ ◆ *Par habitude*, pour obéir à ses propres habitudes. ◆ *D'habitude*, selon l'habitude qu'on a. *Bonne, mauvaise habitude*, se dit particulièrement de certaines dispositions de corps ou d'esprit auxquelles on s'habitue. ◆ Accès auprès de quelqu'un, fréquentation. « *Les habitudes qu'il avait eues avec les plus renommés politiques* », Fléchier. ◆ État d'un prêtre habitué. ◁ ◆ Prov. *L'habitude est une autre nature, une seconde nature*, elle a beaucoup d'influence sur l'esprit. ■ Expérience, capacité acquise par la répétition. *Il a une grande habitude des chevaux.* ■ Coutume Connaître les habitudes d'un pays.

HABITUÉ, ÉE, p. p. d'habituer. [abitye] N. m. et n. f. Celui qui a habituellement dans un lieu. *Un habitué de la maison.* ◆ ▷ Prêtre habitué, ecclésiastique attaché au service d'une paroisse, sans y avoir ni charge ni dignité. ◁

HABITUEL, ELLE, adj. [abityɛl] (lat. médiév. *habitualis*) Qui est passé en habitude. *Un mal habituel.* ◆ Théol. Grâce habituelle, celle qui réside toujours dans le sujet. ◆ Hist. nat. Caractère habituel, celui qui se rencontre dans un être organisé sans différence de l'un à l'autre de même espèce. ◆ Rhét. Qualités habituelles du style, celles qui doivent s'y trouver constamment, comme la clarté, etc. ■ Fréquent, normal. *L'usage habituel.*

HABITUELLEMENT, adv. [abityɛl(ə)mã] (*habituel*) D'habitude, d'ordinaire.

HABITUER, v. tr. [abitye] (b. lat. *habituari*, avoir telle manière d'être ; lat. médiév. *habituare*, accoutumer) Faire prendre l'habitude. *Habituer les jeunes gens à la fatigue, à obéir.* ◆ S'habituer, v. pr. Prendre l'habitude. *S'habituer au travail, à supporter la fatigue.*

HABITUS, ■ n. m. [abitys] (mot lat., aspect extérieur) Méd. Aspect extérieur du corps reflétant l'état de santé d'un individu. ■ Sociol. Manière d'être, de se comporter, d'un individu, en regard des structures sociales auxquelles il appartient. *L'habitus est un des concepts majeurs de la sociologie de Bourdieu.*

HÂBLER, v. intr. ['able] (*h* aspiré, esp. *hablar*, parler, du lat. *fabulari*, parler) Parler avec vanterie, avec exagération.

HÂBLERIE, n. f. ['ableri] (*h* aspiré. *Hâbler*) Langage de celui qui hâble.

HÂBLEUR, EUSE, n. m. et n. f. ['ablœr, øz] (*h* aspiré. *Hâbler*) Celui, celle qui aime à hâbler.

HACHAGE ou **HACHEMENT**, ■ n. m. ['aʃaʒ, 'aʃ(ə)mã] (*h* aspiré. *Hacher*) Action de hacher. ■ Inform. Le hachage, méthode permettant de diviser une liste de données en listes plus petites, contenant les éléments de la première et de telle façon que deux données quelconques aient une faible probabilité de produire le même résultat ; son résultat. *Une fonction de hachage.*

HACHE, n. f. ['aʃ] (*h* aspiré, anc. h. all. *happja*) Instrument de fer tranchant dont on se sert pour couper et pour fendre du bois et autres choses. *Mettre la hache, porter la hache dans un bois.* ◆ Fam. et fig. *Ouvrage fait à coups de hache*, ouvrage fait très grossièrement. ◆ Instrument de supplice avec lequel le bourreau tranche la tête. ◆ Les haches que les licteurs portaient avec les faisceaux devant certains magistrats romains. ◆ *Hache consulaire*, hache entourée de faisceaux et de verges. ◆ Instrument employé pour tuer les animaux offerts en sacrifice. ◆ *Hache d'armes*, sorte d'arme offensive. ◆ Prov. *Aller au bois sans hache*, ne pas se munir de ce qui est nécessaire. ■ Fig. *Porter la hache contre, dans quelque chose*, y faire des suppressions,

des remaniements importants. *Porter la hache contre un budget, dans une administration.*

HACHÉ, ÉE, p. p. de hacher. ['aʃe]

HACHE-LÉGUME, n. m. ['aʃ(ə)legym] (*h* aspiré. *Hacher*, et *légumes*) Instrument qui sert à couper menu les légumes pour les juliennes. ◆ Au pl. *Des hache-légumes.*

HACHE-PAILLE, n. m. ['aʃ(ə)paj] (*h* aspiré. *Hacher*, et *paille*) Instrument dont on se sert pour hacher la paille que l'on donne aux bestiaux. ■ Au pl. *Des hache-pailles.*

HACHER, v. tr. ['aʃe] (*h* aspiré. *Hache*) Couper en petits morceaux avec une hache, un couperet. *Hacher de la viande.* ◆ *Hacher menu comme chair à pâté*, mettre en pièces. ◆ Par exagération, *hacher quelqu'un en pièces, le hacher en morceaux*, le frapper de plusieurs coups d'une arme tranchante. ◆ *Se faire hacher en pièces, se faire hacher pour quelqu'un*, être disposé à le défendre à tout risque. ◆ Couper, découper maladroitement. ◆ Par extens. Détruire, ravager. *L'orage a haché les récoltes.* ◆ Porter le ravage dans une troupe. ◆ *Se faire hacher en pièces* ou simplement *se faire hacher*, combattre jusqu'à la dernière extrémité. ◆ Dess. et grav. Faire des traits qui se croisent les uns les autres. ◆ Fig. *Hacher ses phrases, son style*, écrire, faire des phrases trop courtes et insuffisamment liées. ◆ Se hacher, v. pr. Être haché.

HACHEREAU, n. m. ['aʃ(ə)ro] (*h* aspiré. *Hache*) Petite cognée.

HACHETTE, n. f. ['aʃɛt] (*h* aspiré. *Hache*) Petite hache.

HACHICH, n. m. ['aʃiʃ] Voy. haschich.

HACHIS, n. m. ['aʃi] (*h* aspiré. *Hacher*) Mets fait avec de la viande ou du poisson haché.

HACHOIR, n. m. ['aʃwar] (*h* aspiré. *Hacher*) Petite table de chêne sur laquelle on hache les viandes. ◆ Grand couteau pour hacher.

HACHURE, n. f. ['aʃyr] (*h* aspiré. *Hacher*) Dess. et grav. Traits croisés qui forment les demi-teintes et les ombres.

HACHURER, ■ v. tr. ['aʃyre] (*h* aspiré. *Hachure*) Marquer de hachures. *Hachurer un dessin.*

HACIENDA, ■ n. f. [asjɛnda] (*en* se prononce *enn*. Mot esp.) Vaste exploitation agricole dans les pays d'Amérique latine.

HACKER, ■ n. m. ['akœr] (*h* aspiré. Mot angl.) Personne qui cherche à s'introduire illégalement dans un réseau informatique. ■ Par extens. Personne particulièrement compétente en programmation informatique. ■ Rem. On recommande officiellement l'emploi de *fouineur*.

HADAL, ALE, adj. [adal] (*Hadès*, dieu grec des Enfers) Relatif aux très grandes profondeurs marines. *Les étages hadaux dépassent 7 000 mètres de profondeur.*

HADDOCK, ■ n. m. ['adɔk] (*h* aspiré. Mot angl., églefin) Chair fumée de l'églefin. *Filet de haddock.*

HADITH, ■ n. m. ['adit] (*h* aspiré, ar. *hadith*, récit) Recueil des actes et des paroles du prophète Mahomet et de ses compagnons. *Un hadith est constitué de trois parties : le matn (le texte), l'isnad (la chaîne des personnes qui transmettent le hadith) et le taraf (la première phrase du texte qui fait référence à la parole du prophète).*

1 HADJ, ■ n. m. ['adʒ] (*h* aspiré, ar. *hâdj*, pèlerinage) Pèlerinage que les Musulmans effectuent à la Mecque. *Tout musulman croyant doit accomplir le hadj au moins une fois dans sa vie.*

2 HADJI ou **HADJI**, ■ n. m. ['adʒ, 'adʒi] (*h* aspiré, ar. *hâdji*, pèlerin) Titre porté par un musulman qui a fait le pèlerinage à la Mecque. *Des hadjs, des hadjis.*

HADRON, ■ n. m. [adrɔ̃] (gr. *hadros*, fort) Particule élémentaire formée de quarks et susceptible d'interaction forte.

HAFNIUM, ■ n. m. ['afnjɔm] (*h* aspiré, lat. *Hafnia*, nom de la ville de Copenhague) Chim. Élément chimique de numéro atomique 72, proche du zirconium, ayant l'aspect d'un métal argenté, brillant et ductile. *Le hafnium est utilisé dans les réacteurs nucléaires, les alliages à haute température et les céramiques.*

HAGARD, ARDE, adj. ['agar, ard] (*h* aspiré. Mot angl. *hagger*, de *hag*, sorcière) Faucon hagard, faucon qui a été pris plus d'une mue et qui ne s'apprivoise pas aisément. ◆ Fig. Qui a l'air farouche et sauvage. ◆ Il se dit, dans un sens analogue, du visage, du regard, etc. *La mine hagarde.*

HAGGIS, ■ n. m. ['agis] (*h* aspiré. Mot écossais) Plat traditionnel écossais, constitué d'une panse de mouton farcie d'abats de mouton, de graisse de rognon et d'aromates. *Traditionnellement servi pour la Burns' Night, le haggis est souvent accompagné de purée de pommes de terre et de purée de rutabaga ou de navets.*

HAGIOGRAPHE, adj. [aʒjograf] (gr. *hagios*, saint, et *-graphe*) Qui traite de choses saintes. *Livres hagiographes*, les livres de la Bible autres que ceux de Moïse et des prophètes. ◆ N. m. Écrivain sacré qui a composé quelqu'un des livres hagiographes. ◆ Auteur qui traite de la vie et des actions des saints.

HAGIOGRAPHIE, n. f. [aʒjografi] (*hagiographe*) Traité sur les choses saintes. ◆ Science de celui qui a écrit sur les saints.

HAGIOGRAPHIQUE, adj. [aʒjografik] (*hagiographie*) Qui concerne l'hagiographie.

HAGIOLOGIE, n. f. [aʒjoloʒi] (gr. *hagios* et -*logie*) Discours sur les saints ou sur les choses saintes.

HAGIOLOGIQUE, adj. [aʒjoloʒik] (*hagiologie*) Qui concerne l'hagiologie.

HAHA, n. m. [haha] (*ha ! ha !*) Tout obstacle interrompant brusquement un chemin. ◆ Ouverture faite au mur d'un jardin avec un fossé en dehors pour laisser la vue libre.

HAHÉ, n. m. [ae] (*h* aspiré. *Ha ! hé !*) ▷ Cri pour arrêter les chiens qui prennent le change ou qui s'emportent trop. ◁

HAI, interj. [ɛ] ▷ La même que *hé !* ◁

HAÏ, ÏE, p. p. de haïr. [ai]

HAÏDOUK, ■ n. m. [ajduk] Voy. HEIDUQUE.

1 HAIE, n. f. [ɛ] (*h* aspiré, anc. b. frq. *hagja*) Clôture faite d'arbres ou d'arbustes ou d'épines entrelacées. ◆ *Haie vive,* haie formée d'arbustes épineux en pleine végétation. ◆ *Haie sèche* ou *haie morte,* haie faite avec des branches de bois mort ou des morceaux de bois fendu. ◆ *Course de haies,* course de chevaux où il faut franchir des haies. ◆ **Fig.** Ce qui fait un obstacle comparé à une haie. *Une haie de boucliers et de piques.* ◆ **Fig.** File de personnes ou de soldats, rangée comme l'est une haie. ◆ *Border la haie* ▷ et aussi ◁ *former* ou *faire la haie,* être rangé en haie.

2 HAIE, n. f. [ɛ] (1 *haie,* le glissement de sens s'expliquant p.-ê. par la forme allongée de l'age) ▷ Syn. d'*age de charrue.* ◁

3 HAIE!, interj. [aj] (*h* aspiré, on prononce comme *aïe.* Onomat.) ▷ Exprime la douleur physique. ◆ Exprime aussi le chagrin. ◁

HAÏE!, [ai] (*h* aspiré, on prononce en deux syllabes : *a-i.* Onomat.) ▷ Cri que font les charretiers pour animer leurs chevaux. ◁

HAÏK, ■ n. m. [aik] (*h* aspiré. Mot ar.) Grand voile rectangulaire porté par les femmes musulmanes par-dessus leurs vêtements, et dont un pan peut être ramené sur leur tête. *Le haïk trouve son origine au XVIe lors de l'invasion de la Tunisie par les Normands de Sicile et les Espagnols conduits par Charles Quint, pendant laquelle les femmes se protégeaient par les haïks pour se prémunir contre les convoitises des conquérants.*

HAÏKU, ■ n. m. [ajku] (*h* aspiré, *u* se prononce *ou.* Mot jap.) Petit poème d'origine japonaise, comprenant trois vers et 17 syllabes, qui évoque la nature, les saisons. *Le haïku est la poésie de l'instant fugitif. Des haïkus.*

HAILLON, n. m. [ajɔ̃] (*h* aspiré, anc. h. all. *hadel,* chiffon, lambeau, ou dial. *hailles,* guenilles) Vieux lambeau de toile ou d'étoffe. ■ N. m. pl. Vêtements usés, sales, déchirés. *Mendiante en haillons.*

HAILLONNEUX, EUSE, ■ adj. [ajnø, øz] (*h* aspiré, *haillon*) Vêtu de haillons. « *Cette armée de fantômes haillonneux errant dans le soleil* », CAMUS.

HAINE, n. f. [ɛn] (*h* aspiré. *Haïr,* ou radic. du germ. *hatjan,* haïr) Action de haïr. ◆ Quand la haine est personnifiée, on met une majuscule. ◆ ▷ Objet de la haine. « *Vous êtes son amour, craignez d'être sa haine* », P. CORNEILLE. ◁ ◆ V. tr. *La haine de,* sentiment éprouvé contre. *La haine des tyrans.* ◁ ▷ Passivement, *haine de,* sentiment éprouvé par. « *Ceux qui sont chargés de la haine d'un parti* », VOLTAIRE. ◁ ◆ *Haines nationales,* inimitiés des peuples entre eux. ◆ **Théol.** *Haine d'abomination,* l'horreur pour le péché, sans aversion néanmoins pour la personne du pécheur. ◆ Sentiment d'aversion qu'on éprouve pour certaines choses. *La haine du changement.* ◆ Ce qu'il y a d'odieux, l'odieux. « *Détourner sur les autres la haine d'un mauvais succès* », LA BRUYÈRE. ◆ EN HAINE DE, loc. prép. En haïssant, par animosité contre. ■ **Pop.** *Avoir la haine,* éprouver de la colère, du ressentiment.

HAINEUSEMENT, adv. [ˈɛnøz(ə)mɑ̃] (*h* aspiré. *Haineux*) D'une manière haineuse, avec haine.

HAINEUX, EUSE, adj. [ɛnø, øz] (*h* aspiré. *Haine*) Qui est naturellement porté à la haine. *Âme haineuse.* ◆ N. m. et n. f. Un haineux. ◆ Qui a le caractère de la haine. *Des préjugés haineux.*

HAÏR, v. tr. [air] (*h* aspiré, anc. b. *hatjan*) Avoir pour quelqu'un un sentiment qui fait que nous lui voulons du mal. ◆ *Haïr quelqu'un* ou *quelque chose comme la peste, comme la mort,* le haïr extrêmement. ◆ *Haïr quelqu'un de,* lui en vouloir à cause de. « *Mais je hais vos messieurs de leurs honteux délais* », MOLIÈRE. ◆ *Faire haïr,* rendre odieux ; *se faire haïr,* se rendre odieux. ◆ En parlant des choses, avoir de l'aversion, de la répugnance. *Il haïssait l'étude.* ◆ Il se dit quelquefois des choses dont on reçoit quelque incommodité. *Haïr le froid.* ◆ *Haïr que,* avec le subjonctif. *Je hais qu'on demande*

toujours. ◆ *Haïr à,* avec un infinitif. Avoir de la répugnance pour. « *Ils haïssent autant à voir les femmes avec de la céruse sur le visage qu'avec de fausses dents* », LA BRUYÈRE. ◆ *Haïr,* avec la négation, aimer assez. *Il ne hait pas le vin.* « *Elles ne haïssent pas de primer dans ce nouveau genre de vie* », LA BRUYÈRE. ◆ *Des défauts dont nous ne haïssons pas à être raillés* », LA BRUYÈRE. ◆ Se haïr, v. pr. Avoir de la haine pour soi. ◆ **Relig.** *Se haïr soi-même,* haïr en soi la nature humaine. ◆ Avoir une haine réciproque.

HAIRE, n. f. [ˈɛr] (*h* aspiré, anc. b. frq. *harja,* vêtement fait de poil) Petite chemise de crin ou de poil de chèvre portée sur la peau par esprit de mortification et de pénitence.

HAÏSSABLE, adj. [ˈaisabl] (*h* aspiré. Radic. du p. prés. de *haïr*) Qui mérite d'être haï, qui inspire la haine, en parlant des personnes ou des choses.

HAÏTIEN, IENNE, ■ adj. [aisjɛ̃, jɛn] (*Haïti*) Originaire d'Haïti. *Le créole haïtien.* ■ N. m. et n. f. *Un Haïtien, une Haïtienne.*

HAKKA, ■ n. m. [ˈaka] (*h* aspiré. Mot chin., étranger) Dialecte du Sud de la Chine. *Le hakka comprend environ quatre millions de locuteurs.*

HALAGE, n. m. [ˈalaʒ] (*h* aspiré. 1 *haler*) L'action de haler, de tirer un bateau. ◆ *Chemin de halage,* chemin sur lequel se fait le halage.

HALAL, ■ adj. inv. [ˈalal] (*h* aspiré. Mot ar., licite) **Relig.** Conforme aux prescriptions rituelles musulmanes, en parlant d'un produit alimentaire, et notamment de la viande. *Charcuterie halal.*

HALBI, ■ n. m. [ˈalbi] (*h* aspiré, néerl. *haalbier,* petite bière) Boisson originaire de Normandie, obtenue avec des pommes et des poires fermentées. *Des halbis.*

HALBRAN, n. m. [ˈalbrɑ̃] (*h* aspiré, moyen haut allemand *halberant,* demicanard) Jeune canard sauvage. *Ragoût de halbrans.* ■ REM. Graphie ancienne : *albran.*

HALBRENÉ, ÉE, adj. [ˈalbrəne] (*h* aspiré. *Halbrener,* chasser le halbran) ▷ Se dit en fauconnerie d'un oiseau de proie qui a des plumes rompues. ◆ **Fig.** et fam. Fatigué, harassé, en mauvais équipage. ◆ Il est vieux en ce sens. ■ REM. Graphie ancienne : *albrené.* ◁

HALÉ, ÉE, p. p. de haler. [ɑle] *Bateau halé.*

HÂLE, n. m. [ɑl] (*h* aspiré. *Hâler*) ▷ Certaine constitution d'air sec qui dessèche et flétrit. ◁ ◆ ▷ Vent sec de l'est ou du nord, qui dessèche la terre et les plantes. ◁ ■ Couleur brune que prend la peau sous l'effet du soleil et du grand air.

HÂLÉ, ÉE, p. p. de hâler. [ɑle] *Teint hâlé.*

HALECRET, ■ n. m. [ˈal(ə)krɛ] (*h* aspiré, moy. néerl. *halscleet,* épaulière) Partie d'une armure formée d'un corselet de métal articulé en deux parties. *Les halecrets étaient principalement utilisés dans l'infanterie.*

HALEINE, n. f. [alɛn] (anc. fr. *alener,* halener ; cf. lat. médiév. *anela*) L'air qui sort des poumons pendant l'expiration. ◆ *Retenir son haleine,* suspendre momentanément sa respiration, et fig. ne faire aucun bruit. ◆ La faculté de respirer. *Être hors d'haleine.* ◆ *À perdre haleine, à perte d'haleine,* en allant jusqu'à s'essouffler, en faisant de grands efforts. ◆ **Fig.** *Faire des discours à perte d'haleine,* faire des discours vains et interminables. ◆ *Reprendre son haleine,* recommencer à respirer après une interruption accidentelle plus ou moins longue, et fig. se reposer, reprendre des forces. ◆ La faculté d'être un certain temps sans respirer. *Avoir l'haleine longue, l'haleine courte.* ◆ *Tout d'une haleine,* sans reprendre haleine. ◆ **Fig.** *Débiter un discours tout d'une haleine,* sans s'arrêter. ◆ **Fig.** *D'une haleine,* de suite, sans interruption. ◆ ▷ *Période de longue haleine,* phrase longue à prononcer. ◁ ◆ **Fig.** *De longue haleine,* qui exige temps et efforts. *Un ouvrage de longue haleine.* ◆ *Courte haleine,* essoufflement, respiration difficile et fréquente. ◆ ▷ **Fig.** et fam. *Cet auteur a l'haleine courte,* il a peu de facilité et d'abondance. ◁ ◆ Il se dit des vents. « *Les vents retenaient leurs haleines* », FÉNELON. ◆ **Fig.** Force, capacité. *Je n'ai pas assez d'haleine pour un si grand ouvrage.* ◆ ▷ EN HALEINE, loc. adv. En exercice, en habitude de travailler soit de corps, soit d'esprit. *Se mettre en haleine, se tenir en haleine.* ◆ *Être en haleine,* être en train de faire quelque chose ; être en bonne disposition pour faire quelque chose. ■ *Tenir quelqu'un en haleine,* tenir son attention en éveil. ◁

HALENÉ, ÉE, p. p. de halener. [al(ə)ne]

HALENÉE, n. f. [al(ə)ne] (*haleine*) ▷ Une bouffée d'air qu'on souffle par la bouche. ◆ Cette bouffée d'air accompagnée d'odeur. *Une halenée de vin, de tabac.* ◁

HALENER, v. intr. [al(ə)ne] (*h* aspiré, lat. *anhelare*) ▷ Pousser son haleine. ◁ ◆ V. tr. Sentir l'haleine de quelqu'un. ◁ ◆ En parlant des chiens de chasse, prendre l'odeur d'une bête.

1 HALER, v. tr. [ˈale] (*h* aspiré, anc. h. all. *halôn,* amener, aller chercher) **Mar.** Faire effort sur une corde attachée à un objet pour produire un effet voulu. ◆ Attacher avec une corde quelque objet embarrassant que l'on veut élever. ♦ ▷ *Haler à la cordelle*, faire avancer un bateau au moyen d'une corde tirée à force de bras ou par des chevaux. ◁ ♦ ▶ **Mar.** *Haler le vent* ou *se haler dans le vent*, s'approcher de la direction du vent. ◁ ♦ ▷ *Haler sur une manœuvre*, faire force dessus pour la tendre et la tirer. ◁ ♦ **Se haler,** v. pr. Être halé.

2 **HALER,** v. tr. ['ale] (*h* aspiré, angl. *to hallow*) ▷ En parlant des chiens, exciter. *Haler les chiens après quelqu'un.* ◁

HÂLER, v. tr. ['ale] (*h* aspiré, lat. pop. *assulare*, faire rôtir, croisé avec le néerl. *hael*, desséché) Rendre le teint brun et rougeâtre, en parlant du soleil et du grand air. *Le soleil hâle le teint.* ♦ ▷ Faire éprouver aux plantes le hâle. ◁ ♦ **Se hâler,** v. pr. Être noirci par le hâle.

HALETANT, ANTE, adj. ['al(ə)tɑ̃, ɑ̃t] (*h* aspiré. *Haleter*) Qui est hors d'haleine. ♦ **Par extens.** « *Le voyageur... Redouble en vain sa marche haletante* », Millevoye. ♦ **Fig.** Qui soupire pour. *Une foule haletante et cupide.*

HALÈTEMENT, ■ n. m. [alɛt(ə)mɑ̃] (*h* aspiré. *Haleter*) Action de haleter, de produire un souffle rapide et saccadé. *Le halètement d'un chien épuisé par la chaleur.* ♦ **Par anal.** *Le halètement d'une locomotive, d'un harmonica.*

HALETER, v. intr. ['al(ə)te] (*h* aspiré. *Aile*, avec *h* expressif, ou lat. *halare*, exhaler) Respirer, comme quand on est hors d'haleine. ♦ **Fig.** Être désireux de. « *Haletant vers le gain, les honneurs, la richesse* », A. Chénier. « *Haletant après l'ombrage des bois* », Chateaubriand.

HALEUR, EUSE, n. m. et n. f. ['alœr, øz] (*h* aspiré. 1 *haler*) Celui, celle qui hale un bateau.

HALF-TRACK, ■ n. m. ['alftʀak] (*h* aspiré. Angl., semi-traction) Véhicule blindé, semi-chenillé, utilisé pour le transport de l'infanterie. *Les half-tracks sont apparus aux États-Unis dans les années 1940.*

HALICTE, ■ n. m. [alikt] (lat. sav. [Agassiz] *halictus*) **Zool.** Insecte hyménoptère voisin de l'abeille, qui vit en colonie dans des nids construits sous terre. *Les halictes font des nids dans la terre qu'ils approvisionnent avec du pain d'abeille (pollen mêlé de miel).*

HALIEUTIQUE, ■ adj. [aljøtik] (gr. *halieutikos*) Qui concerne la pêche. *L'art halieutique.* « *Le pêcheur On dirait un fanatique De la cause halieutique Avec sa belle canne et Son moulinet* », Brassens. ■ N. f. Art, technique de la pêche. *La biologie et l'exploitation des ressources de la pêche sont nécessaires à la bonne connaissance de l'halieutique.*

HALIOTIDE, ■ n. f. [aljɔtid] (lat. sav. [Linné] *haliotis*, du gr. *halios*, marin, et *ous*, génit. *ôtos*, oreille) **Zool.** Mollusque gastéropode marin, à coquille plate et nacrée. *Les haliotides sont appelées ormeaux ou oreilles de mer.*

HALIPLE, ■ n. m. [alipl] (gr. *haliplous*, qui nage en mer) **Zool.** Petit insecte coléoptère qui vit dans les eaux douces et saumâtres.

HALITE, ■ n. f. [alit] (gr. *hals*, génit. *halos*, sel) **Chim.** Chlorure de sodium. *Les gisements d'halites se sont formés à l'intérieur des terres à l'emplacement de mers asséchées depuis des millions d'années.*

HALITUEUX, EUSE, adj. [alituø, øz] (lat. *halitus*, exhalaison, haleine) ▷ **Méd.** Couvert d'une douce vapeur. *Peau, chaleur halitueuse.* ◁

HALL, ■ n. m. ['ol] (*h* aspiré, on prononce à l'anglaise : ôl. Mot angl.) Vaste salle située à l'entrée d'une maison particulière ou d'un établissement public. *Un hall d'accueil. Le hall d'une gare.* ■ Bâtiment de grande dimension, généralement constitué d'une seule pièce, destiné à accueillir un public nombreux. *Hall des expositions. Des halls.*

HALLAGE, ■ n. m. ['alaʒ] (*h* aspiré. *Halle*) ▷ Droit levé dans les halles et dans les foires sur les marchandises qu'on y étale. ◁

HALLALI, n. m. [alali] (anc. fr. *harer*, exciter les chiens, et *à li*, forme réduite de *lui*) Cri de chasse qui annonce que la bête est sur ses fins. ♦ N. m. Air de chasse que les trompes exécutent quand la bête est rendue. *Sonner l'hallali.*

HALLE, n. f. ['al] (*h* aspiré, anc. b. frq. *hala*, grand emplacement couvert) Place publique ordinairement couverte, où se tient le marché. ♦ *Les dames de la halle*, les femmes qui vendent à la halle. ♦ *Langage des halles*, langage bas et grossier. ♦ Magasin public où les gens d'un même commerce tiennent leurs produits. *La halle aux draps.* ♦ **Fig.** Bâtiment ouvert à tous les vents. *Ce salon est une halle.* ■ N. f. pl. Marché d'une ville, en particulier de Paris. *Les commerçants des Halles.*

HALLEBARDE, n. f. ['al(ə)baʀd] (*h* aspiré, anc. all. *helmbarte*, hache à poignée) Arme d'hast, garnie par en haut d'un fer long, large et pointu, traversé d'un autre fer en forme de croissant. ♦ **Fig. et fam.** *Quand il tomberait des hallebardes*, quand il pleuvrait à verse.

HALLEBARDIER, n. m. ['al(ə)baʀdje] (*h* aspiré. *Hallebarde*) Garde à pied qui portait la hallebarde.

HALLEBREDA, n. m. et n. f. ['al(ɔ)bʀəda] (*h* aspiré. Orig. inc.) ▷ Se dit d'une personne grande et mal bâtie. ◁

1 **HALLIER,** n. m. ['alje] (*h* aspiré. *Halle*) ▷ Celui qui garde les marchandises déposées dans une halle. ♦ Marchand qui étale aux halles. ◁

2 **HALLIER,** n. m. ['alje] (*h* aspiré, anc. b. frq. *hasal*, noisetier) Réunion de buissons fort épais. ♦ **Vén.** Filet dit aussi tramail, que l'on tend perpendiculairement.

HALLOWEEN, ■ n. f. [alowin] (*h* aspiré, angl. *All Hallow's Eve*, veille de la Toussaint) Fête d'origine anglo-saxonne, célébrée le 31 octobre, et durant laquelle les enfants passent de maison en maison pour réclamer des friandises, déguisés en fantômes, en squelettes ou en sorcières. *Halloween était à l'origine célébrée le 1er novembre et il s'agissait d'une fête religieuse à la mémoire de tous les saints.*

HALLSTATTIEN, IENNE, ■ adj. [alstatjɛ̃, jɛn] (*h* aspiré. *Hallstatt*, site préhistorique en Autriche) Relatif à la période de la préhistoire correspondant au premier âge du fer. *La période hallstattienne va de la fin du VIIIe siècle au début du Ve siècle av. J.-C.*

HALLUCINANT, ANTE, ■ adj. [alysinɑ̃, ɑ̃t] (*halluciner*) Qui présente un aspect hors du commun, qui produit une impression saisissante. *Un récit hallucinant. Vivre une aventure hallucinante.*

HALLUCINATION, n. f. [alysinasjɔ̃] (lat. *hallucinatio*) **Méd.** Perception de sensations sans aucun objet extérieur qui les fasse naître.

HALLUCINATOIRE, ■ adj. [alysinatwaʀ] (radic. de *hallucination*) **Méd.** Qui relève de l'hallucination. *Psychose, délire hallucinatoire.* ■ Qui provoque des hallucinations. *Substance hallucinatoire.*

HALLUCINÉ, ÉE, p. p. d'halluciner. [alysine] *Un halluciné. Une hallucinée.*

HALLUCINER, v. tr. [alysine] (lat. *hallucinari*, divaguer) **Méd.** Produire des hallucinations. ♦ **S'halluciner,** v. pr. Éprouver des hallucinations.

HALLUCINOGÈNE, ■ n. m. [alysinɔʒɛn] (*halluciner*, et *-gène*) Substance dont l'absorption entraîne une perte du contact avec la réalité et provoque des visions. ■ Adj. *Effet hallucinogène de la cocaïne.*

HALLUCINOSE, ■ n. f. [alysinoz] (*halluciner* et *-ose*) **Méd.** État hallucinatoire dans lequel le sujet identifie cette manifestation comme pathologique à la différence de l'hallucination. *L'hallucinose (ou sensation fantôme) peut être consécutive à l'amputation d'un membre.*

HALO, n. m. ['alo] (*h* aspiré, lat. *halos*, du gr. *halôs*) Cercle brillant et ordinairement coloré qu'on aperçoit quelquefois autour du disque du Soleil, de la Lune et des planètes. ■ Cercle de lumière diffuse. *Le halo d'une lampe.*

HALOGÉNATION, ■ n. f. [alɔʒenasjɔ̃] (*halogène*) **Chim.** Réaction au cours de laquelle des atomes d'halogène sont introduits dans une molécule organique.

HALOGÉNÉ, ÉE, ■ adj. [alɔʒene] (*halogène*) **Chim.** Qui entre en combinaison avec un halogène. *Transformation d'un alcool en dérivé halogéné.*

HALOGÈNE, adj. [alɔʒɛn] (*halo-* et *-gène*) **Chim.** *Corps halogènes*, les corps électronégatifs, tels que le chlore, l'iode, le brome, etc., qui produisent des sels en se combinant avec les métaux électropositifs. ■ *Lampe (à) halogène* ou n. m. *halogène*, lampe à incandescence dont l'ampoule contient un gaz.

HALOGÉNURE, ■ n. f. [alɔʒenyʀ] (*halogène*) **Chim.** Composé chimique qui contient un halogène. *L'halogénure d'argent entre dans la composition d'un film photographique.*

HALOIR, ■ n. m. ['alwaʀ] (*h* aspiré. *Hâler*) Lieu où l'on sèche le chanvre. ■ Séchoir aéré où sont placés les fromages à pâte molle avant leur maturation. *Un haloir d'affinage.*

HALOPHILE ou **HALOPHYTE,** ■ adj. [alofil, alofit] (*halo-* et *-phile* ou *-phyte*) Qui vit dans des milieux salés. *Bactérie halophile. Plante halophyte.*

HALOT, n. m. ['alo] (*h* aspiré, anc. b. frq. *hal*, cavité) ▷ **Vén.** Trou de lapins dans une garenne. ◁

HALOTECHNIE, n. f. ['alotɛkni] (*halo-* et *-technie*) Partie de la chimie qui traite de la préparation des sels.

HALOTHANE, ■ n. m. [alotan] (*halo-* et *éthane*) **Chim.** Anesthésique halogéné administré sous forme de gaz. *Un test à l'halothane pour identifier le syndrome du stress du porc.*

HALTE, n. f. ['alt] (*h* aspiré, ital. *alto*, de l'all. *Halt*) Station que font des gens de guerre, des chasseurs, des voyageurs dans une marche. ♦ *Faire halte*, s'arrêter. ♦ ▷ *Faire faire halte*, arrêter le mouvement d'une troupe en marche. ◁ ♦ Lieu fixé pour la halte. ♦ ▷ Repas que l'on fait pendant la halte. ◁ ♦ **Fig.** Pause, interruption momentanée. ♦ **HALTE !,** interj. Dont on se sert pour commander à une troupe de s'arrêter. ♦ *Halte-là !* arrêtez-vous, ne continuez pas. ■ **Rem.** Graphie ancienne : *alte.*

HALTE-GARDERIE, ■ n. f. ['alt(ə)gaʀdəʀi] (*h* aspiré. *Halte* et *garderie*) Mode de garde collectif d'enfants en bas âge pour quelques demi-journées par semaine. *Les haltes-garderies de la ville.*

HALTÈRE, n. m. [altɛʀ] (gr. *haltères*) **Sp.** Nom de deux masses de fer, ordinairement sphériques, réunies par un petit arbre de fer que la main embrasse facilement.

HALTÉROPHILE, ▪ adj. [alteʀofil] (*haltère*, et -*phile*) **Sp.** Qui pratique, qui concerne l'haltérophilie. *Champion haltérophile. Club haltérophile.* ▪ **N. m. et n. f.** *Un haltérophile qui collectionne les titres.*

HALTÉROPHILIE, ▪ n. f. [alteʀofili] (*haltérophile*) Pratique sportive consistant à soulever des haltères dans une suite de mouvements précis. *L'haltérophilie féminine.*

HALURGIE, n. f. ['alyʀʒi] (*h* aspiré, *hal*[*o*]- et -*urgie*) ▷ Art d'extraire ou de fabriquer les sels. ◁

HALVA ou **HALWA**, ▪ n. m. ['alva] (*h* aspiré. Mot turc) Confiserie orientale, sorte de nougat fait de farine, d'huile de sésame et de fruits secs. *Le halva est un dessert très prisé en Turquie.*

HAMAC, n. m. ['amak] (*h* aspiré, esp. *hamaca*) **Mar.** Lit composé d'un rectangle de toile qui est suspendu horizontalement et où couchent les matelots. ◆ Sorte de lit portatif qu'on suspend entre deux arbres.

HAMADA, ▪ n. f. ['amada] (*h* aspiré, ar. *hammada*) Plateau rocheux et désertique du Sahara. *Une randonnée chamelière dans une hamada de rocs et de sable.*

HAMADRYADE, n. f. [amadʀijad] (gr. *hamadruas*) **Mythol.** Nymphe des bois qui naissait et mourait avec l'arbre dont la garde lui était confiée.

HAMADRYAS, ▪ n. m. [amadʀijas] (lat. sav. [Cuvier] du gr. *hamadruas*) **Zool.** Grand singe cercopithèque d'Afrique et d'Arabie, qui porte une épaisse crinière gris argenté. *Les hamadryas étaient adorés par les Égyptiens sous les noms de Thoh et d'Och.*

HAMAMÉLIS, ▪ n. m. [amamelis] (gr. *hamamêlis*, sorte de néflier) Arbuste d'Amérique du Nord et d'Asie, proche du noisetier, et dont certaines variétés sont utilisées en pharmacie pour les propriétés astringentes de leurs tanins. *Pommade à l'hamamélis.*

HAMBURGER, ▪ n. m. ['ɑ̃bœʀɡœʀ] (*h* aspiré. Mot angl., de *hamburger steak*, steak hambourgeois) Bifteck haché grillé et assaisonné, servi chaud dans un petit pain rond. *Prendre un hamburger au fast-food.*

HAMEAU, n. m. ['amo] (*h* aspiré. Dim. de l'anc. fr. *ham*, demeure, de l'anc. b. frq. *haim*, petit village) Petit groupe de maisons écartées du lieu où est la paroisse.

HAMEÇON, n. m. [am(ə)sɔ̃] (lat. *hamus*) Petit crochet armé de pointes, qu'on met au bout d'une ligne avec de l'appât pour prendre du poisson. ◆ **Fig.** *Mordre à l'hameçon*, se laisser séduire par l'apparence de quelque chose d'agréable ou d'utile. ◆ **Fig.** Ce qui attire et trompe.

HAMMAM, ▪ n. m. ['amam] (*h* aspiré. Mot ar., bain chaud) Établissement public ou privé où l'on peut prendre des bains de vapeur selon les rites orientaux. *Des hammams.*

HAMMERLESS, ▪ n. m. ['amɛʀlɛs] (*h* aspiré, angl. *hammer*, marteau, et *less*, dépourvu de) Fusil de chasse à percussion, dont le chien incorporé est invisible. *Tous modèles confondus, à peu près 710 000 exemplaires d'hammerless seront fabriqués jusqu'en 1945.*

1 **HAMPE**, n. f. ['ɑ̃p] (*h* aspiré, anc. fr. *hante*, bois de lance, par croisement du lat. *hasta*, lance avec l'anc. b. frq. *hant*, main) Le bois d'une hallebarde, d'une pertuisane, d'un drapeau, etc. ◆ Manche de pinceau. ◆ **Bot.** Long pédoncule axillaire, nu, s'élevant d'un point très rapproché du collet. ▪ Trait vertical qui forme certaines lettres. *La hampe du h.*

2 **HAMPE**, ▪ n. f. ['ɑ̃p] (*h* aspiré, anc. h. all. *wampa*, panse, p.-ê. croisé avec l'anc. b. frq. *hamma*, cuisse) Pièce de bœuf prélevée dans la partie arrière et supérieure du ventre.

HAMSTER, ▪ n. m. ['amstɛʀ] (*h* aspiré, all. *Hamster*) Genre de mammifères rongeurs commun en Europe.

1 **HAN**, n. m. ['hɑ̃] Onomatopée qui représente le cri sourd et guttural d'un homme qui frappe un coup avec effort.

2 **HAN**, n. m. ['ɑ̃] ▷ Orthographe vicieuse pour *khan*. ◁

HANAP, n. m. ['anap] (*h* aspiré, germ. *hnapp*, écuelle ; cf. a. h. all. *hnapf*) **Vieilli** Grand vase à boire. ◆ La contenance d'un hanap.

HANCHE, n. f. ['ɑ̃ʃ] (*h* aspiré, germ. *hanka*) Partie du corps qui est formée par l'évasement de l'os iliaque et les parties molles environnantes, et qui se continue avec la cuisse par l'articulation du fémur ou os de ce membre. ◆ ▷ *Avoir de la hanche*, des hanches prononcées. ◁ ◆ Le train de derrière d'un cheval, depuis les reins jusqu'au jarret. ◆ **Mar.** La partie arrondie du vaisseau qui du flanc s'étend à l'arrière. ▪ **Zool.** Endroit de la patte d'un insecte qui s'articule au corselet.

HANCHER, ▪ v. intr. ['ɑ̃ʃe] (*h* aspiré, *hanche*) Prendre une attitude qui fait ressortir une hanche. ▪ **V. tr. Bx-arts** Représenter un personnage de manière à faire ressortir une hanche. ▪ HANCHEMENT, n. m. ['ɑ̃ʃ(ə)mɑ̃]

HANDBALL, ▪ n. m. ['ɑ̃dbal] (*h* aspiré, on prononce *bal* et non *bôle*. Mot allem., de *Hand*, main, et *Ball*, ballon) Sport d'équipe dans lequel les joueurs se passent le ballon à la main pour marquer des buts.

HANDBALLEUR, EUSE, ▪ n. m. et n. f. ['ɑ̃dbalœʀ, øz] (*h* aspiré. *Handball*) **Sp.** Joueur, joueuse de handball. *Les handballeuses françaises s'inclinent au pied du podium.*

HANDICAP, ▪ n. m. ['ɑ̃dikap] (*h* aspiré. Mot angl., prob. de *hand in the cap*, main dans la casquette, parce que les mises étaient déposées dans une coiffure) **Sp.** Épreuve sportive au cours de laquelle les meilleurs concurrents se voient attribuer un désavantage afin de donner à chacun la même chance de gagner. ▪ Déficience physique, intellectuelle ou psychique, perturbant notamment la vie sociale d'une personne. *Handicap moteur, visuel, auditif.* ▪ **Fig.** Ce qui empêche quelqu'un ou quelque chose d'évoluer correctement, d'exprimer toutes ses possibilités. *L'absence d'accès au haut débit constitue un sérieux handicap pour de nombreuses régions.*

HANDICAPANT, ANTE, ▪ adj. ['ɑ̃dikapɑ̃, ɑ̃t] (*h* aspiré. *Handicaper*) Qui handicape. *Migraine handicapante.*

HANDICAPÉ, ÉE, ▪ adj. ['ɑ̃dikape] (*h* aspiré. *Handicap*) Affecté par un handicap physique ou mental. *Adulte, enfant handicapé.* ▪ **N. m. et n. f.** *Handicapés moteurs. Stationnement réservé aux handicapés.*

HANDICAPER, ▪ v. tr. ['ɑ̃dikape] (*h* aspiré. *Handicap*) **Sp.** Attribuer un handicap à un concurrent selon des règles déterminées, dans certaines épreuves sportives. ▪ Défavoriser, infliger un désavantage à (quelqu'un, quelque chose). *Cette réforme risque de handicaper l'économie du pays.*

HANDICAPEUR, ▪ n. m. ['ɑ̃dikapœʀ] (*h* aspiré. *Handicaper*) **Sp.** Officiel chargé d'établir les handicaps dans une épreuve sportive. *En équitation, c'est le handicapeur qui a la responsabilité d'égaliser les chances des concurrents en chargeant davantage le meilleur cheval et en délestant la monture qu'il considère la moins compétitive.*

HANDISPORT, ▪ n. m. ['ɑ̃dispɔʀ] (*h* aspiré, *handi*[*cap*] et *sport*) Ensemble des sports pratiqués par les handicapés physiques. ▪ **Adj.** *Course handisport.*

HANEBANE, n. f. ['an(ə)ban] (*h* aspiré, angl. *henbane*) ▷ La jusquiame. ◁

HANGAR, n. m. ['ɑ̃ɡaʀ] (*h* aspiré, anc. b. frq. *haimgard*, de *haim*, hameau, et *gard*, clôture) Remise ouverte de différents côtés, destinée à abriter les chariots, les instruments de labourage, les outils, etc. ▪ Grand bâtiment qui sert d'abri aux avions. ▪ **Rem.** On écrivait aussi *angar*.

HANNETON, ▪ n. m. ['an(ə)tɔ̃] (*h* aspiré. Dimin. de l'anc. b. frq. *hano*, coq) Insecte de la famille des coléoptères qui paraît au printemps. ◆ ▷ **Fam.** *Étourdi comme un hanneton*, très étourdi. ◁ ◆ **Fig.** Un hanneton, un étourdi. ◁ ▪ **Fam.** *Ne pas être piqué des hannetons*, être remarquable dans son genre. *Un chapeau, un discours pas piqué des hannetons.*

HANOUKKA ou **HANUKKAH**, ▪ n. f. ['anuka] (*h* aspiré. Mot hébreu, inauguration) **Relig.** Fête juive célébrée en décembre, et commémorant la victoire des Maccabées sur les Syriens qui souhaitaient anéantir le judaïsme. *La hanoukka est une fête mineure qui ne comporte aucune interdiction relative au travail ou à d'autres activités.*

HANSCRIT, n. m. ['ɑ̃skri] Voy. SANSKRIT, seul usité.

HANSE, n. f. ['ɑ̃s] (*h* aspiré ; h. all. *hansa*, troupe de soldats, puis association de marchands) Quelques-uns écrivent *anse*, dit l'Académie ; mais cette orthographe est mauvaise. *Hanse teutonique* ou simplement *hanse*, confédération de plusieurs villes d'Allemagne et du Nord qui étaient unies pour le commerce.

HANSÉATIQUE, adj. ['ɑ̃seatik] (*h* aspiré, lat. médiév. *hanseaticus* ; quelques-uns écrivent *anséatique*, dit l'Académie) Il se dit des villes qui faisaient partie de la hanse teutonique.

HANSIÈRE, n. f. ['ɑ̃sjɛʀ] ▷ Voy. HAUSSIÈRE. ◁

HANTAVIRUS, ▪ n. m. ['ɑ̃tavirys] (*h* aspiré. *Hantaan*, rivière qui sépare les deux Corées, et *virus*) **Méd.** Ensemble de virus transmis par certains rongeurs, et provoquant des fièvres hémorragiques et des pneumonies. *Les hantavirus peuvent contaminer l'homme, en particulier les forestiers et les agriculteurs au contact des rongeurs malades.*

HANTÉ, ÉE, p. p. de hanter. ['ɑ̃te] **Par extens.** Fréquenté par les esprits ou par les fées. *Maison hantée.*

HANTER, v. tr. ['ɑ̃te] (*h* aspiré, anc. scand. *heimta*, conduire à la maison ; infl. du norm. *hant*, revenant, sur le sens fantastique [v. 1800]) Visiter souvent, en parlant soit des lieux, soit des personnes. *Hanter la mauvaise compagnie.* « *Je hante les palais* », La Fontaine. ◆ ▷ **V. intr.** « *Ne saurait-il souffrir qu'aucun hante céans ?* », Molière. ◁ ◆ ▷ Se hanter, **v. pr.** Se voir, se visiter réciproquement. ♦ **Prov.** *Dis-moi qui tu hantes, je te dirai qui tu es,* on juge des mœurs d'une personne par sa société habituelle. ▪ **V. tr.** Habiter, fréquenter un lieu, en parlant des esprits, des fantômes. ▪ **Fig.** Obséder. *Cette idée le hante.* ◁

HANTISE, n. f. [ˈɑ̃tiz] (*h* aspiré. *Hanter*) ▷ Commerce familier. ◁ ▪ Idée obsédante ; peur. *La hantise de la maladie.*

HAPAX, ▪ n. m. [apaks] (gr. *hapax,* une seule fois) **Ling.** Mot, forme dont on n'a relevé qu'une seule attestation dans un corpus défini.

HAPLOÏDE, ▪ adj. [aploid] (gr. *haploeîdês,* d'aspect simple) **Biol.** *Cellule haploïde,* cellule dont le noyau ne renferme qu'un seul exemplaire des chromosomes de l'espèce. *Quand une cellule haploïde mâle rencontre une cellule haploïde femelle, il y a fécondation, elles combinent leurs informations, ce qui produit un ovule dont le code génétique lui est propre.*

HAPLOLOGIE, ▪ n. f. [aploloʒi] (gr. *haplous,* simple, et *-logie*) **Ling.** Omission d'une syllabe d'un mot en raison de sa ressemblance avec la syllabe voisine. Minéralogie *qui a pris la place de mineralogie est une haplologie.*

HAPPE, n. f. [ˈap] (*h* aspiré. *Happer*) Demi-cercle de fer qu'on met au bout des essieux pour empêcher que la roue ne les use à force de tourner. ♦ Crampon qui sert à lier les pièces de bois, les pierres, etc.

HAPPÉ, ÉE, p. p. de happer. [ˈape]

HAPPELOURDE, n. f. [ˈap(ə)luʀd] (*h* aspiré. *Happer* et *lourd*) ▷ Pierre fausse qui a l'éclat d'une pierre précieuse. ♦ **Fig.** Personne d'un extérieur agréable, mais dépourvue d'esprit. ♦ Cheval de belle apparence, mais sans vigueur. ◁

HAPPEMENT, n. m. [ˈap(ə)mɑ̃] (*h* aspiré. *Happer*) Action de happer. ♦ Adhérence que certaines substances contractent avec la langue quand on les pose sur cet organe.

HAPPENING, ▪ n. m. [ˈap(ə)niŋ] (*h* aspiré. Angl., événement) Spectacle plus ou moins improvisé, visant à susciter la participation spontanée du public envisagée comme une création artistique. *Le happening se présente souvent comme un geste politique ou sociologique.*

HAPPER, v. tr. [ˈape] (*h* aspiré. Radic. onomat. *happ-,* saisie brutale) Attraper, saisir, surprendre à l'improviste. ♦ Prendre avidement, en parlant du chien qui saisit quelque chose. ♦ ▷ **V. intr.** *Happer à la langue,* s'y attacher, en parlant des substances qui s'y collent quand on les essaye. ◁

HAPPY END, ▪ n. m. [ˈapiɛnd] (*h* aspiré, angl. *happy ending,* de *happy,* heureux, et [*to*] *end,* finir) Dénouement heureux d'un film, d'un récit, d'une histoire qui auraient dû entraîner une fin tragique. *Le happy end de ce film n'est pas très crédible.*

HAPPY FEW, ▪ n. m. pl. [ˈapifju] (*h* aspiré, angl. *happy,* heureux, et *few,* quelques-uns, un petite minorité) Élite, groupe de personnes privilégiées. « *Stendhal, inventeur du happy few, me fait songer par ce goût si marqué pour le secret dans les opinions et pour les petits cercles de mêmes sympathies et antipathies, à cette génération spontanée de groupes très étroits, très fervents, et justement excessifs, d'où sortiront toutes les nouveautés* », VALERY.

HAPTIQUE, ▪ adj. [aptik] (gr. *haptikos,* de *haptesthai,* toucher) **Didact.** Qui concerne le toucher. *Perception haptique.* ▪ **N. f. Psych.** Étude du toucher.

HAPTONOMIE, ▪ n. f. [aptonomi] (gr. *haptesthai,* toucher, et *-nomie*) **Psych.** Science du contact psychotactile, notamment dans la préparation à l'accouchement. *L'haptonomie vise à créer un lien affectif entre les parents et l'enfant, en établissant un contact par la peau et le toucher.*

HAQUENÉE, n. f. [ˈak(ə)ne] (*h* aspiré, angl. *hackney,* cheval de selle) Cheval ou jument docile, et marchant ordinairement à l'amble. ♦ ▷ *Ce cheval va la haquenée,* il va l'amble. ◁ ♦ ▷ *La haquenée des cordeliers,* un bâton. ◁ ♦ **Fig.** et **fam.** *Une grande haquenée,* une grande femme mal faite et dégingandée. ▪ **Rem.** Terme péjoratif dans ce sens.

HAQUET, n. m. [ˈakɛ] (*h* aspiré, moy. fr. *haquet,* cheval de trait, prob. de *haquenée*) Charrette longue, étroite et sans ridelles, qui sert à voiturer du vin, des ballots, etc.

HAQUETIER, n. m. [ˈak(ə)tje] (*h* aspiré. *Haquet*) Conducteur de haquet.

HARAKIRI ou **HARA-KIRI,** ▪ n. m. [ˈaʀakiʀi] (*h* aspiré. Mot jap.) Mode de suicide rituel au Japon consistant à s'ouvrir le ventre. *Se faire harakiri. Des harakiris, des hara-kiris.*

HARANGUE, n. f. [ˈaʀɑ̃g] (*h* aspiré, ital. *ar[r]inga,* discours public, de l'anc. b. frq. *hring,* cercle) Discours fait à une assemblée, à un prince ou à quelque autre personne élevée en dignité. ♦ Discours quelconque. ♦ Discours ennuyeux, longue remontrance.

HARANGUÉ, ÉE, p. p. de haranguer. [ˈaʀɑ̃ge]

HARANGUER, v. tr. [ˈaʀɑ̃ge] (*h* aspiré. *Harangue*) Adresser une harangue. *Haranguer ses troupes.* ♦ **Fam.** et **absol.** Parler beaucoup et avec emphase.

♦ ▷ **Fam.** Réprimander. ◁ ♦ ▷ Se haranguer, v. pr. S'adresser l'un à l'autre une harangue. ◁

HARANGUEUR, n. m. [ˈaʀɑ̃gœr] (*h* aspiré. *Harangue*) Celui qui harangue. ♦ **Fig.** Celui qui parle beaucoup, qui fait des réprimandes sur toutes choses. ♦ **N. f. *Harangueuse,*** femme qui harangue.

1 HARAS, n. m. [ˈaʀɑ] (*h* aspiré, prob. anc. scand. *hârr,* dont le poil est gris) Lieu où l'on loge des étalons et des juments pour élever des poulains. ♦ Établissement dans lequel sont entretenus les reproducteurs de l'espèce chevaline. ♦ Les étalons et les cavales renfermés dans le haras. ♦ **Au pl.** L'administration des haras. *Employé aux haras.*

2 HARAS, n. m. [ˈaʀa] Voy. ARA, qui est plus usité

HARASSANT, ANTE, ▪ adj. [ˈaʀasɑ̃, ɑ̃t] (*h* aspiré. *Harasser*) Qui harasse. *Travail harassant. Journée harassante.*

HARASSÉ, ÉE, p. p. de harasser. [ˈaʀase]

HARASSEMENT, n. m. [ˈaʀas(ə)mɑ̃] (*h* aspiré. *Harasser*) État d'une personne harassée.

HARASSER, v. tr. [ˈaʀase] (*h* aspiré, anc. fr. *harace* ou *harache,* harcèlement physique, de l'interj. *hare*) Fatiguer à l'excès. ♦ Se harasser, v. pr. S'épuiser de fatigue.

HARCELAGE, n. m. [ˈaʀsəlaʒ] (*h* aspiré, *harceler*) Action de harceler.

HARCELÉ, ÉE, p. p. de harceler. [ˈaʀsəle]

HARCÈLEMENT, n. m. [ˈaʀsɛl(ə)mɑ̃] (*h* aspiré. *Harceler*) Action de harceler. ▪ *Harcèlement sexuel,* fait de harceler quelqu'un dans le but d'obtenir des faveurs de nature sexuelle. *Le harcèlement sexuel est puni par la loi.* ▪ **Rem.** Graphie ancienne : *harcellement.*

HARCELER, v. tr. [ˈaʀsəle] (*h* aspiré, anc. fr. *herser,* malmener) Tourmenter, inquiéter par de petites mais fréquentes attaques. « *Un avorton de mouche en cent lieux le harcèle [le lion]* », LA FONTAINE. ♦ *Harceler les ennemis,* les inquiéter, les fatiguer par de fréquentes attaques. ▪ Se harceler, v. pr. Se tourmenter l'un l'autre. ▪ **HARCELANT, ANTE,** adj. [aʀsəlɑ̃, ɑ̃t]

HARCELEUR, EUSE, ▪ n. m. et n. f. [ˈaʀsəlœr, øz] (*h* aspiré. *Harceler*) Personne qui pratique le harcèlement, et en particulier le harcèlement sexuel. *Les harceleurs sont passibles de sanctions disciplinaires et pénales.*

HARCELLEMENT, n. m. [ˈaʀsɛl(ə)mɑ̃] Voy. HARCÈLEMENT.

HARD, ▪ adj. inv. [ˈaʀd] (*h* aspiré. Mot angl.) **Fam.** Difficile. *C'est trop hard pour moi, cette question.* ▪ **Fam.** Qui dénote une certaine violence, un certain excès. *Le film n'est pas mal, mais la fin est un peu hard. Pornographie hard.* ♦ *Hard-rock,* rock caractérisé par l'agressivité de ses textes et de sa musique. ♦ Abréviation de *hardware.*

1 HARDE, n. f. [ˈaʀd] (*h* aspiré, anc. b. frq. *herda,* troupeau) **Vén.** Troupe de bêtes fauves. ♦ **Fauconn.** Troupe d'oiseaux.

2 HARDE, n. f. [ˈaʀd] (*h* aspiré. Forme féminine de *hart*) **Vén.** Lien qui attache les chiens quatre à quatre ou six à six. ♦ *Harde de chiens,* plusieurs couples de chiens attachés ensemble.

HARDÉ, ÉE, p. p. de harder. [ˈaʀde] *Des chiens hardés.*

HARDER, v. tr. [ˈaʀde] (*h* aspiré, 2 *harde*) **Vén.** Attacher les chiens quatre à quatre ou six à six. ♦ Se harder, v. pr. Être hardé. *Les chiens se hardent.*

HARDES, n. f. pl. [ˈaʀd] (*h* aspiré, anc. fr. *farde,* charge, de l'ar. *farda,* même sens, et qui désigne aussi une pièce de coton : cf. catal. *alfarda,* blouse de femme) Tout ce qui est d'un usage ordinaire pour l'habillement. ▪ **Litt.** Vieux vêtements. *Une pauvre vieille vêtue de hardes.*

HARDI, IE, adj. [ˈaʀdi] (*h* aspiré, p. p. de l'anc. fr. *hardir,* rendre dur, courageux, de l'anc. b. frq. *hardjan,* endurcir) Qui ose beaucoup. *De hardis aventuriers.* ♦ Hardi à, suivi d'un infinitif. « *Plus hardi à faire qu'à parler* », BOSSUET. ♦ ▷ *Un hardi joueur,* un homme qui joue gros jeu ou qui tient avec petit jeu. ◁ ♦ Ferme, intrépide, assuré. *La mine hardie.* ♦ En parlant des choses, qui dénote de la hardiesse. *Un projet hardi.* ♦ Insolent, effronté. *Hardi comme un page.* ♦ Qu'il est dangereux ou difficile de soutenir, en parlant des doctrines, d'opinions, etc. ♦ **Littér.** Heureusement hasardé. *Pensée hardie. Style hardi.* ♦ **Art** Qui hasarde avec succès. *Pinceau hardi.* ♦ *C'est une plume hardie,* se dit d'un auteur qui a un style hardi, et aussi d'un auteur qui écrit librement sur des matières délicates. ♦ Dans certains arts, exécuté avec une aisance qui ne dénote ni hésitation ni timidité. *Une écriture hardie. Le jeu de ce musicien est hardi.* ♦ **Archit.** Se dit des ouvrages qui, malgré leur masse, présentent élégance et légèreté. ♦ HARDI !, loc. interj. Qui sert à exciter.

HARDIESSE, n. f. [ˈaʀdjɛs] (*h* aspiré, *hardi*) Qualité de celui qui est hardi. ♦ En un sens défavorable, témérité, insolence. *La hardiesse de ses manières me déplaît.* ♦ Licence. *Excusez si je prends la hardiesse de...* ♦ Nature hardie, caractère hardi, en parlant des choses. *Hardiesse d'une entreprise, d'une doctrine.* ♦ *Il y a des hardiesses dans cet ouvrage,* il y a des choses hasardées dans cet ouvrage. ♦ Il se dit du style, des expressions et dans certains arts d'une exécution hardie. *Une grande hardiesse de style, de pinceau, etc.* ♦ Il se dit du caractère d'ouvrages d'art qui présentent quelque chose d'inaccoutumé et qui n'avait pas été fait jusque-là. *La hardiesse d'un pont, d'une flèche.* ♦ Licence que se permet un écrivain, un artiste.

HARDIMENT, adv. [ˈaʀdimɑ̃] (*h* aspiré. *Hardi*) Avec hardiesse. ♦ Avec effronterie, impudence. *Mentir hardiment.* ♦ Librement, sans hésiter. *Dites-lui hardiment que je n'y consens pas.* ♦ Sans crainte de se tromper.

HARD-TOP, ■ n. m. [ˈaʀdtɔp] (*h* aspiré, angl. *hard,* dur, et *top,* sommet) Toit rigide amovible de certains modèles de voitures. *Cabriolet avec hard-top. Des hard-tops.*

HARDWARE, ■ n. m. [ˈaʀdwɛʀ] (*h* aspiré. Mot angl., article de métal, quincaillerie) Ensemble des composantes matérielles d'un système informatique. ■ **Abrév.** Hard. ■ **Rem.** *Matériel* est aujourd'hui plus fréquent que *hardware.*

HAREM, n. m. [ˈaʀɛm] (*h* aspiré, ar. *haram,* chose sacrée, *péché*) L'appartement des femmes, chez les musulmans. ♦ La réunion des femmes qui habitent un harem.

HARENG, n. m. [ˈaʀɑ̃] (*h* aspiré, on ne prononce pas le *g* final. Anc. b. frq. *harinc*) Poisson de mer de deux à trois décimètres qui arrive du nord en bandes innombrables et qui est un objet très considérable de pêche. ♦ *Hareng saur,* Voy. SAUR. ♦ *Hareng blanc,* hareng salé, mais non fumé. ♦ *Hareng pec,* celui qui se mange cru, après avoir été dessalé. ♦ *Hareng bouffi,* hareng légèrement fumé et salé. ♦ *Être rangés, serrés, pressés comme des harengs en caque* ou simplement *comme des harengs,* se dit de personnes ou de choses rangées et pressées l'une contre l'autre. ♦ *Maigre comme un hareng sauret, comme un hareng saur,* très maigre.

HARENGAISON, n. f. [ˈaʀɑ̃gɛzɔ̃] (*h* aspiré. *Hareng*) Temps de la pêche du hareng. ♦ La pêche du hareng.

HARENGÈRE, n. f. [ˈaʀɑ̃ʒɛʀ] (*h* aspiré. *Hareng*) Celle qui vend en détail des harengs et du poisson. ♦ **Fig.** Femme grossière.

HARENGUIER, ■ n. m. [ˈaʀɑ̃gje] (*h* aspiré. *Hareng*) Bateau utilisé pour la pêche des harengs. *Autrefois, l'équipage d'un harenguier comptait en général 18 à 23 hommes.*

HARET, ■ adj. [ˈaʀɛ] (*h* aspiré, anc. fr. *harer,* exciter les chiens, de l'interj. *hare*) *Chat haret,* chat domestique qui est retourné à l'état sauvage.

HARFANG, ■ n. m. [ˈaʀfɑ̃] (*h* aspiré. Mot suédois) **Zool.** Grande chouette de l'Arctique, au plumage blanc. *L'emblème du Québec est le harfang des neiges.*

HARGNE, ■ n. f. [ˈaʀɲ] ou [aʀɲ] (*h* aspiré, anc. fr. *hergner,* se plaindre, de l'anc. b. frq. *harmjan,* tourmenter) Mauvaise humeur très marquée mêlée à de l'agressivité. « *L'œil habité par des pensées de ménage ou de hargne conjugale* », ROMAINS. ■ Ardeur opiniâtre dans la lutte.

HARGNEUSEMENT, ■ adv. [ˈaʀɲøz(ə)mɑ̃] ou [ˈaʀɲøz(ə)mɑ̃] (*h* aspiré, *hargneux*) D'une manière hargneuse. *Dévisager hargneusement un adversaire.*

HARGNEUX, EUSE, adj. [ˈaʀɲø, øz] ou [ˈaʀɲø, øz] (*h* aspiré, anc. fr. *hargne,* querelle) Qui est d'humeur chagrine et disposé à tourmenter, à inquiéter les autres. ♦ **N. m. et n. f.** *Les hargneux.* ♦ Il se dit des chevaux, des chiens qui mordent.

HARIA, n. m. [aʀja] Voy. ARIA.

1 **HARICOT**, n. m. [ˈaʀiko] (*h* aspiré, anc. fr. *harigoter,* déchiqueter de l'anc. b. frq. *hariôn,* gâcher) *Haricot de mouton,* ragoût fait avec du mouton coupé en morceaux, des pommes de terre et des navets.

2 **HARICOT**, n. m. [ˈaʀiko] (*h* aspiré. 1 *haricot,* cette fève accompagnant souvent la viande) *Fève de haricot* ou plus ordinairement *haricot,* plante de la famille des légumineuses, qui produit des semences alimentaires. ♦ Les semences mêmes de la plante. ♦ *Des haricots verts,* des haricots dont on mange la gousse encore verte. ■ **Par anal.** Petite cuvette en forme de haricot, utilisée pour les soins médicaux. ■ **Fig.** et **fam.** *C'est la fin des haricots,* c'est la fin de tout. ■ **Pop.** *Courir sur le haricot,* fatiguer, importuner. *Tu me cours sur le haricot avec tes jérémiades !*

HARIDELLE, n. f. [ˈaʀidɛl] (*h* aspiré, prob. radic. de 1 *haras*) Mauvais cheval maigre. ♦ **Fig.** Femme grande, sèche et maigre.

HARISSA, n. f. [ˈaʀisa] (*h* aspiré. Mot ar. de *harasa,* broyer) Purée de piments rouges utilisée dans la cuisine d'Afrique du Nord.

HARKI, IE, n. m. et n. f. [ˈaʀki] (*h* aspiré, ar. *haraka,* mouvement) Personne d'origine algérienne ayant combattu aux côtés des Français pendant la guerre d'Algérie. ■ **Adj.** *La communauté harkie.*

HARLE, ■ n. m. [ˈaʀl] (*h* aspiré. Orig. inc.) **Zool.** Oiseau palmipède ressemblant au canard et vivant au bord des océans ou des étangs. *Le harle huppé est très coloré.*

HARMATTAN, ■ n. m. [ˈaʀmatɑ̃] (m. angl. *harmetan,* du fanti *haramata*) Vent chaud et très sec, qui souffle du Sahara vers les côtes sud-ouest de l'Afrique. *L'harmattan annonce la saison sèche.*

HARMONICA, ■ n. m. [aʀmonika] (lat. *harmonicus,* harmoniques) Primitivement, instrument de musique inventé en Allemagne, se composant de cloches ou tasses de verre qui contenaient de l'eau à des niveaux différents et qu'on faisait vibrer en passant dessus le doigt mouillé. ♦ ▷ Aujourd'hui, tout instrument à touches de verre. ◁ ■ Instrument de musique formé d'un petit boîtier renfermant des anches métalliques que l'on fait vibrer par le souffle. *Harmonica chromatique, diatonique.*

HARMONICISTE, ■ n. m. et n. f. [aʀmonisist] (*harmonica*) Personne qui joue de l'harmonica. *Charlélie Couture, chanteur, bassiste et harmoniciste.*

HARMONICORDE, ■ n. m. [aʀmonikɔʀd] (*harmonie* et *corde*) ▷ Piano à queue posé verticalement et accompagné d'un mécanisme qui se meut au moyen du pied. ◁

HARMONIE, n. f. [aʀmoni] (lat. *harmonia,* du gr. *harmonia,* assemblage, juste proportion) Agencement entre les parties d'un tout, de manière qu'elles concourent à une même fin. *L'harmonie des corps vivants, des parties d'un tableau, etc.* ♦ Tout ce qui a bien ensemble et par cela même paraît agréable. « *Les ruines ont des harmonies avec leurs déserts* », CHATEAUBRIAND. ♦ *Être en harmonie avec,* être d'accord avec, ne pas faire de disparate. ♦ **Fig.** Concorde. *Ils vivent dans la plus parfaite harmonie.* ♦ **Littér.** L'ensemble des qualités qui rendent le discours agréable à l'oreille. ♦ *Harmonie imitative,* arrangement de mots par le son desquels on cherche à imiter un bruit naturel. ♦ **Poétiq.** Harmonie, les vers. ♦ *Le dieu de l'harmonie,* Apollon. ♦ *Table d'harmonie,* cette partie d'un piano sur laquelle les cordes sont tendues ; se dit aussi du violon et des instruments de cette famille. ♦ **Fig. Mus.** En général, tout ce qui est agréable à l'oreille. ♦ Science des accords et des lois qui en régissent les successions et le système de classification. ♦ **Absol.** L'harmonie, l'ensemble des principes et règles de l'harmonie. *Traité d'harmonie.* ♦ *Concert d'harmonie,* concert qui n'est composé que d'instruments à vent et d'instruments de percussion. ■ *En harmonie avec,* en adéquation, en conformité avec. *Trouver un emploi en harmonie avec ses aspirations.* ■ **Math.** Relation caractéristique entre plusieurs grandeurs.

HARMONIEUSEMENT, adv. [aʀmonjøz(ə)mɑ̃] (*harmonieux*) Avec harmonie. *Chanter harmonieusement.* ♦ Il se dit aussi de l'arrangement. *Des couleurs harmonieusement combinées.*

HARMONIEUX, EUSE, adj. [aʀmonjø, øz] (*harmonie*) Qui a un son flatteur pour l'oreille. *Un chant, des mots harmonieux.* ♦ **Par extens.** En parlant des personnes, qui lit ou chante avec harmonie. ♦ Dont le style est harmonieux. ♦ Il se dit des choses qui sont en harmonie entre elles. *Des couleurs harmonieuses.* ■ **Fig.** *Rechercher un développement harmonieux du commerce international.*

HARMONIQUE, adj. [aʀmonik] (gr. *harmonikos,* habile en musique, musical) Dont toutes les parties concourent à un même but ou effet. ♦ *Sons harmoniques,* sons produits par la division spontanée d'une corde vibrante, et qui s'accordent avec le son fondamental ; c'est l'octave, la douzième, la double octave, la dix-septième, la dix-neuvième et la triple octave. ♦ **N. m.** *Un harmonique.* ♦ **N. f.** *Les harmoniques,* les cordes harmoniques. ♦ *Échelle harmonique,* succession de sons qui s'engendrent suivant des rapports constants. ♦ **Mus.** Qui appartient à l'harmonie. *Marche harmonique.* ■ **Techn.** Conforme à certaines lois qui traduisent une relation, un rapport de cohérence, notamment en acoustique, en mathématiques, en physique. *Fonction harmonique, proportion harmonique, division harmonique d'une ligne.*

HARMONIQUEMENT, adv. [aʀmonik(ə)mɑ̃] (*harmonique*) **Mus.** Suivant les lois de l'harmonie.

HARMONISATION, ■ n. f. [aʀmonizasjɔ̃] (*harmoniser*) Action d'harmoniser, dans le domaine musical, pictural ; résultat de cette action. *Harmonisation d'une mélodie. Harmonisation des teintes d'un tableau.* ■ **Fig.** Action d'accorder, de coordonner. *Harmonisation des politiques européennes.*

HARMONISER, v. tr. [aʀmonize] (*harmonie*) Néolog. Mettre en harmonie, faire accorder. ♦ **Mus.** Mettre en parties harmoniques une mélodie. ♦ *S'harmoniser,* v. pr. Se mettre en harmonie, être en harmonie. ■ **Rem.** *Harmoniser* n'est plus considéré comme un néologisme aujourd'hui.

HARMONISTE, n. m. et n. f. [aʀmonist] (*harmonie*) Musicien, musicienne qui connaît les règles de l'harmonie. ♦ Peintre qui entend l'harmonie des couleurs.

HARMONIUM, n. m. [aʀmonjɔm] (*harmonie*) Orgue de salon. ♦ **Au pl.** *Des harmoniums.*

HARNACHÉ, ÉE, p. p. de harnacher. [ˈaʀnaʃe]

HARNACHEMENT, n. m. [ˈaʀnaʃ(ə)mɑ̃] (*h* aspiré. *Harnacher*) Action de harnacher. ♦ L'ensemble des harnais. ♦ Équipage d'uniforme des chevaux de cavalerie. ♦ **Fig.** Un costume lourd et ridicule.

HARNACHER, v. tr. [ˈaʀnaʃe] (*h* aspiré. *Harnais*) Mettre le harnais à un cheval. ♦ Fig. et fam. Mettre des vêtements disgracieux et dont les couleurs ne vont point ensemble. ♦ Se harnacher, v. pr. Se vêtir d'une manière ridicule.

HARNACHEUR, n. m. [ˈaʀnaʃœʀ] (*h* aspiré. *Harnacher*) Ouvrier sellier. ♦ Valet qui harnache les chevaux. ♦ Marchand de harnais.

HARNAIS ou **HARNOIS**, n. m. [ˈaʀnɛ, ˈaʀnwa] (*h* aspiré. La prononciation *har-noi* n'est usitée qu'en poésie ; anc. nord. *hernest*, provisions pour l'armée) Anciennement, l'armure complète d'un homme d'armes. ♦ *Endosser le harnais*, embrasser la profession des armes ; fig. et par plaisanterie, revêtir les habits de sa profession. ♦ ▷ *Fig. et fam. Suer dans son harnois ou dans son harnais*, être mal à l'aise. ◁ ♦ *Blanchir sous le harnais, sous le harnois*, vieillir dans le métier des armes ou dans un métier quelconque. ♦ *Par extens.* Toute espèce d'habit militaire. ♦ Harnais, tout l'équipage d'un cheval de selle. ♦ ▷ Tout l'équipage de cuir d'une voiture. ◁ ♦ *Cheval de harnais*, cheval de charrette. ♦ Tout l'équipage qui sert pour la chasse des petits oiseaux ou pour la pêche. ■ Ensemble de sangles dont s'entourent les parachutistes, les alpinistes pour se protéger des chutes ou des chocs. ■ Ensemble des pièces composant un métier à tisser.

HARO, n. m. [ˈaʀo] (*h* aspiré, anc. fr. *hare*, cri pour exciter les chiens) ▷ **Dr.** Terme dont on se servait pour faire arrêt sur quelqu'un ou sur quelque chose, et pour procéder sur-le-champ devant le juge. ◁ ♦ ▷ *Clameur de haro*, opposition que l'on formait. ◁ ♦ Fig. et fam. *Crier haro sur quelqu'un*, se récrier contre ce qu'il dit ou fait. ♦ *Le haro*, le cri qui s'élève dans le public.

HARPAGON, n. m. [aʀpagɔ̃] (lat. *harpago*, harpon, du gr. *harpazein*, s'emparer vivement) Personnage principal de *l'Avare* de Molière. ♦ Fig. Homme avare et avide.

HARPAIL, ■ n. m. [ˈaʀpaj] (*h* aspiré, de *harper*) Vén. Harde de biches, de jeunes cerfs. *Les cerfs adultes peuvent circuler en groupes de célibataires, alors que les daines et les faons forment des harpails séparés, souvent dans des zones différentes.*

HARPAILLER (SE), v. pr. [ˈaʀpaje] (*h* aspiré. Dér. péj. de 1 *harper* : mal saisir) ▷ Se quereller avec aigreur. ◁

1 **HARPE**, n. f. [ˈaʀp] (*h* aspiré, germ. *harpa*) Chez les anciens Juifs, instrument de musique triangulaire et portatif. ♦ Chez les modernes, instrument de musique de forme semblable à la harpe juive, mais aussi haut que l'homme, et qui a une quarantaine de cordes. ♦ *Harpe éolienne*, Voy. ÉOLIENNE. ♦ ▷ Fig. La poésie religieuse, sans doute par allusion à la harpe de David. ◁ ♦ Nom vulgaire d'un poisson, la triple lyre de Linné. ■ Zool. Mollusque dont la coquille univalve présente de grandes côtes saillantes.

2 **HARPE**, n. f. [ˈaʀp] (*h* aspiré, provenç. *arpa*, du gr. *harpê*, crochet) Vén. La griffe d'un chien. ♦ *Harpe de fer*, morceau de fer coudé, servant à relier les poteaux corniers des pans de bois aux murs. ♦ Techn. Pierre d'attente.

1 **HARPÉ, ÉE**, adj. [ˈaʀpe] (*h* aspiré. 1 *harpe*) ▷ Vén. *Lévrier harpé*, celui qui a le devant et les deux côtés fort ovales avec un peu de ventre, de manière à présenter une sorte de ressemblance avec une harpe. ◁

2 **HARPÉ, ÉE**, p. p. de harper. [ˈaʀpe]

HARPÉGE, HARPÉGER, [aʀpɛʒ, aʀpeʒe] Voy. ARPÈGE, ARPÉGER.

1 **HARPER**, v. tr. [ˈaʀpe] (*h* aspiré, germ. *harpan*, saisir) ▷ Prendre et serrer fortement avec les mains. ♦ Se harper, v. pr. Se saisir violemment l'un l'autre. ◁

2 **HARPER**, v. intr. [ˈaʀpe] (*h* aspiré, *harpe*, pour la ressemblance avec le mouvement du harpiste) Un cheval harpe lorsqu'il fléchit brusquement les jarrets dans l'allure du pas et du trot.

HARPIE, n. f. [ˈaʀpi] (*h* aspiré, gr. *Harpuia*, litt. la Ravisseuse) Monstre fabuleux qui avait un visage de femme, un corps de vautour, des ongles tranchants et des ailes. ♦ Fig. Personne avide, rapace ou méchante. ♦ Fam. Femme méchante et acariâtre. ■ Grand oiseau rapace d'Amérique du Sud.

HARPISTE, n. m. et n. f. [ˈaʀpist] (*h* aspiré. *Harpe*) Celui, celle qui joue de la harpe.

HARPON, n. m. [ˈaʀpɔ̃] (*h* aspiré. 1 *harper*) Mar. Instrument qui sert à piquer les gros poissons dont on fait la pêche. *Lancer le harpon.* ♦ Barre de fer ou de bronze, coudée par un bout, qui sert à fixer une pièce de bois contre une autre ou dans la pierre.

HARPONNAGE, ■ n. m. [ˈaʀpɔnaʒ] (*h* aspiré. *Harponner*) Action de harponner ; le résultat de cette action. *Le harponnage avec hameçon triple par les flancs du poisson est interdit.*

HARPONNÉ, ÉE, p. p. de harponner. [ˈaʀpɔne]

HARPONNEMENT, n. m. [ˈaʀpɔn(ə)mɑ̃] (*h* aspiré. *Harponner*) Action de harponner.

HARPONNER, v. tr. [ˈaʀpɔne] (*h* aspiré. *Harpon*) Darder, accrocher avec le harpon. *Harponner une baleine.* ■ Fig. et fam. Arrêter au passage. *Il s'est fait harponner par sa voisine.*

HARPONNEUR, n. m. [ˈaʀpɔnœʀ] (*h* aspiré. *Harponner*) Matelot qui lance le harpon.

HART, n. f. [ˈaʀ] (*h* aspiré, on ne prononce pas le *t* final ; anc. b. frq. *hard*, filasse, ou *hard*, branche) ▷ Lien d'osier ou d'autre bois pliant qui sert à lier les fagots. ♦ La corde dont on étranglait les criminels. *Sous peine de la hart.* ◁

HARUSPICE, n. m. [aʀyspis] Voy. ARUSPICE.

HASARD, n. m. [ˈazaʀ] (*h* aspiré, ar. *az-zahr*, le dé, ou *yasara*, jouer aux dés) ▷ À quelques jeux de dés, les hasards sont certains points fixes toujours favorables à celui qui tient le dé. ◁ ♦ *Jeux de hasard*, jeux où les combinaisons volontaires n'ont point de part. ♦ Événement non lié à une cause, imprévu : *C'est un grand hasard. Le hasard de la bataille.* ♦ *Coup de hasard*, événement tout à fait fortuit. ♦ Absol. *Le hasard*, l'ensemble des événements non liés à des causes. « *Un coup est hasard à l'égard des hommes est dessein à l'égard de Dieu* », BOSSUET. ♦ Probabilités. *La doctrine des hasards.* ♦ ▷ *Marchandise de hasard*, marchandise qu'on trouve à acheter ou à vendre d'occasion. ◁ ♦ ▷ Ellipt. *Du hasard*, des marchandises d'occasion. *C'est un hasard qui vaut du neuf.* ◁ ♦ Risque. *Au hasard de la vie.* ♦ *Courir hasard*, être en péril. ♦ ▷ *Mettre au hasard, mettre en hasard*, faire courir péril, risque. ♦ Poétiq. *Les hasards*, les périls, et en particulier ceux des combats. « *Je sais qu'il ne se plaît qu'au milieu des hasards* », RACINE. ♦ AU HASARD, loc. adv. À l'aventure, sans réflexion, inconsidérément. « *Son amitié ne se donnait pas au hasard* », FLÉCHIER. « *On marche au hasard pendant toute sa vie* », FÉNELON. ♦ *Au hasard de*, au risque de. *Au hasard d'un refus. Au hasard de tomber.* ♦ PAR HASARD, loc. adv. Fortuitement. ♦ DE HASARD, loc. adv. Même signification. ♦ À TOUT HASARD, loc. adv. ▷ À tout événement, quoi qu'il puisse arriver. ◁ ♦ Prov. *Il faut laisser quelque chose au hasard*, on ne peut tout prévoir. ■ À TOUT HASARD, loc. adv. Au cas où, à toutes fins utiles. *J'ai sonné chez toi à tout hasard*, sans être sûr de ta présence.

HASARDÉ, ÉE, p. p. de hasarder. [ˈazaʀde] ▷ Littér. Qui, étant en dehors de l'usage, court risque de n'être pas bien accueilli des connaisseurs. ◁ ♦ ▷ *Blond hasardé*, blond qui tire sur le roux. ◁ ■ Risqué, peu sûr. *Tentative hasardée.*

HASARDER, v. tr. [ˈazaʀde] (*h* aspiré. *Hasard*) Exposer aux chances du hasard, du péril. *Hasarder sa tête.* ♦ Risquer de perdre. ♦ ▷ *Hasarder quelque chose* ou *quelqu'un à*, l'exposer à. « *Mais voyez les périls où vous me hasardez* », P. CORNEILLE. ◁ ♦ Tenter hasardeusement, témérairement. *Hasarder une bataille générale.* ♦ Émettre avec crainte et comme chose hasardeuse. *Hasarder un mot, une prière.* ♦ Littér. et bx-arts User de quelque chose qui, n'étant pas encore établi, court hasard de choquer les connaisseurs. ♦ V. intr. Tenter le hasard. « *On ne ferait jamais rien, si on ne hasardait pas un peu* », VOLTAIRE. ♦ *Hasarder de*, avec un infinitif. ♦ Se hasarder, v. pr. Courir hasard, s'exposer à un danger. ♦ Faire une démarche délicate. ♦ *Se hasarder à*, suivi d'un infinitif, tenter hasardeusement, avec quelque péril. ♦ ▷ *Se hasarder de*, même sens, bien qu'aujourd'hui moins usité. « *Si quelqu'un se hasarde de lui emprunter quelques vases* », LA BRUYÈRE. ◁ ♦ Être hasardé. ♦ Prov. *Qui ne hasarde rien n'a rien*, il faut un peu de hardiesse si l'on veut réussir.

HASARDEUSEMENT, adv. [ˈazaʀdøz(ə)mɑ̃] (*h* aspiré. *Hasardeux*) D'une manière hasardeuse, avec péril.

HASARDEUX, EUSE, adj. [ˈazaʀdø, øz] (*h* aspiré. *Hasard*) ▷ Qui se hasarde volontiers. « *Si vous étiez moins hasardeux, j'aurais plus de repos* », MME DE SÉVIGNÉ *« Humeur hasardeuse »*, MME DE SÉVIGNÉ. ◁ ♦ Qui tente des choses hasardeuses. *C'est un médecin trop hasardeux.* ♦ Où il y a du danger. *Conseil hasardeux.* « *Il sut bien se tirer d'un pas si hasardeux* », P. CORNEILLE. ♦ Littér. Qui sort de l'usage et est au hasard de choquer les connaisseurs. ■ Risqué. *Entreprise hasardeuse.*

HAS BEEN, ■ n. m. inv. [ˈazbin] (*h* aspiré. Mots angl., [qui] a été) Personne qui n'est plus aussi célèbre qu'elle l'a été.

HASCH, ■ n. m. [ˈaʃ] (*h* aspiré, abrév. de *haschich*) Fam. Haschich. *Fumer du hasch.*

HASCHICH, n. m. [ˈaʃiʃ] (*h* aspiré, ar. *hachich*, herbe, foin, chanvre indien) Nom donné aux feuilles du chanvre indien, que l'on fait sécher pour les mâcher ensuite ou les fumer. ♦ Préparation enivrante faite avec ce végétal. ■ REM. On écrit aussi *haschisch* et *hachich*.

HASE, n. f. [ˈaz] (*h* aspiré, all. *Hase*, lièvre) La femelle du lièvre, du lapin de garenne.

HASSID, ■ n. m. [ˈasid] (*h* aspiré, hébr. *hasid*, pieux) Relig. Adepte du hassidisme. *Des hassids* ou *des hassidim (pluriel hébreu). Les hassidim, influencés* *dans leur doctrine par la Kabbale, se regroupent autour d'un rabbin auquel ils attribuent un pouvoir surnaturel et une autorité particulière.*

HASSIDIQUE, ■ adj. [ˈasidik] (*h* aspiré. *Hassidisme*) **Relig.** Qui concerne le hassidisme. *Calendrier hassidique.*

HASSIDISME, ■ n. m. [ˈasidism] (*h* aspiré, hébr. *hasidim,* les pieux) **Relig.** Mouvement religieux juif, apparu en Europe orientale à la fin du XVIIIᵉ siècle, s'inspirant des croyances et principes de la Kabbale et privilégiant la prière à l'étude. *Le hassidisme est l'une des composantes les plus actives du judaïsme.*

HASSIUM, ■ n. m. [ˈasjɔm] (*h* aspiré, lat. *hassia,* l'État de Hesse en Allemagne) **Chim.** Élément chimique artificiel, de symbole Hs et de numéro chimique 108.

HAST, n. m. [ast] (*haste,* lat. *hasta,* lance, javelot) ▷ Nom peu usité de la lance. ◁ ◆ *Arme d'hast,* toute arme emmanchée au bout d'un long bâton, comme la pique, la hallebarde.

HASTAIRE, n. m. [astɛʀ] (b. lat. *hastarius,* qui concerne les javelots) Syn. de hastat.

HASTAT, n. m. [asta] (lat. *hastatus*) **Antiq. rom.** Soldat armé d'un javelot.

HASTE, n. f. [ast] (*h* aspiré, lat. *hasta,* lance, javelot) **Antiq.** Longue lance.

HASTÉ, ÉE, adj. [aste] (*h* aspiré. *Haste*) **Bot.** Qui a la figure d'un fer de pique, par exemple la feuille de l'oseille.

HÂTE, n. f. [ˈɑt] (*h* aspiré, anc. b. frq. *haist,* véhémence) Activité à faire, promptitude à faire. ◆ *Avoir hâte, avoir une grande hâte, avoir grande hâte, avoir extrêmement hâte,* être très pressé. On dit aussi *grand-hâte* Voy. GRAND. ◆ EN HÂTE ou AVEC HÂTE, loc. adv. Promptement, en diligence. ◆ À LA HÂTE, loc. adv. Avec précipitation.

HÂTÉ, ÉE, p. p. de hâter. [ˈɑte] ▷ Qui a hâte. *Il est extrêmement hâté.* ◁

HÂTER, v. tr. [ˈɑte] (*h* aspiré. *Hâte*) Rendre plus rapide, plus prompt, plus prochain. *Hâter les progrès des arts, un voyage, etc.* ◆ *Hâter le pas,* marcher plus rapidement. ◆ Favoriser le développement des fleurs ou des fruits d'une plante. ◆ Faire dépêcher. *Hâter la besogne, le dîner, etc.* ◆ Il se dit avec *de* et un infinitif. ◆ Se hâter, v. pr. Faire diligence. « *Hâtons-nous aujourd'hui de jouir de la vie ; Qui sait si nous serons demain?* », RACINE. ◆ Sans complément verbal. *Hâtez-vous lentement.*

HÂTEUR, n. m. [ˈɑtœʀ] (*h* aspiré, anc. fr. *haste,* broche, du lat. *hasta,* lance) ▷ Anciennement, nom d'un officier de cuisine de la bouche du roi, qui était chargé du soin du rôt. ◁

HÂTIER, n. m. [ˈɑtje] (*h* aspiré, anc. fr. *haste,* broche) Grand chenet de cuisine, à plusieurs crochets de fer.

HÂTIF, IVE, adj. [ˈɑtif, iv] (*h* aspiré, *hâte*) Qui devance le temps, en parlant de ce qui est susceptible d'accroissement. *Croissance hâtive. Esprit hâtif.* ◆ Qui est en avance. *Fruit hâtif.* ◆ Qui produit avant le temps. *Terrain hâtif.* ◆ *Pois, choux hâtifs,* variétés qui produisent plus tôt que l'espèce. ■ Qui est fait à la hâte, trop vite. *Une réponse hâtive.*

HÂTIVEAU, n. m. [ˈɑtivo] (*h* aspiré. *Hâtif*) Poire lisse qui mûrit une des premières.

HÂTIVEMENT, adv. [ˈɑtiv(ə)mɑ̃] (*h* aspiré. *Hâtif*) Avant le temps ordinaire. ◆ En hâte.

HÂTIVETÉ, n. f. [ˈɑtiv(ə)te] (*h* aspiré. *Hâtif*) ▷ Croissance hâtive. ◁

HAUBAN, n. m. [ˈobɑ̃] (*h* aspiré, anc. scand. *höfudbendur,* câble principal d'un navire, de *höfud,* tête, et *benda,* lien) **Mar.** Tout cordage dont la fonction est d'assujettir les mâts dans le sens latéral ou contre la chute vers l'avant. ■ **Techn.** Barre, fil ou câble destiné à assurer la résistance ou la stabilité de quelque chose.

HAUBANAGE, ■ n. m. [ˈobanaʒ] (*h* aspiré. *Hauban*) Action de haubaner ; ensemble des haubans d'un navire, d'un pont, d'un avion, etc. *Le haubanage d'un voilier.*

HAUBANER, ■ v. tr. [ˈobane] (*h* aspiré. *Hauban*) Consolider, étayer au moyen de haubans. *Haubaner un arbre, un pylône.*

HAUBERGEON, n. m. [ˈobɛʀʒɔ̃] (*h* aspiré. *Haubert*) Petit haubert.

HAUBERT, n. m. [ˈobɛʀ] (*h* aspiré, anc. b. frq. *halsberg,* de *hals,* cou, et *bergan,* protéger) Sorte d'ancienne cuirasse. ◆ ▷ *Fief de haubert,* le plus noble fief après ceux de dignité et les baronies. ◁

HAUSSE, n. f. [ˈos] (*h* aspiré, *hausser*) Ce qui sert à hausser. *Mettre une hausse à des chaussures.* ◆ Espèce de targette graduée, adaptée à la culasse d'un canon, et se haussant ou se baissant à volonté. *Un fusil à hausse.* ◆ Petite pièce de bois qui se place à la poignée de l'archet, sous l'attache des crins, pour les éloigner de la baguette. ◆ **Financ.** Mouvement d'augmentation de valeur dans le cours soit des effets publics, soit des denrées et

marchandises. *Les fonds sont en hausse. Jouer à la hausse.* ■ Augmentation. *La hausse des prix.*

HAUSSÉ, ÉE, p. p. de hausser. [ˈose]

HAUSSE-COL, n. m. [ˈos(ə)kɔl] (*h* aspiré. *Hausser,* et *col*) Petite plaque dorée, en forme de croissant, que les officiers d'infanterie portent au-dessous du cou lorsqu'ils sont de service. ■ Au pl. *Des hausse-cols.*

HAUSSEMENT, n. m. [ˈos(ə)mɑ̃] (*h* aspiré. *Hausser*) Action de hausser, d'élever quelque chose. *Le haussement d'un mur.* ◆ *Un haussement d'épaules,* mouvement qu'on fait par dédain ou par mépris. ◆ ▷ **Fig.** *Le haussement des monnaies,* augmentation de leur valeur numéraire. ◁ ◆ *Haussement du prix des denrées,* enchérissement. ◁ ◆ *Le haussement de la voix,* action de parler d'une voix plus forte.

HAUSSER, v. tr. [ˈose] (*h* aspiré, lat. *altus,* haut) Rendre plus haut. *Hausser un mur.* ◆ Lever en haut. *Hausser le bras.* ◆ *Hausser les épaules,* les lever en signe de dédain, de mépris. ◆ **Fig.** Augmenter. *Hausser le prix du vin.* ◆ ▷ *Hausser la monnaie,* en augmenter la valeur numéraire. ◁ ◆ Rendre plus fort, en parlant de la voix. ◆ **Mus.** *Hausser le diapason,* prendre pour note du diapason une note plus élevée. ◆ *Hausser le ton d'un morceau de musique,* en hausser le diapason. ◆ **Fig.** *Hausser le ton,* prendre un ton de commandement, de menace, élever ses prétentions. ◆ ▷ Donner plus de force, en parlant du cœur, du courage. *Cette place lui a bien haussé le cœur.* ◁ ◆ **V. intr.** Devenir plus haut, plus élevé. *La rivière a haussé.* ◆ ▷ **Fig.** Prendre une valeur plus grande. *Les prix ont haussé.* ◁ ◆ **Fig.** *Hausser d'un ton,* prendre un ton de supériorité, de menace. ◆ Se hausser, v. pr. Se rendre plus grand, et fig. tâcher de paraître avoir plus de mérite, plus de crédit, etc. qu'on n'en a. ◆ Être haussé. ◆ ▷ *Le temps se hausse,* il s'élève, il s'éclaircit. ◁

HAUSSIER, IÈRE, n. m. et n. f. [ˈosje] (*h* aspiré. *Hausse*) Spéculateur, spéculatrice qui joue à la hausse sur les fonds publics.

HAUSSIÈRE, n. f. [ˈosjɛʀ] (*h* aspiré, lat. *helcium,* collier de trait, avec infl. de *hausser*) **Mar.** Cordage fait avec trois ou quatre torons. ◆ On dit aussi *aussière* et par corruption *hansière.*

HAUSSMANNIEN, IENNE, ■ adj. [ˈosmanjɛ̃, jɛn] (*h* aspiré. *Haussmann,* 1809-1891, homme politique français) Relatif à la politique d'urbanisme de la ville de Paris menée par le baron Haussmann sous Napoléon III. *Un immeuble haussmannien.*

HAUT, HAUTE, adj. [ˈo, ˈot] (*h* aspiré, lat. *altus ;* le *h* s'explique prob. par un croisement avec l'anc. b. frq. *hauh, hôh*) Qui a une étendue considérable depuis un point inférieur jusqu'à un point supérieur. *Un haut clocher. Un homme haut de six pieds.* ◆ Qui est situé au-dessus, en parlant de choses les unes par rapport aux autres. *Les hautes régions de l'air.* ◆ ▷ *Le temps est haut,* les nuages sont élevés. ◁ ◆ *Le haut bout d'une chambre, d'une table,* la place la plus honorable. ◆ *Les hautes latitudes,* les latitudes qui s'avancent vers le pôle. ◆ *Haut* se dit aussi de la différence de niveau entre des lieux qui dominent et une partie plus basse. *La ville haute.* ◆ Qui s'élève haut. *L'aigle a le vol très haut.* ◆ Qui est à un niveau supérieur, en parlant des cours d'eau ou des régions considérées par rapport au niveau de la mer. *La haute Allemagne.* ◆ *Le haut Rhin,* la partie de ce cours d'eau qui est du côté de la source. ◆ Quand *haut* entre dans un nom de département, il prend une majuscule et est uni par un trait d'union au nom qui suit. *Le préfet de la Haute-Marne.* ◆ Qui est relevé, dressé. **Fig.** *Marcher la tête haute,* se montrer partout sans rien craindre. ◆ ▷ *Haut à la main,* qui frappe pour se faire obéir ; et fig. *être haut à la main,* être arrogant, hautain. ◁ ◆ *Tenir la bride haute,* la tenir courte. ◆ **Fig.** *Tenir la bride haute à un jeune homme,* lui laisser peu de liberté. ◆ *Avoir la haute main dans une affaire, dans une société,* y dominer. ◆ **Hérald.** *Épée haute,* épée droite. ◆ Profond. *L'eau est haute en cet endroit.* ◆ Dont l'eau est plus élevée qu'à l'ordinaire. *Les eaux sont hautes.* ◆ *La marée, la mer est haute,* elle est à son plus haut point. *Hautes marées,* marées plus fortes que les autres. ◆ *La haute mer,* la pleine mer. ◆ **Mus.** Élevé, aigu. *Ton haut. Sons hauts.* ◆ ▷ **Fig.** et **fam.** *Prendre le haut ton, le prendre d'un ton haut, sur un ton haut, sur le haut ton,* prendre un ton fier, menaçant, arrogant. ◁ ◆ Retentissant, qui s'entend au loin, en parlant de la voix. ◆ **Fig.** et **fam.** *Jeter les hauts cris,* se récrier, se plaindre hautement. ◆ *Avoir la parole haute, être haut en parole, avoir le verbe haut,* parler fièrement. ◆ **Peint.** et **teint.** *Couleurs hautes,* celles qui ont de l'éclat, de la vivacité, comme le rouge. ◆ *Être haut en couleur,* avoir le teint très coloré. ◆ Éloigné dans le temps. *Une haute antiquité.* ◆ *Carême haut,* carême tardif, qui ne commence qu'au mois de mars. ◆ Haut, se dit des personnes qui occupent les premiers rangs de la société. *Très haut prince.* ◆ Il se dit en parlant des bontés, de la bienveillance, de la protection qui émanent des princes, des souverains. *Une haute protection.* ◆ *Le Dieu très haut* ou n. m. *le Très Haut* (avec deux majuscules), Dieu. ◆ *Les hautes classes,* les classes de la société qui tiennent le premier rang. ◆ *La chambre haute,* la chambre des lords dans le parlement anglais, et la chambre des pairs en France. ◆ Anciennement, *haute justice,* la juridiction d'un seigneur dont le juge pouvait connaître de toutes causes, excepté des cas royaux. *Seigneur haut justicier.* ♦ *L'exécuteur de la haute justice* ou *ou le maître des hautes œuvres,* le bourreau. ♦ *Haut* se dit aussi de la naissance, en parlant de la noblesse. *Haute naissance.* ♦ *En haut lieu,* à la cour, chez le souverain. ♦ Grand, excellent, distingué dans son genre. *Haute estime. De hautes fonctions.* ♦ ▷ **Chir.** *Haut appareil,* une des manières de faire l'opération de la taille. ◁ ♦ *De haut goût,* très épicé. ♦ *Le haut mal,* l'épilepsie. ♦ *Les hautes sciences,* la théologie, la philosophie et les mathématiques. ♦ Dans les collèges et lycées, *les hautes classes,* celles où l'on enseigne la rhétorique, la philosophie et les mathématiques spéciales. ♦ *Le haut enseignement* ou *enseignement supérieur,* l'enseignement des facultés et du Collège de France. ♦ *Haut style,* langage rempli de termes nobles et d'expressions riches et magnifiques. ♦ Qui a de l'élévation morale et de la fierté. « *Loin d'en être abattu, son cœur en est plus haut* », P. Corneille. ♦ Qui annonce de l'élévation morale. *Avoir le cœur haut.* ♦ Orgueilleux, impérieux, qui a de la hauteur. ♦ En mauvaise part, excessif en son genre. *Haute effronterie.* ♦ *Haute trahison,* se dit des crimes qui intéressent la sûreté de l'État. ♦ *Les hautes cartes,* celles qui ont le plus de valeur, surtout les as et les figures. ♦ *Haut prix,* valeur très élevée. ♦ *Les blés, les vins sont hauts,* ils sont à haut prix. ♦ **N. m.** Élévation, hauteur. *Cette maison a quinze mètres de haut.* ♦ *Tomber de son haut,* tomber de sa hauteur, et fig. être extrêmement surpris d'une chose. ♦ *Du haut en bas, de haut en bas,* de l'extrémité supérieure à l'extrémité inférieure. ♦ **Fig.** et **fam.** *Regarder quelqu'un de haut en bas, regarder quelqu'un du haut de sa grandeur,* le regarder avec un air de mépris. ♦ **Fig.** *Traiter quelqu'un du haut en bas, de haut en bas,* le traiter avec mépris, arrogance. ◁ ♦ *Voir les choses de haut,* embrasser les choses dans toute leur étendue ; n'en avoir que des idées générales. ♦ **Au pl. Mar.** *Les hauts du navire,* ce qui, du navire, est au-dessus de la flottaison. ♦ Montagne, éminence. « *Sur un haut, vers cet endroit Était leur infanterie* », Molière. ♦ *Gagner au haut, gagner le haut,* s'enfuir, se mettre en sûreté. ◁ ♦ Le faîte, le sommet, la partie supérieure. *Le haut d'une tour, d'une montagne, etc.* ♦ **Fig.** « *Monter au plus haut de la félicité* », P. Corneille. ♦ **Fig.** *Du haut de son esprit,* en s'attribuant un esprit supérieur. ♦ ▷ *Crier du haut de sa tête,* crier aussi fort que l'on peut. ◁ ♦ *Le haut du pavé,* la partie la plus haute du pavé. ♦ **Fig.** *Tenir le haut du pavé,* être au premier rang. ◁ ♦ *Le haut du jour,* le temps où le soleil est le plus haut, midi. ◁ ♦ **Fig.** *Le haut et le bas,* ce qu'il y a d'élevé et ce qu'il y a d'infime. *Le haut et le bas de notre cœur. Le jeu a ses hauts et ses bas.* ♦ *Il y a du haut et du bas, des hauts et des bas dans l'humeur, dans l'esprit, dans la conduite, dans les ouvrages de cet homme.* ♦ **Mus.** *Le haut,* les notes élevées. ♦ **Adv.** Dans la partie la plus haute. *Monter haut. Être haut perché.* ♦ ▷ *Cheval monté haut* ou *haut monté,* cheval dont le tronc est supporté par des membres longs et grêles. ◁ ♦ *Mener un cheval haut la main,* tenir haut les rênes. ♦ **Fig.** et **fam.** *Haut la main,* avec autorité, sans difficulté. ♦ *Porter haut la tête,* se dit du cheval qui porte bien sa tête. ◁ ♦ ▷ *Porter haut la tête, le porter haut,* être fier. ◁ ♦ ▷ *Haut le pied,* en levant le pied. ◁ ♦ **Ellipt.** *Haut le pied !* marchez, décampez. ◁ ♦ ▷ *Faire haut le pied,* s'enfuir. ◁ ♦ ▷ **N. m.** *Un haut-le-pied,* en termes familiers, homme qui ne tient à rien, qui n'a point d'établissement. ◁ ♦ *Au pl. Des haut-le-pied.* ♦ **Fig.** À un rang élevé, à un point élevé. *Des personnes haut placées.* ♦ *Prétendre trop haut,* avoir des prétentions trop élevées. ♦ Dans les temps passés. *Quelque haut qu'on puisse remonter.* ♦ *Reprendre les choses de plus haut,* remonter à des vérités antérieures, à des principes généraux. ♦ *Plus haut,* ci-dessus, dans ce qui précède. ♦ **Mus.** Dans un ton haut. *Sa voix ne peut pas monter plus haut.* ♦ **Fig.** *Le prendre haut, très haut,* montrer de l'arrogance, de la présomption. ♦ À haute voix. *Parlez haut.* ♦ **Ellipt.** *Plus haut !* c'est-à-dire parlez plus haut. ♦ **Fig.** *Parler haut,* parler ouvertement, sans réticence ni ambages ; s'exprimer d'un ton décidé et même arrogant ; parler librement contre les abus des gouvernements ou des institutions. ♦ *Penser tout haut,* faire connaître avec franchise ses pensées. ♦ **Jeu** *Couper haut,* couper avec un fort atout. ♦ *Monter haut,* s'élever à une somme considérable. *La dépense monte haut.* ♦ **EN HAUT,** loc. adv. Dans le lieu qui est le plus haut. *Regarder en haut.* ♦ *D'en haut,* d'un lieu supérieur. ♦ *D'en haut,* du ciel même, de la vertu céleste. « *Des hommes justes suscités d'en haut* », Massillon. ♦ *D'en haut,* se dit aussi pour signifier la cour et les autorités supérieures. *Un ordre d'en haut.* ♦ **EN HAUT DE,** loc. prép. Dans la partie supérieure. *Il est tout en haut de la maison.* ♦ *Là-haut,* dans le lieu qui est là au-dessus. ♦ Dans le ciel, par opposition à ici-bas. ♦ **PAR EN HAUT,** loc. adv. Par le haut. *Passer par en haut.* ♦ ▷ *Aller par haut et par bas,* vomir et aller à la selle. ◁ ♦ **N. m.** Vêtement qui couvre le buste. *Enlever le haut.* ■ **Adj.** Qui propose l'excellence en matière artistique, commerciale, etc. *La haute couture, la haute joaillerie.* ■ **N. m.** *Le haut de gamme,* le meilleur produit, la réalisation la plus accomplie d'un ensemble. *Sa voiture, c'est le haut de gamme.*

HAUT-À-BAS, n. m. inv. ['oba] (*h* aspiré. *Haut* et *bas*) ▷ Vieilli Porte-balle. ♦ *Au pl. Des haut-à-bas.* ◁

HAUT-À-HAUT, n. m. inv. ['oao] (*h* aspiré. *Haut*) ▷ Cri de chasse pour appeler. ◁

HAUTAIN, AINE, adj. ['otɛ̃, ɛn] (*h* aspiré. *Haut*) ▷ Qui s'élève haut par sa fierté et sa magnanimité. *Une âme hautaine.* ◁ ♦ Qui pousse la hauteur d'âme jusqu'à l'arrogance. *Un jeune homme hautain.* ♦ **N. m.** et **n. f.** *Le hautain.* ♦ Il se dit aussi des choses. *Une humeur hautaine.*

HAUTAINEMENT, adv. ['otɛn(ə)mɑ̃] (*h* aspiré. *Hautain*) D'une manière hautaine.

HAUTBOIS, n. m. ['obwa] (*h* aspiré. *Haut* et *bois,* flûte) Instrument à anche terminé par un petit pavillon, dont les sons rappellent ceux de la musette. ♦ ▷ **Fig.** La poésie pastorale. ◁ ♦ Musicien qui joue du hautbois. ♦ Jeu de l'orgue.

HAUTBOÏSTE, n. m. et n. f. ['oboist] (*h* aspiré. *Hautbois*) Celui, celle qui joue du hautbois. ■ **Rem.** Graphie ancienne : *oboïste.*

HAUT-DE-CHAUSSES, n. m. ['od(ə)ʃos] (*h* aspiré. *Haut* et *chausse*) Ancien nom de la partie du vêtement de l'homme qui le couvre depuis la ceinture jusqu'aux genoux et qui était retenu par une ceinture mobile. On dit aujourd'hui *culotte.* ♦ ▷ **Fig.** *Cette femme porte le haut-de-chausses,* elle est maîtresse au logis. ◁ ♦ *Au pl. Des hauts-de-chausses.*

HAUT-DE-FORME, n. m. ['od(ə)fɔʀm] (*h* aspiré. *Haut* et *forme*) Chapeau noir à calotte haute et cylindrique, à bords généralement étroits que les hommes portaient avec une redingote au XIXᵉ siècle. *Des hauts-de-forme.*

HAUTE-CONTRE ou **HAUTECONTRE,** n. f. ['ot(ə)kɔ̃tʀ] (*h* aspiré. *Haut* et emploi substantivé de *contre,* à l'opposé) **Mus.** La plus haute voix d'homme, celle qui est au-dessus du ténor. ♦ Celui qui a une voix de haute-contre. ♦ *Au pl. Des hautes-contre.*

HAUTE-FIDÉLITÉ, ■ n. f. ['ot(ə)fidelite] (*h* aspiré. *Haut* et *fidélité*) Ensemble des techniques visant à obtenir une reproduction d'une haute qualité d'enregistrements sonores, notamment musicaux. ■ **Adj. inv.** *Une chaîne haute-fidélité.* ■ **Abrév.** Hi-fi.

HAUTEMENT, adv. ['ot(ə)mɑ̃] (*h* aspiré, *haut*) ▷ Avec hauteur, orgueil. « *L'homme, de sa nature, pense hautement et superbement de lui-même* », La Bruyère. ◁ ♦ ▷ Avec hauteur, gloire. « *Mais d'Assur hautement le triomphe s'apprête* », Voltaire. ◁ ♦ ▷ Avec hauteur, vigueur. « *Charles XII fit demander hautement à l'empereur d'Allemagne l'exécution du traité* », Voltaire. ◁ ♦ ▷ D'une manière manifeste. « *Montrons-leur hautement que nous avons des yeux* », P. Corneille. ◁ ♦ Hardiment, librement, résolument. *Parler hautement.* ♦ À voix haute. ■ Fortement, très. *Un personnel hautement qualifié.*

HAUTESSE, n. f. ['otɛs] (*h* aspiré. *Haut*) ▷ Titre qu'on donne au sultan ; en cet emploi, on met une majuscule. *Sa Hautesse.* ◁

HAUTE-TAILLE, n. f. ['ot(ə)taj] (*h* aspiré. *Haut* et *taille*) Ancien terme de musique qui se disait par opposition à basse-taille. C'est la taille ou ténor. ♦ *Au pl. Des hautes-tailles.*

HAUTEUR, n. f. ['otœʀ] (*h* aspiré. *Haut*) Dimension d'un corps considéré du bas à son sommet. ♦ *Tomber de sa hauteur,* tomber tout de son long, et fig. être saisi de surprise. ♦ *Hauteur du baromètre,* la longueur de la colonne de mercure. ♦ **Géogr.** *Hauteur absolue,* hauteur d'une montagne, d'un lieu au-dessus du niveau de la mer. *Hauteur relative,* hauteur d'une montagne au-dessus du sol sur lequel elle s'appuie. ♦ Il se dit de ce qui va en montant. « *Un chemin que sa hauteur et son âpreté rendent toujours assez difficile* », Bossuet. ♦ L'élévation d'un corps au-dessus de la terre ou d'une surface. *La hauteur des nuages.* ♦ **Astron.** Quantité, mesurée par un arc de grand cercle, dont un astre ou le pôle est élevé au-dessus de l'horizon. *Prendre la hauteur du pôle.* ♦ **Mar.** *Être à la hauteur d'une île, d'une ville,* être dans le même degré de latitude. ♦ Colline, éminence. ♦ ▷ *La hauteur d'un bataillon, d'un escadron,* la quantité de rangs qui le composent. ◁ ♦ Profondeur. *Jeter la sonde pour prendre la hauteur.* ♦ **Fig.** Ce qui est supérieur, d'un ordre élevé. *La hauteur des entreprises.* ♦ ▷ *Être à la hauteur de,* être en état de comprendre, d'apprécier ; occuper convenablement un poste. ♦ *Être à la hauteur de la situation,* avoir les qualités nécessaires pour suffire aux exigences de la situation. ♦ ▷ *Être à la hauteur du siècle, de son siècle,* être au-dessus par connaissances, aux idées de son temps. ◁ ♦ **Fig.** Caractère d'une âme haute, fière ; magnanimité. ◁ ♦ ■ Sorte d'orgueil ou même d'arrogance qui se manifeste par le ton, les manières, etc. ◁ ♦ **Au pl.** Sentiments, actions, paroles de hauteur. « *Nos hauteurs, dont tous ceux qui nous environnent souffrent, nous les ignorons* », Massillon. ◁ ■ **Géom.** Distance entre deux côtés parallèles d'une figure. *La hauteur d'un trapèze.* ■ **Géom.** Distance d'un sommet au côté ou à la base opposée au sommet. *La hauteur d'un triangle.* ■ **Phys.** Sensation auditive liée à la fréquence des vibrations sonores. ■ **À HAUTEUR DE,** loc. prép. Jusqu'à concurrence de. *Être indemnisé à hauteur de 1 000 euros.*

HAUT-FOND, n. m. ['ofɔ̃] (*h* aspiré. *Haut* et *fond*) Voy. fond.

HAUT-FOURNEAU, n. m. ['ofuʀno] (*h* aspiré. *Haut* et *fourneau*) Voy. fourneau.

HAUT-LE-CŒUR, ■ n. m. inv. [ˈol(ə)kœʀ] (*h* aspiré. *Haut* et *cœur*) Nausée se traduisant par une brusque envie de vomir. *Il fut pris d'un haut-le-cœur à la vue de la flaque de sang.* ■ **Fig.** Vif sentiment de répulsion. *Des haut-le-cœur.*

HAUT-LE-CORPS, n. m. [ˈol(ə)kɔʀ] (*h* aspiré. *Haut* et *corps*) Brusque mouvement du corps, tressaillement involontaire. ◆ Saut, bond que fait un cheval. ◆ Au pl. *Des haut-le-corps.*

HAUT-PARLEUR ou **HAUTPARLEUR**, ■ n. m. [ˈoparlœʀ] (*h* aspiré. Traduct. de l'angl. *loud speaker,* celui qui parle fort) Dispositif qui restitue des ondes sonores en transformant un signal électro-acoustique passant par un amplificateur. *Les haut-parleurs d'un autoradio.*

HAUT-RELIEF, ■ n. m. [ˈoʀəljef] (*h* aspiré. *Haut* et *relief*) Sculpture dont le relief se détache presque entièrement du support. *Le Parthénon offre des frises sculptées en haut-relief. Des hauts-reliefs.*

HAUTURIER, IÈRE, adj. [ˈotyʀje, jɛʀ] (*h* aspiré, *hauteur,* haute mer) **Mar. anc.** Qui est de la haute mer. *Navigation hauturière,* navigation de long cours. *Pilote hauturier.*

HAVAGE, ■ n. m. [ˈavaʒ] (*h* aspiré. *Haver*) **Techn.** Technique d'extraction du minerai, consistant à entailler la roche parallèlement à la stratification pour faciliter l'abattage. *Havage de la houille.*

HAVANE, n. m. [ˈavan] (*h* aspiré. *La Havane,* capitale de Cuba) Cigare de la Havane. *D'excellents havanes.* ■ **Adj. inv.** D'une couleur marron clair.

HÂVE, adj. [ˈɑv] (*h* aspiré, anc. b. frq. *haswa-,* gris comme le lièvre) Pâle, maigre et défiguré. *Des faces hâves.*

HAVENEAU ou **HAVENET**, ■ n. m. [ˈav(ə)no, ˈav(ə)nɛ] (*h* aspiré, anc. scand. *hâf-net,* filet) Épuisette utilisée pour la pêche à la crevette. *Pêcher au haveneau.*

HAVER, ■ v. tr. [ˈave] (*h* aspiré, p.-ê. all. *hauen,* entailler, de l'anc. b. frq. *hauwa,* houe, pioche) **Techn.** Pratiquer le havage. *Haver une mine de houille.*

HAVEUR, ■ n. m. [ˈavœʀ] (*h* aspiré. *Haver*) Mineur qui effectue le havage. « *J'ai tout fait là-dedans, galibot d'abord, puis herscheur, quand j'ai eu la force de rouler, puis haveur pendant dix-huit ans* », ZOLA.

HAVEUSE, ■ n. f. [ˈavøz] (*h* aspiré. *Haver*) Machine servant à pratiquer le havage.

HAVI, IE, p. p. de *havir.* [ˈavi] *Viande havie.* ■ N. m. Action d'une chaleur trop vive du four qui brûle le pain.

HAVIR, v. tr. [ˈaviʀ] (*h* aspiré. *Have,* anc. forme de *hâve*) En parlant de la viande qu'on fait rôtir, dessécher et brûler à la surface, sans obtenir de cuisson à l'intérieur. ◆ **V. intr.** *La viande havit à un trop grand feu.* ◆ **Se havir,** v. pr. Être havi.

HAVRE, n. m. [ˈavʀ] (*h* aspiré, moy. néerl. *hafen,* port) Anciennement, port de mer quelconque. ◆ Ne se dit plus que de certains ports qui sont à sec à marée basse. ■ **Litt.** Lieu tranquille, refuge. *Un havre de paix.*

HAVRESAC, ■ n. m. [ˈavʀəsak] (*h* aspiré, b. all. *Hawersak,* de *Hawer,* avoine) Nom du grand sac de peau que les fantassins portaient sur le dos dans les marches. Aujourd'hui on dit *sac.* ◆ Sac que les gens de métier portent sur le dos, et où ils mettent leurs provisions et leurs ustensiles. ■ REM. Graphie ancienne : *havre-sac.*

HAWAÏEN, ÏENNE, ■ adj. et n. m. et n. f. [awaje̐, jɛn] (*Hawaï*) Qui est originaire des îles Hawaï, qui évoque ces îles. *Danseurs hawaïens. Porter une chemise hawaïenne à grandes fleurs.*

HAYON, ■ n. m. [ˈejɔ̃] ou [ˈajɔ̃] (*h* aspiré. Mot région. de l'Ouest, *haie*) Portière arrière d'un véhicule, qui s'ouvre en se levant et qui permet l'accès à l'arrière du véhicule. ■ *Hayon élévateur,* plateau amovible à l'arrière d'un camion qui monte et descend pour le chargement des marchandises.

HÉ !, interj. [ˈe] (*h* aspiré) Sert principalement à appeler. *Hé ! venez ici.* ◆ Sert à donner de la force à ce qui suit. « *Hé ! mon père, oubliez votre rang à ma vue* », RACINE. ◆ S'emploie pour avertir. *Hé ! prenez donc garde.* ◆ Se dit pour exprimer de la pitié, du regret, de la douleur. *Hé ! mon Dieu !* ◆ HÉ BIEN !, loc. interj. Qui exprime l'étonnement et qui sert à interroger. *Hé bien ! de quoi est-il question ?* ■ REM. On écrivait aussi *hai.*

HEAUME, n. m. [ˈom] (*h* aspiré, anc. b. frq. *helm,* casque) Sorte de casque élevé en pointe qui couvrait la tête et le visage, et qui n'avait qu'une ouverture garnie de grilles à l'endroit des yeux. ◆ **Hérald.** Le heaume est une pièce d'armoiries, mais ordinairement il sert de timbre.

HEBDOMADAIRE, adj. [ɛbdomadɛʀ] (b. lat. *hebdomadarius,* celui qui est de semaine, gr. *hebdomas,* groupe de sept, semaine, de *hepta,* sept) Qui appartient à la semaine. ◆ Qui se renouvelle chaque semaine. *Journal hebdomadaire. Notes hebdomadaires.* ■ N. m. Journal, revue hebdomadaire. ■ **Abrév.** Un hebdo.

HEBDOMADAIREMENT, adv. [ɛbdomadɛʀ(ə)mɑ̃] (*hebdomadaire*) Toutes les semaines.

HEBDOMADIER, n. m. [ɛbdomadje] (lat. *hebdomadarius*) Celui qui est de semaine dans un chapitre ou dans un couvent, pour y faire l'office et y présider. ◆ **Adj.** *Chanoine hebdomadier.* ◆ **Auj. hebdomadière,** religieuse qui est de semaine.

HÉBÉPHRÉNIE, ■ n. f. [ebefʀeni] (gr. *hébê,* jeunesse, et *phrên,* esprit) **Méd.** et **psych.** Forme de schizophrénie caractérisée par l'incohérence de la pensée et du discours, et qui frappe surtout les adolescents. *Débutant par de l'insomnie, un état de dépression, de tristesse, d'anxiété, de perplexité, d'obsessions et de phobies, l'hébéphrénie est caractérisée par des périodes de délires.*

HÉBERGE, n. f. [ebɛʀʒ] (*héberger*) Endroit où deux bâtiments établis sur un même mur commencent à se séparer, étant d'inégale hauteur.

HÉBERGÉ, ÉE, p. p. d'héberger. [ebɛʀʒe]

HÉBERGEMENT, n. m. [ebɛʀʒəmɑ̃] (*héberger*) Action d'héberger.

HÉBERGER, v. tr. [ebɛʀʒe] (anc. b. frq. *heribergôn,* loger, camper) Loger, recevoir chez soi. ◆ S'héberger, v. pr. **Archit.** S'adosser sur et contre un mur mitoyen. ■ **Inform.** Accueillir des données informatiques sur un serveur et les rendre accessibles. *Héberger un site Web.*

1 **HÉBERTISME**, ■ n. m. [ebɛʀtism] (J.-R. Hébert, 1757-1794) Courant de pensée radical incarné par Jacques-René Hébert, pendant la Révolution française. ■ **HÉBERTISTE,** adj. ou n. m. et n. f. [ebɛʀtist]

2 **HÉBERTISME**, ■ n. m. [ebɛʀtism] (G. Hébert, 1875-1957) Méthode d'éducation physique fondée sur la pratique d'exercices naturels effectués en plein air. *L'hébertisme est caractérisé par un parcours parsemé d'épreuves et d'obstacles qui visent à développer certaines habiletés physiques comme l'équilibre, la force musculaire, etc.* ■ **HÉBERTISTE,** adj. ou n. m. et n. f. [ebɛʀtist]

HÉBÉTANT, ANTE, adj. [ebetɑ̃, ɑ̃t] ▷ Qui hébète. *Une occupation hébétante.* ◁

HÉBÉTATION, n. f. [ebetasjɔ̃] (lat. *hebetatio*) ▷ État d'émoussement des sens. « *L'hébétation des sens du goût et du toucher* », BUFFON. ◁

HÉBÉTÉ, ÉE, p. p. d'hébéter. [ebete] *Un homme hébété. Des yeux hébétés.* ◆ N. m. et n. f. *Un hébété. Une hébétée.*

HÉBÉTER, v. tr. [ebete] (lat. *hebetare*) Rendre obtus, émoussé, en parlant de l'esprit, des sens. *Ce gouvernement hébète les peuples.* ◆ S'hébéter, v. pr. Devenir hébété. ■ **HÉBÉTEMENT** ou **HÉBÈTEMENT,** n. m. [ebɛt(ə)mɑ̃]

HÉBÉTUDE, ■ n. f. [ebetyd] (*hébéter*) **Méd.** Engourdissement des facultés intellectuelles généralement dû à un choc. ■ État de stupeur. *Cette nouvelle l'a plongé dans l'hébétude.*

HÉBRAÏQUE, adj. [ebʀaik] (lat. *hebraïcus*) Qui appartient aux Hébreux. *La langue hébraïque.* ■ Qui concerne la langue, la culture, la religion hébraïque. *Université hébraïque. Textes hébraïques.*

HÉBRAÏQUEMENT, adv. [ebʀaik] (*hébraïque*) À la manière des Hébreux.

HÉBRAÏSANT, ANTE, n. m. et n. f. [ebʀaizɑ̃, ɑ̃t] (*hébraïser*) Savant qui s'attache à l'étude de la langue hébraïque. *Un savant hébraïsant. Une traduction hébraïsante.* ■ REM. On dit aussi *hébraïste.*

HÉBRAÏSER, v. intr. [ebʀaize] (gr. tardif *hebraïzein*) Se servir d'hébraïsmes. ◆ Étudier l'hébreu. ◆ Adopter les opinions des Hébreux. ■ Respecter les coutumes hébraïques. ■ V. tr. Donner un caractère hébraïque à quelque chose. *Une population hébraïsée.*

HÉBRAÏSME, ■ n. m. [ebʀaism] (*hébraïser*) Locution particulière à la langue hébraïque.

HÉBRAÏSTE, ■ n. m. et n. f. [ebʀaist] Voy. HÉBRAÏSANT.

HÉBREU, n. m. [ebʀø] (lat. impér. *hebræus*) Nom du peuple juif. ◆ Ce mot n'a pas de féminin ; on dit *les Juives.* ◆ Langue hébraïque. ◆ **Fig.** et **fam.** *C'est de l'hébreu,* on n'y peut rien comprendre. ◆ Adj. m. Le texte hébreu. Cet adjectif est inusité au féminin ; en ce cas on le remplace par *hébraïque. Le texte en langue hébraïque.* ■ *L'État hébreu,* l'État d'Israël.

HÉCATOMBE, n. f. [ekatɔ̃b] (gr. *hekatombê,* de *hekaton,* cent, et *bous, bœuf*) ▷ Sacrifice de cent bœufs ou d'un grand nombre de victimes. ◁ ◆ **Fig.** Massacre, effusion de sang humain. ■ **Fig.** Mort d'un grand nombre de personnes. *L'hécatombe causée par la famine.* ■ **Fig.** Grand nombre d'échecs. *C'est l'hécatombe : seuls deux candidats ont réussi l'examen.*

HECT... ou **HECTO...**, [ɛkt, ɛkto] Préfixe du nouveau système métrique qui signifie *cent,* et est une contraction du gr. *hekaton.* ■ Symbole, h.

HECTARE, n. m. [ɛktaʀ] (*hect(o)-* et *are*) Mesure agraire d'une superficie de cent ares. ■ Symbole, ha. *Une superficie de cent ha.*

HECTIQUE, adj. [ɛktik] (lat. *hecticus,* du gr. *hektikos,* habituel) **Méd.** Qui consume. *Fièvre hectique,* fièvre ordinairement continue, accompagnée d'amaigrissement progressif.

HECTISIE, n. f. [ɛktizi] (*hectique,* d'après *phtisie*) **Méd.** État de ceux qui ont la fièvre hectique. ■ REM. On dit aussi *étisie.*

HECTO, n. m. [ɛkto] (gr. *hekaton*) Abréviation usuelle d'*hectogramme*. *Trois hectos de viande.* ■ Abréviation usuelle de *hectolitre*. *Un hecto d'eau.*

HECTOGRAMME, n. m. [ɛktoɡʀam] (*hecto-* et *gramme*) Poids de cent grammes. ■ Symbole, hg. ■ **Abrév.** Hecto. *Deux hectos de blé.*

HECTOLITRE, n. m. [ɛktolitʀ] (*hecto-* et *litre*) Mesure de cent litres. ■ Symbole, hl. ■ **Abrév.** Hecto. *Trois hectos d'eau.*

HECTOMÈTRE, n. m. [ɛktomɛtʀ] (*hecto-* et *mètre*) Mesure de longueur égale à cent mètres. ■ Cette longueur. ■ Symbole, hm.

HECTOMÉTRIQUE, adj. [ɛktometʀik] (*hectomètre*) Qui appartient à l'hectomètre.

HECTOPASCAL, ■ n. m. [ɛktopaskal] (*hecto-* et *pascal*) **Métrol.** Unité de mesure de la pression, qui équivaut à cent pascals (symbole, hPa). *La pression atmosphérique moyenne au niveau de la mer lorsqu'il fait une température de 15° C est de 1013,25 hectopascals.*

HECTOSTÈRE, n. m. [ɛktostɛʀ] (*hecto-* et *stère*) Mesure de cent stères.

HÉDÉRACÉ, ÉE, adj. [edeʀase] (lat. *hedera*, lierre) **Bot.** Qui ressemble au lierre. ♦ N. f. pl. *Les hédéracées,* famille de plantes dont le lierre est le type.

HÉDONISME, ■ n. m. [edonism] (gr. *hêdonê*, plaisir) **Philos.** Doctrine selon laquelle la recherche du plaisir et l'évitement de la souffrance conduisent au bonheur. ■ Conduite de celui, de celle qui recherche le plaisir. ■ **Psych.** Recherche du plaisir dans le développement personnel de l'enfant, qui passe par l'investissement de sa libido. ■ **Écon.** Conception selon laquelle l'activité économique repose uniquement sur la recherche d'un maximum de satisfactions. ■ **HÉDONISTE**, n. m. et n. f. ou adj. [edonist] ■ **HÉDONISTIQUE**, adj. [edonistik]

HÉGÉLIANISME, ■ n. m. [eʒeljanism] (*hégélien*) **Philos.** Doctrine de Hegel selon laquelle le point de départ du savoir est le langage et non pas la conscience.

HÉGÉLIEN, IENNE, ■ adj. [eʒeljɛ̃, jɛn] (G. W. F. *Hegel*, 1770-1831, philosophe all.) Relatif à Hegel, à sa doctrine. *La pensée hégélienne se fonde dans le discours et sur le discours comme manifestation originaire de l'esprit.* ■ N. m., n. f. Partisan de Hegel ou de l'hégélianisme. *Un hégélien, une hégélienne.*

HÉGÉMONIE, n. f. [eʒemoni] (gr. *hêgemonia*, de *hêgemon*, guide, chef) Suprématie qui appartenait à un peuple dans les fédérations de l'antiquité grecque. ♦ Il s'applique aussi aux États modernes. ■ **HÉGÉMONIQUE**, adj. [eʒemonik]

HÉGÉMONISME, ■ n. m. [eʒemonism] (*hégémonie*) Système politique fondé sur l'hégémonie. *Le pluralisme face à l'hégémonisme.* ■ Tendance à l'hégémonie. *L'hégémonisme des puissances industrielles.*

HÉGIRE, n. f. [eʒiʀ] (ar. *higra*, fuite) L'ère des mahométans, qui commence à l'époque où Mahomet s'enfuit de la Mecque, et qui correspond à l'an 622 de Jésus-Christ.

HEIDUQUE ou **HAÏDOUK**, n. m. [edyk, ajduk] (hongr. *hajduk*, boyard) Nom d'une milice de la Hongrie. ♦ Domestique vêtu à la hongroise.

HEIM, ■ interj. [ɛ̃] (*h* aspiré, lat. *hem*, interj. marquant un sentiment pénible) Voy. HEIN.

HEIMATLOS, ■ adj. [ajmatlos] (mot all., sans patrie, de *heimlat*, pays, patrie, et *los*, détaché) Qui a perdu sa nationalité et qui n'en a pas de nouvelle. ■ **REM.** Le terme *d'apatride* est plus usuel que celui *d'heimatlos*. ■ N. m. et n. f. *Des heimatlos.* ■ **HEIMATLOSAT**, n. m. [ajmatloza]

HEIMLICH, ■ [ajmliʃ] (*h* aspiré. *Heimlich*, nom propre) *Technique ou manœuvre de Heimlich*, technique de secourisme pratiquée dans le but de débloquer un corps étranger qui obstrue les voies respiratoires. *La technique de Heimlich consiste à se placer derrière la victime en passant les bras sous les siens, à mettre les poings au-dessus de son nombril et à enfoncer les poings d'un coup sec vers le haut pour dégager le corps étranger.*

HEIN, interj. [ɛ̃] (*h* aspiré, lat. *hem*) S'emploie en guise d'interrogation, et signifie : n'est-ce pas? qu'en dites-vous? ♦ Exprime aussi l'étonnement. ■ **Fam.** Employé seul, il invite l'interlocuteur à répéter ce qui n'a pas été entendu. *Hein? Qu'est-ce que tu as dit?* ♦ Demande l'approbation de quelqu'un. *Elle est jolie, hein?* ■ **REM.** On écrivait aussi *heim* autrefois.

HÉLAS!, interj. [elas] (*hé* et 1 *las*) Exprime la douleur. ♦ N. m. « *Que cet hélas a de peine à sortir!* », P. **CORNEILLE.** ■ **Interj.** Exprime le désespoir, le regret. *Hélas! il ne pourra pas venir!* ♦ *Hélas, trois fois hélas!*

HÉLÉ, ÉE, p. p. de héler. [ele]

HÉLÉPOLE, ■ n. f. [elepɔl] (gr. *helepolis*, de *helein*, prendre et *polis*, ville) **Didact.** Machine de siège inventée vers 304 av. J.-C., à la base carrée, aux côtés formés de poutres équarries jointes par des crampons de fer, à grandes roues solides et à pivots mobiles, utilisée pour s'élever jusqu'en haut des remparts.

HÉLER, v. tr. [ele] (*h* aspiré, angl. *to hail*, saluer) **Mar.** Appeler un navire avec un porte-voix. ♦ **Par extens.** Appeler de fort loin. ♦ Se héler, v. pr. S'appeler l'un l'autre en mer ou de loin.

HÉLIANTHE, n. m. [eljɑ̃t] (gr. *hêlios*, soleil et *anthos*, fleur) Genre de plantes de la famille des composées.

HÉLIANTHÈME, n. m. [eljɑ̃tɛm] (lat. bot. *helianthemum*) Genre de plantes dont la plus connue porte des fleurs d'un jaune luisant disposées en épi, et est dite vulgairement *herbe d'or.*

HÉLIANTHINE, ■ n. f. [eljɑ̃tin] (*hélianthe*, par analogie de couleur) **Chim.** Indicateur acidobasique, qui colore en jaune-orange le milieu basique et en rose-rouge le milieu acide et qui est utilisé comme réactif. *L'hélianthine est également connue sous le nom d'*orange de méthyle. *Du concentré d'hélianthine.*

HÉLIAQUE, adj. [eljak] (gr. *hêliakos*, qui concerne le Soleil) **Astron.** *Lever héliaque, coucher héliaque*, se disent d'un astre qui se lève ou qui se couche au moment où, le soleil allant se lever ou venant de se coucher, il n'y a pas assez de lumière pour que l'astre en question ne soit pas visible.

HÉLIASTES, n. m. pl. [eljast] (gr. *hêliastês*, de la place *Hêliaia*, où siégeait le tribunal, de *halês*, rassemblé) Nom que portaient à Athènes les membres d'un tribunal dont les assemblées commençaient au lever du soleil.

HÉLICE, n. f. [elis] (lat. *helix*, du gr. *helix*, génit. *helikos*, spirale) Ligne tracée en forme de vis autour d'un cylindre. ♦ *Escalier en hélice*, escalier composé de marches gironnées attachées les unes à la suite autour d'une colonne de bois ou de pierre. ♦ **Méc.** Tout appareil en forme de vis ou de tire-bouchon. ♦ *Hélice propulsive* ou simplement *hélice*, appareil qui remplace les roues à aubes dans les bateaux à vapeur. ♦ Genre de coquillages en forme de spirale. ■ Appareil constitué de plusieurs pales et servant à mouvoir un bateau, un avion, un hélicoptère. ■ *En hélice*, en forme de vis. ■ **Chim.** Enchaînement en hélice des nucléotides formant l'ADN.

HÉLICICULTEUR, TRICE, ■ n. m. et n. f. [elisikyltœʀ, tʀis] (*hélix* et *-culteur*) **Didact.** Personne spécialisée dans l'élevage des escargots destinés à la consommation. ■ **HÉLICICULTURE**, n. f. [elisikyltyʀ]

HÉLICO, ■ n. m. [eliko] Voy. HÉLICOPTÈRE.

HÉLICOÏDAL, ALE, ■ adj. [elikoidal] (*hélicoïde*) Qui a la forme d'une hélice. *Des escaliers hélicoïdaux.* ■ **Méc.** *Mouvement hélicoïdal*, mouvement d'un point qui tourne autour d'un axe fixe et qui descend le long de cet axe décrivant une hélice ; les coordonnées cylindriques de ce point.

HÉLICOÏDE, ■ adj. [elikoid] (gr. *helikoeidès*) **Géom.** Qui a la forme d'une hélice. *Une courbe hélicoïde.* ■ N. m. Math. *Un hélicoïde*, déplacement d'une droite perpendiculaire à l'axe d'un cylindre droit, passant par cet axe et par une hélice circulaire tracée sur ce cylindre.

1 **HÉLICON**, n. m. [elikɔ̃] (gr. *helikos*, sinueux) ▷ Montagne de Béotie, fameuse parmi les poètes, qui la regardaient comme un des séjours ordinaires d'Apollon et des Muses. ♦ **Fig.** La poésie en général. ◁

2 **HÉLICON**, ■ n. m. [elikɔ̃] (gr. *helikos*, sinueux) **Mus.** Instrument à vent en cuivre proche du tuba, à tube conique et à piston, de grandes dimensions, porté autour du corps. *Jouer de l'hélicon.*

HÉLICOPTÈRE, ■ n. m. [elikɔptɛʀ] (gr. *helix*, spirale, et *-ptère*) Aéronef à décollage vertical, qui se déplace grâce à de grandes hélices placées au-dessus de l'appareil. *Hélicoptère de secours.* ■ **Abrév.** Hélico. *Des hélicos.*

HÉLIGARE, ■ n. f. [eligaʀ] (*hélicoptère* et *gare*) Partie de l'héliport aménagée pour les passagers des hélicoptères.

HÉLI(O)..., HÉLIE..., ■ [eljo, eli] Préfixe, du gr. *hêlios*, soleil. *Héliothérapie. Héliogravure.*

HÉLIOCENTRIQUE, adj. [eljosɑ̃tʀik] (*hélio-* et *centre*) **Astron.** Rapporté au Soleil comme centre. *Lieu, point héliocentrique d'une planète*, lieu, point de l'écliptique où paraîtrait cette planète, vue du Soleil. ■ **HÉLIOCENTRISME**, n. m. [eljosɑ̃tʀism]

HÉLIOCHROMIE, ■ n. f. [eljokʀomi] (*hélio-* et *-chromie*) **Techn.** Ancien procédé de photographie en couleur, qui consistait à enregistrer un spectre solaire sur une plaque métallique recouverte de chlorure d'argent formé par électrolyse. *L'héliochromie fut employée pour la première fois en 1923.*

HÉLIODORE, ■ n. m. [eljodɔʀ] (*hélio-* et gr. *dôron*, don) **Minér.** Gemme constituée de silicate naturel d'aluminium et de béryllium, de couleur jaune.

HÉLIOGRAPHE, n. m. [eljogʀaf] (*hélio-* et *-graphe*) **Opt.** Système optique orientable qui contient un dispositif réfléchissant ou absorbant, permettant de réfléchir ou d'absorber le rayonnement solaire en un point fixe malgré la rotation de la Terre. ■ **Météorol.** Appareil mesurant la durée d'ensoleillement. *L'héliographe a été inventé par le britannique J. F. Campbell en 1853.*

HÉLIOGRAPHIE, n. f. [eljogʀafi] (*hélio-* et *-graphie*) **Astron.** Description du soleil. ♦ Sorte de photographie. ■ **Impr.** Technique photographique de gravure de textes, de photos ou de dessins sur un support.

HÉLIOGRAVEUR, EUSE, ▪ n. m. et n. f. [eljɔgʀavœʀ, øz] (*héliogravure*, d'après *graveur*) Personne spécialisée dans l'héliogravure.

HÉLIOGRAVURE, ▪ n. f. [eljɔgʀavyʀ] (*hélio-* et *gravure*) Procédé d'impression utilisant la lumière pour fixer l'image à reproduire sur un cylindre gravé en creux. ▪ Gravure ainsi obtenue. ▪ **Abrév.** Hélio.

HÉLIOMARIN, INE, ▪ adj. [eljɔmaʀɛ̃, in] (*hélio-* et *marin*) **Méd.** Qui utilise à la fois l'action des rayons solaires et de l'air marin. *Une cure héliomarine dans une station balnéaire. Un centre héliomarin.*

HÉLIOMÈTRE, ▪ n. m. [eljɔmɛtʀ] (*hélio-* et *-mètre*) Instrument permettant la mesure du diamètre du Soleil et employé également à la détermination des positions relatives des étoiles. *L'héliomètre fut inventé en 1748 par un professeur d'hydrographie français, Pierre Bouguer.*

HÉLION, ▪ n. m. [eljɔ̃] (*hélium*) **Phys.** Noyau de l'atome d'hélium. *C'est en 1909 que Ernest Rutherford mis à jour les propriétés de l'hélion.*

HÉLIOSCOPE, n. m. [eljɔskɔp] (*hélio-* et *-scope*) Lunette destinée à regarder le Soleil. ♦ Instrument à l'aide duquel on dirige l'image du Soleil dans une chambre obscure.

HÉLIOSTAT, n. m. [eljɔsta] (*hélio-* et *-stat*) Appareil d'optique par lequel un mouvement d'horlogerie maintient dans une direction constante, malgré le mouvement du Soleil, un rayon introduit dans une chambre obscure.

HÉLIOSYNCHRONE, ▪ adj. [eljɔsɛ̃kʀɔn] (*hélio-* et *synchrone*) **Astron.** Satellite héliosynchrone, satellite artificiel passant toujours à la même heure solaire locale au-dessus d'un même point de la Terre, son plan orbital restant fixe par rapport à celui de la Terre. *Les satellites géostationnaires et les satellites héliosynchrones.*

HÉLIOTHÉRAPIE, ▪ n. f. [eljɔteʀapi] (*hélio-* et *thérapie*) **Méd.** Traitement thérapeutique par bains de soleil. *Prescrire des séances d'héliothérapie dans le cas d'une dermatose.*

HÉLIOTROPE, ▪ n. m. [eljɔtʀɔp] (gr. *hêliotropos*) Genre de plantes de la famille des borraginées. ♦ Nom de quelques plantes qui se tournent vers le Soleil tant qu'il est sur l'horizon. ♦ Pierre précieuse qui est verdâtre et rayée de veines rouges ; c'est une espèce de jaspe oriental.

HÉLIOTROPINE, ▪ n. f. [eljɔtʀɔpin] (*héliotrope*) **Chim.** Dérivé aromatique dont le parfum très odorant est proche de celui de l'héliotrope et que l'on obtient à partir de l'essence de sassafras et de camphre. *L'héliotropine entre dans la composition de certains parfums. La vanille de Tahiti est la seule vanille à contenir de l'héliotropine.*

HÉLIOTROPISME, ▪ n. m. [eljɔtʀɔpism] (*hélio-* et *tropisme*) **Biol.** Caractéristique de certaines plantes et de certains animaux fixes à se tourner spontanément vers la lumière du Soleil (héliotropisme positif) ou à s'en détourner (héliotropisme négatif). *Le tournesol se caractérise par son héliotropisme positif.*

HÉLIPORT, ▪ n. m. [elipɔʀ] (*hélicoptère* et *port*, d'après *aéroport*) Infrastructure permettant le décollage et l'atterrissage des hélicoptères.

HÉLIPORTÉ, ÉE, ▪ adj. [elipɔʀte] (*hélicoptère* et *porté*, d'après *aéroporté*) Transporté ou effectué par hélicoptère. *Une cargaison héliportée. Une opération héliportée.*

HÉLISTATION, ▪ n. f. [elistasjɔ̃] (*hélicoptère* et *station*) Plateforme prévue spécifiquement pour accueillir les hélicoptères.

HÉLITRANSPORTÉ, ÉE, ▪ adj. [elitʀɑ̃spɔʀte] (*hélicoptère* et *transporté*) Qui est embarqué et débarqué par hélicoptère, en parlant de matériel.

HÉLITREUILLER, ▪ v. tr. [elitʀøje] (*hélicoptère* et *treuiller*) Hisser quelque chose grâce à un treuil fixé à un hélicoptère en sustentation. *Hélitreuiller une carcasse de voiture.* ▪ **HÉLITREUILLAGE**, n. m. [elitʀøjaʒ]

HÉLIUM, ▪ n. m. [eljɔm] (gr. *hêlios*, soleil) Gaz rare ininflammable et très léger, abondant dans l'atmosphère solaire. *Ballon gonflé à l'hélium.*

HÉLIX, n. m. [eliks] (gr. *helix*, spirale) **Anat.** Le grand bord replié de l'oreille externe. ▪ **Zool.** Escargot.

HELLADIQUE, ▪ adj. [eladik] (gr. *helladikos*, de *Hellas*, Grèce) Qui correspond à l'âge de bronze (-3000 à -1100) en Grèce. *Le helladique ancien et le helladique moyen.*

HELLANODICES ou **HELLANODIQUES**, n. m. pl. [elanodis, elanodik] (gr. *hellanodikai*, de *ellanios*, grec, et *dikê*, justice) ▷ Officiers qui présidaient aux jeux Olympiques. ◁

HELLÉBORE, HELLÉBORINE, [ɛlebɔʀ, ɛlebɔʀin] Voy. ELLÉBORE, etc.

HELLÈNE, n. m. et n. f. [elɛn] (gr. *Hellên*, Grec) Nom que les anciens Grecs se donnaient et que les Grecs modernes se donnent encore. ▪ **Adj.** Relatif aux Grecs. *La civilisation hellène.*

HELLÉNIQUE, adj. [elenik] (gr. *hellênikos*) Qui appartient à la Grèce. ♦ *Langue hellénique*, la langue grecque ancienne. ♦ **N. m.** *L'hellénique*, le grec ancien. ♦ **N. f. pl.** Titre que portaient plusieurs Histoires de la Grèce.

HELLÉNISANT, ANTE, ▪ n. m. et n. f. [elenizɑ̃, ɑ̃t] (*helléniser*) **Hist.** Juif parlant grec et ayant adopté l'ensemble des idées et mœurs de la Grèce. ▪ Personne qui étudie le grec. *Un hellénisant.* ▪ **Adj.** *Une Juive hellénisante.*

HELLÉNISER, ▪ v. tr. [elenize] (gr. *hellênizein*, parler en grec, rendre grec) Donner les caractères de la civilisation grecque à. *Helléniser un texte, un peuple, une région.* ▪ **HELLÉNISATION**, n. f. [elenizasjɔ̃]

HELLÉNISME, n. m. [elenism] (gr. *hellênismos*) Tour, expression qui tient au génie de la langue grecque. ♦ L'ensemble des idées et des mœurs de la Grèce. ▪ **Ling.** Emprunt fait au grec.

HELLÉNISTE, n. m. [elenist] (gr. *hellênistês*) ▷ Nom donné aux Juifs qui étaient dispersés parmi les Grecs, surtout à ceux qui habitaient Alexandrie. ◁ ▪ **Adj.** *Les Juifs hellénistes.* ♦ Érudit versé dans l'étude de la langue grecque.

HELLÉNISTIQUE, ▪ adj. [elenistik] (*helléniste*) Relatif à la Grèce antique. *La culture hellénistique.*

HELLO, ▪ interj. [elo] (angl., bonjour, salut) Interjection utilisée pour appeler quelqu'un et le saluer. *Hello ! comment vas-tu ?*

HELMINTHE, n. m. [elmɛ̃t] (gr. *helmins*, génit. *helminthos*, ver) Nom donné aux entozoaires ou vers intestinaux. ▪ **HELMINTHIQUE**, adj. [ɛlmɛ̃tik]

HELMINTHIASE, ▪ n. f. [ɛlmɛ̃tjaz] (gr. *helminthian*, avoir des vers) **Méd.** Maladie gastrique causée par la présence d'helminthes. *Une des meilleures préventions contre l'helminthiase est la cuisson de tous les aliments avant leur ingestion.*

HELMINTHOLOGIE, ▪ n. f. [ɛlmɛ̃tɔlɔʒi] (*helminthe* et *-logie*) **Didact.** Branche de la parisotologie qui étudie les vers parasites. *Helminthologie vétérinaire.*

HÉLODÉE, ▪ n. f. [elode] Voy. ÉLODÉE.

HÉLODERME, ▪ n. m. [elodɛʀm] (gr. *hêlos*, clou et *-derme*) Gros lézard nocturne venimeux, à la queue épaisse, vivant au Mexique et dans le sud-ouest des États-Unis. *Le lézard perlé est également connu sous le nom d'héloderme mexicain.*

HÉLOSE, n. f. [eloz] (gr. *illôsis*, roulement d'yeux) Renversement des paupières avec convulsion des muscles de l'œil.

HELVELLE, ▪ n. f. [ɛlvɛl] (lat. sav. [XVIIIᵉ s.], du lat. *helvella*, petit chou) **Bot.** Champignon comestible blanc, au pied lisse ou sillonné, dont le chapeau, formé de lobes noirs accolés, porte les spores. *Il existe plusieurs variétés d'helvelles : l'helvelle crépue, l'helvelle élastique, etc.*

HELVÈTE, ▪ adj. [ɛlvɛt] (lat. *helvetius*) **Hist.** De l'Helvétie. ▪ Relatif à la Suisse. *Un député helvète. Ma cousine helvète vient passer le week-end à la maison.* ▪ **N. m.** et n. f. Nom latin donné aux habitants de la Suisse. *Les Helvètes.*

HELVÉTIEN, IENNE, n. m. et n. f. [ɛlvetjɛ̃, jɛn] (lat. *helvetius*) ▷ Se dit en poésie pour *Suisse.* ♦ **Adj.** *Les champs helvétiens.* ◁

HELVÉTIQUE, adj. [ɛlvetik] (lat. *helveticus*, de *Helvetii*, les Helvètes) Qui appartient à la nation suisse. ♦ *Corps* ou *ligue helvétique*, la confédération des Suisses.

HELVÉTISME, ▪ n. m. [ɛlvetism] (*Helvétie*) **Ling.** Idiotisme employé par les locuteurs français de Suisse romande. *Foehn est un helvétisme, utilisé principalement dans le canton de Vaud, pour désigner un sèche-cheveux.*

HEM, interj. ['ɛm] (*h* aspiré, lat. *hem*) Sert pour appeler. *Hem, venez çà !* ▪ Sert aussi pour interroger. ▪ Sert aussi à exprimer une suspicion, un doute. ▪ Imite un toussotement.

HÉMA..., HÉMAT(O)..., HÉMO..., ▪ [ema, emato, emo] Préfixe, du gr. *haima, haimatos*, sang. *Hématologie.*

HÉMANGIOME, ▪ n. m. [emɑ̃ʒjom] (*héma-* et *angiome*) **Méd.** Lésion causée par une prolifération des vaisseaux sanguins. *Hémangiome capillaire, parotidien, tubéreux, sous-cutané, etc.*

HÉMARTHROSE, ▪ n. f. [emaʀtʀoz] (*héma-* et *arthrose*) **Méd.** Épanchement sanguin anormal au sein d'une articulation ou dans une cavité articulaire. *La principale cause d'hémarthrose est d'origine traumatique.*

HÉMATÉMÈSE, ▪ n. f. [ematemɛz] (*hémat[o]-* et gr. *emesis*, vomissement) **Méd.** Vomissement de sang dû à une lésion de l'œsophage, de l'estomac, du duodénum ou de la bouche.

HÉMATIDROSE ou **HÉMATHIDROSE**, ▪ n. f. [ematidʀoz] (*hémat[o]-* et *hidrôs*, sueur) **Méd.** Vasodilatation intense des capillaires sous-cutanés, qui se rompent au contact des glandes sudoripares et provoquent une hémorragie microscopique dans tout le tissu dermique. *L'hémathidrose est un phénomène décrit dans la passion corporelle du Christ. L'hématidrose ou sueur de sang.*

HÉMATIE, ■ n. f. [emasi] (le *t* se prononce *ss*. Radic. du gr. *haima*, génit. *haimatos*, sang) Cellule du sang qui contient de l'hémoglobine. ■ HÉMATIQUE, adj. [ematik]

HÉMATINE, ■ n. f. [ematin] (radic. du gr. *haima*, génit. *haimatos*) **Chim.** Élément constitutif de l'hémoglobine se combinant à l'oxygène, dont le fer est passé de l'état bivalent à l'état trivalent lors d'une intoxication, ce qui l'empêche de transporter correctement l'oxygène dans le sang. *L'hématine est la matière colorante du sang.* ■ Grand arbre du Mexique, au tronc rouge et aux branches épineuses. *L'hématine, également connue sous le nom de bois de Campeche, est utilisée pour les propriétés colorantes allant du bleu au violet de la partie centrale de son tronc.* ■ Pierre de synthèse en acier inoxydable contenant du chrome, du nickel et imitant l'hématite. *Porter une bague en hématine.*

HÉMATITE, n. f. [ematit] (gr. *haimatitês*, sanguin) Minerai de fer qui est un peroxyde de ce métal. ♦ Adj. *Pierre hématite.*

HÉMATO..., ■ [emato] Voy. HÉMA.

HÉMATOCÈLE, n. f. [ematosεl] (*hémat[o]-* et *-cèle*) ▷ Tumeur sanguine. ◁

HÉMATOCRITE, ■ n. m. [ematokrit] (*hémat[o]-* et *krites*, arbitre, juge) **Biol.** Tube de verre dans lequel on sépare les globules rouges du plasma, par centrifugation, après avoir mis du sang anticoagulé dans ce tube. ■ **Biol.** Volume occupé par les globules rouges par rapport à la quantité totale de sang. *L'hématocrite s'exprime en pourcentage.*

HÉMATOLOGIE, ■ n. f. [ematoloʒi] (*hémato-* et *-logie*) **Méd.** Science qui étudie le sang, sa morphologie et ses pathologies. ■ HÉMATOLOGISTE ou HÉMATOLOGUE, n. m. et n. f. [ematoloʒist, ematolɔg] ■ HÉMATOLOGIQUE, adj. [ematoloʒik]

HÉMATOME, ■ n. m. [ematom] (*hémato-* et *-ome*) Résultat d'un traumatisme correspondant à un épanchement sanguin sous-cutané. *Être couvert d'hématomes à la suite d'un accident.*

HÉMATOPHAGE, ■ adj. [ematofaʒ] (*hémato-* et *-phage*) Qui se nourrit de sang, en parlant de certains animaux, principalement d'insectes. *Le moustique est hématophage.*

HÉMATOPOÏÈSE, ■ n. f. [ematopojεz] (gr. *haimatôpoiein*, changer en sang, de *poiein*, faire) **Physiol.** Processus permettant la production permanente des cellules sanguines dans la moelle osseuse et dans le tissu lymphoïde. *L'hématopoïèse assure la production quotidienne chez un adulte sain de plusieurs centaines de milliards de cellules.*

HÉMATOPOÏÉTIQUE, ■ adj. [ematopojetik] (gr. *haimatopoiêtikos*, propre à faire du sang) **Physiol.** *Organe hématopoïétique*, organe dans lequel se forment les cellules sanguines. *La rate est un organe hématipoïétique.*

HÉMATOSE, n. f. [ematoz] (gr. *haimatôsis*, action de convertir en sang) **Physiol.** Conversion du chyle en sang et du sang veineux en sang artériel. ■ **Physiol.** Ensemble des échanges gazeux entre le sang veineux et le sang artériel qui se produisent dans les poumons pendant la respiration.

HÉMATOZOAIRE, ■ n. m. [ematozoεʀ] (*hémato-* et *-zoaire*) **Zool.** Protozoaire parasite vivant dans le sang des vertébrés. *Le plasmodium est un hématozoaire du paludisme.*

HÉMATURIE, n. f. [ematyʀi] (*hémat[o]-* et *-urie*) **Méd.** Pissement de sang.

HÈME, ■ n. m. [εm] (gr. *haima*, sang) **Biol.** Élément non protéique, constitutif de l'hémoglobine et fixant le dioxygène.

HÉMÉRALOPIE, ■ n. f. [emeralopi] (gr. *hêmera*, jour et *ôps*, vue, œil, d'après *nyctalopie*) **Méd.** Pathologie caractérisée par l'affaiblissement de la vision en cas de lumière faible. *L'héméralopie opposée à la nyctalopie.* ■ HÉMÉRALOPE, n. m. et n. f. ou adj. [emeralɔp]

HÉMÉROCALLE, n. f. [emeʀokal] (gr. *hêmerokalles*) Genre de plantes liliacées. *L'hémérocalle jaune. L'hémérocalle bleue.*

HÉMI..., ■ [emi] Préfixe qui, dans les composés d'origine grecque, signifie *demi* ou *la moitié*, et est le gr. *hêmi*

HÉMIANOPSIE, ■ n. f. [emjanɔpsi] (*hémi-* et *anopsie*, du gr. *an-* priv. et *opsis*, vue) **Méd.** Perte de la moitié du champ de vision sur un œil ou sur les deux yeux.

HÉMICELLULOSE, ■ n. f. [emiselyloz] (*hémi-* et *cellulose*) **Chim.** Polysaccharide de structure analogue à celui de la cellulose et que l'on trouve dans les parois des végétaux. *Les produits céréaliers sont riches en hémicellulose.*

HÉMICORDÉ, ■ n. m. [emikɔʀde] (*hémi-* et gr. *khordê*, boyau) Invertébré marin dont le corps est divisé en trois parties distinctes et vivant dans le sable des fonds marins.

HÉMICRÂNIE, ■ n. f. [emikrani] (gr. *hemicrania*) **Méd.** Douleur localisée sur une moitié complète du crâne. *Souffrir d'hémicrânie chronique.* ■ Par extens. Migraine.

HÉMICYCLE, n. m. [emisikl] (gr. *hêmikuklos*) Salle demi-circulaire. ♦ Siège de marbre en forme de demi-cercle dans les jardins de style français. ♦ **Archit.** Trait d'une voûte demi-circulaire. ♦ **Géogr.** Moitié d'une mappemonde.

HÉMICYCLIQUE, adj. [emisiklik] (*hémicyle*) Qui est relatif à l'hémicycle, à un hémicycle.

HÉMICYLINDRIQUE, ■ adj. [emisilɛ̃dʀik] (*hémi-* et *cylindrique*) **Didact.** Qui a la forme d'un demi-cylindre. *Une moulure hémicylindrique.* ■ **Rem.** On dit aussi *semi-cylindrique.*

HÉMIÉDRIE, ■ n. f. [emiedri] (*hémi-* et gr. *edra*, face) **Minér.** Symétrie d'un cristal qui ne possède que la moitié des éléments de symétrie de son réseau cristallin. *L'hémiédrie cristalline a été découverte par Louis Pasteur en 1848.* ■ HÉMIÈDRE ou HÉMIÉDRIQUE, adj. [emiεdʀ, emiedʀik]

1 HÉMINE, ■ n. f. [emin] (lat. *hemina*) ▷ Mesure de capacité chez les anciens Romains, contenant 27 centilitres. ◁

2 HÉMINE, ■ n. f. [emin] (*hém[o]-*, sang, et *-ine*) **Méd.** Substance obtenue à partir de l'hémoglobine que l'on a cristallisée selon des procédés spécifiques dans le but de déceler une présence de sang dans des taches suspectes, notamment pour les besoins de la médecine légale.

HÉMIOLE, ■ n. f. [emjɔl] (gr. *hemiolios*, trois demis, de *hêmi-*, à demi, et *holos*, qui forme un tout, entier) **Mus.** Interprétation qui transforme deux mesures de rythme binaire en une mesure de rythme ternaire.

HÉMIONE, n. m. [emjɔn] (gr. *hêmionos*, demi-âne, mulet) Espèce du genre cheval.

HÉMIOXYDE, ■ n. m. [emiɔksid] (*hémi-* et *oxyde*) **Chim.** Oxyde constitué d'un atome d'oxygène et de deux atomes de l'élément auquel il est lié. *Un hémioxyde de chlore contient un atome d'oxygène et deux atomes de chlore.*

HÉMIPLÉGIE, n. f. [emipleʒi] (gr. *hêmiplêgia*, de *plêssein*, frapper) Paralysie d'une moitié latérale du corps. ■ **Rem.** On disait autrefois *hémiplexie.*

HÉMIPLÉGIQUE, adj. [emipleʒik] (*hémiplégie*) Qui a rapport à l'hémiplégie. ♦ N. m. et n. f. Une personne atteinte d'hémiplégie.

HÉMIPTÈRES, n. m. pl. [emipteʀ] (*hémi-* et *-ptère*) Genre d'insectes dont la bouche est en suçoir et dont les ailes sont recouvertes à moitié par des élytres ou étuis. ■ Adj. *Insecte hémiptère.* ■ **Rem.** On dit aussi *hémiptéroïde.*

HÉMISPHÈRE, ■ n. m. [emisfeʀ] (lat. *hemisphærium*) La moitié d'une sphère. ♦ La moitié du globe terrestre ou céleste. ♦ **Anat.** *Hémisphères du cerveau*, les deux moitiés latérales de cet organe.

HÉMISPHÉRIQUE, adj. [emisfeʀik] (*hémisphère*) Qui a la forme d'une moitié de sphère.

HÉMISTICHE, n. m. [emistiʃ] (lat. *hemistichium*, du gr. *hêmistikhion*) La moitié d'un vers alexandrin. ♦ Il se dit aussi de la moitié d'un vers de dix syllabes, quand il est coupé en deux parties de cinq syllabes chacune. ♦ Il se dit aussi, mais inexactement, pour des parties de vers qui ne sont pas portions de vers déterminées par l'hémistiche. ■ Césure au milieu d'un vers.

HÉMITROPIE, ■ n. f. [emitʀopi] (*hémi-* et *trepein*, tourner) **Minér.** Groupement de cristaux de même nature et de même forme. ■ HÉMITROPE, adj. [emitʀɔp]

HÉMO..., ■ [emo] Voy. HÉMA.

HÉMOCHROMATOSE, ■ n. f. [emokʀomatoz] (*hémo-*, *chromato-* et *-ose*) **Méd.** Erreur congénitale du métabolisme ferrique caractérisée par un dépôt de fer dans les tissus, une pigmentation de la peau et un diabète. *On appelle aussi l'hémochromatose diabète bronzé.*

HÉMOCOMPATIBLE, ■ adj. [emokɔ̃patibl] (*hémo-* et *compatible*) **Méd.** Dont le groupe sanguin est compatible avec un ou plusieurs autres groupes. *Les groupes sanguins A- et O- sont hémocompatibles avec le groupe sanguin A-.*

HÉMOCULTURE, ■ n. f. [emokyltyʀ] (*hémo-* et *culture*) **Didact.** Test permettant de rechercher, dans un prélèvement de sang, les germes responsables d'une septicémie ou d'une infection.

HÉMOCYANINE, ■ n. f. [emosjanin] (*hémo-* et *kuanos*, bleu) **Chim.** Pigment protéique respiratoire de nombreux mollusques et crustacés, de couleur bleue et ayant le même rôle que l'hémoglobine des vertébrés. *Le cuivre est un des composants de l'hémocyanine.*

HÉMODIALYSE, ■ n. f. [emodjaliz] (*hémo-* et *dialyse*) **Méd.** Traitement médical qui permet d'éliminer les déchets toxiques du sang en le faisant passer par un filtre. *L'hémodialyse est également connue sous le nom de rein artificiel.*

HÉMODYNAMIQUE, ■ adj. [emodinamik] (*hémo-* et *dynamique*) **Méd.** Relatif aux conditions régissant la circulation sanguine dans l'organisme. ■ N. f. Partie de la médecine spécialisée dans l'étude des conditions qui régissent la circulation sanguine dans l'organisme.

HÉMOGLOBINE, ■ n. f. [emoglobin] (*hémo-* et radic. de *globuline*) **Méd.** Protéine qui colore les globules rouges et assure le transport de l'oxygène dans le sang.

HÉMOGLOBINOPATHIE, ◼ n. f. [emoglobinopati] (*hémoglobine* et *-pathie*) **Méd.** Maladie génétique caractérisée par une anomalie chimique de la structure de l'hémoglobine.

HÉMOGLOBINURIE, ◼ n. f. [emoglobinyʀi] (*hémoglobine* et *-urie*) **Méd.** Présence anormale d'hémoglobine dans les urines.

HÉMOGRAMME, ◼ n. m. [emogʀam] (*hémo-* et *-gramme*) **Méd.** Numération des cellules du sang qui permet de calculer la quantité d'hémoglobine en fonction du volume de sang et de fournir un portrait global de ces cellules.

HÉMOLYMPHE, ◼ n. f. [emolɛ̃f] (*hémo-* et *lymphe*) **Biol.** Liquide riche en minéraux circulant dans les cavités du corps des invertébrés et jouant le rôle du sang.

HÉMOLYSE, ◼ n. f. [emoliz] (*hémo-* et *-lyse*) **Méd.** Destruction normale ou pathologique des hématies. ◼ HÉMOLYTIQUE, adj. [emolitik]

HÉMOLYSINE, ◼ n. f. [emolizin] (*hémolyse*) **Biol.** Substance hémolytique capable de détruire les globules rouges.

HÉMOPATHIE, ◼ n. f. [emopati] (*hémo-* et *-pathie*) **Méd.** Maladie du sang ou d'un organe hématopoïétique.

HÉMOPHILIE, ◼ n. f. [emofili] (*hémo-* et *-philie*) **Méd.** Maladie héréditaire et congénitale qui se traduit par un manque de coagulation du sang et de graves hémorragies. ◼ HÉMOPHILE, n. m. et n. f. [emofil]

HÉMOPROTÉINE, ◼ n. f. [emoprotein] (*hémo-* et *protéine*) **Biol.** Protéine permettant le stockage et le transport de l'oxygène dans le sang.

HÉMOPTOÏQUE, adj. [emoptoik] (gr. *haimoptuïkos*) ▷ Mot barbare pour hémoptysique. ◁

HÉMOPTYIQUE, adj. [emoptiik] (gr. *haimoptuïkos*) Voy. HÉMOPTYSIQUE.

HÉMOPTYSIE, n. f. [emoptizi] (*hémo-* et gr. *ptusis*, crachement) Crachement de sang ; hémorragie de la membrane muqueuse du poumon.

HÉMOPTYSIQUE, ◼ adj. [emoptizik] (*hémoptysie*) Qui est atteint d'hémoptysie. ◼ *Crachats hémoptysiques*, ceux qui sont rejetés pendant l'hémoptysie. ◼ N. m. et n. f. Personne atteinte d'hémoptysie. ◼ REM. On disait aussi *hémoptyique* et *hémoptoïque* autrefois.

HÉMORRAGIE, n. f. [emoʀaʒi] (lat. *hæmorrhagia*, du gr. *haimorrhagia*) Écoulement du sang hors des vaisseaux qui doivent le contenir. ◆ *Hémorragie cérébrale*, épanchement de sang dans le tissu du cerveau. ◼ **Fig.** Perte importante. *Hémorragie de main-d'œuvre.* ◼ REM. Graphie ancienne : *hémorrhagie.*

HÉMORRAGIQUE, adj. [emoʀaʒik] (gr. *haimorrhagikos*) Qui a rapport à l'hémorragie. ◼ REM. Graphie ancienne : *hémorrhagique.*

HÉMORROÏDAL, ALE, adj. [emoʀoidal] (*hémorroïde*) Qui a rapport aux hémorroïdes. *Les flux hémorroïdaux.* ◼ REM. On dit aussi *hémorroïdaire.* Graphie ancienne : *hémorrhoïdal.*

HÉMORROÏDES, n. f. pl. [emoʀoid] (lat. *hæmorrhoïs*, du gr. *haimorrhoïs*, de *haima*, sang et *rheîn*, couler) Tumeur des veines de l'anus. ◆ Il se dit au singulier. *Faire l'ablation d'une hémorroïde.* ◆ Il se dit aussi des tumeurs analogues qui se forment au col de la vessie, de l'utérus. ◼ REM. Graphie ancienne : *hémorrhoïdes.*

HÉMOSTASE, ◼ n. f. [emostaz] (gr. *haimostasis*, médicament pour arrêter le sang) **Méd.** Ensemble des mécanismes qui concourent à maintenir le sang à l'état fluide à l'intérieur des vaisseaux ; ces mécanismes qui permettent l'arrêt d'une hémorragie.

HÉMOSTATIQUE, adj. [emostatik] (gr. *haimostatikos*) Qui arrête les hémorragies. ◆ N. m. et n. f. *Un hémostatique.* ◼ N. f. **Physiol.** Branche de la physiologie qui traite de la circulation sanguine.

HÉMOVIGILANCE, ◼ n. f. [emoviʒilɑ̃s] (*hémo-* et *vigilance*) **Méd.** Surveillance et suivi de l'ensemble des effets indésirables survenant après une transfusion sanguine.

HENDÉCA..., ◼ [ɛ̃deka] Préfixe, du gr. *hendeka*, onze. *Hendécagone.*

HENDÉCAGONAL, ALE, adj. [ɛ̃dekagonal] (*hen* se prononce *in. Hendécagone*) Qui a onze angles. *Prismes hendécagonaux.*

HENDÉCAGONE, adj. [ɛ̃dekagon] (*hen* se prononce *in. Hendéca-* et *-gone*) **Géom.** Qui a onze angles et onze côtés. ◆ N. m. *Un hendécagone*, un polygone de onze côtés. ◼ REM. On écrivait aussi *endécagone* autrefois.

HENDÉCASYLLABE, adj. [ɛ̃dekasilab] (*hen* se prononce *in* ; *hendéca-* et *syllabe*) Qui a onze syllabes. *Un vers hendécasyllabe.* ◆ N. m. *Un hendécasyllabe.*

HENDÉCASYLLABIQUE, adj. [ɛ̃dekasilabik] (*hen* se prononce *in. Hendécasyllabe*) Qui a onze syllabes. *Vers hendécasyllabique.*

HENDIADYS ou **HENDIADYIN**, ◼ n. m. [ɛ̃djadis, ɛ̃djadin] (*hen* se prononce *in* ; gr. *hen dia duoin*, une chose dite au moyen de deux mots) **Rhét.** Figure de rhétorique qui consiste à remplacer la subordination entre deux mots par une coordination. « Penché sur l'onde et sur l'immensité », de Victor Hugo, est un hendiadys.

HENNÉ, n. m. [ene] (*h* aspiré, ar. *hinna*) Plante qui sert aux femmes, en Asie et en Afrique, pour se teindre les ongles en jaune safran. ◼ *Shampoing au henné*, shampoing utilisé pour teindre les cheveux. ◼ REM. Graphie ancienne : *henneh.*

HENNIN, ◼ n. m. [enɛ̃] (néerl. *henninck*, coq, par analogie de forme) Espèce de coiffe rigide, en forme de cône, portée par les femmes au Moyen Âge.

HENNIR, v. intr. ['eniʀ] (*h* aspiré, lat. *hinnire*) Il se dit du cheval quand il fait son cri ordinaire. ◼ Faire un bruit qui évoque le hennissement du cheval. *Des trompettes qui hennissent.* ◼ REM. On prononçait autrefois [aniʀ] avec *a* et non *é.*

HENNISSANT, ANTE, adj. ['enisɑ̃, ɑ̃t] (*h* aspiré, *hennir*) Qui hennit. *Des cavales hennissantes.* ◼ **Par anal.** Qui hennit comme le cheval. *Un rire hennissant.* ◼ REM. On prononçait autrefois [anisɑ̃, ɑ̃t] avec *a* et non *é.*

HENNISSEMENT, n. m. ['enis(ə)mɑ̃] (*h* aspiré. Radic. du p. prés. de *hennir*) Le cri ordinaire du cheval. ◼ Ce qui évoque le cri du cheval. ◼ REM. On prononçait autrefois [anis(] ou [ə)mɑ̃] avec *a* et non *é.*

HENRY, ◼ n. m. ['ɑ̃ʀi] (*h* aspiré. Joseph *Henry*, 1797-1878, physicien américain) **Métrol.** Unité de mesure de l'inductance électrique (symbole, H). *Des henrys.*

HEP, ◼ interj. ['ɛp] (*h* aspiré. Onomat.) Interjection utilisée pour appeler ou héler quelqu'un. *Hep ! Taxi !*

HÉPAR, n. m. [epaʀ] (gr. *hêpar*, foie) ▷ Nom que les anciens chimistes donnaient aux sulfures. ◁

HÉPARINE, ◼ n. f. [epaʀin] (gr. *hêpar*, foie) **Biol.** Molécule anticoagulante synthétisée par le foie, utilisée en tant que médicament pour prévenir ou traiter certaines maladies.

HÉPATALGIE, ◼ n. f. [epatalʒi] (*hépat[o]-* et *-algie*) **Méd.** Douleur provenant du foie et qui irradie généralement vers le flanc droit.

HÉPATIQUE, adj. [epatik] (gr. *hêpatikos*) **Anat.** Qui appartient au foie. *Les vaisseaux hépatiques.* ◆ **Méd.** Qui est dans le foie. *Douleur hépatique.* ◆ N. f. Genre de renonculacées. ◆ Famille de plantes acotylédones, qui renferme de petites plantes herbacées, rampantes, terrestres ou parasites. ◼ N. m. et n. f. Personne qui souffre du foie. *Des hépatiques.*

HÉPATISATION, ◼ n. f. [epatizasjɔ̃] (*hépatique*) **Méd.** Altération d'un tissu organique qui prend la couleur et la densité du foie.

HÉPATITE, n. f. [epatit] (*hépat[o]-* et *-ite*) **Méd.** Inflammation du foie. ◆ Pierre précieuse qui est de la couleur du foie.

HÉPAT(O)..., ◼ [epato] Préfixe, du gr. *hêpar*, *hêpatos*, foie. *Une hépatite.*

HÉPATOCÈLE, ◼ n. f. [epatosɛl] (*hépato-* et *-cèle*) **Méd.** Hernie du foie.

HÉPATOCYTE, ◼ n. m. [epatosit] (*hépato-* et *-cyte*) **Biol.** Cellule du foie qui assure les fonctions endocrine et exocrine du foie.

HÉPATOLOGIE, ◼ n. m. [epatoloʒi] (*hépato-* et *-logie*) **Méd.** Branche de la médecine qui étudie le foie, ses caractéristiques et ses pathologies.

HÉPATOMÉGALIE, ◼ n. f. [epatomegali] (*hépato-* et *-mégalie*) **Méd.** Augmentation anormale du volume du foie. *La maladie du sommeil s'accompagne souvent d'hépatomégalie.*

HÉPATOPANCRÉAS, ◼ n. m. [epatopɑ̃kreas] (*hépato-* et *pancréas*) **Zool.** Organe digestif de certains invertébrés et mollusques, jouant à la fois le rôle du foie et celui du pancréas.

HEPTA..., ◼ [ɛpta] Préfixe, du gr. *hepta*, sept. *Heptagone.*

HEPTACORDE, n. m. [ɛptakɔʀd] (gr. *heptakhordos*) Lyre ou cithare à sept cordes des anciens. ◆ Système de sons composé de sept notes, tel que la gamme. ◆ Adj. Qui a sept cordes. ◼ REM. On écrivait aussi *eptacorde* autrefois.

HEPTAÈDRE, ◼ n. m. [ɛptaɛdʀ] (*hepta-* et *-èdre*) **Math.** Polyèdre à sept faces. ◼ HEPTAÉDRIQUE, adj. [ɛptaedʀik]

HEPTAGONAL, ALE, ◼ adj. [ɛptagonal] (*heptagone*) Qui a sept angles et sept côtés. *Une figure heptagonale.*

HEPTAGONE, adj. [ɛptagon] (gr. *heptagônos*) **Géom.** Qui a sept angles. ◆ N. m. *Un heptagone*, un polygone de sept côtés. ◆ **Fortif.** Ouvrage composé de sept bastions. ◼ REM. On écrivait aussi *eptagone* autrefois.

HEPTAGYNE, adj. [ɛptaʒin] (*hepta-* et *-gyne*) **Bot.** Plante qui a sept pistils.

HEPTAGYNIE, n. f. [ɛptaʒini] (*heptagyne*) **Bot.** Classe renfermant les plantes à sept pistils.

HEPTAMÉRON, n. m. [ɛptamerɔ̃] (gr. *heptaêmeros*, de sept jours) ▷ Ouvrage composé de parties distribuées en sept journées. ◁

HEPTAMÈTRE, ■ adj. [εptamεtʀ] (*hepta-* et *-mètre*) *Vers heptamètre*, qui a sept pieds. ■ N. m. *Un heptamètre.*

HEPTANDRE, adj. [εptɑ̃dʀ] (*hept[a]-* et *-andre*) **Bot.** Qui a sept étamines.

HEPTANDRIE, n. f. [εptɑ̃dʀi] (*heptandre*) Classe du système de Linné qui renferme les plantes dont la fleur a sept étamines.

HEPTANE, ■ n. m. [εptan] (*hépta-* et *-ane*) **Chim.** Hydrocarbure de la série des alcanes, liquide, léger et naturel.

HEPTARCHIE, ■ n. f. [εptaʀʃi] (*hepta-* et *-archie*) **Hist.** *L'heptarchie,* nom donné aux sept royaumes fondés par les Anglo-Saxons dans l'île de Bretagne : les royaumes de Wessex, d'Essex, de Kent, de Mercie, d'Est-Anglie, de Sussex et de Northumbrie.

HEPTASYLLABE, ■ adj. [εptasilab] (*hepta-* et *syllabe*) **Didact.** Qui a sept syllabes, en parlant d'un vers. ■ N. m. *Un heptasyllabe.*

HEPTATHLON, ■ n. m. [εptatlɔ̃] (*hepta-* et gr. *athlon,* combat, lutte) **Sp.** Compétition d'athlétisme comprenant sept épreuves. *L'heptathlon féminin et l'heptathlon masculin ne contiennent pas le même type d'épreuves.*

HÉRALDIQUE, adj. [eʀaldik] (lat. médiév. *heraldus,* héraut) Qui a rapport au blason. *L'art héraldique. Science héraldique.* ◆ N. f. *L'héraldique,* la science héraldique. ■ **HÉRALDISTE**, n. m. et n. f. [eʀaldist]

HÉRAUT, n. m. ['eʀo] (*h* aspiré, anc. b. frq. *heriwald,* héraut, de *hariwald,* chef d'armée, de *hari,* armée, et *wald* qui règne) Dans l'antiquité, officier chargé de publications solennelles et des cérémonies publiques. ◆ *Fig.* Celui qui annonce. « *Le héraut du printemps [le rossignol]* », **La Fontaine.** ◆ Dans le Moyen Âge, officier qui faisait diverses proclamations ou messages, qui réglait les fêtes de chevalerie, etc. ◆ Dans l'ancienne monarchie, officier qui servait pour les cérémonies des mariages et des sacres des rois, des publications de paix, etc.

HERBACÉ, ÉE, adj. [εʀbase] (lat. *herbaceus,* de couleur d'herbe) **Bot.** Qui a le caractère, l'apparence de l'herbe. ◆ *Plante herbacée,* celle dont la tige et les branches, ne produisant pas de bois, périssent après quelques mois de végétation. ◆ Se dit aussi par opposition à ligneux.

HERBAGE, n. m. [εʀbaʒ] (b. lat. *herbaticum*) Toute sorte d'herbes. ◆ L'herbe des prés, des pâturages. ◆ Pré destiné à l'engrais des bœufs et des vaches.

1 **HERBAGER, ÈRE**, n. m. et n. f. [εʀbaʒe, εʀ] (*herbage*) Celui, celle qui s'adonne à l'engrais des bœufs. ■ Adj. Relatif aux herbages. *Un paysage herbager.*

2 **HERBAGER**, ■ v. tr. [εʀbaʒe] (*herbage*) **Agric.** Mettre du bétail en pâturage dans un herbage. ■ **HERBAGEMENT**, n. m. [εʀbaʒ(ə)mɑ̃]

HERBE, n. f. [εʀb] (lat. *herba*) Toute plante qui, n'étant point arbre, arbrisseau ou arbuste, est privée de bourgeons. ◆ *Bouillon d'herbes* ou *aux herbes,* sorte de bouillon qu'on prend quand on se purge. ◆ *Fines herbes,* Voy. fin adj. ◆ *Mauvaise herbe,* les herbes qui ne sont pas utiles à l'homme ou aux animaux. ◆ *Fig. Il a marché sur une mauvaise herbe,* il lui est arrivé quelque chose qui l'a mis de mauvaise humeur. ◆ *Herbes de la Saint-Jean,* herbes magiques que l'on cueillait le jour de la Saint-Jean. ◆ *Fig. Employer toutes les herbes de la Saint-Jean,* employer tous les moyens dont on peut s'aviser pour réussir. ◆ Collectivement, toutes les espèces d'herbes qui forment les prés, et qu'on coupe pour la nourriture des bestiaux. ◆ *Faire de l'herbe,* couper de l'herbe. ◆ *Fig. L'herbe* prise comme comparaison avec ce qui passe vite. « *Madame a passé du matin au soir, ainsi que l'herbe des champs* », **Bossuet.** ◆ *En herbe,* se dit des céréales lorsque, encore vertes, elles s'élèvent peu au-dessus des sillons. *Blé en herbe.* ◆ *Fig. Manger son blé en herbe,* dépenser son revenu d'avance. ◆ *Fig. En herbe,* se dit de ceux qui étudient pour obtenir quelque titre, ou qui sont en passe d'être élevés à quelque dignité, à quelque emploi. *Avocat en herbe.* ◆ *Herbe* entre dans plusieurs noms vulgaires de plantes. *Herbe aux ânes, herbe aux chats, etc.* ◆ *Prov. À chemin battu il ne croît pas d'herbe,* il n'y a point de profit à faire en un négoce dont trop de gens se mêlent. ◆ *Méchante herbe, mauvaise herbe croît toujours,* se dit par plaisanterie d'un enfant qui grandit beaucoup. ■ *Pousser comme de la mauvaise herbe,* facilement, rapidement. ■ *Couper, faucher l'herbe sous le pied à quelqu'un,* le supplanter. ■ *Fam.* Haschisch. *Fumer de l'herbe.* ■ *Spécialt Fines herbes,* la ciboulette et le cerfeuil.

HERBÉ, ÉE, p. p. d'herber. [εʀbe] *Toiles herbées.*

HERBEILLER, v. intr. [εʀbeje] (*herbe*) **Chasse** Brouter l'herbe, en parlant du sanglier.

HERBER, v. tr. [εʀbe] (*herbe*) Exposer, étendre sur l'herbe. *Herber de la toile.*

HERBERIE, ■ n. f. [εʀbəʀi] (*herbe*) Marché aux herbes.

HERBETTE, n. f. [εʀbεt] (dim. d'*herbe*) L'herbe courte et menue des champs (usité surtout dans le style pastoral).

HERBEUX, EUSE, adj. [εʀbø, øz] (lat. *herbosus*) Où il croît de l'herbe. *Champs herbeux.*

HERBICIDE, ■ adj. [εʀbisid] (*herbe* et *-cide*) Qui détruit les mauvaises herbes. *Un produit herbicide.* ■ N. m. *Un herbicide.*

HERBIER, n. m. [εʀbje] (b. lat. *herbarium,* ouvrage de botanique) Collection de plantes desséchées et mises entre des feuilles de papier. ◆ *Herbier artificiel* ou simplement *herbier,* collection de dessins qui représentent des plantes. ◆ Livre qui traite des plantes, en contient la description et la figure. ◆ Le premier ventricule des ruminants, dit plus souvent *panse.* ■ Partie du fond sous-marin où se trouvent des bancs d'algues.

HERBIÈRE, n. f. [εʀbjεʀ] (*herbe*) ▷ Vendeuse d'herbes. ◁

HERBIVORE, adj. [εʀbivɔʀ] (*herbe* et *-vore*) Qui se nourrit d'herbes. *Le bœuf est herbivore.* ◆ N. m. *Un herbivore.*

HERBORISATEUR, TRICE, n. m. et n. f. [εʀbɔʀizatœʀ, tʀis] (*herboriser*) Celui, celle qui herborise, qui fait des herborisations.

HERBORISATION, n. f. [εʀbɔʀizasjɔ̃] (*herboriser*) Action d'herboriser. ◆ Promenade faite pour étudier sur place et recueillir des plantes. ◆ ▷ Les personnes qui font partie de cette promenade. ◁ ◆ Le dessin d'une pierre herborisée (en ce sens on dit plutôt *arborisation*).

HERBORISÉ, ÉE, adj. [εʀbɔʀize] (*herboriser*) Syn. inusité d'arborisé.

HERBORISER, v. intr. [εʀbɔʀize] (*herboriste*) Aller dans les champs recueillir des plantes. ◆ Activ. « *Un envoi de plantes que j'avais été herboriser* », J.-J. **Rousseau.**

HERBORISEUR, n. m. [εʀbɔʀizœʀ] (*herboriser*) ▷ Celui qui s'amuse à herboriser. ◁

HERBORISTE, n. m. et n. f. [εʀbɔʀist] (lat. *herbula,* dim. de *herba*) Celui, celle qui vend des herbes employées comme médicaments.

HERBORISTERIE, n. f. [εʀbɔʀistəʀi] (*herboriste*) Tout ce qui concerne le commerce de l'herboriste. ◆ Boutique d'herboriste.

HERBU, UE, adj. [εʀby] (*herbe*) Couvert d'herbe. « *Les vallées herbues* », **Chateaubriand.**

HERBUE, ■ n. f. [εʀby] (fém. substantivé de *herbu*) **Agric.** Terre légère utilisée pour les pâturages.

HERCHER ou **HERSCHER**, ■ v. intr. [εʀʃe] (mot wallon, du b. lat. *hirpicare,* herser) Pousser les wagonnets à bras dans une mine. ■ HERCHEUR, EUSE ou HERSCHEUR, EUSE, n. m. et n. f. [εʀʃœʀ, øz] ■ HERCHAGE ou HERSCHAGE, n. m. [εʀʃaʒ]

HERCOTECTONIQUE, n. f. [εʀkotεktonik] (gr. *herkos,* rempart, et *tektonikê tekhnê,* art du charpentier) Art de fortifier les places, de faire des retranchements, etc.

HERCULE, ■ n. m. [εʀkyl] (lat. *Hercules,* du gr. *Hêraclès,* symbole de la force physique) Demi-dieu de la Fable, célèbre par sa force et par ses travaux. ◆ Homme fort et robuste. ◆ Personnage des spectacles forains, remarquable par sa force. ◆ Constellation de l'hémisphère boréal.

HERCULÉEN, ENNE, adj. [εʀkyleẽ, εn] (*Hercule*) Néolog. Digne d'Hercule. *Taille, force, entreprise herculéenne.* ■ Rem. N'est plus un néologisme aujourd'hui.

HERCYNIEN, IENNE, ■ adj. [εʀsinjẽ, jεn] (lat. *Hercynia sylvia,* Forêt Noire) **Géol.** *Cycle hercynien,* cycle orogénique de l'ère primaire, débutant au Dévonien et se terminant avec le Permien (-390 à -245 millions d'années environ), responsable de la formation d'une chaîne de montagnes dont les structures sont bien visibles en Europe et Amérique du Nord. *Chaîne hercynienne.*

HERD-BOOK, ■ n. m. [εʀdbuk] (mot angl., de *herd,* troupeau, et *book,* livre, registre) Livre répertoriant la généalogie des races bovines et porcines. *Des herd-books. Le herd-book de la race charolaise a été fondé en 1864.*

1 **HÈRE**, n. m. ['εʀ] (*h* aspiré, p.-ê. par dérision all. *Herr,* seigneur, ou plutôt anc. fr. *haire,* malheureux) Homme sans considération, sans fortune. *Un pauvre hère.* ◆ Espèce de jeu de cartes, dit aussi *l'as qui court.* ■ **Litt.** *Pauvre hère. De pauvres hères qui vagabondent dans les parcs.*

2 **HÈRE**, n. m. ['εʀ] (*h* aspiré, p.-ê. néerl. *hert,* cerf.) **Chasse** Le jeune cerf depuis dix-huit mois jusqu'à deux ans.

HÉRÉDITAIRE, adj. [eʀeditεʀ] (lat. *hereditarius*) Qui se transmet, qui vient par droit d'hérédité. *Les propriétés héréditaires.* ◆ Il se dit des charges, des offices, des titres, etc. passant aux héritiers de ceux qui en sont pourvus. ◆ Se dit par opposition à *électif. Une royauté héréditaire.* ◆ *Prince héréditaire,* celui qui doit hériter du pouvoir. ◆ Qui se transmet des parents aux enfants, aux descendants, en parlant de dispositions physiques ou mentales. *Des maladies héréditaires.* ◆ *Fig.* Il se dit aussi des vertus, des vices, des passions. *Des haines héréditaires.*

HÉRÉDITAIREMENT, adv. [eʀeditεʀ(ə)mɑ̃] (*héréditaire*) D'une façon héréditaire.

HÉRÉDITÉ, n. f. [eredite] (lat. *hereditas*, de *heres*, génit. *heredis*, héritier) **Jurispr.** Qualité d'héritier. ◆ Droit de recueillir la totalité ou une partie des biens qu'une personne laisse à son décès. ◆ Se dit en parlant de la succession au trône, à certains offices, à certaines charges, etc. ◆ Tous les biens qu'une personne laisse en mourant (sens vieilli). ◆ **Physiol.** Condition organique qui fait que les manières d'être corporelles et mentales passent des parents aux enfants.

HÉRÉDO..., ■ [eredo] Préfixe, du lat. *heres, heredis,* hériter. *Hérédosyphilis.*

HÉRÉDOSYPHILIS, ■ n. f. [eredosifilis] (*hérédo-* et *syphilis*) Vieilli Syphilis congénitale. ■ **Fam.** Hérédo. *Des hérédos.* ■ **HÉRÉDOSYPHILITIQUE, adj.** ou n. m. et n. f. [eredosifilitik]

HEREFORD, ■ n. m. et n. f. [ɛrfɔrd] (*Hereford*, comté du Royaume-Uni) Race de bovin anglais très répandue, notamment dans les pays anglo-saxons, à la robe rouge-brun et dont la tête, la gorge, le bout de la queue, l'extrémité des pattes et le ventre sont de couleur blanche. *Aujourd'hui, la hereford est principalement élevée pour sa viande.*

HÉRÉSIARQUE, n. m. [erezjark] (gr. *hairesiarkhês,* chef d'école) Auteur d'une hérésie ; chef d'une secte hérétique.

HÉRÉSIE, n. f. [erezi] (lat. *hæresis,* doctrine, du gr. *hairesis,* choix, préférence) Opinion fausse, en matière de foi, condamnée dans les formes prescrites par l'Église. ◆ **Par extens.** et fam. Doctrine, maxime en opposition avec les idées reçues. ■ **Fig.** Ce qui est contraire au bon sens. *Écrire au feutre sur un livre ancien est une hérésie.*

HÉRÉTICITÉ, n. f. [eretisite] (*hérétique*) Qualité de ce qui est entaché d'hérésie. ◆ Qualité d'une personne qui est dans l'hérésie.

HÉRÉTIQUE, adj. [eretik] (lat. chrét. *hæreticus*) Qui appartient à l'hérésie. *Une proposition hérétique.* ◆ Qui professe, qui soutient quelque hérésie. ◆ N. m. et n. f. *Un hérétique. Une hérétique.* ◆ **Par extens.** Se dit de ceux qui ne sont pas d'accord avec le plus grand nombre sur certaines théories.

HÉRISSÉ, ÉE, p. p. de hérisser. [erise] **Fig.** *Un homme hérissé,* un homme difficile avec qui on ne sait comment traiter. ◆ *Style hérissé,* style rude et déplaisant. ◆ Couvert, garni de choses touffues, droites, aiguës. « *Un rempart hérissé de piques et de dards* », VOLTAIRE. ◆ **Poétiq.** *L'hiver hérissé de glaçons.* ◆ **Bot.** Couvert de poils rudes et fort apparents. ◆ **Fig.** *Hérissé de grec, de latin,* qui cite à tout propos du grec, du latin. ◆ Se dit des choses en un sens analogue. « *La vie est hérissée de ces épines* », VOLTAIRE.

HÉRISSEMENT, n. m. [eris(ə)mã] (*h* aspiré. *Hérisser*) Action des poils ou des plumes qui se dressent. ◆ État de ce qui est hérissé. ■ Ensemble de choses pointues et dressées, regroupées. *Un hérissement de clochers.* ■ **Litt.** Fait d'être irrité.

HÉRISSER, v. tr. [erise] (*h* aspiré, b. lat. *ericiare,* de *ericius,* hérisson) Dresser, en parlant du poil, des plumes ou des cheveux. *Le sanglier hérisse son poil.* ◆ **Par extens.** Se dit de choses aiguës, saillantes, dressées, qui couvrent, qui garnissent. *Des roches aiguës hérissent ce rivage.* ◆ *Hérisser de,* garnir de choses considérées comme aiguës, pointues. *Hérisser de pieux un bastion.* ◆ **Fig.** *Hérisser son style de termes nouveaux.* ◆ En construction, Voy. HÉRISSONNER. ◆ **V. intr.** Devenir hérissé. *Les cheveux lui hérissèrent à la tête.* ◆ Se hérisser, v. pr. Dresser son poil, ses plumes. ◆ Il se dit des cheveux, du poil, des plumes qui se dressent. ◆ **Fig.** Se fâcher, se montrer opposé à. ◆ Devenir couvert de choses aiguës. *Ces champs se hérissent d'épines.* ◆ **V. tr.** Provoquer la colère de quelqu'un. *Ses propos me hérissent.*

HÉRISSON, n. m. ['erisɔ̃] (*h* aspiré, lat. *[h]ericius*) Genre de mammifères dont la peau est couverte de piquants longs et raides. ◆ **Fig.** et fam. Personne d'un caractère difficile. ◆ *Hérisson de mer,* oursin. ◆ Roue motrice verticale portant des chevilles ou mentonnets. ◆ Barrière faite d'une poutre armée de pointes de fer qu'on met aux portes des villes et qui tourne sur un pivot. ◆ Assemblage de pointes de fer qu'on met aux grilles pour empêcher les voleurs de les escalader. ◆ Support vertical muni de tiges et utilisé pour égoutter les bouteilles. ■ Brosse métallique circulaire utilisée pour ramoner les conduits de cheminée. ■ **Agric.** Rouleau muni de pointes qui sert à briser les mottes de terre. ■ En construction, ensemble de blocs de pierre qui constituent une fondation. ■ **Fig. Milit.** *Défense en hérisson,* défense d'un point fortifié isolé.

HÉRISSONNE, ■ n. f. ['erisɔn] (*h* aspiré. *Hérisson*) Femelle du hérisson. ■ Nom vulgaire de la chenille de certains papillons généralement nocturnes.

HÉRISSONNÉ, ÉE, adj. ['erisɔne] (*h* aspiré. *Hérisson*) **Hérald.** Se dit d'un chat ou d'un autre animal ramassé et accroupi.

HÉRISSONNEMENT, n. m. ['erisɔn(ə)mã] (*h* aspiré. *Hérissonner*) ▷ État de ce qui est hérissonné. ◁

HÉRISSONNER (SE), v. pr. ['erisɔne] (*h* aspiré. *Hérisson*) Redresser son poil ou ses plumes. ◆ **V. tr. Maçon.** *Hérissonner un mur,* le recrépir. ◆ On dit aussi *hérisser.*

HÉRITABILITÉ, ■ n. f. [eritabilite] (angl. *heritability,* du rad. de *héritier*) **Biol.** Degré avec lequel un caractère donné est contrôlé par l'hérédité, au lieu d'être contrôlé par des facteurs non génétiques.

HÉRITAGE, n. m. [eritaʒ] (*hériter*) Ce qui vient par voie de succession. *Faire un grand héritage.* ◆ *Héritage* se dit aussi d'un trône qui passe de rois en rois dans une même famille. ◆ Les immeubles réels, comme terres, maisons. ◆ **Fig.** Ce qui arrive, comme arrive un héritage. « *Mourir digne de vous, voilà mon héritage* », VOLTAIRE. ◆ **Fig.** *L'héritage céleste,* le royaume des cieux.

HÉRITÉ, ÉE, p. p. d'hériter. [erite]

HÉRITER, v. intr. [erite] (b. lat. *hereditare*) Recueillir une succession. ◆ Devenir propriétaire d'une chose par droit de succession. *Il a hérité d'une maison.* ◆ **Fig.** « *De votre injuste haine il n'a pas hérité* », RACINE. ◆ **Activ.** « *C'est une maison qu'il a héritée de son père* », LA BRUYÈRE. ◆ **Fig.** « *Vous avez hérité ce nom de vos aïeux* », P. CORNEILLE. ◆ **Par extens.** Recueillir quelque chose pour en avoir l'usage, la jouissance. *Il a hérité du canapé de sa sœur. Elle a hérité de la gentillesse de sa maman.*

HÉRITIER, IÈRE, n. m. et n. f. [eritje, jɛr] (lat. *hereditarius,* de *hereditas*) Celui, celle qui, d'après la loi, doit hériter de quelqu'un. *Héritier naturel, bénéficiaire, etc.* ◆ Se dit par rapport à la chose dont on hérite. *Héritier d'une grande fortune.* ◆ **Fig.** *Se montrer le digne héritier de la gloire de ses ancêtres.* ◆ Se dit pour *enfant,* à cause que les enfants sont les héritiers naturels. ◆ N. f. *Héritière,* fille unique qui doit hériter d'une grande succession.

HERMANDAD, ■ n. f. [ɛrmãdad] (mot esp., confrérie) **Hist.** Au Moyen Âge, fédération d'un ensemble de communes qui luttaient pour maintenir la paix, en Espagne.

HERMAPHRODISME, n. m. [ɛrmafrodism] (*hermaphrodite*) Réunion de quelques-uns des caractères des deux sexes dans un seul individu. ■ **Psych.** Par métaph. Comportement à la fois masculin et féminin.

HERMAPHRODITE, n. m. [ɛrmafrodit] (gr. *Hermaphroditos,* fils d'*Hermès* et d'*Aphrodite*) **Mythol.** Personnage divin, fils de Mercure et de Vénus. ◆ **Par extens.** Être humain auquel on attribue les deux sexes. ◆ **Adj. Zool.** Qui a les deux sexes. *Un animal hermaphrodite.* ◆ **Bot.** Se dit d'une plante qui réunit les deux sexes dans une même fleur. ■ *Pseudo-hermaphrodite,* personne qui réunit en elle-même les caractères masculins et féminins mais qui ne possède pas simultanément les ovaires et les testicules. ■ **Art** Sujet dont les formes sont à la fois masculines et féminines.

HERMÉNEUTIQUE, adj. [ɛrmenøtik] (gr. *hermêneutikos,* qui concerne l'interprétation, de *hermêneuein,* interpréter) **Philol.** Qui interprète les textes sacrés. *L'art herméneutique.* ◆ N. f. *L'herméneutique,* l'art d'interpréter les livres sacrés. ■ **Adj.** Interprétation des signes comme phénomènes relatifs à une culture. *La philosophie herméneutique.* ■ N. f. Cette théorie de l'interprétation des signes.

HERMÈS, n. m. [ɛrmes] (lat. *Hermes,* nom d'une divinité grecque qui correspond à Mercure) Gaine portant une tête de Mercure. ◆ Statue de Mercure. ◆ *L'art d'Hermès,* ainsi dit d'Hermès Trismégiste, l'alchimie. ■ **Art** Buste en hermès, se dit d'un buste dont les épaules, la poitrine et le dos sont coupés par des plans verticaux.

HERMÉTICITÉ, n. f. [ɛrmetisite] (*hermétique*) Qualité de ce qui est clos hermétiquement. ◆ Caractère de ce qui est obscur.

HERMÉTIQUE, adj. [ɛrmetik] (*Hermès Trismégiste*) **Archit.** Colonne hermétique, colonne qui a une tête d'homme au lieu de chapiteau. ◆ Qui appartient aux doctrines d'Hermès Trismégiste. *La science hermétique.* ◆ Qui appartient à l'alchimie. ◆ *Fermeture hermétique,* fermeture parfaite que l'on obtient en faisant fondre les bords du vase que l'on veut clore ; ces fermetures viennent de l'art hermétique. ◆ Parfaitement étanche en parlant d'une fermeture, d'un objet fermé. *Une boîte hermétique.* ◆ **Fig.** *Être hermétique à quelque chose,* y être insensible. ■ **Fig.** Difficile à comprendre. *Un discours hermétique.*

HERMÉTIQUEMENT, adv. [ɛrmetik(ə)mã] (*hermétique*) **Chim.** *Fermer un vase hermétiquement,* le sceller de sa propre matière par le moyen du feu, afin que rien n'en puisse sortir ni s'en dégager. ◆ **Par extens.** Se dit de tout ce qui est bien fermé.

HERMÉTISME, ■ n. m. [ɛrmetism] (*hermétique*) Ensemble des doctrines philosophiques qui constitue la révélation du dieu Thot puis les bases de l'alchimie au Moyen Âge. ■ **Par extens.** et litt. Caractère secret et inflexible d'une doctrine ou d'une personne. *Il fait preuve d'hermétisme.* ■ **HERMÉTISTE**, n. m. et n. f. [ɛrmetist]

HERMINE, n. f. [ɛrmin] (lat. *armenius* [*mus*], [*rat*] d'Arménie) Un des noms vulgaires de la martre blanche, dont la peau fournit une belle fourrure. ◆ Fourrure faite avec de la peau d'hermine. ◆ **Fig.** *Une robe d'hermine,* une innocence sans tache. ◆ **Hérald.** Une des deux fourrures ; c'est un champ d'argent semé de petits triangles de sable.

HERMINÉ, ÉE, p. p. d'herminer. [ɛrmine] **Hérald**. *Pièce herminée*, pièce dont le fond est d'argent moucheté de noir.

HERMINETTE, n. f. [ɛrminɛt] (*hermine*) Voy. ERMINETTE.

HERMITAGE, HERMITE, [ɛrmitaʒ, ɛrmit] Voy. ERMITAGE, ERMITE.

HERNIAIRE, adj. ['ɛrnjɛr] (*h* aspiré, *hernie*) **Chir**. Qui appartient aux hernies. ♦ *Chirurgien herniaire*, chirurgien qui s'occupe du traitement des hernies. ♦ *Bandages herniaires*, bandages destinés à contenir les hernies. ▪ **Bot**. Plante vivace ou annuelle, à tiges procombantes, étalées au sol et très ramifiées, aux feuilles inférieures opposées et aux feuilles alternes petites, glabres ou velues, dont les fleurs sont verdâtres et groupées en grappe et dont les fruits sont à graines noires, ovales et aplaties. *L'herniaire était autrefois utilisée en cataplasme contre les hernies.*

HERNIE, n. f. ['ɛrni] (*h* aspiré, lat. *hernia*) Tumeur produite par la sortie, hors du ventre, d'une anse intestinale, d'une portion d'épiploon, ou d'une partie d'un viscère abdominal. ♦ *Hernie étranglée*, hernie dans laquelle les bords de l'ouverture se resserrent sur la partie échappée. ♦ Toute tumeur formée par le déplacement d'un viscère, ou d'une portion de viscère. *Hernie de poumon.* ▪ **Par anal**. Partie d'une chambre à air qui s'échappe de l'enveloppe d'un pneumatique déchiré.

HERNIÉ, IÉE, ▪ adj. ['ɛrnje] (*h* aspiré. *Hernie*) **Méd**. Qui fait hernie. *Un intestin hernié.*

HERNIOLE, n. f. ['ɛrnjɔl] (*h* aspiré. *Hernie*) Petite plante à fleurs verdâtres, qu'on appelle aussi *turquette, herbe au cancer.*

HERNUTE, n. m. ['ɛrnyt] (*h* aspiré, *Herrenhut*, localité de la haute Lusace) ▷ Nom donné à des sectaires chrétiens d'une grande pureté de mœurs, dits aussi *Frères moraves.* ◁

HÉRODIENS, n. m. pl. [erodjɛ̃] (*Hérode*, roi des Juifs au 1er s. av. J.-C.) ▷ Gens qui, chez les Juifs, faisaient profession d'honorer la mémoire du roi Hérode. ◁

HÉROÏCITÉ, ▪ n. f. [eroisite] (*héroïque*) Ce qui est héroïque. *L'héroïcité d'un acte.*

HÉROÏCOMIQUE, adj. [eroikomik] (*héroïque* et *comique*) Qui tient de l'héroïque et du comique. *Le Lutrin est un poème héroï-comique.* ▪ REM. Graphie ancienne : *héroï-comique.*

HÉROÏDE, n. f. [eroid] (gr. *hêrôís*) Épître amoureuse composée sous le nom de quelque héros ou d'un personnage fameux. ▪ REM. Est littéraire aujourd'hui.

1 **HÉROÏNE**, n. f. [eroin] (lat. *heroina*, du gr. *hêrôínê*) Femme qui a un grand courage, une grande noblesse de sentiments. ♦ **Fig**. La femme qui figure comme principal personnage dans un poème, un roman, une pièce de théâtre. ♦ **Par extens**. Femme qui figure dans un événement.

2 **HÉROÏNE**, n. f. [eroin] (all. *Heroin*, du gr. *hêros*, héros, par allusion aux effets euphorisants du produit) Stupéfiant puissant, dérivé de la morphine, qui se présente sous la forme d'une poudre que l'on injecte en intraveineuse, après dilution et chauffage du produit, que l'on peut parfois sniffer ou fumer. ▪ **Abrév**. Héro. *Se piquer à l'héro.*

HÉROÏNOMANE, ▪ n. m. et n. f. [eroinoman] (2 *héroïne* et *-mane*) Toxicomane se droguant à l'héroïne. ▪ **HÉROÏNOMANIE**, n. f. [eroinomani]

HÉROÏQUE, adj. [eroik] (lat. *heroïcus*, du gr. *hêrôïkos*) Qui appartient aux anciens héros mythologiques. *Les âges héroïques.* ♦ Il se dit de la poésie primitive qui chanta les héros, et par extens. d'une poésie noble et élevée. ♦ *Vers héroïque*, chez les anciens, le vers hexamètre ; aujourd'hui, le vers alexandrin. ♦ *Poème héroïque*, le poème épique. ♦ *Comédie héroïque*, comédie où les personnages sont d'un rang élevé. ♦ **N. m**. *L'enjoué est mêlé à l'héroïque dans Le Lutrin de Boileau.* ♦ Qui appartient aux héros, aux hommes d'une âme grande, aux capitaines illustres. *Constance héroïque.* ♦ Il se dit des personnes qui montrent de l'héroïsme. *Un héroïque vieillard.* ♦ **Méd**. Très puissant, très efficace. *Un médicament héroïque.* ♦ **Fig**. *Un remède héroïque, un parti héroïque*, une grande résolution qui tranche une situation très difficile. ♦ Qui dénote de l'héroïsme. *Un comportement héroïque.* ▪ **Plais**. *Remonter aux temps héroïques*, aux temps très anciens.

HÉROÏQUEMENT, adv. [eroik(ə)mã] (*héroïque*) D'une manière héroïque.

HÉROÏSME, n. m. [eroism] (*héros*) Ce qui est propre aux héros. « *L'héroïsme est le caractère des hommes divins* », DIDEROT. ♦ Grandeur d'âme peu commune. *Pousser la vertu jusqu'à l'héroïsme.*

HÉRON, n. m. ['erɔ̃] (*h* aspiré, anc. b. frq. *haigro*) Grand oiseau de l'ordre des échassiers, qui a le bec fort long et les jambes très hautes. ♦ ▷ *Héron*, plume noire de héron dont les plumassiers font usage. ◁ ♦ *Héron de mer*, poisson.

HÉRONNEAU, n. m. ['erɔno] (*h* aspiré. *Héron*) Petit héron.

HÉRONNIER, IÈRE, adj. ['erɔnje, jɛr] (*h* aspiré. *Héron*) *Faucon héronnier*, celui qui est dressé à la chasse du héron.

HÉRONNIÈRE, n. f. ['erɔnjɛr] (*h* aspiré. *Héron*) Lieu où les hérons se retirent. ♦ Endroit où on élève des hérons.

HÉROS, n. m. [ero] (lat. *heros*, du gr. *hêrôs*) Nom donné dans l'Antiquité à ceux qu'on disait fils d'un dieu et d'une mortelle ou d'une déesse et d'un mortel. ♦ **Fig**. Ceux qui se distinguent par une valeur extraordinaire ou des succès éclatants à la guerre. « *Loin de nous les héros sans humanité !* », BOSSUET. ♦ Tout homme qui se distingue par la force du caractère, la grandeur d'âme, une haute vertu. ♦ Personnage principal d'un poème, d'un roman, d'une pièce de théâtre. ♦ **Par extens**. *Héros de roman*, personnage à qui il est arrivé des aventures extraordinaires. ♦ *Le héros d'une aventure*, celui à qui elle est arrivée. ♦ *Le héros du jour*, l'homme qui, en un certain moment, attire sur soi toute l'attention du public. ♦ *Le héros de la fête*, celui pour qui elle se donne. ▪ **Prov**. *Il n'y a pas de héros pour son valet de chambre*, les proches des grands hommes connaissent leurs failles et leurs défauts. ▪ Voy. HÉROÏNE.

HERPES, n. f. pl. [ɛrp] (anc. fr. *herper* ou *harper*, saisir) **Vieilli** *Herpes marines*, certaines matières que la mer jette sur ses bords, telles que l'ambre gris et le corail.

HERPÈS, ▪ n. m. [ɛrpɛs] (lat. et gr. *herpês*, dartre, de *herpein*, ramper, s'avancer, p.-ê. parce que ce mal s'étend facilement) **Méd**. Maladie infectieuse, contagieuse et récurrente, due à un virus dont le nom est *herpès simplex*, qui se transmet par contact direct et qui touche la peau, les muqueuses et le système nerveux. *L'herpès entre en phase active, se résorbe, puis peut réapparaître de nouveau, et ce tout au long de la vie des personnes qui en sont infectées.* ▪ *Herpès labial*, herpès caractérisé par l'apparition de petits boutons regroupés sur une même zone, généralement à proximité du bord de la lèvre, et qui forment des vésicules puis une croûte, en fin d'infection. ▪ *Herpès génital*, herpès dont l'infection se transmet par contact direct des organes sexuels ou par les sécrétions orales ou génitales, caractérisé par des lésions contagieuses et provoquant une forte sensation de brûlure. ▪ **HERPÉTIQUE**, adj. [ɛrpetik]

HERPÉTOLOGIE ou **ERPÉTOLOGIE**, n. f. [ɛrpetoloʒi] (gr. *herpeton*, tout ce qui rampe, et *-logie*) Partie de l'histoire naturelle qui traite des reptiles. ▪ **HERPÉTOLOGIQUE** ou **ERPÉTOLOGIQUE**, adj. [ɛrpetoloʒik]

HERSAGE, n. m. [ɛrsaʒ] (*h* aspiré. *Herser*) Action de herser. ♦ Travail fait avec la herse.

HERSCHAGE, HERSCHER, HERSCHEUR, EUSE, ▪ [ɛrʃaʒ, ɛrʃe, ɛrʃœr] Voy. HERCHAGE, HERCHER, HERCHEUR, EUSE.

HERSE, n. f. ['ɛrs] (*h* aspiré, lat. *hirpex, icis*) Instrument d'agriculture, composé de pièces de bois qui se croisent et qui par-dessous sont armées de pointes propres à diviser la superficie du sol, à l'égaliser, et principalement à recouvrir les semences. ♦ **Fortif**. Contrepoids armé de pointes de fer par le bas, qui, étant suspendu à une corde, peut être lâché à propos pour fermer le passage. ♦ Sorte de candélabre fait en triangle et garni de pointes sur lesquelles on met des cierges. ♦ **Théât**. Éclairage dissimulé au-dessus de la scène. ▪ REM. En termes de fortification, la *herse* est aussi appelée *sarrasine*.

HERSÉ, ÉE, p. p. de herser. ['ɛrse] *Porte hersée*, porte avec une herse. ♦ **Hérald**. *Château hersé*, château qu'on représente avec une herse.

HERSEMENT, n. m. ['ɛrsəmã] (*h* aspiré. *Herser*) ▷ Action de herser. ◁

HERSER, v. tr. ['ɛrse] (*h* aspiré. *Herse*) Passer la herse dans un champ. ♦ Se herser, v. pr. Être hersé.

HERSEUR, EUSE, n. m. et n. f. ['ɛrsœr, øz] (*h* aspiré. *Herse*) Celui, celle qui herse. ▪ **Adj**. *Un rouleau herseur.* ▪ **N. f**. Herse mécanique.

HERTZ, ▪ n. m. ['ɛrts] (*h* aspiré. Heinrich *Hertz*, 1857-1894, physicien all.) **Phys**. Unité de fréquence correspondant à une période par seconde (symbole, Hz). ▪ **HERTZIEN, IENNE**, adj. [ɛrtsjɛ̃, jɛn]

HÉSITANT, ANTE, adj. [ezitã, ãt] (*hésiter*) Qui hésite. *Une femme hésitante.* ♦ Qui prononce avec difficulté. *Voix hésitante.* ▪ Qui manque d'assurance. *Un geste hésitant.*

HÉSITATION, n. f. [ezitasjɔ̃] (lat. *hæsitatio*) Doute, indécision dans ce qu'on doit faire. ♦ Incertitude dans l'énonciation. *Parler avec hésitation.* ▪ Attitude, comportement qui trahit un manque d'assurance. *Un geste plein d'hésitation.*

HÉSITER, v. intr. [ezite] (lat. *hæsitare*, être embarrassé, hésiter) S'arrêter incertain au sujet de. « *Il hésitait entre le désir et la honte* », VAUGELAS. ♦ *Hésiter à, hésiter de*, avec l'infinitif. « *Il n'hésita pas à favoriser son évasion* », J.-J. ROUSSEAU. « *Hésiter d'obéir, c'est faire l'œuvre de Dieu avec négligence* », BOURDALOUE. ♦ *Sans hésiter*, sans la moindre tergiversation. ♦ Ne pas trouver facilement ce qu'on veut dire. « *Il hésite, il bégaye* », BOILEAU. ♦ Marquer de l'indécision. *Elle hésita un moment, puis entra. Hésiter sur l'accord d'un participe passé. Hésiter entre deux livres.* ▪ **Litt**. *Il faisait si noir qu'elle hésitait si c'était le jour ou la nuit.*

HESSOIS, OISE, ■ adj. [eswa, waz] (*Hesse*, Land d'Allemagne) Relatif à la Hesse. *Les massifs volcaniques hessois.* ■ N. m. et n. f. Habitant ou originaire de la Hesse. *Les Hessoises.*

HÉSYCHASME, ■ n. m. [ezikasm] (gr. *hêsukhazein*, se tenir en repos) **Théol.** Tradition contemplative apparue au IVe siècle dans le monachisme chrétien oriental.

HÉTAÏRE, ■ n. f. [etair] (gr. *hetaira*, compagne, courtisane) **Antiq. grecq.** Prostituée qui se distingue par son rang social élevé et son esprit cultivé. ■ **Litt.** Prostituée.

HÉTAIRIE ou **HÉTÉRIE**, ■ n. f. [eteri] (gr. *hetaireia*, association d'amis) **Antiq. grecq.** Faction politique, généralement secrète. ■ **Mod.** Association politique ou littéraire en Grèce moderne (XIXe siècle).

HÉTÉRO..., ■ [etero] Préfixe qui indique la différence de nature ou de forme entre des espèces, individus ou éléments. *Hétéroclite. Hétérogène. Hétérosexuel.*

HÉTÉROCERQUE, ■ adj. [eteroserk] (*hétéro-* et gr. *kerkos*, queue) **Zool.** Se dit de la nageoire caudale des esturgeons et de nombreux requins, constituée de lobes inégaux, le lobe supérieur étant plus grand que l'inférieur.

HÉTÉROCHROMIE, ■ n. f. [eterokromi] (*hétéro-* et *-chromie*) **Didact.** Caractère de deux éléments, qui sont normalement de même couleur, ayant une coloration différente. *L'hétérochromie des yeux.* ■ **HÉTÉROCHROME**, adj. [eterokrom]

HÉTÉROCHROMOSOME, ■ n. m. [eterokromozom] (*hétéro-* et *chromosome*) **Biol.** Chromosome impliqué dans le déterminisme du sexe. *L'être humain possède deux hétérochromosomes : deux chromosomes X chez la femme et un chromosome X et un chromosome Y chez l'homme.*

HÉTÉROCLITE, adj. [eteroklit] (lat. gramm. *heteroclitus*, du gr. *heteroklitos*, de *klinein*, incliner, gramm. fléchir) **Gramm.** Qui s'écarte des règles de l'analogie grammaticale. *Délice, masculin au singulier, féminin au pluriel, est un substantif hétéroclite.* ◆ Se dit de certaines choses qui s'écartent des règles de l'art, ou semblent de nature contraire. *Un bâtiment hétéroclite.* ◆ **Fig.** et **fam.** Ridicule, bizarre. *Une mine hétéroclite.* ■ Constitué d'éléments variés, disparates. *Un mobilier hétéroclite.*

HÉTÉROCYCLE, ■ n. m. [eterosikl] (*hétéro-* et *cycle*) **Chim.** Molécule organique cyclique portant dans son cycle au moins un atome différent du carbone. *La pyridine est un hétérocycle qui possède six chaînons.* ■ **HÉTÉROCYCLIQUE**, adj. [eterosiklik] *Des amines hétérocycliques.*

HÉTÉRODONTE, ■ adj. [eterodɔ̃t] (*hétéro-* et *-odonte*) **Zool.** Se dit d'un vertébré dont la denture présente des formes et des fonctions mécaniques diversifiées. *Un animal hétérodonte et un animal homodonte.*

HÉTÉRODOXE, adj. [eterodɔks] (gr. *heterodoxos*, qui a une opinion différente) Qui est contraire aux sentiments reçus dans une religion, par opposition à orthodoxe. *Opinion hétérodoxe. Docteur hétérodoxe.* ■ Anticonformiste, qui n'est pas orthodoxe.

HÉTÉRODOXIE, n. f. [eterodɔksi] (gr. *heterodoxia*, action de prendre une chose pour une autre) Caractère hétérodoxe ; opposition aux sentiments orthodoxes.

HÉTÉRODYNE, ■ adj. [eterodin] (*hétéro-* et *-dyne*) **Électron.** Relatif à la production d'un battement électrique entre deux fréquences de radio pour transposer un signal. ■ **N. f.** Appareil qui génère des ondes radioélectriques de très faible puissance, grâce auquel on peut produire des oscillations de haute fréquence, pures ou modulées, et qui permet d'effectuer des changements de fréquence.

HÉTÉROGAMIE, ■ n. f. [eterogami] (*hétéro-* et *-gamie*) **Biol.** Fusion de deux gamètes de morphologie différente. *La fécondation de l'ovule par le spermatozoïde est une des formes d'hétérogamie.* ■ Mariage de personnes de milieu social différent.

HÉTÉROGÈNE, adj. [eterozɛn] (lat. scolast. *heterogeneus*, du gr. *heterogenês*) Qui n'est pas de la même nature qu'une autre chose. « *Deux êtres aussi hétérogènes que le corps et l'âme* », VOLTAIRE. ◆ **Arith.** *Nombres hétérogènes*, nombres composés d'entiers et de fractions. ◆ **Phys.** *Corps hétérogène*, corps dont toutes les parties n'ont pas la même densité. ◆ *Roche hétérogène*, roche dont les parties constituantes diffèrent entre elles de nature ou d'aspect. ◆ **Gramm.** *Substantif hétérogène*, substantif qui est d'un genre au singulier et d'un autre au pluriel. ◆ **Fig.** Qui n'est pas de même nature intellectuelle ou morale. *Une société hétérogène.*

HÉTÉROGÉNÉITÉ, n. f. [eterozeneite] (lat. scolast. *heterogeneus*) Qualité de ce qui est hétérogène.

HÉTÉROGENÈSE, ■ n. f. [eterozɘnɛz] (*hétéro-* et *genèse*) **Biol.** Mutation lente qui s'effectue au cours des successions de générations. ■ **Fig.** *Hétérogenèse de la pensée, de l'histoire des sciences.*

HÉTÉROGÉNIE, n. f. [eterozeni] (*hétéro-* et *-génie*) ▷ Production d'êtres vivants par des substances organiques ou inorganiques, sans germes ni ovules, dite aussi *génération spontanée*. ◁

HÉTÉROGÉNISTE, n. m. [eterozenist] (*hétérogénie*) ▷ Partisan de l'hétérogénie. ◁

HÉTÉROGREFFE, ■ n. f. [eterogrɛf] (*hétéro-* et *greffe*) **Chir.** Greffe dont le greffon provient d'un individu appartenant à une autre espèce. *Procéder à l'hétérogreffe d'un foie de porc sur un être humain.* ■ **Rem.** On dit aussi *xénogreffe* et *hétéroplastie.*

HÉTÉROLOGUE, ■ adj. [eterolɔg] (*hétéro-* et *-logue*, d'après *homologue*) **Didact.** Se dit d'un tissu dont la structure est ou paraît différente de la structure d'une partie voisine de l'organisme. *Vaccin, fécondation hétérologue.* ■ Qui provient d'une source différente. *Une greffe hétérologue.*

HÉTÉROMÉTABOLE, ■ adj. [eterometabɔl] (*hétéro-* et *métabole*) **Zool.** Se dit d'un insecte dont le développement se fait au fur et à mesure des mues sans passer par un stade nymphal. *Le criquet pèlerin est un insecte hétérométabole.*

HÉTÉROMORPHE, ■ adj. [eteromɔrf] (*hétéro-* et *-morphe*) Qui présente des formes très diverses au sein d'une même espèce. ■ **HÉTÉROMORPHISME**, n. m. [eteromɔrfism] ■ **HÉTÉROMORPHIE**, n. f. [eteromɔrfi]

HÉTÉRONOME, ■ adj. [eteronom] (*hétéro-* et gr. *nomos*, loi) **Philos.** Qui obéit à des lois extérieures qui régissent la conduite, le comportement.

HÉTÉRONOMIE, ■ n. f. [eteronomi] (*hétéronome*) **Philos.** État de dépendance, d'obéissance raisonnable à l'égard de la loi naturelle, dans les impulsions. ■ **Didact.** Absence totale ou partielle d'autonomie. « *L'homme adulte peut atteindre une véritable autonomie ou rester marqué par une hétéronomie, qu'elle relève de la condition humaine ou de sa situation socioculturelle* », BROUGÈRE.

HÉTÉRONYME, ■ adj. [eteronim] (*hétéro-* et *-onyme*) **Méd.** Relatif à deux parties symétriques de l'organisme. *Hémianopsie hétéronyme bitemporale*, amputation de la vision du champ visuel temporal des deux yeux. ■ **Ling.** *Mots hétéronymes*, mots dont les sens se recoupent en partie et peuvent même en l'occurrence constituer des groupes naturels. *Chaise et tabouret*, sont des hétéronymes comme le sont *frère et sœur*. ■ **Ling.** *Mots hétéronymes*, mots identiques graphiquement mais de prononciation différente. *Des fils affectueux et des fils électriques.*

HÉTÉROPHORIE, ■ n. f. [eterofori] (*hétéro-* et gr. *pherein*, porter) **Méd.** Strabisme qui n'apparaît que lorsque la perception visuelle de chaque globe oculaire est isolée.

HÉTÉROPLASTIE, ■ n. f. [eteroplasti] (*hétéro-* et *-plastie*) Voy. HÉTÉROGREFFE. ■ **HÉTÉROPLASTIQUE**, adj. [eteroplastik]

HÉTÉROPROTÉINE, ■ n. f. [eteroprotein] (*hétéro-* et *protéine*) **Biol.** Molécule constituée d'une molécule de protéine et d'une molécule non protéique. *L'hémoglobine est une hétéroprotéine.*

HÉTÉROPTÈRE, ■ n. m. [eteroptɛr] (*hétéro-* et *-ptère*) **Zool.** Insecte hémiptère dont les ailes supérieures sont à demi cornées à la base. *La punaise est un hétéroptère.*

HÉTÉROSCIENS, n. m. pl. [eterosjɛ̃] (gr. *heteroskios*) ▷ **Géogr.** Nom qu'on donne aux habitants des zones tempérées, parce que, le Soleil étant toujours pour eux ou méridional ou septentrional, les ombres méridiennes des uns portent au nord, celles des autres au midi. ◁

HÉTÉROSEXUEL, ELLE, ■ adj. [eterosɛksɥɛl] (*hétéro-* et *sexuel*) Qui caractérise l'attirance d'un individu pour le sexe opposé au sien. ■ **N. m.** et n. f. *Un hétérosexuel*, par opposition à un homosexuel. ■ **HÉTÉROSEXUALITÉ**, n. f. [eterosɛksɥalite]

HÉTÉROSIDE, ■ n. m. [eterozid] (*hétéro-* et *oside*) **Biol.** Glucide qui donne par hydrolyse un sucre nommé ose et une substance non glucidique. ■ **Biol.** *Hétéroside cyanogénétique*, substance libérant, par hydrolyse, une substance très toxique nommée *acide cyanhydrique*. ■ *Hétéroside cardiotonique*, substance végétale qui entre dans la composition de médicaments utilisés pour pallier certaines insuffisances cardiaques.

HÉTÉROSIS, ■ n. f. [eterozis] (gr. *heterôsis*, changement) **Génét.** Supériorité des performances d'un individu hybride par rapport aux parents dont il provient. *La génétique accroît l'effet d'hétérosis.*

HÉTÉROSPHÈRE, ■ n. f. [eterosfɛr] (*hétéro-* et *sphère*) **Phys.** Région atmosphérique où la composition de l'air n'est pas uniforme. *L'hétérosphère commence à 100 km d'altitude où le brassage de l'air n'est plus suffisant pour maintenir la distribution de mélange parfait observée plus bas dans l'homosphère.*

HÉTÉROTHERME, ■ adj. [eterotɛrm] (*hétéro-* et *-therme*) Se dit des êtres vivants à sang froid dont la température varie avec celle du milieu ambiant. *Les poissons, les reptiles sont des animaux hétérothermes.* ■ N. m. et n. f. *Les hétérothermes.*

HÉTÉROTROPHE, ■ adj. [eterotrɔf] (gr. *hétérotrophos*, nourri d'une autre manière) Biol. Qui ne s'alimente que de la décomposition des matières organiques, et qui ne peut pas utiliser les composés minéraux pour effectuer la synthèse de matières organiques. *Un être humain est hétérotrophe pour huit acides aminés et trois acides gras, c'est-à-dire qu'il ne peut pas les fabriquer et devra donc les trouver dans son alimentation.* ■ N. m. *Un hétérotrophe.*

HÉTÉROZYGOTE, ■ adj. [eterozigɔt] (*hétéro-* et *zygote*) Biol. Se dit d'une cellule ou d'un individu qui possède dans ses chromosomes des gènes différents sur l'un et l'autre des chromosomes de la même paire. ■ Par extens. Se dit d'un organisme qui provient de la fusion de deux gamètes génétiquement différents. ■ N. m. et n. f. *Un, une hétérozygote.*

HETMAN, n. m. [ɛtman] ou [ɛtmɑ̃] (mot pol., chef d'armée) Titre de dignité chez les Cosaques. ■ Au pl. *Des hetmans.* ■ Rᴇᴍ. On disait aussi autrefois *ataman.*

HÊTRAIE, n. f. [ˈɛtʀɛ] (*h* aspiré. *Hêtre*) Lieu planté de hêtres.

HÊTRE, n. m. [ˈɛtʀ] (*h* aspiré, anc. b. frq. *haistr*, de *haisi*, buisson, fourré) Grand arbre de la famille des amentacées, qui porte un fruit appelé *faîne.*

HEU, ■ interj. [ˈø] (*h* aspiré. Onomat.) Interjection qui exprime une forme d'embarras. ■ Exprime une certaine difficulté à trouver ses mots. On écrit aussi, dans ce sens, *euh.* Voy. ᴇᴜʜ. ■ N. m. inv. *Un heu.*

HEUR, n. m. [ˈœʀ] (b. lat. *agurium*, du lat. *augurium*, présage ; ingl. orthog. de *heure*) ▷ Bonne fortune, chance heureuse. « *Cet heur de vos armes* », P. Cᴏʀɴᴇɪʟʟᴇ. « *Vous devez bénir l'heur de votre destinée* », Mᴏʟɪèʀᴇ. ◁ ♦ Il se dit, en parlant des personnes, de celle qui fait le bonheur de. « *Reine, l'heur de la France et de tout l'univers* », Mᴀʟʜᴇʀʙᴇ. ♦ **Prov.** *Il n'y a qu'heur et malheur en ce monde*, ce qui fait la fortune des uns cause la ruine des autres ; et plus souvent, tout dépend de la chance.

HEURE, n. f. [ˈœʀ] (lat. *hora*) La vingt-quatrième partie du jour. ♦ *En une heure*, en un court espace de temps. ♦ *Une heure de chemin* ou simplement *une heure*, l'espace que l'on parcourt en une heure de marche. ♦ **Astron.** *Heures solaires moyennes et égales*, heures dont chacune est la vingt-quatrième partie d'un jour moyen. ♦ *Être à l'heure*, être employé à tant par heure. ♦ *Prendre un ouvrier, un fiacre à l'heure*, s'en servir à tant par heure. ♦ *Être à l'heure*, avoir l'heure exacte ; arriver juste au moment convenu. ♦ *Avoir l'heure*, avoir une montre sur soi. ♦ *Avoir l'heure*, se dit aussi de l'heure que marque la montre. ♦ **Fam.** *N'avoir pas une heure à soi*, être tellement occupé qu'on ne peut disposer d'une heure. ♦ On dit de même : *N'avoir pas une heure de repos, de relâche.* ♦ **Ellipt.** *Des heures entières* ou simplement *des heures*, se dit pour : pendant plusieurs heures. ♦ *Demi-heure*, la moitié d'une heure. ♦ *Quart d'heure*, Voy. ǫᴜᴀʀᴛ. ♦ **Au pl.** Dans le langage élevé et poétique, *les heures*, le temps, la durée. *La fuite des heures.* ♦ Il se dit des divers moments du jour, comptés depuis minuit ou depuis midi. *Quelle heure est-il? ♦ Être sujet à l'heure*, ne pouvoir disposer de son temps. ♦ **Pratiq.** *À l'heure de midi*, à midi. ♦ *Heure indue*, Voy. ɪɴᴅᴜ. ♦ Indication de l'heure donnée par un cadran, par une horloge, par une montre. ♦ *Une heure d'horloge, une heure de temps*, une heure que l'on a une raison quelconque fait paraître longue. ♦ Signes d'un cadran qui servent à indiquer les heures. ♦ Moments de la journée, par rapport à la manière dont on les emploie. *Ménager ses heures. Heures de loisir.* ♦ Moment où une chose se fait habituellement. *L'heure du dîner. Il est l'heure de se coucher.* ♦ *Heures canoniales*, diverses parties du bréviaire, comme matines, vêpres, etc., qu'on récite aux diverses heures. ♦ *Livre d'heures* ou simplement *heures*, livre où ces prières sont contenues. ♦ Moment précis fixé pour un rendez-vous, pour une affaire. *Donner son heure. Prendre heure.* ♦ Un temps, un moment, une époque quelconque. *L'heure favorable.* ♦ *D'heure en heure*, d'une heure à l'autre, d'une heure à l'autre, d'un moment à l'autre. *D'heure en heure*, toutes les heures. ♦ *La dernière heure, l'heure dernière, l'heure suprême*, l'instant de la mort. ♦ *Heure*, employé absolument et avec un adjectif possessif, signifie le temps, le moment où quelque chose doit arriver à quelqu'un. *Son heure n'était pas encore venue.* ♦ Divinités de la Fable au nombre de trois, qu'on représentait tenant des clepsydres. ♦ On met une majuscule à *Heure* en ce sens. ♦ *Bonne heure*, moment convenable pour faire quelque chose. ♦ **Fam.** *Arriver à la bonne heure*, arriver à propos. ♦ *À la bonne heure*, formule de souhait, heureusement, avec un bon succès. ♦ **Par extens.** *À la bonne heure*, locution qui exprime l'approbation : soit, j'y consens. ♦ *De bonne heure*, au matin. ♦ **Par extens.** *De bonne heure*, par opposition à tard. ♦ À une époque peu avancée. « *La jeunesse apprenait de bonne heure la science* », Bossᴜᴇᴛ. ♦ *Mauvaise heure*, heure défavorable. ♦ *À l'heure*, présentement, sans tarder. ♦ *À l'heure que*, au moment où. *À l'heure que je parle*, etc. ♦ *À l'heure qu'il est*, dans le moment actuel ; et aussi dans le temps où nous sommes. ♦ *À cette heure*, maintenant. ♦ *D'à cette heure*, du temps présent. ♦ *À cette heure que*, aujourd'hui que. ♦ *Dès cette heure*, aussitôt. ♦ *Tout à cette heure*, aussitôt, présentement. ♦ *À toute heure*, à chaque instant, continuellement. ♦ ᴛᴏᴜᴛ à ʟ'ʜᴇᴜʀᴇ, loc. adv. Dans un moment ; il n'y a qu'un moment ; aussitôt, tout de suite (emploi qui vieillit).

« *Je dis que je veux avoir de l'argent tout à l'heure* », Mᴏʟɪèʀᴇ. ♦ *Sur l'heure*, à l'instant même. ♦ ᴘᴏᴜʀ ʟ'ʜᴇᴜʀᴇ, loc. adv. Pour le moment. ■ Moment déterminé par référence à une mesure du temps (symbole, h). *Vingt-quatre heures*, un jour ; *quarante-huit heures*, deux jours. ■ *Heure de*, heure passée à faire quelque chose. *Une heure de cours. Une heure de sport.* ■ *Cinquante (kilomètres) à l'heure, cent (kilomètres) à l'heure*, etc., à la vitesse d'un véhicule qui parcourt cinquante kilomètres en une heure, cent kilomètres en une heure, etc. (symbole, km/h). ♦ *Ça fait une heure que je t'attends !* un long moment. ■ *Chercher midi à quatorze heures*, compliquer les choses, mettre des difficultés, des problèmes là où il n'y en a pas. ■ *Le vingt heures*, le journal télévisé de vingt heures présentant les informations du jour. ■ *Heure locale*, heure déterminée par un méridien en fonction de l'endroit où il se trouve. *Soyez les bienvenus à Paris, il est dix-huit heures, heure locale.* ■ *Heure prévue. Être à l'heure.* ■ **Fam.** *À pas d'heure*, tardivement. *Il s'est encore couché à pas d'heure.* ♦ *À la première heure*, très tôt le matin. *Le médecin est arrivé à la première heure.* ♦ *À ses heures*, à certains moments. *Il sculpte à ses heures.* ■ **Absol.** *L'heure*, le moment présent. *L'heure est grave.* ♦ *L'heure H*, l'heure prévue pour une attaque et par extens. pour prendre une décision, vivre une situation attendue. ■ **Belg.** *À cette heure*, maintenant.

HEUREUSEMENT, adv. [øʀøz(ə)mɑ̃] (*heureux*) D'une manière heureuse. *Vivre heureusement.* ♦ Avec succès. ♦ Par bonheur. « *Heureusement il y a toujours d'honnêtes gens parmi les monstres* », Vᴏʟᴛᴀɪʀᴇ. ♦ Dans ce sens, il est quelquefois suivi de *que.* ♦ Avantageusement. *Un des pays les plus heureusement situés.* ♦ **Art** et **littér.** D'une manière habile, originale. *Cela est heureusement conçu, exprimé.* ■ *Heureusement pour moi, pour lui, pour nous*, etc., tant mieux pour...

HEUREUX, EUSE, adj. [øʀø, øz] (*heur*) Qui promet une bonne chance. *Un heureux pronostic.* ♦ Qui procure une bonne chance. *Occasion heureuse.* ♦ ▷ *Heureux à*, qui procure une bonne chance à. « *Le Japon ne fut pas plus heureux à cet homme Que le Mogol l'avait été* », Lᴀ Fᴏɴᴛᴀɪɴᴇ. ◁ ♦ *Choix, conseil heureux*, choix, conseil suivi d'un bon succès. ♦ **Fig.** *Avoir la main heureuse*, réussir ordinairement dans les choses qu'on entreprend. ♦ Qui a bonne chance, en parlant des personnes. *Il est né heureux. Heureux au jeu, en affaires.* ♦ Favorisé du sort, en parlant des choses. « *Je voudrais des chrétiens voir l'heureuse contrée* », Vᴏʟᴛᴀɪʀᴇ. ♦ **Par extens.** Qui jouit du bonheur. « *Heureux le peuple qui est conduit par un sage roi !* », Féɴᴇʟᴏɴ. ♦ *Être heureux comme un roi*, être très heureux. ♦ Par formule de politesse. *Je serai heureux de vous recevoir chez moi.* ♦ Dans quoi on jouit du bonheur. *L'âge heureux de l'enfance. Une condition heureuse.* ♦ Qui est couronné de succès. *Heureuse tentative.* ♦ Qui se fait sans accident. *Une heureuse navigation.* ♦ Il se dit de quelque accident qui n'a pas de suites fâcheuses. *Une chute heureuse.* ♦ Il se dit des qualités favorables des lieux, des climats. *Sous un ciel heureux.* ♦ Il se dit des bonnes qualités tant physiques que morales. *Avoir la mémoire heureuse.* ♦ *D'heureuse mémoire*, se dit des princes morts dont la mémoire est en vénération. ♦ **Fig.** Il se dit de ce que l'on compare, dans les choses d'esprit et d'art, au succès de l'heur, de la bonne chance. *Heureuse expression. Vers heureux.* ♦ **Fig.** Qui prévient favorablement. *Des dehors heureux.* ■ **N. m.** et n. f. Celui qui est dans le bonheur. ♦ *Les heureux du monde, de la terre*, et dans le langage de la chaire, *les heureux du siècle*, ceux qui sont dans la richesse, dans la puissance. ♦ **Fam.** *Faire un heureux, faire des heureux*, procurer un avantage grand ou petit. ■ **Adj.** Qui est jaloux, réussi. *Un choix heureux.* ♦ **Prov.** *Heureux au jeu, malheureux en amour.* ♦ *Encore heureux que...*, heureusement, par chance... *Encore heureux que j'aie pensé à prendre le parapluie.* ■ *Être heureux comme un poisson dans l'eau, comme un roi, comme un prince, comme un pape*, être très heureux. ■ *Un heureux événement*, une naissance.

HEURISTIQUE, ■ adj. [øʀistik] (all. *heuristik*, de même sens, du gr. *heuriskein*, trouver) Qui permet la découverte. ■ N. f. Discipline qui consiste en la découverte par l'apprenant de ce qu'on souhaite lui enseigner. ■ **Spécialt** Recherche des documents historiques. ■ Rᴇᴍ. On écrit aussi, mais plus rarement, *euristique.*

HEURT, n. m. [ˈœʀ] (*h* aspiré, *heurter*) Coup donné en heurtant contre quelque chose. ♦ La marque que le coup a laissée. *Ce cheval a un heurt au pied de devant.* ■ Désaccord, opposition. *Il n'y a jamais aucun heurt entre eux.* ♦ Affrontement entre des personnes. *Des heurts ont eu lieu entre les policiers et les manifestants.*

HEURTÉ, ÉE, p. p. de heurter. [ˈœʀte] **Peint.** Dont les teintes ne sont pas fondues, les contours adoucis. *Des tons heurtés.* ♦ **Littér.** *Style heurté*, style dont les pensées ne se suivent pas ou se lient difficilement, dont les expressions font entre elles des contrastes durs.

HEURTEMENT, n. m. [ˈœʀtəmɑ̃] (*h* aspiré, *heurter*) ▷ Action de heurter. ♦ Hiatus. « *Le heurtement des voyelles* », Vᴏʟᴛᴀɪʀᴇ. ◁

HEURTER, v. tr. [ˈœʀte] (*h* aspiré, prob. anc. b. frq. *hur*, cogner à la façon d'un bélier) Toucher ou rencontrer rudement. *Heurter quelqu'un en passant.*

Se heurter la tête contre un mur. ♦ **Fig.** Il se dit des choses qui se contrarient. ♦ **Par extens.** Se dit de la rencontre des voyelles. ♦ **Fig.** Blesser, offenser, en parlant des personnes. *Vous l'avez heurté.* ♦ Contrarier, en parlant des choses que l'on heurte. *Heurter de front les sentiments de quelqu'un.* ♦ **Peint.** Peindre rudement. *Heurter un tableau.* ♦ ▷ **V. intr.** Donner un choc, recevoir un choc. *Heurter contre une pierre.* ♦ ▷ **Fig.** « Assortir les volontés tellement ensemble qu'elles ne heurtent point les unes contre les autres », BOURDALOUE. ◁ ♦ ▷ **Fig.** *C'est heurter de la tête contre la muraille, c'est se heurter la tête contre un mur, que de vouloir lui persuader quelque chose,* se dit d'un homme très difficile à persuader. ◁ ♦ Frapper à la porte. *On a heurté deux coups.* ♦ **Fig.** *Heurter à toutes les portes,* employer toute sorte de moyens, solliciter tout le monde. ♦ Se heurter, v. pr. Se frapper contre quelque chose. *Elle s'est heurtée contre la table.* ♦ **Fig.** Se dit des couleurs, des expressions qui forment une opposition, un contraste trop brusque. ♦ Se rencontrer en se choquant l'un l'autre. ♦ **Fig.** Se contrarier. ■ **Fig.** Rencontrer un obstacle. *Se heurter à des difficultés.*

HEURTOIR, n. m. [ˈœrtwar] (*h* aspiré. *Heurter*) Le marteau d'une porte. ■ **Techn.** Butoir.

HÉVÉA, ■ n. m. [evea] (quechua *hyeve*) Arbre originaire d'Amérique du Sud, de grande taille, qui permet la fabrication du caoutchouc. *Des hévéas.*

HEXA..., ■ [ɛgza] Préfixe, du gr. *hexa,*, de *hex,* six et qui signifie que l'on multiplie par 10[18] l'unité devant laquelle il est placé.

HEXACHLOROCYCLOHEXANE, ■ n. m. [ɛgzaklɔrosikloɛgzan] (*hexa-, chloro-* et *cyclohexane*) **Chim.** Composé chimique dérivé du cyclohexane entrant dans la composition de certains insecticides. *Il a été officiellement interdit en France de vendre ou de posséder des produits contenant de l'hexachlorocyclohexane par décret du 2 octobre 1992.*

HEXACHLORURE, ■ n. m. [ɛgzakloryr] (*hexa-* et *chlorure*) **Chim.** Espèce chimique composée de six atomes de chlore liés à un autre atome. *L'hexachlorure de benzène entre dans la composition d'une préparation traitant la gale des ânes.*

HEXACORALLIAIRE, ■ n. m. [ɛgzakoraljɛr] (*hexa-* et *coralliaire*) **Zool.** Corail solitaire ou colonial, dont les polypes sont formés de six ou d'un multiple de six tentacules. ■ La sous-classe de ces grands coraux. *Les anémones de mer, les coraux constructeurs de récifs, les zooanthaires et les antipathaires font partie de la sous-classe des hexacoralliaires.*

HEXACORDE, ■ n. m. [ɛgzakɔrd] (*hexa-* et *corde*) **Mus.** Ancienne échelle de six tons ne contenant qu'une seule fois l'intervalle de demi-ton, toujours placé entre le troisième et le quatrième degré.

HEXADÉCIMAL, ALE, ■ adj. [ɛgzadesimal] (*hexa-* et *décimal*) À base 16, en parlant d'un système de numération. *Des codes hexadécimaux.*

HEXAÈDRE, adj. [ɛgzaɛdr] (*hexa-* et *-èdre*) **Géom.** Qui a six faces. *Prisme hexaèdre.* ♦ **N. m.** *Hexaèdre régulier* ou *cube,* corps à six faces, dont chaque face est un carré. ■ **Rem.** On écrivait aussi *exaèdre* autrefois.

HEXAÉDRIQUE, adj. [ɛgzaedrik] (*hexaèdre*) Qui se rapporte à l'hexaèdre.

HEXAFLUORURE, ■ n. m. [ɛgzaflyoryr] (*hexa-* et *fluorure*) **Chim.** Espèce chimique dont la molécule contient six atomes de fluor liés à un autre atome. *L'hexafluorure de soufre est utilisé comme gaz détecteur de fuites.*

HEXAGONAL, ALE, adj. [ɛgzagonal] (*hexagone*) Qui se rapporte à l'hexagone. *Figure hexagonale.* ♦ Se dit d'un solide dont la base est un hexagone. *Prismes hexagonaux. Cristaux hexagonaux,* cristaux prismatiques ayant pour base un hexagone. ■ Qui concerne l'Hexagone (la France métropolitaine). *La population hexagonale.*

HEXAGONE, adj. [ɛgzagon] (*hexa-* et *-gone*) **Géom.** Qui a six angles. ♦ **N. m.** Figure composée de six angles et de six côtés. ♦ **Fortif.** Ouvrage composé de six bastions. ■ *L'Hexagone,* la France métropolitaine. ■ **Rem.** On écrivait aussi *exagone* autrefois.

HEXAGYNE, adj. [ɛgzaʒin] (*hexa-* et *-gyne*) **Bot.** Qui a six pistils.

HEXAGYNIE, n. f. [ɛgzaʒini] (*hexagyne*) **Bot.** Classe comprenant les plantes qui ont six pistils.

HEXAMÈTRE, adj. [ɛgzametr] (gr. *hexametros,* de six mesures) **Versif.** grecq. et lat. Qui a six pieds. ♦ *Vers hexamètre,* vers grec ou latin composé de six pieds. ♦ **N. m.** *Un hexamètre.* ♦ Par abus, *hexamètre,* vers français qui a six pieds de deux syllabes chacun ; c'est l'alexandrin.

HEXANDRE, adj. [ɛgzɑ̃dr] (*hexa-* et *-andre*) Qui a six étamines.

HEXANDRIE, n. f. [ɛgzɑ̃dri] (*hexandre*) Classe du système de Linné, qui comprend les plantes dont la fleur a six étamines.

HEXANE, ■ n. m. [ɛgzan] (*hexa-* et *-ane*) **Chim.** Hydrocarbure saturé utilisé comme solvant. *On utilise l'hexane pour extraire de façon physico-chimique l'huile des graines oléagineuses.*

HEXAPLES, n. m. pl. [ɛgzapl] (gr. *hexapla,* plur. neutre de *hexaploos,* sextuple) ▷ Ouvrage publié par Origène, contenant en six colonnes six versions grecques du texte hébreu de la Bible. ◁

HEXAPODE, adj. [ɛgzapɔd] (*hexa-* et *-pode*) **Zool.** Qui a six pattes. ♦ **N. m.** Nom d'un groupe d'insectes aptères.

HEXASTYLE, ■ n. m. [ɛgzastil] (*hexa-* et gr. *stylos,* colonne) **Archit.** Caractéristique d'un temple grec, qui présente six colonnes de front. *Un hexastyle dorique.* ■ **Adj.** *Le Parthénon se constitue d'un portique hexastyle.* ■ **Rem.** *Hexastyle* est plus souvent employé comme adjectif.

HEXOSE, ■ n. m. [ɛgzoz] (*hex[a]-* et *-ose*) **Chim.** Sucre simple contenant six atomes de carbone par molécule. *Le glucose est constitué d'hexoses.*

HI, ■ interj. [hi] (onomat.) Onomatopée qui exprime le rire, parfois les pleurs.

HIATUS, n. m. [jatys] ou [ijatys] (lat. *hiatus,* de *hiare,* se fendre, être béant) **Versif.** Rencontre, sans élision possible, de deux voyelles dont l'une finit un mot, et l'autre commence le mot suivant. ♦ **Fig.** Lacune dans un ouvrage. ■ **Anat.** Orifice étroit. ■ **Fig.** Interruption, discontinuité. *Un hiatus entre la théorie et la pratique.* ■ HIATAL, ALE, adj. [jatal]

HIBERNAL, ALE, adj. [ibɛrnal] (b. lat. *hibernalis*) **Hist. nat.** Qui a lieu pendant l'hiver. *Le repos hibernal des plantes.* ♦ **Bot.** Qui fleurit en hiver. ■ Relatif à l'engourdissement d'hiver.

HIBERNANT, ANTE, adj. [ibɛrnɑ̃, ɑ̃t] (*hiberner*) **Zool.** Se dit des animaux qui passent l'hiver dans un état d'engourdissement et de léthargie d'où ils ne sortent qu'à l'entrée du printemps.

HIBERNATION, n. f. [ibɛrnasjɔ̃] (*hiberner*) **Zool.** Engourdissement ou sommeil d'hiver de certains animaux. ■ **Rem.** On disait autrefois *hivernation, hivernement.*

HIBERNER, v. intr. [ibɛrne] (lat. *hibernare*) **Zool.** Être dans un état d'engourdissement pendant l'hiver.

HIBISCUS, ■ n. m. [ibiskys] (lat. sav. [Linné] du lat. *hibiscum,* guimauve, du gr. *ibiskos*) Arbre des régions tropicales, réputé pour ses grosses fleurs éphémères aux couleurs vives.

HIBOU, n. m. [ˈibu] (*h* aspiré. Orig. inc., p.-ê. onomat.) Oiseau de proie nocturne. ♦ *Il vit seul comme un hibou,* il vit dans la solitude, il fait une retraite morose. ♦ *C'est une retraite de hiboux, un nid de hiboux,* se dit d'une vieille masure inhabitée. ♦ **Fig.** *C'est un hibou,* se dit d'un homme mélancolique et qui fuit la société. ♦ **Au pl.** *Des hiboux.* ■ *Avoir des yeux de hibou,* avoir des yeux très ronds.

HIC, n. m. [ˈik] (*h* aspiré, lat. *hic est quæstio,* ici gît la question) **Fam.** Le nœud ou la principale difficulté d'une affaire. *Voilà le hic.*

HIC ET NUNC, ■ loc. adv. [ikɛtnũk] ou [ikɛtnœk] (mots latins, ici et maintenant) Sur-le-champ. *Signer un contrat hic et nunc.*

HICKORY, ■ n. m. [ˈikori] (*h* aspiré. Mot angl., abrév. d'un mot indien de Virginie) Grand arbre d'Amérique du Nord à feuilles caduques, de la famille des noyers. *Les hickorys sont employés dans la fabrication d'un grand nombre d'articles de sports comme des rames, des raquettes, des canots, des skis, etc.*

HIDALGO, n. m. [idalgo] (esp. *hidalgo,* de *hijo de algo,* fils de quelque chose) Titre des nobles espagnols qui se prétendent descendus d'ancienne race chrétienne, sans mélange de sang juif ou maure. *Les hidalgos.* ■ **Rem.** La notion de race ne repose sur aucun fondement scientifique et a une connotation raciste.

HIDEUR, ■ n. f. [ˈidœr] (*h* aspiré, anc. fr. *hisde,* horreur, peur, du lat. *hispidus,* hérissé, ou de l'anc. h. all. *egisida,* horreur) **Litt.** Ce qui est hideux, et fig. *la hideur d'un acte.* ♦ Extrême laideur. *La hideur d'un visage.*

HIDEUSEMENT, adv. [ˈidøz(ə)mɑ̃] (*h* aspiré. *Hideux*) D'une manière hideuse.

HIDEUX, EUSE, adj. [ˈidø, øz] (*h* aspiré, lat. *hispidosus,* hérissé, ou anc. fr. *hisde,* horreur) Difforme à l'excès ; très désagréable à voir. *Une chose hideuse à voir. Une femme hideuse.* ♦ **Fig.** « *Ce magistrat de hideuse mémoire* », BOILEAU.

HIDJAB ou **HIDJEB,** ■ n. m. [idʒab, idʒɛb] (mot ar., de *hajaba,* cacher) Foulard que portent certaines femmes de confession islamique.

HIDROSADÉNITE, ■ n. f. [idrozadenit] (gr. *hidrôs,* sueur, et *adén,* glande, et *-ite*) **Méd.** Maladie chronique des glandes sudoripares caractérisée par des nodules arrondis, douloureux, profonds, et des abcès, généralement sous les aisselles.

HIE, n. f. [ˈi] (*h* aspiré ; moy. néerl. *heie,* bélier, maillet) Billot de bois, qui sert à enfoncer des pavés ou des pilotis.

HIÈBLE, n. f. [jɛbl] (lat. *ebulum*) Sureau à tige herbacée. ■ **Rem.** On écrit aussi *yèble.*

HIÉMAL, ALE, adj. [jemal] (lat. *hiemalis*, de *hiems*, hiver) **Bot.** Qui appartient à l'hiver, qui croît en hiver. *Plantes hiémales.* ▪ **Au pl.** *Hiémaux.* ▪ **Rem.** On écrivait aussi *hyémal* autrefois.

HIÉMATION, n. f. [jemasjɔ̃] (lat. *hiematio*) Action de passer l'hiver. ◆ Propriété des plantes qui croissent en hiver.

HIER, adv. [jɛʀ] ou [ijɛʀ] (lat. *heri*) Se dit du jour qui précède immédiatement celui où l'on est. *Hier matin. Hier au matin.* ◆ *Avant-hier*, le jour avant celui d'hier. ◆ Se dit d'une époque indéterminée, mais récente. « *Le monde est vieux, mais l'histoire est d'hier* », Voltaire. ◆ **Fig.** et **fam.** *Il est né d'hier*, il est sans expérience. ◆ *C'était hier*, se dit d'un temps assez éloigné, mais dont le souvenir est vif et présent. ◆ **N. m.** *Vous aviez hier tout entier pour vous décider.* ▪ *S'en souvenir comme si c'était hier*, s'en souvenir parfaitement bien, comme si cela venait de se produire. ▪ *Ça ne date pas d'hier*, c'est ancien, cela s'est produit il y a fort longtemps.

HIÉRARCHIE, n. f. ['jeʀaʀʃi] (*h* aspiré ; lat. médiév. *hierarchia*, du b. gr. *hierarkhia*, dignité de hiérarque) L'ordre des divers degrés de l'état ecclésiastique. *La hiérarchie de l'Église.* ◆ L'ordre et la subordination des différents chœurs des anges. *Il y a trois hiérarchies d'anges.* ◆ **Par extens.** Subordination de pouvoirs, d'autorités, de rangs. *La hiérarchie sociale.* ◆ **Fig.** Subordination de certaines choses les unes aux autres.

HIÉRARCHIQUE, adj. ['jeʀaʀʃik] (*h* aspiré ; *hiérarchie*) Qui appartient à la hiérarchie. *Ordre hiérarchique.*

HIÉRARCHIQUEMENT, adv. ['jeʀaʀʃik(ə)mɑ̃] (*h* aspiré ; *hiérarchique*) D'une manière hiérarchique.

HIÉRARCHISER, v. tr. ['jeʀaʀʃize] (*h* aspiré ; *hiérarchie*) Classer selon une hiérarchie. ▪ Ordonner selon un ordre d'importance. *Hiérarchiser ses priorités.* ▪ **HIÉRARCHISATION**, n. f. [jeʀaʀʃizasjɔ̃]

HIÉRARQUE, ▪ n. m. ['jeʀaʀk] (*h* aspiré ; lat. médiév. *hierarcha*, du b. gr. *hierarkhês*, grand-prêtre, de *hieros*, sacré, saint et *arkhein*, commander) Haut dignitaire de l'Église orthodoxe. ▪ Personne qui occupe une place importante dans une hiérarchie. *Un hiérarque bouddhiste.*

HIÉRATIQUE, adj. ['jeʀatik] (*h* aspiré ; gr. *hieratikos*, sacerdotal, propre aux usages sacrés, de *hierasthai*, se consacrer au culte) Qui concerne les choses sacrées, qui appartient aux prêtres. ◆ **Sculpt.** et **peint.** *Style hiératique*, style dans lequel la religion impose à l'artiste des formes traditionnelles. ◆ Chez les anciens Égyptiens, *écriture hiératique*, écriture cursive, qui est une abréviation de l'écriture hiéroglyphique. ▪ **N. m.** **Ellipt.** *Le hiératique pour évoquer ce type d'écriture. Le hiératique était utilisé par les scribes pour la transcription sur papyrus des comptes, les minutes de procès, les testaments, le recensement, les inventaires, etc.* ▪ **Adj.** Qui est solennel, cérémonial ou traditionnel. *Le caractère hiératique d'un portrait.* ▪ **HIÉRATIQUEMENT**, adv. [jeʀatik(ə)mɑ̃] ▪ **HIÉRATISME**, n. m. [jeʀatism]

HIÉR(O)..., ▪ ['jeʀo] préfixe, du gr. *hieros*, sacré.

HIÉRODULE, ▪ n. m. ['jeʀodyl] (*h* aspiré ; b. lat. *hierodulus*, du gr. *hieros*, sacré et *doulos*, esclave) **Antiq. grecq.** Serviteur, généralement un esclave, attaché au service d'un temple.

HIÉROGAMIE, ▪ n. f. ['jeʀogami] (*h* aspiré ; *hiéro-* et *-gamie*) Union sexuelle entre deux divinités ou de principes complémentaires auxquels la mythologie attribue des sexes opposés et dont l'acte symbolisait la création et avait pour but d'apporter la prospérité au pays. *La hiérogamie du Ciel et de la Terre est un principe qui figure dans un grand nombre de croyances et de religions.*

HIÉROGLYPHE, n. m. ['jeʀoglif] (*h* aspiré ; *hiéroglyphique* ; b. gr. *hierogluphos*, qui grave des hiéroglyphes) Nom donné aux signes que les Égyptiens employaient pour exprimer leurs idées par l'écriture. ◆ **Fig.** *Ce sont des hiéroglyphes pour moi*, c'est une chose à laquelle je ne comprends rien.

HIÉROGLYPHIQUE, adj. ['jeʀoglifik] (*h* aspiré ; lat. *hieroglyphicus*, gr. *hierogluphica* (*grammata*), caractères hiéroglyphiques, hiéroglyphes) Qui appartient aux hiéroglyphes. ◆ *Écriture hiéroglyphique*, écriture des anciens Égyptiens. ◆ **N. f.** Système d'écriture qui emploie les hiéroglyphes. ▪ **N. m.** Les lignes et les autres parties de la paume de la main que l'on consulte dans la chiromancie. ▪ Qui est difficile à déchiffrer, en parlant d'une écriture, de signes.

HIÉROGRAMMATE, ▪ n. m. ['jeʀogʀamat] (*h* aspiré ; gr. *hierogrammateus*, de *hieros*, sacré et *grammateus*, scribe) **Antiq.** et **égypt.** Prêtre égyptien qui recevait la charge d'écrire et de lire les textes sacrés et secrets.

HIÉRONIQUE, n. m. ['jeʀonik] (*h* aspiré ; gr. *hieronikês*, de *hieros*, sacré, et *nikan*, vaincre) ▷ Vainqueur dans un des quatre jeux sacrés, Olympiques, Isthmiques, etc. ◁

HIÉRONYMITE, ▪ n. m. ['jeʀonimit] (*h* aspiré ; lat. *Hieronymus*, [saint] Jérôme) Membre de l'ordre religieux fondé en Espagne et en Italie aux xive et xve siècles et qui avait pour patron saint Jérôme.

HIÉROPHANTE, n. m. ['jeʀofɑ̃t] (*h* aspiré ; gr. *hierophantês*, prêtre qui explique les mystères, de *hieros*, sacré, et *phainein*, faire voir) Titre du prêtre qui présidait aux mystères d'Éleusis. ▪ **Fig.** Prêtre.

HI-FI ou **HIFI**, ▪ n. f. inv. ['ifi] (*h* aspiré ; mot angl., abrév. de *high fidelity*) Gage de qualité des appareils audio et vidéo. ▪ **Adj. Par extens.** Relatif au système audiophonique. *Des chaînes hi-fi.*

HIGHLANDER, ▪ n. m. ['ajlɑ̃dœʀ] (*h* aspiré ; angl. *Highlands*, hautes terres) Habitant ou originaire des Highlands en Écosse. ▪ Soldat écossais qui revêt le costume traditionnel. *Le kilt des highlanders.*

HIGH-TECH, ▪ n. m. ['ajtɛk] (*h* aspiré ; abrév. de l'angl. *high-technology*, haute technologie) Style contemporain d'architecture intérieure et extérieure utilisant des matériaux conçus pour un usage professionnel et technique et s'inspirant de l'esthétique industrielle. *Introduction du high-tech dans l'architecture urbaine.* ▪ **Adj.** *Une cuisine high-tech.* ▪ **N. m.** Secteur de l'économie lié aux techniques de pointe. *Les salariés du high-tech.* En appos. *Une usine high-tech.*

HIGOUMÈNE, ▪ n. m. et n. f. [igumɛn] (gr. mod. *hêgoumenos*) Père supérieur, mère supérieure d'un monastère orthodoxe. *Les monastères féminins sont toujours dirigés par une higoumène.*

HI-HAN, ▪ interj. ['iɑ̃] (*h* aspiré ; onomat.) Onomatopée qui imite le cri de l'âne. ▪ **N. m. inv.** *Des hi-han.*

HILAIRE, ▪ adj. ['ilɛʀ] (*h* aspiré ; *hile*) Relatif au hile. *Un ganglion hilaire.*

HILARANT, ANTE, adj. [ilaʀɑ̃, ɑ̃t] (lat. *hilarans*, p. prés. de *hilarare*, rendre gai) ▷ **Chim.** *Gaz hilarant*, protoxyde d'azote. ◁ ◆ Qui provoque le rire. *Un sketch hilarant.* ▪ **Rem.** On disait aussi *hilariant*.

HILARE, ▪ adj. [ilaʀ] (lat. *hilaris*, gr. *hilaros*, gai) **Fam.** Exprime une grande joie. *Une personne hilare. Un air hilare.*

HILARITÉ, n. f. [ilaʀite] (lat. *hilaritas*, belle humeur) ▷ Joie douce et calme. *Une physionomie pleine d'hilarité.* ◁ ◆ Gaieté subite. *Ces paroles excitèrent l'hilarité de l'assemblée.*

HILE, n. m. ['il] (*h* aspiré ; lat. *hilum*, petit point noir au bout des fèves) **Bot.** Le point d'attache par où la graine reçoit les sucs nourriciers. ◆ **Anat.** Le point généralement déprimé où un viscère parenchymateux reçoit ses vaisseaux. *Hile du foie.*

HILOIRE, ▪ n. f. ['ilwaʀ] (néerl. *sloerie*, plat-bord) **Mar.** Bordure, encadrement d'un panneau de bois servant à éviter une entrée d'eau.

HILOTE, n. m. [ilɔt] Voy. ilote.

HILOTISME, ▪ n. m. [ilotism] Voy. ilotisme.

HIMALAYEN, YENNE, ▪ adj. [imalajɛ̃, jɛn] (*Himalaya*) Relatif à l'Himalaya. *Les montagnes himalayennes.* ▪ **Fig.** Immense.

HIMATION, ▪ n. m. [imatjɔn] (le *t* se prononce *t*, et *on* se prononce *onne*. Mot gr.) **Antiq. grecq.** Sorte de manteau drapé sans manche.

HINAYANA, ▪ adj. inv. [inajana] (sanskrit *hinayāna*, petit Véhicule) *Bouddhisme hinayana*, doctrine première du bouddhisme, appliquée en Birmanie et au Sri Lanka dont Bouddha est l'unique figure.

HINDI, ▪ n. m. [indi] (mot hindi) Langue indo-aryenne, une des langues officielles de l'Inde. ▪ **Adj.** *La langue hindi.*

HINDOU, OUE, ▪ adj. [ɛ̃du] (*Inde*) Qui appartient ou est issu de l'Inde. « *Isabelle remarqua un vieillard d'apparence très digne, qui lissait avec un petit peigne sa belle barbe ronde de prince hindou* », Druon. ▪ Relatif à l'hindouisme. ▪ **N. m. et n. f.** *Un, une hindoue.*

HINDOUISME, ▪ n. m. [ɛ̃duism] (*hindou*) Brahmanisme, religion indienne. ▪ **HINDOUISTE**, n. m. et n. f. ou adj. [ɛ̃duist]

HINDOUSTANI, n. m. [ɛ̃dustani] (*Hindoustan*) ▷ Langue dérivée du sanscrit et qui se parle dans les villes principales de l'Inde. ◁

HINTERLAND, ▪ n. m. [intɛʀlɑ̃d] (mot all., de *hinter*, derrière et *Land*, pays) **Géogr.** Arrière-pays ou territoire plus ou moins éloigné et annexé. *La colonie de Saint-Laurent et son hinterland des Grands Lacs. L'Empire romain et ses hinterlands.*

HIP, ▪ interj. ['ip] (*h* aspiré ; onomat.) Exprime l'enthousiasme, marque la joie liée à une victoire. *Hip, hip, hip ! hourra !*

HIP-HOP, ▪ n. m. inv. ['ipɔp] (*h* aspiré ; mot angl.) Mouvement artistique et social d'origine américaine datant du début des années 1990, qui se traduit par un refus de la société, et qui a ses propres codes vestimentaires, graphiques et musicaux. *Des hip-hop.* ▪ **Adj.** Relatif à ce mouvement. *La génération hip-hop.*

HIPPARCHIE, ▪ n. f. [ipaʀʃi] (gr. *hipparkhia*) **Antiq. grecq.** Division de cavalerie dans les armées de l'Antiquité grecque.

HIPPARION, ▪ n. m. [ipaʀjɔ̃] (mot gr., petit cheval) Mammifère ongulé fossile du tertiaire. *Les hipparions se sont éteints il y a environ 500 000 ans en Afrique.*

HIPPARQUE, ■ n. m. [ipaʀk] (gr. *hipparkhos*) **Antiq. grecq.** Général à la tête d'une hipparchie.

HIPPIATRE, ■ n. m. et n. f. [ipjatʀ] (gr. *hippiatros*, de *hippos*, cheval, et *iatros*, médecin) **Vx** Vétérinaire spécialisé dans les maladies du cheval.

HIPPIATRIE, ■ n. f. [ipjatʀi] (gr. *hippos*, cheval, et *iatreia*, guérison) **Didact.** Médecine des chevaux, art de connaître et de traiter leurs maladies. ■ **Rem.** On disait autrefois *hippiatrique*. ■ **HIPPIATRIQUE**, adj. [ipjatʀik]

HIPPIATRIQUE, n. f. [ipjatʀik] (gr. *hippiatrikos*, qui concerne l'art vétérinaire) Voy. **HIPPIATRIE**.

HIPPIE ou **HIPPY**, ■ n. m. et n. f. ['ipi] (*h* aspiré ; mot anglo-amér. de *hip*, *hep*, à la dernière mode) Partisan d'un mouvement datant des années 1960 prônant la non-violence, le refus de la société de consommation et la vie en communauté. « *Il est parti en direction des montagnes Rocheuses, sans un sou, en hippie* », **Tournier**. *Des hippies, des hippys*. ■ **Adj.** *La communauté hippie*.

HIPPIQUE, adj. [ipik] (gr. *hippikos*) Qui a rapport au cheval. *Connaissances hippiques*. ■ Relatif à l'hippisme.

HIPPISME, ■ n. m. [ipism] (*hippique*) Ensemble des activités équestres.

HIPP(O)..., ■ [ipo] Préfixe, du gr. *hippos*, cheval. *Hippodrome*.

HIPPOCAMPE, n. m. [ipokɑ̃p] (gr. *hippokampos*, de *hippos*, cheval, et *kampê*, courbure) Nom donné aux chevaux marins qui traînaient Neptune et les autres divinités de la mer. ◆ **Zool.** Cheval marin ou syngnathe. ■ **Anat.** Petite structure sous-corticale enroulée sur elle-même et occupant la face médiane du lobe temporal.

HIPPOCENTAURE, n. m. [iposɑ̃tɔʀ] (gr. *hippokentauros*) ▷ Animal fabuleux, moitié homme et moitié cheval. ◆ On dit plus souvent *centaure*. ◁

HIPPOCRATIQUE, ■ adj. [ipokʀatik] (*Hippocrate*) Relatif à Hippocrate et sa doctrine. *Le serment hippocratique*.

HIPPOCRATISME, ■ n. m. [ipokʀatism] (*Hippocrate*, médecin de l'Antiquité grecque) Doctrine médicale d'Hippocrate (460-377 avant J.-C.) qui fut le premier à promouvoir l'examen clinique à partir de l'observation directe du malade. ■ **Méd.** *Hippocratisme digital*, déformation des ongles qui prennent un aspect bombé s'accompagnant d'une hypertrophie des tissus situés en dessous.

HIPPOCRÈNE, n. f. [ipokʀɛn] (gr. *Hippou krênê*, fontaine du Cheval) ▷ Fontaine du mont Hélicon, consacrée aux Muses, et qui passait pour inspirer les poètes. ◆ **Fig.** *Il a bu les eaux de l'Hippocrène*, il a le génie poétique. ◁

HIPPODROME, n. m. [ipodʀom] (gr. *hippodromos*, de *hippos*, cheval, et *dramein*, courir) Chez les Anciens, lieu, cirque disposé pour les courses de chevaux et de chars. ◆ Aujourd'hui, terrain sur lequel se font les courses plates des chevaux. ◆ **Archit.** Espace oblong et terminé aux deux bouts par deux hémicycles.

HIPPOGRIFFE, n. m. [ipogʀif] (*hippo-* et lat. *gryphus*, griffon) Monstre fabuleux ailé, moitié cheval et moitié griffon.

HIPPOLITHE, n. f. [ipolit] (*hippo-* et *-lithe*) ▷ Pierre jaune qui se trouve dans les intestins et dans la vessie du cheval. ◁

HIPPOLOGIE, n. f. [ipoloʒi] (*hippo-* et *-logie*) Étude, science du cheval. ■ **HIPPOLOGIQUE**, adj. [ipoloʒik]

HIPPOLOGUE, n. m. [ipolɔg] (*hippologie*) ▷ Celui qui s'occupe d'hippologie. ◁

HIPPOMOBILE, ■ adj. [ipomobil] (*hippo-* et *mobile*) Tracté par un ou plusieurs chevaux. *Voiture hippomobile*.

HIPPOPHAÉ, n. f. [ipofae] (gr. *hippophaes*, de *hippos*, cheval, et *phaos*, lumière) **Bot.** Genre de plantes, dont l'unique espèce est l'*hippophae rhamnoïdes*, dit vulgairement *argousier*.

HIPPOPHAGE, n. m. et n. f. [ipofaʒ] (*hippo-* et *-phage*) Celui, celle qui mange de la chair de cheval. ◆ **Adj.** *Population hippophage*.

HIPPOPHAGIE, n. f. [ipofaʒi] (*hippophage*) Alimentation par la viande de cheval.

HIPPOPHAGIQUE, adj. [ipofaʒik] (*hippophagie*) Qui a rapport à l'hippophagie.

HIPPOPOTAME, n. m. [ipopotam] (gr. *hippopotamos*, de *hippos*, cheval, et *potamos*, fleuve) Nom d'un genre de mammifères pachydermes. ◆ **Fig.** et **fam.** *C'est un hippopotame*, se dit d'un homme très pesant. ■ **Abrév.** Hippo. *Des hippos*.

HIPPOPOTAMESQUE, ■ adj. [ipopotamɛsk] (*hippopotame*) Qui évoque le caractère massif de l'hippopotame. *Un homme hippopotamesque*.

HIPPOTECHNIE, ■ n. f. [ipotɛkni] (*hippo-* et gr. *tekhnê*, métier, art) Ensemble des techniques d'élevage et du dressage des chevaux.

HIPPURIQUE, ■ adj. [ipyʀik] (*hippo-* et gr. *ouron*, urine) **Chim.** *Acide hippurique*, acide qui n'existe que dans l'urine de l'homme et des mammifères herbivores, en particulier des ruminants.

HIPPY, ■ n. m. et n. f. ou adj. ['ipi] Voy. **HIPPIE**.

HIRAGANA, ■ n. m. [iʀagana] (mot jap.) Une des trois écritures japonaises avec le katakana et le kanji.

HIRCIN, INE, ■ adj. [iʀsɛ̃, in] (lat. *hircinus*, de *hircus*, bouc) Relatif au bouc. *Une puanteur hircine*.

HIRONDEAU, n. m. [iʀɔ̃do] (*hirondelle*) Petit d'hirondelle.

HIRONDELLE, n. f. [iʀɔ̃dɛl] (lat. *hirundo*) Oiseau de passage qui paraît au printemps. ◆ *Pierre d'hirondelle*, pierre trouvée dans le nid d'une hirondelle et qu'on croyait bonne pour les yeux. ◆ *Hirondelle de mer*, se dit de certains oiseaux de mer qui ont de la ressemblance avec l'hirondelle, et de quelques poissons volants. ◆ Rond de fer plat et mobile qui entoure l'essieu. ■ **Prov.** *Une hirondelle ne fait pas le printemps*, on ne peut pas tirer de conclusion générale d'un seul fait.

HIRONDINÉES, n. f. pl. [iʀɔ̃dine] (lat. *hirundo*) Famille d'oiseaux à laquelle appartient l'hirondelle.

HIRSUTE, ■ adj. [iʀsyt] (lat. *hirsutus*) Qui a les cheveux ou les poils désordonnés et touffus. *Une chevelure hirsute*. ■ **Fig.** Qui a un aspect sauvage, fruste, revêche. *Un air hirsute*.

HIRSUTISME, ■ n. m. [iʀsytism] (*hirsute*) **Méd.** Pilosité pathologique excessive de zones normalement glabres chez la femme, due à une sécrétion exagérée d'hormones corticosurrénales.

HIRUDINE, ■ n. f. [iʀydin] (lat. *hirudo*, génit. *hirudinis*, sangsue) **Chim.** Substance anticoagulante sécrétée par la glande salivaire des sangsues.

HIRUDINÉ, ÉE, ■ adj. [iʀydine] (lat. *hirudo*) Qui *ressemble* à une sangsue. ◆ N. f. pl. *Les hirudinées*, nom du quatrième ordre de la classe des annélides.

HISPANIQUE, adj. [ispanik] (lat. *hispanicus*) Qui appartient à l'Espagne ou aux Espagnols.

HISPANISANT, ANTE, ■ n. m. et n. f. [ispanizɑ̃, ɑ̃t] (radic. de *hispanique*) **Ling.** Linguiste spécialiste de la langue espagnole. ■ Spécialiste de l'Espagne. ■ **Rem.** On dit aussi *hispaniste*.

HISPANISME, n. m. [ispanism] (radic. de *hispanique*) Locution propre à la langue espagnole.

HISPANISTE, ■ n. m. et n. f. [ispanist] (radic. de *hispanique*) Voy. **HISPANISANT**.

HISPANO..., ■ [ispano] Préfixe, du lat. *hispanus*, espagnol. *Un hispano-américain*.

HISPANO-AMÉRICAIN, AINE, ■ adj. [ispanoameʀikɛ̃, ɛn] (*hispano-* et *américain*) Relatif à l'Amérique et à l'Espagne. *La guerre hispano-américaine*. ■ Relatif aux États d'Amérique latine où l'on parle espagnol. ■ N. m. et n. f. *Les Hispano-américaines*. ■ N. m. *L'hispano-américain*, langue espagnole parlée en Amérique latine.

HISPANO-MAURESQUE ou **HISPANO-MORESQUE**, ■ adj. [ispanomoʀɛsk] (*hispano-* et *mauresque*) Relatif à l'art musulman développé à l'époque de la domination des califes de Cordoue sur le Maroc et l'Espagne. *Des palais hispano-mauresques*. ■ **Rem.** On dit aussi *hispano-arabe*.

HISPANOPHONE, ■ adj. [ispanofɔn] (*hispano-* et *-phone*) Qui parle la langue espagnole. *Le monde hispanophone*. ■ N. m. et n. f. *Les hispanophones*.

HISPIDE, adj. [ispid] (lat. *hispidus*, hérissé) **Bot.** Couvert de poils rudes et épars. *Tige hispide*.

HISSÉ, ÉE, p. p. de hisser. ['ise]

HISSER, v. tr. ['ise] (*h* aspiré ; b. all. *hissen*) **Mar.** Élever un objet, quel qu'il soit, ancre, tonneau, vergue, canot, etc., au moyen d'un cordage simple ou d'un palan. *Hisser une voile*. ◆ En général, tirer en haut. ◆ Se hisser, v. pr. S'élever avec effort. *Se hisser jusqu'à la fenêtre*. ■ **Interj.** *Oh ! hisse !* Interjection qui accompagne un effort, généralement collectif.

HISTAMINE, ■ n. f. [istamin] (*hist(o)-* et *amine*) **Chim.** Médiateur chimique présent dans les tissus animaux, fabriqué par des cellules appartenant à une variété de globules blancs, les polynucléaires basophiles et les mastocytes, dans lesquels il est stocké dans des granulations puis libéré dans certaines circonstances, en particulier lors des réactions d'hypersensibilité. *L'histamine est synthétisée à partir de l'histidine et constitue un des principaux médiateurs de l'inflammation*. ■ **HISTAMINIQUE**, adj. [istaminik]

HISTIDINE, ■ n. f. [istidin] (mot all., du gr. *histos*, tissu, et suff. *-idine*) **Chim.** Acide aminé glucoformateur essentiel, qui entre dans la composition d'un grand nombre de protéines. *La chair du thon est riche en histidine*.

HISTIOCYTE, ■ n. m. [istjosit] (gr. *histiôn*, tissu, et *-cyte*) Biol. Cellule réticulaire libre du tissu conjonctif, à fonction essentiellement macrophagique. *L'histiocyte est également nommé monocyte tissulaire.*

HISTIOLOGIE, n. f. [istjoloʒi] Voy. HISTOLOGIE.

HIST(O)..., ■ [isto] Préfixe, du gr. *histos*, tissu.

HISTOCHIMIE, ■ n. f. [istoʃimi] (*histo-* et *chimie*) Didact. Partie de l'histologie qui étudie la composition chimique des cellules et des tissus.

HISTOCOMPATIBILITÉ, ■ n. f. [istokɔ̃patibilite] (*histo-* et *compatibilité*) Biol. Principal système faisant intervenir des antigènes tissulaires de deux individus de même espèce et dont dépend le succès d'une greffe. *L'histocompatibilité fut découverte en 1958 par Jean Dausset qui obtint d'ailleurs le prix Nobel de médecine en 1980 pour cette découverte.*

HISTOGENÈSE, ■ n. f. [istoʒənɛz] (*histo-* et *genèse*) Biol. Formation et développement des tissus de l'organisme à partir des cellules embryonnaires indifférenciées. *La formation des cellules constitutives du système nerveux est nommée histogenèse du système nerveux.* ■ Entomol. Remaniement des tissus à l'issue des métamorphoses, chez les insectes.

HISTOGRAMME, ■ n. m. [istogram] (angl. *histogram*, du gr. *histos*, trame et *-gram*, -gramme) En statistique, graphique composé de rectangles verticaux de même largeur placés côte à côte et dont les longueurs varient en fonction de la quantité à représenter.

HISTOIRE, n. f. [istwaʀ] (lat. *historia*, du gr. *historia*, enquête) Récit des faits, des événements relatifs aux peuples en particulier et à l'humanité en général. ♦ *Histoire sainte* ou *sacrée*, l'Ancien et le Nouveau Testament. ♦ *Histoire profane*, celle des peuples païens. ♦ *Histoire ecclésiastique*, celle des événements qui appartiennent à la religion chrétienne. ♦ *Histoire politique, histoire civile*, celle des différents gouvernements politiques. ♦ *Histoire universelle*, histoire générale de l'espèce humaine. ♦ Absol. *L'histoire*, les ouvrages historiques. « *Quand l'histoire serait inutile aux autres hommes, il faudrait la faire lire aux princes* », BOSSUET. ♦ *Les histoires*, les livres d'histoire. ♦ On l'emploie souvent par une sorte de personnification. *Interroger l'histoire.* ♦ Il se dit absolument par opposition à la Fable, aux fictions. *Peintre d'histoire*, celui qui représente quelque action mémorable. ♦ Récit d'actions, d'événements que l'on compare aux actions, aux événements de l'histoire. « *Télémaque lui fit l'histoire de son départ de Tyr* », FÉNELON. ♦ *Le plus beau de l'histoire*, le fait le plus remarquable, le plus singulier d'un récit, d'une aventure. ♦ Récit de quelque aventure particulière. *Une plaisante histoire.* ♦ Il se dit des ouvrages dans lesquels on raconte le développement des lettres, des sciences, des arts, etc. ♦ Récit mensonger. *C'est une histoire.* ♦ Fig. Affaire, chose dont on s'occupe. « *Ne parlez point, vous gâteriez l'histoire* », LA FONTAINE. ♦ *Voilà bien des histoires*, voilà bien des façons, des difficultés. ♦ Fig. Analyse, étude. *L'histoire de l'esprit humain.* ♦ Fig. Description des choses naturelles. *L'histoire des plantes, des minéraux, des animaux.* ♦ Absol. *Histoire naturelle*, la science des divers êtres et des diverses productions de la nature. ■ Science qui étudie le passé, l'évolution de l'humanité. *Un professeur d'histoire.* ■ *Faire une histoire, des histoires*, faire des manières, se faire remarquer. ■ Fam. *Histoire de* (suivi d'un infinitif), pour... *J'y suis allé, histoire de voir.* ■ *La petite histoire, pour la petite histoire*, l'anecdote relative à un fait historique. ■ *L'histoire d'un film*, ce qui s'y passe, ce qui est raconté dans le film. ■ *Histoire drôle*, récit très bref dont la chute est comique. ■ *Raconter des histoires*, mentir. ■ *En faire (toute) une histoire*, grossir l'importance d'un fait de façon démesurée. ■ *Sans histoire*, sans problème ; qui n'a aucun caractère exceptionnel. *Une famille sans histoire.*

HISTOLOGIE, n. f. [istoloʒi] (*histo-* et *-logie*) Histoire des lois qui président à la formation et à l'arrangement des tissus organiques. ■ REM. On disait aussi *histiologie* autrefois. ■ HISTOLOGIQUE, adj. [istoloʒik]

HISTOLYSE, ■ n. f. [istoliz] (*histo-* et *-lyse*) Biol. Destruction de tissus vivants ou d'organes au cours de métamorphoses. *La croissance des pattes postérieures d'un têtard a pour conséquence l'histolyse de sa queue.*

HISTONE, ■ n. f. [istɔn] (gr. *histos*, tissu) Biol. Protéine simple de base, située à l'intérieur du noyau de la cellule et liée à l'acide désoxyribonucléique dans les nucléosomes. *Les histones sont chargées positivement, c'est la raison pour laquelle elles se lient à l'ADN, chargé lui négativement.*

HISTORICISME, ■ n. m. [istoʀisism] (*historique*) Doctrine qui se fonde sur l'idée que l'histoire est seule capable d'expliquer l'ensemble des vérités. ■ Situation par laquelle l'homme se définit comme existence et être empirique. ■ Philos. Ensemble des facteurs qui constituent l'histoire personnelle d'un individu et la signification affective qu'il attribue aux événements de celle-ci. ■ HISTORICISTE, n. m. et n. f. ou adj. [istoʀisist]

HISTORICITÉ, ■ n. f. [istoʀisite] (*historique*) Didact. Ce qui est à caractère historique. ■ *Historicité de la société*, ensemble des éléments qui recouvrent la manière dont les œuvres sont produites, réparties (hiérarchie), consommées ; la capacité d'action de la société sur elle-même.

HISTORICO..., ■ [istoʀiko] Préfixe, de l'adjectif *historique*, utilisé pour former d'autres adjectifs composés. *Une perspective historico-philosophique des événements.*

HISTORIÉ, ÉE, p. p. d'historier. [istoʀje] Adj. Décoré de personnages mythologiques ou religieux. *Un papier historié. Chapiteau historié*, chapiteau portant un ensemble de peintures ou de sculptures représentant des personnages mythologiques ou religieux.

HISTORIEN, IENNE, n. m. et n. f. [istoʀjɛ̃, jɛn] (lat. *historia*) Celui, celle qui écrit l'histoire, qui a écrit une histoire, des histoires. ♦ Par extens. Celui, celle qui raconte quelque évènement. ■ Personne qui étudie ou enseigne l'histoire.

HISTORIER, v. tr. [istoʀje] (lat. médiév. *historiare*, chercher à s'informer) Décrire, raconter. « *Sans historier le tout par le menu* », RÉGNIER. ♦ Peint. Observer tout ce qui regarde l'histoire. *Bien historier un tableau. Historier un portrait.* ♦ Enjoliver de divers petits ornements. ♦ *Historier un récit*, l'enjoliver de détails faux.

HISTORIETTE, n. f. [istoʀjɛt] (dim. d'*histoire*) Récit d'une aventure plaisante ou d'un fait de peu d'importance.

HISTORIOGRAPHE, ■ n. m. [istoʀjograf] (gr. *historiographos*) Celui qui a charge d'écrire l'histoire de son temps. *Boileau et Racine furent les historiographes de Louis XIV.* ■ HISTORIOGRAPHIE, n. f. [istoʀjografi] ■ HISTORIOGRAPHIQUE, adj. [istoʀjografik]

HISTORIQUE, adj. [istoʀik] (lat. *historicus*) Qui appartient à l'histoire, qui a rapport à l'histoire. *Une narration historique. Le style historique.* ♦ *Temps historiques*, temps où les événements sont appuyés sur des documents. ♦ *Nom historique*, nom qui a quelque célébrité dans l'histoire. ♦ *Peinture historique*, peinture qui représente une action empruntée à l'histoire sacrée ou profane. ♦ Se dit d'actions, d'événements qui ne sont point un produit de l'imagination. ♦ *Pièce, roman historique*, pièce, roman dont le sujet est tiré de l'histoire. *Personnage historique.* ♦ Qui est digne de l'histoire. ♦ N. m. Simple narration des faits dans leur ordre et avec leurs circonstances. *L'historique d'une affaire, d'une science.* ■ Adj. Qui est marquant dans l'histoire ; qui est digne d'être conservé par l'histoire. *Un résultat historique.* ■ *Monument historique*, monument à caractère historique protégé par l'État. *La façade de ce bâtiment est classée monument historique.*

HISTORIQUEMENT, adv. [istoʀik(ə)mɑ̃] (*historique*) D'un style historique, sans aucun ornement étranger. *Raconter un fait historiquement.* ♦ En se conformant aux faits véritables. *Rapporter un fait historiquement.* ♦ Suivant les règles de l'histoire. *Examiner historiquement une question.*

HISTORISME, ■ n. m. [istoʀism] (*historique*) Tendance à tout expliquer par l'histoire. « *Faute d'apercevoir la genèse du monde, la description des types idéaux reste déchirée entre l'historisme et le formalisme* », VUILLEMIN. ■ Doctrine selon laquelle tout évolue en fonction de l'histoire.

HISTRION, n. m. [istʀijɔ̃] (lat. *histrio*, mime, comédien) Nom, chez les Romains, des acteurs qui jouaient dans les bouffonneries grossières importées d'Étrurie. ♦ Aujourd'hui, comédien, mais avec un sens de mépris. *Un vil, un misérable histrion.*

HIT, ■ n. m. ['it] (*h* aspiré ; mot angl., succès) Succès commercial, en parlant de disques ou de films. *Toutes vos chansons sont des hits.*

HITLÉRIEN, IENNE, ■ adj. [itleʀjɛ̃, jɛn] (*Hitler*, 1889-1945, dictateur allemand) Relatif à Hitler. *La jeunesse hitlérienne. Le parti hitlérien.* ■ N. m. et n. f. Partisan d'Hitler ou du régime totalitaire qu'il instaura ; partisan du nazisme.

HITLÉRISME, ■ n. m. [itleʀism] (*Hitler*) Doctrine de Hitler ; nazisme. « *Hitlérisme et même fascisme restent un effroyable danger* », GIDE.

HIT-PARADE, ■ n. m. ['itpaʀad] (*h* aspiré ; mot angl.) Vieilli Classement des meilleures ventes de disques ou du nombre d'entrées pour un film. *Il est premier au hit-parade. Des hit-parades.*

HITTITE, ■ adj. ['itit] (*h* aspiré ; angl. *hittite*, de l'hébr. *Hittim*) Relatif aux Hittites, dans l'Antiquité. *Les archives royales hittites jusqu'ici retrouvées compteraient plus de 20 000 tablettes d'argiles.*

HIV, ■ n. m. [aʃive] (sigle de *Human Immunodeficiency Virus*) Voy. VIH.

HIVER, n. m. [iveʀ] (lat. *hibernus*, hivernal) Saison qui suit l'automne et précède le printemps. *L'hiver astronomique commence au 22 de décembre et finit au 20 de mars. L'hiver météorologique, qui commence à la fin de novembre et se termine en février, est la plus froide des saisons.* ♦ *Habits, costume d'hiver*, habits, costume qu'on prend en hiver pour se défendre du froid. ♦ *Fruits d'hiver*, fruits qui n'achèvent de mûrir qu'en hiver. ♦ *Quartier d'hiver*, l'intervalle entre deux campagnes ; lieu où l'on met les troupes en cantonnement pendant l'hiver. ♦ Il se dit par rapport au froid qu'il fait en hiver. *L'hiver est long. Il n'y a point eu d'hiver cette année.* ♦ Fig. *L'hiver de l'âge*, des ans, la vieillesse. ♦ Année, dans le langage poétique, quand il s'agit d'un âge avancé. *Il compte soixante hivers.* ■ *Jardin d'hiver,* pièce entourée de grandes vitres et dans laquelle on place les plantes sensibles au froid. ■ *Été comme hiver,* en toutes saisons. *Il part au travail à vélo, été comme hiver.* ■ *Il ne passera pas l'hiver,* il est sur le point de mourir. ■ *Sports d'hiver,* ensemble des activités pratiquées en montagne l'hiver, comme le ski, la luge, etc. *Aller aux sports d'hiver.*

HIVERNAGE, n. m. [ivɛʀnaʒ] (*hiverner*) Mar. Saison des tempêtes et des pluies dans certains pays. ♦ Le temps de relâche des bâtiments pendant la mauvaise saison. ♦ Port bien abrité où les bâtiments relâchent. ♦ Labour qu'on donne aux terres avant l'hiver. ■ Séjour des troupeaux à l'étable pendant l'hiver.

HIVERNAL, ALE, adj. [ivɛʀnal] (lat. *hibernalis*) Qui appartient à l'hiver. *Les froids hivernaux.* ♦ N. m. pl. *Les hivernaux,* les grains qu'on sème pendant l'hiver. ■ *Course hivernale* ou n. f. *hivernale,* ascension effectuée en haute montagne.

HIVERNANT, ANTE, ■ n. m. et n. f. [ivɛʀnɑ̃, ɑ̃t] (*hiverner*) Personne qui change de résidence pendant la période d'hiver. ■ **Par extens.** et **rare** Personne qui vit dans une station de sports d'hiver.

HIVERNATION, n. f. [ivɛʀnasjɔ̃] Voy. HIBERNATION.

HIVERNÉ, ÉE, p. p. d'hiverner. [ivɛʀne]

HIVERNEMENT, n. m. [ivɛʀnəmɑ̃] (*hiverner*) ▷ Se dit pour hibernation. ◁

HIVERNER, v. intr. [ivɛʀne] (lat. *hibernare*) Passer l'hiver, la mauvaise saison ; il se dit des troupes, des navires. ♦ Passer l'hiver, en parlant de certains animaux. ♦ V. tr. *Hiverner des terres,* leur donner un labour avant l'hiver. ♦ S'hiverner, v. pr. S'exposer aux premiers froids, afin de s'y accoutumer. ■ V. tr. Mettre le bétail à l'étable durant l'hiver.

HLA, ■ adj. [aʃɛla] (sigle angl. de *Human Leucocyte Antigen*) Biol. *Système HLA,* système principal de fabrication tissulaire chez l'homme, ayant un rôle important dans la tolérance des transplantations d'organes ; carte d'identité génétique de l'homme.

HLM, ■ n. f. [aʃɛlɛm] (sigle de *Habitation à loyer modéré*) Logement social dont le nombre de pièces attribuées varie en fonction du nombre de locataires et dont le loyer est modulé à partir des revenus de la famille. ■ **Par extens.** Immeuble moderne constitué d'appartements bon marché.

HO!, interj. [o] (*h* aspiré ; onomat.) Sert à appeler, à avertir. ♦ Exprime aussi l'étonnement, l'indignation. *Ho! quel coup!* ♦ En ce sens, il se confond quelquefois avec *oh!* ♦ *Ho!* cri des charretiers pour faire arrêter leurs chevaux.

HOBBY, ■ n. m. [ɔbi] (*h* aspiré ; mot angl.) Loisir auquel on consacre généralement une grande partie de son temps libre. *Elle fait beaucoup de tennis, c'est son hobby. Des hobbys* ou *des hobbies* (pluriel anglais).

HOBEREAU, n. m. [ɔb(ə)ʀo] (*h* aspiré ; anc. fr. *hobel,* petit oiseau de proie, de *hobeler,* escarmoucher, du moy. néerl. *hobbelen,* tourner, rouler) Petit oiseau de proie. ♦ Fig. Petit gentilhomme campagnard.

HOC, n. m. [ɔk] (*h* aspiré ; lat. *hoc,* ceci ; orig. obsc.) ▷ Sorte de jeu de cartes. ◁ ♦ ▷ Fig. Ce qui est assuré à quelqu'un. « *Ah! que n'es-tu mouton ; car tu me serais hoc* », LA FONTAINE. ◁ ♦ *Ad hoc,* à la chose même. *C'est une réponse ad hoc.* ♦ *Ab hoc et ab hac,* Voy. AB HOC ET AB HAC.

HOCA, n. m. [ɔka] (*h* aspiré ; prob. ital. *oca,* oie, avec infl. de *hoc* ; jeu introduit par Mazarin) ▷ Sorte de jeu de hasard. ◁

HOCCO, ■ n. m. [ɔko] (*h* aspiré ; mot de Guyane) Oiseau d'Amazonie également appelé *coq indien* ou *coq d'Amérique. Les hoccos, comme les pies, ont la réputation d'avaler tout ce qui brille.*

HOCHE, n. f. [ɔʃ] (*h* aspiré ; orig. disc., p.-ê. gaul. ou pré-romane.) ▷ Coche faite sur une taille pour tenir le compte du pain, du vin, de la viande, etc. où on prend à crédit. ♦ En termes de couture, petite entaille. ♦ Brèche. *Ce couteau a des hoches.* ◁

HOCHÉ, ÉE, p. p. de hocher. [ɔʃe]

HOCHEMENT, n. m. [ɔʃ(ə)mɑ̃] (*h* aspiré ; *hocher*) Action de hocher. *Un hochement de tête.*

HOCHEPIED, n. m. [ɔʃ(ə)pje] (*h* aspiré ; *hocher* et *pied*) Nom qu'on donne au premier des oiseaux qui attrape le héron dans son vol, ou qu'on jette seul après le héron pour le faire monter.

HOCHEPOT, n. m. [ɔʃ(ə)po] (*h* aspiré ; *hocher* et *pot*) Espèce de ragoût fait de bœuf haché et cuit sans eau dans un pot, avec des marrons, des navets et autres assaisonnements. ■ **Rem.** Le hochepot est une spécialité culinaire flamande.

HOCHEQUEUE, n. m. [ɔʃ(ə)kø] (*h* aspiré ; *hocher* et *queue*) Un des noms de la bergeronnette.

HOCHER, v. tr. [ɔʃe] (*h* aspiré ; anc. b. frq. *hottisôn,* secouer, de *hottôn,* faire balancer) Secouer, remuer. *Hocher un prunier.* ♦ *Hocher la tête,* la secouer

en signe de désapprobation. ♦ ▷ Fig. *Hocher le mors, la bride à quelqu'un,* essayer de l'animer, de l'exciter. ◁ ♦ V. intr. *Hocher du nez,* se dit du cheval lorsqu'il hausse et baisse alternativement le nez pour faire jouer le mors dans sa bouche. ♦ Fig. *Hocher du nez,* témoigner par un mouvement de visage son mécontentement, sa désapprobation. ■ V. tr. *Hocher la tête,* la secouer en signe d'approbation.

HOCHET, n. m. [ɔʃɛ] (*h* aspiré ; *hocher*) Jouet qu'on donne aux petits enfants pour qu'ils le pressent entre leurs gencives pendant le travail de la dentition. ♦ Fig. Chose futile, qui flatte, qui amuse. *Les hochets de la vanité.*

HOCKEY, ■ n. m. [ɔke] (*h* aspiré ; mot angl.) Sport d'équipe sur glace ou sur gazon dont l'objectif est de faire rentrer au moyen d'une crosse un palet dans une cage protégée par un gardien de but. ■ HOCKEYEUR, EUSE, n. m. et n. f. [ɔkejœʀ, øz]

HODGKIN (MALADIE DE), ■ n. m. [ɔdʒkin] (*h* aspiré ; *Hodgkin,* 1831-1913, neurologue anglais) Voy. LYMPHOGRANULOMATOSE.

HODJATOLESLAM, ■ n. m. [ɔdʒatoleslam] (ar. *hudja al-islam,* preuve de l'Islam) Membre du clergé chiite dont le grade se situe en dessous de celui de l'ayatollah.

HODOGRAPHE, ■ n. m. [odograf] (gr. *hodos,* chemin, marche et *-graphe*) *Hodographe d'un mouvement,* ensemble des vecteurs de vitesse représentés avec le même point d'origine. ■ Météorol. Graphique représentant la distribution verticale des vents horizontaux, en utilisant des coordonnées polaires. *Un hodographe est obtenu en traçant les points des vecteurs de vent à de diverses altitudes, et en reliant ces points par ordre de taille croissante.*

HODOMÈTRE, n. m. [odomɛtʀ] Voy. ODOMÈTRE.

HOGNER, v. intr. [ɔɲe] ou [ɔnje] (*h* aspiré ; orig. incert., p.-ê. de *honnir,* avec infl. de *grogner*) Gronder, murmurer entre ses dents. ♦ Gronder, en parlant des chiens.

HO! HISSE!, interj. [ois] (*h* aspiré ; *ho* et *hisser*) Voy. HISSER.

HOIR, n. m. [waʀ] (lat. pop. *herem,* du lat. *heres,* génit. *heredis,* héritier, légataire) ▷ Pratiq. Syn. d'héritier. ◁

HOIRIE, n. f. [waʀi] (*hoir*) Héritage, succession directe. *Avancement d'hoirie.*

HOLÀ!, interj. [ola] (*h* aspiré ; *ho* et *là*) Sert pour appeler. ♦ Se dit aussi pour avertir de ne pas aller si vite, de ne pas s'emporter. ♦ Il signifie aussi : qu'on l'arrête, qu'on l'empêche. ♦ *Holà ho!* Sert à appeler quelqu'un. ♦ N. m. Fam. *Mettre le holà* ou *les holà,* faire cesser des gens qui se querellent, qui se battent. ■ Fam. *Mettre le holà* ou *les holà à quelque chose,* le faire cesser.

HOLDING, ■ n. f. [ɔldiŋ] (*h* aspiré ; angl. abrév. de *holding company*) Société financière dont l'activité principale consiste à gérer les crédits et valeurs mobilières d'autres sociétés placées sous son contrôle.

HOLD-UP, ■ n. m. inv. [ɔldœp] (*h* aspiré ; mot angl.) Attaque à mains armées. *Haut les mains, c'est un hold-up! Des hold-up.*

HOLISME, ■ n. m. [ɔlism] (*h* aspiré ; gr. *holos,* entier) Didact. Conception d'après laquelle on considère un phénomène comme une totalité, celle-ci ayant des propriétés distinctes de celles de ses éléments constitutifs. ■ *En anthropologie on peut préférer l'holisme à la méthode analytique.* ■ Ce qui est considéré dans sa globalité. ■ HOLISTE, n. m. et n. f. [ɔlist] ■ HOLISTE ou HOLISTIQUE, adj. [ɔlist, ɔlistik] *L'approche holistique de l'anthropologie moderne.*

HOLLANDAIS, n. m. [ɔlɑ̃dɛ, ɛz] (*h* aspiré ; *Hollande*) La langue parlée dans la Hollande, qui appartient aux idiomes germaniques. ■ Adj. m. ou n. f. De Hollande et abusivement des Pays-Bas. *Le fromage hollandais. La culture hollandaise. Une Hollandaise.* ♦ *Sauce hollandaise,* composée de jaunes d'œufs, de beurre et de jus de citron ou de vinaigre.

HOLLANDE, n. f. [ɔlɑ̃d] (*h* aspiré ; *Hollande*) Toile très fine qui se fabrique en Hollande. *De la hollande.* ♦ Porcelaine de Hollande. ♦ Espèce de groseille. ♦ Espèce de pomme de terre jaune, grosse et farineuse. ♦ N. m. On dit par ellipse *du hollande,* pour du fromage de Hollande. ■ Papier de luxe très résistant.

HOLLANDÉ, ÉE, p. p. de hollander. [ɔlɑ̃de] *Batiste hollandée,* batiste plus forte que la batiste ordinaire.

HOLLANDER, v. tr. [ɔlɑ̃de] (*h* aspiré ; *Hollande,* où est né ce procédé) ▷ Passer le tuyau d'une plume à écrire dans de la cendre chaude ou dans une lessive pour en ôter la graisse et l'humidité. ◁

HOLLYWOODIEN, IENNE, ■ adj. [ɔliwudjɛ̃, jɛn] (*h* aspiré ; *Hollywood*) Relatif à un des quartiers de Los Angeles, nommé Hollywood. *Le style de vie hollywoodien ;* relatif au quartier de Hollywood, capitale du cinéma américain. *Une star hollywoodienne.* ■ Relatif au luxe de ce quartier. *Une villa hollywoodienne.*

HOLMIUM, ■ n. m. [ˈɔlmjɔm] (*h* aspiré ; *Holmia*, nom lat. de Stockholm, choisi par l'inventeur suédois Per Teodor Cleve, en 1879) **Chim.** Métal brillant, argenté, assez mou et malléable, qui réagit lentement avec l'oxygène et l'eau (symbole Ho ; numéro atomique 67 ; masse atomique 164,93). *L'holmium, bien qu'étant l'un des éléments les plus abondants dans la croûte terrestre, entre dans la composition de quelques rares appareillages électroniques et a le rôle de catalyseur dans certaines réactions chimiques de nature industrielle.*

HOLO..., **OLO...**, ■ [olo] Préfixe, du gr. *holos*, entier.

HOLOCAUSTE, n. m. [olokost] (gr. *holokaustos*, brûlé tout entier) Chez les Juifs, sacrifice où la victime était entièrement consumée par le feu. « *Consumez mon cœur, faites-en l'holocauste parfait* », Fénelon. ♦ La victime ainsi sacrifiée. *Mettre l'holocauste sur l'autel.* ♦ Sacrifice en général. *Jésus-Christ s'est offert en holocauste pour nos péchés.* ♦ *L'Holocauste*, génocide des Juifs perpétré par les nazis durant la Seconde Guerre mondiale.

HOLOCÈNE, ■ n. m. [olosɛn] (*holo-* et gr. *kainos*, récent) **Géol.** Dernière période de l'ère quaternaire. ■ **Adj.** Relatif à l'holocène. *Période holocène. Le quaternaire récent ou holocène.*

HOLOCRISTALLIN, INE, ■ adj. [olokʀistalɛ̃, in] (*holo-* et *cristallin*) **Géol.** Qui est cristallisée, en parlant d'une roche magmatique. *Le granite est une roche holocristalline.*

HOLOGAMIE, ■ n. f. [ologami] (*holo-* et *-gamie*) **Biol.** Fusion de deux cellules végétatives identiques. *Certaines variétés d'algues unicellulaires se reproduisent par hologamie.*

HOLOGRAMME, ■ n. m. [ologʀam] (*holo-* et *-gramme*) Image en relief obtenue grâce au procédé d'holographie.

HOLOGRAPHE, adj. [ologʀaf] (gr. *holographein*, écrire en toutes lettres) Voy. OLOGRAPHE.

HOLOGRAPHIE, ■ n. f. [ologʀafi] (*holo-* et *photographie*) **Opt.** Méthode d'enregistrement et de reproduction photographique fondée sur la superposition de deux faisceaux laser. ■ **HOLOGRAPHIER, v. tr.** [ologʀafje] ■ HOLOGRAPHIQUE, adj. [ologʀafik]

HOLOMÉTABOLE, ■ adj. [olometabɔl] (*holo-* et *métabole*) **Zool.** Se dit d'un insecte qui subit une métamorphose complète et présentant un stade nymphal. *Le papillon est un insecte holométabole puisque la nymphe est d'abord enfermée dans une chrysalide avant de devenir chenille puis papillon.*

HOLOPHRASTIQUE, ■ adj. [olofʀastik] (*holo-* et gr. *phrasis*, énoncé) **Gramm.** Se dit d'une langue dans laquelle un mot exprime un énoncé complet. *Le jeune enfant qui fait l'acquisition du langage attribue fréquemment un sens holophrastique à un mot.*

HOLOPROTÉINE, ■ n. f. [oloprotein] (*holo-* et *protéine*) **Biol.** Protéine qui ne libère que des acides aminés au cours de l'hydrolyse. *L'albumine est une holoprotéine.*

HOLOSIDE, ■ n. m. [olozid] (*holo-* et *oside*) **Biol.** Substance glucidique uniquement formée de sucres simples nommés *oses*, que seule l'hydrolyse peut libérer. *Le lactose, l'amidon ou le saccharose sont des holosides.*

HOLOTHURIE, ■ n. f. [olotyʀi] (gr. *holothourion*, de *holos*, entier, et *thurion*, petite porte) **Zool.** Animal marin cylindrique, au corps mou et apparenté à l'étoile de mer et à l'oursin. *L'holothurie est également connue sous le nom de concombre de mer.*

HOLOTYPE, ■ n. m. [olotip] (*holo-* et *type*) **Biol.** Spécimen qui a servi à la description d'un taxon et qui sert de référence. ■ **Abrév.** Type.

HOLSTER, ■ n. m. [ˈɔlstɛʀ] (*h* aspiré ; mot angl., fonte de selle) Étui en cuir souple servant à ranger, sous l'épaule, un pistolet ou un revolver.

HOLTER (MÉTHODE DE), ■ n. m. [ˈɔltɛʀ] (*h* aspiré ; *Holter*) Enregistrement de l'activité cardiaque réalisé au moyen d'un appareil enregistreur portatif qui permet au patient de poursuivre ses activités quotidiennes. *La méthode de holter est notamment employée pour mettre à jour des troubles intermittents du rythme cardiaque.*

HOM, interj. [ˈɔ̃] (onomatopée) ▷ Exprime le doute, la défiance. ◁

HOMALOGRAPHIQUE, adj. [omalogʀafik] (gr. *homalos*, plan, uni, et *graphein*, tracer) **Géogr.** *Projection homalographique*, projection à parallèles rectilignes.

HOMARD, ■ n. m. [ˈomaʀ] (*h* aspiré ; b. all. *hummer*, de l'anc. nord. *hummarr*) Grosse écrevisse de mer. *Le homard diffère de la langouste par ses deux premières pattes en forme de pince.* ♦ **Fam.** *Rouge comme un homard*, très rouge d'embarras, de honte.

HOMARDERIE, ■ n. f. [ˈomaʀdəʀi] (*h* aspiré ; *homard*) Lieu où l'on élève des homards.

HOMBRE, n. m. [ɔ̃bʀ] (esp. *hombre*, homme, parce qu'on appelle le meneur de jeu *el hombre*) ▷ Jeu de cartes pris des Espagnols, qui se joue avec 40 cartes. ◁

HOME, ■ n. m. [ˈom] (*h* aspiré ; mot angl., maison) **Vieilli** Foyer intime et familial. *Revenir dans son home.* ■ **Belg.** Centre d'hébergement pour enfants ; maison de repos.

HOME CINÉMA ou **HOME-CINÉMA**, ■ n. m. [ˈomsinema] (*h* aspiré ; mot angl., maison et cinéma) Ensemble d'équipements audiovisuels utilisés pour visionner des films à domicile et qui cherche à reproduire les conditions visuelles et sonores d'une projection dans une salle de cinéma. *Des home cinémas.* ■ Rem. Au Québec, on dit *cinéma maison*, *cinéma domestique* ou *cinéma chez soi*.

HOMELAND, ■ n. m. [ˈomlɑ̃d] (*h* aspiré ; mot angl., *home*, maison et *land*, terre) Voy. BANTOUSTAN.

HOMÉLIE, n. f. [omeli] (lat. chrét. *homilia*, homélie, du gr. *homilia*, réunion, entretien familier) Instruction sur l'Évangile ou sur des matières de religion, qu'on nomme aussi prône. ♦ Au pl. Leçons du bréviaire extraites des homélies des Pères. ♦ **Fig.** et **par dénigrement** Ouvrage ou discours ennuyeux par sa morale affectée.

HOMÉO..., ■ [omeo] Préfixe, du lat. *homœo*, du gr. *homoios*, semblable.

HOMÉOMORPHISME, ■ n. m. [omeomɔʀfism] (*homéomorphe*) **Math.** et **log.** Bijection continue de deux espaces topologiques dont l'inverse est également continu. ■ **Minér.** Caractère semblable des formes cristallines de certains minéraux. ■ HOMÉOMORPHE, adj. [omeomɔʀf]

HOMÉOPATHE, ■ n. m. [omeopat] (*homéopathie*) Partisan du système de l'homéopathie. ♦ **Adj.** *Médecin homéopathe.*

HOMÉOPATHIE, ■ n. f. [omeopati] (all. *Homöopathie*, du gr. *homoios*, semblable, et *pathos*, ce qu'on éprouve) Système de médecine, inventé par Hahnemann, qui consiste à traiter la maladie par des remèdes qu'on suppose avoir la propriété de produire des symptômes semblables à cette maladie, et qu'on administre à dose infiniment petite.

HOMÉOPATHIQUE, adj. [omeopatik] (*homéopathie*) Qui a rapport à l'homéopathie. *Traitement homéopathique.*

HOMÉOSTASIE, ■ n. f. [omeostazi] (angl. *homœostasis*) **Biol.** Processus par lequel un organisme vivant maintient constantes les conditions physiologiques nécessaires à la vie. ■ HOMÉOSTATIQUE, adj. [omeostatik]

HOMÉOSTAT, ■ n. m. [omeosta] (*homéo-* et *-stat*) **Techn.** Dispositif capable de régler son propre fonctionnement selon une sensibilisation programmée. *Le pilote automatique est régulé par un homéostat.*

HOMÉOTHERME, ■ n. m. et n. f. [omeotɛʀm] (*homéo-* et *-therme*) **Biol.** Se dit d'un organisme dont la température interne est constante. ■ **Adj.** *Les animaux homéothermes sont plus communément appelés animaux à sang chaud.* ■ HOMÉOTHERMIE, n. f. [omeotɛʀmi]

HOMÉOTIQUE, ■ adj. [omeotik] (radic. du gr. *homoiotês*, similitude) **Biol.** *Gène homéotique*, gène dont la mutation entraîne la transformation d'un organe en un autre. *Chez la drosophile bithorax, le troisième segment du thorax s'est transformé en second segment grâce à un gène homéotique, ce qui a donné à cette drosophile deux paires d'ailes.*

HOMÉRIQUE, adj. [omeʀik] (gr. *homêrikos*) Qui a rapport à Homère. ♦ *Rire homérique*, rire très bruyant et de bon cœur, ainsi dit à cause du rire qu'excita parmi les dieux Vulcain le boiteux servant d'échanson. ♦ Qui est partisan d'Homère.

HOMESPUN, ■ n. m. [ˈomspœn] (*h* aspiré ; mot angl., de *spun*, filé, filé à la maison) Tissu écossais fabriqué à domicile artisanalement. *Des homespuns.*

HOME-TRAINER, ■ n. m. [ˈomtʀenœʀ] (*h* aspiré ; mot angl. de *home*, maison et *trainer*, entraîneur) Appareil de culture physique permettant de pratiquer différents sports à domicile. *Des home-trainers.*

1 HOMICIDE, n. m. et n. f. [omisid] (lat. *homicida*, de *homo*, *hominis*, homme, et *cædere*, tuer) Celui, celle qui tue un être humain. ♦ ▷ *Homicide de soi-même*, celui qui se tue lui-même. **Fig.** Celui qui ne se ménage pas assez et qui ruine sa santé. ◁ ♦ **Fig.** Celui, celle qui cause la perte de quelqu'un. « *Homicides de nos frères* », Massillon. ♦ **Adj.** Dans le style soutenu, qui tue dans les combats. *Une guerre homicide.* ♦ Qui a commis un meurtre. ♦ Qui est relatif au meurtre. « *Regard homicide* », J.-B. Rousseau. ♦ **Fig.** Qui cause la mort, la perte. « *Chagrins homicides* », M.-J. Chénier.

2 HOMICIDE, n. m. [omisid] (lat. *homicidium*, de *homocida*) Meurtre.

HOMICIDÉ, ÉE, p. p. d'homicider. [omiside]

HOMICIDER, v. tr. [omiside] (*homicide*) **Vieilli** Tuer, commettre un homicide sur quelqu'un.

HOMILÉTIQUE, ■ n. f. [omiletik] (lat. chrét. *homileticus*, du gr. *homilêtikos*, qui concerne les relation habituelles) **Vieilli Didact.** Art de l'homélie, de la prédication.

HOMINEM (AD), loc. adj. [adominɛm] (mots latins) *Argument ad hominem*, autrement dit argument personnel, argument qui oppose à un adversaire ce qu'il a dit, ce qu'il a fait.

HOMINIDÉ, ■ n. m. [ominide] (lat. *homo, hominis,* homme) Qui appartient à la famille des primates partiellement ou totalement bipèdes, comprenant, entre autres, l'australopithèque, l'homo sapiens sapiens, etc. *La grande différence entre l'homme et les autres hominidés est l'acquisition de la posture érigée.*

HOMINIEN, ■ adj. m. [ominjɛ̃] (lat. *homo, hominis,* homme) Relatif à l'homme et à ses ancêtres. ■ N. m. pl. Sous-ordre de mammifères primates dont l'homme fait partie. ■ N. m. *Un hominien.*

HOMININÉ, ■ n. m. [ominine] (lat. *homo, hominis,* homme) Mammifère primate tels que l'homme actuel et certaines espèces fossiles. *L'homo habilis est le premier homininé capable de concevoir et fabriquer des outils.*

HOMINISATION, ■ n. f. [ominizasjɔ̃] (*hominiser*) **Anthrop.** Ensemble des processus d'évolution relatifs au passage du primate à l'hominidé bipède, l'homme. *Une des étapes très importantes dans l'hominisation est constituée par l'apparition des premières traces de bipédie, concernant les australopithèques, datées de 3,8 millions d'années.*

HOMINISÉ, ÉE, ■ adj. [ominize] (*hominisation*) **Anthrop.** Qui est passé du stade primate au stade hominidé. *Un primate hominisé.*

HOMINOÏDE, ■ n. m. [ominoid] (lat. *homo, hominis,* homme, et *-oïde*) Grand primate arboricole ou terrestre dont l'homme et ses ancêtres fossiles en sont le type. ■ N. m. pl. Cette famille de primates.

HOMMAGE, n. m. [omaʒ] (*homme*) **Féod.** Promesse de fidélité et de devoirs faite au seigneur par le vassal. ◆ ▷ *Hommage plein* ou *lige,* promesse de défendre son seigneur envers et contre tous. ◁ ◆ **Fig.** *Rendre hommage d'une chose,* la rapporter à celui de qui on l'a reçue. ◁ ◆ **Fig.** *Rendre hommage à la vérité,* la reconnaître, la dire, la déclarer. ◆ Soumission, vénération, en parlant des personnes à qui l'hommage est rendu. ◆ Se dit aussi des choses qu'on vénère. « *Toujours à sa vertu vous rendiez quelque hommage* », RACINE. ◆ Respects, civilités : dans ce sens, il se dit le plus souvent au pluriel. *Présenter, offrir, rendre ses hommages à quelqu'un.* ◆ Offrande. *Faire hommage à quelqu'un d'une chose.*

HOMMAGÉ, ÉE, adj. [omaʒe] (*hommage*) ▷ **Féod.** Tenu en hommage. ◁

HOMMAGER, n. m. [omaʒe] (*hommage*) ▷ Celui qui devait l'hommage. ■ Adj. *Vassal hommager.* ◁

HOMMASSE, adj. [omas] (*homme* avec finale péjorative) ▷ Qui a l'apparence d'un vilain homme. *Cet homme a des traits hommasses.* ◆ Se dit d'une femme qui a les traits, la voix, les manières d'un homme. ■ **REM.** Terme péjoratif. ◁

HOMME, n. m. [ɔm] (lat. *homo,* génit. *hominis*) Animal raisonnable qui occupe le premier rang parmi les êtres organisés. ◆ **Absol.** *L'homme,* l'être humain en général. *Les hommes,* la société. ◆ L'être humain considéré dans ce qu'il a de supérieur à la bête. « *As-tu le cœur d'un homme?* », VOLTAIRE. ◆ Dans le style de l'Écriture, *les enfants des hommes,* ceux qui vivent dans l'iniquité. ◆ *Homme* se dit de Jésus-Christ, par allusion au mystère de l'Incarnation. *L'Homme-Dieu,* le Fils de l'Homme. ◆ *L'homme intérieur, l'homme spirituel,* la partie de l'homme qui appartient à la spiritualité. *L'homme charnel,* la partie qui appartient à la chair et aux sens. ◆ ▷ *Le vieil homme,* l'état de l'homme pécheur avant qu'il soit renouvelé par la pénitence et la grâce. ◁ *Dépouiller le vieil homme,* se défaire des inclinations de la nature corrompue, et dans le langage familier, renoncer à ses vieilles et mauvaises habitudes. ◆ Il se dit par rapport aux sentiments, aux passions, aux infirmités inhérentes à la nature de l'homme. « *Ah! pour être Romain je n'en suis pas moins homme* », P. CORNEILLE. ◆ *L'homme,* le fonds humain. « *L'homme perce dans le philosophe Sénèque* », DIDEROT. ◆ *L'homme,* un individu de la race humaine. *C'est toujours le même homme,* il n'a pas changé. ■ L'être qui, dans l'espèce humaine, appartient au sexe mâle. ◆ *En homme,* en habits d'homme. ◆ Celui qui est parvenu à l'âge de virilité. *Un homme fait.* ◆ **Fig.** et **absol.** Homme de cœur, de fermeté. *Se montrer homme.* ◆ **Pop.** Mari. ■ Homme soumis au commandement d'un autre, particulièrement soldat, ouvrier. *Le capitaine rassembla ses hommes.* ◆ Remplaçant militaire. ■ **Jurispr.** et **féod.** Vassal, homme lige. ◆ Par extens. du langage féodal, *il est l'homme d'un tel,* il est présenté, commis, rétribué par lui. ◆ *Un grand homme,* un homme distingué par des qualités éminentes. ◆ *Homme,* suivi de la préposition *de,* sert à marquer la profession, l'état, la qualité. *Homme d'épée, d'Église, de robe, de lettres, de génie, de goût, etc.* ◆ *Homme de qualité,* homme qui appartient à la noblesse. ◆ *Homme d'État,* homme qui régit les affaires publiques. ◆ *Homme d'ordre, de progrès, d'avenir, d'action,* homme qui est attaché à l'ordre, qui favorise le progrès, qui a de l'avenir,

qui est propre à agir. ◆ *Homme d'honneur,* homme qui se comporte en tout suivant les lois de l'honneur. ◆ *Homme de loi,* un avocat, un avoué. ◆ *Homme d'affaires,* agent d'affaires, et aussi homme qui a soin des affaires d'une grande maison. ◆ *Homme de guerre,* ◆ *Homme de mer,* homme qu'une pratique longue et intelligente a familiarisé avec les choses de la mer ; et aussi matelot. ◆ *Homme de pied,* soldat d'infanterie. ◆ *Homme de cheval,* soldat de cavalerie. ◆ *Homme de,* avec l'article défini, celui qui appartient à, qui est propre à. « *Il n'est roi que pour être l'homme des peuples* », FÉNELON. ◆ *Homme du monde,* homme qui vit dans le grand monde. ◆ *Homme qui,* homme capable de, susceptible de. « *Je suis homme qui aime à m'acquitter le plus tôt que je puis* », MOLIÈRE. ◆ *Homme à,* suivi d'un infinitif, capable, qui peut faire quelque chose soit en bien, soit en mal. *Il est homme à tout tenter.* ◆ Avec les adjectifs possessifs, homme propre et convenable à ce qu'on veut. *C'est mon homme.* ◆ L'homme dont il s'agit, dont on parle. *Je n'ai pas trouvé mon homme.* ◆ *Homme des bois,* l'orang-outang, et par plaisanterie, un homme rustre, gauche, etc. ■ *Comme un seul homme,* tous ensemble, d'un commun accord. *Ils ont pris cette décision comme un seul homme.* ■ *D'homme à homme,* de façon directe et franche. *Parler d'homme à homme.* ■ **Pop.** Mari, compagnon. *Elle est venue avec son homme.* ◆ *L'homme est un loup pour l'homme,* il est impitoyable tel un loup, il est le plus grand prédateur de l'homme. ◆ *Jeune homme,* homme jeune ; homme célibataire.

HOMME-GRENOUILLE, ■ n. m. [ɔm(ə)grənuj] (*homme* et *grenouille*) Plongeur sous-marin professionnel. *Des hommes-grenouilles.*

HOMME-ORCHESTRE, ■ n. m. [ɔmɔrkɛstr] (*homme* et *orchestre*) Musicien qui déambule tout en jouant de plusieurs instruments simultanément. *Des hommes-orchestres.*

HOMME-SANDWICH, ■ n. m. [ɔm(ə)sɑ̃dwitʃ] (*homme* et *sandwich*) Homme qui déambule tout en portant sur le devant et sur le dos deux pancartes publicitaires. *Des hommes-sandwichs.*

1 HOMO, ■ n. m. et n. f. [omo] (abrév. de *homosexuel*) Voy. HOMOSEXUEL.

2 HOMO, ■ n. m. [omo] (lat. *homo, hominis,* homme) Espèce humaine. *Le genre homo.*

3 HOMO..., ■ [omo] Préfixe, du gr. *homos,* semblable.

HOMOCENTRIQUE, adj. [omosɑ̃trik] (3 *homo-* et *centre*) **Géom.** Qui a même centre ; concentrique.

HOMOCERQUE, ■ adj. [omoserk] (3 *homo-* et gr. *kerkos,* queue) **Zool.** Se dit de la nageoire caudale des esturgeons et de nombreux requins, constituée de lobes égaux.

HOMOCHROMIE, ■ n. f. [omokroni] (3 *homo-* et *-chromie*) **Didact.** Caractère de certains animaux à harmoniser leur propre coloration avec le milieu dans lequel ils vivent. *L'homochromie du caméléon.* ■ HOMOCHROME, adj. [omokrom]

HOMOCINÉTIQUE, ■ adj. [omosinetik] (3 *homo-* et *cinétique*) **Méc.** *Liaison homocinétique,* type de liaison à deux cardans symétriques entre un arbre mené et un arbre menant, permettant de transmettre un mouvement de rotation, sans variation de vitesse, quel que soit l'angle que forment les arbres.

HOMODONTE, ■ adj. [omodɔ̃t] (3 *homo-* et *-odonte*) **Zool.** Se dit d'un vertébré dont les dents sont de même taille et de même forme. *Un animal homodonte et un animal hétérodonte.*

HOMOFOCAL, ALE, ■ adj. [omofokal] (3 *homo-* et *focal*) **Géom.** De même foyer. *Des coniques homofocaux.*

HOMOGAMÉTIQUE, ■ adj. [omogametik] (3 *homo-* et *gamétique*) **Biol.** Se dit d'un sexe dont tous les gamètes sont du même type. *Chez les mammifères, la femelle est homogamétique.*

HOMOGAMIE, ■ n. f. [omogami] (3 *homo-* et *-gamie*) **Biol.** et **bot.** Qualité de certaines plantes à fleurs du même sexe. ■ Mariage de personnes appartenant au même milieu. *L'homogamie sociale est la plus fréquente, devant l'homogamie physique et l'homogamie géographique.*

HOMOGÈNE, adj. [omoʒɛn] (gr. *homogenês,* de même race, de même nature) Qui est de même nature, qui est de même nature qu'un autre objet. « *Formé d'une substance homogène à la sienne* », J.-J. ROUSSEAU. ◆ Formé de parties semblables. *Un tout homogène.* ◆ **Math.** *Quantités homogènes,* celles qui indiquent des objets de même nature. ■ Qui forme un ensemble cohérent. *Un groupe homogène.*

HOMOGÉNÉISATEUR, TRICE, ■ adj. [omoʒeneizatœr, tris] (*homogénéiser*) **Techn.** Qui permet d'homogénéiser des liquides. ■ N. m. *Un homogénéisateur.*

HOMOGÉNÉISATION, ■ n. f. [omoʒeneizasjɔ̃] (*homogénéiser*) **Didact.** et **techn.** Fait de rendre homogène. *L'homogénéisation de liquides. L'homogénéisation des prix.* « *Cette puissance d'homogénéisation est la grosse artillerie qui a fait tomber toutes les murailles de Chine* », DEBORD.

HOMOGÉNÉISÉ, ÉE, ▪ adj. [ɔmoʒeneize] (*homogénéiser*) Qui a subi une homogénéisation en parlant d'un liquide. *Du lait homogénéisé.*

HOMOGÉNÉISER, ▪ v. tr. [ɔmoʒeneize] (*homogène*) Rendre uniforme. *Homogénéiser le cadre légal de la protection intellectuelle au niveau européen.* ▪ HOMOGÉNÉISABLE, adj. [ɔmoʒeneizabl]

HOMOGÉNÉITÉ, n. f. [ɔmoʒeneite] (lat. scolast. *homogeneitas*) Qualité de ce qui est homogène.

HOMOGRAPHE, ▪ n. m. [ɔmograf] (3 *homo-* et *-graphe*) Mot qui s'écrit de la même façon mais qui ne se prononce pas forcément de la même façon. *Le prénom Marc et le marc de café sont des homographes.* ▪ Adj. *Des mots homographes.*

HOMOGRAPHIE, ▪ n. f. [ɔmografi] (*homographe*) Ling. Fait d'être homographes, pour des mots. ▪ Géom. Bijection associée à une fonction homographique. ▪ REM. C'est le mathématicien français Michel Chasles qui employa et définit pour la première fois en 1837 la notion d'homographie en géométrie.

HOMOGRAPHIQUE, ▪ adj. [ɔmografik] (*homographie*) Géom. Relatif à l'homographie. *Une transformation homographique.* ▪ Math. *Fonction homographique,* fonction que l'on définit par le rapport de deux fonctions que l'on représente par une hyperbole.

HOMOGREFFE, ▪ n. f. [ɔmograf] (3 *homo-* et *greffe*) Chir. Greffe dont le greffon provient d'un individu de la même espèce que celle du receveur. ▪ REM. On dit aussi *autogreffe, autoplastie.*

HOMOLOGATION, n. f. [ɔmologasjɔ̃] (*homologuer*) Action d'homologuer. ▪ Le résultat. ▪ Confirmation, validation.

HOMOLOGIE, ▪ n. f. [ɔmoloʒi] (gr. *homologia,* assentiment, convention) Didact. Caractère de deux structures prises chez deux organismes lorsque celles-ci sont héritées d'un ancêtre commun à ceux-ci ; caractère de deux structures qui, prises chez deux organismes différents, entretiennent avec les structures voisines les mêmes relations topologiques, les mêmes connexions, et ceci quelles que soient leurs formes et leurs fonctions. ▪ Géom. Correspondance de deux figures telles que les points correspondants de l'une et de l'autre soient deux à deux sur des droites concourant en un point unique et que les droites joignant les deux points de l'une et les deux points correspondants de l'autre se croisent sur une droite unique.

HOMOLOGUE, adj. [ɔmolɔg] (gr. *homologos,* qui est d'accord, concordant) Géom. Se dit des côtés qui, dans les figures semblables, se correspondent, et sont opposés à des angles égaux. ♦ Chim. *Corps homologues,* substances organiques qui remplissent les mêmes fonctions, suivent les mêmes lois de métamorphose. ▪ Anat. Se dit des parties du corps qui se correspondent d'une espèce à une autre. *Les membres supérieurs du mammifère et les ailes des oiseaux sont homologues.* ▪ N. m. et n. f. Personne qui remplit des fonctions analogues à celles d'une autre, dans un autre pays, une autre organisation. *Le ministre de l'Agriculture a rencontré son homologue italien.* ▪ Adj. Équivalent.

HOMOLOGUÉ, ÉE, p. p. d'homologuer. [ɔmologe]

HOMOLOGUER, v. tr. [ɔmologe] (gr. *homologein,* être d'accord, avoir du rapport avec) Confirmer par autorité de justice un acte fait entre particuliers. ▪ Reconnaître officiellement conforme à certaines normes. *Homologuer un véhicule.* ▪ Enregistrer officiellement. *Homologuer un record.*

HOMOMORPHISME, ▪ n. m. [ɔmomɔrfism] (*homo-* et *-morphisme*) Math. Application d'un ensemble pris dans un autre, tous deux suivant une loi de composition interne. ▪ Voy. MORPHISME.

HOMONCULE, ▪ n. m. [ɔmɔ̃kyl] (lat. *homunculus,* dim. de *homo,* homme) Homme de petite taille doté de pouvoirs naturels que les alchimistes prétendaient savoir fabriquer à partir de sperme et de sang. ▪ Vieilli Avorton. ▪ REM. On écrit aussi *homuncule.*

HOMONYME, adj. [ɔmonim] (gr. *homônumos*) Qui a même nom. ▪ N. m. et n. f. Il se dit de ceux qui portent le même nom. ♦ Gramm. *Mots homonymes* et n. m. *homonymes,* mots qui se prononcent de même, bien que l'orthographe ou l'origine du mot diffèrent ; par exemple *chêne* et *chaîne.* ▪ HOMONYMIQUE, adj. [ɔmonimik]

HOMONYMIE, n. f. [ɔmonimi] (gr. *homônumia*) Caractère de ce qui est homonyme. ♦ Jeux de mots fondés sur la ressemblance des sons.

HOMOPARENTAL, ALE, ▪ adj. [ɔmoparɑtal] (3 *homo-* et *parental*) Relatif à un couple de parents du même sexe. *Une cellule homoparentale. Les droits homoparentaux.* ▪ HOMOPARENTALITÉ, n. f. [ɔmoparɑtalite]

HOMOPHILE, ▪ n. m. [ɔmofil] (3 *homo-* et *-phile*) Homme attiré par les personnes du même sexe (parfois sans pratiques homosexuelles). ▪ REM. Ne s'emploie dans l'usage que pour les hommes. ▪ Adj. *Des pratiques homophiles.* ▪ HOMOPHILIE, n. f. [ɔmofili]

HOMOPHOBE, ▪ n. m. et n. f. [ɔmofɔb] (1 *homo-* et *-phobe*) Personne qui ne tolère ni les homosexuels ni l'homosexualité. ▪ Adj. *Un journal homophobe.* ▪ HOMOPHOBIE, n. f. [ɔmofobi]

HOMOPHONE, ▪ adj. [ɔmofɔn] (gr. *homôphonos,* qui parle la même langue, qui rend le même son) Ling. Se dit de lettres ou de mots qui se prononcent de la même façon. *F et ph sont homophones.* ▪ N. m. *Des homophones.*

HOMOPHONIE, n. f. [ɔmofoni] (gr. *homophônia,* ressemblance de sons) Mus. Espèce de musique qui s'exécutait par diverses voix ou par divers instruments à l'unisson ou à l'octave. ♦ Gramm. Son semblable de mots qui se prononcent de même. ▪ HOMOPHONIQUE, adj. [ɔmofonik]

HOMOPTÈRE, ▪ n. m. [ɔmoptɛr] (3 *homo-* et *-ptère*) Zool. Insecte hémiptère, aux ailes uniformes, suceur de sève et nuisible aux cultures. *Le puceron est un homoptère.*

HOMOSEXUEL, ELLE, ▪ adj. [ɔmosɛksɥɛl] (3 *homo-* et *sexuel*) Qui éprouve une attirance sexuelle pour les personnes du même sexe. ▪ Adj. *La communauté homosexuelle.* ▪ Abrév. Homo. *Des homos.* ▪ HOMOSEXUALITÉ, n. f. [ɔmosɛksɥalite]

HOMOSPHÈRE, ▪ n. f. [ɔmosfɛr] (3 *homo-* et *sphère*) Phys. Région atmosphérique, située en dessous de l'hétérosphère, où la composition de l'air est constante. *C'est dans l'homosphère que se situent les aurores boréales.*

HOMOTHERMIE, ▪ n. f. [ɔmotɛrmi] (*homo-* et *-thermie*) Phys. Caractère d'un corps dont la température est constante *La mer Méditerranée, lorsque l'on dépasse 200 m de profondeur, comporte une zone d'homothermie à 13° C.*

HOMOTHÉTIE, ▪ n. f. [ɔmotesi] (le second *t* se prononce *ss* ; *homothétique*) Math. Opération qui consiste à faire correspondre à tout élément d'un ensemble A un élément d'un ensemble B et un seul. *Une des principales propriétés de l'homothétie consiste à faire correspondre à une droite une autre droite qui lui est parallèle.* ▪ HOMOTHÉTIQUE, adj. [ɔmotetik]

HOMOZYGOTE, ▪ adj. [ɔmozigɔt] (*homo-* et *zygote*) Biol. Se dit d'une cellule ou d'un individu qui possède dans ses chromosomes des gènes identiques de la même paire de chromosomes. *Un individu est le plus souvent homozygote pour un seul gène.* ▪ Par extens. Se dit d'un organisme qui provient de la fusion de deux gamètes génétiquement identiques. ▪ N. m. et n. f. *Un, une homozygote.*

HOMUNCULE, ▪ n. m. [ɔmɔ̃kyl] Voy. HOMONCULE.

HONDURIEN, IENNE, ▪ adj. [ɔ̃dyrjɛ̃, jɛn] (*h* aspiré ; *Honduras*) Relatif à l'Honduras. *La culture hondurienne.* ▪ N. m. et n. f. Habitant ou originaire du Honduras. *Une Hondurienne.*

HONGRE, adj. m. [ɔ̃gr] (*h* aspiré ; *hongre, hongrois,* du lat *ungarus,* la coutume de castrer les chevaux venant de ce pays) En parlant d'un cheval, non entier, impropre à la reproduction. ▪ N. m. *Des hongres.*

HONGRÉ, ÉE, p. p. de hongrer. [ɔ̃gre]

HONGRER, v. tr. [ɔ̃gre] (*h* aspiré ; *hongre*) Rendre un cheval impropre à la reproduction.

HONGRIEUR, ▪ n. m. [ɔ̃grijœr] Voy. HONGROYEUR.

HONGROIERIE, n. f. [ɔ̃grwari] (*h* aspiré ; *hongroyer*) État, commerce, atelier du hongroyeur. ▪ REM. On dit aussi *hongroyage.*

HONGROYAGE, ▪ n. m. [ɔ̃grwajaʒ] Voy. HONGROIERIE.

HONGROYEUR, n. m. [ɔ̃grwajœr] (*h* aspiré ; *hongroyer*) ▷ Ouvrier qui façonne le cuir de Hongrie. ▪ REM. On disait aussi *hongrieur* autrefois. ◁

HONNÊTE, adj. [ɔnɛt] (lat. *honestus*) ▷ Conforme à la bienséance. *Il n'est pas honnête de se louer soi-même.* ◁ ♦ *Don honnête,* don qui convient à celui qui le fait et à celui qui le reçoit. ♦ *Habit honnête,* habit qui convient à la position de celui qui le porte. ♦ *Prix honnête,* prix proportionné à la juste valeur des choses. ▪ Voy. au sens analogue, *récompense honnête.* ▷ *Honnête homme,* celui qui a toutes les qualités propres à se rendre agréable dans la société (sens très usité au XVIIᵉ siècle). ◁ ♦ Le pluriel, en ce sens, est *honnêtes gens.* ♦ Honorable. « *Une retraite honnête pour les Français* », PELLISSON. ♦ Conforme à la probité, à la vertu, en parlant des choses. *Action honnête.* ♦ Qui se conforme à la probité, à la vertu, en parlant des personnes. *Une âme honnête.* ♦ À qui il n'y a rien à reprocher. *Famille honnête.* ♦ *Honnête homme,* homme d'honneur et de probité. ♦ Le pluriel d'honnête homme en ce sens est *honnêtes gens.* ♦ Ironiq. *Honnête coquin.* ♦ ▷ *Honnête femme,* celle qui est irréprochable dans sa conduite. ◁ ♦ Civil, poli. *Un homme honnête avec tout le monde.* ♦ En ce sens, il se met toujours après le nom de la personne. ♦ Il se dit aussi des choses. *Langage honnête.* ♦ Spécieux. *Excuse, refus honnête.* ♦ Fig. Qui n'est beaucoup ni au-dessus, ni au-dessous d'un certain taux, d'un certain niveau. *Honnête grosseur.* ♦ *Naissance, condition honnête,* naissance, condition moyenne. ♦ *Honnête aisance,* fortune qui permet de vivre agréablement et avec une certaine indépendance. ▪ N. m. Ce qui est moral, vertueux. *Quitter l'utile pour l'honnête.* ▪ Adj. Acceptable, correct. *Ce prix est honnête.*

HONNÊTEMENT, adv. [ɔnɛt(ə)mɑ̃] (*honnête*) ▷ Avec les bienséances qu'exige la société. ◁ ◆ D'une manière honorable. *Vivre honnêtement.* ◆ *En honnête homme,* au sens du XVIIᵉ siècle. ◆ Suffisamment, passablement.

HONNÊTETÉ, n. f. [ɔnɛt(ə)te] (anc. fr. *onesté*, du lat. *honestas*, refait d'après *honnête*) Conformité à ce qui est honnête, bienséant. *Les règles de l'honnêteté.* ◆ Conformité à l'honneur et à la probité. *L'honnêteté de l'âme, des principes, etc.* ◆ Ensemble des qualités qui font l'honnête homme, l'homme accompli selon le monde. ◆ ▷ Pudeur, modestie, chasteté. « *L'honnêteté d'une femme n'est pas dans les grimaces* », MOLIÈRE. ◆ Observation des bienséances de la société. *Il n'a pas eu l'honnêteté d'aller le voir.* ◁ ◆ *Acte, parole d'honnêteté.* ◆ Manière d'agir obligeante. *L'honnêteté de son procédé.* ◆ ▷ Cadeau qu'on fait par reconnaissance. ◁

HONNEUR, n. m. [ɔnœr] (lat. *honor*) Estime glorieuse qui est accordée à la vertu, au courage, aux talents. « *N'allons point à l'honneur par de honteuses brigues* », BOILEAU. ◆ **Ellipt.** *Honneur aux braves !* ◆ *Soutenir l'honneur du corps,* soutenir les prééminences, les privilèges de sa compagnie. ◆ *En honneur,* en estime et réputation. ◆ *Faire honneur à,* procurer estime et réputation. ◆ *Faire honneur à son pays.* ◆ *Faire honneur à sa naissance,* en soutenir l'éclat. ◆ ▷ *Faire honneur à une lettre de change, à sa signature,* payer une lettre de change, payer l'engagement qu'on a souscrit. ◁ ◆ *Faire honneur à ses affaires,* tenir tous ses engagements. ◆ *Faire honneur à quelqu'un d'une chose,* la lui attribuer. ◆ *Champ d'honneur,* champ de bataille. ◆ *Le besoin d'avoir de l'honneur,* des distinctions, des préférences. *L'honneur est le principe d'un gouvernement monarchique.* ◆ Le sentiment qui fait que l'on veut conserver la considération de soi-même et des autres. « *Les affronts à l'honneur ne se réparent point* », P. CORNEILLE. ◆ ▷ *Perdre quelqu'un d'honneur,* lui ôter toute l'estime dont il jouit. ◁ ◆ *Point d'honneur,* ce qui pique, excite, en fait d'honneur, et oblige à ne pas céder à, à ne pas reculer. ◆ **Par extens.** *Se faire un point d'honneur de quelque chose,* y mettre un soin comparé au soin qu'on a de son honneur. ◆ *Affaire d'honneur,* débat, démêlé où les parties croient leur honneur engagé, et dans un sens plus restreint, duel. ◆ *Dettes d'honneur,* dettes de jeu. ◆ Qualité qui nous porte à faire des actions nobles et courageuses ; vertu, probité. *C'est un homme plein d'honneur.* ◆ *Homme d'honneur,* qui a probité, franchise et générosité. ◆ Le pluriel en ce sens est *gens d'honneur.* ◆ *Par honneur,* comme si on était engagé par les lois de l'honneur. ◆ *Avec honneur,* en restant fidèle à l'honneur. ◆ *Sur l'honneur, sur mon honneur, en honneur, foi d'homme d'honneur,* ou **ellipt.** *d'honneur,* en vérité, assurément. ◆ *Parole d'honneur,* promesse faite sur l'honneur. ◆ *Honneur,* en parlant d'une femme, la chasteté ou le mariage légitime. ◁ ◆ *Femme d'honneur,* femme qui se conduit bien. ◆ Démonstration extérieure de respect, d'estime. « *Au vainqueur, non à moi, vous faites tout l'honneur* », P. COR-NEILLE. ◆ *Les honneurs suprêmes, les derniers honneurs, les honneurs funèbres, les honneurs de la sépulture,* les funérailles. ◆ ▷ *Obtenir les honneurs de la guerre,* ne pas rendre ses armes en abandonnant une place. ◁ ◆ **Fig.** *Sortir d'une querelle, d'un procès, etc. avec les honneurs de la guerre,* en sortir honorablement. ◁ ◆ *Place d'honneur,* la place réservée dans une cérémonie, dans un repas, à une personne qu'on veut honorer d'une distinction. ◆ *Cour d'honneur,* la cour principale d'une maison. On dit de même : *Escalier d'honneur.* ◆ *En honneur de, à l'honneur de,* pour faire honneur à. ◆ *Faire les honneurs d'une maison,* recevoir selon les règles de la politesse ceux qui viennent dans la maison. ◆ **Fig.** *Faire les honneurs de son esprit,* montrer de l'esprit. ◆ *Faire les honneurs de quelqu'un,* en parler. **Ironiq.** En mal parler. ◆ **Fam.** *Faire honneur à un repas,* y bien manger. ◆ Distinction qui flatte, qui honore. « *Vous leur fîtes, seigneur, en les croquant, beaucoup d'honneur* », LA FONTAINE. ◆ ▷ *L'honneur du pas,* la préséance. ◁ ◆ *Honneur* se met en ce sens avec *de* et un verbe à l'infinitif. *L'honneur d'appartenir à l'Académie.* ◆ *J'ai l'honneur de vous saluer,* formule de civilité au bas d'une lettre. ◆ ▷ *Tenir à honneur,* regarder comme une distinction. ◁ ◆ *Se faire un honneur,* regarder comme honorable. ◆ **Ironiq.** *Faire beaucoup d'honneur à quelqu'un,* lui faire bien de l'honneur, le traiter mieux qu'il ne faut. ◆ **Fig.** *Avoir l'honneur de,* venir à bout de, faire que. « *Madame de Langeron doit avoir l'honneur de ce changement* », MME DE SÉVIGNÉ. ◆ **Fig.** *À... honneur,* avec un pronom possessif, heureusement, avec succès. « *À son honneur elle en sortit* », LA FONTAINE. ◆ *Légion d'honneur,* ordre institué en France pour récompenser les services militaires et les mérites de toute sorte. ◆ *Chevalier d'honneur, dame d'honneur,* personnes de qualité attachées au service d'une princesse. ◆ *Garçon, fille d'honneur,* celui, celle qui, pendant la cérémonie nuptiale, assistent le marié, la mariée. ◆ *Président d'honneur,* président honoraire. ◆ Dans le langage poétique ou élevé, au pluriel, *les honneurs,* l'éclat de la gloire. *Les honneurs de la terre.* ◆ Au pl. Dignité, charge. *Élevé aux premiers honneurs. Les honneurs de l'Église.* ◆ *Les honneurs,* se dit, en parlant des grandes cérémonies, telles que le sacre des rois, etc. des pièces principales qui servent à la cérémonie, comme le sceptre, etc. ◆ ▷ **Fig.** Il se dit de ce qui fait l'ornement. *Ce roi, l'honneur des souverains.* ◁ ◆ ▷ Au jeu, *la partie d'honneur,* la troisième partie que l'on joue, quand chacun des deux joueurs en a gagné une. ◁ ◆ **Absol.** *L'honneur, la partie d'honneur.* ◁ ◆ Les figures d'atout. *J'ai un honneur, deux honneurs.* ◆ **Prov.** *Les honneurs changent les mœurs. À tous seigneurs tous honneurs,* ou *à tout seigneur tout honneur,* il faut rendre honneur à qui il appartient. ■ *Honneurs militaires,* cérémonie au cours de laquelle les militaires rendent hommage à une personnalité. ■ *Pour l'honneur,* de façon désintéressée. *Il a accepté pour l'honneur.* ■ **REM.** On ne dit plus aujourd'hui *la partie d'honneur,* mais *la belle.*

HONNI, IE, p. p. de honnir. [ɔni] *Honni soit qui mal y pense !* devise de l'ordre anglais de la Jarretière.

HONNIR, v. tr. [ɔnir] (*h* aspiré ; anc. b. frq. *haunjan*, railler, insulter) ▷ Faire honte à quelqu'un. *On le honnira s'il abandonne son parti.* ◁ ◆ **Absol.** « *On ne l'écoutait pas, on sifflait, on honnissait* », DIDEROT. ◆ Couvrir de honte, déshonorer. « *Quoi ! ne tient-il qu'à honnir des familles ?* », LA FONTAINE.

HONNISSEMENT, n. f. [ɔnis(ə)mɑ̃] (*h* aspiré ; *honnir*) ▷ Action de honnir. ◁

HONNISSEUR, n. m. [ɔnisœr] (*h* aspiré ; *honnir*) ▷ Celui qui honnit. ◁

HONORABILITÉ, n. f. [ɔnɔrabilite] (*honorable*, d'après le lat. *honorabilis*) Qualité d'une personne honorable.

HONORABLE, adj. [ɔnɔrabl] (lat. *honorabilis*) Qui attire de l'honneur et du respect, en parlant des choses. ◆ ▷ **Hérald.** *Pièces honorables de l'écu,* les pièces principales et ordinaires. ◁ ◆ Digne d'estime, qui mérite d'être honoré, en parlant des personnes. *Une vieillesse honorable.* ◆ Qui vit noblement, grandement. *C'est un homme fort honorable.* ◆ On dit de même : *Il tient une maison honorable, etc.* ◆ *Honorable* est un terme de politesse qui se dit d'un membre d'une chambre parlementaire. *L'honorable M. N.* ◆ **N. m.** *Un honorable.* ◆ *Amende honorable,* Voy. AMENDE.

HONORABLEMENT, adv. [ɔnɔrabləmɑ̃] (*honorable*) D'une manière honorable. *Parler honorablement de quelqu'un.* ◆ D'une manière qui fait honneur. *Il a été enterré très honorablement.*

1 HONORAIRE, adj. [ɔnɔrɛr] (lat. *honorarius,* destiné à honorer) Qui, après avoir exercé longtemps une charge, en conserve le titre et les prérogatives honorifiques. *Un président honoraire.*

2 HONORAIRE, n. m. [ɔnɔrɛr] (lat. *honorarium,* rétribution d'une charge publique) Rétribution qu'on donne pour leurs services à ceux qui exercent une profession qualifiée d'honorable, tels que les avocats, les médecins, etc. ◆ Aujourd'hui, il s'emploie le plus souvent au pluriel, sans avoir la signification du pluriel. ◆ **Chancell.** Droit d'expédition et de signature.

HONORARIAT, n. m. [ɔnɔrarja] (*honoraire*) La qualité d'honoraire.

HONORÉ, ÉE, p. p. d'honorer. [ɔnɔre] Il s'emploie par politesse entre les personnes de la même profession. *Mon honoré confrère.*

HONORER, v. tr. [ɔnɔre] (lat. *honorare*) Rendre honneur et respect. *Honore ton père et ta mère.* ◆ Accorder des marques d'honneur, des distinctions. ◆ **Absol.** « *Le roi ne sait que c'est d'honorer à demi* », P. CORNEILLE. ◆ Accorder comme une distinction, comme une faveur. « *Honore d'un regard ton épouse fidèle* », VOLTAIRE. ◆ Il se dit de la chose accordée comme honneur. *Votre confiance m'honore.* ◆ Avoir beaucoup d'estime pour quelqu'un. ◆ Donner un caractère honorable à une chose. « *Des âmes oisives qui n'achètent ces titres vains de dignité que pour honorer leur paresse* », FLÉCHIER. ◆ Faire honneur à, être l'honneur de. *Cet homme honore son pays.* ◆ Il se dit aussi des choses qui font honneur. « *Qu'il est doux de porter un nom qui nous honore* », M.-J. CHÉNIER. ◆ Témoigner ses respects. « *J'honore de tout mon cœur madame votre sœur* », BOSSUET. ◆ Par formule de politesse : *La lettre, la visite dont vous m'avez honoré.* ◆ **Comm.** Accepter et payer avant la remise des fonds. *Honorer une lettre de change.* ◆ *S'honorer,* v. pr. Faire une chose qui honore. *Il s'est honoré par cette action.* ◆ S'attirer de la considération. ◆ Tirer vanité, honneur d'une chose. « *Et qui de ma faveur se voudrait honorer ?* », RACINE. ◆ Avoir une estime réciproque l'un pour l'autre.

HONORES (AD), [adɔnɔrɛs] (lat. *ad,* pour, et *honores,* accus. plur. de *honos*) Expression empruntée au latin, dont on se sert en parlant de certains titres sans fonction et sans émoluments. *Une place ad honores.*

HONORIFIQUE, adj. [ɔnɔrifik] (lat. *honorificus*) Qui procure des honneurs. *Titre honorifique.*

HONORIFIQUEMENT, adv. [ɔnɔrifik(ə)mɑ̃] (*honorifique*) ▷ D'une manière honorifique. ◁

HONORIS CAUSA, ■ adj. [ɔnɔriskoza] (lat., pour l'honneur, de *honoris,* génitif de *honos,* et *causa,* « préposition » postposée, pour) Se dit d'un grade universitaire donné à titre honorifique. *Docteur honoris causa.*

HONTE, n. t. [ɔ̃t] (*h* aspiré ; anc. b. frq. *haunipa,* dédain, raillerie) Déshonneur, opprobre, humiliation. « *Se plaindre est une honte* », P. CORNEILLE. ◆ *Être la honte, faire la honte de sa famille,* lui faire un grand déshonneur. ◆

À la honte de, en causant déshonneur. ♦ **Fam.** *C'est une honte, c'est grand-honte* ▷ *, il ne convient pas, il est messéant.* ◁ ♦ *Il se dit* **au pl.** « *La plus brillante fortune ne mérite point les hontes que j'essuie* », LA BRUYÈRE. ♦ ▷ **Fam.** *Faire mille hontes,* accabler d'outrages. ◁ ♦ Sentiment pénible qu'excite dans l'âme la pensée ou la crainte du déshonneur. *Il n'eut point de honte d'écrire que, etc.* « *Seigneur, ce que je suis ne me fait point de honte* », P. CORNEILLE. ♦ *Avoir honte,* éprouver de la honte. « *Il eut honte de se voir vaincu* », FÉNELON. ♦ On le dit aussi au pluriel en ce sens. « *J'aurais toutes les hontes du monde, s'il fallait que...* », MOLIÈRE. ♦ On dit également : *Je n'ai point honte d'avoir fait cela, et je n'ai point de honte d'avoir fait cela. Faire honte à quelqu'un,* être pour lui une cause de honte. ♦ **Poétiq.** *Faire honte,* éclipser. ♦ *Faire honte,* faire des reproches qui causent de la honte, de la confusion. « *Qu'il sache faire honte à tous ceux qui aiment une dépense fastueuse* », FÉNELON. ♦ ▷ *Avoir perdu toute honte, mettre bas toute honte, avoir toute honte bue,* être insensible au déshonneur. ◁ ♦ *Courte honte,* insuccès. « *Tu me vois avec ma courte honte* », TH. CORNEILLE. ♦ *Mauvaise honte,* fausse honte de ce qui n'est pas blâmable, et quelquefois même de ce qui est louable. « *La mauvaise honte est le mal le plus dangereux* », FÉNELON. ♦ *Fausse honte,* timidité mal placée, honte non justifiée.

HONTEUSEMENT, adv. [ɔ̃tøz(ə)mɑ̃] (*h* aspiré ; *honteux*) D'une manière honteuse, ignominieuse.

HONTEUX, EUSE, adj. [ɔ̃tø, øz] (*h* aspiré ; *honte*) Qui cause de la honte, de l'ignominie. *De honteux moyens. Être honteux à,* causer de la honte à. « *Toute excuse est honteuse aux esprits généreux* », P. CORNEILLE. ♦ Digne d'ignominie, en parlant des personnes. ♦ Qui a de la honte, de la confusion. « *Mais de cette faiblesse un grand cœur est honteux* », P. CORNEILLE. ♦ *Honteux de soi-même,* qui éprouve de la confusion pour quelque action qu'il a faite. ♦ Qui éprouve facilement le sentiment de la confusion. « *Il faut que les jeunes gens qui entrent dans le monde soient honteux ou étourdis* », LA ROCHEFOUCAULD. ♦ *Pauvres honteux,* ceux qui n'osent faire connaître publiquement leur misère. ♦ **Par extens.** *Honteux* se dit de celui qui n'ose avouer publiquement une opinion qu'il approuve secrètement. ♦ Qui exprime la confusion, la timidité, en parlant de l'air, des manières. *Un air honteux.* ♦ ▷ **Fig.** *Le morceau honteux,* le dernier morceau qui reste dans un plat, et auquel personne n'ose toucher. ◁ ♦ **Prov.** *Il n'y a que les honteux qui perdent,* souvent on ne réussit pas faute de hardiesse.

HOOLIGAN ou **HOULIGAN,** ▪ n. m. et n. f. [uligan] (*h* aspiré ; mot angl., loubard, de Patrick *Hooligan,* truand irlandais qui a assassiné un policier londonien en 1898) Supporter d'une équipe sportive qui se livre à des actes violents et de vandalisme. « *Ces fanatiques fous furieux abreuvés de haine et de bière ... Y a pas de gonzesse hooligan imbécile et meurtrière* », RENAUD.

HOOLIGANISME ou **HOULIGANISME,** ▪ n. m. [uliganism] (*h* aspiré ; *Hooligan*) Saccage de groupe. *Le hooliganisme, phénomène de violence observé en marge du sport et plus particulièrement pour le football, est apparu en Angleterre à la fin du XIXᵉ siècle.*

HOP, ▪ interj. [ɔp] (*h* aspiré ; onomat.) Interjection utilisée pour stimuler ou accompagner un saut. *Allez hop !* « *Vous regardez la télé et hop, par surprise, tout habillé, la lumière allumée, vous vous endormez d'un coup* », BRISAC.

HÔPITAL, n. m. [ɔpital] (b. lat. *hospitale,* lieu de refuge, d'accueil) ▷ Établissement où l'on reçoit gratuitement ou soigne les pauvres, des infirmes, des enfants, des malades. ♦ *Hôpital ambulant,* Voy. AMBULANT. ♦ **Par extens.** « *Le monde est un grand hôpital de tout le genre humain qui doit exciter votre compassion* », FÉNELON. ♦ *C'est un hôpital,* se dit d'une maison dans laquelle plusieurs personnes sont malades. ♦ ▷ **Fig.** Misère, pauvreté. « *Un homme qui me réduit à l'hôpital* », MOLIÈRE. ◁ ♦ *Prendre le chemin de l'hôpital,* se ruiner par des dépenses excessives ou par de mauvaises spéculations. ◁ ▪ Établissement public où l'on reçoit les personnes dont l'état de santé nécessite des soins médicaux ou chirurgicaux. ▪ *Hôpital psychiatrique,* hôpital spécialisé où l'on accueille et traite les personnes atteintes de troubles mentaux. ▪ **Au pl.** *Des hôpitaux.*

HOPLITE, n. m. [ɔplit] (gr. *hoplitês,* de *hoplon,* arme) Soldat grec d'infanterie pesamment armé.

HOQUET, n. m. [ɔkɛ] (*h* aspiré ; onomat. *hok-,* bruit de coup, de choc) Contraction spasmodique du diaphragme, avec secousse brusque, bruit inarticulé. *Avoir le hoquet.* ♦ ▷ *Le hoquet de la mort,* le hoquet qui survient souvent aux mourants. ◁

HOQUETANT, ANTE, ▪ adj. [ɔk(ə)tɑ̃, ɑ̃t] (*h* aspiré ; *hoqueter*) Qui a le hoquet. ▪ **Par extens.** Qui produit une respiration saccadée ressemblant au hoquet. *Un rire hoquetant.*

HOQUETER, v. intr. [ɔk(ə)te] (*h* aspiré ; *hoquet*) Avoir le hoquet. ▪ Produire une respiration saccadée ressemblant au hoquet. *Elle hoqueta son nom entre deux sanglots.*

HOQUETON, n. m. [ɔk(ə)tɔ̃] (*h* aspiré ; ar. *al qutun,* le coton) Casaque brodée que portaient les archers du grand prévôt, du chancelier, etc. ♦ **Par extens.** Archer qui était revêtu du hoqueton. ♦ Casaque, en général.

HORAIRE, adj. [ɔrɛr] (lat. médiév. *horarius*) Qui a rapport aux heures. *Les lignes horaires d'un cadran.* ♦ *Cercles horaires,* certains cercles de la sphère céleste. ♦ Qui se fait par heure. *Mouvement horaire.* ♦ *Fleur horaire,* fleur qui ne vit guère plus d'une heure. ▪ N. m. Indication des heures de départ et d'arrivée d'un moyen de transport ou des heures d'ouverture et de fermeture d'un service. *Un changement d'horaire.* ▪ Tableau qui indique ces heures. *Consulter l'horaire des chemins de fer.* ▪ Emploi du temps. *Avoir un horaire chargé.*

HORDE, n. f. [ɔrd] (*h* aspiré ; mongol *orda,* le camp et la cour du roi) ▷ Troupe de Tartares réunis et de même race, qui, n'ayant pas d'habitation fixe, mènent une vie vagabonde, et campent sous des tentes ou sur des chariots [1]. ◁ ♦ *Grande horde* ou *horde d'or,* la plus puissante tribu des Mongols. ♦ **Par extens.** Peuplade errante. ♦ Troupe d'hommes indisciplinés et livrés à toute sorte de désordres. ▪ **Par extens.** Une masse de personnes. « *Une horde d'enfants porteuse de joie s'élançait sur la montagne* », BARRÈS. ▪ REM. 1 : La notion de race ne repose sur aucun fondement scientifique et a une connotation raciste.

HORION, n. m. [ɔrjɔ̃] (*h* aspiré ; orig. incert. : p.-ê. anc. fr. *orillon,* coup sur l'orteille) Coup rudement déchargé. ♦ Sorte de maladie, Voy. TAC.

HORIZON, n. m. [ɔrizɔ̃] (gr. *horizôn,* de *horos,* borne, limite) Ligne circulaire, variable en chaque lieu, dont l'observateur est le centre et où le ciel et la terre semblent se joindre. ♦ *Être sur l'horizon,* être visible dans la portion du ciel que l'observateur embrasse. **Fig.** Se montrer, être en représentation. ♦ *Horizon visuel* ou simplement *horizon,* la partie de la surface terrestre où se termine notre vue ; la partie du ciel qui lui est voisine. *L'horizon est chargé de nuages.* ♦ **Géogr.** et **astron.** *Horizon rationnel,* grand cercle de la sphère, celui qui est perpendiculaire au rayon qui passe par les pieds de l'observateur. ♦ **Fig.** Étendue. *Plus on s'élève, plus l'horizon s'agrandit.* ♦ **Fig.** Espace dans lequel l'esprit, l'intelligence agit. *L'horizon de l'humanité s'agrandit. L'horizon politique* Ellipt. *l'horizon,* l'état des affaires politiques. *L'horizon se rembrunit.* ♦ **Peint.** Ligne qui termine le ciel d'un tableau. ▪ Avenir, futur. *Avoir un horizon bouché.* ▪ *À l'horizon* (suivi d'un millésime), dans la perspective de. *À l'horizon 2020.* ▪ *Faire un tour d'horizon,* exposer rapidement les différents aspects d'un sujet. ♦ **Géol.** Couche d'un sol.

HORIZONTAL, ALE, adj. [ɔrizɔtal] (lat. *horizon,* génit. *horizontis*) Qui est parallèle à l'horizon. *Terrains horizontaux. Plan horizontal. Ligne horizontale.* ♦ *Se mettre dans la position horizontale,* se coucher. ♦ Qui se rapporte, qui a lieu à l'horizon. *Parallaxe horizontale.* ♦ N. f. Position horizontale. *Être à l'horizontale.*

HORIZONTALEMENT, adv. [ɔrizɔtal(ə)mɑ̃] (*horizontal*) Parallèlement à l'horizon.

HORIZONTALITÉ, ▪ n. f. [ɔrizɔtalite] (*horizontal*) Propriété de ce qui est horizontal. *Vérifier l'horizontalité du sol avant de construire une maison.* « *L'absence totale de lignes ascendantes dans ce panorama urbain compact ramène à l'horizontalité de la ville antique* », GRACQ.

HORLOGE, n. f. [ɔrlɔʒ] (lat. *horologium,* du gr. *hôrologion,* cadran solaire, litt. instrument qui dit l'heure) Instrument destiné à marquer les heures. ♦ *Horloge solaire,* cadran solaire. ♦ *Horloge de sable,* Voy. SABLIER. ♦ *Horloge d'eau* ou *horloge à eau,* Voy. CLEPSYDRE. ♦ Machine destinée à marquer et à sonner les heures, et servant à un usage public. ♦ *Monter, remonter une horloge,* en bander les ressorts ou en hausser les poids. ♦ *Régler une horloge,* la mettre à l'heure d'après le soleil. ♦ *Il est réglé comme une horloge, c'est une horloge,* il est régulier dans ses habitudes. ♦ **Fam.** *Une heure d'horloge,* Voy. HEURE. ♦ *Horloge de Flore,* plantes rangées par ordre et qui indiquent par leur ouverture et leur clôture successives l'heure qu'il est. ▪ *Horloge interne* ou *horloge biologique,* ensemble des mécanismes physiologiques qui règlent les fonctions de l'organisme chez les êtres vivants.

HORLOGER, ÈRE, n. m. et n. f. [ɔrlɔʒe, ɛr] (*horloge*) Personne qui fait, qui répare les horloges, les pendules, les montres. ♦ N. f. *Horlogère,* la femme d'un horloger. ▪ Adj. Qui concerne l'horlogerie. *L'industrie horlogère.*

HORLOGERIE, n. f. [ɔrlɔʒ(ə)ri] (*horloge*) Art de faire des horloges, des pendules, des montres. ♦ *Les ouvrages d'horlogerie.* ♦ *Commerce d'horlogerie.* ♦ Lieu où l'on fabrique l'horlogerie.

HORMIS, prép. [ɔrmi] (*h* aspiré ; *hors* et *mis*) Excepté. « *Hormis toi, tout chez toi rencontre un doux accueil* », BOILEAU. ♦ Avec un infinitif. « *Tout, hormis lui déplaire* », P. CORNEILLE. ♦ Adv. « *Vous avez écrit à tout le monde, hormis à moi* », MME DE SÉVIGNÉ. ♦ HORMIS QUE, loc. conj. Si ce n'est que.

HORMONAL, ALE, ▪ adj. [ɔrmonal] (*hormone*) Relatif aux hormones. *Prendre des traitements hormonaux.*

HORMONE, ■ n. f. [ɔʁmɔn] (gr. *horman*, exciter) Substance sécrétée dans le corps par une glande endocrine transportée par le sang jusqu'à l'organe qu'elle est chargée de réguler.

HORMONOLOGIE, ■ n. f. [ɔʁmɔnɔlɔʒi] (*hormone* et *-logie*) Science des hormones. *Un laboratoire d'hormonologie expérimentale.*

HORMONOTHÉRAPIE, ■ n. f. [ɔʁmɔnoteʁapi] (*hormone* et *thérapie*) Méd. Traitement par les hormones. *Entre autres, l'hormonothérapie se rapporte à l'emploi thérapeutique de l'œstrogène et de la progestérone pour compenser les taux décroissants de ces hormones au cours de la ménopause.*

HORNBLENDE, ■ n. f. ['ɔʁnblɛd] (*h* aspiré ; all. *horn*, corne et *blenden*, briller) Minéral silicaté de couleur verte ou brune appartenant au groupe des amphiboles, que l'on trouve principalement dans les roches magmatiques et dont la caractéristique principale réside dans son angle de clivage de 120°. *La hornblende se compose de deux variétés, la hornblende commune et la hornblende basaltique.*

HORODATÉ, ÉE, ■ adj. [ɔʁodate] (*horo-* et *-daté*) Se dit d'un document sur lequel la date et l'heure sont indiquées. *Stationnement horodaté.*

1 HORODATEUR, ■ n. m. [ɔʁodatœʁ] (*horo-* et *-dateur*) Appareil imprimant la date et l'heure. ■ Borne de paiement pour le stationnement d'un véhicule, en fonction de son heure d'arrivée et du temps de stationnement prévu par le conducteur.

2 HORODATEUR, TRICE, ■ adj. [ɔʁodatœʁ, tʁis] (*horo-* et *-dateur*) Se dit d'un appareil imprimant automatiquement la date et l'heure. *L'utilisation de bornes horodatrices dans certaines épreuves sportives.*

HOROGRAPHIE, n. f. [ɔʁoɡʁafi] (gr. *hôra*, toute division du temps, et *graphein*, écrire, tracer) ▷ Art de faire des cadrans, nommé autrement *gnomonique.* ◁

HOROGRAPHIQUE, adj. [ɔʁoɡʁafik] (*horographie*) ▷ Qui a rapport à l'horographie. ◁

HOROKILOMÉTRIQUE, ■ adj. [ɔʁokilometʁik] (*horo-* et *kilomètre*) Relatif à une vitesse qui est exprimée en kilomètres par heure. *Un compteur horokilométrique.*

HOROSCOPE, n. m. [ɔʁoskɔp] (gr. *hôroskopeion*, de *hôra*, heure [natale] et *skopein*, observer) Le point de l'écliptique qui se trouve à l'horizon quand un enfant naît. ◆ Connaissance que les astrologues prétendaient tirer, pour l'avenir, de la situation où se trouvent les planètes et certaines étoiles, au moment de la naissance d'un homme ou d'une femme. *Tirer l'horoscope de quelqu'un. Un faiseur d'horoscope.* ◆ Fig. Ce qu'on prédit par simple conjecture sur une personne ou sur une chose.

HORREUR, n. f. [ɔʁœʁ] (lat. *horror*) La sensation physique qui fait que la peau devient chair de poule et que les cheveux se hérissent. « *D'une subite horreur leurs cheveux se hérissent* », BOILEAU. ◆ Se dit des choses qui causent un sentiment d'effroi mêlé d'admiration, de respect, etc. « *Il est saisi d'une horreur divine* », FÉNELON. « *La religieuse horreur de l'église gothique* », CHATEAUBRIAND. ◆ Mouvement accompagné de frémissement et causé par quelque chose d'affreux. *Ce spectacle me glaça d'horreur.* ◆ Sentiments d'horreur. « *Que d'horreurs vous me jetez dans l'âme !* », P. CORNEILLE. ◆ Faire horreur, exciter le sentiment de l'horreur. ◆ ▷ Fam. *Cela fait horreur*, se dit d'une chose extrêmement laide, ou faite sans goût, sans habileté. ◁ ◆ *C'est une horreur*, c'est une personne, une chose affreuse. ◆ Haine, aversion, dégoût, exécration. « *L'injuste horreur qu'elle [Rome] eut toujours des rois* », P. CORNEILLE. ◆ *Avoir horreur de*, éprouver une aversion mêlée de dégoût. ◆ *Être en horreur à quelqu'un*, lui inspirer une haine mêlée d'horreur. ◆ Objet d'horreur. « *Il devint l'horreur du genre humain* », BOSSUET. ◆ Phys. *Horreur du vide*, antipathie par laquelle on supposait que la nature tendait toujours à combler les vides à mesure qu'ils se formaient. ◆ Ce que certaines choses ont d'effrayant. *L'horreur d'un cachot, des combats, de la nuit, etc.* ◆ *L'horreur d'un supplice*, la cruauté d'un supplice. ◆ Fig. Il se dit des souffrances morales. *L'horreur de ma situation.* ◆ Au pl. dans un sens analogue, *les horreurs de la guerre, de la famine, etc.* ◆ *Les horreurs de la mort*, les angoisses de l'agonie. ◆ ▷ Une belle horreur, se dit des choses qui font éprouver un sentiment d'effroi mêlé d'admiration. *La belle horreur d'un orage.* ◁ ◆ L'énormité d'une action cruelle, infâme. « *Un tel excès d'horreur rend mon âme interdite* », RACINE. ◆ Au pl. dans le même sens. *La vie de ce tyran n'est qu'un tissu d'horreurs.* ◆ Les choses déshonorantes qu'on attribue à quelqu'un. *Dire des horreurs de quelqu'un.* ◆ Fam. Injures. *Il nous a dit des horreurs.* ◆ Propos obscènes.

HORRIBLE, adj. [ɔʁibl] (lat. *horribilis*) Qui fait horreur. *Spectacle horrible.* ◆ Très mauvais. *Des chemins horribles.* ◆ Fam. Extrême, excessif. *Un froid horrible. Une dépense horrible.*

HORRIBLEMENT, adv. [ɔʁibləmɑ̃] (*horrible*) D'une manière horrible. ◆ Fam. Très mal. *Je joue horriblement.* ◆ Fam. Extrêmement, excessivement. *Elle est horriblement laide.*

HORRIFIANT, ANTE, ■ adj. [ɔʁifjɑ̃, ɑ̃t] (*horrifier*) Terrifiant, qui horrifie. *Une histoire de meurtre horrifiante.*

HORRIFIÉ, ÉE, ■ adj. [ɔʁifje] (*horrifier*) Qui est terrifié. *Elle était horrifiée quand elle a appris le décès de son frère.*

HORRIFIER, ■ v. tr. [ɔʁifje] (lat. *horrificare*, hérisser) Remplir d'effroi et de terreur. *Ce drame a horrifié toute la communauté.* ■ Par extens. Frapper d'indignation. *Sa conduite m'a horrifiée.*

HORRIFIQUE, ■ adj. [ɔʁifik] (lat. *horrificus*) Qui produit de l'horreur. *L'actualité horrifique d'un pays en guerre.*

HORRIPILANT, ANTE, ■ adj. [ɔʁipilɑ̃, ɑ̃t] (lat. *horripilare*, avoir le poil hérissé) Qui donne la chair de poule, horrifie. ■ Fam. Qui exaspère. *Il a un rire horripilant.*

HORRIPILATEUR, ■ adj. m. [ɔʁipilatœʁ] (*horripiler*) Qui provoque l'exaspération extrême de quelqu'un. ■ Physiol. *Muscle horripilateur*, muscle dont la contraction provoque l'horripilation.

HORRIPILATION, n. f. [ɔʁipilasjɔ̃] (b. lat. *horripilatio*) Méd. Frissonnement général qui précède la fièvre, et pendant lequel les poils se dressent sur la surface du corps. ■ Fig. Irritation, agacement extrême. « *De là cette horripilation du monde contre nous (non sans mélange parfois d'un secret attendrissement), justifiée, plus encore que par notre agression, par notre médiocrité* », CLAUDEL.

HORRIPILER, v. tr. [ɔʁipile] (lat. *horripilare*, avoir le poil hérissé) Néol. Causer un sentiment de crainte ou d'irritation. *Ce propos l'horripila.* ◆ S'horripiler, v. pr. Devenir horripilé. ■ Hérisser, causer l'horripilation de. *Ce bruit incessant l'horripile.* ■ REM. Est aujourd'hui littéraire.

HORS, adv. ['ɔʁ] (*h* aspiré ; *dehors*) À l'extérieur de. « *Mettre vos meubles hors, et faire place à d'autres* », MOLIÈRE. ◆ ▷ Fig. Si ce n'est. « *Vous commandez à tout ici hors à vous-mêmes* », BEAUMARCHAIS. ◁ ◆ Prép. À l'extérieur de. « *Nulle des sœurs ne faisait long séjour Hors du logis* », LA FONTAINE. ◆ *Hors la main*, se dit d'un cheval qui n'obéit point à la bride. ◆ Fig. *Mettre hors la loi*, se dit d'un pouvoir qui, mettant un homme hors de la protection de la loi, déclare qu'il suffira de constater son identité pour l'envoyer au supplice sans jugement. ◆ Fig. Excepté. « *Nul n'aura de l'esprit, hors nous et nos amis* », MOLIÈRE. ◆ *Hors que*, avec un verbe à l'indicatif ou au conditionnel, excepté que. ◆ *Hors que... ne*, avec un verbe au subjonctif, signifie à moins que. ◆ *Hors*, avec un verbe à l'infinitif précédé de la préposition *de*, à l'exception de. « *Tout est crime hors d'être musulman* », VOLTAIRE. ◆ HORS DE, loc. prép. Exprime exclusion du lieu et des choses considérées comme ayant quelque rapport au lieu. *Hors de Paris.* ◆ « *Notre souverain bien ne peut être hors de Dieu* », BOURDALOUE. ◆ Ellipt. *Hors d'ici, hors de là*, sortez d'ici, retirez-vous de là. ◆ Fig. *Être hors de soi*, être dans un état d'agitation extrême. ◆ *Mettre quelqu'un hors de lui*, l'impatienter, l'irriter. ◆ Dr. *Mettre hors de cour* ou *hors de cour et de procès*, renvoyer les parties en déclarant qu'il n'y a pas lieu de prononcer un jugement. ◆ *Mettre hors de cause*, déclarer qu'une personne ne doit pas être partie au procès. *Être hors de cause.* ◆ Fig. *Cela est hors de cause*, il n'est pas question de cela. ◆ *Hors d'œuvre* et *Hors-d'œuvre*, Voy. ŒUVRE. ◆ Fig. *Hors de*, exprimant l'exclusion de la chose indiquée par le complément, sans aucun rapport au lieu. « *Le plein calme est un bien hors de notre puissance* », P. CORNEILLE. ◆ ▷ Hors de dispute, incontestable. ◁ ◆ *Hors d'haleine*, essoufflé. ◆ *Ce malade est hors d'affaire*, il ne court plus aucun danger. ◆ *Hors de prix*, d'un prix excessif. ◆ *Être hors de combat*, n'être plus en état de combattre, et Fig. être réduit à l'impossibilité de continuer une lutte, une entreprise. ◆ *Être hors de service*, se dit d'une chose qui ne peut plus servir. ◆ Fig. *Hors de là*, cela ôté, à part cela. *Sévère dans l'exercice de ses fonctions, hors de là très indulgent.* ◆ *Hors de*, exprimant l'exclusion par rapport au temps. *Nous voilà hors de l'hiver.* ■ *Hors d'usage*, qui ne peut plus servir. ■ *Hors de question*, exprime le refus, l'impossibilité. *Il est hors de question que tu sortes.* ■ *Hors pair*, exceptionnel. *C'est un athlète hors pair.* ■ REM. On ne dit plus auj. *être hors de service*, mais *être hors service* ou *HS.* Voy. hors service.

HORSAIN ou **HORSIN**, ■ n. m. ['ɔʁsɛ̃] (*h* aspiré ; *hors* sur le modèle de *forain*) Normand. Étranger.

HORS-BORD, ■ adj. inv. ['ɔʁbɔʁ] (*h* aspiré ; *hors* et *bord*) Qualifie le moteur situé à l'extérieur d'un bateau. *Un moteur hors-bord.* ■ N. m. inv. Par méton. Bateau muni de ce dispositif. *Des hors-bord.*

HORS-CASTE, ■ n. m. ['ɔʁkast] (*h* aspiré ; *hors* et *caste* d'après l'angl. *outcaste*) Anthrop. En dehors de sa caste. *Des hors-castes.*

HORS-D'ŒUVRE, n. m. ['ɔʁdœvʁ] (*h* aspiré ; *hors* et *œuvre*) Voy. ŒUVRE.

HORSE-BALL, ■ n. m. ['ɔʁsbol] (*h* aspiré ; mot angl., de *horse*, cheval et *ball*, ballon) Sport opposant deux équipes de six cavaliers et dont l'objectif est d'envoyer un ballon dans un but ressemblant à un panier de basket-ball. *Des horse-balls.*

HORSE-GUARD, ■ n. m. [ˈɔʁsgaʁd] (*h* aspiré ; mot angl., de *horse*, cheval et *guard*, garde) Militaire appartenant à un régiment de la cavalerie royale anglaise. *La relève des horse-guards est une des attractions touristiques de Londres.*

HORSE-POX, ■ n. m. [ˈɔʁspɔks] (*h* aspiré ; loc. angl., variole du cheval) Maladie infectieuse spontanée qui atteint les chevaux. *Des horse-pox.*

HORSIN, ■ n. m. [ˈɔʁsɛ̃] Voy. HORSAIN.

HORS-JEU, ■ n. m. inv. [ˈɔʁʒø] (*h* aspiré ; *hors* et *jeu*) Faute commise dans certains sports d'équipe, consistant à se placer sur le terrain dans une situation interdite par les règles. *L'arbitre a sifflé un hors-jeu.* ■ Adj. inv. Se dit d'un joueur qui est placé en situation de hors-jeu. *Jouer hors jeu.*

HORS-LA-LOI, ■ n. m. inv. [ˈɔʁlalwa] (*h* aspiré ; calqué sur l'angl. *outlaw*, *hors* et *loi*) Individu qui vit dans le mépris des lois, morales ou judiciaires. *Des hors-la-loi.*

HORS-MÉDIA, ■ n. m. inv. [ˈɔʁmedja] (*h* aspiré ; *hors* et *média*) Moyen de communication publicitaire consistant à ne pas utiliser les cinq grands médias traditionnels que sont la presse, la radio, la télévision, le cinéma et l'affichage. *Le marketing direct, ou le mécénat, par exemple, sont des hors-média.*

HORS-PISTE, ■ n. m. [ˈɔʁpist] (*h* aspiré ; *hors* et *piste*) Pratique du ski en dehors des sentiers balisés par les services de sécurité habilités. *Il fait du hors-piste.* ■ Adj. *La pratique du ski hors-piste est interdite.*

HORS-SÉRIE, ■ n. m. [ˈɔʁseʁi] (*h* aspiré ; *hors* et *série*) Numéro spécial d'un journal ou d'un magazine publié en dehors des dates de publications habituelles et souvent consacré à un unique sujet. *J'ai acheté le hors-série consacré aux jardins suspendus. Des hors-séries.* ■ Adj. inv. *Un magazine hors-série.*

HORS SERVICE, ■ adj. inv. [ˈɔʁsɛʁvis] (*h* aspiré ; *hors* et *service*) Se dit d'un appareil qui ne fonctionne plus de façon temporaire ou permanente. *Mon téléphone est hors service.* ■ En dehors du service de travail. *J'ai eu un accident hors service.* ■ *Formalités hors service*, formalités à remplir pour être exempté du service national militaire. ■ **Abrév.** HS.

HORS-SOL, ■ n. m. inv. [ˈɔʁsɔl] (*h* aspiré ; *hors* et *sol*) Type d'élevage au cours duquel les animaux ne sont pas nourris exclusivement avec les produits de l'exploitation agricole dans laquelle ils se trouvent. *Des hors-sol.* ■ Adj. inv. *L'élevage hors-sol.*

HORS STATUT, ■ adj. inv. [ˈɔʁstaty] (*h* aspiré ; *hors* et *statut*) Qui concerne les personnes ne bénéficiant pas des mêmes statuts que les autres personnes exerçant pourtant le même type d'activité. *Des chercheurs hors statut.*

HORST, ■ n. m. [ˈɔʁst] (*h* aspiré ; mot all. de même sens) **Géol.** Partie du relief formée par le soulèvement de deux blocs tectoniques. *Le horst et le graben (effondrement) sont les conséquences voisines et complémentaires de la formation de failles profondes dans la croûte terrestre continentale.*

HORS-TEXTE, ■ n. m. inv. [ˈɔʁtɛkst] (*h* aspiré ; *hors* et *texte*) Gravure ou dessin tiré à part et qui est inséré dans un livre. *Des hors-texte.*

HORTENSIA, n. m. [ɔʁtɑ̃sja] (lat. sav. (XVIIIᵉ s.), prob. de *[flos] hortorum*, fleur des jardins) Arbrisseau du Japon, dit aussi *rose du Japon*, cultivé comme plante d'agrément, importé en Europe dans les dernières années du XVIIIᵉ siècle et dédié par Commerson à Hortense Lepeaute. ■ Adj. inv. De la couleur de l'hortensia. « *Gautier, qui est très en verve, de la description de boutons de sein de jeune fille, couleur hortensia, arrive, en pressant Sainte-Beuve, à lui faire avouer qu'il n'a jamais recommencé en amour* », E. ET J. DE GONCOURT.

HORTICOLE, adj. [ɔʁtikɔl] (lat. *hortus*, jardin, et *-cole*) Qui a rapport à l'horticulture, qui concerne les jardins. *Revue horticole.*

HORTICULTEUR, TRICE, n. m. et n. f. [ɔʁtikyltœʁ, tʁis] (lat. *hortus*, jardin, et *-culteur*) Celui, celle qui s'occupe de la culture des jardins.

HORTICULTURE, n. f. [ɔʁtikyltyʁ] (lat. *hortus* et *culture*) L'art de cultiver les jardins.

HOSANNA, n. m. [ozana] (hébr. *hosiah*, sauve, et *na*, particule déprécative, je t'en prie) Prière que les Juifs prononcent pendant la fête des Tabernacles. ♦ Hymne qui se chante le jour des Rameaux. ♦ **Par extens.** Louange, bénédiction, cri de joie. ♦ **Au pl.** *Des hosannas.*

HOSPICE, n. m. [ɔspis] (lat. *hospitium*, hospitalité, lieu hospitalier ; lat. médiév., hôpital d'un monastère) Maison où des religieux donnent l'hospitalité aux pèlerins, aux voyageurs. *L'hospice du Saint-Bernard.* ♦ Maison de charité où l'on nourrit et entretient des pauvres, des vieillards, des infirmes, des enfants. *Hospice de la vieillesse, des incurables, des enfants trouvés, etc.* ♦ Il se dit d'établissements destinés aux maladies mentales. *Hospice des aliénés.*

HOSPITALIER, IÈRE, adj. [ɔspitalje, jɛʁ] (au sens médical, *hôpital*, d'après le radic. latin ; au sens religieux, lat. médiév. *hospitalarius* ; au sens civil, *hospitalité*) Qui a rapport aux soins des malades ou des infirmes dans un hôpital ou un hospice. *Les soins hospitaliers. Les maisons hospitalières.* ♦ À

titre hospitalier, comme digne d'être reçu dans un hôpital. ♦ *Religieux hospitaliers* ou n. m. *les hospitaliers*, ordre militaire, de l'observance de Saint-Augustin, institué pour recevoir les pèlerins. ♦ *Sœurs hospitalières* ou n. f. *les hospitalières*, les filles de la Charité ou sœurs grises, et en général toutes les religieuses des ordres charitables. ♦ *Au masc.* Garde-malade. ♦ Qui exerce volontiers l'hospitalité. ♦ Se dit des choses dans le même sens. *Demeure hospitalière.* ♦ **Poétiq.** Protecteur de l'hospitalité. « *Ô dieux hospitaliers* », LA FONTAINE. ♦ Qui travaille dans un hôpital. *Le personnel hospitalier.*

HOSPITALIÈREMENT, adv. [ɔspitaljɛʁ(ə)mɑ̃] (*hospitalier*) D'une façon hospitalière.

HOSPITALISER, ■ v. tr. [ɔspitalize] (*hôpital*, d'après le radic. latin) Admettre à l'hôpital. *Il a été hospitalisé pour son appendicite.*

HOSPITALISME, ■ n. m. [ɔspitalism] (*hospitaliser*) **Psych.** Ensemble des perturbations psychiques et somatiques graves postérieures à une carence affective, le plus souvent totale et de longue durée. *Les enfants longtemps hospitalisés et donc séparés de leur mère peuvent souffrir d'hospitalisme.*

HOSPITALITÉ, n. f. [ɔspitalite] (lat. *hospitalitas*) Chez les Anciens, société contractée entre deux ou plusieurs personnes de différents lieux, entre des familles et même des villes, en vertu de laquelle on se logeait mutuellement dans les voyages. ♦ Libéralité qu'on exerce en logeant gratuitement les étrangers. *Donner l'hospitalité à quelqu'un.* ♦ Obligation où sont certains religieux de recevoir les voyageurs. *Il y a hospitalité dans cette abbaye.*

HOSPITALO-UNIVERSITAIRE, ■ adj. [ɔspitaloyniveʁsitɛʁ] (*hospitalier* et *universitaire*) Relatif aux hôpitaux dans lesquels les futurs médecins font leurs études. *Les enseignements hospitalo-universitaires.* ■ *Centres hospitalo-universitaires*, hôpitaux situés dans les villes universitaires, et qui accueillent des étudiants en médecine. ■ **Abrév.** CHU.

HOSPODAR, n. m. [ɔspodaʁ] (mot ukrain., souverain) Titre de dignité qui se donne à certains princes vassaux du Grand Seigneur. *L'hospodar de Valachie.*

HOSPODARAT, n. m. [ɔspodaʁa] (*hospodar*) Charge, dignité d'hospodar. ♦ Palais de l'hospodar. ♦ Temps que dure le gouvernement de l'hospodar.

HOST, ■ n. m. [ɔst] Voy. OST.

HOSTELLERIE, ■ n. f. [ɔstɛl(ə)ʁi] (mot anc. fr. repris au XXᵉ siècle) Hôtellerie traditionnelle et de luxe. *L'hostellerie de la Poste.* « *Cette hostellerie à poutres rustiques et homards grillés où se consomment les adultères de trois départements* », NOURISSIER.

HOSTIE, n. f. [ɔsti] (lat. *hostia*, victime expiatoire) Toute victime que les Hébreux offraient et immolaient à Dieu. ♦ **Fig.** Dans la poésie et le style élevé, victime. « *Du céleste courroux tous furent les hosties* », LA FONTAINE. ♦ Personne qui consacre à Dieu tout ce qu'elle est. « *Hostie vivante de Jésus-Christ* », FLÉCHIER. ♦ Le pain sans levain que le prêtre offre et consacre à la messe, et dans lequel Jésus-Christ s'offre comme victime.

HOSTILE, adj. [ɔstil] (lat. *hostilis*) Qui est d'un ennemi, qui caractérise un ennemi. *Entreprise hostile.* ♦ Il se dit aussi des inimitiés privées. « *Il est hostile pour vous* », MME DE SÉVIGNÉ. ♦ **Fig.** « *Il y avait dans la nature quelque chose d'hostile* », MME DE STAËL. ♦ Dans le langage de la politique, opposé, contraire. *Les journaux hostiles au gouvernement.*

HOSTILEMENT, adv. [ɔstil(ə)mɑ̃] (*hostile*) D'une manière hostile, en ennemi.

HOSTILITÉ, n. f. [ɔstilite] (b. lat. *hostilitas*) Acte d'ennemi qu'un État fait exercer contre un autre. *Commencer les hostilités. Commettre des actes d'hostilité.* ♦ **Fig.** Disposition à l'inimitié. ♦ Disposition hostile des États et gouvernements. ♦ Sentiment d'opposition hostile, quant à la politique. *L'hostilité des journaux contre le ministère.*

HOSTO, ■ n. m. [ɔsto] (var. pop. de *hostel*, du lat. *hospitale*, lieu d'accueil, cf. anc. fr. *hostau*, *osto*, maison, logis) **Fam.** Abréviation d'hôpital. « *C'était pas la première fois que j'entrais dans un hosto, je connaissais l'odeur et tous ces gens qui se trimbalent en pyjama* », DJAN.

HOT-DOG ou **HOTDOG**, ■ n. m. [ˈɔtdɔg] (*h* aspiré ; mot angl., chien chaud) Sandwich de forme allongée garni d'une saucisse chaude, de moutarde et parfois de gruyère, d'oignons. *Des hot-dogs, des hotdogs.*

HÔTE, ESSE, n. m. et n. f. [ot, ɛs] (lat. *hospes*, génit. *hospitis*) Celui, celle qui reçoit et traite quelqu'un sans rétribution, qui lui donne l'hospitalité. ♦ Celui, celle qu'on reçoit et qu'on traite bien. *Régaler ses hôtes.* ♦ **Fig.** « *La folle inquiétude en ses plaisirs légère, Des lieux où l'on la porte hôtesse passagère* », LA FONTAINE. ♦ **Fam.** Les animaux qui fréquentent la demeure de l'homme. *Les rats sont des hôtes incommodes.* ♦ Habitant. *Les hôtes des bois*, les animaux qui habitent les bois. ♦ Celui, celle qui tient une auberge, une hôtellerie. ♦ *Table d'hôte*, table où plusieurs personnes réunies mangent à heure et à prix fixes. ♦ Celui qui vient manger ou loger dans une hôtellerie, une auberge. ♦ **Prov.** *Qui compte sans son hôte compte deux fois*, se dit de celui qui fait son compte en l'absence de la personne qui y est intéressée. ◆ *Compter sans son hôte*, se méprendre, compter sur une chose qui ne se fait pas. ■ *Chambre d'hôte*, chambre louée par un particulier. ■ N. f. *Hôtesse de l'air*, femme chargée d'accueillir les passagers d'un avion et de veiller à leur bien-être et à leur sécurité. ■ *Hôte, hôtesse d'accueil*, personne chargée de l'accueil des visiteurs dans les entreprises, les expositions, les gares. ■ Biol. Se dit d'un organisme qui accueille un parasite. *Une cellule hôte.* ■ REM. *Hôte, hôtesse*, se dit aujourd'hui aussi bien des personnes qui reçoivent que de celles qui sont reçues.

HÔTEL, n. m. [otɛl] (lat. *hospitale*, lieu d'accueil) Demeure somptueuse d'une personne éminente ou riche. ◆ Absol. *L'hôtel* signifiait la maison du roi. *Grand prévôt de l'hôtel.* ◆ *Maître d'hôtel*, officier qui dirige le service de table d'un prince, d'un seigneur, d'un riche particulier. ◆ Grand édifice destiné à des établissements publics. *Hôtel du ministère des finances. Hôtel des Monnaies.* ◆ *Hôtel de ville*, l'édifice où siège l'autorité municipale. ◆ Dans la Révolution française, *l'Hôtel de ville*, le pouvoir municipal. ◆ À Paris, *l'hôtel de ville*, siège de la préfecture du département de la Seine. ◆ *Hôtel-Dieu* (c.-à-d. Hôtel de Dieu), nom du principal hôpital d'une localité (avec un H majuscule). ◆ Maison garnie, auberge. *Demeurer à l'hôtel.*

HÔTELIER, IÈRE, n. m. et n. f. [otəlje, jɛʁ] (*hôtel*) Celui, celle qui tient une hôtellerie. ■ Adj. *Un complexe hôtelier, une résidence hôtelière.*

HÔTELLERIE, n. f. [otɛl(ə)ʁi] (*hôtel*; anc. fr. *hostellerie*, lat. médiév. *hospitalaria*, logis d'accueil dans une abbaye) ▷ Maison où les voyageurs sont logés et nourris pour leur argent. ◁ *Fig.* « *Tout cela n'est rien encore, si l'âme ne revient dans l'hôtellerie [son corps]* », VOLTAIRE. ◆ Dans les grosses abbayes, corps de logis destiné à recevoir les étrangers. ■ Auberge. ■ Industrie hôtelière, l'ensemble des métiers hôteliers. *Travailler dans l'hôtellerie. Passer un BTS d'hôtellerie.*

HÔTESSE, n. f. [otɛs] Voy. HÔTE.

HOT LINE ou **HOTLINE**, ■ n. f. [ʼɔtlajn] (*h* aspiré; mots angl., permanence téléphonique, litt. ligne chaude) Service d'assistance technique par téléphone ou par messagerie que propose une entreprise à ses clients, et plus spécialement dans le domaine informatique. *Des hot lines.*

HOTTE, n. f. [ʼɔt] (*h* aspiré; anc. b. frq. *hotta*) Sorte de panier d'osier qui a des bretelles et qu'on porte sur le dos. *Porter la hotte.* ◆ ▷ Cuvette recevant les eaux des cuisines et des combles. ◁ ◆ Pente intérieure d'une cheminée, en forme de hotte renversée, dans les cheminées de cuisine. ◆ Partie inférieure et évasée d'une cheminée, qui recouvre un fourneau de laboratoire, une forge. ■ *Hotte (aspirante)*, appareil situé au-dessus des fourneaux, dans une cuisine, et qui sert à évacuer les fumées et les odeurs. ■ *Fig. La hotte du Père Noël*, sac recelant un grand nombre de présents, cadeaux, ou toute chose agréable.

HOTTÉE, n. f. [ʼote] (*h* aspiré) ▷ (*hotte*) Ce que contient une hotte. ◁

HOTTENTOT, OTE, ■ n. m. et n. f. [ʼɔtɑ̃to, ɔt] (*h* aspiré; mot néerlandais, bégayeur, en raison de la nature de la langue hottentote contenant des sons à clics, ou surnom donné par les Hollandais à ce peuple qui chantait *hot hot hot*) Population nomade de la Namibie. *Les Hottentots.* ■ Adj. *La vénus hottentote*, nom donné à tort à un type de femme callipyge qui se rencontre en fait chez les Bochimans. ■ Par extens. Figurine préhistorique représentant ce type de femme.

HOTTER, v. tr. [ʼote] (*h* aspiré) ▷ (*hotte*) Porter avec une hotte. ◁

HOTTEREAU, n. m. [ʼɔt(ə)ʁo] (*h* aspiré; *hotte*) ▷ Espèce de petite hotte. ◁

HOTTEUR, EUSE, n. m. et n. f. [ʼotœʁ, øz] (*h* aspiré; *hotte*) ▷ Celui, celle qui porte la hotte. ◁

HOTU, ■ n. m. [ʼoty] (mot wallon) Poisson omnivore pouvant mesurer jusqu'à 50 cm, venant d'Europe centrale et vivant en bancs dans les rivières. *Les hotus sont des poissons grégaires qui affectionnent le fond des eaux courantes constitué de petits galets et graviers.*

HOUACHE ou **HOUAICHE**, ■ n. f. [ʼwaʃ, ʼwɛʃ] (*h* aspiré; néerl. *wech*, chemin) Mar. Sillage que laisse un navire dans l'eau, lorsqu'il est en marche. *La carcasse du navire fatigué laisse dans sa houaiche un parfum d'aventure chaloupée.*

HOUARI, ■ n. m. [ʼwaʁi] (*h* aspiré; anglo-amér. *wherry*, terme générique désignant toute lumière de bateau) Mar. Ensemble des cordages nécessaires pour gréer un bâtiment, reconnaissable à la forme en trapèze de ses voiles dont sont munis certains bateaux d'Europe du Nord. *Construits avec le soin le plus extrême, les houaris du XIXe siècle étaient très en avance sur leur temps et donc des concurrents redoutés qui raflaient tous les prix, en régate.*

HOUBLON, n. m. [ʼublɔ̃] (*h* aspiré; holl. *hoppe*, avec un suff. subsistant du synonyme anc. b. frq. *humilo*) Plante grimpante de la famille des urticées, employée dans la fabrication de la bière.

HOUBLONNAGE, ■ n. m. [ʼublɔnaʒ] (*h* aspiré; *Houblonner*) Action de houblonner. *Certains brasseurs pratiquent le double houblonnage: au début et au milieu ou à la fin de la cuisson.*

HOUBLONNÉ, ÉE, p. p. de houblonner. [ʼublɔne]

HOUBLONNER, v. tr. [ʼublɔne] (*h* aspiré; *houblon*) Mettre du houblon dans une boisson.

HOUBLONNIER, IÈRE, ■ n. m. et n. f. [ʼublɔnje, jɛʁ] (*h* aspiré; *houblon*) Cultivateur de houblon. ■ Adj. *Le secteur houblonnier.*

HOUBLONNIÈRE, n. f. [ʼublɔnjɛʁ] (*h* aspiré; *houblon*) Champ planté de houblon.

HOUDAN, ■ n. f. [ʼudɑ̃] (*h* aspiré; *houdan*, ville des Yvelines dont est originaire la poule) Espèce de poule au plumage noir et blanc, réputée tant pour la qualité de sa chair que pour la beauté de l'animal. *La houdan possède cinq doigts et elle a sur la tête une huppe de plume et une crête en forme de papillon.*

HOUE, n. f. [ʼu] (*h* aspiré; anc. b. frq. *hauwa*) Instrument de petite culture, composé d'un manche en bois, et d'une lame de fer fixée au manche par une douille.

HOUÉ, ÉE, p. p. de houer. [ʼwe]

HOUER, v. tr. [ʼwe] (*h* aspiré; *houe*) ▷ Labourer une terre avec la houe. ◆ Absol. « *Tantôt fouir, houer* », LA FONTAINE. ◁

HOUETTE, n. f. [ʼwɛt] (*h* aspiré; *houe*) ▷ Petite houe. ◁

HOUILLE, n. f. [ʼuj] (*h* aspiré; prob. anc. b. frq. *hukila*, tas, motte.) Nom générique de tous les fossiles appelés improprement *charbon de terre.*

HOUILLER, ÈRE, adj. [ʼuje, ɛʁ] (*h* aspiré; *houille*) Qui renferme des couches de houille. *Terrains houillers.* ◆ *Formation houillère*, ensemble des couches houillères.

HOUILLÈRE, n. f. [ʼujɛʁ] (*h* aspiré; *houille*) Mine de houille.

HOUILLEUR, n. m. [ʼujœʁ] (*h* aspiré; *houille*) ▷ Ouvrier qui travaille aux mines de houille. ◁

HOUILLEUX, EUSE, adj. [ʼujø, øz] (*h* aspiré; *houille*) Qui contient de la houille.

HOUKA, ■ n. m. [ʼuka] (*h* aspiré; mot ar.) Pipe orientale ressemblant au narguilé. *Fumer des houkas.* « *Son regard rencontra immédiatement celui d'une grosse chenille qui était assis dessus, les bras croisés, en train de fumer paisiblement un long houka, sans prêter la moindre attention à Alice ou à quiconque.* », CARROLL.

HOULAN, n. m. [ʼulɑ̃] (*h* aspiré) Voy. UHLAN.

HOULE, n. f. [ʼul] (*h* aspiré; prob. anc. scand. *hol*, caverne, pour la forme du creux des vagues) Mouvement d'ondulation que la mer conserve après une tempête. ◆ Grosses ondes formées par la houle.

HOULER, ■ v. intr. [ʼule] (*h* aspiré; *houle*) Tanguer, agiter par la houle. *Dans la tempête, le bateau houlait violemment.*

HOULETTE, n. f. [ʼulɛt] (*h* aspiré; *houler*, jeter, parce qu'elle sert à jeter des lottes de terre sur les brebis indociles) Bâton que porte le berger, et au bout duquel est une plaque de fer en forme de gouttière, qui sert pour lancer des mottes de terre aux moutons qui s'écartent. ◆ Fig. et poétiq. L'état, la condition de berger. « *Pour prendre le fer j'ai quitté la houlette* », ROTROU. ◆ Ustensile de jardinage pour lever de terre les oignons de fleurs. ◆ Instrument en forme de spatule pour divers usages. ■ *Sous la houlette de quelqu'un*, sous sa direction.

HOULEUX, EUSE, adj. [ʼulø, øz] (*h* aspiré; *houle*) Mar. Agité par la houle, en parlant de la mer. ■ Fig. Agité, tumultueux. *Une foule houleuse.*

HOULIGAN, ■ n. m. et n. f. [ʼuligan] Voy. HOOLIGAN.

HOULIGANISME, ■ n. m. [ʼuliganism] Voy. HOOLIGANISME.

HOULQUE ou **HOUQUE**, n. f. [ʼulk, ʼuk] (*h* aspiré; lat. *holcus*, graminée indéterminée) Bot. Genre de plantes graminées dont plusieurs espèces sont alimentaires.

HOUPÉ, ÉE, p. p. de houper. [ʼupe]

HOUPER, v. tr. [ʼupe] (*h* aspiré; onomat. *houp*) Chasse Appeler son compagnon. ◆ Se houper, v. pr. S'appeler réciproquement.

HOUPPE, n. f. [ʼup] (*h* aspiré; anc. b. frq. *huppo*, touffe) Assemblage de fils de laine, de soie, formant un bouquet, une touffe. ◆ Zool. Flocon de plumes que certains oiseaux portent sur la tête. ◆ Bot. Petite touffe de poils étalés à l'extrémité d'une graine. ◆ Chez les hommes, touffe de cheveux sur le devant de la tête.

HOUPPÉ, ÉE, p. p. de houpper. [ʼupe] Bot. *Graine houppée*, graine surmontée d'une houppe de poils.

HOUPPELANDE, n. f. [ʼup(ə)lɑ̃d] (*h* aspiré; anc. angl. *hop-pâda*, pardessus.) Espèce de douillette ou vêtement long, ouaté, non ajusté, à manches, à col plat, que les hommes mettaient par-dessus leur habit, et que les prêtres portent encore. ◆ En général, vêtement large qui se met par-dessus l'habit.

HOUPPER, v. tr. ['upe] (*h* aspiré ; *houppe*) Mettre en houppes. *Houpper de la soie.* ♦ *Houpper de la laine*, la peigner.

HOUPPETTE, n. f. ['upɛt] (*h* aspiré ; *houppe*) Petite houppe.

HOUPPIER, ■ n. m. ['upje] (*h* aspiré ; *houppe*) **Bot.** Ensemble des branches et partie du tronc d'un arbre non comprises dans le fût. *Un houppier défolié.*

HOUQUE, n. f. ['uk] (*h* aspiré) Voy. HOULQUE.

HOURA, n. m. ['uʀa] (*h* aspiré) Voy. HOURRA.

HOURAILLER, v. intr. ['uʀaje] (*h* aspiré ; *houret*) ▷ Chasser avec des hourets. ◁

HOURAILLIS, n. m. ['uʀaji] (*h* aspiré ; *houret*) **Chasse** Meute qui dépérit, parce qu'il s'y trouve quantité de mauvais chiens.

HOURD, ■ n. m. ['uʀ] (*h* aspiré ; anc. b. frq. *hurd*, palissade) ▷ Espèce de scène de théâtre ou d'estrade, le plus souvent en bois, pour recevoir les spectateurs d'un tournoi au Moyen Âge. ◁ ■ Charpente en saillie soutenue par des corbeaux ou consoles située au sommet d'un tour ou d'une muraille. *Le château a conservé le hourd coiffant la tour nord.*

HOURDAGE, n. m. ['uʀdaʒ] (*h* aspiré ; *hourder*) Maçonnage grossier de moellons et de plâtras. ♦ On dit aussi *hourdis.* ♦ La couche de gros plâtre qu'on met sur un lattis pour former l'aire d'un plancher.

HOURDÉ, ÉE, p. p. de hourder. ['uʀde]

HOURDER, v. tr. ['uʀde] (*h* aspiré ; *hourd*) Faire un ouvrage grossier et sans enduit, en plâtre comme en mortier. ♦ *Hourder un plancher*, en faire l'aire avec des lattes. ♦ Relier, avec le mortier, des moellons, des briques, etc. pour donner plus de solidité aux murs.

HOURDIS, n. m. ['uʀdi] (*h* aspiré ; *hourder*) Syn. de hourdage.

HOURET, n. m. ['uʀɛ] (*h* aspiré ; onomat. *hurr-*, cri qui sert à exciter les chiens.) Mauvais petit chien de chasse.

HOURI, n. f. ['uʀi] (*h* aspiré ; mot arabe) Nom de beautés célestes qui, selon l'Alcoran, seront dans le paradis les épouses des musulmans fidèles. ■ Au pl. *Des houris.*

HOURQUE, n. f. ['uʀk] (*h* aspiré ; moy. néerl. *hulc* ou *hulke*, navire de transport) Ancien navire hollandais de transport à fond plat, dont l'avant et l'arrière sont arrondis. ♦ Navire mal construit et mauvais marcheur.

HOURRA, n. m. ['uʀa] (*h* aspiré ; cri d'acclamation empr. à angl. *huzza* et *hurra[h]* ; au sens de brouhaha, émeute, empr. au russe *ura*, frapper) Cri des troupes russes et particulièrement des Cosaques marchant à l'ennemi. *Pousser des hourras.* ♦ Attaque imprévue que font les Cosaques, et en général des troupes légères, en poussant des cris. ♦ Cri de joie que poussent les marins anglais en l'honneur de leurs commandants ou de quelque grand personnage qui visite le vaisseau. ♦ ▷ Par extens. Imprécations, malédictions. ◁ ■ En un sens contraire, cris d'acclamation. ■ Rem. On écrivait aussi *houra*, *hurra* et *hurrah.*

HOURVARI, n. m. ['uʀvari] (*h* aspiré ; prob. de *horva*, il va hors, s'écarte [de la piste], et *hari*, var. de *haro*) Cri des chasseurs pour ramener les chiens qui sont tombés en défaut. ♦ **Par extens.** Ruse des bêtes qui, après avoir longé quelque cent pas, reviennent à l'endroit d'où elles sont parties et mettent ainsi les chiens en défaut. ♦ **Fig. et fam.** Grand bruit, grand tapage. ♦ Contretemps.

HOUSARD, n. m. ['uzar] (*h* aspiré) Voy. HUSSARD.

HOUSE, ■ n. f. ['aws] ou ['aus] (*h* aspiré ; *Warehouse*, où résidait son fondateur, D.J. Frankie Knuckles) Style musical né en 1986, se constituant d'un mélange de disco, de funk et de techno. *Écouter de la house.* ■ *Acid house*, courant musical fondé sur les bases de la house augmenté du psychédélisme des années 1960.

HOUSÉ, ÉE, adj. ['uze] (*h* aspiré ; *houseaux*) Vieux mot qui signifie botté. ♦ **Fig.** Crotté. *Il est arrivé tout housé.*

HOUSEAUX, n. m. pl. ['uzo] (*h* aspiré ; dim. de l'anc. fr. *hose*, botte, de l'anc. h. all. *hosa*, chausse) ▷ Sorte de chaussure de jambes contre la pluie et la crotte. ♦ **Fig.** *Laisser ses houseaux quelque part*, y mourir. ◁

HOUSE-BOAT, ■ n. m. ['awsbot] ou ['ausbot] (*h* aspiré ; mot angl., de *house*, maison et *boat*, bateau) Bateau aménagé en logement. *Des house-boats.*

HOUSPILLÉ, ÉE, p. p. de houspiller. ['uspije]

HOUSPILLEMENT, n. m. [uspij(ə)mɑ̃] (*h* aspiré ; anc. fr. *houcepingnier*, maltraiter en secouant ou en grondant, de 1 *housser* et *pingnier*, peigner) Action de houspiller.

HOUSPILLER, v. tr. ['uspije] (*h* aspiré ; anc. fr. *houcepingnier*, maltraiter en secouant, de 1 *housser* et *pingnier*, peigner.) Tirailler et secouer quelqu'un pour le maltraiter, pour le tourmenter. ♦ **Fig.** Maltraiter quelqu'un de paroles, le réprimander avec aigreur, avec malice. ♦ Se houspiller, v. pr. Se tourmenter l'un l'autre.

HOUSSAGE, n. m. ['usaʒ] (*h* aspiré ; *housser*) Action de housser.

HOUSSAIE, n. f. ['usɛ] (*h* aspiré ; *houx*) Lieu où il croît beaucoup de houx.

HOUSSARD, n. m. ['usar] (*h* aspiré ; *housser*) Voy. HUSSARD.

HOUSSE, n. f. ['us] (*h* aspiré ; anc. b. frq. *hulftia*, couverture) Sorte de couverture attachée à la selle et couvrant les parties postérieures et latérales du ventre du cheval. ♦ ▷ La couverture du siège du cocher. ◁ ♦ Couverture d'étoffe légère dont on se sert pour garantir les meubles. ■ Enveloppe souple qui protège un objet. *Une housse de couette.*

1 HOUSSÉ, ÉE, p. p. de housser. ['use] *Des habits houssés.*

2 HOUSSÉ, ÉE, adj. ['use] (*h* aspiré ; *housse*) Couvert d'une housse.

1 HOUSSER, v. tr. ['use] (*h* aspiré ; *houx*) Nettoyer avec un houssoir. *Housser une tapisserie, un meuble.* ♦ **Absol.** *A-t-on houssé partout?* ♦ Se housser, v. pr. Être houssé.

2 HOUSSER, v. tr. ['use] (*h* aspiré ; *housse*) Recouvrir d'une housse. *Housser un vieux canapé.*

HOUSSINE, n. f. ['usin] (*h* aspiré ; *houx*) ▷ Baguette flexible de houx ou de tout autre arbre, qui sert à faire aller un cheval ou à battre des habits, des meubles, etc. ◁

HOUSSINÉ, ÉE, p. p. de houssiner. ['usine]

HOUSSINER, v. tr. ['usine] (*h* aspiré ; *houssine*) ▷ Battre avec une houssine. ♦ **Fig. et fam.** Battre quelqu'un avec violence. ◁

HOUSSOIR, n. m. ['uswar] (*h* aspiré ; 1 *housser*) ▷ Balai de houx ou autres branchages, et le plus souvent de plumes. ◁

HOUSSON, n. m. ['usõ] (*h* aspiré ; dimin. de *houx*) Voy. HOUX.

HOUX, n. m. ['u] (*h* aspiré ; anc. b. frq. *hulis*) Arbre toujours vert dont les feuilles sont luisantes et armées de piquants ♦ Canne de houx. *Vous avez là un joli houx.* ♦ Houx-frelon, dit aussi *petit houx, housson.*

HOVERCRAFT, ■ n. m. [ovœrkraft] (mot angl. de *to hover*, planer et *craft*, embarcation) Hydroglisseur, véhicule muni de coussins d'air permettant de glisser sur la mer, servant à transporter des passagers et leurs véhicules. *Des hovercrafts.*

HOYAU, n. m. ['wajo] ou ['ojo] (*h* aspiré ; dim. de l'anc. fr. *hoe, houe*) Houe à lame forte, aplatie, taillée en biseau, employée au défoncement des terrains et aux façons de la petite culture qui demandent le plus de force. ■ Au pl. *Des hoyaux.*

HS, ■ adj. [aʃɛs] (sigle de *hors service*) Fam. Qui ne fonctionne pas. *Ma télé est HS.* ♦ **Fig.** Très fatigué. *Je suis HS.*

HT, ■ adv. [aʃte] (sigle de *hors-taxe*) Relatif à une somme de laquelle est déduite l'ensemble des impôts indirects, comme par exemple la TVA. *Ce poste de télévision coûte 230 euros HT.*

HTML, ■ adj. [aʃteɛmɛl] (mot angl., sigle de *hypertext mark-up language*, langage de balisage hypertexte) **Inform.** Langage de description des pages Internet, composé d'une suite de balises interprétées comme des instructions par le navigateur. *HTML fonctionne suivant l'assemblage et la combinaison de balises permettant de structurer et donner l'apparence voulue aux données textes, images et multimédias suivant la mise en page souhaitée.*

HTTP, ■ n. m. [aʃtetepe] (sigle de l'angl. *hypertext transmission protocol*, protocole de transfert hypertexte) Protocole utilisé pour le transfert de documents hypertextes ou hypermédias entre un serveur et un client web. *C'est par l'intermédiaire du http que sont transmises les pages Web (en langage HTML) que le navigateur présente de façon structurée.*

HUARD ou **HUART**, n. m. ['ɥar] (*h* aspiré ; *huer*) Nom vulgaire de l'orfraie ou aigle de mer.

HUB, ■ n. m. ['œb] (*h* aspiré ; mot angl., milieu, moyen) **Inform.** Dispositif utilisé pour réunir les données de plusieurs lignes à faible débit pour les transmettre sur une unique ligne à haut débit ou au contraire, pour diviser en plusieurs petites lignes une seule grosse. *Des hubs.* ■ Rem. Recommandation officielle : *concentrateur.* ■ **Aéronaut.** Aéroport dans lequel est centralisé l'ensemble des correspondances des différentes destinations d'une compagnie aérienne. ■ Rem. On utilise aussi *point nodal*, dans ce sens.

HUBLOT, n. m. ['yblo] (*h* aspiré ; p.-ê. *hulot*, ouverture, croisé avec le poitev. *loubier*, vasistas) **Mar.** Petit sabord. ■ Espèce de petite fenêtre, le plus souvent ronde ou ovale, aménagée dans la coque d'un bateau, la paroi d'un avion ou d'une navette spatiale. *Regarder l'océan par le hublot de l'avion.* ■ **Par extens.** Partie vitrée d'un appareil ménager, le plus fréquemment une machine à laver ou à sécher le linge, par laquelle on charge l'appareil et qui permet de surveiller l'opération en cours. *Fermer le hublot de la machine à laver le linge pour lancer le lavage.* ▪ Applique lumineuse ou plafonnier ressemblant au hublot de marine.

HUCHE, n. f. [yʃ] (*h* aspiré ; b. lat. *hutica*, coffre) Grand coffre de bois pour pétrir ou serrer le pain. ♦ Caisse que l'on enfonce dans l'eau et dans laquelle on dépose le poisson que l'on doit consommer.

HUCHÉ, ÉE, p. p. de hucher. [yʃe]

HUCHER, v. tr. [yʃe] (*h* aspiré ; lat. pop. *huccare*, cri d'appel, p.-ê. d'une onomat. germ. *hukk-*) Appeler. ♦ Chasse, appeler en criant ou en sifflant ♦ Se hucher, v. pr. S'appeler l'un l'autre.

HUCHET, n. m. [yʃɛ] (*h* aspiré ; *hucher*) Cornet pour avertir de loin. ♦ **Hérald**. Représentation d'un cor de chasse dans les armoiries.

HUE, [y] (*h* aspiré ; onomat., var. de *hu*) Mot dont se servent les charretiers pour faire avancer les chevaux. ♦ Ils s'en servent aussi pour les faire tourner à droite. ♦ **Prov.** *L'un tire à hue et l'autre à dia*, Voy. DIA. ▪ REM. On dit aujourd'hui *être tiré à hue et à dia*.

HUÉ, ÉE, p. p. de huer. [ɥe] ou [ye]

HUÉE, n. f. [ɥe] ou [ye] (*h* aspiré ; *huer*) Le bruit que dans une battue les paysans font après le loup. ♦ **Fig.** Cris de dérision qu'une réunion de gens fait contre quelqu'un. *La canaille le poursuivit de ses huées.*

HUER, v. tr. [ɥe] ou [ye] (*h* aspiré ; *hu*) Faire des huées après le loup. ♦ **Fig.** Pousser des cris de dérision contre quelqu'un. *Huer un auteur, une pièce.* ♦ Se huer, v. pr. Se huer l'un l'autre.

HUERTA, ▪ n. f. [wɛʀta] (*h* aspiré ; mot esp. du lat. *hortus*, jardin) **Géogr.** Plaine très fertile et irriguée utilisée pour les cultures des arbres fruitiers et des légumes.

HUETTE, n. f. [ɥɛt] (*h* aspiré ; *huer*) Hulotte. ♦ Petit duc.

HUGUENOT, OTE, n. m. et n. f. [yg(ə)no, ɔt] (*h* aspiré ; genev. *eyguenot*, confédéré adversaire du duc de Savoie, du suisse aléman. *Eidgenossen*, confédéré) Sobriquet que les catholiques de France donnèrent autrefois aux calvinistes. ♦ **Adj.** *Le parti huguenot.*

HUGUENOTE, n. f. [yg(ə)nɔt] (*h* aspiré ; marmite utilisée par les Réformés pour faire cuire leurs viandes les jours de jeûne) **Cuis.** Marmite de terre sans pieds où l'on fait cuire les viandes sans bruit, sur un fourneau.

HUGUENOTISME, n. m. [yg(ə)notism] (*h* aspiré ; *huguenot*) Attachement à la religion réformée.

HUHAU, [ɥo] (*h* aspiré ; onomat. *hu*) Mot dont les charretiers se servent pour faire tourner les chevaux à droite. ♦ On dit aussi *hurhau*.

HUI, adv. [ɥi] (lat. *hodie*, de *hoc die*, ce jour où nous sommes) servant à marquer le jour où l'on est. « *Vous serez le parrain, dès hui je vous en prie* », LA FONTAINE. ♦ **Pratiq.** *Ce jourd'hui.* ♦ *Hui* a vieilli ; on dit : *Aujourd'hui.*

HUILAGE, n. m. [ɥilaʒ] (*huiler*) Action d'huiler, de frotter d'huile.

HUILE, n. f. [ɥil] (lat. *oleum* ; le *h* n'est qu'une graphie indiquant la valeur vocalique de *u*) Liqueur grasse tirée de l'olive. ♦ *Huile vierge*, huile d'olive de première expression à la température ordinaire. ♦ *Huile d'onction, huile sainte*, huile dont les Juifs se servaient pour consacrer. ♦ *Les saintes huiles*, celles dont on se sert pour le chrême et l'extrême-onction. ♦ **Par extens.** Nom donné à tous les corps gras qui conservent l'état liquide à partir de la température de 15 à 20 degrés centigrades. *Huile d'amandes douces, de chènevis, de colza, de navette, de noix, d'œillette ou de pavot*, dite aussi *huile blanche.* ♦ *Huile de foie de morue*, huile retirée du foie de certains poissons, entre autres des morues, et employée en médecine. ♦ **Fig.** *Jeter de l'huile dans le feu* ou *sur le feu*, exciter une passion déjà très violente. ♦ ▷ *C'est une tache d'huile*, se dit d'un affront qui ne s'efface pas. ◁ ♦ *C'est une tache d'huile qui s'étend toujours*, se dit de certaines choses mauvaises qui vont toujours en s'aggravant. ♦ *Huile à brûler*, huile provenant soit de matières minérales, soit de matières végétales, soit de matières animales, et qu'on brûle pour l'éclairage. ♦ ▷ *Cet ouvrage sent l'huile*, c'est-à-dire il est très travaillé, et quelquefois trop travaillé. ◁ ♦ ▷ *Il n'y a plus d'huile dans la lampe*, se dit d'un homme qui s'éteint de vieillesse. ◁ ♦ *Couleurs à l'huile*, couleurs broyées à l'huile pour les peintres. ♦ *Peindre à l'huile*, peindre avec des couleurs broyées à l'huile. ♦ *Peinture à l'huile*, la matière colorante broyée à l'huile qu'on emploie pour la peinture en bâtiment. ♦ *Huiles minérales*, huiles provenant des schistes bitumineux et des sources naturelles de pétrole. ♦ *Huile de pétrole* ou simplement *pétrole*, sorte de bitume moins liquide que le naphte. ♦ ▷ **Pop.** *De l'huile de cotret*, des coups de bâton. ◁ ♦ *Huiles médicinales*, combinaisons d'une huile fixe avec une huile volatile, ou dissolutions de diverses substances médicamenteuses dans l'huile fixe. *Huile d'absinthe.* ♦ *Huiles volatiles, huiles essentielles*, nom donné autrefois à des substances qui n'ont rien d'oléagineux, et qu'on nomme aujourd'hui *essences.* ♦ Nom de plusieurs liqueurs de dessert, qui semblent avoir une consistance huileuse, à cause du sucre. *Huile de vanille, d'anis, etc.* ♦ *Huile*

de charbon de terre ou *de houille*, liquide de consistance huileuse qui se produit dans la fabrication du gaz d'éclairage par la distillation de la houille. ♦ **Prov.** *Il tirerait de l'huile d'un mur*, se dit d'un homme hardi et entreprenant qui sait tirer profit de tout. ♦ *On tirerait plutôt de l'huile d'un mur*, se dit d'une chose impossible. ▪ *Tableau peint à l'huile. Acheter une huile.* ▪ *Jeter de l'huile sur le feu*, envenimer une querelle, aggraver une situation. ▪ **Fam.** *Personnage important, influent.* ▪ **Fam.** *Mettre de l'huile de coude*, travailler. ▪ REM. On ne dit plus auj. *c'est une tache d'huile*, mais *faire tache d'huile.*

HUILÉ, ÉE, p. p. d'huiler. [ɥile] *Papier huilé.*

HUILEMENT, n. m. [ɥil(ə)mã] (*huiler*) ▷ Action d'huiler. ◁

HUILER, v. tr. [ɥile] (*huile*) Oindre, frotter avec de l'huile. ♦ S'huiler, v. pr. Se frotter d'huile.

HUILERIE, n. f. [ɥil(ə)ʀi] (*huile*) Fabrique d'huile. ♦ Cellier, magasin à huile. ♦ Moulin à huile.

HUILEUX, EUSE, adj. [ɥilø, øz] (*huile*) Qui est de la nature, et quelquefois de la consistance de l'huile. *Substance huileuse.* ♦ Qui est comme imbibé ou frotté d'huile. *Une peau huileuse.* ♦ *Sauce huileuse*, sauce mal liée, devenue grasse en chauffant.

1 HUILIER, n. m. [ɥilje] (*huile*) Ustensile portant les burettes à l'huile et au vinaigre.

2 HUILIER, n. m. [ɥilje] (*huile*) Fabricant d'huile. ♦ Marchand d'huile.

HUIS, n. m. [ɥi] (lat. *ostium* ; pour *h*, huile) T. vieilli qui signifie porte. ♦ **Dr.** Usité dans cette locution : *À huis clos*, sans que le public soit admis. *Audience à huis clos.* ♦ Dans le langage général, *à huis clos*, en réunion privée. ♦ **N. m.** *Le huis clos. Demander le huis clos.* ♦ *À huis ouvert*, le public étant admis.

HUISSERIE, n. f. [ɥis(ə)ʀi] (*huis*) Toutes les pièces de bois qui forment l'ouverture d'une porte.

HUISSIER, IÈRE, n. m. et n. f. [ɥisje, jɛʀ] (*huis*) Officier dont la principale charge est d'ouvrir et de fermer une porte. ♦ Ceux qui se tiennent dans l'antichambre des ministres, des hauts fonctionnaires, etc. et qui introduisent les personnes admises à l'audience. ♦ Gens préposés pour le service de certains corps. *Les huissiers de l'Institut.* ♦ Officiers de justice chargés de signifier les actes de procédure et de mettre à exécution les jugements, etc. ♦ *Huissier audiencier*, huissier près le tribunal de première instance.

HUIT, adj. num. [ɥit] (*h* aspiré ; lat. *octo* ; pour *h*, huile) Deux fois quatre. ♦ *D'aujourd'hui en huit*, dans huit jours. ♦ Huitième. *Page huit. Charles huit.* ♦ On écrit plus ordinairement : *Charles VIII.* ♦ **N. m.** Le nombre exprimé par huit. ♦ *Le huitième jour* de chaque mois. *Le huit de février*, et ellipt. *le huit février.* ♦ Le chiffre qui marque huit. *Un huit mal fait.* ♦ Au jeu, la carte qui contient huit fois le signe de la couleur.

HUITAIN, n. m. [ɥitɛ̃] (*h* aspiré ; *huit*) Petite pièce de poésie composée de huit vers. ♦ Stance de huit vers dans un plus long ouvrage.

HUITAINE, n. f. [ɥitɛn] (*h* aspiré ; *huit*) Nombre de huit ou environ. *Une huitaine d'hommes.* ♦ **Absol.** Huit jours. ♦ En style de pratique, *la cause a été remise à huitaine.*

HUITANTE, ▪ adj. num. [ɥitɑ̃t] (*h* aspiré ; *huit*) **Suisse** Quatre-vingts. *Huitante francs suisses.*

HUITIÈME, adj. num. ord. [ɥitjɛm] (*h* aspiré ; *huit*) *Le huitième siècle.* ♦ *Le huitième jour du mois* ou ellipt. *le huitième du mois.* ♦ **N. m.** *La huitième partie. Le huitième d'une créance.* ♦ **N. f.** Au jeu de piquet, la séquence des huit cartes de la même couleur, dite aussi *dix-huitième.* ♦ ▷ **N. f.** La plus basse classe des collèges ; le lieu où le maître et les écoliers de cette classe s'assemblent. ◁ ♦ **N. m.** *Un huitième*, un écolier de huitième. ◁

HUITIÈMEMENT, adv. [ɥitjɛm(ə)mã] (*h* aspiré ; *huitième*) En huitième lieu.

HUÎTRE ou **HUITRE**, n. f. [ɥitʀ] (lat. *ostrea* ; pour *h*, huile) Mollusque acéphale renfermé dans une coquille à deux valves. ♦ *Huître perlière*, huître où l'on trouve les perles. ♦ **Fig.** et **fam.** Personne stupide. *Quelle huître !* ▪ **Fam.** *Avoir le QI d'une huître*, être bête, limité intellectuellement.

1 HUÎTRIER ou **HUITRIER**, n. m. [ɥitʀije] (*huître*, dont cette espèce est très friand) Genre d'oiseaux qui vivent de coquillages.

2 HUÎTRIER, IÈRE ou **HUITRIER, IÈRE**, ▪ adj. [ɥitʀije, jɛʀ] (*huître*) Relatif aux huîtres et à l'ostréiculture. *La production huîtrière.*

HUÎTRIÈRE ou **HUITRIÈRE**, n. f. [ɥitʀijɛʀ] (*huître*) Place de la mer où se trouve un banc d'huîtres. ♦ **Adj.** *L'industrie huîtrière*, celle qui s'occupe de la pêche, de l'élève et de la vente des huîtres. ▪ *Parc à huîtres utilisé pour leur élevage.*

HULAN, n. m. [ylã] (*h* aspiré) Voy. UHLAN.

HULOTTE, n. f. ['ylɔt] (*h* aspiré ; lat. *ululare*, hurler, avec *h* expressif, comme dans *hurler*) Oiseau de nuit, de l'ordre des rapaces nocturnes. ♦ On dit aussi *huette*. ■ REM. On dit aussi *chouette hulotte*.

HULULEMENT ou **ULULEMENT**, ■ n. m. [ylyl(ə)mɑ̃] (*hululer* ou *ululer*) Cri poussé par les oiseaux de nuit. *Chaque espèce a un hululement qui lui est propre et qui permet de l'identifier précisément.* « *Le sifflet de la locomotive fit entendre une sorte de hululement plaintif, lugubre* », SIMON.

HULULER ou **ULULER**, ■ v. intr. [ylyle] (lat. *ululare*, hurler) Pousser son cri, en parlant d'un oiseau rapace nocturne.

HUM, interj. ['œm] (*h* aspiré ; onomat.) Marque doute, réticence, impatience.

HUMAIN, AINE, adj. [ymɛ̃, ɛn] (lat. *humanus*) Qui concerne l'homme, qui appartient à l'homme en général, qui a le caractère de l'humanité. *La vie humaine. Une considération humaine.* ♦ *Le genre humain*, l'ensemble des êtres humains. ♦ *Les choses humaines*, toutes les choses auxquelles l'homme prend part. ♦ *Moyens humains, voies humaines*, moyens, voies dont l'homme peut se servir. ♦ **Fig.** et **fam.** *N'avoir pas figure humaine, forme humaine*, être difforme ou défiguré, être excessivement laid. ♦ *Plus qu'humain*, qui excède la portée ordinaire des forces humaines. ♦ Sensible à la pitié, bienfaisant, doux. ♦ En ce sens, *humain* ne se met qu'après son substantif. *Un homme humain.* ♦ Il se dit aussi des choses. « *Hazaël me regardait avec un visage doux et humain* », FÉNELON. ♦ Avoir *des sentiments humains*, montrer de la sensibilité, de la bienveillance. ♦ *N'avoir rien d'humain*, être dur, impitoyable. ♦ **N. m.** *L'humain*, la nature humaine, les forces humaines. « *[Les chrétiens] Ont quelque chose en eux qui surpasse l'humain* », P. CORNEILLE. ♦ **N. m. pl.** Dans le langage élevé et poétique, *les humains*, les hommes. ■ *Les sciences humaines*, sciences ayant pour objet l'homme ou ses comportements. *L'histoire et la psychologie, par exemple, sont des sciences humaines.*

HUMAINEMENT, adv. [ymɛn(ə)mɑ̃] (*humain*) Comme un homme, comme il convient à un homme. ♦ Suivant la portée, la capacité, le pouvoir de l'homme. *Faire humainement ce qu'on peut.* ♦ *Humainement parlant*, en se conformant aux idées communes, reçues ; et aussi en parlant suivant l'ordre de la nature, par opposition à surnaturellement. ♦ Avec humanité, avec bonté. *Traiter humainement les vaincus.*

HUMANISATION, ■ n. f. [ymanizasjɔ̃] (*humaniser*) Action d'humaniser, résultat de cette action. *Sensibiliser les différents acteurs du monde social et économique à l'humanisation du travail.*

HUMANISÉ, ÉE, ■ p. p. d'humaniser. [ymanize]

HUMANISER, v. tr. [ymanize] (*humain*) Donner la nature humaine. ♦ Donner le caractère humain. ♦ Rendre bon, humain ; civiliser. ♦ Rendre plus traitable, plus favorable. ♦ *S'humaniser*, v. pr. Devenir plus doux. ♦ Se dépouiller d'une trop grande sévérité de sentiments, d'une façon de vivre trop austère. ♦ S'accommoder à la portée des autres.

HUMANISME, ■ n. m. [ymanism] (*humanité*) Courant de pensée datant du XVIe siècle prônant l'étude des textes antiques et leur supériorité. ■ **Philos.** Doctrine qui érige l'homme en référence suprême.

HUMANISTE, n. m. et n. f. [ymanist] (*humanité*) Celui, celle qui étudie les humanités dans un lycée ou un collège. ♦ Celui, celle qui sait, qui enseigne les humanités. *Un bon humaniste.* ■ Partisan de l'humanisme. ■ **Adj.** *La pensée humaniste.*

HUMANITAIRE, adj. [ymanitɛʀ] (*humanité*) Néol. Qui intéresse l'humanité entière. *Philosophie humanitaire.* ♦ **N. m.** Partisan de l'humanité considérée comme un grand être collectif. ■ Qui œuvre pour le bien de l'humanité, qui vient en aide aux hommes en détresse. *Une organisation humanitaire.* ■ **N. m.** et n. f. Personne qui travaille dans une organisation humanitaire. ■ **N. m.** *L'humanitaire*, les actions humanitaires. ■ REM. N'est plus un néologisme auj.

HUMANITARISME, ■ n. m. [ymanitaʀism] (*humanitaire*) Doctrine selon laquelle tout doit se faire en fonction de l'amour du genre humain. « *Son cœur s'enflait de ce stupide amour collectif qu'il faut nommer l'humanitarisme, fils aîné de défunte Philanthropie, et qui est à la divine Charité catholique ce que l'Humanité sensée est à l'Art* », BALZAC. ■ **HUMANITARISTE**, adj. ou n. m. et n. f. [ymanitaʀist]

HUMANITÉ, n. f. [ymanite] (lat. *humanitas*) Nature humaine. *L'humanité de Jésus-Christ.* ♦ *Cela est au-dessus de l'humanité*, cela passe la portée ordinaire des forces de l'homme. ♦ **Fig.** *Payer le tribut à l'humanité*, commettre quelque faiblesse, et aussi mourir. ♦ Sentiment actif de bienveillance pour tous les hommes. « *Loin de nous les héros sans humanité !* », BOSSUET. ♦ Le genre humain, les hommes considérés comme formant un être collectif. ♦ Au pl. Classes des collèges et lycées comprenant l'enseignement au-dessus de la grammaire jusqu'à la philosophie exclusivement, et dites aujourd'hui classes de lettres.

HUMANOÏDE, ■ n. m. et n. f. [ymanoid] (*humanus*, humain et *-oïde*) Être ressemblant à un humain. ■ Sc.-fict. Robot à l'apparence humaine. ■ **Adj.** Qui a l'apparence humaine, des traits de caractère propres aux êtres humains. *Un robot humanoïde est au cœur des recherches franco-japonaises.*

HUMBLE, adj. [œbl] ou [ɛ̃bl] (lat. *humilis*, près du sol, bas, faible, de *humus*, sol) Qui a de l'humilité. *Un humble chrétien. Humble de cœur.* ♦ **N. m.** et n. f. « *Il [Dieu] prend l'humble sous sa défense* », RACINE. ♦ Qui a le caractère de l'humilité, en parlant des choses. *Une humble supplication.* ♦ Dont la déférence est excessive. *Être humble devant les grands.* ♦ Civilité. *Faire de très humbles remerciements. Votre très humble serviteur.* ♦ Modeste. *D'humbles vertus.* ♦ Qui a peu d'apparence, peu d'éclat, peu de force. *L'humble violette. L'humble médiocrité.* ♦ Il se dit, en un sens analogue, des personnes. *L'humble laboureur.* ♦ **Poétiq.** et absol. *L'humble toit*, la demeure des paysans, des gens du peuple. ♦ **Fig.** Peu relevé. *D'humbles fonctions.*

HUMBLEMENT, adv. [œbləmɑ̃] ou [ɛ̃bləmɑ̃] (*humble*) Avec des sentiments d'humilité. *Mourir humblement en chrétien.* ♦ Avec respect et soumission. ♦ En termes de civilité, *je vous salue très humblement.* ♦ Modestement. *Vivre humblement.* ♦ **Fig.** *La violette se cache humblement sous les bois.*

HUMÉ, ÉE, p. p. de humer. ['yme]

HUMECTAGE, ■ n. m. [ymɛktaʒ] (*humecter*) Action d'humecter. *L'humectage du linge.*

HUMECTANT, ANTE, adj. [ymɛktɑ̃, ɑ̃t] (*humecter*) **Méd.** Qui augmente la liquidité du sang et humecte nos organes. *Des aliments humectants.* ♦ **N. m. pl.** *Des humectants.*

HUMECTATION, n. f. [ymɛktasjɔ̃] (b. lat. *humectatio*) Action d'humecter. ♦ Effet des substances humectantes. ♦ État d'un corps humecté.

HUMECTÉ, ÉE, p. p. d'humecter. [ymɛkte]

HUMECTER, v. tr. [ymɛkte] (lat. *humectare*) Rendre humide, mouiller. *Les pluies humectent la terre.* ♦ Rafraîchir. *S'humecter la poitrine.* ♦ *S'humecter le gosier*, boire. ♦ *S'humecter*, v. pr. Devenir mouillé. *La terre s'est humectée.* ♦ Pop. *S'humecter*, boire.

HUMECTEUR, ■ n. m. [ymɛktœʀ] (*humecter*) Appareil utilisé pour mouiller le papier ou le tissu. *Un humecteur à étiquettes.*

HUMER, v. tr. ['yme] (*h* aspiré ; onomat. *hum-*, aspiration d'air) ▷ Avaler quelque chose de liquide en retirant son haleine. *Humer un bouillon, un œuf.* ◁ ♦ *Humer l'air, le vent*, le faire pénétrer dans les poumons. ♦ ▷ *Humer le brouillard*, s'y exposer. ◁ ♦ *Humer l'odeur des mets*, les flairer avec délices. ♦ Aspirer par le nez. *Humer une prise de tabac.* ♦ **Fig.** « *L'âme est contente et hume tout l'encens [de la flatterie] en elle-même* », BOSSUET. ♦ Se humer, v. pr. Être humé.

HUMÉRAL, ALE, adj. [ymeral] (lat. *humerus*) **Anat.** Qui appartient au bras ou à l'os humérus. *Les ligaments huméraux.*

HUMÉRUS, n. m. [ymeʀys] (lat. *humerus*, épaule) **Anat.** L'os du bras depuis l'épaule jusqu'au coude.

HUMEUR, n. f. [ymœʀ] (lat. *humor*, liquide de toute espèce) ▷ Toute substance liquide ou demi-liquide qui se trouve dans un corps organisé. ◁ ▷ Vulgairement, il se dit des humeurs viciées du corps. *Humeur âcre, maligne, etc.* ◁ ♦ ▷ *Les humeurs froides*, les écrouelles. ◁ ♦ Disposition du tempérament ou de l'esprit, soit naturelle, soit accidentelle. « *Je saurai bien rabattre une humeur si hautaine* », P. CORNEILLE. « *Un certain homme avait trois filles, Toutes trois de contraire humeur* », LA FONTAINE. ♦ *Être d'humeur à*, être habituellement disposé à. « *Je ne suis pas d'humeur à mourir de constance* », P. CORNEILLE. ♦ ▷ *Être en humeur de*, être actuellement disposé à. *Jamais je ne fus tant en humeur de rire.* ◁ ♦ *Humeur de*, disposition à. « *Je n'écouterai plus cette humeur de conquête* », P. CORNEILLE. ♦ **Fam.** *Être en humeur de bien faire*, se dit de gens qui se mettent à table avec un grand appétit. ♦ *Belle humeur*, disposition de gaieté et de satisfaction. *Être en belle humeur.* ♦ *Bonne humeur*, bonne disposition de l'âme qui se manifeste par le ton, les manières, le langage. ♦ *Humeur noire*, mélancolie, tristesse. ♦ **Absol.** *Humeur* se dit pour *mauvaise humeur*, disposition chagrine, impatience. *Avoir, prendre de l'humeur.* ♦ **Fam.** *Humeur de dogue, de chien*, très mauvaise humeur. ♦ Caprice, bouderie, fantaisie. « *Les tristes humeurs d'une femme grondeuse* », FLÉCHIER. ♦ *Par humeur*, par caprice. ♦ Penchant à la plaisanterie, originalité facétieuse, dans le sens de l'anglais *humour*. Voy. ce mot. ♦ ▷ *Par humeur*, par inspiration originale. « *Ceux qui écrivent par humeur sont sujets à retoucher leurs ouvrages* », LA BRUYÈRE. ◁ ■ **Anat.** *Humeur aqueuse*, liquide de l'œil qui se trouve entre la cornée et le cristallin. ◁ ♦ *Mauvaise humeur*, irritation. *Je ne supporte plus ces mouvements d'humeur.*

HUMIDE, adj. [ymid] (lat. *humidus*) Qui tient de la nature de l'eau. « *Sur les humides bords des royaumes du vent* », LA FONTAINE. ♦ *L'humide élément*, l'eau. ♦ ▷ *Les humides plaines, l'humide empire*, la mer. ♦ ♦ Imprégné de vapeurs aqueuses. *Un air, un linge humide.* ♦ *Yeux humides*, yeux mouillés de larmes. ♦ *Un regard humide*, regard d'un œil qui est légèrement mouillé. ♦ **N. m. Phys. anc.** Une des quatre premières qualités, opposée au sec. ♦ **Anc. méd.** *L'humide radical*, le fluide qu'on supposait le principe de la vie des êtres organisés.

HUMIDEMENT, adv. [ymid(ə)mɑ̃] (*humide*) Dans un lieu humide.

HUMIDIFICATEUR, ▪ n. m. [ymidifikatœʀ] (*humidifier*) **Techn.** Appareil utilisé pour augmenter l'humidité de l'air. *Une cave à cigares contient un humidificateur pour empêcher que les cigares ne sèchent.*

HUMIDIFICATION, ▪ n. f. [ymidifikasjɔ̃] (*humidifier*) Action d'humidifier, de rendre humide. *Un système d'humidification de l'air.*

HUMIDIFIER, ▪ v. tr. [ymidifje] (*humide*) Rendre humide. *Humidifier l'air.*

HUMIDIMÈTRE, ▪ n. m. [ymidimɛtʀ] (*humidité* et *-mètre*) Appareil servant à mesurer l'humidité. *Les humidimètres sont utilisés dans l'imprimerie pour mesurer le taux d'absorption de certains papiers.*

HUMIDITÉ, n. f. [ymidite] (b. lat. *humiditas*) Qualité de ce qui est humide, état d'un corps qui est imbibé d'eau. *L'humidité de l'air, de la terre. L'humidité du regard.* ♦ **Absol.** *L'humidité*, l'état de moiteur de l'air, du lieu. ♦ ▷ *Humidités* se dit d'une abondance excessive d'humeurs dans le tempérament. *Les humidités du cerveau.* ◁

HUMIFICATION, ▪ n. f. [ymifikasjɔ̃] (*humus*, sol, terre) Processus de transformation de la matière organique morte en humus, sous l'action des microorganismes du sol. *Le processus d'humification des sols.*

HUMILIANT, ANTE, adj. [ymiljɑ̃, ɑ̃t] (*humilier*) Qui humilie. *Une foule hurlante.*

HUMILIATION, n. f. [ymiljasjɔ̃] (lat. chrét. *humiliatio*) Action par laquelle on est humilié; état d'une personne humiliée. ♦ Ce qui cause de la confusion, de la mortification. *Essuyer une grande humiliation.*

HUMILIÉ, ÉE, p. p. d'humilier. [ymilje]

HUMILIER, v. tr. [ymilje] (lat. chrét. *humiliare*) ▷ Rendre humble. *Humilier son cœur* ◁ ♦ Donner de la confusion, de la mortification. *Humilier ses ennemis.* ♦ S'humilier, v. pr. Se rendre humble, s'abaisser. « *Il s'est humilié sous la main de Dieu* », MASSILLON. ♦ S'infliger des humiliations réciproques.

HUMILITÉ, n. f. [ymilite] (lat. *humilitas*, état peu élevé) Vertu qui nous donne le sentiment de notre faiblesse et de notre insuffisance. *Pratiquer l'humilité.* ♦ Acte d'humilité. « *Non, ne descendez pas dans ces humilités* », MOLIÈRE. ♦ **Fam.** *En toute humilité*, aussi humblement qu'il est possible.

HUMIQUE, ▪ adj. [ymik] (*humus*) Relatif à l'humus. *Lorsque l'humus s'agrège avec de l'argile, ils forment un complexe argilo-humique.*

HUMORAL, ALE, adj. [ymɔʀal] (lat. *humor*, liquide) **Méd.** Qui a rapport aux humeurs, qui vient des humeurs. *Les maladies humorales.*

HUMORISME, ▪ n. m. [ymɔʀism] (*humeur*, d'après le lat. *humor*) **Méd.** La doctrine des médecins humoristes.

HUMORISTE, adj. [ymɔʀist] (selon le sens, ital. *[h]umorista*, fantasque, capricieux, ou latin savant [XVIe s.] *humorista*, partisan de l'humorisme, ou angl. *humorist*, personne enjouée, ayant le sens du comique) ▷ Qui a souvent de l'humeur, difficile à vivre (peu usité en ce sens). ◁ ♦ **N. m. et n. f.** *Un humoriste.* ◁ ♦ Enclin à une sorte de gaieté railleuse et originale. ♦ *Écrivain humoriste* ou simplement *humoriste*, celui qui a de la fantaisie, une vivacité originale. ♦ ▷ **Méd.** Qui appartient à un système dans lequel on attribue la cause des maladies à l'altération primitive des humeurs. ◁ ♦ **N. m.** *Les humoristes*, les partisans de ce système. ▪ Auteur de dessins comiques. ▪ Comique professionnel. *C'est un humoriste très en vogue.*

HUMORISTIQUE, adj. [ymɔʀistik] (*humoriste*, infl. de l'angl. *humoristic* et *humour*) **Litt.** Où il entre de l'humour. *Boutade humoristique.* ♦ *Écrivain humoristique*, syn. d'humoriste.

HUMOUR, n. m. [ymuʀ] (mot angl. lui-même empr. au *humeur*) Mot anglais qui signifie gaieté d'imagination, veine comique. ▪ *Humour noir*, humour fondé sur des sujets ou des situations dramatiques. ▪ *Avoir le sens de l'humour*, savoir rire de tout ou presque. ▪ *Prendre quelque chose avec humour*, accepter quelque chose, souvent de difficile, avec le sourire. *Elle a pris cette nouvelle avec humour.* ▪ **REM.** On prononçait aussi à l'anglaise autrefois : [jumœʀ].

HUMUS, n. m. [ymys] (lat. *humus*) Terre végétale.

HUNE, n. f. [yn] (*h* aspiré; anc. scand. *hunn*) **Mar.** Plateforme établie horizontalement au sommet d'un mât qui la traverse. ♦ *Grand-hune*, hune du grand mât. ♦ *Mâts de hune*, mâts qui surmontent les bas mâts.

HUNIER, n. m. [ynje] (*h* aspiré; *hune*) **Mar.** Voile du mât de hune. ♦ *Grand hunier*, la voile du grand mât; *petit hunier*, celle du mât de misaine.

HUNNIQUE, ▪ adj. [ynik] (*h* aspiré; *Hun*) Relatif aux Huns. *L'Empire hunnique.*

HUPPE, n. f. [yp] (*h* aspiré; b. lat. *uppa*, du lat. *upupa*, avec *h* expressif) Oiseau de la grosseur d'un merle, qui a une petite touffe de plumes sur la tête. ♦ Touffe de plumes que certains oiseaux ont sur la tête. ♦ ▷ **Fig.** *Rabattre la huppe*, mortifier. ◁

HUPPÉ, ÉE, adj. [ype] (*h* aspiré; *huppe*) Qui a une huppe sur la tête, en parlant des oiseaux. *Alouette huppée.* ♦ **Fig. et fam.** De haut parage, notable par la richesse ou par le rang. « *Combien en as-tu vu, je dis des plus huppés…!* », RACINE. ♦ **Prov.** *Les plus huppés y sont pris*, ceux qui se croient les plus habiles y sont attrapés. ▪ *Un quartier huppé*, un quartier bourgeois, aisé.

HURE, n. f. [yʀ] (*h* aspiré; orig. inc., prob. germ. en raison du *h* initial) ▷ Tête hérissée et en désordre. ◁ ♦ Tête de quelques animaux. *Une hure de saumon, de brochet, de sanglier, de cochon.* ♦ ▷ La tête lorsqu'elle est coupée. ◁ ♦ *La hure*, en charcuterie, préparation faite principalement avec la chair de la hure. ♦ ▷ Brosse garnie de tous les côtés et adaptée à un manche. ◁

HURHAU, [yʀo] (*h* aspiré) Voy. HUHAU.

HURLANT, ANTE, adj. [yʀlɑ̃, ɑ̃t] (*h* aspiré; *hurler*) Qui hurle. *Une foule hurlante.*

HURLÉ, ÉE, p. p. de hurler. [yʀle] Dit en hurlant.

HURLEMENT, n. m. [yʀləmɑ̃] (*h* aspiré; *hurler*) Le cri prolongé que fait le loup et quelquefois aussi le chien. ♦ **Par anal.** Cri fort et prolongé. ♦ Cris de douleur, de colère.

HURLER, v. intr. [yʀle] (*h* aspiré; lat. *ululare*, avec *h* expressif) Pousser des hurlements, en parlant du loup, du chien. ♦ Il se dit des cris aigus et prolongés que l'on pousse dans la colère, dans la douleur, etc. ♦ **Par personnification.** « *La tempête en hurlant creuse et soulève l'onde* », DUCIS. ♦ **Fig.** Se dit de choses qu'on accouple malgré leur incompatibilité. *Des mots qui hurlent de se voir accouplés.* ♦ **Fig.** Parler avec emportement, avec fureur. « *Laissant là cette folle hurler* », BOILEAU. ♦ **V. tr.** Prononcer avec un ton d'emportement ou de colère. « *Hurle son chant barbare* », DELILLE. ♦ **Prov.** *Il faut hurler avec les loups*, il faut s'accommoder aux manières, aux opinions des gens avec qui l'on vit.

HURLEUR, EUSE, n. m. et n. f. [yʀlœʀ, øz] (*h* aspiré; *hurler*) Celui, celle qui pousse des cris de colère, de passion, etc. ♦ **Zool.** Se dit d'un animal dont le cri ressemble à un hurlement.

HURLUBERLU, n. m. [yʀlybɛʀly] (orig. disc. : p.-ê. angl. *hurly-burly*, de *hurling*, tumulte, et *burling*, réduplication expressive, ou croisement du dial. *berlu*, qui a la berlue, avec un *hurelu* qui reste difficile à expliquer) Celui qui est inconsidéré, brusque, étourdi. *Agir en hurluberlu.*

1 **HURON, ONNE**, n. m. et n. f. [yʀɔ̃, ɔn] (*h* aspiré; lac *Huron*, au Canada) Homme, femme appartenant à une nation de sauvages, au nord du lac Huron, dans l'Amérique du Nord [1]. ▪ **N. m.** Langue parlée en Amérique du Nord appartenant au groupe iroquois. ▪ **REM.** 1 : Le mot *sauvage* n'avait pas, à l'époque de Littré, la connotation péjorative et raciste qu'il peut avoir aujourd'hui. Les Hurons sont une ethnie indienne du Canada.

2 **HURON, ONNE**, ▪ n. m. et n. f. [yʀɔ̃, ɔn] (*h* aspiré; *hure*) **Fig.** Homme grossier, malotru. *Vous n'êtes qu'un huron!*

HURRA et **HURRAH**, n. m. [uʀa] (*h* aspiré) Voy. HOURRA.

HURRICANE, ▪ n. m. [yʀikan] (*h* aspiré; mot angl., ouragan) Cyclone d'Amérique centrale. *Des hurricanes.*

HUSKY, ▪ n. m. [yski] ou [œski] (*h* aspiré; mot angl., rauque, enroué, robuste) Chien de travail issu de plusieurs races des pays nordiques dont la morphologie actuelle a été fixée notamment avec des yeux bleus. *Une meute de huskys. Des huskys* ou *des huskies* (pluriel anglais).

HUSSARD, n. m. [ysaʀ] (*h* aspiré; hongr. *huszar*, vingtième, parce que lors de l'invasion turque de 1458, on a enrôlé en Hongrie un homme sur vingt) Cavalier hongrois. ♦ Soldat de cavalerie légère dont l'uniforme ressemble à celui de la cavalerie hongroise. ♦ **Fig.** *Les hussards*, ainsi que les dragons et les grenadiers, sont souvent donnés comme le type des mœurs ou du langage militaires et du sans-gêne ou même de la grossièreté. *Des propos de hussard.* ♦ ▷ *Hussard en jupon*, une femme qui affecte une tenue ou des goûts militaires. ◁ ♦ *Vivre à la hussarde*, vivre de pillage. ♦ **Fig.** *À la hussarde*, à la housarde, à la façon des hussards, sans retenue. ◁ ▪ **REM.** On disait aussi *housard* et *houssard*.

HUSSARDE, n. f. [ysaʀd] (*h* aspiré; *hussard*) Danse d'origine hongroise.

HUTTE, n. f. [yt] (*h* aspiré; anc. h. all. *hutta*, cabane) Petite cabane faite de bois, de terre, de paille, etc. *La hutte d'un sauvage.* ▪ **REM.** Le mot *sauvage* n'avait pas, à l'époque de Littré, la connotation péjorative et raciste qu'il peut avoir aujourd'hui.

HUTTER (SE), v. pr. ['yte] (*h* aspiré ; *hutte*) ▷ Faire une hutte pour se loger. ♦ Aujourd'hui, en parlant de soldats, on dit plus ordinairement *se baraquer.* ◁

HYACINTHE, n. f. [jasɛ̃t] (gr. *huakinthos*) Plante bulbeuse, Voy. JACINTHE. ♦ Pierre précieuse d'un jaune tirant sur le rouge. ♦ **Adj.** Qui est d'un bleu tirant sur le violet. *La couleur hyacinthe.* ■ REM. Ce nom était autrefois masculin.

HYADES, n. f. pl. [jad] (gr. *Huades*, de *huein*, faire pleuvoir) **Mythol.** Filles d'Atlas qui pleurèrent tant leur frère Hyas, que Jupiter les transporta au ciel et les changea en astres. ♦ **Astron.** Constellation de sept étoiles à la tête du Taureau.

HYALIN, INE, adj. [jalɛ̃, in] (gr. *hualos*, toute pierre transparente) Qui a l'apparence ou la diaphanéité du verre. *Quartz hyalin*, le cristal de roche.

HYALITE, ■ n. f. [jalit] (*hyalin*) Variété d'opale vitreuse et transparente. *La hyalite est caractérisée par une luminescence verte fréquente aux ondes courtes.* ■ **Méd.** Inflammation de l'œil qui touche son corps vitré. *La hyalite provoque des troubles graves de la vision.*

HYALOCLASTITE, ■ n. f. [jaloklastit] (gr. *hualos*, pierre transparente et -*klastês*, qui brise) Roche volcanique fragmentée, résultant de la rencontre de la lave et de l'eau. *Une chaîne de hyaloclastite.*

HYALOPLASME, ■ n. m. [jaloplasm] (gr. *hualos*, pierre transparente, et -*plasme*) **Biol.** Substance composée de protéines fibreuses et d'un gel transparent qui constitue la substance fondamentale du cytoplasme. *Le hyaloplasme comporte de nombreuses molécules tels que des acides aminés, des ions et du glucose.*

HYBRIDATION, n. f. [ibʁidasjɔ̃] (*hybride*) Production de plantes, d'animaux hybrides.

HYBRIDE, adj. [ibʁid] (lat. *hybrida*, bâtard, avec une orthog. qui le rattache faussement au gr. *hubris*, excès ; cf. *iber, imbrum*, mulet) **Physiol.** Qui provient de deux espèces différentes. ♦ *Plantes hybrides*, plantes dont la graine provient d'un végétal qui, au lieu d'être fécondé par sa propre espèce, l'a été par une autre. ♦ *Animal hybride*, animal né de deux animaux de différentes espèces, comme le mulet. ♦ **N. m.** *Les hybrides.* ♦ **Gramm.** *Mots hybrides*, mots composés d'éléments provenant de langues différentes. *Minéralogie est hybride, composé du français* minéral *et du grec* logos. ■ **Fig.** Composé d'éléments différents. *Un style hybride.* ■ Se dit d'un véhicule dont le moteur peut utiliser deux énergies, et notamment l'électricité et l'essence.

HYBRIDER, ■ v. tr. [ibʁide] (*hybride*) Croiser, procéder à l'hybridation de.

HYBRIDISME n. m. ou **HYBRIDITÉ**, n. f. [ibʁidism, ibʁidite] (*hybride*) Condition d'un être organisé, plante ou animal, qui est le produit de deux espèces différentes. ♦ **Gramm.** Qualité d'un mot formé d'éléments empruntés à deux langues.

HYBRIDOME, ■ n. m. [ibʁidom] (*hybride* et -*ome*) **Biol.** Cellule issue de l'union en laboratoire de deux cellules génétiquement différentes. *En fusionnant un lymphocyte (qui produit les anticorps) et une cellule cancéreuse, on obtient un hybridome capable de produire l'anticorps nécessaire et de vivre indéfiniment dans une culture de tissu, donc de reproduire cet anticorps de façon continue.*

HYDARTHROSE, ■ n. f. [idaʁtʁoz] (gr. *hudôr*, eau et *arthron*, articulation) **Méd.** Épanchement de liquide séreux dans une cavité ou une articulation qui se caractérise par sa périodicité. *L'hydarthrose du genou est également appelée épanchement de synovie.*

HYDATIDE, ■ n. f. [idatid] (gr. *hudatis*, génit. -*idos*, poche remplie d'eau) Forme larvaire du ténia échinocoque qui forme un kyste en se développant dans le foie ou le poumon de plusieurs mammifères dont l'homme.

HYDATIQUE, ■ adj. [idatik] (*hydatide*) Qui contient des hydatides. *Kystes hydatiques.*

HYDATISME, n. m. [idatism] (*hydatide*) **Méd.** Bruit causé par la fluctuation d'un liquide dans une cavité.

HYDNE, ■ n. m. [idn] (gr. *hudnon*, sorte de tubercule, p.-ê. truffe) Espèce de champignon comestible qui pousse généralement dans les bois et dont le chapeau est de couleur jaune. *Le pied-de-mouton est un hydne.*

HYDR. ou **HYDRO...**, [idʁ, idʁo] Préfixe du gr. >*hudôr*, eau.

HYDRACIDE, n. m. [idʁasid] (*hydr* et *acide*) **Chim.** Acide qui résulte de la combinaison d'un corps simple ou composé avec l'hydrogène.

HYDRAGOGUE, adj. [idʁagɔg] (gr. *hudragôgos*, de *hudôr*, eau, et *agein*, conduire) **Méd.** Qui a la propriété d'évacuer la sérosité. ♦ **N. m.** *Un hydragogue.*

HYDRAIRE, ■ n. m. [idʁɛʁ] (*hydre*) Invertébré de la famille des cnidaires qui passe du stade de polype à celui de méduse. *L'hydraire gélatineux peut mesurer jusqu'à 20 cm de long, est mou au toucher et a un aspect blanchâtre.*

HYDRAMNIOS, ■ n. m. [idʁamnjos] (gr. *hydr-* et *amnion*, membrane qui enveloppe le fœtus) **Méd.** Excès de liquide amniotique au cours de la grossesse. *Un hydramnios peut provenir d'une malformation du fœtus, d'un diabète de la mère ou d'une mauvaise circulation sanguine entre le fœtus et le placenta.*

HYDRASTIS, ■ n. m. [idʁastis] (lat. sav. mod. ; lat. *hydrastina*, gr *hudrastina*, chanvre des bois) Plante vivace qui pousse généralement en Amérique du Nord, réputée pour les vertus de l'alcaloïde que l'on en extrait et qui est utilisée dans le traitement des problèmes veineux. *Consommé en grande quantité, l'hydrastis peut devenir toxique en s'accumulant dans le corps.*

HYDRATANT, ANTE, ■ adj. [idʁatɑ̃, ɑ̃t] (*hydrater*) Qui assure l'hydratation de la peau. *Une crème hydratante.* ■ **N. m.** *Produit hydratant. Un hydratant corporel aux huiles essentielles.*

HYDRATATION, n. f. [idʁatasjɔ̃] (*hydrater*) **Chim.** Conversion en hydrate. ♦ Fait d'apporter de l'eau à l'organisme, à un tissu.

HYDRATE, n. m. [idʁat] (*hydr-* et -*ate*) **Chim.** Combinaison d'un oxyde métallique et d'eau, dans laquelle cette dernière joue le rôle d'acide.

HYDRATÉ, ÉE, p. p. d'hydrater. [idʁate] Qui contient de l'eau à l'état de combinaison. ♦ *Acide hydraté*, se dit souvent d'un acide contenant de l'eau qui n'est pas combinée.

HYDRATER (S'), v. pr. [idʁate] (*hydr-*) **Chim.** Prendre le caractère des hydrates. ♦ **V. tr.** Apporter de l'eau à l'organisme, à un tissu. *Hydrater sa peau avec une crème.*

HYDRAULICIEN, IENNE, ■ n. m. et n. f. [idʁolisjɛ̃, jɛn] (*hydraulique*) Personne spécialiste de l'hydraulique ou des installations hydrauliques. *Une hydraulicienne.* ■ **Adj.** *Un ingénieur hydraulicien.*

HYDRAULIQUE, adj. [idʁolik] (gr. *hudraulis*, orgue hydraulique, de *hudôr*, eau et *aulein*, résonner) Qui se meut, qui joue par de l'eau conduite en des tuyaux. *Orgue hydraulique.* ♦ Qui a rapport aux mouvements de l'eau dans des tuyaux, et en général aux mouvements quelconques des liquides. *Travaux hydrauliques.* ♦ *Machine hydraulique*, machine qui élève l'eau. ♦ *Presse hydraulique*, presse dans laquelle la pression est produite par de l'eau. ♦ *Mortier, chaux hydraulique*, mortier, chaux qui a la propriété de durcir dans l'eau. ♦ **N. f.** Science, art qui enseigne à conduire et à élever les eaux.

HYDRAVION, ■ n. m. [idʁavjɔ̃] (*hydr-* et -*avion*) Avion conçu pour pouvoir décoller de la surface de l'eau et s'y poser, grâce aux réactions de l'eau sur une coque spéciale et sur les flotteurs de l'appareil.

HYDRE, n. f. [idʁ] (gr. *hudra*, serpent d'eau) *Hydre de Lerne*, serpent fabuleux à sept têtes qui renaissaient dès qu'on lui en avait coupé une. ♦ **Fig.** « *Les Français combattaient dans les alliés une hydre toujours renaissante* », VOLTAIRE. ♦ *L'hydre de l'anarchie*, les factions et les doctrines, considérées comme multiples et renaissantes, qui menacent l'ordre établi. ♦ **Hérald.** Couleuvre ou serpent d'eau à sept têtes. ♦ **Zool.** Genre de reptiles ophidiens, serpents d'eau.

HYDRIE, ■ n. f. [idʁi] (gr. *hudria*, vase pour puiser, contenir ou verser de l'eau) **Antiq.** Grand vase à trois anses, dont une verticale, qui était utilisé pour l'eau dans la Grèce antique. *Une hydrie richement décorée d'ornements qui sculptent l'embouchure, le pied et les trois anses.*

HYDRIQUE, ■ adj. [idʁik] (*hydr-* et -*ique*) Relatif à l'eau. *Diète hydrique.*

HYDRO..., [idʁo] Voy. HYDR.

HYDROBASE, ■ n. f. [idʁobaz] (*hydro-* et *base*) Base d'amerrissage pour les hydravions.

HYDROCARBONATE, n. m. [idʁokaʁbonat] (*hydro-* et *carbonate*) Carbonate qui contient de l'eau à l'état de combinaison chimique.

HYDROCARBURE, n. m. [idʁokaʁbyʁ] (*hydro-* et *carbure*) Syn. d'hydrogène carboné.

HYDROCÈLE, n. f. [idʁosɛl] (gr. *hudrokêlê*, de *hudôr*, eau, et *kêlê*, tumeur) **Chir.** Tumeur formée dans un amas de sérosité dans le tissu cellulaire.

HYDROCÉPHALE, n. f. [idʁosefal] (gr. *hudrokephalos*, de *hudôr*, eau, et *kephalê*, tête) Hydropisie de la tête. ♦ **Adj.** Qui est affecté d'une hydrocéphale. *Un enfant hydrocéphale.* ♦ **N. m.** *Un hydrocéphale.*

HYDROCÉPHALIE, ■ n. f. [idʁosefali] (*hydrocéphale*) **Méd.** Excès de liquide céphalorachidien provoquant une dilatation des ventricules du cerveau. *L'hydrocéphalie est un handicap qui apparaît dans environ 70 % des cas de spina-bifida.*

HYDROCHLORATE, HYDROCHLORIQUE, [idʁoklorat, idʁoklorik] Voy. CHLORHYDRATE, CHLORHYDRIQUE.

HYDROCORALLIAIRE, ■ n. m. [idʁokoraljɛʁ] (*hydro-* et *coralliaire*) **Biol.** Polype hydrozoaire de la famille des cnidaires, qui participe à la constitution des récifs coralliens.

HYDROCOTYLE, n. f. [idʁokotil] (*hydro-* et gr. *kotulê*, écuelle) Genre de plantes ombellifères, parmi lesquelles est l'écuelle d'eau.

HYDROCUTION, ▪ n. f. [idʀokysjɔ̃] (formé avec *hydro* sur le modèle de *électrocution*) Accident de contact et syncope de réaction du corps immergé brusquement dans une eau très froide et soumis à la pression de l'eau.

HYDRODYNAMIQUE, n. f. [idʀodinamik] (*hydro-* et *dynamique*) **Phys.** Partie de l'hydraulique, science du mouvement des fluides et des lois de leur pression. ◆ **Adj.** Qui a rapport aux lois du mouvement des fluides.

HYDROÉLECTRICITÉ, ▪ n. f. [idʀoelɛktʀisite] (*hydro-* et *électricité*) Électricité produite grâce à l'énergie hydraulique. *Sur le plan écologique, l'hydroélectricité est très avantageuse.*

HYDROÉLECTRIQUE, ▪ adj. [idʀoelɛktʀik] (de *hydro-* et *électrique*) Relatif à l'hydroélectricité. *Énergie, centrale hydroélectrique.*

HYDROFILICALE, ▪ n. f. [idʀofilikal] (*hydro-* et lat. *filix*, génit.-*icis*, fougère) Plante aquatique qui ressemble à la fougère.

HYDROFOIL, ▪ n. m. [idʀofɔjl] (mot angl., de *hydro-* et *foil*, surface plane, feuille) Voy. HYDROPTÈRE.

HYDROFUGATION, ▪ n. f. [idʀofygasjɔ̃] (*hydrofuger*) Action d'hydrofuger. *Procéder à l'hydrofugation d'une toiture.*

HYDROFUGE, adj. [idʀofyʒ] (*hydro-* et -*fuge*) Qui garantit de l'humidité. *Agents hydrofuges.*

HYDROFUGER, ▪ v. tr. [idʀofyʒe] (*hydrofuge*) Rendre hydrofuge. *Hydrofuger les tuiles d'un toit.*

HYDROGÉNATION, ▪ n. f. [idʀoʒenasjɔ̃] (*hydrogéner*) **Chim.** Action d'hydrogéner. *L'hydrogénation des alcènes correspond à la fixation de deux atomes d'hydrogène sur la double liaison.* ▪ Résultat de cette action.

HYDROGÉNÉ, ÉE, p. p. d'hydrogéner. [idʀoʒene]

HYDROGÈNE, n. m. [idʀoʒɛn] (*hydro-* et -*gène*) **Chim.** Corps simple, aériforme, dont la combinaison avec l'oxygène forme de l'eau. ◆ **Adj.** *Gaz hydrogène.* ◆ *Hydrogène sulfuré, arsénié, etc.,* hydrogène combiné avec du soufre, de l'arsenic, etc. ◆ *Hydrogène bicarboné,* produit de la décomposition de la houille par la chaleur, formant le gaz de l'éclairage. ◆ *Hydrogène liquide,* gaz liquide, mélange d'alcool et d'essence de térébenthine pour l'éclairage.

HYDROGÉNER, v. tr. [idʀoʒene] (*hydrogène*) **Chim.** Combiner avec l'hydrogène. ◆ *S'hydrogéner,* v. pr. Se combiner avec l'hydrogène.

HYDROGÉOLOGIE, ▪ n. f. [idʀoʒeɔlɔʒi] (*hydro-* et *géologie*) **Géol.** Discipline appartenant à la géologie consistant en la recherche et l'étude de la circulation des eaux souterraines. *L'hydrogéologie a entre autres pour objet l'étude du rôle des matériaux constituant le sol et le sous-sol dans la distribution et les modalités d'écoulement de l'eau.*

HYDROGÉOLOGUE, ▪ n. m. et n. f. [idʀoʒeɔlɔg] (*hydrogéologie*) **Géol.** Personne spécialiste de l'hydrogéologie. ▪ **Adj.** *Un ingénieur hydrogéologue.*

HYDROGLISSEUR, ▪ n. m. [idʀoglisœʀ] (*hydro-* et *glisseur*) Bateau à fond plat, propulsé par une hélice aérienne ou un réacteur. *Trajet Saint-Malo - Jersey prévu par hydroglisseur.*

HYDROGRAPHE, n. m. et n. f. [idʀogʀaf] (*hydro-* et -*graphe*) Celui, celle qui est versé dans l'hydrographie. ◆ **Adj.** *Ingénieur hydrographe.*

HYDROGRAPHIE, n. f. [idʀogʀafi] (*hydro-* et -*graphie*) Description des eaux éparses à la surface du globe. ◆ Science qui enseigne à mesurer et à connaître la mer. ▪ Ensemble des cours d'eau et des lacs d'un pays, d'une région.

HYDROGRAPHIQUE, adj. [idʀogʀafik] (*hydrographie*) Qui appartient à l'hydrographie. ◆ *Carte hydrographique* ou *marine,* relevé des côtes, mouillages, sondages et rumbs de vent.

HYDROLASE, ▪ n. f. [idʀolaz] (*hydrolyse-* et -*ase*) **Biol.** Enzyme catalysant la rupture d'une liaison chimique par addition d'eau.

HYDROLAT, n. m. [idʀola] (*hydro-* sur le modèle de *alcoolat*, de *hydrol*, ensemble des eaux minérales) **Pharm.** Liquide incolore qu'on obtient en distillant de l'eau sur des fleurs odorantes ou des substances aromatiques.

HYDROLOGIE, n. f. [idʀolɔʒi] (*hydro-* et -*logie*) Partie de l'histoire naturelle qui traite des eaux et de leurs différentes espèces.

HYDROLOGIQUE, adj. [idʀolɔʒik] (*hydrologie*) Qui a rapport à l'hydrologie.

HYDROLOGUE ou **HYDROLOGISTE**, n. m. et n. f. [idʀolɔg, idʀolɔʒist] (*hydrologie*) Personne qui sait, qui enseigne l'hydrologie. ▪ Spécialiste de l'hydrologie.

HYDROLYSE, ▪ n. f. [idʀoliz] (*hydro-* et -*lyse*) **Chim.** Rupture d'une liaison chimique due à la réaction provoquée par l'eau sur une molécule.

HYDROLYSER, ▪ v. tr. [idʀolize] (*hydrolyse*) Procéder à l'hydrolyse de. *Recherche de méthodes efficaces et économiques pour hydrolyser le lactose dans le lait et les produits laitiers.*

HYDROMEL, n. m. [idʀomɛl] (gr. *hudromeli*) Breuvage fait d'eau et de miel.

HYDROMÈTRE, n. m. [idʀomɛtʀ] (*hydro-* et -*mètre*) Instrument propre à mesurer l'épaisseur de la couche d'eau qui tombe chaque année en un lieu donné.

HYDROMÉTRIE, n. f. [idʀometʀi] (*hydro-* et -*métrie*) Science qui apprend à mesurer la densité, la vitesse, la force des liquides et particulièrement de l'eau.

HYDROMÉTRIQUE, adj. [idʀometʀik] (*hydrométrique*) Qui appartient à l'hydrométrie.

HYDRONÉPHROSE, ▪ n. f. [idʀonefʀoz] (*hydro-* et *néphrose*) **Méd.** Distension chronique ou aiguë du rein, du bassinet et des calices, provoquée par la rétention ou le mauvais écoulement de l'urine dans les uretères. *Douleurs lombaires, coliques néphrétiques, douleurs irradiant vers le sexe et l'abdomen peuvent être les premiers symptômes de l'hydronéphrose.*

1 **HYDROPHILE**, ▪ adj. [idʀofil] (*hydro-* et -*phile*, ami) Qui absorbe, retient l'eau. *Du coton hydrophile.*

2 **HYDROPHILE**, ▪ n. m. [idʀofil] (gr. *hydro-* et *phile*) Gros insecte aquatique européen pouvant mesurer jusqu'à 50 mm. *Les hydrophiles sont représentés en France par un peu plus d'une centaine d'espèces.*

HYDROPHOBE, n. m. et n. f. [idʀofɔb] (gr. *hudrophobos*, de *hudôr*, eau, et -*phobos*, qui a peur) **Méd.** Celui, celle qui a les liquides en horreur. ◆ **Adj.** *Un malade hydrophobe.* ▪ **Chim.** Se dit d'une substance qui n'absorbe pas l'eau.

HYDROPHOBIE, n. f. [idʀofobi] (gr. *hudrophobia*, de *hudrophobos*) **Méd.** Horreur de l'eau et des autres liquides. ◆ Abusivement, la rage.

HYDROPHOBIQUE, adj. [idʀofobik] (*hydrophobie*) Qui a rapport à l'hydrophobie.

HYDROPHONE, ▪ n. m. [idʀofɔn] (*hydro-* et -*phone*) Transducteur électroacoustique utilisé pour la détection des ondes acoustiques sous-marines. *Lorsqu'on installe un hydrophone à quelques mètres sous la surface de la mer, le bruit acoustique mesuré permet d'estimer la vitesse du vent de surface.*

HYDROPIQUE, adj. [idʀopik] (gr. *hudrôpikos*) Qui est malade d'hydropisie. ◆ N. m. et n. f. *Un hydropique. Une hydropique.*

HYDROPISIE, n. f. [idʀopizi] (gr. *hudrôps*, génit. *ôpos*) **Méd.** Accumulation de sérosité dans une partie du corps. ◆ Dans le langage ordinaire, l'ascite.

HYDROPNEUMATIQUE, adj. [idʀopnømatik] (*hydro-* et *pneumatique*) **Chim.** *Cuve hydropneumatique,* appareil qui sert à recueillir sur une cuve d'eau les gaz insolubles dans l'eau. ▪ **Méc.** Qui fonctionne au moyen d'un liquide et d'un gaz comprimé. *Suspension hydropneumatique.*

HYDROPONIQUE, ▪ adj. [idʀoponik] (*hydro-* et lat. *ponere*, poser) **Techn.** Se dit des cultures faites sans terre, sur support artificiel, dont l'alimentation est assurée par l'apport de solutions nutritives. *La culture hydroponique.*

HYDROPTÈRE ou **HYDROFOIL**, ▪ n. m. [idʀoptɛʀ, idʀofɔjl] (*hydro-* et -*ptère,* ou angl. *foil,* feuille) Embarcation rapide pourvue d'une coque munie d'ailes à surface portante hydrodynamique immergées ou semi-immergées, lui permettant de se soulever au-dessus de l'eau, au-delà d'une certaine vitesse. *L'hydroptère est un navire propulsé par le vent, évoluant entre ciel et mer, ne restant en contact avec l'eau que par des foils.*

HYDROSCOPE, n. m. [idʀoskɔp] (gr. *hudroskopos*, de *hudôr*, eau, et *skopein,* avoir en vue) Celui qui pratique l'art de rechercher les sources, les eaux souterraines. ◆ Celui que l'on suppose avoir la faculté de sentir les émanations des eaux souterraines.

HYDROSCOPIE, n. f. [idʀoskopi] (*hydroscope*) Art de rechercher les sources, les eaux souterraines. ◆ Faculté que certaines gens prétendent avoir de sentir les émanations des eaux souterraines. ◆ Art de pronostiquer les météores aqueux, d'après l'expérience, surtout en mer.

HYDROSOLUBLE, ▪ adj. [idʀosolybl] (*hydro-* et *soluble*) Soluble dans l'eau. *Une vitamine hydrosoluble.*

HYDROSPHÈRE, ▪ n. f. [idʀosfɛʀ] (*hydro-* et *sphère*) Ensemble des eaux recouvrant la croûte terrestre. *Toute l'eau présente sur Terre, qu'elle soit sous forme liquide, gazeuse ou solide, ou qu'elle appartienne à un océan, un lac, un glacier, une nappe souterraine, aux eaux de pluie ou à un nuage, forme l'hydrosphère.*

HYDROSTATIQUE, n. f. [idʀostatik] (*hydro-* et *statique*) Partie de la mécanique qui traite des conditions de l'équilibre des liquides, et des pressions qu'ils exercent sur les parois des vases. ◆ **Adj.** Qui a rapport à l'hydrostatique. ◆ *Balance hydrostatique,* celle qui permet de peser les corps d'abord dans l'air, puis dans l'eau, pour en déterminer le poids spécifique.

HYDROSULFATE, HYDROSULFURE, HYDROSULFURIQUE, [idʀosylfat, idʀosylfyʀ, idʀosylfyʀik] Voy. SULFHYDRATE, SULFHYDRIQUE.

HYDROTHÉRAPIE, ▪ n. f. [idroterapi] (*hydro-* et *thérapie*) Utilisation de l'eau à des fins thérapeutiques. *L'hydrothérapie du côlon.*

HYDROTHERMAL, ALE, ▪ adj. [idrotɛrmal] (*hydro-* et *thermal*) **Géol.** Qui se rapporte à des eaux chaudes circulant sous terre. *Des sources hydrothermales. Les sites hydrothermaux.* ▪ **Méd.** Relatif aux eaux thermales. *Une cure hydrothermale.*

HYDROTIMÉTRIE, ▪ n. f. [idrotimetri] (gr. *hydrotês*, qualité de ce qui est liquide, liquidité et *-métrie*) Mesure de la dureté de l'eau en fonction du sel calcaire ou magnésien qu'elle contient. *Surveiller le degré d'hydrotimétrie de l'eau.*

HYDROTIQUE, adj. [idrotik] (gr. *hudrôtikos*) Syn. d'hydragogue.

HYDROTRAITEMENT, ▪ n. m. [idrotrɛt(ə)mã] (*hydro-* et *traitement*) Traitement d'épuration des produits pétroliers par fixation d'hydrogène. *L'hydrotraitement des distillats dans le raffinage.*

HYDROZOAIRE, ▪ n. m. [idrozoɛr] (*hydro-* et *-zoaire*) Cnidaire primitif dépourvu de pharynx qui vit en eau douce et ne mesurant pas plus de 15 mm de long. *Chez les hydrozoaires, les organes lumineux sont répartis sur toute la périphérie de l'ombrelle.*

HYDRURE, n. m. [idryr] (*hydr-*) **Chim.** Composé, qui n'est ni gazeux ni acide, d'hydrogène et d'un autre corps simple non gazeux. *L'hydrure de soufre.*

HYÉMAL, ALE, adj. [jemal] Voy. hiémal.

HYÈNE, n. f. [jɛn] ou [ʹjɛn] (quelques-uns aspirent l'*h* à tort. Aujourd'hui, on a le choix d'aspirer l'*h* ou non ; gr. *huaina*) Quadrupède de l'Asie et de l'Afrique, qui a beaucoup de rapport avec le loup par son naturel carnassier.

HYGIAPHONE, ▪ n. m. [iʒjafɔn] (nom déposé, formé sur le gr. *hugiês*, sain, et *-phone*) Dispositif transparent perforé qu'on trouve à certains guichets et destiné à éviter la contamination. *Parlez dans l'hygiaphone !*

HYGIÈNE, n. f. [iʒjɛn] (gr. *hugieinon*, santé) Partie de la médecine qui traite des règles à suivre pour la conservation de la santé. ▪ Ensemble de ces règles. *Des conseils d'hygiène. Hygiène alimentaire.* ▪ Ensemble des soins de propreté apportés au corps. *Manquer d'hygiène.*

HYGIÉNIQUE, adj. [iʒjenik] (*hygiène*) Qui a rapport à l'hygiène. ▪ **Spécialt** Qui a rapport aux parties intimes du corps. *Serviette, papier hygiénique.* ▪ Qui est bon pour la santé. *Se laver tous les jours est hygiénique.*

HYGIÉNIQUEMENT, adv. [iʒjenik(ə)mã] (*hygiénique*) Conformément aux principes de l'hygiène.

HYGIÉNISTE, n. m. et n. f. [iʒjenist] (*hygiène*) Médecin qui s'occupe d'hygiène.

HYGRO..., [igro] Préfixe qui signifie humide et vient du gr. *hugros*.

HYGROMA, ▪ n. m. [igroma] (gr. *hugros*, humide) **Méd.** Inflammation des bourses séreuses situées aux articulations. *L'hygroma du genou, du coude.*

HYGROMÈTRE, n. m. [igromɛtr] (*hygro-* et *-mètre*) Instrument de physique qui sert à mesurer le degré d'humidité atmosphérique.

HYGROMÉTRICITÉ, n. f. [igrometrisite] (*hygrométrique*) Qualité de ce qui est hygrométrique ; propriété qu'offrent les solides de s'imbiber des liquides avec lesquels ils se trouvent en contact.

HYGROMÉTRIE, n. f. [igrometri] (*hygro-* et *-métrie*) Partie de la physique qui s'occupe de déterminer l'état d'humidité de l'air, la quantité d'eau en vapeur contenue dans l'air ou dans un gaz.

HYGROMÉTRIQUE, adj. [igrometrik] (*hygrométrie*) Qui est sensible aux changements d'humidité de l'air. *Substance hygrométrique.*

HYGROMÉTRIQUEMENT, adv. [igrometrik(ə)mã] (*hygrométrique*) D'une manière hygrométrique.

HYGROPHILE, ▪ adj. [igrofil] (*hygro-* et *-phile*) **Biol.** Se dit de tout végétal ou animal qui a besoin d'humidité pour se développer. *Une forêt hygrophile.*

HYGROSCOPE, n. m. [igroskɔp] (*hygro-* et *-scope*) **Phys.** Instrument propre à faire connaître l'existence de la vapeur d'eau dans l'air.

HYGROSCOPIE, n. f. [igroskopi] (*hygroscope*) Emploi de l'hygroscope.

HYGROSCOPIQUE, adj. [igroskopik] (*hygroscopie*) Qui a rapport à l'hygroscopie. ▪ Qui absorbe la vapeur d'eau de l'air.

HYGROSTAT, ▪ n. m. [igrosta] (*hygro-* et *-stat*) **Techn.** Appareil utilisé pour maintenir un degré constant d'humidité dans un lieu. *L'hygrostat se déclenche si l'humidité relative dépasse le niveau choisi.*

HYMEN, n. m. [imɛn] (lat. *hymen*, du gr. *humên*) Divinité païenne qui présidait aux noces. ◆ **Par extens.** Mariage, union conjugale. ◆ *Les fruits de l'hymen*, les enfants. ◆ **Fig.** « *Toute l'année n'est qu'un heureux hymen du printemps et de l'automne, qui semblent se donner la main* », Fénelon.

▪ **Anat.** Membrane qui ferme partiellement l'entrée du vagin, chez une femme vierge. ▪ Rem. On prononçait également [imɛ̃] autrefois.

HYMÉNÉE, n. m. [imene] (gr. *humenaios*) Nom de la divinité païenne qui présidait aux mariages. ◆ Mariage, union conjugale.

HYMÉNOPTÈRES, n. m. pl. [imenoptɛr] (gr. *humenopteros*, aux ailes membraneuses) Ordre de la classe des insectes, comprenant ceux qui ont quatre ailes membraneuses et nues, telles que les abeilles, les guêpes, les fourmis, etc. ◆ Adj. *Insecte hyménoptère.*

HYMNE, n. m. [imn] (lat. *hymnus*, du gr. *humnos*) Chez les anciens, poème en l'honneur des dieux ou des héros. ◆ Cantique en l'honneur de la divinité. ◆ En général et poétiq. Chant. ◆ N. f. Prière en strophes conformes à la prosodie latine, que l'on chante dans l'église. ▪ N. m. Chant patriotique. *La Marseillaise est l'hymne national de la France.*

HYOÏDE, adj. [joid] (gr. *huoeides*, en forme d'upsilon [Y]) **Anat.** *L'os hyoïde* et n. m. *l'hyoïde*, os situé entre la base de la langue et le larynx.

HYP... ou **HYPO...**, [ip, ipo] Préfixe qui vient du gr. *hupo*, et exprime souvent une diminution ; il est opposé à *hyper*.

HYPALLAGE, n. f. [ipalaʒ] (gr. *hupallagê*) **Gramm.** Figure par laquelle on paraît attribuer à certains mots d'une phrase ce qui appartient à d'autres mots de cette phrase, sans qu'il soit possible de se méprendre au sens. *Enfoncer son chapeau dans sa tête, >pour sa tête dans son chapeau.*

HYPER..., [ipɛr] Préfixe qui vient du gr. *huper*, et exprime en général l'excès, le plus haut degré ; il est opposé à *hypo*.

HYPERACOUSIE, n. f. [iperakuzi] (*hyper-* et gr. *akousis*, action d'entendre) **Méd.** Trouble de l'audition qui se caractérise par une hypersensibilité pouvant être douloureuse à certains sons. *Parfois, l'hyperacousie atteint l'oreille interne, générant une perte auditive.*

HYPERACTIF, IVE, ▪ n. m. et n. f. [iperaktif, iv] (*hyper-* et *actif*) Personne souffrant d'hyperactivité. ▪ Adj. *Un enfant hyperactif.*

HYPERACTIVITÉ, ▪ n. f. [iperaktivite] (*hyper-* et *activité*) **Psych.** Pathologie mise à jour chez l'enfant, et caractérisée par une activité incessante, une incapacité à rester en place, des troubles de l'attention, une apparence d'agressivité sous-tendue d'angoisse. *Une hyperactivité fébrile.* ▪ **Par extens.** Fait pour une personne d'être toujours occupée à faire quelque chose.

HYPERBATE, n. f. [iperbat] (gr. *huperbaton*, de *huperbainein*, franchir, transgresser, dépasser) Figure de grammaire qui consiste à intervertir, à renverser l'ordre naturel du discours.

HYPERBOLE, n. f. [iperbɔl] (gr. *huperbolê*, de *huperballein*, dépasser le but) Figure de rhétorique qui consiste à augmenter ou à diminuer excessivement la vérité des choses pour produire plus d'impression. ◆ **Math.** Courbe telle qu'en menant d'un quelconque de ses points des rayons à deux points fixes nommés foyers, la différence de ces rayons est toujours la même.

HYPERBOLIQUE, adj. [iperbolik] (gr. *huperbolikos*) Qui exagère beaucoup. ◆ Il se dit des personnes dans le même sens. *Homme hyperbolique.* ◆ **Math.** Qui a la forme de l'hyperbole, ou qui dépend de ses propriétés. *Figure hyperbolique.*

HYPERBOLIQUEMENT, adv. [iperbolik(ə)mã] (*hyperbolique*) Avec exagération. ◆ **Géom.** *Couper un cône hyperboliquement*, le couper de manière à former une hyperbole.

HYPERBOLISME, n. m. [iperbolism] (*huperbole*) **Néol.** Emploi abusif de l'hyperbole. *L'hyperbolisme de son langage.* ▪ Rem. N'est plus un néologisme aujourd'hui.

HYPERBORÉE, adj. [iperbore] (lat. *hyperboreus*, du gr. *huperboreos*) Qui est situé tout à fait au nord. *Nations hyperborées.*

HYPERBORÉEN, ENNE, adj. [iperboreɛ̃, ɛn] (lat. *hyperboreanus*) Syn. d'hyperborée. ◆ *Plantes hyperboréennes*, plantes qui croissent dans des lieux très froids.

HYPERCALCÉMIE, ▪ n. f. [iperkalsemi] (*hyper-* et *calcémie*) **Méd.** Élévation du taux de calcium de sang. *L'hypercalcémie est une complication métabolique très fréquente du cancer.*

HYPERCAPNIE, ▪ n. f. [iperkapni] (*hyper-* et *kapnos*, fumée) **Méd.** Augmentation du taux de dioxyde de carbone dans le sang, généralement due à la baisse de la fonction pulmonaire. *Des essoufflements, des maux de tête, des nausées représentent généralement les symptômes caractéristiques de l'hypercapnie.*

HYPERCHLORATE, n. m. [iperklorat] (*hyper-* et *chlorate*) **Chim.** Sel produit par la combinaison de l'acide hyperchlorique avec une base.

HYPERCHLORHYDRIE, ▪ n. f. [iperkloridri] (*hyper-* et *chlorhydrique*) **Méd.** Excès d'acide chlorhydrique rejeté par l'estomac. *Une hyperchlorhydrie gastrique.*

HYPERCHLORIQUE, adj. m. [iperklorik] (*hyper-* et *chlore*) **Chim.** Se dit d'un des oxacides du chlore.

HYPERCHOLESTÉROLÉMIE, ■ n. f. [ipɛʀkɔlɛsterolemi] (*hyper-* et *cholestérolémie*) **Méd.** Augmentation anormale du taux de cholestérol dans le sang. *Des études épidémiologiques ont démontré que l'hypercholestérolémie était l'un des facteurs de risque essentiel des maladies cardiovasculaires.*

HYPERCRITIQUE, n. m. [ipɛʀkritik] (*hyper-* et *critique*) Censeur outré, critique qui ne pardonne rien.

HYPERDULIE, n. f. [ipɛʀdyli] (*hyper-* et *dulie*) **Théol.** Culte qu'on rend à la Sainte Vierge.

HYPERÉMIE, ■ n. f. [ipɛʀemi] Voy. HYPERHÉMIE.

HYPERÉMOTIF, IVE, ■ n. m. et n.f. [ipɛʀemotif, iv] (*hyper-* et *émotif*) Personne exagérément émotive, souffrant d'hyperémotivité. ■ **Adj.** *Un patient hyperémotif.*

HYPERÉMOTIVITÉ, ■ n. f. [ipɛʀemotivite] (*hyper-* et *émotivité*) Exacerbation de l'émotivité.

HYPERÉOSINOPHILIE, ■ n. f. [ipɛʀeozinofili] (*hyper-*, et *éosinophile*) **Méd.** Augmentation du taux d'éosinophiles dans le sang. *L'apparition d'une hyperéosinophilie est un élément du pronostic pour le cancérologue.*

HYPERESTHÉSIE, ■ n. f. [ipɛʀɛstezi] (*hyper-* et *esthésie*) **Méd.** Augmentation anormale de la sensibilité. *L'hyperesthésie cutanée caractérise une augmentation de la sensibilité de la peau.*

HYPERFOCAL, ALE, ■ adj. [ipɛʀfokal] (*hyper-* et *focal*) **Opt.** Qualifie la distance minimale à laquelle doit se trouver le sujet par rapport à l'objectif pour que l'image ne soit pas floue, lorsque l'appareil est réglé sur l'infini. *Distance hyperfocale.*

HYPERGAMIE, ■ n. f. [ipɛʀgami] (*hyper-* et gr. *-gamie*) **Anthrop.** Mariage avec une personne d'un rang social supérieur au sien. *Au Moyen Âge, l'hypergamie ne tourne pas seulement à l'avantage du marié, car elle permet aussi au seigneur de donner sa fille à un vassal dont il affermit la loyauté.*

HYPERGLYCÉMIE, ■ n. f. [ipɛʀglisemi] (*hyper-* et *glycémie*) Taux de sucre dans le sang au-delà des normes de bon fonctionnement de l'organisme. *Hyperglycémie liée au diabète.*

HYPERHÉMIE ou **HYPERÉMIE**, ■ n. f. [ipɛʀemi] (*hyper-* et gr. *-hémie*) **Méd.** Congestion, accumulation anormale du sang dans les vaisseaux. *Hyperhémie cérébrale.*

HYPERKALIÉMIE, ■ n. f. [ipɛʀkaljemi] (*hyper-* et *kaliémie*) **Méd.** Augmentation anormale du taux de potassium dans le sang. *L'hyperkaliémie peut entraîner des troubles cardiaques.*

HYPERLEUCOCYTOSE, ■ n. f. [ipɛʀløkositoz] (*hyper-*, *leucocyte* et *-ose*) **Méd.** Augmentation anormale du taux de leucocytes dans le sang. *L'hyperleucocytose traduit la présence d'une infection dans l'organisme.*

HYPERLIEN, ■ n. m. [ipɛʀljɛ̃] (*hyper-* et *lien*) **Inform.** Ensemble constitué par les mots et l'adresse électronique qui leur est associée formant un lien hypertexte. *Cliquer sur un hyperlien.*

HYPERLIPIDÉMIE ou **HYPERLIPÉMIE**, ■ n. f. [ipɛʀlipidemi, ipɛʀlipemi] (*hyper-* et *lipidémie* ou *lipémie*) **Méd.** Taux anormalement élevé de lipides dans le sang. *Être atteint d'hyperlipidémie.*

HYPERMARCHÉ, ■ n. m. [ipɛʀmaʀʃe] (*hyper-* et *marché*) Magasin de vente au détail d'une surface d'au moins 2500 m^2, vendant en libre service, à marge et prix réduits, un assortiment large de produits alimentaires et non alimentaires et dont le paiement des achats s'effectue en une seule opération à des caisses de sortie. *Les hypermarchés sont installés le plus souvent en périphérie des grandes villes.*

HYPERMÉTROPE, ■ n. m. et n.f. [ipɛʀmetʀɔp] (gr. *hupermetros*, excessif, qui dépasse la mesure, et *-ope*) Personne atteinte d'hypermétropie. ■ **Adj.** *Avoir un œil hypermétrope.*

HYPERMÉTROPIE, ■ n. f. [ipɛʀmetropi] (*hypermétrope*) Anomalie de la vision qui fait que les images se forment dans l'œil au-delà de la rétine.

HYPERMNÉSIE, ■ n. f. [ipɛʀmnezi] (*hyper-* et *-mnésie*) **Psych.** Développement anormal de la mémoire, qui se caractérise par un rappel incontrôlé et souvent anarchique des événements passés. *Un des exemples d'hypermnésie pathologique est celui du syndrome de Targowla, variété de névrose traumatique de guerre.*

HYPERMOTRICITÉ, ■ n. f. [ipɛʀmotrisite] (*hyper-* et *motricité*) Activité motrice plus importante que la normale. *Hypermotricité intestinale, utérine. L'hyperactivité chez l'enfant se caractérise par l'hypermotricité et l'impulsivité.*

HYPERNATRÉMIE, ■ n. f. [ipɛʀnatʀemi] (*hyper-*, *natr[ium]* [sodium] et *-hémie*) **Méd.** Concentration trop élevée du taux de sodium dans le sang. *L'hypernatrémie se caractérise par la présence d'œdèmes.*

HYPERONYME, ■ n. m. [ipɛʀonim] (*hyper-* et *-onyme*) **Ling.** Mot dont le sens inclut d'autres mots. *Animal est l'hyperonyme de chien, lui-même hyperonyme de lévrier, etc.*

HYPERONYMIE, ■ n. f. [ipɛʀonimi] (*hyperonyme*) Relation établie entre un mot et ses hyperonymes. *L'hypernonymie et l'hyponymie.*

HYPEROXYDE, n. m. [ipɛʀɔksid] (*hyper-* et *oxyde*) **Chim.** Oxyde qui contient un excès d'oxygène.

HYPERPLASIE, ■ n. f. [ipɛʀplazi] (*hyper-* et *-plasie*) **Méd.** Augmentation anormale de la masse d'un organe, ou d'une portion de ce dernier. *L'hyperplasie bénigne de la prostate est très courante.*

HYPERRÉALISME, ■ n. m. [ipɛʀrealism] (*hyper-* et *réalisme*) Courant artistique apparu aux États-Unis au cours des années 1965-1970, et qui consiste à traiter photographiquement les peintures pour mieux retranscrire le réel. *L'hyperréalisme exprime par son regard clinique, dénué de sensations émotionnelles, une observation souvent acerbe de notre civilisation.*

HYPERRÉALISTE, ■ n. m. et n.f. [ipɛʀrealist] (*hyperréalisme*) Artiste appartenant à l'hyperréalisme. ■ **Adj.** *Chuck Close est un peintre hyperréaliste, qui s'est surtout fait connaître pour ses peintures en gros plan de la figure humaine.*

HYPERSENSIBILITÉ, ■ n. f. [ipɛʀsãsibilite] (*hyper-* et *sensibilité*) Exacerbation de la sensibilité. *« J'agissais [...] avec une parfaite présence d'esprit et dans un état de tension nerveuse extrême et d'hypersensibilité »*, GIDE.

HYPERSENSIBLE, ■ n. m. et n.f. [ipɛʀsãsibl] (*hyper-* et *sensible*) Personne hypersensible. ■ **Adj.** *Avoir une peau hypersensible.*

HYPERSOMNIE, ■ n. f. [ipɛʀsɔmni] (*hyper-* et lat. *somnus*, sommeil) **Méd.** Trouble du sommeil se caractérisant par une aptitude exagérée au sommeil. *Les personnes souffrant d'hypersomnie, les narcoleptiques, peuvent s'endormir plusieurs fois par jour.*

HYPERSONIQUE, ■ adj. [ipɛʀsonik] (*hyper-* et *sonique* d'après *supersonique*) **Aviat.** Relatif aux vitesses cinq fois supérieures à celle du son. *Une propulsion hypersonique.*

HYPERTÉLIE, ■ n. f. [ipɛʀteli] (gr. *hupertelês*, qui s'élève au-dessus de) **Biol.** Croissance exagérée de certains organes, originellement utile, au point de constituer une gêne. *Les défenses du mammouth sont un exemple d'hypertélie.* ■ **Par extens.** Spécialisation exagérée d'outils techniques.

HYPERTENDU, UE, ■ adj. [ipɛʀtãdy] (*hyper-* et *tendu*) Qui souffre d'hypertension artérielle. *Il est conseillé au patient hypertendu de prendre sa tension régulièrement.* ■ **N. m. et n.f.** *Un hypertendu, une hypertendue.*

HYPERTENSION, ■ n. f. [ipɛʀtãsjɔ̃] (*hyper-* et *tension*) **Méd.** Augmentation de la tension. *Avoir de l'hypertension artérielle.*

HYPERTEXTE, ■ n. m. [ipɛʀtɛkst] (*hyper-* et *texte*) **Inform.** Système permettant par simple cliquage d'aller d'un mot, d'une information à d'autres, par des liens, dans un document informatique, dans une base de données.

HYPERTHERMIE, ■ n. f. [ipɛʀtɛʀmi] (*hyper-* et *-thermie*) **Méd.** Élévation anormale du corps causée par un environnement chaud ou un travail musculaire intense. *Le corps humain est considéré en hyperthermie lorsque l'on observe une température supérieure à 37,5 ° C.*

HYPERTHYROÏDIE, ■ n. f. [ipɛʀtiroidi] (*hyper-* et *thyroïde*) **Méd.** Sécrétion anormalement exagérée de la glande thyroïde, accompagnée généralement d'une hypertrophie de cette dernière. ■ **HYPERTHYROÏDIEN, IENNE**, adj. [ipɛʀtiroidjɛ̃, jɛn]

HYPERTONIE, ■ n. f. [ipɛʀtoni] (gr. *hupertonos*, tendu à l'excès) **Biol.** État d'une solution, d'un milieu organique ou d'un liquide dont la concentration moléculaire est supérieure à celle des autres milieux ou liquides en présence desquels il se trouve. ■ Augmentation de la tonicité musculaire. *L'hypertonie musculaire est caractérisée par des sensations d'estomac, de gorge, de muscle noués.* ■ **HYPERTONIQUE**, adj. [ipɛʀtonik]

HYPERTROPHIE, n. f. [ipɛʀtrofi] (*hyper-* et *-trophie*) **Méd.** Accroissement excessif d'un organe ou d'une portion d'organe, sans altération réelle de sa texture intime. *Hypertrophie du cœur.* ■ **Fig.** Développement excessif, exagéré. *L'hypertrophie d'une région.*

HYPERTROPHIÉ, ÉE, p. p. d'hypertrophier. [ipɛʀtrofje]

HYPERTROPHIER, v. tr. [ipɛʀtrofje] (*hypertrophie*) Causer l'hypertrophie. ♦ **S'hypertrophier**, v. pr. Devenir hypertrophié.

HYPERTROPHIQUE, adj. [ipɛʀtrofik] (*hypertrophie*) Qui se rapporte à l'hypertrophie.

HYPÈTHRE, n. m. [ipɛtr] (gr. *hupaithros*, qui est à l'air libre, de *hupo*, sous, et *0*, ciel pur) **Archit.** Édifice, temple découvert. ♦ **Adj.** *Temple hypèthre.*

HYPHE, ■ n. f. [if] (gr. *huphê*, tissu) **Biol.** Filament cloisonné, dépourvu de chlorophylle et qui participe par enchevêtrement à la constitution du mycélium des champignons supérieurs et des lichens. *Les parties des champignons que l'on peut voir sont ses organes reproducteurs qui se composent d'hyphes ou d'hyphes modifiées.*

HYPNAGOGIQUE, ■ adj. [ipnagoʒik] (gr. *hupnos*, sommeil et *agein*, conduire) Relatif à la phase précédant l'endormissement, le sommeil. *Une hallucination hypnagogique.*

HYPNE, ■ n. f. [ipn] (gr. *hupnon*, sorte de lichen) Biol. Mousse.

HYPNOÏDE, ■ adj. [ipnoid] (all. *hypnoid*, de même sens, du gr. *hupnos*, sommeil) Psych. Relatif à un sommeil artificiel. *Un état hypnoïde.*

HYPNOSE, ■ n. f. [ipnoz] (*hypnotique*) État de conscience altéré, d'endormissement artificiel obtenu par suggestion, et permettant parfois, dans un cadre médical, d'accéder à des traumatismes, pour aider à en supprimer les effets.

HYPNOTIQUE, adj. [ipnotik] (gr. *hupnôtikos*) Méd. Qui procure le sommeil. ♦ N. m. *Les hypnotiques.*

HYPNOTISER, ■ v. tr. [ipnotize] (angl. *to hypnotize*, de même sens) Endormir par hypnose. ■ Fig. Captiver, fasciner. *Il a hypnotisé toute l'assistance grâce à ses dons d'orateur.*

HYPNOTISEUR, EUSE, ■ n. m. et n. f. [ipnotizœr, øz] (*hypnotiser*) Personne qui hypnotise.

HYPO..., [ipo] Voy. HYP..

HYPOACOUSIE, ■ n. f. [ipoakuzi] (*hypo-* et *acousie*) Méd. Diminution de l'acuité auditive. *L'hypoacousie de perception se caractérise par une diminution de l'acuité auditive dans laquelle la transmission est bonne, mais la perception est défectueuse.*

HYPOALLERGÉNIQUE, ■ n. m. [ipoalɛrʒenik] (*hypo-* et *allergénique*) Qualité de ce qui réduit les risques d'allergie. ■ Adj. *Une crème hypoallergénique pour le visage.*

HYPOAZOTIQUE, adj. m. [ipoazotik] (*hypo-* et *azotique*) Chim. *Acide hypoazotique*, acide obtenu en distillant l'azotate de plomb sec.

HYPOCALCÉMIE, ■ n. f. [ipokalsemi] (*hypo-* et *calcémie*) Méd. Diminution anormale du taux de calcium dans le sang. *L'hypocalcémie survient lorsque la perte nette de calcium depuis le compartiment extracellulaire excède l'apport de calcium en provenance de l'intestin ou de l'os.*

HYPOCALORIQUE, ■ adj. [ipokalorik] (*hypo-* et *calorique*) Qui est pauvre en calories. ■ *Régime hypocalorique*, régime amaigrissant.

HYPOCAUSTE, ■ n. m. [ipokost] (gr. *hupokauston*, poêle, calorifère, de *kaiein*, faire brûler) Antiq. Système souterrain destiné à chauffer les bains et les salles des thermes. *L'hypocauste était un système de chauffage que les Romains utilisaient pour les thermes et, parfois, les riches demeures.*

HYPOCENTRE, ■ n. m. [iposɑ̃tr] (*hypo-* et *centre*) Géol. Point souterrain que l'on situe comme étant celui de l'origine d'un séisme. *L'hypocentre se trouve en général à la verticale sous l'épicentre.*

HYPOCHLORATE, n. m. [ipoklorat] Voy. HYPOCHLORIQUE.

HYPOCHLOREUX, adj. m. [ipoklorø] (*hypo-* et *chloreux*) Chim. *Acide hypochloreux*, un des oxacides du chlore.

HYPOCHLORIQUE, adj. [ipoklorik] (*hypo-* et *chlorique*) Chim. *Acide hypochlorique*, acide obtenu en décomposant le chlorate de potasse par l'acide sulfurique.

HYPOCHLORITE, n. m. [ipoklorit] (*hypo-* et *chlore*) Chim. Nom générique des sels formés par l'acide hypochloreux, dont plusieurs sont employés pour désinfecter.

HYPOCHROME, ■ adj. [ipokrom] (*hypo-* et *-chrome*) Méd. Relatif à un type d'anémie se caractérisant par une concentration insuffisante en hémoglobine. *Une anémie hypochrome.*

HYPOCHROMIE, ■ n. f. [ipokromi] (de *hypo-* et de *-chromie*) Méd. Toute diminution de la pigmentation de la peau. ■ Baisse du nombre des hématies et du taux d'hémoglobine. *Les globules rouges montrent typiquement une accentuation de leur dépression centrale due à l'hypochromie.*

HYPOCONDRE, n. m. [ipokɔ̃dr] (gr. *hupokhondrionde*, de *khondros*, gruau, cartilages, en particulier ceux du sternum) Anat. Chacune des parties latérales de l'abdomen situées sous les fausses côtes. ♦ Homme mélancolique. ♦ Fou, extravagant. ♦ Adj. *Il devient hypocondre. Un goût hypocondre.*

HYPOCONDRIAQUE, adj. [ipokɔ̃drijak] (gr. *hupokhondriakos*, malade des hypocondres) Méd. Qui appartient à l'hypocondrie. *Les affections hypocondriaques.* ♦ Qui est atteint d'hypocondrie. *Un malade hypocondriaque.* ♦ N. m. et n. f. *Un hypocondriaque.* ♦ Par extens. Fou, insensé.

HYPOCONDRIE, n. f. [ipokɔ̃dri] (*hypocondre*) Méd. Sorte de maladie nerveuse qui, troublant l'intelligence des malades, leur fait croire qu'ils sont attaqués des maladies les plus diverses, de manière qu'ils sont plongés dans une tristesse habituelle. ♦ ▷ En général, tristesse, mélancolie. ◁

HYPOCORISTIQUE, ■ adj. [ipokoristik] (gr. *hupokoristikos*, caressant) Ling. Qui exprime l'affection. *Mon ange est un terme hypocoristique.* ■ N. m. *Un hypocoristique.*

HYPOCRAS, n. m. [ipokras] (anc. fr. *borgerastre*, boisson aromatique, du gr. byz. *hupokerastikos*, de *hupokerannunai*, mélanger légèrement ; altération d'après *Hippokratês*, Hippocrate) Infusion de cannelle, d'amandes douces, d'un peu de musc et d'ambre, dans du vin édulcoré avec du sucre.

HYPOCRISIE, n. f. [ipokrizi] (lat. *hypocrisis*, du gr. *hupokrisis*, rôle d'acteur) Vice qui consiste à affecter une piété, une vertu, un noble sentiment qu'on n'a pas. ♦ Affectation de sentiments qu'on n'éprouve pas.

HYPOCRITE, ■ adj. [ipokrit] (lat. *hypocrita*, du gr. *hupokritês*, acteur) Qui a de l'hypocrisie, qui affecte des apparences de piété, de probité, de douceur, etc. ♦ Se dit aussi des choses. *Une mine hypocrite.* ♦ N. m. et n. f. *Un hypocrite. Une hypocrite.*

HYPOCRITEMENT, adv. [ipokrit(ə)mã] (*hypocrite*) D'une manière hypocrite.

HYPOCYCLOÏDE, ■ n. f. [iposikloid] (*hypo-* et *cycloïde*) Géom. Courbe que forme un point d'un cercle qui roule sans glisser, à l'intérieur d'un autre cercle plus grand et fixe. *L'astroïde est une hypocycloïde.* ■ HYPOCYCLOÏDAL, ALE, adj. [iposikloidal] *Des engrenages hypocycloïdaux.*

HYPODERME, ■ n. m. [ipodɛrm] (*hypo-* et *derme*) Anat. Partie de la peau qui se trouve sous le derme. *L'hypoderme est la partie la plus profonde et la plus épaisse de la peau.* ■ Mouche dont les larves vivent sous la peau de certains ruminants et qui provoquent des maladies. *L'hypoderme du bœuf.*

HYPODERMIQUE, ■ adj. [ipodɛrmik] (*hypoderme*) Sous-cutané, qui appartient à l'hypoderme. *Une injection hypodermique.*

HYPODERMOSE, ■ n. f. [ipodɛrmoz] (*hypoderme*) Vétér. Maladie due à la présence chez certains ruminants de larves d'hypodermes. *Des programmes nationaux de lutte contre l'hypodermose bovine.*

HYPOESTHÉSIE, ■ n. f. [ipoɛstezi] (*hypo-* et *esthésie*) Méd. Perte ou réduction de la perception sensitive élémentaire. *La lèpre peut entraîner des hypoesthésies locales. Hypoesthésie et anesthésie.*

HYPOGASTRE, n. m. [ipogastr] (gr. *hupogastrion*) Anat. La partie inférieure du ventre.

HYPOGASTRIQUE, adj. [ipogastrik] (*hypogastre*) Qui appartient à l'hypogastre.

HYPOGÉ, ÉE, ■ adj. [ipoʒe] (gr. *hupogaios*, souterrain, de *hupo* et *gê*, terre) Bot. Qui se développe dans le sol. *Des champignons hypogés.*

HYPOGÉE, n. m. [ipoʒe] (gr. *hupogeion*) Excavation, construction souterraine où les Anciens déposaient leurs morts.

HYPOGLOSSE, adj. [ipoglos] (gr. *hupo* et *glôssa*, langue) Anat. *Le nerf hypoglosse* ou n. m. *l'hypoglosse*, le nerf qui se distribue aux muscles de la langue et du pharynx, et qui préside aux mouvements de ces parties. ■ REM. Le nerf hypoglosse n'innerve que les muscles de la langue.

HYPOGLYCÉMIANT, ANTE, ■ adj. [ipoglisemjã, ãt] (*hypoglycémie*) Méd. Qui diminue la glycémie. *L'insuline est une substance hypoglycémiante.*

HYPOGLYCÉMIE, ■ n. f. [ipoglisemi] (*hypo-* et *glycémie*) Chute pathologique ou occasionnelle du taux de sucre dans le sang. *Être en hypoglycémie.*

HYPOGYNE, ■ adj. [ipoʒin] (*hypo-* et *-gyne*) Bot. Qui se trouve sous l'ovaire d'une plante. *Étamines hypogynes.*

HYPOÏDE, ■ adj. [ipoid] (*hypo-* et *-oïde*) Techn. Se dit d'engrenages coniques dont les axes forment un angle droit. *Essieu à denture hypoïde.*

HYPOKALIÉMIE, ■ n. f. [ipokaljemi] (*hypo-* et *kaliémie*) Méd. Diminution de la quantité de potassium dans le sang. *Une hypokaliémie massive peut provoquer un arrêt cardiaque.*

HYPOKHÂGNE ou **HYPOCAGNE**, ■ n. f. [ipokaɲ] ou [ipokanj] (*hypo-* et *khâgne*) Fam. Première année de Lettres Supérieures, après le bac, qui précède la khâgne, et qui se fait dans certains lycées. *Faire hypokhâgne.* ■ HYPOKHÂGNEUX ou HYPOCAGNEUX, EUSE, n. m. et n. f. [ipokaɲø, øz] ou [ipokanjø, øz] *Une association d'anciens hypokhâgneux.*

HYPOMANIE, ■ n. f. [ipomani] (*hypo-* et *manie*) Psych. État d'excitation proche de la manie. *L'hypomanie engendre souvent le dérèglement de l'humeur, annonçant une aggravation maniaque.*

HYPONOMEUTE ou **YPONOMEUTE**, ■ n. m. [iponomøt] (gr. *huponomeutês*, qui travaille dans les mines) Papillon dont la chenille s'attaque aux arbres fruitiers. *L'hyponomeute provoque des défoliations aux extrémités des rameaux des pommiers dont les feuilles, rongées superficiellement, prennent une couleur rousse.*

HYPONYME, ■ n. m. [iponim] (*hypo-* et *-onyme*, du gr. *onoma*, nom) Ling. Mot dont le sens est inclus dans celui d'un autre mot. *Siamois est un hyponyme de chat, lui-même hyponyme d'animal.* ■ HYPONYMIE, n. f. [iponimi]

HYPOPHOSPHATE, n. m. [ipɔfɔsfat] (*hypo-* et *phosphate*) **Chim.** Sel produit par la combinaison de l'acide hypophosphorique avec une base.

HYPOPHOSPHITE, n. m. [ipɔfɔsfit] (*hypo-* et *phosphite*) **Chim.** Sel produit par la combinaison de l'acide hypophosphoreux avec une base.

HYPOPHOSPHOREUX, adj. m. [ipɔfɔsforø] (*hypo-* et *phosphoreux*) **Chim.** Se dit du premier des oxacides du phosphore.

HYPOPHOSPHORIQUE, adj. m. [ipɔfɔsforik] (*hypo-* et *phosphorique*) **Chim.** Se dit d'un des oxacides du phosphore.

HYPOPHYSE, ■ n. f. [ipofiz] (gr. *hupophusis*, croissance en dessous) **Méd.** Glande reliée à la base du cerveau, jouant un rôle de poste de commande central dans le système endocrinien, et sécrétant des hormones qui interviennent dans de nombreuses manifestations physiologiques. *L'hypophyse est en rapport étroit avec l'hypothalamus.* ■ HYPOPHYSAIRE, adj. [ipofizɛr] *Pathologie hypophysaire.*

HYPOPLASIE, ■ n. f. [ipoplazi] (*hypo-* et *-plasie*, du gr. *plassein*, façonner) **Méd.** Insuffisance de la croissance d'un tissu ou d'un organe due à un manque de cellules. *L'hypoplasie du ventricule gauche.*

HYPOSODÉ, ÉE, ■ adj. [ip6sode] (*hypo-* et *sodé*) **Méd.** Se dit d'un régime alimentaire qui limite ou exclut le sel. *Dans un régime hyposodé, il faut se conformer à la prescription médicale concernant l'apport journalier recommandé en sodium.*

HYPOSPADIAS, ■ n. m. [ipospadjas] (gr. *hupospadias*, qui a l'ouverture du canal de l'urètre trop petite) **Méd.** Malformation où l'ouverture de l'urètre est située à la face inférieure de la verge. *L'hypospadias est une malformation congénitale.*

1 HYPOSTASE, n. f. [ipostaz] (gr. *hupostasis*, fondement, de *huphistanai*, se mettre sous) **Théol.** Suppôt, personne. *Il y a en Dieu trois hypostases et une seule nature.*

2 HYPOSTASE, n. f. [ipostaz] (gr. *hupostasis*, sédiment) ▷ **Méd.** Dépôt, sédiment dans les urines. ◁

HYPOSTASIER, ■ v. tr. [ipostazje] (1 *hypostase*) **Didact.** Considérer une chose abstraite comme réelle. *Hypostasier une théorie.*

1 HYPOSTATIQUE, adj. [ipostatik] (1 *hypostase*) **Théol.** Qui a rapport à l'hypostase. ♦ *Union hypostatique*, celle des natures divine et humaine dans la personne de Jésus-Christ.

2 HYPOSTATIQUE, adj. [ipostatik] (2 *hypostase*) ▷ **Méd.** Qui a rapport à l'hypostase. ◁

HYPOSTATIQUEMENT, adv. [ipostatik(ə)mɑ̃] (1 *hypostase*) **Théol.** D'une manière hypostatique.

HYPOSTYLE, adj. [ipostil] (gr. *hupo* et *stulos*, colonne) **Archit.** Dont le plafond est soutenu par des colonnes. *Salle hypostyle.*

HYPOSULFATE, n. m. [iposylfat] (*hypo-* et *sulfate*) **Chim.** Sel produit par la combinaison de l'acide hyposulfurique avec une base.

HYPOSULFITE, n. m. [iposylfit] (*hypo-* et *sulfite*) **Chim.** Sel produit par la combinaison de l'acide hyposulfureux avec une base.

HYPOSULFUREUX, adj. m. [iposylfyrø] (*hypo-* et *sulfureux*) **Chim.** Se dit du premier des oxacides du soufre.

HYPOSULFURIQUE, adj. m. [iposylfyrik] (*hypo-* et *sulfurique*) **Chim.** Se dit du troisième des oxacides du soufre, celui qui est moins oxygéné que l'acide sulfurique.

HYPOTENDU, UE, ■ adj. [ipotɑ̃dy] (*hypo-* et *tendu*) Qui souffre d'hypotension. ■ N. m. et n. f. *Un hypotendu, une hypotendue.*

HYPOTENSEUR, ■ adj. [ipotɑ̃sœr] (*hypotension*) Qui fait baisser la tension artérielle. ■ N. m. *Prendre des hypotenseurs.*

HYPOTENSIF, IVE, ■ adj. [ipotɑ̃sif, iv] (*hypotension*) **Méd.** Qui fait baisser la tension artérielle. *Les effets hypotensifs d'une substance.* ■ Relatif à l'hypotension. *Un malaise hypotensif.*

HYPOTENSION, ■ n. f. [ipotɑ̃sjɔ̃] (*hypo-* et *tension*) Tension artérielle trop basse pour le bon équilibre organique et entraînant une grande fatigue.

HYPOTÉNUSE, n. f. [ipotenyz] (lat. hypotenusa, du part. du gr. *hupoteinein*, être tendu sous) **Géom.** Le côté qui est opposé à l'angle droit dans un triangle rectangle.

HYPOTHALAMIQUE, ■ adj. [ipotalamik] (*hypothalamus*) **Méd.** Relatif à l'hypothalamus. *Le fonctionnement hypothalamique.*

HYPOTHALAMUS, ■ n. m. [ipotalamys] (*hypo-* et *thalamus*) **Méd.** Partie de l'encéphale située à la base du cerveau, et déterminant dans de nombreuses fonctions : sommeil, régulation thermique, faim et soif, activité sexuelle, émotions. *L'hypothalamus est un intermédiaire entre ce qui est enregistré par le cortex cérébral et ce qui retentit dans l'hypophyse.*

HYPOTHÉCABLE, ■ adj. [ipotekabl] (*hypothéquer*) Qui peut être hypothéqué. *Un terrain hypothécable.*

HYPOTHÉCAIRE, adj. [ipotekɛr] (b. lat. jurid. *hypothecarius*) **Dr.** Qui a droit d'hypothèque. *Créancier hypothécaire.* ♦ *Dette hypothécaire*, dette qui donne hypothèque. ♦ *Inscription hypothécaire*, inscription d'hypothèque. ♦ *Caisse hypothécaire*, caisse fondée pour venir au secours de la propriété foncière, moyennant hypothèque.

HYPOTHÉCAIREMENT, adv. [ipotekɛr(ə)mɑ̃] (*hypothécaire*) **Dr.** Avec hypothèque, ou par rapport à l'hypothèque.

HYPOTHÉNAR, ■ adj. [ipotenar] (gr. *hupothenar*, creux de la main) **Anat.** *Éminence hypothénar*, partie charnue et bombée située dans la paume de la main, sous le petit doigt, et qui est formée par les muscles de celui-ci. *Les muscles de l'éminence hypothénar contrôlent les mouvements du petit doigt.*

HYPOTHÉQUÉ, ÉE, p. p. d'hypothéquer. [ipoteke] ▷ **Fig.** et **fam.** *Être hypothéqué, être mal hypothéqué*, et ironiq. *être bien hypothéqué*, avoir une santé délabrée, des infirmités ; et aussi être dans l'embarras. ◁

1 HYPOTHÈQUE, n. f. [ipotɛk] (lat. hypotheca, du gr. *hupothêkê*, gage, de *hupotithenai*, mettre sous, mettre en gage) **Dr.** Droit réel qui grève les immeubles affectés à la sûreté, à l'acquittement d'une obligation, d'une dette et qui les suit en quelque main qu'ils passent. ♦ *Première hypothèque*, celle qui prime les autres. ♦ *Hypothèque générale*, hypothèque qui frappe tous les biens présents du débiteur, ainsi que ses biens à venir. ♦ ▷ **Pop.** Se dit de quelque maladie chronique. *Mauvaise hypothèque.* ◁ ■ **Fig.** Ce qui entrave l'accomplissement de quelque chose. *Son impopularité fait peser une hypothèque sur sa réélection.* ■ **Fig.** *Prendre une hypothèque sur l'avenir*, jouir d'une chose que l'on ne possède pas encore.

2 HYPOTHÈQUE, n. f. [ipotɛk] (orig. inc.) ▷ Composition faite avec de l'eau-de-vie, du sucre et des fruits, qu'on buvait après le repas. ◁

HYPOTHÉQUER, v. tr. [ipoteke] (1 *hypothèque*) **Dr.** Soumettre à l'hypothèque, donner pour hypothèque. *Hypothéquer une maison.* ♦ *S'hypothéquer*, v. pr. Être hypothéqué.

HYPOTHERMIE, ■ n. f. [ipotɛrmi] (*hypo-* et *thermie*) **Méd.** Refroidissement du corps au-dessous de sa température normale. *L'hypothermie peut être accidentelle ou provoquée, notamment avant une intervention chirurgicale.*

HYPOTHÈSE, n. f. [ipotɛz] (gr. *hupothesis*, de *hupotithenai*, mettre sous, poser comme principe) **Philos.** Supposition d'une chose possible ou non de laquelle on tire une conséquence. ♦ Par extens. dans le langage général. *Je fais mes préparatifs dans l'hypothèse que vous viendrez.* ♦ L'assemblage de plusieurs choses imaginées pour parvenir à l'explication de certains phénomènes. *L'hypothèse des tourbillons de Descartes.* ■ **Math.** Proposition prise comme point de départ d'une démonstration logique.

HYPOTHÉTICODÉDUCTIF, IVE, ■ adj. [ipotetikodedyktif, iv] (*hypothétique* et *déductif*) Qui part d'une hypothèse pour en déduire les conséquences logiques. *Un raisonnement hypothéticodéductif.*

HYPOTHÉTIQUE, adj. [ipotetik] (gr. *hupothetikos*) Qui est fondé sur une hypothèse. *Un raisonnement hypothétique.* ■ Qui est incertain. *Son espoir est fondé sur une amélioration hypothétique.*

HYPOTHÉTIQUEMENT, adv. [ipotetik(ə)mɑ̃] (*hypothétique*) Par hypothèse, par supposition.

HYPOTHYROÏDIE, ■ n. f. [ipotiroidi] (*hypo-* et *thyroïde*) **Méd.** Insuffisance de la sécrétion hormonale thyroïdienne. *L'hypothyroïdie se traite par l'administration quotidienne et à vie d'hormones thyroïdiennes, sous forme de comprimés.*

HYPOTONIE, ■ n. f. [ipotoni] (*hypo-* et *-tonie*) **Biol.** État d'un liquide dont la tension osmotique est inférieure à celle d'un autre liquide. *Une hypotonie plasmatique.* ■ **Méd.** Baisse du tonus musculaire. *L'hypotonie s'observe au cours des hémiplégies ou après l'injection de certains médicaments comme des anesthésiques.* ■ HYPOTONIQUE, adj. [ipotonik] *Milieu hypotonique. Un enfant hypotonique.*

HYPOTROPHIE, ■ n. f. [ipotrofi] (*hypo-* et *-trophie*) **Méd.** Croissance insuffisante. *Hypotrophie fœtale.*

HYPOTYPOSE, ■ n. f. [ipotipoz] (gr. *hupotupôsis*, de *hupotupoun*, se représenter à soi-même) **Rhét.** Description animée, vive et frappante, qui met la chose sous les yeux. *La comparaison est décrite comme une sorte d'hypotypose : elle doit éclaircir, exprimer et représenter les choses comme si on les sentait.*

HYPOVENTILATION, ■ n. f. [ipovɑ̃tilasjɔ̃] (*hypo-* et *ventilation*) **Méd.** Ventilation pulmonaire insuffisante. *Une hypoventilation alvéolaire.*

HYPOVITAMINOSE, ■ n. f. [ipovitaminoz] (*hypo-*,*vitamine* et *-ose*) **Méd.** Carence en une ou plusieurs vitamines. *L'hypovitaminose se manifeste par des symptômes tels que fatigabilité, irritabilité, faible résistance aux infections, tendance aux ecchymoses, douleurs musculaires et retards de cicatrisation.*

HYPOXÉMIE, ▪ n. f. [ipɔksemi] (*hypo-, ox[ygène]* et *-émie*) **Méd.** Diminution de l'oxygène contenu dans le sang. *L'hypoxémie persistante chez les asthmatiques.*

HYPOXIE, ▪ n. f. [ipɔksi] (*hypo-* et *ox[ygène]*) **Méd.** Diminution de la quantité d'oxygène dans les tissus. *L'hypoxie d'un organe peut résulter d'une mauvaise irrigation des tissus ou d'une mauvaise oxygénation du sang.*

HYPSO..., ▪ [ipso] Préfixe qui vient du gr. *hupsos,* hauteur.

HYPSOMÈTRE, ▪ n. m. [ipsomɛtʀ] (*hypso-* et *-mètre*) **Phys.** Appareil qui indique l'altitude d'un lieu en fonction de la température à laquelle l'eau bout à cet endroit. « *Un hypsomètre pour mesurer l'altitude des montagnes lunaires, un sextant, [...] tous ces instruments furent visités avec soin et reconnus bons* », JULES VERNE. ▪ **Électr.** Appareil qui mesure les niveaux de transmission. ▪ REM. Dans ce sens, on dit aussi *népermètre.*

HYPSOMÉTRIE, ▪ n. f. [ipsometʀi] (*hypso-* et *-métrie*) **Géogr.** Mesure de l'altitude d'un lieu. ▪ Représentation cartographique des altitudes d'une région. *L'hypsométrie des cartes topographiques.* ▪ HYPSOMÉTRIQUE, **adj.** [ipsometʀik] *Carte hypsométrique.*

HYSOPE, n. f. [izɔp] (lat. *hyssopum,* gr. *hussôpos,* de l'hébr. *êzôb*) Plante aromatique. ♦ **Fig.** *Depuis le cèdre jusqu'à l'hysope,* depuis ce qu'il y a de plus grand jusqu'à ce qu'il y a de plus petit. ▪ REM. On disait aussi *hyssope* autrefois.

HYSTÉRECTOMIE, ▪ n. f. [isteʀɛktomi] (*hystéro-* et *-ectomie*) **Méd.** Acte chirurgical qui consiste à enlever l'utérus. *Les trompes et les ovaires peuvent également être enlevés lors d'une hystérectomie.*

HYSTÉRÉSIS, ▪ n. f. [isteʀezis] (gr. *husterein,* être en retard, de *husteros,* qui est derrière) **Phys.** Fait pour un phénomène d'être décalé par rapport à sa cause. *L'hystérésis magnétique.*

HYSTÉRIE, n. f. [isteʀi] (*hystérique*) **Méd.** Maladie nerveuse qui se manifeste par accès et qui est caractérisée par des convulsions. ▪ Vive excitation. *Déclencher une hystérie collective.* ▪ Névrose où le conflit psychique se manifeste par des troubles fonctionnels (paralysies, contractures...) sans lésion organique, des crises émotionnelles, des phobies.

HYSTÉRIQUE, **adj.** [isteʀik] (gr. *husterikos,* qui concerne la matrice) **Méd.** Qui appartient à l'hystérie. ♦ Qui est attaqué de l'hystérie. ♦ **N. f.** *Une hystérique,* une femme atteinte d'hystérie.

HYSTÉRO..., ▪ [isteʀo] Préfixe tiré du grec *hystera,* matrice, litt. la partie basse, de *husteros,* qui est derrière, inférieur. Le mot signifie *utérus.*

HYSTÉROGRAPHIE, ▪ n. f. [isteʀoɡʀafi] (*hystéro-* et *-graphie*) **Méd.** Radiographie de l'utérus. *L'hystérographie est nécessaire pour déceler une stérilité.*

HYSTÉROMÉTRIE, ▪ n. f. [isteʀometʀi] (*hystéro-* et *-métrie*) **Méd.** Mesure de la cavité utérine. *Avant la pose d'un stérilet, il est parfois recommandé de réaliser une hystérométrie pour déterminer la profondeur utérine.*

HYSTÉROSCOPIE, ▪ n. f. [isteʀoskopi] (*hystéro-* et (*endo*)*scopie*) Endoscopie de l'utérus. *L'hystéroscopie peut être indiquée dans les cas de stérilité, d'hémorragie non expliquée, de rétention d'un stérilet ou d'avortements spontanés à répétition en début de grossesse.*

i

I, n. m. [i] (lat. *i*) La neuvième lettre de l'alphabet et la troisième des voyelles. ♦ *Droit comme un I*, très droit. ♦ **Fig.** *Mettre les points sur les i*, expliquer les choses dans les détails les plus minutieux, et aussi s'expliquer de façon qu'il n'y ait pas d'erreur possible. ♦ I dans les chiffres romains signifie un.

IAMBE ou **ÏAMBE**, n. m. [jɑ̃b] (gr. *iambos*) Dans la versification grecque et latine, pied dont la première syllabe est brève et la seconde longue. ♦ Vers dont le second, le quatrième et le sixième pied sont ordinairement des iambes. ♦ Adj. *Des vers iambes.* ♦ Au pl. Dans la littérature française, pièce de vers satirique d'un caractère acerbe, composée d'un alexandrin et d'un octosyllabe, à rimes croisées.

IAMBIQUE ou **ÏAMBIQUE**, adj. [jɑ̃bik] (gr. *iambikos*) Composé d'iambes. *Vers iambique.* ♦ N. m. *Un iambique*, vers composé d'iambes.

IATROCHIMIE, n. f. [jatroʃimi] (gr. *iatros*, médecin et *chimie*) ▷ Chimie appliquée à la médecine, chimie médicale. ◁

IATROGÈNE ou **IATROGÉNIQUE**, ■ adj. [jatrɔʒɛn, jatrɔʒenik] (gr. *iatros*, médecin et *-gène* ou *-génique*) Qui a une origine thérapeutique, qui est provoqué par un acte ou un traitement médical. *Une pathologie iatrogène.*

IBÈRE, ■ adj. [ibɛʀ] (lat. *Iberus*, gr. *Ibêr*, d'Ibérie, d'Hispanie) Relatif à l'Ibérie, pays qui regroupait anciennement l'Espagne et le Portugal. *Le peuple ibère.* ■ IBÉRIQUE, adj. [iberik] *La péninsule Ibérique.*

IBÉRIS n. m. ou **IBÉRIDE**, ■ n. f. [iberis, iberid] (gr. *ibêris*, sorte de cresson) Plante de la famille des crucifères, nommée aussi *corbeille d'argent*. *L'ibéris pousse dans les friches, les terres arables et les vignobles d'Europe et d'Afrique du Nord.*

IBIDEM, adv. [ibidɛm] (mot lat., de *ibi*, là) Mot latin signifiant là même, au même endroit, dont on se sert dans les citations pour rappeler, sans le répéter, le nom, le titre d'un ouvrage et l'endroit précédemment cité. ♦ On écrit par abréviation *ibid.* ou *ib.* ♦ N. m. *Des ibidem.*

IBIS, n. m. [ibis] (on prononce le *s* final ; gr. *ibis*, oiseau d'Égypte) Oiseau échassier longirostre, vivant d'insectes, de mollusques et de plantes fluviatiles. *Dans l'ancienne Égypte, l'ibis était un oiseau sacré.*

ICAQUE, ■ n. f. [ikak] (mot taino arawak de Haïti) Arbrisseau des pays chauds qui produit un fruit comestible. *L'icaque est un arbuste rustique qui se développe près du littoral, aux pieds des montagnes.* ■ REM. Dans ce sens, on dit aussi *icaquier*, n. m. ♦ Fruit de cet arbrisseau. *La pulpe de l'icaque est appréciée, mais elle est un peu fade.*

ICBM, ■ n. m. [isebeɛm] (sigle de l'angl. *intercontinental ballistic missile*, missile balistique intercontinental) Missile sol-sol de très grande portée. *Le déploiement d'un ICBM.*

ICEBERG, ■ n. m. [ajsbɛʀg] ou [isbɛʀg] (mot. angl., du norv. *ijsberg*, de *ijs*, glace et *berg*, montagne) Gigantesque bloc de glace se détachant des glaciers polaires ou de la banquise, et dont seulement environ un cinquième de la masse est visible, la plus grosse partie restant immergée. *Le Titanic percuta un iceberg. Des icebergs.* ■ **Fig.** *La partie visible de l'iceberg*, ce qu'on sait de quelque chose, de quelqu'un. *C'est la partie visible de l'iceberg, mais, dans cette affaire, la partie cachée, encore plus importante, nous est inconnue.*

ICEFIELD, ■ n. m. [ajsfild] (mot angl., de *ice*, glace, et *field*, champ) Espace recouvert de glace, dans les régions polaires. *Des icefields.*

ICELUI, ICELLE, pron. dém. [isəlɥi, isɛl] (anc. forme renforcée de *celui, celle*, d'après *ici*) Vieux mot employé quelquefois encore dans le style de pratique et dans le langage familier. *Icelle dame. La maison d'icelui.*

ICHNEUMON, n. m. [iknømɔ̃] (*ch* se prononce *k* ; gr. *ikhneumôn*, de *ikhneuein*, suivre à la piste) ▷ Quadrupède de la taille d'un chat et de la forme d'une martre, que les Égyptiens révéraient. ◁ ♦ Genre d'insectes hyménoptères, qui sont pourvus d'un aiguillon, et qui déposent leurs œufs dans le corps des chenilles.

ICHNOGRAPHIE, n. f. [iknografi] (*ch* se prononce *k* ; gr. *ikhnos*, trace, empreinte et *-graphie*) **Archit.** Plan horizontal et géométral d'un édifice.

ICHNOGRAPHIQUE, adj. [iknografik] (*ch* se prononce *k* ; *ichnographie*) Qui appartient à l'ichnographie. *Plan, dessin ichnographique.*

ICHNOGRAPHIQUEMENT, adv. [iknografik(ə)mɑ̃] (*ch* se prononce *k* ; *ichnographie*) D'une manière ichnographique.

ICHOR, n. m. [ikɔʀ] (*ch* se prononce *k* ; gr. *ikhôr*, sang des dieux, humeur purulente) ▷ **Méd.** Liquide purulent et putride que fournissent certaines plaies de mauvais caractère. ◁

ICHOREUX, EUSE, adj. [ikɔʀø, øz] (*ch* se prononce *k* ; *ichor*) ▷ **Méd.** Qui contient de l'ichor, qui est de la nature de l'ichor. ◁

ICHTYOLITHE, n. m. [iktjolit] (*ch* se prononce *k* ; *ichtyo-* et *-lithe*) Poisson pétrifié, ou pierre qui porte l'empreinte d'un poisson. ■ REM. Graphie ancienne : *ichthyolithe*.

ICHTYOLOGIE, n. f. [iktjoloʒi] (*ch* se prononce *k* ; *ichtyo-* et *-logie*) Partie de la zoologie qui traite des poissons. ■ REM. Graphie ancienne : *ichthyologie*.

ICHTYOLOGIQUE, adj. [iktjoloʒik] (*ch* se prononce *k* ; *ichtyologie*) Qui appartient, qui a rapport à l'ichtyologie ou aux poissons. ■ REM. Graphie ancienne : *ichthyologique*.

ICHTYOLOGISTE, n. m. et n. f. [iktjoloʒist] (*ch* se prononce *k* ; *ichtyologie*) Personne qui étudie, qui connaît l'histoire des poissons. ■ REM. Graphie ancienne : *ichthyologiste*.

ICHTYOPHAGE, adj. [iktjofaʒ] (*ch* se prononce *k* ; gr. *ichtyophagos*) Qui se nourrit de poisson. *Un peuple ichtyophage.* ♦ N. m. *Les ichtyophages.* ■ REM. Graphie ancienne : *ichthyophage.*

ICHTYOPHAGIE, n. f. [iktjofaʒi] (*ch* se prononce *k* ; *ichtyophage*) Habitude de se nourrir de poisson. ■ REM. Graphie ancienne : *ichthyophagie.*

ICHTYORNIS, ■ n. m. [iktjɔʀnis] (*ch* se prononce *k* ; lat. sav. [XIXᵉ s.] *ichtyornis*, du gr. *ikhthus*, poisson et *ornis*, oiseau) Oiseau fossile des mers, de la période du Crétacé. *L'ichtyornis possédait des spécificités qui le rapprochent des dinosaures, comme celle de posséder de courtes dents incurvées et tranchantes.*

ICHTYOSAURE, ■ n. m. [iktjozɔʀ] (*ch* se prononce *k* ; lat. sav. [XIXᵉ s.] *ichtyosaurus*, du gr. *ikhthus*, poisson, et *sauros*, lézard) Genre de reptiles appartenant aux époques antédiluviennes. ■ REM. L'ichtyosaure est un reptile fossile de l'ère secondaire. ■ REM. Graphie ancienne : *icthyosaure*. On disait aussi *icthyosaurus*.

ICHTYOSE, ■ n. f. [iktjoz] (*ch* se prononce *k* ; lat. sav. [XIXᵉ s.] *ichtyosis*, de *ichtyo-* et term. *-ôsis*, maladie) **Méd.** Maladie congénitale de la peau se traduisant par une grande sécheresse et une desquamation importante, sous forme de grosses écailles. *Les ichtyoses sont le résultat d'un épaississement de la couche cornée de l'épiderme.*

ICHTYOSTÉGA, ■ n. m. [iktjostega] (*ch* se prononce *k* ; *ichtyo-* et gr. *stegos*, toit) Vertébré fossile de l'ère primaire pourvu d'écailles, d'une nageoire caudale et de quatre pattes. *L'ichtyostéga est considéré comme le premier vertébré terrestre. Des ichtyostégas.*

ICI, adv. [isi] (*i-*, initiale de l'anc. fr. *iluec*, là, et *ci*, ici, du lat. pop. *ecce hìc*, voici ici) En ce lieu-ci ; il est souvent opposé à *là*. ♦ **Ellipt.** et très fam. *Ici*, en appelant quelqu'un, c'est-à-dire *venez ici* ; cela se dit surtout en appelant un chien. ♦ *D'ici*, de ce lieu-ci, de ce pays-ci, de cette maison-ci. *Je ne suis pas d'ici.* ♦ *Par ici*, par cet endroit-ci. ♦ Il se dit du lieu même où est la personne qui parle. ♦ *Ici* en corrélation avec *là*, marque la différence des lieux, sans qu'on ait égard au plus ou moins d'éloignement. *Ici il y a une forêt, là une montagne.* ♦ *Ici* signifie quelquefois un passage qu'on désigne dans un discours, dans un livre, etc. *Ici Bossuet commence à parler des guerres d'Alexandre.* ♦ **Adv. de temps.** En ce temps-ci. ♦ *D'ici là*, depuis le moment présent jusqu'à un autre moment. ♦ *D'ici à demain*, de ce moment-ci jusqu'à demain, et fig. pendant une longue suite. « *Il y aurait des histoires tragiques à vous conter d'ici à demain* », Mᵐᵉ DE SÉVIGNÉ. ♦ ICI-BAS, loc. adv. Dans ce bas monde, sur la terre. ♦ *Ici* se joint à d'autres adverbes : *Ici dessous, ici dedans, ici autour*, etc. ■ *Jusqu'ici*, jusqu'au moment présent.

ICOGLAN, n. m. [ikoglɑ̃] (turc *icoglany*, jeune serviteur, de *ic*, intérieur [c.-à-d. le sérail], et *oglan*, jeune garçon) ▷ Page du Grand Seigneur. ◁

1 ICÔNE, ■ n. f. [ikon] (gr. *eikôn*, image) Petite peinture religieuse exécutée sur support en bois, qu'on trouve dans les églises d'Orient.

2 ICÔNE, ■ n. f. [ikon] (angl. *icon*, du gr. *eikôn*, image) **Ling.** Signe qui a un rapport de ressemblance avec l'objet qu'il représente. *Le dessin qui représente un paysage réel est une icône.* ■ **Inform.** Image représentant une fonction qui devient opérationnelle si on clique dessus. *Icônes de fichiers, de raccourcis.*

ICONIQUE, ■ adj. [ikonik] (gr. *eikonikos*, qui reproduit les traits) Relatif à l'icône. *L'art iconique. Un signe iconique.*

ICONOCLASME, n. m. [ikonoklasm] (*iconoclaste*, d'après l'angl. *iconoclasm*) Doctrine des iconoclastes.

ICONOCLASTE, n. m. [ikonoklast] (gr. *eikôn*, génit. *eikonos*, et *klan*, briser) Briseur d'images, nom d'une secte d'hérétiques du VIIIᵉ siècle qui firent la guerre aux saintes images. ♦ Adj. *La persécution iconoclaste.* ♦ **Par extens.** Il se dit de tous ceux qui sont ennemis de la représentation des personnes divines. ♦ Adj. *La fureur iconoclaste des huguenots.* ■ Qui s'oppose aux traditions, aux valeurs établies.

ICONOGRAPHE, n. m. et n. f. [ikonogʀaf] (*iconographie* cf. gr. *eikonographos*, peintre) Personne qui est savante en iconographie, qui s'occupe d'iconographie.

ICONOGRAPHIE, n. f. [ikonogʀafi] (gr. *eikonographia*, peinture ou dessin de portrait) Connaissance et description des figures et des représentations divines et humaines. ♦ Connaissance des monuments antiques, tels que les bustes, les peintures, etc. ♦ Collection de portraits d'hommes célèbres. ■ Ensemble des représentations figurées d'un sujet déterminé. *L'iconographie de la Grèce antique.* ■ Ensemble des illustrations d'une publication.

ICONOGRAPHIQUE, adj. [ikonogʀafik] (*iconographie*) Qui appartient à l'iconographie.

ICONOLÂTRE, n. m. [ikonolɑtʀ] (gr. *eikôn*, image et *latreuein*, adorer) Adorateur d'images, nom que les iconoclastes donnaient aux catholiques.

ICONOLÂTRIE, n. f. [ikonolɑtʀi] (*iconolâtre*) Adoration des images.

ICONOLÂTRIQUE, adj. [ikonolɑtʀik] (*iconolâtrie*) Qui a rapport à l'iconolâtrie.

ICONOLOGIE, n. f. [ikonolɔʒi] (gr. *eikonologia*, langage figuré) Explication des images, des monuments antiques. ♦ Explication des figures allégoriques et de leurs attributs. ♦ **Peint.** L'art de représenter les êtres de raison par des emblèmes, par des figures allégoriques.

ICONOLOGIQUE, adj. [ikonolɔʒik] (*iconologie*) Qui a rapport à l'iconologie.

ICONOLOGISTE ou **ICONOLOGUE**, n. m. et n. f. [ikonolɔʒist, ikonolɔg] (*iconologie*) Auteur d'une iconologie.

ICONOMAQUE, n. m. [ikonomak] (gr. *eikôn*, image, et *makhesthai*, combattre) ▷ Celui qui combat le culte des images. ◁

ICONOSCOPE, ■ n. m. [ikonoskɔp] (gr. *eikôn*, image et *-scope*) **Audiov.** Tube qui traduit l'image en signal électrique, dans une caméra. *C'est en 1923 que V.R. Zworykin créa et fit breveter le premier iconoscope.*

ICOSAÈDRE, n. m. [ikozaɛdʀ] (gr. *eikosaedros*, de *eikosi*, vingt) **Géom.** Corps solide qui a vingt faces.

ICOSANDRE, adj. [ikozɑdʀ] (gr. *eikosi*, vingt, et *-andre*) ▷ **Bot.** Qui a vingt étamines ou plus. ♦ **N. f.** *Les icosandres.* ◁

ICOSANDRIE, n. f. [ikozɑdʀi] (*icosandre*) ▷ **Bot.** Nom donné dans le système de Linné à une classe et à deux ordres renfermant des plantes qui ont vingt étamines ou plus. ◁

ICTÈRE, n. m. [iktɛʀ] (gr. *ikteros*) **Méd.** Maladie caractérisée par la couleur jaune que prennent les téguments, la conjonctive et l'urine, et dite vulgairement jaunisse.

ICTÉRIQUE, adj. [ikteʀik] (gr. *ikterikos*, qui a la jaunisse) **Méd.** Qui tient de l'ictère. *Affection ictérique.* ♦ Qui est affecté d'ictère.

ICTUS, ■ n. m. [iktys] (mot lat., coup, de *icere*, frapper) Accentuation d'une syllabe dans un mot ou d'une note musicale. *L'ictus de la métrique gréco-latine.* ■ **Méd.** Manifestation pathologique soudaine. *Ictus épileptique.*

1 IDE, n. m. [id] (orig. inc.) ▷ Au piquet à écrire, chacun des deux coups que l'on joue pour la décision d'un pari. ◁

2 IDE, ■ n. m. [id] (lat. sav. (Linné) *idus*, du suéd. *id*) Poisson d'eau douce coloré. *Les ides avaient presque disparu des rivières de France, mais ils ont fait l'objet de repeuplement limité en Meuse et dans les canaux du Hainaut.*

IDÉAL, ALE, adj. [ideal] (lat. médiév. *idealis*, du lat. *idea*) Qui n'a d'existence que dans l'idée, dans l'esprit. *Des êtres idéaux.* ♦ Chimérique. *Richesses idéales.* ♦ **Par extens.** Qui réunit toutes les perfections que l'esprit peut concevoir, indépendamment de la réalité. *Un bien idéal. Beauté idéale.* ■ N. m. Assemblage abstrait de perfections dont l'âme se forme l'idée, mais sans pouvoir y atteindre complètement. *L'idéal de la beauté.* ♦ Le modèle intérieur du poète, de l'artiste. ♦ Au pl. Faut-il dire des *idéals*, comme on dit des chorals, ou des *idéaux*? L'usage n'a pas prononcé. ■ Ensemble de valeurs morales ou intellectuelles, par opposition à la vie matérielle. *La recherche de l'idéal.* ■ Ce qui donnerait entière satisfaction à quelqu'un. *Mon idéal, c'est de vivre à la campagne.* ■ *L'idéal est, serait de, que...*, le mieux est, serait de, que... *L'idéal serait qu'il vienne tôt.*

IDÉALEMENT, ■ adv. [ideal(ə)mɑ] (*idéal*) Dans l'idée et non réellement. *Ce n'est possible qu'idéalement.* ■ Parfaitement. *Le rôle était idéalement interprété.*

IDÉALISATEUR, TRICE, ■ adj. [idealizatœʀ, tʀis] (*idéaliser*) Qui idéalise. *Avoir une vision idéalisatrice. Un artiste idéalisateur.* ■ N. m. et n. f. *Un idéalisateur.*

IDÉALISATION, n. f. [idealizasjɔ̃] (*idéaliser*) Néolog. Action d'idéaliser. ■ **Rem.** N'est plus considéré comme un néologisme aujourd'hui.

IDÉALISER, v. tr. [idealize] (*idéal*) Néolog. Donner aux choses ou aux personnes un caractère idéal. *La beauté idéalisée dans les peintures de Raphaël.* ♦ S'idéaliser, v. pr. Devenir idéalisé. ■ **Rem.** N'est plus considéré comme un néologisme aujourd'hui.

IDÉALISME, n. m. [idealism] (*idéal*) Nom commun des doctrines philosophiques qui considèrent l'idée soit comme principe de la connaissance, soit comme principe de la connaissance et de l'être tout à la fois. ♦ Système dans lequel, ne regardant comme certaines que les idées du moi, on considère l'existence du monde corporel comme une pure apparence. ♦ **Littér.** et **bx-arts** Tendance vers l'idéal, recherche de l'idéal.

IDÉALISTE, n. m. et n. f. [idealist] (*idéal*) Partisan de l'idéalisme. ♦ Adj. *La philosophie idéaliste.*

IDÉALITÉ, n. f. [idealite] (*idéal*) Qualité de ce qui est idéal. ♦ Disposition de l'esprit à donner aux choses un caractère idéal. ♦ Au pl. Rêveries, imaginations.

IDÉATION, ■ n. f. [ideasjɔ̃] (angl. *ideation*, formation et enchaînement des idées) **Psych.** Processus de formation des idées. *L'idéation suicidaire chez les adolescents.*

IDÉE, n. f. [ide] (lat. *idea*, du gr. *idea*, apparence, forme distinctive, forme idéale) Représentation qui se fait de quelque chose dans l'esprit. ♦ ▷ *Demi-idée*, idée incomplète. ◁ ♦ *Donner une idée d'une chose*, la faire concevoir en gros. ♦ *Avoir une idée*, se représenter. ♦ *Avoir idée*, penser, s'imaginer. ♦ *N'avoir pas la première idée d'une chose*, en être tout à fait ignorant. ♦ *Ne pas se faire d'idée*, ne pouvoir comprendre. ♦ Fait intellectuel qui répond dans notre esprit aux objets dont nous avons pris connaissance. *L'origine des idées.* ♦ *Idées innées*, Voy. INNÉ. ♦ *Idées générales*, les idées les plus étendues auxquelles les idées particulières sont subordonnées. ♦ **Philos.** Type, modèle éternel des choses. *Les idées de toutes choses sont en Dieu.* ♦ ▷ **Fig.** Modèle, type, idéal. « *Vous êtes mon idée plus que jamais* », MME DE SÉVIGNÉ. ◁ ♦ ▷ Souvenir. ◁ ♦ Image. « *Ne me rappelez point une trop chère idée* », RACINE. ♦ Vision chimérique. *Se repaître d'idées.* ♦ Opinion non fondée, fantaisie, vaine apparence sans réalité ni effet. ♦ ▷ **Fig.** et **fam.** Petite quantité. *Voulez-vous du café? Une idée seulement.* ◁ ♦ Pensée, conception, opinion. *Idée sublime. Suivre le fil de ses idées.* ♦ *Avoir une grande idée de*, penser magnifiquement, orgueilleusement de. ♦ *Avoir, se faire une triste idée, une pauvre idée*, penser peu de bien d'une chose. ♦ *Idée fixe*, celle qui occupe exclusivement. ♦ **Méd.** *Idée fixe*, forme de monomanie intellectuelle ou délire partiel et chronique. ♦ Système philosophique. *Les idées d'Aristote ont dominé le Moyen Âge.* ♦ *Les idées nouvelles*, les opinions qui tendent à renouveler la société. ♦ Première conception d'où se développe une œuvre d'art ou de littérature. *L'idée d'un tableau, d'une pièce.* ♦ **Mus.** *Idée musicale*, trait de chant qui se présente à l'esprit du compositeur. ♦ **Absol.** et souvent au pl. *Les idées*, les conceptions qui inventent, qui donnent de l'originalité. *Cet auteur a des idées.* ♦ *Avoir de l'idée*, avoir de l'intelligence, un esprit fécond en expédients. ♦ Au sing. **Absol.** L'ensemble idéal des aspirations du génie et de l'époque. *Les penseurs sont les serviteurs de l'idée.* ♦ Esquisse, ébauche. *Il en a jeté l'idée sur le papier.* ♦ Esprit, imagination ; en ce sens, il ne s'emploie qu'avec les prépositions *en, dans, à, de, etc. Il me revient à l'idée, en idée que, etc.* ♦ *En idée*, en esprit. ■ *Avoir idée que*, penser que. *J'ai idée qu'il viendra.* ■ *Se faire des idées*, imaginer des choses non fondées. ■ *Idée reçue*, préjugé.

IDÉE-FORCE, ■ n. f. [idefɔʀs] (*idée* et *force*) Idée essentielle. *Les idées-forces d'une philosophie.*

IDÉEL, ELLE, ■ adj. [ideɛl] (prob. all. *ideel*) **Philos.** Relatif à l'idée. *Représentation idéelle.*

IDEM, adv. [idɛm] (mot latin, le même, du pron. *is*, lui, et suff. *dem*, identité) Mot latin, qui signifie *le même*, et qu'on emploie pour éviter de répéter ce qui vient d'être dit ou écrit. Il est principalement en usage dans les comptes, les inventaires, les citations, etc. *Table en sapin, 10 francs ; idem en chêne, 25 francs.* ♦ **Fam.** *Vous partez pour la campagne, et moi idem*, c'est-à-dire et moi aussi. ♦ Par abréviation, on écrit le plus souvent *id*.

IDENTIFIABLE, ■ adj. [idɑtifjabl] (*identifier*) Qui peut être identifié, reconnu. *Des sons identifiables.*

IDENTIFICATEUR, TRICE, ■ adj. [idɑ̃tifikatœʀ, tʀis] (*identifier*) Qui est destiné à identifier. *Une plaque identificatrice.* ■ N. m. Inform. Nom, ensemble de caractères qui caractérise une donnée et qui permet de l'identifier dans un programme. ■ Rem. Dans ce sens, on dit aussi *identifiant.*

IDENTIFICATION, n. f. [idɑ̃tifikasjɔ̃] (*identifier*) Action d'identifier, de s'identifier.

IDENTIFICATOIRE, ■ adj. [idɑ̃tifikatwaʀ] (*identifier*) Qui permet l'identification de quelque chose ou de quelqu'un. *Une recherche identificatoire.*

IDENTIFIÉ, ÉE, p. p. d'identifier. [idɑ̃tifje]

IDENTIFIER, v. tr. [idɑ̃tifje] (lat. scolast. *identificare*, rendre semblable, du lat. *idem*, le même, et *facere*, faire) Rendre identique. *Identifier les noms anciens des localités gauloises avec leurs noms modernes.* ♦ S'identifier, v. pr. Être identifié. ♦ Fig. *S'identifier à* ou plutôt *avec,* en parlant des personnes, se pénétrer de. *L'auteur s'identifie avec ses personnages.* ■ V. tr. Déterminer l'identité de quelqu'un. *La victime a pu identifier son agresseur.* ■ Déterminer la nature de quelque chose, reconnaître. *Identifier un bruit.*

IDENTIQUE, adj. [idɑ̃tik] (lat. scolast. *identicus*, du lat. *idem*, le même) Qui est le même qu'un autre, qui ne fait qu'un avec un autre. *Deux articles de loi identiques.* ♦ Il se construit avec les prépositions *avec* ou *à. Ces propositions sont identiques l'une à l'autre, l'une avec l'autre.* ♦ Math. *Équation identique* ou *n. m. un identique,* équation dont les deux membres sont exactement les mêmes. ■ Qui ne change pas. *Il est identique à lui-même.* ■ À L'IDENTIQUE, loc. adj. ou *loc. adv.* De manière à ce qu'on ne voie aucune différence avec l'original. *Il a reproduit le tableau à l'identique.*

IDENTIQUEMENT, adv. [idɑ̃tik(ə)mɑ̃] (*identique*) D'une manière identique.

IDENTITAIRE, ■ adj. [idɑ̃titɛʀ] (*identité*) En rapport avec l'identité, en particulier dans son rapport à un groupe. *Crise, construction identitaire. Débats autour de questions identitaires.*

IDENTITÉ, n. f. [idɑ̃tite] (lat. *identitas*, de *idem*, le même) Qualité qui fait qu'une chose est la même qu'une autre, que deux ou plusieurs choses ne sont qu'une. ♦ Dr. Reconnaissance d'une personne en état d'arrestation, d'un prisonnier évadé, d'un mort, etc. ♦ Alg. Espèce d'équation ou d'égalité dont les deux membres sont identiquement les mêmes. ♦ Conscience qu'une personne a d'elle-même. « *C'est la mémoire qui fait votre identité* », Voltaire. ♦ *Identité personnelle,* persistance de la conscience de soi qu'a un individu. ■ Ensemble des éléments (nom, prénom, date et lieu de naissance, etc.) qui permettent de différencier une personne d'une autre. *La police a procédé à un contrôle d'identité.* ■ *Pièce d'identité,* document officiel qui établit l'identité d'une personne.

IDÉO..., ■ [ideo] Préfixe du grec *idea,* idée : *idéologie.*

IDÉOGRAMME, ■ n. m. [ideogʀam] (*idéo-* et *-gramme*) Signe graphique qui, dans certaines langues, représente non pas un son, mais un sens, un concept, une idée. *Idéogrammes chinois, japonais.*

IDÉOGRAPHIE, n. f. [ideogʀafi] (*idéo-* et *-graphie*) Peinture des idées par des signes qui sont l'image figurée de l'objet.

IDÉOGRAPHIQUE, adj. [ideogʀafik] (*idéographie*) Qui a rapport à l'idéographie. ♦ En général, *écriture, signe idéographique,* se dit par opposition à phonétique.

IDÉOLOGIE, n. f. [ideoloʒi] (*idéo-* et *-logie*) Science qui traite de la formation des idées. ♦ ▷ Système philosophique d'après lequel la sensation est la source unique de nos connaissances et le principe unique de nos facultés. ◁ ■ Ensemble des idées, des croyances propres à une époque, à un groupe de personnes. *L'idéologie marxiste.*

IDÉOLOGIQUE, adj. [ideoloʒik] (*idéologie*) Qui a rapport, qui appartient à l'idéologie. *Connaissances idéologiques.*

IDÉOLOGUE, n. m. et n. f. [ideolog] (*idéologie*) Personne qui s'occupe d'idéologie. ♦ ▷ Personne qui est de l'école de Condillac. ◁ ♦ En général, métaphysicien. ◁ ♦ En un sens défavorable, rêveur, rêveuse philosophique et politique. ■ Rem. On disait autrefois *idéologiste.*

IDÉOMOTEUR, TRICE, ■ adj. [ideomotœʀ, tʀis] (*idéo-* et *moteur*) Psych. Où l'idée du mouvement et le mouvement lui-même sont concomitants. *Réflexe idéomoteur.*

IDES, n. f. pl. [id] (lat. plur. *idus*) Le quinzième jour des mois de mars, de mai, de juillet et d'octobre, et le treizième des autres mois, dans le calendrier des anciens Romains.

ID EST, ■ loc. conj. [idɛst] (loc. lat., de *id,* cela, et 3ᵉ pers. de *esse,* être) Introduit une explication et signifie *c'est-à-dire.* ■ Abrév. i. e.

IDIOLECTE, ■ n. m. [idjolɛkt] (anglo-amér. *idiolect,* du gr. *idios,* particulier et angl. *dialect,* dialecte) Ensemble des habitudes de langage particulières à une personne. *Cette formule et cette intonation font partie de mon idiolecte.*

IDIOMATIQUE, adj. [idjomatik] (*idiome*) Qui appartient aux idiomes.

IDIOME, n. m. [idjom] (lat. gramm. *idioma,* idiotisme, du gr. *idiôma,* propriété particulière) Langue d'un peuple considérée dans ses caractères spéciaux. ♦ Par extens. Le langage particulier d'une province.

IDIOPATHIE, n. f. [idjopati] (*idio-* et *-pathie*) Méd. Maladie qui existe par elle-même, et ne dépend pas d'une autre affection. ♦ ▷ En morale, inclination particulière qu'on a pour une chose. ◁

IDIOPATHIQUE, adj. [idjopatik] (*idiopathie*) Méd. Qui a le caractère de l'idiopathie.

IDIOSYNCRASIE, n. f. [idjosɛ̃kʀazi] (gr. *idiosugkrasia,* tempérament particulier, de *idios* et *sugkrasis,* mélange) Méd. Disposition qui fait que chaque individu ressent d'une façon qui lui est propre les influences des divers agents.

IDIOSYNCRASIQUE ou **IDIOSYNCRATIQUE**, adj. [idjosɛ̃kʀazik, idjosɛ̃kʀatik] (*idiosyncrasie*) Qui a rapport à l'idiosyncrasie.

IDIOT, OTE, adj. [idjo, ɔt] (lat. *idiota,* du gr. *idiôtês,* simple particulier, étranger à un métier, ignorant) Dépourvu d'intelligence. ♦ En parlant des choses. « *Cette jurisprudence idiote et barbare* », Voltaire. ■ N. m. et n. f. Celui, celle qui manque d'intelligence. ♦ Méd. Personne qui est affectée d'idiotisme. ■ IDIOTEMENT, adv. [idjɔt(ə)mɑ̃] *Rire idiotement. Être idiotement fier de quelque chose.*

IDIOTIE, n. f. [idjosi] (*idiot*) Méd. Forme la plus grave de la débilité mentale. ■ Caractère d'une personne idiote. *Cette attitude grotesque est la preuve de son idiotie.* ■ Action, parole idiote. *Tais-toi, tu ne dis que des idioties!* ■ Rem. Dans son sens médical, le terme d'*idiotie* tend à être remplacé par celui d'*arriération mentale.*

IDIOTIQUE, adj. [idjotik] (*idiot*) ▷ Méd. Qui appartient à l'idiot. *État idiotique.* ◁

1 **IDIOTISME**, n. m. [idjotism] (lat. *idiotismus,* idiotisme, du gr. *idiôtismos,* langage courant) Gramm. Construction, locution propre et particulière à une langue. Il y a *est un idiotisme en français.*

2 **IDIOTISME**, n. m. [idjotism] (*idiot*) ▷ État d'un idiot, d'une personne dépourvue d'intelligence. ♦ Méd. Absence congénitale de l'intelligence, presque toujours concomitante d'un défaut de développement du cerveau. ◁

IDOINE, adj. [idwan] (lat. *idoneus,* approprié) Vx Propre à quelque chose. *Être apte et idoine à posséder des bénéfices.* ■ Plais. Qui est parfaitement adapté à un besoin. *C'est la méthode idoine.*

IDOLÂTRE, adj. [idolɑtʀ] (haplologie du lat. chrét. *idololatra,* du gr. chrét. *eidôlolatrês,* de *eidôlon,* image, et *latreuein,* servir) Qui adore les idoles. *Peuple idolâtre.* ♦ Il se dit également du culte même. *Un culte idolâtre.* ♦ N. m. et n. f. *Un idolâtre. Une idolâtre.* ♦ Fig. Qui ressent un amour passionné ou servile pour une personne ou pour des choses. « *Cette femme, idolâtre d'elle-même et toute occupée des vanités du siècle* », Bourdaloue. « *Un avare, idolâtre et fou de son argent* », Boileau. ♦ Qui a pour quelqu'un un respect outré, qu'on peut comparer à l'idolâtrie. *Le vulgaire idolâtre.*

IDOLÂTRÉ, ÉE, p. p. d'idolâtrer. [idolɑtʀe]

IDOLÂTRER, v. intr. [idolɑtʀe] (*idolâtre*) Adorer les idoles. « *Idolâtrer est rendre à la créature les honneurs divins* », Bossuet. ♦ V. tr. Fig. Aimer avec trop de passion. « *J'aime, que dis-je aimer? j'idolâtre Junie* », Racine. ♦ Il se dit aussi des choses. « *Son corps qu'il avait toujours idolâtré* », Massillon. ♦ S'idolâtrer, v. pr. Être idolâtre de soi-même. ♦ S'aimer passionnément l'un l'autre.

IDOLÂTRIE, n. f. [idolɑtʀi] (lat. *idololatria,* du gr. *eidôlolatreia*) Adoration des idoles ; culte rendu aux créatures. ♦ Acte d'idolâtrie. ♦ Fig. Amour excessif. *Aimer avec idolâtrie.*

IDOLÂTRIQUE, adj. [idolɑtʀik] (*idolâtrie*) Qui a le caractère de l'idolâtrie.

IDOLE, n. f. [idɔl] (lat. *idolum,* du gr. *eidôlon*) Figure, statue représentant une divinité et exposée à l'adoration. ♦ Fig. *Fléchir le genou devant l'idole,* se courber devant une personne riche, puissante, etc. ♦ Fig. Personne à qui on prodigue les honneurs, les louanges. « *Il y a toujours eu dans les cours des idoles et des idolâtres* », Balzac. ♦ *L'idole du jour, de la veille,* personne qui excite l'enthousiasme, l'admiration aujourd'hui, qui l'excitait hier. ♦ ▷ Ce qui fait le sujet de l'affection, de la passion de quelqu'un. « *Cet honneur a toujours été l'idole des hommes* », Pascal. ◁ ♦ Il se dit d'un homme qui se tient à ne rien faire. *Il est là comme une idole.* ◁ ♦ Le genre de ce mot a varié : *idole* est masculin dans Corneille, dans la Fontaine ; il est féminin dans Malherbe. C'est ce genre qui a prévalu.

IDYLLE, n. f. [idil] (lat. *idyllium,* du gr. *eidullion,* petite poésie) Petit poème dont le sujet est ordinairement pastoral. *Les idylles de Théocrite.* ♦ Il se dit de petites pièces en prose de même genre et même de romans, de tableaux. *Ce sujet, ce tableau est une idylle.* ■ Liaison amoureuse naïve et tendre.

IDYLLIQUE, adj. [idilik] (*idylle*) Qui appartient à l'idylle. ■ Rêvé, parfait. *Une situation idyllique.* « *C'est à l'automne que la situation s'est dégradée, après un été idyllique comme j'en ai rarement vu* », Hanska.

IF, n. m. [if] (gaul. *ivos*) Arbre toujours vert, qui a la feuille étroite et un peu longue et qui porte un petit fruit rouge et rond, famille des conifères. ♦ Espèce de charpenterie, de forme triangulaire, employée dans les illuminations, et destinée à porter plusieurs lampions. ■ *If à bouteilles*, ustensile conique muni de pointes sur lesquelles on place des bouteilles pour les égoutter.

IGLOO, ■ n. m. [iglu] (mot angl., d'un mot inuit) Habitation inuite en forme de coupole constituée de blocs de glace. *Des igloos.*

IGNAME, n. f. [iɲam] ou [injam] ou [ignam] (port. *inhame*, d'un mot bantou) Nom vulgaire de la dioscorée, qui, originaire de l'Inde et de l'Afrique, a été transportée aux Antilles.

IGNARE, adj. [iɲaʀ] ou [injaʀ] (lat. *ignarus*) Qui n'a point étudié. *Gens ignares et non lettrés.* ♦ N. m. et n. f. *Un ignare.*

IGNÉ, ÉE, adj. [igne] ou [iɲe] ou [inje] (le *g* se prononce séparément du *n*. lat. *igneus*, de *ignis*, feu) Qui est de feu, qui a les qualités du feu. « *L'existence de cette matière ignée, si douteuse et si peu établie* », Pascal. ♦ *Fusion ignée*, fusion qui a lieu par la chaleur seule. ♦ Qui est produit par l'action du feu. *Couche de formation ignée.*

IGNESCENCE, n. f. [ignesɑ̃s] ou [iɲesɑ̃s] ou [injesɑ̃s] (le *g* se prononce séparément du *n*. De *ignescent*) État d'un corps ignescent.

IGNESCENT, ENTE, adj. [ignesɑ̃, ɑ̃t] ou [iɲesɑ̃, ɑ̃t] ou [injesɑ̃, ɑ̃t] (le *g* se prononce séparément du *n*. Lat. ignescens, p. prés. de *ignescere*, prendre feu) Qui est en feu ; qui s'enflamme.

IGNI..., ■ [igni] ou [iɲi] ou [inji] Préfixe du latin *ignis,* feu.

IGNICOLE, adj. [ignikɔl] ou [iɲikɔl] ou [injikɔl] (*igni-* et *-cole*) Qui adore le feu. « *Des familles guèbres ou ignicoles* », Voltaire. ♦ N. m. et n. f. « *Les pieux ignicoles* », Voltaire.

IGNIFUGE, ■ adj. [ignifyʒ] ou [iɲifyʒ] ou [injifyʒ] (*igni-* et *-fuge*) Propre à empêcher la combustion par le feu ou à en retarder considérablement les effets. ■ Rem. On dit aussi *ignifugeant, ante.*

IGNIFUGER, ■ v. tr. [ignifyʒe] ou [iɲifyʒe] ou [injifyʒe] (*ignifuge*) Rendre ignifuge. *Ces combinaisons de protection sont ignifugées.* ■ IGNIFUGATION, n. f. [ignifygasjɔ̃] ou [iɲifygasjɔ̃] ou [injifygasjɔ̃] *L'ignifugation de matières textiles.*

IGNITION, n. f. [ignisjɔ̃] ou [iɲisjɔ̃] ou [injisjɔ̃] (*igni-*) **Chim.** État des corps en combustion. ♦ Application du feu aux métaux, jusqu'à ce qu'ils deviennent rouges, sans se fondre.

IGNITRON, ■ n. m. [ignitʀɔ̃] ou [iɲitʀɔ̃] ou [injitʀɔ̃] (*igni-*, d'après *électron*) **Électr.** Tube redresseur de courant alternatif. *Un ignitron à anode unique, à commande par allumeur.*

IGNIVOME, adj. [ignivɔm] ou [iɲivɔm] ou [injivɔm] (*igni-* et lat. *vomere*) Qui vomit du feu. Se dit des volcans.

IGNOBILITÉ, n. f. [iɲɔbilite] ou [injɔbilite] (lat. *ignobilitas*, naissance obscure) Qualité de ce qui est ignoble.

IGNOBLE, adj. [iɲɔbl] ou [injɔbl] (lat. *ignobilis*, inconnu, de basse naissance) Qui est sans noblesse, sans distinction. *Des sentiments ignobles.* ♦ Dans un sens analogue. *Un réduit ignoble.* ♦ *Filons ignobles*, filons métalliques trop peu riches pour qu'on les exploite. ■ Très sale, très mauvais. *Une boisson ignoble.*

IGNOBLEMENT, adv. [iɲɔbləmɑ̃] ou [injɔbləmɑ̃] (*ignoble*) D'une manière ignoble.

IGNOMINIE, n. f. [iɲomini] ou [injomini] (lat. *ignominia*, de in- priv. et *[g]nomen*, nom, renom) Grand déshonneur. « *Je n'ai point de leur joug subi l'ignominie* », Racine. ■ Caractère déshonorant de quelque chose. *L'ignominie d'une accusation.* ■ Action basse, abjecte.

IGNOMINIEUSEMENT, adv. [iɲominjøz(ə)mɑ̃] ou [injominjøz(ə)mɑ̃] (*ignominieux*) Avec ignominie.

IGNOMINIEUX, EUSE, adj. [iɲominjø, øz] ou [injominjø, øz] (lat. *ignominiosus*) Qui porte ignominie, qui cause de l'ignominie. *Une mort ignominieuse.*

IGNORAMMENT, adv. [iɲoʀamɑ̃] ou [injoʀamɑ̃] (*ignorant*) Avec ignorance. « *Il confond ignoramment le vrai et le faux* », Bossuet.

IGNORANCE, n. f. [iɲoʀɑ̃s] ou [injoʀɑ̃s] (lat. *ignorantia*) État de celui qui ignore une chose. ♦ **Dr.** *Prétendre cause d'ignorance*, alléguer son ignorance pour excuse, et dans le langage familier, faire semblant d'ignorer une chose que de fait on n'ignore pas. ♦ Défaut de connaissance, manque de savoir. *Un péché commis par ignorance.* « *L'ignorance toujours est prête à s'admirer* »,

Boileau. ♦ Faute qui marque ignorance. *Tomber dans des ignorances grossières.*

IGNORANT, ANTE, adj. [iɲoʀɑ̃, ɑ̃t] ou [injoʀɑ̃, ɑ̃t] (lat. *ignorans*, p. prés. de *ignorare*) Qui est sans lettres, sans études, qui n'a point de savoir. ♦ Qui n'est pas instruit de certaines choses. *Ignorant en histoire.* ♦ **Dr.** Être ignorant du fait. ♦ *Un médecin, un magistrat ignorant*, médecin, magistrat, qui n'ont pas les connaissances exigées par leur profession. ♦ En parlant des choses, qui a le caractère de l'ignorance. *Leurs ignorantes et iniques décisions.* ♦ N. m. et n. f. *Un ignorant. Une ignorante.* ♦ *Ignorant de*, qui ignore, qui ne connaît pas ceci ou cela. *L'homme ignorant de sa destinée* ; on dit aussi en ce sens : *Ignorant sur.* ♦ *Ignorant en, dans*, qui n'a pas d'instruction, de connaissances en ceci ou en cela. *Ignorant en ou dans la jurisprudence.*

IGNORANTIN, adj. m. [iɲoʀɑ̃tɛ̃] ou [injoʀɑ̃tɛ̃] (dim. d'*ignorant*, dit ainsi par modestie) *Les frères ignorantins* et n. m. *les ignorantins*, membres d'un ordre religieux fondé en 1680 par de la Salle et voué à l'éducation des enfants du peuple. On les appelle aussi *Frères de la doctrine chrétienne, Frères des écoles chrétiennes* ou simplement *Frères.*

IGNORANTISME, n. m. [iɲoʀɑ̃tism] ou [injoʀɑ̃tism] (*ignorant*) Néolog. Système de ceux qui prônent les avantages de l'ignorance, ou qui soutiennent que la science est mauvaise en soi. ■ Rem. N'est plus considéré comme un néologisme aujourd'hui mais il est rare.

IGNORÉ, ÉE, p. p. d'ignorer. [iɲoʀe] ou [injoʀe]

IGNORER, v. tr. [iɲoʀe] ou [injoʀe] (lat. *ignorare*) Ne pas savoir, ne pas connaître. ♦ *Ignorer que*, avec l'indicatif si la phrase est négative, et avec le subjonctif si la phrase est affirmative. *Je n'ignore pas qu'il a voulu me nuire. On ignore communément qu'il en soit ainsi.* ♦ **Absol.** « *Ce qui nous rend incapables de savoir certainement et d'ignorer absolument* », Pascal. ♦ Il se dit des personnes qui ne sont pas connues. « *Il s'éleva un nouveau roi dans l'Égypte qui ignorait Joseph* », Voltaire. ♦ *Ignorer les hommes*, ne pas connaître le cœur humain. ♦ Dans le style soutenu, ne pas connaître, ne pas pratiquer. *Ignorer l'imposture.* ♦ ▷ V. intr. *Il n'ignore de rien.* ◁ S'ignorer, v. pr. Ne pas se connaître soi-même. ♦ N'avoir point une juste opinion de soi-même, de ses forces. ♦ Être dans l'ignorance de ses propres sentiments. ■ *Ignorer quelqu'un*, se montrer totalement indifférent à son égard.

IGUANE, ■ n. m. [igwan] (*gua* se prononce *goua*. esp. *iguana*, empr. à l'arawak) Reptile saurien d'Amérique centrale et du Sud, pouvant mesurer jusqu'à deux mètres et portant une crête dorsale d'écailles pointues. *Les iguanes ressemblent à d'énormes lézards et sont essentiellement végétariens.*

IGUANODON, ■ n. m. [igwanodɔ̃] (*gua* se prononce *goua*. Mot angl., de *iguana*, iguane, et gr. *odous*, génit. *odontos*, dent) Grand reptile fossile de la période du Crétacé. *L'iguanodon était herbivore et pouvait atteindre plus de dix mètres de long.*

IGUE, ■ n. f. [ig] (mot dial. *igo*, dépression karstique, du pré-roman *ika*, ravin) **Quercy** Cavité naturelle creusée dans le calcaire par les eaux de ruissellement. *Faire une chute dans une igue.*

IKEBANA ou **IKÉBANA**, ■ n. m. [ikebana] (mot jap., de *ikeru*, faire vivre, et *bana*, fleur) Art japonais de l'arrangement des fleurs. *Le naturel est important car l'ikebana symbolise la nature sous tous ses aspects, du pin majestueux au plus simple brin d'herbe.*

IL ou **ILS**, pron. pers. [il] (b. lat. *illi*, du démonstr. lat. *ille*, celui-là) Pronom qui désigne la troisième personne. *Votre père va venir, il est prêt.* ♦ Il se met après le verbe dans les interrogations et dans certaines phrases exclamatives. *Que fait-il? Est-il insensé !* ♦ Avec le *t* euphonique. *Parle-t-il?* ♦ Il se met également après le verbe dans certaines phrases affirmatives. *Quoi! dit-il.* ♦ Il se met avec les verbes impersonnels ou employés impersonnellement. *Il pleut.* « *Il m'en doit bien souvenir* », Molière. ♦ Dans ces constructions, *il* gouverne le verbe au singulier, bien que ce verbe soit suivi d'un nom au pluriel. *Il est six heures.* ♦ *Il pour cela. Il est vrai.* « *Il est trop véritable* », Molière. ♦ *Il n'est que de*, la seule chose qui importe, qui soit utile. « *Ma foi, il n'est que de jouer d'adresse en ce monde* », Molière. ♦ *Il n'est pas que vous n'ayez vu*, certainement vous avez vu.

ILANG-ILANG ou **YLANG-YLANG**, ■ n. m. [ilãilã] (mot malais, fleur des fleurs) Arbre de l'Asie tropicale, dont les fleurs très odorantes sont utilisées en parfumerie. *Des ilangs-ilangs.* ■ Essence extraite des fleurs de cet arbre. *Les essences d'ilang-ilang sont utilisées en parfumerie, en cosmétologie et dans la fabrication de savons.*

ÎLE ou **ILE**, n. f. [il] (lat. *insula*) Espace de terre entouré d'eau de tous côtés. ♦ **Au pl. Absol.** *Les Îles*, celles qui forment l'archipel du golfe du Mexique (on met un I majuscule). *Faire fortune aux Îles.* ♦ Dans certaines villes, *île* se dit d'un nombre de maisons faisant groupe et borné par des rues, ou bien isolé des autres maisons. ■ *Île flottante*, entremets composé de blancs d'œufs battus et cuits et de crème anglaise.

ILÉON, n. m. [ileɔ̃] (lat. médiév. *ileum, ileon*, du gr. *eilein*, faire tourner) **Anat.** Dernière portion de l'intestin grêle faisant suite au jejunum, et se continuant avec le cæcum. ♦ Adj. *L'intestin iléon.* ▪ REM. On disait aussi *iléum* autrefois.

ILES, n. m. pl. [il] (lat. impér. *ilia*, flancs, entrailles) **Anat.** Les parties latérales et inférieures du bas-ventre.

ÎLET ou **ILET**, ▪ n. m. [ilɛ] (*île*) **Antilles** Petit groupe d'habitations ; hameau. *La location d'îlets pour les touristes.*

ILÉUM, ▪ n. m. [ileɔm] Voy. ILÉON.

ILÉUS, n. m. [ileys] (gr. *eileos*, tanière du serpent, colique violente) **Méd.** Obstruction de l'intestin et interruption du cours des excréments.

1 **ILIAQUE**, adj. [iljak] (lat. *iliacus*, de *ilia*, flancs) **Anat.** Qui a rapport aux flancs. ♦ *Os iliaque* ou *os coxal*, os des îles.

2 **ILIAQUE**, adj. [iljak] (lat. *iliacus*) ▷ **Méd.** Ne s'emploie que dans cette locution : *Passion iliaque*, syn. d'iléus. ◁

ÎLIEN, IENNE ou **ILIEN, IENNE**, ▪ n. m. et n. f. [iljɛ̃, jɛn] (*île*) Habitant d'une île. *Des îliens bretons.*

ILION, n. m. [iljɔ̃] (b. lat. *ilium*, du lat. *ilia*) **Anat.** Nom de la plus grande des trois pièces qui forment l'os des hanches ou os iliaque. ▪ REM. On disait aussi *ilium* autrefois.

ILLÉGAL, ALE, adj. [ilegal] (lat. médiév. *illegalis*) Qui est contre la loi. *Des actes illégaux.*

ILLÉGALEMENT, adv. [ilegal(ə)mɑ̃] (*illégal*) D'une manière illégale.

ILLÉGALITÉ, n. f. [ilegalite] (lat. médiév. *illegalitas*) Caractère, vice de ce qui est illégal. ♦ *Acte illégal. Commettre des illégalités.* ▪ Situation illégale. *Se trouver dans l'illégalité.*

ILLÉGITIME, adj. [ileʒitim] (lat. jurid. *illegitimus*) Qui n'est pas légitime. *Enfant illégitime.* ♦ Fig. Injuste, déraisonnable. *Prétention illégitime.*

ILLÉGITIMEMENT, adv. [ileʒitim(ə)mɑ̃] (*illégitime*) D'une façon non légitime, sans fondement, sans raison.

ILLÉGITIMITÉ, n. f. [ileʒitimite] (*illégitime*) Défaut de légitimité. *L'illégitimité d'un titre. L'illégitimité de sa naissance.*

ILLETTRÉ, ÉE, adj. [iletre] (lat. *illitteratus*) ▷ Qui n'est pas lettré, qui n'a point de connaissances en littérature. *C'est un homme illettré.* ◁ ♦ Qui ne sait ni lire ni écrire.

ILLETTRISME, ▪ n. m. [iletrism] (*illettré*) État d'une personne qui, bien qu'ayant été scolarisée, ne parvient pas à déchiffrer un document écrit dans sa langue.

ILLIBÉRAL, ALE, adj. [iliberal] (lat. *illiberalis*, indigne d'un homme libre, de *in*- priv. et *liberalis*, relatif à un homme libre, noble) ▷ Qui n'est pas libéral, qui ne donne pas. *Homme illibéral. Des régimes illibéraux.* ♦ Qui est restrictif de la liberté. *Des mesures illibérales.* ♦ Qui appartient aux métiers. *Profession illibérale.* ◁

ILLIBÉRALEMENT, adv. [iliberal(ə)mɑ̃] (*illibéral*) ▷ Sans libéralité ; avec avarice. ♦ Sans libéralisme, en politique. ◁

ILLIBÉRALISME, n. m. [iliberalism] (*illibéral*) ▷ Opinion opposée au libéralisme, en politique. ◁

ILLIBÉRALITÉ, n. f. [iliberalite] (lat. *illiberalitas*, lésinerie) ▷ Défaut de libéralité, de générosité. ♦ Tendance à restreindre la liberté politique. ◁

ILLICITE, adj. [ilisit] (lat. impér. *illicitus*, de *in*- priv. et *licere*, être permis) Qui n'est pas licite, qui est défendu par la morale ou par la loi. *Conventions, moyens illicites.* ♦ N. m. *L'illicite.*

ILLICITEMENT, adv. [ilisit(ə)mɑ̃] (*illicite*) D'une manière illicite.

ILLICO ou **ILLICO PRESTO**, ▪ adv. [iliko, ilikopresto] (mots lat., *illico*, sur place, sur-le-champ, de *in*, dans, et ablat. de *locus*, lieu, et *præsto*, à disposition, sous la main) **Fam.** Sur-le-champ, immédiatement. *Tu sors de là illico !*

ILLIMITÉ, ÉE, adj. [ilimite] (b. lat. *illimitatus*) Qui n'a point de limites. *Espace illimité. Une liberté illimitée.* ♦ *Congé illimité*, congé dont le terme n'est pas fixé.

ILLISIBILITÉ, ▪ n. f. [ilizibilite] (*illisible*) Caractère de ce qu'on ne peut pas lire, de ce qu'on ne peut pas comprendre. *L'illisibilité d'un texte.*

ILLISIBLE, adj. [ilizibl] (2 *in*- et *lisible*) Qu'on ne saurait lire. *Cette écriture est illisible.* ♦ Dont on ne peut supporter la lecture. *Un livre illisible.* ▪ REM. On disait autrefois *inlisible.*

ILLISIBLEMENT, adv. [iliziblmɑ̃] (*illisible*) D'une manière illisible.

ILLITE, ▪ n. f. [ilit] (*Illinois*) Minéral argileux potassique. *L'illite est le minéral le plus abondant dans les sols en climat tempéré.*

ILLOGIQUE, adj. [iloʒik] (2 *in*- et *logique*) **Philos.** Qui est contraire à la logique.

ILLOGIQUEMENT, adv. [iloʒik(ə)mɑ̃] (*illogique*) D'une manière illogique.

ILLOGISME, n. m. [iloʒism] (*illogique*) Caractère de ce qui est illogique.

ILLUMINABLE, adj. [ilyminabl] (b. lat. *illuminabilis*, de *in*- priv. et *lumen*, lumière) ▷ Qui peut recevoir les illuminations célestes. *L'âme est illuminable.* ◁

ILLUMINANT, ANTE, adj. [ilyminɑ̃, ɑ̃t] (*illuminer*) Qui illumine, éclaire. *Un corps illuminant.* ♦ *Pouvoir illuminant d'un corps lumineux*, la faculté qu'il possède d'éclairer plus ou moins.

ILLUMINATEUR, TRICE, n. m. et n. f. [ilyminatœr, tris] (lat. *illuminator*) Personne qui répand de la lumière. « *Le céleste illuminateur [le soleil]* », BOSSUET. ♦ ▷ Celui qui illumine, qui se charge de faire des illuminations. ♦ Fig. Personne qui explique, éclaire. « *Le Sauveur Jésus, l'illuminateur des antiquités* », BOSSUET. ◁

ILLUMINATIF, IVE, adj. [ilyminatif, iv] (*illuminer*) ▷ Qui a la faculté d'éclairer. ◁ ♦ Fig. Qui illumine, en termes de dévotion mystique.

ILLUMINATION, n. f. [ilyminasjɔ̃] (b. lat. *illuminatio*) Action d'illuminer, d'éclairer ; état de ce qui est illuminé, éclairé. *L'illumination de la terre par le soleil. L'illumination des rues.* ♦ Action de disposer un grand nombre de lumières avec symétrie, à l'occasion d'une réjouissance. ♦ Fig. Dévot. La lumière extraordinaire que Dieu répand parfois dans l'âme. « *Alors, par une soudaine illumination, elle se sentit si éclairée, etc.* », BOSSUET. ♦ Inspiration quelconque, trait de génie. ♦ ▷ Enluminure, peintures dont on ornait les manuscrits au Moyen Âge. ◁ Au pl. Ensemble des lumières qui illuminent un monument, des rues. *Les illuminations de Noël.*

ILLUMINÉ, ÉE, p. p. d'illuminer. [ilymine] N. m. et n. f. Fig. *Un illuminé, une illuminée*, celui, celle qui est visionnaire. ♦ Hérétiques qui se prétendaient éclairés de Dieu. ▪ Adj. Qui est éclairé par des lumières. *Un monument illuminé.*

ILLUMINER, v. tr. [ilymine] (lat. *illuminare*) Éclairer, répandre de la lumière sur quelque chose. *La Lune en son plein illuminait la campagne.* ♦ Fig. « *L'éclat de telles actions semble illuminer un discours* », BOSSUET. ♦ Faire des illuminations. ♦ ▷ Absol. *On ordonna d'illuminer.* ◁ Fig. Éclairer l'esprit de lumières intellectuelles, morales, religieuses. *Dieu illumine les hommes.* ♦ S'illuminer, v. pr. Devenir illuminé, éclairé. ♦ Être garni d'illuminations. ▪ V. tr. Donner un éclat à quelque chose. *Le bonheur illuminait son visage.* ▪ S'illuminer, v. pr. *Son visage s'illumina.*

ILLUMINISME, n. m. [ilyminism] (*illuminé*) Opinions des illuminés.

ILLUSION, n. f. [ilyzjɔ̃] (lat. *illusio*, de *illudere*, se jouer de) Erreur qui semble se jouer de nos sens, les tromper. « *La révolution diurne du ciel ne fut qu'une illusion due à la rotation de la terre* », LAPLACE. ♦ *Illusion d'optique*, erreur du sens de la vue sur l'état du corps. ♦ Dans les beaux-arts et spécialement au théâtre, état de l'âme qui fait que nous attribuons une certaine réalité à ce que nous savons n'être pas vrai. « *Plus d'intérêt sans illusion* », MARMONTEL. ♦ ▷ Fausse apparence que l'on attribuait au démon ou à la magie. *Ce sont des illusions du démon.* ◁ ♦ Erreur qui semble se jouer de notre esprit. « *Ainsi la vie humaine n'est qu'une illusion perpétuelle* », PASCAL. ♦ *Faire illusion à quelqu'un*, lui faire croire qu'on a plus de mérite, plus de crédit, etc. qu'on n'en a réellement. ♦ *Se faire illusion à soi-même*, s'abuser soi-même. ♦ Rêves ou fantômes qui flottent devant l'imagination. *De douces illusions.* ♦ Pensée, imagination chimérique. *Les illusions de l'amour-propre.*

ILLUSIONNER, v. tr. [ilyzjɔne] (*illusion*) Néolog. Causer des illusions ; faire illusion. ♦ S'illusionner, v. pr. Se faire des illusions. ▪ REM. N'est plus considéré comme un néologisme aujourd'hui.

ILLUSIONNISME, ▪ n. m. [ilyzjɔnism] (*illusion*) Art qui consiste à créer des effets d'illusion, à faire des numéros de prestidigitation. *Illusionnisme et magie.* ▪ Fig. *L'illusionnisme économique.*

ILLUSIONNISTE, ▪ n. m. et n. f. [ilyzjɔnist] (*illusion*) Artiste, prestidigitateur, qui procède à des effets d'illusion. ▪ Fig. Quelqu'un qui trompe, abuse autrui.

ILLUSOIRE, adj. [ilyzwar] (b. lat. *illusorius*) Qui tend à tromper par une fausse apparence. « *Le sens de la vue est le plus illusoire* », BUFFON. ♦ Dans le langage didactique. *Proposition, contrat illusoire.* ♦ Qui est sans effet, qui ne se réalise point. *Une promesse, un projet illusoire.*

ILLUSOIREMENT, adv. [ilyzwar(ə)mɑ̃] (*illusoire*) D'une manière illusoire.

ILLUSTRATEUR, TRICE, ▪ n. m. et n. f. [ilystratœr, tris] (*illustrer*) Artiste pratiquant l'illustration, sous toutes les formes et sur tous supports. *Illustrateur de presse. Illustratrice de livres pour enfants.*

ILLUSTRATIF, IVE, ▪ adj. [ilystratif, iv] (*illustrer*) Qui sert à illustrer, à faire comprendre. *Cet exposé manque de documents illustratifs.*

ILLUSTRATION, n. f. [ilystrasjɔ̃] (lat. *illustratio*) ▷ Action d'illustrer ; état de ce qui est illustre. *Ces victoires contribuèrent à l'illustration de son règne.* ◁

♦ ▷ Marque d'honneur dont une famille reçoit de l'éclat. « *Illustre pour avoir fait du bien, la plus belle des illustrations* », Voltaire. ◁ ♦ Néolog. Personnage illustre. *Les illustrations de l'époque.* ♦ **Littér.** Explication, éclaircissement, commentaires. *Cette nouvelle édition de Tite-Live est enrichie des illustrations de tel savant. L'illustration d'un passage.* ♦ Ornement colorié des anciens manuscrits. ♦ Figures gravées sur bois et intercalées dans le texte d'un livre. ■ Image qui, généralement, illustre un texte, dans une publication. *Les illustrations de ce livre sont en noir et blanc.* ■ Rem. N'est plus considéré comme un néologisme dans le sens de *personnage illustre.*

ILLUSTRE, adj. [ilystʀ] (lat. *illustris*, de *in*, dans, et *lustrum*, de *lucere*, jeter de la lumière) Éclatant par quelque chose de louable et d'extraordinaire, en parlant des personnes. *Un auteur illustre.* ♦ **N. m.** et n. f. *Un, une illustre*, une personne qui excelle en quelque chose. ♦ ▷ **Hist.** Titre honorifique. ◁ ♦ Il se dit aussi en parlant des choses. *Des faits illustres.* ♦ Abusivement, en parlant de choses mauvaises. « *D'illustres attentats ont fait toute leur gloire* », Voltaire.

ILLUSTRÉ, ÉE, p. p. d'illustrer. [ilystʀe]

ILLUSTRER, v. tr. [ilystʀe] (lat. *illustrare*) Rendre illustre. « *C'en serait assez pour illustrer une autre vie que celle du prince de Condé* », Bossuet. ♦ Rendre plus clair par des notes, des commentaires. *Illustrer un manuscrit de notes.* ♦ *Illustrer un livre*, orner de gravures un livre imprimé. ♦ **Paléogr.** Orner un manuscrit de peintures, d'enluminures. ♦ S'illustrer, v. pr. Se rendre illustre. ■ V. tr. Ajouter des images à un texte pour orner ou pour apporter des compléments d'information. *Illustrer un album pour enfants.*

ILLUSTRISSIME, adj. [ilystʀisim] (ital. *illustrissimo*, superl. de *illustre*, illustre) Très illustre, titre qu'on donne à quelques personnes élevées en dignité, et principalement aux ecclésiastiques.

ILLUVIAL, ALE, ■ adj. [ilyvjal] (b. lat. *illuvio*, débordement) **Géol.** Qui est dû à une illuviation. *Des horizons illuviaux. Un tchernoziom argilo-illuvial.*

ILLUVIATION, ■ n. f. [ilyvjasjɔ̃] (b. lat. *illuvio*) **Géol.** Phénomène d'accumulation d'éléments du sol provenant d'une couche géologique et transportés par les eaux d'infiltration. *Sol présentant une forte illuviation argileuse.*

ILLUVION ou **ILLUVIUM**, ■ n. m. [ilyvjɔ̃, ilyvjɔm] (lat. mod., du b. lat. *illuvio*) Couche du sol qui résulte d'une illuviation. *Un horizon enrichi en illuvion en éléments fins.*

ÎLOT ou **ILOT**, n. m. [ilo] (dim. d'*île*) Très petite île. ♦ Groupe de maisons circonscrit par des rues. ■ Espace, élément isolé dans un environnement différent. *Ce jardin est un véritable îlot de détente.*

ÎLOTAGE ou **ILOTAGE**, ■ n. m. [ilotaʒ] (*îlot*) Surveillance policière d'un îlot, d'un secteur déterminé. *Des brigades d'îlotage.*

ILOTE ou **HILOTE**, n. m. et n. f. [ilɔt] (gr. *heilôtes* ou *heilôs*) Nom d'esclaves dans la république de Sparte. ♦ Fig. Personne qui est réduite dans une société au dernier état d'abjection ou d'ignorance. ■ Rem. Il est littéraire dans ce dernier sens.

ÎLOTIER, IÈRE ou **ILOTIER, IÈRE**, ■ n. m. et n. f. [ilotje, jɛʀ] (*îlot*) Agent de police chargé de la surveillance d'un îlot, d'un quartier.

ILOTISME ou **HILOTISME**, n. m. [ilotism] ((h)*ilote*) Condition d'ilote. ♦ Fig. L'état d'abjection et d'ignorance où quelque partie d'un peuple est réduite par ceux qui la dominent.

IM..., [ɛ̃] ou [im] Préfixe négatif, ou préfixe représentant *in*, dans, par exemple *im-mersion* pour *in-mersion*. Voy. IN.

IMAGE, n. f. [imaʒ] (lat. *imago*) Ce qui imite, ce qui ressemble, ressemblance. *Dieu fit l'homme à son image.* ♦ Représentation d'un objet dans l'eau, dans un miroir, etc. ♦ **Opt.** Réunion des faisceaux lumineux qui, émanés d'un corps, sont réfléchis ou réfractés par un autre corps. ♦ Représentation de quelque chose en sculpture, en peinture, en gravure, en dessin. ♦ Représentation soit des dieux du paganisme, soit de Jésus-Christ, de la Vierge et des saints. ♦ Estampe représentant des objets pieux ou autres. ♦ *Être sage comme une image*, être fort sage. ♦ ▷ *C'est une belle image*, se dit d'une femme belle mais froide et sans physionomie. ◁ ♦ **Fig.** Ce qui imite. *Ces jeux sont une image de la guerre.* ♦ Fig. Représentation des objets dans l'esprit, dans l'âme. *L'esprit conserve des images de ce que nous avons vu.* ♦ Représentation des personnes dans l'esprit, dans le souvenir. *Votre image est tracée dans mon cœur.* ♦ Fig. Idée. *Il était agité par les images du malheur qui le menaçait.* ♦ Description. *Opposer l'image des combats au tableau de la vie pastorale.* ♦ Métaphore, similitude. *Presque tout est image dans Homère.* ♦ **Entomol.** Nom de l'insecte qui a subi toutes ses métamorphoses. ■ **Phot.** *Une image floue.* ■ *Image de marque*, réputation d'une entreprise, d'une institution, d'un produit ou d'une personne. *Soigner son image de marque.* ■ Rem. En entomol., on dit auj. *imago* et non plus *image.*

IMAGÉ, ÉE, p. p. d'imager. [imaʒe] *Une éloquence imagée.*

1 **IMAGER, ÈRE**, n. m. et n. f. [imaʒe, ɛʀ] (*image*) **Vieilli** Celui, celle qui fait ou vend des images, des estampes.

2 **IMAGER**, v. tr. [imaʒe] (*image*) Néolog. Orner, embellir d'images, de métaphores. *Imager son style.* ■ Rem. N'est plus considéré comme un néologisme aujourd'hui.

IMAGERIE, n. f. [imaʒ(ə)ʀi] (*image*) Fabrication, commerce d'images. ■ Ensemble d'images de même origine, de même style. *L'imagerie populaire.* ■ *Imagerie médicale*, ensemble des techniques qui produisent des images servant à établir un diagnostic.

IMAGEUR, ■ n. m. [imaʒœʀ] (*image*) Appareil qui permet d'obtenir une image. *Un imageur par résonance magnétique.*

IMAGIER, IÈRE, ■ n. m. et n. f. [imaʒje, jɛʀ] (*image*) Artiste pratiquant l'enluminure. ■ Peintre miniaturiste ou sculpteur, surtout de statues d'églises, au Moyen Âge. ■ N. m. Nom déposé. Recueil d'images. *Des imagiers pour les enfants.*

IMAGINABLE, adj. [imaʒinabl] (b. lat. *imaginabilis*) Qui peut être imaginé, conçu. « *Il a pour nous toutes les bontés imaginables* », Bossuet.

IMAGINAIRE, adj. [imaʒinɛʀ] (lat. impér. *imaginarius*) Qui n'est que dans l'imagination, qui n'est point réel. *Une vertu, un bien, un être imaginaire.* ♦ *Espaces imaginaires*, espaces qui, suivant la physique d'Aristote, placés au-delà de la sphère des fixes, n'admettaient absolument rien, et fig. le vague, l'indéfini, l'impossible. ♦ ▷ Fig. *Être, voyager, se perdre dans les espaces imaginaires*, se former des visions, se repaître d'idées imaginaires. ◁ ♦ Qui n'est tel ou tel qu'en imagination, en parlant des personnes. *Un vainqueur imaginaire.* ♦ *Malade imaginaire*, personne, la plupart du temps hypocondriaque, qui, éprouvant des souffrances nerveuses très diverses, les rapporte à toutes sortes de maladies qu'elle n'a pas. ♦ **Alg.** Se dit d'une valeur qui n'existe pas et qui ne peut pas même être conçue comme existante. ■ **N. m.** Domaine de l'imagination. *La littérature de l'imaginaire.* ■ **Math.** *Nombre imaginaire*, nombre complexe qui a la forme $a + bi$, a et b étant des nombres réels et i le nombre imaginaire tel que $i^2 = -1$.

IMAGINAL, ALE, ■ adj. [imaʒinal] (lat. *imago*, génit. *imaginis*) **Biol.** Relatif à l'imago. *Les stades imaginaux chez le criquet.*

IMAGINANT, ANTE, adj. [imaʒinɑ̃, ɑ̃t] (*imaginer*) Qui imagine. « *La faculté imaginante* », Pascal. ■ Rem. Il est rare.

IMAGINATIF, IVE, adj. [imaʒinatif, iv] (lat. médiév. *imaginativus*) Qui imagine aisément, qui a une grande fertilité d'imagination. *Un esprit imaginatif.* ♦ ▷ *La faculté, la puissance imaginative* ou n. f. *l'imaginative*, la faculté, la puissance par laquelle on imagine. ◁

IMAGINATION, n. f. [imaʒinasjɔ̃] (lat. impér. *imaginatio*, image, vision) Faculté que nous avons de nous rappeler vivement et de voir en quelque sorte les objets qui ne sont plus sous nos yeux. ♦ *Homme d'imagination*, celui chez qui l'imagination est vive. ♦ *En imagination*, d'une façon imaginaire. ♦ **Littér.** et **bx-arts** Faculté d'inventer, de concevoir, jointe au talent de rendre vivement les conceptions. ♦ Se dit aussi des ouvrages. *Roman plein d'imagination.* ♦ Résultat de la faculté d'imaginer, chose imaginée. *Cette imagination me réjouit.* ♦ ▷ Pensée, idée. « *Moi qui ne puis pas souffrir la vue ni l'imagination d'un précipice* », Mme de Sévigné. ◁ ♦ Croyance, opinion qu'on a par imagination. *C'est une pure imagination.* ♦ Pensée, chose imaginaire. « *Quoi ! les imaginations de vos auteurs passeront pour les vérités de la foi !* », Pascal. ■ **Méd.** Imaginations, mouches volantes. ◁

IMAGINATIVE, n. f. [imaʒinativ] Voy. IMAGINATIF.

IMAGINÉ, ÉE, p. p. d'imaginer. [imaʒine]

IMAGINER, v. tr. [imaʒine] (lat. impér. *imaginari*, se figurer) Se représenter quelque chose dans l'esprit. ♦ Fam. *Vous n'imaginez pas*, vous ne pouvez vous faire une idée. ♦ *Imaginer*, suivi de que. « *... Gardez-vous, je vous prie, D'imaginer que vous soyez jolie* », Voltaire. ♦ Absol. « *C'est ce que j'appelle imaginer* », Bossuet. ♦ Inventer. *Il a imaginé une machine curieuse.* ♦ Avoir l'idée de. *Avez-vous imaginé pour notre affaire quelque chose de favorable ?* », Molière. ♦ *S'imaginer*, imaginer à soi, figurer dans son esprit. « *Ces lâches chrétiens qui s'imaginent avancer leur mort quand ils préparent leur confession* », Bossuet. ♦ Croire, se mettre dans l'esprit. ♦ S'imaginer, v. pr. Être imaginé.

IMAGO, ■ n. m. ou n. f. [imago] (mot lat. sav.) **Biol.** Insecte qui a atteint son complet développement. *Le papillon est un imago, après être sorti de sa chrysalide.* ■ N. f. **Psych.** Représentation inconsciente (généralement d'un proche) qui détermine chez un individu les rapports qu'il a avec autrui. *L'imago de la mère chez l'enfant.* ■ Rem. On disait aussi *image* autrefois.

IMAM, n. m. [imam] (ar. *imâm*, celui qui se tient devant, de *'amma*, marcher en tête) Ministre de la religion mahométane. ♦ Titre que portent les chefs de plusieurs États indépendants du Yémen. *L'imam de Mascate.* ■ Rem. Autrefois, on disait aussi *iman.*

IMAMAT, n. m. [imama] (*imam*) Dignité d'imam. ♦ Résidence de l'imam. ♦ Pays gouverné par un imam.

IMAN, n. m. [imã] Voy. IMAM.

IMAO, ■ n. m. [imao] (acronyme de *inhibiteur de la monoamine-oxydase*) Substance qui inhibe la monoamine-oxydase et qui est utilisée comme antidépresseur. *Les IMAO ne provoquent pas de dépendance.*

IMARET, n. m. [imaʀɛ] (ar. *'imara*, habitation) ▷ Sorte d'hôtellerie turque où les élèves des différentes écoles vont prendre leurs repas ; les pauvres y trouvent aussi gratuitement des vivres. ◁

IMBATTABLE, ■ adj. [ɛ̃batabl] (2 *in-* et *battre*) Qui ne peut pas être battu. *Une équipe imbattable.* ■ Qui ne peut être dépassé en avantage. *Des prix imbattables.*

IMBÉCILE, adj. [ɛ̃besil] (lat. *imbecillus*, faible de corps, d'esprit) ▷ Faible d'esprit et de corps, incapable. *Un sexe, une vieillesse imbécile.* ◁ ♦ Qui n'a plus ses idées, qui est dans l'imbécillité. *Le grand âge et les infirmités l'ont rendu imbécile.* ♦ ▷ *Imbécile de corps et d'esprit*, se dit d'une personne à qui l'âge ou les maladies ont ôté les forces du corps et affaibli la raison. ◁ ♦ Dépourvu d'esprit, qui parle, qui agit sottement. ♦ **N. m.** et **n. f.** *Un imbécile, une imbécile*, celui, celle qui a les facultés intellectuelles trop faibles pour se conduire. ♦ Par exagération, une personne dépourvue d'esprit, de moyens.

IMBÉCILEMENT, adv. [ɛ̃besil(ə)mã] (*imbécile*) Avec imbécillité.

IMBÉCILLITÉ ou **IMBÉCILITÉ**, n. f. [ɛ̃besilite] (lat. *imbecillitas*, faiblesse physique, faiblesse de réflexion) ▷ Faiblesse d'esprit et de corps, incapacité. ◁ ♦ **Méd.** Faiblesse de l'esprit, premier degré de l'idiotisme. ♦ Par exagération, sottise, niaiserie. *Il a eu l'imbécillité de, etc.* ■ Action, parole sotte. *Dire des imbécillités.*

IMBERBE, adj. [ɛ̃bɛʀb] (lat. *imberbis*, de *in-* priv. et *barba*) Qui est sans barbe. *Menton imberbe.* ♦ Très jeune, trop jeune. *Des docteurs imberbes.*

IMBIBÉ, ÉE, p. p. d'imbiber. [ɛ̃bibe]

IMBIBER, v. tr. [ɛ̃bibe] (lat. *imbibere*, absorber, se pénétrer de) Pénétrer, en parlant de l'eau ou de quelque autre liquide. *La pluie a imbibé la terre.* ♦ Faire pénétrer, en parlant d'eau ou d'autre liquide. *Imbiber une éponge.* ♦ Attirer par imbibition. *L'eau que les plantes imbibent.* ♦ S'imbiber, v. pr. Devenir imbibé. ♦ Pénétrer dans, en parlant du liquide. « *La teinture s'imbibe peu à peu dans la laine* », FÉNELON. ■ Boire, généralement de l'alcool, en trop grande quantité. *Ils se sont imbibés de boissons alcoolisées toute la soirée.*

IMBIBITION, n. f. [ɛ̃bibisjɔ̃] (lat. médiév. *imbibitio*, absorption) L'action d'imbiber, ou l'action, la faculté de s'imbiber. ♦ **Bot.** Action par laquelle les feuilles des plantes pompent l'humidité de l'air.

IMBOIRE, v. tr. [ɛ̃bwaʀ] (réfection de *emboire* d'après *imbu*) ▷ Humecter de. *Imboire un corps d'un liquide.* ♦ **Fig.** *On l'a imbu de ce principe.* ♦ Se pénétrer de. *Ce peuple a imbu les mœurs de ses conquérants.* ♦ S'imboire, v. pr. Devenir imbu. « *S'imboire de préjugés* », J.-J. ROUSSEAU. ◁

IMBRICATION, n. f. [ɛ̃bʀikasjɔ̃] (*imbriqué*) État des choses qui se recouvrent les unes les autres, à la manière des tuiles d'un toit.

IMBRIFUGE, adj. [ɛ̃bʀifyʒ] (lat. *imber*, pluie et *-fuge*) ▷ Qui préserve de la pluie. *Toile, chapeau imbrifuge.* ◁

IMBRIQUANT, ANTE, adj. [ɛ̃bʀikã, ãt] (*imbriquer*) ▷ **Bot.** Qui recouvre une autre partie à la manière des tuiles d'un toit. ◁

IMBRIQUÉ, ÉE, adj. [ɛ̃bʀike] (lat. *imbricatus*, p. p. de *imbricare*, de *imbrex*, génit. *imbricis*, tuile creuse) **Hist. nat.** Appliqué en recouvrement à peu près comme les tuiles d'un toit, en parlant des parties des plantes, des écailles des poissons et des plumes des oiseaux. ♦ **Fig.** Se dit de choses liées les unes aux autres. *Des histoires imbriquées les unes dans les autres.*

IMBRIQUER, ■ v. tr. [ɛ̃bʀike] (*imbriqué*) Placer des choses de façon à les faire se chevaucher. *Imbriquer des tuiles.* ■ S'imbriquer, v. pr. **Fig.** Se mêler. *Des sentiments qui s'imbriquent avec d'autres.*

IMBROGLIO, n. m. [ɛ̃bʀoglijo] ou [ɛ̃bʀojo] (mot it. de *imbrogliare*, embrouiller) Embrouillement, confusion. « *Le détail causerait un imbroglio qui ferait tout abandonner* », BOSSUET. ♦ Pièce de théâtre dont l'intrigue est fort compliquée. *Les imbroglios italiens.* « *Une espèce d'imbroille* », BEAUMARCHAIS. ■ REM. Autrefois, on disait aussi *imbroille.* ■ REM. On prononçait autrefois [ɛ̃bʀɔj].

IMBRÛLÉ, ÉE ou **IMBRULÉ, ÉE**, ■ adj. [ɛ̃bʀyle] (2 *in-* et *brûlé*) Dont la combustion n'est pas complète. *Carburant imbrûlé.*

IMBU, UE, adj. [ɛ̃by] (réfection de *embu*, p. p. de *emboire*, d'après le lat. *imbutus*, p. p. de *imbuere*, imbiber, imprégner) ▷ Pénétré d'un liquide. ◁ *Du papier imbu d'huile.* ♦ **Fig.** Dont l'esprit ou le cœur est pénétré de. « *Les faux principes dont ils sont imbus* », BOSSUET. ♦ Il se dit, en un sens analogue, de ce qu'on sait. « *Assez imbu de belles-lettres* », MARMONTEL. ▷ **N. m.** Dans la peinture en bâtiment, la première couche à l'huile. ◁ ♦ *Être imbu de soi-même*, être vaniteux.

IMBUVABLE, ■ adj. [ɛ̃byvabl] (2 *in* et *buvable*) Difficile, voire impossible à avaler. *Ton café est imbuvable aujourd'hui.* ■ **Fig.** et **fam.** Désagréable, difficilement supportable. *Ce type est vraiment imbuvable.*

IMC, ■ n. m. [iɛmse] (sigle de *indice de masse corporelle*) Indice qui correspond au quotient du poids (en kilogrammes) par le carré de la taille (en mètres). *L'IMC est un outil utilisé pour dépister l'obésité.*

IMIDE, ■ n. m. [imid] (var. de *amide*) **Chim.** Composé organique où deux atomes d'hydrogène ont été remplacés par des groupes acyles. *Des imides sont utilisés comme produits phytosanitaires, pour lutter contre certaines maladies notamment.*

IMINE, ■ n. f. [imin] (all. *imin*, var. de *amin*) **Chim.** Composé basique obtenu par substitution du groupe NH à l'atome d'oxygène.

IMITABLE, adj. [imitabl] (lat. *imitabilis*, de *imitor*, imiter) Qui peut être imité. ♦ Il se construit avec la préposition *à.* « *Ce n'est pas la puissance de Dieu qui est imitable aux hommes* », BALZAC.

IMITATEUR, TRICE, adj. [imitatœʀ, tʀis] (lat. *imitator*) Qui imite, qui s'attache à imiter. « *N'attendez rien de bon du peuple imitateur* », LA FONTAINE. ♦ **N. m.** et **n. f.** Celui, celle qui imite. ♦ Il se dit particulièrement d'un écrivain ou d'un artiste qui imite le style, la manière, le genre d'un autre.

IMITATIF, IVE, adj. [imitatif, iv] (b. lat. *imitativus*, d'imitation) Qui imite. *L'onomatopée est un mot imitatif.* ♦ *Harmonie imitative*, arrangement de mots par lesquels on imite le son d'un objet naturel. ♦ Il signifie aussi quelquefois qui a la faculté, l'habitude d'imiter. *Le singe est un animal imitatif.*

IMITATION, n. f. [imitasjɔ̃] (lat. *imitatio*) Action d'imiter ; résultat de cette action. « *Trop d'imitation éteint le génie* », VOLTAIRE. ♦ ▷ *Les arts d'imitation*, la peinture, la sculpture. ◁ ♦ Au théâtre, don ou talent de contrefaire les acteurs célèbres. *Exceller dans les imitations.* ♦ Œuvre dans laquelle on se propose d'en imiter une autre. *C'est plutôt une imitation qu'une traduction.* ♦ **Mus.** Répétition d'une phrase ou d'un fragment de phrase musicale d'une partie dans une autre. ♦ **Absol.** *Imitation, l'Imitation de Jésus-Christ*, ouvrage de piété très célèbre. ♦ Dans l'industrie, sorte de contrefaçon. *Bijoux en imitation.* ♦ *À l'imitation de*, à l'exemple de, sur le modèle de.

IMITÉ, ÉE, p. p. d'imiter. [imite]

IMITER, v. tr. [imite] (lat. *imitari*) Chercher à reproduire ce qu'un autre fait. *Le singe imite l'homme.* ♦ Contrefaire, copier. *Imiter l'écriture, la signature d'une personne.* ♦ Prendre la conduite, les actions d'une personne pour modèle. ♦ *Imiter l'exemple de quelqu'un*, faire ce qu'il a fait. ♦ **Littér.** et **bx-arts** Prendre pour modèle le style, le genre, la manière d'un autre. *Ce tableau est imité de Raphaël. Cet ouvrage est imité de l'espagnol*, il est imité d'un ouvrage espagnol. ♦ **Absol.** « *Imiter ainsi, ce n'est point être plagiaire* », VOLTAIRE. ♦ Dans les beaux-arts, faire l'image, la ressemblance d'une chose. *Imiter la nature.* ♦ Ressembler, en parlant des choses. *Cette composition imite le diamant.* ♦ S'imiter, v. pr. Faire ce qu'on a fait. ♦ S'imiter l'un l'autre.

IMMACULÉ, ÉE, adj. [imakyle] (lat. chrét. *immaculatus*, de *in-* priv. et *maculare*, souiller) **Théol.** Qui est sans tache de péché. « *L'immaculée mère de Dieu* », BOURDALOUE. ♦ *L'Agneau immaculé*, Jésus-Christ. ♦ *L'immaculée conception de la Vierge* ou simplement *la conception immaculée*, Voy. CONCEPTION. ♦ Dans le langage général, pur, sans tache. *Honneur immaculé.*

IMMANENCE, ■ n. f. [imanãs] (*immanent*) Qualité de ce qui agit en soi-même sans apport extérieur.

IMMANENT, ENTE, adj. [imanã, ãt] (lat. scolast. *immanens*, p. prés de *immanere*, demeurer dans) **Philos.** Qui est existant à l'intérieur même des êtres et non opérant du dehors par action transitive ou transitoire. « *La volonté opère hors du corps ; c'est un effort ; ses actes ne sont point immanents* », DIDEROT. ♦ **Théol.** Les actions immanentes de Dieu sont celles qui ont leur terme en Dieu, par opposition aux actions transitoires qui ont leur terme hors de Dieu : ainsi Dieu a engendré le Fils et le Saint-Esprit par des *actions immanentes* et créé le monde par des actions transitoires. ♦ Qui est à demeure dans un sujet, qui n'en peut être séparé. *La gravitation est immanente aux particules matérielles.* ♦ ▷ Permanent, constant. ◁

IMMANGEABLE, adj. [ɛ̃mãʒabl] (*im* se prononce *in. In-* priv. et *manger*) Qui ne peut être mangé. *Cela est immangeable.*

IMMANQUABLE, adj. [ɛ̃mãkabl] (*im* se prononce *in. In-* priv. et *manquer*) Qui ne peut manquer d'être, de se faire.

IMMANQUABLEMENT, adv. [ɛ̃mãkabləmã] (*im* se prononce *in. Immanquable*) D'une manière immanquable, sans manquer.

IMMARCESCIBLE, adj. [imaʀsesibl] (lat. chrét. *immarcescibilis*, du lat. *in-* priv. et *marcescere*) Terme didactique. Qui ne peut se flétrir.

IMMATÉRIALITÉ, n. f. [imateʀjalite] (*immatériel*) Qualité, état, manière d'être de ce qui est immatériel. *L'immatérialité de l'âme.*

IMMATÉRIEL, ELLE, adj. [imateʀjɛl] (lat. chrét. *immaterialis*) Qui est sans matière. *Une substance immatérielle.*

IMMATÉRIELLEMENT, adv. [imateʀjɛl(ə)mã] (*immatériel*) D'une manière immatérielle.

IMMATRICULATION, n. f. [imatʀikylasjõ] (*immatriculer*) Action d'immatriculer ; état de ce qui est immatriculé. ■ *Numéro d'immatriculation,* ensemble de chiffres et de lettres que l'on attribue à un véhicule pour l'identifier.

IMMATRICULE, n. f. [imatʀikyl] (*immatriculer*) ▷ Enregistrement. ◁ ♦ ▷ Autrefois, enregistrement des rentes sur l'Hôtel de Ville. ◁ ♦ Aujourd'hui, inscription d'un huissier parmi ceux qui ont le droit d'instrumenter près d'un tribunal, et de la patente qui lui confère ce droit.

IMMATRICULÉ, ÉE, p. p. d'immatriculer. [imatʀikyle]

IMMATRICULER, v. tr. [imatʀikyle] (lat. médiév. *immatriculare*, de *matricula*) Mettre dans la matricule. *Immatriculer un huissier.* ♦ En général, insérer dans un registre public. ■ Attribuer un numéro d'immatriculation à un véhicule.

IMMATURATION, ■ n. f. [imatyʀasjõ] (*immature*) **Psych.** Retard dans la maturation psychologique. *L'immaturation se traduit par la persistance d'un comportement puéril, un certain infantilisme et une fragilité émotionnelle.*

IMMATURE, ■ adj. [imatyʀ] (lat. *immaturus*) Qui n'a pas encore atteint la maturité. *Des adolescents immatures.* ■ Qui manque de maturité. *Des adultes immatures.*

IMMATURITÉ, ■ n. f. [imatyʀite] (lat. *immaturitas*) Manque de maturité. *Son comportement dénote une grande immaturité.*

IMMÉDIAT, ATE, adj. [imedja, at] (b. lat. *immediatus*) Qui est sans intermédiaire. « *L'objet propre et immédiat de la vue n'est autre chose que la lumière colorée* », Voltaire. ♦ Qui suit ou précède sans intermédiaire. *Successeur immédiat.* ♦ Se disait, dans la féodalité, des nobles, des fiefs qui relevaient directement du roi ou de l'empereur. *Baron immédiat de l'Empire.* ♦ Dans le langage vulgaire, qui se fait tout de suite. *Son départ fut immédiat.* ■ N. m. Le moment présent. ■ *Dans l'immédiat,* pour l'instant.

IMMÉDIATEMENT, adv. [imedjat(ə)mã] (*immédiat*) D'une manière immédiate, sans intermédiaire. *Dans la hiérarchie, l'évêque est immédiatement après l'archevêque.* ♦ *Immédiatement après,* aussitôt après. *Immédiatement après* a pris dans l'usage moderne le sens de d'aussitôt. *Il apprit la nouvelle et courut immédiatement.*

IMMÉDIATETÉ, ■ n. f. [imedjat(ə)te] (*immédiat*) Qualité, caractère de ce qui est immédiat. *Nous sommes étonnés de l'immédiateté de sa réponse.*

IMMELMANN, ■ n. m. [imɛlman] (Max *Immelmann*, 1890-1916, son inventeur) Acrobatie aérienne consistant en un demi-looping suivi d'un demi-tour. *L'avion enchaîna plusieurs immelmanns.*

IMMÉMORIAL, ALE, adj. [imemɔʀjal] (lat. médiév *immemorialis*, qui manque de mémoire, de in- *priv.* et *memoria*) Qui est si ancien qu'il n'en reste aucune mémoire. *Des privilèges immémoriaux. Possession, coutume immémoriale.* ♦ *De temps immémorial,* de toute antiquité.

IMMENSE, adj. [imãs] (lat. *immensus*, de in- priv. et *metiri*, mesurer) Qui est sans bornes, sans mesure. *Dieu, le monde est immense.* ♦ Par exagération, qui est d'une très grande étendue. *L'immense éloignement des astres.* ♦ Fig. Qui est très considérable en son genre. *Une érudition, une fortune immense.*

IMMENSÉMENT, adv. [imãsemã] (*immense*) D'une manière immense.

IMMENSITÉ, n. f. [imãsite] (lat. *immensitas*) Grandeur sans bornes. *L'immensité des cieux.* ♦ Fig. « *Tout cela ne peut remplir l'immensité de son cœur* », Massillon. ♦ Par exagération, très vaste étendue. *L'immensité des mers.* ♦ Fig. Se dit des choses physiques ou morales, qui sont très considérables. *L'immensité de ses richesses, de ses désirs, etc.*

IMMERGÉ, ÉE, p. p. d'immerger. [imɛʀʒe] Bot. Se dit de certaines plantes qui végètent entièrement plongées sous l'eau. ♦ Astron. Il se dit d'un astre qui est plongé dans l'ombre d'un autre. ■ Qui est dans un liquide, sous l'eau. *La partie immergée d'un navire.*

IMMERGER, v. tr. [imɛʀʒe] (lat. *immergere*, de in, dans et *mergere*, enfoncer) Plonger dans l'eau, dans un liquide. ♦ S'immerger, v. pr. Être immergé.

IMMÉRITÉ, ÉE, adj. [imeʀite] (2 in-. et *mérité*) Qui n'a point été mérité. *Reproches, malheurs immérités.*

IMMERSIF, IVE, ■ adj. [imɛʀsif, iv] (*immersion*) Techn. Obtenu par immersion. *Calcination immersive d'un matériau que l'on plonge dans un liquide.* ■ Fig. Obtenu par immersion dans un pays étranger. *L'apprentissage immersif des langues étrangères.*

IMMERSION, n. f. [imɛʀsjõ] (lat. *immersio*) Action de plonger un corps dans l'eau ou dans quelque autre liquide. « *Les Grecs conservèrent toujours le baptême par immersion* », Voltaire. ♦ *L'immersion des terres,* état des terres sur lesquelles une eau déborde. ♦ Astron. Commencement d'une éclipse, l'instant où une planète entre dans l'ombre d'une autre planète. ♦ Opt. *Point d'immersion,* celui par lequel un rayon lumineux se plonge dans un milieu quelconque. ■ Fig. Fait de se trouver dans un pays étranger et éventuellement d'y suivre des cours pour apprendre la langue de ce pays ou pour la perfectionner. *Un programme d'immersion linguistique.*

IMMESURABLE, adj. [iməzyʀabl] (2 in- et mesurer) Qui ne peut être mesuré. « *Une force immesurable* », Voltaire.

IMMETTABLE, ■ adj. [ɛ̃metabl] (*im* se prononce in. 2 in et mettre) Qu'on ne peut pas mettre, porter. *Ce manteau, très usé, est immettable.*

IMMEUBLE, adj. [imœbl] (lat. *immobilis*) Jurispr. Qui ne peut être transporté d'un lieu à un autre, en parlant des biens-fonds et de certaines autres choses qui leur sont assimilées par une fiction de la loi. *Les biens sont immeubles par leur nature ou par leur destination.* ♦ N. m. Un immeuble. ■ Cour. Grand bâtiment constitué de plusieurs étages.

IMMIGRANT, ANTE, adj. [imigʀã, ãt] (*immigrer*) Qui vient s'établir dans un pays qui n'est pas le sien. ♦ N. m. et n. f. Les immigrants.

IMMIGRATION, n. f. [imigʀasjõ] (*immigrer*) Établissement d'étrangers dans un pays ; c'est l'opposé d'émigration.

IMMIGRÉ, ÉE, ■ n. m. et n. f. [imigʀe] (*immigrer*) Personne qui a quitté son pays pour s'installer dans un autre pays. ■ Adj. Les travailleurs immigrés.

IMMIGRER, v. intr. [imigʀe] (lat. *immigrare*, passer dans, pénétrer) Se conjugue avec *être* ou *avoir*, suivant le sens. Venir dans un pays pour s'y établir. *Des Allemands ont immigré en Amérique.*

IMMINENCE, n. f. [iminãs] (b. lat. *imminentia*) Qualité de ce qui est imminent. *L'imminence du péril.*

IMMINENT, ENTE, adj. [iminã, ãt] (lat. *imminens*, p. prés. de *imminere*, être suspendu sur) Dont la menace est prochaine. *Une disgrâce imminente.* ■ Qui va se produire très prochainement. *Son arrivée est imminente.*

IMMISCÉ, ÉE, p. p. d'immiscer. [imise]

IMMISCER, v. tr. [imise] (lat. *immiscere*) Mêler quelqu'un dans quelque affaire. *Il immisce tout le monde dans ses affaires.* ♦ S'immiscer, v. pr. S'ingérer mal à propos dans quelque affaire, se mêler de quelque chose sans en avoir l'autorisation, le droit. *Il s'est immiscé fort imprudemment dans cette querelle.* ♦ ▷ On dit quelquefois, surtout au barreau, *s'immiscer de faire quelque chose.* ◁ ♦ Jurispr. Il se dit de celui qui, appelé à une succession, fait acte de propriétaire sur les biens qui la composent. *Celui qui s'est immiscé dans une succession n'y peut plus renoncer.* ♦ L'Académie ne donne que s'immiscer, v. pr. REM. Le verbe transitif est rare aujourd'hui.

IMMIXTION, n. f. [imikstjõ] (lat. *immixtio*) ▷ Action de mêler une substance dans une autre ; résultat de cette action. ◁ ♦ Action de s'ingérer en quelque chose. ♦ Jurispr. Action de s'immiscer dans une succession.

IMMOBILE, adj. [imɔbil] (lat. *immobilis*) Qui ne se meut pas. *On a cru longtemps que la terre était immobile.* ♦ Qui se meut très peu ou beaucoup moins qu'à l'ordinaire. ♦ Fig. Ferme, inébranlable. *À cette nouvelle il est resté calme et immobile.* ♦ N. m. Ce qui est immobile. « *Il n'y a que l'immobile qui soit immuable* », Voltaire. ■ Fig. Qui n'évolue pas. *Une situation immobile.*

IMMOBILIER, IÈRE, adj. [imɔbilje, jɛʀ] (2 in- et mobilier) Jurispr. Immeuble ou composé d'immeubles. *Succession immobilière.* ♦ Qui concerne, qui a pour objet un immeuble, des immeubles. *Saisie immobilière.* ♦ N. m. *L'immobilier,* les biens immeubles (sens qui vieillit). ■ Commerce de logements. *Travailler dans l'immobilier.*

IMMOBILISATION, n. f. [imɔbilizasjõ] (*immobiliser*) Jurispr. Action d'immobiliser ; le résultat de cette action. *Immobilisation de rentes sur l'État.* ■ Action de rendre, de maintenir immobile. *L'immobilisation d'un véhicule.* ■ Financ. *Immobilisation de capitaux.* ■ Au pl. Écon. Biens d'une entreprise qui contribuent de manière durable à son exploitation. *Les bâtiments, le matériel font partie des immobilisations.*

IMMOBILISÉ, ÉE, p. p. d'immobiliser. [imɔbilize]

IMMOBILISER, v. tr. [imɔbilize] (*immobile*) Jurispr. Donner à un effet mobilier la qualité d'immeuble. *Immobiliser des rentes sur l'État.* ■ Rendre immobile. *Immobiliser un membre fracturé.* ■ Financ. *Immobiliser des capitaux,* les rendre indisponibles. ■ S'immobiliser, v. pr. Cesser tout mouvement.

IMMOBILISME, n. m. [imɔbilism] (*immobile*) Néolog. Disposition à s'attacher aveuglément aux choses anciennes. *Esprit d'immobilisme.* ■ REM. N'est plus considéré comme un néologisme aujourd'hui.

IMMOBILISTE, ■ adj. [imɔbilist] (*immobilisme*) Qui fait preuve d'immobilisme. *Une doctrine immobiliste.* « *Les histoires particulières des techniques* montrent sans ambiguïté que l'artisanat n'a jamais été retardataire, ni immobiliste de par sa nature même », J. ROBERT.

IMMOBILITÉ, n. f. [imobilite] (lat. impér. *immobilitas*) État d'une chose qui ne se meut point. *L'immobilité du soleil.* ◆ Par exagération, état d'une personne qui ne se meut que très peu. ◆ Fig. État d'un homme qui ne se donne aucun mouvement. *Il est dans un état d'immobilité complète.* ■ **Fig.** *L'immobilité d'une situation.*

IMMODÉRÉ, ÉE, adj. [imodere] (lat. *immoderatus*, de *in-* priv. et *modus*, mesure) Qui est hors de la modération. *Un homme immodéré. Immodéré dans ses chagrins et dans ses joies.* ◆ En parlant des choses. *Chaleur, passion immodérée.*

IMMODÉRÉMENT, adv. [imoderemã] (*immodéré*) Sans modération.

IMMODESTE, adj. [imodɛst] (lat. *immodestus*, sans retenue, déréglé) Qui manque à la modestie, à la pudeur, aux bienséances. *Homme immodeste.* ◆ En parlant des choses. *Discours immodestes.* ■ REM. Il est vieilli aujourd'hui.

IMMODESTEMENT, adv. [imodɛstəmã] (*immodeste*) D'une manière immodeste. *S'habiller immodestement.* ■ REM. Il est vieilli aujourd'hui.

IMMODESTIE, n. f. [imodɛsti] (lat. *immodestia*, dérèglement, de *immodestus*) Manque de modestie, de bienséance. ◆ Manque de pudeur. ◆ Action, parole qui blesse les convenances, la pudeur. « *Faut-il que le temple soit souillé par vos immodesties !* », MASSILLON. ■ REM. Il est vieilli aujourd'hui.

IMMOLATION, n. f. [imolasjɔ̃] (lat. *immolatio*) Action d'immoler. *L'immolation des hosties.* ◆ Mise à mort des hommes. *L'immolation d'hommes sur les champs de bataille.* ■ **Fig.** Fait d'immoler, de sacrifier. *L'immolation de sa personne. L'immolation de la liberté.* ■ REM. Il est littéraire aujourd'hui.

IMMOLÉ, ÉE, p. p. d'immoler. [imole] REM. Il est littéraire aujourd'hui.

IMMOLER, v. tr. [imole] (lat. *immolare* de *in* et *mola[salsa]*, farine sacrée qu'on répandait sur la victime) Égorger en sacrifice. *Immoler des victimes.* ◆ Il se dit du sacrifice sanglant et du sacrifice non sanglant de Jésus-Christ. « *Jésus-Christ que son amour vient d'immoler pour nous* », MASSILLON. ◆ **Par extens.** Tuer, mettre à mort. ◆ *Immoler à*, faire périr en considération de. « *Ils immolèrent à leur ambition toute la famille d'Alexandre* », BOSSUET. ◆ **Fig.** Ruiner, perdre, sacrifier quelqu'un par passion, par obéissance à une nécessité, à un devoir. *Immoler quelqu'un à ses ressentiments.* ◆ Il se dit, dans le même sens, d'une chose qu'on détruit, dont on se prive, à laquelle on renonce. *Immoler son ressentiment.* « *Qu'il doit immoler tout à sa grandeur suprême* », RACINE. ◆ **Fig.** *Immoler quelqu'un*, le livrer à la risée, au ridicule. S'immoler, v. pr. Se donner la mort, recevoir la mort. ◆ Il se dit du sacrifice de Jésus-Christ. *Jésus-Christ s'est immolé pour nous.* ◆ **Fig.** Exposer, sacrifier sa fortune, son bien-être, sa vie pour quelqu'un ou pour quelque chose. ◆ Par plaisanterie, *je m'immole*, je surmonte une répugnance, je cède. ■ REM. Il est littéraire aujourd'hui.

IMMONDE, adj. [imɔ̃d] (lat. *immundus*, de *in-* priv. et *mundus*, net, propre) Sale, impur. *Une habitation immonde.* ◆ Il se dit surtout en parlant de ce qui a été déclaré impur par certains législateurs. *Le pourceau était déclaré immonde par la loi des Juifs.* ◆ **Fig.** Qui a le caractère de l'impureté morale. ◆ Dans l'Écriture sainte, *l'esprit immonde, les esprits immondes,* le démon, les diables. ◆ N. m. pl. *Les immondes,* ceux qui sont atteints d'impureté morale.

IMMONDICE, n. f. [imɔ̃dis] (lat. *immunditia*) Chose sale, dégoûtante. ◆ Plus souvent au pluriel, débris des halles et marchés, boues, ordures, etc. ◆ Dans l'Écriture, *immondice légale,* impureté que contractaient les Juifs en touchant quelque chose d'immonde.

IMMORAL, ALE, adj. [imoral] (2 *in-* et *moral*) Qui est sans principe de morale, sans mœurs. *Homme, caractère immoral.* ◆ En parlant des choses. *Des ouvrages immoraux.*

IMMORALEMENT, adv. [imoral(ə)mã] (*immoral*) D'une manière immorale.

IMMORALISME, ■ n. m. [imoralism] (*immoral*) Doctrine ou attitude qui va à l'encontre des valeurs morales couramment admises. *Le père de l'immoralisme est le philosophe français Bayle, qui, dès 1687, dans ses Pensées sur la comète soutient la thèse selon laquelle la morale n'a qu'une influence insignifiante sur la conduite de l'individu.*

IMMORALISTE, ■ adj. [imoralist] (*immoral*) Qui fait preuve d'immoralisme, qui est empreint d'immoralisme. *Des thèses immoralistes.* « *Une sorte de sincérité et une sorte de mauvaise foi s'y fusionnent au point que c'est égal abus de mots pour l'immoraliste, pour le sincère, pour le moraliste, d'accuser la mauvaise foi* », MOUNIER. ■ N. m. et n. f. Partisan de l'immoralisme.

IMMORALITÉ, n. f. [imoralite] (*immoral*) Caractère de l'homme immoral, de la chose immorale. *L'immoralité de sa conduite, d'un livre.* ◆ Action immorale.

IMMORTALISATION, ■ n. f. [imɔrtalizasjɔ̃] (*immortaliser*) Litt. Action d'immortaliser. ■ Résultat de cette action. *L'immortalisation d'un événement.* ■ **Méd.** Processus pathologique de division continue des cellules. *L'immortalisation de cellules malignes.*

IMMORTALISÉ, ÉE, p. p. d'immortaliser. [imɔrtalize]

IMMORTALISER, v. tr. [imɔrtalize] (*immortel*) Donner une vie qui ne finisse point. ◆ **Fig.** Rendre immortel dans la mémoire des hommes. « *Les Muses seules peuvent immortaliser les grandes actions* », FÉNELON. ◆ **Absol.** « *Les grands crimes immortalisent Autant que les grandes vertus* », DESHOULIÈRES. ◆ S'immortaliser, v. pr. Se rendre immortel dans la mémoire des hommes.

IMMORTALITÉ, n. f. [imɔrtalite] (lat. *immortalitas*) Qualité, état de ce qui est immortel. *L'immortalité de l'âme.* ◆ Durée perpétuelle dans le souvenir des hommes. « *Cette immortalité que donne un beau trépas* », P. CORNEILLE. ◆ **Hérald.** *Immortalité,* phénix sur son bûcher.

IMMORTEL, ELLE, adj. [imɔrtɛl] (lat. *immortalis*) Qui n'est point sujet à la mort. *L'âme est immortelle.* ◆ *Les dieux immortels,* nom que les Anciens donnaient à leurs divinités. ◆ Qui ne peut pas périr, en parlant des choses. *Une vie immortelle.* ◆ Qu'on suppose ne devoir jamais cesser. *Un amour immortel.* ◆ **Fig.** Dont la mémoire doit durer toujours. *Les immortels ouvrages de ce poète. Une gloire immortelle.* ◆ N. m. et n. f. *Les immortels,* les divinités du paganisme. *Une immortelle.* ◆ **Fam.** *Un immortel,* un membre de l'Académie française. *Les quarante immortels.* ◆ *L'immortel,* ce qui est immortel.

IMMORTELLE, n. f. [imɔrtɛl] (fém. substantivé de *immortel*) Plante de la famille des composées, dont la fleur ne se fane point. ◆ Fleur de cette plante.

IMMORTELLEMENT, adv. [imɔrtɛl(ə)mã] (*immortel*) D'une manière immortelle.

IMMORTIFICATION, n. f. [imɔrtifikasjɔ̃] (2 *in-* et *mortification*) État d'une personne qui n'est pas mortifiée. « *L'esprit du monde est un esprit de paresse et d'immortification* », MASSILLON. ◆ Acte d'immortification.

IMMORTIFIÉ, ÉE, adj. [imɔrtifje] (lat. médiév. *immortificatus*) Qui n'est point mortifié.

IMMOTIVÉ, ÉE, ■ adj. [imotive] (2 *in-* et *motivé*) Qui est sans motif. *Un refus immotivé.*

IMMUABILITÉ, n. f. [imɥabilite] (*immuable*) Qualité de ce qui est immuable. ◆ On dit plutôt *immutabilité*.

IMMUABLE, adj. [imɥabl] (2 *in-* et *muable*, d'après le lat. *immutabilis*) Qui n'éprouve aucun changement, en parlant de Dieu et des choses éternelles. ◆ **Par extens.** Dont le caractère, les résolutions ne changent jamais. *Un homme immuable.* ◆ Qui n'est point sujet à changer, en parlant des choses. *Des lois immuables.* « *Un immuable amour* », P. CORNEILLE.

IMMUABLEMENT, adv. [imɥabləmã] (*immuable*) D'une manière immuable.

IMMUNISER, ■ v. tr. [imynize] (lat. *immunis*, exempt de charge, de *in-* priv. et *munus*, charge) Faire en sorte que des personnes, des animaux puissent lutter contre certaines maladies en leur inoculant le vaccin correspondant. *Ces enfants sont immunisés contre la rougeole. Être immunisé contre la toxoplasmose.* ■ IMMUNISATION, n. f. [imynizasjɔ̃]

IMMUNITAIRE, ■ adj. [imynitɛr] (*immunité*) Qui concerne l'immunité de l'organisme. *Défenses immunitaires.*

IMMUNITÉ, n. f. [imynite] (lat. *immunitas*, exemption) Droit fixe accordé à tout un corps, à toute une ville, et qui les affranchit d'impôts, de charges, de devoirs, etc. ◆ *Les immunités ecclésiastiques,* les exemptions et les privilèges dont les ecclésiastiques jouissent. ■ **Méd.** Préservation, exemption de maladie. ■ *Immunité parlementaire,* privilège accordé aux parlementaires qui les préserve de toute condamnation pénale. *Bénéficier de l'immunité parlementaire.*

IMMUNO..., ■ [imyno] Préfixe du latin *immunis,* exempt.

IMMUNOCOMPÉTENT, ENTE, ■ adj. [imynokɔ̃petã, ãt] (*immuno-* et *compétent*) Méd. Se dit d'une cellule qui possède un pouvoir immunitaire. *Les cellules immunocompétentes opposées aux cellules immunodépressives.*

IMMUNODÉFICIENCE, ■ n. f. [imynodefisjãs] (*immuno-* et *déficience*) Méd. Incapacité de l'organisme à se défendre contre les virus et les microbes, et qui est due à une disparition ou une diminution de son système immunitaire. *Immunodéficience de certaines maladies congénitales ou du sida.* ■ IMMUNODÉFICITAIRE, adj. [imynodefisitɛr]

IMMUNODÉPRESSEUR ou **IMMUNOSUPPRESSEUR**, ■ adj. m. [imynodeprɛsœr, imynosyprɛsœr] (*immuno-* et *dépresseur,* du lat. *deprimere,* abaisser, ou *suppresseur,* de *suppression*) Méd. Se dit d'un traitement qui empêche ou réduit l'immunité contre un antigène. *Des médicaments immunodépresseurs.* ■ N. m. *Un immunodépresseur* ou *un immunosuppresseur.*

IMMUNODÉPRESSION, ▪ n. f. [imynodepʀesjɔ̃] (*immuno-* et *dépression*) **Méd.** Défaillance du système immunitaire, immunodéficience. *Une immunodépression permet le développement anormal de microbes ordinairement non-pathogènes.*

IMMUNODÉPRIMÉ, ÉE, ▪ adj. [imynodeprime] (*immuno-* et *déprimé*) **Méd.** Dont les réactions immunitaires sont diminuées. *Certaines maladies peuvent être mortelles chez des sujets immunodéprimés.* ▪ **N. m. et n. f.** *Un immunodéprimé, une immunodéprimée.*

IMMUNOFLUORESCENCE, ▪ n. f. [imynoflyoʀesɑ̃s] (*immuno-* et *fluorescence*) **Méd.** Technique qui permet d'identifier un antigène par coloration fluorescente des anticorps. *L'immunofluorescence sert à identifier dans des prélèvements liquidiens ou de tissus, des anticorps ou des complexes antigènes-anticorps caractéristiques d'une maladie.*

IMMUNOGÈNE, ▪ adj. [imynoʒɛn] (*immuno-* et *gène*) **Méd.** Qui provoque l'immunité. *Le potentiel immunogène d'une cellule.*

IMMUNOGÉNÉTIQUE, ▪ n. f. [imynoʒenetik] (*immuno-* et *génétique*) **Méd.** Étude des caractères héréditaires de l'immunité. *Un laboratoire d'immunogénétique et auto-immunité.*

IMMUNOGLOBULINE, ▪ n. f. [imynoglɔbylin] (*immuno-* et *globuline*) **Méd. et biol.** Globuline du plasma qui possède une fonction d'anticorps. *Les immunoglobulines traversent facilement la paroi des vaisseaux sanguins, circulant ainsi aisément dans tout l'organisme.*

IMMUNOLOGIE, ▪ n. f. [imynɔlɔʒi] (*immuno-* et *-logie*) **Méd.** Science qui étudie toutes les questions concernant l'immunité. ▪ **IMMUNOLOGIQUE**, adj. [imynɔlɔʒik] *Analyses immunologiques.*

IMMUNOLOGISTE, ▪ n. m. et n. f. [imynɔlɔʒist] (*immunologie*) Personne spécialiste d'immunologie.

IMMUNOSTIMULANT, ANTE, ▪ adj. [imynostimylɑ̃, ɑ̃t] (*immuno-* et *stimulant*) **Méd.** Qui renforce l'immunité d'un sujet. *Un traitement immunostimulant.* ▪ **N. m.** *Un immunostimulant.*

IMMUNOSUPPRESSEUR, ▪ adj. m. [imynosypʀesœʀ] Voy. IMMUNODÉPRESSEUR.

IMMUNOSUPPRESSION, ▪ n. f. [imynosypʀesjɔ̃] (*immuno-* et *suppression*) **Méd.** Diminution ou suppression des réactions immunitaires de l'organisme. *L'immunosuppression peut être caractéristique d'une maladie ou le résultat temporaire d'un traitement médical tel que la chimiothérapie.*

IMMUNOTHÉRAPIE, ▪ n. f. [imynoteʀapi] (*immuno-* et *thérapie*) **Méd.** Traitement destiné à renforcer l'immunité de l'organisme. *Immunothérapie préventive.*

IMMUTABILITÉ, n. f. [imytabilite] (lat. *immutabilitas*, de in- priv. et *mutare*, changer) ▷ État, qualité de ce qui est immuable, en parlant de Dieu ou des choses divines. *« L'immutabilité n'appartient point aux hommes »*, VOLTAIRE. ▪ **Dr.** Caractère d'une convention qui ne peut être changée par les contractants. *L'immutabilité des conventions matrimoniales.*

IMPACT, ▪ n. m. [ɛ̃pakt] (lat *impactum*, supin de *impingere*, heurter contre) Collision, choc entre plusieurs éléments. ▪ Marque laissée par un projectile à l'endroit du choc. *Relever les impacts des balles.* ▪ **Fig.** Trace laissée par quelque chose. *L'impact d'un discours, d'un film.*

IMPAIR, AIRE, ▪ adj. [ɛ̃pɛʀ] (lat. *impar*, inégal, dissemblable, impair) **Arith.** Opposé à pair ; qu'on ne peut diviser en deux nombres entiers égaux. *Trois est un nombre impair.* ▪ *Jours impairs,* les jours de la semaine qui, sur les six ouvrables, occupent le premier, le troisième et le cinquième rang, savoir lundi, mercredi et vendredi. ▪ **Anat.** *Organe impair,* organe qui n'est pas double, qui n'a pas son semblable de l'autre côté du corps. *Le foie est un organe impair.* ▪ **N. m.** Se dit, à plusieurs jeux, de l'ensemble des nombres impairs. *Jouer l'impair.* ▪ *Jouer à pair ou impair,* donner à deviner si des objets qu'on tient dans la main fermée sont en nombre pair ou impair. ▪ Maladresse. *Commettre un impair.*

IMPAIREMENT, adv. [ɛ̃pɛʀ(ə)mɑ̃] (*impair*) En nombre impair. ▪ REM. Il est rare aujourd'hui.

IMPALA, ▪ n. m. [impala] (*im* se prononce *ime*. D'après un mot zoulou) Antilope d'Afrique australe qui vit en petits groupes. *En fuite, les impalas peuvent faire des bonds atteignant 3 m de haut et 10 m de long et courir jusqu'à 60 km/h.*

IMPALPABILITÉ, n. f. [ɛ̃palpabilite] (*impalpable*) Qualité de ce qui est impalpable. ▪ REM. Il est littéraire.

IMPALPABLE, adj. [ɛ̃palpabl] (b. lat. *impalpabilis*, de in- priv. et *palpare*, toucher) Qu'on ne peut palper à cause de sa ténuité. *Une poudre impalpable.*

IMPALUDATION, ▪ n. f. [ɛ̃palydasjɔ̃] (*impaludé*) **Méd.** Infection provoquée par le parasite responsable du paludisme. *Le risque d'impaludation est faible dans cette région.*

IMPALUDÉ, ÉE, ▪ adj. [ɛ̃palyde] (1 *in-* et lat. *palus*, génit. *paludis*, marais) **Méd.** Se dit d'un sujet ou d'une région touchés par le paludisme. *Séjourner dans un pays impaludé.*

IMPANATION, n. f. [ɛ̃panasjɔ̃] (lat. médiév. ecclés. *impanatio*, présence dans le pain, de *in* et *panis*) **Théol.** Coexistence du pain avec le corps de Jésus-Christ après la consécration, d'après l'opinion des luthériens.

IMPARABLE, ▪ adj. [ɛ̃paʀabl] (2 *in* et *parer*) Qu'on ne peut pas parer, éviter. *Une attaque imparable.* ▪ **Fig.** Qu'on ne peut pas réfuter. *Il a des arguments imparables.*

IMPARDONNABLE, adj. [ɛ̃paʀdɔnabl] (2 in- et *pardonnable*) Qui ne mérite point de pardon. *Un outrage impardonnable.* ▪ ◆ Il se dit aussi des personnes. *Vous êtes impardonnable d'avoir agi ainsi.*

1 **IMPARFAIT**, n. m. [ɛ̃paʀfɛ] (b. lat. *preteritum imperfectum*, passé imparfait) **Gramm.** Temps du verbe qui sert principalement à indiquer une action considérée comme présente par rapport à un temps passé. *L'imparfait de l'indicatif, du subjonctif.*

2 **IMPARFAIT, AITE**, adj. [ɛ̃paʀfɛ, ɛt] (lat. *imperfectus*, de in priv. et *perficere*, achever) Qui n'est pas achevé. *Un ouvrage imparfait.* ◆ À quoi il manque quelque chose pour être parfait. *Une science imparfaite. Avoir une idée imparfaite d'une chose.* ◆ ▷ *Livre imparfait,* livre auquel il manque quelque feuille. ◁ ◆ **Mus.** *Accord imparfait,* celui qui porte une dissonance ou une sixte, et celui qui n'est pas complet. ◆ *Consonance imparfaite,* celle qui peut être majeure ou mineure, comme la tierce et la sixte. ◆ **Bot.** *Fleur imparfaite,* fleur à laquelle il manque quelque partie essentielle de la fructification. ◆ **N. m.** *L'imparfait,* ce qui est imparfait.

IMPARFAITEMENT, adv. [ɛ̃paʀfɛt(ə)mɑ̃] (*imparfait*) D'une manière imparfaite.

IMPARI..., [ɛ̃paʀi] préfixe du latin *impar*, impair.

IMPARIPENNÉ, ÉE, ▪ adj. [ɛ̃paʀipene] (*impari-* et *penné*) **Bot.** Qui possède des folioles en nombre impair. *Les feuilles imparipennées du robinier.*

IMPARISYLLABE, adj. [ɛ̃paʀisilab] (*impari-* et *syllabe*) Syn. d'imparisyllabique.

IMPARISYLLABIQUE, adj. [ɛ̃paʀisilabik] (*impari-* et *syllabique*) **Gramm. grecq. et lat.** *Noms imparisyllabiques,* noms qui ont aux cas obliques du singulier une syllabe de plus qu'au nominatif, comme le latin *soror, sororis.*

IMPARITÉ, ▪ n. f. [ɛ̃paʀite] (b. lat. *imparitas*, inégalité) Caractère impair. *L'imparité d'un résultat.*

IMPARTABLE, adj. [ɛ̃paʀtabl] (2 *in-* et anc. fr. *partir*, partager) ▷ Dans l'ancien droit, qui ne peut être partagé dans une succession, comme les duchés, les marquisats, etc. ◁

IMPARTAGEABLE, adj. [ɛ̃paʀtaʒabl] (2 *in-* et *partageable*) Qui ne peut être partagé.

IMPARTIAL, ALE, adj. [ɛ̃paʀsjal] (2 *in-* et *partial*) Qui ne prend pas parti pour l'un plutôt que pour l'autre. *Des juges impartiaux.* ◆ Il se dit aussi des choses. *Une impartiale équité. Un examen impartial.*

IMPARTIALEMENT, adv. [ɛ̃paʀsjal(ə)mɑ̃] (*impartial*) D'une manière impartiale.

IMPARTIALITÉ, n. f. [ɛ̃paʀsjalite] (*impartial*) Qualité, caractère de celui qui est impartial. *L'impartialité du juge, de l'historien.*

IMPARTIR, ▪ v. tr. [ɛ̃paʀtiʀ] (lat. *impertire, impartire*, partager, de *in* et *pars*, génit. *partis*) Accorder. *Le temps qui vous était imparti est écoulé.*

IMPARTITION, n. f. [ɛ̃paʀtisjɔ̃] (*impartir*) **Écon.** Fait pour une entreprise de recourir à la sous-traitance. *L'impartition est un outil de gestion stratégique qui se traduit par la restructuration d'une entreprise autour de sa sphère d'activités.*

IMPASSE, ▪ n. f. [ɛ̃pas] (2 *in-* et *passer*) Petite rue qui n'a point d'issue ; cul-de-sac. ◆ **Fig.** *Être dans une impasse,* être dans une situation sans issue, dans un emploi où il n'y a aucun avancement à espérer. ◆ *Faire l'impasse sur quelque chose,* ne pas le prendre en compte, refuser de s'en occuper. *Le candidat avait fait l'impasse sur toute une partie du programme.* ▪ **Écon.** *Impasse budgétaire,* situation où les dépenses de l'État ne sont pas couvertes par les recettes. ▪ **Par extens.** Déficit budgétaire.

IMPASSIBILITÉ, n. f. [ɛ̃pasibilite] (b. lat. *impassibilitas*) Qualité de ce qui est impassible. *Impassibilité stoïque.*

IMPASSIBLE, adj. [ɛ̃pasibl] (lat. *impassibilis*, de in- priv. et *pati*, souffrir) Qui n'est pas susceptible de souffrance. ◆ **Fig.** Qui, par la force de son caractère, s'est mis au-dessus de la douleur physique ou morale. *Un homme,* *une fermeté impassible.* ◆ Qui ne se laisse déterminer dans ses jugements par aucune considération particulière. *Un juge impassible.*

IMPASSIBLEMENT, ▪ adv. [ɛ̃pasibləmɑ̃] (*impassible*) De manière impassible. *Attendre impassiblement.*

IMPASTATION, n. f. [ɛ̃pastasjɔ̃] (1 *in*- et anc. fr. *paste,* pâte) Réduction d'une substance quelconque à l'état de pâte. ◆ **Techn.** Mélange de plusieurs matières pétries ensemble et liées par quelque mastic qui durcit à l'air. *Le stuc est une impastation.*

IMPATIEMMENT, adv. [ɛ̃pasjamɑ̃] (*impatient*) Avec impatience. ◆ Avec chagrin. « *Néron porta impatiemment la mort de Narcisse* », RACINE.

IMPATIENCE, n. f. [ɛ̃pasjɑ̃s] (lat. impér. *impatientia*) Manque de patience, soit dans la souffrance d'un mal, soit dans l'attente de quelque bien. « *Le peuple souffrait cet état avec impatience* », BOSSUET. « *Ils ont une grande impatience de s'en aller* », MME DE SÉVIGNÉ. ◆ **Au pl. Fam.** Espèce d'irritation nerveuse que cause l'impatience. *Avoir des impatiences.* ◆ Il se dit aussi, en ce sens, d'une sensation toute physique. *Avoir des impatiences dans les jambes.*

IMPATIENT, ENTE, adj. [ɛ̃pasjɑ̃, ɑ̃t] (lat. *impatiens,* de *in*-priv. et *patiens,* p. prés. de *pati,* supporter) Qui manque de patience, soit dans la souffrance, soit dans l'attente. ◆ **N. m.** et n. f. « *Un assemblage d'impatients qu'il faut accoutumer à la constance* », FLÉCHIER. ◆ Il se dit aussi des choses. *Un esprit impatient. Une ardeur impatiente.* ◆ *Impatient de,* qui désire avec impatience. « *Impatient déjà d'expier son offense* », RACINE. ◆ ▷ Dans la poésie et le style soutenu, qui ne peut supporter, souffrir. *Un peuple impatient du joug.* ◁ ◆ **Fig.** « *Nos vaisseaux vous demandent, Impatients du port et de l'oisiveté* », GILBERT. ◁ ◆ **Bot.** *Plantes impatientes,* plantes dont les fruits mûrs s'ouvrent au moindre attouchement. ◁ ◆ **N. f.** *Impatiente,* nom d'un genre de balsaminées, dont fait partie la balsamine des jardins.

IMPATIENTANT, ANTE, adj. [ɛ̃pasjɑ̃tɑ̃, ɑ̃t] (*impatienter*) Qui impatiente.

IMPATIENTÉ, ÉE, p. p. d'impatienter. [ɛ̃pasjɑ̃te]

IMPATIENTER, v. tr. [ɛ̃pasjɑ̃te] (*impatient*) Faire perdre patience. *Tout l'impatiente.* ◆ **Absol.** *Rien n'impatiente plus que d'attendre.* ◆ S'impatienter, v. pr. Perdre patience. *Ne vous impatientez pas.* ◆ *S'impatienter de,* avec un verbe à l'infinitif. *Vous vous impatientez de savoir où j'en veux venir.*

IMPATRONISÉ, ÉE, p. p. d'impatroniser. [ɛ̃patronize]

IMPATRONISER, v. tr. [ɛ̃patronize] (1 *in*-, et *patron*) Introduire comme une sorte de patron, de maître. *Impatroniser un système.* ◆ S'impatroniser, v. pr. S'établir comme chez soi. « *Un inconnu céans s'impatronise* », MOLIÈRE.

IMPAVIDE, ▪ adj. [ɛ̃pavid] (lat. *impavidus,* calme, de *in*- priv, et *pavidus,* saisi d'effroi) Qui ne manifeste aucune crainte. *Montrer un visage impavide.* ▪ **REM.** Il est littéraire.

IMPAYABLE, adj. [ɛ̃pɛjabl] (2 *in*- et *payable*) Qui ne se peut trop payer. *Un ouvrier impayable.* ◆ **Fig.** Extraordinaire, très plaisant, très bizarre. *Cet homme est impayable avec ses propositions. Une aventure impayable.* ▪ **REM.** Aujourd'hui, il est vieux dans son premier sens et familier dans son second.

IMPAYÉ, ÉE, adj. [ɛ̃pɛje] (2 *in*- et *payé*) Dont le paiement n'a pas été effectué. *Lettre de change impayée.* ◆ Qui n'a pas reçu son paiement. *Les créanciers impayés.*

IMPEACHMENT, ▪ n. m. [impitʃmɛnt] (on prononce à l'anglaise : *imm-pitch-menn-t.* mot angl.) Mise en accusation devant le corps législatif d'un haut fonctionnaire, pratiquée en Grande-Bretagne et aux États-Unis. *Le président a fait l'objet d'une procédure d'impeachment. Des impeachments.*

IMPECCABILITÉ, n. f. [ɛ̃pekabilite] (lat. ecclés. *impeccabilitas*) **Théol.** État de celui qui est incapable de pécher.

IMPECCABLE, adj. [ɛ̃pekabl] (lat. *impeccabilis,* de *in*- priv. et *peccare,* commettre une faute) **Théol.** Incapable de pécher. ◆ Dans le langage général, qui ne peut faillir. « *Les supérieurs ne sont point impeccables, non plus que les inférieurs* », BOURDALOUE. ▪ Qui est sans défaut, qui est parfait. *Un travail impeccable.* ▪ **Fam.** Qui est sans tache. *Un linge impeccable.* ▪ **Fam.** Impec.

IMPECCABLEMENT, ▪ adv. [ɛ̃pekabləmɑ̃] (*impeccable*) De manière impeccable. *Il est toujours impeccablement rasé.*

IMPÉCUNIEUX, EUSE, ▪ adj. [ɛ̃pekynjø, øz] (2 *in*- et lat. *pecunia,* argent) **Litt.** Sans argent. « *Comme les jeunes gens d'une haute naissance sont souvent impécunieux* », BOURSAULT.

IMPÉCUNIOSITÉ, ▪ n. f. [ɛ̃pekynjozite] (*impécunieux*) **Litt.** Fait de manquer d'argent. *L'impécuniosité d'un État.*

IMPÉDANCE, ▪ n. f. [ɛ̃pedɑ̃s] (angl. *impedance,* du lat. *impedire,* entraver) **Électr.** Rapport, exprimé en ohms, de la tension aux bornes d'un circuit sur l'intensité du courant qui le parcourt. *L'impédance est la propriété d'un*

circuit à s'opposer au passage du courant alternatif dès lors que l'on combine des éléments possédant une réactance et une résistance.

IMPEDIMENTA ou **IMPÉDIMENTAS,** ▪ n. m. pl. [ɛ̃pedimɛ̃ta] (mot lat., bagages, de *impedire,* entraver, empêcher) Bagages qui retardaient la marche des armées. « *Mon précepteur et moi, poussant Vert-de-gris devant nous, un âne qui portait notre tente et nos impedimenta de campeurs* », CÉLINE. ▪ **Fig.** Ce qui entrave.

IMPÉNÉTRABILITÉ, n. f. [ɛ̃penetrabilite] (*impénétrable*) État de ce qui est impénétrable. ◆ **Phys.** Propriété en vertu de laquelle deux molécules ne peuvent occuper en même temps le même espace. ◆ **Fig.** État de ce qui ne peut être pénétré par l'esprit. *L'impénétrabilité des secrets de la nature.* ◆ Se dit d'une personne qui ne laisse pas pénétrer ses pensées.

IMPÉNÉTRABLE, adj. [ɛ̃penetrabl] (lat. impér. *impenetrabilis*) Au travers duquel on ne peut passer, pénétrer. *Une cuirasse impénétrable aux coups de flèche. Un asile impénétrable.* ◆ **Fig.** Dans lequel on ne peut faire impression, insensible. *Un cœur impénétrable.* ◆ **Phys.** Qui a la propriété de l'impénétrabilité. *La matière est impénétrable.* ◆ **Fig.** Que l'on ne peut connaître, expliquer. « *Le cœur des rois est impénétrable* », SACI. ◆ Qui cache soigneusement ses opinions, ses sentiments, ses desseins, en parlant des personnes. « *Le sénat fut impénétrable* », BOSSUET.

IMPÉNÉTRABLEMENT, adv. [ɛ̃penetrabləmɑ̃] (*impénétrable*) D'une manière impénétrable.

IMPÉNITENCE, n. f. [ɛ̃penitɑ̃s] (lat. chrét. *impænitentia*) État d'un homme impénitent. ◆ *Mourir dans l'impénitence finale,* mourir sans s'être repenti de ses péchés, et fig. persister dans les sentiments que l'on a et que l'on présente, en plaisantant, comme étant des péchés.

IMPÉNITENT, ENTE, adj. [ɛ̃penitɑ̃, ɑ̃t] (lat. chrét. *impænitens* de *in*- priv. et *pænitere,* regretter, se repentir) Qui ne se repent pas de ses péchés. *Le pécheur impénitent.* ◆ *Mourir impénitent,* mourir après avoir mené une vie scandaleuse, sans donner aucune marque de repentir et de pénitence. ◆ **N. m.** et n. f. *Un impénitent. Une impénitente.* ◆ Il se dit des choses dans le même sens. « *Une mort criminelle et impénitente* », BOURDALOUE. ◆ En général, qui n'a point de repentir de ses fautes ou de ses crimes. ▪ Qui a telle habitude, tel comportement et qui ne réussit pas ou ne souhaite pas s'en défaire. *C'est un joueur impénitent.*

IMPENSABLE, ▪ adj. [ɛ̃pɑ̃sabl] (2 *in* et *penser*) Qu'on ne peut pas penser être vrai, qu'on ne veut pas imaginer. *Il ne peut pas lui avoir fait ce coup-là : c'est impensable !*

IMPENSE, n. f. [ɛ̃pɑ̃s] (lat. *impensa,* dépense) **Jurispr.** Somme employée pour la conservation, l'amélioration ou l'agrément. *Rembourser les impenses et les améliorations.* ◆ L'Académie ne donne *impenses* qu'au pluriel.

1 IMPÉRATIF, n. m. [ɛ̃peratif] (b. lat. *imperativus [modus]*) **Gramm.** Le mode des verbes qui exprime commandement, exhortation, défense. ◆ **Adj.** *Le mode impératif.* ◆ *Proposition, phrase impérative,* celle dont le verbe est à l'impératif.

2 IMPÉRATIF, IVE, adj. [ɛ̃peratif, iv] (b. lat. *imperativus,* qui a été ordonné, de *imperare,* commander) Qui ordonne absolument de faire une chose. *Ton impératif.* ◆ *Mandat impératif,* mandat par lequel des électeurs, en nommant un député, l'astreignent à voter de telle ou telle façon sur telle ou telle question. ◆ **Dr.** *Disposition impérative,* disposition qui ordonne de faire une chose. ▪ Qui s'impose par son caractère nécessaire, urgent. *Besoins impératifs.* ▪ **N. m.** *Le respect de l'environnement est devenu un impératif.* ▪ **Philos.** *Impératif catégorique,* chez Kant, obligation morale qui n'est subordonnée à aucune fin.

IMPÉRATIVEMENT, adv. [ɛ̃perativ(ə)mɑ̃] (*impératif*) D'une manière impérative. ▪ **Absolument.** *Je dois impérativement partir avant 18h.*

IMPÉRATOIRE, n. f. [ɛ̃peratwar] (lat. *imperatorius,* propre au général, de *imperator,* général en chef) Plante ombellifère, à laquelle on attribuait de grandes vertus.

IMPÉRATRICE, n. f. [ɛ̃peratris] (lat. *imperatrix,* celle qui commande) La femme d'un empereur, ou la princesse qui, de son chef, possède un empire. ◆ Variété de prune oblongue. ▪ *Riz à l'impératrice,* riz au lait agrémenté de fruits confits et servi avec une crème anglaise.

IMPERCEPTIBILITÉ, n. f. [ɛ̃perseptibilite] (*imperceptible*) Qualité de ce qui est imperceptible.

IMPERCEPTIBLE, adj. [ɛ̃perseptibl] (lat. scolast. *imperceptibilis,* de *in*-priv. et *percipere,* percevoir) Qui ne peut être perçu soit par la vue, soit par un sens quelconque. *Un son, une odeur imperceptible.* ◆ Par exagération, très petit. *Une tache imperceptible.* ◆ Qui échappe à la vue de l'esprit. « *Pour voir ce point imperceptible au commun des hommes* », PASCAL.

IMPERCEPTIBLEMENT, adv. [ɛ̃perseptibləmɑ̃] (*imperceptible*) D'une manière imperceptible, peu à peu.

IMPERDABLE, adj. [ɛ̃perdabl] (2 *in*- et *perdre*) Qu'on ne peut perdre, dont le gain est sûr. *Partie, cause imperdable.*

IMPERFECTIBILITÉ, n. f. [ɛ̃pɛʀfɛktibilite] (*imperfectible*) État de ce qui n'est pas perfectible.

IMPERFECTIBLE, adj. [ɛ̃pɛʀfɛktibl] (2 *in-* et *perfectible*) Qui n'est pas susceptible de se perfectionner.

IMPERFECTIF, IVE, ◼ adj. [ɛ̃pɛʀfɛktif, iv] (2 *in-* et *perfectif*) **Gramm.** Qui exprime une action en train de se faire. *Verbe imperfectif.* ◼ **N. m.** *Le perfectif et l'imperfectif.* ◼ **Rem.** On dit aussi *inaccompli, ie.*

IMPERFECTION, n. f. [ɛ̃pɛʀfɛksjɔ̃] (lat. chrét. *imperfectio*) État de ce qui n'est point achevé, parfait. *L'état d'imperfection d'un ouvrage.* ◆ Ce qui fait qu'une personne ou une chose n'est point parfaite. *Imperfection de corps, d'esprit.* ◆ Défaut. *Supporter les imperfections de ses amis. Les imperfections d'un écrit.*

IMPERFORATION, n. f. [ɛ̃pɛʀfɔʀasjɔ̃] (2 *in-* et *perforation*) **Méd.** Vice de conformation, qui consiste en une occlusion permanente de canaux ou d'ouvertures qui naturellement doivent être libres et communiquer à l'extérieur.

IMPERFORÉ, ÉE, adj. [ɛ̃pɛʀfɔʀe] (2 *in-* et *perforé*) **Méd.** Qui n'est pas ouvert et qui devrait l'être. *Anus imperforé.*

IMPÉRIAL, ALE, adj. [ɛ̃peʀjal] (b. lat. *imperialis*, de l'empereur, de *imperium*, gouvernement impérial) Qui appartient à un empereur ou à un empire. *Sa Majesté Impériale. Couronne impériale.* ◆ **Hérald.** *Couronne impériale,* espèce de mitre abaissée et surmontée du globe et de la croix. ◆ Qui appartient à l'ancien empire d'Allemagne. *Diètes, villes impériales.* ◆ **N. m. pl.** *Les Impériaux* (avec I majuscule), les troupes de l'empereur d'Allemagne. ◆ *Eau impériale,* espèce d'eau-de-vie distillée sur plusieurs sortes d'herbes et d'épices. ◆ *Couronne impériale* ou simplement *impériale,* espèce de fritillaire panachée qui fleurit au printemps. ◆ *Prune impériale* ou simplement *impériale,* espèce de grosse prune violette et longue. ◼ Qui a un caractère de grandeur, de majesté. *Une attitude impériale.*

1 IMPÉRIALE, n. f. [ɛ̃peʀjal] (fém. substantivé de *impérial*) Jeu de cartes qui tient du piquet et de la triomphe, et où l'on nomme également *impériale* une certaine séquence de cartes.

2 IMPÉRIALE, n. f. [ɛ̃peʀjal] (fém. substantivé de *impérial*, à cause de la situation élevée de l'impériale) Le dessus d'un carrosse. ◆ *L'impériale d'un lit,* le dessus d'un lit, surtout en parlant d'un lit à colonnes. ◆ **Archit.** Espèce de dôme ou de couverture dont le dos est en pointe et qui, en s'élargissant par en bas, représente la figure de deux S qui joignent en haut et s'éloignent en bas. ◆ On dit aussi *impérial,* n. m. et *comble en impériale.* ◼ *Autobus à impériale,* à un étage.

3 IMPÉRIALE, n. f. [ɛ̃peʀjal] (fém. substantivé de *impérial,* remplaçant après le Premier Empire l'ancien terme *royale*) Petite touffe de poils qu'on laisse pousser sous la lèvre inférieure.

IMPÉRIALEMENT, adv. [ɛ̃peʀjal(ə)mɑ̃] (*impérial*) En empereur, d'une façon impériale.

IMPÉRIALISME, n. m. [ɛ̃peʀjalism] (*impérial* ; infl. sém. de l'angl. *imperialism*) Opinion des impérialistes. ◼ Politique d'un État qui cherche à étendre son pouvoir sur d'autres États. ◼ Dans la doctrine marxiste, phase du capitalisme où le capital financier l'emporte sur toutes les autres formes de capital. ◆ Opinion favorable à un régime établi par un empereur ou une impératrice. *Son impérialisme n'était pas compatible avec les idées du parti.* ◆ Toute forme de domination. *Le personnel s'est opposé à l'impérialisme qu'elle exerce dans le service.*

IMPÉRIALISTE, n. m. et n. f. [ɛ̃peʀjalist] (*impérial* ; infl. sém. de l'angl. *imperialist*) Partisan de l'ancien empire d'Allemagne. ◆ Partisan du régime politique de l'empereur Napoléon 1ᵉʳ et de sa dynastie. ◆ **Adj.** *Le parti impérialiste.* ◼ **N. m.** et **n. f.** Partisan de l'impérialisme.

IMPÉRIEUSEMENT, adv. [ɛ̃peʀjøz(ə)mɑ̃] (*impérieux*) Avec hauteur, d'un ton de commandement. *Parler impérieusement.* ◆ Par une nécessité absolue. *J'ai impérieusement besoin de vous.*

IMPÉRIEUX, EUSE, adj. [ɛ̃peʀjø, øz] (lat. *imperiosus,* dominateur, de *imperium,* autorité) Qui commande d'une façon absolue et sans qu'on puisse résister ou répliquer. *Homme impérieux.* ◆ Se dit aussi du caractère, du ton, des manières. ◆ Il se dit quelquefois poétiquement des animaux et même des choses. « *Tel qu'à vagues épandues Marche un fleuve impérieux* », Malherbe. ◆ **Fig.** À quoi on ne peut résister. *Une circonstance impérieuse.*

IMPÉRISSABLE, adj. [ɛ̃peʀisabl] (2 *in-* et *périssable*) Qui ne saurait périr, et par extens. qu'on suppose devoir durer très longtemps. *Monument, souvenir impérissable.*

IMPÉRITIE, n. f. [ɛ̃peʀisi] (le *t* se prononce *ss* ; lat. *imperitia,* de *in-* priv. et *peritus,* habile) Manque d'habileté. *L'impéritie d'un chirurgien.* ◼ **Rem.** Il est littéraire aujourd'hui.

IMPERIUM ou **IMPÉRIUM**, ◼ n. m. [ɛ̃peʀjɔm] (mot lat., commandement, autorité) **Hist. rom.** Pouvoir, autorité de celui qui gouverne. *L'empereur Auguste jouissait d'un imperium total. Posséder l'imperium militaire. Des imperiums, des impériums.*

IMPERMÉABILISER, ◼ v. tr. [ɛ̃pɛʀmeabilize] (*imperméable*) Rendre quelque chose imperméable à l'eau, aux liquides, susceptible de le détériorer. *Imperméabiliser des chaussures.* ◼ **IMPERMÉABILISATION**, n. f. [ɛ̃pɛʀmeabilizasjɔ̃] ◼ **IMPERMÉABILISANT, ANTE**, adj. [ɛ̃pɛʀmeabilizɑ̃, ɑ̃t] (*Produit imperméabilisant* ou n. m., *un imperméabilisant. Un imperméabilisant pour le cuir.*

IMPERMÉABILITÉ, n. f. [ɛ̃pɛʀmeabilite] (*imperméable*) **Phys.** Qualité de ce qui est imperméable. ◼ **Fig.** Absence de sensibilité morale ou refus de compréhension à l'égard de quelque chose. *Imperméabilité à la musique contemporaine.*

IMPERMÉABLE, adj. [ɛ̃pɛʀmeabl] (b. lat. *impermeabilis,* de *in-* priv. et *permeare,* traverser) Qui ne se laisse pas pénétrer par des fluides. *Le verre est imperméable à l'eau.* ◆ **Absol.** Apprêté de manière que l'eau ne saurait passer à travers. *Drap, cuir imperméable.* ◼ **Fig.** Qui ne se laisse pas atteindre ou émouvoir par des sentiments, qui ne se laisse pas toucher par quelque chose. *Il est totalement imperméable à l'art moderne.*

IMPERMUTABILITÉ, n. f. [ɛ̃pɛʀmytabilite] (*impermutable*) Qualité de ce qui est impermutable.

IMPERMUTABLE, adj. [ɛ̃pɛʀmytabl] (2 *in-* et *permuter*) Qui ne peut être échangé contre autre chose.

IMPERSONNALITÉ, n. f. [ɛ̃pɛʀsɔnalite] (*impersonnel*) **Philos.** Qualité de ce qui est impersonnel. *L'impersonnalité de la raison, de la loi.* ◆ ▷ **Gramm.** Condition du verbe impersonnel. ◁

IMPERSONNEL, ELLE, adj. [ɛ̃pɛʀsɔnɛl] (b. lat. gramm. *impersonalis*) **Philos.** Qui n'appartient pas à une personne en particulier. *La raison, la loi sont impersonnelle.* ◆ **Gramm.** *Verbe impersonnel,* dit aussi *unipersonnel,* sorte de verbe défectif qui n'est usité qu'à l'infinitif et à la troisième personne du singulier des différents temps, comme : *il faut, il pleut. Certains verbes deviennent quelquefois impersonnels ; comme être, avoir, etc. dans ces phrases : Il est juste ; il y a des hommes qui, etc.* ◆ **N. m.** *Un impersonnel.* ◆ *Modes impersonnels,* modes du verbe qui ne reçoivent pas d'inflexions indiquant les personnes ; ce sont l'infinitif et le participe. ◼ Qui n'a pas de caractère personnel, individuel. *Une œuvre impersonnelle. Un goût impersonnel.* ◼ **Rem.** On classe aujourd'hui également le gérondif parmi les modes impersonnels.

IMPERSONNELLEMENT, adv. [ɛ̃pɛʀsɔnɛl(ə)mɑ̃] (*impersonnel*) **Philos.** Avec le caractère impersonnel. *La raison décide impersonnellement.* ◆ **Gramm.** D'une manière impersonnelle. ◼ Avec un caractère impersonnel. *Répondre impersonnellement.*

IMPERTINEMMENT, adv. [ɛ̃pɛʀtinamɑ̃] (*impertinent*) Mal à propos, d'une manière sotte, extravagante. *Parler impertinemment.* ◆ Avec impertinence. *Il a répondu impertinemment.* ◼ **Rem.** Il est vieilli dans le premier sens.

IMPERTINENCE, n. f. [ɛ̃pɛʀtinɑ̃s] (*impertinent*) Caractère de ce qui n'est pas pertinent, de ce qui choque par la déraison ou par l'inconvenance. « *Le valet lui faisait comprendre à tous coups l'impertinence de ses propositions.* », Molière. ◆ Chose, action impertinente, sottise. ◆ Caractère de celui qui choque par des manières pleines de fatuité et de dédain. ◆ Il se dit aussi des choses. « *Ces mots remplis d'impertinence Eurent le sort qu'ils méritaient* », La Fontaine. ◆ Paroles et actions impertinentes. *Faire, dire des impertinences.* ◼ **Rem.** Il est vieilli dans les deux premiers sens.

IMPERTINENT, ENTE, adj. [ɛ̃pɛʀtinɑ, ɑ̃t] (b. lat. *impertinens,* qui est sans rapport avec, de *in-* priv. et *pertinere,* appartenir à) Qui ne se rapporte pas à ce dont il s'agit. « *Toutes ces questions du temps et du lieu sont impertinentes à l'égard de Dieu* », Fénelon. ◆ Qui est contre le bon sens. « *Une infinité de fables impertinentes* », Bossuet. ◆ Qui agit contre le bon sens. « *L'impertinent auteur !* », Boileau. ◆ Qui blesse par des manières, des paroles discourtoises. *Le plus impertinent des hommes.* ◆ **N. m.** et **n. f.** *Un impertinent. Une impertinente.* « *Le fat est entre l'impertinent et le sot : il est composé de l'un et de l'autre* », La Bruyère. ◆ Il se dit aussi des choses. *Des manières impertinentes.* ◼ **Rem.** Il est vieilli dans les trois premiers sens.

IMPERTURBABILITÉ, n. f. [ɛ̃pɛʀtyʀbabilite] (*imperturbable*) État de ce qui est imperturbable. *L'imperturbabilité de l'âme, de la mémoire.*

IMPERTURBABLE, adj. [ɛ̃pɛʀtyʀbabl] (lat. chrét. *imperturbabilis,* de *in-* priv. et *perturbare,* bouleverser) Que rien ne peut troubler, ébranler, émouvoir. *Un homme, un sang-froid, une mémoire imperturbable.*

IMPERTURBABLEMENT, adv. [ɛ̃pɛʀtyʀbabləmɑ̃] (*imperturbable*) D'une manière imperturbable.

IMPESANTEUR, ■ n. f. [ɛ̃pəzɑ̃tœʀ] (2 *in* et *pesanteur*) Absence relative de pesanteur. *L'impesanteur est ressentie lorsque l'accélération subie égale la gravité, ce qui recouvre aussi le cas où la gravité est nulle.* ■ Rem. Au terme *apesanteur*, utilisé dans le langage courant, on préfère aujourd'hui celui d'*impesanteur*, en raison de la confusion orale entre *la pesanteur* et *l'apesanteur*.

IMPÉTIGO, n. m. [ɛ̃petigo] (lat. *impetigo*, de *impetere*, se jeter sur) **Méd.** Affection cutanée, caractérisée par de petites pustules agglomérées ou discrètes, dont l'humeur se dessèche en croûtes épaisses. ■ Au pl. *Des impétigos.*

IMPÉTRABLE, adj. [ɛ̃petʀabl] (lat. *impetrabilis*) Qu'on peut impétrer. *Un bénéfice impétrable.*

IMPÉTRANT, ANTE, n. m. et n. f. [ɛ̃petʀɑ̃, ɑ̃t] (*impétrer*) Celui ou celle qui a obtenu des lettres du prince ou un bénéfice. ♦ Celui qui a obtenu un diplôme universitaire. *Signature de l'impétrant.*

IMPÉTRATION, n. f. [ɛ̃petʀasjɔ̃] (lat. jurid. *impetratio*) Action d'impétrer, d'obtenir. ♦ **Dr.** Obtention de lettres du prince ou de quelque bénéfice.

IMPÉTRÉ, ÉE, p. p. d'impétrer. [ɛ̃petʀe]

IMPÉTRER, v. tr. [ɛ̃petʀe] (lat. *impetrare*, arriver à ses fins, de *in* et *patrare*, accomplir) Dans le style ascétique, obtenir. « *Sainte Vierge, impétrez-nous la charité, qui est mère de la paix* », Bossuet. ♦ Obtenir, en parlant de bénéfices, de charges. ♦ **Dr.** Obtenir par une requête.

IMPÉTUEUSEMENT, adv. [ɛ̃petɥøz(ə)mɑ̃] (*impétueux*) Avec impétuosité.

IMPÉTUEUX, EUSE, adj. [ɛ̃petɥø, øz] (b. lat. *impetuosus*, du lat. *impetus*, mouvement en avant) Qui se meut d'un mouvement rapide et violent. *Vent, fleuve, bruit impétueux.* ♦ Il se dit aussi des personnes et des animaux. « *Le prélat hors du lit impétueux s'élance* », Boileau. ♦ Qui ne peut se contenir, se maîtriser. ♦ N. m. et n. f. *Un jeune impétueux.* ♦ Il se dit des choses dans le même sens. « *Votre juste douleur est trop impétueuse* », P. Corneille.

IMPÉTUOSITÉ, n. f. [ɛ̃petɥozite] (radic. du lat. *impetuosus*) Qualité de ce qui est impétueux. *L'impétuosité des flots, du vent.* ♦ Fig. « *Ma haine n'aura plus d'impétuosité* », P. Corneille. ♦ Extrême vivacité. « *L'impétuosité d'un premier mouvement* », P. Corneille.

IMPIE, adj. [ɛ̃pi] (lat. *impius*, de *in-* priv. et *pius*, qui remplit ses devoirs) Qui s'élève contre la Divinité. *Une nation impie.* ♦ N. m. et n. f. *Un impie. Une impie.* ♦ En parlant des choses, qui est contraire à la religion. *Des propositions impies.* ♦ Par extens. Il se dit de ce qui offense la patrie, la dignité paternelle, et tout ce qui est considéré comme une sorte de religion. *Ordre impie.*

IMPIÉTÉ, n. f. [ɛ̃pjete] (lat. *impietas*) Mépris pour les choses de la religion. ♦ Il se dit aussi des choses. *L'impiété de cette action.* ♦ Action, parole, sentiment contraire à la religion. *Faire, dire des impiétés.* ♦ Par extens. Mépris des sentiments humains qui sont considérés comme une sorte de religion. « *Et quelle impiété de haïr un époux Pour avoir bien servi les siens, l'État et vous ?* », P. Corneille.

IMPITOYABLE, adj. [ɛ̃pitwajabl] (2 *in-* et *pitoyable*) Qui est sans pitié. *Un cœur impitoyable.* ♦ Par exagération, *être impitoyable*, ne rien pardonner, ne rien laisser passer. ♦ Il se dit aussi des choses. *Un sort impitoyable.*

IMPITOYABLEMENT, adv. [ɛ̃pitwajabləmɑ̃] (*impitoyable*) D'une manière impitoyable, sans aucune pitié.

IMPLACABLE, adj. [ɛ̃plakabl] (lat. *implacabilis*, de *in-* priv. et *placare*, apaiser) Qui ne peut être apaisé. *Un ennemi implacable.* ♦ Il se dit aussi des choses. *Une haine implacable.* ♦ D'une grande rigueur, d'une grande sévérité. *Un jugement implacable.* ■ À quoi l'on ne peut échapper. *Une logique implacable.*

IMPLACABLEMENT, adv. [ɛ̃plakabləmɑ̃] (*implacable*) D'une manière implacable.

IMPLANT, ■ n. m. [ɛ̃plɑ̃] (*implanter*) Substance, prothèse introduite durablement dans l'organisme, à des fins thérapeutiques ou esthétiques. *Implant contraceptif, mammaire. Implant sous-cutané.* ■ Spécialt Racine artificielle fixée dans la gencive et destinée à recevoir une prothèse dentaire. *L'implant dentaire est maintenant réalisé en titane.*

IMPLANTABLE, ■ adj. [ɛ̃plɑ̃tabl] (*implanter*) Qui peut être implanté. *Ces industries ne sont pas implantables dans le pays.* ■ Méd. *Un contraceptif implantable.*

IMPLANTATION, n. f. [ɛ̃plɑ̃tasjɔ̃] (*implanter*) Action d'implanter ou de s'implanter. *L'implantation d'un ergot dans la crête d'un coq. L'implantation du gui sur le pommier.* ■ Manière dont les dents, les cheveux sont implantés. *Le coiffeur observa l'implantation de ses cheveux.* ■ Disposition, répartition des constructions. *L'implantation d'un nouveau centre commercial.* ■ Méd. Mise en place d'un implant. *L'implantation d'une prothèse mammaire.* ■ Action d'installer, de s'installer ; résultat de cette action. *L'implantation d'une*

colonie dans une région. *L'implantation d'une entreprise dans une zone d'activités industrielles. L'implantation de nouvelles idées.*

IMPLANTÉ, ÉE, p. p. d'implanter. [ɛ̃plɑ̃te]

IMPLANTER, v. tr. [ɛ̃plɑ̃te] (lat. médiév. *implantare*, de *in* et lat. impér. *plantare*) Planter une chose dans une autre. ♦ Fig. *Le gouvernement qu'on essaya d'implanter en ce pays.* ♦ Fig. et fam. *Il lui implanta cette idée dans la tête.* ♦ S'implanter, v. pr. Être implanté. *Le gui s'implante dans le chêne.* ■ Méd. Introduire un implant. *Implanter un embryon dans l'utérus d'une femme. Implanter un contraceptif sous la peau.* ■ Installer dans un lieu déterminé. *Implanter des filiales en Asie.* ■ Fig. *Il a réussi à implanter ses idées.* ■ S'implanter, v. pr. S'installer, se fixer dans un lieu. *Cet organisme aide les entreprises à s'implanter dans la région.* ■ Fig. *Le syndicat a eu du mal à s'implanter dans ce secteur économique.*

IMPLANTOLOGIE, ■ n. f. [ɛ̃plɑ̃tɔlɔʒi] (*implant* et *-logie*) Partie de la chirurgie dentaire spécialisée dans les implants. *L'implantologie consiste à mettre en place une racine artificielle dans l'os de la gencive et à fixer la prothèse dentaire dessus.*

IMPLEXE, adj. [ɛ̃plɛks] (lat. *implexus*, p. p. de *implectere*, entrelacer) ▷ En poésie dramatique, composé d'événements variés, quoique liés naturellement au sujet. *Une action peut être implexe sans être double.* ◁ ■ Philos. Se dit d'un concept qui possède plusieurs représentations. ■ N. m. *Un implexe combinatoire.* ■ N. m. Généal. Rapport entre le nombre théorique des ancêtres et le nombre réel d'ancêtres retrouvés.

IMPLICATION, n. f. [ɛ̃plikasjɔ̃] (lat. *implicatio*, de *implicare*, plier dans, emmêler) **Jurispr.** Action d'impliquer, état d'une personne impliquée dans une affaire criminelle. ♦ ▷ En termes d'école, contradiction. *Il y a implication dans ces deux propositions.* ■ Log. Relation logique qui fait déduire une chose d'une autre. ■ Fait d'être impliqué, de s'impliquer. *Son implication dans cette affaire lui a porté préjudice.* ■ Surtout au pl. Conséquence. *Les implications historiques d'un événement.*

IMPLICITE, adj. [ɛ̃plisit] (lat. *implicitus*, p. p. de *implicare*, plier dans, envelopper) Qui, sans être exprimé en termes formels, résulte naturellement, par déduction et conséquence, de ce qui est formellement exprimé. *Ceci est contenu dans le contrat d'une manière implicite.* ♦ *Volonté implicite,* celle qui se manifeste moins par des paroles que par certains actes ou faits habituels. ♦ Gramm. *Proposition implicite,* celle qui contient en un seul mot ou en deux sujet, verbe, attribut.

IMPLICITEMENT, adv. [ɛ̃plisit(ə)mɑ̃] (*implicite*) D'une manière implicite.

IMPLIQUÉ, ÉE, p. p. d'impliquer. [ɛ̃plike]

IMPLIQUER, v. tr. [ɛ̃plike] (lat. *implicare*, plier dans, emmêler) Envelopper, engager, embarrasser dans, en parlant de procès, d'affaires dangereuses. *On m'impliqua dans cette affaire.* ♦ Il se dit des choses qui en font supposer d'autres. *Nécessité implique privation.* ♦ ▷ *Impliquer contradiction,* se dit lorsque deux idées sont incompatibles ou se contredisent. ◁ ♦ ▷ Impers. « *Il implique contradiction de dire qu'il y ait quelqu'un au-dessus de celui qui occupe le premier rang* », Fénelon. ◁ ♦ ▷ Absol. *Cela implique,* cela fait contradiction. ◁ ♦ ▷ et absol. impers. *Il implique de dire que...* ◁ ■ Faire participer, engager quelqu'un dans une action. *Impliquer les salariés dans la vie de l'entreprise.* ■ S'impliquer, v. pr. Participer à quelque chose de manière active. *S'impliquer dans une association.*

IMPLORATION, ■ n. f. [ɛ̃plɔrasjɔ̃] (lat. *imploratio*) Action d'implorer. *L'imploration du pardon.* « *Elle lut un mélange d'imploration et de passion dans les yeux tendres* », Sabatier. ■ Au pl. Paroles, gestes implorants. *Ses implorations n'ont pas fléchi les juges.*

IMPLORÉ, ÉE, p. p. d'implorer. [ɛ̃plɔre]

IMPLORER, v. tr. [ɛ̃plɔre] (lat. *implorare*, de *in* et *plorare*, crier en pleurant) Supplier avec instance et pour ainsi dire avec pleurs. « *J'ose vous implorer et pour ma propre vie...* », Racine. ♦ Demander instamment et comme avec pleurs. « *Seigneur, je viens pour elle implorer votre appui* », Racine. ♦ *Implorer le bras séculier,* se dit de la justice ecclésiastique qui demande aux juges séculiers de faire exécuter ses arrêts. ■ IMPLORANT, ANTE, adj. [ɛ̃plɔrɑ̃, ɑ̃t]

IMPLOSER, ■ v. intr. [ɛ̃ploze] (*exploser*, avec chang. de préf.) **Techn.** Être l'objet d'une implosion. *Le téléviseur a implosé.*

IMPLOSIF, IVE, ■ adj. [ɛ̃plozif, iv] (*explosif,* avec chang. de préf.) **Phonét.** Relatif à l'implosion. *Consonne implosive.* ■ N. f. *Une implosive,* une consonne implosive. *Les consonnes implosives, également appelées* injectives, *se rencontrent dans certaines langues asiatiques ou africaines comme le peul et le haoussa.*

IMPLOSION, ■ n. f. [ɛ̃plozjɔ̃] (*explosion,* avec chang. de préf.) **Phonét.** Première phase de l'articulation d'une occlusive caractérisée par la fermeture des organes de la phonation. ■ Phys. Brusque et violente rétractation d'un milieu solide ou d'un corps creux, à la suite d'un déséquilibre provoqué par une pression externe supérieure à sa propre résistance. *Implosion d'un* *téléviseur.* ■ **Fig.** Effondrement d'un système, d'une organisation. *Implosion du bloc des pays de l'Est après la chute du mur de Berlin.*

IMPLUVIUM, ■ n. m. [ɛ̃plyvjɔm] (mot lat., de *impluere*, pleuvoir dans) Dans l'Antiq. Bassin qui recevait les eaux de pluie au centre de l'atrium des maisons romaines.

IMPOLARISABLE, ■ adj. [ɛ̃pɔlaʀizabl] (2 *in-* et *polarisable*) **Électr.** Qui ne peut être polarisé, où l'on ne peut obtenir deux charges opposées. *Une électrode, une pile impolarisable.*

IMPOLI, IE, adj. [ɛ̃pɔli] (lat. *impolitus*, de *in* priv. et *polire*, aplanir) Qui est sans politesse. *Un homme impoli.* ◆ **N. m. et n. f.** *C'est un impoli.* ◆ Il se dit aussi des choses. *Manières impolies.*

IMPOLIMENT, adv. [ɛ̃pɔlimɑ̃] (*impoli*) D'une manière impolie.

IMPOLITESSE, n. f. [ɛ̃pɔlitɛs] (2 *in-* et *politesse*) Manque de politesse. Il se dit aussi des choses. *Réponse pleine d'impolitesse.* ◆ Action, procédé contraire à la politesse.

IMPOLITIQUE, adj. [ɛ̃pɔlitik] (2 *in-* et *politique*) Qui est contraire à la bonne, à la saine politique, soit dans le gouvernement d'un État, soit même dans la conduite privée. *Une conduite, une démarche impolitique.*

IMPOLITIQUEMENT, adv. [ɛ̃pɔlitik(ə)mɑ̃] (*impolitique*) D'une manière impolitique.

IMPONDÉRABILITÉ, n. f. [ɛ̃pɔ̃deʀabilite] (*impondérable*) **Phys.** Qualité de ce qui est impondérable. ■ Caractère impondérable. *L'impondérabilité des résultats.*

IMPONDÉRABLE, adj. [ɛ̃pɔ̃deʀabl] (2 *in-* et *pondérable*) **Phys.** Qui ne peut être pesé. *Fluides impondérables,* fluides auxquels on suppose une matérialité et auxquels on ne trouve pas de poids ; comme la lumière, le calorique, l'électricité, le magnétisme. ◆ **N. m.** *Les impondérables.* ■ **Adj.** Qu'il est difficile de prévoir. *Des facteurs impondérables.* ■ **N. m.** *Les impondérables économiques.*

IMPOPULAIRE, adj. [ɛ̃pɔpylɛʀ] (2 *in-* et *populaire*) Qui n'est pas bienvenu auprès du peuple. *Prince impopulaire.* ◆ Il se dit aussi des choses. *Lois, actes impopulaires.*

IMPOPULARITÉ, n. f. [ɛ̃pɔpylaʀite] (*in* et *popularité*, d'après l'angl. *unpopularity*) Condition de celui qui est impopulaire. *L'impopularité d'un ministre.* ◆ Il se dit aussi des choses. *L'impopularité d'une mesure.*

1 **IMPORTABLE**, adj. [ɛ̃pɔʀtabl] (1 *importer*) **Admin.** Que l'on peut importer, qu'il est permis d'importer.

2 **IMPORTABLE**, ■ adj. [ɛ̃pɔʀtabl] (2 *in* et *portable*) Que l'on ne peut pas porter, mettre. *Cette robe est importable.*

IMPORTANCE, n. f. [ɛ̃pɔʀtɑ̃s] (ital. *importanza*, de *importare*) État de ce qui importe, de ce qui a un grand intérêt, de ce qui est considérable. *Un secret d'une grande importance.* ◆ *Mettre, attacher de l'importance à une chose,* la considérer comme ayant beaucoup d'importance. ◆ *Prendre de l'importance,* devenir important. ◆ Autorité, crédit. *Cette place lui donne de l'importance.* ◆ Se dit des choses en un sens analogue. « *C'est une auberge d'importance où l'on doit être bien traité* », PICARD. ◆ Vanité de ceux qui veulent paraître plus considérables qu'ils ne sont. *Faire l'homme d'importance.* ◆ D'IMPORTANCE, loc. adv. Beaucoup, fortement. « *Si je prends un bâton, je vous rosserai d'importance* », MOLIÈRE. ■ REM. Cette locution est vieillie aujourd'hui. ■ D'IMPORTANCE, loc. adj. Important. *Une découverte d'importance.*

IMPORTANT, ANTE, adj. [ɛ̃pɔʀtɑ̃, ɑ̃t] (ital. *importanza*, de *importare*) Qui importe, qui est de conséquence, qui est considérable. *Une affaire importante. Il est important de se hâter.* ◆ Qui a du crédit, de l'influence. *Un ministre important.* ◆ En mauvaise part, qui est infatué de soi-même. ◆ Il se dit aussi du ton, des manières. *Un ton décisif et important.* ◆ **N. m. et n. f.** *Un important. Une importante.* ◆ **N. m.** *L'important,* la chose importante.

IMPORTATEUR, TRICE, n. m. et n. f. [ɛ̃pɔʀtatœʀ, tʀis] (1 *importer*) Personne qui fait le commerce d'importation. ■ **Adj.** Qui importe. *Les pays importateurs de blé.*

IMPORTATION, n. f. [ɛ̃pɔʀtasjɔ̃] (1 *importer*) **Comm.** Action d'importer. ◆ **Fig.** *L'importation des idées.* ◆ Les marchandises importées. ◆ Introduction d'une race domestique étrangère dans une localité donnée. ◆ Transport d'une maladie contagieuse d'un pays dans un autre. ■ **Inform.** Fait d'importer des données. *Maîtriser l'importation de données vers un tableur.*

IMPORTÉ, ÉE, p. p. d'importer. [ɛ̃pɔʀte]

1 **IMPORTER**, v. tr. [ɛ̃pɔʀte] (lat. *importare*, de *in* et *portare*, porter) Introduire dans un pays des productions étrangères, une industrie, etc. ◆ Absol. *Importer en franchise.* ◆ **Fig.** Introduire dans une langue un mot étranger. ◆ Il se dit aussi d'une maladie introduite. *Les vaisseaux importèrent la peste en cette ville.* ◆ S'importer, v. pr. Être importé. ■ V. tr. **Inform.** Faire passer

un fichier d'une application à l'autre en lui attribuant le format approprié. *Importer des données dans un tableur.*

2 **IMPORTER**, v. intr. [ɛ̃pɔʀte] (ital. *importare*, concerner, être d'intérêt) N'est d'usage qu'à l'infinitif et aux troisièmes personnes. Être de conséquence. « *Et mon trépas importe à votre sûreté* », P. CORNEILLE. ◆ ▷ *Importer de,* avoir l'importance de, y aller de. « *En matière d'État, ne fût-ce qu'un atome, Sa perte quelquefois importe d'un royaume* », P. CORNEILLE. « *Il avait un procès qui lui importait de dix mille francs* », REGNARD. ◁ ■ Impers. *Ce qu'il importe à l'historien de savoir.* « *Quand l'effet est certain, il n'importe des causes* », P. CORNEILLE. ◆ *Importer* s'emploie dans plusieurs locutions négatives ou interrogatives ou avec *peu,* pour exprimer l'indifférence qu'on a, le peu de cas qu'on fait. *N'importe.* « *Que m'importe, seigneur, sa haine ou sa tendresse.* », RACINE. ◆ *Qu'importe, n'importe,* avec la préposition *de.* « *Si en général le caractère est bon, qu'importe de quelques défauts qui s'y trouvent?* », MONTESQUIEU. ◆ Il faut employer *de* avec l'infinitif quand le second verbe se rapporte au régime : *Il importe à votre frère de partir ;* mais quand le second verbe ne se rapporte pas au régime, il faut mettre *que* avec le subjonctif : *il importe à votre frère que vous partiez.* ■ *N'importe quoi, qui, lequel, laquelle,* une chose, une personne indéterminée. *Appuyer sur n'importe quoi. N'importe qui pourrait le faire. Tu peux prendre n'importe lesquels.* ■ **Péj.** *Tu dis n'importe quoi ! Elle fait entrer n'importe qui.* ■ *N'importe quel, quelle,* une chose, une personne indéterminée. *Peut-on choisir n'importe quel modèle?* ■ *N'importe où, quand, comment,* dans un lieu, à un moment, d'une manière quelconque. *Il peut dormir n'importe où. Elle peut venir n'importe quand. Poser quelque chose n'importe comment.* ■ **Péj.** *N'importe comment,* sans soin, mal. *Il conduit n'importe comment.* ■ **Fam.** *N'importe comment,* quoi qu'il en soit. *N'importe comment, ils ont tort.*

IMPORT-EXPORT, ■ n. m. [ɛ̃pɔʀɛkspɔʀ] (mots angl.) Activité commerciale consistant à importer et à exporter des marchandises. *Entreprise spécialisée dans l'import-export. Des imports-exports.*

IMPORTUN, UNE, adj. [ɛ̃pɔʀtœ̃, yn] ou [ɛ̃pɔʀtɛ̃, yn] (lat. *importunus*, inabordable, incommode, intraitable, de *in-* priv. et radic. de *portus*, port,) Qui est fâcheux d'une manière répétée, continue. « *C'est le rôle d'un sot d'être importun* », LA BRUYÈRE. « *Importun à tout autre, à soi-même incommode* », BOILEAU. ◆ **N. m. et n. f.** *Un importun. Une importune.* ◆ Se dit aussi des choses. *Des vœux importuns.*

IMPORTUNÉ, ÉE, p. p. d'importuner. [ɛ̃pɔʀtyne]

IMPORTUNÉMENT, adv. [ɛ̃pɔʀtynemɑ̃] (*importun*) D'une manière importune.

IMPORTUNER, v. tr. [ɛ̃pɔʀtyne] (*importun*) Fatiguer en qualité d'importun. « *Je vous prie de ne m'importuner plus de vos querelles* », MONTESQUIEU. ◆ **Fig.** et poétiq. *Importuner les dieux, le ciel de ses prières, de ses vœux,* adresser incessamment des prières, des vœux à la Divinité. ◆ Il se dit aussi des choses qui sont importunes. « *Peut-être que mes vers importunent madame* », MOLIÈRE. ◆ Absol. *Le bruit importune.* ◆ S'importuner, v. pr. Être inquiété.

IMPORTUNITÉ, n. f. [ɛ̃pɔʀtynite] (lat. *importunitas*, position désavantageuse, caractère brutal ; lat. médiév., sollicitation pressante) Action d'importuner. *Obtenir quelque chose par importunité.* ◆ Demande, sollicitation importune. ■ Caractère de ce qui est importun. *L'importunité d'une question.*

IMPOSABLE, adj. [ɛ̃pozabl] (*imposer*) Qui doit, qui peut être imposé, en parlant des personnes. ◆ Qui est sujet aux impositions, qui est susceptible d'être imposé, en parlant des choses.

IMPOSANT, ANTE, adj. [ɛ̃pozɑ̃, ɑ̃t] (*imposer*) Qui impose, qui est propre à faire naître l'attention, le respect, l'admiration, en parlant soit des personnes, soit des choses. *Il a le ton imposant. Une beauté imposante.* ◆ Qui remplit l'âme d'admiration et de respect. « *La religion s'y montrait aux peuples sous un appareil imposant* », VOLTAIRE. ◆ *Forces imposantes,* forces militaires considérables. ■ Qui impressionne par son importance, sa grandeur. *Une foule imposante.*

IMPOSÉ, ÉE, p. p. d'imposer. [ɛ̃poze]

IMPOSER, v. tr. [ɛ̃poze] (lat. *imponere*, placer sur, d'après *poser*) Mettre dessus, ne se dit guère qu'avec *mains.* *Après lui avoir imposé les mains sur la tête.* ◆ **Impr.** Mettre dans des garnitures les pages composées et rangées dans l'ordre convenable, qu'on serre avec des coins dans un châssis de fer. ◆ **Fig.** *Imposer un nom,* désigner une chose par un nom spécial. ◆ **Fig.** *Imposer un tribut, des droits, des réquisitions,* obliger à payer un tribut, des droits, à fournir des réquisitions. ◆ Il se dit aussi de celui qu'on soumet au tribut, aux droits, etc. *Imposer une ville à la somme de...* ◆ Il se dit enfin des matières frappées de droits. *Imposer les vins.* ◆ Donner d'autorité pour chef. *Imposer un roi à un pays.* ◆ Faire une sorte de violence à quelqu'un pour lui faire accepter ou une personne, ou une opinion, ou une affaire, etc. ◆ Charger quelqu'un de quelque chose de pénible, de difficile, de fâcheux. « *Puisque Sertorius m'impose ce devoir* », P. CORNEILLE. ♦ Prescrire. *Le vainqueur impose la loi aux vaincus.* ♦ *Imposer silence,* faire taire. ♦ **Fig.** *Imposer silence aux passions,* les réprimer. ♦ **Fig.** *Imposer silence aux médisants, à la calomnie,* faire que les médisants, la calomnie ne soient plus écoutés. ♦ *S'imposer à soi-même quelque chose,* s'en faire une loi. « *Imposez-vous la loi ne plus jouer* », BOURDALOUE. ♦ Infliger. *Imposer une peine.* ♦ *Imposer le respect,* inspirer le sentiment du respect. ♦ **Absol.** *Imposer,* inspirer le respect, la soumission, la crainte. « *De fort près, c'est moins que rien ; de loin, ils imposent* », LA BRUYÈRE. ♦ On dit dans le même sens *en imposer.* « *Ils n'auraient point cédé aux évêques ; mais le cardinal légat leur en imposait.* », VOLTAIRE. « *Il est sûr que des ruines immenses en imposent.* », DIDEROT. ♦ ▷ *Imposer,* faire illusion, tromper. « *Le fourbe qui longtemps a pu vous imposer* », MOLIÈRE. ◁ ♦ ▷ On dit dans le même sens *en imposer.* La distinction que les grammairiens modernes ont voulu établir entre *imposer* et *en imposer* est contraire à l'usage des auteurs. ◁ ♦ S'imposer, v. pr. Être donné, en parlant d'une dénomination. ♦ Être mis sur les contribuables. ♦ *S'imposer,* se mettre une imposition. ♦ Être soumis à l'impôt, en parlant des choses. ♦ *S'imposer,* se dit de celui qui oblige d'autres à le recevoir comme chef, comme associé, etc. ♦ ▷ **Fig.** *S'imposer,* être imposé, être mis dessus comme un fardeau. *Un joug, un fardeau qui s'impose.* ◁ ■ Être nécessaire, indispensable. *La plus grande discrétion s'impose.* ■ Se faire accepter, reconnaître par sa valeur, son talent. *Il s'impose comme le plus grand peintre de son temps.*

IMPOSITION, n. f. [ɛ̃pozisjɔ̃] (lat. *impositio,* du supin *impositum* de *imponere*) Action d'imposer, de mettre dessus (usité seulement avec *mains*). *L'imposition des mains.* ♦ **Impr.** Action d'imposer les pages d'une forme. ♦ Manière dont une feuille est imposée. *L'imposition est défectueuse.* ♦ **Fig.** *Imposition de nom,* action de donner un nom. ♦ Action d'infliger. *L'imposition d'une contribution de guerre.* ♦ Tribut, impôt, contributions. *Receveur des impositions.*

IMPOSSIBILITÉ, n. f. [ɛ̃posibilite] (lat. *impossibilitas*) Défaut de possibilité. *Il est de toute impossibilité que j'aille aujourd'hui vous voir.* ♦ *Impossibilité métaphysique,* ce qui implique contradiction. ♦ *Impossibilité physique,* se dit d'une chose qui est impossible selon l'ordre de la nature. ♦ *Impossibilité morale,* se dit d'une chose qui est vraisemblablement impossible. ■ Ce qui est impossible. *Constater une impossibilité matérielle.*

IMPOSSIBLE, adj. [ɛ̃posibl] (lat. *impossibilis*) Qui ne peut être, qui ne peut se faire. « *À qui sait bien aimer, il n'est rien d'impossible* », P. CORNEILLE. ♦ *Il est impossible que,* avec le subjonctif. « *Il est impossible que les richesses ne donnent du pouvoir* », MONTESQUIEU. ♦ **Ellipt.** *Impossible,* cela ne se peut. ♦ **Par extens.** Qui est très difficile. ♦ Qui ne peut être employé dans telle ou telle position, ne peut entrer dans telle ou telle combinaison de gouvernement. *Se rendre impossible.* ♦ **N. m.** *L'impossible,* ce qui ne peut être fait, advenir. *Tenter l'impossible.* ♦ *Par exagération, faire l'impossible,* faire tout ce qu'on peut. ♦ *Réduire quelqu'un à l'impossible,* en exiger ce qu'il ne peut faire, et, en termes de logique, le réduire à ne pouvoir répondre sans tomber en contradiction. ♦ **Fam.** *Gagner, perdre l'impossible,* gagner, perdre beaucoup. ♦ *Par impossible,* en faisant une supposition qui paraît impossible ou improbable. ♦ **Prov.** *À l'impossible nul n'est tenu.* ♦ **Adj. Fam.** Extravagant, invraisemblable. *Il porte toujours des cravates impossibles.* ■ Difficile à supporter. *Cet enfant est impossible.*

IMPOSTE, n. f. [ɛ̃pɔst] (ital. *imposta,* du lat. *imponere,* placer sur) **Archit.** La dernière pierre du pied-droit d'une porte ou d'une arcade faisant saillie, et sur laquelle on pose la première pierre qui commence à former le cintre de la porte, de l'arcade. ♦ Menuiserie fixe qui surmonte la partie mobile d'une porte ou d'une croisée et qui en diminue la hauteur.

IMPOSTEUR, n. m. [ɛ̃pɔstœʀ] (b. lat. *impostor,* de *imponere,* en imposer à, abuser) Celui qui impose, qui trompe. ♦ Celui qui charge quelqu'un d'imputations odieuses, mais mensongères. ♦ Celui qui tâche de tromper en débitant une fausse doctrine. ♦ Celui qui tâche de tromper en se parant des dehors de la vertu. ♦ Celui qui tâche de tromper en se faisant passer pour un autre qu'il n'est. ♦ **Adj.** « *Un oracle imposteur* », VOLTAIRE.

IMPOSTURE, n. f. [ɛ̃pɔstyʀ] (b. lat. *impostura*) Action de tromper, d'en imposer. *Une grossière imposture.* ♦ Ce que l'on impute faussement à quelqu'un dans le dessein de lui nuire. ♦ Hypocrisie, tromperie dans les mœurs, dans la conduite. *Toute sa vie n'a été qu'une imposture.* ♦ Action de tromper en se faisant passer pour un autre. *L'imposture des faux Démétrius en Russie.* ♦ **Fig.** Illusion, en bonne ou en mauvaise part. *L'imposture des arts.* « *De vos songes menteurs l'imposture est visible* », RACINE.

IMPÔT, n. m. [ɛ̃po] (lat. *impositum,* p. p. de *imponere,* placer sur) Nom qui ne se donnait autrefois qu'aux levées passagères des deniers que le gouvernement imposait pour les besoins de l'État. ♦ Charge publique, droit imposé sur certaines choses. *Impôts directs, indirects.* ♦ *L'impôt,* l'ensemble des impôts. ♦ **Fig.** Ce que l'on paye pour des besoins réels ou imaginaires. *Des habitudes de luxe sont un lourd impôt.* ♦ *L'impôt du sang,* la conscription militaire.

IMPOTENCE, n. f. [ɛ̃potɑ̃s] (lat. *impotentia*) **Méd.** État de celui qui est impotent.

IMPOTENT, ENTE, adj. [ɛ̃potɑ̃, ɑ̃t] (lat. *impotens,* faible, impuissant, de *in* priv. et radic. de *posse,* pouvoir) Qui est privé de l'usage d'un membre, soit par vice de nature, soit par accident. *Impotent du bras droit.* ♦ **N. m.** et n. f. *Un impotent.* ♦ Se dit aussi des membres. *Un bras impotent.* ■ Qui a de grandes difficultés à se mouvoir. *Un vieillard impotent.*

IMPRATICABILITÉ, n. f. [ɛ̃pʀatikabilite] (*impraticable*) État de ce qui est impraticable.

IMPRATICABLE, adj. [ɛ̃pʀatikabl] (2 *in-* et *praticable*) Qui ne peut se faire, s'exécuter. *Entreprise impraticable.* ♦ Où l'on ne peut passer, où l'on ne passe qu'avec beaucoup de difficultés. *Chemin impraticable.* ♦ Se dit d'une maison, d'un appartement, d'une chambre qui a des inconvénients tels, qu'on ne peut l'habiter. ♦ **Fig.** Insociable, très difficile à vivre. *Un homme, une humeur impraticable.* ■ **Rem.** Il est vieux dans ce dernier sens.

IMPRÉCATEUR, TRICE, ■ n. m. et n. f. [ɛ̃pʀekatœʀ, tʀis] (*imprécation*) **Litt.** Personne qui fait des imprécations. « *Seulement parfois il éclatait, et c'était superbe. Comme imprécateur, surtout, il était inouï* », BLOY.

IMPRÉCATION, n. f. [ɛ̃pʀekasjɔ̃] (lat. impér. *imprecatio,* de *imprecor,* souhaiter à) Souhait qu'on fait contre quelqu'un. *Faire des imprécations contre quelqu'un.* ♦ **Antiq.** Formule solennelle par laquelle on flétrissait publiquement un ennemi de l'État, en l'exilant ou en le condamnant à mort par contumace. ♦ **Rhét.** Figure par laquelle on souhaite des malheurs à celui dont on parle ou à qui l'on parle.

IMPRÉCATOIRE, ■ adj. [ɛ̃pʀekatwaʀ] (*imprécation*) **Litt.** Relatif à l'imprécation. *Des paroles imprécatoires.*

IMPRÉCIS, ISE, ■ adj. [ɛ̃pʀesi, iz] (2 *in-* et *précis*) Qui manque de précision, qui est ou reste vague, confus. *Forme, silhouette imprécise. Bruit imprécis. Projets imprécis.*

IMPRÉCISION, ■ n. f. [ɛ̃pʀesizjɔ̃] (2 *in* et *précision*) Caractère de ce qui est imprécis. *L'imprécision d'une définition.* ■ Chose imprécise. *Ce texte comporte de nombreuses imprécisions.*

IMPRÉDICTIBILITÉ, ■ n. f. [ɛ̃pʀediktibilite] (*imprédictible*) Caractère imprédictible. *L'imprédictibilité d'un phénomène naturel.*

IMPRÉDICTIBLE, ■ adj. [ɛ̃pʀediktibl] (2 *in* et *prédire*) Que l'on ne peut pas prévoir. *Un résultat imprédictible.*

IMPRÉGNATION, ■ n. f. [ɛ̃pʀenasjɔ̃] ou [ɛ̃pʀenjasjɔ̃] (lat. médiév. *imprægnatio,* action de concevoir) Pénétration et diffusion d'une substance, généralement fluide, dans un corps, un matériau poreux. *Imprégnation et traitement du bois.* ■ Diffusion d'une substance dans l'organisme. *Imprégnation alcoolique, hormonale.* ■ **Fig.** Introduction lente et diffuse d'influences, de connaissances, dans l'esprit humain.

IMPRÉGNÉ, ÉE, p. p. d'imprégner. [ɛ̃pʀene] ou [ɛ̃pʀenje]

IMPRÉGNER, v. tr. [ɛ̃pʀene] ou [ɛ̃pʀenje] (lat. *imprægnare,* de *in* et *prægnas,* enceinte) ▷ **Hist. nat.** Féconder. ◁ ♦ Pénétrer, se répandre dans, en parlant des particules d'une substance. *Imprégner une liqueur de sels.* ♦ S'imprégner, v. pr. Être imprégné. ♦ **Fig.** *Les préjugés dont leur esprit s'était imprégné.*

IMPRENABLE, adj. [ɛ̃pʀənabl] (2 *in-* et *prenable*) Qui ne peut être pris. *Une ville imprenable.* ♦ Qu'on ne peut prendre, dont on ne peut faire usage sans en éprouver quelque gêne. *Ce tabac est imprenable.* ■ *Vue imprenable,* que de nouvelles constructions ne peuvent masquer.

IMPRÉPARATION, ■ n. f. [ɛ̃pʀepaʀasjɔ̃] (2 *in* et *préparation*) Fait de ne pas être préparé ou de ne pas être suffisamment préparé. *L'impréparation des militaires à la veille d'un conflit.*

IMPRÉSARIO ou **IMPRESARIO,** n. m. [ɛ̃pʀesaʀjo] (ital. *impresario,* de *impresa,* entreprise) ▷ Chef d'une entreprise théâtrale. ◁ Au pl. *Des impresarios* ou *des imprésarios.* ■ Personne qui agit pour le compte d'artistes du spectacle et qui se charge d'organiser et de promouvoir leur travail. *Les acteurs, les chanteurs ont des imprésarios.* ■ **Rem.** On prononçait autrefois [ɛ̃pʀezaʀjo].

IMPRESCRIPTIBILITÉ, ■ n. f. [ɛ̃pʀɛskʀiptibilite] (*imprescriptible*) Qualité de ce qui est imprescriptible. *L'imprescriptibilité d'un droit.*

IMPRESCRIPTIBLE, adj. [ɛ̃pʀɛskʀiptibl] (2 *in-* et *prescriptible*) Qui n'est pas susceptible de prescription. *Droit imprescriptible.* ♦ Il se dit dans le langage ordinaire avec une signification analogue. « *La loi de la nature, cette loi imprescriptible, qui parle au cœur de l'homme* », J.-J. ROUSSEAU.

IMPRESSE, adj. f. [ɛ̃pʀɛs] (lat. *impressus,* p ; p. de *imprimere,* appuyer sur, empreindre) **Philos.** *Espèces impresses,* celles qui sont imprimées dans nos sens, qui laissent trace dans notre mémoire.

IMPRESSIF, IVE, ■ adj. [ɛ̃pʀesif, iv] (angl. *impressive*) Qui produit une impression, qui impressionne. *Un jeu de lumière impressif.* ♦ Qui se laisse facilement impressionner. *Un caractère impressif.*

IMPRESSION, n. f. [ε̃pʀesjɔ̃] (lat. *impressio*) ▷ Action de presser sur. « *Ce corps ne recevra aucune impression vers aucun côté, non plus qu'une girouette entre deux vents égaux* », PASCAL. ◁ ♦ ▷ **Fig.** Action de presser sur quelqu'un, en parlant de personnes qui l'influencent, le dirigent. « *Vous conduire par les impressions d'un guide éclairé* », MASSILLON. ◁ ♦ Action par laquelle une chose appliquée sur une autre y laisse une empreinte ; le résultat de cette action. *L'impression d'un cachet sur la cire.* ♦ **Fig.** *L'impression d'un caractère*, l'action de donner un caractère, une qualité. ♦ L'action de tirer des empreintes d'une surface où il y a des creux ou des saillies propres à se charger d'une couleur, qui par compression se reporte sur une autre surface. *L'impression d'une étoffe.* ♦ Action d'imprimer un livre, etc. ; résultat de cette action. *Une belle impression.* ♦ **Peint.** La couleur qui sert de première couche. ♦ Effet que l'action d'une chose quelconque produit sur un corps. « *Cette sorte de pierre qui se fond à l'impression de l'air* », CHATEAUBRIAND. ♦ *L'impression du mouvement*, l'action qu'exerce le mouvement communiqué. ♦ **Fig.** « *Suivre l'impression d'un premier mouvement* », P. CORNEILLE. ♦ Ce qui reste de l'action qu'une chose a exercée sur un corps. *L'alambic laisse toujours une impression de feu dans les eaux distillées.* « *Malgré l'impression qui me reste encore de deux ou trois accès de fièvre* », D'ALEMBERT. ♦ Marque. « *L'impression de Dieu y [dans l'homme] reste encore si forte qu'il ne peut la perdre* », BOSSUET. ♦ Effet plus ou moins prononcé que les objets extérieurs font sur les organes des sens. *Les impressions de la douleur, du plaisir.* « *En toute sensation, il se fait un contact et une impression réelle et matérielle sur nos organes* », BUFFON. ♦ Effet qu'une cause quelconque produit dans le cœur ou dans l'esprit. « *Si tu ouvres votre âme à ces impressions* », P. CORNEILLE. « *Un jeune homme toujours bouillant dans ses caprices Est prompt à recevoir l'impression des vices* », BOILEAU. ♦ *Bonnes impressions, mauvaises impressions*, sentiments favorables, défavorables qui sont inspirés par une personne ou une chose. ♦ *Donner une impression, donner des impressions*, faire juger, sentir suivant telle ou telle manière. ♦ *Faire de l'impression*, agir fortement sur l'esprit. *Faire de l'impression dans l'esprit, sur les cœurs*, etc. ♦ *Faire impression*, se dit d'une personne qui attire sur elle l'attention dans une société. ■ *Avoir l'impression*, croire, penser. *J'ai l'impression de le connaître. Elle a l'impression qu'il ment.*

IMPRESSIONNABILITÉ, n. f. [ε̃pʀesjɔnabilite] (*impressionnable*) Néolog. Qualité de ce qui est impressionnable ou susceptible d'impression. ■ Caractère d'une personne impressionnable. *L'impressionnabilité d'un enfant devant un prestidigitateur.* ■ REM. Il n'est plus considéré comme un néologisme aujourd'hui.

IMPRESSIONNABLE, adj. [ε̃pʀesjɔnabl] (*impressionner*) Néolog. Susceptible de recevoir de vives impressions. *Esprit impressionnable.* ■ Se dit d'une personne qui se laisse facilement impressionner. *Des jeunes gens impressionnables.* ■ REM. Il n'est plus considéré comme un néologisme aujourd'hui.

IMPRESSIONNANT, ANTE ■ adj. [ε̃pʀesjɔnɑ̃, ɑ̃t] (*impressionner*) Qui provoque un vif sentiment de crainte, d'étonnement, d'admiration. *Édifice, paysage impressionnant. Capacités de travail impressionnantes.*

IMPRESSIONNÉ, ÉE, p. p. d'impressionner. [ε̃pʀesjɔne]

IMPRESSIONNER, v. tr. [ε̃pʀesjɔne] (*impression*) Produire une impression matérielle. *La lumière impressionne le chlorure d'argent.* ♦ Néolog. Causer une impression morale. *Le récit de cette crise l'impressionna.* ♦ S'impressionner, v. pr. Recevoir une impression morale. ■ REM. Il n'est plus considéré comme un néologisme aujourd'hui.

IMPRESSIONNISME, ■ n. m. [ε̃pʀesjɔnism] (*Impression, soleil levant*, tableau de Claude Monet, 1840-1926) École picturale française de la fin du XIXᵉ siècle, caractérisée par l'importance donnée à la lumière et au traitement chromatique. *L'impressionnisme se caractérise chez Cézanne, Degas, Monet*, etc., *par l'explosion de la couleur et de la lumière, qui passe avant le contour ou même la forme.* ■ Par extens. Tendance artistique (musicale, littéraire notamment) à refléter dans une œuvre des impressions, des sensations fugitives, en s'affranchissant des contraintes formelles. *L'impressionnisme de Ravel.* ■ IMPRESSIONNISTE, n. m. et n. f. et adj. [ε̃pʀesjɔnist]

IMPRÉVISIBLE, ■ adj. [ε̃pʀevizibl] (2 *in* et *prévisible*) Qu'on ne peut prévoir. *Attitude, comportement, événement imprévisible. L'inondation est un risque naturel rarement imprévisible.* ■ IMPRÉVISIBILITÉ, n. f. [ε̃pʀevizibilite]

IMPRÉVISION, ■ n. f. [ε̃pʀevizjɔ̃] (2 *in* et *prévision*) Absence, manque de prévision. *L'imprévision leur a été fatale.* ■ **Dr.** *Théorie de l'imprévision*, théorie selon laquelle un contrat conclu avec l'administration peut être résilié ou modifié si des événements imprévisibles surgissent et en empêchent l'exécution.

IMPRÉVOYANCE, n. f. [ε̃pʀevwajɑ̃s] (2 *in* et *prévoyance*) Défaut de prévoyance.

IMPRÉVOYANT, ANTE, adj. [ε̃pʀevwajɑ̃, ɑ̃t] (2 *in* et *prévoyant*) Qui manque de prévoyance. ■ N. m. et n. f. *Un imprévoyant, une imprévoyante.*

IMPRÉVU, UE, adj. [ε̃pʀevy] (2 *in*- et *prévu*) Qu'on n'a pas prévu et qui arrive lorsqu'on y pense le moins. *Un malheur imprévu.* ■ N. m. Ce qu'on n'a pas prévu. *Il déteste l'imprévu.*

IMPRIMABILITÉ, ■ n. f. [ε̃pʀimabilite] (*imprimer*) Techn. Aptitude d'un support à être imprimé. *L'imprimabilité est très variable d'un papier à l'autre. Un papier d'une bonne imprimabilité.*

IMPRIMABLE, ■ adj. [ε̃pʀimabl] (*imprimer*) Qui mérite d'être imprimé. *Ces poèmes sont tout à fait imprimables.*

IMPRIMANT, ANTE ■ adj. [ε̃pʀimɑ̃, ɑ̃t] (*imprimer*) Qui est utilisé pour imprimer. *Un cylindre imprimant.* ■ Par extens. Qui imprime. *Une machine imprimante.*

IMPRIMANTE, ■ n. f. [ε̃pʀimɑ̃t] (fém. substantivé de *imprimant*) Appareil relié à un ordinateur, qui permet d'imprimer sur papier des données textuelles ou graphiques. *Imprimante laser, à jet d'encre.*

IMPRIMATUR, ■ n. m. [ε̃pʀimatyʀ] (mot lat. mod., *qu'il soit imprimé*, 3ᵉ pers. subj. prés. passif de *imprimere*) Autorisation d'imprimer un ouvrage, octroyée par l'autorité ecclésiastique ou par l'université. *Accorder, refuser l'imprimatur. Des imprimaturs* ou *des imprimatur.*

IMPRIMÉ, ÉE, p. p. d'imprimer. [ε̃pʀime] N. m. *Un imprimé.* ♦ Une petite brochure ; une feuille volante.

IMPRIMER, v. tr. [ε̃pʀime] (lat. *imprimere*, de *in* et *premere*, presser) Faire ou laisser une empreinte, une marque, des traits, etc. sur quelque chose. *Imprimer un sceau sur la cire, la trace de ses pas sur le sable, etc.* ♦ Passer la planche encrée et couverte de la feuille sur la table de la presse, de telle sorte que l'encre de la planche s'attache au papier et y reproduise la figure gravée. *Imprimer une estampe.* ♦ Faire, par l'application et la pression d'une surface sur l'autre, diverses fleurs et autres agréments sur la toile dite indienne, sur la *mousseline*, la mousseline de laine, les châles de laine, etc. ♦ Empreindre sur une surface des lettres fondues ou gravées et chargées d'encre **Par extens.** Faire tous les travaux nécessaires pour la confection d'un livre. ♦ *Faire imprimer un ouvrage*, le remettre à l'imprimeur pour qu'il l'imprime. ♦ **Absol.** *Imprimer nettement, sur vélin, etc.* ♦ Publier par la voie de l'impression. *Il n'a encore rien imprimé.* ♦ *Se faire imprimer*, mettre au jour quelque ouvrage. ♦ **Peint.** Coucher une première couleur qui sert de fond à celle qu'on doit mettre ensuite pour faire un tableau. ♦ Dans la peinture en bâtiments, enduire d'une ou de plusieurs couches de couleur des ouvrages de serrurerie, de menuiserie, etc. ♦ **Fig.** Donner une certaine marque, un certain caractère. « *L'irréparable affront Que sa fuite honteuse imprime à notre front* », P. CORNEILLE. « *Le ciel a sur son front imprimé sa noblesse* », RACINE. ♦ **Fig.** Faire une marque, une empreinte dans l'esprit, dans le cœur, dans la mémoire. *Imprimer du respect, de la terreur*, etc. ♦ *S'imprimer*, imprimer à soi, graver dans son cœur, dans son esprit. « *Il faut s'imprimer bien avant cette vérité chrétienne* », BOSSUET. ♦ *Imprimer le mouvement, la force*, etc. « *C'est Dieu qui imprime à la matière son mouvement* », MALEBRANCHE. « *La gravitation qui imprime le mouvement à tous les corps vers un centre* », VOLTAIRE. « *Une forte puissance imprime à la mer un mouvement périodique et réglé* », BUFFON. ♦ *S'imprimer*, v. pr. Laisser une empreinte. ♦ Être produit par l'imprimerie. ♦ Être en cours d'impression. ♦ **Fig.** Être fixé dans l'esprit, dans le cœur. *Les images des objets s'impriment dans la mémoire.*

IMPRIMERIE, n. f. [ε̃pʀim(ə)ʀi] (*imprimer*) L'art d'imprimer des livres. ♦ Collectivement, l'ensemble des caractères, des presses et tout ce qui sert à l'impression des ouvrages. *Acheter une imprimerie.* ♦ Établissement où l'on imprime des livres. ♦ *Imprimerie en taille-douce, imprimerie lithographique*, établissement où l'on imprime des gravures en taille-douce, des lithographies. ♦ *Imprimerie de peinture*, Art d'obtenir par l'impression des gravures coloriées.

IMPRIMEUR, n. m. [ε̃pʀimœʀ] (*imprimer*) Celui qui est à la tête d'une imprimerie. ♦ *Imprimeur en taille-douce, imprimeur lithographe*, celui qui a un établissement dans lequel on imprime des gravures, des lithographies. ♦ L'ouvrier qui travaille à la presse. ♦ **Par extens.** Tout ouvrier qui travaille dans une imprimerie. ♦ **Adj.** *Compagnon imprimeur.*

IMPROBABILITÉ, ■ n. f. [ε̃pʀobabilite] (*improbable*) Caractère de ce qui est improbable. *L'improbabilité d'un phénomène.* ■ Par méton. Ce qui est improbable, invraisemblable. *Relever les improbabilités d'un scénario.*

IMPROBABLE, adj. [ε̃pʀobabl] (lat. impér. *improbabilis*, qui ne mérite pas d'être approuvé) Qui n'est point probable, qui n'a point de probabilité. Dont les chances de se réaliser sont très faibles. *Un changement improbable.*

IMPROBATEUR, TRICE, adj. [ε̃pʀobatœʀ, tʀis] (b. lat. *improbator*) Qui désapprouve. *Un silence improbateur.* ♦ N. m. et n. f. Celui, celle qui improuve. ■ REM. Il est vieux aujourd'hui.

IMPROBATION, n. f. [ε̃pʀobasjɔ̃] (lat. *improbatio*, de *in*- priv. et *probare*, approuver) Action d'improuver. ■ REM. Il est vieux aujourd'hui.

IMPROBITÉ, n. f. [ɛ̃pʀɔbite] (lat. *improbitas*, mauvaise qualité, méchanceté) Défaut de probité.

IMPRODUCTIF, IVE, adj. [ɛ̃pʀɔdyktif, iv] (2 *in-* et *productif*) Qui ne produit point. *Capital improductif. Terre improductive.* ♦ **Écon.** et **polit.** *Consommation improductive,* consommation d'où il ne résulte aucune nouvelle valeur. ■ Se dit d'une personne qui ne participe pas à la production des biens. ■ N. m. et n. f. *Les improductifs.* ■ **IMPRODUCTIVITÉ**, n. f. [ɛ̃pʀɔdyktivite]

IMPRODUCTIVEMENT, adv. [ɛ̃pʀɔdyktiv(ə)mɑ̃] (*improductif*) D'une manière improductive.

IMPROMPTU, n. m. [ɛ̃pʀɔ̃pty] (lat. *in promptu*, sous les yeux, sous la main) Tout ce qui se faite sur-le-champ et sans préparation. *Ce concert était un impromptu.* ♦ Petite pièce de poésie fait sur-le-champ, madrigal, chanson et même pièce de théâtre. « *Il met tous les matins six impromptus au net* », BOILEAU. ♦ **Plais.** *Un impromptu fait à loisir,* petite pièce de poésie, bon mot, conte agréable, qui, préparé d'avance, est donné par l'auteur comme faite sur-le-champ. ♦ **Adj.** *Un bal impromptu. Des vers impromptus.* ♦ **Adv.** « *Parler impromptu sans avoir une minute pour me préparer* », J.-J. ROUSSEAU. ♦ À L'IMPROMPTU, loc. adv. Sans préparation ou méditation. ■ L'Académie ne donne point d'*s* à *impromptu* au pluriel ; mais elle note que quelques-uns lui donnent l'*s*; ce qui est préférable. ■ REM. Aujourd'hui, on met un *s* au pluriel. ■ REM. On écrivait aussi *in-promptu* autrefois.

IMPRONONÇABLE, ■ adj. [ɛ̃pʀɔnɔ̃sabl] (2 *in-* et *prononçable*) Qu'on ne peut prononcer, qui se prononce difficilement. *Il porte un nom imprononçable.*

IMPROPRE, adj. [ɛ̃pʀɔpʀ] (lat. impér. gramm. *improprius*) Qui ne convient pas, en parlant du langage. *Terme impropre.* ♦ Qui n'est pas propre à. *Un homme impropre aux affaires.*

IMPROPREMENT, adv. [ɛ̃pʀɔpʀəmɑ̃] (*impropre*) D'une manière impropre, en parlant du langage. *Parler improprement.*

IMPROPRIÉTÉ, n. f. [ɛ̃pʀɔpʀijete] (lat. impér. gramm. *improprietas*) Qualité de ce qui est impropre, en parlant du langage. *L'impropriété d'un mot.* ♦ Qualité, état de n'être pas propre à.

IMPROUVABLE, ■ adj. [ɛ̃pʀuvabl] (2 *in* et *prouvable*) Que l'on ne peut pas prouver. *Un fait improuvable.*

IMPROUVÉ, ÉE, p. p. d'improuver. [ɛ̃pʀuve]

IMPROUVER, v. tr. [ɛ̃pʀuve] (lat. *improbare*, de *in-* priv. et *probare*, approuver) Ne pas approuver, blâmer. « *Ils ont raison d'improuver ce sentiment* », PASCAL. ■ REM. Il est vieux aujourd'hui.

IMPROVISATEUR, TRICE, n. m. et n. f. [ɛ̃pʀovizatœʀ, tʀis] (*improviser*) Celui, celle qui improvise, qui a le talent d'improviser. ♦ Adj. *Talent provisateur.*

IMPROVISATION, n. f. [ɛ̃pʀovizasjɔ̃] (*improviser*) Action d'improviser. ♦ Produit de l'improvisation. *Une improvisation brillante.*

IMPROVISÉ, ÉE, p. p. d'improviser. [ɛ̃pʀovize]

IMPROVISER, v. intr. [ɛ̃pʀovize] (lat. *improvisus*, de *in-* priv. et *providere*, voir en avant) Faire sans préparation et sur-le-champ des vers, de la musique, un discours. ♦ V. tr. Faire quelque chose, préparer un dîner, bal, etc., sans préparation et sur-le-champ. *Improviser un dîner, des vers, etc.* ♦ **Fig.** *Improviser un système, une explication,* les donner, les exposer sans préparation. ♦ **S'improviser**, v. pr. Être improvisé. ■ Se transformer subitement en. *Elle s'est improvisée animatrice. On ne s'improvise pas chanteur d'opéra.*

IMPROVISTE (À L'), loc. adv. [ɛ̃pʀovist] (ital. *all'improvvista*, de *provvedere*, pourvoir) Lorsqu'on y pense le moins, d'une façon inattendue et subite. *Il arriva à l'improviste.*

IMPRUDEMMENT, adv. [ɛ̃pʀydamɑ̃] (*imprudent*) Avec imprudence.

IMPRUDENCE, n. f. [ɛ̃pʀydɑ̃s] (lat. *imprudentia*, manque de connaissance, inadvertance) Manque de prudence. « *Lâcher ce qu'on a dans la main, Sous espoir de grosse aventure, Est imprudence toute pure* », LA FONTAINE. ♦ Action contraire à la prudence. *Faire des imprudences.* ■ Caractère de ce qui est imprudent. *L'imprudence d'une conduite.*

IMPRUDENT, ENTE, adj. [ɛ̃pʀydɑ̃, ɑ̃t] (lat. *imprudens*, qui ne sait pas, surpris) Qui manque de prudence. *Un homme imprudent.* ♦ N. m. et n. f. *Un imprudent. Une imprudente.* ♦ Il se dit aussi des actions et des discours. *Une valeur, une parole imprudente.*

IMPUBÈRE, adj. [ɛ̃pybɛʀ] (lat. *impubes*, sans poil) Qui n'a pas encore atteint l'âge de puberté. ♦ N. m. et n. f. *Un, une impubère.*

IMPUBERTÉ, n. f. [ɛ̃pybɛʀte] (2 *in* et *puberté*) Âge qui précède la puberté, enfance. ■ REM. Il est utilisé en droit ou dans un style littéraire.

IMPUBLIABLE, ■ adj. [ɛ̃pyblijabl] (2 *in* et *publiable*) Que l'on ne peut pas publier. *Ce texte incohérent est impubliable.*

IMPUDEMMENT, adv. [ɛ̃pydamɑ̃] (*impudent*) Avec impudence.

IMPUDENCE, n. f. [ɛ̃pydɑ̃s] (lat. *impudentia*) Manque de ce qui fait la bonne honte ; effronterie, insolence. « *Il ne faut rien de moins dans le monde qu'une vraie et naïve impudence pour réussir* », LA BRUYÈRE. ♦ Actions ou paroles impudentes. ■ Caractère de ce qui est impudent. *L'impudence d'une conduite.*

IMPUDENT, ENTE, adj. [ɛ̃pydɑ̃, ɑ̃t] (lat. *impudens*) Qui offense, qui viole la bonne honte ; qui fait preuve d'effronterie. ♦ N. m. et n. f. *Un impudent. Une impudente.* ♦ Se dit aussi des choses. *Impudente audace.*

IMPUDEUR, n. f. [ɛ̃pydœʀ] (2 *in-* et *pudeur*) Manque de pudeur. *L'impudeur des gestes, de l'attitude.* ♦ Défaut, manque de l'honnête honte ; impudence. *Gorgés de biens, ils osent avec impudeur solliciter de nouveaux dons.*

IMPUDICITÉ, n. f. [ɛ̃pydisite] (*impudique*) Vice contraire à la pudicité. ♦ Action impudique. ■ Caractère de ce qui est impudique. *L'impudicité d'une attitude, d'un geste.*

IMPUDIQUE, adj. [ɛ̃pydik] (lat. *impudicus*) Qui fait des actions contraires à la pudicité. *Un pécheur impudique.* ♦ N. m. et n. f. « *C'est la femme qui se fait un front d'impudique, comme parle l'Écriture sainte* », BOSSUET. ♦ Il se dit aussi des choses. « *Phèdre seule charmait tes impudiques yeux* », RACINE.

IMPUDIQUEMENT, adv. [ɛ̃pydik(ə)mɑ̃] (*impudique*) D'une manière impudique.

IMPUGNÉ, ÉE, p. p. d'impugner. [ɛ̃pyɲe] ou [ɛ̃pynje]

IMPUGNER, v. tr. [ɛ̃pyɲe] ou [ɛ̃pynje] (lat. *impugnare*) ▷ Attaquer, combattre une proposition, un droit. ♦ Il est vieux. ◁

IMPUISSANCE, n. f. [ɛ̃pɥisɑ̃s] (2 *in-* et *puissance*) Manque de puissance pour faire quelque chose. « *Les ayant réduits à l'impuissance de répondre* », PASCAL. « *Seigneur, de mes efforts je connais l'impuissance* », RACINE. « *L'envie se tourne en rage dans l'impuissance où elle est de nuire* », FÉNELON. ♦ Au pl. **Relig.** Les défaillances de la force et du courage. ■ *Impuissance sexuelle* ou *impuissance,* impossibilité pour l'homme d'accomplir l'acte sexuel. *L'impuissance peut avoir une origine physique ou psychologique.*

IMPUISSANT, ANTE, adj. [ɛ̃pɥisɑ̃, ɑ̃t] (2 *in-* et *puissant*) Qui n'a pas de puissance, de force. Avec un verbe, *impuissant* prend *à* : *Impuissant à connaître ;* avec un substantif, les prépositions *à* et *pour* : *Impuissant pour le bien.* ♦ En parlant des choses, qui n'a pas d'effet, d'efficacité. *Une haine impuissante.* ♦ **Fig.** Il se dit d'un auteur qui ne peut inventer, créer. ♦ N. m. et n. f. *Un impuissant.* ■ Se dit d'un homme incapable d'accomplir l'acte sexuel.

IMPULSER, ■ v. tr. [ɛ̃pylse] (*impulsion*) Donner une impulsion à. *Impulser des initiatives, un rapport de forces, une dynamique de rassemblement.*

IMPULSIF, IVE, adj. [ɛ̃pylsif, iv] (b. lat. *impulsivus*) Qui donne une impulsion. *La force impulsive.* ♦ Qui agit de manière spontanée, sans réfléchir. *Un être impulsif.* ■ Qui est fait de manière spontanée, irréfléchie. *Un mouvement impulsif.* ■ **Psych.** Qui agit selon une impulsion. *Ne te fie pas à cette personne impulsive.* ♦ N. m. et n. f. Personne impulsive. *On ne peut lui faire aucune remarque, c'est un impulsif.*

IMPULSION, n. f. [ɛ̃pylsjɔ̃] (lat. *impulsio*, de *impellere*, heurter, ébranler, pousser à) Action de pousser. « *L'eau était poussée fort haut par la force de l'impulsion des pistons* », PERRAULT. ♦ **Fig.** « *Il se voit élevé aux plus grandes places, non par ses propres efforts, mais par la douce impulsion d'un vent favorable* », BOSSUET. ♦ **Fig.** Action de pousser quelqu'un à faire quelque chose. *Céder aux impulsions d'une volonté étrangère.* ♦ Motif, mobile. « *Souvent les impulsions des héros ont quelque chose de divin qui est au-dessus de la raison* », SAINT-ÉVREMOND. ■ **Phys.** Produit d'une force par la durée de son action. ■ **Phys.** Brève variation d'une grandeur physique suivie d'un retour à son niveau initial. ■ **Psych.** Tendance incontrôlée qui pousse à agir. *Impulsions, pulsions et compulsions.*

IMPULSIVEMENT, ■ adv. [ɛ̃pylsiv(ə)mɑ̃] (*impulsif*) De manière impulsive. *Il a réagi trop impulsivement.*

IMPULSIVITÉ, ■ n. f. [ɛ̃pylsivite] (*impulsif*) Caractère impulsif. *Son impulsivité le dessert.* « *Il n'acceptait ni l'impulsivité ni l'abandon* », MALRAUX.

IMPUNÉMENT, adv. [ɛ̃pynemɑ̃] (*impuniment, de impuni*) Avec impunité. « *On ne s'attaque point à Dieu impunément* », BOURDALOUE. ♦ Par antiphrase, sans recevoir punition de choses qui mériteraient récompense. « *Pensez-vous être saint et juste impunément ?* », RACINE. ♦ **Fig.** Sans inconvénients. « *Rien ne se dit impunément devant les enfants* », ROLLIN. ♦ ▷ Sans en tirer vengeance. « *Néron impunément ne sera pas jaloux* », RACINE. ◁

IMPUNI, IE, adj. [ɛ̃pyni] (lat. *impunitus*, de *in-* priv., et *punire*, punir) Qui demeure sans punition, en parlant des choses. *Une faute impunie.* ♦ Qui demeure sans punition, en parlant des personnes.

IMPUNITÉ, n. f. [ɛ̃pynite] (lat. *impunitas*) Manque de punition. *L'impunité enhardit au crime.*

IMPUR, URE, adj. [ɛ̃pyʀ] (lat. *impurus*) Qui n'est pas pur. *Des eaux impures.* ♦ Qui a une impureté religieuse. « *Mon père... De l'idolâtre impur fuit l'aspect criminel* », RACINE. ♦ Qui a une impureté morale. « *Reste impur des brigands dont j'ai purgé la terre* », RACINE. ♦ *Les esprits impurs*, les démons. ♦ Il se dit aussi des choses. « *Le meurtrier du roi respire en ces États, Et de son souffle impur infecte nos climats* », VOLTAIRE. ♦ *Être né d'un sang impur*, être né de parents malhonnêtes, déshonorés. ♦ On dit dans le même sens : *Une race impure*[1]. ♦ **N. m.** *L'impur*, ce qui est moralement impur. ♦ Impudique. *Une femme impure.* ♦ Il se dit des choses. *Pensées, mœurs impures.* ■ REM. 1 : Expression raciste. La notion de race ne repose sur aucun fondement scientifique.

IMPURETÉ, n. f. [ɛ̃pyʀ(ə)te] (lat. *impuritas*) Qualité de ce qui est impur, mélangé de parties qui salissent. *L'impureté des eaux, d'un métal.* ♦ *Impureté du sang*, état de la constitution qui fait qu'on est sujet aux éruptions rebelles, aux suppurations, etc. ♦ Ce qu'il y a d'impur, de sale dans une chose. ♦ Impudicité. *Vivre dans l'impureté.* ♦ **Au pl.** Obscénités. *Un livre plein d'impuretés.* ♦ ▷ *Impureté légale*, tache que l'on contractait en faisant certaines choses déclarées impures dans l'ancienne loi.

IMPUTABILITÉ, ■ n. f. [ɛ̃pytabilite] (*imputable*) **Dr.** Possibilité de considérer une personne comme responsable d'un acte. *Une imputabilité pénale.* ■ Financ. Fait de pouvoir imputer une somme, une valeur sur un compte.

IMPUTABLE, adj. [ɛ̃pytabl] (*imputer*) Qui peut, qui doit être imputé. *Des abus imputables à une mauvaise administration.* ♦ **Financ.** et **jurispr.** Qui doit être imputé sur une somme, sur une valeur, sur un compte, en parlant de sommes, de valeurs. *Somme imputable sur le budget.* ♦ **Fig. Théol.** Qui peut être mis au compte de l'homme. *Les mérites du Christ nous sont imputables.*

IMPUTATION, n. f. [ɛ̃pytasjɔ̃] (lat. chrét. *imputatio*, compte, accusation) **Financ.** et **jurispr.** Compensation d'une somme avec une autre ; déduction d'une somme, d'une valeur sur une autre. *Faire sur la quotité disponible l'imputation d'un avancement d'hoirie.* ♦ *Imputation de paiement*, déduction d'une somme sur une autre ; compensation de créances réciproques. ♦ **Théol.** L'application des mérites de Jésus-Christ. ♦ **Fig.** Action d'imputer à quelqu'un une chose digne de blâme. ♦ La chose même, la faute que l'on impute. « *Les imputations abominables dont les païens chargeaient les mystères chrétiens* », VOLTAIRE.

IMPUTÉ, ÉE, p. p. d'imputer. [ɛ̃pyte]

IMPUTER, v. tr. [ɛ̃pyte] (lat. *imputare*, de *in* et *putare*, compter) **Financ.** et **jurispr.** Porter en compte, appliquer un paiement à une certaine dette ; déduire une somme, une valeur sur une autre, l'en rabattre. *L'avancement d'hoirie doit être imputé sur la quotité disponible.* ♦ **Fig.** Mettre au compte moral d'une personne. « *Une action ne peut être imputée à péché, si...* », PASCAL. ♦ **Théol.** Mettre au compte de l'homme, en parlant des mérites de Jésus-Christ. ♦ **Fig.** Attribuer à, avec l'idée d'éloge ou de blâme. « *Telle était son habileté que lorsqu'il était vaincu, on ne pouvait en imputer la faute qu'à la fortune* », FLÉCHIER. ♦ *Imputer à*, suivi d'un substantif sans article, attribuer ce qui est exprimé par ce substantif. *Imputer à crime, à gloire, etc.* ♦ *Imputer de*, suivi de l'infinitif. « *Endurer que l'Espagne impute à ma mémoire D'avoir mal soutenu l'honneur de ma maison* », P. CORNEILLE. ♦ ▷ *Imputer que*, avec le verbe à l'indicatif. « *Imputer à de telles gens qu'ils sont soumis par faiblesse, etc.* », BOSSUET. ◁ ♦ Attribuer. « *Vous m'imputez un poème sur la religion naturelle* », VOLTAIRE. ♦ *S'imputer*, v. pr. Imputer à soi. « *Il s'impute à péché la moindre bagatelle* », MOLIÈRE. ■ Être imputé, mis en compte. ♦ **Fig.** Être attribué à. ■ **V. tr. Financ.** et **admin.** Affecter une somme à. *Imputer une dépense sur un chapitre.*

IMPUTRESCIBILITÉ, n. f. [ɛ̃pytʀesibilite] (*imputrescible*) Qualité de ce qui est imputrescible.

IMPUTRESCIBLE, adj. [ɛ̃pytʀesibl] (lat. *imputrescibilis*) Qui ne peut se putréfier.

1 IN..., [ɛ̃] préfixe qui signifie dans, en, qui est la préposition latine *in* ; les variations orthographiques en sont les mêmes que pour *in* négatif.

2 IN..., [ɛ̃] préfixe qui a une signification négative, et qui dérive du latin *in* -. In se change en *im* devant les labiales *b, p* ou *m* : *imberbe, impur, immobile* ; en *il* devant *l* : *illettré* ; en *r* devant *r* : *irréligion.*

INABORDABLE, adj. [inabɔʀdabl] (2 *in-* et *abordable*) Où l'on ne peut aborder. *Des rochers inabordables.* ♦ **Par extens.** Dont on ne peut pas approcher, en parlant d'un lieu. *Les bureaux de la comédie sont inabordables.* ♦ **Fig.** Qui est de difficile accès, en parlant d'une personne. ■ **Fig.** Que l'on ne peut acheter en raison de son prix élevé. *Les logements sont devenus inabordables dans le quartier.*

INABOUTI, IE, ■ adj. [inabuti] (2 *in-* et *abouti*) Qui n'est pas abouti, qui n'a pu être mené à son terme. *Une œuvre inaboutie.*

INABRITÉ, ÉE, ■ adj. [inabʀite] (2 *in-* et *abrité*) Qui n'est point protégé par un abri. *Port inabrité.*

INACCENTUÉ, ÉE, ■ adj. [inaksɑ̃tɥe] (2 *in-* et *accentué*) Qui n'est pas accentué. *Une voyelle, une syllabe inaccentuée.*

INACCEPTABLE, adj. [inaksɛptabl] (2 *in-* et *acceptable*) Qu'on ne peut, qu'on ne doit pas accepter.

INACCEPTATION, ■ n. f. [inaksɛptasjɔ̃] (2 *in-* et *acceptation*) Action de ne pas accepter. *Inacceptation des conditions. Inacceptation de soi.*

INACCESSIBLE, adj. [inaksesibl] (b. lat. *inaccessibilis*) Dont l'accès est impossible. *Un roc inaccessible.* ♦ **Fig.** « *Des lits au bruit inaccessibles* », BOILEAU. ♦ **Fig.** Qui ne peut être atteint par la capacité humaine. « *Aussi Dieu était-il inaccessible à notre nature* », BOSSUET. ♦ Auprès de qui on ne peut trouver d'accès, à qui il est très difficile de parler. « *C'est être faible et timide que d'être inaccessible et fier* », MASSILLON. ♦ **Fig.** Qui n'est point touché de certaines choses, qui n'éprouve point certains mouvements de l'âme, certaines passions. « *Il oppose à l'amour un cœur inaccessible* », RACINE. ■ INACCESSIBILITÉ, n. f. [inaksesibilite]

INACCOMMODABLE, adj. [inakomodabl] (2 *in-* et *accommodable*) Qui ne se peut accommoder, concilier. *Une querelle inaccommodable.* ■ REM. Il est vieux aujourd'hui.

INACCOMPLI, IE, ■ adj. [inakɔ̃pli] (2 *in-* et *accompli*) Qui n'est pas terminé. *Action, œuvre inaccomplie.* ■ **Ling.** Qui est considéré dans son développement. *Aspect inaccompli d'un verbe.* ■ **N. m. Ling.** *L'accompli et l'inaccompli.* ■ REM. Dans ce sens, on dit aussi *imperfectif.*

INACCOMPLISSEMENT, n. m. [inakɔ̃plis(ə)mɑ̃] (2 *in-* et *accomplissement*) Manque d'accomplissement. *L'inaccomplissement des conditions.*

INACCORDABLE, adj. [inakɔʀdabl] (2 *in-* et *accordable*) Qu'on ne peut mettre d'accord. *Des intérêts inaccordables.* ♦ Qu'on ne peut octroyer. *Une demande inaccordable.*

INACCOSTABLE, adj. [inakɔstabl] (2 *in-* et *accostable*) **Fam.** Qu'on ne peut accoster. *Un homme inaccostable.* ■ REM. Il n'est plus familier aujourd'hui, il est vieux.

INACCOUTUMÉ, ÉE, ■ adj. [inakutyme] (2 *in-* et *accoutumé*) Qui n'a pas coutume de se faire, d'advenir. *Cérémonies inaccoutumées.* ♦ Qui n'est pas fait à, pas habitué à. « *Des yeux inaccoutumés à ces spectacles* », VOLTAIRE.

INACHEVÉ, ÉE, ■ adj. [inaʃ(ə)ve] (2 *in-* et *achevé*) Qui n'a point été achevé.

INACHÈVEMENT, ■ n. m. [inaʃɛv(ə)mɑ̃] (2 *in-* et *achèvement*) État de ce qui est inachevé. *L'inachèvement d'une œuvre d'art.*

INACTIF, IVE, adj. [inaktif, iv] (2 *in-* et *actif*) Qui n'a point d'activité. ■ Qui n'a pas d'activité professionnelle. ■ **N. m.** et **n. f.** *Les inactifs.* ■ **Adj.** Qui n'agit pas, qui est inefficace. *Un médicament inactif.*

INACTINIQUE, ■ adj. [inaktinik] (2 *in-* et *actinique*) Se dit d'un rayonnement qui n'impressionne pas un support photosensible. *On utilise une lumière inactinique dans les laboratoires de développement photographique.*

INACTION, n. f. [inaksjɔ̃] (2 *in-* et *action*) Cessation de toute action. *Être dans l'inaction.*

INACTIVATION, ■ n. f. [inaktivasjɔ̃] (*inactiver*) **Méd.** Suppression du caractère pathogène d'une substance ou d'un microorganisme. *Inactivation d'un virus.*

INACTIVER, ■ v. tr. [inaktive] (*inactif*) Rendre inactif. *Inactiver un agent pathogène.*

INACTIVITÉ, n. f. [inaktivite] (2 *in-* et *activité*) Manque d'activité ; disposition à l'inaction. ■ **Admin.** Situation d'un fonctionnaire ou d'un militaire qui n'exerce pas temporairement ses fonctions.

INACTUALITÉ, ■ n. f. [inaktɥalite] (2 *in-* et *actualité*) Caractère de ce qui n'est pas ou de ce qui n'est plus actuel. *L'inactualité d'une pensée.*

INACTUEL, ELLE, ■ adj. [inaktɥɛl] (2 *in-* et *actuel*) Qui n'est pas ou plus actuel. *Des considérations inactuelles.*

INADAPTABLE, ■ adj. [inadaptabl] (2 *in-* et *adaptable*) Qui ne peut s'adapter à quelque chose et en particulier à un milieu. *Sa maladie a fait de lui un individu inadaptable.* ■ Que l'on ne peut adapter au cinéma, au théâtre. *Cette pièce est inadaptable à la scène.*

INADAPTATION, ■ n. f. [inadaptasjɔ̃] (2 *in-* et *adaptation*) Absence d'adaptation. *Inadaptation d'un enfant à l'école. Lutter contre l'inadaptation sociale.*

INADAPTÉ, ÉE, ■ adj. [inadapte] (2 *in-* et *adapté*) Qui a des difficultés à s'adapter à un mode de vie, à s'intégrer à son milieu. *Structure pour jeunes inadaptés.* ■ **Spécialt** *Enfance inadaptée*, ensemble des enfants qui ont des difficultés à s'intégrer dans le milieu familial, la société ou le système scolaire. ■ **N. m.** et **n. f.** *Les inadaptés.* ■ **Adj.** Qui n'est pas adapté, qui est inadéquat. *Cette méthode est inadaptée.*

INADÉQUAT, ATE, ■ adj. [inadekwa, at] ou [inadekwat] (on est libre de prononcer ou pas le *t* final. 2 *in-* et *adéquat*) Qui ne convient pas, n'est pas approprié. *Un support inadéquat. Employer un terme inadéquat.*

INADÉQUATION, ■ n. f. [inadekwasjɔ̃] (*inadéquat*) Caractère de ce qui est inadéquat.

INADMISSIBILITÉ, n. f. [inadmisibilite] (*inadmissible*) Qualité de ce qui est inadmissible. *L'inadmissibilité d'une preuve, d'un candidat.*

INADMISSIBLE, adj. [inadmisibl] (2 *in-* et *admissible*) Qui ne saurait être admis. *Preuve, candidat inadmissible.*

INADVERTANCE, n. f. [inadvɛrtɑ̃s] (lat. médiév. *inadvertentia*, de *in-* priv. et lat *advertere*, tourner vers) Défaut de celui qui ne prend pas garde. ♦ Action, faute que l'on fait par inadvertance. *Être sujet aux distractions et aux inadvertances.* ♦ Négligence dans le style. ■ PAR INADVERTANCE, loc. adv. Sans prendre garde. *J'ai effacé le numéro par inadvertance.*

INAFFECTIVITÉ, ■ n. f. [inafektivite] (2 *in-* et *affectivité*) Psych. Absence d'affectivité, de sensibilité. *L'inaffectivité parentale.*

INAGUERRI, IE, adj. [inageʀi] (2 *in-* et *aguerri*) ▷ Qui n'est point aguerri. *Des soldats inaguerris.* ◁

INALIÉNABILITÉ, n. f. [inaljenabilite] (*inaliénable*) Qualité de ce qui est inaliénable. *L'inaliénabilité des domaines de la couronne.*

INALIÉNABLE, adj. [inaljenabl] (2 *in-* et *aliénable*) Qui ne peut être aliéné, vendu ou donné. *Des domaines inaliénables.* ♦ Fig. « *L'honneur est un bien inaliénable dont chacun se doit répondre à soi-même* », BOURDALOUE.

INALIÉNATION, n. f. [inaljenasjɔ̃] (2 *in-* et *aliénation*) État de ce qui n'est pas aliéné.

INALIÉNÉ, ÉE, adj. [inaljene] (2 *in-* et *aliéné*) Qui n'a pas été aliéné, distrait par vente ou donation.

INALLIABLE, adj. [inaljabl] (2 *in-* et *alliable*) Qui ne peut être combiné par alliage. *Deux métaux inalliables.* ♦ Fig. « *Des usages inalliables avec ceux des autres nations* », J.-J. ROUSSEAU. « *Des idées par leur nature inalliables* », VAUVENARGUES.

INALPAGE n. m. ou **INALPE**, ■ n. f. [inalpaʒ, inalp] (*inalper*) Savoie et Suisse Montée des troupeaux dans les alpages. ■ Séjour des troupeaux dans les alpages. *Les dates de montée et de descente et par conséquent la durée de l'inalpage varient suivant les communes.*

INALPER, ■ v. tr. [inalpe] (suisse romand *inalpa*, conduire les troupeaux à l'alpage) Vx Savoie et Suisse Mener les troupeaux dans les alpages. *Inalper du bétail.*

INALTÉRABILITÉ, n. f. [inalterabilite] (*inaltérable*) Qualité de ce qui est inaltérable. *L'inaltérabilité de l'or à l'air et dans l'eau.* « *L'inaltérabilité des mouvements célestes* », LAPLACE.

INALTÉRABLE, adj. [inalterabl] (2 *in-* et *altérable*) Qui ne peut être altéré. *L'argent est moins inaltérable que l'or.* ♦ Par extens. *Une santé inaltérable, une santé que rien ne trouble.* ♦ Fig. « *Une inaltérable douceur* », BOSSUET. « *D'un bonheur assuré l'inaltérable cours* », VOLTAIRE.

INALTÉRÉ, ÉE, adj. [inaltere] (2 *in-* et *altéré*) Qui n'a point subi d'altération, de changement en pis.

INAMICAL, ALE, ■ adj. [inamikal] (2 *in-* et *amical*) Qui ne fait pas preuve d'amitié, qui confine à l'hostilité. *Attitude inamicale. Faire des réflexions inamicales. Des messages inamicaux.*

INAMISSIBILITÉ, n. f. [inamisibilite] (*inamissible*) Théol. Qualité de ce qui est inamissible. « *C'est ce dogme qui est appelé l'inamissibilité de la justice, c'est-à-dire le dogme où l'on croit que la justice une fois reçue ne se peut plus perdre* », BOSSUET. ♦ Il se dit, au même sens, dans le langage général. *L'inamissibilité d'un droit.*

INAMISSIBLE, adj. [inamisibl] (lat. chrét. *inamissibilis*, de *in* priv. et *amittere*, perdre) Théol. Qui ne peut se perdre. « *La foi inamissible ne se trouve que dans les élus* », FÉNELON. ♦ Se dit, au même sens, dans le langage général. *Des propriétés inamissibles.*

INAMOVIBILITÉ, n. f. [inamovibilite] (*inamovible*) Qualité de ce qui est inamovible. *L'inamovibilité des magistrats, d'un emploi.*

INAMOVIBLE, adj. [inamovibl] (2 *in-* et *amovible*) Qui ne peut être ôté d'un poste, qui ne peut être destitué de sa place arbitrairement. *Les juges sont inamovibles.* ♦ Il se dit également des emplois à vie. *Une place inamovible.*

INANALYSABLE, ■ adj. [inanalizabl] (2 *in-* et *analysable*) Que l'on ne peut pas analyser. *Des résultats inanalysables.* ■ Ling. Que l'on ne peut décomposer en éléments plus petits. *Mot, signifiant inanalysable.*

INANIMÉ, ÉE, adj. [inanime] (2 *in-* et *animé*) Qui n'est point animé, doué de vie, ou qui a cessé de l'être. *La matière inanimée.* ♦ Fig. Qui manque d'âme, de vivacité. *Une figure, une beauté inanimée. Un chant inanimé.* ■ Qui est sans vie. *Le corps inanimé de la victime gisait au milieu de la pièce.* ■ Qui semble sans vie, qui s'est évanoui. *Elle tomba inanimée.*

INANITÉ, n. f. [inanite] (lat. *inanitas*, de *inanis*, vide) ▷ Au propre, état de ce qui est vide. Ne se dit qu'en cette locution de chronologie : *Temps d'inanité*, années du monde qui se sont écoulées avant la loi de Moïse. ◁ ♦ Fig. Vide et vanité. *L'inanité de notre existence.* « *Ces entretiens du siècle ont trop d'inanité* », P. CORNEILLE.

INANITION, n. f. [inanisjɔ̃] (b. lat. *inanitio*, du lat. *inanire*, vider) Épuisement par défaut de nourriture. *Mourir d'inanition.*

INAPAISABLE, ■ adj. [inapezabl] (2 *in-* et *apaiser*) Qui ne peut être apaisé, satisfait. *Une soif inapaisable. Des haines inapaisables.*

INAPAISÉ, ÉE, ■ adj. [inapeze] (2 *in-* et *apaisé*) Qui n'est pas apaisé. *Un amour inapaisé. Un cœur inapaisé.*

INAPERCEVABLE, adj. [inapɛrsəvabl] (2 *in-* et *apercevable*) ▷ Qui ne peut être aperçu. ◁

INAPERÇU, UE, adj. [inapɛrsy] (2 *in* et *aperçu*) Qui n'est point aperçu. ♦ Se dit aussi des personnes. *Ils s'esquivèrent inaperçus dans la foule.*

INAPPARENT, ENTE, ■ adj. [inaparɑ̃, ɑ̃t] (2 *in-* et *apparent*) Qui n'apparaît pas, qui ne se voit pas clairement. *Une maladie inapparente.*

INAPPÉTENCE, n. f. [inapetɑ̃s] (2 *in-* et *appétence*) Méd. Défaut d'appétit pour les aliments.

INAPPLICABLE, adj. [inaplikabl] (2 *in-* et *applicable*) Qui ne peut être appliqué. *Cet exemple est inapplicable au fait dont il s'agit.*

INAPPLICATION, n. f. [inaplikasjɔ̃] (2 *in-* et *application*) Défaut, manque d'application, de soin. ■ Fait de ne pas être mis en application. *L'inapplication d'une règle.*

INAPPLIQUÉ, ÉE, ■ adj. [inaplike] (2 *in-* et *appliqué*) Dont on n'a point fait l'application. *Procédé inappliqué.* ♦ Qui n'applique point son esprit, son attention. « *Un roi faible et inappliqué* », FÉNELON.

INAPPRÉCIABLE, ■ adj. [inapresjabl] (2 *in-* et *appréciable*) Qui ne peut être apprécié, c'est-à-dire qui est hors de prix, qui est d'un grand prix. *Un tableau, un serviteur inappréciable.* ♦ Qui ne peut être apprécié, évalué, qui est à peine sensible. *Une différence inappréciable.*

INAPPRÉCIÉ, ÉE, ■ adj. [inapresje] (2 *in-* et *apprécié*) Qui n'est pas apprécié. *Une chance inappréciée. Un musicien inapprécié.*

INAPPRIVOISABLE, adj. [inaprivwazabl] (2 *in-* et *apprivoisable*) Qu'on ne peut apprivoiser.

INAPPRIVOISÉ, ÉE, ■ adj. [inaprivwaze] (2 *in-* et *apprivoisé*) Qui n'est pas apprivoisé. *Un animal inapprivoisé.*

INAPPROCHABLE, ■ adj. [inaprɔʃabl] (2 *in-* et *approchable*) Qui ne peut être approché. *Cheval inapprochable. Site inapprochable en voiture.*

INAPPROPRIÉ, ÉE, ■ adj. [inaprɔprije] (2 *in-* et *approprié*) Qui ne convient pas, n'est pas adapté. *Terme inapproprié. Film dont le sujet est inapproprié pour des enfants.*

INAPTE, adj. [inapt] (2 *in-* et *apte*) Qui manque d'aptitude. *Inapte aux affaires.* ■ Qui n'a pas les capacités requises pour exercer une fonction déterminée. *Un salarié inapte.* ■ Milit. Qui n'est pas apte au service militaire ou à une arme en particulier. *Il avait été déclaré inapte.*

INAPTITUDE, n. f. [inaptityd] (2 *in-* et *aptitude*) Défaut d'aptitude à quelque chose. *Son inaptitude aux affaires.*

INARTICULÉ, ÉE, adj. [inartikyle] (2 *in-* et *articulé*) Hist. nat. Qui n'offre pas d'articulations. ♦ Qui n'est point prononcé, ou qui ne l'est qu'imparfaitement. *Son inarticulé.*

INASSERMENTÉ, ÉE, adj. [inasɛrmɑ̃te] (2 *in-* et *assermenté*) Qui n'a point prêté serment. *Prêtre inassermenté*, par opposition à *prêtre assermenté*, Voy. ASSERMENTÉ. . N. m. et n. f. Personne qui n'a pas prêté serment. ■ REM. On dit plus couramment *insermenté*.

INASSIMILABLE, ■ adj. [inasimilabl] (2 *in-* et *assimilable*) Physiol. Que l'organisme ne peut pas assimiler. *Des aliments inassimilables.* ■ Fig. Que l'on ne peut pas assimiler, intégrer intellectuellement. *Ces notions abstraites lui semblaient inassimilables.* ■ Que l'on ne peut s'intégrer à la société. *Un individu inassimilable.* ■ Qui ne peut être assimilé à quelque chose, considéré comme semblable à quelque chose. *Ces phénomènes sont inassimilables l'un à l'autre.*

INASSIMILÉ, ÉE, ■ adj. [inasimile] (2 *in-* et *assimilé*) Qui n'est pas assimilé intellectuellement. *Des notions inassimilées.*

INASSOUVI, IE, adj. [inasuvi] (2 *in-* et *assouvi*) Qui n'est point assouvi. *La férocité inassouvie des barbares.*

INASSOUVISSEMENT, ■ n. m. [inasuvis(ə)mɑ̃] (2 *in-* et *assouvissement*) Fait d'être inassouvi. *L'inassouvissement d'un désir engendre souvent un sentiment de frustration.*

INATTAQUABLE, adj. [inatakabl] (2 *in-* et *attaquable*) Qu'on ne peut attaquer. *Un corps d'armée inattaquable.* ♦ Fig. *Un droit, un titre inattaquable.*

♦ *Un homme inattaquable,* un homme qui se défend par son crédit, par sa position, par sa réputation. ■ Que rien ne peut altérer, corroder. *Un métal inattaquable.*

INATTEIGNABLE, ♦ adj. [inateɲabl] ou [inatɑ̃ɲabl] (2 *in-* et *atteignable*) **Litt.** Que l'on ne peut pas atteindre. *Le village était presque inaccessible et la cime de la montagne à laquelle il s'adossait, inatteignable.*

INATTENDU, UE, adj. [inatɑ̃dy] (2 *in-* et *attendu*) Qu'on n'attendait pas, qu'on n'avait pas lieu d'attendre. *Une mort, une nouvelle inattendue.*

INATTENTIF, IVE, adj. [inatɑ̃tif, iv] (2 *in-* et *attentif*) Qui n'a point d'attention. *Cet enfant est inattentif.*

INATTENTION, n. f. [inatɑ̃sjɔ̃] (2 *in-* et *attention*) Défaut d'attention. ♦ Faute commise par inattention. ♦ Manque d'attentions, d'égards.

INAUDIBLE, ■ adj. [inodibl] (2 *in-* et *audible* ou du lat. *inaudibilis*) Qu'on ne peut pas ou pratiquement pas entendre. *Cris inaudibles.* ■ **Fig.** *Cette musique aux sons saturés leur semblait inaudible.*

INAUGURAL, ALE, adj. [inogyral] (*inaugurer*) Qui a rapport à l'inauguration. *Fête inaugurale.* ♦ *Discours inaugural,* discours que prononce un professeur prenant possession de sa chaire. *Des discours inauguraux.*

INAUGURATION, n. f. [inogyrasjɔ̃] (lat. chrét. *inauguratio,* commencement) Cérémonies avec lesquelles on sacre les empereurs, les rois, les prélats ecclésiastiques. ♦ On dit plus ordinairement sacre. ♦ Cérémonie par laquelle on fait la consécration d'un temple, d'un édifice religieux ou civil. ♦ *Discours d'inauguration,* discours inaugural d'un professeur. ■ Commencement de quelque chose. *L'inauguration d'une nouvelle ère technologique.*

INAUGURÉ, ÉE, p. p. d'inaugurer. [inogyre]

INAUGURER, v. tr. [inogyre] (lat. *inaugurare,* prendre les augures, consacrer officiellement) Faire l'inauguration d'un souverain. ♦ Faire l'inauguration d'un temple, d'un monument, etc. ♦ **Fig.** Commencer, être l'origine de. *La mort de Lucrèce inaugura la liberté à Rome.*

INAUTHENTICITÉ, ■ n. f. [inotɑ̃tisite] (*inauthentique*) État d'une chose inauthentique. *L'inauthenticité d'une œuvre d'art. L'inauthenticité d'un sentiment.*

INAUTHENTIQUE, ■ adj. [inotɑ̃tik] (2 *in-* et *authentique*) Qui n'est pas authentique, original. *Document, œuvre inauthentique.* ■ Qui n'a pas de caractère authentique, vrai, qui n'est pas sincère. *Un sentiment inauthentique. Une personne inauthentique.*

INAVOUABLE, adj. [inavwabl] (2 *in-* et *avouable*) Qui ne peut être avoué. *Des intentions inavouables.*

INAVOUÉ, ÉE, ■ adj. [inavwe] (2 *in-* et *avoué*) Qui ne peut être révélé. *Souffrir en raison d'un amour inavoué.*

IN-BORD, ■ adj. inv. [inbɔr] (*in* se prononce *inn.* angl. *in-board,* à l'intérieur, d'après *hors-bord*) Se dit d'un moteur situé à l'intérieur de la coque d'un bateau. ■ N. m. inv. Bateau dont le moteur est situé à l'intérieur de la coque. *Des in-bord.*

INCA, n. m. et n. f. [ɛ̃ka] (mot quechua qui désignait le monarque) Nom que portaient les anciens souverains du Pérou, avant l'arrivée des Espagnols. ■ Adj. Relatif aux Incas. *L'empire inca. Les cités incas.*

INCAGUÉ, ÉE, p. p. d'incaguer. [ɛ̃kage]

INCAGUER, v. tr. [ɛ̃kage] (ital. *incacare,* de *cacare,* chier) ▷ **Fam.** et **vieilli** Défier quelqu'un, le braver, en lui témoignant beaucoup de mépris. « *J'incague ta fureur* », REGNARD. ◁

INCALCULABLE, adj. [ɛ̃kalkylabl] (2 *in-* et *calculable*) Qui ne peut être calculé. *Le nombre incalculable des grains de sable de la mer.* ♦ **Par extens.** Très nombreux ou très considérable, très grave. *Des maux incalculables.*

INCAMÉRATION, n. f. [ɛ̃kamerasjɔ̃] (*incamérer*) ▷ En chancellerie romaine, union de quelque terre au domaine de la chambre ecclésiastique. ♦ **Par extens.** Appropriation à l'État de biens appartenant à des communautés, à des corporations. ◁

INCAMÉRÉ, ÉE, p. p. d'incamérer. [ɛ̃kamere]

INCAMÉRER, v. tr. [ɛ̃kamere] (lat. *in* et *camera,* chambre) ▷ En chancellerie romaine, unir quelque terre au domaine de la chambre ecclésiastique. ◁

INCANDESCENCE, n. f. [ɛ̃kɑ̃desɑ̃s] (*incandescent*) État d'un corps échauffé jusqu'à devenir blanc. *Un corps en incandescence.* ♦ **Fig.** Violente excitation. *L'incandescence des esprits.* ■ *Lampe à incandescence,* lampe dont le filament traversé par un courant électrique devient lumineux.

INCANDESCENT, ENTE, adj. [ɛ̃kɑ̃desɑ̃, ɑ̃t] (lat. *incandescens,* p. prés. de *incandescere,* s'embraser) Qui est porté à la chaleur blanche. *Une masse de fer incandescente.* ♦ **Fig.** Emporté, très excitable.

INCANTATION, n. f. [ɛ̃kɑ̃tasjɔ̃] (b. lat. *incantatio,* de *incantare,* chanter des formules magiques) Emploi de paroles magiques. *Se servir d'incantations.*

INCANTATOIRE, ■ adj. [ɛ̃kɑ̃tatwar] (*incantation*) Qui constitue une incantation. *Des paroles incantatoires.* ■ Qui a la valeur d'une incantation. *La force incantatoire des chants religieux.*

INCAPABLE, adj. [ɛ̃kapabl] (2 *in-* et *capable*) En un sens défavorable, qui n'a pas la capacité pour certaines choses. *Il est incapable d'affaires.* ♦ **Absol.** Qui est sans capacité ; malhabile. ■ N. m. et n. f. *Donner les places aux incapables.* ♦ En un sens favorable, *incapable* se dit de l'impossibilité morale où est un homme de faire quelque chose de mauvais, de blâmable. « *D'un si lâche dessein mon âme est incapable* », P. CORNEILLE. ♦ Qui n'est pas susceptible de, en parlant des choses, qui n'a pas les conditions requises. « *Des vérités incapables de démonstration* », PASCAL. « *Ces terres trop remuées et devenues incapables de consistance* », BOSSUET. ♦ **Jurispr.** Qui est privé par la loi de certains droits, exclu de certaines fonctions. *Incapable de succéder.* ♦ N. m. et n. f. *Un incapable.* ♦ Qui n'est pas en état de faire une chose. *Il est incapable de se tenir debout.* « *Nous sommes incapables et de certitude et de bonheur* », PASCAL. ♦ Qui est dans une situation, dans une disposition qui ne lui permet pas certaines choses. *Il est incapable de venir ici. Son estomac est incapable de digérer ces aliments.*

INCAPACITANT, ANTE, ■ adj. [ɛ̃kapasitɑ̃, ɑ̃t] (*incapacité* ; infl. de l'angl. *to incapacitate*) Se dit d'une substance chimique qui a le pouvoir de rendre temporairement incapable de combattre. *Des grenades à gaz incapacitant.* ■ N. m. Les gaz lacrymogènes sont des *incapacitants.*

INCAPACITÉ, n. f. [ɛ̃kapasite] (2 *in-* et *capacité*) Défaut de celui qui est incapable d'être ou de faire. « *Une si forte envie d'être heureux, une si grande incapacité de l'être* », FONTENELLE. ♦ **Absol.** Défaut de capacité, inhabileté. ♦ **Jurispr.** État d'une personne que la loi prive de certains droits. ■ **Dr.** Impossibilité de travailler suite à un accident ou à une maladie. *Constat d'incapacité de travail.*

INCARCÉRATION, n. f. [ɛ̃karserasjɔ̃] (*incarcérer*) **Jurispr.** Action d'incarcérer ; état de celui qui est incarcéré. ♦ ▷ **Chir.** Syn. d'étranglement, en parlant de la hernie. ◁

INCARCÉRÉ, ÉE, p. p. d'incarcérer. [ɛ̃karsere]

INCARCÉRER, v. tr. [ɛ̃karsere] (lat. *incarcerare,* de *in* et *carcer,* prison) **Jurispr.** Mettre en prison. ♦ ▷ S'incarcérer, v. pr. **Chir.** Subir l'étranglement, en parlant d'une hernie. ◁

INCARNADIN, INE, adj. [ɛ̃karnadɛ̃, in] (ital. *incarnadino*) Qui est d'une couleur plus faible que l'incarnat. *Moire incarnadine.* ♦ N. m. *Ce ruban est d'un très bel incarnadin.* ♦ N. f. *Incarnadine,* espèce d'anémone.

INCARNAT, ATE, adj. [ɛ̃karna, at] (ital. *incarnato,* de *incarnare,* incarner) Qui est d'une couleur entre la couleur de cerise et la couleur de rose. ♦ N. m. *L'incarnat du teint, des joues.*

INCARNATION, n. f. [ɛ̃karnasjɔ̃] (lat. ecclés. *incarnatio*) Action de la Divinité qui s'incarne ; résultat de cette action. ♦ **Absol.** *L'Incarnation,* l'incarnation de Jésus-Christ (on met en ce sens un I majuscule). ♦ Dans la religion brahmanique, entrée des divinités en un corps humain ou animal. ♦ ▷ **Chir.** Production de chair en réparation d'une plaie. ◁ ■ Ce qui représente quelque chose d'abstrait. *Cet homme est l'incarnation de la probité.*

INCARNÉ, ÉE, p. p. d'incarner. [ɛ̃karne] **Théol.** Devenu chair, en parlant de la Divinité. *Le Dieu incarné.* ♦ **Fig.** et **fam.** *C'est un diable incarné, un démon incarné,* se dit d'une personne très méchante. ♦ **Fam.** Se dit de qualifications bonnes ou mauvaises qu'on attribue avec force à quelqu'un. *C'est la malice incarnée que cet homme.* ■ *Ongle incarné,* ongle dont le bord est entré dans les chairs.

INCARNER, v. tr. [ɛ̃karne] (lat. ecclés. *incarnare,* de *in* et *caro,* génit. *carnis,* chair) **Théol.** Donner à la Divinité la chair de l'homme. *Dieu incarna son fils.* ♦ S'incarner, v. pr. Devenir chair, se faire homme. *Le Verbe s'est incarné.* ♦ Se dit aussi dans la religion brahmanique. *Le dieu Vichnou s'est plusieurs fois incarné.* ♦ **Chir.** *L'ongle s'incarne,* il entre dans les chairs. ■ V. tr. Représenter une chose abstraite. *Il incarne l'espoir de son pays.* ■ Interpréter le rôle de. *Elle incarne Antigone au théâtre.*

INCARTADE, n. f. [ɛ̃kartad] (ital. *inquartata,* terme d'escrime) Acte ou parole brusque qui a quelque chose de blessant pour celui qui en est l'objet. ♦ Extravagances, folies que fait une personne. ■ **Équit.** Écart que fait brusquement un cheval. *La propension d'un cheval à l'indiscipline et à l'incartade.*

INCASSABLE, ■ adj. [ɛ̃kasabl] (2 *in-* et *cassable*) Qui ne peut être brisé, en raison de sa composition. *Verre, vaisselle incassable.* ■ **Par extens.** Qui est très solide. *Fil incassable.*

INCENDIAIRE, adj. [ɛ̃sɑ̃djɛr] (lat. impér. *incendiarius,* incendie) Qui communique le feu, l'incendie. *Matières, bombes incendiaires.* ♦ N. m. et n. f.

INCENDIE

Celui, celle qui cause volontairement un incendie. ♦ **Fig.** Qui allume le feu de la sédition, de l'anarchie, de la guerre. *Des principes incendiaires.* ♦ N. m. et n. f. Celui, celle qui excite la sédition, l'anarchie. ▪ Qui provoque le désir amoureux. *Un regard incendiaire.*

INCENDIE, n. m. [ɛ̃sɑ̃di] (lat. *incendium*, de *incendere*, allumer) Feu très grand, très étendu, surtout celui qui consume des édifices, des forêts, un vaste amas de matières. ♦ **Par extens.** Le feu d'un volcan. « *Le mont Etna dont un incendie récent avait couvert de cendres et de flammes toute la contrée voisine* », ROLLIN. ♦ *Incendie* se dit des dévastations par le feu que fait une troupe de guerre. « *Les deux incendies du Palatin sont abominables* », VOLTAIRE. ♦ **Fig.** Troubles excités par les factions ; explosion de grandes guerres. ♦ **Prov.** *Il ne faut qu'une étincelle pour allumer un grand incendie.*

INCENDIÉ, ÉE, p. p. d'incendier. [ɛ̃sɑ̃dje] Dont la maison, les propriétés ont été incendiées. ♦ N. m. et n. f. *Les incendiés.*

INCENDIER, v. tr. [ɛ̃sɑ̃dje] (*incendie*) Mettre en feu, en parlant de maisons, de forêts, de grandes masses de matières combustibles. ♦ **Fig.** *Incendier un pays, les esprits*, les agiter par des doctrines révolutionnaires. ♦ *S'incendier*, v. pr. Mettre le feu à sa propre maison. ▪ V. tr. **Fam.** Réprimander. *Se faire incendier.*

INCERTAIN, AINE, adj. [ɛ̃sɛʁtɛ̃, ɛn] (2 *in-* et *certain*) Qui n'est pas certain. *Une nouvelle incertaine.* ♦ Variable, peu sûr. *Le temps, la faveur des rois est incertaine.* ♦ Qui n'est pas fixe, déterminé. *L'heure de la mort est incertaine.* ♦ **Bx-arts** *Dessin incertain*, dessin dont les contours, n'étant pas tracés d'une main ferme, manquent de justesse et de précision. ♦ *Incertain de*, qui est dans le doute sur, en parlant des personnes. « *Je suis encore incertain du chemin que je prendrai* », VOLTAIRE. ♦ *Infortuné, proscrit, incertain de régner* », RACINE. ♦ Qui est dans l'indécision. « *Le trouble semble croître en leur âme incertaine* », RACINE. ♦ Il se dit aussi, en ce sens, du caractère, du courage, etc. « *J'ai trouvé son courroux chancelant, incertain* », RACINE. ♦ N. m. Ce qui est douteux, peu certain. *Quitter le certain pour l'incertain.* ▪ **Financ.** Cotation qui exprime en monnaie nationale une valeur en monnaie étrangère. *Les cours du jour étaient cotés à l'incertain pour une vingtaine de devises.*

INCERTAINEMENT, adv. [ɛ̃sɛʁtɛn(ə)mɑ̃] (*incertain*) Avec doute et incertitude.

INCERTITUDE, n. f. [ɛ̃sɛʁtityd] (2 *in-* et *certitude*) Qualité de ce qui est incertain. *L'incertitude des anciennes histoires, des doctrines philosophiques.* ♦ *L'incertitude du temps*, l'état du temps variable. ♦ État d'une personne incertaine de ce qui arrive ou doit arriver. *Je hais l'incertitude.* ♦ État d'une personne indécise sur ce qu'elle fera. ▪ Ce qui est incertain. *Son récit contient de nombreuses incertitudes.* ▪ **Phys.** Valeur limite que peut atteindre une erreur dans une mesure. ▪ **Phys.** *Principe d'incertitude*, selon lequel il est impossible d'évaluer en même temps la position et la vitesse d'une particule.

INCESSAMMENT, adv. [ɛ̃sesamɑ̃] (*incessant*) Sans cesse, continuellement. ♦ Sans retard, au plus tôt. *J'arriverai incessamment.*

INCESSANT, ANTE, adj. [ɛ̃sesɑ̃, ɑ̃t] (2 *in-* et *cesser*) Qui ne cesse pas. *Douleur, plainte incessante.*

INCESSIBILITÉ, n. f. [ɛ̃sesibilite] (*incessible*) **Jurispr.** Qualité de ce qui est incessible. *Incessibilité d'un droit, d'une action.*

INCESSIBLE, adj. [ɛ̃sesibl] (2 *in-* et *cessible*) **Jurispr.** Qui ne peut être cédé. *Des droits incessibles.*

1 **INCESTE**, n. m. et n. f. [ɛ̃sɛst] (lat. *incestus*, de *in-* priv. et *castus*, pur) Celui, celle qui est coupable d'inceste. ♦ **Adj.** Incestueux. « *Des flammes incestes* », P. CORNEILLE. ♦ *Inceste*, en ces emplois, tombe en désuétude et est remplacé par *incestueux.*

2 **INCESTE**, n. m. [ɛ̃sɛst] (lat. *incestus*) Union illicite entre les personnes qui sont parentes ou alliées au degré prohibé par les lois. ♦ Relations sexuelles entre des personnes parentes. *Commettre un inceste. Inceste entre frère et sœur.*

INCESTUEUSEMENT, adv. [ɛ̃sɛstɥøz(ə)mɑ̃] (*incestueux*) Avec inceste, dans l'inceste. *Vivre incestueusement.*

INCESTUEUX, EUSE, adj. [ɛ̃sɛstɥø, øz] (b. lat. *incestuosus*, impudique) Coupable d'inceste. ♦ N. m. et n. f. *Un incestueux. Une incestueuse.* ♦ Où il y a inceste, en parlant des choses. « *Un reste mal éteint d'incestueuse flamme* », P. CORNEILLE. ♦ **Fig. Poésie** Qui appartient à l'incestueux. *Des mains incestueuses.* ▪ Qui est né d'un inceste. *Un enfant incestueux.*

INCHANGÉ, ÉE, ▪ adj. [ɛ̃ʃɑ̃ʒe] (2 *in-* et *changé*) Qui n'a pas changé, qui est le même. *Une position inchangée. Valeur boursière inchangée.*

INCHAUFFABLE, ▪ adj. [ɛ̃ʃofabl] (2 *in-* et *chauffer*) Que l'on ne peut pas chauffer. *Cette maison est inchauffable.*

INCHAVIRABLE, ▪ adj. [ɛ̃ʃaviʁabl] (2 *in-* et *chavirer*) Qui ne peut pas chavirer. *Une embarcation inchavirable.*

INCHIFFRABLE, ▪ adj. [ɛ̃ʃifʁabl] (2 *in-* et *chiffrable*) Que l'on ne peut pas chiffrer, évaluer. *Des frais inchiffrables.*

INCHOATIF, IVE, adj. [ɛ̃koatif, iv] (*ch* se prononce *k*. b. lat. gramm. *inchoativus*, de *inchoare*, commencer) **Gramm.** Qui commence. *Verbe inchoatif* et n. m. *inchoatif*, verbe qui désigne un commencement d'action ou un passage d'un état à un autre, comme blanchir, grandir, etc. *Conjugaison, forme inchoative.*

INCIDEMMENT, adv. [ɛ̃sidamɑ̃] (*incident*) Par incident, d'une manière incidente. *Traiter une question incidemment.* ♦ **Pratiq.** Par connexité, par suite. *Cet homme est défendeur au principal et incidemment demandeur par ses défenses.* ▪ Par hasard. *J'ai appris incidemment son départ.*

INCIDENCE, n. f. [ɛ̃sidɑ̃s] (2 *incident*) **Phys.** Chute, sur une surface, d'un rayon, d'une onde, d'une bille, de tout ce qui peut être réfléchi. ♦ *Angle d'incidence*, angle sous lequel un mobile ou un rayon de lumière rencontre le plan sur lequel il doit se réfléchir. ♦ **Géom.** La rencontre d'une ligne ou d'une surface avec une ligne ou une surface. ♦ **Gramm.** Qualité, nature d'une proposition incidente. ▪ **Méd.** Nombre de cas nouveaux d'une maladie enregistrés dans une population pour une période donnée. ▪ Ce qui résulte de quelque chose, conséquence. *L'incidence des nouvelles mesures sur l'économie du pays.* ▪ **Financ.** *Incidence de l'impôt*, transfert de la charge fiscale d'un contribuable sur une autre personne.

1 **INCIDENT**, n. m. [ɛ̃sidɑ̃] (substantivation de 2 *incident*) Événement qui survient dans le cours d'une entreprise, d'une affaire. ♦ Événement accessoire qui survient dans le cours de l'action principale d'un roman, d'une pièce de théâtre. « *N'offrez point un sujet d'incidents trop chargé* », BOILEAU. ♦ **Pratiq.** Difficulté, contestation accessoire qui naît, qui survient pendant l'instruction de la cause principale. ♦ **Fig.** Dans le langage ordinaire, difficulté qu'une personne élève dans une dispute, au jeu, dans une affaire. ▪ Événement dont les conséquences peuvent être graves. *Provoquer un incident diplomatique.*

2 **INCIDENT, ENTE**, adj. [ɛ̃sidɑ̃, ɑ̃t] (lat. *incidens*, p. prés de *incidere*, tomber sur, arriver par hasrd) **Phys.** Qui tombe sur. *Rayon incident*, rayon qui, tombant sur un plan en formant un angle plus ou moins ouvert, est réfléchi par ce plan. ♦ **Fig.** Il se dit de certains cas qui surviennent dans les affaires, et il s'emploie principalement dans le style de pratique. *Une demande incidente.* ♦ **Gramm.** *Proposition, phrase incidente*, celle qui est insérée dans une proposition dont elle fait partie. ♦ N. f. *Une incidente*, une proposition incidente. ▪ **Adj.** Qui est de moindre importance, qui est accessoire. *Observations incidentes.*

INCIDENTAIRE, n. m. [ɛ̃sidɑ̃tɛʁ] (1 *incident*) ▷ Celui qui forme des incidents, chicaneur. ♦ **Adj.** Qui produit des incidents. ◁

INCIDENTER, v. intr. [ɛ̃sidɑ̃te] (1 *incident*) En procédure, faire naître, élever un incident, des incidents dans le cours d'un procès. ♦ ▷ Dans le langage ordinaire, chicaner, faire des objections peu importantes, élever de mauvaises difficultés. « *Deviez-vous incidenter sur des choses si communes ?* », VOLTAIRE. ◁

INCINÉRATEUR, ▪ n. m. [ɛ̃sineʁatœʁ] (*incinérer*) Appareil servant à incinérer des déchets. *Incinérateur d'ordures ménagères.*

INCINÉRATION, n. f. [ɛ̃sineʁasjɔ̃] (b. lat. médiév. *incineratio*) Action de réduire en cendres. ♦ *L'incinération des morts*, manière, chez les anciens, de rendre les derniers devoirs. ♦ **Chim.** Action d'incinérer ou état de ce qui est incinéré. ▪ Action de brûler le corps d'un mort. *L'incinération a lieu dans un crématorium.*

INCINÉRÉ, ÉE, p. p. d'incinérer. [ɛ̃sineʁe]

INCINÉRER, v. tr. [ɛ̃sineʁe] (lat. médiév. *incinerare*, de *in* et *cinis*, génit. *cineris*, cendre) **Chim.** Réduire en cendres. *Incinérer des plantes marines.* ▪ Réduire en cendres le corps d'un mort. *Se faire incinérer.*

INCIPIT, ▪ n. m. [ɛ̃sipit] (loc. lat. médiév. *incipit liber*, ici commence le livre) Premiers mots d'un texte, premières notes d'une œuvre musicale. *Des incipits* ou *des incipit.*

INCIRCONCIS, ISE, adj. [ɛ̃siʁkɔ̃si, iz] (b. lat. ecclés. *incircumcisus*) Qui n'est point circoncis. ♦ Il se disait, chez les Juifs, de ceux qui n'étaient pas de leur nation. ♦ N. m. pl. *Les incirconcis.* ♦ **Fig.** Dans le style de la chaire, immortelle. « *Hommes durs et inflexibles, hommes incirconcis du cœur* », BOURDALOUE. ♦ N. m. pl. « *Les mœurs ne discernent presque plus le peuple de Dieu des incirconcis* », MASSILLON. ♦ **Adj.** Qui n'est ni de religion juive ni de religion musulmane. ▪ N. m. et n. f. *Les incirconcis.*

INCIRCONCISION, n. f. [ɛ̃siʁkɔ̃sizjɔ̃] (b. lat. ecclés. *incircumcisio*) État de celui qui est incirconcis. ♦ *L'incirconcision*, les gentils, les païens. ♦ **Fig.** *L'incirconcision du cœur*, l'état de celui qui n'est pas mortifié.

INCISE, n. f. [ɛ̃siz] (lat. *incisa*, p. p. fém. de *incidere*, entailler, interrompre) **Gramm.** Petite phrase qui, formant un sens partiel, entre dans le sens total de la proposition. ♦ **Rhét.** Partie d'un membre dans une période. ♦ Chacun des membres d'une phrase musicale. ▪ **Gramm.** Phrase courte qui s'insère dans une autre phrase ou qui est rejetée à la fin de celle-ci. *Dans* « *Je t'ai aimée, dit-il, dès les premiers instants* », dit-il *est une incise.* ■ Adj. *Proposition, phrase incise.*

INCISÉ, ÉE, p. p. d'inciser. [ɛ̃size] Bot. *Feuille incisée,* feuille qui a des découpures plus profondes que celles auxquelles on donne le nom de dents ou de crénelures.

INCISER, v. tr. [ɛ̃size] (lat. *incidere,* entailler) Faire une entaille avec quelque chose de tranchant. ♦ Faire des taillades, des fentes dans un arbre. *Inciser l'écorce d'un arbre.*

INCISIF, IVE, adj. [ɛ̃sizif, iv] (lat. médiév. *incisivus,* tranchant) Qui incise. *Dents incisives,* dents au nombre de quatre à la partie antérieure de chaque mâchoire, chez l'homme ; ainsi appelées parce qu'elles sont tranchantes. ♦ *Muscles incisifs,* les muscles de la lèvre supérieure. ♦ **Fig. Méd.** *Médicaments incisifs,* médicaments que l'on croit propres à diviser, à atténuer les humeurs. ♦ N. m. *Les incisifs.* ♦ **Fig.** Qui agit comme quelque chose de tranchant. *Discours incisif.* ♦ Il se dit aussi des personnes. *Un orateur incisif.* ■ Rem. Il est vieilli dans le premier sens. ■ N. f. Dent incisive. *Les incisives saillantes de l'éléphant sont appelées défenses.*

INCISION, n. f. [ɛ̃sizjɔ̃] (lat. *incisio*) Entaille faite avec un instrument tranchant. ♦ **Chir.** Division méthodique des parties molles avec un instrument tranchant. *Faire une incision.* ♦ *Incision cruciale,* Voy. CRUCIAL. ♦ **Jard.** *Incision annulaire,* opération qui consiste à enlever un anneau circulaire d'écorce.

INCISURE, ■ n. f. [ɛ̃sizyʀ] (*inciser*) Anat. Échancrure à la surface d'un organe. *L'incisure fibulaire du tibia.* ■ **Bot.** Découpure dans un végétal. *Le caractère ornemental de l'incisure des pétales de certaines variétés de fleurs.*

INCITANT, ANTE, adj. [ɛ̃sitɑ̃, ɑ̃t] (*inciter*) Méd. Qui augmente la vitalité. *Remèdes incitants.* ♦ N. m. *Les incitants.*

INCITATEUR, TRICE, n. m. et n. f. [ɛ̃sitatœʀ, tʀis] (lat. *incitator*) Celui, celle qui incite.

INCITATIF, IVE, ■ adj. [ɛ̃sitatif, iv] (*incitation*) Qui incite, pousse à (faire) quelque chose. *Prendre des mesures d'ordre incitatif plutôt que répressif.*

INCITATION, n. f. [ɛ̃sitasjɔ̃] (lat. *incitatio,* mouvement rapide, impulsion) Action d'inciter. *Incitation au crime, à la vertu, etc.* ♦ En physiologie, syn. d'excitation. ♦ **Méd.** Action d'augmenter la vitalité ; résultat de cette action.

INCITÉ, ÉE, p. p. d'inciter. [ɛ̃site]

INCITER, v. tr. [ɛ̃site] (lat. *incitare,* pousser vivement) Pousser à. *Inciter quelqu'un à bien faire. Inciter quelqu'un au mal.* ♦ Absol. « *Celui qui incite au péché* », BOURDALOUE. ♦ S'inciter, v. pr. Se donner l'un à l'autre des incitations. *Ils s'incitaient au mal.*

INCIVIL, ILE, adj. [ɛ̃sivil] (lat. impér. *incivilis,* brutal) Qui manque de civilité, en parlant des personnes. « *J'aime mieux être incivil qu'importun* », MOLIÈRE. ♦ Qui est contraire à la politesse, en parlant des choses. *Procédé incivil.* ♦ ▷ Jurispr. Contraire aux lois civiles. *Clause incivile* (sens vieilli). ◁

INCIVILEMENT, adv. [ɛ̃sivil(ə)mɑ̃] (*incivil*) D'une manière incivile.

INCIVILITÉ, n. f. [ɛ̃sivilite] (b. lat. *incivilitas,* brutalité) Manque de civilité. « *La sincérité passe pour incivilité et pour rudesse* », FLÉCHIER. ♦ Action ou parole contraire à la civilité.

INCIVIQUE, adj. [ɛ̃sivik] (2 *in-* et *civique*) Qui n'est point civique, en parlant des choses. *Conduite, proposition incivique.*

INCIVISME, n. m. [ɛ̃sivism] (2 *in-* et *civisme*) Défaut de civisme. ♦ Acte d'incivisme.

INCLASSABLE, ■ adj. [ɛ̃klasabl] (2 *in-* et *classable*) Qui ne peut être classé, qui ne correspond à aucune catégorie déterminée. *Un ouvrage inclassable. Un acteur inclassable.*

INCLÉMENCE, n. f. [ɛ̃klemɑ̃s] (lat. *inclementia,* dureté, rigueur) Défaut de clémence, en parlant des dieux, du ciel, du sort. *L'inclémence des dieux.* ♦ *L'inclémence du parterre, de la critique,* leur rigueur à l'égard des pièces de théâtre, des livres. ♦ **Fig.** État rigoureux, en parlant des choses. « *L'inclémence du ciel et des saisons* », LA BRUYÈRE. ■ Rem. Il est littéraire dans ce dernier sens.

INCLÉMENT, ENTE, adj. [ɛ̃klemɑ̃, ɑ̃t] (lat. *inclemens,* impitoyable) Qui n'a pas de clémence, en parlant des dieux, du ciel, du sort. ♦ Qui est défavorable, en parlant des choses. *Ciel inclément.* ■ Rem. Il est littéraire dans ce dernier sens.

INCLINABLE, ■ adj. [ɛ̃klinabl] (*incliner*) Que l'on peut incliner, dont on peut moduler l'inclinaison. *Parasol inclinable. Sièges inclinables d'une voiture.*

INCLINAISON, n. f. [ɛ̃klinɛzɔ̃] (*incliner*) État de ce qui est incliné. *L'inclinaison d'un toit.* ♦ *Inclinaison du terrain,* manière dont le terrain se présente

au soleil, à la pluie, aux vents. ♦ **Géom.** La relation d'obliquité. *L'inclinaison de deux plans l'un sur l'autre.* ♦ **Astron.** Angle que forme le plan de l'orbite d'une planète avec l'écliptique. ♦ **Phys.** *Inclinaison de l'aiguille aimantée,* angle que fait avec l'horizon une aiguille qui peut se mouvoir librement autour de son centre de gravité dans le plan vertical du méridien magnétique. ■ Position inclinée du corps.

INCLINANT, ANTE, adj. [ɛ̃klinɑ̃, ɑ̃t] (*incliner*) *Cadran inclinant,* cadran solaire tracé sur un plan qui n'est pas perpendiculaire à l'horizon, mais qui incline du côté du midi. ♦ On dit aussi *cadran incliné.*

INCLINATION, n. f. [ɛ̃klinasjɔ̃] (lat. *inclinatio,* inclinaison, penchant) ▷ Action de pencher. *Verser par inclination,* en penchant doucement le vase. ◁ ♦ Action de pencher la tête ou le corps en signe d'acquiescement ou de respect. « *La religion ne consiste ni dans les inclinations du corps, ni dans la modestie des yeux* », BOURDALOUE. « *Zadig s'arrêta et lui fit une profonde inclination* », VOLTAIRE. ♦ **Fig.** Mouvement de l'âme par lequel on est porté à quelque chose. « *L'inclination naturelle qu'on a à la vanité* », PASCAL. ♦ *Contre son inclination,* contre la volonté même qu'on a. ♦ Affection, amitié, amour. « *Je ne veux point forcer ton inclination* », MOLIÈRE. ♦ *Mariage d'inclination,* mariage où l'inclination est le motif déterminant. ♦ **Fam.** La personne qu'on aime. ♦ La chose pour laquelle on a du penchant. *La chasse est mon inclination.*

INCLINÉ, ÉE, p. p. d'incliner. [ɛ̃kline] *Plan incliné,* plan qui n'est ni horizontal ni vertical ; talus. ♦ *Cadran incliné,* Voy. INCLINANT. ♦ **Bot.** *Tige inclinée,* tige des plantes, quand elle s'élève en décrivant une courbe bien prononcée, dont la convexité regarde le ciel. ♦ Courbé vers la terre, en parlant du corps ou de parties du corps. *Le front incliné.* ♦ Qui a du penchant pour. *Incliné au mal.*

INCLINER, v. tr. [ɛ̃kline] (lat. *inclinare,* faire pencher, pencher pour) Mettre dans une situation qui fait un angle avec une certaine direction, surtout par rapport à l'horizon. *Incliner un vase pour verser la liqueur qu'il renferme.* ♦ Baisser, courber vers la terre. *Incliner la tête.* ♦ **Fig.** Porter à, disposer à. « *Ces penchants heureux qui inclinent notre âme à la miséricorde* », MASSILLON. « *Quels que soient les secours étrangers qui vous ont incliné vers le bien* », DIDEROT. ♦ V. intr. Se conjugue avec *être* ou *avoir,* suivant les sens. Être incliné, courbé vers. ♦ **Fig.** *Incliner vers sa fin,* approcher de la fin, de la ruine. ♦ *La victoire incline de ce côté,* se dit en parlant de l'armée qui commence à obtenir l'avantage dans une bataille. ♦ Avoir de l'inclination, de la prédilection pour quelque chose. *Son cœur incline pour vous.* « *Les confesseurs inclinent toujours à la miséricorde* », BOSSUET. « *Rome incline vers l'aristocratie* », MONTESQUIEU. ♦ S'incliner, v. pr. Être dans une certaine situation faisant angle avec une direction donnée, spécialement avec l'horizon. ♦ Se baisser, se courber. *L'arbre plie et s'incline, battu par les vents.* ♦ **Fig.** Se prosterner par respect, par crainte. ■ S'avouer vaincu, céder. *Elle s'est inclinée devant son adversaire.*

INCLINOMÈTRE, ■ n. m. [ɛ̃klinomɛtʀ] (*incliner* et *-mètre*) Appareil qui mesure l'inclinaison d'une ligne ou d'un plan. *L'inclinomètre est utilisé dans la marine et l'aviation.* ■ **Phys.** Instrument qui mesure l'inclinaison magnétique.

INCLURE, v. tr. [ɛ̃klyʀ] (*inclus,* d'après *exclure*) J'inclus, tu inclus, il inclut, nous incluons, vous incluez, ils incluent ; j'incluais ; j'inclus ; j'inclurai ; j'inclurais ; inclus, incluons ; que j'inclue, que nous incluions ; que j'inclusse ; incluant, inclus. Renfermer. *Inclure un billet dans une lettre.* ♦ Insérer. *Inclure une clause dans un acte.* ♦ **Fig.** Impliquer, renfermer en soi.

INCLUS, USE, adj. [ɛ̃kly, yz] (*inclusus,* p. p. du lat. *includere,* enfermer) Qui est contenu dans. *La lettre ci-incluse.* ♦ *Inclus,* placé avant un nom pris indéfiniment, est invariable. *Vous trouverez ci-inclus copie de ce que vous me demandez.* Mais, quand le sens est précisé, inclus prend le genre et le nombre du substantif. *Vous trouverez ci-incluse la copie que vous m'avez demandée. Inclus,* placé après un nom, s'accorde toujours avec lui : *Une copie ci-incluse de ma lettre.* ♦ N. f. *L'incluse,* la lettre enfermée dans un paquet. ♦ Pris inclusivement. *Jusqu'à la page cinq incluse.*

INCLUSIF, IVE, ■ adj. [ɛ̃klyzif, iv] (lat. médiév. *inclusivus*) Qui englobe quelqu'un, quelque chose dans un ensemble défini. *Classification inclusive.*

INCLUSION, n. f. [ɛ̃klyzjɔ̃] (lat. *inclusio,* emprisonnement) Action d'inclure dans un ensemble, résultat de cette action. *Inclusion d'images dans un document.* ■ État d'une chose incluse dans une autre, dans un ensemble. ■ **Math.** Propriété d'un ensemble dont tous les éléments sont contenus dans un autre ensemble. *Relation d'inclusion.* ■ Présence d'un élément étranger dans un corps, une substance. *Inclusion d'air, de gaz dans un solide. Inclusion dans un diamant, une émeraude.* ■ *Inclusion dentaire,* dent calcifiée enfermée dans le tissu du maxillaire. ■ Objet, végétal ou animal conservé comme décoration dans un bloc de matière transparente.

INCLUSIVEMENT, adv. [ɛ̃klyziv(ə)mɑ̃] (radic. du lat. *inclusivus*) Y compris, en y comprenant. *Depuis le six janvier jusqu'au trente inclusivement.*

INCOAGULABLE, ■ adj. [ɛ̃koagylabl] (2 *in-* et *coagulable*) **Méd.** Qui ne peut coaguler. *Certaines substances rendent le sang incoagulable.*

INCOERCIBLE, adj. [ɛ̃koɛʀsibl] (2 *in-* et *coercible*) Qu'on ne peut retenir, arrêter. ◆ ▷ **Phys.** Qui n'est pas coercible. *Des vapeurs incoercibles.* ◁ ◆ ▷ *Fluides incoercibles,* les causes de la chaleur, de l'électricité, du magnétisme et de la lumière, qu'on ne saurait renfermer dans aucune espèce de vaisseaux. ◁ ■ **INCOERCIBILITÉ**, n. f. [ɛ̃koɛʀsibilite]

INCOGNITO, adv. [ɛ̃koɲito] ou [ɛ̃konjito] (ital. *incognito,* inconnu, du lat. *incognitus*) Sans être connu, en parlant de princes et de grands personnages qui, en pays étranger, ne veulent pas être connus ou traités selon leur rang. *Voyager incognito.* ◆ Se dit de toute autre personne qui, se trouvant dans une ville, dans un endroit, ne veut pas y être connue, ou ne veut pas qu'on sache qu'elle y est. ◆ **N. m.** *Garder l'incognito.* ◆ Sans être aperçu, sans que la chose soit sue. « *Nous disons bien des sottises qui passent incognito* », MONTESQUIEU. ◆ **N. m.** « *Le plaisir de l'incognito* », VOLTAIRE. ◆ Au pl. *Des incognitos.* ■ **REM.** On prononçait autrefois [ɛ̃kɔgnito] en séparant le *g* du *n.*

INCOHÉRENCE, n. f. [ɛ̃koeʀɑ̃s] (2 *in-* et *cohérence*) Qualité de ce qui est incohérent. *L'incohérence des parties de l'eau.* ◆ **Fig.** Défaut de ce qui est incohérent, en parlant des idées, des paroles et aussi de la conduite. ◆ **Méd.** *Incohérence des idées,* état mental symptomatique de certains empoisonnements ou de certaines ivresses. ■ Chose incohérente. *Son discours était plein d'incohérences. Relever les incohérences d'un texte.*

INCOHÉRENT, ENTE, adj. [ɛ̃koeʀɑ̃, ɑ̃t] (2 *in-* et *cohérent*) **Phys.** Qui manque de cohérence. *Les parties de l'eau sont incohérentes.* ◆ **Fig.** Il se dit des idées, des mots ou des phrases qui ne se suivent pas, qui ne forment pas un tout, un ensemble bien joint. ◆ *Métaphores incohérentes,* celle qui réunissent deux images incompatibles.

INCOLLABLE, ■ adj. [ɛ̃kolabl] (2 *in-* et *coller*) Qui ne forme pas une masse collante en cuisant. *Du riz incollable.* ■ **Fam.** Que l'on ne peut pas coller, qui a réponse à tout. *Une élève incollable. Mon grand-père est incollable en histoire. Elle est incollable sur l'art du XXᵉ siècle.*

INCOLORE, adj. [ɛ̃kolɔʀ] (b. lat. *incolor*) Qui n'est pas coloré. *L'eau est un fluide incolore.* ◆ **Fig.** *Style incolore,* style sans éclat, sans rien de brillant ou de lumineux.

INCOMBER, v. intr. [ɛ̃kɔ̃be] (lat. *incumbere,* peser sur, s'appliquer à) Être imposé, en parlant d'une charge, d'un devoir. *Ce devoir m'incombe.*

INCOMBUSTIBILITÉ, n. f. [ɛ̃kɔ̃bystibilite] (*incombustible*) Qualité de ce qui est incombustible. *L'incombustibilité de l'amiante.*

INCOMBUSTIBLE, adj. [ɛ̃kɔ̃bystibl] (2 *in-* et *combustible*) Qui n'est pas combustible. *Toile incombustible.*

INCOME-TAX, n. f. [inkɔmtaks] (*in* se prononce *inn*) ▷ Mot anglais qui signifie impôt sur le revenu. ◁

INCOMMENSURABILITÉ, n. f. [ɛ̃kɔmɑ̃syʀabilite] (*incommensurable*) **Arithm.** et **géom.** État, caractère de ce qui est incommensurable. ◆ Qualité de ce qui est au-delà de toute mesure. *L'incommensurabilité de l'espace.*

INCOMMENSURABLE, adj. [ɛ̃kɔmɑ̃syʀabl] (b. lat. *incommensurabilis*) **Arithm.** et **géom.** Se dit de deux quantités qui n'ont point de commune mesure. ◆ **Par extens.** « *Quelle raison a eue Dieu d'unir deux êtres incommensurables [l'âme et le corps]?* », VOLTAIRE. ◆ ▷ **N. f.** *Les incommensurables,* les racines qui ne peuvent être extraites exactement. ◁ ◆ Qui ne peut être mesuré, qui est très grand ou infini.

INCOMMODANT, ANTE, adj. [ɛ̃kɔmɔdɑ̃, ɑ̃t] (*incommoder*) Qui incommode.

INCOMMODE, adj. [ɛ̃kɔmɔd] (lat. *incommodus*) Qui n'est pas commode, qui n'offre pas de commodité. *Outil, logement incommode.* ◆ Qui cause du malaise, de la gêne. *Une chaleur incommode.* ◆ Importun, en parlant des personnes. « *Importun à tout autre, à soi-même incommode* », BOILEAU. ◆ **Par extens.** Il se dit des animaux qui gênent et troublent. ■ **REM.** Il est littéraire ou vieilli dans les deux derniers sens.

INCOMMODÉ, ÉE, p. p. de incommoder. [ɛ̃kɔmɔde] *Incommodé dans ses affaires* ou absol. *incommodé,* qui a perdu de l'argent ou qui n'a pas d'argent. ◆ ▷ Qui a une indisposition, une maladie légère. ◁ ◆ ▷ *Être incommodé d'un bras, d'une jambe,* n'en avoir pas l'usage. ◁ ◆ *Bâtiment incommodé,* bâtiment qui a souffert quelque avarie.

INCOMMODÉMENT, adv. [ɛ̃kɔmɔdemɑ̃] (*incommode*) D'une manière incommode.

INCOMMODER, v. tr. [ɛ̃kɔmɔde] (lat. *incommodare*) Causer de l'incommodité. « *On incommode souvent les autres, quand on croit ne les pouvoir jamais incommoder* », LA ROCHEFOUCAULD. ◆ **Absol.** « *Trop de plaisir incommode* », PASCAL. ◆ Mettre dans la gêne, dans l'embarras, relativement à la fortune. « *Cela vous incommodera-t-il de me donner ce que je vous dis?* »,

MOLIÈRE. ◆ Rendre un peu malade. ◆ Dans ce sens, on l'emploie souvent au passif. *Il était incommodé.* ◆ S'incommoder, v. pr. Se causer à soi-même de l'incommodité. ◆ Se causer de l'incommodité l'un à l'autre. ◆ Se causer une gêne d'argent. ◆ Se rendre légèrement malade. ■ **REM.** Il est vieux quand il fait référence à une gêne financière.

INCOMMODITÉ, n. f. [ɛ̃kɔmɔdite] (lat. *incommoditas,* inconvénient, dommage) Gêne, malaise que cause une chose incommode. ◆ Gêne pécuniaire. *Ce procès lui cause de l'incommodité.* ◆ Maladie légère, infirmité. *Les incommodités de la vieillesse.* ◆ **Mar.** État d'un vaisseau qui a besoin d'être secouru. ■ **REM.** Il est vieux au sens de *gêne pécuniaire.*

INCOMMUNICABILITÉ, ■ n. f. [ɛ̃kɔmynikabilite] (*incommunicable*) Qui ne peut être communiqué. ■ Absence de communication entre deux ou plusieurs personnes. *Incommunicabilité entre les autorités.*

INCOMMUNICABLE, adj. [ɛ̃kɔmynikabl] (b. lat. *incommunicabilis*) Qui n'est pas communicable. *Un droit incommunicable.* « *Un des caractères les plus incommunicables de la Divinité est la connaissance de l'avenir* », ROLLIN. ◆ Que l'on ne peut pas communiquer, exprimer, faire partager. *Un bonheur incommunicable.*

INCOMMUTABILITÉ, n. f. [ɛ̃kɔmytabilite] (lat. *incommutabilitas*) **Jurispr.** Qualité d'une propriété dont on ne peut être dépossédé légitimement.

INCOMMUTABLE, adj. [ɛ̃kɔmytabl] (lat. *incommutabilis,* immuable) **Jurispr.** *Propriétaire incommutable,* propriétaire qui ne peut être dépossédé. *Propriété incommutable.*

INCOMMUTABLEMENT, adv. [ɛ̃kɔmytabləmɑ̃] (*incommutable*) **Jurispr.** En telle sorte qu'on ne puisse être dépossédé légitimement. ■ **REM.** Il est rare aujourd'hui.

INCOMPARABLE, adj. [ɛ̃kɔ̃paʀabl] (lat. *incomparabilis*) Qui n'a pas de terme de comparaison. « *Ce qui est absolument incomparable est entièrement incompréhensible* », BUFFON. ◆ À quoi rien ne peut être comparé. *Beauté incomparable.* ◆ En parlant des personnes. *Un homme incomparable.*

INCOMPARABLEMENT, adv. [ɛ̃kɔ̃paʀabləmɑ̃] (*incomparable*) Sans comparaison possible. *Incomparablement beau.* ◆ Il est suivi ordinairement de quelque adverbe de comparaison, *plus, mieux, moins.* « *Des parties incomparablement plus petites* », PASCAL.

INCOMPATIBILITÉ, n. f. [ɛ̃kɔ̃patibilite] (*incompatible*) Contrariété qui fait que des personnes ne peuvent s'accorder entre elles. *Incompatibilité d'humeur, de caractère.* ◆ *Incompatibilité légale,* impossibilité légale que deux fonctions soient remplies en même temps par la même personne, ou que plusieurs personnes remplissent une fonction. *Il n'y a point incompatibilité entre les fonctions de ministre et celles de député. Il y a incompatibilité que deux frères soient juges dans un même tribunal.* ◆ **Par extens.** Impossibilité qui fait que des choses ne peuvent aller, compatir ensemble. *L'incompatibilité de ces deux assertions.* ◆ **Pharm.** Opposition chimique que se font certains médicaments dans leur mélange, d'où il résulte qu'on ne peut les associer. ◆ **Méd.** *Incompatibilité sanguine,* fait pour un sang de ne pouvoir être transfusé d'une personne à une autre sans danger. ◆ **Log.** Impossibilité pour deux phénomènes de se produire logiquement en même temps.

INCOMPATIBLE, adj. [ɛ̃kɔ̃patibl] (lat. médiév. *incompatibilis*) Qui ne peut, en parlant des personnes, s'accommoder d'une chose. « *Coriolan, l'homme le plus incompatible avec l'injustice, mais le plus dur et le plus aigri* », BOSSUET. ◆ Il se dit de ceux qui ne peuvent se supporter l'un l'autre. ◆ **Absol.** « *Vaut-il mieux être farouche, dédaigneux, incompatible?* », FÉNELON. ◆ Il se dit aussi d'animaux qui ne peuvent s'accoupler ensemble. ◆ **Fig.** Qui n'est pas compatible, en parlant de choses qu'on ne peut associer. « *Le plaisir et la gloire dans cette vie sont incompatibles* », BOURDALOUE. « *La raison et la liberté sont incompatibles avec la faiblesse* », VAUVENARGUES. ◆ **Absol.** Attribuer à la matière des qualités incompatibles. ◆ **Jurispr.** Se dit des dignités, des fonctions qui ne peuvent être réunies dans la même personne. ■ **Math.** Se dit d'un système d'équations dont l'ensemble des solutions est vide. ■ **Log.** Se dit de propositions qui ne peuvent être affirmées en même temps.

INCOMPATIBLEMENT, adv. [ɛ̃kɔ̃patibləmɑ̃] (*incompatible*) ▷ D'une manière incompatible. ◁

INCOMPÉTEMMENT, adv. [ɛ̃kɔ̃petamɑ̃] (*incompétent*) **Jurispr.** Sans compétence, par un juge incompétent. ■ **REM.** Il est vieux aujourd'hui.

INCOMPÉTENCE, n. f. [ɛ̃kɔ̃petɑ̃s] (*incompétent*) **Jurispr.** Manque de compétence. *L'incompétence d'un juge, d'un tribunal.* ◆ Impossibilité où se trouve un fonctionnaire public de faire tel ou tel acte qui n'est pas de son ressort. ◆ **Fig.** Dans le langage ordinaire, manque de connaissances nécessaires pour juger une chose, pour en parler.

INCOMPÉTENT, ENTE, adj. [ɛ̃kɔ̃petɑ̃, ɑ̃t] (b. lat. *incompetens*) **Jurispr.** Qui n'est pas compétent. *Juge, tribunal incompétent.* ◆ En parlant d'un jugement. « *Jamais jugement ne fut plus incompétent* », VOLTAIRE. ◆ **Fig.** Dans le langage ordinaire, qui n'a pas les connaissances nécessaires. *Il est fort incompétent en littérature.*

INCOMPLET, ÈTE, adj. [ɛ̃kɔplɛ, ɛt] (lat. *incompletus*) Qui n'est pas complet. *Recueil incomplet.* ◆ **Philos.** *Idées incomplètes*, celles qui ne représentent qu'une partie de leur objet. ◆ **Bot.** *Fleur incomplète*, fleur qui manque de calice, ou de corolle, ou d'étamines, ou de pistil. ◆ *Homme incomplet*, homme à qui il manque une chose quelconque pour être tout ce qu'il devrait être. ◆ On dit de même : *Un esprit incomplet.* ◆ **N. m. Admin.** et **milit.** *L'incomplet*, ce qui manque à l'effectif. ◆ En librairie, *les incomplets*, les livres incomplets.

INCOMPLÈTEMENT, adv. [ɛ̃kɔplɛt(ə)mã] (*incomplet*) D'une manière incomplète. ■ **REM.** Graphie ancienne : *incomplétement.*

INCOMPLÉTUDE, n. f. [ɛ̃kɔpletyd] (*incomplet*) État de ce qui est inabouti, inachevé. *Un sentiment d'incomplétude laisse l'impression de ne pas s'être pleinement réalisé.* ◆ **Log.** Fait pour une théorie de contenir des propositions ni démontrables ni réfutables. *Le théorème d'incomplétude de Gödel.*

INCOMPLEXE, adj. [ɛ̃kɔplɛks] (lat. médiév. *incomplexus*) Qui n'est pas complexe. ◆ **Gramm.** *Sujet incomplexe*, sujet simple ou exprimé par un seul mot. ◆ *Proposition incomplexe*, proposition dont le sujet et l'attribut sont simples et n'ont point plusieurs termes, même inséparables. ◆ **Log.** *Syllogisme incomplexe*, syllogisme dont les propositions sont simples. ◆ *Nombre incomplexe*, nombre qui ne comprend pas de sous-divisions d'espèces différentes.

INCOMPRÉHENSIBILITÉ, n. f. [ɛ̃kɔpreãsibilite] (*incompréhensible*) État de ce qui est incompréhensible. « *Le grand mystère de l'incompréhensibilité de Dieu* », BOURDALOUE. ◆ ▷ Chose incompréhensible. ◁

INCOMPRÉHENSIBLE, adj. [ɛ̃kɔpreãsibl] (2 *in-* et *compréhensible*) Qui ne peut être compris. *Des mystères incompréhensibles.* ◆ **N. m.** « *De quelque côté que je tourne mon esprit, je ne vois que l'incompréhensible* », VOLTAIRE. ◆ Qui est très difficile à comprendre. ◆ Il se dit d'une personne dont on ne peut s'expliquer le caractère, la conduite.

INCOMPRÉHENSIF, IVE, ■ adj. [ɛ̃kɔpreãsif, iv] (2 *in-* et *compréhensif*) Qui ne fait pas preuve de compréhension à l'égard d'autrui. *Le responsable s'est montré très incompréhensif.*

INCOMPRÉHENSION, ■ n. f. [ɛ̃kɔpreãsjɔ̃] (2 *in-* et *compréhension*) Impossibilité ou refus de comprendre quelqu'un, quelque chose. *Incompréhension du monde actuel. Ses parents font preuve d'une grande incompréhension à son égard.*

INCOMPRESSIBILITÉ, n. f. [ɛ̃kɔpresibilite] (*incompressible*) **Phys.** Qualité de ce qui est incompressible. ◆ ▷ **Fig.** Condition de ce qui échappe à la compression politique ou morale. *L'incompressibilité du libre examen.* ◁

INCOMPRESSIBLE, adj. [ɛ̃kɔpresibl] (2 *in-* et *compressible*) **Phys.** Qui n'est pas compressible, dont le volume ne se réduit pas par la compression. ◆ **Fig.** Qui ne peut pas être empêché par l'autorité politique ou religieuse. *Le libre examen est devenu incompressible.* ■ **Fig.** Qui ne peut pas être réduit. *Une peine incompressible.*

INCOMPRIS, ISE, adj. [ɛ̃kɔpri, iz] (2 *in-* et *compris*) Qui n'est point compris. *Livre, ouvrage incompris.* ◆ Qui n'est point apprécié à sa juste valeur. ◆ *Un homme incompris, une femme incomprise*, se dit ironiquement d'un homme, d'une femme qui se croient des talents, des sentiments auxquels le monde ne rend pas justice. ◆ **N. m.** et n. f. *Un incompris. Les incomprises.*

INCONCEVABLE, adj. [ɛ̃kɔs(ə)vabl] (2 *in-* et *concevable*) Qui dépasse la conception humaine. « *C'est dans la succession, dans le renouvellement et dans la durée des espèces, que la nature paraît tout à fait inconcevable* », BUFFON. ◆ Qui n'est pas explicable ; dont on ne peut facilement se rendre raison. *Il est inconcevable que cet abus ne soit pas réformé.* ◆ Il se dit des personnes, en un sens analogue. « *Que les femmes sont inconcevables !* », MARIVAUX. ◆ Surprenant, extraordinaire. *Une rapidité inconcevable.*

INCONCEVABLEMENT, adv. [ɛ̃kɔs(ə)vabləmã] (*inconcevable*) D'une manière inconcevable.

INCONCILIABLE, adj. [ɛ̃kɔsiljabl] (2 *in-* et *conciliable*) Qui n'est pas conciliable, qui ne peut entrer en accommodement. *Il est inconciliable avec son frère.* ◆ Qui ne s'accorde pas avec, en parlant des choses. *Ce fait est inconciliable avec les principes. Des maximes inconciliables.* ■ **REM.** Il est rare en parlant de personnes.

INCONDITIONNALITÉ, ■ n. f. [ɛ̃kɔdisjɔnalite] (*inconditionnel*) Caractère de ce qui est inconditionnel. *L'inconditionnalité d'un droit.* ■ Soutien sans réserve à l'égard de quelqu'un, de quelque chose.

INCONDITIONNÉ, ÉE, ■ adj. [ɛ̃kɔdisjɔne] (2 *in-* et *conditionné*, prob. d'apr. l'angl. *unconditioned*) Qui ne dépend d'aucune condition. *Un soutien inconditionné.*

INCONDITIONNEL, ELLE, ■ adj. [ɛ̃kɔdisjɔnɛl] (angl. *unconditional*, sans condition) Qui n'admet aucune condition. *Amour inconditionnel. Apporter un appui inconditionnel à un parti politique.* ■ Qui fait preuve d'un soutien sans faille. *Admirateur inconditionnel d'un chanteur.* ■ **N. m.** et n. f. *Je suis un inconditionnel de cette marque de vêtements.*

INCONDITIONNELLEMENT, ■ adv. [ɛ̃kɔdisjɔnɛl(ə)mã] (*inconditionnel*) De manière inconditionnelle. *Aimer inconditionnellement. Ils ont accepté inconditionnellement leur décision.*

INCONDUITE, n. f. [ɛ̃kɔdɥit] (2 *in-* et *conduite*) Défaut de conduite.

INCONEL, ■ n. m. [ɛ̃kɔnɛl] (nom déposé) Alliage de nickel, de chrome et de fer. *L'inconel est très résistant à la corrosion.*

INCONFORT, ■ n. m. [ɛ̃kɔfɔr] (2 *in-* et *confort*) Manque de confort. *L'inconfort d'un siège, d'un appartement.* ■ **Fig.** *L'inconfort d'une situation précaire.*

INCONFORTABLE, ■ adj. [ɛ̃kɔfɔrtabl] (2 *in-* et *confortable*) Qui n'est pas confortable, qui manque de confort. *Un canapé inconfortable. Une grande demeure inconfortable.* ■ Qui gêne moralement. *La situation est devenue très inconfortable pour lui.* ■ **INCONFORTABLEMENT**, adv. [ɛ̃kɔfɔrtabləmã]

INCONGRU, UE, adj. [ɛ̃kɔgry] (b. lat. *incongruus*) Qui n'est pas congru, convenable. *Réponse incongrue.* ◆ **Gramm.** Qui pèche contre les règles de la syntaxe. *Phrase incongrue.* ◆ **Fam.** Sujet à manquer aux usages du monde, aux bienséances. *Un homme fort incongru.* ■ **REM.** Il est vieilli dans ces deux derniers sens.

INCONGRUITÉ, n. f. [ɛ̃kɔgryite] (b. lat. *incongruitas*) Qualité de ce qui est incongru. ◆ Action, parole peu convenable aux circonstances. ◆ Faute contre la syntaxe. ◆ **Fig.** Une de ces choses sales qu'on rougirait de faire et même de nommer en bonne compagnie. *Faire une incongruité.* ■ **REM.** Il est vieilli dans ce sens.

INCONGRÛMENT ou **INCONGRUMENT**, adv. [ɛ̃kɔgrymã] (*incongru*) D'une manière incongrue.

INCONNAISSABLE, ■ adj. [ɛ̃kɔnesabl] (2 *in-* et *connaissable*) Que l'on ne peut connaître. *L'infini est inconnaissable.* « *La vérité n'existe pas, ma chère, ou qu'en tout cas, elle est inconnaissable* », KRISTEVA. ■ **N. m.** *L'inconnu et l'inconnaissable.*

INCONNU, UE, adj. [ɛ̃kɔny] (2 *in-* et *connu*) Qui n'est point connu. *Un homme inconnu. Le mérite inconnu.* ◆ *Inconnu à.* « *L'ennui est inconnu à ceux qui savent s'occuper* », FÉNELON. ◆ On dit aussi : *Inconnu de.* ◆ Qui n'a pas de renom. *Un auteur inconnu.* ◆ **Math.** *Quantité inconnue* ou n. f. *inconnue*, quantité que l'on cherche pour la solution d'un problème. ◆ Qu'on n'a pas encore éprouvé, ressenti. *Un mal inconnu.* ◆ **N. m.** et n. f. *Inconnu, inconnue*, personne qu'on ne connaît pas. ◆ **N. m.** *L'inconnu*, la chose inconnue.

INCONSCIEMMENT, ■ adv. [ɛ̃kɔsjamã] (*inconscient*) De manière inconsciente, involontaire. *Il rangea ses affaires inconsciemment.* ■ De manière irréfléchie. *Agir inconsciemment.*

INCONSCIENCE, n. f. [ɛ̃kɔsjãs] (2 *in-* et *conscience*) **Psych.** Défaut de perception de certains actes intellectuels ou moraux. ■ État d'une personne qui est sans connaissance, évanouie. ■ Absence de réflexion, de prudence qui se traduit par des actes inconsidérés. *Faire preuve d'inconscience.*

INCONSCIENT, ENTE, adj. [ɛ̃kɔsjã, ãt] (2 *in-* et *conscient*) En psychologie, qui n'a pas conscience de soi-même. *Il y a dans le sommeil des actions inconscientes.* ■ Qui est sans connaissance. *Le blessé était inconscient.* ■ Qui manque de discernement, qui agit de manière irréfléchie. *Cet enfant est inconscient.* ■ **N. m.** et n. f. *Quelle inconsciente !* ■ Dont on n'a pas conscience. *Geste inconscient.* ■ **N. m. Psych.** Ensemble des phénomènes qui n'obéissent pas à la conscience d'un individu. ■ **Psych.** *Inconscient collectif*, ensemble d'idées et de représentations inconscientes partagées par tous les individus et déterminant leurs comportements dans la société.

INCONSÉQUEMMENT, adv. [ɛ̃kɔsekamã] (*inconséquent*) Avec inconséquence. ■ **REM.** Il est rare aujourd'hui.

INCONSÉQUENCE, n. f. [ɛ̃kɔsekãs] (lat. *inconsequentia*, manque de suite) Défaut de conséquence. *Il y a de l'inconséquence dans ses procédés.* ◆ *Inconséquence dans le style*, défaut de suite dans les idées ou dans les mots. ◆ Choses que l'on fait, que l'on dit par inconséquence. ◆ Manque de réflexion qui compromet. ◆ Actes de légèreté dans la conduite.

INCONSÉQUENT, ENTE, adj. [ɛ̃kɔsekã, ãt] (lat. *inconsequens*, illogique) Où il n'y a pas de conséquence. *Raisonnement inconséquent.* ◆ Qui n'est pas conséquent, en parlant des personnes. « *Les passions rendent inconséquent* », Mme DE GENLIS. ◆ Qui se compromet par des actes irréfléchis. ◆ *Femme inconséquente*, femme qui se compromet par une conduite légère. ◆ **N. m.** et n. f. *Un inconséquent*, une personne qui commet des inconséquences. ■ **REM.** Il est vieux aujourd'hui en parlant d'une femme.

INCONSIDÉRATION, n. f. [ɛ̃kɔsiderasjɔ̃] (b. lat. *inconsideratio*) Défaut d'attention qui vient de ce qu'on ne considère pas assez les choses. « *La cause de mal juger est l'inconsidération* », BOSSUET. ◆ Légère imprudence dans le discours ou dans la conduite. « *Médire par inconsidération et par envie de parler* », BOURDALOUE. ◆ Privation, absence de considération, d'estime. *Tomber dans l'inconsidération.* ◆ Manque d'égards. ▪ REM. Il est vieux aujourd'hui.

INCONSIDÉRÉ, ÉE, adj. [ɛ̃kɔ̃sideʀe] (lat. *inconsideratus*, irréfléchi) Qui n'est pas considéré, examiné, qui a la marque de l'imprudence, en parlant des choses. *Une démarche inconsidérée.* ◆ Qui ne considère pas, n'examine pas, qui est imprudent, en parlant des personnes. *Les esprits inconsidérés.* ◆ N. m. et n. f. *Un inconsidéré. Une inconsidérée.* ▪ REM. Il est vieilli aujourd'hui en parlant des personnes.

INCONSIDÉRÉMENT, adv. [ɛ̃kɔ̃sideʀemɑ̃] (*inconsidéré*) D'une manière inconsidérée. *Il a parlé inconsidérément.*

INCONSISTANCE, n. f. [ɛ̃kɔ̃sistɑ̃s] (2 *in-* et *consistance*, d'apr. l'angl. *inconsistence*) Défaut de consistance, de suite et d'ensemble. *L'inconsistance des idées, du caractère.* ▪ Manque de consistance, de fermeté d'une matière. *L'inconsistance d'une crème.* ▪ Manque de fermeté morale. *On lui reproche son inconsistance.*

INCONSISTANT, ANTE, adj. [ɛ̃kɔ̃sistɑ̃, ɑ̃t] (2 *in-* et *consistant*, d'apr. l'angl. *inconsistent*) Qui manque de consistance morale. *Un homme inconsistant. Une conduite inconsistante.* ▪ Qui manque de consistance, de fermeté. *Une pâte inconsistante.*

INCONSOLABLE, adj. [ɛ̃kɔ̃sɔlabl] (lat. *inconsolabilis*) Qui ne peut se consoler ; qu'on ne peut consoler. *Une mère inconsolable.* « *Toute l'Égypte parut inconsolable de cette perte* », FÉNELON. ◆ *Être inconsolable*, être très chagrin. ◆ Il se dit aussi des peines qu'on éprouve. *Des afflictions inconsolables.*

INCONSOLABLEMENT, adv. [ɛ̃kɔ̃sɔlabləmɑ̃] (*inconsolable*) De manière à ne pouvoir être consolé. *Il est affligé inconsolablement.* ▪ REM. Il est rare aujourd'hui.

INCONSOLÉ, ÉE, adj. [ɛ̃kɔ̃sɔle] (2 *in-* et *consoler*) Qui n'est point consolé ; qui ne se console pas. *Une veuve inconsolée.*

INCONSOMMABLE, ▪ adj. [ɛ̃kɔ̃sɔmabl] (2 *in-* et *consommable*) Qui ne peut être consommé, mangé. *Des aliments périmés inconsommables.*

INCONSTAMMENT, adv. [ɛ̃kɔ̃stamɑ̃] (*inconstant*) Avec inconstance. ▪ REM. Il est rare aujourd'hui.

INCONSTANCE, n. f. [ɛ̃kɔ̃stɑ̃s] (lat. *inconstantia*) Facilité à changer, en parlant des personnes. « *L'inconstance prodigieuse des Français sur leurs modes* », MONTESQUIEU. ◆ Il se dit des choses en un sens analogue. *L'inconstance du temps, de la fortune, etc.* ◆ Abandon d'une affection amoureuse. *Acte d'inconstance.* « *D'où viennent nos inconstances, si ce n'est de notre foi chancelante ?* », BOSSUET. ◆ Hist. nat. Variation de certains caractères qui n'ont rien de fixe, dans les végétaux ou les animaux. ▪ REM. Il est littéraire aujourd'hui en parlant des choses.

INCONSTANT, ANTE, adj. [ɛ̃kɔ̃stɑ̃, ɑ̃t] (lat. *inconstans*) Qui n'est pas constant, qui est sujet à changer, en parlant des personnes. *Cœur inconstant.* ◆ Il se dit des choses en un sens analogue. *La fortune inconstante.* ◆ Qui cesse d'aimer une personne. ◆ N. m. et n. f. *Un inconstant. Une inconstante.* ◆ Hist. nat. Changeant, instable, en parlant des caractères zoologiques ou botaniques qui n'ont rien de fixe. ▪ REM. Il est littéraire aujourd'hui en parlant des choses.

INCONSTATABLE, ▪ adj. [ɛ̃kɔ̃statabl] (2 *in-* et *constater*) Qui ne peut être constaté. *Des faits inconstatables.*

INCONSTITUTIONNALITÉ, n. f. [ɛ̃kɔ̃stitysjɔnalite] (*inconstitutionnel*) Qualité d'un acte, d'une opinion contraire à la constitution.

INCONSTITUTIONNEL, ELLE, adj. [ɛ̃kɔ̃stitysjɔnɛl] (2 *in-* et *constitutionnel*) Qui est contraire à la loi constitutionnelle de l'État. *Proposition inconstitutionnelle.*

INCONSTITUTIONNELLEMENT, adv. [ɛ̃kɔ̃stitysjɔnɛl(ə)mɑ̃] (*inconstitutionnel*) D'une manière inconstitutionnelle.

INCONSTRUCTIBLE, ▪ adj. [ɛ̃kɔ̃stʀyktibl] (2 *in-* et *constructible*) Qui ne peut légalement recevoir de construction. *Terrain inconstructible.*

INCONTESTABLE, adj. [ɛ̃kɔ̃tɛstabl] (1 *in-* et *contestable*) Qui n'est pas contestable. *Des droits incontestables.*

INCONTESTABLEMENT, adv. [ɛ̃kɔ̃tɛstabləmɑ̃] (*incontestable*) D'une manière incontestable. ▪ Sans conteste. « *Charles le Bel, qui s'était opposé à la loi salique, prit incontestablement la couronne et exclut les filles* », VOLTAIRE.

INCONTESTÉ, ÉE, adj. [ɛ̃kɔ̃tɛste] (2 *in-* et *contester*) Qui n'est point contesté.

INCONTINENCE, n. f. [ɛ̃kɔ̃tinɑ̃s] (lat. *incontinentia*) Méd. Incapacité de retenir. *Incontinence d'urine.* ◆ Fig. *Incontinence de la langue* ou *de langue*, propension trop grande à parler. ◆ Fig. Vice opposé à la continence.

1 **INCONTINENT**, adv. [ɛ̃kɔ̃tinɑ̃] (lat. *in continenti*, tout de suite) Aussitôt, au même instant, sur-le-champ. *Incontinent après.* « *J'aurai fait incontinent* », MOLIÈRE.

2 **INCONTINENT, ENTE**, adj. [ɛ̃kɔ̃tinɑ̃, ɑ̃t] (lat. *incontinens*) Qui n'a pas la vertu de continence. *C'est un homme incontinent.* ◆ N. m. et n. f. *Les incontinents.* ▪ Méd. Atteint d'incontinence.

INCONTOURNABLE, ▪ adj. [ɛ̃kɔ̃tuʀnabl] (2 *in-* et *contourner*) Qui ne peut être évité. *Phénomène, référence incontournable. Un voyage à Paris comprend l'incontournable visite de la tour Eiffel.* ▪ N. m. Tendance du moment, à laquelle on ne peut se soustraire. *La minijupe fut un incontournable de la mode des années 1960.*

INCONTRÔLABLE, ▪ adj. [ɛ̃kɔ̃tʀolabl] (2 *in-* et *contrôler*) Que l'on ne peut contrôler, vérifier. *Des informations incontrôlables.* ▪ Qui ne peut être contrôlé, maîtrisé. *Une réaction incontrôlable. Des individus incontrôlables.*

INCONTRÔLÉ, ÉE, ▪ adj. [ɛ̃kɔ̃tʀole] (2 *in-* et *contrôler*) Qui n'est pas contrôlé, vérifié. *Renseignements incontrôlés.* ▪ Qui n'est pas contrôlé, maîtrisé. *Un geste incontrôlé. Des individus incontrôlés.*

INCONVENANCE, n. f. [ɛ̃kɔ̃v(ə)nɑ̃s] (2 *in-* et *convenance*) Manque de convenance ; action qui blesse les usages du monde. *Quelle inconvenance !* ◆ Qualité de ce qui est inconvenant, ne convient pas, est inopportun. « *L'inconvenance du moment* », MIRABEAU. ▪ Action ou parole contraire aux convenances. *Faire, dire des inconvenances.*

INCONVENANT, ANTE, adj. [ɛ̃kɔ̃v(ə)nɑ̃, ɑ̃t] (2 *in-* et *convenant*) Qui blesse les convenances. *Une réponse inconvenante.*

INCONVÉNIENT, n. m. [ɛ̃kɔ̃venjɑ̃] (lat. *inconveniens*) Ce qu'il y a de fâcheux dans une chose qu'on fait, dans un parti qu'on prend. *Je ne vois point d'inconvénient à cela, à faire cela.* ◆ Désavantage attaché à une chose, résultat fâcheux qui en dépend. « *Y a-t-il quelque bien dans ce monde-ci qui soit sans inconvénient ?* », DIDEROT.

INCONVERSIBLE, adj. [ɛ̃kɔ̃vɛʀsibl] (lat. *inconversibilis*) ▷ Log. *Proposition inconversible*, proposition qui ne peut avoir de converse. Voy. CONVERSE. ◁

INCONVERTIBILITÉ, ▪ n. f. [ɛ̃kɔ̃vɛʀtibilite] (*inconvertible*) Qualité de ce qui est inconvertible. *L'inconvertibilité du dollar en or.*

INCONVERTIBLE, ▪ adj. [ɛ̃kɔ̃vɛʀtibl] (lat. chrét. *inconvertibilis*) Vx Se dit d'une personne que l'on ne peut pas convertir à une religion. ▪ Qui n'est pas convertible en or ou échangeable en une autre devise. *Monnaie inconvertible.*

INCOORDINATION, ▪ n. f. [ɛ̃kɔɔʀdinasjɔ̃] (2 *in-* et *coordination*) Manque de coordination. *L'incoordination de l'organisation interne.* ▪ Méd. Manque de coordination des mouvements. *Certaines maladies nerveuses se caractérisent par une incoordination motrice.*

INCORPORABLE, adj. [ɛ̃kɔʀpɔʀabl] (*incorporer*) Qui peut être incorporé.

INCORPORALITÉ, n. f. [ɛ̃kɔʀpɔʀalite] (lat. chrét. *incorporalitas*) Relig. Qualité des êtres incorporels.

INCORPORATION, n. f. [ɛ̃kɔʀpɔʀasjɔ̃] (b. lat. *incorporatio*) Action d'incorporer, de faire entrer un corps dans un autre. ◆ Pharm. Action de faire entrer par mixtion un ou plusieurs médicaments dans un excipient mou ou liquide, pour donner au tout une certaine consistance. ◆ Fig. Action de faire entrer des parties dans un tout. *Incorporation d'une terre au domaine, des conscrits dans le régiment.*

INCORPORÉ, ÉE, p. p. de incorporer. [ɛ̃kɔʀpɔʀe]

INCORPOREL, ELLE, adj. [ɛ̃kɔʀpɔʀɛl] (lat. *incorporalis*) Qui n'a point de corps. *Les substances incorporelles.* ◆ Jurispr. Se dit des choses qui, ne tombant pas sous nos sens, n'ont qu'une existence morale, comme les droits, etc.

INCORPORER, v. tr. [ɛ̃kɔʀpɔʀe] (b. lat. *incorporare*) Unir en un seul corps. ◆ On dit *incorporer dans, à* ou *avec. Incorporer du mercure dans de l'axonge.* ◆ Fig. Réunir en un seul tout. *Des lois anciennes furent incorporées dans le code.* ◆ Se dit de la réunion avec des corps politiques, religieux, militaires, etc. *Incorporer des soldats dans un régiment.* « *Ils pourront dans la suite être incorporés à votre peuple* », FÉNELON. ◆ Se dit de pays, de propriétés qu'on réunit avec d'autres. *Incorporer une terre au royaume.* ◆ S'incorporer, v. pr. Devenir incorporé. *Cette drogue s'incorpore facilement avec les extraits.* ◆ Fig. « *Si vous saviez par combien d'imperceptibles liens les richesses s'attachent et pour ainsi dire s'incorporent à votre cœur* », BOSSUET. ◆ Se joindre, être joint comme partie à un tout.

INCORRECT, ECTE, adj. [ɛ̃kɔʀɛkt] (2 *in-* et *correct*) Qui n'est pas correct. *Édition incorrecte. Style incorrect.* ◆ Il se dit aussi des personnes. *Écrivain incorrect.* ▪ Qui manque aux règles de la bienséance, de la politesse. *Il a été très incorrect avec le directeur.* ▪ Qui est inconvenant. *Un comportement incorrect.*

INCORRECTEMENT, adv. [ɛ̃kɔrɛktəmɑ̃] (*incorrect*) D'une manière incorrecte.

INCORRECTION, n. f. [ɛ̃kɔrɛksjɔ̃] (2 *in-* et *correction*) Défaut de correction. *Incorrection de langage, de style, de dessin.* ♦ Endroit incorrect. *Faire disparaître une incorrection.* ▪ Manque de politesse, de savoir-vivre. *Il était à la limite de l'incorrection.* ▪ Acte incorrect. *Il a été puni pour son incorrection envers le surveillant.*

INCORRIGIBILITÉ, n. f. [ɛ̃kɔriʒibilite] (*incorrigible*) Défaut de celui qui est incorrigible. *L'incorrigibilité de cet enfant, de son caractère.* ▪ REM. Il est rare aujourd'hui.

INCORRIGIBLE, adj. [ɛ̃kɔriʒibl] (lat. chrét. *incorrigibilis*) Qu'on ne peut corriger. « *La vieillesse passe pour incorrigible* », VOLTAIRE. ♦ Il se dit aussi des choses. *Une paresse incorrigible.*

INCORRIGIBLEMENT, ▪ adv. [ɛ̃kɔriʒibləmɑ̃] (*incorrigible*) D'une façon incorrigible. *Il est incorrigiblement gourmand.*

INCORRUPTIBILITÉ, n. f. [ɛ̃kɔryptibilite] (lat. chrét. *incorruptibilitas*) Qualité de ce qui est incorruptible, de ce qui ne se corrompt pas. ♦ **Fig.** Qualité de ce qui ne peut être altéré, modifié. « *L'incorruptibilité de la loi naturelle* », DIDEROT. ♦ Intégrité d'un homme incapable de se laisser corrompre.

INCORRUPTIBLE, adj. [ɛ̃kɔryptibl] (lat. chrét. *incorruptibilis*) Qui n'est pas sujet à corruption. *Le bois de cèdre est incorruptible.* ♦ **Par extens.** Qui ne subit pas d'altération, de modification. « *Rappeler des chrétiens le culte incorruptible* », VOLTAIRE. ♦ **Fig.** Qui est incapable de se laisser corrompre, pour agir contre son devoir. *Juge incorruptible. Un homme incorruptible dans ses mœurs, incorruptible à la faveur.* ▪ INCORRUPTIBLEMENT, adv. [ɛ̃kɔryptibləmɑ̃]

INCRASSANT, ANTE, adj. [ɛ̃krasɑ̃, ɑ̃t] (lat. *incrassans*, de *incrassare*, engraisser) ▷ *Médicaments incrassants*, médicaments auxquels les humoristes attribuaient la propriété d'épaissir le sang ou les humeurs. ♦ N. m. *Les incrassants sont les opposés des incisifs.* ◁

INCRÉDIBILITÉ, n. f. [ɛ̃kredibilite] (lat. *incredibilitas*) Qualité de ce qui est incroyable. *L'incrédibilité d'un fait.*

INCRÉDULE, adj. [ɛ̃kredyl] (lat. *incredulus*) Qui n'est pas crédule. *Esprit incrédule.* ♦ Qui ne croit pas. « *Incrédules à la parole du Seigneur notre Dieu* », SACI. ♦ Qui n'a point la foi théologique. ♦ N. m. et n. f. *Un, une incrédule.*

INCRÉDULITÉ, n. f. [ɛ̃kredylite] (lat. *incredulitas*) Répugnance à croire. « *Je voudrais vaincre enfin mon incrédulité* », RACINE. ♦ Manque de croyance pour les choses théologiques.

INCRÉÉ, ÉE, adj. [ɛ̃kree] (2 *in-* et *créer*) Qui existe sans avoir été créé. « *Créateur incréé de la nature entière* », VOLTAIRE. ♦ Chez les chrétiens, *la sagesse incréée*, le Fils de Dieu. ♦ N. m. *L'incréé*, ce qui n'est pas créé.

INCRÉMENT, ▪ n. m. [ɛ̃kremɑ̃] (lat. class. *incrementum*, accroissement) **Inform.** Quantité constante dont on augmente une variable à chaque fois que l'on exécute un élément de programme. *Intégrer un nouvel incrément.*

INCRÉMENTER, ▪ v. tr. [ɛ̃kremɑ̃te] (*incrément*) **Inform.** Augmenter d'un incrément. *Incrémenter la portion numérique d'une chaîne de caractères.*

INCRÉMENTIEL, ELLE, ▪ adj. [ɛ̃kremɑ̃sjɛl] (*incrément*) **Inform.** Qui augmente la valeur d'une variable par un incrément. *Un opérateur incrémentiel.*

INCREVABLE, ▪ adj. [ɛ̃krəvabl] (2 *in-* et *crever*) Qui ne peut être crevé. *Pneu increvable.* ▪ **Fig.** Infatigable. *Comment fait-il tout ça ? Il est vraiment increvable.*

INCRIMINABLE, adj. [ɛ̃kriminabl] (*incriminer*) **Jurispr.** Que l'on peut imputer à crime ; que l'on peut incriminer.

INCRIMINATION, n. f. [ɛ̃kriminasjɔ̃] (*incriminer*) **Jurispr.** Action d'incriminer, état de la personne incriminée.

INCRIMINÉ, ÉE, p. p. de incriminer. [ɛ̃krimine] N. m. et n. f. *L'incriminé. L'incriminée.*

INCRIMINER, v. tr. [ɛ̃krimine] (b. lat. *incriminare*, accuser) Accuser quelqu'un d'un crime ; imputer une chose à crime. *Incriminer quelqu'un ; incriminer sa conduite.*

INCRISTALLISABLE, adj. [ɛ̃kristalizabl] (2 *in-* et *cristallisable*) **Phys.** Qui n'est pas susceptible de cristalliser.

INCROCHETABLE, adj. [ɛ̃krɔʃ(ə)tabl] (2 *in-* et *crochetable*) Qui ne peut être crocheté. *Serrure incrochetable.*

INCROYABLE, adj. [ɛ̃krwajabl] (2 *in-* et *croyable*) Qui ne peut être cru ou qui est difficile à croire. *Un bonheur, un mystère incroyable.* ♦ *Incroyable à.* « *Tant de harangues... qui nous sont presque incroyables* », FÉNELON. ♦ **Impers.** *Il est incroyable*, on ne saurait croire, imaginer. ♦ N. m. *L'incroyable,*

ce qui ne peut se croire, le merveilleux. ♦ Par exagération, qui passe la croyance, excessif, extraordinaire. *Des revers incroyables.* ♦ En parlant des personnes, étrange, ridicule. ♦ N. m. Nom donné aux petits-maîtres sous le Directoire. ♦ ▷ Il s'est dit aussi des femmes d'une élégance outrée. *Une incroyable.* ◁

INCROYABLEMENT, adv. [ɛ̃krwajabləmɑ̃] (*incroyable*) **Fam.** D'une manière incroyable, excessivement.

INCROYANCE, ▪ n. f. [ɛ̃krwajɑ̃s] (2 *in-* et *croyance*) Absence de croyance religieuse ; état d'une personne qui est non croyante. *Revendiquer son incroyance.*

INCROYANT, ANTE, ▪ adj. [ɛ̃krwajɑ̃, ɑ̃t] (2 *in-* et *croyant*) Qui ne possède pas la foi religieuse. *Devenir incroyant.* ▪ N. m. et n. f. *Aucune religion ne peut obliger le croyant à maltraiter l'incroyant.*

INCRUSTANT, ANTE, adj. [ɛ̃krystɑ̃, ɑ̃t] (*incruster*) Qui couvre un corps d'une croûte plus ou moins épaisse. *Une source incrustante.*

INCRUSTATION, n. f. [ɛ̃krystasjɔ̃] (b. lat. *incrustatio*) Action d'incruster ; résultat de cette action. *Des incrustations de marbre.* ♦ Action de former une croûte sur un corps. ♦ Enduit pierreux qui se forme à la surface des corps déposés dans les eaux séléniteuses. ♦ En pathologie, dépôt calcaire qui se forme dans les tissus organiques ou à leur surface. ▪ Insertion d'une image numérisée dans une autre ; image insérée. *L'incrustation d'un logo.* ▪ Dentelle incrustée dans une étoffe.

INCRUSTÉ, ÉE, p. p. de incruster. [ɛ̃kryste] N. m. Ouvrage d'ébénisterie ou de tabletterie fait par incrustation.

INCRUSTER, v. tr. [ɛ̃kryste] (lat. *incrustare*, couvrir d'une croûte) Garnir un objet d'ornements engagés dans la surface. « *Le temple était incrusté de marbre* », FÉNELON. ♦ On dit simplement aussi : *Incruster un temple, un pilastre, etc.* ♦ Engager dans une surface des objets d'ornement. *Incruster une mosaïque dans le pavé d'un temple.* ♦ Former une croûte ; couvrir d'une couche pierreuse. ♦ S'incruster, v. pr. Être incrusté. ♦ Se couvrir d'une croûte pierreuse. ▪ Insérer une image numérisée dans une autre. *Le fondu entre deux images consiste à incruster une image sur un autre calque de manière homogène.* ▪ **Fam.** S'installer, rester dans un endroit de manière inopportune. *Elle s'est incrustée chez moi.*

INCUBATEUR, TRICE, ▪ adj. [ɛ̃kybatœr, tris] (rad. de *incubation*) Où s'effectue l'incubation. *Poche incubatrice. Chambre incubatrice.* ▪ N. m. Appareil où s'effectue l'incubation artificielle des œufs. ▪ **Par anal.** Couveuse pour bébés prématurés. ▪ **Fig.** Organisme chargé d'aider et d'encadrer des porteurs de projets, particulièrement dans le cadre des nouvelles technologies.

INCUBATION, n. f. [ɛ̃kybasjɔ̃] (lat. *incubatio*) Action de couver. ♦ *Incubation artificielle*, procédé à l'aide duquel on fait éclore des œufs en entretenant une chaleur pareille à celle que donne la couveuse. ♦ **Méd.** Le temps qui s'écoule entre l'action d'une cause morbifique sur l'économie animale et l'invasion de la maladie. *La période d'incubation. L'incubation de la petite vérole.*

INCUBE, ▪ n. m. [ɛ̃kyb] (b. lat. *incubus*, cauchemar, satyre) Dans l'Antiq., démon masculin qui était supposé prendre forme humaine afin d'abuser des femmes durant leur sommeil. ▪ N. m. **Par méton.** Bateau muni de ce dispositif.

INCUBER, ▪ v. tr. [ɛ̃kybe] (lat. *incubare*, être couché dans ou sur, couver) Effectuer une incubation. *Incuber des œufs.*

INCUIT, ▪ n. m. [ɛ̃kɥi] (2 *in-* et *cuit*, de *cuire*) **Techn.** Partie d'une chaux, d'un ciment qui n'a pas été soumise à une température suffisamment haute.

INCULPATION, n. f. [ɛ̃kylpasjɔ̃] (b. lat. *inculpatio*) Action d'inculper. *Se justifier d'une inculpation.* ▪ **Dr.** Procédure par laquelle le juge d'instruction signifie à une personne qu'une information est ouverte contre elle. ▪ REM. Le terme a été remplacé par celui de *mise en examen*.

INCULPÉ, ÉE, p. p. de inculper. [ɛ̃kylpe] N. m. et n. f. *L'inculpé, l'inculpée*, celui, celle qu'on soupçonne d'un crime ou d'un délit.

INCULPER, v. tr. [ɛ̃kylpe] (b. lat. *inculpare*, de *culpa*, faute) Charger quelqu'un d'une faute. ♦ S'inculper, v. pr. S'attribuer une faute. ♦ S'accuser mutuellement. ▪ V. tr. Faire l'objet d'une mise en examen. *Il a été inculpé de meurtre.*

INCULQUÉ, ÉE, p. p. de inculquer. [ɛ̃kylke]

INCULQUER, v. tr. [ɛ̃kylke] (lat. *inculcare*, faire entrer, de *calcis*, talon) Faire entrer une chose dans l'esprit à force de la répéter. « *Obligé de parler plusieurs fois d'une doctrine pour l'inculquer* », FÉNELON. ♦ S'inculquer une chose dans l'esprit, l'inculquer à soi, la graver dans son esprit. ♦ **Absol.** « *Il aime à répéter pour inculquer* », VOLTAIRE. ♦ S'inculquer, v. pr. Être inculqué. ▪ INCULCATION, n. f. [ɛ̃kylkasjɔ̃]

INCULTE, adj. [ɛ̃kylt] (lat. *incultus*, en friche) Qui n'est point cultivé. *Terre inculte.* ♦ **Fig.** Qui n'a pas reçu la culture intellectuelle et morale.

Un homme, un naturel inculte. ♦ Se dit parfois d'une barbe, d'une chevelure négligée. ■ Qui n'a pas de connaissances en. *Il est totalement inculte en histoire. Elle est inculte dans ce domaine.*

INCULTIVABLE, ■ adj. [ɛ̃kyltivabl] (2 *in-* et *cultivable*) Que l'on ne peut cultiver. *Sol, terrain incultivable.*

INCULTURE, n. f. [ɛ̃kyltyʀ] (2 *in-* et *culture*) État de ce qui est inculte. *L'état d'inculture où sont ces terres.* ♦ **Fig.** Absence de culture intellectuelle et morale. ■ **Rem.** Le premier sens est rare.

INCUNABLE, adj. [ɛ̃kynabl] (*Incunabula typographiæ*, répertoire des premiers imprimés, du lat. *incunabula*, langes, enfance) *Édition incunable*, édition qui date des commencements de l'imprimerie. ♦ **N. m.** *Un incunable*, un livre qui date des premiers temps de l'imprimerie.

INCURABILITÉ, n. f. [ɛ̃kyʀabilite] (*incurable*) Caractère des maladies qui ne sont pas susceptibles de guérison. ♦ **Fig.** Il se dit des mauvaises dispositions morales.

INCURABLE, adj. [ɛ̃kyʀabl] (b. lat. *incurabilis*) Qui ne peut être guéri, en parlant de maladies. *Maladies, blessures incurables.* ♦ **Fig.** « *Si l'aveuglement des peuples n'eût pas été incurable* », Bossuet. ♦ Il se dit aussi des personnes. *Un malade incurable.* ♦ **N. m.** et n. f. *Un incurable*, l'homme ou la femme atteints de maladies incurables. ♦ ▷ **N. m. pl.** *Les Incurables* (avec *I* majuscule), hospice d'incurables. ◁

INCURABLEMENT, ■ adv. [ɛ̃kyʀabləmɑ̃] (*incurable*) **Rare** De manière incurable. *Un malade incurablement atteint.* ■ **Fig.** D'une manière irrémédiable, définitive. *Seriez-vous incurablement paresseux?*

INCURIE, n. f. [ɛ̃kyʀi] (lat. *incuria*) Défaut de soin, négligence. « *Il y en a qui ne trouvent leur repos que dans une incurie de toutes choses* », Bossuet.

INCURIEUX, EUSE, ■ adj. [ɛ̃kyʀjø, øz] (lat. impér. *incuriosus*) **Litt.** Qui manque de curiosité, se montre indifférent. *Être incurieux du passé, de l'histoire.*

INCURIOSITÉ, n. f. [ɛ̃kyʀjozite] (lat. *incuriositas*) Insouciance d'apprendre ce qu'on ignore. ■ **Rem.** Il est littéraire aujourd'hui.

INCURSION, n. f. [ɛ̃kyʀsjɔ̃] (lat. *incursio*) Course de gens de guerre en pays ennemi. « *Les Turcs font des incursions en Hongrie* », Voltaire. ♦ **Par extens.** Courses, voyages que l'on fait dans un pays par curiosité ou pour l'explorer. ♦ **Fig.** Étude, travail dans quelque partie des lettres, des sciences dont on ne s'occupe pas habituellement. ■ Entrée soudaine dans un lieu. *Il a fait une incursion dans mon bureau.*

INCURVATION, ■ n. f. [ɛ̃kyʀvasjɔ̃] (lat. *incurvatio*) Action d'incurver ; fait d'être incurvé. *L'incurvation pathologique d'un os.*

INCURVER, ■ v. tr. [ɛ̃kyʀve] (lat. *incurvare*, courber) Donner une forme courbe à. *Incurver une barre de métal, la trajectoire d'un ballon.* ■ S'incurver, v. pr. *Rayonnage, toiture qui s'incurve.*

INCUSE, adj. f. [ɛ̃kyz] (lat. *incusa*, de *incudere*, forger) Se dit de certaines médailles frappées d'un seul côté par la négligence et la précipitation des ouvriers. ♦ **N. f.** *Une incuse.* ■ **Adj. f.** Se dit d'une médaille frappée d'un seul côté ou dont le motif apparaît en creux sur le revers.

INDATABLE, ■ adj. [ɛ̃databl] (2 *in-* et *datable*) Que l'on ne peut dater, à quoi il est impossible d'attribuer une date. *Un document indatable.*

INDE, n. m. [ɛ̃d] (lat. *indicum*, indigo) Couleur bleue que l'on tire de l'indigo. ♦ On a donné abusivement le nom d'inde à une couleur bleue tirée de la guède. ♦ *Inde* ou *bois d'Inde*, bois de campêche, qui fournit une couleur rouge.

INDÉBOULONNABLE, ■ adj. [ɛ̃debulɔnabl] (2 *in-* et *déboulonner*) **Fam.** Qui conservera toujours sa place, son poste. *Un fonctionnaire indéboulonnable.*

INDÉBROUILLABLE, adj. [ɛ̃debʀujabl] (2 *in-* et *débrouiller*) Qui ne peut être débrouillé. « *La question du bien et du mal demeure un chaos indébrouillable pour ceux qui cherchent de bonne foi* », Voltaire.

INDÉCACHETABLE, adj. [ɛ̃dekaʃ(ə)tabl] (2 *in-* et *décacheter*) Qui ne peut être décacheté. *Enveloppe indécachetable.*

INDÉCELABLE, ■ adj. [ɛ̃des(ə)labl] (2 *in-* et *décelable*) Que l'on ne peut déceler. *Seul le peintre percevait des nuances indécelables pour nous.*

INDÉCEMMENT, adv. [ɛ̃desamɑ̃] (*indécent*) D'une manière indécente.

INDÉCENCE, n. f. [ɛ̃desɑ̃s] (lat. *indecentia*) Vice de ce qui est contraire à la décence, à l'honnêteté, aux bienséances. ♦ Action, propos indécent. Chose obscène.

INDÉCENT, ENTE, adj. [ɛ̃desɑ̃, ɑ̃t] (lat. *indecens*) Qui est contre la décence, contre l'honnêteté, contre les bienséances. *Des actes indécents. Des paroles indécentes.* ♦ Il se dit aussi des personnes. *Vous êtes indécent.*

INDÉCHIFFRABLE, adj. [ɛ̃deʃifʀabl] (2 *in-* et *déchiffrable*) Qui ne peut être déchiffré. ♦ **Par extens.** Difficile à lire, en parlant d'une écriture. ♦ **Fig.** Obscur, embrouillé. *Une énigme indéchiffrable.* ♦ **Fig.** Inexplicable, en parlant des personnes, de leur conduite.

INDÉCHIRABLE, ■ adj. [ɛ̃deʃiʀabl] (2 *in-* et *déchirer*) Que l'on ne peut déchirer. *Une toile, du papier indéchirable.*

INDÉCIDABLE, ■ adj. [ɛ̃desidabl] (2 *in-* et *décider*) **Log.** Se dit d'une proposition qui n'est ni démontrable ni réfutable, dans une théorie déductive. *En mathématiques, un fait X par rapport à un fait Y peut être indécidable.*

INDÉCIS, ISE, adj. [ɛ̃desi, iz] (lat. médiév. *indecisus*) Sur quoi il n'y a pas de décision, de solution. *Question, bataille indécise.* ♦ Douteux, incertain. *Un choix indécis.* ♦ Qui ne sait pas prendre une résolution, en parlant des personnes. *Un homme indécis. Indécis sur ce qu'il avait à faire.* ♦ **N. m.** et n. f. « *La conscience est inquiète dans les indécis* », Vauvenargues. ♦ Vague, difficile à déterminer, à limiter. *La lumière indécise du crépuscule. Des bornes indécises.*

INDÉCISION, n. f. [ɛ̃desizjɔ̃] (*indécis*) Défaut de décision. ♦ **Admin.** Partie indécise dans un compte. *Il reste à régler les indécisions.* ♦ Ce qu'il y a de non déterminé dans une chose. *L'indécision des nuances.*

INDÉCLINABILITÉ, n. f. [ɛ̃deklinabilite] (*indéclinable*) **Gramm.** Qualité des mots indéclinables. ♦ ▷ Qualité de ce qui est inévitable. ◁

INDÉCLINABLE, adj. [ɛ̃deklinabl] (lat. *indeclinabilis*, qui ne dévie pas) **Gramm.** Qui ne se décline point. *On appelle indéclinables les noms qui, sous une seule forme, s'emploient à tous les cas.* ♦ Qui ne reçoit pas les signes du genre et du nombre. ♦ **N. m.** Nom qui ne se décline point. ♦ *Les indéclinables*, les parties invariables du discours, adverbe, préposition, conjonction, interjection. ♦ Qui ne peut être évité. « *D'une manière invincible, indéclinable* », Fénelon.

INDÉCODABLE, ■ adj. [ɛ̃dekodabl] (2 *in-* et *décoder*) Qui ne peut être décodé. *Un message, un signal indécodable.*

INDÉCOLLABLE, ■ adj. [ɛ̃dekolabl] (2 *in-* et *décoller*) Qu'il est impossible de décoller. *Papier adhésif indécollable.*

INDÉCOMPOSABLE, adj. [ɛ̃dekɔ̃pozabl] (2 *in-* et *décomposer*) Qui ne peut être décomposé.

INDÉCOMPOSÉ, ÉE, adj. [ɛ̃dekɔ̃poze] (2 *in-* et *décomposé*) Qui n'est pas décomposé. ♦ *Corps indécomposé*, tout corps qui paraît simple.

INDÉCROTTABLE, adj. [ɛ̃dekʀotabl] (2 *in-* et *décrotter*) Qu'on ne peut décrotter. *Des souliers indécrottables.* ♦ **Fig. et fam.** *Homme indécrottable*, homme malplaisant, qu'on ne saurait corriger.

INDÉFECTIBILITÉ, n. f. [ɛ̃defɛktibilite] (*indéfectible*) Qualité de ce qui est indéfectible. *L'indéfectibilité de l'Église.*

INDÉFECTIBLE, adj. [ɛ̃defɛktibl] (lat. médiév. *indefectibilis*) Qui ne peut défaillir, qui ne peut cesser d'être. *L'Église est indéfectible.*

INDÉFECTIBLEMENT, ■ adv. [ɛ̃defɛktibləmɑ̃] (*indéfectible*) De manière indéfectible. *Le vassal était indéfectiblement lié à son seigneur.*

INDÉFENDABLE, adj. [ɛ̃defɑ̃dabl] (2 *in-* et *défendable*) Qui ne peut être défendu contre un ennemi, contre un adversaire, contre la critique. *Cette place est indéfendable.*

INDÉFINI, IE, adj. [ɛ̃defini] (b. lat. *indefinitus*) Qui n'est pas défini, dont nous n'apercevons pas la limite. *Espace indéfini.* ♦ **N. m. Philos.** *L'indéfini n'est point l'infini.* ♦ À L'INDÉFINI, loc. adv. ▷ Sans fin, sans limite. ◁ ♦ Qui manque de précision, indéterminé. *Une idée indéfinie.* ♦ **Log.** *Proposition indéfinie*, proposition générale qui convient à tous les êtres de même espèce. ♦ **Gramm.** Qui exprime une idée vague ou générale qu'on n'applique point à un objet particulier et déterminé. *Sens indéfini. Un est article indéfini, par opposition à la article défini.* ♦ *Prétérit* ou *passé indéfini*, temps de l'indicatif qui indique l'action comme passée, sans relation nécessaire à une époque déterminée, par exemple : J'ai dit. ♦ *Modes indéfinis*, modes des verbes où il n'y a pas de personnes : l'infinitif, le participe. ♦ ▷ **Chim.** *Combinaisons indéfinies*, celles qui se font en toutes proportions. ◁

INDÉFINIMENT, adv. [ɛ̃definimɑ̃] (*indéfini*) D'une manière indéfinie. *Ajourner indéfiniment une affaire.* ♦ **Gramm.** Dans un sens indéfini. *Ce mot est pris indéfiniment.*

INDÉFINISSABLE, adj. [ɛ̃definisabl] (2 *in-* et *définissable*) Qu'on ne saurait définir. *Il y a des termes si simples qu'ils sont indéfinissables.* ♦ **Fig.** *Un trouble indéfinissable.* ♦ Qu'on ne peut pénétrer, expliquer, en parlant des personnes.

INDÉFORMABLE, ■ adj. [ɛ̃defɔʀmabl] (2 *in-* et *déformer*) Qui ne peut se déformer. *Un matériau indéformable.*

INDÉFRICHABLE, ■ adj. [ɛ̃defʀiʃabl] (2 *in-* et *défricher*) Qui ne peut être défriché.

INDÉFRISABLE, ■ adj. [ɛ̃defʀizabl] (2 *in-* et *défriser*) Qui ne peut se défriser. *Des cheveux indéfrisables.* ■ N. f. **Vieilli** Ondulation artificielle des cheveux. *Se faire faire une indéfrisable.*

INDÉHISCENT, ENTE, ■ adj. [ɛ̃deisɑ̃, ɑ̃t] (2 *in-* et *déhiscent*) **Bot.** Qui ne s'ouvre pas spontanément mais se détache complètement au moment de la maturité. *La noisette est un fruit indéhiscent.*

INDÉLÉBILE, adj. [ɛ̃delebil] (lat. *indelebilis*) Qui ne peut être détruit, effacé. *Encre indélébile.* ♦ Fig. *Le caractère de prêtre est indélébile.*

INDÉLÉBILITÉ, n. f. [ɛ̃delebilite] (*indélébile*) Qualité de ce qui ne peut s'effacer. *L'indélébilité du caractère de prêtre.*

INDÉLIBÉRÉ, ÉE, adj. [ɛ̃delibeʀe] (b. lat. *indeliberatus*, indécis) Qui n'est point délibéré, point réfléchi. *Un mouvement indélibéré.*

INDÉLICAT, ATE, adj. [ɛ̃delika, at] (2 *in-* et *délicat*) Qui n'a pas de délicatesse dans les sentiments. *Homme indélicat.* ♦ Il se dit aussi des choses. *Procédé indélicat.* ■ Malhonnête. *Un employé indélicat. Un acte indélicat.*

INDÉLICATEMENT, adv. [ɛ̃delikat(ə)mɑ̃] (*indélicat*) D'une manière indélicate.

INDÉLICATESSE, n. f. [ɛ̃delikatɛs] (*indélicat*) Manque de délicatesse dans les sentiments. ♦ *Procédé indélicat.*

INDÉMAILLABLE, ■ adj. [ɛ̃demajabl] (2 *in-* et *démailler*) Dont les mailles ne peuvent se défaire. *Un collant en tissu indémaillable. Un tricot indémaillable.* ■ N. m. Tissu indémaillable. *L'indémaillable est utilisé dans la fabrication des vêtements de sport.*

INDEMNE, adj. [ɛ̃dɛmn] (lat. *indemnis*) **Jurispr.** Qui n'a pas éprouvé de perte ; indemnisé. *Sortir indemne d'une affaire.* ♦ Il se dit en un sens analogue, dans le langage général. *Sortir indemne d'une guerre.* ■ Qui n'a subi aucun dommage. *Ils sont sortis indemnes de l'accident.*

INDEMNISABLE, ■ adj. [ɛ̃dɛmnizabl] (*indemniser*) Qui peut être indemnisé. *Un préjudice indemnisable.*

INDEMNISATION, n. f. [ɛ̃dɛmnizasjɔ̃] (*indemniser*) Action d'indemniser. ♦ Fixation d'une indemnité. ■ Rem. On prononçait autrefois [ɛ̃damnizasjɔ̃] avec *a* et non *è*.

INDEMNISÉ, ÉE, p. p. de indemniser. [ɛ̃dɛmnize]

INDEMNISER, v. tr. [ɛ̃dɛmnize] (*indemne*) Compenser à quelqu'un le dommage qu'il a souffert, les pertes qu'il a faites. *Indemniser quelqu'un de ses pertes.* ♦ Fig. *Ses succès m'indemnisent des soins que j'ai pris de son éducation.* ♦ S'indemniser, v. pr. Se donner à soi-même une indemnité, une compensation.

INDEMNITAIRE, n. m. et n. f. [ɛ̃dɛmnitɛʀ] (*indemnité*) Personne qui a droit à une indemnité. ■ Adj. Qui constitue une indemnité. ■ Rem. On prononçait autrefois [ɛ̃damnitɛʀ] avec *a* et non *è*.

INDEMNITÉ, n. f. [ɛ̃dɛmnite] (lat. *indemnitas*) Compensation pécuniaire accordée à celui qui a éprouvé une perte. ♦ Acte par lequel on promet d'indemniser. ♦ *Indemnité de logement*, somme allouée à des employés qui ont droit à un logement et à qui l'administration n'en peut donner un. ♦ *Bill d'indemnité*, Voy. bill. ■ Somme allouée en compensation de frais. *Toucher une indemnité de déplacement.* ■ Rem. On prononçait autrefois [ɛ̃damnite] avec *a* et non *è*.

INDÉMODABLE, ■ adj. [ɛ̃demodabl] (2 *in-* et *se démoder*) Qui ne se démodera pas. *Un manteau indémodable.*

INDÉMONTABLE, ■ adj. [ɛ̃demɔ̃tabl] (2 *in-* et *démontable*) Que l'on peut démonter. *Un mécanisme indémontable.*

INDÉMONTRABLE, ■ adj. [ɛ̃demɔ̃tʀabl] (2 *in-* et *démontrable*) Que l'on ne peut démontrer. *Un théorème indémontrable. Un phénomène scientifiquement indémontrable.*

INDÈNE, ■ n. m. [ɛ̃dɛn] (*inde* et suff. sc. *-ène*) **Chim.** Hydrocarbure contenu dans les goudrons de houille. *Résines d'indène.*

INDÉNIABLE, ■ adj. [ɛ̃denjabl] (2 *in-* et *dénier*) Qui ne peut être dénié, mis en doute. *Bonne foi indéniable. Cet élève a fait d'indéniables progrès.* ■ INDÉNIABLEMENT, adv. [ɛ̃denjabləmɑ̃]

INDÉNOMBRABLE, ■ adj. [ɛ̃denɔ̃bʀabl] (2 *in-* et *dénombrable*) Que l'on ne peut pas dénombrer. *Une quantité indénombrable de cellules.* ■ Gramm. Se dit d'un mot qui désigne une chose non comptable. *Les mots sable, eau sont indénombrables.* ■ N. m. Gramm. Nom indénombrable.

INDENTATION, ■ n. f. [ɛ̃dɑ̃tasjɔ̃] (2 *in-* et *denter*) **Géogr.** Échancrure du littoral qui ressemble à la trace d'une morsure. ■ **Inform.** Décalage d'une partie du texte, généralement réalisé par l'insertion de tabulations. *En programmation, l'indentation permet de mettre en évidence la structure d'un programme.*

INDÉPASSABLE, ■ adj. [ɛ̃depasabl] (2 *in-* et *dépasser*) Que l'on ne peut dépasser. *Un modèle indépassable.*

INDÉPENDAMMENT, adv. [ɛ̃depɑ̃damɑ̃] (*indépendant*) Sans dépendance, d'une manière indépendante. « *Dieu nous a créés indépendamment de nous et sans nous* », Bourdaloue. ♦ Sans aucun égard à. *Indépendamment de tout événement.* ♦ Outre, par surcroît. *Indépendamment du traitement, il a le logement.*

INDÉPENDANCE, n. f. [ɛ̃depɑ̃dɑ̃s] (*indépendant*) Absence de dépendance. « *Chercher un repos funeste et une entière indépendance dans l'indifférence des religions ou dans l'athéisme* », Bossuet. ♦ État d'une personne indépendante. « *Il n'y a personne qui ne regarde le repos et l'indépendance comme le but de tous ses travaux* », Voltaire. ♦ Il se dit aussi par rapport à la fortune. *Il s'est acquis une honnête indépendance.* ♦ *Le goût de l'indépendance.* ♦ Condition d'un État, d'un pouvoir qui ne relève pas d'un autre. ♦ Au jeu de boston, l'action de faire seul un certain nombre de levées. ■ Rem. Il est vieux aujourd'hui dans ce sens. ■ Absence de dépendance, de lien entre des choses.

INDÉPENDANT, ANTE, adj. [ɛ̃depɑ̃dɑ̃, ɑ̃t] (2 *in-* et *dépendant*) Qui ne dépend point de, qui n'est point subordonné à, en parlant des personnes. *Une âme indépendante de la fortune.* ♦ Qui est libre de toute dépendance politique. *Un chef indépendant.* ♦ Qui ne dépend de personne, en parlant des particuliers. « *Il n'est pas toujours facile d'être pauvre et indépendant.* », J.-J. Rousseau. ♦ Il se dit, dans le même sens, de la fortune, de la situation. *Une fortune indépendante.* ♦ Qui aime à ne dépendre de personne, qui ne se laisse pas dominer par la volonté d'autrui. ♦ Qui n'est pas subordonné à, en parlant des choses. *Autorité indépendante de la loi.* ♦ Se dit des choses qui n'ont point de rapport, de relation avec une autre. « *Une règle indépendante des lieux, des temps, des nations, des intérêts* », Massillon. ■ *Travailleur indépendant*, travailleur qui n'est pas salarié d'une entreprise privée ou publique. *Les artisans sont considérés comme des travailleurs indépendants.* ■ **Gramm.** *Proposition indépendante* ou n. f. **indépendante**, proposition qui ne dépend syntaxiquement d'aucune autre et dont aucune proposition ne dépend. ■ Se dit d'une pièce qui ne communique pas avec les autres pièces d'une habitation ou qui est isolée. *Il a une chambre indépendante.*

INDÉPENDANTISME, ■ n. m. [ɛ̃depɑ̃dɑ̃tism] (*indépendant*) Revendication consistant à réclamer l'indépendance d'un pays, d'un territoire. *L'indépendantisme breton, croate.* ■ INDÉPENDANTISTE, n. m. et n. f. et adj. [ɛ̃depɑ̃dɑ̃tist]

INDÉRACINABLE, adj. [ɛ̃deʀasinabl] (2 *in-* et *déracinable*) Qu'on ne peut déraciner, faire disparaître. *Un sentiment indéracinable.*

INDÉRÉGLABLE, ■ adj. [ɛ̃deʀeglabl] (2 *in-* et *dérégler*) Qui ne risque pas de se dérégler. *Un appareil, un système indéréglable.*

INDESCRIPTIBLE, ■ adj. [ɛ̃dɛskʀiptibl] (2 *in-* et rad. de *description*) Qui ne peut être décrit.

INDÉSIRABLE, ■ adj. [ɛ̃deziʀabl] (angl. *undesirable*) Dont la présence n'est pas souhaitée. *Moustiques indésirables. Un réfugié politique considéré comme indésirable.* ■ N. m. *De nombreux indésirables ont été renvoyés dans leur pays.* ■ Pharm. Qui présente une réaction nocive non souhaitée dans le cadre d'une utilisation normale. *Effet indésirable d'un médicament.*

INDESTRUCTIBILITÉ, n. f. [ɛ̃dɛstʀyktibilite] (*indestructible*) Qualité ou état de ce qui est indestructible.

INDESTRUCTIBLE, adj. [ɛ̃dɛstʀyktibl] (b. lat. *indestructibilis*) Qui ne peut être détruit. *La masse indestructible des pyramides.* ♦ Fig. *Une haine indestructible.*

INDÉTECTABLE, ■ adj. [ɛ̃detɛktabl] (2 *in-* et *détecter*) Que l'on ne peut détecter. *Certains produits dopants sont indétectables dans le sang.*

INDÉTERMINABLE, ■ adj. [ɛ̃detɛʀminabl] (2 *in-* et *déterminable*) Que l'on ne peut déterminer précisément. *Une quantité, une couleur indéterminable.*

INDÉTERMINATION, n. f. [ɛ̃detɛʀminasjɔ̃] (2 *in-* et *détermination*) Défaut de détermination, de volonté. ♦ Philos. Absence de conditions qui déterminent, qui règlent. *L'indétermination des rapports.* ♦ En algèbre, état de ce qui n'est pas défini. ♦ Caractère d'une chose qui n'est pas déterminée, qui n'est pas définie. *Nullité de la vente pour indétermination du prix.*

INDÉTERMINÉ, ÉE, adj. [ɛ̃detɛʀmine] (b. lat. *indeterminatus*) Qui n'est pas déterminé, fixé, en parlant des choses. *Nombre indéterminé.* ♦ Qui n'est pas déterminé, résolu, en parlant des personnes. « *Ceux qui entrent dans les magasins, indéterminés sur le choix des étoffes qu'ils veulent acheter* », La Bruyère. ♦ Math. *Problèmes indéterminés*, ceux qui ont un nombre indéterminé de solutions. ♦ *Quantités indéterminées*, celles que l'on introduit dans le calcul sans leur assigner actuellement une valeur déterminée.

INDÉTERMINÉMENT, adv. [ɛ̃detɛʀminemɑ̃] (*indéterminé*) D'une manière indéterminée. *Un mot employé indéterminément.*

INDÉTERMINISME, ■ n. m. [ɛ̃detɛrminism] (2 *in-* et *déterminisme*) Caractère de ce qui n'est pas soumis au déterminisme. « *La science ne saurait consister dans l'indéterminisme* », C. BERNARD. *L'indéterminisme de la mécanique quantique.* ■ Philos. Doctrine qui refuse le déterminisme.

INDEVINABLE, adj. [ɛ̃d(ə)vinabl] (2 *in-* et *devinable*) Qui n'est pas susceptible d'être deviné. « *Soyez impénétrable, soyez indevinable* », VOLTAIRE.

INDÉVOT, OTE, adj. [ɛ̃devo, ɔt] (lat. *indevotus*, qui va à l'encontre de la loi) Qui n'est pas dévot, en parlant des personnes. ◆ N. m. et n. f. *Un indévot. Une indévote.* ◆ Se dit aussi des choses. *Discours indévot.* ■ REM. Il est vieux aujourd'hui.

INDÉVOTEMENT, adv. [ɛ̃devot(ə)mɑ̃] (*indévot*) D'une manière indévote. ■ REM. Il est vieux aujourd'hui.

INDÉVOTION, n. f. [ɛ̃devosjɔ̃] (lat. *indevotio*, mépris, irréligion) Manque de dévotion. ■ REM. Il est vieux aujourd'hui.

INDEX, n. m. [ɛ̃dɛks] (lat. *index*) Table des matières d'un livre. ◆ *Index* ou *indice*, catalogue des livres suspects de mauvaise doctrine dont le Saint-Siège interdit la lecture, quoiqu'ils ne soient pas encore condamnés juridiquement. *Mettre un livre à l'index. Congrégation de l'index* ou *de l'indice.* ◆ Fig. *Mettre une chose à l'index*, l'interdire, en défendre l'usage. ◆ Premier doigt de la main après le pouce. ◆ ▷ Adj. *Le doigt index.* ◁ ◆ Au pl. *Des index.* ■ Aiguille ou objet qui, sur un cadran ou un repère gradué, indique des valeurs.

INDEXER, ■ v. tr. [ɛ̃dɛkse] (*index*) Attribuer à une donnée, à un document, une référence chiffrée ou une série de descripteurs afin de l'identifier et d'en faciliter la recherche. *Indexer une base de données.* ■ Associer la variation d'une valeur économique à celle d'une autre valeur prise comme référence. *Indexer le montant d'une aide à l'augmentation du coût des loyers.* ■ INDEXATION n. f. ou INDEXAGE, n. m. [ɛ̃dɛksasjɔ̃, ɛ̃dɛksaʒ]

INDEXEUR, EUSE, ■ n. m. et n. f. [ɛ̃dɛksœr, øz] (*indexer*) Personne chargée de réaliser l'index, la table alphabétique d'un ouvrage.

INDIANISME, n. m. [ɛ̃djanism] (*indien*) Caractère indien ; études indiennes.

INDIANISTE, n. m. et n. f. [ɛ̃djanist] (*indien*) Personne qui s'occupe de l'étude du sanscrit et de l'histoire de l'Inde. ■ Personne qui étudie les langues et les civilisations de l'Inde.

INDICATEUR, TRICE, n. m. et n. f. [ɛ̃dikatœr, tris] (*indiquer*) Celui, celle qui indique, qui dénonce un coupable (sens vieilli). ◆ N. m. Anat. L'index. ◆ Adj. *Le doigt indicateur.* ◆ Nom donné aux journaux ou pancartes qui marquent les heures des chemins de fer (avec I majuscule). ■ Adj. Qui indique quelque chose. *Un panneau indicateur.* ■ N. m. Instrument qui fournit des indications. *L'indicateur de vitesse d'un véhicule.* ■ Chim. *Indicateur coloré*, substance qui change de couleur et qui permet de déterminer si une solution est acide ou basique. ■ Écon. Élément significatif qui permet d'évaluer une situation économique. ■ Document qui fournit des renseignements. *L'indicateur des marées.* ■ Personne qui fournit des informations à la police en échange d'un avantage ou d'une somme d'argent. ■ Fam. Indic. ■ Financ. *Indicateur de tendance*, qui indique les variations des cours boursiers. ■ Oiseau qui vit en Afrique et en Asie et qui indique par ses cris l'emplacement des nids d'abeilles. *Il existe de nombreuses espèces d'indicateurs.* ■ REM. Il est vieux aujourd'hui dans le sens d'*index*.

1 INDICATIF, n. m. [ɛ̃dikatif] (lat. *indicativus*) Gramm. Mode des verbes qui exprime l'état ou l'action d'une manière positive, certaine et absolue. ◆ Adj. *Le mode indicatif.*

2 INDICATIF, IVE, adj. [ɛ̃dikatif, iv] (lat. *indicativus*) Qui a la propriété d'indiquer, qui indique. *Signes indicatifs d'une maladie. Colonnes indicatives des marées.* ◆ ▷ Pratiq. *État indicatif de*, état qui porte l'indication de. ◁ ■ N. m. Ensemble de chiffres qui détermine la zone géographique d'un appel téléphonique. *Noter l'indicatif entre parenthèses.* ■ Court morceau musical qui annonce une émission de radio ou de télévision.

INDICATION, n. f. [ɛ̃dikasjɔ̃] (lat. *indicatio*) Action d'indiquer. *Il fut arrêté dans la foule sur l'indication d'un tel.* ◆ Renseignement, renvoi. ◆ Ce qui est un indice, un signe. *Son embarras est une indication de sa faute.* ◆ Méd. Notion fournie par l'examen d'un malade, et d'où l'on peut déduire quel est le traitement à employer. ◆ Jurispr. Déclaration. *L'indication des biens d'un débiteur.* ◆ Au pl. Ce qui est indiqué, conseillé. *Indications à suivre en cas d'ingestion.*

INDICE, n. m. [ɛ̃dis] (lat. *indicium*) Signe apparent qui indique avec probabilité. *Condamner sur les indices les plus faibles.* ◆ Dénonciation (sens qui a vieilli). ◆ Par extens. « *Aussi sert-il [un oiseau] d'indice au chasseur pour chasser le gibier* », BUFFON. ◆ Mar. Tout ce qui fait juger de l'approche d'une terre. ◆ Syn. peu usité d'index, au sens de catalogue imprimé des livres défendus à Rome. ◆ Phys. Nombre qui exprime un rapport entre deux grandeurs. ■ Math. Chiffre ou lettre que l'on place en bas à droite d'un signe et qui sert à le caractériser. ■ Math. Chiffre placé en haut à gauche d'un radical et indiquant le degré de la racine. ■ Écon. *Indice des prix*, rapport entre deux valeurs qui détermine l'évolution des prix. ■ Admin. *Indice de traitement*, chiffre qui correspond à un échelon d'un grade, d'un emploi, dans la fonction publique. *L'indice de traitement sert à calculer le salaire de chaque fonctionnaire.*

INDICIAIRE, ■ adj. [ɛ̃disjɛr] (lat. *indicium*, indice) Relatif à un indice de traitement. *Échelonnement indiciaire.* ■ *Impôt indiciaire*, dont l'assiette est établie selon certains signes extérieurs.

INDICIBLE, adj. [ɛ̃disibl] (b. lat. *indicibilis*) Qu'on ne saurait dire, exprimer. *Des tourments indicibles.* ■ INDICIBLEMENT, adv. [ɛ̃disiblemɑ̃]

INDICIEL, ELLE, ■ adj. [ɛ̃disjɛl] (*indice*) Qui utilise des indices, qui est établi selon des indices. *Prix indiciel.*

INDICT, n. m. [ɛ̃dikt] (lat. *indictum*, du *indicere*, déclarer) ▷ Dr. anc. Indiction d'une foire. *Un indict annuel.* ◁

INDICTION, n. f. [ɛ̃diksjɔ̃] (b. lat. *indictio*) Convocation à certain jour. ◆ Convocation d'un concile ou d'un synode. ◆ Prescription. *L'indiction d'un jeûne.* ◆ Période de quinze années. *Indiction première, seconde, etc.*, première, seconde année de chaque indiction.

INDICULE, n. m. [ɛ̃dikyl] (lat. *indiculus*) ▷ Petit index, petite table de matières. ◁

INDIEN, IENNE, n. m. et n. f. [ɛ̃djɛ̃, jɛn] (b. lat. *indianus*) Habitant de l'Inde proprement dite. ◆ Abusivement, indigène de l'Amérique. *Les Indiens.* ■ Adj. Relatif à l'Inde, de l'Inde. *La capitale indienne. L'océan Indien.* ■ Relatif aux indigènes d'Amérique. *Les langues indiennes. Une réserve indienne.* ■ *Été indien*, Voy. ÉTÉ.

INDIENNE, n. f. [ɛ̃djɛn] (*indien*) Étoffe de coton peinte qui se fait aux Indes [1]. ◆ Par extens. Étoffes du même genre fabriquées en Europe. ◆ Vêtement en indienne ; robe de chambre. ■ REM. 1 : *Les Indes* était le nom donné aux colonies britanniques de l'Inde.

INDIFFÉREMMENT, adv. [ɛ̃diferamɑ̃] (*indifférent*) Sans faire de différence, de distinction. « *Rendant justice indifféremment à tous ses sujets* », FLÉCHIER. ◆ *Avec indifférence*, sans intérêt, avec froideur. « *Entendre indifféremment la parole de Dieu* », BOURDALOUE.

INDIFFÉRENCE, n. f. [ɛ̃diferɑ̃s] (b. lat. *indifferentia*) État d'une personne indifférente. *L'indifférence en matière de religion, indifférence religieuse* Absol. *indifférence*, état d'une personne qui, ne s'attachant à aucune religion, les met toutes au même rang. ◆ État de l'âme d'une personne qui n'est point sensible à l'amour. ◆ Chim. État d'un corps dont les affinités chimiques sont satisfaites, et qui n'a plus de tendance à se combiner à d'autres éléments.

INDIFFÉRENCIATION, ■ n. f. [ɛ̃diferɑ̃sjasjɔ̃] (2 *in-* et *différenciation*) Action de ne pas différencier ; état de ce qui est indifférencié. « *L'indifférenciation des sexes n'est pas celle des identités. C'est au contraire la condition de leur multiplicité et de notre liberté* », É. BADINTER.

INDIFFÉRENCIÉ, ÉE, ■ adj. [ɛ̃diferɑ̃sje] (2 *in-* et *différencié*) Que l'on ne peut pas différencier. ■ Méd. Relatif à un tissu ou une cellule n'ayant pas subi de différenciation. *Carcinome indifférencié.*

INDIFFÉRENT, ENTE, adj. [ɛ̃diferɑ̃, ɑ̃t] (lat. *indifferens*) Qui en soi ne présente pas de différence, et par conséquent pas de cause de détermination ou de préférence, en parlant des choses. « *La maladie ou la santé lui devinrent indifférentes* », FLÉCHIER. ◆ *Actions indifférentes*, actions qui d'elles-mêmes ne sont ni bonnes ni mauvaises. ◆ Qui touche peu, dont on se soucie peu. *Tout m'est indifférent. Cette femme m'est indifférente.* ◆ Qui est de peu d'importance, de conséquence. *Parler de choses indifférentes. Conversation indifférente.* ◆ *Visage indifférent*, visage qui ne se fait remarquer par rien. ◆ Qui n'a pas plus de penchant d'un côté que d'un autre, en parlant des personnes. *Indifférent au milieu des partis.* ◆ Qui ne prend point d'intérêt à, qui n'est pas touché de. *Indifférent à tout.* ◆ On dit : *Indifférent à, sur, pour.* ◆ Absol. Qui n'est touché de rien. ◆ Insensible à l'amour. ◆ N. m. et n. f. Celui, celle qui demeure sans penchant pour ceci ou cela. ◆ *Les indifférents*, ceux qui ne nous touchent en rien. ◆ Celui, celle qui est insensible à l'amour. ◆ ▷ Chim. *Corps indifférents*, corps composés qui n'exercent plus de réactions électrochimiques, et qui ne se combinent point avec d'autres corps. ◁

INDIFFÉRENTISME, ■ n. m. [ɛ̃diferɑ̃tism] (*indifférent*) Indifférence manifestée à l'égard de la politique ou de la religion. *Lutter contre l'indifférentisme religieux.*

INDIFFÉRER, ■ v. tr. [ɛ̃difere] (*indifférent*) Ne présenter aucun intérêt. *Mes ennuis l'indifférent au plus haut point.* « *Mais le passé m'indiffère dès l'instant où je ne le choisis pas* », VANEIGEM.

INDIGÉNAT, n. m. [ɛ̃diʒena] (*indigène*) Qualité d'être indigène dans une contrée. ■ REM. Il est vieux aujourd'hui dans ce sens. ■ Régime administratif qui était réservé aux indigènes dans une colonie.

INDIGENCE, n. f. [ɛ̃diʒɑ̃s] (lat. class. *indigentia*) Manque des choses nécessaires à la vie. *Être dans l'indigence.* ♦ ▷ *Être à l'indigence,* être inscrit parmi les indigents. ◁ ♦ **Absol.** Les indigents en général. *Secourir l'indigence.* ♦ **Fig.** Manque, en parlant de choses intellectuelles ou morales. *Indigence d'esprit, d'idées.* ♦ Manque d'une chose quelconque.

INDIGÈNE, adj. [ɛ̃diʒɛn] (lat. *indigena*) Qui est originaire du pays. *Animaux, productions indigènes.* ♦ Il se construit avec *à. Production indigène à l'Angleterre.* ♦ Qui est établi de tout temps en un pays, en parlant des nations. *Peuple indigène.* ♦ **N. m.** et **n. f.** *Un, une indigène. Les indigènes de l'Amérique.* ♦ **Fam.** et **plais.** Un habitant d'une localité, d'un village, etc. ■ **Rem.** La construction avec la préposition *à* est vieille aujourd'hui.

INDIGÉNISME, ■ **n. m.** [ɛ̃diʒenism] (*indigène*) Politique d'assimilation des Indiens en Amérique latine. ■ **Littér.** Courant littéraire d'Amérique latine qui se fonde sur une recherche des racines indiennes. ■ **INDIGÉNISTE**, adj. [ɛ̃diʒenist] *Un roman indigéniste.*

INDIGENT, ENTE, adj. [ɛ̃diʒɑ̃, ɑ̃t] (lat. class. *indigens*) Qui manque des choses nécessaires à la vie. ♦ **Fig.** *Une langue indigente.* ♦ **N. m.** et **n. f.** *Un indigent. Une indigente.*

INDIGESTE, adj. [ɛ̃diʒɛst] (b. lat. *indigestus*) Qui n'est pas digéré (peu usité en ce sens). ♦ Qui est difficile à digérer. ♦ **Fig.** Qui est mal digéré, mal fondu, surtout en parlant des ouvrages d'esprit. *Ouvrage, pensées indigestes.*

INDIGESTION, n. f. [ɛ̃diʒɛstjɔ̃] (b. lat. *indigestio*) Trouble momentané du tube gastro-intestinal, pendant lequel la digestion est arrêtée ou suspendue. ♦ **Fig.** *Cela donne une indigestion,* se dit de choses qui fatiguent ou dégoûtent par leur excès, leur répétition, etc. ■ **Fig.** et **fam.** *Avoir une indigestion de quelque chose,* ne plus pouvoir supporter une chose dont on a abusé.

INDIGÈTE, adj. [ɛ̃diʒɛt] (lat. class. *indiges*) Dans la religion romaine, *dieux indigètes,* héros divinisés, demi-dieux particuliers au pays.

INDIGNATION, n. f. [ɛ̃diɲasjɔ̃] ou [ɛ̃dinjasjɔ̃] (lat. *indignatio*) Sentiment de colère et de mépris qu'excite une personne ou une chose indigne. *Être rempli d'indignation.*

INDIGNE, adj. [ɛ̃diɲ] ou [ɛ̃dinj] (lat. *indignus*) Qui n'est pas digne de, en parlant des personnes. *Indigne de régner.* ♦ *Indigne de,* suivi d'un nom de personne, signifie qu'on n'est pas digne d'appartenir à cette personne. « *Mais enfin ce Rodrigue est indigne de vous* », P. Corneille. ♦ À quoi on ne peut accorder de, en parlant des choses. *Une faute indigne de pardon.* ♦ **Jurispr.** Qui est déchu d'une succession pour avoir manqué à quelque devoir essentiel envers le défunt. *Déclaré indigne de succéder.* ♦ **N. m.** et **n. f.** *L'indigne.* ♦ Qui n'est pas séant, convenable, en parlant des choses. « *Toute autre place qu'un trône eût été indigne d'elle* », Bossuet. ♦ **Absol.** Qui mérite mépris ou haine, en parlant des personnes. « *Quoi ! la peur a glacé mes indignes soldats !* », Racine. ♦ Il se dit des choses dans le même sens. *D'indignes traitements.* ♦ *Communion indigne,* communion qui n'est pas faite avec les dispositions requises. ♦ *Indigne* est quelquefois une épithète que l'on se donne par humilité. *Signé : Un tel, prêtre indigne.* ♦ *Indigne,* en bonne part, qui ne mérite pas un reproche, un mauvais sort, etc. ♦ **N. m.** et **n. f.** *Un indigne, une indigne,* une personne vile et sans mérites. ■ **Adj.** Qui n'est pas digne de son rôle, de ses fonctions. *Des parents indignes.*

INDIGNÉ, ÉE, p. p. de indigner. [ɛ̃diɲe] ou [ɛ̃dinje]

INDIGNEMENT, adv. [ɛ̃diɲəmɑ̃] ou [ɛ̃dinjəmɑ̃] (*indigne*) D'une manière indigne.

INDIGNER, v. tr. [ɛ̃diɲe] ou [ɛ̃dinje] (lat. *indignari,* s'indigner) Exciter l'indignation. ♦ *Être indigné de* ou *que,* éprouver de l'indignation. *Il est indigné qu'on lui ait préféré un tel. Je suis indigné de tout ce que je vois.* ♦ S'indigner, v. pr. Être indigné, éprouver de l'indignation.

INDIGNITÉ, n. f. [ɛ̃diɲite] ou [ɛ̃dinjite] (lat. *indignitas*) Qualité qui rend indigne de. *Exclu pour cause d'indignité.* ♦ Il se dit des choses, en un sens analogue. *L'indignité de son état.* ♦ Qualité qui rend odieux ou méprisable, en parlant des choses. *L'indignité de cette action.* ♦ Action indigne, odieuse. ♦ Outrage, mépris. « *À cette indignité je ne connus plus rien* », P. Corneille. ■ **Rem.** Il est vieux dans ce dernier sens.

INDIGO, n. m. [ɛ̃digo] (prob. mot port., du lat. *indicum*) Matière colorante qui sert à teindre en bleu, et que l'on retire des feuilles et des tiges des indigotiers. ♦ La plante même qui fournit l'indigo. ♦ **Par extens.** Toute couleur semblable à l'indigo. ♦ Nom d'une des sept couleurs du spectre solaire.

INDIGOTERIE, n. f. [ɛ̃digɔt(ə)ri] (*indigo*) Lieu où l'on prépare l'indigo. ♦ Cuve destinée au travail de l'indigo. ■ Terrain où l'on cultive les indigotiers.

1 INDIGOTIER, n. m. [ɛ̃digotje] (*indigo*) **Bot.** Genre de plantes légumineuses qui croissent dans la zone torride et fournissent la matière colorante qu'on nomme indigo.

2 INDIGOTIER, n. m. [ɛ̃digotje] (*indigo*) Ouvrier qui travaille à la préparation de l'indigo.

INDIGOTINE, n. f. [ɛ̃digotin] (*indigo*) **Chim.** Principe immédiat retiré de l'indigo.

INDIQUÉ, ÉE, p. p. de indiquer. [ɛ̃dike] Que l'on a fixé oralement ou par écrit. *Nous nous sommes retrouvés au lieu indiqué. J'étais au rendez-vous à l'heure indiquée.* ■ **Adj.** Qui convient, qui est recommandé dans telle situation. *Suivre la méthode indiquée. Le repos est tout indiqué dans son état.*

INDIQUER, v. tr. [ɛ̃dike] (lat. *indicare*) Faire connaître, enseigner à quelqu'un une personne ou une chose. ♦ **Méd.** Fournir une indication. ♦ Montrer, désigner par un indice quelconque. *Indiquer une chose du doigt.* ♦ Faire connaître l'existence d'une chose, avec un nom de chose pour sujet. *Ce mémoire indique une plume très exercée.* ♦ Dénoncer (sens vieilli). ♦ Déterminer, assigner. *Indiquer les causes d'un phénomène.* ♦ Fixer. *Indiquer une assemblée. Indiquer une date.* ♦ Dessiner, représenter quelque objet sans grands détails. ♦ **Fig.** Marquer les traits principaux, sans entrer dans les détails, en parlant d'un ouvrage d'esprit. ♦ S'indiquer, v. pr. Être indiqué. ■ **Rem.** Le sens en médecine est vieux aujourd'hui.

INDIRECT, ECTE, adj. [ɛ̃dirɛkt] (lat. *indirectus*) Qui n'est pas direct. *Chemin indirect.* ♦ **Fig.** Qui suit une voie détournée. *Avis indirect.* ♦ *Louanges indirectes,* celles qu'on donne adroitement à quelqu'un, sans qu'on ait moigne avoir le dessein de le louer. ♦ **Gramm.** *Régime, complément indirect,* celui qui ne reçoit l'action indiquée par le verbe qu'à l'aide d'une préposition. ♦ Dans les langues classiques, *cas indirects,* le génitif, le datif, l'ablatif. ♦ ▷ *Modes indirects* ou *obliques dans les verbes,* les modes personnels autres que l'indicatif. ◁ ♦ **Littér.** *Discours indirect,* forme que prennent les historiens pour rapporter à la troisième personne les discours tenus ou supposés tenus à la première. ◁ ♦ **Jurispr.** *Avantage indirect,* avantage que l'on fait à quelqu'un contre la loi, au moyen d'une personne interposée ou de quelque acte simulé. ♦ *Ligne indirecte,* ligne collatérale. ♦ *Contributions indirectes,* Voy. CONTRIBUTION. ♦ **Gramm.** *Discours, style indirect,* fait de rapporter les paroles de quelqu'un en les intégrant à son propre récit. *Elle m'a dit qu'elle arriverait dans la soirée est du discours indirect.* ■ **Milit.** *Tir indirect,* où l'objectif est invisible.

INDIRECTEMENT, adv. [ɛ̃dirɛktəmɑ̃] (*indirect*) D'une manière indirecte.

INDISCERNABLE, ■ adj. [ɛ̃disɛrnabl] (2 *in-* et *discernable*) Que l'on ne peut discerner d'une autre chose. *Ce champignon est indiscernable d'une véritable truffe.* ■ Que l'on ne perçoit pas distinctement. *Une différence indiscernable.* ♦ **N. m.** **Philos.** *Principe des indiscernables,* principe de Leibniz selon lequel il n'existe pas deux êtres parfaitement semblables.

INDISCIPLINABLE, adj. [ɛ̃disiplinabl] (2 *in-* et *disciplinable*) Qui n'est pas disciplinable. *Enfant, armée indisciplinable.*

INDISCIPLINE, n. f. [ɛ̃disiplin] (b. lat. *indisciplina,* manque d'instruction) Manque de discipline.

INDISCIPLINÉ, ÉE, adj. [ɛ̃disipline] (lat. chrét. *indisciplinatus*) Qui n'est pas discipliné, qui manque à la discipline. ■ **Fig.** *Cheveux indisciplinés,* difficiles à coiffer, à mettre en place.

INDISCRET, ÈTE, adj. [ɛ̃diskrɛ, ɛt] (lat. *indiscretus*) Qui manque de discrétion, de retenue, en parlant des personnes. ♦ Il se dit aussi en parlant des choses. *Regard, zèle indiscret.* ♦ Qui ne sait point garder le secret. ♦ Se dit aussi des choses par lesquelles on révèle ce qu'on devrait taire, cacher. *Une langue indiscrète.* ♦ **N. m.** et **n. f.** *Un indiscret, une indiscrète,* celui, celle qui manque de retenue, de discrétion. ♦ Celui, celle qui ne sait point garder un secret.

INDISCRÈTEMENT, adv. [ɛ̃diskrɛt(ə)mɑ̃] (*indiscret*) D'une manière indiscrète, sans retenue. *Il en a usé indiscrètement.* ♦ En laissant aller un secret. *Il a parlé indiscrètement.*

INDISCRÉTION, n. f. [ɛ̃diskresjɔ̃] (lat. chrét. *indiscretio,* manque de réflexion) Manque de discrétion. « *Mais ne serait-ce point une indiscrétion de vous demander quelle peut être votre affaire ?* », Molière. ♦ Action indiscrète. ♦ Parole indiscrète. ♦ Manque de secret. *Il est d'une indiscrétion reconnue.*

INDISCUTABLE, adj. [ɛ̃diskytabl] (2 *in-* et *discutable*) Qui n'est pas susceptible d'être discuté, qui ne soutient pas la discussion. *Proposition indiscutable.*

INDISCUTABLEMENT, ■ adv. [ɛ̃diskytabləmɑ̃] (*indiscutable*) De manière indiscutable, certaine. *Elle a indiscutablement contribué au succès de l'entreprise.*

INDISCUTÉ, ÉE, ■ adj. [ɛ̃diskyte] (2 *in-* et *discuter*) Qui n'est pas discuté, qui ne soulève aucune discussion. *Un talent indiscuté. Un maître indiscuté.*

INDISPENSABLE, adj. [ɛ̃dispɑ̃sabl] (2 *in-* et *dispenser*) Dont on ne peut avoir dispense. « *La défense d'épouser la femme de son frère est indispensable* », Bossuet. ♦ Dont on ne peut se dispenser, se passer. *Ces objets me sont indispensables.* ♦ ▷ **N. m.** Espèce de petit sac dans lequel les femmes portaient leur bourse, leur mouchoir, etc. ◁ ♦ *L'indispensable,* ce qui est rigoureusement nécessaire.

INDISPENSABLEMENT, adv. [ɛ̃dispɑ̃sabləmɑ̃] (*indispensable*) D'une manière indispensable. « *Les hommes sont indispensablement obligés d'aimer Dieu* », FÉNELON.

INDISPONIBLE, adj. [ɛ̃disponibl] (2 *in-* et *disponible*) Jurispr. Dont les lois ne permettent pas de disposer, parlant des biens. ■ Qui n'est pas disponible. *Un produit, une personne indisponible.* ■ Qui est empêché d'exercer son activité. *Un fonctionnaire indisponible.* ■ INDISPONIBILITÉ, n. f. [ɛ̃disponibilite]

INDISPOSÉ, ÉE, p. p. de indisposer. [ɛ̃dispoze] Adj. *Être indisposée,* avoir ses règles.

INDISPOSER, v. tr. [ɛ̃dispoze] (2 *in-* et *disposer*) Rendre un peu malade. ♦ **Fig.** Rendre peu favorable. *Ses manières impérieuses ont indisposé les esprits, ont indisposé contre lui.* ♦ Fig. S'indisposer, v. pr. Devenir défavorable.

INDISPOSITION, n. f. [ɛ̃dispozisjɔ̃] (2 *in-* et *disposition*) Incommodité légère ; légère altération dans la santé. ♦ **Fig.** Disposition peu favorable, éloignement pour quelqu'un, pour quelque chose. *Leur indisposition à mon égard, contre moi.* ■ État d'une femme indisposée.

INDISSOCIABLE, ■ adj. [ɛ̃disosjabl] (2 *in-* et *dissociable*) Qu'on ne peut pas dissocier. *Le surréalisme est indissociable de Breton.* ■ Qui ne peut être divisé en plusieurs parties. *Des faits indissociables.* ■ INDISSOCIABLEMENT, adv. [ɛ̃disosjabləmɑ̃]

INDISSOLUBILITÉ, n. f. [ɛ̃disolybilite] (*indissoluble*) Chim. Propriété d'un corps qui ne peut se dissoudre. ♦ **Fig.** Qualité de ce qui ne peut se défaire. *L'indissolubilité du mariage.*

INDISSOLUBLE, adj. [ɛ̃disolybl] (lat. *indissolubilis*) Qui ne peut être dissous. *L'or est indissoluble dans l'acide sulfurique.* ♦ Qui ne peut être défait. *Engagement indissoluble.*

INDISSOLUBLEMENT, adj. [ɛ̃disolybləmɑ̃] (*indissoluble*) D'une manière indissoluble. *Ils sont unis indissolublement.*

INDISTINCT, INCTE, adj. [ɛ̃distɛ̃, ɛ̃kt] (au masculin, *ct* ne se prononce pas. lat. *indistinctus*) Qui n'est pas distinct. « *La vision devient indistincte* », BUFFON. ♦ Par extens. Mal perçu, mal défini. *Des voix confuses et indistinctes. Notions indistinctes.*

INDISTINCTEMENT, adv. [ɛ̃distɛ̃ktəmɑ̃] (*indistinct*) D'une manière indistincte, confuse. *Voir, parler indistinctement.* ♦ Sans faire de distinction. *On les punit tous indistinctement.*

INDIUM, ■ n. m. [ɛ̃djɔm] (rad. de *indigo*, parce que l'analyse spectroscopique de cet élément présente une raie indigo) Chim. Élément chimique de numéro atomique 49 et de masse atomique 114,8. ■ Métal mou, argenté, proche de l'aluminium. *L'indium est utilisé en très faible quantité dans les composants électroniques des semi-conducteurs.*

INDIVIDU, n. m. [ɛ̃dividy] (lat. *individuus*, indivisible) Tout corps considéré comme un tout distinct par rapport à l'espèce à laquelle il appartient. ♦ Échantillon d'une espèce quelconque, organique ou inorganique. ♦ Il se dit particulièrement des personnes. *Tous les individus qui composent une nation.* ♦ L'être personnel considéré par opposition à l'État ou à la société. ♦ Homme que l'on ne connaît pas, ou qu'on ne veut pas nommer, ou dont on parle en plaisantant ou avec mépris. *Quel est cet individu ?* ♦ **Fam.** *Soigner son individu,* avoir grand soin de sa personne.

INDIVIDUALISATION, n. f. [ɛ̃dividɥalizasjɔ̃] (*individualiser*) Action d'individualiser ; effet de cette action ; état de l'objet individualisé.

INDIVIDUALISÉ, ÉE, p. p. de individualiser. [ɛ̃dividɥalize]

INDIVIDUALISER, v. tr. [ɛ̃dividɥalize] (*individuel*) Philos. Rendre individuel. ♦ Dans le langage général, donner une marque individuelle. ♦ S'individualiser, v. pr. Devenir individuel.

INDIVIDUALISME, n. m. [ɛ̃dividɥalism] (*individuel*) Philos. Système d'isolement dans l'existence, l'opposé de l'esprit d'association. ♦ Théorie qui fait prévaloir les droits de l'individu sur ceux de la société. ■ État d'esprit qui consiste à privilégier ses valeurs et ses intérêts propres. *L'esprit d'équipe interdit que l'on fasse preuve d'individualisme.*

INDIVIDUALISTE, adj. [ɛ̃dividɥalist] (*individualisme*) Qui appartient à l'individualisme. *Systèmes individualistes.* ■ N. m. et n. f. Partisan de l'individualisme. ■ Adj. Qui fait preuve d'individualisme. *Il est trop individualiste pour travailler en équipe.*

INDIVIDUALITÉ, n. f. [ɛ̃dividɥalite] (*individuel*) Philos. Ce qui constitue l'individu. ♦ Néolog. Individu. *Toutes les individualités entrent dans la lutte.* ♦ Il se dit aussi quelquefois pour personnalité. *C'est une brillante individualité.* ♦ Caractère propre à quelqu'un, à quelque chose qui se distingue des autres. *Malgré les critiques, cet écrivain a su conserver et affirmer son individualité.* ■ REM. N'est plus considéré comme un néologisme aujourd'hui au sens d'*individu.*

INDIVIDUATION, ■ n. f. [ɛ̃dividɥasjɔ̃] (lat. *individuatio*, fait de devenir un individu) Processus par lequel un individu se forme et se différencie des autres. « *Je nie que la confusion soit possible entre l'amour, qui a l'individuation pour base, et l'amitié, forme de la sympathie* », PAILLERON. ■ **Spécialt** Selon Jung, processus psychologique par lequel un homme prend conscience qu'il est un individu.

INDIVIDUEL, ELLE, adj. [ɛ̃dividɥel] (*individu*) Qui est de l'individu, qui appartient à l'individu. *Qualité individuelle.* ♦ Qui concerne chaque personne ou une seule personne. *Les garanties individuelles.* ♦ N. m. *Transporter le raisonnement de l'individuel au collectif.*

INDIVIDUELLEMENT, adv. [ɛ̃dividɥel(ə)mɑ̃] (*individuel*) D'une manière individuelle. ♦ Pour ce qui concerne chacun en particulier. *Prêter individuellement serment.*

INDIVIS, ISE, adj. [ɛ̃divi, iz] (lat. class. *indivisus*) Qui ne se divise pas. *Clause une et indivise.* ♦ **Pratiq.** Qui n'est point divisé. *Succession indivise.* ♦ *Propriétaires indivis,* ceux qui possèdent par indivis. ♦ PAR INDIVIS, loc. adv. Sans être divisé. *Posséder par indivis.*

INDIVISAIRE, ■ n. m. et n. f. [ɛ̃divizɛʀ] (*indivis*) Dr. Personne qui possède un bien par indivis.

INDIVISÉMENT, adv. [ɛ̃divizemɑ̃] (*indivis*) Pratiq. Par indivis.

INDIVISIBILITÉ, n. f. [ɛ̃divizibilite] (*indivisible*) Qualité de ce qui ne peut être divisé. *L'indivisibilité d'un atome, de l'empire, etc.*

INDIVISIBLE, adj. [ɛ̃divizibl] (b. lat. *indivisibilis*) Qui n'est pas divisible. *Un atome indivisible.* ♦ **Fig.** *La question est indivisible.* ♦ *La république une et indivisible,* titre sous la république française, par opposition aux tendances fédéralistes. ♦ Jurispr. *Obligation indivisible,* obligation à laquelle chacun des obligés est tenu pour le tout. ♦ N. m. *L'indivisible,* ce qui n'est pas divisible.

INDIVISIBLEMENT, adv. [ɛ̃divizibləmɑ̃] (*indivisible*) D'une manière indivisible.

INDIVISION, n. f. [ɛ̃divizjɔ̃] (*indivis*, d'apr. *division*) État d'une chose possédée par indivis, ou des personnes qui possèdent une chose par indivis. *Demeurer dans l'indivision.*

IN-DIX-HUIT, adj. inv. [indizɥit] (*in* se prononce *inn.* lat. *in,* dans, et de *dix-huit*) *Format in-dix-huit,* format où la feuille est pliée en dix-huit feuillets et fait trente-six pages. ♦ N. m. inv. *Un in-dix-huit,* un volume in-dix-huit. *Des in-dix-huit.* ♦ On écrit aussi : in-18.

INDO-ARYEN, ENNE, ■ adj. [ɛ̃doaʀjɛ̃, ɛn] (lat. *Indus,* de l'Inde, et *aryen*) Se dit des langues parlées en Inde. *Le sanskrit, le hindi et le bengali sont des langues indo-aryennes.*

INDOCHINOIS, OISE, ■ adj. [ɛ̃doʃinwa, waz] (lat. *Indus,* de l'Inde, et *chinois*) D'Indochine. *Le régime indochinois.* ■ N. m. et n. f. Habitant ou personne originaire d'Indochine. *Un Indochinois, une Indochinoise.*

INDOCILE, adj. [ɛ̃dosil] (lat. class. *indocilis*) Qui n'est pas docile, qui est très difficile à instruire, à gouverner. *Un enfant, un peuple, un animal indocile.* « *Indocile à ton joug, fatigué de ta loi* », RACINE. ♦ Qui résiste à. « *Indocile à la flatterie, on le craignait jusqu'à l'apparence* », BOSSUET. ♦ Il se dit des choses dans un sens analogue. « *Une indocile curiosité et un esprit de révolte* », BOSSUET. ♦ *Indocile* se construit avec la préposition *à*. Mais on ne dit pas : *Indocile à une personne.*

INDOCILEMENT, adv. [ɛ̃dosil(ə)mɑ̃] (*indocile*) D'une manière indocile.

INDOCILITÉ, n. f. [ɛ̃dosilite] (lat. *indocilitas*) Caractère de celui qui est indocile. *L'indocilité d'un enfant, d'un cheval,* etc.

INDO-EUROPÉEN, ENNE, ■ adj. [ɛ̃doøʀopeɛ̃, ɛn] (lat. *Indus,* de l'Inde, et *européen*) Qui commence à l'Inde et finit à l'Europe inclusivement. *Langues indo-européennes.* ■ N. m. *L'indo-européen,* langue reconstituée qui serait à l'origine de très nombreuses langues d'Europe et d'Asie. ■ Adj. Relatif à l'indo-européen et à ceux qui parlent les langues issues de l'indo-européen. *Le français est une langue indo-européenne. Les peuples indo-européens.* ■ N. m. et n. f. *Les Indo-Européens.*

INDOLE, ■ n. m. [ɛ̃dɔl] (*indigo* et lat. *oleum,* huile) Chim. Corps composé azoté non basique que l'on trouve dans différentes essences de fleurs et dans les excréments des mammifères. *L'indole empêche le développement de certains champignons.*

INDOLEMMENT, adv. [ɛ̃dɔlamɑ̃] (*indolent*) Avec indolence.

INDOLENCE, n. f. [ɛ̃dɔlɑ̃s] (lat. class. *indolentia,* insensibilité) Méd. Privation de sensibilité physique. *L'indolence d'une tumeur.* ♦ Philos. État d'une âme qui ne s'émeut de rien, ni du bien, ni du mal. ♦ État d'une personne peu sensible à ce qui touche ordinairement les autres hommes. ♦ Privation de sensibilité morale. « *La tranquillité et l'indolence dans les crimes* », MASSILLON. ♦ Nonchalance amoureuse des aises. *Vivre dans l'indolence. Une grande indolence à penser.* ■ REM. Les quatre premiers sens sont vieux ou vieillis aujourd'hui. ■ Manque d'énergie, d'activité ; tendance à se donner le moins de peine possible. *La chaleur provoquait l'indolence.*

INDOLENT, ENTE, adj. [ɛ̃dolɑ̃, ɑ̃t] (b. lat. *indolens*) **Méd.** Qui ne cause pas de douleur. *Une goutte indolente.* ♦ Privé de sensibilité morale, sur qui rien ne fait impression. ♦ Il se dit des choses en un sens analogue. « *On n'a aucune prise sur les naturels indolents* », FÉNELON. ♦ Qui ne se donne pas de peine. ♦ Il se dit aussi des choses. *Sa démarche était indolente.* ♦ N. m. et n. f. *Un indolent. Une indolente.* ■ REM. Les trois premiers sens sont vieux aujourd'hui.

INDOLORE, ■ adj. [ɛ̃dolɔR] (b. lat. *indolorius*) Qui ne procure aucune douleur. *Un traitement médical indolore.*

INDOMPTABLE, adj. [ɛ̃dɔ̃tabl] (le *p* ne se prononce pas. 1*in*- et *domptable*) Qu'on ne peut dompter. *Homme, cheval indomptable.* ♦ En parlant des choses. *Ardeur indomptable.*

INDOMPTABLEMENT, adv. [ɛ̃dɔ̃tabləmɑ̃] (le *p* ne se prononce pas. *Indomptable*) D'une manière indomptable. ■ REM. Il est rare aujourd'hui.

INDOMPTÉ, ÉE, adj. [ɛ̃dɔ̃te] (le *p* ne se prononce pas. 2 *in*- et *dompté*) Qui n'est point dompté, ou qui n'a pu être encore dompté. *Un cheval indompté.* ♦ Fougueux, emporté. ♦ Qui n'a pas été subjugué. *Un peuple indompté.* ♦ Qui n'a pas été subjugué moralement. *Passions indomptées.* ♦ Qui ne peut être contenu, réprimé. *Orgueil indompté.*

INDONÉSIEN, IENNE, ■ adj. [ɛ̃dɔnezjɛ̃, jɛn] (*Indonésie*) Relatif à l'Indonésie. *L'archipel indonésien.* ■ N. m. et n. f. Habitant ou personne originaire d'Indonésie. *Les Indonésiennes.* ■ N. m. Langue parlée en Indonésie.

INDOPHÉNOL, ■ n. m. [ɛ̃dofenɔl] (lat. *indicum*, indigo, et *phénol*) Colorant bleu obtenu par action d'un élément alcalin en milieu basique. *Le bleu d'indophénol et le bleu de méthylène.*

IN-DOUZE, adj. inv. [induz] (*in* se prononce *inn*. lat. *in*, dans, et *douze*) Format in-douze, format où la feuille est pliée en douze feuillets et fait vingt-quatre pages. *Volume in-douze.* ♦ N. m. inv. *Un in-douze*, un volume in-douze. *Des in-douze.* ♦ On écrit aussi : in-12.

INDRI, ■ n. m. [ɛ̃dRi] (mot malgache) Lémurien arboricole de grande taille vivant à Madagascar. *Les indris sont menacés d'extinction.*

INDU, UE, adj. [ɛ̃dy] (2 *in*- et *dû*, de *devoir*) Qui est contre ce qu'on doit, contre la raison, contre la règle, contre l'usage. *Une réclamation indue.* ♦ *Heure indue*, heure à laquelle il ne convient pas de faire quelque chose. ♦ **Dr.** Qu'on ne doit pas. ♦ N. m. *L'indu*, ce qu'on ne doit pas. *Le paiement de l'indu.*

INDUBITABLE, adj. [ɛ̃dybitabl] (b. lat. *indubitabilis*) Dont on ne peut douter. « *Il est indubitable que l'intérêt emporte les cœurs* », BOURDALOUE. *Les vérités géométriques sont indubitables.*

INDUBITABLEMENT, adv. [ɛ̃dybitabləmɑ̃] (*indubitable*) D'une façon indubitable.

INDUCTANCE, ■ n. f. [ɛ̃dyktɑ̃s] (rad. de *induction*) **Phys.** Rapport entre le flux magnétique total traversant un circuit fermé à courant variable et l'intensité de ce courant. *L'inductance se mesure en henrys.*

INDUCTEUR, TRICE, ■ adj. [ɛ̃dyktœR, tRis] (b. lat. *inductor*) Qui conduit à une induction. *Une théorie inductrice.* ■ **Phys.** Qui engendre l'induction. *Un circuit inducteur.* ■ **Biol.** Qui induit les différenciations des tissus. *Un organe inducteur.* ■ N. m. **Phys.** Aimant d'une machine tournante servant à créer un flux magnétique provoquant l'induction. *Des inducteurs montés en série.*

INDUCTIF, IVE, adj. [ɛ̃dyktif, iv] (b. lat. *inductivus*) Qui induit à. *Des conseils inductifs à mal* (peu usité en ce sens). ♦ Qui procède par induction. *Méthode inductive*, Voy. INDUCTION. ♦ **Phys.** *Capacité inductive*, facilité plus ou moins grande avec laquelle l'électricité neutre se décompose et se recompose dans une même molécule. ■ **Phys.** Se dit d'un circuit électrique où se produit l'induction.

INDUCTILE, adj. [ɛ̃dyktil] (2 *in*- et *ductile*) ▷ **Phys.** Qui n'est pas ductile. ◁

INDUCTILITÉ, n. f. [ɛ̃dyktilite] (2 *in*- et *ductilité*) ▷ Qualité de ce qui est inductile. ◁

INDUCTION, n. f. [ɛ̃dyksjɔ̃] (lat. *inductio*) Action d'induire, de mener vers, suggestion. *Il s'est laissé aller à cela par l'induction d'un tel* (sens peu usité). ♦ Manière de raisonner qui consiste à inférer une chose d'une autre. « *Il ne peut juger des choses qu'il ne voit pas que par induction sur celles qu'il voit* », J.-J. ROUSSEAU. ♦ **Philos.** Sorte d'analyse où l'on va des effets à la cause, des conséquences au principe, du particulier au général. ♦ La conséquence que l'on tire par induction. ♦ **Phys.** *Courant d'induction*, mode particulier d'action de l'électricité. ■ **Biol.** Déclenchement d'un phénomène dans l'organisme. ■ **Phys.** Transmission à distance d'une charge électrique sous

l'effet d'un aimant ou d'un courant. *L'unité d'induction est le tesla.* ■ **Biol.** Processus qui règle la différenciation des cellules d'un tissu ou d'un organe au cours de la formation de l'embryon. ■ **Méd.** Premier stade de l'anesthésie générale où le patient s'endort.

INDUIRE, v. tr. [ɛ̃dɥiR] (lat. *inducere*, conduire vers) Mener à, conduire vers, pousser à. « *Je suis induit à ce sentiment par le succès de certaines gens* », LA BRUYÈRE. ♦ Il se prend souvent en mauvaise part. *Induire à mal faire.* ♦ *Induire à erreur*, conduire à l'erreur. ♦ *Induire en erreur*, faire tomber dans une erreur. ♦ *Induire en erreur*, tromper à dessein. ♦ *Induire en tentation*, faire tomber dans la tentation. ♦ Faire une induction, tirer une conséquence. ♦ Absol. *Induire est un procédé logique constamment employé dans les sciences d'observation.* ♦ S'induire, v. pr. Être induit, être conclu. ♦ ▷ S'engager réciproquement à quelque chose. *Ils s'induisent de bonne heure au mal.* ◁ ■ V. tr. **Phys.** Produire une induction. *Le courant qui circule dans une bobine peut induire un second courant électrique dans une bobine proche.* ■ REM. Il est littéraire aujourd'hui dans le sens de *pousser à*.

INDUIT, ITE, p. p. de induire. [ɛ̃dɥi, it] **Phys.** *Fil induit*, fil de cuivre isolé par un fil de soie qui le recouvre, et servant à la production des courants d'induction. ■ **Phys.** *Courant induit*, qui résulte d'une induction électrique.

INDULGEMMENT, adv. [ɛ̃dylʒamɑ̃] (*indulgent*) D'une manière indulgente. « *Ils agissent trop indulgemment avec les pécheurs* », BOSSUET. ■ REM. Il est littéraire aujourd'hui.

INDULGENCE, n. f. [ɛ̃dylʒɑ̃s] (lat. *indulgentia*) Facilité à excuser et à pardonner les fautes. « *La mollesse ou l'indulgence pour soi et la dureté pour les autres ne sont qu'un seul et même vice* », LA BRUYÈRE. ♦ Rémission de tout ou partie de la peine due au péché que le pape accorde en vertu des mérites du Sauveur (ce sens il s'emploie souvent au pluriel) *Indulgence plénière*, Voy. PLÉNIÈRE. ♦ **Fig.** et fam. *Gagner, mériter les indulgences, les indulgences plénières*, se dit, en plaisantant, d'une personne qui fait une chose méritoire, difficile, désagréable.

INDULGENCIER, ■ v. tr. [ɛ̃dylʒɑ̃sje] (*indulgence*) Dans la religion catholique, attacher une indulgence à un objet de piété, à un acte. *Indulgencier une médaille, un chapelet, une croix. Le droit d'indulgencier. Le chanoine indulgencia le chemin de croix.*

INDULGENT, ENTE, adj. [ɛ̃dylʒɑ̃, ɑ̃t] (lat. class. *indulgens*) Qui a de l'indulgence, qui pardonne aisément. ♦ On dit indulgent à, pour, envers. « *Mais chacun pour soi-même est toujours indulgent* », BOILEAU. « *Henri IV était indulgent à ses amis* », VOLTAIRE. ♦ Il se dit des choses dans le même sens. *Une morale indulgente. Un regard indulgent.* ■ REM. La construction avec la proposition à n'est plus utilisée aujourd'hui. On dit *indulgent avec, pour, envers, à l'égard de*.

INDULINE, ■ n. f. [ɛ̃dylin] (*indigo* et *aniline*) **Chim.** Colorant bleu dérivé de l'aniline. *L'induline est de large emploi dans la fabrication des cirages et des encres grasses*

INDULT, n. m. [ɛ̃dylt] (lat. chrét. *indultum*) Privilège accordé par lettres du pape à quelque corps ou à quelque personne, de pouvoir nommer à certains bénéfices, ou de pouvoir les tenir contre la disposition du droit commun. ♦ Droit particulier qu'avaient le chancelier de France et les officiers du parlement de Paris, de requérir sur un évêché ou sur une abbaye le premier bénéfice vacant, soit pour eux-mêmes, soit pour un autre.

INDULTAIRE, n. m. [ɛ̃dyltɛR] (*indult*) Celui qui a droit à un bénéfice en vertu d'un indult. ■ REM. Il est vieux aujourd'hui.

INDÛMENT ou **INDUMENT**, adv. [ɛ̃dymɑ̃] (*indu*) Pratiq. D'une manière indue. *On a indûment procédé.* ♦ De manière indue, anormale. *Il a indûment bénéficié d'avantages.*

INDURATION, ■ n. f. [ɛ̃dyRasjɔ̃] (lat. chrét. *induratio*, endurcissement) **Méd.** Durcissement anormal d'un tissu organique. *Induration des corps caverneux, également appelée maladie de Gigot de La Peyronie.*

INDURER, ■ v. tr. [ɛ̃dyRe] (lat. *indurare*, endurcir) **Méd.** Rendre dur. *Indurer la paroi des artères. Tissu induré.* ■ S'indurer, v. pr. Devenir dur. *Dans certaines lésions de la peau, l'épiderme s'indure.*

INDUSTRIALISATION, ■ n. f. [ɛ̃dystRijalizasjɔ̃] (*industrialiser*) Procédé qui consiste à développer un secteur par des techniques industrielles en vue d'augmenter sa productivité. *L'industrialisation de l'horticulture.* ■ Implantation industrielle. *L'industrialisation des pays pauvres.*

INDUSTRIALISÉ, ÉE, ■ adj. [ɛ̃dystRijalize] (*industrialiser*) Où sont établies des industries. *Un département fortement industrialisé.* ■ *Les nouveaux pays industrialisés (NPI)*, ensemble des pays d'Asie qui, à partir des années 1970, ont connu une croissance économique rapide sous l'effet de l'industrialisation.

INDUSTRIALISER, ■ v. tr. [ɛ̃dystRijalize] (*industriel*) Exploiter les techniques de l'industrie en vue d'accroître la productivité. *Industrialiser l'agriculture.* ■ Installer des industries dans une région. *Industrialiser une ville.* ■

S'industrialiser, v. pr. *Une région qui s'industrialise.* ■ INDUSTRIALISABLE, adj. [ɛ̃dystʀijalizabl]

INDUSTRIALISME, n. m. [ɛ̃dystʀijalism] (*industriel*) Néolog. Goût pour l'industrie ; préférence donnée au monde industriel. ♦ Système qui considère l'industrie comme le pivot des sociétés. ♦ Prépondérance politique des industriels. ■ REM. Il n'est plus considéré comme un néologisme aujourd'hui.

INDUSTRIE, n. f. [ɛ̃dystʀi] (lat. *industria*, activité, application) Habileté à faire quelque chose, à exécuter un travail manuel. *Cela est fait avec beaucoup d'industrie.* ♦ Fig. Invention, savoir-faire. « *Il a mille industries pour faire plaisir à son voisin* », FÉNELON. ♦ *Vivre d'industrie*, trouver moyen de subsister par son adresse et par son savoir-faire (ne se dit qu'en mauvaise part). ♦ *Chevalier d'industrie*, Voy. CHEVALIER. ♦ Profession mécanique ou mercantile, art, métier que l'on exerce pour vivre. *Exercer une industrie.* ♦ Nom sous lequel on comprend toutes les opérations qui concourent à la production des richesses. *L'industrie agricole, commerciale, manufacturière. Les produits de l'industrie.* ♦ **Industr.** Se dit quelquefois de tous les arts industriels, par opposition à l'agriculture. ♦ *Les grandes industries*, celles qui travaillent et produisent en grand ; *les petites industries*, celles qui travaillent et produisent en petit. ■ Ensemble des activités économiques qui transforment des matières premières et exploitent des sources d'énergie pour produire des biens. *L'industrie automobile.* ■ *Industrie lourde*, ensemble des industries qui produisent des matières premières ou qui les transforment pour la première fois. *La sidérurgie fait partie de l'industrie lourde.* ■ *Industrie légère*, ensemble des industries qui produisent des biens de consommation. *L'industrie du livre fait partie de l'industrie légère.* ■ Établissement industriel, entreprise. *Les directeurs des grandes industries de la région avaient été invités.*

INDUSTRIEL, ELLE, adj. [ɛ̃dystʀijɛl] (*industrie*) Qui appartient à l'industrie, qui en provient, qui s'en occupe. *Les arts, les produits industriels. Études, écoles industrielles.* ♦ N. m. et n. f. *Un industriel, une industrielle*, personne qui se livre à l'industrie. ♦ Adj. Où des industries sont installées. *Un site industriel. Une région industrielle.* ♦ *Zone industrielle*, lieu où sont concentrées des industries, généralement situé à la périphérie d'une ville. ■ N. m. et n. f. Personne qui dirige une industrie, une entreprise. *Les industriels de l'électronique.*

INDUSTRIELLEMENT, adv. [ɛ̃dystʀijɛl(ə)mɑ̃] (*industriel*) D'une manière qui se rapporte à l'industrie, d'une manière industrielle.

INDUSTRIEUSEMENT, adv. [ɛ̃dystʀijøz(ə)mɑ̃] (*industrieux*) D'une manière industrieuse.

INDUSTRIEUX, EUSE, adj. [ɛ̃dystʀijø, øz] (b. lat. *industriosus*, actif) Qui a de l'industrie, de l'adresse. *Une main industrieuse.* ♦ Fig. « *Industrieux à se cacher dans les actions éclatantes, il en renvoyait la gloire au ministre* », BOSSUET.

INDUTS, n. m. pl. [ɛ̃dy] (*ts* ne se prononce pas. lat. *indutus*) ▷ Nom donné dans plusieurs églises aux ecclésiastiques qui assistent aux messes hautes, revêtus d'aubes et de tuniques pour servir le diacre et le sous-diacre. ◁

INDUVIE, ■ n. f. [ɛ̃dyvi] (lat. *induviae*, vêtement) **Bot.** Organe de la fleur qui a poursuivi son développement après la fécondation. *Les induvies recouvrent le fruit jusqu'à sa maturité.*

INÉBRANLABLE, adj. [inebʀɑ̃labl] (2 *in-* et *ébranler*) Qui ne peut être ébranlé. *Une masse inébranlable.* ♦ **Par extens.** Il se dit d'une troupe que le choc ennemi n'ébranle pas. ♦ Fig. « *Les bornes de nos talents sont encore plus inébranlables que celles des empires* », VAUVENARGUES. ♦ Constant, ferme, qui ne se laisse point abattre. *Inébranlable dans ses amitiés.* ♦ Il se dit des choses morales. *Amitié inébranlable.* « *Mon cœur inébranlable aux plus cruels tourments* », P. CORNEILLE. ♦ Qu'on ne peut faire changer de dessein, d'opinion. « *J'étais inébranlable dans ces maximes* », FÉNELON.

INÉBRANLABLEMENT, adv. [inebʀɑ̃labləmɑ̃] (*inébranlable*) D'une manière inébranlable. ♦ Fig. *Inébranlablement attaché à son devoir.*

INÉCHANGEABLE, ■ adj. [ineʃɑ̃ʒabl] (2 *in-* et *échangeable*) Qui ne peut être échangé. *Des valeurs inéchangeables.*

INÉCOUTÉ, ÉE, ■ adj. [inekute] (2 *in-* et *écouté*) Qui n'est pas écouté, qui n'est pas pris en compte. *Des avis inécoutés.*

INÉDIT, ITE, adj. [inedi, it] (lat. *ineditus*) Qui n'a point été édité. *Œuvres inédites.* ♦ Qui est nouveau, original. *Un film inédit.* ■ N. m. *Un inédit. C'est de l'inédit.*

INÉDUCABLE, ■ adj. [inedykabl] (2 *in-* et *éducable*) Qu'on ne peut éduquer, qu'il est difficile d'éduquer. *Des adolescents inéducables.*

INEFFABILITÉ, n. f. [inefabilite] (lat. chrét. *ineffabilitas*) Qualité de ce qui est ineffable. *L'ineffabilité des mystères.* ■ REM. Il est rare aujourd'hui.

INEFFABLE, adj. [inefabl] (lat. *ineffabilis*) Qui ne peut être exprimé par des paroles. *Une joie ineffable.* ♦ Il se dit particulièrement de Dieu et des mystères de la religion. ■ N. m. *Son attitude tient de l'ineffable.* ■ Adj. **Fam.** Étonnant et comique. *Un individu ineffable.*

INEFFABLEMENT, adv. [inefabləmɑ̃] (*ineffable*) D'une manière ineffable.

INEFFAÇABLE, adj. [inefasabl] (2 *in-* et *effacer*) Qui ne peut être effacé. *Une empreinte ineffaçable.* ♦ **Fig.** *Les grandes impressions du cœur sont ineffaçables.*

INEFFICACE, adj. [inefikas] (lat. *inefficax*) Qui n'a point d'efficacité. *Une résolution, un remède inefficace.*

INEFFICACEMENT, adv. [inefikas(ə)mɑ̃] (*inefficace*) D'une manière qui n'est point efficace. « *Après le saccagement de Rome, inefficacement secourue par les Français* », VOLTAIRE.

INEFFICACITÉ, n. f. [inefikasite] (*inefficace*) Qualité de ce qui est inefficace.

INÉGAL, ALE, adj. [inegal] (lat. *inæqualis*) Qui n'est point égal, c'est-à-dire qui n'est pas de même étendue, grandeur, durée, force, valeur, etc. *Deux personnes de condition inégale. Des forces inégales.* ♦ **Bot.** Se dit des parties qui n'ont pas les mêmes dimensions. *Étamines inégales.* ♦ **Par extens.** *Combat inégal*, combat où les forces ne sont pas égales des deux côtés. ♦ Qui est raboteux. *Un terrain inégal.* ♦ Qui n'est pas réglé, régulier, uniforme. *Marcher d'un pas inégal.* ♦ *Pouls inégal*, celui dans lequel les pulsations diffèrent les unes des autres par rapport à la grandeur et à la durée. ♦ *Respiration inégale*, celle dont les mouvements ne se succèdent pas d'une manière uniforme. ♦ Fig. Mêlé de bon et de mauvais. *Conduite inégale. Style inégal.* « *L'homme du meilleur esprit est inégal* », LA BRUYÈRE. ♦ Qui offre de grandes et subites variations d'humeur. *Un homme inégal.*

INÉGALABLE, ■ adj. [inegalabl] (2 *in-* et *égaler*) Qu'on ne peut égaler. *Une performance inégalable.* ■ INÉGALABLEMENT, adv. [inegalabləmɑ̃]

INÉGALÉ, ÉE, ■ adj. [inegale] (2 *in-* et *égalé*) Que l'on n'a pas encore égalé, que rien n'a encore égalé. *Des performances inégalées. Un tel talent est resté jusque-là inégalé. Ces ornements sont d'une beauté inégalée.*

INÉGALEMENT, adv. [inegal(ə)mɑ̃] (*inégal*) D'une manière inégale.

INÉGALITAIRE, ■ adj. [inegalitɛʀ] (*inégalité*) Qui n'est pas égalitaire. *Des mesures inégalitaires. Une société inégalitaire.*

INÉGALITÉ, n. f. [inegalite] (lat. *inæqualitas*) Qualité de ce qui est inégal. « *Quelque apparente inégalité que la fortune ait mise entre nous, la nature n'a pas voulu qu'il y eût grande différence d'un homme à un autre* », BOSSUET. ♦ *Les inégalités sociales*, l'inégalité qui est entre les diverses classes de la société. ♦ En algèbre, nom des expressions dans lesquelles figurent les signes > (plus grand) ou < (plus petit que). ♦ État d'une surface qui n'est pas plane, unie. *Les inégalités qui sont à la surface de la terre.* ♦ Défaut de régularité. *L'inégalité du cours d'un fleuve, du pouls, etc.* ♦ **Astron.** Irrégularité que l'on observe dans le mouvement des astres. ♦ *Les inégalités d'un style, d'un auteur*, se dit quand un style, un auteur a des passages faibles ou mauvais à côté d'autres qui sont bons. ♦ Défaut d'égalité dans les dispositions morales. « *Les inégalités du caractère influent sur l'esprit* », VAUVENARGUES.

INÉLASTIQUE, ■ adj. [inelastik] (2 *in-* et *élastique*) Qui n'est pas élastique. *Matériau inélastique.*

INÉLÉGAMMENT, ■ adv. [inelegamɑ̃] (*inélégant*) De manière inélégante. *Il s'est comporté très inélégamment.*

INÉLÉGANCE, n. f. [inelegɑ̃s] (2 *in-* et *élégance*) Défaut d'élégance. « *L'inélégance et l'irrégularité du langage* », BOSSUET. ■ Manque de délicatesse, de politesse. *Faire preuve d'inélégance.*

INÉLÉGANT, ANTE, adj. [inelegɑ̃, ɑ̃t] (2 *in-* et *élégant*) Qui n'est pas élégant. *Un tour de phrase inélégant.* ■ Qui manque d'élégance, de délicatesse. *Une façon de procéder inélégante.*

INÉLIGIBILITÉ, n. f. [ineliʒibilite] (*inéligible*) Qualité de celui qui ne peut être élu.

INÉLIGIBLE, adj. [ineliʒibl] (2 *in-* et *éligible*) Qui n'est pas éligible.

INÉLUCTABLE, adj. [inelyktabl] (lat. *ineluctabilis*, insurmontable) Néolog. Contre quoi on ne peut lutter. *Un destin inéluctable.* ■ REM. Il n'est plus considéré comme un néologisme aujourd'hui. ■ INÉLUCTABLEMENT, adv. [inelyktabləmɑ̃]

INEMPLOI, ■ n. m. [inɑ̃plwa] (2 *in-* et *emploi*) **Rare** Fait d'être inemployé. *L'inemploi des crédits alloués.* ■ Chômage, inactivité. *Une longue période d'inemploi.*

INEMPLOYABLE, ■ adj. [inɑ̃plwajabl] (2 *in-* et *employable*) Qui ne peut être employé. *Cette barre est déformée, elle est inemployable.*

INEMPLOYÉ, ÉE, ■ adj. [inɑ̃plwaje] (2 *in-* et *employé*) Qui n'est pas employé, dont on ne fait pas usage. *Des termes inemployés. Des richesses inemployées.*

INÉNARRABLE, adj. [inenaʀabl] (lat. *inenarrabilis*) Qui ne peut être narré, raconté. *Des choses inénarrables.* ▪ Que l'on ne peut évoquer sans rire ; extraordinairement comique. *Un personnage inénarrable.*

INENTAMÉ, ÉE, ▪ adj. [inɑ̃tame] (2 *in-* et *entamé*) Qui n'est pas entamé. *Un jambon inentamé.* ▪ **Fig.** Qui est tel qu'il était au début, qui est intact. *Une ferveur inentamée.*

INÉPROUVÉ, ÉE, ▪ adj. [inepʀuve] (2 *in-* et *éprouvé*) Qui n'a jamais été éprouvé. *Elle connut des sentiments inéprouvés jusqu'alors.*

INEPTE, adj. [inɛpt] (lat. *ineptus*, qui n'est pas approprié) Qui n'a point d'aptitude. « *C'est un homme inepte à tout* », Bouhours. ♦ On dit aujourd'hui *inapte*. ▷ Qui ne s'adapte pas à, en parlant des choses. *Des raisons ineptes.* ◁ ♦ Qui est sans aptitude aucune, sans capacité, sans esprit. *C'est un homme inepte.* ♦ Il se dit des choses dans le même sens. *Des paroles ineptes.* ♦ N. m. et n. f. *Les ineptes,* les personnes ineptes.

INEPTEMENT, adv. [inɛptəmɑ̃] (*inepte*) Avec ineptie ; d'une manière inepte. ▪ Rem. Il est rare aujourd'hui.

INEPTIE, n. f. [inɛpsi] (lat. *ineptia*) Caractère, actes d'un homme inepte. ♦ *L'ineptie,* les gens ineptes. « *L'ineptie nomme ses fautes des malheurs* », Duclos. ♦ Se dit des choses. *L'ineptie d'une pareille conduite.* ♦ Action, idée, parole absurde, impertinente. *Dire, faire des inepties.*

INÉPUISABLE, adj. [inepɥizabl] (2 *in-* et *épuisable*) Qu'on ne peut épuiser. *Source inépuisable.* ♦ **Par extens.** *Des richesses inépuisables.* ♦ **Fig.** Qui ne cesse jamais de fournir, d'abonder. *Zèle inépuisable.* ♦ Se dit des personnes dans le même sens. « *Ce Dieu dans ses bontés toujours inépuisable* », P. Corneille.

INÉPUISABLEMENT, adv. [inepɥizabləmɑ̃] (*inépuisable*) D'une manière inépuisable.

INÉPUISÉ, ÉE, ▪ adj. [inepɥize] (2 *in-* et *épuisé*) Qui n'est pas épuisé, totalement utilisé, consommé. *Des ressources inépuisées.*

INÉQUATION, n. f. [inekwasjɔ̃] (2 *in-* et *équation*) **Math.** Inégalité qui dépend de la valeur des inconnues. *La résolution d'une inéquation. L'ensemble des solutions d'une inéquation est souvent un intervalle ou une union d'intervalles.*

INÉQUITABLE, ▪ adj. [inekitabl] (2 *in-* et *équitable*) Qui n'est pas équitable. *Des parts inéquitables.* ▪ **INÉQUITABLEMENT**, adv. [inekitabləmɑ̃]

INERME, adj. [inɛʀm] (lat. class. *inermis,* sans armes) **Bot.** Qui n'a ni aiguillons, ni épines. *Une tige inerme.*

INERTAGE, ▪ n. m. [inɛʀtaʒ] (*inerter*) Procédé qui consiste à enrober un déchet toxique pour l'empêcher de se répandre dans la nature. *Inertage de l'amiante.*

INERTE, adj. [inɛʀt] (lat. *iners*) Qui est sans activité propre. *Des corps inertes.* ♦ *Sol inerte,* partie du sol arable située entre le sol actif et le sous-sol. ♦ Qui n'a point d'activité intellectuelle ou morale. *Un esprit inerte.* ♦ Il se dit des choses dans le même sens. *Une résistance inerte.* ▪ Qui semble sans vie, inanimé. *Un corps inerte.* ▪ **Chim.** Que le contact avec une autre substance ne fait pas réagir chimiquement. *Un liquide, un gaz inerte.*

INERTER, ▪ v. tr. [inɛʀte] (*inerte*) Effectuer l'inertage d'un déchet toxique. *Inerter chimiquement les matières polluantes.*

INERTIE, n. f. [inɛʀsi] (lat. *inertia*) **Phys.** Propriété qu'ont les corps de ne pouvoir modifier d'eux-mêmes l'état de mouvement ou de repos dans lequel ils sont. ♦ *Force d'inertie dans les corps,* résistance au mouvement qui ne vient que de leur masse et qui est proportionnelle à la quantité de matière qui leur est propre. ♦ **Fig.** *Force d'inertie,* résistance passive qui consiste principalement à ne pas obéir aux ordres qui prescrivent une action. ♦ Manque d'activité intellectuelle ou morale. ▪ **Chim.** Propriété d'un corps inerte. ▪ **Physiol.** État d'un organe dont les muscles ne se contractent pas normalement. *Inertie utérine au moment de l'accouchement.* ▪ **Fig.** Manque de réaction, d'énergie physique ou morale. *Tomber dans l'inertie. Dénoncer l'inertie du gouvernement.*

INERTIEL, ELLE, ▪ adj. [inɛʀsjɛl] (*inertie*) **Phys.** Relatif à l'inertie. *Mouvement inertiel.*

INESPÉRÉ, ÉE, adj. [inɛspere] (2 *in-* et *espéré*) Qui n'est pas espéré. « *Les biens inespérés que le ciel vous envoie* », P. Corneille.

INESPÉRÉMENT, adv. [inɛspeʀemɑ̃] (*inespéré*) D'une manière inespérée.

INESTHÉTIQUE, ▪ adj. [inɛstetik] (2 *in-* et *esthétique*) Qui n'est pas esthétique. *Des volumes inesthétiques.*

INESTIMABLE, adj. [inɛstimabl] (2 *in-* et *estimable*) Qu'on ne peut estimer, qui est au-dessus de toute estimation, en parlant des choses. *Un bien, un prix inestimable.* ▪ **Fig.** Qu'on ne saurait trop apprécier. *Une aide inestimable.*

INÉTENDU, UE, ▪ adj. [inetɑ̃dy] (2 *in-* et *étendu*) Qui ne possède pas d'étendue. *Point, espace inétendu.* ▪ N. m. *L'indivisible et l'inétendu.*

INÉVITABLE, adj. [inevitabl] (lat. *inevitabilis*) Qu'on ne peut éviter. *Des maux inévitables.* ♦ *Il est inévitable,* avec *que* et le subjonctif. *Il est inévitable qu'on vous fasse un procès.*

INÉVITABLEMENT, adv. [inevitabləmɑ̃] (*inévitable*) D'une manière inévitable.

INEXACT, ACTE, adj. [inɛgza, akt] ou [inɛgzakt] (2 *in-* et *exact*) Qui n'est pas exact, en parlant des choses. *Copie inexacte.* ♦ Qui n'est pas exact, en parlant des personnes. *Homme inexact.* ▪ Qui n'est pas ponctuel. *Une personne inexacte. Il est souvent inexact aux réunions.*

INEXACTEMENT, adv. [inɛgzaktəmɑ̃] (*inexact*) D'une manière inexacte.

INEXACTITUDE, n. f. [inɛgzaktityd] (2 *in-* et *exactitude*) Défaut d'exactitude dans les choses. *L'inexactitude d'un calcul.* ♦ Défaut d'exactitude dans les personnes. *Il est d'une grande inexactitude à remplir ses devoirs.* ♦ Faute, erreur commise par inexactitude. ▪ Manque de ponctualité. *On lui a reproché son inexactitude.*

INEXAUCÉ, ÉE, ▪ adj. [inɛgzose] (2 *in-* et *exaucé*) Qui n'a pas été exaucé. *Une personne inexaucée. Des souhaits inexaucés.*

INEXCITABILITÉ, ▪ n. f. [inɛksitabilite] (*inexcitable*) **Physiol.** Caractère de ce qui est inexcitable. *Provoquer l'inexcitabilité d'un nerf.*

INEXCITABLE, ▪ adj. [inɛksitabl] (2 *in-* et *excitable*) **Physiol.** Qui ne peut être excité. *Un tissu, un nerf inexcitable.*

INEXCUSABLE, adj. [inɛkskyzabl] (lat. *inexcusabilis*) Qui ne peut être excusé, en parlant des choses. *Un crime inexcusable.* ♦ Qui ne peut être excusé, en parlant des personnes. « *L'un pèche avec connaissance et il est plus inexcusable* », Fléchier. *Vous êtes inexcusable d'en avoir usé ainsi.* ▪ **INEXCUSABLEMENT**, adv. [inɛkskyzabləmɑ̃]

INEXÉCUTABLE, adj. [inɛgzekytabl] (2 *in-* et *exécutable*) Qui ne peut être exécuté. *Un ordre inexécutable.*

INEXÉCUTÉ, ÉE, adj. [inɛgzekyte] (2 *in-* et *exécuté*) Qui n'a point été exécuté.

INEXÉCUTION, n. f. [inɛgzekysjɔ̃] (2 *in-* et *exécution*) Manque d'exécution. *L'inexécution des lois, d'un contrat,* etc.

INEXERCÉ, ÉE, adj. [inɛgzɛʀse] (2 *in-* et *exercé*) Qui n'est pas exercé. *Des troupes inexercées. Une main inexercée.*

INEXIGIBILITÉ, n. f. [inɛgziʒibilite] (*inexigible*) Qualité de ce qui est inexigible.

INEXIGIBLE, adj. [inɛgziʒibl] (2 *in-* et *exigible*) Qui n'est point exigible ; qui ne peut être exigé. *Dette inexigible.*

INEXISTANT, ANTE, ▪ adj. [inɛgzistɑ̃, ɑ̃t] (2 *in-* et *existant*) Qui n'existe pas. *Une difficulté inexistante.* ▪ **Fam.** Qui ne possède aucune valeur ou ne joue aucun rôle. *Des parents inexistants.*

INEXISTENCE, ▪ n. f. [inɛgzistɑ̃s] (2 *in-* et *existence*) Caractère de ce qui est inexistant. *L'inexistence d'un problème.* ▪ Sentiment de ne pas exister. *Une sensation d'inexistence.* ▪ Manque d'importance. *L'inexistence d'un père.*

INEXORABILITÉ, ▪ n. f. [inɛgzoʀabilite] (*inexorable*) Caractère de ce qui est inexorable. *L'inexorabilité du temps.* « *Elle détestait les calendriers ou les anniversaires parce qu'ils marquaient l'inexorabilité des jours* », Moinot.

INEXORABLE, adj. [inɛgzoʀabl] (lat. *inexorabilis*) Qui ne peut être touché par les prières. « *Mon père et mon devoir étaient inexorables* », P. Corneille. ♦ **Fig.** *Un honneur inexorable.* ♦ *Inexorable à.* « *Avez-vous le cœur assez dur pour être inexorable à votre roi ?* », Fénelon. ▪ À quoi l'on ne peut échapper. *Un destin inexorable.* ▪ Que l'on ne peut adoucir, modérer. *Une peine inexorable.*

INEXORABLEMENT, adv. [inɛgzoʀabləmɑ̃] (*inexorable*) D'une manière inexorable.

INEXPÉRIENCE, n. f. [inɛkspeʀjɑ̃s] (2 *in-* et *expérience* ou du b. lat. *inexperientia*) Manque d'expérience.

INEXPÉRIMENTÉ, ÉE, adj. [inɛkspeʀimɑ̃te] (2 *in-* et *expérimenté*) Qui n'a point d'expérience. *Un chef inexpérimenté. Des mains inexpérimentées.* ♦ Dont on n'a pas fait l'expérience. *Une substance encore inexpérimentée.*

INEXPERT, ERTE, ▪ adj. [inɛkspɛʀ, ɛʀt] (lat. *inexpertus*) Qui manque d'habileté, d'expérience pour bien faire quelque chose. *Il débute, il est encore inexpert.* ▪ **Par méton.** *Des mains inexpertes.*

INEXPIABLE, adj. [inɛkspjabl] (lat. *inexpiabilis*) Qui ne peut être expié. *Cette inexpiable faute. Un forfait inexpiable.* ▪ Qui ne peut être apaisé. *Un conflit inexpiable. Une rancœur inexpiable.*

INEXPIÉ, ÉE, ■ adj. [inɛkspje] (2 *in-* et *expié*) Qui n'a pas été expié. *Des crimes inexpiés.*

INEXPLICABLE, adj. [inɛksplikabl] (lat. *inexplicabilis*) Qui ne peut être expliqué. *Une énigme inexplicable.* « *Il n'y a point d'insecte qui ne soit une merveille inexplicable* », VOLTAIRE. ♦ Dont on ne peut se rendre compte. « *La confiance comme la crainte sont inexplicables dans les affections vives* », MME DE STAËL. ♦ En parlant des personnes, dont on ne peut se rendre compte, bizarre, étrange. *Un caractère inexplicable.* ■ **INEXPLICABLEMENT**, adv. [inɛksplikabləmã]

INEXPLIQUÉ, ÉE, adj. [inɛksplike] (2 *in-* et *expliqué*) Qui n'est pas expliqué.

INEXPLOITABLE, adj. [inɛksplwatabl] (2 *in-* et *exploitable*) Qui ne peut pas être exploité.

INEXPLOITÉ, ÉE, adj. [inɛksplwate] (2 *in-* et *exploité*) Qui n'est point exploité.

INEXPLORABLE, ■ adj. [inɛksplorabl] (2 *in-* et *explorable*) Qui ne peut être exploré, qu'il est difficile d'explorer. *La végétation y est si dense que cette zone est inexplorable.* ■ **Fig.** Qu'il est difficile d'examiner, d'étudier. *Des pensées inexplorables.*

INEXPLORÉ, ÉE, adj. [inɛksplore] (2 *in-* et *exploré*) Qui n'a pas été exploré. *Terre inexplorée.*

INEXPLOSIBLE, adj. [inɛksplozibl] (2 *in-* et *exploser*) **Phys.** Qui ne peut faire explosion. *Machine inexplosible.* ■ **REM.** Il est rare aujourd'hui.

INEXPRESSIF, IVE, adj. [inɛkspresif, iv] (2 *in-* et *expressif*) Qui n'est pas expressif. *Une physionomie inexpressive.*

INEXPRIMABLE, adj. [inɛksprimabl] (2 *in-* et *exprimable*) Qu'on ne peut exprimer. *Un charme inexprimable.*

INEXPRIMÉ, ÉE, ■ adj. [inɛksprime] (2 *in-* et *exprimé*) Qui n'est pas ou qui n'a pas été exprimé. *Des émotions inexprimées.*

INEXPUGNABLE, adj. [inɛkspygnabl] ou [inɛkspynabl] ou [inɛkspynjabl] (lat. *inexpugnabilis*) Qui ne peut être pris par la force des armes. *Une tour inexpugnable.* ♦ **Fig.** « *Ce cœur inexpugnable* », P. CORNEILLE.

INEXTENSIBILITÉ, n. f. [inɛkstãsibilite] (*inextensible*) Qualité de ce qui ne peut pas être étendu.

INEXTENSIBLE, adj. [inɛkstãsibl] (2 *in-* et *extensible*) Qui ne peut être étendu. *Un fil inextensible.*

IN EXTENSO, [inɛkstẽso] Voy. EXTENSO.

INEXTINGUIBLE, adj. [inɛkstẽgibl] (b. lat. *inexstinguibilis*) Qui ne peut s'éteindre. *Feu inextinguible.* ♦ **Fig.** Se dit de choses comparées à un feu. *Soif, fièvre inextinguible.* ♦ *Rire inextinguible,* rire éclatant que rien ne peut arrêter.

INEXTIRPABLE, ■ adj. [inɛkstirpabl] (lat. *inexstirpabilis*) Que l'on ne peut extirper. *Une racine de dent inextirpable.* ■ **Fig.** Que l'on ne peut faire disparaître. *Un mal inextirpable.*

IN EXTREMIS, [inɛkstremis] Voy. EXTREMIS.

INEXTRICABLE, adj. [inɛkstrikabl] (lat. *inextricabilis*) Dont on ne peut se tirer. *Labyrinthe, embarras inextricable.* ■ Que l'on ne peut démêler. *Des fils inextricables.* ■ **Fig.** Complexe. *Un problème inextricable.* ■ **INEXTRICABLEMENT**, adv. [inɛkstrikabləmã]

INFAILLIBILISTE, ■ n. m. et n. f. [ẽfajibilist] (rad. de *infaillibilité*) **Relig.** Partisan de l'infaillibilité du pape. ♦ **Adj.** *La thèse infaillibiliste.*

INFAILLIBILITÉ, n. f. [ẽfajibilite] (*infaillible*) Qualité de ce qui ne peut faillir, manquer d'arriver. *L'infaillibilité d'un succès, d'un principe,* etc. ♦ Qualité de ce qui ne peut faillir, commettre une faute, se tromper. ♦ Qualité de ne point faillir, de ne point errer en matière de foi, qui, suivant les catholiques, appartient à l'Église, aux conciles et au pape.

INFAILLIBLE, adj. [ẽfajibl] (b. lat. *infallibilis*) Qui ne peut manquer d'arriver. « *Mon entreprise est sûre et sa perte infaillible* », P. CORNEILLE. ♦ *Recette, secret, remède infaillible,* c'est-à-dire qui ne manque jamais de réussir. ♦ Qui ne peut se tromper. « *Cette prudence présomptueuse qui se croyait infaillible* », BOSSUET. ♦ Chez les catholiques, qui ne peut errer dans les matières de foi. *L'Église est infaillible.* ♦ ▷ Qui ne peut commettre de mauvaise action. ◁

INFAILLIBLEMENT, adv. [ẽfajibləmã] (*infaillible*) D'une manière infaillible.

INFAISABLE, adj. [ẽfəzabl] (2 *in-* et *faisable*) Qui n'est pas faisable. *Une chose infaisable.* ■ **INFAISABILITÉ**, n. f. [ẽfazbilite]

INFALSIFIABLE, ■ adj. [ẽfalsifiabl] (2 *in-* et *falsifiable*) Que l'on ne peut pas falsifier. *Une pièce d'identité infalsifiable.*

INFAMANT, ANTE, adj. [ẽfamã, ãt] (lat. *infamare*, blâmer) Qui porte infamie. *Une note infamante.* ♦ En droit criminel, *peines infamantes,* peines frappant le condamné d'infamie.

INFAMATION, n. f. [ẽfamasjõ] (lat. *infamatio*, diffamation) ▷ **Anc. jurispr.** Note d'infamie. ◁

INFÂME, adj. [ẽfam] (lat. *infamis*, de 2 *in-* et *fama*, réputation) Qui s'est diffamé dans l'opinion publique. « *Mais qui peut vivre infâme est indigne du jour* », P. CORNEILLE. ♦ Qui est flétri par les lois. *Il y a des châtiments qui rendent infâme.* ♦ En parlant des choses, qui entraîne la flétrissure légale. « *La condition des comédiens était infâme chez les Romains* », LA BRUYÈRE. ♦ Il se dit des choses qui entraînent la flétrissure morale. *Une vie infâme.* ♦ Il se dit par exagération de ce qui est messéant, indigne. *Cela est infâme.* ♦ On l'applique aussi en ce sens aux personnes. ♦ Sale, malpropre. *Un taudis infâme.* ♦ **N. m.** et **n. f.** Celui, celle qui a fait des choses flétries par la loi ou par la morale. ♦ Par exagération, *un infâme,* une personne qui mérite les plus graves reproches. ■ **Fam.** Très mauvais, infect. *Une nourriture infâme.*

INFAMIE, n. f. [ẽfami] (lat. *infamia*) Flétrissure imprimée à l'honneur, à la réputation, soit par la loi, soit par l'opinion publique. *Note d'infamie.* ♦ Se dit aussi des choses qui rendent infâme. *L'infamie de sa conduite.* ♦ Action infâme, honteuse, indigne d'un honnête homme. *Faire des infamies.* ♦ Paroles injurieuses à l'honneur, à la réputation. *Il lui a dit mille infamies.* ♦ En ce sens, il ne se dit qu'au pluriel. ♦ ▷ Discours, pièce de vers, pièce de théâtre infâme par la licence et la grossièreté. « *Ces plates infamies qu'on a jouées pendant plus d'un siècle* », VOLTAIRE. ◁

INFANT, ANTE, n. m. et n. f. [ẽfã, ãt] (esp. *infante*) Titre qu'on donne aux enfants puînés des rois d'Espagne et du Portugal. *L'infant, l'infante d'Espagne.*

INFANTERIE, n. f. [ẽfãt(ə)ri] (ital. *infanteria*, de *infante*, jeune soldat) Gens de guerre qui marchent et qui combattent à pied. ♦ *Infanterie de marine,* corps au service des colonies [1]. ■ Corps d'armée chargé de la conquête et de l'occupation du terrain. *La 33e brigade d'infanterie.* ■ **REM.** 1 : Les colonies françaises n'existent plus.

1 INFANTICIDE, n. m. [ẽfãtisid] (lat. *infanticidium*, de *infanticida*) Meurtre d'un enfant, et particulièrement d'un enfant nouveau-né.

2 INFANTICIDE, n. m. et n. f. [ẽfãtisid] (lat. *infanticida*, de *infans*, nourrisson, et *cædere*, tuer) Personne qui tue un enfant, et particulièrement un enfant qui vient d'être mis au monde. ♦ **Adj.** *Une mère infanticide.*

INFANTILE, ■ adj. [ẽfãtil] (lat. *infantilis*) Qui concerne l'enfant en bas âge. *Des maladies infantiles.* ■ **Péj.** Semblable à un enfant, en parlant d'un adulte. *Un comportement infantile.* ■ **Psych.** Qui étant adulte conserve certains traits caractéristiques de l'enfance. ■ **REM.** On peut trouver un emploi substantivé de même sens. *Un infantile.* ■ **INFANTILITÉ**, n. f. [ẽfãtilite] ■ **INFANTILISME**, n. m. [ẽfãtilism]

INFANTILISER, ■ v. tr. [ẽfãtilize] (*infantile*) Attribuer un caractère infantile à quelqu'un ou quelque chose. *Elle l'infantilise à lui parler comme ça.* ■ **INFANTILISATION**, n. f. [ẽfãtilizasjõ] ■ **INFANTILISANT, ANTE**, adj. [ẽfãtilizã, ãt] *Une attitude infantilisante.*

INFARCI, IE, ■ adj. [ẽfarsi] (*infarctus*) **Méd.** Se dit d'un organe qui est ou a été touché par un infarctus. *Des zones infarcies, un myocarde infarci.*

INFARCTUS, ■ n. m. [ẽfarktys] (mot lat. sav., de *infarcire*, fourrer dans, remplir) **Méd.** Lésion de la nécrose d'un tissu due à l'arrêt de l'irrigation du sang provoquée par une obstruction des artères. ■ *Infarctus du myocarde,* nécrose du cœur provoquée par l'obstruction d'une artère coronaire et engendrant la perturbation de l'irrigation.

INFATIGABLE, adj. [ẽfatigabl] (lat. *infatigabilis*) Qui ne peut être fatigué. « *De leurs vers fatigants lecteurs infatigables* », MOLIÈRE. « *Des hommes... infatigables à disputer et à écrire* », BOSSUET. ♦ Il se dit des choses. *Des soins infatigables.*

INFATIGABLEMENT, adv. [ẽfatigabləmã] (*infatigable*) D'une manière infatigable.

INFATUATION, n. f. [ẽfatɥasjõ] (*infatuer*) Prévention sotte en faveur de quelqu'un ou de quelque chose. ■ **Litt.** Satisfaction excessive que l'on a de soi. « *Il en était du reste arrivé à un degré d'infatuation et d'optimisme inexprimable* », HUGO.

INFATUÉ, ÉE, p. p. d'infatuer. [ẽfatɥe]

INFATUER, v. tr. [ẽfatɥe] (lat. *infatuare*, rendre sot, de *fatuus*, insensé) Donner une prévention folle pour une personne ou une chose. « *Nous sommes infatués du monde comme s'il ne devait jamais finir* », FÉNELON. ♦ S'infatuer, v. pr. Devenir infatué. « *Un orgueilleux qui s'infatue de ses prétendues bonnes qualités* », BOURDALOUE.

INFÉCOND, ONDE, adj. [ẽfekõ, õd] (lat. *infecundus*) Qui n'est pas fécond, en parlant des femelles. ♦ Il se dit des œufs, des germes. *Un bœuf infécond.* ♦ **Par extens.** Il se dit des terres. *Champs inféconds.* ♦ **Fig.** *Esprit infécond.*

INFÉCONDITÉ, n. f. [ɛ̃fekɔ̃dite] (lat. *infecunditas*) Manque de fécondité dans les animaux ou les végétaux. ◆ Manque de fécondité dans le sol. *L'infécondité d'une terre.* ■ **Fig.** *L'infécondité d'un raisonnement.*

INFECT, ECTE, adj. [ɛ̃fɛkt] (lat. *infectus*, p. de *inficere*, imprégner) Qui répand des exhalaisons puantes et malfaisantes. *Des eaux infectes.* ◆ Qui excite un dégoût moral, en parlant des personnes et des choses. *Cela est infect.* ■ **Fam.** Très mauvais. *Une nourriture infecte.* ■ **Fam.** Très sale, infâme. *Un hôtel infect.*

INFECTANT, ANTE, adj. [ɛ̃fɛktɑ̃, ɑ̃t] (*infecter*) Qui infecte. *Gaz infectant.* ■ Qui produit une infection. *La piqûre infectante d'un insecte.*

INFECTÉ, ÉE, p. p. d'infecter. [ɛ̃fɛkte] Rendu malfaisant par infection. *Lieux infectés de la peste* ou absol. *lieux infectés.*

INFECTER, v. tr. [ɛ̃fɛkte] (*infect*) Imprégner d'émanations puantes, contagieuses, venimeuses. « *Un sang corrompu infectait l'air* », FÉNELON. ◆ **Fig.** *Infecter le pays d'une hérésie.* « *Infecter les oreilles du prince est quelque chose de plus criminel que d'empoisonner les fontaines publiques* », BOSSUET. « *Un vil amour du gain infectant les esprits* », BOILEAU. ◆ **Absol.** Répandre une odeur infecte. ◆ S'infecter, v. pr. Être infecté. ◆ Se communiquer réciproquement l'infection. ■ V. tr. **Méd.** Contaminer par des agents pathogènes. ■ S'infecter, v. pr. *Sa blessure s'est infectée.*

INFECTIEUX, EUSE, ■ adj. [ɛ̃fɛksjø, øz] (*infection*) Qui cause ou répand l'infection. *Un virus infectieux.* ◆ Qui est provoqué ou caractérisé par une infection. *Des maladies infectieuses.*

INFECTIOLOGIE, ■ n. f. [ɛ̃fɛksjɔlɔʒi] (*infection* et *-logie*) Partie de la médecine qui s'intéresse aux maladies infectieuses.

INFECTION, n. f. [ɛ̃fɛksjɔ̃] (b. lat. *infectio*, action de teindre, lat. chrét., souillure) Action d'infecter, de produire une odeur corrompue et malfaisante. *L'infection d'une plaie.* ◆ Corruption produite dans un corps par les substances ou miasmes délétères qui s'y introduisent. *L'infection de l'air, d'un hôpital, etc.* ◆ Action exercée sur l'économie par des miasmes putrides ou par des liquides virulents. ◆ Foyer d'infection, hôpital, prison ou tout autre lieu encombré et qui cause des maladies. ◆ Infection se dit abusivement pour odeur infecte. ■ **Méd.** Pénétration et développement dans l'organisme d'agents pathogènes. *Une infection bactérienne.* ■ **Inform.** Pénétration d'un virus dans un système informatique. ■ **Fam.** Ce qui répand une odeur désagréable. *Ce fromage est une véritable infection !*

INFÉODATION, n. f. [ɛ̃feɔdasjɔ̃] (*inféoder*) **Dr.** et **féod.** Acte par lequel le seigneur aliénait une terre et la donnait pour être tenue de lui en fief. ◆ Action de s'inféoder ou d'être inféodé à une personne ou à un groupe. ■ **Fig.** *L'inféodation à la mode, à un parti politique, etc.*

INFÉODÉ, ÉE, p. p. d'inféoder. [ɛ̃feɔde]

INFÉODER, v. tr. [ɛ̃feɔde] (lat. médiév. *infeodare*, concéder en fief, de. *feodum*, fief) **Dr.** et **féod.** Donner une terre pour être tenue en fief. ◆ S'inféoder, v. pr. Se donner à une personne, à un parti, à une opinion, comme un vassal faisait à son seigneur.

INFÉRÉ, ÉE, p. p. d'inférer. [ɛ̃fere]

INFÈRE, ■ adj. [ɛ̃fɛr] (lat. *inferus*, qui est au-dessous) **Bot.** Se dit de l'ovaire d'une fleur lorsque ce dernier est soudé avec le tube du calice et se trouve alors au-dessous de la zone d'insertion des pétales et des sépales. *L'iris est une fleur à ovaire infère.*

INFÉRENCE, ■ n. f. [ɛ̃ferɑ̃s] (*inférer*) Déduction logique, selon laquelle on admet qu'une proposition est vraie en raison de sa relation avec une ou plusieurs opérations dont la vérité a déjà été préalablement établie. *Raisonnement par inférence.* ■ **Inform.** Programme informatique utilisé en intelligence artificielle pour réaliser des opérations de logique. *Inférence de type. Moteur d'inférence.* ■ **Règle d'inférence**, règle permettant la transformation logique, par inférence, d'une formule en une autre formule.

INFÉRER, v. tr. [ɛ̃fere] (lat. *inferre*, porter dans, imputer) **Log.** Tirer une conséquence de quelque proposition, de quelque fait. « *J'infère de ce conte Que la plus forte passion C'est la peur* », LA FONTAINE. ◆ **Absol.** « *Son âme pense, raisonne, infère* », LA BRUYÈRE. ◆ S'inférer, v. pr. Être inféré. *Il s'infère de là que...*

INFÉRIEUR, EURE, adj. [ɛ̃ferjœr] (lat. *inferior*, compar. de *inferus*, en-dessous) Qui est au-dessous, en bas. *La partie inférieure du corps, d'un édifice, etc.* ◆ **Géogr.** Il se dit de la partie d'un pays qui est la plus éloignée de la source des fleuves ou la plus voisine de la mer. *L'Égypte inférieure. Département de la Seine-Inférieure* ou elliptiq. *la Seine-Inférieure.* ◆ **Astron.** *Planètes inférieures*, celles qui, comparées à la terre, sont plus voisines du soleil ; ce sont Mercure et Vénus. ◆ Qui est au-dessous d'un autre, qui vaut moins que lui. *Inférieur en science. Lucain est inférieur à Virgile.* ◆ N. m. et n. f. *Vous êtes mon inférieur en tout.* ◆ *Être inférieur à une place, à une fonction*, n'avoir pas toutes les qualités requises pour la remplir. ◆ *Inférieur* se dit aussi des choses qui valent moins que d'autres. *Marchandises d'une qualité inférieure.*

◆ Dans le langage philosophique, *la partie inférieure*, ceux des penchants, des instincts qui se rapportent spécialement aux besoins du corps. ◆ *Les classes inférieures de la société*, celles des paysans et des ouvriers. ◆ **Dr.** *Tribunal inférieur*, celui dont il y a appel. ◆ Dans un collège, *classes inférieures*, celles par où commence le cours des études. ◆ **Zool.** *Animaux inférieurs*, ceux dont l'organisation est la moins compliquée, et les fonctions les moins étendues. ■ N. m. Celui qui est au-dessous d'un autre en rang, en dignité. ■ Adj. Plus petit que. *Un chiffre inférieur à dix.*

INFÉRIEUREMENT, adv. [ɛ̃ferjœr(ə)mɑ̃] (*inférieur*) Par la partie inférieure. ◆ D'une manière inférieure.

INFÉRIORISER, ■ v. tr. [ɛ̃ferjɔrize] (lat. *inferior*) Rendre inférieur. ■ Mésestimer. *Inférioriser son talent.* ■ Provoquer un sentiment d'infériorité. *Inférioriser un employé.* ■ INFÉRIORISATION, n. f. [ɛ̃ferjɔrizasjɔ̃]

INFÉRIORITÉ, n. f. [ɛ̃ferjɔrite] (lat. *inferior*) Situation d'une chose au-dessous d'une autre. ◆ Condition qui fait qu'une personne ou une chose est inférieure à une autre. *L'infériorité du nombre.* ■ **Psych.** *Complexe d'infériorité*, perception dépréciative de soi qui pousse la personne y étant soumise à se considérer comme inférieure aux autres. ■ **Gramm.** *Comparatif, superlatif d'infériorité*, vocable permettant d'établir une comparaison fondée sur un rapport d'infériorité entre deux choses ou d'en ériger une, implicitement ou non, en dessous de toutes les autres. *Elle est moins grande que lui. Il est le moins aimable de l'assemblée.*

INFERNAL, ALE, adj. [ɛ̃fɛrnal] (b. lat. *infernalis*) **Litt.** Qui appartient à l'enfer. *La nuit infernale. Les dieux infernaux.* ◆ **Fig.** Digne de l'enfer, horrible. *Des trames infernales.* « *De ces lieux infernaux on nous laisse sortir* », VOLTAIRE. ◆ *Galop infernal*, galop d'une rapidité extrême. ◆ *Un homme, un esprit infernal*, un homme dont la méchanceté égale celle des démons. ◆ *Machine infernale*, amas d'artifices et de projectiles meurtriers préparés pour attenter aux jours de quelqu'un, et fig. combinaison de moyens odieux pour perdre quelqu'un. ◆ **Fig.** et **fam.** Qui cause beaucoup d'ennui et de trouble. *Un bruit infernal.* ■ **Fam.** Se dit des personnes en un sens analogue. « *C'est encore la page infernal !* », BEAUMARCHAIS. ◆ *Pierre infernale*, azotate d'argent fondu, substance employée en médecine pour brûler les chairs. ◆ N. m. Espèce de brûlot à vapeur. ■ **Par exagération** Insupportable. *Sa fille est tout simplement infernale !*

INFERNALEMENT, adv. [ɛ̃fɛrnal(ə)mɑ̃] (*infernal*) D'une manière infernale. ■ *Un train infernalement lent.*

INFERTILE, adj. [ɛ̃fɛrtil] (b. lat. *infertilis*) Qui n'est pas fertile. « *Quelque coin de terre infertile* », FÉNELON. ◆ **Fig.** « *Ma peine est infertile* », RÉGNIER. ◆ *Sujet, matière infertile*, sujet, matière qui fournit peu de choses à dire.

INFERTILISABLE, adj. [ɛ̃fɛrtilizabl] (2 *in-* et *fertilisable*) ▷ Qui ne peut être fertilisé. ◁

INFERTILITÉ, n. f. [ɛ̃fɛrtilite] (b. lat. *infertilitas*) État de ce qui est infertile. *L'infertilité de ces terres.* ■ **Litt.** et **fig.** « *Cette observation fera peut-être aussi comprendre l'infertilité des salons, leur vide, leur peu de profondeur* », BALZAC.

INFESTATION, ■ n. f. [ɛ̃fɛstasjɔ̃] (lat. chrét. *infestatio*, attaque, vexation) Action d'infester ; résultat de cette action. « *L'ennemi est dans la place, l'infestation est parachevée, il n'y a plus qu'à se rendre* », GREEN. ■ **Méd.** Intrusion d'un parasite non microbien au sein d'un organisme. *Une infestation parasitaire.*

INFESTÉ, ÉE, p. p. d'infester. [ɛ̃fɛste]

INFESTER, v. tr. [ɛ̃fɛste] (lat. *infestare*, attaquer, ravager, de *infestus*, ennemi) **Litt.** Tourmenter par des irruptions, des courses, des brigandages, des pillages. *Des brigands infestaient les routes.* ◆ Il se dit de ce qui rend incommode, inhabitable, stérile. *Des esprits infestaient ce château. Les mauvaises herbes infestent nos champs.* ■ Envahir massivement un lieu, en parlant d'animaux ou de plantes nuisibles. *Les moucherons infestent cette région.* ■ **Méd.** S'introduire dans un organisme puis l'envahir.

INFEUTRABLE, ■ adj. [ɛ̃føtrabl] (2 *in-* et *feutrer*) Qui ne peut pas se feutrer. *Pull indéformable et infeutrable.*

INFIBULATION, ■ n. f. [ɛ̃fibylasjɔ̃] (supin de *infibulare*, attacher avec une agrafe) **Ethnol.** Opération consistant à empêcher tout rapport sexuel soit par la pose d'un anneau sur le prépuce du mâle soit par l'ablation des grandes lèvres de la femelle qui sont ensuite suturées. *L'infibulation d'une femme est considérée comme la forme la plus extrême de la mutilation de l'appareil génital féminin.*

INFICHU, UE, ■ adj. [ɛ̃fiʃy] (2 *in-* et *fichu*) **Fam.** Infichu de, pas capable de. *Il est infichu de trouver ses lunettes.*

INFIDÈLE, adj. [ɛ̃fidɛl] (lat. *infidelis*) Qui n'est pas fidèle, qui ne remplit point ses devoirs, ses engagements. *Infidèle à ses amis, à sa parole.* ◆ Qui ne garde pas la fidélité dans l'amour ou le mariage. *Époux infidèle.* ◆ Qui commet des soustractions, en parlant d'un employé, d'un commis, d'un domestique. ♦ Sur quoi on ne peut pas ou on ne peut plus compter. « *Le destin des combats peut vous être infidèle* », Delavigne. ♦ Qui n'a pas la vraie foi. *Race infidèle* [1]. ♦ Qui manque à la vérité, inexact, en parlant des personnes. *Narrateur infidèle.* ♦ Même sens, en parlant des choses. *Récit infidèle.* ♦ *Mémoire infidèle*, mémoire faible et peu sûre d'elle-même. ♦ *Miroir infidèle*, miroir qui ne reproduit pas exactement l'image. ♦ *Traduction infidèle*, traduction qui ne rend pas exactement l'original. ♦ N. m., n. f. Personne qui manque à la fidélité, à la foi promise. ♦ Personne qui manque à la foi de l'amour ou du mariage. ♦ Personne qui n'a pas la vraie foi [2]. ■ Litt. et fig. *La réussite lui devint infidèle.* ■ Rem. 1 et 2 : Ces sens sous-entendent une hiérarchisation des croyances religieuses : *Qui n'a pas la foi considérée comme vraie*; *Personne qui n'a pas la foi considérée comme vraie.* De plus, la notion de race ne repose sur aucun fondement scientifique et a une connotation raciste.

INFIDÈLEMENT, adv. [ɛ̃fidɛl(ə)mɑ̃] (*infidèle*) D'une manière infidèle.

INFIDÉLITÉ, n. f. [ɛ̃fidelite] (lat. *infidelitas*) Manque de fidélité. *L'infidélité d'un ami, d'un dépositaire, etc.* ♦ Fig. *Les infidélités de la fortune.* ♦ Manque d'exactitude, de vérité, en parlant des personnes. *L'infidélité d'un historien, d'un traducteur, d'un copiste.* ♦ Même sens, en parlant des choses. *L'infidélité d'un récit.* ♦ *L'infidélité d'un miroir*, se dit d'un miroir qui représente mal les objets. ♦ *L'infidélité de la mémoire*, défaut de mémoire. ♦ *Acte d'infidélité.* ♦ Acte par lequel on manque à la foi dans le mariage ou dans l'amour. ♦ Acte par lequel, une personne, mise en confiance, manque à cette confiance par soustraction de deniers, abus de dépôts, etc. ♦ Inexactitudes. *Il y a de grandes infidélités dans cette traduction.* ♦ État de ceux qui ne sont pas dans la vraie religion. « *Ces filles de Tyr vivant dans l'infidélité* », Massillon.

INFILTRAT, ■ n. m. [ɛ̃filtʀa] (*infiltrer*) Méd. Lésion provoquée par la pénétration de cellules ou de liquides étrangers à un organe. *Infiltrat pulmonaire.* ■ Méd. *Infiltrat inflammatoire*, ensemble des éléments cellulaires présents dans un foyer inflammatoire. *Un infiltrat inflammatoire est constitué de leucocytes et de cellules d'origine locale.* ■ *Infiltrat lymphoplasmocytaire*, ensemble des cellules appartenant à la catégorie des plasmocytes et des lymphocytes et qui se sont regroupées au niveau d'un organe.

INFILTRATION, n. f. [ɛ̃filtʀasjɔ̃] (*infiltrer*) Action d'un fluide qui pénètre dans les interstices des substances solides. *L'infiltration de l'eau dans les terres.* ♦ Méd. Engorgement mou formé par la présence d'un liquide épanché dans les tissus entre leurs éléments anatomiques qu'il tient écartés. ■ Méd. Injection d'une substance dans un tissu ou une articulation. ■ Pénétration étrangère dans un pays ou un lieu.

INFILTRÉ, ÉE, p. p. d'infiltrer. [ɛ̃filtʀe]

INFILTRER, v. tr. [ɛ̃filtʀe] (1 *in-* et *filtrer*) Pénétrer comme par un filtre. *La sérosité a infiltré les jambes de ce malade.* ■ S'infiltrer, v. pr. Pénétrer par infiltration. ♦ Fig. *Opinion qui commence à s'infiltrer dans les esprits.* ■ V. tr. Méd. Injecter un liquide dans l'organisme. ■ Faire entrer illégalement dans un lieu. *Infiltrer des agents secrets dans un pays hostile.*

INFIME, adj. [ɛ̃fim] (lat. *infimus*, superl. de *inferus*, en-dessous) Placé le plus bas, en parlant d'une hiérarchie, d'une série quelconque. *Les rangs infimes de la société. Une espèce infime.* ■ N. m. et n. f. *Les infimes*, ceux qui occupent le plus bas rang. ■ Adj. Très petit. *Une quantité infime.*

INFINI, IE, adj. [ɛ̃fini] (lat. *infinitus*) Qui n'est pas fini, qui est sans bornes. *Dieu est infini.* ♦ Il se dit des attributs de Dieu. *La justice divine est infinie.* ♦ Dont on ne peut assigner les bornes, le terme. *Un espace infini. Une durée infinie.* ♦ Qui ne doit pas avoir de fin. *Un supplice infini.* ♦ Par exagération, très grand en étendue, en durée. *On a de ce coteau une vue infinie. Une lettre infinie.* ♦ Innombrable. *Des désordres infinis.* « *Les compliments qu'on vous fait sont infinis* », Mme de Sévigné. ♦ l'Infini, n. m. Ce dont la grandeur n'a point de limite; ce qui ne peut pas absolument recevoir de bornes. « *Mon entendement, qui est fini, ne peut comprendre l'infini* », Descartes. ♦ *L'infini*, l'idée des choses infinies, de Dieu, de l'univers illimité. ♦ Math. Se dit des quantités qui sont plus grandes que toute quantité assignable. *Le calcul de l'infini, la géométrie de l'infini*, nom donné autrefois à ce qu'on nomme aujourd'hui calcul différentiel et intégral. ♦ À l'INFINI, loc. adv. Sans fin, sans bornes, sans mesure. *Les nombres sont divisibles à l'infini.* « *La nature féconde Varie à l'infini les traits de ses dessins* », Voltaire. ♦ Dans le langage ordinaire, beaucoup. « *La licence n'ayant plus de frein, les sectes se multiplieraient jusqu'à l'infini* », Bossuet. ♦ En retardant sans limite. *Ne remettez point à l'infini.*

INFINIMENT, adv. [ɛ̃finimɑ̃] (*infini*) D'une manière infinie. *L'espace, le temps étendu infiniment. Infiniment puissant.* ♦ Math. *Quantité infiniment petite*, celle qui est conçue comme moindre qu'aucune quantité assignable. ♦ Math. *Le calcul des infiniment petits*, le calcul différentiel. ♦ Fig. et par moquerie *Les infiniment petits*, les humains. ♦ Beaucoup, extrêmement. *Je regrette infiniment que, etc.*

INFINITÉ, n. f. [ɛ̃finite] (lat. *infinitas*) Qualité de ce qui est infini. *L'infinité de la puissance divine.* ♦ Par extens. Besoin d'infini dans l'âme humaine.

« *Les passions ont toutes une infinité qui se fâche de ne pouvoir être assouvie* », Bossuet. ♦ Il se dit, par exagération, de ce qui est extrêmement considérable. « *Que dites-vous de l'infinité de ma lettre?* », Mme de Sévigné. ♦ Un très grand nombre. *Une infinité d'affaires.*

INFINITÉSIMAL, ALE, adj. [ɛ̃finitezimal] (angl. *infinitesimal*, du lat. *infinitus*) Math. Qui a le caractère d'une quantité infiniment petite. ♦ *Calcul infinitésimal*, nom commun du calcul différentiel et du calcul intégral. ■ Très petit. *Un changement infinitésimal. Des quotients infinitésimaux.* ■ N. m. pl. Math. *Les infinitésimaux*, type de nombres infiniment grand ou infiniment petit dont la découverte a permis le calcul des intégrales et des dérivés.

INFINITÉSIME, adj. [ɛ̃finitezim] (radic. du lat. *infinitus* avec la finale ordinale *-esimus*) Math. Infiniment petit. ♦ n., f. *Les infinitésimes*, les parties infiniment petites d'une chose.

INFINITIF, n. m. [ɛ̃finitif] (lat. gramm. [*modus*] *infinitivus*) Gramm. Mode des verbes qui exprime l'état ou l'action, sans déterminer ni le nombre ni la personne. ♦ Adj. *Le mode infinitif.* ■ *Une proposition infinitive.*

INFINITUDE, ■ n. f. [ɛ̃finityd] (*infini*) Caractère de ce qui est infini, dans l'espace ou le temps. « *Seule la démesure de nos souffrances peut nous réconcilier avec l'infinitude du monde* », Monnier. ■ Relig. *L'infinitude de Dieu.*

INFIRMATIF, IVE, adj. [ɛ̃firmatif, iv] (*infirmer*) Dr. Qui infirme, qui rend nul. *Arrêt infirmatif d'une sentence, d'un jugement.*

INFIRMATION, n. m. [ɛ̃firmasjɔ̃] (lat. *infirmatio*) Pratiq. Action d'infirmer. *L'infirmation d'un jugement.* ■ Dr. Acte juridique annulant une décision en appel.

INFIRME, adj. [ɛ̃firm] (lat. *infirmus*, faible) ▷ Qui n'est pas ferme, solide, résistant. « *L'esprit est prompt et la chair infirme* », Pascal. ◁ ♦ N. m. et n. f. « *Donner le lait aux infirmes et le pain aux forts* », Bossuet. ♦ Qui est sujet à des infirmités ou qui a présentement quelque infirmité. *Vieillesse infirme.* ♦ N. m., n. f. *Un, une infirme.*

INFIRMÉ, ÉE, p. p. d'infirmer. [ɛ̃firme]

INFIRMER, v. tr. [ɛ̃firme] (lat. *infirmare*, affaiblir, réfuter, de *infirmus*, faible) Ôter de la fermeté, force, créance. « *On se fait une étude d'infirmer les plus beaux titres de sa gloire* », Massillon. ♦ *Infirmer une preuve, un témoignage*, en montrer le faible. ♦ Dr. *Infirmer une pièce, un acte*, en attaquer la force, la créance. ♦ Dr. *Infirmer un jugement, une sentence*, se dit d'un juge supérieur qui annule ou réforme la sentence rendue par un juge inférieur. ■ Démentir. *Il a infirmé tout ce qu'il avait dit précédemment.*

INFIRMERIE, n. f. [ɛ̃firm(ə)ri] (*infirmier*) Local destiné, dans les collèges et lycées, dans les couvents et autres lieux où sont réunies beaucoup de personnes, au traitement des malades. ♦ ▷ Écurie destinée à recevoir des chevaux malades. ◁ ♦ ■ Fam. Maison où il y a plusieurs personnes malades. ◁ ■ Endroit dans lequel sont soignés les malades et les blessés légers dans les communautés, établissement publics et entreprises. *Elle a eu un malaise et ses collègues l'ont emmenée à l'infirmerie.*

INFIRMIER, IÈRE, n. m. et n. f. [ɛ̃firmje, jɛr] (réfection sur *infirme* de l'anc. fr. *enfermier*) Personne qui soigne et sert les malades dans une infirmerie, dans un hôpital. ♦ Adj. *Aide infirmier.*

INFIRMITÉ, n. f. [ɛ̃firmite] (lat. *infirmitas*) ▷ Défaut de force. « *Nous commençons tous notre vie par les mêmes infirmités de l'enfance* », Bossuet. ◁ ♦ Indisposition ou maladie habituelle. *La surdité, la cécité sont des infirmités.* ♦ Fig. Faiblesse morale, fragilité pour le bien. *L'infirmité humaine.*

INFIXE, ■ n. m. [ɛ̃fiks] (lat. *infixus*, p. p. de *infigere*, ficher dans) Ling. Élément qui, dans une langue donnée, s'insère dans un mot et modifie la valeur sémantique ou grammaticale. *Le préfixe précède la base lexicale, le suffixe la suit, l'infixe s'y insère : on peut considérer* ill *dans* boitiller *comme un infixe.* ■ Adj. Math. Se dit d'un élément qui indique la position d'un opérateur binaire. *Codage infixe d'une expression mathématique. Une fonction infixe.*

INFLAMMABILITÉ, n. f. [ɛ̃flamabilite] (*inflammable*) Qualité ou caractère de ce qui est inflammable.

INFLAMMABLE, adj. [ɛ̃flamabl] (lat. *inflammare*, mettre le feu) Qui s'enflamme facilement. *Poudre inflammable.* ♦ Chim. *Substances inflammables*, substances simples qui prennent feu aisément et brûlent avec flamme. ♦ *Air inflammable*, le gaz hydrogène. ♦ Fig. Qui est sujet à se prendre de passion, à s'enflammer tout à coup. *Caractère inflammable.*

INFLAMMATION, n. f. [ɛ̃flamasjɔ̃] (lat. *inflammatio*, action d'incendier) Phénomène dans lequel un corps brûle produit de la flamme. *L'inflammation de la poudre.* ♦ Méd. État caractérisé par la tumeur, la rougeur, la chaleur et la douleur de la partie. *Il y a de l'inflammation à cette plaie.* ♦ Fig. Colère, irritation. « *Mais qui cause, seigneur, votre inflammation?* », Molière.

INFLAMMATOIRE, adj. [ɛ̃flamatwar] (lat. *inflammare*) Méd. Qui cause de l'inflammation, qui tient de l'inflammation. *Maladie inflammatoire. Phénomènes inflammatoires.*

INFLATION, ■ n. f. [ɛ̃flasjɔ̃] (lat. *inflatio*, gonflement, de *inflare*, souffler dans) Écon. Changement dans l'économie caractérisé par la hausse des prix et dû à des problèmes budgétaires, à une importante circulation du volume monétaire, à l'excès de la demande par rapport à l'offre réelle des biens. *L'inflation monétaire.* ■ Par extens. et fig. Développement, accroissement excessif. *L'inflation des paroles.*

INFLATIONNISTE, ■ adj. [ɛ̃flasjɔnist] (angl. *inflationist*) Écon. Qui provoque ou signale une inflation. *Une tendance inflationniste.* ■ N. m. et n. f. Partisan de l'inflation. *La théorie des inflationnistes.*

INFLÉCHI, IE, p. p. d'infléchir. [ɛ̃fleʃi] Bot. Qui se recourbe de dehors en dedans. ■ Phonét. *Voyelle infléchie*, voyelle qui a subi une inflexion.

INFLÉCHIR, v. tr. [ɛ̃fleʃir] (*inflexion*, sur le modèle de *fléchir*) Fléchir de manière à former un coude. « *En infléchissant les rayons du soleil, l'atmosphère nous fait ainsi jouir plus longtemps de sa présence* », LAPLACE. ♦ S'infléchir, v. pr. Être infléchi. ■ V. tr. Fig. Modifier la direction, l'orientation de. *Infléchir une réforme.*

INFLÉCHISSEMENT, ■ adv. [ɛ̃fleʃis(ə)mɑ̃] (radic. du p. prés. de *infléchir*) D'une manière inflexible. *L'infléchissement de la croissance.*

INFLEXIBILITÉ, n. f. [ɛ̃flɛksibilite] (*inflexible*) Qualité de ce qui est inflexible. *L'inflexibilité absolue n'existe dans aucun corps.* ♦ Fig. Qualité de celui qui ne cède pas. « *Votre inflexibilité dans le mal* », BOSSUET. « *Avoir trop d'inflexibilité dans l'esprit* », VOLTAIRE. ♦ Caractère de celui qui ne se laisse pas attendrir.

INFLEXIBLE, adj. [ɛ̃flɛksibl] (lat. *inflexibilis*) Qu'on ne peut fléchir, plier, courber. « *Il n'y a point de corps inflexibles dans la nature* », BUFFON. ♦ Fig. Qui ne cède à aucun des motifs qui peuvent fléchir ou toucher l'âme. « *À mes plus saints désirs la trouvant inflexible* », P. CORNEILLE. « *Tant que vous serez inflexibles pour vos frères, n'espérez pas que Dieu jamais se laisse fléchir en votre faveur* », BOURDALOUE. ♦ Se dit des choses, dans le même sens. *Régularité, vertu inflexible.*

INFLEXIBLEMENT, adv. [ɛ̃flɛksibləmɑ̃] (*inflexible*) D'une manière inflexible.

INFLEXION, n. f. [ɛ̃flɛksjɔ̃] (lat. *inflexio*, action de plier) Action d'infléchir. *Les inflexions du corps.* ♦ Math. et phys. Déviation d'une ligne, d'un rayon lumineux. ♦ Changements de ton, d'accent dans la voix, soit en chantant, soit en parlant. *Des inflexions justes.* ♦ Disposition, facilité qu'a un orateur à faire ces changements, et à passer d'un ton à un autre. *Cet orateur n'a point d'inflexion de voix* ou *dans la voix.* ♦ Gramm. Terme générique pour désigner les formes diverses des terminaisons des mots, et particulièrement les terminaisons des mots variables. *L'inflexion des noms, des verbes.* ♦ On dit plus souvent *flexion.* ■ Fig. Changement d'orientation. *L'inflexion de la politique gouvernementale.*

INFLICTION, n. f. [ɛ̃fliksjɔ̃] (b. lat. *inflictio*) ▷ Dr. Action d'infliger. ◁ Par extens. Imposition légale d'une taxe, d'une amende.

INFLIGÉ, ÉE, p. p. d'infliger. [ɛ̃fliʒe]

INFLIGER, v. tr. [ɛ̃fliʒe] (lat. *infligere*, heurter contre, faire subir) Appliquer, en parlant d'une peine quelconque, matérielle ou morale. *Infliger la peine de mort. S'infliger des privations.* ♦ S'infliger, v. pr. Être infligé. ■ Par extens. Faire endurer à une personne une chose désagréable. *Infliger un mauvais traitement.* ♦ *Infliger un démenti à quelqu'un*, démentir radicalement ses dires. ■ Ironiq. et par exagération *Infliger sa présence à quelqu'un*, imposer sa présence alors que l'on a le sentiment qu'elle n'est peut-être pas désirée. *Je vais t'infliger ma présence encore un instant, le temps que mon taxi arrive.*

INFLORESCENCE, n. f. [ɛ̃flɔresɑ̃s] (lat. sav. [Linné] *inflorescentia*, du b. lat. *inflorescere*, se couvrir de fleurs) Bot. Disposition particulière des fleurs d'une plante sur les rameaux et pédoncules. ♦ Ensemble des organes et des opérations qui préparent ou effectuent la floraison. ■ Bot. Ensemble formé par cette disposition particulière.

INFLUÉ, ÉE, p. p. d'influer. [ɛ̃flye]

INFLUENÇABLE, ■ adj. [ɛ̃flyɑ̃sabl] (*influencer*) Qu'on peut facilement influencer. *Un adolescent influençable.* ■ INFLUENÇABILITÉ, n. f. [ɛ̃flyɑ̃sabilite]

INFLUENCE, n. f. [ɛ̃flyɑ̃s] (lat. médiév. *influentia*, du lat. *influere*, couler dans) Sorte d'écoulement matériel que l'ancienne physique supposait provenir du ciel et des astres et agir sur les hommes et sur les choses. « *S'il [le poète] ne sent point du ciel l'influence secrète* », BOILEAU. ■ Phys. Action qu'un corps exerce à distance sur un corps à l'état naturel. ♦ Fig. Action qui s'exerce entre les personnes ou des substances. « *Tant est grande l'influence d'un seul homme, quand il est maître et sait vouloir !* », VOLTAIRE. « *L'influence de l'homme sur la nature s'étend loin au-delà de ce*

qu'on imagine », BUFFON. ♦ Fig. Autorité, crédit, ascendant, en parlant des personnes. *Un homme sans influence.* ♦ Il se dit aussi des choses en ce sens. *L'influence du printemps.* ■ Dr. *Trafic d'influence*, délit commis par une personne qui joue de sa position, moyennant finance ou avantage, pour favoriser les intérêts de quelqu'un, d'un groupe, d'un parti, etc. ■ Psych. *Délire, syndrome d'influence*, pathologie qui pousse le sujet à croire que sa conduite est dictée ou influencée par des forces extérieures sur lesquelles il n'a pas prises. ■ Spécialt Aura, autorité dont bénéficie une nation à l'étranger. *L'influence française au Maghreb.*

INFLUENCÉ, ÉE, p. p. d'influencer. [ɛ̃flyɑ̃se]

INFLUENCER, v. tr. [ɛ̃flyɑ̃se] (*influence*) Exercer une influence, un ascendant. *Influencer les esprits, les opinions, etc.* ♦ S'influencer, v. pr. Exercer une influence l'un sur l'autre.

INFLUENT, ENTE, adj. [ɛ̃flyɑ̃, ɑ̃t] (lat. *influens*, p. prés. de *influere*, couler dans) Qui a de l'influence, du crédit.

INFLUENZA, n. f. [ɛ̃flyɛnza] (mot it., du lat. médiév. *influentia*) Grippe. *Être atteint d'influenza.*

INFLUER, v. intr. [ɛ̃flye] (lat. *influere*) Couler dans, en parlant d'un fluide inconnu que l'ancienne physique supposait provenir du ciel et des astres, et agir sur les hommes et sur les choses. « *Quand vous avez la fièvre, le soleil et la lune influent-ils sur vos jours critiques ?* », VOLTAIRE. ♦ Fig. Exercer une action comparée à celle qu'exercent les astres. *L'éducation influe sur toute la vie.* ♦ V. tr. Faire couler, faire pénétrer dans, en parlant de choses spirituelles, morales. « *Dieu est lui-même par son essence le bien essentiel qui influe le bien dans tout ce qu'il fait* », BOSSUET.

INFOGRAPHIE, ■ n. f. [ɛ̃fografi] (nom déposé, *informatique* et *-graphie*) Informatique destinée à la synthèse et au traitement de l'image. ■ INFOGRAPHISTE, n. m. et n. f. [ɛ̃fografist]

IN-FOLIO, adj. inv. [infoljo] (*in* se prononce *inn.* lat. *in*, en, et *folio*, abl. de *folium*, feuille) Format in-folio, format où la feuille est pliée en deux. *Livre in-folio.* ♦ N. m. *Un in-folio.* ♦ On écrit quelquefois par abréviation : in-f°. ■ Au pl. *Des in-folios.*

INFORMATEUR, TRICE, ■ n. m. et n. f. [ɛ̃fɔrmatœr, tris] (informer ; lat. chrét. *informator*, celui qui forme) Personne qui fournit des informations. *Un informateur de presse.* ■ Personne sélectionnée pour son appartenance à un groupe social, ethnique ou linguistique en vue d'apporter des informations à un enquêteur. ■ Adj. Qui informe. *Une annonce informatrice.* ■ N. m. Spécialt Personne qui a pour mission de fournir des informations sur des affaires en cours à la police.

INFORMATICIEN, IENNE, ■ n. m. et n. f. [ɛ̃fɔrmatisjɛ̃, jɛn] (*informatique*) Personne qui exerce sa profession en tant que spécialiste en informatique. ■ Adj. *Ingénieur informaticien.*

INFORMATION, n. f. [ɛ̃fɔrmasjɔ̃] (lat. *informatio*, idée, représentation) Philos. Action de donner une forme. ♦ Dr. Instruction à laquelle on procède pour la recherche ou la constatation d'un crime ou d'un délit. ♦ Dr. Acte judiciaire où l'on rédige les dépositions des témoins sur un fait, en matière criminelle. ♦ Dans le langage général, action de prendre des renseignements (il se dit surtout au pluriel). ■ Renseignement sur quelqu'un ou quelque chose. *Chercher des informations.* ■ Ce que l'on porte à la connaissance de quelqu'un. *Communiquer une information.* ■ Au pl. Programme de radio ou de télévision qui communique les nouvelles. ■ Abrév. fam. *Une info. Les infos.* ■ Biol. *Information génétique*, ensemble d'indications portées par les gènes qui définissent les caractéristiques des êtres et dictent à leur organisme son fonctionnement. ■ Inform. Données traduites selon les normes d'un code déterminé afin d'être stockées, traitées ou communiquées.

INFORMATIONNEL, ELLE, ■ adj. [ɛ̃fɔrmasjɔnɛl] (*information*) Didact. Qui a trait à l'information. *Posséder des compétences, des ressources informationnelles.*

INFORMATIQUE, ■ n. f. [ɛ̃fɔrmatik] (*information*, composé sur le modèle de *électronique*) Science du traitement électronique et automatique de l'information. *L'informatique bancaire.* ■ Secteur économique qui pratique cette technique. *L'industrie de l'informatique.* ■ Adj. Qui se sert de l'informatique. *Du matériel informatique.* ■ INFORMATIQUEMENT, adv. [ɛ̃fɔrmatik(ə)mɑ̃]

INFORMATISER, ■ v. tr. [ɛ̃fɔrmatize] (*informatique*) Pourvoir de techniques informatiques. *Informatiser un dictionnaire.* ■ Instaurer une industrie fondée sur l'informatique. *Informatiser une région.* ■ INFORMATISABLE, adj. [ɛ̃fɔrmatizabl] ■ INFORMATISATION, n. f. [ɛ̃fɔrmatizasjɔ̃]

INFORME, adj. [ɛ̃fɔrm] (lat. *informis*, brut, hideux) Qui n'a pas de forme déterminée, qui n'a pas la forme qu'il devrait avoir, mal conformé. *Une masse, un animal informe.* ♦ Fig. *Une pensée, des essais informes.* ♦ Dr. Qui n'est pas revêtu des formes prescrites. *Cet acte est informe.*

INFORMÉ, ÉE, p. p. d'informer. [ɛ̃fɔʀme] **N. m. Dr.** *Un plus ample informé*, une nouvelle et plus ample instruction de l'affaire, un supplément d'instruction. ■ Adj. *Vous me tiendrez informé de l'évolution de la situation.*

INFORMEL, ELLE, ■ adj. [ɛ̃fɔʀmɛl] (angl. *informal*) Qui s'abstient de formalisme, d'officialité. *Une conversation informelle.* ■ *Peinture informelle*, tendance artistique exprimant le spectacle du réel en faisant abstraction de sa représentation formelle. *Le tableau des Nymphéas de Monet est une manifestation de la peinture informelle.* ■ N. m., n. f. Un artiste utilisant les techniques propres à cette tendance.

INFORMER, v. tr. [ɛ̃fɔʀme] (lat. *informare*, façonner, représenter) **Philos.** Donner une forme. « *Le principe immatériel était l'être éternel qui informe ; la matière était l'être éternel qui est informé* », DIDEROT. ♦ Avertir, instruire. *On l'informe de ce qui se passe.* ♦ Se faire informer de, faire prendre des informations sur. ♦ V. intr. **Dr. crimin.** Faire une information, une instruction. « *Je vais faire informer de cette affaire-ci contre ce Mascarille* », MOLIÈRE. ♦ S'informer, v. pr. Prendre des informations, s'enquérir. « *Ne vous informez point de l'état de mon âme* », RACINE.

INFORMULÉ, ÉE, ■ adj. [ɛ̃fɔʀmyle] (2 *in-* et *formuler*) Qui n'est pas dit, écrit ; qui reste tu. *Des questions informulées.*

INFOROUTE, ■ n. f. [ɛ̃fɔʀut] (*info[rmation]* et *route*, sur le modèle de *autoroute*) **Inform.** Réseau informatique de grande envergure.

INFORTIAT, n. m. [ɛ̃fɔʀsja] (le premier *t* se prononce *ss* ; lat. médiév. *infortiatus*, p.-ê. de *infortiare*, agrandir) Nom d'une subdivision du *Corpus juris.*

INFORTUNE, n. f. [ɛ̃fɔʀtyn] (lat. *infortunium*, sur le modèle de *fortune*) La mauvaise fortune. *Tomber dans l'infortune.* ♦ Au pl. *Les revers de fortune. Des infortunes inouïes.* ■ *Infortune conjugale*, fait d'être victime d'une tromperie dans son couple.

INFORTUNÉ, ÉE, adj. [ɛ̃fɔʀtyne] (lat. *infortunatus*) Qui a mauvaise fortune. « *Cessez de tourmenter une âme infortunée* », RACINE. ♦ Il se dit aussi des choses. « *Il y traîne, seigneur, sa vie infortunée* », RACINE. ♦ N. m. et n. f. *Un, une infortuné*, personne en butte à la mauvaise fortune.

INFOUTU, UE, ■ adj. [ɛ̃futy] (2 *in-* et *foutu*) **Fam.** *Être infoutu de*. Être incapable de faire une chose. *Il était totalement infoutu de faire ce travail.*

1 INFRA..., ■ [ɛ̃fʀa] Préfixe qui signifie au-dessous, en bas et indique une position inférieure.

2 INFRA, ■ adv. [ɛ̃fʀa] Ci-dessous. Voy. INFRA.

INFRACTEUR, n. m. [ɛ̃fʀaktœʀ] (b. lat. *infractor*) Celui qui enfreint. *Un infracteur des lois, des traités.*

INFRACTION, n. f. [ɛ̃fʀaksjɔ̃] (lat. *infractio*, de *infringere*, briser) Action d'enfreindre. *Des infractions à un traité.* ♦ ▷ **Dr.** *Infraction de ban*, action d'un condamné au bannissement qui revient dans le pays d'où il a été banni, et d'un homme placé sous la surveillance de la police qui revient dans les lieux qui lui sont interdits. ◁ ■ **Dr.** Violation d'une loi pouvant entraîner une sanction pénale. *Rouler au-delà des limites autorisées est une infraction au code de la route.*

INFRALIMINAIRE, adj. [ɛ̃fʀaliminɛʀ] (1 *infra-* et *liminaire*) **Biol.** Stimulation insuffisante pour déclencher une réponse nerveuse. *Des variations infraliminaires.* ■ **Psych.** Se dit d'un sentiment ou d'un souvenir lorsqu'il est de trop faible intensité pour atteindre le seuil de la conscience. *Un souvenir infraliminaire.*

INFRANCHISSABLE, adj. [ɛ̃fʀɑ̃ʃisabl] (2 *in-* et *franchissable*) Qu'on ne peut franchir. *Distance infranchissable.* ♦ Fig. *Difficulté infranchissable.*

INFRANGIBLE, ■ adj. [ɛ̃fʀɑ̃ʒibl] (2 *in-* et lat. *frangere*, briser) Que l'on ne peut briser ou rompre. *Du verre infrangible.* ■ **Litt.** et fig. « *Swann s'était senti soudain rempli d'une masse énorme et infrangible qui pesait sur les parois intérieures de son être* », PROUST.

INFRAROUGE, ■ adj. [ɛ̃fʀaʀuʒ] (1 *infra-* et *rouge*) Dont la longueur d'onde est inférieure à celle de la lumière rouge visible, en parlant de rayonnement calorifique. *Les rayons infrarouges.* ■ **Par méton.** Qui se sert du rayonnement infrarouge. *Une caméra infrarouge.* ■ N. m. *L'infrarouge.*

INFRASON, ■ n. m. [ɛ̃fʀasɔ̃] (1 *infra-* et *son*) Vibration de fréquence trop faible pour être audible. ■ INFRASONORE, adj. [ɛ̃fʀasɔnɔʀ] *Une fréquence infrasonore.*

INFRASTRUCTURE, ■ n. f. [ɛ̃fʀastʀyktyʀ] (1 *infra-* et *structure*) **Techn.** Ensemble des structures d'une construction situées en dessous du niveau du sol. *L'infrastructure d'une voie de chemin de fer.* ■ Ensemble des aménagements et des équipements concourant au fonctionnement des activités d'une collectivité. *L'infrastructure routière d'une région. Ce nouveau port jouit des infrastructures les plus modernes.* ■ Fig. Structure fondamentale non apparente sur laquelle repose un système organisé. *L'infrastructure informatique d'une entreprise.*

INFRÉQUENTABLE, ■ adj. [ɛ̃fʀekɑ̃tabl] (2 *in-* et *fréquentable*) Que l'on ne peut décemment pas fréquenter. *Un homme d'affaires considéré infréquentable.*

INFRÉQUENTÉ, ÉE, adj. [ɛ̃fʀekɑ̃te] (2 *in-* et *fréquenté*) Qui n'est pas, qui n'a pas encore été fréquenté. « *Des lieux infréquentés* », DELILLE.

INFROISSABLE, ■ adj. [ɛ̃fʀwasabl] (2 *in-* et *froissable*) Que l'on ne peut froisser ou peu aisé à froisser. *Du tissu infroissable.*

INFRUCTUEUSEMENT, adv. [ɛ̃fʀyktɥøz(ə)mɑ̃] (*infructueux*) ▷ D'une manière infructueuse. ◁

INFRUCTUEUX, EUSE, adj. [ɛ̃fʀyktɥø, øz] (lat. *infructuosus*) ▷ Qui ne rapporte point de fruit. « *Frappez l'arbre infructueux qui n'est plus bon que pour le feu* », BOSSUET. ♦ **Fig.** Qui n'est pas fructueux, qui est sans profit, sans résultat. *Travail, soins infructueux.* ◁

INFULE, ■ n. f. [ɛ̃fyl] (lat. *infula*) **Antiq. rom.** Bandeau en laine qui ceignait le front des prêtres, des vestales et des suppliants et dont les victimes des sacrifices étaient également parées.

INFUMABLE, ■ adj. [ɛ̃fymabl] (2 *in-* et *fumable*) Qu'on ne peut pas fumer, qui n'est pas plaisant à fumer. *Cette cigarette est si mal roulée qu'elle en devient infumable.*

INFUNDIBULIFORME, ■ adj. [ɛ̃fɔ̃dibylifɔʀm] (*un se prononce on* ; lat. *infundibulum*, entonnoir et *-forme*) Qui revêt la forme d'un entonnoir. *Le laurier rose possède une corolle infundibuliforme.* « *Ce n'est pas moi qui viendrai jeter le mépris sur votre anus infundibuliforme.* », LAUTRÉAMONT.

INFUS, USE, adj. [ɛ̃fy, yz] (lat. *infusus*, p. p. de *infundere*, verser dans) ▷ Répandu dans, en parlant de choses intellectuelles et morales, de qualités, de sentiments. « *Peu de gens... Ont le don d'agréer infus avec la vie* », LA FONTAINE. ◁ ♦ *Science infuse*, science qu'Adam possédait par la nature qu'il tenait de Dieu. ♦ **Fam.** et plais. *Il croit avoir la science infuse*, se dit d'un homme qui se croit savant sans avoir étudié, et aussi du présomptueux.

INFUSÉ, ÉE, p. p. d'infuser. [ɛ̃fyze] **N. m. Pharm.** *Un infusé*, le produit d'une infusion.

INFUSER, v. tr. [ɛ̃fyze] (*infus*) ▷ Faire pénétrer un liquide dans quelque chose. *Infuser un sang nouveau dans les veines.* ◁ **Fig.** Pénétrer de. « *Infuser dans toute la nation l'âme des confédérés* », J.-J. ROUSSEAU. ♦ Laisser plus ou moins de temps une plante ou une drogue dans quelque liquide qui se charge des principes de la plante ou de la drogue. ♦ S'infuser, v. pr. Être infusé, tremper dans un liquide. ♦ Avec ellipse du pronom *se. Faire infuser une plante.*

INFUSIBLE, adj. [ɛ̃fyzibl] (2 *in-* et *fusible*) Qui n'est pas fusible. *Une substance infusible.* ■ INFUSIBILITÉ, n. f. [ɛ̃fyzibilite]

INFUSION, n. f. [ɛ̃fyzjɔ̃] (lat. *infusio*, de *infundere*, verser dans) ▷ Action de répandre, d'épancher. « *Le baptême par immersion avait été changé en infusion* », BOSSUET. ◁ **Fig.** Action de verser dans l'âme. « *Le Saint-Esprit se communique à l'âme par l'infusion de la vérité* », FLÉCHIER. ♦ Action d'infuser, opération qui consiste à laisser séjourner des substances dans une liqueur. *Infusion à froid, à chaud.* ♦ La liqueur dans laquelle les substances ont séjourné. *Une infusion de camomille.*

INFUSOIRES, n. m. pl. [ɛ̃fyzwaʀ] (lat. sav. [XVIIIe s.] *infusorius*) **Zool.** Classe comprenant les animalcules qui se développent dans les infusions végétales et animales, et qu'on aperçoit qu'à l'aide du microscope. ♦ Adj. *Des animalcules infusoires.* ♦ Au sing. *Un infusoire.*

INGAGNABLE, ■ adj. [ɛ̃gaɲabl] ou [ɛ̃ganjabl] (2 *in-* et *gagnable*) Que l'on ne peut gagner, perdu d'avance. *Ils se sont lancés dans une guerre ingagnable.*

INGAMBE, adj. [ɛ̃gɑ̃b] (it. [*essere*] *in gambe*, [être] en jambes, en bonne santé) Qui est bien en jambes, léger, dispos, alerte. « *Jamais, avec l'air assez ingambe, je n'ai pu sauter un médiocre fossé* », J.-J. ROUSSEAU. ♦ Qui peut se déplacer, aller, venir.

INGÉNIER (S'), v. pr. [ɛ̃ʒenje] (lat. *ingenium*, qualités innées) Chercher dans son génie, dans son esprit, quelque moyen pour réussir. « *Chacun s'ingénie dans ce monde* », VOLTAIRE. ♦ *Elle s'est ingéniée toute la journée à trouver une solution à ce problème.*

INGÉNIERIE, ■ n. f. [ɛ̃ʒeniʀi] (angl. *engineering*, de (*to*) *engineer*, construire en tant qu'ingénieur) Ensemble des travaux entrepris pour mener à bien un projet industriel, d'ouvrage, de coordination, de contrôle ou d'assistance. *Ingénierie bancaire, financière, informatique, etc.* ■ Activité professionnelle exercée par une personne dont le métier est de concevoir, d'étudier ce type de projet. *Elle a obtenu un diplôme en ingénierie pédagogique.*

INGÉNIEUR, EURE, n. m. et n. f. [ɛ̃ʒenjœʀ] (anc. fr. *engigneor*, constructeur d'engins de guerre, de *engin*, habileté, machine) ▷ Celui qui invente, qui trace et qui conduit des travaux et des ouvrages pour attaquer, défendre ou fortifier les places. *Ingénieur militaire.* ◁ ♦ Personne qui conduit des ouvrages ou travaux publics, tels que la construction et l'entretien des routes et des ponts, l'exploitation des mines, etc. *Ingénieur des ponts et chaussées,* *des mines, etc.* ◆ *Ingénieur civil,* ingénieur qui ne sort pas de l'École polytechnique, ou qui travaille pour l'industrie privée. ◆ *Ingénieur-constructeur de la marine,* ingénieur qui s'applique à l'art des constructions navales. ◆ *Ingénieur-géographe,* celui qui dresse des cartes de géographie. ◆ *Ingénieur-hydrographe,* Voy. HYDROGRAPHE. ◆ *Ingénieur opticien,* celui qui fait des instruments d'optique. ■ Personne, exerçant une activité professionnelle nécessitant une compétence technique spécifique. *Une ingénieure agronome.* ■ Titre sanctionnant une formation longue d'enseignement supérieur, nécessitant une compétence développée dans les disciplines scientifiques, techniques et économiques. *Son fils est inscrit dans une école d'ingénieur.* ■ *Ingénieur statisticien,* ingénieur dont les principales fonctions sont l'analyse, la conception et la mise en œuvre d'outils statistiques et informatiques utilisés pour la collecte, la gestion ainsi que le traitement des données dans le cadre d'un projet de recherche ou dans celui d'une étude statistique. ■ Fonction occupée comportant l'appellation statutaire d'ingénieur. *Elle est ingénieure d'étude, de recherche au CNRS.* ■ *Un ingénieur du son,* professionnel du son, chargé de sélectionner et régler le matériel technique ainsi que de restituer le son de films, d'émissions télévisées et de concert.

INGÉNIEUSEMENT, adv. [ɛ̃ʒenjøz(ə)mɑ̃] (*ingénieux*) D'une manière ingénieuse.

INGÉNIEUX, EUSE, adj. [ɛ̃ʒenjø, øz] (lat. *ingeniosus,* intelligent) Plein d'esprit, d'invention et d'adresse. ◆ En parlant des choses. *Pièce, machine ingénieuse.* ◆ Qui met de l'application à faire quelque chose. *Ingénieux pour les plaisirs des autres.* « Les mères sont ingénieuses à observer jusqu'aux moindres choses », BOSSUET. ◆ En parlant des choses. *Une douleur trop ingénieuse.* ◆ Se dit dans un sens défavorable. « *Le cœur est ingénieux pour se tourmenter* », FÉNELON. ■ *Ingénieux à,* adroit à. « *Habile à tromper, ingénieux à dérober, fécond en friponneries, on le surnomma Robert Macaire* », FRANCE.

INGÉNIOSITÉ, ■ n. f. [ɛ̃ʒenjozite] (b. lat. *ingeniositas,* talent) Qualité d'une personne, d'une chose ingénieuse. *L'ingéniosité d'une tactique.* « *Les femmes sont d'une ingéniosité effrayante : sur les ruines d'un plan qui échouent, elles en bâtissent immédiatement de nouveaux* », G. GREENE.

INGÉNU, UE, adj. [ɛ̃ʒeny] (lat. *ingenuus,* naturel, bien né, noble) Dr. rom. Né libre et qui n'a jamais été dans une servitude légitime. ◆ N. m. et n. f. *Les ingénus.* ◆ Par extens. Qui laisse voir avec naïveté ses sentiments. *Une jeune fille ingénue.* ◆ Il se dit aussi des choses. *Franchise ingénue.* ◆ N. m. et n. f. *Faire l'ingénu, l'ingénue.* ◆ Au théâtre, *jouer les ingénues,* jouer les rôles de jeunes filles naïves. ◆ Par extens. et fam. *Elle nous joue les ingénues,* elle fait preuve d'une fausse naïveté.

INGÉNUITÉ, n. f. [ɛ̃ʒenɥite] (lat. *ingenuitas,* bonne naissance) Dr. anc. État d'une personne née libre. ◆ Franchise naturelle et gracieuse, naïveté. *L'ingénuité d'une jeune fille, d'une question, etc.* ◆ Au pl. Au théâtre, *les ingénuités,* les rôles de jeunes filles naïves.

INGÉNUMENT, adv. [ɛ̃ʒenymɑ̃] (*ingénu*) D'une manière ingénue. ◆ Sincèrement, franchement. *Confesser ingénument sa faute.*

1 INGÉRABLE, ■ adj. [ɛ̃ʒeRabl] (2 *in-* et *gérable*) Qu'on ne peut pas gérer. *Un problème ingérable.*

2 INGÉRABLE, ■ adj. [ɛ̃ʒeRabl] (2 *ingérer*) Qui peut être avalé. *Un comprimé ingérable.*

INGÉRENCE, n. f. [ɛ̃ʒeRɑ̃s] (*ingérer*) Action de s'ingérer. *L'ingérence fâcheuse de l'État dans la gestion des propriétés privées.* ■ Polit. Immixtion d'un État dans les affaires intérieures d'un autre État. *Droit, devoir d'ingérence.* ■ Par extens. Intervention dans quelque chose qui ne nous regarde pas ou pour lequel nous n'avons pas, normalement, à intervenir. *Je ne veux pas faire preuve d'ingérence mais tu ferais mieux d'écouter ce qu'il te dit.*

1 INGÉRER (S'), v. pr. [ɛ̃ʒeRe] (lat. *ingerere,* porter dans, imposer) Vouloir s'introduire auprès de, entrer dans, sans être demandé, sans être requis. « *Ceux qui s'ingèrent auprès des rois* », BOSSUET. « *S'ingérer dans un emploi* », BOURDALOUE. ◆ Se mêler de quelque chose sans en avoir le droit, ou sans en être requis. « *Vous êtes un impertinent de vous ingérer des affaires d'autrui* », MOLIÈRE. « *S'ingérer dans les intrigues et les intérêts du siècle* », BOURDALOUE. ◆ On dit, avec un substantif, *s'ingérer de* ou *dans*; avec un infinitif, *s'ingérer de.*

2 INGÉRER, v. tr. [ɛ̃ʒeRe] (lat. *ingerere,* faire absorber) Physiol. Introduire par la bouche dans l'estomac. *Les aliments ingérés.*

INGESTION, ■ n. f. [ɛ̃ʒɛstjɔ̃] (b. lat. *ingestio*) Fait d'ingérer, d'absorber. *L'ingestion d'alcool.*

INGOUVERNABLE, adj. [ɛ̃guvɛRnabl] (2 *in-.* et *gouvernable*) Qui ne peut être gouverné. *Peuple, caractère ingouvernable.*

INGRAT, ATE, adj. [ɛ̃gRa, at] (lat. *ingratus*) Désagréable, qui déplaît. « *La forme de ce tableau est ingrate* », DIDEROT. ◆ Peu attirant, qui inspire peu de confiance. *Visage ingrat.* ◆ Qui n'a point de reconnaissance. *Un homme*

ingrat. Ingrat envers ses amis. ◆ Qui a le caractère de l'ingratitude, en parlant des choses. *Des sentiments ingrats.* ◆ *Ingrat d'une chose,* qui n'en a pas de reconnaissance. « *L'Église n'est pas ingrate des bienfaits des rois* », BOSSUET. ◆ *Ingrat à,* qui n'a pas de reconnaissance pour. « *À moins que d'être ingrate à mon libérateur* », P. CORNEILLE. ◆ *Ingrat à,* avec un nom de chose pour régime, qui marque de l'indifférence pour. « *Ingrat à tes bontés* », VOLTAIRE. ◆ Qui ne dédommage point des dépenses ou des peines. *Travail ingrat.* ◆ *Terre ingrate,* celle qui ne répond pas aux dépenses et aux travaux du cultivateur. ◆ Fig. « *En travaillant pour le monde, vous avez semé dans une terre ingrate* », BOURDALOUE. ◆ *Un instrument ingrat,* un instrument de musique dont il est difficile de tirer bon parti. ◆ Litt. Bx-arts Qui n'est pas favorable au développement du talent ou des beautés de l'art. *Sujet ingrat.* ◆ N. m. et n. f. *Un ingrat, une ingrate,* personne qui n'a pas de reconnaissance. ◆ Personne qui ne répond pas à un amour. « *Mais l'ingrate en mon cœur reprit bientôt sa place* », RACINE. ■ *L'âge ingrat,* moment de la puberté où l'on perd les grâces de l'enfance, sans pour autant avoir acquis celles que procure l'entrée dans l'âge adulte.

INGRATEMENT, adv. [ɛ̃gRat(ə)mɑ̃] (*ingrat*) Avec ingratitude.

INGRATITUDE, n. f. [ɛ̃gRatityd] (b. lat. *ingratitudo*) Vice des ingrats. « *Il vaut mieux s'exposer à l'ingratitude que de manquer aux misérables* », LA BRUYÈRE. ◆ Au pl. Actes qui proviennent de ce vice. « *Repasse mes bontés et tes ingratitudes* », P. CORNEILLE. ◆ État d'un cœur qui ne répond pas à l'amour. *Amour payé d'ingratitude.* ◆ Qualité de ce qui répond pas à la peine qu'on prend. *L'ingratitude d'un sol.* ■ Dr. Non-respect du devoir de reconnaissance d'un donataire envers son disposant pouvant entraîner la révocation des libéralités.

INGRÉDIENT, n. m. [ɛ̃gRedjɑ̃] (lat. *ingrediens,* p. prés. de *ingredi,* entrer dans) Choses qui entrent dans la composition d'un médicament, d'une boisson, d'un mets ou de quelque autre mélange.

INGRESQUE, ◆ adj. [ɛ̃gRɛsk] (*Ingres,* 1780-1867, peintre français) Qui a trait au peintre romantique Ingres ou à son style. *La sensualité ingresque.*

INGUÉRISSABLE, adj. [ɛ̃geRisabl] (2 *in-* et *guérissable*) Qui ne peut être guéri, en parlant des personnes. ◆ Il se dit aussi des choses. *Une plaie inguérissable.*

INGUINAL, ALE, adj. [ɛ̃gɥinal] (*gui* se prononce comme dans *aiguille* ; lat. *inguinalis,* de *inguen,* génit. *inguinis,* aine) Qui appartient ou qui a rapport à l'aine. *Glande inguinale. Des ganglions inguinaux.*

INGURGITER, v. tr. [ɛ̃)gyRʒite] (lat. *ingurgitare,* de *gurges,* gouffre) Avaler d'une manière avide ; engloutir. *Les liquides ingurgités.* ■ Fig. et fam. *Il a ingurgité des dizaines de romans policiers.* ■ INGURGITATION, n. f. [ɛ̃gyRʒitasjɔ̃].

INHABILE, adj. [inabil] (lat. *inhabilis,* difficile à manier) Qui n'est pas apte à. *Un vieillard inhabile à régner.* « *Un cœur inhabile aux vertus* », A. CHÉNIER. ◆ Dr. Qui n'a pas les qualités requises pour faire une chose. *Inhabile à tester.* ◆ Qui n'est pas habile. *Ministre inhabile. Inhabile à tout.*

INHABILEMENT, adv. [inabil(ə)mɑ̃] (*inhabile*) D'une manière inhabile.

INHABILETÉ, n. f. [inabil(ə)te] (*inhabile* d'après *habileté*) Manque d'habileté.

INHABILITÉ, n. f. [inabilite] (lat. médiév. *inhabilitas*) Dr. Incapacité.

INHABITABLE, adj. [inabitabl] (lat. *inhabitabilis*) Qui n'est pas habitable. *La zone torride n'est pas inhabitable.* ◆ Où il est désagréable d'habiter. *Les nuisances sonores quotidiennes provoquées par le voisinage de la voie de chemin de fer rendent cet appartement inhabitable.*

INHABITÉ, ÉE, adj. [inabite] (2 *in-* et *habité*) Qui n'est point habité. *Des pays inhabités.* ■ Qui ne manifeste aucune vivacité ou intelligence. *Drôle d'esprit que cet esprit inhabité.*

INHABITUEL, ELLE, ■ adj. [inabitɥɛl] (2 *in-* et *habituel*) Qui n'est pas habituel, ordinaire. *Un comportement inhabituel.*

INHALATEUR, TRICE, ■ adj. [inalatœR, tRis] (*inhalation*) Qui permet de faire des inhalations. *Un appareil inhalateur.* ■ N. m. Appareil utilisé pour des inhalations. *Un inhalateur d'oxygène.* ■ Masque dans lequel est délivré de l'oxygène, et qui est utilisé à haute altitude par les aviateurs.

INHALATION, n. f. [inalasjɔ̃] (b. lat. *inhalatio*) Action d'inhaler. ◆ Absorption, par respiration, soit des vapeurs d'éther ou de chloroforme, soit d'eaux minérales.

INHALER, v. tr. [inale] (lat. *inhalare,* souffler sur, exhaler, avec changement de sens de *in-*) Aspirer, absorber par inspiration. ■ *Substances à inhaler à des fins thérapeutiques. Drogues à inhaler. Il a inhalé un gaz nocif accidentellement.*

INHÉRENCE, n. f. [ineRɑ̃s] (*inhérent*) Qualité de ce qui est inhérent. *L'inhérence de l'accident à la substance.* ■ Log. Jugement, proposition d'inhérence, affirmation énonçant qu'une caractéristique appartient intrinsèquement ou non à un sujet.

INHÉRENT, ENTE, adj. [inɛʀɑ̃, ɑ̃t] (lat. *inhærens*, p. prés. de inhærere, être attaché, tenir à) Joint inséparablement. *Qualité inhérente à la matière.*

INHIBÉ, ÉE, p. p. d'inhiber. [inibe]

INHIBER, v. tr. [inibe] (lat. *inhibere*, retenir, arrêter) T. de prat. et de chancellerie qui vieillit. Mettre opposition, à défendre. ■ **Physiol.** Ralentir ou arrêter le fonctionnement d'un organe. ■ **Psych.** Bloquer une fonction psychique. ♦ Freiner ou empêcher toute réaction chez quelqu'un.

INHIBITION, n. f. [inibisjɔ̃] (lat. *inhibitio*, action de ramer en arrière ; b. lat. défense) **Dr.** Opposition à, défense. ■ **Rem.** Il se joint souvent avec le mot défense, et il est plus usité au pluriel qu'au singulier. ■ **Physiol.** Ralentissement ou arrêt de l'activité d'un organe. ■ Blocage psychologique. ■ **Chim.** Diminution de la vitesse d'une réaction chimique ou cessation de cette réaction.

INHOMOGÈNE, ■ adj. [inɔmɔʒɛn] (2 in- et *homogène*) Qui ne présente pas d'homogénéité ou qui n'est pas homogène. *Une substance liquide inhomogène.*

INHOSPITALIER, IÈRE, adj. [inɔspitalje, jɛʀ] (2 in- et *hospitalier*) Qui n'est point hospitalier. *Peuple inhospitalier.* ♦ Il se dit des lieux. *Terre inhospitalière.* ♦ Qui a le caractère inhospitalier, en parlant des choses. *Coutume inhospitalière.*

INHOSPITALIÈREMENT, adv. [inɔspitaljɛʀ(ə)mɑ̃] (*inhospitalier*) D'une façon inhospitalière. *Recevoir, traiter inhospitalièrement.*

INHOSPITALITÉ, n. f. [inɔspitalite] (lat. *inhospitalitas*) Refus de recevoir les étrangers ; manque d'hospitalité. ■ **Par extens.** *Inhospitalité d'un milieu, d'un climat.*

INHUMAIN, AINE, adj. [inymɛ̃, ɛn] (lat. *inhumanus*) Qui est sans humanité. ♦ En parlant des choses. *Sort inhumain. Une joie inhumaine.* ♦ Il se dit, par exagération, de certaines exigences. « *On est inhumain en ce pays pour recevoir les excuses de ceux qui n'écrivent pas dans les occasions* », Mme de Sévigné. ♦ **Litt.** *Beauté inhumaine*, femme qui ne répond point à la passion de celui dont elle est aimée. ♦ N. m. et n. f. « *Cette aimable inhumaine* », P. Corneille. ♦ N. m. Celui qui n'a pas d'humanité. ■ Adj. Qui semble ne pas appartenir à la nature humaine. *Un cri inhumain.*

INHUMAINEMENT, adv. [inymɛn(ə)mɑ̃] (*inhumain*) D'une manière inhumaine. ♦ Se dit, par exagération, dans les rapports des personnes entre elles. *Abuser inhumainement de mon obligeance.*

INHUMANITÉ, n. f. [inymanite] (lat. *inhumanitas*) Défaut d'humanité, cruauté. ♦ Au pl. *Actes d'inhumanité.* « *Souffrant toutes sortes d'inhumanités* », Bossuet.

INHUMATION, n. f. [inymasjɔ̃] (*inhumer*) Action d'inhumer.

INHUMÉ, ÉE, p. p. d'inhumer. [inyme]

INHUMER, v. tr. [inyme] (lat. *inhumare*, mettre en terre [une plante] ; lat. chrét, ensevelir) Mettre en terre avec les cérémonies d'usage, en parlant des corps humains. ■ **Spécialt** *Permis d'inhumer*, attestation officielle délivrée sur présentation d'un certificat médical stipulant que la mort du sujet relève d'une cause naturelle.

INIMAGINABLE, adj. [inimaʒinabl] (2 in- et *imaginable*) Qu'on ne peut imaginer. *Cette méprise est inimaginable.* ■ **Par exagération** Incroyable, stupéfiant. *Une audace inimaginable.*

INIMITABLE, adj. [inimitabl] (lat. *inimitabilis*) Qui ne peut être imité, qu'on ne saurait imiter. « *Corneille a un caractère original et inimitable* », La Bruyère. ♦ Il se dit aussi des personnes. « *L'inimitable Racine* », Voltaire. ♦ Avec la préposition *à*. *La nature a des beautés inimitables à l'art.*

INIMITIÉ, n. f. [inimitje] (lat. *inimicitia*) Sentiment contraire à l'amitié, hostilité. « *Les plus grandes inimitiés produisent moins de crimes que le fanatisme* », Voltaire. ♦ ▷ **Par extens.** Antipathie qui existe entre certains animaux. ◁

ININFLAMMABLE, ■ adj. [inɛ̃flamabl] (2 in- et *inflammable*) Qui ne peut pas prendre feu, s'enflammer. *Gaz ininflammable.* ■ **ININFLAMMABILITÉ**, n. f. [inɛ̃flamabilite]

ININTELLIGENCE, n. f. [inɛ̃teliʒɑ̃s] (2 in- et *intelligence*) Manque d'intelligence. ■ Manque de discernement, de perspicacité dans ses jugements. *Faire preuve d'une complète inintelligence dans la gestion de son patrimoine.*

ININTELLIGENT, ENTE, adj. [inɛ̃teliʒɑ̃, ɑ̃t] (2 in- et *intelligent*) Qui manque d'intelligence, de perspicacité.

ININTELLIGIBLE, adj. [inɛ̃teliʒibl] (2 in- et *intelligible*) Qui n'est pas intelligible. *Oracle, auteur inintelligible.* ■ **ININTELLIGIBILITÉ**, n. f. [inɛ̃teliʒibilite]

ININTELLIGIBLEMENT, adv. [inɛ̃teliʒibləmɑ̃] (*inintelligible*) D'une manière inintelligible.

ININTÉRESSANT, ANTE, ■ adj. [inɛ̃teʀesɑ̃, ɑ̃t] (2 in- et *intéressant*) Qui n'est pas digne d'intérêt ou qui n'en présente pas. *Des questions inintéressantes.*

ININTÉRÊT, ■ n. m. [inɛ̃teʀɛ] (2 in- et *intérêt*) Absence d'intérêt présentée par une chose. ■ Absence d'intérêt d'une personne vis-à-vis d'une chose.

ININTERROMPU, UE, ■ adj. [inɛ̃teʀɔ̃py] (2 in- et *interrompu*) Qui n'est nullement interrompu ni dans l'espace, ni dans le temps. *Les rues ont été inondées suite à des pluies ininterrompues.*

INIQUE, adj. [inik] (lat. *iniquus*) Qui blesse l'équité. *Action, jugement inique.* ♦ Il se dit des personnes. *Juge inique.*

INIQUEMENT, adv. [inik(ə)mɑ̃] (*inique*) D'une manière inique.

INIQUITÉ, n. f. [inikite] (lat. *iniquitas*) Vice de ce qui est inique. *L'iniquité d'un arrêt.* « *La plus profonde iniquité est celle qui se couvre du voile de la piété* », Bossuet. ♦ Acte d'iniquité. ♦ **Par extens.** La corruption des mœurs. *L'iniquité avait couvert la face de la terre.* ♦ Se dit, surtout au pluriel, des actes contraires à la religion, à la morale. « *Mets-lui devant les yeux ses iniquités* », Bourdaloue.

INITIAL, ALE, adj. [inisjal] (lat. impér. *initialis*, de *initium*, début) Qui est au commencement. *La marche initiale du phénomène.* ♦ *Vitesse initiale d'un boulet*, celle de ce projectile au sortir de la pièce. *Les mouvements initiaux des projectiles.* ♦ *Lettre initiale* ou n. f. *initiale*, lettre qui commence un nom propre, un chapitre, une période : elle est toujours majuscule. ♦ *Particule initiale*, particule ou préposition mise devant les radicaux pour en modifier la valeur. ■ **N. f.** Première lettre d'un mot. ■ **Ling.** Phonème ou ensemble de phonèmes que l'on prononce en premier dans un mot.

INITIALEMENT, adv. [inisjal(ə)mɑ̃] (*initial*) En initiale, au commencement.

INITIALER, ■ v. tr. [inisjale] (*initial*) Représenter, figurer par des initiales. *Trois lettres initialaient son nom, JLP.*

INITIALISER, ■ v. tr. [inisjaliʒe] (*initial*) **Inform.** Installer et enregistrer dans la mémoire d'un ordinateur les paramètres et les programmes nécessaires à son fonctionnement. ■ INITIALISATION, n. f. [inisjalizasjɔ̃]

INITIATEUR, TRICE, n. m. et n. f. [inisjatœʀ, tʀis] (lat. chrét. *initiator*) Personne qui initie. ■ Personne ouvrant une voie jusque-là inexplorée dans le domaine des connaissances. *Einstein est l'initiateur du nucléaire.* ■ **Chim.** Corps utilisé pour déclencher une réaction chimique comme la polymérisation. ■ **Adj.** *Un guide initiateur.*

INITIATION, n. f. [inisjasjɔ̃] (lat. impér. *initiatio*) **Relig.** Chez les anciens, action d'initier aux mystères ; cérémonie qui accompagnait cette action. ♦ **Fig.** Première introduction à certaines choses ou secrètes ou élevées. *L'initiation à une science, à l'état ecclésiastique, etc.* ■ **Par méton.** Ensemble des pratiques et des rites qui constituent un passage obligé pour l'initié. ■ Premiers pas que l'on fait faire à quelqu'un pour lui faire découvrir une discipline, pour en donner les premiers éléments. *Initiation à la peinture, au dessin.*

INITIATIQUE, ■ adj. [inisjatik] (*initiation*) Relatif à l'initiation. *Un parcours initiatique.*

INITIATIVE, n. f. [inisjativ] (*initier*, sur le modèle de *expectative*) Action de celui qui entame le premier quelque affaire. *Prendre l'initiative.* ♦ Droit de faire le premier certaines propositions. *En France, sous le gouvernement de Juillet, l'initiative, pour la proposition des lois, appartenait à chacun des trois pouvoirs.* ♦ On dit dans le même sens : *Droit d'initiative.* ■ Action entreprise. *Ses initiatives ont été remarquées.* ♦ Qualité d'une personne qui sait prendre des décisions, qui agit. *Avoir l'esprit d'initiative.* ■ **Dr.** *Initiative populaire*, possibilité octroyée aux citoyens de certains États de soumettre au vote du corps électoral un nouveau texte constitutionnel ou législatif ou de modifier un texte préexistant. ■ *Droit d'initiative*, Droit de proposer à l'autorité compétente en la matière un texte de loi en vue de son adoption.

INITIÉ, ÉE, p. p. d'initier. [inisje] **N. m.** et **N. f.** Personne qui a été initié aux mystères chez les païens. ♦ **Fig.** Celui qui sait le secret des affaires. *Les initiés disent que...* ■ Personne qui possède déjà des connaissances dans une discipline, et qui y est familiarisée. ■ **Dr.** *Délit d'initié*, infraction commise par une personne qui bénéficiant d'éléments d'informations sur des opérations boursières à venir les diffuse à des tiers ou s'en sert de quelque façon que ce soit afin d'en obtenir un profit.

INITIER, v. tr. [inisje] (lat. *initiare*, de *inire*, pénétrer dans) Introduire à la connaissance et à la participation des mystères chez les païens. ♦ **Par extens.** Se dit d'une religion quelconque. *Initier les païens à la religion chrétienne.* ♦ **Fig.** Admettre quelqu'un dans une société, dans une compagnie. *Nous l'avons initié parmi nous.* ♦ Faire admettre. *Sa fortune l'a initié dans le grand monde.* ♦ **Fig.** Mettre au fait d'une affaire, d'une science, d'un art, etc. « *Si j'étais initié dans les mystères de l'art* », Diderot. ♦ S'initier, v. pr. S'introduire. *S'initier dans le monde.* ♦ Prendre connaissance. *S'initier dans la connaissance des hiéroglyphes.* ♦

INJECTÉ, ÉE, p. p. d'injecter. [ɛ̃ʒɛkte] *Méd. Face injectée,* face colorée par l'afflux du sang dans les capillaires veineux. ♦ *Yeux injectés,* yeux où se dessinent de petites veines pleines de sang.

INJECTER, v. tr. [ɛ̃ʒɛkte] (lat. *injectare,* jeter sur) Introduire, par le moyen d'une seringue ou de tout autre instrument, un liquide dans une cavité du corps, dans une plaie, etc. ♦ Remplir d'un liquide à l'aide d'une seringue une cavité quelconque. *Injecter les veines.* ♦ **Absol.** *L'art d'injecter.* ♦ **S'injecter,** v. pr. Être injecté. ♦ Être rempli par un liquide injecté. ♦ **Méd.** Recevoir un excès de sang dans les vaisseaux capillaires. *Ses yeux s'injectent.* ▪ V. tr. Introduire par pression un liquide, un gaz dans une matière. ▪ **Fam.** Apporter des capitaux à une entreprise. ▪ INJECTABLE, adj. [ɛ̃ʒɛktabl]

INJECTEUR, n. m. [ɛ̃ʒɛktœr] (*injecter*) Instrument pour injecter un liquide. ▪ **Adj.** Qui sert à réaliser une injection.

INJECTIF, IVE, ▪ adj. [ɛ̃ʒɛktif, iv] (*injection*) *Math. Application injective,* application pour laquelle tout élément de l'ensemble d'arrivée est l'image d'un seul et unique ou d'aucun élément de l'ensemble de départ.

INJECTION, n. f. [ɛ̃ʒɛksjɔ̃] (lat. *injectio,* action de jeter sur ; sens méd. en b. lat.) Action d'injecter. *Faire des injections dans l'oreille.* ♦ Introduction dans les vaisseaux de matières propres à les rendre plus apparents. ♦ Le liquide que l'on injecte. ♦ **Méd.** État de réplétion des vaisseaux capillaires par le sang. ♦ Introduction d'un liquide dans une substance, un corps. ♦ *Moteur à injection,* moteur alimenté en carburant au moyen d'un injecteur. ▪ **Fam.** Apport important de capitaux. ▪ **Math.** Application injective. Voy. INJECTIF, IVE.

INJOIGNABLE, ▪ adj. [ɛ̃ʒwaɲabl] ou [ɛ̃ʒwanjabl] (2 *in-* et *joignable*) Impossible à joindre. *Un correspondant injoignable.*

INJONCTIF, IVE, ▪ adj. [ɛ̃ʒɔ̃ktif, iv] (*injonction*) Qui comprend une injonction. *Un ton injonctif.* ▪ **N. m.** *Ling.* Ensemble des éléments linguistiques utilisés pour formuler un ordre ou une défense. *L'injonctif peut s'exprimer par l'impératif.*

INJONCTION, n. f. [ɛ̃ʒɔ̃ksjɔ̃] (b. lat. *injunctio,* de *injungere,* relier à, imposer) Action d'enjoindre. *Faire une injonction à quelqu'un.* ▪ **Dr.** *Injonction de faire,* décision de justice récemment mise en place en France (1989) afin que le demandeur obtienne rapidement l'exécution d'une prestation sans que lui ou son adversaire soient convoqués au tribunal. ▪ **Dr.** *Injonction de payer,* décision de justice permettant le recouvrement rapide d'une dette sans avoir à se présenter dans un tribunal. *Le juge rend une ordonnance portant injonction de payer.* ▪ **Dr.** *Requête en injonction,* demande d'injonction.

INJOUABLE, adj. [ɛ̃ʒwabl] (2 *in-* et *jouable*) Qui ne peut être joué. « *La pièce est injouable* », VOLTAIRE. ♦ **Mus.** *Morceau injouable,* morceau qu'on ne peut jouer, à cause de la difficulté. ♦ *Injouable* se dit aussi aux cartes, au trictrac. ▪ **REM.** Se dit également dans le domaine du sport. *Un match injouable.*

INJURE, n. f. [ɛ̃ʒyr] (lat. *injuria,* injustice, dommage) ▷ Ce qui est contre le droit, la justice ; tort, dommage. *Faire une injure à quelqu'un.* ◁ ♦ **Fig.** Effets nuisibles produits par les saisons, l'âge, le temps, etc. *Les injures du temps, etc.* ♦ *Les injures du sort,* les malheurs extraordinaires et non mérités. ♦ **Poétiq.** Ce qui a subi l'injure. « *Des débris d'un vieux vase, injure des ans* », LA FONTAINE. ♦ Outrage, ou de fait, ou de parole, ou par écrit. *Faire injure à quelqu'un.* ♦ **Fig.** *Faire injure à,* avec un nom de chose pour régime, déshonorer, flétrir cette chose. « *À l'éclat de son nom faire une telle injure* », P. CORNEILLE. ♦ *Faire injure,* soupçonner injustement. « *À ma fidélité ne faites point d'injure* », P. CORNEILLE. ♦ Parole offensante, outrageuse. *Vomir des injures.* ♦ À L'INJURE DE, loc. adv. En insultant. ▪ **Dr.** Terme de mépris ne contenant l'imputation d'aucun fait. ▪ **Dr.** *Injure grave,* tout acte outrageant envers un conjoint et qui peut être considéré par la loi comme une cause viable de divorce.

INJURIÉ, ÉE, p. p. d'injurier. [ɛ̃ʒyrje]

INJURIER, v. tr. [ɛ̃ʒyrje] (b. lat. *injuriari,* faire du tort, outrager) Offenser par des paroles blessantes. ♦ **S'injurier,** v. pr. Se dire des injures les uns aux autres.

INJURIEUSEMENT, adv. [ɛ̃ʒyrjøz(ə)mɑ̃] (*injurieux*) Contre le droit. ♦ D'une manière injurieuse. *Traiter quelqu'un injurieusement.*

INJURIEUX, EUSE, adj. [ɛ̃ʒyrjø, øz] (lat. *injuriosus,* injuste, nuisible) Qui est ou qui agit contre la justice et le droit. ♦ Il se dit des choses, dans le même sens. « *Mais c'est pousser trop loin ses droits injurieux* », RACINE. ♦ Qui fait outrage, déshonneur, offense. *Un écrit, un soupçon injurieux.* ♦ Il se dit, dans le même sens, des personnes. ♦ Qui par nature est enclin à exprimer des injures. *Injurieux depuis son enfance, il n'arrive jamais à traiter autrui avec respect.*

INJUSTE, adj. [ɛ̃ʒyst] (lat. *injustus*) Qui n'est point juste, en parlant des personnes. « *Un injuste guerrier, terreur de l'univers* », BOILEAU. ♦ Qui n'est pas juste, en parlant des choses. *Une injuste offense.* ♦ Déraisonnable et mal

fondé. *Des prétentions injustes.* ♦ Il se dit des personnes, dans un sens analogue. « *Non, non, mon intérêt ne me rend pas injuste* », RACINE. ♦ **N. m.** et **n. f.** *Un injuste, une injuste,* personne qui est injuste. ♦ **N. m.** Ce qui est injuste.

INJUSTEMENT, adv. [ɛ̃ʒystəmɑ̃] (*injuste*) D'une manière injuste. ♦ D'une manière mal fondée. *Vous vous plaignez injustement.*

INJUSTICE, n. f. [ɛ̃ʒystis] (lat. *injustitia*) Manque de justice. « *Les hommes ne blâment l'injustice que parce qu'ils ne peuvent la faire et qu'ils craignent de la souffrir* », BOSSUET. ♦ **Fig.** *L'injustice du sort,* ce qui dans les dispensations du sort est comparé à une injustice. ♦ Les gens injustes. « *Il couvrait l'injustice de confusion, en lui faisant seulement sentir qu'il la connaissait* », BOSSUET. ♦ Acte d'injustice. *Faire une injustice.* ♦ *Faire injustice à quelqu'un,* être injuste à son égard. ♦ Ce qui est injuste, mal fondé. « *Ah ciel ! de mes soupçons quelle était l'injustice !* », RACINE.

INJUSTIFIABLE, adj. [ɛ̃ʒystifjabl] (2 *in- justifiable*) Qui ne saurait être justifié.

INJUSTIFIÉ, ÉE, ▪ adj. [ɛ̃ʒystifje] (2 *in-* et *justifié*) Sans justification, qui n'est pas justifié. « *Le culte de la personnalité reste à mes yeux toujours injustifié* », EINSTEIN.

INLANDSIS, ▪ n. m. [inlɑ̃dsis] (*in* se prononce *inn,* le *s* final est prononcé ; mot scand. signifiant glace à l'intérieur du pays) *Géogr.* Grand glacier continental présent dans les régions polaires qui donne naissance à des icebergs en se fissurant en bord de mer. *L'inlandsis de l'Antarctique et l'inlandsis du Groenland représentent 97 % des surfaces englacées de la planète.*

INLASSABLE, ▪ adj. [ɛ̃lasabl] (2 *in-* et *lasser*) Que rien ne lasse, n'épuise. *Un travailleur inlassable.* ▪ INLASSABLEMENT, adv. [ɛ̃lasabləmɑ̃]

INLAY, ▪ n. m. [inlɛ] (*in* se prononce *inn* ; mot angl., incrustation) Bloc métallique ou céramique comblant exactement la cavité d'une dent endommagée et restituant de ce fait la morphologie initiale de la dent. *Des inlays en résine composite.*

INLISIBLE, adj. [ɛ̃lizibl] (2 *in-* et *lisible*) ▷ Dont on ne peut pas lire les caractères. *Une écriture inlisible.* ♦ Qui est indigne d'être lu. « *Un inlisible libelle* », VOLTAIRE. ♦ Aujourd'hui, *inlisible* est bien moins usuel *qu'illisible.* ▪ **REM.** Ce mot a été supplanté par *illisible.* ◁

IN MANUS, [inmanys] (lat *in,* dans et accus. plur. de *manus,* main) Voy. MANUS (IN).

IN NATURALIBUS, [innatyralibys] Voy. NATURALIBUS.

INNAVIGABLE, adj. [inavigabl] (2 *in-* et *navigable*) Qui n'est pas navigable.

INNÉ, ÉE, adj. [ine] (lat. *innatus,* de *innasci,* naître dans) Qui est né avec nous, que nous apportons en naissant. *Qualités innées.* ♦ **Philos.** *Idées innées.* Idées que certains philosophes, surtout Descartes, supposent inhérentes à l'intelligence humaine et non acquises par l'expérience. ▪ **N. m.** Dispositions inhérentes à l'être depuis sa naissance et n'ayant pas été acquises par l'expérience. *On oppose l'inné à l'acquis.*

INNÉISME, ▪ n. m. [ineism] (*inné*) **Philos.** Doctrine reconnaissant le caractère inné de certaines prédispositions de l'esprit humain.

INNÉITÉ, n. f. [ineite] (*inné*) **Philos.** Qualité de ce qui est inné. *L'innéité des idées.* ♦ **Physiol.** Dispositions propres à l'individu, par opposition à l'hérédité. ▪ Ensemble des aptitudes naturelles. « *L'innéité, l'invention constante de la nature à laquelle il répugnait, ne venait-elle pas de là ?* », ZOLA.

INNERVER, ▪ v. tr. [inɛrve] (1 *in-* et lat. *nervus*) Fournir en nerf un organe. *Innerver un membre.* ♦ Déterminer les fonctions des nerfs dans l'organisme. ▪ **S'innerver,** v. pr. ▪ INNERVATION, n. f. [inɛrvasjɔ̃]

INNOCEMMENT, adv. [inosamɑ̃] (*innocent*) Avec innocence, sans dessein de mal faire. *Vivre innocemment.* ♦ Niaisement, sottement. « *Il tombe innocemment dans la même faute* », DESCARTES.

INNOCENCE, n. f. [inosɑ̃s] (lat. *innocentia,* intégrité, vertu) Qualité de ce qui ne nuit point. *L'innocence des agneaux, d'un enfant, etc.* ♦ État de qui est innocent, non coupable. ♦ *L'innocence de la vie,* manière de vivre dans laquelle on garde un cœur et des mains pures. ♦ *L'innocence des mœurs,* chasteté, continence. ♦ État de pureté qui appartient à l'ignorance du mal. ♦ *L'âge d'innocence,* l'enfance. ♦ *Innocence originelle,* l'état où le premier homme fut créé. ♦ *Innocence du baptême,* état d'innocence de l'enfant lavé du péché originel par le baptême. ♦ **Fig.** En style de dévotion, la robe d'innocence, l'état d'innocence. ♦ Se dit des choses qui n'ont rien de blâmable. *L'innocence d'une démarche.* ♦ Simplicité d'une personne qui ne connaît ni les choses ni les personnes. ▪ **Relig.** *État d'innocence,* état de pureté dont l'Homme jouissait avant le péché originel. ▪ Ignorance des choses de l'amour et particulièrement des choses sexuelles. ▪ EN TOUTE INNOCENCE, loc. adv. Sans volonté de nuire, sans mauvaises intentions. ▪ **Dr.** *Présomption d'innocence,* principe selon lequel toute personne est estimée innocente tant qu'une cour de justice n'a pas fait la preuve de sa culpabilité.

La loi de renforcement de la présomption d'innocence et les droits des victimes a été votée en juin 2000.

INNOCENT, ENTE, adj. [inɔsɑ̃, ɑ̃t] (lat. *innocens*, qui ne nuit pas) Qui ne nuit point, qui ne fait point de mal. *L'agneau est un animal innocent.* ◆ Il se dit des choses dans le même sens. *Un remède innocent.* ◆ Qui n'est point coupable, en parlant des personnes. ◆ *Innocent* se construit avec *de. Je suis innocent de sa mort.* ◆ *Le sang innocent,* le sang des personnes innocentes. ◆ **N. m.** et n. f. *Un innocent, une innocente,* personne qui n'est point coupable. ◆ Qui n'est point coupable, en parlant des choses. *Des occupations innocentes.* ◆ **Fam.** *Un sabre innocent,* un sabre qui n'a jamais servi. ◆ Pur et sans malice, en parlant des personnes. *Une jeune fille innocente.* ◆ Même sens, en parlant des choses. *Cet âge innocent où l'on ne soupçonne point le mal.* ◆ *Jeux innocents,* petits jeux de société. ◆ **N. m.** et n. f. *Un innocent, une innocente,* personne qui est sans malice et dans l'ignorance, des choses de la vie. ◆ Simple, crédule, niais. ◆ **N. m.** et n. f. *Un grand innocent.* ◆ **N. m.** *Un innocent,* se dit, dans le langage familier, des enfants au-dessous de l'âge de sept à huit ans. ◆ **N. m. pl.** *Les Innocents, les saints Innocents* (avec I majuscule), les petits enfants que le roi Hérode fit égorger. ■ **Adj.** Qui n'a que peu d'expérience de la vie. *Il est encore innocent, pourtant la vie lui réserve bien des surprises.* ■ Qui n'a pas d'expérience dans la chose amoureuse et plus particulièrement sexuelle. ■ **Prov.** *Aux innocents les mains pleines,* le sort sourit aux êtres simples.

INNOCENTÉ, ÉE, p. p. d'innocenter. [inɔsɑ̃te]

INNOCENTER, v. tr. [inɔsɑ̃te] (*innocent*) Déclarer innocent. ■ Déclarer légalement comme innocent une personne incriminée. *Le voilà enfin blanchi, le jury l'a innocenté* ■ Permettre de considérer comme innocent quelqu'un. *Ce témoignage l'a innocenté.*

INNOCUITÉ, n. f. [inɔkɥite] (lat. *innocuus*) **Méd.** Qualité d'une chose qui n'est point nuisible. *L'innocuité d'un végétal, d'un breuvage.* ■ **Litt.** Caractère d'une chose qui ne peut nuire, qui est inoffensive. *L'innocuité d'un produit sur la santé.*

INNOMBRABLE, adj. [inɔ̃bʀabl] (lat. *innumerabilis*) Qui ne se peut nombrer. « *Un peuple aussi innombrable que la poussière de la terre* », SACI. ◆ **Par exagération** *Des crimes innombrables.*

INNOMBRABLEMENT, adv. [inɔ̃bʀabləmɑ̃] (*innombrable*) D'une manière innombrable.

INNOMÉ, ÉE, adj. [inome] Voy. INNOMMÉ, qui est seul correct.

INNOMINÉ, ÉE, adj. [inomine] (b. lat. *innominatus*) **Anat.** Épithète donnée à différents organes : Les os innominés, les os iliaques ; l'artère innominée, une des grandes artères du corps, etc.

INNOMMABLE, ■ adj. [inomabl] (2 *in-* et *nommer*) Qu'on ne peut pas nommer, qualifier. *Une sensation innommable.* ■ Qui est trop abominable ou méprisable pour être nommé, décrit. *Un meurtre innommable.*

INNOMMÉ, ÉE, adj. [inome] (2 *in-* et *nommé*) Qui n'a pas reçu de nom. ◆ **Dr. rom.** *Contrats innommés,* contrats qui n'ont point de dénomination particulière. ■ **REM.** On peut parfois trouver un emploi substantif de l'adj. *innommé,* son sens est alors le premier donné ici. *Les innommés sont souvent des enfants abandonnés.* ■ **REM.** On écrivait aussi *innomé* autrefois.

INNOVATEUR, n. m. [inovatœʀ] (b. lat. *innovator*) Celui qui innove. ◆ On dit aussi au féminin : *Innovatrice.* ◆ **Adj.** Qui tend à innover. *Pouvoir innovateur.*

INNOVATION, n. f. [inovasjɔ̃] (lat. impér. *innovatio*) Action d'innover ; résultat de cette action.

INNOVÉ, ÉE, p. p. d'innover. [inove]

INNOVER, v. tr. [inove] (lat. *innovare,* renouveler) Changer par esprit et désir de nouveauté. *Ne rien innover.* ◆ **Absol.** Introduire des nouveautés, des changements. « *Une démangeaison d'innover sans fin* », BOSSUET. ■ **V. intr.** *Innover en matière sociale.* ■ INNOVANT, ANTE, adj. [inovɑ̃, ɑ̃t]

INOBSERVABLE, adj. [inɔpsɛʀvabl] (2 *in-* et *observable*) Que l'on ne saurait observer. *Phénomènes inobservables.* ◆ **Fig.** *Préceptes inobservables.*

INOBSERVANCE, n. f. [inɔpsɛʀvɑ̃s] (lat. *inobservantia*) Manque à observer certaines prescriptions.

INOBSERVATION, n. f. [inɔpsɛʀvasjɔ̃] (2 *in-* et *observation*) Action de ne pas observer, de ne pas se conformer à. *L'inobservation des règlements, des fêtes et dimanches.*

INOBSERVÉ, ÉE, adj. [inɔpsɛʀve] (2 *in-* et *observé*) Qui n'a pas été observé. *Que de faits inconnus, inobservés !*

INOCCUPÉ, ÉE, adj. [inɔkype] (2 *in-* et *occupé*) Qui n'est pas occupé. *Vie inoccupée. Homme inoccupé.* ◆ En parlant des choses, qui n'est pas occupé, tenu. *Place inoccupée.*

IN-OCTAVO, adj. inv. [inɔktavo] (*in* se prononce inn. Mots lat. *in,* dans et abl. de *octavus,* huitième) Format in-octavo, format où la feuille est pliée en huit feuillets et a seize pages. *Volume in-octavo.* ◆ **N. m.** *Un in-octavo.* ◆ On écrit aussi *in-8°* . ■ **Au pl.** *Des in-octavos.*

INOCULABILITÉ, n. f. [inɔkylabilite] (*inoculable*) **Méd.** Propriété que possèdent certaines humeurs altérées d'être inoculées.

INOCULABLE, adj. [inɔkylabl] (*inoculer*) Qui est susceptible d'être inoculé. *Maladie inoculable.*

INOCULATEUR, TRICE, n. m. et n. f. [inɔkylatœʀ, tʀis] (*inoculer*) **Méd.** Personne qui fait l'opération de l'inoculation. ◆ **Adj.** Chirurgien inoculateur.

INOCULATION, n. f. [inɔkylasjɔ̃] (lat. *inoculation,* empr. au *inoculatio,* greffe) Action de communiquer artificiellement une maladie contagieuse, en en introduisant le principe matériel dans le corps. *L'inoculation du vaccin.* ◆ ▷ **Absol.** *L'inoculation,* l'inoculation de la petite vérole. ◁ ◆ **Fig.** Transmission, propagation d'idées, d'opinions. *L'inoculation des doctrines hérétiques.*

INOCULÉ, ÉE, p. p. d'inoculer. [inɔkyle] **N. m.** et n. f. *Les inoculés.*

INOCULER, v. tr. [inɔkyle] (angl. *to inoculate,* empr. au lat. *inoculare,* greffer, de *oculus,* œil d'une plante) Transmettre par inoculation un virus ou principe matériel de maladie. ◆ S'inoculer, inoculer à soi-même. ◆ ▷ **Absol.** *Inoculer la petite vérole.* ◁ ◆ **Fig.** *Les mauvais livres inoculent les mauvaises doctrines.* ◆ Communiquer à quelqu'un par inoculation un principe matériel de maladie. *Inoculer un enfant.* ◆ S'inoculer, v. pr. Être inoculé. ◆ Se faire à soi-même l'opération de l'inoculation.

INOCULISTE, n. m. [inɔkylist] (*inoculer*) Partisan de l'inoculation.

INOCYBE, n. m. [inosib] (gr. *is,* génit. *inos,* fibre et *kubos,* cube) **Bot.** Variété de champignon à lamelles adhérentes, au chapeau composé de fibrilles rayonnantes, et dont la plupart des espèces sont très toxiques.

INODORE, ■ adj. [inodɔʀ] (lat. impér. *inodorus*) Dépourvu d'odeur. *Gaz inodore. Fleurs inodores.* ■ Dont on a fait disparaître la mauvaise odeur. *Fosses inodores.* ■ **Fig.** Qui manque de qualité, de relief. *Des artistes inodores.*

INOFFENSIF, IVE, adj. [inɔfɑ̃sif, iv] (2 *in-* et *offensif*) Qui ne fait d'offense, de mal à personne. *Un homme inoffensif.* ◆ En parlant des choses. *Une plaisanterie inoffensive.* ■ **REM.** Le mot est souvent utilisé pour parler d'un remède médicinal qui ne cause aucun désagrément, aucun effet secondaire. *Un remède inoffensif.* ■ **REM.** On peut trouver un emploi nominalisé du mot. *Les inoffensifs.*

INOFFENSIVEMENT, adv. [inɔfɑ̃siv(ə)mɑ̃] (*inoffensif*) D'une manière inoffensive.

INOFFICIEUX, EUSE, adj. [inofisjø, øz] (lat. *inofficiosus,* qui manque d'égards) **Dr.** *Testament inofficieux,* celui où l'héritier légitime est déshérité sans cause par le testateur. ◆ *Donation inofficieuse,* celle par laquelle un des enfants est avantagé aux dépens de la légitime des autres.

INOFFICIOSITÉ, n. f. [inofisjozite] (b. lat. *inofficiositas,* manque d'égards) **Dr.** Qualité d'un acte inofficieux. ◆ Action d'inofficiosité, action intentée contre un testament inofficieux, etc.

INONDABLE, ■ adj. [inɔ̃dabl] (*inonder*) Susceptible d'être inondé. *Un terrain inondable.*

INONDATION, n. f. [inɔ̃dasjɔ̃] (lat. impér. *inundatio*) Action d'inonder. « *L'inondation ne commence en Égypte que vers le 17 de juin* », BUFFON. ◆ Les eaux débordées. *L'inondation couvrait le pays.* ◆ **Fig.** Afflux considérable de troupes armées ou non. *L'inondation des barbares.* ◆ Afflux de choses, quelles qu'elles soient. *Inondation des paroles, de maux, etc.* ■ **Méd.** Irruption de sang ou d'une sécrétion dans un organe.

INONDÉ, ÉE, p. p. d'inonder. [inɔ̃de] **N. m.** et n. f. Celui qui a souffert d'une inondation. *Quêter pour les inondés.*

INONDER, v. tr. [inɔ̃de] (lat. *inundare*) Couvrir d'eau. ◆ Pratiquer une inondation. *On inonda la prairie.* ◆ Par exagération, mouiller beaucoup. *J'ai reçu l'averse ; j'ai été inondé. La sueur l'inondait.* ◆ Inonder de sang, faire périr beaucoup de personnes. *Le sang inonda Rome lors des proscriptions.* ◆ **Fig.** Il se dit des multitudes qui se répandent. *La multitude inondait la place. Les barbares inondèrent l'empire romain.* ◆ Il se dit dans le même sens de ceux qui répandent les multitudes. « *Xerxès avait inondé le pays d'un si grand nombre d'hommes et d'animaux qu'ils avaient tari les fontaines* », VAUGELAS. ◆ Il se dit de toute chose qui, affluant, couvre et envahit. « *L'idolâtrie inondait tout le genre humain* », BOSSUET. « *J'ai été inondé de lettres de Paris* », VOLTAIRE. ◆ Il se dit semblablement de tout ce qui procurent cet afflux. « *Il va nous inonder des torrents de sa plume* », BOILEAU. ◆ S'inonder, v. pr. Se faire à soi-même une inondation. ◆ Être inondé.

INOPÉRABLE, ■ adj. [inopeʀabl] (2 *in-* et *opérable*) Dont l'opération se révèle irréalisable. *Une tumeur inopérable.*

INOPÉRANT, ANTE, ■ adj. [inɔperɑ̃, ɑ̃t] (2 *in-* et *opérant*) Qui ne produit aucun effet ou n'a pas l'effet escompté. *Certaines fonctionnalités de ce programme sont inopérantes.*

INOPINÉ, ÉE, adj. [inɔpine] (lat. *inopinatus*) Sur quoi on n'avait pas d'opinion, à quoi on ne songeait pas. *Bonheur inopiné.*

INOPINÉMENT, adv. [inɔpinemɑ̃] (*inopiné*) D'une manière inopinée.

INOPPORTUN, UNE, adj. [inɔpɔʀtœ̃, yn] ou [inɔpɔʀtɛ̃, yn] (b. lat. *inopportunus*) Qui n'est pas opportun, à propos. *Mesure inopportune.* ■ INOPPORTUNÉMENT, adv. [inɔpɔʀtynemɑ̃]

INOPPORTUNITÉ, n. f. [inɔpɔʀtynite] (*inopportun*) Qualité de ce qui n'est pas opportun. *Inopportunité d'une démarche.*

INOPPOSABILITÉ, ■ n. f. [inɔpozabilite] (*inopposable*) Propriété de ce qui est inopposable.

INOPPOSABLE, ■ adj. [inɔpozabl] (2 *in-* et *opposable*) Dr. *Acte inopposable*, acte qui n'est d'aucun effet pour les tiers.

INORGANIQUE, adj. [inɔʀganik] (2 *in-* et *organique*) Biol. Qui n'est pas organisé et ne possède pas d'activité. ♦ *Corps inorganiques*, ceux dont chaque molécule représente un individu complet, et où toutes les conditions d'existence sont uniquement soumises à des lois mécaniques, physiques et chimiques. ♦ *Règne inorganique*, ensemble des corps bruts ou dépourvus d'organisation, qu'on appelle des minéraux. ♦ **Gramm.** *Lettre inorganique*, lettre qui n'appartient pas à la constitution essentielle et primitive du mot. ■ *Chimie inorganique*, branche de la chimie qui s'intéresse à l'étude des corps chimiques ne présentant pas de carbone. ■ REM. On peut également la nommer *chimie minérale*. ■ **Méd.** Qui ne présente pas de lésions des organes.

INORGANISABLE, ■ adj. [inɔʀganizabl] (2 *in-* et *organisable*) Que l'on ne peut organiser.

INORGANISATION, ■ n. f. [inɔʀganizasjɔ̃] (2 *in-* et *organisation*) Caractère de ce qui ne présente pas ou manque d'organisation. *Il règne la plus grande inorganisation dans cette entreprise.*

INORGANISÉ, ÉE, ■ adj. [inɔʀganize] (2 *in-* et *organisé*) Biol. Qui ne comprend pas de matière organique. ♦ Qui ne revêt pas d'organisation. ■ **Spécialt** Qui n'est pas organisé en parti, en mouvement, en syndicat.

INOTROPE, ■ adj. [inɔtʀɔp] (gr. *is*, génit. *inos*, fibre et *-trope*) Physiol. Qui a trait à la contractilité du cœur. *Un effet, une action inotrope.*

INOUBLIABLE, ■ adj. [inublijabl] (*oublier*) Qu'on ne peut oublier. *Une rencontre inoubliable.*

INOUÏ, ÏE, adj. [inwi] (2 *in* et *ouï*) ▷ Qu'on n'a pas ouï. « *Cette façon de parler est inouïe à la cour* », VAUGELAS. ◁ ♦ Dont on n'a jamais ouï parler. « *Il est beau de tenter des choses inouïes* », P. CORNEILLE. ♦ *Inouï à.* « *Cet amas de dogmes inouïs aux schismatiques même les plus audacieux* », FÉNELON. ♦ *Il est inouï que*, avec le subjonctif. ♦ On dit de même *inouï de*, avec l'infinitif. ♦ Si extraordinaire, que jusque-là on n'avait ouï parler de rien de semblable. *Supplices inouïs.* ■ REM. On peut trouver un emploi substantivé du terme qui est alors à considérer comme un masculin à valeur neutre. *L'inouï, dans cette histoire...*

INOX, ■ n. m. [inɔks] (nom déposé ; abrév. de *inoxydable*) Acier inoxydable. *Des couverts en inox.*

INOXYDABLE, adj. [inɔksidabl] (2 *in-* et *oxydable*) Qui n'est pas sujet à s'oxyder. *Métal inoxydable.*

IN PACE, [inpase] (mots lat. *in*, dans, et abl. de *pax*, paix, repos) Voy. PACE (IN).

IN PARTIBUS, [inpaʀtibys] (mots lat. *in*, dans, et abl. de *partes [infidelium]*, les pays des infidèles) Voy. PARTIBUS (IN.

IN PETTO, [inpeto] (mots ital. *in*, dans, et *petto*, poitrine) Voy. PETTO (IN).

IN-PLANO, adj. inv. [inplano] (*in* se prononce *inn* ; lat. *in*, dans, et abl. de *planus*, plat, non plié) *Format in-plano*, syn. de format atlantique. ■ N. m. *L'in-plano est un format de luxe.* ■ Au pl. *Des in-planos.*

IN-PROMPTU, [ɛ̃pʀɔ̃pty] Voy. IMPROMPTU.

INPUT, ■ n. m. [input] (on prononce à l'anglaise : *inn-poute* ; mot angl., entrée) Inform. Transfert des données vers un ordinateur en vue de leur traitement. *L'input des résultats.* ■ **Écon.** Produits nécessaires pour réaliser une production.

INQUALIFIABLE, adj. [ɛ̃kalifjabl] (2 *in-* et *qualifier*) Qui ne peut être qualifié, en mauvaise part. *Conduite inqualifiable.*

INQUART n. m. ou **INQUARTATION,** n. f. [ɛ̃kaʀ, ɛ̃kaʀtasjɔ̃] (1 *in-* et *quart*) Chim. Syn. de quartation. Voy. ce mot.

IN-QUARTO, adj. inv. [inkwaʀto] (*in* se prononce *inn*, et *qua* se prononce *coua* ; mots lat. *in*, dans, et abl. de *quartus*, quatrième) *Format in-quarto,*

format où la feuille est pliée en quatre feuillets ; ce qui fait huit pages. ♦ N. m. *Un in-quarto*, un livre de format in-quarto. ♦ On écrit aussi : in-4°. ■ Au pl. *Des in-quartos.*

INQUIET, ÈTE, adj. [ɛ̃kjɛ, ɛt] (lat. *inquietus*) Qui n'est pas en repos, qui ne peut rester en place. ♦ Que la souffrance met dans une agitation continuelle. *Le malade a été inquiet toute la nuit.* ♦ *Sommeil inquiet,* sommeil troublé. ♦ *Regard inquiet,* regard qui se porte sans cesse deçà et delà. ♦ Qui n'est jamais content de sa situation, de son état. « *Toute âme inquiète et ambitieuse est incapable de règle* », BOSSUET. ♦ Se dit, dans ce sens, des passions, des mouvements de l'âme. *Une humeur inquiète.* ♦ Qui est dans l'agitation d'esprit et dans la peine pour une crainte ou un tourment quelconque. *Inquiet sur l'issue de son procès.* « *Le superbe Amurat est toujours inquiet* », RACINE. ♦ Se dit, en ce sens, des sentiments et des passions. « *Calmez ce transport inquiet* », RACINE. ♦ Qui marque l'inquiétude. *Attitude inquiète.* ♦ *Inquiet de...* marque la cause de l'inquiétude : *Je suis inquiet de lui.* ♦ *Inquiet sur...* exprime l'objet de l'inquiétude : *Je suis inquiet sur cette affaire.* ■ REM. On peut également trouver un emploi substantivé de ce mot. *C'est un inquiet.*

INQUIÉTANT, ANTE, adj. [ɛ̃kjetɑ̃, ɑ̃t] (*inquiéter*) Qui cause de l'inquiétude. ■ N. f. ou n. m. Personne qui inquiète. *Il est l'agité, l'inquiétant de ce quartier.* ■ REM. On peut trouver un emploi substantivé masculin à valeur neutre. *L'inquiétant dans cette affaire c'est qu'il n'est pas encore là.*

INQUIÉTÉ, ÉE, p. p. d'inquiéter. [ɛ̃kjete]

INQUIÈTEMENT, adv. [ɛ̃kjɛt(ə)mɑ̃] (*inquiet*) D'une manière inquiète.

INQUIÉTER, v. tr. [ɛ̃kjete] (lat. impér. *inquietare*, de *quies*, repos) Priver de repos, agiter. « *Le jansénisme inquiéta la France plus qu'il ne la troubla* », VOLTAIRE. ♦ Susciter quelque mauvaise affaire, quelque trouble. *Il est inquiété pour ses opinions.* ♦ Troubler quelqu'un dans la possession d'une chose. *On l'inquiète sur la légitimité de son titre, dans la possession de cette terre.* ♦ Absol. *Si l'on m'inquiète, je ferai assigner mon vendeur en garantie.* ♦ Faire des démonstrations hostiles, des attaques pour troubler une armée, une province, une ville forte, etc. *Inquiéter l'ennemi.* ♦ Causer de l'agitation, en raison d'une crainte quelconque. « *L'avenir l'inquiète* », RACINE. ♦ *S'inquiéter,* v. pr. Avoir l'esprit agité, en raison de quelque crainte. ■ *S'inquiéter de,* s'angoisser pour quelque chose. *Il s'inquiète de sa venue.* ■ *S'inquiéter de,* se préoccuper de quelque chose. *Il ne s'inquiète pas de son avenir.*

INQUIÉTUDE, n. f. [ɛ̃kjetyd] (b. lat. *inquietudo*) Manque de repos, agitation. *L'inquiétude d'un malade.* ♦ Au pl. Douleurs vagues, surtout aux jambes, qui donnent de l'agitation, de l'impatience. ♦ Agitation d'esprit, impatience causée par quelque passion. ♦ Inconstance d'humeur qui fait qu'on ne demeure pas content de ce qu'on est ou de ce qu'on a. *L'inquiétude naturelle à l'homme.* ♦ Agitation pénible et douloureuse que cause une crainte quelconque. « *Dans quelle inquiétude, Esther, vous me jetez !* », RACINE. ■ **Arg.** *Avoir des inquiétudes dans les jambes,* avoir envie de botter les fesses de quelqu'un.

INQUILIN, INE, ■ adj. et n. m. [ɛ̃kilɛ̃] (lat. *inquilinus*, locataire, de *incolere*, habiter) Qui vit dans le corps d'une autre, sans pour autant se nourrir à ses dépens. ■ Adj. *Les espèces inquilines.*

INQUILISME, ■ n. m. [ɛ̃kilism] (radic. de *inquilin*) Mode de vie des inquilins.

INQUISITEUR, TRICE, n. m. et n. f. [ɛ̃kizitœʀ, tʀis] (lat. *inquisitor*, de *inquirere*, rechercher) Personne qui se livre à des recherches minutieuses, à des inquisitions. ♦ **Hist.** Juge de l'inquisition. *Inquisiteur de la foi.* ♦ Adj. *Un prince inquisiteur.* ♦ **Hist.** *Inquisiteurs d'État*, magistrature secrète de Venise chargée de découvrir et de prévenir les complots contre l'État. ■ Adj. Qui fait montre d'une curiosité le plus souvent indiscrète. *Un air inquisiteur. Ton attitude est tout simplement inquisitrice.*

INQUISITION, n. f. [ɛ̃kizisjɔ̃] (lat. *inquisitio*) Recherche, enquête. « *Faire une inquisition du jour et du vrai temps de la mort d'une personne* », PATRU. ♦ Recherche, perquisition rigoureuse où il se mêle de l'arbitraire. « *L'inquisition est devenue effroyable en France contre les bons livres* », BAYLE. ♦ Ellipt. Hist. Juridiction ecclésiastique érigée par le saint-siège en certains pays pour rechercher et extirper les hérétiques, les Juifs et les infidèles [1]. ■ REM. Sans ellipse, on trouvera *tribunal de l'Inquisition* ou *Sainte Inquisition.* ■ Hist. *Inquisition d'État,* tribunal de Venise composé de trois magistrats chargés de découvrir et de prévenir les complots contre l'État. ■ REM. 1 : L'Inquisition poursuivit dans plusieurs pays d'Europe les Juifs et les hérétiques.

INQUISITOIRE, ■ n. f. [ɛ̃kizitwaʀ] (lat. médiév. *inquisitorius*, du lat. *inquisitor*) *Procédure inquisitoire*, procédure dans laquelle les poursuites tiennent de la seule initiative du juge.

INQUISITORIAL, ALE, adj. [ɛ̃kizitɔʀjal] (lat. *inquisitorius*) D'inquisiteur, qui appartient à un inquisiteur. *Pouvoir inquisitorial. Visites inquisitoriales.* ♦ **Par extens.** Qui procède par inquisition. *Des procédés inquisitoriaux.* ■

Par exagération et **péj.** Qui n'est pas sans rappeler les méthodes arbitraires de l'Inquisition.

INRACONTABLE, ■ adj. [ɛ̃Rakɔ̃tabl] (2 *in-* et *racontable*) Qui ne peut être exprimé par des mots. *Une aventure inracontable.*

INRATABLE, ■ adj. [ɛ̃Ratabl] (2 *in-* et *rater*) **Fam.** Qui ne peut être raté, dont l'exécution est aisée. *Il a mis au point un plan inratable.*

INRAYABLE, ■ adj. [ɛ̃Rejabl] (2 *in-* et *rayable*) Qui ne peut être rayé. *Des verres inrayables.*

INSAISISSABLE, adj. [ɛ̃sezisabl] (2 *in-* et *saisissable*) Qui ne peut être saisi. *Un malfaiteur insaisissable à la justice.* ◆ *Cet homme est insaisissable*, on ne peut le rencontrer. ◆ **Dr.** Qu'on ne peut saisir valablement. ◆ **Fig.** Qui ne peut être aperçu, compris. *Différence insaisissable.*

INSALISSABLE, ■ adj. [ɛ̃salisabl] (2 *in-* et de *salir*) Qui ne peut être sali. *Vêtement insalissable.*

INSALUBRE, adj. [ɛ̃salybR] (lat. impér. *insalubris*) Qui n'est pas salubre. *Logement insalubre.* ◆ *Arts insalubres*, arts qui compromettent la santé des ouvriers ou celle du voisinage. ■ **Fig.** Dangereux, potentiellement nocif pour la santé mentale d'un être. *Des écrits insalubres.*

INSALUBREMENT, adv. [ɛ̃salybRəmɑ̃] (*insalubre*) D'une manière qui n'est point salubre. *Être logé insalubrement.*

INSALUBRITÉ, n. f. [ɛ̃salybRite] (*insalubre*) Qualité de ce qui est insalubre. *L'insalubrité d'un pays.*

INSANE, ■ adj. [ɛ̃san] (mot angl., du lat. *insanus*, insensé) **Litt.** Qui a perdu son bon sens, sa raison. *Elle le trouvait parfaitement insane.* ◆ Qui va contre le bon sens. « *L'insane justice des hommes* », MONTHERLANT. ■ Qui n'est pas sain mentalement. « *Je faillis céder au rire insane, méchant, qui nous guette* », COLETTE.

INSANITÉ, n. f. [ɛ̃sanite] (lat. *insanitas*, mauvaise santé) Privation de la raison, état d'un esprit malade. ◆ **Au pl.** Actes ou paroles déraisonnables.

INSATIABILITÉ, n. f. [ɛ̃sasjabilite] (lat. impér. *insatiabilitas*) Qualité de celui dont on ne peut rassasier la faim. ◆ **Fig.** Au sens passif, l'impossibilité d'être rassasié, contenté. *L'insatiabilité des passions.* Au sens actif, l'impossibilité de rassasier ou de contenter. *L'insatiabilité des richesses.*

INSATIABLE, adj. [ɛ̃sasjabl] (lat. *insatiabilis*) Qui ne peut être rassasié. *Un homme, une faim insatiable.* ◆ **Fig.** Qui désire sans pouvoir être rassasié. *Un homme insatiable de gloire. Haine, curiosité insatiable.*

INSATIABLEMENT, adv. [ɛ̃sasjabləmɑ̃] (*insatiable*) D'une manière insatiable.

INSATISFACTION, ■ n. f. [ɛ̃satisfaksjɔ̃] (2 *in-* et *satisfaction*) Absence ou manque de satisfaction. *L'insatisfaction amoureuse.*

INSATISFAIT, AITE, ■ adj. [ɛ̃satisfɛ, ɛt] (2 *in-* et *satisfait*) Qui n'est pas satisfait, qui est mécontent. ■ Qui n'a pas été assouvi. *Un désir insatisfait.* ■ **N. m., n. f.** *C'est un éternel insatisfait.*

INSATURÉ, ÉE, ■ adj. [ɛ̃satyRe] (2 *in-* et saturé) **Chim.** Se dit d'une molécule contenant au moins un ou plusieurs liaisons multiples entre au moins deux de ses atomes. *Des acides gras insaturés.*

INSCIEMMENT, adv. [ɛ̃sjamɑ̃] (in-si-a-man ; *inscient*) Sans savoir.

INSCIENT, ENTE, adj. [ɛ̃sjɑ̃, ɑ̃t] (lat. *insciens*) Qui n'a pas conscience de.

INSCRIPTIBLE, ■ adj. [ɛ̃skriptibl] (lat. *inscriptum*, supin de *inscribere*) Qu'il est possible d'inscrire, de conserver. *Une date inscriptible.* ■ **Géom.** Qu'on peut inscrire dans un périmètre, une surface ou un volume donné. *Des polygones inscriptibles dans un cercle.*

INSCRIPTION, n. f. [ɛ̃skripsjɔ̃] (lat. *inscriptio*) Ce qu'on écrit sur le cuivre, le marbre, la pierre, etc. en mémoire d'un événement, etc. *L'Académie des inscriptions et belles-lettres.* ◆ Courte indication, avis succinct qu'on place en un lieu apparent pour servir d'instruction, de renseignement. ◆ Action d'inscrire une personne ou une chose sur un registre, une liste, etc. ◆ Action d'inscrire un étudiant sur le registre de la faculté dans laquelle il étudie. ◆ *Chacune des inscriptions trimestrielles. Prendre des inscriptions en droit, en médecine.* ◆ ▷ **Mar.** *Inscription maritime*, enregistrement, au bureau des classes, de ceux qui peuvent être requis pour le service de la marine de l'État. ◁ ◆ **Financ.** Inscription sur le grand livre de la dette publique, titres d'une rente perpétuelle due par le trésor. ◆ **Dr.** *Inscription hypothécaire*, mention que le conservateur des hypothèques fait sur ses registres de l'hypothèque qu'une personne déclare et justifie avoir sur les biens d'un autre. ◆ **Dr.** *Inscription de faux* ou *inscription en faux*, acte par lequel on déclare que la pièce dont la partie adverse veut se servir est fausse ou falsifiée. ■ **Géom.** Action d'inscrire une figure dans une surface donnée.

INSCRIRE, v. tr. [ɛ̃skRiR] (lat. *inscribere*) Écrire sur. *Inscrire une maxime sur un monument.* ◆ **Fig.** *Inscrire son nom au temple de Mémoire*, dans les fastes de la gloire, se rendre célèbre par ses écrits, par des exploits guerriers. ◆ Écrire dans. *Inscrire quelqu'un sur la liste des candidats, une rente sur le grand livre, etc.* ◆ **Math.** Inscrire une figure dans une autre, tracer, dans l'intérieur d'une figure géométrique, une autre figure telle que le sommet de tous les angles de celle-ci touche le périmètre de celle-là. ◆ **S'inscrire**, v. pr. Inscrire ou faire inscrire son nom dans un registre, sur une liste. ◆ **Dr.** *S'inscrire en faux*, soutenir en justice qu'une pièce que la partie adverse produit est fausse. ◆ Dans le langage ordinaire, *s'inscrire en faux contre* ou elliptiq. *s'inscrire contre*, nier une proposition. ◆ **Math.** Être inscrit. ■ *Je trace un triangle que j'inscris dans un cercle : les sommets du triangle sont tangents avec le périmètre du cercle.* ■ Faire entrer dans un programme, dans un texte. *Inscrire au budget une dépense. Inscrire à l'ordre du jour une question.*

INSCRIT, ITE, p. p. d'inscrire. [ɛ̃skri, it] **N. m. Mar.** Marin qui fait partie de l'inscription maritime. ■ **Adj.** Dont le nom est inscrit sur une liste ; qui appartient à une organisation. *Les électeurs inscrits.* ■ **Polit.** Dans une assemblée parlementaire. *Orateur inscrit*, dont le nom figure sur la liste de ceux qui sont censés prendre la parole lors d'une séance. ■ **Polit.** *Députés, sénateurs inscrits*, qui appartiennent à un groupe parlementaire représenté dans l'assemblée où ils siègent.

INSCRIVANT, ANTE, ■ n. m. et n. f. [ɛ̃skrivɑ̃, ɑ̃t] (*inscrire*) **Dr.** Personne sollicitant, à son bénéfice, l'inscription d'une hypothèque.

INSCRUTABLE, adj. [ɛ̃skrytabl] (b. lat. *inscrutabilis*) Qui ne peut être scruté, que l'humaine intelligence ne peut déceler. *Les desseins de Dieu sont inscrutables.*

INSÇU (À L'), [ɛ̃sy] Voy. INSU.

INSCULPER, ■ v. tr. [ɛ̃skylpe] (lat. *insculpere*, graver sur) **Techn.** Marquer par l'empreinte d'un poinçon des objets métalliques notamment d'or ou d'argent. *Insculper une pièce.*

INSÉCABILITÉ, n. f. [ɛ̃sekabilite] (*insécable*) Qualité de ce qui est insécable.

INSÉCABLE, adj. [ɛ̃sekabl] (lat. *insecabilis*) Qui ne peut être coupé, partagé. *Les atomes sont insécables.*

INSECTARIUM, ■ n. m. [ɛ̃sɛktaRjɔm] (*insecte*, sur le modèle de *aquarium*) Lieu où l'on élève et conserve des insectes afin de les observer. *Des insectariums.*

INSECTE, n. m. [ɛ̃sɛkt] (lat. *insecta*, plur. neutre de *insectus*, p. p. de *insecare*, couper, sur le modèle du gr. *entomos*, entaillé) Petit animal invertébré, dont le corps est divisé par étranglements ou par anneaux. ◆ **Fig.** Être vil, misérable, sans importance. « *Ces insectes de la société* », VOLTAIRE.

INSECTICIDE, adj. [ɛ̃sɛktisid] (*insecte* et -*cide*) Qui détruit, qui tue les insectes. *Poudre insecticide.* ■ **N. m.** Produit destiné à tuer les insectes.

INSECTIVORE, adj. [ɛ̃sɛktivɔR] (*insecte* -*vore*) Qui vit d'insectes. ◆ **N. m.** *Les insectivores*, troisième subdivision de l'ordre des mammifères carnassiers.

INSÉCURITÉ, ■ n. f. [ɛ̃sekyRite] (2 *in-* et *sécurité*) Manque de sécurité. *L'insécurité des cités.* ■ Anxiété due à l'éventualité d'être menacé. *Un climat d'insécurité.*

IN-SEIZE, adj. inv. [insɛz] (*in* se prononce inn ; lat. *in*, en, et *seize*) Format in-seize, format où la feuille est pliée en seize feuillets ; ce qui fait trente-deux pages. *Volume in-seize.* ◆ **N. m.** *L'in-seize.* ◆ On écrit aussi : in-16. ◆ Au pl. *Des in-seize.*

INSELBERG, ■ n. m. [inselbeRg] (*in* se prononce inn. Mot all., de *Insel*, île, et *Berg*, montagne) **Géol.** Relief résiduel rocheux, à flancs abrupts. *Des inselbergs.*

INSÉMINATEUR, TRICE, ■ n. m. et n. f. [ɛ̃seminatœr, tRis] (*inséminer*) Spécialiste de l'insémination artificielle. ◆ **Adj.** Qui sert à l'insémination artificielle.

INSÉMINATION, ■ n. f. [ɛ̃seminasjɔ̃] (lat. *inseminare*) Dépôt de sperme dans les voies génitales de la femelle. *L'insémination naturelle.* ■ **Méd.** *Insémination artificielle*, fécondation d'une femelle sans rapport sexuel, réalisée par intervention médicale.

INSÉMINER, ■ v. tr. [ɛ̃semine] (lat. *inseminare*, semer dans) Féconder par insémination artificielle.

INSENSÉ, ÉE, adj. [ɛ̃sɑ̃se] (lat. chrét. *insensatus*) Qui n'est pas sensé, qui a perdu le sens de la raison. *Homme insensé.* ◆ Qui n'est pas conforme au bon sens, en parlant des choses. *Discours insensé.* ◆ **N. m., n. f.** Personne qui a perdu le sens. ■ **Adj. Fam.** Qui n'est pas raisonnable, sans mesure au point de choquer. *Une telle hypocrisie ! C'est insensé.*

INSENSIBILISER, ■ v. tr. [ɛ̃sɑ̃sibilize] (*insensible*) Rendre insensible à un effet physique ou psychique, anesthésier. *Insensibiliser une partie du corps.* ■ **INSENSIBILISATION**, n. f. [ɛ̃sɑ̃sibilizasjɔ̃]

INSENSIBILITÉ, n. f. [ɛ̃sɑ̃sibilite] (b. lat. *insensibilitas*) Manque de sensibilité physique. ♦ Manque de sensibilité morale. *L'insensibilité des grands. L'insensibilité aux reproches.* ♦ Refus d'écouter l'amour.

INSENSIBLE, adj. [ɛ̃sɑ̃sibl] (b. lat. *insensibilis*) Qui n'a pas de sensibilité physique. ♦ Qui ne sent point l'impression que l'objet doit faire sur les sens. *Insensible au froid.* ♦ **Équit.** *Bouche insensible,* bouche qui ne répond pas à l'effet des rênes. ♦ Qui n'a pas la sensibilité morale. *Un homme insensible et froid.* ♦ *Insensible à,* qui n'est pas touché de. *Insensible à l'outrage, à l'amitié, etc.* ♦ Qui n'est pas sensible à l'amour. « *L'insensible Hippolyte est-il connu de toi ?* », RACINE. ♦ N. m. et n. f. *Un insensible. Une insensible.* ♦ Qui n'est perçu que difficilement par les sens, ou même qui n'est pas perçu du tout. *Le mouvement de l'aiguille d'une horloge est insensible à l'œil.*

INSENSIBLEMENT, adv. [ɛ̃sɑ̃sibləmɑ̃] (*insensible*) D'une manière peu sensible, peu perceptible, peu à peu.

INSÉPARABLE, adj. [ɛ̃sepaʀabl] (lat. impér. *inseparabilis*) Qui ne peut être séparé. *Des idées inséparables.* « *Les noms sont inséparables des choses* », PASCAL. ♦ **Gramm.** *Particule inséparable* ou n. f. *une inséparable,* particule qui ne s'emploie que dans des mots composés, comme *in, dé,* etc. ♦ Se dit de personnes qui ne peuvent se séparer l'une de l'autre, qui ne se quittent jamais. ♦ N. m. et n. f. *Deux inséparables.*

INSÉPARABLEMENT, adv. [ɛ̃sepaʀabləmɑ̃] (*inséparable*) D'une manière inséparable. *Unis inséparablement.*

INSÉRABLE, ■ adj. [ɛ̃seʀabl] (*insérer*) Qui bénéficie de la propriété de pouvoir être inséré. *Un fichier insérable dans un autre.*

INSÉRÉ, ÉE, p. p. d'insérer. [ɛ̃seʀe] **Biol.** Qui a un point d'attache ou d'insertion.

INSÉRER, v. tr. [ɛ̃seʀe] (lat. *inserere,* introduire, confondu avec *inserere,* planter, greffer) Mettre dans. *Insérer une greffe sous l'écorce.* ♦ **Par extens.** Introduire dans un texte, dans un registre, etc. *Insérer une clause dans un contrat, un article dans un journal.* ♦ S'insérer, v. pr. **Anat.** Être inséré, être attaché à, sur. ■ S'intégrer dans une société qui initialement n'était pas la sienne. *Arrivés depuis peu dans ce pays, ils se sont néanmoins bien insérés.* ■ *Un prière d'insérer,* notice jointe à un nouvel ouvrage par l'éditeur lors du service de presse et contenant des informations qu'il souhaite voir reprises par les médias visés.

INSERMENTÉ, adj. m. [ɛ̃seʀmɑ̃te] (2 *in-* et *serment*) **Hist.** *Prêtre insermenté,* prêtre qui refusa de prêter le serment à la constitution civile du clergé en 1790. ■ REM. Ellipt. On peut trouver un emploi substantivé du mot qui devient alors un masculin. *Un insermenté.*

INSERT, ■ n. m. [ɛ̃seʀ] (de l'angl., où on ne prononce pas le *t* final ; angl. *to insert,* insérer) **Cin.** Séquence généralement brève que le réalisateur introduit entre deux plans afin de les lier ou d'introduire une information supplémentaire. ■ Séquence assez brève que l'on introduit dans une émission de radio ou de télévision diffusée en direct. ■ Type de cheminée constituée d'une double paroi, qui réchauffe l'air entre son enveloppe intérieure et son enveloppe extérieure, et dont l'aspiration de l'air se fait directement dans l'appareil, en façade.

INSERTION, n. f. [ɛ̃seʀsjɔ̃] (lat. *insertio,* de *inserere,* introduire) Action par laquelle on insère ; résultat de cette action. *L'insertion du vaccin sous l'épiderme, d'un article dans un journal, etc. L'insertion au procès-verbal.* ♦ **Biol.** Attache d'une partie sur une autre. *Insertion d'un tendon sur un os.* ■ Spécialt Action d'ajouter à un écrit, à une publication un complément. ■ **Dr.** *Insertion légale,* publication par voie de presse ordonnée formellement par la loi ou par une décision de justice. ■ Manière bonne ou mauvaise dont on s'intègre dans un groupe, une société. *L'insertion d'une communauté dans un pays.*

INSIDIEUSEMENT, adv. [ɛ̃sidjøz(ə)mɑ̃] (*insidieux*) D'une manière insidieuse.

INSIDIEUX, EUSE, adj. [ɛ̃sidjø, øz] (lat. *insidiosus,* de *insidiæ,* embuscade) Qui dresse des embûches, en parlant des personnes. *Valet, sophiste insidieux.* ♦ Qui est plein d'embûches, qui a le caractère de l'embûche, en parlant des choses. *Projets insidieux.* ■ Se dit d'une maladie dont l'évolution est difficilement perceptible au début.

INSIGHT, ■ n. m. [insajt] (mot angl., compréhension exacte) **Psych.** Découverte de la solution d'un problème après un temps variable de réflexion. *Des insights.*

1 **INSIGNE**, adj. [ɛ̃siɲ] ou [ɛ̃siɲj] (lat. *insignis,* de *signum,* marque) Qu'on distingue à quelque signe remarquable ; digne d'être distingué en bien ou en mal, en parlant des choses. *Une valeur insigne.* ♦ Il se dit dans le même sens, en parlant des personnes. *Un personnage insigne par ses services.* ♦ Insigne pris absolument ne se joint guère qu'à des noms exprimant un vice, un défaut. *Un insigne fripon. Une insigne fausseté.*

2 **INSIGNE**, n. m. [ɛ̃siɲ] ou [ɛ̃siɲj] (lat. *insigne,* neutre substantivé de *insignis*) Marque distinctive de grades, de dignités, etc. *Les insignes de la royauté.* ■ Signe distinctif d'un groupe, d'une association.

INSIGNIFIANCE, n. f. [ɛ̃siɲifjɑ̃s] ou [ɛ̃sinifjɑ̃s] (*insignifiant*) Qualité de ce qui est insignifiant. ♦ **Fig.** Manque de toute importance. *L'insignifiance d'un homme, d'un événement.*

INSIGNIFIANT, ANTE, adj. [ɛ̃siɲifjɑ̃, ɑ̃t] ou [ɛ̃sinifjɑ̃, ɑ̃t] (2 *in-* et *signifiant*) Qui ne signifie rien. *Une phrase insignifiante.* ♦ **Fig.** Qui est sans importance, en parlant des personnes et des choses. *Homme insignifiant. Insignifiantes promesses.*

INSINCÈRE, ■ adj. [ɛ̃sɛ̃sɛʀ] (2 *in-* et *sincère*) Qui n'est pas sincère, hypocrite. *Un portrait plein d'éloges mais insincère.* « *Égoïste, médiocre, insincère dans la vie ordinaire, l'amour la rendait simple, vraie, presque bonne* », R. ROLLAND. ■ **INSINCÉRITÉ**, n. f. [ɛ̃sɛ̃seʀite]

INSINUANT, ANTE, adj. [ɛ̃sinɥɑ̃, ɑ̃t] (*insinuer*) ▷ Qui s'insinue, qui pénètre doucement. « *L'eau si fluide, si insinuante, si propre à échapper* », FÉNELON. ◁ ♦ **Fig.** Qui sait s'introduire auprès des gens et les gagner, les capter. ♦ Il se dit dans le même sens, en parlant des choses. *Des manières insinuantes.* ♦ Qui a pour but de tromper autrui. *Une manœuvre insinuante.*

INSINUATION, n. f. [ɛ̃sinɥasjɔ̃] (lat. *insinuatio*) ▷ Action de pénétrer, de s'introduire. « *L'insinuation de l'aliment dans les parties qui le reçoivent* », BOSSUET. ◁ ♦ **Fig.** Adresse dans le langage par laquelle on insinue quelque chose. « *Le même agrément et les mêmes insinuations dans les entretiens* », BOSSUET. ♦ **Litt.** Figure qui consiste à gagner préalablement la faveur de l'auditeur. *Exorde par insinuation.* ♦ Adresse de manières, de langage, par laquelle on s'insinue auprès de quelqu'un, on capte sa faveur. ♦ Paroles dites par insinuation. *Une insinuation perfide.*

INSINUÉ, ÉE, p. p. d'insinuer. [ɛ̃sinɥe]

INSINUER, v. tr. [ɛ̃sinɥe] (lat. *insinuare,* faire pénétrer, de *sinus,* pli de la toge, poitrine) ▷ Introduire doucement et adroitement quelque chose. *Le chirurgien insinua le doigt dans la plaie.* ◁ ♦ **Fig.** Faire entrer doucement dans l'âme. *Insinuer de bons sentiments.* ♦ **Fig.** Faire entendre adroitement. « *Lui insinuant que quelques personnes lui rendaient de mauvais offices* », ROLLIN. ♦ S'insinuer, v. pr. Pénétrer peu à peu. ♦ **Fig.** « *Le doux sommeil s'était insinué dans ses membres* », FÉNELON. ♦ En parlant des personnes, se faire admettre quelque part, s'y introduire avec adresse. *S'insinuer à la cour, chez les grands.* ♦ **Fig.** Pénétrer doucement dans l'âme. *L'espoir s'insinuait peu à peu dans son âme.* ♦ **Fig.** Se glisser dans les bonnes grâces de quelqu'un. « *J'ai commencé par m'insinuer dans l'esprit de la reine* », FÉNELON.

INSIPIDE, adj. [ɛ̃sipid] (lat. *insipidus*) Qui est sans saveur et qui par là est désagréable au goût. *Breuvage insipide.* ♦ **Fig.** Qui est privé de toute saveur intellectuelle ou morale. « *Un poème insipide* », BOILEAU. « *Cette passion rend insipides toutes les choses du ciel* », MASSILLON. ♦ Qui n'a aucun agrément, en parlant des personnes. *Harangueur insipide.*

INSIPIDEMENT, adv. [ɛ̃sipid(ə)mɑ̃] (*insipide*) D'une manière insipide.

INSIPIDITÉ, n. f. [ɛ̃sipidite] (*insipide*) Qualité de ce qui est insipide. *L'insipidité d'une nourriture.* ♦ **Fig.** Manque de saveur intellectuelle ou morale. *L'insipidité de la vie.*

INSISTANCE, n. f. [ɛ̃sistɑ̃s] (*insister*) Action d'insister. ■ **Ling.** *Accent d'insistance,* renforcement de la prononciation de certains phonèmes ou d'un ensemble de phonèmes.

INSISTER, v. intr. [ɛ̃siste] (lat. *insistere,* s'attacher à) Faire instance, persévérer à demander, à vouloir quelque chose. *N'insistez pas. Il insiste à demander cette place. Il insiste pour me faire avoir cette place.* ♦ *Insister que,* avec le subjonctif. « *Le pape Adrien insiste qu'on lui rende le patrimoine de la Sicile* », VOLTAIRE. ♦ S'arrêter avec force sur quelque chose, y appuyer. *L'avocat insista sur ce moyen.* ■ **INSISTANT, ANTE**, adj. [ɛ̃sistɑ̃, ɑ̃t]

IN SITU, ■ loc. adv. [insity] (mots lat., *in,* dans, et abl. de *situs,* situation) Dans son cadre naturel, à sa place normale. *Sauvegarder des espèces animales ou végétales in situ.*

INSITUABLE, ■ adj. [ɛ̃sitɥabl] (2 *in-* et *situable*) Se dit d'une chose, d'une personne dont il est malaisé de dire avec assurance la place qu'elle occupe dans un groupe, dans un mouvement, dans une catégorie. *Un chef-d'œuvre insituable.*

INSOCIABILITÉ, n. f. [ɛ̃sɔsjabilite] (*insociable*) Caractère de celui qui est insociable.

INSOCIABLE, adj. [ɛ̃sɔsjabl] (lat. *insociabilis,* incompatible) Qui n'est pas sociable. *Un homme, un peuple insociable.* ■ N. m. ou n. f. *Un, une insociable.*

INSOLATION, n. f. [ɛ̃sɔlasjɔ̃] (lat. *insolatio*) Action d'exposer quelqu'un ou quelque chose à la chaleur du soleil. ♦ Moyen employé en thérapeutique pour exciter l'économie animale ou pour produire la rubéfaction. ♦ Maladie qui est la suite de coups de soleil dans les pays chauds. ♦ Quantité de chaleur solaire versée sur la Terre.

INSOLÉ, ÉE, p. p. d'insoler. [ɛ̃sole] Qui a reçu l'action du soleil. *Du foin insolé.* ♦ **Phot.** Soumis à l'action du soleil. *Épreuve insolée.*

INSOLEMMENT, adv. [ɛ̃solamɑ̃] (*insolent*) Avec insolence.

INSOLENCE, n. f. [ɛ̃solɑ̃s] (lat. *insolentia*, inexpérience, nouveauté, de *solere*, être habitué) Perte de respect. « *Le perfide ! à quel point son insolence monte !* », RACINE. ♦ Violence oppressive. ♦ Orgueil offensant. *L'insolence des parvenus.* ♦ Paroles et actions où il y a de l'insolence. *Faire, dire des insolences.* ♦ **Fig.** Caractère de ce qui semble constituer une irrévérence au sort, aux lois établies, et dont le succès est plein de défi. *L'insolence du talent, de sa réussite.*

INSOLENT, ENTE, adj. [ɛ̃solɑ̃, ɑ̃t] (lat. *insolens*, inaccoutumé, excessif, effronté) Qui perd le respect, en parlant des personnes. « *Tout homme insolent est en abomination au Seigneur* », SACI. ♦ *Insolent de. Insolent de ses succès.* ♦ Qui a le caractère de l'insolence, en parlant des choses. *Discours insolent.* ♦ Qui offense la modestie, la pudeur. *Insolent avec les femmes.* ♦ Qui est d'un orgueil outrageux. *Vainqueur insolent.* ♦ Même sens, en parlant des choses. *Insolent orgueil.* ♦ **Fig.** et **fam.** Extraordinaire, inouï, immérité. *Bonheur insolent.* ♦ **N. m.**, n. f. Personne insolente. ♦ **Fam.** Celui qui offense la modestie, la pudeur.

INSOLER, v. tr. [ɛ̃sole] (lat. *insolare*, de *sol*, soleil) Exposer au soleil. ♦ S'insoler, v. pr. S'exposer aux rayons du soleil. ■ **Phot.** Soumettre à l'action du soleil, de la lumière. *Insoler des épreuves.*

INSOLITE, ■ adj. [ɛ̃solit] (lat. *insolitus*) Qui n'est point d'usage, qui est contraire à l'usage. *Des expressions nouvelles et insolites. Un procédé insolite.* ■ **Rem.** Il existe un emploi substantivé masculin à valeur neutre. *L'insolite dans cette affaire est que...*

INSOLUBILISER, ■ v. tr. [ɛ̃solybilize] (*insoluble*) **Chim.** Conférer à un corps, ou à une substance, les caractéristiques de l'insolubilité.

INSOLUBILITÉ, n. f. [ɛ̃solybilite] (*insoluble*) **Chim.** Qualité des substances qui ne peuvent se dissoudre. ♦ Impossibilité de résoudre un problème, une question, etc.

INSOLUBLE, adj. [ɛ̃solybl] (lat. *insolubilis*, indissoluble) **Chim.** Qui ne peut se dissoudre. *La résine est insoluble dans l'eau.* ♦ Qu'on ne peut résoudre, expliquer. *Problème insoluble.*

INSOLVABILITÉ, n. f. [ɛ̃solvabilite] (*insolvable*) Impuissance de payer.

INSOLVABLE, adj. [ɛ̃solvabl] (2 *in*- et *solvable*) Qui n'a pas de quoi payer. *Débiteur insolvable.* ♦ **Fig.** « *Insolvable de son fonds, l'âme sent sa pauvreté et sa misère* », BOURDALOUE.

INSOMNIAQUE, ■ adj. [ɛ̃sɔmnjak] (*insomnie*) Qui souffre d'insomnie, de troubles du sommeil. *Depuis qu'il est insomniaque, il lit beaucoup plus !* ■ N. m. ou n. f. *Un, une insomniaque.*

INSOMNIE, n. f. [ɛ̃sɔmni] (lat. *insomnia*) Privation de sommeil.

INSOMNIEUX, EUSE, ■ n. m. et n. f. [ɛ̃sɔmnjø, øz] (lat. *insomniosus*, privé de sommeil) **Litt.** Insomniaque. « *Ce bruit de bottes, qu'écoutent d'un bout à l'autre de l'Europe, tant d'insomnieux apeurés !* », MARTIN DU GARD. ■ Relatif à l'insomnie ou qui y est enclin. *Elle est insomnieuse en ce moment.*

INSONDABLE, adj. [ɛ̃sɔ̃dabl] (2 *in*- et *sonder*) Qui ne peut être sondé, dont on ne peut atteindre le fond. *Des fondrières insondables.* ♦ **Fig.** « *Qui peut sonder de Dieu l'insondable pensée ?* », LAMARTINE. ■ **Rem.** Il existe un emploi substantivé masculin à valeur neutre. *L'insondable dans cette affaire est que...*

INSONORE, ■ adj. [ɛ̃sɔnɔr] (2 *in*- et *sonore*) Silencieux, qui ne produit aucun son. *Une cabine d'examen médical insonore.* ■ Qui atténue les sons. *Studio insonore.* ■ **INSONORISER**, v. tr. [ɛ̃sɔnɔrize]

INSOUCIAMMENT, adv. [ɛ̃susjamɑ̃] (*insouciant*) D'une manière insouciante.

INSOUCIANCE, n. f. [ɛ̃susjɑ̃s] (*insouciant*) État ou caractère de celui qui est insouciant. ♦ Absence de souci, d'inquiétude sur quelque chose. *L'insouciance du danger, de la mort.* ■ Avec insouciance, de manière insouciante. ■ Résultat, produit de l'insouciance. *Ces écrits sont d'une charmante insouciance.*

INSOUCIANT, ANTE, adj. [ɛ̃susjɑ̃, ɑ̃t] (2 *in*- et *soucier*) Qui ne se soucie pas d'une chose. *Un homme, un caractère insouciant. Être insouciant du lendemain.* ■ Être insouciant de, ne pas se soucier d'une chose, ne pas s'en inquiéter. *Il est insouciant de l'effet de ses paroles venimeuses.*

INSOUCIEUX, EUSE, ■ adj. [ɛ̃susjø, øz] (2 *in*- et *soucieux*) **Litt.** Qui ne se préoccupe, ni ne se soucie de certaines choses. *Il est insoucieux quant à sa conduite.*

INSOUMIS, ISE, adj. [ɛ̃sumi, iz] (2 *in*- et *soumis*) Non soumis. *Des peuples insoumis.* ♦ **N. m. Milit.** Jeune soldat qui, ayant reçu une feuille de route, n'est pas arrivé à sa destination au jour fixé par cet ordre.

INSOUMISSION, n. f. [ɛ̃sumisjɔ̃] (2 *in*- et *soumission*) Caractère, état de ce qui n'est pas soumis. ■ **Milit.** Infraction qui fait qu'un soldat est considéré comme un insoumis.

INSOUPÇONNABLE, ■ adj. [ɛ̃supsɔnabl] (2 *in*- et *soupçonner*) En parlant d'une personne ou d'une chose, qui ne peut être soupçonnée, qui est au-dessus de tout soupçon du fait de l'image véhiculée. *Un élève insoupçonnable. Une intégrité insoupçonnable.* ■ Dont on ne peut, au préalable, discerner l'existence, la valeur ou l'ampleur. *Des qualités insoupçonnables.*

INSOUPÇONNÉ, ÉE, ■ adj. [ɛ̃supsɔne] (2 *in*- et *soupçonner*) Se dit d'une chose ou d'une personne sur laquelle aucun soupçon ne s'est porté ou ne se porte. *Sa malhonnêteté était insoupçonnée.* ■ Dont on n'a pas, au préalable, discerné l'existence, la valeur ou l'ampleur. *Des trésors insoupçonnés.*

INSOUTENABLE, adj. [ɛ̃sut(ə)nabl] (2 *in*- et *soutenir*) Qu'on ne peut soutenir, défendre, justifier. *Opinion insoutenable.* ♦ Qu'on ne peut supporter, endurer. *Un état insoutenable.* ♦ Qui choque extrêmement. *Homme, vanité insoutenable.*

INSPECTÉ, ÉE, p. p. d'inspecter. [ɛ̃spɛkte]

INSPECTER, v. tr. [ɛ̃spɛkte] (lat. *inspectare*) Examiner avec autorité, ou avec une mission spéciale d'une autorité compétente. *Inspecter les écoles, les collèges, des travaux, etc.* ♦ **Absol.** *C'est M. un tel qui inspecte.* ■ Examiner minutieusement. *Inspecter un lieu.*

INSPECTEUR, TRICE, n. m. et n. f. [ɛ̃spɛktœr, tris] (lat. impér. *inspector*, observateur ; b. lat., contrôleur) Personne dont la fonction est d'inspecter quelque chose. ♦ Dans l'université, inspecteur d'académie, etc. ♦ *Inspectrice*, dame chargée d'inspecter les pensions de jeunes filles. ♦ *Inspecteur général*, celui qui a l'inspection sur toute une branche d'un service public. ♦ *Inspectrice*, la femme d'un inspecteur. ■ **Milit.** Officier supérieur tenant au sein des armées un rôle de surveillance et de contrôle. *Inspecteur du génie.* ■ **Dr.** *Inspecteur du travail*, fonctionnaire chargé de veiller au respect de la législation du travail et de l'emploi. ■ **Admin.** *Inspecteur de l'Éducation nationale (IEN)*, personne chargée par le ministère de l'Éducation nationale d'évaluer l'enseignement et les enseignants d'un établissement scolaire, généralement du premier degré ou de l'enseignement technique, et de les conseiller dans leurs choix. *La circonscription de cet inspecteur de l'Éducation nationale recouvre le tiers de ce département, il a fait procéder à différentes ouvertures et fermetures de classe.* ■ **Fam.** et **plais.** *Inspecteur des travaux finis*, se dit d'une personne n'ayant pas participé à une tâche, se permet de donner son avis sur cette réalisation, une fois celle-ci achevée.

INSPECTION, n. f. [ɛ̃spɛksjɔ̃] (lat. impér. *inspectio*, examen, réflexion, de *inspicere*, regarder attentivement) Action d'inspecter quelque chose. *Faire l'inspection des armes.* ♦ Fonction d'examiner quelque chose, de le surveiller. *Inspection des écoles, du matériel, etc.* ♦ Place, emploi d'inspecteur. ■ **Dr.** *Inspection du Travail*, corps de fonctionnaires chargé de veiller au respect de la législation du travail et de l'emploi. ■ *Inspection générale des Finances*, corps de l'état qui a pour tâche de vérifier la bonne marche des différents services de l'administration des finances ainsi que de contrôler financièrement les comptes de l'ensemble du service public.

INSPIRATEUR, TRICE, adj. [ɛ̃spiratœr, tris] (b. lat. *inspirator*) **Physiol.** Qui sert à l'inspiration. *Mouvements inspirateurs.* ♦ **Fig.** Qui agit comme un souffle sur l'âme, sur l'esprit. *Un souffle inspirateur.* ♦ **N. m.** et n. f. *L'inspirateur du génie.* « *Ô toi l'inspiratrice et l'objet de mes chants* », DELILLE.

INSPIRATION, n. f. [ɛ̃spirasjɔ̃] (b. lat. *inspiratio*, souffle, inspiration) **Physiol.** Action par laquelle l'air entre dans les poumons. ♦ **Fig.** Mouvements de l'âme, pensées, actions qui sont dus à une insufflation divine. *Une inspiration divine.* ♦ L'enthousiasme qui entraîne les poètes, les musiciens, les peintres. *Poésie pleine d'inspiration. Des vers écrits d'inspiration.* ♦ Action de conseiller quelqu'un, de lui suggérer quelque chose. *Se diriger par les inspirations des autres.* ♦ La chose inspirée. *Écouter les inspirations de sa fureur.* ■ Influence exercée sur une personne, une œuvre. *Un tableau d'inspiration religieuse.*

INSPIRÉ, ÉE, p. p. d'inspirer. [ɛ̃spire] N. m., n. f. *Un inspiré, une inspirée*, personne qui reçoit du ciel ce qu'elle pense, ce qu'elle dit. ■ *Être bien, mal inspiré*, avoir une idée, qui, une fois mise en œuvre, se révèle bonne ou mauvaise.

INSPIRER, v. tr. [ɛ̃spire] (lat. *inspirare*, souffler dans, communiquer, inspirer) Souffler dans. *Inspirer de l'air dans la poitrine d'un noyé.* ♦ **Physiol.** *Inspirer de l'air* Absol. *Inspirer*, faire entrer de l'air dans sa poitrine. ♦ **Fig.** Souffler dans, dans l'esprit, en parlant de la Divinité de qui sont reçues des lumières surnaturelles. *C'est le Saint-Esprit qui l'a inspiré.* ■ **Fam.** *Je fus bien inspiré quand je fis telle chose*, j'eus une bonne idée. ♦ **Par extens.** Donner l'enthousiasme poétique. *Les poètes disent que les Muses les inspirent.*

◆ Se dit, en un sens analogue, de ce qui fait naître l'inspiration chez l'écrivain ou l'artiste. *Ce sujet inspira le musicien.* ◆ Faire naître dans le cœur ou l'esprit quelque dessein ou pensée. *Votre exemple m'a inspiré la vertu.* ◆ Inspirer dans. « *Vos bontés à leur tour Dans les cœurs les plus durs inspireront l'amour* », RACINE. ◆ Inspirer de, avec un infinitif. « *Dieu se plaît à récompenser ceux à qui il inspire de le servir* », FLÉCHIER. ◆ Inspirer que, avec le verbe à l'indicatif. « *Des âmes hautaines qui ne cessaient de lui inspirer qu'il devait s'en rendre le maître* », BOSSUET. ◆ Inspirer, avec un nom de personne pour complément direct, conseiller, animer. « *Je vois que la sagesse elle-même t'inspire* », RACINE. ◆ S'inspirer, v. pr. Recevoir l'inspiration. ■ Prendre comme modèle, emprunter à. *Cette œuvre s'inspire du classicisme.*

INSTABILITÉ, n. f. [ɛ̃stabilite] (lat. *instabilitas*, mobilité) Défaut de stabilité physique. *L'instabilité d'un équilibre.* ◆ Fig. *L'instabilité des choses humaines.* ◆ Fig. Défaut de stabilité morale. *L'instabilité du cœur humain, des goûts, etc.* ◆ Chim. Non-permanence dans le même état. ■ Psych. *Instabilité psychomotrice*, ensemble des troubles déficitaires de l'attention comme l'agitation, ou au contraire le repli sur soi, des inhibitions, des endormissements couplés à une hyperactivité physique. *Un enfant hyperactif souffre d'instabilité psychomotrice.*

INSTABLE, adj. [ɛ̃stabl] (lat. *instabilis*) Qui n'est pas stable, permanent dans la même assiette. *Équilibre instable.* ◆ Fig. *Caractère instable.* ◆ Chim. *Combinaison instable*, combinaison qui se défait facilement. ■ Ling. En parlant d'un phonème, qui dans certains cas est tu ou altéré. *Le e muet que l'on trouve souvent à la fin des mots est une voyelle instable.* ■ N. m. et n. f. Spécial. *Un, une instable.* Se dit des personnes souffrant d'instabilité psychomotrice. ■ Personne déséquilibrée, manquant de stabilité. *C'est un instable, il change d'entreprises tous les ans !* ■ N. m. et n. f. Qui est fluant, qui ne dure pas ou très peu. *L'artiste peignait l'instable, le fugitif.*

INSTABLEMENT, adv. [ɛ̃stabləmɑ̃] (*instable*) D'une manière instable.

INSTALLATEUR, TRICE, ■ n. m. et n. f. [ɛ̃stalatœr, tris] (*installer*) Qui assure l'installation de certains appareils. *Un installateur chauffagiste.* ■ Vx Personne qui établit un dignitaire ecclésiastique dans ses fonctions.

INSTALLATION, n. f. [ɛ̃stalasjɔ̃] (*installer*) Acte par lequel un évêque, ou tout autre bénéficier, est mis en possession de sa dignité et de ses droits. ◆ Par extens. Il se dit de toute autre installation. *L'installation d'un juge.* ◆ Mar. Action de mettre dans une disposition convenable tous les objets qui se trouvent à bord d'un bâtiment. ◆ Par extens. Arrangement intérieur dans un logement, dans une maison. ■ Action de s'installer dans un lieu. *Ils songent à leur installation dans un logement plus grand.* ■ Action de mettre en place, d'installer quelque chose dans un lieu. *L'installation du chauffage.* ■ Ensembles des appareils installés. *Vérifier l'installation électrique.* ■ En art contemporain, œuvre composée d'éléments divers arrangés dans un espace.

INSTALLÉ, ÉE, p. p. d'installer. [ɛ̃stale] Adj. Fig. et fam. Qui est parvenu à une situation stable et confortable. *Les gens installés, exempts de soucis.*

INSTALLER, v. tr. [ɛ̃stale] (lat. médiév. *installare*) Faire l'installation d'un dignitaire ecclésiastique, et par extens. de tout autre dignitaire ou fonctionnaire. ◆ Placer, établir quelqu'un en quelque endroit. *Installer un commis à son bureau.* ◆ Mar. Disposer chaque objet à la place qui lui convient. ◆ Par extens. *Installer sa maison*, y faire les dispositions nécessaires pour y être à son aise. ◆ S'installer, v. pr. Se donner à soi-même l'installation. ◆ Se mettre, se caser. *S'installer dans un fauteuil, dans son logement.* ■ V. tr. Placer, mettre quelqu'un dans un lieu, dans une position particulière. *Installer un enfant sur un siège.* ■ Mettre en place, disposer quelque chose. *Installer des étagères.* ■ Fig. Prendre place dans l'esprit. *Il installa quelques doutes en son esprit.* ◆ S'installer, v. pr. *Le doute s'installait progressivement en lui.*

INSTAMMENT, adv. [ɛ̃stamɑ̃] (*instant*) Avec instance. ■ Auj., son usage est litt. *Je vous demande instamment de vous asseoir.*

INSTANCE, n. f. [ɛ̃stɑ̃s] (lat. *instantia*, application, demande pressante) Soin extrême, pressant. « *Et notre plus grand soin, notre première instance Doit être à le nourrir [l'esprit] du suc de la science* », MOLIÈRE. ◆ Sollicitation pressante. *Demander avec instance.* ◆ Le pluriel, en ce sens, est plus usité que le singulier. ◆ Tout procès où il y a demande et défense. ◆ *Première instance*, poursuite d'une action devant le premier juge. ◆ *Tribunal de première instance*, tribunal inférieur qui connaît de toutes les contestations en matière civile, à partir d'une certaine somme. ◆ Dans la scolastique, argument nouveau pour détruire la réponse faite au premier. ■ *En instance*, en cours, en attente. *Le courrier en instance.* ■ *En instance de*, en attente de. *Une personne en instance de naturalisation.* ■ Psych. Nom générique donné aux trois éléments majeurs distingués par Freud et qui constituent notre personnalité. *Le moi, le ça et le surmoi sont les trois grandes instances de l'être.* ■ Groupe de personnes ou organisme auquel a été conféré un pouvoir décisionnaire. *S'en remettre aux instances internationales.*

1 INSTANT, n. m. [ɛ̃stɑ̃] (substantivation de l'adj. *instant*) La partie de temps infiniment petite qui est considérée comme actuelle et ne faisant qu'un point dans la durée. ◆ Ellipt. et fam. *Un instant*, signifie attendez, arrêtez. ◆ À CHAQUE INSTANT, À TOUT INSTANT, loc. adv. Continuellement, sans cesse. ◆ À L'INSTANT OU DANS L'INSTANT, loc. adv. Aussitôt, à l'heure même, tout à l'heure. ◆ *En un instant*, en très peu de temps. ◆ *Dans un instant*, tout à l'heure. ◆ *Dès l'instant que*, aussitôt que. ◆ *À l'instant que*, dans l'instant où. ◆ *Un combat de tous les instants*, combat permanent. *Se battre contre une maladie grave est un combat de tous les instants.* ◆ *Vivre dans l'instant*, vivre en ne pensant qu'au présent, sans se soucier de l'avenir.

2 INSTANT, ANTE, adj. [ɛ̃stɑ̃, ɑ̃t] (lat. *instans*, p. prés. de *instare*, serrer de près, s'appliquer sans relâche) Qui poursuit, qui presse. *Instante sollicitation.* ◆ Qui nous est prochain, qui est sur nous. *Besoin, péril instant.*

INSTANTANÉ, ÉE, adj. [ɛ̃stɑ̃tane] (*instant*) Qui ne dure qu'un instant, qui se produit en un instant. *La lumière n'est pas instantanée. Une frayeur instantanée.* ■ Qui se produit immédiatement, soudainement. *Une réponse instantanée.* ■ Phot. Se dit d'un procédé photographique dont le développement se fait automatiquement à sa sortie de l'appareil grâce à un film particulier. *C'est en 1848 que le docteur Edwin Land invente le premier appareil à développement instantané.* ■ N. m. *Un instantané.* ◆ Par extens. Portrait, description d'une personne, d'une situation, à un instant donné. *Dans son dernier roman, l'auteur nous livre un instantané de la société française moderne.* ■ Se dit d'une poudre alimentaire déshydratée qui se dissout très rapidement dans l'eau avant d'être consommée. *Café instantané.*

INSTANTANÉITÉ, n. f. [ɛ̃stɑ̃taneite] (*instantané*) Qualité de ce qui est instantané.

INSTANTANÉMENT, adv. [ɛ̃stɑ̃tanemɑ̃] (*instantané*) D'une manière instantanée.

INSTAR (À L'), loc. prép. [ɛ̃star] (lat. *instar*, à la ressemblance de) À la manière de, à l'exemple de, de même que. *À l'instar des anciens.* ■ Son usage est litt.

INSTAURATION, n. f. [ɛ̃storasjɔ̃] (lat. *instauratio*, renouvellement) Établissement. *L'instauration des jeux, du temple de Jérusalem.*

INSTAURER, v. tr. [ɛ̃store] (lat. *instaurare*, renouveler, établir solidement) Donner l'instauration. *Instaurer un temple, des jeux.* ■ REM. Il existe également un usage pronominal. *Cette pratique s'est instaurée au XVIIIᵉ siècle.* ■ INSTAURATEUR, TRICE, n. m. et n. f. [ɛ̃storatœr, tris]

INSTIGATEUR, TRICE, n. m. et n. f. [ɛ̃stigatœr, tris] (lat. *instigator*) Celui, celle qui instigue, qui pousse à faire quelque chose. *Il a été l'instigateur de cette affaire, de ce crime.* ■ REM. Ce terme est le plus souvent employé en rapport avec une action qui a une mauvaise finalité.

INSTIGATION, n. f. [ɛ̃stigasjɔ̃] (lat. *instigatio*) Action d'instiguer. *Il a agi à l'instigation de, etc.*

INSTIGUÉ, ÉE, p. p. d'instiguer. [ɛ̃stige]

INSTIGUER, v. tr. [ɛ̃stige] (lat. *instigare*) ▷ Exciter à, comme par un aiguillon. *Cet homme est instigué par un tel.* ◁

INSTILLATION, n. f. [ɛ̃stilasjɔ̃] (lat. *instillatio*) Action de verser un liquide goutte à goutte. *Verser par instillation.*

INSTILLÉ, ÉE, p. p. d'instiller. [ɛ̃stile]

INSTILLER, v. tr. [ɛ̃stile] (*ill* se prononce *il* comme dans *ville*. lat. *instillare*) Verser goutte à goutte. ◆ S'instiller, v. pr. Être instillé. ◆ Fig. et litt. Faire pénétrer lentement une idée, un sentiment dans l'esprit de quelqu'un.

INSTINCT, n. m. [ɛ̃stɛ̃] (*ct* ne se prononce pas. lat. *instinctus* ; excitation ; lat. chrét., tendance naturelle) Impulsion donnée, instigation. *Par instinct de nature. L'instinct du Saint-Esprit.* ◆ Impulsion intérieure et involontaire qui meut l'âme humaine. « *Nous n'écoutons d'instincts que ceux qui sont les nôtres* », LA FONTAINE. ◆ Stimulation intérieure qui détermine l'être vivant à une action spontanée, involontaire ou même forcée, pour un but de conservation ou de reproduction. ◆ Absol. Aptitudes qu'on remarque chez les animaux. *Ce chien a de l'instinct.* ◆ Très grande aptitude. *Avoir l'instinct de la musique.* ■ D'INSTINCT, loc. adv. Selon son instinct, spontanément. ■ *Par instinct*, selon sa nature. Instinctivement, en suivant son instinct.

INSTINCTIF, IVE, adj. [ɛ̃stɛ̃ktif, iv] (*instinct*) Qui naît de l'instinct. *Mouvement, sentiment instinctif.* ■ Qui suit, qui s'en réfère à son instinct plus qu'à quelque réflexion. *Un homme instinctif.*

INSTINCTIVEMENT, adv. [ɛ̃stɛ̃ktiv(ə)mɑ̃] (*instinctif*) Par instinct.

INSTINCTUEL, ELLE, ■ adj. [ɛ̃stɛ̃ktɥɛl] (*instinct* prob. d'après *intellectuel*) Qui a trait à l'instinct, qui en émane. *Il s'en réfère toujours à son savoir instinctuel.* ■

INSTIT, ■ n. m. et n. f. [ɛ̃stit] Voy. INSTITUTEUR.

INSTITUÉ, ÉE, p. p. d'instituer. [ɛ̃stitɥe] *Héritier institué*, héritier par testament. ◆ N. m. et n. f. *L'institué.*

INSTITUER, v. tr. [ɛ̃stitɥe] (lat. *instituere*, mettre sur pied, établir) Donner commencement, établir. *Instituer une fête.* ◆ Établir en charge, en fonction. *Instituer un juge, un notaire.* ◆ Dr. *Instituer un héritier*, instituer héritier, nommer, faire quelqu'un son héritier par testament. ♦ Donner des institutions. « *Celui qui ose entreprendre d'instituer un peuple* », J.-J. ROUSSEAU. ♦ **S'instituer**, v. pr. S'établir de sa propre autorité dans quelque fonction. ♦ Être institué.

INSTITUT, n. m. [ε̃stity] (lat. *institutum*, plan établi, organisation, de p. p. neutre de *instituere*) En général, chose instituée. « *Suivant mon institut, suivant mes volontés, Vous opérez l'effet de votre ministère* », P. CORNEILLE. ♦ Constitution d'un ordre religieux, d'une règle de vie qui est prescrite à cet ordre au temps de son établissement. « *Les communautés qui s'appliquent, selon leur institut, à élever des filles* », FÉNELON. ♦ L'ordre lui-même. *L'institut des jésuites.* ♦ Fondation quelconque. ♦ ▷ Corps de gens de lettres, de savants, d'artistes choisis. *L'institut de Bologne.* ◁ ♦ ■ **Institut de France** ou simplement **Institut**, compagnie comprenant les cinq académies : Académie française, Académie des inscriptions et belles-lettres, Académie des sciences, Académie des beaux-arts et Académie des sciences morales et politiques. ♦ Lieu où se tiennent les séances de l'Institut. *Aller à l'Institut.* ♦ **N. m. pl.** *Instituts* se dit quelquefois pour *Institutes*. ■ Nom de certains établissements de recherche ou d'enseignement. ■ Nom donné à certains établissements où l'on dispense des soins. *Un institut de beauté.*

INSTITUTES, n. f. pl. [ε̃stityt] (lat. *instituta*, plur. de *institutum* pris au M.-A. pour un fém. sing.) Ouvrage élémentaire qui renferme les principes du droit romain (avec I majuscule). *Les Institutes de Gaïus, de Justinien.* ♦ **Absol.** *Les Institutes, les Institutes de Justinien.* ♦ **Par extens.** Nom donné à certains autres ouvrages élémentaires de jurisprudence. ◁ ♦ Quelques-uns disent : *Instituts.*

INSTITUTEUR, TRICE, n. m. et n. f. [ε̃stitytœr, tris] (lat. *institutor*, celui qui administre ; b. lat., précepteur) ▷ Celui, celle qui institue, qui établit. *L'instituteur d'un ordre religieux.* ◁ ♦ ▷ Celui qui donne des institutions à un peuple. ◁ ■ Personne chargée de l'éducation et de l'instruction d'un ou de plusieurs enfants. ♦ ▷ Celui, celle qui tient une pension, une école. ◁ ♦ Aujourd'hui, *instituteur* ne se dit plus que de celui ou de celle qui tient une école. ■ Personne qui enseigne dans une école maternelle ou primaire. ■ **Abrév. fam.** Instit. *Des instits.* ■ **REM.** On ne recrute plus aujourd'hui les instituteurs mais des professeurs d'école qui bénéficient d'un statut différent (recrutement au niveau de la licence et retraite à 60 ans, entre autres).

INSTITUTION, n. f. [ε̃stitysjɔ̃] (lat. *institutio*) Action par laquelle on institue, on établit. *L'institution de l'Église.* ♦ Ramener une chose à son institution, en faire revivre les principes. ♦ Tout ce qui est inventé et établi par les hommes. *Ce qui est d'institution est sujet à changement.* ♦ La chose instituée. *Les caisses d'épargne sont une institution utile.* ♦ *Les institutions,* les lois fondamentales qui régissent un État. ♦ **Dr.** *Institution d'héritier,* nomination d'un héritier. ♦ ▷ Action d'instruire et de former, en parlant de ceux qui sont instruits. « *Vous faites de l'institution des enfants un grand objet de gouvernement* », VOLTAIRE. ◁ ♦ École, maison d'éducation. *Un chef d'institution.* ■ *Institution canonique,* acte installant un clerc dans un office et lui attribuant sa juridiction. ■ **Fig.** et **fam.** Action de conférer une importance marquée, un caractère quasi incontournable, voire intemporel. ■ **Fig.** et **fam.** *En Angleterre, le thé à cinq heures est une véritable institution.* ■ **N. f. pl.** Ensemble des structures établies par la loi ou la coutume et régissant un État donné.

INSTITUTIONNALISATION, ■ n. f. [ε̃stitysjɔnalizasjɔ̃] (*institutionnaliser*) Action d'institutionnaliser. *L'institutionnalisation de la télévision.*

INSTITUTIONNALISER, ■ v. tr. [ε̃stitysjɔnalize] (*institutionnel*) Conférer le caractère d'une institution à quelque chose. *Ils ont institutionnalisé la pause-café.* ■ Généraliser. *Les conflits s'institutionnalisent.* ■ **Par extens.** Conférer à une chose un caractère intemporel.

INSTITUTIONNALISME, ■ n. m. [ε̃stitysjɔnalism] (*institutionnel*) Doctrine économique américaine, née dans les années 1920, qui tend à privilégier le rôle que jouent les institutions dans l'activité et les décisions économiques. ■ **INSTITUTIONNALISTE**, n. m. et n. f. [ε̃stitysjɔnalist] *Une vision institutionnaliste des ressources humaines.*

INSTITUTIONNEL, ELLE, ■ adj. [ε̃stitysjɔnεl] (*institution*) Qui a trait à une ou plusieurs institutions. *Des responsables institutionnels.* ■ Qui a trait aux institutions de l'État. *Les sites internet institutionnels.* ■ **Psych.** Qui est pratiqué au sein d'une institution psychiatrique. *Thérapie institutionnelle.*

INSTRUCTEUR, TRICE, n. m. et n. f. [ε̃stryktœr, tris] (lat. *instructor*, ordonnateur ; lat. chrét., celui qui éduque) ▷ Celui qui instruit. « *[Les apôtres] De leur siècle profane instructeurs généreux* », VOLTAIRE. ◁ ♦ Personne qui est chargée d'enseigner aux jeunes soldats le maniement des armes. ♦ **Adj.** *Capitaine instructeur.* ♦ Écuyer qui enseigne l'équitation. ♦ **Dr.** *Juge instructeur,* juge d'instruction.

INSTRUCTIF, IVE, adj. [ε̃stryktif, iv] (*instruire,* d'après le lat. *instructum,* supin. de *instruere*) Qui instruit, en parlant de choses. *Ouvrage instructif. Lecture instructive.* ■ **INSTRUCTIVEMENT**, adv. [ε̃stryktiv(ə)mã] *C'est très instructivement que nous avons participé à cette aventure.*

INSTRUCTION, n. f. [ε̃stryksjɔ̃] (lat. *instructio,* disposition, construction) Action d'instruire, de dresser à quelque chose. *L'instruction d'un prince.* ♦ L'action d'enseigner diverses connaissances à la jeunesse. *Répandre l'instruction. Instruction primaire, secondaire, professionnelle.* ♦ *L'instruction publique,* celle que l'État distribue au public par l'intermédiaire de certains corps. ♦ **Absol.** *L'Instruction publique,* le ministre de l'Instruction publique. ♦ Savoir, connaissances. *Avoir de l'instruction.* ♦ Leçon, précepte qu'on donne pour instruire. « *La chute du peuple de Dieu devait être l'instruction de l'univers* », BOSSUET. « *Une des sœurs fera une instruction familière* », BOSSUET. ♦ *Instruction pastorale,* mandement d'évêque sur quelque point de doctrine. ♦ Connaissance qu'on donne à quelqu'un de certains faits, de certains usages qu'il ignore. *Je vous demande cela pour mon instruction.* ♦ Ordres, avis, explications qu'une personne donne à une autre pour la conduite de quelque affaire, de quelque entreprise ; dans ce sens, il s'emploie surtout au pluriel. *Les instructions d'un ambassadeur.* ♦ **N. f. pl.** Ouvrage où l'on trouve des détails nautiques sur une côte, sur une mer, etc. ♦ **Dr.** Ensemble des formalités et des informations nécessaires pour mettre une cause, une affaire civile ou criminelle en état d'être jugée. *L'instruction d'un procès.* ♦ *Juge d'instruction,* magistrat établi pour rechercher les crimes et délits, en recueillir les preuves ou indices. ♦ ▷ *Par instruction,* avec pour finalité l'instruction. « *Chacun peut par instruction aller voir, à Venise, à Madrid [...] les places où brillèrent d'immenses pouvoirs* », BALZAC. ◁ ■ **Inform.** Directive formulée dans un langage de programmation, selon un code précis et ce en vue de l'exécution d'une ou plusieurs opérations déterminées. ■ *Instruction civique,* discipline visant à expliquer à un élève le fonctionnement des institutions de son pays, de l'Europe, etc., afin de le préparer à son devoir de citoyen.

INSTRUIRE, v. tr. [ε̃stryir] (lat. *instruere,* assembler dans, équiper, disposer) Enseigner quelqu'un, lui apprendre quelque chose, lui donner des leçons, des préceptes pour les mœurs, pour quelque science, etc. *Instruire la jeunesse.* ♦ *Se faire instruire,* se faire donner un enseignement. ♦ Dans le langage poétique et soutenu, avec un nom de chose pour complément. « *À peine ma langue commençât à se délier, qu'on t'instruit à nommer votre saint nom* », MASSILLON. ♦ Il se dit des choses qui donnent une sorte d'instruction. « *C'est presque toujours notre propre obliquité qui nous instruit à la défiance* », MASSILLON. ♦ **Absol.** « *C'est qu'en instruisant tu sais plaire.* », LA MOTTE. ♦ Habituer. « *Vous êtes dès longtemps instruite à m'outrager* », VOLTAIRE. ♦ Dresser un animal. *Instruire un cheval, les chiens à chasser, etc.* ■ Informer, avertir, donner connaissance de quelque chose. *Cette lettre vous instruira de tout.* ♦ On dit : *Instruire que, instruire qui* et *instruire si.* « *C'était pour nous instruire. Que souvent la raison suffit à nous conduire* », VOLTAIRE. ♦ **Dr.** Mettre une cause, une affaire civile ou criminelle en état d'être jugée. ♦ *Instruire le procès de quelqu'un,* lui faire son procès en matière criminelle, et par extens. examiner rigoureusement ce que ses actions ont de coupable. ♦ **Absol.** Instruire, instruire contre quelqu'un. ♦ **S'instruire**, v. pr. Recevoir de l'instruction. « *Instruisez-vous, arbitres du monde* », BOSSUET. ♦ Se donner l'un à l'autre de l'instruction, des informations. ♦ **Dr.** Être instruit. *Ce procès s'instruit.*

INSTRUISANT, ANTE, adj. [ε̃stryizã, ãt] (*instruire*) ▷ Qui donne de l'instruction. « *Il n'y a rien de plus instruisant pour un chrétien que la lecture des livres saints* », MALEBRANCHE. ◁

INSTRUIT, ITE, p. p. d'instruire. [ε̃stryi, ite] **Absol.** Qui a beaucoup d'instruction. *Homme instruit.*

INSTRUMENT, n. m. [ε̃strymã] (lat. *instrumentum,* mobilier, outillage, de *instruere*) Tout agent mécanique qu'on emploie dans une opération quelconque. *Des instruments d'optique, d'astronomie, etc.* ♦ **Écon.** et **polit.** Instruments naturels de l'industrie, les matières et les forces que la nature fournit gratuitement à l'homme. ♦ **Liturg.** *Instruments de paix,* reliquaire, image, anneau, patène, etc. que l'on baise. ♦ *Instruments des sacrifices,* objets servant chez les anciens à des usages sacrés. ♦ Instruments de musique. « *Il s'endort, il s'éveille, au son des instruments* », RACINE. ♦ *Instrument à vent,* ceux où le son est produit par le souffle de la bouche, comme la flûte, le cor, etc. ou par un soufflet, comme l'orgue, etc. ♦ *Instruments à cordes,* ceux où le son est produit par des cordes, comme la guitare, le violon, le piano. ♦ *Instruments de percussion,* ceux qu'on frappe pour marquer le rythme, comme les tambours, les cymbales, etc. ♦ **Par extens.** Tout ce qui sert pour faire une chose, une action quelconque. « *J'ai reconnu le fer instrument de sa rage* », RACINE. ♦ **Fig.** Personnes ou choses qui servent à produire quelque effet, à parvenir à quelque fin. « *Force gens ont été l'instrument de leur mal* », LA FONTAINE. « *Dieu, dont l'homme n'est que l'instrument* », PASCAL. ♦ Titre par écrit établissant des droits. *L'instrument d'un mariage, d'un traité.* ♦ **Prov.** *C'est un bel instrument que la langue,* il est plus facile de parler que d'exécuter. ■ **PAR INSTRUMENT, loc. prép.** Par l'intermédiaire de, par le moyen de, par l'intervention de. *Une alliance obtenue par l'instrument des diplomates.* ■ **Gramm.** *Complément d'instrument,* complément qui indique l'instrument par lequel l'action énoncée est réalisée.

INSTRUMENTAIRE, adj. [ɛ̃stʀymɑ̃tɛʀ] (*instrument*) Dr. *Témoin instrumentaire*, celui qui assiste un notaire ou quelque autre officier public dans les actes pour la validité desquels la présence de témoins est nécessaire. ♦ **Mar.** *Officier instrumentaire*, officier d'administration du bord, quand il agit comme officier de l'état civil. ▪ Se dit d'un officier ministériel, qui a la charge de rédiger des instruments, des actes publics. *Un huissier, un notaire instrumentaire.* ▪ Se dit de l'acte ainsi rédigé. *Un acte instrumentaire.* ▪ N. m. et n. f. **Ellipt.** Officier ministériel qui rédige des actes publics. *Un, une instrumentaire.*

INSTRUMENTAL, ALE, adj. [ɛ̃stʀymɑ̃tal] (lat. scolast. *instrumentalis*) Qui sert d'instrument. *La cause instrumentale.* ♦ **Gramm.** *Cas instrumental*, cas qui exprime l'instrument, le moyen. ♦ **Mus.** Qui s'exécute, qui doit être exécuté par des instruments. *Musique instrumentale. Concert vocal et instrumental.*

INSTRUMENTALISATION, ▪ n. f. [ɛ̃stʀymɑ̃talizasjɔ̃] (*instrumentaliser*) Action de considérer une personne ou une chose comme un instrument. ▪ Utilisation à son profit d'une personne ou d'une chose. *L'instrumentalisation d'un conflit civil par des puissances étrangères.*

INSTRUMENTALISER, ▪ v. tr. [ɛ̃stʀymɑ̃talize] (*instrumental*) Se servir d'une personne comme d'un instrument et ce dans le but d'en tirer quelque profit.

INSTRUMENTALISME, ▪ n. m. [ɛ̃stʀymɑ̃talism] (angl. *instrumentalism*) **Philos.** Doctrine pragmatique développée par le philosophe américain J. Dewey (1859-1952), selon laquelle l'ensemble des connaissances humaines n'a de réalité que celle de l'action et doivent être considérées comme instrument au service de l'action et n'ont donc de valeur qu'en fonction de leur utilité pratique.

INSTRUMENTATION, n. f. [ɛ̃stʀymɑ̃tasjɔ̃] (*instrumenter*) Art de tirer dans la musique un bon parti des instruments. ♦ Manière dont la partie instrumentale d'un morceau de musique est disposée. ▪ **Techn.** Ensemble d'instruments utilisés dans un domaine particulier. *L'instrumentation océanographique.*

INSTRUMENTER, v. intr. [ɛ̃stʀymɑ̃te] (*instrument*) Dresser des contrats, des procès-verbaux, des exploits et autres actes publics. ♦ Écrire pour chaque instrument la partie qui lui appartient dans une œuvre musicale. *Ce compositeur instrumente bien.* ♦ **Activ.** *Instrumenter un opéra.* ▪ **Techn.** Pourvoir une installation, un dispositif d'appareils de contrôle.

INSTRUMENTISTE, n. m. [ɛ̃stʀymɑ̃tist] (*instrument*) Celui qui joue d'un instrument et particulièrement d'un instrument à vent. ▪ Personne chargée de préparer les instruments et de les fournir au chirurgien lors d'une intervention chirurgicale.

1 INSU, UE, ▪ adj. [ɛ̃sy] (2 *in-* et *su*) **Rare** Qui n'est pas connu d'une personne, d'un groupe de personnes. *Le sociologue exposait combien la société et ses évolutions parfois insues pesaient sur notre comportement.*

2 INSU (À L'), n. m. [ɛ̃sy] (2 *in-* et *su*) À l'insu de quelqu'un, à mon insu, à votre insu, etc., la chose n'étant pas sue de quelqu'un, de moi, de vous, etc. ▪ **Rem.** On écrivait aussi *à l'insçu* autrefois.

INSUBMERSIBILITÉ, ▪ n. f. [ɛ̃sybmɛʀsibilite] (*insubmersible*) Qualité de ce qui est insubmersible. *L'insubmersibilité d'un bateau.*

INSUBMERSIBLE, adj. [ɛ̃sybmɛʀsibl] (2 *in-* et *submersible*) Qui n'est pas susceptible d'être submergé. ▪ N. m. et n. f. **Rare** *Un insubmersible, une insubmersible.*

INSUBORDINATION, n. f. [ɛ̃sybɔʀdinasjɔ̃] (2 *in-* et *subordination*) Défaut de subordination, manquement à la subordination. *Esprit, acte d'insubordination.*

INSUBORDONNÉ, ÉE, adj. [ɛ̃sybɔʀdɔne] (2 *in-* et *subordonné*) Qui a l'esprit d'insubordination, qui manque fréquemment à la subordination. ▪ N. m. et n. f. *Un insubordonné, une insubordonnée.*

INSUCCÈS, n. m. [ɛ̃syksɛ] (2 *in-* et *succès*) Manque de succès. ▪ Revers.

INSUFFISAMMENT, adv. [ɛ̃syfizamɑ̃] (*insuffisant*) D'une manière insuffisante.

INSUFFISANCE, n. f. [ɛ̃syfizɑ̃s] (2 *in-* et *suffisance*, d'après le lat. chrét. *insufficientia*) État de ce qui est insuffisant. *L'insuffisance des capitaux, des récoltes, etc.* ♦ État d'un esprit qui n'est pas capable d'une certaine besogne, d'une certaine tâche. ▪ **Méd.** Fonctionnement anormal d'un organe. *Insuffisance cardiaque, respiratoire.*

INSUFFISANT, ANTE, adj. [ɛ̃syfizɑ̃, ɑ̃t] (2 *in-* et suffisant d'après le lat. chrét. *insufficiens*) Qui ne suffit pas. *Somme, récolte insuffisante.* ▪ Qui n'a pas les compétences, les aptitudes nécessaires. ▪ N. m. et n. f. **Méd.** Personne atteinte d'une insuffisance. *Un insuffisant cardiaque.*

INSUFFLATEUR, n. m. [ɛ̃syflatœʀ] (*insuffler*) Instrument pour porter les remèdes pulvérulents dans le larynx ou le nez. ▪ Appareil utilisé afin de projeter de l'air sous la grille d'une chaudière. ▪ **Adj.** Qui est utilisé afin d'insuffler. *Un tube insufflateur.*

INSUFFLATION, n. f. [ɛ̃syflasjɔ̃] (b. lat. *insufflatio*) Action de souffler dans un organe ou dans une cavité quelconque un gaz, un liquide ou une substance pulvérulente. ♦ Action de gonfler en soufflant dedans. *Insufflation d'un ballon.* ▪ **Fig.** Action de faire pénétrer par la suggestion une idée, un sentiment dans un esprit. *L'insufflation d'idées pernicieuses et destructrices.*

INSUFFLÉ, ÉE, p. p. d'insuffler. [ɛ̃syfle]

INSUFFLER, v. tr. [ɛ̃syfle] (b. lat. *insufflare*, souffler dans ou sur) **Méd.** Introduire à l'aide du souffle un gaz, une vapeur, une poudre. ♦ Gonfler par insufflation. *Insuffler une vessie.* ▪ Transmettre, inspirer. *Insuffler un élan nouveau.* ▪ **Relig.** En parlant d'une divinité, donner, transmettre par le souffle. *Pygmalion insuffla la vie à la statue qu'il avait sculptée.*

INSULA, ▪ n. f. [insula] (*in* se prononce *inn*, et *u* se prononce *ou*. Mot lat.) Maison de l'Antiquité romaine comprenant plusieurs logements à prix modique. *Des insulas.*

INSULAIRE, adj. [ɛ̃sylɛʀ] (lat. *insularis*, relatif à une île) Qui habite une île. *Les peuples insulaires.* ♦ N. m., n. f. *Un, une insulaire.* ▪ **Adj.** Relatif à une île, à des îles. *Le commerce insulaire.*

INSULARITÉ, ▪ n. f. [ɛ̃sylaʀite] (*insulaire*) Situation d'un territoire formé d'au moins une île. ▪ Ensemble des caractéristiques propres à une population, à un territoire revêtant cette situation. *L'insularité anglaise.* ▪ **Fig.** Caractéristique de ce qui tend à s'isoler. *L'insularité d'un esprit rongé par la folie.*

INSULINE, ▪ n. f. [ɛ̃sylin] (lat. *insula*, île, l'insuline étant sécrétée par les *îlots de Langerhans*) Hormone sécrétée par le pancréas et ayant la propriété de réduire le taux de glycémie des diabétiques. *Une injection d'insuline.* ▪ **INSULINIQUE**, adj. [ɛ̃sylinik]

INSULINODÉPENDANT, ANTE, ▪ n. m. et n. f. [ɛ̃sylinodepɑ̃dɑ̃, ɑ̃t] (*insuline* et *dépendant*) **Méd.** Personne ou état d'une personne diabétique qui ne peut pallier son trouble glucidique qu'au moyen d'une injection d'insuline. ▪ **Adj.** Se dit d'un insulinodépendant. *Une diabétique insulinodépendante.*

INSULINOTHÉRAPIE, ▪ n. f. [ɛ̃sylinoteʀapi] (*insuline* et *thérapie*) **Méd.** Traitement par insuline des troubles engendrés par le diabète.

INSULTANT, ANTE, adj. [ɛ̃syltɑ̃, ɑ̃t] (*insulter*) Qui insulte. *Orgueil insultant.* « *La foule insultante* », VOLTAIRE.

INSULTE, n. f. [ɛ̃sylt] (b. lat. *insultus*, de *insilire*, sauter sur) ▷ Action d'attaquer par un coup de main. *Une place exposée aux insultes de l'ennemi.* ◁ ♦ Agression offensante de fait ou de parole. *Faire insulte à quelqu'un.* ♦ Outrage qu'on fait à quelque sentiment. « *C'est une insulte aux douleurs de notre vie* », VOLTAIRE. ♦ Dans le XVIIe siècle, insulte était du masculin.

INSULTÉ, ÉE, p. p. d'insulter. [ɛ̃sylte] N. m. et n. f. *L'insulté.*

INSULTER, v. tr. [ɛ̃sylte] (lat. *insultare*, sauter sur, de *saltare*, danser) ▷ Attaquer par un coup de main, en parlant d'une place de guerre et de fortifications. « *On insulta le chemin couvert* », VOLTAIRE. ◁ ♦ Attaquer quelqu'un de fait ou de parole d'une manière offensante. ♦ V. intr. Insulter en bravant avec affectation. *Insulter aux dieux.* ♦ Insulter en prenant avantage de la faiblesse, de la misère, etc. *Insulter à la misère publique.* ♦ S'insulter, v. pr. S'adresser des insultes l'un à l'autre.

INSULTEUR, n. m. [ɛ̃syltœʀ] (*insulter*) Celui qui insulte habituellement, qui fait métier d'insulter. *Insulteur public.* ▪ ▷ **Adj. Fig.** Qui assène des coups. *Le vent insulteur.* ◁ ▪ **Rare** Qui insulte. *Des cris et des jurons insulteurs.*

INSUPPORTABLE, adj. [ɛ̃sypɔʀtabl] (2 *in-* et *supportable*) Qui ne peut être supporté, en parlant des personnes ou des choses. *Homme, mal insupportable.* ♦ Insupportable à « *Ce vice rend le pécheur insupportable à lui-même* », MASSILLON. ▪ En parlant d'une personne, qui a un caractère tel qu'elle est difficile à supporter. *Un adolescent insupportable.*

INSUPPORTABLEMENT, adv. [ɛ̃sypɔʀtabləmɑ̃] (*insupportable*) D'une manière insupportable.

INSUPPORTER, ▪ v. tr. [ɛ̃sypɔʀte] (radic. de *insupportable*) **Fam.** Être insupportable à une personne, l'exaspérer fortement. *Cet homme m'insupporte au plus haut point.* « *Ce caquetage qui m'insupportait autrefois, m'est agréable : il me rejette à hier* », GONCOURT.

INSURGÉ, ÉE, p. p. d'insurger. [ɛ̃syʀʒe] N. m. et n. f. *Les insurgés.*

INSURGENTS, n. m. pl. [ɛ̃syʀʒɑ̃] (angl. *insurgent*, rebelle, du lat. *insurgere*, se dresser) Nom donné à certaines troupes de Hongrie, levées extraordinairement pour le service de l'État. ♦ Nom donné, lors de la guerre pour l'indépendance des États-Unis, aux Américains soulevés.

INSURGER, v. tr. [ɛ̃syʀʒe] (lat. *insurgere*, se dresser) ▷ Soulever contre. *Insurger une nation.* ◁ ♦ S'insurger, v. pr. Se soulever contre un gouvernement, une discipline, une autorité. ♦ Avec ellipse du pronom personnel. *Faire insurger une province.* ♦ **Par extens.** S'insurger contre le bon sens.

INSURMONTABLE, adj. [ɛ̃syʀmɔ̃tabl] (2 *in-* et *surmontable*) Qui ne peut être surmonté. *Obstacle, aversion insurmontable.* ♦ *Insurmontable à.* « *Périclès se conserva toujours invincible et insurmontable aux richesses* », ROLLIN.

INSURMONTABLEMENT, adv. [ɛ̃syʀmɔ̃tabləmɑ̃] (*insurmontable*) D'une manière insurmontable.

INSURPASSABLE, ■ adj. [ɛ̃syʀpasabl] (2 *in-* et *surpasser*) Qui ne peut être dépassé dans un domaine donné. « *Il ne pensait qu'à son élégance insurpassable, et il était très gêné pour ses pauvres amis qui seraient certainement battus par lui au concours* », COHEN.

INSURRECTEUR, TRICE, adj. [ɛ̃syʀɛktœʀ, tʀis] (*insurrection*) ▷ Qui insurge, qui excite une insurrection. *Comité insurrecteur.* ◁

INSURRECTION, n. f. [ɛ̃syʀɛksjɔ̃] (b. lat. *insurrectio*) Action de s'insurger. *L'insurrection des Grecs.* ♦ *Fig. L'insurrection des esprits.*

INSURRECTIONNEL, ELLE, adj. [ɛ̃syʀɛksjɔnɛl] (*insurrection*) Qui tient de l'insurrection. *Mouvement, esprit insurrectionnel.*

INSURRECTIONNELLEMENT, adv. [ɛ̃syʀɛksjɔnɛl(ə)mɑ̃] (*insurrectionnel*) Par l'insurrection, d'une manière insurrectionnelle.

INTACT, TE, adj. [ɛ̃takt] (lat. *intactus*, de *tangere*, toucher) À quoi l'on n'a point touché, dont on n'a rien retranché. *Cachet, dépôt intact.* ♦ Fig. Intact et pur. ♦ Qui n'a point subi d'altération. *Un monument intact.* ♦ Fig. Qui n'a souffert de dommage ni par soupçon ni par reproche. *Honneur intact. Réputation intacte. Un homme intact.*

INTACTILE, adj. [ɛ̃taktil] (lat. *intactilis*) ▷ Qui échappe au sens du tact. *La lumière est intactile.* ◁

INTAILLE, n. f. [ɛ̃taj] (ital. *intaglio*) Pierre dure gravée en creux, à la différence des camées.

INTANGIBILITÉ, n. f. [ɛ̃tɑ̃ʒibilite] (*intangible*) Qualité de ce qui est intangible.

INTANGIBLE, adj. [ɛ̃tɑ̃ʒibl] (2 *in-* et *tangible*) Qui échappe au sens du toucher. *Une cause intangible.* ■ Qui doit être conservé comme tel, hors de toute atteinte. *Un principe, une loi intangible.*

INTARISSABLE, adj. [ɛ̃taʀisabl] (2 *in-* et *tarir*) Qui ne peut être tari, épuisé. *Source intarissable.* ♦ Fig. Qui ne s'épuise pas. *Une imagination intarissable. Sujet intarissable de conversation.* ♦ Qui abonde en paroles. *Il est intarissable sur ce sujet.*

INTARISSABLEMENT, adv. [ɛ̃taʀisabləmɑ̃] (*intarissable*) D'une manière intarissable.

INTÉGRABLE, adj. [ɛ̃tegʀabl] (*intégrer*) **Math.** Qui peut être intégré. ♦ Que l'on peut intégrer dans un ensemble. *La somme dont vous me parlez n'est pas intégrable dans ce calcul.*

INTÉGRAL, ALE, adj. [ɛ̃tegʀal] (lat. *integer*, génit. *integri*, non entamé ; sens math. du lat. sav. (XVIIIᵉ s.) *integralis* Entier, qui n'éprouve aucune diminution. *Restitution intégrale. Des paiements intégraux.* ♦ **Math.** Calcul inverse du calcul différentiel. ♦ N. f. *L'intégrale d'une quantité différentielle*, la quantité finie dont cette différentielle est la partie infiniment petite. ■ **Fam.** En parlant de l'œuvre d'un artiste, édition qui comprend l'intégralité de sa production. *L'intégrale de Rousseau, de Brassens.*

INTÉGRALEMENT, adv. [ɛ̃tegʀal(ə)mɑ̃] (*intégral*) D'une manière intégrale.

INTÉGRALITÉ, n. f. [ɛ̃tegʀalite] (*intégral*) État d'une chose complète, entière. ■ *L'intégralité de*, la totalité d'un ensemble donné.

INTÉGRANT, ANTE, adj. [ɛ̃tegʀɑ̃, ɑ̃t] (p. prés. du lat. *integrare*, réparer, renouveler) Qui contribue à l'intégrité d'un tout. *Les bras, les jambes sont des parties intégrantes du corps humain.* ♦ **Phys.** *Parties intégrantes*, celles qui constituent les corps simples ou composés et qui sont semblables à la masse.

1 INTÉGRATEUR, ■ n. m. [ɛ̃tegʀatœʀ] (*intégrer*) **Électr.** Appareil ou circuit dont la valeur du signal de sortie est proportionnelle à l'intégrale par rapport au temps de la valeur du signal d'entrée.

2 INTÉGRATEUR, TRICE, ■ n. m. et n. f. [ɛ̃tegʀatœʀ, tʀis] (*intégrer*) Professionnel spécialisé dans l'assemblage de systèmes informatiques et ce à l'aide d'éléments déjà assemblés par d'autres fabricants.

INTÉGRATIF, IVE, ■ adj. [ɛ̃tegʀatif, iv] (*intégration*) Qui est susceptible d'intégrer, qui tend à favoriser une intégration. *Cette démarche témoigne d'une réelle politique intégrative.*

INTÉGRATION, n. f. [ɛ̃tegʀasjɔ̃] (lat. *integratio*, renouvellement ; sens math. de *intégrer*) **Math.** Action d'intégrer. ■ Action d'intégrer, le résultat de cette action. *L'intégration d'un agent dans un corps de police.* ■ **Sociol.** Fait qu'une personne étrangère comprenne, respecte les valeurs du pays où elle est accueillie au point d'en devenir un véritable acteur social. *L'intégration est un point important de notre politique.* ■ **Écon.** Regroupement d'au moins deux entreprises dont les activités complémentaires permettent la fabrication d'un produit fini. ■ **Polit.** Fusion de plusieurs États en une entité économique et politique unique qui débouche sur la levée des taxations douanières ainsi que sur la libre circulation des êtres et ce afin de favoriser les échanges économiques entre les différents pays concernés. ■ **Physiol.** Traitement des diverses informations reçues par le système nerveux et permettant de coordonner plus ou moins harmonieusement les différentes activités d'un être.

INTÉGRÉ, ÉE, p. p. d'intégrer. [ɛ̃tegʀe]

INTÈGRE, adj. [ɛ̃tɛgʀ] (lat. *integer*) Qui ne se laisse pas altérer, corrompre. *Une vertu, un homme intègre.*

INTÈGREMENT, adv. [ɛ̃tɛgʀəmɑ̃] (*intègre*) D'une manière intègre. ■ REM. Auj., son usage est rare.

INTÉGRER, v. tr. [ɛ̃tegʀe] (lat. *integrare*, réparer, renouveler ; sens math. de *intégrale*) **Math.** Trouver l'intégrale d'une quantité différentielle. ■ Introduire dans un ensemble. *Intégrer des notes dans un texte.* ■ Entrer dans. *Intégrer la fonction publique.* ■ **Fam.** Être reçu au concours d'entrée d'une grande école. ■ *S'intégrer*, v. pr. Trouver sa place dans un groupe, s'assimiler. *Les étudiants étrangers se sont bien intégrés.*

INTÉGRISME, ■ n. m. [ɛ̃tegʀism] (esp. *integrismo*) Chez les catholiques, mouvement prenant son essor au début du XXᵉ siècle et prônant l'attachement à la doctrine et à la tradition contre le modernisme. ■ Conservatisme pouvant être fanatique, en matière de religion, de croyances ou d'idées politiques. ■ INTÉGRISTE, adj. ou n. m. et n. f. [ɛ̃tegʀist]

INTÉGRITÉ, n. f. [ɛ̃tegʀite] (lat. *integritas*) État d'une chose qui est entière. *L'intégrité du territoire, d'un dépôt, etc.* ♦ Fig. « *Les brigues et les partialités qui corrompent l'intégrité de la justice* », BOSSUET. ♦ État d'une chose saine et sans altération. *L'intégrité de ces fruits, si bien conservés.* ♦ Fig. Qualité d'une personne qui ne se laisse entamer par aucun vice. *L'intégrité de ma vie.* ♦ Qualité d'une personne intègre, incorruptible à l'argent.

INTELLECT, n. m. [ɛ̃telɛkt] (lat. *intellectus*, perception, intelligence, de *intellegere*, discerner, comprendre) L'esprit en tant qu'il conçoit ; l'entendement. ■ **Par extens.** et **fam.** Capacités mentales d'une personne considérées dans leur ensemble. *La vivacité de son intellect.*

INTELLECTIF, IVE, adj. [ɛ̃telɛktif, iv] (b. lat. *intellectivus*) Appartenant à l'intellect. *La faculté intellective.* ♦ N. f. *L'intellective*, la faculté de concevoir, compréhension. ■ **Ling.** *L'accent intellectif*, l'accent intellectuel. *L'accent intellectif consiste notamment à accentuer la première syllabe des mots importants pour bien marteler qu'il s'agit d'une idée essentielle.*

INTELLECTION, ■ n. f. [ɛ̃telɛksjɔ̃] (lat. chrét. *intellectio*, signification) **Philos.** Ensemble des fonctions de l'intellect permettant la compréhension et la conception. « *Il en est de l'intellection comme de la vision : l'œil n'a été fait, lui aussi, que pour nous révéler les objets sur lesquels nous sommes en état d'agir* », BERGSON.

INTELLECTUALISER, ■ v. tr. [ɛ̃telɛktɥalize] (*intellectuel*) Appréhender un phénomène ou une notion sous l'angle de l'intelligence, de la raison. *Il intellectualise tout ce qui lui arrive.* ■ INTELLECTUALISANT, ANTE, adj. [ɛ̃telɛktɥalizɑ̃, ɑ̃t] ■ INTELLECTUALISATION, n. f. [ɛ̃telɛktɥalizasjɔ̃]

INTELLECTUALISME, ■ n. m. [ɛ̃telɛktɥalism] (*intellectuel* ; infl. de l'angl. *intellectualism*) **Philos.** Doctrine qui pose comme prédominantes les fonctions intellectuelles sur tout ce qui a trait aux émotions et à la volonté. ■ **Par extens.** Tendance qui tend à privilégier tout ce qui relève de l'intellect et ce au détriment de tout ce qui a trait au sentiment ou à la sensibilité. ■ Caractère d'une production artistique ou d'un artiste qui privilégie tout ce qui relève de l'intellect. *L'intellectualisme de Claudel.* ■ INTELLECTUALISTE, adj. et n. m. et n. f. [ɛ̃telɛktɥalist]

INTELLECTUEL, ELLE, adj. [ɛ̃telɛktɥɛl] (b. lat. *intellectualis*) Qui appartient à l'intellect. *Phénomène intellectuel.* ♦ Spirituel, par opposition à matériel. *Substance intellectuelle.* ♦ Qui s'adonne, professionnellement par goût, aux activités de l'esprit. ■ N. m. et n. f. *Les intellectuels du groupe examinent le projet.* ■ **Abrév.** Intello. *Des intellos.* ■ **Ling.** *Accent intellectuel*, accent marqué par l'accentuation du premier phonème d'un mot.

INTELLECTUELLEMENT, adv. [ɛ̃telɛktɥɛl(ə)mɑ̃] (*intellectuel*) D'une manière intellectuelle, dans l'intelligence.

INTELLIGEMMENT, adv. [ɛ̃teliʒamɑ̃] (*intelligent*) Avec intelligence, d'une manière intelligente. *Parler intelligemment de tout.*

INTELLIGENCE, n. f. [ɛ̃teliʒɑ̃s] (lat. *intelligentia*, faculté de comprendre, de *intellegens*) Qualité de l'esprit qui comprend ; faculté de comprendre. *Avoir l'intelligence vive.* ♦ Absol. Compréhension nette et facile. ♦ *Avoir de l'intelligence*, comprendre facilement, agir avec discernement. ♦ Il se dit aussi des animaux. *L'éléphant a beaucoup d'intelligence.* ♦ L'esprit en tant qu'il conçoit. *L'intelligence humaine.* ♦ Substance spirituelle, considérée en tant qu'intelligente. *Dieu est la suprême intelligence.* ♦ Action de connaître, de savoir, de pénétrer par l'esprit. *Avoir l'intelligence de trois ou quatre langues.* « *Il a des vieux auteurs la pleine intelligence* », MOLIÈRE. ♦ *Avoir l'intelligence de quelque chose,* la saisir, la pénétrer. ♦ **Art** Entente de certains effets, talent, goût avec lequel l'artiste sait le reproduire. *L'intelligence de la lumière, de la scène, etc.* ♦ Adresse, habileté, en parlant des moyens employés et de leur choix pour obtenir un certain résultat. *S'acquitter d'une mission avec intelligence.* ♦ Communication entre des personnes qui s'entendent l'une avec l'autre. *Avoir des intelligences avec l'ennemi. Être d'intelligence avec,* s'entendre avec. ♦ Se dit aussi des choses qui s'accordent. « *Vos désirs et les miens seront d'intelligence* », P. CORNEILLE. ♦ *Être de l'intelligence,* être dans ce qui se concerte, se prépare. ♦ *Être de l'intelligence de quelqu'un,* s'entendre avec lui. ♦ Accord, union des sentiments. *Être en bonne, en mauvaise intelligence avec quelqu'un.* ■ **Log.** et **inform.** *Intelligence artificielle,* ensemble des recherches et des techniques mises au point afin de doter les systèmes informatiques de mécanismes susceptibles de se rapprocher de ceux du cerveau humain. ■ POUR L'INTELLIGENCE DE, loc. prép. Pour une bonne lecture de, pour une bonne compréhension de. *Pour l'intelligence de cette affaire, il faut en connaître les moindres détails.*

INTELLIGENT, ENTE, adj. [ɛ̃teliʒɑ̃, ɑ̃t] (lat. *intellegens,* p. prés. de *intellegere,* discerner, comprendre) Pourvu de la faculté de concevoir, de comprendre. « *Les sages, en contemplant la nature, admettent un pouvoir intelligent et suprême* », VOLTAIRE. ♦ *Intelligent de.* « *Un créateur tout-puissant n'a pu me créer qu'en me rendant intelligent de la vérité* », FÉNELON. ♦ Qui a beaucoup d'habileté, d'adresse. *Un élève, un domestique intelligent.* ♦ Il se dit aussi des animaux. *Ce chien est fort intelligent.* ■ **Fam.** et **par antiphrase** Sot. *C'est intelligent d'avoir dit cela, il est fâché maintenant!* ■ Se dit d'un appareil capable de réaliser de lui-même certaines opérations jugées complexes et ce sans l'intervention de l'homme. *Voiture intelligente.*

INTELLIGENTSIA, ■ n. f. [inteliʒɛntsja] (mot russe) En Russie, sous le régime tsariste, mouvement avant-gardiste, composé d'une élite culturelle et intellectuelle, militant en faveur de réformes politiques et sociales. ■ **Par extens.** Élite intellectuelle d'un pays.

INTELLIGIBILITÉ, n. f. [ɛ̃teliʒibilite] (lat. médiév. *intelligibilitas*) Qualité de ce qui est intelligible. *L'intelligibilité d'une proposition.*

INTELLIGIBLE, adj. [ɛ̃teliʒibl] (lat. *intelligibilis*) Qui est aisé à comprendre. *Un passage clair et intelligible. S'expliquer d'une manière intelligible.* « *On n'est pas entendu seulement à cause que l'on s'entend soi-même, mais parce qu'on est en effet intelligible* », LA BRUYÈRE. ♦ Qui peut être ouï et compris facilement et distinctement. *Parler à haute et intelligible voix.* ♦ **Philos.** Qui appartient à l'ordre de l'intelligence. *Les choses intelligibles.* ♦ **N. m.** *L'intelligible.* ♦ Qui ne subsiste que dans l'entendement, par opposition à *réel. Les universaux, les catégories sont purement intelligibles.* ♦ *Monde intelligible,* l'idée primitive du monde dans l'entendement divin.

INTELLIGIBLEMENT, adv. [ɛ̃teliʒibləmɑ̃] (*intelligible*) D'une manière facile à comprendre. « *Il parlait français fort intelligiblement* », VOLTAIRE. ♦ D'une manière facile à ouïr et à comprendre. *Prononcer intelligiblement.* ♦ D'une façon appartenant à l'ordre de l'intelligence. « *Par la grandeur et la beauté de la créature, on peut connaître intelligiblement le Créateur* », BOSSUET.

INTELLO, ■ n. m. et n. f. [ɛ̃telo] (abrév. de *intellectuel*) Voy. INTELLECTUEL.

INTEMPÉRANCE, n. f. [ɛ̃tɑ̃perɑ̃s] (lat. *intemperantia,* défaut de retenue) Ce qui est opposé à la modération, à la juste mesure. « *Cette intempérance de sagesse dont parle saint Paul* », BOURDALOUE. « *Une intempérance de lecture* », FLÉCHIER. ♦ Vice opposé à la sobriété. « *L'intempérance des hommes change en poisons mortels les aliments destinés à conserver la vie* », FÉNELON. ♦ *Intempérance de langue,* trop grande liberté qu'on se donne de parler. *Intempérance de plume.*

INTEMPÉRANT, ANTE, adj. [ɛ̃tɑ̃perɑ̃, ɑ̃t] (lat. *intemperans*) Qui ne se contient pas, qui n'est pas contenu. *Langue intempérante.* ♦ Qui n'est pas sobre. ♦ **N. m.** *L'intempérant.*

INTEMPÉRÉ, ÉE, adj. [ɛ̃tɑ̃pere] (lat. *intemperatus*) En qui le juste tempérament n'existe pas.

INTEMPÉRIE, n. f. [ɛ̃tɑ̃peri] (lat. *intemperies,* état immodéré de quelque chose) Manque de juste tempérament, de bonne température, en parlant de l'air, des saisons, etc. *Les intempéries de l'air ou simplement les intempéries.* ♦ **Fig.** « *Quel transport, quelle intempérie a causé ces violences ces agitations?* », BOSSUET. ■ REM. Pour le sens premier, le terme se trouve toujours au pluriel.

INTEMPESTIF, IVE, adj. [ɛ̃tɑ̃pestif, iv] (lat. *intempestivus*) Qui n'est pas fait en temps convenable. *Demande intempestive.* ■ Inopportun, déplacé. *Des remarques intempestives.*

INTEMPESTIVEMENT, adv. [ɛ̃tɑ̃pestiv(ə)mɑ̃] (*intempestif*) D'une manière intempestive. *Faire une demande intempestivement.*

INTEMPORALITÉ, ■ n. f. [ɛ̃tɑ̃poralite] (*intemporel*) Caractère de ce qui ne se soumet pas à la variabilité du temps. *Le sommeil, cette intemporalité si jouissive.* ■ Caractère de ce qui ne change ni ne varie aucunement, de ce qui est immuable. « *Son rêve d'intemporalité est vain, pour autant que c'est dans la durée qu'il nous faut créer et être fidèle* », RICŒUR.

INTEMPOREL, ELLE, adj. [ɛ̃tɑ̃porɛl] (2 *in-* et *temporel*; b. lat. *intemporalis,* éternel) Qui n'est pas soumis au passage du temps, aux altérations que celui-ci entraîne. ♦ **N. m.** Ce qui échappe au temps, à la durée. *Certains rêvent à la fin de l'histoire et à l'avènement de l'intemporel.* ■ INTEMPORELLEMENT, adv. [ɛ̃tɑ̃porɛl(ə)mɑ̃]

INTENABLE, ■ adj. [ɛ̃t(ə)nabl] (2 *in-* et *tenable*) **Milit.** Qui est indéfendable, où l'on ne peut se maintenir. *Une position stratégique mais malheureusement intenable.* ■ **Fig.** Qui ne peut être tenu ou défendu, que l'on ne peut pas justifier ou argumenter. *Un argument intenable. Une opinion intenable.* ■ Que l'on ne peut pas ou qui est difficile à supporter. *Une atmosphère intenable.* ■ **Fam.** Dont le comportement est insoumis, sur lequel on n'a pas prise. *Ces enfants sont intenables!*

INTENDANCE, n. f. [ɛ̃tɑ̃dɑ̃s] (*intendant*) Direction d'affaires. « *Le roi de Rome avait l'intendance des sacrifices* », MONTESQUIEU. ♦ Anciennement, charge, fonction d'intendant de province. ♦ *Intendance militaire,* corps des intendants militaires. ♦ Maison où demeure un intendant, où il a ses bureaux. ♦ Charge d'un intendant qui gère les biens d'un particulier. ■ Ensemble des questions matérielles et économiques rattachées à une chose. ■ **Admin.** *Intendance universitaire,* service qui a pour mission de traiter les problèmes financiers et matériels des lycées et des collèges. ■ **Fig.** *L'intendance suivra,* une fois les décisions politiques prises, les problèmes économiques finissent toujours, tant bien que mal, par se résorber.

INTENDANT, ANTE, n. m. et n. f. [ɛ̃tɑ̃dɑ̃, ɑ̃t] (moy. fr. *superintendant,* régisseur, du b. lat. *superintendere,* surveiller) Personne qui est chargée de l'administration de quelque affaire. ♦ Autrefois, fonctionnaire qui était à la tête de l'administration des provinces. ♦ *Intendant de la marine,* fonctionnaire qui administrait un des départements maritimes de France. ♦ Fonctionnaire qui surveille et dirige un service public ou un grand établissement. *Intendant des bâtiments.* ♦ ▷ *Intendants militaires,* délégués du ministère de la Guerre pour tout ce qui concerne l'administration. ◁ ♦ Personne qui gère les affaires d'une personne riche, d'une grande maison. ■ **Admin.** Personne qui a pour charge la gestion financière et matérielle d'un collège ou d'un lycée.

INTENDANTE, n. f. [ɛ̃tɑ̃dɑ̃t] (*intendant*) La femme d'un intendant. ♦ Dans certains monastères de femmes, la supérieure.

INTENSE, adj. [ɛ̃tɑ̃s] (b. lat. *intensus,* de *intendere,* donner de la tension) Qui a de la tension, et par suite grand, fort, vif. *Froid intense.* ♦ Se dit des sons qui vibrent fortement. *Maladie intense,* maladie dont les symptômes se manifestent avec beaucoup de force. ■ INTENSÉMENT, adv. [ɛ̃tɑ̃semɑ̃]

INTENSIF, IVE, ■ adj. [ɛ̃tɑ̃sif, iv] (lat. médiév. *intensivus*) Qui se fait d'une façon poussée, avec une énergie accrue, en vue d'obtenir de meilleurs résultats. *Une préparation intensive à un concours.* ■ **Agric.** *Culture intensive,* culture dont les rendements sont optimisés autant que faire se peut et qui atteignent une productivité nettement supérieure à la normale. ■ **Ling.** Qui renforce, qui accentue l'idée véhiculée par un mot ou un énoncé. *L'adverbe* trop *est un adverbe intensif.* ■ INTENSIVEMENT, adv. [ɛ̃tɑ̃siv(ə)mɑ̃]

INTENSIFIER, ■ v. tr. [ɛ̃tɑ̃sifje] (*intense*) Augmenter, soumettre à une activité plus importante ou plus rapide. *Intensifier la production de quelque chose.* ■ S'intensifier, v. pr. Augmenter, devenir plus intense. ■ INTENSIFICATION, n. f. [ɛ̃tɑ̃sifikɑsjõ]

INTENSITÉ, n. f. [ɛ̃tɑ̃site] (*intense*; p.-ê. angl. *intensity*) Degré de tension d'une chose, et par suite degré de force ou d'activité d'une chose, d'une qualité, d'une puissance. *L'intensité du froid, du son, etc.* ♦ **Gramm.** Force plus grande avec laquelle la voix appuie sur une syllabe accentuée. ■ Quantité d'électricité qui traverse un conducteur par seconde. ■ **Physiol.** *Intensité liminale* ou *liminaire,* seuil que doit atteindre un stimulus afin de produire une réponse nerveuse chez le sujet excité. ■ **Phonét.** *Accent d'intensité,* accent mis sur une syllabe et qui renforce sa prononciation par rapport aux autres syllabes du mot. ■ **Gramm.** *Adverbe d'intensité,* adverbe qui étalonne le degré d'une chose dont on parle. *Peu, trop, énormément sont des adverbes d'intensité.* ■ **Phys.** *Intensité lumineuse,* quantité de lumière diffusée par une source lumineuse dans un angle solide.

INTENTÉ, ÉE, p. p. d'intenter. [ɛ̃tɑ̃te]

INTENTER, v. tr. [ɛ̃tɑ̃te] (lat. *intentare,* diriger contre) Usité seulement dans ces locutions : *Intenter une action, intenter un procès, intenter une accusation contre quelqu'un,* faire un procès contre quelqu'un, former une accusation contre quelqu'un. ♦ On dit aussi : *Intenter un procès à quelqu'un.*

INTENTION, n. f. [ɛ̄tɑ̄sjɔ̄] (lat. *intentio*, tension, application, intention, de *intendere*) Action de tendre l'esprit, et par suite mouvement de l'âme par lequel on tend à quelque fin. *Avoir de bonnes, de mauvaises intentions.* ◆ *D'intention*, en se joignant par l'intention. *Être d'intention avec quelqu'un.* ◆ Casuiste. Diriger son intention, Voy. DIRIGER *Direction d'intention*, Voy. DIRECTION. ◆ Volonté, surtout quand il s'agit de celui qui a supériorité, autorité. *L'intention de votre père est que vous partiez.* ◆ Inclination, amour. « *Si quelque intention le pressait pour Lucile* », MOLIÈRE. ◆ *À l'intention de*, par destination pour. *Ce livre a été fait à mon intention.* ◆ *Faire des prières, donner des aumônes, dire la messe, etc. à l'intention de quelqu'un*, faire ces choses dans le dessein qu'elles lui servent devant Dieu. ◆ *À bonne intention*, avec l'intention d'être utile, de plaire, etc. ◆ *À mauvaise intention*, avec le dessein de nuire. ◆ *En intention de* ou *que*, avec la volonté de. ◆ *Sans intention*, sans avoir l'intention de. *Des coups portés sans intention de donner la mort.* ◆ **Prov.** *L'enfer est pavé de bonnes intentions*, il y a beaucoup de bonnes intentions, mais on ne les mène pas à la fin. ◆ *L'intention est réputée pour le fait*, avoir voulu une chose vaut autant, en bien ou en mal, que l'avoir faite. ■ *Procès d'intention*, récrimination fondée non pas sur un acte commis, mais sur les intentions qu'on prête à son auteur.

INTENTIONNÉ, ÉE, adj. [ɛ̄tɑ̄sjɔne] (*intention*) Qui a certaine intention. *Bien intentionné, mal intentionné.*

INTENTIONNEL, ELLE, adj. [ɛ̄tɑ̄sjɔnɛl] (lat. scolast. *intentionalis*) Qui appartient à l'intention, à la volonté. *Le sens intentionnel d'un auteur.* ◆ **Dr.** *Question intentionnelle*, question soumise à la décision du jury, relativement à l'intention de l'accusé. ■ Qui est fait à dessein. *Un retard intentionnel.*

INTENTIONNELLEMENT, adv. [ɛ̄tɑ̄sjɔnɛl(ə)mɑ̄] (*intentionnel*) En intention.

1 INTER, ■ n. m. et n. f. [ɛ̄tɛʀ] (abrév. de *intérieur*) Au football, attaquant occupant une position intermédiaire entre l'ailier et l'avant-centre.

2 INTER..., ■ [ɛ̄tɛʀ] préfixe exprimant un lien de réciprocité, ou un intervalle spatial ou temporel.

INTERACTIF, IVE, ■ adj. [ɛ̄tɛʀaktif, iv] (2 *inter-* et *actif*) Qui permet un échange avec le public, en parlant d'un média télévisuel ou radiophonique ou d'un support informatique.

INTERACTION, ■ n. f. [ɛ̄tɛʀaksjɔ̄] (2 *inter-* et *action*) Action exercé réciproquement par un objet sur un autre, par un phénomène sur un autre. *L'interaction des phénomènes économiques et sociaux n'est plus à démontrer.* ■ **Phys.** Action exercée réciproquement par un corps sur un autre. *L'interaction exercée entre deux charges négatives.* ■ **INTERACTIONNEL, ELLE**, adj. [ɛ̄tɛʀaksjɔnɛl] *Une pédagogie interactionnelle.*

INTERACTIONNISME, ■ n. m. [ɛ̄tɛʀaksjɔnism] (*interaction*) **Sociol.** Ensemble des modes d'analyse ayant pour objet d'étude les différentes interactions d'une société et les influences qu'elles peuvent avoir sur un sujet donné.

INTERACTIVITÉ, ■ n. f. [ɛ̄tɛʀaktivite] (2 *inter-* et *activité*) Possibilité d'échanges entre l'utilisateur d'un système informatique et ce même système.

INTERAFRICAIN, AINE, ■ adj. [ɛ̄tɛʀafʀikɛ̄, ɛn] (2 *inter-* et *africain*) Qui concerne, qui touche plusieurs pays africains ou tous. *Les problèmes interafricains.*

INTERAGIR, ■ v. intr. [ɛ̄tɛʀaʒiʀ] (*interaction*, d'après *agir*) Agir en même temps et l'un sur l'autre.

INTERALLEMAND, ANDE, ■ adj. [ɛ̄tɛʀal(ə)mɑ̄, ɑ̄d] (2 *inter-* et *allemand*) Qui concernait l'une et l'autre des deux Allemagnes, avant qu'elles ne soient réunifiées. *Les problèmes interallemands.*

INTERALLIÉ, ÉE, ■ adj. [ɛ̄tɛʀalje] (2 *inter-* et *allié*) Qui est commun à au moins deux alliés ou à tous. ■ **Spécialt** Qui est commun aux différentes nations qui composaient le clan des alliés lors de la Première et de la Seconde Guerre mondiale. *Les relations interalliées.*

INTERAMÉRICAIN, AINE, ■ adj. [ɛ̄tɛʀameʀikɛ̄, ɛn] (2 *inter-* et *américain*) Qui est commun à au moins deux États américains ou à tous. ■ Qui est commun à l'ensemble des nations du continent américain.

INTERARABE, ■ adj. [ɛ̄tɛʀaʀab] (2 *inter-* et *arabe*) Qui est commun à au moins deux pays arabes ou à tous.

INTERARMÉES, ■ adj. inv. [ɛ̄tɛʀaʀme] (2 *inter-* et *armée*) Qui fédère plusieurs armées (de terre, de mer, d'air). *Le commandement interarmées.*

INTERARMES, ■ adj. inv. [ɛ̄tɛʀaʀm] (2 *inter-* et *arme*) Qui est commun à au moins deux armes (infanterie, artillerie, etc.) d'une seule et même armée. *Un centre d'instruction interarmes.*

INTERATTRACTION, ■ n. f. [ɛ̄tɛʀatʀaksjɔ̄] (2 *inter-* et *attraction*) Attraction mutuelle chez certains animaux d'une même espèce aboutissant à leur regroupement. *Les blattes sont des animaux enclins à l'interattraction.*

INTERBANCAIRE, ■ adj. [ɛ̄tɛʀbɑ̄kɛʀ] (2 *inter-* et *bancaire*) Qui concerne les différentes relations entretenues par les banques entre elles ainsi que les différents services qu'elles proposent en commun. *Un titre interbancaire de paiement.*

INTERCADENCE, n. f. [ɛ̄tɛʀkadɑ̄s] (*intercadent*) **Méd.** Trouble dans la succession des pulsations artérielles, qui offre de loin en loin une pulsation surnuméraire placée entre deux pulsations.

INTERCADENT, ENTE, adj. [ɛ̄tɛʀkadɑ̄, ɑ̄t] (lat. *inter* et *cadere*, tomber) *Pouls intercadent*, pouls qui offre des intercadences.

INTERCALAIRE, adj. [ɛ̄tɛʀkalɛʀ] (lat. *intercalaris*) Qui est intercalé. ◆ *Jour intercalaire*, jour que l'on ajoute au mois de février dans l'année bissextile. ◆ *Année intercalaire*, année civile à laquelle on ajoute un ou plusieurs jours pour la maintenir d'accord avec l'ordre des saisons. ◆ **Gramm.** *Vers intercalaire*, vers qu'on répète plusieurs fois dans de petits poèmes, tels que les ballades, les virelais, etc. On dit plus souvent et mieux : Refrain. ■ Se dit d'une portion de temps qui est ajoutée afin d'établir une adéquation entre le temps astronomique et celui posé par un système de quantification humain. *Un jour intercalaire.* ■ **Astron.** *Lune intercalaire*, treizième lune se trouvant dans une année de trois ans en trois ans. ■ N. m. Feuille que l'on intercale entre deux feuillets afin d'établir une distinction entre ces deux parties.

INTERCALATION, n. f. [ɛ̄tɛʀkalasjɔ̄] (lat. *intercalatio*) Action d'intercaler ; résultat de cette action. ◆ L'addition d'un jour dans le mois de février aux années bissextiles. ◆ Toute addition de jours faite périodiquement, pour faire concorder l'année lunaire ou l'année civile avec l'année solaire. ◆ **Par extens.** Action d'insérer entre ou dans, en parlant d'écrits. *L'intercalation d'un mot, d'une ligne dans un acte, d'un article dans un compte, etc.*

INTERCALÉ, ÉE, p. p. d'intercaler. [ɛ̄tɛʀkale]

INTERCALER, v. tr. [ɛ̄tɛʀkale] (lat. *intercalare*) Au propre, ajouter un jour, de quatre ans en quatre ans, dans le mois de février. ◆ **Par extens.** Ajouter dans l'intérieur, insérer. *Intercaler un mot, une ligne dans un acte.* ◆ S'intercaler, v. pr. Être intercalé. ■ Faire l'ajout d'une portion de temps à un calendrier afin d'établir une adéquation entre celui-ci et le calendrier astronomique.

INTERCÉDER, v. intr. [ɛ̄tɛʀsede] (lat. *intercedere*) Intervenir en faveur de. *Intercéder pour les malheureux.*

INTERCEPTÉ, ÉE, p. p. d'intercepter. [ɛ̄tɛʀsɛpte]

INTERCEPTER, v. tr. [ɛ̄tɛʀsɛpte] (*interception*) Prendre au passage, arrêter, empêcher. *Intercepter les communications, la lumière, etc.* ◆ S'emparer par surprise de ce qui est adressé, envoyé à quelqu'un. *Intercepter les convois, les lettres.* ◆ S'intercepter, v. pr. Être intercepté. ■ **Milit.** Arrêter un véhicule (char, voiture, navire, avion, etc.) avant qu'il n'atteigne son but, en s'en emparant ou en le détruisant. ■ **Sp.** Couper la trajectoire d'une passe, et s'emparer de la balle ou du palet destiné à l'adversaire avant que ce dernier ne l'atteigne. *Il a intercepté le ballon de façon prodigieuse.*

INTERCEPTEUR, ■ n. m. [ɛ̄tɛʀsɛptœʀ] (angl. *interceptor* [*fighter*]) **Milit.** Avion de chasse capable de voler à une très grande vitesse et ayant pour mission d'attaquer les avions ennemis afin de les stopper dans la réalisation de leurs objectifs.

INTERCEPTION, n. f. [ɛ̄tɛʀsɛpsjɔ̄] (lat. *interceptio*, soustraction, vol) Action d'intercepter. *Interception de la lumière, d'une lettre, etc.* ■ **Milit.** Action de stopper un véhicule (char, voiture, navire, avion, etc.) avant qu'il n'atteigne son but et ce en s'en emparant ou en le détruisant. ■ **Sp.** Action de couper la trajectoire d'une passe, et de s'emparer de la balle ou du palet destiné à l'adversaire avant que ce dernier ne l'atteigne. *Son interception à la dernière minute du match a été décisive pour la victoire de son équipe.*

INTERCESSEUR, n. m. [ɛ̄tɛʀsesœʀ] (lat. *intercessor*) Celui qui intercède. *Un puissant intercesseur.* « *Les saints sont nos intercesseurs auprès de Dieu* », BOURDALOUE.

INTERCESSION, n. f. [ɛ̄tɛʀsesjɔ̄] (lat. *intercessio*) Action d'intercéder.

INTERCHANGEABLE, ■ adj. [ɛ̄tɛʀʃɑ̄ʒabl] (angl. *interchangeable*, de l'anc. fr. *entrechanjable*) Qu'il est possible d'échanger pour un autre. ■ En parlant de plusieurs choses ou de plusieurs personnes, équivalentes, dont la fonction est semblable et qui peuvent par conséquent se substituer l'une à l'autre. ■ **INTERCHANGEABILITÉ**, n. f. [ɛ̄tɛʀʃɑ̄ʒabilite]

INTERCIRCULATION, ■ n. f. [ɛ̄tɛʀsiʀkylasjɔ̄] (2 *inter-* et *circulation*) **Ch. de fer.** Circulation entre les différents wagons d'un train.

INTERCLASSE, ■ n. m. ou n. f. [ɛ̄tɛʀklas] (2 *inter-* et *classe*) Courte pause entre deux cours ne constituant pas, pour les élèves, une récréation.

INTERCLASSEMENT, ■ n. m. [ɛ̄tɛʀklas(ə)mɑ̄] (2 *inter-* et *classement*) Action de regrouper plusieurs articles ou fichiers en un fichier unique répondant à des critères de tri fixés au préalable. *Son dossier a été classé en seconde* *position lors de l'interclassement.* ■ Résultat de cette action. ■ INTERCLASSER, **v. tr.** [ɛ̃tɛʀklase]

INTERCLUBS, ■ adj. inv. [ɛ̃tɛʀklœb] (2 *inter*- et *clubs*) Se dit des rencontres où les membres de différents clubs sportifs s'affrontent. *Une rencontre interclubs.*

INTERCOMMUNAL, ALE, ■ adj. [ɛ̃tɛʀkomynal] (2 *inter*- et *communal*) Qui se rapporte à plusieurs communes, qui concerne plusieurs communes. *Des arrêtés intercommunaux.* ■ INTERCOMMUNALITÉ, **n. f.** [ɛ̃tɛʀkomynalite]

INTERCOMMUNAUTAIRE, ■ adj. [ɛ̃tɛʀkomynotɛʀ] (2 *inter*- et *communautaire*) Qui a trait aux relations existantes entre différentes communautés. *Une tension, une entente intercommunautaire. Un tournoi intercommunautaire.*

INTERCOMMUNICATION, ■ n. f. [ɛ̃tɛʀkomynikasjɔ̃] (2 *inter*- et *communication*) Communication réciproque entre au moins deux choses ou deux personnes.

INTERCOMPRÉHENSION, ■ n. f. [ɛ̃tɛʀkɔ̃pʀeɑ̃sjɔ̃] (2 *inter*- et *compréhension*) **Ling.** Capacité de compréhension réciproque existante entre deux personnes ou plus. *L'intercompréhension est difficile quand on ne parle pas la même langue.*

INTERCONNECTABLE, ■ adj. [ɛ̃tɛʀkɔnɛktabl] (*interconnecter*) Qui a la propriété de pouvoir être interconnecté. *Une caisse enregistreuse interconnectable.*

INTERCONNECTER, ■ v. tr. [ɛ̃tɛʀkɔnɛkte] (2 *inter*- et *connecter*) Établir une interconnexion.

INTERCONNEXION, ■ n. f. [ɛ̃tɛʀkɔnɛksjɔ̃] (2 *inter*- et *connexion*) Liaison, relation existante entre au moins deux choses ou deux phénomènes. *L'interconnexion existante entre capitaux et investissements.* ■ **Électr.** Action d'établir une liaison entre au moins deux réseaux d'énergie électrique.

INTERCONTINENTAL, ALE, ■ adj. [ɛ̃tɛʀkɔ̃tinɑ̃tal] (2 *inter*- et *continental*) Qui concerne les relations, les rapports entretenus par au moins deux continents. *Les échanges intercontinentaux.*

INTERCOSTAL, ALE, adj. [ɛ̃tɛʀkɔstal] (lat. *inter* et b. lat. *costalis*) **Anat.** Qui est entre les côtes. *Espaces intercostaux.*

INTERCOTIDAL, ALE, ■ adj. [ɛ̃tɛʀkotidal] (2 *inter*- et *cotidal*, mot angl., de *co*- et *tide*, marée) Voy. INTERTIDAL.

INTERCOURS, ■ n. m. [ɛ̃tɛʀkuʀ] (2 *inter*- et *cours*) Courte pause prévue entre deux cours.

INTERCULTUREL, ELLE, ■ adj. [ɛ̃tɛʀkyltyʀɛl] (2 *inter*- et *culturel*) Relatif aux contacts entre plusieurs cultures. *Les relations interculturelles entre ces deux pays sont très riches.* ■ **N. m.** *L'interculturel dans l'enseignement d'une langue étrangère est très important.*

INTERCURRENT, ENTE, adj. [ɛ̃tɛʀkyʀɑ̃, ɑ̃t] (lat. *intercurrens*, p. prés. de *intercurrere*, s'étendre dans l'intervalle) Qui se met entre. *Cet événement intercurrent déjoua leurs projets.* ◆ *Maladies intercurrentes,* celles qui surviennent dans le cours d'une autre maladie.

INTERDÉPARTEMENTAL, ALE, ■ adj. [ɛ̃tɛʀdepaʀtəmɑ̃tal] (2 *inter*- et *départemental*) Qui est relatif à au moins deux départements. *Des championnats interdépartementaux.*

INTERDÉPENDANT, ANTE, ■ adj. [ɛ̃tɛʀdepɑ̃dɑ̃, ɑ̃t] (2 *inter*- et *dépendant*) Lié de façon tributaire et réciproque.

INTERDICTION, n. f. [ɛ̃tɛʀdiksjɔ̃] (lat. *interdictio*) Action d'interdire, d'empêcher, de prohiber. ◆ *Interdiction de commerce,* défense de faire le commerce avec une nation contre laquelle l'État est en guerre. ◆ Tout ordre qui porte défense à un officier ou à un corps soit ecclésiastique, soit civil, d'exercer les fonctions de son ministère. ◆ **Jurispr. crimin.** *Interdiction des droits civiques, civils et de famille,* privation totale ou partielle des droits civiques, civils et de famille, prononcée contre l'individu reconnu coupable. ◆ *Chez les Romains, interdiction du feu et de l'eau,* formule que l'on employait pour condamner à une espèce de mort civile ou de bannissement. ◆ **Dr. civ.** Action d'ôter à quelqu'un la libre disposition de ses biens, et même de sa personne, quand on reconnaît qu'il est hors d'état de se conduire. ■ **Dr.** *Interdiction de séjour,* peine qui défend à un condamné libéré de se rendre dans certains lieux fixés au préalable. ■ **Dr.** *Interdiction professionnelle,* défense d'exercer une activité professionnelle. ■ **Milit.** *Tir d'interdiction,* tir ayant pour but d'empêcher l'accès de l'ennemi à certaines zones.

INTERDIGITAL, ALE, ■ adj. [ɛ̃tɛʀdiʒital] (2 *inter*- et *digital*) **Anat.** Qui se situe entre deux doigts ou entre deux orteils. *Plis, nerfs interdigitaux.*

INTERDIRE, v. tr. [ɛ̃tɛʀdiʀ] (lat. *interdicere*, interdire) Empêcher d'user de. *Interdisez-lui l'entrée de ces lieux.* « *L'effroi me saisit l'âme et m'interdit la voix* », ROTROU. ◆ *S'interdire une chose,* l'interdire à soi-même. ◆ *Interdire*

le feu et l'eau, formule usitée chez les Romains dans les sentences de bannissement. ◆ **Fig.** En parlant des choses auxquelles on attribue la faculté d'interdire, d'empêcher. *Mes occupations m'interdisent ce plaisir.* ◆ Défendre par une sentence à un ecclésiastique l'exercice de ses fonctions, ou à tout ecclésiastique la célébration des sacrements et du service divin dans les lieux marqués par la sentence. *Interdire une église, un prêtre.* ◆ Défendre à quelqu'un de continuer l'exercice de ses fonctions. *On l'a interdit de sa charge.* ◆ **Dr.** Ôter à quelqu'un la libre disposition de ses biens et même de sa personne. ◆ ▷ **Fig.** Ôter l'usage de la raison, étonner, troubler. « *Le passé m'interdit et le présent m'accable* », VOLTAIRE. ◁ S'interdire, **v. pr.** Être interdit, défendu. ◆ Se priver soi-même de certaines fonctions. ◆ *Devenir interdit,* confus.

INTERDISCIPLINAIRE, ■ adj. [ɛ̃tɛʀdisiplinɛʀ] (2 *inter*- et *disciplinaire*) Qui mêle au moins deux disciplines ou deux domaines d'études différents. *Des théories interdisciplinaires.* ■ INTERDISCIPLINARITÉ, **n. f.** [ɛ̃tɛʀdisiplinaʀite]

1 INTERDIT, ■ n. m. [ɛ̃tɛʀdi] (lat. *interdictum, interdiction,* neutre substantivé du p. p. de *interdicere*) Sentence ecclésiastique par laquelle l'Église défend l'administration des sacrements, la célébration de l'office divin. *Jeter, lancer, lever l'interdit. Mettre un pays en interdit.* ■ Interdiction imposée par un groupe social, une religion ou qu'un individu s'impose à lui-même. *Des interdits alimentaires.* ■ *Jeter l'interdit sur,* exclure, rejeter.

2 INTERDIT, ITE, p. p. d'interdire. [ɛ̃tɛʀdi, it] **N. m.** *L'interdit.* ■ **Adj.** Qui est défendu. *Il est interdit de fumer.* ■ Qui est déconcerté, stupéfait. *Ils sont restés interdits.* ■ **Adj.** ou **n. m.** et **n. f.** Qui fait l'objet d'une interdiction. *Être interdit de séjour.*

INTERENTREPRISES, ■ adj. inv. [ɛ̃tɛʀɑ̃tʀəpʀiz] (2 *inter*- et *entreprises*) Qui concerne au moins deux entreprises différentes. *Une convention collective interentreprises.*

INTÉRESSANT, ANTE, adj. [ɛ̃teʀesɑ̃, ɑ̃t] (*intéresser*) Qui intéresse. *Une nouvelle intéressante.* ◆ Dont la position, les qualités excitent l'intérêt. *C'est un homme intéressant.* ■ Dont on peut tirer un profit. *Un produit moins intéressant qu'un autre.* ■ **Fam.** *Chercher à se rendre intéressant,* faire l'intéressant, tenter d'attirer l'attention sur soi.

INTÉRESSÉ, ÉE, p. p. d'intéresser. [ɛ̃teʀese] Qui a un intérêt matériel. *Intéressé dans cette affaire.* ◆ Qui a une part à la chose. ◆ Qui a un intérêt moral. « *À l'honneur d'un époux vous-même intéressée* », RACINE. ◆ Se dit des choses, dans un sens analogue. « *Mais ma gloire en leur perte est trop intéressée* », P. CORNEILLE. ◆ À qui il importe. *Très intéressé à savoir ce qui se passait.* ◆ Se dit aussi des choses. *L'industrie intéressée aux découvertes de la science.* ◆ **N. m.** et **n. f.** *Les intéressés,* ceux à qui la chose importe. ◆ Autrefois, ceux qui avaient intérêt dans les affaires du roi. *Les intéressés dans les fermes.* ◆ Qui est compromis. « *Ma conscience n'y est pas intéressée* », PASCAL. ◆ Qui est trop attaché à ses intérêts. ◆ Inspiré, dicté par l'intérêt. « *Le véritable amour n'est point intéressé* », P. CORNEILLE.

INTÉRESSEMENT, ■ n. m. [ɛ̃teʀes(ə)mɑ̃] (*intéresser*) Curiosité, fait de prêter son attention à quelque chose. *L'intéressement d'un élève pour les cours de mathématiques.* ■ **Écon.** Rétribution du personnel d'une entreprise proportionnelle aux résultats globaux de celle-ci. *L'intéressement au chiffre d'affaires.*

INTÉRESSER, v. tr. [ɛ̃teʀese] (intérêt, d'après le lat. *interesse,* être de l'intérêt de) Donner un intérêt matériel. *On l'a intéressé dans cette affaire.* ◆ Donner quelque chose à quelqu'un, pour la rendre favorable à une affaire. ◆ Donner un intérêt moral. « *Le plaisir et la douleur servent à intéresser l'âme dans ce qui regarde le corps* », BOSSUET. ◆ Il se dit des choses, en un sens analogue. « *J'intéressai sa gloire* », RACINE. ◆ *Intéresser le jeu,* le rendre plus attachant par l'appât du gain. ◆ Être d'importance. *Cela m'intéresse beaucoup, intéresse ma santé.* ◆ Compromettre. « *Rien loin qu'on pensât à intéresser quelque principe de notre religion, on ne se soupçonnait pas même d'imprudence* », MONTESQUIEU. ◆ **Chir.** *Intéresser une partie,* y faire, durant une opération, une lésion qui n'appartient pas à cette opération. ◆ Inspirer de la bienveillance, de la compassion. « *Intéressons dans notre cause les gens de bien* », MASSILLON. ◆ **Absol.** *Cette femme intéresse.* ◆ Fixer l'attention, captiver l'esprit. *Ce récit m'a vivement intéressé.* ◆ **Absol.** *Cette tragédie intéresse.* ◆ S'intéresser, **v. pr.** Prendre part dans une affaire. *S'intéresser dans une entreprise.* ◆ Entrer dans les intérêts de quelqu'un, prendre intérêt à quelque chose. *Je m'intéresse particulièrement à cette affaire.* « *Mais je sens que pour toi ma pitié s'intéresse* », P. CORNEILLE. « *Neptune s'intéresse en ton infortune* », P. CORNEILLE. « *Tout le monde s'intéresse dans cette grande affaire* », MME DE SÉVIGNÉ. ◆ *S'intéresser contre,* prendre des sentiments contraires, défavorables. « *Qu'ai-je fait que le ciel contre moi s'intéresse* », P. CORNEILLE. ◆ Dans le XVIIᵉ siècle, *s'intéresser à* et *s'intéresser dans* avaient le même sens. Aujourd'hui, l'usage tend à y mettre une différence : *S'intéresser dans,* c'est prendre un intérêt dans une affaire ; *s'intéresser à,* c'est y avoir un intérêt moral. ■ *S'intéresser à,* se pencher sur une question, sur un sujet du fait de l'intérêt qu'on peut y trouver.

INTÉRÊT, n. m. [ɛ̃teʀɛ] (lat. *interest*, il importe, il est de l'intérêt, de *interesse*) Profit qu'on retire de l'argent prêté ou dû. *Prêt à intérêt.* ♦ *Intérêt légal*, intérêt déterminé par la loi. ♦ *Intérêt simple*, celui qui se tire simplement du capital placé. *Intérêt des intérêts, ou intérêt composé, ou anatocisme*, profit qu'on retire de l'argent prêté, en convenant qu'à chaque terme échu ce prêt se joindra au capital pour produire comme lui. ♦ **Dr.** *Dommages et intérêts ou dommages-intérêts*, l'indemnité qui est due à quelqu'un pour le préjudice, pour le dommage qu'on lui a causé. ♦ *Ce qui importe aux personnes en quelque manière que ce soit.* « Notre propre intérêt est un merveilleux instrument pour nous crever les yeux agréablement », PASCAL. ♦ *Il est de notre intérêt de*, avec l'infinitif, ou *que*, avec le subjonctif. ♦ *Avoir intérêt à*, trouver qu'il nous importe de. ♦ *Avoir intérêt de*, avec un verbe à l'infinitif. ♦ *Avoir intérêt que*, avec un verbe au subjonctif. « Trop de gens ont intérêt que les princes ne sachent pas la vérité tout entière », BOSSUET. ♦ *Au pl. Les intérêts*, l'ensemble de ce qui importe, des utilités, des avantages. *Entendre ses intérêts.* ♦ *Prendre les intérêts de*, se montrer défenseur, apologiste. ♦ *Être dans les intérêts de quelqu'un*, lui être favorable. ♦ *Entrer dans les intérêts de quelqu'un*, lui devenir favorable. ♦ *Mettre, engager quelqu'un dans les intérêts de*, le rendre favorable. ♦ **Absol.** *Les intérêts*, l'ensemble de ce qui fait la fortune d'un pays, banque, commerce, industrie, etc. *Les intérêts s'alarment.* ♦ Part on l'on a dans une opération de commerce ou d'industrie. ♦ *Mettre quelqu'un hors d'intérêt*, le dédommager. ♦ **Fig.** « Si vous pouviez vous mettre un peu hors d'intérêt », P. CORNEILLE. ♦ **Fig.** Ce qui importe aux choses, ce qui leur est avantageux. *L'intérêt de votre réputation, de votre santé, etc.* ♦ **Absol.** Sentiment égoïste qui nous attache à notre utilité particulière. « Le sang les avait joints, l'intérêt les sépare », LA FONTAINE. ♦ Sentiment qui nous inspire souci d'une personne ou d'une chose. « Et ce grand intérêt que vous prenez pour eux », P. CORNEILLE. ♦ *Prendre intérêt à*, avoir souci de. ♦ *Prendre intérêt à une affaire*, désirer qu'elle réussisse, travailler à la faire réussir. ♦ On a dit dans le même sens : *Prendre intérêt dans.* ♦ Sentiment d'attention curieuse. *Cette découverte excite l'intérêt des savants.* ♦ Qualité de certaines choses qui les rend propres à captiver l'attention, à toucher l'esprit. *Une histoire pleine d'intérêt.* ■ **Financ.** *Intérêt simple*, intérêt calculé sur la somme initiale empruntée et restant invariable pendant toute la durée du remboursement. ■ **Financ.** *Intérêt composé*, intérêt s'ajoutant périodiquement au capital à rembourser et dont le taux varie en augmentant proportionnellement au temps mis à restituer la somme empruntée. ■ **Financ.** *Intérêts compensatoires*, somme versée à un créancier et destinée à réparer le préjudice causé par le paiement en retard d'une obligation.

INTERETHNIQUE, ■ adj. [ɛ̃teʀetnik] (2 *inter-* et *ethnique*) Qui a trait à au moins deux ethnies différentes, aux rapports qu'elles entretiennent. *La richesse culturelle des échanges interethniques.*

INTERFACE, ■ n. f. [ɛ̃teʀfas] (angl. *interface*) **Chim.** Surface de contact, pouvant permettre des échanges, entre deux milieux distincts. ■ **Inform.** Connexion entre deux éléments (matériels ou logiciels) permettant l'échange d'informations, grâce à l'adoption d'un langage informatique commun.

INTERFÉCOND, ONDE, ■ adj. [ɛ̃teʀfekɔ̃, ɔ̃d] (2 *inter-* et *fécond*) Se dit d'individus dont les organes mâles fécondent les organes femelles d'un autre individu de manière spécifique et réciproque. *Des populations interfécondes.*

INTERFÉRENCE, ■ n. f. [ɛ̃teʀfeʀɑ̃s] (*interférer*) **Phys.** Phénomène correspondant à la superposition de deux ou plusieurs mouvements vibratoires de fréquence identique ou voisine. *C'est grâce à l'interférence des rayons réfléchis sur les deux surfaces de la bulle de savon que celle-ci offre différentes couleurs.* ■ Rencontre de deux ou plusieurs phénomènes qui, agissant ensemble, entraînent souvent des modifications, en se renforçant ou en se contrariant. *L'interférence entre l'éducation et le comportement.* ■ **INTERFÉRENT, ENTE**, adj. [ɛ̃teʀfeʀɑ̃, ɑ̃t] ■ **INTERFÉRENTIEL, ELLE**, adj. [ɛ̃teʀfeʀɑ̃sjɛl] *Procéder à des mesures interférentielles. La photographie interférentielle.*

INTERFÉRER, ■ v. intr. [ɛ̃teʀfeʀe] (angl. [*to*] *interfere*, se frapper l'un l'autre, puis s'immiscer, de l'anc. fr. *s'entreferir*, de *férir*, frapper) **Phys.** Se combiner, en parlant de deux ondes. ■ **Fig.** Être en relation de concurrence ou de concordance.

INTERFÉROMÈTRE, ■ n. m. [ɛ̃teʀfeʀometʀ] (*interférence* et *-mètre*) **Phys.** Appareil servant à déterminer certaines grandeurs par l'utilisation des phénomènes d'interférence. *L'interféromètre est notamment très utile pour comparer la longueur d'un objet avec une longueur d'onde connue.*

INTERFÉROMÉTRIE, ■ n. f. [ɛ̃teʀfeʀometʀi] (*interféromètre*) Technique de mesure reposant sur l'utilisation d'un interféromètre. ■ **INTERFÉROMÉTRIQUE**, adj. [ɛ̃teʀfeʀometʀik]

INTERFÉRON, ■ n. m. [ɛ̃teʀfeʀɔ̃] (angl. *interferon*, de [*to*] *interfer*, intervenir *dans*) **Biol.** Substance protéique produite par les cellules infectées en réaction à l'intrusion d'un virus et en bloquant la reproduction.

INTERFLUVE, ■ n. m. [ɛ̃teʀflyv] (mot angl., de *inter* et radic. du lat. *fluvius*, rivière) **Géol.** Relief qui sépare deux vallées voisines. *Les interfluves sont souvent fertiles.*

INTERFOLIÉ, ÉE, p. p. d'interfolier. [ɛ̃teʀfolje]

INTERFOLIER, v. tr. [ɛ̃teʀfolje] (lat. *inter* et *folium*, feuillet) Brocher ou relier un livre, en insérant des feuilles blanches entre les feuillets qui portent l'écriture ou l'impression.

INTERGALACTIQUE, ■ adj. [ɛ̃teʀgalaktik] (2 *inter-* et *galactique*) Qui se trouve ou se passe entre deux galaxies. *Les auteurs de romans de sciences-fiction aiment décrire des conflits intergalactiques.*

INTERGÉNÉRATIONNEL, ELLE, ■ adj. [ɛ̃teʀʒeneʀasjɔnɛl] (2 *inter-* et *générationnel*) Qui a trait aux relations, aux rapports entretenus par des personnes appartenant à des générations différentes. *Les conflits intergénérationnels sont souvent inéluctables.*

INTERGLACIAIRE, ■ adj. [ɛ̃teʀglasjɛʀ] (2 *inter-* et *glaciaire*) Se dit d'une période comprise entre deux glaciations. *Un réchauffement, un climat interglaciaire.* ■ **N. m.** *La durée moyenne d'un interglaciaire est estimée à dix mille ans par les spécialistes.*

INTERGOUVERNEMENTAL, ALE, ■ adj. [ɛ̃teʀguvɛʀnəmɑ̃tal] (2 *inter-* et *gouvernemental*) Qui se rapporte et concerne les gouvernements de plusieurs États. *Des accords intergouvernementaux.*

INTERGROUPE, ■ n. m. [ɛ̃teʀgʀup] (2 *inter-* et *groupe*) **Polit.** Ensemble formé par des parlementaires de groupes politiques divers et réunis afin de se pencher sur des questions précises.

INTERHUMAIN, AINE, ■ adj. [ɛ̃teʀymɛ̃, ɛn] (2 *inter-* et *humain*) Qui se rapporte aux différentes interactions existantes entre les êtres humains. *Une contagion par contact direct interhumain.*

INTÉRIEUR, EURE, adj. [ɛ̃teʀjœʀ] (lat. *interior*, plus en dedans) Qui est au-dedans ou qui a rapport au dedans. *Les parties intérieures du corps.* ♦ *Mer intérieure*, celle qui se trouve au milieu d'une grande contrée ou entre des continents. ♦ **Fig.** Qui appartient au dedans de l'individu, à son cœur, à son esprit. *Sentiments intérieurs. Des voix intérieures.* ♦ **Dévot.** Qui se livre à la spiritualité. « Saint Augustin était intérieur », BOSSUET. ♦ *L'homme intérieur*, l'homme spirituel, par opposition à l'homme charnel. ♦ **N. m.** La partie de dedans, le dedans. *L'intérieur d'un temple, du corps, etc.* ♦ ◁ La partie d'une diligence qui suit le coupé. ◁ ♦ Le dedans du pays. *Tous ces produits se consomment à l'intérieur. Le ministre de l'Intérieur.* ♦ *L'Intérieur*, le ministère qui dirige les affaires administratives du pays, et les bureaux mêmes de ce ministère. ♦ **Peint.** *Tableau d'intérieur* ou simplement *intérieur*, tableau de genre qui a pour objet principal la représentation de l'architecture et des effets de lumière à l'intérieur des maisons, des édifices. ♦ Tableau représentant quelque scène de la vie domestique dans l'intérieur d'une maison. ♦ *L'intérieur d'une personne*, l'intérieur de sa maison, de sa vie domestique. *Aimer son intérieur.* ♦ **Fig.** *L'intérieur*, ce qu'il y a de secret dans la vie. *Il connaît l'intérieur de ce ménage.* ♦ La partie intime de l'âme. *Découvrir son intérieur à son confesseur.* ■ À L'INTÉRIEUR (DE), loc. prép. Dans. *À l'intérieur du musée.* ■ **Adj.** Qui a trait aux rapports des membres d'une même collectivité, communauté. *Le règlement intérieur d'un collège.* ■ Qui concerne la vie interne d'un pays, d'un État défini dans ses frontières géographiques. *La politique intérieure de la France.* ■ **Poétiq.** *Rime intérieure*, rime se trouvant à l'intérieur même d'un vers et le plus souvent à l'hémistiche. ■ **Physiol.** *Le milieu intérieur*, liquides de l'organisme comme le sang et la lymphe. ■ *Femme d'intérieur*, femme qui sait, qui aime entretenir, nettoyer sa maison. ■ *Homme, femme d'intérieur*, personne qui se plaît à rester chez elle, qui a l'esprit casanier. ■ DE L'INTÉRIEUR, loc. adv. Du dedans de. ■ DE L'INTÉRIEUR, loc. adv. **Fig.** En groupe et de façon non ostensible pour des personnes étrangères à cet ensemble. *Préparer une stratégie de l'intérieur.*

INTÉRIEUREMENT, adv. [ɛ̃teʀjœʀ(ə)mɑ̃] (*intérieur*) Dans l'intérieur, au dedans. *Ce fruit est gâté intérieurement.* ♦ Au-dedans de l'âme, de l'esprit. *Se dire intérieurement que, etc.*

INTÉRIM, n. m. [ɛ̃teʀim] (lat. *interim*, dans l'intervalle) L'entre-temps. *Gouverneur par intérim.* ♦ Action de gouverner, d'administrer, de remplir une fonction dans le temps où le gouverneur, l'administrateur, le fonctionnaire est absent. *Être chargé de l'intérim.* ■ Travail temporaire. *Faire de l'intérim. Une agence d'intérim. Son fils travaille en intérim.* ■ PAR INTÉRIM, loc. adv. À titre temporaire, dans l'attente de la mise en place d'un nouveau titulaire. *Il est PDG par intérim.*

INTÉRIMAIRE, adj. [ɛ̃teʀimɛʀ] (*intérim*) Qui a rapport à un intérim, qui n'existe que par intérim. *Ministère intérimaire.* ♦ **N. m. et n. f.** Personne qui exerce par intérim.

INTÉRIMAT, n. m. [ɛ̃teʀima] (*intérim*) ▷ État d'un fonctionnaire exerçant par intérim. ◁

INTERINDIVIDUEL, ELLE, ■ adj. [ɛ̃tɛʀɛ̃dividɥɛl] (2 *inter*- et *individuel*) Qui a trait aux rapports s'établissant entre les individus. *Les conflits interindividuel.*

INTERINDUSTRIEL, ELLE, ■ adj. [ɛ̃tɛʀɛ̃dystʀijɛl] (2 *inter*- et *industriel*) Qui concerne les échanges ayant cours entre au moins deux industries. *Nous souhaitons préserver nos relations interindustrielles et interrégionales.*

INTÉRIORISER, ■ v. tr. [ɛ̃teʀjoʀize] (lat. *interior*) Rendre intérieur et par conséquent propre à soi. « *Elle a d'abord besoin d'intérioriser ce qu'elle vient de vivre* », HALIMI. ■ **Psych.** Garder en soi et pour soi. ■ **INTÉRIORISATION**, n. f. [ɛ̃teʀjoʀizasjɔ̃]

INTÉRIORITÉ, ■ n. f. [ɛ̃teʀjoʀite] (lat. *interior*) Nature de ce qui est intérieur. ■ **Psych.** Caractère de ce qui est intériorisé, de ce qui trouve place au sein de la conscience. ■ **Psych.** Ensemble des choses intériorisées.

INTERJECTIF, IVE, adj. [ɛ̃tɛʀʒɛktif, iv] (*interjection*; b. lat. *interjectivus*, intercalé) **Gramm.** Qui exprime l'interjection. *Particule, locution interjective.*

INTERJECTION, n. f. [ɛ̃tɛʀʒɛksjɔ̃] (lat. *interjectio*, action d'intercaler, interjection, de *interjicere*, placer entre) **Gramm.** Partie du discours qui exprime les passions, comme la douleur, la colère, la joie. *Oh! Hélas!* sont des interjections. ♦ **Dr.** *Interjection d'appel*, déclaration par laquelle on appelle de quelque sentence.

INTERJECTIVEMENT, adv. [ɛ̃tɛʀʒɛktiv(ə)mã] (*interjectif*) ▷ Avec interjection; d'une manière interjective. ◁

INTERJETÉ, ÉE, p. p. d'interjeter. [ɛ̃tɛʀʒəte]

INTERJETER, v. tr. [ɛ̃tɛʀʒəte] (2 *inter*- et *jeter*, d'après le lat. *interjicere*, placer entre) **Dr.** Usité seulement dans: *Interjeter appel, un appel*, appeler d'un jugement.

INTERLEUKINE, ■ n. f. [ɛ̃tɛʀløkin] (2 *inter*-, *leu[cocyte]*, et *kinein*, mettre en mouvement) **Biol.** Substance sécrétée par les macrophages et les lymphocytes qui permet la communication entre les cellules et jouant par-là même un rôle dans la réponse immunitaire.

INTERLIGNE, n. m. [ɛ̃tɛʀliɲ] ou [ɛ̃tɛʀliɲ] (2 *inter*- et *ligne*) L'espace qui est entre deux lignes écrites ou imprimées. *Écrire dans l'interligne, en interligne.* ♦ **Mus.** L'espace compris entre deux lignes de la portée. ♦ **N. f. Impr.** Lame de métal servant à séparer les lignes et à les maintenir. ■ **N. m. Par anal.** Ce qui est noté à l'interligne. ♦ **Agric.** Espace marquant la séparation de deux sillons, de deux rangées de plantes dans un champ.

INTERLIGNÉ, ÉE, p. p. d'interligner. [ɛ̃tɛʀliɲe] ou [ɛ̃tɛʀliɲe]

INTERLIGNER, v. tr. [ɛ̃tɛʀliɲe] ou [ɛ̃tɛʀliɲe] (*interligne*) **Impr.** Séparer par des interlignes. ♦ Interligner un ouvrage, faire que les lignes du verso soient exactement placées sur celles du recto. ♦ En général, dans l'écriture, écarter les lignes. ■ Écrire dans un interligne. ■ **INTERLIGNAGE**, n. m. [ɛ̃tɛʀliɲaʒ] ou [ɛ̃tɛʀliɲaʒ]

INTERLINÉAIRE, adj. [ɛ̃tɛʀlineɛʀ] (lat. médiév. *interlinearis*) Qui est écrit dans l'interligne, dans les interlignes. *Interlinéaire.* ♦ *Éditions interlinéaires*, éditions de textes latins, grecs ou en langue étrangère quelconque, dans lesquelles chaque ligne de texte est ramenée à la construction logique, avec le français mot à mot au-dessous.

INTERLINÉER, v. tr. [ɛ̃tɛʀlinee] (lat. médiév. *interlineare*) Écrire entre les lignes.

INTERLOCK, ■ n. m. [ɛ̃tɛʀlɔk] (mot angl.) Tricot dont les colonnes de mailles de chaque face, si elles sont disposées dos à dos, se superposent parfaitement. *Des interlocks.*

INTERLOCUTEUR, TRICE, n. m. et n. f. [ɛ̃tɛʀlɔkytœʀ, tʀis] (*interlocution*) Toute personne qui converse avec une autre. ♦ Personnage qu'on introduit dans un dialogue. ♦ Personne avec laquelle on négocie.

INTERLOCUTION, n. f. [ɛ̃tɛʀlɔkysjɔ̃] (lat. *interlocutio*, interpellation) Discours qu'échangent les personnes introduites dans un dialogue. ♦ Jugement par lequel on prononce un interlocutoire.

INTERLOCUTOIRE, adj. [ɛ̃tɛʀlɔkytwaʀ] (b. lat. *interlocutum*, supin de *interloqui*, rendre une sentence) *Jugement interlocutoire*, celui qui ordonne une preuve, une instruction préalable, à l'effet de parvenir au jugement définitif, mais qui préjuge le fond. ♦ Il se dit de la preuve ordonnée. *Enquête interlocutoire.* ■ **N. m.** *Un interlocutoire.*

INTERLOPE, ■ n. m. [ɛ̃tɛʀlɔp] (angl. *to interlope*, trafiquer) ▷ Navire marchand qui trafique en fraude. ◁ ♦ **Fig.** « *Ces interlopes qui sont l'opprobre de la littérature* », VOLTAIRE. ♦ **Adj.** *Vaisseau interlope. Des liaisons interlopes.* ■ Douteux, suspect. *Un quartier interlope.* ■ Qui contrevient à la loi, illégal. *Des activités interlopes.*

INTERLOQUÉ, ÉE, p. p. d'interloquer. [ɛ̃tɛʀlɔke]

INTERLOQUER, v. tr. [ɛ̃tɛʀlɔke] (lat. *interloqui*) ▷ Porter une sentence interlocutoire, c'est-à-dire ordonner qu'une chose sera prouvée ou vérifiée, avant qu'on prononce sur le fond de l'affaire. *Interloquer une affaire, une personne.* ◁ ♦ **Absol.** *Les juges ont interloqué.* ♦ **Fig.** Dans le langage familier, embarrasser, étourdir, interdire. *Cette plaisanterie m'a interloqué.* ♦ S'interloquer, v. pr. Devenir interdit, déconcerté. ■ **Rem.** N'est plus fam. auj.

INTERLUDE, ■ n. m. [ɛ̃tɛʀlyd] (angl. *interlude*) Court divertissement intermédiaire permettant la transition entre deux parties d'un spectacle. ■ **Mus.** Morceau d'orgue reliant diverses séquences parlées ou chantées, petite pièce musicale reliant deux pièces plus importantes. ■ **Fig. et litt.** Intervalle de temps qui fait diversion. *La naissance et la mort sont séparées par un court interlude que nous nommons la vie.*

INTERMÈDE, n. m. [ɛ̃tɛʀmɛd] (ital. *intermedio*, du lat. *intermedius*, intercalé) Sorte de divertissement et de représentation, comme ballet, danse, chœur, etc. entre les actes d'une pièce de théâtre. ♦ Nom que l'on donnait au XVIIIe siècle aux petits opéras. ♦ Ce qui, placé entre deux choses, conduit l'action de l'une sur l'autre. « *Les nerfs sont, pour ainsi dire, l'intermède qui unit l'âme au corps* », BONNET. « *C'est par l'intermède de l'eau que s'opèrent les concrétions* », BUFFON.

INTERMÉDIAIRE, adj. [ɛ̃tɛʀmedjɛʀ] (lat. *intermedius*) Qui est entre deux. *Temps, espace, idées intermédiaires.* ♦ **Géol.** *Terrains intermédiaires*, terrains placés entre les roches des époques primitives et les couches de formation récente. ♦ **N. m.** Ce qui est placé entre. *Passer d'une idée à une autre sans intermédiaire.* ♦ Entremise, moyen, voie. *Je me suis procuré cela par l'intermédiaire d'un tel.* ♦ La personne entremise, interposée. ■ Personne ou entreprise qui, moyennant finance, met en relation un vendeur et un acheteur, un producteur et un consommateur.

INTERMÉDIAT, ATE, adj. [ɛ̃tɛʀmedja, at] (lat. *intermedius*) ▷ *Temps intermédiat*, intervalle de temps entre deux actions, entre deux termes. ♦ On dit plus ordinairement: Temps intermédiaire. ◁

INTERMÉDIATION, ■ n. f. [ɛ̃tɛʀmedjasjɔ̃] (mot angl.) **Financ.** Opération réalisée par un établissement financier et consistant à réinvestir une partie de l'épargne disponible dans le financement de prêts. *Une intermédiation boursière, financière.*

INTERMÉTALLIQUE, ■ adj. [ɛ̃tɛʀmetalik] (2 *inter*- et *métallique*) Qui est composé d'au moins deux métaux différents.

INTERMEZZO, ■ n. m. [ɛ̃tɛʀmedzo] (mot it., intermède, du lat. *intermedius*) Composition musicale ayant un rôle d'intermède entre les différentes parties d'une œuvre théâtrale. *Des intermezzos.* ■ **Mus.** Mouvement d'œuvres instrumentales, composition caractérisée par une forme libre. *Des intermezzos de Strauss.*

INTERMINABLE, adj. [ɛ̃tɛʀminabl] (b. lat. *interminabilis*) Qui ne saurait être terminé, qui dure très longtemps. *Un discours interminable.* ■ **INTERMINABLEMENT**, adv. [ɛ̃tɛʀminabləmã]

INTERMINISTÉRIEL, ELLE, ■ adj. [ɛ̃tɛʀministɛʀjɛl] (2 *inter*- et *ministériel*) Qui est de la charge de plusieurs ministres ou ministères. ■ Qui rassemble plusieurs ministres. *Une conférence de presse interministérielle.*

INTERMISSION, n. f. [ɛ̃tɛʀmisjɔ̃] (lat. *intermissio*, interruption) ▷ Action de mettre un intervalle, une discontinuation. « *L'oraison sans intermission* », FÉNELON. ♦ **Méd.** Intervalle qui sépare les accès d'une affection intermittente. ◁

INTERMITTENCE, n. f. [ɛ̃tɛʀmitãs] (*intermittent*) Caractère, qualité de ce qui est intermittent. *L'intermittence d'une source. Sans intermittence.* ♦ **Méd.** Intervalle qui sépare les accès d'une fièvre ou d'une maladie quelconque. ■ *Intermittence du pouls*, phénomène qui a lieu quand, sur un nombre donné de pulsations, il en manque une ou plusieurs. ■ *Par intermittence*, par intervalles. *Dormir par intermittence.*

INTERMITTENT, ENTE, adj. [ɛ̃tɛʀmitã, ãt] (lat. *intermittens*, p. prés. de *intermittere*, laisser du temps en intervalle) Qui discontinue et reprend par intervalles. ♦ **Méd.** *Fièvre intermittente*, fièvre qui cesse et qui reprend à des intervalles réglés. ♦ *Pouls intermittent*, pouls dont les battements cessent par des intervalles inégaux. ■ **Adj. ou n. m. et n. f.** Qui alterne des périodes de travail et des périodes de chômage. *Les intermittents du spectacle.*

INTERMODAL, ALE, ■ adj. [ɛ̃tɛʀmodal] (2 *inter*- et *modal*) Qui utilise plusieurs modes de transports. *Un centre de transport intermodal. Un terminal intermodal.*

INTERMOLÉCULAIRE, ■ adj. [ɛ̃tɛʀmolekylɛʀ] (2 *inter*- et *moléculaire*) **Chim.** Qui a lieu ou se situe entre les molécules. *Une liaison intermoléculaire.*

INTERMUSCULAIRE, adj. [ɛ̃tɛʀmyskylɛʀ] (2 *inter*- et *musculaire*) **Anat.** Qui est placé entre les muscles.

INTERNALISATION, ■ n. f. [ɛ̃tɛrnalizasjɔ̃] (*internaliser*, de *interne*) Taxation supplémentaire, s'ajoutant aux charges d'une entreprise, et calculée en fonction du coût d'effets externes entraînés par l'activité de celle-ci (nuisance sonore, pollution, etc.).

INTERNAT, n. m. [ɛ̃tɛrna] (*interne*) Pension où les élèves couchent et mangent, par opposition à externat. ◆ L'état de celui qui est interne. ◆ L'ensemble des internes. ◆ Fonctions que remplissent les élèves en médecine dans l'intérieur des hôpitaux civils. ◆ Durée de ces fonctions. ◆ Concours qui donne accès à ces fonctions.

INTERNATIONAL, ALE, adj. [ɛ̃tɛrnasjɔnal] (2 *inter-* et *national*) Qui a lieu de nation à nation. *Commerce international.* ◆ *Droit international,* Droit des gens, droit de la paix et de la guerre. ◆ N. f. *L'Internationale,* société d'ouvriers de différents pays. ■ N. m. et n. f. Sportif qui participe à des épreuves internationales. ■ **Polit.** *L'Internationale,* association internationale des travailleurs fondée par Karl Marx en 1864, qui a donné naissance à différents mouvements révolutionnaires et dont le but est l'union de tous les travailleurs, quelle que soit leur nationalité, et la défense des revendications communes. ■ REM. Dans ce sens, il y a toujours une majuscule. ■ **Par extens.** Nom du chant adopté par l'Internationale. ■ INTERNATIONALEMENT, adv. [ɛ̃tɛrnasjɔnal(ə)mɑ̃]

INTERNATIONALISATION, ■ n. f. [ɛ̃tɛrnasjɔnalizasjɔ̃] (*internationaliser*) Action de rendre une chose, un événement international. ■ Résultat de cette action. *L'internationalisation d'une guerre.* ■ Administration d'un territoire par une autorité internationale.

INTERNATIONALISER, ■ v. tr. [ɛ̃tɛrnasjɔnalize] (*international*) Conférer à une chose, à un événement un caractère international. ■ Placer, soumettre à l'autorité d'une administration internationale une chose.

INTERNATIONALISME, ■ n. m. [ɛ̃tɛrnasjɔnalism] (*international*) **Polit.** Doctrine qui préconise que les intérêts nationaux doivent être délaissés au profit des intérêts supranationaux.

INTERNATIONALISTE, ■ adj. [ɛ̃tɛrnasjɔnalist] (*international*) Qui est partisan de l'internationalisme, qui y a trait. « *Pour être internationaliste, il faut d'abord avoir une patrie* », DUHAMEL. ■ N. m. et n. f. *Un internationaliste, une internationaliste.*

INTERNAUTE, ■ n. m. et n. f. [ɛ̃tɛrnot] (*Internet* et *-naute*) Personne utilisatrice d'Internet.

INTERNE, adj. [ɛ̃tɛrn] (lat. *internus*) Qui est en dedans. *Les angles internes d'un polygone.* ◆ Qui appartient au dedans. *Les causes internes.* ◆ *Observation interne,* étude faite par l'âme de tous les faits qui se passent en elle-même. ◆ **Méd.** *Maladies internes,* celles qui ont leur siège dans un organe intérieur. ◆ Dans les lycées, collèges et pensions, *élève interne* ou n. m. et n. f. *interne,* élève qui habite dans la maison. ◆ **N. m.** *Interne des hôpitaux* ou simplement *interne,* élève attaché au service des hôpitaux civils, et qui demeure dans l'hôpital. ■ **Géom.** *Angles internes,* angles formés intérieurement par l'intersection de deux droites parallèles et d'une sécante.

INTERNÉ, ÉE, p. p. d'interner. [ɛ̃tɛrne] N. m. et n. f. *Les internés.* ■ Vx Personne assignée à résidence avec défense formelle d'en sortir. ■ Personne enfermée sans jugement à la suite d'une décision administrative. ■ Personne qui est hospitalisée dans un établissement psychiatrique et y vivant durant toute la durée de son séjour.

INTERNÉGATIF, ■ n. m. [ɛ̃tɛrnegatif] (2 *inter* et *négatif*) **Phot.** et **cin.** Film tiré d'un film original afin de servir de base aux différents tirages en série et aux différentes copies.

INTERNEMENT, n. m. [ɛ̃tɛrnəmɑ̃] (*interner*) Action d'interner.

INTERNER, v. tr. [ɛ̃tɛrne] (*interne*) ▷ Faire entrer dans l'intérieur. *Interner des marchandises.* ◁ ◆ Obliger à résider dans une certaine localité, sans permission d'en sortir. ◆ **V. intr.** Entrer dans l'intérieur ; aller habiter dans l'intérieur d'un pays. ■ **V. tr.** Enfermer dans un hôpital psychiatrique.

INTERNET, ■ n. m. [ɛ̃tɛrnɛt] (mot angl.) Réseau mondial de télécommunication permettant la diffusion et l'échange d'informations numériques. ■ REM. S'écrit souvent sans majuscule.

INTERNONCE, n. m. [ɛ̃tɛrnɔ̃s] (lat. ecclés. *internuntius*) Nonce par intérim, ministre chargé des affaires du pape auprès d'un gouvernement, pendant qu'il n'y a point de nonce.

INTEROCÉANIQUE, ■ adj. [ɛ̃tɛroseanik] (2 *inter-* et *océanique*) Qui est localisé entre deux océans, qui relie deux océans. *Le canal interocéanique de Panama.*

INTÉROCEPTIF, IVE, ■ adj. [ɛ̃tɛroseptif, iv] (angl. *interoceptive*) **Physiol.** Qui a trait aux stimulations internes de l'organisme, aux récepteurs qui les décèlent ou aux voies de conduction nerveuse qui les propagent. *Il souffre de stress intéroceptif.*

INTEROPÉRABILITÉ, ■ n. f. [ɛ̃tɛroperabilite] (2 *inter-* et *opérabilité*) **Inform.** Capacité que possèdent plusieurs systèmes informatiques de fonctionner conjointement.

INTEROSSEUX, EUSE, adj. [ɛ̃tɛrosø, øz] (2 *inter-* et *osseux*) **Anat.** Qui est placé entre les os. *Artères, veines interosseuses.* ◆ *Muscles interosseux* ou n. m. *les interosseux,* muscles qui occupent l'espace que les os du métacarpe et du métatarse laissent entre eux.

INTERPELLATEUR, TRICE, n. m. et n. f. [ɛ̃tɛrpelatœr, tris] (lat. *interpellator,* interrupteur) Personne qui interpelle. ■ **Polit.** Personne qui, dans une assemblée parlementaire, adresse une interpellation au gouvernement.

INTERPELLATION, n. f. [ɛ̃tɛrpelasjɔ̃] (lat. *interpellatio*) Action d'interpeller. ◆ N. f. pl. En langage parlementaire, action de demander à un ministère des explications sur ses actes. ◆ **Dr.** Sommation, demande, interrogation. ■ Contrôle de police visant à vérifier l'identité d'une personne ou à lui signaler une infraction.

INTERPELLÉ, ÉE ou **INTERPELÉ, ÉE**, p. p. d'interpeller. [ɛ̃tɛrpəle]

INTERPELLER ou **INTERPELER**, v. tr. [ɛ̃tɛrpəle] (lat. *interpellare,* interrompre) Sommer de répondre, de s'expliquer. *Interpeller un ministre sur son administration.* ◆ **Dr.** Requérir, sommer. ■ Préoccuper, éveiller l'intérêt. *Ce sujet d'actualité les a interpellés.* ■ Adresser la parole à quelqu'un, l'appeler pour attirer son attention afin de lui demander quelque chose ou de l'invectiver. ■ **Polit.** Adresser une interpellation au gouvernement lors d'une assemblée parlementaire. ■ **Dr.** Questionner une personne dans le cadre d'une enquête, d'un contrôle de police et parfois l'arrêter.

INTERPÉNÉTRATION, ■ n. f. [ɛ̃tɛrpenetrasjɔ̃] (2 *inter-* et *pénétration*) Pénétration réciproque de deux ou plusieurs choses. *L'interpénétration de deux communautés. L'interpénétration de la ville et de la forêt.*

INTERPÉNÉTRER (S'), ■ v. pr. [ɛ̃tɛrpenetre] (2 *inter-* et *pénétrer*) S'imbriquer ou se confondre. *Dans l'écriture surréaliste, il arrive que la poésie et la prose s'interpénètrent.*

INTERPERSONNEL, ELLE, ■ adj. [ɛ̃tɛrpersɔnel] (2 *inter-* et *personnel*) Qui a lieu entre au moins deux personnes. *Les relations interpersonnelles.*

INTERPHASE, ■ n. f. [ɛ̃tɛrfaz] (2 *inter-* et *phase*) **Biol.** Intervalle temporel séparant deux divisions cellulaires à la fin duquel la quantité d'ADN est dupliquée. *Un cycle cellulaire est constitué d'une mitose et d'une interphase.*

INTERPHONE, ■ n. m. [ɛ̃tɛrfɔn] (marque déposée ; angl. *interphone,* de *interior telephone*) Appareil téléphonique intérieur à une structure (immeuble, hôtel, etc.) permettant la communication orale entre plusieurs personnes situées à distance les unes des autres.

INTERPLANÉTAIRE, ■ adj. [ɛ̃tɛrplaneter] (2 *inter-* et *planétaire*) Qui est compris, qui a lieu entre deux planètes. *Un voyage interplanétaire. Une fusée interplanétaire.* « *Les disques avaient quelque chose de sacré, de divin. C'était le signal interplanétaire arrivant du fond du cosmos à Châlons-sur-Marne par un inimaginable miracle* », MANOUVRE.

INTERPOLATEUR, n. m. [ɛ̃tɛrpolatœr] (b. lat. *interpolator,* celui qui altère) Celui qui interpole. *Un interpolateur maladroit.*

INTERPOLATION, n. f. [ɛ̃tɛrpolasjɔ̃] (lat. *interpolatio,* action de changer çà et là) Action d'interpoler ; résultat de cette action.

INTERPOLÉ, ÉE, p. p. d'interpoler. [ɛ̃tɛrpole]

INTERPOLER, v. tr. [ɛ̃tɛrpole] (lat. *interpolare,* refaire, interpoler) Insérer dans un texte des mots ou des phrases, soit pour éclaircir, soit pour compléter, soit pour dénaturer le sens. ◆ *Interpoler un livre,* y faire des interpolations. ■ **Math.** Intercaler approximativement des valeurs intermédiaires entre deux valeurs connues d'une variable. *Interpoler des données.*

INTERPOSÉ, ÉE, p. p. d'interposer. [ɛ̃tɛrpoze] **Dr.** *Personne interposée,* donataire qui n'a reçu une libéralité que pour la transmettre à une personne à laquelle le donateur n'aurait pu faire directement cet avantage. ■ *Par personne interposée,* par l'intermédiaire d'une autre personne.

INTERPOSEMENT, n. m. [ɛ̃tɛrpoz(ə)mɑ̃] (*interposer*) ▷ L'action d'interposer ; résultat de cette action. ◁

INTERPOSER, v. tr. [ɛ̃tɛrpoze] (lat. *interponere,* placer entre, d'après *poser*) Poser une chose entre deux autres. *La révolution de la Lune interpose ce satellite entre le Soleil et la Terre.* ■ **Fig.** *Interposer ses bons offices, son crédit pour, etc.* ◆ S'interposer, v. pr. Se placer entre. ◆ **Fig.** Se placer entre des personnes. ◆ Intervenir comme médiateur.

INTERPOSITION, n. f. [ɛ̃tɛrpozisjɔ̃] (lat. *interpositio,* insertion, de *interpositum,* supin de *interponere*) Situation d'un corps interposé entre deux autres. ◆ **Par extens.** *L'interposition du nom de Dieu.* ◆ **Dr.** Interposition de personne, action de remettre une libéralité à une personne qui la transmettra à une autre qui ne pourrait la recevoir directement. ◆ **Fig.** Intervention, médiation, surtout en parlant d'une autorité supérieure.

INTERPRÉTABLE, adj. [ɛ̃tɛrpretabl] (b. lat. *interpretabilis*) Que l'on peut interpréter.

INTERPRÉTARIAT, ∎ n. m. [ɛ̃tɛʀpʀetaʀja] (*interprète*, sur le modèle de *secrétariat*) Activité ou carrière d'un interprète.

INTERPRÉTATEUR, n. m. [ɛ̃tɛʀpʀetatœʀ] (b. lat. *interpretator*) Celui qui donne des interprétations. ◆ Adj. Qui interprète le sens, la pensée. *Des regards interprétateurs des paroles.*

INTERPRÉTATIF, IVE, adj. [ɛ̃tɛʀpʀetatif, iv] (lat. scolast. *interpretativus*, qui explique, sujet à interprétation) Qui sert à l'interprétation. *Déclaration interprétative.* ◆ Sujet à interprétation. *Permission interprétative.* ∎ Dr. Qui explique un texte juridique et en détermine la visée de façon précise.

INTERPRÉTATION, n. f. [ɛ̃tɛʀpʀetasjɔ̃] (lat. *interpretatio*) ▷ Traduction d'une langue en une autre. *L'interprétation en français d'un texte latin.* ◁ ◆ Explication de ce qu'il y a d'obscur ou d'ambigu en un texte. *L'interprétation des lois.* ◆ Explication, par une induction positive, de certaines choses. ◆ Explication imaginaire de phénomènes naturels. *L'interprétation des songes.* ◆ Action de prendre en bonne ou mauvaise part des paroles, des actes, etc. ∎ Psych. *Délire d'interprétation*, délire se traduisant par l'attribution de la signification déformée ou erronée d'un fait réel. ∎ Dr. Explication d'un texte juridique et détermination de sa visée. ∎ Théât., cin. et mus. Manière personnelle de jouer un rôle ou de jouer un morceau de musique. *Son interprétation du Tartuffe de Molière est remarquable.*

INTERPRÉTATIVEMENT, adv. [ɛ̃tɛʀpʀetativ(ə)mɑ̃] (*interprétatif*) D'une manière interprétative.

INTERPRÉTÉ, ÉE, p. p. d'interpréter. [ɛ̃tɛʀpʀete]

INTERPRÈTE, n. m. et n. f. [ɛ̃tɛʀpʀɛt] (lat. *interpres*, génitif *interpretis*, médiateur, interprète, traducteur) ▷ Personne qui explique les mots d'une langue par les mots d'une autre langue. ◁ ◆ Truchement, personne qui sert d'intermédiaire entre deux personnes ne sachant pas la langue l'une de l'autre. *Interprète pour les langues orientales.* ◆ Personne qui éclaircit, explique le sens d'un livre, d'une loi, d'un texte, ou toute autre chose. ∎ Fig. « *Le temps fidèle interprète des prophéties* », BOSSUET. ◆ Celui qui explique les songes, les présages. ◆ Personne qui fait connaître les volontés, les sentiments d'un autre. ∎ Litt. Celui qui rend le caractère d'un personnage historique. ∎ Fig. Ce qui sert à faire connaître d'une façon ou d'une autre ce qui est caché. « *Les yeux sont les interprètes du cœur* », PASCAL. ◆ *Les muets interprètes*, les yeux, les regards. ∎ Personne qui joue un rôle dans une pièce de théâtre, un film. ∎ Personne qui exécute une œuvre musicale.

INTERPRÉTER, v. tr. [ɛ̃tɛʀpʀete] (lat. *interpretari*, expliquer, traduire) ▷ Traduire d'une langue dans une autre. *Le discours fut interprété en français.* ◁ ◆ Expliquer ce qu'il y a d'obscur et d'ambigu dans un écrit, dans une loi, dans un acte. ◆ *Interpréter une loi*, en expliquer le sens par une loi supplémentaire. ◆ Donner à une chose, par de certaines règles ou inductions, un sens réel ou imaginaire. *Interpréter les songes.* ◆ Prendre en bonne ou en mauvaise part. « *Il n'y a personne qu'on ne puisse perdre en interprétant ses paroles* », VOLTAIRE. ◆ Au théâtre, rendre dans un rôle les intentions de l'auteur. ◆ S'interpréter, v. pr. Être interprété. ∎ V. tr. Jouer un rôle dans un film. ∎ Exécuter un morceau de musique.

INTERPROFESSION, ∎ n. f. [ɛ̃tɛʀpʀofesjɔ̃] (2 *inter-* et *profession*) Regroupement de professions différentes mais appartenant à un même secteur économique. *Une étude élaborée dans le cadre de l'interprofession.*

INTERPROFESSIONNEL, ELLE, ∎ adj. [ɛ̃tɛʀpʀofesjɔnɛl] (2 *inter-* et *professionnel*) Qui regroupe plusieurs professions, qui s'applique à plusieurs professions. *Participer à des négociations interprofessionnelles.*

INTERQUARTILE, ∎ adj. [ɛ̃tɛʀkwaʀtil] (2 *inter-* et *quartile*) En statistique, écart compris entre le premier et le troisième quartile d'une série. *Un intervalle interquartile.*

INTERRACIAL, ALE, ∎ adj. [ɛ̃tɛʀasjal] (2 *inter-* et *racial*) Qui a trait aux relations, aux rapports entretenus par des personnes d'ethnies, de couleur de peau différentes. *Les problèmes interraciaux sont encore très marqués aux États-Unis.*

INTERRÉGIONAL, ALE, ∎ adj. [ɛ̃tɛʀeʒjɔnal] (2 *inter-* et *régional*) Qui concerne au moins deux régions différentes. *Participer à des championnats interrégionaux.*

INTERRÈGNE, n. m. [ɛ̃tɛʀɛɲ] ou [ɛ̃tɛʀɛ̃ʒ] (lat. *interregnum*) Intervalle de temps pendant lequel dans un royaume il n'y a point de roi. ◆ Il se dit aussi en parlant des États gouvernés par d'autres que des rois. ◆ Fonction de l'interroi.

INTERROGANT, ANTE, adj. [ɛ̃tɛʀogɑ̃, ɑ̃t] (lat. *interrogans*, p. prés. de *interrogare*) ▷ Gramm. Qui marque l'interrogation. *Point interrogant.* ◆ On dit ordinairement : *Point d'interrogation.* ◆ Qui a la manie d'interroger, de questionner sans cesse. ◁

INTERROGATEUR, TRICE, n. m. et n. f. [ɛ̃tɛʀogatœʀ, tʀis] (b. lat. *interrogator*, questionneur) Personne qui interroge. ◆ Adj. *Un geste interrogateur. Une œillade interrogatrice.* ◆ ▷ Examinateur. ◁

INTERROGATIF, IVE, adj. [ɛ̃tɛʀogatif, iv] (b. lat. gramm. *interrogativus*) Gramm. Qui sert à interroger, qui marque interrogation. *Particule interrogative. Une phrase interrogative.* ∎ Qui laisse transparaître une interrogation. *Il lui jeta un regard interrogatif, il n'avait pas compris.* ∎ N. m. Gramm. Terme interrogatif. *Les pronoms, les adjectifs, les adverbes sont dans certains cas des interrogatifs.* ∎ N. f. Phrase interrogative. *Où est-il? est une interrogative.*

INTERROGATION, n. f. [ɛ̃tɛʀogasjɔ̃] (lat. *interrogatio*) Action d'interroger. ◆ Figure de rhétorique par laquelle l'orateur adresse à son adversaire ou au public une ou plusieurs questions auxquelles il sait bien qu'on ne répondra pas. ◆ Gramm. *Point d'interrogation*, point dont on se sert dans l'écriture pour marquer l'interrogation. ∎ Gramm. Énoncé présentant les caractéristiques nécessaires à ce que le récepteur puisse percevoir qu'il s'agit d'une question. ◆ Examen écrit ou oral visant à évaluer la compréhension, l'acquisition et la capacité d'un apprenant à mettre en pratique un savoir enseigné. *Interrogation écrite, orale, surprise.* ∎ Abrév. fam. Interro. *Aujourd'hui, interro surprise !*

INTERROGATIVEMENT, ∎ adv. [ɛ̃tɛʀogativ(ə)mɑ̃] (*interrogatif*) D'une façon qui exprime l'interrogation. *Étonné, par leur réponse, il les contempla interrogativement.*

INTERROGATOIRE, n. m. [ɛ̃tɛʀogatwaʀ] (b. lat. *interrogatorius*, interrogatif, d'interrogation) Ensemble des questions du juge et des réponses de l'accusé. ◆ Procès-verbal qui contient ces interrogations et ces réponses. ∎ Par extens. et aussi par Plais. . Ensemble de questions pressantes et appelant des réponses précises. *À mon retour de vacances, il m'a fait subir un véritable interrogatoire !*

INTERROGÉ, ÉE, p. p. d'interroger. [ɛ̃tɛʀoʒe] N. m. et n. f. *L'interrogé.*

INTERROGEABLE, ∎ adj. [ɛ̃tɛʀoʒabl] (*interroger*) Qui peut être questionné, sollicité pour donner une réponse ou une information. *Un répondeur téléphonique interrogeable à distance.*

INTERROGER, v. tr. [ɛ̃tɛʀoʒe] (lat. *interrogare*) Faire des questions avec une certaine idée d'autorité, ou du moins avec une certaine idée d'importance dans la question. *Interrogez-le sur ce fait.* ◆ Absol. « *Oubliant que l'amitié seule a droit d'interroger* », DELILLE. ◆ Faire des questions à quelqu'un pour s'assurer qu'il a bien appris certaines choses, qu'il possède certaines connaissances. *Le candidat a été interrogé sur ces matières.* ◆ Fig. Consulter, examiner, en parlant des choses. *Interroger la nature, son cœur, etc.* ◆ S'interroger, v. pr. Se faire mutuellement des questions. ◆ Fig. S'examiner, se consulter. ∎ *Interroger son répondeur téléphonique*, écouter son répondeur afin de s'enquérir des différents messages qui ont pu y être laissés. ∎ Inform. *Interroger une base de données*, chercher à obtenir une information susceptible d'être présente dans cette base.

INTERROI, n. m. [ɛ̃tɛʀwa] (lat. *interrex*) Magistrat romain à qui le pouvoir était confié entre la mort d'un roi et l'élection du successeur ou dans l'intervalle des consulats.

INTERROMPRE, v. tr. [ɛ̃tɛʀɔ̃pʀ] (lat. *interrumpere*, mettre en morceaux, interrompre) Rompre la continuité ou la continuation d'une chose. *La route est interrompue par un fossé. Les astres interrompent leur course.* ◆ Dr. *Interrompre la possession, la prescription*, empêcher qu'elle ne continue. ◆ *Interrompre quelqu'un*, empêcher qu'il ne continue de faire ce qu'il faisait. ∎ Empêcher de continuer à parler. ◆ S'interrompre, v. pr. Être interrompu. ◆ Cesser de faire une chose. ◆ Couper le fil de ce que l'on disait.

INTERROMPU, UE, p. p. d'interrompre. [ɛ̃tɛʀɔ̃py] *Propos interrompu*, conversation sans suite. ◆ *Propos interrompu*, Jeu de société dans lequel on prend la question d'un côté et la réponse d'un autre : ce qui fait que celle-ci ne s'adapte pas à celle-là. *Jouer au propos interrompu.*

INTERRONÉGATIF, IVE, ∎ adj. [ɛ̃tɛʀonegatif, iv] (*interrogation* et *négatif*) Gramm. Se dit d'une phrase dont le caractère interrogatif est exprimé au travers d'une structure négative. *Ne jouerez-vous pas? et Ne reprendrez-vous pas cette route? sont deux exemples de phrases interronégatives.*

INTERRUPTEUR, n. m. [ɛ̃tɛʀyptœʀ] (b. lat. *interruptor*) Celui qui interrompt une personne qui parle. ◆ Adj. *Interrupteur, interruptrice*, qui interrompt, qui cause une interruption. *Murmures interrupteurs. Une voix interruptrice.* ∎ N. m. Dispositif qui permet de couper ou de rétablir le passage du courant électrique dans un circuit.

INTERRUPTION, n. f. [ɛ̃tɛʀypsjɔ̃] (b. lat. *interruptio*) Action d'interrompre ; état de ce qui est interrompu. *L'interruption des travaux, du commerce, de la vie, etc.* ◆ Dr. *Interruption civile*, interruption de la prescription par un acte signifié à la personne à qui on veut ôter le bénéfice de la prescription. ◆ Action d'interrompre une personne qui parle. ◆ Paroles prononcées pour interrompre. ◆ Rhét. Figure dans laquelle on interrompt volontairement le fil de son discours pour se livrer à d'autres idées, et qui est plus connue sous le nom de suspension ou réticence. ∎ *Interruption volontaire de grossesse (IVG)*, avortement provoqué et réalisé sous contrôle médical. ■ **Dr.** *Interruption de prescription,* cessation du cours d'une prescription. ■ **Dr.** *Interruption de l'instance,* cessation du déroulement d'un procès due notamment au décès d'une des parties.

INTERSAISON, ■ n. f. [ɛ̃tɛʀsezɔ̃] (2 *inter-* et *saison*) Période intermédiaire entre deux autres périodes, spécifique à une activité. *L'intersaison de football.*

INTERSECTION, n. f. [ɛ̃tɛʀseksjɔ̃] (lat. archit. *intersectio,* coupure des denticules) **Géom.** Lieu où des lignes, des surfaces, des solides se coupent réciproquement. *Point d'intersection.* ◆ *Ligne d'intersection* ou *simplement intersection,* ligne suivant laquelle deux surfaces, deux plans se coupent. ■ Endroit où se croisent deux voies de circulation.

INTERSESSION, ■ n. f. [ɛ̃tɛʀsesjɔ̃] (2 *inter-* et *session*) Intermède séparant deux sessions d'une assemblée. *Deux séances de trois jours avec intersession de huit jours.*

INTERSIDÉRAL, ALE, ■ adj. [ɛ̃tɛʀsideral] (2 *inter-* et *sidéral*) Qui se situe entre les astres. *Le vide intersidéral.*

INTERSIGNE, ■ n. m. [ɛ̃tɛʀsiɲ] ou [ɛ̃tɛʀsiɲ] (lat. médiév. *intersignum,* forme lat. de l'anc. fr. *entreseing,* insigne du chevalier) Lien mystérieux pouvant être établi entre deux événements et dont le premier est censé annoncer le second. *Il prit pour un intersigne saisissant le fait d'avoir déjà rêvé la scène qu'il était en train de vivre.*

INTERSPÉCIFIQUE, ■ adj. [ɛ̃tɛʀspesifik] (2 *inter-* et *spécifique*) Qui a trait aux rapports existant entre des espèces différentes. *Réaliser une hybridation interspécifique.*

INTERSTELLAIRE, ■ adj. [ɛ̃tɛʀsteleʀ] (2 *inter-* et *stellaire*) Situé entre les étoiles. *Le milieu interstellaire est l'espace, composé de gaz et de poussière, entre les étoiles. La chimie interstellaire.*

INTERSTICE, n. m. [ɛ̃tɛʀstis] (b. lat. *interstitium,* de *intersistere,* s'arrêter au milieu) **Phys.** Intervalle qui sépare les molécules d'un corps. ◆ **Par extens.** Fente. ◆ Temps que l'Église fait observer entre la réception de deux ordres sacrés.

INTERSTITIEL, ELLE, ■ adj. [ɛ̃tɛʀstisjɛl] (*interstice*) Qui se trouve dans les interstices d'une chose. ■ **Anat.** Qui se situe dans les interstices de parties organiques. *Le tissu interstitiel.*

INTERSUBJECTIVITÉ, ■ n. f. [ɛ̃tɛʀsybʒɛktivite] (all. *Intersubjektivität*) **Philos.** Échange considéré comme le lieu de l'expression des différentes subjectivités en présence. ■ INTERSUBJECTIF, IVE, adj. [ɛ̃tɛʀsybʒɛktif, iv] *Des relations intersubjectives.*

INTERSYNDICAL, ALE, ■ adj. [ɛ̃tɛʀsɛ̃dikal] (2 *inter-* et *syndical*) Qui concerne, qui regroupe au moins deux syndicats différents. *Des accords intersyndicaux.*

INTERTEXTUALITÉ, ■ n. f. [ɛ̃tɛʀtɛkstyalite] (2 *inter-* et *textualité*) Présence dans un texte littéraire de références, explicites ou non, à une ou plusieurs œuvres littéraires antérieures. *L'étude de l'intertextualité met en valeur les notions d'héritage et de patrimoine littéraires.*

INTERTIDAL, ALE, ■ adj. [ɛ̃tɛʀtidal] (mot. angl., de *inter* et *tide,* marée) **Hydrol.** Qui est situé entre le niveau des plus hautes et des plus basses marées. *Les bas-fonds intertidaux.* ■ Rɛм. On dit aussi *intercotidal.*

INTERTITRE, ■ n. m. [ɛ̃tɛʀtitʀ] (2 *inter-* et *titre*) Titre de taille inférieure, servant à marquer les paragraphes d'un texte, et permettant généralement d'accrocher le lecteur. ■ **Cin.** Plan inséré entre deux séquences d'un film et où figure un texte généralement destiné à aider le spectateur dans sa lecture de l'œuvre. *Les intertitres avaient une grande importance dans les films muets.*

INTERTRIGO, ■ n. m. [ɛ̃tɛʀtʀigo] (mot lat., excoriation, de *terere,* frotter, user) **Méd.** Inflammation infectieuse se développant dans les plis de la peau. *Souffrir d'intertrigo interdigital.*

INTERTROPICAL, ALE, adj. [ɛ̃tɛʀtʀopikal] (2 *inter-* et *tropical*) Qui est situé entre les tropiques. *Les pays intertropicaux.* ◆ Qui vient entre les tropiques. ◆ Qui appartient aux régions intertropicales. *Les tourbillons intertropicaux.*

INTERURBAIN, AINE, ■ adj. [ɛ̃tɛʀyʀbɛ̃, ɛn] (2 *inter-* et *urbain*) Qui permet une liaison entre les villes, qui est établi entre au moins deux villes. *Un réseau ferroviaire interurbain.* ■ **N. m.** Service téléphonique qui permettait d'entrer en communication avec un interlocuteur localisé dans une autre ville que celle de l'appelant. ■ **Abrév. fam.** Inter.

INTERVALLE, n. m. [ɛ̃tɛʀval] (lat. *intervallum,* espace entre deux pieux) Distance d'un lieu à un autre. ◆ ▷ **Milit.** Espace qui isole les groupes principaux d'une ligne de bataille. ◁ ◆ Distance d'un temps à un autre. ◆ *Par intervalles,* de temps en temps. ◆ *Bon intervalle* ou *intervalle lucide,* temps pendant lequel un fou jouit momentanément de sa raison. ◆ **Mus.** Différence d'un son grave à un son aigu. ◆ **Fig.** Inégalité de condition sociale.

« *Cet immense intervalle Qu'a mis entre elle et moi la majesté royale* », Voltaire. ■ **Math.** Ensemble des nombres compris entre deux autres nombres.

INTERVENANT, ANTE, adj. [ɛ̃tɛʀvənɑ̃, ɑ̃t] (*intervenir*) Qui intervient, qui arrive au milieu de. *Des difficultés intervenantes.* ◆ Qui intervient, qui prend part à, secondairement et après l'instance engagée. *Partie intervenante dans un procès, au procès.* ◆ **N. m.** et n. f. *L'intervenant.*

INTERVENIR, v. intr. [ɛ̃tɛʀvəniʀ] (lat. *intervenire*) Se conjugue avec *être.* Venir entre, prendre part. *Intervenir dans une négociation.* ◆ Il se dit des choses dans un sens analogue. *Une bataille intervint.* « *Jésus-Christ fait intervenir la religion à la réconciliation du genre humain* », Bossuet. ◆ Agir comme médiateur. *Intervenir dans un différend.* ◆ Intervenir comme supérieur, comme plus fort. *Faire intervenir la force armée. Intervenir dans un pays voisin.* ◆ Demander d'être reçu dans une instance, dans un procès. *Intervenir dans un procès, au procès.* ◆ Se dit de tout ce qui arrive pendant la durée d'une affaire, des jugements qui se rendent dans un procès, etc. ■ Jouer un rôle. *Ces résultats n'interviennent pas dans leur décision.* ■ **Abusiv.** Avoir lieu. *Un accord est intervenu.* ■ **Méd.** Tenter d'enrayer l'évolution d'une maladie contractée par un patient, en utilisant un traitement spécifique ou en réalisant une opération chirurgicale.

INTERVENTION, n. f. [ɛ̃tɛʀvɑ̃sjɔ̃] (b. lat. jurid. *interventio,* garantie, caution, de *interventum,* supin de *intervenire*) Opération par laquelle on intervient, on se mêle de quelque affaire. *L'intervention du gouvernement dans les négociations, aux négociations.* ◆ Se dit aussi des choses. *L'intervention de la philosophie dans la conduite de la vie.* ◆ Action par laquelle on intervient soit comme médiateur, soit comme supérieur. *L'intervention de la force armée.* ◆ Acte par lequel un peuple interpose sa médiation dans les affaires d'un autre peuple, soit par la voie des armes, soit par celle des négociations. ◆ Action par laquelle on prend part à quelque affaire légale ou judiciaire. *Intervention au procès, dans le procès.* ◆ Action de s'introduire dans une instance pendante entre des parties. ■ Opération chirurgicale. *Subir une intervention.*

INTERVENTIONNISTE, ■ adj. [ɛ̃tɛʀvɑ̃sjɔnist] (*intervention*) **Écon.** et polit. Qui met en place des mesures de régulation essentiellement économiques. *Un État interventionniste.* ■ **Écon.** et polit. Qui intervient à divers niveaux (économique et militaire notamment) dans les affaires intérieures d'un autre État. ■ INTERVENTIONNISME, n. m. [ɛ̃tɛʀvɑ̃sjɔnism]

INTERVENU, UE, p. p. d'intervenir. [ɛ̃tɛʀvəny]

INTERVERSION, n. f. [ɛ̃tɛʀvɛʀsjɔ̃] (b. lat. *interversio,* falsification, malversation, de *interversum,* supin de *intervertere*) Renversement d'ordre. *L'interversion des idées, des saisons.*

INTERVERTÉBRAL, ALE, ■ adj. [ɛ̃tɛʀvɛʀtebral] (2 *inter-* et *vertébral*) Qui est compris entre deux vertèbres. *Des implants intervertébraux.*

INTERVERTI, IE, p. p. d'intervertir. [ɛ̃tɛʀvɛʀti]

INTERVERTIR, v. tr. [ɛ̃tɛʀvɛʀtiʀ] (lat. *intervertere,* détourner de sa destination) Changer en retournant, en renversant. *Intervertir les saisons.* ◆ **Phys.** Changer la direction de la lumière polarisée. ◆ Il se dit de l'ordre, de l'arrangement que l'on change. *Intervertir l'arrangement des mots, l'ordre des droits, etc.* ■ **Fam.** *Intervertir les rôles,* se dit en parlant d'une personne qui revêt la position occupée par une autre et met l'autre dans la position qu'il occupait initialement.

INTERVERTISSEMENT, n. m. [ɛ̃tɛʀvɛʀtis(ə)mɑ̃] Action d'intervertir ; état de ce qui est interverti.

INTERVIEW, ■ n. f. [ɛ̃tɛʀvju] ou [intɛʀvju] (mot angl., du fr. *entrevue*) Entretien entre un journaliste et une personnalité (politique, artistique, etc.) destiné à une publication dans les médias. *Des interviews.* ■ **Par méton.** Forme publiée d'une interview. ■ INTERVIEWER, v. tr. [ɛ̃tɛʀvjuve] ■ INTERVIEWEUR, EUSE, n. m. et n. f. [ɛ̃tɛʀvjuvœʀ, øz]

INTERVOCALIQUE, ■ adj. [ɛ̃tɛʀvokalik] (2 *inter-* et *vocalique*) **Phonét.** Qui est placé entre deux voyelles. *Une consonne intervocalique.*

INTESTAT, adj. [ɛ̃tɛsta] (on ne prononce pas le *t* final ; lat. *intestatus,* de *testor,* faire son testament) **Dr.** Ne s'emploie que dans : *Mourir, décéder intestat,* sans avoir fait de testament. ◆ *Hériter ab intestat,* hériter d'une personne qui n'a point fait de testament. ◆ On dit : *Héritier ab intestat ; succession ab intestat.*

1 INTESTIN, n. m. [ɛ̃tɛstɛ̃] (lat. *intestinum,* neutre substantivé de *intestinus*) Long conduit musculo-membraneux, logé dans la cavité abdominale, qui s'étend depuis l'estomac jusqu'à l'anus. ■ Rɛм. On trouve souvent ce terme employé au pluriel. *Avoir les intestins fragiles.*

2 INTESTIN, INE, adj. [ɛ̃tɛstɛ̃, in] (lat. *intestinus*) Qui est dans l'intérieur du corps, d'un corps. *Chaleur intestine.* ◆ **Fig.** Qui est dans l'intérieur du corps social, d'un État. *Guerre intestine.* ◆ **Fig.** Qui se passe dans l'intérieur de l'âme. « *Le philosophe s'occupe des dissensions intestines de sa raison avec ses penchants* », Diderot.

INTESTINAL, ALE, adj. [ɛ̃tɛstinal] (*intestin*) **Anat.** Qui appartient aux intestins. *Conduit intestinal. Vers intestinaux.*

INTIMATION, n. f. [ɛ̃timasjɔ̃] (b. lat. *intimatio*, démonstration, accusation) Action d'intimer. *L'intimation d'un ordre.* ♦ L'acte de procédure par lequel on intime. *L'exploit ne porte point intimation.*

INTIME, adj. [ɛ̃tim] (lat. *intimus*, superl. corresp. au compar. *interior*) Qui est le plus au dedans et le plus essentiel. *La nature intime des choses nous est inconnue.* ♦ **Phys.** et **chim.** Qui pénètre, agit dans l'intérieur des corps et dans leurs molécules. ♦ **Fig.** Qui existe au fond de l'âme. *Persuasion intime. Le sentiment intime de la conscience* ou simplement *le sens intime.* ♦ **Fig.** Qui est très étroit et très cher, en parlant d'amitié, d'attachement. *Union intime. Avoir des relations intimes avec quelqu'un.* ♦ Qui a et pour qui l'on a une affection très forte. *Mon plus intime ami.* ♦ **N. m.** et **n. f.** *Un intime.* ♦ **N. m.** Ce qu'il y a de plus profond dans une chose. « *Dans l'intime de la volonté de Dieu* », PASCAL. ■ **Adj.** Qui est strictement privé et qui est communément gardé secret. *La vie intime.* ■ Par euphémisme, qui concerne les organes génitaux. *Toilette intime.* ■ Qui ne réunit que des amis intimes. *Une soirée intime.*

INTIMÉ, ÉE, p. p. d'intimer. [ɛ̃time] **N. m.** et **n. f.** La personne qui, ayant gagné son procès en première instance, est appelée devant un tribunal supérieur par sa partie.

INTIMEMENT, adv. [ɛ̃tim(ə)mɑ̃] (*intime*) D'une manière intime, dans le fond des choses. *Des parties intimement liées entre elles.* ♦ Dans le fond de l'âme. ♦ Avec une affection très particulière et très étroite. *Ils sont intimement liés.*

INTIMER, v. tr. [ɛ̃time] (b. lat. *intimare*, mettre dans, annoncer, de *intimus*) Faire savoir, signifier avec autorité. *On lui intima l'ordre de partir.* ♦ Faire une signification légale. ♦ Appeler en justice, principalement en parlant d'une assignation pour procéder sur un appel. ♦ ▷ *Intimer un concile*, assigner le lieu et le temps auxquels un concile doit se tenir. ◁ ■ *Intimer l'ordre*, ordonner. *Il lui intima l'ordre de ne plus bouger.*

INTIMIDABLE, adj. [ɛ̃timidabl] (*intimider*) Qui peut être intimidé, qui est susceptible de se laisser intimider.

INTIMIDANT, ANTE, adj. [ɛ̃timidɑ̃, ɑ̃t] (*intimider*) Qui intimide.

INTIMIDATEUR, n. m. [ɛ̃timidatœr] (*intimider*) Celui qui intimide. ♦ **Adj.** *Intimidateur, trice,* qui intimide. *Mesure intimidatrice.*

INTIMIDATION, n. f. [ɛ̃timidasjɔ̃] (*intimider*) Action d'intimider ; effet de cette action. *Un système d'intimidation.*

INTIMIDÉ, ÉE, p. p. d'intimider. [ɛ̃timide]

INTIMIDER, v. tr. [ɛ̃timide] (1 *in-* et *timide*) Donner de la timidité, de la crainte à quelqu'un. ♦ **S'intimider**, v. pr. Prendre peur, en parlant des personnes ou des choses.

INTIMISME, ■ n. m. [ɛ̃timism] (*intimiste*) **Litt.** Attachement d'un écrivain à rendre les atmosphères et les fluctuations de la vie intérieure de ses personnages. ■ **Peint.** Fait de représenter des scènes, souvent d'intérieur, de la vie courante, familiale, domestique ou quotidienne.

INTIMISTE, ■ adj. [ɛ̃timist] (*intime*) **Peint.** Qui représente des scènes d'intérieur, des personnages pris dans leur intimité, dans leur existence familière. *Henri Fantin-Latour (1836-1904) a réalisé un grand nombre d'œuvres intimistes.* ■ **Litt.** Qui s'emploie à exprimer, sur le mode de la confidence, les pensées, les sentiments profonds. *Un courant intimiste.* ■ **Litt.** Qui évoque les faits de la vie familière. ■ **N. m.** et **n. f.** Écrivain ou peintre dont la production manifeste les caractéristiques propres à l'intimisme.

INTIMITÉ, n. f. [ɛ̃timite] (*intime*) Qualité de ce qui est intime. *L'intimité d'une combinaison chimique.* ♦ **Fig.** Le fond caché de l'intérieur de l'homme. *Dans l'intimité de la conscience.* ♦ Liaison intime. « *Cette noble et touchante intimité qui met tout en commun* », MME DE STAËL. ■ Ensemble formé par des personnes très proches les unes des autres. *La cérémonie aura lieu dans la plus grande intimité.* ■ **Par méton.** Caractère d'un lieu propice à mettre les personnes à l'aise, à favoriser la création d'un climat de confiance et par-là même à encourager l'expression de confidences. *L'intimité d'une chambre.*

INTITULÉ, ÉE, p. p. d'intituler. [ɛ̃tityle] **N. m.** *L'intitulé d'un acte, d'un jugement, etc.,* la formule usitée qui se met en tête d'un acte, d'un jugement, etc. ♦ Titre. *L'intitulé d'un livre.* ■ *L'intitulé d'un compte bancaire, postal,* le patronyme, le prénom et l'adresse du titulaire du compte concerné.

INTITULER, v. tr. [ɛ̃tityle] (b. lat. *intitulare*) Donner un titre. *Intituler un ouvrage.* ♦ **Dr.** Mettre la formule en tête d'une loi, d'une ordonnance, d'un jugement, etc. ♦ **S'intituler**, v. pr. Se donner un titre. *Il s'intitule prince.*

INTOLÉRABILITÉ, n. f. [ɛ̃tolerabilite] (b. lat. *intolerabilitas*) ▷ Qualité de ce qui est intolérable. ◁

INTOLÉRABLE, adj. [ɛ̃tolerabl] (b. lat. *intolerabilis*) Qu'on ne peut supporter patiemment. *Des conditions de paix intolérables.* ♦ Qu'on ne peut tolérer. *Cela est intolérable.* ♦ Il se dit aussi des personnes.

INTOLÉRABLEMENT, adv. [ɛ̃tolerabləmɑ̃] (*intolérable*) D'une manière intolérable.

INTOLÉRANCE, n. f. [ɛ̃tolerɑ̃s] (1 *in-* et *tolérance*, d'après le lat. *intolerantia*, nature insupportable) Répugnance à supporter les hommes ou les choses. « *Il y a dans les choses de goût, ainsi que dans les choses religieuses, une espèce d'intolérance* », DIDEROT. ♦ **Méd.** Impossibilité de supporter un remède. ♦ **Absol.** Disposition à violenter, à persécuter ceux avec qui on diffère d'opinion religieuse. ♦ Disposition consistant à ne pas supporter ou tolérer l'expression d'opinions différentes des siennes, le comportement d'autres personnes.

INTOLÉRANT, ANTE, adj. [ɛ̃tolerɑ̃, ɑ̃t] (2 *in-* et *tolérant*, d'après le lat. *intolerans*, qui ne peut supporter) Qui manque de tolérance ; il se dit surtout en matière de religion et des personnes comme des choses. *Un homme intolérant. Doctrine intolérante.* ♦ **N. m.** et **n. f.** *Les intolérants.* ■ **Adj. Méd.** Qui ne peut supporter un remède, un aliment, qui y est allergique.

INTOLÉRANTISME, n. m. [ɛ̃tolerɑ̃tism] (*intolérant*) Sentiment de ceux qui ne veulent souffrir aucune autre religion que la leur.

INTONATIF, IVE, ■ adj. [ɛ̃tonatif, iv] (*intonation*) **Phonét.** Qui a trait à l'intonation. *Des systèmes intonatifs. Des structures intonatives.*

INTONATION, n. m. [ɛ̃tonasjɔ̃] (lat. médiév. *intonare*, entonner, de l'anc. fr. *entoner*, résonner) **Mus.** Manière d'observer les tons, et en particulier action par laquelle on commence à entonner quelque air de chant. ♦ En parlant du plain-chant, action de mettre un chant sur le ton dans lequel il doit être. ♦ **Par extens.** Divers tons que l'on prend en parlant ou en lisant. ■ **Phonét.** Mouvement affectant la prosodie et caractérisé par une variation de hauteur des voyelles prononcées.

INTOUCHABLE, ■ adj. [ɛ̃tuʃabl] (2 *in-* et *toucher*) Qu'il est impossible ou interdit de toucher. ♦ **Fig.** Dont la valeur ne peut être remise en cause, à l'égard de qui ou de quoi toute critique est déplacée. *Les théories d'Einstein ont longtemps été intouchables.* ■ **N. m.** En Inde, personne appartenant à une caste inférieure et à laquelle la pratique de certains rituels hindouistes est interdite. ■ **INTOUCHABILITÉ**, n. f. [ɛ̃tuʃabilite]

INTOXICATION, n. f. [ɛ̃tɔksikasjɔ̃] (*intoxiquer*) **Méd.** Introduction d'une substance toxique dans l'économie vivante. ■ **Fig.** Action psychologique exercée insidieusement sur une population.

INTOXIQUÉ, ÉE, ■ adj. [ɛ̃tɔksike] (p. p. de *intoxiquer*) Qui subit les effets d'un poison et, plus généralement, de toute substance nocive. ■ **N. m.** et **n. f.** Personne intoxiquée ou dépendante à une substance toxique.

INTOXIQUER, v. tr. [ɛ̃tɔksike] (lat. médiév. *intoxicare*, du lat. *toxicum*, poison pour flèches, du gr. *toxon*, arc) Imprégner l'économie de substances toxiques. ■ **V. tr.** Imprégner l'organisme de substances toxiques. ■ **S'intoxiquer**, v. pr. **V. tr. Fig.** Influencer par le matraquage, la propagande. *La campagne politique menée par ce dictateur a intoxiqué l'opinion publique.*

INTRA..., ■ [ɛ̃tra] Préfixe qui signifie à l'intérieur de.

INTRACARDIAQUE, ■ adj. [ɛ̃trakardjak] (*intra-* et *cardiaque*) **Méd.** Qui est localisé ou se réalise à l'intérieur du cœur. *Une fistule intracardiaque. Un spécialiste de la chirurgie intracardiaque.*

INTRACELLULAIRE, ■ adj. [ɛ̃traselylɛr] (*intra-* et *cellulaire*) **Biol.** Qui est localisé, qui s'effectue à l'intérieur d'une cellule. *Les protéines circulent de façon intracellulaire le long de la voie de sécrétion.*

INTRACOMMUNAUTAIRE, ■ adj. [ɛ̃trakomynotɛr] (*intra-* et *communautaire*) Qui se produit à l'intérieur d'une communauté donnée. *Un problème intracommunautaire.*

INTRACRÂNIEN, IENNE, ■ adj. [ɛ̃trakranjɛ̃, jɛn] (*intra-* et *crânien*) **Méd.** Qui concerne l'intérieur du crâne, qui se produit à l'intérieur même du crâne. *Être sujet à l'hypertension intracrânienne.*

INTRADERMIQUE, ■ adj. [ɛ̃tradɛrmik] (*intra-* et *dermique*) **Méd.** Qui est localisé à l'intérieur du derme ou s'y produit. *Une injection intradermique. Un nævus intradermique.*

INTRADERMORÉACTION, ■ n. f. [ɛ̃tradɛrmoreaksjɔ̃] (*intradermique* et *réaction*) **Méd.** Réaction provoquée par l'injection intradermique d'une faible quantité d'allergène ou de toxine, et permettant d'étudier le degré d'immunité du sujet face à certaines maladies.

INTRADOS, n. m. [ɛ̃trado] (*intra-* et *dos*) **Archit.** Ensemble des douelles intérieures. ■ **Aéronaut.** Partie inférieure et très peu cambrée de l'aile d'un avion.

INTRADUISIBLE, adj. [ɛ̃tradɥizibl] (2 *in-* et *traduisible*) Qu'on ne peut traduire.

INTRAITABLE, adj. [ɛ̃tʀetabl] (lat. *intractabilis*, de *tractare*, toucher, manier) Avec qui on ne peut traiter, qui est d'un commerce difficile. ✦ *Intraitable à.* « *La passion que Louis XI avait de vivre le rendait intraitable à quiconque l'osait avertir de sa mort* », FLÉCHIER. ✦ En un sens favorable, qui ne se plie pas aux mauvaises transactions. « *De l'intraitable vérité L'incommode sévérité* », DELILLE. ✦ À qui on ne peut faire entendre raison.

INTRAMOLÉCULAIRE, ■ adj. [ɛ̃tʀamolekylɛʀ] (*intra-* et *moléculaire*) Chim. Qui est localisé à l'intérieur d'une molécule ou s'y produit. *Une réaction intramoléculaire.*

INTRAMONTAGNARD, ARDE, ■ adj. [ɛ̃tʀamɔ̃taɲaʀ, aʀd] ou [ɛ̃tʀamɔ̃taɲaʀ, aʀd] (*intra-* et *montagnard*) Compris à l'intérieur d'une chaîne de montagnes. *Un bassin intramontagnard.*

INTRA-MUROS, loc. adv. [ɛ̃tʀamyʀos] (mots lat. *intra*, à l'intérieur de, et accus. plur de *murus*, mur) Dans l'intérieur de la ville. *Habitation intra-muros.*

INTRAMUSCULAIRE, ■ adj. [ɛ̃tʀamyskylɛʀ] (*intra-* et *musculaire*) Qui a lieu ou qui se situe à l'intérieur d'un muscle. *Une piqûre intramusculaire.*

INTRANET, ■ n. m. [ɛ̃tʀanɛt] (mot angl.) Système informatique, fonctionnant en réseau fermé et permettant la diffusion et l'échange d'informations numériques entre les différents postes. *L'Intranet d'une entreprise.*

INTRANSIGEANT, ANTE, ■ adj. [ɛ̃tʀɑ̃ziʒɑ̃, ɑ̃t] (esp. *intransigente*, du lat. *transigere*, accommoder) Qui refuse tout arrangement ou concession, qui ne transige pas. *Le chef des rebelles demeure intransigeant dans ses négociations avec le pouvoir en place.* ■ INTRANSIGEANCE, n. f. [ɛ̃tʀɑ̃ziʒɑ̃s]

INTRANSITIF, IVE, adj. [ɛ̃tʀɑ̃zitif, iv] (b. lat. gramm. *intransitivus*) Gramm. *Verbe intransitif*, verbe exprimant une action qui ne passe point hors du sujet. *Marcher* est un verbe intransitif. ✦ On dit de même : *Signification intransitive.* ✦ Math. et log. Se dit d'une opération ou d'une relation présentant des termes qui ne sont pas liés entre eux. ■ INTRANSITIVEMENT, adv. [ɛ̃tʀɑ̃zitiv(ə)mɑ̃] ■ INTRANSITIVITÉ, n. f. [ɛ̃tʀɑ̃zitivite]

INTRANSMISSIBILITÉ, ■ n. f. [ɛ̃tʀɑ̃smisibilite] (*intransmissible*) Caractéristique propre à ce qui est intransmissible. *L'intransmissibilité d'une sensation.*

INTRANSMISSIBLE, ■ adj. [ɛ̃tʀɑ̃smisibl] (2 *in-* et *transmissible*) Qui ne présente pas la possibilité d'être transmis. *Le message de ce poème est intransmissible.*

INTRANSPORTABLE, ■ adj. [ɛ̃tʀɑ̃spɔʀtabl] (2 *in-* et *transportable*) Que l'on ne peut transporter, qui ne saurait être transporté sans difficulté. *Un malade intransportable.*

INTRANT, n. m. [ɛ̃tʀɑ̃] (lat. *intrans*, p. prés. de *intrare*, entrer) ▷ Nom d'un officier qu'on choisissait autrefois dans chaque nation de l'université de Paris pour l'élection du recteur. ◁ ■ Écon. Élément qui entre dans la production d'un bien.

INTRANUCLÉAIRE, ■ adj. [ɛ̃tʀanyklɛʀ] (*intra-* et *nucléaire*) Chim. Qui se trouve à l'intérieur du noyau d'un atome. ■ Biol. Qui est situé ou qui se produit à l'intérieur du noyau d'une cellule. *Une cellule avec une inclusion intranucléaire.*

INTRAOCULAIRE, ■ adj. [ɛ̃tʀaokylɛʀ] (*intra-* et *oculaire*) Anat. Qui est situé ou qui se produit à l'intérieur de l'œil. *Faire de la tension intraoculaire.*

INTRA-UTÉRIN, INE, ■ adj. [ɛ̃tʀayteʀɛ̃, in] (*intra-* et *utérin*) Qui se trouve, qui a lieu ou qui se situe à l'intérieur de l'utérus. « *Le développement du fœtus, à chaque jour de sa vie intra-utérine* », ZOLA.

INTRAVEINEUX, EUSE, ■ adj. [ɛ̃tʀavenø, øz] (*intra-* et *veineux*) Qui a lieu ou qui se situe à l'intérieur d'une veine. *Une piqûre intraveineuse.* ■ N. f. *Un traitement en intraveineuse.*

IN-TRENTE-DEUX, adj. [intʀɑ̃t(ə)dø] (*in* se prononce *inn*. Lat. *in*, en, et *trente-deux*) Format in-trente-deux, format d'une feuille pliée en trente-deux feuillets fait soixante-quatre pages. ✦ N. m. *Un in-trente-deux.* ✦ On écrit aussi : *in-32.* ✦ Au pl. *Des in-trente-deux.*

INTRÉPIDE, adj. [ɛ̃tʀepid] (lat. *intrepidus*, qui ne tremble pas ; cf. gr. *treein*, trembler) Qui ne craint point, en parlant des personnes et de ce qui leur est propre. *Un soldat intrépide. Aller d'un pas intrépide.* ✦ *Intrépide à.* « *Avec une gradation lente et ménagée, on rend l'homme et l'enfant intrépides à tout* », J.-J. ROUSSEAU. ✦ N. m. et n. f. *Un intrépide.* ✦ Qui ne se laisse pas rebuter.

INTRÉPIDEMENT, adv. [ɛ̃tʀepid(ə)mɑ̃] (*intrépide*) D'une manière intrépide.

INTRÉPIDITÉ, n. f. [ɛ̃tʀepidite] (*intrépide*) Qualité de l'intrépide. *Regarder la mort avec intrépidité.* ✦ Il se dit aussi, en quelques cas particuliers, de toute autre fermeté que celle qui fait braver le danger. « *Cette intrépidité de bonne opinion... Qui le rend en tout temps si content de soi-même* », MOLIÈRE.

INTRICATION, ■ n. f. [ɛ̃tʀikasjɔ̃] (*intriquer*) État de ce qui est emmêlé. ■ Phys. *Intrication quantique*, enchevêtrement de deux ou plusieurs objets quantiques de telle sorte qu'ils soient mis en superposition d'états. ■ Fig. *L'intrication des causes et des effets.*

INTRIGAILLER, v. intr. [ɛ̃tʀigaje] (*intrigue*) ▷ Fam. S'occuper d'intrigues mesquines. ◁

INTRIGAILLEUR, n. m. [ɛ̃tʀigajœʀ] (*intrigailler*) ▷ Celui qui intrigaille. ◁

INTRIGANT, ANTE, adj. [ɛ̃tʀigɑ̃, ɑ̃t] (*intriguer*) Qui se mêle de beaucoup d'intrigues. ✦ Il se dit aussi des choses. « *Dévotion intrigante* », BOURDALOUE. ✦ N. m. et n. f. *Un intrigant, une intrigante.*

INTRIGUE, n. f. [ɛ̃tʀig] (*intriguer*) Embarras, difficulté où l'on se trouve. *Nous sommes sortis d'intrigue.* ✦ Combinaison et série de pratiques secrètes pour faire réussir une affaire. « *Ce qu'un savant gagne en intrigues, il le perd en génie* », VOLTAIRE. ✦ Absol. Les combinaisons, le jeu des pratiques secrètes. ✦ Habileté à intriguer. *Être homme d'intrigue.* ✦ Différents incidents qui forment le nœud d'une pièce dramatique. ✦ *Comédie d'intrigue*, celle où l'auteur s'occupe surtout d'intéresser et d'amuser par la multiplicité et la variété des incidents. ✦ Commerce secret de galanterie.

INTRIGUÉ, ÉE, p. p. d'intriguer. [ɛ̃tʀige] Qui est inquiet. ✦ Qui est dans l'embarras. ✦ ▷ Où l'intrigue est bien nouée, en parlant d'une pièce de théâtre, d'un roman. ◁

INTRIGUER, v. intr. [ɛ̃tʀige] (ital. *intrigare*, du lat. *intricare*, embrouiller) Faire une intrigue, des intrigues. ✦ V. tr. Donner à penser, mettre en souci. ✦ *Intriguer quelqu'un*, exciter vivement, sans se faire connaître, la curiosité de quelqu'un. ✦ *Intriguer une pièce*, y mettre une intrigue bien nouée. ✦ S'intriguer, v. pr. Combiner divers moyens pour faire réussir quelque chose. *S'intriguer dans une affaire, d'une affaire, pour quelqu'un.* ✦ *S'intriguer partout*, se fourrer partout, se mêler de tout. ✦ Se mettre en souci.

INTRINSÈQUE, adj. [ɛ̃tʀɛ̃sɛk] (lat. *intrinsecus*, au-dedans, intérieurement) Qui est intérieur à quelque chose, en dedans de quelque chose. *La contexture intrinsèque des corps.* ✦ Anat. *Muscles intrinsèques*, muscles propres à certains organes, par opposition à ceux qui appartiennent en même temps à ces organes et à d'autres parties voisines. ✦ Fig. Qui est propre, essentiel à quelque chose. *Qualité intrinsèque.* ✦ *Valeur intrinsèque*, la valeur qu'ont les objets indépendamment de toute convention. ✦ Log. *Arguments intrinsèques*, arguments tirés de la nature même du sujet. ✦ Rhét. *Lieux communs intrinsèques ou intérieurs*, ceux qui appartiennent au sujet même, comme la définition, l'énumération, les similitudes, les contraires, les causes et les effets, les circonstances.

INTRINSÈQUEMENT, adv. [ɛ̃tʀɛ̃sɛk(ə)mɑ̃] (*intrinsèque*) D'une manière intrinsèque.

INTRIQUER (S'), ■ v. pr. [ɛ̃tʀike] (lat. *intricare*) S'agencer en se mêlant de façon étroite.

INTRODUCTEUR, TRICE, n. m. et n. f. [ɛ̃tʀodyktœʀ, tʀis] (b. lat. *introductor*) Personne qui introduit, qui fait entrer. ✦ *Introducteur des ambassadeurs*, celui dont la fonction est de conduire les ambassadeurs et les princes étrangers à l'audience d'un roi. ✦ Fig. Personne qui la première amène quelque chose dans un pays, dans une ville, etc.

INTRODUCTIF, IVE, adj. [ɛ̃tʀodyktif, iv] (radic. de *introducteur*) Qui sert de commencement, d'entrée à quelque chose. *Une réflexion introductive.* ✦ *Requête introductive.*

INTRODUCTION, n. f. [ɛ̃tʀodyksjɔ̃] (lat. *introductio*, de *introducere*, conduire dans, amener) Action d'introduire quelqu'un, de le faire entrer. *L'introduction des ambassadeurs auprès du prince.* ✦ Action de faire entrer dans. *Introduction d'une sonde dans une plaie, des marchandises, etc.* ✦ Action de donner accès. *L'introduction de cet homme dans votre société. Lettre d'introduction.* ✦ Fig. Action de faire recevoir, accepter. *L'introduction d'une coutume dans un pays.* ✦ Fig. Ce qui sert comme d'entrée, de préparation à une science, à une étude, etc. *Introduction à la physique.* ✦ Discours préliminaire qu'on met à la tête d'un ouvrage. ✦ *Introduction d'une instance*, le commencement d'une procédure à quelque tribunal. ✦ Mus. Symphonie très courte qui tient lieu d'ouverture à un opéra. ✦ Petit morceau d'un mouvement lent qui précède le premier allégro d'une symphonie, d'une ouverture, etc.

INTRODUIRE, v. tr. [ɛ̃tʀodɥiʀ] (lat. *introducere*) Conduire quelqu'un dans un lieu. ✦ Faire entrer dans. *Introduire la main dans une ouverture, des marchandises dans un pays, etc.* ✦ Donner accès dans une société, auprès de quelqu'un. ✦ Fig. Faire paraître, faire figurer. *Introduire un personnage dans une pièce de théâtre.* ✦ Fig. Faire adopter. *Introduire un usage.* ✦ Être cause de. *Introduire le désordre.* ✦ S'introduire, v. pr. Être introduit. ✦ Fig. *Les abus s'introduisent.* ✦ Se faire recevoir dans, avoir accès. *S'introduire dans une société.* ✦ Impers. « *Il s'introduit souvent de grands fripons dans les maisons* », BEAUMARCHAIS. ■ Entrer. *Il s'est introduit dans l'appartement sans faire* *de bruit.* ■ **Dr.** *Introduire une clause,* ajouter une condition à un acte juridique, à un contrat. *Son entreprise a introduit une clause de non-concurrence dans tous ses contrats de travail.* ■ **Dr.** *Introduire une instance,* saisir une juridiction afin qu'elle statue sur une affaire donnée. *Introduire une instance prud'homale, un tribunal.*

INTRODUIT, ITE, p. p. d'introduire. [ɛ̃tʀɔdɥi, it]

INTROÏT, n. m. [ɛ̃tʀɔit] (on prononce le *t* final ; lat. *introitus,* entrée) Prières dites par le prêtre à la messe quand il est monté à l'autel, et chantées par le chœur au commencement des grandes messes. ■ Au pl. *Des introïts.*

INTROJECTION, ■ n. f. [ɛ̃tʀɔʒɛksjɔ̃] (all. *Introjektion,* du lat. *intro,* à l'intérieur, sur le modèle de *Projektion*) **Psych.** Processus de l'inconscient qui incorpore et identifie au moi ou au surmoi l'image d'une personne ou d'une chose. *L'introjection de l'objet aimé et perdu.* ■ **INTROJECTIF, IVE,** adj. [ɛ̃tʀɔʒɛktif, iv] *Identification introjective.*

INTROMISSION, n. f. [ɛ̃tʀɔmisjɔ̃] (lat. *intromissum,* supin de *intromittere,* faire entrer) **Phys.** Action de mettre dans. *L'intromission des sucs dans les plantes par les racines.*

INTRÔNER, v. tr. [ɛ̃tʀone] (1 *in-* et *trône*) **Néolog.** Mettre sur le trône, à la place de celui qui l'occupait. ■ **Rem.** Ce néologisme n'est pas resté dans l'usage du XXᵉ siècle.

INTRONISATION, n. f. [ɛ̃tʀɔnizasjɔ̃] (*introniser*) Action par laquelle on intronise. ◆ Moment où un souverain couronné se place sur le trône. ◆ **Fig.** Avènement d'une doctrine, d'une religion, etc. *L'intronisation de la philosophie de Descartes.*

INTRONISÉ, ÉE, p. p. d'introniser. [ɛ̃tʀonize]

INTRONISER, v. tr. [ɛ̃tʀonize] (lat. ecclés. *inthronizare*) Placer en cérémonie un évêque sur son siège épiscopal, lorsqu'il prend possession de son église. ◆ **Fig.** Établir, donner la place souveraine à. *La scolastique finit par introniser le nominalisme.* ◆ S'introniser, v. pr. Devenir intronisé. ■ **Par extens.** Placer solennellement un roi, une reine sur le trône. *Elle fut intronisée à la suite de l'abdication de sa mère.* ■ Établir quelqu'un dans une fonction. *Il a été intronisé à la tête du club.*

INTRORSE, ■ adj. [ɛ̃tʀɔʀs] (lat. *introrsum,* vers l'intérieur) **Bot.** Qui est dirigé vers l'intérieur. *Germination introrse.* ■ *Anthère introrse,* anthère tournée vers le centre de la fleur. *Anthère introrse et anthère extrorse. L'anthère introrse de la campanule.* ■ *Étamine introrse,* dont l'anthère est introrse. *Étamine introrse et étamine extrorse.*

INTROSPECTIF, IVE, ■ adj. [ɛ̃tʀɔspɛktif, iv] (angl. *introspective*) Qui procède par introspection. *Une thérapie individuelle introspective.*

INTROSPECTION, ■ n. f. [ɛ̃tʀɔspɛksjɔ̃] (angl. *introspection,* du lat. *introspicere,* regarder dans, à l'intérieur de) Examen ou analyse, par une personne, de son intériorité. ■ **Philos.** Examen de soi, par la conscience, entrepris dans le but d'accéder à la connaissance de soi. « *Je passais par toutes les affres de l'introspection sans, pour cela, me réconcilier avec moi-même* », **Sagan.**

INTROUVABLE, adj. [ɛ̃tʀuvabl] (2 *in-* et *trouver*) Qu'on ne peut trouver.

INTROVERSION, ■ n. f. [ɛ̃tʀɔvɛʀsjɔ̃] (all. *Introversion,* du lat. *intro,* à l'intérieur, et *versus,* tourné) **Psych.** Attitude d'une personne qui vit repliée sur elle-même et qui refuse la réalité du monde extérieur. *L'introversion s'exprime comme une stagnation plus ou moins régressive dans les relations psychiques.*

INTROVERTI, IE, ■ adj. [ɛ̃tʀɔvɛʀti] (all. *introvertiert*) Replié sur soi-même, centré sur sa vie intérieure et pouvant de ce fait manifester des difficultés à entrer en relation avec autrui. ■ N. m. et n. f. « *L'artiste est en même temps un introverti qui frise la névrose* », **Freud.**

INTRURE, v. tr. [ɛ̃tʀyʀ] (lat. pop. *intrudere,* du lat. *introtrudere,* introduire de force) ▷ Usité seulement aux temps composés. Introduire sans droit et sans titre. ◆ S'intrure, v. pr. S'introduire sans droit ni titre. « *La cause dans laquelle vous vous êtes intrus pour la gâter* », **Voltaire.** ◆ S'introduire par force ou par ruse, ou contre le droit et sans titre, dans quelque dignité ecclésiastique. « *Ceux qui se sont intrus dans le sanctuaire* », **Massillon.** ◁

INTRUS, USE, p. p. d'intrure. [ɛ̃tʀy, yz] Introduit, contre le droit, dans quelque dignité ecclésiastique. *Un évêque intrus.* ◆ N. m. *Un intrus.* ◆ Introduit illégitimement dans quelque fonction que ce soit. *Intrus dans cette charge.* ◆ N. m. *Le trône occupé par un intrus.* ◆ N. m. et n. f. Celui qui s'introduit quelque part sans être invité ou sans avoir qualité pour y être admis. ■ **Rem.** Dans ce dernier sens, il s'emploie aujourd'hui aussi au féminin. *Elle se sentait une intruse chez lui.* ■ N. m. Élément qui n'est pas à sa place dans un ensemble cohérent. *L'exercice consiste à trouver l'intrus dans cette liste de noms féminins.*

INTRUSION, n. f. [ɛ̃tʀyzjɔ̃] (lat. médiév. jurid. *intrusio,* installation non canonique, de *intrusus*) Action par laquelle on s'introduit dans quelque dignité ecclésiastique, et par extens. dans quelque charge, dans quelque compagnie, etc. ◆ **Géol.** *Roches d'intrusion,* roches volcaniques qui se sont introduites entre des roches préexistantes.

INTUBER, ■ v. tr. [ɛ̃tybe] (1 *in-* et *tube*) **Méd.** Fait d'introduire un tube dans la trachée d'un patient pour permettre une respiration artificielle. ■ **INTUBATION,** n. f. [ɛ̃tybasjɔ̃] *Pratiquer une intubation trachéale lors d'une anesthésie générale.*

INTUITIF, IVE, adj. [ɛ̃tɥitif, iv] (lat. *intuitus,* coup d'œil, regard) **Théol.** *Vision intuitive,* Voy. **vision.** ◆ **Fig.** Qui se perçoit par l'esprit comme une vue immédiate. *Une proposition intuitive.* ■ Qui se laisse généralement guidé par l'intuition. *Un esprit intuitif. On dit que les femmes sont plus intuitives que les hommes.* ■ N. m. et n. f. *C'est un intuitif.*

INTUITION, n. f. [ɛ̃tɥisjɔ̃] (lat. scolast. *intuitio,* regard) Voy. **vision.** ◆ **Philos.** Connaissance soudaine, spontanée, indépendante de toute démonstration. ◆ **Par extens.** Connaissance des choses ordinaires comparée à l'intuition philosophique. *Il a eu l'intuition des événements qui se préparaient.* ■ Aptitude que l'on a de pressentir quelque chose. *Agir par intuition.* ■ Ce que l'on pressent ainsi. *J'aurais dû me fier à mes intuitions.*

INTUITIONNISME, ■ n. m. [ɛ̃tɥisjɔnism] (*intuition*) **Philos.** Doctrine selon laquelle l'intuition prévaut dans la connaissance. *L'intuitionnisme bergsonien.* ■ **Math.** Théorie mathématique qui laisse une place à l'intuition et qui refuse le recours unique à la déduction logique. *L'intuitionnisme fut développé par le mathématicien néerlandais L. E. J. Brouwer au début du XXᵉ siècle.* ■ **INTUITIONNISTE,** adj. ou n. m. et n. f. [ɛ̃tɥisjɔnist] *La théorie intuitionniste.*

INTUITIVEMENT, adv. [ɛ̃tɥitiv(ə)mɑ̃] (*intuitif*) **Théol.** Par la vision intuitive. ◆ **Philos.** D'une manière intuitive.

INTUMESCENCE, n. f. [ɛ̃tymesɑ̃s] (lat. *intumescere*) Action par laquelle une chose s'enfle. *L'intumescence des mers par l'action combinée du soleil et de la lune.* ◆ **Physiol.** et méd. Augmentation de volume d'un tissu, d'une partie quelconque du corps. *L'intumescence de la rate.*

INTUSSUSCEPTION, n. f. [ɛ̃tysysɛpsjɔ̃] (lat. *intus,* à l'intérieur, et *susceptio,* action de se charger) ▷ **Physiol.** Acte par lequel les matières nutritives sont introduites dans l'intérieur des corps organisés, pour y être absorbées. ◁ ◆ **Chir.** Entrée d'une portion d'intestin dans une autre.

INUIT, ITE, ■ adj. [inɥit] (mot inuit, plur. de *inuk,* homme) Propre aux habitants des terres arctiques, à leurs coutumes, à leur histoire ou à leurs mœurs. *L'art inuit. Les coutumes inuites.* ■ N. m. et n. f. Habitant des terres arctiques. *Un, une Inuit.* ■ **Rem.** Le terme *inuit* tend à remplacer le terme *esquimau.*

INUKTITUT, ■ n. m. [inyktityt] (nom que les Esquimaux donnent à cette langue) **Ling.** Langue du groupe de langues amérindiennes, parlée par les Inuits. *L'inuktitut possède deux systèmes d'écriture : le qaliujaaqpait (alphabet romain) et le qaniujaaqpait (écriture syllabique).*

INULE, n. f. [inyl] (lat. *inula*) **Bot.** Genre de composées, tribu des radiées, dont l'espèce la plus utile est l'aunée.

INULINE, n. f. [inylin] (*inule*) **Chim.** Substance trouvée dans la racine de l'aunée.

INURBANITÉ, n. f. [inyʀbanite] (2 *in-* et *urbanité*) ▷ Défaut d'urbanité. ◁

INUSABLE, adj. [inyzabl] (2 *in-* et *user*) Qu'on ne peut user. *Étoffe inusable.*

INUSITÉ, ÉE, adj. [inyzite] (lat. *inusitatus*) Qui n'est point ou qui n'est plus usité. *Une chose inusitée.*

INUSUEL, ELLE, ■ adj. [inyzɥɛl] (2 *in-* et *usuel*) Qui n'est pas usuel, qui reste rare. *Ce curieux personnage a toujours été sensible à ce qui est inusuel.*

IN UTERO, ■ loc. adv. [inyteʀo] (loc. lat.) **Méd.** À l'intérieur de l'utérus. *Le fœtus est mort in utero. Fécondation in utero, fécondation in vitro.*

INUTILE, adj. [inytil] (lat. *inutilis*) Qui n'est point utile, en parlant des choses. ◆ Qui ne rend pas de services, en parlant des personnes. ◆ ▷ *Laisser quelqu'un inutile,* ne pas employer ses talents. ◁ ■ N. m. et n. f. *Un inutile, une inutile,* un homme, une femme inutile. ■ Dont on ne se sert pas. ◆ **Fig.** « *La vertu sans l'argent n'est qu'un meuble inutile* », **Boileau.**

INUTILEMENT, adv. [inytil(ə)mɑ̃] (*inutile*) Sans utilité, en vain.

INUTILISABLE, ■ adj. [inytilizabl] (2 *in-* et *utiliser*) Qui n'est pas utilisable. *Une carte de crédit périmée donc inutilisable.*

INUTILISÉ, ÉE, adj. [inytilize] (2 *in-* et *utilisé*) Qui n'est pas utilisé, qui demeure inutile. *Des ressources inutilisées.*

INUTILITÉ, n. f. [inytilite] (lat. *inutilitas*) Manque d'utilité, en parlant des choses. *L'inutilité des remèdes.* ◆ Incapacité, impossibilité d'être utile, en parlant des personnes. ◆ Défaut d'emploi ou d'occasion de servir. *C'est un homme qu'on laisse dans l'inutilité.* ◆ Chose inutile, chose superflue. « *Passer les jours dans les inutilités* », **Massillon.**

INVAGINATION, ■ n. f. [ɛ̃vaʒinasjɔ̃] (1 *in-* et lat. *vagina*, étui, gaine) **Méd.** Pénétration d'une partie de l'intestin dans une autre partie qui lui est voisine. *L'invagination intestinale est fréquente chez le nourrisson et le jeune enfant, généralement de sexe masculin, âgé de 6 mois à 3 ans.*

INVAINCU, UE, adj. [ɛ̃vɛ̃ky] (2 *in-* et *vaincu*) Qui n'a jamais été vaincu. « *Ton bras est invaincu, mais non pas invincible* », P. CORNEILLE.

INVALIDANT, ANTE, ■ adj. [ɛ̃validɑ̃, ɑ̃t] (*invalider*) **Méd.** Qui est cause d'invalidité corporelle. *Cette maladie ne laisse aucune séquelle invalidante.*

INVALIDATION, n. f. [ɛ̃validasjɔ̃] (*invalider*) Action d'invalider.

INVALIDE, adj. [ɛ̃valid] (lat. *invalidus*, de *in* priv. et *validus*, robuste, efficace) Qui n'est point valide. ◆ Se dit particulièrement des gens de guerre que l'âge ou leurs blessures ont rendus incapables de servir. ◆ Qui n'a point les conditions légales requises pour produire son effet. *Cette donation est nulle et invalide.* ◆ N. m. et n. f. *Un invalide, une invalide*, un homme, une femme dont la santé est mauvaise. ◆ Homme de guerre que l'âge ou les blessures ont rendu incapable de servir. ◆ Au pl. *Les Invalides*, l'hôtel des Invalides. ◆ ▷ Traitement que reçoivent les soldats invalides. *Recevoir ses Invalides.* ◁ ◆ ▷ Fig. *Avoir ses Invalides*, recevoir une retraite honorable, une récompense qui couronne de longs services. ◁

INVALIDÉ, ÉE, p. p. d'invalider. [ɛ̃valide]

INVALIDEMENT, adv. [ɛ̃valid(ə)mɑ̃] (*invalide*) D'une manière invalide, qui n'est pas valide. *Un acte invalidement conclu.*

INVALIDER, v. tr. [ɛ̃valide] (*invalide*) **Jurispr.** Ôter la validité à un acte. ◆ *Invalider un acte*, prouver qu'il n'est pas valable. ■ Rendre physiquement invalide. *Cet accident vasculaire cérébral l'a invalidé.*

INVALIDITÉ, n. f. [ɛ̃validite] (*invalide*) **Jurispr.** Manque de validité. **Par extens.** *L'invalidité d'une théorie.* ■ Situation d'une personne qui, à cause d'une infirmité, d'une blessure ou d'une maladie, se trouve dans l'impossibilité d'exercer une activité professionnelle. *Les prestations versées par l'assurance en cas d'invalidité.*

INVAR, ■ n. m. [ɛ̃vaʁ] (abrév. de *invariable*, nom déposé) Alliage offrant un coefficient de dilatation très faible. *Les écrans d'ordinateur équipés d'un masque en invar évitent des déperditions de luminosité. Des invars.*

INVARIABILITÉ, n. f. [ɛ̃vaʁjabilite] (*invariable*) Qualité de ce qui est invariable. *L'invariabilité de ses principes.*

INVARIABLE, adj. [ɛ̃vaʁjabl] (2 *in-* et *variable*) Qui ne varie point, en parlant des choses. « *Des arrêts du destin l'ordre est invariable* », P. CORNEILLE. ◆ **Gramm.** Dont la terminaison ne varie jamais. ◆ N. m. *Les invariables*, l'adverbe, la préposition, la conjonction et l'interjection. ◆ Qui ne change point de résolution, de manière de penser. *L'honnête homme est invariable dans ses résolutions.*

INVARIABLEMENT, adv. [ɛ̃vaʁjabləmɑ̃] (*invariable*) D'une manière invariable.

INVARIANCE, ■ n. f. [ɛ̃vaʁjɑ̃s] (*invariant*) **Didact.** Absence de variation. *L'invariance par changement d'échelle se fonde sur l'observation que de nombreux objets présentent à des échelles différentes des structures identiques.*

INVARIANT, ANTE, ■ adj. [ɛ̃vaʁjɑ̃, ɑ̃t] (2 *in-* et *varier*) Qui ne change pas. ■ N. m. Élément qui reste constant, par opposition à la variable.

INVASIF, IVE, ■ adj. [ɛ̃vazif, iv] (radic. de *invasion*) **Méd.** Qui envahit en se propageant. *Tumeur invasive.* ■ **Abusiv.** (calque de l'angl.) **Méd.** Se dit d'une exploration médicale qui nécessite un passage à travers la peau. *Infections liées à un acte invasif.*

INVASION, n. f. [ɛ̃vazjɔ̃] (b. lat. *invasio*, de *invadere*, se jeter sur) Action d'envahir, de pénétrer militairement dans un pays. *Une guerre d'invasion.* ◆ ▷ Action de s'emparer d'une propriété privée. ◁ ◆ **Par extens.** Il se dit de tout ce qui peut être comparé à l'irruption d'ennemis. *La basse joyeuse fit invasion dans le jardin. L'invasion de la ville par les eaux débordées.* ◆ **Fig.** Il se dit encore des choses morales qui s'emparent des esprits. *L'invasion des fausses doctrines, du mauvais goût.* ◆ **Méd.** Début d'une maladie.

INVECTIVE, n. f. [ɛ̃vɛktiv] (b. lat. *invectivæ orationes*, propos violents) Discours injurieux, expression injurieuse contre quelque personne ou quelque chose. *Se répandre en invectives contre quelqu'un.*

INVECTIVER, v. intr. [ɛ̃vɛktive] (*invective*) Dire des invectives. ◆ On dit : *Invectiver contre quelqu'un* et non *invectiver quelqu'un.* ■ **Rem.** On peut dire aujourd'hui : *Invectiver quelqu'un*, la construction intransitive étant plutôt vieillie.

INVENDABLE, adj. [ɛ̃vɑ̃dabl] (2 *in-* et *vendable*) Qu'on ne peut vendre.

INVENDU, UE, adj. [ɛ̃vɑ̃dy] (2 *in-* et *vendu*) Qui n'a pas été vendu. ■ N. m. Ce qui n'a pas été vendu. *Les libraires retournent les invendus à l'éditeur.*

INVENTAIRE, n. m. [ɛ̃vɑ̃tɛʁ] (b. lat. jurid. *inventarium*) **Jurispr.** Dénombrement dans lequel sont contenus, par articles, les biens, les meubles, les effets, les papiers d'une personne, d'une maison. *Dresser l'inventaire.* ◆ *Bénéfice d'inventaire*, Voy. BÉNÉFICE. ◆ Évaluation, au prix courant, des marchandises restées en magasin. ◆ Dans le langage général, *faire son inventaire*, examiner ce qu'on a. ◆ ▷ **Fig.** *Faire inventaire*, énumérer. ◁

INVENTÉ, ÉE, p. p. d'inventer. [ɛ̃vɑ̃te]

INVENTER, v. tr. [ɛ̃vɑ̃te] (*inventeur*) Créer quelque chose de nouveau par la force de son esprit. *Inventer un art.* ◆ **Absol.** « *Il n'est pas si aisé d'inventer que d'ajouter aux inventions des autres* », ROLLIN. ◆ **Fig.** *Il n'a pas inventé la poudre*, se dit d'un homme sans esprit. ◆ Imaginer. *Inventer des dieux, des raisons, etc.* ◆ Supposer, controuver. ◆ **Absol.** *Tu inventes.* ◆ S'inventer, v. pr. Être inventé. ◆ Être controuvé, inexact. ■ **Rem.** On dit aussi : *Il n'a pas inventé le fil à couper le beurre* dans le même sens que *Il n'a pas inventé la poudre.*

INVENTEUR, TRICE, n. m. et n. f. [ɛ̃vɑ̃tœʁ, tʁis] (lat. *inventor*, de *invenire*, trouver) Celui, celle qui a inventé. *L'inventeur de l'imprimerie.* ◆ **Absol.** Celui, celle dont l'esprit a le don d'inventer. ◆ **Adj.** *Esprit inventeur.* ◆ Celui, celle qui trouve une médaille, un monument enfoui, etc. ◆ Celui, celle qui imagine. « *Cet avis merveilleux dont je suis l'inventeur* », MOLIÈRE. ◆ ▷ Celui, celle qui controuve, invente des choses fausses. « *De tant de maux le funeste inventeur* », RACINE. ◁

INVENTIF, IVE, adj. [ɛ̃vɑ̃tif, iv] (lat. médiév. *inventivus*) Qui a le génie, le talent d'inventer. « *Les Égyptiens avaient l'esprit inventif* », BOSSUET. ◆ **Fig.** « *Devenez inventifs en supplices nouveaux* », P. CORNEILLE. ◆ Qui est habile à imaginer. « *Inventif et industrieux pour trouver de nouveaux moyens de plaire aux princes* », FÉNELON. ■ N. m. et n. f. *C'est un inventif à l'esprit curieux.*

INVENTION, n. f. [ɛ̃vɑ̃sjɔ̃] (lat. *inventio*) Habileté d'inventer, disposition à inventer. *Le génie de l'invention.* ◆ L'action d'inventer. *L'invention des arts.* ◆ La chose inventée. *Une belle invention.* ◆ *Brevet d'invention*, Voy. BREVET. ◆ Action d'imaginer, résultat de cette action. « *Voilà ce que m'a prêté l'histoire ; le reste est de mon invention* », P. CORNEILLE. ◆ **Rhét.** Recherche et choix des arguments que l'on doit employer. ◆ **Peint.** et **sculpt.** Procédé mental par lequel on trouve les images sensibles propres à exprimer le sujet aux yeux du spectateur. ◆ Moyen, combinaison. « *Ne puis-je point trouver quelque invention pour me venger ?* », MOLIÈRE. ◆ ▷ **Fam.** *Vivre d'invention*, vivre d'artifices, d'escroqueries. ◁ ◆ Action de supposer ; mensonge. ◆ Découverte de reliques. *L'invention du corps d'un saint.* ■ **Mus.** Pièce didactique comprenant différents procédés d'écriture de l'époque, que Jean-Sébastien Bach composait en introduction à une fugue.

INVENTIVITÉ, ■ n. f. [ɛ̃vɑ̃tivite] (*inventif*) Aptitude à inventer. *Créativité et inventivité.* « *Notre société actuelle peut vivre sur des acquis matériels, comme si la jeune génération n'aurait pas, elle, l'inventivité de concevoir une manière de vivre autrement* », DOLTO.

INVENTORIÉ, ÉE, p. p. d'inventorier. [ɛ̃vɑ̃tɔʁje]

INVENTORIER, v. tr. [ɛ̃vɑ̃tɔʁje] (lat. médiév. *inventorium*, altération de *inventarium*) Inscrire dans un inventaire. ◆ **Fig.** « *Les hommes inventorient leurs richesses et leurs forces* », TURGOT.

INVÉRIFIABLE, ■ adj. [ɛ̃veʁifjabl] (2 *in-* et *vérifiable*) Que l'on ne peut vérifier. *Une hypothèse invérifiable.*

1 INVERSABLE, adj. [ɛ̃vɛʁsabl] (2 *in-* et *verser*) Qui ne peut verser, qui ne peut se renverser. *Des voitures inversables.*

2 INVERSABLE, ■ adj. [ɛ̃vɛʁsabl] (*inverser*) Que l'on peut inverser. *Un boutonnage inversable.*

INVERSE, adj. [ɛ̃vɛʁs] (lat. *inversus*, p. p. de *invertere*, retourner) Placé dans un ordre, dans un sens, dans une direction opposée à un autre ordre, à un autre sens, à une autre direction. ◆ **Log.** *Proposition inverse*, celle dont les termes sont dans un ordre inverse par rapport à ceux d'une autre proposition. ◆ N. f. *L'inverse*, la proposition inverse. ◆ **Math.** Se dit de la variation d'une quantité augmentant à mesure qu'une autre dont elle dépend diminue, ou diminuant quand cette autre augmente. ◆ *Raison inverse*, rapport inverse. « *Le soleil attire ces globes en raison inverse du carré de leurs distances* », VOLTAIRE. ◆ **Fig.** « *Il y a une estime publique attachée aux différents arts en raison inverse de leur utilité réelle* », J.-J. ROUSSEAU. ◆ N. m. Ce qui est dans un ordre inverse. *Prenons l'inverse de la première supposition.* ◆ **Fam.** *Faire l'inverse*, faire le contraire de ce qu'on attendait, de ce qui était prescrit. ■ *Dictionnaire inverse*, dont les mots sont classés dans l'ordre alphabétique de leurs lettres finales. ■ À L'INVERSE (DE), loc. adv. ou loc. prép. Au contraire (de). ■ **Rem.** *Faire l'inverse* n'est plus considéré aujourd'hui comme familier.

INVERSEMENT, adv. [ɛ̃vɛʁsəmɑ̃] (*inverse*) Dans une situation inverse.

INVERSER, ■ v. tr. [ɛ̃vɛʁse] (*inverse*) Intervertir, donner une position inverse à la position précédente. ■ **Électr.** Changer le sens du courant électrique, en lui faisant prendre une direction inverse. *Inverser le courant.* ■ S'inverser, v. pr.

INVERSEUR, ■ n. m. [ɛ̃vɛʀsœʀ] (*inverser*) **Techn.** Dispositif permettant de passer à un mouvement inverse ou permettant de changer la fonction d'un mécanisme. *Un inverseur électrique inverse le sens du courant. Un robinet de baignoire avec inverseur bain/douche.*

INVERSIBLE, ■ adj. [ɛ̃vɛʀsibl] (*inverser*) **Didact.** Que l'on peut inverser. *Un processus inversible.* ■ **Phot.** Qui permet, par une inversion chimique des couleurs, d'obtenir une image positive. *La diapositive est obtenue après un traitement inversible d'une pellicule.*

INVERSIF, IVE, adj. [ɛ̃vɛʀsif, iv] (radic. de *inversion*) **Gramm.** Qui use de l'inversion. *Les langues inversives.*

INVERSION, n. f. [ɛ̃vɛʀsjɔ̃] (lat. *inversio*, de *invertere*, retourner) Action d'invertir, de mettre dans un sens ce qui était dans un autre. ◆ **Gramm.** Toute construction qui n'est pas conforme à l'ordre analytique. ◆ **Milit.** Disposition d'un corps qui, au lieu d'avoir sa première subdivision à sa droite, l'a à sa gauche. ◆ **Mar.** Évolution qui porte en dernière ligne les bâtiments qui étaient en tête. ◆ **Mus.** Espèce d'imitation qui consiste à reproduire un trait de mélodie en prenant les notes dans un ordre renversé. ■ **Méd.** Anomalie d'un organe qui est placé du côté opposé à celui qu'il occupe normalement. ■ **Méd.** Retournement d'un organe sur lui-même. *Inversion utérine.* ■ **Géom.** Transformation point par point d'une figure en une autre. ■ **Phot.** Procédé qui permet d'obtenir directement une image positive sur le film utilisé à la prise de vue.

INVERTÉBRÉ, ÉE, adj. [ɛ̃vɛʀtebʀe] (2 *in-* et *vertébré*) **Hist. nat.** Qui n'a point de vertèbres. *Les animaux invertébrés.* ◆ **N. m.** *Les invertébrés.*

INVERTI, IE, p. p. d'invertir. [ɛ̃vɛʀti]

INVERTIR, v. tr. [ɛ̃vɛʀtiʀ] (lat. *invertere*, retourner) ▷ Renverser symétriquement. ◆ **Milit.** Placer une troupe en inversion. ◁

INVESTI, IE, p. p. d'investir. [ɛ̃vɛsti]

INVESTIGATEUR, TRICE, n. m. et n. f. [ɛ̃vɛstigatœʀ, tʀis] (lat. *investigator*) Celui, celle qui fait des investigations sur quelque objet. ◆ **Adj.** *Regard investigateur. Activité investigatrice.*

INVESTIGATION, n. f. [ɛ̃vɛstigasjɔ̃] (lat. *investigatio*) Action de suivre à la trace, de rechercher attentivement. *Les investigations des magistrats.* ◆ ▷ **Gramm.** *Investigation du thème*, recherche analytique du radical d'un verbe. ◁

INVESTIGUER, ■ v. intr. [ɛ̃vɛstige] (lat. *investigare*, de *in* et *vestigium*, empreinte, trace) Procéder par investigation. *La police a investigué, mais n'a rien trouvé.* ■ **V. tr.** Examiner de façon minutieuse et attentive. *Investiguer une question, une situation.*

INVESTIR, v. tr. [ɛ̃vɛstiʀ] (lat. *investire*, revêtir, garnir) Revêtir, mettre en possession d'un pouvoir, d'une autorité quelconque avec de certaines cérémonies. « *Des princes profanes investissent des évêques avec la crosse et l'anneau* », VOLTAIRE. ◆ Mettre en possession d'un pouvoir, d'une autorité, d'un droit. *À Rome, le dictateur était investi d'une autorité absolue.* ◆ **Fig.** Envelopper de troupes, environner de gardes pour fermer les issues. ◆ Se dit d'une troupe qui en cerne une autre. ◆ *S'investir*, v. pr. Se donner à soi-même un droit, une autorité. *S'investir de l'autorité.* ■ **V. intr.** Placer des capitaux afin d'en tirer des intérêts ou des bénéfices. *Investir dans l'immobilier.* ■ **V. tr.** Consacrer. *Elle investit toute son énergie dans son travail.* ◆ *S'investir*, v. pr. S'impliquer sans mesure. *S'investir dans son travail, dans une relation amoureuse.*

INVESTISSEMENT, n. m. [ɛ̃vɛstis(ə)mɑ̃] (radic. du p. prés. de *investir*) Action d'investir une place, une ville, une maison. ■ Action d'investir des capitaux ; capitaux investis. ■ Action de s'investir, de s'impliquer. *Son investissement dans le projet a été très bénéfique.*

INVESTISSEUR, EUSE, ■ n. m. et n. f. [ɛ̃vɛstisœʀ, øz] (radic. du p. prés. de *investir*) Personne qui réalise des investissements financiers. *Les entrepreneurs et les investisseurs.* ■ **Rem.** Quoique possible et régulier, le féminin *investisseuse* se rencontre rarement.

INVESTITURE, n. f. [ɛ̃vɛstityʀ] (lat. médiév. *investitura*, de *investire*) Acte par lequel on investit quelqu'un d'un fief ou d'une dignité ecclésiastique. ■ Acte par lequel un parti politique désigne son candidat à une élection.

INVÉTÉRÉ, ÉE, p. p. d'invétérer. [ɛ̃veteʀe] Qui s'est confirmé par trait de temps. *Abus invétéré.* ◆ Qui a laissé vieillir en soi certaines manières d'être. *Pécheur invétéré.*

INVÉTÉRER (S'), v. pr. [ɛ̃veteʀe] (lat. *inveterare*, devenir vieux, ancien, de *in* et *vetus*, génit. *veteris*, vieux) ▷ Devenir confirmé par trait de temps. *Cette passion s'est invétérée.* ◆ Avec ellipse de *se*. *Habitude qu'on laisse invétérer.* ◁

INVINCIBILITÉ, n. f. [ɛ̃vɛ̃sibilite] (*invincible*) Qualité de ce qui est invincible.

INVINCIBLE, adj. [ɛ̃vɛ̃sibl] (lat. chrét. *invincibilis*, de *in* priv. et *vincere*, vaincre) Qu'on ne saurait vaincre. « *Ton bras est invaincu, mais non pas invincible* », P. CORNEILLE. ◆ Qui ne cède pas à l'amour. « *Une fierté jusqu'alors invincible* », RACINE. ◆ **Fig.** Qui résiste victorieusement, qui ne se laisse pas surmonter. *Invincible aux plaisirs, aux dangers, etc.* ◆ Dont on ne peut triompher, en parlant des choses. *Obstacle invincible.* ◆ *Argument, raisonnement invincible*, argument, raisonnement auquel il n'y a point de bonne réplique. ◁ ◆ Qui est plus fort que la volonté. « *Un dégoût invincible pour les choses du ciel* », MASSILLON. ◆ ▷ *Ignorance invincible*, ignorance des choses dont il est impossible qu'une personne ait eu connaissance. ◁

INVINCIBLEMENT, adv. [ɛ̃vɛ̃sibləmɑ̃] (*invincible*) D'une manière invincible.

INVIOLABILITÉ, n. f. [ɛ̃vjɔlabilite] (*inviolable*) Qualité de ce qui est inviolable, en parlant des personnes et des choses. *L'inviolabilité des ambassadeurs, d'un asile, des serments.* ◆ *Inviolabilité de la couronne*, prérogative qui, dans une monarchie représentative, met la personne du monarque au-dessus de toute recherche pour les actes de son gouvernement.

INVIOLABLE, adj. [ɛ̃vjɔlabl] (lat. *inviolabilis*) Qu'on ne doit pas violer, auquel on ne doit pas attenter. *Un asile inviolable.* « *Leur fidélité fut inviolable* », BOSSUET. ◆ À la personne de qui on ne doit pas porter atteinte. *Dans les monarchies représentatives, la personne du souverain est inviolable.* ◆ Qu'on ne viole point. *Des lois inviolables.*

INVIOLABLEMENT, adv. [ɛ̃vjɔlabləmɑ̃] (*inviolable*) D'une manière inviolable.

INVIOLÉ, ÉE, ■ adj. [ɛ̃vjɔle] (2 *in-* et *violé*) Qui n'a pas été violé, qui n'a pas été transgressé. *Des lois inviolées.* ■ Qui n'a pas été violé, qui n'a pas été profané. *Un sanctuaire funéraire inviolé.* ■ Où l'on n'a pas pénétré. *Un lieu inviolé.*

INVISIBILITÉ, n. f. [ɛ̃vizibilite] (lat. chrét. *invisibilitas*) État de ce qui est invisible.

INVISIBLE, adj. [ɛ̃vizibl] (lat. chrét. *invisibilis*, de *in* priv. et *videre*, voir) Qui n'est pas visible, qui échappe à la vue. « *Élevant son esprit aux choses invisibles de Dieu par les merveilles visibles de la nature* », FLÉCHIER. ■ **N. m.** *L'invisible*, ce qui n'est pas visible. ◆ **Fig.** Qui se cache, qui ne se laisse point voir. *Des tyrans invisibles.* ◆ ▷ **Fam.** *Être invisible*, ne se faire voir, ne recevoir que rarement. ◁ ◆ *Cet homme est invisible*, on ne le trouve jamais chez lui. ◆ *Devenir invisible*, disparaître subitement sans que personne s'en aperçoive.

INVISIBLEMENT, adv. [ɛ̃vizibləmɑ̃] (*invisible*) D'une manière invisible.

INVITANT, ANTE, ■ n. m. et n. f. [ɛ̃vitɑ̃, ɑ̃t] (*inviter*) Qui incite à agir, à s'engager, qui donne envie. *Une atmosphère invitante.* ■ Qui accueille. *Les familles invitantes hébergent des étudiants étrangers.* ■ **N. m. et n. f.** *Un invitant, une invitante.*

INVITATION, n. f. [ɛ̃vitasjɔ̃] (lat. *invitatio*) Action d'inviter. *Invitation à un bal. Il a reçu l'invitation de se rendre à cet endroit.* ◆ Action d'engager à, d'exciter à. *Des invitations secrètes le poussaient à se déclarer.* ■ **Par méton.** Lettre, carton sur lequel figure une invitation. *Prière de se munir de cette invitation.*

INVITATOIRE, n. m. [ɛ̃vitatwaʀ] (b. lat. *invitatorius*, qui invite) Antienne qui se chante à matines. *L'invitatoire du dimanche.*

INVITE, n. f. [ɛ̃vit] (*inviter*) Au jeu de whist et de boston, carte que l'on joue pour faire connaître son jeu au partenaire, et qui a pour but de l'engager, s'il fait la levée, à jouer dans la même couleur. *Invite au roi.* ■ Invitation que l'on fait de façon dissimulée. *Je n'avais pas compris son invite.*

INVITÉ, ÉE, p. p. d'inviter. [ɛ̃vite] **N. m. et n. f.** *Les invités.*

INVITER, v. tr. [ɛ̃vite] (lat. *invitare*) Prier de se trouver, de se rendre quelque part, d'assister à. ◆ *Inviter à*, avec un infinitif. ◆ On dit quelquefois *inviter de*, avec l'infinitif. « *Une galère turque où on les avait invités d'entrer* », MOLIÈRE. ◆ Exciter à. « *Qui pardonne aisément, invite à l'offenser* », P. CORNEILLE. ◆ **Fig.** Avec un nom de chose pour sujet. *Le beau temps nous invite à la promenade.* ◆ Au whist, faire une invite. *Inviter à cœur.* ◆ *S'inviter*, v. pr. Venir sans avoir été prié. ◆ Se faire des invitations réciproques.

IN VITRO, ■ loc. adj. inv. [invitʀo] (lat., dans le verre) Qui s'effectue hors de l'organisme d'origine, en milieu artificiel. *Fécondation in vitro, fécondation in utero. Culture in vitro des orchidées.* ■ **Loc. adv.** *Cultiver des plantes in vitro.*

INVIVABLE, ■ adj. [ɛ̃vivabl] (2 *in-* et *vivre*) Insupportable, difficile. *Il est vraiment invivable, je plains sa femme !*

IN VIVO, ■ loc. adj. inv. [invivo] (lat., dans ce qui est vivant) **Biol.** Qui s'effectue dans l'organisme d'origine. *Tests in vivo et tests in vitro. Travaux sur les effets in vivo de la fumée chez le rat.* ■ **Loc. adv.** *Ces tests ont été effectués in vivo.*

INVOCATEUR, TRICE, ▪ adj. [ɛ̃vokatœʀ, tʀis] (b. lat. *invocator*) Personne qui se livre à des invocations. *Un nécromancien et invocateur des forces obscures.*

INVOCATION, n. f. [ɛ̃vokasjɔ̃] (lat. impér. *invocatio*) Action d'invoquer. *L'invocation du Saint-Esprit, des saints.* ◆ *Cette église est sous l'invocation de la Sainte Vierge,* elle est dédiée à la Sainte Vierge. ◆ Chez les poètes, prière adressée à une Muse, à un génie, à quelque divinité.

INVOCATOIRE, ▪ adj. [ɛ̃vokatwaʀ] (radic. du lat. *invocatum,* supin de *invocare*) Qui use de l'invocation. *Magie invocatoire.* « *Ce n'était plus le ton invocatoire des premières manifestations, mais celui de la colère et de l'indignation* », AYMÉ.

INVOLONTAIRE, adj. [ɛ̃volɔ̃tɛʀ] (b. lat. et lat. scolast. *involuntarius*) Qui n'est pas volontaire. *Larmes, crime, mal involontaire.*

INVOLONTAIREMENT, adv. [ɛ̃volɔ̃tɛʀ(ə)mɑ̃] (*involontaire*) D'une façon involontaire.

INVOLUCRE, n. m. [ɛ̃volykʀ] (lat. *involucrum,* enveloppe, de *involvere*) Réunion de bractées formant autour d'une fleur, ou de fleurs réunies, ou à la base d'une ombelle, une enveloppe générale.

INVOLUCRÉ, ÉE, adj. [ɛ̃volykʀe] (*involucre*) Qui est muni d'un involucre.

INVOLUTÉ, ÉE, adj. [ɛ̃volyte] (lat. *involutus,* p. p. de *involvere*) Bot. Qui est roulé en dedans.

INVOLUTIF, IVE, adj. [ɛ̃volytif, iv] (rad. du lat. *involutus,* enveloppé) Bot. Qui se roule de dehors en dedans.

INVOLUTION, n. f. [ɛ̃volysjɔ̃] (lat. *involutio,* enroulement, enveloppement) ▷ Assemblage de difficultés, de procédures. « *Quelle involution d'affaires épineuses !* », BOSSUET. ◁ ◆ Bot. État de ce qui est involuté. ▪ Méd. Évolution régressive d'un organe, d'une tumeur.

INVOQUÉ, ÉE, p. p. d'invoquer. [ɛ̃voke]

INVOQUER, v. tr. [ɛ̃voke] (lat. *invocare*) Appeler à son secours, à son aide. *Invoquer Dieu.* ◆ Fig. Demander quelque chose comme par une sorte d'invocation. *Invoquer le secours de ses amis, la clémence du prince, etc.* ◆ Fig. Citer en sa faveur, en appeler à. *Invoquer le droit commun, une loi, un témoignage, etc.*

INVRAISEMBLABLE, adj. [ɛ̃vʀɛsɑ̃blabl] (2 *in-* et *vraisemblable*) Qui n'est pas vraisemblable. *Nouvelle invraisemblable.* ◆ N. m. *L'invraisemblable est quelquefois vrai.* ▪ Qui surprend par son caractère extraordinaire. *Elle portait des lunettes invraisemblables.*

INVRAISEMBLABLEMENT, adv. [ɛ̃vʀɛsɑ̃blabləmɑ̃] (*invraisemblable*) D'une manière invraisemblable.

INVRAISEMBLANCE, n. f. [ɛ̃vʀɛsɑ̃blɑ̃s] (2 *in-* et *vraisemblance*) Défaut de vraisemblance. *L'invraisemblance d'un fait, d'un récit.* ◆ Choses invraisemblables. *Les invraisemblances d'un roman.*

INVULNÉRABILITÉ, n. f. [ɛ̃vylneʀabilite] (*invulnérable*) État, qualité de ce qui est invulnérable. *L'invulnérabilité d'Achille.* ◆ Par extens. *L'invulnérabilité des frégates cuirassées.*

INVULNÉRABLE, adj. [ɛ̃vylneʀabl] (lat. impér. *invulnerabilis,* de *in* priv. et *vulnus,* génit. *vulneris,* blessure) Qui n'est pas vulnérable. *Achille était invulnérable.* ▪ Fig. *Le sage est invulnérable aux injures. Une âme invulnérable.*

INVULNÉRABLEMENT, adv. [ɛ̃vylneʀabləmɑ̃] (*invulnérable*) De manière à être invulnérable.

IODATE, n. m. [jodat] (*iode*) Chim. Sel produit par la combinaison de l'acide iodique avec une base.

IODE, n. m. [jɔd] (gr. *iôdês,* violet) Chim. Substance simple, d'un gris bleuâtre et d'un éclat métallique, trouvée dans les eaux mères des varechs, fusible à 107° et répandant, lorsqu'on la chauffe, une vapeur de couleur violette.

IODÉ, ÉE, ▪ p. p. de ioder. [jode] Adj. Dont la composition comporte de l'iode. *En présence d'amidon, l'eau iodée prend une couleur bleue.*

IODER, ▪ v. tr. [jode] (*iode*) Ajouter de l'iode à. *Ioder du sel.*

IODEUX, adj. m. [jodø] (*iode*) Chim. *Acide iodeux,* l'un des deux acides que l'iode produit en se combinant avec l'oxygène.

IODHYDRATE, n. m. [jɔdidʀat] (*iode* et *hydrate*) Chim. Sel formé par la combinaison de l'acide iodhydrique avec une base.

IODHYDRIQUE, adj. m. [jɔdidʀik] (*iode* et *hydrique*) Chim. *Acide iodhydrique,* acide composé d'iode et d'hydrogène.

IODIQUE, adj. [jodik] (*iode*) Chim. *Acide iodique,* le second des acides que l'iode produit en s'unissant avec l'oxygène.

IODISME, ▪ n. m. [jodism] (*iode*) Méd. Pathologie due à une intoxication par l'iode ou par ses dérivés. *L'iodisme provient d'un surdosage médicamenteux.*

IODLER ou **YODLER,** v. intr. [jɔdle] (all. dial. *jodeln*) Mus. Chanter à la manière des Tyroliens. ▪ REM. On disait aussi *iouler.*

IODURE, n. m. [jodyʀ] (*iode*) Chim. Combinaison de l'iode avec un corps simple.

IODURÉ, ÉE, adj. [jodyʀe] (*iodure*) Chim. Qui contient de l'iode.

ION, ▪ n. m. [jɔ̃] (gr. *ion,* allant) Phys. Atome qui a perdu ou gagné un ou plusieurs électrons. *Les ions positifs (les cations) et les ions négatifs (les anions).*

IONIEN, IENNE, adj. [jɔnjɛ̃, jɛn] (lat. *Ionia,* province d'Asie Mineure, du gr. *Iônia,* de *Iôn,* fils d'Apollon et de Créüse) Qui appartient à l'ancienne Ionie. ◆ N. m. *Les Ioniens,* les peuples grecs qui habitaient l'Ionie. ◆ *Le dialecte ionien* ou n. m. *l'ionien,* le dialecte grec parlé par les Ioniens. On dit aussi *ionique.* ◆ Dans la métrique ancienne, *le pied ionien* ou n. m. *l'ionien,* pied composé soit de deux brèves et de deux longues, soit de deux longues et de deux brèves.

1 **IONIQUE,** adj. [jonik] (lat. *ionicus,* du gr. *iônikos,* d'Ionie) Qui appartient, qui est particulier à l'ancienne Ionie. ◆ *Dialecte ionique,* Voy. IONIEN. ◆ Archit. *Ordre ionique,* le troisième des cinq ordres d'architecture, où la colonne a en hauteur neuf fois son diamètre, et où le chapiteau est orné de volutes. *Colonne ionique.* ◆ *Philosophie ionique* ou *ionienne,* Philosophie qui se forma au sein des colonies grecques de l'Asie Mineure. ◆ *Vers ionique* ou n. m. *l'ionique,* vers grec ou latin composé de pieds ioniens.

2 **IONIQUE,** ▪ adj. [jonik] (*ion*) Chim. et phys. Relatif aux ions. *Une solution ionique permet le passage du courant.*

IONISANT, ANTE, ▪ adj. [jonizɑ̃, ɑ̃t] (*ioniser*) Phys. et chim. Qui génère des ions. *Des radiations ionisantes.*

IONISATION, ▪ n. f. [jonizasjɔ̃] (*ion,* d'après l'angl. *ionization*) Production d'ions. *La conservation des aliments par ionisation.*

IONISER, ▪ v. tr. [jonize] (*ion*) Produire des ions dans un milieu, soit par dissociation électrolytique, soit par soustraction ou addition d'électrons.

IONONE, ▪ n. f. [jonon] (gr. *ion,* violette) Chim. Composé à forte odeur de violette lorsqu'il se trouve en solution alcoolique. *L'utilisation de l'ionone en parfumerie.*

IONOSPHÈRE, ▪ n. f. [jonosfɛʀ] (*ion* et *sphère*) Géogr. Zone de l'atmosphère, située entre 50 et 500 km d'altitude, superposant différentes couches formées d'ions. *L'ionosphère est constituée de gaz fortement ionisés à très faible pression et à haute température.* ▪ IONOSPHÉRIQUE, adj. [jonosfeʀik] *Les ondes ionosphériques sont des ondes électromagnétiques qui se réfléchissent sur la ionosphère.*

IOTA, n. m. [jota] (gr. *iôta*) La neuvième lettre de l'alphabet grec, correspondant à notre *i.* ▪ Fig. La plus petite chose, la moindre chose. *Tu es parfaite, ne change pas un iota !* ▪ *Ne pas bouger d'un iota,* ne pas bouger du tout, n'être modifié en rien. *La situation n'a pas bougé d'un iota. Leur organisation n'a pas bougé d'un iota en dix ans.*

IOTACISME, n. m. [jotasism] (gr. *iôtakismos*) Emploi fréquent du son *i* dans une langue, comme dans le grec moderne.

IOULER, ▪ v. intr. [jule] Voy. IODLER.

IOURTE, ▪ n. f. [juʀt] Voy. YOURTE.

IPÉCACUANA ou **IPÉCACUANHA,** n. m. [ipekakwana] (port. *ipecacuanha,* d'un mot tupi) Racine vomitive du Brésil, provenant de végétaux de la famille des rubiacées. ▪ Abrév. Ipéca.

IPOMÉE, ▪ n. f. [ipome] (gr. *ips,* ver et [*h*]*omoios,* semblable, à cause de l'aspect de la plante) Plante grimpante annuelle aux fleurs de couleur brique chocolat. *Les ipomées ont un feuillage caduc.*

IPPON, ▪ n. m. [ipɔ̃] (mot jap., marquer un point) Sp. Prise finale au judo, dans les arts martiaux. *Des ippons. Pour gagner, il faut faire ippon. Gagner par ippon.*

IPSO FACTO, loc. adv. [ipsofakto] (loc. lat., ablat. de *ipse,* même, et *factum,* fait) Expression adverbiale empruntée au latin et signifiant : par le seul fait.

IR..., [iʀ] Préfixe négatif pour *in...* Voy. IN-.

IRAKIEN, IENNE ou **IRAQUIEN, IENNE,** ▪ adj. [iʀakjɛ̃, jɛn] (*Iraq,* pays du Moyen-Orient) De l'Irak. *Le gouvernement irakien.* ▪ N. m. et n. f. *Un Irakien, une Irakienne.*

IRANIEN, IENNE, ▪ adj. [iʀanjɛ̃, jɛn] (*Iran,* pays de l'Asie occidentale) De l'Iran. *Le cinéma iranien.* ▪ *Langues iraniennes,* ensemble des langues parlées en Iran et dans les pays avoisinants. *L'afghan, le kurde et le farsi font partie des langues iraniennes.* ▪ N. m. et n. f. Personne qui habite l'Iran ou qui en est originaire. *Un Iranien, une Iranienne.*

IRAQUIEN, IENNE, ▪ adj. [iʀakjɛ̃, jɛn] Voy. IRAKIEN.

IRASCIBILITÉ, n. f. [iʀasibilite] (*irascible*) Défaut d'une personne ou d'un caractère irascible.

IRASCIBLE, adj. [iʀasibl] (b. lat. et lat. scolast. *irascibilis*) Qui s'irrite facilement, promptement. *Homme irascible. Passions irascibles.* ♦ Dans la scolastique, *l'appétit irascible, la faculté irascible* la faculté par laquelle l'âme s'irrite.

IRATO (AB), loc. adv. [iʀato] (loc. lat., de *ab*, par, et ablat. de *iratus*, irrité) Par un homme en colère. *Testament* ab irato. *Satire écrite* ab irato. Voy. AB IRATO.

IRE, n. f. [iʀ] (lat. *ira*) Vieilli Courroux, colère. *L'ire du ciel. L'ire de Dieu.*

IRÉNIQUE, ■ adj. [iʀenik] (lat. ecclés. *irenicus*, du gr. *eirênikos*, de *eirênê*, paix) Qui recherche la paix, l'entente entre personnes de camps adverses, d'opinions différentes. *Les conceptions iréniques de l'œcuménisme.*

IRÉNISME, ■ n. m. [iʀenism] (*irénique*) **Relig.** Recherche d'une entente entre fidèles de confessions différentes. ■ Par extens. Attitude dont font preuve ceux qui recherchent l'entente entre personnes d'opinions différentes. *Par réaction à l'irénisme dominant, la seconde moitié du XIXᵉ siècle fut l'époque, en sociologie comme en philosophie, d'une reconsidération globale du rôle du conflit et de la violence dans l'histoire.*

IRIDACÉE, ■ n. f. [iʀidase] (4 *iris*) **Bot.** Plante munie d'un bulbe rhizomateux ou tubéreux aux fleurs de couleurs vives. *La famille des iridacées comprend les iris et les glaïeuls.*

IRIDECTOMIE, ■ n. f. [iʀidɛktomi] (3 *iris* et *ectomie*, du gr. *ektomê*, ablation) **Méd.** Ablation d'une partie de l'iris. *L'iridectomie est généralement pratiquée dans les cas de tumeur située sur l'iris.*

IRIDÉES, ■ n. f. pl. [iʀide] (4 *iris*) ▷ Famille de plantes dont l'iris est le type. ◁

IRIDIÉ, ÉE, ■ adj. [iʀidje] (*iridium*) **Techn.** Qui contient de l'iridium. *Un cylindre de platine iridié sert de prototype international du kilogramme.*

IRIDIUM, n. m. [iʀidjɔm] (lat. *iris*, génit. *iridis*, arc-en-ciel) **Chim.** Métal très cassant, l'un des corps simples.

IRIDOLOGIE, ■ n. f. [iʀidoloʒi] (3 *iris* et *-logie*) Branche de la médecine qui étudie l'iris de l'œil. ■ IRIDOLOGIQUE, adj. [iʀidoloʒik] *Faire un examen iridologique.* ■ IRIDOLOGUE, n. m. et n. f. [iʀidolog]

IRIEN, IENNE, ■ adj. [iʀjɛ̃, jɛn] (3 *iris*) Relatif à l'iris de l'œil. *Tache irienne.*

1 IRIS, n. f. [iʀis] (gr. *Iris*) Divinité de la mythologie grecque, qui était la messagère des dieux, et qui, déployant son écharpe, produisait l'arc-en-ciel. ♦ **Fig.** Messagère.

2 IRIS, n. m. [iʀis] (lat. *iris*, gr. *iris*) Météore dit vulgairement arc-en-ciel. ♦ Couleurs qui paraissent autour des objets quand on les regarde avec une lunette. ♦ *Pierre d'iris* ou simplement *iris*, quartz irisé. ♦ Nom spécifique d'un beau papillon.

3 IRIS, n. m. [iʀis] (gr. *iris*, partie colorée de l'œil) Membrane circulaire placée à la partie antérieure de l'œil, et percée d'une ouverture dite pupille.

4 IRIS, n. m. [iʀis] (lat. *iris*, gr. *iris*) Genre de plantes qui est le type de la famille des iridées. ♦ *Iris des marais* ou *iris jaune*, glaïeul des marais. ♦ *Poudre d'iris* ou simplement *iris*, poudre de senteur faite de la racine d'iris. ♦ Les botanistes font habituellement *iris* au féminin.

IRISATION, n. f. [iʀizasjɔ̃] (*iriser*) Propriété dont jouissent certains minéraux de produire à leur surface les couleurs de l'iris. ♦ Ces couleurs elles-mêmes.

IRISÉ, ÉE, p. p. d'iriser. [iʀize] *Des couleurs irisées.*

IRISER, v. tr. [iʀize] (2 *iris*) Donner les couleurs de l'iris, produire l'irisation. ♦ S'iriser, v. pr. Devenir irisé. ■ V. tr. Donner les couleurs de l'arc-en-ciel.

IRISH-COFFEE ou **IRISH COFFEE**, ■ n. m. [aʃʀiʃkofi] (on prononce à l'anglaise : *aï-rish-ko-fi.* Mot angl., café irlandais) Boisson chaude à base de whisky et de café, nappée de crème fraîche battue et servie généralement après le repas. *Des irish-coffees, des irish coffees.*

IRITIS, ■ n. f. [iʀitis] (3 *iris*) **Méd.** Inflammation affectant l'iris de l'œil. *L'iritis s'accompagne généralement d'écoulements purulents.*

IRLANDAIS, AISE, ■ adj. [iʀlɑ̃dɛ, ɛz] (*Irlande*, nom d'une île du nord-ouest de l'Europe) De l'Irlande. *Le folklore irlandais.* ■ N. m. et n. f. *Un Irlandais, une Irlandaise.* ■ N. m. Dialecte celtique parlé en Irlande.

IRM, ■ n. f. [iɛʀɛm] (sigle de *imagerie par résonance magnétique*) Méthode d'exploration médicale permettant de restituer l'image d'une partie du corps humain par l'action d'un champ magnétique et d'ondes radio. *L'IRM permet l'analyse fine de certaines lésions non décelables sur une radiographie.*

IROKO, ■ n. m. [iʀoko] (mot africain) Arbre d'Afrique noire dont le bois offre une grande résistance à l'eau et aux insectes. *Utilisation de l'iroko dans les constructions navales. Des irokos.*

IRONIE, n. f. [iʀoni] (lat. *ironia*, du gr. *eirôneia*) Ignorance simulée, afin de faire ressortir l'ignorance réelle de celui qui on discute ; de là *l'ironie socratique*, méthode de discussion qu'employait Socrate. ♦ **Par extens.** Raillerie particulière par laquelle on dit le contraire de ce que l'on veut faire entendre. ♦ **Fig.** *L'ironie du sort*, événement malheureux qui semble une moquerie du destin.

IRONIQUE, adj. [iʀonik] (gr. *eirônikos*) Où il y a de l'ironie. *Une expression, un sourire ironique.* ■ Qui utilise l'ironie. *Il est souvent ironique.*

IRONIQUEMENT, adv. [iʀonik(ə)mɑ̃] (*ironique*) D'une manière ironique.

IRONISER, ■ v. intr. [iʀonize] (*ironie*) Railler en utilisant le ton de l'ironie.

IRONISTE, ■ n. m. et n. f. [iʀonist] (*ironie*) Personne qui utilise l'ironie dans ses propos ou dans ses écrits. *Tout l'art de l'ironiste consiste à feindre l'ironie.*

IROQUOIEN, IENNE ou **IROQUOÏEN, IENNE**, ■ adj. [iʀokwajɛ̃, jɛn] (*iroquois*) Qui appartient à l'ensemble des nations amérindiennes vivant dans la région des Grands Lacs avant l'arrivée des Européens. *La famille des langues iroquoiennes comprend le huron et l'iroquois.*

IROQUOIS, OISE, n. m. et n. f. [iʀokwa, waz] (altération de l'algonq. *in-nakhoi*, serpents à sonnette, dont les Algonquins se servent pour qualifier les Iroquois) Nom d'une peuplade sauvage, indigène de l'Amérique du Nord¹. ♦ ▷ **Fig. et fam.** Celui, celle dont la conduite ou les paroles sont peu conformes au bon sens ou au bon usage². ◁ ♦ **Adj.** *Une humeur iroquoise.* ♦ **N. m.** *L'iroquois*, la langue des Iroquois. ♦ ▷ *C'est de l'iroquois*, on n'y comprend rien³. ◁ ♦ *Coiffure d'iroquois*, crête de cheveux hérissés sur le milieu du crâne. ■ **Rem.** 1 : Le mot *sauvage* n'avait pas, à l'époque de Littré, la connotation péjorative et raciste qu'il peut avoir aujourd'hui. Les Iroquois sont une ethnie indienne d'Amérique du Nord. ■ **Rem.** 2 et 3 : Ces emplois sont péjoratifs et diffamatoires.

IRRACHETABLE, adj. [iʀaʃ(ə)tabl] (2 *in-* et *rachetable*) Qu'on ne peut racheter.

IRRADIANT, ANTE, ■ adj. [iʀadjɑ̃, ɑ̃t] (*irradier*) Qui irradie, qui se propage. *Une lumière irradiante. Une douleur irradiante.*

IRRADIATION, n. f. [iʀadjasjɔ̃] (*irradier*) **Phys.** Émission des rayons d'un corps lumineux. *Irradiation du soleil à travers les nuages.* ♦ Diffusion opérée dans les images des corps lumineux et par laquelle le diamètre apparent en est agrandi. ♦ **Anat.** *Irradiation des fibres ou des vaisseaux*, disposition qu'ils offrent, lorsque à partir d'un centre commun ils sont dirigés, sous forme de rayons, vers une partie périphérique plus ou moins étendue. ■ **Physiol.** Tout mouvement qui se fait d'un centre quelconque à la circonférence, chez un être organisé. ■ Action de soumettre quelqu'un ou quelque chose à un rayonnement.

IRRADIER, v. intr. [iʀadje] (lat. impér. *irradiare*, projeter ses rayons sur) **Phys.** Se propager à partir d'un point central, en parlant de la lumière. ♦ **Fig.** Se développer, s'étendre, en partant d'un point central. *La douleur irradie du point lésé.* ■ **V. tr.** Soumettre à l'action de radiations.

IRRAISONNABLE, adj. [iʀezɔnabl] (2 *in-* et *raisonnable*) Qui n'est pas doué de raison.

IRRAISONNÉ, ÉE, ■ adj. [iʀezɔne] (2 *in-* et *raisonné*) Qui se produit en l'absence de toute raison. *Un geste irraisonné. Une impulsion irraisonnée.*

IRRATIONALISME, ■ n. m. [iʀasjonalism] (*irrationnel*) Doctrine selon laquelle la connaissance du monde ne vient pas de la raison, mais plutôt de l'intuition. ■ IRRATIONALISTE, adj. ou n. m. et n. f. [iʀasjonalist] *Une vision irrationaliste du monde.*

IRRATIONALITÉ, ■ n. f. [iʀasjonalite] (*irrationnel*) Caractère de ce qui est irrationnel. *L'irrationalité d'une décision.*

IRRATIONNEL, ELLE, adj. [iʀasjonɛl] (lat. impér. *irrationalis*) Qui n'est pas rationnel. *L'emploi de cette hypothèse est irrationnel.* ♦ **Math.** Qui est sans commune mesure, sans quotient exprimable en nombre entier ou en fraction.

IRRATIONNELLEMENT, adv. [iʀasjonɛl(ə)mɑ̃] (*irrationnel*) D'une manière qui n'est pas rationnelle.

IRRATTRAPABLE, ■ adj. [iʀatʀapabl] (2 *in-* et *rattrapable*) Qu'on ne peut rattraper. *Une erreur irrattrapable. Un retard irrattrapable.*

IRRÉALISABLE, adj. [iʀealizabl] (2 *in-* et *réalisable*) Qui ne peut être réalisé.

IRRÉALISME, ■ n. m. [iʀealism] (*irréel*, sur le modèle de *réalisme*) Absence du sens des réalités, manque de réalisme.

IRRÉALISTE, ■ adj. [iʀealist] (*irréalisme*) Qui manque de réalisme. *Un projet irréaliste.* « *Oser dire qu'on n'y soumet pas ou plus, qu'on la tient pour chimérique, bavarde et irréaliste, est une entreprise un peu vaine et risquée* », NOURRISSIER.

IRRÉALITÉ, ■ n. f. [iʀealite] (*irréel*, selon le modèle de *réalité*) Caractère de ce qui n'est pas réel, de ce qui manque de réalité. *L'irréalité du temps.*

IRRECEVABLE, ■ adj. [iʀəs(ə)vabl] (2 *in-* et *recevable*) Qui ne peut être accepté, reçu. *Je considère cette demande comme irrecevable venant de ta part.* ■ **Spécialt Dr.** Qui ne peut être admis sur le plan juridique. *Son témoignage est irrecevable.* ■ **IRRECEVABILITÉ,** n. f. [iʀəs(ə)vabilite] *Ce retard constitue un motif d'irrecevabilité.*

IRRÉCONCILIABLE, adj. [iʀekɔ̃siljabl] (b. lat. *irreconciliabilis*) Qu'on ne peut réconcilier, en parlant des personnes ou des choses. *Des rivaux, des haines irréconciliables.* ♦ **Fig.** Qui ne s'accommode pas de. *« Le juste, sévère à lui-même et persécuteur irréconciliable de ses propres passions »,* BOSSUET. ♦ **Fig.** Qu'on ne peut concilier avec, en parlant des choses. *« Le plaisir d'ordinaire irréconciliable avec la fortune »,* MASSILLON.

IRRÉCONCILIABLEMENT, adv. [iʀekɔ̃siljabləmɑ̃] (*irréconciliable*) D'une manière irréconciliable.

IRRÉCOUVRABLE, adj. [iʀekuvʀabl] (2 *in-* et *recouvrable*) Qui ne peut être recouvré. *Créance, solde irrécouvrable.*

IRRÉCUPÉRABLE, ■ adj. [iʀekypeʀabl] (lat. chrét. *irrecuperabilis*) Qui ne peut être récupéré. *Un meuble irrécupérable.* ■ Qui ne peut être réintégré au sein de la société. *Une personne irrécupérable.*

IRRÉCUSABLE, adj. [iʀekyzabl] (b. lat. *irrecusabilis*) Qui ne peut être récusé. *Juge, témoignage irrécusable.*

IRRÉCUSABLEMENT, adv. [iʀekyzabləmɑ̃] (*irrécusable*) D'une manière irrécusable.

IRRÉDENTISME, ■ n. m. [iʀedɑ̃tism] (ital. *irredentismo,* de *Italia irredenta,* Italie non libérée, litt. non rachetée, du lat. *redimere,* racheter) **Hist.** Mouvement politique italien revendiquant l'annexion des territoires de culture italienne restés sous la domination de nations étrangères à la suite de l'unité de 1870. ■ Par anal. Tout nationalisme de même nature. *S'opposer au développement de l'irrédentisme.* ■ **IRRÉDENTISTE,** adj. ou n. m. et n. f. [iʀedɑ̃tist] *Mouvement irrédentiste. Rejoindre le camp des irrédentistes.*

IRRÉDUCTIBILITÉ, n. f. [iʀedyktibilite] (*irréductible*) Qualité de ce qui est irréductible. *L'irréductibilité d'une fraction, d'un corps, d'un métal.* ♦ *L'irréductibilité d'un phénomène,* condition d'un phénomène au-delà duquel on ne peut pénétrer.

IRRÉDUCTIBLE, adj. [iʀedyktibl] (2 *in-* et *réductible*) **Chir.** Qui ne peut être réduit, remis en sa place. *Fracture irréductible.* ♦ **Math.** *Fraction, terme irréductible,* ceux qu'on ne peut pas ramener à une expression plus simple. ♦ **Chim.** Se dit d'un oxyde métallique qu'on ne peut ramener à l'état de métal. ■ Que rien ne peut vaincre, fléchir. *Une résistance irréductible. Un adversaire irréductible.*

IRRÉDUCTIBLEMENT, ■ adv. [iʀedyktibləmɑ̃] (*irréductible*) De façon irréductible. *Une personne irréductiblement engagée. Cette théorie s'oppose irréductiblement à la nôtre.*

IRRÉEL, ELLE, adj. [iʀeɛl] (2 *in-* et *réel*) Qui sort de la réalité. *Un monde imaginaire, irréel.* ■ **N. m.** Ce qui n'est pas réel.

IRRÉFLÉCHI, IE, adj. [iʀefleʃi] (2 *in-* et *réfléchi*) Sur quoi on n'a pas réfléchi. *Des actions irréfléchies.* ♦ En parlant des personnes, qui n'est pas réfléchi, qui parle ou agit sans réflexion. *Un homme irréfléchi.*

IRRÉFLEXION, n. f. [iʀeflɛksjɔ̃] (2 *in-* et *réflexion*) Manque de réflexion.

IRRÉFORMABLE, adj. [iʀefɔʀmabl] (lat. chrét. *irreformabilis*) **Dr.** Qui ne peut être réformé. *Jugement irréformable.* ♦ Dans le langage général, qui n'est pas susceptible de réformation, de correction en vue d'une amélioration. *« Cet abus paraît irréformable »,* VOLTAIRE.

IRRÉFRAGABLE, adj. [iʀefʀagabl] (b. lat. *irrefragabilis,* de *refragari,* être d'avis contraire) Qu'on ne peut contredire. *Docteur irréfragable.* ♦ Il se dit aussi des choses. *Autorité, témoignage irréfragable.*

IRRÉFUTABLE, adj. [iʀefytabl] (b. lat. *irrefutabilis*) Qui n'est point susceptible de réfutation. *Argument irréfutable.* ■ **IRRÉFUTABILITÉ,** n. f. [iʀefytabilite] *La remise en cause de l'irréfutabilité d'une preuve.*

IRRÉFUTABLEMENT, ■ adv. [iʀefytabləmɑ̃] (*irréfutable*) De façon irréfutable. *Des faits irréfutablement prouvés.*

IRRÉFUTÉ, ÉE, ■ adj. [iʀefyte] (2 *in-* et *réfuté*) Qui n'a pas été réfuté. *Une preuve irréfutée.*

IRRÉGULARITÉ, n. f. [iʀegylaʀite] (*irrégulier*) Manque de régularité. *L'irrégularité d'un bâtiment, des saisons, du style, du pouls, etc.* ♦ Chose faite irrégulièrement. *« Sa haute réputation et l'éclat de ses victoires couvrirent ces irrégularités »,* VERTOT. ■ État où est un clerc, un prêtre irrégulier. ■ Ce qui est irrégulier. *Les irrégularités d'une surface.*

IRRÉGULIER, ÈRE, adj. [iʀegylje, ɛʀ] (lat. chrét. *irregularis,* non conforme aux canons) Qui n'est point selon les règles. *Bâtiment, poème, verbe irrégulier.* ♦ **Méd.** *Pouls irrégulier,* celui dont les pulsations ne sont ni égales entre elles ni régulières dans leurs inégalités. ♦ *Troupes irrégulières,* corps militaires qui n'appartiennent pas à l'armée de ligne. ♦ ▷ **N. m. pl.** *Irréguliers,* nom de quelques troupes indigènes qui servent dans l'armée française en Algérie, sans en faire partie [1]. ◁ ♦ Non symétrique, non uniforme. *Marche irrégulière. Des traits irréguliers.* ♦ *Vers irréguliers* ou *libres,* ceux que l'on n'assujettit point à faire tous de la même mesure, ni à disposer semblablement pour la rime. ♦ **Bot.** *Calice irrégulier,* calice dont les parties diffèrent par la grandeur, la forme ou la position. ♦ Qui ne sait ou qui ne peut s'assujettir aux règles, en parlant des personnes. *Esprit irrégulier.* ♦ Il se dit des choses dans le même sens. *Mœurs irrégulières.* ♦ Qui ne s'acquitte pas exactement de certaines obligations. ♦ Capricieux. ♦ **Dr. canonique** Se dit de celui qui, ayant encouru l'irrégularité, est devenu incapable de recevoir les ordres, ou de faire les fonctions ecclésiastiques, s'il les a reçus. ■ **REM. 1 :** Ce sens fait référence à l'époque où l'Algérie était une colonie française.

IRRÉGULIÈREMENT, adv. [iʀegyljeʀ(ə)mɑ̃] (*irrégulier*) D'une façon irrégulière.

IRRÉLIGIEUSEMENT, adv. [iʀeliʒjøz(ə)mɑ̃] (*irréligieux*) Avec irréligion.

IRRÉLIGIEUX, EUSE, adj. [iʀeliʒjø, øz] (lat. *irreligiosus,* impie) Qui a de l'irréligion. *Un écrivain irréligieux.* ♦ Qui est contraire à la religion. *Sentiments, discours irréligieux.*

IRRÉLIGION, n. f. [iʀeliʒjɔ̃] (lat. impér. *irreligio,* impiété) Manque de religion.

IRREMBOURSABLE, adj. [iʀɑ̃buʀsabl] (2 *in-* et *remboursable*) Qui ne peut être remboursé. *Dette irremboursable.*

IRRÉMÉDIABLE, adj. [iʀemedjabl] (lat. impér. *irremediabilis*) À quoi on ne peut remédier. *Un mal irrémédiable.* ♦ **Fig.** À quoi on ne peut apporter aucune ressource. *« Des divisions irrémédiables »,* BOSSUET. *« Fautes irrémédiables »,* FÉNELON.

IRRÉMÉDIABLEMENT, adv. [iʀemedjabləmɑ̃] (*irrémédiable*) D'une manière irrémédiable. *« Irrémédiablement méchant »,* NICOLE.

IRRÉMISSIBLE, adj. [iʀemisibl] (lat. chrét. *irremissibilis,* de *in* priv. et *remittere,* relâcher, faire remise de) Qui ne mérite point de rémission, de pardon. *Crime irrémissible.* ■ **Litt.** Irrémédiable, définitif. *Un processus irrémissible.*

IRRÉMISSIBLEMENT, adv. [iʀemisibləmɑ̃] (*irrémissible*) Sans rémission.

IRREMPLAÇABLE, ■ adj. [iʀɑ̃plasabl] (2 *in-* et *remplaçable*) Qui ne peut être remplacé. *Une lampe irremplaçable. Un secrétaire irremplaçable.*

IRRÉPARABLE, adj. [iʀepaʀabl] (lat. *irreparabilis*) Qui ne peut être réparé. *Un coup, un affront, une perte irréparable.* ♦ Qu'on ne peut retrouver, en parlant du temps écoulé. *« Le vol irréparable du temps »,* BOSSUET.

IRRÉPARABLEMENT, adv. [iʀepaʀabləmɑ̃] (*irréparable*) D'une manière irréparable.

IRRÉPRÉHENSIBLE, adj. [iʀepʀeɑ̃sibl] (b. lat. *irreprehensibilis*) Qu'on ne saurait reprendre, blâmer. *« Des hommes irrépréhensibles dans leurs mœurs »,* BOURDALOUE. ♦ Où il n'y a rien à reprendre, en parlant des choses. *Vie irrépréhensible. Vers irrépréhensibles.*

IRRÉPRESSIBLE, ■ adj. [iʀepʀesibl] (2 *in-* et *répressible*) Qu'on ne peut réprimer, maîtriser. *Une envie irrépressible de dormir.*

IRRÉPROCHABLE, adj. [iʀepʀoʃabl] (2 *in-* et *reprochable*) Qui ne mérite point de reproche. *Un homme irréprochable.* ♦ **Dr.** *Témoin irréprochable,* témoin contre lequel on ne peut alléguer aucune cause de récusation. ♦ En quoi il n'y a rien à reprendre. *Des témoignages, des mœurs irréprochables.* ♦ Une scène, une pièce dans laquelle aucune faute n'est à reprendre. ♦ Se dit aussi de certains animaux domestiques. *Un cheval irréprochable,* un cheval dont la structure n'offre aucun défaut.

IRRÉPROCHABLEMENT, adv. [iʀepʀoʃabləmɑ̃] (*irréprochable*) D'une manière irréprochable.

IRRÉSISTIBILITÉ, n. f. [iʀezistibilite] (de *irrésistible*) Qualité de ce qui est irrésistible. *L'irrésistibilité d'une attaque.* ♦ Qualité d'une impulsion intérieure à laquelle on ne peut résister. ♦ **Théol.** *L'irrésistibilité de la grâce.*

IRRÉSISTIBLE, adj. [iʀezistibl] (b. lat. *irresistibilis*) À qui on ne peut résister. *Une attaque, une curiosité irrésistible.* ♦ **Théol.** *Grâce irrésistible,* grâce à laquelle on ne peut résister, contre lequel on ne peut se défendre. *C'est un homme irrésistible.*

IRRÉSISTIBLEMENT, adv. [iʀezistibləmɑ̃] (*irrésistible*) D'une manière irrésistible.

IRRÉSOLU, UE, adj. [iʀezoly] (2 *in-* et *résolu*) Qui n'a pas reçu de solution. *Question irrésolue.* ♦ Qui n'a pas pris sa résolution. *Un homme, un cœur irrésolu.*

IRRÉSOLUMENT, adv. [iʀezolymɑ̃] (*irrésolu*) D'une manière irrésolue.

IRRÉSOLUTION, n. f. [iʀezɔlysjɔ̃] (2 *in-* et *résolution*) État de celui qui demeure irrésolu. « *Il est difficile de décider si l'irrésolution rend l'homme plus malheureux que méprisable* », La Bruyère.

IRRESPECT, ■ n. m. [iʀɛspɛ] (2 *in-* et *respect*) Manque de respect. *Les professeurs ne sauraient accepter cette forme d'irrespect.* ■ Non-respect. *L'irrespect du Code de la route.*

IRRESPECTUEUSEMENT, adv. [iʀɛspɛktɥøz(ə)mɑ̃] (*irrespectueux*) D'une manière dépourvue de respect.

IRRESPECTUEUX, EUSE, adj. [iʀɛspɛktɥø, øz] (2 *in-* et *respectueux*) Qui manque au respect, ou qui blesse le respect. *Irrespectueux envers son supérieur. Des manières irrespectueuses.*

IRRESPIRABLE, adj. [iʀɛspiʀabl] (lat. chrét. *irrespirabilis*) Qui ne peut servir à la respiration. *Air, gaz irrespirable.* ■ Fig. Invivable. *Une atmosphère irrespirable.*

IRRESPONSABILITÉ, n. f. [iʀɛspɔ̃sabilite] (*irresponsable*) Qualité de ce qui est irresponsable. ♦ Dans les gouvernements parlementaires, doctrine, loi qui ôte toute responsabilité au souverain et la reporte tout entière sur ses ministres.

IRRESPONSABLE, adj. [iʀɛspɔ̃sabl] (2 *in-* et *responsable*) Qui ne répond point de ses actes. *Agent irresponsable.* ■ Qui agit sans esprit de responsabilité, sans mesurer les conséquences de ses actes. *Des parents irresponsables.* ■ Qui dénote le manque de responsabilité. *Avoir une attitude irresponsable.*

IRRESPONSABLEMENT, adv. [iʀɛspɔ̃sabləmɑ̃] (*irresponsable*) D'une manière irresponsable.

IRRÉTRÉCISSABLE, ■ adj. [iʀetʀesisabl] (2 *in-* et *rétrécir*) Qui ne rétrécit pas. *Un pull en laine irrétrécissable.*

IRRÉVÉREMMENT, adv. [iʀeveʀamɑ̃] (*irrévérent*) D'une manière irrévérente.

IRRÉVÉRENCE, n. f. [iʀeveʀɑ̃s] (lat. impér. *irreverentia*) Manque de révérence. ♦ Actions, paroles irrévérentes.

IRRÉVÉRENCIEUSEMENT, adv. [iʀeveʀɑ̃sjøz(ə)mɑ̃] (*irrévérencieux*) D'une manière irrévérencieuse.

IRRÉVÉRENCIEUX, IEUSE, adj. [iʀeveʀɑ̃sjø, øz] (*irrévérence*) Qui manque de respect. *Personne, paroles irrévérencieuses.*

IRRÉVÉRENT, ENTE, adj. [iʀeveʀɑ̃, ɑ̃t] (lat. impér. *irreverens*) Qui manque de la révérence due, surtout envers les choses saintes. *Irrévérent envers Dieu. Des discours irrévérents.*

IRRÉVERSIBLE, ■ adj. [iʀevɛʀsibl] (2 *in-* et *réversible*) Dont le cours ne peut être renversé. *Un choix irréversible.* ■ IRRÉVERSIBILITÉ, n. f. [iʀevɛʀsibilite]

IRRÉVERSIBLEMENT, ■ adv. [iʀevɛʀsibləmɑ̃] (*irréversible*) De façon irréversible. *Il est irréversiblement atteint par la maladie.*

IRRÉVOCABILITÉ, n. f. [iʀevɔkabilite] (*irrévocable*) Qualité de ce qui est irrévocable. *L'irrévocabilité du passé.*

IRRÉVOCABLE, adj. [iʀevɔkabl] (lat. *irrevocabilis*, qu'on ne peut rappeler, ramener en arrière) Qui ne peut être rappelé. « *Un moment qui s'enfuit d'une course précipitée et irrévocable* », Bossuet. ♦ Qui ne peut être révoqué. *Un don, une donation, une sentence irrévocable.*

IRRÉVOCABLEMENT, adv. [iʀevɔkabləmɑ̃] (*irrévocable*) D'une manière irrévocable. *Un projet irrévocablement arrêté.*

IRRIGABLE, ■ adj. [iʀigabl] (*irriguer*) Que l'on peut irriguer. *Des terres irrigables.*

IRRIGATEUR, n. m. [iʀigatœʀ] (b. lat. *irrigator*, celui qui arrose) Instrument propre à l'arrosement des allées, etc. ♦ Instrument à injection à jet continu, qui sert aux lavements, douches, etc.

IRRIGATION, n. f. [iʀigasjɔ̃] (lat. *irrigatio*) Arrosement des prés, des terres, par l'eau d'une rivière, d'un ruisseau, etc. qu'on y amène à l'aide de diverses dispositions. ♦ Chir. Arrosement d'une partie malade à l'aide d'un tuyau. ■ Circulation du sang dans un organe, un tissu. *L'irrigation des organes internes.*

IRRIGATOIRE, adj. [iʀigatwaʀ] (*irriguer*) Qui est propre à l'irrigation. *Machine irrigatoire.*

IRRIGUER, v. tr. [iʀige] (lat. *irrigare*, conduire l'eau dans, arroser, irriguer) Néolog. Opérer l'irrigation. *Irriguer des prairies.* ■ Physiol. *Les vaisseaux irriguent l'organisme.* ■ Rem. *Irriguer* n'est plus considéré comme un néologisme aujourd'hui.

IRRITABILITÉ, n. f. [iʀitabilite] (lat. impér. *irritabilitas*) Disposition à s'irriter. *Il est d'une grande irritabilité. L'irritabilité du caractère.* ♦ Physiol. Nom donné aux degrés divers de l'activité vitale. *L'irritabilité musculaire.*

IRRITABLE, adj. [iʀitabl] (lat. *irritabilis*) Qui s'irrite facilement. *Homme, esprit irritable.* ♦ Qui est vivement affecté par les impressions reçues, tant au physique qu'au moral. ♦ Physiol. Doué d'irritabilité.

1 **IRRITANT, ANTE**, adj. [iʀitɑ̃, ɑ̃t] (lat. jurid. *irritare*, annuler, de *irritus*, non ratifié, vain) Jurispr. Qui annule. ♦ *Condition, clause irritante*, celle qui, n'étant pas remplie, rendrait l'acte nul.

2 **IRRITANT, ANTE**, adj. [iʀitɑ̃, ɑ̃t] (*irriter*) Qui irrite, qui cause de la colère. *Un homme irritant. Paroles irritantes.* ♦ Qui excite les impressions vives, agréables ou désagréables. « *Par le sel irritant la soif est allumée* », Boileau. ♦ Méd. Qui excite nos organes outre mesure. *Médicaments irritants.* ♦ N. m. *Les irritants comprennent les rubéfiants, les épispastiques ou vésicants, les caustiques, etc.*

IRRITATIF, IVE, ■ adj. [iʀitatif, iv] (*irritation*) Méd. Qui est lié à une irritation. *Une dermite irritative.*

IRRITATION, n. f. [iʀitasjɔ̃] (lat. impér. *irritatio*, action d'irriter, stimulant) État d'une personne irritée. *L'irritation des esprits.* ♦ Méd. Action de ce qui provoque une activité excessive dans une partie ; résultat de cette action. *Une irritation de la gorge.* ■ Légère inflammation. *Une irritation de la peau.*

IRRITÉ, ÉE, p. p. d'irriter. [iʀite]

IRRITER, v. tr. [iʀite] (lat. *irritare*, stimuler, provoquer, irriter) Mettre en colère, en parlant des personnes qui irritent. *Irriter quelqu'un, un taureau, etc.* ♦ Absol. « *Je veux me faire craindre, et ne fais qu'irriter* », P. Corneille. ♦ Mettre en colère, en parlant des choses qui irritent. « *Ici tous les objets vous blessent, vous irritent* », Racine. ♦ Rendre plus vif, en parlant des personnes. « *Quel démon vous irrite et vous porte à médire ?* », Boileau. ♦ Rendre plus vif, plus violent, en parlant des choses. *Irriter le mal, l'appétit, la fièvre, etc.* ♦ Causer une excitation sur les membranes et sur les nerfs. *Cela m'irrite les nerfs.* ♦ Méd. Exciter dans une partie une activité excessive, accompagnée d'ordinaire d'une sensation plus ou moins douloureuse. *La fumée irrite l'œil.* ♦ S'irriter, v. pr. Devenir irrité, se mettre en colère. ♦ On dit : *S'irriter que, s'irriter de* ou *de ce que.* ♦ Par extens. Devenir impatient. « *Plus l'obstacle qu'on trouve à ses grandeurs paraît faible, plus l'ambition s'irrite de ne pas le vaincre* », Bossuet. ♦ Fig. *La mer s'irrite*, la mer s'agite. ♦ Devenir plus vif, en parlant des choses. *Les haines s'irritaient en secret.* ♦ Méd. Contracter une irritation. *Sa gorge s'irrite à force de parler.*

IRRORATEUR, n. m. [iʀɔʀatœʀ] (*irroration*) ▷ Instrument qui sert à parfumer les appartements. ◁

IRRORATION, n. f. [iʀɔʀasjɔ̃] (lat. *irroratio*, de *irrorare*, humecter de rosée, de *ros, roris*, rosée) Action d'exposer à la rosée ou à un arrosement en forme de rosée.

IRRUPTION, n. f. [iʀypsjɔ̃] (lat. *irruptio*, de *irrumpere*, se précipiter dans) Entrée soudaine et imprévue des ennemis dans un pays. *L'irruption des barbares dans l'empire romain.* ♦ Entrée de force dans un lieu. ♦ Par extens. Débordement, envahissement des eaux sur les terres. *Une irruption de la mer.*

ISABELLE, n. f. [izabɛl] (prén. esp. *Isabel*, p.-ê. Isabelle la Catholique, qui avait fait vœu de ne ne pas changer de chemise avant la prise de Grenade) Anciennement, sorte d'étoffe de couleur mitoyenne entre le blanc et le jaune. ♦ Adj. inv. Qui est de couleur mitoyenne entre le blanc et le jaune, mais dans lequel le jaune domine. *Ruban isabelle.* ♦ *Cheval isabelle*, cheval dont la robe est jaune clair. ♦ N. m. *Un isabelle*, un cheval de couleur isabelle.

ISARD ou **YSARD**, n. m. [izaʀ] (orig. prérom., p.-ê. basque *izar*, étoile, à cause de la tache blanche sur le front des jeunes isards) Nom donné dans les Pyrénées à l'antilope chamois.

ISATINE, n. f. [izatin] (*isatis*) Chim. Produit de l'oxydation de l'indigo bleu, quand on le chauffe avec de l'acide nitrique faible.

ISATIS, n. m. [izatis] (on prononce le *s* final ; lat. *isatis*, du gr. *isatis*, pastel) Bot. Plante qui donne le pastel.

ISBA, ■ n. f. [izba] (russe *izba*, d'orig. incert.) Maison en bois de sapin des paysans du nord de l'Europe et de l'Asie. *Des isbas.*

ISBN, ■ n. m. [iɛsbeɛn] (sigle de *International Standard Book Number*) Numéro international d'identification attestant l'enregistrement d'une publication.

ISCHÉMIE, ■ n. f. [iskemi] (gr. *iskhaimos*, qui arrête le sang, de *iskhein*, retenir, et *haima*, sang) Méd. Ralentissement ou arrêt de la circulation du sang dans un ou plusieurs vaisseaux sanguins. *La présence d'un caillot engendré par une phlébite peut provoquer une ischémie.*

ISCHÉMIQUE, ■ adj. [iskemik] (*ch* se prononce *k. Ischémie*) Méd. Relatif à l'ischémie. *Une colite ischémique est due à une diminution de l'irrigation sanguine du côlon.* ■ *Accident ischémique*, infarctus d'un organe dû à une ischémie.

ISCHIATIQUE, ■ adj. [iskjatik] (*ch* se prononce *k. Ischion*) **Anat.** Relatif aux vaisseaux de la région de l'ischion. *L'artère ischiatique.*

ISCHION, n. m. [iskjɔ̃] (*ch* se prononce *k. gr. iskhion*, os du bassin) **Anat.** Celui des trois os formant l'os coxal, où l'os de la cuisse est emboîté.

ISCHURÉTIQUE, adj. [iskyʀetik] (*ch* se prononce *k. Ischurie*) **Méd.** Propre à guérir l'ischurie.

ISCHURIE, n. f. [iskyʀi] (*ch* se prononce *k. gr. iskhouria*, de *iskhein*, retenir, et *ouron*, urine) **Méd.** Rétention d'urine.

ISF, ■ n. m. [iɛsɛf] (sigle de *impôt de solidarité sur la fortune*) Impôt auquel sont soumises les personnes physiques qui possèdent un patrimoine taxable d'une valeur supérieure à un certain montant fixé au 1er janvier de chaque année. *L'isf est calculé sur le patrimoine net, c'est-à-dire sur la valeur des biens imposables de laquelle on déduit les dettes.*

ISIAQUE, adj. [izjak] (lat. *Isiacus*, gr. *isiakos.*) Qui appartient à Isis, divinité égyptienne. ◆ *Table isiaque*, célèbre monument de l'antiquité qui contient la figure et les mystères d'Isis.

ISLAM, n. m. [islam] (ar. *islâm*, résignation à la volonté de Dieu, de *aslama*, se soumettre) La religion des mahométans, des musulmans. ◆ *Les pays musulmans* [1]. ■ *Les peuples musulmans et leur civilisation* [2]. ■ Rᴇᴍ. 1 et 2 : Dans ces deux derniers sens, il s'écrit avec une majuscule.

ISLAMIQUE, adj. [islamik] (*islam*) Qui appartient à l'islamisme.

ISLAMISER, ■ v. tr. [islamize] (*islam*) Convertir à l'islam, intégrer au monde islamique. *Islamiser une école.* ■ S'islamiser, v. pr. *Ces populations se sont islamisées au XVIe siècle.* ■ ISLAMISATION, n. f. [islamizasjɔ̃]

ISLAMISME, n. m. [islamism] (*islam*) La religion de Mahomet. ◆ L'ensemble des pays où règne cette religion. ■ Mouvement politique qui cherche à étendre l'islam aux domaines publique et social.

ISLAMISTE, ■ n. m. et n. f. [islamist] (*islamisme*) Partisan d'un mouvement religieux et politique qui prône l'islamisation des institutions et du gouvernement. ■ Adj. *Mouvement islamiste.*

ISLAMITE, n. m. [islamit] (*islam*) ▷ Qui professe l'islam. ◁

ISLAMOLOGIE, ■ n. f. [islamɔlɔʒi] (*islam* et -*logie*) Science qui a pour objet l'étude de l'islam. *Cours d'islamologie intégrés aux études de langue arabe.* ■ ISLAMOLOGIQUE, adj. [islamɔlɔʒik] *Un groupe de recherches islamologiques.*

ISLANDAIS, AISE, ■ adj. [islɑ̃dɛ, ɛz] (*Islande*, nom d'une île de l'Atlantique nord) Relatif à l'Islande. *Les sagas islandaises.* ■ *Cheval islandais*, cheval de petite taille qui a cinq allures, dont l'amble. ■ N. m. Langue du groupe nordique parlée en Islande. ■ N. m. et n. f. *Un Islandais, une Islandaise.*

ISMAÉLIEN, IENNE ou **ISMAÏLIEN, IENNE**, ■ adj. [ismaeljɛ̃, jɛn] ou [ismaijɛ̃, jɛn] (*Ismaël*, 7e imam, mort en 765) Qui se rapporte à l'ismaélisme. *Les traditions ismaéliennes.* ■ N. m. et n. f. Adepte de l'ismaélisme. *Les ismaéliens, qui forment une secte de l'islam, sont une branche des chiites.*

ISMAÉLISME ou **ISMAÏLISME**, ■ n. m. [ismaelism, ismailism] (de *ismaélien*) Doctrine défendue par une branche chiite qui reconnaît sept imams. *Les ismaéliens sont surtout présents en Inde et au Pakistan.*

ISO..., [izo] Préfixe venant du gr. *isos* et signifiant égal.

ISO, ■ adj. [izo] (acronyme de *International Standardization Organization*) *Norme iso*, norme internationale résultant de l'unification des normes nationales de chaque État membre de l'organisation chargée de l'établissement de ces normes. *Les normes européennes et les normes iso.*

ISOBARE, ■ adj. [izobaʀ] (*iso*- et *bare*) **Météorol.** Qui est d'égale pression atmosphérique. *Des courbes isobares.* ■ N. f. Ligne qui réunit sur une carte des points de pression atmosphérique égale, à un instant et à une altitude donnés.

ISOBATHE, ■ adj. [izobat] (*iso*- et gr. *bathos*, profondeur) **Géogr.** *Ligne, courbe isobathe*, qui relie des points situés à une profondeur égale par rapport à la surface de l'eau. ■ N. f. Courbe, ligne isobathe. *Carte des fonds marins présentant les isobathes.*

ISOCARDE, ■ n. m. [izokaʀd] (*iso*- et gr. *kardia*, cœur) Mollusque bivalve dont la coquille est en forme de cœur.

ISOCÈLE, adj. [izosɛl] (lat. *isosceles*, du gr. *isoskelès*, qui a les jambes égales) **Géom.** Qui a deux côtés égaux entre eux. *Triangle isocèle.* ■ ▷ **Gramm.** *Période isocèle*, période à trois membres qui en a deux d'égaux. ◁ Rᴇᴍ. Graphie ancienne : *isoscèle.*

ISOCÉLIE n. f. ou **ISOCÉLISME**, ■ n. m. [izoseli, izoselism] (*isocèle*) **Géom.** Propriété d'un triangle isocèle. ■ Rᴇᴍ. Graphies anciennes : *isoscélie* ou *isoscélisme.*

ISOCHIMÈNE, adj. [izokimɛn] (*ch* se prononce *k. Iso*- et *kheimainein*, être en hiver, de *kheima*, hiver) *Ligne isochimène*, ligne passant par tous les points de la Terre qui ont la même température moyenne en hiver. ◆ N. f. *L'isochimène*, la ligne isochimène.

ISOCHRONE, adj. [izokʀɔn] (*ch* se prononce *k. gr. isokhronos*) **Méc.** Qui se fait en temps égaux. *Mouvements isochrones.*

ISOCHRONISME, n. m. [izokʀɔnism] (*ch* se prononce *k. Isochrone*) **Méc.** Égalité de durée. *L'isochronisme des oscillations du pendule.*

ISOCLINAL, ALE, ■ adj. [izoklinal] (*isocline*) **Géol.** Qui présente des flancs parallèles entre eux. *Roche qui présente des plis isoclinaux.*

ISOCLINE, ■ n. f. [izoklin] (gr. *isoklinès*, d'inclinaison égale) Ligne, courbe reliant des points qui présentent une même inclinaison. ■ **Géogr.** Courbe qui joint sur une carte les points de même inclinaison magnétique. ■ Adj. Dont la pente est constante. *Ligne, courbe isocline.* □ Qui a la même inclinaison magnétique. *Ligne isocline.*

ISOÈTE, ■ n. m. [izoɛt] (gr. *isoetês*, plante qui reste verte toute l'année) **Bot.** Plante adaptée à la vie semi-aquatique, aux feuilles très étroites et persistantes. *Isoète des lacs.*

ISOGLOSSE, ■ adj. [izoglɔs] (*iso*- et gr. *glôssa*, langue) **Ling.** *Ligne isoglosse*, ligne qui, sur une carte, délimite une région dans laquelle se produit un même phénomène linguistique. ■ N. f. *Une isoglosse. Les dialectes diffèrent au-dessus et au-dessous de cette isoglosse.*

ISOGREFFE, ■ n. f. [izogʀɛf] (*iso*- et *greffe*) **Méd.** Type de greffe dont le donneur et le receveur sont génétiquement identiques. *Une isogreffe entre vrais jumeaux.*

ISOLABLE, adj. [izolabl] (*isoler*) Qui peut, qui doit être isolé. ◆ Qui peut être séparé de toute connexité.

ISOLANT, ANTE, adj. [izolɑ̃, ɑ̃t] (*isoler*) **Phys.** Qui ne transmet pas librement l'électricité. *Les corps isolants.* ■ Qui isole du froid, de la chaleur ou du bruit. *Des matériaux isolants.*

ISOLAT, ■ n. m. [izola] (*isoler*) **Géogr.** Groupe ethnique dont les membres, généralement en nombre restreint, pratiquent l'endogamie. ■ **Biol.** *Isolat de protéines*, substance constituée à 90 % au moins de protéines, obtenue à partir de graines oléagineuses, de petit-lait ou d'autres matières biologiques. *Isolat de protéines de soja, de pois. De nombreux compléments alimentaires contiennent de l'isolat de protéines de soja.*

ISOLATEUR, ■ n. m. [izolatœʀ] (*isoler*) Voy. ISOLOIR. ■ **Électr.** Dispositif conçu dans un matériau non conducteur, qui assure l'isolation d'un courant électrique. *Un isolateur d'angle pour clôture électrique.*

ISOLATION, n. f. [izolasjɔ̃] (*isoler*) **Phys.** Action d'isoler les corps que l'on veut électriser. *L'isolation d'un fil télégraphique.* ■ Action d'isoler un lieu du froid, de la chaleur ou du bruit. *L'isolation phonique d'un studio d'enregistrement.*

ISOLATIONNISME, ■ n. m. [izolasjɔnism] (anglo-amér. *isolationism*) Doctrine politique qui vise à isoler son pays du reste du monde. *L'isolationnisme des États-Unis à l'égard de l'Europe.* ■ ISOLATIONNISTE, adj. ou n. m. et n. f. [izolasjɔnist]

ISOLÉ, ÉE, p. p. d'isoler. [izole] *Colonne, statue isolée*, colonne, statue qui ne tient point au mur de l'édifice. ◆ *Par extens.* Écarté, solitaire. ◆ Séparé de ses connexions. *Les propositions isolées.* ◆ *Acclamations isolées*, acclamations qui dans une foule ne partent que d'un individu. ◆ **Fig.** Qui n'est pas joint à d'autres hommes. « *Il n'y a malheureusement que les fripons qui fassent des ligues, les honnêtes gens se tiennent isolés* », Dᴜᴄʟᴏs. ◆ **Fig.** Qui vit sans relations de parenté ou d'amitié. ◆ À qui personne ne s'intéresse. ◆ Qui est placé sur des corps non conducteurs, de manière à garder l'électricité communiquée. *Corps isolé.* ■ Se dit d'un lieu protégé par des matériaux isolants. *Une maison bien isolée.* ■ Qui est situé à l'écart, loin de toute habitation. *Une ferme isolée.*

ISOLEMENT, n. m. [izɔl(ə)mɑ̃] (*isoler*) État d'une chose isolée. *L'isolement de ma maison.* ◆ État d'une personne qui vit isolée. ◆ Mesure sanitaire ayant pour but de soustraire les hommes et les animaux sains à la contagion. ◆ **Archit.** Distance entre deux parties de construction qui ne se touchent pas. ◆ **Phys.** État d'un corps électrisé qui n'est en relation qu'avec des objets non conducteurs.

ISOLÉMENT, adv. [izolemɑ̃] (*isolé*) D'une manière isolée. ◆ À part.

ISOLER, v. tr. [izole] (*isolé*) Rendre comme une île, séparer de tous les côtés. *Isoler un monument.* ◆ **Fig.** Ôter à quelqu'un ses relations. ◆ Il se dit aussi des choses. ◆ **Phys.** *Isoler un corps*, le soutenir ou le suspendre avec des substances qui conduisent mal l'électricité. ◆ S'isoler, v. pr. Se mettre dans l'isolement. ◆ Être séparé de, en parlant des choses. ■ V. tr. Protéger un local de tout échange thermique ou phonique avec l'extérieur. *Isoler une maison.* ■ Considérer à part. *Isoler un fait.*

ISOLEUCINE, ■ n. f. [izoløsin] (*iso*- et *leucine*) **Biol.** Acide aminé entrant dans la composition des protéines. *L'isoleucine est un acide aminé essentiel.*

ISOLOIR, n. m. [izolwaʀ] (*isoler*) ▷ Phys. Tabouret ou support de bois garni de pieds de verre, sur lequel on met les corps qu'on veut électriser. ◁ ♦ On dit aussi **isolateur**. ■ Cabine dans laquelle l'électeur s'isole pour mettre son bulletin de vote dans l'enveloppe.

ISOMÈRE, adj. [izomɛʀ] (gr. *isomerês*, pourvu d'une part égale) **Minér.** Qui est formé de parties semblables. ♦ Chim. *Corps isomères*, corps composés des mêmes éléments et en même nombre, et dont pourtant les propriétés physiques et chimiques diffèrent essentiellement.

ISOMÉRIE, n. f. [izomeʀi] (*isomère*) Qualité, état du composé isomère.

ISOMÉRIQUE, adj. [izomeʀik] (*isomérie*) Qui appartient à l'isomérie.

ISOMÉRISME, n. m. [izomeʀism] (*isomère*) **Chim.** Condition, état des corps isomères.

ISOMÉTRIE, ■ n. f. [izometʀi] (*iso-* et *-métrie*) **Math.** Transformation ponctuelle qui conserve la distance de deux points quelconques. ■ ISOMÉTRIQUE, adj. [izometʀik]

ISOMORPHE, adj. [izomɔʀf] (*iso-* et *-morphe*) **Chim.** Qui affecte la même forme cristalline.

ISOMORPHIE n. f. ou **ISOMORPHISME**, n. m. [izomɔʀfi, izomɔʀfism] (*isomorphe*) **Chim.** État des corps qui, ayant une composition chimique différente, affectent la même forme cristalline.

ISOPET, ■ n. m. [izopɛ] Voy. YSOPET.

ISOPODE, ■ adj. [izopɔd] (*iso-* et *-pode*) **Zool.** Qui présente des pattes de structure et de longueur identiques. *Insecte isopode*. ■ N. m. Crustacé sans carapace au corps aplati. *L'ordre des isopodes comprend les cloportes.*

ISOPRÈNE, ■ n. m. [izopʀɛn] (angl. *isoprene*, de *iso-* et contraction de pr[opyl]ène) **Chim.** Composé organique présentant les caractéristiques du caoutchouc naturel. *L'isoprène est émis en grande quantité par la végétation.*

ISOPTÈRE, ■ n. m. [izoptɛʀ] (*iso-* et *-ptère*) Insecte muni d'ailes de taille identique. *L'ordre des isoptères comprend les termites.*

ISOREL, ■ n. m. [izoʀɛl] (nom déposé) Plaque de fibres de bois encollées et agglomérées sous forte pression, présentant une face lisse et une face rugueuse, que l'on utilise comme matériau isolant. *Un revêtement en isorel. Découper des panneaux d'isorel. Peindre sur isorel.*

ISOSCÈLE, adj. [izosɛl] Voy. ISOCÈLE.

ISOSCÉLIE n. f. ou **ISOSCÉLISME**, n. m. [izoseli, izoselism] Voy. ISOCÉLIE.

ISOSYLLABIQUE, ■ adj. [izosilabik] (*iso-* et *syllabique*) **Ling.** Qui présente un nombre de syllabes identique. *Des vers isosyllabiques.*

ISOTHÈRE, adj. [izotɛʀ] (*iso-* et gr *theros*, chaleur) ▷ *Ligne isothère*, ligne passant par tous les points de la Terre qui ont la même température moyenne en été. ♦ N. f. *L'isothère*, la ligne isothère. ◁

ISOTHERME, adj. [izotɛʀm] (*iso-* et *-therme*) **Phys.** Qui est égal en température. ♦ *Lignes isothermes*, lignes qui passent par tous les lieux du globe où la température moyenne de l'année est la même. ■ **Phys.** Qui a lieu à température constante. *Une réaction isotherme.* ■ Qui est muni d'une isolation thermique. *Une bouteille isotherme.*

ISOTONIE, ■ n. f. [izotoni] (gr. *isotonos*, de tension égale) **Chim.** État d'équilibre entre deux solutions présentant la même concentration moléculaire. *La diffusion libre de l'eau à travers les membranes cellulaires permet de maintenir l'isotonie des liquides de l'organisme.*

ISOTONIQUE, ■ adj. [izotonik] (*isotonie*) **Chim.** Qui se trouve à l'état d'isotonie. *Solutés isotoniques.* ■ *Boisson isotonique*, boisson ayant la même pression osmotique que le plasma sanguin et qui apporte l'ensemble de ce que perd l'organisme au cours d'un effort physique. *Les sportifs consomment des boissons isotoniques.*

ISOTOPE, ■ n. m. [izotɔp] (*iso-* et gr. *topos*, place) **Chim.** Chacun des divers corps simples d'un même élément possédant le même numéro atomique et des propriétés chimiques identiques mais de masse atomique différente. *Des isotopes stables et instables.* ■ ISOTOPIE, n. f. [izotopi]

ISOTOPIQUE, ■ adj. [izotopik] (*isotope*) **Chim.** Qui se rapporte aux isotopes. *Détermination de la composition isotopique du plutonium.*

ISOTROPE, ■ adj. [izotʀɔp] (*iso-* et gr. *tropos*, direction) **Sc.** Dont les caractères physiques sont identiques dans toutes les directions. *Un milieu isotrope. Corps isotrope et anisotrope. L'acier est isotrope.* ■ ISOTROPIE, n. f. [izotʀopi] *L'isotropie d'un métal.*

ISRAÉLIEN, IENNE, ■ adj. [isʀaeljɛ̃, jɛn] (*Israël*, nom d'un État du Proche-Orient) D'Israël. *La littérature israélienne.* ■ N. m. et n. f. *Un Israélien, une Israélienne.*

ISRAÉLITE, n. m. et n. f. [isʀaelit] (*Israël*, autre nom Jacob ; cf. lat. *Israelita*, gr. *Israêlitês*, de l'hébr. *yisreeli*) **Vieilli** Nom des hommes appartenant au peuple d'Israël. ♦ Adj. Qui appartient aux Israélites. ■ Qui se rapporte à la religion juive. *Le culte israélite.*

ISSANT, ANTE, adj. [isɑ̃, ɑ̃t] (p. prés. de l'anc. verbe *issir*, sortir, lat. *exire*) **Hérald.** Se dit d'un animal qui se met au haut de l'écu, et dont il ne paraît que la tête.

...ISSIME, ■ [isim] Suffixe formé par calque sur l'italien *-issimo*, servant à former des adjectifs à valeur de superlatif absolu. *Grandissime, richissime.*

ISSN, ■ n. m. [iɛsɛsɛn] (sigle de *International Standard Serial Number*) Numéro permettant d'identifier le titre d'une publication en série. *Inscription de l'ISSN sur la première page de la revue.*

ISSU, UE, p. p. de l'anc. verbe issir [isy] (lat. *exire*) Descendu d'une personne, d'une race [1]. *Issu de sang royal.* ♦ *Cousins issus de germain*, enfants de deux cousins germains. ♦ On dit absol. *Ils sont issus de germain.* ♦ Il n'est pas correct de dire : *Cousins issus germains.* ■ Fig. Qui provient de. *Une légende issue du folklore régional.* ■ REM. 1 : La notion de race ne repose sur aucun fondement scientifique et a une connotation raciste.

ISSUE, n. f. [isy] (fém. substantivé de *issu*) Ouverture par où l'on peut sortir, s'échapper. ♦ À L'ISSUE, loc. adv. En sortant de. *À l'issue du conseil.* ♦ Ouverture par où une chose peut sortir. *L'eau n'a point d'issue.* ♦ ▷ *Les issues d'une ville, d'une maison*, les dehors et les environs. ◁ ♦ Fig. Résultat bon ou mauvais. « *L'issue est douteuse et le péril certain* », P. CORNEILLE. ♦ Expédient. *Je ne vois point d'issue à cette affaire.* ■ Ensemble des parties d'un animal destiné à la consommation, qui sont livrées par le boucher au commerce de la triperie ou à l'industrie, à savoir la peau, le suif, la tête et les pieds, le bas des membres et tous les viscères. *Une issue d'agneau.* ♦ Au pl. Ce qui reste des moutures après la farine, comme le gros et le petit son. ■ *Voie sans issue*, qui ne débouche sur aucune autre voie. *Panneau qui indique une voie sans issue.* ■ *Issue de secours*, accès vers l'extérieur prévu en cas d'incident. *En cas d'incendie, aller vers les issues de secours du bâtiment.*

ISTHME, n. m. [ism] ou [istm] (lat. *isthmus*, gr. *isthmos*) Langue de terre qui sépare deux mers et joint deux terres.

ISTHMIEN, IENNE ou **ISTHMIQUE**, adj. [ismjɛ̃, jɛn, ismik] ou [istmjɛ̃, jɛn, istmik] (lat. *isthmius, isthmicus*, gr. *isthmikos*) Qui a rapport à un isthme. ♦ *Jeux isthmiens* ou *isthmiques*, jeux que l'on célébrait tous les trois ans dans l'isthme de Corinthe.

ITALIANISANT, ANTE, ■ n. m. et n. f. [italjanizɑ̃, ɑt] (*italianiser*) Personne qui s'intéresse à la langue, à la culture et à la littérature italiennes. ■ Adj. *Artiste italianisant*, dont l'œuvre s'inspire de celles des artistes italiens.

ITALIANISER, v. intr. [italjanize] (*italien*) Affecter des tournures italiennes, une prononciation italienne. ♦ V. tr. Donner une terminaison italienne. *Italianiser un nom propre.* ♦ S'italianiser, v. pr. Prendre les mœurs, les coutumes, les idées des Italiens.

ITALIANISME, n. m. [italjanism] (*italien*) Manière de parler propre à la langue italienne.

ITALIANISTE, ■ n. m. et n. f. [italjanist] (*italien*) Spécialiste de la langue, de la littérature et de la civilisation italiennes. *Cet italianiste a déjà publié plusieurs ouvrages.* ■ Adj. *Une historienne italianiste.*

ITALIEN, IENNE, adj. [italjɛ̃, jɛn] (ital. *italiano*) Qui appartient à l'Italie. ♦ *Musique italienne*, Musique qui a pour principal caractère la prééminence de la mélodie et du chant sur la partie harmonique. ♦ *Théâtre-Italien* ou absol. *les Italiens*, Théâtre de Paris où l'on joue des opéras italiens. ♦ N. m. et n. f. *Les Italiens*, les peuples de l'Italie. *L'italien*, la langue italienne. ♦ À L'ITALIENNE, loc. adv. À la manière des Italiens.

ITALIQUE, adj. [italik] (lat. *italicus*) Qui appartient à l'Italie. *La race italique* [1]. ♦ Se dit particulièrement de ce qui a rapport à l'ancienne Italie. ♦ Impr. *Caractère italique* ou n. m. *l'italique*, caractère un peu incliné de gauche à droite, inventé à Venise par Alde Manuce. ■ REM. 1 : La notion de race ne repose sur aucun fondement scientifique et a une connotation raciste.

ITEM, adv. [itɛm] (lat. *item*, de même, pareillement) Sert dans les comptes, dans les états que l'on fait, pour signifier de plus, semblablement. *J'ai donné tant pour cela, item pour cela.* ♦ N. m. Un article de compte. *Plusieurs petits items.* ■ Élément isolable d'un ensemble. *Un classement par discipline ou par item.* ■ REM. En tant que nom, était autrefois invariable.

ITÉRATIF, IVE, adj. [iteʀatif, iv] (lat. *iterare*, recommencer, de *iterum*, pour la seconde fois ; b. lat. gramm. *iterativum* [*verbum*]) Fait une seconde, une troisième ou quatrième fois. *Commandements itératifs.* ♦ Gramm. *Verbe itératif*, syn. de fréquentatif. ♦ *Préfixe itératif*, servant à marquer la répétition. *En français, re-* est un préfixe itératif.

ITÉRATION, ■ n. f. [iteʀasjɔ̃] (lat. *iteratio*, répétition, redite, de *iterare*) Répétition, renouvellement. ■ Math. Séquence d'instructions, répétition d'un procédé de calcul ou d'un raisonnement destinée à être exécutée autant de fois qu'on peut en avoir besoin.

ITÉRATIVEMENT, adv. [iteʀativ(ə)mɑ̃] (*itératif*) D'une manière itérative.

ITHOS, n. m. [itos] (on prononce le *s* final ; gr. *êthos*, manière d'être, mœurs) Partie de l'ancienne rhétorique qui traitait des mœurs, par opposition au pathos. ◆ Discours affecté, prétentieux et souvent inintelligible. « *Une apologie pleine d'ithos et de pathos* », VOLTAIRE.

ITHYPHALLE, ■ n. m. [itifal] (gr. *ithuphallos*, de *ithus*, droit, et *phallos*, pénis) **Antiq.** Objet qui représentait un pénis en érection. ■ **Antiq.** Amulette figurant un pénis en érection que l'on portait en procession lors des fêtes dédiées à Dionysos.

ITHYPHALLIQUE, ■ adj. [itifalik] (*ithyphalle*) Qui est représenté avec un pénis en érection. *Une statue ithyphallique. Les amulettes ithyphalliques portées lors des fêtes de Dionysos.*

ITINÉRAIRE, adj. [itineʀɛʀ] (b. lat. *itinerarius*, de voyage, de *iter, itineris*, chemin, voyage) Qui a rapport aux routes, aux chemins. ◆ *Mesures itinéraires*, celles dont on fait usage pour mesurer et indiquer la longueur de chemin d'un lieu à un autre. ◆ ▷ *Colonnes itinéraires*, celles qui se posent dans les carrefours avec des inscriptions qui enseignent les divers chemins. ◁ ▪ N. m. Indication du chemin d'un lieu à un autre. ◆ *Itinéraire d'un chemin de fer*, indication de toutes les stations. ◆ Nom de voyages topographiques, de livres bons à consulter quand on visite le pays. *Itinéraire de Suisse.*

ITINÉRANT, ANTE, ■ adj. [itineʀɑ̃, ɑ̃t] (b. lat. *itinerans*, p. prés. de *itinerari*, voyager) Qui se déplace de par sa fonction, sa profession. *Un médecin itinérant.* ■ Qui se déplace, dans le cadre d'une institution publique ou privée. *Un théâtre, un cirque itinérant, une exposition, une bibliothèque itinérante.* ■ Qui voyage.

ITOU, ■ adv. [itu] (prob. altération de l'anc. fr. *atout*, avec, avec infl. de *itel*, tel) **Fam.** Également, de même.

IUFM, ■ n. m. [iyɛfɛm] (sigle de *institut universitaire de formation des maîtres*) Établissement public d'enseignement supérieur chargé de la formation professionnelle des enseignants du primaire, du secondaire et du technique.

IULE ou **JULE**, n. m. [jyl] (lat. *iulus*, gr. *ioulos*, duvet, objet velu) **Bot.** Chaton de fleurs. ■ **Zool.** Myriapode à deux paires de pattes s'enroulant sur lui-même lorsqu'il est menacé. *Les iules se nourrissent de matières organiques.*

IUT, ■ n. m. [iyte] (sigle de *institut universitaire de technologie*) Établissement d'enseignement supérieur assurant la formation de techniciens supérieurs.

IVE ou **IVETTE**, n. f. [iv, ivɛt] (fém. de *if*) Espèce de germandrée.

IVG, ■ n. f. [iveʒe] (sigle de *interruption volontaire de grossesse*) Avortement provoqué et effectué avant douze semaines d'aménorrhée.

IVOIRE, n. m. [ivwaʀ] (lat. vulg. *eboreum*, du lat. *ebur*, génit. *eboris*) Substance dentaire qui constitue les défenses de l'éléphant. ◆ *Blanc comme l'ivoire*, d'un blanc qui a une nuance de carnation. *Un cou d'ivoire.* ◆ Se dit aussi des dents. *Dents blanches comme l'ivoire.* ◆ *Plus blanc que l'ivoire*, très blanc et fig. tout à fait innocent. ◆ La matière des dents de certains autres animaux, tels que l'hippopotame, le narval, etc. ◆ *Objets en ivoire.* ◆ Un morceau de sculpture en ivoire. *Un bel ivoire.* ◆ **Fig.** et **poétiq.** Blancheur indiquant la carnation. *L'ivoire de son cou.* ◆ Il se dit des dents. « *Dans une bouche étroite un double rang d'ivoire* », A. CHÉNIER. ◆ *Noir d'ivoire*, poudre noire très fine faite d'ivoire calciné et pulvérisé. ◆ Dans la première moitié du XVIIe siècle, *ivoire* était couramment du féminin. ■ **Anat.** Partie dure des dents de l'homme.

IVOIRERIE, n. f. [ivwaʀ(ə)ʀi] (*ivoire*) L'art, le métier de l'ivoirier. ◆ Sculpture de l'ivoire.

IVOIRIEN, IENNE, ■ adj. [ivwaʀjɛ̃, jɛn] (Côte d'*Ivoire*, nom d'un État de l'Afrique occidentale) De la Côte d'Ivoire. *Le gouvernement ivoirien.* ■ N. m. et n. f. *Un Ivoirien, une Ivoirienne.*

IVOIRIER, IÈRE, n. m. et n. f. [ivwaʀje, jɛʀ] (*ivoire*) Sculpteur en ivoire.

IVOIRIN, INE, ■ adj. [ivwaʀɛ̃, in] (*ivoire*) Fait d'ivoire. *Boutons ivoirins.* ■ Qui rappelle l'ivoire par son aspect, sa couleur. *Un teint ivoirin. Les reflets ivoirins d'une coquille.*

IVRAIE, n. f. [ivʀɛ] (b. lat. *ebriaca* [*herba*], de *ebrius*, ivre, à cause des effets enivrants prêtés à cette plante) Plante annuelle, commune dans les champs cultivés, et de la famille des graminées. ◆ ▷ **Fig.** *Recueillir de l'ivraie*, être mal payé de ses peines. ◁ ◆ **Fig.** *L'ivraie et le bon grain*, la mauvaise doctrine et la bonne, les bons et les méchants. ◆ *Arracher l'ivraie*, extirper les mauvaises doctrines. ◆ *Séparer l'ivraie d'avec le bon grain*, séparer la mauvaise doctrine d'avec la bonne, ou les méchants d'avec les bons.

IVRE, adj. [ivʀ] (lat. *ebrius*) Qui a l'esprit troublé par le vin ou une liqueur alcoolique. ◆ *Ivre mort*, tellement ivre qu'on semble mort. ◆ **Fig.** *Ivre de sang, de carnage*, qui s'est plu à répandre le sang. ◆ **Fig.** Qui a l'esprit troublé par une passion. *Ivre de joie, d'orgueil, etc.*

IVRESSE, n. f. [ivʀɛs] (*ivre*) Ensemble des phénomènes que détermine un excès de boissons fermentées. ◆ Trouble produit dans l'âme par une passion, par une possession. « *De l'absolu pouvoir vous ignorez l'ivresse* », RACINE. ◆ On dit de même : *L'ivresse des sens.* ◆ L'enthousiasme poétique.

IVRESSOMÈTRE, ■ n. m. [ivʀesɔmɛtʀ] (*ivresse*, et *-mètre*) **Fam.** Appareil qui évalue la concentration d'alcool éthylique dans le sang. *Soumettre un automobiliste à l'ivressomètre.*

IVROGNE, adj. [ivʀɔɲ] ou [ivʀɔ̃ɲ] (lat. vulg. *ebrionia*) Qui a l'habitude de s'enivrer. ◆ N. m. *Un ivrogne.* ■ **Rem.** Aujourd'hui, on emploie plus couramment le féminin *une ivrogne* que *une ivrognesse.*

IVROGNER, v. intr. [ivʀɔɲe] ou [ivʀɔ̃ɲe] (*ivrogne*) Se livrer à l'ivrognerie.

IVROGNERIE, n. f. [ivʀɔɲəʀi] ou [ivʀɔ̃ɲəʀi] (*ivrogne*) Habitude de s'enivrer. ◆ Au pl. L'action même de s'enivrer. *Cette femme a beaucoup à souffrir des ivrogneries de son mari.*

IVROGNESSE, n. f. [ivʀɔɲɛs] ou [ivʀɔ̃ɲɛs] (*ivrogne*) **Pop.** Femme sujette à s'enivrer. *Une ivrognesse.* ◆ Adj. « *Une pauvre bourgeoise, ivrogne ou ivrognesse, meurt d'apoplexie* », VOLTAIRE. ■ **Rem.** Le féminin *ivrogne* est aujourd'hui plus courant.

IWAN, ■ n. m. [iwan] (mot persan) **Archit.** Salle de plan rectangulaire ouverte sur ses petits côtés et couverte d'une voûte, caractéristique de l'architecture musulmane. *Une mosquée à quatre iwans.*

IXER, ■ v. tr. [ikse] (*[film] X*) Classer en tant que film pornographique.

IXIA, n. f. [iksja] (gr. *ixia*, de *ixos*, gui) Genre de plantes bulbeuses, de la famille des iridées.

IXODE, ■ n. m. [iksɔd] (gr. *ixôdês*, gluant, de *ixos*, glu préparée avec la baie du gui) Autre nom de la tique ou du pou des bois. *Certains ixodes sont porteurs de maladie pour l'homme.*

j

J, n. m. [ʒi] (lat. *i* consonne) La dixième lettre de l'alphabet et la septième des consonnes. ■ *Le jour J*, le jour où une opération militaire doit avoir lieu ; par extens. le jour où il doit se passer quelque chose d'important. *Le jour J désigne souvent le 6 juin 1944, jour où les Alliés ont débarqué en Normandie. Demain, c'est le jour J, je passe mon examen.*

JÀ, adv. [ʒa] (lat. *jam*) ▷ Déjà. « *Je l'ai jà dit d'autre façon* », LA FONTAINE. ◆ Certes. « *Je le crois ; mais d'en mettre jà Mon doigt au feu, ma foi je n'ose* », LA FONTAINE. ◆ Il a vieilli. ◁

JABIRU, ■ n. m. [ʒabiʀy] (mot tupi) Oiseau échassier, proche de la cigogne, vivant principalement en Amérique du Sud. *Les jabirus du Mexique.*

JABLE, n. m. [ʒabl] (b. lat. *gabulum*, altération du lat. *gabalus*, gibet, potence) Feuillure qu'on fait aux douves des tonneaux pour arrêter les pièces de fond.

JABLÉ, ÉE, p. p. de jabler. [ʒable]

JABLER, v. intr. [ʒable] (*jable*) Faire le jable des douves.

JABLOIR n. m. ou **JABLIÈRE**, n. f. [ʒablwaʀ, ʒablijɛʀ] (*jable*) Instrument pour jabler. ■ REM. On disait aussi *une jabloire.*

JABORANDI, ■ n. m. [ʒaboʀɑ̃di] (tupi *yaborandi*) Arbuste originaire de l'Amérique du Sud dont on tire une substance utilisée pour ses vertus médicinales. *Des jaborandis.*

JABOT, n. m. [ʒabo] (mot occit., du pré-lat. *gaba*, gorge, gosier) Poche membraneuse chez les oiseaux, dans laquelle les aliments arrivent d'abord avant de passer dans l'estomac. ◆ ▷ **Fig.** *Remplir son jabot*, se remplir le jabot, bien manger. ◁ ◆ Appendice de mousseline ou de dentelle, attaché à l'ouverture de la chemise des hommes, devant la poitrine. ◆ ▷ **Fam.** *Faire jabot*, tirer en dehors le jabot de sa chemise pour en faire parade, et fig. se rengorger. ◁

JABOTAGE, n. m. [ʒabotaʒ] (*jaboter*) Action de jaboter, de babiller.

JABOTER, v. intr. [ʒabote] (*jabot*) Parler beaucoup, d'une voix peu élevée et de choses peu intéressantes. ◆ On l'a dit de certains oiseaux. ◆ V. tr. *Il m'en a jaboté quelque chose.* ■ REM. *Jaboter* est considéré comme familier aujourd'hui.

JACANA, ■ n. m. [ʒakana] (mot tupi) Échassier des régions tropicales, muni de doigts très longs lui permettant de sautiller sur les plantes aquatiques à la surface de l'eau. *Les jacanas à longue queue.*

JACARANDA, ■ n. m. [ʒakaʀɑ̃da] (mot tupi) Arbre de la famille du catalpa dont les feuilles ressemblent à des fougères et dont les fleurs sont violettes et en forme de doigt de gant. *Les jacarandas poussent dans le Midi de la France.*

JACASSE, n. f. [ʒakas] (*jacasser*, ou croisement de *jaque*, geai, ou de *jaquette*, pie, avec *agace*) **Pop.** Femme, fille qui parle beaucoup. *Une petite jacasse.* ■ REM. Terme péjoratif et vieilli.

JACASSEMENT, ■ n. m. [ʒakas(ə)mɑ̃] (*jacasser*) Cri de la pie. ■ Par anal. et fam. Bavardage animé. *Cessez ces jacassements !*

JACASSER, v. intr. [ʒakase] (prob. *jaqueter*, bavarder, avec chang. de suff.) Crier ; il ne se dit guère que de la pie. ◆ Bavarder d'une façon fatigante.

JACASSERIE, n. f. [ʒakas(ə)ʀi] (*jacasser*) Bavardage.

JACASSEUR, EUSE ou **JACASSIER, IÈRE**, ■ n. m. et n. f. [ʒakasœʀ, øz, ʒakasje, jɛʀ] (*jacasser*) Personne qui ne cesse de jacasser, de bavarder. *Elle me fatigue, c'est une vraie jacasseuse.*

JACÉE, n. f. [ʒase] (lat. médiév. *jacea*, menthe) Espèce de plantes de la famille des composées. ◆ *Petite jacée*, la pensée sauvage. ◆ *Jacée des jardiniers*, lychnide dioïque.

JACENT, ENTE, adj. [ʒasɑ̃, ɑ̃t] (lat. *jacens*, p. prés. de *jacere*, être étendu) **Dr.** Qui, étant gisant et délaissé, n'a point de propriétaire connu. *Biens jacents. Succession jacente.*

JACHÉRÉ, ÉE, p. p. de jachérer. [ʒaʃeʀe]

JACHÈRE, n. f. [ʒaʃɛʀ] (prob. gaul. *gansko-*, charrue) État d'une terre labourable qu'on n'a pas ensemencée, à l'effet de la laisser reposer. *Terre en jachère.* ◆ La terre même quand elle repose. *Labourer des jachères.* ■ **Fig.** *Laisser quelque chose en jachère*, ne pas s'en occuper, ne pas chercher à l'exploiter. *Un dossier laissé en jachère.*

JACHÉRER, v. tr. [ʒaʃeʀe] (*jachère*) ▷ Labourer des jachères. ◁

JACINTHE, n. f. [ʒasɛ̃t] (lat. *hyacinthus*, gr. *huakinthos*) Genre de plantes liliacées, dont plusieurs sont cultivées dans les jardins. ◆ **Par extens.** La fleur de cette plante. ◆ ▷ Sorte de prune longue et violette. ◁

JACK, ■ n. m. [dʒak] (mot angl.) **Électr.** Connecteur muni d'un seul embout mâle ou d'une seule fiche femelle. *Relier les haut-parleurs d'une chaîne hi-fi à l'amplificateur à l'aide de jacks.* ■ Adj. *Des prises jacks.*

JACKPOT, ■ n. m. [dʒakpɔt] (mot angl., gros lot) Combinaison de figures permettant de gagner l'argent amassé dans une machine à sous. *Des jackpots.* ■ Cet argent. ■ **Fig.** Profit important rapporté par une action. *Gagner le jackpot.*

JACO ou **JACQUOT**, ■ n. m. [ʒako] (*Jacques*, prénom) Nom vulgaire de plusieurs espèces de perroquets, ainsi que des geais ou pies qui parlent. ■ REM. On écrit aussi *jacot.*

JACOBÉE, n. f. [ʒakobe] (lat. sav. [XVIᵉ s.] *jacobæa*, du b. lat. *Jacobus*, Jacques ; c'est l'herbe de saint Jacques) Nom vulgaire et spécifique du séneçon jacobée (synanthérées).

JACOBIN, INE, n. m. et n. f. [ʒakobɛ̃, in] ([*église Saint-]Jacques*) Religieux et religieuse de l'ordre de saint Dominique, dits jacobins à cause de l'église de Saint-Jacques à Paris près de laquelle ils bâtirent leur couvent. ◆ Membre d'une société politique établie, en 1789, à Paris, dans l'ancien couvent des jacobins, et ardente à soutenir et à propager les idées d'une démocratie et d'une égalité absolues. ◆ Plus tard et par analogie, partisan des idées démocratiques ardentes. ◆ Adj. *Le parti jacobin.* ■ N. m. Démocrate partisan d'un centralisme étatique.

JACOBINISME, n. m. [ʒakobinism] (*jacobin*) Idées, parti des jacobins.

1 **JACOBITE**, ■ adj. [ʒakobit] (*Jacob* [Baradée], fondateur de cette Église au VIᵉ s.) Qui appartient à l'Église orthodoxe mise en place par l'évêque Baradée au VIᵉ siècle apr. J.-C. et qui ne reconnaît que la nature divine du Christ et non sa nature humaine. *Un patriarche jacobite. La présence de l'Église jacobite au Proche-Orient.* ■ N. m. et n. f. *Les jacobites.*

2 **JACOBITE**, ■ adj. [ʒakobit] (b. lat. *Jacobus*, Jacques) **Hist.** Favorable aux Stuarts et au roi catholique Jacques II détrôné en 1688. *Le mouvement jacobite a agité l'Écosse jusqu'au début du XIXᵉ siècle.* ■ N. m. et n. f. *Les jacobites.*

JACONAS, n. m. [ʒakona] (on ne prononce pas le *s* final ; peut-être de *Jagannathpur*, ville de l'Inde où cette étoffe aurait été d'abord fabriquée) Étoffe fine en coton d'un tissu peu serré, entre la mousseline et la percale.

JACOT, n. m. [ʒako] Voy. JACO.

JACQUARD, n. m. [ʒakaʀ] (Joseph *Jacquard*, 1752-1834, qui a perfectionné le métier à tisser) Métier pour tisser les étoffes de soie. ◆ On dit aussi *Métier à la Jacquard.* ◆ Adj. inv. ou n. m. Se dit d'un tricot aux motifs géométriques et multicolores. *Des pulls jacquard.* ■ REM. On disait autrefois *une jacquart.*

JACQUEMART, ■ n. m. [ʒak(ə)maʀ] Voy. JAQUEMART.

JACQUERIE, n. f. [ʒak(ə)ʀi] (*jacques*) Soulèvement des jacques ou paysans contre la noblesse en l'an 1358. ◆ En général, insurrection des paysans et des classes inférieures. ■ REM. Graphie ancienne : *jaquerie.*

JACQUES, n. m. [ʒak] (*Jacques*, prénom) Nom propre qui est la forme vulgaire de *Jacob.* ◆ *Jacques Bonhomme*, nom donné par dérision aux paysans, dans les XIVᵉ et XVᵉ siècles. ◆ N. m. pl. *Les jacques*, les paysans révoltés dans le XIVᵉ siècle contre les seigneurs. ◆ *Maître Jacques*, homme qui réunit plusieurs emplois dans une maison, par allusion au maître Jacques de l'*Avare* de Molière. ■ *Faire le Jacques* ou *le jacques*, agir stupidement.

1 **JACQUET**, ■ n. m. [ʒakɛ] (prob. moy. fr. *jaquet*, valet de pied, parasite, du prénom *Jacques*) Jeu qui se joue sur le trictrac.

2 **JACQUET**, ■ n. m. [ʒakɛ] (*Jacques*, prénom donné parfois aux animaux) **Normand.** Écureuil.

JACQUIER, ■ n. m. [ʒakje] Voy. JAQUIER.

JACQUOT, ■ n. m. [ʒako] Voy. JACO.

JACTANCE, n. f. [ʒaktɑ̃s] (lat. impér. *jactantia*) Hardiesse à se vanter, à se faire valoir. ◆ Paroles de jactance.

JACTER, ■ v. intr. [ʒakte] (*jaquette*, pie) **Fam.** Bavarder, jacasser.

JACULATOIRE, adj. [ʒakylatwaʀ] (b. lat. *jaculatorius*, qui sert à l'exercice du javelot, de *jaculari*, lancer) *Fontaine jaculatoire*, fontaine qui lance un jet d'eau à une grande hauteur. ◆ Fig. *Oraison jaculatoire*, prière courte qu'on adresse au ciel avec un vif mouvement de cœur.

JACUZZI, ■ n. m. [ʒakuzi] ou [ʒakyzi] (angl., nom déposé, issu d'un nom propre) Baignoire disposant d'un système qui provoque des remous dans l'eau. *Un centre de thalassothérapie équipé de plusieurs jacuzzis.*

JADE, n. m. [ʒad] (esp. *piedra de la*]*ijada*, [pierre du] flanc, du lat. *ilia*, ventre, parce que les Indiens des territoires conquis par les Espagnols croyaient que cette pierre les protégeait des coliques néphrétiques) Pierre compacte, tenace, qui raye le verre et même le quartz. ■ Objet en jade.

JADÉITE, ■ n. f. [ʒadeit] (*jade*) Minér. Minéral à base de silicate dont la couleur varie entre le vert et le blanc. *Le jade précieux est taillé à partir de la jadéite.*

JADIS, adv. [ʒadis] (anc. fr. *ja a dis*, il a déjà des jours, du lat. *iat dies*, jour) Il y a longtemps. « *Dans Florence jadis vivait un médecin* », Boileau. ◆ *Le temps de jadis* ou simplement *le temps jadis*, le temps passé.

JAGUAR, n. m. [ʒagwaʀ] (tupi *jaguarete*, véritable jaguar) Quadrupède du genre chat, dont la peau est mouchetée comme celle des léopards et des panthères.

JAÏET, n. m. [ʒajɛ] Voy. JAIS.

JAILLIR, v. intr. [ʒajiʀ] (orig. obsc., p.-ê. lat. pop. *galire*, du radic. gaul. *gali*, bouillir) Sortir impétueusement, en parlant de l'eau ou de quelque autre fluide. *L'eau, la lumière a jailli.* ◆ Fig. *Les traits brillants qui jaillissent de l'imagination de ce poète.*

JAILLISSANT, ANTE, adj. [ʒajisɑ̃, ɑ̃t] (*jaillir*) Qui jaillit.

JAILLISSEMENT, n. m. [ʒajis(ə)mɑ̃] (radic du p. prés. de *jaillir*) Action de jaillir.

JAÏN ou **DJAÏN**, ■ adj. [ʒaɛ̃, dʒaɛ̃] (sansc. *Jina*, le victorieux, surnom du fondateur du mouvement) Relatif au jaïnisme. *La doctrine jaïn.* ■ N. m. et n. f. Adepte du jaïnisme. *Les jaïns.* ■ Rem. On dit aussi *jaïna*. Ces trois formes sont invariables en genre, mais elles prennent un *s* au pluriel. *Les tombes jaïns, djaïns ou jaïnas.*

JAÏNISME ou **DJAÏNISME**, ■ n. m. [ʒainism, dʒainism] (*jaïn*) Relig. Religion issue d'un mouvement de protestation contre le brahmanisme au VIᵉ siècle av. J.-C. et présentant certains points communs avec le bouddhisme. *Le jaïnisme repose sur le dualisme de l'âme : l'âme vivante et l'âme non vivante.* ■ Rem. On dit aussi *jinisme*.

JAIS, n. m. [ʒɛ] (lat. *gagates*, du gr. *gagatês*, pierre de Gagas, ville de Lycie) Espèce de bitume, solide, dur, compact et très noir, qu'on regarde comme du bois charbonné et imprégné de pétrole, et qu'on taille pour en faire divers petits ouvrages. ◆ Verre qu'on teint de différentes couleurs, et qui imite le jais. *Du jais blanc, bleu.* ◆ Adj. *Noir jais*, noir d'un vernis brillant. ■ Rem. On disait aussi *jaïet* autrefois.

JALAGE, n. m. [ʒalaʒ] (*jale*) Terme de coutume féodale. Droit qui se levait sur le vin vendu en détail.

JALAP, n. m. [ʒalap] (*Xalapa*, Jalapa, ville du Mexique où cette plante aurait été découverte) Plante qui appartient à la famille des convolvulacées. ◆ La racine de cette plante. ◆ *Faux jalap*, belle-de-nuit. ■ Au pl. *Des jalaps.*

JALE, n. f. [ʒal] (*jalaie*, mesure de capacité) Grande jatte ou baquet.

JALET, n. m. [ʒalɛ] (variante de *galet*) Caillou rond qu'on lançait avec une arbalète. *Arbalète à jalet*, ou *arc à jalet.*

JALON, n. m. [ʒalɔ̃] (orig. obsc., p.-ê. identique à celle de *jaillir*) Perche qu'on fixe en terre pour prendre des alignements. ◆ Poteaux que les armées laissent sur les routes pour diriger les troupes qui marchent après elles. ◆ Fig. Indications préliminaires ou principales. *Il a posé les jalons de son travail.*

JALONNÉ, ÉE, p. p. de jalonner. [ʒalɔne]

JALONNEMENT, n. m. [ʒalɔn(ə)mɑ̃] (*jalonner*) Action de jalonner.

JALONNER, v. intr. [ʒalɔne] (*jalon*) Planter des jalons. ◆ V. tr. *Jalonner une allée*, y planter des jalons pour la dresser. ◆ Milit. *Jalonner une ligne* ou absol. *jalonner*, placer des jalonneurs ou se placer en jalonneur. ◆ Fig. Donner des directions. *Ils ont jalonné la route à ceux qui suivront.* ◆ Être disposé en place en place. *Des monuments historiques jalonnent le parcours.* ◆ Fig. Marquer dans le temps. *Les événements importants qui ont jalonné sa vie.*

JALONNEUR, EUSE, n. m. et n. f. [ʒalɔnœʀ, øz] (*jalonner*) Personne chargée de jalonner. ◆ Milit. Homme qu'on place ou qui se place en jalon.

JALOUSÉ, ÉE, p. p. de jalouser. [ʒaluze]

JALOUSEMENT, ■ adv. [ʒaluz(ə)mɑ̃] (*jaloux*) Avec un soin jaloux, un attachement possessif. *Garder jalousement un secret.* ■ Avec un sentiment de jalousie, d'envie. *Il regardait jalousement la voiture de son voisin.*

JALOUSER, v. tr. [ʒaluze] (*jaloux*) Avoir de la jalousie contre quelqu'un. « *On ne jalouse que ses supérieurs* », Duclos. ◆ Se jalouser, v. pr. Avoir de la jalousie l'un pour l'autre.

JALOUSIE, n. f. [ʒaluzi] (*jaloux*) Attachement pour, zèle pour. « *Philippe IV d'Espagne sut conserver avec une jalousie particulière les bienséances du palais* », Bossuet. ◆ Mauvais sentiment qu'on éprouve quand on n'obtient pas ou ne possède pas les avantages obtenus ou possédés par un autre. ◆ Se dit aussi des animaux. ◆ *Faire la jalousie*, exciter la jalousie, être envié. ◆ *Une noble jalousie*, syn. d'émulation. ◆ Sentiment qui naît dans l'amour et qui est produit par la crainte que la personne aimée ne préfère quelque autre. ◆ Par extens. *Les tristes jalousies du monde.* ◆ ▷ Ombrage qu'un État, un prince donne à d'autres par sa puissance, par ses forces. ◁ ◆ ▷ Milit. Inquiétudes que l'on fait naître chez l'ennemi, en menaçant certains points. « *Le prince Charles, en donnant de la jalousie en plusieurs endroits, et faisant à la fois plus d'une tentative* », Voltaire. ◁ ◆ ▷ *Tenir un pays en jalousie*, l'environner de sujétions et d'alarmes. ◁ ◆ Treillis de bois et de fer qui permet de voir à travers, sans être vu. ◆ Espèce de contrevent formé de planchettes minces assemblées parallèlement, qu'on remonte et baisse à volonté.

JALOUX, OUSE, adj. [ʒalu, uz] (b. lat. *zelosus*, plein d'amour et de prévenance, du gr. *zêlos*, empressement, ardeur ; rivalité, envie ; la finale *-oux* reste obscure) Qui est zélé pour, qui tient beaucoup à, qui est fort attaché à quelque chose. *Être jaloux de son honneur.* ◆ ▷ *Jaloux contre*, zélé contre. « *Des âmes mortes à elles-mêmes, qui sont jalouses contre leur amour-propre* », Fénelon. ◁ ◆ Qui a à cœur, qui est très désireux de. *Je suis jaloux d'acquérir votre estime.* ◆ Qui est peiné de ne pas obtenir ou posséder ce qu'un autre obtient ou possède. « *Ne soyez point jaloux du succès des autres* », Fénelon. ◆ ▷ *Jaloux sur une chose*, qui la dispute par jalousie. « *Ils sont jaloux sur les moindres choses* », Fénelon. ◁ ◆ Il se dit des choses, dans le même sens. *Des regards jaloux.* ◆ Il s'emploie dans ce sens comme substantif. « *L'éclat de son grand nom lui fait peu de jaloux* », P. Corneille. ◆ Tourmenté par la crainte de l'infidélité. « *C'est aimer froidement que n'être point jaloux* », Molière. ◆ Il se dit aussi des sentiments. *Des transports jaloux.* ◆ N. m. et n. f. *Un jaloux. Une jalouse.* ◆ Dans l'Écriture sainte, *le Dieu jaloux*, le Dieu qui veut être adoré seul. ◆ Fig. et poétiq. Qui fait obstacle, qui envie. *Un voile jaloux la dérobait à tous les yeux.* ◆ Milit. Qui est en jalousie, exposé aux attaques. *Place jalouse.* ◆ ▷ Mar. Qui roule beaucoup, en parlant d'un petit bâtiment. ◁ ◆ Se dit d'une voiture sujette à pencher d'un côté ou de l'autre. ◆ ■ *Avec un soin jaloux*, de façon attentive et méfiante. *Il veille avec un soin jaloux sur son trésor.* ■ *Faire des jaloux*, susciter l'envie chez d'autres personnes. *Son succès va faire des jaloux.* ■ Rem. On dit aujourd'hui *jaloux de*, plutôt que *jaloux contre* ou *jaloux sur.*

JAMAIS, adv. [ʒamɛ] (anc. fr. *ja* et *mais*, plus) En un temps quelconque. *Vit-on jamais un homme meilleur ?* ◆ Avec la négation, en nul temps. « *De pareilles erreurs Ne produisent jamais que d'illustres malheurs* », La Fontaine. ◆ *Jamais*, même sans négation, par ellipse d'une négation impliquée dans ce qui précède, en nul temps. *C'est le cas ou jamais.* « *Ces jeûnes sévères et presque jamais interrompus* », Massillon. ◆ *À jamais*, dans tout le temps à venir. *La mort les a réunis à jamais.* ◆ *À tout jamais*, même sens. ◆ *Pour jamais*, pour toujours. ◆ *Au grand jamais*, avec une négation, en nul temps. ◆ *Jamais plus*, avec la négation, de la vie. *Jamais plus je ne me rembarquerai.* ■ *Jamais de la vie*, en aucun cas. ■ Prov. *Jamais deux sans trois*, si un même événement, généralement malheureux, s'est déjà produit deux fois, il se produira une troisième fois.

JAMBAGE, n. m. [ʒɑ̃baʒ] (*jambe*) Vén. Partie d'une peau qui couvrait les pattes de l'animal. ◆ *Jambages d'un tour*, pièces de bois dans lesquelles sont emboîtées les jumelles. ◆ Chaîne de pierres de taille, de moellons, de briques, qui soutient l'édifice, et sur laquelle on pose les grosses poutres. ◆ *Jambage de cheminée*, assises de pierre qui soutiennent le manteau d'une cheminée. *Le jambage d'une porte.* ◆ Lignes droites de l'*m*, de l'*n* et de l'*u*.

JAMBE, n. f. [ʒɑ̃b] (b. lat. *gamba*, paturon du cheval, du gr. *kampê*, articulation d'un membre) Partie du membre abdominal qui s'étend depuis le genou jusqu'au pied. ◆ *Être haut des jambes* ou *sur jambes*, avoir les jambes fort longues. ◆ ▷ *Jambe de-ci, jambe de-là*, à califourchon. ◁ ◆ *À mi-jambe*, jusqu'à la moitié de la jambe. ◆ *Je lui romprai bras et jambes*, je le maltraiterai, je le rouerai de coups. ◆ *Aller, courir à toutes jambes*, aller, courir vite, soit à pied, soit à cheval. ◆ *Faire la belle jambe*, faire le beau. ◆ ▷ *Passer la jambe à quelqu'un*, lui donner un croc-en-jambe, et fig. obtenir sur lui un avantage, le desservir, etc. ◁ ◆ *Jouer des jambes*, s'enfuir. ◆ Fig. et fam. *Couper bras et jambes à quelqu'un*, ôter à quelqu'un le moyen d'agir, d'arriver à ses fins ; le frapper d'étonnement, de stupeur, de découragement. ◆ Fig. et pop. *Prendre ses jambes à son cou*, partir sur l'heure, s'enfuir. ◆ Fig. *Par-dessous jambe* ou *par-dessous la jambe*, sans peine. ◆ *Traiter quelqu'un par-dessous la jambe*, le traiter comme une personne de peu de conséquence. ◆ *N'aller que d'une jambe*, se dit d'une affaire qui fait peu de progrès, qui va mal. ◆ Fig. *Les jambes*, la faculté de marcher. ◆ *Avoir de bonnes jambes*, *les jambes bonnes*, être en état de bien marcher, de marcher longtemps. ◆ *N'avoir plus de jambes*, n'avoir plus la force de marcher. ◆ Membres de certains animaux qui soutiennent le corps. *Les jambes d'un chien, d'un bœuf, d'un cheval.* ◆ ▷ *Fig. Il a des jambes de cerf*, c'est un excellent marcheur. ◁ ◆ Chez le cheval, la région comprise entre le jarret et le sabot. *Ce cheval n'a point de jambes*, il a les jambes de devant ruinées. ◆ *Jambe de bois*, morceau de bois taillé pour tenir lieu de jambe. ◆ *Fam. Une jambe de bois*, un invalide qui a une jambe de bois. ◆ Par analogie, les deux branches d'un compas. ◆ *Jambe de force*, pièce de bois verticale ou peu inclinée, posant sur une poutre qui servent le tirant d'une ferme, ou sur ce tirant pour le lier à l'arbalétrier. ◆ *Jambe sous poutre*, la chaîne de pierres de taille mise dans un mur pour porter la poutre. ◆ *Prov. Cela ne lui rend pas la jambe bien faite, mieux faite*, ▷ ◁ ou par ironie *cela lui fait une belle jambe*, cela ne lui apporte aucun avantage, est sans utilité pour lui. ■ Membre inférieur de l'homme. ■ Chacune des deux parties d'un pantalon qui couvrent les jambes. *Il a coupé les jambes de son pantalon pour en faire un bermuda.* ■ *Fam. Tenir la jambe à quelqu'un*, l'importuner par de longs discours. ■ *Être dans les jambes de quelqu'un*, le gêner en étant constamment sur son chemin. ■ *Fam. Une partie de jambes en l'air*, des ébats amoureux. *Faire une partie de jambes en l'air.* ■ *Fam. Faire des ronds de jambes à quelqu'un*, le flatter servilement. ■ Rem. On dit aussi aujourd'hui *traiter quelqu'un, quelque chose par-dessus la jambe.* ■ Rem. *Cela lui fait une belle jambe* est considéré aujourd'hui comme familier.

JAMBÉ, ÉE, adj. [ʒɑ̃be] (*jambe*) Qui a la jambe faite d'une certaine façon. *Être bien jambé.*

JAMBETTE, n. f. [ʒɑ̃bɛt] (dim. de *jambe*) ▷ Petite jambe. ◁ ◆ ▷ *Donner la jambette à quelqu'un*, lui donner un croc-en-jambe. ◁ ◆ **Constr.** Petits poteaux qui servent à soutenir diverses pièces. ◆ Petite pièce de bois debout dans la charpente d'un comble, pour soutenir la jambe de force ou les chevrons. ◆ Petit couteau pliant qui se porte dans la poche.

JAMBIER, IÈRE, adj. [ʒɑ̃bje, jɛʀ] (*jambe*) Anat. Qui appartient ou qui a rapport à la jambe. *Les muscles jambiers* ou n. m. *les jambiers*. ◆ N. m. Chacune des deux parties de l'étrier de cuir que le couvreur et le peintre à la corde s'attachent pour monter le long de la corde à nœuds. ◆ N. f. *Jambière*, partie de l'ancienne armure qui couvrait les jambes. ◆ Espèce de guêtre dont on s'enveloppe les jambes.

JAMBON, n. m. [ʒɑ̃bɔ̃] (*jambe*) La cuisse ou l'épaule d'un cochon ou d'un sanglier qui a été salée. ◆ *Jambon* se dit aussi en parlant d'autres animaux. *Jambon d'ours.*

JAMBONNEAU, n. m. [ʒɑ̃bɔno] (dim. de *jambon*) Petit jambon. ■ *Jambonneau de mer*, mollusque bivalve marin en forme d'éventail allongé. Voy. PINNE MARINE *Les jambonneaux de mer sont parmi les plus grands bivalves au monde, ils mesurent entre 20 et 80 cm mais certains peuvent atteindre un mètre de haut.*

JAMBOREE, ■ n. m. [ʒɑ̃bɔʀi] ou [ʒɑ̃bɔʀe] (mot angl., grand rassemblement, d'un mot hindi) Grand rassemblement international des scouts.

JAMBOSE, ■ n. f. [ʒɑ̃boz] (port. *jambo*, de l'hindi *jambu*) Fruit exotique à la peau rouge et à la chair blanche, en forme de cloche. *Gelée de jambose. Les jamboses se mangent généralement crues.*

JAMBOSIER, ■ n. m. [ʒɑ̃bozje] (de *jambose*) Arbre des régions tropicales qui fournit les jamboses. *Le jambosier est cultivé surtout pour son aspect décoratif.*

JAM-SESSION ou **JAM SESSION**, ■ n. f. [dʒamsesjɔ̃] (mot angl., de *jam*, cohue et *session*, rassemblement) Ensemble de musiciens de jazz qui se retrouvent pour improviser librement autour d'un thème. *Les légendaires jam-sessions de Charlie Parker et de Dizzy Gillespie.*

JAN, n. m. [ʒɑ̃] (prénom *Jean*, pour une raison inc.) Terme du jeu de trictrac, qui désigne tous les accidents par lesquels on peut gagner ou perdre des points. *Le petit, le grand jan, etc.* ◆ Par extens. Parties de la table du trictrac où ces jans ont lieu.

JANGADA, n. f. [ʒɑ̃gada] (mot port., du malaya. *xangadam*, radeau) Bateau de pêcheurs du nord-est brésilien, composé d'une coque plate sur laquelle sont installés deux bancs et muni d'une voile. *Autrefois, les jangadas étaient constituées de simples rondins reliés entre eux.*

JANISSAIRE, n. m. [ʒanisɛʀ] (ital. *giannizero*, janissaire, du turc *yeniceri*, nouvelle milice) Soldat de l'infanterie turque, qui servait à la garde du Grand Seigneur. *Le corps des janissaires a été détruit par le sultan Mahmoud II en 1826.* ◆ ▷ Fig. Il se dit, en mauvaise part, des satellites, des hommes de main d'une autorité quelconque. ◁

JANOTISME, ■ n. m. [ʒanotism] Voy. JEANNOTISME.

JANSÉNISME, n. m. [ʒɑ̃senism] (*Jansenius*, nom latin du théologien hollandais Cornelius Jansen, 1585-1638, évêque d'Ypres) Doctrine de Jansénius sur la grâce, et la prédestination. ◆ Fig. Grande sévérité, même sur des minuties ; exagération de l'idée du devoir.

JANSÉNISTE, n. m. et n. f. [ʒɑ̃senist] (*jansénisme*) Celui, celle qui est du parti du jansénisme. ◆ Fig. Personne d'une piété et d'une vertu austère ou pédante. ◆ Adj. Qui tient au jansénisme. *La morale janséniste.* ◆ *À la janséniste*, d'une manière rigide, austère. ■ Rem. *À la janséniste* s'emploie aujourd'hui plus spécialement à propos de reliure sans ornement.

JANTE, n. f. [ʒɑ̃t] (b. lat. *gambita*, du gaul. *cambo*, courbe) Nom des six pièces de bois courbées qui forment le cercle extérieur de la roue. ■ Cercle de métal sur lequel est monté le pneu d'une roue. ■ Par extens. *La jante d'une poulie.*

JANVIER, n. m. [ʒɑ̃vje] (lat. *januarius* [*mensis*], [mois] de Janus) Le premier mois de l'année suivant les Romains et suivant l'usage moderne chez les chrétiens, depuis Charles IX. ■ *Le 1ᵉʳ janvier*, premier jour de l'année civile dans le calendrier grégorien.

JAPON, n. m. [ʒapɔ̃] (*Japon*, pays de l'Asie orientale) Nom que l'on donne à la porcelaine apportée du Japon. ◆ Au pl. *Des japons.*

JAPONAIS, AISE, ■ adj. [ʒaponɛ, ɛz] (*Japon*, pays de l'Asie orientale) Du Japon. *L'économie japonaise.* ■ *Jardin japonais*, jardin aménagé dans la tradition zen avec des éléments symboliques, comportant le plus souvent des petites pièces d'eau et des rochers ; jardin miniature composé dans un bac contenant des cailloux, des bonsaïs, etc. ■ N. m. Langue parlée au Japon. ■ N. m. et n. f. *Un Japonais, une Japonaise.*

JAPONAISERIE ou **JAPONERIE**, ■ n. f. [ʒaponɛz(ə)ʀi, ʒapon(ə)ʀi] (*japonais* ou *Japon*) Objet d'art ou simple bibelot de style japonais. *Il a une étagère remplie de japonaiseries.* ■ Intérêt pour la civilisation japonaise.

JAPONISANT, ANTE, ■ n. m. et n. f. [ʒaponizɑ̃, ɑ̃t] (*japoniser*) Spécialiste de la langue, de la littérature et de la civilisation japonaises. *De nombreux japonisants sont venus assister à la représentation de théâtre nô.* ■ Adj. Qui évoque, rappelle l'art japonais. *Des laques décoratives japonisantes.*

JAPONISER, ■ v. tr. [ʒaponize] (*Japon*) Marquer de caractéristiques propres au Japon. *Japoniser les personnages de bande dessinée.*

JAPONISME, ■ n. m. [ʒaponism] (*Japon*) Courant artistique influencé par l'art japonais. *Le japonisme s'est développé dans la seconde moitié du xxᵉ siècle.*

JAPPANT, ANTE, adj. [ʒapɑ̃, ɑ̃t] (*japper*) Qui jappe ; qui consiste en jappements.

JAPPEMENT, n. m. [ʒap(ə)mɑ̃] (*japper*) Action de japper, en parlant des petits chiens. ◆ Se dit aussi du cri du renard.

JAPPER, v. intr. [ʒape] (prob. onomat. *jap-*, jappement, aboiement) Aboyer d'un aboiement plus clair que l'aboi ordinaire. ◆ Il se dit plus ordinairement du cri des petits chiens. ◆ Fig. Criailler. « *Ces roquets-là qui jappent pour gagner un écu* », VOLTAIRE.

JAPPEUR, EUSE, ■ adj. [ʒapœʀ, øz] (*japper*) Qui jappe souvent. *Un chien jappeur.*

JAQUE, n. f. [ʒak] (prob. *jacques*, sobriquet donné aux paysans) ▷ Vieux mot qui signifiait un habillement court et serré. ◁

JAQUEMART ou **JACQUEMART**, n. m. [ʒak(ə)maʀ] (a. provenç. *jacomart*, *jaquomart*, de *Jaqueme*, forme provenç. de Jacques) Figure de bois ou de métal qui représente un homme armé, avec un marteau à la main, et qu'on met sur les horloges pour frapper les heures. ◆ ▷ Homme de bois servant de cible, auquel on tirait au blanc. ◁

JAQUERIE, n. f. [ʒak(ə)ʀi] Voy. JACQUERIE.

JAQUETTE, n. f. [ʒakɛt] (dim. de *jaque*) Habillement qui descend jusqu'aux genoux ou un peu plus bas, et qui était anciennement à l'usage des paysans et des hommes du peuple. ◆ ▷ Robe que portent les petits garçons avant qu'on leur donne la culotte. ◁ ◆ Veste masculine de cérémonie dont les longs pans arrondis descendent jusqu'aux genoux. ■ Couverture en papier qui protège un livre. *Se servir des rabats d'une jaquette comme d'un marque-page.* ■ Fiche imprimée d'un boîtier de CD ou de DVD. *Faire figurer le résumé du film sur la jaquette d'un DVD.* ■ Revêtement d'une couronne dentaire qui imite l'émail.

JAQUIER ou **JACQUIER**, n. m. [ʒakje] (*jaque*, du port. *jaca*, fruit du jaquier, du malaya. *tsjakka* ; cf ital. *ciccara*) Genre de plantes de la famille des urticées, dont l'espèce la plus connue est l'arbre à pain.

JAR, ■ n. m. [ʒaʀ] (apocope de *jargon*) ▷ Argot. ◁

JARD ou **JAR**, ■ n. m. [ʒaʀ] (mot dial. du Centre, issu du préroman *carra*, pierre) Centre Ensemble composé de graviers, de petits cailloux et de sable, constituant des bancs sur les rives d'un cours d'eau. *Les jards de la Loire.*

JARDES, ■ n. f. pl. [ʒaʀd] Voy. JARDONS.

JARDIN, n. m. [ʒaʀdɛ̃] (prob. gallo-rom. [*hortus*] *gardinus*, [jardin] enclos, du frq. *gart*, *gardo*, clôture) Espace clos d'ordinaire, planté de végétaux utiles ou d'agrément. ◆ *Jardin français*, jardin où règne la symétrie. ◆ *Jardin anglais*, *jardin à l'anglaise*, jardin où l'art est caché sous l'apparence d'une nature agreste. ◆ *Jardin potager, fruitier, botanique*, Voy. ces mots.

◆ *Jardin d'agrément*, jardin qui ne rapporte ni légumes ni fruits et n'est fait que pour le plaisir des yeux. ◆ **Fig.** *Jeter une pierre, des pierres dans le jardin de quelqu'un*, attaquer quelqu'un indirectement. ◆ **Fig.** *Pays fertile.* ◆ *Le jardin de la France*, la Touraine. ◆ ▷ *Jardin sec*, herbier. ◁ *Jardin des racines grecques*, recueil des racines grecques mises en vers par les grammairiens de Port-Royal. ■ *Jardin d'hiver*, lieu à l'abri dans lequel des plantes poussent. ■ *Jardin ouvrier*, parcelle de jardin potager que l'on peut louer. ■ *Jardin public*, jardin d'agrément aménagé dans une ville et ouvert à tous. ■ *Jardin sec*, aménagement extérieur composé de sable, de graviers et de pierres disposées à des endroits précis. ■ *Jardin d'enfants*, établissement privé assurant l'accueil et la garde des jeunes enfants que l'on ne souhaite pas scolariser. *Ils ont préféré inscrire leur enfant dans un jardin d'enfants plutôt qu'à la maternelle.* ■ **Fig.** *Jardin secret*, vie intime d'une personne. *Je respecte son jardin secret.*

1 **JARDINAGE**, n. m. [ʒaʀdinaʒ] (*jardiner*) Culture des jardins. ◆ Nom collectif indiquant les parties qui sont cultivées en jardins. *La moitié de cette ville est en jardinage.* ◆ Plantes potagères que le jardin produit. *Une voiture de jardinage.* ◆ Mode d'exploitation des bois, dans lequel on choisit, pour les couper, les arbres qui dépérissent, ou ceux qui ont acquis le volume que l'on recherche.

2 **JARDINAGE**, ■ n. m. [ʒaʀdinaʒ] (radic. de 1 *jardineux*) Défaut de coloration d'une pierre précieuse. *Jardinage de l'émeraude, d'un diamant.*

JARDINER, v. intr. [ʒaʀdine] (*jardin*) Travailler au jardin par amusement. ◆ V. tr. **Sylvic.** *Jardiner un bois*, l'exploiter par la méthode du jardinage.

JARDINERIE, ■ n. f. [ʒaʀdin(ə)ʀi] (*jardiner*, nom déposé) Établissement commercial mettant en vente des produits servant au jardinage. *Aller à la jardinerie pour se procurer du terreau.*

JARDINET, n. m. [ʒaʀdinɛ] (dim. de *jardin*) Petit jardin.

1 **JARDINEUX, EUSE**, adj. [ʒaʀdinø, øz] (anc. b. frq. *gard*, épine) *Émeraudes jardineuses*, celles dont le vert n'est pas net et est mêlé de brun. ■ Se dit d'une pierre précieuse présentant un défaut de coloration.

2 **JARDINEUX, EUSE**, ■ n. m. et n. f. [ʒaʀdinø, øz] (*jardiner*) **Fam.** Personne qui fait du jardinage pour son plaisir. *Une revue pour les jardineux.*

1 **JARDINIER, IÈRE**, n. m. et n. f. [ʒaʀdinje, jɛʀ] (*jardin*) Celui, celle dont le métier est de cultiver les jardins. ◆ Celui qui entend bien l'ordonnance des jardins, et en donne les dessins. ◆ N. f. Jardinière, meuble d'ornement portant une caisse dans laquelle on cultive des fleurs. ◆ Mets composé de diverses sortes de légumes hachés. *Côtelettes en jardinière, à la jardinière.* ◆ Nom de divers insectes qui attaquent les racines des plantes potagères. ■ Bac que l'on accroche aux balcons ou que l'on pose sur les terrasses, des rebords de fenêtre et dans lequel on fait pousser des plantes. *Des géraniums en jardinière.* ■ *Jardinière d'enfant*, éducatrice en poste dans un jardin d'enfants.

2 **JARDINIER, IÈRE**, adj. [ʒaʀdinje, jɛʀ] (*jardin*) Qui a rapport aux jardins. *Plante jardinière.* ◆ ▷ *Méthode jardinière*, syn. de jardinage. ◁

JARDONS n. m. pl. ou **JARDES**, n. f. pl. [ʒaʀdɔ̃, ʒaʀd] (ital. *giardone*, de l'ar. *garad*) Tumeurs calleuses en dehors du jarret d'un cheval.

1 **JARGON**, n. m. [ʒaʀgɔ̃] (rac. onomat. *garg-*, gorge) Langage corrompu. ◆ ▷ Langage altéré que les auteurs comiques mettent dans la bouche des villageois ou des étrangers[1]. ◁ ◆ **Abusiv.** Une langue étrangère qu'on ne connaît pas ; de là fig. *cela est jargon pour moi.* ◆ Langage particulier que certaines gens adoptent. « *Avec ce jargon un homme se croit grand philosophe* », Fénelon. ◆ **Absol.** *Le jargon*, langage de convention dans un certain monde, dans certaines coteries. ◆ Langage à double entente. ■ **Rem.** 1 : Péjoratif dans ce sens.

2 **JARGON**, n. m. [ʒaʀgɔ̃] (ital. *giargone*) Espèce de diamant jaune, moins dur que le vrai diamant.

JARGONAPHASIE, ■ n. f. [ʒaʀgonafazi] (*jargon* et *aphasie*) **Méd.** Trouble du langage caractérisé par la déformation phonétique des mots, l'invention de mots et un débit rapide, rendant toute communication impossible. *La jargonaphasie qui constitue une forme d'aphasie est due à des lésions cérébrales.* ■ JARGONAPHASIQUE, adj. ou n. m. et n. f. [ʒaʀgonafazik] *Une patiente jargonaphasique.*

JARGONNANT, ANTE, ■ adj. [ʒaʀgonɑ̃, ɑ̃t] Voy. JARGONNEUX.

JARGONNÉ, ÉE, p. p. de jargonner. [ʒaʀgone]

JARGONNER, v. intr. [ʒaʀgone] (*jargon*) Parler un langage corrompu, non intelligible ◆ V. tr. « *Ce More qui jargonne Certains mots qui ne sont entendus de personne* », Th. Corneille. ◆ Parler avec une voix indistincte. ◆ En ce sens, il est quelquefois actif. ◆ V. tr. S'exprimer en un jargon ou langage particulier à certaines gens. *Jargonner le sentiment.* ◆ Crier comme l'oie ou le jars.

JARGONNEUR, EUSE, n. m. et n. f. [ʒaʀgonœʀ, øz] (*jargonner*) Personne qui jargonne.

JARGONNEUX, EUSE ou **JARGONNANT, ANTE**, ■ adj. [ʒaʀgonø, øz, ʒaʀgonɑ̃, ɑ̃t] (*jargonner*) **Péj.** Caractérisé par l'emploi excessif d'un jargon. *Ce rapport jargonneux est incompréhensible.*

JARNICOTON, ■ interj. [ʒaʀnikotɔ̃] (altération de l'expression *je renie coton* qu'aurait employée Henri IV à la place de *jarnidieu !* sur le conseil de son confesseur, le père Coton) Ancien juron employé par euphémisme pour *jarnidieu.*

JARNIDIEU ou **JARNIBLEU**, interj. [ʒaʀnidjø, ʒaʀniblø] (corruption de *je renie Dieu*) Sorte de jurement. ◆ Les paysans de la comédie disent *jarnigué, jarniguienne, jerniguienne.* ■ **Rem.** On disait aussi *jarni.*

JAROSSE ou **JAROUSE**, ■ n. f. [ʒaʀos, ʒaʀuz] (mot dial. de l'Ouest, du Centre et du franco-provençal, prob. d'origine gauloise) Nom de différentes légumineuses cultivées. ◆ *Jarosse d'Auvergne*, plante grimpante aux feuilles terminées par une longue vrille et aux fleurs bleu lavande regroupées en grappes.

1 **JARRE**, n. f. [ʒaʀ] (ar. *garra*) Grand vaisseau, grand vase de terre vernissée. ◆ Fontaine de terre cuite.

2 **JARRE** ou **JARS**, ■ n. m. [ʒaʀ] (anc. b. frq. *gard*, épine) Poil rugueux, cassant et plus épais que les autres dans un pelage ou une toison. *La présence de jarres dans certaines fourrures constitue un défaut.*

JARRET, n. m. [ʒaʀɛ] (prob. gaul. *garra*, jambe) Partie du membre inférieur qui est située derrière l'articulation du genou et où s'opère la flexion de la jambe sur la cuisse. ◆ *Avoir du jarret*, être bon marcheur, bon danseur. ◆ **Fig.** et **fam.** *Être ferme sur ses jarrets*, faire bonne contenance. ◆ Chez les animaux, ensemble des articulations formées par le tibia, les os tarsiens et les métatarsiens. ◆ **Archit.** On dit qu'une chose fait le jarret pour dire qu'elle a quelque inégalité ou quelque bosse. ■ Morceau de boucherie correspondant à la partie supérieure des membres. *Un jarret de veau.*

JARRETÉ, ÉE, adj. [ʒaʀ(ə)te] (*jarret*) **Vétér.** Qui a les jambes de derrière tournées en dedans. *Mulet jarreté.* ◆ **Archit.** Qui a un jarret. *Pilastre jarreté.*

JARRETELLE, ■ n. f. [ʒaʀ(ə)tɛl] (*jarreteler*, attacher avec des jarretières) Pièce de sous-vêtement féminin rattachée au porte-jarretelles, constituée d'une bande élastique et d'une petite pince servant à maintenir et à tendre les bas.

JARRETER, v. tr. [ʒaʀ(ə)te] (*jarret*) Mettre des jarretières. ◆ V. intr. **Archit.** Se dit d'une voûte, d'un pilastre qui a un jarret. ◆ Se jarreter, v. pr. Se mettre une jarretière.

JARRETIÈRE, n. f. [ʒaʀ(ə)tjɛʀ] (*jarret*) Sorte de lien avec lequel on soutient ses bas au-dessus ou au-dessous du genou. ◆ ▷ **Fig.** et **fam.** *Il ne lui va pas à la jarretière*, il est bien loin de le valoir. ◁ ◆ *Ordre de la Jarretière*, ordre de chevalerie institué par Édouard III d'Angleterre, en 1349. ■ Tradition populaire consistant à mettre aux enchères la jarretière de la mariée au cours du repas de noces.

1 **JARS**, n. m. [ʒaʀ] (prob. anc. b. frq. *gard*, épine, baguette, par métaphore de sa verge) Le mâle de l'oie. ◆ ▷ **Fig.** *Il entend le jars*, on ne lui en fait pas accroire aisément, il ne se laisse pas facilement abuser. ◁

2 **JARS**, ■ n. m. [ʒaʀ] Voy. JARRE.

1 **JAS**, n. m. [ʒɑ] (provenç. *jas*, joug d'une ancre) **Mar.** Nom donné à deux pièces de bois que l'on cheville au bout de la verge de l'ancre, pour la faire tomber sur le bon côté, étant au fond de l'eau. ■ **Rem.** On disait aussi *jouet* et *jouail* autrefois.

2 **JAS**, ■ n. m. [ʒɑ] (mot provenç., du b. lat. *jacium*, gîte, du lat. *jacere*, être couché) **Région.** Bergerie, dans le sud de la France et dans les Alpes.

JASEMENT, n. m. [ʒaz(ə)mɑ̃] (*jaser*) Action de jaser.

JASER, v. intr. [ʒaze] (prob. rad. onomat. *gas-* : cf. *gazouiller*) Causer, babiller. « *Car madame à jaser tient le dé tout le jour* », Molière. ◆ Dire, révéler quelque chose qu'on devait tenir secret. ◆ *Faire jaser quelqu'un*, lui faire dire des choses qu'il aurait intérêt à ne pas dire. ◆ Faire des remarques malignes, plus ou moins médisantes. « *Cela pourra d'abord faire jaser* », Voltaire. ◆ Prononcer des paroles humaines, en parlant du geai, de la pie, du perroquet, etc. ◆ *Jaser comme une pie, comme une pie borgne*, parler beaucoup, babiller.

JASERAN ou **JASERON**, n. m. [ʒaz(ə)ʀɑ̃, ʒaz(ə)ʀɔ̃] (ar. *gaza'iri*, d'Alger, ville d'où provenaient ces cottes) Anciennement, espèce de cotte de mailles. ◆ Collier d'or formé de mailles. ◆ Chaîne de petits anneaux, dite par corruption jaseron, qui sert à suspendre au cou des croix, des médaillons, etc.

JASERIE, n. f. [ʒaz(ə)ʀi] (*jaser*) Babil.

JASERON, n. m. [ʒaz(ə)ʀɔ̃] *Jaseron de Venise*. Voy. JASERAN.

JASEUR, EUSE, n. m. et n. f. [ʒazœʀ, øz] (*jaser*) Celui, celle qui jase. *Un grand jaseur.* ♦ Celui qui est sujet à redire ce qu'il entend. ♦ **N. m. pl.** *Les jaseurs,* genre d'oiseaux. ♦ **N. f.** *Jaseuse,* espèce de perruche à queue courte.

JASMIN, n. m. [ʒasmɛ̃] (ar. *yasamin,* du pers. *yasman*) Genre type de la famille des jasminées. ♦ La fleur du jasmin. *Bouquet de jasmin.* ♦ Parfum tiré de la fleur du jasmin.

JASMINÉES, n. f. pl. [ʒasmine] (*jasmin*) Famille de plantes dicotylédones, dont le jasmin est le type.

JASPE, n. m. [ʒasp] (gr. *iaspis*) Pierre dure et opaque de la nature de l'agate. *Jaspe panaché,* sanguin, onyx. ♦ *Jaspe fleuri,* celui qui est de plusieurs couleurs. ♦ Les couleurs dont le relieur marque la tranche des livres.

JASPÉ, ÉE, p. p. de jasper. [ʒaspe] *Tranche jaspée.*

JASPER, v. tr. [ʒaspe] (*jaspe*) Bigarrer de diverses couleurs en imitant le jaspe. ♦ **Impr.** Peindre la tranche ou la couverture d'un livre en couleur de jaspe.

JASPINER, ▪ v. intr. [ʒaspine] (radic. de *jaser*) **Fam.** Parler, bavarder. « *On jaspinait sur l'hiver que je voyais pas bien venir* », DEGAUDENZI.

JASPURE, n. f. [ʒaspyʀ] (*jasper*) Action de jasper ; le résultat de cette action.

JASS, ▪ n. m. [jas] (le *j* se prononce *y*) Voy. YASS.

JATAKA, ▪ n. m. [ʒataka] (mot pali, histoires de naissances) Conte mettant en scène les vies antérieures du Bouddha. *Les jatakas sont regroupés dans un recueil appelé* Jatakamala, *la Guirlande des naissances. Des jatakas* ou *des jataka.*

JATTE, n. f. [ʒat] (lat. vulg. *gabita,* du lat. *gabata,* écuelle) Espèce de vase rond, tout d'une pièce et sans rebord. ♦ Il se dit pour jattée. *Une jatte de lait.* ♦ Pièce d'artifice du genre des girandoles.

JATTÉE, n. f. [ʒate] (*jatte*) Plein d'une jatte. *Une jattée de lait.*

JAUGE, n. f. [ʒoʒ] (frq. *galga,* verge, perche) La juste mesure que doit avoir un vaisseau fait pour contenir quelque liqueur ou du grain. *Ce tonneau n'est pas de jauge, n'a pas la jauge.* ♦ Verge qui sert à mesurer la capacité des futailles. ♦ Futaille qui sert d'étalon. ♦ Métier et exercice de jauger ; jaugeage. ♦ Nom de divers instruments qui servent à prendre des mesures. ♦ Tranchée longitudinale creusée pour la plantation des arbres ou arbustes, ou pour le défoncement. Mettre du plant en jauge. ▪ Instrument ou dispositif qui sert à mesurer la quantité d'un liquide dans un réservoir. *Une jauge d'essence.*

JAUGÉ, ÉE, p. p. de jauger. [ʒoʒe]

JAUGEAGE, n. m. [ʒoʒaʒ] (*jauger*) Action de jauger.

JAUGER, v. tr. [ʒoʒe] (*jauge*) Prendre la jauge d'un vase quelconque. ♦ **Fig. et pop.** Apprécier la capacité d'un homme. ♦ Mesurer un navire pour en connaître la capacité. ♦ Jauger une source, une pompe, mesurer la quantité d'eau qu'elles fournissent en un temps déterminé.

JAUGEUR, n. m. [ʒoʒœʀ] (*jauger*) Employé chargé de jauger.

JAUMIÈRE, ▪ n. f. [ʒomjɛʀ] (altération de *heaumière,* de *heaume,* barre du gouvernail, du moy. néerl. *helm*) **Mar.** Orifice pratiqué dans la voûte d'un navire permettant le passage et le jeu de la partie supérieure de la mèche du gouvernail.

JAUNÂTRE, adj. [ʒonɑtʀ] (*jaune*) Qui tire sur le jaune. *Un homme pâle et jaunâtre. Une eau jaunâtre.* ♦ **N. m.** *Le jaunâtre.*

JAUNE, adj. [ʒon] (lat. *galbinus,* vert pâle) Qui est de couleur d'or, de citron, de safran. ♦ *Toile jaune,* grosse toile de ménage qui n'a pas encore été blanchie. ♦ *Jaune safran,* jaune comme le safran. ♦ **Fig.** *Bec jaune* (on prononce béjaune), Voy. BÉJAUNE. ♦ Qui a une teinte jaune, en parlant de la couleur de la peau. ♦ *Être jaune,* avoir le teint jauni par la maladie, la fatigue, l'inquiétude. ♦ *Être jaune comme un coing,* avoir le teint fort jaune. ♦ *Race jaune* ou *mongolique,* race d'hommes occupant la Chine et la Tartarie[1]. ♦ **N. m. et n. f.** *Les jaunes,* les hommes de la race jaune[2]. ♦ *Fièvre jaune,* fièvre épidémique et contagieuse, dans le cours de laquelle la peau et les tissus blancs se teignent ordinairement en jaune. ♦ **Adv.** Avec la couleur, la teinte jaune. ♦ **Fig.** *Rire jaune,* avoir, malgré le rire, l'air du mécontentement. ♦ **N. m.** *Le jaune,* la couleur jaune. *Jaune citron.* ♦ Matières de couleur jaune servant à teindre ou à colorer en jaune. *Jaune de Naples. Jaune de Cassel.* ♦ *Jaune d'œuf,* partie de l'intérieur de l'œuf qui est jaune. *Des jaunes d'œuf.* ♦ *Jaune antique,* marbre que les anciens tiraient de la Numidie. ♦ **N. m. et n. f.** Ouvrier, ouvrière qui refuse de participer à une grève. ▪ *Les pages jaunes,* annuaire recensant les professionnels. ▪ REM. 1 et 2 : La notion de race ne repose sur aucun fondement scientifique et a une connotation raciste. De plus, l'emploi de *jaune* à propos des Asiatiques est péjoratif.

JAUNEMENT, adv. [ʒon(ə)mɑ̃] (*jaune*) D'une manière jaune.

JAUNET, ETTE, adj. [ʒonɛ, ɛt] (dim. de *jaune*) Qui est un peu jaune. ♦ ▷ **N. m. Pop.** Une pièce d'or. ◁

JAUNI, IE, p. p. de jaunir. [ʒoni]

JAUNIR, v. intr. [ʒoniʀ] (*jaune*) Devenir jaune. *Les feuilles, les blés jaunissent.* ♦ V. tr. Rendre jaune, peindre ou teindre en jaune. *Le soleil jaunit les blés.*

JAUNISSANT, ANTE, adj. [ʒonisɑ̃, ɑ̃t] (*jaunir*) Qui devient jaune. *Feuillages jaunissants. Une moisson jaunissante.*

JAUNISSE, n. f. [ʒonis] (*jaune*) Teinte jaune de la peau. ♦ Maladie qui jaunit la peau, et que, dans le langage médical, on nomme ictère. ♦ Maladie des arbres. ♦ Maladie des vers à soie.

JAUNISSEMENT, n. m. [ʒonis(ə)mɑ̃] (*jaunir*) Action de rendre jaune ou de devenir jaune.

1 JAVA, ▪ n. f. [ʒava] (*Java,* nom d'une île d'Indonésie) Danse populaire, à trois temps et assez rythmée. ▪ Musique qui accompagne cette danse. ▪ Grande fête. ▪ **Fam.** *Faire la java,* faire la fête.

2 JAVA, ▪ n. m. [ʒava] (abrév. de *javascript* ; nom déposé) **Inform.** Langage de programmation informatique utilisé notamment pour la création d'applications destinées à fonctionner sur un navigateur.

JAVANAIS, AISE, ▪ adj. [ʒavanɛ, ɛz] (*Java,* nom d'une île d'Indonésie) Relatif à l'île de Java. *Les danses javanaises.* ▪ **N. m. et n. f.** *Les Javanais.* ▪ **N. m.** Langue parlée dans les îles de Java et de Sumatra. ▪ Jargon consistant à intercaler entre chaque syllabe d'un mot soit *va,* soit *av.* ▪ **Par extens.** et **fam.** Ce qui est incompréhensible. *Ton schéma, c'est du javanais pour moi.* « *Les jumeaux étaient tassés dans l'autre coin, regardant le pays et échangeant leurs impressions dans leur javanais à eux qu'ils s'étaient fabriqué pour qu'on ne les comprenne pas* », ROCHEFORT.

JAVART, ▪ n. m. [ʒavaʀ] (occit. *gavarri,* sorte de chancre, de la famille de *gaver*) Tumeur phlegmoneuse qui se forme au pied du cheval et du bœuf.

JAVASCRIPT, ▪ n. m. [ʒavaskʀipt] (nom déposé) **Inform.** Langage de script incorporé dans un document HTML permettant d'apporter des améliorations au langage HTML. ▪ **Abrév.** Java.

JAVEAU, n. m. [ʒavo] (forme masc. de *javelle*) Île formée de sable et de limon par un débordement d'eau.

JAVEL (EAU DE), n. f. [ʒavɛl] (*Javel,* ancien village de la banlieue de Paris, où se trouvait une usine de produits chimiques) Chlorure de potassium en dissolution dans l'eau ; ainsi dit du moulin de Javelle près de Paris, où cette eau se fabriquait primitivement. ▪ REM. Graphie ancienne : *eau de Javelle.* ▪ Ellipt. *J'ai lavé le sol à la javel.*

JAVELAGE, ▪ n. m. [ʒav(ə)laʒ] (*javeler*) Mise du blé en javelle au moment de la moisson. *Le javelage automatique.*

JAVELÉ, ÉE, p. p. de javeler. [ʒav(ə)le] *Avoine javelée,* avoine noircie par la pluie pendant qu'elle était en javelle.

JAVELER, v. tr. [ʒav(ə)le] (*javelle*) Mettre les blés en javelle. ♦ V. intr. Prendre la couleur jaune. *Le blé javelle.*

JAVELEUR, EUSE, n. m. et n. f. [ʒav(ə)lœʀ, øz] (*javeler*) Celui, celle qui javelle.

1 JAVELINE, n. f. [ʒav(ə)lin] (dim. de *javelle*) Petite javelle.

2 JAVELINE, n. f. [ʒav(ə)lin] (*javelot,* avec chang. de suff.) Dard long et menu.

JAVELLE, n. f. [ʒavɛl] (lat. pop. *gabella,* issu du gaul.) Poignée de blé scié, qui demeure couchée sur le sillon jusqu'à ce qu'on en fasse des gerbes. *Mettre du blé en javelle.* ♦ Fagot de sarments de vigne. ♦ Botte d'échalas ou de lattes. ♦ Petit tas de sel, dans les marais salants. ▪ **Fam.** *Tomber en javelle,* se décomposer, perdre sa forme première. *Une crème renversée qui tombe en javelle.* ▪ **Fig.** *Un projet qui tombe en javelle.*

JAVELLE (EAU DE), n. f. [ʒavɛl] Voy. JAVEL.

JAVELLISER, ▪ v. tr. [ʒavelize] ([*eau de*] *Javel*) Stériliser grâce à de l'eau de Javel. ▪ Adj. Eau javellisée. ▪ JAVELLISATION, n. f. [ʒavelizasjɔ̃]

JAVELOT, n. m. [ʒav(ə)lo] (prob. radic. celt. *gabal,* fourche) Espèce de lance qui se jetait avec la main et aussi avec les balistes. ▪ **Sp.** Instrument en forme de lance que les athlètes doivent lancer le plus loin possible ; lancer du javelot.

JAYET, n. m. [ʒajɛ] (var. de *jais*) Voy. qui aujourd'hui est seul usité.

JAZZ, ▪ n. m. [dʒaz] (mot anglo-amér.) Musique d'origine noire-américaine, très rythmée, où l'improvisation joue un rôle important. *Le festival de jazz de Marciac.*

JAZZ-BAND, ▪ n. m. [dʒazbɑ̃d] (mots anglo-amér. *jazz* et *band,* groupe de musiciens) Formation musicale jouant du jazz. *Les jazz-bands américains.*

JAZZIQUE ou **JAZZISTIQUE**, ▪ adj. [dʒazik, dʒazistik] (*jazz*) Relatif au jazz. *L'univers jazzique des années cinquante. L'écriture jazzistique.*

JAZZMAN, ▪ n. m. [dʒazman] (mot anglo-amér., de *jazz* et *man*, homme) Joueur de jazz. *Des jazzmans* ou *des jazzmen* (pluriel anglais).

JAZZ-ROCK, ▪ n. m. [dʒazrɔk] (mot angl., de *jazz* et *rock* [*and roll*]) Style de jazz qui s'inspire du rock, auquel il emprunte le rythme binaire.

JAZZY, ▪ adj. [dʒazi] (*jazz*) Fam. Caractéristique du jazz. *Une chanson aux accents jazzy* ou *jazzys*.

JE, pron. pers. [ʒə] (lat. vulg. *eo*, du lat. *ego*) Il s'emploie toujours comme sujet de la proposition. ◆ Il est quelquefois séparé du verbe dans certaines formules. *Je soussigné certifie.* ◆ Il se met après le verbe dans les façons de parler interrogatives ou admiratives, exclamatives : *Que ferai-je ? Où suis-je ?* Quand le verbe se trouve enfermé dans une espèce de parenthèse : *Vous re-marquerez, lui dis-je, que*, etc. Quand on l'emploie par manière de souhait : « *Puissé-je de mes mains le déchirer le flanc !* », VOLTAIRE. Dans ces phrases-ci et autres semblables : *Dussé-je en périr ; fussé-je au bout du monde.* ◆ Dans ces dernières phrases, si le verbe est au présent de l'indicatif et de la première conjugaison, on met l'accent aigu sur l'*é*. ◆ Quand le verbe qui doit être suivi du pronom *je* se trouve d'une seule syllabe ou terminé par deux consonnes, on prend une autre tournure et au lieu de dire : *Dors-je, mens-je, m'endors-je*, on dit : *Est-ce que je dors ? est-ce que je mens ?* etc. ▪ REM. On écrit aujourd'hui également *dussé-je, fussé-je* avec un accent grave sur le *e*.

1 JEAN, n. m. [ʒɑ̃] (*Jean*, prénom) Nom propre employé dans diverses lo-cutions. ◆ *Le feu de la Saint-Jean*, celui qu'on fait la veille de la Saint-Jean. ◆ *Toutes les herbes de la Saint-Jean*, Voy. HERBE. ◆ ▷ *Cela n'est que de la Saint-Jean*, cela est sans valeur, sans mérite. ◁ ◆ ▷ *Le mal Saint-Jean*, l'épi-lepsie. ◁ ◆ *Dame Jeanne*, grosse bouteille.

2 JEAN ou **JEANS**, ▪ n. m. [dʒin, dʒins] (angl. *blue jean*, bleu de Gênes) Pantalon originellement confectionné grâce à une toile très résistante de couleur bleue, avec les coutures apparentes. ◆ *Pantalon de même coupe qu'un jean. Un jean noir.* ▪ Ce tissu. *Une jupe en jean.*

JEAN-FOUTRE ou **JEANFOUTRE**, ▪ n. m. et n. f. [ʒɑ̃futr] (1 *jean* et *foutre*) Fam. Personne incapable, propre-à-rien. ▪ JEAN-FOUTRERIE, n. f. [ʒɑ̃futrəri]

JEANNETTE, n. f. [ʒanɛt] (dim. de *Jeanne*) *Croix à la Jeannette*, croix sus-pendue au cou avec un étroit ruban. ▪ Petite planche sur pied, utilisée pour le repassage. ▪ Fillette de huit à onze ans inscrite au scoutisme. *Les jeannettes et les louveteaux.*

JEANNOT, n. m. [ʒano] (*Jean*, prénom) Nom propre dérivé de Jean, qui sert à désigner un niais. ◆ On écrit aussi *Janot*.

JEANNOTISME, n. m. [ʒanotism] (*jeannot*) Caractère du Jeannot. ◆ Vice de langage qui consiste à intervertir l'ordre des mots, comme par exemple : *Je porte du beurre à ma mère qui est malade dans un petit pot.* ◆ On écrit aussi *janotisme*.

JEANS, ▪ n. m. [dʒins] Voy. JEAN.

JECTISSES, adj. f. pl. [ʒɛktis] (*jeter*) *Terres jectisses*, celles qu'on remue pour les jeter d'un lieu dans un autre. ◆ Produit du curage des fossés, canaux, etc.

JEEP, ▪ n. f. [dʒip] (mot anglo-américain, nom déposé ; initiales *G. P.* de *general purpose*, pour tous usages) Véhicule automobile tout-terrain à quatre roues motrices, originellement conçu pour l'armée, et repris par la suite pour une utilisation civile. *Les jeeps du parc sont les seuls véhicules autorisés à circuler dans la réserve naturelle.*

JÉHOVAH, n. m. [ʒeova] (*Jéhovah*, vocalisation du tétragramme *YHWH*) Nom de Dieu en hébreu. ◆ Assemblage de caractères qui représente ce nom.

JÉJUNAL, ALE, ▪ adj. [ʒeʒynal] (*jéjunum*) Anat. Qui se rapporte à l'intestin grêle. *Les plis jéjunaux.*

JÉJUNUM, n. m. [ʒeʒynɔm] (b. lat. *jejunum* [*intestinum*], intestin à jeûn) Anat. Le second intestin grêle. ▪ REM. Graphie ancienne : *jejunum*.

JE-M'EN-FICHISME ou **JE M'EN FICHISME**, ▪ n. m. [ʒ(ə)mɑ̃fiʃism] (*je-m'en-fiche*) Fam. et péj. Indifférence totale et volontaire. *Son je-m'en-fichisme bloque tout le projet. Des je-m'en-fichismes.* ▪ JE-M'EN-FICHISTE ou JE M'EN FICHISTE, adj. ou n. m. et n. f. [ʒ(ə)mɑ̃fiʃist] *Des je-m'en-fichistes.*

JE-M'EN-FOUTISME ou **JE M'EN FOUTISME**, ▪ n. m. [ʒ(ə)mɑ̃futism] (*je-m'en-fous*) Très fam. Syn. de je-m'en-fichisme. ▪ JE-M'EN-FOUTISTE ou JE M'EN FOUTISTE, adj. ou n. m. et n. f. [ʒ(ə)mɑ̃futist] *Des je-m'en-foutistes.* « *Vous ne vous voyez pas, mais je vous affirme, que vous avez une attitude, comment dirais-je, un peu je m'en foutiste, qui ne me facilite pas la tâche* », BOUDARD.

JE-NE-SAIS-QUOI ou **JE NE SAIS QUOI**, ▪ n. m. inv. [ʒən(ə)sɛkwa] (sub-stantivation du pron. indéf. *je ne sais quoi*) Chose qu'on ne peut expli-ter, formuler clairement. *Des je-ne-sais-quoi.* « *J'ai connu bien des garçons... mais... celui-là, il a, oui vraiment il a un petit je ne sais quoi* », RENÉ.

JÉRÉMIADE, n. f. [ʒeremjad] (*Jérémie*, prophète biblique, par allusion à ses *Lamentations*) Plainte fréquente et importune. *Finissez vos jérémiades.* ▪ REM. S'emploie le plus souvent au pluriel.

JEREZ, ▪ n. m. [xeres] ou [ʒerez] Voy. XÉRÈS.

JERK, ▪ n. m. [dʒɛrk] (mot angl., mouvement brusque, saccade) Danse des années 1960 caractérisée par des mouvements brusques et saccadés, très rythmés, du corps tout entier. *Danser le jerk. Des jerks endiablés.*

JERKER, ▪ v. intr. [dʒɛrke] (*jerk*) Danser le jerk. *Ils ont jerké toute la nuit.*

JÉROBOAM, ▪ n. m. [ʒeroboam] (*Jéroboam*, personnage biblique) Grosse bouteille de champagne dont la contenance correspond à quatre bouteilles ordinaires, soit 3 litres. *Des jéroboams.*

JERRICAN ou **JERRYCAN**, ▪ n. m. [ʒerikan] (angl. *jerry-can*, de *Jerry*, sur-nom donné aux Allemands par les soldats britanniques, et *can*, bidon) Bi-don d'une contenance de 20 litres, ayant des poignées et la forme d'un parallélépipède rectangle, utilisé pour transporter du carburant. *Un jerry-cane d'essence. Des jerricanes, des jerrycans.* ▪ REM. On écrit aussi, mais moins fréquemment, *jerricane*.

JERSEY, ▪ n. m. [ʒerze] (*Jersey*, nom d'une île anglo-normande) **Vieilli** Cor-sage ou maillot de laine fine tricotée, ajusté au corps. *Son jersey lui moule le buste.* ▪ Tissu tricoté dont les mailles d'endroit présentent des boucles qui s'entrelacent dans un seul sens. *Des jerseys de laine, de soie, de coton.* ▪ *Point de jersey*, point où alternent un rang de mailles à l'endroit et un rang de mailles à l'envers.

JERSIAIS, AISE, ▪ adj. [ʒersjɛ, ɛz] (*Jersey*, nom d'une île anglo-normande) De l'île de Jersey. *Les coutumes jersiaises.* ▪ N. m. et n. f. *Les Jersiais.* ▪ N. f. Race bovine originaire de Jersey réputée pour sa longévité et sa fécondité. *La jersiaise est une laitière de qualité.*

JÉSUITE, n. m. [ʒezɥit] ([*Compagnie de*] *Jésus*) Nom des membres de l'ordre religieux fondé par Ignace de Loyola en 1534. ◆ ▷ *Jésuite de robe courte*, laïque affilié à l'ordre des jésuites. ◁ ▪ N. m. ou adj. Péj. Se dit d'une personne hypocrite. *Il agit toujours en jésuite.*

JÉSUITIQUE, adj. [ʒezɥitik] (*jésuite*) Qui appartient, qui est propre aux jésuites. *La morale jésuitique.* ▪ Péj. Hypocrite. *Faire une réponse jésuitique.*

JÉSUITIQUEMENT, adv. [ʒezɥitik(ə)mɑ̃] (*jésuitique*) À la manière des jé-suites.

JÉSUITISME, n. m. [ʒezɥitism] (*jésuite*) Système de conduite des jésuites ou de leurs adhérents. ▪ *Conduite jésuitique.*

JÉSUS, n. m. [ʒezy] (*Jésus*, mot hébr. signifiant sauveur) Nom du Fils de Dieu. ◆ *Bon Jésus ! doux Jésus ! Jésus !* exclamations d'admiration, de crainte, de joie. ◆ *Compagnie* ou *société de Jésus*, l'ordre des jésuites. ▪ **Impr.** *Pa-pier nom de jésus* ou simplement *papier jésus*, papier de grand format, qui s'employait principalement dans l'imprimerie, et dont la marque portait ces lettres I H S. ▪ Gros saucisson sec, généralement de forme ovale et qui se consomme en tranches fines. *Le jésus est une spécialité lyonnaise.*

JET, n. m. [ʒɛ] (*jeter*) Action de jeter. *Le jet d'une pierre.* ◆ *Le jet des dés*, l'action de jeter les dés hors du cornet pour jouer. ◆ *Armes de jet*, celles dont on se sert pour combattre de loin, telles que l'arbalète, la fronde, le javelot, le fusil. ◆ *Jet de pierre*, espace que peut parcourir une pierre lancée par un homme. ◆ **Mar.** Action de jeter à la mer un objet dont on veut se débarrasser. ◆ *Jet d'un filet*, action de jeter un filet ; la quantité de poissons qui est prise dans un filet jeté. ◆ *Jet d'un fossé*, la terre que l'on jette d'un côté et qui forme talus. ◆ **Peint.** *Le jet d'une draperie*, la manière dont les plis d'une draperie sont rendus dans un tableau. ◆ **Techn.** Action de faire couler dans le moule la matière en fusion. ◆ *D'un seul jet*, se dit d'une pièce dont toutes les parties sont fondues à la fois dans un seul moule, et fig. en littérature et dans les arts, d'une composition produite par une pre-mière conception et sans être retouchée. ◆ Jaillissement d'un liquide, d'un fluide. *Jet de vapeur.* ◆ *Jet d'eau*, ajutage placé à l'extrémité d'une conduite. ◆ *Jet d'eau*, colonne d'eau lancée de bas en haut ou dans une direction inclinée, par une certaine pression. ◆ *Jet de lumière*, rayon de lumière qui paraît subitement. ◆ **Fig.** *Premier jet*, ébauche d'une composition littéraire, d'un tableau, etc. ◆ *Du premier jet*, du premier coup. ◆ *Jet d'abeilles*, nouvel essaim qui sort de la ruche. ◆ Nouvelle pousse d'un arbre. *Cette canne est d'un seul jet*, elle n'a point de nœuds. ▪ *Une imprimante à jet d'encre*, munie de buses produisant de très fines gouttelettes d'encre. ▪ À JET CONTINU, n. m. et n. f. Sans interruption. *La radio diffuse des informations à jet continu.*

JETABLE, ▪ adj. [ʒətabl] (*jeter*) Conçu pour être jeté après usage. *Un appa-reil photo jetable. Un rasoir jetable.*

JETAGE, ▪ n. m. [ʒətaʒ] (*jeter*) Vétér. Écoulement nasal séreux ou purulent. *Le jetage découle d'une inflammation nasale.*

1 JETÉ, n. m. [ʒəte] (substantivation du p. p. de *jeter*) Un des pas de la danse, mouvement par lequel on jette un pied en avant ou en arrière ou de côté, et on lève l'autre en même temps. ◆ Au tricot, *un jeté*, le brin jeté sur l'aiguille avant de prendre la maille, ce qui fait une maille de plus si l'on veut. ■ Pièce de tissu destinée à recouvrir un meuble, un lit. *Un jeté de lit à carreaux.*

2 JETÉ, ÉE, p. p. de jeter. [ʒəte]

JETÉE, n. f. [ʒəte] (p. p. fém. substantivé de *jeter*) Construction de bois ou de pierre, faite pour redresser le lit d'un cours d'eau, pour protéger l'entrée d'un port. ♦ Amas de pierres, de sable et de cailloux jetés dans un mauvais chemin pour le rendre praticable. ♦ Chaque nouvel essaim d'abeilles. ■ Couloir qui relie l'aérogare à un satellite ou à un poste de stationnement d'avion.

JETER, v. tr. [ʒ(ə)te] (lat. vulg. *jectare*, du lat. *jactare*, fréquent. de *jacere*, jeter) Communiquer un mouvement avec la main ou de quelque autre manière. *Jeter une pierre.* ♦ **Mar.** Faire le jet. ♦ **Fig.** *Jeter quelque chose au nez de quelqu'un*, lui en faire reproche. ♦ *Jeter un châle, un manteau, etc. sur ses épaules, sur les épaules de quelqu'un*, mettre avec quelque promptitude un châle, etc. sur ses épaules, sur les épaules de quelqu'un. ♦ **Peint.** *Jeter une draperie*, donner une certaine disposition aux plis de la draperie dont on revêt une figure. ♦ **Fig.** *Jeter un voile sur quelque chose*, la passer sous silence. ♦ *Jeter un pont sur une rivière*, établir à la hâte un pont. ♦ *Jeter les fondements d'un édifice*, poser les fondements d'un édifice. ♦ **Fig.** « *Il jeta les fondements de la religion* », Bossuet. ♦ **Mar.** *Jeter l'ancre*, laisser tomber, de l'endroit du navire où elle est retenue, une ancre qui doit aller mordre la terre et s'y fixer. ♦ *Jeter le plomb, la sonde*, lancer à la mer un plomb de sonde attaché à une corde mesurée. ♦ Se débarrasser de. ♦ *Jeter les armes*, cesser de combattre. ♦ ▷ **Fig.** *Jeter loin*, dédaigner. ◁ ♦ Aux jeux de cartes, *jeter ses cartes*, les jouer. ♦ *Jeter* se dit aussi, au piquet et à l'écarté, des cartes que l'on écarte. ♦ Mettre, placer, diriger, non sans quelque idée de violence ou du moins de rapidité. « *J'ignore en quels climats nous jette la tempête* », Voltaire. ♦ ▷ **Fig.** *Jeter dans les bras*, remettre à la garde, à la protection. ◁ ♦ ▷ *Jeter dans un couvent*, faire entrer dans un couvent. ◁ **Fig.** Faire entrer dans une société. « *Un autre incident me jeta dans les sociétés nouvelles* », Marmontel. ♦ *Jeter quelqu'un dans un cachot, dans les fers*, le mettre en prison. ♦ **Milit.** *Jeter des hommes, des munitions, des vivres, etc. dans une place*, les y faire entrer promptement dans le besoin. ♦ **Mar.** *Jeter son navire à la côte*, l'y échouer exprès. ♦ **Impr.** *Jeter un blanc*, ménager, laisser un blanc. ♦ *Jeter une couleur sur*, donner une couleur à. ♦ **Fig.** « *La tristesse que l'idée de votre délicate santé a jetée sur toutes mes pensées* », Mme de Sévigné. ♦ Dans un sens analogue, *jeter l'ombre, les ténèbres*, produire l'obscurité. ♦ Diriger quelque partie du corps d'un certain côté. *Il jeta la tête en arrière.* ♦ *Jeter les yeux, la vue, les regards sur*, regarder, considérer. ♦ Pousser avec violence, faire tomber. ♦ *Jeter par terre, jeter à terre*, faire tomber à terre. ♦ ▷ *Jeter, jeter bas une maison, une cloison, un mur, etc.*, les démolir, les abattre. ◁ ♦ **Fig.** Mettre quelqu'un dans une certaine manière d'être. « *Dans quel trouble, seigneur, jetez-vous mon esprit !* », Racine. ♦ Faire naître certains sentiments. *Jeter la terreur chez les ennemis.* ♦ ▷ **Fig.** *Jeter loin*, obliger à reporter à une époque éloignée ce qu'on veut faire. ◁ Entraîner à. ♦ **Fig.** *Jeter* se dit aussi des choses abstraites que l'on assimile à quelque chose qui se jette. « *Si ce nom sur leur front jette tant d'infamie* », P. Corneille. « *Je jette cette pensée dans cette lettre* », Mme de Sévigné. ♦ *Jeter des propos*, avancer des propos. *Jeter des paroles, des pensées.* ♦ *Jeter des soupçons contre quelqu'un*, le faire soupçonner. ♦ *Jeter sur le papier*, tracer, écrire à la hâte. *Jeter ses idées, un plan sur le papier.* ♦ ▷ Faire signifier, dénoncer. *Jeter une excommunication.* ◁ ♦ Rejeter sur, attribuer. « *Jeter sur la conduite de Dieu ce qui n'est causé que par le dérèglement de l'homme* », Fléchier. ♦ Exciter à parler de. « *Feignons, pour le jeter sur l'amour de son maître* », Molière. ◁ ♦ Il se dit de l'argent, des valeurs qu'on fait entrer dans la circulation. *Jeter des millions dans le commerce.* ♦ *Jeter l'argent*, être prodigue. ♦ *Jeter son bien par les fenêtres*, dissiper son bien en folles dépenses. ♦ **Fig.** et **fam.** *Jeter une chose à la tête de quelqu'un*, la lui offrir sans qu'il la demande. ♦ *Jeter au sort*, décider quelque chose par la voie du sort. ♦ *Jeter les dés*, les lancer hors du cornet pour amener les points. ♦ **Fig.** *Le dé en est jeté, le sort en est jeté*, le parti en est pris. ♦ Pousser, envoyer, lancer hors de soi. *La lampe jette une pâle lumière.* ♦ *Jeter des larmes*, pleurer. ♦ *Jeter un soupir, un cri*, faire un soupir, un cri. ♦ **Fig.** et **fam.** *Jeter les hauts cris*, se récrier, se plaindre hautement. ♦ *Jeter des menaces.* ♦ **Fig.** et **fam.** *Il a jeté tout son venin*, il a dit, dans sa colère, tout ce qu'il avait sur le cœur. ♦ ▷ *Jeter des œufs*, être ovipare. ◁ ♦ En parlant des mouches à miel, produire et mettre dehors un nouvel essaim. ♦ **Absol.** *Ces mouches ont jeté.* ♦ ▷ En parlant des arbres et des plantes, produire des bourgeons ou des scions ◁ ♦ **Absol.** *Les arbres commencent à jeter.* ♦ *Jeter de profondes racines*, s'enraciner profondément. ♦ **Fig.** *Cet abus avait jeté de profondes racines.* ♦ ▷ Rendre de l'humeur. ◁ ♦ **Absol.** *La plaie jette.* ◁ ♦ Faire couler du métal fondu dans quelque moule afin d'en tirer une figure. *Jeter une statue en bronze.* ♦ ▷ *Jeter en sable*, prendre un moule avec du sable, et fig. avaler d'un trait. ◁ ♦ **Absol.** *Le fondeur jette bien.* ♦ **Fig.** et **fam.** *Cela ne se jette pas en moule*, se dit d'un ouvrage qui ne peut se faire qu'avec beaucoup de soin et de temps. ◁ ♦ *Se jeter*, v. pr. Être jeté. ♦ Être prodigué, en parlant de l'argent. ♦ *Se jeter*, se lancer soi-même. ♦ *Ce fleuve se jette dans tel autre, dans la mer*, il s'y rend, va s'y perdre. ♦ **Mar.** *Se jeter à la côte*, y échouer son navire. ♦ Se précipiter sur. *Un loup se jeta sur le troupeau.* ♦ *Se jeter sur un lit, sur un siège*, s'y asseoir, s'y coucher avec précipitation. ♦ *Se jeter à genoux*, se mettre précipitamment à genoux. ♦ *Se jeter au cou de quelqu'un*, lui passer les bras autour du cou en l'embrassant. ♦ *Se jeter dans les bras*, entre les bras de quelqu'un, se faire serrer, embrasser par quelqu'un, et fig. chercher un appui. ♦ **Fig.** *Se jeter à la tête de quelqu'un* Absol. *se jeter à la tête*, s'offrir avec empressement et sans être recherché. ♦ *Se jeter sur quelque chose*, s'y porter avidement. ♦ *Se jeter entre les mains*, se remettre au pouvoir. ♦ *Se jeter dans*, se dit aussi de tout ce qui est comparé à quelque abîme. « *Ce serait d'un malheur vous jeter dans un pire* », P. Corneille. *Se jeter à ou dans*, tourner ses vues, ses désirs vers. « *Il se jettera à d'autres desseins* », Pascal. ♦ ▷ *Se jeter*, faire une expédition militaire. *Se jeter sur les terres de son ennemi.* ◁ ♦ Attaquer avec impétuosité. ♦ Se réfugier précipitamment en quelque endroit. *Il se jeta dans une allée obscure.* ♦ ▷ **Fig.** *se jeter dans un couvent, dans un désert*, s'y réfugier. ◁ ♦ **Fig.** Prendre, accepter, se laisser aller à. *Se jeter dans la dévotion.* ♦ *Se jeter en un parti*, se ranger du côté de ce parti. ♦ *Se jeter au travers, à la traverse*, entre, venir déranger. ♦ *Se jeter sur*, se dit des humeurs, des maladies qui attaquent une partie du corps. ♦ *Se jeter sur*, parler de. ♦ *Se jeter dans de grands discours*, parler sans réticence. ♦ *Se jeter dans*, se laisser aller à. ♦ *Se jeter la pierre à quelqu'un*, lui attribuer la responsabilité d'un tort. ♦ *Jeter le bébé avec l'eau du bain*, Voy. bébé. ■ **Fam.** *En jeter*, produire une forte impression. ■ **Fam.** *Se faire jeter*, se faire exclure, être rejeté. *Partout où elle est allée demander de l'aide, elle s'est fait jeter.* ■ **Fam.** *N'en jetez plus !* faites cesser cela. ■ *Jeter de la poudre aux yeux*, chercher à vouloir impressionner les autres. *Il jette sans cesse de la poudre aux yeux de tout le monde, mais ne fait pas grand chose finalement.*

JETEUR, EUSE, ■ n. m. et n. f. [ʒətœr, øz] (*jeter*, dans *jeter un sort*) Personne qui jette un sort. *Une jeteuse de sort lui avait promis qu'il regretterait ces propos.* ■ *Jeteur, jeteuse de poudre aux yeux*, personne qui cherche à impressionner les autres.

JETON, n. m. [ʒ(ə)tɔ̃] (*jeter*) Pièce de métal, d'ivoire, d'os, etc. plate et ordinairement ronde, dont on se servait autrefois pour calculer des sommes. ♦ Pièce de métal, d'ivoire ou d'os dont on se sert pour marquer et compter au jeu. ♦ *Être faux comme un jeton*, avoir un caractère faux. ♦ *Jeton de présence*, jeton de métal que l'on donne, dans certaines sociétés ou compagnies, à chacun des membres qui sont présents, et par extens. honoraire payé pour chaque séance. ♦ Essaim d'abeilles qui quitte la ruche. ■ **Fam.** Coup. *Recevoir un jeton.* ■ **Fam.** *Avoir les jetons*, avoir peur. *Elle refuse de conduire, elle a les jetons de provoquer un accident !* ■ **Fam.** et **péj.** *Un faux jeton*, une personne lâche et hypocrite.

JET-SET, ■ n. f. [dʒɛtsɛt] (mot angl., de *jet*, avion à réaction, et *set*, groupe) Ensemble des propriétaires d'un jet privé susceptibles de se rendre à une fête n'importe où dans le monde. ■ **Par extens.** Ensemble des célébrités mondaines, du show-biz aux hommes d'affaires internationaux, qui sont réputés pour leurs soirées fastueuses. *Appartenir à la jet-set.*

JET-SETTEUR, EUSE, ■ n. m. et n. f. [dʒɛtsetœr, øz] (*jet-set*) Personne qui fait partie d'une jet-set, de la jet-set. *Des jet-setteurs.*

JET-STREAM, ■ n. m. [dʒɛtstrim] (mot angl., de *jet*, jet, et *stream*, courant) **Météorol.** Courant aérien de la tropopause, prenant la forme de tubes horizontaux aplatis et constituant des zones de vent fort ou très fort, courant-jet. *Le jet-stream se trouve toujours dans l'air chaud.* ■ **Rem.** On recommande *courant d'altitude*. ■ Piscine de petite taille animée de jets sous-marins dont on fixe la pression soi-même.

JETTATURA, ■ n. f. [dʒetatura] (*j* se prononce *dj*, et *u* se prononce *ou* ; ital. mérid. *jettatura*, ce que l'on jette, de *gettare*, jeter) Acte de sorcellerie pratiqué par les jeteurs de sort de l'Italie du Sud.

JEU, n. m. [ʒø] (lat. *jocus*, plaisanterie) Action de se livrer à un divertissement, à une récréation. ♦ **Fig.** « *La fourbe n'est le jeu que des petites âmes* », P. Corneille. ♦ *Ce sont jeux de prince qui ne plaisent qu'à ceux qui les font*, ou absol. *ce sont jeux de prince*, ce sont des actes qui causent peine et dommage à autrui. ♦ *Se faire un jeu de quelque chose*, y mettre son plaisir, et en mauvaise part, faire un jouet de. ♦ Action de se jouer. « *Roi cruel ! ce sont là les jeux où tu te plais* », Racine. ♦ *Jeu de la nature*, action de la nature qui produit une chose bizarre, extraordinaire ; la chose même produite par la nature qui semble se jouer. ♦ *Un jeu du hasard*, un effet du hasard. *Jeu de la fortune*, ce qui semble un pur caprice de la fortune. ♦ **Fig.** et **poétiq.** *Les jeux sanglants de Mars*, les combats. ♦ *Jeu de mots*, nom générique de toutes les phrases où l'on abuse de la ressemblance du son des mots. ♦ **N. m. pl.** *Les Jeux*, certaines divinités allégoriques qui sont censées présider à la gaieté, à la joie. ♦ *Le jeu des barres, de colin-maillard, etc.* ♦ *N'être pas du jeu*, ne pas faire partie de la société qui joue à tel ou tel jeu. ♦ *Petits jeux* ou ◁ *jeux de société*, jeux où l'on propose des questions à résoudre et des pénitences à faire. ♦ *Jeux innocents,* jeux où il n'y a ni argent à exposer, ni danger moral d'aucune espèce. ♦ *Jeu d'enfant,* Jeu qui amuse les enfants, chose très facile. ♦ *Jeux de main,* jeux où l'on se donne de petits coups, sans dessein de se faire du mal. *La main chaude est un jeu de main.* ♦ *Jeu de main,* action de lutter, de se porter des coups réciproques en plaisantant. ♦ **Prov.** *Jeux de main, jeux de vilain,* ou au sing. *Jeu de main, jeu de vilain,* les jeux de main ne conviennent qu'à des gens mal élevés, et aussi ils finissent souvent par des querelles. ♦ *Jeux d'esprit,* certains petits jeux qui demandent quelque facilité, quelque agrément d'esprit, et fig. certaines productions d'esprit qui n'ont aucune solidité, comme les énigmes, les bouts rimés, etc. ♦ Amusement soumis à des règles, et auquel on hasarde ordinairement de l'argent. *Jeux de hasard,* jeux dans lesquels le hasard seul décide. *Jeux de calcul et de combinaison,* comme les dames, les échecs, jeux dans lesquels tout dépend de l'habileté du joueur. ♦ ▷ *Jeux de commerce,* jeux de cartes où il y a un banquier. ◁ ♦ *Jeux d'adresse,* le jeu de paume, le jeu de billard, etc. *Jouer le jeu de quelqu'un,* jouer le jeu qu'il lui plaît, et fig. entrer dans ses vues, dans ses intérêts. ♦ *Tenir le jeu de quelqu'un,* jouer pour quelqu'un. ♦ *Mettre au jeu,* déposer son enjeu, et fig. risquer des choses qui intéressent beaucoup. ♦ **Fig.** *Entrer en jeu,* entrer dans une affaire, dans une discussion. ♦ *D'entrée de jeu,* dès le commencement du jeu, et fig. tout d'abord. ♦ *Jouer bon jeu, bon argent,* jouer avec l'intention de payer sur-le-champ. ♦ **Fig.** *Bon jeu, bon argent,* tout de bon, sérieusement, franchement. ♦ **Fig.** *Mettre quelqu'un en jeu,* le citer ou le mêler dans une affaire sans sa participation, à son insu. ♦ *Mettre en jeu,* se dit aussi de choses qu'on fait agir, qu'on emploie. « *Ce qui leur fit mettre en jeu cette feinte* », LA FONTAINE. ♦ *Académie des jeux* ou *jeux publics,* lieu où l'on donne à jouer toutes sortes de jeux. ♦ *Maison de jeu,* maison publique, avouée ou clandestine, montée pour donner à jouer les jeux de hasard. ♦ ▷ *Il y a grand jeu dans cette maison,* il s'y rassemble beaucoup de joueurs. ◁ ♦ *Tenir un jeu,* donner à jouer chez soi ou en public. ♦ *Le jeu,* les règles d'après lesquelles il faut jouer, la manière dont il convient de jouer ou dont une personne joue. *Jouer le jeu.* ♦ *Les cartes qui,* données à chacun des joueurs, lui servent à jouer le coup. ♦ *Je n'ai point de jeu,* je n'ai pas de cartes favorables. ♦ *Donner beau jeu,* donner de bonnes cartes, et fig. présenter à quelqu'un une occasion favorable de réussir en quelque chose. ♦ **Fig.** *Faire voir beau jeu à quelqu'un,* le maltraiter, lui nuire. ♦ **Fig.** *Jouer son jeu,* conduire adroitement, habilement une affaire. ♦ *Cacher son jeu,* prendre soin que l'adversaire ne voie pas les cartes que l'on porte, et fig. dissimuler son habileté. ♦ **Fig.** *Le dessous du jeu,* ce qu'il y a de caché dans une affaire. ♦ Aux jeux de cartes, *avoir le jeu serré,* ne point se hasarder, et fig. agir avec prudence, avec réserve. ♦ *Ce qui sert à jouer à certains jeux. Un jeu d'échecs, de dames.* ♦ *Jeu de cartes,* le nombre de cartes que doit avoir un paquet de cartes. ♦ *Ce que l'on met au jeu. Jouer petit jeu.* ♦ **Fig.** *Jouer gros jeu,* s'engager dans une affaire où l'on court de grands risques. ♦ *Jeu de bourse,* nom générique de toute espèce d'agiotage sur les fonds publics et les autres valeurs cotées à la Bourse. ♦ Au jeu de paume, chacune des divisions de la partie. *Une partie de quatre jeux. Être à deux de jeu,* avoir gagné chacun deux jeux, et fig. n'avoir point d'avantage l'un sur l'autre ; et aussi s'être rendu réciproquement de mauvais services. ♦ *Un jeu,* un lieu où l'on joue à certains jeux. *Un jeu de boule.* ♦ **N. m. pl.** Chez les Anciens, *les jeux,* nom générique des courses, des luttes, des combats de gladiateurs, etc. *Les jeux olympiques. Les jeux du cirque.* ♦ **Poétiq.** *Les jeux de la scène,* les représentations théâtrales. ♦ La façon de faire des armes. *Savoir le jeu de quelqu'un,* connaître les coups dont il se sert le plus habituellement, et fig. connaître sa manière d'agir. ♦ Manière de jouer d'un instrument de musique. ♦ *Jeu d'orgue,* orgue. *Le jeu de voix humaine, le jeu de flûtes,* etc., registres de l'orgue. *Le plein jeu,* ce qui sert dans l'orgue à produire des sons plus forts. ♦ Manière dont un comédien remplit ses rôles. ♦ **Fig.** *C'est un jeu joué,* se dit d'une feinte concertée entre deux ou plusieurs personnes. ♦ Différentes expressions que prend la physionomie. ♦ *Le jeu de la lumière,* les différents reflets que présente un corps éclairé. En parlant des ouvrages d'art, facilité à se mouvoir. *Donnez du jeu à cette porte.* ♦ **Peint.** *Il y a du jeu dans cette composition,* les objets n'y sont point entassés. ♦ *Jeu de piston,* espace que parcourt, à chaque coup, le piston dans son corps de pompe. ♦ Action d'un ressort. ♦ Action régulière et combinée des diverses parties d'une machine. *Le jeu de la machine politique.* ♦ *En jeu,* en action. *Des forces en jeu.* ♦ *Jeu d'eau,* diversité de formes des jets d'eau dont on varie les ajutages. ♦ *Jeu d'eau,* jets qui, par le mouvement de l'eau, font jouer des instruments, des machines. ♦ *Jeu de voiles,* l'appareil complet de toutes les voiles d'un vaisseau. ♦ **Prov.** *Les fautes sont faites pour le jeu,* toutes choses n'ont pas les règles qu'il faut observer. ♦ *Le jeu ne vaut pas la chandelle,* Voy. CHANDELLE. ■ **Sp.** Chacune des parties d'une manche, au tennis. *Il mène 4 jeux à zéro dans le premier set.* ■ REM. Une manche, ou set, au tennis se remporte en six jeux gagnants au minimum et avec deux jeux de plus que l'adversaire. ♦ *Jeu de rôle,* Jeu de simulation, sans perdant ni vainqueur, dans lequel chaque joueur interprète le rôle d'un des personnages vivant dans une même aventure prédéfinie. ♦ *Jeu d'écritures,* façon d'enregistrer des dépenses et des recettes sans réel mouvement de fonds. ■ Ensemble d'objets de même nature. *Un jeu de clés.* ♦ **Fam.** *Être vieux jeu,* démodé.

JEUDI, n. m. [ʒødi] (lat. *Jovis dies,* jour de Jupiter) Le cinquième jour de la semaine. ♦ *Jeudi gras,* le jeudi qui précède le mardi gras. ♦ *Jeudi saint* ou *jeudi absolu* ▷, ◁ ou *jeudi de l'absoute,* ▷ ◁ le jeudi de la semaine sainte. ♦ **Pop.Prov.** *La semaine des trois jeudis,* c'est-à-dire jamais. ■ REM. On dit auj. : *La semaine des quatre jeudis.*

JEUN (À), loc. adv. [ʒœ] ou [ʒɛ̃] (lat. *jejunus*) Sans avoir rien mangé de la journée. ♦ Dans le langage de l'Église, *être à jeun,* n'avoir ni bu ni mangé depuis minuit. ■ **Par extens.** Sans avoir mangé depuis un certain temps. *Il faut être à jeun pour faire votre prise de sang.*

JEUNE, adj. [ʒœn] (lat. vulg. *jovenis,* du lat. *juvenis,* jeune homme, jeune fille) Qui n'est guère avancé en âge. *Un homme, un chien, un chêne jeune.* ♦ *Jeunes gens,* les personnes qui sont dans la jeunesse. ♦ **N. m. et n. f.** *Faire le jeune, la jeune,* affecter des manières qui ne conviennent qu'à la jeunesse. ♦ Qui n'est pas assez avancé en âge pour remplir certains offices. ♦ Qui appartient à la jeunesse. *Un visage jeune.* ♦ *Le jeune âge,* l'âge où l'on est jeune. ♦ **Fig.** *Jeune* se dit de choses morales et intellectuelles. « *De ses jeunes erreurs désormais revenu* », RACINE. ♦ Cadet, par opposition à aîné, à ancien. *Pline le Jeune.* ♦ **Par extens.** Qui conserve quelque chose de la vivacité et de l'agrément de la jeunesse. *Cet homme est toujours jeune.* ♦ *Avoir la voix, le visage jeune.* ♦ *Avoir les goûts jeunes,* conserver, dans un âge avancé, des inclinations de la jeunesse. ♦ Qui n'a point encore l'esprit mûri par l'expérience. ♦ **Fam.** et ironiq. Naïf, simple. ♦ **N. m.** *Les jeunes,* les hommes peu avancés en âge. ♦ ▷ *Jeunes de langue,* jeunes gens entretenus en France par l'État pour apprendre les langues orientales et devenir drogmans. ◁ ♦ ▷ **Prov.** *Jeune procureur et vieil avocat,* un procureur doit être actif et un avocat réfléchi. On dit de même : *Vieux médecin, jeune chirurgien.* ◁ ♦ ▷ *Jeune chair, vieux poisson,* il faut manger les animaux de boucherie, la volaille, le gibier jeune et les poissons vieux. ◁ ■ **Adj.** Qui existe depuis peu de temps, récent. *Un pays jeune.* ♦ Composé de jeunes gens. *Un public jeune.* ■ **Adv.** À la manière des jeunes. *S'habiller jeune.* ♦ **Fam.** *C'est un peu jeune,* c'est insuffisant.

JEÛNE, n. m. [ʒøn] (*jeûner*) Abstinence d'aliments. ♦ **Fig.** Toute espèce de privation. *Ne pas pouvoir lire est un véritable jeûne pour l'esprit.* ♦ Pratique religieuse qui consiste à s'abstenir d'aliments par mortification. *Le jeûne des catholiques consiste à s'abstenir de viande en ne faisant qu'un repas dans toute la journée.*

JEUNEMENT, adv. [ʒœn(ə)mã] (*jeune*) ▷ En jeune homme. *Agir un peu jeunement.* ◁ ♦ *Cerf de dix cors jeunement,* cerf qui a pris depuis peu cinq andouillers de chaque côté.

JEÛNER ou **JEUNER,** v. intr. [ʒøne] (lat. chrét. *jejunare,* faire abstinence) Manger moins qu'il ne faut, ou même point du tout, soit volontairement, soit par force. ♦ **Fig.** S'abstenir ou être privé de. ♦ S'abstenir d'aliments ou de certains aliments par esprit de dévotion.

JEUNESSE, n. f. [ʒønɛs] (*jeune*) Temps de la vie entre l'enfance et l'âge adulte. ♦ État d'une personne jeune. « *J'admire ton courage et je plains ta jeunesse* », P. CORNEILLE. ♦ **Fam.** *De jeunesse,* dès la jeunesse. ♦ *Avoir un air de jeunesse,* paraître encore jeune, quoique l'on soit déjà d'un certain âge. ♦ **Fig.** Air de jeunesse. « *La jeunesse en sa fleur brille sur son visage* », BOILEAU. ♦ *Seconde jeunesse,* l'âge mûr chez les personnes qui ont conservé les goûts et les passions de la jeunesse. ♦ **Fig.** *Jeunesse* se dit des qualités intellectuelles qui se conservent même dans un âge avancé. *La jeunesse d'esprit, d'imagination, de cœur.* ♦ *La jeunesse du monde,* les temps voisins de l'origine des choses. ♦ **Collectivement,** ceux qui sont dans l'âge de la jeunesse. ♦ Une personne jeune, et surtout une jeune fille. *Une jeunesse.* ♦ *Jeunesse* se dit aussi des animaux, des arbres, du vin, de l'eau-de-vie, etc. ♦ ▷ Acte de jeune homme, imprudence, légèreté. « *Mais qui n'a eu ses jeunesses ?* », BALZAC. ◁ ♦ **Prov.** *La jeunesse revient de loin,* les personnes jeunes reviennent de maladies dangereuses ou de grands égarements. ♦ *Si jeunesse savait et vieillesse pouvait,* c'est-à-dire si la jeunesse avait de l'expérience, et que la vieillesse eût de la force. ♦ *Il faut que jeunesse se passe,* se dit pour excuser les fautes des jeunes gens. ■ **N. f. pl.** Nom porté par un mouvement rassemblant des jeunes. *Les Jeunesses musicales de France.*

JEUNET, ETTE, adj. [ʒønɛ, ɛt] (dim. de *jeune*) Tout jeune.

JEÛNEUR, EUSE ou **JEUNEUR, EUSE,** n. m. et n. f. [ʒønœr, øz] (*jeûner*) Celui, celle qui jeûne.

JEUNISME, n. m. [ʒønism] (*jeune*) Attitude hostile à la jeunesse. ■ Idéologie qui exalte la jeunesse.

JEUNOT, OTTE, adj. [ʒøno, ɔt] (dim. de *jeune*) **Fam.** Très jeune. ■ **N. m.** **Fam.** Jeune. *Un p'tit jeunot.*

JIGGER, n. m. [dʒigœr] (mot angl., de *to jig,* secouer) **Techn.** Appareil permettant le passage d'un tissu dans des bacs de teinture ou de lavage différents. ♦ **Électr.** Dispositif permettant un accord fréquentiel précis entre les stations d'émission et de réception, circuit oscillant.

JIHAD, ■ n. m. [dʒiad] Voy. DJIHAD.

JINGLE, ■ n. m. [dʒiŋgœl] (mot angl., son de cloche) Motif musical accrocheur, très court, utilisé à la radio, à la télévision ou dans une publicité, pour introduire un slogan. *Les jingles conditionnent l'auditeur, qui identifie la source du motif sonore.* ■ REM. Recommandation officielle : *sonal.*

JINISME, ■ n. m. [ʒinism] Voy. JAÏNISME.

JIU-JITSU, ■ n. m. [ʒjyʒitsy] Voy. JUJITSU.

JOAILLERIE, n. f. [ʒɔaj(ə)ʀi] (*joaillier*) Art, métier, commerce de joaillier. ♦ Marchandises qui consistent en joyaux, en pierreries, etc. *Des articles de joaillerie.*

JOAILLIER, IÈRE ou **JOAILLER, ÈRE**, n. m. et n. f. [ʒɔaje, ɛʀ] (anc. fr. *joiel*, joyau) Celui, celle qui travaille en joyaux, ou dont la profession est d'en vendre. ♦ Adj. *Marchand joaillier.*

JOB, ■ n. m. [dʒɔb] (mot angl.) Fam. Emploi rémunéré qui est davantage considéré comme un travail d'appoint que comme un véritable métier. *On lui a proposé un petit boulot, un job pour l'été. Un job étudiant.* ■ **Fam.** Emploi rémunéré. *C'est un job pas facile, mais passionnant.*

JOBARD, ARDE, ■ n. m. et n. f. [ʒɔbaʀ, aʀd] (*job*, niais, sot, de *Job*, personnage biblique) Fam. Naïf, très crédule. *Passer pour un jobard.* ■ Adj. *Avoir un air jobard.*

JOBARDER, ■ v. intr. [ʒɔbaʀde] (*jobard*) Fam. Duper, tromper. *Il s'est bien fait jobarder.* ■ **JOBARDERIE** ou **JOBARDISE**, n. f. [ʒɔbaʀdəʀi, ʒɔbaʀdiz] Niaiserie « *Ce gros garçon plein de jactance et de jobardise, la joue vaste, [...] coiffé d'un absurde chapeau à plumes [...], comment a-t-il pu gagner le cœur d'Étienne?* », TOURNIER.

JOBELIN, ■ n. m. [ʒɔb(ə)lɛ̃] (*job*, niais, sot) Jargon du XVe siècle utilisé pour tromper la police.

JOBINE, ■ n. f. [ʒɔbin] (*job*) Québec Travail temporaire, de courte durée.

JOBISTE, ■ n. m. et n. f. [dʒɔbist] (*job*) Personne qui occupe un job, un travail d'appoint. *Un jobiste sur deux travaille moins d'un mois par an.* ■ Adj. *Un étudiant jobiste.*

JOCISTE, ■ adj. [ʒɔsist] (*JOC*, sigle de *Jeunesse ouvrière chrétienne*) Relatif à la JOC. *Le mouvement jociste.* ■ N. m. et n. f. *Les jocistes.*

JOCKEY, n. m. [ʒɔkɛ] (mot anglais, de *Jock*, var. dial. de *Jack*) Jeune domestique chargé surtout de conduire la voiture en postillon. ♦ Ceux qui montent les chevaux dans les courses.

JOCKO, n. m. [ʒɔko] (*nshiego*, *ncheko*, chimpanzé, mot d'une langue d'Afrique) Espèce de singe.

JOCRISSE, n. m. [ʒɔkʀis] (prob. altération du moy. fr. *joque sus*, homme mou, sans force, de *joquier*, attendre, et *sus*, dessus) Benêt se laissant gouverner, ou s'occupant des soins du ménage qui conviennent le moins à un homme. ♦ Valet niais et maladroit.

JODHPUR, ■ n. m. [ʒɔdpyʀ] (angl. *Jodhpur breeches*, pantalons de *Jodhpur*, ville du Rajasthan) Pantalon d'équitation, importé des anciennes colonies de l'Inde par les officiers anglais, bouffant au niveau des cuisses, serré des genoux jusqu'aux chevilles et qui se porte sans bottes. ■ Pantalon ayant cette forme.

JODLER, ■ v. intr. [ʒɔdle] Voy. IODLER.

JOGGER, ■ v. intr. [dʒɔge] (rad. de *jogging*) Faire du jogging.

JOGGEUR, EUSE, ■ n. m. et n. f. [dʒɔgœʀ, øz] (*jogger*) Personne qui fait du jogging. ■ N. m. Chaussure basse en matière souple et à semelle épaisse.

JOGGING, ■ n. m. [dʒɔgiŋ] (angl. *to jog*, remuer) Course à pied, à allure faible ou modérée, se pratiquant par plaisir, seul ou à plusieurs. *Faire du jogging.* ■ Vêtement de sport en toile légère et souple, composé d'un sweat et d'un pantalon à élastique à la taille et aux chevilles. *Mettre un jogging.*

JOHANNIQUE, ■ adj. [ʒɔanik] (*Johannes*, nom lat. de *Jean*) Relatif à saint Jean, disciple de Jésus. *Les écrits johanniques.* ■ Relatif à Jeanne d'Arc. *Les fêtes johanniques du mois de mai.*

JOIE, n. f. [ʒwa] (lat. *gaudia*, plur. de *gaudium*, satisfaction, joie) Plaisir de l'âme. ♦ ▷ *Que le ciel vous tienne en joie! Que la joie soit avec vous!* anciens souhaits de politesse. ◁ ♦ *Cris de joie*, cris que l'on pousse dans un transport de joie. ◁ ♦ *Avoir la joie au cœur*, en jouir. ♦ ▷ *Être à la joie de son cœur, être dans la joie de son cœur*, être transporté de joie. ◁ ♦ *Faire la joie de quelqu'un*, être pour lui un grand sujet de joie. ♦ ▷ *Se donner au cœur joie* ou *à cœur joie de quelque chose*, en jouir pleinement, s'en rassasier. ◁ ♦ On dit de même : *S'en donner à cœur joie.* ♦ *Feu de joie*, Voy. FEU. ♦ Au pl. Plaisirs, jouissances. *Les joies maternelles.* « *Les joies tempérées* », PASCAL. ♦ Gaieté, humeur gaie. *La joie bruyante des convives.* ♦ *Aimer la joie*, aimer les plaisirs. ■ *Se faire une joie de*, se réjouir à l'idée de. *Quel dommage que vous ne veniez pas, mon père se faisait une joie de vous rencontrer.* ■ Au pl. **Ironiq.**

Inconvénients, désagréments. *Les joies de la vie à la campagne.* ■ *Avec joie*, avec plaisir. *J'accepte avec joie votre invitation.* ■ **Fam.** *C'est pas la joie*, se dit à propos d'une situation pleine de désagréments. *Ses notes au premier trimestre, c'est pas la joie.* ■ REM. Graphie ancienne : *à cœur-joie.*

JOIGNABLE, ■ adj. [ʒwaɲabl] ou [ʒwaɲabl] (radic. du p. prés. de *joindre*) Que l'on peut joindre. *Il ne sera pas joignable durant la première quinzaine de mai. Grâce à son téléphone portable, il est toujours joignable.*

JOIGNANT, ANTE, adj. [ʒwaɲɑ̃, ɑ̃t] ou [ʒwaɲɑ̃, ɑ̃t] (p. prés. de *joindre*) Qui est joint à, contigu. *Maison joignante à la mienne.* ♦ Sans la préposition *à*. *Un champ joignant la prairie.* ♦ ▷ Prép. Tout proche. « *Tout joignant cette pierre* », LA FONTAINE. ◁

JOINDRE, v. tr. [ʒwɛ̃dʀ] (lat. *jungere*, atteler, unir) Mettre des choses l'une à côté de l'autre, en sorte qu'elles se touchent ou qu'elles tiennent ensemble. ♦ *Joindre deux fleuves*, les faire communiquer par un canal. ♦ Fig. « *Votre hymen est le nœud qui joindra les deux mondes* », VOLTAIRE. ♦ *Joindre les mains*, approcher les deux mains en sorte qu'elles se touchent en dedans. ♦ Mettre une chose avec une autre. ♦ Dr. *Joindre deux causes*, un incident à l'instance principale. ♦ Gramm. *Joindre un mot à un autre, avec un autre*, les unir selon la syntaxe. ♦ Ajouter. *Joignez à cela que*, etc. ♦ Fig. Unir, allier. *Joindre la sagesse à* ou *avec la beauté.* ♦ *Joindre*, en parlant des personnes, les associer, les unir par un lien moral. « *Un ami, qui m'est joint d'une amitié fort tendre* », MOLIÈRE. ♦ ▷ Se réunir à, en parlant de troupes qui font leur jonction. *Le régiment a joint sa division.* ◁ ♦ Mar. *Joindre un navire*, l'atteindre en le chassant, ou quand on cherche à le rallier. ♦ Atteindre, attraper. ♦ ▷ S'approcher de quelqu'un pour se réunir à lui. « *Il vous quitte brusquement pour joindre un seigneur* », LA BRUYÈRE. ◁ ♦ *Joindre quelqu'un*, parvenir à le trouver et à lui parler. ♦ Être joignant, contigu. *Une cabane qui joignait les murs du parc.* ♦ V. intr. Se toucher sans laisser d'interstices. *Ces planches ne joignent pas.* ♦ Se joindre, v. pr. Être joint. « *À cette amabilité se joignait le plus grand sens* », MARMONTEL. ♦ Se réunir à, en parlant de personnes. « *Je me joins avec vous contre cet insensé* », P. CORNEILLE. ♦ S'associer, s'unir. ♦ Se rencontrer en se cherchant l'un à l'autre. ♦ S'accoupler. ■ Fig. *Joindre les deux bouts*, ne pas manquer d'argent entre deux versements de salaire ; par extens., ne pas manquer d'argent. *Comment joindre les deux bouts lorsqu'on est étudiant?* ♦ *Joindre l'utile à l'agréable*, allier travail et plaisir. *Vivre de sa passion permet de joindre l'utile à l'agréable.*

1 JOINT, n. m. [ʒwɛ̃] (2 *joint*) L'endroit où deux os se joignent, articulation. *Le joint de l'épaule. Trouver le joint en découpant une volaille.* ♦ Fig. et fam. *Trouver le joint*, trouver la meilleure façon de prendre une affaire. ♦ Endroit où se joignent des pierres, des pièces de menuiserie. ■ Espace entre deux éléments contigus. *Remplir un joint avec du mortier.* ■ Méc. Dispositif qui assure l'articulation de deux pièces. ■ Pièce ou matériau que l'on intercale entre deux éléments pour assurer l'étanchéité de l'ensemble. *Un joint de robinet.*

2 JOINT, OINTE, p. p. de joindre. [ʒwɛ̃, wɛ̃t] *À mains jointes*, en appliquant le dedans des mains l'une contre l'autre, en signe de supplication. ♦ *À pieds joints*, en rapprochant sur la même ligne les deux pieds. *Sauter à pieds joints.* ♦ *Ci-joint*, *joint ici* ou *joint à ceci*, en parlant d'un écrit, d'une pièce qu'on joint à une lettre, à un mémoire, etc. *La copie ci-jointe. Vous trouverez ci-joint copie de ce que vous demandez. Vous trouverez ci-jointe la copie* ou *une copie de l'acte.* ♦ Quand *ci-joint* commence la phrase, il est toujours invariable. *Ci-joint quittance.* ♦ ▷ JOINT QUE, loc. conj. Ajoutez que, outre que. ♦ ▷ On dit aussi : *Joint à ce que, joint à cela que.* ◁ ■ Qui est joint. *Deux pièces jointes.* ◁

3 JOINT, ■ n. m. [ʒwɛ̃] (mot arg. amér., lieu de rencontres clandestines, du *joint*, point de jonction) Fam. Cigarette de haschisch. *Fumer un joint.*

JOINTÉ, ÉE, adj. [ʒwɛ̃te] (anc. fr. *jointe*, articulation) *Cheval long-jointé*, cheval dont les paturons sont allongés. ♦ *Cheval court-jointé*, cheval dont les paturons sont courts.

JOINTÉE, n. f. [ʒwɛ̃te] (fém. substantivé de 2 *joint*) ▷ Autant qu'il peut être contenu dans le creux des deux mains jointes. *Une jointée d'orge.* ◁ ■ Est encore en usage au Québec.

JOINTIF, IVE, adj. [ʒwɛ̃tif, iv] (anc. fr. *jointis*, bien joint) Archit. et menuis. Qui est joint. *Lattes jointives*, celles qui se touchent l'une l'autre, dans une couverture, dans un plafond. ■ N. f. pl. *Les jointives*, les cloisons dont les planches sont brutes, non assemblées, seulement posées près les unes des autres.

JOINTOIEMENT, n. m. [ʒwɛ̃twamɑ̃] (*jointoyer*) Action de jointoyer.

JOINTOYÉ, ÉE, p. p. de jointoyer. [ʒwɛ̃twaje]

JOINTOYER, ■ v. tr. [ʒwɛ̃twaje] (2 *joint*) Remplir les joints des pierres avec du mortier ou du plâtre. *Jointoyer un mur.*

JOINTURE, n. f. [ʒwɛ̃tyʀ] (lat. *junctura*, assemblage) Endroit où les os se joignent. ♦ Endroit où se joignent des pierres, des planches. ♦ Vétér. La jointure longue ou courte caractérise le cheval long-jointé ou court-jointé.

JOINT-VENTURE, ■ n. f. [dʒɔjntvɛntʃœʀ] (mot angl., de *joint*, en commun, et *venture*, entreprise) Association de deux ou plusieurs personnes morales ou physiques pour un projet particulier. ■ Rᴇᴍ. Recomm. offic. *coentreprise*.

1 **JOJO**, ■ adj. [ʒɔʒo] (redoubl. de la première syllabe de *joli*) Fam. Joli. *Je la trouve plutôt jojo.* ■ Rᴇᴍ. S'emploie surtout en tournure négative. *Pas jojo, ses dessins!* ■ Par extens. *L'ambiance au bureau, c'est pas jojo en ce moment.*

2 **JOJO**, ■ n. m. [ʒɔʒo] (*Jojo*, personnage du dessinateur Ami) Fam. et péj. Individu auquel on ne peut accorder aucun crédit. *Elle a rencontré un drôle de jojo. Un affreux jojo.*

JOJOBA, ■ n. m. [ʒɔʒoba] (mot esp. du Mexique) Petit arbuste qui pousse dans les régions semi-désertiques du Mexique, du sud de l'Arizona et de Californie dont on utilise les graines en pharmacie et en cosmétologie ; les graines de cet arbuste. *Huile vierge de jojoba. Crème protectrice au jojoba.*

JOKER, ■ n. m. [ʒɔkɛʀ] ou [dʒɔkɛʀ] (mot angl., de *to joke*, plaisanter) Carte à jouer pouvant prendre la valeur que désire lui attribuer son détenteur. ■ Fig. *Donner son joker*, refuser de répondre à une question embarrassante. ■ Fig. *Sortir son joker*, faire apparaître ou utiliser un élément inattendu en ultime recours pour se tirer d'une situation délicate.

JOKEUR, EUSE, ■ n. m. et n. f. [ʒɔkœʀ, øz] (angl. *joke*, plaisanterie) Québec Personne qui aime faire des blagues, des farces.

JOLI, IE, adj. [ʒɔli] (prob. a. scand. *jôl*, grande fête païenne du milieu de l'hiver) ▷ Qui marque la vivacité, l'esprit, la gaieté. « *Il était de la plus jolie humeur du monde* », Hᴀᴍɪʟᴛᴏɴ. ◁ ♦ Agréable. *La plus jolie chose du monde.* ♦ Ironiq. et pop. *Il est joli garçon*, se dit d'un homme qui s'est enivré, ou qui a été battu, ou qui est en mauvais état. ♦ Qui plaît par la gentillesse, sans avoir une beauté régulière et complète. ♦ Fam. *Un joli cœur*, un homme qui fait l'agréable. *Faire le joli cœur.* ♦ Qui plaît, agréable, en parlant des choses ou des animaux. *De jolis yeux. Un joli cheval.* ♦ *De jolies choses*, des traits d'esprit pleins d'agrément. ♦ Ironiq. *De jolies choses*, des choses très désavantageuses. ♦ Fam. *Le tour est joli*, un tour plaisant, ou en un autre sens, c'est un méchant tour. ♦ Qui donne agrément, aisance. *Avoir une jolie place.* ♦ Ironiq. et fam. Déplaisant, ridicule, digne de blâme, en parlant des personnes ou des choses. *Vous êtes joli de me parler de la sorte.* ♦ N. m. Ce qui est joli. *Le beau est au-dessus du joli.* ♦ Fam. *Le joli de l'affaire est que...* le plaisant de l'affaire est que... ■ Ironiq. et fam. *C'est du joli!* C'est mal. ■ *C'est bien joli, mais...*, se dit pour montrer son agacement devant une situation que l'on juge non satisfaisante. ■ Interj. *Joli!*, marque l'admiration à l'égard de quelqu'un qui vient de réussir un beau coup. ■ *Mon joli, ma jolie*, terme d'affection. *Allez mes jolis, vite au lit.*

JOLIESSE, ■ n. f. [ʒɔljɛs] (*joli*) Litt. Qualité d'une personne jolie. *La joliesse de la danseuse faisait l'admiration de tous les convives.* ♦ Caractère de ce qui est joli. « *Attiré par la joliesse de la reliure, nul doute qu'il le prendrait et essayerait de le lire* », Dᴀɴɪᴇʟ-Rᴏᴘs. « *La séduction de la joliesse et de la jeunesse qui nous grise comme ferait le vin* », Mᴀᴜᴘᴀssᴀɴᴛ.

JOLIET, ETTE, adj. [ʒɔljɛ, ɛt] (*joli*) Diminutif de *joli*. « *La nymphe joliette* », Lᴀ Fᴏɴᴛᴀɪɴᴇ.

JOLIMENT, adv. [ʒɔlimɑ̃] (*joli*) D'une manière agréable, satisfaisante. « *Votre enfant tiendra joliment sa place* », Mᴍᴇ ᴅᴇ Sᴇ́ᴠɪɢɴᴇ́. ♦ D'une manière jolie. *Il danse joliment.* ♦ Ironiq. *J'ai joliment arrangé le drôle.* ♦ Fam. Beaucoup, extrêmement. *Nous avons été joliment téméraires.* ♦ Fam. Très mal ou point du tout. *Vous avez été bien traité. - Oui, joliment!*

JOLIVETÉ, n. f. [ʒɔliv(ə)te] (anc. fr. *jolif*, joli) ▷ Trait d'esprit. « *Mille jolivetés qui dans l'esprit me viennent* », Tʜ. Cᴏʀɴᴇɪʟʟᴇ. ♦ Petit bijou, petit ouvrage qui n'a pas ou qui a peu d'utilité. ♦ Gentillesses d'un enfant. ◁

JOMON, ■ adj. [ʒɔmɔ̃] (mot jap., empreinte de corde, fournissant un motif caractéristique des poteries de cette période) Période de la préhistoire au Japon, située entre 8000 et 300 av. J.-C., au cours de laquelle les tribus se sont sédentarisées. *La période ou l'ère jomon est l'une des quatorze subdivisions qui constituent l'histoire du Japon.*

1 **JONC**, ■ n. m. [ʒɔ̃] (lat. *juncus*) Genre de plantes droites et flexibles qui sert de type à la famille des joncacées. ♦ Absol. Canne de jonc. ◁ ▷ Fam. *Être droit comme un jonc*, avoir la taille bien droite. ◁ ♦ *Jonc d'Espagne*, le genêt d'Espagne.

2 **JONC**, n. m. [ʒɔ̃] (1 *jonc*) Espèce de bague dont le cercle est égal partout. *Un jonc d'argent.*

JONCACÉES ou **JONCÉES**, n. f. pl. [ʒɔ̃kase, ʒɔ̃se] (1 *jonc*) Famille de plantes monocotylédones, dont le jonc est le type.

JONCHAIE ou **JONCHERAIE**, n. f. [ʒɔ̃ʃɛ, ʒɔ̃ʃ(ə)ʀɛ] (1 *jonc*) Lieu rempli de joncs.

JONCHÉ, ÉE, p. p. de joncher. [ʒɔ̃ʃe]

JONCHÉE, n. f. [ʒɔ̃ʃe] (selon le sens, *joncher*; ou [fromage] *jonc*) Grande quantité d'herbes, de fleurs et de branchages qu'on répand dans les rues, les églises, etc. pour quelque solennité. ♦ Fig. Abattis, carnage. « *La principale jonchée Fut donc des principaux rats* », Lᴀ Fᴏɴᴛᴀɪɴᴇ. ♦ Petit fromage fait dans un panier de jonc. ■ Grande quantité d'objets éparpillés au sol. *Il y avait une jonchée de vêtements au pied de son lit.*

JONCHEMENT, n. m. [ʒɔ̃ʃ(ə)mɑ̃] (*joncher*) Action de joncher.

JONCHER, v. tr. [ʒɔ̃ʃe] (*jonc*) Parsemer de jonc et par extens. de toutes sortes de feuilles, de branches. *On joncha les rues d'herbes et de verdure.* ♦ Étendre çà et là sur le sol en grande quantité. *Le champ de bataille était jonché de morts.* ♦ Se joncher, v. pr. Être jonché.

JONCHERAIE, ■ n. f. [ʒɔ̃ʃ(ə)ʀɛ] Voy. JONCHAIE.

JONCHÈRE, n. f. [ʒɔ̃ʃɛʀ] (1 *jonc*) Lieu couvert de joncs.

JONCHET, n. m. [ʒɔ̃ʃɛ] (dim. de 1 *jonc*) Nom de fiches longues et menues, dont quelques-unes portent des figures ; on fait tomber ces fiches pêle-mêle sur une table, et avec de petits crochets il faut tirer le plus de fiches que l'on peut, sans en faire remuer aucune autre. *Jouer aux jonchets.* ♦ Quelques-uns disent par altération *honchets*.

JONCTION, n. f. [ʒɔ̃ksjɔ̃] (lat. *junctio*) Action de joindre ; résultat de cette action. *La jonction de deux chemins, de deux mers.* ♦ Dr. *Jonction d'instance*, action de joindre deux instances entre lesquelles il y a connexité ; action de réunir une demande incidente à une demande principale. ♦ Action de se joindre, en parlant de corps de troupes. ■ Endroit où deux choses se joignent. *À la jonction des deux chemins.* ■ Électron. Mise en contact de deux semi-conducteurs de type différent.

JONGLAGE, ■ n. m. [ʒɔ̃glaʒ] (*jongler*) Art de jongler. *Exercices de jonglage. Balles de jonglage.*

JONGLER, v. intr. [ʒɔ̃gle] (lat. *joculari*, dire des plaisanteries ; infl. de l'anc. fr. *jangler*, bavarder) Faire des tours de passe-passe, des tours d'adresse. ♦ Faire sauter plusieurs boules ou autres objets qui s'entrecroisent en passant d'une main dans l'autre. ■ Fig. Se conduire en jongleur. ■ Fig. Manier avec habileté. *Jongler avec les mots.* ■ Fig. Prendre en compte différents éléments en n'en délaissant aucun. *Elle doit jongler avec son travail, sa vie familiale et ses activités au sein de l'association.*

JONGLERIE, ■ n. f. [ʒɔ̃gləʀi] (*jongler*) Tour de passe-passe et de prestige. ♦ Fig. Toute fausse apparence ayant pour but de tromper, d'en imposer. *Je ne suis pas la dupe de ses jongleries.*

JONGLEUR, n. m. [ʒɔ̃glœʀ] (lat. *joculator*, railleur, bon plaisant, croisé avec l'anc. fr. *jangler*, bavarder) Ménestrel qui chantait et souvent composait des poèmes, des chansons, des fabliaux. ♦ N. m. et n. f. Par extens. Joueur, joueuse de tours de passe-passe, bateleur, bateleuse qui joue avec des boules, avec des cercles qu'il lance en l'air. ♦ Fig. Celui qui cherche à en imposer par de fausses apparences. ■ Rᴇᴍ. Il ne s'employait autrefois au féminin que dans le sens figuré.

JONQUE, n. f. [ʒɔ̃k] (port. *junco*, du malais *djong*, grande embarcation à proue recourbée) Sorte de vaisseau fort en usage dans les Indes et à la Chine. ■ Rᴇᴍ. *Les Indes* était le nom donné aux colonies britanniques de l'Inde. La jonque est utilisée en Extrême-Orient.

JONQUILLE, n. f. [ʒɔ̃kij] (esp. *junquillo*, de *junco*, jonc) Plante du genre des narcisses que l'on cultive dans les jardins. ♦ La fleur de cette plante. ♦ N. m. *Le jonquille*, couleur composée avec du blanc et du jaune. ■ Adj. inv. De la couleur jaune de la jonquille. *Des rideaux jonquille.*

JORDANIEN, IENNE, ■ adj. [ʒɔʀdanjɛ̃, jɛn] (*Jordanie*, nom d'un État du Proche-Orient) Relatif à la Jordanie. *Les autorités jordaniennes.* ■ N. m. et n. f. *Un Jordanien, une Jordanienne.*

JORURI, ■ n. m. [ʒɔʀyʀi] (jap. *Jorari*, héroïne d'un poème du XVIᵉ s. qui raconte ses amours avec Yoshitsune) Art traditionnel de la récitation associée au chant qui s'est développé au XIVᵉ siècle au Japon et qui est à l'origine du bunraku.

JOSEPH, adj. inv. [ʒozɛf] (*Joseph* [Montgolfier], 1740-1810, inventeur de ce papier) *Papier joseph*, sorte de papier mince et transparent. ♦ *Coton joseph*, espèce de coton filé.

JOSÉPHISME, ■ n. m. [ʒozefism] (*Joseph II*, 1741-1790, empereur germanique) Hist. Politique mise en place par Joseph II, prônant un contrôle accru du pouvoir temporel sur l'Église. ■ JOSÉPHISTE, adj. ou n. m. et n. f. [ʒozefist]

1 **JOTA**, ■ n. f. [ʒɔta] (mot esp., altération de *sota*, danse, ou empr. à l'ar. *satha*, danse) Danse traditionnelle originaire de l'Aragon caractérisée par un rythme à trois temps et au cours de laquelle les danseurs en couple jouent des castagnettes. ■ Chant qui accompagne cette danse.

2 JOTA, ■ n. f. [xota] ou [ʒɔta] (mot esp., du lat. *iota*, qui désigne la neuvième lettre de l'alphabet grec) Consonne fricative vélaire correspondant à la prononciation du *j* espagnol.

JOTTEREAU, ■ n. m. [ʒɔt(ə)ʀo] (prob. provenç. *gauteiras*, barres, barreaux ou tasseaux qui soutiennent la hune, de *gauta*, mâchoire) **Mar.** Chacune des pièces de bois ou de tôle chevillées sur le côté d'un bas-mât servant de support aux pièces qui reçoivent les barres traversières et la hune.

JOUABLE, adj. [ʒwabl] (*jouer*) Qui peut être joué, au théâtre. ♦ **Mus.** *Ce morceau n'est pas jouable*, il est trop difficile. ♦ **Fig.** Qui peut être tenté avec des chances de réussite. *Le coup est jouable.* ♦ **Inform.** *Version jouable*, version de démonstration d'un jeu vidéo qui permet de jouer.

JOUAIL, n. m. [ʒwaj] (*joug*) ▷ **Mar.** Syn. de jas. ◁

JOUAILLER, v. intr. [ʒwaje] (*jouer*) ▷ **Fam.** Jouer petit jeu et seulement pour s'amuser. ♦ Jouer médiocrement de quelque instrument de musique. ◁

JOUAL, ■ n. m. [ʒwal] (prononc. pop. de *cheval* au Québec) Variété du français québécois, déformé dans ses traits phonétiques et lexicaux et fortement anglicisé. ■ **Rem.** Rare au pluriel : *des jouals.*

JOUASSE, adj. [ʒwas] (*joie*) **Fam.** Qui procure de la joie, où règne la joie. ■ **Rem.** S'emploie surtout en contexte négatif. *Pas très jouasse la situation des jeunes aujourd'hui.* ♦ Heureux, satisfait. *Avoir l'air jouasse.* « *Depuis une semaine, il avait trouvé une combine formid qui le rendait vachement jouasse* », Delpech.

JOUBARBE, n. f. [ʒubaʀb] (lat. impér. *Jovis barba*, parce qu'elle protégerait de la foudre) Genre de plantes de la famille des crassulacées. ♦ *Joubarbe des toits*, dite vulgairement *joubarbe*, *grande joubarbe*, artichaut sauvage. ♦ *Petite joubarbe*, nom vulgaire de l'orpin blanc.

JOUE, n. f. [ʒu] (lat. vulg. *gauta*, du pré-lat. *gaba*, jabot, gosier) Partie du visage de l'homme au-dessous de l'œil, s'étendant jusqu'au menton. ♦ ▷ **Fig.** *S'en donner par les joues*, manger son bien en débauches de table. ◁ ♦ **Fam.** *Donner sur la joue à quelqu'un*, lui donner un soufflet. ♦ *Tendre la joue*, présenter la joue. ♦ *Coucher, mettre en joue*, ajuster son fusil contre la joue et viser pour tirer. ♦ **Ellipt.** *En joue!* commandement qui se fait à la troupe pour mettre le fusil en joue. ♦ Partie de la tête du cheval qui correspond à la joue dans l'homme. ♦ **Mar.** Partie arrondie de la coque du navire, entre le mât de misaine et l'étrave. ♦ **Fig.** *Tendre l'autre joue*, accepter de subir d'autres outrages au lieu de chercher à se rebeller ou à se venger. ■ *Joue de bœuf*, abat correspondant à la joue de l'animal. ■ *Joue de cabillaud, de morue*, etc.

JOUÉ, ÉE, p. p. de jouer. [ʒwe]

JOUÉE, n. f. [ʒwe] (*joue*) **Archit.** Épaisseur du mur dans l'ouverture d'une porte, d'une fenêtre, d'un soupirail, etc.

JOUER, v. intr. [ʒwe] (lat. *jocari*, s'amuser, plaisanter) Se livrer à un amusement. ♦ Plaisanter, badiner. ♦ *Jouer sur le mot* ▷ ou ◁ *sur les mots*, faire des équivoques sur les mots. ♦ **Fig.** *Jouer avec sa vie, avec sa santé*, ne pas ménager sa vie, sa santé. ♦ *Jouer avec la vie*, ne point la regarder comme une chose sérieuse et agir en conséquence. ♦ Se divertir à un jeu quelconque. *Jouer à colin-maillard, aux échecs*, etc. ♦ *Jouer de son reste*, jouer de ce qu'on a encore d'argent, et fig. achever de consumer son bien ; user des dernières ressources. ♦ *Ne jouer que pour l'honneur* ou transitivement *ne jouer que l'honneur*, jouer sans intéresser le jeu. ♦ *Jouer serré*, jouer avec prudence, et fig. ne donner aucune prise à l'adversaire dans une discussion, dans une affaire. ♦ *Jouer de malheur*, n'avoir point de chance au jeu. ♦ On dit, dans le sens contraire : *Jouer de bonheur*. ♦ **Fig.** *Jouer à jeu sûr*, être certain du succès des moyens qu'on emploie dans une affaire. ♦ *Jouer au plus sûr*, choisir de deux expédients celui où il y a le moins de risque. ♦ **Fig.** *Jouer au fin*, ◁ *au plus fin*, ▷ employer l'adresse, la finesse pour arriver à bout de ses desseins. ♦ **Fig.** ◁ *Jouer à*, se mettre en danger de. « *Elle jouait à se noyer* », Mme de Sévigné. ♦ **Absol.** Avoir l'habitude de jouer de l'argent. ♦ ▷ *Donner à jouer*, recevoir chez soi des joueurs. ◁ ♦ Se servir de l'instrument nécessaire pour jouer à tel ou tel jeu. ♦ ▷ *Jouer du battoir, au battoir*. ♦ *Jouer des gobelets*, faire des tours de passe-passe avec des gobelets, et fig. chercher à duper ceux avec qui on traite. ♦ ▷ *Jouer des mains*, se donner des coups l'un à l'autre avec les mains ; battre tout de bon. ◁ ♦ ▷ **Pop.** *Jouer des mains*, filouter. ◁ ♦ **Fig.** *Jouer d'adresse*, user d'habileté, de ruse. ♦ **Fig. et pop.** *Jouer des jambes*, s'enfuir. ♦ **Fig. et pop.** *Jouer de la prunelle*, parler des yeux, langage dont se servent deux personnes qui ne peuvent se dire ce qu'elles ont à se dire. ◁ ♦ Se servir d'un instrument quelconque. *Jouer de la dague, des couteaux*, etc. ♦ Se servir d'un instrument de musique, en tirer des sons. *Jouer du violon.* ♦ Se mouvoir, agir d'une certaine façon, en parlant des ressorts, des machines. ♦ **Fig.** *Faire jouer toutes sortes de ressorts*, employer tous les moyens dont on peut disposer. ♦ *Faire jouer les intérêts, les passions*, les mettre en jeu. ♦ Avoir un mouvement libre, facile. *Cette serrure ne joue pas.* ♦ **Mar.** *Le vaisseau joue sur son ancre*, quand il est agité par le

vent et en même temps retenu par son ancre. ♦ **Charpent.** et **menuis.** Le bois joue quand, par suite de dilatations ou de contractions, un assemblage se dérange. ♦ *Jouer*, en parlant des cascades, des jets d'eau, etc. qu'on fait jaillir. ♦ ▷ *Lancer de l'eau. Les pompes jouent.* ◁ ♦ ▷ Faire explosion. *La mine joua.* ◁ ♦ *Jouer* se dit des couleurs qui ont différentes nuances. « *Les reflets du plumage du merle jouent entre le vert et le violet* », Buffon. ♦ **V. tr.** Exécuter les différentes combinaisons d'un jeu, d'une partie, d'un coup. *Jouer une partie de piquet, tous les jeux.* ♦ *Jouer une carte*, la jeter, et intransitivement, *jouer en carreau*. ♦ *Jouer le jeu*, jouer suivant les règles du jeu. ♦ **Fig.** *Jouer bien son jeu*, se comporter adroitement. ♦ *Jouer un jeu*, le savoir bien jouer, être dans l'habitude de le jouer. ♦ Hasarder au jeu. *Il joua et perdit cent écus.* ♦ **Fig.** *Jouer sa vie*, s'exposer témérairement. ♦ **Fig. et fam.** *Jouer quelqu'un par-dessous jambe, par-dessous la jambe*, avoir facilement le dessus. ♦ **Fig.** *Jouer quelqu'un*, le tromper, l'abuser. ♦ Exécuter un air, un morceau de musique sur un instrument, avec des instruments. ♦ **Absol.** *Ce violoniste joue bien.* ♦ Représenter une pièce de théâtre. ♦ **Absol.** *Ce comédien joue bien.* ♦ **Fig.** *Jouer une pièce* ▷ , *un tour à quelqu'un*, ◁ lui faire un tour ou malin ou méchant. ♦ ▷ On dit aussi intransitivement : *Jouer d'un tour à quelqu'un, lui en jouer d'une, lui en jouer d'une bonne.* ◁ ♦ **Fig.** *Jouer un vilain tour*, avec un nom de chose pour sujet, être funeste. *Cela vous jouera un vilain tour.* ♦ *Jouer la comédie*, exercer la profession de comédien. ♦ **Absol.** *Cet acteur ne joue plus.* ♦ **Par extens.** *Jouer la comédie*, faire des actions plaisantes pour exciter à rire ; feindre des sentiments qu'on n'a pas. ♦ **Fig.** *Jouer la douleur, l'homme d'importance*, etc., feindre d'être affligé, d'être un homme d'importance, etc. ♦ *Jouer un rôle*, le représenter, et fig. figurer dans quelque affaire. ♦ *Jouer un grand rôle*, occuper une grande place dans l'État. ♦ **Absol.** *Jouer un rôle*, avoir une grande influence. ♦ *Jouer un rôle* se dit quelquefois de choses personnifiées. *Le rôle que joue la chimie dans l'industrie.* ♦ *Jouer le rôle de*, agir comme. ♦ *Jouer un personnage*, le représenter. *Jouer les pères nobles.* ♦ **Fig.** *Jouer un mauvais personnage, un sot personnage*, se comporter mal, sottement. ♦ *Jouer un récit*, l'accompagner d'une sorte de mise en scène, d'une pantomime expressive. ♦ *Jouer quelqu'un*, le tourner en ridicule sur le théâtre ou autrement. ♦ *Jouer une chose*, s'en moquer. ♦ En parlant d'une chose, imiter une autre chose, en avoir l'apparence. *Cette étoffe joue la soie.* ♦ **Se jouer**, v. pr. Se livrer à un divertissement. « *Plus il cherche à se jouer innocemment, plus il se trouble et s'amollit* », Fénelon. ♦ *Faire quelque chose en se jouant*, sans effort. ♦ Se dit de choses auxquelles on attribue une sorte de dessein de se divertir. « *Les divers canaux qui formaient ces îles semblaient se jouer dans les campagnes* », Fénelon. ♦ *Se jouer de quelque chose*, faire sans peine ce qui pour d'autres semble difficile. *Se jouer de toutes les difficultés.* ♦ *Se jouer d'une chose*, s'en moquer, ne pas la traiter sérieusement. « *Les dieux se jouent des desseins des hommes* », Fénelon. ♦ Disposer de quelque chose arbitrairement et selon le caprice. « *Vous vous jouiez de la vie des hommes* », Fénelon. ♦ Dans le style élevé et poétique, il se dit des choses qui semblent se moquer. « *Un rocher escarpé qui se joue de la rage des vents* », Fénelon. ♦ *Se jouer de quelqu'un*, se moquer de lui ; en faire un jouet ; le décevoir, tromper ses desseins, son attente ; le tromper en lui donnant de belles paroles. ♦ **Fig.** *Se jouer à quelqu'un*, l'attaquer inconsidérément. ♦ *Ne vous jouez pas à cela*, ne soyez pas assez fou pour faire cela, vous vous en repentiriez. ♦ *Se jouer soi-même*, se faire à soi-même illusion. « *Tant nous aimons à nous jouer nous-mêmes !* », Bossuet. ♦ *Se jouer*, être joué, en parlant d'un jeu, d'un instrument de musique, d'un morceau de musique, d'une pièce de théâtre, etc. ♦ **Prov.** *Qui a joué jouera*, c'est-à-dire on ne quitte pas ses vieilles habitudes. ■ **V. intr.** Intervenir, avoir un effet. *Ce témoignage n'a pas joué en sa faveur.* ■ **V. tr.** Adopter telle attitude, tel comportement. *Jouer la prudence.* ■ **Fam.** *Se la jouer*, adopter tel comportement ; crâner. *Elle se la joue star de cinéma. Il se la joue un peu trop.* ■ *Jouer gros jeu*, Voy. JEU. ■ *Jouer avec le feu*, Voy. FEU. ■ *Jouer la montre*, chercher à gagner du temps par un quelconque moyen, généralement peu louable. ■ **Fig.** *Jouer le jeu*, accepter les conditions données au départ, être loyal. ■ *Bien joué !* se dit à quelqu'un que l'on félicite de la façon dont il a su tirer parti d'une situation. ■ **Rem.** Aujourd'hui, on dit aussi *jouer quelqu'un par-dessus la jambe.*

JOUEREAU, n. m. [ʒuʀo] (*jouer*) ▷ Celui qui ne joue pas bien à quelque jeu, ou qui joue petit jeu. ◁

JOUET, n. m. [ʒwɛ] (radic. de *jouer*) Ce qu'on donne aux enfants pour les amuser, et avec quoi ils jouent. ♦ **Fig.** Personne ou chose dont on se joue. « *Les rois sont exposés à être le jouet des autres hommes* », Fénelon. ♦ **Fig.** Ce qui est abandonné à l'action impétueuse des éléments. *Un vaisseau devenu le jouet des flots.* ♦ Il se dit, dans un sens analogue, de l'action des choses morales. *Être le jouet de ses passions.* ♦ ▷ **Mar.** Syn. de jas. ◁

JOUETTE, ■ adj. [ʒwɛt] (*jouer*) **Belg.** Qui a l'esprit joueur, qui aime s'amuser. *Un chiot affectueux et jouette.*

JOUEUR, EUSE, n. et n. f. [ʒwœʀ, øz] (*jouer*) Celui, celle qui joue, qui prend un divertissement avec d'autres personnes. ♦ **Adj.** *Un enfant joueur.* ♦ Celui qui joue à quelque jeu où il y a des règles. *Joueur de boule, de piquet.* ♦ Celui, celle qui joue de l'argent à un jeu quelconque. ♦ *Bon joueur* ou *beau joueur*, celui qui est d'une humeur égale, qu'il gagne ou qu'il perde. ◆ On dit dans le sens contraire : *Mauvais joueur*. ◆ Absol. Celui qui a la passion du jeu. ◆ *Joueur d'instrument*, celui, celle qui joue de quelque instrument de musique. ◆ *Joueur de farces, de gobelets, de marionnettes*, ceux qui divertissent le public par des farces, par des gobelets, par des marionnettes. ■ Adj. Qui aime jouer. *Un chien joueur*.

JOUFFLU, UE, adj. [ʒufly] (moy. fr. *giflu*, de *gifle*, joue) Qui a de grosses joues. ◆ N. m. et n. f. *Gros joufflu, grosse joufflue*.

JOUG, n. m. [ʒu] (on ne prononce pas le *g* ; lat. *jugum*) Pièce de bois servant à l'attelage des bœufs et des vaches. ◆ Dans l'ancienne Italie, pique placée horizontalement sur deux autres fichées en terre et sous laquelle on faisait passer les ennemis vaincus. *Faire passer les vaincus sous le joug*. ◆ Fig. Sujétion qu'impose un vainqueur ou une autorité oppressive. « *Il vous fera porter un joug de fer* », SACI. ◆ Il se dit de l'empire de l'amour et du lien du mariage. « *L'hyménée est un joug* », BOILEAU. ◆ Contrainte morale, sujétion. « *Il est terrible de porter un joug auquel on ne s'est pas soi-même condamné* », MASSILLON. ◆ Se dit, en bonne part, d'une contrainte salutaire. « *Un joug que m'imposait cette faveur publique* », P. CORNEILLE. ◆ *Le joug du Seigneur*, l'obéissance aux lois de la religion. ◆ Bâton ou fléau d'une balance. ■ REM. On prononçait autrefois [ʒug].

JOUIR, v. intr. [ʒwiʀ] (lat. vulg. *gaudire*, du lat. *gaudere*, se réjouir intérieurement) Tirer plaisir, agrément, profit de quelque chose. *Jouir de son bien, de la vie, etc.* ◆ Absol. Savoir profiter de ce qu'on a, vie, temps, fortune, etc. ◆ *Jouir de l'embarras de quelqu'un, de sa détresse, etc.*, éprouver du plaisir à le voir ou à le savoir embarrassé, malheureux, etc. ◆ Absol. Éprouver un plaisir sensuel. *Le gastronome jouit en mangeant de bons morceaux.* Par extens. Avoir la possession, l'usage de toute chose qui procure bien-être, avantage, agrément. *Jouir d'une grande réputation, de l'estime publique, etc.* ◆ *Jouir*, impliquant une satisfaction, ne se dit pas des choses mauvaises. Ne dites donc pas : *Il jouit d'une mauvaise santé, d'une mauvaise réputation.* ◆ *Cet homme ne jouit pas de sa raison*, il est fou, il est en enfance. ◆ Avoir la possession de quelque bien, de quelque avantage, et en profiter. *Jouir d'une terre, d'un emploi, des droits civils, politiques, etc.* ◆ Absol. Jouir de bonne foi. ◆ Au sens juridique, percevoir les fruits que produit une chose. ◆ Fig. Avec un nom de chose pour sujet, il se dit des avantages attachés à cette chose. *Cet ouvrage jouit d'une réputation méritée.* ◆ *Jouir de quelqu'un*, avoir la liberté, le temps de conférer avec lui, de l'entretenir, d'en tirer quelque service, quelque plaisir. ■ Éprouver l'orgasme.

JOUISSANCE, n. f. [ʒwisɑ̃s] (radic. du p. prés. de *jouir*) Action de jouir, satisfaction intellectuelle et morale ou sensuelle. *Les nobles jouissances de l'esprit.* ◆ Action de jouir de ce qui procure avantage ou agrément. « *Une longue et paisible jouissance d'une des plus nobles couronnes de l'univers* », BOSSUET. ◆ Possession et usage de quelque chose. *La jouissance d'un droit, de biens, etc.* ◆ Dr. La perception des fruits et l'usage. ◆ **Bourse** Droit aux intérêts ou aux dividendes de l'exercice courant. ◆ *Jouissance de telle époque*, se dit de l'époque de l'année où le trésor public paye les intérêts de la dette inscrite, où une compagnie paye ses dividendes. ■ Plaisir sexuel. ■ Dr. *Jouissance légale*, droit, revenant au parent auquel est confié l'administration légale d'un enfant mineur, de pouvoir toucher les revenus des capitaux appartenant à ce dernier avant sa majorité.

JOUISSANT, ANTE, adj. [ʒwisɑ̃, ɑ̃t] (*jouir*) Dr. Qui jouit, a la jouissance d'un droit, d'un bien. *Majeur usant et jouissant de ses droits.* ■ Vieilli Jouissif.

JOUISSEUR, EUSE, ■ n. m. et n. f. [ʒwisœʀ, øz] (radic. du p. prés de *jouir*) Personne qui recherche avant tout à jouir des plaisirs matériels de la vie et en particulier des plaisirs liés au sens. *Un jouisseur impénitent et sans vergogne.* ■ Adj. *Un ego jouisseur.*

JOUISSIF, IVE, ■ adj. [ʒwisif, iv] (radic. du p. prés. de *jouir*) Qui procure de la jouissance. *Une revanche jouissive.*

JOUJOU, n. m. [ʒuʒu] (*jouer*) Jouet d'enfant. *Donner des joujoux à un enfant.* ◆ Au pl. *Des joujoux.* ■ *Faire joujou*, jouer. ■ Fig. Objet perfectionné ou coûteux. *Pour ses cinquante ans il s'est offert un beau joujou : une décapotable !*

JOUJOUTHÈQUE, ■ n. f. [ʒuʒutɛk] (*joujou* et *-thèque*, sur le modèle de *bibliothèque*) **Québec** Lieu où l'on peut emprunter des jouets et des jeux.

JOULE, ■ n. m. [ʒul] (J. P. *Joule*, 1818-1889, physicien anglais) Phys. Unité de mesure de travail, d'énergie ou de quantité de chaleur équivalant au travail d'une force d'un newton, dont le point d'application se déplace d'un mètre dans la direction de la force. *James Joule découvrit la loi de Joule en 1845 décrétant que seule la température influe sur l'énergie interne d'un gaz parfait. L'effet joule permet la mesure de l'énergie calorifique.*

JOUR, n. m. [ʒuʀ] (anc. fr. *jorn*, du lat. *diurnum*, ration journalière d'un esclave, jour, de *dies*, jour) Clarté donnée à la Terre par le Soleil. ◆ *Beau comme le jour*, très beau. ◆ *Le haut du jour*, le moment du jour où le Soleil est le plus haut sur l'horizon. ◆ *Grand jour*, le moment du jour où le Soleil est tout à fait levé, et fig. la publicité, la notoriété publique. ◆ Fig. *Clair*

comme le jour, évident ou facile à comprendre. ◆ *C'est le jour et la nuit*, se dit de deux choses ou de deux personnes qui diffèrent beaucoup entre elles. ◆ *Petit jour*, le moment du jour où le Soleil vient de se lever. ◆ Poétiq. *Voir le jour*, être en vie. ◆ Fig. *Voir le jour*, en parlant des choses qu'on retire du lieu où elles étaient cachées, enfouies. ◆ *Voir le jour*, être publié. ◆ *Mettre au jour*, donner vie, naissance, enfanter ; créer, produire ; publier, faire imprimer. ◁ ◆ *Mettre une chose au jour*, la divulguer, la rendre publique. ◆ Espace de temps qui s'écoule entre le lever et le coucher du Soleil. ◆ *Jour et nuit*, sans relâche. ◆ Espace de vingt-quatre heures, comprenant le temps entre le lever et le coucher du Soleil, ainsi que le temps où il est absent. ◆ *Jour civil*, période qui commence à minuit. ◆ *Jour astronomique*, période qui commence à midi. ◆ ▷ *Jour vrai*, le jour d'après le temps vrai. ◁ ◆ ▷ *Jour moyen*, jour que l'on détermine par le calcul, à l'aide des jours vrais, qui ne sont pas rigoureusement égaux. ◁ ◆ *Jour*, en un sens indéterminé. « *Ses jours de fête se changèrent en des jours de pleurs* », SACI. ◆ *Jour pour jour*, se dit de quelque chose qui arrive une ou plusieurs années le jour même dont il est question. ◆ *Prendre jour*, fixer un jour pour faire quelque chose. ◆ ▷ *Prendre le jour de quelqu'un*, prendre le temps, le moment qui lui convient. ◁ ◆ ▷ *Prendre son jour*, prendre pour quelque chose le jour qu'on trouve le plus convenable. ◁ ◆ *Jour pris*, ajournement en justice. ◆ *Avoir son jour*, avoir un jour fixe où l'on fait quelque chose. ◆ *Avoir son jour*, se dit aussi du jour où une personne reçoit du monde chaque semaine. ◆ *Un de ces jours*, très prochainement. ◆ *D'un jour à l'autre*, en très peu de temps, dans un très court intervalle. ◆ ▷ *De jour à autre*, de temps en temps. ◁ ◆ *Du jour au lendemain*, sans retard. ◆ *De jour en jour*, à mesure que les jours se passent. ◆ *Du premier jour*, tout d'abord. ◆ *Par jour*, chaque jour. ◆ *Jour à jour*, chaque jour l'un après l'autre. ◆ *Tous les jours*, chaque jour, très fréquemment, et aussi de jour en jour. ◆ *De tous les jours*, habituel, vulgaire. ◆ *Les vêtements de tous les jours*, les vêtements ordinaires. ◆ ▷ *Mettre à tous les jours*, faire un usage habituel. ◁ ◆ ▷ *Se mettre à tous les jours*, ne se ménager point, s'employer aux moindres choses. ◁ ◆ ▷ *Être de jour*, faire, pendant vingt-quatre heures, un service. ◁ ◆ *Être à son dernier jour*, être tout près de mourir. ◆ *Dernier jour*, jour du jugement dernier. ◆ *Gagner sa vie au jour la journée*, vivre au jour la journée, au jour le jour, n'avoir pour subsister que ce qu'on gagne chaque jour, et fig. s'inquiéter peu du lendemain, se contenter d'expédients temporaires. ◆ *Au jour la journée*, sans plan fixe, en se laissant diriger par les événements ; sans relâche, continuellement. ◆ *Un jour*, se dit d'une époque indéterminée dans le passé et dans l'avenir. ◆ On dit dans ce même sens : *Quelque jour*. ◆ **Fam.** *Quelqu'un de ces jours*, très prochainement. ◆ *Du jour*, qui appartient au jour même où l'on est. ◆ *Être du jour, du jour même*, en parlant de choses dont on certifie la fraîcheur. ◆ *Le pain du jour*, le pain quotidien. ◆ *Le saint du jour*, le saint dont c'est la fête ce jour-là, et fig. l'homme qui est à la mode ou en crédit depuis peu. ◆ *Du jour*, se dit, dans un sens analogue, de ce qui actuellement est en crédit, faveur. *Le goût du jour. Les élégants du jour.* ◆ À JOUR, **loc. adv.** Comm. Au courant. *Livres à jour.* ◆ *Se mettre à jour*, mettre toute sa correspondance, tous ses comptes en règle. ◆ Se dit aussi de toute besogne dont rien n'est arriéré. ◆ *Jour* considéré par rapport à l'état de l'atmosphère, de la température. ◆ *Les beaux jours*, les premiers jours du printemps, le temps de la première jeunesse ou les temps les plus heureux de la vie. ◆ **Fam.** *Un beau jour*, un certain jour. ◆ Fig. et fam. *Les grands jours, les bons jours*, les dimanches et jours de fête. ◆ ▷ *Il y a beaux jours*, il y a longtemps. ◁ ◆ *Donner le bon jour à quelqu'un*, lui souhaiter une bonne journée, sorte de salutation ; on écrit aujourd'hui en un seul mot : *Bonjour*. ◆ *Les jours gras*, les derniers jours du carnaval, jeudi, dimanche, lundi et mardi. ◆ *Un mauvais jour*, un jour où l'on éprouve quelque souffrance ; et en sens contraire, *un bon jour*. ◆ On dit de même : *C'est son jour de fièvre, de bonne humeur, etc.* ◆ *Être dans un mauvais jour*, être de mauvaise humeur, être peu apte aux choses. ◆ On dit dans le même sens : *Il n'est pas dans ses bons jours.* ◆ **Jurispr.** *Jours utiles*, jours pendant lesquels il est possible d'agir juridiquement, et en dehors desquels l'action n'a plus lieu. ◆ ▷ Autrefois, *les grands jours*, assises extraordinaires tenues par des juges choisis et députés par le roi. ◁ ◆ Fig. *Un jour*, un temps plus ou moins court. *Ce n'est pas l'ouvrage d'un jour.* ◆ *D'un jour*, qui ne doit durer que peu de temps. « *Vous ne sauriez sans regret voir tomber cette fleur d'un jour* », BOSSUET. ◆ Au pl. *Jours*, une certaine durée, une certaine époque. « *Tous ses jours paraissent charmants* », RACINE. ◆ ▷ *Mourir plein de jours*, très vieux. ◁ ◆ ▷ *De mes jours*, tant que je vivrai. ◁ ◆ *Sur nos vieux jours, dans nos vieux jours*, dans notre vieillesse. ◆ *De nos jours, dans nos jours*, de notre temps. ◆ *Demi-jour*, jour à demi voilé, clarté faible. ◆ **Fig.** *Le demi-jour de la primitive histoire.* ◆ Toute clarté autre que celle du Soleil. *Le jour que donnent les bougies, le gaz.* ◆ *Le jour*, la vie, l'existence. ◆ *Ceux qui m'ont donné le jour*, les parents de qui je suis né. ◆ Fig. Clarté, éclaircissement, lumière. *Jeter un jour sur.* ◆ Manière dont un objet est éclairé. « *Couleurs diverses selon les divers jours dont on le regarde* », LA BRUYÈRE. ◆ ▷ *Mettre un tableau, quelque chose dans son jour*, le placer à un jour convenable, de manière qu'on puisse bien le voir. ◁ ◆ **Fig.** Il se dit de la manière de présenter une chose. « *Si je puis mettre dans* leur jour ces trois importantes raisons », BOSSUET. ◆ ▷ *Mettre en jour,* exposer au jour qui convient, et fig. donner une tournure qui fasse valoir. ◁ ◆ *Faux jour,* lumière qui éclaire mal les objets, de manière à les faire voir autrement qu'ils ne sont. ◆ **Fig.** *« Si l'éclat de la gloire n'est appuyé sur une grandeur solide, il est faible et n'a qu'un faux jour »,* BOSSUET. ◆ **Point.** Imitation de la lumière répandue sur les objets représentés en un tableau. *Dans ce tableau le jour vient d'en haut.* ◆ *Jour d'atelier,* jour d'un tableau ménagé avec un soin particulier. ◆ *Placer, mettre un tableau à son jour,* le placer de manière que le jour du lieu où on l'expose vienne du même côté que le jour qui paraît éclairer les objets représentés. ◆ Il se dit, surtout au pluriel, des touches les plus claires d'un tableau. *Les jours et les ombres.* ◆ Fenêtre, ouverture qu'on fait aux bâtiments pour qu'ils puissent recevoir du jour. ◆ Ouverture, fissure par où le jour, l'air peut s'insinuer. ◆ *Se faire jour,* se faire ouverture et passage, en parlant des choses. ◆ **Fig.** *La vérité se fait jour.* ◆ *Se faire jour,* se dit d'un homme ou d'une troupe qui perce un gros d'ennemis. ◆ **Fig.** *Se faire jour,* se frayer son chemin. ◆ *À jour,* en laissant passer le jour à travers. *Cloison à jour.* ◆ On dit dans un sens analogue : *Broderie à jour, points à jour.* ◆ ▷ *Cette maison est à jour, tout à jour,* elle n'est pas encore garnie de ses portes et fenêtres. ◁ ◆ *Percé à jour,* percé de part en part. ◆ **Fig.** *Percé à jour,* se dit de quelqu'un ou de quelque chose qui est dévoilé. ◆ **Bijout.** *Monter à jour une pierre,* la monter de telle sorte que, le bord seul étant entouré par la monture, elle reste transparente. ◆ **Fig.** Facilité, moyen pour venir à bout de quelque affaire. *Je vois jour à réussir.* ◆ ▷ *Ce jourd'hui,* le jour où nous sommes (locution vieillie). ◁ ◆ **Prov.** *À chaque jour suffit sa peine,* il ne faut pas se tourmenter inutilement sur l'avenir. ◆ *Les jours se suivent et ne se ressemblent pas.* ■ Manière dont quelque chose, quelqu'un apparaît, aspect. *Je l'ai découverte sous un jour nouveau.* ■ *Au grand jour,* sans rien dissimuler, sans se cacher. Il a étalé sa vie privée au grand jour. ■ REM. Aujourd'hui, on dit *faire le jour sur des questions* dans le même sens que *jeter du jour sur des questions* autrefois. ■ DE JOUR, loc. adv. ou adj. Se dit à propos de quelqu'un qui fait son service en journée et non la nuit. *L'infirmière travaille de jour deux semaines sur trois. Elle est de jour.* ■ *Hôpital de jour,* qui accueille les patients dans la journée pour que leur soient prodigués les soins, mais qui ne les héberge pas la nuit.

JOUR-AMENDE, ■ n.m. [ʒuʀamɑ̃d] (*jour* et *amende*) **Dr.** Peine d'amende consistant pour le condamné à verser une somme quotidienne pendant un certain nombre de jours. *Le juge détermine le montant de chaque jour-amende en fonction des ressources et des charges du prévenu. Des jours-amendes.*

JOURNAL, adj. m. [ʒuʀnal] (b. lat. *diurnalis,* qui a lieu pendant le jour) Qui est relatif à chaque jour. *Livre journal* ou n. m. *journal,* registre où l'on écrit, jour par jour, ce qu'on a reçu ou payé, acheté ou vendu, etc. ◆ **N. m.** Relation jour par jour de ce qui se passe ou s'est passé. ◆ *Journal de bord,* mémoire où l'on décrit jour pour jour la navigation du vaisseau. ◆ Ouvrage quotidien ou périodique qui fait connaître les nouvelles politiques, scientifiques et littéraires, etc. ◆ Ancienne mesure de terre. ■ *Journal intime,* dans lequel on relate les événements en liaison avec sa vie privée tout en apportant différentes appréciations personnelles. ■ Émission de radio ou de télévision qui présente les informations. *Le journal télévisé.*

JOURNALIER, IÈRE, adj. [ʒuʀnalje, jɛʀ] (adj. *journal*) Qui se fait chaque jour. *Une tâche journalière.* ◆ Qui est sujet à changer d'un jour à l'autre. *Les armes sont journalières.* ◆ ▷ *Un homme journalier,* un homme qui d'un jour à l'autre n'est pas le même. ◁ ◆ ▷ *Une femme journalière,* une femme capricieuse et aussi une femme qui un jour paraît belle et un autre laide. ◁ ◆ **N. m. et n. f.** Personne qui travaille à la journée. ■ *Les exploitations agricoles ont recours aux journaliers et aux journalières.* ■ **N. f. pl.** Lentille de contact jetables à usage unique. ■ *Indemnités journalières,* somme versée par la Sécurité sociale destinée à compenser en partie la perte de salaire lors d'une maladie, d'un accident du travail ou en cas de congé maternité. *Seules les personnes s'étant acquittées des cotisations sociales liées à leur activité professionnelle au cours des trois mois précédant leur arrêt de travail peuvent percevoir des indemnités journalières.*

JOURNALISME, n. m. [ʒuʀnalism] (n. *journal*) Néolog. État du journaliste. L'ensemble des journaux ; l'influence qu'ils exercent. ■ N'est plus considéré comme un néologisme aujourd'hui. ■ Art, métier du journaliste. *Faire une école de journalisme. Le journalisme d'investigation.*

JOURNALISTE, n. m. et n. f. [ʒuʀnalist] (n. *journal*) Personne qui fait, qui rédige un journal ; qui travaille, comme rédacteur, à un journal. ■ Personne dont le métier est d'informer le public, à la radio, à la télévision. *Un journaliste sportif, une journaliste d'investigation, etc.*

JOURNALISTIQUE, ■ adj. [ʒuʀnalistik] (*journaliste*) Qui concerne les journaux, leur contenu. *Le style journalistique.*

JOURNÉE, n. f. [ʒuʀne] (*jour,* anc. fr. *jorn*) L'espace de temps entre le lever et le coucher du soleil, considéré surtout dans les occupations qui le remplissent. *« Le travail a l'avantage de raccourcir les journées et d'étendre la vie »,* DIDEROT. ◆ Jour. *La journée fut belle.* ◆ Travail d'un ouvrier pendant un

jour. *Travailler à la journée.* ◆ ▷ **Fig.** *À la journée,* continuellement. *Mentir à la journée.* ◁ ◆ Salaire qu'on donne à un ouvrier pour le travail qu'il a fait pendant un jour. ◆ ▷ Chemin qu'on fait d'un lieu à un autre dans l'espace d'une journée. *S'en aller à petites journées, à grandes journées.* ◁ ◆ Jour de bataille ou la bataille même. *La journée de Fontenoy. « Il perdit une très grande journée près de Chalcédoine »,* MÉZERAY. ◆ Jour où se sont passés des événements mémorables. *La journée de la Saint-Barthélemy.* ◆ Division des pièces de l'ancien théâtre espagnol. ◆ ▷ *Journée de terre,* espace de terre labourable en un jour. ◁ ■ *À longueur de journée* ou fam. *toute la sainte journée,* sans arrêt. ■ *Journée-homme,* unité de travail qui occupe une personne pendant une journée. *Affecter une tâche de dix journées-homme à deux prestataires pendant une semaine.*

JOURNELLEMENT, adv. [ʒuʀnɛl(ə)mɑ̃] (anc. fr. *journel*) Tous les jours, chaque jour.

JOUTE, n. f. [ʒut] (*jouter*) Combat à cheval d'homme à homme avec la lance. ◆ *Joute sur l'eau,* espèce de divertissement dans lequel deux hommes, placés chacun sur l'avant d'un batelet, tâchent de se faire tomber dans l'eau, en se poussant l'un l'autre avec de longues lances. ◆ **Par extens.** Toute espèce de combat entre deux hommes. ◆ **Fig.** Toute espèce de lutte ou de rivalité. *Les joutes du barreau.* ◆ Il se dit de certains animaux qu'on fait combattre les uns contre les autres. ■ *Joute verbale,* discussion entre deux adversaires qui échangent argumentations et contrargumentations.

JOUTER, v. intr. [ʒute] (lat. vulg. *juxtare,* être attenant, toucher à, du lat. *juxta,* tout près) Combattre à cheval avec des lances, l'un contre l'autre. ◆ Se dit de la joute de certains animaux. ◆ **Fig.** Lutter contre, disputer.

JOUTEUR, EUSE, n. m. [ʒutœʀ, øz] (*jouter*) Personne qui joute. ◆ **Fig.** *Un rude jouteur,* celui qui est redoutable en quelque sorte de combat, de jeu, de lutte ou de dispute que ce soit.

JOUVENCE, n. f. [ʒuvɑ̃s] (réfection de l'anc. fr. *jovente,* du lat. *juventa* jeunesse) Jeunesse ; usité seulement dans : *La fontaine de Jouvence,* fontaine fabuleuse à laquelle on attribuait la vertu de rajeunir. ◆ **Fig.** Il se dit de tout ce qui rajeunit. ◆ **Fig.** *Il a bu de l'eau de la fontaine de Jouvence, il paraît rajeuni.* ■ *Cure de jouvence,* personne ou chose qui provoque un rajeunissement. *Sa nouvelle épouse a été une véritable cure de jouvence pour lui.*

JOUVENCEAU, ELLE, n. m. et n. f. [ʒuvɑ̃so, ɛl] (lat. pop. *juvencellus, -cella,* du lat. chrét. *juvenculus, -cula*) Adolescent, adolescente, avec une idée de grâce ou de plaisanterie. *« Ah ! qu'il est beau Le jouvenceau ! »,* MOLIÈRE.

JOUXTE, prép. [ʒukst] (lat. *juxta*) ▷ Vieux mot qui signifie proche. *Jouxte le palais.* ◆ Conformément à. *Jouxte la copie originale.* ◁

JOUXTER, ■ v. tr. [ʒukste] (réfection étymologique de *jouter*) Être à côté de. *La maison qui jouxte la route.*

JOVIAL, ALE, adj. [ʒɔvjal] (ital. *gioviale,* soumis à l'influence de Jupiter, joyeux du lat. tard. *jovialis,* de Jupiter) Qui aime à rire et à plaisanter. *Des hommes joviaux.* ◆ Il se dit aussi des choses. *Face, humeur joviale.*

JOVIALEMENT, adv. [ʒɔvjal(ə)mɑ̃] (*jovial*) D'une manière joviale.

JOVIALITÉ, n. f. [ʒɔvjalite] (*jovial*) Humeur joviale.

JOVIEN, IENNE, ■ adj. [ʒɔvjɛ̃, jɛn] (lat. *Jovis,* génitif de *Jupiter*) Qui a trait à la planète Jupiter. *Les aurores joviennes.* ■ *Les planètes joviennes,* Jupiter, Saturne, Uranus et Neptune.

JOYAU, n. m. [ʒwajo] (*jeu,* et suff. *-iau*) Ornement précieux d'or, d'argent, de pierreries, etc. ◆ **Fig.** *Les joyaux d'une mère sont ses enfants.* ◆ **Jurispr.** *Bagues et joyaux,* les pierreries, chaînes et parures de métaux précieux et autres semblables objets de prix qui appartiennent à une mariée, et que son contrat de mariage lui donne le droit de reprendre après la mort de son mari. ◆ *Les joyaux de la couronne,* les joyaux qui appartiennent à la couronne.

JOYEUSEMENT, adv. [ʒwajøz(ə)mɑ̃] (*joyeux*) D'une manière joyeuse.

JOYEUSETÉ, n. f. [ʒwajøz(ə)te] (*joyeux*) Parole ou action réjouissante.

JOYEUX, EUSE, adv. [ʒwajø, øz] (*joie*) Qui a de la joie. *Vivre joyeux.* ◆ Mener une vie joyeuse, mener joyeuse vie, vivre dans les plaisirs. ◆ **Fam.** *Bande joyeuse,* compagnie de gens qui s'amusent. ◆ Qui exprime la joie. *Des cris, des chants joyeux.* ◆ Qui donne la joie. *Une nouvelle joyeuse.* ■ REM. Plutôt que *bande joyeuse,* on dira auj. *joyeuse bande.*

JT, ■ n. m. [ʒite] (sigle de *journal télévisé*) Émission télévisée au cours de laquelle sont retransmises les informations. *Le JT de vingt heures.*

JUBARTE, ■ n. f. [ʒybaʀt] (angl. *jubartes,* prob. du *gibbar,* même sens, du lat. *gibbus,* bosse) Cétacé voisin de la baleine, pouvant atteindre quinze mètres de long, qui fait souvent des sauts hors de l'eau. *La jubarte est également appelée baleine à bosse.*

JUBÉ, ■ n. m. [ʒybe] (lat. ecclés. *jube* [*domine, benedicere*], 2ᵉ pers. de l'impér. de *jubere,* ordonner) Lieu élevé dans une église en forme de galerie, entre la nef et le chœur. *Chanter l'évangile au jubé.* ♦ ▷ **Fig.** *Venir à jubé,* se soumettre, venir à la raison par contrainte, malgré qu'on en ait. ◁

JUBILAIRE, adj. [ʒybilɛʀ] (*jubilé*) Qui appartient au jubilé. ♦ *Année jubilaire,* année de la célébration d'un jubilé. ♦ Se dit de ceux qui ont satisfait à toutes les pratiques religieuses prescrites pour gagner les indulgences d'un jubilé.

JUBILANT, ANTE, adj. [ʒybilɑ̃, ɑ̃t] (*jubiler*) Qui jubile. *Un air jubilant.*

JUBILATION, n. f. [ʒybilasjɔ̃] (lat. *jubilatio*) Joie expansive et se manifestant par des signes extérieurs. *Avoir un air de jubilation. Un visage de jubilation.*

JUBILATOIRE, ■ adj. [ʒybilatwaʀ] (*jubiler*) Qui procure une joie intense, exubérante. *Un contrat jubilatoire.* « *Et je me laissais emporter par une vague jubilatoire* », Manœuvre.

JUBILÉ, n. m. [ʒybile] (lat. chrét. *jubilæus,* de l'hébr. *yobhel,* corne de bélier, trompette, année jubilaire) Solennité publique, chez les Juifs, qui, se célébrant de cinquante en cinquante ans, amenait la rémission de toutes les dettes, la restitution de tous les héritages aux anciens propriétaires et la mise en liberté de tous les esclaves. ♦ Dans la religion catholique, indulgence plénière, solennelle et générale, accordée par le pape en certains temps et en certaines occasions. ♦ Fête religieuse et domestique qu'on célèbre souvent au bout de cinquante ans d'exercice d'une fonction, au bout de cinquante ans de mariage. *Mariage de jubilé.* ♦ ▷ **Adj.** Se dit d'un religieux, d'un chanoine, d'un docteur qui a cinquante ans de profession. ◁ ♦ **Par anal.** Fête organisée à l'occasion du cinquantième anniversaire de l'entrée en fonction d'une personne influente ou d'un mariage. *La reine Élisabeth II d'Angleterre a fêté le jubilé de son règne en 2002.*

JUBILER, v. intr. [ʒybile] (lat. chrét. *jubilare,* pousser des cris de joie) **Fam.** Éprouver une satisfaction vive et se manifester au dehors.

JUCHÉ, ÉE, p. p. de jucher. [ʒyʃe]

JUCHER, v. intr. [ʒyʃe] (prob. de l'anc. *jochier,* se percher, de *joc,* perchoir) En parlant des poules et de quelques autres oiseaux, être perché sur une branche, sur une perche pour dormir. ♦ **Fig. et pop.** Se loger très haut. *Jucher à un cinquième étage.* ♦ **V. tr.** Placer quelqu'un ou quelque chose comme sur un juchoir. *On le jucha sur l'impériale de la diligence.* ♦ Se jucher, v. pr. Se percher sur le juchoir. ♦ **Par extens.** *Dans sa frayeur il était allé se jucher dans une soupente.*

JUCHOIR, n. m. [ʒyʃwaʀ] (*jucher*) Assemblage de pièces de bois étroites ou de perches, élevé dans l'intérieur du poulailler, et sur lequel les poules, etc. vont se placer pour la nuit.

JUDAÏCITÉ, ■ n. f. [ʒydaisite] (*judaïque*) Fait d'être juif.

JUDAÏQUE, adj. [ʒydaik] (lat. *judaicus*) Qui appartient aux Juifs. *La religion judaïque.* ♦ ▷ Qui a, suivant les chrétiens, le caractère inférieur de la loi ancienne, par rapport à la loi nouvelle[1]. *La justice judaïque et pharisaïque.* ◁ ♦ **Fig.** Trop étroitement asservi à la règle. *Des observances judaïques*[2]. ◁ ♦ ▷ *Interprétation judaïque,* interprétation qui s'attache à la lettre, lorsque le sens évident est autre ou plus étendu[3]. ◁ ♦ ▷ *Pierres judaïques,* pointes d'oursins fossiles. ◁ ■ Rem. 1 : Interprétation chrétienne de la Bible selon laquelle le Nouveau Testament accomplit l'Ancien Testament auquel il donne son sens complet. ■ Rem. 2 et 3 : Ce sens et cette expression sont péjoratifs.

JUDAÏQUEMENT, adv. [ʒydaik(ə)mɑ̃] (*judaïque*) D'une manière judaïque.

JUDAÏSANT, ANTE, adj. [ʒydaizɑ̃, ɑ̃t] (*judaïser*) Qui suit les pratiques, les croyances des Juifs. ♦ Il se dit aussi des Juifs convertis au christianisme, puis relaps.

JUDAÏSER, v. intr. [ʒydaize] (lat. chrét. *judaizare,* conserver certaines pratiques du judaïsme) Suivre et pratiquer en tout ou en partie la loi judaïque. ♦ **Fig.** Donner aux choses, aux mots une interprétation judaïque. ■ **V. tr.** Rendre juif, en particulier en augmentant la population juive. *Judaïser une région.*

JUDAÏSME, n. m. [ʒydaism] (lat. chrét. *judaismus,* gr. *Ioudaismos,* de *Ioudaios,* de la tribu de Juda, juif) La religion des Juifs. ♦ ▷ État, selon les chrétiens, d'infériorité de la loi ancienne par rapport à l'Évangile. ◁ ■ Communauté juive. ■ Appartenance à cette communauté.

JUDAÏTÉ, ■ n. f. [ʒydaite] Voy. judéité.

JUDAS, n. m. [ʒyda] (*Judas*) Nom du disciple qui trahit Jésus-Christ. ♦ **Fig.** Un traître. *C'est un Judas.* ♦ ▷ **Adj.** « *Que voilà qui est scélérat! que cela est judas!* », Molière. ◁ ♦ *Baiser de Judas,* caresse que l'on fait à quelqu'un pour le trahir. ♦ ▷ *Poil de Judas,* poil roux. ◁ ♦ **Fig.** Petite ouverture pratiquée à un plancher pour voir ce qui se passe au-dessous. ■ **Par extens.** Petite ouverture pratiquée dans une porte d'entrée pour observer ce qui se passe à l'extérieur. *Regarder par le judas qui a sonné.*

JUDÉITÉ ou **JUDAÏTÉ**, ■ n. f. [ʒydeite, ʒydaite] (radic. du lat. *Judaeus,* de Judée, juif) Fait d'être juif, ce qui est propre ou relatif à la religion juive.

JUDELLE, n. f. [ʒydɛl] (orig. inc.) Sorte d'oiseau aquatique.

JUDÉO..., ■ [ʒydeo] Préfixe qui vient du latin *judaeus* et qui signifie juif.

JUDÉO-ALLEMAND, ANDE, ■ adj. [ʒydeoal(ə)mɑ̃, ɑ̃d] (*judéo-* et *allemand*) Qui concerne les Juifs allemands. *Les traditions judéo-allemandes.* ■ N. m. Ling. Autre nom du yiddish.

JUDÉO-CHRÉTIEN, IENNE, ■ adj. [ʒydeokʀetjɛ̃, jɛn] (*judéo-* et *chrétien*) Qui est commun aux Juifs et aux chrétiens. *Les croyances judéo-chrétiennes. L'apport de la culture judéo-chrétienne aux civilisations occidentales.* ■ Qui se rapporte aux premiers chrétiens partisans du judéo-christianisme. ■ N. m. et n. f. *Un judéo-chrétien, une judéo-chrétienne.*

JUDÉO-CHRISTIANISME, ■ n. m. [ʒydeokʀistjanism] (*judéo-* et *christianisme*) Ensemble des points communs aux religions juive et chrétienne. ■ Doctrine de certains premiers chrétiens voulant maintenir la loi juive, en particulier la circoncision et le shabbat. *La lutte de saint Paul contre le judéo-christianisme.*

JUDÉO-ESPAGNOL, OLE, ■ adj. [ʒydeoɛspaɲɔl] ou [ʒydeoɛspanjɔl] (*judéo-* et *espagnol*) Qui concerne les Juifs d'Espagne et leurs descendants, en particulier ceux qui ont dû émigrer à la suite des persécutions commises à leur égard au Moyen Âge. ■ N. m. Ensemble des dialectes parlés par les séfarades.

JUDICATUM SOLVI, [ʒydikatɔmsɔlvi] (mots latins qui signifient : ce qui sera jugé sera payé, de *judicatum,* jugement, et *solvere,* payer.) *Caution judicatum solvi,* caution qu'on peut obliger un étranger à fournir lorsqu'il veut intenter une action devant les tribunaux de France contre un Français.

JUDICATURE, n. f. [ʒydikatyʀ] (lat. médiév. *judicatura,* du lat. *judicare,* juger) État, profession de toute personne employée à l'administration de la justice. « *La judicature est une espèce de sacerdoce* », Fléchier. ♦ ▷ La dignité de juge chez les Hébreux.

JUDICIAIRE, adj. [ʒydisjɛʀ] (lat. *judiciarius,* relatif aux tribunaux) Qui est relatif à l'administration de la justice. *Organisation judiciaire.* ♦ Qui se fait en justice, par autorité de justice. *Enquête judiciaire.* ♦ Dans le Moyen Âge, *combat judiciaire,* combat ordonné par autorité de justice entre deux parties par leurs champions, et dont l'issue décidait la contestation. ♦ **Rhét.** *Genre judiciaire,* celui des trois genres d'éloquence par lequel on accuse ou l'on défend. ♦ *Astrologie judiciaire,* Voy. astrologie. ♦ ▷ *Faculté judiciaire* et n. f. *la judiciaire,* faculté par laquelle on juge, on apprécie. « *Quelle netteté de judiciaire enfantine!* », J.-J. Rousseau. ◁

JUDICIAIREMENT, adv. [ʒydisjɛʀ(ə)mɑ̃] (*judiciaire*) En forme judiciaire.

JUDICIARISER, ■ v. tr. [ʒydisjaʀize] (*judiciaire*) Soumettre un point à une décision judiciaire. *Faut-il judiciariser la relation entre parents et enfants? La tendance actuelle à judiciariser inutilement le moindre litige.* ■ JUDICIARISATION, n. f. [ʒydisjaʀizasjɔ̃]

JUDICIEUSEMENT, adj. [ʒydisjøz(ə)mɑ̃] (*judicieux*) D'une manière judicieuse.

JUDICIEUX, EUSE, adj. [ʒydisjø, øz] (lat. *judicium*) Qui a du jugement, qui sait comparer et apprécier. ♦ Qui a la marque d'un bon jugement. *Des choix judicieux.*

JUDO, ■ n. m. [ʒydo] (mot jap., de *ju,* souplesse, et *do,* la voie) Arts martial japonais dérivé du ju-jitsu, fondé sur des techniques de projections et d'immobilisations au sol de l'adversaire.

JUDOGI, ■ n. m. [ʒydogi] (mot jap., judo) Tenue portée par les judokas. *Lors de certaines compétitions, les judokas portent des judogis bleus.*

JUDOKA, ■ n. m. et n. f. [ʒydoka] (mot jap., judo) Personne qui pratique le judo. *Une judoka de haut niveau. Des judokas.* ■ Rem. On trouve également le féminin *une judokate.*

JUGAL, ALE, ■ adj. [ʒygal] (lat. *jugalis,* qui a la forme d'un joug) **Anat.** Relatif à la joue. *Les muscles jugaux.* ♦ *L'os jugal* ou n. m. *le jugal,* os qui forme la pommette.

JUGE, n. m. et n. f. [ʒyʒ] (lat. *judex,* de *jus dicere,* dire le droit) Celui qui juge, qui a le droit et l'autorité de juger. *Dieu le souverain juge.* ♦ Homme préposé par autorité publique pour rendre la justice aux particuliers. ♦ **Collect. et absol.** Tribunal. *Renvoyer devant le juge, par-devant le juge.* ♦ *Juges naturels,* ceux que la loi assigne aux accusés, aux parties. ♦ *Juge d'instruction,* Voy. instruction. ♦ ▷ *Juge de paix,* magistrat chargé de juger sommairement, sans frais et sans ministère d'avoués, les contestations de peu d'importance, et de concilier, s'il se peut, les différents dont le jugement est réservé aux tribunaux civils ordinaires. ◁ ♦ Autrefois *juges-consuls,* ▷ ◁ aujourd'hui *juges consulaires,* juges pour les affaires commerciales, au tribunal de commerce. ♦ *Grand juge,* le ministre de la justice sous le premier empire. ♦ Celui qui est chargé de prononcer dans un concours. ♦ Toute personne ou ensemble de personnes choisies pour prononcer sur un différend, ou dont le jugement, l'opinion a pouvoir de décider. ◆ Il se dit, dans le même sens, de toute chose personnifiée. « *Je prends entre nous deux la victoire pour juge* », VOLTAIRE. ◆ Celui qui est capable de juger d'une chose, de l'apprécier. ◆ *Juges du camp,* ceux qui, dans les combats judiciaires, dans les joutes et combats de chevaliers, étaient chargés de veiller à ce que tout se passât suivant l'usage et la loyauté. ◆ *Francs juges,* Voy. VEHME. ◆ Magistrat suprême des Juifs avant la royauté. ◆ *Le livre des Juges* ou *les juges,* le septième livre de l'Ancien Testament. ■ *Juge d'instance,* dénomination actuelle du juge de paix. ■ *Juge de l'application des peines,* juge qui s'occupe de l'exécution des peines prononcées contre un condamné. ■ Sp. *Juge de touche,* personne qui assiste l'arbitre d'un match dans certains sports d'équipe. ■ *Juge de ligne,* personne qui assiste l'arbitre d'un match de tennis. ■ Prov. *On ne peut être à la fois juge et partie,* on ne peut donner un arbitrage lorsqu'on est impliqué dans une cause.

JUGÉ, ÉE, p. p. de juger. [ʒyʒe] Fig. *C'est un homme jugé,* on connaît son peu de valeur intellectuelle ou morale. ◆ Jurispr. *La chose jugée,* point de contestation que peut faire un tribunal jugé ; jugement passé en force de chose jugée. ◆ N. m. *Le bien-jugé,* jugement bien rendu. *Maintenir le bien-jugé.* ◆ *Le mal-jugé,* jugement défectueux. ■ Loc. adv. *Au jugé* ou *au juger,* approximativement.

JUGE-COMMISSAIRE, ■ n. m. et n. f. [ʒyʒ(ə)kɔmisɛr] (*juge* et *commissaire*) Juge chargé des redressements judiciaires, des successions, etc. *Des juges-commissaires.*

JUGEMENT, n. m. [ʒyʒ(ə)mɑ̃] (*juger*) Jurispr. Action de juger ; décision prononcée en justice. *Jugement d'un procès.* ■ En parlant des cours supérieures, on dit *arrêt* et non *jugement.* ◆ Fig. « *Les plus grands rois viennent subir, sans cour et sans suite, le jugement de tous les peuples et de tous les siècles* », BOSSUET. ◆ *Mettre quelqu'un en jugement,* lui faire un procès criminel. ◆ Il se dit de l'intervention de Dieu dans les choses humaines, de ses décrets, de ses desseins. « *Les jugements de Dieu sur le plus grand de tous les empires de ce monde ne nous ont pas été cachés* », BOSSUET. ◆ *Jugement de Dieu,* épreuves extraordinaires, comme le duel, l'épreuve du feu, du fer chaud, etc. auxquelles, dans le Moyen Âge, on recourait pour décider certaines contestations. ◆ *Le jugement dernier,* le jugement par lequel Dieu jugera les vivants et les morts à la fin des temps. ◆ *En jugement,* en débat, en discussion. « *Nous osons sans cesse appeler le Seigneur en jugement avec nous* », MASSILLON. ◆ Opinion motivée, rendue sur un point de doctrine, sur une question, sur un livre, etc. *Le jugement de l'Académie sur Le Cid.* ◆ Avis, sentiment. ◆ *Au jugement,* selon l'opinion, selon l'avis. « *Au jugement des docteurs* », PASCAL. ◆ Approbation ou condamnation. « *Vous êtes injuste dans le jugement que vous faites de vous* », MME DE SÉVIGNÉ. ◆ Faculté de l'entendement qui saisit les rapports entre les idées, qui apprécie sainement les choses. « *Le jugement doit conduire toutes nos actions* », MALHERBE. ◆ Log. Acte de l'entendement par lequel on décide qu'il y a convenance ou disconvenance entre deux idées. ■ Dr. *Jugement contradictoire,* rendu à l'issue de la comparution des deux parties. ■ Dr. *Jugement par défaut,* rendu en l'absence d'une des deux parties.

JUGEOTE, ■ n. f. [ʒyʒɔt] (*juger*) Fam. Faculté de jugement, bon sens. *Cet homme manque de jugeote.*

JUGER, v. tr. [ʒyʒe] (lat. *judicare,* de *judex,* génit. *judicis,* juge) Prononcer, en qualité de juge, sur une affaire ou sur une personne. *Juger un procès, une personne.* ◆ *Juger sur l'étiquette,* Voy. ÉTIQUETTE. ◆ Absol. *Il ne faut pas juger sans entendre les deux parties.* ◆ Fig. Il se dit que Dieu porte sur les hommes. « *[Dieu] Juge tous les mortels avec d'égales lois* », RACINE. ◆ Décider comme arbitre en quelque différend. *Un coup difficile à juger.* ◆ Se former, énoncer une opinion sur quelqu'un ou sur quelque chose. *Juger un auteur, un livre, etc.* ◆ *Juger un homme,* apprécier sa valeur intellectuelle ou morale. ◆ Croire, estimer, être d'opinion. *Que jugez-vous que je doive faire ?* ◆ Conjecturer. *Il n'est pas difficile de juger ce qui en arrivera.* ◆ Se figurer, s'imaginer. *Il est aisé de juger d'où cela part.* ◆ Au jeu de paume, *juger la balle,* prévoir le lieu où la balle va tomber, et fig. prévoir quel tour une affaire prendra. ◆ Vén. Reconnaître l'âge, la taille et l'espèce de bête par le pied, les fumées, etc. ◆ *Tirer au juger,* tirer sans voir distinctement la bête, et en jugeant qu'elle est en tel endroit. ◆ Absol. Discerner la convenance ou la disconvenance de deux idées. ◆ V. intr. Porter un jugement, prononcer un arrêt (emploi rare). « *C'est sur quoi l'Europe littéraire peut juger* », VOLTAIRE. ◆ *Juger de,* apprécier, se faire une opinion sur. *Juger des actions des hommes.* ◆ *Juger des coups,* regarder des joueurs et apprécier en quoi ils jouent bien ou mal, et fig. être simple spectateur des événements. ◆ *Juger de,* se faire une idée de. *Jugez de ma surprise.* ◆ *Juger de,* porter, en bien ou en mal, un jugement sur autrui. *Juger mal de son prochain.* ◆ *Juger de,* être connaisseur, en apprécier le mérite de. *Il juge bien de la poésie.* ◆ Absol. « *Ceux qui sont accoutumés à juger par le sentiment ne comprennent rien aux choses de raisonnement* », PASCAL. ◆ *Se juger,* porter un jugement sur soi-même. ◆ Porter un jugement les uns sur les autres. ◆ Croire quelque chose sur son propre compte. *Se juger digne d'une récompense.* ◆ Être jugé.

Le procès se jugera demain. ■ *Juger bon, utile de* (et infinitif), estimer qu'il est bon, utile de… *Il a jugé bon de la prévenir.*

JUGEUR, EUSE, n. m. et n. f. [ʒyʒœr, øz] (*juger*) Par dénigrement, personne qui juge. ◆ Fig. Personne qui ne sait que juger et critiquer sans être capable de rien produire. « *Nos jugeurs de comédies* », BEAUMARCHAIS.

JUGULAIRE, adj. [ʒygylɛr] (lat. *jugulum,* clavicule, gorge) Anat. Qui appartient à la gorge. ◆ *Veines jugulaires* ou n. f. *les jugulaires,* quatre veines placées sur les parties latérales du cou, deux à droite, deux à gauche. ◆ N. f. *Les jugulaires,* les mentonnières d'un shako, d'un casque, etc.

JUGULER, v. tr. [ʒygyle] (lat. *jugulare,* couper la gorge, de *jugulum,* gorge) Néolog. Fam. Proprement, égorger, et par catachrèse, causer une perte considérable, une ruine. ◆ Ennuyer excessivement, tourmenter, importuner. *Vous me jugulez.* ■ Empêcher le développement de quelque chose. *Juguler l'inflation.* ■ REM. Seul ce dernier sens est d'emploi courant aujourd'hui.

JUIF, IVE, n. m. et n. f. [ʒɥif, iv] (lat. *Judæus,* gr. *Ioudaios,* de l'hébr. *Yhuda,* Juda, fils de Jacob) Celui, celle qui appartient au peuple hébreu. ◆ *Le Juif errant,* personnage que l'on suppose condamné à errer jusqu'à la fin du monde, pour avoir outragé Jésus portant sa croix, et fig. homme qui change souvent de demeure, qui voyage sans cesse. ◆ Celui, celle qui professe la religion judaïque. ◆ *Être riche comme un Juif,* être fort riche [1]. ◆ Fig. et fam. Celui qui prête à usure ou qui vend exorbitamment cher, et en général quiconque cherche à gagner de l'argent avec âpreté [2]. ◆ Adj. *Juif, juive,* qui appartient aux Juifs. *Le peuple juif.* ◆ À LA JUIVE, loc. adv. À la manière des Juifs, quant aux mœurs et aux coutumes. ■ Fam. *Le petit juif,* nerf de la partie interne du coude qui provoque une sensation de décharge électrique lorsqu'on le heurte. ■ REM. 1 : Expression raciste. ■ REM. 2 : Terme raciste dans ce sens.

JUILLET, n. m. [ʒɥijɛ] (anc. fr. *juignet,* petit juin, refait à partir du lat. *Julius mensis,* mois de Jules [César]) Le septième mois de l'année. ◆ *La mi-juillet,* le milieu de juillet. ◆ *Le 14 Juillet,* jour de la fête nationale en France, commémorant la prise de la Bastille lors de la révolution de 1789.

JUILLETTISTE, ■ n. m. et n. f. [ʒɥijetist] (*juillet*) Vacancier prenant ses congés durant le mois de juillet. *Les juillettistes et les aoûtiens.*

JUIN, n. m. [ʒɥɛ̃] (lat. *Junius mensis,* mois de Junius Brutus, premier consul de Rome) Le sixième mois de l'année. ◆ *La mi-juin,* le milieu du mois de juin.

JUIVERIE, n. f. [ʒɥiv(ə)ri] (*juif*) Quartier d'une ville habité par les Juifs. ◆ Corporation des Juifs. ◆ Fam. et fig. Un marché usuraire, établissement usuraire. *Il m'a fait une juiverie.* « *Vos juiveries que vous appelez monts-de-piété* », VOLTAIRE. ■ REM. Terme à connotation raciste dans ce dernier sens.

JUJITSU ou **JU-JITSU,** ■ n. m. [ʒyʒitsy] (jap. *jujutsu,* de *ju,* calme, et *jutsu,* technique) Art martial japonais utilisant les techniques de clés, de projections et les coups au corps, consistant à retourner la force de l'adversaire contre lui. *Des jujitsus, des ju-jutsus.* ■ REM. On trouve également la graphie *jiu-jitsu. Des jiu-jitsus.*

JUJUBE, n. f. [ʒyʒyb] (lat. *zizyphum,* du gr. *zizuphon*) Fruit du jujubier. ◆ N. m. Le suc extrait de la jujube. ◆ *Pâte de jujube,* préparation faite avec la décoction du jujube.

JUJUBIER, n. m. [ʒyʒybje] (*jujube*) Genre de la famille des rhamnées, dont le type est le jujubier commun.

JUKE-BOX, ■ n. m. [dʒukbɔks] (mot angl., de l'arg. *juke,* hôtel borgne, dancing, et *box,* boîte) Machine dans laquelle la clientèle des bars insère une pièce ou un jeton pour mettre en route le lecteur automatique de titres musicaux. *Des juke-box* ou *des juke-boxes* (pluriel anglais).

1 **JULE,** n. m. [ʒyl] (var. de *iule*) Voy. IULE.

2 **JULE,** n. m. [ʒyl] (ital. *Giulio,* p.-ê. le pape Jules II, 1443-1513, qui a revalorisé cette monnaie) ▷ Monnaie qui avait cours en Italie, et surtout à Rome. *Le jule vaut environ trente centimes.* ◁

JULEP, n. m. [ʒylɛp] (ar. *gulab*) Potion adoucissante ou calmante composée d'eau distillée et de sirop.

JULES, ■ n. m. [ʒyl] (*Jules,* prénom) Vx Vieilli Proxénète. ■ Fam. Amant, mari, compagnon. *Elle nous a présenté son jules.*

JULIEN, IENNE, adj. [ʒyljɛ̃, jɛn] (lat. *julianus,* de Jules César) Qui appartient à la réformation de l'année qui fut faite par l'ordre de Jules César. *L'ère julienne.* ◆ *Année julienne,* l'année commune de trois cent soixante-cinq jours, ou bissextile de trois cent soixante-six jours.

JULIÉNAS, ■ n. m. [ʒyljenas] (on prononce le *s* final. *Juliénas,* commune de la Saône-et-Loire) Cru du Beaujolais.

1 **JULIENNE,** n. f. [ʒyljɛn] (prob. prén. *Julien* ou *Julienne*) Genre de la famille des crucifères. *Julienne blanche. Julienne violette.*

2 **JULIENNE,** n. f. [ʒyljɛn] (prob. prén. *Julien* ou *Julienne.*) Potage fait avec plusieurs sortes d'herbes et de légumes. *Potage à la julienne.* ■ *Couper, tailler*

en julienne, en filaments. ■ *Julienne de légumes,* plat composé de légumes coupés en julienne.

3 JULIENNE, ■ n. f. [ʒyljɛn] (prob. prén. *Julien* ou *Julienne*) Autre nom de la lingue. *Filets de julienne.*

JUMART, n. m. [ʒymaʀ] (provenç. *jumere,* du gr. *chimaira,* chimère) Animal qu'on supposait engendré soit du taureau et de la jument ou d'une ânesse, soit d'un âne et d'une vache.

JUMBO-JET, ■ n. m. [dʒœmbodʒɛt] (mot angl., de *jumbo,* gros, grand, de *Jumbo,* nom p.-ê. afric. d'un éléphant du zoo de Londres, et *jet,* avion) Avion de grande capacité. *Des jumbo-jets.* ■ Rem. Recomm. offic. *gros-porteur.*

JUMEAU, ELLE, adj. [ʒymo, ɛl] (lat. *gemellus,* jumeau, semblable) *Enfants jumeaux,* enfants nés d'un même accouchement. ◆ Il se dit aussi des animaux. ◆ N. m. et n. f. *Un jumeau. Une jumelle.* ◆ Il se dit de deux objets qui se ressemblent et qui sont disposés semblablement. « *J'ai un profond mépris pour les lignes droites, les allées jumelles* », Voltaire. ◆ *Lits jumeaux,* deux lits de même forme placés parallèlement dans la même pièce. ◆ **Anat.** *Muscles jumeaux* ou subst. *les jumeaux,* deux muscles qui concourent au mouvement de la jambe. ◆ *Vrais jumeaux,* issus du même ovule fécondé. *Faux jumeaux,* issus chacun d'un ovule fécondé différent.

JUMELAGE, ■ n. m. [ʒym(ə)laʒ] (*jumeler*) Action d'ajuster ensemble, de mettre côte à côte deux choses, deux objets. *Le jumelage de maisons.* ■ *Jumelage de villes,* association deux villes de pays différents afin de créer des liens de coopération et d'échanges culturels.

JUMELÉ, ÉE, adj. [ʒym(ə)le] (*jumeler*) Fortifié par des jumelles. ◆ N. f. pl. *Jumelées,* assemblage de deux pièces de bois s'ajustant longitudinalement l'une contre l'autre. ◆ **Hérald.** *Pièce jumelée,* pièce formée de deux jumelles.

JUMELER, ■ v. tr. [ʒym(ə)le] (*jumelle*) Apposer côte à côte deux éléments semblables de telle sorte qu'ils renforcent l'un l'autre leur action. *Pour renforcer la charpente, ils ont systématiquement jumelé les poutres.* ■ **Fig.** Rapprocher, créer un lien. *Jumeler deux villes.*

1 JUMELLE, n. f. [ʒymɛl] (fém. substantivé de *jumeau*) Nom de deux pièces de bois ou de métal qui sont semblables, et qui entrent dans la composition d'une machine ou d'un outil. ◆ **Hérald.** Espèce de fasces doubles dont on charge le milieu de l'écu. ◆ *Jumelles,* espèce de double lorgnette. ◆ **Au sing. Mar.** Pièce de bois appliquée sur une autre pour la conserver ou pour la fortifier. ◆ Rangée de pavés formant la moitié d'un ruisseau et joignant la chaussée. ◆ **N. f. pl.** Instrument permettant de voir au loin avec un certain grossissement. *Des jumelles de théâtre.*

2 JUMELLE, ■ adj. et n. f. [ʒymɛl] (fém. de *jumeau*) Voy. JUMEAU.

JUMENT, n. f. [ʒymɑ̃] (lat. *jumentum,* bête de somme, de trait) La femelle du cheval. ■ **Fig., fam.** et **péj.** Femme un peu forte. *Il est venu dîner avec sa grande jument !*

JUMPING, ■ n. m. [dʒœmpiŋ] (mot angl., de *to jump,* sauter) Épreuve hippique comportant des sauts d'obstacle.

JUNGLE, n. f. [ʒɔ̃gl] ou [ʒɛ̃gl] ou [ʒɔ̃ɡl] (mot angl. de l'hindoustani *jangal,* territoire inhabité) Dans les Indes orientales, plaine fourrée et couverte de roseaux [1]. ■ Formation végétale de l'Inde, constituée de hautes herbes et d'arbres épars. ■ **Fig.** Milieu où règne la loi du plus fort. ◆ *La loi de la jungle,* la loi du plus fort. ■ Rem. 1 : *Indes orientales* était le nom donné aux colonies néerlandaises d'Asie.

JUNIOR, ■ adj. [ʒynjɔʀ] (mot lat., compar. de *juvenis,* plus jeune) **Sp.** Catégorie se situant entre les cadets et les seniors. *L'équipe junior de football.* ■ N. m. et n. f. Jeune sportif, jeune sportive appartenant à cette catégorie. *Les juniors de l'équipe de tennis.* ■ *Les juniors de ma section,* les adolescents, les plus jeunes. ■ En appos. Se dit pour désigner le fils ou le frère le plus jeune. *M. Dupont junior.*

JUNKER, ■ n. m. [junkɛʀ] (mot all., jeune seigneur) Prussien d'un haut rang social. ■ Militaire allemand issu d'une famille de nobles ou de notables.

JUNKIE ou **JUNKY,** ■ n. m. et n. f. [dʒœŋki] (angl. *junk,* drogue dure) **Fam.** Personne qui consomme des drogues dures. *Un repaire de dealers et de junkies,* ou *de junkys.*

JUNON, n. f. [ʒynɔ̃] (lat. *Juno,* génit. *Junonis*) Épouse de Jupiter et reine des dieux. ◆ *Oiseau de Junon,* le paon. ◆ **Astron.** Planète qui est entre Vesta et Cérès.

JUNONIEN, IENNE, ■ adj. [ʒynɔnjɛ̃, jɛn] (*Junon*) Relatif à Junon, la déesse. ■ Qui, par son physique ou son caractère, rappelle Junon. *Une colère junonienne.*

JUNTE, n. f. [ʒœ̃t] ou [ʒɛ̃t] (*un* se prononce comme dans *un* ou dans *fin* ; esp. *junta,* assemblée, réunion) Nom qu'on donne à différents conseils, en Espagne et au Portugal. ■ Gouvernement insurrectionnel, notamment en Amérique latine. ■ Rem. On prononçait autrefois [ʒɔ̃t].

JUPE, n. f. [ʒyp] (a. fr. pourpoint d'homme ou de femme, a. ital. *jupa,* de l'ar. *djubbah,* veste de dessous) La partie de l'habillement des femmes qui descend depuis la ceinture jusqu'aux pieds. ◆ Dans le langage des tailleurs, partie de la redingote, du paletot, qui couvre les cuisses de l'homme. ■ Vêtement féminin qui part de la ceinture et descend plus ou moins bas. ■ **Techn.** Partie latérale d'un piston qui coulisse à l'intérieur d'un cylindre. ■ Carrosserie qui constitue la partie inférieure de certains véhicules. ■ Partie flexible d'un bateau sur coussin d'air. ■ *Être dans les jupes de sa mère,* être sous sa coupe.

JUPE-CULOTTE, ■ n. f. [ʒyp(ə)kylɔt] (*jupe* et *culotte*) Pantalon féminin très ample ayant l'aspect d'une jupe. ■ *Des jupes-culottes.*

JUPETTE, ■ n. f. [ʒypɛt] (*jupe*) Jupe très courte.

JUPIN, n. m. [ʒypɛ̃] (*Jupiter*) Forme du nom de Jupiter dans l'ancien français ; ne se dit plus que dans le style familier.

JUPITER, n. m. [ʒypitɛʀ] (lat. *Jup[p]iter*) Nom du roi des dieux dans la mythologie gréco-latine. ◆ **Astron.** Planète entre Mars et Saturne. ◆ Dans l'ancienne chimie, l'étain.

JUPITÉRIEN, ENNE, ■ adj. [ʒypiterjɛ̃, jɛn] (*Jupiter*) Relatif au dieu romain Jupiter, à sa puissance et à ses attributs. *Le trident jupitérien.* ■ Rappelant la puissance de Jupiter. « *Un étrange orage d'hiver avait grondé toute la nuit, un orage jupitérien qu'on aurait peut-être dû apaiser par des hécatombes* », Mauriac. ■ **Littér.** Impérieux et dominateur. ■ Relatif ou appartenant à la planète Jupiter. *Un satellite jupitérien.*

JUPON, n. m. [ʒypɔ̃] (*jupe*) Jupe plus courte que les femmes mettent sous les robes. ■ **Fig.** Les femmes en général. *C'est un vrai coureur de jupons.*

JUPONNÉ, ÉE, ■ adj. [ʒypɔne] (*jupon*) Rendu ample au moyen d'un jupon. *Une robe juponnée.*

JUPONNER, ■ v. tr. [ʒypɔne] (*jupon*) Fixer un jupon sous une robe de manière à lui donner davantage d'ampleur.

JURANÇON, ■ n. m. [ʒyʀɑ̃sɔ̃] (*Jurançon,* ville des Pyrénées-Atlantiques) Vin blanc parfumé, produit dans la région du Jurançon. *Jeunes, les jurançons exhalent des arômes de fleurs blanches pour aller au vieillissement vers des notes d'amande grillée et même de truffe.*

JURANDE, n. f. [ʒyʀɑ̃d] (*juré*) Office annuel qui se donnait par élection dans les corps de métiers, et qui consistait à prendre soin des affaires du corps. ◆ Le temps pendant lequel on exerçait cette charge. ◆ Le corps des jurés.

JURASSIEN, IENNE, ■ adj. [ʒyʀasjɛ̃, jɛn] (*Jura*) Du Jura. *Le massif jurassien, la population jurassienne.* ■ **Géol.** Qui est propre à la période moyenne de l'ère secondaire. *Des sédiments jurassiens.* ■ N. m. et n. f. Habitant, habitante du Jura.

JURASSIQUE, adj. [ʒyʀasik] (*Jura*) **Géol.** *Terrain jurassique,* terrain secondaire dont le type se trouve dans le Jura.

JURAT, n. m. [ʒyʀa] (forme provenç. de *juré*) Ancien titre d'office municipal dans plusieurs villes du midi de la France.

JURATOIRE, adj. [ʒyʀatwaʀ] (b. lat. *juratorius*) **Jurispr.** *Caution juratoire,* serment fait en justice de représenter sa personne, ou de rapporter une chose dont on est chargé.

1 JURÉ, ÉE, p. p. de jurer. [ʒyʀe] *La foi jurée.* ◆ *Ennemi juré,* ennemi irréconciliable et déclaré.

2 JURÉ, ÉE, adj. [ʒyʀe] (lat. *juratus,* qui a prêté serment) Se disait de celui qui dans les corporations avait fait les serments requis par la maîtrise. *Écrivain juré.* ◆ Dans les corps d'artisans, hommes préposés pour faire observer les statuts et règlements à ceux de leur métier. *Les maîtres jurés.* ■ **Fig.** *Maître juré filou.* ◆ N. m. et n. f. *Il était juré de sa communauté.* ◆ N. m. Autrefois, échevin, membre du conseil de la commune. ◆ N. m. et n. f. Aujourd'hui, chacun des douze citoyens appelés dans les assises à prononcer sur la culpabilité d'un accusé. ◆ *Juré en matière d'expropriation,* membre d'un jury d'expropriation. ■ Membre d'un jury. *Un jury uniquement constitué de jurées.*

JUREMENT, n. m. [ʒyʀ(ə)mɑ̃] (*jurer*) Action de jurer, de faire un serment. ◆ Blasphème, imprécation.

JURER, v. tr. [ʒyʀe] (lat. *jurare*) Prendre par serment Dieu ou quelqu'un, ou quelque chose à témoin. ◆ *Jurer ses grands dieux,* affirmer de la façon la plus formelle. ◆ Assurer, promettre quelque chose par serment. *Jurer fidélité au souverain. Jurer de dire la vérité.* ◆ Promettre fortement et comme par une espèce de serment. *Je vous jure une amitié éternelle.* ◆ *Se jurer,* jurer l'un à l'autre. ◆ Résoudre fermement une chose, et comme si on en avait fait le serment. « *Votre perte est jurée* », P. Corneille. ■ Blasphémer. *Jurer* *le nom de Dieu.* ♦ **V. intr.** Faire serment. « *Ils craignaient Dieu, juraient en son nom* », BOSSUET. « *On jure par son souverain* », BOSSUET. ♦ *Ne jurer que par quelqu'un,* le croire en tout. ♦ Promettre fortement comme par une espèce de serment. ♦ Affirmer comme par une espèce de serment. « *Nous jurons qu'il a dit la vérité* », VOLTAIRE. ♦ *Je vous jure,* je vous affirme. Je vous proteste. ♦ *On jurerait,* on affirmerait, on croirait. ♦ *Jurer de,* assurer, affirmer fortement. *Il ne faut jurer de rien.* ♦ *Jurer,* faire des serments sans nécessité. ♦ Faire des jurements, blasphémer. ♦ Produire une discordance, en parlant de choses dont l'union est choquante. *Le vert jure avec le bleu.* ♦ Faire entendre un son aigre, désagréable, en parlant d'instruments de musique. « *Un violon faux qui jure sous l'archet* », BOILEAU. ♦ Se jurer, v. pr. Être assuré par serment. *La paix se jura entre les adversaires.*

JUREUR, n. m. [ʒyʀœʀ] (*jurer*) Droit coutumier, celui qui prête serment. ♦ Celui qui jure beaucoup.

JURI, n. m. [ʒyʀi] Voy. JURY.

JURIDICTION, n. f. [ʒyʀidiksjɔ̃] (lat. *jurisdictio,* action et droit de rendre la justice, de *juris,* génitif de *jus,* justice, et *dictio,* action de dire) Pouvoir du juge, de celui qui a droit de juger. ♦ **Fig.** « *La Sorbonne n'a point de juridiction sur le Parnasse* », PASCAL. ♦ *Degré de juridiction,* chacun des tribunaux devant lesquels une même affaire peut être successivement portée. ♦ Le ressort, l'étendue du lieu où le juge a le pouvoir de juger. ♦ **Fig.** *Cela n'est point de votre juridiction,* vous vous mêlez d'une chose que vous n'entendez pas. ■ Ensemble des tribunaux qui ont le même degré. *Juridiction de seconde instance ou d'appel.*

JURIDICTIONNEL, ELLE, adj. [ʒyʀidiksjɔnɛl] (*juridiction*) Qui est relatif à la juridiction. *Droit, pouvoir juridictionnel.*

JURIDIQUE, adj. [ʒyʀidik] (lat. *juridicus,* relatif à la justice) Qui se fait en justice, dans les formes judiciaires. *Un assassinat juridique.* ■ Qui est relatif au droit, qui concerne le droit. *Un guide juridique.*

JURIDIQUEMENT, adv. [ʒyʀidik(ə)mɑ̃] (*juridique*) D'une manière juridique.

JURIDISME, ■ n. m. [ʒyʀidism] (*juridique*) Attitude formaliste consistant à respecter et à appliquer avec une rigueur excessive les textes de lois. *Le juridisme administratif.*

JURISCONSULTE, n. m. [ʒyʀiskɔ̃sylt] (lat. *juris consultus, juris,* génit. de *jus,* le droit, et *consultus,* versé dans) Celui qui fait profession de donner des avis sur les questions de droit.

JURISPRUDENCE, n. f. [ʒyʀispʀydɑ̃s] (lat. *juris prudentia, juris,* génit. de *jus,* le droit, et *prudentia,* connaissance) La science du droit et des lois. ♦ L'ensemble des principes de droit qu'on suit dans chaque pays ou dans chaque matière. *La jurisprudence romaine, criminelle, etc.* ■ Manière dont un tribunal juge habituellement telle ou telle question. *La jurisprudence de la cour a varié sur ce point.* ■ *Faire jurisprudence,* faire autorité et servir d'exemple à d'autres cas similaires. ■ Ensemble des décisions prises dans une juridiction et qui constituent par la suite une source juridique. *Consultez le recueil de jurisprudence.* « *Cet amas de jurisprudences* », MORAND.

JURISPRUDENTIEL, IELLE, ■ adj. [ʒyʀispʀydɑ̃sjɛl] (*jurisprudence*) **Dr.** Qui a trait à la jurisprudence. ■ Résultant d'une jurisprudence. *Le système jurisprudentiel du droit au respect de la vie privée.*

JURISTE, n. m. [ʒyʀist] (lat. médiév. *jurista*) Celui qui écrit sur les matières de droit. *Un savant juriste.*

JURON, n. m. [ʒyʀɔ̃] (*jurer*) Certaine façon de jurer dont une personne se sert habituellement. ♦ Il se dit aussi de toute espèce de jurement. *Lâcher un juron, un gros juron.*

JURY, n. m. [ʒyʀi] (angl. *jury,* de l'anc. fr. *juree,* serment, enquête juridique sous serment) **Jurispr.** Le corps des citoyens qui peuvent être jurés. ♦ L'ensemble des jurés désignés pour une session. ♦ La réunion des douze jurés auxquels une affaire est soumise. ♦ Nom de certaines commissions chargées d'un examen particulier. *Jury de l'exposition des produits de l'industrie.* ♦ *Jury d'expropriation,* jury qui statue sur les indemnités à accorder en cas d'expropriation. ♦ Commission chargée de prononcer sur le mérite des concurrents dans un concours. ■ **REM.** Graphie ancienne : *juri.*

JUS, n. m. [ʒy] (lat. *jus, jus,* sauce) Partie liquide des végétaux ou de leurs organes obtenue par expression. *Jus d'herbes.* ♦ *Le jus de la vigne, de la treille,* le vin. ♦ *Jus de réglisse,* extrait de la racine de réglisse. ♦ Jus que l'on tire de la viande par la coction. ♦ **Prov.** *C'est jus vert ou vert jus,* c'est la même chose. ■ **Pop.** Café. *Boire un jus.* ■ **Fam.** *Jus de chaussette,* café peu fort et de mauvaise qualité. ■ **Pop.** Courant électrique. *Un coup de jus.* ■ **Fam.** *Mettre quelqu'un au jus,* le jeter à l'eau.

JUSANT, n. m. [ʒyzɑ̃] (anc. adv. *jus,* en bas) Retraite ou descente de la marée. ♦ *Flot et jusant,* flux et reflux.

JUSQU'AU-BOUTISME, ■ n. m. [ʒyskobutism] (*jusqu'au-boutiste*) **Fam.** Attitude, politique d'une personne qui veut aller jusqu'au bout de ses idées

et de ses convictions, sans tenir compte des conséquences. « *Tu confonds le courage avec le jusqu'au-boutisme* », BAZIN. ■ *Des jusqu'au-boutismes.*

JUSQU'AU-BOUTISTE, ■ adj. [ʒyskobutist] (*jusqu'au bout* ; 1917) Qui va au bout de ses idées au risque d'être excessif. *Des jusqu'au-boutistes.* « *Il est si facile d'être irréductible et jusqu'au-boutiste, ici, où nous ne manquons de rien* », GREEN.

JUSQUE ou **JUSQUES,** prép. [ʒysk] (*jusques* devant des voyelles, soit en vers pour avoir une syllabe de plus, soit en prose pour l'euphonie. Prob. anc. fr. *enjusque,* du lat. *inde usque,* d'ici jusque) Elle marque un certain terme au-delà duquel on ne passe pas, qu'on n'excède point ; se construit avec *à, dans, sur,* etc. *De Paris jusqu'à Rome. Jusqu'à présent.* ♦ *Jusque* se construit sans préposition avec les adverbes *où, ici* et *là.* ♦ *Jusqu'ici,* jusqu'à cet endroit-ci. ♦ *Jusqu'ici,* jusqu'à ce temps-ci, jusqu'à ce point-ci. ♦ *Jusque-là,* jusqu'à cet endroit-là. ♦ *Jusque-là,* jusqu'à ce moment-là. ♦ **Fig.** *Jusque-là,* jusqu'à ce point-là. ♦ JUSQUE-LÀ QUE, loc. conj. Avec l'indicatif ou avec le subjonctif dans une phrase conditionnelle. ♦ Avec *quand, jusque* ou *jusques* prend *à.* « *Jusques à quand serai-je dans le trouble ?* », BOURDALOUE. « *Jusqu'à quand serez-vous emporté par vos passions ?* », FLÉCHIER. ♦ Avec *aujourd'hui,* on ne met pas la préposition *à.* « *Et jusques aujourd'hui Je l'ai pressé de feindre* », RACINE. ♦ Avec *demain* et *hier,* il faut *à.* ♦ JUSQU'À CE QUE, loc. conj. Avec le subjonctif, jusqu'au temps, au moment où. « *Les hommes ont la volonté de rendre service jusqu'à ce qu'ils en aient le pouvoir* », VAUVENARGUES. ♦ *Jusqu'à tant que,* se dit pour jusqu'à ce que, avec le subjonctif. ♦ *Jusqu'à,* suivi d'un infinitif. *J'en fus affligé jusqu'à en être malade.* ♦ *Jusqu'au point de,* avec l'infinitif. ♦ *Jusque* signifie même. « *Elle aimait tout dans la vie religieuse, jusqu'à ses austérités et à ses humiliations* », BOSSUET.

JUSQUIAME, n. f. [ʒyskjam] (lat. *hyoscyamus,* gr. *huos,* porc et *kuamos,* fève) Genre de plantes de la famille des solanées.

JUSSIEUA n. m. ou **JUSSIÉE,** ■ n. f. [ʒysjøa, ʒysje] (*Jussieu,* 1686-1758) **Bot.** Plante tropicale ornementale utilisée pour décorer les aquariums ou les bassins. *Le jussieua est une plante dite* nageante.

JUSSION, n. f. [ʒysjɔ̃] (b. lat. *jussio,* ordre) Commandement. ♦ *Lettres de jussion,* commandement par lequel le roi enjoignait aux autorités supérieures de faire une chose qu'elles avaient refusé de faire.

JUSTAUCORPS, n. m. [ʒystokɔʀ] (*juste, au* et *corps*) Espèce de vêtement à manches qui descend jusqu'aux genoux et qui serre la taille. ♦ *Au pl.* *Des justaucorps.* ■ Vêtement d'une seule pièce et très collant, utilisé pour la danse et la gymnastique.

1 **JUSTE,** adj. [ʒyst] (lat. *justus,* de *jus,* justice, droit) Qui est conforme à la justice. *Une action juste.* ♦ **Fam.** *Comme de juste,* locution populaire qui n'est pas reçue dans le bon usage ; il faut dire : *Comme il est juste.* ■ N. m. *Le juste,* ce qui est juste. ♦ Qui juge ou qui agit selon la justice, en parlant des personnes. ♦ Par exclamation. *Juste ciel!* ♦ N. m. Celui qui pratique la justice. ♦ Qui observe exactement les devoirs de la religion. *Homme juste et craignant Dieu.* ■ N. m. et n. f. *Le juste,* celui qui est sans péché, ou celui qui est justifié. ♦ *Le séjour, la demeure des justes,* le paradis. ♦ Fondé, légitime, en parlant des choses. *De justes défiances.* ♦ Qui est conforme à une certaine mesure. *C'est la juste matière d'un livre.* ♦ **Antiq. rom.** Réglé par la loi. *Justes funérailles.* ♦ Qui est exact, qui s'ajuste bien. *La juste proportion. Le juste poids.* ♦ *Cette montre est juste,* elle marque exactement l'heure. ♦ *Cela est juste comme l'or,* cela a précisément le poids, la qualité, etc. qu'il doit avoir. ♦ **Peint.** et **sculpt.** Exactement conforme au modèle. *Un dessin juste.* ♦ **Mus.** *Son juste,* son conforme aux règles de la musique, de notre gamme, de notre tonalité. ♦ On dit de même : *Une voix, un instrument juste.* ♦ Qui convient, qui est tel qu'il doit être, exact. *Se faire une idée juste d'une chose.* ♦ Qui a le caractère de la justesse, du bon sens. *Cette pensée est juste.* ♦ N. m. *Le juste,* ce qui convient, ce qui est conforme à la raison. ♦ Qui s'accorde bien, qui cadre. *Mon goût s'est trouvé juste avec le vôtre.* ♦ Qui apprécie bien les choses matérielles. *Avoir le coup d'œil, l'oreille juste.* ♦ Qui apprécie bien les choses intellectuelles. *Son esprit est juste.* ♦ Qui porte droit au but, en parlant d'une arme de jet. *Ce fusil est juste.* ♦ Qui est trop court, trop étroit. *Un habit, des souliers justes.* ♦ **Adv.** *Être chaussé trop juste,* avoir des souliers trop étroits. ♦ *Juste* se dit aussi d'un temps, d'un délai à peine suffisant. *Cela sera bien juste.* ♦ **Adv.** Exactement, précisément. ♦ *Tout juste,* même sens. ♦ *Frapper juste,* frapper sur l'endroit qu'il faut, et fig. agir, parler d'une façon décisive. ♦ Dans la juste proportion. *Peser, mesurer juste.* ♦ Sans laisser de jeu, de vide. *Cela entre juste.* ♦ Il se dit des proportions exactes du dessin, de l'harmonie. *Chanter juste.* ♦ En donnant précisément au point où l'on vise. *Tirer juste.* ♦ **Fig.** Avec justesse, avec à-propos. *Penser et parler juste.* ♦ À peine, seulement. *Il sait tout juste nager. Il est resté juste une journée.* ■ AU JUSTE, loc. adv. Avec précision, en parlant de nombres, de poids, de mesure, de valeur. *Estimer, connaître au juste.*

2 **JUSTE,** n. m. [ʒyst] (1 *juste,* au sens de ajusté) ▷ Habillement de paysanne serrant le corps. ◁

JUSTE-À-TEMPS, ■ n. m. inv. [ʒystɑ̃tɑ̃] (*juste à temps*) Mode de production en flux tendus qui implique d'augmenter ou de réduire le rythme de fabrication en fonction de la demande, et ainsi de limiter ou de faire disparaître les stocks. *Des juste-à-temps.*

JUSTEMENT, adv. [ʒystəmɑ̃] (*juste*) Avec justice. ◆ Avec raison, sur de bons motifs. ◆ Précisément, à point nommé.

JUSTESSE, n. f. [ʒystɛs] (*juste* ; déb. XVIIᵉ s.) Qualité de ce qui s'adapte exactement. *La justesse d'une vis et de son écrou.* ◆ Qualité de choses qui se rapportent l'une à l'autre avec une grande exactitude. ◆ **Fig.** Exacte convenance. *La justesse d'une expression, d'une métaphore, d'un raisonnement, etc.* ◆ Qualité de l'esprit, qui fait qu'on met dans les choses intellectuelles une exacte convenance. ◆ Qualité de ce qui offre exactitude dans les rapports, dans les proportions. *La justesse d'une balance, de la voix, des sons, etc.* ◆ Qualité qui fait apprécier les sons, les distances, etc. d'une manière exacte. *Justesse du coup d'œil, de l'oreille.* ◆ Manière de faire une chose avec exactitude, précision. *La justesse du tir, du jeu d'un violoniste, etc.* ■ **Loc. adv.** *De justesse*, de peu. *Il a battu son adversaire de justesse.*

JUSTICE, n. f. [ʒystis] (lat. *justitia*, conformité avec le droit ; XIᵉ s.) Règle de ce qui est conforme au droit de chacun ; volonté constante et perpétuelle de donner à chacun ce qui lui appartient. *« La justice est le lien de toute société »*, VOLTAIRE. ◆ Première innocence de l'homme avant son péché. ◆ Observation exacte des devoirs de la religion. *Marcher dans les voies de la justice.* ◆ *La Justice* (avec un J majuscule), divinité allégorique. ◆ Au pl. *Actes de justice.* ◆ *Les justices du ciel*, les punitions qu'il inflige. ◆ Le pouvoir de faire droit à chacun, de récompenser et de punir ; l'exercice de ce pouvoir. *La justice humaine, divine.* ◆ *Rendre la justice*, exercer le pouvoir judiciaire. ◆ Action de reconnaître le droit de quelqu'un à quelque chose, d'accueillir sa plainte, etc. *Demander, rendre, obtenir justice.* ◆ *Faire justice*, prononcer un juste arrêt, et fig. punir, châtier, traiter quelqu'un comme il le mérite. ◆ **Fig.** *Faire justice de quelque chose*, infliger à quelque chose un juste blâme, une juste réprobation. ◆ *Faire justice à quelqu'un*, examiner sa cause, prononcer en sa faveur un arrêt. ◆ *Faire justice au mérite*, le reconnaître. ◆ *Se faire justice à soi-même*, se venger soi-même, se payer par ses mains, etc. sans avoir recours aux voies ordinaires de la justice. ■ **Absol.** *Se faire justice*, se condamner quand on a tort. ◆ Action d'accorder à une personne ce qu'elle demande et qu'il est juste qu'elle obtienne. *Rendre justice à quelqu'un*, lui rendre la justice qui lui est due ; reconnaître en lui ce qui est bon. *Rendre justice au mérite, au courage, etc. de quelqu'un.* ◆ *Rendre justice à*, signifie aussi être équitable pour. *Se rendre justice à soi-même*, apprécier ce qu'on vaut ; confesser ses torts. ◆ Bon droit. *La justice de ma cause.* ◆ Pris sans article, justice s'emploie pour raison, convenance. *C'était justice.* ◆ Juridiction considérée quant aux personnes chargées de rendre la justice ; les tribunaux, les officiers et magistrats. *Un homme de justice.* ◆ **Mar.** Barre de fer employée pour infliger la peine de mort à bord. ◆ Juridiction considérée quant à la nature des causes. *Justice civile, criminelle.* ◆ *Justice de paix*, fonction de juge de paix. ◆ Le lieu où le juge de paix se tient. ◆ *La Justice* (avec un J majuscule), le ministère chargé des sceaux en France. ◆ Au pl. *Les justices*, les juridictions seigneuriales ; elles étaient de trois sortes : la haute, la moyenne et la basse.

JUSTICIABLE, adj. [ʒystisjabl] (*justice* par l'interm. de 1 *justicier*) Qui appartient à la juridiction de certains juges. ◆ N. m. et n. f. *Les justiciables.* ◆ **Fig.** *Un auteur est le justiciable de la critique.* ■ **Adj.** Qui relève de. *Un trouble psychologique justiciable d'un traitement médical.*

JUSTICIÉ, ÉE, p. p. de justicier. [ʒystisje]

1 JUSTICIER, v. tr. [ʒystisje] (*justice* ; XIIᵉ s., gouverner, puis juger, châtier) Punir quelqu'un d'une peine corporelle, en exécution de sentence ou d'arrêt.

2 JUSTICIER, IÈRE, n. m. et n. f. [ʒystisje, jɛʀ] (*justice* ; XIIᵉ s., qui a droit de justice ; v. 1800, qui s'arroge le droit de juger) Personne qui aime à rendre, à faire justice. *Ce prince était grand justicier.* ◆ Personne qui a droit de justice en quelque lieu. *Seigneur haut justicier.*

JUSTIFIABLE, adj. [ʒystifjabl] (*justifier*) Qui peut être justifié.

JUSTIFIANT, ANTE, adj. [ʒystifjɑ̃, ɑ̃t] (*justifier*) **Théol.** Qui rend juste intérieurement. *« La foi justifiante n'appartient qu'aux seuls élus »*, BOSSUET. ◆ *Grâce justifiante*, Voy. GRÂCE.

JUSTIFICATEUR, TRICE, adj. [ʒystifikatœʀ, tʀis] (lat. chrét. *justificator*, appliqué à Dieu) Qui justifie, qui tend à justifier.

JUSTIFICATIF, IVE, adj. [ʒystifikatif, iv] (lat. *justificatum*, supin de *justificare*) Qui sert à justifier quelqu'un. *Moyen, mémoire justificatif.* ◆ Qui

sert à prouver ce qu'on allègue. *Les pièces justificatives d'une histoire.* ■ N. m. Document qui justifie un fait. *Fournir un justificatif d'inscription.* ■ Exemplaire d'une publication adressé, en guise de preuve, aux personnes qui ont demandé l'insertion d'une annonce. *Obtenir un justificatif de parution.*

JUSTIFICATION, n. f. [ʒystifikasjɔ̃] (lat. chrét. *justificatio*) Action de justifier quelqu'un ou de se justifier. ◆ Ce par quoi l'on justifie, l'on prouve. *La justification d'un fait.* ◆ **Théol.** Rétablissement d'un pécheur dans la grâce. ◆ **Impr.** La longueur des lignes.

JUSTIFIÉ, ÉE, p. p. de justifier. [ʒystifje] **Théol.** *Les justifiés*, ceux qui ont reçu la justification.

JUSTIFIER, v. tr. [ʒystifje] (lat. chrét. *justificare*, traiter avec justice, déclarer juste) Faire qu'une chose soit juste. *« On a justifié la force »*, PASCAL. ◆ **Théol.** Donner la justice de la grâce. *Justifier les pécheurs.* ◆ Faire qu'une chose soit légitime, fondée en raison. *« Il faut bien une fois justifier sa haine »*, RACINE. ◆ Mettre hors d'inculpation, en parlant des choses. *Justifier sa conduite, la mémoire de quelqu'un, etc.* ◆ Faire l'apologie. *Justifier des crimes.* ◆ *Se justifier quelque chose*, mettre cette chose hors d'inculpation devant sa propre conscience. *« Le cœur se justifie bientôt ce qui le captive »*, MASSILLON. ◆ Mettre hors d'inculpation, en parlant des personnes. ◆ Donner raison à, avec un nom de chose pour régime. *Justifier les espérances qu'on a conçues de vous.* ◆ Il se dit avec un nom de chose pour sujet. *La victoire le justifia.* ◆ Il se dit avec que. *« L'événement a justifié que Moïse n'avait pas parlé de lui-même »*, BOSSUET. ◆ Prouver la vérité d'une chose. *Justifier un fait.* ◆ Il se dit avec que. *« Laissez-nous... Justifier partout que nous sommes vos fils »*, RACINE. ◆ **Jurispr.** On dit *justifier de*. *Justifier de sa qualité.* ◆ **Impr.** Donner à une ligne la longueur qu'elle doit avoir. ◆ **Absol.** *Cet ouvrier justifie avec exactitude.* ◆ *Justifier l'interligne*, la rendre juste. ◆ *Se justifier*, v. pr. Se mettre hors d'inculpation. ◆ Être justifié. *Sa conduite se justifiait d'elle-même.* ◆ **Théol.** Obtenir la justification. *« Que celui qui est juste se justifie encore, et que celui qui est saint se sanctifie encore »*, BOSSUET.

JUTE, ■ n. m. [ʒyt] (mot angl., du bengali *jhuto*) Plante herbacée cultivée dans les régions tropicales pour les fibres de ses tiges. ◆ Étoffe faite à partir de ces fibres. *Un filet en jute. Un sac de jute.*

JUTER, ■ v. intr. [ʒyte] (*jus*) Donner du jus par simple pression. *Attention, les clémentines sont très mûres et jutent facilement.*

JUTEUX, EUSE, adj. [ʒytø, øz] (*jus*) Qui a beaucoup de jus. ■ **Fam.** Qui rapporte beaucoup d'argent. *Une affaire juteuse.* ■ **Arg.** Adjudant dans l'armée.

JUVÉNAT, ■ n. m. [ʒyvena] (lat. *juvenis*, homme jeune, sur le modèle de *noviciat*) Stage effectué par des religieux souhaitant enseigner, dans certains ordres. *Les cours dispensés dans un juvénat respectent les programmes officiels du ministère de l'éducation.*

JUVÉNILE, adj. [ʒyvenil] (lat. *juvenilis*) Qui appartient à la jeunesse. *Ardeur, grâce juvénile.* ■ N. m. Petit d'un animal.

JUVÉNILEMENT, adv. [ʒyvenil(ə)mɑ̃] (*juvénile*) D'une manière juvénile.

JUVENILIA, n. m. pl. [ʒyvenilja] (plur. neutre du lat. *juvenilis*) Mot latin qui signifie les choses jeunes, et qui se dit quelquefois de vers, de petites pièces qu'on a faites dans la jeunesse.

JUVÉNILITÉ, n. f. [ʒyvenilite] (lat. *juvenilitas*, temps de la jeunesse) Néolog. Caractère de ce qui est jeune, juvénile.

JUXTALINÉAIRE, adj. [ʒykstalineɛʀ] (*juxta-* et *linéaire*) *Traduction juxtalinéaire*, traduction qui consiste à ranger les mots du texte à traduire dans l'ordre logique, et à mettre la traduction dans la colonne à côté.

JUXTAPOSABLE, ■ adj. [ʒykstapozabl] (*juxtaposer*) Que l'on peut poser côte à côte. *Des propositions juxtaposables.*

JUXTAPOSÉ, ÉE, ■ p. p. de juxtaposer. [ʒykstapoze] **Gramm.** *Noms juxtaposés*, noms réunis, par exemple : *Le peuple roi*, et surtout ceux qui sont joints par des traits d'union, par exemple : *Porte-crayon, arc-en-ciel, etc.* ■ **Gramm.** Sans autre lien qu'une ponctuation faible. *Soulignez les propositions juxtaposées en bleu et les propositions coordonnées en vert.*

JUXTAPOSER, v. tr. [ʒykstapoze] (*juxta-* et *poser*) Poser une chose à côté d'une autre. ◆ *Se juxtaposer*, v. pr. Être juxtaposé. *Des particules qui se juxtaposent.*

JUXTAPOSITION, n. f. [ʒykstapozisjɔ̃] (*juxta-* et *position*) Action de juxtaposer des objets. ◆ Mode d'accroissement des corps inorganiques par l'addition de nouvelles couches à leur surface.

k

K, n. m. [ka] (lat. *c*) La onzième lettre de l'alphabet et la huitième des consonnes ; elle n'est employée que dans quelques mots tirés du grec ou des langues étrangères. ▪ Symbole de kilo. ▪ **Chim.** *K,* symbole du potassium. ▪ **Phys.** *K,* symbole du kaon. ▪ **Phys.** *K,* symbole du kelvin.

1 KA, ▪ n. m. [ka] Voy. KAON.

2 KA, ▪ n. m. [ka] (mot égyptien) Ensemble des énergies qui animent l'homme et lui sont vitales, dans la religion égyptienne. *Le ka est le symbole de la force vitale entretenue par la nourriture, le principe de la vie et l'énergie.*

KABAK, n. m. [kabak] (mot russe) Mot russe qui signifie un cabaret de bas étage.

KABBALE, ▪ n. f. [kabal] Voy. CABALE.

KABBALISTE, ▪ n. m. et n. f. [kabalist] Voy. CABALISTE.

KABBALISTIQUE, ▪ adj. [kabalistik] Voy. CABALISTIQUE.

KABIG ou **KABIC,** ▪ n. m. [kabik] (mot breton) Veste à capuche en drap de laine souvent munie d'une poche ventrale faisant manchon, et portée par les marins spécialement en Bretagne. *Le kabig dont le nom est bâti sur la racine arabe* kaba *(tunique) désigne originellement le manteau à capuchon porté par les populations du désert.*

KABIN, n. m. [kabin] (pers. *kiâbin*) Chez les mahométans, somme d'argent que le mari est tenu de payer à la femme qu'il répudie.

KABUKI, ▪ n. m. [kabuki] (mot jap.) Genre théâtral japonais qui associe dialogue, chants et psalmodies et est destiné à un public populaire. *Les jeux d'eau sur scène dans le kabuki.* ▪ KABUKISTE, adj. ou n. m. et n. f. [kabukist]

KABYLE, n. m. et n. f. [kabil] (ar. *qabila,* tribu) Nom des populations berbères qui occupent l'Afrique du Nord. ◆ N. m. *Le kabyle,* langue parlée par les Kabyles.

KACHA, ▪ n. f. [kaʃa] (mot russe) Plat russe consistant en une bouillie de semoule de sarrasin. ▪ Plat polonais consistant en une bouillie à base d'orge associée à des œufs, du lait et de la crème.

KADDISH, ▪ n. m. [kadiʃ] (mot araméen) Prière juive récitée à la fin de chacune des différentes parties de l'office religieux. *Réciter le kaddish, c'est affirmer qu'il y a un plan suprême pour le monde, que chacun a un rôle unique à jouer dans ce plan et que le plan est bon.*

KAFKAÏEN, IENNE, ▪ adj. [kafkajɛ̃, jɛn] (*Kafka,* 1883-1924) Propre à Franz Kafka. *Les thèmes kafkaïens.* ▪ Qui évoque le dédale d'un monde dans lequel l'homme en tant qu'individu se perd. *L'angoisse kafkaïenne. Une administration kafkaïenne.*

KAGOU, ▪ n. m. [kagu] Voy. CAGOU.

KAHOUANNE, n. f. [kawan] (prob. orig. caraïbe ; 1643, *caouanne.*) Tortue dont on emploie l'écaille dans les ouvrages de marqueterie. ▪ Voy. CAOUANNE.

KAÏMAC ou **CAÏMAC,** n. m. [kajmak] (mot turc) Sorte de sorbet turc. ▪ Crème, laitage en usage en Orient. *Des kaïmacs légèrement acidulés.*

KAISER, ▪ n. m. [kajzœʀ] (mot all., du lat. *Caesar,* empereur ; 1859, V. Hugo) Nom donné par les Français à l'empereur d'Allemagne de 1870 à 1918, spécifiquement à Guillaume II.

KAKATOÈS, ▪ n. m. [kakatoɛs] Voy. CACATOÈS.

KAKAWI, ▪ n. m. [kakawi] Voy. CACAOUI.

KAKEMONO ou **KAKÉMONO,** ▪ n. m. [kakemono] (mot jap., de *kakeru,* suspendre, et *mono,* chose) Peinture ou calligraphie japonaise réalisée sur une large bande de papier ou de soie bordée de bâtons de bois et destinée à être suspendue. ▪ Ensemble de la signalétique présentée sous forme de bannière verticale. *Les kakemonos des stands d'un salon.* ▪ REM. On dit aussi, dans ce sens, *bannière.*

KAKERLAT, n. m. [kakɛʀla] Voy. CANCRELAS.

1 KAKI, ▪ n. m. [kaki] (jap. *kakino*) Arbre d'origine japonaise. ▪ Fruit de cet arbre, de couleur rouge orangé, ayant la forme d'une tomate.

2 KAKI, ▪ adj. inv. [kaki] (angl. *khaki,* brun jaunâtre, ourdou et hindi *khâki,* poussiéreux, du pers. *khâk,* poussière) De couleur jaunâtre, tirant sur le brun. *Des bottes kaki.* ▪ N. m. Couleur kaki. ▪ **Afriq.** Toile dans laquelle sont taillés les uniformes.

KALA-AZAR, ▪ n. m. [kalaazaʀ] (mot de l'Assam, à l'Est de l'Inde, de *kâlâ,* noir, et *âzâr,* maladie) **Méd.** Maladie endémique d'Extrême-Orient caractérisée par de fortes fièvres et une augmentation du volume de la rate et du foie. *Des kala-azars. Le kala-azar est une maladie parasitaire grave qui touche essentiellement les populations dans les régions rurales pauvres des pays en développement.*

KALACHNIKOV, ▪ n. m. ou n. f. [kalaʃnikɔf] (marque soviétique) Fusil-mitrailleur soviétique dont les chargeurs sont circulaires. *Des kalachnikovs.*

KALANCHOÉ, ▪ n. m. [kalɑ̃koe] (mot chinois) **Bot.** Plante grasse d'ornement d'origine africaine et dont les fleurs de petite taille, rouges ou jaunes, sont réunies en bouquets. *Les kalanchoés ont été découverts à Madagascar par le botaniste français Perrier de la Bathie vers 1927.*

KALÉ, ▪ adj. inv. [kale] Gitan. ▪ N. m. inv. et n. f. inv. *Un calé, une calé, des calé.*

KALÉIDOSCOPE, n. m. [kaleidoskɔp] (mot angl. formé sur le gr. *kalos,* beau, *eidos,* aspect et *skopein,* observer) Tube qui, garni de petits fragments de diverses couleurs, montre, à chaque mouvement, des combinaisons variées. ▪ **Fig.** Succession rapide et variée de sensations, de perceptions ou d'activités. *Le kaléidoscope de ses centres d'intérêt.* ▪ REM. Graphie ancienne : *caléidoscope.*

KALÉIDOSCOPIQUE, ▪ adj. [kaleidoskopik] (*kaléidoscope*) Qui produit la même sensation de changement constant que le fait le kaléidoscope. *Une fresque kaléidoscopique.*

1 KALI, n. m. [kali] (ar. *qalî,* plante dont l'incinération donne de la soude) Espèce de soude à feuilles épineuses qui croît abondamment et sans culture sur les bords de la mer, dans toute l'Europe.

2 KALI, n. m. [kali] (1 *kali*) **Chim.** La potasse.

KALIÉMIE, ▪ n. f. [kaljemi] (*kalium* et -*émie*) **Méd.** Taux de potassium présent dans le sang. *Complications cardiaques dues à une baisse anormale de la kaliémie.*

KALIUM, ▪ n. m. [kaljɔm] (ar. *qalî*) Ancien nom du *potassium.*

KALMIE, n. f. [kalmi] (*Kalm,* botaniste suédois) Genre de la famille des éricinées, comprenant plusieurs espèces d'arbustes cultivées pour l'ornement.

KALMOUK, ▪ adj. [kalmuk] (ethnique mongol) Originaire ou typique de la Kalmoukie, en Russie. *La culture kalmouk.* ▪ N. m. Langue parlée en Mongolie.

KAMANCHEH, ▪ n. m. [kamanʃe] (mot persan) Violon iranien que l'on tient verticalement pour en jouer. *Le kamancheh est probablement le premier ancêtre du violon actuel, de l'alto et de la basse.*

KAMI, ▪ n. m. [kami] (mot jap.) Être divin dans la religion shintoïste. *Généralement, les kamis sont symbolisés par des objets comme des cordes de paille de riz ou des petits morceaux de papier ou de tissu blanc.*

KAMICHI, n. m. [kamiʃi] (mot caraïbe *kamityï*) Grand oiseau noir de l'ordre des échassiers.

KAMIKAZE, ▪ n. m. et n. f. [kamikaz] (mot jap., tempête divine, d'où avion-suicide) Pilote japonais de la fin de la Seconde Guerre mondiale ayant pour mission de s'écraser avec son avion chargé d'explosifs sur la flotte américaine. « *Ces volontaires de la mort étaient dans la marine l'équivalent des fameux kamikazes de l'aviation nippone* », LE MASSON. ▪ Par extens. Volontaire se sacrifiant pour une cause. ▪ Adj. *Un commando kamikaze. Des soldats kamikazes.*

KAMMERSPIEL, ▪ n. m. [kamœʀʃpil] (mot all., de *Kammer,* chambre, et *spiel,* jeu) Technique théâtrale qui consiste à établir une intimité sur scène en dépouillant le décor et en simplifiant les thèmes traités. *Le kammerspiel a été inventé en 1922 par Carl Mayer.* ▪ Genre cinématographique utilisant cette technique.

KAMPTOZOAIRE, ▪ n. m. [kɑ̃ptozoɛʀ] (gr. *kamptos,* recourbé et *zoaire*) Zool. Invertébré marin muni de tentacules qui se fixe sur les algues et les rochers. *Une couronne tentaculaire entoure les orifices buccal et anal des kamptozoaires.*

KAN, n. m. [kɑ̃] Voy. KHAN et Voy. KHAN.

KANA, ▪ n. m. [kana] (mot jap.) Signe de l'écriture japonaise correspondant à une syllabe. *Des kana* ou *des kanas.*

KANAK, KANAKE ou **CANAQUE**, ■ adj. [kanak] (mot hawaïen *kanaka*, homme) De Nouvelle-Calédonie. *Les traditions kanaks.* ■ N. m. et n. f. Personne native de Nouvelle-Calédonie. *Un Kanak, une Kanake.*

KANDJAR, n. m. [kɑ̃dʒaʀ] (ar. *handjar*, coutelas ; *alfange*) Sorte de poignard à lame longue et tranchante des deux côtés. ■ Rᴇᴍ. Graphie ancienne : *kandjiar.*

KANGOUROU, n. m. [kɑ̃guʀu] (empr. à une langue indigène d'Australie) Genre de marsupiaux, ayant les membres postérieurs allongés et servant au saut plus qu'à la marche. ■ *Sac kangourou* ou *kangourou*, porte-bébé que l'on place sur le ventre. ■ Rᴇᴍ. Graphies anciennes : *kanguroo* et *kanguroú.*

KANJI, ■ n. m. [kɑ̃ʒi] ou [kɑ̃nʒi] (mot jap.) Signe de l'écriture japonaise correspondant à un idéogramme. *Des kanji ou des kanjis.*

KANNARA, ■ n. m. [kanaʀa] Langue du Karnataka. *Le kannara est parlé, en Inde, par environ 35 à 45 millions de personnes.*

KANTIEN, IENNE, ■ adj. [kɑ̃tjɛ̃, jɛn] (Emmanuel *Kant*, 1724-1804) Propre à Emmanuel Kant. *Le rationalisme kantien.* ■ N. m. et n. f. Personne se réclamant de la pensée kantienne.

KANTISME, ■ n. m. [kɑ̃tism] (*Kant*) Philos. Théorie philosophique établie par Emmanuel Kant. *Dans la perspective du kantisme, le corps apparaît comme un objet au milieu des autres constitué par des sensations qui ont été organisées par le moi transcendantal.*

KAOLIANG, ■ n. m. [kaoljɑ̃g] (mot chinois, de *kao*, haut et *liang*, grain) Sorgho d'Extrême-Orient. *De l'alcool de kaoliang.*

KAOLIN, n. m. [kaolɛ̃] (chin. *kao*, haut, et *ling*, colline) Sorte d'argile blanche, très pure, qui entre comme partie essentielle dans la fabrication de la porcelaine. ■ Rᴇᴍ. On écrivait aussi *caolin.*

KAOLINISATION, ■ n. f. [kaolinizasjɔ̃] (*kaoliniser*) Constitution du kaolin par décomposition du feldspath des granits. *La kaolinisation est une altération des minéraux de silicates d'alumine, en particulier des feldspaths alcalins.*

KAOLINITE, ■ n. f. [kaolinit] (*kaolin*) L'un des constituants du kaolin, qui se forme par altération du silicate d'alumine. *La kaolinite se présente sous forme de très petits cristaux de couleur blanche.*

KAON ou **KA**, ■ n. m. [kaɔ̃, ka] (*K* et *-on*) Phys. Particule élémentaire qui peut être neutre ou chargée et dont la masse est bien plus importante que celle d'un électron. *La masse du kaon vaut 965 fois celle de l'électron.*

KAPO ou **CAPO**, ■ n. m. [kapo] (all. *Kapo*, prob. de l'ital. *capo*, chef) Hist. Détenu d'un camp de concentration nazi chargé de diriger d'autres détenus. *Les kapos étaient les figures troublantes et sinistres d'un système subtilement pervers inventé par les bourreaux qui octroyaient à une partie des déportés des tâches de gestion et de contrôle du camp.*

KAPOK, ■ n. m. [kapɔk] (malais *kâpuk*) Fibre végétale recouvrant les fruits d'un arbre des régions tropicales appelé kapokier et utilisée dans l'industrie pour sa grande résistance.

KAPOKIER, ■ n. m. [kapɔkje] (*kapok*) Bot. Arbre de l'île de Java producteur de kapok. *Le fromager est appelé faux kapokier.*

KAPPA, ■ n. m. inv. [kapa] (gr. *kappa*) Dixième lettre de l'alphabet grec (K, κ) correspondant au *c* ou au *k* de l'alphabet latin.

KARABÉ, ■ n. m. [kaʀabe] Voy. ᴄᴀʀᴀʙᴇ́.

KARAÏTE, ■ n. m. [kaʀait] Voy. ᴄᴀʀᴀ̈ᴛᴇ.

KARAKUL ou **CARACUL**, ■ n. m. [kaʀakyl] (*Karakoul*, ville d'Ouzbékistan) Mouton d'Asie centrale élevé pour sa fourrure noire, longue et bouclée. ■ Fourrure des agneaux de cette race. *L'agneau du karakul, lorsqu'il vient au monde, a une toison très frisée, l'astrakan, dont les boucles se déroulent en quelques jours.*

KARAOKÉ, ■ n. m. [kaʀaoke] (jap. *kara*, vide, et *oke [sutura]*, orchestre) Divertissement consistant à chanter seul ou à plusieurs, généralement avec un micro, une chanson dont les paroles défilent sur un écran au rythme de la musique.

KARAT, n. m. [kaʀa] Voy. ᴄᴀʀᴀᴛ.

KARATA, n. m. [kaʀata] (tupi-guarani *caraota*) Espèce d'aloès qui croît en Amérique.

KARATÉ, ■ n. m. [kaʀate] (jap. *kara*, vide, et *te*, main) Art martial japonais fondé sur des techniques de coups de poing et de coups de pied directs et circulaires.

KARATÉKA, ■ n. m. et n. f. [kaʀateka] (*karaté*) Personne pratiquant le karaté. *Des karatékas.*

KARBAU ou **KÉRABAU**, ■ n. m. [kaʀbo, keʀabo] (mot malais) Zool. Espèce de buffle domestique à très longues cornes que l'on trouve surtout en Malaisie. *Les karbaus constituent une aide particulièrement importante pour l'agriculture des Philippines.*

KÄRCHER, ■ n. m. [kaʀʃɛʀ] (*kärcher*, nom déposé) Nettoyeur haute pression.

KARITÉ, ■ n. m. [kaʀite] (mot ouolof) Bot. Arbre d'Afrique équatoriale dont les fruits contiennent une amande qui produit une substance grasse utilisée en cuisine et en cosmétologie. *À l'intérieur de la noix du karité se trouve une amande blanchâtre très grasse qui donnera après transformation le beurre de karité.* ■ Substance grasse comestible extraite des graines de cet arbre. *Du beurre de karité.*

KARMA ou **KARMAN**, ■ n. m. [kaʀma, kaʀman] (sansc. *karman*, acte) Relig. Principe dogmatique de la religion hindoue fondée sur le déterminisme, stipulant que chaque vie est directement assujettie aux vies antérieures et que chaque action est le résultat d'actions ou d'événements passés.

1 KARMAN, ■ n. m. [kaʀman] (Theodor von *Karman*, 1881-1963) Pièce d'avion située à la jonction entre l'aile et le fuselage et dont le rôle est d'empêcher la formation de tourbillons à cet endroit. *Le karman d'emplanture d'aile.*

2 KARMAN (MÉTHODE DE), ■ n. f. [kaʀman] (*Karman*) Méd. Technique d'aspiration utilisée pour les interruptions volontaires de grossesse. *La méthode de Karman est utilisée en obstétrique depuis les années 1960, et consiste à aspirer le contenu de la cavité utérine.*

KARMESSE, n. f. [kaʀmɛs] Voy. ᴋᴇʀᴍᴇssᴇ.

KARST, ■ n. m. [kaʀst] (*Karst*, région de Slovénie) Géol. Érosion du calcaire causée notamment par l'action des eaux souterraines. *Le karst résulte de la dissolution de roches carbonatées par l'eau rendue acide par le dioxyde de carbone.* ■ Formation calcaire dont la forme et la structure résultent de l'érosion et de l'action des eaux souterraines. ■ KARSTIQUE, adj. [kaʀstik] ■ KARSTIFICATION, n. f. [kaʀstifikasjɔ̃]

KART, ■ n. m. [kaʀt] (anglo-amér., forme désuète de *cart*, charrette) Véhicule monoplace de petite taille ne comprenant ni carrosserie ni boîte de vitesses, utilisé sur les circuits pour les courses de vitesse.

KARTING, ■ n. m. [kaʀtiŋ] (mot angl., de *kart*) Sport pratiqué avec un kart. *Un champion de karting.*

KASHER, ■ adj. inv. [kaʃɛʀ] Voy. ᴄᴀsʜᴇʀ.

KASHROUT ou **CASHROUT**, ■ n. f. [kaʃʀut] (mot hébreu) Ensemble des règles alimentaires préconisées par la religion juive. *La kashrout est une diète éthique.*

KASSITE, ■ adj. [kasit] (*Kassites*, peuple asiatique du Zagros) Antiq. Propre aux Kassites. *Une dynastie kassite.*

KATA, ■ n. m. [kata] (mot jap.) Suite de mouvements et de coups démonstratifs au judo et au karaté. *Le kata est une forme d'expression gestuelle et il est utilisé par les maîtres pour transmettre leur art.*

KATAKANA, ■ n. m. [katakana] (mot jap.) Type d'écriture japonaise n'utilisant que des syllabes et permettant de transcrire les emprunts aux langues non orientales. *Le katakana comporte quarante-huit signes syllabiques.*

KATAKOUA, n. m. [katakwa] Voy. ᴄᴀᴄᴀᴛᴏᴇs.

KATCHINA, ■ n. m. [katʃina] (mot hopi) Demi-dieu des populations indiennes d'Amérique du Nord. *Chaque katchina possède un nom propre comme Karwan et Manu pour le maïs bourgeonnant.* ■ Masque représentant ce demi-dieu.

KATHAKALI, ■ n. m. [katakali] (mot tamoul) Théâtre dansé traditionnel en Inde, dont les thèmes relèvent surtout des épopées mythologiques. *Maquillages et costumes métamorphosent les hommes, les femmes étant généralement interdites de kathakali.*

KAVA ou **KAWA**, ■ n. m. [kava, kawa] (mot polynésien) Poivrier polynésien dont la racine sert à la fabrication d'une liqueur. ■ Cette liqueur. *La consommation d'extraits du kava pourrait avoir des effets nocifs sur la fonction hépatique.*

KAYAK, ■ n. m. [kajak] (mot inuit) Embarcation traditionnelle des Inuits, faite de bois recouvert de peaux de phoque, utilisée pour la pêche. ■ Embarcation monoplace de petite taille et de forme effilée, que l'on dirige et que l'on propulse à l'aide d'une double pagaie, servant aux loisirs et à la pratique sportive. *Un canoë et un kayak.* ■ Par extens. Pratique du kayak. *Faire du kayak.*

KAYAKABLE, ■ adj. [kajakabl] (*kayak*) Québec Qui est praticable en kayak. *Un cours d'eau kayakable.*

KAYAKISTE, ■ n. m. et n. f. [kajakist] (*kayak*) Sportif qui pratique le kayak.

KAZAKH, KAZAKHE, ■ adj. [kazak] (mot turc) Originaire ou typique du Kazakhstan. ■ N. m. et n. f. *Un Kazakh, une Kazakhe.* ■ N. m. Langue du Kazakhstan, proche du turc.

KEBAB ou **KÉBAB**, ■ n. m. [kebab] (turc *kebap*, de l'ar. *kabâb*, morceaux de viande grillé) Viande de mouton rôtie, découpée après cuisson et généralement servie dans du pain. *Le döner kebab, le plus courant des kebabs.*

KEEPSAKE, n. m. [kipsɛk] (*ee* se prononce *i* et *a* se prononce *è* ; angl. *keepsake*, [*to*] *keep*, conserver, et *sake*, amitié ; 1828) Recueil de pièces de vers ou de prose orné de gravures qui se donne en cadeau. ◆ Au pl. *Des keepsakes.*

KEFFIEH ou **KÉFIÉ**, ■ n. m. [kefje] ou [kefje] (ar. *kaffiyah*) Coiffe traditionnelle constituée d'une large pièce de tissu maintenue sur le crâne au moyen d'un anneau de cuir. *Le keffieh est devenu l'emblème des Palestiniens. Des keffiehs.*

KÉFIR ou **KÉPHIR**, ■ n. m. [kefiʀ] (mot caucasien) Boisson gazeuse obtenue par adjonction de levure dans le petit lait, ce qui lui donne un goût acidulé. *La préparation du kéfir se fait à partir de lait entier ou écrémé dans lequel on met des grains de kéfir préalablement revivifiés.*

KEIRETSU, ■ n. m. [keʀetsu] ou [kejʀetsu] (mot jap.) Regroupement d'entreprises de manière à rassembler des activités très diverses et à constituer un groupe financier puissant. *Le keiretsu désigne les conglomérats d'entreprises au Japon.*

KEIRIN, ■ n. m. [keʀin] (jap. *kei*, roue et *rin*, course) Course cycliste sur piste. *Le keirin est un sport olympique.*

KELVIN, ■ n. m. [kɛlvin] (W. Thomson, lord *Kelvin*, physicien, 1824-1907) Unité de mesure permettant d'exprimer la température thermodynamique. *0° K vaut - 273° C.* ■ Abrév. K.

KÉMALISME, ■ n. m. [kemalism] (Mustafa *Kemal*, 1881-1938) Hist. Idéologie et mouvement politique inspirés par Mustafa Kemal. ■ KÉMALISTE, n. m. et n. f. ou adj. [kemalist] *La révolution kémaliste est une révolution de la couche supérieure de la bourgeoisie commerçante et des propriétaires terriens.*

KENDO, ■ n. m. [kɛndo] (mot jap.) Art martial japonais qui se pratique avec un sabre de bambou. *Le sabre de bambou utilisé en kendo est appelé shinai.*

KÉNOTRON, ■ n. m. [kenotʀɔ̃] (gr. *kenos*, vide, et suff. *-tron*, empr. à *électron*) Électr. Tube munis de deux valves utilisé pour redresser les courants alternatifs ou très haute intensité. *Un kénotron utilisé pour le redressement du courant alternatif dans des chargeurs de batteries.*

KENTIA, ■ n. m. [kɛ̃tja] ou [kɑ̃tja] (William *Kent*) Bot. Palmier d'appartement originaire d'Australie. *Le kentia requiert une hygrométrie élevée durant sa période de végétation d'avril à septembre.*

KENYAN, ANE, ■ adj. [kenjɑ̃, an] (*Kenya*) Originaire ou typique du Kenya. ■ N. m. et n. f. *Un Kenyan, une Kenyane.*

KÉPHIR, ■ n. m. [kefiʀ] Voy. KÉFIR.

KÉPI, n. m. [kepi] (aléman. *Käppi*, petit bonnet) Genre de casquette que portent certains corps de troupes françaises. ◆ Coiffure des jeunes garçons dans les lycées, collèges, pensions, etc.

KÉRABAU, ■ n. m. [keʀabo] Voy. KARBAU.

KÉRATINE, ■ n. f. [keʀatin] (*kérat*[o]- et *-ine*) Chim. Groupe de protéines riche en soufre, assurant la résistance de la peau. *Un shampoing enrichi en kératine.*

KÉRATINISATION, ■ n. f. [keʀatinizasjɔ̃] (*kératiniser*) Physiol. Processus au cours duquel des cellules de l'épiderme s'accumulent pour se transformer en cellules cornées riches en kératine. *Une carence en vitamine A entraîne une augmentation de la kératinisation, se traduisant par une peau sèche et rugueuse et une atrophie des glandes sébacées et sudorales.* ■ Pharm. Enrobage des gélules et capsules médicamenteuses à l'aide d'une matière dont la constitution est proche de celle de la kératine.

KÉRATINISER, ■ v. tr. [keʀatinize] (*kératine*) Pharm. Recouvrir des gélules d'une substance proche de la kératine. ■ Se kératiniser, v. pr. Se durcir sous l'accumulation de kératine en parlant de l'épiderme ou des muqueuses.

KÉRATITE, ■ n. f. [keʀatit] (*kérat*[o]- et *-ite*) Nom générique pour désigner toute inflammation de la cornée. *La kératite est caractérisée par une inflammation de la cornée accompagnée de douleurs et de rougeurs en périphérie de l'œil.*

KÉRATO..., ■ [keʀato] Élément signifiant corne ou *cornée*.

KÉRATOCÔNE, ■ n. m. [keʀatokon] (*kérato-* et *cône*) Méd. Altération de la courbe de la cornée qui prend une forme conique et s'accompagne d'une importante myopie. *Un kératocône nécessite parfois une greffe de la cornée.*

KÉRATOPHYTE, n. m. [keʀatofit] (*kérato-* et *-phyte*) Nom donné anciennement à toute production polypeuse dont la substance est transparente comme la corne.

KÉRATOPLASTIE, ■ n. f. [keʀatoplasti] (*kérato-* et *-plastie*) Méd. Opération chirurgicale qui consiste à remplacer une cornée pathologique par une cornée artificielle ou provenant d'un don d'organe humain. *La kératoplastie consiste à remplacer une cornée malade par une cornée saine d'un donneur décédé.*

KÉRATOSE, ■ n. f. [keʀatoz] (*kérat*[o]- et *-ose*) Épaississement et durcissement de la couche cornée de l'épiderme, dû à un excès de kératine. *Kératose pilaire, kératose séborrhéique, kératose actinique.*

KÉRATOTOMIE, ■ n. f. [keʀatotomi] (*kérato-* et *-tomie*) Chir. Incision chirurgicale pratiquée dans la cornée, qui intervient notamment dans l'opération de la cataracte. *La kératotomie est utilisée pour corriger des petites myopies.*

KERMÈS, n. m. [kɛʀmɛs] (v. 1500, *cochenille* de l'ar. *qirmiz*) Petite coque ronde et rouge que forme la femelle d'un puceron sur une espèce de chêne vert ; cette coque donne une belle teinture écarlate. ◆ On dit aussi *kermès animal.* ◆ Produit pharmaceutique qu'on se procure en faisant bouillir du sulfure d'antimoine en poudre et du carbonate de soude cristallisé, dans de l'eau. ◆ On dit aussi *kermès minéral.* ◆ Liqueur de table dite aussi *alkermès.* ■ *Chêne-kermès* ou *kermès*, chêne méditerranéen de la taille d'un arbuste dont les feuilles épineuses sont propices au développement des cochenilles.

KERMESSE, n. f. [kɛʀmɛs] (flam. *kerk-misse*, fête patronale) Nom en Flandre et en Hollande de la foire annuelle de chaque lieu, où l'on fait des processions et des mascarades. ◆ On disait aussi *karmesse.* ◆ Tableau représentant une kermesse. *Une Kermesse de Rubens.* ◆ Fête organisée généralement en plein air et au bénéfice d'une œuvre. *La kermesse de l'école.*

KÉROGÈNE, ■ n. m. [keʀozɛn] (angl. *kerogen*, gr. *kêros*, cire et *-gène*) Géol. Matériau organique provenant de la sédimentation des roches et pouvant constituer un combustible fossile. *Convertir le kérogène en pétrole.*

KÉROSÈNE, ■ n. m. [keʀozɛn] (angl. *kerosene*, du gr. *kêros*, cire) Pétrole brut distillé servant notamment de carburant pour avions.

KERRIA n. m. ou **KERRIE**, ■ n. f. [keʀja, keʀi] (*Kerr*, botaniste) Bot. Arbuste d'origine japonaise, à feuilles caduques, ovales et dentées et dont les fleurs forment de longues grappes jaunes. *Le kerria est un arbuste très résistant aux parasites.*

KETCH, ■ n. m. [kɛtʃ] (mot angl. prob. d'orig. chinoise) Voilier à deux mâts dont le mât d'artimon, de plus petite taille, est fixé devant la barre. *Des ketchs.*

KETCHUP, ■ n. m. [kɛtʃœp] (mot angl.) Sauce tomate épaisse, vinaigrée et légèrement épicée. *Manger des frites avec du ketchup.*

KETMIE, n. f. [kɛtmi] (ar. *hatmî*) Nom du genre *hibiscus*, malvacées. *Ketmie des jardins*, la mauve en arbre.

KEUF, ■ n. m. [kœf] (verlan de *flic*) Fam. Policier. *Attention, voilà les keufs !*

KEUM, ■ n. m. [kœm] (verlan de *mec*) Fam. Gars. *Pas net, ce keum !*

KEVLAR, ■ n. m. [kɛvlaʀ] (nom déposé) Fibre synthétique très résistante et légère. *Une tenue de protection en kevlar.*

KEYNÉSIANISME, ■ n. m. [kenezjanism] (*Keynes*, économiste, 1883-1946) Théorie économique établie par Keynes. ■ KEYNÉSIEN, IENNE, n. m. et n. f. ou adj. [kenezjɛ̃, jɛn]

KG, ■ [kilogʀam] Symbole de *kilogramme. Ce paquet pèse 10 kg.*

KHÂGNE ou **CAGNE**, ■ n. f. [kaɲ] ou [kanj] (prob. *cagneux*) Classe littéraire préparatoire au concours d'entrée de l'École normale supérieure (ENS). *Elle entre en khâgne.* ■ KHÂGNEUX, EUSE ou CAGNEUX, EUSE, n. m. et n. f. [kaɲø, øz] ou [kanjø, øz]

KHALIFAT, ■ n. m. [kalifa] Voy. CALIFAT.

KHALIFE, n. m. [kalif] Voy. CALIFE.

KHALKHA, ■ n. m. [kalka] Langue officielle de la Mongolie. *Le khalkha est une langue de la famille altaïque appartenant au groupe mongol.*

KHAMSIN, ■ n. m. [kamsin] ou [xamsin] (ar. *hamsin*, cinquantaine, ce vent soufflant sur cette durée entre Pâques et Pentecôte) Vent d'Égypte, semblable au sirocco. *Le khamsin est un vent chargé de sable et de poussière qui peut durer cinquante jours.* ■ REM. Graphie ancienne : *chamsin.*

1 KHAN, ■ n. m. [kɑ̃] (mongol *kagan*, prince) Titre de l'autorité souveraine en Tartarie. *Khan des Tartares.* ■ En Perse, titre porté aujourd'hui par les gouverneurs de provinces. ■ REM. Graphie ancienne : *kan.* ■ REM. Ces titres ne sont plus portés aujourd'hui.

2 KHAN, ■ n. m. [kɑ̃] (pers. *han*) En Orient, station pour les caravanes dans les villes ou sur les routes. ■ REM. Graphie ancienne : *kan.*

KHANAT, ■ n. m. [kana] (1 *khan*) Fonction exercée par un khan. ■ Territoire sous la responsabilité et l'autorité d'un khan. *Les provinces du khanat.*

KHARIDJISME, ■ n. m. [kaʀidʒism] (ar. *kharadja*, sortir) Doctrine religieuse et politique qui émane d'un mouvement islamique rigoriste qui fit dissidence en 657. *Le kharidjisme est une doctrine musulmane à tendance puritaine et égalitariste qui voulait notamment faire désigner par le peuple les* *chefs de la communauté islamique.* ■ KHARIDJITE, n. m. et n. f. ou adj. [kaʁidʒit]

KHAT, ■ n. m. [kat] Voy. QAT.

KHÉDIVAT ou **KHÉDIVIAT**, ■ n. m. [kediva, kedivja] (*khédive*) Fonction exercée par le khédive. *Un khédivat héréditaire.*

KHÉDIVE, ■ n. m. [kediv] (turc *hédîw*, prince, roi, empr. au persan) Titre attribué au vice-roi d'Égypte entre 1867 et 1914. ■ KHÉDIVAL, ALE ou KHÉDIVIAL, IALE, adj. [kedival, kedivjal]

KHI, ■ n. m. inv. [ki] (lettre grecque X) Vingt-deuxième lettre de l'alphabet grec, correspondant à *ch* dans l'alphabet latin.

KHMER, ÈRE, ■ adj. [kmɛʁ] (plur. sansc. *Kambou*) Relatif aux habitants ou aux personnes originaires du Cambodge. *Le peuple khmer.* ■ N. m. et n. f. *Les Khmers. Les Khmers rouges étaient les partisans du communisme, ils ont exterminé une partie de la population.* ■ N. m. Langue du Cambodge.

KHÔL ou **KOHOL**, ■ n. m. [kol] (mot ar.) Fard noir utilisé par les femmes d'origine arabe pour se maquiller les yeux. ■ **Par extens.** Crayon noir utilisé pour le maquillage des yeux. *Un crayon khôl.*

KIBBOUTZ, ■ n. m. [kibuts] (mot hébreu, de *kibbes*, réunir) Exploitation agricole communautaire constituée comme une coopérative en Israël. ■ Au pl. *Des kibboutz* ou *des kibboutzim. Les kibboutzim sont des communautés de volontaires dans lesquelles vivent des gens venus de tous les pays, souvent issus de la diaspora.*

KICK, ■ n. m. [kik] (angl. *to kick*, frapper avec le pied) Démarreur à pied sur une motocyclette.

KICKER, ■ n. m. [kikœʁ] **Belg.** Baby-foot.

KID, ■ n. m. [kid] (mot angl.) Enfant. *Un peu par snobisme, il évoquait les programmes télévisés pour les kids.*

KIDNAPPER, ■ v. tr. [kidnape] (angl. *to kidnap*, de *kid*, enfant, et *to nap*, saisir) Enlever une personne ou l'utiliser comme monnaie d'échange. ■ KIDNAPPEUR, EUSE, n. m. et n. f. [kidnapœʁ, øz]

KIDNAPPING, ■ n. m. [kidnapiŋ] (mot angl. de *to kidnap*) Enlèvement d'une personne dans le but de l'échanger contre une rançon. *Un kidnapping d'enfants.*

KIEF, ■ n. m. [kjɛf] (moy. fr. *kaif*, de l'ar. *kayf*) Repos du milieu de journée chez les Orientaux.

KIF, ■ n. m. [kif] (de l'ar. *kayf*) Mélange de tabac et de chanvre ou de haschisch. *Fumer du kif.*

KIFFER, ■ v. [kife] Fumer un mélange de tabac et de haschich. ■ **Fam.** Apprécier fortement quelqu'un ou quelque chose. *Il kiffe le foot. Je crois qu'il te kiffe.*

KIF-KIF ou **KIFKIF**, ■ adj. inv. [kifkif] (ar. *kif kif*, littér. comme comme) Identique. *C'est quasiment kif-kif.*

KIKI, ■ n. m. [kiki] (prob. aphérèse de *riquiqui*) **Fam.** Gorge. « *Je l'attrape au col élimé de sa douteuse chemise, je lui serre un peu le kiki* », BOUDARD. ■ **Vulg.** Sexe masculin. « *Une cuisse relevée à point pour cacher le kiki* », CHABROL. « *C'est parti mon kiki*, on y va, on commence. « *Ces cannes éculées, en voiture Simone, moi je conduis, toi tu klaxonnes, ou c'est parti mon kiki* », BAYON.

KIL, ■ n. m. [kil] (abrév. de *kilo*) **Fam.** *Un kil de rouge*, une bouteille de rouge.

KILIARE, n. m. [kilijaʁ] (gr. *khilioi*, mille, et *are*) ▷ Mille ares. ◁

KILIM, ■ n. m. [kilim] (mot turc) Tapis d'Orient en laine tissée en tapisserie de basse lisse. *À l'origine, le kilim servait de couverture et de protection pour le sol des mosquées l'hiver.*

1 **KILO**, n. m. [kilo] Voy. KILOGRAMME.

2 **KILO...**, [kilo] Préfixe qui, dans le système métrique, signifie mille, et vient du gr. *khilioi*.

KILOGRAMME, n. m. [kilogʁam] (1 *kilo-* et *gramme*) Poids de mille grammes. ♦ Par abréviation, on dit *kilo. Cinquante kilos. Un demi-kilo.*

KILOHERTZ, ■ n. m. [kiloɛʁts] (1 *kilo-* et *hertz*) Unité de mesure de la fréquence des ondes valant mille hertz.

KILOLITRE, ■ n. m. [kilolitʁ] (1 *kilo-* et *litre*) ▷ Mesure de capacité qui contient mille litres. ◁

KILOMÉTRAGE, ■ n. m. [kilometʁaʒ] (*kilométrer*) Mesure par kilomètres. ♦ Opération de kilométrer une route.

KILOMÈTRE, ■ n. m. [kilometʁ] (1 *kilo-* et *mètre*) Mesure itinéraire de mille mètres. ■ *Kilomètre à l'heure, kilomètre par heure, kilomètre-heure*, unité utilisée pour mesurer la vitesse moyenne d'un véhicule, de tout objet mobile.

Rouler à quatre-vingt-dix kilomètres-heure (symb. km/h). ■ Grande quantité de quelque chose. *Il utilise des kilomètres de papier pour écrire trois mots.*

KILOMÉTRER, ■ v. tr. [kilometʁe] (*kilomètre*) Placer des pierres ou des pieux indicateurs des kilomètres sur une route. ■ Mesurer en kilomètres. *Kilométrer un parcours.*

KILOMÉTRIQUE, ■ adj. [kilometʁik] (*kilomètre*) Qui appartient au kilomètre.

KILOMÉTRIQUEMENT, ■ adv. [kilometʁik(ə)mã] (*kilométrique*) Par kilomètre.

KILOTONNE, ■ n. m. [kilotɔn] (1 *kilo-* et *tonne*) Unité permettant de mesurer et d'exprimer la puissance des explosifs atomiques. ■ KILOTONNIQUE, adj. [kilotɔnik]

KILOWATT, ■ n. m. [kilowat] (1 *kilo-* et *watt*) Unité de mesure de la puissance électrique valant mille watts (symb. kW).

KILOWATTHEURE, ■ n. m. [kilowatœʁ] (*kilowatt* et *heure*) Unité de mesure du travail effectué par un moteur d'une puissance de mille watts en une heure (symb. kWh).

KILT, ■ n. m. [kilt] (angl. *to kilt*, retrousser) Jupe courte plissée dérivée du plaid et ceinture à la taille, faisant partie du costume traditionnel écossais. ■ Cette jupe, pour femmes ou fillettes.

KIMBANGUISME, ■ n. m. [kɛ̃bãgism] (Simon *Kimbangu*, 1887-1961) Mouvement d'origine chrétienne messianique développé en Afrique centrale et notamment au Congo.

KIMBANGUISTE, ■ n. m. et n. f. [kɛ̃bãgist] (*kimbanguisme*) Adepte du kimbanguisme. ■ Adj. *S'appuyant sur la Bible, l'enseignement kimbanguiste s'articule autour de trois concepts : l'amour de Dieu, le respect des Commandements et l'ardeur aux bonnes œuvres.*

KIMBERLITE, ■ n. f. [kimbɛʁlit] (*Kimberley*, ville sud-africaine) **Géol.** Roche volcanique qui contient des gisements de diamants. *La kimberlite est composée principalement d'olivine, de serpentine et de micas.*

KIMONO, ■ n. m. [kimono] (moy. fr. *quimon*, du jap. *kimono*, robe, vêtement, prob. par l'interm. du port. *quimão*) Longue tunique traditionnelle japonaise, très ample et d'une seule pièce, croisée devant et fermée par une ceinture. ■ **Par extens.** Peignoir d'étoffe légère rappelant le kimono. ■ Tenue portée par les karatékas et les judokas, composée d'une veste fermée par la ceinture et d'un pantalon ample. ■ Adj. *Manche kimono*, manche constituant une seule pièce avec le corps du vêtement, et souvent très large.

KIMRY, n. m. [kimʁi] Voy. KYMRIQUE.

KINA, n. m. [kina] **Pharm.** Se dit pour *quinquina.*

KINASE, ■ n. f. [kinaz] (gr. *kinein*, stimuler) **Biol.** Enzyme activatrice de la fabrication d'autres enzymes à partir de leur précurseur.

KINÉSISTE, ■ n. m. et n. f. [kinezist] (gr. *kinêsis*, mouvement) **Belg.** Kinésithérapeute.

KINÉSITHÉRAPEUTE, ■ n. m. et n. f. [kineziteʁapøt] (*kinésithérapie*) Personne dont le métier est de soigner ou de rééduquer par les massages, les prescriptions d'exercices, etc. *Un masseur kinésithérapeute.* ■ **Fam.** Kiné. *Le kiné de l'hôpital.*

KINÉSITHÉRAPIE, ■ n. f. [kineziteʁapi] (de *kinési-*, et *thérapie*) Méthode de rééducation des muscles, des articulations, etc. par des exercices ou des massages. *Prescrire dix séances de kinésithérapie.* ■ **Fam.** Kiné. *Il fera de la kiné quand on l'aura déplâtré.*

KINESTHÉSIE ou **CINESTHÉSIE**, ■ n. f. [kinɛstezi, sinɛstezi] (*kinési-* et *esthésie*, d'après l'angl. *kinæsthesis*) Perception sensitive et nerveuse du mouvement des muscles du corps. *La kinesthésie ne constitue pas un sens unitaire comme la vision, l'audition.* ■ KINESTHÉSIQUE ou CINESTHÉSIQUE, adj. [kinɛstezik, sinɛstezik]

KING, ■ n. m. [kiŋg] Livres sacrés des Chinois, contenant la doctrine et la morale de Confucius. *Les cinq kings.*

KING-CHARLES, ■ n. m. [kiŋgʃaʁl] (angl. *King Charles's* [*spaniel*], [l'épagneul] du roi Charles) Épagneul de petite taille et à poils longs et noirs avec quelques marques feu. *Des king-charles.*

KININE, n. f. [kinin] Voy. QUININE.

KINKAJOU, ■ n. m. [kɛ̃kaʒu] (prob. croisement du montagnais *carcajoo* et de l'algonq. *gwing-waage*, blaireau du Canada) **Zool.** Mammifère de petite taille, arboricole, carnivore et nocturne, caractérisé par un pelage roux et une queue préhensile et originaire d'Amérique du Sud. *Durant le jour, le kinkajou se repose dans un trou d'arbre et la nuit, il sort de sa cachette pour chasser.*

KINO, ■ n. m. [kino] (angl. *kino*, prob. empr. à une langue d'Afrique occidentale) Substance dure, opaque et d'un rouge foncé, qui s'emploie en médecine comme tonique.

KINOIS, OISE, ■ adj. [kinwa, waz] (*Kinshasa*) Originaire ou typique de la ville de Kinshasa. ■ N. m. et n. f. *Un Kinois, une Kinoise.*

KIOSQUE, n. m. [kjɔsk] (moy. fr. *chiosque*, ital. *chiosco*, turc *kösk* pavillon, du pers. *kûsk*, palais) Belvédère situé dans un jardin, sur une terrasse ; pavillon turc ouvert de tous côtés, dont on décore les parcs, les jardins. ♦ Petite boutique où l'on vend les journaux aux passants. ■ Construction qui sert d'abri sur le pont d'un navire. ■ **Télécomm.** Ensemble de services ou de vente de services via le minitel ou le téléphone. ■ KIOSQUIER, IÈRE ou KIOSQUISTE, n. m. et n. f. [kjɔskje, jɛʀ, kjɔskist]

KIP, ■ n. m. [kip] Monnaie en usage au Laos. *12 500 kips valent 1 euro.*

KIPPA, ■ n. f. [kipa] (mot hébr., coupole) Calotte portée par les juifs pratiquants ou tout homme entrant dans une synagogue.

KIPPER, ■ n. m. [kipœʀ] (mot angl.) Hareng que l'on ouvre pour le fumer et le saler. *Le kipper est fendu en deux, débarrassé de ses arêtes, aplati, à peine fumé, et consommé généralement froid.*

KIPPOUR, ■ n. m. inv. [kipuʀ] Voy. YOM KIPPOUR.

KIR, ■ n. m. [kiʀ] (le chanoine *Kir*, ancien maire de Dijon) Apéritif composé de crème de cassis et de vin blanc. ■ *Kir royal*, kir dans lequel on remplace le vin blanc par du champagne.

KIRGHIZ, IZE, ■ adj. [kiʀgiz] (*Kirghiz*, nom d'un peuple nomade d'Asie centrale, russe *kirgiz*) Originaire ou typique du Kirghistan. ■ N. m. Langue proche du turc parlée au Kirghizistan. ■ N. m. et n. f. *Un Kirghiz, une Kirghize.*

KIRSCH, n. m. [kiʀʃ] (abrév. de l'all. *Kirschwasser*, de *Kirsche*, cerise, et *Wasser*, eau) Liqueur obtenue par fermentation des cerises noires ou merises et de leurs noyaux, qu'on distille ensuite. ■ REM. On disait aussi *kirsch-wasser.*

KIRSCH-WASSER, n. m. [kiʀʃvasɛʀ] Voy. KIRSCH.

KIT, ■ n. m. [kit] (mot angl., boîte à outils) Ensemble des pièces d'assemblage qui constituent un objet à monter soi-même. *Un meuble en kit.* ■ *Kit de survie*, kit contenant un nécessaire de survie.

KITCH ou **KITSCH**, ■ n. m. inv. [kitʃ] (all. *kitschen*, ramasser la boue dans les rues) Style esthétique qui caractérise des œuvres ou des objets de goût douteux, surchargés, voyants. *Le kitch d'un mobilier.* ■ Adj. inv. Caractéristique de ce style. *Une décoration kitch. Elle aime bien tout ce qui est kitsch.*

KITCHENETTE, ■ n. f. [kitʃ(ə)nɛt] (angl. *kitchen*, cuisine) Petite cuisine. ■ REM. Recommandation officielle : *cuisinette.*

1 KIWI, ■ n. m. [kiwi] (mot maori *kivi-kivi*) **Zool.** Petit oiseau coureur de Nouvelle-Zélande, connu aussi sous le nom d'aptéryx, au bec long et au plumage gris-brun épais.

2 KIWI, ■ n. m. [kiwi] (angl. *kiwi* [-berry], baie du kiwi, de 1 *kiwi*, emblème de la Nouvelle-Zélande) Fruit d'un arbuste d'origine asiatique, de forme oblongue, à peau marron duveteuse, et dont la pulpe verte sucrée est légèrement acidulée. ■ KIWICULTEUR, TRICE, n. m. et n. f. [kiwikyltœʀ, tʀis]

KLAXON, ■ n. m. [klaksɔ̃] ou [klaksɔn] (nom déposé) Avertisseur sonore d'un véhicule. ■ KLAXONNER, v. intr. [klaksɔne]

KLEENEX, ■ n. m. inv. [klinɛks] (nom déposé) Mouchoir en ouate de cellulose à usage unique. « *Miss Amérique avait le rhume et cachait dans des kleenex le nez rouge qui déparait son parfait visage* », GROULT.

KLEPHTE, n. m. [klɛft] Voy. CLEPHTE.

KLEPS, ■ n. m. [klɛps] Voy. CLÉBARD.

KLEPTOMANE, KLEPTOMANIE, ■ [klɛptoman, klɛptomani] Voy. CLEPTOMANE, CLEPTOMANIE.

KLIPPER, ■ n. m. [klipœʀ] Voy. I CLIPPER.

KLYSTRON, ■ n. m. [klistʀɔ̃] (gr. *kluzein*, battre de ses flots, laver) **Électr.** Tube électronique à modulation de vitesse. *Un klystron multifaisceaux.*

KM, ■ [kilomɛtʀ] Symbole de *kilomètre*. *J'habite à 3 km d'ici.*

KNICKERS n. m. pl. ou **KNICKER**, ■ n. m. [knikœʀs, knikœʀ] (anglo-amér. *knickerbockers*, du pseudonyme *Knickerbocker* pris par l'écrivain Washington Irving, 1783-1859) Pantalon large, court et resserré sous le genou, porté par les gens qui pratiquent l'escalade, la marche ou le ski de fond. ■ REM. On dit aussi *knickerbockers.*

KNOCK-DOWN, ■ n. m. inv. [knɔkdawn] ou [nɔkdawn] (angl. *to knock*, frapper et *down*, vers le bas, renverser en frappant) État d'un boxeur qui est resté moins de dix secondes par terre avant de se relever pour continuer le combat.

KNOCK-OUT, ■ n. m. inv. [knɔkawt] (mot angl.) Voy. K.O.

KNOUT, n. m. [knut] (mot russe) Instrument de supplice, chez les Russes, composé de plusieurs nerfs de bœuf fortement entrelacés et terminés par des crochets en fer. ♦ Supplice que l'on inflige avec cet instrument.

KNOW-HOW, ■ n. m. inv. [noaw] (mot angl. [*to*] *know*, savoir et *how*, comment) Maîtrise d'une technique, d'un savoir-faire. *Il disait avec snobisme disposer du know-how et de l'expérience nécessaires pour ce poste.*

K.O., ■ n. m. [kao] (abrév. de *knock-out*, de *to knock*, frapper, et *out*, en dehors, mettre hors de combat par un coup) Mise hors de combat de l'adversaire, mettant un terme à un match de boxe, à la suite d'un décompte de dix secondes par l'arbitre. ■ Adj. Mis hors de combat ou assommé par un coup, mis à terre. *Être K.O.* ■ Fig. Très fatigué, éreinté. *Il est K.O.*

KOALA, ■ n. m. [koala] (prob. déformation angl. de *koola*, d'une langue aborigène d'Australie) Petit mammifère marsupial arboricole d'Australie au pelage gris, ressemblant à un ourson et se nourrissant de feuilles d'eucalyptus.

KOB ou **COB**, ■ n. m. [kɔb] (mot ouolof ; lat. sav. *kobus*) **Zool.** Antilope africaine. *Les kobs vivent à proximité des marais et des rivières.*

KOBOLD, n. m. [kobɔld] (mot. all.) Nom allemand de certains lutins.

KOHOL, ■ n. m. [kol] Voy. KHÔL.

KOINÈ ou **KOINÉ**, ■ n. f. [kɔjne] (gr. *koinê* [*glôssa*], langue commune) **Ling.** Langue formée par un ensemble de dialectes qui, mis en contact, se sont fondus les uns aux autres. *Certains créoles à base française sont issus d'une koinè d'oïl.*

KOLA ou **COLA**, ■ n. m. [kola] (dial. d'Afrique occidentale) **Bot.** Grand arbre d'Afrique aussi appelé *kolatier.* ■ Graine produite par cet arbre, aussi appelée *noix de cola*, et consommée pour ses vertus stimulantes. *La graine de kola contient de la caféine, aux propriétés stimulantes sur le système nerveux et musculaire.*

KOLATIER ou **COLATIER**, ■ n. m. [kolatje] Voy. KOLA.

KOLINSKI, ■ n. m. [kolɛ̃ski] (prob. d'orig. russe) Fourrure de putois ou de loutre de Sibérie utilisé pour les imitations de zibeline.

KOLKHOZ ou **KOLKHOZE**, ■ n. m. [kɔlkoz] (russe *kolchoz*) Dans l'ex-URSS, exploitation agricole collective mise en commun par l'État à la disposition des agriculteurs regroupés en coopérative. *Des kolkhozes.* ■ KOLKHOZIEN, IENNE, adj. [kɔlkozjɛ̃, jɛn]

KOMMANDANTUR, ■ n. f. [komɑ̃datuʀ] (mot all.) **Hist.** Ensemble des locaux accueillant le commandement militaire en Allemagne ou dans les pays occupés par les Allemands au cours de la Seconde Guerre mondiale. *Cette maison fut réquisitionnée par l'armée allemande en 1940, et transformée en Kommandantur.* ■ Ensemble des services de ce commandement.

KOMSOMOL, ■ n. m. et n. f. [kɔmzomol] (mot russe) **Hist.** Personne membre de l'organisme soviétique chargé de la formation des jeunes selon une perspective communiste. *Un congrès du komsomol.*

KONDO, ■ n. m. [kõdo] (mot jap.) **Relig.** Bâtiment d'un monastère bouddhique dans lequel se trouve le sanctuaire dédié à Bouddha. *Des kondos.*

KONZERN, ■ n. m. [kɔntsɛʀn] (mot all., consortium) Regroupement d'entreprises fondé sur une participation financière commune et croisée et dont l'objectif est de monopoliser un secteur de l'industrie. *Toutes les entreprises et konzerns ayant une dimension européenne doivent instaurer un Conseil d'entreprise européen.*

KOPECK, ■ n. m. [kopɛk] (russe *kopejka*, d'orig. discutée) Monnaie de cuivre russe valant à peu près quatre centimes de France. ♦ On écrivait aussi *copeck.* ■ Fam. *Ne pas avoir un kopeck*, ne pas avoir d'argent.

KORA, ■ n. f. [koʀa] (mot mandingue) Instrument de musique dont la forme rappelle celle d'un luth à très long manche et qui est typique des régions de l'Afrique de l'Ouest. *La kora est l'instrument le plus représentatif de la musique des Malinkés considéré à une échelle internationale.*

KORAN, n. m. [koʀɑ̃] Voy. CORAN.

KORÈ ou **CORÉ**, ■ n. f. [koʀe] (gr. *korê*, jeune fille) Statue de jeune fille dans l'art grec archaïque.

KORRIGAN, ANE, ■ n. m. et n. f. [koʀigɑ̃, an] (mot bret.) Nain, fée ou lutin des contes et légendes bretonnes. *Les korrigans des forêts.*

KOT, ■ n. m. [kɔt] (mot néerl.) Fam. Belg. Logement étudiant. *Louer un kot à l'année.* ■ Fam. Belg. Lieu de débarras.

KOTO, ■ n. m. [koto] (mot jap.) Instrument de musique japonais proche de la cithare et possédant treize cordes. *Le koto, d'origine chinoise, est apparu au Japon durant l'époque de Nara (553-794).*

KOUAN, ■ n. m. [kwɑ̃] (orig. inc.) Plante dont la graine sert à faire du carmin.

KOUBBA, ■ n. f. [kuba] (ar. *qubba*, coupole, tombeau d'un personnage vénéré) Monument funéraire constitué d'une chapelle en forme de cube surmontée d'un dôme et érigé à la mémoire d'un marabout en Afrique du Nord.

KOUGLOF ou **KOUGELHOF**, ■ n. m. [kuglɔf, kugœlɔf] (alémanique *gugelhupf* [Alsace et Suisse]) Brioche alsacienne en forme de couronne, garnie de raisins secs. *Des kouglofs.*

KOUIGN-AMANN, ■ n. m. [kuɲaman] ou [kuinaman] (mot breton) Galette bretonne à base de beurre et de sucre, dont le dessus est caramélisé et qui peut contenir des pommes. *Des kouign-amanns.*

KOULAK, ■ n. m. [kulak] (russe *kulak*, grand fermier, prob. du turco-tartare *kulak*, poing) **Hist.** Paysan russe riche de la fin du XIXe siècle et du début du XXe. *Des koulaks.*

KOULIBIAC, ■ n. m. [kulibjak] (russe *kulebjaka*) Pâté feuilleté de poisson servi tiède. *Le koulibiac est d'origine russe.*

KOUMYS ou **KOUMIS**, ■ n. m. [kumi] (russe *kumys*, d'orig. tartare) Boisson typique de l'Asie centrale, obtenue par fermentation du lait. *Le koumis était déjà très apprécié au temps des Cosaques et des Russes, du XIIIe au XIXe siècle.*

KOURGANE, ■ n. m. [kuʀgan] (russe *kurgan*, p.-ê. du perse *gurxane*, de *gûr*, sépulture, et *xâne*, maison) Sépulture en forme de tumulus datant de la fin de l'époque néolithique en Russie. *Le kourgane tenait lieu d'édifice de culte, ce qui expliquerait sa construction complexe et les rituels funéraires élaborés qui se déroulaient avant et après l'inhumation.*

KOUROS ou **COUROS**, ■ n. m. [kuʀos] (gr. ionien *kouros*, jeune homme) Statue de jeune homme nu et souriant dans l'art grec archaïque. *Des kouros ou des kouroi* (pluriel grec).

KOWEÏTIEN, IENNE, ■ adj. [kowɛjtjɛ̃, jɛn] (*Koweït*) Originaire ou typique du Koweït. ■ N. m. et n. f. *Un Koweïtien, une Koweïtienne.*

KRAAL, ■ n. m. [kʀal] (mot néerl., empr. à l'esp. *corral* et au port. *curral*, cour intérieure, enclos) Village de huttes entouré d'une palissade en Afrique du Sud. *Les kraals sont le plus souvent isolés les uns des autres ; mais il arrive que plusieurs kraals soient agglomérés en un village.* ■ Enclos permettant de parquer du bétail en Afrique du Sud.

KRACH, ■ n. m. [kʀak] (mot all., craquement, avec infl. de l'angl. *crash*) Effondrement des cours de la Bourse. *Le krach boursier de 1929.* ■ **Par extens.** Faillite.

KRAFT, ■ n. m. [kʀaft] (p.-ê. suéd. *kraftpapper*, de *kraft*, force, et *papper*, papier) Papier brun très résistant utilisé pour l'emballage ou la fabrication d'enveloppes et fabriqué avec une pâte à papier riche en sulfate. *Une enveloppe en kraft.*

KRAK, ■ n. m. [kʀak] (ar. *karak*, fort, de l'aram. *karkâ*) Forteresse érigée par les croisés en Syrie ou en Palestine.

KREMLIN, ■ n. m. [kʀɛmlɛ̃] (russe *kreml'*, forteresse) **Hist.** Ensemble de bâtiments fortifiés dans les villes russes.

KREMLINOLOGIE, ■ n. f. [kʀɛmlinolɔʒi] (russe *kreml'n'*, et *-logie*) Observation et étude des actions politiques des politiciens russes et des diverses luttes et intrigues liées à l'accession au pouvoir en Russie. ■ **KREMLINOLOGUE**, n. m. et n. f. [kʀɛmlinolɔg].

KREUTZER ou **KREUZER**, n. m. [kʀøtsɛʀ] (all. *Kreuzer*, de *Kreuz*, croix, qui était représentée sur cette monnaie) Monnaie d'Allemagne, qui est la soixantième partie du florin. ■ **Rem.** On prononçait autrefois [kʀøtsʀ].

KRIEK, ■ n. f. [kʀik] (mot flamand, cerise) **Belg.** Bière aromatisée à la cerise. *Des krieks.*

KRILL, ■ n. m. [kʀil] (norv. *kril*) **Zool.** Crustacé de très petite taille vivant en colonies et formant un plancton dont se nourrissent les baleines. *Le krill désigne également l'ensemble des animaux planctoniques qui constituent la nourriture des baleines.*

KRISS, ■ n. m. [kʀis] Voy. CRISS.

KRONPRINZ, ■ n. m. [kʀɔnpʀints] (mot all., de *Krone*, couronne et *Prinz*, prince) **Hist.** Titre qui était attribué au prince héritier en Allemagne et en Autriche.

KROUMIR, ■ n. m. [kʀumiʀ] (ar. *houmair*, désignant un ensemble de tribus du Nord-Est de la Tunisie ; en 1881, le mot prend le sens arg. de sale individu ; 1905, chausson de basane) Chausson de peau que l'on chausse avant d'enfiler des bottes ou des sabots afin de se protéger les pieds du froid.

KRYPTON, ■ n. m. [kʀiptɔ̃] (mot angl., du gr. *kruptos*, caché) Gaz rare de l'atmosphère utilisé dans l'éclairage par luminescence.

KSAR, ■ n. m. [ksaʀ] (ar. *qasr*, château, village fortifié, du lat. *castrum*, place forte) Site fortifié en Afrique du Nord. ■ *Des ksars* ou *des ksour* (pluriel arabe).

KSATRIYA ou **KSHATRIYA**, ■ n. m. [kʃatʀija] (hindi *Katry*, caste guerrière ; croisement avec sansc. *kshatriya*, de *kshatra*, règle) Caste de la société hindoue regroupant les nobles et les guerriers. *Les brahmanes, les ksatriyas et les banias du village possèdent le plus de terres.*

KSI ou **XI**, ■ n. m. [ksi] (lettre grecque Ξ) Quatorzième lettre de l'alphabet grec, correspondant au *x* de l'alphabet latin.

KUMMEL, ■ n. m. [kymɛl] (all. *Kümmel*, cumin) Liqueur russe à base d'alcool de céréales, parfumée au cumin et consommée pour ses vertus digestives. *Des kummels.*

KUMQUAT, ■ n. m. [kumkwat] (angl. *Kum-Kat*, du chin. de Canton *kin kü*, orange d'or) Petite orange de la taille d'une olive, souvent dégustée confite, fruit d'un arbrisseau asiatique. ■ Arbrisseau qui produit ce fruit.

KUNG-FU, ■ n. m. inv. [kuŋfu] (mot chin.) Art martial chinois qui ressemble au karaté. *Des kung-fu.*

KURDE, ■ adj. [kyʀd] (mot indigène ; cf. gr. *Kardoukhoi*, peuple d'Assyrie) Relatif ou typique du Kurdistan. ■ N. m. et n. f. *Un Kurde, une Kurde.* ■ N. m. Langue parlée par les kurdes essentiellement en Turquie, en Iran et en Irak.

KURTCHIS, n. m. [kyʀtʃis] (mot persan) Corps de cavalerie chez les Persans, composé de l'ancienne noblesse.

KURU, ■ n. m. [kuʀu] (mot papou) **Méd.** Maladie dégénérative qui touche le système nerveux des populations de tribus de Nouvelle-Guinée pratiquant le cannibalisme. *Le kuru est caractérisé par une incoordination de mouvements, des tremblements, une rigidité et une atrophie progressive.*

KWAS ou **KVAS**, ■ n. m. [kwas, kvas] (russe *kvas*) Boisson russe résultant de la fermentation de céréales et de fruits acides.

KWASHIORKOR, ■ n. m. [kwaʃjɔʀkɔʀ] (mot du Ghana) **Méd.** Maladie infantile causée par une importante carence en protéines animales, qui provoque un important amaigrissement et qui est très répandue dans les populations du tiers monde. *Des kwashiorkors.*

K-WAY, ■ n. m. [kawɛ] (nom déposé) Coupe-vent en nylon imperméable que l'on peut plier au point de pourvoir le ranger en totalité dans une de ses poches. *Des k-ways.*

KYAT, ■ n. m. [kjat] Monnaie en cours en Birmanie. *1 euro vaut 8,75 kyats.*

KYMRI, n. m. [kimri] Voy. KYMRIQUE.

KYMRIQUE, adj. [kimʀik] (gall. *cymraeg*, gallois, de *Cymru*, Pays de Galles) *L'idiome kymrique* ou n. m. *le kymrique*, idiome celtique. ♦ On dit aussi *kimry* et *kymri*.

KYNANCIE, n. f. [kinɑ̃si] Voy. CYNANCIE.

KYRIE ou **KYRIE ELEISON**, n. m. [kiʀje, kiʀjeeleisɔn] (lat. ecclés., gr. *Kurie eleêson*, Seigneur, prends pitié) Partie de la messe qui renferme une triple invocation à Dieu répétée trois fois. ♦ La musique composée sur les paroles du Kyrie. *Un beau Kyrie. Des Kyries.* ■ **Rem.** On peut aussi écrire, comme autrefois, *kyrié*, et *kyrié éléison.*

KYRIELLE, n. f. [kiʀjɛl] (gr. *Kyrie* [*eleison*]) Litanie. ♦ **Fig.** Longue suite de choses qui ne finissent pas. *Une kyrielle de noms.*

KYSTE, n. m. [kist] (gr. *kustis*, poche gonflée) Membrane en forme de vessie sans ouverture, qui renferme des humeurs ou autres matières contre nature. ■ **Biol.** Enveloppe protectrice dont s'entourent certains organismes. ■ **Rem.** On écrivait aussi *chiste.*

KYSTIQUE, adj. [kistik] (*kyste*) Qui appartient, qui a rapport au kyste.

KYSTOTOME, n. m. [kistotom] Voy. CYSTOTOME.

KYSTOTOMIE, n. f. [kistotomi] Voy. CYSTOTOMIE.

KYU, ■ n. m. [kju] (mot jap.) Grade marquant les différents degrés dans l'apprentissage des arts martiaux et représenté par une couleur de ceinture. *Le kyu le plus élevé est la ceinture noire.*

KYUDO, ■ n. m. [kjudo] (mot jap.) Tir à l'arc au Japon. *La pratique du kyudo est orientée vers la compréhension de soi et le rapport de l'Être au monde dans sa posture, ses mouvements et sa gestuelle.*

L

L, n. f. [ɛl] (lat. *l*) et dans la nouvelle épellation (le), *n. m.* La douzième lettre de l'alphabet et la neuvième des consonnes. ♦ *L,* dans les chiffres romains, vaut 50, et surmontée d'une ligne horizontale, 50 000.

1 LA, art. f. [la] Voy. LE.

2 LA, pron. rel. [la] Voy. LE.

3 LA, n. m. [la] Mus. La sixième note de la gamme d'ut. ♦ Le signe qui représente cette note. ♦ La seconde corde de quelques instruments, par exemple du violon. ▪ Fig. *Donner le la,* servir de modèle.

LÀ, adv. [la] (lat. *illac,* par là) Se dit, par opposition à *ici,* d'un lieu considéré comme différent de celui où l'on est. ♦ Il se dit aussi d'un lieu qu'on désigne par une manière expresse. *C'est là qu'il demeure.* ♦ Il se dit de même en parlant du temps. *D'ici là, j'aurai arrangé l'affaire.* ♦ Alors, à ce moment. ♦ En cela. *Il y a là un bénéfice à faire.* ♦ Il se place devant quelques adverbes de lieu. *Là-haut. Là-dessous.* ♦ *Çà et là,* Voy. ÇÀ. ♦ *Là* se met à la suite des pronoms démonstratifs et des noms, pour les désigner plus précisément ; et en ces emplois, il s'unit par un trait d'union au pronom ou au nom. *Celui-là. Ce paresseux-là.* ♦ Il s'emploie par une espèce de redondance et pour donner plus de force au discours. *Que me dites-vous là ?* ♦ Il signifie à ce point, à ce parti, à cette chose. *S'en tenir là.* ♦ Joint à la préposition *de,* il marque la distance de lieu ou de temps. *À cinq pas de là.* ♦ *De là,* c'est-à-dire de cela, de cette cause, par cette raison. « *De là dépendent vos destins* », P. CORNEILLE. ♦ *De là* ou *delà,* Voy. DELÀ. ♦ *Dès là,* Voy. DÈS. ♦ *Jusque-là,* Voy. JUSQUE. ♦ *Par-là,* Voy. PAR. ♦ *Par-ci par-là,* Voy. PAR. ♦ *Là* construit avec *vers. Vers là,* de ce côté. ♦ *Là où,* dans le lieu où. ♦ *Là où,* dans le cas où. « *En fait de mots, l'analogie n'a lieu que là où l'usage l'autorise* », BEAUZÉE. ♦ *Être là,* être présent. ▪ *Loin de là,* loin de l'endroit dont on parle ; fig. bien au contraire. *Il vit loin de là. Il n'est pas adroit, loin de là.*

LABARUM, n. m. [labaʀɔm] (lat. chrét. *labarum,* orig. obsc.) Étendard romain, qui consistait en une longue lance surmontée d'un bâton qui la traversait à angles droits, d'où pendait une riche pièce d'étoffe couleur de pourpre portant une croix avec un chiffre qui exprimait le nom de Jésus.

LÀ-BAS, ▪ adv. [laba] (*là* et *bas,* empl. adverb.) Plus ou moins loin dans la direction que l'on indique. *Regarde le bel oiseau là-bas !*

LABBE, ▪ n. m. [lab] (mot suédois, de *labba,* marcher lourdement) Zool. Palmipède des régions polaires qui se nourrit en dérobant les proies des autres oiseaux. *Le labbe est un oiseau plutôt solitaire qui effectue la plupart des migrations seul ou en petits groupes.*

LABDANUM ou **LADANUM**, ▪ n. m. [labdanɔm, ladanɔm] (lat. sav. (Pline) *ladanum,* gr. *ladanon*) Gomme extraite du ciste et utilisée en parfumerie pour remplacer l'ambre gris.

LABEL, ▪ n. m. [labɛl] (angl. label, étiquette, de l'anc. fr. *label, lambel, lambeau*) Marque qui atteste qu'un produit destiné à la vente a été réalisé conformément aux réglementations fixées par un syndicat professionnel. *Label de qualité.* ▪ Fig. Étiquette sous laquelle un objet ou une personne peut se présenter. *Le label indépendantiste.* ▪ Fig. Marque déposée par les sociétés éditrices des disques.

LABÉLISER ou **LABELLISER**, ▪ v. tr. [labelize] (*label*) Décerner un label à quelque chose ou à quelqu'un. ▪ LABÉLISATION ou LABELLISATION, n. f. [labelizasjɔ̃]

LABELLE, ▪ n. m. [labɛl] (lat. *labellum,* petite lèvre) Bot. Pétale constituant la partie supérieure des corolles d'orchidées.

LABEUR, ▪ n. m. [labœʀ] (lat. *labor*) Travail pénible et suivi. *Les labeurs du pauvre.* « *Donc un nouveau labeur à tes armes s'apprête* », MALHERBE. ♦ Il se dit pour labour. *Des terres en labeur.* ♦ *Bêtes de labeur,* celles qui servent pour la culture et le labourage. ♦ Impr. *Ouvrage de labeur,* ouvrage considérable et tiré à grand nombre.

LABIACÉES, ▪ n. f. pl. [labjase] Voy. LABIÉ.

LABIAL, ALE, adj. [labjal] (lat. *labium,* lèvre) Qui a rapport aux lèvres. *Articulation labiale.* ♦ *Muscle labial,* muscle placé autour de l'ouverture de la bouche, dans l'épaisseur des lèvres. ♦ *Lettre labiale* ou n. f. *une labiale,* lettre qui se prononce avec les lèvres. *Les labiales sont b, p, v, f, m.*

LABIALISER, ▪ v. tr. [labjalize] (*labial*) Prononcer une lettre en faisant intervenir une articulation secondaire réalisée par un arrondissement des lèvres comme pour la prononciation des labiales. *Labialiser les e muets.* ▪ Se labialiser, v. pr. Prendre les caractéristiques des lettres labiales. *Une voyelle qui tend à se labialiser en présence de consonnes labiales.* ▪ LABIALISATION, n. f. [labjalizasjɔ̃]

LABIÉ, ÉE, adj. [labje] (lat. *labium*) Bot. Qui est en forme de lèvres. *Fleur labiée.* ♦ *Plantes labiées,* plantes à corolles monopétales dont le limbe est divisé en deux lobes principaux disposés l'un au-dessus de l'autre comme deux lèvres. ♦ N. f. *Les labiées.* ▪ REM. On dit aussi *labiacées* ou *lamisacées.*

LABILE, adj. [labil] (lat. *labilis*) Sujet à glisser, à tomber, à manquer. ♦ *Mémoire labile,* mémoire qui manque souvent au besoin. ♦ Bot. Qui se détache et tombe aisément. ▪ LABILITÉ, n. f. [labilite]

LABIODENTAL, ALE, ▪ adj. [labjodɑ̃tal] (lat. *labium,* lèvre et *dental*) *Consonne labiodentale* ou n. f. *labiodentale,* consonne émise en associant la lèvre inférieure et la mâchoire supérieure. *F et v sont des labiodentales.*

LABIUM, ▪ n. m. [labjɔm] (mot lat.) Zool. Mandibule inférieure des insectes. *Chez le criquet, le labium dérive de la fusion de la seconde paire de mâchoires.*

LABORANTIN, INE, ▪ n. m. et n. f. [labɔʀɑ̃tɛ̃, in] (fém. *laborantine,* d'après l'all. *Laborant,* fém. de *Laborant,* aide de laboratoire, de *laborans,* p. prés du lat. *laborare,* travailler ; le masc. *laborantin* est postérieur) Personne qui travaille dans un laboratoire d'analyses médicales à des fonctions d'aide ou d'auxiliaire.

LABORATOIRE, n. m. [labɔʀatwaʀ] (lat. *laboratum,* supin de *laborare,* travailler) Local disposé pour exécuter les opérations de la chimie, de la pharmacie, etc. ♦ Fig. *Le laboratoire de la nature,* le sein de la terre, des eaux, de l'atmosphère, où se font les grandes modifications des substances. ♦ Par extens. Ateliers garnis de fourneaux, où les distillateurs, confiseurs, limonadiers, etc. font leurs préparations. ▪ Fig. Lieu où se prépare quelque chose. *Le laboratoire de la révolution.* ♦ Entreprise qui fabrique des médicaments. ▪ *Laboratoire de langue,* salle de travail destinée à la pratique orale des langues, équipée de postes informatiques et de casques reliés à un poste central. ▪ Abrév. Labo.

LABORIEUSEMENT, adv. [labɔʀjøz(ə)mɑ̃] (*laborieux*) D'une manière laborieuse. *Cet écrivain produit laborieusement.* ♦ En travaillant. « *On peut vivre gaiement et laborieusement* », LA BRUYÈRE.

LABORIEUX, EUSE, adj. [labɔʀjø, øz] (lat. *laboriosus,* pénible) Qui se livre au travail. *Un homme laborieux.* ♦ En parlant des choses, qui coûte beaucoup de labeur, de fatigues. *Une entreprise laborieuse.* ♦ *Digestion laborieuse,* digestion qui se fait lentement et péniblement. ♦ *Accouchement laborieux,* celui qui exige quelques secours de l'art. ▪ Fig. Qui manque de simplicité, de légèreté. *Un style laborieux.*

LABOUR, n. m. [labuʀ] (*labourer*) Travail de labourage. *Donner deux labours à une terre.* ♦ *Terres labourées.*

LABOURABLE, adj. [labuʀabl] (*labourer*) Propre à être labouré.

LABOURAGE, n. m. [labuʀaʒ] (*labourer*) Action de labourer. ♦ Façon donnée à la terre. ♦ L'art de labourer la terre.

LABOURÉ, ÉE, p. p. de labourer. [labuʀe] Techn. *Papier labouré,* papier qui présente des défauts.

LABOURER, v. tr. [labuʀe] (a. fr. se donner de la peine, retourner la terre, du lat. *laborare, travailler*) Remuer, retourner la terre avec les instruments aratoires. *Labourer avec la charrue, à la bêche.* « *Il laboure le champ que labourait son père* », RACAN. ♦ Il se dit des animaux employés à remuer la terre. « *Vos taureaux qui labourent la terre* », SACI. ♦ Absol. *Labourer avec des bœufs.* ♦ Par extens. Faire sur la superficie de la terre une impression comparée à celle des instruments aratoires. *Les sangliers ont labouré ce champ. Le canon a labouré ce champ.* ♦ Par extens. *L'artillerie labourait les rangs de l'ennemi,* y faisait de grands ravages. ♦ Fig. Tracer des rides sur le visage. *Les chagrins ont labouré ton front.* ♦ Mar. *Labourer le fond,* se dit d'un vaisseau qui touche le fond sans être cependant arrêté. ♦ Absol. *Ce vaisseau laboure.* ♦ Fig. et fam. Faire quelque chose avec un effort comparé à celui du labourage. « *Me voilà labourant mes lettres d'affaires* », MME DE SÉVIGNÉ. ♦ Pop. *Labourer sa vie,* avoir beaucoup de peine, d'embarras, de traverses. ♦ Absol. « *Faut-il toujours labourer et tirer le diable par la queue ?* », MME DE SÉVIGNÉ.

LABOUREUR, n. m. [labuʀœʀ] (*labourer*) Celui qui laboure, soit l'ouvrier qui trace le sillon, soit le propriétaire ou le fermier qui cultive une terre.

LABRADOR, ▪ n. m. [labʀadɔʀ] (*Labrador,* péninsule d'Amérique du Nord) Race de chien de chasse, de taille moyenne, à poils ras et de couleur noire ou fauve. *Les labradors sont de bons nageurs.* ▪ Race de canard originaire du Labrador. ▪ **Minér.** Variété de feldspath à reflets opalins, originaire du Labrador.

LABRE, ▪ n. m. [labʀ] (lat. *labrum,* lèvre) **Zool.** Poisson vorace pourvu d'une double dentition et de lèvres épaisses, aux couleurs vives, comestible et vivant près des côtes rocheuses dans des eaux peu profondes. *Le labre nettoyeur.* ▪ **Zool.** Partie du squelette formant une protubérance et constituant la lèvre supérieure de la bouche des insectes.

LABRI ou **LABRIT,** ▪ n. m. [labʀi] (*Labrit,* village des Landes) Chien de berger à poil long, utilisé essentiellement pour garder les troupeaux dans le sud de la France.

LABYRINTHE, n. m. [labiʀɛ̃t] (gr. *laburinthos*) **Antiq.** Édifice composé d'un grand nombre de chambres et de passages disposés tellement qu'une fois engagé on n'en pouvait trouver l'issue. *Le labyrinthe d'Égypte, de Crète.* ♦ Petit bois qu'on place dans les jardins et qui est coupé d'allées entrelacées. ♦ **Anat.** Ensemble des cavités flexueuses situées entre le tympan et le conduit auditif interne. ♦ **Fig.** Grand embarras, complication d'affaires embrouillées. *Un labyrinthe d'embarras, de difficultés.* ♦ Difficultés, questions obscures. « *Cet esprit philosophique, qui est le fil de tous les labyrinthes* », Voltaire. ▪ Dallage constitué de manière à former des méandres dans les églises et représentant le difficile chemin du chrétien vers la vie éternelle.

LABYRINTHIQUE, ▪ adj. [labiʀɛ̃tik] (*labyrinthe*) Dont la difficulté et la complexité évoquent celles d'un labyrinthe. *Une construction labyrinthique.*

LABYRINTHITE, ▪ n. f. [labiʀɛ̃tit] (*labyrinthe*) **Méd.** Otite interne qui touche le labyrinthe. *Une labyrinthite aiguë peut provoquer une surdité totale.*

LAC, n. m. [lak] (lat. *lacus,* réservoir, lac, gr. *lakkos,* cavité, citerne, étang) Grand espace d'eau qui se trouve enclavé dans les terres. ♦ *Lac salé,* lac dont l'eau contient, en proportion plus ou moins forte, les mêmes substances dissoutes que l'eau de mer. ▪ *Être, tomber dans le lac,* essuyer un échec.

LAÇAGE, ▪ n. m. [lasaʒ] Voy. LACEMENT.

LACAUNE, ▪ n. m. [lakon] (monts de *Lacaune,* dans le Tarn) Race de mouton élevée à la fois pour le lait et la viande. ▪ **Adj.** *Une brebis lacaune.*

LACCOLITE ou **LACCOLITHE,** ▪ n. m. [lakolit] (gr. *lakkos,* fosse et *lithos,* pierre) **Géol.** Roche volcanique souterraine résultant d'une montée de magma qui n'a pas atteint la surface, et qui en modifie le relief.

LACÉ, ÉE, p. p. de lacer. [lase] N. m. *Lacé,* entrelacement de petits grains de verre dont on orne les lustres.

LACEMENT ou **LAÇAGE,** n. m. [las(ə)mɑ̃, lasaʒ] (*lacer*) Action de lacer. ▪ Son résultat. *Un laçage serré.*

LACER, v. tr. [lase] (lat. *laqueare,* lier, de *laqueus,* lacet, filet) Serrer avec un lacet. *Lacer un corset.* ♦ *Lacer une femme,* lui attacher son corset. *Se faire lacer.* ♦ **Mar.** *Lacer la voile,* attacher à la vergue une partie de la voile. ♦ Faire les mailles d'un filet. ▪ Se lacer, v. pr. Se serrer avec un lacet.

LACÉRATION, n. f. [laseʀasjɔ̃] (lat. *laceratio*) **Jurispr.** Action de lacérer un écrit, un livre. ▪ Action de mettre en pièces.

LACÉRÉ, ÉE, p. p. de lacérer. [laseʀe] **Bot.** Qui offre des divisions irrégulières semblables à des déchirures.

LACÉRER, v. tr. [laseʀe] (lat. *lacerare*) Mettre en pièces. ♦ **Chir.** *La balle a lacéré les parties qu'elle a traversées.* ♦ **Jurispr.** Mettre en pièces, par autorité de justice. « *On lacérerait l'écrit scandaleux* », Voltaire.

LACERIE, ▪ n. f. [las(ə)ʀi] (*lacer*) **Techn.** Fin tissage d'osier ou de paille. *La lacerie est utilisée en vannerie.*

LACERNE, n. f. [lasɛʀn] (lat. *lacerna,* manteau de grosse étoffe) **Antiq. rom.** Habit grossier d'abord en usage pour la campagne, et dont on se servit à la ville pour se garantir de la pluie.

LACERON, n. m. [las(ə)ʀɔ̃] Voy. LAITERON.

LACERTILIEN ou **LACERTIEN,** ▪ n. m. [lasɛʀtiljɛ̃, lasɛʀtjɛ̃] (lat. *lacerta,* lézard) Sous-ordre de reptiles caractérisés par une peau squameuse et de courtes pattes. *Les lacertiliens sont aussi appelés sauriens.*

LACET, n. m. [lase] (dim. de *lacs*) Cordon plat ou rond, ferré à l'un des bouts ou aux deux, avec lequel on serre un vêtement, un corset, etc. en le passant dans des œillets. ♦ Lacs avec lequel on prend les perdrix, les lièvres, etc. ♦ **Fig.** *Être pris dans ses propres lacets,* être pris par cela même à l'aide de quoi on voulait prendre les autres. ♦ **Fig.** Pièges, embûches. ♦ Corde garnie de boules que lancent les habitants de l'Amérique espagnole, et avec laquelle ils enlacent un cheval, un homme, et s'en rendent maîtres. ♦ Cordon avec lequel les Turcs et autres peuples orientaux font étrangler un condamné [1]. ♦ ▷ *Envoyer le lacet à un pacha,* dépêcher auprès de lui un agent chargé de l'étrangler. ◁ ♦ *Les lacets d'un chemin,* chemin de montagne en zigzag. *Ce chemin fait le lacet.* ▪ **Rem.** 1 : Cette pratique n'existe plus aujourd'hui.

LACEUR, EUSE, ▪ n. m. et n. f. [lasœʀ, øz] (*lacer*) Personne qui confectionne des filets de pêche ou de chasse.

LÂCHE, adj. [lɑʃ] (*lâcher*) Qui n'est pas tendu, qui n'est pas serré. *Corde, ceinture lâche.* ♦ *Toile, drap lâche,* dont la trame n'est pas assez battue ou la chaîne assez serrée. ♦ **Bot.** Il se dit de quelques organes composés dont les diverses parties sont écartées les unes des autres. *Épi lâche.* ♦ *Ventre lâche,* ventre trop libre. ♦ **Fig.** *Style lâche,* style qui manque d'énergie et de concision. ♦ **Fig.** Qui manque de vigueur et d'activité. *Un ouvrier lâche au travail.* ♦ N. m. et n. f. *Un grand lâche,* un homme très mou, très paresseux. ♦ Il se dit des choses. « *Sa retraite ne fut ni lâche ni oisive* », Fléchier. ♦ **Fig.** Qui manque de courage. ♦ N. m. et n. f. *Le lâche.* ♦ Qui n'a que des sentiments vils et méprisables. « *Mon cœur, mon lâche cœur s'intéresse pour lui* », Racine. ♦ Qui indique bassesse de cœur. *Des conseils, des actions lâches.*

LÂCHÉ, ÉE, p. p. de lâcher. [lɑʃe] **Art** Qui a le caractère d'une certaine négligence.

1 **LÂCHEMENT,** adv. [lɑʃ(ə)mɑ̃] (*lâche*) D'une manière qui n'est pas tendue, serrée. *Un paquet lié trop lâchement.* ♦ D'une manière lâche, sans force. « *Qui fuit croit lâchement et n'a qu'une foi morte* », P. Corneille. ♦ **Fig.** *Écrire lâchement,* écrire sans force, sans précision. ♦ Honteusement, avec bassesse.

2 **LÂCHEMENT,** n. m. [lɑʃ(ə)mɑ̃] (*lâcher*) Action de lâcher.

1 **LÂCHER,** v. tr. [lɑʃe] (anc. fr. *lascier, lasquier, laschier,* du lat. vulg. *laxicare,* fréquent. du lat. *laxare,* étendre, relâcher) Faire qu'une chose soit lâche, moins tendue. ♦ *Cet aliment lâche le ventre,* il rend le ventre libre. ♦ **Absol.** *Les pruneaux lâchent.* ♦ **Manège** *Lâcher la bride, la main,* Voy. MAIN. ♦ *Lâcher pied, lâcher le pied,* Voy. PIED. ♦ Laisser aller, en parlant des personnes ou des animaux que l'on tient, ou que l'on a près de soi, sous sa main. ♦ Il se dit quand on laisse aller une personne ou des animaux pour qu'ils attaquent quelqu'un ou quelque chose. *Lâcher les chiens.* « *Il regardait le peuple comme une bête féroce qu'il fallait lâcher sur ses voisins* », Voltaire. ♦ **Vén.** *Lâcher l'autour, l'épervier,* etc. le laisser partir. ♦ **Fig.** et **fam.** *Lâcher une personne après une autre,* la mettre à sa poursuite, pour l'inquiéter, la tourmenter, ou l'amener à faire ce qu'on désire. ♦ Laisser échapper un objet que l'on tient. ♦ **Techn.** PRISE. ♦ *Lâcher la bonde d'un étang, lâcher une écluse.* ♦ On dit aussi dans le même sens : *Lâcher les eaux.* ♦ *Ce malade lâche tout sous lui,* il ne peut retenir ses excréments. ♦ **Fam.** *Lâcher de l'eau,* uriner. ♦ *Lâcher un coup de fusil, de pistolet,* etc. faire partir ces armes, en tirer un coup. ♦ **Pop.** *Lâcher un coup,* donner un coup. ♦ Faire partir quelque chose que l'on compare à un coup de fusil, à un trait. *Lâcher un pamphlet dans le public.* ♦ *Lâcher une parole, un mot,* dire inconsidérément quelque chose ; prononcer une parole qui coûte à dire, faire un aveu. ♦ V. intr. Être détendu. *Cette corde lâche trop.* ♦ S'échapper, manquer. *Le crampon a lâché.* ♦ Se lâcher, v. pr. Se détendre, se débander. *Ressort qui se lâche.* ♦ **Fig.** Tenir des propos indiscrets. ▪ **Fam.** Abandonner, quitter. *Il nous a lâchés à la sortie.* ▪ **Fam. Sp.** Distancer. *Le coureur a lâché ses concurrents.* ▪ **Fam.** Cesser d'ennuyer, de déranger quelqu'un. *Lâche-moi !* ▪ V. intr. Se casser. *La courroie a lâché.*

2 **LÂCHER,** ▪ n. m. [lɑʃe] (1 *lâcher*) Action de laisser s'échapper quelque chose ou un animal. *Un lâcher de ballons, de colombes.*

LÂCHETÉ, n. f. [lɑʃ(ə)te] (*lâche*) État de celui qui est lâche. ♦ Il se dit aussi des choses. *La lâcheté de sa conduite.* ♦ Action basse, indigne. *Faire une lâcheté.*

LÂCHEUR, EUSE, ▪ n. m. et n. f. [lɑʃœʀ, øz] (*lâcher*) **Fam.** Personne qui abandonne un groupe ou une relation. ▪ Personne qui néglige temporairement ses amis.

LACINIÉ, ÉE, adj. [lasinje] (lat. *laciniatus,* fait de morceaux, de *lacinia,* pan de vêtement, morceau) **Bot.** Qui est découpé inégalement en lanières de forme irrégulière.

LACIS, n. m. [lasi] (*lacer*) Espèce de réseau de fil ou de soie. ♦ **Anat.** Sorte de réseau formé par un entrelacement de vaisseaux ou de nerfs. ▪ **Par extens.** Réseau complexe et dense. *Un lacis de chemins permet de parcourir la forêt.*

LACK, n. m. [lak] (pers. *lak,* du sansc. *lâqsâ,* cent mille) Nom de nombre usité dans l'Inde, lequel, joint à roupie, signifie cent mille.

LACONIQUE, adj. [lakonik] (gr. *lakônikos,* de Laconie, d'où (parole) brève et concise) ▷ Qui est propre à la Laconie, à Sparte. ◁ ♦ Bref en paroles, à la manière des Lacédémoniens. ♦ Il se dit aussi du style, de la manière d'écrire. « *Une élégance laconique* », La Fontaine.

LACONIQUEMENT, adv. [lakonik(ə)mã] (*laconique*) D'une manière laconique.

LACONISME, n. m. [lakonism] (gr. *lakônismos*, attachement au parti [aristocratique] de Lacédémone) Manière de parler en peu de paroles. ◆ Manière courte, vive et sentencieuse d'exprimer une pensée.

LACRYMA-CHRISTI, n. m. [lakrimakristi] (lat. médiév. *lacryma Christi*, larme du Christ, c.-à-d. de plus grande qualité, plus précieuse même que les larmes des anges) Vin que l'on récolte au pied du Vésuve. ■ Au pl. *Des lacryma-christi* ou *des lacryma-christis*.

LACRYMAL, ALE, adj. [lakrimal] (lat. *lacryma*) **Anat.** Qui a rapport aux larmes. *Points lacrymaux.* ◆ *Fistule lacrymale*, ouverture accidentelle au sac lacrymal.

LACRYMATOIRE, n. m. [lakrimatwar] (b. lat. *lacrimatorius*, qui combat le larmoiement) **Antiq. rom.** Petit vase de terre cuite ou de verre que l'on trouve dans les sépultures romaines. ◆ Adj. *Urne lacrymatoire.*

LACRYMOGÈNE, ■ adj. [lakrimoʒɛn] (lat. *lacrima*, larme et *-gène*) Qui provoque des larmes. *Gaz lacrymogène.*

LACS, ■ n. m. [lɑ] (lat. *laqueus*, nœud coulant, filet, piège) Cordon délié. ◆ Nœud coulant qui sert à prendre des oiseaux, des lièvres, etc. ◆ **Fig.** Piège, embarras dont on a de la peine à se tirer. ◆ **Fam.** *Tomber dans le lacs, être dans le lacs,* tomber, être dans l'embarras. ◆ Liens de corde dont on fait usage pour assujettir les animaux. ◆ *Lacs d'amour,* cordons repliés sur eux-mêmes, de manière à former un 8 couché. ■ **Chir.** Lien solide utilisé pour établir une traction sur une fracture.

LACTAIRE, ■ n. m. [laktɛr] (lat. *lactarius*, de *lac*, génit. *lactis*, lait) **Bot.** Champignon des bois très charnu, duquel s'échappe un suc semblable au lait lorsqu'on le coupe. *Le lactaire n'est pas toxique mais il est considéré comme peu comestible en raison de son âcreté.*

LACTALBUMINE, ■ n. f. [laktalbymin] (*lact(o)-* et *albumine*) **Biol.** Albumine que l'on trouve dans le lait. *La lactalbumine est la protéine du lait.*

LACTARIUM, ■ n. m. [laktarjɔm] (lat. sav. mod., de *lax*, génit. *lactis*, lait) Établissement qui collecte, conserve et redistribue le lait maternel. *Le lactarium redistribue le lait maternel à des enfants prématurés.*

LACTASE, ■ n. f. [laktaz] (*lact(o)-* et *-ase*) **Biol.** Enzyme intestinale qui provoque la transformation du lactose en glucose et galactose. *La lactase permet l'assimilation du sucre spécifique du lait, le lactose.*

LACTATE, n. m. [laktat] (*lact(o)-* et *-ate*) **Chim.** Sel produit par la combinaison de l'acide lactique avec une base salifiable.

LACTATION, n. f. [laktasjɔ̃] (b. lat. *lactatio*) ▷ **Méd.** Action d'allaiter un enfant. ◁ ◆ La fonction organique qui consiste dans la sécrétion et l'excrétion du lait.

LACTÉ, ÉE, adj. [lakte] (lat. *lacteus*, laiteux, couleur de lait) Qui a rapport ou qui ressemble au lait. ◆ *Diète lactée,* régime dans lequel le lait fait le principal aliment. ◆ *Fièvre lactée,* fièvre de lait, Voy. LAIT. ◆ **Anat.** *Vaisseaux lactés, veines lactées,* conduits chylifères. ◆ *Plantes lactées,* plantes qui abondent en suc laiteux. ◆ **Astron.** *Voie lactée,* blancheur irrégulière qui entoure le ciel en forme de ceinture, et qui est formée d'un nombre infini de petites étoiles. ■ Qui contient du lait. *Une boisson lactée.*

LACTESCENCE, ■ n. f. [laktesãs] (*lactescent*) Spécificité de ce qui a les caractéristiques aspectuelles du lait. *La lactescence du ciel à l'aube.*

LACTESCENT, ENTE, adj. [laktesã, ãt] (p. prés. du lat. *lactescere,* se convertir en lait, devenir laiteux) Qui contient un suc laiteux. *Plantes lactescentes.* ■ Qui a l'aspect du lait. *Un liquide lactescent.*

LACTIFÈRE, adj. [laktifɛr] (b. lat. *lactifer,* qui produit le lait) Qui porte, qui conduit, qui produit le lait. *Conduits lactifères.* ◆ *Plantes lactifères,* celles qui abondent en sucs laiteux.

LACTIQUE, adj. m. [laktik] (*lact(o)-* et *-ique*) **Chim.** *Acide lactique,* acide qui existe dans le petit-lait aigri. ■ *Ferment lactique,* ferment à partir duquel est produit l'acide lactique et qui est utilisé dans l'industrie laitière.

LACTODENSIMÈTRE, ■ n. m. [laktodãsimɛtr] (*lacto-* et *densimètre*) Appareil qui permet d'établir la quantité de matière grasse contenue dans le lait.

LACTOFLAVINE, ■ n. f. [laktoflavin] (*lacto-* et *flavine*) Vitamine du lait aussi appelée *vitamine B2.*

LACTOMÈTRE, n. m. [laktomɛtr] Voy. GALACTOMÈTRE.

LACTOSE, ■ n. m. [laktoz] (*lact(o)-* et *-ose*) Sucre contenu dans le lait des mammifères, qui se dissocie en glucose et galactose.

LACTOSÉRUM, ■ n. m. [laktoserɔm] (*lacto-* et *sérum*) Liquide séreux qui se sépare du caillé et que l'on appelle aussi *petit-lait. Le lactosérum est connu pour être un produit de grande valeur nutritionnelle.*

LACTUCARIUM, n. m. [laktykarjɔm] (lat. *lactuca,* laitue) **Pharm.** Suc laiteux de la laitue obtenu par incision et desséché au soleil. *Sirop de lactucarium.*

LACUNAIRE, ■ adj. [lakynɛr] (*lacune*) Qui montre des lacunes ou est incomplet. *Un film lacunaire.* ■ **Méd.** Qui présente des manques, des troubles de la mémoire. *Une amnésie lacunaire.*

LACUNE, n. f. [lakyn] (lat. *lacuna,* fossé, défaut) **Bot.** Nom donné aux cavités qui se forment d'une manière constante dans certaines plantes. ◆ **Anat.** Petite cavité formant l'orifice commun d'un assemblage de follicules appartenant aux membranes muqueuses. ◆ Interruption dans le texte d'un auteur, d'une série, etc. ◆ Il se dit, dans un sens analogue, de l'esprit, de la mémoire. *Mes souvenirs ont une lacune.*

LACUSTRE, adj. [lakystr] (*lac,* sur le modèle de *palustre*) Qui appartient à un lac. ◆ Qui vit dans les lacs. *Plantes lacustres.* ◆ **Géol.** *Terrains lacustres,* se dit de certaines couches du sol qui paraissent avoir été déposées au fond des eaux douces. ◆ *Cités lacustres,* bourgades bâties sur pilotis à quelque distance de la rive des lacs en Suisse, en Savoie et dans la haute Italie par des hommes qui ont précédé les Celtes.

LAD, ■ n. m. [lad] (mot angl., valet) Garçon d'écurie chargé du soin des chevaux de course.

LADANUM, ■ n. m. [ladanɔm] Voy. LABDANUM.

LADIN, ■ n. m. [ladɛ̃] (lat. *latinus*) Groupe de dialectes des régions du Tyrol, du Frioul et des Grisons. *Le ladin est une langue romane du groupe rhéto-roman.*

LADITE, ■ adj. f. [ladit] (*la* et 2 *dit*) Celle dont on vient de parler ou que l'on vient d'évoquer. *Ladite réforme est en train d'être votée.*

LADRE, adj. [ladr] (anc. fr. *lazre,* du lat. médiév. *lazarus,* lépreux, du nom de *Lazarus,* le pauvre couvert d'ulcères dans la parabole de l'*Évangile de Luc,* plutôt que le frère de Marie de Béthanie ressuscité par le Christ dans l'*Évangile de Jean*) ▷ Attaqué de ladrerie, de lèpre ou éléphantiasis. ◁ ◆ **Vén.** *Lièvre ladre,* lièvre qui habite aux lieux marécageux. ◆ Affecté de la maladie dite ladrerie particulière aux porcs. *Pourceau ladre.* ◆ Insensible physiquement ou moralement. *Il est ladre, il ne sent rien.* ◆ Excessivement avare. ◆ ▷ N. m. et n. f. *Ladre, ladresse,* celui, celle qui est attaqué(e) de la lèpre. ◁ ◆ Celui, celle qui est extrêmement avare.

LADRERIE, n. f. [ladrəri] (*ladre*) Nom vulgaire de la lèpre au Moyen Âge. ◆ Hôpital destiné aux lépreux. ◆ Maladie particulière aux porcs. ◆ **Fig.** Avarice sordide.

LADY, n. f. [ledi] (mot angl., dame, maîtresse de maison) Titre donné en Angleterre aux femmes des lords et des chevaliers, et par courtoisie aux filles des lords et des chevaliers baronnets, en y joignant le nom de baptême. *Lady Marie.* ◆ Au pl. *Des ladys.* Quelques personnes donnent au pluriel de ce mot la forme anglaise, *ladies.*

LAGOMORPHE, ■ n. m. [lagomɔrf] (gr. *lagôs,* lièvre et *-morphe*) **Zool.** Ordre de mammifères herbivores caractérisés par la présence de quatre incisives supérieures. *Le lapin et le lièvre sont des lagomorphes.*

LAGON, ■ n. m. [lagɔ̃] (ital. *lagone,* grand lac, de *lago,* lac) Lac d'eau salée peu profond ouvert sur la mer et fermé par un récif corallien. ■ Lagune au centre d'un atoll.

LAGOPÈDE, ■ n. m. [lagopɛd] (lat. sav. (Pline) *lagopus,* génit. *lagopodis* [gr. *lagôpous, podis*], littér. aux pieds de lièvre, substantivé pour désigner cet oiseau ; infl. du suff. *-pède*) **Zool.** Oiseau de l'ordre des galliformes vivant dans les hautes montagnes, dont les pattes sont couvertes de plumes et dont le plumage varie suivant la saison, ce qui lui confère un mimétisme parfait avec la nature environnante. *En hiver, les lagopèdes sont blancs comme neige.*

LAGOPHTALMIE, n. f. [lagoftalmi] (gr. *lagôphthalmos,* dont les yeux restent ouverts comme ceux du lièvre, de *lagôs,* lièvre, et *ophthalmos,* œil) **Méd.** Disposition vicieuse de la paupière supérieure qui l'empêche de recouvrir le globe de l'œil. ◆ REM. Graphie ancienne : *lagophthalmie.*

LAGOTRICHE, ■ n. m. [lagotriʃ] (gr. *lagôs,* lièvre et *thrix,* génit. *trikhos,* poil) **Zool.** Singe d'Amérique du Nord au pelage touffu qui lui vaut aussi le nom de *singe laineux.*

LAGUIOLE, ■ n. m. [lagjɔl] ou [lajɔl] (*Laguiole,* commune de l'Aveyron) Fromage d'Aubrac proche du cantal. ■ Couteau de poche dont le manche légèrement courbé est en corne et la lame très effilée est repliable. « *Il est censé tailler ses crayons avec le canif de son père, un laguiole, une relique* », PENNAC.

LAGUIS, ■ n. m. [lagi] (orig. inc. ; agui) **Mar.** Cordage terminé par un nœud d'agui qui est employé pour serrer le corps qu'il entoure par l'effet du poids de ce corps.

LAGUNAGE, ■ n. m. [lagynaʒ] (*lagune*) **Techn.** Épuration des eaux usées par décantation dans des bassins. *Le lagunage repose sur la transformation* *et l'assimilation des polluants domestiques par des chaînes alimentaires aquatiques.*

LAGUNAIRE, ■ adj. [lagynɛʀ] (*lagune*) Propre aux lagunes. *La pêche artisanale lagunaire en Côte-d'Ivoire.*

LAGUNE, n. f. [lagyn] (it. de Venise *laguna*, du lat. *lacuna*, fossé, trou) Mer peu profonde et entrecoupée par des hauts-fonds ou des îlots ; passage de peu de profondeur entre deux îlots ou hauts-fonds. *Les lagunes de Venise.* ◆ Espèce de petit lac ou de flaque d'eau dans des lieux marécageux.

1 LAI, n. m. [lɛ] (bret. *laid*, reconstitué à partir de l'irl. *lôid*, puis *laid*, chant des oiseaux, puis chanson, ou p.-ê. a. provenç. *lais*, chant des oiseaux, du lat. [*versus*] *laicus*) Dans le Moyen Âge, sorte de petit poème. *Des lais d'amour.* ◆ Par extens. Toute espèce de petit poème, complainte.

2 LAI, AIE, adj. [lɛ] (a. fr., illettré, qui n'appartient pas au clergé, lat. ecclés. *laïcus*, qui est du peuple [et non du clergé], gr. ecclés. *laikos*, du gr. *laos*, peuple) ▷ Laïque. *Un conseiller lai.* ◁ ◆ *Frère lai*, frère servant qui n'est point destiné aux ordres sacrés. ◆ *Sœur laie*, sœur converse. ◆ ▷ N. m. pl. *Les lais*, les laïques. ◁

LAÏC, ÏQUE, adj. [laik] Voy. LAÏQUE.

LAÏCAT, ■ n. m. [laika] (*laïc*) Ensemble des fidèles laïcs de l'Église catholique romaine.

LAÏCHE ou **LAICHE**, n. f. [lɛʃ] (b. lat. *lisca*, prob. d'orig. prégermanique et prélatine) Genre de la famille des cypéracées.

LAÏCISATION, ■ n. f. [laisizasjɔ̃] (*laïciser*) Action de rendre laïque. *La laïcisation de l'enseignement.*

LAÏCISER, ■ v. tr. [laisize] (*laïc*) Dégager de toute influence religieuse. ■ Donner un statut laïque. *École laïque.*

LAÏCISME, ■ n. m. [laisism] (*laïc*) Doctrine qui vise à laïciser les institutions. *Le laïcisme est la volonté de couper complètement la société de Dieu, du sacré.*

LAÏCITÉ, ■ n. f. [laisite] (*laïc*) Principe laïque. ■ Principe de séparation de l'Église et de l'État.

LAID, LAIDE, adj. [lɛ, lɛd] (anc. b. frq. *laid*, désagréable, rebutant) Qui déplaît à la vue pour quelque défectuosité dans la forme ou la couleur, en parlant du corps ou de ses parties. *Un visage laid.* ◆ Il se dit aussi des animaux. *Un chien fort laid.* ◆ En général, désagréable à voir. *Une maison laide. Un temps laid.* ◆ Déshonnête, contraire à la bienséance, au devoir. *Ce que vous dites est laid.* ◆ N. m. Celui qui est laid, celle qui est laide. ◆ N. m. Ce qui est laid. ◆ *Ce qu'il y a de laid en quelque chose.*

LAIDEMENT, adv. [lɛd(ə)mɑ̃] (*laid*) D'une laide manière.

LAIDERON, n. f. [lɛd(ə)ʀɔ̃] (*laid*) Jeune fille ou jeune femme laide. *C'est une petite laideron.* ■ REM. Terme péjoratif.

LAIDEUR, n. f. [lɛdœʀ] (*laid*) État de ce qui est laid. *La laideur du visage.* ◆ Au sens moral. *La laideur du péché.*

LAIDIR, v. intr. [lɛdiʀ] (*laid*) ▷ Devenir laid. « *Et tout votre visage affreusement laidir* », MOLIÈRE. ◁

1 LAIE, n. f. [lɛ] (all. anc. fr. *lehe*, de l'anc. b. frq. *lêha*) La femelle du sanglier.

2 LAIE, n. f. [lɛ] (*layer*) Sylvic. Route étroite percée dans une forêt, dans une futaie. ◆ On dit aujourd'hui *ligne*.

LAINAGE, n. m. [lɛnaʒ] (*laine*) Marchandise de laine. ◆ Toison des moutons. ◆ Façon qu'on donne aux draps et aux étoffes de laine, qui consiste, pour les garnir de duvet, de poils, à les faire passer sur un cylindre recouvert de chardons.

LAINE, n. f. [lɛn] (lat. *lana*) Poil doux, épais et long qui croît sur la peau des moutons et de quelques autres animaux ; ce poil filé. ◆ *Bêtes à laine*, béliers, moutons, brebis et agneaux. ◆ *Se laisser manger la laine sur le dos*, se dit du mouton qui laisse la pie, perchée sur le dos, lui arracher de la laine, et fig. souffrir tout, ne pas savoir se défendre. ◆ Poil de mouton ou de drap tondu rendu propre à faire les tentures et bordures veloutées. ▷ Les cheveux épais et crépus des nègres [1]. ◁ **Bot.** Duvet composé de poils longs et mous qui couvre certaines plantes. ■ Matière fibreuse utilisée comme isolant. *Laine de verre.* ■ **Fam.** Vêtement de laine. *Prends une petite laine, les soirées sont fraîches.* ■ REM. 1 : À l'époque de Littré, *nègre* n'était pas un terme raciste.

LAINÉ, ÉE, p. p. de lainer. [lene]

LAINER, v. tr. [lene] (*laine*) Donner le lainage au drap. ◆ N. m. *Le velouté et le lainer d'une étoffe.* ◆ *Lainer une tapisserie*, couvrir de laine hachée et réduite en poussière l'ouvrage encore frais du peintre.

LAINERIE, n. f. [lɛn(ə)ʀi] (*laine*) Nom collectif désignant toutes sortes de marchandises de laine. ◆ Atelier où les draps se lainent. ◆ Lieu où l'on tond

les moutons. ◆ Lieu où l'on vend la laine. ◆ Art de fabriquer les étoffes de laines.

LAINEUR, EUSE, n. m. et n. f. [lɛnœʀ, øz] (*lainer*) Ouvrier, ouvrière qui laine le drap. ◆ N. f. *Laineuse*, machine qui sert à lainer.

LAINEUX, EUSE, adj. [lɛnø, øz] (*laine*) Qui a beaucoup de laine. *Mouton laineux.* ◆ Bien fourni de laine. *Drap laineux.* ◆ **Bot.** Qui est garni de laine. *Plante laineuse.* ◆ Qui a le caractère de la laine. ◆ Qui a l'apparence de la laine, en parlant des cheveux de certaines races d'hommes. ■ REM. La notion de race ne repose sur aucun fondement scientifique et a une connotation raciste.

LAINIER, IÈRE, n. m. et n. f. [lɛnje, jɛʀ] (*laine*) Personne qui fait le commerce de laine. ◆ Vieux en ce sens. ◆ Ouvrier en laine. ■ Industriel spécialisé dans la transformation de la laine. ■ Adj. *L'industrie lainière.*

LAÏQUE ou **LAÏC, ÏQUE**, adj. [laik] (lat. ecclés. *laïcus*, gr. ecclés. *laïkos*, qui est du peuple [et non du clergé], du gr. *laos*, peuple) Qui n'est ni ecclésiastique ni religieux. ■ N. m. et n. f. *Un laïque. Une laïque.* ◆ Qui est propre aux personnes laïques. *Condition, habit laïque.* ◆ On écrit aussi *laïc* au masculin. ■ Indépendant de toute confession religieuse. *L'école laïque.*

LAIRD, n. m. [lɛʀd] (forme écossaise de *lord*) Propriétaire d'une terre et d'un manoir en Écosse. ■ Au pl. *Des lairds.*

LAIS, n. m. pl. [lɛ] (*laisser* : *legs*) Jeune baliveau qu'on laisse, en coupant un taillis, afin qu'il croisse en haute futaie. ◆ Mar. Atterrissement, alluvion. ◆ On dit souvent, au lieu de *lais* simplement, *les lais et relais de la mer.*

LAISSE, n. f. [lɛs] (*laisser* : la corde des chiens est lâche, et dans le couplet on laisse aller sa voix) Corde dont on se sert pour mener des chiens attachés. ◆ *Une laisse de lévriers*, deux lévriers. ◆ Cordon avec lequel on conduit un chien. ◆ **Fig.** *Mener quelqu'un en laisse*, lui faire faire tout ce qu'on veut. ◆ *Laisse* se dit d'autres animaux que l'on conduit. « *Il arriva menant le taureau blanc en laisse* », VOLTAIRE. ◆ Espèce de cordon de chapeau, fait de crin, de fil ou de soie. ◆ Série de vers d'une chanson de gestes qui se termine par une assonance. *La chanson de Roland lie les laisses entre elles et joue de l'alternance entre discontinu et continu.* ■ Zone de plage que la mer découvre à marée basse. ■ REM. On écrivait aussi *lesse.*

LAISSÉ, ÉE, p. p. de laisser. [lese]

LAISSÉES, n. f. pl. [lese] (p. p. fém. plur. substantivé de *laisser* ; *laisses* s'emploie aussi en ce sens) Vén. La fiente des bêtes noires, telles que le loup, le sanglier.

LAISSÉ-POUR-COMPTE, LAISSÉE-POUR-COMPTE, ■ adj. [lesepuʀkɔ̃t] (*laisser* et *pour compte*) Personne, chose que l'on néglige, dont on ne veut pas s'occuper. ■ N. m. et n. f. *Les laissés-pour-compte de la société.* ■ N. m. Marchandise refusée.

LAISSER, v. tr. [lese] (lat. *laxare*, relâcher, b. lat. permettre) Se séparer d'une personne ou d'une chose qui reste dans l'endroit dont on s'éloigne. ◆ *Laisser quelqu'un loin derrière soi*, le devancer beaucoup, et fig. l'emporter. ◆ *Laisser un chemin, une maison, etc., à droite, sur la droite*, se diriger vers la gauche. ◆ *Laisser là un vêtement*, s'en dépouiller. ◆ *Laisser là une chose*, cesser de s'en occuper. ◆ *Laisser là quelqu'un*, rompre avec quelqu'un. ◆ *Laisser là*, ne plus parler de. ◆ *Laisser quelqu'un pour mort*, s'en éloigner avec la conviction qu'il est mort. ◆ **Fig.** *Laisser la vie*, perdre la vie. ◆ *Laisser des traces*, se dit des marques qui demeurent de quelqu'un ou de quelque chose. ◆ **Mar.** *Laisser ses ancres*, les abandonner au fond, en partant du mouillage. ◆ Abandonner. *Cette rivière a laissé son ancien lit.* « *Pour l'intérêt public laissant mes intérêts* », M.-J. CHÉNIER. ◆ **Fam.** *Cette marchandise est à prendre ou à laisser*, il faut en donner le prix demandé, ou on ne l'aura pas. ◆ *Il y a à prendre et à laisser dans ces marchandises*, il s'y trouve du bon et du mauvais, et fig. *il y a à prendre et à laisser dans cette affaire.* ◆ Céder. *Je lui en laisse l'honneur.* ◆ *Laisser une chose à un certain prix*, consentir à la vendre pour un certain prix. ◆ Léguer, transmettre par des dispositions testamentaires ou autrement. ◆ **Par extens.** Transmettre à la postérité. ◆ Il se dit aussi de ce qui reste après notre mort. *Il laisse des enfants, de grands biens, etc.* ◆ Il se dit de l'opinion, des sentiments, etc., qui restent relativement à une personne, après sa mort ou son éloignement. *Il a laissé une bonne réputation.* ◆ Il se dit des sensations ou impressions qui demeurent après quelque chose, des suites que produit quelque chose. *Cette liqueur laisse un bon goût.* ◆ Confier, remettre. ◆ Ne pas ôter, ne pas retirer une personne ou une chose que l'on peut ôter, retirer. ◆ *Il laisse son enfant en nourrice.* ◆ Ne pas ôter une personne ou une chose de la place où elle est, de la situation où elle se trouve. ◆ **Fig.** *Laisser quelqu'un dans l'embarras, dans le danger*, ne pas lui donner de secours. ◆ *Laisser quelqu'un tranquille*, ne pas le troubler ; le dédaigner. ◆ **Absol.** *Laissez donc*, ne pas changer l'état où se trouve une personne, une chose. « *En quel funeste état ces mots m'ont-ils laissée* », RACINE. *Laisser un champ en friche.* ◆ Ne pas prendre, ne pas enlever. *Les voleurs lui ont laissé son habit, la vie.* ◆ Ne pas emmener, ne pas emporter avec soi ; oublier de prendre avec soi. *Il a laissé son fils, sa voiture, sa montre,* *etc.* ◆ *Laisser la bride sur le cou à un cheval,* le laisser aller de lui-même. ◆ *Laisser en blanc,* réserver dans un écrit une place qu'on remplira plus tard. ◆ Passer sous silence, ne pas s'occuper de. *Laissons cela.* ◆ **Fig.** *Laisser quelque chose à,* renoncer à quelque chose comme ne valant pas la peine. « *Laissez les pleurs, Esther, à ces jeunes enfants* », RACINE. ◆ **Fig.** *Laisser à,* livrer à. *Laisse-le à ses remords.* ◆ *Laisser beaucoup, peu, etc.,* avec *à* suivi d'un infinitif. *Laisser quelque peu, beaucoup, etc., à dire, à faire, à désirer, etc.* ◆ *Je vous laisse à penser ce qui en arrivera, etc.,* c'est à vous de penser aux conséquences de cela, etc. ◆ *Ne pas laisser de,* ne pas cesser, ne pas manquer à. « *Une chose qu'on ne laisserait pas de faire sans moi* », MOLIÈRE. « *Il faut ne laisser pas de faire du bien aux hommes* », FÉNELON. ◆ Cette locution a souvent le sens de néanmoins. « *La pièce n'a pas laissé de plaire* », P. CORNEILLE. ◆ *Cela ne laisse pas de,* en somme, en définitive. ◆ On dit, bien que moins correctement : *Ne pas laisser que de.* « *Il ne faut pas laisser que de s'écrire* », MME DE SÉVIGNÉ. ◆ *Laisser,* suivi d'un infinitif, permettre, souffrir, ne pas empêcher ; dans cette construction, le régime de *laisser* est direct. *Laissez-le reprendre ses esprits.* ◆ *Laisser faire, laisser dire,* ne pas se mettre en peine de ce que fait ou dit quelqu'un. *Laissez dire les sots.* ◆ *Laisser voir,* montrer, découvrir. ◆ **Fig.** *Laisser voir sa pensée,* parler, agir de manière à faire deviner sa pensée. ◆ *Laisser aller les choses, le monde,* prendre en patience les choses comme elles arrivent. ◆ LAISSER ALLER, n. m. Espèce de négligence qui n'est pas sans grâce, et aussi facilité trop grande à prendre les opinions d'autrui, à se laisser diriger ; facilité de mœurs. ◆ LAISSEZ-PASSER, n. m. Permission d'entrer, de circuler. *Des laissez-passer.* ◆ *Laisser,* avec le sens de souffrir, permettre, suivi d'un infinitif, peut avoir un régime par *à.* « *Laissez donc faire au ciel, au temps, à la fortune* », P. CORNEILLE. ◆ *Laisser courre les chiens,* Voy. COURRE. ◆ **Manège** *Laisser aller son cheval,* le laisser aller à sa fantaisie. ◆ **Mar.** *Laisser tomber l'ancre,* mouiller. *Laisser arriver,* manœuvrer pour produire un mouvement d'arrivée. ◆ *Se laisser,* avec un verbe actif pour régime le pronom *se,* permettre d'être. *Elle s'est laissé vaincre.* ◆ Dans cette locution, l'infinitif peut être suivi de la préposition *à* qui prend le sens de *par.* « *Je me laissai conduire à cet aimable guide* », RACINE. ◆ *Se laisser gouverner, conduire, mener,* laisser prendre de l'empire sur soi. ◆ **Fam.** *Se laisser faire,* ne pas opposer de résistance, ne pas résister à des caresses, à des offres, à quelque chose de tentant. ◆ **Fig.** et **fam.** *Ce livre, cet ouvrage se laisse lire,* on le lit sans fatigue, sans ennui. ◆ **V. intr. Mar.** *Quand la mer se retire, au moment du reflux, on dit qu'elle laisse.* ◆ *Se laisser,* v. pr. Être laissé. ◆ *Se laisser,* permettre que, etc. *Ces enfants se sont laissés tomber.* ◆ *Se laisser aller à une chose,* permettre que cette chose nous conduise, nous fasse agir. *Se laisser aller à ses passions.* ◆ *Se laisser aller,* se relâcher, suivre ses mouvements naturels, sans projet, sans réflexion. ◆ **Fam.** *Se laisser mourir,* mourir. ■ *Laisser tomber,* ne plus s'occuper de, abandonner. *Elle a laissé tomber ses études. Elle a laissé tomber son compagnon.* ■ *Laisser des plumes,* subir un dommage. ■ REM. Graphie ancienne : *laisser-passer.*

LAIT, n. m. [lɛ] (lat. *lac,* génit. *lactis*) Liquide opaque, blanc, fourni par les glandes mammaires de la femme et des animaux mammifères. ◆ *Frères, sœurs de lait,* Voy. FRÈRE, SŒUR. ◆ *Dents de lait,* Voy. DENT. ◆ *Vache à lait,* Voy. VACHE. ◆ *Veau de lait, cochon de lait,* veau, cochon qui tète encore, ou qu'on ne nourrit que de lait. ◆ **Fig.** Nourriture de l'âme, de l'esprit. « *Le témoignage intérieur est le lait des âmes tendres et naissantes* », FÉNELON. ◆ *Sucer le lait* une doctrine, une opinion, etc., recevoir dès l'enfance une doctrine, une opinion. On dit de même : *Il a sucé le lait des saines doctrines.* ◆ *Lait* considéré comme aliment des personnes qui ne tètent plus. *Vivre de lait.* ◆ *Se mettre au lait,* faire du lait sa principale nourriture. ◆ **Fig.** et **fam.** *Il avale cela doux comme du lait,* il reçoit avidement toutes sortes de louanges, d'opinions. ◆ *Petit-lait,* la sérosité qui se sépare du lait lorsqu'il se caille. ◆ *Sucre de lait,* Voy. LACTINE. ◆ ▷ Liqueur blanche qui est dans les œufs frais, quand ils sont cuits à point pour être mangés à la coque. ◁ ◆ Suc blanc qui sort de quelques plantes et de quelques fruits. *Lait de figuier.* Certaines plantes artificielles qui ont une ressemblance de couleur avec le lait. *Lait d'amandes.* ◆ *Lait de poule,* sorte d'émulsion qu'on prépare en battant un jaune d'œuf avec de l'eau chaude et du sucre, et aromatisant avec de l'eau de fleur d'orange. ◆ *Lait de chaux,* solution aqueuse, tenant de l'hydrate de chaux en suspension. ◆ *Voie de lait,* Voy. LACTÉE (VOIE). ◆ Nom de diverses plantes. *Lait battu,* la fumeterre. *Lait d'âne,* laiteron, de lait. ◆ Nom de certaines substances minérales. ◆ **Prov.** *Le vin est le lait des vieillards,* il soutient leurs forces. ■ *Lait concentré,* dont le volume est réduit par évaporation. ■ *Lait en poudre,* lait déshydraté conditionné sous forme de petites granules. ■ *Au lait,* auquel on a ajouté du lait, ou cuisiné au lait. *Riz au lait, café au lait.* ■ *Lait de toilette,* lait démaquillant, préparation cosmétique fluide et blanche.

LAITAGE, n. m. [lɛtaʒ] (*lait*) Le lait considéré collectivement ; l'ensemble de ce qui se fait avec le lait, tel que beurre, fromage, etc. *Vivre de laitage.* ■ Dépôt blanc qui apparaît sur des surfaces bétonnées.

LAITANCE, n. f. [lɛtɑ̃s] (*lait*) Substance molle et blanche qui se trouve dans les poissons mâles. ◆ On dit aussi *laite.*

LAITE, n. f. [lɛt] (*lait*) Voy. LAITANCE.

1 LAITÉ, ÉE, adj. [lete] (*lait*) Qui a du lait. Usité seulement dans : *Poule laitée,* homme faible et sans vigueur.

2 LAITÉ, ÉE, adj. [lete] (*laite*) Qui a de la laite. *Hareng laité.*

LAITERIE, n. f. [lɛt(ə)ʀi] (*lait*) Lieu où l'on conserve le lait, où l'on fait la crème, le beurre ; partie de l'exploitation agricole relative à la manipulation du lait et de ses produits. ◆ Lieu où l'on vend du lait. ◆ **Archit.** Petit pavillon d'agrément construit en imitation d'une laiterie rustique. ■ Usine où l'on traite et transforme le lait. ■ Industrie du lait et des laitages.

LAITERON, n. m. [lɛt(ə)ʀɔ̃] (lat. *lactarius,* qui a rapport au lait) Genre de plantes lactescentes qui se rapprochent de la laitue. ■ REM. On disait aussi *laceron.*

LAITEUX, EUSE, adj. [letø, øz] (*lait*) Qui a rapport au lait. ◆ *Maladies laiteuses,* affections qui surviennent à la suite des couches. ◆ Qui a un suc semblable au lait. *Plantes laiteuses.* ◆ Qui ressemble au lait. *Un suc laiteux.* ◆ Qui a une couleur, un reflet de lait.

1 LAITIER, n. m. [letje] (*lait*) Syn. de scorie. ◆ **N. m. Techn.** Matière résiduelle qui se forme dans les hauts fourneaux lors de la transformation du minerai de fer en fonte.

2 LAITIER, IÈRE, n. m. et n. f. [letje, jɛʀ] (*lait*) Celui, celle qui vend du lait. ◆ **N. f.** *Laitière,* femelle qui donne du lait. *Bonne laitière,* se dit d'une vache qui donne beaucoup de lait. ◆ ▷ **Fam.** *Une nourrice bonne laitière.* ◁ ◆ **Adj.** *Vache laitière,* vache nourrie uniquement pour donner du lait. ■ Relatif au lait. *La production laitière.* ■ *Produit laitier,* fabriqué à partir du lait. *Le beurre est un produit laitier.* ■ *Fromage laitier,* fabriqué industriellement par opposition au fromage fermier.

LAITON, n. m. [letɔ̃] (ar. *latun,* cuivre, du turc *altun,* or) Alliage de cuivre et de zinc qui est jaune et qu'on nomme souvent cuivre jaune.

LAITONNÉ, ÉE, adj. [letɔne] (*laiton*) Garni de fil de laiton.

LAITUE, n. f. [lety] (lat. impér. *lactuca,* de *lac,* lait, suc des plantes) Herbe potagère du genre des plantes laiteuses, de la famille des composées ; elle a deux variétés : la romaine ou chicon, et la laitue pommée. ◆ *Laitue de mer,* algue comestible que l'on appelle également *ulve.*

LAÏUS, n. m. [lajys] (gr. *Laios,* père d'Œdipe, en raison d'un Discours de Laïus donné à composer aux élèves de Polytechnique en 1804) **Fam.** Discours oiseux, long et ennuyeux. « *Suivait un laïus sur les travailleurs émérites et sur leur participation enthousiaste à l'édification d'un monde nouveau* », THOREZ. *Il nous a fait tout un laïus sur la question.*

LAÏUSSER, ■ v. intr. [lajyse] (*laïus*) **Fam.** Faire un laïus, discourir. *Il ne cesse de laïusser sur les grandes idées et les beaux sentiments.* ■ LAÏUSSEUR, EUSE, n. f. [lajysœr, øz] *C'est un laïusseur, il parle trop.*

LAIZE, n. f. [lɛz] (lat. pop. *latia,* du lat. *latus,* large) Largeur d'une étoffe entre deux lisières. ◆ Différence entre la largeur réelle d'une étoffe et sa largeur convenue. ◆ **Mar.** Bande. *Cette voile se compose de tant de laizes.*

LAK, n. m. [lak] Voy. LACK.

LAKISTE, ■ adj. [lakist] (angl. *lakist,* de *Lake* School, parce que ces poètes étaient originaires du *Lake District* au N.-O. de l'Angleterre) Relatif aux poètes anglais préromantiques qui se retrouvaient fréquemment dans la région des Lacs au Nord-Ouest de l'Angleterre. *L'école lakiste.* ■ **N. m. et n. f.** *Wordsworth, Southey et Coleridge sont les trois principaux lakistes.*

LA LA ou **LALA,** interj. [lala] (onomat.) S'emploie pour apaiser, pour consoler, pour menacer. *La la, rassurez-vous.* ◆ S'emploie pour marquer l'étonnement, la déception, l'exaspération... *Oh ! la la ! c'est difficile !*

LALALÈRE, ■ interj. [lalalɛʀ] (refrain onomat.) Onomatopée qui évoque le refrain que l'on reprend. ■ REM. On emploie également *lalala* dans ce sens. ■ **Fam.** S'emploie pour narguer quelqu'un. *Lalalère, j'ai réussi et pas toi !*

LALLATION, ■ n. f. [lalasjɔ̃] (lat. impér. *lallare,* chanter *lalla* pour endormir un enfant) Premiers balbutiements du bébé constitués essentiellement de sons vocaliques. *La lallation est une forme de jeu verbal qui permet à l'enfant de découvrir les sensations que provoquent les sons dans sa bouche.*

1 LAMA, n. m. [lama] (tibét. *blama,* de *bla,* supérieur, et *ma,* homme) Nom des prêtres de Bouddha au Tibet et chez les Mongols. ◆ *Grand lama,* chef de la religion bouddhique. ◆ *Dalaï-lama,* Voy. CE MOT.

2 LAMA, n. m. [lama] (quechua *llama*) Quadrupède ruminant du Pérou. ■ REM. On écrivait aussi *llama* et *glama* autrefois. ■ REM. On prononçait aussi [jama] autrefois.

LAMAGE, ■ n. m. [lamaʒ] (*lamer*) **Techn.** Façon d'usiner une pièce pour permettre à un écrou ou à une vis d'affleurer la surface. *Le lamage a été exécuté avec la fraise à lamer.*

LAMAÏQUE, adj. [lamaik] (1 *lama*) Conforme à la doctrine des lamaïtes. ◆ Qui appartient aux lamaïtes.

LAMAÏSME, n. m. [lamaism] (1 *lama*) Nom du bouddhisme tibétain.

LAMAÏSTE ou **LAMAÏTE**, n. m. [lamaist, lamait] (*lamaïsme*) Sectateur du lamaïsme.

LAMANAGE, n. m. [lamanaʒ] (anc. fr. *laman*, pilote, du néerl. *lootsman*, homme à la sonde) Profession, travail des lamaneurs.

LAMANEUR, n. m. [lamanœʀ] (radic. de *lamanage*) Pilote qui connaît particulièrement l'entrée d'un port, d'une baie, d'une rade, d'une rivière, et qui guide des bâtiments à l'entrée et à la sortie. ◆ Adj. *Pilote lamaneur.* ▪ REM. On dit aussi *locman*. ▪ REM. Quoique possible, le féminin *lamaneuse* est rarement employé.

LAMANTIN, n. m. [lamɑ̃tɛ̃] (esp. *manati*, vache de mer, du galibi *manati*, mamelle ; croisement avec *lamenter*, ou agglutination de l'article *la*) Espèce de cétacé herbivore, qui est encore désigné parfois sous les noms de femme marine et poisson femme, vache marine, tandis que le mâle est appelé bœuf marin et poisson bœuf. ▪ REM. On écrivait aussi *lamentin* autrefois.

LAMARCKIEN, IENNE, ▪ adj. [lamaʀkjɛ̃, jɛn] (*Lamarck*) Relatif à Lamarck et à sa théorie de l'évolution. *L'évolution lamarckienne par opposition à l'évolution darwinienne.* ▪ N. m. et n. f. Partisan du lamarckisme. *Les lamarckiens pensaient que les capacités acquises par un organisme au cours de son existence pouvaient être transmises à la descendance.*

LAMARCKISME, ▪ n. m. [lamaʀkism] (J.-B. *Lamarck*, 1744-1829, naturaliste français) **Philos.** Théorie défendue par Lamarck et ses disciples, selon laquelle l'évolution des êtres s'explique par l'influence qu'exerce sur eux le milieu dans lequel ils vivent. *C'est dans sa Philosophie zoologique, publiée en 1809, que Lamarck expose ses théories les plus controversées réunies sous le terme plus général de lamarckisme.*

LAMASERIE, ▪ n. f. [lamaz(ə)ʀi] (1 *lama*) Monastère destiné aux lamas. *Les lamaseries du Tibet.*

LAMBADA, ▪ n. f. [lãbada] (mot du Brésil, coup de fouet) Danse brésilienne très sensuelle en vogue dans les années 1990, pratiquée à deux, où les corps serrés l'un contre l'autre ondulent au niveau des hanches et des épaules. *Qualifiée d'osée il y a quelques années, la lambada marque le début des danses de couple acceptées sans conditions par la morale populaire.*

LAMBDA, ▪ n. m. [lãbda] (orig. sémit.) Onzième lettre de l'alphabet grec (λ, Λ), correspondant au *l* de l'alphabet latin. *Des lambdas ou des lambda.* ▪ **Anat.** Partie du crâne située au sommet de l'os occipital. *Le lambda, mou à la naissance, s'ossifie à partir de l'âge de 18 mois.* ▪ Adj. **Fam.** Qui est quelconque, qui n'a pas de distinction particulière. *Une personne lambda.* *Répondre aux besoins des utilisateurs lambdas.*

LAMBEAU, n. m. [lãbo] (anc. b. frq. *labba*, morceau d'étoffe déchirée) Voy. LAMBEL. Partie détachée et déchirée. *Des lambeaux de chair.* ◆ Morceaux d'étoffes déchirées. ◆ *Des pauvres en lambeaux*, des pauvres qui n'ont que des vêtements en pièces. ◆ **Fig.** Partie considérée comme arrachée, déchirée d'un tout. *Se disputer les lambeaux d'une succession. Des lambeaux d'éloquence.* ◆ ▷ Fragments d'auteurs incomplètement cités. ◁

LAMBEL, n. m. [lãbɛl] (anc. fr. *label*, *lambel*, ruban, du frq. *labba*) **Hérald.** Brisure, la plus noble de toutes, qui se forme par un filet qui doit être large de la neuvième partie du chef. ◆ Brisure qui se place dans les armoiries pour indiquer les branches cadettes.

LAMBI, ▪ n. m. [lãbi] (mot des Antilles fr.) **Antilles** Mollusque gastéropode des mers chaudes dont la chair blanche et compacte est appréciée, également appelé *ormeau*. *Boudin de lambi.*

LAMBIC ou **LAMBICK**, ▪ n. m. [lãbik] (mot bruxell. d'orig. flam.) Bière belge non moussante ayant été soumise à une fermentation spontanée puis à l'atténuation de tous les sucres durant trois ans. *Le lambic entre souvent dans la composition d'autres bières.*

LAMBIN, INE, n. m. et n. f. [lãbɛ̃, in] (*lambeau*, chiffon) **Fam.** Celui, celle qui lambine. ◆ Adj. *Vous êtes lambin.* ◆ ▷ N. m. Aï ou paresseux. ◁

LAMBINER, v. intr. [lãbine] (*lambin*) Agir lentement.

LAMBLIASE, ▪ n. f. [lãblijaz] (*lamblia*, parasite intestinal) **Méd.** Infestation de l'intestin par un parasite, provoquant la diarrhée et d'autres troubles intestinaux. *La lambliase est très fréquente chez l'enfant.*

LAMBOURDE, n. f. [lãbuʀd] (anc. fr. *laon*, planche, du frq. *lado* + *bourde*, poutre, de *bourdon*, bâton) Petite pièce de bois qui sert pour attacher le parquet sur un plancher. ◆ Petites pièces qu'on met aux entailles des poutres pour poser les solives. ◆ Espèce de pierre tendre et calcaire. ◆ **Hortic.** Frêle rameau, notamment d'un arbre fruitier, portant un bouton à fruit à son extrémité. *Les lambourdes ne se taillent pas. Des lambourdes de pommier, de poirier, etc.*

LAMBREQUINS, n. m. pl. [lãbʀəkɛ̃] (*lambeau* : cf. anc. fr. *lambequin*, bande d'étoffe ornant le cimier du heaume) **Hérald.** Nom de l'ancienne couverture des casques. ◆ Aujourd'hui, volets d'étoffe découpés qui descendent du casque et qui embrassent l'écu. ◆ Au sing. Chaque branche des lambrequins. ◆ En tapisserie, découpures d'étoffe, de bois ou de tôle, qui couronnent un pavillon, une tente, un store, etc.

LAMBRIS, n. m. [lãbʀi] (*lambrisser*) Revêtement de menuiserie, de marbre, de stuc, etc., sur les murailles d'une salle, d'une chambre, etc. ◆ *Lambris d'appui*, celui qui n'a qu'environ trois pieds de hauteur. ◆ Enduit de plâtre fait au dedans d'un grenier, d'un galetas, sur des lattes jointives clouées aux chevrons. ◆ La menuiserie ou la maçonnerie qui est au-dessus de la tête dans un appartement. ◆ **Par extens.** et **poétiq.** La décoration intérieure d'une maison vaste et magnifique. « *Je ne dormirai point sous de riches lambris* », LA FONTAINE. ◆ **Fig.** et **poétiq.** *Les célestes lambris*, le ciel. ◆ *Lambris de verdure*, berceau formé par des arbres ou arbustes.

LAMBRISSAGE, n. m. [lãbʀisaʒ] (*lambrisser*) Ouvrage en lambris. ◆ Action de lambrisser.

LAMBRISSÉ, ÉE, p. p. de lambrisser. [lãbʀise] *Chambre lambrissée*, chambre sous le toit, dont l'intérieur est revêtu d'un enduit de plâtre.

LAMBRISSEMENT, n. m. [lãbʀis(ə)mã] (*lambrisser*) Action de lambrisser ; état de ce qui est lambrissé.

LAMBRISSER, v. tr. [lãbʀise] (lat. pop. *lambruscare*, du lat. *labrusca*, vigne sauvage, qui fournit souvent les motifs de cette décoration) Revêtir de lambris. ◆ Couvrir de plâtre, sur un lattis, le dessous d'un comble.

LAMBRUCHE ou **LAMBRUSQUE**, n. f. [lãbʀyʃ, lãbʀysk] (lat. pop. *lambrusca*, du lat. *labrusca*, vigne sauvage) ▷ Cep de vigne croissant spontanément et sauvage. ◆ Se dit aussi du fruit de la lambrusque. ◁

LAMBSWOOL, ▪ n. m. [lãpswul] (mot angl., de *lamb*, agneau, et *wool*, laine) Laine d'agneau fine et légère. *Une écharpe 100 % lambswool.*

LAME, n. f. [lam] (lat. *lamina*, mince pièce, feuille, plaque) Morceau de métal plat, de peu d'épaisseur. Or ou argent trait, battu ou aplati entre deux cylindres, qui entre dans la fabrication d'étoffes, de broderies, de galons. *Mousseline brodée de lames.* ◆ **Hist. nat.** Partie mince et plate. *Une pierre qui se partage en lames.* ◆ Tranche. *Enlever une lame d'écorce.* ◆ *Lames de persienne, de jalousie*, les petites traverses de bois mince assemblées à recouvrement l'une sur l'autre qui les composent. ◆ Fer de différents instruments propres à tailler, couper, percer, raser, gratter. *Lame de sabre, de couteau, de canif, de grattoir, de lancette.* ◆ Fer d'une épée. *Une bonne lame.* ◆ **Fig.** et **fam.** *Une bonne lame*, un homme qui manie bien l'épée. ◆ **Fig.** *Une fine lame*, femme fine et rusée. ◆ *Lame à deux tranchants*, espèce de marteau de couvreur pour tailler l'ardoise. ◆ **Mar.** Élévation momentanée d'une certaine partie de la mer sous l'influence du vent. ◆ **Prov.** *La lame use le fourreau*, Voy. FOURREAU. ◆ *En lame de couteau*, Voy. COUTEAU. ▪ *Lame de fond*, vague violente et soudaine ; fig. phénomène violent et généralement destructeur. *Le commerce électronique est-il une lame de fond pouvant mettre en péril les PME?*

LAMÉ, ÉE, adj. [lame] (*lame*) Garni de lames d'or ou d'argent, en parlant d'étoffes. *Drap lamé d'or et d'argent.*

LAMELLAIRE, adj. [lamelɛʀ] (*lamelle*) *Cassure lamellaire*, cassure présentant des facettes brillantes.

LAMELLATION, n. f. [lamelasjɔ̃] (*lamelle*) Partage en lamelles.

LAMELLE, n. f. [lamɛl] (lat. impér. *lamella*) Petite lame. ▪ **Bot.** Chacune des tranches minces qui garnissent le dessous du chapeau de certains champignons. ▪ Fine tranche. *Une lamelle de fromage. Couper des courgettes en lamelles.*

LAMELLÉ, ÉE, adj. [lamele] (*lamelle*) Qui est garni de lamelles, ou qui se laisse diviser en lamelles. *Une cassure lamellée.*

LAMELLÉ-COLLÉ, ▪ n. m. [lamelekole] (*lamelle* et *coller*) Matériau composé de pièces de bois naturel assemblées sous pression après leur encollage. *Les entrepreneurs et industriels manufacturiers de lamellé-collé représentent aujourd'hui environ 80% de la production nationale.* ▪ Adj. *Des panneaux lamellés-collés.*

LAMELLEUX, EUSE, adj. [lamelø, øz] (*lamelle*) Qui est plein de lamelles. « *La texture de la topaze de Saxe est lamelleuse* », BUFFON.

LAMELLIBRANCHE, ▪ n. m. [lamelibʀãʃ] (*lamelle* et *branchie*) **Zool.** Mollusque aquatique muni d'une coquille constituée de deux valves qui s'articulent entre elles. *La moule, la coquille Saint-Jacques, l'huître appartiennent à la classe des lamellibranches.* ▪ REM. Les lamellibranches sont également appelés *bivalves*.

LAMELLIFORME, ▪ adj. [lamelifɔʀm] (*lamelle* et *-forme*) Qui se présente sous forme de lamelles. *Une structure lamelliforme.*

LAMELLIROSTRE, adj. [lameliʀɔstʀ] (*lamelle* et lat. *rostrum*, bec d'oiseau) Dont le bec est garni de lamelles sur les bords. ◆ N. m. pl. *Les lamellirostres*, famille d'oiseaux palmipèdes. ▪ REM. Les lamellirostres sont aujourd'hui plus couramment appelés *ansériformes*.

LAMENTABLE, adj. [lamɑ̃tabl] (lat. *lamentabilis*, plaintif, déplorable) Qui fait naître des lamentations. *Sort lamentable.* ♦ Qui a le caractère de la lamentation. *Un cri, une voix lamentable.* ■ Dont la mauvaise qualité ou la médiocrité afflige. *Il a eu des résultats lamentables ce trimestre.*

LAMENTABLEMENT, adv. [lamɑ̃tabləmɑ̃] (*lamentable*) D'un ton lamentable. ♦ De façon affligeante. *Nous avons lamentablement manqué à tous nos devoirs. « La journée se traîna lamentablement »*, MALET.

LAMENTATION, n. f. [lamɑ̃tasjɔ̃] (lat. *lamentatio*) Plainte accompagnée de gémissements et de cris. ♦ Expression de douleur et de regret. *Faire des lamentations sur la perte d'un procès.* ♦ *Les Lamentations de Jérémie,* sorte de poème que ce prophète a fait sur la ruine de Jérusalem.

LAMENTÉ, ÉE, p. p. de lamenter. [lamɑ̃te]

LAMENTER, v. tr. [lamɑ̃te] (lat. chrét. *lamentari,* du lat. *lamentare,* déplorer) ▷ Plaindre par lamentations. *« Le chantre désolé lamentant son malheur »,* BOILEAU. ◁ ♦ Prononcer comme en lamentation. *« Lamentant tristement une chanson bachique »,* BOILEAU. ♦ ▷ V. intr. *Vous avez beau pleurer et lamenter.* ◁ ♦ Se lamenter, v. pr. Pousser des lamentations. ♦ Se plaindre beaucoup.

LAMENTIN, n. m. [lamɑ̃tɛ̃] Voy. LAMANTIN.

LAMENTO, ■ n. m. [lamento] (mot it., lamentation, du plur. lat. *lamenta,* gémissements) **Mus.** Pièce vocale, parfois instrumentale, évoquant la douleur, la tristesse. *Le lamento de Didon, dans* Didon et Énée *de Purcell. Des lamentos. « D'habitude, son mari donnait dans le lamento spectaculaire, levait les bras au ciel, exigeait de savoir ce qu'il avait fait au bon Dieu »,* VERGNE.

LAMIACÉES, ■ n. f. pl. [lamjase] Voy. LABIÉ.

LAMIE, n. f. [lami] (lat. *lamia,* gr. *lamia,* vampire, croquemitaine) **Antiq.** Être fabuleux qui passait pour dévorer les enfants, et qu'on représentait ordinairement avec une tête de femme et un corps de serpent. ♦ Nom d'un genre de poissons sélaciens. ♦ Genre d'insectes coléoptères.

LAMIER, ■ n. m. [lamje] (lat. impér. *lamium,* ortie) Ortie blanche. *Le lamier est parfois employé contre les inflammations pulmonaires et digestives.*

1 **LAMIFIÉ**, ■ n. m. [lamifje] (nom déposé ; *lame*) Stratifié imprégné de résine. *Un plan de travail de cuisine en lamifié.*

2 **LAMIFIÉ, ÉE**, ■ adj. [lamifje] (*lamifié*) Constitué de lamifié. *Des produits d'entretien pour les surfaces lamifiées.*

LAMINAGE, n. m. [laminaʒ] (*laminer*) Action de laminer ; résultat de cette action. ♦ Manière de réduire les métaux en lames. ♦ *Le laminage d'une crue,* diminution du débit et de la vitesse de la montée des eaux en aval. ♦ **Fig.** Réduction importante. *S'insurger contre le laminage des protections sociales.*

LAMINAIRE, adj. [laminɛʀ] (lat. *lamina,* lame) **Minér.** Qui est composé de lames parallèles. ♦ *Cassure laminaire,* cassure qui offre des lamelles.

LAMINÉ, ÉE, p. p. de laminer. [lamine] **N. m.** Feuille de métal obtenue après un passage au laminoir. *Le laminé est obtenu par écrasement progressif du métal entre des cylindres, pour en réduire l'épaisseur et aplanir la surface.* ♦ **Abusiv.** Produit stratifié. *Des panneaux de porte en laminé.*

LAMINER, v. tr. [lamine] (lat. *lamina,* lame) Réduire un métal en lame. ♦ Réduire le fer en barres en le faisant passer par des cylindres. ♦ Se laminer, v. pr. ■ **Fig.** et **fam.** Réduire considérablement. *Des mesures qui ont laminé les droits des travailleurs.* ♦ Épuiser, anéantir. *Ils veulent laminer leurs concurrents. Ce travail m'a laminé. « Tout lui semblait prétexte à ironie, quand ce n'était pas à un rire bruyant, agressif, insolent, mais jamais vulgaire, même quand il laminait son interlocuteur »,* KRISTEVA.

LAMINERIE, n. f. [laminʀi] (*laminer*) Atelier où on lamine les métaux.

LAMINEUR, EUSE, n. m. et n. f. [laminœʀ, øz] (*laminer*) Ouvrier, ouvrière qui lamine les métaux.

LAMINEUX, EUSE, adj. [laminø, øz] (b. lat. *laminosus*) **Hist. nat.** Qui est formé de lames. ♦ **Anat.** *Tissu lamineux,* nom donné autrefois au tissu cellulaire.

LAMINOIR, n. m. [laminwaʀ] (*laminer*) Machine à l'aide de laquelle on étire en lames ou en feuilles les métaux malléables. *Passer du cuivre au laminoir.* ♦ **Fig.** et **fam.** *Passer au laminoir,* être soumis à de dures épreuves.

LAMISACÉES, ■ n. f. pl. [lamizase] Voy. LABIÉ.

LAMPADAIRE, n. m. [lɑ̃padɛʀ] (lat. médiév. *lampadarium,* chandelier, du lat. *lampas,* génit. *lampadis,* toche, lampe) **Hist. anc.** Officier de l'Église de Constantinople qui portait un bougeoir élevé devant l'empereur et l'impératrice, pendant qu'ils assistaient au service divin. ♦ Espèce de lustre ou de candélabre propre à soutenir des lampes. ♦ Espèce de pied ou support, servant à porter une lampe.

LAMPADISTE, n. m. [lɑ̃padist] (gr. *lampadistês,* qui porte un flambeau) **Antiq. grecq.** Celui qui s'exerçait à la course des flambeaux.

LAMPADOPHORE, n. m. [lɑ̃padɔfɔʀ] (gr. *lampadêphoros,* de *lampas,* génit. *-ados,* flambeau, et *pherein,* porter) **Antiq. grecq.** Nom de ceux qui portaient les lumières dans les cérémonies religieuses. ♦ Syn. de lampadiste.

LAMPANT, ■ adj. m. [lɑ̃pɑ̃] (mot provenç., p. prés. de *lampa,* éclairer, du gr. *lampein,* briller, faire briller) *Pétrole lampant,* dont on se sert pour alimenter les lampes à pétrole. *Le marquage fiscal du gazole et du pétrole lampant.*

LAMPARO, ■ n. m. [lɑ̃paʀo] (esp. *lampara,* lampe) Lanterne utilisée par les marins pêcheurs pour attirer les poissons la nuit. *La pêche au lamparo.* ■ Par méton. Bateau muni d'un lamparo. *Des chalutiers-lamparos.*

1 **LAMPAS**, n. m. [lɑ̃pas] (orig. incert., p.-ê. famille de *lambeau*) Étoffe de soie de la Chine à grands dessins d'une couleur différente de celle du fond.

2 **LAMPAS**, n. m. [lɑ̃pa] (*lampe, lape,* fanon de bœuf, du frq. *lappa,* morceau d'étoffe ; infl. de *lamper*) T. vieilli et popul. La gorge. ♦ Humecter le lampas, boire. ♦ Tumeur inflammatoire qui survient au palais des chevaux.

LAMPASCOPE, n. m. [lɑ̃paskɔp] (gr. *lampas,* flambeau, lampe, et *-scope*) Instrument d'optique produisant une sorte de fantasmagorie.

LAMPASSÉ, ÉE, adj. [lɑ̃pase] (*lampas*) **Héral.** Se dit de la langue des animaux, lorsqu'elle sort de leur gueule et que l'émail en est différent de celui du corps.

LAMPE, n. f. [lɑ̃p] (b. lat. *lampada,* du lat. *lampas,* gr. *lampas,* génit. *-ados,* flambeau) Vase ou ustensile destiné à produire de la lumière ou de la chaleur, à l'aide d'un liquide combustible et d'une mèche. ♦ *Lampe d'église,* lampe de métal suspendue dans le chœur avec une corde ou une chaîne. ♦ *Lampe d'Argant* (ainsi nommée d'après l'inventeur), nom primitif du quinquet. ♦ *Lampe mécanique* ou *lampe Carcel* (ainsi nommée d'après l'inventeur), lampe dans laquelle l'huile monte par un mouvement d'horlogerie. *Lampe à modérateur,* lampe qui marche par un ressort à boudin. ♦ *Lampe d'émailleur,* instrument dont on se sert dans les laboratoires pour ramollir le verre et lui donner différentes formes. ♦ *Lampe de sûreté* ou *de Davy,* petite lampe des mineurs. ■ **Héral.** Meuble en forme de vase allongé, avec un bec et une anse. ♦ **Prov.** *Il n'y a plus d'huile dans la lampe,* se dit d'une personne qui s'éteint par défaillance de nature, par le grand âge. ■ Appareil électrique qui produit de la lumière. *Une lampe de bureau.* ■ *Lampe de poche,* lampe portative munie d'une pile électrique. *Ils allumèrent chacun leur lampe de poche en entrant dans la cave qui n'avait pas de lumière électrique.* ■ *Lampe témoin,* voyant qui permet de contrôler qu'un appareil est sous tension. *La lampe témoin d'un téléviseur.* ■ **Électron.** Tube à électrodes qui produit et module des signaux électriques. ■ **Fam.** *S'en mettre plein la lampe,* manger, boire en grande quantité.

LAMPÉ, ÉE, p. p. de lamper. [lɑ̃pe]

LAMPÉE, n. f. [lɑ̃pe] (*lamper*) **Pop.** Grande gorgée. *Avaler une lampée.* ♦ ▷ Tache causée par un liquide. ◁

LAMPER, v. tr. [lɑ̃pe] (nasalisation de *laper*) **Pop.** Boire à grandes gorgées. ♦ **Absol.** *Il aime à lamper.*

LAMPERON, n. m. [lɑ̃p(ə)ʀɔ̃] (*lampe*) Petit tuyau ou languette qui tient la mèche dans une lampe.

LAMPE-TEMPÊTE, ■ n. f. [lɑ̃p(ə)tɑ̃pɛt] (*lampe* et *tempête*) Lampe à pétrole ou à huile munie d'une paroi de verre qui protège la flamme du vent ; lampe électrique de cette forme. *Des lampes-tempêtes* ou *des lampes tempêtes.*

LAMPION, n. m. [lɑ̃pjɔ̃] (ital. *lampione,* grosse lanterne, de *lampa,* empr. au *lampe*) Petit vaisseau, récipient de terre, de fer-blanc ou de verre, dans lequel on met du suif ou de l'huile avec une mèche, et qui sert dans les illuminations. ♦ Lanterne composée d'une armature entourée de papier plissé, à l'intérieur de laquelle on place le système d'éclairage. *Les lampions du bal du 14 Juillet.*

LAMPISTE, n. m. et n. f. [lɑ̃pist] (*lampe*) ▷ Ouvrier, ouvrière qui fait et vend des lampes. ◁ ♦ N. m. et n. f. Celui, celle qui a soin des lampes dans un monastère, dans les collèges, dans les théâtres, etc. ■ **Fig.** Subalterne à qui on impute injustement les fautes. *Ce sont toujours les mêmes lampistes qui prennent !*

LAMPISTERIE, n. f. [lɑ̃pistəʀi] (*lampiste*) Ce qui concerne la fabrication des appareils d'éclairage. ♦ Dans les chemins de fer, lieu où l'on garde et répare les lampes.

LAMPOURDE, ■ n. f. [lɑ̃puʀd] (provenç. *lampourdo,* bardane, du lat. *lappa*) Plante annuelle herbacée, qui rappelle le chardon par son aspect. *La lampourde est également appelée* glouteron *ou* petite bardane.

LAMPRILLON ou **LAMPROYON**, n. m. [lɑ̃pʀijɔ̃, lɑ̃pʀwajɔ̃] (dimin. de *lamproie*) Espèce de petite lamproie.

LAMPROIE, n. f. [lɑ̃pʀwa] (b. lat. *lampreda*) Poisson de mer de forme cylindrique et allongée, qui remonte les fleuves au printemps. ♦ *Lamproie de rivière* et *petite lamproie.*

LAMPROYON, n. m. [lɑ̃pʀwajɔ̃] Voy. LAMPRILLON.

LAMPYRE, n. m. [lɑ̃piʀ] (lat. *lampyris*, gr. *lampuris*, de *lampein*, briller) Le ver luisant.

LANÇAGE, n. m. [lɑ̃saʒ] (*lancer*) **Mar.** Action de lancer un bâtiment à la mer. ♦ On dit aussi *lancement*. ▪ REM. Aujourd'hui, seul *lancement* est courant dans ce sens. *Lançage* est toujours employé, mais avec différents sens techniques.

LANCE, n. f. [lɑ̃s] (lat. *lancea*, lance, pique) Arme usitée chez les anciens qui était formée d'un long bois terminé par un fer pointu et qui se jetait avec la main. ♦ Arme d'hast ou à long bois, qui est terminée par un fer pointu et avec laquelle les anciens chevaliers, courant l'un sur l'autre, cherchaient à se percer ou à se désarçonner. ♦ ▷ *Courir une lance*, se disait de deux chevaliers qui couraient l'un contre l'autre la lance en arrêt ; se dit encore, au jeu de bague, de la course à la lance pour décrocher et enlever une bague. ◁ ♦ *Baisser la lance*, en abaisser la pointe pour s'avouer vaincu, et fig. fléchir, mollir, se relâcher. ♦ **Fig.** *Baisser la lance devant quelqu'un*, lui céder, reconnaître sa supériorité. ♦ *Rompre une lance*, Voy. ROMPRE. ♦ *Lance brisée*, lance dont on se servait dans les joutes, et qui était à demi sciée près du bout. ◁ ♦ *Lance à outrance*, lance dont le fer était pointu. ♦ *Lance courtoise, gracieuse, etc.*, lance dont le fer n'était pas pointu, et qui était garni d'un anneau au bout. ♦ Aujourd'hui, long bâton terminé par un fer pointu qui est l'arme de quelques régiments de cavalerie et des cosaques. ♦ *Fer de lance*, la lame de forme triangulaire qui termine une lance. ♦ *En fer de lance*, en forme d'un fer de lance. ♦ Autrefois, *lance*, terme collectif qui comprenait également l'homme d'armes combattant avec la lance, le coutelier, le page, le valet et les archers, tant à pied qu'à cheval. ♦ *Lance d'étendard* ou *de drapeau*, le bâton auquel l'étendard est attaché. ♦ Long bâton garni d'un tampon pour jouter sur l'eau. ♦ *Lance de harponneur*, instrument dont se servent les pêcheurs de baleines. ♦ *Lance à feu*, fusée emmanchée qui sert à mettre le feu à une pièce d'artillerie ou d'artifice. ♦ ▷ Météore igné en forme de lance. ◁ ♦ Instrument de chirurgie. ♦ *Lance d'eau*, jet d'eau, dont la grosseur n'est pas proportionnée à sa hauteur. ♦ Petit tube en métal qui s'adapte à un tuyau d'arrosage. ♦ *Lance d'incendie* pièce adaptée au tuyau d'incendie qui permet de diriger le jet d'eau. ▪ **Fig.** *Fer de lance*, élément le plus dynamique, le plus performant. *L'industrie automobile est l'un des fers de lance de l'économie française*.

LANCÉ, ÉE, p. p. de lancer. [lɑ̃se] ♦ ▷ **Fig.** et pop. Un peu ivre et parlant à tort et à travers. ◁ ♦ **N. m.** *Le lancé*, le lieu où la bête a été lancée par les chiens ; la chasse que les chiens courants donnent à la bête qu'ils font partir. ♦ **N. f.** *Sur sa lancée*, en maintenant la vitesse acquise au départ. **Fig.** *Nous sommes sur une lancée qui doit nous mener loin*.

LANCE-BALLE, ▪ n. m. [lɑ̃s(ə)bal] (*lancer* et *balle*) Dispositif qui lance automatiquement les balles de tennis, de baseball, etc., aux joueurs qui s'entraînent. *Les lance-balles d'un court de tennis.*

LANCE-FLAMME ou **LANCE-FLAMMES**, ▪ n. m. [lɑ̃s(ə)flam] (*lancer* et *flamme*) Appareil projetant un liquide enflammé. *Utilisation des lance-flammes dans les combats, en agriculture.*

LANCE-FUSÉE ou **LANCE-FUSÉES**, ▪ n. m. [lɑ̃s(ə)fyze] (*lancer* et *fusée*) Dispositif permettant le lancement d'un engin autopropulsé, d'un signal de détresse. *Char muni d'un lance-fusée. Des lance-fusées.* ▪ En appos. *Des pistolets lance-fusées.*

LANCE-GRENADE ou **LANCE-GRENADES**, ▪ n. m. [lɑ̃s(ə)gʀənad] (*lancer* et *grenade*) Arme de combat permettant le tir des grenades. *Des lance-grenades.*

LANCEMENT, n. m. [lɑ̃s(ə)mɑ̃] (*lancer*) Syn. de lançage. ▪ Envoi d'un engin spatial dans l'espace. *Le lancement d'une fusée.* ▪ Action de faire connaître au public, notamment au moyen de la publicité. *Le lancement d'un nouveau parfum.*

LANCE-MISSILE ou **LANCE-MISSILES**, ▪ n. m. [lɑ̃s(ə)misil] (*lancer* et *missile*) Dispositif conçu pour le tir des missiles. *Des lance-missiles.*

LANCÉOLAIRE, adj. [lɑ̃seolɛʀ] (lat. *lanceola*, petite lance) ▷ Syn. de lancéolé. ◁

LANCÉOLÉ, ÉE, adj. [lɑ̃seole] (lat. *lanceolatus*, lancéolé, de *lanceola*, petite lance) **Bot.** Qui a la forme d'un fer de lance. *Feuilles lancéolées.*

LANCEPESSADE, n. m. [lɑ̃s(ə)pəsad] (ital. *lancia spezzata*, lance brisée, cavalier passé dans l'infanterie) Voy. ANSPESSADE. ♦ On écrivait aussi *lanspessade*.

LANCE-PIERRE, ▪ n. m. [lɑ̃s(ə)pjɛʀ] (*lancer* et *pierre*) Petite arme formée d'une fourche en bois où sont fixés deux élastiques reliés par une petite poche dans laquelle on installe une pierre que l'on tire vers soi et qui, une fois relâchée, est projetée par la détente. *Des lance-pierres. Ce voyou tirait sur nous au lance-pierre.* ▪ **Fam.** *Manger avec un lance-pierre*, très vite.

1 **LANCER**, v. tr. [lɑ̃se] (b. lat. *lanceare*, manier la lance) Jeter avec force toute sorte de trait ou objet quelconque. *Lancer des pierres, des flèches, etc.* ♦

Dieu lance le tonnerre, la foudre. ♦ *Lancer un coup*, porter un coup. ♦ **Par extens.** Se dit des rayons de lumière ou de chaleur. ♦ **Fig.** *Lancer des regards*, porter rapidement le regard sur. ♦ **Fig.** Il se dit d'un décret, d'un arrêt par lequel l'autorité judiciaire ou autre frappe quelqu'un ou quelque chose. *On lança contre lui un mandat d'amener.* ♦ **Fig.** Porter contre quelqu'un une sorte de coup par la langue ou par la plume. *Lancer une épigramme contre quelqu'un.* ♦ Il se dit aussi d'un écrit qu'on publie avec quelque intention hostile. ♦ Pousser, presser, de manière à ce qu'on se mette à courir, à poursuivre. *Lancer la cavalerie sur l'ennemi, les chiens après un voleur, etc.* ♦ *Lancer un cheval*, le faire partir très vite au galop. ♦ *Lancer la bête, le cerf, le sanglier, etc.*, les faire sortir de l'endroit où ils sont. ♦ **Mar.** *Lancer un navire*, le faire descendre des chantiers à la mer. ♦ **Fig.** *Lancer quelqu'un*, le pousser aux emplois, aux affaires, dans le monde. ♦ **Néolog.** *Lancer une opération, une affaire*, la mettre en train. ♦ *Se lancer*, v. pr. Se jeter avec impétuosité, avec effort. ♦ Fondre sur, avec violence. ♦ **Fig.** et **fam.** *Se lancer dans le monde, dans la littérature, dans les affaires*, y entrer, s'y produire. ♦ **Fam.** *Se lancer*, hasarder une démarche ; s'essayer tout à coup à figurer dans le monde, dans les lettres, etc. ♦ C'est une faute de dire : *Le doigt me lance*, au lieu de : *m'élance*. ▪ Émettre, dire. *Lancer un cri.* ▪ Mettre en marche. *Lancer une machine, un moteur. Fermez toutes vos applications et lancez le programme d'installation.* ▪ **Fig.** Faire démarrer, engager. *Lancer un projet.* ▪ Faire connaître et faire adopter par le public. *Lancer un nouveau modèle de voiture.* ▪ **Fam.** Entraîner quelqu'un à parler de quelque chose. *Il ne fallait pas le lancer sur les élections.* ▪ REM. Aujourd'hui, *lancer une opération*, une affaire, n'est plus considéré comme un néologisme.

2 **LANCER**, ▪ n. m. [lɑ̃se] (substantivation de l'infin. *lancer*) Action de lancer. *Points marqués pour un lancer de dés.* ▪ Technique de pêche en eau douce consistant à lancer au loin l'appât puis à le ramener à soi à l'aide d'un moulinet. *Dans la pêche au lancer, le poisson est attiré par l'appât qui bouge.* ▪ Épreuve d'athlétisme consistant à lancer le plus loin possible un objet tel que le poids, le javelot, le marteau. *Le lancer du javelot est une discipline olympique qui consiste à lancer un javelot le plus loin possible.*

LANCE-ROQUETTE ou **LANCE-ROQUETTES**, ▪ n. m. [lɑ̃s(ə)ʀokɛt] (*lancer* et *roquette*) Engin servant au tir des roquettes. *Placer des lance-roquettes sous les ailes d'un avion.* ▪ *Lance-roquette lourd*, arme portable utilisée pour détruire les véhicules blindés par le tir de roquette.

LANCE-TORPILLE ou **LANCE-TORPILLES**, ▪ n. m. [lɑ̃s(ə)tɔʀpij] (*lancer* et *torpille*) Dispositif installé à bord d'un avion, d'un navire servant au tir des torpilles. *Des lance-torpilles. Un avion lance-torpilles.*

LANCETTE, n. f. [lɑ̃sɛt] (dimin. de *lance*) ▷ Instrument de chirurgie destiné à l'opération de la saignée. ◁ ♦ Petit instrument dont la lame évoque celle d'une lance et utilisé pour pratiquer des incisions. *Après utilisation, la lancette souillée est jetée dans un containeur hermétique.*

LANCETTIER, n. m. [lɑ̃setje] (*lancette*) ▷ Étui cylindrique s'ouvrant à charnière, et contenant six lancettes assorties. ◁

LANCEUR, EUSE, n. m. et n. f. [lɑ̃sœʀ, øz] (*lancer*) Néolog. et terme de bourse. Personne qui lance, qui met en train une affaire. ▪ Athlète qui pratique le lancer. *Un lanceur de javelot.* ▪ **Aéronaut.** Engin spatial qui envoie du matériel dans l'espace. *Le jet propulsif d'un lanceur spatial.*

LANCIER, n. m. [lɑ̃sje] (*lance*) Cavalier armé d'une lance. ♦ *Le lancier* ou *les lanciers*, espèce de quadrille.

LANCINANT, ANTE, adj. [lɑ̃sinɑ̃, ɑ̃t] (lat. *lancinans*, p. prés. de *lancinare*, déchiqueter) **Méd.** Qui se fait sentir par élancements. *Douleur lancinante.* ▪ **Fig.** Obsédant. *Un problème lancinant.*

LANCINER, ▪ v. tr. [lɑ̃sine] (lat. *lancinans*, p. prés. de *lancinare*, déchiqueter : sens méd. p.-ê. par infl. de *lancer*, palpiter) Provoquer une douleur par élancement. *Un mal de dents qui lancine mais ne se déclare pas vraiment. Sa blessure à la tête le lancinait.* ▪ **Fig.** Tourmenter de façon obsédante, persistante. *La peur de la mort le lancine.*

LANÇON, n. m. [lɑ̃sɔ̃] (mot de l'Ouest, de *lance*, par analogie de forme) L'équille sur les côtes de Granville.

LAND, ▪ n. m. [lɑ̃d] (mot all., terre, État fédéré) En Allemagne, division administrative formant un État. *Le ministre de la Justice du land de Rhénanie.* ▪ Au pl. *Des lands* ou *des länder* (pluriel allemand). ▪ Province d'Autriche. *Le Salzbourg est un land de l'Autriche.*

LANDAIS, AISE, ▪ adj. [lɑ̃dɛ, ɛz] (*Landes*) Relatif aux Landes. *Les côtes landaises.* ♦ *Course landaise*, Jeu d'arènes consistant à provoquer la charge d'une vache et à l'esquiver au dernier moment. ▪ **N. m.** et n. f. Personne originaire des Landes ou y habitant. *Un Landais, une Landaise.*

LANDAMMAN, n. m. [lɑ̃daman] (all. *Landammann*, de *Land*, pays, et *Ammann*, bailli) Premier magistrat dans quelques cantons suisses.

LAND ART ou **LAND-ART**, ▪ n. m. [lɑ̃daʀt] (mot angl., de *land*, terre, et *art*, art) Mouvement artistique contemporain caractérisé par l'intervention sur un mileu naturel. *Les monochromes d'Yves Klein, dispersés dans un désert rouge australien, sont représentatifs du land art.*

LANDAU, n. m. [lɑ̃do] (*Landau*, ville d'Allemagne où a d'abord été fabriquée cette voiture) Sorte de voiture à quatre roues, dont le dessus est fermé de deux soufflets qui se replient à volonté. *Des landaus.* ▪ Voiture à capote dans laquelle on promène les jeunes enfants. *Laisser un enfant dormir dans son landau.* ▪ Rᴇᴍ. Graphie ancienne : *landaw.*

LANDE, n. f. [lɑ̃d] (gaul. *landa*, terre) Terrains incultes couverts de bruyères, de genêts, de fougères, etc. ♦ **Fig.** « Il y a beaucoup de landes dans mes lettres », Mᴍᴇ ᴅᴇ Sᴇ́ᴠɪɢɴᴇ́.

LANDERNEAU, ▪ n. m. [lɑ̃dɛʀno] (*Landerneau*, commune du Finistère) **Péj.** Milieu étroit et fermé regroupant des personnes partageant les mêmes intérêts. *On ne cesse d'entendre parler de cette affaire dans les landerneaux.* ▪ *Ça va faire du bruit dans le landerneau*, ça va provoquer un scandale.

LANDGRAVE, n. m. [lɑ̃dɡʀav] (mot m. h. all., de *land*, pays, et *grave*, comte) Titre, dignité de quelques princes d'Allemagne. ♦ **Au f.** Madame la landgrave.

LANDGRAVIAT, n. m. [lɑ̃dɡʀavja] (*landgrave*) Dignité de landgrave.

LANDIER, n. m. [lɑ̃dje] (agglutination de *l'andier*, du gaul. *anderos*, jeune taureau, parce qu'une tête d'animal ornait souvent l'extrémité du landier) Gros chenet de fer servant à la cuisine.

LANDIT, n. m. [lɑ̃di] Voy. ʟᴇɴᴅɪᴛ.

LANDSTURM, n. m. [lɑ̃dstuʀm] (mot all., de *Land*, pays, et *Sturm*, tempête) En Allemagne, levée en masse de toute la population dans le cas de danger de la patrie. ♦ *Des landsturms.* ▪ Rᴇᴍ. On le rencontre parfois au féminin.

LANDTAG, ▪ n. m. [lɑ̃dtag] ou [lɑ̃ntag] (mot all., de *Land*, pays, et *tag*, journée) Assemblée délibérante dans les pays germaniques. *Le landtag du Liechtenstein. Des landtags* ou *des Landtage* (pluriel allemand).

LANDWEHR, n. f. [lɑ̃dvɛʀ] (mot all., de *Land*, pays, et *Wehr*, défense) Nom donné en Allemagne à une partie de la population qui est armée et exercée pour servir, en cas de besoin, d'auxiliaire aux troupes de ligne. ♦ Au pl. *Des landwehrs* ou *des Landwehre* (pluriel allemand).

LANERET, n. m. [lan(ə)ʀɛ] (*lanier*) Oiseau de proie, le mâle du lanier.

LANGAGE, n. m. [lɑ̃gaʒ] (*langue*) Emploi de la langue pour l'expression des pensées et des sentiments. ♦ Langue propre à une nation. ♦ Il se dit des cris, du chant, etc., dont les animaux se servent pour se faire entendre. ♦ **Fig.** Tout ce qui sert à exprimer des sensations et des idées. *Le langage du geste.* ♦ Moyen de s'exprimer par des signes. *Le langage des sourds-muets.* ♦ *Langage des fleurs*, Voy. ꜰʟᴇᴜʀ. ♦ Manière de parler, quant aux intonations. « Il avait votre port, vos yeux, votre langage », Rᴀᴄɪɴᴇ. ♦ Manière de s'exprimer, quant à la diction. *Langage figuré, obscur, etc.* ♦ *Le langage des dieux*, la poésie. ♦ Manière de s'exprimer eu égard au sens, aux intentions. « Peux-tu bien me connaître et tenir ce langage? », P. Cᴏʀɴᴇɪʟʟᴇ. ♦ **Inform.** Ensemble des caractères et des règles de leur combinaison permettant de donner des instructions à un ordinateur. *Langage de programmation.* ♦ *Langage machine*, langage en code binaire (0 et 1) exploitable par un processeur.

LANGAGIER, IÈRE, ▪ adj. [lɑ̃gaʒje, jɛʀ] (*langage*) Relatif au langage, à l'utilisation de la langue. *Les pratiques langagières des adolescents.*

LANGE, n. m. [lɑ̃ʒ] (substantivation de l'anc. adj. *lange*, de laine, du lat. *laneus*, de *lanu*, laine) Morceau d'étoffe en laine, dont on enveloppe les enfants au maillot. ♦ **Par extens.** Les couches ou pièces de toile dont on enveloppe l'enfant.

LANGER, v. tr. [lɑ̃ʒe] (*lange*) **Vieilli** Mettre des langes à un bébé, l'emmailloter. *Une table à langer.*

LANGOUREUSEMENT, adv. [lɑ̃guʀøz(ə)mɑ̃] (*langoureux*) D'une manière langoureuse.

LANGOUREUX, EUSE, adj. [lɑ̃guʀø, øz] (*langueur*) Qui est en langueur (sens qui vieillit). *Il a été longtemps malade, il est encore tout langoureux.* ♦ Qui affecte la langueur, en parlant des personnes et des choses. *Un homme, un air langoureux.* ♦ **N. m.** et **n. f.** *Faire le langoureux.* ♦ Qui a la langueur de l'amour. *Un regard langoureux.* ♦ **Mus.** Il indique un mouvement un peu lent.

LANGOUSTE, n. f. [lɑ̃gust] (lat. impér. *locusta*) Sorte d'écrevisse de mer. *La langouste diffère du homard en ce qu'elle n'a pas les deux grosses pinces du devant.*

LANGOUSTIER, IÈRE, ▪ adj. [lɑ̃gustje, jɛʀ] (*langouste*) Relatif à la langouste en tant que produit de pêche. *La pêche langoustière. Une usine langoustière.* ▪ **N. m.** Bateau utilisé pour la pêche langoustière. *Les langoustiers de Camaret.*

LANGOUSTINE, ▪ n. f. [lɑ̃gustin] (*langouste*) Petit crustacé voisin du homard dont la chair est très appréciée. *Suprême de langoustine.* ▪ **Fam.** et **fig.** Prostituée, maîtresse.

LANGUE, n. f. [lɑ̃g] (lat. *lingua*, organe, langage, idiome) Organe principal du goût, qui concourt à la déglutition et à la parole. ♦ *Tirer la langue à quelqu'un*, se moquer d'une personne ou la braver par une grimace. ♦ *Tirer la langue*, se dit d'un chien qui, haletant, laisse la langue pendre hors de la gueule. ♦ **Fig.** *Tirer la langue d'un pied de long*, être dans le besoin. ♦ **Fam.** *Avaler sa langue*, se condamner au silence. ♦ *Jeter sa langue aux chiens*, Voy. ᴄʜɪᴇɴ. ♦ *Se mordre la langue*, se faire, en mâchant quelque chose, une morsure à la langue, et fig. s'arrêter au moment de dire ce qu'on ne doit pas ou ce qu'on ne veut pas dire. ♦ *Se mordre la langue d'avoir parlé*, s'en repentir. ♦ La langue de certains animaux considérée comme aliment. *De la langue de bœuf.* ♦ La langue considérée comme organe de la parole. « *Une langue traîtresse* », Lᴀ Fᴏɴᴛᴀɪɴᴇ. ♦ *Avoir la langue grasse, épaisse*, éprouver quelque embarras dans la prononciation. ♦ **Fam.** *Avoir la langue bien pendue*, avoir une grande facilité de parler. ♦ ▷ **Fig.** *Être sujet aux langues*, être exposé aux jugements, aux médisances. ◁ ♦ *Tenir sa langue*, se taire. ♦ *Il a bien de la langue, il a la langue bien longue*, il parle beaucoup, il ne saurait garder un secret. ♦ *Il a la langue dorée, c'est une langue dorée*, sa parole est facile, élégante, propre à séduire par des promesses. ♦ *N'avoir point de langue*, parler très peu, ou quand on devrait parler, garder le silence. ♦ **Fam.** *Avoir un mot sur la langue, sur le bout de la langue*, croire qu'on va trouver un mot qu'on cherche et qui échappe. ♦ *Une mauvaise langue, une méchante langue, une langue de serpent, de vipère, etc.*, une personne qui aime à dire du mal. ♦ *Coup de langue*, médisance ou mauvais rapport que l'on fait. ♦ ▷ *Faire la langue à quelqu'un*, lui faire la leçon. ◁ ♦ *Prendre langue*, aller aux renseignements. ♦ Le parler d'une nation. *Langue mère*, celle qui a servi à en former d'autres. *Langue primitive* ou *originelle*, langue qu'on suppose ne s'être formée d'aucune autre. ♦ L'ensemble des règles qui régissent un idiome ; cet idiome considéré par rapport à sa correction. « *Sans la langue, en un mot, l'auteur le plus divin Est toujours, quoi qu'il fasse, un méchant écrivain* », Bᴏɪʟᴇᴀᴜ. ♦ L'ensemble des mots et des tournures dont un auteur fait surtout usage. *La langue de Corneille.* ♦ Manière de parler, abstraction faite de l'idiome dont on se sert. *La langue du sentiment.* ♦ *La langue des dieux*, la poésie. ♦ *La langue d'une science, d'un art*, l'ensemble des mots, locutions dont on fait usage dans cette science, dans cet art. *La langue de l'algèbre.* ♦ Moyens d'expression de l'artiste. *La langue des couleurs, des sons.* ♦ Se dit de certaines choses qui ont la forme d'une langue. *Langues de feu*, formes de langue couleur de feu que le Saint-Esprit fit descendre sur chaque apôtre. *Langue de terre*, certain espace de terre beaucoup plus long que large, qui ne tient que par un bout aux autres terres, et qui est environné d'eau de tous les autres côtés. ♦ Trompe des insectes lépidoptères. ♦ Nom de différentes plantes. *Langue-de-bœuf. Langue-de-cerf, etc.* ♦ Nom vulgaire de différentes coquilles, coquillages. ♦ Nom de certains outils ou engins. ♦ ▷ *Langue-de-carpe*, instrument de dentiste pour l'extraction des dents molaires ou des racines. ◁ ♦ *Langue-de-chat*, espèce de petite pâtisserie sèche mince et longue. ♦ **Prov.** *Qui langue a, à Rome va*, qui sait parler peut aller partout. ♦ **Prov.** *Il faut tourner sept fois sa langue dans sa bouche avant de parler*, il faut, avant de parler, mûrement réfléchir. ♦ *Langue maternelle*, la première langue que l'on apprend au sein de la famille. *Sa langue maternelle est le polonais.* ♦ *Langue seconde*, langue étrangère dont la maîtrise est nécessaire. ▪ *Langue vivante*, parlée aujourd'hui. *L'apprentissage des langues vivantes à l'école.* ▪ *Langue morte*, qui n'est plus parlée. *Le latin est une langue morte.* ▪ *Langue de bois*, langage stéréotypé, vide de sens. ▪ *Langue verte*, l'argot. ▪ Rᴇᴍ. Aujourd'hui, on dit *donner sa langue au chat* et non plus *jeter sa langue aux chiens.*

LANGUÉ, ÉE, adj. [lɑ̃ge] (*langue*) **Hérald.** Se dit des oiseaux dont la langue est d'un autre émail que le corps.

LANGUE-DE-BŒUF, ▪ n. f. [lɑ̃g(ə)dəbœf] (*langue* et *bœuf*) Champignon comestible, parasite des vieux arbres, dont le chapeau évoque une langue de bœuf par sa couleur et sa forme. *La langue-de-bœuf est également appelée fistuline hépatique. Des langues-de-bœuf.*

LANGUE-DE-CHAT, ▪ n. f. [lɑ̃g(ə)dəʃa] Voy. ʟᴀɴɢᴜᴇ.

LANGUEDOCIEN, IENNE, ▪ adj. [lɑ̃g(ə)dɔsjɛ̃, jɛn] (*Languedoc*) Du Languedoc. *Les viticulteurs languedociens.* ▪ **N. m.** et **n. f.** *Les Languedociens.* ▪ **N. m.** Dialecte parlé dans le Languedoc. *Des linguistes ont mis au point une graphie normative standardisée unifiant à l'écrit l'ensemble des formes dialectales du languedocien.*

LANGUETTE, n. f. [lɑ̃gɛt] (dimin. de *langue*) Petite langue. ♦ Ce qui est taillé, découpé, etc., en forme de petite langue. *Morceau d'étoffe taillé en languette.* ♦ Petite lame mobile et vibrante qui est placée dans les tuyaux à anche de certains instruments de musique et dans les tuyaux d'orgue. ♦ *La languette d'une balance*, l'aiguille. ♦ *Languette de menuiserie*, tenon continu sur la rive d'un ais qui entre dans une rainure. *Assemblage à languettes et rainures.* ♦ **Hist. nat.** Tout appendice long et étroit.

LANGUEUR, n. f. [lɑ̃gœʀ] (lat. *languor*, faiblesse, maladie) ▷ État d'une personne affaiblie, malade. *Maladie de langueur. Être en langueur.* ◁ ♦ **Fig.** Affaiblissement moral et physique causé par les fatigues de l'esprit, par les peines de l'âme. ♦ Il se dit, dans un sens analogue, de la passion de l'amour. *Les langueurs de l'amour. Un regard plein de langueur.* ♦ État de l'âme qui se laisse aller à un état comparé à la langueur physique. *Les langueurs d'une vie sans occupation.* ♦ Absence d'intérêt, de chaleur, de mouvement dans les productions de l'esprit. *Il y a de la langueur dans cet ouvrage.* ♦ Il se dit des choses qui n'ont point d'activité, de développement. *La langueur du commerce, des affaires.*

LANGUEYÉ, ÉE, p. p. de langueyer. [lɑ̃geje]

LANGUEYER, v. tr. [lɑ̃geje] (*langue*) ▷ Visiter la langue du porc pour voir s'il est atteint de ladrerie. ◁

LANGUEYEUR, n. m. [lɑ̃gejœʀ] (*langueyer*) ▷ Celui qui est commis pour langueyer les porcs. ◁

LANGUIDE, ■ adj. [lɑ̃gid] (lat. *languidus*, affaibli, inactif) Empreint de langueur. *Une atmosphère languide.*

LANGUIER, n. m. [lɑ̃gje] (*langue*) ▷ La langue et la gorge d'un porc, quand elles sont fumées. ◁

LANGUIR, v. intr. [lɑ̃giʀ] (lat. *languere*, être abattu, nonchalant) ▷ Être dans un état de maladie lente. ◁ ♦ Souffrir de la continuité de quelque mal autre que la maladie. *Languir dans la misère.* ♦ Être en proie à de continuelles et énervantes peines de l'esprit, de l'âme. *Languir d'ennui, dans l'incertitude, etc.* ♦ **Fig.** Être dans un état d'humiliation, de faiblesse. ♦ Il se dit des végétaux qui ne sont pas en bon état, qui poussent faiblement. ♦ Souffrir du mal d'amour. « *Oui, prince, je languis, je brûle pour Thésée* », RACINE. ♦ Manquer de force, de vivacité, en parlant des ouvrages d'esprit, etc. *Ces vers languissent. L'intérêt, la conversation languit.* ♦ *Les plaisirs languissent,* il y a peu de divertissements. ♦ En parlant des choses, ne pas se faire, ne pas marcher. *Le commerce languit. L'affaire languit.* ♦ Attendre avec impatience. « *Ne me fais plus languir, dis promptement* », P. CORNEILLE. ♦ **Fam.** *Languir de, languir que,* souhaiter beaucoup. Je languis d'avoir de vos nouvelles, que cela finisse. ♦ *Se languir* dev. pr. Souffrir de l'absence de. *Je me languis de vous.*

LANGUISSAMMENT, adv. [lɑ̃gisamɑ̃] (*languissant*) D'une manière languissante. ♦ Sans force, sans activité. ■ **REM.** Est rare ou littéraire aujourd'hui.

LANGUISSANT, ANTE, adj. [lɑ̃gisɑ̃, ɑ̃t] (*languir*) Qui languit. *Un malade languissant. Santé languissante.* ♦ *Regards languissants,* regards qui marquent beaucoup d'abattement ou beaucoup d'amour. ♦ Qui est sans vivacité ni ardeur. « *Ne soyez pas prompt à parler et languissant à faire* », BOSSUET. « *Ces manières lentes et languissantes me déplaisent fort* », MME DE SÉVIGNÉ. ♦ Qui n'a ni force ni vivacité, en parlant des ouvrages d'esprit. « *Le faux est toujours fade, ennuyeux, languissant* », BOILEAU. ♦ Qui est sans activité, sans mouvement, en parlant des choses. *Affaires, conversation languissante.*

LANICE, adj. f. [lanis] (lat. *lana*, laine) Usité seulement dans : *Bourre lanice,* bourre provenant de la laine.

LANIER, n. m. [lanje] (agglutination de *l'anier*, qui prend les canards, de l'anc. fr. *ane*, canard) Oiseau de proie qui est la femelle du laneret. *Faucon lanier.*

LANIÈRE, n. f. [lanjɛʀ] (anc. fr. *lasne*, lanière, prob. du frq. *nastila*) Courroie longue et étroite. ♦ **Hérald.** Se dit pour bande.

LANIFÈRE, adj. [lanifɛʀ] (lat. *lana*, laine, et *-fère*) Qui porte de la laine. *Animaux lanifères.* ♦ Qui produit une matière laineuse ou cotonneuse. *Plantes lanifères.*

LANIGÈRE, adj. [laniʒɛʀ] (lat. *laniger*, de *lana*, laine, et *gerere*, porter) **Hist. nat.** Qui porte des poils épais, comparables à de la laine. ♦ *Puceron lanigère,* puceron recouvert d'un duvet blanc, parasite des végétaux. *Les pucerons lanigères réduisent la vigueur de la plante et peuvent transmettre des maladies virales.*

LANISTE, n. m. [lanist] (lat. *lanista*) **Antiq. rom.** Celui qui achetait, formait ou vendait des gladiateurs.

LANOLINE, ■ n. f. [lanɔlin] (lat. *lana*, laine, *-ol* et *-ine*, d'après l'angl. *lanolin*) Corps gras naturel, de consistance solide et de couleur ambrée, extrait de la laine des moutons, et dont les dérivés entrent dans la composition de produits cosmétiques et pharmaceutiques. *Un après-shampoing à la lanoline.*

LANSPESSADE, n. m. [lɑ̃spəsad] (forme anc. de *anspessade* avant déglutination) Voy. ANSPESSADE.

LANSQUENET, n. m. [lɑ̃skənɛ] (all. *Landsknecht*, fantassin, de *Land*, pays, et *Knecht*, serviteur ; ce sont les lansquenets qui ont introduit le jeu) Nom, dans le XVᵉ et le XVIᵉ siècle, des fantassins allemands. ♦ Sorte de jeu de cartes. ♦ Lieu où l'on jouait ce jeu.

LANTANA ou **LANTANIER**, ■ n. m. [lɑ̃tana, lɑ̃tanje] (lat. sav. [XVIᵉ s.], du gaul. *lantana*, sorte d'arbuste) Arbuste au feuillage semi-persistant, aux fleurs de coloris vifs et variés. *Planter des lantanas en couvre-sol.*

LANTERNE, n. f. [lɑ̃tɛʀn] (lat. *lanterna*, du gr. *lamptêr*, vase à torches) Boîte garnie d'une substance transparente, corne ou vitres, où l'on enferme une lumière. ♦ **Fig.** Diogène cherchait en plein midi, une lanterne à la main, un homme à Corinthe ; de là, l'emploi figuré de *lanterne* pour instrument de recherche. ♦ **Fig.** *Faire croire que des vessies sont des lanternes,* faire croire des choses absurdes et bizarres. ♦ *Lanterne sourde,* lanterne faite de manière que celui qui la porte voit sans être vu. ♦ *Lanterne magique,* instrument d'optique qui, au moyen de lentilles et de verres peints, fait voir différents objets grossis sur une toile ou sur une muraille blanche. ♦ **Fig.** *C'est une lanterne magique,* c'est une société, une compagnie où un grand nombre de personnes ne font que passer. ♦ Nom que portèrent dans le principe les réverbères des rues de Paris. ♦ Pendant la Révolution française, *mettre à la lanterne,* se servir des cordes des réverbères pour pendre. *À la lanterne !* Au pl. *Lanternes,* fadaises, contes absurdes, ridicules. *Conter des lanternes.* ♦ Tourelle ouverte par les côtés, et placée sur une dôme, sur le comble d'un édifice, etc. ♦ Tribune grillée, grillagée d'où l'on peut voir et entendre sans être vu. ♦ *Lanterne vénitienne,* lanterne entourée de papier transparent, généralement plissé. ■ Au pl. Feux de position d'une automobile. *Allumer ses lanternes.* ■ **Fig.** et **fam.** *Lanterne rouge,* le dernier dans un classement. *Son équipe était bel et bien la lanterne rouge de toutes celles qui avaient concouru.* ■ **Fig.** et **fam.** *Éclairer la lanterne de quelqu'un,* le renseigner.

LANTERNÉ, ÉE, p. p. de lanterner. [lɑ̃tɛʀne] Trompé, amusé.

LANTERNEAU, ■ n. m. [lɑ̃tɛʀno] (*lanterne*) Lucarne posée en saillie sur un toit permettant un apport d'éclairage. *Lanterneau fixe, ouvrant. Équiper son camping-car d'un lanterneau à manivelle.*

LANTERNER, v. intr. [lɑ̃tɛʀne] (*lanterne*) Être irrésolu, perdre le temps. ♦ V. tr. Retarder, remettre. « *Sans craindre que quelque sotte visite nous vienne lanterner* », HAMILTON. ♦ Dire des choses frivoles et ridicules. ♦ Ennuyer, fatiguer. ♦ **Fam.** *Faire lanterner quelqu'un,* le faire attendre. *Il était furieux, on l'a fait lanterner pendant plus d'une heure.* « *On va le faire lanterner un peu, ça lui fera les pieds* », QUENEAU.

LANTERNERIE, n. f. [lɑ̃tɛʀnəʀi] (*lanterne*) Perte de temps à des riens, irrésolution. ♦ **Par extens.** Prolongation, retard. ♦ Propos futile, fadaise. Chose de nulle importance, futilité.

LANTERNIER, IÈRE, n. m. et n. f. [lɑ̃tɛʀnje, jɛʀ] (*lanterne*) ▷ Personne qui fait des lanternes. ♦ Personne qui est chargée d'allumer les lanternes publiques. ♦ **Fig.** et **fam.** Personne irrésolue, indéterminée en toutes choses. ♦ Diseur, diseuse de fadaises. ◁

LANTERNON, ■ n. m. [lɑ̃tɛʀnɔ̃] (*lanterne*) Petite coupole surmontant un dôme, le toit d'un édifice. *Clocher à lanternon.*

LANTHANE, ■ n. m. [lɑ̃tan] (lat. sav. [XIXᵉ s.] *lanthan(i)um*, du gr. *lanthanein*, être caché) **Chim.** Métal gris-blanc, mou, malléable et facilement inflammable, de numéro atomique 57. *Utilisation du lanthane dans l'industrie cinématographique pour l'éclairage en studio.*

LANTHANIDE, ■ n. m. [lɑ̃tanid] (*lanthane*) **Chim.** Élément dont le numéro atomique est compris entre 57 et 71, dont le groupe comprend le lanthane. *Certains lanthanides émettent de la lumière sous l'effet d'une excitation extérieure.*

LANTIPONNAGE, n. m. [lɑ̃tipɔnaʒ] (*lantiponner*) ▷ **Pop.** Action de lantiponner. ◁

LANTIPONNÉ, ÉE, p. p. de lantiponner. [lɑ̃tipɔne]

LANTIPONNER, v. intr. [lɑ̃tipɔne] (*lent,* et lat. *ponere,* poser) ▷ **Pop.** Tenir des discours frivoles, inutiles et importuns. ♦ V. tr. Il m'a lantiponné je ne sais quelles sornettes. ◁

LANTURELU ou **LANTURLU**, n. m. [lɑ̃tyʀ(ə)ly] (*turelure,* refrain de chanson) ▷ Refrain d'une chanson pris adverbialement qui sert pour indiquer soit un refus méprisant soit une réponse évasive. *Il lui a répondu lanturlu.* ♦ Le jeu de la bête. ♦ Le valet de trèfle qui est la carte la plus forte de ce jeu, et au jeu du pamphile, la réunion de cinq cartes d'une même couleur. ◁

LANUGINEUX, EUSE, adj. [lanyʒinø, øz] (lat. impér. *lanuginosus*) Qui est de la nature de la laine. ♦ Qui a l'apparence du duvet. ♦ Qui est couvert de poils doux et frisés comme la laine. ♦ Qui porte une espèce de duvet. *Un fruit lanugineux.*

LAO, ■ n. m. [lao] (*Laos,* en Asie du Sud-Est) Langue officielle parlée au Laos. *L'alphabet du lao est fondé sur l'alphabet thaï ; il est composé de 33 consonnes et de 28 voyelles et s'écrit de gauche à droite.*

LAOGAI, ◼ n. m. [laogaj] (mot chin., rééducation par le travail) Système pénitentiaire de travaux forcés en République populaire de Chine. *Les prisonniers des laogais.*

LAOTIEN, IENNE, ◼ adj. [laosjɛ̃, jɛn] (*Laos*) Du Laos. *La jungle laotienne.* ◼ N. m. et n. f. *Un Laotien, une Laotienne.*

LAPALISSADE, ◼ n. f. [lapalisad] (Jacques de Chabannes, seign. de *La Palice*, 1470-1525, cible d'une chanson pop.) Formulation d'une telle évidence qu'elle prête à rire. *Il énonçait toujours des lapalissades comme : « Quand il fait jour, il ne fait pas nuit ».*

LAPAROSCOPIE, ◼ n. f. [laparoskopi] (gr. *lapara*, flanc, et [*endo*]*scopie*) Méd. Syn. de cœlioscopie.

LAPAROTOMIE, ◼ n. f. [laparotomi] (gr. *lapara*, flanc, et -*tomie*) Méd. Incision chirurgicale de la paroi abdominale. *La laparotomie consiste le plus souvent en une ouverture horizontale d'environ 10 cm.*

LAPÉ, ÉE, p. p. de laper. [lape]

LAPEMENT, n. m. [lap(ə)mɑ̃] (*laper*) Action de laper.

LAPER, v. tr. [lape] (radic. onomat. *lap*-, lapement) Boire en tirant avec la langue, comme le chien. ◆ V. intr. *Ce chien fait bien du bruit en lapant.*

LAPEREAU, ◼ n. m. [lap(ə)ʀo] (ibéro-roman *lappa*, pierre plate) Jeune lapin de trois ou quatre mois ou au-dessous.

LAPIAZ, ◼ n. m. [lapjaz] Voy. LAPIÉ.

1 LAPIDAIRE, n. m. [lapidɛʀ] (lat. impér. *lapidarius*, tailleur de pierres, de *lapis*, génit. *lapidis*, pierre) Ouvrier, ouvrière qui taille les pierres précieuses. ◆ Personne qui vend des pierres précieuses. ◆ Adj. *Des ouvriers lapidaires.* ◆ N. m. Machine-outil munie d'une meule servant au ponçage d'une pierre. *Une ponceuse-lapidaire à plateau rigide.*

2 LAPIDAIRE, adj. [lapidɛʀ] (lat. *lapidarius*, qui a rappport à la pierre) *Style lapidaire*, style des inscriptions. ◆ Fig. *Style lapidaire*, style qui présente la concision, la fermeté, la grandeur du style des inscriptions. ◆ Zool. *Insectes lapidaires*, insectes qui font leur nid entre les pierres. ◼ Qui concerne les pierres. *Un musée lapidaire.*

LAPIDANT, n. m. [lapidɑ̃] (*lapider*) Celui qui lapide. « *Les lapidés et les lapidants* », VOLTAIRE.

LAPIDATION, n. f. [lapidasjɔ̃] (lat. *lapidatio*) Action de lapider ; supplice de ceux qui sont lapidés.

LAPIDÉ, ÉE, p. p. de lapider. [lapide] N. m. et n. f. Les lapidés.

LAPIDEMENT, n. m. [lapid(ə)mɑ̃] (*lapider*) Action de lapider. ◼ REM. *Lapidation* est aujourd'hui plus courant.

LAPIDER, v. tr. [lapide] (lat. impér. *lapidare*) Tuer à coups de pierres. *Lapider des prophètes.* ◆ Attaquer, poursuivre à coups de pierres. ◆ Fig. Honnir, maltraiter en paroles.

LAPIDIFICATION, n. f. [lapidifikasjɔ̃] (*lapidifier*) Action de se lapidifier.

LAPIDIFIÉ, ÉE, p. p. de lapidifier. [lapidifje]

LAPIDIFIER, v. tr. [lapidifje] (lat. *lapis*, génit. *lapidis*) Donner à une substance la consistance de la pierre. ◆ Se lapidifier, v. pr. Prendre la consistance de la pierre.

LAPIDIFIQUE, adj. [lapidifik] (*lapidifier*) Propre à former les pierres. *Une eau lapidifique.*

LAPIÉ ou **LAPIAZ**, ◼ n. m. [lapje, lapjaz] (mot suisse rom., de *lâpye*, dalle) Géol. Entaille à la surface d'une roche calcaire provoquée par l'acidité de l'eau. *De magnifiques lapiaz sculptés par les eaux accompagnaient les randonneurs jusqu'au sommet.*

LAPIN, INE, n. m. et n. f. [lapɛ̃, in] (radic. de *lapereau*) Petit animal quadrupède de l'ordre des rongeurs qui se loge en des terriers. ◆ *Lapin de garenne*, lapin sauvage vivant dans les bois ou dans les garennes. ◆ *Lapin de clapier*, lapin domestique. ◆ Pop. *Un homme brave, vigoureux.* ◆ ▷ *En lapin*, se dit d'un voyageur assis à côté du cocher. ◁ ◼ Chair comestible du lapin. *Du lapin aux pruneaux.* ◼ Fourrure du lapin. *Un manteau en lapin.* ◼ *Courir, détaler comme un lapin*, très vite. ◼ Fam. *Cabane* ou *cage à lapins*, logement exigu dans un immeuble. ◼ Fam. *Chaud lapin, chaude lapine*, personne qui recherche avant tout les plaisirs sexuels. ◼ *Mon lapin*, terme d'affection. ◼ Fam. *Poser un lapin à quelqu'un*, ne pas venir au rendez-vous qui était fixé. ◼ *Coup du lapin*, mouvement brutal et forcé de la tête vers l'arrière puis vers l'avant affectant la colonne cervicale. *L'appuie-tête sur un siège d'automobile est le meilleur équipement de protection contre le coup du lapin.*

LAPINER, ◼ v. intr. [lapine] (*lapin*) Mettre bas, en parlant d'une lapine.

LAPINIÈRE, ◼ n. f. [lapinjɛʀ] (*lapin*) Exploitation spécialisée dans l'élevage de lapins domestiques. ◼ Lieu peuplé par les lapins. *Sur son territoire de chasse, on comptait quelques lapinières.*

LAPIS ou **LAPIS-LAZULI**, n. m. [lapis, lapislazyli] (mot médiév., du lat. *lapis* pierre, et *lazuli*, génit. du lat. médiév. *lazulium*, lapis lazuli, de l'ar. *lazurd*, du pers. *lazward*, même sens) Noms vulgaires de la lazulite. ◆ Au pl. *Des lapis-lazulis.* ◼ REM. On disait aussi *lazuli* autrefois.

LAPON, ONE, adj. [lapɔ̃, ɔn] (prob. lat. médiév. *lapo*, génit. *laponis*, du finl. *lapp*) Qui habite la Laponie. *La race lapone*[1]. ◆ N. m. et n. f. *Les Lapons.* ◆ ▷ Par extens. *Un lapon, une lapone*, un homme, une femme d'une très petite taille[2]. ◁ ◆ N. m. Langue finno-ougrienne parlée en Laponie. *Quelque 20 000 personnes ont en Norvège le lapon pour langue maternelle.* ◼ REM. Les Lapons utilisent le mot *same* pour se désigner eux-mêmes. ◼ REM. 1 : La notion de race ne repose sur aucun fondement scientifique et a une connotation raciste. ◼ REM. 2 : Cet emploi ancien est discriminatoire.

1 LAPS, n. m. [laps] (lat. *lapsus*, glissement, écoulement) Mot qui n'a que le singulier et ne s'emploie qu'avec *temps* : *Un laps de temps*, espace de temps.

2 LAPS, APSE, adj. [laps] (lat. *lapsus*, p. p. de *labi*, glisser, se laisser aller) Dr. canonique Ne s'emploie que dans : *Laps et relaps, lapse et relapse*, qui, après avoir embrassé la religion catholique, la quitte pour retourner à sa première croyance.

LAPSUS, n. m. [lapsys] (mot lat., de *labi*, glisser, trébucher) Mot latin employé familièrement pour désigner une faute, une erreur, un défaut. *Un lapsus de mémoire.* ◆ *Lapsus linguæ, lapsus calami*, mots latins dont on se sert pour exprimer qu'on a prononcé ou écrit un mot pour un autre, ou qu'on a fait quelque faute en prononçant un mot ou en l'écrivant. ◼ REM. Dans ce dernier sens, on dit aujourd'hui couramment *lapsus*. ◼ *Lapsus révélateur*, considéré comme un acte manqué. « *Certains lapsus [révélateurs], tout à coup, dans la phrase nous éclairent sur nous-mêmes, remplaçant un mot par l'autre, et ce mot malencontreux est un moyen par quoi la poésie s'échappe et parfume la phrase* », GENET.

LAQUAGE, ◼ n. m. [lakaʒ] (*laquer*) Action de laquer. *Le laquage du bois. Le laquage des aciers et des métaux dans la métallurgie.*

LAQUAIS, ◼ n. m. [lakɛ] (p.-ê. turc *ulaq*, courrier ; cf. a. fr. *alacays*, esp. *alacayo.*) Valet de livrée, employé principalement pour suivre son maître ou sa maîtresse. ◆ ▷ *Mentir comme un laquais*, avec impudence. ◁

LAQUE, adj. [lak] (ar. *lakk*, issu du sansc. *laksa*, tache, cent mille, puis cochenille-laque [pour son pullulement], et sécrétion des arbres piqués par la cochenille) Employé uniquement dans *gomme laque*, résine rouge qui exsude des branches de certains arbres de l'Inde. ◆ N. f. *La laque.* ◆ N. f. Terre alumineuse, teinte d'un suc colorant, qu'on emploie dans la peinture. ◆ Adj. m. *Vernis laque*, beau vernis de la Chine, ou noir ou rouge. ◆ N. m. *Le laque de la Chine.* ◆ Ouvrages, le plus souvent en carton, recouverts de vernis, ornés de figures et de dorures. ◼ Peinture brillante. *Choisir une laque pour repeindre sa salle de bain.* ◼ Produit que l'on vaporise sur les cheveux pour fixer la coiffure. *Mettre de la laque.*

LAQUÉ, ÉE, p. p. de laquer. [lake] Cuis. Recouvert d'une sauce aigre-douce qui donne un aspect brillant. *Canard laqué.*

LAQUELLE, ◼ pron. interr. et pron. rel. [lakɛl] Voy. LEQUEL.

LAQUER, v. tr. [lake] (*laque*) Enduire de laque. *Laquer une armoire.*

LAQUETON, n. m. [lak(ə)tɔ̃] (dimin. de *laquais*) Vieilli Petit laquais.

LAQUEUR, EUSE, ◼ n. m. et n. f. [lakœʀ, øz] (*laquer*) Personne qui décore à la laque différents objets ou meubles. *Les laqueurs chinois.*

LAQUEUX, EUSE, adj. [lakø, øz] (*laque*) Qui est de la nature ou de la couleur de la laque. *Des tons laqueux.*

LARAIRE, n. m. [laʀɛʀ] (lat. *lararium*) Antiq. rom. Chapelle où l'on plaçait les dieux lares.

LARBIN, ◼ n. m. [laʀbɛ̃] (p.-ê. agglutination de l'arg. *l'habin*, le chien, [de *happer*?]) Domestique traité avec mépris. *Je ne suis pas ton larbin.* ◼ Domestique servile.

LARCIN, n. m. [laʀsɛ̃] (lat. *latrocinium*, vol à main armée, brigandage) Action de dérober, de prendre furtivement, sans violence, une chose appartenant à autrui. ◆ Par extens. « *Et les larcins publics appelés grands exploits* », VOLTAIRE. ◼ L'objet dérobé. ◆ Plagiat. *Les plus beaux endroits de son livre sont des larcins.*

LARD, n. m. [laʀ] (lat. *lardum*) Graisse ferme qui est au-dessous du cuir du porc. ◆ Pop. *Faire du lard*, s'engraisser. ◆ ▷ *Être gras à lard*, être très gras. ◁ ◆ Pièce de lard de cochon préparée pour l'alimentation. ◆ *Gros lard*, celui qui ne contient aucune partie charnue. *Petit lard* ou *lard maigre*, morceau composé de couches alternées de graisse et de chair. ◆ Bande de lard de cochon. ◆ Lardon. ◆ *Omelette, salade au lard.* ◆ *Pierre de lard*, stéatite. ◼ Fam. *Tête de lard*, personne têtue qui a mauvais caractère. ◼ Injur. et fam. *Gros lard*, insulte adressée à l'encontre d'une personne corpulente.

LARDASSE, ■ n. f. [laʁdas] (anc. fr. *larder*, frapper avec un instrument tranchant) **Suisse** Blessure que l'on se fait en se coupant. *Se faire une lardasse en se rasant.*

LARDÉ, ÉE, p. p. de larder. [laʁde]

LARDER, v. tr. [laʁde] (*lard*) Mettre des lardons dans la viande. ♦ **Absol.** *Un rôtisseur qui larde bien.* ♦ **Fam.** *Larder quelqu'un de coups d'épée*, le percer de plusieurs coups d'épée. ♦ **Fig.** *Larder quelqu'un d'épigrammes, de brocards, etc.*, lui lancer coup sur coup plusieurs épigrammes, plusieurs brocards. ♦ **Fig.** *Larder ses discours, ses écrits de citations, de mots grecs ou latins, etc.*, faire un usage trop fréquent de citations, de mots grecs ou latins.

LARDOIRE, n. f. [laʁdwaʁ] (*larder*) Brochette pour larder.

LARDON, n. m. [laʁdɔ̃] (*lard*) Petit morceau de lard coupé en long qu'on pique dans la viande. ♦ **Fig. et fam.** Brocard, sarcasme, raillerie piquante contre quelqu'un. ◁ ▷ Nom qu'on a donné longtemps à de petites gazettes de Hollande. ♦ ▷ *Le lardon scandaleux*, la médisance qui court. ◁ **Fam.** Jeune enfant. *Elle a toujours ses lardons dans les pattes.*

LARDONNER, v. tr. [laʁdɔne] (*lardon*) ▷ Couper, tailler en lardons. ♦ **Fig.** Lancer des lardons à quelqu'un. ◁

LARE, n. m. [laʁ] (lat. *Lar*, génit. *Laris*) Nom, chez les anciens Romains, des dieux domestiques. ♦ Se disait des génies tutélaires des vaisseaux, des chemins, d'une ville, des carrefours, etc. ♦ **Poétiq.** *Les lares*, la maison, la demeure. ♦ **Adj.** *Un dieu lare. Les dieux lares.*

LARGABLE, ■ adj. [laʁgabl] (*larguer*) Qui peut être largué, éjecté. *Un système de lest largable.*

LARGE, adj. [laʁʒ] (lat. *largus*, copieux, qui donne largement) Ample, étendu. *Une large base. De larges gouttes de pluie.* ♦ **Fig.** « *Il ouvre un champ plus large à ces guerres d'esprit* », P. CORNEILLE. ♦ Qui est étendu dans la dimension dite largeur. *Un morceau de bois large de 30 centimètres. La rivière est large.* ♦ **Fam.** *Avoir la conscience large comme la manche d'un cordelier* ◁ ou simplement *avoir la conscience large*, n'être pas scrupuleux. ♦ **Fig.** Qui a une grande extension. *Une large concession. Large pouvoir.* ♦ *Discussion large*, discussion sans subtilité ni minutie. ♦ **Fig.** Peu scrupuleux, d'une trop grande liberté. *Des opinions larges.* ♦ **Fig.** Abondant, fastueux. *Une vie large.* ♦ Dans l'ancienne langue, libéral, qui aime à donner, large. En dessin et en littérature, qui n'a rien de mesquin, de timide. *Des draperies larges.* ♦ **Adv.** D'une manière large. *S'habiller large. Peindre large.* ♦ **N. m.** Largeur. *La France a deux cents lieues de large.* ♦ **Mar.** La partie de la mer qui est éloignée des côtes. *Prendre le large.* ♦ *Au large !* sorte d'interjection à l'aide de laquelle on intime à une embarcation l'ordre soit de s'éloigner soit de ne pas approcher. ♦ *Au large ! Passez au large !* est aussi le cri d'une sentinelle ordonnant aux passants de prendre l'autre côté de la rue. ♦ **Fig. et fam.** *Prendre le large, gagner le large*, s'enfuir. ♦ **AU LARGE**, loc. adv. Spacieusement. *Il est logé au large.* ♦ **Fig. et fam.** *Être au large*, être dans l'opulence. ♦ *Au large*, à son aise, sans gêne, sans embarras. ♦ *D'une façon qui n'est pas scrupuleuse.* « *Nous voici bien au large, grâce à vos opinions probables* », PASCAL. ♦ ▷ **AU LONG ET AU LARGE**, loc. adv. En tout sens. ♦ *S'étendre au long et au large*, acquérir beaucoup de terrain autour de soi. ◁ ♦ **EN LONG ET EN LARGE**, loc. adv. En longueur et en largeur alternativement. *Aller en long et en large.* ♦ On dit plus souvent aujourd'hui : *De long en large.* ♦ ▷ **DU LONG ET DU LARGE**, loc. adv. N'est guère usité que dans cette phrase populaire : *Il en a eu du long et du large*, il a été bien battu, très maltraité, etc. ◁ ♦ **Fig. et fam.** *En long et en large*, en détail. *Expliquer quelque chose en long et en large.* ■ **Fam.** *Ne pas en mener large*, ne pas être rassuré, avoir peur. *Quand le bateau tanguait, il n'en menait pas large !* ■ *Avoir prévu, avoir vu large*, plus que nécessaire. *Elle ne savait pas combien nous allions être pour dîner mais elle a prévu large.* ■ *Au sens large du mot*, celui qu'il a quand on le prend par extension. *Parler de l'amour, au sens large du mot.*

LARGEMENT, adv. [laʁʒəmɑ̃] (*large*) D'une manière large, abondamment. ♦ *Peindre, dessiner, composer largement*, d'une manière large. ♦ Sans subtilité, sans minuties. *Envisager largement une question.* ♦ Plus, au moins. *Il a largement dix mille livres de rente.*

LARGESSE, n. f. [laʁʒɛs] (*large*) Distribution d'argent ou d'autre chose. « *Les largesses de la main droite doivent être secrètes pour la main gauche* », DIDEROT. ♦ *Faire ses largesses*, donner une petite somme aux gens d'une maison où on a reçu l'hospitalité, aux garçons d'un hôtel. ♦ *Pièces de largesse* ou simplement *largesse*, pièces d'or et d'argent que les hérauts jetaient parmi le peuple, au sacre des rois et aux autres cérémonies.

LARGEUR, n. f. [laʁʒœʁ] (*large*) La plus petite des deux dimensions, lorsque l'on considère une surface. *La largeur d'un banc.* ♦ **Fig.** *La largeur d'idées, de composition*, etc.

LARGHETTO, adv. [laʁgeto] (mot it., dimin. de *largo*) **Mus.** Indique un mouvement moins lent que le largo. ♦ **N. m.** Morceau joué dans ce tempo. *Le larghetto du concerto en fa mineur de Chopin.*

LARGHE WHITE ou **LARGE-WHITE**, ■ n. m. inv. [laʁʒwajt] (mot angl. de *large*, grand, et *white*, blanc) Porc dont la race est originaire du Nord-Est de l'Angleterre, à la robe blanche et aux oreilles dressées. *Les large white sont réputés pour la qualité de leur viande et leur fécondité.*

LARGO, adv. [laʁgo] (mot it., largement, très lentement) **Mus.** Placé en tête d'un morceau, il indique qu'on doit le jouer d'un mouvement très lent. ♦ **N. m.** Sorte d'andante. *Un largo.*

LARGONJI, ■ n. m. [laʁgɔ̃ʒi] (arg. largonji, jargon) Ancien argot des bouchers qui consiste à remplacer la consonne initiale d'un mot par un *l* et à ajouter en fin de mot une syllabe correspond à la prononciation du nom de cette consonne. Jargon *devient* largonji en largonji.

LARGUE, adj. m. [laʁg] (ital. *largo*, large) **Mar.** *Vent largue*, vent dont la direction fait avec la quille un angle plus petit que 112°. ♦ *Avoir vent largue, aller vent largue, porter largue*, naviguer avec le vent largue. ♦ *La haute mer. Prendre le largue.* ♦ On dit plus ordinairement, en ce sens, *le large.* ♦ *Grand largue*, vent dont la direction se situe entre celle du vent largue et celle du vent arrière.

LARGUÉ, ÉE, p. p. de larguer. [laʁge]

LARGUER, v. intr. [laʁge] (selon le sens, *largue*, ou esp. ou port. *largar*, lâcher) **Mar.** On dit qu'un navire largue lorsqu'il gouverne moins près ou qu'il laisse arriver. ♦ Se désunir, en parlant de la charpente d'un bâtiment. ♦ Lâcher, donner du mou à un cordage. ♦ *Larguer les ris*, donner une augmentation de voile au vent. ♦ *Largue !* commandement de larguer. ■ Laisser tomber en cours de vol. *L'avion a largué des munitions.* ■ **Fig. et fam.** Quitter, abandonner. *Elle vient de larguer son mari.* ■ **Fig. et fam.** *Être largué*, ne plus suivre, ne plus comprendre. *Il est complètement largué dans toutes ces histoires de famille.*

LARIFORME, ■ n. m. [laʁifɔʁm] (lat. *larus*, mouette, et *-forme*) **Zool.** Oiseau marin au plumage généralement blanc, aux ailes longues et étroites et aux pattes courtes. *L'ordre des lariformes comprend les mouettes, les goélands, les sternes.*

LARIGOT, n. m. [laʁigo] (anc. refrain *Larigot va larigot*) Espèce de flûte de petit flageolet, qui n'est plus en usage, et qu'imite un des jeux de l'orgue, dit *jeu de larigot.* ♦ **Pop.** *Boire à tire-larigot* ▷ ou *en tire-larigot*, ◁ boire excessivement. ♦ **Fam.** *À tire-larigot*, en grande quantité. *Ils ont envoyé des cartons d'invitation à tire-larigot.*

LARIX, n. m. [laʁiks] (mot lat., gr. *larix*, mélèze) **Bot.** Le genre mélèze (conifères).

LARME, n. f. [laʁm] (lat. *lacrima*, larme, goutte de gomme de certaines plantes) Goutte d'humeur limpide qui sort de l'œil et dont la cause est une action physique ou une émotion morale. ♦ *Rire aux larmes*, rire jusqu'à ce que les yeux en pleurent, rire beaucoup. ♦ *Faire venir les larmes aux yeux*, exciter un attendrissement qui va jusqu'aux larmes. ♦ **Fig.** *Des larmes de sang*, se dit pour exprimer un très violent chagrin. ♦ *Pleurer à chaudes larmes*, être tout en larmes, fondre en larmes, se noyer dans les larmes, pleurer abondamment. ♦ *Sécher, essuyer ses larmes*, se consoler. ♦ *Essuyer les larmes de quelqu'un*, le consoler. ♦ *Avoir des larmes dans la voix*, avoir une voix qui fait partager l'émotion. ♦ *Avoir le don des larmes*, pleurer à volonté. ♦ **Fam.** *Avoir toujours la larme à l'œil*, s'attendrir très facilement, ou affecter une grande sensibilité. ♦ **Fig.** *Larmes de crocodile*, larmes hypocrites, parce que la fable raconte que le crocodile feint de gémir pour attirer sa proie. ♦ **Fig. et poétiq.** *Les larmes de l'aurore*, la rosée. ♦ Espèce de symbole funèbre, lequel a la forme d'une larme. *Un drap mortuaire semé de larmes.* ♦ *En larme* ou *en larmes*, en forme de larmes. ♦ **Fam.** Une goutte, une petite quantité d'un liquide. *Donnez-moi une larme de vin.* ♦ Suc qui coule de plusieurs arbres ou plantes. *Les larmes de la vigne.* ♦ **Pharm.** Petite masse arrondie de substance molle ou peu dure. *Manne en larmes.*

LARME-DE-JOB, ■ n. f. [laʁm(ə)dəʒɔb] (*larme* et *Job*, personnage biblique pleurant sur le malheur qui l'a frappé) Graminée dont les fruits renferment une graine en forme de larme. *On utilise les graines de larmes-de-Job pour faire des colliers, des chapelets ou d'autres ornements.*

1 **LARMIER**, n. m. [laʁmje] (*larme*) **Archit.** Saillie pour empêcher l'eau de couler le long d'un mur.

2 **LARMIER**, n. m. [laʁmje] (*larme*) L'angle de l'œil le plus rapproché du nez, celui dans lequel se forment les larmes. ♦ Chez les cerfs, sac membraneux, sécrétant une humeur épaisse, onctueuse et noirâtre. ♦ Parties qui, dans le cheval, répondent aux temps de l'homme.

LARMIÈRES, n. f. pl. [laʁmjɛʁ] (*larme*) Syn. de larmier, chez le cerf.

LARMOIEMENT, n. m. [laʁmwamɑ̃] (*larmoyer*) Écoulement de larmes involontaire et continuel. ♦ **Au pl.** Plaintes continuelles. *Les réfugiés parlaient de leur sort sans larmoiement, avec pudeur.*

LARMOYANT, ANTE, adj. [laʁmwajɑ̃, ɑ̃t] (*larmoyer*) Qui larmoie. *Des yeux larmoyants. Des manières larmoyantes.* ♦ Qui fait couler des larmes. ♦ Se dit, presque toujours en mauvaise part, de pièces de théâtre plus attendrissantes que gaies ou terribles. *La comédie larmoyante.* ♦ N. m. *Le larmoyant.*

LARMOYER, v. intr. [laʀmwaje] (*larme*) Jeter des larmes, pleurer. *Les yeux larmoient dans la rougeole. Il ne fait que larmoyer.* ♦ Se lamenter continuellement sans véritable raison. *Elle refuse de larmoyer sur son propre sort.*

LARMOYEUR, EUSE, n. m. et n. f. [laʀmwajœʀ, øz] (*larmoyer*) Celui, celle qui larmoie.

LARRON, ONNESSE, n. m. et n. f. [laʀɔ̃, ɔnɛs] (lat. *latronem*, accus. de *latro, -onis*, voleur, brigand) Celui, celle qui dérobe. ♦ Fig. « *Le temps, cet insigne larron* », LA FONTAINE. ♦ ▷ Fig. *Un larron d'honneur,* celui qui ôte l'honneur à un mari. ♦ *Donner au plus larron la bourse,* confier la garde de l'argent à celui dont on devrait le plus se défier. ◁ ♦ Fig. *Ils s'entendent comme larrons en foire,* se dit de gens qui sont d'intelligence dans une intention blâmable. ♦ **Impr.** Pli qui se trouve dans une feuille de papier mise sous la presse. ♦ En reliure, feuillet d'un livre, qui, demeurant plié par un des bouts, ne se trouve pas rogné par cet endroit. ♦ **Prov.** *L'occasion fait le larron,* l'occasion fait faire des choses répréhensibles auxquelles on n'aurait pas songé. ♦ *Le bon et le mauvais larron,* par allusion aux deux malfaiteurs qui furent crucifiés en même temps que le Christ. ♦ *Le troisième larron,* personne qui tire un avantage d'un désaccord entre deux autres personnes. ■ REM. Le premier sens est vieilli aujourd'hui. ■ REM. *S'entendre comme larrons en foire* n'implique plus aujourd'hui l'intention blâmable. L'expression se dit à propos de personnes qui s'entendent parfaitement bien.

LARRONNEAU, n. m. [laʀɔno] (dimin. de *larron*) ▷ **Fam.** Petit larron qui ne dérobe que des choses de peu de valeur. ◁

LARSEN, ■ n. m. [laʀsɛn] (*Larsen,* électroacousticien danois) Sifflement d'un haut-parleur ou d'un micro provoqué par des oscillations parasites, très désagréable à l'oreille. *Effet larsen.*

LARVAIRE, ■ adj. [laʀvɛʀ] (*larve*) Relatif à l'état de larve. *L'élevage larvaire.* ■ Fig. Qui n'a pas encore atteint un stade de développement. *Un projet à l'état larvaire.*

1 LARVE, n. f. [laʀv] (lat. *larva,* masque de fantôme) **Antiq.** Génie malfaisant, qu'on croyait errer sous des formes hideuses.

2 LARVE, n. f. [laʀv] (lat. *larva,* masque de fantôme) Premier état des insectes, celui dans lequel ils se trouvent après leur sortie de l'œuf, sous la forme de ver. *La chenille est la larve du papillon.* ♦ **Fam.** et **péj.** Personne apathique, sans caractère, d'une grande mollesse. « *Je crois qu'il me suppliait en disant monsieur, je crois qu'il n'avait ni courage ni la moindre réaction de défense, que c'était une larve abjecte, et que c'est cette abjecte faiblesse qui a éteint ma fureur* », JAPRISOT.

LARVÉ, ÉE, ■ adj. [laʀve] (2 *larve*) **Méd.** Qui se présente sous une forme atténuée sans parvenir à une évolution complète. *Une inflammation larvée qui n'évolue par vers la nécrose.* ■ **Méd.** Qui se présente sous une autre forme. *Des troubles physiques qui ne sont que l'expression d'une dépression larvée.* ■ Qui ne se déclare pas. *Qu'elles soient ouvertes ou larvées, les guerres font toujours des victimes.*

LARVICIDE, ■ adj. [laʀvisid] (*larve* et -*cide*) Qui détruit les larves. *Un traitement larvicide.* ■ N. m. Produit larvicide. *Réglementer l'usage des larvicides.*

LARYNGAL, ALE, ■ adj. [laʀɛ̃gal] (radic. du gr. *larugx,* génit. *laruggos*) **Phonét.** Qui fait intervenir le larynx dans son articulation. *Le chant de gorge pratiqué en Asie centrale se caractérise par un sifflement laryngal. Les sons laryngaux.* ■ N. f. Consonne laryngale. *La reconstruction des laryngales en indo-européen.*

LARYNGÉ, ÉE, adj. [laʀɛ̃ʒe] (radic. du gr. *larugx,* génit. *laruggos*) **Anat.** Qui appartient au larynx. *Nerfs laryngés.* ♦ *Phthisie laryngée,* sorte de laryngite chronique.

LARYNGECTOMIE, ■ n. f. [laʀɛ̃ʒɛktɔmi] (*laryng(o)*- et -*ectomie*) **Méd.** Ablation d'une partie ou de la totalité du larynx. *Après une laryngectomie totale, le rythme respiratoire est perturbé, et le patient doit apprendre à le régulariser et à en maîtriser l'amplitude.*

LARYNGIEN, IENNE, adj. [laʀɛ̃ʒjɛ̃, jɛn] (radic. du gr. *larugx,* génit. *laruggos*) **Anat.** Qui dépend du larynx ou qui a rapport au larynx.

LARYNGITE, n. f. [laʀɛ̃ʒit] (*laryng(o)*- et -*ite*) **Méd.** Inflammation du larynx.

LARYNG(O), ■ [laʀɛ̃go] Préfixe tiré du grec *larugx* que l'on utilise pour former des mots en rapport avec le larynx.

LARYNGOLOGIE, ■ n. f. [laʀɛ̃gɔlɔʒi] (*laryng(o)*- et -*logie*) **Méd.** Spécialité qui traite du larynx. ■ LARYNGOLOGUE, n. m. [laʀɛ̃gɔlɔg] ■ LARYNGOLOGIQUE, adj. [laʀɛ̃gɔlɔʒik] *Des soins laryngologiques.*

LARYNGOSCOPE, n. m. [laʀɛ̃gɔskɔp] (*laryng(o)*- et -*scope*) Instrument à l'aide duquel on examine l'intérieur du larynx.

LARYNGOTOMIE, n. f. [laʀɛ̃gɔtɔmi] (*laryng(o)*- et -*tomie*) **Chir.** Opération par laquelle on ouvre le larynx.

LARYNX, n. m. [laʀɛ̃ks] (gr. *larugx*) Partie supérieure de la trachée artère, qui est le principal instrument de la voix.

1 LAS, interj. [lɑs] (emploi interjectif de 2 *las*) Exprime la plainte. « *Las ! je n'ai que trop fui* », P. CORNEILLE. ■ REM. On prononçait autrefois [lɑ].

2 LAS, ASSE, adj. [lɑ, as] (lat. *lassus,* harassé, épuisé) Qui éprouve le sentiment de la lassitude. ♦ Par extens. « *La fortune lasse* », P. CORNEILLE. ♦ *Las de,* à qui telle ou telle chose fait éprouver le sentiment de la lassitude. *Las de marcher.* ♦ ▷ Pop. *Un las d'aller,* un fainéant. ◁ ♦ Dégoûté, ennuyé de quelque chose que ce soit. *Las d'obéir.* ♦ Fig. *De guerre lasse,* Voy. GUERRE.

LASAGNE, ■ n. f. [lazaɲ] ou [lazaɲj] (ital. *lasagna,* du lat. vulg. *lasania,* sorte de nouille, ou de l'ar. *lawzinag,* gâteau aux amandes : cf. *losange*) Pâte alimentaire présentée sous forme de large ruban. ■ Spécialité culinaire italienne qui alterne une couche de pâtes et de viande hachée, servie gratinée. Employé le plus souvent au pluriel. *Des lasagnes.*

LASCAR, ■ n. m. [laskaʀ] (mot angl., *lascar,* matelot indien, du pers. *lashkar,* armée, prob. par l'intermédiaire de l'hindoust. *lachkari*) **Fam.** Individu hardi et rusé. *Ce lascar ne m'inspire pas confiance.* ■ **Fam.** Personne quelconque. *J'ai déjà vu ce lascar quelque part.*

LASCIF, IVE, adj. [lasif, iv] (lat. *lascivus,* badin, enjoué, qui en prend à son aise) Qui se plaît à bondir et à jouer. *Le chevreau lascif.* ♦ Qui est enclin aux plaisirs de l'amour. ♦ Se dit des choses, dans le même sens. « *Cette flamme lascive* », ROTROU. « *La pompe lascive des théâtres et des spectacles* », MASSILLON.

LASCIVEMENT, adv. [lasiv(ə)mɑ̃] (*lascif*) D'une manière lascive.

LASCIVITÉ ou **LASCIVETÉ**, n. f. [lasivite, lasiv(ə)te] (b. lat. *lascivitas*) Caractère lascif. ♦ Il se dit aussi des choses lascives. *Il y a beaucoup de lasciveté dans ce tableau.*

LASER, ■ n. m. [lazɛʀ] (acronyme angl. de *Light Amplification by Stimulated Emission of Radiation*) Source de rayonnement qui produit un faisceau lumineux très fin et de très grande énergie, dont les vibrations présentent entre elles une différence de phase constante dans le temps. *Utilisation du laser dans la chirurgie, en électronique. Des lasers.* ■ Adj. inv. *Rayon laser. Des imprimantes laser.*

LASSANT, ANTE, adj. [lasɑ̃, ɑ̃t] (*lasser*) Qui lasse. « *Un travail lassant* », FLÉCHIER. ♦ Fig. *Des discours lassants et ennuyeux.*

LASSÉ, ÉE, p. p. de lasser. [lase]

LASSER, v. tr. [lase] (lat. *lassare,* de *lassus*) Causer la lassitude physique. *Ce voyage m'a lassé. Lasser un cheval.* ♦ Absol. *Cette danse lasse beaucoup.* ♦ Fig. « *Le malheur qu'il sait vaincre et qu'il ne peut lasser* », DUCIS. ♦ Causer la lassitude morale. *Lasser la patience de quelqu'un.* « *Les maux ont lassé mon courage* », VOLTAIRE. ♦ Ennuyer, dégoûter. ♦ Absol. « *Qui délasse hors de propos, il lasse* », PASCAL. ♦ Se lasser, v. pr. Devenir physiquement las. ♦ Fig. *La fortune se lasse.* ♦ Se lasser régit tantôt la préposition *à,* tantôt la préposition *de* devant un infinitif. Dans le premier cas, il signifie faire une chose avec effort jusqu'à la lassitude, et dans le second perdre patience, renoncer à. *Se lasser d'attendre.* « *L'autre en vain se lassant à polir une rime* », BOILEAU. ■ REM. Est vieilli quand il évoque la fatigue physique.

LASSI, ■ n. m. [lasi] (mot hindi) Boisson indienne fortement épicée, à base de lait caillé et d'eau. *Des lassis parfumés à l'eau de rose.*

LASSITUDE, n. f. [lasityd] (lat. *lassitudo*) Sentiment de brisement et d'impossibilité d'agir que l'on éprouve après un travail excessif de corps ou d'esprit. ♦ Sensation semblable causée par une mauvaise disposition de santé. *Sentir des lassitudes dans les membres.* ♦ Ennui, dégoût. *Charles Quint abdiqua par lassitude.*

LASSO, n. m. [laso] (hisp.-amér. d'Argentine *lazo,* du lat. *laqueus,* lacet, nœud coulant : cf. *lacs*) Longue corde munie d'un nœud coulant dont se servent les gardiens de troupeau pour capturer les animaux. *Attraper un bœuf au lasso.*

LAST ou **LASTE**, n. m. [last] (all. *Last,* charge, tonne, poids) Terme de commerce maritime usité particulièrement en Hollande. Poids de deux tonneaux de mer ou 2 000 kilogrammes.

LASTEX, ■ n. m. [lastɛks] (marque déposée ; mot angl., prob. de *latex* et *elastic*) Fil élastique filé avec une fibre naturelle ou synthétique. *Une ceinture en lastex.*

LASTING, n. m. [lastiŋ] (mot angl., de *to last,* durer) Étoffe de laine rase qui dure fort longtemps. *Pantalon de lasting.*

LASURE, ■ n. f. [lazyʀ] (all. *Lasur,* vernis, de l'ar. *lazaward,* lapis lazuli) Produit translucide qui recouvre la surface du bois pour le protéger sans en masquer le veinage. *La lasure ne remplace pas le traitement du bois à cœur.*

LASURER, ■ v. tr. [lazyʀe] (*lasure*) Recouvrir d'une lasure. *Lasurer ses menuiseries extérieures.* ■ P. p. *Des fenêtres lasurées prêtes à poser.* ■ LASURAGE, n. m. *Le lasurage des volets.*

LATANIER, n. m. [latanje] (caraïbe *al*[*l*]*atani*) Genre *latania* (palmiers).

LATENCE, ■ n. f. [latɑ̃s] (*latent*) État de ce qui est caché mais susceptible de se manifester à tout moment. ■ **Méd.** Inactivité apparente. *La latence d'un herpès labial.* ■ **Psych.** Période entre le stimulus et la réaction. ■ **Psych.** *Période de latence,* période qui va du déclin de l'activité sexuelle infantile, vers cinq ans, jusqu'au réveil de celle-ci, à la puberté.

LATENT, ENTE, adj. [latɑ̃, ɑ̃t] (lat. *latens,* p. prés. de *latere,* être caché) Qui est caché. ◆ **Phys.** *Chaleur latente,* chaleur qui n'est point sensible au thermomètre. ◆ **Méd.** *Maladie latente,* maladie dont le diagnostic est obscur. ◆ *Vices latents, maladies latentes,* certaines maladies des chevaux, dont les symptômes peuvent rester longtemps cachés. ◆ Dans le langage général, qui n'est pas apparent. *Des dangers latents.* ◆ *Phot.* *Image latente,* image portée sur une surface sensible, invisible à l'œil et qui n'apparaît qu'au cours du développement.

LATÉRAL, ALE, adj. [lateʀal] (lat. *lateralis,* qui tient aux côtés) Qui appartient au côté de quelque chose. *Chapelle latérale.* ◆ *Canal latéral,* canal qui longe un fleuve. ◆ **Bot.** Se dit de toute partie qui est située sur le côté d'une autre. ◆ **N. f.** *Phonét.* Consonne occlusive dont l'articulation se fait avec un écoulement de l'air sur l'un des côtés ou les deux côtés de l'obstacle. *Le français ne connaît qu'une seule latérale : le [l].*

LATÉRALEMENT, adv. [lateʀal(ə)mɑ̃] (*latéral*) De côté, sur le côté.

LATÉRALISATION, ■ n. f. [lateʀalizasjɔ̃] (*latéral*) Distribution des différentes spécialités des deux hémisphères du cerveau qui s'opère durant la petite enfance. *La latéralisation anormale de l'activité cérébrale chez les personnes autistes.*

LATÉRALISÉ, ÉE, ■ adj. [lateʀalize] (*latéral*) Dont la latéralisation est achevée. *Un enfant mal latéralisé.*

LATÉRALITÉ, ■ n. f. [lateʀalite] (*latéral*) Prédominance fonctionnelle du côté droit ou gauche du corps humain. *La latéralité est en partie déterminée par l'hérédité.*

LATERE (À), loc. adj. [lateʀe] (mots lat., prép. *a,* venant de, appartenant à, et ablat. de *latus, lateris,* côté, entourage) Voy. LÉGAT.

LATÉRITE, ■ n. f. [lateʀit] (lat. *later,* brique) Roche dure des zones tropicales humides, de couleur rouge, riche en oxyde de fer et alumine. *Lessivée par les pluies et brûlée par le soleil en alternance, la latérite forme une cuirasse rouge brique.* ■ LATÉRITIQUE, adj. [lateʀitik] *De l'argile latéritique.*

LATEX, ■ n. m. [latɛks] (mot lat., liqueur, liquide divers) Liquide d'aspect laiteux, sécrété par certains végétaux. ■ **Par extens.** Émulsion aqueuse de caoutchouc ou de résine de synthèse utilisée dans l'industrie. *Des gants en latex.*

LATICIFÈRE, ■ n. m. [latisifɛʀ] (lat. *latex,* génit. *laticis,* et *-fère*) **Bot.** Cellule contenant du latex. *Les laticifères sont répartis dans toute la plante, sauf dans la graine où ils ne sont pas développés.*

LATICLAVE, n. m. [latiklav] (lat. *laticlavus,* de *latus,* large, et *clavus,* bande de pourpre cousue à la tunique) Tunique que portaient à Rome les sénateurs, et qui était bordée d'une large bande de pourpre. *Recevoir le laticlave.*

LATIFOLIÉ, ÉE, ■ adj. [latifolje] (lat. *latifolius,* de *latus,* large, et *folium,* feuille) **Bot.** Qui a de larges feuilles. *Pin tordu latifolié.*

LATIFUNDIAIRE ou **LATIFUNDISTE,** ■ adj. [latifɔ̃djɛʀ, latifɔ̃dist] (*latifundium*) Relatif aux latifundiums. *Les pays à agriculture latifundiaire.* ■ N. m. et n. f. Propriétaire d'un latifundium.

LATIFUNDIUM, n. m. [latifɔ̃djɔm] (mot lat., de *latus,* large, et *fundus,* fonds de terre, domaine) Vaste propriété agricole dont le rendement est très faible. *Les latifundiums* ou *les latifundia (pluriel latin) de l'Amérique du Sud.*

LATIN, INE, n. m. et n. f. [latɛ̃, in] (lat. *Latinus,* relatif au Latium, latin) Ancien peuple de l'Italie qui habitait le Latium. ◆ Plus tard, nom de tous les peuples de l'Italie. ◆ *Les Latins,* les catholiques de l'Église latine. ◆ **Adj.** Qui appartient à la nation des Latins. ◆ *Les peuples latins.* ◆ Qui appartient à la langue de Rome. *Mot latin.* ◆ *Discours latin, vers latins,* discours, vers composés en langue latine. ◆ *Le pays latin, le Quartier latin,* l'espace qu'occupait autrefois l'Université de Paris. ◆ ▷ ▷ **Fam.** *Cela sent le pays latin,* ◁ se dit de ce qui retient un certain air de collège. ◁ ◆ *L'Église latine,* l'Église d'Occident, qui obéit au pape par opposition à l'Église grecque ou d'Orient. ◆ *Le rite latin,* le rite de l'Église romaine. ◆ **Mar.** *Voile latine,* voile qui a la forme d'un triangle. ◆ **N. m.** *Le latin,* la langue latine. ◆ ▷ **Fig.** *Être au bout de son latin,* ne savoir plus que faire, que dire. ◁ ◆ ▷ *Perdre son latin,* travailler

inutilement à quelque chose. ◁ ◆ *Latin de cuisine,* mauvais latin. ◆ À LA LATINE, loc. adv. À la façon de la langue latine. ■ *Y perdre son latin,* ne plus rien comprendre. ■ *Latin classique,* latin des grands auteurs romains classiques. ■ *Latin ecclésiastique,* latin écrit et parlé dans les milieux ecclésiastiques et érudits au Moyen Âge. ■ *Latin populaire,* latin parlé après la chute de l'Empire romain et au Moyen Âge. ■ *Bas latin,* parlé par les Gaulois après la conquête romaine. ■ **Adj.** Qui est issu de la civilisation de la Rome antique. *Les pays, les peuples latins.* ■ **Par extens.** Qui caractérise les peuples latins. *Le tempérament latin des Français que l'on oppose au tempérament germain des Allemands.*

LATINISANT, ANTE, adj. [latinizɑ̃, ɑ̃t] (*latiniser*) Se dit des personnes qui, vivant dans un pays schismatique, pratiquent le culte de l'Église latine. *Grecs latinisants.* ◆ Qui s'intéresse au latin et à la littérature de langue latine. ◆ **N. m. et n. f.** *Les latinisants.*

LATINISÉ, ÉE, p. p. de latiniser. [latinize]

LATINISER, v. tr. [latinize] (b. lat. *latinizare,* traduire en latin) Donner une inflexion latine à un mot d'une autre langue. ◆ V. intr. Pratiquer le culte et suivre les doctrines de l'Église latine. ◁ ◆ ▷ **Fam.** Affecter de parler latin. ◁ ◆ V. tr. Donner un caractère latin. *Latiniser un pays.* ■ LATINISATION, n. f.

LATINISME, n. m. [latinism] (*latin*) Construction, tour de phrase propre à la langue latine. ◆ Transport dans une autre langue des tournures propres à la langue latine.

LATINISTE, n. m. et n. f. [latinist] (*latin*) Personne qui est versée dans la connaissance de la langue latine.

LATINITÉ, n. f. [latinite] (lat. *latinitas,* langue latine correcte, droit latial ou latin) Manière de parler ou d'écrire en latin ; qualité de ce qui est ou n'est pas latin. *Fixer, déterminer la latinité d'un mot, d'une phrase.* ◆ *La basse latinité,* le latin du Moyen Âge. ◆ Ensemble des caractères communs aux civilisations issues du monde latin. *Les peuples qui se réclament de la latinité.*

LATINO-AMÉRICAIN, AINE, ■ adj. [latinoameʀikɛ̃, ɛn] (*latin* et *américain*) De l'Amérique latine. *Les danses latino-américaines.* ■ **N. m. et n. f.** *Les Latino-Américains.* ■ **Abrév. fam.** Latino. *Des chanteurs latinos.*

LATITUDE, n. f. [latityd] (lat. *latitudo,* largeur, ampleur, de *latus,* large) **Fig.** Étendue, extension. *Donner trop de latitude à une proposition.* ◆ Facilité, pouvoir d'agir. *Laisser la plus grande latitude.* ◆ Distance d'un lieu à l'équateur, mesurée en degrés sur le méridien. ◆ **Astron.** L'angle que fait avec un plan parallèle à l'écliptique la ligne droite qui passe par un astre et par un centre donné sur ce plan. ◆ **Par extens.** Les différents climats, considérés par rapport à leur température. ◆ *Les hautes latitudes,* les pays situés au nord. ◆ *Basses latitudes,* pays situés près de l'équateur. ◆ *Sous d'autres latitudes,* dans une région éloignée. *Nous nous recroiserons peut-être sous d'autres latitudes.*

LATITUDINAIRE, ■ adj. [latitydinɛʀ] (radic. du lat. *latitudo,* génit. *-dinis,* largeur) Qui se montre très libre dans ses principes, en particulier religieux. *Une morale latitudinaire.* ■ **N. m. et n. f.** *Un, une latitudinaire.*

LATOMIE, n. f. [latomi] (gr. *latomia,* carrière de pierres, de *laas,* pierre, et *temnein,* couper) **Hist. anc.** Carrière où l'on renfermait des prisonniers.

LATO SENSU, ■ loc. adv. [latosɛ̃sy] (mots lat., ablatif de *latus,* large, et *sensus,* sens) Au sens large, par opposition à *stricto sensu. Les services publics lato sensu comprennent les services de communications, de distribution d'eau, de gaz, etc.*

LATRIE, n. f. [latʀi] (gr. *latreia,* service, culte) Usité seulement dans : *Culte de latrie,* culte d'adoration que l'on rend à Dieu seul.

LATRINES, n. f. pl. [latʀin] (lat. *latrina,* bain, latrines, de *lavatrina,* de *lavare,* laver, nettoyer) Lieu où l'on satisfait les besoins naturels.

LATTAGE, n. m. [lataʒ] (*latter*) Espace couvert de lattes. ◆ Action de latter.

LATTE, n. f. [lat] (orig. obsc., p.-ê. germ. : cf. all. *slat,* gaule) Pièce de bois longue, plate et droite, employée dans les plafonds, cloisonnages, etc., et sur laquelle dans les toits on cloue l'ardoise ou accroche la tuile. ◆ Bande de fer plate, telle qu'elle arrive à la forge. ◆ **Fig.** Grand sabre de cavalerie droit et étroit. ◆ **Fam.** *Un coup de latte,* un coup de pied. « *Au premier coup de latte, la serrure a demandé grâce et la gâche a cédé* », SIMONIN.

LATTÉ, ÉE, p. p. de latter. [late]

LATTER, v. tr. [late] (*latte*) Garnir de lattes. ◆ **Absol.** Latter. ◆ **Fam.** Frapper *Il s'est fait latter par des voyous.*

LATTIS, n. m. [lati] (*latte*) Ouvrage de lattes.

LAUDANUM, n. m. [lodanɔm] (gr. *ladanon,* gomme du ciste, avec infl. du lat. *laus,* génit. *laudis,* louange) **Pharm.** Médicament dans lequel l'opium se trouve associé à divers ingrédients. *Laudanum de Sydenham.* ◆ ▷ **Fig.** *Donner du laudanum à quelqu'un,* le louer, le flatter. ◁

LAUDATEUR, TRICE, ■ n. m. et n. f. [lodatœr, tʀis] (lat. *laudator*, celui qui loue) Personne qui prodigue des louanges. *Un laudateur des valeurs militaires.* ■ Adj. *Des écrits laudateurs.*

LAUDATIF, IVE, adj. [lodatif, iv] (lat. impér. *laudativus*, qui concerne l'éloge) Qui est destiné à louer, en parlant des écrits et des discours.

LAUDES, n. f. pl. [lod] (lat. ecclés. plur. de *laus*, louange pour désigner les psaumes et la partie de l'office où ils sont chantés) La seconde partie de l'office divin, celle qui se dit après matines.

LAURACÉES, n. f. pl. [loʀase] (lat. *laurus*, laurier) Famille de plantes dicotylédones, à laquelle le laurier a donné son nom. ■ REM. On disait aussi *laurinées* autrefois.

LAURE ou **LAVRA,** ■ n. f. [lɔʀ, lavʀa] (gr. *laura*, conduit ou chemin étroit, gr. médiév. réunion de cellules d'anachorètes) Communauté d'ermites dans l'Église primitive d'Orient. ■ Grand monastère orthodoxe. *Saint Athanase l'Athonite, fondateur de la lavra du mont Athos.*

LAURÉAT, ATE, adj. [loʀea, at] (lat. *laureatus*, orné de laurier, de *laurea*, laurier) **Antiq. rom.** Qui est orné de lauriers. ✦ *Poète lauréat*, poète qui a reçu solennellement une couronne de laurier. ✦ **Par extens.** Qui a remporté un prix dans un concours académique, ainsi que dans les collèges et au concours général. *Les élèves lauréats.* ✦ N. m. et n. f. *Un jeune lauréat.*

LAURÉOLE, n. f. [loʀeɔl] (lat. *laureola*, feuille de laurier) Nom vulgaire des espèces du genre daphné, et spécifique du *daphné lauréole.*

LAURIER, n. m. [loʀje] (anc. fr. *lor*, du lat. *laurus*) Arbre toujours vert, monopétale, qui porte une petite graine noire et amère. ✦ **Fig.** Au pl. Gloire acquise par les armes, par la poésie. ✦ **Fig.** *Cueillir des lauriers, moissonner des lauriers,* etc., remporter des victoires. ✦ *Être chargé de lauriers,* avoir acquis beaucoup de gloire. ✦ *S'endormir sur ses lauriers,* ne point poursuivre une carrière glorieusement commencée. ✦ *Se reposer sur ses lauriers, à l'ombre de ses lauriers,* jouir d'un repos mérité par des succès éclatants. ✦ *Laurier-sauce,* le laurier commun. ✦ *Laurier-rose,* arbuste toujours vert qui porte des fleurs de couleur rose. ✦ *Laurier-tin,* un des noms vulgaires de la viorne-tin. ✦ *Laurier-cerise,* vulgairement laurier-amandier, arbuste toujours vert, qui porte un petit fruit rouge. ■ REM. Aujourd'hui, *se reposer sur ses lauriers* est aujourd'hui pris dans le même sens que *s'endormir sur ses lauriers.*

LAURINÉES, n. f. pl. [loʀine] Voy. LAURACÉES.

LAUZE ou **LAUSE,** ■ n. f. [loz] (a. provenç. *lauza, lausa,* dalle, pierre plate, d'orig. gaul.) Plaque de pierre de forme et d'épaisseur irrégulières, servant à la couverture des toits dans certaines régions du Sud de la France ou montagneuses. *Un toit de lauzes.*

LAVABLE, ■ adj. [lavabl] (*laver*) Qui peut subir un lavage. *Un pull lavable en machine. Du papier peint lavable mais non lessivable.*

LAVABO, n. m. [lavabo] (mot lat., 1ʳᵉ pers. du futur de *lavare,* laver, du psaume 26, *lavabo* [*inter innocentes manus meas*], je laverai [mes mains au milieu des innocents]) ▷ La prière que le prêtre dit en lavant ses doigts durant la messe. ◁ ✦ Action du prêtre qui se lave les mains, en disant la messe. ✦ **Par extens.** Petit linge dont le prêtre qui dit la messe se sert pour s'essuyer les doigts. ✦ Meuble de toilette pour se laver, garni d'une cuvette et d'un pot à l'eau. ✦ Au pl. *Des lavabos.* ■ Appareil sanitaire formé d'une cuvette et de robinets. ■ Au pl. Pièce où sont installés des lavabos, dans une collectivité. ■ Au pl. Toilettes.

LAVAGE, n. m. [lavaʒ] (*laver*) Action de laver. *Le lavage des laines.* ✦ Trop grande quantité d'eau répandue pour laver. ✦ Chez les relieurs, action de laver et nettoyer les livres salis et les estampes. ✦ Dans les mines, opération qui consiste à soumettre le minerai à l'action d'un courant d'eau. ✦ ▷ **Par extens.** Trop grande quantité d'eau mise dans un potage, dans une boisson, etc. *Cette soupe n'est qu'un lavage.* ◁ ✦ ▷ L'eau ou tout autre breuvage, pris en trop grande quantité. ◁ ✦ Eau médicamenteuse employée à laver une partie malade. ✦ **Fig.** Dans une espèce d'argot du jour, liquidation ruineuse. ✦ *Lavage de cerveau,* action psychologique exercée sur une personne dans le but de modifier ses opinions. *Ils lui ont fait un lavage de cerveau, je ne le reconnais plus !*

LAVALLIÈRE, ■ n. f. [lavaljɛʀ] (duchesse de *La Vallière,* 1644-1710, favorite de Louis XIV, et son neveu, 1708-1780, bibliophile célèbre) Cravate souple à large nœud flottant. ■ Adj. (du duc de *La Vallière*) De couleur feuille-morte. *Un maroquin lavallière.*

LAVANCHE ou **LAVANGE,** n. f. [lavɑ̃ʃ, lavɑ̃ʒ] (orig. obscr., p.-ê. gaul. *lausa,* pierre plate, ou *lave*) Syn. d'avalanche. ✦ Dans les Alpes et les Pyrénées, torrents de boue et de pierres qui souvent, après de violents orages, coulent du flanc des montagnes.

LAVANDE, n. f. [lavɑ̃d] (prob. ital. *lavanda,* action de se laver, du lat. *lavanda,* adj. verbal plur. neutre de *lavare,* laver) Plante aromatique, de la famille des labiées. *Eau de lavande.* ✦ *Bleu lavande,* bleu qui tire sur le mauve. *Des rideaux bleu lavande.*

LAVANDIER, n. m. [lavɑ̃dje] (*laver*) Voy. LAVANDIÈRE. Officier qui était chargé chez le roi de faire blanchir le linge.

LAVANDIÈRE, n. f. [lavɑ̃djɛʀ] (*laver*) Femme qui lave le linge. ✦ Nom donné en Normandie et en Bretagne à des fées qui, d'après la superstition populaire, battent le linge avec une main de fer dont elles assomment le curieux indiscret. ✦ La bergeronnette ou hoche-queue.

LAVANDIN, ■ n. m. [lavɑ̃dɛ̃] (*lavande*) Espèce hybride issue du croisement de la lavande officinale et de la lavande aspic. *Huile essentielle de lavandin.*

LAVARET, n. m. [lavaʀɛ] (mot. savoy., du b. lat. *levaricinus*) Poisson de la famille des truites qui se trouve dans les lacs. ✦ La grande murène. ✦ Espèce de faucon.

LAVASSE, n. f. [lavas] (*laver*) ▷ Pluie subite et impétueuse. ◁ ✦ **Fam.** Vin, bouillon, sauce, etc., où l'on a mis trop d'eau.

LAVATÈRE, ■ n. f. [lavatɛʀ] (lat. sav. *lavatera,* de Johann Kaspar *Lavater,* 1741-1801, théologien suisse) Plante au port arbustif produisant des fleurs roses ou blanches. *La lavatère est une plante bisannuelle, ligneuse et robuste.*

LAVE, n. f. [lav] (ital. *lava,* du lat. *labes,* éboulement, de *labi,* glisser) Toute matière en fusion coulant ou ayant coulé de soupiraux volcaniques. ✦ Pierre opaque, d'un ton gris verdâtre, qui reçoit un beau poli.

LAVÉ, ÉE, p. p. de laver. [lave] ✦ ▷ *Foin lavé,* foin qui a été mouillé pendant le fanage. ◁ ✦ *Lavé* se dit de certaines couleurs peu vives. *Cheval de poil bai lavé.* ✦ **Peint.** *Couleur lavée,* couleur faible et déchargée. ✦ Ombré, colorié. *Dessins coloriés et lavés.*

LAVE-AUTO, ■ n. m. [lavoto] (*laver* et *auto*[*mobile*]) **Canada** Établissement commercial proposant des services de lavage d'autos. *Des lave-autos.*

LAVE-DOS, ■ n. m. [lav(ə)do] (*laver* et *dos*) Ustensile, généralement muni d'un manche, que l'on utilise pour se laver le dos. *Des lave-dos.* ■ En appos. *Une éponge lave-dos.*

LAVE-GLACE, ■ n. m. [lav(ə)glas] (*laver* et *glace*) Dispositif qui permet d'envoyer un liquide nettoyant sur le pare-brise avant ou la vitre arrière d'une voiture. *Des lave-glaces.*

LAVE-LINGE, ■ n. m. [lav(ə)lɛ̃ʒ] (*laver* et *linge*) Appareil électroménager qui permet de laver, rincer et essorer automatiquement le linge. *Des lave-linges* ou *des lave-linge. Un lave-linge à chargement frontal.*

LAVE-MAIN, n. m. [lav(ə)mɛ̃] (*laver* et *main*) Petit bassin où l'on se lave les mains. ✦ Petit réservoir d'eau, placé à l'entrée d'une sacristie ou d'un réfectoire. ✦ Au pl. *Des lave-mains.* ✦ Petit lavabo. *Installer un lave-main dans les toilettes.*

LAVEMENT, n. m. [lav(ə)mɑ̃] (*laver*) Il ne se dit au propre pour l'action de laver qu'en termes d'église. *Le lavement des pieds, des mains, des autels.* ✦ *Le Lavement des pieds,* tableau représentant Jésus-Christ qui lave les pieds des apôtres. ✦ **Par extens.** Remède liquide qu'on introduit par l'anus dans les intestins.

LAVE-PONT, ■ n. m. [lav(ə)pɔ̃] (*laver* et *pont*) Brosse en poils durs que l'on adapte à un manche. *Des lave-ponts.*

LAVER, v. tr. [lave] (lat. *lavare*) Nettoyer avec de l'eau ou avec quelque autre liquide. *Laver le plancher, du linge,* etc. ✦ *Se laver les mains,* nettoyer ses mains avec de l'eau. ✦ **Fig. et fam.** *Se laver les mains d'une chose,* déclarer qu'on n'en veut pas être responsable ; locution tirée de l'acte de Ponce Pilate. ✦ **Fig. et fam.** *Laver la tête à quelqu'un,* lui faire une sévère réprimande. ✦ **Fig. et poétiq.** *Laver ses mains, ses bras dans le sang,* tuer beaucoup de personnes. ✦ ▷ **Absol.** *Se laver,* se laver les mains avant le repas. ◁ ✦ *Donner à laver à quelqu'un,* lui présenter de l'eau et un linge, quand il va se mettre à table, afin qu'il se lave les mains. ◁ ✦ *Pierre à laver,* pierre en forme de table sur laquelle on lave la vaisselle, les formes d'imprimerie, etc. ✦ **Chim.** Ôter par le moyen de l'eau les impuretés grossières de quelque mixte. ✦ *Laver un livre, une estampe,* les tremper dans une eau chargée d'acide chlorhydrique. ✦ *Laver les couleurs,* les faire tremper et délayer dans l'eau pour les purifier. ✦ **Peint.** Coucher les couleurs à plat. ✦ Étendre sur un dessin une ou plusieurs teintes d'encre de Chine, de bistre ou d'autre couleur. ✦ En parlant d'un fleuve ou de la mer, baigner, passer auprès. « *Et jusqu'au pied des murs que la mer vient laver* », RACINE. ✦ **Fig.** Effacer, avec un nom de chose pour régime. *« Après avoir lavé ces taches que le péché laisse en nous »,* FLÉCHIER. ✦ *Laver ses péchés avec ses larmes,* pleurer ses péchés. ✦ Purifier, justifier, avec un nom de personne pour régime. *Le baptême nous lave de nos péchés.* ✦ Punir, venger. « *Il a lavé ma honte* », P. CORNEILLE. *Laver une injure dans le sang,* se battre avec quelqu'un qui nous a grièvement offensés, le tuer, le blesser. ✦ *Se laver,* v. pr. Se nettoyer avec de l'eau. Nettoyer ses mains. ✦ **Fig.** Se purifier, se justifier. Se laver d'une calomnie. ✦ Être effacé, en parlant des souillures morales. « *Si mon crime par là se* *peut enfin laver* », P. CORNEILLE. ♦ **Prov.** *Une main lave l'autre*, c.-à-d. les parents, les associés se secourent, se défendent. ▪ REM. *Se laver les mains de quelque chose* n'est plus considéré comme familier aujourd'hui.

LAVERIE, ▪ n. f. [lav(ə)ʀi] (*laver*) Local où sont mises à la disposition du public des machines à laver le linge. *Laverie automatique.* ▪ **Techn.** Usine ou atelier où l'on procède au lavage du minerai. *La préparation granulométrique du minerai à transporter vers la laverie.*

LAVE-TÊTE, ▪ n. m. [lav(ə)tɛt] (*laver* et *tête*) Cuvette échancrée que l'on adapte à un lavabo pour faciliter le lavage des cheveux. *Un coiffeur à domicile qui se déplace avec son lave-tête. Des lave-têtes.*

LAVETTE, n. f. [lavɛt] (*laver*) Petit morceau de linge dont on se sert pour laver la vaisselle. ▪ **Fam.** Homme faible et lâche. *Ce gars est une vraie lavette !*

LAVEUR, EUSE, n. m. et n. f. [lavœʀ, øz] (*laver*) Celui, celle qui lave. *Laveuse de vaisselle.* ♦ Celui qui lave les terres pour recueillir les parcelles de métal. ♦ Celui qui est chargé de retirer l'or et l'argent des cendres des orfèvres et autres.

LAVE-VAISSELLE, ▪ n. m. [lav(ə)vesɛl] (*laver* et *vaisselle*) Appareil électroménager qui permet le lavage et le séchage automatiques de la vaisselle. *Des lave-vaisselles* ou *des lave-vaisselle.*

LAVIS, n. m. [lavi] (*laver*) Manière de colorier un dessin avec de l'encre de Chine, du bistre, de la sépia, etc. ♦ Dessin fait de cette manière. *Un beau lavis.*

LAVOIR, n. m. [lavwaʀ] (*laver*) Place dans un cours d'eau ou dans un réservoir d'eau où on lave le linge. ♦ ▷ *Lavoir de cuisine,* lieu où on lave la vaisselle. ◁ ♦ Dans les communautés et dans les sacristies, lieu où l'on se lave les mains. ♦ Dans les manufactures, certains appareils destinés à laver les substances qu'on y emploie.

LAVRA, ▪ n. f. [lavʀa] Voy. LAURE.

LAVURE, n. f. [lavyʀ] (*laver*) Eau qui a servi à laver la vaisselle. ♦ **Fam.** *Lavure de vaisselle,* bouillon, potage fade et insipide, où il y a beaucoup d'eau. ♦ Action de laver un livre avant de le relier. ♦ *Moulin aux lavures,* machine qui sert à laver l'or et l'argent. ♦ Opération par laquelle on retire l'or ou l'argent des cendres, des terres auxquelles il est mêlé. ♦ Métal en parcelles que les fondeurs, orfèvres, etc. retirent des cendres, balayures, etc.

LAWRENCIUM, ▪ n. m. [loʀɑ̃sjɔm] (E. O. *Lawrence*, 1901-1958, physicien amér.) Chim. Métal radioactif, produit artificiellement par bombardement de trois isotopes du californium. *Le lawrencium 256 a la demi-vie la plus longue, d'environ 30 secondes.*

LAXATIF, IVE, adj. [laksatif, iv] (b. lat. *laxativus,* émollient) **Méd.** Qui a la propriété de lâcher le ventre, de le purger. ♦ N. m. *Un laxatif.*

LAXISME, ▪ n. m. [laksism] (lat. *laxus,* détendu, lâche) Précepte religieux ou moral qui limite les interdits. ▪ Tolérance jugée excessive. *Le laxisme de certains parents dans l'éducation de leurs enfants.*

LAXISTE, ▪ adj. [laksist] (*laxisme*) Qui fait preuve de laxisme. *La justice jugée trop laxiste à l'égard des chauffards. Des parents laxistes.* ▪ N. m. et n. f. *Leur professeur n'avait rien d'un laxiste.*

LAXITÉ, ▪ n. f. [laksite] (lat. *laxitas,* étendue, b. lat., relâchement) **Méd.** Relâchement ou défaut de tension d'un système articulaire. *La laxité chronique antérieure du genou.*

LAYE, ▪ n. f. [lɛ] Voy. 2 LAIE.

LAYÉ, ÉE, p. p. de layer. [leje]

LAYER, v. tr. [leje] (anc. b. frq. *lakan,* munir d'une marque fixant une limite) **Sylvic.** Tracer une laie, une route étroite dans une forêt. ♦ Marquer les bois qu'on doit laisser dans l'abatis des bois de haute futaie ou dans la coupe des taillis.

LAYETIER, IÈRE, n. m. et n. f. [lɛj(ə)tje, jɛʀ] (*layette*) Personne qui fait des layettes, des caisses de bois blanc. *Layetier emballeur.*

LAYETTE, n. f. [lejɛt] (dimin. de l'anc. fr. *laie,* boîte, coffre, du moy. néerl. *laeye,* petite caisse) Tiroir d'armoire où l'on serre des papiers. ♦ Coffre léger et de petite dimension réservé à la conservation des papiers dans les archives. ♦ Le linge, les langes, le maillot, et tout ce qui est destiné pour un enfant nouveau-né.

LAYETTERIE, n. f. [lejɛt(ə)ʀi] (*layette*) Art de faire layettes ; commerce de layettes.

LAYEUR, n. m. [lejœʀ] (*layer*) ▷ **Sylvic.** Celui qui trace des laies dans une forêt, ou qui marque le bois à layer. ◁

LAYON, ▪ n. m. [lejɔ̃] (dimin. de 2 *laie*) Sentier étroit aménagé dans un bois. *Les layons et les sentiers de Guyane.*

LAZARET, n. m. [lazaʀɛ] (ital. *lazzaretto,* croisement de S. Maria di *Nazaret,* île vénitienne qui servait de lieu de quarantaine, avec S. *Lazzaro,* patron des lépreux) ▷ Édifice isolé, dans lequel séjournent, pour y être désinfectés, les hommes et tous les objets provenant de lieux où règne une maladie épidémique contagieuse. ◁ ♦ Établissement situé à proximité d'une frontière dans lequel on soumet les personnes et les marchandises à des examens sanitaires. *Des bâtiments servant de lazarets destinés à recevoir les immigrants.*

LAZARISTE, ▪ adj. [lazaʀist] (Saint *Lazare,* prieuré où S. Vincent de Paul installa sa congrégation en 1632) Relatif à la Société des prêtres de la Mission, congrégation fondée par saint Vincent de Paul en 1625. *Une communauté lazariste.* ▪ N. m. Prêtre lazariste.

LAZARONE, n. m. [lazaʀɔn] Voy. LAZZARONE.

LAZULI, n. m. [lazyli] (lat. médiév. *lazulum,* lapis lazuli) Voy. LAPIS.

LAZULITE, n. f. [lazylit] ([*lapis*] *lazuli*) Pierre bleue, opaque, veinée de blanc et pointillée de pyrites ferrugineuses. Voy. LAPIS.

LAZURITE, ▪ n. f. [lazyʀit] (lat. médiév. *lazulum,* lapis lazuli) **Minér.** Minéral bleu outremer, principal composant du lapis-lazuli. *La lazurite est un minéral opaque.*

LAZZARONE ou **LAZARONE**, n. m. [ladzaʀone] ou [lazaʀɔn] (ital. *lazzarone,* homme de condition misérable, du napol. *laz*[z]*aro,* mendiant, de *Lazzaro,* Lazare) Mendiant de Naples. ♦ Au pl. *Des lazzarones* ou *des lazzaroni* (pluriel italien).

LAZZI, n. m. pl. [ladzi] ou [lazi] (mot it. plur. de *lazzo,* p.-ê. de l'esp. *lazo,* lacet, ruse) Au théâtre, suite de gestes et de mouvements qui forment une action muette. *Les comédies italiennes sont pleines de lazzi.* ♦ Dans le langage général, mauvaises plaisanteries, bouffonneries. ♦ Quelques-uns écrivent des lazzis, dit l'Académie. ▪ REM. On rencontre aujourd'hui *lazzi* au singulier et le pluriel *des lazzis* s'est généralisé.

1 LE, LA, LES, art. [lə, la, le] (lat. *ille,* fém. *illa,* démonstratif de la 3ᵉ pers.) *Le* est l'article du nom masculin au singulier. *Le livre. L'* se met pour *le* et *la* devant les noms qui commencent par une voyelle ou une *h* muette : *L'enfant, l'heure.* ♦ *La* est l'article du nom féminin au singulier : *La lune.* ♦ *Les* est l'article du pluriel, commun aux deux genres. ♦ Si la préposition *de* ou *à* se trouve devant l'article masculin au singulier, et que le nom suivant commence par une consonne ou par une *h* aspirée, on change *de le* en *du,* et *à le* en *au : Du héros ; au héros.* ♦ Si le nom commence par une voyelle ou par une *h* muette, la préposition et l'article n'éprouvent aucun changement ; mais l'article s'élide : *De l'enfant ; à l'enfant.* ♦ Au pl. Pour *de les* on dit *des,* et pour *à les* on dit *aux : Des héros ; aux héros.* ♦ On répète l'article devant des substantifs qui sont unis par la conjonction *et : Le père et la mère.* ♦ On répète l'article avant plusieurs adjectifs qui modifient un substantif. ♦ Cette répétition est obligatoire quand les adjectifs expriment des idées tout à fait distinctes : *Les bonnes et les mauvaises actions.* ♦ Mais elle n'est pas obligatoire quand les idées exprimées par les adjectifs n'ont rien qui se contredise ou s'oppose : *L'utile et louable pratique.* ♦ *Les* se met devant les nombres de jours, d'heures, etc., pour indiquer une certaine approximation ou latitude : *Vers les huit heures du soir.* ♦ L'article au pluriel peut se mettre devant les noms propres d'une façon emphatique, sans idée de pluralité, et alors en effet on ne leur donne pas la marque du pluriel : *Les Bossuet, les Racine ont été la gloire du siècle de Louis XIV.* ♦ Il s'y joint aussi avec le sens de pluralité ; alors on leur donne la marque du pluriel : *Les Virgiles sont rares,* les poètes tels que Virgile. ♦ Il se met devant un nom de famille, pour indiquer la famille entière : *Les Bourbons ; les Corneille étaient frères.* ♦ L'article se met devant un nom propre pour l'indiquer comme un type. « *Saint François Xavier était le Fernand Cortez de la religion* », VOLTAIRE. ♦ L'article se met devant plusieurs noms italiens : *le Tasse.* ♦ L'article se joint quelquefois aux noms propres quand on parle soit familièrement, soit légèrement, de personnes qui ont une notoriété : *La Champmeslé, fameuse actrice ; la Brinvilliers, célèbre empoisonneuse.* ♦ Les naturalistes mettent toujours *le* devant les noms latins de plantes et d'animaux : *Le nymphæa alba.* ♦ *À la,* à la façon de. *À l'anglaise.* « *Pour parler à la Montesquieu* », J.-J. ROUSSEAU. ♦ *Le, la, les,* devant *plus* ou moins sert à former le superlatif relatif : *Le plus sage des hommes.* ♦ Au sing. L'article s'emploie pour parler en général. *L'homme est le roi des animaux.* ♦ Au sens général, l'article se supprime quelquefois, surtout dans des locutions proverbiales. *Contentement passe richesse.*

2 LE, LA, LES, pron. pers. [lə, la, le] (lat. *ille,* fém. *illa,* démonstratif de la 3ᵉ pers.) *Le* est pour le genre masculin, *la* pour le féminin, *les* pour les deux genres au pluriel. ♦ *Le, la,* devant un verbe qui commence par une voyelle ou une *h* muette, s'élident : *Je l'aime.* ♦ Ce pronom précède toujours le verbe dont il est le régime : *Je le vois ;* excepté à l'impératif, où il se place après : *Prends-le.* ♦ *Le, la, les,* se répètent avant chacun des verbes dont ils sont les régimes. ♦ Lorsqu'ils tiennent la place d'un nom, ils se présentent sous les mêmes formes que ce nom : on met *le* si le nom est masculin, *la* s'il est féminin, et *les* s'il est au pluriel : *Est-ce votre livre ? oui c'est ; est-il sept heures ? Il les est.* ♦ Dans un emploi particulier, *le,* toujours du masculin et du singulier, signifie *cela, ceci,* et est un substantif. ♦ Il peut tenir la place d'une proposition ou d'un verbe. « *Dire, je suis chrétienne. - Oui,... seigneur... je le suis* », VOLTAIRE. ♦ Dans plusieurs locutions *le* joue le rôle d'un nom vague. *Je vous le donne en cent. Le prendre haut.* ♦ *La* a quelquefois un emploi semblable. *Il me la payera.*

LÉ, n. m. [le] (substantivation de l'anc. adj. *lé*, large, du lat. *latus*) Largeur d'une étoffe entre ses deux lisières. *Un lé, un demi-lé de velours.* ■ Bande de papier peint. *Des lés.*

LEADER ou **LEADEUR, EUSE**, ■ n. m. et n. f. [lidœr, øz] (mot angl., de *to lead*, mener, conduire) Chef d'un parti politique ou d'un mouvement. *Les leaders de l'opposition.* ■ **Par extens.** Personne d'une grande autorité au sein d'un groupe. *Il se positionne toujours comme leader de l'équipe.* ■ **Sp.** Sportif ou équipe en tête de classement. *Ils sont leaders dans cette compétition.* ■ Groupe qui occupe la première place dans un secteur économique. *Les leaders de l'industrie automobile.* ■ Dans la presse, article de fond qui figure en général en première page. ■ **Milit.** Avion servant de guide dans une escadrille aérienne. ■ **Adj.** *Une équipe leader.* ■ **REM.** Le féminin *une leader* est plus fréquent que *une leadeuse* et on emploie encore souvent *un leader* à propos d'une femme. *Elle est le leader du groupe.* ■ **REM.** Recomm. offic. selon les sens : *chef de file, chef d'équipe.*

LEADERSHIP, ■ n. m. [lidœrʃip] (mot angl., de *leader*, et suff. *-ship*, état, fonction) Position dominante dans son domaine d'activité. *Pour exercer un leadership efficace, il faut savoir aller à l'essentiel.* ■ **REM.** Recomm. offic. : *primauté.*

LÉANS, adv. [leã] (prob. *là* et anc. fr. *enz*, dedans, du lat. *intus*) ▷ Là-dedans, opposé à *céans* qui signifie ici dedans. ◁

LEASING, ■ n. m. [liziŋ] (mot angl., de *to lease*, louer, donner à bail) Location-vente de matériel assortie d'une option d'achat au terme d'une période déterminée. *Acheter une moto en leasing.* ■ **REM.** Recomm. offic. : *crédit-bail.*

LEBEL, ■ n. m. [ləbɛl] (Nicolas *Lebel*, 1838-1891, officier français) Fusil à répétition utilisé dans l'armée française de 1886 à la Première Guerre mondiale. *Des lebels.*

LÉCHAGE ou **LÈCHEMENT**, n. m. [leʃaʒ, lɛʃ(ə)mã] (*lécher*) Action de lécher. ■ **REM.** *Léchage* est aujourd'hui plus fréquent que *lèchement.*

LÉCHÉ, ÉE, p. p. de lécher. [leʃe] ♦ On a dit que l'ours naissait enveloppé de membranes que la mère lui ôte à force de les lécher ; de là **Fig.** et **fam.** *un ours mal léché*, un homme mal fait, ou un homme mal élevé. ♦ **Fig. Peint.** et littér. Qui est peint, qui est composé avec un fini, un soin recherché. *Tableau, écrit léché.* ♦ **N. m.** « *Le léché et le heurté sont deux opposés qui se repoussent* », DIDEROT.

LÈCHE, n. f. [lɛʃ] (selon le sens, prob. var. de *laîche*, ou *lécher*) **Fam.** Tranche fort mince de quelque chose qui se mange. *Une lèche de pain.* ■ **Fam.** *Faire de la lèche à quelqu'un*, le flatter servilement.

LÈCHE-BOTTE, ■ n. m. et n. f. [lɛʃ(ə)bɔt] (*lécher* et *botte*) **Fam.** et **péj.** Personne qui flatte servilement. *De vraies lèche-bottes, ces nanas.*

LÈCHE-CUL, ■ n. m. et n. f. [lɛʃ(ə)ky] (*lécher* et *cul*) **Vulg.** Syn. de *lèche-botte. Des lèche-culs.*

LÈCHEFRITE, n. f. [lɛʃ(ə)frit] (*lécher* et altération d'après *frire* de l'anc. fr. *froie*, de *froiier*, frotter) Ustensile de cuisine, ordinairement de fer, destiné à recevoir la graisse et le jus qui dégouttent de la viande que l'on fait rôtir.

LÈCHEMENT, n. m. [lɛʃ(ə)mã] Voy. LÉCHAGE.

LÉCHER, v. tr. [leʃe] (anc. b. frq. *lekkôn*, *lécher*) Passer la langue sur quelque chose. *Lécher un plat.* « *Les lions venaient lécher ses pieds* », FÉNELON. ♦ **Fam.** *On s'en lèche les doigts*, se dit de quelque chose excellente à manger. ♦ **Fig.** *Lécher la poussière*, s'humilier extrêmement. ♦ **Absol.** « *Le cheval tire quelquefois la langue pour lécher* », BUFFON. ♦ **Par extens.** « *Des langues de feu léchaient la voûte du ciel* », CHATEAUBRIAND. ♦ **Fig. Peint.** et littér. Finir son ouvrage avec un soin extrême et minutieux. ♦ **v. pr.** Passer sa langue sur soi. ♦ À LÈCHE-DOIGTS ou DOIGT, loc. adv. En se léchant les doigts de quelque chose, par le plaisir qu'on y trouve ; en petites quantités, en parlant de choses qui se mangent. *Ce plat est bon, mais il n'y en a qu'à lèche-doigts.* ■ **Fam.** *Lécher les bottes à quelqu'un*, le flatter servilement. ■ **Fam.** *Lécher les vitrines*, se promener en regardant les vitrines des magasins.

LÉCHEUR, EUSE, n. m. et n. f. [leʃœr, øz] (*lécher* ; cf. b. lat. *lecator*, gourmand) **Fam.** Un gourmand, une gourmande ; parasite.

LÈCHE-VITRINE, ■ n. m. [lɛʃ(ə)vitrin] (*lécher* et *vitrine*) Fait de flâner en regardant les vitrines des magasins. *Faire du lèche-vitrine. Le paradis des lèche-vitrines.*

LÉCITHINE, ■ n. f. [lesitin] (gr. *lekithos*, jaune d'œuf) **Biol.** Lipide contenant du phosphore présent dans les tissus animaux et végétaux, en particulier dans le système nerveux. *Prendre des comprimés de lécithine de soja.*

LEÇON, n. f. [l(ə)sɔ̃] (lat. *lectionem*, accus. de *lectio*, cueillette, lecture, choix) Partie de l'office qu'on dit à matines. ♦ Partie de l'office que l'on met ordinairement en musique. ♦ Différente manière dont un texte est écrit, suivant les copies. ♦ **Fig.** et **fam.** Manières différentes de raconter un même fait. ♦ Instruction donnée du haut d'une chaire soit dans une classe soit dans un cours. *Suivre les leçons d'un professeur.* ♦ Instruction donnée en particulier à ceux qui veulent apprendre quelque chose, science, art, langue, etc. *Leçons de dessin, de latin, etc.* ♦ Ce que le maître donne à apprendre par cœur à l'élève. ♦ **Fig.** *Il récite sa leçon*, il dit non ce qu'il sait ou pense, mais ce qu'on lui a recommandé de dire. ♦ Enseignements que l'on reçoit des personnes relativement à la conduite dans la vie ou dans quelque affaire. « *Peut-on recevoir une plus belle leçon de la vanité des grandeurs* ? », BOSSUET. ♦ *Leçon* se dit aussi des choses qui servent d'enseignement. « *Le malheur est une excellente leçon pour apprendre la patience* », MAUCROIX. ♦ Réprimande. *Faire la leçon à quelqu'un.* ♦ *Donner des leçons*, réprimander, parler avec un ton de maître. ♦ **Fam.** *Donner une leçon à quelqu'un*, lui infliger une correction soit en action soit en parole, et par contre, recevoir une leçon.

LECTEUR, TRICE, n. m. et n. f. [lɛktœr, tris] (lat. *lector*, celui qui lit pour soi ou pour le compte de qqn, de *legere*, lire) Celui, celle qui lit à haute voix et devant d'autres personnes. ♦ Dans les maisons religieuses, celui, celle qui fait la lecture pendant le repas. ♦ Chez les princes, celui, celle qui a la fonction de leur faire la lecture à haute voix. ♦ Celui qui lit seul et des yeux quelque ouvrage. ♦ ▷ *Lecteur royal*, nom donné autrefois aux professeurs du Collège de France. ◁ ♦ **Mus.** Celui qui lit aisément la musique, qui l'exécute à livre ouvert. ♦ **Impr.** Celui qui lit les épreuves et les corrige. ♦ Nom d'un des quatre ordres mineurs de la prêtrise. ♦ Dans les universités d'Allemagne, fonctionnaire inférieur au professeur. ♦ Personne qui lit un journal, une revue, un livre. *Les lecteurs ont beaucoup apprécié ce roman.* ■ Personne chargée de lire et d'apprécier des manuscrits. ■ Assistant étranger chargé, dans un établissement scolaire, de pratiquer la langue de son pays auprès d'élèves apprenant cette langue. ■ **N. m.** Appareil qui reproduit des sons ou des images enregistrés sur un support. *Un lecteur de cédéroms.* ■ Dispositif qui permet de lire des données informatiques. *Un lecteur externe.*

LECTINE, ■ n. f. [lɛktin] (lat. *lectum*, supin de *legere*, recueillir, ramasser) **Biol.** Globuline végétale qui se lie spécifiquement aux hydrates de carbone. *Utilisation du gène de lectine du perce-neige dans les OGM.*

LECTORAT, ■ n. m. [lɛktɔra] (*lecteur*, d'après le lat. *lector*, de *legere*, lire) Ensemble des lecteurs d'un journal. *Le lectorat abonné.* ■ Charge de lecteur dans une université.

LECTURE, n. f. [lɛktyr] (lat. médiév. *lectura*, lecture, études, érudition) Action de lire. ♦ Action d'une personne qui lit à haute voix. ♦ L'action, l'habitude de lire seul et des yeux, pour son instruction ou pour son plaisir. ♦ Au pl. *Il a profité de ses lectures.* ♦ La chose lue. « *Quand une lecture vous élève l'esprit, ne cherchez pas une autre règle pour juger de l'ouvrage* », LA BRUYÈRE. ♦ Instruction qui résulte de la lecture. *Avoir beaucoup de lecture.* ♦ Se dit par opposition à représentation, en parlant d'une pièce de théâtre. « *Il n'y a que le seul Racine qui soutienne constamment l'épreuve de la lecture* », VOLTAIRE. ♦ *Comité de lecture*, assemblée devant laquelle on lit les ouvrages destinés à un théâtre. ♦ L'art de lire. *Maître de lecture.* ♦ Néolog. au pl. Leçons, séances d'enseignement, cours publics. ■ Manière d'interpréter un texte. *Donner une lecture moderne d'une tragédie classique.* ■ Discussion d'un projet ou d'une proposition de loi par une assemblée législative. *Le texte a été adopté en deuxième lecture.* ■ Reproduction de sons ou d'images enregistrés. *Appuyez sur la touche pour lancer la lecture de votre cassette vidéo.* ■ Décodage de données informatiques. *Problèmes rencontrés lors de la lecture de fichiers.* ■ *Lecture seule*, mode de lecture de données informatiques interdisant toute intervention sur ces données.

LÉCYTHE, ■ n. m. [lesit] (b. lat. *lecythus*, gr. *lêkuthos*, fiole à huile, à parfums) **Antiq.** Vase à goulot étroit, muni de deux anse que l'on remplissait de parfum. *Les lécythes était utilisés comme offrandes funéraires.*

LEDIT, LADITE, LESDIT, LESDITES, ■ adj. [l(ə)di, ladit, ledi, ledit] (*le* et *dire*) Qui désigne particulièrement une chose ou une personne dont on a déjà parlé. *Ledit candidat ne s'est pas présenté à son examen. Lesdites notices manquent.*

LÉGAL, ALE, adj. [legal] (lat. impér. *legalis*, relatif aux lois, de *lex*, génit. *legis*, loi) Qui est prescrit par la loi. *Formalités légales.* ♦ Qui est selon la loi. *Voies légales.* ♦ *Pays légal*, l'ensemble de ceux qui d'après la constitution ont seuls le droit de nommer les représentants du pays. ♦ *Médecine légale*, Voy. MÉDECINE. ♦ **Théol.** Qui a rapport à l'ancienne loi. *Commandement légal.*

LÉGALEMENT, adv. [legal(ə)mã] (*légal*) D'une manière légale.

LÉGALISATION, n. f. [legalizasjɔ̃] (*légaliser*) Attestation par laquelle un fonctionnaire public compétent certifie la vérité d'une ou de plusieurs signatures apposées au bas d'un acte. ♦ Action de faire cette attestation. *La* *légalisation d'un acte.* ■ Action de rendre légal. *La légalisation de l'avortement, de la prostitution.*

LÉGALISÉ, ÉE, p. p. de légaliser. [legalize]

LÉGALISER, v. tr. [legalize] (*légal*) Attester, certifier l'authenticité d'un acte public. ◆ Il se dit aussi de toute espèce de signature privée. ◆ Rendre légal.

LÉGALISME, ■ n. m. [legalism] (*légal*) Respect scrupuleux de la loi, en particulier en matière de religion. *Légalisme et liberté chrétienne.* ■ LÉGALISTE, adj. et n. m. et n. f.

LÉGALITÉ, n. f. [legalite] (*légalisme*) Caractère, qualité de ce qui est légal. *La légalité d'un acte.* ◆ Ensemble des prescriptions légales. *Se renfermer dans la légalité.*

LÉGAT, n. m. [lega] (lat. *legatus,* ambassadeur, lieutenant, de *legare,* député, envoyer avec une mission) Dans la République romaine, lieutenant d'un général en chef et gouverneur de provinces ; sous l'Empire, lieutenant d'un proconsul, ou gouverneur des provinces du sénat, ou gouverneur des provinces de l'empereur. ◆ Cardinal qui était préposé par le pape pour gouverner une province de l'État ecclésiastique. ◆ *Légat à latere* ou simplement *légat,* cardinal envoyé avec des pouvoirs extraordinaires par le pape, auprès d'un prince, à un concile, etc. *Légat-né du Saint-Siège,* qualité que prennent quelques prélats.

LÉGATAIRE, n. m. et n. f. [legatɛʀ] (lat. *legatarius,* de *legare,* léguer) **Jurispr.** Celui ou celle à qui on fait un legs. ◆ *Légataire universel,* celui à qui tout est légué. ◆ *Légataire particulier,* celui à qui l'on ne fait qu'un certain legs déterminé.

LÉGATION, n. f. [legasjɔ̃] (lat. *legatio,* députation, ambassade) Mission. ◆ Fonction de légat. ◆ Nom des six divisions administratives des anciens États de l'Église. ◆ Le temps que durent les fonctions d'un légat. ◆ Commission que quelques puissances donnent à une ou plusieurs personnes, pour aller auprès d'une puissance étrangère. ◆ Tout le personnel d'une ambassade. ◆ L'hôtel que ces personnes habitent.

LEGATO ou **LÉGATO,** ■ adv. [legato] (mot it., de *legare,* lier, du lat. *ligare*) **Mus.** En liant chaque note à la suivante. *Chanter un passage légato puis staccato.*

LÉGATOIRE, adj. [legatwaʀ] (lat. *legatoria* [*provincia*], province gouvernée par un lieutenant) **Hist. rom.** Usité seulement dans cette locution : *Province légatoire,* province gouvernée par un légat.

LÈGE, adj. [lɛʒ] (néerl. *leeg,* vide, sans chargement) **Mar.** Qui n'a pas son lest, son chargement. ◆ *Bâtiment qui fait son retour lège,* bâtiment qui revient à vide. ■ REM. Graphie ancienne : *lége.*

LÉGENDAIRE, n. m. [leʒɑ̃dɛʀ] (*légende*) Auteur de légendes. ◆ Recueil de légendes. ◆ **Adj.** Qui concerne les légendes, qui a le caractère des légendes. *Récit légendaire.* ◆ *Personnage légendaire,* celui auquel l'opinion populaire attribue des actions qu'il n'a ni faites ni pu faire. ■ Qui est bien connu, célèbre. *Sa ponctualité est légendaire.*

LÉGENDE, n. f. [leʒɑ̃d] (lat. médiév. *legenda,* légende, vie de saint, du lat. *legenda,* adj. verbal plur. neutre de *legere,* ce qui doit être lu) Livre contenant les actes des saints pour toute l'année. ◆ *Légende dorée,* compilation des vies des saints. ◆ Récit merveilleux et populaire de quelque événement du Moyen Âge. *La légende de Charlemagne.* ◆ **Par extens.** Tout récit mythique et traditionnel. ◆ ▷ Écrit long et ennuyeux par ses détails, énumération interminable. ◁ ◆ Inscription gravée circulairement près des bords et quelquefois sur la tranche d'une pièce de monnaie, d'une médaille, d'un jeton. ◆ *Légende* ou *âme d'une devise,* ce qu'on y peut lire. ◆ Dans un plan d'architecture, une carte topographique, etc., la liste explicative des lettres, des signes, des couleurs, etc. ■ Petit texte explicatif qui accompagne une image, un schéma. *La légende d'une photo de magazine.*

LÉGENDER, ■ v. tr. [leʒɑ̃de] (*légende*) Accompagner un document d'une notice expliquant les dessins, signes et termes utilisés. *Légender un plan.* ■ LÉGENDAGE, n. m. [leʒɑ̃daʒ] *Le légendage de croquis.*

LÉGER, ÈRE, adj. [leʒe, ɛʀ] (lat. vulg. *leviarius,* du lat. *levis,* peu pesant, agile, de peu d'importance) Qui ne pèse guère. *Un corps léger. Une étoffe légère.* ◆ **Mar.** *Brise légère,* état du vent entre le calme et la petite brise. ◆ Qui n'a pas le poids qu'il doit avoir. *Pièce légère.* ◆ *Terre légère,* terre meuble, qu'on remue aisément. ◆ **Fig.** Qui n'accable pas par un poids moral. *Un joug léger.* ◆ **Fig.** Peu important, peu considérable. *Faute légère. Mal léger.* ◆ *Sommeil léger,* sommeil facile à interrompre. ◆ En parlant des aliments, facile à digérer ; qui nourrit peu. ◆ *Un repas léger,* un repas frugal où l'on mange peu. ◆ En parlant des boissons, qui a peu de force. *Un vin léger.* ◆ Dont le corps, les membres ont de la légèreté, dispos, agile. *Léger à la course. Marcher d'un pied léger.* ◆ ▷ Fam. *Je suis allé là de mon pied léger,* j'y suis allé à pied. ◁ ◆ Il se dit aussi du pas, de la course. *Il marchait d'un pas léger.* ◆ Qui a le vol facile. *Un oiseau léger.* ◆ *Troupes légères,* troupes

qu'on emploie hors de ligne pour reconnaître, harceler, poursuivre l'ennemi. ◆ *Infanterie légère,* le corps des chasseurs à pied. ◆ *Cavalerie légère,* se dit par opposition à grosse cavalerie. ◆ *Artillerie légère,* celle dont les canonniers sont à cheval. ◆ **Mar.** *Vaisseau léger,* vaisseau dont la marche est rapide. ◆ *Léger de voiles,* se dit d'un bâtiment qui marche bien à la voile. ◆ *Bâtiment léger,* Bâtiment d'un faible tirant d'eau. ◆ *Cheval léger,* cheval vif et bien portant. ◆ Qui n'est chargé d'aucun attirail. « *Légère et court vêtue, elle allait à grands pas* », LA FONTAINE. ◆ **Fig.** *Se sentir léger,* s'être déchargé de quelque chose qui pesait sur le cœur. ◆ ▷ *Être léger d'argent,* n'en avoir guère. ◁ ◆ ▷ **Par extens.** *Être léger d'une chose,* ne pas l'avoir. ◁ ◆ *Avoir la voix légère,* chanter aisément et avec agrément les roulades, les fioritures, etc. ◆ *Avoir la main légère,* opérer facilement et adroitement. ◆ *Avoir la main légère,* mettre de la liberté et de la rapidité dans son écriture. ◆ Il se dit aussi d'un filou qui dérobe adroitement. ◆ **Fig.** *Avoir la main légère,* user de son pouvoir, de son autorité avec modération. ◆ **Fam.** *Avoir la main légère,* ou *être léger de la main,* être prêt à frapper, pour peu qu'on nous choque. ◆ Délicat, par opposition à grossier, à opaque. *Une vapeur légère.* **Peint.** *Couleur légère,* couleur transparente. ◆ Qui porte un caractère de délicatesse et d'élégance. *Taille légère.* ◆ Qui porte un caractère de délicatesse et de facilité, en parlant de l'esprit et des ouvrages des arts et des lettres. *Conversation légère. Esprit léger.* ◆ *Tableau léger de touche. Ornement léger.* ◆ *Ouvrages légers,* ouvrages dont le sujet est peu important et dont le principal mérite est la facilité et l'agrément. ◆ *Poésie légère,* la poésie qui a le caractère de facilité et d'agrément. ◆ Au pl. *Poésies légères,* pièces de vers qui appartiennent à ce genre de poésie. ◆ **Fig.** Qui a peu de profondeur, qui effleure, superficiel. *Pour vous en donner une légère idée.* ◆ **Fig.** Qui change facilement de sentiments, d'opinions, d'affections. ◆ *Cet homme a la tête légère, l'esprit léger, c'est une tête légère,* il est peu sage, peu sensé. ◆ **Fig.** Inconsidéré. *Léger dans sa conduite.* ◆ À LA LÉGÈRE, loc. adv. D'une façon peu pesante. *Être vêtu à la légère.* ◆ ▷ *Armé à la légère,* se disait, dans l'Antiquité, des soldats qui ne portaient pas l'armure pesante des hoplites. ◁ ◆ D'une façon peu copieuse. « *Ses repas ne sont point repas à la légère* », LA FONTAINE. ◆ **Fig.** Inconsidérément, sans beaucoup de réflexion. *Agir à la légère.* ◆ DE LÉGER, loc. adv. ▷ Sans une due réflexion. « *Ne rien croire de léger* », VOLTAIRE. ◁ ◆ N. m. Ce qui est léger, la légèreté. ◆ ▷ N. m. *Léger de main,* tour de passe-passe. ◁ ◆ ▷ N. m. pl. *Les légers,* menus ouvrages de plâtre. ◁ ■ *Le cœur léger,* sans inquiétude, sans regret. *Il est parti le cœur léger.*

LÉGÈREMENT, adv. [leʒɛʀ(ə)mɑ̃] (*léger*) D'une manière légère, non pesante. *Légèrement armé.* ◆ Avec agilité. *Marcher légèrement.* ◆ **Fig.** « *Vous passez légèrement sur des endroits difficiles* », MME DE SÉVIGNÉ. ◆ D'une façon peu copieuse. *Souper légèrement.* ◆ D'une façon peu considérable, peu grave. *Blessé légèrement. Se plaindre légèrement de quelqu'un.* ◆ Par antiphrase, fortement. *Légèrement pointilleux.* ◆ Avec délicatesse et agrément. *Un dessin légèrement fait.* ◆ D'une façon inconsidérée. *Croire légèrement.* ◆ Sans égards suffisants. *Traiter quelqu'un légèrement.*

LÉGÈRETÉ, n. f. [leʒɛʀ(ə)te] (*léger*) Qualité de ce qui est léger, peu pesant. ◆ Agilité, vitesse. ◆ *Légèreté de main,* se dit d'un homme qui opère, écrit, etc., avec aisance et célérité. ◆ *Légèreté de pinceau,* se dit d'un peintre dont la touche est légère. ◆ *Légèreté dans la voix,* se dit d'un chanteur qui fait aisément les passages difficiles. ◆ Inconstance, instabilité. « *La légèreté et l'inconstance des Athéniens* », ROLLIN. ◆ Défaut de réflexion. ◆ Insouciance. ◆ Imprudence. ◆ *La légèreté de la conduite.* ◆ Faute commise par légèreté. ◆ Délicatesse et agrément, en parlant de style et de conversation.

LEGGINS ou **LEGGINGS,** ■ n. f. pl. [legiŋs] (mot angl., de *leg,* jambe) Jambières en cuir ou en toile notamment utilisées pour la chasse ou le sport.

LÉGIFÉRER, v. intr. [leʒifeʀe] (lat. *legifer*) Néologisme. Faire des lois.

LÉGION, n. f. [leʒjɔ̃] (lat. *legio*) Chez les Romains, corps de gens de guerre, composé d'infanterie et de cavalerie. ◆ Dans les premiers temps de la Restauration, nom des régiments de ligne. ◆ Il se dit des régiments de la garde nationale et de ceux de la gendarmerie. ◆ Au pl. **Poétiq.** Se dit des armées. *Ses légions traversaient les Alpes.* ◆ *Légion d'honneur,* ordre civil et militaire institué par Napoléon Ier. ◆ **Fig.** Un grand nombre de personnes. *Ils étaient une légion.* ◆ Dans le style de l'Écriture, *des légions d'anges, de démons,* des multitudes d'anges, de démons. ◆ *S'appeler légion,* expression figurée par laquelle on indique qu'un individu en représente un grand nombre.

LÉGIONELLE, ■ n. f. [leʒjɔnɛl] (dimin. de *légion,* par allus. au congrès de l'*American Legion,* en 1976, où de nombreuses personnes furent contaminées) Bactérie vivant dans les eaux douces responsable de la légionellose.

LÉGIONELLOSE, ■ n. f. [leʒjɔneloz] (*légionelle*) Infection pulmonaire aiguë due à une bactérie présente dans les eaux naturelles et pouvant contaminer la vapeur de l'air par le biais de systèmes de climatisation.

LÉGIONNAIRE, n. m. [leʒjɔnɛʀ] (lat. *legionarius*) Soldat dans une légion romaine. ◆ Membre de la Légion d'honneur. ◆ **Adj.** Qui appartient à la légion. *Soldat légionnaire.* ■ **Méd.** *Maladie du légionnaire,* légionellose.

LÉGISLATEUR, TRICE, n. m. et n. f. [leʒislatœʀ, tʀis] (lat. *legislator*) Celui, celle qui donne des lois à un peuple. ♦ **Par extens.** Celui qui sert de modèle en législation. « *Nous étions les législateurs et l'exemple du monde* », Voltaire. ♦ **Adj.** *Un roi législateur. La puissance législatrice.* ♦ En parlant des lois religieuses. *Mahomet, le législateur des musulmans.* ♦ **Par extens.** Personne qui fait comme les lois dans le domaine intellectuel et moral. *Boileau est le législateur du Parnasse.* ♦ *Le divin législateur*, Jésus-Christ. ♦ **Absol.** Le pouvoir qui fait les lois. *C'est au législateur qu'il appartient d'expliquer la loi.* ♦ **Au pl.** Ceux qui font les lois.

LÉGISLATIF, IVE, adj. [leʒislatif, iv] (rad. de *législateur*) Qui fait des lois. *Le pouvoir législatif.* ♦ *L'Assemblée législative* ou n. f. *la Législative,* l'assemblée qui a succédé à la Constituante en 1791 et à l'assemblée qui, dans la Seconde République, a succédé, en 1849, à l'Assemblée constituante. ♦ *Corps législatif,* nom donné, dans la constitution de l'an VIII et dans celle du Second Empire, à l'assemblée formée des députés des départements. ♦ Qui est de la nature des lois, qui porte le caractère des lois. *Mesures législatives.* ▪ *Élections législatives* ou *les législatives,* élections des députés, en France.

LÉGISLATION, n. f. [leʒislasjɔ̃] (lat. *legislatio*) Droit de faire les lois. ♦ Le corps même des lois. *Réformer la législation.* ♦ L'ensemble des lois qui règlent une matière. ♦ Science, connaissance des lois. *Un cours de législation.*

LÉGISLATIVEMENT, adv. [leʒislativ(ə)mɑ̃] (*législatif*) En suivant la marche législative.

LÉGISLATURE, n. f. [leʒislatyʀ] (rad. de *législateur*) L'ensemble des pouvoirs qui font les lois. ♦ Assemblée législative. ♦ Période de temps qui s'écoule depuis l'installation d'une assemblée législative jusqu'à l'expiration de ses pouvoirs.

LÉGISTE, n. m. et n. f. [leʒist] (lat. médiév. *legista*, homme de loi) Personne qui connaît ou qui étudie les lois. ▪ *Médecin légiste* ou *un, une légiste,* médecin chargé des expertises légales.

LÉGITIMAIRE, adj. [leʒitimɛʀ] (*légitime*) **Dr.** Qui appartient à la légitime. *Droits légitimaires. Portion légitimaire.*

LÉGITIMATION, n. f. [leʒitimasjɔ̃] (lat. médiév. *legitimatio*) Action de légitimer un enfant naturel. ♦ Reconnaissance authentique et juridique des pouvoirs d'un envoyé, d'un député, etc. ▪ Action de justifier quelque chose.

1 LÉGITIME, adj. [leʒitim] (lat. *legitimus*) Qui a un caractère de loi. *Autorité légitime.* ♦ Il se dit des personnes. *Le roi légitime.* ♦ *Une dynastie légitime,* dynastie qui règne en vertu d'un droit traditionnel. ♦ Qui a les conditions, les qualités requises par la loi. *Mariage légitime.* ♦ *Enfant légitime,* enfant né durant le mariage. ♦ *Intérêt légitime,* syn. moins usité d'intérêt légal. ♦ Il se dit en général des choses fondées sur un droit ou une raison qu'on ne pourrait violer sans injustice ou déraison. *Une prétention légitime.* « *Tirer de son travail un tribut légitime* », Boileau.

2 LÉGITIME, n. f. [leʒitim] (1 *légitime*) **Dr.** Portion assurée par la loi à certains héritiers sur la part héréditaire qu'ils auraient eue en entier, si le défunt n'avait pas disposé autrement de cette part.

LÉGITIMÉ, ÉE, p. p. de légitimer. [leʒitime] N. m. et n. f. *Un légitimé.*

LÉGITIMEMENT, adv. [leʒitim(ə)mɑ̃] (1 *légitime*) D'une manière légitime. ♦ À bon droit, avec raison. ♦ D'une façon excusable.

LÉGITIMER, v. tr. [leʒitime] (*légitime*) Rendre légitime. *Légitimer un enfant naturel.* ♦ Faire reconnaître son pouvoir, son titre pour authentique. ♦ Justifier, excuser. ♦ *Se légitimer,* v. pr. Être légitimé, justifié.

LÉGITIMISME, n. m. [leʒitimism] (*légitime*) Opinion des légitimistes.

LÉGITIMISTE, n. m. et n. f. [leʒitimist] (*légitime*) Partisan des princes dits légitimes, et en particulier de la branche aînée des Bourbons, en tant que possédant un droit à régner sur la France. ♦ **Adj.** *Le parti légitimiste.*

LÉGITIMITÉ, n. f. [leʒitimite] (lat. médiév. *legitimitas*) Qualité de ce qui est légitime. *La légitimité d'un mariage.* ♦ L'état, la qualité d'un enfant légitime. ♦ Droit des princes que l'on appelle légitimes.

LEGS, n. m. [lɛ] (anc. fr. *lais,* ce qui est laissé, altér. d'apr. *léguer*) Ce qui est légué par testament ou par un autre acte de dernière volonté. ♦ *Legs universel,* disposition testamentaire par laquelle le testateur donne à une ou plusieurs personnes l'universalité des biens qu'il laissera à son décès. ▪ **Fig.** Ce qui est transmis, héritage. *Les legs de l'histoire.*

LÉGUÉ, ÉE, p. p. de léguer. [lege]

LÉGUER, v. tr. [lege] (lat. *legare,* laisser par testament) Donner par testament ou par un autre acte de dernière volonté. ♦ **Absol.** *La manie de léguer.* ♦ **Fig.** Transmettre. *Le dernier siècle a légué au nôtre plusieurs découvertes précieuses.* ♦ Charger, après soi, de faire une chose. ♦ *Se léguer,* v. pr. Être légué.

LÉGUME, n. m. [legym] (lat. *legumen*) La partie que l'on cueille sur une plante potagère et qui est destinée à l'alimentation : le fruit dans les haricots, les pois ; la racine dans les navets, les carottes ; la feuille dans les laitues, les chicorées ; la fleur dans le chou-fleur, etc. ♦ *Légumes verts,* les asperges, les petits pois, les haricots verts, etc. *Légumes secs,* les haricots secs, les lentilles, etc. ▪ **N. f. Fam.** *Grosse légume,* personnage important.

LÉGUMIER, IÈRE, adj. [legymje, jɛʀ] (*légume*) Qui contient des légumes. *Jardin légumier.* ♦ Qui appartient aux légumes. *Une plante légumière.* ♦ **N. m.** Vase pour servir les légumes. ▪ **N. m.** Producteur de légumes.

LÉGUMINE, ▪ **n. f.** [legymin] (*légume*) **Biol.** Protéine présente dans les graines de légumineuses.

LÉGUMINEUX, EUSE, adj. [legyminø, øz] (lat. médiév. *leguminosus*) **Bot.** Qui a une gousse pour fruit, comme le pois, l'acacia, le genêt, etc. ♦ **N. f.** *Les légumineuses,* famille végétale caractérisée par la fructification en gousses. ♦ **N. m. pl.** *Les légumineux,* les aliments composés de légumes.

LÉGUMISTE, n. m. [legymist] (*légume*) Jardinier qui cultive les légumes. ♦ Membre d'une secte anglaise qui s'astreint à ne manger que des légumes.

LEISHMANIE ou **LEISHMANIA**, ▪ **n. f.** [lɛʃmani, lɛʃmanja] (mot angl., du nom du médecin *Leishman*) Parasite de l'homme ou de certains mammifères responsable de la leishmaniose.

LEISHMANIOSE, ▪ **n. f.** [lɛʃmanjoz] (*leishmanie*) Maladie produite par les leishmanies.

LEITMOTIV, ▪ **n. m.** [lɛtmotif] ou [lajtmotif] (*ei* se prononce *è* ou *aille* et le *v* se prononce *f.* mot all.) **Mus.** Thème caractérisant un personnage, un événement et revenant plusieurs fois dans la partition. *Les leitmotivs des personnages de Wagner.* ▪ Idée, formule récurrente exprimant le principe moteur d'une œuvre, d'une action. *Des leitmotivs* ou *des leitmotive* (pluriel allemand).

LEMME, n. m. [lɛm] (gr. *lêmma*) **Math.** Proposition qui prépare la démonstration d'une autre.

LEMMING, ▪ **n. m.** [lemiŋ] (mot norvégien) Petit rongeur voisin du campagnol vivant dans les régions boréales. *Au cours de leurs migrations massives, les lemmings font de gros dégâts aux cultures.*

LÉMURES, n. m. pl. [lemyʀ] (lat. *lemures*) **Antiq. rom.** Les fantômes des morts.

LÉMURIEN, ▪ **n. m.** [lemyʀjɛ̃] (lat. scient. *lemur,* nom du maki qui sort la nuit comme les lémures) Mammifère primate arboricole proche du singe, vivant dans les régions équatoriales. *Les lémuriens forment un sous-ordre. Le lémurien, emblème de Madagascar.*

LENDEMAIN, ▪ **n. m.** [lɑ̃d(ə)mɛ̃] (*le, en* et *demain*) Le jour qui suit celui dont on parle. ♦ *Le lendemain que,* le lendemain du jour où. ♦ *Du jour au lendemain,* très promptement. ♦ **Prov.** *Il n'y a pas de bonnes fêtes sans lendemain,* se dit lorsque, après s'être diverti un jour, on se propose de se divertir encore le jour suivant. ♦ Avenir. *Se préoccuper du lendemain.* ♦ *Sans lendemain,* de courte durée. *Des succès sans lendemain.*

LENDIT, n. m. [lɑ̃di] (lat. médiév. *indictum,* proclamation publique, forme obtenue par agglut. de *l'endit*) Foire qui se tenait dans la ville de Saint-Denis.

LENDORE, n. m. et n. f. [lɑ̃dɔʀ] (prob. croisement du germ. *land* et du rad. de *endormir*) Personne lente et paresseuse qui semble toujours assoupie.

LÉNIFIANT, ANTE, ▪ adj. [lenifjɑ̃, ɑ̃t] (*lénifier*) **Méd.** Qui adoucit une douleur. ♦ **Fig.** et **litt.** Qui calme.

LÉNIFIÉ, ÉE, p. p. de lénifier. [lenifje]

LÉNIFIER, v. tr. [lenifje] (lat. *lenificare*) **Méd.** Adoucir au moyen d'un lénitif. ▪ **Fig.** et **litt.** Calmer. *Lénifier l'opinion.*

LÉNINISME, ▪ **n. m.** [leninism] (*Lénine,* révolutionnaire russe fondateur du régime soviétique) Ensemble des théories économiques et politiques mises en place par Lénine dans le régime soviétique et fondées sur le marxisme. ▪ LÉNINISTE, adj. et n. m. et n. f. [leninist]

LÉNITIF, IVE, adj. [lenitif, iv] (lat. médiév. *lenitivus*) **Méd.** Qui calme et adoucit. *Remède lénitif.* ♦ **N. m.** *Le miel est un bon lénitif.* ♦ **N. m. Fig.** Adoucissement, soulagement.

LENT, ENTE, adj. [lɑ̃, ɑ̃t] (lat. *lentus*) Qui n'agit pas avec promptitude, qui tarde, en parlant des personnes. *Il est lent dans tout ce qu'il fait, à tout ce qu'il fait.* ♦ Qui manque de promptitude, d'activité, qui tarde, en parlant des choses. *Poison lent. Mort lente.* ♦ **Mar.** Se dit d'un navire qui n'obéit pas assez vivement à l'action du gouvernail. ♦ **Méd.** *Fièvre lente,* fièvre continue, peu intense dans ses symptômes. ♦ *Pouls lent,* pouls dont les battements sont en nombre moindre que dans l'état normal. ♦ *Lent* veut *à* avec les verbes et *dans* avec les noms : *Lent à choisir, lent dans son choix.*

LENTE, n. f. [lɑ̃t] (lat. vulg. *lenditem*) Œuf de pou.

LENTEMENT, adv. [lɑ̃t(ə)mɑ̃] (*lent*) D'une manière lente.

LENTEUR, n. f. [lātœʀ] (*lent*) Retard à agir, en parlant des personnes. ♦ Retard à se faire, en parlant des choses. *Les lenteurs de la procédure.* ♦ **Fig.** Se dit de l'esprit qui conçoit lentement. ♦ *Avoir une grande lenteur d'imagination, d'esprit,* imaginer, concevoir lentement. ♦ Se dit de la marche d'une pièce de théâtre, d'un roman, etc., où les événements sont séparés par des conversations, par des réflexions oiseuses, surabondantes.

LENTICELLE, n. f. [lātisɛl] (dimin. du lat. *lens, lentis,* lentille) **Bot.** Petit pore du liège des arbres visible à l'œil nu et qui sert aux échanges de gaz.

LENTICULAIRE, adj. [lātikylɛʀ] (lat. *lenticularis*) Qui a la forme d'une lentille. *Tache lenticulaire.* ♦ *Verre lenticulaire,* verre qui a la forme d'une lentille et qui rassemble les rayons solaires à un foyer. ♦ *Pierre lenticulaire* ou n. f. *une lenticulaire,* sorte de fossile.

LENTICULE, ■ n. f. [lātikyl] (lat. scient. *lenticula*) Plante d'eau douce appelée plus fréquemment *lentille d'eau.*

LENTICULÉ, ÉE, adj. [lātikyle] (*lenticule*) Syn. de lenticulaire en termes d'anatomie et d'histoire naturelle. *Des pierres lenticulées.*

LENTIFORME, adj. [lātifɔʀm] (lat. *lens,* lentille, et *-forme*) **Hist. nat.** Qui a la forme d'une lentille.

LENTIGO, ■ n. m. [lātigo] (mot lat.) Petite tache colorée sur la peau comme les grains de beauté ou les taches de rousseur. *Les tâches du lentigo, des lentigos.*

LENTILLE, n. f. [lātij] (lat. *lenticula*) Plante légumineuse dont la graine est employée comme aliment. ♦ *Graine de lentille. Manger des lentilles.* ♦ **Phys.** Verre taillé en forme de lentille. ♦ *Loupe, microscope.* ♦ *Lentille* se dit quelquefois du cristallin. ♦ **N. f. pl.** *Taches de rousseur sur la peau, éphélides lentiformes.* ♦ *Verre de contact.* ♦ *Lentille d'eau,* plante aquatique.

LENTISQUE, n. m. [lātisk] (lat. vulg. *lentisculus*) Espèce de pistachier qui se trouve en Provence, en Italie.

LENTO, ■ adv. [lɛnto] (mot it.) **Mus.** Lentement. ■ N. m. Air joué d'un mouvement lent.

1 LÉONIN, INE, adj. [leonɛ̃, in] (lat. *leoninus,* relatif au lion) Propre au lion. ♦ **Fig.** *Société léonine,* société où tous les avantages sont pour un ou pour quelques-uns des associés, au détriment des autres. ♦ On dit de même : *Une politique léonine ; un contrat léonin.* ♦ **Fig.** *Une part léonine,* la part du lion.

2 LÉONIN, INE, adj. [leonɛ̃, in] (p.-ê. de *Leonius,* poète latin du XIIᵉ s.) *Vers léonins,* vers latins dont les deux césures riment ensemble. ♦ Dans l'ancienne littérature française, *vers léonins,* vers dans lesquels une même consonance se reproduit deux ou trois fois. ♦ *Rimes léonines,* rimes extrêmement riches.

LÉOPARD, n. m. [leopaʀ] (lat. *leopardus,* du gr. *leôn,* lion, et *pardos,* panthère) Quadrupède carnassier qui a la peau marquetée. ♦ **Hérald.** *Les léopards,* armoiries de l'Angleterre, et fig. en poésie, *les léopards* ou *le léopard,* l'Angleterre.

LÉOPARDÉ, adj. m. [leopaʀde] (*léopard*) **Hérald.** Se dit d'un lion qui est passant ou marchant comme le léopard.

LÉPAS, n. m. [lepas] (gr. *lepas*) Coquillage univalve, dit aussi patelle. ■ **Rem.** On prononce le *s.*

LÉPIDODENDRON, ■ n. m. [lepidodɛ̃dʀɔ̃] (gr. *lepidos,* écaille, et *dendron,* arbre) Arbre fossile pouvant atteindre 30 mètres de haut et caractérisé par son écorce en forme de coussinets. *Les lépidodendrons datent du carbonifère et se retrouvent en terrain houiller.*

LÉPIDOLITE ou **LÉPIDOLITHE**, ■ n. m. [lepidolit] (gr. *lepidos,* écaille, et *lithos,* pierre) Mica qui constitue le minerai principal du lithium.

LÉPIDOPTÈRE, n. m. [lepidoptɛʀ] (gr. *lepidos,* écaille, et *pteron,* aile) Ordre de la classe des insectes qui subissent des métamorphoses complètes, c'est-à-dire offrant successivement l'état d'œuf, de larve et de papillon. *Les papillons sont des lépidoptères.* ♦ Adj. *Les insectes lépidoptères.*

LÉPIOTE, ■ n. f. [lepjɔt] (lat. scient. *lepiota,* du gr. *lepion,* petite écaille) Champignon au long pied et au chapeau blanc ou brun dont certaines variétés sont comestibles.

LÉPISME, ■ n. m. [lepism] (gr. *lepisma,* écaille enlevée) Insecte plat couvert d'écailles argentées. *Le lépisme argenté ou poisson d'argent vit entre autres dans les lieux humides, les boiseries.*

LÈPRE, n. f. [lɛpʀ] (lat. *lepra,* du gr. *lepra*) Maladie générale caractérisée par des tubercules à la peau, qui ronge lentement le patient, très commune dans l'Occident pendant le Moyen Âge (c'est ce qu'on nomme maintenant *éléphantiasis*). ♦ **Fig.** *Le vice et une lèpre.* ♦ Aujourd'hui, dans le langage médical, maladie de la peau, s'annonçant par de petites élevures solides, entourées de tâches roussâtres, luisantes, circulaires et un peu proéminentes. ♦ Maladie des arbres fruitiers.

LÉPREUX, EUSE, adj. [lepʀø, øz] (lat. chrét. *leprosus*) Qui a la lèpre éléphantiasis. ♦ N. m. et n. f. *Un lépreux. Une lépreuse.*

LÉPROLOGIE, ■ n. f. [lepʀoloʒi] (*lèpre* et *-logie*) Étude de la lèpre. ■ **LÉPROLOGISTE** ou **LÉPROLOGUE**, n. m. et n. f. [lepʀoloʒist, lepʀolɔg]

LÉPROME, ■ n. m. [lepʀom] (*lèpre*) Saillie cutanée caractéristique de la lèpre.

LÉPROSERIE, n. f. [lepʀoz(ə)ʀi] (lat. médiév. *leprosaria,* de *leprosus,* lépreux) Hôpital pour les lépreux.

LEPTOCÉPHALE, ■ n. m. [lɛptosefal] (gr. *leptos,* mince, et *-céphale*) Forme larvaire de l'anguille.

LEPTON, ■ n. m. [lɛptɔ̃] (gr. *lepton,* petite pièce de monnaie, de *leptos,* mince) **Phys.** Particule élémentaire insensible aux interactions nucléaires. ■ **LEPTONIQUE**, adj. [lɛptonik]

LEQUEL, LAQUELLE, DUQUEL, DE LAQUELLE, AUQUEL, À LAQUELLE et au plur. **LESQUELS, LESQUELLES, DESQUELS, DESQUELLES, AUXQUELS, AUXQUELLES,** pron. rel. [ləkɛl, lakɛl, dykɛl, dəlakɛl, okɛl, alakɛl, lekɛl, lekɛl, dekɛl, dekɛl, okɛl, okɛl] (*quel...,* précédé de l'art. déf. *le...* ou formes contractées avec prép. *à* et *de*) Il s'emploie en parlant des personnes et des choses, et presque toujours comme complément. ♦ Il s'emploie quelquefois comme sujet de la proposition, lorsque l'emploi de *qui* pourrait produire une équivoque. ♦ Il s'emploie aussi comme sujet, en style de pratique et d'administration. *On a entendu trois témoins, lesquels ont dit...* ♦ *Lequel, laquelle* signifie quelquefois, au sens interrogatif, quel est celui, quelle est celle qui ou que, etc. *Lequel aimez-vous le mieux?* ♦ *Lequel, laquelle* signifie aussi celui, celle qui, etc. *Parmi ces étoffes voyez laquelle vous plaît.*

LÉROT, n. m. [leʀo] (mot norm., dim. de *loir*) Espèce de petit loir gris, à taches noires sur l'œil et derrière l'oreille, avec un pinceau à la queue.

LES, pl. de le et la, article et pronom.. [le]

LÈS, ■ prép. [lɛ] À côté de, proche de, tout contre. Voy. LEZ.

LESBIANISME ou **LESBISME**, ■ n. m. [lɛsbjanism, lɛsbism] (*lesbien*) Homosexualité chez la femme.

LESBIEN, IENNE, ■ adj. [lɛsbjɛ̃, jɛn] (*Lesbos,* ville grecque, patrie de Sapho, poétesse homosexuelle) Relatif à l'homosexualité féminine. ■ N. f. *Une lesbienne,* une homosexuelle.

LÉSÉ, ÉE, p. p. de léser. [leze]

LÈSE, adj. f. [lɛz] (lat. *læsus,* de *lædo,* blesser, endommager) Signifie blessé, violé, et ne s'emploie que joint à un substantif placé après.

LÈSE-MAJESTÉ, ■ n. f. [lɛz(ə)maʒɛste] (d'apr. l'espression lat. *crimen læsa majestatis,* voir *lèse*) *Crime de lèse-majesté,* crime par lequel la majesté est violée. *Des lèse-majestés ou des lèse-majesté.* ■ **Par extens.** *Le crime de lèse-société, de lèse-humanité, etc.*

LÉSER, v. tr. [leze] (lat. vulg. *læsiare,* de *læsus,* voir *lèse*) Faire tort, infliger un dommage. ♦ **Chir. et méd.** Blesser, endommager. *Le coup a lésé un poumon.* ♦ Se léser, v. pr. Être lésé, vicié.

LÉSINANT, ANTE, adj. [lezinā, āt] (*lésiner*) Qui lésine.

LÉSINE, n. f. [lezin] (ital. *lesina*) Épargne sordide jusque dans les moindres choses.

LÉSINER, v. intr. [lezine] (*lésine*) User de lésine. *Lésiner sur tout.*

LÉSINERIE, n. f. [lezin(ə)ʀi] (*lésine*) Acte de lésine. *Il a fait une grande lésinerie.* ♦ Vice de caractère qui porte à lésiner.

LÉSINEUR, n. m. [lezinœʀ] (*lésiner*) Celui qui lésine.

LÉSINEUX, EUSE, adj. [lezinø, øz] (*lésiner*) Qui a l'habitude de la lésine.

LÉSION, n. f. [lezjɔ̃] (lat. *læsio*) Action de léser. « *Choses qui contiennent une simple lésion de police* », MONTESQUIEU. ♦ Tort, dommage. ♦ **Méd.** Changement morbide quelconque survenu dans les organes. *Une lésion du poumon.*

LESSE, n. f. [lɛs] Voy. LAISSE.

LESSIVABLE, ■ adj. [lesivabl] (*lessiver*) Que l'on peut laver avec de l'eau additionnée de détergents, sans risque de détérioration. *Papier peint, peinture lessivable.*

LESSIVAGE, n. m. [lesivaʒ] (*lessiver*) Action de lessiver ; résultat de cette action. ♦ **Fig.** Grosse perte au jeu ou ailleurs.

LESSIVE, n. f. [lesiv] (lat. pop. *lixiva*) Dissolution alcaline qui sert à blanchir le linge, et que l'on prépare en faisant passer de l'eau chaude sur un lit de cendre de bois ou sur un lit de soude. ♦ **Fig.** *Faire la lessive du Gascon,* retourner son linge. ♦ **Par extens.** et fam. Perte considérable au jeu. ♦ Action de couler la lessive. ♦ Le linge qui doit être mis à la lessive ou qui a été mis à la lessive. ♦ **Fig.** Usage d'eaux purgatives, sudorifiques, etc. ♦ *Lessive des savonniers,* dissolution de soude caustique dans l'eau servant à faire le savon. ♦ **Chim.** Opération qui consiste à faire passer de l'eau chaude ou froide sur des matières dont on veut extraire les parties solubles. ♦ **Prov.** *À laver la tête d'un Maure, la tête d'un âne, on perd sa lessive* [1]. ▪ Produit alcalin que l'on utilise pour laver le linge ou nettoyer quelque chose. ♦ Action de laver le linge. *Faire la lessive.* ▪ Rem. 1 : Expression raciste.

LESSIVÉ, ÉE, p. p. de lessiver. [lesive]

LESSIVER, v. tr. [lesive] (*lessive*) Blanchir au moyen de la lessive. ♦ Nettoyer avec une eau alcaline ou acide. *Lessiver le bois peint.* ♦ **Chim.** Pratiquer l'opération dite lessive. ♦ **Fig.** Nettoyer à l'aide d'eaux purgatives ou sudorifiques. ▪ Nettoyer avec de la lessive. *Lessiver un mur.* ▪ **Fig.** et **fam.** Dépouiller de son argent. *Se faire lessiver au jeu.* ▪ **Fig.** et **fam.** Éliminer, écraser. *Ses concurrents l'ont lessivé.* ▪ **Fig.** et **fam.** Épuiser. *Cette promenade m'a lessivé.*

LESSIVEUR, EUSE, n. m. et n. f. [lesivœR, øz] (*lessiver*) Celui, celle qui lessive. ▪ N. f. Grand récipient en métal dans lequel on lavait le linge.

LESSIVIER, ▪ n. m. [lesivje] (*lessive*) Fabricant de lessive.

LEST, n. m. [lɛst] (Voy. LAST ou Voy. LASTE.) **Mar.** Assemblage de morceaux de fer ou de petits cailloux, etc., qu'on entasse dans le fond d'un navire, pour en augmenter la stabilité. ♦ *Sur son lest,* se dit d'un navire qui est sans chargement. ♦ Poids dont on charge le pied de certains filets. ♦ Sable que les aéronautes emportent pour le laisser tomber à mesure qu'ils veulent s'élever. ♦ **Fig.** Moyen de pondérer, de modérer. ♦ *Cet homme a besoin de lest,* il agit trop légèrement.

LESTAGE, n. m. [lɛstaʒ] (*lester*) **Mar.** Action, art de lester.

LESTE, adj. [lɛst] (ital. *lesto*) Qui a dans les mouvements une facilité légère. ♦ *Avoir la main leste,* être prompt à frapper. ♦ Équipé, habillé de manière à exécuter avec agilité tous ses mouvements. *Des troupes lestes.* ♦ *Un équipage leste,* une voiture légère attelée de chevaux vifs et rapides. ♦ **Mar.** *Navire leste,* navire gréé légèrement. ♦ Il se dit des vêtements légers et dégagés. ♦ **Fig.** Adroit, prompt à trouver des expédients. *Un homme leste en affaires.* ♦ **Fig.** Qui passe sans scrupule sur les principes, les égards et les convenances. *Être leste en propos, dans ses actions.* ♦ Il se dit des choses dans le même sens. *Une conduite leste.* ♦ Qui dépasse la réserve prescrite par l'honnêteté du langage. *Des propos lestes.*

LESTÉ, ÉE, p. p. de lester. [lɛste]

LESTEMENT, adv. [lɛstəmã] (*leste*) D'une manière leste. *Marcher lestement.* ♦ Avec dextérité et promptitude. *Se tirer lestement d'un mauvais pas.* ♦ Sans une suffisante réflexion. *Décider lestement une chose.* ♦ Avec une légèreté répréhensible. ♦ Sans garder de ménagement.

LESTER, v. tr. [lɛste] (*lest*) **Mar.** Mettre du lest dans un bâtiment. ♦ Par extens. Augmenter le poids d'un objet dans sa partie inférieure, afin de lui donner plus de stabilité. ♦ **Fig.** *Se lester l'estomac,* prendre de la nourriture ou une boisson. ♦ Se lester, v. pr. **Fig.** Prendre nourriture ou boisson fortifiante. ♦ **Fig.** Devenir plus réfléchi, plus posé. « *Il y a des têtes qui ne se lestent jamais* », Mme DE SÉVIGNÉ.

LESTEUR, n. m. [lɛstœR] (*lester*) **Mar.** Bateau qui transporte le lest. ♦ Adj. *Bateau lesteur.* ♦ Homme employé à arranger convenablement le lest d'un bâtiment.

LÉTAL, ALE, ▪ adj. [letal] (lat. *letalis*, de *letum*, la mort) Mortel. *Des poisons, des virus, des gènes létaux.* « *Parmi les instincts du moi, il conviendrait de faire le partage entre les instincts sexuels du moi (moi libidinal, instinct de conservation ou narcissisme centripète) et les instincts de mort du moi (moi létal ou centripète)* », VUILLEMIN.

LÉTALITÉ, ▪ n. f. [letalite] (*létal*) **Méd.** Risque létal, danger de mort.

LÉTHARGIE, n. f. [letaRʒi] (gr. *lêthargia* lester, de *lêthê*, oubli) État dans lequel on semble mort, étant sans haleine et sans pouls. *Tomber en léthargie.* ♦ **Méd.** Sommeil profond et continuel dans lequel le malade parle quand on le réveille, mais ne sait ce qu'il dit, et retombe promptement dans son premier état. ♦ **Fig.** Nonchalance apathique.

LÉTHARGIQUE, adj. [letaRʒik] (lat. *lethargicus*) **Méd.** Qui tient de la léthargie. *État léthargique.* ♦ Qui est en léthargie. ♦ N. m. et n. f. *Les léthargiques.* ♦ **Fig.** Qui est dans une torpeur comparée à une léthargie.

LÉTHÉ, n. m. [lete] (gr. *Lêthê,* un des fleuves des Enfers, de *lêthê,* oubli) Dans la mythologie, un des fleuves de l'enfer, celui dont les ombres étaient obligées de boire pour oublier le passé. ♦ **Fig.** *Avoir bu de l'eau du Léthé,* avoir peu de mémoire.

LÉTHIFÈRE, adj. [letifɛR] (lat. *letifer,* de *letum,* mort, graph. *th* d'apr. *Lêthê*) Qui cause la mort. *Des sucs léthifères.*

LETTON, ONE ou **LETTON, ONNE,** ▪ adj. [letɔ̃, ɔn] (*Lettonie*) De la Lettonie. ▪ N. m. Langue de Lettonie. ▪ N. m. et n. f. Personne qui habite la Lettonie ou qui en est originaire. *Un Letton, une Lettonne.*

LETTRAGE, ▪ n. m. [letRaʒ] (*lettre*) Disposition de lettres sur un document.

LETTRE, n. f. [letR] (lat. *littera*) Chaque caractère de l'alphabet. ♦ *En toutes lettres,* sans abréviation. ♦ **Fig.** *Dire, écrire une chose en toutes lettres,* la dire, l'écrire sans rien taire. ♦ *C'est un sot en trois lettres,* il est extrêmement sot. ♦ Chaque caractère de l'alphabet quant à sa forme, sa grandeur, etc., dans les diverses écritures ou impressions. *Grande, petite lettre. Lettre gothique, italique,* etc. ♦ **Fig.** *Cet homme est écrit sur mon livre en lettres rouges,* il a des torts, des vices, des défauts que je n'oublierai jamais. ♦ *Lettres d'or,* lettres écrites ou imprimées avec une couleur d'or, pour les rendre plus remarquables. ♦ **Fig.** *Cela devrait être écrit, gravé en lettres d'or,* se dit d'une belle sentence, d'une parole remarquable. ♦ Il s'est dit pour la manière d'écrire, la main d'une personne. « *Du prince... j'ai reconnu la lettre* », RACINE. ♦ **Impr.** Caractère de fonte représentant en relief une des lettres de l'alphabet. ♦ **Absol.** L'ensemble des caractères dont on se sert en imprimerie pour la composition d'un ouvrage. ♦ Inscription qu'on met au bas d'une estampe pour en indiquer le sujet. *Gravure avant la lettre,* épreuve tirée avant qu'on y ait gravé cette inscription. ♦ Le son que chaque caractère de l'alphabet représente. *Lettre sifflante, labiale,* etc. ♦ Sens littéral. « *Entendre clairement la lettre de l'Évangile* », FÉNELON. ♦ **Fig.** *La lettre tue et l'esprit vivifie,* il faut, dans l'interprétation d'une loi, d'un précepte, non pas s'attacher seulement au sens littéral, mais chercher à pénétrer l'intention réelle. ♦ **Fig.** *Lettre morte,* écrit, précepte qui n'a plus ni autorité ni valeur. ♦ *À la lettre, au pied de la lettre,* selon le sens littéral. ♦ *À la lettre,* exactement, ponctuellement. *Cela est vrai à la lettre.* ♦ *Aider à la lettre,* suppléer à ce qui manque dans quelque passage obscur ou défectueux, et fig. entrer dans l'intention de celui qui parle ou qui écrit, en expliquant ce qu'il a dit ou écrit d'une manière obscure ; altérer un peu la vérité ; dire quelque chose qui n'est pas dans ce qu'on lit. ♦ Épître, missive, dépêche. ♦ *Lettre circulaire,* Voy. CIRCULAIRE. ♦ Collection de lettres publiées en forme d'ouvrage. *Les Lettres de Mme de Sévigné.* ♦ *Lettre de change,* lettre par laquelle un banquier ou un négociant tire sur son correspondant une somme d'argent au profit ou à l'ordre d'un tiers, qui en a fourni la valeur. ♦ *Lettre de voiture,* écrit qu'on donne aux voituriers en les chargeant de marchandises, qui contient l'indication des articles, et à présentation duquel ils sont payés de leur salaire. ♦ *Lettre de créance,* Voy. CRÉANCE. ♦ *Lettre de service,* lettre par laquelle le ministre de la guerre annonce à un officier qu'il est appelé à exercer les fonctions d'un autre grade. ♦ **Mar.** *Lettre de santé,* pièce qu'un capitaine, avant son départ d'un port, reçoit du comité de santé. ♦ *Lettre de marque,* commission en course qu'un gouvernement, en guerre contre un autre, accorde à ses sujets pour attaquer les navires particuliers de son ennemi. ♦ *Lettre close,* Voy. CLOS. ♦ *Lettres patentes,* lettres qui ne sont pas cachetées, et qui confèrent un titre, un privilège, etc. ♦ *Lettre de cachet,* Voy. CACHET. ♦ Au pl. Certains actes expédiés en chancellerie. *Lettres de grande naturalisation, de légitimation, de noblesse,* etc. ♦ Au pl. Certains actes qui s'expédient sous le sceau de quelque autorité. *Lettres de tonsure, de prêtrise,* etc. ♦ Au pl. Connaissances que procure l'étude des livres. *La république des lettres. Cet homme de lettres.* ♦ *Homme de lettres,* se dit des personnes livrées à la culture des lettres. ♦ *Les belles-lettres,* la grammaire, l'éloquence et la poésie. ♦ *Les saintes lettres,* l'Écriture sainte. ▪ **Fig.** *Avant la lettre,* alors que la chose n'existait pas encore. *Il était libéral avant la lettre.* ▪ **Fam.** *Passer comme une lettre à la poste,* être facilement digéré ; être facilement accepté. *Son discours est passé comme une lettre à la poste.* ▪ *Être, rester lettre morte,* sans effet. *Ce projet est resté lettre morte.*

LETTRÉ, ÉE, adj. [letRe] (lat. *litteratus,* instruit) Qui a des lettres, de la littérature. ♦ N. m. Celui qui est lettré. *Les lettrés.* ♦ Classe d'hommes qui, en Chine, cultivent les lettres et exercent les emplois publics.

LETTRINE, n. f. [letRin] (ital. *letterina*) **Impr.** Petite lettre qui se met au-dessus ou à côté d'un mot, pour renvoyer le lecteur à des notes. ♦ Lettres majuscules qui se mettent au haut des pages d'un dictionnaire.

LEU, ▪ n. m. [lø] (anc. forme pour *loup*) Voy. QUEUE.

LEUCÉMIE ou **LEUCOSE,** ▪ n. f. [løsemi, løkoz] (all. *Leukämie,* du gr. *leukos,* blanc, et -*émie*) Très grave maladie caractérisée par la prolifération en excès de globules blancs ou de cellules dont ils proviennent, dans la moelle osseuse et parfois dans le sang.

LEUCÉMIQUE, ▪ n. m. et n. f. [løsemik] (*leucémie*) Atteint de leucémie. ▪ Adj. Relatif à la leucémie.

LEUCINE, ▪ n. f. [løsin] (gr. *leukos,* blanc) **Chim.** Acide aminé des molécules de protéines.

LEUCITE, ▪ n. f. [løsit] (gr. *leukos,* blanc) **Minér.** Cristal gris entrant dans la composition de sels de potassium.

LEUCOCYTE, ▪ n. m. [løkosit] (gr. *leukos,* blanc, et *kutos,* cellule) **Biol.** Globule blanc du sang jouant un rôle important dans la défense de l'organisme contre les infections. ▪ LEUCOCYTAIRE, adj. [løkositɛR]

LEUCOME, ▪ n. m. [løkom] (gr. *leukos,* blanc) Lésion blanchâtre de la cornée. *Avoir un leucome ou une taie sur l'œil.*

LEUCORRHÉE, n. f. [løkɔʀe] (gr. *leukos*, blanc, et *rhein*, couler) **Méd.** Écoulement muqueux.

LEUCOSE, ■ n. f. [løkoz] Voy. **LEUCÉMIE**.

LEUDE, n. m. [lød] (frq. *leudi*, gens) Nom des compagnons ou fidèles des rois mérovingiens.

1 **LEUR**, pron. pers. [lœʀ] (lat. *illorum*) Pron. pers. des deux genres, qui signifie à eux, à elles. Il se place immédiatement devant le verbe, et se dit principalement de personnes. « *Il faut compter sur l'ingratitude des hommes et ne pas laisser de leur faire du bien* », FÉNELON. ◆ Avec un impératif, il se place immédiatement après le verbe. *Donnez-leur du pain.*

2 **LEUR** au pl. ou **LEURS**, adj. poss. [lœʀ] (lat. *illorum*) Adj. poss. des deux genres. Il signifie d'eux, d'elles, qui appartient à eux, à elles ; il est ordinairement relatif aux personnes. *Il est leur adversaire, mais il a leur estime.* ◆ Il se dit quelquefois relativement aux animaux, aux plantes et même aux choses inanimées. ◆ *Leur* placé devant les adjectifs et les adverbes au comparatif forme un superlatif. *Leurs meilleurs amis.* ◆ *Leur* précédé de l'article *le, la, les*, s'emploie pronominalement. *Les gens sages conservent leurs amis, et les fous perdent les leurs.* ◆ *Leur* s'emploie substantivement et signifie ce qui est à eux, à elles. *Je ne veux rien du leur.* ◆ *Leurs* au pluriel est quelquefois substantif et signifie leurs parents, leurs amis. *Je m'intéresse à eux et aux leurs.*

LEURRE, n. m. [lœʀ] (anc. moyen all. *luoder*) **Fauconn.** Morceau de cuir rouge, en forme d'oiseau, qui sert pour rappeler l'oiseau de proie lorsqu'il ne revient pas droit sur le poing. ◆ *Oiseaux de leurre*, ceux qu'on rappelle au leurre ; tels sont le faucon, le gerfaut-lanier, le sacre, l'aigle et l'émerillon, par opposition aux oiseaux de poing, qui ne se dressent pas au leurre. ◆ *Acharner le leurre*, le garnir de chair ; le décharner, ôter le morceau de chair. ◆ *Fig.* Chose artificieusement présentée pour attirer et tromper. « *L'exemple est un dangereux leurre* », LA FONTAINE. ◆ Appât factice attaché à l'hameçon.

LEURRÉ, ÉE, p. p. de leurrer. [lœʀe]

LEURRER, v. tr. [lœʀe] (*leurre*) **Fauconn.** Dresser un oiseau au leurre. ◆ *Fig.* Suggérer quelque objet d'espérance pour tromper. « *L'espérance anime le sage, et leurre le présomptueux et l'indolent* », VAUVENARGUES. ◆ *Se leurrer*, v. pr. Être leurré. *Ces oiseaux-là ne se leurrent pas facilement.* ◆ *Fig. Se leurrer d'un vain espoir.* ◆ *Se leurrer de*, avec un verbe à l'infinitif, se flatter de.

LEV, ■ n. m. [lɛv] ou [lɛf] (mot bulgare, lion) Monnaie bulgare. *Des levs* ou *des leva* (pluriel bulgare).

LEVAGE, ■ n. m. [ləvaʒ] (1 *lever*) Action de soulever un poids. *Le levage d'un véhicule.* ■ Action de lever en parlant de la pâte. ■ Dans les pratiques magiques, action de faire cesser un maléfice. *Le levage d'un sort.*

LEVAIN, n. m. [ləvɛ̃] (b. lat. *levamen*) Pâte ayant subi un certain degré de fermentation acide, et qui par là est devenue propre à faire lever la pâte du pain. ◆ Toute substance capable d'exciter une fermentation dans la substance avec laquelle on la mêle. ◆ *Levain doux*, le levain de bière ; *levain aigre*, la pâte aigrie. ◆ *Par extens.* Cause de quelque maladie. ◆ *Fig.* Sorte de fermentation vicieuse que le péché laisse dans l'âme. *Se défaire du vieux levain du péché.* ◆ *Fig.* Ce qui est capable d'exciter les passions, les sentiments, les doctrines. *Un levain de révolte, de haine, d'orgueil.* etc.

1 **LEVANT**, adj. m. [ləvɑ̃] (1 *lever*) Usité seulement dans : *Soleil levant*, soleil qui paraît au matin. ◆ *Fig. Adorer le soleil levant*, faire sa cour à la faveur naissante.

2 **LEVANT**, n. m. [ləvɑ̃] (1 *levant*) La partie de l'horizon où le soleil se lève. *Du levant au couchant.* ◆ Les pays qui sont à notre levant (on met une L majuscule). *Les peuples du Levant.* ◆ La côte occidentale de l'Asie qui est sur la Méditerranée.

LEVANTIN, INE, adj. [ləvɑ̃tɛ̃, in] (2 *levant*) Natif des pays du Levant. *Les peuples levantins.* ◆ N. m. et n. f. Les Levantins.

LEVANTINE, n. f. [ləvɑ̃tin] (2 *levant*) Étoffe de soie tout unie.

LEVÉ, ÉE, p. p. de lever. [ləve] *Fig. Aller partout la tête levée*, ou *tête levée*, aller partout sans rien craindre. ◆ *Fam. Prendre quelqu'un au pied levé*, prendre quelqu'un à un moment où il se dispose à partir, et fig. le prendre au moment où il ne s'attend à rien. ◆ *Voter par assis et levé*, manifester son vote, dans une assemblée délibérante, en se levant ou en restant assis. ◆ N. m. **Mus.** Le temps de la mesure où on lève le pied et la main. ◆ **Géom.** *Le levé d'un plan*, Voy. LEVER.

LÈVE, n. f. [lɛv] (1 *lever*) Cuiller de bois à long manche, avec laquelle, au jeu de mail, on lève la boule.

LEVÉE, n. f. [ləve] (1 *lever*) Action de lever, de hausser. ◆ *Levée de boucliers*, démonstration par laquelle les soldats romains témoignaient leur résistance aux volontés de leur général, de là, fig. opposition ou attaque contre une personne, contre un corps. ◆ Action de lever de terre. *Faire la levée d'un*

corps mort, l'enlever par autorité publique. ◆ Action de ramasser les grains et autres produits de la terre. ◆ Au jeu de cartes, un coup qu'on a gagné. *Ne pas faire une levée.* ◆ Action d'ôter, de retirer, d'enlever. *La levée des scellés.* ◆ **Chir.** *La levée de l'appareil.* ◆ Action de retirer de la boîte, pour les distribuer, les lettres qui y ont été jetées. ◆ Collectivement, les lettres qu'on retire de la boîte à chaque levée. ◆ Dans la couture, ce qu'on prend sur la largeur d'une étoffe pour un habit, ou d'une pièce de toile pour des chemises. ◆ *La levée d'un siège*, la retraite des troupes qui tenaient une place assiégée. ◆ Ordre qui fait cesser quelque punition ou défense. *Levée des arrêts, de la prohibition.* ◆ Collecte, perception, recette des impôts. ◆ Action de prendre chez un dépositaire. *Levée de titres, de numéraire.* ◆ Action d'enrôler des soldats. *Une levée de soldats.* ◆ Les soldats ainsi enrôlés. ◆ *Levée en masse*, appel au service militaire de tous les hommes d'une population. ◆ L'heure à laquelle une assemblée, une compagnie se lève pour finir la séance. *La levée de la séance.* ◆ *La levée des plans ;* on dit plutôt *le levé* ou *le lever des plans.* ◆ Digue, chaussée.

LÈVE-NEZ, n. m. [lɛv(ə)ne] (1 *lever* et *nez*) **Fam.** Écolier étourdi, inattentif. *Des lève-nez.*

1 **LEVER**, v. tr. [ləve] (lat. *levare*) Placer dans une situation plus haute ce qui est étendu, pendant, etc. ◆ *Lever la main, le bâton sur quelqu'un*, se mettre en devoir de le frapper. ◆ *Lever la main*, la dresser en l'air dans l'acte de prêter serment. ◆ *Lever la toile, le rideau*, retirer la toile, le rideau qui cache la scène aux spectateurs. ◆ *Lever les yeux*, les tenir en haut. ◆ *Lever les yeux au ciel*, tourner les yeux vers le ciel. ◆ **Absol.** *Lever les yeux*, cesser de tenir le regard fixé sur la terre. ◆ *Fig. Il n'ose pas lever les yeux*, se dit d'une personne qui craint de voir et d'être vue, ayant quelque reproche à se faire, ou seulement craignant de rire, de rougir, etc. ◆ *Ne pas lever les yeux de*, ne pas cesser de regarder quelque chose. *Ne pas lever les yeux de dessus son livre.* ◆ *Lever les yeux sur quelqu'un*, le regarder. ◆ *Fig. Lever les yeux sur*, aspirer à, prétendre à. ◆ **Fam.** *Lever le pied*, s'enfuir. ◆ *Lever les épaules*, témoigner, en levant les épaules, du mécontentement ou du mépris. ◆ *Fig. Lever la tête, le front*, s'enorgueillir. ◆ Redresser une personne ou une chose qui était couchée ou penchée. *Lever un malade sur son séant. Lever un tonneau.* ◆ *Lever quelqu'un*, l'aider à se lever et à s'habiller. ◆ *Lever le lièvre, les perdrix*, les faire partir. ◆ *Fig. Il a levé le lièvre*, il a le premier ouvert un avis, donné lieu à un débat, trouvé un expédient. ◆ **Mar.** *Lever l'ancre*, arracher l'ancre du fond de la mer au moyen de son câble. ◆ *Lever l'interdit.* **Chir.** *Le chirurgien a levé l'appareil. Lever les scellés.* ◆ *Fig. Lever une difficulté, un obstacle, des doutes, des scrupules, etc.*, les écarter. ◆ *Lever les défenses, l'interdit, l'excommunication, une opposition, une consigne, etc.*, les révoquer. ◆ *Lever de terre* ou simplement *lever*, retirer de terre des plantes, des oignons, lorsque la saison des fleurs est passée. ◆ **Impr.** *Lever la lettre*, prendre les lettres les unes après les autres dans les cassetins, et les arranger dans le composteur pour en former des mots et des lignes. ◆ *Lever le siège d'une place*, retirer les troupes qui la tenaient assiégée. ◆ *Fig. Lever le siège*, s'en aller. ◆ *Lever le camp*, s'en aller, en parlant d'une troupe. ◆ *Lever la garde, la sentinelle*, retirer les soldats qui sont de garde, un soldat qui est en faction. ◆ *Lever la séance*, déclarer que la séance est terminée. ◆ **T. de trictrac.** *Lever*, mettre sur la bande les dames, après les avoir toutes passées dans le jan de retour. ◆ Au jeu de cartes, *lever les cartes*, ou *lever la main*, enlever les cartes jouées, celle que l'on avait étant supérieure. ◆ Couper une partie sur un tout, en parlant d'animaux que l'on mange. *Lever une épaule de mouton.* ◆ Il se dit en parlant des étoffes. « *C'est que l'étoffe me sembla si belle, que j'en ai voulu lever un habit pour moi* », MOLIÈRE. ◆ Recueillir. *Lever les fruits d'une terre.* ◆ Percevoir, faire rentrer, en parlant de taxes. ◆ Enrôler pour le service militaire. ◆ *Lever un corps*, procéder, par autorité publique, à l'enlèvement d'un corps mort. ◆ *Lever un arrêt, une sentence, un acte*, s'en faire délivrer une expédition. ◆ Prendre chez un dépositaire. *Lever des titres.* ◆ *Lever le plan d'une place, de quelque lieu*, prendre les mesures nécessaires pour tracer ce plan, et aussi le tracer. ◆ **Féod.** *Lever bannière*, appeler ses vassaux aux armes. ◆ *Fig. Lever l'étendard*, se déclarer chef d'un parti, d'une faction. *Lever l'étendard de la révolte.* ◆ **V. intr.** Commencer à germer, en parlant des graines et des plantes. ◆ Éprouver le soulèvement qui accompagne la fermentation. *La pâte lève.* ◆ *Se lever*, v. pr. Être levé, porté en haut. ◆ Se dresser, se mettre debout sur ses pieds. ◆ Quitter le siège sur lequel on était assis. ◆ Cesser une séance. ◆ *Se lever de table*, quitter la table, après ou pendant le repas. ◆ Avec suppression du pronom personnel : *Faire lever un lièvre*, le faire partir. ◆ Commencer à paraître sur l'horizon, en parlant des astres. ◆ On dit de même : *Le jour se lève.* ◆ Commencer à se faire sentir, en parlant du vent, des brouillards, etc. *Le vent se lève.* ◆ *Le temps se lève*, il se dégage des nuages qui interceptaient la vue du ciel, il tend à s'embellir. ◆ Être levé, perçu. ◆ **Se lever**, v. pr. Sortir du lit. *Se lever tôt.* ■ **Fam.** *Lever le pied*, aller moins vite, faire moins d'efforts.

2 **LEVER**, n. m. [ləve] (1 *lever*) Action de lever. ◆ **Théât.** *Le lever de la toile*, l'instant où on lève la toile. ◆ *Un lever de rideau*, petite pièce qu'on joue avant la grande pièce de la soirée. ◆ L'heure, le temps auquel on se lève. ◆ **Absol.** *Le lever*, le moment où le monarque reçoit dans sa chambre, après

qu'il est levé. *Petit lever et grand lever du roi.* ♦ *Le lever du soleil, de la lune*, le moment où le soleil, la lune paraît sur l'horizon. ♦ On dit de même : *Le lever du jour.* ♦ *Lever d'une étoile*, le moment où elle s'élève au-dessus de l'horizon. ♦ **Géom.** Les délinéations ou les croquis d'un topographe. *Le lever d'un plan. Des levers à vue.*

LEVER-DIEU, n. m. inv. [ləvedʒø] (2 *lever* et *Dieu*) Le temps de la messe où le prêtre élève l'hostie. ♦ Au pl. *Des lever-Dieu.*

LÉVIATHAN, n. m. [levjatɑ̃] (hébr. *livyatan*, monstre aquatique, baleine) Animal monstrueux dans le livre de Job. ♦ Dans la démonologie, grand amiral de l'enfer.

LEVIER, n. m. [ləvje] (1 *lever*) Barre longue, inflexible, fixe dans un point de son étendue qu'on appelle point d'appui, et destinée à mouvoir, à soutenir ou à élever d'autres corps. ♦ *Bras de levier*, longueur de la barre à partir du point d'appui. ♦ **Fig.** Toute espèce de puissance morale. *Le levier de l'opinion.* ♦ *Levier hydraulique*, appareil qui sert à élever l'eau d'une rivière par le moyen de la force même du courant. ♦ T. de dentiste. *Levier droit*, instrument destiné à l'extraction des dents incisives. ■ Commande d'un mécanisme. *Le levier de vitesse d'un véhicule.*

LEVIS, adj. m. [ləvi] (1 *lever*) Usité seulement dans : *Pont-levis*, Voy. PONT.

LÉVITATION, ■ n. f. [levitasjɔ̃] (angl. *levitation*) Phénomène contraire aux lois de la physique, par lequel un corps s'élève au-dessus du sol sans aucun appui. ■ **LÉVITER**, v. intr. [levite]

1 **LÉVITE**, n. m. [levit] (lat. chrét. *levita*, de l'hébr.) Israélite de la tribu de Lévi, destiné au service du temple. ♦ **Fig.** Prêtre de la religion chrétienne.

2 **LÉVITE**, n. f. [levit] (1 *lévite*) Sorte de redingote d'homme ou de robe de femme.

LÉVITIQUE, n. m. [levitik] (lat. chrét. *leviticus*, du gr. *Leuitês*, Lévite, empr. à l'hébr.) Le troisième livre du Pentateuque, qui contient les lois des lévites. ♦ Adj. Qui appartient aux lévites. *La loi lévitique.*

LÉVOGYRE, adj. [levoʒiʀ] (lat. *lævus*, gauche, et gr. *guros*, cercle) Substance lévogyre, celle qui dévie à gauche le plan de polarisation.

LEVRAUDÉ, ÉE, p. p. de levrauder. [ləvʀode]

LEVRAUDER, v. tr. [ləvʀode] (*levraut*) Fam. Poursuivre quelqu'un comme un lièvre.

LEVRAUT ou **LEVREAU**, n. m. [ləvʀo] (dimin. de *lièvre*) Jeune lièvre. *Des levreaux.*

LÈVRE, n. f. [lɛvʀ] (lat. *labra*) Partie extérieure et charnue qui forme le contour de la bouche. ♦ *Se mordre les lèvres*, serrer les lèvres inférieures avec les dents, pour s'empêcher de rire ou de se livrer à quelque explosion de passion. ♦ **Fig.** *Se mordre les lèvres de quelque chose*, s'en repentir. ♦ *Ne pas passer les lèvres*, se dit de quelque chose de feint, d'affecté. ♦ *Rire du bout des lèvres*, rire sans en avoir envie. ♦ *Avoir la mort sur les lèvres*, être près de mourir. ♦ Bouche, langage. « *Heureux qui porte toujours la charité sur les lèvres !* », BOURDALOUE. ♦ *Il le dit des lèvres, mais le cœur n'y est pas*, il exprime un sentiment qu'il n'éprouve pas. ♦ **Fig.** *Du bout des lèvres*, sans grande bonne volonté, avec dédain. ♦ *Avoir une chose sur les lèvres, sur le bord des lèvres*, la savoir, il est vrai, mais par quelque défaut momentané de mémoire ne pouvoir la dire. ♦ **Fig.** *Avoir le cœur sur les lèvres*, parler sans déguisement. ♦ **Chir.** *Lèvres*, les deux bords d'une plaie simple. ■ *Être suspendu aux lèvres de quelqu'un*, l'écouter très attentivement. ■ **Anat.** Repli de la vulve.

LEVREAU, ■ n. m. [ləvʀo] Voy. LEVRAUT.

LEVRETTE, n. f. [ləvʀɛt] (*lévrier*) La femelle du lévrier.

LEVRETTÉ, ÉE, adj. [ləvʀete] (*levrette*) Qui a la taille mince comme un lévrier. *Épagneul levretté.*

LÉVRIER, n. m. [levʀije] (b. lat. *leporarius* s.-e. *canis*, chien à lièvre) Espèce de chien qui a les jambes longues, la tête et le corps menus et allongés, et qui sert particulièrement à courir le lièvre. ♦ *Il court comme un lévrier*, il va très vite. ♦ **Fig.** et **fam.** Gens qu'on met à la poursuite de quelqu'un. *Les lévriers de la justice.*

LEVRON, n. m. [ləvʀɔ̃] (dimin. de *lévrier*) Lévrier au-dessous de six mois ou environ. ♦ Lévrier de petite taille.

LEVURE, n. f. [ləvyʀ] (1 *lever*) Écume formée spontanément à la surface de la bière en fermentation et dont on se sert comme levain. ♦ Ce qu'on lève de dessus et de dessous sous le lard à larder. ♦ **Hérald.** Syn. de franc-quartier. ♦ Demi-mailles par lesquelles on commence un filet. ■ *Levure chimique*, poudre utilisée en pâtisserie pour faire lever la pâte. ■ REM. On écrivait autrefois *levûre*.

LEXÈME, ■ n. m. [lɛksɛm] (rad. de *lexique*) Ling. Unité minimale de signification appartenant au lexique, par opposition au morphème grammatical. *Le lexème lev- présent dans les mots lever, levure, levée.*

LEXICAL, ALE, ■ adj. [lɛksikal] (*lexique*) Qui se rapporte au lexique en tant que vocabulaire. *Orthographe lexicale et orthographe grammaticale.* ■ *Champ lexical*, ensemble d'unités lexicales groupées autour d'une même notion. *Des champs lexicaux.*

LEXICALISATION, ■ n. f. [lɛksikalizasjɔ̃] (*lexicaliser*) Ling. Processus par lequel une forme, un mot, une suite de mots devient une unité lexicale, est considéré comme un mot à part entière. *La lexicalisation de ado, ronron et de avoir l'air.*

LEXICALISER (SE), ■ v. pr. [lɛksikalize] (*lexical*) Ling. Devenir une unité lexicale.

LEXICOGRAPHE, n. m. et n. f. [lɛksikogʀaf] (*lexique* et *-graphe*) Personne qui recueille tous les mots qui doivent entrer dans le lexique. ♦ Personne qui s'occupe d'études lexicographiques.

LEXICOGRAPHIE, n. f. [lɛksikogʀafi] (*lexicographe*) Science du lexicographe.

LEXICOGRAPHIQUE, adj. [lɛksikogʀafik] (*lexicographie*) Qui a rapport à la lexicographie. *Travaux lexicographiques.*

LEXICOLOGIE, n. f. [lɛksikoloʒi] (*lexique* et *-logie*) Partie de la grammaire qui s'occupe des mots considérés par rapport à leur valeur, à leur étymologie, etc.

LEXICOLOGIQUE, adj. [lɛksikoloʒik] (*lexicologique*) Qui a rapport à la lexicologie.

LEXICOLOGUE, n. m. et n. f. [lɛksikolog] (*lexicologie*) Personne qui s'occupe de lexicologie.

LEXIQUE, n. m. [lɛksik] (gr. *lexikon*, de *lexis*, mot) Originairement, dictionnaire des formes rares ou difficiles propres à certains auteurs. ♦ Dictionnaire, et surtout dictionnaire pour les enfants ; Il ne s'applique qu'aux langues anciennes classiques. ♦ Adj. *Manuel lexique*, petit dictionnaire. ■ Dictionnaire spécialisé. ■ Dictionnaire bilingue de contenu modeste. ■ Ensemble des mots d'une langue.

LEZ ou **LÈS**, prép. [lɛ] (lat. *latus*, côté) À côté de, proche de, tout contre ; n'est plus usitée que dans quelques noms de lieux. *Plessis-lez-Tours, Saint-Denis-lez-Paris.*

LÉZARD, n. m. [lezaʀ] (lat. *lacertus*) Genre de reptiles sauriens à langue échancrée au bout, à pattes à cinq doigts légèrement comprimés. ♦ *Se chauffer au soleil comme un lézard*, se mettre au soleil pour s'y réchauffer.

LÉZARDE, n. f. [lezard] (*lézard*) Femelle du lézard. ♦ Fente, crevasse dans un ouvrage de maçonnerie. ♦ Petit galon portant des dents de feston des deux côtés.

LÉZARDÉ, ÉE, p. p. de lézarder. [lezarde]

LÉZARDER, v. tr. [lezarde] (*lézarde*) Causer des lézardes. ♦ Se lézarder, v. pr. Devenir crevassé. *Ce mur se lézarde.*

LI, ■ n. m. [li] (mot chin.) Ancienne mesure chinoise. *Des lis* ou *des li.*

LIAGE, ■ n. m. [ljaʒ] ou [lijaʒ] (*lier*) Action de lier plusieurs choses. *Le liage d'un fagot, d'une gerbe.*

LIAIS, n. m. [ljɛ] (prob. de 1 *lie*) Liais ou pierre de liais, variété de calcaire compacte, dépourvue de cavités, à grain fin et serré, qui est une belle pierre à bâtir.

LIAISON, n. f. [ljezɔ̃] (lat. *ligatio*) État de ce qui est lié. *La soudure est une espèce de liaison.* ♦ En calligraphie, petit trait de plume qui lie les parties de lettres les unes aux autres, et les lettres entre elles. ♦ **Mus.** Trait recourbé dont on couvre les notes qui doivent être liées. ♦ **Mar.** *Liaisons* ou *pièces de liaison d'un navire*, les pièces de bois de construction qui lient ou fortifient les parties principales du navire. ♦ *Jaunes d'œufs délayés ajoutés à une sauce pour l'épaissir un peu.* ♦ *Liaison de joint* ou simplement *liaison*, le mortier qui sert à jointoyer les pierres. ♦ **Fig.** Ce qui lie les parties d'un discours les unes aux autres. *La liaison des scènes dans une tragédie.* ♦ **Gramm.** Petit mot qui sert à lier les membres des périodes et les périodes mêmes les unes aux autres. ♦ Action de joindre par la prononciation la dernière lettre d'un mot au mot suivant. ♦ Connexité, rapport. « *L'amour et l'ambition n'ont guère de liaison ensemble* », PASCAL. « *Ces empires ont une liaison nécessaire avec l'histoire* », BOSSUET. ♦ Union d'amitié, d'intérêt. ♦ **Fig.** « *Il n'y a point de liaison si étroite avec le monde que je ne doive rompre* », BOURDALOUE. ♦ Au pl. Sociétés, accointances. ♦ *Liaisons dangereuses*, liaisons contractées avec des hommes ou des femmes dangereuses. ♦ **Fauconn.** Action de l'oiseau qui saisit et enlève le gibier. ■ Relation de communication entre des personnes. *Il est en liaison avec son homologue américain.* ■ Relation amoureuse. *Elle a eu une liaison avec son voisin.* ■ **Chim.** Combinaison d'atomes. ■ **Milit.** Relation, communication entretenue entre différentes formations militaires. ■ Communication entre deux lieux. *Liaisons maritimes. Liaisons téléphoniques.*

LIAISONNÉ, ÉE, p. p. de liaisonner. [ljezone]

LIAISONNER, v. tr. [ljezɔne] (*liaison*) Remplir les joints de mortier. ♦ Arranger les pierres d'un édifice de façon que le milieu des unes porte sur les joints des autres.

LIANE, n. f. [ljan] (prob. de *lien*) Nom donné à un grand nombre de plantes sarmenteuses ou grimpantes de l'Amérique.

LIANT, ANTE, adj. [ljɑ̃, ɑ̃t] (*lier*) Qui n'est pas cassant, en parlant de certaines substances. *Bois, fer liant.* ♦ Qui se pétrit facilement entre les doigts, et qui ne se sépare pas quand on le tire. *Pâte liante.* ♦ Fig. Qui lie, unit, attache. *Esprit liant. Homme d'une société liante.* ♦ Qui forme aisément des liaisons, des accointances. ♦ N. m. Qualité de ce qui n'est pas cassant. *Le liant de cette fonte de fer.* ♦ Fig. Douceur, affabilité, complaisance, esprit de conciliation. ▪ Techn. Matériau utilisé pour lier les différentes parties d'un mélange entre elles.

LIARD, n. m. [ljaʀ] (orig. incert., p.-ê. de l'anc. fr. *liart*, grisâtre) Petite monnaie de cuivre qui valait trois deniers, le quart d'un sou. ♦ *N'avoir pas un liard, pas un rouge liard*, être fort pauvre, ou être sans argent pour le moment. ♦ Très petite somme indéterminée. *Je n'en donnerais pas un liard.* ♦ *Il couperait un liard en deux*, il est très avare.

LIARDER, v. intr. [ljaʀde] (*liard*) Donner chacun une petite somme. ♦ Lésiner, payer liard à liard. *Un avare liarde sur tout.*

LIARDEUR, EUSE, n. m. et n. f. [ljaʀdœʀ, øz] (*liarder*) Celui, celle qui liarde.

LIAS, n. m. [lia] ou [lija] (mot angl.) Géol. Mot anglais employé pour désigner une formation de calcaire argileux, de marne et d'argile, qui constitue la base de l'oolithe.

LIASIQUE ou **LIASSIQUE**, adj. [ljazik, ljasik] (*lias*) Géol. Qui appartient au lias. *La période liasique.*

LIASSE, n. f. [ljas] (*lier*) Amas de papiers liés ensemble, et ordinairement relatifs à un même objet. ♦ Il se dit particulièrement des papiers d'affaires et de procédure. *Une liasse de billets.*

LIBAGE, n. m. [libaʒ] (*libbe*, bloc de pierre, mot d'orig. incert.) Gros moellon mal taillé. ♦ Pierre sans parement noyée dans l'épaisseur d'un mur.

LIBATION, n. f. [libasjɔ̃] (lat. *libatio*) Antiq. Action de répandre, soit du vin, soit une autre liqueur, en l'honneur d'une divinité. ♦ Au pl. Fam. *Des libations*, nombreux coups de vin. *Faire des libations.*

LIBELLE, n. m. [libɛl] (lat. *libellus*, dimin. de *liber*, livre) Petit livre. ♦ Écrit satirique, injurieux, diffamatoire.

LIBELLÉ, ÉE, p. p. de libeller. [libele] N. m. Dr. Rédaction d'un ordre, d'une demande.

LIBELLER, v. tr. [libele] (*libelle*) Dr. Rédiger convenablement une demande judiciaire. ♦ En matière de finances, libeller un mandement, une ordonnance, spécifier la destination de la somme qui y est portée.

LIBELLISTE, n. m. [libelist] (*libelle*) Auteur d'un libelle.

LIBELLULE, n. f. [libelyl] (lat. scient. *libellula*, de *libella*, niveau, par allus. au vol de l'insecte) Genre d'insectes névroptères, nommés vulgairement demoiselles.

LIBER, n. m. [libɛr] (lat. *liber*) Bot. La partie vivante de l'écorce, par opposition à la partie subéreuse. ▪ Rem. Le *r* se prononce.

LIBERA ou **LIBÉRA**, n. m. [libera] (mot lat., de *liberare*, libérer) Dans la liturgie catholique, prière pour les morts. ♦ Fig. *Chanter un libera*, se trouver délivré, débarrassé. ♦ Au pl. *Des liberas.*

LIBÉRABLE, adj. [liberabl] (*libérer*) Qui peut être libéré, renvoyé d'un service, et surtout du service militaire.

LIBÉRAL, ALE, adj. [liberal] (lat. *liberalis*) Qui est digne d'un homme libre. *Éducation libérale.* ♦ *Professions libérales*, la médecine, le barreau, le professorat. ♦ *Arts libéraux*, ceux qui exigent une intervention grande et perpétuelle de l'intelligence, comme la peinture, la sculpture. ♦ Qui aime à donner. *Un homme libéral.* « *La fortune nous joue, lors même qu'elle nous est libérale* », BOSSUET. ♦ On dit aussi : *Main libérale.* ♦ *Libéral de.* *Libéral de l'argent des autres.* ♦ Qui est favorable à la liberté civile et politique et aux intérêts généraux de la société. *Opinions libérales.* ♦ N. m. et n. f. Personne qui professe les idées libérales. *Un libéral. Les libéraux.* ▪ Partisan du libéralisme.

LIBÉRALEMENT, adv. [liberal(ə)mɑ̃] (*libéral*) D'une manière digne d'un homme libre. *Élevé libéralement.* ♦ D'une manière où règne la largesse. *Donner libéralement.* ♦ Avec trop de complaisance. « *Cette prévoyance que les philosophes accordent trop libéralement aux bêtes* », BUFFON. ♦ D'une manière favorable à la liberté civile et politique.

LIBÉRALISATION, ▪ n. f. [liberalizasjɔ̃] (*libéraliser*) Action de libéraliser. *La libéralisation des échanges commerciaux.*

LIBÉRALISER, v. tr. [liberalize] (*libéral*) Rendre libéral, plus libéral. *Libéraliser un pays, le régime de la presse, etc.*

LIBÉRALISME, n. m. [liberalism] (*libéral*) Opinion, principes des libéraux. ▪ Doctrine économique qui défend la liberté d'entreprendre et qui s'oppose à l'intervention de l'État. ▪ Attitude tolérante envers les comportements et les opinions d'autrui.

LIBÉRALITÉ, n. f. [liberalite] (lat. *liberalitas*, générosité) Disposition d'esprit digne d'un homme libre ; émancipation de l'esprit hors de ses préjugés. ♦ Disposition à donner. « *La liberté consiste moins à donner beaucoup qu'à donner à propos* », LA BRUYÈRE. ♦ Le don même.

LIBÉRATEUR, TRICE, n. m. et n. f. [liberatœr, tris] (lat. *liberator*) Celui, celle qui délivre. ♦ Adj. Qui délivre. *Armée libératrice. Le fer libérateur.* ▪ Fig. *Un cri libérateur.*

LIBÉRATION, n. f. [liberasjɔ̃] (lat. *liberatio*) Jurisp. Décharge d'une dette ou d'une servitude. ♦ *La libération de l'État*, l'acquittement, l'amortissement de la dette publique. ♦ Affranchissement du service militaire pour une cause quelconque. ♦ Renvoi chez eux des hommes qui ont fini leur temps de service. ♦ Action de libérer une personne, de lui rendre sa liberté. *Libération des prisonniers.* ▪ Fig. Fait de s'affranchir de quelque chose, de s'émanciper. *La libération sexuelle.* ▪ Action de délivrer un pays occupé, une population opprimée. ▪ Action de dégager quelque chose. *Libération d'énergie.*

LIBÉRATOIRE, ▪ adj. [liberatwar] (rad. de *libérateur*) Qui libère une personne d'une dette, d'une obligation financière.

LIBÉRÉ, ÉE, p. p. de libérer. [libere] *Forçat libéré*, forçat mis en liberté après avoir subi sa peine. ▪ Qui est délivré, affranchi. *Un pays libéré. Une femme libérée.*

LIBÉRER, v. tr. [libere] (lat. *liberare*) Dr. Décharger d'une obligation. *Libérer sa maison d'une servitude.* ♦ Exempter un homme du service militaire. ♦ Renvoyer chez lui un soldat dont le temps de service est expiré. ♦ Se libérer, v. pr. Se délivrer de quelque chose qui incommode. ♦ S'acquitter. *Un débiteur qui se libère.* ▪ S'affranchir. « *Se libérer de la tyrannie d'un père* », MOLIÈRE. ▪ Rendre la liberté à une personne, un animal. *Libérer des détenus.* ▪ Délivrer de ce qui entrave, de ce qui empêche le fonctionnement, le développement. *Libérer les échanges commerciaux.* ▪ Rendre un lieu disponible, accessible. *Libérer une salle. Libérer le passage.* ▪ Délivrer d'une occupation ennemie, d'une domination. *Libérer un pays.* ▪ Délivrer, affranchir d'une contrainte. *Libérer quelqu'un de tout engagement.* ▪ Rendre une personne disponible, la laisser partir. *Il a libéré les élèves quelques minutes avant la fin du cours.* ▪ Dégager une substance, une énergie. *Libérer un gaz.* ▪ Se libérer, v. pr. Se rendre disponible. *Il a pu se libérer assez tôt.*

LIBÉRO, ▪ n. m. [libero] (mot it., libre) Sp. Joueur exempt du marquage individuel et par conséquent libre dans ses manœuvres offensives et défensives. *Des liberos.*

LIBERTAIRE, ▪ adj. [libertɛr] (*liberté*) Qui tient pour idéale une société affranchie de toute loi, de tout pouvoir constitué, dans laquelle prime la liberté individuelle. *La doctrine libertaire des anarchistes.* ▪ N. m. et n. f. *Un, une libertaire.*

LIBERTÉ, n. f. [liberte] (lat. *libertas*) Condition de l'homme qui n'appartient à aucun maître. ♦ Se dit par opposition à captivité. ▪ En parlant des animaux. *Donner la liberté à un oiseau.* ♦ Fig. Chim. *Mettre un corps en liberté*, le dégager d'une combinaison. ♦ *Liberté naturelle*, pouvoir que l'homme a naturellement d'employer ses facultés comme il lui convient. ♦ *Liberté politique* ou simplement *liberté*, jouissance des droits politiques que la constitution de certains pays accorde à chaque citoyen. ♦ En ce sens, il se dit souvent au pluriel. ♦ *Liberté civile*, pouvoir de faire tout ce qui n'est pas défendu par les lois. ♦ *Liberté de conscience*, Droit d'adopter les opinions religieuses que l'on croit vraies, sans tomber sous le coup d'aucune loi pénale. ♦ *Liberté des cultes*, Droit que les sectateurs des diverses religions ont d'exercer leur culte et d'enseigner leur doctrine. ♦ *Liberté de penser*, Droit de manifester sa pensée sans contrainte. ♦ *Liberté d'écrire*, Droit de manifester sa pensée par écrit et par l'impression. ♦ *Liberté de la presse*, Droit de manifester sa pensée par la voie de l'impression et surtout par les journaux. ♦ *Liberté du commerce*, faculté qu'ont les commerçants d'acheter et de vendre, tant à l'intérieur qu'à l'extérieur, sans être soumis à des droits ou à des prohibitions. ♦ *Liberté des mers*, Droit que toutes les nations ont de naviguer librement sur les mers. ♦ Chez les Romains, divinité qui était représentée tenant un sceptre d'une main, et de l'autre une pique surmontée d'un bonnet (en ce sens, on met une majuscule à *Liberté*). ♦ Chez les modernes, personnification de la liberté. *Une statue de la liberté* ou simplement *une Liberté.* ♦ Au pl. Immunités, franchises. *Les libertés des communes. Les libertés de l'Église gallicane.* ♦ Pouvoir d'agir ou de n'agir pas. « *Déçue par la liberté dont elle a fait un mauvais usage, l'âme songe à se contraindre de toutes parts* », BOSSUET. ♦ Philos. Faculté qu'a l'homme de se décider

◆ Avoir connexion. ◆ **Fig.** S'astreindre, s'obliger. *Se lier par des serments.* ◆ Être uni par des liens moraux. ◆ **Absol.** Contracter amitié.

LIERNE, ■ n. f. [ljɛʀn] (p.-ê. de *lier*) **Archit.** Nervure présente sur certaines voûtes gothiques.

LIERRE, n. m. [ljɛʀ] (lat. *hedera*) Arbrisseau toujours vert, s'attachant au tronc des arbres, aux murailles qu'il couvre de ses feuilles luisantes. ◆ **Fig.** et **poétiq.** Attribut de Bacchus. ◆ *Lierre terrestre*, un des noms vulgaires du gléchome hédéracé, dit aussi herbe de la Saint-Jean.

LIESSE, n. f. [ljɛs] (lat. *lætitia*) ▷ Allégresse. « *Tout le peuple en liesse Noyait son souci dans les pots* », LA FONTAINE. ◁

LIEU, n. m. [ljø] (lat. *locus*) L'espace qu'un corps occupe. ◆ Un espace quelconque. *Lieu humide, vaste,* etc. ◆ Il se dit par rapport à la destination. *Un lieu d'assemblée, de récréation,* etc. ◆ *Lieu de sûreté*, lieu où l'on est en sûreté ; et en un autre sens, *lieu sûr*, prison. ◆ *Le lieu saint, le saint lieu*, l'église, le temple. ◆ *Les lieux saints, les saints lieux*, les lieux où sont opérés les principaux mystères de la rédemption. ◆ *Les hauts lieux*, les autels consacrés chez les Juifs aux fausses divinités sur des montagnes, et fig. les temples, les autels de l'hérésie. ◆ *Mauvais lieu*, lieu de débauche. ◆ *Lieux d'aisances* ou simplement *lieux*, les latrines. *Lieux à l'anglaise*, lieux dans lesquels la cuvette est fermée par une soupape. ◆ Endroit désigné. *Le magistrat du lieu*. Rendez-vous assigné. « *Prenez entre vous l'ordre et le temps et du lieu* », P. CORNEILLE. ◆ **Au pl. Dr.** *Les lieux*, l'endroit dont il s'agit dans une affaire criminelle ou civile. ◆ Il se prend surtout au pluriel pour les différentes pièces d'une maison, d'une terre, d'une ferme. *Des lieux en état.* ◆ **Géom.** Toute surface, tout solide qui contient les différents points propres à résoudre une question indéterminée. ◆ **Astron.** Le point du ciel auquel répond une planète, une comète. ◆ **Rang.** « *Si l'ange est le premier, l'homme a le second lieu* », MALHERBE. ◆ **Dr.** *Chaque créancier viendra en son lieu.* ◆ Habitation. « *L'homme est visiblement tombé de son vrai lieu, sans le pouvoir retrouver* », PASCAL. ◆ Place. « *Il faut que chaque chose y [dans un poème] soit mise en son lieu* », BOILEAU. ◆ **Dr.** *Être au lieu et place de quelqu'un*, avoir la cession de ses droits en actions. ◆ *En premier, en second lieu*, etc., premièrement, secondement, etc. ◆ *Tenir lieu de*, remplacer, suppléer. ◆ Maison, famille. « *On tient toujours du lieu dont on vient* », LA FONTAINE. ◆ *Bon lieu*, bonne famille. ◆ *Haut lieu*, famille de haute noblesse. ◆ *Bas lieu*, basse extraction. ◆ *Bon lieu*, la bonne société. ◆ *Haut lieu*, la cour, le gouvernement. ◆ *Bon lieu*, source digne de foi. ◆ L'endroit, le temps convenable pour dire, pour faire quelque chose. *Ce n'est pas le lieu de parler de cela. Nous en parlerons en temps et lieu.* ◆ Occasion, sujet, droit. « *Ma valeur n'a point lieu de te désavouer* », P. CORNEILLE. ◆ **Impers.** *Il y a lieu d'examiner cette question.* ◆ *En lieu de*, en occasion de, en mesure de. « *Si j'étais en lieu de vous donner des conseils* », MME DE SÉVIGNÉ. ◆ *Avoir lieu*, se dit en parlant de l'époque d'un événement. ◆ **Par extens.** S'opérer, se faire. ◆ Passage d'un livre. « *Il faut marquer d'un trait de plume les lieux où l'on trouvera de la difficulté* », DESCARTES. ◆ **Rhét.** *Lieux communs, lieux oratoires* ou simplement *lieux*, sorte de points principaux auxquels les anciens rhéteurs rapportaient toutes les preuves. ◆ **Par extens.** *Lieux communs*, traits généraux qui s'appliquent à tout ; idées usées, rebattues. ◆ AU LIEU, *loc. adv.* En la place, en remplacement. ◆ AU LIEU DE, *loc. prép.* À la place de. ◆ *Au lieu de*, marque une opposition, différence. « *Les grands noms abaissent au lieu d'élever ceux qui ne les savent pas soutenir* », LA ROCHEFOUCAULD. ◆ AU LIEU QUE, *loc. conj.* Tandis que, avec un sens d'opposition. « *Fût-elle bergère, au lieu qu'elle est fille du roi* », FÉNELON. ■ *Lieu public*, endroit accessible à tous. ■ **Fig.** *Haut lieu*, lieu où se sont déroulés des événements historiques. ■ **Fig.** *En haut lieu*, auprès des dirigeants, des autorités. *Cette décision a été prise en haut lieu.* ■ *Donner lieu à* (suivi d'un nom), susciter. *Son discours a donné lieu à de nombreux commentaires.* ■ *Donner lieu de* (suivi d'un infinitif), permettre. *Tout me donne lieu de penser qu'il est perdu.*

LIEU-DIT ou **LIEUDIT**, ■ n. m. [ljødi] (*lieu* et *dit*, de *dire*) Lieu à la campagne qui porte un nom inspiré d'une particularité liée à ce lieu. *Le lieu-dit de la Dent du Loup.* ◆ **Par extens.** Groupement de quelques habitations en campagne. *Des lieux-dits ou des lieudits.*

LIEUE, n. f. [ljø] (lat. *leuca*) Mesure itinéraire qui ne représente pas une longueur toujours la même. ◆ *La lieue commune de France*, ou *lieue géographique*, était de 2 282 toises ou 4 444 mètres et demi. ◆ *Lieue de poste*, lieue de 2 000 toises. ◆ *Lieue de pays*, lieue dont la longueur est déterminée par l'usage particulier de telle ou telle contrée. ◆ *Lieue marine*, lieue de vingt au degré, ou de 5 555 mètres et demi. ◆ *Lieue nouvelle*, lieue de 4 kilomètres. ◆ UNE LIEUE À LA RONDE, *loc. adv.* Dans l'étendue d'une lieue en tous sens. ◆ **Fig.** *Long d'une lieue*, très long. ◆ Par exagération, *une lieue* se dit d'une petite distance. *Rapprochez-vous, vous êtes à une lieue de moi.* ◆ *Sentir quelqu'un d'une lieue*, pressentir son arrivée, et aussi deviner ses intentions. ◆ *Il sent son fripon d'une lieue*, on juge aisément que c'est un fripon. ◆ **Fig.** *À cent lieues près*, à une très grande distance. **Fig.** *Cent lieues, milles lieues*, très loin, de beaucoup. *Être à cent lieues, à mille lieues d'une chose*, en être fort éloigné. ◆ *Il n'écoute pas, il est à mille lieues d'ici*, il est distrait.

LIEUR, EUSE, n. m. et n. f. [ljœr, øz] (*lier*) Celui, celle qui lie des bottes de foin, de gerbes de blé, etc. ◆ **Adj.** *Chenilles lieuses* ou n. f. lieuses, chenilles qui réunissent les feuilles des arbres en paquets, pour se faire des nids. ■ N. f. **Techn.** Machine qui sert à lier les bottes, les gerbes.

LIEUTENANCE, n. f. [ljœt(ə)nɑ̃s] (*lieutenant*) Emploi de lieutenant. ◆ Dans l'armée, grade de lieutenant.

LIEUTENANT, n. m. [ljœt(ə)nɑ̃] (*lieu* et *tenant*, de *tenir*) Celui qui tient la place d'un chef et qui commande en son absence. ◆ *Lieutenant général du royaume*, celui qui fait les fonctions du roi, quand le roi n'est pas encore reconnu, quand il est prisonnier, etc. ◆ Dans l'armée, officier qui est immédiatement après le capitaine, le deuxième officier d'une compagnie. ◆ *Lieutenant-colonel*, celui qui commande le régiment après le colonel. ◆ *Lieutenant général*, officier supérieur qui occupait le second grade dans les armées. ◆ *Lieutenant général des armées du roi* ou simplement *lieutenant général*, s'est dit pour général de division. ◆ *Lieutenant de vaisseau*, officier dont le grade est immédiatement inférieur à celui de capitaine de frégate. ◆ *Lieutenant civil*, le magistrat du Châtelet qui connaissait des causes civiles. ◆ *Lieutenant criminel*, magistrat qui connaissait des causes criminelles. ◆ *Lieutenant général de police*, magistrat qui avait à Paris la direction de police.

LIEUTENANTE, n. f. [ljœt(ə)nɑ̃t] (*lieutenant*) Autrefois, femme de magistrat qui portait le titre de lieutenant. ◆ Dans l'ancienne armée, *la lieutenante-colonelle*, la seconde compagnie d'un régiment, commandée par le lieutenant-colonel.

LIÈVRE, n. m. [ljɛvr] (lat. *lepus, leporis*) Quadrupède sauvage, très léger à la course et fort timide. ◆ **Fam.** *Peureux comme un lièvre*, fort peureux. ◆ **Fig.** *Lever le lièvre*, être le premier à faire quelque ouverture. ◆ *Il a une mémoire de lièvre*, il oublie facilement ce qu'on lui dit, ce qu'on l'envoie quérir. ◆ *Gentilhomme à lièvre*, gentilhomme pauvre réduit à vivre de sa chasse. ◆ **Fig.** *Bailler le lièvre par l'oreille*, Voy. BAILLER. ◆ **Fig.** *Courir le même lièvre*, ambitionner la même place, rechercher la même femme, etc. ◆ **Chir.** *Bec-de-lièvre*, vice de conformation, dans lequel la lèvre supérieure est fendue. *Avoir un bec-de-lièvre. Être bec-de-lièvre.* ◆ *C'est là que gît le lièvre*, c'est là le secret, le nœud de l'affaire. ◆ *Il ne faut pas courir deux lièvres à la fois*, quand on poursuit deux affaires à la fois, on s'expose à ne réussir ni dans l'une ni dans l'autre. ■ Chair comestible du lièvre. *Un pâté de lièvre.* ■ **Sp.** Coureur qui adopte un rythme rapide en début de course pour stimuler les autres concurrents.

LIFT, ■ n. m. [lift] (angl. *lifted shot*, coup levé) Effet donné à une balle ou un ballon en lui imprimant un mouvement de rotation, permettant un meilleur rebond. ■ LIFTER, v. tr. [lifte]

LIFTIER, IÈRE, ■ n. m. et n. f. [liftje, jɛr] (angl. *lift*, ascenseur) Personne préposée à un ascenseur. *Il préférait qu'on l'appelle liftier plutôt que garçon d'ascenseur comme autrefois.*

LIFTING, ■ n. m. [liftiŋ] (mot angl., abrév. de *face-lifting*, de *face*, visage, et *to lift*, soulever) Intervention de chirurgie esthétique destinée à supprimer les rides du visage en tendant la peau. ■ **Fig.** et **fam.** Action de rafraîchir, de remettre à jour.

LIGAMENT, n. m. [ligamɑ̃] (lat. *ligamentum*) **Anat.** Faisceau fibreux d'un tissu blanc argenté, très serré, peu extensible. *Les ligaments de l'articulation du genou.* ◆ **Par extens.** Nom donné à toutes les parties dont l'usage est de fixer les organes dans les positions données. ◆ La partie qui réunit les deux valves des coquilles. ■ LIGAMENTAIRE, adj. [ligamɑ̃tɛr]

LIGAMENTEUX, EUSE, adj. [ligamɑ̃tø, øz] (*ligament*) **Anat.** Qui est de la nature des ligaments. *Tissu ligamenteux.* ◆ **Bot.** *Plantes ligamenteuses*, plantes dont les racines ou les tiges sont grosses et tortillées en forme de cordage.

LIGAND, ■ n. m. [ligɑ̃] (mot angl., du lat. *ligare*, lier) **Biol.** Petite molécule se fixant sur les protéines.

LIGASE, ■ n. f. [ligaz] (lat. *ligare*, lier) **Biol.** Enzyme qui catalyse la condensation des molécules.

LIGATURE, n. f. [ligatyr] (b. lat. *ligatura*) **Chir.** Action de lier. ◆ Opération par laquelle on lie les vaisseaux, les polypes, etc. *Faire la ligature d'une artère.* ◆ Morceau d'étoffe ou cordon dont on se sert pour lier. ◆ Bande dont on se sert pour lier le bras quand on pratique l'opération de la saignée. ◆ En écriture et en imprimerie, plusieurs lettres liées ensemble. ◆ Caractère d'imprimerie qui joint deux lettres ensemble, telles que æ, fi.

LIGATURER, ■ v. tr. [ligatyr] (*ligature*) **Chir.** Lier à l'aide d'une ligature. *Elle s'est fait ligaturer les trompes. On lui a ligaturé les canaux déférents.*

LIGE, adj. [liʒ] (b. lat. *læticus*, d'orig. frq.) **Féod.** Qui promet à son seigneur toute fidélité contre qui que ce soit, sans restriction. *Homme lige.* ◆ *Fief lige, terre lige*, terre possédée sous la charge de l'hommage lige.

LIGHT, ■ adj. inv. [lajt] (mot angl., *léger, allégé*) Qui contient peu de sucre, peu de calories, en parlant d'un produit comestible. *Des sodas light.* ■ *Cigarette light,* cigarette à faible dose nicotinique.

LIGNAGE, n. m. [liɲaʒ] ou [linjaʒ] (*ligne*) L'ensemble des personnes qui appartiennent à la même lignée. *Seigneur de haut lignage.* « *Ce sont enfants tous d'un lignage* », LA FONTAINE. ■ **Typogr.** Nombre de lignes d'un texte.

LIGNAGER, ÈRE, n. m. et n. f. [liɲaʒe] ou [linjaʒe] (*lignage*) **Dr.** Personne qui est du même lignage. ♦ Adj. *Retrait lignager,* Voy. RETRAIT.

LIGNE, n. f. [liɲ] ou [linj] (lat. *linea*) Cordeau, ficelle dont divers ouvriers se servent pour tracer leurs ouvrages. *Tirer une muraille à la ligne.* ♦ *Ligne à plomb,* direction que prend une corde à l'extrémité de laquelle pend un poids. ♦ Ficelle avec un hameçon au bout pour pêcher. ♦ L'instrument tout entier, bâton et ficelle, qui sert à pêcher. ♦ **Mar.** Petit cordage. ● **Géom.** Étendue en longueur, considérée sans largeur ni épaisseur. *Ligne droite.* ♦ Dans l'ancien système des poids et mesures, la douzième partie d'un pouce. ♦ *Ligne d'eau,* la 144ᵉ partie d'un pouce d'eau, 55 litres et demi par heure. ● **Mus.** Traits horizontaux et parallèles qui composent la portée. ♦ *Ligne visuelle,* celle qui part de l'œil de l'observateur et aboutit à l'objet qu'il considère. ♦ **Artill.** *Ligne de mire,* celle qui détermine la position de la pièce, relativement au point que l'on veut atteindre. ♦ *Ligne de tir,* ligne courbe décrite par le projectile pour atteindre le point vers lequel se dirige la ligne de mire. ♦ *Ligne équinoxiale* ou simplement *ligne,* l'équateur. *Passer la ligne.* ♦ *Ligne méridienne,* la circonférence du méridien supposée tracée sur la Terre. ♦ **Mar.** *Ligne d'eau* ou *de flottaison,* ligne qu'atteint un vaisseau quand il est pourvu de tout ce qui lui est nécessaire pour le voyage, et qu'il n'a pas encore reçu les marchandises ou autres charges. ♦ *Ligne de démarcation,* Voy. DÉMARCATION. ♦ *Aller quelque part en droite ligne,* y aller sans faire de détours. ♦ Fig. *Suivre la ligne du devoir, de l'honneur,* tenir une conduite conforme au devoir, à l'honneur. ♦ *Ligne de conduite,* la règle qu'on prend pour diriger sa vie. ♦ Rang. *Être sur la même ligne, en première ligne,* etc. ♦ *Hors ligne,* se dit de ce qui n'est pas dans le rang, de ce qui mérite une place exceptionnelle. ♦ Série des membres d'une famille. « *Mais fussiez-vous issu d'Hercule en droite ligne* », BOILEAU. *Ligne directe, collatérale, ascendante, descendante.* ♦ Traits marqués dans la main et par lesquels on prétend découvrir le caractère ou le destin des gens. *La ligne de vie.* ♦ *Escrime Ligne,* celle qui est directement opposée à l'adversaire, et dans laquelle doivent être les épaules, le bras droit et l'épée. *Être en ligne,* se dit d'un tireur dont le pied droit est placé vis-à-vis la cheville du pied gauche ; et aussi de deux tireurs qui sont en face l'un de l'autre. ♦ *Art Ligne* ou *lignes,* effet général produit par la réunion et la combinaison des diverses parties, soit d'un objet naturel, soit d'une composition. *Les lignes du visage, d'un paysage, d'un monument.* ♦ Suite de mots écrits ou imprimés en ligne droite. ♦ *Mettre un mot à la ligne,* commencer par ce mot un nouvel alinéa. ♦ **Fig.** *Lire entre les lignes,* voir dans un écrit un sens caché qui y est seulement indiqué. ♦ *Écrire hors ligne, mettre hors ligne, tirer une somme hors ligne,* l'écrire à la marge. ♦ *Ligne de compte,* la somme qu'on tire à la marge blanche laissée à côté d'un compte à droite. ♦ *Mettre, tirer en ligne de compte,* employer, comprendre dans un compte, et fig. faire mention d'une chose. ♦ Ce qui est écrit dans une ligne. ♦ **Fam.** *Deux lignes,* une courte missive ; une brève mention. ♦ **Milit.** Direction générale de la position des troupes, soit pour le combat soit pour les grandes manœuvres. *Se mettre en ligne, rentrer en ligne, être en ligne,* se placer, se replacer ou être placé dans la direction générale de la ligne. ♦ *Rompre la ligne* ou *forcer la ligne,* se porter en avant. ♦ *Ligne d'opération,* ligne qu'une armée doit suivre constamment. ♦ *Ligne de communication,* chemin par lequel une armée communique avec ses dépôts, ses magasins, ses réserves. ♦ *Ligne,* suite de bataillons ou d'escadrons placés sur la même ligne et faisant face du même côté. *Une armée se divise ordinairement en trois lignes.* ♦ *Marcher en ligne,* conserver en marchant l'alignement général et partiel. ♦ *Troupe de ligne,* troupe destinée à combattre en ligne. *Infanterie de ligne. Régiment de ligne.* ♦ Absol. et collect. *La ligne,* les corps composant la troupe de ligne. ♦ **Mar.** Toute réunion de bâtiments de guerre rangés ou gouvernant sur un même rumb de vent. ♦ *Vaisseau de ligne,* nom qu'on donnait aux grands vaisseaux de guerre. ♦ **Fortif.** Retranchement ; en ce sens, il se dit surtout au pluriel. ♦ Ensemble de retranchements destinés à couvrir une armée, à fermer un débouché, etc. ♦ *Lignes d'approche,* lignes qui se font dans les sièges, pour s'approcher à couvert du corps de la place. *Lignes de circonvallation. Lignes de communication,* tranchées qu'on ouvre d'une parallèle à l'autre. ♦ *Ligne de défense* ou *ligne de frontière,* ligne que, dans le système défensif d'un État, occupent les places fortes, les camps retranchés, etc. ♦ *Ligne de douane,* bureaux de douane placés le long d'une frontière, d'une limite. ♦ Autrefois, *ligne télégraphique,* suite de télégraphes aériens qui correspondaient entre eux ; aujourd'hui, fil de fer qui transmet, à l'aide de l'électricité, les dépêches d'un point à un autre. ♦ *Ligne d'un chemin de fer,* l'axe des ouvrages dont il se compose. ♦ **Par extens.** Chemin de fer. *La ligne de Paris à Orléans.* ♦ Il se dit aussi du service des paquebots, du parcours des omnibus, etc. ♦ **Sylvic.** Voie étroite tracée dans une forêt,

et dite autrefois laie. ■ *Avoir la ligne,* être mince. ■ *Dans les grandes lignes,* sans entrer dans les détails. *Exposer une situation dans les grandes lignes.* ■ Ensemble de câbles qui conduisent l'énergie électrique, qui transmettent des informations. *Ligne à haute tension. Ligne téléphonique.* ■ *Être en ligne,* en communication téléphonique avec quelqu'un. ■ *En ligne,* se dit de services accessibles à partir d'un terminal informatique connecté à un réseau de télécommunications.

LIGNÉE, n. f. [liɲe] ou [linje] (*ligne*) Race, descendance. « *Un père eut pour toute lignée Un fils qu'il aima trop* », LA FONTAINE. ♦ Il se dit aussi des animaux. ♦ Fig. « *Les esprits d'une haute lignée* », MME DE STAËL.

LIGNETTE, n. f. [liɲɛt] ou [linjɛt] (dim. de *ligne*) ▷ Ficelle de médiocre grosseur pour faire des filets. ◁

LIGNEUL, n. m. [liɲœl] ou [linjœl] (lat. pop. *lineolum,* de *linea*) Fil enduit de poix, dont se servent les cordonniers.

LIGNEUX, EUSE, adj. [liɲø, øz] ou [linjø, øz] (lat. *lignosus*) **Bot.** Qui tient de la nature du bois. *Substance ligneuse.* ♦ *Couches ligneuses,* zones qui se forment successivement autour de la moelle dans les dicotylédones. ♦ *Corps ligneux,* la partie de la tige ou de la racine des plantes dicotylédones qui se trouve comprise entre la moelle et l'écorce. ♦ *Plantes ligneuses,* celles dont les tiges et les branches, d'abord faibles, forment consécutivement un bois solide. ■ N. m. *Le ligneux,* principe formant la base de l'organisation des végétaux.

LIGNICOLE, ■ adj. [liɲikɔl] ou [linjikɔl] (lat. *lignum,* bois, et -*cole*) **Zool.** Relatif aux animaux qui vivent dans le bois. *Insectes lignicoles.*

LIGNIFICATION, ■ n. f. [liɲifikasjɔ̃] ou [linjifikasjɔ̃] (*lignifier*) **Bot.** Processus par lequel certaines cellules végétales s'imprègnent de lignine et se transforment en bois. *Il est conseillé de procéder au taillage des rameaux avant la lignification.*

LIGNIFIER (SE), ■ v. pr. [liɲifje] ou [linjifje] (lat. *lignum,* bois) **Bot.** Se transformer en bois par lignification.

LIGNINE, ■ n. f. [liɲin] ou [linjin] (lat. *lignum,* bois) **Bot.** Substance organique complexe qui imprègne certaines cellules du bois. *Lorsqu'elle est exposée au soleil la lignine s'oxyde et jaunit.*

LIGNITE, n. m. [liɲit] ou [linjit] (lat. *lignum*) Charbon fossile de formation récente. ■ REM. On prononçait autrefois [lignit] en séparant le *g* du *n.*

LIGNOMÈTRE, ■ n. m. [liɲɔmɛtr] ou [linjɔmɛtr] (*ligne* et -*mètre*) **Impr.** Règle graduée qui permet de calculer le nombre de lignes d'une composition typographique. *Toutes ces mesures ont été prises à l'aide d'un lignomètre.*

LIGOT, ■ n. m. [ligo] (mot gascon, du lat. *ligare,* lier) Fagot de bûchettes enduites de résine servant à allumer le feu.

LIGOTAGE, ■ n. m. [ligotaʒ] (*ligoter*) Action de ligoter. *Le ligotage du prisonnier. Il est très fort dans le ligotage politique.* ■ **Arg.** Lier les mains avec une ficelle que l'on serre très fort, jusqu'au sang.

LIGOTER, ■ v. tr. [ligote] (anc. fr. *ligote,* courroie de bouclier, du lat. *ligare*) Entourer quelqu'un d'une corde de sorte qu'il ne puisse plus bouger. *Ligoter sa victime.* ♦ **Fig.** *Je ne peux pas vous aider dans cette entreprise, je suis ligoté par le secret professionnel.*

LIGUE, n. f. [lig] (*liguer*) Union de plusieurs princes ou États pour se défendre et pour attaquer. *Ligue offensive, défensive.* ♦ Associations et complots entre particuliers pour les intérêts politiques. ♦ *La sainte Ligue* ou absol. *La Ligue,* union des catholiques formée en France à la fin du XVIᵉ siècle pour combattre le protestantisme. ♦ **Fig.** *Vive le Roi, vive la Ligue,* se dit de ceux qui ne prennent aucun parti dans un différend ou dans les discordes civiles. ♦ Cabales pour différents intérêts. ■ Association qui défend des intérêts politiques, religieux, humanitaires, etc. *La Ligue des droits de l'homme.*

LIGUÉ, ÉE, p. p. de liguer. [lige]

LIGUER, v. tr. [lige] (lat. *ligare,* attacher, lier) Mettre en ligue. « *Contre votre tyran j'ai ligué ses amis* », P. CORNEILLE. ♦ Il se dit aussi des choses qu'on ligue. *Liguer les intérêts, les passions.* ♦ *Se liguer,* v. pr. Former une ligue. ■ Unir ses forces contre quelqu'un ou quelque chose. *Les différents syndicats se sont ligués contre cette réforme.*

LIGUEUR, EUSE, n. m. et n. f. [ligœr, øz] (*Ligue*) Celui, celle qui était de la Ligue, du temps de Henri III et de Henri IV.

LIGULE, ■ n. f. [ligyl] (lat. *li[n]gula,* petite langue) **Bot.** Corolle de fleur en forme de languette chez certaines plantes. *Les fleurons du pourtour du tournesol portent chacun une ligule jaune tournée vers l'extérieur.*

LIGULÉ, ÉE, ■ adj. [ligyle] (*ligule*) **Bot.** Qui a la forme d'une ligule. *Des fleurs à corolles ligulées.*

LIGURE, ■ adj. [ligyʀ] (lat. *ligur*) Relatif aux Ligures, peuple de l'Antiquité qui a vécu sur une partie de la côte méditerranéenne après l'avoir envahie au VIe siècle après J.-C. *Le peuple, la culture ligure.* ■ N. m. Langue ancienne indo-européenne parlée par les Ligures.

LILAS, n. m. [lila] (ar. *lilak,* du pers. *lilag,* sansc. *nilah*) Genre *syringa,* famille des oléinées. ◆ *Lilas commun,* arbre qui fleurit au printemps, et porte des fleurs odorantes par bouquets. ◆ *Lilas de Perse.* ◆ *La couleur du lilas. Le lilas pâle.* ◆ Adj. inv. *Une robe lilas,* d'un violet pâle.

LILIACÉ, ÉE, adj. [liljase] (b. lat. *liliaceus,* de lis) Bot. Qui est analogue au lis. *Plantes liliacées.* ◆ N. f. *Les liliacées,* famille de plantes monocotylédones, dont le lis est le type.

LILIAL, ALE, ■ adj. [liljal] (*lilium,* lis) Relatif au lis. ◆ Fig. Qui rappelle le lis par sa blancheur ou sa pureté. *Un parfum aux arômes liliaux.* « *S'imposant soudain, la figuration d'un bourdon au vol lourd, portant sur son thorax noir trois articulations d'un blanc quasi lilial* », PEREC.

LILLIPUTIEN, IENNE, ■ adj. [lilipysjɛ̃, jɛn] (le *t* se prononce *ss. Lilliput,* pays imaginaire du *Gulliver* de Swift, dont les habitants sont de très petite taille) Très petit par sa taille. « *Une petite table, grande comme une boîte d'allumettes, un écran, une boîte à gants, un séchoir à serviettes, le mobilier d'une poupée lilliputienne* », GONCOURT. ■ N. m. et n. f. *Un lilliputien, une lilliputienne.*

LIMACE, n. f. [limas] (lat. *limax,* du gr. *leimax*) Mollusque rampant, sans coquille, à quatre tentacules. ◆ *La vis d'Archimède.* ◆ Fam. Personne lente et sans énergie. ■ REM. On disait et écrivait aussi *un limas* autrefois.

LIMAÇON, n. m. [limasɔ̃] (*limace*) ▷ Mollusque gastéropode, dit vulgairement escargot des vignes. ◁ ◆ *Nom d'une foule de coquilles univalves.* ◆ *Cet homme est retiré chez lui comme un limaçon dans sa coquille,* il vit très retiré. ◆ Fig. *C'est un limaçon qui sort de sa coquille,* se dit d'un homme de néant qui veut paraître au-dessus de sa condition. ◆ Anat. L'une des trois cavités qui constituent le labyrinthe de l'oreille. ◆ Archit. *Escalier en limaçon,* escalier qui tourne en forme de vis autour d'un cylindre de pierre. ◆ *La vis d'Archimède.* ■ REM. Syn. de colimaçon. ■ On dit aujourd'hui *un escalier en colimaçon.*

LIMAGE, n. m. [limaʒ] (*limer*) Action de limer.

LIMAILLE, n. f. [limaj] (*limer*) Petites particules métalliques que la lime détache des métaux.

LIMAN, ■ n. m. [limɑ̃] (russe *liman,* estuaire, du gr. *limên,* port) Géogr. Lagune formée par la fermeture partielle d'un cordon littoral. *Les limans des côtes ukrainiennes.*

LIMANDE, n. f. [limɑ̃d] (p.-ê. du lat. *limanda,* bonne à limer, pour la rugosité de sa peau) Poisson de mer fort plat, et à peu près de la forme d'un carrelet, mais à peau rude. ■ *Limande-sole,* variété de limande ayant une forme allongée. ■ *Plat comme une limande,* avec aussi peu d'épaisseur qu'une limande. *La pauvre, elle est plate comme une limande.* ■ Ellipt. et injur. *Une limande,* une femme plate, avec très peu de poitrine.

LIMAS, n. m. [lima] Voy. LIMACE.

LIMBE, n. m. [lɛ̃b] (lat. *limbus,* bordure, frange) Math. et astron. Bord d'un instrument. ◆ *Le limbe supérieur, inférieur du soleil,* le bord supérieur, inférieur du soleil. ◆ Bot. Partie d'une feuille ou foliole qui est formée par l'épanouissement des fibres du pétiole. ◆ Cercle brillant autour d'un objet. « *Dans l'éclipse totale du soleil on voit un limbe ou un grand cercle de vapeurs* », BUFFON. ◆ Cercle brillant autour de la tête d'un saint, d'une divinité.

LIMBES, n. m. pl. [lɛ̃b] (lat. ecclés. *limbus*) Lieu où les âmes des justes de l'Ancien Testament attendaient que Jésus-Christ fût venu opérer le mystère de la rédemption, et où sont les enfants morts sans baptême. ◆ Fig. *Être dans les limbes,* être en enfance par vieillesse. ■ Fig. et litt. État indéfini, incertain. *Les limbes de l'enfance.*

LIMBIQUE, ■ adj. [lɛ̃bik] (*limbe*) Relatif à un limbe ou aux limbes. *Des greffes limbiques. Une cité limbique.* ■ Anat. *Système limbique,* région la plus primitive du cerveau jouant un rôle central dans le contrôle du comportement et des émotions.

1 **LIME,** n. f. [lim] (lat. *lima*) Outil d'acier garni d'aspérités régulièrement disposées, qui sert à polir, à couper les métaux. ◆ *Lime sourde,* lime qui ne fait pas de bruit quand on l'emploie. ◆ Fig. Soin que l'on met à polir les ouvrages d'esprit. *Donner le dernier coup de lime à un ouvrage.* ■ *Lime à ongles,* petite lime en métal ou recouverte d'une matière abrasive utilisée pour raccourcir les ongles. ■ Mollusque bivalve vivant principalement en mer Méditerranée.

2 **LIME** ou **LIMETTE,** n. f. [lim, limɛt] (1 *lime*) Fruit du citronnier limettier.

LIMÉ, ÉE, p. p. de limer. [lime]

LIMER, v. tr. [lime] (lat. *limare*) Travailler avec la lime. *Limer du fer, des dents, etc.* ◆ Fig. Faire subir à un ouvrage d'esprit un travail de correction

comparé au travail de la lime sur le fer. ◆ Absol. « *Mérite un tel succès; compose, efface, lime* », VOLTAIRE. ■ Se limer, v. pr. *Se limer les ongles.*

LIMERICK, ■ n. m. [lim(ə)ʀik] (mot anglais) Petit poème burlesque en cinq vers en vogue en Angleterre à la fin du XIXe siècle. *Des limericks.*

LIMES, ■ n. m. [limɛs] (*es* se prononce *ess.* lat. *limes,* limite) Antiq. Ligne de fortification qui délimitait l'ancien Empire romain.

LIMETTE, ■ n. f. [limɛt] Voy. LIME.

LIMETTIER, n. m. [limetje] (2 *lime*) Espèce de citronnier à fruit doux.

1 **LIMEUR,** n. m. [limœr] (*limer*) Ouvrier qui se sert de la lime. ◆ Adj. *Machine limeuse.*

2 **LIMEUR, EUSE,** ■ n. m. et n. f. [limœr, øz] (1 *lime*) Personne qui travaille à la lime. ■ N. f. Machine qui sert à limer des grosses pièces.

LIMICOLE, ■ adj. [limikɔl] (lat. *limus, limon,* et -*cole*) Zool. Qui vit dans la vase. ■ Qui se nourrit de vase. *Un oiseau limicole.* ■ N. m., n. f. *Ce limicole est reconnaissable grâce à sa huppe.*

LIMIER, n. m. [limje] (anc. fr. *liem,* du lat. *ligamen,* lien, laisse) Grand chien qui sert à la chasse des grosses bêtes, telles que le cerf, le sanglier, etc. ◆ Fig. Celui qui ambitionne, poursuit quelque chose. ◆ Fig. *Les limiers de la police,* les agents de police.

LIMINAIRE, adj. [liminɛr] (lat. *liminaris,* de *limen,* seuil) Qui est en tête d'un livre. *Des pièces liminaires.* ◆ Prologue ou épître que l'on mettait en tête d'un livre et qui tenait lieu de préface.

LIMINAL, ALE, ■ adj. [liminal] (angl. *liminal,* du lat. *limen,* seuil) Didact. Qui se trouve à la limite du seuil en dessous duquel il n'y a plus de perception sensorielle. ■ Par extens. Tout juste perceptible. *Personnages, actes liminaux.* ■ REM. On dit aussi liminaire.

LIMITATIF, IVE, adj. [limitatif, iv] (lat. *limitatum,* supin de *limitare*) Qui limite. ◆ Jurispr. *Disposition limitative,* disposition dont l'objet est tellement déterminé que le légataire n'a rien à demander, à prétendre sur le surplus des biens du testateur.

LIMITATION, n. f. [limitasjɔ̃] (b. lat. *limitatio*) Action de limiter. ■ Action de fixer des limites. *La limitation de vitesse sur cette route est de 60 km/h.*

LIMITE, n. f. [limit] (lat. *limes,* génit. *limitis*) Ligne de démarcation entre des terrains ou terrains contigus ou voisins. *Les Pyrénées sont la limite de la France du côté de l'Espagne.* ◆ Il se dit souvent au pluriel en ce sens. ◆ Fig. « *Je dis que sa grandeur n'aura point de limite* », MALHERBE. ■ Moment où commence et où se termine un espace de temps. *Demain, c'est la dernière limite.* ■ *Limite d'âge,* âge au-delà duquel on ne peut plus faire certaines choses. *Il ne pourra pas se présenter au concours car il a atteint la limite d'âge.* ■ Math. Valeur vers laquelle tend une grandeur sans jamais l'atteindre. ■ En apposition. *Valeur, état que l'on ne peut dépasser. Date limite de consommation.* ■ Fam. *Être limite,* à peine acceptable. *Des résultats limites.* ■ Psych. *État limite* ou *état de la personnalité limite,* état psychologique d'une personne se trouvant entre la névrose et la psychose.

LIMITÉ, ÉE, p. p. de limiter. [limite] Adj. *Mon estime pour lui est pour le moins limitée. Une zone limitée.* ■ Fam. Se dit d'une personne dont on estime que ses capacités intellectuelles sont réduites. *Cette personne est belle, mais un peu limitée !*

LIMITER, v. tr. [limite] (lat. *limitare*) Donner des limites. *La mer limite ce royaume au midi et au couchant.* ◆ Fig. *Limiter le pouvoir, les droits, un temps, un prix, etc.* ◆ Se limiter, v. pr. *Se donner des limites.*

LIMITEUR, ■ n. m. [limitœr] (*limiter*) Appareil mécanique ou électrique qui empêche une grandeur de dépasser une valeur donnée. *Limiteur de température.*

LIMITROPHE, adj. [limitʀɔf] (b. lat. *limitrophus,* de *limes,* frontière, et radic. du gr. *trophê,* nourriture) Qui est sur les limites. *Cette province est limitrophe de l'Allemagne.* ■ Qui a une frontière commune avec un lieu. *La France et l'Espagne sont des pays limitrophes.*

LIMIVORE, ■ adj. [limivɔr] (*limus,* limon, et -*vore*) Zool. Relatif à un animal qui se nourrit des matières organiques contenues dans la vase. *Certains poissons sont limivores.* ■ REM. On trouve parfois limnivore.

LIMNÉE, ■ n. f. [limne] (lat. sav. [XVIIIe s.] *limnaea,* du gr. *limnaios,* qui vit dans les étangs) Mollusque gastéropode qui vit dans les eaux douces. *La limnée se déplace le plus souvent la tête en bas et est obligée de remonter fréquemment à la surface afin d'amasser de l'air dans ses poumons.*

LIMNOLOGIE, n. f. [limnɔlɔʒi] (gr. *limnê,* étang, et -*logie*) Étude des eaux stagnantes. *La limnologie a pour sujet d'étude les étangs, les marais et les lacs.* ■ LIMNOLOGIQUE, adj. [limnɔlɔʒik] *Des recherches limnologiques.*

LIMOGER, ■ v. tr. [limɔʒe] (*Limoges,* ville où furent envoyés des officiers relevés de leur fonction) Milit. Relever de son commandement un officier général. ■ Par extens. Licencier. *Limoger un haut fonctionnaire.* ■ LIMOGEAGE, n. m. [limɔʒaʒ]

1 LIMON, n. m. [limɔ̃] (lat. pop. *limo,* du lat. *limus,* boue) Dépôt de terre divisée et de débris organiques formé au fond des étangs, des fossés, ou entraîné par les eaux courantes dans les parties déclives des terrains. ◆ **Fig.** *Le limon du vice.* ◆ **Fig.** Extraction, origine. *Nous sommes formés du même limon.*

2 LIMON, n. m. [limɔ̃] (orig. inc.) L'une des deux branches de la limonière d'une voiture. *Mettre un cheval en limons.*

3 LIMON, n. m. [limɔ̃] (ital. *limone,* de l'ar. *laimun,* pers. *limun*) ▷ Fruit qui ressemble au citron, mais dont le jus est plus aigre. ◁

4 LIMON, n. m. [limɔ̃] (lat. *limus,* oblique) **Archit.** La pierre ou la pièce de bois qui termine et soutient les marches d'une rampe d'escalier.

LIMONADE, n. f. [limɔnad] (3 *limon*) Boisson qui se fait avec du jus de limon ou de citron, de l'eau et du sucre. ◆ *Limonade gazeuse,* limonade saturée d'acide carbonique.

LIMONADIER, IÈRE, n. m. et n. f. [limɔnadje, jɛʁ] (*limonade*) Celui, celle qui fait et vend de la limonade, des boissons rafraîchissantes, des liqueurs, du café, etc. ◆ ▷ Celui, celle qui tient un café. ◁

LIMONAGE, ■ n. m. [limɔnaʒ] (1 *limon*) **Agric.** Fertilisation d'un sol au moyen de limon.

LIMONAIRE, ■ n. m. [limɔnɛʁ] (frères *Limonaire,* les inventeurs) Orgue mécanique utilisé dans les manèges forains. *J'ai passé deux heures à écouter le joueur de limonaire.*

LIMONÈNE, ■ n. m. [limɔnɛn] (3 *limon*) Hydrocarbure présent dans l'écorce des agrumes. ■ Substance liquide que l'on extrait de l'écorce des agrumes.

LIMONEUX, EUSE, adj. [limɔnø, øz] (1 *limon*) Plein de limon. ◆ *Plantes limoneuses,* plantes qui croissent dans les terrains fangeux.

1 LIMONIER, n. m. [limɔnje] (2 *limon*) ▷ Cheval qu'on met aux limons. ◆ Adj. *Cheval limonier, jument limonière* et n. m. et n. f. *un limonier, une limonière.* ◁

2 LIMONIER, n. m. [limɔnje] (3 *limon*) ▷ Citronnier produisant le limon. ◁

LIMONIÈRE, n. f. [limɔnjɛʁ] (2 *limon*) Espèce de brancard formé des deux limons d'une voiture. ◆ Voiture à quatre roues ayant, au lieu d'un timon, un brancard formé par deux limons.

LIMONITE, ■ n. f. [limɔnit] (1 *limon*) Aggloméré d'oxydes et d'hydroxydes de fer d'origine sédimentaire exploité comme minerai.

LIMOSINAGE ou **LIMOUSINAGE,** n. m. [limɔzinaʒ, limuzinaʒ] (*limousin*) ▷ Ouvrage de maçonnerie fait avec des moellons et du mortier. *Maçonnerie de limosinage.* ◁

LIMOUSIN, INE, ■ adj. [limuzɛ̃, in] (*Limousin*) Relatif au Limousin. *Les vaches limousines.* ■ N. m. et n. f. *Un Limousin, une Limousine.* ■ N. m. *Le limousin,* dialecte d'oc parlé dans le Limousin.

LIMOUSINE, n. f. [limuzin] (*limousin*) Manteau en poil de chèvre ou en grosse laine que portent les rouliers. ■ Automobile de luxe qui possède quatre portes et six glaces.

LIMPIDE, adj. [lɛ̃pid] (lat. *limpidus*) Clair et transparent. *Ciel, eau limpide.* ◆ **Fig.** *Style limpide,* style clair et pur.

LIMPIDITÉ, n. f. [lɛ̃pidite] (b. lat. *limpiditas*) Qualité de ce qui est limpide. *La limpidité de l'eau, du diamant, de l'atmosphère, de l'air, etc.* ◆ **Fig.** *La limpidité du style.*

LIMURE, n. f. [limyʁ] (*limer*) ▷ Action de limer. ◆ L'état d'une chose limée. *Une tabatière d'une limure parfaite.* ◆ Limaille. ◁

LIN, n. m. [lɛ̃] (lat. *linum,* gr. *linon*) Plante dont la tige fournit un fil servant à fabriquer des toiles fines et des dentelles. ◆ *Toile faite de lin.* « *Il était vêtu de lin* », MASSILLON. ◆ *Gris de lin,* couleur qui ressemble à celle de la filasse ou de la toile écrue. ◆ Adj. inv. *Une robe gris de lin.*

LINAIGRETTE, ■ n. f. [linɛgʁɛt] (*lin* et *aigrette*) Plante herbacée des marais dont les fleurs, à maturité, forment une aigrette cotonneuse. *La linaigrette est une fleur sauvage.*

LINAIRE, n. f. [linɛʁ] (lat. sav. *linaria,* du lat. *linum,* lin) Plante dont les feuilles ont de la ressemblance avec celles du lin, dite aussi lin sauvage.

LINCEUL, n. m. [lɛ̃sœl] (lat. *linteolum,* petite étoffe de toile, de *linum,* lin) Drap de toile dont on se sert pour ensevelir un mort. ◆ **Fig.** *Tout ce qui enveloppe comme un linceul de mort. Un linceul de tristesse.* ■ REM. On prononçait aussi [lɛ̃sœj] autrefois.

LINÇOIR ou **LINSOIR,** ■ n. m. [lɛ̃swaʁ] (orig. inc.) **Techn.** Pièce de bois appliquée parallèlement à un mur et qui reçoit les abouts des solives et des chevrons interrompus d'un conduit de cheminée, d'une lucarne, d'une fenêtre, etc.

LINÉAIRE, adj. [lineɛʁ] (lat. *linearis*) Qui a rapport aux lignes. « *Des problèmes de géométrie linéaires* », DESCARTES. ◆ *Mesures linéaires,* mesures de longueur. ◆ *Dessin linéaire,* dessin où le trait seul est marqué. ◆ **Bot.** *Feuilles linéaires,* feuilles qui sont allongées et étroites. ■ **Math.** Se dit d'une fonction du premier degré dont la représentation graphique est une droite. ■ **Fig.** Simple et continu. *Un récit linéaire.* ■ **N. m.** Espace occupé par des marchandises dans un magasin. ■ LINÉARITÉ, n. f. [linearite]

LINÉAIREMENT, adv. [lineɛʁ(ə)mɑ̃] (*linéaire*) De manière linéaire. *C'est linéairement qu'il étudiait le dossier.* ■ En ce qui concerne les lignes qui constituent ce dont on parle. *Un portrait linéairement identique.*

LINÉAL, ALE, adj. [lineal] (b. lat. *linealis*) ▷ **Jurispr.** Qui est dans l'ordre d'une ligne de descendance. *Succession linéale.* ◆ **Bx-arts** Qui a rapport aux lignes d'un dessin, d'un tableau, d'un édifice. *Perspective linéale.* ◁

LINÉAMENT, ■ n. m. [lineamɑ̃] (lat. *lincamentum*) Trait linéaire. *Les linéaments du visage.* ◆ *Par extens.* Premier rudiment d'un être, d'un objet. *Les premiers linéaments du poulet dans l'œuf.* ◆ **Fig.** Ébauche, esquisse.

LINÉARITÉ, ■ n. f. [linearite] (*linéaire*) Caractère de ce qui est linéaire.

LINÉATURE, ■ n. f. [lineatyʁ] (lat. *linea,* ligne) **Techn.** Nombre de lignes que comporte une image complète de télévision. ■ Contour linéaire. *La linéature plus ou moins précise d'un visage.* ■ **Impr.** Nombre de lignes, par unité de longueur, du quadrillage d'une trame.

LINÉIQUE, ■ adj. [lineik] (lat. *linea,* ligne) Relatif à une grandeur rapportée à une unité de longueur. *Capacité, masse linéique.*

LINER, ■ n. m. [lajnœʁ] (on prononce à l'anglaise : laï-neur. angl. *line,* ligne) Paquebot de ligne. ■ Avion pouvant transporter un très grand nombre de passagers. ■ REM. On recommande *gros-porteur.*

LINGA ou **LINGAM,** ■ n. m. [lɛ̃ga, lɛ̃gam] (sansc. *liga*) Pilier phallique représentant le dieu hindou Shiva symbole de fertilité et de puissance créatrice. ■ *Des lingas, des lingams* ou *des linga, du lingam.*

LINGE, n. m. [lɛ̃ʒ] (adj. a. fr., du lat. *lineus,* de lin) Toile de lin, de chanvre ou de coton, employée aux divers besoins du ménage. ◆ *Gros linge,* les draps, les nappes, les serviettes, les chemises, etc. *Linge fin,* les collerettes, les manches, manchettes, etc. ◆ *Blanc comme un linge,* pâli pour une cause quelconque. ◆ *Linge de corps,* linge qui sert à la personne même, comme chemises, mouchoirs, etc. ◆ *Linge de table,* nappes, serviettes. ◆ *Linge de lit,* draps, taies d'oreiller, etc. ◆ *Linge de cuisine,* tabliers, torchons, etc. ◆ *Linges sacrés,* linges sur lesquels on dispose l'eucharistie pendant le saint sacrifice. ◆ *Linge se* dit du linge de corps. *Il ne porte que du beau linge. Changer de linge.* ◆ *Un morceau de linge. La tête enveloppée de linges.* ◆ **Prov.** *Il faut laver son linge sale en famille,* il ne faut pas mettre le public dans la confidence des mauvaises affaires domestiques, surtout des dissensions. ■ *Linge de bain,* serviette de toilette, le plus souvent en éponge utilisée pour les baignades. ◆ **Suisse** Serviette utilisée pour la toilette. *Passe-moi un linge !*

LINGER, ÈRE, n. m. et n. f. [lɛ̃ʒe, ɛʁ] (*linge*) Celui, celle qui fait, qui vend du linge, qui travaille en linge. ◆ Adj. *Marchand linger. Marchande lingère.* ◆ Adj. Dans les communautés d'hommes, il y a *des frères lingers,* et dans celles de femmes, *des sœurs lingères.* ■ N. f. Femme qui s'occupe de l'entretien du linge.

LINGERIE, n. f. [lɛ̃ʒ(ə)ʁi] (*linge*) Commerce de linge. ◆ Lieu, dans une maison particulière, dans une communauté, dans un collège, dans un hôpital, etc., où l'on serre le linge. ■ Ensemble des vêtements de dessous féminins.

LINGETTE, ■ n. f. [lɛ̃ʒɛt] (*linge*) Petit rectangle de papier tissé imprégné d'un produit et que l'on jette après usage. *Des lingettes pour bébés. Des lingettes pour sèche-linge.*

LINGOT, n. m. [lɛ̃go] (orig. disc. : provenç. *lingot,* lingotière, de *lenga,* langue, pour la forme, ou angl. *lingot,* lingotière, de *geotan,* verser) Morceau de métal et particulièrement d'or et d'argent, dans la forme qu'il conserve en sortant du moule après avoir été fondu. ◆ Petit cylindre de fer ou de plomb dont on charge un fusil. ◆ En typographie, morceau de fonte, interligne très grosse.

LINGOTIÈRE, n. f. [lɛ̃gotjɛʁ] (*lingot*) Moule où l'on coule en lingots les métaux fondus. ◆ Appareil de fonte pour couler certaines substances fondues, comme le soufre, etc.

LINGUA FRANCA, ■ n. f. [lɛ̃gwafʁɑ̃ka] (loc. it., langue franque, désignant le sabir utilisé autour du bassin méditerranéen) **Ling.** Toute langue utilisée comme moyen de communication entre des personnes de langues maternelles différentes.

LINGUAL, ALE, adj. [lɛ̃gwal] (*gua* se prononce *goua.* lat. *lingua,* langue) **Anat.** Qui a rapport à la langue. *Les nerfs linguaux.* ◆ **Gramm.** *Consonnes linguales,* consonnes formées par les divers mouvements de la langue seule, comme *r* et *ll* mouillées. ◆ **N. f.** Une linguale.

LINGUATULE, ■ n. f. [lɛ̃gwatyl] (*gua* se prononce *goua*. lat. *lingua*, langue) Arthropode au corps allongé qui parasite les voies respiratoires de certains mammifères. *Des nymphes de linguatules.*

LINGUE, ■ n. f. [lɛ̃g] (néerl. *leng*) Poisson des côtes de la Manche, de la famille du merlan et de la morue, également appelé julienne. *J'ai fait un filet de lingue à la vapeur pour ce midi.*

LINGUISTE, ■ n. m. [lɛ̃gɥist] (lat. *lingua*) Celui qui s'adonne spécialement à l'étude des langues.

LINGUISTIQUE, ■ n. f. [lɛ̃gɥistik] (*linguiste*) Étude des langues considérées dans leurs principes, dans leurs rapports. ■ Adj. *Qui a rapport à la linguistique. Études linguistiques.* ■ N. f. Science qui étudie le langage. ■ Adj. Qui a rapport à la langue, à une langue. *Les frontières linguistiques.* ■ Adj. Qui concerne l'apprentissage d'une langue étrangère. *Un séjour linguistique.* ■ LINGUISTIQUEMENT, adv. [lɛ̃gɥistik(ə)mɑ̃]

LINIER, IÈRE, ■ n. m. et n. f. [linje, jɛʀ] (*lin*) Personne préparant le lin ou faisant le commerce du lin. ♦ Adj. *Industrie linière,* fabrication du fil et des étoffes de lin.

LINIÈRE, ■ n. f. [linjɛʀ] (*lin*) Terre semée en lin.

LINIMENT, n. m. [linimɑ̃] (lat. *linimentum*, de *linire*, frotter) Topique onctueux, destiné à être employé en frictions.

LINKAGE, ■ n. m. [liŋkaʒ] (angl. *link*, maillon) Liaison des gènes situés sur le même chromosome. *Le linkage expérimental de gènes chez les mouches drosophiles.* ■ Association des gènes lors de leur transmission héréditaire.

LINKS, ■ n. m. pl. [liŋks] (angl. *link*, étendue de sable) Parcours de golf au bord de la mer. ■ Par extens. Terrain de golf.

LINNÉEN, ENNE, ■ adj. [lineɛ̃, ɛn] (Carl von Linné, 1707-1778, naturaliste suédois) **Biol.** Relatif aux théories de Linné. *La classification linnéenne.*

LINO, ■ n. m. [lino] (abrév. de l'angl. *linoleum,* du lat. *linum,* lin, et *oleum,* huile) Toile de jute recouverte d'huile de lin et de poudre de liège la rendant imperméable, et utilisée comme revêtement de sol. *Poser du lino. Des linos.*

LINOGRAVURE, ■ n. f. [linogʀavyʀ] (*lino*[*léum*] et *gravure*) Méthode de gravure en relief sur linoléum. ■ Gravure obtenue au moyen de cette méthode. *Les linogravures d'Henri Matisse.*

LINOLÉINE, ■ n. f. [linolein] (angl. *linolein,* de *lin-,* lin, et *-olein,* de *oleum,* huile) Composé chimique de l'acide linoléique contenu dans certaines huiles et leur conférant des propriétés siccatives.

LINOLÉIQUE, ■ adj. [linoleik] (*linoléine*) *Acide linoléique,* relatif à l'acide gras qui entre dans la composition de la vitamine F.

LINOLÉUM, ■ n. m. [linoleɔm] Voy. LINO.

LINON, n. m. [linɔ̃] (*lin*) Toile de lin très déliée.

LINOT, ■ n. f. [lino] Voy. LINOTTE.

LINOTTE, ■ n. f. [linɔt] (*lin,* dont cet oiseau apprécie les graines) Petit oiseau gris, dont le chant est très agréable. ♦ *Linot,* le mâle ; *linotte,* la femelle. ■ Linotte se dit du mâle comme de la femelle. ♦ **Fig.** et **fam.** *Il a une tête de linotte, c'est une linotte,* il a bien peu de jugement. ♦ **Fig.** et **pop.** *Siffler la linotte,* boire plus que de raison, et aussi être en prison. ■ REM. On disait aussi *linot* autrefois.

LINOTYPE, ■ n. f. [linotip] (nom déposé, mot angl. de *line of type*) Machine fondant d'un bloc chaque ligne de caractères composée sur un clavier.

LINOTYPIE, ■ n. f. [linotipi] (*linotype*) Composition à la linotype. *La linotypie est un procédé aujourd'hui dépassé.*

LINOTYPISTE, ■ n. m. et n. f. [linotipist] (*linotype*) Personne qui compose à la linotype.

LINSANG, ■ n. m. [lɛ̃sɑ̃g] (mot javanais) Félin à pelage fauve et brun d'Asie du Sud-Est. *Les linsangs sont des animaux exclusivement nocturnes.*

LINSOIR, ■ n. m. [lɛ̃swaʀ] Voy. LINÇOIR.

LINTEAU, n. m. [lɛ̃to] (anc. fr. *linter,* du b. lat. *limitaris,* seuil, entrée) Pièce de bois, de pierre ou même de fer, placée en travers au-dessus de l'ouverture d'une porte ou d'une fenêtre.

LINTER, ■ n. m. [lintœʀ] (on prononce à l'anglaise : *linn-teur.* angl. *linters,* fibres) Fibre très courte qui reste attachée aux graines de coton après le premier égrenage. *Des linters.*

LION, ONNE, n. m. et n. f. [ljɔ̃, ɔn] (lat. *leo*) Quadrupède carnivore, qui habite principalement l'Afrique ; le mâle a le cou entouré d'une crinière. ♦ *Le partage du lion,* tout d'un côté et rien de l'autre, par allusion à la fable où la chèvre, la génisse et la brebis sont en société avec le lion. ♦ **Fig.** *C'est un lion, un vrai lion, il est hardi comme un lion,* il est très brave. ♦ *Cœur de lion,* un homme vaillant et magnanime. ♦ **Fig.** Homme hardi et

courageux. « *Et lions aux combats, ils [les chrétiens] meurent en agneaux* », P. CORNEILLE. ♦ *Lion marin,* sorte de phoque. ♦ Le cinquième signe du zodiaque. ♦ Personnage célèbre à un titre quelconque. *Le lion du jour.* ♦ Par extens. Jeune homme élégant et qui affecte une certaine originalité. *C'est un lion.* ♦ *Lionne* se dit d'une femme élégante.

LIONCEAU, n. m. [ljɔ̃so] (dim. de *lion*) Le petit d'un lion. ♦ **Hérald.** Se dit des lions d'armoiries, quand l'écu en porte plus de trois. *Semé de lionceaux.*

LIPASE, ■ n. f. [lipaz] (gr. *lipos,* graisse) **Chim.** Enzyme qui associée à l'eau décompose les lipides libérant ainsi les acides gras. *Lipase gastrique, pancréatique.*

LIPIDE, ■ n. m. [lipid] (gr. *lipos,* graisse) Corps gras d'origine organique. *Un aliment riche en lipides.* ■ LIPIDIQUE, adj. [lipidik]

LIPIDÉMIE ou **LIPÉMIE**, ■ n. f. [lipidemi, lipemi] (*lipide* et *-émie*) **Méd.** Quantité de lipides contenue dans le sang. *Lipidémie postprandiale.*

LIPIZZAN, ■ n. m. [lipidzɑ̃] (*Lipizza,* nom it. de *Lipica,* ville de Slovénie célèbre pour ses haras) Cheval élevé en Autriche depuis le XVIᵉ siècle, issu du croisement de chevaux espagnols. ■ Adj. *Un étalon lipizzan.*

LIPO..., ■ [lipo] Préfixe tiré du grec *lipos* servant à former des mots en rapport avec la graisse, les tissus graisseux. *Liposuccion. Liposoluble.*

LIPOCHROME, ■ n. m. [lipokʀom] (*lipo-* et *-chrome*) **Chim.** Groupe de substances qui donne leur pigmentation jaune aux graisses.

LIPOGRAMMATIQUE, adj. [lipogʀamatik] (*lipogramme*) ▷ Qui est de la nature du lipogramme. *Pièce lipogrammatique.* ◁

LIPOGRAMME, n. m. [lipogʀam] (gr. *leipein,* laisser, omettre, et *gramma,* lettre) Ouvrage dans lequel on affecte de ne pas faire entrer une lettre particulière de l'alphabet.

LIPOME, ■ n. m. [lipom] (*lipo-* et *-ome*) **Méd.** Tumeur bénigne constituée de cellules graisseuses. *Lipome graisseux, du cœur, des adducteurs.*

LIPOPHILE, ■ adj. [lipofil] (*lipo-* et *-phile*) **Chim.** Qui a la propriété de retenir les substances grasses. *Un médicament lipophile.*

LIPOPHOBE, ■ adj. [lipofɔb] (*lipo-* et *-phobe*) **Chim.** Qui est non miscible aux substances grasses. *Un solvant lipophobe.*

LIPOPROTÉINE, ■ n. f. [lipoprotein] (*lipo-* et *protéine*) Molécule issue de l'association d'une protéine et d'un lipide.

LIPOSOLUBLE, ■ adj. [liposolybl] (*lipo-* et *soluble*) Qui a la propriété de se dissoudre dans des substances grasses. *La vitamine K est une vitamine liposoluble.*

LIPOSOME, ■ n. m. [lipozom] (*lipo-* et *-some*) Vésicule microscopique formée artificiellement à partir de lipides et capable de transporter des cellules médicamenteuses. *Crème hydratante au liposome.*

LIPOSUCCION, ■ n. f. [liposysjɔ̃] ou [liposyksjɔ̃] (*lipo-* et *succion*) **Chir.** Aspiration de l'excès de substances grasses contenues sous la peau.

LIPOTHYMIE, ■ n. f. [lipotimi] (gr. *lipothumia,* de *leipein,* laisser, et *thumos,* principe vital) **Méd.** Défaillance, évanouissement.

LIPPE, ■ n. f. [lip] (m. néerl. *lippe,* lèvre) **Fam.** La lèvre d'en bas lorsqu'elle est trop grosse ou trop avancée. ♦ *Faire sa lippe,* faire la moue, bouder.

LIPPÉE, n. f. [lipe] (*lippe*) ▷ Bouchée. ◁ ♦ Vieux en ce sens. ♦ Repas, bons morceaux. ♦ *Franche lippée,* bon repas qui ne coûte rien. ♦ *Chercheur de franches lippées,* parasite. ♦ **Fig.** Bonne aubaine. *Une bonne lippée.*

LIPPITUDE, n. f. [lipityd] (lat. *lippitudo,* de *lippus,* chassieux) ▷ **Méd.** État chassieux des paupières. ◁

LIPPU, UE, adj. [lipy] (*lippe*) Qui a une lippe, la lèvre inférieure d'une grosseur disproportionnée. ♦ N. m. et n. f. *Un lippu.*

LIQUATER, v. tr. [likwate] (*qua* se prononce *coua. liquation*) ▷ Soumettre à la liquation. ◁

LIQUATION, ■ n. f. [likwasjɔ̃] (*qua* se prononce *coua.* b. lat. *liquatio,* fonte des métaux) Séparation l'une de l'autre de substances hétérogènes liquéfiées. ♦ Opération de métallurgie qui consiste à séparer à l'aide du plomb l'argent contenu dans le cuivre.

LIQUÉFACTEUR, ■ n. m. [likefaktœʀ] (*liquéfaction*) Dispositif qui permet la liquéfaction des gaz. *On utilise un liquéfacteur pour produire de l'hydrogène liquide.*

LIQUÉFACTION, n. f. [likefaksjɔ̃] (lat. médiév. *liquefactio,* de *liquefacere,* faire fondre) État de ce qui est rendu liquide. ♦ **Fig.** État du cœur qui se fond par la chaleur de la dévotion. ■ **Phys.** et **chim.** Action de rendre liquide un gaz en le refroidissant au-dessous de sa zone critique. ■ **Minér.** Opération de transformation du charbon naturel en produits hydrocarbonés à l'état liquide grâce à l'action de l'hydrogène. ■ **Fig.** État de grand abattement physique ou intellectuel. ■ REM. On prononçait aussi [likɥefaksjɔ̃] en faisant entendre le *u.*

LIQUÉFIABLE, adj. [likefjabl] (*liquéfier*) Qu'on peut liquéfier.

LIQUÉFIANT, ANTE, adj. [likefjɑ̃, ɑ̃t] (*liquéfier*) Qui produit la liquéfaction.

LIQUÉFIÉ, ÉE, p. p. de liquéfier. [likefje]

LIQUÉFIER, v. tr. [likefje] (lat. *liquefacere*) Faire passer de l'état solide à l'état liquide. ◆ Se liquéfier, v. pr. Devenir liquide. ▪ **Fig.** et **fam.** *Dès qu'elle le voit elle se liquéfie complètement.* ▪ V. tr. **Fig.** et **fam.** Retirer à quelqu'un son énergie.

LIQUETTE, ▪ n. f. [liket] (p.-ê. de l'arg. *limace*, chemise) **Fam.** Chemise d'homme. ▪ Longue chemise pour femme, au bas arrondi et fendu sur les côtés.

LIQUEUR, n. f. [likœr] (lat. *liquor*, fluidité) Substance liquide. ◆ *Liqueurs spiritueuses* ou absol. *liqueurs*, certaines boissons dont la base est l'eau-de-vie ou l'esprit-de-vin. ◆ *Liqueur de ménage*, liqueur qu'on fait chez soi. ◆ **Poétiq.** *La liqueur bachique*, le vin. ◆ *Vins de liqueur*, vins doux et capiteux d'entremets et de dessert. ◆ *Ce vin a de la liqueur*, il est chargé d'alcool.

LIQUIDAMBAR, ▪ n. m. [likidɑ̃bar] (mot esp., ambre liquide) Grand arbre ornemental originaire d'Amérique du Nord ou d'Asie produisant une résine balsamique utilisée en médecine et en cosmétique. *Des liquidambars.*

LIQUIDATEUR, adj. [likidatœr] (*liquidation*) Chargé de travailler à une liquidation. *Commissaire liquidateur.* ◆ **N. m.** et **n. f.** *Un liquidateur, une liquidatrice.*

LIQUIDATIF, IVE, ▪ adj. [likidatif, iv] (*liquidation*) **Dr.** Relatif à une liquidation. *Acte liquidatif.*

LIQUIDATION, n. f. [likidasjɔ̃] (*liquider*) Action de liquider ; acte qui contient cette liquidation. *Liquidation de dépens, d'intérêts, d'une succession, etc.* ◆ *Liquidation d'une société de commerce*, opération relative au paiement des dettes et au partage entre les associés de l'actif restant, lorsque la société cesse. ◆ **Bourse** Époque fixée pour la livraison des titres contre espèces, dans un marché ferme. ◆ **Fig.** *La liquidation d'une situation politique difficile.* ▪ Vente de marchandises à bas prix dans le but de les écouler rapidement. ▪ **Fam.** Action de se débarrasser de quelqu'un en le tuant. ▪ **Dr.** *Liquidation judiciaire*, Procédure juridique consistant à la liquidation des actifs et des biens d'une entreprise en cessation de paiement afin de pouvoir rembourser l'ensemble de ses créanciers. *C'est un juge qui prononce la liquidation judiciaire. L'entreprise dans laquelle il travaillait a été mise en liquidation judiciaire.* ▪ **Fam.** Action de mettre un terme de façon le plus souvent énergique à une situation embarrassante ou délicate. ▪ **Fam.** Action d'assassiner ou de faire assassiner une personne jugée gênante. *Le chef du gang vient d'être condamné à perpétuité pour la liquidation d'un témoin gênant.*

LIQUIDE, adj. [likid] (lat. *liquidus*) Qui coule et tend toujours à se mettre de niveau. *Les substances liquides.* ◆ *Métal liquide*, métal en fusion. ◆ **Poétiq.** *Le liquide empire*, la plaine liquide, la mer. ◆ *Le liquide élément*, l'eau. ◆ Il est opposé à épais. *Cette encre n'est pas assez liquide.* ◆ En parlant de biens et d'argent, net et clair. *Une fortune claire et liquide.* ◆ **Gramm.** *Consonnes liquides* et n. f. *les liquides*, les consonnes *l* et *r* ◆ **N. m.** Substance liquide. *Les solides et les liquides.* ◆ Boisson spiritueuse, acide ou fermentée. *Commerce des liquides.* ▪ *Argent liquide* ou n. m. *le liquide*, argent immédiatement disponible, sous forme d'espèces. *Payer en liquide.* ▪ **Anat.** *Liquide de l'organisme. Liquide amniotique.*

LIQUIDÉ, ÉE, p. p. de liquider. [likide]

LIQUIDER, v. tr. [likide] (*liquide*) **Jurispr.** et **comm.** Rendre liquide l'avoir, déterminer ce qui revient à l'actif et au passif. *Liquider une succession.* ◆ *Liquider son bien*, payer ses dettes en vendant une partie de son bien. ◆ Se liquider, v. pr. Éteindre ses dettes. ▪ Vendre au rabais pour écouler rapidement. *Liquider un stock.* ▪ **Fig.** et **fam.** Se débarrasser de quelque chose en y mettant fin ; terminer. *Liquider un parti politique.* ▪ **Fig.** et **fam.** Se débarrasser de quelqu'un en le tuant. *Faire liquider un témoin gênant.*

LIQUIDIEN, IENNE, ▪ adj. [likidjɛ̃, jɛn] (*liquide*) Relatif aux liquides. *Épanchement liquidien d'un kyste. Dans son régime, l'apport liquidien doit être réduit.*

LIQUIDITÉ, n. f. [likidite] (lat. *liquiditas*, pureté de l'air) Qualité de ce qui est liquide. ▪ État d'une somme d'argent, d'un bien liquide. ▪ **Au pl.** Argent immédiatement disponible.

LIQUOREUX, EUSE, adj. [likorø, øz] (*liqueur*) Qui est de la nature des liqueurs. *Vin liquoreux.*

LIQUORISTE, n. m. et n. f. [likorist] (*liqueur*) Celui, celle qui fait et vend des liqueurs.

LIRE, v. tr. [lir] (lat. *legere*) Connaître les lettres et savoir les assembler en mots. ◆ **Absol.** *Cet enfant apprend à lire.* ◆ Par exagération, *ne pas savoir lire*, être fort ignorant. ◆ Prononcer à haute voix ce qui est écrit ou imprimé. ◆ **Absol.** *Il lit bien.* ◆ Prendre connaissance du contenu d'un écrit,

d'un livre. ◆ **Absol.** « *On songe plus à lire beaucoup qu'à lire utilement* », ROLLIN. ◆ ▷ *Lire des doigts*, parcourir rapidement un livre en le feuilletant. ◁ ◆ ▷ On dit de même : *Lire des yeux.* ◁ ◆ *Lire la musique*, connaître, en parcourant des yeux une musique notée, les sons que les notes figurent ; et aussi l'exécuter à livre ouvert. ◆ Expliquer. *Lire Virgile à des écoliers.* ◆ Comprendre ce qui est écrit ou imprimé dans une langue étrangère. *Lire l'allemand.* ◆ Suivre une certaine leçon dans un texte qui en a plusieurs. ◆ **Fig.** Reconnaître, discerner quelque chose. « *D'où vient ce noir chagrin qu'on lit sur son visage* », BOILEAU. ◆ **Absol.** *Lire dans l'avenir.* ◆ Se lire, v. pr. Être lu. ◆ **Impers.** *Il se lit que..., on lit que...* ◆ **Fig.** « *Sur mes yeux égarés ma tristesse se lit* », RÉGNIER. ▪ Procéder à la lecture de sons, d'images enregistrés. *Lire une cassette vidéo.* ▪ **Inform.** Décoder des informations. *Lire un fichier.*

LIRETTE, ▪ n. f. [liret] (orig. inc.) Étoffe dont la trame est faite de tissus de couleurs différentes. *Un tapis en lirette.*

LIRON, n. m. [lirɔ̃] (dial. *lir*, du lat. *glis*, génit. *gliris*, loir) Voy. LÉROT.

LIS ou **LYS**, n. m. [lis] (l'Académie dit qu'on prononce lis' en parlant de la fleur, et li dans fleur de lis ; lat. *lilium*) Plante bulbeuse qui porte, sur une haute tige, des fleurs blanches à six folioles. *Lis blanc* ou *commun. Lis martagon.* ◆ La fleur du lis blanc. ◆ **Fig.** *Teint de lis*, teint extrêmement blanc. ◆ **Poétiq.** *Les lis de son teint*, de son visage. ◆ En armoiries, *fleurs de lis*, armes des rois de France. ◆ **Poétiq.** *Les fleurs de lis*, le royaume de France. ◆ *Siéger, être assis sur les fleurs de lis*, s'est dit des membres d'une cour supérieure, par allusion aux fleurs de lis de leurs sièges. ◆ *Fleur de lis*, fer que le bourreau appliquait sur l'épaule de certains condamnés.

LISAGE, ▪ n. m. [lizaʒ] (radic. du p. prés. de *lire*) Analyse du dessin d'un tissu afin de perforer les cartons montés sur le métier à tisser. ▪ Machine servant à cette analyse. *Un lisage à tambour.*

LISE, n. f. [liz] (p.-ê. gaul. *ligisja*, de *liga*, limon) Nom donné, dans la baie du mont Saint-Michel, aux sables mouvants Voy. ENLISER. ▪ Sable mouvant des bords des mers. ▪ **Rem.** Graphie ancienne : *lize.*

LISERAGE, n. m. [liz(ə)raʒ] (*liserer*) Ouvrage qui se fait sur une étoffe, en contournant les fleurs et le dessin avec un seul fil d'or, d'argent, de soie et de laine.

LISERÉ, ÉE, p. p. de liserer. [liz(ə)re] **Bot.** *Fleur liserée*, fleur bordée d'une couleur différente de celle du fond.

LISERÉ, n. m. [lizere] (*liserer*) Ruban fort étroit dont on borde un habit, un gilet. ◆ Raie plus ou moins étroite qui borde un ruban, un mouchoir, etc., et qui est d'une couleur différente de celle du fond.

LISERER, v. tr. [liz(ə)re] (radic. de *lisière*) Border en liserage. *Liserer une jupe.* ◆ Mettre un liseré.

LISERON, n. m. [liz(ə)rɔ̃] (*lis*) Plante grimpante à fleurs en entonnoir.

LISET, n. m. [lize] (*lis*) ▷ Le convolvulus des haies ou grand liseron. ◆ Le convolvulus des champs ou petit liseron. ◁

LISETTE, n. f. [lizet] (orig. inc.) Voy. BÊCHE, INSECTE.

LISEUR, EUSE, n. m. et n. f. [lizœr, øz] (radic. du p. prés. de *lire*) Celui, celle qui a l'habitude de lire beaucoup. ◆ **N. f.** Espèce de petit couteau à papier, garni d'un petit crochet, et qui sert à marquer la page. ◆ **N. f.** Couvre-livre. ◆ **N. f.** Vêtement féminin en lainage léger que l'on porte pour lire au lit.

LISIBILITÉ, n. f. [lizibilite] (*lisible*) Qualité de ce qui est lisible, aisé à lire. *La lisibilité d'une écriture, d'une adresse.*

LISIBLE, adj. [lizibl] (radic. du p. prés. de *lire*) Qui est aisé à lire. *Son écriture est lisible.* ◆ **Fig.** Qui peut être lu, qui mérite d'être lu.

LISIBLEMENT, adv. [lizibləmɑ̃] (*lisible*) D'une manière lisible.

LISIER, ▪ n. m. [lizje] (région., du lat. *lotium*, urine) Liquide composé d'urine et d'excréments d'animaux de ferme, et porcs en particulier. *L'épandage de lisier est une source de pollution des sols.*

LISIÈRE, n. f. [lizjɛr] (p.-ê. anc. b. frq. *lisa*, ornière) Ce qui forme le bord d'une étoffe dans le sens de la longueur. ◆ *Chaussons de lisières*, chaussons faits avec des lisières. ◆ Cordons attachés à la robe d'un enfant pour le soutenir quand il marche. ◆ **Fig.** Ce qui sert à guider, à soutenir. « *Nous sommes des enfants qui essayons de faire quelques pas sans lisières* », VOLTAIRE. ◆ **Fig.** *C'est un homme qu'on mène à la lisière, par la lisière*, il se laisse gouverner. ◆ Parties extrêmes d'un champ, d'un pays, d'un bois. ◆ **Fig.** « *Il y a une lisière de convention sur laquelle on permet à l'art de se promener* », DIDEROT. ◆ **Sylvic.** Les arbres qui se trouvent sur l'extrémité d'un bois, d'un canton de bois.

LISP, ▪ n. m. [lisp] (acronyme de *list processing*, traitement de listes) **Inform.** Langage de programmation qui sert au traitement de données et dont la structure se présente sous forme de listes.

LISSAGE, n. m. [lisaʒ] (*lisser*) Opération par laquelle on rend lisses les grains de la poudre de guerre et de chasse. ▪ Action de lisser. *Lissage du* *béton.* ▪ Opération de chirurgie esthétique qui consiste à retendre la peau pour supprimer les rides. ▪ Installation des lisses d'un navire ▪ Fait de disposer les lisses d'un métier à tisser.

1 LISSE, adj. [lis] (*lisser*) Qui n'offre aucune aspérité. *Surface lisse. Cheveux lisses.* ♦ *Colonne lisse,* colonne dont le fût est uni. ♦ Qui est sans poil ni plume. *Peau lisse.* ♦ N. m. L'état d'une surface sans aspérité.

2 LISSE, n. f. [lis] Voy. LICE.

3 LISSE, n. f. [lis] (2 *lice*) **Mar.** Sorte de ceinture en bois que, pendant la construction d'un navire, on établit pour tenir à leurs places respectives les couples dressés sur la quille. ♦ Pièce courante qui couronne à hauteur d'appui le garde-fou d'un pont de bois.

LISSÉ, ÉE, p. p. de lisser. [lise] N. m. Qualité de ce qui est lisse. *Le lissé des feuilles.* ♦ Degré de cuisson du sirop de sucre, quand on peut le tirer entre les doigts en formant un fil.

LISSER, v. tr. [lise] (prob. lat. médiév. *lixare,* polir, croisé avec *allisus,* élimé, de *lædere,* endommager) Rendre lisse. *Lisser la poudre,* etc. ♦ Couvrir d'un enduit de sucre. ♦ Se lisser, v. pr. Se rendre lisse.

LISSEUR, EUSE, ▪ n. m. et n. f. [lisœr, øz] (*lisser*) Personne employée aux opérations de lissage. *Un lisseur, une lisseuse d'étoffe.* ▪ N. f. Machine utilisée pour les opérations de lissage. *Cardeuses, peigneuses, lisseuses sont utilisées dans l'industrie textile.* ▪ N. m. Machine utilisée pour lisser un objet. *La finition se fait au lisseur, pour faire briller le métal.*

LISSIER, ▪ n. m. [lisje] Voy. LICIER.

LISSOIR, n. m. [liswaʀ] (*lisser*) Instrument pour unir et polir le papier, les cartes, le carton, le linge. ♦ Ateliers, tonneaux pour lisser la poudre.

LISTE, n. f. [list] (ital. *lista,* bordure, bande) Inscription, à la suite les uns des autres, de plusieurs noms de personnes ou des choses. *La liste des membres de l'Académie. La liste de la loterie. Liste de proscription.* ♦ *Liste civile,* somme et biens concédés au souverain. ◁ ▷ L'administration du revenu de la couronne. ◁ ▷ *Liste noire,* liste des personnes ou des choses à surveiller ou à éviter. *La liste noire des plages polluées.* ▪ *Liste rouge,* liste des abonnés au téléphone qui ne veulent pas figurer dans l'annuaire. ▪ *Liste de mariage, de naissance,* liste que les futurs mariés ou parents déposent dans le magasin de leur choix pour que les gens qui le désirent leur achètent le cadeau qu'ils souhaitent et ainsi éviter les doubles. ▪ **Pharm.** *Liste ou liste des substances vénéneuses,* liste officielle, dont le dernier arrêté date du 20 avril 1998, des substances considérées vénéneuses et pouvant entrer dans la composition de certains produits cosmétiques ou d'hygiènes. *Les fabricants qui utilisent ces produits doivent faire figurer un avertissement sur le paquet ou la notice de ce produit.* ♦ *Liste de vérification,* recommandation officielle pour check-list.

LISTEL, n. m. [listɛl] (ital. *listello,* de *lista,* bordure) **Archit.** Petite moulure carrée et unie. ▪ Au pl. *Des listels.* ▪ REM. Pluriel ancien : *des listeaux.* ▪ Numismatique.

LISTER, ▪ v. tr. [liste] (*liste*) Établir la liste de. *Avez-vous listé les tâches à accomplir?* ▪ LISTAGE, n. m. [listaʒ]

LISTÉRIA ou **LISTERIA,** ▪ n. f. [listeʀja] (Joseph Lister, 1827-1912, chirurgien anglais) Bactérie capable de se multiplier à une certaine température et responsable de maladies infectieuses chez l'homme et les animaux. *Des listérias* ou *des listéria.*

LISTÉRIOSE, ▪ n. f. [listeʀjoz] (*listéria*) **Méd.** Infection causée par la listéria.

LISTING, ▪ n. m. [listiŋ] (mot angl.) Liste établie par ordinateur. *Le listing des membres d'une association.* ▪ REM. On recommande officiellement listage.

LISTON, n. m. [listɔ̃] (esp. *liston,* galon, ruban) **Hérald.** Bande de l'écu. ▪ **Mar.** Moulure le long du flanc d'un navire.

LIT, n. m. [li] (lat. *lectus*) Ensemble des diverses pièces qui composent le meuble sur lequel on s'étend et on dort. ♦ *Être au lit,* être couché. ♦ *Fig. Être au lit de la mort, au lit de mort,* avant de mourir, en mourant. ♦ *Lit d'ange,* Voy. ANGE. ♦ *Lit à la duchesse,* Voy. DUCHESSE. ♦ Place dans une salle d'hôpital pour un malade. ♦ *Lit de douleur,* lit dans lequel est couchée une personne souffrante, gravement malade. ♦ *Lit de parade,* lit sur lequel on expose, pendant quelques jours, certains morts. ♦ *Lit de repos,* petit lit bas et sans rideau, où l'on se repose pendant le jour. ♦ *Lit de sangle,* lit fait de sangles, et plus souvent d'un morceau de coutil attaché à deux longues pièces de bois, soutenues par des pieds ou jambages qui se croisent. ♦ *Lit de camp,* Voy. CAMP. ♦ *Lit,* la couche sur laquelle les anciens se mettaient pour prendre leurs repas. ♦ *Lit de roses,* lit parsemé de feuilles de rose sur lequel les anciens Sybarites aimaient à se reposer. ♦ ▷ *Fig. N'être pas sur un lit de roses,* être en proie à des tourments physiques ou moraux. ◁ ♦ La couchette. *Un lit de bois de noyer, de fer.* ♦ Le tour du lit. *Un lit de damas.* ♦

Lit de plume, taie de toile pleine de plumes. ♦ Les matelas et le lit de plume sur lesquels on couche. ♦ *Faire le lit,* le mettre en tel état que l'on puisse s'y coucher. ♦ Toute chose sur laquelle on se couche. *Un lit de feuillage.* ♦ ▷ *Lit de justice,* trône sur lequel le roi s'asseyait dans le parlement de Paris, lorsqu'il y tenait une séance solennelle. ◁ ♦ La séance même. *Le roi tint un lit de justice.* ♦ *Fig.* Union conjugale. *Les enfants du premier lit.* ♦ Canal par où coule une rivière. ♦ On dit aussi : *Le lit de la mer.* ♦ *Le lit du vent,* syn. de rumb ou aire. ♦ *Lit de pierre,* masse de pierre étendue comme un lit dans le sein de la terre. ♦ *Le lit d'une pierre,* la situation où la nature l'a placée dans la carrière. ♦ Faces par lesquelles des pierres sont superposées. ♦ Couche d'une chose quelconque étendue sur une autre. ♦ *Prov. Comme on fait son lit, on se couche,* on a du bien ou du mal suivant qu'on a eu prévoyance et précaution. ▪ *Au saut du lit,* dès le réveil. ▪ *Faire le lit de,* favoriser la réalisation, le développement de quelque chose. *Faire le lit de l'intolérance.*

LITANIES, n. f. pl. [litani] (lat. ecclés. *litania,* gr. *litaneia,* du gr. class. *litê,* prière) Prière faite en l'honneur de Dieu, de la Vierge ou des saints. ♦ *Fig.* Au sing. Longue énumération, ennuyeuse la plupart du temps. *Faire une longue litanie de ses chagrins.*

LITCHI ou **LETCHI,** ▪ n. m. [litʃi, letʃi] (chin. *li-chī*) Arbre. ▪ Petit fruit exotique à noyau, à la chair blanche et pulpeuse, et à l'écorce rugueuse de couleur rouge qui pousse sur cet arbre. *Des litchis au sirop.* ▪ REM. On écrit aussi, mais plus rarement, *lychee.*

1 LITEAU, n. m. [lito] (*liste*) Raies colorées vers les extrémités de nappes et serviettes de linge uni. *Des serviettes à liteaux bleus.* ♦ Tringle de bois fixée à un mur, soit pour porter une tablette, soit pour servir d'appui à une cloison.

2 LITEAU, n. m. [lito] (*lit*) Lieu où le loup se repose pendant le jour.

LITÉE, n. f. [lite] (*lit*) **Vén.** Réunion de plusieurs animaux dans le même gîte, dans le même repaire. ▪ Portée de la femelle du sanglier.

LITER, ▪ v. tr. [lite] (*lit*) Disposer par couches. ▪ Mettre par lits superposés. *Liter des poissons fumés dans une barrique pour les conserver.*

LITERIE, n. f. [lit(ə)ʀi] (*lit*) Tout ce qui entre dans la composition d'un lit, bois de lit, matelas, couvertures, etc.

LITHAM, ▪ n. m. [litam] (ar. *litam*) Voile dont les femmes musulmanes et les Touareg se servent pour couvrir le bas du visage. *Des lithams.*

LITHARGE, n. f. [litaʀʒ] (lat. *lithargyrus,* gr. *litharguros,* de *lithos,* pierre, et *arguros,* argent) Ancien nom du protoxyde de plomb demi-vitreux.

LITHARGÉ, ÉE ou **LITHARGYRÉ, ÉE,** adj. [litaʀʒe, litaʀʒiʀe] (*litharge*) Altéré avec de la litharge.

LITHIASE, n. f. [ltjaz] (gr. *lithiasis*) **Méd.** Formation de la pierre dans les voies urinaires. ▪ REM. On disait aussi *lithiasie* autrefois.

LITHIASIQUE, ▪ adj. [litjazik] (*lithiase*) Relatif à une lithiase. *Affection biliaire lithiasique.*

LITHINE, ▪ n. f. [litin] (*lithium*) **Chim.** Hydroxyde de lithium. *La lithine permet la régulation de l'acidité de l'eau.* ▪ LITHINÉ, ÉE, adj. [litine]

LITHINIFÈRE, ▪ adj. [litinifɛʀ] (*lithine* et *-fère*) **Chim.** Qui renferme du lithium. *Des micas lithinifères.*

LITHIQUE, ▪ adj. [litik] (gr. *lithikos*) Relatif à la pierre. *L'industrie lithique à l'âge du Bronze.*

LITHIUM, ▪ n. m. [litjɔm] (lat. mod. *lithion,* du radic. de *lithos,* pierre) Métal blanc, le plus léger de tous les métaux. *Piles rechargeables au lithium.* ▪ **Méd.** Sel de ce métal utilisé en traitement des psychoses maniaco-dépressives. *Être sous lithium.*

LITH(O)..., ▪ [lito] Préfixe tiré du grec *lithos,* qui signifie pierre.

LITHOCOLLE, n. f. [litokɔl] (gr. *lithokolla,* ciment) ▷ Ciment de résine et de vieille brique, avec lequel on fixe les pierres, pour les tailler sur la meule. ◁

LITHODOME, ▪ n. m. [litodom] (gr. *lithodomos,* architecte, de *demein,* bâtir) **Zool.** Mollusque qui perfore les roches pour s'y loger. *Des lithodomes attachés par grappes au rocher.*

LITHOGRAPHE, n. m. [litogʀaf] (*litho-* et *-graphe*) Celui qui imprime par les procédés de la lithographie. ♦ Adj. *Imprimeur lithographe.*

LITHOGRAPHIE, n. f. [litogʀafi] (*litho-* et *-graphie*) Procédé au moyen duquel on reproduit sur papier, avec la presse, ce qui a été écrit ou dessiné sur une pierre d'une espèce particulière. ♦ Épreuves, feuilles obtenues par ce procédé. *Une bonne lithographie.* ♦ Atelier d'un lithographe.

LITHOGRAPHIÉ, ÉE, p. p. de lithographier. [litogʀafje]

LITHOGRAPHIER, v. tr. [litogʀafje] (*lithographie*) Imprimer par les procédés de la lithographie.

LITHOGRAPHIQUE, adj. [litogʀafik] (*lithographie*) Qui a rapport à la lithographie. *Pierre, imprimerie lithographique.*

LITHOLOGIE, n. f. [litoloʒi] (*litho-* et *-logie*) Connaissance des pierres. ■ **LITHOLOGIQUE**, adj. [litoloʒik]

LITHOLOGUE, n. m. [litolɔg] (*litho-* et *-logue*) ▷ Celui qui s'occupe de lithologie. ◁

LITHONTRIPTIQUE, adj. [litɔ̃triptik] (gr. *lithos* et *tribein*, broyer) ▷ Propre à briser, à dissoudre les calculs des voies urinaires. *Substance lithontriptique.* ♦ **N. m.** *Un lithontriptique.* ◁

LITHOPHAGE, adj. [litofaʒ] (*litho-* et *-phage*) **Hist. nat.** Qui mange la pierre. ♦ **N. m.** *Les lithophages.* ■ **Adj.** Qui creuse les roches pour s'y loger. *Le lithodome est un mollusque lithophage.*

LITHOPHANIE, n. m. [litofani] (*litho-* et gr. *phainein*, faire paraître) Procédé qui produit des dessins ombrants sur plaques de porcelaine non émaillée, par les épaisseurs graduées de la pâte.

LITHOPHYTE, n. m. [litofit] (*litho-* et *-phyte*) ▷ Nom donné aux polypiers pierreux. ◁

LITHOPONE, ■ n. m. [litopɔn] (*litho-* et gr. *ponos*, ce qui est produit par le travail) Mélange de sulfates de baryum et de zinc qui produit une poudre blanche utilisée comme pigment en peinture ou en cosmétique.

LITHOSOL, ■ n. m. [litosɔl] (*litho-* et *sol*) **Géol.** Sol mince constitué de fragments de roche. *Un lithosol calcaire.*

LITHOSPHÈRE, ■ n. f. [litosfɛr] (*litho-* et *sphère*) **Géol.** Enveloppe solide rocheuse et épaisse de 100 à 200 km qui constitue la croûte terrestre. *La lithosphère océanique, continentale.* ■ **LITHOSPHÉRIQUE**, adj. [litosfɛrik]

LITHOTHAMNIUM, ■ n. m. [litotamnjɔm] (*litho-* et gr. *thamnos*, buisson, arbuste) Algue marine incrustée de calcaire qui ressemble au corail. *Le lithothamnium appartient à la famille des algues rouges.*

LITHOTOME, n. m. [litotom] (gr. *lithotomon*) ▷ **Chir.** Instrument destiné à couper la pierre trop grosse après que la vessie était ouverte. ♦ Aujourd'hui, instrument avec lequel on incise la vessie. ◁

LITHOTOMIE, n. f. [litotomi] (gr. *lithotomia*) ▷ Anciennement, opération par laquelle on coupait la pierre trop grosse, après avoir incisé la vessie. ♦ Aujourd'hui, syn. de cystotomie. ◁

LITHOTOMISTE, n. m. [litotomist] (*lithotomie*) ▷ Chirurgien qui s'adonne particulièrement à l'opération de la taille ou cystotomie. ◁

LITHOTRITEUR ou **LITHOTRIPTEUR**, n. m. [litotritœr, litotriptœr] (*litho-* et lat. *tritor*, broyeur ou gr. *tribein*, broyer) Instrument avec lequel on broie la pierre dans la vessie.

LITHOTRITIE ou **LITHOTRIPSIE**, n. f. [litotrisi, litotrpsi] (le dernier *t* de *lithotritie* se prononce *ss*. *litho-* et radic. lat. de *tritor*, broyeur, ou gr. *tripsis*) Opération par laquelle on broie la pierre dans l'intérieur de la vessie.

LITIÈRE, n. f. [litjɛr] (*lit*) Lit couvert porté sur deux brancards, par deux ou plusieurs chevaux ou mulets, l'un devant, l'autre derrière. ♦ Chez les anciens Romains, voiture portée par des hommes. ♦ Espèce de chaise à porteurs dans laquelle on s'étendait sur un matelas. ♦ **Par extens.** Lit de paille ou de fourrage bien sec, placé sur le sol des écuries et étables. ♦ **Par extens.** *Être sur la litière*, être malade au lit ou incapable d'agir. ♦ **Fig.** *Faire litière d'une chose*, la prodiguer, et aussi la sacrifier misérablement. *Faire litière de son honneur.* ■ Matière absorbante utilisée pour les déjections des chats.

LITIGANT, ANTE, adj. [litigɑ̃, ɑ̃t] (lat. *litigare*, être en litige) ▷ **Vieilli Jurispr.** Qui contient un litige. ♦ Qui plaide. ◁

LITIGE, n. m. [litiʒ] (lat. *litigium*) **Jurispr.** Contestation en justice. ♦ Toute espèce de contestation.

LITIGIEUX, EUSE, adj. [litiʒjø, øz] (lat. *litigiosus*) Qui est ou peut être en litige. *Droit litigieux.* ♦ Qui se plaît aux litiges. *Homme litigieux. Une humeur litigieuse.*

LITISPENDANCE, n. f. [litispɑ̃dɑ̃s] (lat. *lis*, litis, procès, et *pendere*, être en suspens) ▷ **Vieilli Jurispr.** Le temps pendant lequel un procès est pendant en justice. ◁

LITORNE, n. f. [litɔrn] (mot norm. et pic. du néerl. *leuteren*, tarder, à cause de l'indolence de cet oiseau.) Espèce de grive à tête cendrée.

LITOTE, n. f. [litɔt] (gr. *litotês*, de *litos*, simple) Figure de rhétorique consistant à se servir d'une expression qui dit moins pour faire entendre plus. *Va, je ne te hais point* pour *Je t'aime* est une litote.

1 LITRE, n. f. [litr] (var. de *liste*) ▷ Bande noire tendue aux obsèques d'un grand personnage soit en dedans, soit en dehors de l'église, et portant les armoiries du défunt. ◁

2 LITRE, n. m. [litr] (moy. fr. *litron*) Dans le système métrique, unité des mesures de capacité, d'un décimètre cube. ♦ **Absol.** *Un litre*, se dit pour un litre de vin.

LITRON, n. m. [litrɔ̃] (lat. *libra*, unité de mesure) ▷ Ancienne mesure de capacité qui contenait la seizième partie d'un boisseau, ou trente-six pouces cubes. *Un litron de farine.* ◁ **Fam.** Litre de vin.

LITTÉRAIRE, adj. [literɛr] (lat. impér. *litterarius*) Qui appartient aux belles-lettres. *Société littéraire. La critique littéraire.* ♦ *Forme littéraire*, rédaction soignée et dans laquelle on sent l'habileté de style. ♦ *Journal littéraire*, écrit périodique uniquement consacré aux choses littéraires. ♦ *Le monde littéraire*, ceux qui cultivent les lettres. ♦ *Anecdote littéraire*, petit fait relatif à un livre ou à un auteur. ♦ ▷ *Âge littéraire*, époque où les lettres sont florissantes. ◁ ♦ *Propriété littéraire*, Voy. PROPRIÉTÉ. ■ Qui a les caractères attribués à la littérature, à la langue écrite. *Un style littéraire.* ■ Qui s'intéresse aux lettres. ■ N. m. et n. f. *Mon frère est un littéraire.* ■ Qui concerne la littérature, les lettres. *Faire des études littéraires.*

LITTÉRAIREMENT, adv. [literɛr(ə)mɑ̃] (*littéraire*) D'une façon littéraire, au point de vue littéraire.

LITTÉRAL, ALE, adj. [literal] (lat. *litteralis*) **Alg.** *Grandeurs littérales*, grandeurs exprimées par des lettres. ♦ Qui est selon la lettre, selon le texte. *Sens littéral.* ♦ *Sens littéral*, se dit par opposition à sens allégorique et à sens mystique. ♦ *Traduction littérale*, celle qui est faite mot à mot. ♦ **N. m.** *Le littéral*, la précision avec laquelle on prend les choses au pied de la lettre. ♦ Ancien et écrit, par opposition à moderne et vulgaire, en parlant du grec et de l'arabe. *L'arabe littéral.*

LITTÉRALEMENT, adv. [literal(ə)mɑ̃] (*littéral*) D'une façon littérale. *Traduire, expliquer littéralement.*

LITTÉRALITÉ, n. f. [literalite] (*littéral*) Conformité à la lettre. *La littéralité d'une traduction.*

LITTÉRARITÉ, ■ n. f. [literarite] (*littéraire*) Théorie de la littérature qui permet de dégager le caractère littéraire d'un texte. *Toutes les œuvres littéraires relèvent de la littérarité.*

LITTÉRATEUR, n. m. [literatœr] (lat. *litterator*, celui qui enseigne la lecture et l'écriture) Celui qui s'occupe de littérature, c.-à-d. dont la profession est de faire des ouvrages, ou d'étudier et d'expliquer ceux des autres.

LITTÉRATURE, n. f. [literatyr] (lat. *litteratura*, écriture, grammaire) Connaissance des belles-lettres. ♦ L'ensemble des productions littéraires d'une nation, d'un pays, d'une époque. *La littérature française, du Moyen Âge*, etc. ♦ Les gens de lettres. ■ Ensemble des œuvres écrites qui traitent d'un sujet particulier. *Il a lu toute la littérature sur la région.* ■ Travail, métier de l'écrivain. *Consacrer sa vie à la littérature.* ■ Discours ou écrit sans rapport avec la réalité. *Tout ce qui a été dit auparavant n'est que littérature.*

LITTORAL, ALE, adj. [litoral] (lat. impér. *litoralis*) Qui appartient aux bords de la mer. *La partie littorale de la France.* ♦ *Oiseaux littoraux*, oiseaux qui fréquentent particulièrement les côtes. ♦ *Poissons littoraux*, poissons qui vivent dans les eaux du bord de la mer. ♦ **N. m.** L'ensemble des côtes d'un pays. *Le littoral de la France.*

LITTORINE, ■ n. f. [litorin] (lat. *lituslitoris*) **Zool.** Mollusque gastéropode à coquille épaisse vivant le long des côtes. *La littorine commune est également connue sous le nom de bigorneau.*

LITUANIEN, IENNE, ■ adj. [lituanjɛ̃, jɛn] (*Lituanie*) Relatif à la Lituanie. ■ N. m. et n. f. *Un Lituanien, une Lituanienne.* ■ N. m. *Le lituanien*, langue indo-européenne parlée en Lituanie.

LITURGIE, n. f. [lityrʒi] (gr. *leitourgia*, service public) Ordre et cérémonies du service divin. *La liturgie catholique.*

LITURGIQUE, adj. [lityrʒik] (gr. *leitourgikos*) Qui a rapport à la liturgie. *Les ouvrages liturgiques.*

LITURGISTE, n. m. [lityrʒist] (*liturgie*) ▷ Celui qui fait une étude spéciale de la liturgie. ◁

LIURE, n. f. [lijyr] ou [ljyr] (*lier*) ▷ Câble d'une charrette qui sert à assujettir les fardeaux dont on la charge. ◁ ■ **Mar.** Amarrage que l'on fait autour de deux ou de plusieurs objets pour les réunir et les tenir solidement ensemble.

LIVAROT, ■ n. m. [livaro] (*Livarot*, commune du Calvados où l'on fabrique ce fromage) Fromage à pâte molle, à croûte lavée de couleur rouge clair, fait de lait de vache.

LIVE, ■ adj. inv. [lajv] (mot angl., vie) Qui a été enregistré en public. *Les derniers albums live de la star.* ■ N. m. *En live*, en direct. *Retransmission en live du match.*

LIVÈCHE, ■ n. f. [livɛʃ] (b. lat. *levisticum*, altération de *ligusticum*, herbe de Ligurie) Plante aquatique ombellifère également appelée *ache de montagne* et utilisée autrefois pour ses vertus diurétiques et antiseptiques. *Le sel de livèche. On utilise les feuilles ou les jeunes pousses de livèche en cuisine pour parfumer certains plats, comme les soupes, ragoûts et farces.*

LIVÉDO ou **LIVEDO**, ■ n. m. [livedo] (mot lat., de *lividus*, bleuâtre) Tache violacée sur la peau liée à un trouble circulatoire ou à une maladie inflammatoire. *Le livédo réticulaire est également désigné par les taches en mailles de filet.*

LIVET, ■ n. m. [livε] (lat. *libella*, niveau) **Mar.** Ligne d'intersection du pont et de la muraille sur un navire.

LIVIDE, adj. [livid] (lat. *lividus*) Qui est de couleur plombée, entre le noir et le bleu. *Un teint livide. Un jour livide.* ◆ N. m. « *Le livide de son teint* », VOLTAIRE. ■ Blême. *Un teint livide.*

LIVIDITÉ, n. f. [lividite] (*livide*) État de ce qui est livide. *La lividité du teint, de la peau, du jour*, etc.

LIVING-ROOM, ■ n. m. [liviŋgrum] (mot angl., de *to live*, vivre, et *room*, pièce) Pièce de séjour dans un appartement, une maison. *Des living-rooms.* ■ REM. On recommande *salle de séjour*.

LIVRABLE, adj. [livrabl] (*livrer*) Qui peut être livré à l'acheteur. *Marchandise livrable.* ◆ N. m. La quantité de marchandises qui sur les marchés peut être livrée immédiatement.

LIVRAISON, n. f. [livrεzɔ̃] (*livrer*) Action de livrer de la marchandise vendue. ◆ **Bourse** Action de remettre les titres et valeurs. ◆ Partie d'un livre, d'un ouvrage publié par fascicules qui paraissent successivement à des termes plus ou moins rapprochés.

LIVRANCIER, n. m. [livrɑ̃sje] (*livrer*) ▷ **Admin.** Celui qui livre une fourniture. ◁

1 LIVRE, n. m. [livr] (lat. *liber*, génit. *libri*) Réunion de plusieurs cahiers de pages manuscrites ou imprimées. ◆ *Livre in-folio, in-quarto, etc.* Voy. ce mots. ◆ *Traduire à livre ouvert*, à la première lecture. ◆ On dit aussi : *Chanter, accompagner, lire la musique à livre ouvert*, sans avoir besoin de préparation. ◆ **Fig.** *Après cela il faut fermer le livre*, il n'y a plus rien à dire. ◆ **Théol.** *Le livre de vie ou des vivants*, le décret de Dieu touchant les élus. ◆ *Être écrit dans le livre de vie*, être prédestiné à jouir du bonheur éternel. ◆ **Fig.** *Le Livre du destin, des destins*, l'ordre immuable suivant lequel les événements doivent s'accomplir. *Cela était écrit dans le livre du destin.* ◆ Ouvrage d'esprit, soit en prose, soit en vers, d'assez grande étendue pour faire au moins un volume. ◆ *Les mauvais livres*, les livres qui contiennent des doctrines subversives, et aussi les livres licencieux. ◆ *Livres de bibliothèque*, ouvrages d'une grande étendue que l'on a pour les consulter. ◆ *Livres d'église, livres de prières*, les livres qui servent au clergé pour célébrer l'office divin, et aux fidèles pour suivre les prières à l'église. ◆ *Les saints livres*, la Bible. ◆ **Fam.** *Parler comme un livre*, parler sur un sujet avec grande connaissance, élégance et facilité, et aussi s'exprimer avec facilité, mais en termes recherchés. ◆ **Fig.** Il se dit de ce qui enseigne, instruit comme fait un livre. *Le livre, le grand livre de la nature.* ◆ ▷ **Fig.** *Livre*, opposé à réalité, à pratique. *Politique par livre.* ◁ ◆ Une des principales parties qui forment la division de certains ouvrages. *Le premier livre de Télémaque.* ◆ *Livres sacrés*, les livres de l'Écriture sainte qui sont reçus de toute l'Église. ◆ **Mus.** Livraison, volume. *X° livre de duos de violon.* ◆ Registre sur lequel on inscrit ce qu'on reçoit et ce qu'on dépense. *Livre de compte, de dépense, de commerce, de caisse*, etc. ◆ *Tenir les livres*, chez un négociant, enregistrer tout ce qui est vendu et acheté, et toutes les opérations commerciales en général. ◆ *Livre journal* ou simplement *journal*, Voy. JOURNAL. ◆ **Absol.** *Le grand-livre*, la liste générale des créanciers de l'État. ◆ **Mar.** *Livre du bord*, registre sur lequel on enregistre les marchandises et même les passagers. ◆ Cahier de compte employé dans les régiments. *Livre de compagnie, de police*, etc. ◆ ▷ *Livre rouge*, registre sur lequel étaient portées les dépenses secrètes de la cour pendant les règnes de Louis XV et de Louis XVI. ◁ ◆ ▷ **Fig.** *Il est écrit sur le livre rouge*, il est noté pour quelque faute. ◁ ◆ ▷ *Livre noir*, livre qui traite de sorcellerie, de nécromancie. ◁ ◆ *Le livre d'or*, le registre où étaient inscrits les noms des nobles, dans quelques républiques. ◆ ▷ Aujourd'hui, *livre*, accompagné d'une épithète désignant la couverture du livre, se dit des pièces, documents, rapports, etc., que les gouvernements soumettent aux chambre ou au pays pour leur faire connaître leur politique, leur conduite. ◁ ◆ *Le livre*, ensemble des activités qui concernent la fabrication des livres (imprimerie, édition). *L'industrie du livre.* ■ *Livre d'or*, registre sur lequel on peut laisser sa signature et éventuellement un commentaire. *Le livre d'or d'une exposition.*

2 LIVRE, n. f. [livr] (lat. *libra*, unité de poids, balance) Ancienne unité de poids en France, qui variait selon les provinces de 380 à 552 grammes ; à Paris, elle se disait en 16 onces. *Une demi-livre. Une livre et demie.* ◆ *Cent livres pesant*, en supprimant *livres* : un cent pesant, deux cents pesant etc. ◆ *Livre métrique* ou *livre nouvelle*, livre de 500 grammes ou demi-kilogramme. ◆ *Poire de livre*, variété de poire qui est très grosse, dite aussi *poire de catillard.*

3 LIVRE, n. f. [livr] (lat. *libra*, d'après l'angl. *pound of sterling*, livre sterling) Monnaie de compte qui se divisait en sous et en deniers ; *la livre tournois*

était de vingt sous, la livre parisis de vingt-cinq sous. ◆ ▷ Se dit aujourd'hui pour *franc*, quand on parle d'un revenu annuel. *Mille livres de rente.* ◁ ◆ ▷ *Au sou, au marc la livre* (c'est-à-dire un sou, un marc pour une livre), en proportion de ce que chacun a mis de fonds dans une entreprise, ou de ce qui lui est dû dans une affaire commune. *Payer au marc la livre.* ◁ ◆ *Livre sterling*, Voy. STERLING.

LIVRÉ, ÉE, p. p. de livrer. [livre]

LIVRÉE, n. f. [livre] (p. p. fém. substantivé de *livrer*) Anciennement, vêtements qu'un seigneur, un prince, un roi faisait délivrer aux membres de sa famille et aux gens de sa maison. ◆ Habits rappelant par leurs dessins et leurs galons les armoiries du seigneur qui donne ces habits soit à ses gens, soit à d'autres. ◆ **Par extens.** Habits d'une couleur convenue, ordinairement galonnés, que portent les domestiques d'une même maison. *Laquais en grande, en petite livrée.* ◆ **Fig.** *Porter la livrée* de quelqu'un, être complètement dans ses intérêts, lui être tout à fait dévoué. ◆ *Homme de livrée, domestique portant livrée ; gens de livrée*, les domestiques portant livrée. ◆ **Collect.** Tous les gens qui portent une livrée, domesticité. ◆ ▷ *Livrées d'une dame*, rubans pareils à ceux qu'elle porte. ◁ ◆ **Fig.** Marques extérieures auxquelles on peut reconnaître certaines conditions. *La livrée, les livrées de la misère.* ◆ **Vén.** Pelage que portent, durant la première année, certains quadrupèdes. ◆ Plumage des jeunes oiseaux.

LIVRER, v. tr. [livre] (lat. *liberare*, affranchir, lat. pop., remettre) Remettre ce qui a été acheté, payé, convenu. *Livrer de la marchandise.* ◆ Mettre au pouvoir de, dans les mains de, soit une personne, soit une chose. *Livrer un coupable à la justice.* ◆ *Livrer un ouvrage à l'impression*, le faire imprimer. ◆ **Fig. et fam.** *Je vous livre cet homme-là pieds et poings liés*, vous en disposerez comme il vous plaira. ◆ *Livrer à la mort, au supplice*, faire subir à un condamné la mort, le supplice. ◆ Remettre entre les mains de, avec l'idée de trahison. *Judas livra Jésus aux Juifs.* ◆ Exposer à. *Livrer une ville au pillage, les voiles au vent*, etc. ◆ **Fig.** Remettre en abandon. *Livrer son âme à la douleur, à l'espérance.* ◆ *Être livré à*, être plongé dans, être absorbé, appartenir à. *Être livré à de singulières illusions.* ◆ Faire abandon de. « *Josabeth livrerait même sa propre vie* », RACINE. ◆ **Chasse** *Livrer le cerf aux chiens*, mettre les chiens après le cerf. ◆ *Livrer en proie*, abandonner aux animaux carnassiers, et fig. abandonner sans réserve à la passion, à la fureur. ◆ *Livrer une bataille* ou *bataille*, se dit de celui qui offre la bataille à l'ennemi et engage l'affaire. ◆ **Fig.** *Livrer bataille pour quelqu'un*, soutenir fortement ses intérêts. ◆ **Se livrer**, v. pr. Se remettre à, se confier à. « *Je me livre en aveugle au destin qui m'entraîne* », RACINE. ◆ *Se livrer à quelqu'un*, se confier à lui. ◆ **Fig.** S'abandonner à. *Se livrer à la douleur.* ◆ *Se livrer à*, se dévouer à. ◆ Faire don de sa propre personne. ◆ *Se livrer* exclusivement à, s'enchaîner. ◆ Se mettre au pouvoir de. ◆ S'ôter toute ressource. ◆ À plusieurs jeux, à l'escrime, donner quelque avantage à son adversaire, et fig. se livrer dans la discussion. ◆ **Absol.** *Se livrer*, être communicatif. ◆ *Se livrer à*, suivre une carrière, une profession, un travail. *Se livrer au commerce, aux mathématiques.* ◆ *Se livrer*, être engagé, en parlant de bataille.

LIVRESQUE, ■ adj. [livrεsk] (*livre*) Qui vient des livres et non de l'expérience. *Des connaissances livresques.*

LIVRET, n. m. [livrε] (dim de *livre*) Petit livre. « *On est parvenu à nous dégoûter de la lecture, à force de multiplier les livres et les livrets* », VOLTAIRE. ◆ Petit livre qui contient le catalogue et l'explication des morceaux d'une collection. *Le livret du Musée.* ◆ ▷ Petit cahier à l'usage des ouvriers et des domestiques, et où sont inscrites les époques de leurs entrées chez leurs patrons ou leurs maîtres et de leurs sorties. ◁ ◆ Registre en usage dans l'armée. *Livret d'armement, de revue*, etc. ◆ Petit registre délivré par les caisses d'épargne à chaque déposant, et contenant les versements et les remboursements. ◆ Chez les batteurs d'or, petit livre de papier rouge sur les feuillets duquel on applique l'or en feuilles. ■ *Livret de famille*, livret remis aux époux, contenant l'acte de mariage et destiné à recevoir les actes de naissance des enfants. ■ **Mus.** Texte d'une œuvre lyrique. ◆ *Livret scolaire*, petit livre constitué de l'ensemble des résultats par matière d'un élève ainsi que des appréciations des enseignants sur le travail et l'attitude en classe de l'élève.

LIVREUR, EUSE, ■ n. m. et rare f. [livrœr, øz] (*livrer*) Personne dont le métier est de livrer des marchandises commandées à domicile.

LIXIVIATION, n. f. [liksivjasjɔ̃] (b. lat. *lixivia*, lessive, de *lixa*, eau chaude) **Chim.** Opération au moyen de laquelle on enlève à des cendres les sels alcalins qu'elles peuvent contenir, en les lessivant. ◆ Toute opération dans laquelle on épuise une substance de ses principes solubles en faisant passer à travers un liquide susceptible de les dissoudre.

LIXIVIEL, ELLE, adj. [liksivjεl] (lat. *lixivia*) ▷ S'est dit des sels obtenus en lessivant les cendres des végétaux. ◁

LIXIVIER, ■ v. tr. [liksivje] (*lixiviation*) Opérer une lixiviation.

LIZE, ■ n. f. [liz] Voy. LISE.

LLAMA, n.m. [jama] Voy. LAMA.

LLANOS, ■ n.m. [ljanos] (mot esp., du lat. *planus*) **Géogr.** Vaste plaine dans certaines régions d'Amérique du Sud.

LOADER, ■ n.m. [lodœʀ] (on prononce à l'anglaise : *lo-deur*. angl. *to load*, charger) Machine utilisée pour charger les camions sur les chantiers de travaux publics.

LOB, ■ n.m. [lɔb] (mot anglais, de *to lob*, lancer lentement) **Sp.** Manière de frapper, au tennis, pour donner à la balle une trajectoire haute et longue la faisant ainsi passer au-dessus de l'adversaire. ■ **Par extens.** Fait de donner à une balle une trajectoire haute. *Le footballeur a réussi son lob.*

LOBAIRE, ■ adj. [lobɛʀ] (*lobe*) Relatif à un lobe. *Faire de l'emphysème lobaire.*

LOBBY, ■ n.m. [lobi] (mot angl., couloir, intrigues de couloir) Groupe de pression sur ceux qui ont pouvoir de décision. *Des lobbys* ou *des lobbies* (pluriel anglais). *Les lobbys féministes.* ■ LOBBYISME, n.m. [lobiism] ■ LOB-BYISTE, n.m. et n.f. et adj. [lobiist]

LOBBYING, ■ n.m. [lobiiŋ] (mot angl., pression) Action d'un lobby. *Le lobbying est de plus en plus répandu.*

LOBE, n.m. [lɔb] (gr. *lobos*) **Anat.** Division arrondie d'un organe. *Les lobes du foie, du poumon, du cerveau.* ■ **Bot.** Découpures des feuilles lorsqu'elles ont une certaine largeur. ♦ *Lobe* ou *lobule de l'oreille*, éminence arrondie et molle qui termine en bas le pavillon de l'oreille.

LOBÉ, ÉE, adj. [lobe] (*lobe*) **Hist. nat.** Qui est partagé en lobes.

LOBECTOMIE, ■ n.f. [lobɛktomi] (*lobe* et *-ectomie*) **Chir.** Opération qui consiste en l'ablation du lobe d'un organe. *La lobectomie de la thyroïde.*

LOBÉLIE, ■ n.f. [lobeli] (lat. sav. [Linné] *lobelia*, de Matthias de *Lobel*, 1538-1616, botaniste flamand) Plante herbacée d'Amérique du Nord aux fleurs en grappes très colorées également appelée tabac indien. *La lobélie peut être utilisée comme stimulant respiratoire.*

LOBER, ■ v. intr. [lobe] (*lob*) **Sp.** Faire un lob.

LOBOTOMIE, ■ n.f. [lobotomi] (*lobe* et *-tomie*) Intervention chirurgicale consistant à sectionner certaines fibres nerveuses dans un lobe des hémisphères cérébraux. ■ LOBOTOMISER, v. tr. [lobotomize]

LOBULAIRE, ■ adj. [lobylɛʀ] (*lobule*) Relatif au lobule. *Le carcinome lobulaire in situ ou infiltrant du sein représente entre 5 à 10 % des cancers du sein.* ■ Qui a la forme d'un lobule.

LOBULE, n.m. [lobyl] (dim. de *lobe*) **Hist. nat.** Petit lobe. ♦ **Anat.** *Lobules du cerveau, de l'oreille.*

LOBULÉ, ÉE, ■ adj. [lobyle] (*lobule*) Qui est formé de lobules. *Des glandes lobulées.*

LOCAL, ALE, adj. [lokal] (b. lat. *localis*) Qui appartient à un lieu. *Des coutumes locales.* ♦ *Mémoire locale*, celle qui retient particulièrement la disposition et l'état des lieux, des choses, des idées et même des mots. ♦ **Peint.** *Couleur locale*, couleur propre à chaque objet, indépendamment de la disposition particulière de la lumière et des ombres. ♦ **Fig. Littér.** *Couleur locale*, observation exacte des mœurs, des usages, des temps et des lieux. ♦ **Méd.** *Affection locale*, maladie bornée à un seul organe, à un seul endroit du corps. *Traitement local*, traitement qui se fait uniquement sur la partie malade. ♦ **N.m.** Ce qu'il y a de local. ♦ Lieu, considéré par rapport à sa disposition et à son état. *De vastes locaux.*

LOCALEMENT, adv. [lokal(ə)mɑ̃] (*local*) D'une manière locale, relativement aux lieux.

LOCALIER, IÈRE, ■ n.m. et n.f. [lokalje] (*local*) Correspondant local d'un journal.

LOCALISABLE, ■ adj. [lokalizabl] (*localiser*) Qui peut être localisé. *Une fracture aisément localisable sur une radio. Un événement localisable dans le temps.*

LOCALISATEUR, TRICE, ■ adj. [lokalizatœʀ, tʀis] (*localiser*) Qui permet de localiser. *Un détail localisateur.*

LOCALISATION, n.f. [lokalizasjɔ̃] (*localiser*) Action de localiser. ♦ **Méd.** Production, en un lieu déterminé du corps, d'une lésion consécutive à un état général morbide. ■ Fait de se localiser, de se situer en un endroit précis.

LOCALISÉ, ÉE, p.p. de localiser. [lokalize]

LOCALISER, v. tr. [lokalize] (*local*) Placer, par la pensée, dans un siège déterminé. *La phrénologie localise les facultés dans des parties déterminées du cerveau.* ■ Se localiser, v. pr. Se fixer en un point. *La maladie s'est localisée.* ■ Limiter, empêcher le développement de quelque chose. *Localiser un incendie, un phénomène.*

LOCALITÉ, n.f. [lokalite] (*local* ; b. lat. *localitas*, propriété d'être dans l'espace) Particularité ou circonstance locale. *Les patois montrent que la langue*

française s'est modifiée suivant les localités. ♦ Espace ou région circonscrite. *Une localité malsaine.* ■ Petite ville.

LOCATAIRE, ■ n.m. et n.f. [lokatɛʀ] (lat. *locatum*, supin de *locare*, louer) Celui, celle qui tient à loyer une maison ou une portion de maison. ♦ *Principal locataire*, la personne qui loue une maison pour la sous-louer en totalité ou en partie.

LOCATIF, IVE, adj. [lokatif, iv] (lat. *locatum*, supin de *locare*, louer) Qui regarde le locataire, la location. *Réparations locatives.* ♦ *Risques locatifs*, responsabilité encourue par le locataire pour les dommages qu'il peut causer. ♦ *Valeur locative*, ce qu'un immeuble peut rapporter quand on le donne à loyer. ♦ **Gramm.** *Cas locatif*, cas qui exprime le lieu.

LOCATION, n.f. [lokasjɔ̃] (lat. *locatio*) Action par laquelle on donne ou prend à loyer. ♦ La chose louée ; le prix du loyer. ♦ *Location de loges*, action de louer des loges au spectacle. ♦ Le bureau même de location. ■ *Location-accession*, syn. de location-vente. *Des locations-accessions.*

LOCATION-VENTE, ■ n.f. [lokasjɔ̃vɑ̃t] (*location* et *vente*) Contrat de location assorti d'une promesse de vente permettant à celui qui paie les loyers de devenir propriétaire. *Prendre un piano en location-vente. Des locations-ventes.*

LOCATIS, n.m. [lokati] (prob. b. lat. *locaticius*, de louage) ▷ **Fam.** Mauvais cheval de louage. ◁

1 LOCH, ■ n.m. [lɔk] (*ch* se prononce *k*. angl. *log*) **Mar.** Instrument employé pour mesurer la vitesse progressive du bâtiment.

2 LOCH, ■ n.m. [lɔk] ou [lɔx] (*ch* se prononce *k* ou *r* muet, comme en écossais. mot écossais) Grand lac des vallées en Écosse. *Le loch Ness. Des lochs.*

LOCHE, n.f. [lɔʃ] (prob. lat. pop. *laukka*, du gaul. *leuka*, blancheur.) Nom de toutes les espèces de poissons qui, en France, appartiennent au genre cobite.

LOCHER, v. intr. [loʃe] (p.-ê. anc. b. frq. *luggi*, agiter) Branler, être près de tomber, en parlant d'un fer de cheval. ♦ **Fig.** *Avoir toujours quelque fer qui loche*, avoir souvent de petites incommodités. ♦ **Fig.** *Il y a quelque fer qui loche*, il y a quelque chose qui empêche cette affaire d'aller bien.

LOCHIES, ■ n. f. pl. [loʃi] (gr. *lokhia*, plur. neutre de *lokhios*, qui concerne l'accouchement) **Méd.** Écoulement utérin normal observé dans les jours qui suivent l'accouchement. *Les lochies peuvent se composer de caillots de sang.*

LOCK-OUT ou **LOCKOUT**, ■ n.m. [lɔkawt] (angl. [*to*]*lock-out*, mettre à la porte) Fermeture temporaire d'une entreprise par l'employeur, le plus souvent en réponse à une grève des salariés. *Des lock-out, des lockouts.* ■ LOCK-OUTER, v. tr. [lɔkawte]

LOCMAN, n.m. [lɔkmɑ̃] (*an* ne se prononce pas *ane* mais *an*. holl. *lootsman*, homme du plomb) ▷ Syn. de lamaneur. ◁

LOCO..., ■ [loko] Préfixe tiré du latin *locus*, lieu.

LOCOMOBILE, adj. [lokomobil] (*loco-* et *-mobile*) ▷ Qui peut être changé de place. ◁ ♦ N. f. Machine à vapeur portative.

LOCOMOBILITÉ, n.f. [lokomobilite] (*locomobile*) ▷ Qualité de ce qui est locomobile. ◁

LOCOMOTEUR, TRICE, adj. [lokomotœʀ, tʀis] (*loco-* et *moteur*, d'après *locomotif*) Qui opère la locomotion. ♦ *Appareil locomoteur*, l'ensemble des organes qui servent à la locomotion.

LOCOMOTIF, IVE, adj. [lokomotif, iv] (lat. [XVIᵉ s.] *loco motivum*, faculté de changer de place, de l'abl. de *locus*, lieu, et *motivus*, mobile) ▷ Qui a rapport à la locomotion. ♦ *Faculté locomotive*, faculté de changer de lieu par un acte de la volonté. ◁

LOCOMOTION, n.f. [lokomosjɔ̃] (*loco-* et *motion*, mouvement) Action de se mouvoir d'un lieu à un autre. ♦ *Moyen de locomotion*, moyen de transport. *Il préfère le train comme moyen de locomotion.*

LOCOMOTIVE, ■ n.f. [lokomotiv] (fém. substantivé de *locomotif*) Machine qui tracte ou pousse l'ensemble des wagons, des voitures d'un train. ■ **Fig.** Personne qui entraîne les autres, meneur, meneuse. *Elle est la locomotive de sa classe.*

LOCOMOTIVITÉ, n.f. [lokomotivite] (*locomotif*) ▷ Faculté qu'ont les animaux de mouvoir à volonté leur corps. ◁

LOCUS, ■ n.m. [lokys] (mot lat., lieu) **Génét.** Emplacement occupé par un gène sur un chromosome.

LOCUSTE, ■ n.f. [lokyst] (lat. *locusta*, sauterelle) Criquet migrateur. *Les locustes font des ravages dans les cultures sahariennes.*

LOCUTEUR, TRICE, ■ n.m. et n.f. [lokytœʀ, tʀis] (lat. *locutor*) **Ling.** Personne qui produit un énoncé. ■ *Locuteur natif*, qui parle sa langue maternelle.

LOCUTION, n. f. [lɔkysjɔ̃] (lat. *locutio*, de *loqui*, parler) Façon de parler particulière. *Une locution élégante.* ◆ **Gramm.** *Locution adverbiale, prépositive*, Réunion de deux ou plusieurs mots qui équivaut à un adverbe, à une préposition. ▪ Groupe de mots figés par l'usage. *Une locution familière.*

LODEN, ▪ n. m. [lɔdɛn] (a. h. all. *lodo*, étoffe grossière) Manteau de laine, chaud et imperméable, à l'aspect feutré.

LODS, n. m. pl. [lo] (on ne prononce pas *ds*. lat. *laudes*, louanges, lat. médiév., droits de mutation) **Dr.** Usité seulement dans : *Lods et ventes*, Droit dû au seigneur par celui qui acquiert un bien dans sa censive.

LŒSS, n. m. [løs] (*œ* se prononce *eu* comme dans *deux*. mot allem., de *los*, qui ne tient pas) **Géol.** Dépôt sédimentaire transporté par le vent. *Les lœss chinois.*

LOF, n. m. [lɔf] (prob. m. néerl. *loef*, côté du vent) **Mar.** Le bord ou côté du navire qui se trouve frappé par le vent. *Aller au lof, venir au lof,* aller au plus près du vent.

LOFER, v. intr. [lofe] (*lof*) **Mar.** Venir au lof.

LOFT, ▪ n. m. [lɔft] (mot angl., grenier) Appartement aménagé dans un ancien local professionnel.

LOGARITHME, n. m. [lɔgaritm] (gr. *logos*, proportion, et *arithmos*, nombre) **Math.** Exposant de la puissance à laquelle il faut élever un nombre constant appelé la base, pour trouver un nombre proposé. ◆ *Table des logarithmes*, table contenant la suite des nombres naturels de 1 à 10 000, à 20 000, à 100 000, et en regard de chacun le logarithme correspondant.

LOGARITHMIQUE, adj. [lɔgaritmik] (*logarithme*) **Math.** Qui a rapport aux logarithmes. *Échelle, règle logarithmique.*

LOGE, n. f. [lɔʒ] (anc. b. frq. *laubja*) Petite hutte faite à la hâte. ◆ L'habitation d'un portier. ◆ Cabinet dans lequel on enferme chaque concurrent pour les prix de peinture, de sculpture et d'architecture. *Être en loge.* ◆ Galerie, portique en avant-corps pratiqué à l'un des étages d'un édifice ; il ne se dit qu'en parlant des édifices d'Italie. *Les loges du Vatican.* ◆ Petite boutique qu'on loue durant une foire, pour y vendre des marchandises. ◆ Petits cabinets rangés par étage au pourtour d'une salle de spectacle. *Premières loges.* ◆ **Fig.** *Être aux premières loges,* être bien placé pour voir, pour juger quelque chose. ◆ *Les loges,* les spectateurs qui sont dans les loges. ◆ *Une loge,* les personnes qui sont dans une loge. ◆ Cabinets où les acteurs s'habillent. ◆ Assemblée, réunion de francs-maçons. ◆ Cellule où l'on enferme les fous dans les maisons d'aliénés. ◆ Dans les ménageries, petites chambres où l'on enferme les bêtes féroces. ◆ ▷ *La loge du chien ;* on dit plutôt niche. ◁ ◆ Dans un buffet d'orgues, le lieu où sont les soufflets. ◆ **Bot.** Cavité, compartiment simple ou multiple, constituant ou occupant l'intérieur des anthères ou des fruits, et renfermant le pollen ou les graines. ◆ Réduit pratiqué dans un port pour loger un vaisseau.

LOGÉ, ÉE, p. p. de loger. [lɔʒe]

LOGEABLE, adj. [lɔʒabl] (*loger*) Où l'on peut loger commodément. ▪ Qui peut être rangé dans un espace déterminé. *Ce sac n'est pas logeable dans le porte-bagages.*

LOGEMENT, n. m. [lɔʒ(ə)mɑ̃] (*loger*) Le lieu où on loge. ◆ *Logement garni,* celui qui est loué, en partie ou totalement meublé. ◆ *Il y a beaucoup de logement dans cette maison,* il y a place pour loger beaucoup de personnes. ◆ ▷ Appartements désignés pour un roi et pour les personnes de sa suite dans un voyage. ◁ ◆ Action d'assigner à des soldats en marche les maisons des particuliers où ils sont reçus et logés. *Billet de logement.* ◆ **Milit.** Endroit dont on s'est saisi pendant un siège, dans lequel on se couvre, contre le feu des assiégés, par des gabions, des palissades, des fascines, etc. ◆ Action de loger quelqu'un ; fait d'être logé. *La politique du logement.* ▪ **Techn.** Cavité dans laquelle vient s'insérer une pièce.

LOGER, v. intr. [lɔʒe] (*loge*) Se conjugue avec *être* ou *avoir*, suivant le sens. Habiter en une maison. ◆ *Loger chez soi,* habiter dans une maison à soi appartenant. ◆ **Fig.** Être logé, en parler de soi. ◆ **V. tr.** *Donner à loger. Loger des soldats.* ◆ **Absol.** *Ce bâtiment n'est pas fait pour loger.* ◆ **Fig.** Recevoir en soi. *Toutes les folies qu'un cerveau peut loger.* ◆ Mettre. *Il lui logea une balle dans la poitrine.* ◆ **Fig.** *L'amour, le soupçon se logea dans son cœur.* ◆ Se loger, v. pr. Prendre un logement. ◆ Disposer, arranger un logement pour l'occuper. ◆ Se bâtir une maison. ◆ **Milit.** *Se loger,* se retrancher. ◆ Être mis, placé. ◆ **V. tr.** Héberger, abriter chez soi. *Loger un ami pendant les vacances.*

LOGETTE, n. f. [lɔʒɛt] (dim. de *loge*) Petite loge. ◆ **Bot.** *Les logettes de l'anthère.*

LOGEUR, EUSE, n. m. et n. f. [lɔʒœr, øz] (*loger*) Celui, celle qui donne à loger à des ouvriers, à de pauvres gens. *Logeur en garni.* ▪ Personne qui donne une chambre à louer.

LOGGIA, ▪ n. f. [lɔdʒja] (mot it.) Balcon abrité et encastré dans une façade.

1 **LOGICIEL**, ▪ n. m. [lɔʒisjɛl] (*logique*, trad. offic. de l'amér. *software*) Ensemble de programmes permettant le traitement de données informatiques. *Un logiciel téléchargeable sur Internet.* ▪ *Logiciel d'application,* permettant à l'utilisateur d'effectuer certains types de tâches, tels que le traitement de texte, le tableur. ▪ *Logiciel utilitaire,* permettant l'exécution de certaines tâches propres au système d'exploitation.

2 **LOGICIEL, ELLE**, ▪ adj. [lɔʒisjɛl] (*logique*) Relatif à un logiciel. *Des licences logicielles.*

LOGICIEN, n. m. [lɔʒisjɛ̃] Celui qui possède bien la logique. ◆ *Logicienne,* se dit d'une femme qui raisonne avec justesse. ◆ **Fig.** *La passion n'est pas bonne logicienne.*

LOGICISME, ▪ n. m. [lɔʒisism] (*logique*) Théorie qui fait prévaloir la logique sur la psychologie. ▪ Théorie qui donne une définition purement logique des mathématiques.

LOGIQUE, n. f. [lɔʒik] (gr. *logikê* [*tekhnê*], science du raisonnement) Science qui a pour objet les procédés du raisonnement. ◆ Ouvrage sur les procédés du raisonnement. *La logique de Port-Royal.* ◆ Par extens. Sens droit, disposition à raisonner juste. *Il a de la logique.* ◆ Raisonnement enchaîné, suite dans les idées. *Un défaut de logique.* ◆ **Fig.** *La logique cachée des événements, du cœur, des passions,* etc. ◆ Adj. Conforme aux règles de la logique. *Ce raisonnement n'est pas logique.* ◆ **Gramm.** *Analyse logique,* analyse qui décompose la proposition en sujet, verbe et attribut.

LOGIQUEMENT, adv. [lɔʒik(ə)mɑ̃] (*logique*) D'une manière conforme à la logique. *Raisonner logiquement.*

LOGIS, n. m. [lɔʒi] (*loger*) Lieu où l'on est logé. ◆ *Garder le logis,* rester chez soi. ◆ ▷ **Fig.** et fam. *Il n'y a plus personne au logis,* se dit d'une personne dont la raison s'égare. ◁ ◆ *La maison de celui qui parle, ou dont on parle. On m'attend au logis.* ◆ **Fig.** *La folle du logis,* l'imagination. ◆ *Corps de logis,* partie principale d'un bâtiment ; logement détaché de la masse du bâtiment principal. ◆ Hôtellerie. *Un bon logis.* ◆ *Maréchal des logis,* sous-officier des troupes à cheval, chargé des détails du service. ◆ *Maréchal des logis,* officier chargé de faire préparer les logements pour une cour en voyage.

LOGISTICIEN, IENNE, ▪ n. m. et n. f. [lɔʒistisjɛ̃, jɛn] (*logistique*) Spécialiste qui assure la connexion entre l'approvisionnement, la production, le conditionnement et le stockage dans une entreprise. ▪ **Gest.** Spécialiste de toutes les activités nécessaires à la gestion du service auprès de la clientèle, du traitement des commandes, de la planification budgétaire et de la facturation.

LOGISTIQUE, ▪ n. f. [lɔʒistik] (gr. *logistikê tekhnê,* science du calcul) **Milit.** Service de l'armée qui consiste en la gestion du ravitaillement et du transport des armées. ▪ Organisation d'une entreprise.

LOGITHÈQUE, ▪ n. f. [lɔʒitɛk] (*logi*[*ciel*] et -*thèque*) Ensemble des logiciels que possède une personne, une entreprise. ▪ Liste de logiciels à télécharger que propose un site Internet.

LOGO, ▪ n. m. [logo] (apocope de *logotype*) Assemblage de symboles graphiques représentant une marque ou une entreprise.

LOGOGRAPHE, n. m. [logograf] (gr. *logographos*) Nom donné chez les Grecs aux premiers prosateurs, qui furent en même temps les premiers historiens. ◆ Auteur d'un glossaire.

LOGOGRIPHE, n. m. [logogrif] (*logo*- et gr. *griphos*, filet, énigme) Sorte d'énigme dont le mot est tel que les lettres qui le composent puissent fournir plusieurs autres mots ; on définit ces mots secondaires : et c'est par ces définitions qu'on s'efforce de deviner le mot du logogriphe. ◆ **Fig.** Langage obscur.

LOGOMACHIE, n. f. [logomaʃi] (*ch* se prononce *ch* et non *k*. gr. *logomakhia,* de *logos, parole,* et *makhê,* bataille) Dispute de mots, c'est-à-dire sur les mots. ◆ Dispute entre les mots, mots contradictoires.

LOGOMACHIQUE, adj. [logomaʃik] (*logomachie*) ▷ Néolog. Qui appartient à la logomachie. ◆ *Raisonnement logomachique.* ▪ **Rem.** N'est plus considéré comme un néologisme aujourd'hui. ◁

LOGOPÉDIE, ▪ n. f. [logopedi] (*logo*- et *paideia*, éducation) Traitement des défauts de prononciation chez les enfants. *Un docteur en logopédie.*

LOGORRHÉE, ▪ n. f. [logore] (*logo*- et -*rrhée*) Flux de paroles intarissable caractérisant certains accès de démence à tendance maniaque. ▪ Par extens. Monologue interminable. ▪ LOGORRHÉIQUE, adj. [logoreik]

LOGOS, ▪ n. m. [logos] (mot grec) **Philos.** Raison d'être des choses dans la philosophie grecque. ▪ Principe intermédiaire entre les Dieux et les hommes chez les stoïciens. ▪ **Relig.** *Logos,* le Verbe créateur.

LOGOTYPE, ▪ n. m. [logotip] (*logo*- et *type*) Voy. LOGO.

1 **LOI**, n. f. [lwa] (lat. *legem,* accus. de *lex*) Prescription émanant de l'autorité souveraine. ◆ *Avoir force de loi,* être l'équivalent d'une loi. ◆ *Passé en loi,* qui a pris l'autorité d'une loi. ◆ *Lois positives, lois écrites,* par opposition à *lois naturelles.* ◆ *Être sans loi,* être sans aucun frein moral. ◆ *Faire loi,*

tenir lieu de loi. ◆ Au pl. *Les lois*, l'ensemble des prescriptions qui régissent chaque matière. ◆ *Les lois de la nature* ou *la loi de nature*, ou *la loi naturelle*, les sentiments moraux et les principes de justice qui règnent entre les hommes indépendamment de toutes lois écrites. ◆ *La loi divine*, les préceptes positifs donnés par la révélation. ◆ *La loi ancienne* ou absol. *la loi*, la loi de Moïse, la loi des Juifs. ◆ Fig. *C'est la loi et les prophètes*, se dit en parlant d'un homme, d'un livre, dont l'autorité est incontestable. ◆ *La loi nouvelle*, ou *la loi de grâce*, ou *la loi de l'Évangile*, la loi de Jésus-Christ. ◆ Religion fondée sur un livre. *La loi de Mahomet*. ◆ *Les lois humaines*, les lois établies par les hommes. ◆ *La loi des nations*, le droit des gens. ◆ *Les lois de la guerre*, certaines maximes respectées même entre ennemis qui se font la guerre. ◆ *La loi fondamentale d'un État, la loi constitutionnelle*, celle qui règle la nature, l'étendue et l'exercice des pouvoirs du gouvernement. ◆ *La loi de l'État* ou simplement *la loi*, l'ensemble des lois qui régissent un État. ◆ *Lois politiques*, celles qui ont pour objet la conservation de l'État, en tant que corps politique. ◆ *Homme de loi*, jurisconsulte. ◆ Il se dit aussi des gens de justice, des officiers ministériels près des tribunaux. ◆ Fig. Conditions imposées par des choses que l'on compare aux législateurs. *La loi de la mort.* ◆ Commandement qu'on se fait à soi-même. ◆ *Se faire une loi de quelque chose*, s'en imposer à soi-même l'obligation. ◆ Commandement qui est fait par quelque autorité. *Faire, imposer la loi.* ◆ Fig. Il se dit des choses qui commandent. « *Une haine plus forte à tous deux fit la loi* », P. Corneille. ◆ *Donner la loi*, commander. ◆ *Être une loi pour quelqu'un*, être accepté par lui comme une loi. ◆ *N'avoir point d'autre loi que*, n'obéir qu'à, ne consulter que. ◆ *Recevoir la loi*, être contraint de se soumettre. ◆ Domination, conquête. « *J'ai rangé sous mes lois une grande partie de l'Asie* », Vaugelas. ◆ Autorité, puissance. ◆ ▷ L'empire qu'une femme exerce sur un homme. « *Il vivait sous tes lois* », P. Corneille. ◁ ◆ Obligations qui sont imposées d'homme à homme. *Les lois du devoir, de l'honneur, de la politesse.* ◆ *Les lois de la grammaire, de la syntaxe*, les règles établies par la grammaire, la syntaxe. ◆ *Les lois du jeu*, les conventions qui règnent entre les joueurs. ◆ Fig. Dans le domaine des sciences, conditions nécessaires qui déterminent les phénomènes, le rapport constant et invariable entre les phénomènes et leurs diverses phases. *Les lois de l'attraction.* ◆ *Lois de l'intelligence* ou de la pensée, les conditions nécessaires à l'accomplissement des fonctions de l'intelligence.

2 LOI, n. f. [lwa] (1 *loi*, avec l'influence de *aloi*) Le titre des monnaies.

LOI-CADRE, ■ n. f. [lwakadʀ] (1 *loi* et *cadre*) Dr. Loi dont le contenu sert à indiquer la disposition générale à suivre et dont l'application est laissée au pouvoir exécutif. *Des lois-cadres.*

LOIN, adv. [lwɛ̃] (lat. *longe*) À une grande distance dans l'espace. ◆ *À une lieue loin*, à la distance d'une lieue. ◆ Fam. *Il ne voit pas plus loin que le bout de son nez*, il a la vue courte, et fig. il n'a pas de pénétration, de prévoyance. ◆ *Voir loin*, avoir la vue longue, et fig. percer l'avenir, pénétrer les mystères. ◆ Fig. *Aller loin*, faire fortune, s'élever à de hauts emplois ; faire des progrès ; pénétrer avant, faire effet. ◆ ▷ *Aller plus loin*, se porter à un plus grand excès. ◁ ◆ *Aller trop loin*, exagérer, dépasser la mesure. ◆ Fig. *N'aller pas plus loin*, s'en tenir à ce qui a été dit ou fait. ◆ Fig. *Mener loin*, précipiter dans des affaires fâcheuses. ◆ Fig. *Renvoyer bien loin quelqu'un, quelque chose*, repousser fortement des propositions. ◆ Fig. *Porter loin*, pousser loin la haine, la vengeance, se venger avec âpreté, sans merci. ◆ À une grande distance dans le temps. *Ce retard nous remet bien loin.* ◆ *Ce malade n'ira pas loin*, il mourra bientôt. ◆ Fig. *Avec la dépense qu'il fait, cet homme n'ira pas loin*, il sera bientôt ruiné. ◆ *Non loin de*, à une petite distance. ◆ DE LOIN, loc. adv. D'une grande distance dans l'espace. *Je vois de loin.* ◆ Fig. *Revenir de loin*, réchapper d'une maladie très grave ou de quelque grand danger. ◆ Fig. et fam. *Ne connaître quelqu'un ni de près, ni de loin*, ne pas le connaître du tout. ◆ *Nous sommes parents, mais de loin*, c'est-à-dire à un degré éloigné. ◆ *De loin*, d'une grande distance dans le temps. « *Je ne sais point prévoir les malheurs de si loin* », Racine. ◆ Fig. *Voir de loin*, avoir beaucoup de prévoyance. ◆ *De bien loin*, de beaucoup. ◆ DU PLUS LOIN, D'AUSSI LOIN QUE, loc. conj. Avec l'indicatif. De la plus grande distance possible. *D'aussi loin qu'il nous a vus paraître.* ◆ *Du plus loin que, d'aussi loin que*, en parlant du temps, avec le subjonctif. *Du plus loin qu'il m'en souvienne.* ◆ AU LOIN, loc. adv. À une grande distance. *Voir, voyager au loin.* ◆ AU PLUS LOIN QUE, loc. adv. Avec le subjonctif. À la plus grande distance possible. *Au plus loin que ma vue puisse s'étendre.* ◆ ▷ LOIN À LOIN, DE LOIN À LOIN, DE LOIN EN LOIN, loc. adv. À de grandes distances, à de longs intervalles. ◆ Il se dit aussi du temps. *Nous nous voyons de loin en loin.* ◆ LOIN DE, loc. prép. À distance de. *Loin du monde.* ◆ Fig. « *Qu'alors il était loin de tant de renommée !* », Voltaire. ◆ Ellipt. Loin exprime l'injonction d'éloigner, d'écarter. « *Loin de nous les héros sans humanité !* », Bossuet. ◆ *Loin de là*, se dit pour signifier qu'il ne faut pas manquer à telle ou telle chose. ◆ *Être loin de son compte*, se tromper dans son raisonnement, dans son calcul, dans ses espérances. ◆ *Bien loin* ou simplement *loin*, se construisent avec la préposition *de*, suivie d'un verbe à l'infinitif, ou avec la conjonction *que* et le subjonctif, signifie *au lieu de, tant s'en faut que. L'adversité, loin d'être* ou *loin qu'elle*

soit un mal, est souvent un remède et le contrepoison de la prospérité. ◆ *Loin de*, se dit de la distance dans le temps. *Nous sommes loin du carnaval.* ◆ Prov. *À beau mentir qui vient de loin*, se dit de ceux qui, au retour de pays lointains, racontent des choses incroyables. ◆ *Pas à pas on va loin*, quand on va toujours, on ne laisse pas d'avancer, quoiqu'on aille lentement. ■ Fig. *Voir venir quelqu'un de loin*, deviner ses intentions. ■ *Loin de là*, bien au contraire. *Nous n'avons pas terminé, loin de là !*

LOINTAIN, AINE, adj. [lwɛ̃tɛ̃, ɛn] (lat. médiév. *longitanus*) Qui est éloigné du pays où l'on est ou dont on parle. *Des pays lointains. Des entreprises lointaines.* ◆ Qui est à une grande distance. *Les monts lointains.* ◆ Il se dit aussi du temps. *Les siècles les plus lointains.* ◆ N. m. Plan situé dans l'éloignement. « *On voyait en lointain une ville naissante* », La Fontaine. ◆ Peint. *Le lointain d'un tableau*, le plan le plus reculé.

LOI-PROGRAMME, ■ n. f. [lwapʀɔgʀam] (1 *loi* et *programme*) Loi permettant au gouvernement d'engager des dépenses sur plusieurs années. *Des lois-programmes.*

LOIR, n. m. [lwaʀ] (lat. vulg. *glis*, gén. *gliris*) Petit animal semblable à un rat, à poil gris, qui vit dans les creux des arbres et des murs, et qui dort durant l'hiver. ◆ Fig. Un paresseux.

LOISIBLE, adj. [lwazibl] (anc. v. *loisir*, être permis) Qui est permis. « *Soit, il vous est loisible* », Molière.

LOISIR, n. m. [lwaziʀ] (substantivation de l'anc. inf. *loisir*, du lat. *licere*, être permis) État dans lequel il est permis de faire ce qu'on veut. ◆ ▷ *Être de loisir*, n'avoir rien à faire. ◁ ◆ À LOISIR, TOUT À LOISIR, loc. adv. À son aise, à sa commodité. ◆ Espace de temps nécessaire pour faire quelque chose à son aise. *Je n'ai pas eu le loisir de répondre.* ◆ Temps qui reste disponible après les occupations. « *Je reverrai tout au premier loisir* », Bossuet. ■ Au pl. Activités, distractions qui occupent le temps libre.

LOK, n. m. [lɔk] Voy. LOOCH.

LOKOUM, ■ n. m. [lokum] Voy. LOUKOUM.

LOLIACÉES, n. f. pl. [lɔljase] (lat. *lolium*, ivraie) ▷ Nom d'une tribu de la famille des graminées, qui a pour type le genre ivraie. ◁

LOLITA, ■ n. f. [lolita] (*Lolita*, héroïne éponyme du roman (1955) de Vladimir Nabokov, 1899-1977) Nymphette. ■ Adolescente aguichante. *Des lolitas.* « *Une lolita magnifique, douze ou treize ans, rose rouge dans les cheveux châtains, jeans noirs, blouse blanche, cul rebondi et ferme, joues de pêches, lèvres cerise, regard déjà lourd...* », Sollers.

LOMBAGO, ■ n. m. [lɔ̃bago] Voy. LUMBAGO.

LOMBAIRE, adj. [lɔ̃bɛʀ] (*lombes*) Anat. Qui appartient aux lombes. *La région lombaire. Une vertèbre lombaire* ou n. f. *une lombaire.* ■ N. f. [lɔ̃balʒi] une lombaire.

LOMBALGIE, ■ n. f. [lɔ̃balʒi] (*lombes* et *-algie*) Méd. Douleur siégeant dans la partie basse du dos. ■ LOMBALGIQUE, adj. [lɔ̃balʒik]

LOMBARD, ARDE, n. m. et n. f. [lɔ̃baʀ, aʀd] (ital. *lombardo*, du lat. *langobardus*, désignant un peuple de Germanie septentrionale) Peuple germanique qui envahit l'Italie et donna son nom à une province septentrionale de cette contrée. ◆ Adj. Qui appartient aux Lombards. ◆ *Écriture lombarde*, écriture romaine altérée par les Lombards. ◆ *Architecture lombarde*, la même que l'architecture romane. ◆ Aujourd'hui, habitant, habitante de la Lombardie. ◆ Adj. *L'école lombarde*, école de peinture caractérisée par le Corrège et les Carraches. ◆ N. m. Banquier, usurier et prêteur sur gages, dans le Moyen Âge. ◆ *Lombard*, établissement autorisé pour prêter de l'argent sur gages, en Hollande et ailleurs. ◆ Nom des titres d'actions ou obligations des chemins de fer de Lombardie. *Acheter des lombards.* ■ N. m. Dialecte parlé en Lombardie.

LOMBES, n. m. pl. [lɔ̃b] (lat. *lumbus*) Anat. Régions de l'abdomen situées sur les côtés de la région ombilicale, l'une à droite, l'autre à gauche.

LOMBOSACRÉ, ÉE, ■ adj. [lɔ̃bosakʀe] (*lombes* et *sacrum*) Relatif aux vertèbres lombaires et au sacrum. *Souffrir de douleurs lombosacrées.*

LOMBOSTAT, ■ n. m. [lɔ̃bɔsta] (*lombes* et *-stat*) Méd. Corset qui permet de soutenir le rachis lombaire. *Le lombostat est fait sur mesure.*

LOMBRIC, ■ n. m. [lɔ̃bʀik] (lat. *lumbricus*) Ver de terre vivant en milieu humide et dont le corps allongé et arrondi est composé d'anneaux.

LOMPE, ■ n. m. [lɔ̃p] Voy. LUMP.

LONDONIEN, IENNE, ■ adj. [lɔ̃dɔnjɛ̃, jɛn] (angl. *London*, Londres) De Londres. ■ N. m. et n. f. *Un Londonien, une Londonienne.*

LONDRÈS, ■ n. m. [lɔ̃dʀɛs] (on prononce le *s*. mot esp., londonien) Sorte de cigares havanais, fabriqués d'abord pour les Anglais. ■ Rem. Graphie ancienne : *londres.*

LONDRIN, n. m. [lɔ̃dʀɛ̃] (*Londres*) ▷ Draps de laine qui se fabriquent en Provence, en Languedoc et en Dauphiné, pour les échelles du Levant, à l'imitation de ceux de Londres. ◁

LONG, LONGUE, adj. [lɔ̃, lɔ̃g] (lat. *longus*) Qui s'étend en une ligne étendue. *Longue ligne de soldats. Taille longue.* ✦ *De longs regards*, des regards qui se prolongent au loin, et expriment la douleur, l'amour, une passion. ✦ **Fig.** *Avoir les dents longues*, être privé de nourriture depuis longtemps, ou simplement avoir faim. ✦ **Fig.** *Il a les bras longs*, son pouvoir s'étend bien loin. ✦ **Ellipt.** *Prendre le plus long*, aller en quelque lieu par le plus long chemin, et fig. se servir des moyens les moins propres à faire réussir promptement ce qu'on a entrepris. ✦ *Habit long*, la soutane et le manteau que portent les ecclésiastiques. ✦ ▷ *Vue longue*, vue qui discerne les objets à une grande distance. ◁ ✦ *Lunette de longue vue* ou simplement *longue-vue*, lunette d'approche. ✦ Il se dit de la plus grande dimension d'une surface, par opposition à large. *Un jardin plus long que large.* ✦ *Un carré long*, un parallélogramme à angles droits. ✦ Qui dure plus ou moins de temps. « *Le monde n'a point de longues injustices* », Mme DE SÉVIGNÉ. « *Ah ! que le temps est long à mon impatience !* », RACINE. ✦ *Le long temps*, la longue durée du temps ; *un long temps*, un long intervalle de temps. ✦ *Long espoir*, espoir qui s'étend loin dans l'avenir. ✦ *Longue échéance*, terme qui n'arrive qu'après un long temps. *Bail à longue échéance.* ✦ **Dr.** *Assignation à longs jours*, assignation qui accorde un délai plus long que le délai ordinaire. ✦ *Syllabe, voyelle longue*, syllabe, voyelle dont la prononciation a plus de durée que celle d'une syllabe, d'une voyelle brève. ✦ **N. f.** *Une longue*, une syllabe longue. ✦ **Fig.** et **fam.** *Observer les longues et les brèves*, être très cérémonieux, et aussi être exact en tout ce qu'on fait. ✦ Qui demande beaucoup de temps pour être lu ou récité. *Un long discours.* ✦ Qui pèche par trop d'étendue, par la diffusion. « *Rien n'est long que le superflu* », LA MOTTE. ✦ Il se dit des personnes, dans le même sens. « *J'évite d'être long, et je deviens obscur* », BOILEAU. ✦ Lent, tardif. *Les vieillards sont longs en tout.* ✦ **N. m.** Longueur, par opposition à largeur. *Ces rideaux ont deux aunes de long.* ✦ *S'étendre de son long, tout de son long*, tomber à terre ou se coucher, en donnant au corps toute sa longueur. ✦ *Il nous en a dit long, bien long*, il nous a dit beaucoup de choses sur tel sujet. ✦ *En savoir long, bien long*, avoir des connaissances fort étendues, et aussi être adroit, habile, rusé. ✦ *Savoir le court et le long d'une affaire*, en savoir toutes les particularités. ✦ DE LONG EN LONG, **loc. adv.** En longueur, dans le sens de la longueur. ✦ **Fam.** *Tirer de long*, s'esquiver, s'enfuir, et fig. apporter des délais dans une affaire. ✦ *En long et en large* ou *de long en large*, en longueur et en largeur, alternativement. *Aller en long et en large.* ✦ AU LONG ou TOUT AU LONG, **loc. adv.** Amplement, avec étendue, avec détail. ✦ DE LONGUE MAIN, **loc. adv.** Depuis longtemps. ✦ TOUT DU LONG, **loc. adv.** Dans toute la longueur. *Tout du long de l'allée.* ✦ Dans toute la durée. *Tout du long de la journée.* ✦ Dans toute l'étendue, d'un bout à l'autre. ✦ Sans interruption. ✦ Entièrement. « *Le roi payera les frais tout du long* », VOLTAIRE. ✦ **Fig.** *Être tout du long dans un livre*, dans un récit, y figurer avec détail. ✦ *Tout du long*, en côtoyant. ✦ *Tout du long de l'aune*, sans discontinuer. ✦ ▷ *Il en a eu tout du long de l'aune*, il a été battu ou maltraité en quelque affaire. ◁ ✦ **Ellipt.** En donner tout du long à quelqu'un, le bien battre, et aussi se jouer de lui. ✦ ▷ *En donner à quelqu'un du long et du large*, le bien battre. ◁ ✦ LE LONG, TOUT LE LONG ou AU LONG DE, **loc. prép.** En côtoyant. ✦ *Tout le long*, pendant toute la durée de. *Tout le long de la journée.* ✦ À LA LONGUE, **loc. adv.** Avec le temps.

LONGANE, ■ n. m. [lɔ̃gan] (chin. *long-ien*, de *long*, dragon, et *yen*, œil) Fruit du longanier, proche du litchi et du ramboutan à la coque lisse et orangée qui brunit lorsqu'il mûrit. *Le longane est riche en vitamine C.*

LONGANIER, ■ n. m. [lɔ̃ganje] (*longane*) Arbre originaire de Chine et d'Inde pouvant atteindre jusqu'à 20 mètres de hauteur, au feuillage dense et cultivé pour ses fruits, les longanes, qui sont disposés en grappe.

LONGANIMITÉ, n. f. [lɔ̃ganimite] (b. lat. *longanimitas*, de *longus*, qui dure, et *animus*, âme, esprit) Patience avec laquelle on endure des insultes, des fautes qu'on pourrait punir. « *Dieu plein de longanimité et de patience* », MASSILLON. ✦ Patience, courage dans la souffrance morale.

LONG-COURRIER, ■ n. m. [lɔ̃kurje] ([*au*] *long cours*) Voyage en avion ou en bateau couvrant une longue distance. *Tous les long-courriers sont annulés en raison des grèves.*

1 LONGE, n. f. [lɔ̃ʒ] (fém. dial. substantivé de *long*) Corde ou forte lanière de cuir, plus ou moins longue, destinée à attacher les animaux à l'écurie, au poteau, ou à les guider dans les premières opérations du dressage.

2 LONGE, n. f. [lɔ̃ʒ] (lat. pop. *lumbea*, du lat. *lumbus*, reins) Portion de la colonne vertébrale et des muscles qui s'y attachent en dessus, chez le veau et les petits animaux de boucherie, et aussi chez le chevreuil, prise depuis l'arrière de l'épaule jusqu'à la queue. ✦ T. de boucherie. *Longe de veau*, partie du veau entre le cuisseau et les côtelettes de filet.

LONGÉ, ÉE, p. p. de longer. [lɔ̃ʒe]

LONGER, v. tr. [lɔ̃ʒe] (*long*) Marcher le long de. *Longer la rive.* ✦ **Mar.** *Longer la côte*, naviguer le long de la côte et sans trop la perdre de vue. ✦ Être étendu le long de, en parlant des choses. *Un bois qui longe la côte.*

LONGÈRE, ■ n. f. [lɔ̃ʒɛʀ] (*long*) Corps de ferme bas et de forme allongée en Bretagne. *Ils ont transformé cette longère en maison secondaire.*

LONGERON, ■ n. m. [lɔ̃ʒ(ə)ʀɔ̃] (*long*) **Techn.** Poutre qui entre dans l'ossature principale d'une construction.

LONGÉVITÉ, n. f. [lɔ̃ʒevite] (lat. *longævitas*, de *longus*, long, et *ævum*, durée, âge) Longue durée de la vie. *La longévité des cerfs, du châtaignier, etc.* ■ Durée de la vie. *L'accroissement de la longévité humaine.*

LONGICORNE, ■ adj. [lɔ̃ʒikɔʀn] (*longi-* et *corne*) Qui est pourvu de longues antennes. ■ N. m. pl. *Les longicornes*, famille d'insectes coléoptères pourvus de longues antennes et vivant sur les arbres. ■ N. m. *Un longicorne.*

LONGILIGNE, ■ adj. [lɔ̃ʒiliɲ] ou [lɔ̃ʒiliɲj] (*longi-* et *ligne*) Caractérisé par des membres longs et fins. *Un garçon longiligne.*

LONGIMÉTRIE, n. f. [lɔ̃ʒimetʀi] (*longi-* et -*métrie*) ▷ **Géom.** L'art de mesurer par la trigonométrie les lieux dont on ne peut approcher. ✦ Il se dit aussi de la mesure des longueurs dans les lieux accessibles. ◁

LONGITUDE, n. f. [lɔ̃ʒityd] (lat. *longitudo*, longueur, lat. tardif, longitude céleste) L'arc de l'équateur terrestre, évalué en degrés, contenu entre le premier méridien et le méridien d'un lieu ; si le point est dans l'est du premier méridien, la longitude est orientale ; s'il est dans l'ouest, elle est occidentale. ✦ Distance en degrés entre un astre et le point équinoxial du printemps. ✦ *Bureau des longitudes*, établissement qui rédige chaque année la Connaissance des temps et un Annuaire.

LONGITUDINAL, ALE, adj. [lɔ̃ʒitydinal] (lat. *longitudo*, génit. *longitudinis*) Qui est étendu en long. *Traits longitudinaux.* ✦ Dirigé dans le sens de l'axe principal d'un organe. ✦ **Mar.** *Plan longitudinal* ou *diamétral*, le plan qui passe par l'axe de la quille.

LONGITUDINALEMENT, adv. [lɔ̃ʒitydinal(ə)mɑ̃] (*longitudinal*) D'une manière longitudinale.

LONG-JOINTÉ, ÉE, adj. [lɔ̃ʒwɛ̃te] (*long* adv., et *jointé*) Voy. JOINTÉ.

LONG-MÉTRAGE ou **LONG MÉTRAGE**, ■ n. m. [lɔ̃metʀaʒ] (*long* et *métrage*) Film de cinéma ou de télévision de plus de soixante minutes. *Des longs-métrages* ou *des longs métrages.*

LONGRINE, ■ n. f. [lɔ̃ʀin] (n. *longueraine*, de *long*) Pièce de charpente longitudinale placée sur divers points d'appui qui lui permettent de répartir et soutenir une charge. *Relier des éléments par une longrine.*

LONGTEMPS, adv. [lɔ̃tɑ̃] (*long* et *temps*) Pendant un long espace de temps. ✦ **N. m.** *Longtemps, un longtemps.* « *Un longtemps, sans parler* », RÉGNIER. « *J'ai passé longtemps de ma vie à croire qu'il y avait une justice* », PASCAL. ✦ Aujourd'hui, dans cet emploi, on écrit *long temps* en deux mots.

LONGUEMENT, adv. [lɔ̃g(ə)mɑ̃] (*long*, *longue*) D'une façon longue et qui passe la durée ordinaire. *Parler, vivre longuement.*

LONGUET, ETTE, adj. [lɔ̃gɛ, ɛt] (dim. de *long*) Qui a une forme un peu allongée. *Un corps longuet.* ✦ **Fam.** Qui dure un peu trop longtemps. *Son discours a été un peu longuet.* ■ N. m. Petit pain long et mince pareil à des biscottes.

LONGUEUR, n. f. [lɔ̃gœʀ] (*long*) L'étendue d'un objet d'une extrémité à l'autre. *La longueur d'un bâton, d'une route, etc.* ✦ **Mar.** *Longueur de câble*, 120 brasses de long. ✦ *Épée de longueur*, épée de défense et d'une juste longueur. ✦ EN LONGUEUR, **loc. adv.** Dans le sens de la longueur. ✦ L'étendue d'un objet considéré d'un de ses côtés à l'autre, dans le sens où la distance est la plus grande, par opposition à largeur. ✦ Durée prolongée. « *Patience et longueur de temps Font plus que force ni que rage* », LA FONTAINE. ✦ Se dit des ouvrages d'esprit considérés par rapport soit à leur étendue, soit au temps qu'il faut pour les lire ou pour les réciter. *La longueur d'un sermon.* ✦ Ce qui pèche par diffusion. « *L'ouvrage le plus court peut avoir des longueurs* », LA HARPE. ✦ Lenteur dans les actions, dans les affaires. ✦ *En longueur*, avec de longs délais. ■ **Sp.** Unité de mesure correspondant à la longueur d'un véhicule, d'un cheval, et servant à évaluer la distance qui sépare les concurrents. *Le coureur automobile allemand a pris deux longueurs d'avance.* ■ *À longueur de*, pendant toute la durée de. *À longueur de journée.*

LONGUE-VUE, n. f. [lɔ̃g(ə)vy] ([*lunette à*] *longue vue*) Voy. LONG et Voy. LUNETTE.

LOOCH, n. m. [lɔk] (on prononce *lok*. ar. *la'uq*, *la'iqa*, lécher) Médicament liquide, de la consistance d'un sirop épais. ■ REM. On écrivait aussi *lok*.

LOOPING, ■ n. m. [lupiŋ] (angl. *to loop the loop*, boucler la boucle) Exercice d'acrobatie aérienne qui consiste, pour un avion, à accomplir une boucle dans le plan vertical. *Des loopings.*

LOOSER, ■ n. m. [luzœʀ] Voy. LOSER.

LOPHIE, n. f. [lofi] (lat. sav. (Lamarck) *lophius*, du gr. *lophos*, aigrette) ▷ Genre de poissons comprenant une espèce vulgaire appelée baudroie. ◁

LOPIN, n. m. [lɔpɛ̃] (anc. fr. *lope*, morceau) ▷ Morceau de quelque chose qui se mange, et principalement de viande. ◁ ♦ **Par extens.** Morceau d'une chose quelconque. *Avoir un bon lopin dans une succession.* ◁ ♦ *Lopin de terre*, morceau d'un fonds de terre.

LOQUACE, adj. [lɔkas] (lat. *loquax*) Qui parle beaucoup. ■ REM. On prononçait autrefois [lɔkwas] comme dans *quoi*.

LOQUACITÉ, n. f. [lɔkasite] (lat. *loquacitas*) Habitude de parler beaucoup. ■ REM. On prononçait autrefois [lɔkwasite] comme dans *quoi*.

LOQUE, n. f. [lɔk] (m. néerl. *locke*, mèche) Pièce d'une étoffe, d'une toile usée et déchirée. *Ses vêtements sont en loques, tombent en loques.* ■ Souvent au plur. Vieux vêtements en mauvais état. ■ **Fig.** Personne sans énergie.

LOQUÈLE, n. f. [lɔkɥɛl] (*què* se prononce *cuè*. lat. *loquela*, parole) ▷ Facilité à parler d'une façon commune. *Il a de la loquèle.* ◁

LOQUET, n. m. [lɔkɛ] (anglo-norm. *loc*, ou m. néerl. *loke*) Sorte de fermeture très simple que l'on met aux portes qui n'ont point de serrure. ♦ Ensemble des parties composant cette espèce de fermeture.

LOQUETEAU, n. m. [lɔk(ə)to] (dim. de *loquet*) Petit loquet qu'on met ordinairement aux volets d'en haut d'une fenêtre.

LOQUETEUX, EUSE, ■ adj. [lɔk(ə)tø, øz] (*loquette*, ou *loque* avec épenthèse de *t*) Qui est vêtu de loques, haillons. ■ N. m. et n. f. *Un loqueteux, une loqueteuse.* « *C'est encore un Français qui, de prince adulé et de fonctionnaire aisé que j'étais, a fait de moi un réprouvé de la société, un loqueteux mal logé, ne mangeant qu'une fois par jour et couchant sur une natte à même le sol* », Bâ.

LOQUETTE, n. f. [lɔkɛt] (dim. de *loque*) ▷ Petite loque. ◁

LORAN, ■ n. m. [lɔrɑ̃] (acronyme de *long range navigation*) Dispositif de radionavigation aérienne ou maritime.

LORD, n. m. [lɔrd] (on prononce le *d*. mot angl., seigneur) Titre d'honneur usité en Angleterre et qui signifie seigneur. ♦ Le féminin est *lady* (prononcé *lédi*). ♦ *Lord-maire*, gouverneur civil de Londres. ♦ *La chambre des lords*, la chambre aristocratique du parlement anglais. ■ REM. On prononçait autrefois [lɔr] sans faire entendre le *d*.

LORDOSE, ■ n. f. [lɔrdoz] (gr. *lordôsis*, action de se courber) Courbure de la colonne vertébrale au niveau des lombaires. *Une lordose cervicale ou lombaire.*

LORETTE, ■ n. f. [lɔrɛt] (Notre-Dame-de-*Lorette*, car beaucoup de ces jeunes filles étaient logées dans ce quartier nouvellement construit) Jeune fille aux mœurs légères du XIXᵉ siècle. *Il entretenait une lorette.*

LORGNADE, n. f. [lɔrɲad] ou [lɔrnjad] (*lorgner*) ▷ Action de lorgner une fois. ◁

LORGNÉ, ÉE, p. p. de lorgner. [lɔrɲe] ou [lɔrnje]

LORGNEMENT, n. m. [lɔrɲəmɑ̃] ou [lɔrnjəmɑ̃] (*lorgner*) ▷ Action de lorgner. ◁

LORGNER, v. tr. [lɔrɲe] ou [lɔrnje] (anc. fr. *lorgne*, qui louche, du radic. germ. *lur-*, guetter) Observer à la dérobée, en tournant les yeux de côté. ♦ Absol. « *Trufaldin lorgnait exactement* », MOLIÈRE. ♦ Regarder avec une lorgnette. ♦ *Lorgner quelqu'un*, le regarder avec attention. ♦ **Fig.** *Lorgner une charge, une place, un héritage*, avoir des vues sur une charge, sur une place, sur un héritage.

LORGNERIE, n. f. [lɔrɲəri] ou [lɔrnjəri] (*lorgner*) ▷ Action de lorgner fréquemment. ◁

LORGNETTE, n. f. [lɔrɲɛt] ou [lɔrnjɛt] (*lorgner*) Petite lunette d'approche dont on se sert pour voir les objets peu éloignés. ♦ *Regarder, voir par le petit bout de la lorgnette*, avoir une vision très étroite des choses.

LORGNEUR, EUSE, ■ n. m. et n. f. [lɔrɲœr, øz] ou [lɔrnjœr, øz] (*lorgner*) ▷ Celui, celle qui lorgne. ◁

LORGNON, n. m. [lɔrɲɔ̃] ou [lɔrnjɔ̃] (*lorgner*) Lentille concave pour les myopes, convexe pour les presbytes, qu'on tient d'ordinaire à la main par une queue en métal ou en écaille.

LORI, ■ n. m. [lɔri] (néerl. *lory*, du malais *nori*) Petit perroquet très coloré originaire d'Inde. *Des loris.*

LORIOT, n. m. [lɔrjo] (agglutination de *l'oriol*, du lat. *aureolus*, d'or) Oiseau de l'ordre des passereaux, dont le plumage est, chez le mâle, d'un beau jaune, et chez la femelle, verdâtre. ♦ *Compère loriot*, Voy. COMPÈRE-LORIOT.

LORIS, ■ n. m. [lɔri] ou [lɔris] (néerl. *loeres*, nigaud) Petit primate nocturne d'Asie aux yeux proéminents. *Le loris est un lémurien tardigrade très présent dans les îles de la Sonde.*

LORRAIN, AINE, ■ adj. [lɔrɛ̃, ɛn] (*Lorraine*) Relatif à la Lorraine. *Une quiche lorraine.* ■ N. m. et n. f. *Un Lorrain, une Lorraine.* ■ N. m. *Le lorrain*, dialecte d'oïl parlé en Lorraine.

LORRY, ■ n. m. [lɔri] (mot anglais) Petit wagon plat utilisé pour transporter les matériaux lors des constructions ou des travaux d'entretien sur les voies ferrées. *Des lorrys* ou *des lorries* (pluriel anglais).

LORS, [lɔr] (lat. vulg. *illa hora*, à cette heure) Sorte de nom de temps qui ne se dit qu'avec certaines prépositions. *Pour lors*, en ce temps-là ; en ce cas-là. *Dès lors*, dès ce temps-là. *Dès lors*, de là, par forme de conséquence. ♦ Avec les verbes il s'emploie adverbialement et signifie au temps dont on parle. « *C'est lors que les douleurs commencent à nous prendre* », MOLIÈRE. ♦ LORS DE, loc. prép. Dans le temps de, au moment de. *Lors de son mariage.* ♦ DÈS LORS QUE, loc. conj. Du moment que.

LORSQUE, conj. [lɔrsk] (*lors* et *que*) Dans le temps où, quand. ♦ Le *e* de *lorsque* s'élide ordinairement devant *il, elle, on, un, une*.

LOS, n. m. [lo] (on ne prononce pas le *s* final. lat. *laus*) ▷ Vieux mot qui signifie *louange*. « *Le los des belles actions* », LA FONTAINE. ◁

LOSANGE, n. f. [lozɑ̃ʒ] (gaul. *lausa*, dalle, ou ar. *lawzinag*, gâteau ; cf. ital. *lasagna*.) Selon l'Académie, selon l'usage des géomètres, *n. m.* **Hérald.** Meuble de l'écu. ♦ Parallélogramme dont les quatre côtés sont égaux sans que les angles soient droits. ■ REM. On écrivait aussi *lozange* autrefois. ■ Aujourd'hui, *losange* est masculin.

LOSANGÉ, ÉE, adj. [lozɑ̃ʒe] (*losange*) Distribué en losanges. ♦ **Hérald.** *Écu losangé*, écu qui a la forme d'un losange.

LOSANGER, v. tr. [lozɑ̃ʒe] (*losange*) Distribuer en forme de losanges.

LOSER ou **LOOSER**, ■ n. m. [luzœr] (on prononce à l'anglaise : *lou-zeur*. Angl., *to lose*, perdre) Fam. Personne qui agit en perdant. *Il n'arrivera jamais à rien, c'est un loser.* ■ Fam. et insult. Personne que l'on considère comme un perdant. *Quel loser, ce type !*

LOT, n. m. [lo] (anc. b. frq. *lot*) Portion d'un tout qui se partage au sort ou autrement entre plusieurs personnes. ♦ **Fig.** Ce qui échoit en partage dans la vie. ♦ Ce que gagne à une loterie celui qui a échoit un bon billet. ♦ *Le gros lot*, le lot qui a le plus de valeur. ■ Produits vendus ensemble. *Acheter un lot de casseroles.* ■ Groupe de personnes représentant une moyenne. *Quelques candidats sortaient du lot. Être dans le lot commun.* ■ **Fig.** *Tirer, gagner le gros lot*, avoir de la chance, obtenir un grand avantage.

LOTE, ■ n. f. [lɔt] Voy. LOTTE.

LOTERIE, n. f. [lɔt(ə)ri] (néerl. *loterij*) Sorte de jeu de hasard où se font des mises, pour lesquelles on reçoit des billets portant des numéros ; les numéros sortants donnent droit à un lot. ♦ Jeu de hasard établi par quelques gouvernements. ♦ **Fig.** *Le monde est une loterie*, le hasard y règle la plupart des choses. ♦ **Fig.** *C'est une loterie*, c'est une affaire de hasard. ♦ Sorte d'amusement de société à l'aide duquel on distribue, sous forme de loterie, de petits cadeaux.

LOTI, IE, p. p. de lotir. [lɔti] **Fig.** et **fam.** *Bien loti, mal loti*, qui a été bien partagé, mal partagé par le sort.

LOTIER, n. m. [lɔtje] (lat. *lotus*, mélilot) Genre de la famille des légumineuses, composé de plantes herbacées, vivaces, à souche dure, à feuilles trifoliolées. *Le lotier est communément appelé* trèfle cornu.

LOTION, n. f. [losjɔ̃] (lat. impér. *lotio*, action de laver) Opération par laquelle on débarrasse une substance insoluble des parties hétérogènes interposées. ♦ **Méd.** Action de laver une partie quelconque du corps, en promenant sur la surface un linge ou une éponge trempée dans un liquide. ♦ Liquide dont on se sert pour laver une partie. ♦ ▷ Ablution, bain. ◁ ♦ Liquide utilisé pour les soins de la peau, des cheveux. *Une lotion après-rasage.*

LOTIONNER, v. tr. [losjɔne] (*lotion*) Nettoyer, déterger par une lotion. *Lotionner le cuir chevelu.*

LOTIR, v. tr. [lɔtir] (*lot*) Partager à l'aide de lots. *Des libraires ont acheté cette bibliothèque en commun, ils vont la lotir entre eux.* ♦ Faire des lots, des portions d'une succession à partager entre plusieurs personnes. ■ **Fig.** *La vie l'a bien loti.*

LOTISSAGE, n. m. [lɔtisaʒ] (*lotir*) Action de prendre au hasard dans un tas de minerai pulvérisé de quoi en faire l'essai.

LOTISSEMENT, n. m. [lɔtis(ə)mɑ̃] (radic. du p. prés. de *lotir*) Division d'une chose en diverses parts, pour être tirées au sort entre plusieurs personnes. ■ Division d'un terrain en parcelles destinées à être vendues afin d'y construire des habitations. ■ Terrain divisé en parcelles.

LOTISSEUR, EUSE, ■ n. m. et n. f. [lɔtisœr, øz] (radic. du p. prés. de *lotir*) Personne chargée de diviser des terrains en plusieurs parcelles pour les vendre en vue d'y construire des habitations.

LOTO, n. m. [loto] (ital. *lotto*, du *lot*) Jeu de hasard dans lequel on a des cartons portant des numéros correspondant à une série de quatre-vingt-dix numéros marqués sur les boules. ♦ Réunion des objets dont on se sert pour jouer à ce jeu. ■ Jeu de hasard instauré par l'État dans lequel des numéros sont tirés au sort. ♦ *Loto sportif*, jeu établi sur les pronostics de matchs de football. *Des lotos.*

LOTOS, n. m. [lotos] Voy. LOTUS. REM. On prononce le *s*.

LOTTE ou **LOTE**, n. f. [lɔt] (p.-ê. gaul. *lotta*) Poisson de rivière dont la chair est estimée. ♦ *Lotte barbotte* ou *lotte franche*, le cobite. ▪ *Lotte de mer*, la baudroie.

LOTUS, n. m. [lotys] (mot lat. du gr. *lôtos*) *Lotus arborescent*, l'arbre des lotophages. ♦ *Le nymphéa lotus* ou *lotus sacré*. ♦ Fruit délicieux qui, d'après une fable poétique, faisait oublier la patrie aux étrangers qui en goûtaient. ♦ Fig. *Manger du lotus*, perdre la mémoire. ▪ REM. On prononce le *s*. ▪ On disait aussi autrefois *lotos*.

1 **LOUABLE**, adj. [lwabl] ou [luabl] (2 *louer* ; cf. lat. *laudabilis*, de *laudare*) Qui est digne de louanges, en parlant des choses. *Une louable émulation.* ♦ N. m. « *Il a du bon et du louable* », LA BRUYÈRE. ♦ Il se dit des personnes, dans le même sens. *Être louable.* ♦ Avec la préposition *de. Il est louable de s'être conduit ainsi.* ♦ Méd. Qui est de la qualité requise. « *La matière est-elle louable ?* », MOLIÈRE. ♦ Fam. Qui a la qualité requise. « *Je me sens en disposition louable de bien boire du vin* », REGNARD.

2 **LOUABLE**, ▪ adj. [lwabl] ou [luabl] (1 *louer*) Qui peut se mettre en location ou que l'on peut louer. *Cet appartement est louable.*

LOUABLEMENT, adv. [lwabləmã] ou [luabləmã] (1 *louable*) D'une manière louable.

LOUAGE, n. m. [lwaʒ] ou [luaʒ] (1 *louer*) Cession de l'usage d'une chose pour un temps et pour un prix déterminés. ♦ ▷ *Domestique de louage*, domestique dont on loue le service pour un temps. ◁ ♦ ▷ On dit de même : *carrosse, cheval de louage.* ◁ ▪ *Louage de services*, contrat de travail.

LOUANGE, n. f. [lwãʒ] ou [luãʒ] (2 *louer*) Au sens actif, action de donner l'éloge, en parlant des personnes. « *Il n'y a rien de si impertinent et de si ridicule qu'on ne fasse avaler, lorsqu'on l'assaisonne en louanges* », MOLIÈRE. ♦ *Chanter les louanges*, se dit par rapport à Dieu. ♦ Fam. *Chanter les louanges de quelqu'un*, dire du bien de lui. ♦ *À la louange, pour louer. Il faut dire à sa louange que, etc.* ♦ Au sens passif, action de recevoir l'éloge, en parlant des personnes ou des choses. *J'entends louer partout cet homme ; ses louanges me sont agréables.* ♦ Gloire, mérite. « *Couvert ou de louange ou d'opprobre éternel* », P. CORNEILLE. *Il faut lui donner la louange d'avoir fait cette découverte.*

LOUANGÉ, ÉE, p. p. de louanger. [lwãʒe] ou [luãʒe]

LOUANGER, v. tr. [lwãʒe] ou [luãʒe] (*louange*) Fam. Donner des louanges. ♦ Se louanger, v. pr. Se donner l'un à l'autre des louanges. ▪ REM. Il n'est plus familier aujourd'hui dans son emploi transitif.

LOUANGEUR, EUSE, n. m. et n. f. [lwãʒœr, øz] ou [luãʒœr, øz] (*louanger*) Personne qui donne des louanges sans discernement. ♦ Adj. *Il n'est pas louangeur. Paroles louangeuses.*

LOUBARD, ARDE, ▪ n. m. et n. f. [lubar, ard] (*loulou*) Fam. Voyou, délinquant. Cité dans le TLF : « *Tous deux, ainsi que Micky, une petite loubarde, tentent de fuir le quotidien* », *Télé 7 jours*, 1981.

1 **LOUCHE**, adj. [luʃ] (fém. *lusca* du lat. *luscus*, borgne) ▷ Dont les deux yeux n'ont pas la même direction. *Cet enfant est louche.* ◁ ♦ ▷ Il se dit aussi de l'œil et du regard. ◁ ♦ ▷ N. m. et n. f. *Un louche. Une louche.* ◁ ♦ Fig. Qui n'est pas transparent, qui est troublé par des corps légers tenus en suspension. *Ce vin est louche.* ♦ Fig. Se dit des couleurs qui ne sont pas pures de ton. ♦ Fig. Suspect, peu clair. *Une conduite louche.* ♦ N. m. *Il y a du louche dans cette affaire.* ♦ Fig. Gramm. Qui n'a pas la netteté, la clarté requise. *Des phrases louches.* ♦ *Sens louche*, sens qui n'est pas clair ou qui prête à un faux sens. ♦ N. m. *Il y a du louche dans cette phrase.*

2 **LOUCHE**, n. f. [luʃ] (anc. fr. *louce*, de l'anc. b. frq. *lôtja*, grande cuiller.) Cuiller à pot. ♦ Grande cuiller à long manche, avec laquelle on sert le potage. ♦ Fam. *À la louche*, en grande quantité ; approximativement, grossièrement. ▪ Fam. *En remettre une louche*, insister lourdement.

LOUCHEMENT, n. m. [luʃ(ə)mã] (1 *loucher*) ▷ État de celui qui louche. ▪ REM. On disait aussi autrefois *loucherie* ; on dit aujourd'hui *strabisme*. ◁

LOUCHER, v. intr. [luʃe] (1 *louche*) Avoir les yeux ou tourner les yeux de manière que l'un n'ait pas la même direction que l'autre. ▪ LOUCHEUR, EUSE, n. m. et n. f. [luʃœr, øz]

LOUCHERBEM ou **LOUCHÉBEM**, ▪ n. m. [luʃebɛm] (largonji de 2 *boucher*) Arg. Boucher. ♦ Argot pratiqué autrefois par les bouchers des grandes villes. *Les argots les plus connus sont le loucherbem et le javanais. Le mot boucher devient* louchébem *en remplaçant la première lettre par* l, *en la glissant à la fin et en y ajoutant le suffixe* -em, -ème.

LOUCHERIE, ▪ n. f. [luʃ(ə)ri] (*loucher*) Voy. LOUCHEMENT.

LOUCHET, n. m. [luʃɛ] (mot pic. et flam., de 2 *louche*) Sorte de bêche propre à fouir la terre.

LOUCHIR, v. intr. [luʃir] (1 *louche*) ▷ Devenir louche, perdre sa transparence, en parlant d'un liquide. ◁

LOUCHON, ▪ n. m. [luʃõ] (1 *louche*) Fam. Personne dont les yeux louchent. *Pauvre louchon qui ne voit rien sans ses lunettes !*

1 **LOUÉ, ÉE**, p. p. de 1 louer. [lwe] ou [lue] Donné ou pris à bail.

2 **LOUÉ, ÉE**, p. p. de 2 louer. [lwe] ou [lue] *Dieu soit loué !* Exclamation par laquelle on témoigne son contentement.

1 **LOUER**, v. tr. [lwe] ou [lue] (lat. *locare*) Donner à louage. *Louer une maison à quelqu'un.* ♦ Prendre à louage. ♦ Se louer, v. pr. Se donner à louage, engager son service, son travail pour un salaire. ♦ Être pris à loyer, en parlant des choses. ▪ Réserver une place de spectacle, de train, d'avion.

2 **LOUER**, v. tr. [lwe] ou [lue] (lat. *laudare*) Relever par des paroles le mérite de quelqu'un ou de quelque chose. *Louer quelque chose à quelqu'un*, lui en faire l'éloge. ♦ *Louer de. Je vous loue d'avoir agi ainsi.* ♦ Absol. « *Mais je sais peu louer* », BOILEAU. ♦ *Louer que*, avec le subjonctif. « *Je vous loue fort que vous ne reconduisez pas* », MME DE SÉVIGNÉ. ♦ Fig. Il se dit des choses qui sans parler font un éloge. « *Mon silence le loue plus que mes paroles* », FLÉCHIER. ♦ Se louer, v. pr. Se donner des louanges à soi-même. ♦ Se donner réciproquement des louanges. ♦ *Se louer de quelqu'un, de quelque chose*, témoigner qu'on en est satisfait. ♦ *Se louer de quelqu'un*, se féliciter des rapports qu'on a avec lui.

1 **LOUEUR, EUSE**, n. m. et n. f. [lwœr, øz] ou [luœr, øz] (1 *louer*) Personne qui fait métier de donner quelque chose à louage. *Un loueur de chevaux, de voitures, de chambres garnies, etc.*

2 **LOUEUR, EUSE**, n. m. et n. f. [lwœr, øz] ou [luœr, øz] (2 *louer*) Personne qui donne des louanges (avec l'idée de louanges données à tout propos).

LOUFIAT, ▪ n. m. [lufja] (radic. onomat. *loffe-*, souffle du vent, niaiserie) Fam. et péj. Garçon de café. « *Elles ont fait monter du champagne, deux bouteilles dans des seaux pleins de glaçons cubiques, servies par un loufiat que plus rien n'étonnait* », BLIER.

LOUFOQUE, ▪ adj. [lufɔk] (largonji de *fou*) Fam. Qui est fou, extravagant. *Une idée loufoque.* ▪ N. m. et n. f. *C'est une loufoque.*

LOUFOQUERIE, ▪ n. f. [lufɔk(ə)ri] (*loufoque*) Acte ou propos loufoque. *Quelle loufoquerie es-tu encore en train de préparer ?*

LOUGRE, n. m. [lugr] (angl. *lugger*, de *lug-sail*, voile au tiers) ▷ Petit bâtiment de guerre, fin dans ses formes de l'arrière, renflé par l'avant. ◁ ▪ Mar. Petit voilier de pêche généralement à trois mâts.

LOUIS, n. m. [lwi] (*Louis* XIII, 1601-1643, roi de France) *Louis d'or* ou simplement *louis*, Monnaie d'or ainsi appelée depuis Louis XIII, et qui en 1640 valait dix francs. Plus tard le louis d'or a valu vingt-quatre francs (dans l'ancien système monétaire). ♦ Dans notre nouveau système monétaire, on entend par *louis* la pièce de vingt francs. ▪ REM. On a qualifié également de louis le Napoléon. Aujourd'hui, le louis d'or est une pièce de collection qui peut coûter plusieurs centaines d'euros.

LOUISE-BONNE, n. f. [lwiz(ə)bɔn] (prénom *Louise* et *bon*) Variété de poire d'automne. *Des louises-bonnes.*

LOUIS-PHILIPPARD, ARDE, ▪ adj. [lwifilipar, ard] (*Louis-Philippe* I, 1773-1850, roi des Français) Relatif au règne de Louis-Philippe. *Des meubles louis-philippards. Un style de vie louis-philippard.*

LOUKOUM ou **LOKOUM**, ▪ n. m. [lukum] ou [lokum] (turc *rahat-lokum*, de l'ar. *rahat al hulqum*, repos de la gorge) Pâtisserie d'origine turque, en forme de cube, à la texture élastique, qui peut être de différents parfums et couleurs. *Des loukoums à la fleur d'oranger.* ▪ REM. On dit aussi *rahat-loukoum* ou *rahat-lokum.*

1 **LOULOU**, ▪ n. m. [lulu] (redoubl. de *loup*) Petit chien d'appartement à longs poils, au museau pointu et dont la queue se recourbe sur le dos.

2 **LOULOU**, ▪ n. m. [lulu] (1 *loulou*, par antiphrase) Fam. Jeune de banlieue défavorisée appartenant à une bande. ▪ Par extens. Voyou.

3 **LOULOU, OUTE**, ▪ n. m. et n. f. [lulu, ut] (emploi hypocoristique de *loup*) Fam. Enfant. *Sois sage, loulou !*

LOUP, n. m. [lu] (lat. *lupus*) Animal du genre chien, à oreille droite, queue horizontale, pelage fauve, sauvage et carnassier. ♦ Fam. *Un froid de loup*, un temps très rigoureux. ♦ *Manger comme un loup*, manger beaucoup. ♦ *À pas de loup*, sans bruit et à dessein de surprendre. ♦ *Loup gris, loup blanc*, vieux loup renommé pour ses déprédations. ♦ *Il est connu comme le loup gris, comme le loup blanc*, il est très connu. ♦ *Il a vu le loup*, se dit d'un homme aguerri, qui a vu le monde. ♦ *Entre chien et loup*, Voy. CHIEN. ♦ Fig. *Tenir le loup par les oreilles*, ne savoir quel parti prendre. ♦ *Donner la brebis à garder au loup*, mettre quelque chose en une main infidèle. ♦ *Enfermer le loup dans la bergerie*, mettre quelqu'un dans un lieu où il peut faire beaucoup de mal, et aussi fermer une plaie sans qu'elle ait suffisamment suppuré. ♦ Fig. Homme cruel, méchant. « *C'est ainsi que sont les hommes, naturellement loups les uns aux autres* », BOSSUET. ♦ Fig. *La gueule du loup*, le péril imminent. *Se mettre à la gueule du loup.* ♦ Nom vulgaire de phoques. *Loup marin.* ♦ *Loup de mer*, le bar. ♦ Fig. *Loup de mer*, vieil et intrépide marin, peu habitué aux usages du monde. ♦ Espèce de masque de velours noir. ♦ **Techn.** Défaut capital dans une pièce de bois. ♦ Broderie, découpure à dents de loup, formant une suite d'angles aigus. ♦ *Gueule de loup*, sorte de plante. ♦ *Tête de loup*, grand manche de bois terminé par un balai rond. ♦ **Prov.** *Il faut hurler avec les loups*, il faut s'accoutumer aux manières de ceux avec qui l'on se trouve, quoiqu'on ne les approuve pas. ♦ *Le loup mourra dans sa peau*, un méchant homme ne s'amende pas. ♦ *Qui se fait brebis, le loup le mange*, quand on est trop patient, on est sujet à être tourmenté, vexé, etc. ♦ *Brebis comptées, le loup les mange*, quelque soin qu'on ait de garder ce qu'on a, on ne laisse pas quelquefois d'être volé, et aussi cela porte malheur de prendre le compte exact de ce que l'on possède. ♦ *Les loups ne se mangent pas*, les méchants s'épargnent entre eux. ♦ *La faim chasse le loup hors du bois*, la nécessité contraint les gens à faire, pour vivre, bien des choses contre leur inclination. ♦ *Quand on parle du loup, on en voit la queue*, se dit lorsqu'un homme survient au moment où l'on parle de lui. ■ *Jeune loup*, homme jeune très ambitieux. ■ *Crier au loup*, appeler à l'aide, prévenir d'un danger.

LOUP-CERVIER ou **CERVIER**, n. m. [lusɛʀvje] (lat. *lupus* loup, et *cervarius*, qui tient du cerf) Quadrupède carnassier ressemblant à un grand chat, mais à queue courte. ♦ **Fig.** Personne qui, spéculant sur les entreprises de l'État et sur les besoins publics, y fait de gros gains, et en général tout homme d'argent rapace. ♦ Au pl. *Des loups-cerviers.*

LOUPE, n. f. [lup] (p.-ê. orig. frq. : cf. rhénan *luppe*, morceau) **Méd.** Tumeur indolente, enkystée, qui vient sous la peau. ♦ Excroissances, nœuds et racines de différents bois. *Une loupe d'orme.* ♦ Tumeur qui est naturelle à quelques animaux. *Le chameau naît avec des loupes sur le dos.* ♦ Extravasation de matière nacrée à l'intérieur de la coquille des huîtres perlières. ♦ Pierre précieuse que la nature n'a pas achevée. *Loupe de saphir.* ♦ Lentille biconvexe. ♦ Fer affiné, mais encore mélangé avec des scories.

LOUPER, ■ v. tr. [lupe] (*loup*, défaut dans un ouvrage) **Fam.** Rater. *Il a loupé son examen.* ■ LOUPAGE, n. m. [lupaʒ] ■ LOUPÉ, n. m. [lupe] *C'est un loupé.*

LOUPEUX, EUSE, adj. [lupø, øz] (*loupe*) Qui a des nodosités, des loupes. *Arbre loupeux.*

LOUP-GAROU, n. m. [lugaʀu] (*loup* et *garou*) Homme qui, au dire des gens superstitieux, erre la nuit transformé en loup. ♦ **Fig. et fam.** Homme qui est insociable et vit isolé. ♦ Adj. « *Il a le repart brusque et l'accueil loup-garou* », MOLIÈRE. ♦ Au pl. *Des loups-garous.*

LOUPIOT, IOTE, ■ n. m. et n. f. [lupjo, ɔt] (*loup* hypocoristique) **Fam.** Enfant. *Au lit, loupiote !*

LOUPIOTE, ■ n. f. [lupjɔt] (*loup* hypocoristique) **Fam.** Petite lampe dont le pouvoir éclairant est faible. *Allumer une loupiote.*

LOURD, OURDE, adj. [luʀ, uʀd] (prob. lat. pop. *lurdus*, de *luridus*, jaune pâle, blême) Malhabile, manquant de facilité et de pénétration. *Homme lourd.* ♦ « *Ces mains lourdes qui fanent les fleurs qu'elles touchent* », VOLTAIRE. ♦ Manquant de légèreté, de vivacité, en parlant des compositions de l'esprit. *Style lourd. Lourd de couleur, de dessin.* ♦ Qui indique de la lourdeur d'esprit, en parlant des choses. *Un lourd artifice. De lourdes sottises.* ♦ Qui a l'apparence de la lourdeur. « *Un homme à lourde mine* », VOLTAIRE. ♦ Qui se remue avec peine, avec effort. *Les chevaux de Flandre sont lourds. Un pas lourd.* ♦ Qui est, en raison du poids, difficile à porter. *Un lourd fardeau.* ♦ *L'air, le temps est lourd*, il fait éprouver au corps la sensation d'un poids. ♦ *Faire une lourde chute*, tomber de tout son poids. ♦ **Fig.** *Avoir une maison lourde* (dans la langue), avoir une maison, un ménage coûteux. ♦ *Une lourde tâche, une lourde besogne*, une tâche, une besogne difficile. ♦ *Lourd de*, plein de. *Un regard lourd de reproches. Une décision lourde de conséquences.* ■ *Avoir la main lourde*, frapper fort ; fam. fournir en trop grande quantité. ■ Adv. *Peser lourd*, avoir un poids important. *Mon sac pèse lourd.* ■ *Ne pas peser lourd* (dans la balance), ne pas avoir beaucoup d'importance. *Ton avis ne pèsera pas lourd.* ■ **Fam.** *Ne pas en faire lourd*, ne pas faire grand-chose. ■ Pénible. *Tu es lourd !* ■ *Avoir l'estomac lourd*, avoir trop mangé et digérer difficilement. ■ *Sommeil lourd*, sommeil imperturbable. ■ *Avoir les paupières lourdes*, avoir les yeux qui se ferment de fatigue. ■ *Avoir la tête lourde*, avoir la tête endolorie. ■ *En avoir lourd sur le cœur*, être très triste. ■ *Un repas lourd*, difficile à digérer. ■ Qui requiert une technologie pointue, de gros moyens financiers, etc. *Une chirurgie lourde.* ■ *Eau lourde*, eau dont l'oxyde de deutérium est le principal composant.

LOURDAUD, AUDE, n. m. et n. f. [luʀdo, od] (*lourd*) Personne lourde d'esprit et de corps. ■ Adj. Gauche, maladroit. *Qu'il est lourdaud !*

LOURDE, ■ n. f. [luʀd] (fém. substantivé de *lourd*, prob. de [*porte*] *lourde*) **Arg.** Porte. *Ouvre-moi la lourde !*

LOURDEMENT, adv. [luʀdəmɑ̃] (*lourd*) D'une manière lourde, gauche. ♦ D'une manière qui marque un esprit lourd. *Se méprendre lourdement.* ♦

D'une manière lourde, avec tout le poids. *Marcher lourdement.* ♦ D'une façon qui pèse sur le corps (sens peu usité). « *Lourdement vêtu* », LA BRUYÈRE.

LOURDER, ■ v. tr. [luʀde] (*lourde*) **Fam.** Renvoyer. *Il s'est fait lourder par son chef.* ■ **Par extens.** Quitter quelqu'un ou se débarrasser de quelque chose. *Sa petite amie l'a lourdé. Lourder un vieux canapé.*

LOURDERIE, n. f. [luʀdəʀi] (*lourd*) ▷ Qualité de ce qui est lourd, grossier, malséant. *La lourderie de sa conduite.* ◁

LOURDEUR, n. f. [luʀdœʀ] (*lourd*) Pesanteur (peu usité au propre). *La lourdeur d'un fardeau.* ♦ État de ce qui est privé de légèreté et de vivacité. *La lourdeur de son pas, de son ton, de son style, etc.* ♦ Il se dit très souvent dans les arts du dessin. *La lourdeur de cet édifice, de ces draperies.*

LOURDINGUE, ■ adj. [luʀdɛ̃g] (*lourd*) Qui est lourd par manque de subtilité. *Des propos lourdingues. Une attitude lourdingue.* « *Il en revenait tout le temps aux mêmes salades. Il finissait par être lourdingue, et collant* », BAYON.

LOURDISE, n. f. [luʀdiz] (*lourd*) ▷ Faute lourde contre le bon sens, la bienséance, etc. ◁

LOURE, n. f. [luʀ] (p.-ê. b. lat. *lura*, ouverture d'une outre, sacoche.) Musette. ♦ Danse grave de paysans à deux temps, et d'un mouvement marqué.

LOURÉ, ÉE, p. p. de lourer. [luʀe]

LOURER, v. tr. [luʀe] (*loure*) **Mus.** Lier les notes en appuyant sur la première de chaque temps.

LOUSSE, ■ adj. [lus] (orig. obsc.) **Québec** Qui n'est pas tendu, pas serré. *Une corde lousse. Des lacets de chaussures lousses.* ■ Qui est charitable, généreux.

LOUSTIC, n. m. [lustik] (all. *lustig*, gai, amusant) Plaisant de caserne, homme qui fait rire par de grosses plaisanteries. ■ **Fam.** Individu bizarre, dont on se méfie. ■ **Rem.** On disait autrefois *loustig*.

LOUTRE, n. f. [lutʀ] (lat. *lutra*) Petit quadrupède carnassier de la famille des martres. ♦ *Casquette, manteau de loutre*, fait avec le poil ou la peau de la loutre.

1 **LOUVE**, n. f. [luv] (lat. *lupa*) La femelle du loup. ♦ Symbole de la ville de Rome. *Les fils de la louve*, les Romains. ♦ **Fig. et fam.** *Une louve*, une femme débauchée[1]. ■ **Rem.** 1 : Ce dernier sens est péjoratif.

2 **LOUVE**, n. f. [luv] (1 *louve*) Instrument de fer carré, qui se place dans un trou fait aux pierres de taille pour les enlever.

LOUVÉ, ÉE, p. p. de louver. [luve]

LOUVER, v. tr. [luve] (2 *louve*) Soulever une pierre avec la louve.

LOUVET, ETTE, adj. [luvɛ, ɛt] (*loup*) Se dit, chez le cheval, d'une robe caractérisée par la présence du jaune et du noir. *Cheval louvet.* ■ N. m. *Le louvet.*

LOUVETEAU, n. m. [luv(ə)to] (*louvet*, petit loup) Petit loup qui est encore sous la mère. ♦ ▷ **Fig.** Gens de race violente et rapace. ◁ ♦ Sorte de coins de fer à l'usage des maçons. ♦ **Fig.** Garçon de moins de douze ans membre du mouvement scout. *Des louveteaux.*

LOUVETER, v. intr. [luv(ə)te] (*loup*) Faire ses petits, en parlant d'une louve.

LOUVETERIE, n. f. [luvɛt(ə)ʀi] (moy. fr. *loveteur*, louvetier) Équipage pour la chasse du loup. ♦ Lieu destiné à loger cet équipage.

LOUVETIER, n. m. [luv(ə)tje] (moy. fr. *loveteur*, avec chang. de suff.) ▷ Officier qui commandait l'équipage pour la chasse du loup. ◁ ♦ *Grand louvetier*, le louvetier des chasses du roi. ◁ ♦ Aujourd'hui, propriétaire qui s'est engagé à entretenir un équipage pour chasser le loup.

LOUVETTE, ■ n. f. [luvɛt] (*louve*) Jeune fille de moins de douze ans membre du mouvement scout. *Un camp de louvettes.*

LOUVIERS, n. m. [luvje] (*Louviers*, ville de l'Eure) Sorte de drap fabriqué dans la ville de Louviers. *Un habit de louviers.*

LOUVOIEMENT, ■ n. m. [luvwamɑ̃] (*louvoyer*) **Mar.** Action de louvoyer. ■ **Fig.** *Les louvoiements d'un timide.* ■ **Rem.** On disait aussi autrefois : *louvoyage.*

LOUVOYAGE, n. m. [luvwajaʒ] (*louvoyer*) Voy. LOUVOIEMENT.

LOUVOYER, v. intr. [luvwaje] (*lof*) **Mar.** Porter le cap d'un côté, et puis revirer de l'autre, pour ménager un vent contraire et ne pas s'éloigner de la route qu'on veut tenir. ♦ **Fig.** Prendre des détours pour arriver à un but. *Il a louvoyé avec son collègue pour arriver à ses fins.*

LOUVRE, n. m. [luvʀ] (b. lat. *lupara*, chenil pour la chasse au loup) Ancien palais du souverain, à Paris. ♦ Habitation royale en général et surtout château des rois de France. *Le Louvre de Fontainebleau.* ♦ **Fig.** « *Sa cabane est son Louvre* », RACAN.

LOVELACE, n. m. [lɔv(ə)las] (*Lovelace*, personnage de *Clarisse Harlowe*, roman de Richardson) Élégant séducteur. ■ **Ironiq.** Un débauché de mauvais ton ou un fat. ■ **Rem.** Il est littéraire aujourd'hui.

LOVER, ■ v. tr. [love] (b. all. *lofen*, tourner, de *luven*, aller au lof) **Mar.** Enrouler un cordage. *Lover une amarre.* ■ Se lover, v. pr. Se recroqueviller ou s'enrouler sur soi-même. *Le serpent se lova en sifflant dans l'herbe sèche.* ■ Se pelotonner sur un lit, dans un canapé. « *Nicolas lui adressa un sourire de gratitude avant de se lover de nouveau dans le lit, ondulant de tout son corps, enfouissant son visage dans l'oreiller et souriant tout seul* », CARRÈRE.

LOXODROMIE, n. f. [lɔksodʀomi] (gr. *loxos*, oblique, et *dromos*, course) **Mar.** Ligne courbe que décrit le vaisseau en suivant le même rumb du vent. ♦ **Géom.** Courbe qui est tracée à la surface d'une sphère et qui coupe tous les méridiens sous un même angle.

LOXODROMIQUE, adj. [lɔksodʀomik] (*loxodromie*) Qui appartient à la loxodromie. *Ligne loxodromique.* ■ N. f. *La loxodromique.*

LOYAL, ALE, adj. [lwajal] (lat. *legalis*, relatif aux lois, latin médiéval usuel, courant ; infl. de l'angl. *loyal*, fidèle à l'autorité légitime) Qui est de la condition requise par la loi. *Marchandise bonne et loyale.* ♦ **Dr.** *Loyaux coûts, les frais et loyaux coûts*, les frais légitimement faits. ♦ Qui obéit aux lois de l'honneur et de la probité. *Homme loyal en affaires. En loyal chevalier.* ♦ Il se dit aussi des choses. *Parole loyale.* ■ À LA LOYALE, loc. adv. **Fam.** Loyalement ; sans armes, en parlant d'un combat.

LOYALEMENT, adv. [lwajal(ə)mã] (*loyal*) D'une manière loyale.

LOYALISME, ■ n. m. [lwajalism] (*loyal*) Fait d'être fidèle à une autorité établie. *Le loyalisme politique.* ■ Fait de se vouer à une cause. *Le loyalisme humanitaire.*

LOYALISTE, ■ adj. [lwajalist] (angl. *loyalist*, de *loyal*) Qui est fidèle à une institution, à une autorité établie. *Un citoyen loyaliste.* ■ N. m. et n. f. **Hist.** Aux États-Unis, colon d'Amérique du Nord resté fidèle aux Anglais après la guerre de l'Indépendance (1775-1782). *Les loyalistes.*

LOYAUTÉ, n. f. [lwajote] (*loyal*) Qualité de la chose ou de la personne qui est loyale. *Loyauté de la conduite, des procédés, etc.*

LOYER, n. m. [lwaje] (lat. *locarium*, prix d'un emplacement) Prix de louage d'un objet quelconque. ♦ *Donner une ferme à loyer*, la louer à un fermier. ♦ *Loyer* se dit point des prix qu'on paye ou qu'on reçoit pour une ferme ; on dit *fermage*. ♦ On ne dit pas *le loyer d'un cheval*, mais le *louage d'un cheval*. ♦ Absol. Le loyer d'un appartement, d'une maison. *Payer son loyer.* ♦ Salaire, récompense. « *Toute peine, dit-on, est digne de loyer* », LA FONTAINE. ■ **Financ.** *Loyer de l'argent*, taux d'intérêt.

LOZANGE, n. m. [lozãʒ] Voy. LOSANGE.

LP, ■ n. m. [ɛlpe] (sigle de *lycée professionnel*) Établissement scolaire dispensant des formations professionnelles et qui prépare à divers diplômes (CAP, BEP) et au baccalauréat professionnel.

LSD, ■ n. m. [ɛlɛsde] (sigle de l'all. *Lysergsäurediäthylamid*, diéthylamide de l'acide lysergique) Hallucinogène présent dans l'ergot de seigle se présentant notamment comme une poudre blanche dont l'absorption se fait de façon sublinguale. *Il prenait du LSD et il en est mort.*

LU, UE, p. p. de lire. [ly]

LUBIE, n. f. [lybi] (p.-ê. vb. impers. lat. *lubet*, il plaît, ou ital. *ubbia*, préjugé) **Fam.** Idée, volonté capricieuse qui passe par l'esprit. « *Devine quelle est sa dernière lubie ? Il a ressorti les sabres, les épées et les fleurets de son arrière-grand-père et il passe son temps à les briquer à la cave* », KRISTEVA.

LUBRICITÉ, n. f. [lybʀisite] (b. lat. *lubricitas*, nature glissante, inconstante, latin médiéval impudicité) Lasciveté excessive.

LUBRIFIANT, ANTE, ■ adj. [lybʀifjã, ãt] (*lubrifier*) Qui lubrifie. ■ N. m. Substance graisseuse qui diminue ou empêche le frottement. *Un lubrifiant pour parquet. Un lubrifiant vaginal ou anal.*

LUBRIFICATION, n. f. [lybʀifikasjɔ̃] (*lubrifier*) Action de lubrifier. *La lubrification d'une machine industrielle.*

LUBRIFIÉ, ÉE, p. p. de lubrifier. [lybʀifje]

LUBRIFIER, v. tr. [lybʀifje] (lat. *lubri[cus]*, glissant, et *-fier*) Rendre glissant pour diminuer ou empêcher le frottement. *La synovie lubrifie les articulations. Lubrifier un moteur.*

LUBRIQUE, adj. [lybʀik] (lat. *lubricus*, glissant, dangereux, latin chrétien impudique) Qui a de la lubricité. *Un homme lubrique.* ♦ Il se dit aussi des choses. « *Nous vous exhortons à fuir les spectacles lubriques* », MASSILLON.

LUBRIQUEMENT, adv. [lybʀik(ə)mã] (*lubrique*) D'une manière lubrique.

LUCANE, n. m. [lykan] (lat. *lucanus*, *lucavus*, cerf-volant) Genre d'insectes coléoptères. *Le lucane cerf* ou *cerf-volant.*

LUCANISTE, ■ n. m. et n. f. [lykanist] Voy. LUCANOPHILE.

LUCANOPHILE ou **LUCANISTE**, ■ n. m. et n. f. [lykanofil, lykanist] (*lucane* et *-phile*) Personne pratiquant le cerf-volant de façon assidue.

LUCARNE, n. f. [lykaʀn] (anc. b. frq. *lukinna*, ouverture dans le toit d'une maison, croisé avec l'anc. fr. *luiserne*, flambeau, du lat. *lucerna*) Ouverture pratiquée au toit d'une maison pour donner du jour au grenier. ■ Petite ouverture pratiquée dans un mur, une porte. ■ Au football, chacun des deux angles supérieurs des buts ; tir entre ces deux angles. ■ **Opt.** Ouverture minimale du champ d'un appareil optique.

1 LUCERNAIRE, ■ n. m. [lysɛʀnɛʀ] (lat. chrét. *lucernarium*, de *lucerna*, lampe) Chez les premiers chrétiens, office célébré dès la tombée du jour, dans la nuit du samedi au dimanche.

2 LUCERNAIRE, ■ n. f. [lysɛʀnɛʀ] (lat. sav. *lucernaria*, de *lucernarium*, lampe, prob. par analogie de forme) Espèce très répandue de méduse en forme d'entonnoir que l'on trouve accrochée aux algues ou aux rochers par son ombrelle.

LUCIDE, adj. [lysid] (lat. *lucidus*, brillant, *lux*, lumière) **Fig.** Qui a de la lumière, de la netteté. *Esprit lucide. Idées lucides.* ♦ Chez qui la lumière de la raison existe. *Un fou lucide par intervalles.* ♦ Où la lumière de la raison existe. *Avoir quelque moment lucide.* ♦ Qui a la clairvoyance supposée dans l'état magnétique. *Ce magnétisé est lucide.* ■ Conscient. *Il n'était plus lucide lorsqu'on l'a conduit à l'hôpital.*

LUCIDEMENT, adv. [lysid(ə)mã] (*lucide*) D'une manière lucide.

LUCIDITÉ, n. f. [lysidite] (*lucide* ; b. lat. *luciditas*, splendeur) Qualité de ce qui est lucide, clair à l'intelligence. *Lucidité de l'esprit, des idées, du style.* ♦ État de prétendue clairvoyance magnétique. ■ Fait d'être lucide. *Agir avec lucidité.*

LUCIFER, n. m. [lysifɛʀ] (lat. *lucifer*, qui apporte la lumière, de *lux*, génit. *lucis*, lumière, et *ferre*, apporter) Chez les Latins, l'étoile nommée Vénus. ♦ Surnom de Satan. ♦ **Fig.** *C'est un vrai Lucifer*, c'est un enfant turbulent, méchant.

LUCIFÉRIEN, IENNE, ■ adj. [lysifeʀjɛ̃, jɛn] (lat. médiév. *luciferianus*, de *Lucifer*, Satan) **Litt.** Qui est diabolique, démoniaque. *Une gentillesse luciférienne.* « *L'esprit luciférien de rébellion n'a pas été étranger à ce pacifique, jeté dans ses crises à d'incroyables violences* », DURRY. ■ N. m. et n. f. Personne membre d'une secte diabolique et participant à des cultes en l'honneur du démon.

LUCIFÉRINE, ■ n. f. [lysifeʀin] (lat. *lucifer*, qui apporte la lumière) Substance que l'on trouve dans les organes de certains animaux et dont l'oxydation leur permet de produire de la lumière.

LUCIFUGE, ■ adj. [lysifyʒ] (lat. *lucifugus*, de *lux*, lumière et *fugere*, fuir) Qui craint la lumière. *Certains insectes sont lucifuges.* ■ N. m. Espèce de termite.

LUCILIE, ■ n. f. [lysili] (lat. sav. *lucilia*, de *lux*, lumière) Mouche verte ou dorée que l'on trouve principalement sur les déchets organiques. ■ *Lucilie bouchère*, espèce particulière de lucilie qui a pour caractéristique de pondre ses œufs sur la viande ou sur les blessures ouvertes des animaux.

LUCIMÈTRE, ■ n. m. [lysimɛtʀ] (*lux*, lumière et *-mètre*) Dispositif permettant de mesurer la vitesse d'un rayonnement lumineux d'un point à un autre.

LUCIOLE, n. f. [lysjɔl] (ital. *lucciola*, de *luce*, lumière) Un des noms vulgaires de la femelle du lampyre luisant et du lampyre d'Italie.

LUCITE, n. f. [lysit] (radic du lat. *lux*, lumière) **Méd.** Lésion de la peau provoquée par les radiations de la lumière.

LUCRATIF, IVE, adj. [lykʀatif, iv] (lat. *lucrativus*, de *lucrari*, gagner) Qui apporte du lucre, des gains, des bénéfices. *Un emploi lucratif. Une année lucrative.*

LUCRATIVEMENT, adv. [lykʀativ(ə)mã] (*lucratif*) D'une manière lucrative.

LUCRE, ■ n. m. [lykʀ] (lat. *lucrum*, profit) ▷ Profit qui se tire d'une industrie, d'une opération quelconque. ◁ ■ **Péj.** Profit recherché immodérément. *La quête absolue du lucre.*

LUCUBRATION, n. f. [lykybʀasjɔ̃] (lat. *lucubratio*, travail de nuit) ▷ Syn. peu usité d'élucubration. ◁

LUDDISME, ■ n. m. [lydism] (angl. *luddism*, de *luddite*) **Hist.** Ensemble des actions menées par les luddites.

LUDDITE, ■ n. m. [lydit] (angl. *luddite*, Ned *Ludd*, initiateur p.-ê. légendaire de cette lutte) **Hist.** En Angleterre, ouvrier participant à la révolte menée par Ludd (1811-1816) ayant pour but de détruire toutes les machines industrielles au début de l'industrialisation du pays.

LUDICIEL, ■ n. m. [lydisjɛl] (*ludi[que]* et [*logi*]*ciel*) **Inform.** Logiciel informatique de jeu. *Des ludiciels.*

LUDION, ■ n. m. [lydjɔ̃] (lat. *ludio*, pantomime, danseur) Dans l'Antiquité romaine, danseur, bateleur. ■ **Phys.** Dispositif d'observation physique constitué d'une sphère lestée creuse dont la partie inférieure est percée d'un trou et qui est plongée dans un liquide dans lequel elle monte et descend en fonction de la pression exercée. *Le ludion monte et descend dans le bocal.*

LUDIQUE, ■ adj. [lydik] (lat. *ludus,* jeu) Relatif au jeu. *Une activité ludique.*

LUDISME, ■ n. m. [lydism] (lat. *ludus,* jeu) Fait de pratiquer des activités ludiques. *L'importance du ludisme chez les jeunes.*

LUDOÉDUCATIF, IVE, ■ adj. [lydoedykatif, iv] (lat. *ludus,* jeu et *éducatif)* Didact. Qui éduque par le jeu. *Des logiciels ludoéducatifs. Des activités ludoéducatives.*

LUDOLOGUE, ■ n. m. et n. f. [lydolog] (lat. *ludus,* jeu et *-logue)* Personne spécialisée dans l'étude et la création des jeux.

LUDOTHÉCAIRE, ■ n. m. et n. f. [lydotekɛʀ] (*ludothèque*) Personne dont le travail consiste à gérer les prêts de jouets ou de jeux dans une ludothèque.

LUDOTHÈQUE, ■ n. f. [lydotɛk] (lat. *ludus,* jeu et *-thèque)* Endroit où l'on peut emprunter des jeux et des jouets selon le même principe qu'une bibliothèque. *La ludothèque du quartier.*

LUETTE, n. f. [lɥɛt] ou [lyɛt] (agglutination de l'anc. fr. *l'uette,* du lat. pop. *uvitta,* du lat. *uva,* raisin, luette) Appendice charnu qui pend au milieu du bord libre du voile du palais, à l'entrée du gosier.

LUEUR, n. f. [lɥœʀ] ou [lyœʀ] (b. lat. *lucor,* génit. *lucoris,* du lat. *lucere,* luire) Lumière qui n'a pas un plein éclat. *La lueur du crépuscule. Les lueurs des bougies.* ♦ Fig. Légère apparence. *Lueurs d'espérance, de raison.* ■ Éclat vif et passager dans le regard. *J'ai vu une lueur dans ses yeux.* ■ Au pl. Avoir *des lueurs sur quelque chose,* des connaissances vagues sur. *Il a eu quelques lueurs sur le sujet lors de son examen.*

LUFFA, ■ n. m. [lufa] (latin savant, de l'ar. *lufāli)* Espèce de liane d'Asie et d'Afrique de la famille des cucurbitacées et dont la pulpe séchée sert d'éponge végétale. *Des luffas.*

LUGE, ■ n. f. [lyʒ] (mot suisse romand et savoyard du b. lat. *sclodia,* herse, traîneau, p.-ê. du gaul. *slodia)* Sorte de traîneau de petite taille sur lequel on s'assoit ou on s'allonge pour dévaler une pente neigeuse ou herbeuse.

1 **LUGER,** ■ v. intr. [lyʒe] (*luge)* Pratiquer la luge, faire de la luge. ■ Se luger, v. pr. Fam. Suisse Fait de rater quelque chose. *Il s'est lugé sur son projet.* ■ LUGEUR, EUSE, n. m. et n. f. [lyʒœʀ, øz] *Les lugeurs sont prêts à glisser sur la piste.*

2 **LUGER,** ■ n. m. [lyʒe] (Georg *Luger,* inventeur de cette arme) Pistolet automatique d'origine allemande.

LUGUBRE, adj. [lygybʀ] (lat. *lugubris,* de deuil, de *lugere,* se lamenter, être dans le deuil) Qui est signe de deuil. « *Voiles, crêpes, habits, lugubres ornements* », P. CORNEILLE. ♦ Qui marque, qui inspire les larmes, la douleur. *Des cris lugubres.* ♦ *Homme lugubre,* homme dont l'air, la contenance, les paroles n'inspirent que des idées de tristesse.

LUGUBREMENT, adv. [lygybʀəmã] (*lugubre)* D'une manière lugubre.

1 **LUI,** pron. pers. [lɥi] (lat. vulg. *illui,* du lat. *illi,* de *ille,* celui-là) Pronom de la 3ᵉ personne qui est des deux genres et qui sert de régime indirect. *Je lui parlerai.* ♦ *Lui,* après un verbe ou après une préposition, est uniquement masculin. ♦ *Lui* se met quelquefois après le verbe comme régime direct, mais alors il doit être précédé de *que,* et il est toujours masculin. *N'accusez que lui.* ♦ *Lui* est quelquefois employé pour sujet. « *Lui loup gratis le guérirait* », LA FONTAINE. ♦ ▷ *Lui* avec un nom de nombre ordinal. *Il est parti lui douzième.* ◁ ♦ *Lui* est encore sujet dans : *C'est lui.* ♦ *Lui* ne se dit pas bien des choses, à moins que l'on ne puisse les personnifier. « *Vous avez longtemps essayé du monde ; vous ne lui avez point trouvé de fidélité* », MASSILLON. ♦ *Lui* est quelquefois explétif. *Il ne se plaint pas, lui.* ♦ *Lui* se dit normalement à la façon de *moi.* « *Mon fils me dit qu'il y a un lui qui m'adore, un autre qui m'étrangle* », MME DE SÉVIGNÉ. ♦ *Lui-même,* en personne. ♦ *Il n'est plus lui-même,* se dit d'un homme dont le moral a éprouvé quelque grand changement. ♦ *Pour lui-même,* pour la seule considération de sa personne. *Aimer Dieu pour lui-même.* ♦ *Lui* ou *lui-même* s'emploie souvent pour *soi* ou *soi-même.* « *Celui-là est haïssable qui parle toujours de lui* », MME DE SÉVIGNÉ. ♦ *Lui,* quand il est pour *soi,* peut se dire des choses. *Ce torrent entraîne avec lui tout ce qu'il rencontre.* ♦ Avec un verbe à l'impératif, *lui* se met après le verbe, avec un trait d'union. *Dites-lui.*

2 **LUI,** p. p. indéclinable de luire. [lɥi]

LUIRE, v. intr. [lɥiʀ] (réfection de l'anc. fr. *luisir* d'après les formes du futur ; du lat. *lucere,* de *lux, lucis,* lumière) Répandre de la lumière. « *Enfin... cet heureux jour nous luit* », P. CORNEILLE. « *Quand le Seigneur... Fit luire aux yeux mortels un rayon de sa gloire* », RACINE. ♦ Par extens. Réfléchir la lumière, en parlant de corps polis. « *Faisant luire à vos yeux un glaive menaçant* », RACINE. ♦ Fig. Briller d'un éclat que l'on compare à la lumière. « *Si de quelque espérance un rayon peut nous luire* », VOLTAIRE. ♦ Prov. *Le soleil luit pour tout le monde,* il est des avantages dont chacun a le droit de jouir.

LUISANCE, ■ n. f. [lɥizãs] (radic. du p. prés. de *luire)* Caractère de ce qui est éclatant, lumineux, luisant. *La luisance d'un cristal.*

LUISANT, ANTE, adj. [lɥizã, ãt] (*luire)* Qui luit. *Un ver luisant.* « *Des épées luisantes* », FLÉCHIER. ♦ N. m. *Le luisant d'une étoffe.* ♦ Fig. *De faux luisants.* ♦ Peint. *Le luisant,* l'effet de la lumière réfléchie sur les tableaux peints à l'huile ou vernis. ♦ Qui a quelque éclat, qui réfléchit quelque lumière. *Couleurs, étoffes luisantes.* ♦ Il se dit aussi du reflet que communiquent les corps gras. *Une peau luisante.* ♦ N. f. *Luisante,* étoile qui brille d'un éclat particulier.

LULU, ■ n. m. [lyly] (onomat.) Petite alouette des bois vivant principalement en Europe, au Moyen-Orient et en Afrique. *Des lulus.*

LUMA, ■ n. m. [lyma] (dial. tourang. *lüma,* escargot, du lat. *limax,* limace) Région. Espèce d'escargot dont la coquille est brune. *Il revient du Centre où il a ramassé des lumas.*

LUMACHELLE, n. f. [lymaʃɛl] (ital. *lumachella,* petite limace, du lat. *limax* ou du gr. byz. *leimax)* Sorte de marbre qui contient un grand nombre de coquilles fossilisées.

LUMBAGO ou **LOMBAGO,** n. m. [lœbago] ou [lɔbago] (*um* se prononce *on* ou *in* ; b. lat. *lumbago,* faiblesse des reins) Méd. Douleur rhumatismale dans la région lombaire. *Des lumbagos.*

LUMEN, ■ n. m. [lymɛn] (mot latin, lumière) Unité de mesure du flux lumineux. *Le symbole du lumen est lm.*

LUMIÈRE, n. f. [lymjɛʀ] (b. lat. *luminaria,* plur. du neutre *luminare,* astre, du lat. *lumen,* lumière) Celle des propriétés des corps qui est perçue par l'œil et qui se manifeste par les couleurs. ♦ En général, ce qui éclaire, ce qui rend les objets visibles. *Cet appartement reçoit peu de lumière. La lumière du flambeau.* ♦ Absol. Le jour. *Il a perdu la lumière, il est privé de la lumière du jour, il est devenu aveugle.* ♦ *Voir, revoir la lumière,* sortir de prison. ♦ Poétiq. *La lumière du jour,* la vie. ♦ *Commencer à voir la lumière, la lumière du jour,* naître. ♦ *Jouir de la lumière, voir la lumière,* vivre. ♦ *Perdre la lumière,* mourir. ♦ Fig. *Mettre en lumière,* rendre plus visible, faire ressortir. ♦ *Mettre une vérité en lumière,* la démontrer et la répandre. ♦ Bougie, chandelle, lampe allumée. *Lire à la lumière.* ♦ Théol. *La lumière éternelle* ou simplement *la lumière,* l'éclat qui émane de Dieu. ♦ Dans le style de l'Écriture, *anges de lumière, enfants de lumière,* personnes qui marchent dans les voies de Dieu. ♦ Peint. Parties éclairées d'un tableau. *Un bel effet de lumière. Des lumières bien entendues.* ♦ Petit trou à la culasse d'une arme à feu. *La lumière d'un fusil.* ♦ *Lumière d'une pompe,* trou par lequel sort l'eau sur le côté. ♦ Ouverture par laquelle le vent entre dans un tuyau d'orgue. ♦ Fig. Publicité et contrôle qui résulte de la publicité. *Les malhonnêtes gens redoutent la lumière.* ♦ Fig. Ce qui brille comme la lumière aux yeux du corps. « *Il y a en Dieu assez de lumière pour ceux qui ne désirent que de voir* », PASCAL. ♦ Fig. Ce qui éclaire et guide l'esprit, ce qui rend visibles les obscurités. *Les lumières de la raison.* ♦ Porter la lumière, éclairer, éclaircir. ♦ *Lumière naturelle,* celle que nous tenons de notre nature, par opposition à la révélation. ♦ *Les lumières,* la capacité intellectuelle naturelle et acquise. « *Ce prince qui avait des lumières* », MONTESQUIEU. ♦ *Les lumières du siècle,* le point de civilisation auquel il est parvenu. *Le progrès des lumières.* ♦ Renseignements que l'on a d'une chose. « *Donnez-moi quelque lumière sur cette belle aventure* », MME DE SÉVIGNÉ. ♦ Personne rare mérite, d'un savoir transcendant, d'une vertu éminente. « *Un chacun d'eux pense être une lumière en France* », RÉGNIER. ♦ Au pl. Hérald. Les yeux du sanglier ou du porc-épic. ■ *Faire la lumière sur quelque chose,* en révéler ou en expliquer tous les aspects. ■ Phys. Ensemble de rayonnements électromagnétiques, visibles ou invisibles. *La vitesse de la lumière dans le vide s'élève à près de 300 000 km/s.* ■ *Lumière noire,* radiations ultraviolettes rendant fluorescents certains corps. ■ Anat. Cavité de certains organes. *La lumière du cœur. La lumière utérine.* ■ Feux des véhicules. *Allumer les lumières de la voiture.* ■ *Habit de lumière,* Voy. HABIT.

LUMIGNON, n. m. [lymiɲɔ̃] ou [lymiɲjɔ̃] (p.-ê. d'un lat. pop. *luminio,* du croisement du b. lat. *licinium,* mèche, avec *lumen,* lumière) ▷ Bout de la mèche d'une bougie, d'une chandelle ou d'une lampe allumée. ◁ ♦ Ce qui reste d'un bout de bougie ou de chandelle qui achève de brûler. ■ Lampe de faible éclairage.

LUMINAIRE, n. m. [lyminɛʀ] (lat. chrét. *luminare,* astre) Tout flambeau ou collection de flambeaux. *Le luminaire dans une soirée.* ♦ *Le luminaire dans une église,* torches et cierges dont on s'y sert. ♦ En parlant des corps célestes. « *Ô soleil, ô grand luminaire* », MALHERBE. ♦ Trivialement, la vue. « *Oui, je devais au dos avoir mon luminaire* », MOLIÈRE. ■ Appareil d'éclairage.

LUMINANCE, ■ n. f. [lyminãs] (radic. de *lumineux)* Phys. Rapport de l'intensité lumineuse d'une surface à l'aire de cette même surface vue de loin. *L'unité de mesure de la luminance est la candéla (cd), exprimée par m².* ■ *Signal de luminance,* signal qui désigne la luminance de tous les points qui constituent une image sur un écran de télévision.

LUMINESCENCE, ■ n. f. [lyminesɑ̃s] (radic. du lat. *lumen, luminis*, d'après *phosphorescence*) Propriété de certaines substances consistant à produire de la lumière à partir de l'énergie qu'elles ont absorbée. ■ LUMINESCENT, ENTE, adj. [lyminesɑ̃, ɑ̃t]

LUMINEUSEMENT, adv. [lyminøz(ə)mɑ̃] (*lumineux*) D'une manière lumineuse.

LUMINEUX, EUSE, adj. [lyminø, øz] (lat. *luminosus*, brillant) Qui jette de la lumière. *Éclat lumineux.* ◆ *Corps lumineux*, corps qui envoie vers l'œil des rayons de lumière. ◆ *Rayon lumineux*, chaque ligne droite que l'on suppose menée d'un point lumineux quelconque à l'œil. ◆ **Fig.** Qui a de grandes lumières, en parlant de l'esprit. *Un esprit lumineux.* ◆ Il se dit aussi des choses de l'esprit. « *Il y a dans ce livre des choses lumineuses* », VOLTAIRE. ◆ *Principe fécond et lumineux*, principe dont on tire abondamment des conséquences importantes. ■ Qui reçoit beaucoup de lumière, qui est clair. *Une pièce lumineuse.* ■ Radieux. *Un teint lumineux.*

LUMINISME, ■ n. m. [lyminism] (radic. du lat. *lumen, luminis*) Peint. Utilisation de la couleur pour créer des effets de lumière et de clair-obscur. *Le luminisme dans les œuvres de Rubens.*

LUMINISTE, ■ n. m. et n. f. [lyminist] (radic. du lat. *lumen, luminis*) Peint. Personne utilisant des effets de clair-obscur en soulignant les contrastes d'ombre et de lumière. ■ Adj. Relatif à ces effets. *Les recherches luministes de Rembrandt.*

LUMINOPHORE, ■ n. m. [lyminofɔr] (lat. *lumen, luminis*, et *-phore*) Électr. Substance enduite sur la face avant du tube cathodique d'un écran de télévision ou d'ordinateur et émettant de la lumière sous l'incidence d'un faisceau d'électrons. *Les points de lumière d'un écran de télévision comportent un luminophore rouge, un vert et un bleu.*

LUMINOSITÉ, ■ n. f. [lyminozite] (radic. du lat. *luminosus*) Clarté. *La luminosité de cette pièce est intense.* ■ **Astron.** Puissance de l'émission d'énergie d'un astre. *La luminosité des étoiles permet de calculer leur distance les unes des autres.*

LUMITYPE, ■ n. f. [lymitip] (*lumière* et *linotype*) Impr. Machine à composer utilisant les principes de la photographie. *L'essor de la photocomposition grâce à la lumitype.*

LUMP ou **LOMPE**, ■ n. m. [lœ̃p] ou [lɔ̃p] (*um* se prononce *un* ou *on*. mot anglais, du germ. *lump*, masse informe) Poisson des mers froides dont on consomme les œufs, proches du caviar. *Canapé aux œufs de lump. Des lumps.*

1 **LUNAIRE**, adj. [lynɛr] (lat. *lunaris*) Qui appartient à la Lune. *Les montagnes lunaires.* ◆ *Année lunaire*, espace de temps qui comprend douze mois lunaires ; elle est composée de 354 jours ; elle a onze jours de moins que l'année solaire, et cette différence forme l'*épacte*. ◆ Se dit de minéraux dont la couleur rappelle celle de la lumière de la Lune. ■ Qui rappelle certains aspects de la Lune. *Un paysage lunaire. Un visage lunaire.* ■ **Fig.** Qui est rêveur, utopique. *Un personnage lunaire.*

2 **LUNAIRE**, n. f. [lynɛr] (latin savant [XVIᵉ s.] *lunaria*, du lat. *lunaris*, de la Lune) Nom d'un genre de plantes crucifères à grandes fleurs pourpres et à fruits.

LUNAISON, n. f. [lynɛzɔ̃] (b. lat. *lunatio*) Temps qui s'écoule du commencement de la nouvelle lune à la fin du dernier quartier.

LUNATIQUE, adj. [lynatik] (b. lat. *lunaticus*, qui vit dans la lune) Qui est soumis aux influences de la lune ; usité seulement dans : *Cheval lunatique*, cheval sujet à l'ophtalmie périodique. ◆ Fou (il ne s'emploie que dans le langage de l'Évangile). « *Seigneur, ayez pitié de mon fils, qui est lunatique* », SACI. ■ **N. m.** *Le lunatique de l'Évangile.* ◆ Dans le langage général, fantasque, extravagant. ■ **N. m.** et n. f. *Un, une lunatique.* ■ **Mod.** Qui est d'humeur changeante, versatile. *Ce garçon est très lunatique.*

LUNCH, n. m. [lœ̃ʃ] (mot anglais, gros morceau [de nourriture] prob. de *lump*, masse informe) Repas accessoire qui se place entre le déjeuner et le dîner. ■ Buffet que l'on sert à l'occasion d'une réception. ■ Repas généralement froid que l'on prend à la place d'un déjeuner ordinaire. *Ils organisent souvent des lunchs* (ou, plus rare, *lunches*). ■ REM. Graphie ancienne : *luncheon*.

LUNDI, n. m. [lœ̃di] ou [lœ̃di] (lat. pop. *lunis dies*, du lat. *lunæ dies*, jour de la Lune) Premier jour de la semaine. ◆ *Lundi gras*, le lundi de la semaine où le carnaval finit. ◆ *Lundi saint*, le lundi de la semaine sainte. ◆ **Pop.** *Faire le lundi*, ne pas travailler le lundi. ■ Au pl. *Les lundis.*

LUNE, n. f. [lyn] (lat. *luna*) Satellite qui tourne autour de la Terre et qui l'éclaire la nuit. ◆ **Fig.** *Faire un trou à la lune*, Voy. TROU. ◆ *Vouloir prendre la lune avec les dents*, vouloir une chose impossible. ◆ *Demander la lune*, demander une chose impossible. ◆ **Fig.** *Pour cela il irait dans la lune*, pour cela il n'est rien qu'il ne fît. ◆ **Fam.** *Une lune, un visage de pleine lune*, une personne qui a le visage fort plein et fort large. ◆ Les phases ou différentes

apparences que la Lune présente dans sa rotation autour de la Terre. *Le décours de la Lune. Sur la fin de la Lune.* ◆ *L'âge de la lune*, les jours qui se sont écoulés depuis la nouvelle lune. ◆ *Clair de lune* ou simplement *lune*, clarté que la lune répand sur la Terre. ◆ *Par extens.* Satellite des autres planètes que la Terre. *Les lunes de Saturne.* ◆ Mois lunaire. « *À peine la quatrième lune Achève de faire son tour* », MALHERBE. ◆ **Fig.** *La lune de miel*, le premier mois de mariage. ◆ *Lune rousse*, Voy. ROUX. ◆ **Fam.** *Caprice. Avoir des lunes.* ◆ *Être dans sa bonne, dans sa mauvaise lune*, être de bonne, de mauvaise humeur. ■ *Pleine lune*, phase de la Lune où elle apparaît sous forme d'un disque. ■ **Fig.** *Être dans la lune*, être distrait, rêveur. ■ **Fam.** Gros visage rond. ■ Par anal. Le postérieur, les fesses. ■ *Tomber de la lune*, être très surpris. *Il est tombé de la lune quand il a appris la nouvelle.* ■ *Décrocher la lune*, obtenir quelque chose d'impossible. ■ **Fam.** *Con comme la lune*, idiot, bête. ■ *Lune de mer*, môle. ■ *Lune d'eau*, sorte de nénuphar.

LUNÉ, ÉE, adj. [lyne] (*lune*) Qui a la forme d'un disque ou d'un croissant. ◆ Échancré en demi-lune. ◆ Qui porte une tache en croissant. ◆ Qui a été exposé à l'action de la lune ou plutôt de l'atmosphère nocturne. ■ **Fam.** *Être bien* ou *mal luné*, être de bonne ou de mauvaise humeur. *Tu as l'air mal luné aujourd'hui !*

LUNEL, n. m. [lynɛl] (*Lunel*) Vin muscat sucré, ainsi dit de la ville de Lunel (Hérault). *De l'excellent lunel.*

LUNETIER, IÈRE, ■ n. m. et n. f. [lyn(ə)tje, jɛr] (*lunette*) Fabricant ou marchand de lunettes. ■ REM. Graphie ancienne : *lunettier.*

LUNETTE, n. f. [lynɛt] (dim. de *lune*) Au pl. Paire de verres de lunette qui, assemblés dans une même enchâssure, peuvent être placés au devant des yeux. ◆ *Mettre ses lunettes*, mettre les lunettes sur son nez, et fig. apporter plus d'attention à quelque chose. ◆ *Mettre, prendre des lunettes*, se montrer sévère. ◆ **Fig.** *Il a mis ses lunettes de travers, ses lunettes sont troubles*, il ne voit pas juste dans cette affaire. ◆ *Numéro d'un verre de lunettes*, sa puissance. ◆ Instrument d'optique où la lumière de l'objet est transmise à l'œil par réfraction, et qui sert à augmenter la grandeur apparente des objets. ◆ *Lunette d'approche* ou simplement *lunette, lunette de longue vue* ou *à longue vue* ou simplement *longue-vue*, lunette qui grossit ou qui rapproche les objets. ◆ *Lunette de nuit*, lunette d'approche qui permet de distinguer de loin les objets pendant la nuit. ◆ *Lunette d'opéra* ; on dit aujourd'hui *lorgnette.* ◆ *Le petit bout de la lunette*, le bout par lequel on regarde et qui rapproche les objets ; le gros bout, le bout opposé, qui, quand on y applique l'œil, fait apparaître les objets très éloignés. ◆ **Fig.** *Voir les choses par le petit bout de la lunette*, les voir exagérées ; par le gros bout, les voir plus petites qu'elles ne sont. ◆ *Lunettes de cheval*, ronds de feutre qu'on met sur les yeux d'un cheval vicieux. ◆ **Fortif.** Petite demi-lune. ◆ **Archit.** Petit jour réservé dans le berceau d'une voûte. ◆ Petite baie voûtée pratiquée dans les côtés d'une voûte. ◆ L'ouverture ronde du siège d'un privé ou d'une chaise percée. *La lunette des toilettes.* ■ Vitre arrière d'une automobile.

LUNETTÉ, ÉE, ■ adj. [lynete] (*lunette*) Qui porte des lunettes. *C'est une femme lunettée.*

LUNETTERIE, ■ n. f. [lynɛt(ə)ri] (*lunette*) Industrie de lunettes. *La lunetterie fabrique des centaines de modèles de lunettes.* ■ Structure qui commercialise des lunettes.

LUNETTIER, IÈRE, ■ n. m. et n. f. [lyn(ə)tje, jɛr] Voy. LUNETIER.

LUNIFORME, adj. [lynifɔrm] (*lune* et *-forme*) Qui a la forme d'une lune, d'un croissant. ◆ *Lettres luniformes*, caractères dont tous les jambages sont recourbés en croissant.

LUNISOLAIRE, adj. [lynisolɛr] (*lune* et *solaire*) Astron. Qui tient de la Lune et du Soleil. *Cycle lunisolaire.* ◆ *Année lunisolaire*, année calculée sur la révolution de la Lune et sur celle du Soleil.

LUNULE, n. f. [lynyl] (lat. *lunula*, petit croissant, de *luna*, lune) Nom donné aux satellites de Jupiter et de Saturne. ◆ **Géom.** Figure qui a la forme d'un croissant. ◆ Tache blanchâtre en forme de croissant, à la naissance de l'ongle. ■ **Relig.** Petite boîte transparente en forme de croissant de lune renfermant l'hostie dans l'ostensoir.

LUNURE, ■ n. f. [lynyr] (*lune*) Techn. Défaut dans le bois, de couleur et d'aspect différents, ayant la forme d'un cercle ou d'un demi-cercle. *Un beau bois sans lunure.*

LUPANAR, ■ n. m. [lypanar] (mot latin, de *lupa*, louve, prostituée) **Fam.** Maison de prostitution. ■ **Fig.** Endroit de débauche.

LUPERCALES, n. f. pl. [lypɛrkal] (lat. *lupercalia*, de *Lupercus*, Pan) Fête annuelle de l'ancienne Rome, en l'honneur de Pan.

LUPERQUE, ■ n. m. [lypɛrk] (lat. *lupercus*) Antiq. Prêtre célébrant le culte de Faunus Lupercus. *Les luperques flagellaient les passantes en pensant les rendre fécondes.*

LUPIN, n. m. [lypɛ̃] (lat. *lupinus*) Plante légumineuse à feuilles digitées. ◆ La graine de cette plante.

LUPIQUE, ■ adj. [lypik] (*lupus*) Relatif au lupus. *Une maladie lupique.* ■ Qui est atteint de lupus. *Il est devenu lupique.* ■ N. m. et n. f. Personne atteinte de lupus. *Une lupique.*

LUPULINE, ■ n. f. [lypylin] (lat. sav. *lupulus*, houblon) Bot. Sorte de luzerne à petites fleurs jaunes. ■ Poudre jaune de la fleur femelle du houblon dont on utilise la résine pour donner à la bière son amertume. ■ Rem. On dit aussi *lupulin*.

LUPUS, ■ n. m. [lypys] (lat. *lupus*, loup) Méd. Affection auto-immune rare, qui peut être bénigne (affection cutanée au niveau des pommettes, ou articulaire) ou sévère (atteinte rénale ou vasculaire viscérale). *Un lupus sur le visage.* ■ Rem. On prononce le *s*.

LURETTE (BELLE), ■ n. f. [lyʀɛt] (de l'anc. expression *il y a belle heurette*, dimin. de *heure*) Depuis belle lurette, il y a belle lurette, il y a longtemps. *Je l'ai vu il y a belle lurette.*

LUREX, ■ n. m. [lyʀɛks] (mot anglo-américain) Fil textile composé de polyester et ayant l'apparence du métal. *Des bas collants en Lurex. Un pull de joueur de hockey en Lurex.*

LURON, ONNE, ■ n. m. et n. f. [lyʀɔ̃, ɔn] (radic. onomat. *lur-*) Bon vivant ou homme vigoureux et déterminé ; femme réjouie, décidée.

LUSIN, ■ n. m. [lyzɛ̃] (agglutination de *l'husin*, du néerl. *huizing*) Mar. Fin cordage d'amarrage constitué de fils entrelacés. « *On respire la résine et le lusin, cette corde goudronnée qui sent la vieillie marine* », site Internet Vagabond'art, 2005.

LUSITANIEN, IENNE, ■ n. m. et n. f. [lyzitanjɛ̃, jɛn] (*Lusitanie*) Personne issue de Lusitanie (l'actuel Portugal). ■ Adj. Relatif à la Lusitanie. ■ N. m. Géol. Étage du jurassique supérieur (ère secondaire).

LUSOPHONE, ■ n. m. et n. f. [lysofɔn] (*luso-* et *-phone*) Personne parlant le portugais. *Une lusophone.* ■ Adj. Relatif à la langue portugaise. *Une civilisation lusophone.*

LUSTRAGE, n. m. [lystʀaʒ] (*lustrer*) Action de lustrer et résultat de cette action. *Le lustrage d'une étoffe, etc.*

LUSTRAL, ALE, adj. [lystʀal] (lat. *lustralis*, qui sert à purifier) Antiq. Eau lustrale, eau dont on arrosait le peuple pour le purifier. ◆ Par extens. *L'eau lustrale*, le baptême. ◆ *Jour lustral*, jour où, chez les païens, un enfant nouveau-né recevait son nom et où se faisait sa lustration. ◆ Qui concerne l'époque du lustre. *Jeux lustraux.*

LUSTRATION, n. f. [lystʀasjɔ̃] (lat. *lustratio*, purification) Antiq. Cérémonies pour la purification des personnes, des maisons, des champs, des armées. ◆ Cérémonie qui, chez les Romains, consistait à asperger d'eau lustrale un nouveau-né.

1 LUSTRE, n. m. [lystʀ] (ital. *lustro*, gloire, éclat, de *lustrare*, rendre fameux, illuminer, plus tard. *lustrare*, purifier) Le brillant et le poli que l'on donne à un objet ou qu'un objet a naturellement. *Le lustre d'une perle, d'une étoffe, du poil, etc.* ■ En ce sens, il ne se dit pas au pluriel. ◆ Composition dont on se sert pour rendre luisants les manchons et les chapeaux. ◆ Fig. « *Le malheur ajoute un nouveau lustre à la gloire des grands hommes* », Fénelon. ◆ *Servir de lustre*, se dit de ce qui, par le contraste de son imperfection, fait valoir davantage le mérite d'une personne ou d'une chose. ◆ Chandelier de cristal, de cuivre ou d'autre substance, à plusieurs branches, qu'on suspend au plafond. ◆ Grand lustre garni de lumières qu'on suspend au milieu d'une salle de spectacle. ◆ Théât. *Chevalier du lustre*, claqueur. ■ Grand luminaire garni d'ampoules électriques (rarement, de bougies).

2 LUSTRE, n. m. [lystʀ] (lat. *lustrum*, sacrifice de purification fait par les censeurs tous les cinq ans) Antiq. Époque du cens qui revenait tous les cinq ans. ◆ Espace de cinq ans. *Cette femme a cinq lustres.* ◆ Par extens. *Des lustres*, longue période de temps. *Ils ne s'étaient pas vus depuis des lustres.*

LUSTRÉ, ÉE, p. p. de lustrer. [lystʀe] *Percale lustrée*, percale qui a reçu un apprêt. ◆ Qui a du lustre. *Poil lustré.*

LUSTRER, v. tr. [lystʀe] (1 *lustre*) Donner du lustre à un objet. *Lustrer une fourrure. Lustrer son poil.* ◆ Se lustrer, v. pr. Rendre lustré son poil.

LUSTRERIE, ■ n. f. [lystʀəʀi] (1 *lustre*) Ensemble des lustres, des luminaires qui éclairent une maison, un bureau, etc. *Une lustrerie murale.* ■ Établissement qui fabrique ou vend des appareils d'éclairage tels que des lustres.

LUSTRINE, n. f. [lystʀin] (ital. *lustrino*, drap de soie brillant, de *lustro*, apprêt d'une étoffe) Étoffe, espèce de droguet de soie. ◆ Étoffe de coton fortement apprêtée et lustrée.

LUT, n. m. [lyt] (lat. *lutum*, boue, argile) Chim. Enduit tenace qui sert à boucher un vase. ■ Rem. On prononce le *t*.

LUTATION, n. f. [lytasjɔ̃] (luter) ▷ Chim. Action de luter. ◁

LUTÉ, ÉE, p. p. de luter. [lyte] *Un vase bien luté.*

LUTÉAL, ALE, ■ adj. [lyteal] Voy. lutéinique.

LUTÉCIUM, ■ n. m. [lytesjɔm] (lat. *Lutetia*, Lutèce) Chim. Élément métallique du groupe des terres rares se présentant sous forme solide.

LUTÉINE, ■ n. f. [lytein] (lat. impér. *luteus*, jaune, de *lutum*, gaude) Substance caroténoïde que l'on trouve dans le jaune d'œuf. ■ Corps jaune provenant de l'ovaire.

LUTÉINIQUE, ■ adj. [lyteinik] (*lutéine*) Relatif au corps jaune provenant de l'ovaire. ■ Rem. On dit aussi *lutéal*.

LUTER, v. tr. [lyte] (lat. *lutare*, enduire de boue) Fermer avec du lut. *Luter une cornue.*

LUTH, n. m. [lyt] (ar. *al ûd*, le bois, p.-ê. par l'anc. provenç. *lautz* ou l'anc. esp. *alod*) Instrument de musique à cordes dont certaines sortent du manche et ne sonnent qu'à vide. ◆ Fig. L'inspiration, le talent poétique, en des genres moins élevés que ceux que l'on désigne par la lyre. *Le luth d'Anacréon. Accorder son luth. Un luth harmonieux.* ■ *Tortue luth*, grande tortue de mer dont la carapace dorsale articulée et incluse dans sa peau épaisse lui confère une grande souplesse lors des plongées profondes. *Les tortues luths ne viennent sur les plages que pour pondre leurs œufs.*

LUTHÉRANISME, n. m. [lyteranism] Doctrine de Luther ; religion des luthériens.

LUTHERIE, n. f. [lyt(ə)ʀi] État du luthier. ◆ Fabrique, magasin d'instruments à cordes.

LUTHÉRIEN, IENNE, adj. [lyteʀjɛ̃, jɛn] (Martin *Luther*, 1483-1546) Conforme à la doctrine de Luther. *Les dogmes luthériens.* ◆ N. m. et n. f. Personne qui suit la doctrine de Luther.

LUTHIER, n. m. [lytje] (*luth*) Fabricant d'instruments de musique, et surtout d'instruments à cordes.

LUTHISTE, ■ n. m. et n. f. [lytist] (*luth*) Personne qui joue du luth.

LUTIN, n. m. [lytɛ̃] (*Neptunus*, dieu latin devenu démon païen dans les premiers siècles du christianisme) Espèce de démon qui vient la nuit tourmenter les hommes, et qui est d'une nature plutôt malicieuse que méchante. ◆ Fig. Personne et surtout enfant vif, espiègle et tourmentant. ■ ▷ Adj. *Lutin, lutine*, éveillé, agaçant. *Une figure lutine.* ◁

LUTINÉ, ÉE, p. p. de lutiner. [lytine]

LUTINER, v. tr. [lytine] (*lutin*) Tourmenter en qualité de lutin. ◆ Tourmenter comme ferait un lutin. ◆ Fig. « *J'ai été et je suis encore lutiné par les embarras que me donne ma pauvre province* », Voltaire. ◆ V. intr. Faire le lutin. ■ Harceler une femme en tentant de la caresser.

LUTRAIRE, ■ n. f. [lytʀɛʀ] (lat. impér. *lutarius*, qui vit dans la vase, de *lutum*, boue) Grand mollusque dont la coquille est fine et oblongue et vivant dans la vase de certains estuaires, notamment en Méditerranée et dans l'Atlantique.

LUTRIN, n. m. [lytʀɛ̃] (a. et moy. fr. *letrin* refait d'après le part. *lu* ; du lat. pop. *lectrinum*, de *lectum*, supin de *legere*, lire) Pupitre d'église où l'on place les livres de chant. *Chanter au lutrin.* ◆ Collectivement, personnes qui chantent au lutrin. ■ Pupitre qui sert de support à un livre ouvert.

LUTTE, n. f. [lyt] (*lutter*) Sorte d'exercice où l'on cherche à se terrasser en se prenant corps à corps. ■ Rixe dans laquelle on se prend corps à corps. ◆ Fig. Guerre, dispute, controverse, conflit. *Sa vie entière fut une lutte. Les luttes de la tribune.* ◆ Fig. *De haute lutte*, par force, par autorité. ■ Action menée contre quelque chose ou pour obtenir quelque chose. *La lutte contre l'illettrisme. La lutte pour l'indépendance.* ■ Sport de combat dans lequel deux personnes s'affrontent à mains nues pour terrasser l'adversaire. ■ Conflit de deux forces contraires. *La lutte entre le bien et le mal.* ■ *Lutte des classes*, opposition forte entre la classe ouvrière et la bourgeoisie capitaliste concernant la répartition des richesses, de la propriété, du pouvoir et de l'autorité.

LUTTER, v. intr. [lyte] (lat. *luctari*) S'exercer ou combattre à la lutte. *Lutter avec quelqu'un, contre quelqu'un.* ◆ Par extens. Toute espèce de combat. *Les deux armées luttèrent. Lutter d'éloquence.* ◆ Fig. Combattre, résister. *Lutter contre la tempête, contre sa destinée.*

LUTTEUR, EUSE, n. m. et n. f. [lytœʀ, øz] (lat. *luctator*) Personne qui combat, qui s'exerce à la lutte. ■ Personne persévérante qui se bat pour vaincre ou obtenir quelque chose. *Elle aura son concours parce que c'est une lutteuse.*

LUTZ, ■ n. m. [luts] (*Lutz*, patineur autrichien) En patinage artistique, saut piqué dont l'appel se fait sur l'arrière du pied traceur permettant d'accomplir une rotation en sens inverse pour atterrir sur le pied opposé. *Des doubles lutz.*

LUX, ■ n. m. [lyks] (lat. *lux*, lumière) Unité de mesure de l'éclairement d'une surface. *Le symbole du lux est lx.*

LUXATION, n. f. [lyksasjɔ̃] (b. lat. *luxatio*) Sortie de la tête d'un os hors de la cavité où elle doit être. *Luxation de l'épaule.*

LUXE, n. m. [lyks] (lat. *luxus*, excès, débauche, faste) Magnificence dans le vêtement, dans la table, dans l'ameublement. ♦ Fig. « *Les plaisirs efféminés et le luxe de l'esprit* », J.-J. ROUSSEAU. ♦ Par extens. Grande abondance, profusion. *Luxe de végétation, d'images, de précautions, etc.* ♦ Fam. *C'est du luxe,* c'est inutile. ♦ Parure, ornement, décoration. *Ouvrage imprimé avec un grand luxe typographique.* ■ Caractère coûteux et raffiné. *Des produits de luxe.* ■ Chose coûteuse et qui n'est pas absolument nécessaire. *Voyager en première classe, c'est un luxe qu'elle s'offre rarement.* ■ *S'offrir, se payer le luxe de,* se permettre une chose inhabituelle, agréable ou audacieuse. *Je me suis payé le luxe de partir en vacances seule.* ■ *Un luxe de,* une très grande quantité de quelque chose. *Un luxe de gentillesse.* ■ Fam. *Une poupée, une poule de luxe,* femme élégante entretenue.

LUXÉ, ÉE, p. p. de luxer. [lukse]

LUXEMBOURGEOIS, OISE, ■ adj. [lyksãbuʁʒwa, waz] (*Luxembourg*) Relatif au grand-duché du Luxembourg ou de la ville du même nom. *L'industrie luxembourgeoise.* ■ N. m. et n. f. Habitant du grand-duché du Luxembourg ou de la ville du même nom. *Les Luxembourgeois.* ■ N. m. Le luxembourgeois, langue parlée dans le grand-duché du Luxembourg.

LUXER, v. tr. [lykse] (lat. *luxare*, déboîter, démettre) Déplacer par luxation. *Sa chute lui a luxé l'os de la cuisse.* ♦ Se luxer, v. pr. Être luxé.

LUXMÈTRE, ■ n. m. [lyksmɛtʁ] (*lux* et *-mètre*) Appareil permettant de mesurer la quantité de lumière reçue par une surface. *Un luxmètre digital.*

LUXUEUSEMENT, ■ adv. [lyksɥøz(ə)mã] ou [lyksyøz(ə)mã] (*luxueux*) Avec luxe. *Une maison luxueusement décorée.*

LUXUEUX, EUSE, adj. [lyksɥø, øz] ou [lyksyø, øz] (*luxe*) Qui déploie du luxe. *Toilette luxueuse. Ameublement luxueux.*

LUXURE, n. f. [lyksyʁ] (lat. *luxuria*, surabondance, somptuosité) Incontinence, lubricité. ■ Relig. Un des sept péchés capitaux de la religion catholique consistant à être en quête des plaisirs de la chair. ■ Recherche assidue des plaisirs sexuels. *Il vit dans la luxure.*

LUXURIANCE, ■ n. f. [lyksyʁjãs] (*luxuriant*) Abondance, exubérance. *La luxuriance de la végétation des régions tropicales.*

LUXURIANT, ANTE, adj. [lyksyʁjã, ãt] (lat. *luxurians*, p. prés. de *luxuriare*, être surabondant) Qui se produit avec luxe, avec surabondance. *Une végétation luxuriante.* ♦ Par extens. « *Des draperies luxuriantes* », DIDEROT.

LUXURIEUSEMENT, adv. [lyksyʁjøz(ə)mã] (*luxurieux*) ▷ Avec luxure. ◁

LUXURIEUX, EUSE, adj. [lyksyʁjø, øz] (lat. *luxuriosus*, surabondant, immodéré) Qui est adonné à la luxure. ♦ Qui a le caractère de la luxure. « *Ces danses, ces héros à voix luxurieuse* », BOILEAU.

LUZERNE, n. f. [lyzɛʁn] (provenç. *luzerno*, du lat. *lucerna*, lampe, pour son aspect brillant.) Plante légumineuse papilionacée, cultivée comme plante de prairie artificielle.

LUZERNIÈRE, n. f. [lyzɛʁnjɛʁ] (*luzerne*) Terre semée en luzerne.

LUZULE, ■ n. f. [lyzyl] (lat. sav. *luzula*, prob. de l'ital. *[erba] lucciola,* herbe brillante) Bot. Petite plante herbacée à feuilles plates et garnies de longs poils blanchâtres que l'on trouve dans les bois ou les prés.

LYCANTHROPE, n. m. [likãtʁɔp] (gr. *lukanthrôpos*, de *lukos*, loup, et *anthrôpos*, homme) Homme atteint de lycanthropie.

LYCANTHROPIE, n. f. [likãtʁɔpi] (gr. *lukanthrôpia*) Espèce de maladie mentale dans laquelle le malade s'imagine être changé en loup ou en quelque autre animal.

LYCAON, ■ n. m. [likaɔ̃] (lat. *lycaon*, gr. *lukaôn*, loup d'éthiopie) Petit canidé sauvage d'Afrique centrale, au museau pointu et aux très grandes oreilles, aujourd'hui en voie d'extinction. *Le lycaon est surnommé le chien-hyène.*

LYCÉE, n. m. [lise] (gr. *lukeion*, gymnase d'Athènes) ▷ Gymnase où Aristote tint école de philosophie. ◁ ♦ ▷ Par extens. L'école d'Aristote, l'ensemble de ses travaux et de ses disciples. ◁ ♦ ▷ Nom donné à certains établissements où l'on s'occupe de littérature et de sciences. ◁ ♦ ▷ Établissement de Paris appelé plus tard *Athénée,* et où La Harpe donna ses leçons de littérature, publiées sous le titre de *Lycée.* ◁ ♦ Nom des établissements publics d'instruction secondaire, dits *collèges royaux* sous la Restauration et sous Louis-Philippe. ◁ ■ Établissement d'enseignement du second degré. ♦ Période des études faites dans un lycée. *Ils se sont rencontrés pendant le lycée.*

LYCÉEN, ÉENNE, n. m. et n. f. [liseɛ̃, ɛn] (*lycée*) Élève d'un lycée.

LYCÈNE, ■ n. f. [lisɛn] (gr. *lukaina,* louve) Petit papillon diurne aux ailes noires à reflets métalliques vivant à proximité de l'eau. *Les lycènes sont appelées communément* ramoneurs.

LYCHEE, ■ n. m. [litʃi] Voy. LITCHI.

LYCHNIDE, n. f. [liknid] Voy. LYCHNIS.

LYCHNIS, ■ n. m. [liknis] (lat. impér. *lychnis,* du gr. *lukhnis,* génit. *lukhnidos,* coquelourde, de *lukhnos,* lampe) Bot. Plante herbacée à fleurs échancrées, de couleur pourpre clair et que l'on trouve dans les pâturages, les pelouses ou les éboulis herbeux. *Les lychnis ornementaux.* ■ REM. On disait aussi : *lychnide.*

LYCOPE, ■ n. m. [likɔp] (latin savant [XVIIIe s.] *lycopus,* du gr. *lukos,* loup) Bot. Plante herbacée vivace des régions tempérées, à tige carrée et peu poilue, aux feuilles pointues et à petites fleurs blanches et rouges, cultivée principalement pour l'ornement. *On appelle le lycope pied-de-loup.*

LYCOPERDON, ■ n. m. [likopɛʁdɔ̃] (latin savant [XVIIe s.] *lycoperdon,* du gr. *lukos,* loup, et *perdesthai,* péter) Bot. Champignon blanc en forme de poire, couvert de petites perles, communément appelé *vesse-de-loup.*

LYCOPHYTE, ■ n. m. [likofit] (gr. *lukos* et *-phyte*) Bot. Plante herbacée vasculaire à petites feuilles. *L'embranchement des lycophytes.*

LYCOPODE, n. m. [likopɔd] (latin savant [XVIIe s.] *lycopodium,* du gr. *lukos,* loup, et *pous,* génit. *podos,* pied) Plante cryptogame dont les capsules renferment une poudre qui prend feu au contact d'une flamme. ♦ Cette poudre même.

LYCOPODIALE, ■ n. f. [likopodjal] (*lycopode*) Bot. Plante vasculaire à spore unique. *L'ordre des lycopodiales.*

LYCOSE, ■ n. f. [likoz] (lat. impér. *lykos,* du gr. *lukos,* araignée-loup) Araignée à pattes longues et fines, vivant dans les régions méditerranéennes et dont la caractéristique principale est de creuser des terriers pour y pondre ses œufs. *La tarentule est une espèce de lycose.*

LYCRA, ■ n. m. [likʁa] (nom anglais déposé) Fil synthétique à haute élasticité composé principalement de polyuréthanne et utilisé dans l'industrie textile. *Un maillot de bain en lycra. Des collants en lycra. Des lycras.*

LYDDITE, ■ n. f. [lidit] (*Lydd,* ville de Grande-Bretagne) Chim. Explosif de la même famille que la mélinite.

LYDIEN, IENNE, adj. [lidjɛ̃, jɛn] (*Lydie,* du lat. *Lydia,* province d'Asie Mineure) Qui a rapport à l'ancienne Lydie ou à ses habitants. ♦ *Mode lydien,* un des modes de la musique grecque qui convenait à la douleur.

LYMPHANGIOME, ■ n. m. [lɛ̃fãʒjom] (*lymphe* et *angiome*) Méd. Malformation tissulaire caractérisée par une prolifération de vaisseaux lymphatiques provoquant un angiome.

LYMPHANGITE, ■ n. f. [lɛ̃fãʒit] (*lymphe* et gr. *aggeion,* vaisseau) Méd. Inflammation des vaisseaux lymphatiques.

LYMPHATIQUE, adj. [lɛ̃fatik] (lat. impér. *lymphaticus,* qui a le délire, de *lympha,* eau) Anat. Qui a rapport à la lymphe. *Vaisseaux lymphatiques. Le système lymphatique.* ♦ *Tempérament lymphatique,* tempérament dans lequel il y a peu de coloration et peu de fermeté dans les chairs. ♦ Se dit d'une personne sans énergie, sans ressort. ♦ *Drainage lymphatique,* massage destiné à améliorer la circulation des fluides tels que la lymphe ou le sang dans les tissus.

LYMPHATISME, ■ n. m. [lɛ̃fatism] (*lymphatique*) Méd. Trouble lié à une augmentation du volume des organes où sont produits les lymphocytes et qui se manifeste par un tempérament nonchalant et une mollesse. ■ Par extens. Grand manque de vigueur, de force.

LYMPHE, n. f. [lɛ̃f] (lat. *lympha,* eau) Liquide translucide, nutritif, contenu dans les vaisseaux lymphatiques. ♦ Blastème accidentel, exsudé à la surface soit des plaies soit des membranes séreuses. ♦ Bot. Humeur aqueuse des plantes.

LYMPHOCYTE, ■ n. m. [lɛ̃fosit] (*lymphe* et *-cyte*) Globule blanc jouant un rôle déterminant dans le système immunitaire de l'organisme. ■ LYMPHOCYTAIRE, adj. [lɛ̃fositɛʁ] *Une maladie lymphocytaire.*

LYMPHOCYTOPÉNIE, ■ n. f. [lɛ̃fositopeni] (*lymphocyte* et gr. *penia,* pauvreté) Voy. LYMPHOPÉNIE.

LYMPHOCYTOSE, ■ n. f. [lɛ̃fositoz] (*lymphocyte* et *-ose*) Méd. Présence excessive de lymphocytes dans un liquide de l'organisme.

LYMPHOGRANULOMATOSE, ■ n. f. [lɛ̃fositogʁanylomatoz] (*lymphe, granulome* et *-ose*) Méd. *Lymphogranulomatose maligne,* maladie dite « de Hodgkin » caractérisée par une tumeur sur les ganglions et se manifestant par de la fièvre, des démangeaisons et une augmentation du volume des ganglions et de la rate. ■ *Lymphogranulomatose bénigne,* maladie systémique de cause inconnue, caractérisée par une réponse excessive de l'immunité cellulaire à des antigènes non identifiés.

LYMPHOGRAPHIE, ■ n. f. [lɛ̃fogʁafi] (*lymphe* et *-graphie*) Méd. Examen radiographique des canaux lymphatiques après injection d'un produit opaque aux rayons X. *Une lymphographie des ganglions abdominaux.*

LYMPHOÏDE, ■ adj. [lɛ̃foid] (*lymphe* et *-oïde*) Relatif aux ganglions lymphatiques. ■ *Tissu lymphoïde,* ensemble des globules blancs fabriqués par la moelle osseuse et dont le rôle est de protéger l'organisme des microbes.

■ *Organe lymphoïde*, organe constitué de tissus lymphoïdes. *La rate est un organe lymphoïde.*

LYMPHOKINE, ■ n. f. [lɛ̃fokin] (*lymphe* et gr. *kinein*, mouvoir) **Méd.** Ensemble des protéines solubles produites par les leucocytes et jouant un rôle important dans la réaction immunitaire.

LYMPHOME, ■ n. m. [lɛ̃fom] (*lymphe* et *-ome*) **Méd.** Tumeur des tissus lymphoïdes, le plus souvent des ganglions lymphatiques, qui peut être bénigne ou cancéreuse.

LYMPHOPÉNIE, ■ n. f. [lɛ̃fopeni] (*lymphe* et gr. *penia*, pauvreté) **Méd.** Réduction du nombre des lymphocytes dans le sang. ■ **Rem.** On dit aussi *lymphocytopénie.*

LYMPHORÉTICULOSE, ■ n. f. [lɛ̃foretikyloz] (*lymphe*, et *réticulose*) **Méd.** *Lymphoréticulose bénigne d'inoculation,* affection des ganglions lymphatiques provoquée par des griffures de chat.

LYMPHOSARCOME, ■ n. m. [lɛ̃fosarkom] (*lymphe* et *sarcome*) **Méd.** Tumeur maligne qui se forme dans le tissu conjonctif, caractérisée par une prolifération de cellules dont la maturation aboutit aux lymphocytes. *Le lymphosarcome peut former des métastases qui se dispersent dans l'organisme.*

LYNCH (LOI DE), ■ [lintʃ] (angl. *Lynch law,* de William *Lynch*, 1742-1820, capitaine anglais qui établit cette « loi ») Procédure de justice qui consistait à exécuter sur-le-champ les criminels pris en flagrant délit, aux États-Unis (1837).

LYNCHER, ■ v. tr. [lɛ̃ʃe] (angl. *Lynch* [*law*]) Condamner à mort sans jugement. ■ **Par extens.** Battre à mort. *La foule a lynché un voleur.* ■ **Fig.** et **fam.** Critiquer très vivement quelqu'un ou quelque chose. *Ce film s'est fait lyncher à sa sortie.* ■ LYNCHAGE, n. m. [lɛ̃ʃaʒ] Critique violente. *Lynchage médiatique.* ■ LYNCHEUR, EUSE, n. m. et n. f. [lɛ̃ʃœr, øz]

LYNX, n. m. [lɛ̃ks] (lat. *lynx*, gr. *lugx*) Quadrupède carnassier auquel les anciens attribuaient une vue très perçante. ◆ **Fig.** « *Lynx envers nos pareils et taupes envers nous* », La Fontaine. ◆ *Avoir des yeux de lynx,* avoir la vue très perçante, et fig. voir clair dans les affaires, dans les desseins des autres. ◆ Aujourd'hui on rapporte le lynx au loup-cervier.

LYOPHILE, ■ adj. [ljofil] (*luein,* dissoudre, et *-phile*) **Chim.** Qui a perdu certaines de ses propriétés par lyophilisation. *Une substance lyophile.*

LYOPHILISAT, ■ n. m. [ljofiliza] (*lyophiliser*) **Chim.** Substance soumise à la lyophilisation, notamment pour la fabrication de médicaments. *Un lyophilisat, oral, actif en gélule. Un médicament sous forme de lyophilisat.*

LYOPHILISER, ■ v. tr. [ljofilize] (*lyophile*) Retirer l'eau contenue naturellement dans un produit afin de prolonger sa durée de conservation, par sublimation à froid et sous vide d'air. *De la purée lyophilisée.* ■ LYOPHILISATION, n. f. [ljofilizasjɔ̃]

LYRE, n. f. [lir] (lat. *lyra,* gr. *lura*) Instrument de musique à cordes, en usage parmi les anciens. ◆ **Fig.** *Ajouter une corde à sa lyre,* prendre dans ses vers un nouveau ton, traiter un nouveau sujet. ◆ **Fig.** Le talent du poète, l'action de faire des vers. *La lyre d'Homère.* ◆ *Prendre, accorder sa lyre,* se disposer à faire des vers. ◆ *Les maîtres de la lyre,* les grands poètes. ◆ Constellation de l'hémisphère septentrional. ◆ Nom vulgaire et spécifique de deux poissons. ■ *Toute la lyre,* toutes les choses de la même espèce. *Un accident, l'hospitalisation, les complications, le projet annulé, toute la lyre !* ■ *Lyre-guitare,* guitare dont la caisse a la forme d'une lyre. ■ En appos. Espèce de passereau d'Australie. *Des oiseaux-lyres.*

LYRIC, ■ n. m. [lirik] (mot anglais, partie chantée d'un film ou d'une pièce de théâtre, de *lyrique* ou du lat. *lyricus*) Partie chantée dans un spectacle de music-hall ou dans un film. *C'est vers 1920 que les journalistes évoquèrent les lyrics, usant ainsi d'un anglicisme.*

LYRIQUE, adj. [lirik] (lat. *lyricus,* gr. *lurikos,* de *lura,* lyre) Chez les anciens, *poésie lyrique,* poésie qui se chantait sur la lyre. ◆ *Poètes lyriques* et subst.*les lyriques,* personnes qui composaient dans ce genre de poésie. ◆ Aujourd'hui, il se dit des vers qui entrent dans les odes et les dithyrambes. *Les poèmes lyriques de J.-B. Rousseau.* ◆ En parlant des pièces de théâtre, propre à être chanté, à être mis en musique. *Tragédie lyrique. Les poésies lyriques de Quinault.* ◆ *Théâtre lyrique,* théâtre sur lequel on représente des ouvrages mis en musique. ◆ Se dit de pièces disposées par stances qui, sans être destinées à être chantées, ont un mouvement et un transport plus vifs que le reste de la poésie. ◆ Qui appartient à la poésie lyrique de ce genre. *Un poète lyrique.* ◆ N. m. et n. f. *Un lyrique,* un poète lyrique. ◆ *Le lyrique,* le genre, le talent lyrique. ◆ En général et en mauvaise part, qui a le caractère d'un faux lyrisme. ■ *Artiste lyrique,* chanteur, chanteuse d'opéra ou d'opérette.

LYRIQUEMENT, ■ adv. [lirik(ə)mɑ̃] (*lyrique*) De manière lyrique, avec lyrisme.

LYRISME, n. m. [lirism] Caractère d'un style élevé, poétique ; langage inspiré. *Le lyrisme de la Bible.* ◆ En mauvaise part, affectation déplacée du style lyrique. ◆ En général, enthousiasme, chaleur. *Cet homme a du lyrisme.*

LYS, ■ n. m. [lis] Voy. lis.

LYSAT, ■ n. m. [liza] (*lyse*) **Chim.** Suspension de bactériophages obtenue comme résultat de la lyse d'une culture de bactéries.

LYSE, ■ n. f. [liz] (gr. *lusis,* dissolution, de *luein,* dissoudre) **Chim.** Destruction d'une cellule avec libération de son contenu. ■ LYSER, v. tr. [lize]

LYSERGAMIDE, ■ n. m. [lizergamid] (*lysergique* et *amide*) **Chim.** Substance extraite de l'ergot de seigle inductrice d'illusions sensorielles. *Le LSD est un lysergamide.* ■ **Rem.** On dit aussi *lysergide.* ■ Voy. lsd.

LYSERGIDE, ■ n. m. [lizerʒid] (*lysergique* et *-ide*) Voy. lysergamide.

LYSERGIQUE, ■ adj. [lizerʒik] (*lyse* et *ergot* ; adaptation de l'all. *Lysergsäure*) **Chim.** *Acide lysergique,* structure de base commune aux différents alcaloïdes contenus dans l'ergot de seigle. ■ *Acide lysergique diéthylamide,* drogue inductrice d'illusions sensorielles.

LYSIMAQUE, ■ n. f. [lizimak] (lat. impér. *lysimachia,* de *Lusimakhos,* Lysimaque, méd. grec) **Bot.** Plante herbacée à fleurs jaunes se développant dans les lieux humides et cultivée notamment pour l'ornement.

LYSINE, ■ n. f. [lizin] (gr. *lusis,* dissolution ; adaptation de l'all. *Lysin*) **Chim.** Acide aminé essentiel pour l'alimentation des hommes et des animaux non ruminants.

LYSOSOME, ■ n. m. [lizozom] (*lyse* et *-some*) **Chim.** Élément constituant de la cellule contenant des enzymes hydrolytiques capables de dégrader tout ce qui s'y introduit, intervenant dans les réactions inflammatoires et le processus immunitaire. *Un lysosome est un sac membraneux remplis d'enzymes pouvant digérer les protéines.*

LYSOZYME, ■ n. m. [lizozim] (*lyse* et *enzyme*) **Chim.** Protéine enzymatique synthétisée contenue dans la salive, le mucus nasal, les larmes et le sérum, et qui permet la lyse de certaines bactéries.

LYTIQUE, ■ adj. [litik] (gr. *lutikos,* propre à délier, à dissoudre, de *luein*) **Chim.** Relatif à la lyse ou qui entraîne une lyse. ■ *Cocktail lytique,* mélange de produits dans une perfusion intraveineuse de sérum glucosé dont l'administration peut provoquer un coma ou la mort. *Le cocktail lytique est utilisé pour pratiquer l'euthanasie.*

m

M, n. f. [ɛm] (lat. *m*) et suivant l'épellation nouvelle (*me*), n. m. La treizième lettre et dixième consonne de notre alphabet. ◆ Dans les chiffres romains, *M* vaut 1000. ◆ Surmontée d'une ligne horizontale, *M* vaut mille fois mille ou un million. ■ *M* est l'abréviation de *mètre* ou de *milli-*. ■ *M* est l'abréviation de *méga*. ■ *M* est l'abréviation de *Monsieur*. ■ *MM*. est l'abréviation de *Messieurs*. ■ *M* est l'abréviation de *maxwell*.

MA, adj. poss. [ma] (lat. *mea*, adj. poss. fém. de la 1ʳᵉ pers.) Le masculin est *mon*.

MAAR, ■ n. m. [maʀ] (mot allemand, cratère) Cratère volcanique en forme de cuvette, entouré d'un rempart mince et bas de débris volcaniques, souvent occupé par un lac. *Les maars auvergnats.*

MAB, n. f. [mab] (*Mab*, reine des fées, du celt. *medb*, ivresse) ▷ Reine, personnage de la féerie anglaise. ◁

MABOUL, E, ■ n. m. et n. f. [mabul] (ar. *mahbul*, fou) **Fam.** Personne qui a perdu la raison. ■ Adj. *Ce type est complètement maboul.*

MAC, ■ n. m. [mak] (apocope de *maquereau*) **Arg.** Proxénète, souteneur. « *Il tourne la tête vers moi, puis se met à fixer le bout de ses pompes, entre parenthèses de vraies pompes de mac, bicolores et tout* », Hanska.

MACABRE, adj. [makabʀ] (*Macabré*, peintre et poète du xvᵉ s., ou *Judas Macchabée*) *Danse macabre*, suite d'images qui représentent la Mort, entraînant avec elle, en dansant, des personnages de toutes les conditions. ■ Qui évoque la mort. *Un humour macabre.*

MACACHE, ■ adv. [makaʃ] (ar. *maikans*, il n'y a pas) **Fam.** Rien à faire. *Tu veux venir? Macache!*

MACADAM, n. m. [makadam] (J. L. *McAdam*, 1756-1836) Nom d'un pavage inventé par un Anglais nommé MacAdam, et dans lequel on emploie du granit concassé. ■ **Par extens.** Chaussée recouverte de goudron.

MACADAMISER, v. tr. [makadamize] (*macadam*) Faire une chaussée, un chemin, une rue en macadam. ■ MACADAMISAGE, n. m. [makadamizaʒ]

MACAO, n. m. [makao] (*Macao*, port de Chine du Sud) Jeu de cartes qui est une variété du jeu dit de *vingt-et-un*.

MACAQUE, n. m. et n. f. [makak] (port. *macaco*, d'un mot bantou, bête sauvage) Genre de singes à tête plate et à queue courte. ■ **Fig.** et **fam.** Homme laid.

MACAREUX, ■ n. m. [makaʀø] (prob. *macreuse*) Oiseau palmipède cousin du pingouin, au gros bec et au cou court, au plumage noir et blanc, vivant en colonie dans les mers septentrionales. *Les macareux sont de très bons nageurs et plongeurs.*

MACARON, n. m. [makaʀɔ̃] (ital. *maccarone*, pâte, gnocchi) Petite pâtisserie composée d'amandes, de sucre et de blancs d'œufs, et disposée en petits pains ronds. ■ Coiffure consistant en deux tresses roulées sur elles-mêmes de chaque côté de la tête. ■ Autocollant à caractère officiel apposé sur un pare-brise. ■ **Fam.** Coup.

MACARONÉ, ÉE, adj. [makaʀone] (macaron) *Pâte macaronée*, pâte façonnée à la manière des macarons.

MACARONÉE, n. f. [makaʀone] (*Maccheronea*, poème macaronique de Tifi Odasi, 1490) Pièce de vers en style macaronique.

MACARONI, n. m. [makaʀoni] (ital. *mac[c]arone*, pâte alimentaire) Pâte alimentaire moulée en cylindres creux et faite avec la farine de riz ou celle de froment pur. *Des macaronis.* ■ **Fam.** et **injur.** *Un Macaroni,* un Italien.

MACARONIQUE, adj. [makaʀonik] (ital. *maccheronico*, de *maccherone*, nourriture grossière) *Poésie macaronique,* poésie burlesque dans laquelle on affuble de terminaisons latines les mots de la langue vulgaire. ■ Par plais. Peu sérieux. *Une histoire macaronique.*

MACARONISME, n. m. [makaʀonist] (*macaronique*) Composition dans le genre macaronique. ◆ Le genre lui-même.

MACARONISTE, n. m. [makaʀonist] (*macaronique*) Personne qui écrit dans le genre macaronique.

MACASSAR, ■ n. m. [makasaʀ] (*Macassar*, île des Célèbes) Bois proche de l'ébène provenant d'Indonésie qui se caractérise par des veines rouge orangé. *Le macassar était le bois de prédilection des ébénistes de l'époque Art déco.* ■ *Huile de macassar,* huile végétale parfumée extraite de la pulpe d'un fruit exotique et utilisée en cosmétique capillaire.

MACCARTHYSME ou **MACCARTISME**, ■ n. m. [makkaʀtism] (J. R. *McCarthy*, 1908-1957) Courant politique américain, mené dans les années 1950 et destiné à démasquer et persécuter toute personne soupçonnée de sympathie communiste dans l'administration, l'armée et dans les milieux intellectuels, scientifiques et artistiques.

MACCARTHYSTE ou **MACCARTISTE**, ■ n. m. et n. f. [makkaʀtist] (*maccarthysme* ou *maccartisme*) Adepte du maccarthysme. ■ Adj. Relatif au maccarthysme.

MACCHABÉE, ■ n. m. [makabe] (*cch* se prononce *k*; *Macchabées*, martyrs de la révolte des Juifs contre les rois de Syrie) **Fam.** Cadavre d'une personne. *Repêcher un macchabée dans la rivière.*

MACCHABÉES ou **MACCABÉES**, n. m. pl. [makabe] (*cch* se prononce *k*; *Macchabées*) Nom de quatre livres de l'Ancien Testament, contenant l'histoire des Machabées qui affranchirent la Judée. ■ Rem. Graphie ancienne: *machabées.*

MACCHIAIOLI ou **MACCHIAOLIS**, ■ n. m. pl. [makjaoli] (*cch* se prononce *k*; mot italien, de *macchia*, tache) Groupe d'artistes italiens de la fin du xixᵉ s., qui prônaient une peinture antiacadémique et contrastée, et qui cherchaient à reproduire une impression de vrai. *Fattori et Lego ont fait partie du mouvement macchiaioli*

MACÉDOINE, n. f. [masedwan] (*Macédoine*, pour la diversités des peuples qui l'habitent) Mets composé d'un mélange de différents légumes ou de différents fruits. ◆ **Fig.** et **fam.** Assemblage de pièces de différents genres dans un même livre, dans un même ouvrage.

MACÉDONIEN, IENNE, ■ adj. [masedonjɛ̃, jɛn] (lat. *Macedonia*, Macédoine) Relatif à la Macédoine. *La culture macédonienne.* ■ N. m. et n. f. Habitant de la Macédoine. *Les Macédoniens.* ■ N. m. Le macédonien, langue slave parlée en Macédoine.

MACÉRATEUR, TRICE, ■ adj. [maseʀatœr, tʀis] (*macérer*) Qui permet la macération. ■ N. m. Récipient permettant de faire macérer des corps solides dans un liquide.

MACÉRATION, n. f. [maseʀasjɔ̃] (lat. impér. *maceratio*) **Pharm.** Opération qui consiste à laisser séjourner à froid un corps solide quelconque dans un liquide qui se charge des principes solubles de ce corps. ◆ Ce liquide même. ◆ **Fig.** Mortification par jeûnes, disciplines et autres austérités. ■ Ramollissement et transformation de la peau et plus particulièrement de celle des pieds, causés par une longue période d'enfermement et d'humidité.

MACÉRÉ, ÉE, p. p. de macérer. [maseʀe] N. m. *Un macéré.*

MACÉRER, v. tr. [maseʀe] (lat. *macerare*, amollir, affaiblir, de *macer*, maigre) **Pharm.** Soumettre à une macération. *Macérer une plante dans du vin.* ◆ **Fig.** Affliger son corps par diverses austérités. ◆ Se macérer, v. pr. Être macéré. ◆ **Fig.** Se mortifier. ■ V. intr. Rester longtemps dans un liquide en parlant d'un aliment.

MACERON, ■ n. m. [mas(ə)ʀɔ̃] (ital. *macerone*, du lat. impér. *macedonicum* [*petroselinum*], [persil] de Macédoine; infl. de *maceria*, ruines) **Bot.** Grande plante aromatique des régions méditerranéennes aux fleurs jaunes et vertes disposées en ombelles, aux fruits noirs à maturité et aux feuilles comestibles.

MACFARLANE, ■ n. m. [makfaʀlan] (*McFarlane*, n. pr.) Grand manteau, généralement pour homme, sans manche, avec des ouvertures pour passer les bras et à grande cape par-dessus les épaules. *Des macfarlanes.*

MACH, ■ n. m. [mak] (Ernst *Mach*, 1838-1916, physicien autrichien) Aéronaut. *Nombre de Mach,* rapport de la vitesse d'un corps se déplaçant dans un milieu à la vitesse du son dans ce milieu. ■ *Voler à Mach 2,* à deux fois la vitesse du son.

MACHAON, ■ n. m. [makaɔ̃] (lat. sav. *machaon*, du gr. *Makhaôn*, fils d'Asklépios) Papillon diurne à ailes jaunes tachetées de noir, de bleu et de rouge, répandu en Europe. *Le machaon est appelé* porte-queue.

MÂCHE, n. f. [mɑʃ] (lat. vulg. *pomasca*, de *pomum*, fruit) Plante herbacée dont on fait des salades.

MÂCHÉ, ÉE, p. p. de mâcher. [mɑʃe] *Balle mâchée,* balle dont on a déchiqueté la surface. ◆ *Papier mâché,* Voy. papier. ◆ **Fig.** *Besogne toute mâchée,* besogne préparée.

MÂCHECOULIS, n. m. [mɑʃ(ə)kuli] Voy. mâchicoulis.

MÂCHEFER, n. m. [mɑʃ(ə)fɛʀ] (p.-ê. *mâcher* et *fer*) Scorie qui sort du fer soumis à la forge ou battu rouge sur l'enclume.

MÂCHELIER, IÈRE, adj. [maʃəlje, jɛʁ] (lat. *maxillaris*, de *maxilla*, mâchoire) ▷ Qui appartient aux mâchoires. ◆ *Muscles mâcheliers*, muscles qui font mouvoir les mâchoires. ◆ *Dents mâchelières*, dents molaires ; se dit surtout chez les herbivores. ◆ **N. f.** *Les mâchelières d'en haut, d'en bas.* ◁

MÂCHEMENT, n. m. [maʃ(ə)mã] (*mâcher*) ▷ Action de mâcher. ◁

MÂCHER, v. tr. [maʃe] (selon le sens, b. lat. *masticare*, du gr. *masasthai*, ou radic. onomat. *makk-*, presser ensemble, écraser) Broyer avec les dents. *Mâcher du pain.* ◆ **Absol.** *Il faut bien mâcher.* ◆ **Fig.** et **fam.** *Mâcher à quelqu'un son travail*, le lui préparer. ◆ *Il faut lui mâcher tous ses morceaux*, il faut lui expliquer les choses les plus simples. ◆ **Fig.** *Ne pas mâcher une chose à quelqu'un*, la lui dire durement. ◆ *Serrer entre les dents sans broyer. Mâcher un hochet.* ◆ **Fig.** *Se mâcher le cœur*, se tourmenter, se ronger d'impatience. ◆ **Fam.** Manger avec sensualité, avec gourmandise. ◆ **Se mâcher**, v. pr. Être mâché. ◆ *Ne pas mâcher ses mots*, s'exprimer franchement et durement. ■ Couper irrégulièrement en donnant l'effet de déchiqueter.

MACHETTE, ■ n. f. [maʃɛt] (esp. *machete*, de *macho*, massue, enclume) Long couteau à lame épaisse servant d'outil ou d'arme.

MÂCHEUR, EUSE, n. m. et n. f. [maʃœʁ, øz] (*mâcher*) Personne qui mâche. *Mâcheur de tabac.* ◆ **Pop.** Personne qui mange beaucoup.

MACHIAVEL, n. m. [makjavɛl] (N. *Machiavel*, 1469-1527) Publiciste florentin du XVIᵉ s. qui fit la théorie des procédés de violence et de tyrannie usités parmi les petits tyrans de l'Italie. ◆ **Fig.** Tout homme d'État sans scrupule. *Des machiavels.* ■ **Rem.** *ch* se prononce *k*.

MACHIAVÉLIQUE, adj. [makjavelik] (*Machiavel*) Conforme ou analogue aux principes politiques de Machiavel. *Un gouvernement machiavélique.* ◆ En général, où il entre de la mauvaise foi, de la perfidie. *Projet machiavélique.* ■ **Rem.** On prononçait autrefois [maʃavelik]. Aujourd'hui, *ch* se prononce *k*.

MACHIAVÉLIQUEMENT, adv. [makjavelik(ə)mã] (*machiavélique*) D'une manière machiavélique, perfidement. ■ **Rem.** On prononçait autrefois [maʃavelik(] ou [ə)mã]. Aujourd'hui, *ch* se prononce *k*.

MACHIAVÉLISER, v. intr. [makjavelize] (de *Machiavel*) Se conduire d'après les principes du machiavélisme. ■ **Rem.** On prononçait autrefois [maʃavelize].

MACHIAVÉLISME, n. m. [makjavelism] (*ch* se prononce *k* ; de *Machiavel*) Système politique de Machiavel. ◆ Principes et actions conformes ou analogues au système politique de Machiavel. ◆ **Par extens.** Déloyauté et perfidie. ■ **Rem.** On prononçait autrefois [maʃavelism].

MACHIAVÉLISTE, n. m. et n. f. [makjavelist] (*ch* se prononce *k*. *Machiavel*) Personne qui adopte, qui pratique les maximes de Machiavel. *Cet homme est un profond machiavéliste.* ■ **Rem.** On prononçait autrefois [maʃavelist].

MÂCHICATOIRE, n. m. [maʃikatwaʁ] (altération de *masticatoire*, d'après *mâcher*) Ce que l'on mâche sans l'avaler. *Le tabac est un mâchicatoire.*

MÂCHICOULIS, n. m. [maʃikuli] (moy. fr. *machecol*, de *mâcher*, écraser, meurtrir, et *col*, cou) Nom donné à des galeries saillantes, dans les vieux châteaux et aux anciennes portes des villes, avec ouvertures, d'où l'on apercevait le pied des ouvrages, et d'où l'on jetait des pierres ou autres projectiles pour empêcher qu'on n'en approchât. ■ Ces ouvertures. ■ **Rem.** On disait autrefois *mâchecoulis*.

...MACHIE, ■ [maʃi] suffixe qui veut dire *combat*.

MÂCHILLER, v. tr. [maʃije] (dim. de *mâcher*) ▷ Mâcher sans serrer fortement, sans broyer. ◁

MACHIN, INE, ■ n. m. et n. f. [maʃɛ̃, in] (masc. de *machine*) **Fam.** Objet ou personne dont on ignore le nom ou que l'on ne se donne pas la peine de nommer. *À quoi sert ce machin? Tu te souviens de Machine?*

MACHINAL, ALE, adj. [maʃinal] (lat. *machinalis*, de *machina*, machine) Qui appartient aux machines. ◆ **Fig.** Qui est produit dans le corps vivant comme par une machine, et sans la participation de la réflexion. *Mouvements machinaux.*

MACHINALEMENT, adv. [maʃinal(ə)mã] (*machinal*) D'une manière machinale.

MACHINATEUR, TRICE, n. m. et n. f. [maʃinatœʁ, tʁis] (lat. *machinator*, mécanicien, machinateur) Personne qui fait quelque machination. *Machinateur d'un complot.* ◆ **Absol.** *Un grand machinateur*, un homme habile à former des intrigues, à tramer des complots.

MACHINATION, n. f. [maʃinasjõ] (lat. *machinatio*, disposition ingénieuse, ruse) Action de machiner quelque mauvaise chose. *Machination infernale.*

MACHINE, n. f. [maʃin] (lat. *machina*, ouvrage ingénieux, machine, expédient, gr. *mêkhanê*) Instrument propre à communiquer du mouvement, ou à saisir et prendre, ou à mettre en jeu quelque agent naturel, comme le feu,

l'air, l'eau, etc. ◆ Tout instrument, tout outil dont l'industrie se sert. *Machine simple*, machine qui consiste en un seul moyen d'augmenter l'action des forces, par exemple le levier. *Machine composée*, machine qui est formée de plusieurs machines simples combinées ensemble. ◆ *Machine hydraulique* ou *à eau*, Voy. HYDRAULIQUE. ◆ *Machine à vapeur*, appareil mis en mouvement par la tension de la vapeur d'eau. ◆ *Machine-outil*, machine qui sert d'outil et remplace la main de l'ouvrier. *Des machines-outils.* ◆ *Machine électrique*, machine qui sert à développer l'électricité. ◆ Chez les anciens, *machines de guerre*, instruments servant à lancer des traits, des pierres, etc. à battre en ruine les murs, etc. ◆ *Machine infernale*, Voy. INFERNAL. ◆ Tout assemblage de ressorts qui produisent des effets déterminés. *Une montre est une machine.* ◆ **Fig.** *Une machine*, une personne sans esprit, sans énergie. ◆ *Être machine*, être esclave de l'habitude, de la routine. ◆ *Les bêtes sont des machines*, opinion des cartésiens d'après laquelle les bêtes sont des purs automates, sans intelligence, ni volonté, ni sensibilité. ◆ *Machine animale* ou simplement *machine*, l'ensemble des organes composant le corps de l'animal, de l'homme. « *Nos pauvres machines sont sujettes à bien des misères* », MME DE SÉVIGNÉ. ◆ **Poétiq.** *La machine de l'univers, la machine ronde*, l'univers ou seulement la Terre. ◆ *La machine de l'État*, le gouvernement du pays. ◆ Dans les théâtres, moyens mécaniques employés pour opérer des changements de décoration, et exécuter d'autres opérations telles que le vol des génies, les apparitions, etc. ◆ *Opéra, tragédie à machines*, opéra, tragédie dont la représentation exige des machines. ◆ **Fig.** Intrigue, ruse dont on se sert dans quelque affaire. ◆ Ressorts qui font mouvoir les affaires. « *On peut, pour vous servir, remuer des machines* », MOLIÈRE. ◆ Les ressorts d'une composition littéraire. « *Que serait-ce si le Tasse eût osé employer les grandes machines du christianisme?* », CHATEAUBRIAND. ◆ Grand assemblage de planches, de pierres, etc. « *C'est là que du lutrin gît la machine énorme* », BOILEAU. ◆ **Fig.** Tout grand ouvrage de génie. *L'église de Saint-Pierre de Rome est une étonnante machine.* ◆ Appareil accomplissant des tâches domestiques. *Une machine à laver.* ■ **N. f. pl.** Appareils entrant en action dans la propulsion d'un bateau. *Stopper les machines.* ■ Appareil permettant la saisie, le traitement ou l'exploitation d'informations. *Gérer les machines dans une entreprise. Une machine à écrire, un ordinateur sont des machines.* ■ *Machine-transfert*, machine-outil devant laquelle les pièces à usiner avancent automatiquement. *Des machines-transferts.*

MACHINÉ, ÉE, p. p. de machiner. [maʃine] *Table machinée*, table pourvue des dispositions nécessaires pour l'exécution des tours d'un escamoteur.

MACHINER, v. tr. [maʃine] (lat. *machinari*, exécuter ingénieusement, ourdir) Établir les machines d'un théâtre. ◆ **Fig.** Préparer par des menées sourdes, par des intrigues. *Machiner la mort de quelqu'un.* ◆ **Absol.** « *Pour se donner le temps de machiner à son aise* », J.-J. ROUSSEAU. ◆ **Se machiner**, v. pr. Être machiné.

MACHINERIE, ■ n. f. [maʃin(ə)ʁi] (*machine*) Ensemble des machines utilisées dans un secteur d'activité. *La machinerie agricole.* ■ **Par extens.** Salle où sont regroupées les machines. *La machinerie d'un sous-marin.* ■ Ensemble des appareils qui permettent d'effectuer les changements de décors dans un théâtre. ■ **Rem.** On dit aussi *machinisme* pour le premier sens.

MACHINEUR, n. m. [maʃinœʁ] (*machiner*) Personne qui machine, qui fait des menées. « *Tous les machineurs d'impostures* », LA FONTAINE.

MACHINISME, n. m. [maʃinism] (*machine*) Art du machiniste. ◆ *Le machinisme des bêtes*, l'opinion qui les considère comme des machines. ◆ **Fig.** Abus des moyens d'effet qu'on nomme machines soit dans la littérature soit dans les beaux-arts. ■ Ensemble des machines employées pour remplacer la main-d'œuvre. *Le machinisme agricole.* Voy. MACHINERIE.

MACHINISTE, n. m. et n. f. [maʃinist] (*machine*) Personne qui invente, construit ou conduit des machines. *Un habile machiniste.* ◆ Au théâtre, personne qui s'occupe de l'arrangement des décorations et de tout ce qui sert à l'illusion de la scène.

MACHISME, ■ n. m. [matʃism] (*macho*) Idéologie et comportement reposant sur l'idée que l'homme est socialement supérieur à la femme. ■ **MACHISTE**, n. m. et n. f. et adj. [matʃist] **Rem.** *ch* se prononce *tch*.

MACHMÈTRE, ■ n. m. [makmɛtʁ] (*mach* et *-mètre*) Instrument de mesure qui indique la vitesse d'un aéronef par rapport à celle du son. ■ **Rem.** *ch* se prononce *k*.

MACHO, ■ n. m. [matʃo] (mot hisp.-américain, de l'esp. *macho*, mâle, du lat. *masculus*) **Fam.** Homme qui considère la femme comme socialement inférieure. *Quels machos!* ■ **Adj.** *Une conduite macho.* ■ **Rem.** *ch* se prononce *tch*.

MÂCHOIRE, n. f. [maʃwaʁ] (*mâcher*) Pièces osseuses qui supportent les dents des animaux vertébrés. *Mâchoire supérieure, inférieure.* ◆ **Fam.** *Jouer des mâchoires*, se mettre à manger. ◆ **Fig.** et **fam.** *Avoir la mâchoire pesante, la mâchoire lourde*, s'exprimer lourdement et sans grâce. ◆ *Une mâchoire*, un homme d'un esprit lourd, sans intelligence, sans capacité. ◆ La partie de la face qui enveloppe les mâchoires. *Une fluxion à la mâchoire.* ◆ Chez les insectes, parties de formes très diverses qui servent à diviser les aliments. ◆ Dans plusieurs arts, pièces de fer qui, s'éloignant et se rapprochant, servent à assujettir un objet, à le tenir ferme et fixe. *Les mâchoires d'un étau.* ■ *Bâiller à se décrocher la mâchoire,* bâiller en ouvrant très grand la bouche.

MÂCHON, ■ n. m. [maʃɔ̃] (mot lyonnais, repas, de *mâchonner*) **Région.** Restaurant lyonnais où l'on sert les plats typiques de la région. *Ils sont allés dîner dans un mâchon.* Voy. BOUCHON. ■ Repas léger à Lyon. *Organiser un mâchon avec des amis.*

MÂCHONNÉ, ÉE, p. p. de mâchonner. [maʃɔne]

MÂCHONNER, v. tr. [maʃɔne] (*mâcher*) **Fam.** Mâcher avec difficulté ou avec négligence. ◆ **Fig.** N'articuler qu'à moitié, parler peu distinctement. ■ MÂCHONNEMENT, n. m. [maʃɔn(ə)mɑ̃]

MÂCHOUILLER, ■ v. tr. [maʃuje] (mot dial., de *mâcher*) Mâchonner quelque chose. *Mâchouiller un crayon.* ■ Avaler quelque chose sans l'avoir mâché auparavant.

MÂCHURE, ■ n. f. [maʃyʁ] (*mâcher*, écraser) Partie d'un tissu de velours qui présente un défaut dans le tissage et dont le poil semble avoir été écrasé. *Les mâchures du drap.*

MÂCHURÉ, ÉE, p. p. de mâchurer. [maʃyʁe]

1 **MÂCHURER**, v. tr. [maʃyʁe] (croisement de l'anc. fr. *oscurer*, souiller, avec *mascherer*, du lat. vulg. *mascarare*, barbouiller de suie) **Fam.** Barbouiller de noir. *Mâchurer du papier. Il s'est mâchuré le visage.* ◆ **Impr.** Tirer une feuille sans netteté. ■ Mettre en pièces.

2 **MÂCHURER**, ■ v. tr. [maʃyʁe] (*mâchure*) Endommager en exerçant une pression excessive ou en entaillant avec les dents.

MACIS, n. m. [masi] (lat. *macis*) Écorce intérieure de la noix muscade. *Huile de macis.*

MACKINTOSH, n. m. [makintɔʃ] (mot angl., de [Charles] *Macintosh* [1766-1843], inventeur d'une toile imperméable) S'est dit d'abord d'un manteau écossais aux couleurs du clan Mackintosh, puis d'un manteau ou paletot imperméable. *Des mackintoshs.*

1 **MACLE**, n. f. [makl] (p.-ê. anc. b. frq. *maskila*, de *maska*, maille) **Hérald.** Sorte de losange percé à jour par le milieu. ■ *Un écusson de neuf macles.*

2 **MACLE**, n. f. [makl] (1 *macle*) Pierre cristallisée souvent disposée en croix. ■ REM. La macle se trouve en cristaux dans les roches granitiques.

3 **MACLE**, n. f. [makl] Voy. MACRE.

MACLÉ, ÉE, ■ adj. [makle] (2 *macle*) Qui a la forme d'une macle, d'une croix. *Une pierre maclée.*

MACLER, ■ v. intr. [makle] (2 *macle*) Former une macle ou assembler en une macle. *Un cristal qui macle.*

MAÇON, n. m. [masɔ̃] (anc. b. frq. *makjo*, de *makôn*, faire) Ouvrier qui travaille à des ouvrages de maçonnerie. ◆ *Maître maçon,* artisan qui dirige les maçons, surveille leurs travaux. ◆ *Aide-maçon,* manœuvre qui sert et aide le maçon. ◆ *Soupe de maçon,* soupe trop épaisse. ◆ *Manger comme un maçon,* manger beaucoup. ◆ **Fig.** et **fam.** *Ce sont de vrais maçons,* se dit de gens qui font grossièrement une besogne. ◆ *Maçon* se dit quelquefois pour franc-maçon. ◆ **Adj.** *Maçon, maçonne,* se dit d'un oiseau et de quelques insectes qui se construisent des nids de mortier.

MÂCON, n. m. [makɔ̃] (*Mâcon*, ville de Saône-et-Loire) Vin rouge ou blanc des environs de Mâcon. *Du vieux mâcon.*

MAÇONNAGE, n. m. [masɔnaʒ] (*maçonner*) Travail de maçon.

MÂCONNAISE, adj. f. [makɔnɛz] (*mâconnais*, de *Mâcon*) *Futaille mâconnaise* ou n. f. *mâconnaise,* futaille employée dans le Mâconnais et dont la contenance est de 212 litres. ◆ *Bouteille mâconnaise,* bouteille dont la contenance est de 80 centilitres.

MAÇONNÉ, ÉE, p. p. de maçonner. [masɔne]

MAÇONNER, v. tr. [masɔne] (*maçon*) Faire un travail de maçonnerie. ◆ Boucher une ouverture avec de la pierre ou du plâtre. ◆ **Fig.** et **fam.** Travailler d'une façon grossière.

MAÇONNERIE, n. f. [masɔn(ə)ʁi] (*maçon*) Art qui consiste à ranger des pierres avec du mortier ou quelque autre liaison. ◆ Construction dans laquelle on emploie de la pierre, de la brique, du mortier, du plâtre, etc. ◆ La franc-maçonnerie.

MAÇONNIQUE, adj. [masɔnik] (*franc-maçon*) Qui appartient à la franc-maçonnerie. *Emblèmes maçonniques.*

MACOUTE, ■ n. m. [makut] (mot créole de Haïti, besace, du caraïbe *djacoute*) Membre du groupe paramilitaire et de la police parallèle en Haïti, créés à la suite de l'attaque contre le président François Duvalier en 1958

et appelés à le défendre et à réprimer toute opposition. ■ *Tonton macoute,* personnage folklorique haïtien, généralement un vieillard, qui inspire une certaine crainte chez les enfants à cause de sa tenue austère.

MACQUE ou **MAQUE**, ■ n. f. [mak] (*macquer*, var. picarde de *mâcher*, écraser) **Techn.** Sorte de massue utilisée pour à broyer les tiges de chanvre et le lin.

MACRAMÉ, ■ n. m. [makrame] (ital. *macramè*, toile de lin, du turc et ar. *mahrama*, mouchoir, serviette) Ouvrage de dentelle confectionné au moyen de fils tressés et noués. *Un dessus-de-lit en macramé.*

MACRE, n. f. [makʁ] (orig. inc.) Nom vulgaire de la macre flottante. ■ Nom du fruit, qui est de la grosseur et presque de la forme d'une châtaigne. *Il cueillait les macres flottant à la surface de l'étang.* ■ REM. On disait aussi *macle.*

MACREUSE, ■ n. f. [makʁøz] (norm. *macrolle,* foulque noire, avec chang. de suff., du fris. *markol,* poule d'eau) Nom vulgaire de l'anas noir, qui ressemble à un canard et a la chair noire. ■ Morceau de viande nerveux dans l'épaule de bœuf.

MACRO, ■ n. f. [makro] Voy. MACRO-INSTRUCTION.

MACRO..., ■ [makro] préfixe qui veut dire *long, grand. Macroéconomie.*

MACROBIOTE, ■ n. m. et n. f. [makrobjɔt] (*macrobiotique*) Personne qui respecte les règles de l'alimentation macrobiotique.

MACROBIOTIQUE, ■ n. f. [makrobjotik] (gr. *macrobiotès,* longévité, de *makros,* long, et *bios,* vie) Philosophie japonaise, fondée sur une alimentation stricte à base de céréales, de fruits et de légumes et dont le but serait de vivre mieux et plus longtemps. ■ **Adj.** *Régime macrobiotique. Restaurant macrobiotique.*

MACROCÉPHALE, ■ adj. [makrosefal] (gr. *macrokephalos,* à longue tête) Dont la tête est grosse. *Un bouledogue macrocéphale.* ■ **Méd.** Qui est atteint de macrocéphalie. *Un enfant macrocéphale.*

MACROCÉPHALIE, ■ n. f. [makrosefali] (*macrocéphale*) **Méd.** Pathologie caractérisée par une augmentation anormale de la taille de la boîte crânienne généralement due à une accumulation de liquide dans les cavités du cerveau. *Un patient atteint de macrocéphalie.*

MACROCHEIRE, ■ n. m. [makroʃɛʁ] (gr. *macrokheir,* de *makros,* long, et *kheir,* main) Grand crabe aux pinces hypertrophiées vivant dans les mers du Japon.

MACROCOSME, ■ n. m. [makrokɔsm] (lat. médiév. *macrocosmus,* du gr. *makros,* grand, et *kosmos,* univers, antonyme de *microcosmus,* l'homme) **Philos.** L'univers en relation analogique avec chacune des parties du corps humain qui représente la réduction de cet univers. « *Comme le microcosme ou petit monde est l'image réduite et visible du macrocosme ou grand monde, une comparaison te fera beaucoup mieux comprendre cette idée* », NODIER. ■ Par extens. Le monde, dont l'homme représente sa composante essentielle et sa réduction.

MACROCOSMIQUE, ■ adj. [makrokɔsmik] (*macrocosme*) Relatif au macrocosme. ■ Par extens. Global. *Une énergie macrocosmique.*

MACROCYSTE, ■ n. m. [makrosist] (*macro-* et gr. *kustis,* poche) Grande algue, de couleur brune, que l'on trouve dans les mers froides.

MACROCYTE, ■ n. m. [makrosit] (*macro-* et *-cyte*) **Biol.** Globule rouge dont le volume est supérieur à 98 micromètres cubes, et le diamètre supérieur à 15 microcubes.

MACROCYTOSE, ■ n. f. [makrositoz] (*macrocyte* et *-ose*) **Biol.** Affection de type anémie, qui se caractérise par l'existence d'un nombre important de globules rouges qui ont une taille supérieure à la normale.

MACRODÉCISION, ■ n. f. [makrodesizjɔ̃] (*macro-* et *décision*) **Écon.** Décision économique prise par un groupe ou un État qui tend à orienter l'avenir d'une communauté et qui suppose l'exercice d'un certain pouvoir sur cette communauté.

MACROÉCONOMIE, ■ n. f. [makroekonomi] (*macro-* et *économie*) Étude des caractéristiques globales de l'activité économique. *La macroéconomie européenne.* ■ MACROÉCONOMIQUE, adj. [makroekonomik] *Une étude macroéconomique.*

MACROÉVOLUTION, ■ n. f. [makroevolysjɔ̃] (*macro-* et *évolution*) **Biol.** Évolution des espèces au niveau macroscopique, fondée sur les données anatomiques d'un taxon, qui engendre l'apparition de nouvelles familles ou de nouveaux organismes vivants.

MACROFAUNE, ■ n. f. [makrofon] (*macro-* et *faune*) Ensemble des animaux atteignant de taille à 1 cm et appartenant à l'écologie d'un milieu. ■ *Macrofaune du sol,* ensemble des animaux vivant dans le sol et dont la taille est supérieure à 1 mm. *Les mille-pattes et les vers de terre font partie de la macrofaune du sol.*

MACROGLOBULINE, ■ n. f. [makʀoglobylin] (*macro-* et *globuline*) Biol. Protéine volumineuse possédant un poids moléculaire relativement élevé par rapport aux autres protéines de l'organisme et ayant le rôle d'anticorps.

MACROGLOBULINÉMIE, ■ n. f. [makʀoglobylinemi] (*macroglobuline* et *-émie*) Biol. Présence anormale de macroglobulines dans le sang.

MACROGRAPHIE, ■ n. f. [makʀogʀafi] (*macro-* et *-graphie*) Techn. Examen de la structure d'un produit métallurgique à l'œil nu après traitement de sa surface.

MACROGRAPHIQUE, ■ adj. [makʀogʀafik] (*macrographie*) Relatif à la macrographie.

MACRO-INSTRUCTION, ■ n. f. [makʀoɛ̃stʀyksjɔ̃] (*macro-* et *instruction*) Inform. Procédé d'écriture (langage machine) permettant de définir une commande formée par une succession d'autres commandes répétitives. *Des macro-instructions.* ■ Abrév. Macro. *Des macros.* ■ Rem. On peut aussi écrire *macroinstruction.*

MACROLIDE, ■ n. m. [makʀolid] (*macro-* et *lipide*) Substance utilisée dans les traitements antibiotiques.

MACROMOLÉCULAIRE, ■ adj. [makʀomolekylɛʀ] (*macromolécule*) Pharm. Relatif aux macromolécules. ■ *Chimie macromoléculaire,* partie de la chimie spécialisée dans l'étude des macromolécules et de leurs propriétés.

MACROMOLÉCULE, ■ n. f. [makʀomolekyl] (*macro-* et *molécule*) Chim. Grande molécule formée par un nombre important de molécules identiques. *L'ADN ou les protéines sont des macromolécules.*

MACROMUTATION, ■ n. f. [makʀomytasjɔ̃] (*macro-* et *mutation*) Génét. Mutation d'un grand nombre de chromosomes.

MACRONUTRIMENT, ■ n. m. [makʀonytʀimɑ̃] (*macro-* et *nutriment*) Physiol. Aliment utilisé en grandes quantités pour fournir de l'énergie vitale et des matières premières pour la synthèse ou l'entretien des tissus.

MACROORDINATEUR ou **MACRO-ORDINATEUR**, ■ n. m. [makʀoɔʀdinatœʀ] (*macro-* et *ordinateur*) Ordinateur central de grande puissance possédant des mémoires de tailles importantes et auquel sont reliés de nombreux périphériques.

MACROPHAGE, ■ n. m. [makʀofaʒ] (*macro-* et *-phage*) Cellule du système immunitaire de grande taille qui a pour fonction de détruire les corps étrangers par phagocytose.

MACROPHOTOGRAPHIE, ■ n. f. [makʀofotogʀafi] (*macro-* et *photographie*) Phot. Technique permettant de se rapprocher des sujets de petite taille pour les photographier en gros plan.

MACROPODE, ■ adj. [makʀopɔd] (*macro-* et *-pode*) Qui a de longues pattes ou de longues nageoires. *Le kangourou est un mammifère macropode.* ■ N. m. Poisson d'eau douce très coloré vivant en Asie du Sud-Est.

MACROSCÉLIDE, ■ n. m. [makʀoselid] (*macro-* et gr. *skelos*, jambe) Petit mammifère insectivore d'Afrique aux longues pattes postérieures et au museau prolongé par une trompe.

MACROSCOPIQUE, ■ adj. [makʀoskopik] (*macro-*, sur le modèle de *microscopique*) Visible à l'œil nu.

MACROSÉISME, ■ n. m. [makʀoseism] (*macro-* et *séisme*) Séisme violent perceptible par l'homme sans avoir recours aux instruments de mesure. ■ MACROSISMIQUE, adj. [makʀosismik] *Un bilan macrosismique.*

MACROSOCIOLOGIE, ■ n. f. [makʀososjɔloʒi] (*macro-* et *sociologie*) Partie de la sociologie qui étudie la structure économique et politique de la société et sa dynamique d'ensemble.

MACROSPORANGE, ■ n. m. [makʀospɔʀɑ̃ʒ] (*macro-* et *sporange*) Bot. Vésicule de certaines plantes renfermant les corpuscules reproducteurs où se forment les macrospores.

MACROSPORE, ■ n. f. [makʀospɔʀ] (*macro-* et gr. *spora*, semence) Spore femelle de certains végétaux.

MACROSTRUCTURE, ■ n. f. [makʀostʀyktyʀ] (*macro-* et *structure*) Structure globale d'un ensemble. *La macrostructure d'un dictionnaire correspond à la liste de ses articles.*

MACROURE, ■ n. m. [makʀuʀ] (*macro-* et gr. *oura*, queue) Crustacé caractérisé par un abdomen très développé et une grande queue incurvée. *Le homard est un macroure.*

MACULA, ■ n. f. [makyla] (lat. *macula*, tache) Petite dépression jaune située sur la rétine de l'œil à l'endroit où l'axe optique aboutit. *Des maculas.*

MACULAGE, ■ n. m. [makylaʒ] (*maculer*) Action de maculer. ■ Typogr. Traces d'encre sur des feuilles fraîchement imprimées.

MACULAIRE, ■ adj. [makylɛʀ] (*macula*) Relatif à la macula. *La dégénérescence maculaire.*

MACULATURE, ■ n. f. [makylatyʀ] (*maculer*) Impr. Action de maculer. ♦ Feuilles de papier qui ont servi à recevoir l'excédent d'encre d'imprimerie. ♦ Toute feuille imprimée qui ne sert que d'enveloppe.

MACULE, ■ n. f. [makyl] (lat. *macula*) Tache. *Papier plein de macules.* ♦ Astron. Taches qu'on découvre sur le disque du Soleil. ♦ Fig. Souillure. ♦ Théol. *Agneau sans macule,* Jésus-Christ.

MACULÉ, ÉE, ■ p. p. de maculer. [makyle] Marqué de taches de couleur différente de celle du fond.

MACULER, ■ v. tr. [makyle] (lat. *maculare*, tacher, déshonorer) Barbouiller, en parlant de feuilles d'imprimerie et d'estampes. *On macule un livre quand on le bat trop fraîchement imprimé.* ♦ V. intr. Devenir maculé. *Ces feuilles maculent.* ■ Salir en tachant.

MACUMBA, ■ n. f. [makumba] (mot port. du quimbundo (Angola) *ma'kuba*) Culte ressemblant au vaudou, faisant appel à la magie noire et pratiqué dans certaines régions du Brésil.

MADAME, n. f. [madam] (*ma* et *dame*) ▷ Autrefois, titre réservé aux seules femmes des chevaliers. ◁ Aujourd'hui, titre que l'on donne aux femmes mariées. ♦ Au pl. *Mesdames.* ♦ *Madame* se dit en parlant de la maîtresse de la maison. ♦ Quoique le mot de *madame* ne doive point recevoir d'article, néanmoins, dans le langage familier, on le construit quelquefois avec des articles et des adjectifs. *Ma chère madame.* « *Cette madame la marquise qui fait tant la glorieuse ?* », Molière. ♦ En cet emploi le pluriel est *madames.* « *Je crains qu'il ne me vienne des madames* », Mme de Sévigné. ♦ *Elle fait la madame,* elle se donne des airs. ♦ *Jouer à la madame,* se dit des petites filles qui s'amusent à contrefaire les dames. ♦ Titre qu'on donne aux filles de maison souveraine, lors même qu'elles ne sont pas mariées. *Mesdames de France.* ♦ Absol. La fille aînée du roi ou du dauphin et, sous Louis XIV, la femme de Monsieur, frère unique du roi. ♦ Le titre de *madame* se donne également aux chanoinesses, aux abbesses, etc. ■ Titre qui précède la fonction d'une femme. *Madame la Présidente.*

MADAPOLAM, n. m. [madapolam] (nom d'un faubourg de Narasapur, ville de l'Inde) Espèce de calicot fort qu'on tire de la ville de ce nom, dans l'Inde.

MADÉFACTION, n. f. [madefaksjɔ̃] (lat. *madefacere*, humecter, de *madere*, être mouillé) Pharm. Action de rendre humide ou d'humecter.

MADÉFIÉ, ÉE, ■ p. p. de madéfier. [madefje]

MADÉFIER, v. tr. [madefje] (lat. *madefacere*) Pharm. Rendre humide.

MADE IN, ■ loc. adj. [mɛdin] (expr. anglaise, fait en ou à) Fabriqué en. *Un téléphone made in Japon.* ■ Fam. Propre à. *Une coutume made in France.* ■ Rem. Le *a* se prononce *è*.

MADELEINE, n. f. [mad(ə)lɛn] (latin chrétien [Maria] *Magdalena*, [Marie] de Magdala) Nom d'une pécheresse repentante, dans l'Évangile. ♦ Tableau représentant la Madeleine de l'Évangile. *La Madeleine du Corrège.* ♦ *Pleurer comme une Madeleine,* pleurer abondamment. ♦ Fig. *Une Madeleine repentante,* une femme qui se repent de ses erreurs. ♦ Sorte de petit gâteau à pâte molle et renflé sur le dessus. ♦ Espèce de poire. ♦ Espèce de pêche. ♦ *Raisin de la Madeleine,* espèce précoce de raisin.

MADELEINETTE, ■ n. f. [mad(ə)lenɛt] (*madeleine*) Petite madeleine.

MADEMOISELLE, n. f. [mad(ə)mwazɛl] (*ma* et *demoiselle*) Autrefois titre qu'on donnait à toute femme mariée qui n'était pas noble ou qui, étant noble, n'était pas titrée. ♦ Aujourd'hui, titre qu'on donne aux filles. ♦ Au pl. *Mesdemoiselles.* ♦ *Mademoiselle* peut prendre quelquefois un article. « *Il y avait une mademoiselle Descartes* », Mme de Sévigné. ♦ *Mademoiselle,* la fille de Monsieur, frère du roi. ♦ *Mademoiselle,* employé absolument, désignait aussi la première princesse du sang, tant qu'elle était fille. ■ Mod. Titre que l'on donne aux jeunes femmes célibataires ou vivant maritalement sans être mariées.

MADÈRE, n. m. [madɛʀ] (*Madère,* archipel de l'Atlantique) Vin de l'île de Madère. *Du madère.*

MADÉRISÉ, ■ adj. m. [maderize] (*madère*) Œnol. *Vin blanc madérisé,* qui a subi une madérisation anormale par oxydation.

MADÉRISER (SE), ■ v. pr. [maderize] (*madère*) Œnol. Prendre la couleur et le goût du madère, par oxydation ou vieillissement. *Un vin qui se madérise.* ■ MADÉRISATION, n. f. [maderizasjɔ̃]

MADIRAN, ■ n. m. [madiʀɑ̃] (*Madiran* commune des Hautes-Pyrénées) Vin rouge originaire de la vallée de l'Adour.

MADONE, n. f. [madɔn] (ital. *Madonna,* Vierge Marie, de *mia,* ma, et *donna,* dame) Représentation de la vierge. *Une madone en marbre.* ■ *La Madone,* la Vierge Marie en Italie, en Espagne ou en Corse. ■ (Par allus. au roman de Maurice Dekobra, 1925) *Madone des sleepings,* femme fatale.

MADRAGUE, n. f. [madʀag] (ar. *madraba,* lieu où l'on frappe) Pêcherie faite de câbles et de filets pour prendre les thons.

MADRAS, n. m. [madras] (*Madras*, ville de l'Inde) Sorte de mouchoirs faits de tissus de soie et de coton qui se fabriquent dans l'Inde et dont les couleurs sont vives ; les imitations en France sont en coton. *Une robe de madras. Un mouchoir de madras* ou simplement *un madras.*

MADRASA ou **MÉDERSA**, ▪ n. f. [madrasa, medɛrsa] (turc *medrese*, de l'ar. *madrasa*, école, collège) Établissement scolaire dirigé par des religieux dans les pays musulmans. *Des madrasas, des médersas.* ▪ **REM.** On écrit aussi *médersa.*

MADRE, n. m. [madr] (anc. b. frq. *maser*, excroissance rugueuse de l'érable) ▷ Cœur et racine des différents bois employés pour faire des vases à boire. ◁

MADRÉ, ÉE, adj. [madre] (*madre*) Bois madré, bois dans lequel on voit des taches, comme dans le hêtre. ♦ **Par extens.** Tacheté de diverses couleurs. *Porcelaine madrée.* ♦ **Fig.** Qui sait plus d'un tour. « *Un renard, jeune encor, quoique des plus madrés* », LA FONTAINE. ♦ **N. m. et n. f.** *Un vieux madré.* ▪ **Litt.** Qui est malin, rusé sous des allures bienveillantes. *Une personne madrée.*

MADRÉPORAIRE, ▪ n. m. [madrepoRɛR] (*madrépore*) Animal marin invertébré à squelette calcaire jouant un rôle prépondérant dans la formation des récifs coralliens dans les mers chaudes.

MADRÉPORE, n. m. [madrepoR] (ital. *madrepora*, de *madre*, mère, et lat. *porus*, gr. *pôros*, tuf) Famille de polypes, chez qui le grand axe du polypier est percé d'un canal central communiquant aux cellules par des canaux latéraux.

MADRÉPORIEN, IENNE, adj. [madrepoRjɛ̃, jɛn] (*madrépore*) Qui appartient aux madrépores. *Polypes madréporiens.*

MADRÉPORIQUE, adj. [madrepoRik] (*madrépore*) Composé de madrépores. *Récifs madréporiques.*

MADRIER, n. m. [madRije] (bas latin et lat. médiév. *materium*, bois de construction, du lat. *materia*, matériau) Espèce de planche de chêne fort épaisse.

MADRIGAL, n. m. [madRigal] (ital. *madrigale*, orig. obsc. : b. lat. *matricalis*, [langue] maternelle, de *matrix*, utérus ou lat. médiév. *materialis*, bâtard, simple) Pièce composée pour les voix sans accompagnement, en usage au XVIᵉ s. ♦ Pièce de poésie renfermant, en un petit nombre de vers, une pensée ingénieuse et galante. ♦ **Par extens.** Paroles de galanterie. ♦ **Au pl.** *Des madrigaux.* ▪ MADRIGALISTE, n. m. et n. f. [madRigalist]

MADRIGALESQUE, adj. [madRigalɛsk] (ital. *madrigalesco*) **Mus.** Qui appartient au madrigal. ♦ Qui appartient au madrigal en poésie.

MADRILÈNE, ▪ adj. [madRilɛn] (esp. *madrileño*) Relatif à la ville de Madrid. *La culture madrilène.* ▪ **N. m. et n. f.** Habitant de la ville de Madrid. *Un Madrilène.*

MADRURE, n. f. [madRyR] (*madré*) Apparence du bois madré ; veines dans le bois. ♦ Taches que certains animaux ont sur la peau. ♦ Mouchetures du plumage des perdreaux.

MAERL ou **MAËRL**, ▪ n. m. [mɛRl] ou [maɛRl] Voy. MERL.

MAESTOSO, ▪ adv. [maɛstozo] (mot it., de *maesta*, majesté) **Mus.** D'une lenteur remarquable.

MAESTRAL, n. m. [maɛstRal] Voy. MISTRAL.

MAESTRIA, ▪ n. f. [maɛstRija] (mot it., habileté particulière, de *maestro*, maître) Maîtrise et aisance dans l'exécution d'une œuvre artistique ou dans la réalisation de quelque chose. *Le pianiste joue avec maestria.* « *Il battait maintenant les cartes avec une maestria dont je restai interloqué* », BENOIT. *Des maestrias.*

MAESTRO, n. m. [maɛstRo] (mot ital., maître) Se dit d'un compositeur de musique, auteur d'une œuvre capitale. *Les maestros italiens.* ▪ Nom désignant un chef d'orchestre.

MAFÉ, ▪ n. m. [mafe] (mot d'Afrique occid.) Sorte de ragoût de viande ou de poisson préparé avec de l'arachide.

MAFFLÉ, ÉE, adj. [mafle] (*maffler*, manger beaucoup, du néerl. *maffelen*, remuer les mâchoires) Voy. MAFFLU.

MAFFLU, UE, adj. [mafly] (*mafflé*, avec chang. de suff.) **Fam.** Qui a de grosses joues. ▪ **REM.** On disait autrefois *mafflé.*

MAFIA ou **MAFFIA**, ▪ n. f. [mafja] (mot sicilien, hardiesse, vantardise, p.-ê. de l'ar. *mahyas*, vantardise) *La Mafia*, organisation secrète sicilienne, dirigée par des clans familiaux, qui contrôle le pays par le racket, le crime et la loi du silence. *Un parrain de la Mafia.* ▪ **Par extens.** Organisation criminelle qui règne sur une activité lucrative et souvent illégale. *Une mafia de trafiquants de drogue.* ▪ Réseau de personnes ayant un intérêt en commun. ▪ MAFIEUX, EUSE ou MAFFIEUX, EUSE, adj. [mafjø, øz] Qui relève de la Mafia.

d'une mafia. *Un règlement de compte mafieux.* ▪ **N. m. et n. f.** *Un mafieux* ou *un maffieux, une mafieuse* ou *une maffieuse.*

MAFIOSO ou **MAFFIOSO**, ▪ n. m. [mafjozo] (mot sicilien, de *maf[f]ia*) Membre de la Mafia. *Des mafiosos* ou *des mafiosi* (pluriel italien).

MAGANÉ, ÉE, ▪ adj. [magane] (*maganer*) **Fam. Québec** Endommagé, délabré. *Un tapis magané.* ♦ Fatigué, éreinté. *Je suis magané !*

MAGANER, ▪ v. tr. [magane] (p.-ê. anc. b. frq. *maidanjan*, mutiler, estropier ; cf. anc. provenç. *maganhar*, blesser) **Fam. Québec** Abîmer quelque chose. *Arrête de maganer ce livre !*

MAGASIN, n. m. [magazɛ̃] (ar. *makhâzin*, plur. de *mahzan*, entrepôt) Lieu où l'on garde des marchandises. ♦ Établissement de commerce où l'on vend certaines marchandises. *Magasin de livres, d'épiceries, etc.* ♦ Marchand en magasin, personne qui ne tient pas de boutique et qui vend des marchandises en gros. ♦ **Fig.** *Tenir magasin d'une chose,* l'avoir en grande quantité. ♦ Dépôt contenant des munitions de guerre et de bouche. *Magasin d'armes, de poudre, de vivres, etc.* ♦ Les provisions contenues dans ces dépôts. ♦ **Mar.** Salle qui sert à renfermer les agrès d'un bâtiment. ♦ Provisions de ménage accumulées et gardées pour un prochain usage. ♦ **Fig.** Accumulation. « *Il faut lui former un magasin de connaissances* », J.-J. ROUSSEAU. ♦ Coffre aux bagages dans une voiture. ♦ Ouvrage périodique composé de morceaux de littérature ou de science. *Le Magasin pittoresque.* ▪ *Magasin d'usine,* établissement rattaché à une usine et dans lequel on vend les produits qu'elle fabrique à un prix inférieur à celui du marché. ▪ *Grand magasin,* établissement qui vend des produits au détail sur une large surface. ▪ **Mod.** *Faire les magasins,* action d'aller dans plusieurs magasins et éventuellement y faire des achats. ▪ **Théât.** Lieu où l'on stocke et range les costumes et les décors. ▪ *Magasin d'un appareil photo,* partie de l'appareil dans laquelle on place la pellicule.

MAGASINAGE, n. m. [magazinaʒ] (*magasin*) Action de mettre en magasin. ♦ Le temps qu'un objet reste en magasin ; le prix payé pour l'y avoir laissé. ▪ **Québec** Action de magasiner, de faire les magasins.

MAGASINER, ▪ v. intr. [magazine] (*magasin*) **Québec** Faire les magasins, y faire les courses.

MAGASINIER, IÈRE, ▪ n. m. et n. f. [magazinje, jɛR] (*magasin*) Personne chargée de la garde des objets renfermés dans un magasin.

MAGAZINE, ▪ n. m. [magazin] (mot angl., dépôt de marchandises, puis recueil d'informations, de *magasin*) Publication périodique illustrée. *Un magazine féminin.* ▪ Émission de radio ou de télévision périodique traitant d'un thème précis. *Les auditeurs d'un magazine culturel.*

MAGDALÉNIEN, IENNE, ▪ adj. [magdalenjɛ̃, jɛn] (lat. *Magdalena*, La Madeleine, site de Dordogne) **Géol.** Relatif à la dernière partie de l'ère quaternaire, entre l'époque solutréenne et l'époque de la pierre polie, définie grâce aux découvertes faites sur les objets façonnés par les hommes du sud-ouest de la France, dans des cavernes préhistoriques de la Madeleine, et qui font preuve d'une révolution considérable quant aux matériaux utilisés pour la confection de ces objets. ▪ **N. m.** *Le magdalénien,* dernière partie du paléolithique supérieur.

MAGDALÉON, n. m. [magdaleɔ̃] (lat. *magdalium*, du gr. *apomagdalia*, pâte pour les chiens) **Pharm.** Masse d'emplâtre ou de toute autre composition à laquelle on a donné la forme cylindrique.

1 MAGE, n. m. [maʒ] (lat. *magus*, gr. *magos*, prêtre, sorcier) Prêtre de la religion des anciens Perses. ♦ *Les trois mages* ou simplement *les mages,* les trois personnes qui vinrent de l'Orient à Bethléem pour adorer Jésus-Christ. *Gaspard, Melchior et Balthazar, les rois mages.* ▪ Personne pratiquant la magie ou toute autre science occulte.

2 MAGE ou **MAJE**, adj. m. [maʒ] (anc. provenç. *[jutge] majer,* juge principal, du lat. *major,* plus grand) Usité seulement dans : *Juge mage,* lieutenant du sénéchal dans quelques provinces.

MAGENTA, ▪ n. m. [maʒɛ̃ta] (mot angl., de *Magenta*, ville d'Italie) **Impr.** et **phot.** Variété de couleur d'aniline d'un rose violacé. ▪ **Adj. inv.** *Un rouge magenta. Des tissus magenta.*

MAGHRÉBIN, INE ou **MAGRÉBIN, INE**, ▪ adj. [magrebɛ̃, in] (ar. *magrib,* pays de l'Ouest, de *garaba,* se coucher, à propos du soleil) Relatif au Maghreb. *L'économie touristique maghrébine.* ▪ **N. m. et n. f.** Habitant du Maghreb. *Les Maghrébins.*

MAGHZEN, ▪ n. m. [makzɛn] Voy. MAKHZEN.

MAGICIEN, IENNE, n. m. et n. f. [maʒisjɛ̃, jɛn] (*magique,* sur le modèle de *physicien*) Personne qui pratique l'art prétendu de la magie. ♦ **Fig.** Personne qui dans un art a le talent de produire beaucoup de surprise ou de plaisir. *Ce poète, ce peintre est un grand magicien.* ♦ **Adj.** *Un pinceau magicien.*

MAGIE, n. f. [maʒi] (lat. *magia,* gr. *mageia*) Art prétendu de produire des effets contre l'ordre de la nature. ♦ *Magie naturelle* ou *magie blanche,* celle qui, par des moyens naturels, mais inconnus au vulgaire, produit des effets qui semblent surnaturels. ◆ *Magie noire*, celle qui est censée opérer des effets surnaturels à l'aide des démons. ◆ *C'est de la magie noire*, se dit d'une chose où l'on ne comprend rien. ◆ **Fig.** Effets qui sont produits sur les sens ou sur l'âme, et qui sont comparés aux effets de la magie. *La magie du chant, de la parole, de l'espérance, etc.* ■ *Comme par magie*, inexplicablement.

MAGIQUE, adj. [maʒik] (lat. *magicus*, gr. *magikos*) Appartenant à la magie. *La vertu magique.* ◆ *Baguette magique*, baguette dont les magiciens se servent dans leurs opérations ; *cercle magique*, cercle qu'ils tracent sur la terre avec leur baguette. ◆ **Fig.** Qui étonne, enchante. *La campagne avait un aspect magique.* ◆ *Lanterne magique*, Voy. LANTERNE. ■ MAGIQUEMENT, adv. [maʒik(ə)mã]

MAGISME, n. m. [maʒism] (*mage*) Religion des anciens Perses adorateurs du feu.

MAGISTER, n. m. [maʒistɛʀ] (mot lat., chef, maître d'école) ▷ Maître d'école de village. ◁ **Mod.** et péj. Personne pédante et prétentieuse. *Ils détestaient le dogmatisme de ces magisters.*

MAGISTÈRE, n. m. [maʒistɛʀ] (lat. *magisterium*, fonction de chef, de maître d'école, de *magister*) La dignité du grand maître de l'ordre de Malte. ◆ Le temps du gouvernement d'un grand maître. ◆ **Pharm.** Composé auquel on supposait des vertus supérieures. ■ Diplôme professionnalisant délivré par une université en fin de second cycle.

MAGISTRAL, ALE, adj. [maʒistʀal] (b. lat. *magistralis*) Qui tient du maître. *Un air magistral.* ◆ **Peint.** *Touche magistrale.* ◆ Dans l'ordre de Malte, commanderies *magistrales*, commanderies qui étaient annexées à la dignité de grand maître. ◆ *Ligne magistrale*, le principal trait qu'on trace sur le terrain ou sur le papier, pour présenter le plan d'une ville, d'une fortification. ◆ **Pharm.** *Médicaments magistraux*, médicaments que le pharmacien prépare au moment de la prescription et d'après l'ordonnance du médecin. ■ *Cours magistral*, cours dispensé par un professeur d'université, généralement devant un grand groupe d'étudiants et dans un amphithéâtre. ■ Qui pourrait être attribué à un maître pour son aspect impérieux.

MAGISTRALEMENT, adv. [maʒistʀal(ə)mã] (*magistral*) D'une manière magistrale. ■ Avec brio. *Elle a magistralement réussi cet exposé.*

MAGISTRAT, ATE, n. m. et n. f. [maʒistʀa, at] (lat. *magistratus*, charge publique, magistrat) Officier civil qui rend la justice ou maintient la police ou administre un territoire. *Un juge, un maire, etc. sont des magistrats.* ◆ **Absol.** L'ensemble des hauts fonctionnaires civils. « *Plus le magistrat est nombreux, plus la volonté du corps se rapproche de la volonté générale* », J.-J. ROUSSEAU. ■ *Magistrat militaire*, officier de justice de l'armée.

MAGISTRATURE, n. f. [maʒistʀatyʀ] (*magistrat*) La dignité, la charge du magistrat qui rend la justice. ◆ Le corps entier des magistrats. ◆ *La magistrature assise*, les juges ; *la magistrature debout*, le parquet. ◆ Le temps durant lequel un magistrat exerce ses fonctions. ◆ En général, toute haute dignité que confère le gouvernement de l'État.

MAGMA, ■ n. m. [magma] (mot gr., pâte pétrie, de *massein*, pétrir) **Géol.** Masse pâteuse de roches en fusion, provenant des zones profondes de la Terre. *La lave est un magma.* ■ Agglomérat solide, pâteux ou visqueux. « *Il passa entre les barreaux deux petits bols emplis d'un magma couleur de boue, à la vapeur aussi fétide que l'atmosphère* », MALRAUX. ■ Mélange indistinct. *Un magma humain.*

MAGMATIQUE, ■ adj. [magmatik] (radic. du gr. *magma*, génit. *magmatos*) **Géol.** Relatif au magma. *La lave magmatique.* ■ *Roche magmatique*, roche provenant de la cristallisation d'un magma.

MAGMATISME, ■ n. m. [magmatism] (radic. du gr. *magma*, génit. *magmatos*) **Géol.** Processus de formation des magmas.

MAGNAN, ■ n. m. [maɲã] ou [manjã] (prob. ital. *magnatto*, ver à soie) **Région.** Ver à soie. ■ Espèce de fourmi noire d'Afrique très dévastatrice et vivant en colonie. *Des colonnes de magnans dévorant tout sur leur passage.*

MAGNANARELLE, ■ n. f. [maɲanaʀɛl] ou [manjanaʀɛl] (provenç. *magnanarello*, de *magnan*) **Région.** Femme spécialisée dans l'élevage des vers à soie.

MAGNANERIE, n. f. [maɲan(ə)ʀi] ou [manjan(ə)ʀi] (*magnan*, d'après le provenç. *magnanarié*) Grande pièce renfermant des claies étagées sur lesquelles on dispose les vers à soie. ◆ L'art d'élever les vers à soie.

MAGNANIER, IÈRE, n. m. et n. f. [maɲanje, jɛʀ] ou [manjanje, jɛʀ] (*magnan*) Personne qui élève les vers à soie.

MAGNANIME, adj. [maɲanim] ou [manjanim] (lat. *magnanimus*, *magnus*, grand, et *animus*, âme, esprit) Qui a l'âme grande. ◆ **N. m.** *Le magnanime.* ◆ Il se dit aussi des choses. *Action, cœur magnanime.*

MAGNANIMEMENT, adv. [maɲanim(ə)mã] ou [manjanim(ə)mã] (*magnanime*) D'une manière magnanime.

MAGNANIMITÉ, n. f. [maɲanimite] ou [manjanimite] (lat. *magnanimitas*, de *magnanimus*) Vertu de celui qui est magnanime. ◆ *Acte de magnanimité.*

MAGNAT, n. m. [magna] ou [maɲa] ou [manja] (b. lat. plur. *magnates*, les grands, les puissants ; infl. de l'anglo-amér. *magnate* sur le sens mod.) Grand du royaume en Pologne et en Hongrie. ■ Personnage important du monde financier ou industriel.

MAGNER ou **MANIER (SE)**, ■ v. pr. [maɲe] ou [manje] (moy. fr. *se manier*, se mouvoir) **Fam.** Se dépêcher. *Magne-toi ! On va louper le bus !*

MAGNÉSIE, n. f. [maɲezi] ou [manjezi] (lat. *magnesia*, pierre brillante comme l'argent, du gr. *Magnês* [*lithos*], [pierre] de Magnésie [ville de Thessalie], aimant) **Chim.** *Magnésie blanche* ou simplement *magnésie*, oxyde de magnésium. ◆ *Magnésie blanche* ou *magnésie anglaise*, sous-carbonate de magnésie. ◆ *Magnésie des peintres, des verriers*, oxyde de manganèse.

MAGNÉSIEN, IENNE, adj. [maɲezjɛ̃, jɛn] ou [manjezjɛ̃, jɛn] (*magnésie*) Qui contient de la magnésie. *Sels magnésiens.*

MAGNÉSIOTHERMIE, ■ n. f. [maɲezjotɛʀmi] ou [manjezjotɛʀmi] (*magnésium* et *-thermie*) Processus de réduction du magnésium pratiqué sur les métaux purs.

MAGNÉSIQUE, adj. [maɲezik] ou [manjezik] (*magnésie*) **Chim.** *Sels magnésiques*, sels qui ont pour base la magnésie. ◆ *Lumière magnésique*, lumière produite par la combustion du magnésium.

MAGNÉSITE, ■ n. f. [maɲezit] ou [manjezit] (*magnésie*) **Minér.** Carbonate naturel de magnésium.

MAGNÉSIUM, n. m. [maɲezjɔm] ou [manjezjɔm] (dér. sav. de *magnésie*) **Chim.** Métal qui produit la magnésie en se combinant avec l'oxygène. *Le magnésium est un élément atomique (Mg).*

MAGNET, ■ n. m. [maɲɛt] ou [manjɛt] (mot angl., aimant,) Petit objet décoratif aimanté. *Coller des magnets sur un réfrigérateur.* ■ **Rem.** On prononce le *t*. ■ On recommande officiellement aujourd'hui l'emploi de *aimantin*.

MAGNÉTIQUE, adj. [maɲetik] ou [manjetik] (lat. *magneticus*, de *magnes* [*lapis*], génit. *magnetis* [*lapidis*], aimant minéral) **Phys.** Qui appartient à l'aimant, qui y a rapport. ◆ *Barreau magnétique*, verge d'acier à laquelle on a communiqué la propriété de l'aimant. ◆ *Équateur magnétique*, courbe formée autour de la Terre par la série des points où l'aiguille aimantée reste horizontale. ◆ *Méridien magnétique*, grand cercle qui passe par les pôles magnétiques de la Terre, et dans le plan duquel se place l'aiguille aimantée. ◆ *Pôle magnétique*, le point voisin du nord vers lequel se dirige l'aiguille d'une boussole. ◆ Qui appartient au magnétisme dit *animal*. *Le fluide magnétique.* ◆ **Fig.** Qui exerce une attraction forte et mystérieuse. *Un regard magnétique.* ◆ *Champ magnétique*, Voy. CHAMP. ◆ **Techn.** Que l'on a magnétisé. *Carte de crédit magnétique, bande magnétique.*

MAGNÉTIQUEMENT, adv. [maɲetik(ə)mã] ou [manjetik(ə)mã] (*magnétique*) D'une manière magnétique.

MAGNÉTISABLE, ■ adj. [maɲetizabl] ou [manjetizabl] (*magnétiser*) Que l'on peut magnétiser, aimanter. *Une bande magnétisable.*

MAGNÉTISANT, ANTE, ■ adj. [maɲetizã, ãt] ou [manjetizã, ãt] (*magnétiser*) Qui génère une magnétisation, une aimantation.

MAGNÉTISATION, n. f. [maɲetizasjɔ̃] ou [manjetizasjɔ̃] (*magnétiser*) Action de magnétiser. ■ Manière de magnétiser. ◆ État d'une personne magnétisée.

MAGNÉTISÉ, ÉE, p. p. de magnétiser. [maɲetize] ou [manjetize] N. m. et n. f. *Un magnétisé. Une magnétisée.*

MAGNÉTISER, v. tr. [maɲetize] ou [manjetize] (*magnétique*) Employer sur une personne ou sur un objet les procédés indiqués par les adeptes du magnétisme animal. ◆ **Fig.** Conquérir un grand ascendant sur une personne. ■ MAGNÉTISANT, ANTE, adj. [maɲetizã, ãt] ou [manjetizã, ãt] *Un regard magnétisant.*

MAGNÉTISEUR, EUSE, n. m. et n. f. [maɲetizœʀ, øz] ou [manjetizœʀ, øz] (*magnétiser*) Personne qui pratique les procédés du magnétisme animal.

MAGNÉTISME, n. m. [maɲetism] ou [manjetism] (*magnétique*) **Phys.** Cause qui donne à un aimant naturel ou artificiel la propriété d'attirer le fer et, s'il est convenablement suspendu, la propriété de se diriger d'un côté vers le pôle Nord, de l'autre vers le pôle Sud. ◆ *Magnétisme de la Terre*, effets magnétiques développés par la Terre. ◆ *Magnétisme animal* ou simplement *magnétisme*, système de pratiques à l'aide desquelles on produit sur le corps humain des phénomènes insolites. ◆ Fascination exercée par une personne sur les autres. *Ressentir le magnétisme de quelqu'un.* ■ Étude des propriétés magnétiques de la matière aimantée.

MAGNÉTITE, ■ n. f. [maɲetit] ou [manjetit] (*magnétique*) **Chim.** Minerai de couleur noire composé d'oxyde de fer. *La magnétite représente le minerai de fer le plus riche.*

1 MAGNÉTO..., ■ [maɲeto] ou [manjeto] (gr. *magnêtos*, aimant) préfixe qui veut dire *magnétique*. *La magnétochimie.*

2 MAGNÉTO, ■ n. f. [maɲeto] ou [manjeto] (abrév. de *[machine] magnéto-électrique*) Techn. Appareil électrique dans lequel un aimant permanent produit un champ inducteur. *La magnéto d'un moteur à essence produit l'étincelle nécessaire à l'allumage.*

3 MAGNÉTO, ■ n. m. [maɲeto] ou [manjeto] Voy. MAGNÉTOPHONE, MAGNÉTOSCOPE.

MAGNÉTOCASSETTE, ■ n. m. [maɲetokasɛt] ou [manjetokasɛt] (*magnétophone* et *cassette*) Magnétophone dans lequel on met des cassettes. *Écouter de la musique avec un magnétocassette.*

MAGNÉTOCHIMIE, ■ n. f. [maɲetoʃimi] ou [manjetoʃimi] (*magnéto-* et *chimie*) Chim. Partie de la chimie qui étudie les propriétés magnétiques des composés chimiques. *Des cours de magnétochimie.*

MAGNÉTODYNAMIQUE, ■ adj. [maɲetodinamik] ou [manjetodinamik] (*magnéto-* et *dynamique*) Techn. *Appareil magnétodynamique*, instrument ou appareil dans lequel un aimant produit une excitation magnétique. *Un haut parleur magnétodynamique.*

MAGNÉTOÉLECTRIQUE, adj. [maɲetoelɛktʁik] ou [manjetoelɛktʁik] (*magnéto-* et *électrique*) Phys. Qui a rapport à l'électricité et au magnétisme. *Un appareil magnétoélectrique.*

MAGNÉTOHYDRODYNAMIQUE, ■ n. f. [maɲetoidʁodinamik] ou [manjetoidʁodinamik] (*magnéto-* et *hydrodynamique*) Phys. Partie de la physique qui décrit les interactions des champs magnétiques et des fluides conducteurs. ■ **Abrév.** MHD. ■ **Adj.** Relatif à la magnétohydrodynamique.

MAGNÉTOMÈTRE, ■ n. m. [maɲetomɛtʁ] ou [manjetomɛtʁ] (*magnéto-* et *-mètre*) Phys. Appareil permettant de mesurer l'intensité des champs magnétiques. *Les magnétomètres sont utilisés pour mesurer les variations de l'action magnétique du globe terrestre.*

MAGNÉTOMÉTRIE, ■ n. f. [maɲetometʁi] ou [manjetometʁi] (*magnéto-mètre*) Phys. Mesure de l'intensité des champs magnétiques.

MAGNÉTOMOTEUR, TRICE, ■ adj. [maɲetomotœt, tʁis] ou [manjeto-motœʁ, tʁis] (*magnéto-* et *moteur*) Phys. *Force magnétomotrice*, grandeur scalaire du potentiel magnétique d'un champ le long d'un contour fermé donné.

MAGNÉTON, ■ n. m. [maɲetɔ̃] ou [manjetɔ̃] (*magnéto-* et *-on*, d'apr. *électron*) Phys. Unité élémentaire de moment magnétique liée aux caractéristiques de l'électron et utilisée en physique atomique. *Le magnéton de Bohr.*

MAGNÉTOOPTIQUE ou **MAGNÉTO-OPTIQUE**, ■ n. f. [maɲetooptik] ou [manjetooptik] (*magnéto-* et *optique*) Phys. Étude des interactions dans la matière, entre un phénomène optique ou électromagnétique, et des champs magnétiques.

MAGNÉTOPAUSE, ■ n. f. [maɲetopoz] ou [manjetopoz] (*magnéto-* et *pause*) Phys. Limite extérieure de la magnétosphère.

MAGNÉTOPHONE, ■ n. m. [maɲetofɔn] ou [manjetofɔn] (*magnéto-* et *-phone*) Appareil permettant l'enregistrement et la lecture de sons sur bande magnétique. *Un magnétophone à cassettes.* ■ **Abrév. fam.** Magnéto. *Des magnétos.*

MAGNÉTOSCOPE, ■ n. m. [maɲetoskɔp] ou [manjetoskɔp] (*magnéto-* et *-scope*) Appareil permettant l'enregistrement et la lecture de films en vidéo sur bande magnétique. ■ **Abrév. fam.** Magnéto. *Des magnétos.*

MAGNÉTOSCOPER, ■ v. tr. [maɲetoskope] ou [manjetoskope] (*magnétoscope*) Enregistrer à l'aide d'un magnétoscope. *Tu peux magnétoscoper ce film ?*

MAGNÉTOSPHÈRE, ■ n. f. [maɲetosfɛʁ] ou [manjetosfɛʁ] (*magnéto-* et *sphère*, d'apr. *atmosphère*) Phys. Zone de la surface de la Terre, située au-delà de l'ionosphère et dans laquelle se trouve le champ magnétique de la planète.

MAGNÉTOSTATIQUE, ■ adj. [maɲetostatik] ou [manjetostatik] (*magnéto-* et *statique*) Phys. Qui observe le comportement des masses magnétiques et des aimants au repos. ■ **N.f.** *La magnétostatique.*

MAGNÉTOSTRICTION, ■ n. f. [maɲetoʁɛstʁiksjɔ̃] ou [manjetoʁɛstʁiksjɔ̃] (*magnéto-* et *restriction*) Phys. Phénomène de déformation élastique d'un corps ferromagnétique sous l'action d'un aimant.

MAGNÉTRON, ■ n. m. [maɲetʁɔ̃] ou [manjetʁɔ̃] (*magné[to]-* et *-tron*, d'apr. *électron*) Électr. Tube électronique à vide dans lequel le flux d'électrons est activé par un champ magnétique et un champ électrique, et utilisé pour générer et amplifier des courants en hyperfréquence.

MAGNIFICAT, n. m. [magnifikat] (mot lat.) Cantique de la Vierge qu'on chante aux vêpres et au salut, et qui commence par le mot latin *magnificat.*

Entonner le magnificat. ♦ ▷ **Fig.** *Entonner le magnificat à matines*, faire une chose hors de propos. ◁ ♦ **Au pl.** *Des magnificat* ou *des magnificats.* ■ Pièce musicale écrite sur le texte du magnificat.

MAGNIFICENCE, n. f. [maɲifisɑ̃s] ou [manifisɑ̃s] (lat. *magnificentia*) Qualité d'une personne qui est magnifique. *La magnificence de Dieu, des rois.* ♦ Qualité de ce qui est magnifique. *La magnificence d'un palais, de la nature, etc.* ♦ **Fig.** Qualité dans le style, dans les beaux-arts, comparée à la magnificence des choses. *La magnificence des idées, des images.* ♦ **Au pl.** Objets magnifiques, dépenses éclatantes, largesses. « *Les magnificences des premières années de ce règne* », MASSILLON. « *Mille créanciers malheureux souffrent de vos profusions et de vos magnificences* », MASSILLON.

MAGNIFIÉ, ÉE, p. p. de magnifier. [maɲifje] ou [manifje]

MAGNIFIER, v. tr. [maɲifje] ou [manifje] (lat. *magnificare*) Exalter la grandeur. « *Magnifier les armes des Romains* », MALHERBE. ♦ Il se dit particulièrement de Dieu. *Magnifier le Seigneur.* ♦ *Se magnifier*, v. pr. S'exalter soi-même.

MAGNIFIQUE, adj. [maɲifik] ou [manifik] (lat. *magnificus*) ▷ Qui se plaît à faire de grandes et éclatantes dépenses ou de grands dons. ◁ ♦ **N. m.** Personne qui est magnifique. ♦ Il se dit des choses. *Des récompenses magnifiques. Une magnifique maison.* ♦ **Fig.** Qui a une pompe comparée à la magnificence. *Des paroles magnifiques.* ♦ *Des promesses magnifiques*, des promesses qui font espérer beaucoup. ♦ **Fam.** Très beau. *Un temps, un avenir magnifique.* ♦ **N. m.** *Le magnifique*, espèce d'oiseau de paradis.

MAGNIFIQUEMENT, adv. [maɲifik(ə)mɑ̃] ou [manifik(ə)mɑ̃] (*magnifique*) D'une façon magnifique. *Vêtu magnifiquement.* ♦ En termes magnifiques. « *Parlant magnifiquement de la vertu* », FÉNELON.

MAGNITUDE, ■ n. f. [maɲityd] ou [manityd] (lat. *magnitudo*, grandeur, étendue) Astron. Luminosité apparente ou réelle d'un astre, caractérisée par un nombre. ♦ Importance d'un séisme, mesurée selon une échelle logarithmique. *Un séisme de magnitude 8 sur l'échelle de Richter.*

MAGNOLIA, n. m. [maɲolja] ou [manjolja] (*Magnol*, nom du botaniste en l'honneur duquel a été créé le mot) Genre typique de la famille des magnoliacées, composé d'arbres et d'arbustes d'Amérique et d'Asie, remarquables par la beauté de leurs fleurs. *Les grandes fleurs blanches et odoriférantes de ce magnolia se détachent de son feuillage luisant.* ■ **REM.** On disait autrefois *magnolier*.

MAGNOLIACÉES, n. f. pl. [maɲoljase] ou [manjoljase] (*magnolia*) Famille de plantes dicotylédones, dont le magnolia est le type.

MAGNOLIER, n. m. [maɲolje] ou [manjolje] Voy. MAGNOLIA.

MAGNONAISE, n. f. [maɲonɛz] ou [manjonɛz] Voy. MAYONNAISE.

1 MAGNUM, ■ n. m. [magnɔm] (lat. *magnus*, grand) Grosse bouteille de vin contenant l'équivalent de deux bouteilles ordinaires, soit un litre et demi. *Un magnum de champagne.* ■ **Par extens.** Grande bouteille d'eau minérale ou de jus de fruits dont la quantité varie entre un litre et un litre et demi.

2 MAGNUM, ■ n. m. [magnɔm] (1 *magnum*) Arme de poing semi-automatique à gros calibre. *Des magnums.*

1 MAGOT, n. m. [mago] (orig. incert., p.-ê. de *Magog*) Gros singe sans queue, du genre macaques. ♦ **Adj.** *Le peuple magot*, les singes. ♦ **Fig.** et **fam.** *Un magot*, un homme fort laid. ♦ ▷ *Magot* au féminin en parlant d'une petite fille ou d'une femme. *Une petite magotte.* ◁ ♦ Figure grotesque de porcelaine, de pierre, etc. *Magots de Chine, de Saxe.*

2 MAGOT, ■ n. m. [mago] (orig. incert., p.-ê. de l'anc. fr. *musgot*, provision de vivres) Somme d'argent assez ronde, ordinairement cachée en quelque lieu. ■ **REM.** Il est familier aujourd'hui.

MAGOUILLE, ■ n. f. [maguj] (orig. incert., p.-ê. du gaul. *marga*, boue) Fam. Manœuvre, combinaison suspecte ou malhonnête. *Une magouille politique.* « *Une sale sueur d'homme qui boit trop, qui bouffe trop, qui magouille trop* », PAGE. ■ MAGOUILLAGE, n. m. [magujaʒ] *Quel magouillage êtes-vous en train de faire ?*

MAGOUILLER, ■ v. intr. et v. tr. [maguje] (*magouille*) Fam. Se livrer à des manœuvres suspectes ou malhonnêtes. ■ MAGOUILLEUR, EUSE, adj. ou n. m. et n. f. [magujœʁ, øz]

MAGRÉBIN, INE, ■ adj. ou n. m. et n. f. [magʁebɛ̃, in] Voy. MAGHRÉBIN.

MAGRET, ■ n. m. [magʁɛ] (mot gascon, maigre) Filet de chair maigre d'oie ou de canard.

MAGYAR, ARE, ■ adj. [magjaʁ] (mot hongr.) Relatif au peuple du XIe s. installé en Hongrie. ♦ **Par extens.** Relatif à la Hongrie. *Les palais magyars.* ■ **N. m.** et n. f. Habitant de la Hongrie. *Les Magyars.* ■ **N. m.** *Le magyar*, la langue hongroise.

MAHALEB, ■ n. m. [maaleb] (ar. *mahlab*) Nom arabe devenu nom vulgaire et spécifique du *cerisier mahaleb* ou *bois de Sainte-Lucie.*

MAHARADJAH ou **MAHARAJAH**, ■ n.m. [maaradʒa] ou [maradʒa] (mot hindi, grand roi) Titre donné autrefois aux princes en Inde. ■ REM. On écrit aussi *maharadja* et *maharaja*.

MAHARANI, ■ n.f. [maarani] (mot hindoustani, grande reine) Princesse hindoue. ■ Femme du maharajah. *Des maharanis.*

MAHATMA, ■ n.m. [maatma] (mot hindi, grande âme) Nom donné aux chefs spirituels en Inde. *Le mahatma Gandhi.*

MAHAYANA, ■ adj. [maajana] (sansc., grand véhicule) *Bouddhisme mahayana*, bouddhisme fondamental pratiqué dans le nord de l'Inde.

MAHDI, ■ n.m. [madi] (mot ar., bien dirigé) **Relig.** Dans l'Islam, envoyé d'Allah attendu par les sunnites pour rétablir la justice sur Terre et ainsi perpétuer l'œuvre de Mahomet. ■ **Par extens.** Titre qu'un chef de tribu se donne en se proclamant mahdi. *Des mahdis.*

MAHDISME, ■ n.m. [madism] (*mahdi*) **Relig.** Mouvement religieux de l'Islam qui attend et proclame la venue d'un mahdi sur Terre.

MAH-JONG ou **MAJONG**, ■ n.m. [maʒɔ̃g] (mot chinois) Jeu de société chinois qui s'apparente aux dominos. *Des joueurs de mah-jong. Des mah-jongs, des majongs.*

MAHOMÉTAN, ANE, n.m. et n.f. [maometɑ, an] (*Mahomet*) Personne qui professe la religion de Mahomet. ◆ **Adj.** *Les pays mahométans. La religion mahométane.* ■ REM. On dit aujourd'hui plus couramment *musulman.*

MAHOMÉTISME, ■ n.m. [maometism] (*Mahomet*) La religion de Mahomet.

MAHONIA, ■ n.m. [maonja] (*Mahon*, jardinier américain en l'honneur duquel a été créé ce mot) **Bot.** Arbrisseau d'Amérique du Nord, à feuilles persistantes, à fleurs jaunes en grappes et à fruits baies bleues.

MAHONNE, ■ n.m. [maɔn] (turc *mâoûna*, gabarre, bateau) Péniche très arrondie utilisée dans les ports de Méditerranée. *Les mahonnes, chalands ou petits caboteurs, sont le plus souvent à fond plat.*

MAHOUS, OUSSE, ■ adj. [maus] Voy. MAOUS.

MAHRATTE, ■ n.m. [marat] Voy. MARATHE.

MAI, n.m. [mɛ] (lat. *maius*, du nom de Maia, divinité romaine) Le cinquième mois de l'année commune. ◆ *La mi-mai*, la moitié du mois de mai. ◆ *Champ de mai*, Voy. CHAMP. ◆ ▷ Arbre qu'on plante le premier jour de mai, devant la porte de quelqu'un, en signe d'honneur. *Planter le mai.* ◁ ◆ *Rose de mai*, la rose pompon. ◆ **Prov.** *En avril, ne te découvre pas d'un fil ; en mai, fais ce qu'il te plaît.* ■ *Le premier mai*, fête du travail instaurée dans les colonies pour célébrer l'abolition de l'esclavage (1848) et aujourd'hui, en France, jour chômé et rémunéré. *Offrir un brin de muguet est une tradition pour fêter le premier mai.*

MAÏA, ■ n.m. [maja] (lat. *maia*, sorte de crabe) Grand crabe à longues pattes, dont la carapace triangulaire est couverte d'épines et qui vit dans les fonds vaseux des côtes atlantiques. *Le maïa est communément appelé* araignée de mer.

MAICHE, ■ n.m. [mɛʃ] (orig. incert.) En Louisiane, marécage qui borde la mer.

MAÏDAN, n.m. [majdan] (mot ar., place, esplanade) Nom qu'on donne dans l'Orient aux places où se tiennent les marchés.

MAIE, n.f. [mɛ] (lat. *magis*, pétrin) Huche au pain. ◆ Caisse ou huche dans laquelle le boulanger prépare sa pâte. ◆ Table sur laquelle on dispose le marc de raisin pour le presser, et aussi le couvercle que l'on place sur le raisin. ◆ On écrit aussi *mée, met* et *mait.*

MAÏEUR, EURE ou **MAYEUR, EURE**, n.m. et n.f. [majœr] (anc. fr. *maior*, plus grand, du lat. *major*) **Belg.** Titre qui, dans quelques villes, répond à celui de maire.

MAÏEUTICIEN, ■ n.m. [majøtisjɛ̃] (*maïeutique*) Homme dont la profession correspond à celle de la sage-femme.

MAÏEUTIQUE, ■ n.f. [majøtik] (gr. *maieutikê*, art d'accoucher) **Philos.** Méthode utilisée par Socrate reposant sur l'interrogation pour amener un interlocuteur à découvrir ce qu'il sait implicitement. « *Un ami est toujours habile à la maïeutique, il suscite en nous une réflexion honnête et objective* », ALBERONI.

1 MAIGRE, adj. [mɛgr] (lat. *macer*) Qui a très peu de graisse. ◆ ▷ **Fig.** *Devenir maigre de*, ressentir une violente passion qui tourmente. « *Celui-là qui devenait maigre de la prospérité d'autrui* », BALZAC. ◁ ◆ *Il marche, il court comme un chat maigre*, il est bon piéton, il marche fort vite. ◆ *Maigre comme un coucou, comme un chat de gouttière*, très maigre. ◆ Où il n'entre ni graisse ni viande. *Un vol-au-vent maigre.* ◆ *Jours maigres*, jours auxquels l'Église défend de manger de la viande. ◆ *Repas maigre*, repas où l'on ne sert pas de viande. ◆ **Par extens.** Où il y a peu à manger. *Un maigre repas.* ◆ **Fig.** *Une maigre réception*, une froide, une mauvaise réception. *Faire un*

maigre visage. ◆ **Fig.** Aride, qui rapporte peu. *Un sol maigre.* ◆ Qui n'a pas reçu de la terre une nourriture suffisante. *De maigres épis.* ◆ Se dit de l'argile et de la chaux qui contiennent beaucoup de silice. ◆ **Fig.** Futile, de peu d'importance. *Voilà de maigres raisons.* ◆ *Un maigre sujet*, une cause légère, futile. ◆ **Littér.** Qui ne prête pas aux développements. *Un sujet maigre.* ◆ Qui n'a pas reçu les développements nécessaires. ◆ *Style maigre*, style sans vigueur, sans ampleur. ◆ **Peint.** Qui n'a ni vigueur, ni ampleur. *Pinceau, crayon, trait maigre.* ◆ **Archit.** *Colonne maigre*, colonne dont le fût est trop allongé. ◆ **Impr.** *Lettre, caractère, écriture maigre*, lettre, caractère, écriture grêle et dont les pleins ne sont pas assez prononcés. ◆ **Adv.** D'une manière maigre. *Dessiner, peindre maigre.* ◆ **N.m.** La partie de la chair où il n'y a aucune graisse. ◆ *Les aliments maigres*, où il n'entre ni viande, ni graisse, ni jus de viande. ◆ *Faire maigre*, s'abstenir de manger de la chair. ◆ La partie d'une rivière où l'eau manque. ■ REM. Aujourd'hui, on dit aussi *maigre comme un clou*, pour dire très maigre.

2 MAIGRE, n.m. [mɛgr] (1 *maigre*) Grand poisson d'Europe.

MAIGRELET, ETTE, adj. [mɛgrəlɛ, ɛt] (dimin. de *maigre*) **Fam.** Un peu maigre. *Enfant maigrelet.*

MAIGREMENT, adv. [mɛgrəmɑ̃] (*maigre*) D'une manière maigre, chichement, petitement.

MAIGRET, ETTE, adj. [mɛgrɛ, ɛt] (dimin. de *maigre*) **Fam.** Un peu maigre. *Il est maigret.*

MAIGREUR, n.f. [mɛgrœr] (lat. *macror*) État du corps des personnes et des animaux maigres. ◆ État d'un sol peu productif. ◆ **Fig.** Dans les arts du dessin et en littérature, état de ce qui n'a pas assez d'ampleur. ■ État de ce qui est peu conséquent. *La maigreur de ses économies.*

MAIGRI, IE, p.p. de maigrir. [mɛgri]

MAIGRICHON, ONNE, ■ adj. [mɛgriʃɔ̃, ɔn] (dimin. de *maigre*) **Fam.** Un peu trop maigre. ■ N.m. et n.f. *Une maigrichonne à lunettes.*

MAIGRIOT, IOTTE, ■ adj. [mɛgrijo, ɔt] (dimin. de *maigre*) **Fam.** Maigre. *Un vieillard maigriot.*

MAIGRIR, v. intr. [mɛgrir] (*maigre*) Devenir maigre. ◆ **V. tr.** Donner une apparence de maigreur. *Sa barbe longue le maigrit.* ◆ Amincir une pièce de bois, lui ôter ce qu'elle a de trop.

1 MAIL, n.m. [maj] (lat. *malleus*, maillet, marteau) Masse de bois fort dur et ferré, avec un manche long et pliant ; elle sert à jouer en poussant une boule de buis. ◆ Le jeu où l'on fait usage du mail. ◆ Le lieu où l'on joue au mail. ◆ Nom, dans quelques villes, de la promenade publique.

2 MAIL, ■ n.m. [mɛl] ou [mɛjl] (mot angl., courrier) Courrier ou message électronique transmis au moyen d'Internet. ■ REM. On recommande officiellement l'emploi de *courrier électronique* ou *courriel.* ■ Voy. E-MAIL, MÉL.

MAIL-COACH, ■ n.m. [mɛlkotʃ] (mot angl., malle-poste) Berline tirée par quatre chevaux et dont le toit comporte plusieurs rangs de banquettes. *Des mail-coachs.*

MAILING, ■ n.m. [meliŋ] ou [mɛjliŋ] (angl. *to mail*, poster) Prospection, publicité et vente par voie postale. ■ REM. On recommande officiellement l'emploi de *publipostage.*

MAILLAGE, ■ n.m. [majaʒ] (1 *mailler*) Calibre des mailles d'un filet. *La règlementation du maillage.* ■ Ensemble des connexions d'un réseau électrique. ■ **Par extens.** Répartition en réseau. *Le maillage des lignes de métro.*

MAILLANT, ANTE, ■ adj. [majɑ̃, ɑ̃t] (1 *mailler*) *Filet maillant*, dont la dimension des mailles est étudiée pour laisser passer les poissons de très petite taille.

1 MAILLE, n.f. [maj] (lat. *macula*) Nom donné aux bouclettes de fil, de soie, de laine, de coton ou de corde, qui, passées l'une dans l'autre, forment par leur réunion un tissu serré ou lâche, tel que du filet, du crochet, du tricot, etc. ◆ L'ouverture que laissent entre eux les nœuds du filet. ◆ Les petits annelets de fer dont on formait des armures. *Une cotte de mailles.* ◆ Vide carré, oblong, losange, etc. que forment les compartiments de treillage. ◆ **Hérald.** Boucle ronde sans ardillon. ◆ *La maille*, l'industrie du tricot. ■ Espace vide dans un grillage ou un tamis. ■ **Électr.** Parcours fermé dans un circuit électrique.

2 MAILLE, n.f. [maj] (lat. *macula*) Taches qui se forment sur les ailes du perdreau quand il devient fort. ◆ Tache ronde qui vient sur la prunelle.

3 MAILLE, n.f. [maj] (lat. médiév. *medalia*, demi-setier, du lat. *medius*, demi) Petite monnaie de cuivre qui n'est plus en usage, et qui valait la moitié d'un denier. ◆ **Fig.** *N'avoir ni sou ni maille*, être très pauvre. ◆ **Fig.** *Avoir maille à partir avec quelqu'un*, avoir un différend comme si on avait une maille à partager. ◆ Rien, pas, point, avec ne. « *De nouveauté dans mon fait il n'est maille* », LA FONTAINE.

1 MAILLÉ, p.p. de 1 mailler. [maje] Fait en mailles. *Une grille maillée.* ◆ *Fer maillé*, treillis de barreaux de fer. ◆ **Hérald.** Couvert d'une cotte de mailles.

◆ *Maçonnerie maillée*, maçonnerie en échiquier et à joints obliques. ◆ N. m. *Le maillé.*

2 MAILLÉ, ÉE, p. p. de 2 mailler. [maje] *Des perdreaux maillés.*

MAILLECHORT, n. m. [maj(ə)ʃɔʀ] (*Maillot* et *Chorier*, inventeurs) Alliage de cuivre, de zinc et de nickel, qui a la couleur de l'argent.

1 MAILLER, v. tr. [maje] (1 *maille*) Fabriquer des filets. ◆ Faire un treillis en losange. ◆ **Mar.** *Mailler une bonnette*, Voy. LACER. ■ V. intr. **Mar.** Être attrapé dans un filet. *Les poissons se sont fait mailler.* ■ **Suisse** Tordre. *Se mailler la cheville.*

2 MAILLER, v. intr. [maje] (2 *mailler*) Devenir maillé, tacheté, en parlant des perdreaux. *Les perdreaux ont déjà maillé.* ◆ Se mailler, v. pr. Même sens.

MAILLET, n. m. [majɛ] (dimin. de 1 *mail*) Espèce de marteau à deux têtes, qui est ordinairement de bois.

1 MAILLETON, ■ n. m. [maj(ə)tɔ̃] (1 *maillet*) **Agric.** Bourgeon.

2 MAILLETON, ■ n. m. [maj(ə)tɔ̃] (1 *maille*) **Techn.** Lien utilisé pour attacher la vigne.

MAILLOCHE, n. f. [majɔʃ] (1 *mail*) Gros maillet de bois. ■ **Mus.** Baguette qui se termine par une boule souple pour frapper sur les gongs ou les grosses caisses.

MAILLON, n. m. [majɔ̃] (1 *maille*) Nœud, petite maille. ◆ Anneau d'une chaîne. ■ *N'être qu'un maillon de la chaîne*, un élément d'une organisation complexe.

1 MAILLOT, n. m. [majo] (altér. de l'anc. fr. *maillol*, de 1 *maille*) Morceau de toile ou d'étoffe dans lequel on laçait un petit enfant pour le coucher. ◆ **Par extens.** Les langes et les couches dont on enveloppe un petit enfant. ◆ **Fig.** Première enfance. « *Depuis le maillot, je n'ai pas eu, jusqu'à cette heure, un jour de repos* », VOLTAIRE. ■ Vêtement en mailles porté à même la peau. ■ *Maillot de bain*, tenue vestimentaire portée pour se baigner. ■ *Le maillot jaune*, maillot porté par le vainqueur du Tour de France.

2 MAILLOT, n. m. [majo] (1 *maillot*) Espèce de caleçon que les danseuses mettent pour paraître sur le théâtre.

MAILLOTIN, ■ n. m. [majotɛ̃] (1 *maillet*) Petit maillet utilisé comme arme. ■ **Hist.** (XIVᵉ s.) *Les Maillotins*, Parisiens luttant contre l'oppression fiscale armés de maillotins pour leur défense. ■ Pressoir à olives.

MAILLURE, n. f. [majyʀ] (2 *maille*) Taches ou moucheture sur les plumes d'un oiseau.

MAIN, n. f. [mɛ̃] (lat. *manus*) Partie du corps humain qui termine le bras et qui sert à la préhension et au toucher. ◆ *Grand comme la main*, se dit d'une chose petite mais dont la dimension ordinaire est grande, et aussi d'une personne. *Un jardin grand comme la main.* ◆ *Tenir dans sa main*, fort petit. ◆ *Tour de main*, Voy. TOUR. ◆ **Fam.** *Main morte*, main qu'on laisse aller au gré d'une personne qui l'agite. *Faites main morte. Jeu de main morte.* ◆ *N'y pas aller de main morte*, frapper avec violence et fig. ne pas ménager celui à qui on a affaire. ◆ Par exagération, *les mains m'en tombent*, j'en éprouve une grande surprise. ◆ *De marchand à marchand il n'y a que la main*, il suffit aux marchands de toucher dans la main pour faire un marché sans aucun écrit. ◆ **Fig.** *De telle personne à telle autre il n'y a que la main*, il existe un rapport étroit entre ces personnes. ◆ *Ensanglanter ses mains*, se rendre coupable de meurtre. ◆ **Fig.** *Souiller ses mains*, commettre quelque acte odieux ou honteux. ◆ **Fig.** *Faire la belle main*, prendre un air de fatuité. ◆ *Porter la main sur*, saisir avec la main. ◆ *Manger dans la main*, se dit des animaux très privés qui viennent manger dans la main, et fig. avoir des manières trop familières. ◆ **Fig.** *Main* se dit d'êtres abstraits que l'on personnifie. *La froide main de la mort.* ◆ **Fig.** Force guerrière. « *Sa main se a vaincus* », P. CORNEILLE. ◆ *Donner la main*, offrir la main, soit pour aider quelqu'un, soit en signe de politesse à une dame pour la mener quelque part. ◆ **Fig.** *Donner la main à quelqu'un*, l'aider en quelque affaire, le favoriser. ◆ *Donner les mains, prêter les mains à quelque chose*, y consentir, y condescendre. ◆ *Prêter ses mains*, servir d'instrument. ◆ *Donner les mains*, s'avouer vaincu. ◆ *Se donner la main, se donner la main*, s'unir avec. ◆ *Se donner la main*, se dit de deux corps d'armée qui réussissent à se rejoindre. ◆ *Se prêter la main*, se secourir ◆ **Fig.** et **fam.** *Faire sa main*, piller, dérober, faire des profits illicites. ◆ *Lever la main*, Voy. LEVER. ◆ *Lever ou élever les mains au ciel*, porter les mains en haut en les joignant, ce qui est une attitude de prière. ◆ *Mettre l'épée à la main*, tirer l'épée pour s'en servir. ◆ *Mettre la main à quelque chose*, porter la main sur cette chose. ◆ *Mettre la main à un travail matériel*, y coopérer. ◆ **Fig.** *Mettre la main à l'œuvre*, commencer à s'occuper de quelque chose, à y travailler. ◆ **Fig.** *Mettre la main à la plume*, commencer à écrire une lettre, un ouvrage. ◆ *Mettre à quelqu'un quelque chose aux mains*, lui en procurer la jouissance. ◆ *Mettre à quelqu'un les armes, le poignard à la main*, le pousser au combat, à l'assassinat. ◆ **Fig.** *Mettre à quelqu'un le pain à la main*, être la première cause de sa fortune. ◆ **Fig.** *Mettre à quelqu'un le marché à la main*, lui donner le choix

de tenir ou de rompre un engagement. ◆ *Ce maître lui a mis les armes, le violon à la main*, il lui a donné les premières leçons. ◆ *Mettre la main sur quelque chose*, s'en saisir ou simplement la trouver. ◆ **Fig.** *Mettre la main sur la conscience*, Voy. CONSCIENCE. ◆ *Mettre à quelqu'un la main sur le collet*, l'arrêter pour le conduire en prison. ◆ **Fig.** *Mettre la main sur quelqu'un*, s'emparer de son esprit. ◆ *À la main*, avec la main. ◆ **Fig.** et **fam.** *Une chose faite à la main*, une chose arrangée exprès d'avance, de concert. ◆ *À la main*, manuscrit par opposition à imprimé. *Des corrections à la main.* ◆ *À la main*, dans la main. *Un poignard à la main.* ◆ *Avoir sans cesse l'argent à la main*, dépenser, payer continuellement. ◆ *Le verre à la main*, en buvant ensemble. ◆ *Avoir un livre à la main*, le tenir. ◆ *À la main*, à portée. *La promenade est à la main.* ◆ *Cela est à la main*, se dit d'une chose faite de manière qu'on peut s'en servir commodément. ◆ *À deux mains*, avec les deux mains. ◆ ▷ *Épée à deux mains*, longue et large épée qu'on tenait des deux mains. ◁ ◆ **Fig.** et **fam.** *C'est un homme à toutes mains*, il est prêt à rendre toutes sortes de services. ◆ **Fig.** *À toutes mains, à toute main*, sans réserve ni scrupule. *Prendre à toutes mains.* ◆ *À pleines mains*, abondamment. ◆ **Fig.** *À belles mains*, abondamment, autant qu'on en veut. ◆ *Aux mains*, se dit en parlant de l'action de combattre. *Les deux partis sont* ou *en sont aux mains.* ◆ *En venir aux mains*, commencer un combat. ◆ *Mettre aux mains*, engager dans une guerre, et fig. engager deux ou plusieurs personnes dans quelque dispute, dans quelque discussion. ◆ *Homme de main*, homme hardi et d'exécution. ◆ *Combat de main, combat de main à main*, combat qui a lieu de près entre deux ou plusieurs personnes. ◆ *Coup de main*, Voy. COUP. ◆ *Cheval de main*, cheval qu'on mène à la main sans monter dessus. ◆ *Jeu de main*, Voy. JEU. ◆ *De main d'homme* ou simplement *de main*, se dit par opposition à ce qui est l'ouvrage de la nature ou de Dieu. « *Dieu ne se plaît pas aux temples faits de main, mais en un cœur pur et humilié* », PASCAL. ◆ *De main de maître*, par un habile homme. ◆ *De bonne main*, avec certitude. ◆ **Fig.** *De longue main*, depuis longtemps. ◆ *De la main d'une personne à celle d'une autre.* ◆ *De la main*, avec la main. *Écrire de la main gauche.* ◆ ▷ *Lettres de la main*, lettres censées être écrites et signées par le roi. ◁ ◆ *Les arts de la main*, les arts où la main est le principal instrument. ◆ **Fig.** *De la main de*, par l'action de, par l'entremise de. « *Et je veux de ma main vous choisir un époux* », RACINE. ◆ **Fig.** *De la main*, venant de. « *Mais je veux vous donner un homme de ma main* », P. CORNEILLE. ◆ *De la main à la main*, manuellement, sans formalité, sans écrit. *Payer de la main à la main.* ◆ *De la première main* (et non : *de première main*, qui signifie original), de la main de celui qui a le premier recueilli, fabriqué ou mis en vente la chose dont il s'agit. « *Les Carthaginois voulurent recevoir les métaux de la première main* », MONTESQUIEU. ◆ **Fig.** *Tenir une nouvelle de la première main*, la savoir de celui qui est censé en avoir été instruit le premier. ◆ **Fig.** *De première main*, original. « *Ayez les choses de première main, puisez à la source* », LA BRUYÈRE. ◆ *Ouvrage de première main*, ouvrage qui ne doit rien qu'aux sources originales. ◆ *Érudition de seconde main*, érudition qui consulte non les sources et les originaux, mais les auteurs qui ont écrit sur le sujet. ◆ *De toutes mains* ou *de toute main*, en mauvaise part, des mains de qui que ce soit. ◆ **Fig.** *D'une main... de l'autre*, c'est-à-dire d'un côté... de l'autre. ◆ *Dans la main, dans les mains de*, à la garde, au soin de. *Cette somme sera déposée dans la main, dans les mains d'un tiers.* ◆ *Dans les mains de*, à la disposition de. **Mus.** *Avoir un passage, un morceau dans la main*, le savoir. ◆ *En main*, dans la main. *Le fer en main.* ◆ **Fig.** *Avoir quelqu'un* ou *quelque chose en main*, l'avoir à sa disposition. ◆ **Fig.** et **fam.** *Avoir la parole en main*, s'exprimer avec facilité. ◆ *Avoir en main*, être chargé de. ◆ *Prendre en main*, se charger de. *Prendre le gouvernement en main.* ◆ *Être en main*, avoir la facilité de. « *Je serai mieux en main pour vous conter la chose* », MOLIÈRE. ◆ En parlant des choses, *être en main*, être placé commodément pour le service. ◆ **Fig.** *En la main de*, à la disposition de. ◆ *En bonne main, en bonnes mains*, à la disposition, aux soins d'une personne honnête et capable. ◆ *Entre les mains de*, à la disposition de, en possession de. *Sous l'autorité de.* « *Le ciel entre nos mains a mis le sort de Rome* », P. CORNEILLE. ◆ *Aux soins de. Se mettre entre les mains du médecin.* ◆ *Par les mains*, se dit des choses qu'on prend les unes après les autres. *Tous ces livres m'ont passé par les mains.* ◆ **Fig.** *Tout lui passe par les mains*, tout lui passe par les mains. ◆ *Passer par les mains du bourreau*, être mis à mort par le bourreau, ou recevoir de lui une flétrissure. ◆ *Cet homme passera par mes mains, me passera par les mains*, je le châtierai. ◆ *Par les mains de*, par l'entremise de. ◆ **Fig.** *Sous main*, secrètement, en cachette. ◆ N. m. *Le sous-main*, le dessous, le mystère. ◆ *Sous la main*, proche, à portée. ◆ **Fig.** Sous l'autorité, sous la dépendance. *Être sous la main de Dieu.* ◆ Par menace. *Qu'il ne me tombe jamais sous la main !* ◆ *Être sous la main de l'autorité, de la justice*, être arrêté, être sous le coup d'un procès. ◆ *Être sous la main et autorité de justice*, se dit d'un immeuble saisi, d'un meuble séquestré, ou d'une somme arrêtée judiciairement. ◆ *Pas plus que sur la main, autant que sur la main*, pour exprimer qu'une chose n'existe pas. ◆ **Fig.** et **fam.** *Avoir le cœur sur la main*, être ouvert, franc. ◆ *Main gauche*, la main du côté du cœur ; *main droite*, la main de l'autre côté. *À main droite, à main gauche*, du côté droit, du côté gauche. ◆ ▷ *Main* *haute,* la main droite, celle qui tenait la lance. *Main basse,* la main gauche, celle qui tenait la bride. ◁ ◆ *Tenir la main haute,* tenir haute la main de la bride, et fig. *tenir la main haute à quelqu'un,* le traiter avec sévérité. ◆ **Fig.** *La main haute,* adverbialement, avec autorité. « *La grammaire qui sait régenter jusqu'aux rois, Et les fait la main haute obéir à ses lois* », MOLIÈRE. ◆ **Fig.** *Avoir la haute main,* l'autorité prépondérante. *Avoir la haute main dans une affaire.* ◆ *Faire main basse,* tuer sans recevoir à merci. ◆ **Par extens.** *Faire main basse,* piller, et fig. ne pas épargner. ◆ *Le faire, l'exécution,* en parlant d'un artiste. *On reconnaît dans ce tableau la main de tel maître.* ◆ *De différentes mains,* de plusieurs auteurs. ◆ **Mus.** *Main,* se dit du jeu d'une main sur les instruments à clavier. *Il a une bonne main gauche.* ◆ *Morceau à quatre mains,* morceau écrit pour être exécuté par deux personnes jouant à la fois sur le même piano. ◆ Manière d'agir de la main dans certaines opérations. ◆ *Avoir la main bonne,* être adroit dans les ouvrages de la main. ◆ *Avoir la main légère,* se dit d'un chirurgien qui opère avec habileté, d'un joueur d'instrument qui exécute avec aisance et prestesse, d'un homme qui met de la liberté et de la rapidité dans son écriture, etc. ◆ **Fam.** *Avoir la main légère,* être prompt à frapper. ◆ *Ce peintre a de la main,* de l'habileté. ◆ *La dernière main,* le dernier travail, personne qui achève une œuvre. *Donner la dernière main, une dernière main.* ◆ *À pleine main,* qui remplit la main. *Ce drap est à pleine main.* ◆ *Main chaude,* Voy. CHAUD. ◆ *Cheval dans la main,* cheval bien dressé. ◆ *Lâcher, rendre la main à un cheval,* lui tenir la bride moins courte, et fig. *lâcher la main à quelqu'un,* lui donner plus de liberté qu'à l'ordinaire. ◆ **Fig.** *Lâcher la main,* diminuer quelque chose de ses prétentions. ◆ *Forcer la main à un cheval qui s'emporte malgré le cavalier.* ◆ **Fig.** *Forcer la main à quelqu'un,* le contraindre à faire quelque chose. *Avoir la main forcée.* ◆ *Mener un cheval en main,* le conduire sans être monté dessus. ◆ **Fig.** *Tenir la main à quelqu'un,* lui être sévère. ◆ **Fig.** *Tenir la main à quelque chose,* veiller de près à ce qu'on l'exécute. ◆ *Mener un cheval haut la main,* tenir la main des rênes haute. ◆ **Adv. Fig.** *Haut la main,* avec autorité. ◆ *Gagner de la main,* prendre de l'avance, en parlant d'un cheval, et fig. prévenir. ◆ **Jurispr.** *Saisir entre les mains de quelqu'un,* s'opposer à la délivrance des deniers qui sont entre ses mains. ◆ *Se payer par ses mains,* s'indemniser sur ce qu'on a en sa possession et qui appartient à un débiteur. ◆ ▷ **Jurispr. féod.** *Ce fief est dans la main du roi, du seigneur,* il a été saisi faute d'aveu. ◆ Aux jeux de cartes, *avoir la main* ou *tenir la main,* être le premier à jouer. *Prendre la main,* devenir le premier à jouer. *Donner la main,* céder à son adversaire l'avantage de cette primauté. *Perdre la main,* perdre cet avantage. *Avoir la main, faire la main,* donner les cartes. *Une main,* une levée. *Avoir la main heureuse,* gagner souvent, et fig. réussir ordinairement dans ce qu'on entreprend. ◆ *La main,* l'écriture d'une personne. *Un billet de ma main. Une belle main,* une belle écriture. ◆ Mariage. *Offrir, donner sa main à quelqu'un,* lui proposer de l'épouser, l'épouser. *Mariage de la main gauche,* Voy. GAUCHE. ◆ La personne elle-même. *Je tiens ce cadeau d'une main bien chère.* ◆ Agent, instrument. ◆ L'action, le travail. *La main de l'ouvrier est chère.* ◆ *Avoir la main dans une affaire,* y coopérer d'une manière cachée. ◆ Force, puissance. « *Le royaume passa des mains des Asmonéens à celles d'Hérode* », BOSSUET. ◆ *Tenir dans sa main,* être maître de. ◆ *Être en la main,* être dans la puissance de. ◆ *Avoir la main légère,* user de son pouvoir, de son autorité avec modération. ◆ *Avoir une main de fer,* avoir une autorité dure et despotique. ◆ *Avoir les mains longues,* avoir de grands moyens de servir ou de nuire. ◆ *Les mains, la main de Dieu,* la puissance divine. « *Dieu tient le cœur des rois entre ses mains puissantes* », RACINE. ◆ Possession. *Avoir en sa main des biens.* ◆ *Changer de main,* passer d'un maître à un autre. ◆ *Main de justice,* espèce de sceptre royal, terminé par une main d'ivoire. ◆ *Main* se dit aussi des extrémités des animaux, quand il y a un pouce distinct des quatre autres doigts. *Le singe a quatre mains.* ◆ Il se dit des pieds des perroquets. ◆ En fauconnerie, le pied des oiseaux de proie, qu'en langage ordinaire on nomme serre. ◆ *Main de fer,* sorte de crampon. ◆ **Fig.** « *Depuis près de deux ans une main de fer serre mon cœur* », MME DE STAËL. ◆ *Mains* ou *vrilles,* filets au moyen desquels certaines plantes s'accrochent aux corps environnants. ◆ *Main coulante,* la partie de la rampe d'un escalier, sur laquelle on appuie la main. ◆ Subdivision déterminée d'un paquet de soie d'un certain poids. ◆ Assemblage de vingt-cinq feuilles de papier. *Une main de papier.* ◆ *Main courante,* registre autrement appelé brouillon. *Déclarer un vol sur la main courante du commissariat.* ■ *Avoir sous la main,* à portée de la main. ■ *À pleines mains,* pleinement. ■ *Être pris la main dans le sac,* en flagrant délit. ■ *Prendre son courage à deux mains,* braver les difficultés. ■ *Prêter main forte à quelqu'un,* l'aider. ■ *Tendre la main à quelqu'un,* lui offrir de l'aide. ■ *En mains propres,* directement. ■ *Perdre la main,* perdre son habileté dans une activité. ■ *Se faire la main,* s'exercer à quelque chose. ■ *Mettre la main à la pâte,* contribuer à une entreprise. ■ *Demander la main de quelqu'un,* le ou la demander en mariage. ■ *Avoir les mains libres,* pouvoir agir en toute liberté. ■ *Passer la main,* transmettre ses responsabilités. ■ *Ne pas y aller de main morte,* agir brutalement. ■ *Être en de bonnes mains,* auprès d'une personne recommandable. ■ Faute commise en touchant le ballon avec la main au football. ■ *Avoir la main verte,* Voy. VERT. ■ *Main courante,* rampe parallèle à un esca-

lier et fixée au mur permettant de s'y tenir. ■ *Avoir deux mains gauches,* être très maladroit. ■ *Petite main,* débutante en couture ; par extens. et parfois péj., personne à qui il est demandé d'exécuter une tâche ou un travail méticuleux. ■ **Impr.** *Avoir de la main,* se dit d'un papier dont l'épaisseur paraît élevée, au toucher, par rapport au grammage. *Un papier buvard a beaucoup de main.* ■ *Prêter la main,* aider. ■ *Avoir le cœur sur la main,* être généreux. ■ *Haut la main,* avec facilité.

MAINATE, ■ n. m. [menat] (indo-port. *mainato*) Oiseau originaire d'Asie du Sud-Est, au plumage noir et au bec jaune, capable d'imiter la voix humaine. *Il était fier de son mainate qui chantait à merveille et pouvait dire bonjour.*

MAIN-D'ŒUVRE, n. f. [mɛ̃dœvʀ] (*main de œuvre,* main qui fait œuvre) Façon, travail de l'ouvrier. *Quelquefois la main-d'œuvre coûte plus cher que la matière.* ◆ La rémunération du travail. ◆ Au pl. *Des mains-d'œuvre.* ■ Ensemble des salariés d'une entreprise ou d'un lieu défini.

MAIN-FORTE, n. f. [mɛ̃fɔʀt] (*main* et *forte*) Substantif composé qui signifie assistance avec la force en main, qui ne prend pas d'article, et qui ne se construit qu'avec les verbes *donner, demander, quérir, prêter,* etc. *Prêtez-moi main-forte.* ◆ *À main-forte,* la force en main, par la force. « *Tout le peuple assemblé nous poursuit à main-forte* », RACINE. ◆ Assistance que l'on donne à la justice, afin que la force demeure à ses agents. ■ REM. Ce nom est toujours au singulier.

MAINLEVÉE, n. f. [mɛ̃l(ə)ve] (*main* et *lever*) Jurispr. Acte qui interrompt les effets d'une saisie, d'une opposition, d'une inscription, d'une excommunication.

MAINMISE, n. f. [mɛ̃miz] (*main* et *mettre*) ▷ **Jurispr. féod.** Action de mettre la main sur, de saisir. *Il y avait mainmise par défaut de foi et hommage.* ◆ Action de mettre la main, de battre. ◆ ▷ Affranchissement des serfs par leurs seigneurs. ◁ ◆ Action de mettre la main sur quelque chose, de se l'approprier. ■ Action d'exercer une domination sur quelqu'un ou quelque chose. ◁

MAINMORTABLE, adj. [mɛ̃mɔʀtabl] (*mainmorte*) Jurispr. Qui est sujet au droit de mainmorte. ◆ N. m. et n. f. *Les mainmortables.* ◆ ▷ Il se dit aussi de la terre où les serfs sont mainmortables. *Un fief mainmortable.* ◁ ◆ *Biens mainmortables,* biens des corps et des communautés qui, étant inaliénables, ne donnent pas ouverture aux droits de succession.

MAINMORTE, n. f. [mɛ̃mɔʀt] (*main,* droit de transmettre et d'aliéner, et *morte*) ▷ État des serfs qui, en vertu d'anciens droits féodaux, étaient privés de la faculté de tester et de disposer de leurs biens, quand ils n'avaient pas d'enfants ; c'était le seigneur qui était leur héritier. ◆ ◆ Condition de biens qui, appartenant à des corps ecclésiastiques, sont inaliénables et ne produisent aucun droit de mutation. *Bien de mainmorte.* ◆ *Gens de mainmorte,* les corps et communautés.

MAINT, AINTE, adj. indéf. [mɛ̃, ɛ̃t] (germ. *manigipo,* grande quantité de) Plusieurs. *Maint voisin.* ◆ Il s'emploie de la même façon au pluriel. « *J'ai maints chapitres vus Qui pour néant se sont ainsi tenus* », LA FONTAINE. ◆ *Maintes fois* ou *maintes fois,* souvent. ■ *À maintes reprises,* souvent. ■ REM. Il est littéraire aujourd'hui dans le sens de *plusieurs.*

1 **MAINTENANCE**, ■ n. f. [mɛ̃t(ə)nɑ̃s] (*maintenir*) Fait de maintenir quelque chose. *La maintenance d'un contrat. La maintenance d'une décision.*

2 **MAINTENANCE**, ■ n. f. [mɛ̃t(ə)nɑ̃s] (mot angl., de 1 *maintenance*) Ensemble des opérations d'entretien et de réparation d'un appareil, d'un matériel, d'un système. *Un service de maintenance informatique.* ■ **Milit.** Maintien en condition et en nombre suffisant des effectifs et du matériel d'une unité au combat.

MAINTENANT, adv. [mɛ̃t(ə)nɑ̃] (lat. *manu tenendo,* pendant qu'on tient qqch dans la main) À présent, dans le temps actuel. ◆ *Pour maintenant,* pour le moment actuel. ◆ *De maintenant,* d'à présent, du jour. *Les modes de maintenant.* ◆ MAINTENANT QUE, loc. conj. Dans ce temps présent où, avec l'indicatif. ■ À partir du moment présent.

MAINTENEUR, ■ n. m. [mɛ̃t(ə)nœʀ] (*maintenir*) Personne qui maintient ou soutient quelque chose. *Le mainteneur d'une loi.* ■ **Région.** *Mainteneur des Jeux floraux,* à Toulouse, personne chargée de maintenir les traditions de lyrisme compromises après la croisade contre les Albigeois (1323).

MAINTENIR, v. tr. [mɛ̃t(ə)niʀ] (lat. pop. *manutenere,* tenir avec la main) Tenir ferme et fixe. *Une barre de fer maintient la charpente.* ◆ **Fig.** Conserver dans le même état, entretenir, défendre. *Maintenir les lois.* ◆ Affirmer, prétendre. *Je maintiens qu'il en est ainsi.* ◆ Se maintenir, v. pr. Demeurer, persister dans le même état de conservation. ◆ Conserver un poste, une position. ◆ **Fig.** « *Contre les coups du sort [l'âge viril] songe à se maintenir* », BOILEAU. ■ Empêcher tout mouvement de quelque chose ou tout geste de quelqu'un.

MAINTENU, UE, p. p. de maintenir. [mɛ̃t(ə)ny]

MAINTENUE, n. f. [mɛ̃t(ə)ny] (*maintenir*) Confirmation par jugement dans la possession d'un bien ou d'un droit litigieux.

MAINTIEN, n. m. [mɛ̃tjɛ̃] (*maintenir*) Action de maintenir. *Le bon maintien d'un soutien-gorge.* ♦ Manière de tenir le corps et le visage. *Un noble maintien.* ♦ *N'avoir pas de maintien,* avoir l'air gauche et embarrassé. ♦ *Perdre son maintien,* ne savoir quelle figure faire, être déconcerté. ♦ *Avoir un maintien,* se donner un air, des manières qui fassent qu'on n'est pas déplacé là où l'on se trouve. ■ *Maintien de l'ordre,* mesures de sécurité mises en place par un gouvernement ou une autorité pour maintenir l'ordre public. ■ **Dr.** *Maintien dans les lieux,* droit donné à un locataire de conserver son logement ou son local contre le gré du propriétaire, sous certaines conditions. ■ **Milit.** *Maintien sous les drapeaux,* mesure militaire consistant à garder provisoirement sous les drapeaux certains hommes ayant terminé leur service.

MAÏOLIQUE, n. f. [majolik] Voy. MAJOLIQUE.

MAÏORAL, ALE ou **MAYORAL, ALE**, ■ adj. [majoʀal] (*maïeur* ou *mayor*) Belg. Relatif au maïeur. *Une fonction maïorale. Les vœux mayoraux.*

MAÏORAT ou **MAYORAT**, ■ n. m. [majoʀa] (*maïeur* ou *mayor*) Belg. Fonction de maïeur. *La fin de son maïorat.*

MAIRAIN, n. m. [meʀɛ̃] Voy. MERRAIN.

MAIRE, n. m. [meʀ] (lat. *major,* compar. de *magnus,* grand) ▷ Sous les Mérovingiens, l'intendant de la maison. ◁ ♦ ▷ *Maire du palais,* le principal officier qui, de l'administration de la maison royale, passa dans l'administration des affaires de l'État, sous les rois de la première race. ◁ ♦ Aujourd'hui, le premier officier municipal d'une ville, d'une commune. ■ *Maire d'arrondissement,* premier magistrat d'un arrondissement dans une grande ville.

MAIRESSE, n. f. [meʀɛs] (*maire*) ▷ La femme d'un maire. ◁ ♦ ▷ Ne se dit que par plaisanterie. ◁ ♦ Femme qui exerce la fonction de maire.

MAIRIE, n. f. [meʀi] (*mairie*) Office de maire. ♦ Temps durant lequel on exerce cette fonction. ♦ Bâtiment où se tient l'administration municipale. ♦ ▷ *Mairie du palais,* dignité de maire du palais. ◁

MAIS, adv. [mɛ] (lat. *magis*) ▷ Signifie *plus* seulement dans la locution : *Pouvoir mais,* avec une négation ou une interrogation, n'être pas cause de, n'être pas responsable de. Souvent nous imputons nos fautes au malheur. « *Qui n'en peut mais* », RÉGNIER. « *Puis-je mais de cela ?* », REGNARD. ◁ ♦ Oui, certes. « *Elle y fut reçue très bien, mais très bien* », MME DE SÉVIGNÉ. ♦ conj. Marque opposition, restriction, différence. *Il est riche, mais avare.* ♦ Il s'emploie pour rendre raison de quelque chose. *Je l'ai, il est vrai, maltraité, mais j'en avais sujet.* ♦ S'emploie au commencement d'une phrase qui a quelque rapport à ce qui précède. *Mais, dites-moi, etc.* ♦ *Mais encore* s'oppose à *non seulement,* dans deux membres de phrase qui se correspondent. *Non seulement il est bon, mais encore il est généreux.* ♦ *Eh mais ?* exprime le doute, l'hésitation, la suspension et aussi l'étonnement. ♦ **N. m.** Objection, difficulté. « *Mais... — Achevez, seigneur : ce mais que veut-il dire ?* », P. COR-NEILLE. ♦ *Des mais, des si, des car,* se dit des objections qu'on oppose à une chose simple. ♦ *Il y a un mais,* se dit pour signifier qu'il y a des critiques à faire.

MAÏS, n. m. [mais] (esp. *maiz,* du haïtien *mahiz*) ▷ Blé d'Espagne et blé de Turquie. ◁ ♦ Le grain. *Égrener le maïs.* ♦ La farine. *Bouillie de maïs.* ■ Céréale de grande taille dont les grains forment des épis, originaire d'Amérique centrale et introduite en Europe au XVIe s. ■ REM. On prononçait autrefois [mai].

MAÏSERIE, ■ n. f. [mais(ə)ʀi] (*maïs*) Usine de traitement du maïs chargée d'en extraire la fécule et le glucose. ■ **Par extens.** Activité industrielle de l'usine de traitement du maïs. *Il est dans la maïserie.*

MAISON, n. f. [mezɔ̃] (lat. *mansio*) Bâtiment servant de logis. ♦ À la maison, chez soi. *Fig.* *Par-dessus les maisons,* excessivement, d'un prix excessif. *Il fait des demandes par-dessus les maisons.* ♦ *La maison de Dieu* ou *la maison de paix,* l'église. ♦ *Fig. La maison céleste,* le ciel, le paradis. ♦ *Maison de commerce* ou elliptiq. *maison,* maison où l'on fait le trafic des marchandises. ♦ *Maison de ville, maison commune,* l'hôtel où s'assemblent les officiers municipaux. ♦ *Maison d'arrêt, de détention, de force, de correction,* prison. ♦ *Maison de charité,* maison où l'on donne des secours aux indigents. ♦ *Maison religieuse,* couvent. ♦ *Maison de santé,* établissement privé dans lequel se trouvent réunies de bonnes conditions de traitement pour ceux qui ne peuvent pas se faire soigner dans leur domicile. ♦ *Maison garnie,* maison où on loue des chambres, des appartements garnis. ♦ *Maison de jeu,* maison ouverte au public où l'on joue de l'argent. ♦ *Petites-Maisons,* maison donné autrefois à un hôpital de Paris où l'on renfermait les aliénés. ♦ *Il est à mettre aux Petites-Maisons,* c'est un échappé des Petites-Maisons, c'est un homme qui fait ou dit des choses folles. ♦ *Maison de ville,* maison où l'on loge quand on est en ville. ♦ *Maison des champs,* maison que l'on a à la campagne pour

l'utilité. ♦ *Maison de campagne,* maison qu'on a à la campagne pour l'agrément. ♦ *Maison rustique,* ferme, métairie avec ses dépendances. ♦ *Maison rustique,* titre de plusieurs ouvrages qui traitent d'économie rurale. ♦ *Maison de chasse,* maison qui sert de rendez-vous de chasse. ♦ *Petite maison,* nom donné autrefois à une maison ordinairement située dans un quartier peu fréquenté et destinée à des rendez-vous. ♦ Tout ce qui a rapport aux affaires domestiques, de ménage. *Une maison bien ordonnée. Avoir une maison montée.* ♦ *Tenir la maison,* être à la tête du gouvernement d'un ménage. ♦ *Tenir maison,* avoir une maison où l'on reçoit, où l'on donne à dîner. ♦ *Bonne maison,* maison où tout est bon et en abondance. ♦ *Grande maison,* maison opulente. ♦ *Faire une bonne maison,* amasser beaucoup de bien. ♦ Personnes qui, vivant ensemble dans une maison, composent une même famille. *Le maître, l'enfant, le fils, la fille de la maison.* ♦ *Il est de la maison,* c'est un membre de la famille, ou c'est un ami très intime. ♦ Terme collectif désignant les gens attachés au service d'une maison. *Un valet et deux servantes composent toute sa maison.* ♦ ▷ *Entrer en maison,* prendre du service dans une maison. ◁ ♦ *Faire beaucoup de maisons,* changer souvent de place. ◁ ♦ **Fam.** *Faire maison nette,* renvoyer à la fois tous ses domestiques. ◁ ♦ Terme collectif désignant toutes les personnes employées au service des grands personnages, des princes et princesses. ♦ *Maison du souverain,* tous les officiers de la chambre et autres qui servaient sous le roi ou l'empereur. ♦ ▷ *Maison militaire* ou *maison du roi, de l'empereur,* ou simplement *la maison,* les troupes destinées à la garde de la personne du souverain. ◁ ♦ **Fig.** Race, famille, en parlant des familles nobles, des grandes familles. *La maison de France.* ♦ *La maison royale,* la maison impériale, les princes du sang. ♦ *Les grandes maisons,* les maisons les plus éminentes par leur noblesse et leurs dignités. ♦ *Bonne maison,* maison noble, et aussi toute maison qui, avec la bonne renommée, jouit d'un état de fortune assuré. ♦ *Enfant de bonne maison,* enfant appartenant à une bonne maison. ♦ Compagnie, communauté d'ecclésiastiques, de religieux. ♦ En astrologie, *maisons du soleil,* douze divisions que les astrologues faisaient dans le ciel et qui correspondaient aux douze divisions du zodiaque. ♦ **Prov.** *C'est la maison de Dieu, où on ne boit ni ne mange,* se dit de la maison d'un avare. ♦ *C'est la maison du bon Dieu,* se dit des maisons ouvertes à tout le monde. ■ **Adj. inv.** Fabriqué par soi-même ou de manière artisanale. *Un gâteau fait maison.* ■ *Maison de retraite,* maison spécialisée qui accueille les personnes âgées. ■ *Maison-Blanche,* lieu de résidence du président des États-Unis à Washington ; et par extens. le gouvernement américain. *Une décision prise par la Maison-Blanche.* ■ *Maison de repos,* établissement de santé qui accueille les personnes convalescentes.

MAISONNÉE, n. f. [mezɔne] (*maison*) **Collect.** et pop. Tous les gens d'une famille qui demeurent dans une même maison. ■ REM. N'est plus populaire aujourd'hui.

MAISONNERIE, ■ n. f. [mezɔn(ə)ʀi] (*maison*) Commerce spécialisé dans la vente au détail d'articles d'équipement pour la maison. *Acheter un tapis à la maisonnerie.*

MAISONNETTE, n. f. [mezɔnɛt] (dimin. de *maison*) Petite maison.

MAISTRANCE, ■ n. f. [mɛstʀɑ̃s] (*maistre,* anc. forme de *maître*) Ensemble des sous-officiers d'un navire appartenant à la Marine nationale. ■ *École de maistrance,* école spécialisée dans la formation des sous-officiers de la Marine nationale.

MAIT, ■ n. f. [mɛ] Voy. MAIE.

MAÎTRE ou **MAITRE**, n. m. [mɛtʀ] (lat. *magister*) Personne qui commande soit de droit soit de fait. *Le maître de la maison.* « *C'est le maître des rois* », P. CORNEILLE. ♦ *Seigneur et maître,* sorte de pléonasme. ♦ *Parler en maître,* avoir le ton du commandement. ♦ *Être son maître,* ne dépendre de personne. ♦ ▷ Personne qui possède des esclaves. ◁ ♦ Roi, empereur, prince, souverain. « *Qu'il est peu de sujets fidèles à leurs maîtres !* », P. CORNEILLE. ♦ *Maître du monde,* Dieu. ♦ *Les maîtres de la terre,* les rois, les princes. ♦ *Le grand maître,* Dieu, et aussi un homme qui a toute autorité. ♦ *Le maître des humains,* Dieu. ♦ Personne qui par la force entre en possession, en domination. *Il resta maître du champ de bataille.* ♦ *Se rendre maître de,* arrêter les progrès. *Se rendre maître du feu, de la sédition, de la maladie, etc.* ♦ *Fig. Se rendre maître de,* acquérir la disposition de. *Se rendre maître des esprits, des cœurs, de la conversation, etc.* ♦ *Fig. Il a trouvé son maître,* il a trouvé quelqu'un de plus fort, plus savant que lui. ♦ *Fig. Maître* se dit de toutes les choses abstraites, intellectuelles, morales dont on dispose comme un maître fait de ce qu'il possède. *Être maître de ses passions. Être maître de l'empire sur soi-même. Cet écrivain, cet orateur, ce poète est maître de son sujet, de sa matière,* il les possède bien, et est capable de les bien traiter. ♦ *Ce chanteur est maître de sa voix,* il la dirige avec facilité. ♦ *Être le maître, être maître de faire quelque chose,* avoir la liberté, le pouvoir de faire quelque chose. ♦ **Absol.** *Être le maître,* commander sans contestation. ♦ Propriétaire. *Le maître de ce château.* ♦ *L'œil du maître,* la surveillance, la sollicitude du propriétaire. ♦ Personne qui enseigne quelque art ou quelque science. *Maître de langue, de français, etc.* ♦ ▷ *Maître ès arts,* personne qui avait reçu dans une université, les degrés qui donnaient pouvoir d'enseigner les humanités et la philosophie. ◁ ♦ *Maître de pension, d'école,* personne qui tient une pension, une école. ♦ *Maître d'étude,* personne qui, dans un lycée, collège ou pensionnat, surveille les élèves pendant les heures d'étude et de récréation. ♦ *Maître de danse* ou *maître à danser,* personne qui enseigne la danse. ♦ *Maître de musique, de piano, etc.,* personne qui enseigne la musique, le piano, etc. ♦ *Maître de chant* ou *maître à chanter,* personne qui enseigne la musique vocale. ♦ *Maître de ballet,* personne qui dirige l'exécution des ballets. ♦ *Maître de musique,* le chef de la musique d'un régiment. ♦ *Maître en fait d'armes* ou *maître d'armes,* personne qui enseigne l'escrime. ♦ **Fig.** Personne qui enseigne, instruit, sans être un maître d'enseignement. « *Le maître qui prit soin d'instruire ma jeunesse, Ne m'a jamais appris à faire une bassesse* », P. CORNEILLE. ♦ *Jurer sur la parole du maître,* suivre en tout et aveuglément les opinions d'un philosophe, d'un chef d'école. ♦ Ce qui enseigne, instruit. « *Instruit par le malheur, ce grand maître de l'homme* », VOLTAIRE. ♦ Personne qui est savante, experte, éminente en quelque art ou science. *Il est maître en éloquence.* ♦ Il se dit des grands peintres. *Les maîtres de l'école française.* ♦ **Fig.** Personne qui excelle à. « *En matière de fourbe il est maître* », P. CORNEILLE. ♦ *En maître,* à la façon de celui qui excelle. *Écrire en maître.* ♦ Personne qui, après avoir été apprentie, était reçue dans les formes régulières dans quelque corps de métier ; ce que l'on appelait *passer maître.* ♦ **Fig.** et **fam.** *Il est passé maître en...,* c'est un homme habile en... « *L'autre était passé maître en fait de tromperie* », LA FONTAINE. ♦ Dans la franc-maçonnerie, personne qui a été reçue dans la chambre du milieu, qui dirige les apprentis et les compagnons. ♦ Aujourd'hui, qualification donnée à des artisans qui emploient ou dirigent plusieurs ouvriers, qui ont des ateliers, qui font des entreprises, etc. ♦ *Maître d'œuvre,* l'ouvrier qui commande aux autres dans un atelier. ♦ *Maître des œuvres,* se disait autrefois des personnes qui étaient chargées des constructions civiles et navales. ♦ *Maître clerc,* dans une étude de notaire ou d'avoué, le premier des clercs. ♦ ▷ *Maître valet,* personne qui dans une ferme est à la tête des domestiques. ◁ ♦ *Maître compagnon,* personne qui conduit l'atelier pour le maître maçon et qui le remplace. ♦ *Tambour maître* ou *maître tambour,* personne qui dans un régiment apprend aux tambours à battre la caisse. ♦ **Mar.** *Maître d'équipage,* sous-officier qui a autorité sur tout l'équipage. ♦ *Maître canonnier,* sous-officier qui commande aux canonniers. ♦ *Maître des hautes œuvres,* le bourreau. ♦ **Dr.** Titre qu'on donne aux avocats, aux avoués et aux notaires. *Maître un tel,* notaire. ♦ *Maître* se dit familièrement en parlant à des gens de condition peu relevée et en parlant d'eux. *Maître un tel.* ♦ Titre des personnes revêtues de certaines charges. *Maître des requêtes. Maître des cérémonies. Grand maître des cérémonies.* ♦ ▷ *Grand maître de l'université de France,* titre donné au chef de l'université sous le premier Empire. ◁ ♦ *Grand maître,* titre donné aux chefs des ordres militaires, des ordres de chevalerie. *Le grand maître de l'ordre de Malte.* ♦ *Maître de chapelle,* personne qui est chargé de diriger la chant dans une église. ♦ *Maître d'hôtel,* homme chargé de diriger tout ce qui concerne la table dans une grande maison. ♦ **Fam.** *Maître* se joint quelquefois à certains termes d'injure, dont il augmente l'énergie. *Maître sot.* ♦ Il se joint aussi comme éloge à certaines qualifications. *Un maître homme,* un homme entendu, habile. ♦ Il se dit des choses inanimées, et signifie alors premier ou principal. *Le maître chevron. Le maître autel,* Voy. AUTEL. ♦ **Fig.** et **fam.** *Petit-maître,* jeune homme qui a de la recherche dans sa parure. ♦ **Prov.** *L'argent n'a point de maître,* rien ne fait connaître à qui appartient une pièce de monnaie perdue. ♦ *Nul ne peut servir deux maîtres,* il est difficile de vaquer à deux emplois à la fois, de mener de front deux affaires, etc. ♦ *Tel maître, tel valet,* les valets suivent l'exemple du maître, particulièrement en mal. ■ Aux cartes, personne qui pose la carte la plus forte d'une couleur dans un pli. ■ Instituteur. *Le maître interroge un élève.* ■ Personne responsable d'un animal domestique. *Le chien a son maître.* ■ *Maître chanteur,* personne qui a recours au chantage pour obtenir quelque chose. *Les maîtres chanteurs réclament une somme d'argent exorbitante.* ■ *Maître-chien,* personne chargée d'éduquer et de dresser un chien afin que ce dernier remplisse les fonctions de protection, de gardiennage, de surveillance, d'aide ou de secours. *Des maîtres-chiens d'avalanche.*

MAÎTRE-À-DANSER, ■ n.m. [mɛtʁadɑ̃se] (*maître, à* et *danser*) Compas à branches croisées servant à mesurer les épaisseurs et les diamètres intérieurs. *Des maîtres-à-danser.*

MAÎTRE-À-PENSER ou **MAÎTRE À PENSER**, ■ n.m. [mɛtʁapɑ̃se] (*maître, à* et *penser*) Voy. MAÎTRE-PENSEUR.

MAÎTRE-COUPLE ou **MAÎTRE COUPLE**, ■ n.m. [mɛtʁəkupl] (*maître* et *couple*) Surface de la projection d'un corps sur un plan vertical perpendiculaire à son axe de déplacement. *Des maîtres-couples.* ■ **Mar.** Mesure de la largeur d'un bateau.

MAÎTRE-CYLINDRE ou **MAÎTRE CYLINDRE**, ■ n.m. [mɛtʁəsilɛ̃dʁ] (*maître* et *cylindre*) **Techn.** Dispositif qui contient le liquide de freins et qui le pousse par pression hydraulique dans les conduites du circuit de freinage lorsqu'on appuie sur la pédale de freins. *Des maîtres-cylindres.*

MAÎTRE-PENSEUR ou **MAÎTRE PENSEUR**, ■ n.m. [mɛtʁəpɑ̃sœʁ] (*maître* et *penseur*) Personnalité exerçant une grande influence sur les autres par son idéologie ou sa pensée. *Des maîtres-penseurs.* ■ REM. On dit aussi *maître-à-penser* ou *maître à penser.*

MAÎTRESSE ou **MAITRESSE**, n.f. [mɛtʁɛs] (*maître*) Femme qui domine, dirige, possède. « *Il me laisse en ces lieux souveraine maîtresse* », RACINE. ♦ *Dame et maîtresse,* sorte de pléonasme familier. ♦ *Maîtresse de maison,* la dame qui dirige une maison. ♦ *Maîtresse de soi-même,* femme qui peut disposer de son sort comme elle veut. ♦ *Être maîtresse de,* être la maîtresse de, disposer à son gré. ♦ **Absol.** *Être la maîtresse,* faire ce qu'on veut. ♦ *Être maîtresse de,* contenir, dominer. « *La raison ne doit-elle pas être maîtresse de tous nos mouvements ?* », MOLIÈRE. ♦ Il se dit des armées quand elles s'emparent. *Nos armées maîtresses de Naples.* ♦ **Fig.** Il se dit de choses qu'on personnifie. « *La rébellion longtemps retenue, à la fin tout à fait maîtresse* », BOSSUET. ♦ Femme qui possède un pays à titre souverain. ♦ *La maîtresse du monde, de la Terre, des nations,* Rome. ♦ Dans le style biblique, *la maîtresse des nations,* Jérusalem. ♦ Fille ou femme recherchée en mariage, ou simplement aimée de quelqu'un. ♦ Femme qui enseigne. *Une maîtresse de piano, de chant, de langue.* ♦ **Fig.** « *L'oisiveté est la maîtresse de tous les crimes* », BOURDALOUE. ♦ ▷ *Maîtresse de pension, d'école,* femme qui tient un pensionnat, une école. ◁ ♦ *Maîtresse* se joint à des qualifications injurieuses pour les renforcer. *Une maîtresse coquine.* ♦ Il se joint aussi à des qualifications indifférentes ou louables. *Une maîtresse femme,* une femme capable, habile, résolue. ♦ Il se dit de même des choses inanimées, et signifie principal. « *Les deux maîtresses conditions d'un poème* », P. CORNEILLE. ♦ *Maîtresse pièce,* la principale pièce d'un ouvrage quelconque. ♦ *Maîtresse ancre,* la plus grosse ancre d'un bâtiment. ♦ *Petite-maîtresse,* femme qui est d'une élégance recherchée dans son ton, dans ses manières et dans sa parure. ♦ Institutrice. *La maîtresse donne des exercices à ses élèves.* ■ Personne responsable d'un animal domestique. *La maîtresse promène son chien.*

MAÎTRISABLE ou **MAITRISABLE**, adj. [mɛtʁizabl] (*maîtriser*) Qu'on peut maîtriser.

MAÎTRISE ou **MAITRISE**, n.f. [mɛtʁiz] (*maître*) Domination, autorité de maître. ♦ Qualité de maître, supériorité, habileté. « *Ces grands coups de maîtrise* », RÉGNIER. ♦ Qualité de maître, en parlant des anciennes corporations de métiers. *Gagner la maîtrise.* ♦ *Maîtrise* ou *grande maîtrise,* se dit de certaines charges ou dignités. *La maîtrise des eaux et forêts. La grande maîtrise de Malte.* ♦ Emploi de maître de chapelle. ♦ École dans laquelle les enfants de chœur d'une cathédrale reçoivent leur éducation musicale. ♦ Logement réservé au maître de chapelle et à son école. ■ Aptitude à dominer une technique, une pratique. ■ *Maîtrise de soi,* capacité à dominer ses émotions. ■ Grande qualité du point de vue de la facture ou de l'exécution de quelque chose. *Un travail d'une grande maîtrise.* ■ Deuxième année de second cycle à l'université, dans l'ancien système.

MAÎTRISÉ, ÉE ou **MAITRISÉ, ÉE**, p. p. de maîtriser. [mɛtʁize]

MAÎTRISER ou **MAITRISER**, v. tr. [mɛtʁize] (*maîtrise*) Se rendre maître de. « *Des lecteurs dont le jugement ne se laisse pas maîtriser aux événements ni à la fortune* », BOSSUET. ♦ « *Un écrivain supérieur sait à la fois enhardir et maîtriser une langue timide et minutieuse* », d'ALEMBERT. ♦ *Maîtriser la fortune,* faire tourner les événements à son avantage. ♦ Gouverner en maître. *Maîtriser un vieillard.* ♦ Dompter par une force supérieure. *Maîtriser un fou.* ♦ Se maîtriser, v. pr. Être maître de soi-même, contenir ses passions.

MAÏZENA, n.f. [maizena] (marque déposée, mot anglo-amér., de l'angl. *maize,* maïs) Farine de maïs utilisée en cuisine.

MAJE, adj. [maʒ] Voy. MAGE.

MAJESTÉ, n.f. [maʒɛste] (lat. *majestas,* grandeur, dignité) Caractère extérieur de grandeur, apparence auguste. « *Une reine portant sur son visage la majesté de tant de rois* », FLÉCHIER. ♦ **Fig.** Grandeur imprimant le respect. *La majesté du peuple romain.* ♦ Il se dit de Dieu. « *Dieu y parut dans sa majesté* », BOSSUET. ♦ Il se dit aussi des choses qui impriment le respect. *La majesté du trône, de l'empire.* ♦ Le pouvoir royal même. *La majesté des rois.* ♦ Titre particulier qui se donne aux empereurs, aux rois et à leurs épouses (avec un M majuscule). *Votre Majesté.* ♦ Par abréviation on écrit *V. M. Sa Majesté impériale,* l'empereur. ♦ ▷ *Loi de majesté,* loi punissant tout attentat contre le peuple romain, et appliquée par les empereurs à tout délit contre le prince. ◁

MAJESTUEUSEMENT, adv. [maʒɛstɥøz(ə)mɑ̃] (*majestueux*) Avec majesté.

MAJESTUEUX, EUSE, adj. [maʒɛstɥø, øz] (*majesté*) Qui a de la majesté. *Un prince majestueux.* ♦ Il se dit aussi des choses. *Des cérémonies majestueuses. Un fleuve majestueux.*

MAJEUR, EURE, adj. [maʒœʁ] (lat. *major,* compar. de *magnus,* grand) Plus grand. *La majeure partie.* ♦ *Ordres majeurs,* la prêtrise, le diaconat, le sous-diaconat. ♦ **Mus.** *Tierce majeure,* tierce composée de deux tons. ♦ *Sixte majeure,* intervalle de six notes, contenant quatre tons et un demi-ton. ♦

Septième majeure, intervalle de sept notes, contenant cinq tons et un demi-ton. ♦ *Ton* ou *mode majeur,* ton ou mode où la tierce et la sixte au-dessus de la tonique sont majeurs. ♦ **N. m.** *Un air en majeur.* ♦ *Le majeur,* la partie d'un duo, d'une sonate, d'une symphonie, traitée en mode majeur. ♦ Au jeu de piquet, *tierce, quarte, quinte, seizième, dix-septième majeure,* séquence des trois, quatre, cinq, six, sept plus fortes cartes. ♦ **Mar.** *Manœuvres majeures,* les manœuvres principales. ♦ *Mâts majeurs,* le grand mât, le mât de misaine, le grand mât et le petit mât de hune. ♦ Grand, important, considérable, sans aucune idée de comparaison. *Une affaire majeure.* ♦ *Force majeure,* Voy. FORCE. ♦ Qui est à l'âge prescrit par les lois pour user et jouir de ses droits, et pour pouvoir contracter valablement. *Un roi majeur. Une femme majeure.* ♦ **N. m.** et n. f. *Un majeur. Une majeure.* ♦ **N. f. Log.** *La majeure,* la proposition d'un syllogisme qui contient le grand terme ou l'attribut de la conclusion. ▪ **N. m.** Troisième doigt de la main.

MAJOLIQUE, n. f. [maʒɔlik] (lat. médiév. *Majolica,* altér. de *Majorica,* nom de l'île de *Majorque*) Nom attribué, dans le commerce de curiosités, à toutes les faïences anciennes italiennes et espagnoles. ♦ On écrit et prononce souvent *maïolique.*

MAJOR, n. m. [maʒɔʀ] (lat. *major*) Officier supérieur qui dirige l'administration et la comptabilité d'un régiment. ♦ On dit quelquefois *gros major.* ♦ *Major général,* officier général chargé de remplir ces mêmes fonctions pour toute une armée, ainsi que d'expédier tous les ordres du généralissime. ♦ Officier supérieur qui, dans une place de guerre, est spécialement chargé des détails du service, sous l'autorité du commandant. ♦ *Adjudant-major,* Voy. ADJUDANT. ♦ *Chirurgien-major,* le premier chirurgien d'un régiment. ♦ *Aide-major,* chirurgien adjoint au chirurgien-major. ♦ *Tambour-major, trompette-major, sergent-major, ronde-major, état-major,* Voy. TAMBOUR, ETC. ▪ Premier d'une promotion ou premier reçu d'un concours. ▪ **N. f.** Entreprise très puissante dans son secteur d'activité.

MAJORANT, ▪ n. m. [maʒɔʀɑ̃] (*majorer*) **Math.** Nombre appartenant à un ensemble faisant supérieur ou égal à tous les éléments d'un sous-ensemble. *Le majorant et le minorant d'un ensemble mathématique.*

MAJORAT, n. m. [maʒɔʀa] (esp. *mayorrazgo,* institution esp. pour la transmission des biens dans la famille) Immeuble inaliénable qui, attaché à la possession d'un titre de noblesse, passe avec le titre d'héritier en héritier soit naturel, soit adoptif. *Constituer un majorat.*

MAJORDOME, n. m. [maʒɔʀdɔm] (ital. *maggiordomo,* maître d'hôtel de grande maison, du lat. *major domus,* chef des serviteurs) Maître d'hôtel à la cour de Rome, d'Espagne. *Majordome du pape.* ▪ Maître d'hôtel et chef des domestiques dans une grande maison.

MAJORER, ▪ v. tr. [maʒɔʀe] (lat. *major*) Augmenter un prix, un tarif. ▪ Surestimer un montant. *Majorer un devis.* ▪ **Math.** Définir un majorant pour un ensemble. ▪ MAJORATION, n. f. [maʒɔʀasjɔ̃]

MAJORETTE, ▪ n. f. [maʒɔʀɛt] (mot amér., du lat. *major*) Jeune fille qui défile vêtue d'un uniforme militaire de fantaisie, en exécutant des mouvements avec une baguette.

MAJORITAIRE, ▪ adj. [maʒɔʀitɛʀ] (*majorité*) Plus grand en nombre. *Les femmes sont majoritaires dans la salle.* ▪ **Dr.** Qui détient la majorité des parts ou des actions. *Un actionnaire majoritaire.* ▪ *Scrutin majoritaire,* scrutin dans lequel le candidat qui obtient le plus de voix l'emporte. ▪ MAJORITAIREMENT, adv. [maʒɔʀitɛʀ(ə)mɑ̃]

1 **MAJORITÉ,** n. f. [maʒɔʀite] (lat. *majoritas*) **Jurispr.** L'état d'une personne qui est majeure. *Atteindre sa majorité.*

2 **MAJORITÉ,** n. f. [maʒɔʀite] (angl. *majority,* du lat. médiév. *majoritas,* le plus grand nombre) Pluralité, en parlant des voix, des votants dans une assemblée délibérante. ♦ *Majorité absolue,* majorité qui comprend plus que la moitié des voix. ♦ *Majorité relative,* majorité qui se forme simplement de la supériorité du nombre des voix obtenues par un des concurrents, par une des propositions, etc. ♦ Le parti qui, dans une assemblée, réunit ordinairement le plus grand nombre de suffrages. ♦ Le plus grand nombre. *Les pauvres et les infortunés font la majorité sur la Terre.*

3 **MAJORITÉ,** n. f. [maʒɔʀite] (lat. *majoritas*) ▷ Emploi de major. ♦ Lieu où sont les bureaux du major. *La majorité de Cherbourg.* ◁

MAJORQUIN, INE, ▪ adj. [maʒɔʀkɛ̃, in] (*Majorque*) Relatif à la ville de Majorque. *Le tourisme majorquin.* ▪ **N. m.** et n. f. Habitant de Majorque. *Les Majorquins.* ▪ **N. m.** *Dogue majorquin,* race de chien puissant, de taille moyenne et à poils courts.

MAJUSCULE, adj. [maʒyskyl] (lat. class. *majusculus,* dimin. de *major*) *Lettre majuscule, caractère majuscule,* grande lettre, lettre capitale. ♦ *Écriture majuscule,* écriture dont toutes les lettres sont des capitales. ♦ **N. f.** *Une majuscule,* une lettre majuscule.

MAKHZEN ou **MAGHZEN,** ▪ n. m. [makzɛn, magzɛn] (ar. *mahzan,* entrepôt, bureau) Gouvernement au Maroc, et tous les cercles qui le soutiennent. ▪ ▷ Lieu où l'on entreposait en lieu sûr les marchandises, les

impôts en nature, et où se trouvaient les tribus fidèles au pouvoir central qui collectaient ledit impôt. ◁

MAKI, n. m. [maki] (mot malgache) Animal de l'ordre des quadrumanes, ressemblant au singe par le corps, et au renard par le museau. *Des makis.*

MAKILA, ▪ n. m. [makila] (basque, bâton, du lat. *bacillum,* baguette) Canne basque ornée, dont une des extrémités cache un poignard. *Des makilas.*

MAKIMONO, ▪ n. m. [makimono] (mot jap., de *maki,* rouler, et *mono,* chose) Peinture ou calligraphie japonaise, sous forme de rouleau de soie ou de papier, que l'on déploie horizontalement. *Une exposition de makimonos.*

MAKIS, n. m. [maki] Voy. MAQUIS.

1 **MAL,** n. m. [mal] (lat. *malum*) Ce qui nuit, ce qui blesse ; le contraire du bien. « *À raconter ses maux souvent on les soulage* », P. CORNEILLE. ♦ *Un mal d'opinion,* un mal qui n'est mal que dans l'opinion des hommes. ♦ *Les maux d'imagination,* les maux qui ne sont pas réels. ♦ *Faire du mal,* nuire, infliger quelque chose qui fasse souffrir. ♦ *Vouloir du mal à quelqu'un,* souhaiter qu'il lui arrive. ♦ On dit dans le même sens : *Vouloir du mal, un grand mal, mal de mort.* ♦ *Il vous en prendra mal, mal vous en prendra,* cela vous causera du mal. ♦ **Absol.** *Le mal,* la part de mal qui aux yeux de l'homme règne dans l'univers. ♦ **Philos.** *Mal métaphysique,* imperfection de nature qui tient à l'essence des choses. ♦ *Mal physique,* les souffrances, les maladies, la mort. ♦ *Mal moral,* crime et péché. ♦ Ce qui est contraire à la vertu, à la probité, à l'honneur. *La science du bien et du mal. Induire quelqu'un à mal.* ♦ *Penser, songer à mal,* avoir quelque intention maligne ou mauvaise. ♦ *Il n'y a pas de mal à,* on ne pèche pas en, etc. ♦ **Fam.** *Faire du mal,* commettre quelque action contraire à la morale. ♦ Douleur physique, maladie. ♦ *Les maux,* petites souffrances continuelles, par opposition à maladie. ♦ *Maux de nerfs,* souffrances indéterminées. ♦ *Mal de tête,* céphalalgie, céphalée. ♦ *Mal du pays,* la nostalgie. ♦ *Chaud mal,* la fièvre chaude. ♦ ▷ **Fig.** *Tomber de lièvre en chaud mal,* tomber d'un petit accident en un plus grand, voir empirer sa condition. ◁ ♦ *Faire mal à,* causer de la douleur, de la maladie. ♦ *Faire mal* se dit aussi de la partie qui est douloureuse. *Le doigt me fait mal.* ♦ *Se faire mal,* se blesser. ♦ **Fam.** *Un mal,* un furoncle, un clou, un abcès, une tumeur. ♦ *Mal* joint à une autre qualification sert à dénommer diverses maladies ou souffrances. *Mal d'aventure,* petits abcès qui surviennent près des ongles de la main ; panaris. *Mal caduc, mal Saint-Jean, mal sacré, haut mal,* l'épilepsie. *Mal de cœur,* envie de vomir, nausées. ♦ **Fig.** *Mal de cœur, mal au cœur,* dégoût de quelque chose ou de quelqu'un. « *Votre frère est d'une faiblesse à faire mal au cœur* », MME DE SÉVIGNÉ. ♦ *Mal d'enfant,* les douleurs de l'enfantement. ♦ *Mal de mer,* indisposition à laquelle beaucoup de personnes sont sujettes lorsqu'elles vont sur mer, et qui est caractérisée par des désordres d'estomac. ♦ Peine, travail. « *À chaque jour suffit son mal* », SACI. ♦ *Se donner du mal,* prendre de la peine. ♦ **Fig.** *Avoir du mal à faire une chose,* la faire avec répugnance, avec chagrin. ♦ Dommage, perte, calamité. *La gelée a fait beaucoup de mal aux vignes.* ♦ Inconvénient. *Le mal est que, etc.* ♦ Paroles désavantageuses tenues sur quelqu'un ou quelque chose, et aussi interprétation défavorable donnée à quelque chose. « *Le mal qu'on dit d'autrui ne produit que du mal,* BOILEAU. *La médisance tourne en mal les paroles innocentes.* ♦ **Prov.** *Aux grands maux les grands remèdes.* ♦ Avec un participe présent, le participe s'accorde si *mal* est devant, et reste invariable si *mal* est après : *des personnes mal pensantes ; des personnes pensant mal.* ▪ *Être en mal de quelque chose,* souffrir du manque ou de l'absence de quelque chose. ▪ *Le mal du siècle,* profonde mélancolie dont souffrait la jeunesse au temps des romantiques. ▪ *Dire du mal de quelqu'un,* médire de cette personne.

2 **MAL,** adv. [mal] (lat. *male*) Autrement qu'il ne faut. *Savoir mal. Prendre mal ses mesures.* ♦ *Mal fait,* dont le corps est mal fait, ou a mauvaise tournure. ♦ **N. m.** et n. f. « *Ce mal fait* », MOLIÈRE. ♦ On écrit quelquefois en un seul mot : *malintentionné.* ♦ *Faire mal,* exécuter d'une manière défectueuse. ♦ *Mal dire,* s'exprimer d'une façon inexacte. ♦ *Mal à l'aise,* incommodé tant au physique qu'au moral. ♦ *Prendre mal une chose,* s'en offenser. ♦ *Parler mal,* dire du mal de. ♦ *Se trouver mal,* tomber en faiblesse, en défaillance, et aussi éprouver un malaise. ♦ *Se trouver mal d'une chose,* en éprouver du dommage, de l'inconvénient. ♦ *Être mal avec quelqu'un,* être brouillé avec lui. ♦ *Mettre quelqu'un mal avec,* le brouiller avec. ♦ *Être mal en cour,* n'avoir pas la faveur du prince. ♦ **Fig.** *Être mal avec la fortune,* être malheureux. ♦ *Être mal,* être extrêmement malade. ♦ *Être au plus mal,* être dans un état désespéré. ♦ *Être mal,* être dans une mauvaise situation. *Être mal dans ses affaires.* ♦ *Être mal en,* être peu pourvu de. « *Un peu mal en biens* », P. CORNEILLE. ♦ *Être mal en,* signifie aussi que ce qu'on a est mauvais. *Il est mal en femme.* ♦ **Fam.** *Être mal,* être laid. ♦ On le dit aussi des choses. *Ce vin n'est pas mal.* ♦ **Fam.** *Pas mal,* se dit pour approuver quelque chose. *Ça te plaît ? —Oui, c'est pas mal.* ♦ **Fam.** *Pas mal,* en assez bon nombre, en assez grande quantité. *Il y avait pas mal de curieux.*

3 **MAL, ALE,** adj. [mal] (lat. *malus,* mauvais, funeste, méchant) Qui nuit, qui blesse, mauvais. Cet adjectif n'est plus employé au masculin que dans :

bon gré, mal gré ; bon an, mal an ; et au féminin que dans les mots composés : *malefaim, malepeste, etc.* ◆ Mal est encore adjectif dans cette tournure : *il est mal d'acquérir la fortune par des voies illicites.*

MALABAR, ■ n. m. [malabaʀ] (*Malabar,* p.-ê. empr. à l'argot des marins de Malabar pour désigner un Indien) Fam. Homme grand et fort. *Deux malabars nous barraient le passage.*

MALABSORPTION, ■ n. f. [malapsɔʀpsjɔ̃] (3 *mal* et *absorption*) Méd. Pathologie caractérisée par des troubles d'absorption d'un ou de plusieurs nutriments essentiels dans l'intestin et provoquant une dénutrition.

MALACHITE, n. f. [malakit] (gr. *malakhitês*) Pierre précieuse, dont la couleur, tirant un peu sur celle de la mauve, tient le milieu entre celle du jaspe et celle de la turquoise ; c'est un cuivre carbonaté vert.

MALACIE, n. f. [malasi] (lat. *malacia,* du gr. *malakia,* mollesse, faiblesse) Méd. Dépravation du goût, avec désir de manger des substances qui sont peu alimentaires ou qui ne le sont pas du tout, et qui même répugnent ordinairement.

MALACO..., ■ [malako] préfixe gr. qui veut dire *mou. La malacologie.*

MALACOLOGIE, ■ n. f. [malakɔlɔʒi] (*malaco-* et *-logie*) Zool. Science qui étudie les mollusques terrestres, marins ou dulcicoles, avec ou sans coquille.

MALACOPTÉRYGIEN, IENNE, adj. [malakɔpteʀiʒjɛ̃, jɛn] (*malaco-* et gr. *pterugion,* nageoire) Zool. Qui a des nageoires molles. ◆ N. m. pl. *Les malacoptérygiens,* classe de poissons.

MALACOSTRACÉ, ■ n. m. [malakɔstrase] (*malaco-* et *ostracé*) Zool. Espèce de crustacé dont les membres, reliés par des membranes articulaires, confèrent une certaine souplesse. *Les crabes, les crevettes, les cloportes sont des malacostracés.*

MALACTIQUE, adj. [malaktik] (gr. *malaktikos*) ▷ Méd. Syn. inusité d'émollient. ◆ N. m. *Les malactiques.* ◁

MALADE, adj. [malad] (lat. *male habitus,* qui est en mauvais état) Qui a quelque altération dans sa santé. ◆ *Malade de,* qui a telle ou telle partie affectée. *Malade de la poitrine.* ◆ Ironiq. et fig. *Le voilà bien malade,* se dit de quelqu'un qui souffre ou se plaint de quelque mal léger. ◆ Se dit des animaux, des plantes et de certains produits végétaux. *Un cheval malade de la morve. Les pommes de terre malades.* ◆ Qui a subi quelque altération pathologique, en parlant des parties du corps. *Il a les poumons malades.* ◆ *Avoir l'esprit malade,* être un peu fou. ◆ **Fam.** Se dit d'une chose qui a reçu quelque atteinte, qui est en de mauvaises conditions. *Cette entreprise, cet habit est malade.* ◆ Fig. Qui est affecté de quelque trouble, de malaise moral. *Une société malade.* ◆ *Un cœur malade,* cœur troublé par quelque passion. ◆ *L'âme malade,* l'âme pécheresse. ■ N. m. et n. f. Personne dont la santé a subi quelque altération. ■ Adj. Contrarié au point de ressentir une sensation de malaise physique.

MALADIE, n. f. [maladi] (*malade*) Altération dans la santé. ◆ *Faire une maladie,* être atteint d'une maladie, et fig. faire quelque chose avec effort et malgré soi. *Il fait une maladie toutes les fois qu'il rend un service.* ◆ Se dit des animaux et des végétaux. *Les maladies des chevaux. La maladie des pommes de terre. Les différentes maladies du vin.* ◆ Absol. Une épidémie. *La maladie est dans ce pays.* ◆ *Maladie du pays,* nostalgie. ◆ Fig. Ce qui trouble l'esprit, le cœur, les nations. « *La maladie principale de l'homme est la curiosité inquiète des choses qu'il ne peut savoir* », Pascal. « *La guerre est une maladie affreuse qui saisit les nations l'une après l'autre* », Voltaire. ◆ Affection excessive pour quelque chose. « *La maladie des systèmes* », Voltaire. ■ Fam. et plais. Répétition à l'excès d'une habitude. *Il a la maladie du nettoyage.*

MALADIF, IVE, adj. [maladif, iv] (*malade*) Sujet à être souvent malade. *Une personne, une complexion maladive.* ◆ Fig. Se dit de certaines affections de l'âme. *Une curiosité maladive.*

MALADIVEMENT, adv. [maladiv(ə)mɑ̃] (*maladif*) D'une manière maladive.

MALADRERIE, n. f. [maladʀəʀi] (*malade,* d'apr. *ladrerie*) Hôpital de lépreux, dit aussi *léproserie.*

MALADRESSE, n. f. [maladʀɛs] (*maladroit,* d'apr. *adresse*) Défaut d'adresse. *La maladresse d'un chasseur, d'un ouvrier.* ◆ Fig. *La maladresse d'un diplomate.* ■ Défaut d'habileté dans la réalisation de quelque chose. ■ Défaut de maîtrise ou de savoir-faire dans la pratique de quelque chose. ■ Faute ou bévue. *Commettre une maladresse.*

MALADROIT, OITE, adj. [maladʀwa, wat] (2 *mal* et *adroit*) Qui n'est pas adroit. *Il est maladroit dans tout ce qu'il fait. Avoir la main maladroite.* ◆ Fig. Qui n'a pas d'habileté. *Démarches, paroles maladroites.* ■ N. m. et n. f. *Un maladroit. Une maladroite.* ◆ Qui manque encore d'expérience dans la réalisation de quelque chose.

MALADROITEMENT, adv. [maladʀwat(ə)mɑ̃] (*maladroit*) D'une manière maladroite.

MALAGA, n. m. [malaga] (*Malaga*) Nom d'un très bon vin de liqueur, ainsi nommé de Malaga en Espagne, où on le récolte. *Des malagas.*

MALAGUETTE, n. f. [malagɛt] Voy. MANIGUETTE.

MAL-AIMÉ, ÉE ou **MALAIMÉ, ÉE**, ■ adj. [maleme] (2 *mal* et *aimé*) Qui est rejeté et peu apprécié d'autrui. *Elle est mal-aimée.* ■ N. m. et n. f. *C'est un mal-aimé.*

MALAIRE, ■ adj. [malɛʀ] (lat. *mala,* joue) Relatif aux os de la joue. *La pommette est un os malaire.*

MALAIS, AISE, ■ adj. et n. m. et n. f. [malɛ, ɛz] (angl. *malay,* de la langue de Malacca-lat *malayu*) Nom d'un peuple qui habite dans les îles de l'Asie orientale. ◆ N. m. *Le malais,* la langue malaise. ■ Rem. Graphie ancienne : *malai, aie.*

MALAISE, n. m. [malɛz] (*mal* et *aise*) État de mal-être. ◆ État de souffrance du corps sans maladie caractérisée. ◆ Il se dit aussi d'un état de souffrance morale. ◆ *Être dans le malaise,* être à l'étroit, être mal dans ses affaires. ■ Mécontentement ou inquiétude générale. ■ *Avoir, éprouver, ressentir un malaise* ou *être pris d'un malaise,* s'évanouir.

MALAISÉ, ÉE, adj. [maleze] (2 *mal* et *aisé*) Qui n'est pas aisé, pas facile. ◆ *Malaisé à,* avec un infinitif. « *La vertu et la probité qui sont si malaisées à rencontrer* », Voltaire. ◆ Incommode, dont on ne peut user avec facilité. *Escalier, chemin malaisé.* ◆ Qui est à l'étroit dans sa fortune. *Un riche malaisé.*

MALAISÉMENT, adv. [malezemɑ̃] (2 *mal* et *aisément*) D'une manière malaisée. « *Les rois malaisément souffrent qu'on leur résiste* », Andrieux.

MALAISIEN, IENNE, ■ adj. [malezjɛ̃, jɛn] (*Malaisie*) Relatif à la Malaisie. *Les îles malaisiennes.* ■ N. m. et n. f. Habitant de la Malaisie. *Les Malaisiens.*

MALANDRE, n. f. [malɑ̃dʀ] (lat. impér. *malandria,* espèce de lèpre des chevaux) Crevasse au pli du genou du cheval. ◆ Certains nœuds pourris qui se trouvent dans les bois à bâtir.

MALANDREUX, EUSE, adj. [malɑ̃dʀø, øz] (*malandre*) Usité seulement dans : *bois malandreux,* bois dans lequel il y a des malandres.

MALANDRIN, n. m. [malɑ̃dʀɛ̃] (ital. *malandrino,* prob. mendiant lépreux, voir *malandre*) ▷ Nom donné à des pillards qui, dans les guerres avec les Anglais, dévastèrent la France. ◁ **Par extens.** Brigand, vagabond. ■ Rem. Il est littéraire dans ce sens.

MALAPPRIS, ISE, adj. [malapʀi, iz] (2 *mal* et *appris,* de *apprendre*) Mal élevé, grossier, impertinent. ◆ N. m. et n. f. *Un malappris. Une malapprise.* ■ Rem. Graphie ancienne : *mal-appris, ise.*

MALARD ou **MALART**, ■ n. m. [malaʀ] (*mâle*) Canard mâle, et plus spécialt. colvert mâle. *Un malard racé.*

MALARIA, n. f. [malaʀja] (ital. *mala,* mauvais, et *aria,* air) ▷ Effluves paludéens. ■ Rem. On dit aujourd'hui *paludisme.* ◁

MALARIOLOGIE, ■ n. f. [malaʀjɔlɔʒi] (*malaria* et *-logie*) Partie de la médecine spécialisée dans l'étude du paludisme. *Un institut de malariologie.*

MALART, ■ n. m. [malaʀ] Voy. MALARD.

MALAVENTURE, n. f. [malavɑ̃tyʀ] (3 *mal* et *aventure*) Mauvaise aventure, fâcheux accident.

MALAVISÉ, ÉE, adj. [malavize] (2 *mal* et *avisé*) Qui n'est pas bien avisé. *Un homme malavisé.* ◆ N. m. et n. f. *Un malavisé. Une malavisée.*

MALAXAGE, ■ n. m. [malaksaʒ] (*malaxer*) Action de pétrir pour rendre plus mou. *Le malaxage de la pâte.*

MALAXÉ, ÉE, p. p. de malaxer. [malakse]

MALAXER, v. tr. [malakse] (lat. impér. *malaxare,* amollir) Pharm. Pétrir des substances pour les rendre plus molles, plus ductiles. ■ Pétrir pour ramollir ou homogénéiser. ■ Masser du bout des doigts.

MALAXEUR, ■ n. m. [malaksœʀ] (*malaxer*) Appareil mécanique permettant de malaxer, dans une cuve, plusieurs substances. *Malaxeur pour mortier.* ■ *Camion malaxeur,* camion dans lequel des matériaux sont mélangés de façon continue ou discontinue. ■ Rem. On dit aussi *bétonnière.* ■ Québec et cuis. Appareil de cuisine composé d'un bloc-moteur auquel on peut fixer différentes sortes de fouets, et qui sert à mélanger ou à battre des aliments.

MALAYALAM, ■ n. m. [malajalam] (mot de cette langue, voir *malais*) Langue d'Inde appartenant à la famille des langues dravidiennes et parlée au Kerala et dans les îles Laquedives. *Le nombre de locuteurs du malayalam est estimé à 36 millions.*

MALAYO-POLYNÉSIEN, IENNE, ■ adj. [malajopɔlinezjɛ̃, jɛn] (*malais* et *polynésien*) Relatif à l'Indonésie et à la Polynésie. *L'archipel malayo-polynésien.* ■ *Langues malayo-polynésiennes,* ensemble des langues parlées en Indonésie et en Polynésie (malais, javanais, balinais, malgache, etc.).

MALBAR, BARAISE, ■ n. m. et n. f. [malbaʀ, baʀɛz] (mot créole, prob. altér. de *malabar*) Réun. Nom donné aux indiens non musulmans à la Réunion.

MALBÂTI, IE ou **MAL BÂTI, IE**, adj. [malbɑti] (2 *mal* et *bâtir*) Dont le corps n'est pas bien bâti, qui a une mauvaise tournure. ◆ N. m. et n. f. *Un grand malbâti.*

MALBEC, ■ n. m. [malbɛk] (prob. de *mal bec*, mauvais en bouche) Cépage rouge présent dans tout le Bordelais.

MALBOUFFE, ■ n. f. [malbuf] (3 *mal* et *bouffe*) **Fam.** Alimentation de mauvaise qualité, nuisible à la santé.

MALCHANCE, ■ n. f. [malʃɑ̃s] (3 *mal* et *chance*) Manque de chance. *Avoir de la malchance. Jouer de malchance.* ■ Événement déplaisant. *Quelle série de malchances !* ■ MALCHANCEUX, EUSE, adj. ou n. m. et n. f. [malʃɑ̃sø, øz]

MALCOMMODE, ■ adj. [malkɔmɔd] (2 *mal* et *commode*) Qui n'est pas pratique, qui est peu commode. *Des horaires malcommodes.* « *Malgré cette position malcommode, il faut tenir l'arme avec fermeté pour qu'elle demeure bien en place* », ROBBE-GRILLET.

MALCOMPLAISANT, ANTE, adj. [malkɔ̃plezɑ̃, ɑ̃t] (2 *mal* et *complaisant*) Qui n'est pas complaisant, qui manque de complaisance.

MALCONTENT, ENTE, adj. [malkɔ̃tɑ̃, ɑ̃t] (2 *mal* et *content*) ▷ Qui n'est pas content. « *Malcontent de son stratagème* », LA FONTAINE. « *Afin que personne ne soit malcontent* », PASCAL. ◆ N. m. et n. f. *Un malcontent.* ◆ Il se dit surtout des personnes qui ont des griefs contre le gouvernement. ◆ *À la malcontent*, espèce de coiffure qui consiste à porter les cheveux presque ras. ◆ Ce mot vieillit ; *mécontent* le remplace. ◁

MALDISANT, ANTE, adj. [maldizɑ̃, ɑ̃t] (2 *mal* et *disant*, de *dire*) ▷ Qui aime à dire du mal des autres. ◆ N. m. et n. f. *Un maldisant. Une maldisante.* ◆ Ce mot vieillit ; *médisant* le remplace. ◁

MALDONNE, n. f. [maldɔn] (3 *mal* et *donne*) Action de se tromper en donnant les cartes. *J'ai fait une maldonne. Il y a maldonne.* ■ **Fig.** et **fam.** Malentendu. *Il y a maldonne.*

MÂLE, n. m. [mɑl] (lat. *masculus*) Personne qui est du sexe masculin. ◆ **Adj.** Qui appartient au mâle. *Enfant mâle. Perdrix mâle.* ◆ **Bot.** *Fleurs mâles*, fleurs qui n'ont que des étamines sans pistil. ◆ **Par extens.** Ayant l'apparence de la force. *Une figure mâle. Mâle vieillesse.* ◆ **Fig.** « *Mon esprit en conçoit une mâle assurance* », P. CORNEILLE. « *Admirons le génie mâle de Corneille* », VOLTAIRE. ◆ Dans les beaux-arts, expressif, énergique, grave, imposant. *Un pinceau mâle. Architecture d'un caractère mâle.* ■ **Adj. Techn.** Se dit d'une pièce qui présente une ou plusieurs saillies pouvant s'enfoncer dans une pièce femelle. *Une prise mâle.*

MALEBÊTE, n. f. [mal(ə)bɛt] (3 *mal* et *bête*) ▷ Proprement, bête cruelle. ◆ **Fig.** Une personne dangereuse. ◁

MALÉDICTION, n. f. [malediksjɔ̃] (lat. chrét. *maledictio*, de *male dicere*, injurier, outrager) Vœu pour qu'il arrive du mal à quelqu'un. *Les malédictions du Seigneur. La malédiction d'un père.* ◆ **Fam.** *La malédiction est sur cette maison*, le malheur paraît attaché à cette maison. ◆ Malheur, revers, insuccès. « *Tout ce que j'ai fait de bien a toujours été pour moi une source de malédictions* », VOLTAIRE. ■ Fatalité.

MALEFAIM, n. f. [mal(ə)fɛ̃] (*male* et *faim*) ▷ Faim pressante. ◁

MALÉFICE, n. m. [malefis] (lat. class. *maleficium*, méfait, crime) Pratique superstitieuse employée dans le dessein de nuire aux hommes, aux animaux ou aux fruits de la terre.

MALÉFICIÉ, ÉE, adj. [malefisje] (*maléfice*) ▷ Maltraité par l'effet de quelque maléfice. ◆ **Fam.** Maltraité par la nature, par la maladie. ◁

MALÉFIQUE, adj. [malefik] (lat. *maleficus*) Qui exerce une maligne influence, en parlant du prétendu pouvoir de certaines planètes et étoiles. *Étoiles maléfiques.* ■ **Par extens.** et **litt.** Qui a une influence néfaste et malfaisante sur quelqu'un ou quelque chose. *Un pouvoir maléfique.*

MALÉKISME ou **MALIKISME**, ■ n. m. [malekism, malikism] (*Malik*, fondateur de cette école) École de droit, de théologie et de morale de l'Islam sunnite, majoritaire au Maghreb, fondée par Malik Ibn Anas (715-795).

MALEMENT, adv. [mal(ə)mɑ̃] (3 *mal*) ▷ D'une manière fâcheuse. ◁

MALEMORT, n. f. [mal(ə)mɔr] (3 *mal* et *mort*) ▷ **Fam.** Mort funeste et cruelle. *Vous mourrez tous de malemort.* ◁

MALENCOMBRE, n. m. [malɑ̃kɔ̃br] (3 *mal* et *encombre*) ▷ Événement fâcheux, disgrâce. « *Mais l'un viendra si malencombre, Que guère ensemble ne seront ralliés* », NOSTRADAMUS. ◁

MALENCONTRE, n. f. [malɑ̃kɔ̃tr] (3 *mal* et anc. fr. *encontre*, rencontre) ▷ Mauvaise rencontre. *Il vous arrivera malencontre.* ◁

MALENCONTREUSEMENT, adv. [malɑ̃kɔ̃trøz(ə)mɑ̃] (*malencontreux*) Par malencontre.

MALENCONTREUX, EUSE, adj. [malɑ̃kɔ̃trø, øz] (*malencontre*) Qui est sujet aux malencontres. *Malencontreux dans ses entreprises.* ◆ N. m. et n. f.

Un malencontreux. ◆ Qui annonce ou qui cause du malheur. *Malencontreux personnage. Sort malencontreux.*

MALENDURANT, ANTE, adj. [malɑ̃dyrɑ̃, ɑ̃t] (2 *mal* et *endurant*) Peu disposé à endurer.

MAL-EN-POINT ou **MAL EN POINT**, loc. adj. inv. [malɑ̃pwɛ̃] (2 *mal*, *en* et 1 *point*) En mauvais état de santé, de fortune, etc. « *Voilà mon loup par terre, Mal-en-point, sanglant et gâté* », LA FONTAINE.

MALENTENDANT, ANTE, ■ n. m. et n. f. [malɑ̃tɑ̃dɑ̃, ɑ̃t] (2 *mal* et *entendre*, de *entendre*) Personne souffrant d'une perte d'acuité auditive. ■ **Adj.** *Il est dans une institution pour enfants malentendants.*

MALENTENDU, n. m. [malɑ̃tɑ̃dy] (2 *mal* et *entendu*, de *entendre*) Parole ou action mal comprise. « *Par un malentendu nous crûmes n'avoir point de places* », MME DE SÉVIGNÉ. « *Si de funestes malentendus venaient à troubler la concorde publique* », J.-J. ROUSSEAU.

MALEPESTE !, [mal(ə)pɛst] (3 *mal* et *peste*) ▷ Espèce d'interjection qui exprime la surprise. « *Malepeste du sot que je suis aujourd'hui !* », MOLIÈRE. ◆ On dit aussi : *la malepeste !* ◁

MAL-ÊTRE, n. m. sans pl. [malɛtr] (2 *mal* et *être*, d'apr. *bien-être*) État dans lequel on se sent en mauvaise disposition, où l'on a quelque souffrance sourde. ◆ État d'une personne qui n'est pas heureuse. « *Après avoir passé presque toute ma vie dans le mal-être* », J.-J. ROUSSEAU.

MALÉVOLE, adj. [malevɔl] (lat. class. *malevolus*, mal disposé, envieux) ▷ Qui a de mauvaises intentions. « *Un frondeur malévole* », VOLTAIRE. ◁

MALFAÇON, n. f. [malfasɔ̃] (2 *mal* et *façon*) Défauts qui résultent dans la façon d'un ouvrage. ◆ Tromperie, acquisition de profits malhonnêtes.

MALFAIRE, v. intr. [malfɛr] (2 *mal* et *faire*) Faire de méchantes actions.

MALFAISANCE, n. f. [malfəzɑ̃s] (*malfaisant*) Disposition à malfaire.

MALFAISANT, ANTE, adj. [malfəzɑ̃, ɑ̃t] (*malfaire*) Qui se plaît à malfaire. *Un être malfaisant.* ◆ N. m. et n. f. *Les malfaisants.* ◆ Nuisible à la santé. *Des aliments malfaisants.* ■ Qui est nuisible.

MALFAITEUR, n. m. [malfɛtœr] (lat. *malefactor*) Personne qui fait des actions punissables, qui commet des crimes.

MALFAMÉ, ÉE ou **MAL FAMÉ, ÉE**, adj. [malfame] (2 *mal* et *famé*) Qui a une mauvaise réputation. *Un quartier malfamé.*

MALFORMATION, ■ n. f. [malfɔrmasjɔ̃] (2 *mal* et *formation*) Anomalie morphologique congénitale d'un tissu, d'un organe ou du corps tout entier. *Une malformation cardiaque.*

MALFRAT, ■ n. m. [malfra] (prob. du languedoc *maufaras*, de *maufare*, mal faire) **Fam.** Malfaiteur, truand. *Une bande de malfrats.*

MALGACHE, ■ adj. [malgaʃ] (prob. mot de cette langue) Relatif à Madagascar. *La cuisine malgache.* ■ N. m. et n. f. Habitant de Madagascar. *Des Malgaches.* ■ Le *malgache*, langue malayo-polynésienne parlée à Madagascar.

MALGRACIEUSEMENT, adj. [malgrasjøz(ə)mɑ̃] (*malgracieux*) De mauvaise grâce.

MALGRACIEUX, EUSE, adv. [malgrasjø, øz] (2 *mal* et *gracieux*) Qui a mauvaise grâce. « *Le plus malgracieux des hommes* », MOLIÈRE.

MALGRÉ, prép. [malgre] (3 *mal* et *gré*) Contre le gré de. *Malgré ses parents.* ◆ *Malgré lui et malgré ses dents*, ou *malgré lui et ses dents*, en dépit de tous ses efforts. ◆ Nonobstant, en parlant des choses. *Malgré le froid.* ◆ Il a souvent la force de *quelque* joint à un adjectif. « *Malgré leur insolence, Les mutins n'oseraient soutenir ma présence* », RACINE. ◆ *Malgré tout*, quoi qu'on fasse, quoi qu'il arrive. ◆ BON GRÉ, MAL GRÉ, loc. adv. De gré ou de force (dans cette expression, on écrit *mal gré* en deux mots). ◆ MALGRÉ QUE, loc. conj. Signifiant proprement et usitée seulement avec le verbe *avoir*. *Malgré que j'en aie, malgré qu'il en ait, etc.* en dépit de moi, de lui, etc. ■ *Malgré moi, lui, nous, etc.*, à contrecœur. ■ REM. *Malgré que* utilisé avec le verbe *avoir* est littéraire aujourd'hui.

MALHABILE, adj. [malabil] (2 *mal* et *habile*) Qui n'est pas habile. *Vous êtes bien malhabile d'avoir dit telle chose.*

MALHABILEMENT, adv. [malabil(ə)mɑ̃] (*malhabile*) D'une manière malhabile.

MALHABILETÉ, n. f. [malabil(ə)te] (*malhabile*) Manque d'habileté.

MALHEUR, n. m. [malœr] (3 *mal* et *heur*) Mauvaise destinée. *Le malheur me poursuit.* ◆ *Le malheur des temps*, les funestes conditions qu'une époque impose. ◆ *Jouer de malheur*, n'avoir aucune chance favorable au jeu, et fig. éprouver une contrariété qui résulte du hasard. ◆ *Être en malheur*, avoir une mauvaise veine, au jeu ou en toute autre chose. ◆ *Porter malheur*, se dit d'une personne ou d'une chose qui est censée causer du malheur. ◆ *Avoir le malheur de*, avoir la mauvaise chance de. ◆ **Fam.** *De malheur*, se dit avec un substantif pour exprimer la crainte, l'aversion. « *Ce greffier de malheur* », DANCOURT. ◆ *Pour le malheur de*, au dommage de. ◆ **Absol.**

Le malheur, l'ensemble de la mauvaise destinée. « *Le malheur ne sortira jamais de la maison de celui qui rend le mal pour le bien* », SACI. ◆ *Les gens malheureux.* « *Le malheur a sa honte et sa noble pudeur* », DELILLE. ◆ **Poétiq.** *Le malheur personnifié.* ◆ Événement fâcheux. « *Ce je ne sais quoi d'achevé que les malheurs ajoutent aux grandes vertus* », BOSSUET. ◆ *Faire le malheur,* rendre malheureux. *Cet homme a fait le malheur de sa famille. C'est un malheur,* il est fâcheux. ◆ **Ironiq.** et **fam.** *Le grand malheur,* il n'y a pas grand mal. ◆ *Malheur à,* sorte d'imprécation. « *Malheur à vous, riches avares !* », BOURDALOUE. ◆ On le met aussi avec la préposition *sur. Malheur sur eux et sur leurs enfants !* ◆ *Malheur aux vaincus !* Les vaincus doivent subir la loi du vainqueur. ◆ *Malheur !* s'emploie absol. comme exclamation. ◆ **PAR MALHEUR,** loc. adv. Par l'effet d'un accident, d'un hasard malheureux. ◆ **Prov.** *À quelque chose malheur est bon,* quelquefois une infortune nous procure des avantages que nous n'aurions pas eus sans elle. ◆ *Un malheur ne vient jamais seul.* ◆ *Il n'y a qu'heur et malheur en ce monde,* il y a des gens qui réussissent là où d'autres se perdent. ▪ *Jouer de malheur,* accumuler les ennuis. ▪ *Porter malheur,* avoir une mauvaise influence. ▪ **Prov.** *Le malheur des uns fait le bonheur des autres,* certains trouvent avantage dans les désagréments subits par les autres.

MALHEUREUSEMENT, adv. [malørøz(ə)mã] (*malheureux*) D'une manière malheureuse. ◆ Par malheur. *Il est arrivé malheureusement que...*

MALHEUREUX, EUSE, adj. [malørø, øz] (*malheur*) Qui porte malheur. *Un malheureux augure.* ◆ *Avoir la main malheureuse,* ne pouvoir toucher à rien sans le casser, et fig. réussir mal dans tout ce qu'on entreprend. ◆ Qui ne réussit pas, qui a un insuccès. *Concurrent malheureux.* ◆ Qui n'est pas heureux. ◆ **Fig.** et **fam.** *Être malheureux comme les pierres,* être extrêmement malheureux. ◆ Affligeant, digne de pitié, en parlant des choses. *Une vie, une mort malheureuse.* ◆ *Passion malheureuse,* passion dont l'objet ne répond pas aux désirs de celui qui l'éprouve. ◆ Funeste, fâcheux, préjudiciable. *Une année, une époque, une guerre malheureuse.* ◆ Que la nature n'a pas favorisé. « *L'Arabie déserte est un pays malheureux* », VOLTAIRE. ◆ *Mémoire malheureuse,* mémoire qui retient difficilement. ◆ Par exagération, qui manque des qualités requises. *De malheureuses expériences.* ◆ Facilité malheureuse, facilité dont on abuse. ◆ Il se dit pour qualifier les choses ou des personnes dont on se plaint. *Ma malheureuse chanson court la ville.* ◆ Qui mérite peut d'attention, de considération. « *Devais-je m'expliquer devant un malheureux valet?* », BEAUMARCHAIS. ◆ **N. m.** et **n. f.** *Un malheureux, une malheureuse,* personne qui est dans le malheur. ◆ *Un malheureux,* un méchant homme, un homme méprisable. ◆ Au fém. *Une malheureuse,* une femme méprisable. ▪ **Prov.** *Heureux au jeu, malheureux en amour,* il est difficile de réussir dans tous les domaines. ▪ *Avoir la main malheureuse,* être en échec, avoir fait un mauvais choix.

MALHONNÊTE, adj. [malɔnɛt] (2 *mal* et *honnête*) Qui manque à l'honneur, à la probité. *Un malhonnête homme.* ◆ En cet emploi, *malhonnête* précède toujours son substantif. ◆ Il se dit aussi des choses. *Action malhonnête.* ◆ Qui manque à la civilité. *Un homme malhonnête.* ◆ En cet emploi, il suit toujours son substantif. ◆ Il se dit aussi des choses. *Un procédé malhonnête.* ◆ *Malhonnête homme* se disait au XVIIᵉ s. pour l'homme peu distingué.

MALHONNÊTEMENT, adv. [malɔnɛt(ə)mã] (*malhonnête*) D'une manière contraire à la probité. ◆ D'une manière incivile.

MALHONNÊTETÉ, n. f. [malɔnɛt(ə)te] (*malhonnête*) Manque d'honnêteté, de civilité, de bienséance. ◆ Parole ou action incivile. ◆ Manque de probité. ◆ Acte où manque la probité.

MALI, ▪ n. m. [mali] (lat. génitif de *malus,* mauvais) **Belg.** et **écon.** Déficit, perte. *D'importants malis.*

MALICE, n. f. [malis] (lat. *malitia,* ruse, méchanceté) Inclination à malfaire. « *Le méchant périra par sa malice* », SACI. ◆ ▷ *Malice noire,* profonde perversité ; action de méchanceté horrible et réfléchie. ◁ ◆ Il se dit aussi des choses. *La malice de ses discours.* ◆ *La malice du péché,* ce que le péché a de malfaisant. *On sait toutes les malices dont il est capable.* ◆ **Fig.** *Les malices du sort.* ◆ Inclination à faire de petites méchancetés par badinage. ◆ Petite méchanceté, faite par badinage. ◆ *Entendre malice à quelque chose,* y donner un sens détourné, un sens malin. ◆ *Ne pas entendre malice à quelque chose,* faire ou dire quelque chose sans mauvaise intention, et aussi être simple, niais. ◆ *Boîte à malice,* boîte de laquelle jaillit un objet sur ressort quand on l'ouvre ; par extens. ruses, moqueries ou taquineries qu'une personne manigance. ▪ **REM.** Littéraire aujourd'hui dans son premier sens.

MALICIEUSEMENT, adv. [malisjøz(ə)mã] (*malicieux*) D'une manière malicieuse.

MALICIEUX, EUSE, adj. [malisjø, øz] (lat. *malitiosus,* méchant, trompeur) Qui a de la malice. *Un homme malicieux.* ◆ **N. m.** et **n. f.** *Un malicieux.* ◆ *Cheval malicieux,* cheval qui rue de côté, qui use d'adresse contre celui qui le monte ou qui l'approche. ◆ Où il y a de la malice. *Intention malicieuse.* ◆ Qui fait de petites méchancetés par badinage. *Un enfant malicieux.*

MALIEN, IENNE, ▪ adj. [maljɛ̃, jɛn] (*Mali*) Relatif au Mali. *L'artisanat malien.* ▪ **N. m.** et **n. f.** Habitant du Mali. *Les Maliens.*

MALIGNEMENT, adv. [malinəmã] ou [malinjəmã] (*maligne,* fém. de *malin*) Avec malignité. ◆ Avec malice.

MALIGNITÉ, n. f. [maliɲite] ou [malinite] (lat. *malignitas,* méchanceté, malveillance) Inclinaison à faire, à penser, à dire du mal. ◆ **Fig.** *La malignité du sort.* ◆ Qualité nuisible, dangereuse. *La malignité de l'air.* ◆ **Méd.** Caractère grave et insidieux d'une maladie. *La malignité de certaines fièvres.* ◆ Caractère d'une personne qui est maligne, malicieuse. « *L'homme aime la malignité, mais contre les heureux superbes* », PASCAL. ▪ **REM.** Littéraire aujourd'hui dans son premier sens.

MALIKISME, ▪ n. m. [malikism] Voy. MALÉKISME.

MALIN, IGNE, adj. [malɛ̃, iɲ] ou [malɛ̃, inj] (lat. *malignus,* perfide, méchant) Qui a de la malignité, qui se plaît au mal. ◆ **N. m.** et **n. f.** *Un malin. Une maligne.* ◆ *L'esprit malin, le malin esprit* ou absol. *le malin,* le diable. ◆ *L'enfant malin,* l'Amour. ◆ Il se dit des choses. *Interprétation maligne.* ◆ *Maligne joie,* la joie qu'on a du mal d'autrui. ◆ Qui se plaît à dire ou à faire de petites méchancetés pour se divertir. *Un esprit malin.* ◆ Il se dit aussi des choses. *Un regard malin.* ◆ Fin, rusé, en parlant des personnes. ◆ **n.** *Un malin.* ◆ Qui a quelque qualité mauvaise, nuisible. *Maligne influence.* ◆ Il se dit des maladies qui présentent le caractère de la malignité. *Ulcère malin.* ◆ *Fièvre maligne,* ancien nom des fièvres graves. ◆ La Fontaine a dit *maline* au féminin ; c'est un archaïsme de prononciation. ▪ *Faire le malin,* chercher à faire un trait d'esprit.

MALINE, n. f. [malin] (b. lat. *malina*) **Mar.** Grande marée ou marée de nouvelle et de pleine lune.

MALINES, n. f. [malin] (*Malines*) Dentelle très fine qui s'est fabriquée originairement dans la ville de Malines en Flandre. *Mouchoir en malines. Une belle malines.*

MALINGRE, adj. [malɛ̃gʀ] (orig. incert., p.-ê. de 3 *mal* et anc. fr. *heingre,* décharné, maigre) Qui est d'une complexion faible. *Enfant malingre.* ◆ Qui a peine à recouvrer ses forces, après une maladie.

MALINGRERIE, n. f. [malɛ̃gʀəʀi] (*malingre*) ▷ État de malingre. « *Je suis retombé dans mes malingreries* », VOLTAIRE. ◁

MALINOIS, ▪ n. m. [malinwa] (*Malines,* ville de Belgique) Race de chien de garde de taille moyenne, à ossature puissante et à la musculature sèche. *Le malinois est un chien de berger belge qui tire son nom de la ville de Malines.*

MALINTENTIONNÉ, ÉE, adj. [malɛ̃tãsjɔne] (2 *mal* et *intentionné*) Qui a de mauvaises intentions. *Gens malintentionnés.* ◆ **N. m.** et **n. f.** *Un malintentionné.* ◆ L'Académie écrit aussi *mal intentionné.*

MALIQUE, adj. [malik] (lat. *malum,* pomme) **Chim.** *Acide malique,* acide qui existe dans la pomme.

MALITORNE, adj. [malitɔʀn] (altér. de *maritorne,* d'apr. 2 *mal* et l'anc. fr. *torner*) ▷ Qui a mauvaise façon et mauvaises manières. *Personnage malitorne.* ◆ **N. m.** et **n. f.** *Un malitorne. Une malitorne,* Voy. MARITORNE. ◁

MAL-JUGÉ, n. m. [malʒyʒe] (2 *mal* et *jugé*) Voy. JUGÉ.

MALLE, n. f. [mal] (anc. b. frq. *malha,* sacoche) Sorte de coffre de bois, ou de cuir, ou de toile, dont on se sert en voyage pour le transport de ses effets. ◆ *Faire sa malle,* mettre, ranger dans sa malle les effets qu'on veut emporter en voyage. ◆ *Faire ses malles,* se préparer à partir. ◆ ▷ *Malle-poste* ou simplement *malle,* voiture par laquelle l'administration des postes envoie les lettres aux bureaux d'administration et dans laquelle on reçoit quelques voyageurs. ◁ ◆ *Malle* se dit aussi de tout autre mode de transport des lettres. *La malle de l'Inde.* ◆ Sorte de panier, dans lequel les petits merciers portent leurs marchandises. ▪ **Fam.** *Se faire la malle,* partir rapidement.

MALLÉABILITÉ, n. f. [maleabilite] (*malléable*) La propriété que possèdent les métaux de s'étendre sous le marteau en lames plus ou moins minces. ◆ **Fig.** *La malléabilité du caractère.* ▪ **MALLÉABILISATION,** n. f. [maleabilizasjɔ̃] *La malléabilisation du nickel.*

MALLÉABLE, adj. [maleabl] (lat. *malleus,* voir 1 *mail*) Qu'on peut battre, forger, étendre à coups de marteau. *L'or est le plus malléable des métaux.* ◆ **Fig.** Souple, docile. *Un caractère malléable.*

MALLÉER, v. tr. [malee] (lat. *malleare,* marteler) Battre et étendre au marteau.

MALLÉOLE, n. f. [maleɔl] (lat. *malleolus,* dimin. de *malleus,* voir 1 *mail*) Nom donné à deux saillies osseuses, situées l'une au côté interne, et l'autre au côté externe de la partie inférieure de la jambe, appelées vulgairement la cheville du pied. ▪ **MALLÉOLAIRE,** adj. [maleolɛʀ]

MALLE-POSTE, n. f. [mal(ə)pɔst] (*malle* et *poste*) Voy. MALLE.

MALLETTE, n. f. [malɛt] (dimin. de *malle*) Petite malle. ▪ **Belg.** Cartable d'écolier.

MALLIER, n. m. [malje] (*malle*) ▷ Cheval placé dans les brancards d'une chaise de poste. ♦ On l'appelle aussi *brancardier*. ◁

MAL-LOGÉ, ■ n. m. et n. f. [malloʒe] (*2 mal* et *loger*) Personne vivant dans des conditions de logement difficiles et insatisfaisantes en termes de salubrité et d'espace. *Les mal-logés.*

MALLOPHAGE, ■ n. m. [malofaʒ] (lat. *mallus*, fil de laine, et *-phage*) Parasite aptère de petite taille, à corps plat, à antennes courtes et cachées, et vivant généralement sur les oiseaux. *Le mallophage est appelé* pou des oiseaux.

MALM, ■ n. m. [malm] (mot angl., calcaire tendre et friable) **Géol.** Époque de la période jurassique qui s'étend de −154 à −135 millions d'années. *Le diplodocus était une espèce de dinosaures en essor pendant le malm.*

MALMENÉ, ÉE, p. p. de malmener. [malməne]

MALMENER, v. tr. [malməne] (*2 mal* et *mener*) Mener durement, maltraiter de paroles ou d'actions. ♦ **Par extens.** Faire éprouver un échec, une grande perte. *L'ennemi nous a malmenés.*

MALMIGNATTE, ■ n. f. [malmiɲat] ou [malminjat] (ital. *malmignatta*, de *3 mal* et *mignatta*, sangsue) Espèce d'araignée venimeuse, noire à pois rouges, apparentée à la veuve noire, et très répandue dans toute la région méditerranéenne. *La malmignatte possède un venin neurotoxique dangereux.*

MALNUTRITION, ■ n. f. [malnytʀisjɔ̃] (mot angl., de *3 mal* et *nutrition*) État pathologique dû à un excès, une carence ou une mauvaise répartition des apports alimentaires. *Souffrir de malnutrition.*

MALOCCLUSION, ■ n. f. [malɔklyzjɔ̃] (*3 mal* et *occlusion*) Occlusion dysfonctionnelle, asymptomatique ou symptomatique des mâchoires due à une mauvaise position de celles-ci ou à une mauvaise implantation des dents. *La malocclusion dentaire.*

MALODORANT, ANTE, ■ adj. [malodoʀɑ̃, ɑ̃t] (*2 mal* et *odorant*) Qui sent mauvais, qui dégage une mauvaise odeur. *Une haleine malodorante.*

MALONIQUE, ■ adj. [malonik] (lat. *malum*, pomme) **Chim.** *Acide malonique*, acide résultant de l'oxydation de l'acide malique. Voy. MALIQUE.

MALOTRU, UE, n. m. et n. f. [malotʀy] (altér. de *malastru*, du lat. vulg. *male astrucus*, né sous une mauvaise étoile) Personne maussade et malbâtie. ♦ Il est quelquefois adjectif en ce sens. *Un personnage malotru.* ■ Personne mal élevée qui fait preuve de grossièreté.

MALOUIN, OUINE, ■ adj. [malwɛ̃, win] (*Malo*) Relatif à la ville de Saint-Malo. *Le tourisme malouin.* ■ N. m. et n. f. Habitant de Saint-Malo. *Les Malouins.*

MALOYA, ■ n. m. [maloja] (créole) **Réun.** Ancienne danse née de la fusion des expressions musicales, vocales et instrumentales des esclaves africains et malgaches et faisant aujourd'hui partie de la culture créole. *Le maloya est la musique traditionnelle réunionnaise.*

MALPEIGNÉ, ■ n. m. [malpɛɲe] ou [malpɛnje] (*2 mal* et *peigner*) Homme malpropre et mal vêtu.

MALPIGHIE, ■ n. m. [malpigi] (*Malpighi*, anatomiste italien) Arbuste fruitier d'Amérique du Sud au feuillage très verdoyant, cultivé en serre pour ses petits fruits acidulés et généralement appelé *acérolier* ou *cerisier des Antilles.* ■ Rem. On dit aussi *malpighia*.

MALPLAISANT, ANTE, adj. [malplezɑ̃, ɑ̃t] (*2 mal* et *plaisant*) Qui plaît mal, fait pour déplaire. *Aventure malplaisante. Personnage malplaisant.* ■ Rem. On dit aussi auj. *déplaisant.*

MALPOLI, IE, ■ adj. [malpoli] (*2 mal* et *poli*) Qui est mal élevé, qui manque d'éducation. *Cet enfant est malpoli.* ■ N. m. et n. f. Personne mal élevée. *Quelle malpolie !*

MALPOSITION, ■ n. f. [malpozisjɔ̃] (*3 mal* et *position*) Mauvaise position d'un organe. *La malposition des dents.*

MALPROPRE, adj. [malpʀɔpʀ] (*2 mal* et *propre*) Qui manque de propreté. *Femme malpropre. Des habits malpropres.* ■ N. m. et n. f. *Un malpropre. Comme un malpropre*, indignement. ■ Rem. S'emploie aussi au féminin. *Une malpropre.* ■ Malhonnête. *Une attitude malpropre.*

MALPROPREMENT, adv. [malpʀɔpʀəmɑ̃] (*malpropre*) D'une manière malpropre, sale. *Manger malproprement.* ♦ *Travailler malproprement*, travailler mal et grossièrement.

MALPROPRETÉ, n. f. [malpʀɔpʀəte] (*malpropre*) Défaut de propreté. ■ Malhonnêteté.

MALSAIN, AINE, adj. [malsɛ̃, ɛn] (*2 mal* et *sain*) Qui n'est pas sain, en parlant des personnes. ♦ **Fig.** *Esprit malsain*, esprit qui suit peu la raison. ♦ **Fig.** *Littérature malsaine*, littérature qui présente des exemples qui ne sont pas à imiter. ♦ Qui est nuisible à la santé. *Un pays, un hôpital malsain.* ■ Qui montre de la perversité.

MALSÉANCE, n. f. [malseɑ̃s] (*malséant*) Qualité de ce qui est malséant.

MALSÉANT, ANTE, adj. [malseɑ̃, ɑ̃t] (*2 mal* et *séant*) Qui n'est pas séant, convenable. *Des manières malséantes à une jeune fille.*

MALSONNANT, ANTE, adj. [malsɔnɑ̃, ɑ̃t] (*2 mal* et *sonnant*) **Théol.** Qui n'est pas d'accord avec la doctrine orthodoxe. *Proposition malsonnante.* ♦ **Par extens.** Contraire à la morale, à la bienséance. ■ Rem. Il est littéraire aujourd'hui.

MALSTROM ou **MAELSTRÖM**, ■ n. m. [malstʀɔm] ou [malstʀøm] (mot néerl., de *malen*, tourner et *strøm*, courant) Courant marin rapide qui forme un tourbillon. ■ **Fig.** et **litt.** Tourbillon. *Le malstrom de la passion.*

MALT, n. m. [malt] (angl. *malt*) Orge qu'on a fait germer et sécher, et dont on a séparé les germes ; il sert à la fabrication de la bière. ■ Rem. On prononce le *t.*

MALTAIS, AISE, ■ adj. [maltɛ, ɛz] (*Malte*) Relatif à Malte. *Les paysages maltais.* ■ N. m. et n. f. Habitant de Malte. *Une Maltaise.* ■ N. m. *Le maltais*, langue parlée à Malte. ■ *Bichon maltais*, petit chien d'appartement à longs poils blancs. ■ *Orange maltaise* ou simplement *maltaise*, orange juteuse et sucrée.

MALTASE, ■ n. f. [maltaz] (*malt*) **Chim.** Ferment soluble qui dédouble le maltose des céréales ou de la betterave en les hydrolysant pour les transformer en glucose.

MALTER, ■ v. tr. [malte] (*malt*) Séparer les germes de l'orge pour en obtenir du malt. ■ MALTAGE, n. m. [maltaʒ]

MALTERIE, ■ n. f. [maltəʀi] (*malt*) Usine dans laquelle l'orge est transformé en malt. *La malterie et la brasserie.* ■ L'industrie du malt. *Il travaille dans la malterie.*

MALTEUR, ■ n. m. et adj. [maltœʀ] (*malt*) Personne chargée de la fabrication du malt. *Un malteur. Un ouvrier malteur.* ■ Industriel spécialisé dans la malterie.

MALTHUSIANISME, ■ n. m. [maltyzjanism] (*Malthus*, économiste anglais) Doctrine de Malthus, visant la restriction volontaire des naissances par abstinence afin de lutter contre la pauvreté et la surpopulation. ■ **Par extens.** Attitude ou doctrine prônant la nécessité de limiter les naissances. ■ **Écon.** Politique limitant la production. *Le malthusianisme économique.* ■ MALTHUSIEN, IENNE, adj. ou n. m. et n. f. [maltyzjɛ̃, jɛn]

MALTOSE, ■ n. m. [maltoz] (*malt*) **Chim.** Glucide soluble issu de l'hydrolyse de l'amidon sous l'action de l'enzyme amylase.

MALTÔTE, ■ n. f. [maltot] (lat. médiév. *malatolta*) ▷ Impôt levé sous Philippe le Bel, pour la guerre contre les Anglais. ♦ Perception d'un droit qui n'est pas dû. ♦ Par dénigrement, toute espèce de perception d'impôts. ♦ Le corps des maltôtiers. ◁

MALTÔTIER, n. m. [maltotje] (*maltôte*) ▷ Personne qui fait la maltôte. ◁

MALTRAITANCE, ■ n. f. [maltʀetɑ̃s] (*maltraiter*) Brutalité ou violence à l'égard d'une personne plus faible ou dépendante. *Un enfant victime de maltraitance.*

MALTRAITÉ, ÉE, p. p. de maltraiter. [maltʀete]

MALTRAITER, v. tr. [maltʀete] (lat. médiév. *maletractare*) Faire un mauvais traitement, en actions ou en paroles. ♦ Faire éprouver un dommage, une perte. *Il a été très maltraité dans cette banqueroute. Le régiment fut très maltraité dans le combat.* ■ MALTRAITANT, ANTE, adj. [maltʀetɑ̃, ɑ̃t]

MALUS, ■ n. m. [malys] (lat. *malus*, mauvais) Augmentation du montant d'une police d'assurance automobile à la suite d'un ou de plusieurs sinistres engageant la responsabilité de l'assuré. *Avec cet accident, il a non seulement perdu son bonus mais attrapé un malus.*

MALVACÉE, adj. [malvase] (lat. *malvaceus*, mauve) Qui appartient à la famille des mauves. *Plantes malvacées.* ♦ N. f. pl. *Les malvacées*, famille de plantes dont la mauve est le type.

MALVEILLANCE, n. f. [malvejɑ̃s] (lat. *malevolentia*) Mauvaise volonté pour quelqu'un. ♦ **Absol.** Mauvaise disposition pour le gouvernement. ■ Volonté de nuire.

MALVEILLANT, ANTE, adj. [malvejɑ̃, ɑ̃t] (lat. *malevolens*) Qui a de la malveillance. *Il est malveillant pour vous.* ♦ Il se dit aussi des choses. *Des regards malveillants.* ♦ N. m. et n. f. Personne qui a de la malveillance. ♦ **Absol.** Personne qui a de mauvaises dispositions à l'égard du gouvernement.

MALVENU, UE, adj. [malvəny] (*2 malus* et *venir*) Voy. VENU. Déplacé. *Une critique malvenue.*

MALVERSATION, n. f. [malvɛʀsasjɔ̃] (*malverser*) Toute espèce de désordre, de mauvaise conduite. ♦ Faute grave commise par cupidité, dans l'exercice d'une charge ou l'exécution d'un mandat.

MALVERSER, v. intr. [malvɛʀse] (lat. médiév. *maleversari*, agir malhonnêtement) Commettre des malversations. *Il a malversé dans son emploi.*

MAL-VIVRE, ▪ n. m. inv. [malvivʀ] (2 *mal* et *vivre*) Insatisfaction et mal-être d'une personne concernant son existence, sa qualité de vie, son environnement, son époque. *L'expression d'un mal-vivre. Une crise de mal-vivre.*

MALVOISIE, n. f. [malvwazi] (*Napoli di Malvasia*, ville de la Morée) Vin grec qui est fort doux. ◆ Vin muscat cuit.

MALVOULU, UE, adj. [malvuly] (2 *mal* et *voulu*, de *vouloir*) ▷ À qui l'on veut du mal. *Malvoulu de tous ses camarades.* ◆ On écrit aussi : *mal voulu.* ◁

MALVOYANT, ANTE, ▪ adj. [malvwajɑ̃, ɑ̃t] (2 *mal* et *voyant*) Qui voit difficilement ou qui ne voit absolument plus. *Ils sont malvoyants.* ▪ N. m. et n. f. *Un malvoyant, une malvoyante.* ▪ Rem. Graphie ancienne : *mal-voyant, ante.*

MAMAN, n. f. [mamɑ̃] (mot de formation expressive) Terme dont les enfants et ceux qui leur parlent se servent au lieu du mot *mère.* ◆ *Grand-maman* ou *bonne maman*, grand-mère. ◆ Au pl. *Des grand-mamans.* ◆ *Belle maman*, belle-mère. ◆ ▷ Fam. *Une grosse maman*, une femme qui a de l'embonpoint. ◁ ▪ Rem. Graphie ancienne : *grand'maman.* ◁

MAMBA, ▪ n. m. [mɑ̃mba] (prob. mot africain) Long serpent venimeux d'Afrique vivant dans les zones boisées et rocheuses, souvent dans le terrier d'un autre animal. *Le mamba noir se meut avec rapidité dans les arbres.*

MAMBO, ▪ n. m. [mɑ̃mbo] (mot hispano-amér.) Danse cubaine, ancêtre du cha-cha et proche de la rumba, créée par les descendants des esclaves noirs introduits à Cuba par les espagnols. *Danser le mambo.* ▪ Musique jouée au bongo et aux maracas. *Des mambos.*

MAMELLE, n. f. [mamɛl] (lat. *mamilla*, de *mamma*, mamelle) Partie glanduleuse du sein des femmes et des femelles des animaux, servant à la sécrétion et à l'excrétion du lait. *Élever un enfant à la mamelle.* ◆ Fig. Le premier âge. « *L'éducation que reçoit un homme dès la mamelle influe jusque sur sa décrépitude* », Bernardin de Saint-Pierre. ◆ Partie semblable chez les mâles. ◆ ▷ Fig. *Il n'a rien sous la mamelle gauche*, c'est un homme sans cœur, sans courage. ◁ ◆ ▷ Fig. *Porter un cœur sous la mamelle*, avoir des sentiments généreux. ◁

MAMELON, n. m. [mam(ə)lɔ̃] (*mamelle*) Extrémité amincie de la mamelle et au milieu de laquelle s'ouvre le canal du lait, dit *bout du sein* ou simplement *bout.* ◆ Petit tubercule arrondi. « *Des stalactites de cornaline en mamelons accumulés* », Buffon. ◆ Éminence arrondie de terrain.

MAMELONNÉ, ÉE, adj. [mam(ə)lɔne] (*mamelon*) Qui présente de petits tubercules. *Des calcédoines mamelonnées. Un paysage mamelonné.* ▪ Rem. Il est littéraire aujourd'hui.

MAMELOUK, n. m. [mam(ə)luk] Voy. mameluk.

MAMELU, UE, adj. [mam(ə)ly] (*mamelle*) Pop. Qui a de grosses mamelles. ◆ N. m. et n. f. *Un gros mamelu.*

MAMELUK ou **MAMELOUK**, n. m. [mam(ə)luk] (ar. *mamluk*, esclave) Homme faisant partie d'une milice à cheval dont les chefs gouvernaient l'Égypte, et qui fut détruite par Méhémet-Ali. ◆ *En mameluk*, sorte de costume copié sur celui de ces mameluks. ◆ Cavalier de la Garde de Napoléon Iᵉʳ. *Des mamelouks, des mameluks.*

MAMIE ou **MAMY**, ▪ n. f. [mami] (angl. *mammy*) Grand-mère. *J'adore ma mamie.* ▪ Fam. Vieille femme. *Ressembler à une mamie. Des mamies, des mamys.* ▪ Rem. On écrit aussi *mammy.*

M'AMIE, n. f. [mami] (anc. fr. *m'*, forme élidée du déter. poss. *ma*, et *amie*) ▷ Ancienne forme de ce que nous disons *mon amie*, et que quelques-uns écrivent *ma mie.* ◁

MAMILLAIRE, adj. [mamilɛʀ] (lat. *mamillaris*) Anat. Qui a la forme d'un mamelon. ◆ Bot. Qui porte des tubercules en forme de mamelons. ◆ N. f. pl. *Les mamillaires*, genre de plantes grasses de la famille des cactées.

MAMMAIRE, adj. [mamɛʀ] (lat. *mamma*, sein, mamelle) Anat. Qui a rapport aux mamelles. *Glandes mammaires.*

MAMMALIEN, IENNE, ▪ adj. [mamaljɛ̃, jɛn] (lat. scient. *mammalia*, animaux à mamelles) Zool. Relatif aux mammifères. *Le système nerveux mammalien. Le cerveau mammalien.*

MAMMALOGIE, ▪ n. f. [mamaloʒi] (lat. *mamma*, mamelle, et *-logie*) Zool. Science qui étudie les mammifères.

MAMMECTOMIE, ▪ n. f. [mamɛktɔmi] (lat. *mamma*, sein, mamelle, et *-ectomie*) Voy. mastectomie.

MAMMIFÈRE, adj. [mamifɛʀ] (lat. *mamma*, mamelle, et *-fère*) Qui a des mamelles. *Les animaux mammifères.* ◆ N. m. pl. *Les mammifères*, première classe du règne animal. ▪ N. m. *Un mammifère. Le dauphin est un mammifère aquatique.*

MAMMITE, ▪ n. f. [mamit] (lat. *mamma*, mamelle) Zool. Inflammation de la mamelle. *La mammite bovine.* ▪ Méd. Infection bactérienne du sein.

MAMMOGRAPHIE, ▪ n. f. [mamografi] (lat. *mamma*, sein, et *-graphie*) Méd. Radiographie des seins, de la glande mammaire. *Passer une mammographie.*

MAMMOPLASTIE, ▪ n. f. [mamoplasti] (lat. *mamma*, sein, et *-plastie*) Fait de pratiquer la chirurgie plastique sur le ou les seins.

MAMMOUTH, n. m. [mamut] (russe *mamut*) Animal du genre de l'éléphant, dont l'espèce a disparu et dont on retrouve les ossements en terre, surtout en Sibérie.

MAMOUR, n. m. [mamur] (anc. fr. *m'*, forme élidée du déter. poss. *ma*, et *amour*) Fam. Terme de tendresse. « *Il faut faire mon testament, mamour, de la façon que monsieur dit* », Molière. ◆ Fam. *Faire des mamours*, faire des caresses, des flatteries. ▪ Rem. Graphie ancienne : *m'amour.*

MAM'SELLE ou **MAM'ZELLE**, n. f. [mamzɛl] Abréviation familière de *mademoiselle.*

MAN, ▪ n. m. [mɑ̃] (anc. b. frq. *mado*, ver, larve) Larve blanche du hanneton. *Le man est communément appelé* vers blanc.

MANA, ▪ n. m. [mana] (mot maori) Force surnaturelle et magique des chefs de tribu dans les religions animistes en Polynésie. ▪ Par extens. Force surnaturelle qui confère une forme de charisme, voire de magie à celui qui la possède. *Des manas.*

MANADE, ▪ n. f. [manad] (anc. provenç. *manada*, poignée, du lat. *manus*) Proven. Troupeau de taureaux, de chevaux ou de bœufs en Camargue.

MANAGEMENT, ▪ n. m. [manaʒ(ə)mɑ̃] ou [manadʒmɛnt] (mot angl.) Ensemble des méthodes employées pour diriger, organiser et gérer une entreprise ou un projet. *Se charger du management.* ▪ Par anal. Gestion personnelle de son travail, de sa famille, etc. *Le management de son budget.*

MANAGER, ▪ v. tr. [manadʒe] (angl. *to manage*, de l'ital. *maneggiare*) Se charger des intérêts d'un artiste ou d'un sportif. ▪ Écon. Diriger, gérer. *Manager un projet.* ◆ Gérer sa vie personnelle, familiale, professionnelle, etc. *Manager ses finances.*

MANAGÉRIAL, ALE, ▪ adj. [manaʒeʀjal] (*manager*) Relatif au management. *Principes managériaux.*

MANAGEUR, EUSE ou **MANAGER**, ▪ n. m. et n. f. [manadʒœʀ, øz] ou [manadʒɛʀ] (mot angl.) Personne chargée d'organiser la vie médiatique et matérielle d'un sportif ou d'un artiste et de veiller sur ses intérêts financiers. *Le manager d'un footballeur.* ▪ Personne qui dirige une entreprise.

MANANT, ▪ n. m. [manɑ̃] (anc. fr. *manoir*, demeurer, du lat. *manere*) ▷ Habitant d'un bourg ou d'un village. ◁ ◆ ▷ Dans le droit féodal, vilain, roturier. ◁ ▷ Absol. Dans le langage ordinaire, mais archaïque, un paysan. ◁ ◆ Par extens. Homme grossier, mal élevé. *C'est un manant.*

MANCEAU, ELLE, ▪ adj. [mɑ̃so, ɛl] (*Mans*) Relatif au Maine ou à la ville du Mans. *La gastronomie mancelle.* ▪ N. m. et n. f. Habitant du Maine ou de la ville du Mans. *Les Manceaux.*

MANCELLE, ▪ n. f. [mɑ̃sɛl] (lat. pop. *manicella*, petite poignée) Courroie en cuir, attachée aux flancs d'un cheval et permettant de maintenir en place les traits dans un attelage. *Une boucle de mancelle.*

MANCENILLIER, n. m. [mɑ̃s(ə)nije] (*mancenille*, de l'esp. *manzanilla*, petite pomme) Arbre qui croît aux Antilles et dont le fruit et le suc sont des poisons très subtils ; on prétend que l'ombre même de l'arbre est nuisible ; ce qui paraît une erreur. ▪ MANCENILLE, n. f. [mɑ̃s(ə)nij]

1 **MANCHE**, n. m. [mɑ̃ʃ] (lat. tard. *manicus*, manche, poignée) Partie d'un instrument par où on le prend pour s'en servir. *Manche de cognée, de couteau, etc.* ◆ Fig. *Branler au manche*, Voy. branler. ◆ Fig. *Jeter le manche après la cognée*, Voy. cognée. ◆ *Manche à balai*, long bâton au bout duquel est un balai. ◆ *Le manche de la charrue*, la partie que tient le laboureur et qui sert à déterminer la profondeur et la régularité du labour. ◆ *Manche de gigot*, Voy. gigot. ◆ *Le manche d'une basse, d'un violon, d'une guitare, etc.*, pièce de bois collée à l'extrémité du corps de ces instruments et servant à tenir l'instrument et à porter les chevilles. ◆ *Savoir son manche*, savoir toucher les cordes avec justesse et précision. ◆ *Manche de couteau*, nom vulgaire donné aux espèces de mollusques du genre *solen*. ▪ Fam. *S'y prendre comme un manche*, être très maladroit, ne pas savoir se débrouiller. *Laisse-moi faire, tu t'y prends comme un manche !*

2 **MANCHE**, n. f. [mɑ̃ʃ] (lat. *manica*, manche de tunique couvrant la main) Partie du vêtement où l'on met le bras. ◆ Manches de robes de femmes ; elles ont reçu différents noms suivant la mode. *Manches plates, manches de gigot, etc.* ◆ *Tirer quelqu'un par la manche*, le prendre par la manche de son habit, et fig. le faire souvenir de quelque chose, attirer son attention sur quelque chose. ◆ Fig. *Il ne se fera pas tirer la manche, par la manche*, il fera volontiers telle chose. ◆ Fig. *Tenir, avoir quelqu'un dans sa manche*, en disposer souverainement. ◆ Fig. *Être dans la manche de quelqu'un*, être à sa disposition. ◆ ▷ *Mettre une chose dans sa manche*, s'en saisir, s'en emparer. ◆ ▷ *Avoir la conscience large comme la manche d'un cordelier*, ne se faire scrupule de rien. ◁ ◆ Fig. *Il a la manche large*, se dit d'un casuiste, d'un directeur

relâché. ♦ *Fausses manches,* manches qu'on met par-dessus d'autres. ♦ **Fig.** *C'est une autre paire de manches,* c'est une autre affaire, ce n'est pas la même chose. ♦ ▷ *Gentilshommes de la manche,* gentilshommes dont la fonction était d'accompagner les fils de France dans leur jeunesse. ◁ ♦ *La manche* ou *la bonne manche,* en Italie, le pourboire. ♦ **Mar.** Tuyau ou conduit fait de cuir ou de toile et servant à divers usages. *Manche de pompe. Manche à vent.* ♦ *Fourneau à manche* ou simplement *manche,* fourneau d'affinage pour les monnaies. ♦ Filet de pêche en forme de cône. ♦ Espace étroit de mer resserré entre deux terres. ♦ **Absol.** *La Manche,* le canal compris entre les côtes de France et d'Angleterre. ♦ Au jeu, partie. *Jouer en deux manches.* ♦ *Avoir une manche,* avoir gagné une partie. ♦ *Être manche à manche,* avoir gagné chacun une partie. ▪ *Retrousser ses manches,* se mettre vaillamment au travail. ▪ *Manche à air,* cylindre de toile accroché en haut d'un mât et dont l'orientation indique le sens du vent.

MANCHERON, ▪ n. m. [mɑ̃ʃ(ə)ʀɔ̃] (1 *manche*) Sur une charrue, chacun des deux axes qui, placé à l'arrière, permet de la diriger. ▪ Petite manche sur le haut du bras. *Une robe à mancherons.*

MANCHETTE, n. f. [mɑ̃ʃɛt] (dim. de 2 *manche*) Ornement fait de mousseline, de dentelle, etc. qui s'attache au poignet de la chemise des hommes, ou se fixe à l'extrémité des manches d'une robe. ♦ Mal qu'on fait au poignet en le serrant fortement avec deux doigts. *Donner les manchettes à quelqu'un.* ♦ **Impr.** Nom donné aux notes qui se mettent sur la marge à droite ou à gauche du texte. ▪ Titre à la une d'un journal.

MANCHON, n. m. [mɑ̃ʃɔ̃] (2 *manche*) Fourrure disposée en forme de sac ouvert par les deux bouts, et dans laquelle on met ses mains pour les garantir du froid. ♦ *Chien de manchon,* chien d'une fort petite espèce. ♦ **Techn.** Moule dans lequel on souffle le verre. ♦ **Fontainier** Cylindre de bois ou de métal, dans lequel on fait pénétrer les extrémités de deux tuyaux pour les relier. ▪ Cylindre reliant deux tuyaux. ▪ Aile de volaille confite.

MANCHONNIER, IÈRE, ▪ n. m. et n. f. [mɑ̃ʃɔnje, jɛʀ] (*manchon*) Personne qui fabrique les manchons, dans une verrerie.

MANCHOT, OTE, adj. [mɑ̃ʃo, ɔt] (lat. *mancus*) Estropié ou privé de la main ou du bras. ♦ **Fig.** *Cet homme n'est pas manchot,* il a de l'adresse, de la finesse, et aussi il sait s'approprier ce qui lui convient. ♦ **N. m.** et n. f. *Un manchot. Une manchote.* ♦ **N. m.** Nom d'oiseaux palmipèdes qui n'ont que des moignons d'ailes faisant office de nageoires.

MANCIE, ▪ n. f. [mɑ̃si] (gr. *manteia*) Divination de toute sorte. *Le tarot est une mancie séculaire.*

MANCIPATION, ▪ n. f. [mɑ̃sipasjɔ̃] (lat. juridique *mancipatio,* aliénation de la propriété) **Dr. rom.** Vente symbolique d'un bien, d'un esclave. *Opérer autrefois une mancipation d'esclave se faisait selon un rituel précis.*

MANDALA, ▪ n. m. [mɑ̃dala] (mot sanskr., cercle) Représentation symbolique du monde, servant de support à la méditation bouddhiste. *Des mandalas se présentent comme des cercles magiques dessinés sur le sol.*

MANDALE, ▪ n. f. [mɑ̃dal] (p.-ê. ital. *mandolino,* coup de pied) **Arg.** Gifle. « *D'une bonne mandale au travers du beignet, le caïd lui fournit une vraie raison de pisser de l'œil !* », Simonin.

MANDANT, ANTE, ▪ n. m. et n. f. [mɑ̃dɑ̃, ɑ̃t] (*mander*) Personne qui confie un mandat à une autre pour accomplir quelque chose en son nom. *Les mandants d'une société.*

MANDARIN, n. m. [mɑ̃daʀɛ̃] (port. *mandarin,* du sansc. *mantrin,* conseiller d'état) Titre que l'on donne aux officiers civils et militaires de la Chine. ♦ **Adj.** *La langue mandarine,* la langue actuellement parlée et écrite en Chine par les classes cultivées. ▪ **N. m.** Cette langue. ▪ **Fig.** Personne cultivée. ▪ **Péj.** Personne éminente dans son domaine. ▪ Canard originaire d'Extrême-Orient et réputé pour la beauté de son plumage. ▪ Personne qui exerce un pouvoir indiscret et excessif dans une spécialité, notamment universitaire. *Elle ne voulait pas être un mandarin et souhaitait une parfaite justice dans l'attribution des postes.*

MANDARINAL, ALE, ▪ adj. [mɑ̃daʀinal] (*mandarin*) Qui est propre au mandarin. *En Chine, les concours mandarinaux laissaient une grande place à la poésie. Un pouvoir mandarinal.*

MANDARINAT, n. m. [mɑ̃daʀina] (*mandarin*) Charge, dignité de mandarin. ▪ Voy. MANDARINISME.

MANDARINE, n. f. [mɑ̃daʀin] (*orange mandarine,* c-à-d. de la couleur de l'habit des mandarins) Fruit du mandarinier.

MANDARINIER, n. m. [mɑ̃daʀinje] (*mandarine*) Nom que porte, aux îles de France et Bourbon, une variété de l'oranger, provenant de Manille et aujourd'hui cultivée à Malte.

MANDARINISME, n. m. [mɑ̃daʀinism] (*mandarin*) Néolog. Système d'épreuves et de concours que l'on fait subir, en Chine, à ceux qui aspirent aux charges de l'État. ♦ **Par extens.** Tout système dans lequel on prétend subordonner la classification des citoyens aux épreuves d'instruction et aux concours. ▪ Rem. On dit aussi auj. *mandarinat.*

1 **MANDAT,** n. m. [mɑ̃da] (lat. *mandatum,* de *mandare,* donner en mission) **Jurispr.** Contrat unilatéral, acte par lequel on commet le soin d'une affaire à quelqu'un qui s'en charge. *Remplir son mandat.* ♦ Instruction spéciale donnée par les électeurs aux députés. *Mandat impératif,* Voy. IMPÉRATIF. ♦ Écrit portant l'ordre de payer une certaine somme à la personne qui y est dénommée. ♦ Pièce que délivrent les administrations à leurs créanciers et sur la présentation de laquelle ceux-ci sont payés au Trésor. ♦ *Mandat de comparution,* injonction de comparaître devant un juge. ♦ *Mandat d'amener,* ordre de faire comparaître devant un tribunal. ♦ *Mandat d'arrêt,* ordre d'arrêter, d'emprisonner. ▪ *Mandat électoral,* pour un citoyen, mission d'exercer un pouvoir politique, suite à une élection.

2 **MANDAT,** n. m. [mɑ̃da] (lat. *mandatum,* la chose qui est mandée) Celui qui donne un mandat.

MANDATAIRE, n. m. et n. f. [mɑ̃datɛʀ] (lat. tardif *mandatarius,* ce lui qui remplit un mandat) Celui, celle qui est chargé d'un mandat. ♦ *Mandataire du peuple,* député. ♦ Personne qui est chargée d'une tâche pour le compte de quelqu'un.

MANDAT-CARTE, ▪ n. m. [mɑ̃dakart] Voy. MANDAT-POSTE.

MANDATÉ, ÉE, adj. [mɑ̃date] (*mandat*) **Financ.** Porté sur un mandat. *Somme mandatée.*

MANDATEMENT, ▪ n. m. [mɑ̃dat(ə)mɑ̃] (*mandater*) Action de mandater. *On a demandé le mandatement d'un salarié pour les négociations.*

MANDATER, v. tr. [mɑ̃date] (*mandat*) **Admin.** Délivrer un mandat pour le paiement d'une somme. *Mandater une somme.* ▪ Confier une tâche à quelqu'un par voie de mandat.

MANDAT-POSTE, ▪ n. m. [mɑ̃dapɔst] (*mandat* et *poste*) Titre échangeable contre la somme d'argent qu'il indique, circulant par la poste et permettant de transférer des fonds sans déplacer d'argent. *J'ai reçu deux mandats-postes.* ▪ Rem. On dit aussi *mandat-carte* ou *mandat-lettre.*

MANDATURE, ▪ n. f. [mɑ̃datyʀ] (*mandat*) Durée d'un mandat électoral.

MANDCHOU, OUE, ▪ adj. [mɑ̃tʃu] (mot toungouze) Relatif à la Mandchourie. *L'ancien Empire mandchou.* ▪ N. m. et n. f. Habitant de cette région. ▪ N. m. Langue parlée en Mandchourie, en Sibérie et dans le nord de la Corée.

MANDÉ, ÉE, p. p. de mander. [mɑ̃de]

MANDEMENT, n. m. [mɑ̃d(ə)mɑ̃] (*mander*) Ordre par lequel on mande, on fait venir. « *Apollon doit venir au premier mandement* », Boileau. ♦ Ordre publié de la part d'une personne qui a autorité et juridiction. *Donnons en mandement à nos cours et tribunaux, etc.* ♦ Écrit qu'un évêque fait publier dans son diocèse, et par lequel il donne aux fidèles des instructions ou des ordres relatifs à la religion.

MANDER, v. tr. [mɑ̃de] (lat. *mandare,* donner en mission, charger de) *Mander quelqu'un,* lui donner avis ou ordre de venir. ♦ *Mander ses équipages, ses chevaux, etc.,* donner ordre qu'on les envoie. ♦ Envoyer dire, faire savoir par lettre ou par message. ♦ *Mander que,* ordonner par une lettre (avec le subjonctif). « *Rome, seigneur, me mande Que je vous fasse encor pour elle une demande* », P. Corneille. ♦ ▷ *Mandons et ordonnons,* premiers mots du mandement qui termine les actes publics faits ou rendus au nom du souverain. ◁ ♦ Envoyer, en parlant d'une lettre, d'une nouvelle. *Mandez-moi un petit mot. Mandez-moi de vos nouvelles.* ♦ Se mander, v. pr. Être mandé, être transmis par lettre ou par message.

MANDIBULAIRE, adj. [mɑ̃dibylɛʀ] (*mandibule*) Qui a rapport à la mandibule. ♦ *Les os mandibulaires,* les os de la mâchoire inférieure.

MANDIBULATE, ▪ n. m. [mɑ̃dibylat] (*mandibule*) **Zool.** Arthropode dont le sous-embranchement englobe notamment les crustacés et les insectes. *Le homard fait partie des mandibulates.*

MANDIBULE, n. f. [mɑ̃dibyl] (b. lat. *mandibula*) Mâchoire et surtout la mâchoire inférieure. ♦ Chacune des deux parties du bec des oiseaux. ♦ Chez certains insectes, deux pièces mobiles, placées l'une à droite, l'autre à gauche de la bouche, et servant à diviser les aliments.

MANDILLE, n. f. [mɑ̃dij] (provenç. *mandilh,* vêtement grossier, du lat. *mantile,* essuie-main, serviette) ▷ Sorte de casaque que les laquais portaient autrefois. ◁

MANDINGUE, ▪ adj. [mɑ̃dɛ̃g] (*Mandingo,* tribu sierra-léonaise) Relatif aux Mandingues, peuple de l'Afrique de l'Ouest. ▪ N. m. **Ling.** Famille des langues de ce peuple.

MANDOLINE, n. f. [mɑ̃dolin] (dim. de *mandore*) Petite mandore. *La mandoline se pince avec une plume.*

MANDOLINISTE, ▪ n. m. et n. f. [mɑ̃dolinist] (*mandoline*) Joueur, joueuse de mandoline.

MANDORE, n. f. [mɑ̃dɔʀ] (ital. *mandora*, du lat. *pandura*, luth à trois cordes) Instrument de musique qui est une espèce de luth.

MANDORLE, ■ n. f. [mɑ̃dɔʀl] (ital. *mandorla*, amande) Dans l'art médiéval, figure géométrique en forme d'amande, entourant généralement le Christ en majesté. *Il y a un christ en mandorle au centre du tympan de l'église Saint-Pierre, à Carennac.*

MANDRAGORE, n. f. [mɑ̃dʀagɔʀ] (lat. *mandragora*, gr. mandragoras) Genre de la famille des solanées, ayant pour type la mandragore des officines, dite vulgairement mandragore.

MANDRILL, ■ n. m. [mɑ̃dʀil] (angl. *mandrill*, p.-ê. de *man*, homme, et *drill*, babouin d'Afrique occidentale) Grand singe reconnaissable à son museau rouge et bleu. *Les mandrills ont d'importantes callosités fessières.*

MANDRIN, n. m. [mɑ̃dʀɛ̃] (a. provenç. *mandre*, pivot, tourillon, d'orig. disc.) Poinçon qui sert à percer le fer chaud. ♦ Morceau de fer qui sert de noyau, sur lequel on forge des pièces qu'on veut rendre creuses. ♦ **Techn.** Morceau de bois de différentes formes dans lequel on fait tenir les ouvrages délicats qui ne peuvent être tournés entre les pointes. ♦ Cylindre de bois sur lequel l'artificier et le canonnier roulent le papier des cartouches. ♦ **Mar.** Morceau de bois poli qui sert de patron ou de gabarit aux charpentiers et autres.

MANDUCATION, n. f. [mɑ̃dykasjɔ̃] (lat. chrét. *manducatio*) **Physiol.** Action de manger. ♦ L'action de manger l'agneau pascal, chez les Juifs. ♦ Chez les chrétiens, participation actuelle à l'eucharistie, qui est une viande céleste.

MANÉAGE, n. m. [maneaʒ] (anc. fr. *maneier*, aider) ▷ Travail gratuit que les matelots font avec les mains, pour charger et décharger. ◁

MANÉCANTERIE, ■ n. f. [manekɑ̃t(ə)ʀi] (lat. médiév. *manicantaria*, maison de jeunes chanteurs) Au sein d'une paroisse, école qui forme les chantres. ■ **Par extens.** Chœur d'enfants. ♦ Lieu où logent les chantres.

MANÈGE, n. m. [manɛʒ] (ital. *maneggio*, dressage de chevaux) Exercice qu'on fait faire au cheval pour le dresser. ♦ Art de dompter, de discipliner, d'instruire les chevaux. ♦ Toutes les connaissances relatives au cheval. ♦ Terrain entouré de murs et destiné à enseigner ou à pratiquer l'art de l'équitation. ♦ **Fig.** Manière de se comporter. « *Il y a quelques rencontres dans la vie où la vérité et la simplicité sont le meilleur manège du monde* », La Bruyère. ♦ Moyens, ressorts, ruses par lesquels on s'efforce d'arriver à son but. *Réussir à force de manège. Le manège des femmes.* ♦ Appareil servant à appliquer la force des animaux pour faire mouvoir des machines. ■ **Mar.** Art de manœuvrer. ■ Attraction foraine qui consiste en une plateforme sur laquelle tournent des animaux ou des véhicules qui servent de montures aux enfants. ■ **Rem.** Graphie ancienne : *manége*.

MÂNES, n. m. pl. [mɑn] (lat. *manes*) Nom que les anciens donnaient à l'âme des morts.

MANETON, ■ n. m. [man(ə)tɔ̃] (*manette*) **Techn.** Axe relié au vilebrequin qui transforme un mouvement de translation en mouvement de rotation. *Le maneton d'une manivelle, d'un vilebrequin.*

MANETTE, ■ n. f. [manɛt] (anc. fr. *manete*, du lat. *manus*, main) Poignée ou levier qui permet de commander manuellement un mécanisme. *La manette d'un jeu vidéo.* ■ **Fam.** *À fond les manettes*, très vite.

MANGA, ■ n. m. [mɑ̃ga] (mot jap.) Bande dessinée japonaise représentant généralement un monde fantastique. *Collectionner des mangas.*

MANGANATE, n. m. [mɑ̃ganat] (*manganèse*) **Chim.** Sel produit par la combinaison de l'acide manganique avec une base. ■ **Rem.** On disait aussi *manganésiate*.

MANGANE, n. m. [mɑ̃gan] (all. *Mangan*) **Chim.** Nom donné d'abord au manganèse.

MANGANÈSE, n. m. [mɑ̃ganɛz] (*mangane*) Métal d'un blanc brillant, d'une cassure raboteuse, très dur, très fragile. ♦ Peroxyde de manganèse ou oxyde noir.

MANGANÉSIEN, IENNE, adj. [mɑ̃ganezjɛ̃, jɛn] (*manganèse*) Qui contient du manganèse.

MANGANEUX, adj. m. [mɑ̃ganø] (radic. de *manganèse*) **Chim.** *Oxyde manganeux*, oxyde qui est le premier de ceux du manganèse.

MANGANINE, ■ n. f. [mɑ̃ganin] (radic. de *manganèse*) **Chim.** Alliage résistant de cuivre, de manganèse et de nickel. *La manganine utilisée dans les résistances électriques supporte très bien les différences de température.*

MANGANIQUE, adj. m. [mɑ̃ganik] (radic. de *manganèse*) **Chim.** *Oxyde manganique*, oxyde de manganèse plus chargé d'oxygène que l'oxyde manganeux. ■ **Rem.** On disait autrefois aussi *manganésique*.

MANGANITE, ■ n. m. [mɑ̃ganit] (radic. de *manganèse*) L'un des oxydes de manganèse.

MANGÉ, ÉE, p. p. de manger. [mɑ̃ʒe]

MANGEABLE, adj. [mɑ̃ʒabl] (1 *manger*) Qui peut être mangé.

MANGEAILLE, n. f. [mɑ̃ʒaj] (1 *manger* et suff. péj. -*aille*) Ce qu'on donne à manger à quelques animaux domestiques. ♦ **Fam.** Ce que mangent les hommes.

MANGEANT, ANTE, adj. [mɑ̃ʒɑ̃, ɑ̃t] (1 *manger*) Qui mange. « *Soyons bien buvants, bien mangeants, Nous devons à la mort de trois l'un en dix ans* », La Fontaine.

MANGE-DISQUE, ■ n. m. [mɑ̃ʒ(ə)disk] (1 *manger* et *disque*) Appareil portatif permettant d'écouter les disques vinyles que l'on introduit dans une fente. *Des mange-disques.*

MANGE-MIL, ■ n. m. [mɑ̃ʒ(ə)mil] (1 *manger* et *mil*) Petit oiseau qui vit en bande et s'attaque aux cultures et notamment aux plantations de mil. *Les mange-mils et les criquets sont une menace pour les cultures du Sénégal.*

MANGEOIRE, n. f. [mɑ̃ʒwaʀ] (1 *manger*) Auge en bois ou en pierre, dans laquelle on dépose les aliments destinés aux animaux. ♦ ▷ **Fig.** *Tourner le dos à la mangeoire*, faire tout le contraire de ce qu'il faudrait pour arriver au but qu'on se propose. ◁

MANGEOTTER ou **MANGEOTER**, ■ v. tr. [mɑ̃ʒote] (1 *manger* et suff. dimin. -*ot*[*t*]*er*) Manger peu et souvent, sans appétit particulier. « *C'est là un des plus vifs plaisirs de mon enfance, de buvoter, de mangeotter en lisant* », Michelet.

1 **MANGER**, v. tr. [mɑ̃ʒe] (lat. *manducare*) Mâcher et avaler quelque aliment. ♦ *Manger à*, se dit pour indiquer l'assaisonnement. *Manger des artichauts à l'huile.* ♦ **Fig.** Perdre, mettre à mal. « *Les fanatiques et les fripons mangeront tous les philosophes* », Voltaire. ♦ ▷ *Manger son pain blanc le premier*, avoir dans sa jeunesse des biens dont on est ensuite privé ; et aussi commencer une affaire par la partie la plus agréable. ◁ ♦ *Ils se sont mangé les yeux*, ils se sont fortement querellés. ♦ **Fig.** *Manger à quelqu'un le blanc des yeux* ou simplement *le manger*, se courroucer fortement contre lui. ♦ **Fig.** *Manger quelqu'un, quelque chose des yeux*, les regarder avidement. ♦ **Fig.** *Manger de la prison*, être mis souvent ou longtemps en prison. ♦ **Absol.** Prendre des aliments. « *Il faut manger pour vivre, et non vivre pour manger* », Molière. ♦ *Bien manger*, manger de bon appétit. ♦ *Savoir manger*, être grand connaisseur dans les choses de la table. ♦ *Manger dans la main*, Voy. **main.** ♦ **Pop.** *Manger comme un chancre, manger comme quatre*, manger excessivement. ♦ **Fig.** *Il y a à boire et à manger*, se dit d'une affaire qui peut avoir à la fois de bons et de mauvais résultats, d'une question qui présente deux sens, d'un ouvrage où il y a du bon et du mauvais. ♦ **Absol.** Prendre ses repas. ♦ *On mange bien chez cette personne*, on y fait de bons repas. ♦ *Donner à manger*, recevoir chez soi à dîner une personne, de la compagnie ; et aussi tenir une maison où les gens viennent prendre leur repas en payant. ♦ Ronger, en parlant des insectes. *Cette fourrure a été mangée par les vers.* ♦ **Fig.** Consumer le corps, en parlant de maladies. *Un ulcère lui mange la jambe.* ♦ Dépenser en parties de table un certain argent. ♦ **Fig.** Dépenser d'une façon quelconque. « *Un tel vit noblement, il mange son bien avec honneur* », Massillon. ♦ Dépenser, avec une idée de prodigalité ou de désordre. *Il a mangé son bien.* ♦ Être la cause de dépenses excessives, ruiner. *Ses valets, ses chevaux le mangent.* ♦ **Fig.** Vivre aux dépens de, ruiner, lever des contributions, faire des exactions. « *Lorsqu'un roi mange son peuple jusques aux os* », Balzac. ♦ Il se dit de choses qui en rongent, détruisent, minent, absorbent d'autres. *Cette forge mange bien du charbon. Le grand jour mange les couleurs. La rouille mange le fer. Cette rivière mange ses bords.* ♦ **Fig.** *Manger quelqu'un de caresses* ou absol. *manger quelqu'un*, lui faire de grandes caresses. ♦ Ne pas articuler nettement. ♦ **Fam.** *Manger un ordre*, l'oublier. ♦ *Se manger*, v. pr. Être mangé. ♦ *Se manger l'un l'autre*, se servir de nourriture l'un à autre, et fig. se nuire l'un à l'autre. ♦ *Se manger des yeux*, se regarder avec passion. ♦ **Fig.** Être dépensé. ♦ **Gramm.** Être élidé. *L'e muet se mange devant une voyelle.* ♦ **Prov.** *Les gros poissons mangent les petits*, les puissants oppriment les faibles. ■ *Ça ne mange pas de pain*, c'est peu d'efforts pour un résultat appréciable. ■ *Manger ses mots*, parler sans articuler.

2 **MANGER**, n. m. [mɑ̃ʒe] (1 *manger*) Ce qu'on mange, ce dont on se nourrit. ♦ **Fam.** *Il en perd le boire et le manger*, Voy. **boire.**

MANGERIE, n. f. [mɑ̃ʒ(ə)ʀi] (1 *manger*) Action de manger beaucoup. ♦ **Fig.** Frais de chicane, exactions. « *Les mangeries et les exactions qu'on voit dans la levée des tailles* », Vauban. ♦ Action de se nuire les uns aux autres.

MANGE-TOUT ou **MANGETOUT**, n. m. [mɑ̃ʒ(ə)tu] (1 *manger* et *tout*) Celui qui dissipe son bien, un prodigue. ■ **Au pl.** *Des mange-tout, des mange-touts.*

MANGEUR, EUSE, n. m. et n. f. [mɑ̃ʒœʀ, øz] (1 *manger*) Celui, celle qui mange. *Mangeur de chair humaine.* ♦ Celui, celle qui est dans l'habitude de manger beaucoup. *Un gros mangeur*, celui qui mange beaucoup. *Un petit mangeur*, celui qui mange peu. ♦ ▷ **Fig.** *Mangeur de charrettes ferrées, de petits enfants*, fanfaron. ◁ ♦ **Fig.** *Un mangeur*, un prodigue, un dissipateur.

♦ **Fig.** Celui qui gruge les autres, qui leur extorque leur avoir. « *Les partisans et autres mangeurs du peuple* », GUI PATIN. ♦ **Fig.** *Mangeur de livres*, homme studieux. ▪ *Qui dévore, en parlant d'un animal. Un insecte mangeur d'hommes.* ▪ **Fig.** *Une femme mangeuse d'hommes.*

MANGEURE ou **MANGEÜRE**, n. f. [mãʒyʀ] (*geu* se prononce *ju* ; 1 *manger*) Endroit mangé d'une étoffe, d'un pain, etc. *Mangeure de vers, de souris.*

MANGLE, ▪ n. f. [mãgl] (esp. *mangle*, du taino mangue ou mangle) Fruit comestible du manglier. *Les mangles rouges, jaunes.*

MANGLIER, ▪ n. m. [mãglije] (*mangle*) Arbre tropical appelé aussi *palétuvier rouge*, dont les racines sont aériennes et qui pousse notamment au bord des lagunes ou de la mer.

MANGONNEAU, n. m. [mãgɔno] (gr. *magganon*) **Art** et **milit.** Dans le Moyen Âge, machine à lancer des pierres et des dards.

MANGOUSTAN, ▪ n. m. [mãgustã] (port. *mangostae*, du malais *manggoestan*) Fruit du mangoustanier.

MANGOUSTANIER, ▪ n. m. [mãgustanje] (*mangoustan*) Arbre fruitier tropical, d'une forme pyramidale et pouvant atteindre jusqu'à 25 m de hauteur. *La culture pérenne du mangoustanier.*

MANGOUSTE, n. f. [mãgust] (port. *mangus*, du mahratte) Ichneumon de Pharaon. ▪ Mammifère d'Asie et d'Afrique qui se nourrit de serpents.

MANGROVE, ▪ n. f. [mãgʀɔv] (angl. *mangrove*, de *mangle* et *grove*, bocage) **Biol.** Écosystème intertropical constitué d'une forêt dense de palétuviers, constamment inondée.

MANGUE, n. f. [mãg] (port. *manga*, du tamoul *mankay*) Le fruit du manguier.

MANGUIER, n. m. [mãgje] (*mangue*) Grand arbre à cime étalée, que l'on cultive aux Indes, au Brésil et à la Guyane.

MANIABILITÉ, ▪ n. f. [manjabilite] (*maniable*) Qualité d'un objet qui est maniable. *Ton aspirateur offre une grande maniabilité.*

MANIABLE, adj. [manjabl] (1 *manier*) Qui est aisé à manier, qui se prête à l'action de la main. *Outil maniable. Drap doux et maniable.* ♦ **Mar.** *Vent, temps maniable*, celui qui permet au bâtiment toute espèce de manœuvre. ♦ Qui est aisé à mettre en œuvre. *Fer maniable.* ♦ **Fig.** Qui se prête au commerce de la vie. *Un homme, un caractère maniable.* ♦ *Une langue maniable*, une langue qui se prête à l'expression de la pensée. ▪ Qui est aisé à manœuvrer.

MANIACODÉPRESSIF, IVE, ▪ adj. [manjakodepresif, iv] (*maniaque* et *dépressif*) **Psych.** Qui alterne des états de mélancolie et des accès d'excitation. *Une psychose maniacodépressive.* ▪ **N. m.** et n. f. Malade atteint de cette psychose.

MANIAQUE, adj. [manjak] (lat. médiév. *maniacus*, du gr. *mania*, folie) Possédé de manie. ♦ **N. m.** et n. f. *Un maniaque. Une maniaque.* ♦ Qui est livré à des habitudes bizarres, contraires à la raison. *Homme, esprit maniaque.* ♦ **N. m.** et n. f. *Un maniaque. Une maniaque.*

MANIAQUERIE, ▪ n. f. [manjak(ə)ʀi] (*maniaque*) Attitude d'une personne maniaque. *Une maniaquerie excessive.*

MANICHÉEN, ENNE, n. m. et n. f. [manikeẽ, ɛn] (*ch* se prononce *k* et non *ch* ; lat. *Manichæus*, gr. *Manikhaios*, hérésiarque perse du IIIᵉ siècle) Celui, celle qui adopte la doctrine de Manès, suivant lequel il y avait deux premiers principes, un bon et un mauvais. **Adj.** Qui appartient aux manichéens, au manichéisme. *Hérésie manichéenne.* ▪ Qui suit un schéma de pensée manichéen. *Avoir une vision manichéenne du monde, où le bien s'oppose au mal, sans juste milieu.*

MANICHÉISME, n. m. [manikeism] (lat. *Manichæus*, d'après l'angl. *manicheism*) Doctrine des manichéens.

MANICHORDION, n. m. [manikɔʀdjõ] (*ch* se prononce *k* et non *ch* ; lat. *manus*, main et gr. *khordos*, corde, d'après le *monokhordon*, instrument à une corde) ▷ Ancien instrument de musique, sorte d'épinette à soixante-dix cordes, revêtues de drap, pour rendre le son plus doux en l'étouffant. ▪ REM. On disait aussi *manicorde*. ◁

MANICLE, n. f. [manikl] Voy. MANIQUE.

MANICORDE, n. f. [manikɔʀd] (manichordion) ▷ Le même que manichordion. ◁

MANIE, n. f. [mani] (b. lat. *mania*, du gr. *mania*) Égarement d'esprit. ♦ Folie dans laquelle l'imagination est constamment frappée d'une idée particulière. *Sa manie est de se croire le Grand Turc.* ♦ Travers d'esprit. *Flatter la manie de quelqu'un.* ♦ Habitude bizarre, contraire à la raison. Goût poussé jusqu'à l'excès. *La manie des tableaux.* ♦ **Méd.** Aliénation caractérisée par un délire général avec agitation, irascibilité, penchant à la fureur. ▪ *Avoir la manie des grandeurs*, être mégalomane.

MANIÉ, ÉE, p. p. de manier. [manje]

MANIEMENT, n. m. [manimã] (de 1 *manier*) Action de manier. *Le maniement d'une étoffe.* ♦ *Le maniement des armes*, l'exercice de pied ferme qu'on fait faire aux soldats pour leur apprendre à bien manier l'arme. ♦ Fréquent passage des choses par les mains, qui leur apporte quelque dommage. ♦ Mouvement facile des parties du corps. ♦ **Peint.** *Le maniement du pinceau, des couleurs*, la manière de conduire le pinceau, d'employer les couleurs. ♦ Action de diriger, de conduire. *Le maniement des chevaux.* **Fig.** *Le maniement des esprits.* ♦ Administration, gestion. *Le maniement des affaires publiques.* ♦ Argent que reçoivent les caissiers, les trésoriers, et dont ils sont comptables. *Avoir un maniement considérable.* ♦ **Bouch.** Saillies plus ou moins accusées que forment, sur différents points du corps, les dépôts de graisse chez l'animal en voie d'engraissement. ▪ *Le maniement des hommes*, l'exercice du commandement militaire ou politique.

1 MANIER, v. tr. [manje] (anc. fr. *maneier*, toucher avec la main) Prendre, toucher avec la main. *Manier un drap.* ♦ Toucher fréquemment. *Ne maniez pas ces fruits.* ♦ Se servir de... avec la main. *Manier le ciseau, la plume, l'épée, etc.* ♦ Mettre en œuvre, en parlant de l'ouvrier. *Ce maçon manie bien le plâtre.* ♦ **Fig.** Il se dit de la manière d'user des instruments de la pensée. *Cet écrivain manie bien la langue, la plume, etc.* ♦ Employer d'une certaine façon dans le discours. *Il manie bien l'ironie, la passion, etc.* ♦ *Manier un cheval*, le faire aller. ♦ **Fig.** Diriger, conduire. « *Esprits difficiles à manier* », BOSSUET. ♦ **Fig.** Avoir en sa disposition, administrer, gérer. *Avoir des deniers à manier. Manier une affaire.* ♦ **Mar.** Diriger un bâtiment. ♦ **V. intr.** Obéir au cavalier, en parlant d'un cheval. *Ce cheval manie bien sous l'homme.* ▷ Se manier, v. pr. Se toucher soi-même. ♦ **Mar.** Bien manœuvrer. ♦ **Fig.** Être régi, conduit. *Le peuple ne se manie pas facilement.* ◁ ▪ AU MANIER, loc. adv. En maniant. *Reconnaître une étoffe au manier.* ▪ *Pêche au manier*, à l'aide d'une canne.

2 MANIER (SE), ▪ v. pr. [manje] (1 *manier*) Voy. MAGNER (SE).

MANIÉRÉ, ÉE, p. p. de maniérer. [manjeʀe] Plein de manière, d'affectation. *Un homme maniéré.* ♦ Il se dit des choses. *Un ton maniéré.* ♦ **Littér.**, **peint.** et **sculpt.** Où il y a de la manière. *Des figures, des draperies maniérées.* ♦ **N. m.** *Le maniéré*, le style, le genre maniéré.

MANIÈRE, n. f. [manjeʀ] (lat. *manus*) Façon d'être, façon d'agir, procédé. « *C'est une plaisante étude, que celle des manières différentes de chacun* », MME DE SÉVIGNÉ. ♦ *Il n'y a que la manière*, c'est-à-dire savoir s'y prendre est tout. ♦ **Fam.** *De la belle manière*, beaucoup, très fort. ♦ **Ironiq.** *De la bonne manière, de la belle manière*, sans ménagement, d'une rude façon. ♦ *De manière ou d'autre*, par un moyen ou par un autre. ♦ *De toutes les manières*, sans réserve. ♦ *À la manière de*, comme fait telle personne ou telle chose. « *Son discours se répandait à la manière d'un torrent* », BOSSUET. ♦ **Absol.** Façon d'agir habituelle. ♦ *À ma manière*, conformément à ce que je suis, je veux, je pense, etc. « *Chacun sur ce monde heureux à sa manière* », COLLIN D'HARLEVILLE. ♦ *Manière de parler*, expression, locution. ♦ *Manière de parler*, chose dite sans conséquence ou avec exagération. *Quand vous dites qu'il est riche, c'est une manière de parler.* ♦ *Manière de penser, de voir*, le mode suivant lequel chacun pense, apprécie les choses. ♦ **Philos.** *Manière d'être*, manière suivant laquelle chaque personne, chaque chose. ♦ Espèce, apparence. « *J'ai un certain valet qui passe pour une manière de bel esprit* », MOLIÈRE. « *Nous nous faisons une manière de vertu toute mondaine* », MASSILLON. ♦ **Peint.** Goût, façon, habitude prise par l'artiste dans le maniement du pinceau et dans les principales parties de la peinture. *La manière du Poussin.* ♦ Gravure à la manière noire, procédé de gravure. ♦ *Par extens.* Il se dit du faire dans les ouvrages de littérature. « *L'écrivain qui a du génie a autant de manières différentes qu'il a de sujets à traiter* », CONDILLAC. ♦ En parlant des écrivains, des peintres, des musiciens, différentes phases et transformations de leur talent. ♦ **Absol.** Affectation, recherche, exagération. ♦ Au pl. Façon d'agir ou d'agir dans le commerce de la vie, dans le monde. *Les belles manières.* ♦ *N'avoir pas de manières, manquer de manières*, être gauche dans la société, dans le monde. ▪ PAR MANIÈRE DE, loc. adv. Par une espèce de. ♦ *Par manière de dire*, sans y mettre d'importance. ♦ *D'une manière que*, de telle manière que. « *Vous tournez les choses d'une manière qu'il semble que vous avez raison* », MOLIÈRE. ♦ *De la manière que, telle est la manière avec laquelle*, etc. De la manière que je conçois la chose, la difficulté n'existe plus. ♦ DE MANIÈRE QUE, loc. conj. Avec l'indicatif, indique que le fait est accompli : *Vous faites les choses de manière que tout le monde est content* ; avec le subjonctif, indique la tendance à l'accomplissement du fait : *Faites les choses de manière que tout le monde soit content.* ▪ DE MANIÈRE À, loc. prép. Avec l'infinitif, si bien que. *Il parla de manière à convaincre les juges.* ♦ On dit dans le même sens : *D'une manière à.* ♦ *De manière à ce que* est une locution vicieuse. Il faut dire *de manière que* avec l'indicatif ou le subjonctif, ou *de manière à* avec l'infinitif. ▪ *D'une certaine manière*, dans un sens. ♦ *De manière générale*, en général. ▪ *En aucune manière*, aucunement. ♦ *De la même manière*, de la même façon. ♦ *Sans manières*, en toute simplicité. ▪ REM. Au lieu de *manière de parler*, on dit plutôt aujourd'hui *façon de parler.* ■ *L'art et la manière,* la façon la plus habile, la plus réfléchie. *Un bon banquier renseigne ses clients sur l'art et la manière de placer leur argent. Avoir l'art et la manière de préparer les gaufres.*

MANIÉRER, v. tr. [manjere] (*manière*) Donner le caractère de la manière. *Maniérer son style, sa tournure, etc.* ✦ Se maniérer, v. pr. Devenir maniéré.

MANIÉRISME, ■ n. m. [manjeʁism] (*manière*) Caractère d'une personne maniérée, dépourvue de spontanéité, notamment dans le monde littéraire ou artistique. *Le maniérisme d'un auteur.* ■ Art qui apparaît en Europe, en particulier en Italie, entre la Renaissance et le baroque.

MANIÉRISTE, ■ adj. [manjeʁist] (*maniérisme*) Qui fait preuve de maniérisme, qui n'est pas naturel. *Son personnage est inutilement maniériste.* ■ **Art** Relatif au courant du maniérisme. ■ N. m. et n. f. Artiste appartenant à ce courant. *Le Greco était un maniériste.*

MANIEUR, EUSE, n. m. et n. f. [manjœʁ, øz] (1 *manier*) Personne qui manie beaucoup. « *Le manieur d'argent, l'homme d'affaires est un ours qu'on ne saurait apprivoiser* », LA BRUYÈRE.

MANIFESTANT, ANTE, ■ n. m. et n. f. [manifɛstɑ̃, ɑ̃t] (*manifester*) Personne qui participe à une manifestation. *Disperser les manifestants.*

MANIFESTATION, n. f. [manifɛstasjɔ̃] (lat. chrét. *manifestatio*) Action de rendre manifeste. *Les manifestations de l'âme et de la pensée humaine.* ✦ Il se dit particulièrement quand la puissance divine se rend manifeste. *La manifestation du Messie.* ✦ Mouvement populaire, rassemblement, destiné à manifester quelque intention politique. ■ Événement public dans les domaines de la culture, du commerce ou de l'art. ■ **Abrév.** Manif (employé seulement dans le sens de mouvement populaire).

1 **MANIFESTE,** adj. [manifɛst] (lat. *manifestus*) En parlant des personnes, pris sur le fait. *Plagiaire manifeste.* ✦ En parlant des choses, apparent, palpable. *Un crime manifeste.* « *Une lumière manifeste* », BOSSUET. *Il est manifeste que, etc.*

2 **MANIFESTE,** n. m. [manifɛst] (ital. *manifesto*) Déclaration publique par laquelle un prince, un État explique les raisons de sa conduite à l'égard d'un autre prince ou État. ✦ Déclaration publique d'un parti. ✦ **Par extens.** Écrit, publication qui annonce de nouvelles manières de voir dans la littérature, dans les arts. *Le manifeste de l'école romantique.*

MANIFESTÉ, ÉE, p. p. de manifester. [manifɛste]

MANIFESTEMENT, adv. [manifɛstəmɑ̃] (1 *manifeste*) D'une manière manifeste. *Voir manifestement les choses. Manifestement coupable.*

MANIFESTER, v. tr. [manifɛste] (lat. *manifestare*) Rendre manifeste. « *J'ai nourri mes chagrins sans les manifester* », VOLTAIRE. ✦ Se manifester, v. pr. Rendre sa présence manifeste. ✦ Fig. Devenir visible à la raison. « *Sitôt que les hommes sont rassemblés, Dieu se manifeste à leur raison* », VOLTAIRE. ✦ Faire connaître ce qu'on est. ■ Fig. Se manifester, v. pr. Devenir visible, montrer des signes d'existence. ■ V. intr. Participer à un rassemblement populaire pour exprimer une opinion ou une revendication.

MANIFOLD, ■ n. m. [manifɔld] (angl. *manifold*, à faces multiples) Cahier alternant feuilles de papier et de papier carbone permettant de produire des documents manuscrits en double exemplaire. *Des brochures manifolds. Des manifolds autocopiants.* ■ **Techn.** Élément de tuyauterie.

MANIGANCE, n. f. [manigɑ̃s] (p.-ê. lat. *manus* ; suff. obsc., p.-ê. occitan *-ica*) Fam. Manœuvre secrète et artificieuse. « *Il y a de la manigance en cette affaire* », LESAGE.

MANIGANCÉ, ÉE, p. p. de manigancer. [manigɑ̃se]

MANIGANCER, v. tr. [manigɑ̃se] (*manigance*) Fam. Faire une manigance.

MANIGUETTE, n. f. [manigɛt] (prob. ital. *meleghetta*, sorgho, du lat. *milica*, de *milium*, millet) Nom donné aux graines de paradis, dites aussi *poivre de Guinée, malaguette.*

MANILLE, n. f. [manij] (esp. *malilla*, petite malicieuse, appliquée à une carte de faible valeur qui devient maîtresse en atout.) T. du jeu d'hombre, du quadrille et du tri. C'est en noir, le deux, et en rouge, le sept de la couleur dans laquelle on joue. ■ Jeu de cartes dans lequel le dix et l'as sont les cartes maîtresses. ■ Étrier en métal fermé par une vis et utilisé pour relier des câbles.

MANILLON, ■ n. m. [manijɔ̃] (*manille*) Au jeu de manille, chacun des quatre as.

MANILUVE, ■ n. m. [manilyv] Voy. MANULUVE.

MANIOC, n. m. [manjɔk] (tupi *manioch*) Arbrisseau d'Amérique dont la racine sert à faire une sorte de pain qu'on nomme *cassave.*

MANIPULABLE, ■ adj. [manipylabl] (*manipuler*) Qu'on peut manipuler, manier. *Un métal manipulable.* ■ Qu'on peut influencer. *Un enfant manipulable.*

MANIPULAIRE, n. m. [manipylɛʁ] (lat. *manipularis*) **Antiq.** Chef d'une des compagnies de la cohorte romaine. ✦ Adj. Qui appartient au manipule. *Enseigne manipulaire.*

MANIPULATEUR, TRICE, n. m. et n. f. [manipylatœʁ, tʁis] (*manipuler*) **Chim.** et **pharm.** Personne qui manipule. *Un manipulateur habile.* ✦ N. m. Instrument qui, dans la télégraphie électrique, sert à envoyer les signaux. ■ Personne qui manipule ses pairs.

MANIPULATION, n. f. [manipylasjɔ̃] (*manipuler*) Exécution de diverses opérations manuelles en chimie, pharmacie, etc. ■ Action de manier quelque chose. ■ En prestidigitation, art de faire apparaître et disparaître des objets avec les mains. ■ **Méd.** Mobilisation manuelle d'une partie du corps pour la rééduquer. ■ *Manipulation génétique,* modification de l'ADN d'un être vivant ou d'un végétal. ■ Manœuvre dont le but est de tromper. ■ **Abrév.** Manip ou manipe.

MANIPULE, n. m. [manipyl] (lat. *manipulus*, poignée, gerbe ; milit., trentième partie de la légion) **Pharm.** Ce que la main peut tenir d'herbes, de fleurs, de graines. ✦ Petite bande d'étoffe que le prêtre catholique porte au bras gauche en célébrant la messe. ✦ **Antiq. rom.** Compagnie d'infanterie, composée, à l'origine, de cent hommes, commandés par deux centurions.

MANIPULÉ, ÉE, p. p. de manipuler. [manipyle]

MANIPULER, v. tr. [manipyle] (*manipule,* au sens pharm.) **Chim.** et **pharm.** Opérer avec la main sur les substances. *Ce chimiste manipule fort bien.* ✦ **Absol.** *Ce chimiste manipule fort bien.* ✦ **Par extens.** Opérer quelque chose avec la main. « *L'homme manipule avec la seule farine de froment une multitude de pâtisseries* », BERNARDIN DE SAINT-PIERRE. ✦ Se manipuler, v. pr. Être manipulé. ■ Utiliser un appareil, une machine, un outil. *Il manipule le tournevis comme un chef.* ✦ Faire subir une modification à quelque chose. *Manipuler une séquence d'*ADN. ■ Effectuer des opérations plus ou moins honnêtes. ■ Manœuvrer insidieusement une personne ou un groupe de personnes pour l'influencer ou le contrôler.

MANIPULEUR, n. m. [manipylœʁ] (*manipuler*) Se dit, avec une idée de mépris, de celui qui fait quelque opération avec la main. « *Manipuleur ignorant* », BEAUMARCHAIS.

MANIQUE ou **MANICLE,** n. f. [manik, manikl] (lat. *manicula,* petite main, manche) Espèce de gants dont se servent certains ouvriers pour protéger leurs doigts. ✦ Morceau de cuir dont les cordonniers se couvrent une partie de la main pour leur travail. ✦ On dit, en parlant d'un savetier : *Il est de la manique.* ✦ ▷ **Pop.** *Il entend la manique,* se dit d'un homme adroit. ◁ ■ Gant ou carré de tissu épais utilisé pour porter des plats chauds.

MANITOU, n. m. [manitu] (algonq. *manitu,* grand esprit) Nom des divinités de l'Amérique du Nord. « *Les manitous des sauvages* », J.-J. ROUSSEAU. ■ **Fam.** Personnalité importante dans un domaine. *Ce réalisateur est le grand manitou du cinéma français.*

MANIVEAU, n. m. [manivo] (orig. incert., prob. 2 *manne* ; suff. obsc.) ▷ Petit plateau d'osier sur lequel on range certains comestibles pour les vendre. *Un maniveau d'éperlans.* ✦ Petit panier de champignons. ◁

MANIVELLE, n. f. [manivɛl] (b. lat. *manabella,* mancheron de charrue) Pièce de fer ou de bois faisant deux angles droits, placée à l'extrémité d'un arbre ou essieu et servant à le faire tourner.

1 **MANNE,** n. f. [man] (lat. chrét. *manna,* de l'hébr. *man*) Nourriture que Dieu fit tomber du ciel pour les enfants d'Israël dans le désert. ✦ **Par extens.** Aliment très abondant et très utile pour la nourriture du peuple. ✦ **Fig.** *La manne céleste,* la parole de Dieu. ✦ *La manne cachée,* ce qu'il y a d'excellent dans les choses spirituelles. ✦ Ce qui sert d'aliment à l'esprit. ✦ Suc concret qu'on récolte sur une espèce de frêne en Sicile et en Calabre, et qui est purgatif. ■ **Fig.** Immense réserve d'argent ou de profit. *Qui va profiter de la manne de l'argent public ?*

2 **MANNE,** n. f. [man] (moy. néerl. *manne*) Panier d'osier plus long que large, où l'on met le linge, la vaisselle, etc. ✦ Manne d'enfant, berceau d'osier. ✦ Manne à marée, grand panier à mettre le poisson.

MANNÉE, n. f. [mane] (2 *manne*) ▷ Le contenu d'une manne. ◁

1 **MANNEQUIN,** n. m. [man(ə)kɛ̃] (moy. néerl. *mannekijn,* petit homme) Figure de bois ou de cire qui sert aux peintres et aux sculpteurs à disposer les draperies de leurs ouvrages. ✦ **Fig.** *C'est un mannequin,* c'est un homme qu'on fait mouvoir comme on veut. ✦ Figure d'homme ou de femme sur laquelle les chirurgiens exercent les élèves. ■ Figure articulée utilisée comme modèle par les couturiers ou servant à présenter des vêtements dans une vitrine de magasin. ■ N. m. et n. f. Personne qui porte les créations d'un couturier lors de défilés. ■ **Rem.** Dans ce sens, on trouve aussi le féminin *mannequine.*

2 **MANNEQUIN,** n. m. [man(ə)kɛ̃] (moy. néerl. *mannekijn,* petit panier ; 2 *manne,*) Sorte de panier haut et rond. ✦ Panier d'osier à claire-voie dans lequel on élève des arbres. *Des arbustes en mannequin.*

MANNEQUINAT, n. m. [man(ə)kina] (*mannequin*) Profession de mannequin. *Le mannequinat est un métier de la mode.*

MANNEQUINÉ, ÉE, p. p. de mannequiner. [man(ə)kine] Qui sent le mannequin. *Des draperies mannequinées.*

MANNEQUINER, v. tr. [man(ə)kine] (*mannequin*) **Peint.** et **sculpt.** Disposer sans naturel. ♦ **Fig.** Donner l'air raide. « *L'autre vêtement raide, empesé, me mannequine* », DIDEROT.

MANNETTE, n. f. [manɛt] (de 2 *manne*) Petite manne.

MANNITOL n. m. ou **MANNITE**, ■ n. f. [manitɔl, manit] (angl. *mannitol*) **Chim.** Polyalcool organique, utilisé en médecine comme diurétique.

MANNOSE, ■ n. m. [manoz] (pour *mannitose*, de 1 *manne*,) **Chim.** Glucide dérivant du mannitol. *Un apport de mannose oral.*

MANODÉTENDEUR, ■ n. m. [manodetɑ̃dœr] (*manomètre* et *détendeur*) Appareil permettant de mesurer et de réguler la pression d'un récipient contenant un gaz comprimé. *Une bouteille d'azote équipée d'un manodétenteur.*

MANŒUVRABILITÉ, ■ n. f. [manøvrabilite] (*manœuvrable*) Caractère d'un véhicule manœuvrable. *La bonne manœuvrabilité de ce voilier.*

MANŒUVRABLE, ■ adj. [manøvrabl] (*manœuvrer*) Facile à manœuvrer, à piloter. *Une vanne manœuvrable à distance.*

1 **MANŒUVRE**, n. f. [manœvr] (lat. pop. *manuopera*, de *manus* et *opera*, activité) Opération de la main. ♦ Mouvement des ouvriers et des machines. *Il faut laisser de la place pour la manœuvre.* ♦ **Chir.** Ensemble des mouvements pour faire quelque opération. *La manœuvre d'un instrument.* ♦ Mouvements concertés des animaux. *La manœuvre du chat pour prendre une souris.* ♦ **Mar.** Mouvement, opération qui nécessite un changement d'allure ou de direction ; tels sont l'action de gouverner, l'appareillage, etc. ♦ *Faire une fausse manœuvre*, faire une manœuvre à contretemps et mal à propos. ♦ Service des matelots et usage que l'on fait des cordages. *Apprendre la manœuvre.* ♦ En général, les cordages qui servent à manœuvrer un navire. ♦ Mouvements qu'on fait faire à des troupes. ♦ **Fig.** Moyens que l'on emploie pour gouverner certaines affaires. ♦ *Faire une fausse manœuvre*, se comporter d'une manière malhabile. ♦ Aux commandes d'un véhicule, action de se garer, de se ranger, de dépasser, de décharger, etc.

2 **MANŒUVRE**, n. m. et n. f. [manœvr] (*manœuvrer*) Personne qui travaille de ses mains. ♦ Ouvrier subalterne servant ceux qui font l'ouvrage et particulièrement les maçons, les couvreurs. ♦ **Fig.** Un homme qui opère grossièrement et par routine un ouvrage d'art. ♦ En mauvaise part, un homme subtil, rusé. *C'est un fin manœuvre.* ♦ **Fig.** *Manœuvre littéraire*, celui qui dans un travail fait les recherches, les extraits, etc. ♦ *Travail, ouvrage de manœuvre*, ouvrages d'art ou de littérature qui n'exigent que du temps et de la patience.

MANŒUVRÉ, ÉE, p. p. de manœuvrer. [manøvre]

MANŒUVRER, v. intr. [manøvre] (lat. pop. *manu operare*, travailler avec la main) **Mar.** Faire la manœuvre. ♦ En parlant des bâtiments, obéir à la manœuvre. *Ce vaisseau manœuvre bien.* ♦ Activ. Faire faire des évolutions aux navires, aux manœuvres. *Manœuvrer un vaisseau, les voiles.* ♦ Il se dit des mouvements que les troupes exécutent. *Ces troupes ont bien manœuvré.* ♦ Concerter en campagne les mouvements des troupes pour quelque opération. ♦ **Fig.** Employer des moyens pour la réussite d'une affaire. ■ Il se dit aussi pour toutes sortes de véhicules. *Manœuvrer un camion à benne, une grue, une voiture.*

MANŒUVRIER, IÈRE, n. m. et n. f. [manøvrije, ijɛr] (1 *manœuvre*) Personne qui entend bien la manœuvre des vaisseaux ou des troupes. ♦ **Mar.** Ouvrage technique sur la manœuvre. ♦ **Adj.** *Manœuvrier, manœuvrière*, habile en la manœuvre de terre et de mer. *Une armée manœuvrière. Un général manœuvrier.* ♦ **N. f.** *au fém.* Cette armée est bonne manœuvrière.

MANOGRAPHE, ■ n. m. [manograf] (*manomètre* et *-graphe*) Manomètre enregistrant et écrivant ses mesures. *Ce manographe mécanique enregistre les différences de pression.*

MANOIR, n. m. [manwar] (inf. a. fr. substantivé, du lat. *manere*, demeurer) Nom, au Moyen Âge, de toute habitation à laquelle était jointe une certaine étendue de territoire. ♦ *Manoir seigneurial*, la partie d'un héritage que l'aîné devait avoir par préciput. ♦ Le lieu où l'on demeure. ♦ *Le sombre manoir*, la demeure de Pluton, le séjour des morts. ■ Grande habitation, plus petite que le château. *On raconte que ce manoir est hanté.*

MANOMÈTRE, n. m. [manomɛtr] (*mano-* et *-mètre*) Appareil de physique propre à faire connaître la force élastique, la pression des gaz et des vapeurs.

MANOMÉTRIE, ■ n. f. [manometri] (*mano-* et *-métrie*) Partie de la physique qui mesure la pression des fluides. ■ **Méd.** Mesure de la pression à l'intérieur d'un organe, permettant de diagnostiquer des maladies. *Manométrie œsophagienne.* ■ MANOMÉTRIQUE, adj. [manometrik] *Mesure manométrique.*

MANOQUE, ■ n. f. [manɔk] (mot pic., de *main*) Botte de feuilles de tabac.

MANOSCOPE, n. m. [manoskɔp] (*mano-* et *-scope*) Instrument de physique qui marque les variations de la densité de l'air.

MANOSTAT, ■ n. f. [manosta] (*mano-* et *-stat*) Appareil de régulation de la pression dans un récipient. *Des manostats pour compresseur.*

MANOUCHE, ■ adj. [manuʃ] (tsigane *manus*, homme) **Fam.** Tsigane. *Un concert de guitare manouche.* ■ **N. m.** et n. f. Nomade, gitan. *Un camp de manouches.* ■ Langue des gitans. *Parler le manouche.*

MANOUVRIER, IÈRE, n. m. et n. f. [manuvrije, ijɛr] (*manœuvrer*) Ouvrier, ouvrière qui travaille de ses mains et à la journée.

MANQUANT, ANTE, adj. [mɑ̃kɑ̃, ɑ̃t] (*manquer*) Qui est de moins là où il devrait se trouver. *Sommes manquantes. Soldats manquants à l'appel.* ♦ **N. m.** et n. f. *Les manquants, les manquantes.*

1 **MANQUE**, n. m. [mɑ̃k] (*manquer*) Absence, privation. *Manque de foi, de respect, etc. Le manque d'héritiers.* ♦ ▷ *Trouver quelque chose de manque*, le trouver de moins où il devrait être. ◁ ■ Il se prend quelquefois pour *manquement*. « *De quel manque, après tout, as-tu lieu de te plaindre?* », P. CORNEILLE. ♦ MANQUE DE, PAR MANQUE DE, loc. prép. Signifiant que telle ou telle chose fait défaut. « *Manque de connaissance, nous faisons des fautes irréparables* », BOURDALOUE. ♦ Au billard, *un manque-à-toucher*, se dit lorsque le joueur ne touche pas la bille sur laquelle il pousse la sienne. *Des manque-à-toucher.* ♦ On dit plus souvent aujourd'hui *manque de touche. Des manques de touche.* ♦ *Manque à gagner*, occasion qu'un marchand laisse échapper de faire un profit. ♦ **Équit.** *Un manque*, faux pas qui peut entraîner la chute du cheval. ♦ Dans un filet, dans un point de couture, maille, point qui manque. ■ **Fig.** *État de manque*, troubles physiques liés à l'arrêt de la consommation de drogue chez un toxicomane. ■ *Être en manque*, en état de manque. ■ *Manque à gagner*, dans l'industrie, somme qui, malgré les prévisions optimistes, n'a pas été gagnée, et dont l'absence reste à compenser. *La copie illégale entraîne-t-elle un manque à gagner pour l'industrie du disque?*

2 **MANQUE**, n. f. [mɑ̃k] (*manquer*) **Milit.** Action de manquer à l'appel.

MANQUÉ, ÉE, p. p. de manquer. [mɑ̃ke] *Un plat manqué*, un plat que le cuisinier n'a pas réussi à faire bon. ♦ *Un poète, un peintre manqué*, poète, peintre qui manque de talent. ♦ Se dit aussi de tout personnage qui est au-dessous de son rôle, de sa position. *Un avocat manqué.* ■ *Un garçon manqué*, une fille qui se comporte comme un garçon. ■ **N. m.** *Moule à manqué*, à bord haut.

MANQUEMENT, n. m. [mɑ̃k(ə)mɑ̃] (ital. *mancamento*, du b. lat. *mancare*) Faute. « *Les manquements des grands capitaines* », MOLIÈRE. ♦ Faute contre. *Manquement de parole.* ♦ État de ce qui manque, fait défaut. « *Le manquement de mémoire* », MOLIÈRE. ♦ Absence, privation (en ce sens il est syn. de manque, mais moins usité). « *Le manquement de liberté* », PASCAL. « *Un manquement de circonspection* », NICOLE.

MANQUER, v. tr. [mɑ̃ke] (b. lat. *mancare*, du lat. *mancus*, mutilé) Ne pas atteindre ce qu'on voulait atteindre, ne pas accomplir ce qu'on voulait accomplir. *Manquer un projet, un rendez-vous, un mariage, etc.* ♦ *Manquer quelqu'un, un animal*, ne pas l'atteindre du coup qu'on lui adresse. ♦ **Fig.** et **fam.** *Il ne l'a pas manqué*, il lui a dit son fait, il n'a pas hésité à le qualifier comme il le méritait. ♦ *Manquer quelqu'un*, ne pas le rencontrer, quand on avait besoin ou désir de le voir. ♦ Ne pas assister à. *Manquer le spectacle.* ♦ ▷ **Fig.** *La manquer belle*, ne pas réussir quand on avait l'occasion favorable. ◁ ■ **V. intr.** Être en moins, faire défaut. *Les livres qui manquent dans cette bibliothèque. Deux cents hommes manquaient au régiment.* « *Les habitants manquent à la terre* », FÉNELON. ♦ **Absol.** « *Tout manque quand l'intérêt manque* », VOLTAIRE. ♦ Mourir. *Si vous veniez à nous manquer.* ♦ Impers. « *Il manque un sens aux incrédules* », BOSSUET. ♦ S'affaisser, se dérober. *Le sol manque sous ses pieds. ♦ Le pied lui a manqué*, le pied lui a glissé. ♦ **Fig.** *Tout nous manque.* ♦ Défaillir. *Le cœur, les forces lui manquent.* ♦ Tomber, s'écrouler. *Cette maison manque par les fondements.* ♦ Être en défaut. *Le cœur ne manque pas.* ♦ Ne pas réussir, en parlant d'entreprises, de projets, etc. ♦ Il se dit, dans le même sens, des personnes. *Il ne manque jamais dans ses entreprises.* ♦ Ne pas lever, en parlant de graines. ♦ Ne pas faire feu, en parlant d'une arme à feu que l'on tire. ♦ ▷ Avoir disette, être en pénurie de. *Nous manquons d'argent, de vivres, de sagesse, etc.* ◁ ♦ *Manquer de parole, de promesse, de foi*, ne pas tenir sa parole, sa promesse, n'avoir pas de bonne foi. ♦ *Manquer de respect*, commettre un acte d'irrévérence à l'égard de quelqu'un. ♦ Avec un nom de chose pour sujet. *La terre manque d'hommes.* ♦ *Manquer de*, avec un verbe à l'infinitif, oublier de faire quelque chose. *Ne manquez pas de venir.* ♦ Tomber en faute. « *Quand on connaît sa faute, on manque doublement* », P. CORNEILLE. ♦ En parlant des personnes, faire faute par absence, par défection, ne pas aider, ne pas secourir. *Vous nous manquez.* « *Il vaut mieux s'exposer à l'ingratitude que de manquer aux misérables* », LA BRUYÈRE. ♦ Ne pas profiter de. « *Un ennemi capable de manquer à sa fortune* », BOSSUET. ♦ Ne pas faire ce que l'on doit à l'égard de quelqu'un. « *Je croirais manquer au public, à la vérité, si je restais muet* », VOLTAIRE. ♦ *Se manquer à soi-même,* compromettre son honneur. ♦ En parlant de choses auxquelles on ne satisfait pas. *Manquer à son devoir, à sa parole.* ♦ *Manquer de,* suivi d'un infinitif, courir quelque risque. *Nous avons manqué de verser.* ♦ *Manquer à,* suivi d'un infinitif, ne pas faire, ne pas réussir à faire. « *Toutes les bonnes maximes sont dans le monde : on ne manque qu'à les appliquer* », PASCAL. ♦ *Sans manquer,* infailliblement. ♦ *Se manquer,* v. pr. Ne pas se tuer, dans une tentative de suicide. ♦ Ne s'atteindre ni l'un ni l'autre de coups qu'on se porte mutuellement. ♦ Impers. *Il s'en manque,* il s'en faut, la chose n'est pas complète, n'est pas achevée. ■ *Manquer de,* suivi d'un nom, être sous un seuil normal. *Ce plat manque de sel. Son interprétation du morceau manque de dynamisme.* ■ *Manquer à quelqu'un,* être absent et provoquer un sentiment de carence, de manque. *Reviens, tu me manques.* ■ *Ne pas manquer de,* exécuter assurément. *Je ne manquerai pas de lui rappeler vos bonnes paroles.*

MANSARDE, n. f. [mɑ̃saʀd] (François *Mansart*, 1598-1666, célèbre architecte) Fenêtre pratiquée dans la partie presque verticale d'un comble brisé. ♦ On dit aussi : *Fenêtre en mansarde.* ♦ Chambre pratiquée sous un comble brisé. ♦ *Étage en mansarde,* étage dont les chambres sont des mansardes. ♦ *Comble en mansarde,* comble brisé. ♦ Croisée qui ouvre à coulisse.

MANSARDÉ, ÉE, adj. [mɑ̃saʀde] (*mansarde*) Disposé en mansarde.

1 MANSE, n. f. [mɑ̃s] Voy. MENSE.

2 MANSE, n. m. [mɑ̃s] (b. lat. et lat. médiév. *mansus,* demeure, domaine) ▷ Dans le droit féodal, mesure de terre jugée nécessaire pour faire vivre un homme et sa famille. ◁

MANSUÉTUDE, n. f. [mɑ̃sɥetyd] (lat. *mansuetudo*) Douceur d'âme sereine et inaltérable.

MANTA, ■ n. f. [mɑ̃ta] Voy. MANTE.

MANTE, n. f. [mɑ̃t] (a. provenç. *manta,* manteau, du lat. *mantum,* ou d'un radic. préindo-eur. *mant-,* chemise, couverture) Espèce de vêtement de femme, ample et sans manches, qui se porte par-dessus les autres vêtements, dans les temps froids. ♦ Habit que portent quelques religieuses. ■ Insecte carnassier qui attaque ses proies par surprise et dont la femelle dévore le mâle après l'accouplement. ■ Raie de grande taille. ■ REM. On appelle aussi ce poisson *manta* et *mante manta.*

MANTEAU, n. m. [mɑ̃to] (lat. *mantellum,* serviette, voile) Vêtement ample et sans manches qu'on porte par-dessus l'habit. ♦ Tout vêtement chaud avec ou sans manches, que les femmes portent, pour sortir, par-dessus leurs robes. ♦ Dans l'antiquité, le manteau était un attribut du vêtement de celui qui faisait profession de philosophie. *Prendre le manteau de philosophe.* ♦ Fig. *Le manteau de la nuit.* ♦ Fig. *S'envelopper de son manteau,* attendre son sort avec calme au milieu des dangers. ◁ ♦ *Vendre, débiter sous le manteau,* vendre en cachette quelque chose de défendu. ♦ ▷ Fig. *Garder les manteaux,* faire le guet. ◁ ♦ ▷ *Rôle à manteau,* rôle de certains personnages de comédie graves et âgés. ◁ ◁ ♦ On dit dans le même sens : *Jouer les manteaux.* ♦ Les manteaux ont reçu diverses formes et divers noms. *Manteau à collet, à la crispin,* etc. ♦ *Manteau de cour,* espèce de robe sans corsage, ouverte par devant et à queue traînante. ♦ *Manteau de cérémonie,* long manteau fourré ou doublé, et traînant, que les rois, les princes et les grands dignitaires portent dans certaines cérémonies. *Manteau royal, ducal,* etc. ♦ *Manteau de deuil,* long manteau noir que portent aux enterrements les plus proches parents du défunt. ♦ *Petit manteau* ou *manteau court,* sorte de manteau que portaient les abbés au XVIIIᵉ siècle. ♦ Fig. Ce dont on se sert pour se cacher ou se protéger. « *D'importantes vérités passeraient sous le manteau de l'abbé de Saint-Pierre plus heureusement que sous le mien* », J.-J. ROUSSEAU. ♦ Apparence, prétexte dont on se couvre. *Se couvrir du manteau de la vertu.* ♦ Partie supérieure du dos chez les animaux, surtout chez les oiseaux, quand cette partie tranche sur le reste par sa couleur. ♦ *Manteau de cheminée,* la partie de la cheminée qui fait saillie dans la chambre, au-dessus du foyer. ♦ Fig. *Sous le manteau de la cheminée,* en cachette. ♦ *Manteau gris,* corneille grise. ♦ *Manteau bleu, manteau noir,* espèces de mouettes.

MANTELÉ, ÉE, adj. [mɑ̃t(ə)le] (anc. fr. *mantel,* manteau) Oiseau mantelé, oiseau dont le dos est d'une couleur qui tranche avec celle du reste du corps. ♦ Hérald. Se dit du lion et autres animaux qui ont un mantelet.

MANTELET, n. m. [mɑ̃t(ə)lɛ] (dim. de l'anc. fr. *mantel,* manteau) Espèce de petit manteau. ♦ Vêtement léger que les femmes mettent sur leurs épaules pour sortir. ♦ Mar. Volet avec lequel on ferme les sabords. ♦ Machine de guerre composée de madriers qu'on pousse devant soi pour se couvrir dans l'attaque des places. ♦ Hérald. Espèce de lambrequin large et court dont les chevaliers couvraient leur casque et leur écu.

MANTELURE, n. f. [mɑ̃t(ə)lyʀ] (anc. fr. *mantel,* manteau) Le poil du dos d'un chien, lorsqu'il est d'une couleur différente de celle du poil des autres parties.

MANTILLE, n. f. [mɑ̃tij] (esp. *mantilla,* mante de femme, manteau de cérémonie, du lat. tardif *mantus*) Longue et large écharpe noire qui fait partie du costume national des Espagnoles.

MANTIQUE, ■ n. f. [mɑ̃tik] (gr. *mantikê* [*tekhnê*], art de la divination) Divination. *L'activité mantique. La gitane l'initiait aux mystères de la mantique.*

MANTISSE, ■ n. f. [mɑ̃tis] (all. *Mantisse,* du lat. *mantis[s]a,* surplus de poids) Math. Partie décimale d'un nombre. *Un nombre décimal est la somme de sa partie entière et de sa mantisse.*

MANTRA, ■ n. m. [mɑ̃tʀa] (mot sanskr., instrument de pensée, rac. indo-eur. *men-,* activité de l'esprit) Formule incantatoire des brahmanes qui permet notamment d'optimiser la concentration. *Réciter des mantras.*

MANUBRIUM, ■ n. m. [manybʀijɔm] (lat. *manubrium,* poignée, manche) Zool. Tube buccal des méduses. ■ Anat. *Manubrium sternal,* partie du sternum où s'articulent les clavicules.

MANUCURE, ■ n. m. et n. f. [manykyʀ] (lat. *manus,* main et *curare,* soigner) Spécialiste des soins esthétiques des mains et des ongles. *Demander une manucure dans un salon de coiffure.* ■ N. f. Ensemble des soins de beauté appliqués sur les mains et les ongles. *Un set de manucure.*

MANUCURER, ■ v. tr. [manykyʀe] (*manucure*) Pratiquer une manucure. *Elle lui manucura les ongles des doigts de pied.*

MANUEL, ELLE, adj. [manɥɛl] (lat. *manualis,* qu'on tient dans la main) Qui se fait avec la main. *Arts manuels. Correction manuelle.* ♦ N. m. Titre de certains livres ou abrégés qui présentent l'essentiel des traités longs et étendus écrits sur la matière. ♦ Fig. « *Ce précieux recueil sera mon manuel dans le monde où je vais entrer* », J.-J. ROUSSEAU. ■ Adj. Qui nécessite l'intervention des mains pour fonctionner. *Une télécommande manuelle.* ■ Livre scolaire ou didactique qui explique les notions de base d'une discipline. ■ N. m. et n. f. Personne qui possède des aptitudes pour les travaux manuels. ■ Personne qui exerce un travail manuel. ■ Adj. *Un travailleur manuel.*

MANUÉLIN, INE, adj. [manɥelɛ̃, in] (port. *manuelino,* de *Manuel Iᵉʳ,* 1469-1521, roi du Portugal) Style architectural portugais des XVᵉ et XVIᵉ siècles, apparu sous le règne de Manuel Iᵉʳ, proche du gothique.

MANUELLE, n. f. [manɥɛl] (fém. substantivé de *manuel*) Outil dont le cordier se sert pour tordre les cordages. ♦ Espèce de seau à poignée.

MANUELLEMENT, adv. [manɥɛl(ə)mɑ̃] (*manuel*) D'une manière manuelle, de la main à la main. *Donner, recevoir manuellement.*

MANUFACTURE, n. f. [manyfaktyʀ] (lat. médiév. *manufactura,* du lat. *manu facere,* faire à la main) Fabrication de certains ouvrages qui se font à la main ou par des machines. *La manufacture des étoffes de soie.* ♦ Établissement dans lequel on fabrique en grand certains produits de l'industrie. ♦ Le bâtiment où l'on fabrique. ♦ Les ouvriers de la manufacture. ♦ Fig. *Une manufacture de calomnies, de libelles.*

MANUFACTURÉ, ÉE, p. p. de manufacturer. [manyfaktyʀe] *Produit manufacturé,* fabriqué à la main.

MANUFACTURER, v. tr. [manyfaktyʀe] (*manufacture*) Produire, travailler en manufacture. « *Les Anglais manufacturèrent les plus beaux draps de l'Europe* », VOLTAIRE. ♦ Se manufacturer, v. pr. Être manufacturé.

MANUFACTURIER, IÈRE, n. m. et n. f. [manyfaktyʀje, jɛʀ] (*manufacture*) Directeur, directrice, propriétaire d'une manufacture. ♦ Adj. *Manufacturier, ière,* qui appartient aux manufactures. *Industrie manufacturière. Ouvrier manufacturier.* ♦ Plein de manufactures. *Pays manufacturier.*

MANULUVE, n. m. [manylyv] (lat. *manus* et *luere,* laver, baigner, sur le modèle du lat. médiév. *pediluvium,* bain de pieds) Méd. Immersion des mains dans un liquide chaud, à l'effet d'exercer une action dérivative. ♦ On dit aussi *maniluve.* ■ En thalassothérapie, immersion des mains et des avant-bras dans l'eau de mer chaude puis dans de l'eau de mer froide pour favoriser la circulation sanguine.

MANU MILITARI, ■ loc. adv. [manymilitari] (loc. lat., par la force militaire) Par la force armée ou publique. *Déloger un squatteur manu militari.* ■ Par la manière forte. *On ne peut pas discuter avec lui, il faut agir manu militari.*

MANUMISSION, n. f. [manymisjɔ̃] (lat. *manumissio,* de *manus,* main, et *mittere,* laisser aller, libérer de l'autorité du maître) Dr. rom. Affranchissement d'un esclave avec les formalités établies par la loi. ♦ Dr. et féod. Affranchissement des serfs ou des gens de mainmorte.

MANUS (IN), n. m. [inmanys] (lat. *in manus tuas, Domine,* etc., dans tes mains, Seigneur) Prière par laquelle on recommande son âme à Dieu. *Dire son in manus.* ♦ Sorte d'emplâtre utile.

MANUSCRIT, ITE, adj. [manyskʀi, it] (lat. *manu scriptus*) Qui est écrit à la main. *Une copie manuscrite.* ◆ N. m. Livre écrit à la main. *Les manuscrits de la bibliothèque.* ◆ Pièce, ouvrage écrit à la main. *Le manuscrit original du Télémaque.* ◆ *En manuscrit,* écrit à la main, non encore imprimé. ◆ Copie que l'on remet à l'imprimerie pour l'impression.

MANUTENTION, n. f. [manytɑ̃sjɔ̃] (lat. *manutentio*, protection, de *manus* et *tenere*) Action de maintenir, soin qu'on prend de faire exécuter quelque chose. *La manutention de la discipline, des lois,* etc. ◆ Peu usité en ce sens. ◆ **Admin. et gest.** *La manutention des affaires.* ◆ Établissement où se fabrique le pain pour la troupe. ◆ Opérations dont le tabac est l'objet. ■ Manipulation et déplacement d'objets en vue de leur stockage ou de leur expédition. ■ Lieu de cette activité.

MANUTENTIONNAIRE, n. m. et n. f. [manytɑ̃sjɔnɛʀ] (*manutention*) Celui qui administre, qui gère. ◆ Chef d'une manutention. ◆ Personne chargée de la manutention. *Elle est manutentionnaire à la Bibliothèque nationale, chargée de déplacer les livres demandés.*

MANUTENTIONNER, v. tr. [manytɑ̃sjɔne] (*manutention*) **Admin. et milit.** Faire confectionner le pain de l'armée. ◆ Il se dit aussi d'opérations pratiquées sur les tabacs. ■ Faire subir des opérations de manutention à quelque chose. *Les postiers sont chargés de manutentionner les colis.*

MANUTERGE, ■ n. m. [manytɛʀʒ] (lat. chrét. *manutergium*, essuie-main, de *manus* et *tergere*, essuyer) Linge avec lequel le célébrant s'essuie les mains pendant la messe. *Le prêtre s'essuya au manuterge tendu par l'enfant de chœur.*

MANZANILLA, ■ n. f. [mɑ̃dzanija] (esp. *manzanilla*, dim. de *manzana*, variété de raisin) Variété de vin de Xérès. ◆ **Rem.** On trouve parfois ce nom au masculin.

MAOÏSME, ■ n. m. [maoism] (*Mao* Tsé-toung, 1893-1976, dirigeant chinois) Doctrine conçue par Mao Tsé-toung afin d'instaurer le marxisme dans le monde social et politique de la Chine.

MAOÏSTE, ■ adj. [maoist] (*maoïsme*) Relatif au maoïsme. *L'idéologie maoïste.* ■ N. m. et n. f. Partisan, partisane du maoïsme. ■ **Abrév.** Mao.

MAORI, IE, ■ adj. [maori] (nom d'un peuple néo-zélandais) Relatif aux Polynésiens de Nouvelle-Zélande. *Le rugby maori.* ■ N. m. et n. f. *Un Maori, une Maorie.* ■ N. m. Langue des Maoris. ■ **Rem.** On dit aussi *maorais.*

MAOUS, OUSSE ou **MAHOUS, OUSSE**, ■ adj. [maus] (p.-ê. jud.-all. d'Alsace *moaus*, du m. hébr. *ma'ot*, pièces de monnaie) **Fam.** Grand, gros. *C'est maous costaud.* « *Les sumos sont des poussahs maous qui paraissent nourris de plus de saindoux que de sushis.* », B. Pivot.

MAPPE, n. f. [map] (lat. *mappa*, serviette, lat. médiév., carte) S'est dit quelquefois pour carte, plan. « *Les mappes de nos géomètres* », J.-J. Rousseau.

MAPPEMONDE, n. f. [map(ə)mɔ̃d] (lat. médiév. *mappa mundi*) Carte représentant toutes les parties du globe terrestre divisé en deux hémisphères. ◆ *Mappemonde céleste,* carte dans laquelle on voit d'un coup d'œil la position des étoiles qui brillent dans l'un et dans l'autre hémisphère céleste. ■ Sphère représentant toutes les parties du globe terrestre.

MAQUE, ■ n. f. [mak] Voy. MACQUE.

MAQUER, ■ v. tr. [make] (arg. *mac*, proxénète) **Arg.** Prostituer pour son compte. *Maquer une fille.* ◆ Se maquer, v. pr. **Pop.** S'unir, se marier avec. ◆ *Être maqué,* vivre en concubinage.

MAQUEREAU, n. m. [mak(ə)ʀo] (moy. néerl. *makelare*, intermédiaire, courtier, de *makeln*, trafiquer) Poisson de mer tacheté de diverses couleurs. ■ **Pop.** Proxénète.

MAQUERELLE, ■ n. f. [mak(ə)ʀɛl] (*maquereau*) **Pop.** Responsable d'une maison de prostitution. *Une mère maquerelle.*

MAQUETTE, n. f. [makɛt] (ital. *macchietta*, petite tache, esquisse, du lat. *macula*, tache) **Sculpt.** Modèle informe et en petit d'un ouvrage de ronde bosse. ◆ Représentation miniature d'un objet ou d'une machine. *Construire une maquette de la fusée Ariane.* ■ Document définissant les grandes lignes d'un projet. ■ Principe de mise en page d'un texte imprimé. ■ MAQUETTER, v. tr. [makete]

MAQUETTISME, ■ n. m. [maketism] (*maquette*) Fabrication de maquettes, de modèles miniatures. *Il est passionné de maquettisme aéronautique ; il fabrique et pilote des maquettes d'avions.*

MAQUETTISTE, ■ n. m. et n. f. [maketist] (*maquettisme*) Personne spécialisée dans la création et la réalisation de maquettes. *Un maquettiste publicitaire.*

MAQUIGNON, n. m. [makiɲɔ̃] ou [makinjɔ̃] (prob. *maquereau*, courtier, avec infl. de *barguigner*) Marchand de chevaux. ◆ *Maquignon se prend souvent en mauvaise part.* ◆ **Par extens.** Homme qui, sans faire le commerce des chevaux, se mêle d'en revendre, d'en troquer. ◆ N. m. et n. f. **Fig. et**

fam. *Maquignon, maquignonne,* celui, celle qui s'intrigue pour ménager un marché de places, d'emplois, etc. « *Une maquignonne d'affaires* », Voltaire.

MAQUIGNONNAGE, n. m. [makiɲɔnaʒ] ou [makinjɔnaʒ] (*maquignonner*) Métier de maquignon. ◆ Moyens par lesquels les maquignons font paraître leurs chevaux meilleurs qu'ils ne sont. ◆ Certains trafics illicites dans les affaires, dans l'administration, etc.

MAQUIGNONNÉ, ÉE, p. p. de maquignonner. [makiɲɔne] ou [makinjɔne]

MAQUIGNONNER, v. tr. [makiɲɔne] ou [makinjɔne] (*maquignon*) Faire paraître un cheval meilleur qu'il n'est afin de le vendre plus cher. ◆ **Fig.** Trafiquer, d'une façon indélicate, d'emplois, de mariages, d'affaires. *Maquignonner un mariage.* ◆ Se maquignonner, v. pr. Être l'objet de quelque maquignonnage.

MAQUILLAGE, n. m. [makijaʒ] (*maquiller*) Moyens qu'emploie le comédien pour peindre son visage et le faire jeune ou vieux. ◆ Action de se peindre le visage. ◆ Ensemble des produits cosmétiques utilisés pour se maquiller. *Une trousse de maquillage.*

MAQUILLER, v. tr. [makije] (arg. pic., de *maquier*, faire, néerl. *maken*) Opérer le maquillage. ◆ Se maquiller, v. pr. *Beaucoup de femmes du monde se maquillent.* ■ **Fig.** Modifier pour fausser quelque chose. *Maquiller un crime en accident.*

MAQUILLEUR, EUSE, ■ n. m. et n. f. [makijœr, øz] (*maquiller*) Personne dont le métier est de maquiller des artistes. *La maquilleuse d'un plateau de télévision.* ■ **Arg.** Personne qui triche au jeu. ■ **Par extens.** Trompeur, faussaire. *Le maquilleur d'un crime.*

MAQUIS, n. m. [maki] (corse *macchia*, du lat. *macula*) En Corse, bois ou plutôt fourré d'arbrisseaux, tels que myrtes, arbousiers, lauriers, etc. ■ **Rem.** Graphie ancienne : *makis.*

MAQUISARD, ARDE, ■ n. m. et n. f. [makizar, ard] (*maquis*) Résistant appartenant à un maquis. *Une troupe de maquisards.*

MARABOUT, n. m. [maʀabu] (port. *maraboto*, de l'ar. *murabit*, homme vivant dans un *ribat*, sorte de couvent) Chez les musulmans, homme qui se consacre à la pratique et à l'enseignement de la vie religieuse. ◆ **Par extens.** Petite chapelle ou mosquée desservie par le marabout, et aussi les tombeaux de ces religieux. ◆ **Fig.** Homme laid, mal bâti. ◆ Cafetière à large ventre. ◆ Sorte d'oiseau. ◆ Plumes de marabout. *Chapeau orné de marabouts.* ■ **Afriq.** Personne qui prétend avoir des pouvoirs guérisseurs.

MARABOUTAGE, ■ n. m. [maʀabutaʒ] (*marabout*) Traitement qui consiste à retordre fortement la soie déjà teinte pour fabriquer des tissus de crêpe. ■ Fait de marabouter, de procéder aux pratiques magiques et religieuses des marabouts. ■ MARABOUTER, v. tr. [maʀabute]

MARACAS, ■ n. m. pl. [maʀaka] (caraïbe ou arawak *maraka*) Instrument de musique à percussion d'origine sud-américaine, formé d'un manche et d'une boule creuse remplie de corps durs tels que des graines. *Agiter des maracas.*

MARACUJA, ■ n. m. [maʀakyʒa] (mot indien du Brésil) Fruit de la passion. *Jus, mousse de maracuja.*

MARAÎCHAGE ou **MARAICHAGE**, ■ n. m. [maʀeʃaʒ] (*maraîcher*) Culture de légume pratiquée de manière intensive généralement pratiquée en périphérie des grandes villes. *Le maraîchage périurbain. Le maraîchage industriel ou biologique.*

MARAÎCHER, ÈRE ou **MARAICHER, ÈRE**, ■ n. m. [maʀeʃe, ɛʀ] (*marais*, anc. fr. *maresc*, *mareschier*) Jardinier, jardinière qui cultive un de ces terrains qu'à Paris on appelle *marais.* ◆ Jardinier qui fait spécialement la culture des légumes. ◆ Λdj. Qui a rapport à la culture des plantes légumières. *Plante maraîchère. Jardin maraîcher.*

MARAÎCHIN, INE ou **MARAICHIN, INE**, ■ adj. [maʀeʃɛ̃, in] (*marais*) Relatif aux marais poitevin et breton. *Le parler maraîchin, en Vendée.*

MARAIS, n. m. [maʀɛ] (anc. b. frq. *marisk* ; cf. b. lat. *mariscus, marescus*) Terrain non cultivé, très humide ou incomplètement couvert d'une eau qui est sans écoulement. ◆ *Fièvre de marais,* fièvre intermittente causée par les effluves des marais. ◆ **Fig.** *Se sauver par les marais,* se tirer comme on peut d'un péril, d'une affaire. ◆ *Marais salant,* Voy. SALANT. ◆ À Paris et aux environs, terrain bas où l'on fait venir des légumes. ◆ *Le Marais,* quartier de Paris. ◆ ▷ *Le Marais* ou *la Plaine,* le parti modéré à la Convention, par opposition à *la Montagne.* ◁

MARANTA, ■ n. m. [maʀɑ̃ta] (*Maranta*, botaniste italien) Plante tropicale, appelée aussi *plante-qui-prie*, dont on tire l'arrow-root.

MARASME, n. m. [maʀasm] (gr. *marasmos*) Maigreur excessive, consomption de tout le corps. *Tomber dans le marasme.* ■ Situation de crise qui ne connaît aucune évolution.

MARASQUE, ■ n. f. [maʀask] (ital. *marasca*, de *amaro*, amer) Variété de cerise utilisée pour fabriquer le marasquin. *La marasque est une cerise acide.*

MARASQUIN, n. m. [maraskɛ̃] (ital. *maraschino*, de *marasca*) Sorte de ratafia de cerises.

MARATHE, ▪ n. m. [marat] (hindi *Mahratta*, habitant du Maharashtra, au N-O du Deccan) Langue indo-européenne de l'Inde. ▪ REM. La graphie *mahratte* est rare.

MARATHON, ▪ n. m. [maratɔ̃] (gr. *Marathôn*, village d'Attique) Sp. Épreuve de course à pied qui s'accomplit sur une distance de 42,195 kilomètres. *Le vainqueur du marathon.* ▪ Longue épreuve de natation. ▪ Fig. Ce qui exige un effort éprouvant et prolongé. *Le marathon de ces réunions.*

MARATHONIEN, IENNE, ▪ n. m. et n. f. [maratɔnjɛ̃, jɛn] (*marathon*) Sportif spécialisé dans l'épreuve du marathon. ▪ Fig. Personne qui effectue un ensemble d'actions sur un rythme extrêmement soutenu. *Un marathonien de la politique.*

MARÂTRE, n. f. [marɑtr] (b. lat. *matrastra*) Belle-mère par rapport aux enfants d'un autre lit. ♦ Mauvaise mère. ♦ Fig. « *La nature, marâtre en ces affreux climats* », CRÉBILLON. ♦ Adj. « *Une haine marâtre* », DELILLE.

MARAUD, AUDE, n. m. et n. f. [maro, od] (prob. *maraud*, chat, du radic. onomat *mar[m]*-, ronronnement ou miaulement, à cause de ses habitudes vagabondes.) Celui, celle qui ne mérite pas de considération.

MARAUDAGE, n. m. [marodaʒ] (*marauder*) Action de marauder, en parlant de soldats. ♦ Enlèvement furtif des productions de la terre.

MARAUDE, n. f. [marod] (*maraud*) Pillage que des soldats exercent sans permission, et quelquefois avec permission. *Aller en maraude, à la maraude.* ♦ Se dit aussi des animaux. ♦ Fig. « *Il allait à la maraude dans mes ouvrages* », CHATEAUBRIAND.

MARAUDÉ, ÉE, p. p. de marauder. [marode]

MARAUDER, v. intr. [marode] (*maraud*) Aller en maraude. ♦ V. tr. Piller par maraude. *Marauder un village.*

MARAUDERIE, n. f. [marod(ə)ri] (*maraud*) Acte de maraud.

MARAUDEUR, n. m. [marodœr] (*marauder*) Celui qui va en maraude. ♦ Celui qui commet le délit de maraudage.

MARAVÉDIS, n. m. [maravedi] (on ne prononce pas le *s* final ; esp. *maravedí*) Petite monnaie espagnole de cuivre qui sert de monnaie de compte. *Trente-quatre maravédis font un réal.*

MARBRE, n. m. [marbr] (lat. *marmor*) En général, toute variété de calcaire à grains fins susceptible de poli. ♦ *Marbre statuaire*, marbre propre à faire les statues. ♦ *Marbre antique*, marbre dont les carrières ne sont plus connues ou exploitées. ♦ Fig. et fam. *Être froid comme un marbre, être comme un marbre*, être extrêmement calme ou réservé. ♦ On dit dans le même sens : *il est de marbre, c'est un marbre*, une personne que rien ne touche, ne s'attendrit. ♦ *Un cœur de marbre*, une personne qui n'a pas de sensibilité. ♦ *Un visage de marbre*, un visage qui ne laisse paraître aucune émotion. ♦ *Morceau de marbre taillé et poli. Graver une inscription sur un marbre. Le marbre d'une cheminée.* ♦ Absol. *Un marbre*, une statue en marbre. ♦ Au pl. *Marbres*, des ouvrages de marbre, des échantillons de différents marbres. ♦ Table de pierre sur laquelle on pose les compositions dans une imprimerie. ♦ Pierre qui sert à broyer les drogues et les couleurs. ♦ *Marbre artificiel*, composition de gypse en forme de stuc. ♦ Teinte qu'on donne aux reliures et qui imite les accidents d'un marbre.

MARBRÉ, ÉE, p. p. de marbrer. [marbre] *Étoffe marbrée*, étoffe de soie ou de laine de différentes couleurs mêlées. ♦ *Teint marbré*, teint qui offre des marbrures bleuâtres. ♦ N. m. Dans les Pyrénées, le spath calcaire. ♦ Gâteau long dont la coupe présente des marbrures. ♦ Adj. Marqué de taches évoquant l'aspect du marbre.

MARBRER, v. tr. [marbre] (*marbre*) Imiter par la peinture les couleurs du marbre. ♦ *Marbrer du papier*, y appliquer différentes couleurs, de manière à imiter le marbre. ♦ Reliure Jeter avec le pinceau du noir et de l'eau-forte sur la couverture ou sur la tranche d'un livre en veau, et le façonner comme du marbre. ♦ Par extens. Produire sur le corps des marques semblables aux marques et veines du marbre. ♦ Se marbrer, v. pr. Devenir marbré.

MARBRERIE, n. f. [marbrəri] (*marbre*) Métier de scier et de polir le marbre. ♦ Atelier de marbrier. ♦ Emploi du marbre à des ouvrages communs. *Ouvrages de marbrerie.*

MARBREUR, EUSE, n. m. et n. f. [marbrœr, øz] (*marbre*) Artisan qui marbre du papier, des tranches, ou des couvertures de livres.

MARBRIER, IÈRE, n. m. [marbrije, ijɛr] (*marbre*) Artisan, artisane qui scie et polit le marbre, ou qui fait avec le marbre les ouvrages dits *de marbrerie*. ♦ Celui qui fait le commerce de marbre. ♦ Entrepreneur qui travaille le marbre pour les tombeaux. ♦ Ouvrier en bâtiment qui imite par la peinture les diverses espèces de marbres. ♦ Adj. Qui a rapport au marbre. *Industrie marbrière.*

MARBRIÈRE, n. f. [marbrijer] (*marbrier*) Carrière d'où l'on tire le marbre.

MARBRURE, n. f. [marbryr] (*marbrer*) Imitation du marbre sur du papier, ou sur la tranche ou la couverture d'un livre. ♦ Peinture imitant le marbre sur les boiseries. ♦ Par extens. Marques semblables à un marbre veiné qui se voient sur la peau. *Le froid produit des marbrures.* ▪ Toute imitation décorative du marbre, de ses veines. *Les millefeuilles sont généralement recouverts d'une marbrure glacée.*

1 MARC, n. m. [mar] (on ne prononce pas le *c* final ; anc. b. frq. *marka*, moitié d'une livre d'or ou d'argent) Poids de huit onces, qui sert à peser les matières d'or et d'argent. ♦ *Le marc d'or, d'argent*, quantité d'or, d'argent pesant un marc. ♦ *Poids de marc*, huit onces ou la moitié de l'ancienne livre de Paris. ♦ *Au marc la livre* (altération de *au marc ou à la livre*), manière de répartir proportionnellement une somme quelconque ; c'est ce qu'on dit aujourd'hui *au marc le franc*, et mieux *au centime le franc.*

2 MARC, n. m. [mar] (on ne prononce pas le *c* final ; *marcher*, au sens de fouler) Résidu de fruits, d'herbes ou de toute autre substance qu'on a pressurée ou fait bouillir pour en retirer le suc. *Marc de raisins, d'olives, de pommes, de café, etc.* ▪ Eau-de-vie à base de résidus de raisin.

MARCASSIN, n. m. [markasɛ̃] (*marque*, pour son corps rayé ; modèle de *bécassin?*) Petit sanglier qui est au-dessous d'un an et suit encore sa mère. ♦ Nom donné aux jeunes cochons dans quelques cantons. *Une truie et ses marcassins.* ♦ Adj. *La gent marcassine.*

MARCASSITE ou **MARCASITE**, n. f. [markasit] (ar. *marqasita*, pyrite) Nom donné aux cristaux cubiques d'une pyrite de fer sulfuré, d'un jaune d'or, assez dure pour être taillée et polie.

MARCATION, n. f. [markasjɔ̃] Voy. LIGNE. REM. Ancien mot pour *démarcation*.

MARCEAU, n. m. [marso] Voy. MARSAULT.

MARCEL, ▪ n. m. [marsɛl] (prénom *Marcel*) Maillot de corps pour homme.

MARCELINE, n. f. [marsəlin] (prénom *Marceline*) Étoffe de soie, espèce de florence, plus large et plus forte que la soie ordinaire.

MARCESCENCE, ▪ n. f. [marsesɑ̃s] (*marcescent*) Bot. Caractère marcescent d'un organe végétal. *La marcescence du chêne pubescent.*

MARCESCENT, ENTE, ▪ adj. [marsesɑ̃, ɑ̃t] (lat. *marcescens*, p. prés. de *marcescere*, se flétrir) Bot. Se dit d'une partie d'une plante qui se flétrit mais ne tombe pas. *De telles feuilles marcescentes.*

MARCESCIBLE, ▪ adj. [marsesibl] (lat. *marcescibilis*, qui peut se flétrir) Littér. Qui peut se flétrir. « *Notre gloire est plus marcescible que celle de nos confrères les fauteuils de l'Académie française.* », B. PIVOT.

MARCHAND, ANDE, n. m. et n. f. [marʃɑ̃, ɑ̃d] (lat. pop. *mercatans*, p. prés. de *mercatare*, du lat. *mercatus*, commerce) Celui, celle qui fait profession d'acheter et de vendre. ♦ *Marchande*, femme qui tient un commerce. ♦ Celui qui achète pour son usage. ♦ Fig. *Ne pas trouver marchand*, ne pas trouver à se placer, ne pas trouver d'acheteur. ♦ Adj. Qui a les qualités requises pour être vendu. *Du blé loyal et marchand.* ♦ *Prix marchand*, prix auquel les marchands vendent entre eux. ♦ *Nom marchand*, nom que les marchands donnent à certains objets de commerce. ♦ *Quartier marchand*, quartier habité par un grand nombre de marchands. ♦ *Navire marchand*, navire destiné à porter des marchandises. *Marine marchande. Capitaine marchand.* ♦ Qui se livre au commerce. *Les nations marchandes.* ♦ Dans un sens méprisant, peu distingué, peu noble. « *Il ne se peut rien de plus marchand que ce procédé* », MOLIÈRE. ▪ *Valeur marchande*, valeur d'un objet commercialisé. *Les contrefaçons ont peu de valeur marchande.* ▪ N. f. Meuble de jeu imitant l'étalage d'une boutique. *Les petites filles aiment jouer à la marchande.*

MARCHANDAGE, n. m. [marʃɑ̃daʒ] (*marchander*) Action d'un ouvrier qui prend du travail à forfait et qui le fait faire par d'autres. ▪ Action de discuter pour obtenir quelque chose meilleur marché.

MARCHANDÉ, ÉE, p. p. de marchander. [marʃɑ̃de]

MARCHANDER, v. tr. [marʃɑ̃de] (*marchand*) Demander et discuter le prix d'une chose. ♦ Absol. *Il faut marchander.* ♦ Prendre de l'entrepreneur d'une bâtisse une partie d'ouvrage que l'on s'engage à exécuter pour un prix convenu. ♦ Fig. Faire avec les choses qui ne se vendent pas ce que fait l'acheteur en marchandant les choses qui se vendent. *Marchander la paix.* ♦ *Marchander quelqu'un*, lui faire des difficultés. ♦ *Ne pas marchander quelqu'un*, ne pas l'épargner. ♦ *Ne pas marchander une chose*, ne pas hésiter à la donner, en être prodigue. *Ne pas marchander sa vie.* ♦ V. intr. *Marchander à*, hésiter. « *Nous marchandons, mon frère et moi, à qui parlera le premier* », MOLIÈRE. ♦ Absol. *Sans marchander.* « *Çà, dépêchons : c'est par trop marchander* », LA FONTAINE. ♦ Se marchander, v. pr. Être marchandé. ♦ Fig. S'épargner l'un l'autre.

MARCHANDEUR, EUSE, n. m. et n. f. [maʃɑ̃dœʁ, øz] (*marchander*) Celui, celle qui marchande. ♦ Ouvrier, ouvrière qui prend du travail à forfait dans un atelier.

MARCHANDISAGE, ■ n. m. [maʃɑ̃dizaʒ] (angl. *merchandising*) **Écon.** Ensemble des techniques du marketing consistant à améliorer la présentation et les caractéristiques d'un produit en vue de le commercialiser. *Des méthodes de marchandisage.*

MARCHANDISATION, ■ n. f. [maʃɑ̃dizasjɔ̃] (*marchandise*) **Péj.** Propension à faire des bénéfices mercantiles dans un secteur qui n'est pourtant pas commercial. *La marchandisation du savoir.*

MARCHANDISE, n. f. [maʃɑ̃diz] (*marchand*) Ce qui est meuble et objet de commerce. ♦ *Faire valoir sa marchandise,* en faire remarquer les qualités, et fig. faire valoir son mérite, louer ce qu'on possède. ♦ *Bien débiter sa marchandise,* faire valoir ce qu'on dit par la manière dont on le dit. ♦ ▷ *Marchandise mêlée,* marchandises qui ne sont pas toutes de même qualité, et fig. compagnie composée de gens de toute espèce. ◁ ♦ **Fig.** *Marchandise* se dit quelquefois des personnes. « *C'est une marchandise [un gouverneur pour son fils] qu'on ne trouve pas bien aisément* », MME DE SÉVIGNÉ. ♦ Trafic, action de faire du commerce. ♦ ▷ *Aller en marchandise,* voyager pour affaire de commerce. ◁ ♦ **Fig.** *Faire métier et marchandise d'une chose,* la faire habituellement, et aussi la faire dans des vues intéressées. ◁

MARCHANT, ANTE, adj. [maʃɑ̃, ɑ̃t] (*marcher*) Qui marche. « *Comme ce feu marchant que suivait Israël* », LAMARTINE.

MARCHANTIA, ■ n. f. [maʃɑ̃tja] (*ch* se prononce *ch* et non *k*; *Marchant,* botaniste français) Plante cryptogame des milieux humides et chauds. *Les marchantias poussaient entre les pavés.*

1 MARCHE, n. f. [maʃ] (germ. *marka*) Frontière militaire d'un État. ♦ Usité surtout dans le nom de certains pays, comme la marche d'Ancône, de Brandebourg.

2 MARCHE, n. f. [maʃ] (*marcher*) Mouvement de celui qui marche. *Ralentir, accélérer sa marche.* ♦ L'action de marcher, par rapport à la distance ou à la durée. *Il y a d'ici là trois heures de marche. Une longue marche.* ♦ Mouvement des troupes, des armées. ♦ L'espace moyen qu'une troupe parcourt en une journée. ♦ **Mar.** Vitesse d'un navire. ♦ Cérémonie solennelle dans laquelle un cortège, un convoi parcourt un certain espace. *Marche triomphale.* ♦ *La marche des astres,* leur mouvement réel ou apparent. ♦ *La marche d'une montre, d'une pendule,* la manière dont elle se conforme au mouvement effectif des corps célestes qui marquent les heures. ♦ **Mus.** *Marche harmonique, marche de l'harmonie,* la succession des différents accords, et la manière dont la modulation passe d'un ton à un autre. ♦ Au jeu d'échecs et autres, mouvement particulier de chaque pièce. ♦ **Fig.** Conduite, manière d'agir, de procéder. *Marche équivoque. La marche de la nature, de l'esprit humain, etc.* ♦ *La marche d'un poème, d'un ouvrage, etc.* le progrès de l'action dans un poème, la progression des idées dans un ouvrage. ♦ *La marche du style, d'une phrase,* la manière dont le style, une phrase procède. ♦ Air de musique qui règle et anime la marche soit de troupes, soit de tout autre corps. ♦ **Par extens.** Air de musique qui a le mouvement d'un air militaire. ♦ Partie d'un escalier sur laquelle on pose le pied pour monter ou pour descendre. ♦ **Fig.** *Être sur les marches du trône,* être appelé par sa naissance à remplacer celui qui règne. ♦ Morceau de bois sur lequel les tourneurs et les tisserands mettent le pied, pour faire aller leur travail. ♦ **Mus.** Ce qu'on touche avec les pieds et qui fait résonner les pédales. ■ État d'un véhicule ou d'un appareil électrique en fonctionnement. ■ *En marche,* en mouvement. ■ *Ouvrir* ou *fermer la marche,* être en tête ou à la fin d'une manifestation ou d'un défilé. ■ Épreuve athlétique différente de la course en ce que l'un des pieds du coureur doit toujours être en contact avec le sol.

1 MARCHÉ, n. m. [maʃe] (lat. *mercatus*) Vente, achat de ce qui se débite dans un lieu déterminé. ♦ Réunion de ceux qui vendent et achètent ce qui se débite ainsi. ♦ Lieu public où l'on vend toutes sortes de denrées et d'objets. ♦ **Par extens.** Ville, pays où se font des transactions commerciales avec les nations étrangères. *Alexandrie est un grand marché.* ♦ Ce qu'on achète au marché, ce qu'on rapporte du marché. *Montrez-moi votre marché. Faire son marché.* ♦ **Écon. et polit.** L'état de l'offre et de la demande. ♦ Convention verbale ou écrite renfermant les conditions d'une vente. *Faire un bon, un mauvais marché.* ♦ **Par extens.** Se dit de toute autre affaire de la vie. *Un sot marché,* un marché où l'on joue un rôle de dupe. ♦ **Fam.** *Un marché d'or,* marché dans lequel on fait un achat très avantageux, et fig. toute espèce de bonne affaire. ♦ *Mettre à quelqu'un le marché à la main,* lui donner le choix de conclure ou de rompre le marché, et fig. ne pas le ménager, l'obliger à se décider pour ceci ou pour cela. ♦ *Par-dessus le marché,* au-delà de ce qui avait été convenu, et fig. en outre, de plus. ♦ Conventions qui se font pour prendre un fermier, un domestique, pour louer une voiture, une place dans un navire, etc. ♦ *Marché d'ouvrages,* conventions entre un ouvrier ou un entrepreneur, d'une part, et celui qui commande un ouvrage

quelconque, d'autre part. ♦ **Prix.** « *Il faudra tirer le meilleur marché que vous pourrez de ce procès-verbal* », MME DE SÉVIGNÉ. ♦ **Bourse** *Marché au comptant,* marché au taux du moment présent. ♦ *Marché à terme,* marché dans lequel l'exécution aura lieu plus tard, au jour de la liquidation. ♦ *Marché ferme,* Voy. FERME. ♦ *Bon marché, grand marché,* prix peu élevé; *meilleur marché,* prix inférieur à un autre. ♦ ▷ *C'est donné,* se dit de quelque chose qu'on a eu à très bas prix, et fig. d'un avantage inespéré. ◁ ♦ **Fig. et fam.** *À bon marché,* à peu de frais, sans beaucoup de dommage ou de peine. ♦ *À bon marché,* pour peu de chose. ♦ **Fig. et fam.** *Faire bon marché d'une chose,* la donner pour peu de chose, en tenir peu de compte; la prodiguer, ne pas l'épargner. *Faire bon marché de la vie.* ♦ **Fig.** *Avoir bon marché de quelqu'un,* avoir facilement sur lui l'avantage. ♦ **Fig.** Toute espèce de convention. ♦ On dit souvent: *J'ai acheté ce livre bon marché*; au lieu de dire: *à bon marché.* Cette suppression de l'*à* n'est pas autorisée. ■ Accord passé avec quelqu'un. *Faire un marché avec le diable.* ■ **REM.** Cette suppression de l'*à* est normale aujourd'hui, et *bon marché* est considéré comme un adjectif. ■ **REM.** On dit aujourd'hui *c'est donné* plutôt que *c'est marché donné.*

2 MARCHÉ, ÉE, p. p. de marcher. [maʃe] **Danse** Deux pas marchés sur la pointe du pied.

MARCHÉAGE, ■ n. m. [maʃeaʒ] (calque de l'angl. *marketing*) **Comm.** Action de gérer pour un produit sa mise sur le marché. *Quelles sont les composantes de son plan de marchéage?* ■ Recommandation officielle pour l'anglais *marketing mix.*

MARCHEPIED, n. m. [maʃəpje] (*marcher* au sens de fouler, et *pied*) Degrés plus ou moins nombreux qui conduisent à une estrade. *Le marchepied du trône, de l'autel.* ♦ **Fig.** « *Le ciel est mon trône et la terre mon marchepied* », SACI. ♦ Escabeau dont on se sert pour atteindre à quelque chose. ♦ Espèce de degrés servant à monter dans une voiture. ♦ **Fig.** Moyen de parvenir à quelque chose de plus élevé. *Cette place lui a servi de marchepied pour arriver au ministère.* ♦ Petit chemin, moins large que le chemin de halage, et placé de l'autre côté de la rivière. ♦ Se dit aussi pour *chemin de halage.*

1 MARCHER, v. intr. [maʃe] (anc. b. frq. *markôn,* marquer, imprimer un pas) Mettre le pied sur. *Marcher sur le pavé.* ♦ **Fig.** *Il a marché sur quelque mauvaise herbe,* Voy. HERBE. ♦ *Marcher sur les pas, sur les traces de quelqu'un,* le suivre de très près, et fig. l'imiter. ♦ **Fig.** *Marcher sur des charbons ardents,* passer vite sur un sujet délicat et dangereux. ♦ *Il ne faut pas lui marcher sur le pied,* se dit d'un homme susceptible qu'il est dangereux de choquer. ♦ ▷ **Fig. et fam.** *Marcher sur,* rencontrer à chaque pas. « *On marche sur les mauvais plaisants* », LA BRUYÈRE. ◁ ♦ **Fig. et fam.** *Marcher sur les gens,* n'en tenir aucun compte. ♦ Se mouvoir à l'aide des pieds ou des pattes. « *L'estropié marcha* », BOILEAU. ♦ *Marcher tout seul,* en parlant d'un enfant, commencer à faire des pas sans aucun aide ou appui, et fig. n'avoir pas besoin d'aide. ♦ **Danse** *Marcher,* faire, dans une danse, quelques pas qui ne sont que des pas de marche. ♦ **Escrime** Porter en avant le pied droit, puis le pied gauche, en gardant entre deux la même distance. ♦ **Manège** *Marcher l'amble,* prendre l'allure ainsi nommée. ♦ **Mar.** Faire du chemin. *Ce vaisseau marche bien.* ♦ *Marcher devant,* précéder. ♦ S'avancer de quelque manière que ce soit, à pied, à cheval, en voiture, etc. ♦ *Marcher à,* s'avancer vers. *Marcher à la mort.* ♦ Se mouvoir, en parlant des troupes. ♦ *En avant, marche!* Commandement à une troupe de se mettre en mouvement. ♦ *Marcher au pas,* marcher en suivant la cadence du pas militaire. ♦ *Faire marcher,* imposer un service militaire. ♦ Il se dit de la manœuvre que fait un corps de troupes, en général. *Marcher à l'ennemi.* « *Elle marche comme un général à la tête d'une armée royale* », BOSSUET. ♦ *Marcher sous,* se dit d'une troupe qui obéit à un chef. ♦ *Marcher sous les lois de,* être soumis à. ♦ Tenir un certain rang dans les cérémonies. ♦ Faire un service, en parlant de voitures, de chemins de fer. ♦ Il se dit des choses qui se meuvent. *Saturne est une des planètes qui marchent le plus lentement.* « *Les rivières sont des chemins qui marchent* », PASCAL. ♦ En parlant d'un mécanisme, fonctionner. *Un moulin, une montre marche.* ♦ Il se dit du temps qui passe. « *Que le temps qui s'enfuit marche à pas lents pour nous!* », DUCIS. ♦ **Fig.** Aller selon un certain progrès, en bien ou en mal. *Marcher hardiment à son but.* ♦ S'avancer dans une certaine voie. « *Marcher dans le chemin du salut* », BOURDALOUE. ♦ Agir. *Marcher droit,* être irréprochable dans sa conduite. ♦ Il se dit des choses qui font un certain progrès, en bien ou en mal. *Cet État marche à sa ruine. L'affaire marche à merveille.* ♦ **Absol.** Être en progrès. *La civilisation marche.* ♦ **Fig.** Il se dit des choses auxquelles on prête un mouvement comme si elles étaient animées. « *Que la crainte et la terreur marchent avec vous!* », MONTESQUIEU. ♦ *Marcher ensemble,* se dit de choses qui sont compatibles entre elles. ♦ *Ne pas marcher sans,* en parlant des choses, être accompagné de. ♦ **Fig.** Il se dit du progrès dans le développement d'une pièce de théâtre, d'un roman, d'un écrit. *Ce discours, ce poème marche bien.* ♦ *Ces vers marchent bien et le sont facile.* ♦ **Mus.** Se dit de la succession des sons et des accords qui se suivent dans un certain ordre. ♦ **V. tr.** Pétrir avec les pieds l'argile qu'on a humectée. ♦ Chapelier. *Marcher l'étoffe d'un chapeau,* la fouler avec les mains. ■ *Marcher sur,* en parlant d'une armée, se préparer à assiéger. *L'ennemi marche sur Paris.* ■ Fig. *Marcher sur des œufs,* s'engager sur un terrain très délicat. ■ Fig. *Ne pas se laisser marcher sur les pieds,* ne pas se laisser malmener. ■ *Ça marche!* C'est d'accord !

2 **MARCHER**, n. m. [maʁʃe] (substantivation de 1 *marcher*) La manière dont on marche. « *Ah! monsieur, c'est un spectre, je le reconnais au marcher* », MOLIÈRE. ♦ L'endroit où l'on marche, relativement au plus ou moins de facilité qu'on a d'y marcher. « *Le marcher mol et doux sur la pelouse* », J.-J. ROUSSEAU.

MARCHEUR, EUSE, n. m. et n. f. [maʁʃœʁ, øz] (*marcher*) Celui, celle qui peut marcher beaucoup sans se fatiguer. ♦ Mar. *Grand marcheur,* se dit d'un navire qui, avec la même voilure, gagne les autres de vitesse. ♦ N. f. *Marcheuse,* dans les ballets, femme qui figure sur la scène pour parader avec toute espèce de costumes. ♦ Adj. Qui marche. *L'homme est un animal marcheur.* ♦ Se dit des oiseaux, des reptiles batraciens et des insectes qui ne peuvent que marcher.

MARCONI, ■ adj. inv. [maʁkoni] (*Marconi*, 1874-1937, physicien italien) Mar. *Gréement marconi,* caractérisé par un mât à pible et une voile triangulaire. *Un sloop à gréement marconi modéré.*

MARCOTTAGE, n. m. [maʁkotaʒ] (*marcotter*) Multiplication des végétaux par le moyen des marcottes.

MARCOTTE, n. f. [maʁkot] (fém. de *marcot,* du lat. *marcus,* sorte de cep) Branche tenant à l'arbre et couchée en terre afin qu'elle produise des racines.

MARCOTTÉ, ÉE, p. p. de marcotter. [maʁkote]

MARCOTTER, v. tr. [maʁkote] (*marcotte*) Propager par marcottes.

MARDELLE, n. f. [maʁdɛl] Voy. MARGELLE.

MARDI, n. m. [maʁdi] (lat. *Martis dies,* jour de Mars) Le troisième jour de la semaine. ♦ *Mardi gras,* le dernier jour du carnaval.

MARE, n. f. [maʁ] (anc. nord. *marr,* mer, lac) Petit amas d'eau dormante. ♦ Fig. et par exagération *Une mare de sang.*

MARÉCAGE, n. m. [maʁekaʒ] (mot norm. ou pic., de *maresc,* marais) Terrain où il y a des marais.

MARÉCAGEUX, EUSE, adj. [maʁekaʒø, øz] (*marécage*) Qui est de la nature du marécage. *Sol marécageux.* ♦ *Goût marécageux,* goût du gibier ou des poissons qui sentent le marécage. ♦ *Air marécageux,* air qui s'élève des marécages. ♦ Qui habite les marécages. *Animaux marécageux. Plante marécageuse.*

MARÉCHAL, ALE, n. m. et n. f. [maʁeʃal] (anc. b. frq. *mahrskalk,* de *mahr,* cheval, et *skalk,* valet ; cf. lat. médiév. *mariscalcus,* valet d'écurie, puis chef d'écurie, puis officier) Artisan, artisane qui ferre les chevaux, et qui les traite quand ils sont malades. ♦ On dit dans le même sens : *maréchal-ferrant,* maréchal vétérinaire. ♦ Au pl. *Des maréchaux-ferrants.* ♦ Titre de divers officiers qui avaient soin des chevaux et des écuries. *Maréchal des écuries.* ♦ *Maréchal des logis,* sous-officier des troupes à cheval ; ce grade répond à celui de sergent dans l'infanterie. ♦ *Maréchal des logis chef ;* ce grade répond à celui de sergent-major. ♦ *Maréchal des logis,* officier chargé de faire préparer les logements pour la cour en voyage. ♦ *Maréchal de camp,* officier général dont le grade est au-dessus de celui de colonel, et correspond à celui de général de brigade. ♦ *Maréchal de France,* celui qui occupe le grade le plus élevé et dont la fonction est de commander les armées. ♦ *Maréchale,* la femme d'un maréchal de France. ♦ Les maréchaux formaient autrefois un tribunal chargé de prononcer sur les affaires d'honneur. ♦ Titre de certains grands officiers en divers pays. *Grand maréchal du palais.* ■ REM. On dit au féminin *une maréchale-ferrante.*

MARÉCHALAT, n. m. [maʁeʃala] (*maréchal*) Dignité, charge de maréchal.

MARÉCHALERIE, n. f. [maʁeʃal(ə)ʁi] (*maréchal*) L'art du maréchal-ferrant. ♦ État et profession du maréchal. ♦ Titre de plusieurs ouvrages sur cet art.

MARÉCHAL-FERRANT, MARÉCHALE-FERRANTE, ■ n. m. et n. f. [maʁeʃalfeʁɑ̃, maʁeʃal(ə)feʁɑ̃t] (*maréchal* et *ferrer*) Voy. MARÉCHAL, ALE. REM. Graphie ancienne : *maréchal ferrant.*

MARÉCHAUSSÉE, n. f. [maʁeʃose] (lat. médiév. *marescalcia,* écurie, puis office de maréchal) La juridiction des maréchaux de France. ♦ Corps de gens à cheval qui veille à la sûreté publique, et qui reçut le nom de gendarmerie au commencement de la Révolution.

MARÉE, n. f. [maʁe] (forme atone du radic. de *mer*) Mouvement des eaux de la mer qui, périodiquement et deux fois dans les vingt-quatre heures, montent pour se retirer ensuite et reprendre leur niveau moyen. *Marée montante, descendante.* ♦ *Grande marée,* marée qui arrive à l'époque des syzygies. ♦ *La marée monte,* le flot arrive, et fig. la colère, la mauvaise humeur éclate. ♦ *Avoir vent et marée ; aller contre vent et marée,* Voy. VENT.

♦ Poisson de mer qui n'est pas salé. ♦ Pop. *Arriver comme marée en carême,* arriver à propos, Voy. MARS. ■ REM. On ne dit plus aujourd'hui *contre vent et marée* mais *contre vents et marées.* ■ *Marée noire,* pollution de la mer par le déversement volontaire ou accidentel d'hydrocarbures. ■ Fig. Grande quantité de personnes ou de choses en mouvement. *La marée humaine.* ■ Fig. Évolution inéluctable d'un phénomène.

MARÉGRAPHE, ■ n. m. [maʁegʁaf] (*marée* et *-graphe*) Appareil qui mesure et enregistre les variations du niveau de la mer en traçant une courbe continue. *Consulter le marégraphe. La courbe du marégraphe.*

MARELLE, n. f. [maʁɛl] (fém. de l'anc. fr. *marel,* palet, radic. pré-roman *marr-,* pierre) Anciennement, table carrée sur laquelle des lignes, partant des angles ou du milieu de chaque côté et se réunissant au centre, indiquaient la place que devaient occuper et la route que pouvaient suivre les marelles ou méreaux. ♦ Jeu qui se jouait sur cette table. ♦ Nom des jetons employés à ce jeu. ♦ Jeu d'enfants, fait en manière d'échelle avec de la craie, où les joueurs, marchant à clochepied, poussent du pied qui saute un petit palet dans chaque espace de l'échelle. ♦ La figure même qui est tracée sur le sol.

MAREMME, n. f. [maʁɛm] (ital. *maremma,* côtes marécageuses, du lat. *maritima,* côtes) Nom donné, dans l'Italie centrale, à des terrains situés sur le bord de la mer, inhabitables en été par suite des émanations délétères qu'exhale le sol, tandis qu'en hiver ce sont des riches prairies.

MARÉMOTEUR, TRICE, ■ adj. [maʁemotœʁ, tʁis] (*marée* et *moteur*) Qui utilise l'énergie des marées pour fonctionner. *L'usine marémotrice de La Rance.*

MARENGO, n. f. [maʁɛ̃go] (*en* se prononce *in* ; Marengo, ville d'Italie) Cuis. *À la marengo,* manière d'accommoder la volaille. *Poulet à la marengo. Une marengo.* ♦ Adj. *Brun marengo* ou n. m. *le marengo,* couleur brune mêlée de petits points blancs semblables à de la poussière. ■ N. m. *Drap couleur marengo.*

MARENNES, ■ n. f. pl. [maʁɛn] (*Marennes*) Huître du bassin de Marennes, en Charente-Maritime. *Une huître Marennes.*

MAREYAGE, ■ n. m. [maʁejaʒ] (*mareyeur*) Activité du mareyeur qui consiste à acheter le poisson en gros, dans un port, et après différentes opérations à le revendre et l'expédier dans les poissonneries. *Boulogne-sur-Mer est le plus grand centre de mareyage de France.*

MAREYEUR, EUSE, n. m. et n. f. [maʁejœʁ, øz] (*marée*) Marchand de marée.

MARFIL, n. m. [maʁfil] Voy. MORFIL.

MARGARATE, n. m. [maʁgaʁat] (*margarique*) Chim. Sel produit par la combinaison de l'acide margarique avec une base.

MARGARINE, ■ n. f. [maʁgaʁin] (gr. *margaron,* perle) Mélange de diverses matières grasses principalement végétales, utilisé comme ersatz du beurre. *Un paquet de margarine au tournesol.*

MARGARIQUE, adj. m. [maʁgaʁik] (gr. *margaron,* perle) *Acide margarique,* acide qu'on obtient en traitant la graisse par un alcali.

MARGAY, n. m. [maʁgɛ] (tupi-guarani *maracaja, mbaragaya,* chat-tigre) Espèce chat sauvage de l'Amérique méridionale, aussi appelé *chat-tigre.* ■ Au pl. *Des margays.*

MARGE, n. f. [maʁʒ] (lat. *margo*) En général, bord. *Les marges d'un chemin.* ♦ Le blanc qui est autour d'une page écrite ou imprimée, et principalement le blanc qui, dans chaque feuillet, est à droite du recto et à gauche du verso. ♦ Fig. et fam. *Avoir de la marge,* avoir plus de temps ou de moyens qu'il n'en faut. ♦ Impr. Feuille collée sur le tympan et sur laquelle on compasse exactement les feuilles à imprimer. ■ Liberté d'action ou de temps dont on dispose dans un cadre défini pour accomplir quelque chose. ■ Différence entre le prix de vente et le prix de revient. ■ *En marge de,* à côté de, en dehors de. *Vivre en marge de la société.*

MARGÉ, ÉE, p. p. de marger. [maʁʒe] *Feuilles margées.*

MARGELLE, n. f. [maʁʒɛl] (lat. pop. *margella,* rive, du lat. *margo*) La pierre percée ou l'assise de pierres qui forme le rebord d'un puits. ■ REM. On disait aussi *mardelle.*

MARGER, v. intr. [maʁʒe] (*marge*) Impr. Placer les feuilles à imprimer de manière qu'elles couvrent exactement celle qui est collée sur le tympan, et qu'on appelle la marge. ■ MARGEUR, EUSE, n. m. et n. f. [maʁʒœʁ, øz]

MARGINAL, ALE, adj. [maʁʒinal] (lat. *margo,* génit. *marginis,* bord) Qui est en marge. *Des notes marginales. Des astérisques marginaux.* ■ Qui est de moindre importance. ■ Méd. Qui est situé au bord d'un organe. ■ N. m. et n. f. Celui, celle qui vit en dehors de la société.

MARGINALEMENT, ■ adv. [maʁʒinal(ə)mɑ̃] (*marginal*) De façon marginale, accessoire. *C'est marginalement que ce thème a été abordé.*

MARGINALISATION, ■ n. f. [maʁʒinalizasjɔ̃] (*marginaliser*) Action de marginaliser. *La marginalisation des populations tsiganes.*

MARGINALISER, ■ v. tr. [maʁʒinalize] (*marginal*) Rendre marginal. *Marginaliser les sans-papiers.* ■ Se marginaliser, v. pr.

MARGINALITÉ, ■ n. f. [maʁʒinalite] (*marginal*) État de ce qui est marginal. *Atténuer la marginalité des personnes invalides en les traitant comme des personnes normales.*

MARGINÉ, ÉE, p. p. de marginer. [maʁʒine] **Hist. nat.** Qui a une bordure, qui est muni d'un bord. *Graines marginées.*

MARGINER, v. tr. [maʁʒine] (lat. *margo*, génit. *marginis*, bord) Annoter à la marge.

MARGIS, ■ n. m. [maʁʒi] (*mar[échal]* et *[lo]gis*) **Arg. Milit.** Maréchal des logis.

MARGOTIN, n. m. [maʁgotɛ̃] (*marcotte*) Sorte de petit fagot de menues branches pour allumer le feu.

MARGOTTER, ■ v. intr. [maʁgote] (*margot*, pie) Pousser son cri, pour une caille. ■ REM. On écrit aussi, mais plus rarement, *margoter*.

MARGOUILLAT, ■ n. m. [maʁguja] (orig. incert. : dial. Centre *margouillat*, bourbier, ou orig. indig. *mabouya* ?) Reptile africain proche du caméléon par son mimétisme. *Les margouillats, sorte de lézards gris communs en Afrique et en Asie, se nourrissent de moustiques et poussent des cris aigus.*

MARGOUILLIS, n. m. [maʁguji] (*margouiller*, salir, souiller) **Fam.** Lieu plein de boue et d'ordure. *Mettre le pied dans le margouillis.* ◆ ▷ **Fig.** *Mettre ou laisser quelqu'un dans le margouillis*, le mettre ou le laisser dans l'embarras. ◁ ◆ Mélange malpropre de sauces, de potages et autres mets analogues.

MARGOULETTE, ■ n. f. [maʁgulɛt] (*margouiller*, mâchonner, croisé avec *goule*) **Fam.** *Se casser la margoulette*, se casser la figure, tomber.

MARGOULIN, ■ n. m. [maʁgulɛ̃] (dial. *margouliner*, vendre de petites marchandises de village en village, de *margouline*, bonnet de femme, de *goule*) **Fam.** Fripouille, homme d'affaires sans scrupules.

MARGRAVE, n. m. [maʁgʁav] (all. *Markgraf*) Nom donné autrefois à quelques princes souverains d'Allemagne. ◆ En parlant de la femme d'un margrave, on dit *la margrave*.

MARGRAVIAL, ALE, adj. [maʁgʁavjal] (*margrave*) Qui appartient aux margraves.

MARGRAVIAT, n. m. [maʁgʁavja] (*margrave*) État, dignité d'un margrave.

MARGUERITE, n. f. [maʁgəʁit] (lat. *margarita*, perle, gr. margaritês, d'orig. orient.) En style d'Écriture sainte, perle. *Il ne faut pas jeter les marguerites devant les pourceaux*, il ne faut pas publier devant les profanes les mystères des choses sacrées. ◆ En général, *des marguerites devant des pourceaux*, se dit de ce qui est beau, élevé, digne, devant les indignes. ◆ *Marguerite* ou *petite marguerite*, la pâquerette. ◆ Petite fleur que porte cette plante. ◆ *Reine marguerite*, plante du genre des asters. ◆ **N. f. pl.** Les premiers poils blancs qui paraissent sur les tempes des chevaux à la suite de l'âge. ■ Roue portant sur son tour des caractères d'imprimerie et que l'on insère dans une machine à écrire ou une imprimante.

MARGUILLERIE, n. f. [maʁgij(ə)ʁi] (*ll* se prononce *y* comme dans *fille* ; *marguillier*) Charge de marguillier. ◆ Archives d'une église.

MARGUILLIER, IÈRE ou **MARGUILLER, ÈRE**, n. m. [maʁgije, jɛʁ] (on prononce *mar-gui-llé* ; b. lat. *matricularius*, celui qui tient un registre, *matricula*) Chacun des trois membres pris dans le conseil de fabrique pour dresser le budget de la fabrique, préparer les affaires qui doivent être portées au conseil, diriger l'administration de la paroisse, etc.

MARI, n. m. [maʁi] (lat. *maritus*) Celui qui est joint à une femme par le mariage.

MARIABLE, adj. [maʁjabl] (*marier*) Qui est en état, ou en âge, ou en condition de se marier.

MARIAGE, n. m. [maʁjaʒ] (*marier*) Union d'un homme et d'une femme consacrée soit par l'autorité ecclésiastique, soit par l'autorité civile, soit par l'une et l'autre. ◆ *Faire un bon mariage*, faire un mariage qui procure le bonheur du ménage, et aussi un mariage riche ou avantageux. ◆ *Faire un mariage*, être l'intermédiaire qui amène deux personnes à se marier. ◆ *Né hors du mariage* ou *hors mariage*, se dit des enfants illégitimes. ◆ Noms donnés à différentes espèces de mariages. *Mariage de conscience*, mariage où les formalités ont été remplies secrètement. *Mariage in extremis. Mariage de la main gauche, etc.* ◆ La célébration des noces. *Être invité à un mariage.* ◆ Le bien, la dot que les parents donnent à leurs enfants en les mariant. ◆ **Fig.** En termes mystiques, consécration d'une femme à la vie religieuse, et aussi union de l'esprit de l'homme avec l'esprit de Dieu. ◆ **Fig.** Union de personnes pour une opération, une affaire. ◆ **Fig.** Il se dit, en parlant des choses qui s'unissent. *Le mariage des eaux de deux fleuves.* « *Ne voyez-vous pas qu'il se fait comme un mariage entre les objets et les sens ?* », BOSSUET. ◆ **Mar.** Réunion de deux cordages par des amarrages plats. ◆ *Mariage* ou

brisque, nom d'un jeu de cartes où le principal avantage est de réunir dans sa main un roi et une dame de même couleur, réunion qui se nomme aussi *mariage*.

MARIAL, ALE, ■ adj. [maʁjal] (*Marie*) Relatif à la Vierge Marie. *Des célébrations mariales.*

MARIÉ, ÉE, p. p. de marier. [maʁje] Qui est uni en mariage. ◆ *Rimes mariées*, rimes qui ne sont pas séparées l'une de l'autre. On dit plus souvent *rimes plates.* ◆ **N. m.** et **n. f.** *Un marié. Une mariée.* ◆ **Absol.** La personne qui se marie ou qui s'est mariée le jour même. ◆ **Fig.** *Se plaindre que la mariée est trop belle*, se plaindre d'une chose dont on devrait se féliciter.

MARIE-JEANNE, ■ n. f. inv. [maʁiʒan] (hisp.-amér. *marihuana*) **Fam.** Haschich. *Des marie-jeanne.*

MARIER, v. tr. [maʁje] (lat. impér. *maritare*) Unir un homme et une femme par le mariage. ◆ Il se dit de ceux qui font ou qui procurent mariage. *On cherche à marier ce jeune homme.* ◆ **Fig.** Allier deux choses ensemble, les joindre l'une avec l'autre. « *Marier les cœurs* », MOLIÈRE. « *Elle mariait le luth avec la voix* », MME DE SÉVIGNÉ. *Marier la vigne à l'ormeau.* ◆ *Marier des couleurs*, les assortir. ◆ **Mar.** *Marier deux cordages*, en opérer la jonction. ◆ Se marier, v. pr. En parlant d'un homme, prendre une femme ; en parlant d'une femme, prendre un mari. ◆ Se prendre réciproquement pour mari et femme. ◆ **Fig.** Être uni, en parlant des choses. *Sa voix se marie bien avec* ou *à cet instrument.*

MARIE-SALOPE, n. f. [maʁisalɔp] (*Marie* et *salope*) **Pop.** Femme sans ordre et peu soigneuse de sa personne. ◆ **Mar.** Petit bâtiment destiné à porter, à distance des ports, les vases et les sables qu'on en retire. ◆ **Au pl.** *Des maries-salopes.*

MARIEUR, EUSE, n. m. et n. f. [maʁjœʁ, øz] (*marier*) Celui, celle qui aime à s'entremettre pour procurer des mariages.

MARIGOT, ■ n. m. [maʁigo] (orig. incert., p.-ê. croisement de *mare*, mer, avec un mot caraïbe) **Afriq.** Bras de rivière, marais formé principalement par la pluie ou les eaux des fleuves. *Un marigot marécageux.*

MARIJUANA ou **MARIHUANA**, ■ n. f. [maʁiʁwana] (mot esp. du Mexique) Haschich. *Fumer de la marijuana n'est pas sans danger.*

MARIMBA, ■ n. m. [maʁimba] (mot bantou) Instrument de musique à percussion proche du xylophone, sous le clavier duquel des tubes amplifient la résonance de chaque lame. *Les marimbas sont d'origine africaine.*

MARIN, INE, adj. [maʁɛ̃, in] (lat. *marinus*) Qui est de mer. *Animaux marins.* ◆ *Trompette marine*, Voy. TROMPETTE. ◆ *Sel marin*, le chlorure de sodium, appelé aussi *sel de cuisine, sel commun* ou absol. *sel.* ◆ *Plante marine*, toute plante dont le pied est dans la mer. ◆ *Oiseaux marins*, oiseaux qui fréquentent la mer. ◆ **Géol.** *Terrains marins*, terrains formés par des alluvions de la mer. ◆ **Mythol.** *Les dieux marins*, les dieux de la mer. ◆ Qui est spécialement destiné à la mer. *Carte, montre marine.* ◆ *Lieue marine*, lieue de vingt au degré. ◆ *Avoir le pied marin*, ne pas trébucher dans le roulis et le tangage du vaisseau, et fig. ne pas se déconcerter dans une circonstance difficile. ◆ **N. m.** *Le marin*, l'homme de mer, l'homme qui a des notions sérieuses sur l'art de la marine. ◆ **Fam.** *Marin d'eau douce*, celui qui n'a navigué seulement sur les rivières, ou qui a peu navigué sur mer. ■ Homme dont le métier est de naviguer. ■ REM. On dit, pour une femme, *une femme marin, une marin* ou *une marine.*

MARINA, ■ n. f. [maʁina] (ital. *marina*, plage) Zone littorale aménagée pour le tourisme. *Son bateau est garé au port de plaisance de la marina.*

MARINADE, n. f. [maʁinad] (*mariner*) Saumure qui sert à la conservation des viandes. ◆ Aliments préparés pour se conserver des années entières à la mer. ◆ Assaisonnement avec vinaigre et épices, dans lequel on laisse tremper les viandes ou les poissons avant de les faire cuire. ◆ Cette préparation elle-même. ◆ *Viande marinée*, enveloppée de pâte et frite à la poêle.

MARINAGE, n. m. [maʁinaʒ] (*mariner*) Procédés qui donnent à certains vivres la préparation nécessaire pour être conservés à la mer.

MARINE, n. f. [maʁin] (fém. substantivé de *marin*) Ce qui concerne la navigation sur mer. *Il entend bien la marine.* ◆ Le service de mer. *Service dans la marine. Officier, soldat de marine.* ◆ *Marine militaire* ou simplement *marine*, force navale d'un État, le matériel et le personnel du service de mer. ◆ *Marine marchande*, réunion des navires de toutes les espèces et des marins non militaires. ◆ Les bureaux de l'administration de la marine. *Employé à la marine.* ◆ Le goût, l'odeur de la mer. *Cela sent la marine.* ◆ Tableau qui représente des mers, des vaisseaux, des ports, des tempêtes et d'autres sujets marins. *Peintre de marines.* ■ Couleur bleu soutenu. ■ Adj. D'un bleu soutenu.

MARINÉ, ÉE, p. p. de mariner. [maʁine] **Hérald.** Se dit des animaux auxquels on donne une queue de poisson.

MARINER, v. tr. [maʁine] (ital. *marinare*, du lat. *[aqua]marina*, eau de mer) *Mariner des vivres*, leur appliquer les procédés du marinage. ◆ Laisser tremper de la viande dans le vinaigre avec des épices afin de l'attendrir et de lui donner du goût. ♦ **Se mariner**, v. pr. Être mariné. ■ **V. intr.** *Dans cette recette, le rôti doit mariner une heure.*

MARINETTE, n. f. [maRinɛt] (*marin*) Ancien nom de la boussole.

MARINGOUIN, n. m. [maRɛ̃gwɛ̃] (tupi-guarani *marui, mbarigui*) Nom vulgaire de diverses espèces de cousins dans les pays chauds.

MARINIER, IÈRE, n. m. et n. f. [maRinje, jɛR] (*marin*) Homme de mer pour la manœuvre d'un vaisseau. ♦ Abusivement, celui qui conduit un bateau sur les grandes rivières.

MARIOLE ou **MARIOLLE**, ■ n. m. et n. f. [maRjɔl] (ital. *mari[u]olo*, voleur, plein de malice) **Fam.** Malin. ■ **Fam.** *Faire le mariole*, se vanter. « *Allez, amène-toi, dit un camarade, puis fais pas le mariole...* », Duras.

MARIONNETTE, n. f. [maRjɔnɛt] (anc. fr. *mariole*, petite figure de *Marie*) Petite figure d'homme, etc. qu'on fait mouvoir par des fils, par des ressorts ou même avec la main. ♦ **Par extens.** « *Pauvres marionnettes, qui ne savons ni pourquoi ni comment une main invisible fait mouvoir nos ressorts* », Voltaire. ♦ ▷ **Fig.** *Faire jouer les grandes marionnettes*, employer de grands moyens pour réussir. ◁ ♦ **Fig.** Personne sans caractère qu'on fait agir et parler comme on veut. *C'est une marionnette.*

MARIONNETTISTE, ■ n. m. et n. f. [maRjɔnetist] (*marionnette*) Personne spécialisée dans la fabrication et la manipulation de marionnettes. *J'admire l'habileté du marionnettiste qui donne ce spectacle.*

MARISQUE, ■ n. f. [maRisk] (lat. *marisca ficus*, sorte de figue, sens pathol. en lat. imp.) **Méd.** Petite tumeur à l'anus. *La marisque, lésion bénigne, résulte de la transformation fibreuse d'une hémorroïde.*

MARISTE, ■ n. m. et n. f. [maRist] (*Marie*, mère de Jésus-Christ) Membre de la congrégation catholique de la Société de Marie. ■ **Adj.** *Frère, sœur mariste.* ♦ **Adj.** Relatif à cette congrégation. *L'enseignement mariste.*

MARITAL, ALE, adj. [maRital] (lat. *maritalis*, conjugal, nuptial) Qui appartient au mari. *Puissance maritale. Droits maritaux.*

MARITALEMENT, adv. [maRital(ə)mɑ̃] (*marital*) En mari. ♦ Comme en mariage. *Vivre maritalement.*

MARITIME, adj. [maRitim] (lat. *maritimus*) Qui appartient à la mer. « *Le maritime empire* », La Fontaine. ♦ Qui est proche de la mer. *Une ville maritime.* ♦ *Plantes maritimes*, plantes qui viennent sur les bords de la mer. ♦ Adonné à la navigation sur mer. *Les puissances maritimes.* ♦ Qui est relatif à la mer, à la navigation sur mer. *Le commerce maritime.* ♦ *Divisions maritimes*, les préfectures dans lesquelles la France est divisée quant à la marine. ♦ *Les forces maritimes*, les forces navales d'un État. ♦ *Législation maritime*, le recueil des lois, ordonnances et règlements relatifs au service de la marine.

MARITORNE, n. f. [maRitɔRn] (esp. *Maritornes*, servante d'auberge dans *Don Quichotte*) Fille mal tournée, laide, malpropre. ■ **Rem.** On disait aussi *malitorne.*

MARIVAUDAGE, n. m. [maRivodaʒ] (*marivauder*) Style où l'on raffine sur le sentiment et l'expression, et qui a été ainsi nommé d'après les qualités et les défauts du style de Marivaux.

MARIVAUDER, v. intr. [maRivode] (*Marivaux*, 1688-1763, écrivain français) Faire du marivaudage.

MARJOLAINE, n. f. [maRʒɔlɛn] (lat. médiév. *maiorana*, en rapport obsc. avec le lat. *amaracus*, gr. *amarakos*, marjolaine) Plante de la famille des labiées qui est aromatique et stimulante ; elle est aussi plante d'ornement.

MARJOLET, n. m. [maRʒɔlɛ] (anc. fr. *mariole*, petite image de saint ; croisement avec *marjolaine*) ▷ Petit homme qui fait l'entendu. ♦ Jeune homme élégant, muguet. ◁

MARK, ■ n. m. [maRk] (mot all., du frq. *marka*, 1 marc) Ancienne monnaie de l'Allemagne, jusqu'à l'arrivée de l'euro. ■ Unité monétaire finlandaise. ■ **Rem.** On disait aussi *Deutsche Mark.*

MARKETING, ■ n. m. [maRketiŋ] (mot angl., de *market*, marché) Ensemble des opérations conçues par une entreprise pour créer et promouvoir des produits correspondant aux besoins des consommateurs et optimiser leur commercialisation. *Un directeur de marketing.* ■ **Rem.** On dit aussi *mercatique.*

MARLI, n. m. [maRli] (orig. incert.) Sorte de gaze dont on fait des ouvrages de mode. ♦ Filet en talus qui borde, en dedans, la moulure d'une assiette d'argent. ♦ Rebord dans les plats et assiettes de faïence et de porcelaine.

MARLIN, ■ n. m. [maRlɛ̃] (mot angl.) Poisson des mers chaudes qui attire particulièrement les pêcheurs dans la pêche au gros. *Le merlin, ou makaire, est voisin de l'espadon.*

MARLOU, ■ n. m. [maRlu] (p.-ê. de *merle* et *filou*) **Arg.** Souteneur, proxénète. « *En face, des marlous en casquettes ou en chapeaux mous les surveillaient* », Sabatier.

MARMAILLE, n. f. [maRmaj] (*marmot*) **Collect.** et **fam.** Réunion d'enfants.

MARMELADE, n. f. [maRmələd] (port. *marmelada*, du lat. *melimelum*, gr. *melimêlon* pomme douce, de *meli*, miel, et *mêlon*, pomme) Fruits cuits avec du sucre, et formant un tout assez consistant. ♦ **Par extens.** Il se dit d'une chose trop cuite et presque en bouillie. *Cela est en marmelade.* ♦ **Fig.** Ce qui est fracassé, broyé. « *Une ruade Qui vous lui met en marmelade Les mandibules et les dents* », La Fontaine.

MARMENTEAU, adj. m. [maRmɑ̃to] (lat. pop. *materiamentum*, bois de construction) *Bois marmenteau*, bois de haute futaie, qui est conservé pour la décoration d'une maison à laquelle il est attaché. ■ **N. m.** *Un marmenteau*, un tel arbre.

MARMITE, n. f. [maRmit] (*marmite*, hypocrite, adj. substantivé, du radical onomat. *marm-*, murmure, et de l'anc. fr. *mite*, chat, parce que le couvercle cache le contenu) Vaisseau en terre ou en métal où l'on fait bouillir les viandes dont on fait le potage. ♦ ▷ *Écumer la marmite*, Voy. écumer. ◁ ♦ ▷ *La marmite est renversée*, se dit d'une maison où l'on cesse de donner à dîner. ◁ **Fam.** *Faire bouillir la marmite*, Voy. bouillir. ♦ *Nez fait en pied de marmite*, nez dont le bas est large et qui est retroussé. ♦ Ce que la marmite contient.

MARMITEUX, EUSE, adj. [maRmitø, øz] (anc. fr. *marmite*, hypocrite) ▷ **Fam.** et **vieilli** Mal en point, mal partagé du côté de la fortune et de la santé. ♦ **N. m.** et n. f. *Un marmiteux.* ◁

MARMITON, ONNE, n. m. et n. f. [maRmitɔ̃, ɔn] (*marmite*) Personne qui est chargée du plus bas emploi dans une cuisine.

MARMONNÉ, ÉE, p. p. de marmonner. [maRmɔne]

MARMONNEMENT, ■ n. m. [maRmɔn(ə)mɑ̃] (*marmonner*) Action de marmonner ; le bruit qui en résulte. *Marmonnement d'excuses. Marmonnement inaudible.*

MARMONNER, v. tr. [maRmɔne] (radic. onomat. *marm-*, murmure) **Fam.** Prononcer à voix basse et peu distincte. *Qu'est-ce que vous marmonnez ?* ♦ Grommeler avec hostilité. *Il marmonne des injures.*

MARMORÉEN, ENNE, adj. [maRmoreɛ̃, ɛn] (lat. *marmoreus*) Qui a la nature ou l'apparence du marbre. *Les calcaires marmoréens.* ♦ **Fig.** et **néolog.** Qui a le froid, la dureté du marbre. *Une impassibilité marmoréenne.* ■ **Rem.** En ce sens, ce n'est plus un néologisme.

MARMOT, n. m. [maRmo] (orig. incert. : prob. *marmotter*, pour le mouvement que les singes font avec leurs babines) Anciennement, nom du singe. ♦ Petite figure grotesque. ♦ **Fig.** et **fam.** Petit garçon. ♦ Dans ce sens il a un féminin, *marmotte.* ♦ Au pl. *Des marmots*, des enfants sans distinction de sexe. ■ **Fig.** et **fam.** *Croquer le marmot*, Voy. croquer. ■ **Rem.** Le féminin *marmotte* ne s'emploie plus.

MARMOTTAGE, n. m. [maRmɔtaʒ] (*marmotter*) Action de marmotter.

MARMOTTE, n. f. [maRmɔt] (*marmotter*, marmot) Quadrupède rongeur de l'ordre des loirs, qui dort l'hiver. ♦ *Dormir comme une marmotte*, dormir beaucoup ou profondément. ♦ ▷ Coiffure de femme qui consiste dans un morceau d'étoffe placé sur la tête, la pointe en arrière et les bouts noués sous le menton. *Être coiffée en marmotte.* ◁ ■ Boîte dans laquelle les commis voyageurs disposent des échantillons des produits qu'ils vendent. *Marmotte des colporteurs.*

MARMOTTÉ, ÉE, p. p. de marmotter. [maRmote]

MARMOTTER, v. tr. [maRmote] (radic. onomat. *marm-*, murmure) Parler confusément entre ses dents. *Que marmottez-vous ?* ♦ **Absol.** « *Marmotter par dépit* », Régnier. ♦ *Se marmotter*, v. pr. Être marmotté.

MARMOTTERIE, n. f. [maRmɔt(ə)Ri] (*marmotter*) ▷ Action de marmotter. ◁

MARMOTTEUR, EUSE, n. m. et n. f. [maRmotœR, øz] (*marmotter*) Celui, celle qui marmotte entre ses dents.

MARMOUSET, n. m. [maRmuzɛ] (var. de *marmot*, de *marmuser*, du radic. onomat. *marm-*) Petite figure grotesque. ♦ *Marmouset, visage de marmouset*, petit garçon, petit homme mal fait ou non. ♦ Par mépris, jeune homme sans conséquence. ♦ Espèce de chenet de fonte, en forme de prisme triangulaire, dont une extrémité est ornée d'une figure quelconque. ■ Sorte de ouistiti. *Le marmouset est originaire d'Amérique.*

1 **MARNAGE**, n. m. [maRnaʒ] (1 *marner*) Opération agricole qui consiste à mêler à la terre arable une certaine quantité de marne. ♦ Résultat de cette action. *Bon marnage.*

2 **MARNAGE**, ■ n. m. [maRnaʒ] (2 *marner*) **Mar.** Amplitude entre le niveau de la haute mer et celui de la basse mer. *Marnage de 20 m.*

MARNE, n. f. [maRn] (lat. médiév. *marna*, du gaul. *marga*) Mélange naturel de calcaire et d'argile, propre à amender certaines terres. ♦ *Marne à foulon*, variété servant aux apprêts des draperies.

MARNÉ, ÉE, p. p. de marner. [maRne]

1 MARNER, v. tr. [maʀne] (*marne*) Répandre de la marne sur un champ. ■ V. intr. Arg. Travailler durement. *Marner sans relâche toute sa vie. Marner comme un esclave.*

2 MARNER, ■ v. intr. [maʀne] (*marne*, bord) Monter au-delà du niveau moyen, en parlant de la mer ou de la marée.

MARNEUR, EUSE, n. m. et n. f. [maʀnœʀ, øz] (1 *marner*) Personne qui répand de la marne sur les terres.

MARNEUX, EUSE, adj. [maʀnø, øz] (*marne*) Qui renferme de la marne ou en présente les caractères. *Sol marneux.*

MARNIÈRE, n. f. [maʀnjɛʀ] (*marne*) Carrière de marne.

MAROCAIN, AINE ■ adj. [maʀɔkɛ̃, ɛn] (*Maroc*) Relatif au Maroc. *Le désert marocain.* ■ N. m. et n. f. Personne originaire du Maroc ou y habitant.

MAROILLES, n. m. [maʀwal] (*Maroilles*, ville du Nord) Nom que portent les fromages fabriqués à Maroilles. *Du bon maroilles.* ■ Rem. On disait autrefois *marolles*.

MARONITE, n. m. et n. f. [maʀɔnit] (*Maron*, nom d'un moine qui instruisit les maronites) Catholique du rite syrien qui habite le mont Liban. ◆ Adj. *Un prêtre maronite.*

MARONNER, v. intr. [maʀɔne] (radic. onomat. *mar[m]-*, murmurer) ▷ Pop. Murmurer. ◁ ◆ V. tr. *Qu'est-ce que tu maronnes?* ■ Fam. Montrer sa colère en marmonnant. *Maronner et ronchonner pour un rien.*

MAROQUIN, n. m. [maʀɔkɛ̃] (*Maroc*) Cuir de bouc ou de chèvre, apprêté avec de la noix de galle ou du sumac. ◆ Peau façonnée à la manière du maroquin. ◆ ▷ *Papier maroquin*, papier de couleur apprêté de manière à ressembler au maroquin. ◁ ■ Fam. Portefeuille ministériel. *Des maroquins dans un gouvernement.*

MAROQUINAGE, n. m. [maʀɔkinaʒ] (*maroquiner*) Action de maroquiner.

MAROQUINÉ, ÉE, p. p. de maroquiner. [maʀɔkine]

MAROQUINER, v. tr. [maʀɔkine] (*maroquin*) Façonner des peaux de veau ou de mouton en maroquin. ◆ ▷ Maroquiner du papier. ◁

MAROQUINERIE, n. f. [maʀɔkin(ə)ʀi] (*maroquin*) Art de faire le maroquin. ◆ Commerce de maroquin. ◆ Atelier de maroquinier. ■ Domaine d'activité qui concerne la fabrication d'objets en cuir. ■ Ensemble des objets en cuir. ■ Magasin où l'on vend des articles de maroquinerie.

MAROQUINIER, IÈRE, n. m. et n. f. [maʀɔkinje, jɛʀ] (*maroquin*) Ouvrier, ouvrière qui fabrique des peaux en maroquin. ◆ Personne qui fabrique des objets en cuir. ■ *Habileté manuelle du maroquinier.* ◆ Personne qui vend des objets en cuir. *Acheter un portefeuille chez un maroquinier.*

MAROTIQUE, adj. [maʀɔtik] (Clément *Marot*, 1496-1544, poète français) Imité du vieux langage de Clément Marot. *Style marotique.*

MAROTTE, n. f. [maʀɔt] (dimin. de *Marie*; cf. *mariole*) Espèce de sceptre qui est surmonté d'une tête coiffée d'un capuchon bigarré de différentes couleurs et garnie de grelots; c'est l'attribut de la Folie. ◆ Fig. et fam. Objet de quelque action folle et déréglée. « *Une femme stupide est donc votre marotte?* », Molière. ◆ « *Chaque siècle a eu sa marotte* », Voltaire. ■ Tête de bois ou de carton utilisée comme modèle par les modistes et les coiffeurs. ■ Fam. Manie. *Construire des musées est la nouvelle marotte des hommes politiques.*

MAROUETTE, ■ n. f. [maʀwɛt] (provenç. *marouetto*) Oiseau échassier des marais, de la famille du râle. *La migration de la marouette.*

MAROUFLAGE, ■ n. m. [maʀuflaʒ] (*maroufler*) Techn. Action de maroufler. *Marouflage de papier, de toile.*

1 MAROUFLE, ■ n. m. [maʀufl] (var. de *maraud*) ▷ Se dit d'un homme grossier. « *Ce maroufle-là me laisse toute seule à la maison comme si j'étais son chien* », Molière. ◆ Il se dit aussi d'un homme qu'on n'estime pas. « *Un de ces maroufles qui font des libelles pour gagner du pain* », Voltaire. ◁

2 MAROUFLE, n. f. [maʀufl] (p.-ê. 1 *maroufle*) Colle très forte et très tenace, dont on se sert pour maroufler.

MAROUFLÉ, ÉE, p. p. de maroufler. [maʀufle]

MAROUFLER, v. tr. [maʀufle] (2 *maroufle*) Coller la toile d'un tableau avec de la maroufle sur une autre toile ou sur un panneau, etc. ◆ Coller, derrière un panneau de lambris, de la toile ou tout autre corps résistant, pour empêcher les planches de se disjoindre.

MARQUANT, ANTE, adj. [maʀkɑ̃, ɑ̃t] (*marquer*) Qui marque, qui a quelque supériorité. *Un homme marquant. Une idée, une couleur marquante.* ◆ *Cartes marquantes*, cartes qui valent des points à celui qui les a. ■ N. f. *Une marquante.*

MARQUE, n. f. [maʀk] (*marquer*) Signe servant à faire reconnaître. *La marque des moutons de tel troupeau.* ◆ Empreinte mise sur les marchandises

assujetties à quelque contribution pour faire connaître qu'elles ont acquitté le droit. *La marque de la douane.* ◆ Chiffre, figure que les marchands ou ouvriers mettent à leurs marchandises ou ouvrages. ◆ Fig. *Il y a la marque de l'ouvrier*, ce qui indique de la distinction, un caractère d'excellence. ◆ ▷ *Farine de première marque*, celle qui se compose de la fleur de farine. ◁ ◆ ▷ *Farine des quatre marques*, farine qui porte, à la halle de Paris, les marques de certains meuniers réunis. ◁ ◆ ▷ *Par extens.* Les marques françaises, les marchandises qui proviennent de France. ◁ ◆ ▷ Fig. *Ancienne marque*, le caractère, la loyauté antique. « *C'était un docteur de l'ancienne marque* », Bossuet. ◁ ◆ ▷ Chiffre secret dont les marchands se servent pour indiquer sur leurs marchandises le prix qu'elles leur ont coûté. ◁ ◆ Signe qu'un artiste imprime sur ses ouvrages pour les distinguer de ceux des autres. ◆ Lettres qu'un particulier met sur son linge pour le reconnaître. ◆ ▷ Instrument avec lequel on fait une empreinte sur de la vaisselle, sur du drap, etc. ◁ ◆ Flétrissure imprimée avec un fer chaud, sur l'épaule d'un condamné. ◆ Fig. « *N'imprimez pas, seigneur, cette honteuse marque À ces rares vertus qui vous ont fait monarque* », P. Corneille. ◆ ▷ Impression que laisse sur le corps une lésion quelconque. *Des marques de petite vérole.* ◆ Trace qu'un contact, qu'une action laisse sur un corps. *Ces murs portent la marque du feu.* ◆ Tache, signe que l'homme, l'animal apporte en naissant. ◆ *Marques de Judas*, taches de rousseur. ◆ *Marque*, signe aux dents du cheval indiquant son âge. ◆ Ornement distinctif, signe de quelque dignité. « *Gardez votre pouvoir, reprenez-en la marque* », P. Corneille. ◆ *Marques d'honneur*, certaines marques de distinction accordées par le souverain. ◆ Fig. Distinction. ◆ *Un homme de marque*, un homme qui occupe un rang éminent dans la société. ◆ Ce qu'on emploie pour se souvenir de quelque chose. *Mettre une marque dans un livre.* ◆ ▷ Chez les boulangers, petit morceau de bois sur lequel on fait une coche pour chaque pain fourni. ◁ ◆ Au jeu, jeton, fiche. ◆ Fig. Indice, présage, trace, impression, témoignage, preuve. *Une marque de bonheur.* « *La vraie religion doit avoir pour marque d'obliger à aimer son Dieu* », Pascal. ◆ *Porter la marque de*, avoir en soi, sur soi, l'indice de. ◆ *Donner des marques de*, donner des témoignages de, des preuves de. *Donner des marques d'amitié.* ◆ *Lettre de marque*, Voy. lettre. ■ Signe ou nom apposé sur les produits fabriqués par un même fabricant. ■ Dans de nombreux sports, le score. *Les Anglais mènent à la marque.* ■ N. f. pl. Repères qui permettent à un sportif de se placer avant le début d'une épreuve. *À vos marques!* ■ Fig. Repères délimitant un lieu ou un cadre de vie. *Trouver ses marques.*

MARQUÉ, ÉE, p. p. de marquer. [maʀke] *Papier marqué*; on dit aujourd'hui : *papier timbré.* ◆ *Marqué au coin de*, Voy. coin. ◆ Qui a subi la peine de la marque. ◆ *Être marqué de petite vérole* ou absol. *être marqué*, avoir des marques de petite vérole. ◆ Fig. et fam. *Il est marqué au B*, se dit d'un boiteux, d'un borgne, d'un bossu. ◆ Hist. nat. Qui porte quelque tache. ◆ *Avoir les traits marqués*, avoir les traits du visage prononcés. ◆ Théât. *Rôle marqué, coquette marquée, jeune premier marqué*, ceux qui ne sont plus de la première jeunesse. ◆ Qui est connu par quelque chose comparé à une marque. *Un jour marqué par une bonne action.* ◆ Désigné, fixé d'avance, prédestiné. *Le temps marqué de Dieu. Votre heure est marquée.* ◆ Fig. Apparent, visible, remarquable. *De la manière la plus marquée.* « *Pouvait-on dépeindre l'usure sous des traits plus forts et plus marqués?* », Bourdaloue. ■ Adj. Ling. Qui porte une marque. *Le mot* tables, *à l'écrit, est marqué* : il porte la marque du pluriel.

MARQUE-PAGE, ■ n. m. [maʀkəpaʒ] (*marquer* et *page*) Signet ou tout autre objet qu'on insère dans un livre pour retrouver une page. *Des marque-pages.*

MARQUER, v. tr. [maʀke] (var. de *merchier*, avec infl. de l'ital. *marcare*, de *marca*, issu du germ. *marka*) Distinguer, faire connaître par une marque. *Marquer de la vaisselle, du linge, des moutons, etc.* ◆ Fig. « *Dieu... Marqua ce roi mourant du sceau de sa colère* », Voltaire. ◆ ▷ Fig. *Marquer quelqu'un à l'encre rouge*, conserver un mauvais souvenir de quelqu'un et avoir des projets de vengeance contre lui. ◁ ◆ ▷ *Marquer des arbres*, y imprimer l'empreinte du martelage. ◁ ◆ Faire subir la peine de la marque. ◆ Faire une impression sur quelque partie du corps, par contusion, blessure, etc. ◆ Laisser des traces, des vestiges. *Le torrent a marqué son passage par un grand dégât.* ◆ Fig. *Le règne fut marqué par des succès.* ◆ Mettre une marque pour se souvenir. *Marquer un passage dans un livre.* ◆ *Marquer son jeu.* et absol. *marquer*, marquer les points qu'on gagne. ◆ *Marquer la taille*, se dit du vêtement qui dessine la taille. ◆ Noter, inscrire. *J'ai marqué cela dans mon agenda.* ◆ Faire connaître par quelque chose comparé à une marque. « *Les jalousies qui marquent un esprit borné* », Fénelon. ◆ Indiquer. *Marquer la place où il faut frapper.* ◆ Noter. *L'horloge marque midi.* ◆ *Marquer la mesure, le pas*, indiquer par des mouvements de la main, du pied, la cadence de la musique, de la marche. ◆ Fixer, déterminer, assigner. *Marquer un terme.* ◆ Mander, informer, faire connaître. « *Je voulais lui en marquer mon inquiétude* », Mme de Sévigné. ◆ Témoigner, donner des marques. *Marquer à quelqu'un son estime.* ◆ V. intr. Être empreint d'une marque qui fait reconnaître. ◆ *Ce cheval marque encore*, les creux de ses dents paraissent encore et indiquent qu'il n'a pas plus de huit ans. ◆ ▷ *Ce cadran solaire* *marque encore*, le soleil y donne encore. ◁ ♦ Laisser trace, impression. « *Les vieillards confondent leurs différents âges ; ils n'y voient rien qui marque assez pour mesurer le temps qu'ils ont vécu* », La Bruyère. ♦ **Escrime** Se dit d'un coup donné en plein dans le corps. *Voilà un coup qui marque.* ♦ **Fig.** Être marquant, distingué par quelque chose de notable. ♦ *Il n'y a dans ce livre rien qui marque*, il ne renferme rien qui soit saillant. ♦ Se marquer, v. pr. Être marqué. « *Le cours du soleil se marque sur un cadran* », Bossuet. « *[Molière] Qui sait à quel coin se marquent les bons vers* », Boileau. ▪ **Sp.** Réussir un but dans les sports collectifs. *Marquer un but à la dernière seconde.* ▪ **Sp.** *Marquer un joueur*, suivre un joueur tout au long d'un match pour entraver ses actions.

MARQUETÉ, ÉE, p. p. de marqueter. [markəte] **Hist. nat.** Marqué de lignes donnant à la surface l'aspect d'un ouvrage de marqueterie. ♦ Fait en travail de marqueterie.

MARQUETER, v. tr. [markəte] (fréquentatif de *marquer*) Marquer de plusieurs taches. *Marqueter une peau en manière de peau de tigre.* ♦ Orner en marqueterie.

MARQUETERIE, n. f. [markɛt(ə)ri] (*marqueter*) Ouvrage de menuiserie composé de feuilles de différents bois plaquées sur un assemblage. *Parquet de marqueterie.* ♦ Se dit également des ouvrages de ce genre où on emploie les métaux, du marbre ou d'autres matières. *Marqueterie de nacre, d'ivoire, etc.* ♦ Art de faire des ouvrages de marqueterie. ♦ **Fig.** Ouvrage d'esprit composé de morceaux sans liaison entre eux.

MARQUETEUR, EUSE, n. m. et n. f. [markətœr, øz] (*marqueteur*) Personne qui fait des ouvrages de marqueterie. ♦ **Fig.** Écrivain qui fait des ouvrages composés de morceaux sans liaison entre eux.

MARQUETTE, n. f. [markɛt] (b. lat. *marca*, monnaie, prix du pain ?) ▷ Pain de cire vierge. ◁

MARQUEUR, EUSE, n. m. et n. f. [markœr, øz] (*marquer*) Personne qui marque. *Marqueur de draps.* ♦ Autrefois *une marqueuse de linge.* ♦ À différents jeux, celui qui marque les points de chaque joueur. *Marqueur au billard.* ▪ **Sp.** Joueur qui marque des points. *Marqueur d'essais au rugby.* ▪ N. m. Crayon-feutre dont la mine est très épaisse. ▪ **Sc.** Substance introduite dans un corps ou dans un milieu pour révéler certaines caractéristiques et observer leur évolution. *Injecter un marqueur radioactif à un organisme.* ▪ **Méd.** Substance présente dans le patrimoine génétique d'un individu et qui révèle l'existence d'un gène ou d'une maladie. *Marqueur génétique.*

MARQUIS, n. m. [marki] (ital. *marchese*, de *marca*, région frontalière, avec infl. de *marchis*) Le seigneur préposé jadis à la garde des marches, des frontières d'un État. ♦ Plus tard, titre de dignité qu'on donnait à celui qui possédait une terre érigée en marquisat par lettres patentes. ♦ **Fig.** et **fam.** *Le marquis de Carabas*, Voy. carabas. ♦ Aujourd'hui, simple titre de noblesse conféré sur conféré que le souverain. ♦ Nom donné dans les comédies du XVIIᵉ siècle à un personnage appartenant à la noblesse, mais ridicule. ♦ Nom donné par dérision aux jeunes gens qui prennent des airs avantageux.

MARQUISAT, n. m. [markiza] (*marquis*) ▷ Primitivement, dignité de celui qui commandait une marche ou frontière. ♦ Plus tard, titre de dignité attaché à une terre seigneuriale. ♦ La terre même qui avait ce titre. ◁

MARQUISE, n. f. [markiz] (*marquis*) Femme d'un marquis. ♦ **Ironiq.** Femme qui se donne des airs d'importance. ♦ Espèce de surtout qui se met par-dessus les tentes des officiers, pour les garantir de la pluie. ♦ Petite construction en avant d'une porte. ♦ Toit avancé, soutenu par des piliers, en avant des portes des théâtres et autres édifices. ♦ ▷ Sorte d'ombrelle. ◁ ▪ Bague à chaton allongé. *La marquise est une bague d'époque Louis XVI.* ♦ Fauteuil à siège large et profond, et à dossier bas. ♦ Pâtisserie proche de la charlotte. *Marquise au chocolat.* ▪ **Ironiq.** *Tout va très bien, Madame la marquise*, antiphrase qui dépeint une situation difficile. *Tout va très bien, Madame la Marquise* est le titre d'une chanson de P. Misraki, Laverne et Bach.

MARQUOIR, n. m. [markwar] (*marquer*) Instrument à l'usage des tailleurs et couturières. ♦ Modèle pour guider dans l'apprentissage de la marque du linge.

MARRAINE, n. f. [marɛn] (lat. pop. *matrina*, du lat. *mater*) Celle qui tient un enfant sur les fonts de baptême. ♦ **Par extens.** Celle qui donne un nom à quelque chose. *La marraine d'une cloche.* ♦ Dame qui en présente une autre à la cour ou dans toute autre société.

MARRANE, ▪ n. m. et n. f. [maran] (esp. *marrano*, porc, de l'ar. *mahram*, qui est défendu) Juif espagnol ou portugais qui pratiquait sa religion malgré une conversion forcée au christianisme. ▪ **Adj.** *Un cimetière marrane.*

MARRANT, ANTE, ▪ adj. [marã, ãt] (*marrer*) **Fam.** Amusant, drôle. *Une blague marrante.* « *La vie, c'est plus marrant, c'est moins désespérant, en chantant* », Sardou. ▪ **Fam.** Bizarre, surprenant. *C'est marrant comme prénom !*

MARRE, ▪ adv. [mar] (orig. incert. : prob. *marer*, s'ennuyer) **Fam.** *En avoir marre*, en avoir assez, être exaspéré. *J'en ai marre de vos cris.* ▪ **Pop.** *Y en a marre, c'est marre*, cela suffit.

MARRER (SE), ▪ v. pr. [mare] (prob. se *mar(r)er*, s'ennuyer, par antiphrase) **Fam.** Rire, s'amuser. *On s'est bien marré !*

MARRI, IE, adj. [mari] (anc. b. frq. *marrjan*, fâcher, déranger) **Vieilli** Fâché et repentant. *Je serais bien marri que, etc.*

1 MARRON, n. m. [marɔ̃] (ital. *marrone*, grosse châtaigne, prob. du radic. pré-roman *marr-* pierre) Graine de châtaignier, devenue unique dans le fruit par avortement des deux autres. ♦ **Fig.** *Tirer les marrons du feu avec la patte du chat* ou simplement *tirer les marrons du feu*, faire adroitement servir une personne d'instrument pour parvenir à des fins où il y aurait danger. ♦ *Marrons glacés*, marrons confits dans le sucre et couverts de caramel. ♦ **Adj. inv.** Couleur marron, couleur approchant de celle du marron. *Des draps marron.* ♦ **N. m.** *Un marron foncé.* ♦ *Marron d'Inde*, fruit du marronnier d'Inde. ♦ ▷ *Marron d'eau*, le fruit de la macre. ◁ ♦ ▷ Grosse boucle de cheveux ronde et nouée avec un ruban. ◁ ♦ **Espèce de pétard.** ◁

2 MARRON, ONNE, adj. [marɔ̃, ɔn] (caraïbe *mar(r)on*, sauvage, de l'esp. *cimarron*, animal domestique qui s'est échappé) Se dit du nègre qui s'est enfui dans les bois pour y vivre en liberté. *Nègre marron. Négresse marronne.* ♦ Animal domestique qui est devenu sauvage. *Cochon marron.* ♦ **Fig.** Il se dit de celui qui exerce, sans titre, l'état d'agent de change, de courtier. ♦ Imprimeur qui exerce son état clandestinement sans brevet. ▪ **N. m.** *Un marron*, un ouvrage imprimé clandestinement. ◁ ♦ ▪ Caractère découpé dans des feuilles de cuivre. ◁ ▪ **Rem.** Le mot *nègre* n'était pas raciste à l'époque de Littré, contrairement à aujourd'hui.

3 MARRON, ▪ adj. inv. [marɔ̃] (2 *marron* ; sens premier : pris sur le fait) **Fam.** Dupé, victime. *On est marron !* ▪ **Fam.** *Faire quelqu'un marron*, le surprendre en flagrant délit, l'arrêter. *Faire marron les voleurs.*

MARRONNAGE, n. m. [marɔnaʒ] (2 *marron*) État d'un esclave marron. État d'un agent de change, d'un imprimeur marron, etc.

MARRONNÉ, ÉE, p. p. de marronner. [marɔne]

MARRONNER, v. tr. [marɔne] (1 *marron*) **Vieilli** Friser en marrons, en grosses boucles. ♦ **Pop.** Murmurer.

MARRONNIER, n. m. [marɔnje] (1 *marron*) Variété de châtaignier qui produit le marron. ♦ *Marronnier d'Inde*, bel arbre dont le fruit, qui ressemble au marron, est très amer.

MARRUBE, n. m. [maryb] (lat. *marrubium*) Plante labiée dont on distingue plusieurs sortes.

MARS, n. m. [mars] (lat. *Mars*) Dans le polythéisme, le dieu de la guerre. ♦ **Par extens.** La guerre elle-même. ♦ *Les travaux de Mars, le métier de Mars*, la guerre. ♦ Un guerrier. « *Ce jeune Mars qu'on loue a su jadis te plaire* », P. Corneille. ♦ *Champ de Mars*, Voy. champ. ♦ Une des planètes (en ce sens Mars prend une majuscule). ♦ Le fer dans l'ancienne chimie. ♦ Le troisième mois de l'année (avec un *m* minuscule). ♦ *Cela vient comme mars en carême*, cela arrive nécessairement, parce que le mois de mars arrive toujours en carême, Voy. carême. ♦ Espèce de papillon de jour. ♦ **N. m. pl.** *Les mars*, les grains qu'on sème au mois de mars.

MARSALA, ▪ n. m. [marsala] (*Marsala*, ville sicilienne) Vin liquoreux fabriqué en Sicile dans la région de Marsala. *Boire des marsalas en apéritif.*

MARSAULT, n. m. [marso] (b. lat. *marsalix*, du lat. *mas*, mâle, et *salix*, saule) Sorte de saule. ▪ **Rem.** On écrivait aussi *marseau* et *marceau*.

MARSEILLAIS, AISE, ▪ adj. [marsɛjɛ, ɛz] (*Marseille*) De la ville de Marseille. *Il a l'accent marseillais.* ▪ N. m. et n. f. Habitant de Marseille. ▪ N. f. *La Marseillaise*, l'hymne national français, composé par Rouget de Lisle. *Chanter la Marseillaise.*

MARSHMALLOW, ▪ n. m. [marʃmalo] (mot angl., guimauve, de *marsh*, marais, et *mallow*, mauve) **Fam.** Confiserie faite de cubes de guimauve. *Manger des marshmallows.*

MARSOUIN, n. m. [marswɛ̃] (dan. ou suéd. *marsvin*, marsouin) Cétacé du genre du dauphin, mais à museau obtus. ♦ **Pop.** et **injur.** Homme laid, mal bâti, malpropre. ▪ **Arg. Milit.** Soldat de l'infanterie de marine.

MARSUPIAL, ALE, adj. [marsypjal] (lat. *marsupium*, bourse) **Zool.** Qui a la forme d'une bourse. ♦ Qui porte une bourse. ♦ **N. m. pl.** *Les marsupiaux*, quadrupèdes qui portent une poche renfermant les mamelles et recevant les petits qui naissent avant terme. Se dit aussi au singulier. *Un marsupial.* ♦ **Adj.** Qui a rapport aux marsupiaux.

MARTAGON, n. m. [martagɔ̃] (turc *martagan*, sorte de turban) Espèce de lis rouge dont les pétales sont renversés et recourbés. ▪ En appos. *Lis martagon.*

MARTE, n. f. [mart] Voy. martre.

MARTEAU, n. m. [marto] (b. lat. *martellus*, du lat. *marculus*) Outil en fer garni d'un manche, qui sert à battre les métaux, à forger, à cogner. ♦ **Fig.** *Être entre l'enclume et le marteau*, Voy. enclume. ♦ **Fam.** *Avoir un coup de* *marteau,* Voy. COUP. ◆ ▷ *Marteau d'eaux et forêts,* marteau avec lequel l'employé marque les arbres qu'il faut couper dans les ventes. ◁ ◆ *Marteau d'armes,* sorte d'arme offensive qui était en forme de marteau rond d'un côté et tranchant de l'autre. ◆ *Marteau d'horloge,* marteau qui frappe sur le timbre pour la sonnerie. ◆ *Marteau de porte,* espèce d'anneau ou de battant de fer qui est attaché au milieu d'une porte à l'extérieur et avec lequel on frappe pour se faire ouvrir. ◆ **Fig.** et **fam.** *Graisser le marteau,* Voy. GRAISSER. ◆ Petit marteau que tient le commissaire-priseur et avec lequel il fait des signaux dans la vente. ◆ **Fig.** *Perruque à trois marteaux,* perruque qui avait une longue boucle entre deux nœuds. ◆ Petite tringle de bois que l'on fait mouvoir en touchant le clavier d'un piano. ◆ *Le marteau,* poisson. ◆ Genre de coquilles bivalves. ■ **Sp.** Sphère de métal munie d'une chaîne et d'une poignée, que les athlètes lancent en pivotant sur eux-mêmes. *Lancer de marteau.* ■ **Adj. Fam.** Un peu fou. *Ils sont un peu marteaux, dans la famille.*

MARTEAU-PILON, ■ n. m. [martopilɔ̃] (*marteau* et *pilon*) **Techn.** Appareil de forge dans lequel une très lourde masse est soulevée puis retombe brutalement sur la pièce à forger. *Le marteau-pilon géant du Creusot, qui était le plus puissant au monde à son époque, est le symbole de cette ville. Des marteaux-pilons.*

MARTEAU-PIQUEUR, ■ n. m. [martopikœr] (*marteau* et *piqueur*) Appareil de travaux publics utilisé pour détruire du béton, du macadam. *Des marteaux-piqueurs.*

MARTEL, n. m. [martɛl] (lat. *martellus*) Marteau ; usité seulement dans le nom propre : *Charles Martel.* ◆ **Fig.** Inquiétude, souci. *Cela me donne, me met martel en tête. Avoir martel en tête.*

MARTELAGE, n. m. [martəlaʒ] (*marteler*) Action de frapper avec le marteau. ◆ Empreinte qui résulte du martelage. ◆ ▷ Marque que les agents des eaux et forêts font avec leur marteau aux arbres qu'on veut réserver dans les ventes. ◁

MARTELÉ, ÉE, p. p. de marteler. [martəle] *Médaille martelée,* médaille antique dont on a limé le revers qui était commun, pour en frapper plus curieux et plus rare. ◆ **Mus.** *Trille martelé,* trille dans lequel les deux sons se font entendre distinctement. ◆ **N. m.** Sur les instruments à archet, action de détacher les notes en poussant toujours l'archet ou en le tirant toujours. ◆ **Fig. Littér.** Péniblement fait et travaillé. *Vers martelés.*

MARTÈLEMENT, ■ n. m. [martɛl(ə)mɑ̃] (*marteler*) Action de marteler. *Le martèlement des rivets.* ■ Bruit répété provenant d'un martelage. *Le martèlement de l'acier résonne.* ■ **Par extens.** Tout bruit semblable.

MARTELER, v. tr. [martəle] (*martel*) Battre à coups de marteau. Marteler sur l'enclume. ◆ Marquer avec un marteau les arbres qui sont à abattre. ◆ **Fig.** Faire avec effort un travail d'esprit. *Il martèle ses vers.* ◆ **Fig.** Donner de l'inquiétude, du souci. *Cette affaire me martèle.* ■ Articuler exagérément. *Marteler les syllabes en parlant.*

MARTELET, n. m. [martəlɛ] (*martel*) Petit marteau.

MARTELEUR, EUSE, n. m. et n. f. [martəlœr, øz] (*marteler*) Personne qui dans une forge fait travailler le marteau. ◆ Personne qui travaille au marteau certaines pièces de détail.

MARTELLERIE, n. f. [martɛl(ə)ri] (*martel*) Endroit dans une usine où l'on travaille le métal au marteau.

MARTENSITE, ■ n. f. [martɛsit] (Adolf *Martens,* 1850-1914, ingénieur allemand) **Techn.** L'un des constituants de l'acier trempé. *La martensite est un constituant magnétique en forme d'aiguilles.* ■ **MARTENSITIQUE,** adj. [martɛsitik]

MARTIAL, ALE, adj. [marsjal] (lat. *martialis,* de *Mars*) Digne de Mars, guerrier. *Un air martial.* ◆ *Cour martiale,* sorte de tribunal militaire. ◆ *Loi martiale,* loi qui autorise l'emploi de la force armée dans certains cas. ◆ Autrefois, en chim. et en pharm. Ferrugineux. *Les préparations martiales.* ◆ **N. m.** *Les martiaux,* les médicaments dans lesquels entre le fer ou un oxyde de fer.

MARTIEN, IENNE, adj. [marsjɛ̃, jɛn] (de *Mars,* planète) Propre à la planète Mars. *La vie martienne.* ■ **Astrol.** Sous l'influence de Mars. *Un signe martien.* ■ **N. m.** et n. f. Habitant de Mars. *Croire à l'existence des Martiens.*

MARTIN-BÂTON, n. m. [martɛbatɔ̃] (*Martin,* prénom, et *bâton*) ▷ Homme armé d'un bâton, et par extens. le bâton personnifié. « *Martin-bâton accourt, l'âne change de ton* », LA FONTAINE. ◆ On dit aussi quelquefois simplement *Martin.* « *Martin fit alors son office* », LA FONTAINE. ◁

MARTIN-CHASSEUR, n. m. [martɛ̃ʃasœr] (*martin* et *chasseur*) Oiseau proche du martin-pêcheur, qui se nourrit d'insectes et de reptiles. *Le martin-chasseur se rencontre aussi bien au bord des rivières que dans la jungle ou les jardins des villes. Des martins-chasseurs.*

1 MARTINET, n. m. [martinɛ] (n. propre *Martin*) Espèce d'hirondelle à très longues ailes.

2 MARTINET, n. m. [martinɛ] (n. propre *Martin,* comme c'est souvent le cas pour les noms d'outils [cf. *guillaume*], ou dim. du b. lat. *martus,* marteau) Marteau mû par un moulin. ◆ Fouet formé de plusieurs cordes au bout d'un manche de bois.

3 MARTINET, n. m. [martinɛ] (1 *martinet,* pour la forme de l'oiseau en vol, pattes repliées sous le corps) Petit chandelier plat qui a un manche.

MARTINEUR, EUSE, ■ n. m. et n. f. [martinœr, øz] (2 *martinet*) Personne qui fait fonctionner le martinet d'un moulin.

MARTINGALE, n. f. [martɛ̃gal] (provenç. *martegalo,* fém. de *martegal,* habitant de *Martigues* en Provence, les Martigaux étant réputés naïfs et bizarres) *Chausses à la martingale,* culottes dont le pont était placé par-derrière. ◆ Courroie simple qui, attachée par un bout à la sangle sous le ventre et par l'autre à la muserolle, empêche le cheval de donner de la tête. ◆ ▷ Languette de buffle cousue à la giberne du fantassin. ◁ ◆ **Fig.** Au jeu, action de porter, à chaque coup, le double de ce qu'on a perdu sur le coup précédent. ■ Bande de tissu cousue dans le dos d'un manteau et en resserrant la taille. *Manteau avec martingale.* ■ Aux jeux de hasard, coup qui consiste à jouer le double de la mise que l'on vient de perdre. *Jouer la martingale à la roulette.* ■ **Par extens.** Aux jeux d'argent, manière de jouer soi-disant scientifique permettant de gagner de l'argent. *Suivre une martingale.*

MARTINGALER, v. intr. [martɛ̃gale] (*martingale*) ▷ Doubler son enjeu quand on perd. ◁

MARTINI, ■ n. m. [martini] (nom déposé) Cocktail italien blanc ou rouge, amer et alcoolisé. *Boire des martinis en apéritif.*

MARTINISME, n. m. [martinism] (*Martinez* de Pasquali, 1727-1779) Système d'illuminisme qui, fondé par Martinez, s'est réuni à celui de Saint-Martin, et d'après lequel l'initié devient une sorte de dieu.

MARTINISTE, n. m. et n. f. [martinist] (*martinisme*) Celui, celle qui suit le martinisme.

MARTIN-PÊCHEUR, n. m. [martɛ̃peʃœr] (*martin* et *pêcheur*) Oiseau de l'ordre des passereaux, remarquable par l'éclat des couleurs. ◆ **Au pl.** *Des martins-pêcheurs.*

MARTIN-SEC, n. m. [martɛ̃sɛk] (*Martin,* prénom et *sec*) Sorte de poire croquante. ◆ **Au pl.** *Des martins-secs.*

MARTRE, n. f. [martr] (anc. b. frq. *martar*) Genre de quadrupèdes carnassiers digitigrades, dans lequel on distingue : la martre commune ; la martre des hêtres ou martre domestique, appelée *fouine ;* la martre mineure ou *belette ;* la martre blanche ou *hermine ;* la martre zibeline. ◆ La peau de cet animal quand elle est employée en fourrure. *Un manchon de martre.* ◆ **Prov.** *Prendre martre pour renard,* prendre une chose pour une autre. ■ **Rem.** On disait aussi *marte* autrefois.

MARTYR, YRE, n. m. et n. f. [martir] (lat. chrét. *martyr,* du gr. *martur,* témoin) Celui, celle qui a souffert des tourments ou la mort pour soutenir la vérité de la religion chrétienne. ◆ *Le commun des martyrs,* Voy. COMMUN. ◆ **Par extens.** Celui ou celle qui souffre pour une religion quelconque, pour ses opinions. ◆ Il se dit aussi de tous ceux qui souffrent ou qui meurent pour quelque chose qu'ils prisent plus que la vie. « *L'erreur a ses martyrs* », VOLTAIRE. ◆ *Martyr de la science,* celui qui succombe en poursuivant des recherches, des travaux scientifiques. ◆ Celui, celle qui souffre beaucoup. ◆ **Fig.** *Être le martyr de quelqu'un,* souffrir beaucoup de ses mauvais traitements, etc. ◆ *Être le martyr de ses passions,* en souffrir beaucoup d'inconvénients.

MARTYRE, n. m. [martir] (lat. chrét. *martyrium*) La mort ou les tourments endurés pour la religion chrétienne. ◆ **Par extens.** Souffrance très intense. ◆ **Fig.** Toute sorte de peine d'esprit. ◆ *Mettre en martyre,* tourmenter. ◆ *Martyre d'amour* ou simplement *martyre,* souffrances qu'éprouve un amant. *Conter son martyre.*

MARTYRISÉ, ÉE, p. p. de martyriser. [martirize]

MARTYRISER, v. tr. [martirize] (*martyre*) Faire souffrir le martyre. ◆ **Fig.** Faire souffrir de grandes douleurs. ◆ Se martyriser, v. pr. S'infliger de grandes souffrances.

MARTYRIUM, ■ n. m. [martirjɔm] (mot lat. chrét.) Chapelle recouvrant la sépulture d'un martyr. *Martyrium d'une église. Des martyriums.*

MARTYROLOGE, n. m. [martirolɔʒ] (lat. médiév. *martyrologium,* du gr. *martur* et *logos,* sur le modèle de *eulogium,* éloge) Catalogue des martyrs et même des autres saints. ◆ **Fig.** Longue liste de cas de mort que l'on rapporte, ou de souffrances infligées. *Le martyrologe des nations.*

MARUM, n. m. [marɔm] (lat. *marum,* du gr. *maron*) Plante aromatique recherchée des chats, dite aussi *germandrée maritime* et *herbe aux chats.*

MARXISME, ■ n. m. [marksism] (Karl *Marx,* 1818-1883, philosophe allemand) Doctrine philosophique, économique et sociale conçue par Marx et

Engels portant sur le matérialisme dialectique et la lutte des classes. *Marxisme socialiste.* ■ Ensemble des interprétations qu'a reçu cette doctrine.

MARXISME-LÉNINISME, ■ n. m. [maʀksism(ə)leninism] (*marxisme* et *Lénine*, homme politique russe) Doctrine de Lénine qui synthétise le marxisme. *Marxisme-léninisme politique et philosophique. Des marxismes-léninismes.* ■ MARXISTE-LÉNINISTE, n. m. et n. f. ou adj. [maʀksist(ə)leninist]

MARXISTE, ■ adj. [maʀksist] (*marxisme*) Relatif au marxisme. *L'idéologie marxiste.* ■ N. m. et n. f. Personne qui adhère à la doctrine marxiste. *Marxiste socialiste.*

MARYLAND, n. m. [maʀilɑ̃] (on ne prononce pas le *d* final. *Maryland,* État américain) Tabac provenant du Maryland, contrée des États-Unis. *Fumer du maryland.*

MAS, ■ n. m. [mɑ] ou [mas] (b. lat. et médiév. *mansus,* demeure) Ferme, maison de style provençal et campagnard située généralement dans le Midi de la France. *Habiter au mas.*

MASCARA, ■ n. m. [maskaʀa] (mot esp.) Produit de maquillage destiné à allonger et colorer les cils. *Un mascara noir waterproof.*

MASCARADE, n. f. [maskaʀad] (ital. *mascherata,* de *maschera,* masque) Déguisement d'une personne qui se masque. ◆ **Fig.** « *Ce monde n'est que mascarade* », LA MOTTE. ◆ Troupe de gens déguisés et masqués. ◆ Danse exécutée par cette troupe. ◆ Vers faits pour les personnages qui figurent dans les *mascarades.*

MASCARET, ■ n. m. [maskaʀɛ] (gasc. *mascaret,* barbouillé, bœuf tacheté, par comparaison des vagues avec le mouvement ondulant des bovins qui courent) Masse d'eau en forme de barre remontant avec impétuosité le courant de la Garonne, et par extens. d'un fleuve quelconque.

MASCARON, n. m. [maskaʀɔ̃] (ital. *mascherone*) **Archit.** Figure de tête faite en caprice, qu'on met aux fontaines, aux portes, aux clés des arcades, etc.

MASCARPONE, ■ n. m. [maskaʀpɔn] (mot ital.) Fromage italien au lait de vache, riche en crème. *Un tiramisu au mascarpone.*

MASCOTTE, ■ n. f. [maskɔt] (provenç. *mascoto,* sortilège, de *masco,* sorcière) Personne ou chose considérée comme symbole ou porte-bonheur. *La mascotte d'une équipe de rugby.*

MASCULIN, INE, adj. [maskylɛ̃, in] (lat. *masculinus*) Qui appartient, qui a rapport au mâle. *Le sexe masculin.* ◆ *Fief masculin,* celui que les mâles seuls pouvaient posséder. ◆ En mauvaise part, qui a un caractère d'homme, en parlant d'une femme. ◆ **Gramm.** *Nom masculin,* nom désignant un être qui est masculin par nature ou par assimilation. ◆ *Genre masculin,* le genre de ces noms. ◆ **N. m.** *Le masculin,* le genre masculin. ◆ *Terminaison, rime masculine,* celle d'un mot qui ne finit pas par un *e* muet. ■ REM. Le genre masculin n'est pas attribué aux noms par assimilation mais de manière aléatoire.

MASCULINISATION, ■ n. f. [maskylinizasjɔ̃] (*masculiniser*) Action de masculiniser ; résultat de cette action. *Masculinisation d'une silhouette. Masculinisation de la délinquance féminine.*

MASCULINISER, ■ v. tr. [maskylinize] (*masculin*) Donner un aspect masculin à. *Masculiniser une femme.*

MASCULINITÉ, n. f. [maskylinite] (*masculin*) Caractère de ce qui est masculin. ◆ **Gramm.** Propriété par laquelle un nom prend ou reçoit le genre masculin.

MASER, ■ n. m. [mazɛʀ] (acronyme de l'angl. *microwave amplification by stimulated emission of radiation*) **Phys.** Dispositif d'amplification des micro-ondes. *Des masers à gaz.*

MASKINONGÉ, ■ n. m. [maskinɔ̃ʒe] (mot algonquin) Gros poisson semblable au brochet. *La prédation du maskinongé.*

MASOCHISME, ■ n. m. [mazɔʃism] (Leopold Sacher-*Masoch,* 1836-1895, romancier autrichien) Attitude perverse qui consiste à se faire souffrir physiquement ou moralement pour éprouver du plaisir sexuel. *Pratiquer le masochisme.* ■ Comportement d'une personne qui trouve satisfaction dans la souffrance. « *Finalement quand on aime, ce n'est pas de l'aveuglement, c'est du masochisme* », POLAC.

MASOCHISTE, ■ adj. [mazɔʃist] (*masochisme*) Relatif au masochisme. *Fantasme, plaisir masochiste.* ■ N. m. et n. f. Personne masochiste, qui aime souffrir. « *L'Homo sapiens est masochiste : il savoure la douleur sous de nombreuses formes* », CHAPLIN. ■ **Abrév.** Maso.

MASOURKA ou **MASOURQUE,** n. f. [mazyʀka, mazyʀk] Voy. MAZURKA.

MASQUAGE, ■ n. m. [maskaʒ] (*masquer*) Action de masquer. *Masquage des noms des personnes sondées. Masquage des différences sociales.*

1 **MASQUE,** n. f. [mask] (provenç. *masco,* sorcière) ▷ Terme familier d'injure dont on se sert quelquefois pour qualifier une jeune fille, une femme

et lui reprocher sa laideur ou sa malice. « *La masque encore après lui fait civilité* », MOLIÈRE. ◁

2 **MASQUE,** n. m. [mask] (ital. *maschera,* du radic. pré-roman *maska,* noir) Faux visage de carton peint, etc. dont on se couvre la figure pour se déguiser. ◆ *Lever le masque à quelqu'un,* soulever son masque pour chercher à le reconnaître. ◆ Morceau de velours noir où l'on fait un nez et deux yeux. ◆ Armure de fil de fer, à mailles très serrées qu'on se met sur le visage quand on fait des armes. ◆ **Antiq.** *Masque de théâtre,* masque aux traits gigantesques qui couvrait la figure et une partie de la tête. ◆ Caractère de la physionomie, en parlant des acteurs. *Cet acteur a un bon masque.* ◆ Personne masquée. ◆ Terre préparée et appliquée sur le visage de quelqu'un pour en prendre le moule. ◆ **Peint.** et **sculpt.** Visage séparé du reste du corps qu'on met quelquefois dans les ornements. ■ **Fig.** Fausse apparence. « *La vertu... Sert aux jeunes de masque, aux plus vieux de risée* », RÉGNIER. ◆ **Absol.** « *Mais au moindre revers funeste, Le masque tombe, l'homme reste, Et le héros s'évanouit* », J.-B. ROUSSEAU. ◆ *Lever le masque,* parler franchement, paraître tel qu'on est en effet. ◆ *Arracher le masque à quelqu'un,* faire connaître sa fausseté, sa perfidie, etc. ◆ **Méd.** Nom donné, dans la description des maladies, à l'aspect offert par tout le visage. ■ Produit cosmétique appliqué sur le visage et nécessitant un temps de pose pour agir. *Faire un masque antirides.* ■ **Méd.** Dispositif appliqué sur la bouche de quelqu'un pour lui faire inhaler de l'oxygène ou un anesthésique. *Masque antiseptique.* ◆ Protection couvrant le nez et la bouche pour éviter l'inhalation de substance toxiques. *Porter un masque purifiant.* ■ Protection placée devant les yeux ou couvrant le visage et utilisée par les apiculteurs ou les soudeurs. *Masque de soudure.* ■ Accessoire couvrant les yeux et le nez et utilisé pour la plongée subaquatique. *Plonger avec un masque et un tuba.*

MASQUÉ, ÉE, p. p. de masquer. [maske] *Bal masqué,* bal où les danseurs portent un masque et un déguisement. ◆ **Fig.** *Être toujours masqué,* avoir l'habitude de dissimuler. ■ Qui porte un masque. *Le vengeur masqué.*

MASQUER, v. tr. [maske] (*masque*) *Masquer quelqu'un,* le déguiser en lui mettant un masque sur le visage, et même des habits qui empêchent de le reconnaître. ◆ **Mar.** *Un coup de vent masque un navire,* quand, changeant tout d'un coup cap pour cap, il le frappe par devant. ◆ En ce sens, masquer est neutre aussi. *Le navire masque.* ◆ **Par extens.** Couvrir, cacher une chose de manière à en ôter la vue. *Ce mur masque ma maison.* ◆ *Masquer une batterie,* placer des troupes ou élever un ouvrage devant une batterie pour que l'ennemi ne la voie pas. ◆ On dit dans le même sens : *masquer un mouvement.* ◆ **Mar.** *Masquer le vent,* l'intercepter. ◆ **Fig.** *Masquer une odeur par une autre,* répandre une odeur qui dissimule l'odeur dont on est blessé. ◆ **Fig.** Cacher quelque chose sous de fausses apparences. « *Masquer la nature et la déguiser* », PASCAL. ◆ *Se masquer,* v. pr. Se couvrir le visage d'un masque. ◆ **Fig.** « *Je veux... que nos sentiments Ne se masquent jamais sous de vains compliments* », MOLIÈRE.

MASSACRANT, ANTE, adj. [masakʀɑ̃, ɑ̃t] (*massacrer*) Qui massacre, où l'on massacre. ◆ **Fig.** et **fam.** *Humeur massacrante,* humeur bourrue, grondeuse, menaçante.

MASSACRE, n. m. [masakʀ] (*massacre*) Mise à mort de beaucoup de gens, et particulièrement de gens qui ne se défendent pas ou se défendent mal. ◆ Grande tuerie de bêtes. *Faire un grand massacre de sangliers.* ◆ **Fig.** Action de gâter par mégarde ou autrement quelque chose de rare, de précieux. ◆ *Massacre d'un opéra,* mauvaise exécution d'un opéra. ◆ *Massacre d'une volaille,* se dit d'une volaille mal découpée. ◆ Ouvrier qui travaille mal et qui gâte son ouvrage. *Cet ouvrier est un massacre.* ◆ La tête du cerf, du daim, etc. séparée du corps, et mise debout sur la peau de la bête, alors qu'on donne la curée aux chiens. ◆ **Hérald.** Tête d'animal lorsqu'elle est décharnée.

MASSACRÉ, ÉE, p. p. de massacrer. [masakʀe]

MASSACRER, v. tr. [masakʀe] (lat. pop. *matteuculare,* du gallo-rom. *matteuca,* massue) Faire un massacre. « *Le peuple mutiné massacre tes soldats* », DELAVIGNE. ◆ **Absol.** « *Pour faire quelque figure dans l'histoire il faut massacrer par millions* », P.-L. COURIER. ◆ Tuer, en parlant d'une seule personne. « *J'aurais vu massacrer et mon père et mon frère...* », RACINE. ◆ Par exagération ; *il a été massacré,* il a reçu un grand nombre de blessures. ◆ Se dit des animaux. *Dans leurs chasses, les princes massacrent une grande quantité de gibier.* ◆ **Fig.** et **fam.** Gâter, mettre en mauvais état. *Massacrer ses hardes.* ◆ Il se dit d'un homme qui fait très mal ce qu'il a à faire, ou qui gâte une besogne. *Massacrer une volaille,* la mal découper. *Massacrer de la besogne, de la musique, une pièce,* etc.

MASSACREUR, EUSE, n. m. et n. f. [masakʀœʀ, øz] (*massacrer*) Personne qui massacre. « *Approchez, assassins, venez, massacreurs* », VOLTAIRE. ◆ **Fig.** Celui, celle qui fait mal, exécute mal. *Massacreur de musique, de besogne,* etc.

MASSAGE, n. m. [masaʒ] (*masser*) Action de presser avec les mains toutes les parties musculaires du corps et d'exercer des tractions sur les articulations, afin de donner de la souplesse et d'exciter la vitalité.

MASSALIOTE, ■ adj. [masaljɔt] (*Massalia*, nom grec de Marseille) De Marseille, quand la ville était une colonie grecque. *Antiquité massaliote.* ■ N. m. et n. f. *Un, une Massaliote.*

1 **MASSE**, n. f. [mas] (lat. *massa*) Amas de parties qui font un corps ensemble. *La masse des Alpes.* ♦ Se dit aussi d'un seul corps compact. *Une masse de plomb.* ♦ *Enlever une ferrure dans la masse,* la découper à froid dans un morceau de fer. ♦ *Faire de la menuiserie en masse,* se dit de tout ouvrage fait d'un seul morceau. ♦ Corps informe. *L'ours, en naissant, paraît n'être qu'une masse.* ♦ **Fam.** *C'est une masse de chair,* se dit d'une personne qui a le corps et l'esprit lourds. ♦ **Phys.** Somme des points matériels que chaque corps renferme, par opposition à *volume,* qui exprime l'espace occupé. ♦ La totalité d'une chose dont les parties sont de même nature. *La masse de l'air, du sang, etc.* ♦ *Des masses,* de grandes quantités. ♦ **Fig.** *La masse des connaissances humaines.* ♦ Réunion d'hommes considérés comme faisant un corps. ♦ **Milit.** Se dit d'une colonne très serrée. ♦ **Fig.** Le public, le commun des hommes. *Cela est bon pour la masse. S'adresser aux masses.* ♦ L'ensemble d'un ouvrage d'architecture considéré par rapport aux proportions. *La masse de Saint-Pierre de Rome.* ♦ **Peint.** Les parties considérables d'un tableau, qui contiennent de grandes lumières ou de grandes ombres. « *La peinture divise en grandes masses ses clairs et ses obscurs* », Montesquieu. ♦ **Fig.** et en dehors du langage des beaux-arts. *Il faut moins considérer les détails que les masses.* ♦ **N. f. pl. Mus.** Plusieurs parties marchant ensemble. *Cet instrument fait bien dans les masses.* ♦ Lits de pierre d'une carrière. ♦ Quantité de marchandises semblables, dont le nombre ou le poids est fixé par l'usage. *Des soies, des plumes, des pelleteries en masse.* ♦ Fonds d'argent d'une succession, d'une société. ♦ **Admin. et milit.** Somme formée par les retenues faites sur la paye de chaque soldat, ou allouée par abonnement pour une dépense spéciale. *Masse d'habillement.* ♦ EN MASSE, loc. adv. Tout ensemble, en totalité. *Aller, se porter, se lever en masse.* ♦ *En masse,* en bloc, dans l'ensemble. *À voir les choses en masse.* ■ **Phys.** Quantité de matière d'un corps, exprimée par une grandeur. *L'unité de mesure de la masse est le gramme, noté G ou g.*

2 **MASSE**, n. f. [mas] (lat. pop. *mattea*) Gros marteau de fer carré des deux côtés. ♦ Gros marteau que le sculpteur emploie pour dégrossir son ouvrage en frappant sur les ciseaux. ♦ *Masse d'armes* ou simplement *masse,* ancienne arme qui avait la forme d'une massue. ♦ Espèce de bâton à tête d'or ou d'argent qu'on porte dans certaines cérémonies. *La masse d'un appariteur de faculté.* ♦ Instrument pour jouer au billard. ♦ Gros bout de la queue ordinaire.

1 **MASSÉ, ÉE**, p. p. de 1 masser. [mase] Mis par masse. ♦ N. m. *Un massé,* masse pâteuse de fer qu'on trouve au fond du creuset du fourneau à la catalane.

2 **MASSÉ, ÉE**, p. p. de 3 masser. [mase] Billard. *Un massé,* coup frappant la bille presque de haut en bas.

3 **MASSÉ, ÉE**, p. p. de 2 masser. [mase] *Massé au bain.*

MÂSSE, n. f. [mɑs] (lat. *massa*) **Vieilli** Ce qu'on met au jeu. *La mâsse était de vingt francs.*

MÂSSÉ, ÉE, p. p. de mâsser. [mɑse] *Dix pistoles mâssées.*

MASSELOTTE ou **MASSELOTE**, ■ n. f. [mas(ə)lɔt] (de *masse*) **Techn.** Pièce de métal ajoutée à un élément de fonderie pour augmenter sa compacité. ■ **Techn.** Dans certains mécanismes, masse métallique agissant par force centrifuge, inertie ou gravité. *La masselotte permet notamment d'équilibrer un organe en mouvement.*

MASSEPAIN, n. m. [mas(ə)pɛ̃] (ital. *marzapane*) Pâtisserie d'amandes pilées et de sucre.

1 **MASSER**, v. tr. [mase] (1 *masse*) Disposer des objets en masse. *Masser des terres.* ♦ **Bx-arts** Disposer les masses d'un tableau. ♦ **Absol.** *Ce peintre masse bien.* ♦ **Milit.** Disposer en colonnes serrées. *Masser l'infanterie.* ♦ *Se masser,* v. pr. Se réunir en une masse ferme et compacte. ♦ **Bx-arts** Se grouper. ♦ Se former en colonne serrée.

2 **MASSER**, v. tr. [mase] (ar. *mass,* manier, palper) Exercer sur le corps d'une personne au bain la pression dite massage. ■ **Rem.** Le massage peut également s'exercer hors du bain.

3 **MASSER**, v. tr. [mase] (de 2 *masse*) Frapper la bille de haut en bas.

MÂSSER, v. tr. [mɑse] (*mâsse*) T. de jeu qui vieillit. Faire une mâsse.

MASSÉTER, ■ n. m. [masetɛʀ] (gr. *masêtêr,* qui mâche) **Anat.** Muscle élévateur de la mâchoire inférieure.

MASSETTE, n. f. [masɛt] (dim. de 2 *masse*) Nom d'un genre de typhacées où l'on distingue la massette ou masse d'eau. ■ **Techn.** Marteau utilisé par les maçons, les plâtriers, les tailleurs de pierre.

MASSEUR, EUSE, n. m. et n. f. [masœʀ, øz] (2 *masser*) Personne qui masse au bain. ■ Personne qui pratique un massage, dans le cadre de sa profession. *Masseuse d'un institut. J'ai rendez-vous chez le masseur-kinésithérapeute.*

1 **MASSICOT**, n. m. [masiko] (ital. *marzacotto,* sorte de vernis, de l'ar. *mashaquniya*) Nom vulgaire du protoxyde de plomb ou oxyde de plomb jaune.

2 **MASSICOT**, ■ n. m. [masiko] (Guillaume *Massiquot,* son inventeur) Machine qui permet de couper des piles épaisses de feuilles de papier ou d'en ajuster les bords.

MASSICOTAGE, ■ n. m. [masikotaʒ] (*massicoter*) Action de massicoter du papier. *Massicotage de photographies.*

MASSICOTER, ■ v. tr. [masikote] (2 *massicot*) Couper ou rogner du papier au moyen d'un massicot. *Massicoter des feuillets.*

MASSICOTEUR, EUSE, ■ n. m. et n. f. [masikotœʀ, øz] (*massicoter*) Ouvrier, ouvrière chargé de massicoter du papier. *Massicoteuse en reliure. Massicoteur de papeterie.* ■ **Rem.** On dit aussi *massicotier, ière.*

MASSIER, n. m. [masje] (2 *masse*) Officier qui porte une masse dans certaines cérémonies. *Les massiers des facultés.*

MASSIF, IVE, adj. [masif, iv] (1 *masse*) Qui est ou qui paraît épais et pesant. *Pilastre massif.* ♦ Qui n'est ni creux ni fourré de matière étrangère, en parlant d'ouvrages d'orfèvrerie. *Une croix d'argent massif.* ♦ Se dit des bois qui sont employés pleins, et non en placage. ♦ **Fig.** Grossier, lourd. *Esprit massif.* ♦ N. m. Ouvrage de maçonnerie destiné à porter un piédestal, un perron, etc. ou à recevoir un revêtement. ♦ Masse plus ou moins considérable de plantes ou d'arbrisseaux ou d'arbres. *Un massif d'arbres, de verdure,* etc. ■ Groupe de montagnes. *Se balader dans le massif du Vercors. Le Massif central.*

MASSIFICATION, ■ n. f. [masifikasjɔ̃] (*massifier*) Transformation de quelque chose en phénomène de masse ; adaptation pour le plus grand nombre. *La massification de l'enseignement.*

MASSIFIER, ■ v. tr. [masifje] (1 *masse*) Opérer une massification. *Massifier la culture.*

MASSIQUE, ■ adj. [masik] (1 *masse*) **Phys.** Relatif à la masse. *Le volume massique d'un corps.*

MASSIVEMENT, adv. [masiv(ə)mɑ̃] (*massif*) D'une manière massive.

MASS MEDIA ou **MASS-MÉDIAS**, ■ n. m. pl. [masmedja] (mot angl.) Moyens de diffusion de masse, tels que la presse et la télévision, qui véhiculent une information à un large public. *Faire de la publicité dans les mass media.*

MASSORAH ou **MASSORE**, n. f. [masoʀa, masɔʀ] (hébr. *masorah,* tradition) Travail critique sur le texte de la Bible par des docteurs juifs.

MASSORÈTES, n. m. pl. [masoʀɛt] (*massorah*) Docteurs qui ont travaillé à la massore. ■ Au sing. *un massorète.*

MASSORÉTIQUE, adj. [masoʀetik] (*massorète*) Qui a rapport à la massore.

MASSUE, n. f. [masy] (lat. pop. *matteuca*) Espèce de fort bâton qui a un bout très gros et qui servait d'arme. ♦ ▷ **Fig.** *Faire de sa tête massue,* s'exposer à quelque peine, à quelque péril, pour réussir dans une affaire. ◁ ♦ **Fig.** *Coup de massue,* accident fâcheux et imprévu.

MASTABA, ■ n. m. [mastaba] (ar. *mastaba,* banc de pierre) Monument funéraire de l'Égypte ancienne, trapézoïdal comme la base d'une pyramide. *Des mastabas.*

MASTECTOMIE ou **MAMMECTOMIE**, ■ n. f. [mastɛktomi, mamɛktomi] (gr. *mastos,* sein, ou lat. *mamma,* sein, et -*ectomie*) **Méd.** Ablation de la glande mammaire, d'un sein.

MASTÈRE, ■ n. m. [mastɛʀ] (angl. *master*) Diplôme de troisième cycle qui suppose de suivre une formation spécialisée d'un an minimum en vue d'aborder un domaine professionnel. *Un mastère spécialisé en management.*

MASTIC, n. m. [mastik] (lat. *mastiche,* gr. *mastikhê,* gomme à mâcher) Résine qui découle d'incisions faites au térébinthe lentisque. ♦ Composition de cire, de résine et de poudre de briques. *Le mastic des lapidaires.* ♦ *Mastic des vitriers* ou simplement *mastic,* composition de craie et d'huile de lin. ■ **Impr.** Faute dans la disposition des caractères, lors de la composition typographique. ■ **Adj. inv.** D'un beige clair tirant sur le gris. *Des anoraks mastic.*

MASTICAGE, n. m. [mastikaʒ] (*mastic*) Opération qui exige l'emploi du mastic, du ciment.

MASTICATEUR, TRICE, ■ adj. [mastikatœʀ, tʀis] (*mastiquer*) Qui joue un rôle dans la mastication. *Organes masticateurs.*

MASTICATION, n. f. [mastikasjɔ̃] (b. lat. *masticatio*) Action de mâcher.

MASTICATOIRE, n. m. [mastikatwaʀ] (*mastiquer*) **Méd.** Substance qu'on mâche pour exciter un écoulement de salive ou parfumer l'haleine. ♦ **Adj.** *Préparation, remède masticatoire.*

MASTIFF, ▪ n.m. [mastif] (mot angl., de l'anc. fr. *mastin*, mâtin) Gros chien de garde, anglais, proche du dogue. *La gueule courte du mastiff.*

MASTIGADOUR, n.m. [mastigaduʀ] (esp. *mastigador*) Préparation destinée à être lentement mâchée par les animaux malades. ◆ On disait aussi *nouet.*

MASTIQUÉ, ÉE, p.p. de mastiquer. [mastike]

1 **MASTIQUER**, v.tr. [mastike] (*mastic*) Joindre, boucher avec du mastic.

2 **MASTIQUER**, v.intr. [mastike] (lat. médiév. *masticare*) Pop. Mâcher et surtout manger. *Il mastique bien.* ▪ REM. Ce mot n'est plus connoté populairement auj.

MASTIQUEUR, EUSE, ▪ n.m. et n.f. [mastikœʀ, øz] (1 *mastiquer*) Ouvrier, ouvrière spécialisé dans l'utilisation du mastic. *Mastiqueur de vitres.*

MASTITE, ▪ n.f. [mastit] (gr. *mastos*, sein) Méd. Inflammation de la glande mammaire. *Mastite puerpérale, chronique.*

MASTOC, n.m. [mastɔk] (all. *Mastochse*, bœuf engraissé, ou *massif*, par changement de suff.) Pop. Homme lourd, épais et fort. *C'est un mastoc.* ▪ Adj. inv. Fam. Massif du point de vue de la forme. *Porter des cartons mastoc.*

MASTODONTE, n.m. [mastodɔ̃t] (gr. *mastos*, sein, et *odous*, génit. *odontos*, dent, pour la forme des m) Mammifère fossile très rapproché de l'éléphant.

MASTOÏDE, adj. [mastoid] (gr. *mastoeidês*) Anat. Qui a la forme d'un mamelon. ◆ *Apophyse mastoïde*, apophyse située à la partie postérieure inférieure de l'os temporal.

MASTOÏDIEN, IENNE, adj. [mastoidjɛ̃, jɛn] (*mastoïde*) Anat. Qui a rapport à l'apophyse mastoïde.

MASTOÏDITE, ▪ n.f. [mastoidit] (*mastoïde*) Méd. Inflammation de l'apophyse mastoïde. *Mastoïdite due à une otite. Mastoïdite aiguë.*

MASTOLOGIE, ▪ n.f. [mastolɔʒi] (gr. *mastos*, sein et -*logie*) Méd. Branche de la médecine qui étudie les affections du sein.

MASTOLOGUE, ▪ n.m. et n.f. [mastolɔg] (de *mastologie*) Méd. Médecin spécialiste de la mastologie. *Mastologue spécialisé dans les tumeurs du sein.*

MASTROQUET, ▪ n.m. [mastʀokɛ] (orig. incert. : p.-ê. néerl. *meesterke*, petit patron, ou flam. *meisterke*, tenancier d'auberge) Fam. Marchand de vin au détail, cafetier. *Le mastroquet du coin.* ▪ Débit de vins ou de boissons. *Aller au mastroquet.*

MASTURBATION, ▪ n.f. [mastyʀbasjɔ̃] (*masturber*) Action de se masturber, de masturber quelqu'un. *Masturbation solitaire. Masturbation de son partenaire.* ▪ Fig. et fam. Discours louangeur pour soi-même. *Cette émission télévisée sur l'histoire de la télévision, c'est de la masturbation.*

MASTURBER, ▪ v.tr. [mastyʀbe] (lat. *masturbari*) Caresser les parties génitales de quelqu'un pour faire éprouver un plaisir sexuel. *Masturber son partenaire.* ▪ Se masturber, v.pr. Exciter ses propres parties génitales pour se procurer du plaisir.

M'AS-TU-VU, ▪ n.m. inv. et n.f. inv. [matyvy] (*me, as, tu* et *vu*) Mauvais acteur vaniteux. ▪ Fam. Personne vaniteuse et prétentieuse. *Langage pompeux d'une m'as-tu-vu.* ▪ Adj. inv. *Ce qu'ils sont m'as-tu-vu !*

MASULIPATAN, n.m. [masylipatɑ̃] (*Masulipatam*, ville indienne) Très fine toile de coton des Indes, ainsi dite de la ville de Masulipatam.

MASURE, n.f. [mazyʀ] (lat. pop. *mansura*, de *manere*, demeurer) Ce qui reste d'un bâtiment tombé en ruines. ◆ Une méchante habitation qui semble menacer ruine.

MASURKA, ▪ n.f. [mazyʀka] Voy. MAZURKA.

1 **MAT**, n.m. [mat] (on prononce le *t* final. Échec et mat, de l'ar. *as-sah mata*, de *as-sah*, le roi, et *mata*, il est mort) T. du jeu d'échecs. *Échec et mat* ou simplement *mat*, Voy. ÉCHEC. ◆ Fig. « *C'est donc un mat qui a été donné lorsqu'on croyait avoir le plus beau jeu du monde* », MME DE SÉVIGNÉ. ◆ *Donner échec et mat à quelqu'un*, emporter sur lui un avantage complet. ◆ *Donner un mat*, faire éprouver un revers. ◆ Adj. *Être échec et mat* ou simplement *être mat*, se dit du joueur qui a perdu. ◆ *Faire mat*, donner l'échec et mat.

2 **MAT, ATE**, adj. [mat] (on prononce le *t* final. orig. incert. : p-ê. lat. *mat[t]us*, humecté, abattu ; cf. *madidus*, mouillé, amolli, de *madere*, être ivre) Qui n'a point d'éclat, en parlant des métaux mis en œuvre sans avoir été polis. *Or mat.* ◆ Peint. Qui n'a point d'éclat, de transparence. *Couleur mate.* ◆ Compact et lourd. *Du pain mat.* ◆ *Broderie mate*, broderie très chargée. ◆ *Son mat*, son semblable à celui qu'on obtient en frappant un tonneau plein. ◆ N. m. *Le mat*, la couleur mate. ◆ Qui ne brille pas. *Une photographie sur papier mat.* ▪ *Une peau mate*, hâlée naturellement. ◆ *Verre mat*, qui laisse passer la lumière mais ne permet pas de distinguer les couleurs ou les contours.

MÂT, n.m. [mɑ] (anc. b. frq. *mast*) Longue pièce de bois plantée debout dans un vaisseau, dans une barque, etc. et qui sert à porter les voiles. ◆ *Grand mât*, le mât le plus élevé d'un bâtiment ; il se compose, dans les grands bâtiments, de trois ou quatre parties : le bas mât, le grand mât de hune, le grand mât de perroquet, le grand mât de cacatois. ◆ Se dit de perches employées sur les bateaux de rivière. ◆ *Mât de cocagne*, Voy. CO-CAGNE. ◆ Se dit de diverses pièces de bois employées dans les gymnases. ◆ Longue perche de bois servant à porter un drapeau.

MATADOR, n.m. [matadɔʀ] (esp. *matador*, de *matar*, tuer) Celui qui dans les combats de taureaux doit mettre l'animal à mort. ◆ Au jeu de l'hombre, nom donné aux cartes supérieures. ◆ Fig. et fam. Homme considérable dans son état, dans son corps. *Les matadors de la finance.*

MATAF, ▪ n.m. [mataf] (*matelot*) Arg. Matelot, marin. *Mataf charpentier.* « *Une douzaine de côtelettes sauce piquante, mets le plus propre à faire oublier à un mataf, futur civil, les tambouilles monotones des maîtres coqs d'escadre* », SIMONIN.

MATAMORE, n.m. [matamɔʀ] (esp. *matar*, tuer, et *Moro*) Dans les comédies espagnoles, personnage qui se vantait à tout propos de ses exploits contre les Mores. *Le capitan matamore.* ◆ Par extens. Faux brave.

MATASSINS, n.m. pl. [matasɛ̃] (ital. *mattaccino*, danseur bouffon, de *matto*, fou) ▷ Nom de certains danseurs qui portaient des corselets, des morions dorés, des sonnettes aux jambes et l'épée à la main avec un bouclier. ◆ Nom de la danse qu'ils exécutaient. ◁

MATCH, ▪ n.m. [matʃ] (vieil angl., partenaire) Compétition, généralement sportive, entre deux équipes ou deux joueurs, qui se déroule dans le respect d'un certain nombre de règles, et dont le vainqueur est celui qui obtient le plus grand nombre de points. *Des matchs de football. Des matches de tennis. Match amical.* ▪ Par extens. Joute verbale ou lutte financière, principalement dans les domaines politique et économique. *Match entre les deux candidats à l'élection du maire. Des matchs* ou *des matches* (pluriel anglais).

MATCHICHE, ▪ n.f. [matʃiʃ] (port. *maxixe*, d'un mot indigène du Brésil) Mus. Danse brésilienne à la mode au début du XXᵉ siècle. *Matchiche à deux temps. Danser la matchiche.*

MATCH-PLAY, ▪ n.m. [matʃplɛ] (mot angl.) Au golf, compétition qui se joue trou par trou. *Des match-plays.*

1 **MATÉ, ÉE**, p.p. de mater. [mate] Qui a reçu un échec et mat.

2 **MATÉ**, ▪ n.m. [mate] (quechua *mate*, calebasse qui sert à la préparation de la boisson) Variété de houx sud-américain dont on infuse les feuilles pour faire une boisson stimulante. ▪ Par méton. Cette boisson. *L'effet diurétique du maté.*

MÂTÉ, ÉE, p.p. de mâter. [mɑte] Pourvu de mâts.

MATEFAIM, ▪ n.m. [mat(ə)fɛ̃] (*mater* et *faim*) Galette épaisse. *La renommée des matefaims de Montbéliard. Matefaim au jambon.*

MATELAS, n.m. [mat(ə)la] (it. *materasso*, de l'ar. *matrah*, coussin, tapis) Grand coussin, piqué d'espace en espace, qui est rempli de laine, de bourre, de crin, et qui fait partie des lits. ◆ Petit coussin piqué qu'on met aux côtés d'un carrosse. ◆ Par extens. Ce qui sert de protection en jouant le rôle de matelas. *Ses habits firent matelas, et le coup ne pénétra pas.*

MATELASSAGE, ▪ n.m. [mat(ə)lasaʒ] (*matelasser*) Action de matelasser. *Matelassage d'un fauteuil.* ▪ État de ce qui est matelassé. *Le matelassage de cette antichambre est très réussi.*

MATELASSÉ, ÉE, p.p. de matelasser. [mat(ə)lase] N.m. Tissu doublé à l'aide d'une épaisseur ouatée, l'ensemble étant rendu solidaire par des piqûres décoratives. ◆ Adj. Taillé dans un tissu matelassé.

MATELASSER, v.tr. [mat(ə)lase] (*matelas*) Garnir de coussins en forme de matelas. *Matelasser des chaises, une chambre, etc.* ▪ Doubler un tissu avec une épaisseur ouatée. *Matelasser un uniforme.*

MATELASSEUR, ▪ n.m. [mat(ə)lasœʀ] (*matelasser*) Techn. Machine à matelasser. *Rouleau du matelasseur.*

MATELASSIER, IÈRE, n.m. et n.f. [mat(ə)lasje, jɛʀ] (*matelasser*) Celui, celle qui fait et rebat des matelas.

MATELASSURE, ▪ n.f. [mat(ə)lasyʀ] (*matelas*) La matière dont on bourre les matelas. *Matelassure en mousse, en paille.*

MATELOT, n.m. [mat(ə)lo] (moy. néerl. *mattenoot*, compagnon de couche, parce que deux marins se partageaient un hamac) Homme de mer qui exécute toutes les opérations de la garniture des mâts et des vergues, du gréement et de la manœuvre. ◆ Marin qui a une certaine solde déterminée. ◆ Marin. *Duquesne fut habile matelot.* ◆ *Matelot d'un vaisseau*, vaisseau qui suit ou précède immédiatement ce vaisseau. *Matelot d'arrière.* ◆ Adj. *Vaisseau matelot.* ◆ Vêtement de petit garçon dans lequel le pantalon est attaché à la veste. ◆ Costume de carnaval. ▪ REM. Au féminin, on dit *une matelote* en Suisse, *une matelot* ou *une matelote* en Belgique et en France, et *une matelot* au Québec.

MATELOTAGE, n. m. [mat(ə)lotaʒ] (*matelot*) Art du matelot. *École de matelotage.* ◆ Salaire des matelots.

MATELOTE, n. f. [mat(ə)lɔt] (*matelot*) Mets composé de poisson accommodé au vin. *Une matelote de carpes. Anguilles en matelote.* ◆ *Sauce matelote* ou *sauce à la matelote*, sauce faite avec du vin. ◆ Sorte de danse en usage parmi les matelots. ◆ À LA MATELOTE, loc. adv. À la façon des matelots.

1 MATER, v. intr. [mate] (1 *mat*) Aux échecs, faire mat. ◆ Fig. Ôter force et ressort. *La mauvaise fortune l'a maté.* ◆ **Par extens.** « *Mater sa chair et la crucifier avec ses vices* », BOURDALOUE. ◆ **Fauconn.** Dresser un oiseau de proie. ◆ Fig. Humilier, abattre. *Il faut mater ce caractère opiniâtre.* ■ Rendre obéissant. ■ Dominer quelque chose en stoppant son développement. *Mater une émeute.*

2 MATER, v. tr. [mate] (2 *mat*) Rendre mat. *Mater du verre.* ◆ Rendre mat, compact. *Mater une pâte.* ◆ On dit aussi *matir*.

3 MATER, ■ v. tr. [mate] (p.-ê. fr. d'Afr. du Nord *mata*, guet ou cri d'alerte du guetteur, de l'esp. *mata*, buisson [qui sert de cachette]) **Arg.** Regarder avec insistance. *Il mate toutes les filles qui passent.* ■ Regarder sans être vu. *Mater discrètement ses voisins.* ■ Regarder. *Mate un peu cette voiture !*

MÂTER, v. tr. [mate] (*mât*) Mettre en place les bas mâts d'un navire. *Machine à mâter.* ◆ **Par extens.** Dresser, mettre un objet debout. *Mâter une barque, une pièce de bois.*

MÂTEREAU, n. m. [mat(ə)ʀo] (dim. de *mât*) Petit mât.

MATÉRIALISATION, ■ n. f. [mateʀjalizasjɔ̃] (*matérialiser*) Action de matérialiser. *La matérialisation d'une utopie.* ■ **Phys.** Transformation d'énergie en matière. *Matérialisation d'une particule.*

MATÉRIALISÉ, ÉE, p. p. de matérialiser. [mateʀjalize]

MATÉRIALISER, v. tr. [mateʀjalize] (*matériel*) Considérer comme matériel. « *Matérialiser toutes les opérations de l'âme* », J.-J. ROUSSEAU. ◆ Donner un aspect, une forme concrète à quelque chose. *Matérialiser un projet.* ◆ *Matérialiser une route*, la rendre praticable au moyen d'une signalisation adéquate. ■ Se matérialiser, v. pr. Prendre une forme concrète.

MATÉRIALISME, n. m. [mateʀjalism] (*matériel*) Système de ceux qui pensent que tout est matière. ■ Conception de la vie qui n'accorde d'intérêt qu'à l'aspect matériel des choses et des situations.

MATÉRIALISTE, n. m. et n. f. [mateʀjalist] (*matérialisme*) Celui, celle qui adopte les idées du matérialisme.

MATÉRIALITÉ, n. f. [mateʀjalite] (*matériel*) Qualité de ce qui est matériel. « *La matérialité et la mortalité de l'âme* », VOLTAIRE.

MATÉRIAU, ■ n. m. [mateʀjo] (*matériaux*) Ce qui sert à la fabrication ou à l'élaboration de quelque chose. *Utiliser des matériaux résistants.*

MATÉRIAUX, n. m. pl. [mateʀjo] (plur. de *matériel*, anc. forme de *matériel*) Les différentes matières qui entrent dans la construction d'un bâtiment. ◆ Plâtras, produit de démolitions. ◆ **Fig.** Tout ce qui sert à la construction d'un ouvrage d'esprit. *Rassembler des matériaux pour écrire l'histoire.*

MATÉRIEL, ELLE, adj. [mateʀjɛl] (b. lat. et lat. médiév. scolast. *materialis*, constitué de matière) Qui est formé de matière. *Les substances matérielles.* ◆ Qui tient à la matière. *Suivant Descartes, les actions des animaux sont purement mécaniques et matérielles.* ◆ N. m. *Le matériel.* ◆ **Jurispr.** *Faux matériel*, celui qui porte sur la matière même d'un fait ou d'une chose, sans qu'il soit question de l'intention. ◆ Qui a ou qui paraît avoir beaucoup de matière, grossier. *Cette orfèvrerie est matérielle.* ◆ Gros et lourd, en parlant des personnes. ◆ Fig. Qui a l'esprit lourd et pesant. ◆ Qui a des goûts grossiers ou plutôt sensuels. ◆ N. m. Ce qui regarde, ce qui compose le corps d'une chose. *Le matériel de la religion.* ◆ Les parties les moins délicates de l'exécution, et celles qui n'exigent qu'une certaine pratique. *Il possède le matériel de l'art.* ◆ L'ensemble des objets de toute nature qui sont employés à quelque service public. *Le matériel de la guerre.* ◆ *Le matériel d'une armée*, les bagages, les munitions, les pièces d'artillerie, etc. ◆ Ensemble des machines, ustensiles, outils, etc., qui sont nécessaires à une fabrique, à une usine, à une exploitation quelconque, etc. ■ Adj. Qui concerne les objets ou l'aspect extérieur des choses. *Des dégâts matériels.* ■ Qui concerne l'aspect concret et financier de la vie. *Coût matériel.* ■ N. m. Ensemble des objets et ustensiles utilisés dans un domaine, dans un apprentissage. *Pensez à apporter votre matériel de peinture.* ■ **Abrév.** Matos.

MATÉRIELLEMENT, adv. [mateʀjɛl(ə)mã] (*matériel*) Par rapport à la matière. *L'homme est mortel matériellement.* ◆ D'une manière grossière. *Cette table est faite bien matériellement.* ◆ Dans la conversation, il se prend pour effectivement. *Cela est matériellement impossible.*

MATERNAGE, ■ n. m. [mateʀnaʒ] (radic. de *maternel*, pour traduire l'angl. *mothering*) **Psych.** Traitement dans lequel le thérapeute et le patient simulent la relation de la mère à l'enfant. ■ Soins que l'on prodigue à un nouveau-né, à un jeune enfant. *Arrêter de travailler pour se consacrer au* maternage de ses enfants. ■ **Par extens.** Action de materner, de surprotéger. *Maternage de son mari.*

MATERNEL, ELLE, adj. [mateʀnɛl] (b. lat. *maternalis*) Qui est propre à la mère. *L'amour maternel.* ◆ *Côté maternel, ligne maternelle*, la ligne de parenté du côté de la mère. ◆ *Langue maternelle*, la langue du pays où l'on est né. ◆ REM. La langue maternelle n'est pas la langue du pays où l'on naît, mais celle que l'on parle en premier. ■ *École maternelle* ou n. f. *maternelle*, École facultative fréquentée avant l'école primaire par des enfants de 2 à 6 ans environ. *Troisième année de maternelle.*

MATERNELLEMENT, adv. [mateʀnɛl(ə)mã] (*maternel*) D'une manière maternelle.

MATERNER, ■ v. tr. [mateʀne] (radic. de *maternel* pour traduire l'angl. *to mother*) Traiter de façon maternelle. *Materner ses employés. Se faire materner.* ■ **Par extens.** Couver, surprotéger. *Elle le materne trop, cet enfant.*

MATERNISÉ, ÉE, ■ adj. [mateʀnize] (*materniser*) *Lait maternisé*, lait artificiel qui possède les mêmes caractéristiques que le lait maternel.

MATERNITÉ, n. f. [mateʀnite] (b. lat. *maternitas*) Qualité de mère. ◆ *Maternité*, maison où l'on recevait et allaitait les enfants trouvés. ◆ Aujourd'hui, maison destinée à recevoir les femmes pauvres qui sont sur le point d'accoucher. ■ Fait de concevoir et de mettre au monde un enfant. ■ Établissement hospitalier qui accueille les femmes enceintes durant la grossesse et au moment de l'accouchement.

MATEUR, EUSE, ■ n. m. et n. f. [matœʀ, øz] (3 *mater*) **Arg.** Personne qui regarde avec insistance. *Mateur de belles filles.* « *Sa question, c'est encore sous le charme du petit spectacle qu'elle venait de la poser, en mateuse éblouie* », SIMONIN.

MATHÉMATICIEN, IENNE, n. m. et n. f. [matematisjɛ̃, jɛn] (*mathématique*) Personne qui fait son étude des mathématiques. ◆ *Mathématicienne*, n. f. Femme qui s'occupe de mathématiques.

MATHÉMATIQUE, adj. [matematik] (lat. *mathematicus*, du gr. *mathêmatikos*, de *manthanein*, étudier, s'instruire) Qui a rapport à la science des nombres, des figures et des mouvements. *Vérité, langage mathématique.* ◆ *Point mathématique*, le point considéré abstractivement comme n'ayant aucune étendue. ◆ N. f. Science qui a pour objet les nombres, les figures et les mouvements. « *Tout s'opère en vertu des lois de la mathématique la plus profonde* », VOLTAIRE. ◆ ▷ *Étui de mathématique*, étui dans lequel sont renfermés les instruments nécessaires aux mathématiciens. ◁ *Mathématique* est plus usité au pluriel. *Un cours de mathématiques.* ◆ *Mathématiques pures*, celles qui ne s'occupent que de la théorie sans aucune idée d'application. *Les mathématiques élémentaires, spéciales,* Voy. ÉLÉMENTAIRE, SPÉCIAL. ■ **Abrév.** Math ou maths.

MATHÉMATIQUEMENT, adv. [matematik(ə)mã] (*mathématique*) Selon les règles des mathématiques. ◆ Fig. Rigoureusement, exactement.

MATHÉMATISER, ■ v. tr. [matematize] (*mathématique*) Appliquer les mathématiques à un domaine. *Mathématiser la linguistique.* ■ MATHÉMATISATION, n. f. [matematizasjɔ̃]

MATHEUX, EUSE, ■ n. m. et n. f. [matø, øz] (*maths*, abrév. de *mathématique*) Fam. Personne qui est douée pour les mathématiques. *Ma sœur, c'est une vraie matheuse.*

MATHUSALEM, ■ n. m. [matyzalɛm] (*Mathusalem*, personnage biblique qui aurait vécu plus de 900 ans) Bouteille de champagne dont la contenance correspond à celle de huit bouteilles classiques.

MATI, IE, p. p. de matir. [mati] Rendu mat.

MATIÈRE, n. f. [matjɛʀ] (lat. *materia*) Tout ce qui se touche et a corps et forme. ◆ Ce dont une chose est faite. *La matière du papier est le chiffon.* ◆ *Matières d'or et d'argent*, les espèces fondues, les lingots et les barres employés pour la fabrication des monnaies. ◆ Dans les manufactures, *matières premières*, les matières avant qu'elles soient mises en œuvre. ◆ *Matière brute*, celle qui n'offre pas les caractères de l'organisation, qui n'est pas douée de la vie. ◆ *Matière organisée*, toute matière vivante ou ayant vécu, qui elle appartienne à un végétal ou à un animal. ◆ *Matière animale, végétale, minérale*, substance appartenant au règne animal, végétal, minéral. ◆ **Philos.** Substance qui, produisant sur nos organes un certain ensemble de sensations déterminées, est étendue et impénétrable. ◆ *La matière première*, matière que certains philosophes ont supposée être le substratum de la matière telle qu'elle nous apparaît. ◆ **Phys.** La cause inconnue de plusieurs espèces de phénomènes. *Matière électrique.* ◆ *Matière* se dit par opposition à *esprit*. « *Des intelligences célestes dégagées de toute matière* », BOSSUET. ◆ ▷ **Fam.** *Être enfoncé dans la matière*, avoir la forme enfoncée dans la matière, avoir l'esprit grossier. ◁ **Admin.** *La matière imposable*, les objets sur lesquels les impositions peuvent être établies. ◆ **Méd.** Excrétions du corps humain. *La matière des vomissements. Matière purulente.* ◆ Les excrétions alvines. ◆ **Fig.** Cause, sujet, occasion. « *La nature ne m'offre rien qui ne soit matière* *de doute et d'inquiétude* », Pascal. ♦ **Fig.** L'objet sur lequel on écrit, on parle. ♦ *Entrer en matière*, commencer à écrire, à parler sur quelque chose. ♦ *Table des matières*, table des objets dont il est question dans un livre. ♦ **Jurispr.** *Matière civile, matière criminelle*, ce qui donne action au civil, au criminel. ♦ *La matière d'un crime, d'un délit*, ce qui constitue un crime, un délit. ♦ Parties qui composent la science du droit. *Les matières commerciales.* ♦ Dans les classes, *matière de vers latins, de discours français*, etc. ♦ EN MATIÈRE DE, **loc. prép.** En fait de, quand il s'agit de. « *En matière d'usage, ce sont les gens d'esprit qui reçoivent la loi des sots* », d'Alembert.

MATIF, ■ n. m. [matif] (acronyme de *marché à terme international de France*) **Comm.** Marché financier où se négocient des contrats à terme. *Négociation des indices boursiers, des devises au Matif.*

MATIN, n. m. [matɛ̃] (lat. *matutinum* [*tempus*], temps du matin) Les premières heures du jour. ♦ *Du matin au soir*, pendant toute la journée. ♦ **Fig.** *Du soir au matin*, ou *du matin au soir*, très promptement. ♦ *Le matin*, au temps du matin. ♦ *Du matin*, de bonne heure. ♦ *Être du matin*, être matinal. ♦ *Au matin*, dans les heures du matin. ♦ *De grand matin, de bon matin*, de bonne heure. ♦ MATIN, **adv.** Dans le temps du matin. *Se lever matin.* ♦ *Demain au matin* et plus ordinairement *demain matin*, demain dans le temps du matin. ♦ **Fig.** *Levé matin*, qui fait, avant les autres, des démarches pour quelque affaire. ♦ **Fam.** *Un matin, un de ces matins, un beau matin*, se dit d'un jour, d'un temps qui n'est pas déterminé. ♦ **Poétiq.** Le levant, l'aurore, et par extension le jour. *Les portes du matin*, l'aurore ou le levant. ♦ **Fig.** Le commencement, les premières années de la vie. « *Dès le matin de la vie* », Massillon. ♦ Il se dit de ce qui est très récent. « *Nous sommes d'hier, et l'Amérique est de ce matin* », Voltaire. ♦ Tout le temps qui s'écoule depuis le moment où on se lève, jusqu'à midi. ♦ Tout le temps qui s'écoule depuis minuit jusqu'à midi. *Une heure du matin.* ♦ *Partir grand matin, se lever bon matin*, locutions incorrectes. Dites : *partir, se lever de bon matin.*

MÂTIN, n. m. [matɛ̃] (lat. pop. *ma[n]suetinus*, apprivoisé) Gros chien de garde. ♦ **Injur.** *Mâtin, mâtine*, celui, celle qu'on assimile à un mâtin, à un chien. « *Ah ! mâtine, nous vous y surprenons en faute contre nous* », Molière. ♦ Chien de race hybride.

MATINAL, ALE, adj. [matinal] (*matin*) Qui appartient au matin. *La brise matinale.* ♦ Qui se lève matin. ♦ *Fleurs matinales*, celles qui s'ouvrent le matin. ■ **Au pl.** *Les embouteillages matinaux.* ■ REM. Autrefois, cet adjectif n'avait pas de masculin pluriel.

MATINALEMENT, adv. [matinal(ə)mã] (*matinal*) Dès le matin.

MÂTINÉ, ÉE, p. p. de mâtiner. [matine] *Chien mâtiné*, chien provenant d'une chienne et d'un chien de race inférieure, et en général chien dont la race n'est pas bien définie.

MÂTINEAU, n. m. [matino] (*mâtin*) Petit mâtin.

MATINÉE, n. f. [matine] (*matin*) Tout le temps depuis le point du jour jusqu'à midi. ♦ *Dormir la grasse matinée*, dormir bien avant dans le jour. ♦ *Matinée musicale, matinée littéraire*, Réunion où l'on entend de la musique, où l'on fait des lectures, et qui a lieu de 1 ou 2 heures après midi à 4 ou 5 heures.

MÂTINER, v. tr. [matine] (*mâtin*) S'accoupler, en parlant d'un mâtin ou de tout autre chien d'une race inférieure à celle de la chienne ou différente. ♦ **Fig. et pop.** Gourmander.

MATINES, n. f. pl. [matin] (lat. eccl. [*vigiliæ*] *matutinæ* , veilles du matin) La première partie de l'office divin, qui se dit ordinairement la nuit. ♦ Livre d'église contenant les prières du matin.

MATINEUX, EUSE, adj. [matinø, øz] (*matin*) Qui est dans l'habitude de se lever matin.

MATINIER, IÈRE, adj. [matinje, jɛʀ] (*matin*) Qui appartient au matin. N'est usité que dans : *L'étoile matinière*, la planète Vénus.

MATIR, v. tr. [matiʀ] (2 *mat*) Rendre mat de l'or ou de l'argent. ♦ On dit aussi *mater.*

MATITÉ, ■ n. f. [matite] (2 *mat*) État d'une surface mate. *Crème pour la matité du visage.*

MATOIR, ■ n. m. [matwaʀ] (2 *mater*) **Techn.** Outil servant à matir. *Utiliser un matoir pour graver un métal.*

MATOIS, OISE, adj. [matwa, waz] (arg. des voleurs *mate*, lieu de rendez-vous) **Fam.** Rusé. *Il est bien matois.* ♦ Il se dit aussi des choses. *Un air matois.* ♦ N. m. et n. f. *Un matois. Une matoise.*

MATOISEMENT, adv. [matwaz(ə)mã] (*matois*) En matois.

MATOISERIE, n. f. [matwaz(ə)ʀi] (*matois*) Qualité du matois. *Vous ne connaissez pas sa matoiserie.* ♦ Tromperie, fourberie.

MATON, ONNE, ■ n. m. et n. f. [matɔ̃, ɔn] (3 *mater*) **Arg.** Gardien de prison. *Surveillance du maton.*

MATOS, ■ n. m. [matos] (abrév. de *matériel*) **Fam.** Matériel de musique. *Les musiciens ont installé tout leur matos pour le concert.* ■ **Par extens.** Ensemble du matériel nécessaire à une activité. *Matos de plongée. Matos informatique.*

MATOU, n. m. [matu] (var. *mat-* de l'onomat. *mit-*, désignant le chat, et suff. paraissant issu de *marcou*, chat) Chat mâle. ♦ **Fig.** Homme désagréable par la figure et le caractère. ♦ **Au pl.** *Des matous.*

MATRAQUAGE, ■ n. m. [matʀakaʒ] (*matraquer*) Répétition d'un message en vue de l'imposer. *Le matraquage publicitaire.*

MATRAQUE, ■ n. f. [matʀak] (ar. *mattraq*, trique, bâton des chameliers bédouins) Canne pouvant également servir de trique aux conducteurs d'animaux en Afrique. ■ Sorte de bâton en bois ou en caoutchouc durci, de forme contondante, dont on se sert pour frapper, et dont les policiers sont officiellement équipés. *Matraque de CRS.* ■ **Par extens.** Toute arme de forme contondante et cylindrique. *Matraque électrique. Matraque télescopique.*

MATRAQUER, ■ v. tr. [matʀake] (*matraque*) Taper à coups de matraque. ■ **Fig.** Critiquer vivement. *Son film s'est fait matraquer à sa sortie.* ■ **Fig.** *Se faire matraquer*, payer une facture élevée. *Se faire matraquer par un restaurant.* ■ Répéter de façon abusive afin d'imposer un produit ou un message au public. *Matraquer un disque.*

MATRAQUEUR, EUSE, ■ n. m. et n. f. [matʀakœʀ, øz] (*matraquer*) Personne qui matraque. « *Ils sont pas lourds, en février, à se souvenir de Charonne, des matraqueurs assermentés qui fignolèrent la besogne*, Renaud. ■ Adj. *Un critique littéraire matraqueur.*

MATRAS, n. m. [matʀa] (orig. incert. : p.-ê. ar. *matara*, outre, vase, ou *matras*, carreau d'arbalète) Vase de verre qui a le col long et étroit, à l'usage des chimistes.

MATRIARCAL, ■ adj. [matʀijaʀkal] (radic. de *matriarcat*) Relatif au matriarcat. *Une famille matriarcale. Régimes matriarcaux.*

MATRIARCAT, ■ n. m. [matʀijaʀka] (lat. *mater, matris*, mère, sur le modèle de *patriarcat*) Organisation sociale ou familiale au sein de laquelle la femme possède légalement l'autorité et transmet son nom à ses enfants. ■ **Spécialt** Organisation sociale ou familiale au sein de laquelle la femme est le chef de famille. *Matriarcat et patriarcat.*

MATRIARCHE, ■ n. f. [matʀijaʀʃ] (lat. *mater*, mère, sur le modèle de *patriarche*) Femme qui dirige un groupe social ou familial. *La matriarche d'un couvent.*

MATRIÇAGE, ■ n. m. [matʀisaʒ] (*matrice*) **Techn.** Forgeage de pièces métalliques par pression contre une matrice. *Matriçage au pilon. Matriçage à chaud ou à froid.*

MATRICAIRE, n. f. [matʀikɛʀ] (lat. *matrix*, génit. *matricis*, matrice) Genre de plantes où l'on distingue la matricaire officinale, qui exhale une odeur forte et désagréable.

MATRICE, n. f. [matʀis] (lat. *matrix*) **Anat.** Viscère situé dans l'hypogastre de la femme. ♦ **Impr.** Pièce de cuivre qui a reçu en creux l'empreinte de la lettre gravée sur le poinçon, et qui en donne le relief par le moyen de la fonte. ♦ Le carré original d'une monnaie ou d'une médaille gravé avec le poinçon. ♦ Moule dont on se sert pour frapper des ornements de métal. ♦ Étalons des poids et des mesures qui servent à étalonner les autres. ♦ Registre original d'après lequel sont établis les rôles des contributions. ♦ **Adj. f.** *Église matrice*, la plus ancienne église d'un pays ou d'un ordre religieux, qui est comme la mère des autres. ♦ Dans la teinture, *couleurs matrices*, les cinq couleurs simples, noir, blanc, bleu, jaune, rouge.

MATRICEUR, EUSE, ■ n. m. et n. f. [matʀisœʀ, øz] (*matrice*) Ouvrier, ouvrière qui manie le moule appelé matrice. *Matriceur et mouliste.*

1 MATRICIDE, ■ n. m. et n. f. [matʀisid] (lat. *matricida*, de *mater*, mère, et *cædere*, tuer) Celui, celle qui a tué sa mère. ♦ On dit plutôt, même en parlant d'une mère, parricide. *Le parricide Oreste.*

2 MATRICIDE, n. m. [matʀisid] (lat. *matricidium*, de *matricida*) Crime de celui, celle qui tue sa mère.

MATRICIEL, IELLE, ■ adj. [matʀisjɛl] (*matrice*) Qui a rapport aux matrices.

MATRICULAIRE, n. m. [matʀikylɛʀ] (*matricule*) **Admin.** Celui dont le nom se trouve porté sur le registre matricule. ♦ Adj. Qui a rapport à la matricule. *Inscription matriculaire.*

MATRICULE, n. f. [matʀikyl] (b. lat. *matricula*, de *matrix*, registre) Rôle qui contient les noms de toutes les personnes d'un corps ou d'une société. ♦ Registre sur lequel sont inscrits les noms et prénoms des soldats à mesure qu'ils entrent au corps, leur numéro d'ordre, etc. ♦ Inscription sur la matricule. ♦ Extrait de la matricule. ♦ Adj. *Registre matricule.* ■ N. m. Numéro d'une personne inscrit sur une matricule. *Ce prisonnier porte le matricule 106.*

MATRILINÉAIRE, ■ adj. [matʀilineɛʀ] (angl. *matrilinear*) Où l'ascendance maternelle est prépondérante sur l'ascendance paternelle. *Société matrilinéaire.*

MATRIMONIAL, ALE, adj. [matʀimɔnjal] (lat. *matrimonialis*) **Jurispr.** Qui appartient au mariage. *Droits matrimoniaux.* ■ Relatif au mariage. *Agence matrimoniale.*

MATRIMONIALEMENT, adv. [matʀimɔnjal(ə)mɑ̃] (*matrimonial*) En mariage.

MATRONE, n. f. [matʀɔn] (lat. *matrona*, femme mariée) Dame romaine. ♦ Par extens. Femme âgée et respectable. ♦ Sage-femme.

MATRONYME, ■ n. m. [matʀɔnim] (lat. *mater*, mère, sur le modèle de *patronyme*) Nom de famille qui est transmis par la mère. *Matronyme et patronyme.* ■ MATRONYMIQUE, adj. [matʀɔnimik] *Nom matronymique.*

MATTE, n. f. [mat] (substantivation du fém. de 2 *mat*, au sens de *compact*) **Métall.** Substance métallique qui n'a subi qu'une première fonte, et qui n'est pas encore dans un état suffisant de pureté.

MATTHIOLE, ■ n. f. [matjɔl] (*Mattioli*, naturaliste italien) Plante des littoraux à feuilles lancéolées, cultivée pour orner les jardins, appelée aussi *giroflée rouge* ou *violier. Les fleurs odorantes de la matthiole.*

MATURATIF, IVE, adj. [matyʀatif, iv] (lat. médiév. *maturativus*, qui fait mûrir) **Méd.** Qui hâte la suppuration d'un abcès, d'une tumeur. ♦ N. m. *Un maturatif.*

MATURATION, n. f. [matyʀasjɔ̃] (lat. *maturatio*, célérité, de *maturare*, hâter) Ensemble des phénomènes par lesquels un fruit arrive à la maturité. ♦ **Méd.** Progrès d'un abcès vers la maturité. ■ Processus d'évolution d'un organe ou du corps humain en général, vers sa maturité. *Maturation organique.* ■ **Fig.** Évolution vers son plein épanouissement. *La maturation d'un don.*

MATURE, ■ adj. [matyʀ] (lat. *maturus*, mûr) Prêt à frayer. *Poisson mature.* ■ Parvenu à maturité. *Cellule mature.* ■ **Fig.** Qui a atteint l'âge de maturité physique ou intellectuelle. *Enfant mature. Peau mature.*

MÂTURE, n. f. [mɑtyʀ] (*mât*) Ensemble des mâts d'un navire. ♦ Bois propre à faire des mâts. ♦ Science dont le but est de déterminer le lieu où la mâture doit être placée sur tel ou tel navire, de connaître les justes dimensions et proportions des mâts et des vergues, etc. ♦ Machine à mâter. ♦ Atelier où l'on fait et conserve les mâts et tout ce qui tient à la mâture. ♦ Manière dont un navire est mâté.

MATURITÉ, n. f. [matyʀite] (lat. *maturitas*) État des fruits ou des graines qui sont parvenus au développement qu'ils doivent acquérir sur la plante mère. ♦ Époque à laquelle les fruits deviennent mûrs. ♦ **Méd.** État d'un abcès dans lequel le pus est complètement formé. ♦ **Fig.** État d'une chose qui approche du point où elle a toutes ses qualités. « *Vous verrez le progrès d'une opinion nouvelle depuis sa naissance jusqu'à sa maturité* », Pascal. ♦ Il se dit en un sens analogue des personnes prêtes pour quelque charge. ♦ **Fig.** État de force où sont communément les hommes à un certain âge. ♦ Se dit poliment d'une femme qui a passé l'âge de la jeunesse. ♦ **Fig.** État où le sens et la réflexion ont toute leur vigueur. *Maturité d'esprit, de jugement*, etc. ♦ *Avec maturité*, avec circonspection, avec jugement et avec le temps nécessaire. ♦ En parlant du style, justesse d'expression, solidité de raisonnement. ■ Stade de plein épanouissement d'un individu sur le plan physique et intellectuel. *Faire preuve de maturité.*

MATUTINAL, ALE, adj. [matytinal] (b. lat. *matutinalis*) Qui appartient au matin. ♦ Il est peu usité. ■ *Rendez-vous matutinaux.*

MAUBÈCHE, ■ n. f. [mobɛʃ] (dial. Saintonge, var. de *mauvis* ; orig. incert.) Bécasseau qui peuple la toundra.

MAUDIRE, v. tr. [modiʀ] (lat. *maledicere*) Prononcer contre quelqu'un, au nom d'un sentiment religieux ou sous l'impulsion de quelque violent mouvement de l'âme, des paroles de réprobation, de condamnation. « *Qui maudit son père renonce à sa famille* », P. Corneille. ♦ *Maudire quelqu'un, quelque chose*, exprimer son impatience, sa colère, son horreur contre quelqu'un, contre quelque chose. ♦ En parlant de Dieu, réprouver, abandonner. « *Race que notre Dieu de sa bouche a maudite* », Racine. ♦ Se maudire, v. pr. Prononcer contre soi-même des malédictions.

MAUDISSON, n. m. [modisɔ̃] (a. fr. *maldiçun*, du lat. *maledictio* ; usuel jusqu'au XVIIIᵉ s.) ▷ **Fam.** et **vx** Malédiction. *Je me moque de tous vos maudissons.* ◁

MAUDIT, ITE, p. p. de maudire. [modi, it] N. m. et n. f. *Un maudit, une maudite*, celui, celle contre qui une malédiction a été prononcée. ♦ Digne de malédiction, en parlant des choses. « *Maudite ambition* », P. Corneille. ♦ Dont on se plaint avec impatience ou colère. « *Ce maudit tailleur me fait bien attendre* », Molière. ♦ Par imprécation. *Maudit soit le butor !*

MAUGRÉER, v. intr. [mogʀee] (anc. fr. *maugré*, chagrin, mécontentement) Témoigner son mauvais gré, son mécontentement en pestant, jurant. *Maugréer contre la pluie.*

MAUL, ■ n. m. [mol] (mot angl.) Au rugby, regroupement des joueurs des deux équipes autour de celui qui porte le ballon. *Le maul se distingue de la mêlée ouverte par le fait que le ballon ne soit pas posé au sol. Des mauls.*

MAUPITEUX, EUSE, adj. [mopitø, øz] (*mau*, mal et *piteux*) ▷ Qui est sans pitié. ♦ Ce mot est tombé en désuétude. ♦ Excitant la pitié ; usité seulement dans : *Faire le maupiteux*, se plaindre, se lamenter sans trop de sujet. ◁

MAURE, n. m. et n. f. [mɔʀ] (lat. *Maurus*) Nom ancien des habitants du nord de l'Afrique. ♦ ▷ Nom donné aux habitants des pays du nord de l'Afrique où les musulmans ont implanté leur religion. ◁ ♦ *Maures d'Espagne*, les Sarrasins qui habitèrent l'Espagne. ♦ ▷ Nom des populations qui dans l'Afrique sont ou étaient soumises aux Turcs. *Les Maures d'Alger.* ◁ ♦ **Fig.** *Traiter quelqu'un de Turc à Maure*, le traiter avec une extrême dureté [1]. ♦ ▷ Abusivement, nom donné aux populations musulmanes de la côte orientale d'Afrique et même de l'Inde. ◁ ♦ ▷ Nom donné aux Nègres mêmes. *Avoir un Maure pour domestique* [2]. ◁ ♦ *Une Maure*, une femme du pays des Maures ; on dit aujourd'hui plutôt une Mauresque. ♦ **Fig.** *À laver la tête d'un Maure on perd son temps et sa lessive*, inutilement on se donne beaucoup de soin pour faire comprendre à un homme quelque chose qui passe sa portée, ou pour corriger un homme incorrigible [3]. ■ *Cheval cap de maure* ou *cavecé de maure*, Voy. CAP et Voy. CAVECÉ. ■ *Gris de maure*, couleur grise tirant sur le noir. ■ Adj. *Les conquêtes maures.* ■ *Bain maure*, hammam. ■ Rem. Graphie ancienne : *more.* ■ Rem. 1 et 3 : Expressions racistes. ■ Rem. 2 : À l'époque de Littré, *nègre* n'était pas un terme raciste, contrairement à aujourd'hui.

MAURESQUE, adj. [moʀɛsk] (esp. *morisco*, maure, du lat. médiév. *mauriscus* ; *moresque* apparaît à côté de l'anc. fr. *morisque* à partir du XIVᵉ s.) Qui a rapport aux coutumes, aux usages, au goût des Maures. *Édifice, costume mauresque.* ♦ ▷ *Danse mauresque* ou *à la mauresque*, Danse à la manière des Maures. ◁ ♦ *Peinture mauresque, à la mauresque*, ou *mauresque*, sorte de peinture et de gravure qui consiste en rameaux accompagnés de feuillages, sans ordre et sans aucun assujettissement à l'imitation de la nature. ♦ Ornements de caprice, feuillages de fantaisie, qu'on emploie dans la damasquinerie. ♦ N. f. *Une Mauresque*, une femme du pays maure. ■ Rem. Graphie ancienne : *moresque*, variante de *mauresque.*

MAURICAUD, n. m. [moʀiko] Voy. MORICAUD.

MAURISQUE, ■ n. m. [moʀisk] Voy. MORISQUE.

MAUSER, ■ n. m. [mozɛʀ] (P. von *Mauser*, inventeur allemand) Fusil des soldats allemands pendant les deux guerres mondiales. *Utilisation du mauser par des armées de 1870 à 1945.* ■ Type de pistolet automatique. *Charger un mauser.*

MAUSOLÉE, n. m. [mozole] (gr. *mausôleion*) Magnifique tombeau qu'Artémise fit élever à Mausole son mari. ♦ Par extens. Tombeau magnifique.

MAUSSADE, adj. [mosad] (*mau*, mal, et anc. adj. *sade*, savoureux, agréable, du lat. *sapidus*, qui a du goût) Qui est de mauvais goût, déplaisant, mal fait, en parlant des choses. *Habit, bâtiment maussade.* ♦ Qui est de mauvaise grâce, en parlant des personnes et des choses. *Enfant, caractère, travail maussade.* ♦ *Le temps est maussade*, il est couvert et sombre.

MAUSSADEMENT, adv. [mosad(ə)mɑ̃] (*maussade*) D'une manière maussade.

MAUSSADERIE, n. f. [mosad(ə)ʀi] (*maussade*) Qualité de ce qui est maussade, de celui qui est maussade ; manières désagréables.

MAUVAIS, AISE, adj. [movɛ, ɛz] (lat. pop. *malifatius*, affecté d'un mauvais sort, de *malus*, mauvais, et *fatum*, destinée) Qui a quelque qualité désagréable ou nuisible, en parlant des choses tant physiques que morales. *Mauvais vin, mauvais goût*, etc. ♦ *Mauvais livre*, livre dangereux. ♦ *Mauvaise vie*, conduite déréglée. ♦ *Les temps sont mauvais*, se dit des temps de trouble, de disette, d'oppression. ♦ *Avoir mauvais visage, mauvaise mine*, avoir le visage défait. ♦ **Fig.** *Faire mauvais visage, mauvaise mine à quelqu'un*, le recevoir, le traiter sèchement, etc. ♦ *Trouver une chose mauvaise*, y trouver un goût désagréable. ♦ **Fig.** *Trouver mauvais*, désapprouver. ♦ *Mauvais bruit*, bruit, propos désavantageux, défavorable. ♦ *Mauvais air*, les manières de la mauvaise compagnie. ♦ *Air mauvais*, air méchant. ♦ Qui ne remplit pas bien son office, en parlant de quelque partie du corps. *Mauvaises jambes. Avoir les yeux mauvais, la vue mauvaise.* ■ **Mar.** *La mer est mauvaise*, elle est très agitée. ♦ Nuisible, qui cause du mal. *L'air est mauvais en ce pays. Les excès sont mauvais à la santé.* ♦ Sinistre, malheureux. *Mauvais présage.* ♦ *Mauvais œil*, faculté attribuée à certains individus de porter malheur à ceux qu'ils regardent. ♦ Enclin à faire du mal, en parlant des personnes. *Un mauvais homme.* ♦ *Le mauvais ange,* le diable. ♦ *Mauvaise compagnie, mauvaise société,* les gens de mauvaise vie ou de mauvais ton. ♦ *Un mauvais esprit,* un homme dont le jugement est faux, et aussi un homme disposé à tourner les choses en mal. ♦ *Mauvais esprit,* dispositions à la révolte, à l'insubordination. ■ Prompt à en venir aux coups, bravache. *Mauvais garçon.* ♦ N. m. et n. f. *Faire le mauvais.* ♦ Qui n'a pas les qualités qu'il doit avoir. *Mauvais père.* ♦ Malicieux, malin. ♦ N. m. et n. f. *Oh! le mauvais! Ah! petite mauvaise!* ♦ Avec la négative, *mauvais* signifie souvent *assez bon* ou même *fort bon. Ce n'est pas un mauvais homme. Ce vin n'est pas mauvais.* ♦ N. m., n. f. Celui, celle qui est mauvaise. ♦ N. m. Ce qu'il y a de mauvais. *Il y a du bon et du mauvais dans cet homme, dans cet ouvrage.* ♦ Adv. *Sentir mauvais,* exhaler une mauvaise odeur. ♦ *Il fait mauvais à* ou *de,* il est dangereux de. ♦ *Il fait mauvais,* il fait vilain temps. ■ En opposition avec la morale ou la loi. *Une mauvaise action.*

MAUVE, n. f. [mov] (lat. *malva*) Genre de plantes, type de la famille des malvacées, qui a des propriétés émollientes. *Tisane de mauve.* ♦ *Mauve en arbre,* ketmie des jardins. ■ Couleur violet clair ou parme. *Dégradé de mauve.* ♦ Adj. D'une couleur violet clair ou parme. *Des prunes mauves.*

MAUVÉINE, ■ n. f. [movein] (*mauve*) Chim. Colorant violet que l'on tirait de l'aniline. *La mauvéine était notamment utilisée dans l'industrie du coton.*

MAUVIETTE, ■ n. f. [movjɛt] (dim. de *mauvis*) Espèce d'alouette ; l'alouette ordinaire, en tant qu'elle est grasse et qu'on la mange. ♦ **Fig.** et **fam.** *Une mauviette,* une personne grêle, chétive, incapable d'efforts et de fatigues.

MAUVIS, ■ n. m. [movi] (prob. *mauve,* avec un suff. *-is* qu'on retrouve dans *hérisson, perdrix*) Nom vulgaire et spécifique du merle mauvis ou grive mauvis. ♦ L'alouette huppée.

MAXI..., ■ préfixe [maksi] Énorme, très grand. *Elle tient une maxiforme!* ■ **Fam.** Abréviation de *maximum. Des prix maxi.*

MAXILLAIRE, adj. [maksilɛʀ] (lat. *maxillaris,* de *maxilla,* mâchoire) **Méd.** Qui a rapport aux mâchoires. ♦ *Os maxillaire inférieur, supérieur,* os de la mâchoire inférieure, supérieure.

MAXILLE, ■ n. f. [maksil] (*ille* se prononce *il,* comme dans *ville.* lat. *maxilla,* mâchoire) **Anat.** Partie buccale des crustacés et des insectes, située derrière les mandibules. *Articulation, muscles de la maxille.*

MAXIMA, n. m. pl. [maksima] L'un des pluriels de *maximum.* Voy. MAXIMUM.

MAXIMAL, ALE, ■ adj. [maksimal] (*maximum*) Qui a atteint son maximum. *Peine maximale. Niveaux, prix maximaux.* ■ **MAXIMALISTE,** n. m. et n. f. ou adj. [maksimalist]

MAXIMALISER ou **MAXIMISER,** ■ v. tr. [maksimalize, maksimize] (*maximal* ou *maximum*) Optimiser, donner sa valeur maximale. *Maximaliser un profit.*

1 **MAXIME,** n. f. [maksim] (lat. médiév. scolast. *maxima* [*sententia*], proposition générale) Proposition générale qui sert de règle. « *Toutes les bonnes maximes sont dans le monde ; on ne manque qu'à les appliquer* », PASCAL. ♦ *Les maximes d'État,* les maximes que les politiques se font pour le gouvernement, et par lesquelles ils se mettent souvent au-dessus des règles de la morale. ♦ Au pl. Titre donné à certains ouvrages de morale. *Les Maximes de la Rochefoucauld.*

2 **MAXIME,** n. f. [maksim] (lat. *maxima*) ▷ Dans le plain-chant, note qui vaut deux carrées ou quatre rondes. ◁

1 **MAXIMER,** v. tr. [maksime] (*maximum*) Établir le maximum.

2 **MAXIMER,** v. tr. [maksime] (1 *maxime*) ▷ Néolog. Faire maxime de. *C'est un homme qui maxime ses sottises.* ◁

MAXIMISER, ■ v. tr. [maksimize] Voy. MAXIMALISER.

MAXIMUM, n. m. [maksimɔm] (lat. *maximum,* neutre substantivé de *maximus,* le plus grand, superlatif de *magnus*) **Math.** L'état le plus grand auquel une quantité variable puisse parvenir. ♦ Au pl. *Des maxima.* ♦ *Thermomètre à maxima,* thermomètre qui indique, d'une manière durable, le maximum auquel la température s'est élevée pendant le cours d'une expérience. ♦ La somme la plus forte dans l'ordre de celles dont il est question. *Le maximum de la dépense sera de 1000 francs.* ♦ La plus forte des peines prononcées par la loi contre un crime ou un délit. *Condamner au maximum de la peine.* ♦ Taux au-dessus duquel il est défendu de vendre une denrée, une marchandise. *Loi du maximum.* ♦ Au pl. *Des maximums.* ♦ **Fig.** Le plus haut point où une chose puisse être portée. « *Un maximum de précision* », BUFFON. ♦ *Au maximum,* au plus. *On sera dix au maximum. Deux cents euros au grand maximum.* ■ Adj. *Les températures maximums,* les plus hautes.

MAXWELL, ■ n. m. [makswɛl] (J. C. Maxwell, 1831-1870, physicien britannique) **Phys.** Ancienne unité de mesure des flux magnétiques équivalant à 10^{-8} weber. *Le symbole du maxwell est Mx ou M. Des maxwells.*

MAYA, ■ adj. [maja] (angl. *maya,* d'un mot maya) Relatif au peuple Maya. *Civilisation maya. Ruines mayas.* ■ N. m. Langue des Mayas.

MAYEN, ■ n. m. [majɛ̃] (lat. *maius,* mai, et suff. germ. *-inc*) Suisse Pâturage de moyenne montagne où le bétail séjourne au printemps et à l'automne. *Conduire les troupeaux au mayen.* ■ Bâtiment rudimentaire qui se trouve sur ce pâturage.

MAYEUR, EURE, ■ n. m. et n. f. [majœʀ] Voy. MAÏEUR, EURE.

MAYONNAISE, n. f. [majɔnɛz] (orig. incert. ; orthog. altérée de *bayonnaise*?) Sauce froide qu'on fait avec du sel, du poivre, de l'huile, du vinaigre, un jaune d'œuf et de la moutarde, le tout battu jusqu'à consistance d'un sirop épais. ♦ Par extens. Mets préparé avec cette sauce. *Une mayonnaise de homard.* ■ REM. On trouvait aussi *mahonnaise* et *magnonaise.*

MAYORAL, ALE, ■ adj. [majɔral] Voy. MAÏORAL, ALE.

MAYORAT, ■ n. m. [majɔra] Voy. MAÏORAT.

MAZAGRAN, ■ n. m. [mazagʀɑ̃] (*Mazagran,* village d'Algérie, où une garnison de Français soutint un siège contre les Arabes, en 1840) Sorte de grande tasse allongée à pied en grès ou en faïence, dans laquelle on boit le café. *Servir un café dans un mazagran ou une tasse.*

MAZARINADE, ■ n. f. [mazaʀinad] (Giulio Mazarini, 1602-1661 cardinal et homme d'État) **Hist.** Pamphlet contre Mazarin, pendant la Fronde. *Chanter des mazarinades.*

MAZDÉISME, ■ n. m. [mazdeism] (*Mazda,* principe du Bien dans la religion zoroastrienne) Ancienne religion polythéiste de la Perse et de l'Iran. *Le mazdéisme consiste à admettre que l'humanité est le théâtre d'une lutte opposant un dieu bon et un dieu mauvais. Dualisme du mazdéisme.* ■ **MAZDÉEN, ENNE,** adj. [mazdeɛ̃, ɛn]

MAZETTE, ■ n. f. [mazɛt] (norm. *mésette,* mésange) Mauvais petit cheval. ♦ **Fig.** et **fam.** Celui qui manque de force, d'ardeur. ♦ Personne inhabile à quelque jeu. ♦ Par extens. « *Dans vos guerres vous avez affaire à des mazettes* », P.-L. COURIER. ■ **Interj.** **Proven.** et **Nord** Exclamation exprimant la stupéfaction ou l'admiration. *Mazette, qu'est-ce que c'est beau!*

MAZOURKA, n. f. [mazyʀka] Voy. MAZURKA.

MAZOURQUE, n. f. [mazyʀk] Voy. MAZURKA.

MAZOUT, ■ n. m. [mazut] (russe *mazut*) Liquide pétrolier visqueux et noir. *Cette chaudière fonctionne au mazout. Plages polluées par le mazout.*

MAZOUTAGE, ■ n. m. [mazutaʒ] (*mazoutert*) Opération qui consiste pour un navire à se ravitailler en mazout. *Station de mazoutage.* ■ Pollution par dispersion de mazout dans les eaux navigables. *Flore victime du mazoutage.*

MAZOUTER, ■ v. tr. et v. intr. [mazute] (*mazout*) Faire le plein de mazout. *Navire mazouté.* ■ Polluer par le mazout. *Plage mazoutée.*

MAZOUTEUR, EUSE, ■ n. m. et n. f. [mazutœʀ, øz] (*mazouter*) Personne ou navire qui pollue par mazoutage. ■ Adj. Qui pollue par mazoutage. *Une traînée mazouteuse s'approche de nos côtes.*

MAZURKA ou **POLKA MAZURKA,** n. f. [mazyʀka, pɔlkamazyʀka] (pol. *mazurka*) Danse nationale polonaise à trois temps. ♦ Air de cette danse. ■ REM. Graphies anciennes : *masurka, masourka, mazourka, polka masurka.* On disait aussi *mazourque, mazourque.*

ME, pron. pers. [mə] (lat. *me*) Pronom personnel des deux genres qui signifie la même chose que *moi,* et s'emploie seulement comme régime direct ou indirect du verbe. *Qu'on me laisse. Vous me donnez un sage conseil.* ♦ *Me* joint à certains mots et à des verbes neutres, exprime non pas un régime indirect, mais la circonstance que telle chose, tel fait est à moi. *Il m'est parent.* « *Un bien sans mal ne me plaît pas* », MALHERBE. ♦ *Me,* régime indirect, est quelquefois explétif. « *Prends ton pic, et me romps ce caillou qui te nuit* », LA FONTAINE. ♦ L' *e* de *me* s'élide quand le verbe suivant commence par une voyelle ou une *h* muette et devant *y* en *en.*

MÉ..., **MES...** ou **MÉS...,** [me, mez] préfixe dérivé du lat. *minus,* qui a un sens privatif et péjoratif, par exemple : *compte, mécompte ; allier, mésallier,* etc.

MEA-CULPA ou **MÉA-CULPA,** n. m. [meakylpa] (lat. *mea culpa,* par ma faute, extrait d'une prière) Expression latine tirée du Confiteor, et qui signifie : par ma faute. ♦ *Dire, faire son mea-culpa,* avouer sa faute. ♦ Au pl. *Des mea-culpa.* ■ REM. Graphie ancienne : *meâ-culpâ.*

MÉANDRE, ■ n. m. [meɑ̃dʀ] (lat. *Maeander,* gr. *Maiandros,* fleuve sinueux de Carie) Fleuve de l'ancienne Phrygie, qui roule ses eaux en serpentant beaucoup. ♦ **Poétiq.** Les sinuosités d'un fleuve, d'une rivière. ♦ On le dit, par assimilation, des vaisseaux qui portent le sang dans toutes les parties du corps. ♦ **Fig.** Détours de paroles. ♦ Ornement offrant des sinuosités et des entrelacements compliqués, employé dans l'architecture, dans les broderies. ■ **Fig.** Cheminement incertain. *Se perdre dans les méandres de la pensée.*

MÉANDRIQUE, adj. [meɑ̃dʀik] (*méandre*) Qui est plein de sinuosités. ◆ **Fig.** Énigmatique, amphibologique. *Discours méandrique.*

MÉAT, n. m. [mea] (on ne prononce pas le *t* final ; lat. *meatus*, de *meare*, circuler) **Anat.** Conduit. *Le méat auditif.* ◆ **Bot.** Intervalle de forme variable qui se trouve entre les cellules du tissu cellulaire.

MEC, ■ n. m. [mɛk] (arg. *mecque*, chef ; p.-ê. *mais que*, pour désigner un personnage qui fait l'important) **Fam.** Homme. *Quel beau mec !*

MÉCANICIEN, IENNE, n. m. et n. f. [mekanisjɛ̃, jɛn] (*mécanique*) Personne qui possède la science appelée mécanique. ◆ **N. f.** *Mécanicienne,* femme qui possède la science appelée mécanique. ◆ Celui, celle qui invente, construit ou dirige des machines. ◆ **Mar.** Employé du service des travaux hydrauliques. ◆ Ouvrier qui dirige les machines ; ouvrier employé sur les locomotives des chemins de fer. ◆ **Fig.** Celui, celle qui entend la partie mécanique de son art. *Ce versificateur n'est qu'un mécanicien.* ■ Celui ou celle qui a pour emploi le montage et la maintenance des machines. *Mécanicien en automobiles, mécanicien d'un garage.* ■ **Abrév.** Mécano.

1 **MÉCANIQUE**, adj. [mekanik] (lat. *mechanicus*, du gr. *mêkhanikos*) Qui a rapport aux machines. *Moyens mécaniques.* ◆ **Par extens.** Qui s'opère par la main, par le corps. *Les arts mécaniques,* par opposition aux arts libéraux. ◆ *État mécanique,* état de celui qui exerce un art mécanique. ◆ **Fig.** Qui n'a rien d'élevé. « *Une âme vile et mécanique à qui ne ce qui est beau ni ce qui est esprit ne sauraient s'appliquer* », LA BRUYÈRE. ◆ Qui opère par les seules forces du mouvement. *Propriété mécanique.* ◆ *Division mécanique des cristaux,* opération par laquelle on sépare les lames composantes de ces corps en saisissant leurs joints naturels à l'aide d'un instrument tranchant. ◆ *Actions mécaniques,* celles auxquelles l'intelligence n'a point de part. ◆ Il se dit de la partie la moins relevée et purement pratique d'un art libéral. *La partie mécanique de la peinture.* ◆ Qui a rapport à la mécanique. *Loi mécanique.* ■ Qui est produit ou fabriqué par une machine. *Tuile mécanique.* ■ Qui est soumis à un mouvement créé par une machine. *Un escalier mécanique.*

2 **MÉCANIQUE**, n. f. [mekanik] (lat. *mechanica*, du gr. *mêkhanikê* [*tekhnê*], l'art de l'ingénieur) Science qui étudie les forces motrices, les lois de l'équilibre et du mouvement, ainsi que la théorie de l'action des machines. ◆ *La mécanique céleste,* la science du mouvement des astres. ◆ Ouvrage qui traite de la mécanique. ◆ Arrangement naturel ou artificiel des corps, considéré dans les effets qui sont produits. *La mécanique du corps humain, d'une montre,* etc. ◆ Les machines considérées dans leurs opérations. *Une mécanique compliquée. Une étoffe fabriquée à la mécanique.*

MÉCANIQUEMENT, adv. [mekanik(ə)mɑ̃] (*mécanique*) D'une façon mécanique.

MÉCANISATION, ■ n. f. [mekanizasjɔ̃] (*mécaniser*) Action de mécaniser. *La mécanisation de l'industrie textile.*

MÉCANISER, v. tr. [mekanize] (*mécanique*) Rendre mécanique, semblable à une machine. *L'industrie mécanise les hommes.* ◆ *Mécaniser les arts,* les réduire à l'état de métier mécanique. ■ Utiliser des machines plutôt que des hommes. *Mécaniser la récolte du blé.*

MÉCANISME, n. m. [mekanism] (*mécanique*) Ensemble de pièces, de machines, de moyens, de mouvements, soit naturels, soit artificiels. *Le mécanisme de l'univers, d'une montre,* etc. ◆ *Mécanisme d'une fonction animale,* ensemble des actes exécutés par chaque organe d'un appareil pour l'accomplissement d'une fonction. ◆ *Le mécanisme du langage,* la structure matérielle des éléments de la parole. ◆ *Le mécanisme de la prose,* la composition des parties du vers ou de la prose. ◆ *Le mécanisme de la peinture, de la sculpture,* etc., la partie mécanique et pratique de ces arts. ◆ **Mus.** *Le mécanisme d'un instrument,* la partie matérielle de l'exécution. *Le mécanisme du piano.* ◆ **Philos.** Opinion qui admet que tout dans la nature est produit par les propriétés mécaniques de la matière.

MÉCANOGRAPHE, ■ n. m. et n. f. [mekanɔgʀaf] (*mécanographie*) Spécialiste de mécanographie. *Transcription de données par le mécanographe.*

MÉCANOGRAPHIE, ■ n. f. [mekanɔgʀafi] (*mécano-,* machine et *-graphie*) Utilisation de machines à cartes perforées pour le traitement automatisé de certains types d'informations. *Avant l'ère informatique, dans les années 1970, ces données étaient traitées grâce à la mécanographie.*

MÉCANOGRAPHIQUE, ■ adj. [mekanɔgʀafik] (*mécanographie*) Relatif à la mécanographie. *Une base de données mécanographique.*

MÉCATRONICIEN, IENNE, ■ n. m. et n. f. [mekatʀɔnisjɛ̃, jɛn] (*mécatronique*) Spécialiste en mécatronique.

MÉCATRONIQUE, ■ n. f. [mekatʀɔnik] (*mécanique et électronique*) Ingénierie résultant du rapprochement de la mécanique, de l'automatique, de l'électronique et de l'informatique. *Les avancées de la mécatronique permettent l'informatisation des automobiles.*

MÉCÉNAT, ■ n. m. [mesena] (*mécène*) Action d'encourager, généralement financièrement, des artistes, des chercheurs, etc., dans le domaine des lettres, des arts ou des sciences. *C'est grâce au mécénat d'entreprise que ce mouvement artistique s'est développé.*

MÉCÈNE, n. m. [mesɛn] (lat. *Maecenas*, mort en 8 ap. J.-C.) Nom d'un grand personnage romain qui fut ministre et ami d'Auguste, et qui protégea les gens de lettres. ◆ **Par extens.** Homme riche ou puissant qui encourage les sciences, les lettres et les arts.

MÉCHAGE, ■ n. m. [meʃaʒ] (*mécher*) **Méd.** et **techn.** Action de poser une mèche. *Méchage d'une plaie.*

MÉCHAMMENT, adv. [meʃamɑ̃] (*méchant*) Avec méchanceté.

MÉCHANCETÉ, n. f. [meʃɑ̃s(ə)te] (anc. fr. *mescheance,* malheur) Vice de ce qui est médiocre, sans qualité. « *La méchanceté des vers* », FONTENELLE. ◆ Penchant à être méchant, à faire du mal. ◆ **Fam.** Opiniâtreté des enfants. *La méchanceté de cette petite fille.* ◆ Action méchante. ◆ Parole dite dans l'intention de nuire, d'offenser.

MÉCHANT, ANTE, adj. [meʃɑ̃, ɑ̃t] (anc. fr. *mescheant,* part. de *mescheoir,* avoir mauvaise chance) Qui ne vaut rien dans son genre. *De méchants vers. Un méchant cheval.* ◆ Chétif, insuffisant, qui a peu de valeur. *Un méchant habit. Une méchante santé.* ◆ Être de méchante humeur, être d'humeur chagrine. ◆ Qui n'est pas sans danger, qui cause du mal. *Une méchante affaire. Cela aura de méchants effets.* ◆ Contraire à la probité, à la justice. *Une méchante action.* ◆ Qui est porté à faire du mal, en parlant des personnes. ◆ *Méchante langue,* homme ou femme qui se plaît à médire. ◆ Qui a fait quelque petite malice. ◆ Qui lance des traits de raillerie. ◆ *Enfant méchant,* enfant désobéissant, difficile à régir. ◆ *Méchant garçon,* homme menaçant, bravache. ◆ **Fam.** *Faire le méchant,* s'emporter en menaces. ◆ **N. m.** et n. f. Une personne de mauvais caractère. « *Ce qu'on donne aux méchants toujours on le regrette* », LA FONTAINE. ◆ Le sens de *méchant* varie quelquefois selon qu'il précède ou suit son substantif : *De méchants vers,* des vers mal tournés ; *des vers méchants,* des vers où il y a de la malignité ; *un méchant homme,* un homme pervers ; *un homme méchant,* un homme dont la langue est médisante ; *une méchante mine,* un air misérable et bas ; *une mine méchante,* un air méchant.

MÉCHÉ, ÉE, p. p. de mécher. [meʃe] *Tonneau, vin méché.*

MÈCHE, n. f. [mɛʃ] (lat. *myxa,* lumignon, p.-ê. croisé avec un dérivé de *mixtiare,* mêler, tresser, ce qui expliquerait les sens fig. et fam.) Cordon de coton, de chanvre, etc. imbibé d'huile dans les lampes, couvert de suif dans les chandelles, de cire dans les bougies. ◆ **Trivial** *Il n'y a pas mèche,* il n'y a pas moyen. ◆ Corde faite d'étoupe broyée et sèche dont les canonniers se servaient pour mettre le feu au canon et les mineurs à une mine. ◆ *Fusil à mèche,* ancien fusil auquel on mettait le feu à l'aide d'une mèche. ◆ *Découvrir, éventer la mèche,* découvrir au moyen d'une contremine l'endroit où une mine a été pratiquée, et enlever la mèche qui devait mettre le feu, et fig. découvrir le secret d'un complot, d'une affaire (*vendre la mèche* est une locution populaire vicieuse). ◆ Morceau de sangle de fil grossier qu'on a trempée dans du soufre et dont on brûle un bout dans les tonneaux. ◆ Bout de ficelle attaché à l'extrémité d'un fouet. ◆ *Mèche de cheveux,* bouquet de cheveux séparé, en forme de mèche, du reste de la chevelure. ◆ *Mèche d'un vilebrequin, d'une tarière,* etc., la partie de fer ou d'acier qui sert à percer. ◆ Spirale d'un tire-bouchon. ◆ Outil servant à faire des trous. ■ **Méd.** Bande de gaze que l'on introduit dans une plaie pour en stopper le saignement. *Drainer au moyen d'une mèche.* ■ **Mus.** *La mèche d'un archet,* l'ensemble des crins qui constituent la partie avec laquelle on frotte les cordes de l'instrument. ■ **Fig.** *Vendre la mèche,* dévoiler un secret. ■ **Rem.** Cette expression n'est plus ni populaire ni vicieuse, mais son sens diffère de celui de *découvrir la mèche.* ■ **Fam.** *Être de mèche avec quelqu'un,* être de connivence. *Ils sont de mèche.*

MÉCHEF, ■ n. m. [meʃɛf] (*mé-* et *chef,* bout, ou anc. fr. *meschever,* avoir du malheur) **Vieilli** Fâcheuse aventure. « *Le pis de leur méchef Fut qu'aucun d'eux ne put venir à chef De son dessein* », LA FONTAINE.

MÉCHER, v. tr. [meʃe] (*mèche*) *Mécher un tonneau, du vin,* les soufrer avec une mèche soufrée, à laquelle on met le feu. ■ **Mus.** Fixer et tendre une mèche sur un archet.

MÉCHOUI, ■ n. m. [meʃwi] (ar. *meswi,* rôti, mouton rôti) Mouton entier cuit à la broche sur des braises. « *Mo le Mossi et Simon le Kabyle suivent Clara dans une camionnette où sept moutons embrochés attendent le méchoui final* », PENNAC. *Des méchouis.*

MECHTA, ■ n. f. [mɛʃta] (arabe, *masta,* habitation) Algérie, Tunisie. Hameau. *Des mechtas.*

MÉCOMPTE, n. m. [mekɔ̃t] (*mécompter*) Erreur dans le compte, dans une supputation. « *Des mécomptes de chronologie ne ruinent point la vérité d'un fait* », VOLTAIRE. ◆ Manque dans une somme d'argent. « *Car il trouvait toujours du mécompte à son fait* », LA FONTAINE. ◆ **Fig.** Espérance déçue, idée fausse ou exagérée qu'on s'est faite d'une chose.

MÉCOMPTÉ, ÉE, p. p. de se mécompter. [mekɔ̃te] Qui a éprouvé un mécompte. « *Le roi, bien mécompté de trouver partout tant d'ordre* », FÉNELON.

MÉCOMPTER (SE), v. pr. [mekɔ̃te] (*mé-* et *compter*) Se tromper dans un compte. ◆ Par extens. Se tromper en quelque chose qu'on croit ou qu'on espère. « *On a beau étudier les hommes, on s'y mécompte tous les jours* », FÉNELON. ◆ V. intr. Se dit d'une horloge qui sonne une autre heure que celle qui est marquée par les aiguilles.

MÉCONDUIRE (SE), ■ v. pr. [mekɔ̃dɥiʀ] (*mé-* et *conduire*) Belgique, vx. en France. Faire preuve d'un mauvais comportement, d'une mauvaise attitude. *Il s'est méconduit avec son professeur.*

MÉCONIUM, n. m. [mekonjɔm] (lat. *meconium*, gr. *mêkônion*) Suc exprimé des têtes et des feuilles de pavot mises sous presse. ◆ Matières visqueuses, verdâtres ou brunâtres, que l'enfant rend presque immédiatement après sa naissance. ■ Au pl. *Des méconiums.*

MÉCONNAISSABLE, adj. [mekɔnesabl] (radic. du p. prés. de *méconnaître*) Qu'on ne reconnaît plus, à cause de quelque déguisement ou changement.

MÉCONNAISSANCE, n. f. [mekɔnesɑ̃s] (*méconnaissant*) Action de méconnaître. « *La ruine des Juifs sera la suite de la mort du Christ et de leur méconnaissance* », BOSSUET. ◆ Action de ne pas reconnaître, de ne pas avouer. ◆ Oubli d'un bienfait.

MÉCONNAISSANT, ANTE, adj. [mekɔnesɑ̃, ɑ̃t] (*méconnaître*) Qui méconnaît, qui ne reconnaît pas ce qui est. ◆ Qui a de la méconnaissance. « *Vous seriez le plus méconnaissant des hommes, si vous ne faisiez pas pour les autres ce que l'on a fait pour vous* », BOURDALOUE.

MÉCONNAÎTRE ou **MÉCONNOÎTRE**, v. tr. [mekɔnɛtʀ] (*mé-* et *connaître*) Ne pas reconnaître. « *Les mêmes objets nous paraissent par tant de côtés différents, que nous méconnaissons ce que nous avons vu* », LA ROCHEFOUCAULD. « *Mais souvent un esprit qui se flatte et qui s'aime Méconnaît son génie et s'ignore soi-même* », BOILEAU. ◆ Commettre une méprise sur quelque chose. ◆ Désavouer quelqu'un, affecter de ne pas le connaître. ◆ Désavouer quelque chose, n'en pas convenir. ◆ Ne pas rendre justice à une personne ; ne pas apprécier une qualité, une chose, comme elle le mérite. ◆ Se méconnaître, v. pr. Se tromper sur soi-même. ◆ Oublier ce qu'on a été ou ce qu'on est, ce qu'on doit aux autres.

MÉCONNU, UE, p. p. de méconnaître. [mekɔny]

MÉCONTENT, ENTE, adj. [mekɔ̃tɑ̃, ɑ̃t] (*mé-* et *content*) Qui n'est pas content. *Mécontent des hommes, de la fortune*, etc. ◆ *Être mécontent de soi-même*, ne pas trouver qu'on vaille suffisamment. ◆ N. m. et n. f. Personne qui n'est pas contente. ◆ Il se dit particulièrement de ceux qui ne sont pas contents du gouvernement.

MÉCONTENTÉ, ÉE, p. p. de mécontenter. [mekɔ̃tɑ̃te]

MÉCONTENTEMENT, n. m. [mekɔ̃tɑ̃t(ə)mɑ̃] (*mécontent*, d'après *contentement*) Manque de contentement. ◆ Sentiment pénible produit par la conduite que les autres tiennent à notre égard. *Des sujets de mécontentement.* ◆ *Mécontentement de soi-même*, sentiment qu'excite en nous la désapprobation que nous nous infligeons à nous-mêmes. ◆ État des esprits irrités contre le gouvernement, contre une politique.

MÉCONTENTER, v. tr. [mekɔ̃tɑ̃te] (*mé-* et *contenter*) Rendre mécontent. *Mécontenter ses parents.* ◆ Se mécontenter, v. pr. Être mécontent.

MÉCRÉANT, ANTE, adj. [mekʀeɑ̃, ɑ̃t] (p. prés. de *mécroire*) ▷ Qui appartient à une autre religion que la religion chrétienne. *Les nations mécréantes.* ◁ ■ N. m. et n. f. *Un mécréant. Une mécréante.* ◆ Incrédule, qui ne veut pas croire. « *Vous avez l'âme bien mécréante* », MOLIÈRE. ◆ Qui ne croit pas à la religion. ◆ ▷ n. Un esprit fort. ◁

MÉCROIRE, v. intr. [mekʀwaʀ] (*mé-* et *croire*) ▷ Refuser de croire. « *On en pourra gloser, on en pourra mécroire* », LA FONTAINE. ◆ **Prov.** *Il est dangereux de croire et de mécroire.* ◆ Act. « *Mais il ne faut telles choses mécroire* », LA FONTAINE. ◁

MÉDAILLABLE, ■ adj. [medajabl] (*médailler*) Qui peut être médaillé, qui est susceptible de recevoir une médaille. *L'équipe française de handball est médaillable.*

MÉDAILLE, n. f. [medaj] (ital. *medaglia*, monnaie ancienne) Pièce de métal qui représente le visage de quelque personne célèbre, ou quelque événement extraordinaire, avec une légende ou une inscription qui y a rapport. ◆ Nom donné aux monnaies des peuples de l'antiquité. *Le cabinet des médailles.* ◆ **Fig.** *Une tête de médaille*, une personne dont les traits sont grands et fort marqués. ◆ *Le revers d'une médaille*, le côté opposé à celui de la tête, et fig. le mauvais côté, les mauvaises qualités d'une personne ou d'une chose. ◆ *Chaque médaille a son revers*, chaque chose a un bon et un mauvais côté. ◆ Pièce qui représente un sujet de dévotion, et qui a été bénite. ◆ Prix qu'on donne aux poètes, aux orateurs, aux artistes qui ont obtenu les premiers rangs dans le concours, aux manufacturiers qui se sont distingués, etc. ◆ *Médaille d'honneur*, médaille décernée pour actes de dévouement et faits de sauvetage. ◆ *Médaille militaire*, médaille qu'on donne à des militaires en commémoration de quelque campagne, de quelque fait d'armes. ◆ Plaque de métal numérotée que portent à Paris les portefaix, les colporteurs, etc. ◆ Prix que l'on décerne. *Recevoir la médaille du mauvais goût.* ◆ *Médaille d'or, d'argent, de bronze*, les trois médailles remises aux trois premiers d'une compétition sportive. *Arrivé premier, il a reçu la médaille d'or.* ■ Objet que l'on accroche autour du cou d'un animal sur lequel peuvent figurer différentes informations, comme le nom de l'animal, les coordonnées téléphoniques de ses maîtres, etc. *Médaille d'identité.* ◆ *Médaille en chocolat*, médaille qu'on décerne par moquerie ou par ironie. *C'est bien ! Tu as gagné une médaille en chocolat !*

MÉDAILLÉ, ÉE, adj. [medaje] Qui a reçu une médaille. *Médaillé pour une vache au concours agricole.* ■ N. m. et n. f. *Un médaillé, une médaillée. Le président de la République a reçu tous les médaillés français de retour des jeux Olympiques.*

MÉDAILLEUR, EUSE, ■ n. m. et n. f. [medajœʀ, øz] (*médaille*) Artiste qui crée des médailles, graveur de médailles. *Les médailleurs gravent les coins des médailles ou des monnaies. Un maître sculpteur et médailleur.*

MÉDAILLIER, n. m. [medaje] (*médaille*) Armoire pleine de médailles rangées. ◆ Collection de médailles.

MÉDAILLISTE, n. m. et n. f. [medajist] (*médaille*) Personne qui est curieuse et connaisseuse en médailles. ■ Médailleur. *Cet artiste est peintre et médailliste.*

MÉDAILLON, n. m. [medajɔ̃] (ital. *medaglione*, médaille) Médaille d'une grandeur extraordinaire qui n'a jamais servi de monnaie. ◆ Bas-relief de figure ronde. ◆ Bijou dans lequel on enferme un portrait, des cheveux, etc. ■ **Cuis.** Tranche ronde de viande ou de poisson fine et peu large. *Un médaillon de lotte, de veau.*

MÈDE ou **MÉDIQUE**, ■ n. m. et n. f. [mɛd, medik] (lat. *Medus*, gr. *mêdos*, de Médie) Originaire ou habitant de la Médie. *Les Mèdes.* ■ Adj. *La défaite des Perses à Marathon en 490 avant J.-C. a conduit à la fin de la première guerre médique.*

MÉDECIN, n. m. et n. f. [med(ə)sɛ̃] (prob. anc. fr. *medecien*) Celui qui exerce la médecine. ◆ En parlant d'une femme, on dit *une femme médecin*. ◆ *Médecin* est le titre de ceux qui sont pourvus du grade de docteur en médecine, par opposition aux officiers de santé. ◆ **Fig.** Ce qui est propre à rendre ou à conserver la santé. *L'exercice et le régime sont d'excellents médecins.* ◆ *Le médecin des âmes*, le prêtre, le confesseur. ◆ *Médecin vétérinaire*, Voy. VÉTÉRINAIRE. ◆ *Médecin traitant*, médecin en principe généraliste que le patient va voir régulièrement. *Le médecin traitant peut être hospitalier, libéral ou salarié.* ■ **Rem.** On peut également dire *un* ou *une médecin* ou encore *une femme médecin*.

MÉDECINE, n. f. [med(ə)sin] (lat. *medicina*, art de soigner, de *medicare*) Art qui a pour but la conservation de la santé et la guérison des maladies. ◆ Système médical. *La médecine galénique.* ◆ *Médecine agissante*, celle qui fait usage tout de suite des moyens qui tendent à guérir, par opposition à médecine expectante. ◆ *Médecine légale*, l'ensemble des connaissances médicales appliquées aux questions de droit. ◆ *Médecine vétérinaire*, Voy. VÉTÉRINAIRE. ◆ Par extens. Un remède en général. ◆ ▷ *Médecine universelle*, médicament auquel on attribue la vertu de guérir toute sorte de maladies. ◁ ◆ **Fig.** Ce qui remédie à quelque mal. ◆ Remède sous forme liquide ou solide qu'on prend pour se purger. ◆ *Médecine de cheval*, médecine que les vétérinaires donnent aux chevaux, et fam. médecine trop forte. ◆ ▷ *Prendre médecine*, se purger. ◁ ◆ ▷ **Fig.** *Avaler la médecine*, se résigner à une chose malgré la peine qu'elle cause. ◁ ◆ Ensemble de moyens qui ont pour but la conservation de la santé et la guérison des malades. *Médecine moderne.* ■ *Faire médecine*, faire les études qui préparent au métier de médecin. *Cette étudiante fait médecine ; elle souhaite devenir psychiatre.*

MÉDECINÉ, ÉE, p. p. de médeciner. [med(ə)sine]

MÉDECINE-BALL, ■ n. m. [med(ə)sinbol] Voy. MEDICINE-BALL.

MÉDECINER ou **MÉDICINER**, v. tr. [med(ə)sine] ou [medisine] (attesté au XIIᵉ s.) Fam. Donner des médecines, des remèdes. ◆ Se médeciner, v. pr. Être continuellement dans les remèdes, prendre sans cesse des drogues.

MEDERSA ou **MÉDERSA**, ■ n. f. inv. [medɛʀsa] (turc *medrese*, de l'ar. *madrasa*, école, collège) Voy. MADRASA.

MÉDIA, ■ n. m. [medja] (angl. *mass media*) Moyen de communication et de diffusion de l'information, quel que soit le support. *La presse écrite, la télévision, la radio sont des médias. Les entreprises ont des plans médias.*

MÉDIAL, ALE, adj. [medjal] (dér. savant [XIXᵉ s.] du lat. *medius*, situé au milieu ; cf. lat. médiév. *medialis*, médian) **Gramm.** Qui occupe le milieu d'un mot. *Lettre médiale. Caractères médiaux.* ◆ N. f. *Une médiale*, une lettre médiale. ■ N. f. **Math.** Nombre qui sépare deux groupes de valeurs rangées dans l'ordre croissant de telle sorte que la somme des valeurs de chacun de ces deux groupes soit égale. *La médiale de la population européenne est celle qui divise la population de l'Europe en deux parties égales.*

MÉDIAN, ANE, adj. [medjɑ̃, an] (lat. *medianus*) **Anat.** Qui est au milieu. ◆ *Ligne médiane*, ligne verticale qu'on suppose partager longitudinalement le corps en deux parties égales et symétriques. ◆ N. f. *Médiane*, ligne qui va du sommet d'un triangle au milieu du côté opposé. ■ *Nerf médian*, nerf assurant la flexion du membre supérieur par action sur l'avant-bras et la main. *Une des fonctions essentielles du nerf médian est la pronation, c'est-à-dire le fait de permettre la prise d'un objet.*

MÉDIANOCHE, n. m. [medjanɔʃ] (esp. *medianoche*, minuit, repas pris après minuit) Repas en gras qui se fait après minuit, particulièrement lorsqu'un jour gras commence à la suite d'un jour maigre.

MÉDIANTE, n. f. [medjɑ̃t] (fém. substantivé de *médiant*, du lat. *mediare*, partager entre deux) **Mus.** Son élevé d'une tierce au-dessus de la tonique. ◆ *Plain-chant* Note sur laquelle se forme le repos au milieu de chaque verset d'un psaume ou d'un cantique. ■ **Mus.** Troisième degré d'une gamme. *La médiante est la tierce qui se trouve au-dessus de la note tonique.*

MÉDIAPLANNING, ■ n. m. [medjaplaniŋ] (mot angl.) Sélection puis répartition du budget média selon trois critères : le type de média, de supports, et la période, en vue d'une campagne publicitaire. « *Le médiaplanning consiste à sélectionner puis à combiner, parmi tous les canaux disponibles pour diffuser une annonce, les médias et les supports qui sont les plus efficaces pour atteindre la cible visée* », CAUMONT.

MÉDIASTIN, n. m. [medjastɛ̃] (lat. *mediastinus*, esclave du dernier rang ; b. lat., qui est au milieu) **Anat.** Cloison membraneuse formée par l'adossement des deux plèvres, et qui sépare la poitrine en deux parties. ◆ Adj. *Médiastin, ine*, qui appartient au médiastin.

MÉDIAT, ATE, adj. [medja] (antonyme par aphérèse de *immédiat*) Qui n'a rapport à une chose que moyennant un intermédiaire. *Cause, juridiction médiate.* ◆ *Princes médiats*, ceux qui ne tenaient point leurs fiefs directement de l'empire d'Allemagne. ◆ *Territoires médiats, villes médiates*, territoires, villes, qui ne sont pas sous la souveraineté directe. ◆ *Insertion médiate*, insertion qui ne correspond pas avec le point d'émergence de l'organe inséré.

MÉDIATEMENT, adv. [medjat(ə)mɑ̃] (*médiat*) ▷ D'une manière médiate. ◁

MÉDIATEUR, TRICE, n. m. et n. f. [medjatœr, tʀis] (b. lat. *mediator*) Celui, celle qui s'entremet entre deux ou plusieurs personnes. ◆ **Fig.** « *La croix doit être l'unique médiatrice à qui nous devons recourir* », BOURDALOUE. ◆ *Le médiateur entre Dieu et les hommes*, Jésus-Christ. ◆ *Médiateur d'un traité, d'un raccommodement*, celui qui intervient pour procurer un traité, un raccommodement. ◆ Adj. *Les puissances médiatrices.* ◆ Celui, celle qui intervient pour arranger quelque affaire. ◆ Absol. *Une adroite médiatrice.* ■ N. m. **Biol.** *Médiateur chimique*, neurotransmetteur, molécule produite par une cellule et qui agit sur une autre cellule, possédant un récepteur spécifique et qui assure la transmission de l'influx nerveux. *Lors d'une réaction allergique, le médiateur chimique, qui agit comme un messager, permet d'alerter toutes les cellules pouvant contribuer à l'élimination de l'intrus.*

MÉDIATHÈQUE, ■ n. f. [medjatɛk] (*média* et *-thèque*, sur le modèle de *bibliothèque*) Endroit dans lequel, sur le principe de la bibliothèque, on peut consulter et emprunter des documents sur différents types de support. *Emprunter un disque ou un livre à la médiathèque.*

MÉDIATION, n. f. [medjasjɔ̃] (lat. *mediatio*) Action de celui qui est médiateur. ■ **Dr.** Traitement amiable du règlement des litiges, dans lequel une tierce personne est chargée de proposer des solutions aux parties qui s'opposent. *La médiation, qui favorise le dialogue plutôt que l'affrontement, peut intervenir pour régler un conflit familial, scolaire, professionnel, commercial, etc.* ■ **Philos.** Relation qui s'établit entre deux termes ou deux êtres au sein d'un raisonnement ou d'un processus dialectique. *Selon certains philosophes, la visée d'un objet désiré implique une médiation rendant cet objet désirable : nous désirons un objet parce qu'il représente pour nous, de manière inconsciente, un autre objet antérieurement désiré.*

MÉDIATIQUE, ■ adj. [medjatik] (*média*) Transmis par les médias. *Traitement médiatique d'un événement. La couverture médiatique du décès de Jean-Paul II.* ■ Qui a du succès en passant dans les médias. *Une personnalité médiatique.*

MÉDIATIQUEMENT, ■ adv. [medjatik(ə)mɑ̃] (*médiatique*) En fonction des médias. *S'engager médiatiquement dans un débat politique.*

MÉDIATISATION, n. f. [medjatizasjɔ̃] (1 et 2 *médiatiser*) Action de médiatiser.

MÉDIATISÉ, ÉE, p. p. de médiatiser. [medjatize] Connu, grâce aux médias.

1 MÉDIATISER, v. tr. [medjatize] (*médiat*) Faire qu'un prince cesse de dépendre immédiatement du chef suprême de l'empire d'Allemagne pour n'en dépendre que médiatement. ■ **Philos.** Établir une médiation. *Médiatiser entre une chose et sa représentation.*

2 MÉDIATISER, ■ v. tr. [medjatize] (*média*) Faire connaître grâce aux médias. *Médiatiser un conflit. Le mouvement de grève des lycéens a été médiatisé. Un chanteur très médiatisé.*

MÉDIATOR, ■ n. m. [medjatɔʀ] (mot lat.) Petite lamelle de forme arrondie ou triangulaire avec laquelle on fait vibrer les cordes d'une guitare, d'une mandoline, d'un banjo, etc. *Il utilisait un médiator assez souple pour ce solo de guitare électrique.*

MÉDIATRICE, ■ n. f. [medjatʀis] (*médiateur* ; cf. lat. chrét. *mediatrix*, celle qui se place entre, secourable) **Math.** Droite perpendiculaire à un segment en son milieu. *Médiatrice d'un segment.*

MÉDICAL, ALE, adj. [medikal] (lat. médiév. *medicalis* ; du lat. *medicus*, propre à guérir) Qui appartient à la médecine. *Le langage médical. Livres médicaux.* ◆ Propre à guérir. *Les propriétés médicales d'une plante.* ◆ *Matière médicale*, ensemble des corps bruts et organisés qui fournissent les médicaments, et partie de la thérapeutique qui étudie ces corps.

MÉDICALEMENT, ■ adv. [medikal(ə)mɑ̃] (*médical*) Au moyen de la médecine. *Procréation médicalement assistée.*

MÉDICALISATION, ■ n. f. [medikalizasjɔ̃] (*médicaliser*) Action de médicaliser, de confier quelque chose aux soins de la médecine, d'un médecin. *La médicalisation à domicile. Médicalisation de la ménopause.*

MÉDICALISER, ■ v. tr. [medikalize] (*médical*) Rendre médical. *Médicaliser les maisons de retraite.* ■ Installer les structures médicales dans un pays. *Médicaliser les pays du tiers-monde.*

MÉDICAMENT, n. m. [medikamɑ̃] (lat. *medicamentum*) Substance simple ou composée qu'on administre à l'intérieur du corps ou à l'extérieur, en qualité de remède.

MÉDICAMENTAIRE, adj. [medikamɑ̃tɛʀ] (*médicament*) ▷ Qui concerne les médicaments, leur préparation, etc. *Code médicamentaire.* ◁

MÉDICAMENTATION, n. f. [medikamɑ̃tasjɔ̃] (*médicament*) Action de prescrire des médicaments, en vue des effets qu'ils peuvent produire dans l'économie d'après leurs propriétés.

MÉDICAMENTÉ, ÉE, p. p. de médicamenter. [medikamɑ̃te]

MÉDICAMENTER, v. tr. [medikamɑ̃te] (*médicament*) Donner des médicaments à un malade. ◆ Se médicamenter, v. pr. S'administrer à soi-même des médicaments.

MÉDICAMENTEUX, EUSE, adj. [medikamɑ̃tø, øz] (*médicament* ou lat. *medicamentosus*) Qui a la vertu d'un médicament. ◆ *Aliment médicamenteux*, substance nutritive et médicinale à la fois. ■ Qui est provoqué par un médicament. *Allergie médicamenteuse.*

MÉDICATION, n. f. [medikasjɔ̃] (b. lat. *medicatio*) Administration d'un ou de plusieurs agents thérapeutiques. *Médication locale, générale, tonique, astringente.*

MÉDICINAL, ALE, adj. [medisinal] (lat. *medicinalis*) Qui sert comme remède. *Herbe médicinale. Eaux médicinales.* ■ *Des remèdes médicinaux.*

MÉDICINALEMENT, adv. [medisinal(ə)mɑ̃] (*médicinal*) ▷ D'une manière médicinale. ◁

MEDICINE-BALL ou **MÉDECINE-BALL**, ■ n. m. [medisinbol, med(ə)sinbol] (mot angl., de *medicine*, remède, et *ball*, ballon) Ballon utilisé pour assouplir et muscler. *Des medicine-balls, des médecine-balls. Le lancer d'un médecine-ball de 1 kg.*

MÉDICINER, ■ v. tr. [medisine] Voy. MÉDECINER.

MÉDICOLÉGAL, ALE, ■ adj. [medikolegal] (*médico-* et *légal*) Relatif à la médecine légale. *Examens, experts médicolégaux.* ■ *Institut médicolégal*, la morgue. *Un corps ne peut quitter l'institut médicolégal qu'une fois le permis d'inhumer délivré ; si besoin est, l'autopsie est pratiquée sur place.*

MÉDICOPÉDAGOGIQUE, ■ adj. [medikopedagoʒik] (*médico-* et *pédagogique*) Relatif à une institution pédagogique, chargée d'accueillir des adolescents souffrant de troubles psychologiques et placés sous contrôle médical. *Des centres médicopédagogiques.*

MÉDICOPSYCHOLOGIQUE, ■ adj. [medikopsikoloʒik] (*médico-* et *psychologique*) Relatif à un traitement, une thérapeutique prenant en considération tant les troubles psychiques que physiques. *Des centres médicopsychologiques.*

MÉDICOSOCIAL, ALE, ■ adj. [medikososjal] (*médico-* et *social*) Relatif à la médecine sociale. *Des centres médicosociaux.*

MÉDICOSPORTIF, IVE, ■ adj. [medikospɔʀtif, iv] (*médico-* et *sportif*) Relatif à la médecine sportive. *Des centres médicosportifs.*

MÉDIÉVAL, ALE, ■ adj. [medjeval] (lat. *medium ævum,* Moyen Âge) Relatif au Moyen Âge. *Cité médiévale. Arts médiévaux.*

MÉDIÉVISME, ■ n.m. [medjevism] (lat. *medium ævum,* Moyen Âge) Goût, connaissance, étude du Moyen Âge. *Walter Scott était un précurseur du médiévisme victorien.*

MÉDIÉVISTE, ■ n. m. et n. f. [medjevist] (lat. *medium ævum,* Moyen Âge) Spécialiste de l'histoire, de la langue et de la littérature médiévales. *« Le médiéviste spécialiste de Dante dont j'ai toujours deux lettres d'autrefois à propos de l'interprétation possible du purgatoire »,* SOLLERS.

MÉDIMNE, n. m. [medimn] (gr. *medimnos*) Antiq. Mesure grecque pour les choses sèches, valant 51 litres 84.

MÉDINA, ■ n. f. (ar. *madina,* ville) Partie ancienne et traditionnelle des villes d'Afrique du Nord. *La médina de Marrakech.*

MÉDIOCRE, adj. [medjɔkʀ] (lat. *mediocris*) Qui est entre le grand et le petit, entre le bon et le mauvais. *Une fortune médiocre. « Les esprits médiocres condamnent d'ordinaire tout ce qui passe leur portée »,* LA ROCHEFOUCAULD. ◆ De peu d'esprit, de peu de talent, de peu de capacité. *« Nous affectons souvent de louer avec exagération des hommes assez médiocres »,* LA BRUYÈRE. ■ N. m. Ce qui est médiocre. ◆ ▷ *Au-dessous du médiocre,* se dit d'une personne, d'une chose sans mérite. ◁ ◆ Au pl. *Les médiocres,* les gens qui sont dans une condition, dans une fortune médiocre.

MÉDIOCREMENT, adv. [medjɔkʀəmɑ̃] (*médiocre*) D'une façon médiocre, peu. ◆ Fam. *Assez médiocrement,* très peu.

MÉDIOCRITÉ, n. f. [medjɔkʀite] (lat. *mediocritas*) État, qualité de ce qui est médiocre. *La médiocrité de sa fortune. « Il y a dans certains hommes une certaine médiocrité d'esprit qui contribue à les rendre sages »,* LA BRUYÈRE. ◆ Insuffisance du côté du mérite, de la qualité. *« Il y a de certaines choses dont la médiocrité est insupportable, la poésie, la musique, la peinture, le discours public »,* LA BRUYÈRE. ◆ Œuvre d'un mérite médiocre. *« Le fatras prodigieux de nos médiocrités »,* VOLTAIRE. ◆ Personnage médiocre, quant aux talents et à l'esprit. ◆ Collectivement, les gens médiocres. ◆ État de fortune, position qui tient le milieu entre le haut et le bas dans la société. ◆ Modération, juste milieu, juste tempérament (en ce sens, il vieillit). *« Il faut garder la médiocrité en toutes choses »,* FÉNELON. *« La médiocrité des désirs est la fortune du philosophe »,* D'ALEMBERT.

MÉDIQUE, ■ adj. [medik] Voy. MÈDE.

MÉDIRE, v. intr. [mediʀ] (*mé-* et *dire*) Dire du mal de quelqu'un. *Ne médisez de personne.*

MÉDISANCE, n. f. [medizɑ̃s] (*médisant*) Discours de celui qui médit. *« Contre la médisance il n'est point de rempart »,* MOLIÈRE. ◆ *C'est une pure médisance,* c'est une imputation sans preuve. ◆ ▷ Les gens médisants. *Les discours de la médisance.* ◁

MÉDISANT, ANTE, adj. [medizɑ̃, ɑ̃t] (*médire*) Qui médit. *Personne, langue médisante.* ◆ N. m. et n. f. *Un médisant. Une médisante.*

MÉDITANT, ANTE, ■ n. m. et n. f. [meditɑ̃, ɑ̃t] (*méditer*) Personne qui pratique la méditation transcendantale. *Le méditant se concentrait sur la respiration.* ■ Adj. *Pensée méditante.*

MÉDITATIF, IVE, adj. [meditatif, iv] (lat. médiév. *meditativus*) Qui se plaît à la méditation. *Homme, génie méditatif.* ◆ Livré à la méditation. *La vie méditative.* ◆ Qui a le caractère de la méditation. *Air méditatif.* ◆ N. m. *Les méditatifs,* les gens qui méditent. *« Malebranche, l'un des plus profonds méditatifs qui aient jamais écrit »,* VOLTAIRE.

MÉDITATION, n. f. [meditasjɔ̃] (lat. *meditatio*) Action de méditer. ◆ Au sens actif, *la méditation d'un esprit,* l'action d'un esprit qui médite. ◆ Au sens passif, *la méditation d'une chose,* la méditation dont une chose est l'objet. *La méditation de nos misères.* ◆ Écrit composé sur un sujet de dévotion, de philosophie. *Les Méditations de Descartes.* ◆ Poème d'un caractère élégiaque sur la contemplation de Dieu, de la nature, de l'homme. *Les Méditations de Lamartine.* ◆ Oraison mentale ; goût pour cette oraison. *Les religieux font la méditation. Entrer en méditation.* ■ *Méditation transcendantale,* méthode dérivée du yoga selon les principes bouddhistes, au cours de laquelle le méditant laisse ses pensées l'envahir afin d'atteindre un état de plénitude qui apparaît une fois le flot des pensées tari. *La méditation transcendantale a été mise au point en Inde par Maharishi Mahesh Yogi en 1958.*

MÉDITÉ, ÉE, p. p. de méditer. [medite]

MÉDITER, v. tr. [medite] (lat. *meditari*) Faire de ceci ou de cela l'objet d'une réflexion profonde. *« Des empires détruits je méditai les cendres »,* LAMARTINE. ◆ Penser à faire une chose. *Méditer la ruine de sa patrie, une partie de plaisir, etc.* ◆ V. intr. Réfléchir avec force sur quelque chose. *Méditer sur un sujet, sur Dieu, sur l'âme.* ◆ On dit quelquefois en ce sens : *Méditer à. « Peu lire et beaucoup méditer nos lectures »,* J.-J. ROUSSEAU. ◆ Absol. *« Ce*

n'est guère que dans la retraite qu'on peut méditer à son aise », VOLTAIRE. ◆ Réfléchir au moyen de faire quelque chose. *Méditer de réparer une faute. Méditer si on continuera d'écrire.* ◆ Faire une méditation pieuse. *Un religieux qui médite dans un cloître.* ◆ Se méditer, v. pr. Être médité, projeté.

MÉDITERRANÉ, ÉE, adj. [mediteʀane] (lat. *mediterraneus*) Qui est au milieu des terres. *Les pays méditerranés. Les mers méditerranées.* ◆ N. f. *La Méditerranée* ou *la mer Méditerranée,* la mer qui est entre l'Europe, l'Afrique et l'Asie.

MÉDITERRANÉEN, ENNE, adj. [mediteʀaneɛ̃, ɛn] (*méditerrané*) Qui appartient à la Méditerranée. ◆ Qui est au milieu des terres.

1 MÉDIUM, n. m. [medjɔm] (lat. *medium,* milieu) Fam. Moyen d'accommodement. *Chercher, trouver un médium dans une affaire.* ◆ Mus. Il se dit des sons de la voix qui tiennent le milieu entre le grave et l'aigu. *Avoir la voix belle dans le médium.*

2 MÉDIUM, ■ n. m. et n. f. [medjɔm] (mot angl., moyen, intermédiaire) Personne qui prétend servir d'intermédiaire entre ses semblables et les esprits des morts. *Consulter un médium et un voyant. « Elle faisait, sous le pseudonyme de Florence Cook, célèbre médium du dernier quart du dix-neuvième siècle dont elle prétendait être la réincarnation, un numéro de voyante »,* PEREC. ■ Au pl. *Des médiums.*

MÉDIUMNIQUE, ■ adj. [medjɔmnik] (2 *médium*) Relatif aux médiums et à leurs dons de communication avec les esprits. *Avoir des dons médiumniques.*

MÉDIUMNITÉ, ■ n. f. [medjɔmnite] (2 *médium*) Faculté que possède le médium à communiquer avec les esprits. *Un don de médiumnité. Spiritisme et médiumnité.*

MÉDIUS, n. m. [medjys] (lat. *medius,* situé au milieu) Le doigt du milieu de la main.

MEDJIDIEH, n. m. [medʒidje] (turc *medjidieh,* de Abdul Medjid Ier, 1823-1861, sultan qui a institué cette décoration) Décoration ottomane instituée en 1851 par le sultan Abdul Medjid pour récompenser le mérite civil et militaire.

MÉDOC, n. m. [medɔk] (*Médoc,* nom d'une région du sud-ouest de la France) Vin provenant du Médoc. *Du vieux médoc.* ◆ *Pierres de Médoc* ou simplement *des médocs,* petits cailloux brillants qui se trouvent dans le Médoc.

MÉDULLA, ■ n. f. [medyla] (lat. *medulla,* moelle) Anat. Partie centrale de certains organes. *Jonction entre la médulla et le cortex.*

MÉDULLAIRE, adj. [medylɛʀ] (lat. *medullaris*) Anat. Qui appartient à la moelle, ou qui en a la nature. ◆ *Canal médullaire,* celui qui renferme la moelle. ◆ Il se dit aussi de la substance de certains organes qui n'a rien de commun avec la moelle des os. *La substance médullaire du cerveau.* ◆ Bot. *Canal médullaire,* cavité cylindrique qui occupe le centre de la tige des dicotylédones.

MÉDULLEUX, EUSE, ■ adj. [medylø, øz] (*médulla*) Bot. Relatif à ce qui est rempli de moelle. *Des bulbes médulleux.*

MÉDULLOSURRÉNALE, ■ n. f. [medylosyʀenal] (*médulla* et *surrénale*) Anat. Partie centrale de la glande surrénale, sécrétant de l'adrénaline, de la noradrénaline et de la dopamine. *La médullosurrénale est une glande endocrine.* ■ Adj. *La glande médullosurrénale.*

MÉDUSE, n. f. [medyz] (lat. *Medusa*) L'une des Gorgones, dont le regard et la tête avaient la vertu de changer en pierre tous ceux qui la regardaient. ◆ Fig. *Ce fut pour moi la tête de Méduse, je fus frappé de stupeur.* ◆ Animal invertébré de la classe des acéphales.

MÉDUSER, v. tr. [medyze] (*méduse*) Néol. Frapper d'une stupéfaction comparable à l'effet que produisait la tête de Méduse. ■ Surprendre. *L'annonce de son accident a médusé toute l'assemblée.*

MÉE, ■ n. f. [me] Voy. MAIE.

MEETING, n. m. [mitiŋ] (mot angl., rencontre, réunion) Mot anglais qui se dit d'une réunion populaire ayant pour objet de délibérer sur une question politique. *Tenir des meetings.* ■ Importante réunion de sportifs.

MÉFAIRE, v. intr. [mefɛʀ] (*mé-* et *faire*) Faire le mal. *Il ne faut ni méfaire ni médire.*

MÉFAIT, n. m. [mefɛ] (part. passé de *méfaire*) Action de méfaire, mauvaise action. *« Je trouve que la puissance de l'homme s'étend beaucoup plus loin en méfaits qu'en bienfaits »,* BERNARDIN DE SAINT-PIERRE. ◆ Il se dit, par antiphrase, d'une action louable. *Se déclarer l'auteur du méfait.* ■ Par extens. Conséquence néfaste de quelque chose. *Les méfaits de l'alcoolisme.*

MÉFIANCE, n. f. [mefjɑ̃s] (*méfiant*) Disposition de celui qui se méfie. *« La méfiance est mère de la sûreté »,* LA FONTAINE.

MÉFIANT, ANTE, adj. [mefjɑ̃, ɑ̃t] (part. passé de *méfier*) Qui se méfie. *Un esprit, un homme méfiant.* ◆ N. m. et n. f. *Un méfiant. Une méfiante.*

MÉFIER (SE), v. pr. [mefje] (*mé-* et *fier*) Ne pas se fier à. *Se méfier des autres, de soi.* ♦ Il s'emploie avec *que* et le verbe à l'indicatif. *Je me méfie que cet homme est un fripon.* ♦ *Méfiez-vous,* tenez-vous sur vos gardes.

1 **MÉGA...**, ■ [mega] (gr. *megas*, grand) préfixe. ■ **Phys.** et **inform.** Multiplie l'unité préfixée par un million. *Mégajoule. Mégawatt. Mégaoctet.* ■ **Fig.** Grand. *Un mégaphone.* ■ Adj. **Fam.** Grandiose. *Une méga fête. Une méga idée.*

2 **MÉGA**, ■ n. m. [mega] Voy. MÉGAOCTET.

MÉGACARYOCYTE, ■ n. m. [megakaʁjosit] (1 *méga-* et *karuon*, noyau) Grande cellule qui se trouve dans la moelle osseuse et dont les fragments composent les plaquettes sanguines. *Chaque mégacaryocyte peut produire 2 000 à 4 000 plaquettes.*

MÉGACÉROS, ■ n. m. [megaseʁɔs] (1 *méga-* et *keras*, corne) Cerf fossile de grande taille qui vivait en Eurasie à l'ère quaternaire et dont les bois pouvaient mesurer jusqu'à trois mètres d'envergure. *Le mégacéros était souvent représenté sur la paroi des grottes.*

MÉGACÔLON, ■ n. m. [megakolɔ̃] (1 *méga-* et *colon*) **Méd.** Dilatation anormale, importante et permanente du gros intestin qui peut parfois être accompagnée de constipation. *Le mégacôlon entraîne une augmentation de l'épaisseur des parois du côlon. On distingue le mégacôlon congénital et le mégacôlon acquis.*

MÉGAHERTZ, ■ n. m. [megaɛʁts] (1 *méga-* et *hertz*) Unité de fréquence, de symbole MHz, correspondant à un million de hertz. *Bande de fréquence de 108 mégahertz.*

MÉGALITHE, ■ n. m. [megalit] (1 *méga-* et *-lithe*) Monument préhistorique datant du milieu du néolithique, composé de plusieurs blocs de pierre brute et pouvant servir de sanctuaire. *Le mégalithe se présente sous un aspect ruiniforme semblable à celui du dolmen.*

MÉGALITHIQUE, ■ adj. [megalitik] (*mégalithe*) Relatif au mégalithe ; constitué de mégalithes. *Les constructions mégalithiques.*

MÉGALITHISME, ■ n. m. [megalitism] (*mégalithe*) **Art** Coutume d'édifier des mégalithes. *Mégalithisme occidental.*

MÉGALOMANE, ■ n. m. et n. f. [megaloman] (*mégalo-* et *-mane*) **Méd.** Personne atteinte de mégalomanie. *Le mégalomane est doté d'un fort complexe de supériorité.* ■ Adj. *Une attitude mégalomane.* ■ **Abrév. fam.** Un, une mégalo. *Ils sont complètement mégalos.*

MÉGALOMANIAQUE, ■ adj. [megalomanjak] (*mégalomanie*) Qui a une attitude, un comportement qui relève de la mégalomanie. *Avoir des prétentions mégalomaniaques.* ■ **Abrév. fam.** Mégalo. *Un comportement mégalo.*

MÉGALOMANIE, ■ n. f. [megalomani] (*mégalo-* et *-manie*) Maladie psychologique caractérisée par le profond désir de gloire et de pouvoir, ou par la conviction de les posséder. *La mégalomanie de Hitler.* ■ **Par extens.** Vanité et ambition démesurées. *Sa folie des grandeurs est caractéristique de sa mégalomanie.*

MÉGALOPOLE ou **MÉGAPOLE**, ■ n. f. [megalopɔl, megapɔl] (*mégalo-* et *-pole*) Agglomération regroupant plusieurs grandes villes proches géographiquement. *La mégalopole parisienne.* ■ Ville de très grande taille. *New York est une mégalopole nord-américaine.*

MÉGALOPTÈRES, ■ n. m. pl. [megalɔptɛʁ] (*mégalo-* et *-ptère*) Ordre d'insectes aux ailes longues qui vivent dans les rivières et les lacs. *La larve aquatique des mégaloptères est carnivore.*

MÉGAOCTET, ■ n. m. [megaɔktɛ] **Inform.** Unité, de symbole Mo qui mesure la capacité de mémoire et qui équivaut à 2^{20} octets. *Une disquette dotée d'un espace de 64 mégaoctets.* ■ **Abrév.** Méga. *Une clé USB de 256 mégas.*

MÉGAPHONE, ■ n. m. [megafɔn] (*mégalo-* et *-phone*) Appareil permettant d'amplifier la voix. *Dans la marine, le mégaphone sert de porte-voix. Ce policier s'adresse aux braqueurs avec un mégaphone.*

MÉGAPODE, ■ n. m. [megapɔd] (1 *méga-* et *-pode*) Oiseau terrestre originaire d'Océanie dont les pattes sont très épaisses et qui bâtit son nid dans le sol, ses œufs ayant besoin pour incuber de la chaleur solaire ou volcanique. *Le mégapode est un des oiseaux les plus drôles d'Australie.*

MÉGAPOLE, ■ n. f. [megapɔl] (1 *méga-* et *-pole*) Voy. MÉGALOPOLE.

MÉGAPTÈRE, ■ n. m. [megaptɛʁ] (1 *méga-* et *-ptère*) Baleine à bosse. *Les mégaptères possèdent de très grandes nageoires.*

MÉGARDE, n. f. [megaʁd] (*mé-* et *garde*) Usité seulement dans : *Par mégarde,* faute de prendre garde.

MÉGARON, ■ n. m. [megaʁɔ̃] (gr. *megaron*, palais) **Antiq.** Palais dans les poèmes homériques. *Des mégarons ou des mégara.* ■ **Archit.** Ensemble architectural, généralement composé d'un hall d'entrée à deux colonnes, d'un petit vestibule et d'une grande salle carrée dotée d'un foyer central, faisant le plus souvent office de salle du trône. *Les mégarons mycéniens.*

MÉGASCOPE, n. m. [megaskɔp] (1 *méga-* et *-scope*) **Phys.** Espèce de chambre obscure, éclairée par une lampe, et qui est un appareil d'agrandissement.

MÉGATHÈRE ou **MÉGATHÉRIUM**, ■ n. m. [megatɛʁ, megateʁjɔm] (1 *méga* et gr. *thêrion*, bête) Grand mammifère dont on ne connaît que des ossements fossiles.

MÉGATHÉRIUM, ■, n. m. [megateʁjɔm] (1 *méga* et *thêrion*, bête) Mammifère préhistorique de la famille des paresseux mais qui avait la taille d'un éléphant. *La disparition du mégathérium daterait de la fin de l'ère glaciaire.*

MÉGATONNE, ■ n. f. [megatɔn] (1 *méga* et *tonne*) Unité de mesure correspondant à un million de tonnes. *Le 2 octobre 1969, les Américains ont fait exploser une bombe d'une mégatonne dans l'île d'Amchitka.* ■ REM. Le symbole de la mégatonne est Mt.

MÉGAWATT, ■ n. m. [megawat] (*méga* et *watt*) Unité de puissance correspondant à un million de watts. *Le symbole du mégawatt est MW. Centrale hydroélectrique de 17 mégawatts.*

MÉGÈRE, n. f. [meʒɛʁ] (lat. *Megæra*, gr. *Megaira*) Nom propre d'une des trois Furies (avec une M majuscule). ♦ **Fig.** Femme méchante et emportée (aujourd'hui avec un *m* minuscule) [1]. ■ REM. 1 : Ce dernier sens est péjoratif.

MÉGIE, n. f. [meʒi] (*mégis*) ▷ Art du mégissier. ◁

MÉGIR ou **MÉGISSER**, v. tr. [meʒiʁ, meʒise] (anc. fr. *mégis*, composition d'eau, de cendre et d'alun) Mettre en mégie. ♦ Façonner par la mégie. ■ Tanner une peau.

MÉGIS, ■ n. m. [meʒi] (on ne prononce pas le *s* final. anc. fr. *megier*, soigner, du lat. *medicare*) ▷ Bain composé d'eau, de cendre et d'alun, servant à mégir les peaux. *Le mégis permet d'assouplir les peaux.* ◁ ■ Adj. Qui a été plongé dans le mégis. *Ces cuirs sont des peaux mégis.*

MÉGISSER, v. tr. [meʒise] (*mégis*) Passer une peau en mégie.

MÉGISSERIE, n. f. [meʒis(ə)ʁi] (*mégis*) Métier et trafic du mégissier.

MÉGISSIER, n. m. [meʒisje] (*mégis*) Artisan dont le métier est de blanchir les peaux, c'est-à-dire d'en ôter les poils.

MÉGOT, ■ n. m. [mego] (*meg*, var. de *mec*, bonhomme, ou dial. *mégauder*, téter, par analogie avec l'action de fumer) Morceau restant d'une cigarette ou d'un cigare une fois que l'on a fini de fumer. *Un cendrier plein de mégots.*

MÉGOTAGE, ■ n. m. [megotaʒ] (*mégoter*) **Fam.** Action de mégoter. *Mégotage du budget.*

MÉGOTER, ■ v. intr. [megote] (*mégot*) **Fam.** Vouloir faire des économies sur des petites choses. « *Quoique bourré d'oseille, Paulo le notaire mégotait ; à croire qu'il était tondu à zéro* », LE BRETON.

MÉHARÉE, ■ n. f. [meare] (*méhari*) Voyage à dos de méhari.

MÉHARI, ■ n. m. [meari] (ar. *mahri*, plur. *mahari*, de la tribu des Mahra) Dromadaire domestique d'Afrique du Nord et dressé pour la course. « *Sans prendre congé, le chef touareg sortit et sauta sur le dos de son méhari* », Bâ. *Des méharis ou des méhara* (pluriel arabe).

MÉHARISTE, ■ n. m. et n. f. [mearist] (*méhari*) Personne qui monte à dos de méhari. *Ce méhariste syrien montait le dromadaire en s'appuyant sur son cou.*

MEILLEUR, EURE, adj. [mejœr] (lat. *melior*) Comparatif qui a le même sens que *plus bon*, lequel ne se dit pas. ♦ *Meilleur à,* qui convient mieux à, qui vaut mieux pour. « *La mort m'est meilleure que la vie* », SACI. ■ **Impers.** *Il est meilleur,* il vaut mieux. « *Il est bon de parler et meilleur de se taire* », LA FONTAINE. ♦ *De meilleure heure,* plus tôt. ♦ *Le meilleur, la meilleure, les meilleurs,* superlatif relatif de *bon,* qui est au-dessus de tout dans son genre pour la bonté, l'utilité. « *La raison du plus fort est toujours la meilleure* », LA FONTAINE. ♦ *La meilleure partie, la meilleure part,* la plus grande partie, en parlant de nombre, de quantité. ♦ *La meilleure part à,* la plus grande participation à. « *Les usages, le rang, la naissance ont d'ordinaire la meilleure part au choix d'un état de vie* », MASSILLON. ♦ Dans la poésie, on supprime quelquefois l'article. *Avoir meilleure part à, etc.* ■ N. m. et n. f. Celui, celle qui l'emporte sur les autres par ses qualités. ♦ Prov. *Le meilleur n'en vaut rien,* se dit de personnes presque également méchantes ou vicieuses. ♦ N. m. *Le meilleur,* ce qu'il y a de mieux. ♦ *Le meilleur,* ce qu'il y a de plus curieux, et aussi ironiquement ce qu'il y a de plus mal. ♦ ▷ *Du meilleur de l'âme, du meilleur du cœur,* avec la plus entière bienveillance, affection. ◁ ▷ Fam. *Boire du meilleur,* boire du meilleur vin qu'on ait. ◁ ■ Adv. *Il fait meilleur,* on est mieux. ■ *Donner le meilleur de soi-même,* s'investir grandement. ■ **Fam.** *J'en passe et des meilleures,* je ne vous raconte pas les détails. ■ *Être unis pour le meilleur et pour le pire,* pour les moments difficiles comme pour les moments heureux. ■ REM. Auj. *la meilleure part* se dit de la qualité et non plus de la quantité.

MÉIOSE, ■ n. f. [mejoz] (gr. *meiôsis*, amoindrissement, diminution) **Biol.** Formation des cellules sexuelles par double division de la cellule, réduisant de moitié le nombre de chromosomes. *La méiose est la base essentielle de la génétique.*

MÉIOTIQUE, ■ adj. [mejotik] (*méiose*) Relatif à la méiose. *Maturation, division méiotique.*

MEISTRE ou **MESTRE,** n. m. [mɛstʀ] (ital. *maestra*) **Mar.** Nom du grand mât dans certains bâtiments du Levant. *Voile, mât de mestre.*

MEITNÉRIUM, ■ n. m. [mɛtneʀjɔm] (Lise *Meitner*, 1878-1968, physicienne autrichienne) Métal hautement radioactif et instable n'existant pas à l'état naturel. *Le symbole du meitnérium est Mt et son numéro atomique est 109.*

MÉJUGER, ■ v. tr. [meʒyʒe] (*mé-* et *juger*) Mal juger, porter un jugement négatif ou défavorable sur. *Ce peintre est méjugé de ses pairs.* ■ V. intr. **Litt.** Se tromper sur. *Il a méjugé de ses compétences dans le domaine.* ■ Se méjuger, v. pr. Mal se juger.

MÉLAMINE, ■ n. f. [melamin] (*mélam*, substance chimique, et *amine*) **Chim.** Composé obtenu par synthèse du formol qui donne des corps très durs et résistant au vieillissement. *Des assiettes en mélamine.*

MÉLAMINÉ, ÉE, ■ adj. [melamine] (*mélamine*) Recouvert de mélamine. *Une table mélaminée.* ■ N. m. Support, objet ainsi recouvert. *Des étagères en mélaminé.*

MÉLAMPYRE, ■ n. m. [melɑ̃piʀ] (gr. *melas*, noir, et *puros*, grain de blé) Plante appartenant à la famille des scrofulariacées et qui parasite les autres plantes. *Le mélampyre est appelé aussi queue-de-renard. Mélampyre des champs, des bois.*

MÉLANCOLIE, n. f. [melɑ̃kɔli] (lat. *melancholia*, du gr. *melagkholia*, de *melas*, noir, et *kholê*, bile) **Anc. méd.** Bile noire, humeur hypothétique dont les Anciens plaçaient le siège dans la rate. ◆ Dans la médecine actuelle, lésion des facultés intellectuelles caractérisée par un délire roulant exclusivement sur une série d'idées tristes. ◆ Disposition triste provenant d'une cause physique ou morale. ◆ *Il n'engendre pas la mélancolie, de mélancolie, il est fort gai.* ◆ Tristesse adoucie qui succède à une perte cruelle. ◆ Tristesse vague, rêverie.

MÉLANCOLIQUE, adj. [melɑ̃kɔlik] (lat. *melancholicus*, du gr. *melagkholikos*) **Méd.** Qui est relatif au genre de folie dite mélancolie. ■ N. m. *Un mélancolique, une mélancolique*, personne affectée de mélancolie. ◆ En qui domine la mélancolie, la disposition triste. ◆ n. *Un mélancolique.* ◆ En quoi domine la mélancolie, la disposition triste. *Sentiment mélancolique.* ◆ Qui inspire la mélancolie. *Lieu, entretien mélancolique.* ◆ Qui a rapport à la tristesse vague dite mélancolie. *Poésie mélancolique.*

MÉLANCOLIQUEMENT, adv. [melɑ̃kɔlik(ə)mɑ̃] (*mélancolique*) D'une manière mélancolique.

MÉLANÉSIEN, IENNE, ■ n. m. et n. f. [melanezjɛ̃, jɛn] (*Mélanésie*, du gr. *melas*, noir, et *nêsos*, île) Personne qui est née ou qui habite en Mélanésie. *Une Mélanésienne de Nouvelle-Calédonie.* ■ N. m. Groupe de langues. *Le mélanésien se rattache au groupe malayo-polynésien.* ■ Adj. *Les langues mélanésiennes. Des cases mélanésiennes.*

MÉLANGE, n. m. [melɑ̃ʒ] (*mêler*) Ce qui résulte de plusieurs choses mêlées ensemble. *Un mélange de bouillon et de vin.* ◆ Il se dit de personnes mêlées ensemble. *Un mélange de toute sorte de gens.* ■ **Fig.** Union de qualités, de conditions, d'affaires différentes. « *Ces âmes faibles et vaines dont la vie est un mélange perpétuel de bien et de mal* », FÉNELON. ◆ Sans mélange, pleinement, complètement, entièrement. *Heureux sans mélange.* ◆ *Mélange des couleurs*, union de plusieurs couleurs dont se forment les teintes qui sont nécessaires au peintre. ■ **Phys. et chim.** Union, en proportions indéfinies et sans combinaison chimique, de corps qui gardent leurs propriétés spécifiques ; corps ainsi préparé. ◆ Croisement de races, accouplement d'êtres de races ou même d'espèces différentes. *Le mélange des Blancs avec les Noirs produit les mulâtres[1].* ◆ N. m. pl. Titre de certains recueils composés de pièces de prose ou de poésie, de petits ouvrages sur différents sujets. *Mélanges de littérature.* ◆ Action d'associer ou de mêler plusieurs choses ou éléments. REM. 1 : La notion de race ne repose sur aucun fondement scientifique et a une connotation raciste.

MÉLANGÉ, ÉE, p. p. de mélanger. [melɑ̃ʒe] *Société mélangée*, société de personnes qui ne sont pas toutes de bonnes manières, de bonnes mœurs, etc. ◆ *Drap mélangé*, drap dont la trame et la chaîne sont de laines de différentes couleurs. ◆ Issu du croisement. *Espèce mélangée.*

MÉLANGER, v. tr. [melɑ̃ʒe] (*mélange*) Faire un mélange. *Mélanger des vins, des couleurs.* ■ Se mélanger, v. pr. mélanger. ◆ Troubler l'ordre. *Arrête de fouiller, tu mélanges mes documents !* ■ **Fig.** Faire des confusions. ■ **Fam.** Se mélanger les crayons, les pinceaux, se tromper. *Je me suis mélangé les crayons, je croyais qu'on avait rendez-vous à 19 heures au lieu de 18 heures.*

MÉLANGEUR, n. m. [melɑ̃ʒœʀ] (*mélanger*) Appareil utilisé pour mélanger des substances de différentes consistances. *Mélangeur à peinture, à béton, à vinaigrette.* ■ Appareil de robinetterie utilisé pour faire couler un mélange d'eau chaude et d'eau froide. *Le mélangeur eau froide et eau chaude de ma salle de bain est en panne.*

MÉLANINE, ■ n. f. [melanin] (gr. *melas*, génit. *melanos*, noir) Substance pigmentaire protéique véhiculée par le sang dans la peau. *La mélanine pigmente normalement la peau, les cheveux et l'iris mais peut également se retrouver à l'état pathologique dans certaines tumeurs.*

MÉLANIQUE, ■ adj. [melanik] (*mélanine*) Relatif à la mélanine. *Un pigment, un sarcome mélanique.* ■ Relatif au mélanisme. *Mutations mélaniques.*

MÉLANISME, ■ n. m. [melanism] (*mélan[o]-* et *-isme*) **Biol.** Capacité d'un organisme à produire des pigments mélaniques. *Le mélanisme s'oppose à l'albinisme. Mélanisme industriel.*

MÉLANOCYTE, ■ n. m. [melanosit] (*mélano-* et *-cyte*) Cellule de l'épiderme qui produit de la mélanine afin de se protéger des rayons du soleil. *Le mélanocyte, qui synthétise les pigments du poil, fabrique la mélanine grâce à un gène des chromosomes 9. Le mélanocyte peut se transformer en cellule tumorale.*

MÉLANODERME, ■ n. m. et n. f. [melanodɛʀm] (*mélano-*, et *-derme*) Personne dont la peau est noire, de couleur foncée. ■ Adj. *Une civilisation mélanoderme.*

MÉLANODERMIE, ■ n. f. [melanodɛʀmi] (*mélano-* et *-dermie*) **Méd.** Pigmentation pathologique foncée de la peau, résultant d'un fort taux de mélanine dans les couches épithéliales, qui peut être localisée ou généralisée. *La mélanodermie, appelée aussi la maladie des vagabonds, se rencontre notamment dans la maladie d'Addison.*

MÉLANOME, ■ n. m. [melanom] (*mélano-* et *-ome*) Tumeur, bénigne ou maligne, constituée de cellules pigmentées produisant de la mélanine. *Le mélanome malin est une tumeur cancéreuse de la peau qui se développe très rapidement.* ■ *Mélanome bénin*, nævus.

MÉLANOSE, ■ n. f. [melanoz] (gr. *melanôsis*, action de noircir, tache) **Méd.** Tumeur d'origine mélanique. ■ Accumulation anormale de mélanine dans le derme. *Mélanose du côlon, des cheveux blancs. Mélanose de Dubreuilh.*

MÉLASSE, n. f. [melas] (lat. médiév. *mellacea*, dérivé du lat. *mel*, génit. *mellis*, miel) Espèce de sirop qui reste après la cristallisation du sucre, et qui refuse de donner des cristaux.

MÉLATONINE, ■ n. f. [melatonin] (*méla[no]-* et *-tonine*, de *teinein*, tendre) Hormone sécrétée uniquement la nuit, par la glande pinéale ou épiphyse qui se trouve dans le cerveau. *La mélatonine aurait des effets bénéfiques sur les troubles du sommeil, la dépression et certains désordres immunitaires.*

MELBA, ■ adj. inv. [mɛlba] (Nellie *Melba*, 1859-1931, cantatrice australienne, pour qui le cuisinier français Escoffier créa ce dessert) Dessert composé de fruits, de glace à la vanille et de crème chantilly. *Des pêches melba.*

MELDOIS, OISE, ■ n. m. et n. f. [mɛldwa, waz] (lat. *Meldi*, peuple gaulois de cette région) Personne qui est née ou qui habite à Meaux. *Les Meldois.* ■ Adj. *Le brie de Meaux est une spécialité meldoise.*

MÊLÉ, ÉE, p. p. de mêler. [mele] *Lettres mêlées de vers et de prose*, lettres où il y a de la prose et des vers. ◆ Où il y a du bon et du mauvais. « *Que je vois dans le monde de ces vies mêlées !* », BOSSUET. ◆ ▷ *Compagnie mêlée*, compagnie moitié bonne, moitié mauvaise. ◁ ◆ Qui n'est pas pur. ◆ *Sang mêlé*, personne issue d'un croisement entre Blanc et Nègre[1]. ◆ Embrouillé. *Écheveaux, cheveux mêlés.* ◆ Embrouillé, en parlant d'affaires. « *Trouvant un bien fort grand, mais fort mêlé d'affaires* », LA FONTAINE. ■ REM. 1 : À l'époque de Littré le terme *nègre* n'était pas raciste, contrairement à aujourd'hui.

MÊLÉE, n. f. [mele] (p. p. fém. substantivé de *mêler*) Combat opiniâtre où l'on se mêle et s'attaque corps à corps. ◆ Batterie entre plusieurs individus. ◆ Contestation vive entre plusieurs personnes. ◆ Conflits d'intérêts, de passions. ■ Au rugby, groupement de joueurs des deux équipes qui s'arcboutent les uns aux autres dans le but de récupérer le ballon placé au milieu d'eux, en agissant par poussée ou par résistance. *L'arbitrage de la mêlée ordonnée.*

MÉLÉNA ou **MELAENA,** ■ n. m. [melena] (b. lat. *melæna* [*cholera*], humeur noire, du gr. *melaina*, noire) **Méd.** Élimination de selles de couleur très foncée, due à la présence de sang digéré dans l'intestin. *Le méléna se caractérise par une odeur nauséabonde particulière.*

MÊLER, v. tr. [mele] (b. lat. *miscular*, fréq. du lat. *miscere*) Mettre ensemble deux ou plusieurs choses. *Mêler des drogues. La Marne mêle ses eaux avec celles ou à celles de la Seine.* ◆ *Mêler le vin*, mettre ensemble des vins de diverses sortes. ◆ **Peint.** Unir les couleurs pour en former des teintes. ◆ Par extens. « *On les entend mêler... Les imprécations aux prières publiques* », VOLTAIRE. ◆ **Fig.** *Mêler le ciel à la terre*, tout confondre. ◆ **Fig.** *Mêler ses* *larmes à celles de quelqu'un,* partager son affliction. ◆ Embrouiller. *Mêler du fil, un écheveau, des cheveux, etc.* ◆ **Jeu** *Mêler les cartes* ou simplement *mêler,* battre les cartes, et fig. embrouiller les affaires. ◆ ▷ *Mêler une serrure,* en fausser les gardes ou quelque ressort. ◁ ◆ *Mêler quelqu'un dans une accusation,* l'y comprendre. ◆ *Mêler quelqu'un dans des propos,* parler de lui de manière à le compromettre. ◆ **Fig.** Unir, joindre ensemble certaines choses. *Mêler l'agréable et l'utile, la douceur à la sévérité.* ◆ ▷ *Mêler son mot,* intervenir dans la conversation. ◁ ◆ **Se mêler,** v. pr. Être uni, confondu. *La Marne se mêle avec la Seine.* ◆ S'unir par mariage. *Les familles se mêlent par des mariages.* ◆ S'unir par des croisements. ◆ Se jeter parmi, aller parmi, fréquenter. *Se mêler dans la foule* ou *à la foule.* ◆ En venir aux mains. « *On se mêle, on combat* », VOLTAIRE. ◆ Devenir embrouillé. *Les écheveaux se sont mêlés.* ◆ **Fig.** Se brouiller. « *Les choses se mêlent de plus en plus* », BOSSUET. ◆ Devenir moins pur. « *Le sang romain se mêlait* », BOSSUET. ◆ Se joindre à, intervenir. « *Quoi! vous mêler aux vœux d'une troupe infidèle!* », P. CORNEILLE. « *Dans le brillant commerce il se mêle sans cesse* », MOLIÈRE. ◆ Se mêler de, prendre soin de, s'occuper de. *Se mêler seul de ses affaires.* ◆ *Se mêler de,* se livrer à une certaine occupation. « *Quand ils se sont mêlés d'être conquérants* », BOSSUET. ◆ Prendre part à. *Se mêler de la conversation.* ◆ *Se mêler d'une chose,* s'occuper d'une chose étrangère à sa profession, à ses habitudes, etc. ▪ Impliquer quelqu'un dans une entreprise. *Il est mêlé à un trafic de drogue.*

MÉLÈZE, n. m. [melɛz] (dauph. *melice,* croisement de deux noms de cet arbre, gaul. *mel-* et lat. *larix*) Nom vulgaire du larix européen, qui fait partie des conifères.

MÉLIA ou **MELIA,** ▪ n. m. [melja] (mot gr., frêne, parce que les feuilles de cet arbre ressemblent à celles du frêne) Arbre d'origine asiatique de la famille de l'acajou, cultivé comme plante d'ornement pour ses fleurs odorantes ressemblant au lilas. *Le bois du mélia est utilisé pour la fabrication des chapelets.*

MÉLIACÉES, ▪ n. f. pl. [meljase] (*mélia*) Famille d'arbres originaire des régions équatoriales, dont le bois précieux est utilisé en ébénisterie. *L'acajou appartient à la famille des méliacées.*

MÉLILOT, n. m. [melilo] (lat. *melilotus,* du gr. *melilôtos*) Genre de plantes indigènes, de la famille des légumineuses. ▪ REM. On disait aussi *mirlilot.*

MÉLIMÉLO ou **MÉLI-MÉLO,** ▪ n. m. [melimelo] (abrév. de *pêle-mêle;* cf. anc. fr. *mesle-mesle*) Mélange, fouillis. *Quel mélimélo, je n'y comprends rien.* ▪ *Un mélimélo de salades,* salade composée. *Un mélimélo de salades aux agrumes. Des mélimélos, des mélis-mélos.*

MÉLIORATIF, IVE, ▪ adj. [meljoratif, iv] (b. lat. *meliorare,* sur le modèle de *péjoratif*) Qui améliore, rend positif. *Choisirez-vous des adjectifs mélioratifs ou au contraire péjoratifs?*

MÉLISSE, n. f. [melis] (lat. *melissa,* du gr. *melissa,* abeille) Plante aromatique de la famille des labiées, dite mélisse officinale. ◆ *Eau distillée de mélisse,* ou simplement *eau de mélisse,* hydrolat de mélisse. On la nomme aussi eau des carmes, parce que ce sont ces religieux qui en ont fait les premiers.

MÉLITTE, ▪ n. f. [melit] (lat. sav. [Linné] *melittis melissophyllon,* du gr. attiq. *melitta*) **Bot.** Plante très odorante dont les fleurs sont grandes, de couleur blanche tachées de pourpre. *La mélitte est communément appelée mélisse des bois* ou *mélisse sauvage.*

MELKITE ou **MELCHITE,** ▪ n. m. et n. f. [mɛlkit] (syriaq. *malky,* royalistes, c'est-à-dire partisans de l'empereur Marcien [392/396-457], de *malka,* roi) **Théol.** Chrétien catholique ou orthodoxe fidèle au concile de Chalcédoine (451) de l'Église byzantine d'Antioche, Jérusalem et Alexandrie, dont une partie a rejoint, depuis, l'Église catholique romaine. *Un évêque melkite.* ▪ Adj. *L'église melkite.*

MELLAH, ▪ n. m. [mela] (ar. *mallah,* de *milh,* sel, ou *mehalla,* village juif isolé, de *halla,* habiter) Quartier juif dans les villes du Maroc. *Les mellahs marocains.*

MELLE, MELLES, ▪ [mad(ə)mwazɛl, med(ə)mwazɛl] Voy. MADEMOISELLE, MESDEMOISELLES.

MELLIFÈRE, adj. [melifɛʁ] (lat. *mellifer,* qui produit le miel) Se dit d'une plante qui sécrète une liqueur sucrée, et d'un insecte qui fabrique du miel. ◆ N. m. pl. Famille d'insectes qui ramassent avec leurs pieds la poussière des étamines.

MELLIFICATION, n. f. [melifikasjɔ̃] (lat. *mellificare,* produire du miel) Fabrication du miel par les abeilles.

MELLIFIQUE, adj. [melifik] (lat. *mellificus,* relatif à la production de miel) Qui fabrique du miel.

MELLIFLU, UE, adj. [melifly] (b. lat. *mellifluus*) Qui abonde en miel, qui fait le miel. ◆ Vieilli en ce sens. ◆ **Fig.** Qui est trop doucereux et presque fade. *Paroles mellifues.* ▪ REM. Graphie ancienne: *mellifue.*

MÉLO, ▪ n. m. [melo] (apocope de *mélodrame*) Voy. MÉLODRAME.

MÉLODIE, n. f. [melodi] (gr. *melôdia,* chant) Suite de sons d'où résulte un chant agréable et régulier. ◆ Série, par opposition à *harmonie,* de sons successifs qui forme une ou plusieurs phrases musicales. *La mélodie italienne.* ◆ Syn. de romance. *Les mélodies de Schubert.* ◆ **Par extens.** En parlant de poésie ou de prose, choix et suite de mots, de phrases propres à flatter l'oreille. *La mélodie du style.*

MÉLODIEUSEMENT, adv. [melodjøz(ə)mɑ̃] (*mélodieux*) D'une manière mélodieuse.

MÉLODIEUX, EUSE, adj. [melodjø, øz] (*mélodie*) Rempli de mélodie. *Un chant mélodieux. Oiseau mélodieux.*

MÉLODIQUE, adj. [melodik] (*mélodie*) **Mus.** Qui appartient à la mélodie, par opposition à *harmonique. Marche mélodique.*

MÉLODIQUEMENT, adv. [melodik(ə)mɑ̃] (*mélodique*) D'une manière mélodique.

MÉLODISTE, n. m. et n. f. [melodist] (*mélodie*) Personne qui compose des mélodies, des chants faciles, agréables. ◆ Musicien qui pense que la mélodie est la partie essentielle de la musique. ◆ Compositeur dont le caractère principal est la mélodie.

MÉLODIUM, n. m. [melodjɔm] (abrév. de *orgue-mélodium*) Espèce d'orgue.

MÉLODRAMATIQUE, adj. [melodramatik] (*mélodrame*) Qui ressemble, qui a rapport au mélodrame. *Un air mélodramatique.*

MÉLODRAME, n. m. [melodram] (gr. *melos,* chant, et *drame*) Autrefois, sorte de drame où le dialogue était coupé par une musique instrumentale annonçant l'entrée ou la sortie des personnages importants. ◆ Passage exécuté par l'orchestre, et exprimant les sentiments du personnage qui est en scène, tandis qu'il parle ou gesticule. ◆ Aujourd'hui, sorte de tragédie populaire. ◆ *Héros de mélodrame,* personnage qui n'a à la bouche que des sentiments emphatiques et exagérés. ▪ **Abrév. fam.** Mélo. *On baigne en plein mélo.*

MÉLOÉ, ▪ n. m. [meloe] (lat. sav. [Linné] *meloe,* p.-ê. du gr. *melas,* noir) Gros insecte de l'ordre des coléoptères de couleur noire dont les ailes antérieures sont courtes et dont les larves parasitent les ruches. *Le méloé, qui vit dans les prairies, se nourrit d'herbe ou de petites plantes basses.*

MÉLOMANE, n. m. et n. f. [meloman] (gr. *melos,* chant, et *-mane*) Celui qui est fou, celle qui est folle de musique.

MÉLOMANIE, n. f. [melomani] (gr. *melos,* chant, et *-manie*) Amour excessif de la musique.

MELON, n. m. [məlɔ̃] (b. lat. *melo,* du lat. *melopepo,* gr. *mêlôpepôn,* de *mêlon,* fruit, et *pepôn,* cuit par le soleil) Nom vulgaire et spécifique du *cucumis melon,* de la famille des cucurbitacées. ◆ Fruit de cette plante, juteux et sucré. ◆ *Melon d'eau,* la cucurbite pastèque et son fruit. ◆ Chapeau rond destiné aux hommes, bombé et à bords étroits. *Porter un melon. Des chapeaux melon* ou *des chapeaux melons.* ▪ **Fam.** *Avoir, prendre le melon,* être prétentieux, vaniteux. *Depuis qu'il a enregistré un disque, elle a pris le melon!*

MELONGÈNE ou **MÉLONGÈNE,** n. f. [mələ̃ʒɛn, melɔ̃ʒɛn] (lat. bot. méd. *melongena*) L'aubergine. ▪ REM. On disait aussi *merangène.*

MELONNIÈRE, n. f. [mələnjɛʁ] (*melon*) Endroit où l'on cultive des melons.

MÉLOPÉE, n. f. [melope] (gr. *melopoiïa*) Arts de déclamer une phrase de discours ou du vers de tragédie. ◆ **Mus.** Arts de faire, sur des paroles de prose élevée ou de poésie, une phrase de musique ou plutôt une phrase de récitatif. ◆ La phrase même de récitatif, la mélodie.

MÉLOPHAGE, ▪ n. m. [melofaʒ] (gr. *mêlon,* mouton, brebis, et *-phage*) Mouche de couleur marron qui vit en parasite dans la laine des moutons et qui se nourrit de leur sang. *Le mélophage, appelé aussi Pou des moutons, possède un abdomen large et aplati.*

MÉLOPHONE, n. m. [melofɔn] (gr. *melos,* chant, et *-phone*) Instrument à soufflet et en forme de guitare, ayant sur le manche de petites touches métalliques qui ouvrent les tuyaux.

MÉLOPLASTE, n. m. [meloplast] (gr. *melos,* chant, et *-plaste*) Tableau représentant une portée de musique, sur laquelle le professeur indique avec une baguette les sons que l'élève doit entonner.

MÉLOPLASTIE, n. f. [meloplasti] (gr. *mêlon,* pomme, joue, et *-plastie*) **Chir.** Opération qui a pour but de restaurer la joue endommagée par une plaie ou par une ulcération.

MELPOMÈNE, n. f. [mɛlpomɛn] (gr. *Melpomenê*) Une des neuf Muses, celle qui préside à la tragédie.

MELTING-POT, ▪ n. m. [mɛltiŋpɔt] (angl. *to melt,* mélanger, et *pot,* pot) Brassage ethnique, censé caractériser la population des États-Unis au temps des migrations. *Des melting-pots culturels.*

MÉLUSINE, n. f. [melyzin] (*Mélusine*) Sorte de fée, fille d'Élénas, roi d'Albanie, qui était changée en serpent tous les samedis pour expier le meurtre de son père. ♦ ▷ *Fam. Cris de Mélusine*, cris violents. ◁ ♦ **Hérald.** Figure nue, échevelée, demi-femme et demi-serpent, qui se baigne dans une cuve où elle se mire et se coiffe. ■ **Rem.** On disait aussi *merlusine* autrefois.

MÉMARCHURE, n. f. [memarʃyr] (*mé-* et *marcher*) Entorse que le cheval se donne quand il ne met pas le pied dans une assiette ferme.

MEMBRANAIRE, ■ adj. [mãbranɛr] (*membrane*) Relatif à la membrane. *Le système membranaire. Des protéines membranaires.*

MEMBRANE, n. f. [mãbran] (lat. *membrana*) **Anat.** Nom donné, en général, à tous les tissus aplatis en forme de lames ou de toiles, qui servent soit à embrasser et contenir certains organes, soit à sécréter certains fluides. *Membranes muqueuses.* ♦ **Bot.** Terme générique servant à désigner les organes plans, minces et faibles.

MEMBRANEUX, EUSE, adj. [mãbranø, øz] (*membrane*) **Anat.** Qui est de la nature des membranes. *Tissus membraneux.* ♦ **Bot.** Qui est mince et presque dénué de substance intérieure.

MEMBRE, n. m. [mãbr] (lat. *membrum*) Partie extérieure du corps de l'homme et de l'animal, distinguée de toutes les autres parce qu'elle est placée en appendice, et unie au reste du corps par des articulations. ♦ **Hérald.** Jambe ou patte de griffon, d'aigle ou d'autre oiseau, séparée du corps. ♦ Le corps, dans le langage mystique. « *Si la loi des membres nous entraîne vers les plaisirs des sens* », MASSILLON. ♦ **Fig.** Chacune des personnes qui forment un corps politique, une société religieuse, savante, littéraire, etc. *Les membres de l'Assemblée nationale, de l'Académie française, etc.* ♦ *Les membres de Jésus-Christ, de Dieu, de l'Église*, les fidèles. ♦ Ce qui dépendait d'une terre, d'une seigneurie, d'un bénéfice. *Ce fief était un membre de la terre seigneuriale.* ♦ Chaque partie d'une période ou d'une phrase. *Une période de quatre membres.* ♦ Il se dit aussi des termes d'une comparaison. ♦ **Alg.** *Membre d'une équation*, chacune des deux parties qui sont séparées par le signe d'égalité. ♦ Chacune des parties grandes ou petites qui entrent dans la composition d'un ouvrage d'architecture. *La frise est un membre de l'entablement.* ♦ **Mar.** Chacune des deux côtes dont la réunion compose un couple.

MEMBRÉ, ÉE, adj. [mãbre] (*membre*) usité seulement avec un adverbe. *Bien membré*, qui a des membres bien faits, bien proportionnés. *Membré fortement.* ♦ **Hérald.** Se dit d'un animal dont les membres sont d'un autre émail que le corps.

MEMBRU, UE, adj. [mãbry] (*membre*) ▷ **Fam.** Qui a de gros membres. ♦ N. m. et n. f. *Un gros membru.* ◁

MEMBRURE, n. f. [mãbryr] (*membre*) ▷ L'ensemble des membres d'un individu. *Une forte membrure.* ◁ ♦ Menuiserie, pièce de bois épaisse, dans laquelle on enchâsse les panneaux. ♦ L'ensemble des membres ou couples d'un bâtiment. ♦ Mesure de bois à brûler.

MÉMÉ, ■ n. f. [meme] (*mémère*) Grand-mère. *Je vais rendre visite à mémé et pépé.* ■ **Fam.** Femme âgée. *Cette mémé a des problèmes d'audition.* ■ **Au pl.** *Des mémés.*

MÊME, adj. [mɛm] (lat. vulg. *metipsissimus*, de *met*, particule de renforcement des pronoms, et lat. *ipse*, même, en personne) Qui est comme une autre chose ou comme soi-même ; qui n'est pas autre, qui n'est pas différent. *Un même homme. Deux plantes de même espèce.* ♦ **Fig.** De même, la même, dont l'apparence, le caractère n'est pas changé. *Cette femme est toujours la même.* ♦ *Même*, sans article. « *De mêmes causes doivent raisonnablement produire de mêmes effets* », LA MOTHE LE VAYER. ♦ En cet emploi, il s'est mis après son substantif, ce qui ne se dit plus. « *Sa bonté toujours même* », LA FONTAINE. ♦ *Même*, précédé du même adjectif possessif. *Mes mêmes intentions*, les intentions que j'avais et que j'ai. ♦ Semblable, pareil. *Donnez-nous du même vin.* ♦ *Le même* construit avec *que* indique similitude entre deux objets. *Il est habillé de la même couleur que vous.* ♦ LE MÊME, n. m. *La même chose.* « *L'ennemi fait le même* », P. CORNEILLE. « *Le même doit arriver* », BOSSUET. ♦ *Cela revient au même, c'est la même chose.* ♦ *Le même*, se dit au billard d'une partie qui consiste à pousser la bille de son adversaire immédiatement dans une des blouses. *Jouer le même.* ♦ ▷ *Faire une bille au même*, la faire dans une des blouses sans avoir fait toucher bande à la bille. ◁ ♦ ▷ **Fig.** et **pop.** *Faire au même*, tromper, attraper. ◁ ♦ *Même* s'emploie sans article immédiatement après les noms, pour marquer plus expressément la personne ou la chose dont on parle. *Cet homme même.* ♦ Il se joint de la même façon avec les pronoms personnels (on met un trait d'union). *Lui-même.* ♦ Un pronom personnel uni à *même* et construit avec *de* exprime la spontanéité de l'action. *J'agirai de moi-même.* ♦ *Un autre moi-même*, une personne que j'aime autant que moi-même, ou qui peut me représenter pour toute chose. *Un autre toi-même, d'autres nous-mêmes, etc.* ♦ *Même* accompagne aussi les substantifs qui désignent quelques qualités, pour exprimer qu'elles sont au plus haut degré. « *Cette*

Esther, l'innocence et la sagesse même », RACINE. ♦ MÊME, adv. De plus, aussi, encore. « *L'intérêt joue toutes sortes de personnages, même celui de désintéressé* », LA ROCHEFOUCAULD. ♦ On s'en sert dans des phrases adversatives pour les fortifier. *Non seulement il n'est point avare, mais même il est prodigue.* ♦ À MÊME, loc. adv. À la chose même. *Voilà du vin, buvez à même, à la cruche même.* ♦ Avec un complément. *Il but à même le pot.* ♦ **Fig.** Être à *même de*, être à portée de, avoir facilité de. ♦ **Fig.** *À même de*, avec un verbe à l'infinitif, en état, en mesure de. *Il est à même de vous servir.* ♦ DE MÊME, loc. adv. De semblable manière. « *Quand un Français et un Anglais pensent de même, il faut bien qu'ils aient raison* », VOLTAIRE. ♦ Avec *que*. *De même que vous.* ♦ **Hérald.** *De même*, se dit en blasonnant pour éviter de répéter la désignation de l'émail. *Il porte d'or à trois fasces de sable, surmontées de trois merlettes de même*, c'est-à-dire également de sable. ♦ *Tout de même*, même sens que *de même*. « *Il serait arrivé tout de même à son but par la douceur* », MONTESQUIEU. ♦ Avec *que*. « *Vous m'avez vue me repentir, tout de même qu'une autre* », MME DE SÉVIGNÉ. ♦ **Pop.** *Tout de même*, néanmoins. *Je n'y vais pas de bon gré, mais j'irai tout de même.* ♦ Au XVIIᵉ siècle, il était loisible d'ajouter une *s* à *même* adverbe. ♦ On a dit dans le XVIIᵉ siècle *même* devant le substantif dans le sens qu'il a présentement placé après. *C'est la même vertu*, pour : la vertu même. ♦ **Fam.** *Quand même*, malgré tout. *Il était puni mais il est quand même sorti.* ♦ *En même temps, dans le même temps*, simultanément. *Je suis débordé, je dois tout faire en même temps ! Elle aimait deux garçons en même temps.*

MÊMEMENT, adv. [mɛm(ə)mã] (*même.*) ▷ *Faites mêmement.* ◁

MÉMENTO, n. m. [memɛ̃to] (*en* se prononce *in* ; lat. *memento*, impératif, souviens-toi) Marque destinée à rappeler le souvenir de quelque chose. ♦ Dans la liturgie catholique, prières pour les vivants, pour les morts. ♦ Petit abrégé. ■ **Au pl.** *Des mémentos.*

MÉMO, ■ n. m. [memo] (abrév. de *mémorandum*) Note prise rapidement à propos de quelque chose pour ne pas l'oublier. *Il a laissé des mémos sur son bureau de peur d'oublier ses rendez-vous.*

1 **MÉMOIRE**, n. f. [memwar] (lat. *memoria*) Faculté de rappeler les idées et la notion des objets qui ont produit des sensations. ♦ *Rafraîchir la mémoire*, rappeler en l'esprit des souvenirs. ♦ *De mémoire*, en usant de la mémoire, et sans avoir la chose sous les yeux. *Réciter de mémoire.* ♦ *Si j'ai bonne mémoire* ou *si j'ai mémoire*, si mes souvenirs sont exacts. ♦ *Mémoire locale*, artificielle, Voy. LOCAL, ARTIFICIEL. ♦ Action, effet de la faculté qui se souvient, souvenir. « *Il n'est point mémoire d'un plus furieux combat* », VAUGELAS. « *Je voudrais être mort dans la mémoire des hommes* », J.-J. ROUSSEAU. ♦ *Il n'y a pas de mémoire que...*, personne ne se souvient que. ♦ *De mémoire d'homme* (avec la négation), sans qu'aucun homme actuellement vivant en ait mémoire. ♦ *En mémoire de quelque chose*, pour en garder le souvenir. ♦ **Comptab.** *Pour mémoire :* on écrit ces mots à côté de certains articles qui sont mentionnés, sans être portés en ligne de compte. ♦ Liturgie, commémoration dans l'office du jour. *Faire mémoire d'un saint.* ♦ La réputation bonne ou mauvaise qui reste d'une personne. ♦ **Dr.** *Réhabiliter, purger la mémoire d'un défunt*, faire annuler, par voie de révision, le jugement qui l'a condamné. ♦ ▷ *Prince d'heureuse mémoire, de glorieuse mémoire, etc.*, formule employée en parlant d'un prince, d'un souverain ou d'un simple particulier qui s'est illustré par ses vertus ou par ses victoires. ◁ ♦ Souvenir de la postérité. « *Je puis choisir, dit-on, ou beaucoup d'ans sans gloire, Ou peu de jours suivis d'une longue mémoire* », RACINE. ♦ *La Mémoire* (avec une M majuscule), déesse que l'on nommait aussi Mnémosyne. ♦ *Les filles de Mémoire*, les neuf Muses. ♦ *Le temple de Mémoire*, le temple où, suivant les poètes, les noms des grands hommes sont conservés. ■ **Inform.** Dispositif qui permet l'enregistrement de données de tous types. ■ **Inform.** Support stockant des informations dans un ordinateur.

2 **MÉMOIRE**, n. m. [memwar] (1 *mémoire*) Écrit sommaire qui contient soit un exposé, soit des instructions. ♦ Mémoire, ouvrage manuscrit ou imprimé contenant les faits et les moyens d'une cause qui doit être jugée. *Les mémoires de Beaumarchais.* ♦ **Pratiq.** Requête. *Présenter un mémoire.* ♦ État des sommes dues à un homme de justice pour ses vacations, ses écritures et ses déboursés dans une affaire. ♦ État de ce qui est dû à un marchand, à un commerçant, à un artisan, etc. *Mémoire d'apothicaire*, Voy. APOTHICAIRE. ♦ Dissertation sur quelque objet de science, d'érudition, de littérature, etc. ♦ **Au pl.** Recueil des dissertations lues dans une société savante ou littéraire. *Les Mémoires de l'Académie des inscriptions et belles-lettres.* ♦ **Au pl.** Relations de faits particuliers pour servir à l'histoire. *Les Mémoires de Sully.* ♦ Écrits où sont racontés les événements de la vie d'un particulier. *Écrire ses mémoires.*

MÉMORABLE, adj. [memorabl] (lat. *memorabilis*) Digne de mémoire. *Mémorable journée. Action mémorable.*

MÉMORABLEMENT, adv. [memorabləmã] (*mémorable*) ▷ D'une manière mémorable. ◁

MÉMORANDUM, n. m. [memorãdɔm] (lat. *memorandum*, qui doit être rappelé, adj. verbal neutre de *memorare*) Note des choses dont on veut se souvenir ; petit cahier sur lequel on inscrit ces choses. ◆ Espèce de note diplomatique contenant l'exposé sommaire de l'état d'une question. ◆ Au pl. *Des mémorandums.* ■ **Abrév.** Mémo.

MÉMORATIF, IVE, adj. [memoratif, iv] (lat. *memorare*) Fam. Qui a mémoire de quelque chose. *Soyez-en mémoratif.*

MÉMORIAL, n. m. [memoʀjal] (b. lat. *memoriale*, monument, souvenir) Ce qui sert à conserver la mémoire de quelque chose. « *Les pierres qu'ils avaient dressées ou entassées pour servir de mémorial à la postérité* », Bossuet. ◆ Ouvrage où sont consignés les souvenirs de celui qui écrit. *Le Mémorial de Sainte-Hélène.* ◆ Titre de divers journaux politiques. ◆ Livre journal sur lequel on écrit les choses dont on veut se souvenir. ◆ Registre sur lequel les banquiers et les commerçants sont tenus d'inscrire leurs affaires. ◆ Au pl. *Des mémoriaux.* ■ Monument ou musée érigé pour commémorer un événement.

MÉMORIALISTE, ■ n. m. et n. f. [memoʀjalist] (lat. *memorialis*, qui aide la mémoire) Écrivain, auteur de mémoires historiques ou littéraires. *Chateaubriand est un mémorialiste : il achèvera ses* Mémoires d'outre-tombe *en 1841.*

MÉMORIEL, ELLE, ■ adj. [memoʀjɛl] (lat. *memoria*) Relatif à la mémoire. *Des registres mémoriels.*

MÉMORISABLE, ■ adj. [memoʀizabl] (*mémoriser*) Qui peut être mémorisé. *Un numéro de téléphone facilement mémorisable.*

MÉMORISATION, ■ n. f. [memoʀizasjɔ̃] (*mémoriser*) Action de mémoriser. *La mémorisation d'un mot de passe, d'un texte. Tests de mémorisation.*

MÉMORISER, ■ v. tr. [memoʀize] (*mémoire*, d'après le lat. *memoria*) Retenir volontairement. *Mémoriser son code de carte bleue.*

MENAÇANT, ANTE, adj. [mənasɑ̃, ɑ̃t] (*menacer*) Qui menace. *Un geste menaçant.* ◆ Qui fait craindre quelque malheur. *Un présage menaçant.* ◆ *Menaçant de...,* qui fait craindre une chose. « *L'heure étant incertaine, et le temps menaçant de pluie* », J.-J. Rousseau. ◆ Absol. *Un temps menaçant.*

MENACE, n. f. [mənas] (lat. pop. *minacia*) Parole ou geste dont on se sert pour faire craindre à quelqu'un le mal qu'on lui prépare. ◆ *Menaces en l'air,* menaces qui ne sont suivies d'aucun effet. ◆ *La menace d'une chose,* l'action de menacer quelqu'un de cette chose ; les signes qui font craindre cette chose. *Des menaces d'apoplexie.* « *De tant de maux, Abner, détournons la menace* », Racine. ◆ Fig. et poétiq. Choses qui semblent menacer. « *De ces rochers pendants respectez la menace* », Delille.

MENACÉ, ÉE, p. p. de menacer. [mənase]

MENACER, v. tr. [mənase] (*menace*) Faire des menaces. « *Jusqu'au dernier soupir vous m'osez menacer* », Racine. ◆ *Menacer quelqu'un de quelque chose,* d'une personne, les lui faire craindre. « *Un conquérant qui menaçait tout le Nord de la servitude* », Bossuet. « *L'enfant dont le ciel vous menace* », Racine. ◆ Fam. et par antiphrase Faire espérer. *Il nous menace d'un excellent repas.* ◆ Poétiq. Menacer, avec une chose pour régime direct. « *Ainsi tomba tout à coup la fureur des vents et des flots, à la voix de Jésus-Christ qui les menaçait* », Bossuet. « *Nous menacions de loin les rivages de Troie* », Racine. ◆ Absol. « *Ne menace point, je suis prête à mourir* », P. Corneille. ◆ Avec de et un infinitif. « *On me menace, si je ne sors d'ici, de me bailler cent coups* », Molière. ◆ Avec *que* et le verbe au conditionnel ou au futur. « *Ésope le menaça que ses mauvais traitements seraient sus* », La Fontaine. ◆ Fig. Il se dit des choses qui semblent menacer. « *Là, sur une charrette, une poutre hranlante Vient menaçant de loin la foule qu'elle augmente* », Boileau. ◆ Avec un nom de chose pour sujet, il se dit des choses qui sont à craindre. « *Songez-vous aux malheurs qui nous menacent tous ?* », Racine. ◆ *Être menacé de fièvre, de disgrâce, etc.,* avoir à craindre la fièvre, une disgrâce, etc. ◆ *Menacer ruine,* se dit d'un bâtiment qui est près de tomber, et fig. des personnes malades ou vieilles dont la fin paraît prochaine. ◆ ▷ Fig. *Cet empire menace ruine.* ◁ ◆ Il se construit avec de et un infinitif. « *La discorde en ces lieux menace de s'accroître* », Boileau. ◆ Fig. et poétiq. *Menacer le ciel, les cieux,* se dit de certains objets fort élevés. *Ces montagnes menacent le ciel.* ◆ Se menacer, v. pr. Faire des menaces l'un à l'autre.

MÉNADE, n. f. [menad] (gr. *mainas*, génit. *mainados*, de *mainesthai*, être agité de fureur divine) Nom de femmes qui, chez les Anciens, célébraient les fêtes de Bacchus. ◆ Fig. Femme livrée à des emportements de passion.

MÉNAGE, n. m. [menaʒ] (anc. fr. *manoir*, demeurer, avec infl. de *maisnée*, famille, du lat. *mansio*, lieu de séjour) L'ordre et la dépense d'une maison, l'économie domestique. *Les soins du ménage.* ◆ ▷ *À profit de ménage,* en économisant sur les dépenses de la maison. ◁ ◆ ▷ *Toile de ménage,* toile dont le fil est fait dans les maisons particulières. ◁ ◆ ▷ *Pain de ménage, liqueur de ménage,* pain, liqueur qu'on fait chez soi. ◁ ◆ Ensemble de plats, de vases, d'ustensiles de cuisine et autres, nécessaires au ménage. ◆ L'appartement et l'ensemble des meubles. ◆ Soin qu'on donne à l'arrangement et à la propreté des meubles d'un appartement. *Cette servante est plus propre*

au ménage qu'à la cuisine. ◆ *Femme de ménage,* femme qui vient du dehors pour prendre soin des choses du ménage. ◆ *Faire des ménages,* se dit de la femme de ménage qui vient faire ce qui est nécessaire pour le service du ménage. ◆ Conduite économique que l'on tient dans l'administration des biens, de l'argent. « *Les deniers des recettes se perdaient par mauvais ménage* », Malherbe. ◆ ▷ *Vivre de ménage,* vivre avec économie. ◁ ◆ Fig. *Ménage de bouts de chandelle,* épargne sordide dans de petites choses. ◁ ◆ Toutes les personnes dont une famille est composée. *Il y a trois ou quatre ménages logés dans cette maison.* ◆ L'association d'un homme et d'une femme mariés ensemble. *Se mettre en ménage.* ◆ *Faire bon ménage, mauvais ménage,* se dit d'un mari et d'une femme qui vivent en bonne, en mauvaise intelligence. ◆ Fig. *Faire bon ménage avec quelqu'un,* vivre avec lui en bonne intelligence. ◆ ▷ Fig. Sage manière de conduire les choses. « *On ne parle ici que de la merveilleuse conduite du roi, du grand ménage de M. Colbert* », Racine. ◁ ◆ Ironiq. Désordre, ruine. « *C'est que je ne puis voir tout ce ménage-ci* », Molière. ◆ *Scène de ménage,* dispute entre époux. *Il m'a fait une scène de ménage pour avoir porté une minijupe !* ◆ Fig. *Faire le ménage,* mettre de l'ordre ou trier et se débarrasser de ce qui encombre. *J'ai fait le ménage dans ma tête !* ◆ Fam. *Faire des ménages,* accepter des prestations pour des raisons uniquement financières dans le domaine du spectacle.

MÉNAGÉ, ÉE, p. p. de ménager. [menaʒe]

MÉNAGEMENT, n. m. [menaʒ(ə)mɑ̃] (1 *ménager*) ▷ Art de conduire, de diriger. *Le ménagement des esprits, des affaires.* ◁ ◆ ▷ Par extens. Action de bien régler, bien disposer. *Le ménagement de la chaleur.* ◁ ◆ Mesure qu'on doit avoir dans les actions, dans les discours, à l'égard des personnes ou des choses. « *On a des ménagements avec ses ennemis mêmes* », Fontenelle. ■ *Sans ménagement,* sans égards, sans précautions. *Il l'a renvoyée sans ménagement.*

1 MÉNAGER, v. tr. [menaʒe] (*ménage*) ▷ Employer, dépenser avec économie. *Il ménage bien son revenu.* ◁ ◆ Absol. *Ménager pour l'avenir.* ◁ ◆ Fig. *Ménager ses paroles,* parler peu. ◆ *Ménager ses pas,* éviter de faire des démarches, en faire le moins qu'on peut. ◆ Économiser, épargner. *Ménager ses troupes, sa vie.* ◆ Ne pas abuser de, conserver pour soi. « *Ménagez bien cette bonne fortune* », Mme de Sévigné. ◆ Fig. Conduire, manier, diriger. « *Il ménage la foi suspecte et chancelante des voisins* », Fléchier. ◆ Fig. Préparer avec adresse, avec mesure. *Ménager la paix. Se ménager des loisirs.* ◆ *Ménager de* ou *que,* faire adroitement en sorte que. « *Notre grande affaire, c'est de ménager qu'un Dieu nous pardonne* », Bossuet. ◆ Fig. Employer avec habileté et mesure. *Ménager son crédit.* ◆ *Ménager une étoffe,* l'employer si bien qu'il n'y ait rien de perdu. ◆ *Ménager le temps, son temps,* ne pas le perdre, en faire bon emploi. ◆ *Ménager l'occasion,* préparer le moment, la circonstance favorable pour faire quelque chose. ◆ *Ce chanteur ménage bien sa voix,* il chante ce qu'elle permet, et aussi il ne la donne pas toute. ◆ *Ménager sa santé,* en user avec prudence, avec circonspection. ◆ *Ménager une chose à quelqu'un,* la lui procurer, la lui réserver. ◆ Arranger graduellement. *Ménager une gradation, une triste nouvelle, etc.* ◆ Disposer avec art. *Bien ménager les incidents d'une tragédie, l'ombre et la lumière dans son tableau.* ◆ *Ménager un escalier, une porte, un cabinet dans un appartement, etc.,* faire en sorte qu'il s'y trouve de la place pour un cabinet, un escalier, une porte, etc. ◆ *Ménager une personne,* se conduire adroitement avec elle. ◆ Traiter avec égard, de manière à ne point offenser, à ne point déplaire. ◆ Il se dit des choses, dans un sens analogue. *Ménager les préjugés.* ◆ *Ménager les termes,* les expressions, parler avec une grande circonspection. ◆ Fig. *Ménager la chèvre et le chou,* Voy. chèvre. ◆ Préserver du dommage. ◆ *Ménager les intérêts de quelqu'un,* avoir soin de les conserver, de ne pas les compromettre. ◆ *Ménager quelqu'un,* user modérément des avantages qu'on peut avoir sur lui, et aussi ne pas mal parler de lui. ◆ *Ménager un cheval,* ne point le fatiguer. ◆ Se ménager, v. pr. Être procuré, arrangé. *Se développer graduellement.* « *Nous voulons qu'avec art l'action [d'un poème dramatique] se ménage* », Boileau. ◆ Avoir soin de sa personne, de sa santé. ◆ Avoir des égards, des ménagements les uns pour les autres. ◆ Se conduire avec adresse, avec circonspection. « *L'âge viril...se pousse auprès des grands, s'intrigue, se ménage* », Boileau. ◆ Ne pas se ménager, n'avoir aucune modération, aucune retenue. ◆ Prov. *Qui veut aller loin ménage sa monture,* il faut éviter les excès ; il faut user avec ménagement des choses dont on veut se servir longtemps.

2 MÉNAGER, ÈRE, adj. [menaʒe, ɛʀ] (*ménage*) Qui entend le ménage. *Être ménager de son bien.* ◆ Économe. « *Loin d'ici ces personnes ménagères qui ont reçu beaucoup et qui donnent peu* », Fléchier. ◆ Fig. « *Le sage est fort ménager du temps et des paroles* », La Fontaine. ◆ N. m. et n. f. Celui, celle qui entend le ménage. ◆ ▷ Celui, celle qui est économe. ◁ ◆ Fig. « *Un roi ménager du sang de ses sujets* », P. Corneille. ◆ N. f. Ménagère, servante qui a soin du ménage de quelqu'un. ◆ Qui se rapporte aux tâches domestiques du foyer. *Travaux ménagers.* ■ Adj. Qui facilite l'accomplissement des tâches ménagères. *Équipement ménager.* ■ *Appareil ménager,* appareil électrique conçu pour faciliter les travaux d'entretien du foyer. *Le lave-vaisselle est un appareil ménager.* ■ N. f. Femme qui tient son intérieur. *En bonne ménagère, elle* *range et nettoie sa maison régulièrement.* ■ Service de couverts de table. *On lui a offert une ménagère à son mariage.* ■ *La ménagère de moins de 50 ans,* téléspectatrice standard à laquelle s'adresse un certain type d'émissions de télévision.

MÉNAGERIE, n. f. [menaʒ(ə)ʀi] (*ménage*) Lieu qui renferme tout ce qui appartient à la vie et aux commodités champêtres, bestiaux, laiterie, volière, etc. ◆ Il vieillit dans ce sens. ◆ Lieu où l'on rassemble des animaux étrangers et rares. ◆ Collection d'animaux que l'on montre de foire en foire.

MÉNAGEUR, EUSE, n. m. et n. f. [menaʒœʀ, øz] (1 *ménager*) ▷ Celui, celle qui se ménage, ou qui ménage tout le monde. « *Ces ménageurs politiques* », MME DE SÉVIGNÉ. ◁

MENCHEVIK ou **MENCHÉVIQUE,** ■ n. m. et n. f. [menʃevik] (mot russe, de *menche*, compar. de *menee*, peu, minorité) Membre du parti social-démocrate russe opposé à Lénine. *Des mencheviks marxistes.* ■ Adj. Relatif à ce parti. *Schéma, dirigeant menchévique.*

MENDEL (LOIS DE), ■ n. f. pl. [mɛndɛl] (G. *Mendel,* 1822-1884, botaniste autrichien) Lois qui constituent le fondement de la science génétique, sur la transmission des caractères héréditaires. *Les lois de Mendel sont au nombre de trois.*

MENDÉLÉVIUM, ■ n. m. [mɛndelevjɔm] (Dimitri *Mendeleïev,* 1834-1907, chimiste russe, père du tableau périodique) Élément radioactif artificiel, et de numéro atomique 101, découvert par Albert Ghiorso. *Le symbole du mendélévium est Md.*

MENDÉLIEN, IENNE, ■ adj. [mɛndeljɛ̃, jɛn] (G. *Mendel*) Relatif aux lois de Mendel sur la science génétique. *Le modèle mendélien.*

MENDIANT, ANTE, adj. [mɑ̃djɑ̃, ɑ̃t] (part. prés. de *mendier*) Qui mendie. *Population mendiante.* ◆ N. m. et n. f. Celui, celle qui fait profession de mendier. ◆ *Les quatre mendiants,* les jacobins, les franciscains, les augustins et les carmes. ◆ *Les quatre mendiants,* quatre sortes de fruits secs qui sont les figues, les avelines, les raisins secs et les amandes.

MENDICITÉ, n. f. [mɑ̃disite] (lat. *mendicitas*) État de celui qui est obligé de mendier. ◆ La profession de mendiant. « *La mendicité est une maladie qui tue dans fort peu de temps son homme et de laquelle on ne relève point* », VAUBAN. ◆ Collectivement, les mendiants. *Dépôt de mendicité.*

MENDIÉ, ÉE, p. p. de mendier. [mɑ̃dje]

MENDIER, v. tr. [mɑ̃dje] (lat. *mendicare*) Demander en forme d'aumône. *Mendier son pain.* ◆ *Mendier sa vie,* demander par aumône ce qui est nécessaire à la vie. ◆ **Absol.** *Cet enfant mendie.* ◆ Fig. Rechercher avec empressement et comme un mendiant. *Mendier des services, des places.*

MENDOLE, ■ n. f. [mɑ̃dɔl] (anc. provenç. *amendolla*) Poisson de petite taille, de couleur gris argenté portant une tache noire à la base des nageoires et vivant sur les côtes méditerranéennes. *La chair de la mendole est peu appréciée.*

MENÉ, ÉE, p. p. de mener. [m(ə)ne]

MENEAU, n. m. [məno] (anc. fr. *meien,* moyen.) Archit. Montants et traverses qui partagent l'ouverture d'une croisée.

MENÉE, n. f. [m(ə)ne] (*mener*) Route que prend un cerf et par laquelle il mène les chasseurs qui le suivent. ◆ Fig. Pratique comparée à l'action de mener, de conduire, et où l'on emploie l'artifice et le mystère pour le succès de quelque affaire. ■ Suisse Congère. *Avec le vent, la neige formait des menées.*

MENER, v. tr. [m(ə)ne] (b. lat. *minare,* chasser, pousser devant soi) Faire aller, en allant soi-même ou en allant avec. *Menez-moi dans votre voiture.* ◆ Avec un infinitif. « *Pourrais-tu bien toi-même mener perdre tes enfants?* », PERRAULT. ◆ Fig. et pop. *Mener quelqu'un par un chemin où il n'y a pas de pierres,* ne pas le ménager. ◆ *Mener les ennemis battant,* Voy. BATTANT. ◆ Par extens. *Ce chemin mène à tel endroit,* on va par ce chemin à tel endroit. ◆ Conduire chez quelqu'un, introduire. *Menez-moi chez le ministre, dans votre société, etc.* ◆ Faire danser certaines danses. « *Tout était préparé pour le bal ; le roi mena la reine* », MME DE SÉVIGNÉ. ◆ *Mener la danse, mener le branle,* être à la tête de ceux qui dansent, et fig. être le premier à faire quelque chose. ◆ Conduire par force en quelque endroit. *Mener en prison, au supplice, à la mort.* ◆ Fig. et fam. *Mener quelqu'un à la baguette,* Voy. BAGUETTE. ◆ Être à la tête de, faire marcher. *Mener une troupe.* ◆ *Mener le deuil dans une cérémonie funèbre,* être à la tête du cortège. ◆ Fam. *Mener la bande,* être le chef d'une association d'intérêt ou de plaisir. ◆ En parlant des animaux, les conduire. *Mener les bêtes aux champs. Mener paître des vaches.* ◆ En parlant des voitures de terre et d'eau, mene une charrette, un bateau, etc. Absol. *Un cocher qui mène bien.* ◆ *Mener* se dit d'un voiturier, d'un batelier qui conduit les voyageurs. ◆ Voiturer. *Mener du blé au marché, du bois par bateau.* ◆ Se faire accompagner ou suivre, emmener, amener. *Il mène bien des gens à sa suite.* ◆ Être cause qu'on suive, qu'on aille

après. *Ce voleur s'est enfui, il a mené loin les gendarmes.* ◆ Fig. *Mener loin,* écarter du sujet, entraîner à des circonstances compromettantes, faire courir de grands risques, impliquer dans une grave affaire. ◆ Fig. *Mener loin,* lorsqu'il s'agit de choses qui se dépensent ou se consomment, durer longtemps. *Ces provisions nous mèneront loin.* ◆ Fig. Gouverner quelqu'un, lui faire faire ce qu'on veut. « *Allez, allez, il ne faut pas se laisser mener comme un oison* », MOLIÈRE. « *Le point le plus essentiel dans l'art de mener les esprits, c'est de leur cacher qu'on les mène* », MARMONTEL. ◆ *Mener quelqu'un par la lisière, à la lisière, en laisse,* Voy. LISIÈRE, LAISSE. ◆ ▷ *Mener quelqu'un par le nez,* abuser de l'empire qu'on a sur quelqu'un ou de sa faiblesse d'esprit pour lui faire faire tout ce qu'on veut. ◁ ◆ Fig. Agir envers quelqu'un de telle ou telle façon. *Mener doucement quelqu'un.* ◆ *Mener rudement,* faire subir de grandes pertes, en parlant d'actions militaires. ◆ ▷ Fam. *Mener quelqu'un rudement,* le mener comme il faut, lui susciter bien des affaires. ◁ ◆ ▷ Fam. *Mener quelqu'un bon train, de la belle manière,* le traiter sans ménagement. ◁ ◆ Il se dit des souffrances qu'infligent les maladies. « *Il a été mené fort rudement de la colique et de la fièvre* », MME DE SÉVIGNÉ. ◆ *Mal mener,* Voy. MALMENER. ◆ Fig. Amuser par des paroles, par des espérances. ◆ Fig. Il se dit des choses dont on tient la conduite, le fil. *Mener une affaire, une intrigue.* ◆ *Mener à bien,* conduire à bonne fin une chose. ◆ *Mener une vie...,* vivre d'une certaine façon. *Mener une vie heureuse.* ◆ *Mener un train, un grand train,* faire beaucoup de dépense, vivre avec faste, et aussi se conduire d'une certaine façon. ◆ Fam. *Mener grand deuil de quelque chose,* en être fort attristé. ◆ *Mener beau bruit, grand bruit,* faire beaucoup de bruit. ◆ Géom. *Mener une ligne d'un point à un autre,* tracer une ligne qui joigne ces deux points. ◆ *Mener,* avec un nom de chose pour sujet, se dit de ce qui est cause de ce qu'on vient. « *Je sais ce qui vous mène.* », MOLIÈRE. ◆ Fig. Il se dit de ce qui achemine vers un terme. « *L'idée du bonheur nous mène à Dieu* », BOSSUET. ◆ *On est presque toujours mené par les événements,* VOLTAIRE. ◆ Absol. *La débauche mène à la misère.* ◆ *Cela ne mène à rien,* on n'en saurait tirer aucun avantage. ◆ Fig. Il se dit aussi des motifs qui font agir. « *Au lieu d'écouter son cœur qui la menait bien, elle écouta sa raison qui la menait mal* », J.-J. ROUSSEAU. ◆ Se mener, v. pr. Conduire soi-même sa voiture. ◆ Fig. Être dirigé, conduit, en parlant des choses, d'affaires, etc. « *Ces intrigues qui se mènent parmi les ténèbres* », BOSSUET. ◆ Prov. *C'est le monde renversé, la charrue mène les bœufs.* ◆ *C'est un aveugle qui mène l'autre,* se dit lorsqu'un homme de peu d'esprit et de sens entreprend de conduire un autre homme qui n'en a pas plus que lui. ◆ *Tout chemin mène à Rome,* on peut arriver à un but par différents moyens. ◆ *Mener quelqu'un par le bout du nez,* profiter de l'ascendant que l'on a sur quelqu'un pour lui faire faire tout ce qu'on désire.

MÉNESTREL, n. m. [menɛstʀɛl] (b. lat. *ministerialis,* chargé d'un service) Nom, dans l'âge féodal, des poètes et musiciens qui allaient de château en château, chantant des vers et récitant des fabliaux.

MÉNÉTRIER, n. m. [menetʀije] (ménestrel, avec changement de suff.) ▷ Homme qui joue du violon pour faire danser. ◆ N. f. *Ménétrière,* femme qui fait danser des gens.

MENEUR, n. m. [mənœʀ] (*mener*) Celui qui mène. *Il faut un meneur à la quêteuse.* ◆ *Meneur d'ours,* homme qui fait voir et danser des ours en public, et fig. homme grossier et mal bâti. ◆ Celui qui mène ; écuyer, cocher. ◆ N. m. et n. f. *Meneur, meneuse,* nom qu'à Paris on donne à ceux ou celles qui conduisent les nouveau-nés en province chez les nourrices. ◆ Fig. Celui, celle qui, dans les affaires, mène les autres, les dirige. ◆ Celui qui se met à la tête d'une intrigue, d'un complot, d'un mouvement populaire.

MENHIR, n. m. [meniʀ] (mot breton, de *men,* pierre, *hir,* long) Nom de grandes pierres dressées dont l'érection remonte à une haute antiquité. ◆ Au pl. *Des menhirs.*

MÉNIANE, n. f. [menjan] (lat. *mænianum,* balcon du nom du censeur *Mænius*) Archit. Petite terrasse ou balcon en avant-corps, ménagé pour jouir de la vue du dehors, et ordinairement fermé de jalousies.

MÉNIANTHE, n. m. [menjɑ̃t] Voy. MÉNYANTHE.

MÉNIN, INE, n. m. et n. f. [menɛ̃, in] (esp. *menino* et *menina*) Chacun des six gentilshommes qui étaient attachés à la personne du Dauphin. ■ N. f. Jeune fille qui était attachée au service du prince. ■ REM. Graphie ancienne : *menin, menine.*

MÉNINGE, n. f. [menɛ̃ʒ] (gr. *mêningx*) Anat. Nom collectif des trois membranes qui enveloppent le cerveau. ◆ Il se dit quelquefois de la dure-mère seule. ■ N. f. pl. Fam. L'esprit, le cerveau. *Faire travailler ses méninges.* ■ Fam. *Se fatiguer, se creuser les méninges,* faire travailler son esprit, réfléchir longuement. *Pour trouver la solution, il s'est vraiment creusé les méninges.*

MÉNINGÉ, ÉE, ■ adj. [menɛ̃ʒe] (*méninge*) Relatif aux méninges. *Cellules méningées.* ■ *Syndrome méningé,* pathologie des enveloppes méningées se caractérisant principalement par une céphalée, des vomissements, et la raideur de la nuque. *Une ponction lombaire est souvent nécessaire pour déterminer le syndrome méningé.*

MÉNINGITE, n. f. [menɛ̃ʒit] (*méninge* et *-ite*) Méd. Inflammation des méninges.

MÉNINGITIQUE, ■ n. m. et n. f. [menɛ̃ʒitik] (*méningite*) Méd. Personne atteinte de la méningite. *Le médecin doit traiter les séquelles gardées par ces méningitiques après leur guérison.* ■ Adj. *Souffrir de surdité post-méningitique.*

MÉNINGOCOQUE, ■ n. m. [menɛ̃ɡɔkɔk] (*méninge* et *-coque*) Méd. Agent pathogène de la méningite cérébrospinale. *Le méningocoque est transmis principalement par les gouttelettes de salive et les éternuements.*

MÉNISQUE, n. m. [menisk] (gr. *mêniskos*, petite lune, croissant, de *mênê*, lune) Verre de lunette convexe d'un côté et concave de l'autre. ■ N. m. pl. Bijouterie, nom collectif des bracelets, colliers. ♦ Cartilage situé entre deux os dans une articulation. *Le ménisque assure le contact de certaines surfaces articulaires. Les deux ménisques du genou.*

MENNONITE, ■ n. m. et n. f. [menonit] (*Menno Simonis* ou *Simonsz*, qui fonda cette secte en 1536) Membre d'une secte anabaptiste modérée, fondée aux Pays-Bas au xvie siècle. *Les Mennonites refusent l'ingérence de l'État dans les affaires de l'Église.* ■ Adj. *Les membres de l'Église mennonite professent le pacifisme et sont parfois appelés les membres de l'Église de la paix.*

MÉNOLOGE, n. m. [menolɔʒ] (gr. byzantin *mênologion*, martyrologe, de *mên*, mois, et *logos*, compte) Traité sur les mois des différents peuples anciens ou modernes. ♦ Livre de l'Église grecque qui, composé d'abord de Vies de martyrs, fut étendu plus tard aux Vies de tous les saints.

MENON, n. m. [menɔ̃] (a. provenç. *menon*, bouc châtré, de *mener*, parce qu'il conduit le troupeau.) Chèvre du Levant dont la peau sert à faire du maroquin.

MÉNOPAUSE, ■ n. f. [menopoz] (gr. *mêniaia*, menstrues, de *mên*, mois, et *pausis*, cessation) État physiologique d'une femme, caractérisant la fin de sa fertilité et se traduisant par une aménorrhée et divers symptômes (bouffées de chaleur, prise ou perte de poids importante, etc.).

MÉNOPAUSÉE, ■ adj. f. [menopoze] (*ménopause*) Qui a achevé sa ménopause. *Femme ménopausée.*

MÉNOPAUSIQUE, ■ adj. [menopozik] (*ménopause*) Qui accompagne ou concerne la ménopause. *Les troubles ménopausiques les plus fréquents sont traditionnellement les bouffées de chaleur et les sautes d'humeur.*

MENORA ou **MÉNORAH**, ■ n. f. [menoʁa] (mot hébreu) Candélabre à sept branches dans la religion juive. *La menora était le symbole de la parole de Dieu.*

MÉNORRAGIE, ■ n. f. [menoʁaʒi] (gr. *mêniaia*, menstrues, et *-rragie*) Méd. Règles menstruelles anormalement longues ou abondantes. *La ménorragie peut notamment être provoquée par un déséquilibre hormonal, une lésion des organes génitaux ou une maladie rénale.*

MENOTTE, n. f. [menɔt] (dim. de *main*) Fam. Petite main, main gentille.

MENOTTÉ, ÉE, adj. [menote] (*menotter*) Qui a les menottes.

MENOTTER, ■ v. tr. [menote] (*menottes*) Passer les menottes à quelqu'un. *Menotter les mains dans le dos.* « *Encadré par deux agents, menotté, Langlet tentait de dissimuler son visage derrière un trench fatigué* », EMBARECK.

MENOTTES, n. f. pl. [menɔt] (*menotte*) Fers qu'on met aux mains des prisonniers. *On lui mit les menottes.* ♦ Fig. ct fam. *Mettre les menottes à quelqu'un*, le mettre dans l'impossibilité de se mêler d'une affaire, de nuire.

MENSE, n. f, [mãs] (lat. *mensa*) Autrefois, table. « *La mense hospitalière* », CHATEAUBRIAND. ♦ Revenu d'une abbaye.

MENSONGE, n. m. [mãsɔ̃ʒ] (prob. lat. pop. *mentionica*, du lat. *mentio*, mention, en b. lat. *mensonges* ; p.-ê. infl. de *songe*) Discours contraire à la vérité tenu avec dessein de tromper. ♦ *Mensonge innocent, mensonge sans conséquence*, qui ne peut nuire à personne. ♦ *Mensonge officieux*, mensonge fait dans l'intention d'être utile ou agréable à quelqu'un. ♦ Une fausse doctrine religieuse. ♦ Dans le langage de l'Écriture, *l'esprit du mensonge, le père du mensonge*, le diable. ♦ Poétiq. Fable, fiction. « *Le mensonge et les vers de tout temps sont amis* », LA FONTAINE. ♦ Erreur, illusion, vanité. « *L'homme n'est que mensonge et hypocrisie* », PASCAL.

MENSONGER, ÈRE, adj. [mãsɔ̃ʒe, ɛʁ] (*mensonge*) Qui renferme ou qui fait naître le mensonge. *Des récits mensongers.* ♦ Se dit, bien que rarement, des personnes qui mentent. « *Tous sectateurs de prêtres mensongers* », J.-B. ROUSSEAU.

MENSONGÈREMENT, adv. [mãsɔ̃ʒɛʁ(ə)mã] (*mensonger*) D'une manière mensongère.

MENSTRUATION, ■ n. f. [mãstʁyasjɔ̃] (*menstrues*) Phénomène physiologique cyclique chez la femme et la femelle mammifère, de la puberté à la ménopause, correspondant à la chute de la muqueuse utérine et se caractérisant par un épanchement sanguin.

MENSTRUE, n. m. [mãstʁy] (lat, *menstrua*, menstrues, pour le pouvoir dissolvant prêté par les alchimistes au sang menstruel) ▷ Chim. Liqueur propre à dissoudre les corps solides. *L'eau régale est le menstrue de l'or.* ♦ On dit aujourd'hui *dissolvant*. ◁

MENSTRUEL, ELLE, ■ adj. [mãstʁyɛl] (lat. *menstrualis*, mensuel) Qui a rapport à la menstruation. *Le cycle menstruel.*

MENSTRUES, ■ n. f. pl. [mãstʁy] (lat. *menstrua*, plur. neutre de *menstruus*, mensuel) Menstruation, règles. *Le cycle des menstrues.*

MENSUALISATION, ■ n. f. [mãsɥalizasjɔ̃] (*mensualiser*) Action de mensualiser. *Contrat de mensualisation.* ■ Résultat de cette action. *La mensualisation des cotisations.*

MENSUALISER, ■ v. tr. [mãsɥalize] (*mensuel*) Répéter mensuellement. *Mensualiser ses impôts.*

MENSUALITÉ, ■ n. f. [mãsɥalite] (*mensuel*) Somme payée chaque mois. *Payer en quatre mensualités.*

MENSUEL, ELLE, adj. [mãsɥɛl] (b. lat. *mensualis* ou lat. *mensis*, mois, sur le modèle de *annuel*) Qui se fait tous les mois. *État mensuel de recette, de dépense.*

MENSUELLEMENT, adv. [mãsɥɛl(ə)mã] (*mensuel*) Tous les mois.

MENSURATION, ■ n. f. [mãsyʁasjɔ̃] (b. lat. *mensuratio*, action de mesurer, arpentage) Action de déterminer de façon précise les dimensions d'un être vivant, d'une partie du corps. *Mensuration crânienne.* ■ Au pl. Ces dimensions elles-mêmes. *Les mensurations d'un mannequin.*

MENTAL, ALE, adj. [mãtal] (b. lat. *mentalis*, de *mens*, génit. *mentis*, intelligence) Qui se fait dans l'esprit. ♦ *L'oraison mentale*, celle qui se fait intérieurement et sans aucune prononciation de paroles. ♦ ▷ *Restriction mentale*, réserve tacite qu'on fait d'une partie de ce qu'on pense. ◁ Qui a rapport à l'entendement. *La force mentale.* ♦ *État mental d'une société*, la manière générale de penser qui prévaut dans une société. ♦ Méd. Aliénation mentale, folie. *Maladies mentales,* maladies troublant les fonctions intellectuelles. ■ N. m. Disposition de l'esprit. *Avoir un solide mental.*

MENTALEMENT, adv. [mãtal(ə)mã] (*mental*) D'une manière mentale.

MENTALITÉ, ■ n. f. [mãtalite] (*mental*) Ensemble des pensées et des croyances habituelles qui caractérisent une personne ou une communauté. *Mentalité archaïque. Une sale mentalité.*

MENTERIE, n. f. [mãt(ə)ʁi] (*mentir*) Syn. fam. de mensonge. ♦ Mensonge léger ou badin, sans conséquence. ■ REM. Utilisé au Québec auj.

MENTEUR, EUSE, adj. [mãtœʁ, øz] (*mentir*) Se dit des personnes qui mentent. ♦ Fam. *Menteur comme un arracheur de dents*, très menteur. ♦ Contraire à la vérité. *Des propos menteurs.* ♦ Dont l'apparence est trompeuse. « *Toutes leurs voluptés sont courtes et menteuses* », P. CORNEILLE. ■ N. m. Celui, celle qui ment, qui a l'habitude de mentir. ■ Arg. *La menteuse*, la langue. *On ne peut rien te confier, tu ne sais pas retenir ta menteuse !*

MENTHE, n. f. [mãt] (lat. *mentha*, du gr. *mintha*) Genre de plantes de la famille des labiées qui sont odoriférantes. *Pastilles de menthe. Eau de menthe.*

MENTHOL, ■ n. m. [mãtɔl] (*menthe* et *-ol*) Alcool, extrait de l'essence de menthe poivrée, utilisé comme antiseptique et anesthésique local. *Des compresses, des shampooings, des pastilles au menthol.*

MENTHOLÉ, ÉE, ■ adj. [mãtole] (*menthol*) Composé de menthe, de menthol. *Il aime bien sucer des pastilles mentholées.*

MENTION, n. f. [mãsjɔ̃] (lat. *mentio*) Commémoration faite de vive voix ou par écrit. *Faire mention de quelqu'un.* ♦ *Mention honorable* ou simplement *mention*, distinction accordée à un ouvrage de concours, qui n'a obtenu ni le prix ni l'accessit, ni quelquefois une médaille. ■ Courte indication permettant de préciser quelque chose. ■ Appréciation délivrée par un jury.

MENTIONNÉ, ÉE, p. p. de mentionner. [mãsjɔne]

MENTIONNER, v. tr. [mãsjɔne] (*mention*) Consigner par mention. *Mentionnez cela au procès-verbal.* ♦ *Mentionner honorablement* ou simplement *mentionner*, accorder à un ouvrage de concours l'espèce de distinction appelée mention. ♦ Citer avec honneur. *Cet officier a été mentionné dans le rapport de son général.*

MENTIR, v. intr. [mãtiʁ] (lat. *mentiri*) Dire un mensonge. ♦ *Sans mentir*, en vérité, à dire vrai. ♦ *Mentir à Dieu.* « *Je ne mentirai point au Dieu de vérité* », M.-J. CHÉNIER. ♦ *Il en a menti*, il a menti de la chose dont il s'agit. ♦ Pour rendre le démenti plus offensant, on disait : *Il en a menti par la gorge.* ♦ *Vous avez fait mentir le proverbe*, vous avez fait une chose improbable selon les opinions reçues. ♦ *Faire mentir quelqu'un*, prouver qu'il s'est trompé dans son jugement. ♦ *Se mentir à soi-même*, se persuader à soi-même une chose qu'on sait être fausse. ♦ *Se mentir réciproquement*, se dire des mensonges les uns aux autres. ♦ *À beau mentir qui vient de loin*, celui qui vient de loin, dit-il des mensonges, ne peut être convaincu de fausseté.

MENTISME, ■ n. m. [mɑ̃tism] (lat. *mens*, génit. *mentis*, esprit) **Psych.** Activité mentale incontrôlée, proche de la rêverie éveillée au cours de laquelle les images et les idées défilent rapidement et sans discontinuer. *Le mentisme peut être provoqué par les difficultés à trouver le sommeil ou par l'anxiété.*

MENTON, n. m. [mɑ̃tɔ̃] (lat. *mentum*) Partie inférieure et moyenne de la face située au-dessous de la lèvre inférieure. ◆ **Fig.** et **fam.** *Avoir deux mentons, double menton, triple menton, un menton à double, à triple étage,* se dit d'une personne replète qui a le dessous du menton fort gras. ◆ **Fam.** *Être assis à table jusqu'au menton,* y être assis fort bas. ◆ *Jusqu'au menton,* à satiété. *En avoir jusqu'au menton.* ◆ Le dessous de la mâchoire inférieure dans certains animaux. *Le menton d'un cheval.*

MENTONNET, n. m. [mɑ̃tɔnɛ] (dim. de *menton*) Pièce de fer qui reçoit le bout du loquet pour tenir une porte fermée. ◆ Pièce saillante fixée à une roue ou à un arbre tournant, qui vient faire son arrêt sur une autre pièce, lorsqu'elle la rencontre dans son mouvement.

MENTONNIÈRE, n. f. [mɑ̃tɔnjɛʀ] (*menton*) Bande de toile ou d'étoffe qui tenait autrefois aux masques, et dont on se couvrait le menton. ◆ Bande de toile dont on enveloppe son menton dans le cas de blessure ou de fluxion. ■ Petite plaque courbée en bois ou en plastique, fixée sur un violon et permettant de poser le menton. *La mentonnière est apparue au XIXᵉ siècle. Jouer sans mentonnière.*

MENTOR, ORE, n. m. et n. f. [mɑ̃tɔʀ] ou [mɛ̃tɔʀ] (gr. *Mentôr,* personnage de l'*Odyssée*) Nom propre d'un noble habitant d'Ithaque, ami d'Ulysse, dont Minerve prit la figure pour accompagner Télémaque. ◆ **Par extens.** Gouverneur, guide, conseil de quelqu'un. *Un bon mentor.*

MENU, UE, adj. [mǝny] (lat. *minutus*) Qui a peu de volume, de grosseur, de circonférence. « *Une taille menue* », PERRAULT. « *Une herbe menue et tendre* », LA BRUYÈRE. ◆ *Menu plomb,* celui dont on se sert pour tirer aux petits oiseaux. ◁ ▷ *Menu rôt,* les cailles, perdreaux, bécassines, ortolans, etc. ◁ ◆ ▷ *Menu gibier,* les lièvres, perdrix, bécasses, etc., et par opposition à *gibier ordinaire,* cailles, grives, mauviettes et autres petits oiseaux. ◁ ◆ ▷ *Menu bétail,* brebis, moutons, etc. ◁ ◆ ◆ ▷ *Menus grains,* pois, lentilles, vesce, millet, etc. ◁ ◆ ▷ *Menues pailles,* les balles de céréales qui s'en détachent par le battage. ◁ ◆ **Mar.** *Menues voiles,* les perroquets ou autres voiles plus petites. ◆ ▷ *Menues houilles,* fragments de houille trop petits pour être vendus pour le chauffage. ◁ ◆ **N. m.** *Les menus des houillères,* petits fragments qu'on utilise ne les agglomérant avec du brai. ◆ **Fig.** Qui est de moindre conséquence. *Les menues réparations sont à la charge du locataire. Menus propos.* ◆ *Menus plaisirs,* plaisirs d'agrément et de fantaisie. ◆ ▷ *Menus plaisirs,* certaines dépenses du roi, réglées par une administration particulière, et ayant pour objet les cérémonies, les fêtes, les spectacles de la cour. *Intendant des menus plaisirs.* ◆ *Menus Plaisirs* ou *hôtel des Menus Plaisirs,* le lieu où était cette administration. ◆ *Menue monnaie,* la monnaie de cuivre et de billon, et même la petite monnaie d'argent. ◆ *Menu peuple,* les petites gens, les classes les plus pauvres. ◆ **N. m.** Les petites circonstances, le détail. « *Et sans historier le tout par le menu* », RÉGNIER. ◆ *Le menu d'un repas,* le détail de ce qui le compose. ◆ **Adv.** En petits morceaux. *Hachez cela menu.* ◆ *On l'a haché menu comme chair à pâté,* on l'a cruellement massacré. ◆ ▷ *Piquer menu,* mettre dans une viande à cuire beaucoup de lardons menus. ◁ ◆ *Écrire menu,* écrire en lettres fort petites. ◆ ▷ *Dru et menu,* fort et beaucoup. ◁ ◆ ▷ *Marcher, trotter dru et menu,* marcher vite à petits pas. ◁ ■ Série de commandes proposées sur l'écran d'un ordinateur. ■ **Fam.** Ordre du jour d'une réunion. ■ **PAR LE MENU, loc. adv.** dans l'ordre et en détail.

MENUAILLE, n. f. [mǝnɥaj] (*menu*) Quantité de petites monnaies. ◆ Quantité de petits poissons. ◆ Toute sorte de petites choses qu'on met au rebut.

MENUET, n. m. [mǝnɥɛ] (*menu,* à cause des pas menus) Danse grave qui se dansait à deux personnes sur une musique à trois temps. ◆ Air sur lequel s'exécute cette danse. ◆ Morceau écrit en 3/4 qui suit l'andante d'une symphonie, d'un quatuor, etc.

MENUISÉ, ÉE, p. p. de menuiser. [mǝnɥize]

MENUISER, v. tr. [mǝnɥize] (réfection de l'anc. fr. *mincier,* du b. lat. *minutiare,* rendre menu) Couper menu, travailler, en parlant du bois. ◆ Travailler conformément à la menuiserie. *Menuiser une cloison.* ◆ **Absol.** *Il aime à menuiser.*

MENUISERIE, n. f. [mǝnɥiz(ǝ)ʀi] (*menuiser*) Ouvrage de petite dimension. ◆ *Ouvrages de menuiserie,* se dit, parmi les orfèvres, des bijoux, par opposition à grosserie, comme se dit de la vaisselle. ◆ Art du menuisier. ◆ *Assemblage de menuiserie,* Art de réunir et de joindre plusieurs morceaux de bois ensemble. ◆ L'ouvrage que fait le menuisier.

MENUISIER, IÈRE, n. m. et n. f. [mǝnɥizje, jɛʀ] (*menuise*) Artisan qui travaille en bois, et qui fait dans l'intérieur des maisons les parquets, les armoires, les lambris, les fenêtres, etc. ◆ **N. f.** *Menuisière,* femme d'un menuisier. ◁ ◆ **Adj.** *Fourmis menuisières,* fourmis qui se construisent des habitations dans le tronc de vieux arbres. ◆ *Abeilles menuisières,* abeilles qui coupent et perforent le bois pour y déposer leurs larves.

MÉNURE, ■ n. m. [menyʀ] (gr. *mênê,* lune, croissant, et *oura,* queue) Espèce de passereau d'Australie, dont le mâle mesure environ 97 cm pour 55 cm de queue. *Le ménure est également appelé oiseau-lyre, car lorsque sa queue est dressée, elle ressemble à une lyre.*

MÉNYANTHE, ■ n. m. [menjɑ̃t] (gr. *minuanthês,* qui fleurit peu de temps, de *minuthein,* se réduire, et *anthos,* fleur) Plante vivace aquatique ou semi-aquatique, commune en Europe, à trois feuilles et à fleurs gamopétales blanches. *Le ményanthe, ou trèfle à trois feuilles, est réputé pour ses vertus antiscorbutiques et ses propriétés similaires à celles de la gentiane.* ■ REM. Graphie ancienne : *ménianthe.*

MÉPHISTOPHÉLÈS, n. m. [mefistofeles] (*Méphistophélès*) Nom, dans la légende de Faust, du diable qui a fait un pacte avec lui. ◆ **Fig.** Homme dont la méchanceté a les caractères de celle de ce démon.

MÉPHISTOPHÉLIQUE, adj. [mefistofelik] (*Méphistophélès*) Digne de Méphistophélès, satanique. ■ REM. On disait autrefois *méphistophélétique.*

MÉPHITIQUE, adj. [mefitik] (lat. *mephiticus*) Anciennement, *acide méphitique,* l'acide carbonique. ◆ Qui est à la fois asphyxiant ou toxique, et puant. *Gaz méphitique.*

MÉPHITISME, n. m. [mefitism] (*méphitique*) Qualité des gaz non respirables et des vapeurs malfaisantes.

MÉPLAT, n. m. [mepla] (*mé-* et *plat*) **Peint.** Indication des différents plans d'un objet. *Les méplats d'une tête.* ◆ **Adj.** *Lignes méplates,* lignes qui établissent le passage d'un plan à un autre. ◆ **Constr.** Se dit d'une pièce de bois qui a plus d'épaisseur d'un côté que de l'autre. ◆ Se dit aussi d'une barre de fer, du fer en bande.

MÉPRENDRE (SE), v. pr. [meprɑ̃dr] (*mé-* et *prendre*) Commettre une erreur au sujet d'une personne ou d'une chose. *Elles se sont méprises.* « *Une candeur à laquelle on ne se méprend point* », FÉNELON. ◆ *À s'y méprendre,* de façon à se tromper. ◆ **Fig.** S'oublier et manquer de respect. *À qui pensez-vous parler ? Vous vous méprenez.*

MÉPRIS, n. m. [mepʀi] (*mépriser*) Sentiment par lequel on ne tient pas en prix, absence d'estime, de considération pour une personne ou une chose. ◆ ▷ *Être à mépris,* inspirer un sentiment de mépris. ◁ ◆ ▷ *Mettre à mépris,* avoir à mépris, dédaigner. ◁ ◆ ▷ *Faire mépris,* traiter avec mépris. ◁ ◆ *Tomber dans le mépris,* tomber dans un état où on est méprisé. ◆ *Le mépris de soi-même,* le sentiment qui fait qu'on n'a pas d'estime pour soi-même. ◆ L'objet même du mépris. « *Que ta religion, que fonda l'imposture, Soit l'éternel mépris de la race future* », VOLTAIRE. ◆ Le sentiment par lequel on s'élève au-dessus des attachements ordinaires du cœur humain. *Le mépris de la mort, des richesses.* ◆ **Au pl.** Paroles ou actes de mépris. « *J'ai souffert sous leur joug cent mépris différents* », MOLIÈRE. ◆ **AU MÉPRIS DE, loc. prép.** Sans avoir égard à. *Au mépris de mes ordres.* ■ **EN MÉPRIS DE, loc. prép.** Par un sentiment de mépris pour. *En mépris du devoir.*

MÉPRISABLE, adj. [mepʀizabl] (*mépriser*) Digne de mépris.

MÉPRISABLEMENT, adv. [mepʀizabləmɑ̃] (*méprisable*) ▷ D'une manière méprisable. ◁

MÉPRISAMMENT, adv. [mepʀizamɑ̃] (*méprisant*) Néol. D'un ton méprisant, d'une manière méprisante. ■ N'est plus considéré comme un néologisme aujourd'hui.

MÉPRISANT, ANTE, adj. [mepʀizɑ̃, ɑ̃t] (*mépriser*) Qui marque du mépris. *Un ton méprisant. Termes méprisants.* ◆ Qui a du mépris. « *On devient dédaigneux et méprisant* », BOURDALOUE.

MÉPRISE, n. f. [mepʀiz] (*se méprendre*) Faute de celui qui se méprend.

MÉPRISÉ, ÉE, p. p. de mépriser. [mepʀize]

MÉPRISER, v. tr. [mepʀize] (*mé-* et *priser*) Tenir en mépris. « *Il méprise les bruits du vulgaire* », FLÉCHIER. « *Ses mains ne méprisent point le travail* », FÉNELON. ◆ Transgresser. « *Hélas ! ce peuple ingrat a méprisé ta loi* », RACINE. ◆ Ne pas donner une suffisante attention. « *Il ne faut pas mépriser de tels détails, qui sont la source cachée de la ruine des États* », VOLTAIRE. ◆ ▷ Repousser un amant, un prétendant. ◁ ◆ S'élever au-dessus de l'amour ou de la crainte qu'on a ordinairement pour une chose. *Mépriser la vie, les richesses, la mort, etc.* ◆ Se mépriser, v. pr. Avoir du mépris pour soi-même. ◆ Se mépriser, avoir un mépris réciproque l'un pour l'autre.

MER, n. f. [mɛʀ] (lat. *mare*) La vaste étendue d'eau salée qui baigne toutes les parties de la terre. ◆ Chacune des grandes portions de cette masse d'eau. *La mer Atlantique.* ◆ *Les deux mers,* l'Océan et la Méditerranée. ◆ *Haute mer, pleine mer,* tout parage de la mer qui est hors de la vue de toute terre. ◆ ▷ **Fig.** *Il vogue en pleine mer,* se dit d'un homme dont la fortune est bien établie. ◁ ◆ *Sur mer,* se dit pour indiquer qu'une localité est sur le rivage de la mer. *Boulogne-sur-Mer.* ◆ *Homme de mer,* homme dont la profession est de naviguer sur mer ; **Au pl.** *les gens de mer.* ♦ *Armée de mer,* flotte composée de vaisseaux armés en guerre. ♦ *Mettre un vaisseau en mer,* lui faire quitter le port. ♦ **Absol.** *Mettre en mer, mettre à la mer,* quitter le port. ♦ *Se mettre en mer,* s'embarquer. ♦ *Prendre la mer,* commencer une navigation. ♦ *Tenir la mer,* naviguer. ♦ *Par mer,* c'est-à-dire sur la mer. ♦ ▷ **Fig.** et **fam.** *Chercher quelqu'un par terre et par mer,* le chercher en divers endroits. ◁ ♦ *C'est la mer à boire,* se dit pour exprimer qu'une chose est pleine de longueurs et de difficultés, ou qu'elle ne finit pas. ♦ En un sens contraire : *Ce n'est pas la mer à boire.* ♦ Par exagération, *c'est un homme qui avalerait la mer et les poissons,* se dit d'un homme qui a une grande soif ou un appétit désordonné, et fig. d'un homme très cupide. ♦ ▷ **Fig.** *Porter de l'eau en la mer,* porter quelque chose en un lieu où il y en a une grande abondance. ◁ ♦ **Fig.** *C'est une goutte d'eau dans la mer,* ce que vous apportez ne paraîtra rien. ♦ *La mer,* la marée. *La mer est pleine. La mer monte, la mer descend,* se dit du flux et du reflux. *Il est basse mer,* la mer est vers la fin de son reflux. *Grandes mers,* les marées de syzygie. ♦ *Coup de mer,* tempête de peu de durée, et aussi grosse vague. ♦ **Au pl.** *Les mers,* l'ensemble des eaux de la mer considérées d'une manière vague. « *Errant dans toute l'étendue des mers* », Fénelon. ♦ Par exagération, grande étendue d'eau non salée. *La rivière débordée était une mer.* ♦ *Mer de sable,* vaste étendue de terre couverte de sable. ♦ **Fig.** *Mer* se dit d'une grande quantité. *Des mers de sang, de poussière.* ♦ **Fig.** La vie, les affaires humaines. « *La mer de la vie* », Delille. Il se dit aussi pour exprimer certains abîmes moraux. « *Cette mer si vaste et si agitée des opinions humaines* », Bossuet. « *Son âme tout entière est plongée dans une mer de tribulation et d'amertume* », Massillon. ♦ Immensité de l'érudition, du savoir. « *Cet ouvrage est une mer d'érudition* », Diderot. ♦ Vase de terre dans lequel est une certaine quantité de vin qu'on remplace à mesure qu'on y puise. ■ Rem. On ne dit plus auj. *la mer Atlantique* mais *l'océan Atlantique.*

MÉRANGÈNE, ■ n. f. [mɛʀɑ̃ʒɛn] Voy. MÉLONGÈNE.

MERCANTILE, adj. [mɛʀkɑ̃til] (ital. *mercantile*) Qui a rapport au commerce, qui se livre au commerce. *Des spéculations mercantiles. Un peuple mercantile.* ♦ Se dit des choses commerciales, avec l'idée d'un gain sordide. « *Tout secret dans les arts arraché à la politique fausse et mercantile d'un pays est un service rendu à toute l'espèce humaine* », Condorcet. ♦ **Fig.** « *Sans que rien de vénal et de mercantile ose approcher d'une si pure source* », J.-J. Rousseau.

MERCANTILEMENT, adv. [mɛʀkɑ̃til(ə)mɑ̃] (*mercantile*) ▷ D'une manière mercantile. ◁

MERCANTILISME, n. m. [mɛʀkɑ̃tilism] (*mercantile*) Écon. Néol. Propension à rapporter tout au commerce, au trafic, au gain.

MERCANTILISTE, ■ n. m. et n. f. [mɛʀkɑ̃tilist] (*mercantile*) Partisan du mercantilisme économique. *Les mercantilistes se préoccupent d'augmenter les richesses de l'État. Les mercantilistes les plus célèbres sont les Français Jean Bodin et l'Espagnol Luis de Ortiz.* ■ Adj. *Une politique mercantiliste.*

MERCANTILLE, n. f. [mɛʀkɑ̃tij] (*ille* se prononce comme dans *fille*) ▷ T. qui vieillit. Négoce de peu de valeur. *Faire la mercantille.* ◁

MERCAPTAN, ■ n. m. [mɛʀkaptɑ̃] (lat. sav. [XIXᵉ s.] *mercurium captans,* qui capte le mercure) Chim. Composé liquide et incolore dérivé de l'alcool, dans lequel un atome de soufre a été substitué à l'atome d'oxygène, ce qui lui confère une odeur nauséabonde. *Le mercaptan permet de réduire les émissions de méthane dans l'atmosphère. Mercaptan méthylique.*

MERCATICIEN, IENNE, ■ n. m. et n. f. [mɛʀkatisjɛ̃, jɛn] (*mercatique*) Écon. Spécialiste de la mercatique. *Le mercaticien doit bien connaître le consommateur afin de répondre précisément à ses attentes.*

MERCATIQUE, ■ n. f. [mɛʀkatik] (lat. *mercatus,* commerce, marché) Écon. Ensemble des actions ayant pour objectif de détecter, de prévoir et de stimuler ou susciter les besoins du consommateur par rapport à une certaine catégorie de produits afin d'en adapter la production et la commercialisation. *La mercatique est plus connue sous le nom de marketing.*

MERCENAIRE, adj. [mɛʀsənɛʀ] (lat. *mercenarius*) Qui se fait seulement pour le salaire. *Œuvre mercenaire.* ♦ Fig. et en mauvaise part. « *Loin de nous une piété faible et mercenaire ! attachons-nous à Dieu pour Dieu même* », Fénelon. ♦ En parlant des personnes, qui travaille pour de l'argent. ♦ **Fig.** À qui l'on fait faire tout ce qu'on veut pour de l'argent. *Cet homme est mercenaire.* ♦ **N. m.** Ouvrier, artisan qui travaille pour de l'argent. ♦ ▷ *Travailler comme un mercenaire,* travailler beaucoup. ◁ ♦ En général, tout homme qui travaille pour de l'argent, mais avec l'idée qu'il n'a aucune indépendance de caractère. « *Des esclaves et des mercenaires ne sont pas faits pour élever des Spartiates* », Barthélemy. ♦ Étranger qui sert dans une armée pour de l'argent. ♦ **Fig.** Homme intéressé et facile à corrompre pour de l'argent.

MERCENAIREMENT, adv. [mɛʀsənɛʀ(ə)mɑ̃] (*mercenaire*) ▷ D'une manière mercenaire. ◁

MERCERIE, n. f. [mɛʀsəʀi] (*mercier*) Commerce du mercier. ♦ Les diverses marchandises dont les merciers font trafic. ♦ ▷ **Fig.** *Il a plus sur sa mercerie,* son commerce, ses affaires vont mal. ◁ ♦ *La mercerie,* l'ensemble des merciers.

MERCERISAGE, ■ n. m. [mɛʀsəʀizaʒ] (*merceriser*) Action de merceriser des fils ou des tissus de coton. *Le mercerisage apporte de la brillance et de la souplesse aux étoffes. Mercerisage du textile, de la fibre.*

MERCERISER, ■ v. tr. [mɛʀsəʀize] (angl. [to] *mercerize,* de John *Mercer,* 1791-1866) Traiter des fils ou du tissu de coton pour les rendre soyeux, brillants et réceptifs aux colorants au moyen d'une solution de soude caustique. *Machine à merceriser. Coton mercerisé.*

MERCHANDISER ou **MERCHANDISEUR, EUSE**, ■ n. m. et n. f. [mɛʀʃɑ̃dizœʀ, øz] (angl. *merchandiser*) Spécialiste du merchandising. *Le merchandiser élabore un plan d'action pour améliorer les ventes d'un produit en le mettant en valeur.*

MERCHANDISING, ■ n. m. [mɛʀʃɑ̃dajziŋ] (mot angl., promotion des ventes de [to] *merchandise*) Ensemble des études et des techniques mises en œuvre par les distributeurs et les producteurs visant à améliorer la distribution commerciale de produits ou de services au moyen d'une stratégie commerciale et d'une présentation ciblées sur les besoins du consommateur dans le but d'accroître la rentabilité du point de vente et de l'écoulement des produits. *Le merchandising fait partie du marketing ; il influence l'achat.*

MERCI, n. f. [mɛʀsi] (lat. *mercedem,* accus. de *merces,* salaire, prix, faveur) Grâce, faveur, récompense ; et ce sens dans : *Dieu merci,* c'est-à-dire *par la grâce de Dieu.* ♦ ▷ *Merci de ma vie ! Merci de moi !* Exclamations populaires qui annoncent l'impatience, la colère. ◁ ♦ Sentiment par lequel on fait aux autres la faveur de les épargner. *N'attendez aucune merci.* ♦ *Être, se mettre à la merci de quelqu'un,* être, se mettre à sa discrétion. ♦ **Par extens.** « *Livré dans un désert à la merci des bêtes* », P. Corneille. ♦ **Fig.** *À la merci de,* en parlant des choses dont nous sommes le jouet. *Des vaisseaux à la merci des vents.* « *Il [l'impie] erre à la merci de sa propre inconstance* », Racine. ♦ *Crier merci, demander merci,* demander d'être épargné. ♦ *Prendre à merci, recevoir à merci,* faire grâce. ◁ *L'ordre de la Merci, de Notre-Dame de la Merci,* ordre religieux institué pour racheter les captifs des mains des infidèles. ♦ **N. m.** *Un grand merci,* un remerciement. « *Cela ne me coûte qu'un grand merci* », La Bruyère. ♦ *Dire merci,* remercier. ♦ **Absol.** *Merci, grand merci,* c'est-à-dire je vous rends grâce. ♦ *Merci* isolé de *grand* s'emploie toujours sans article. ♦ *Non merci,* pour exprimer un refus. *Veux-tu un gâteau ? Non merci, je n'ai pas faim.*

MERCIER, IÈRE, n. m. et n. f. [mɛʀsje, jɛʀ] (anc. fr. *merz,* marchandise, du lat. *merx*) Celui, celle qui vend toutes sortes de menues marchandises, surtout de celles qui servent à l'habillement. ♦ Adj. *Marchand mercier.* ♦ ▷ Porte-balle qui va par les villes et les villages. ◁ ♦ ♦ **Prov.** *Petit mercier, petit panier,* ou *à petit mercier, petit panier,* il ne faut pas faire des entreprises au-dessus de ses forces.

MERCREDI, n. m. [mɛʀkʀədi] (lat. *Mercurii dies*) Le quatrième jour de la semaine. ■ *Le mercredi des Cendres,* le premier jour du carême dans la religion catholique. ■ Rem. Auj. *le mercredi* est plutôt considéré comme le troisième jour de la semaine.

MERCURE, n. m. [mɛʀkyʀ] (lat. *Mercurius*) Dieu du paganisme qui présidait au commerce, à l'éloquence, qui était le messager des dieux et le patron des voyageurs, des filous, et qui était chargé du soin de conduire les âmes des morts dans les Enfers. ♦ **Fig.** Messager. ♦ Titre de divers écrits périodiques. *Le Mercure de France.* ♦ La planète la plus voisine du Soleil. ♦ Substance métallique fluide, communément appelée vif-argent. ♦ **Fig.** « *Mobiles comme le mercure, ils piroüettent, ils gesticulent, ils rient, ils s'agitent* », La Bruyère. ♦ **Anc. chim.** *Fixer le mercure,* le solidifier. ♦ **Fig.** *Fixer le mercure,* arrêter l'inconstance et la légèreté d'un esprit. ♦ **Méd.** *Préparation mercurielle.* Prendre du mercure.

MERCUREUX, EUSE, adj. [mɛʀkyʀø, øz] (*mercure*) Chim. *Oxyde mercureux,* le premier degré d'oxydation du mercure.

MERCURIAL, adj. m. [mɛʀkyʀjal] (lat. *mercurialis,* de Mercure) Usité seulement dans cette locution : *Miel mercurial* Voy. MIEL.

1 **MERCURIALE**, n. f. [mɛʀkyʀjal] (lat. *mercurialis dies,* jour de Mercure, mercredi) Autrefois, assemblée du parlement de Paris qui se tenait certains mercredis, où le premier président parlait contre les désordres qui se commettaient dans l'administration de la justice. ♦ Discours prononcé dans ces assemblées. ♦ Aujourd'hui, discours que les officiers du ministère public prononcent à la rentrée des cours et des tribunaux. ♦ ▷ **Fig.** Réprimande qu'on fait à quelqu'un. *Faire, recevoir une mercuriale.* ◁ ♦ Registres où les maires des communes constatent le prix des grains, foins, etc. dans les marchés.

2 MERCURIALE, n. f. [mɛʀkyʀjal] (lat. *mercurialis herba*, herbe de Mercure) Genre de plantes dioïques de la famille des euphorbiacées. ◆ *Miel de mercuriale*, Voy. MIEL.

MERCURIEL, ELLE, adj. [mɛʀkyʀjɛl] (*mercure*) Qui contient du mercure. *Onguent mercuriel.* ◆ *Frictions mercurielles*, frictions faites avec une pommade qui contient du mercure. ◆ *Eau mercurielle*, dissolution nitrique de mercure. ◆ **Méd.** Qui est causé par le mercure. *Maladie mercurielle.*

MERCURIQUE, adj. [mɛʀkyʀik] (*mercure*) **Chim.** *Oxyde mercurique*, le second degré d'oxydation du mercure.

MERCUROCHROME, ■ n. m. [mɛʀkyʀɔkʀɔm] (nom déposé de *mercuro-*, et *-chrome*) Soluté à base de mercure coloré, utilisé comme antiseptique en application externe.

MERDE, n. f. [mɛʀd] (lat. *merda*) **Vulg.** Excrément de l'homme et de quelques animaux. ◆ *Couleur merde d'oie* (on prononce mèr-doî), couleur qui est entre le vert et le jaune. *Taffetas merde d'oie.* ■ **Fam.** Ce qui n'a pas de valeur ou est méprisable. *De la merde.* ■ **Fam.** Souci, ennui difficile à résoudre. *Une merde avec l'ordinateur.* ■ **Vulg.** *De merde*, détestable. ■ **Très fam.** *Merde !* Exprime la colère, l'indignation ou la surprise. ■ **Rem.** *La couleur merde d'oie se dit auj. caca d'oie.*

MERDER, ■ v. intr. [mɛʀde] (*merde*) **Très fam.** Ne pas réussir. *Il a merdé sur ce coup-là.*

MERDEUX, EUSE, adj. [mɛʀdø, øz] (*merde*) **Vulg.** Souillé de merde. ◆ N. m. et n. f. Un polisson, une polissonne. ■ Une jeune personne. *Tous ces petits merdeux !*

MERDIER, ■ n. m. [mɛʀdje] (*merde*) **Très fam.** Situation complexe et inextricable. *Elle n'arrive pas à se sortir de ce merdier.* ■ Très grand désordre. *Range-moi ce merdier !*

MERDIQUE, ■ adj. [mɛʀdik] (*merde*) **Très fam.** Qui n'a pas de valeur, qui est sans intérêt. *Une bagnole merdique.*

MERDOYER, ■ v. intr. [mɛʀdwaje] (*merde*) **Très fam.** S'enliser dans les difficultés, s'embrouiller. *Il merdoie dans ses propos. Elle a merdoyé en écrivant sa lettre.* ■ Ne pas réussir. *J'ai merdé, j'ai merdoyé, j'aurais dû accepter son offre.*

1 MÈRE, n. f. [mɛʀ] (lat. *mater*) Femme qui a donné la vie à un enfant. « *Que ne peut point un fils sur le cœur d'une mère !* », P. CORNEILLE. ◆ **Fig.** *Cette femme est la mère des pauvres*, elle fait de grandes charités. ◆ Il se dit des femelles des animaux. *Une chienne mère de trois petits.* ◆ *Mère de famille*, femme mariée qui a des enfants. ◆ *La mère de Dieu*, la sainte Vierge. ◆ *Notre première mère*, Ève. ◆ Dans le paganisme, *la mère des dieux*, Cybèle. ◆ *Grand-mère*, *mère-grand*, la mère du père et de la mère. Voy. GRAND-MÈRE. ◆ *Belle-mère*, Voy. BELLE-MÈRE. ◆ **Fig.** *Notre mère commune*, la terre. ◆ *La terre notre mère*, la terre qui nous nourrit. ◆ *Mère* se dit des contrées considérées comme origine. *Rome est notre mère.* ◆ **Fig.** *La mère des fidèles*, l'Église. ◆ Se dit des Églises qui en ont fondé d'autres, ou qui ont établi des congrégations. ◆ **Fig. et fam.** *La mère une telle*, se dit d'une femme du peuple un peu âgée. ◆ **Fig.** *Mère des compagnons*, auberge où descendent en chaque ville les compagnons du tour de France de chaque métier. ◆ La supérieure d'une maison religieuse. *La mère abbesse.* ◆ Religieuse professe. ◆ **Fig.** Cause, origine, lieu qui produit. *L'oisiveté est mère de tous vices. La Grèce a été la mère des beaux-arts.* ◆ Nom donné par les pépiniéristes aux sujets sur lesquels on doit greffer, ou dont on doit tirer des marcottes. ◆ *Mère de vinaigre*, membrane gélatineuse qui se forme à la surface des vases contenant du vinaigre et qui joue un rôle dans la fermentation acide. ◆ *Mère* s'emploie quelquefois adjectivement. ◆ *La reine mère*, la reine douairière. ◆ *La mère patrie*, l'État, le pays qui a fondé une colonie et qui la gouverne. ◆ *Langue mère*, Voy. LANGUE. ◆ *L'idée mère d'un ouvrage*, l'idée dont il est le développement. ◆ *Mère branche*, grosse branche d'où sortent plusieurs autres branches. ◆ *Mère perle*, coquille qui renferme un grand nombre de perles. ◆ **Chim.** *Eau mère*, eau saline et épaisse qui ne donne plus de cristaux. ◆ *Dure-mère*, *pie-mère*, Voy. DURE-MÈRE, PIE-MÈRE. ◆ *Mère célibataire*, femme qui élève seule ses enfants. ■ *Société mère* ou *maison mère*, société dont dépendent les filiales d'un groupe industriel ou financier. ■ **Rem.** Auj. on utilise *une mère de famille* pour une femme qui a des enfants, même si elle n'est pas mariée.

2 MÈRE, adj. f. [mɛʀ] (lat. *mera*, fém. de *merus*, pur) Adj. fém. qui signifie *pure*, et qui n'est usité que dans : *Mère goutte*, le vin qui coule des grappes vendangées, avant qu'elles aient été pressurées. ◆ *Mère laine*, la laine du dos des brebis.

MÉREAU, n. m. [meʀo] (radic. pré-roman *marr-*, pierre ; cf. *marelle*) Médaille ou monnaie de convention qui servait de jeton à l'église, aux marchés.

MÉRELLE, n. f. [meʀɛl] Voy. MARELLE.

MÉRENS, ■ n. m. [meʀɛ̃s] (*Mérens*, ville de l'Ariège dont il est originaire) Cheval noir de petite taille, monté surtout en montagne pour sa robustesse. *Le mérens, parfois classé dans les poneys, possède un dos large, une robe à poil fin et brillant, une riche crinière, une longue queue et des oreilles courtes.*

MERGUEZ, ■ n. f. [mɛʀgɛz] (ar. *mergaz*, saucisse) Saucisse à cuire pimentée à base de bœuf ou de mouton, typique de la cuisine de l'Afrique du Nord. *Un couscous aux merguez.*

MERGULE, ■ n. m. [mɛʀgyl] (lat. *mergus*, plongeon) Petit oiseau noir au dessous blanc, ressemblant au pingouin et qui vit dans les régions arctiques. *Les mergules s'abritent dans des falaises et ne se rendent sur la terre ferme que pour la reproduction. Un mergule nain.*

1 MÉRIDIEN, n. m. [meʀidjɛ̃] (lat. *meridianus*, de midi) Cercle de la sphère passant par les deux pôles, par le zénith et par le nadir, et coupant l'équateur à angles droits. ◆ *Premier méridien*, cercle qu'on se figure décrit sur le globe terrestre pour compter de là les degrés de longitude. ◆ Espèce de cadran solaire qui marque l'heure de midi.

2 MÉRIDIEN, IENNE, adj. [meʀidjɛ̃, jɛn] (lat. *meridianus*, de midi) Qui a rapport au méridien. *Aspect méridien. Ombre méridienne.* ◆ *Hauteur méridienne du soleil ou d'une étoile*, leur hauteur au-dessus de l'horizon au moment où ils sont dans le méridien du lieu où on les observe. ◆ **Bot.** Se dit des plantes dont les fleurs s'ouvrent vers le milieu du jour. ◆ *Ligne méridienne* ou simplement *méridienne*, ligne qu'on suppose tracée sur la surface d'un pays dans le plan d'un méridien déterminé. *La méridienne de Paris.* ◆ *La méridienne*, sommeil auquel les habitants des pays chauds se livrent ordinairement vers l'heure de midi. ◆ N. f. Lit de repos à chevets de hauteur inégale et reliés par un dossier. *Se coucher sur une méridienne.*

MÉRIDIONAL, ALE, adj. [meʀidjɔnal] (b. lat. *meridionalis*) Qui est du côté du midi. *Les pays méridionaux.* ◆ *Le pôle méridional*, le pôle antarctique. ◆ N. m. et n. f. *Les Méridionaux*, les gens qui habitent les pays du Midi, spécialement les habitants du midi de la France. *C'est un Méridional.*

MERINGUE, n. f. [məʀɛ̃g] (p.-ê. b. lat. *merenda*, collation du soir) Pâtisserie faite avec des blancs d'œufs et du sucre en poudre, et que l'on garnit de crème fouettée ou de confitures.

MERINGUÉ, ÉE, adj. [məʀɛ̃ge] (*meringuer*) Dont le dessus est semblable à la crème des meringues. *Gâteau meringué.*

MERINGUER, ■ v. tr. [məʀɛ̃ge] (*meringue*) Recouvrir de meringue. *Meringuer une tarte.*

MÉRINOS, n. m. [meʀinos] (on prononce le *s* final ; esp. *merino*) Mouton de race espagnole dont la laine est très fine. ◆ Adj. inv. *Brebis mérinos.* ◆ Étoffe faite avec de la laine de mérinos. *Une robe de mérinos.* ■ **Vulg.** *Laisser pisser le mérinos*, laisser faire, ne rien dire. *Ne réponds pas à son insulte, laisse pisser le mérinos !*

MERISE, n. f. [məʀiz] (aphérèse de *amerise*, de *amer*) Fruit du merisier.

MERISIER, n. m. [məʀizje] (*merise*) Cerisier sauvage. ■ Bois dont on fait des meubles. *Un buffet en merisier.* ■ Adj. Qui a l'aspect du merisier. *Une table imitation merisier.*

MÉRISTÈME, ■ n. m. [meʀistɛm] (all. *Meristem*, créé sur le gr. *meristos*, partagé) **Bot.** Tissu de cellules végétales de type embryonnaire qui est responsable de la croissance des tiges et des racines ainsi que de celle en épaisseur. *Méristème végétatif, apical, floral.*

MÉRITANT, ANTE, adj. [meʀitã, ɑ̃t] (*mériter*) Qui a du mérite. *Des personnes méritantes.* ◆ Qui a de la qualité, en parlant d'une espèce d'arbre fruitier. *Une variété méritante.*

MÉRITE, n. m. [meʀit] (lat. *meritum*, service, conduite qui mérite en bien ou en mal, de *merere*, mériter) Ce qui rend une chose digne de récompense ou de punition. « *Placer chacun en son rang selon le mérite de ses œuvres* », SACI. ◆ *Se faire un mérite de quelque chose*, tirer gloire, tirer avantage d'avoir, de faire quelque chose. ◆ Ce qui rend une personne digne de récompense ou de punition. « *Les méchants sont soufferts pour l'instruction ou pour le mérite des justes* », MASSILLON. ◆ En ce sens, il se dit très souvent au pluriel. *Qu'il soit récompensé selon ses mérites.* ◆ *Les mérites de la passion de Jésus-Christ*, ses souffrances et sa mort. ◆ *Les mérites des saints*, les bonnes œuvres des saints. ◆ *Les mérites*, les bonnes œuvres, par rapport à la récompense que Dieu y attache. ◆ Ce que les personnes ont de digne et d'estimable. « *Le monde récompense plus souvent les apparences du mérite que le mérite même* », LA ROCHEFOUCAULD. ◆ *Avoir du mérite*, avoir des qualités, du talent. ◆ *De mérite*, se dit des personnes qui ont du mérite. *Homme de mérite. Du premier mérite.* ◆ Au pl. « *Dans le monde on voit tous les jours des mérites médiocres l'emporter sur des mérites éclatants* », BOURDALOUE. ◆ Ce qu'une chose a de digne d'éloge. *Le mérite du style.* « *On ôte du mérite aux bienfaits qu'on retarde* », ROTROU. ◆ Habileté, talent. *Il est bon juge du mérite militaire.* ◆ ▷ *Mérite*, les gens de mérite. *Honorer le mérite.* ◁

MÉRITÉ, ÉE, p. p. de mériter. [meʀite]

MÉRITER, v. tr. [mɛʁite] (*mérite*) Être digne de, en parlant des personnes. « *L'on croit mériter les bons succès, mais n'y devoir compter que fort rarement* », La Bruyère. ♦ *Mériter de*, avec l'infinitif. *Il mérite d'être protégé.* ♦ *Mériter que*, avec le subjonctif. ♦ *Mériter une femme*, l'obtenir en raison de son mérite. ♦ Absol. *Mériter beaucoup*, être digne de récompense par ses talents, par ses services. ♦ *Bien mériter de*, rendre de grands services à. *Bien mériter de la patrie, de son roi, etc.* ♦ En mauvaise part, encourir. *Mériter une punition.* ♦ Il se dit des choses qui font obtenir quelque grâce, quelque récompense. *Cette action mérite récompense.* ♦ *Cette nouvelle mérite confirmation*, elle a besoin d'être confirmée. ♦ Être méritoire. « *Ce ne sont pas les austérités du corps, mais les bons mouvements du cœur qui méritent* », Pascal. ♦ *Mériter quelque chose à quelqu'un*, se dit de ce qui lui fait obtenir quelque avantage. « *Sa justice lui méritait la vénération et l'amour de tous les peuples* », Bossuet. ♦ Être assez important pour..., en parlant soit des choses, soit des personnes. « *Ce que le prince fit ensuite mériterait d'être raconté à toute la terre* », Bossuet. ♦ Se mériter, v. pr. Être mérité. ♦ Être dignes l'un de l'autre.

MÉRITOCRATIE, ■ n. f. [meʁitɔkʁasi] (*mérite* et *-cratie*) Principe de distribution des privilèges et de la reconnaissance par la communauté suivant le mérite qu'elle attribue aux individus. *Méritocratie républicaine, scolaire.* « *Il y a eu des éducations-types, comme l'éducation jésuite. C'était la méritocratie. Que le meilleur gagne. Le meilleur étant jugé par les adultes* », Dolto. ■ **MÉRITOCRATIQUE**, adj. [meʁitɔkʁatik]

MÉRITOIRE, adj. [meʁitwaʁ] (lat. *meritorius*) Attirant des mérites, digne d'être récompensé, en parlant des choses. *Une action méritoire.* ♦ ▷ Qui attire la miséricorde divine. « *Rendre nos souffrances méritoires* », Massillon. ◁

MÉRITOIREMENT, adv. [meʁitwaʁ(ə)mɑ̃] (*méritoire*) D'une manière méritoire.

MERL ou **MAËRL**, ■ n. m. [mɛʁl] (bret., de l'anc. fr. *marle*, var. de *marne*) Sédiment calcaire utilisé pour fertiliser le sol. ■ Rem. On écrit aussi *maerl.*

MERLAN, n. m. [mɛʁlɑ̃] (*merle*, poisson de mer, et suffixe germanique *-enc*) Poisson de mer du genre des gades, dont la chair est extrêmement légère. ■ *Faire* ou *avoir des yeux de merlan frit*, lever les yeux au ciel de façon affectée, avec un air béat. ■ En boucherie, partie du muscle couturier du bœuf. *Des morceaux de merlan pour la fondue bourguignonne.* ■ Vx et fam. Coiffeur. *Allez chez le merlan.*

MERLE, n. m. [mɛʁl] (b. lat. *merulus*, du lat. *merula*) Oiseau de l'ordre des passereaux, dont une espèce, le merle noir à bec jaune, est commune en France. ♦ Fig. *Jaser comme un merle*, parler beaucoup. ♦ Fig. *Fin merle*, homme adroit, rusé compère. ♦ *Un vilain merle*, un homme désagréable. ♦ *Merle blanc*, merle qui de noir devient blanc ; ce qui est une rareté. ♦ Fig. *Si vous faites cela, je vous donnerai un merle blanc*, se dit pour défier quelqu'un de faire une chose qu'on regarde comme impossible. ♦ *Rare comme un merle blanc*, très rare. ♦ Prov. *Faute de grives on prend, on mange des merles*, parce qu'on n'a pas le meilleur, ce n'est pas une raison de dédaigner le bon. ■ *Siffler comme un merle*, siffler très bien.

MERLEAU, ■ n. m. [mɛʁlo] (*merle*) Petit du merle. *Des merleaux.*

MERLETTE, n. f. [mɛʁlɛt] (dim. de *merle*) Hérald. Oiseau représenté sans bec et sans pieds. ♦ Femelle du merle.

1 MERLIN, n. m. [mɛʁlɛ̃] (dial. de l'Est, du lat. *marculus*) Long marteau ou espèce de massue dont les bouchers se servent pour assommer les bœufs. ♦ Espèce de hache à fendre le bois.

2 MERLIN, n. m. [mɛʁlɛ̃] (néerl. *maarlijn*, corde de mer) Mar. Cordelette formée de deux ou trois fils de caret.

MERLON, n. m. [mɛʁlɔ̃] (ital. *merlone*, créneau) La partie du parapet qui est entre deux créneaux ou deux embrasures.

MERLOT, ■ n. m. [mɛʁlo] (*merle*) Vitic. Cépage rouge du Bordelais donnant des vins souples et colorés. ■ Vin provenant de ce cépage. *Des merlots charpentés.*

MERLU, ■ n. m. [mɛʁly] (p.-ê. croisement de *merlan* avec l'anc. fr. *lus, luz*, brochet) Poisson de mer de petite taille, au corps allongé, aux grands yeux et aux dents pointues, voisin de la morue. *Du merlu argenté.*

MERLUCHE, n. f. [mɛʁlyʃ] (a. provenç. *merlus*, d'orig. obsc.) Nom qu'on donne en général aux poissons du genre gade, après qu'ils ont été desséchés au soleil, et particulièrement à la morue.

MERLUSINE, n. f. [mɛʁlyzin] Voy. MÉLUSINE.

MÉRO..., ■ [meʁo] préfixe, du grec *meros*, partie.

MÉROSTOME, ■ n. m. [meʁostom] (gr. *mêros*, cuisse, et *stoma*, bouche) Zool. Arthropode primitif marin dont la limule est le seul représentant aujourd'hui. *Les mérostomes se caractérisent par leur bouche qui s'ouvre entre la base de leurs pattes.*

MÉROU, ■ n. m. [meʁu] (esp. *mero*) Gros poisson carnassier des mers tempérées ou chaudes, à la chair très estimée. *Mérou brun.*

MÉROVINGIEN, IENNE, ■ adj. [meʁɔvɛ̃ʒjɛ̃, jɛn] (lat. médiév. *merovingi*, de *Merowig*, Mérovée, Vᵉ s. ap. J.-C.) Relatif à la dynastie des Mérovingiens en Gaule franque. *Des coutumes mérovingiennes.* ■ Relatif à cette même époque. *L'art mérovingien.* ■ N. m. et n. f. *Les Mérovingiens.*

MERRAIN, n. m. [meʁɛ̃] (b. lat. *materiamen*, bois de construction, du lat. *materia*) Bois fendu en planches et propre à différents ouvrages. ♦ ▷ Bois préparé pour faire des douves. ◁ **Vén.** Matière du bois du cerf. ■ Rem. On écrivait aussi *mairain.*

MÉRULE, ■ n. f. [meʁyl] (lat. *merulius*) Champignon très destructeur ayant l'aspect d'un feutrage blanc, épais et cotonneux, qui s'attaque au bois résineux humide et qui se nourrit de la cellulose du bois provoquant des dégâts très importants dans les habitats. *Un traitement contre la mérule.* ■ Rem. *Mérule* est parfois utilisé au masculin.

MERVEILLE, n. f. [mɛʁvɛj] (lat. *mirabilia*, neutre plur. de *mirabilis*, admirable, merveilleux) Chose qui cause de l'admiration. *Les merveilles de la nature.* ♦ *Les sept merveilles du monde*, les sept monuments les plus célèbres dans l'antiquité, à savoir les pyramides d'Égypte, les jardins suspendus de Babylone, le temple de Diane à Éphèse, celui de Jupiter Olympien à Pise, le tombeau de Mausole, le phare d'Alexandrie et le colosse de Rhodes. ♦ *C'est une des sept merveilles du monde, c'est la huitième merveille du monde*, se dit d'un superbe édifice ou de quelque autre chose étonnante en son genre. ♦ *Être la merveille de*, exciter l'admiration. *Cette princesse est la merveille de la cour.* ♦ *C'est une merveille..., c'est merveille de...*, ou *que de...*, c'est une chose extraordinaire de... ♦ *C'est merveille que*, avec le subjonctif, il est étonnant que. ♦ *Ce n'est pas merveille de..., ce n'est pas merveille que...*, avec le subjonctif, *ce n'est pas merveille si...*, il n'y a pas lieu de s'étonner. *Ce n'est pas merveille qu'il ait échoué, s'il a échoué.* ♦ Fam. *Faire merveilles, faire des merveilles*, se distinguer d'une façon extraordinaire, produire un excellent effet. ♦ *Faire merveille*, se dit des choses qui produisent un bel effet, qui plaisent infiniment. ♦ *Dire des merveilles de, dire merveilles de*, vanter excessivement. ♦ *Dire merveilles, dire des merveilles, écrire des merveilles*, dire, écrire des choses charmantes. ♦ *Crier à la merveille, crier merveille*, exprimer vivement son admiration. ♦ Fig. *Promettre monts et merveilles*, faire de très grandes promesses. ♦ *Conter monts et merveilles, conter merveilles, conter des merveilles de*, faire des récits qui excitent l'admiration pour. ♦ Personne qui excite l'admiration. « *Mme la Dauphine est une merveille d'esprit* », Mme de Sévigné. ♦ Chose qui, excitant l'étonnement, paraît dépasser les forces de la nature. *De grandes merveilles.* « *Une merveille absurde est pour moi sans appas* », Boileau. loc. adv. *À merveille*, très bien, parfaitement. *Il se porte à merveille. Tout allait à merveille.* ♦ *À merveille*, se dit aussi ironiquement pour exprimer son mécontentement, son indignation. ♦ Se dit de plusieurs variétés de fleurs et particulièrement de tulipes. *La merveille d'Amsterdam.* ■ Petit beignet frit et très léger.

MERVEILLEUSEMENT, adv. [mɛʁvɛjøz(ə)mɑ̃] (*merveilleux*) D'une façon merveilleuse. ♦ Parfaitement. *Il est merveilleusement en forme. Elle a répondu merveilleusement bien.*

MERVEILLEUX, EUSE, adj. [mɛʁvɛjø, øz] (*merveille*) Qui tient de la merveille. *De merveilleux exploits.* ♦ Il se dit aussi des personnes. « *Et les villes, et les montagnes, et les pierres même y parlaient de ces hommes merveilleux* », Bossuet. ♦ Ironiq. « *Le monde est merveilleux dans ses idées, et prend bien plaisir à se tromper* », Bourdaloue. ♦ Excellent en son espèce. *Un vin merveilleux. Une éducation merveilleuse.* ♦ N. m. Ce qu'il y a d'excellent. « *Il a du bon et du louable, qu'il gâte par l'affectation du grand et du merveilleux* », La Bruyère. ♦ Ce qui, dans un événement, dans un récit, s'éloigne du cours ordinaire des choses. *Le merveilleux de cette aventure est que, etc.* ♦ Ce qui est produit par l'intervention des êtres surnaturels. *L'homme aime le merveilleux.* ♦ L'intervention d'êtres surnaturels comme dieux, anges, démons, génies, fées, dans les ouvrages d'imagination. ♦ N. m. et n. f. Personne qui affecte de belles manières, et qui a beaucoup de prétentions. ♦ *Merveilleuse*, femme à la mode, sous le Directoire.

MÉRYCISME, ■ n. m. [meʁisism] (gr. *mêrukismos*, rumination) Méd. Trouble pathologique du comportement alimentaire principalement chez les jeunes enfants et se caractérisant par des régurgitations et la mastication des aliments régurgités de façon systématique. *Mérycisme du nourrisson.*

MERZLOTA, ■ n. f. [mɛʁzlota] (mot russe) Géogr. Sol ou sous-sol gelé en permanence. *Merzlota sur le territoire russe.*

1 MES, adj. poss. pl. de *mon, ma*. [me] Voy. MON.

2 MES... ou **MÉS...**, [me, mez] Voy. MÉ..., PRÉFIXE.

MESA ou **MÉSA**, ■ n. f. [meza] (mot esp., table) Géogr. Plateau formé par le démantèlement de coulées volcaniques. *Des mesa.*

MÉSADAPTÉ, ÉE, ■ n. m. et n. f. [mezadapte] (*més-* et *adapté*) Québec Individu qui présente des difficultés à s'adapter à son propre milieu. *Une mésadaptée.* ■ Adj. *Un comportement mésadapté.*

MÉSAIR ou **MÉZAIR**, n. m. [mezɛʀ] (ital. *mezzaria*) **Manège** Allure d'un cheval qui tient le milieu entre le terre à terre et les courbettes.

MÉSAISE, n. m. [mezez] (*més-* et *aise*) ▷ Diminution de l'aisance. « *Tout ce qu'on tire des sujets au-delà de ce qui est nécessaire à l'État les jette dans un mésaise qui les appauvrit d'autant* », Vauban. ♦ Diminution de l'aise physique. « *Ce dissolvant qui picote l'estomac lui prépare par ce mésaise un plaisir très vif* », Fénelon. « *Le désir est une espèce de mésaise que le goût du bien met en nous* », Vauvenargues. ■ Rem. Il est littéraire aujourd'hui. ◁

MÉSALLIANCE, n. f. [mezaljãs] (*més-* et *alliance*) Alliance par mariage avec une personne de condition inférieure. ■ Rem. Il est littéraire aujourd'hui.

MÉSALLIÉ, ÉE, p. p. de mésallier. [mezalje]

MÉSALLIER, v. tr. [mezalje] (*més-* et *allier*) Faire faire une mésalliance. ♦ Se mésallier, v. pr. Faire une mésalliance. ♦ Fig. et fam. S'abaisser, déroger.

MÉSANGE, n. f. [mezãʒ] (anc. b. frq. *meisinga*) Petit oiseau de l'ordre des passereaux.

MÉSANGETTE, ■ n. f. [mezãʒɛt] (*mésange*) Cage à trébuchet utilisée pour capturer les petits oiseaux.

MÉSARRIVER, v. impers. [mezaʀive] (*més-* et *arriver*) ▷ Se conjugue avec *être*. Tourner mal, avoir une mauvaise issue. *Si vous ne changez de conduite, il vous en mésarrivera.* ◁

MÉSAVENIR, v. impers. [mezav(ə)niʀ] (*més-* et anc. fr. *avenir*, convenir) ▷ Se conjugue avec *être*. Tourner à mal. *Agissez toujours ; il ne peut vous en mésavenir.* ◁

MÉSAVENTURE, n. f. [mezavãtyʀ] (*més-* et *aventure*) Mauvaise aventure, chance funeste.

MESCAL ou **MEZCAL**, ■ n. m. [mɛskal] (mot aztèq. *mexcalli*, sorte d'agave) Alcool mexicain obtenu par macération et distillation de l'agave. *Pulque et mezcal.*

MESCALINE, ■ n. f. [mɛskalin] (*mescal*) Substance extraite d'une cactée, le peyotl, provoquant des psychoses et des hallucinations. *Intoxication par mescaline.*

MESCLUN, ■ n. m. [mɛsklœ̃] ou [mɛsklɛ̃] (mot provenç., de *mescla*, mélanger, du b. lat. *misculare*, mêler) Mélange de feuilles de salades. *Un chèvre chaud sur un lit de mesclun.* ■ Rem. *un* se prononce *in*.

MESDAMES, ■ n. f. pl. [medam] Voy. MADAME.

MESDEMOISELLES, ■ n. f. pl. [med(ə)mwazɛl] Voy. MADEMOISELLE.

MÉSENCÉPHALE, ■ n. m. [mezãsefal] (*més[o]-* et *encéphale*) **Anat.** Partie du cerveau qui comprend les pédoncules cérébraux, les pédoncules cérébelleux supérieurs et les tubercules quadrijumeaux, et qui est traversée par l'aqueduc cérébral. *Le mésencéphale ou cerveau moyen.*

MÉSENCHYMATEUX, EUSE, ■ adj. [mezãʃimatø, øz] (*mésenchyme*) **Biol.** Relatif au mésenchyme. *Un syndrome mésenchymateux.*

MÉSENCHYME, ■ n. m. [mezãʃim] (*més[o]-* et gr. *enkhuma*, injection, infusion) **Biol.** Tissu embryonnaire qui forme le tissu conjonctif de soutien des muscles, du système cardiovasculaire, du sang, etc. *Mésenchyme embryonnaire, secondaire.*

MÉSENTENTE, ■ n. f. [mezãtãt] (*més-* et *entente*) Mauvaise entente. *Il y a une certaine mésentente entre eux.*

MÉSENTÈRE, ■ n. m. [mezãtɛʀ] (gr. *mesenterion*, de *mesos*, situé au milieu, et *enterion*, intestin) **Anat.** Membrane qui est un repli du péritoine, à laquelle les intestins sont suspendus.

MÉSENTÉRIQUE, adj. [mezãterik] (*mésentère*) **Anat.** Qui appartient au mésentère. *Glandes mésentériques.*

MÉSENTÉRITE, n. f. [mezãterit] (*mésentère*) Inflammation du mésentère.

MÉSESTIMABLE, adj. [mezɛstimabl] (*més-* et *estimer*) Néolog. Qui n'est pas digne d'estime. ■ Rem. N'est plus un néologisme aujourd'hui.

MÉSESTIMATION, ■ n. f. [mezɛstimasjõ] (*mésestimer*) Litt. Fait de mésestimer quelqu'un ou quelque chose ; son résultat. *La mésestimation de l'importance de la situation a engendré de graves conséquences. La mésestimation de ses compétences.*

MÉSESTIME, n. f. [mezɛstim] (*més-* et *estime*) Défaut d'estime, mépris. « *Un sentiment de mésestime* », J.-J. Rousseau. ■ Rem. Il est littéraire aujourd'hui.

MÉSESTIMÉ, ÉE, p. p. de mésestimer. [mezɛstime]

MÉSESTIMER, v. tr. [mezɛstime] (*més-* et *estimer*) N'avoir point d'estime pour. « *Seigneur, il est bien dur, mon cœur magnanime, D'attendre des secours de ceux qu'on mésestime* », Voltaire. ♦ Apprécier une chose au-dessous de sa valeur. *Vous mésestimez ce diamant.* ♦ Se mésestimer, v. pr. Avoir de la mésestime pour soi-même. ■ Rem. Il est littéraire aujourd'hui.

MÉSINTELLIGENCE, n. f. [mezɛ̃teliʒãs] (*més-* et *intelligence*) Mauvaise intelligence, désaccord entre les personnes. *Il y a de la mésintelligence parmi les chefs.* « *Quelle mésintelligence entre le cœur et l'esprit !* », La Bruyère. ■ Rem. Il est littéraire aujourd'hui.

MESMÉRIEN, IENNE, adj. [mɛsmerjɛ̃, jɛn] (*Mesmer*, médecin allemand) Relatif au mesmérisme. ♦ N. m. et n. f. *Un mesmérien*, un partisan du mesmérisme.

MESMÉRISME, n. m. [mɛsmerism] (Franz Anton *Mesmer*, 1734-1815, médecin allemand) Doctrine de Mesmer sur le magnétisme animal. ♦ Syn. de magnétisme animal.

MÉS(O)..., ■ [mezo] préfixe, du grec *mesos*, situé au milieu.

MÉSOBLASTE, ■ n. m. [mezoblast] (*méso-* et *blaste*) **Biol.** Feuillet moyen du blastoderme à l'origine du tissu de soutien, du sang de l'épithélium, des muscles, des organes génito-urinaires et du système cardiovasculaire de la cavité cœlomique. *Les testicules dérivent du mésoblaste. Mésoblaste cérébral, dorsal, embryonnaire.* ■ **Bot.** Rameau de conifères. ■ Rem. On dit aussi *mésoderme.*

MÉSOBLASTIQUE, ■ adj. [mezoblastik] (*mésoblaste*) **Biol.** Relatif au mésoblaste. *Néphrome mésoblastique cellulaire. L'iris est d'origine mésoblastique.* ■ Rem. On dit aussi *mésodermique.*

MÉSOCARPE, ■ n. m. [mezokaʀp] (*méso-* et *carpe*) **Bot.** Couche intermédiaire de la partie du fruit issue du développement de la paroi de l'ovaire qui entoure et protège la graine. *Mésocarpe de l'avocat, de l'olive. Mésocarpe charnu, pulpeux.*

MÉSODERME, ■ n. m. [mezodɛʀm] Voy. MÉSOBLASTE.

MÉSODERMIQUE, ■ adj. [mezodɛʀmik] Voy. MÉSOBLASTIQUE.

MÉSOÉCONOMIE, ■ n. f. [mezoekonomi] (*méso-* et *économie*) Partie de l'économie qui étudie les intermédiaires entre la macroéconomie et la microéconomie. *La mésoéconomie analyse, dans un milieu donné, les facteurs qui exercent une influence sur son évolution économique.*

MÉSOFFRIR, v. intr. [mezofʀiʀ] (*més-* et *offrir*) ▷ Offrir d'une marchandise moins qu'elle ne vaut. ◁

MÉSOLITHIQUE, ■ n. m. [mezolitik] (*méso-* et *-lithique*) Période de la préhistoire entre le paléolithique et le néolithique, caractérisée par l'avènement de l'industrie de la pierre. ■ Adj. *L'industrie mésolithique.*

MÉSOMÈRE, ■ adj. [mezomɛʀ] (*méso-* et *-mère*) **Chim.** Qui subit un état de mésomérie.

MÉSOMÉRIE, ■ n. f. [mezomeʀi] (*mésomère*) **Chim.** Étude ou mode de représentation de la structure réelle d'une entité moléculaire dont les électrons de liaison sont délocalisés, et qui est considérée comme intermédiaire entre deux ou plusieurs structures. *La mésomérie ou la théorie de la résonance.*

MÉSOMORPHE, ■ adj. [mezomɔʀf] (*méso-* et *-morphe*) **Chim. et phys.** Qui a la forme homogène d'un assemblage organisé selon une géométrie particulière (arrangement lamellaire, sphérique, fuseau cylindrique, hexagonal, cubique, etc.).

MÉSON, ■ n. m. [mezɔ̃] (gr. *meson*, milieu) **Phys.** Particule composée d'un quark et d'un antiquark de spin nul ou entier. *Le méson a une charge positive ou négative. Méson cosmique.*

MÉSOPAUSE, ■ n. f. [mezopoz] (*méso[sphère]* et *pause*) **Phys.** Sommet de la mésosphère situé à 85 km d'altitude et où la température chute d'environ 100 °C jusqu'à une limite inconnue. *Au-delà de la mésopause, la température augmente à nouveau.*

MÉSOPOTAMIEN, IENNE, ■ adj. [mezopotamjɛ̃, jɛn] (*Mésopotamie*) Relatif à la Mésopotamie (Irak actuel). *La civilisation mésopotamienne.* ■ N. m. et n. f. *Les Mésopotamiens.*

MÉSOSCAPHE, ■ n. m. [mezoskaf] (*méso-* et *-scaphe*) **Techn.** Engin hermétique utilisé pour explorer la mer à une profondeur moyenne. *Le mésoscaphe est capable de résister à de très fortes pressions.*

MÉSOSPHÈRE, ■ n. f. [mezosfɛʀ] (*méso-* et *sphère*) **Phys.** Région de l'atmosphère située entre la stratopause et la mésopause, entre 55 km et 80 km d'altitude, dans laquelle la température décroît de 0° à -100 °C approximativement. *La mésosphère est la troisième couche la plus élevée dans notre atmosphère.*

MÉSOTHÉRAPIE, ■ n. f. [mezoterapi] (*méso-* et *thérapie*) **Méd.** Méthode thérapeutique consistant à injecter dans le derme des doses médicamenteuses infimes au moyen de petites aiguilles. *La mésothérapie permet, entre autres, de traiter la cellulite.* ■ **MÉSOTHÉRAPEUTE**, n. m. et n. f. [mezoterapøt]

MÉSOTHORAX, ■ n. m. [mezotoraks] (*méso-* et *thorax*) **Zool.** Deuxième segment thoracique de certains insectes auquel sont attachées la paire d'ailes antérieures et les pattes médianes. *Mésothorax de la cigale, de la sauterelle.*

MÉSOZOAIRE, ■ n. m. [mezozoɛʀ] (*méso*- et *-zoaire*) **Zool.** Parasite de certains animaux invertébrés marins. *Les mésozoaires parasitent notamment les étoiles de mer et les mollusques.*

MÉSOZOÏQUE, ■ n. m. [mezozoik] (*méso* et *zôikos*, relatif aux êtres vivants) **Géol.** Ère géologique comprenant le trias, le jurassique et le crétacé, durant laquelle ont dominé les grands reptiles marins, les reptiles volants et les dinosaures, mais aussi les ammonites, les bélemnites et beaucoup d'autres organismes. ■ **Adj.** *L'ère mésozoïque.*

MESQUIN, INE, adj. [mɛskɛ̃, in] (esp. *mezquino* ou it. *meschino*, de l'ar. *miskin*, pauvre) ▷ Qui est de pauvre et chétive apparence. *Mine mesquine. Air mesquin.* ◁ ♦ **Fig.** En parlant des arts du dessin, pauvre, maigre, de mauvais goût. *La manière de ce peintre est mesquine.* ♦ En parlant des choses, qui n'a point les qualités de grandeur, de largeur. *Politique mesquine. Idée mesquine.* ♦ Qui fait des mesquineries, des épargnes sordides. ♦ En parlant des choses, qui porte la marque de la mesquinerie. *Un présent mesquin.* ■ Qui s'attache à ce qui est médiocre. ■ Qui commet des actes petits et dépourvus de générosité. *Un comportement mesquin.*

MESQUINEMENT, adv. [mɛskin(ə)mɑ̃] (*mesquin*) D'une façon mesquine.

MESQUINERIE, n. f. [mɛskin(ə)ʀi] (*mesquin*) ▷ Qualité chétive, en parlant des choses. *La mesquinerie d'une peinture, d'une politique, etc.* ◁ ♦ Économie d'une chose faite avec trop d'économie. ♦ Se dit aussi des choses faites avec trop d'économie. *La mesquinerie d'une fête.* ■ Action ou attitude basses.

MESS, n. m. [mɛs] (angl. *mess*, repas en commun, de l'anc. fr. *mes*, mets) Table d'officiers qui dînent ensemble. *Le mess des officiers.* ■ **Par extens.** Personnel chargé de préparer les repas des officiers et des sous-officiers ; ensemble de ces personnes. *Gérant d'un mess.*

MESSAGE, n. m. [mesaʒ] (anc. fr. *mes*, du lat. *missus*, p. p. de *mittere*, envoyer) Commission dont est chargé un messager. ♦ La chose que le messager est chargé de dire ou de porter. *Porter les messages.* ■ Communication officielle entre le pouvoir exécutif et le pouvoir législatif ou entre deux chambres. ■ Communication transmise à quelqu'un. *Message téléphonique.* ■ Communication émanant d'une personne ayant autorité et adressée à un grand nombre de personnes. *Le message télévisuel du président.* ■ Contenu d'une communication ; contenu de ce qui est révélé aux hommes. *Le message de Dieu.* ■ Information publicitaire transmise par les moyens radiophoniques et télévisuels. *Le message publicitaire tente d'influencer l'acte d'achat des consommateurs.*

MESSAGER, ÈRE, n. m. et n. f. [mesaʒe, ɛʀ] (*message*) Personne qui vient annoncer quelque chose, soit de soi-même, soit de la part d'une autre. ♦ **Fig.** *Messager de malheur*, personne qui apporte ou qui est dans l'habitude d'apporter de mauvaises nouvelles. ♦ *Messager d'État*, fonctionnaire chargé de porter les messages d'un des grands pouvoirs de l'État. ♦ **Poétiq.** *Le messager des dieux*, Mercure. ♦ *La messagère*, la Renommée. ♦ **Fig.** Dans le style élevé, annonce, avant-coureur. *Les hirondelles sont les messagères du printemps.* ♦ Personne établie pour porter ordinairement les paquets, les commissions d'une ville à une autre. ♦ ▷ Autrefois, la voiture ou le coche d'eau qui faisait le service des messageries. ◁ ♦ *Messager, oiseau*, Voy. SECRÉTAIRE. ■ **Adj.** *Le pigeon messager.* ■ **Biol.** *ARN messager*, copie de la séquence codante d'un gène servant de matrice pour l'expression en protéine.

MESSAGERIE, n. f. [mesaʒ(ə)ʀi] (*message*) ▷ Établissement d'où partent des voitures pour une ou plusieurs localités, et qui loue à des voyageurs les places de ces voitures. ◁ ♦ ▷ Les voitures établies pour ce service. ◁ ▷ Emploi de messager. ◁ ♦ En termes de chemin de fer, articles ou colis que transporte le chemin de fer, par opposition aux bagages des voyageurs. ■ Société ayant en charge le transport et la distribution de courrier ou de marchandises. *Une messagerie maritime.* ■ *Messagerie électronique*, service de transmission de messages sur Internet. ■ *Messagerie de presse*, entreprise ayant en charge de porter les journaux aux divers points de vente.

MESSE, n. f. [mɛs] (lat. chrét. *missa*, congé à la fin d'un office, p. p. fém. substantivé de *mittere*, envoyer, renvoyer) Dans le langage de l'Église, le sacrifice du corps et du sang de Jésus-Christ, suivant le rite prescrit. *Célébrer la messe.* ♦ *Messe basse* ou *petite messe*, messe qui se dit sans chant. *Messe de paroisse*, ou *messe haute*, ou *grand-messe*, messe qui est chantée par des choristes. ♦ On dit *grand-messe*, par opposition à *messe basse.* ♦ *Messe de minuit*, messe de la nuit de Noël. ♦ *Messe en musique*, messe où certains morceaux sont chantés en musique. ♦ Musique composée pour une grand-messe. ■ **Fig.** *Messe basse*, entretien, volontiers à voix basse, entre deux personnes.

MESSÉANCE, n. f. [meseɑ̃s] (*mésséant*) ▷ Qualité de ce qui est messéant. ◁

MESSÉANT, ANTE, adj. [meseɑ̃, ɑ̃t] (*messeoir*) ▷ Qui messied, qui ne convient pas. « *Quelquefois la témérité n'est pas messéante à un jeune homme* », FÉNELON. ◁

MESSEIGNEURS, ■ n. m. pl. [mesɛɲœʀ] ou [mesɛɲœʀ] Voy. MONSEIGNEUR.

MESSEOIR, v. intr. [meswaʀ] (*mes*- et *seoir*) N'être pas séant, ne pas convenir. *Cette couleur messied à votre âge.* « *À votre âge il ne messied pas d'avoir un peu de confiance* », LESAGE. ■ **Rem.** Il est littéraire aujourd'hui.

MESSER, n. m. [mesɛʀ] (on prononce le *r*. ital. *messere*, prob. empr. à l'anc. fr. *messire*) ▷ Vieux mot qui signifie *messire*, et qui n'est d'usage que dans le style marotique. « *L'âne à messer Lion fit office de cor* », LA FONTAINE. ◁

MESSIANIQUE, ■ adj. [mesjanik] (*messianisme*) **Relig.** Relatif à la venue du messie. *Un espoir messianique.*

MESSIANISME, ■ n. m. [mesjanism] (*messie*) **Relig.** Dans la Bible, attente de la venue du messie. *Messianisme juif.* ■ Doctrine fondée sur l'attente du messie et la préparation d'une ère nouvelle en s'opposant aux mythes de l'âge d'or. « *Mais par une logique inévitable, l'histoire tout entière finit par signifier récompense et châtiment : de ce jour est né le messianisme collectiviste* », CAMUS.

MESSIDOR, n. m. [mesidɔʀ] (lat. *messis*, moisson, et gr. *dôron*, présent) Le dixième mois du calendrier républicain, qui commençait le 19 ou le 20 juin.

MESSIE, n. m. [mesi] (lat. *messias*, de l'hébr. *masiah*, de masah, oindre) Le Christ promis de Dieu dans l'Ancien Testament. *La venue du Messie.* ♦ **Fig.** *Il est attendu comme le Messie*, avec une grande impatience. ♦ *Faux Messies*, Hébreux qui, vers la fin de l'État juif, se donnèrent pour le Messie. ■ *Le Messie*, Jésus-Christ.

MESSIER, n. m. [mesje] (anc. fr. *mes*, du lat. *messis*) Garde champêtre temporaire, particulièrement pour l'époque où les fruits de la terre commencent à mûrir.

MESSIEURS, pl. de monsieur. [mesjø] Voy. MONSIEUR.

MESSIN, INE, ■ adj. [mesɛ̃, in] (*Metz*) Relatif à la ville de Metz. *L'architecture messine.* ■ **N. m.** et **n. f.** Habitant de la ville de Metz. *Les Messins.*

MESSIRE, n. m. [mesiʀ] (anc. fr. *mes*, mon, et *sire*) Titre qui, dans le Moyen Âge, était réservé aux seigneurs de la plus haute noblesse. ◁ ♦ Plus tard, titre d'honneur qu'on ajoutait, dans les actes, aux titres particuliers des personnes de qualité. ◁ ♦ ▷ Titre que prenaient par abus les prêtres, les médecins, les avocats, et d'autres professions. ◁ ♦ S'est dit dans la poésie badine pour *messer* ou *monsieur.* « *Messire rat* », LA FONTAINE. ♦ *Poire de messire Jean*, poire cassante et sucrée. *Un messire Jean. Des messires Jeans.*

MESTRANCE, ■ n. f. [mɛstʀɑ̃s] Voy. MAISTRANCE.

MESTRE, n. m. [mɛstʀ] Voy. MEISTRE.

MESTRE DE CAMP, n. m. [mɛstʀədəkɑ̃] (*maistre* [ital. *mastro* ou orig. gallo-rom.] et *camp*) Colonel d'un régiment de cavalerie ou d'infanterie. ♦ *Mestre de camp général de la cavalerie*, officier qui était après le colonel général de la cavalerie. ♦ **N. f.** *La mestre de camp*, la première compagnie d'un régiment.

MESURABLE, adj. [məzyʀabl] (b. lat. *mensurabilis*) Qui peut être mesuré. *Des quantités mesurables l'une par l'autre.*

MESURAGE, n. m. [məzyʀaʒ] (*mesurer*) Action de mesurer. *Le mesurage d'une pièce de drap.* ♦ Action de mesurer l'aire des surfaces ou le volume des corps. ♦ Procès-verbal de l'arpenteur avec le plan figuré de l'arpentage.

MESURE, n. f. [məzyʀ] (lat. *mensura*) Unité conventionnelle que l'on compare avec les objets pour en connaître le rapport. *Mesures de longueur, de capacité, de solidité.* ♦ *De mesure*, conforme à la mesure fixée légalement. ♦ **Fig.** *Avoir deux poids et deux mesures, changer de poids et de mesure*, juger des mêmes choses par des règles différentes et avec partialité. ♦ **Fig.** *Faire tout avec poids et mesure*, agir avec une extrême circonspection. ♦ *Mesure du temps*, mesure fondée sur l'accomplissement de certains phénomènes réguliers dont la durée est connue, comme le retour du Soleil à son midi, les oscillations d'un pendule. ♦ **Géom.** et **arith.** Quantité qu'on prend pour unité. ♦ **Par extens.** *L'argent a été pris pour mesure commune des valeurs.* ♦ Vaisseau de grandeur déterminée qui sert à mesurer les grains et autres objets. ♦ *Faire bonne mesure*, remplir loyalement la mesure. ♦ La quantité contenue dans la mesure. *Une mesure d'avoine.* ♦ *Demi-mesure*, la moitié d'une mesure quelconque. ♦ **Fig.** *Combler la mesure*, remplir la mesure, se rendre coupable au point de ne devoir plus espérer de pardon, et aussi donner le dernier coup, porter la dernière atteinte. ♦ Il se dit aussi en bonne part. ♦ Morceau de parchemin ou de papier long et étroit sur lequel le tailleur marque les longueurs du vêtement qu'il veut faire. ♦ Action de comparer un objet avec la quantité admise conventionnellement comme unité. *La mesure de la terre, des hauteurs, etc.* ♦ Dimension. *Les mesures d'un bâtiment.* ♦ **Fig.** *Donner sa mesure*, ou, en sens inverse, qu'on est peu capable. ♦ **Fig.** *Prendre des mesures*, prendre les dispositions nécessaires pour effectuer quelque chose. ♦ **Absol.** Précautions, moyens pour arriver à un but. *Une sage mesure.* ♦ *Demi-mesure*, mesure insuffisante, faute de force, d'énergie. ♦ **Fig.** *Rompre les mesures, traverser les mesures de quelqu'un*, traverser les desseins de quelqu'un, et empêcher qu'ils ne réussissent.

♦ **Mus.** Le retour des temps frappés à des intervalles égaux. *Battre la mesure. Chanter, jouer en mesure.* ♦ Chacune des parties égales d'un air, qui sont indiquées dans la musique écrite par des barres verticales. *Une mesure. Mesure à deux temps, à trois temps, etc.* ♦ *Demi-mesure,* durée de la moitié d'une mesure. ♦ *Mesure* se dit de la danse et de la justesse des mouvements qui doivent se conformer à la musique. *Danser en mesure.* ♦ En versification, longueur du vers déterminée dans la poésie grecque ou latine par le nombre et la nature des pieds, dans la poésie moderne par le nombre des syllabes. ♦ **Manège** *La mesure,* la cadence d'un cheval, en parlant de ses allures. ♦ En escrime, distance juste pour porter ou parer. *Être à la mesure.* ♦ **Fig.** *Être en mesure de faire une chose,* avoir les facilités, les moyens de la faire. ♦ *Être hors de mesure,* n'être pas à la juste distance, et fig. n'être plus à portée de faire une chose. ♦ **Fig.** *Mettre quelqu'un hors de mesure,* le déconcerter, déranger ses projets, et fig. le pousser à bout. ♦ *Rompre la mesure,* se mettre hors de portée de recevoir un coup de fleuret ou d'épée. ♦ **Fig.** Ce qui sert à apprécier les choses morales, intellectuelles. *La mesure du mérite.* ♦ Règle, limite. *La mesure du possible. Cela passe la mesure de son esprit.* ♦ Modération, retenue, observation des bienséances. « *Ce me sont de mortelles blessures De voir qu'avec le vice on garde des mesures* », MOLIÈRE. « *Ces pécheurs qui ne gardent plus de mesure dans le crime* », MASSILLON. ♦ À MESURE QUE, loc. conj. Autant que, en proportion que. ♦ *À mesure,* employé sans complément, successivement. *On vous payera à mesure.* ♦ À MESURE QUE, selon que, suivant que. ♦ À MESURE DE, loc. prép. En proportion de. « *Les Romains augmentaient toujours leurs prétentions à mesure de leurs défaites* », MONTESQUIEU. ♦ *Au fur et à mesure,* Voy. FUR. ♦ OUTRE MESURE, loc. adv. Avec excès. ♦ *Sans mesure,* sans borne, illimité. « *Un bonheur sans mesure et sans fin* », P. CORNEILLE. ♦ *En même mesure,* en proportion égale. ■ *Mesure d'un ensemble,* nombre réel qui définit une grandeur associée à un ensemble. ■ *Sur mesure,* pour un vêtement, fait pour une personne en particulier, selon ses propres mesures. *S'habiller sur mesure.* ■ *Un caractère sur mesure,* qui correspond et convient parfaitement. ♦ Capacité ou valeur appréciée ou estimée. *La mesure de son talent.* ■ **Math.** *Commune mesure,* unité permettant d'exprimer par un nombre les rapports avec d'autres unités homogènes ; fig. rapport. *Il n'y a pas de commune mesure entre ces deux peintures.* ■ *Par mesure d'hygiène, etc.,* pour respecter l'hygiène, etc. *Par mesure de sécurité.*

MESURÉ, ÉE, p. p. de mesurer. [məzyʀe] Régulier. *Des pas mesurés.* ♦ Qui a mesure, convenance, bienséance. *Des paroles mesurées.* ♦ Il se dit des personnes dans le même sens. *Une femme mesurée.* ♦ Calculé avec mesure, avec prudence. « *Va, mes desseins sont grands autant que mesurés* », VOLTAIRE. ♦ Qui est en vers. « *Il a fait imprimer un volume de sottises mesurées* », BALZAC.

MESURER, v. tr. [məzyʀe] (b. lat. *mensurare*) Chercher à connaître une quantité par le moyen d'une mesure. *Mesurer le largeur d'un fleuve, les degrés de froid, le temps, etc.* ♦ Absol. « *Mesurer, c'est appliquer successivement sur toutes les parties d'une grandeur une grandeur déterminée* », CONDILLAC. ♦ Vendre, donner à la mesure. ♦ **Fig.** « *On dirait que le ciel aux cœurs plus magnanimes Mesure plus de maux* », LAMARTINE. ♦ *Mesurer,* avec un nom de mesure pour sujet, est dit des dimensions, de la durée des choses. « *Pendant deux mille deux cents ans qui ont mesuré la durée de Jérusalem* », BOSSUET. ♦ *Mesurer des yeux* ou *avec les yeux,* évaluer par le moyen des yeux la distance ou la grandeur d'un objet. ♦ **Fig.** *Mesurer un homme des yeux,* le regarder avec attention depuis les pieds jusqu'à la tête, soit pour l'examiner, soit pour le provoquer. ♦ *Mesurer des épées,* constater que les épées des adversaires sont de même longueur. ♦ **Par extens.** *Mesurer son épée avec quelqu'un,* se battre avec lui. ♦ *Mesurer ses forces contre quelqu'un,* faire épreuve de ses forces contre les siennes. ♦ *Mesurer la terre,* tomber. ♦ **Fig.** Faire des appréciations morales ou intellectuelles. « *Croyons que la justice aussi bien que la miséricorde de Dieu ne veulent pas être mesurées sur celles des hommes* », BOSSUET. ♦ **Fig.** Proportionner. « *Le ciel, qui mieux que nous connaît ce que nous sommes, Mesure ses faveurs au mérite des hommes* », P. CORNEILLE. ♦ Régler, déterminer. « *Mesure tes conseils sur ma vaste puissance* », RACINE. ♦ *Mesurez vos paroles,* parlez avec plus de réserve, de convenance. ♦ Arranger avec une sorte de mesure, de ménagement. ♦ *Mesurer un coup,* le porter de manière à atteindre ce qui est visé. ♦ *Se mesurer,* v. pr. Être mesuré. « *Tout ce qui se mesure finit* », BOSSUET. ♦ Être apprécié. « *Votre puissance doit se mesurer par le nombre des hommes* », FÉNELON. ♦ Être proportionné. « *Nous voulons que la sagesse divine se mesure à nos intérêts* », BOSSUET. ♦ Être réglé d'après le nombre oratoire. *Les périodes se mesurent.* ♦ Ne pas s'estimer plus qu'on ne doit. ♦ *Se mesurer des yeux,* se considérer l'un l'autre attentivement, soit pour s'examiner réciproquement, soit pour se provoquer. ♦ *Se mesurer avec* ou *à quelqu'un,* se comparer à lui, vouloir s'égaler à lui, et aussi se battre contre lui en duel ou autrement. ♦ **Prov.** *À brebis tondue Dieu mesure le vent,* Dieu nous envoie les afflictions selon la force que nous avons de les supporter. ♦ **V. intr.** Avoir pour mesure. *Cette étagère mesure un mètre cinquante. Il mesure presque deux mètres.*

MESURETTE, ■ n. f. [məzyʀɛt] (*mesure*) Cuillère servant à doser une substance. *Une mesurette de sirop.* ■ **Fam.** Mesure qui a peu d'impact. *Les me-*

surettes du gouvernement ne vont rien changer.

MESUREUR, n. m. [məzyʀœʀ] (*mesurer*) Personne qui mesure. ♦ Officier public qui a droit, dans quelques marchés, de mesurer certaines marchandises. *Mesureur de grains, de sel.* ■ Appareil qui permet de mesurer. ■ Adj. Utilisé pour mesurer. *Un verre mesureur.*

MÉSUSER, v. intr. [mezyze] (*més-* et *user*) Mal user, faire un mauvais usage de quelque chose. *Mésuser de son bien, de son pouvoir, etc.* ■ REM. Il est littéraire aujourd'hui.

MET, ■ n. f. [mɛ] Voy. MAIE.

1 **MÉTA**, ■ n. m. [meta] (marque déposée, abrév. de *métaldéhyde*) Combustible solide sous forme de tablettes de métaldéhyde, généralement utilisé pour camper. *Un réchaud à méta.*

2 **MÉTA...,** ■ [meta] préfixe, du grec *meta* qui exprime l'idée d'englober. *La métalinguistique. La métamathématique.*

MÉTABOLE, n. f. [metabɔl] (gr. *metabolê,* changement) Rhét. Toute espèce de changement soit dans les mots, soit dans les phrases. ■ Adj. Biol. Qui subit de forts changements, qui se métamorphose durant le développement embryonnaire, en parlant d'un insecte. *Presque tous les insectes sont métaboles.* ■ N. m. *Un métabole.*

MÉTABOLIQUE, ■ adj. [metabolik] (all. *metabolisch*) Relatif au métabolisme. *Un processus métabolique.*

MÉTABOLISER, ■ v. tr. [metabolize] (*métabolisme*) Physiol. Pour un organisme, transformer chimiquement un composé, lequel sera excrété, accumulé ou utilisé pour la synthèse de nouvelles substances. *Métaboliser les graisses, les protéines.* ■ **Fig.** Transformer quelque chose tout en l'assimilant. *Métaboliser des liens affectifs, des événements.*

MÉTABOLISME, ■ n. m. [metabolism] (gr. *metabolê,* changement) Physiol. Ensemble des transformations chimiques et biologiques régies par les hormones, qui s'accomplissent chez les êtres vivants et grâce auxquelles l'organisme se développe, se nourrit, produit de l'énergie et est capable de se reproduire. *Métabolisme microbien. La régulation du métabolisme.* ■ *Métabolisme de base,* quantité d'énergie produite par un sujet à jeun, éveillé mais au repos et au calme psychique, déterminée par mètre carré de la surface du corps et par heure, et exprimée en calories.

MÉTABOLITE, ■ n. m. [metabolit] (*métabolisme*) Physiol. Substance résultant de la transformation d'une matière organique au cours d'une réaction métabolique. *Métabolite des végétaux.*

MÉTACARPE, n. m. [metakaʀp] (gr. *metakarpion*) Partie de la main située entre le carpe et les doigts, composée de cinq os parallèles, qui forment le dos et la paume de la main.

MÉTACARPIEN, IENNE, adj. [metakaʀpjɛ̃, jɛn] (*métacarpe*) Qui a rapport au métacarpe. *Les os métacarpiens* ou n. m. pl. *les métacarpiens.*

MÉTACENTRE, ■ n. m. [metasɑ̃tʀ] (*méta-* et *centre*) Mar. Point d'intersection des forces qui s'exercent sur un navire incliné. ■ MÉTACENTRIQUE, adj. [metasɑ̃tʀik]

MÉTACHRONISME, n. m. [metakʀonism] (gr. *meta* et *khronos,* temps) Erreur de date qui consiste à placer un événement dans un temps antérieur à celui où il est arrivé.

MÉTACOGNITION, ■ n. f. [metakɔɡnisjɔ̃] (*méta-* et *cognition*) Psych. Processus d'autocontrôle par lequel un individu prend conscience de ses capacités, de ses fonctionnements et de ses stratégies cognitives. *La métacognition permet notamment à un individu de prendre conscience de ses faiblesses intellectuelles.*

MÉTAIRIE, n. f. [meteʀi] (*métayer*) Domaine agricole exploité par un métayer. ♦ **Par extens.** Domaine de médiocre étendue exploité par un fermier.

MÉTAL, n. m. [metal] (lat. *metallum,* du gr. *metallon*) Corps simple, opaque, pesant, brillant, tantôt ductile et malléable, tantôt cassant, qui se trouve dans la nature. *Aujourd'hui la chimie compte 49 métaux.* ♦ *Métal natif* ou *vierge,* métal qui se présente à l'état pur dans la mine. ♦ *Métaux précieux,* l'or, l'argent et le platine. ♦ *Métal de cloche,* alliage de cuivre et d'étain qui sert à faire les cloches. ♦ En fonderie, mélange d'étain, de cuivre jaune et de débris de vieux canons. ♦ *Métal de potier,* alliage d'étain, de cuivre et de bismuth. ♦ *Métal d'Alger,* composition métallique qui imite grossièrement l'argent. ♦ *Métal anglais,* sorte d'étain. ♦ **Hérald.** *Métaux,* l'or et l'argent. ♦ En alchimie, *métaux parfaits,* l'or, l'argent ; *métaux imparfaits,* le plomb, l'étain, le mercure. ♦ **Fig.** *Les quatre métaux,* les quatre âges du monde, dits siècle d'or, siècle d'argent, siècle de cuivre, siècle de fer. ■ *Métal jaune,* or. ■ *Métal bleu,* le cobalt. ■ *Barre de métal fin,* un lingot d'or.

MÉTALANGAGE n. m. ou **MÉTALANGUE**, ■ n. f. [metalɑ̃ɡaʒ, metalɑ̃ɡ] (*méta-* et *langage* ou *langue*) Ling. Langage utilisé pour décrire la langue naturelle. *Le métalangage permet de décrire les différents éléments constitutifs de la langue.*

MÉTALDÉHYDE, ■ n. m. [metaldeid] (*méta* et *aldéhyde*) Chim. Composé solide et inflammable de l'aldéhyde. *Le métaldéhyde sert de combustible dans des réchauds ou permet de détruire les limaces.*

MÉTALEPSE, n. f. [metalɛps] (gr. *metalêpsis*) Rhét. Figure par laquelle on prend l'antécédent pour le conséquent : *Il a vécu,* pour *il est mort ;* ou le conséquent pour l'antécédent : *Nous le pleurons,* pour *il est mort.*

MÉTALINGUISTIQUE, ■ adj. [metalɛ̃gɥistik] (*méta-* et *linguistique*) Ling. Qui appartient au métalangage. *La terminologie métalinguistique.*

MÉTALLÉITÉ, n. f. [metaleite] (*métal*) Qualité de ce qui est un métal ; réunion des propriétés qui caractérisent les métaux.

MÉTALLERIE, ■ n. f. [metal(ə)ʀi] (*métal*) Entreprise spécialisée dans la fabrication et le travail du métal dans le bâtiment. *Métallerie spécialisée dans la fabrication de portails.*

MÉTALLIER, IÈRE, ■ n. m. et n. f. [metalje, jɛʀ] (*métal*) Ouvrier spécialisé dans le travail du métal. *Le métallier est chargé d'effectuer le traçage, le découpage et l'assemblage de pièces élémentaires.*

MÉTALLIFÈRE, adj. [metalifɛʀ] (*métal* et *-fère*) Qui contient un métal quelconque. *Région métallifère.*

MÉTALLIFORME, adj. [metalifɔʀm] (*métal* et *-forme*) Minér. Qui a l'apparence d'un métal.

MÉTALLIQUE, adj. [metalik] (lat. *metallicus*) Qui est de métal, qui a rapport au métal. *Corps métallique. État, apparence, son métallique.* ♦ Qui concerne les médailles. *Science métallique.* ♦ *Histoire métallique,* histoire où les événements sont constatés par une suite de médailles. ♦ Qui est en espèces ou argent. *La réserve métallique de la Banque.* ■ N. m. pl. *Les métalliques,* valeurs que l'État, en Autriche et en Russie, rembourse en numéraire. ♦ N. m. pl. Classe de minéraux et groupes de roches, comprenant les substances métalliques proprement dites. ♦ ▷ *La métallique,* la métallurgie (vieilli en ce sens). ◁ ■ Qui ressemble ou fait penser au métal. *Une voix métallique.* ■ Qui est produit par un objet en métal. *Un bruit métallique.*

MÉTALLISATION, n. f. [metalizasjɔ̃] (*métalliser*) Extraction d'un métal de ses oxydes, de ses sulfures, etc. ■ Minér. Opération par laquelle des dépôts laissés par les eaux ont été imprégnés de métaux. ■ Fait de métalliser quelque chose. *Métallisation d'un miroir.*

MÉTALLISÉ, ÉE, p. p. de métalliser. [metalize]

MÉTALLISER, v. tr. [metalize] (*métal*) Transformer en métal. ♦ Chim. Faire passer à l'état de métal un oxyde, un sulfure, etc. ♦ Garnir d'une couche de métal. *Métalliser une glace.* ♦ Se métalliser, v. pr. Prendre les caractères d'un métal.

MÉTALLO, ■ n. m. [metalo] (*métallurgiste*) Fam. métallurgiste. « *Pour s'y engouffrer, il fallait s'écraser, disparaître entre les épaules des métallos, des postier, des maçons, à chaque station* », Etcherelli.

MÉTALLOCHROMIE, ■ n. f. [metalokʀɔmi] (*métallo-* et *-chromie*) Techn. Procédé de coloration de la surface des métaux. *L'oxydation relève de la métallochromie. Métallochromie par électrolyse.*

MÉTALLOGÉNIE, ■ n. f. [metaloʒeni] (*métallo-* et *-génie*) Étude de la formation des gîtes métallifères. *Métallogénie d'un gisement.*

MÉTALLOGRAPHIE, n. f. [metalografi] (*métallo-* et *-graphie*) Techn. Description des métaux. ♦ Science des métaux. ■ MÉTALLOGRAPHIQUE, adj. [metalografik]

MÉTALLOÏDE, adj. [metaloid] (*métallo-* et *-oïde*) ▷ Chim. Qui ressemble à un métal par ses propriétés ou par son éclat. ◁ ■ N. m. pl. Les corps simples qui ne présentent pas les caractères des métaux proprement dits.

MÉTALLOPHONE, ■ n, m. [metalofɔn] (*métallo-* et *-phone*) Mus. Instrument de musique, proche du xylophone, constitué de lames de métal parallèles dont les vibrations par percussion procurent un son métallique long. *Le métallophone joue sur la pulsation.*

MÉTALLOPLASTIQUE, ■ adj. [metaloplastik] (*métallo-* et *-plastique*) Techn. Qui a à la fois certaines caractéristiques du métal et du plastique. *Tube métalloplastique.* ■ *Joint métalloplastique,* joint composé d'une superposition de feuilles d'amiante et de cuivre et servant de joint de culasse.

MÉTALLOPROTÉINE, ■ n. f. [metaloprotein] (*métallo-* et *protéine*) Chim. Protéine associée à un élément métallique, permettant le transport de celui-ci de son lieu d'absorption vers son lieu de stockage dans l'organisme d'un être vivant. *Des métalloprotéines d'origine alimentaire.*

MÉTALLURGIE, n. f. [metalyʀʒi] (gr. *metallourgos*, mineur, de *metallon* et *ergon*, travail) Art de tirer les métaux des mines et de les travailler. ■ Domaine d'activité qui regroupe les entreprises travaillant à l'extraction des minerais et à leur transformation en métal. *La crise de la métallurgie.*

MÉTALLURGIQUE, adj. [metalyʀʒik] (*métallurgie*) Qui a rapport à la métallurgie. *Une opération métallurgique.*

MÉTALLURGISTE, n. m. [metalyʀʒist] (*métallurgie*) Personne qui s'occupe de la métallurgie. ■ Adj. Qui traite de la métallurgie. *Un ouvrier métallurgiste.*

MÉTALOGIQUE, ■ n. f. [metaloʒik] (d'après l'all. *metalogisch,* de *meta-* et *logique*) Didact. Discipline qui cherche à décrire les propriétés des théories logiques et axiomatiques, et à les formaliser en terme de consistance, de fiabilité, de complétude, de décidabilité ou d'indépendance. *Métalogique et métalinguistique. Métalogique intégrative.* ■ Adj. Relatif à la métalogique. *La création métalogique.*

MÉTAMATHÉMATIQUE, ■ n. f. [metamatematik] (*méta-* et *mathématique,* d'après l'All. Hilbert) Didact. Discipline qui établit et étudie les propriétés des théories mathématiques formalisées. *La métamathématique doit apporter un fondement à la mathématique.* ■ Adj. Relatif à la métamathématique. *Énoncé, assertion métamathématique.*

MÉTAMÈRE, ■ n. m. [metamɛʀ] (*meta-* et *-mère*) Chim. Composé métamère, composé organique ayant la même fonction que ses isomères. ■ Zool. Chacune des unités répétées d'un animal dont le corps est divisé en une suite de segments ou d'anneaux identiques qui se répètent le long de son axe longitudinal. *Les métamères des annélides.* ■ Biol. Segment qui résulte de la division primitive de l'embryon et dont l'innervation sensorielle et motrice dépend d'un nerf rachidien. *L'embryon humain comporte une quarantaine de métamères.*

MÉTAMÉRIE, ■ n. f. [metameri] (*métamère*) Chim. Caractère des métamères. ■ Zool. Division du corps de certains animaux en métamères. *Métamérie du lombric, de la sangsue.* ■ Biol. Répétition d'organes dans le corps consécutive à une segmentation du cœlome lors du développement embryonnaire. *Métamérie branchiale.* ■ MÉTAMÉRIQUE, adj. [metamerik]

MÉTAMORPHIQUE, adj. [metamɔʀfik] (*métamorphisme*) Géol. Couches métamorphiques, couches cristallines et stratifiées. ♦ Roches métamorphiques, roches engendrées au sein de l'eau, mais transformées ensuite par l'action de la chaleur centrale et le voisinage de quelque volcan.

MÉTAMORPHISÉ, ÉE, ■ p. p. de métamorphiser. [metamɔʀfize] *Une roche métamorphisée.*

MÉTAMORPHISER, ■ v. tr. [metamɔʀfize] (*métamorphisme*) Géol. Transformer ou cristalliser une roche sous l'action de la chaleur et de la pression. *Métamorphiser des sédiments.*

MÉTAMORPHISME, n. m. [metamɔʀfism] (gr. *meta,* changement, et *morphê,* forme) Géol. Théorie de la transmutation des terrains sous l'action de la chaleur et de la pression.

MÉTAMORPHOSABLE, ■ adj. [metamɔʀfozabl] (*métamorphoser*) Qui peut être métamorphosé ou qui peut se métamorphoser. *Une larve métamorphosable.*

MÉTAMORPHOSE, n. f. [metamɔʀfoz] (lat. *metamorphosis,* du gr. *metamorphôsis*) Changement d'une forme en une autre, opéré suivant les païens par les dieux. ♦ Changement qu'éprouvent les substances par les causes naturelles. *Les métamorphoses du globe.* ♦ Changement que certains animaux (les insectes et les reptiles batraciens) subissent dans le cours de leur existence, et qui les fait passer par des états fort différents. ♦ Changement éprouvé par une personne dans sa forme extérieure, dans son habillement. ♦ Changement extraordinaire dans la fortune, dans le caractère d'une personne. « *Toutes ces honteuses métamorphoses de l'ambition et de l'intérêt* », Marmontel. ■ Changement de forme, de structure, de nature d'un être vivant ou d'une chose qu'on ne peut plus reconnaître en fin de processus. *Métamorphose des plantes. La métamorphose d'une larve en papillon.*

MÉTAMORPHOSÉ, ÉE, p. p. de métamorphoser. [metamɔʀfoze]

MÉTAMORPHOSER, v. tr. [metamɔʀfoze] (*métamorphose*) Changer par une métamorphose. *Les poètes racontent que Diane métamorphosa Actéon en cerf.* ♦ Fig. Changer l'extérieur ou le caractère de quelqu'un. ♦ Se métamorphoser, v. pr. Changer d'apparence, d'extérieur. ♦ Changer de caractère. ■ V. pr. Zool. Se transformer, subir une métamorphose, en parlant d'un animal. *Une larve qui se métamorphose.*

MÉTAPHASE, ■ n. f. [metafaz] (*meta* et *phase*) Biol. Deuxième stade de la division de la cellule au cours de laquelle les chromosomes viennent se placer dans le plan équatorial, durant la mitose. *Lors de la métaphase, les chromosomes sont condensés et regroupés sur la plaque équatoriale.*

MÉTAPHORE, n. f. [metafɔʀ] (lat. *metaphora,* du gr. *metaphora*) Figure par laquelle la signification naturelle d'un mot est changée en une autre ; comparaison abrégée. « *Quand on dit : C'est un lion, la comparaison n'est que dans l'esprit, et non dans les termes ; c'est une métaphore* », Dumarsais.

MÉTAPHORIQUE, adj. [metafɔʀik] (gr. *metaphorikos*) Qui appartient à la métaphore. ♦ Qui abonde en métaphores. « *J'aime un langage hardi, métaphorique, plein d'images* », Voltaire.

MÉTAPHORIQUEMENT, adv. [metafɔʀik(ə)mɑ̃] (*métaphorique*) D'une manière métaphorique.

MÉTAPHOSPHORIQUE, ▪ adj. [metafɔsfoʀik] (*méta-* et *phosphorique*) **Chim.** *Acide métaphosphorique* (HPO₃), acide qui dérive du phosphore.

MÉTAPHRASE, n. f. [metafʀaz] (gr. *metaphrasis*) Travail particulier du commentateur qui explique par une tournure plus simple ou plus habituelle la phrase figurée, elliptique ou trop difficile d'un auteur original.

MÉTAPHYSE, ▪ n. f. [metafiz] (*méta-* et *-physe*) **Anat.** Partie de l'os située entre l'épiphyse (extrémité de l'os) et la diaphyse (milieu de l'os). *Métaphyse du péroné et du tibia.* ▪ MÉTAPHYSAIRE, adj. [metafizɛʀ]

MÉTAPHYSICIEN, IENNE, n. m. et n. f. [metafizisjɛ̃, jɛn] (*métaphysique*) Personne qui fait son étude de la métaphysique. ♦ **Adj.** *École métaphysicienne d'Élée*, école qui eut pour chefs Xénophane, Parménide et Zénon. ▪ Personne qui étudie la métaphysique et l'abstraction. *Une métaphysicienne.*

MÉTAPHYSIQUE, n. f. [metafizik] (lat. scolast. *metaphysica*, du gr. *meta [ta] phusika*, après la physique) Science des principes. Théorie des idées. ♦ En mauvaise part, abus des abstractions. *Il y a bien de la métaphysique dans ce livre.* ♦ **Fig.** Analyse trop subtile des sentiments. *« Je ne sais quelle métaphysique du cœur s'est emparée de nos théâtres »*, D'ALEMBERT. ♦ Les parties les plus élevées d'une science particulière, d'un art quelconque. *La métaphysique du droit.* ♦ **Adj.** Qui appartient à la métaphysique. ♦ *La philosophie métaphysique.* ♦ *Certitude métaphysique*, certitude qui est fondée sur une évidence *a priori.* ♦ Trop abstrait. *Des idées obscures et métaphysiques.* ▪ Science qui traite de la recherche des principes de l'existence de Dieu et des hommes, de la nature de la liberté, de l'immortalité de l'âme et de la connaissance. ▪ Réflexion sur les principes d'une science ou d'une activité.

MÉTAPHYSIQUEMENT, adv. [metafizik(ə)mɑ̃] (*métaphysique*) D'une manière métaphysique.

MÉTAPHYSIQUER, v. intr. [metafizike] (*métaphysique*) ▷ Parler, écrire sur un sujet d'une manière métaphysique, trop abstraite. ◁

MÉTAPLASIE, ▪ n. f. [metaplazi] (*meta-* et *-plasie*) **Méd.** Anomalie tissulaire résultant de la transformation d'un tissu normal en un autre tissu normal, mais de structure et de fonction différentes. *Une métaplasie intestinale de l'estomac.*

MÉTAPLASME, n. m. [metaplasm] (*méta-* et *-plasme*) **Gramm.** Modification phonétique qui provoque une altération dans le matériel d'un mot par addition, suppression ou déplacement de sons, et autorisée par l'usage. *Dire bus plutôt qu'autobus est un métaplasme par suppression.*

MÉTAPLASTIQUE, adj. [metaplastik] (*métaplasme*) **Gramm.** Qui a rapport au métaplasme ; qui contient un métaplasme.

MÉTAPSYCHIQUE, ▪ n. f. [metapsiʃik] (*méta-* et *psychique*) Étude des phénomènes psychiques, notamment de perception anormale, qui ne peuvent être expliqués par la physique. *La télépathie relève de la métapsychique.* ♦ **Adj.** *Phénomènes métapsychiques.* ▪ REM. On parle aujourd'hui de *parapsychologie.*

MÉTAPSYCHOLOGIE, ▪ n. f. [metapsikɔlɔʒi] (all. *Metapsychologie*) **Psych.** Partie de la psychanalyse freudienne qui décrit et interprète tous les processus psychiques dans leurs relations dynamiques, topiques et économiques. *Freud utilise pour la première fois le terme* métapsychologie *en 1898.*

MÉTASTABLE, ▪ adj. [metastabl] (*méta-* et *stable*) **Chim.** Dont la vitesse de transformation ou de réaction est très faible au point de paraître stable. *Un composé, un mélange métastable.*

MÉTASTASE, n. f. [metastaz] (gr. *metastasis*, changement de place) **Méd.** Changement dans le siège ou dans la forme d'une maladie. ▪ Figure de rhétorique, qui consiste à rejeter sur le compte d'autrui les choses que l'orateur est forcé d'avouer. ▪ Foyer secondaire d'une infection ou d'une maladie. ▪ MÉTASTASIQUE, adj. [metastazik] *Une complication métastasique.*

MÉTATARSE, n. m. [metataʀs] (gr. *méta-* et *tarse*) **Anat.** La partie du pied qui est entre les orteils et le tarse.

MÉTATARSIEN, IENNE, adj. [metataʀsjɛ̃, jɛn] (*métatarse*) **Anat.** Qui appartient au métatarse. *Articulations métatarsiennes. Les os métatarsiens* ou n. m. pl. *les métatarsiens*, les os du métatarse.

MÉTATHÉORIE, ▪ n. f. [metateɔʀi] (*méta* et *théorie*) **Log.** Étude des propriétés formelles des concepts de complétude, de consistance et de décidabilité des axiomes en utilisant un métalangage. *La métathéorie a pour objet d'étude la théorie elle-même. Métathéorie du droit, des mathématiques.*

MÉTATHÉRIEN, n. m. [metateʀjɛ̃] (*méta-* et gr. *thérion*, bête, animal) Mammifère à poche, communément appelé *marsupial. Le kangourou et le koala sont des métathériens. Les métathériens sont surtout répandus en Australie.*

MÉTATHÈSE, n. f. [metatɛz] (gr. *metathesis*, transposition) Figure de grammaire, qui consiste dans la transposition d'une lettre, d'un mot ou d'un groupe de mots. *Le latin* berbix *est devenu* brebis *par métathèse.* ♦ **Méd.** Toute opération tendant à transporter la cause d'une maladie du lieu où elle existe dans un autre où elle est moins nuisible.

MÉTATHORAX, ▪ n. m. [metatoraks] (*méta-* et *thorax*) **Zool.** Troisième segment thoracique de certains insectes qui porte la deuxième paire d'ailes et la troisième paire de pattes. *Métathorax du criquet, de la mouche, du papillon.*

MÉTAYAGE, n. m. [metejaʒ] (*métayer*) Mode d'affermer un domaine agricole à moitié fruits.

MÉTAYER, ÈRE, n. m. et n. f. [meteje, ɛʀ] (b. lat. *medietarius*, du lat. *medius*) Fermier, fermière qui donne pour fermage la moitié des fruits. ♦ Abusivement, fermier en général.

MÉTAZOAIRE, ▪ n. m. [metazoɛʀ] (gr. *meta-* et *-zoaire*) **Zool.** Organisme multicellulaire mobile tirant son énergie de la matière vivante déjà constituée. *Les métazoaires et les protozoaires.*

MÉTEIL, n. m. [metɛj] (lat. vulg. *mistilium*, mélange) Mélange de grains de seigle et de froment. ♦ **Adj.** *Blé méteil.* ♦ *Passe-méteil*, blé dans lequel il y a deux tiers de froment contre un tiers de seigle.

MÉTEMPSYCOSE, n. f. [metɑ̃psikoz] (gr. *metempsukhôsis*, déplacement de l'âme) Dans la religion païenne, passage d'une âme d'un corps dans un autre. ♦ *Métempsychose* serait plus correct.

MÉTENCÉPHALE, ▪ n. m. [metɑ̃sefal] (*méta-* et *encéphale*) **Anat.** Sous-division de l'encéphale issue de la vésicule cérébrale primitive postérieure. *La paroi dorsale du métencéphale forme le cervelet.*

MÉTÉO, ▪ n. f. [meteo] (abrév. de *météorologie*) ▪ Prévision météorologique. *Regarder la météo à la télé.* ▪ **Adj. inv.** *Un bulletin météo.*

MÉTÉORE, n. m. [meteɔʀ] (gr. *meteôros*, élevé dans les airs) Tout phénomène qui se passe dans les régions supérieures de l'atmosphère. ♦ Tout phénomène de chaleur, de lumière, d'électricité, qui se passe à la surface de la terre, en relation avec l'atmosphère, et aussi différents états de l'atmosphère elle-même. ♦ *Météores aériens*, les vents. ♦ *Météores aqueux*, le serein, la rosée, la pluie, la neige, la grêle, le givre, etc. ♦ *Météores ignés*, les feux follets, les éclairs, le tonnerre, les étoiles filantes, les bolides. ♦ *Météores lumineux*, l'arc-en-ciel, les parhélies, les aurores boréales, etc. ♦ En particulier, toute apparition brillante, étoile filante, globe de feu, etc. ♦ **Fig.** Personne qui a une renommée éclatante, mais passagère ; chose qui fait une impression vive, mais peu durable. *Ce conquérant fut un météore qui épouvanta le monde.*

MÉTÉORIQUE, adj. [meteɔʀik] (*météore*) Qui concerne les météores, qui leur appartient, qui y a rapport. *Les influences météoriques.* ♦ *Pierres météoriques, fer météorique*, pierres, masse de fer tombée des régions au-delà de l'atmosphère. ▪ REM. On trouve parfois *météoritique.*

MÉTÉORISATION, n. f. [meteɔʀizasjɔ̃] (*météoriser*) **Méd.** Production de météorisme. ♦ Affection commune chez les ruminants qui ont mangé des herbages humides, et caractérisée par une enflure considérable de l'abdomen.

MÉTÉORISÉ, ÉE, p. p. de météoriser. [meteɔʀize]

MÉTÉORISER, v. tr. [meteɔʀize] (gr. *meteôrizein*, s'élever dans les airs) En médecine vétérinaire, gonfler et distendre l'abdomen par des flatuosités. ♦ Se météoriser, v. pr. Être affecté de météorisme.

MÉTÉORISME, n. m. [meteɔʀism] (gr. méd. *meteôrismos*, gonflement) **Méd.** Enflure générale de l'abdomen due à la distension du tube alimentaire par des gaz qui s'y trouvent accumulés.

MÉTÉORITE, n. f. [meteɔʀit] (*météore*) **Astron.** Petit corps qui se meut dans l'espace hors de l'atmosphère de la Terre. *Les aérolithes sont des météorites.* ♦ Quelques-uns le font masculin.

MÉTÉORITIQUE, ▪ adj. [meteɔʀitik] (*météorite*) Voy. MÉTÉORIQUE.

MÉTÉOROLOGIE, n. f. [meteɔʀɔlɔʒi] (gr. *meteôrologia*) Science qui traite des météores ou phénomènes atmosphériques. ▪ Organisme chargé d'étudier les phénomènes atmosphériques. *Le centre de météorologie nationale.* ▪ Abrév. Météo.

MÉTÉOROLOGIQUE, adj. [meteɔʀɔlɔʒik] (*météorologie*) Qui concerne la météorologie. *Instruments, observations, tables météorologiques.*

MÉTÉOROLOGISTE ou **MÉTÉOROLOGUE**, n. m. et n. f. [meteɔʀɔlɔʒist, meteɔʀɔlɔg] (*météorologie*) Personne qui s'occupe de météorologie.

MÉTÈQUE, ▪ n. m. [metɛk] (gr. *metoikos*, qui change de domicile, de *meta*, changement, et *oikos*, maison) **Hist.** Étranger domicilié en Grèce antique et qui inspirait souvent l'hostilité. *Les métèques n'étaient pas admis à la citoyenneté.* ♦ **Par extens.**, **péj.** et **raciste** Étranger, souvent de type méditerranéen, installé en France et dont le comportement inspire l'hostilité. *« Avec ma gueule de métèque, de juif errant, de pâtre grec »*, MOUSTAKI.

MÉTHACRYLATE, ▪ n. m. [metakʀilat] (*méthacrylique*) **Chim.** Ester provenant de l'acide méthacrylique. *Méthacrylate de méthyle.*

MÉTHACRYLIQUE, ■ adj. [metakʀilik] (*méth*[*yle*] et *acrylique*) **Chim.** *Acide méthacrylique*, acide obtenu par projection d'acide sulfurique sur un nitrile. ■ *Résine méthacrylique*, résine utilisée pour la fabrication des verres de sécurité.

MÉTHADONE, ■ n.f. [metadɔn] (angl. *methadon*, de [*di*]*méth*[*yl*]*a*[*mino*]*d*[*iphénylheptan*]*one*) Substance de synthèse dérivée de la morphine, utilisée comme produit de substitution à l'héroïne. *Un patient sous méthadone.*

MÉTHANE, ■ n.m. [metan] (*méthyle* avec changement de suff.) **Chim.** Hydrocarbure saturé se présentant sous forme de gaz inodore et incolore, constituant principal du gaz naturel. *Les propriétés combustibles du méthane.*

MÉTHANIER, IÈRE, ■ adj. [metanje, jɛʀ] (*méthane*) Relatif à l'industrie ou au transport du méthane. *Terminal méthanier.* ■ **N.m. Techn.** Navire spécialement conçu pour assurer le transport du gaz naturel liquéfié. *Méthanier à membrane ou à sphère.*

MÉTHANISER, ■ v. tr. [metanize] (*méthane*) Transformer des déchets en méthane. *Méthaniser le fumier, le lisier.*

MÉTHANOGÈNE, ■ n.m. [metanoʒɛn] (*méthane* et *-gène*) Bactérie qui, pour obtenir de l'énergie, transforme en méthane l'hydrogène et le gaz carbonique contenus dans le méthanol, le formate et l'acétate. ■ **Adj.** *Une bactérie méthanogène.*

MÉTHANOÏQUE, ■ adj. [metanoik] (*méthane*) **Chim.** *Acide méthanoïque*, acide formique provenant du méthane.

MÉTHANOL, ■ n.m. [metanɔl] (*méthane* et *-ol*) **Chim.** Alcool méthylique provenant du méthane. *Le méthanol est un très bon carburant.*

MÉTHÉMOGLOBINE, ■ n.f. [metemoglobin] (*méta*- et *hémoglobine*) **Méd.** Pigment de coloration brune issu de l'hémoglobine, impropre au transport et à la fixation de l'oxygène dans les tissus. *Dans la méthémoglobine, le fer est à l'état ferrique et ne peut plus fixer l'oxygène.*

MÉTHÉMOGLOBINÉMIE, ■ n.f. [metemoglobinemi] (*méthémoglobine* et *-émie*) **Méd.** Pathologie provoquée par l'incapacité du sang à transporter l'oxygène vital dans l'ensemble de l'organisme. *Lorsque les globules rouges contiennent des quantités anormalement élevées de méthémoglobines, on parle alors de méthémoglobinémie.*

MÉTHIONINE, ■ n.f. [metjonin] (*méthyle* et *thio*-, du gr. *theion*, soufre) **Biol.** Acide aminé contenu dans les protéines et indispensable à la croissance de l'organisme. *Certains aliments, comme les œufs, sont riches en méthionine.*

MÉTHODE, n.f. [metɔd] (lat. *methodus*, du gr. *methodos*, poursuite) Ensemble de procédés raisonnés pour faire quelque chose. *La vraie méthode de conduire son esprit.* ♦ Arrangement régulier, ordre juste et bien ménagé, dans les idées ou dans les choses. « *Sans la méthode, aucun grand ouvrage ne passe à la postérité* », VOLTAIRE. ♦ L'ordre que l'on suit dans l'étude ou dans l'enseignement d'une science. ♦ **Philos.** Ensemble des procédés rationnels employés à la recherche de la vérité. *Méthode analytique*, méthode qui décompose un sujet pour en connaître successivement toutes les parties. *Méthode synthétique*, méthode qui, après avoir reconnu un grand nombre de vérités, les réunit toutes sous un principe général. ♦ **Chim.** *Méthode analytique*, méthode qui procède en décomposant les corps ; *méthode synthétique*, méthode qui procède en recomposant les corps non simples. ♦ Chacun des procédés de la logique ; d'où les expressions : *Méthode historique, méthode comparative*, etc. ♦ *Méthode expérimentale* ou *méthode a posteriori*, celle quand on n'admet aucun principe s'il n'est fondé sur un fait. ♦ **Géom.** Ensemble de règles au moyen desquelles on résout plusieurs questions du même genre. *La méthode des tangentes.* ♦ **Hist. nat.** Classification des êtres d'après leurs caractères, leurs affinités ou leurs dissemblances. *Méthode naturelle*, méthode qui se fonde sur l'ensemble des rapports que les êtres ont entre eux. *Méthode artificielle*, méthode qui n'est établie que d'après quelques caractères particuliers et convenus. ♦ **Méd.** *Méthode curative*, médication particulière que l'on emploie pour le traitement d'une maladie. ♦ **Chir.** *Méthodes opératoires*, les diverses manières principales dont une opération peut être pratiquée. ♦ Titre de certains ouvrages élémentaires et particulièrement de ceux qui concernent l'étude des langues. *La Méthode de Port-Royal.* ♦ **Mus.** *Méthode de chant*, ouvrage élémentaire enseignant à chanter. *Méthode de violon.* ♦ **Absol.** *Méthode*, l'ensemble des règles pour bien chanter ou bien exécuter de la musique. *Cette chanteuse n'a pas de méthode.* ♦ Usage, coutume, habitude, manière d'être. *Chacun a sa méthode.* ♦ Procédé technique ou commercial. *Une méthode de vente.*

MÉTHODIQUE, adj. [metodik] (lat. *methodicus*, du gr. *methodikos*, qui poursuit) Qui a de la méthode. *Livre méthodique.* ♦ *Grammaire méthodique*, grammaire disposée dans un ordre naturel et logique. ♦ Il se dit des personnes. « *Montaigne, le moins méthodique des philosophes, mais le plus sage et le plus aimable* », VOLTAIRE. ♦ En mauvaise part, trop composé, qui

n'agit que par poids et par mesure. ♦ En parlant des choses, qui procède avec calcul et lenteur. *Guerre méthodique.*

MÉTHODIQUEMENT, adv. [metodik(ə)mɑ̃] (*méthodique*) D'une manière méthodique.

MÉTHODISME, n.m. [metodism] (angl. *methodism*, radic. de *méthode*) Doctrine des méthodistes.

MÉTHODISTE, n.m. et n.f. [metodist] (angl. *methodist*) Nom des partisans d'une secte protestante qui prétend à une grande rigidité de principes. ♦ **Adj.** *Il est méthodiste.*

MÉTHODOLOGIE, ■ n.f. [metodoloʒi] (*méthode* et *-logie*) Étude des méthodes scientifiques. *La méthodologie des sciences du langage.* ■ **Abusiv.** Ensemble des méthodes utilisées. *Une méthodologie de recherche.* ■ **MÉTHODOLOGIQUE**, adj. [metodoloʒik]

MÉTHYLE, n.m. [metil] (haplologie de *méthhylyle*, de *méthyl*[*ène*] et *-yle*) **Chim.** Hydrogène carboné gazeux, regardé comme le radical de l'éther méthylique.

MÉTHYLÈNE, ■ n.m. [metilɛn] (gr. *methu*, boisson fermentée, et *hulê*, bois, trad. sav. de *esprit- de-bois*, liqueur spiritueuse de bois) **Chim.** Radical de valence 2 dérivé du méthane. ■ *Bleu de méthylène*, colorant possédant des propriétés légèrement antiseptiques et utilisé pour l'observation des levures et des cellules animales.

MÉTHYLIQUE, adj. [metilik] (*méthyle*) **Chim.** *Acides méthyliques*, acides analogues aux acides viniques.

METICAL ou **MÉTICAL**, ■ n.m. [metikal] (mot du Mozambique) Monnaie du Mozambique. *Des meticals.*

MÉTICULEUSEMENT, adv. [metikyløz(ə)mɑ̃] (*méticuleux*) D'une manière méticuleuse.

MÉTICULEUX, EUSE, adj. [metikylø, øz] (lat. *meticolosus*) Susceptible de petites craintes, de petits scrupules. *Un écrivain, un caractère méticuleux. Une dévotion méticuleuse.* ■ **N.m. et n.f.** Personne qui fait preuve de méticulosité.

MÉTICULOSITÉ, n.f. [metikylozite] (*méticuleux*) Défaut d'un esprit méticuleux. « *Les méticulosités d'un homme de cour* », VILLEMAIN.

MÉTIER, n.m. [metje] (croisement du lat. *ministerium*, service, avec le lat. chrét. *mysterium*, office saint) Exercice d'un art mécanique. *Le métier de tailleur, de serrurier*, etc. ♦ *Un homme de métier, des gens de métier*, personnes qui exercent un art mécanique. ♦ **Fig.** *C'est un homme de tous métiers*, c'est un homme intrigant. ♦ *Arts et métiers*, l'ensemble des métiers, des arts mécaniques. *L'École des arts et métiers.* ♦ *Corps de métiers*, ancienne organisation des artisans, qui dans chaque profession étaient soumis à des règlements spéciaux et divisés en maîtres, compagnons et apprentis. ♦ Par opposition au mot *art*, occupation mécanique. *Faire d'un art un métier.* ♦ *De métier*, se dit de quelqu'un qui fait une chose sans aucune libéralité d'esprit. « *Rien n'est plus méprisable qu'un parleur de métier* », FÉNELON. ♦ *Par métier*, se dit dans le même sens. *Écrire par métier.* ♦ Habileté d'exécution, en parlant de la peinture, de la sculpture, de la littérature. *Avoir du métier.* ♦ Profession, occupation quelconque. *Le métier des armes.* ♦ **Fig.** *Apprendre à quelqu'un son métier*, lui donner une leçon, lui infliger une punition. ♦ *Homme de métier*, homme qui se connaît à une chose ; *être du métier*, se connaître à une chose. ♦ *Faire un vilain métier*, se conduire mal en une certaine circonstance. ♦ Ce qu'on a coutume de faire, en bonne et en mauvaise part. « *C'est un méchant métier que celui de médire* », BOILEAU. ♦ *De son métier, par métier*, exprime une manière d'être habituelle. *Fripon de son métier.* ♦ *Avoir cœur, le cœur au métier*, travailler avec zèle. ♦ *Donner, servir un plat de son métier, jouer un tour de son métier*, faire ou dire quelque chose qui tienne du caractère qu'on a ou de la profession qu'on exerce. ♦ Machine qui sert à certaines fabrications. *Un métier de tisserand.* ♦ **Fig.** *Sur le métier*, se dit en parlant des productions de l'esprit auxquelles l'auteur est occupé. « *Vingt fois sur le métier remettez votre ouvrage* », BOILEAU. ♦ Cadre de bois servant à tendre certains ouvrages de femme. *Métier à tapisserie. Le plus vieux métier du monde*, prostituée. ♦ *Il n'y a pas de sot métier*, tous les métiers sont utiles et il ne faut pas s'en moquer.

MÉTIS, ISSE, adj. [metis] (on prononce le *s* au masculin. lat. *mixtus*, p. p. de *miscere*, mélanger) ▷ Qui est né d'un Blanc et d'une Indienne (d'Amérique), ou d'un Indien et d'une Blanche. ◁ ♦ Qui est engendré par deux êtres d'espèce différente, en parlant des animaux. *Animaux métis. Des races métisses.* ♦ **Bot.** *Fleurs métisses, fruits métis*, fleurs, fruits nés du mélange de deux espèces. ♦ **N. m. et n. f.** Se dit des hommes et des animaux. ■ Qui est né de parents de deux ethnies différentes. *Un enfant métis.* ■ *Toile métisse*, dont la trame est en lin et la chaîne en coton. ■ **MÉTISSER**, v. tr. [metise]

MÉTISSAGE, n.m. [metisaʒ] (*métis*) ▷ Action de croiser une race avec une autre pour améliorer celle qui a moins de valeur [1]. ◁ ■ Croisement de races différentes. ■ **Fig.** *Le métissage social, culturel.* ■ **REM. 1** : Cette vision des choses est raciste.

MÉTONOMASIE, n. f. [metonomazi] (gr. *metonomasia*) Action de changer, de déguiser son nom par voie de traduction. *C'est ainsi que Duchesne s'est appelé Quercetanus.*

MÉTONYMIE, n. f. [metonimi] (lat. *metonymia*, du gr. *metônumia*) **Rhét.** Figure par laquelle on prend la cause pour l'effet, l'effet pour la cause, le contenant pour le contenu, le signe pour la chose signifiée, etc. ■ **MÉTONYMIQUE**, adj. [metonimik]

MÉTOPE, n. f. [metɔp] (lat. *metopa*, du gr. *metopê*) **Archit.** Intervalle carré qui est entre les triglyphes de la frise dorique. *Les métopes du Parthénon.*

MÉTOPOSCOPIE, n. f. [metoposkopi] (gr. *metôpon*, visage, et *skopein*, observer) ▷ Art prétendu de conjecturer par l'inspection de traits du visage ce qui doit arriver à quelqu'un. ♦ Art de connaître le tempérament et le caractère d'une personne par l'inspection de son front ou de ses traits. ◁

MÉTOPOSCOPIQUE, adj. [metoposkopik] (*métoscopie*) ▷ Qui a rapport à la métoposcopie. *Examen métoposcopique.* ◁

MÉTRAGE, n. m. [metʀaʒ] (*métrer*) Action de mesurer par mètres. *Le métrage d'une étoffe.* ♦ Résultat, tableau du mesurage métrique d'un bâtiment, d'un ouvrage d'art quelconque. ■ Longueur d'une pièce de tissu. ■ Longueur d'un film, de la pellicule. *Un long métrage. Des courts métrages.*

MÉTRÉ, n. m. [metʀe] (*métrer*) Résultat d'un mesurage métrique. ■ Devis des travaux dans le bâtiment. *Métré de maçonnerie, de carrelage. Travailler au métré.*

1 MÈTRE, n. m. [mɛtʀ] (lat. *metrum*, du gr. *metron*, mesure) Dans la versification grecque et latine, la mesure du vers. ♦ Pied d'un vers. *Le vers hexamètre à six mètres.* ♦ Vers. *Les mètres d'Horace.* ♦ Ce qui caractérise la mesure d'un vers. *Les mètres employés par Horace.* ♦ Dans la versification française, nombre de syllabes que l'on compte dans un vers. ♦ Unité fondamentale des nouvelles mesures, égale à la dix-millionième partie de l'arc du méridien terrestre compris entre le pôle boréal et l'équateur. *Le mètre équivaut à 3 pieds 11 lignes et demie des anciennes mesures.* ♦ Mesure en bois ou en métal de la longueur d'un mètre. ♦ *Mètre courant, carré, cube, etc.,* Voy. COURANT, CARRÉ, CUBE, ETC. ♦ *Un cent mètres,* en sport, une course de cent mètres. ■ **Fam.** *Piquer un cent mètre,* courir très vite.

2 ...MÈTRE, ■ [mɛtʀ] suffixe, du grec *metros, metron,* mesure. *Un chronomètre.*

3 MÈTRE..., ■ [mɛtʀ] préfixe, du grec *metron,* mesure. *Un métronome.*

MÉTRER, v. tr. [metʀe] (*mètre*) Mesurer une terre ou un bâtiment, une surface ou un solide quelconque par mètres. ♦ Se dit des vérificateurs qui mesurent des ouvrages de maçonnerie, de charpenterie ou de peinture, pour en évaluer le prix.

MÉTRÈTE, n. f. [metʀɛt] (lat. *metreta*, du gr. *metrêtês*) ▷ Mesure des Anciens pour les liquides, valant 27 litres. ◁

MÉTREUR, EUSE, n. m. et n. f. [metʀœʀ, øz] (*métrer*) Personne qui mètre. ■ Personne chargée de vérifier l'état d'avancement des travaux en mesurant les différents ouvrages. *Métreur de bâtiment.*

MÉTRICIEN, IENNE, n. m. et n. f. [metʀisjɛ̃, jɛn] (*métrique*) Grammairien qui s'occupe de la métrique grecque ou latine. *Une métricienne.*

MÉTRIQUE, adj. [metʀik] (lat. *metricus,* du gr. *metrikos,* qui concerne la mesure des vers) Qui tient au mètre, qui dépend du mètre ou de la mesure. *Vers métriques,* vers qui sont, comme ceux des Grecs et des Latins, fondés sur la valeur des syllabes. ♦ N. f. *La métrique,* la science des mètres, règles qui concernaient la facture des vers anciens. ♦ Qui a rapport aux poids et mesures. *Les divers systèmes métriques.* ♦ Qui a rapport à la nouvelle mesure appelée mètre. *Le système métrique.* ■ **Télécomm.** *Onde métrique,* dont la longueur d'onde est comprise entre un et dix mètres. ■ **Math.** Relatif aux distances. *Géométrie métrique.*

1 MÉTRO, ■ n. m. [metʀo] (abrév. de *[chemin de fer] métropolitain*) Chemin de fer à traction électrique, souterrain ou aérien, qui dessert les zones urbaines. *Le métro parisien.* ■ **Par extens.** Rame de ce chemin de fer. *Prendre le dernier métro.* ■ Réseau de ce chemin de fer. *Un plan de métro.*

2 MÉTRO, ■ n. m. et n. f. [metʀo] (abrév. de *métropolitain*) Personne originaire de la métropole dans les territoires et départements français d'outre-mer. *Une métro. Les métros et les locaux.* ■ Adj. inv. *Des touristes métro.*

MÉTROLOGIE, n. f. [metʀolɔʒi] (*métro-* et *-logie*) Connaissance des poids et mesures de tous les peuples, tant anciens que modernes. ♦ Traité de cette science.

MÉTROLOGIQUE, adj. [metʀolɔʒik] (*métrologie*) Qui concerne la métrologie.

MÉTROLOGISTE ou **MÉTROLOGUE**, n. m. et n. f. [metʀolɔʒist, metʀolɔg] (*métrologie*) Auteur d'une métrologie, de recherches métrologiques.

MÉTROMANE, n. m. et n. f. [metʀoman] (*métromane*) ▷ Personne qui a la manie de faire des vers. ◁

MÉTROMANIE, n. f. [metʀomani] (*mètre* et *-manie*) ▷ Manie de faire des vers. ◁

MÉTRONOME, n. m. [metʀonɔm] (*métro-* et *-nomie*) Petite machine à pendule dont on se sert pour régler la mesure d'un morceau de musique. *Un métronome à sonnerie.* ■ **MÉTRONOMIQUE**, adj. [metʀonɔmik]

MÉTROPOLE, n. f. [metʀopɔl] (b. lat. *métropolis,* du gr. *mêter,* mère, et *polis,* cité) Autrefois, capitale, ville principale d'une province. ♦ Aujourd'hui, ville avec siège archiépiscopal. ♦ **Adj.** *Église métropole,* église métropolitaine. ♦ Se dit pour l'État. *Les métropoles des empires.* ♦ État considéré relativement aux colonies qu'il a fondées et qu'il possède. ■ Grande ville provinciale. *Une métropole économique.*

1 MÉTROPOLITAIN, ■ n. m. [metʀopolitɛ̃] (angl. *metropolitan,* de la grande ville) **Vx** Chemin de fer métropolitain. ■ **Abrév.** Métro. *Prendre le métro.* Voy. MÉTRO.

2 MÉTROPOLITAIN, AINE, adj. [metʀopolitɛ̃, ɛn] (b. lat. *metropolitanus,* d'une capitale) Qui a le caractère d'une métropole. *Ville métropolitaine.* ♦ ▷ N. f. *La métropolitaine,* la métropole. ◁ ♦ Qui appartient à la métropole, par rapport à une colonie. ♦ Archiépiscopal. *Église métropolitaine.* ■ N. m. *Le métropolitain,* archevêque qui a sous lui plusieurs évêques. ■ N. m. et n. f. Personne originaire ou vivant dans une métropole. *Une métropolitaine.*

MÉTROPOLITE, ■ n. m. [metʀopolit] (*métropole*) **Relig.** Archevêque de l'Église anglicane ou orthodoxe. *Le métropolite est le titre intermédiaire entre patriarche et évêque. Le métropolite de Moscou.*

MÉTRORRAGIE, ■ n. f. [metʀoʀaʒi] (gr. *mêtra,* matrice, et *-rragie*) **Méd.** Saignements anormaux d'origine utérine et survenant en dehors de la période menstruelle. *Métrorragie lésionnelle ou fonctionnelle.*

METS, n. m. [mɛ] (lat. *missus,* ce qui est mis sur la table) Part, portion d'une substance alimentaire destinée à un repas. ■ **Rem.** Il est littéraire aujourd'hui.

METTABLE, adj. [metabl] (*mettre*) Qu'on peut mettre. *Ces habits ne sont plus mettables.* ♦ Qui est de mise, qui peut se porter, en parlant de vêtements.

METTAGE, n. m. [metaʒ] (*mettre*) ▷ Action de mettre. *Mettage en couleur.* ◁

METTEUR, EUSE, n. m. et n. f. [metœʀ, øz] (*mettre*) Personne qui met. Il ne s'emploie guère que dans les locutions suivantes : *Metteur en œuvre,* ouvrier qui monte des perles et des pierres précieuses. ♦ **Fig.** *Cet écrivain est un habile metteur en œuvre des idées d'autrui.* ♦ *Metteur en pages,* ouvrier chargé de rassembler les différents paquets de composition pour en former des pages et des feuilles. ♦ *Metteur au point,* personne qui dégrossit une statue. ■ *Metteur en scène,* personne qui réalise des films ou des représentations théâtrales. ♦ *Metteur en ondes,* personne qui réalise des émissions de radio.

METTRE, v. tr. [mɛtʀ] (lat. *mittere*) Faire occuper par quelqu'un ou par quelque chose un endroit déterminé. *Mettre un cheval dans l'écurie, du bois dans la cheminée, etc.* ♦ *Mettre sous les yeux,* placer quelque chose devant quelqu'un de manière qu'il puisse voir, lire, examiner la chose, et fig. faire remarquer, présenter. ♦ **Mar.** *Mettre aux mains,* rendre possesseur. ♦ *Mettre à la mer,* lancer un navire à l'eau. ♦ **Par extens.** Mêler quelque chose à une autre chose. *Mettre de l'eau dans du vin.* ♦ Reconduire jusqu'à un certain endroit. ♦ *Mettre dehors,* congédier, renvoyer. ♦ **Fig.** Il se dit des choses abstraites, intellectuelles, morales, que l'on met comme on ferait de choses matérielles. « *L'espoir de son salut en lui seul était mis* », P. Corneille. ♦ *Mettre à quelqu'un quelque chose dans la tête,* lui faire prendre quelque résolution, lui suggérer quelque désir. ♦ *Se mettre quelque chose dans la tête,* en prendre la résolution. ♦ Il se dit des personnes qui sont dans quelque condition abstraite, morale, comme on serait dans une condition matérielle. *Mettre quelqu'un à la tête d'une entreprise, dans ses intérêts, etc.* ♦ Ajouter à quelque objet une partie qui y manque. *Mettre un manche à un balai, un fer à un cheval, etc.* ♦ *Mettre les chevaux à la voiture,* atteler. ♦ Mettre dans une certaine disposition physique, avec un nom de chose pour sujet. *La fièvre l'a mis dans une grande faiblesse.* ♦ En parlant des personnes, envoyer, conduire en un lieu, y faire entrer, y établir. *On me mit dans une belle chambre. Mettre un enfant en nourrice, au collège, en apprentissage, etc.* ♦ ▷ *Mettre une personne auprès de quelqu'un,* la lui donner pour compagnon ou compagne, pour maître ou maîtresse, pour domestique. ◁ ♦ **Fig.** *Mettre un prince sur le trône,* l'y établir. ♦ *Mettre quelqu'un dans un poste,* lui conférer un emploi. ♦ En parlant de l'habillement, de la parure, revêtir. *Mettre son habit.* ♦ Porter habituellement. *Il ne met plus que des bottes.* ♦ *Mettre un habit à quelqu'un,* l'en revêtir. ♦ En parlant des choses qui se mangent, les accommoder, les apprêter d'une certaine façon.

Mettre une carpe au bleu, un lièvre en pâté. ◆ Placer, employer d'une certaine manière, en parlant d'argent. *Mettre son argent à la caisse d'épargne, dans une manufacture, etc.* ◆ *Mettre au jeu,* déposer son enjeu. ◆ *Mettre à la loterie,* prendre un billet de loterie. ◆ Il se dit de ce qu'on écrit sur le papier, dans un livre. *Mettre une remarque à la marge.* ◆ *Mettre quelqu'un dans un livre, dans un journal,* en parler. ◆ *Mettre une lettre, dans un écrit,* exprimer dans une lettre, dans un écrit. ◆ *Mettre quelqu'un sur une liste,* l'y inscrire. ◆ *Mettre en écrit* ou *par écrit,* rédiger, écrire. ◆ *Mettre en,* traduire. *Mettre en français.* ◆ *Mettre en vers,* écrire en vers quelque chose qui est écrit en prose. ◆ *Mettre en dialogue,* rédiger sous forme de dialogue. ◆ Il se dit de certaines peines qu'on inflige. *Mettre un homme en prison, aux fers, à mort.* ◆ **Fig.** Manifester, en parlant de qualités morales, intellectuelles. *Mettre de la passion dans une action, du mystère dans sa conduite, etc.* ◆ **Fig.** Sacrifier. *Mettre le tout pour le tout,* risquer toute chose. ◆ *Mettre du sien,* faire quelque sacrifice d'argent, et par extens. prendre de la peine, employer son travail à quelque chose, et fig. faire des concessions ; et aussi ajouter à une histoire. ◆ *Mettre du temps,* employer un certain temps. ◆ **Pop.** *Ne mettre guère,* n'être pas longtemps. ◆ *Mettre,* construit avec un substantif sans article. *Mettre fin,* terminer. *Mettre obstacle,* s'opposer. *Mettre remède,* remédier. ◆ *Mettre,* construit avec la préposition *à. Mettre une ville à contribution, une entreprise à fin, etc.* ◆ *Mettre à bas,* abaisser, humilier. *Mettre à bout,* épuiser la patience. ◆ *Mettre à mal,* vaincre, faire céder. ◆ *Mettre à feu et à sang,* tuer et brûler. ◆ *Mettre à,* mettre en train de. « *Quand on me met à causer, je ne fais pas trop mal* », MME DE SÉVIGNÉ. ◆ *Mettre au hasard,* exposer, risquer. *Mettre à, à la raison,* Voy. FAIT, RAISON. *Mettre à prix,* évaluer. ◆ Réduire à. *Mettre un homme à la besace.* ◆ *Mettre à l'eau,* prescrire de ne boire que de l'eau. *Mettre au régime,* faire observer un régime exact. ◆ *Mettre quelqu'un au pis, au pis faire, à pis faire,* le défier de faire tout le mal qu'il a le pouvoir ou l'intention de faire ; le défier de faire plus mal qu'il n'a déjà fait. ◆ *Mettre,* avec la préposition *à* suivie d'un verbe à l'infinitif, la faire consister à ou en. « *Jésus-Christ a mis l'honneur à souffrir* », PASCAL. ◆ *Mettre dans,* faire participer à, faire part de. *Il me met dans toutes ses affaires.* ◆ *Mettre dans...,* impliquer dans... *Mettre,* avec la préposition *de,* faire participer à. « *Il me mit de sa partie de chasse* », LESAGE. ◆ *Mettre de côté,* Voy. CÔTÉ. ◆ *Mettre en,* au sens physique, changer la disposition, la forme, l'état d'une chose. *Mettre une chose en poussière, une vigne en espalier, etc.* ◆ *Mettre en feu, mettre en cendre,* brûler. ◆ *Mettre en pièces, en quartiers,* déchirer. ◆ *Mettre en main,* Voy. MAIN. ◆ *Mettre en musique,* Voy. MUSIQUE. ◆ *Mettre en,* employer d'une certaine manière. *Mettre son argent en fonds de terre, en rentes, en viager, etc.* ◆ **Fig.** *Mettre en faveur,* en honneur. ◆ **Fig.** *Mettre en délibération,* Voy. DÉLIBÉRATION. ◆ *Mettre en plein jour,* manifester clairement. ◆ **Fig.** *Mettre en,* en parlant d'un sentiment, d'une passion, la susciter chez quelqu'un. *Mettre quelqu'un en colère, en fureur.* ◆ *Mettre sur,* faire parler. « *Je l'ai mis sur ce mariage* », MOLIÈRE. ◆ *Mettre bas,* déposer à terre, et fig. renoncer à, écarter. ◆ ▷ *Mettre habit bas,* ôter son habit. *Mettre ses habits bas,* se déshabiller. *Mettre bas son chapeau* ou *mettre chapeau bas,* ôter son chapeau. ◁ ◆ *Mettre bas,* faire ses petits, en parlant des animaux. ◆ **Mar.** *Mettre pavillon bas,* abaisser son pavillon, pour annoncer qu'on se rend, et fig. céder. ◆ *Mettre* se construit quelquefois avec l'infinitif d'un autre verbe sans préposition. *Mettre sécher du linge.* ◆ *Mettre bien ensemble deux personnes,* les réconcilier. *Les mettre mal,* les brouiller. ◆ **Hortic.** *Mettre un arbre à fruit,* opération qui consiste à faire, par une taille appropriée, qu'un arbre produise plus tôt et plus abondamment que d'habitude. ◆ Absol. et sans complément direct, *mettre sur table,* poser les plats sur la table. ◆ *Mettre,* sans complément, ou sans l'adverbe *dessus,* se couvrir la tête. « *Allons, mettez* », MOLIÈRE. ◆ *Mettre sur quelqu'un,* enchérir sur lui, dans un encan. ◆ Admettre. *Mettons que le fait soit vrai.* ◆ **Mar.** *Mettre à la mer* ou *en la mer,* quitter le port ou la rade, et gagner la haute mer. ◆ *Mettre à la voile* ou *sous voiles,* offrir au vent une ou plusieurs voiles pour partir. ◆ **Se mettre,** v. pr. Occuper un certain lieu, avec un nom de personne pour sujet. *Se mettre dans une baignoire.* « *L'homme ne sait à quel rang se mettre* », PASCAL. ◆ *Mettez-vous là,* asseyez-vous, prenez place à table. ◆ **Fig.** *Ne savoir où se mettre,* être embarrassé de sa contenance. ◆ **Fig.** *Se mettre au-dessus,* ne pas tenir compte. ◆ **Fig.** *Se mettre au-dessus des préjugés.* ◆ **Fig.** *Se mettre sur les rangs,* prétendre à. ◆ ▷ *Se mettre,* s'habiller. *Se mettre bien.* ◁ ◆ *Se mettre en,* recevoir une certaine disposition corporelle. *Se mettre en mouvement, en course, en route, en défense, etc.* ◆ **Fig.** *Se mettre en colère,* se courroucer. ◆ *Se mettre en peine,* s'inquiéter. ◆ *Se mettre en état de,* se rendre capable de. ◆ **Fig.** *Se mettre à,* désigne quelque situation, quelque occupation. *Se mettre au service d'un fermier. Se mettre à,* s'exposer. « *Je me mets au hasard de me faire rouer* », BOILEAU. ◆ *Se mettre à prix,* s'évaluer. ◆ *Se mettre à quelque chose,* s'en occuper. ◆ *Se mettre à tout,* se rendre utile en toute occasion. ◆ *Se mettre au régime, au lait, etc.,* user d'un régime, du lait, etc. ◆ *Se mettre au fait,* acquérir la connaissance, la pratique d'une chose. ◆ *Se mettre à,* suivi d'un infinitif, marque le commencement d'une action. *Se mettre à chanter.* ◆ **Absol.** *S'y mettre,* s'occuper d'une chose. ◆ **Fig.** *Se mettre sur,* commencer à parler de. ◆ ▷ *Se mettre sur son quant-à-soi,* prendre des airs d'orgueil, de vanité. ◁ ◆

▷ *Se mettre sur la cérémonie,* faire des cérémonies. ◁ ◆ *Se mettre bien auprès de quelqu'un,* gagner sa bienveillance, son amitié. ◆ ▷ *Se mettre de,* s'associer à. *Se mettre d'une société.* ◁ ◆ *Se mettre à fruit,* se dit d'un arbre qui commence à porter des fruits sans le secours de l'art et à l'époque ordinaire. ◆ *Se mettre,* être mis, être placé dans un certain lieu, avec un nom de chose pour sujet. ◆ Être mis sur le corps, comme vêtement. ◆ Être accommodé, en parlant de mets. ◆ **Fig.** *Se mettre,* se dit des choses abstraites ou morales qui interviennent. « *L'épouvante se mit partout* », BOSSUET. ◆ **Fig.** *Se mettre à prix,* être évalué. ◆ *Se mettre,* se dit de choses qui font invasion, irruption. *Les maladies se mirent dans l'armée. Le feu s'est mis chez moi.* ■ *Mettre cartes sur table,* être franc pour clarifier une situation. *Jouons franc-jeu et mettons cartes sur table !* ■ *Mettre les pieds dans le plat,* aborder un sujet fâcheux, être gaffeur. ■ *Mettre au monde,* donner naissance à. *Elle a mis au monde des triplés.* ■ *Mettre le couvert,* dresser la table. ■ *Y mettre du sien, du mien, etc.,* faire preuve de bonne volonté. *Tu pourrais y mettre un peu du tien !* ■ **Fam.** *Mettre les voiles,* partir, quitter un endroit. *Il a mis les voiles dira au revoir.* ■ *Ne plus savoir où se mettre,* être très gêné. *Quand je suis tombé, je ne savais plus où me mettre !* ■ *Se mettre avec quelqu'un,* vivre maritalement. ■ *Se mettre sur son trente et un,* être soigneusement habillé pour une occasion. ■ *Se mettre le doigt dans l'œil,* se tromper, se leurrer. *Si tu crois que je vais t'aider, tu te mets le doigt dans l'œil.*

MEUBLANT, ANTE, adj. [mœblɑ̃, ɑ̃t] (*meubler*) Qui est propre à meubler. *Étoffe meublante.* ◆ **Dr.** *Meubles meublants,* ce qui sert à garnir une maison, une chambre, sans en faire partie.

MEUBLE, adj. [mœbl] (lat. *mobilis*) Qui est aisé à remuer ; usité seulement dans : *Terre meuble,* terre qui se divise bien d'elle-même ; *Biens meubles,* choses qui peuvent se transporter d'un lieu dans un autre. ◆ **N. m.** Tout ce qui sert à garnir, à orner une maison sans en faire partie. *Se mettre dans ses meubles,* acheter des meubles pour garnir la chambre, l'appartement qu'on veut occuper. ◆ *Être dans ses meubles,* occuper un appartement qu'on a meublé. ◆ **Au sing.** Toute la garniture d'un appartement, d'une chambre, d'un cabinet, etc. *Un meuble de tapisserie, en damas, etc.* ◆ **Par extens.** Se dit de certains objets qu'on peut porter sur soi. *Ce couteau est un meuble fort commode.* **Fig.** « *Antagoras, vieux meuble de ruelles* », LA BRUYÈRE. ◁ ◆ **Fig.** Ce qui sert intellectuellement ou moralement comme fait un meuble. « *La vertu sans l'argent n'est qu'un meuble inutile* », BOILEAU. ◆ **Jurispr.** Le mobilier. *En fait de meubles, la possession vaut titre.* ◆ **Hérald.** Dessin d'un symbole qui charge, brise ou accompagne les pièces et les divisions d'un écu. *Des animaux, des fruits, des arbres sont des meubles de l'écu.* ■ *Sauver les meubles,* préserver ce qui est indispensable dans une situation difficile. *Je me suis trompée dans la chorégraphie, mais j'ai réussi à sauver les meubles.* ■ *Faire partie des meubles,* être habitué à un lieu, en faire partie. *Il vient dans ce club tous les jours, il fait partie des meubles maintenant !*

MEUBLÉ, ÉE, p. p. de meubler. [mœble] *Avoir la bouche bien meublée,* avoir les dents belles. ◆ **Fig.** *Avoir la tête bien meublée,* avoir beaucoup de connaissances. ■ Loué avec des meubles. *Un appartement meublé.* ◆ **N. m.** Logement loué avec des meubles.

MEUBLER, v. tr. [mœble] (*meuble*) Garnir de meubles. *Meubler un appartement.* ◆ **Absol.** *Cette étoffe meuble bien,* elle fait bon effet employée en tenture, en garnitures de meubles. ◆ *Meubler une ferme,* la garnir de ce qui est nécessaire pour la faire valoir. ◆ **Fig.** Orner, enrichir, emplir. *Se meubler la mémoire de beaux vers.* ◆ **Se meubler,** v. pr. *Se faire des meubles,* s'acheter des meubles. ■ Occuper un temps libre. *Meubler ses week-ends en allant au cinéma.* ■ Remplir. *Meubler sa solitude en écoutant de la musique.* ■ *Meubler une conversation,* s'efforcer de parler pour pallier un silence.

MEUF, ■ n. f. [mœf] (verlan de *femme*) **Arg.** et **fam.** Femme, fille. *Il parlait des meufs comme s'il était un don juan.*

MEUGLEMENT, ■ n. m. [mœgləmɑ̃] (*meugler*) Syn. de beuglement.

MEUGLER, ■ v. intr. [mœgle] (lat. *mugire*) Syn. de beugler.

MEUH, ■ interj. [mø] (onomatopée) Onomatopée qui imite le meuglement de la vache. *Faire meuh.*

MEULAGE, ■ n. m. [mølaʒ] (*meuler*) **Techn.** Opération permettant d'enlever de la matière au moyen d'abrasifs fixés à un support rotatif rigide. *Le meulage et le fraisage.*

1 **MEULE,** n. f. [møl] (lat. *mola*) Corps solide, rond et plat qui sert à broyer. *Meule de moulin.* ◆ Roue de grès, de fer ou d'acier, de bois, etc. dont on se sert pour aiguiser, user, polir, etc. ◆ Nom donné à certains fromages ronds et plats comme une meule. *Une meule de gruyère.* ■ **Fam.** Cyclomoteur, moto. *Il lui ont volé sa meule.*

2 **MEULE,** n. f. [møl] (prob. 1 *meule,* par métaphore) Monceau de fourrage, de foin ou de paille, établi dans les prairies ou les champs, pour la conservation des produits. ◆ Couche à champignons. ■ **Fam.** *Les meules,* les fesses.

MEULER, ■ v. tr. [møle] (1 *meule*) Dégrossir quelque chose à l'aide d'une meule. *Meuler une dent.*

MEULEUSE, ■ n. f. [møløz] (*meuler*) **Techn.** Appareil électrique muni d'un disque abrasif pour ébarber, tronçonner, poncer ou lustrer. *Meuleuse d'angle. Pour l'usage d'une meuleuse, le port de lunettes de protection est indispensable.*

MEULIÈRE, adj. [møljɛʀ] (1 *meule*) Pierre meulière, pierre propre à faire des meules. ♦ N. f. *La meulière.* ♦ Carrière meulière, le lieu d'où l'on tire ces pierres ♦ N. f. *Meulière* ou *pierre de meulière*, moellons de roche rudes et remplis de trous superficiels, dont on se sert pour la maçonnerie des pièces d'eau, des égouts, etc.

MEULON, ■ n. m. [mølɔ̃] (anc. fr. *muillon*, du lat. pop. *mutulio*) Petit ballot de paille ou de fourrage. *Des meulons de foin.* ■ Tas de sel. *Des meulons extraits des marais salants.*

MEUNERIE, n. f. [møn(ə)ʀi] (*meunier*) La profession de meunier. ♦ Le corps des meuniers. ♦ Atelier, établissement approprié à la confection du biscuit de mer.

MEUNIER, IÈRE, n. m. et n. f. [mønje, jɛʀ] (b. lat. *molinarius*, de *molinum*, moulin) Personne qui conduit, qui gouverne un moulin. ♦ *Meunière*, la femme d'un meunier. ♦ Adj. *Garçon meunier.* ♦ *Meunier*, poisson de rivière. ♦ *Meunier*, nom de divers champignons d'un aspect farineux. ♦ Nom de quelques insectes qui sont couverts de poils blancs ou qui vivent dans la farine. ♦ Nom de quelques oiseaux. ♦ Sorte de cépage de vin rouge, dont la feuille, surtout dans le dessous, est d'un blanc velouté. ♦ N. f. Mésange à longue queue. ♦ **Prov.** *Il s'est fait d'évêque meunier*, Voy. ÉVÊQUE. ♦ **Cuis.** *À la meunière*, passé dans la farine puis cuit à la poêle avec du beurre, en parlant d'un poisson. ■ Adj. Relatif à la meunerie. *L'industrie meunière.*

MEURETTE, ■ n. f. [møʀɛt] (anc. fr. *muire*, eau salée) **Bourgogne** *Sauce meurette*, sauce à base de vin rouge accompagnant poissons et œufs. *Des œufs meurette.*

MEURSAULT, ■ n. m. [møʀso] (*Meursault*, commune de Bourgogne) Vin blanc ou rouge réputé provenant de Bourgogne. *Un meursault blanc.*

MEURT-DE-FAIM, n. m. [møʀdəfɛ̃] (*mourir* et *faim*) Voy. MOURIR.

MEURTRE, ■ n. m. [møʀtʀ] (*meurtrir*) Homicide commis avec violence. ♦ **Fig.** et **fam.** *Crier au meurtre*, se plaindre hautement de quelque injustice, de quelque dommage. ♦ ▷ **Fig.** et **fam.** *C'est un meurtre*, se dit d'une chose regrettable, d'une mutilation faite à quelque chose de précieux. ◁ ▷ **Fig.** Très grand mal fait à autrui. « *Saint Augustin appelle l'usure le meurtre des pauvres* », BOSSUET. ◁

MEURTRI, IE, p. p. de meurtrir. [møʀtʀi]

MEURTRIER, IÈRE, n. m. et n. f. [møʀtʀije, jɛʀ] (*meurtre*) Personne qui a commis un meurtre. ♦ Personne qui projette un meurtre. ♦ Adj. Qui cause la mort à beaucoup de personnes. *Armes meurtrières. Guerre meurtrière.* ♦ **Poétiq.** *Le glaive meurtrier.* ♦ Qui fait verser le sang. *Des lois meurtrières.* ♦ Qui commet un meurtre ou des meurtres. « *De Jézabel la fille meurtrière* », RACINE. ♦ Il se dit aussi des animaux. *La dent meurtrière du loup.* ♦ **Fig.** Qui cause un mal comparé à un meurtre. *Une main, une pitié meurtrière.* ■ **Fig.** Qui pousse à tuer. *Une folie meurtrière.*

MEURTRIÈRE, n. f. [møʀtʀijɛʀ] (*meurtrier*) Ouverture pratiquée dans les murs d'une fortification et par laquelle on peut tirer à couvert sur les assiégeants.

MEURTRIR, v. tr. [møʀtʀiʀ] (anc. b. frq. *murthrjan*, assassiner) Faire une meurtrissure. « *Pourquoi meurtrissez-vous de coups le visage des pauvres, dit le Seigneur?* », SACI. ♦ *Meurtrir le fruit*, y faire une contusion. ♦ *Meurtrir un cuir*, l'assouplir. ♦ *Se meurtrir*, v. pr. Se faire une meurtrissure. ♦ Être meurtri. ■ Occasionner une souffrance morale à quelqu'un.

MEURTRISSURE, n. f. [møʀtʀisyʀ] (*meurtrir*) Marque livide causée par une contusion. ♦ Tache sur les fruits, causée par leur chute ou par leur froissement. ■ Marque provoquée par la fatigue ou la vieillesse. *Des meurtrissures sur son visage.* ■ **Fig.** et **litt.** Plaie. *Meurtrissure du cœur.*

MEUTE, n. f. [møt] (b. lat. *movita*, du radic. du lat. *movere*, mouvoir) Troupe de chiens dressés pour la grande chasse. ♦ *Clés de meute*, les meilleurs chiens d'une meute, et fig. personnes qui ont un grand crédit dans leur parti. ♦ On dit aussi: *Chef de meute.* ♦ **Fig.** Troupe de gens que l'on compare à une meute de chiens. *Une meute d'ennemis, d'accusateurs.*

MÉVENDRE, v. tr. [mevɑ̃dʀ] (*mé-* et *vendre*) Vendre une chose moins qu'elle n'a coûté, vendre à perte.

MÉVENDU, UE, p. p. de mévendre. [mevɑ̃dy]

MÉVENTE, n. f. [mevɑ̃t] (*mévendre*) ▷ Vente à perte. ◁ ♦ Non-vente, interruption, cessation de vente.

MEXICAIN, AINE, ■ adj. [mɛksikɛ̃, ɛn] (*Mexique*) Relatif au Mexique. *Des plages mexicaines.* ■ N. m. et n. f. Habitant du Mexique. *Des Mexicains.*

MÉZAIL, ■ n. m. [mezaj] (prob. lat. *medius*, qui est au milieu) **Archéol.** Le devant ou le milieu du heaume, qui s'avance droit, et qui comprend le nasal et le ventail. *Des mézails à grille.*

MÉZAIR, n. m. [mezɛʀ] Voy. MÉSAIR.

MEZCAL, ■ n. m. [mɛskal] Voy. MESCAL.

MÉZÉRÉON, n. m. [mezereɔ̃] (lat. *mezereum*) Arbuste commun en Europe, qu'on nomme aussi bois-gentil ou garou.

MÉZIGUE ou **MÉZIG**, ■ pron. pers. [mezig] (poss. *mes* et *zigue* ou *zig*) **Arg.** Moi. *C'est encore pour mézigue.* « *Je vous crois un peu mieux placés que mézigue pour l'éclaircissement des énigmes!* », SIMONIN.

MEZZANINE, n. f. [mɛdzanin] (ital. *mezzanino*, entresol) **Archit.** Petit étage pratiqué entre deux grands. ♦ Petite fenêtre carrée comme celles des entresols. ♦ Adj. *Fenêtre mezzanine.* ■ Dans un théâtre, étage entre l'orchestre et le balcon. ■ Surface créée en hauteur dans une pièce haute et pouvant être aménagée. *Studio avec mezzanine.*

MEZZA-VOCE, ■ loc. adv. [mɛdzavɔtʃe] (mot ital. *mezza*, au milieu et *voce*, voix) **Mus.** À mi-voix. *Chanter mezza-voce.*

MEZZE ou **MEZZÉ**, ■ n. m. pl. [mɛdze] (gr. mod. *mezes*) Assortiment de hors-d'œuvre froids d'origine turque, grecque ou libanaise. *Des mezze de mariage. Petit mezzé.*

MEZZO-SOPRANO, ■ n. m. [mɛdzosopʀano] (mot ital., soprano moyenne) Voix de femme, entre le soprano et l'alto. ■ N. f. Cantatrice qui possède cette voix. *Des mezzo-sopranos.* ■ **Abrév.** Une mezzo.

MEZZO-TERMINE, n. m. [mɛdzotɛʀmin] (ital. *mezzo* et *termine*) Moyen terme, parti moyen qu'on prend pour terminer une affaire, pour concilier des prétentions opposées. ♦ Au pl. *Des mezzo-termine* ou *des mezzo-termines.*

MEZZOTINTO, n. m. [mɛdzotinto] (ital. *mezzo* et *tinto*, demi-teinte) Genre de gravure appelé plus communément gravure à la manière noire. *Des mezzotintos.* ■ **Rem.** Graphie ancienne : *mezzo-tinto.* ■ On prononce le *i* et le *n*.

1 **MI**, [mi] (lat. *medius*) adjectif invariable qui ne s'emploie jamais seul, et qui, placé devant un autre mot avec un trait d'union, sert à marquer le partage d'une chose en deux portions égales. ♦ Joint à un adjectif, il équivaut à demi : *Mi-mort, mi-parti, etc.* ♦ Joint à un substantif, il ne s'emploie qu'adverbialement avec la préposition *à*, sans article : *À mi-chemin, à mi-jambe, etc.* ♦ En parlant de tissus, on peut supprimer la préposition *à*. *Une étoffe mi-fil et mi-coton*, ou elliptiq. *mi-fil et coton.* ♦ Joint au mot *carême* ou aux noms de mois, *mi* est précédé de l'article féminin : *La mi-juin, la mi-octobre, la mi-carême.*

2 **MI**, n. m. [mi] (première syllabe de *mira*, dans l'hymne à saint Jean-Baptiste de Paul Diacre) **Mus.** La troisième note de la gamme d'ut. ♦ Nom du signe qui représente cette note. ♦ Corde d'un instrument qui donne la note *mi.* ♦ Au pl. *Des mi.*

MIAM ou **MIAM-MIAM**, ■ interj. [mjam, mjammjam] (onomatopée) **Fam.** Exclamation exprimant une envie ou le plaisir que l'on a à se nourrir. *Miam! Ça a l'air bon!* ■ N. m. Ce qui se mange, dans le langage enfantin. *Un bon miam-miam. Des miam-miam.*

MIAOU, ■ interj. [mjau] (onomatopée) Onomatopée imitant le miaulement du chat. *Des miaous.*

MIASMATIQUE, adj. [mjasmatik] (*miasme*) Qui contient ou produit des miasmes. ♦ Qui est le résultat des miasmes. ■ **Rem.** Il est littéraire aujourd'hui.

MIASME, n. m. [mjasm] (gr. *miasma*, souillure) **Méd.** Émanations qui proviennent de substances organiques et qui, se répandant en l'air, exercent sur les animaux une influence pernicieuse. ♦ Effluves qui proviennent de certaines maladies contagieuses. *Miasmes pestilentiels.*

MIAULANT, ANTE, adj. [mjolɑ̃, ɑ̃t] (*miauler*) Qui miaule.

MIAULEMENT, n. m. [mjol(ə)mɑ̃] (*miauler*) Action de miauler. ■ Grincement semblable au miaulement du chat. *Le miaulement d'une porte.*

MIAULER, v. tr. [mjole] (onomatopée) Il se dit du chat lorsqu'il fait le cri qui est propre à son espèce. ■ Il se dit aussi d'autres félins. ♦ **Fig.** Se plaindre, pleurnicher, pour un enfant. *Il miaule dès qu'il se fait mal.*

MIAULEUR, EUSE, adj. [mjolœʀ, øz] (*miauler*) Qui miaule. *Chat miauleur.*

MI-BAS, ■ n. m. [miba] (1 *mi-* et *bas*) Chaussette fine montant jusqu'au mollet. *Porter des mi-bas.*

MI-BIS, ISE, adj. [mibi, iz] (1 *mi-* et *bis*) À moitié bis. *Du pain, du fil mi-bis.*

MI-BOIS (À), ■ loc. adv. [mibwa] (1 *mi-* et *bois*) **Menuis.** Assemblage à mi-bois, technique de menuiserie consistant à encastrer deux pièces de bois entaillées à cet effet. *Entaille à mi-bois.*

MICA, n. m. [mika] (lat. *mica*, parcelle, miette) Nom d'un groupe de minéraux qui sont des silicoaluminates de potasse, de fer et de magnésie. ◆ Au pl. *Des micas.* ■ Plaque de silicate d'aluminium et de potassium transparente, utilisée généralement comme vitre. *Fenêtre de mica. Cheminée en mica.*

MICACÉ, ÉE, adj. [mikase] (*mica*) Qui est de la nature du mica, qui contient du mica. ◆ Qui a l'apparence ou l'éclat du mica.

MI-CARÊME, ■ n. f. [mikaʀɛm] (1 *mi*- et *carême*) **Relig.** Jeudi de la troisième semaine de carême. *Des mi-carêmes.*

MICASCHISTE, n. m. [mikaʃist] (*mica* et *schiste*) Roche fossile, essentiellement composée de mica et de quartz.

MICASCHISTEUX, EUSE, adj. [mikaʃistø, øz] (*micaschiste*) Qui se compose de micaschiste. *Formation micaschisteuse.*

MICELLAIRE, ■ adj. [miselɛʀ] (*micelle*) **Chim.** Qui contient des micelles. *Une solution micellaire.*

MICELLE, ■ n. f. [misɛl] (lat. *mica*, parcelle) **Chim.** Particule formée d'un agrégat de molécules semblables et donnant une émulsion. *On distingue les micelles à charge positive, les micelles à charge négative et les micelles neutres.*

MICHE, n. f. [miʃ] (lat. *mica*, parcelle) Pain qui pèse une livre ou deux. ◆ Pain rond de dimension considérable. ■ Au pl. Fam. *Les miches*, les fesses. ■ *Gare à tes miches*, fais attention à toi.

MICHEL (SAINT-), n. m. [miʃɛl] (*saint Michel*) Poire de Saint-Michel, espèce de poire. ◆ Absol. *Du saint-michel.* ◆ Ordre de Saint-Michel, ordre militaire, institué en France par Louis XI. ◆ N. f. *La Saint-Michel*, jour de la fête de saint Michel.

MICHELINE, ■ n. f. [miʃ(ə)lin] (*Michelin*) Petit train à moteur utilisé pour le transport des voyageurs sur de courtes distances. *Une micheline diesel.*

MI-CHEMIN (À), ■ loc. adv. [miʃ(ə)mɛ̃] (1 *mi*- et *chemin*) Au milieu du chemin ou du trajet. *Faire une halte à mi-chemin.* ■ Fig. S'arrêter, arrêter quelque chose à mi-chemin, (s')arrêter avant d'arriver au but. *S'arrêter à mi-chemin de la compétition.*

MICHETON, ■ n. m. [miʃ(ə)tɔ̃] (*miché*, *michet*, de *Michel*) **Fam.** Client occasionnel d'une prostituée.

MICHETONNER, ■ v. intr. [miʃ(ə)tɔne] (*micheton*) **Fam.** Se prostituer occasionnellement. *Michetonner pour payer sa drogue.*

MICHOTTE, n. f. [miʃɔt] (dim. de *miche*) ▷ Petite miche. ◁

MI-CLOS, OSE, ■ adj. [miklo, oz] (1 *mi*- et *clos*) Fermé à moitié. *Des yeux mi-clos. Des lèvres mi-closes.*

MICMAC, n. m. [mikmak] (m. néerl. *muyte maken*, faire une émeute, altéré sur le modèle de locutions comme *cric-crac*) Intrigue mêlée et de bas étage. ◆ Au pl. *Des micmacs.* ■ Désordre. *Quel micmac !* Rem. Il est familier aujourd'hui.

MICOCOULIER, n. m. [mikokulje] (gr. mod. *mikrokoukki*) Nom vulgaire du *celtis australis*, arbre qui a du rapport avec l'orme.

MICOQUIEN, ■ n. m. [mikokjɛ̃] (gisement de la *Micoque*, en Dordogne) **Préhist.** Faciès caractérisé par ses bifaces à extrémités amincies à talon épais, retrouvé au Proche-Orient et en Afrique du Nord et marquant la transition avec le paléolithique moyen. ■ Adj. *Micoquien, ienne. Biface, site micoquien.*

MI-CORPS (À), ■ loc. adv. [mikɔʀ] (1 *mi*- et *corps*) À la moitié du corps, jusqu'à la taille. *Elle avait de l'eau à mi-corps.* ■ *Portrait à mi-corps*, portrait du buste, jusqu'à la taille

MI-CÔTE (À), ■ loc. adv. [mikot] (1 *mi*- et *côte*) Au milieu de la pente d'une côte. *À mi-côte d'une colline. S'arrêter à mi-côte.*

MI-COURSE (À), ■ loc. adv. [mikuʀs] (1 *mi*- et *course*) Au milieu de la course. *Accélérer à mi-course.* ■ Fig. Au milieu du chemin restant à parcourir. *Se raviser à mi-course.*

1 **MICRO**, ■ n. m. [mikʀo] (abrév. de *microphone*) Microphone. *Chanter dans un micro. Parler au micro. Micros enregistreurs.*

2 **MICRO**, ■ n. m. [mikʀo] (abrév. de *microordinateur*) Microordinateur. *L'unité centrale d'un micro. Des micros portables.*

3 **MICRO**, ■ n. m. [mikʀo] (abrév. de *micro-informatique*) Micro-informatique. *La micro dans l'édition.*

4 **MICRO...**, ■ [mikʀo] Préfixe qui, placé devant une unité, indique la division par un million : 10^6.

MICROALVÉOLE, ■ n. f. [mikʀoalveɔl] (4 *micro*- et *alvéole*) **Audiov.** Alvéole de très petite taille qui constitue la piste d'un enregistrement numérique. *Microalvéole d'un CD.* ■ Rem. On dit aussi *microcuvette*.

MICROAMPÈRE, ■ n. m. [mikʀoɑ̃pɛʀ] (4 *micro*- et *ampère*) **Électr.** Un millionième d'ampère. *Le symbole du microampère est A. Microampères d'un courant électrique.*

MICROAMPÈREMÈTRE, ■ n. m. [mikʀoɑ̃pɛʀ(ə)mɛtʀ] (*microampère* et -*mètre*) **Électr.** Appareil permettant de mesurer les faibles intensités électriques. *Microampèremètre électronique. Des microampèremètres de contrôle.*

MICROANALYSE, ■ n. f. [mikʀoanaliz] (4 *micro*- et *analyse*) **Chim.** Analyse faite sur des masses très faibles. *Microanalyse pratiquée sur le sang. Des microanalyses.*

MICROBALANCE, ■ n. f. [mikʀobalɑ̃s] (4 *micro*- et *balance*) **Techn.** Balance utilisée pour peser des masses de très petite taille. *Une microbalance pèse avec la précision du microgramme. Microbalance à deux plateaux.*

MICROBE, ■ n. m. [mikʀɔb] (gr. *mikros*, petit, et *bios*, vie) Microorganisme unicellulaire et généralement pathogène. « *Les virus sont des microbes. Cela signifie que le microbe est très petit, invisible dans l'état actuel de la science optique* », Duhamel. ■ Fig. et fam. Personne petite et chétive. *Pousse-toi, microbe !*

MICROBIEN, IENNE, ■ adj. [mikʀobjɛ̃, jɛn] (*microbe*) Relatif aux microbes. *La culture microbienne.* ■ Provoqué par les microbes. *Une infection microbienne.*

MICROBILLE, ■ n. f. [mikʀobij] (4 *micro*- et *bille*) **Chim.** Particule de pigment sphérique de très faible diamètre. *Une microbille est obtenue par micronisation.*

MICROBIOLOGIE, ■ n. f. [mikʀobjɔlɔʒi] (4 *micro*- et *biologie*) Partie de la biologie qui étudie les organismes microscopiques. *Microbiologie alimentaire. Microbiologie des végétaux, des bactéries.* ■ MICROBIOLOGIQUE, adj. [mikʀobjɔlɔʒik] ■ MICROBIOLOGISTE, n. m. et n. f. [mikʀobjɔlɔʒist]

MICROBRASSERIE, ■ n. f. [mikʀobʀas(ə)ʀi] (4 *micro*- et *brasserie*) **Québec** Brasserie artisanale. ■ Brasserie où l'on peut consommer les bières brassées sur place. *Offrir une bière de microbrasserie.*

MICROBUS, ■ n. m. [mikʀobys] (4 *micro*- et *bus*) Petit autobus. *Un microbus d'une vingtaine de places. Le microbus propose des services à la demande pour les handicapés et les personnes âgées.*

MICROCALORIMÉTRIE, ■ n. f. [mikʀokalɔʀimetʀi] (*microcalorie* et -*métrie*) **Phys.** Mesure des quantités de chaleur très faibles. *La microcalorimétrie des interactions entre molécules en solution. Microcalorimétrie d'absorption.*

MICROCASSETTE, ■ n. f. [mikʀokasɛt] (4 *micro*- et *cassette*) Cassette miniature. *Dictaphone à microcassette.*

MICROCÉPHALIE, ■ n. f. [mikʀosefali] (gr. *mikrokephalos*) **Méd.** Diminution anormale de la boîte crânienne. *La microcéphalie est en général accompagnée d'arriération mentale. Un patient atteint de microcéphalie.* ■ MICROCÉPHALE, n. m. et n. f. ou adj. [mikʀosefal]

MICROCHIMIE, ■ n. f. [mikʀoʃimi] (4 *micro*- et *chimie*) Partie de la chimie qui traite de la matière microscopique. *Microchimie des protéines.*

MICROCHIRURGIE, ■ n. f. [mikʀoʃiʀyʀʒi] (4 *micro*- et *chirurgie*) Partie de la chirurgie pratiquée au moyen d'un microscope. *Microchirurgie ophtalmologique, vasculaire.*

MICROCINÉMATOGRAPHIE, ■ n. f. [mikʀosinematɔgʀafi] (4 *micro*- et *cinématographie*) Partie de la cinématographie dont les prises de vue se font sur des sujets microscopiques. *Séquences de microcinématographie.* ■ Rem. On dit aussi *microcinéma*.

MICROCIRCUIT, ■ n. m. [mikʀosiʀkɥi] (4 *micro*- et *circuit*) **Techn.** Circuit électrique miniature composé de diodes, de transistors et de résistances. *Microcircuit pour cartes à puce. Carte à microcircuit.*

MICROCLIMAT, ■ n. m. [mikʀoklima] (4 *micro*- et *climat*) **Biol.** Climat propre à une zone, qui diffère du climat général de la région. *Microclimat subtropical.* ■ MICROCLIMATIQUE, adj. [mikʀoklimatik]

MICROCLINE, ■ n. m. [mikʀoklin] **Minér.** Minéral commun du groupe des feldspaths, composé de silicate d'aluminium et de potassium. *Des cristaux de microcline.*

MICROCONTACT, ■ n. m. [mikʀokɔ̃takt] (4 *micro*- et *contact*) **Techn.** Interrupteur électrique dont la commande est très sensible. *Microcontact d'une lampe.*

MICROCOPIE, ■ n. f. [mikʀokɔpi] (4 *micro*- et *copie*) **Techn.** Reproduction très petite d'un document photographié. *Microcopie électronique, imprimée. Atelier de microcopie.*

MICROCOQUE, ■ n. m. [mikʀokɔk] (4 *micro*- et *coque*) Microbe de forme ronde. *Le staphylocoque est un microcoque.*

MICROCOSME, ■ n. m. [mikʀokɔsm] (gr. *mikros*, petit, et *kosmos*, monde) Le petit monde ; nom que quelques philosophes ont donné à l'homme, qu'ils considéraient comme l'abrégé du monde même. ■ **Mod.** Petit monde reproduisant les mêmes comportements et les mêmes relations que le monde en général. *Microcosme social. Le microcosme de notre civilisation.*

MICROCOSMIQUE, adj. [mikʀokɔsmik] (*microcosme*) Qui appartient au microcosme.

MICROCOUPURE, ■ n. f. [mikʀokupyʀ] (4 *micro-* et *coupure*) **Électr.** Coupure d'électricité très brève. *Des circuits électriques surchargés peuvent être à l'origine d'une microcoupure.*

MICRO-CRAVATE, ■ n. m. [mikʀokʀavat] (1 *micro-* et *cravate*) **Audiov.** Petit microphone que l'on accroche aux vêtements et particulièrement à la cravate. *Des micros-cravates.*

MICROCRÉDIT, ■ n. m. [mikʀokʀedi] (4 *micro-* et *crédit*) Prêt financier d'un montant faible et à un taux très bas consenti à certaines personnes qui répondent à des critères définis. *Un microcrédit peut permettre à une personne au chômage de créer une microentreprise.*

MICROCRISTAL, ■ n. m. [mikʀokʀistal] (4 *micro-* et *cristal*) **Minér.** Cristal microscopique. *Microcristaux du métal, des feldspaths.*

MICROCURIE, ■ n. m. [mikʀokyʀi] (4 *micro-* et *curie*) **Phys.** Unité de mesure valant un millionième de curie. *1 microcurie de radium. Le symbole du microcurie est μCi.*

MICROCUVETTE, ■ n. f. [mikʀokyvɛt] (4 *micro-* et *cuvette*) Voy. MICROALVÉOLE.

MICROCYTOSE, ■ n. f. [mikʀositoz] (4 *micro-* et *cytose*) **Méd.** Diminution pathologique de la taille des globules rouges. *Anémie due à une microcytose.*

MICRODISSECTION, ■ n. f. [mikʀodisɛksjɔ̃] (4 *micro-* et *dissection*) **Biol.** Dissection d'organismes microscopiques. *Microdissection au laser. Microscope à microdissection.*

MICROÉCONOMIE, ■ n. f. [mikʀoekonomi] (4 *micro-* et *économie*) Étude des comportements individuels en matière d'économie. *Microéconomie des entreprises.* ■ MICROÉCONOMIQUE, adj. [mikʀoekonomik]

MICROÉDITION, ■ n. f. [mikʀoedisjɔ̃] (*micro* et *édition*) **Techn.** Utilisation de la micro-informatique à des fins éditoriales. *Microédition d'ouvrages.*

MICROÉLECTRODE, ■ n. f. [mikʀoelɛktʀɔd] (4 *micro-* et *électrode*) **Techn.** En électrophysiologie, électrode de très petit diamètre. *Microélectrode à cavité. Microélectrode de verre.*

MICROÉLECTRONIQUE, ■ n. f. [mikʀoelɛktʀonik] (4 *micro-* et *électronique*) **Électron.** Technique permettant de réaliser des circuits intégrés. *L'industrie de la microélectronique.* ■ **Adj.** *Circuits microélectroniques.*

MICROENTREPRISE, ■ n. f. [mikʀoɑ̃tʀəpʀiz] (4 *micro-* et *entreprise*) Entreprise de moins de dix salariés. *Microentreprise de boulangerie. Microentreprise à domicile.*

MICROÉVOLUTION, ■ n. f. [mikʀoevolysjɔ̃] (4 *micro-* et *évolution*) Évolution des espèces au niveau microscopique. *Microévolution des populations du passé. Microévolution d'un patrimoine génétique.*

MICROFAUNE, ■ n. f. [mikʀofon] (4 *micro-* et *faune*) **Biol.** Ensemble des animaux d'une taille inférieure à un centimètre et appartenant à l'écologie d'un milieu. *Microfaune du sol. La microfaune comprend des crustacés, des insectes, des vers et des bactéries.*

MICROFIBRE, ■ n. f. [mifʀofibʀ] (4 *micro-* et *fibre*) Fibre textile d'une très grande finesse donnant au tissu un aspect velouté. *Un tee-shirt, une serpillière, un sac à main en microfibre.*

MICROFICHE, ■ n. f. [mikʀofiʃ] (4 *micro-* et *fiche*) **Techn.** Photographie d'un document, dont le format est extrêmement réduit et qui est utilisée notamment pour l'archivage. *Reproduction d'une thèse sur microfiche.*

MICROFILM, ■ n. m. [mikʀofilm] (4 *micro-* et *film*) Film en rouleau composé d'images de format très réduit reproduisant des documents. *Consulter un parchemin sur microfilm.* ■ MICROFILMER, v. tr. [mikʀofilme]

MICROFLORE, ■ n. f. [mikʀoflɔʀ] (4 *micro-* et *flore*) **Biol.** Ensemble de la flore microbienne vivant dans les tissus d'un organisme vivant. *La microflore intestinale.*

MICROFORME, ■ n. f. [mikʀofɔʀm] (4 *micro-* et *forme*) **Techn.** Support d'information fait par micrographie. *Éditions sur microformes. Lecteur de microforme.*

MICROFRACTOGRAPHIE, ■ n. f. [mikʀofʀaktoɡʀafi] (4 *micro-* et *fractographie*) Technique permettant d'examiner les cassures des métaux au microscope. *Microfractographie de pièces rompues. Microfractographie électronique.*

MICROGLOBULINE, ■ n. f. [mikʀoɡlobylin] (4 *micro-* et *globuline*) **Chim.** Protéine présente dans le sang. *La bêta-2-microglobuline s'accumule au cours de l'insuffisance rénale.*

MICROGRAMME, ■ n. m. [mikʀoɡʀam] (4 *micro-* et *gramme*) Unité de mesure valant un millionième de gramme. *Le symbole du microgramme est μg.*

MICROGRAPHE, n. m. et n. f. [mikʀoɡʀaf] (*micrographie*) Personne qui s'occupe de micrographie.

MICROGRAPHIE, n. f. [mikʀoɡʀafi] (4 *micro-* et *-graphie*) Description des objets étudiés à l'aide du microscope. ◆ Tout ce qui concerne l'emploi du microscope. ◆ Ouvrage traitant de ces objets.

MICROGRAPHIQUE, adj. [mikʀoɡʀafik] (*micrographie*) Qui appartient à la micrographie. *Travaux micrographiques.*

MICROGRAVITÉ, ■ n. f. [mikʀoɡʀavite] (4 *micro-* et *gravité*) Absence presque totale de pesanteur. *Le terme microgravité est souvent employé abusivement à la place de* micropesanteur. *Des vols en microgravité.*

MICROGRENU, UE, ■ adj. [mikʀoɡʀəny] (4 *micro-* et *grenu*) **Minér.** Roches microgrenues, roches volcaniques dont la texture présente des cristaux microscopiques.

MICROHM, ■ n. m. [mikʀom] (4 *micro-* et *ohm*) **Électr.** Grandeur électrique valant un millionième d'ohm. *Le symbole du microhm est μ Ω.*

MICRO-INFORMATIQUE, ■ n. f. [mikʀoɛ̃fɔʀmatik] (2 *micro* et *informatique*) **Inform.** Partie de l'informatique qui concerne l'utilisation de microordinateurs. ■ **Adj.** Relatif à la micro-informatique. *Matériel micro-informatique.* ■ **Abrév.** Micro. ■ REM. On peut aussi écrire *microïnformatique.*

MICRO-INJECTION, ■ n. f. [mikʀoɛ̃ʒɛksjɔ̃] (4 *micro-* et *injection*) **Biol.** Introduction de cellules dans un tissu ou dans une autre cellule au moyen d'une aiguille fine et microscopique. *Micro-injections de collagène.* ■ *Fécondation in vitro avec micro-injection,* fait de placer directement un spermatozoïde dans l'ovule. ■ REM. On peut aussi écrire *microïnjection.* ■ MICRO-INJECTER, v. tr. [mikʀoɛ̃ʒɛkte]

MICRO-INSTRUCTION, ■ n. f. [mikʀoɛ̃stʀyksjɔ̃] (4 *micro-* et *instruction*) **Inform.** Instruction élémentaire générée par un langage informatique et faisant partie d'un microprogramme. *Registre de micro-instruction. Des micro-instructions.* ■ REM. On peut aussi écrire *microïnstruction.*

MICRO-INTERVALLE, ■ n. m. [mikʀoɛ̃tɛʀval] (4 *micro-* et *intervalle*) **Mus.** Intervalle au-dessous du demi-ton. *Des œuvres musicales réalisées en micro-intervalles.* ■ REM. On peut aussi écrire *microïntervalle.*

MICRO-IRRIGATION, ■ n. f. [mikʀoiʀigasjɔ̃] (4 *micro-* et *irrigation*) **Techn.** Technique d'irrigation consistant à écouler l'eau au goutte-à-goutte et destinée à économiser la consommation d'eau. *Arrosage en micro-irrigation. Des micro-irrigations.* ■ REM. On peut aussi écrire *microïrrigation.*

MICROLITHE ou **MICROLITE**, ■ n. m. [mikʀolit] (4 *micro* et *-lithe*) **Géol.** Petit cristal provenant de roches microlithiques. *Un microlithe est en forme de baguette.* ■ **Préhist.** Objet en pierre de très petite taille souvent associé à l'industrie lithique des populations inuites anciennes. ■ MICROLITHIQUE ou MICROLITIQUE, adj. [mikʀolitik]

MICROLOGIE, n. f. [mikʀoloʒi] (gr. *mikrologia*, attention donnée à de petites choses) ▷ Traité sur les objets d'une grande ténuité. ◆ **Rhét.** Discours faible. ◁

MICROLOGIQUE, adj. [mikʀoloʒik] (*micrologie*) ▷ Qui a rapport à la micrologie. ◁

MICROLOGUE, n. m. [mikʀolɔɡ] (gr. *mikrologos*, minutieux) ▷ Personne qui se livre à des recherches micrologiques. ◆ Petit ouvrage très estimé qui traite des rites et cérémonies de l'Église de Rome. ◁

MICROMANIPULATEUR, ■ n. m. [mikʀomanipylatœʀ] (4 *micro-* et *manipulateur*) **Techn.** Dispositif d'usinage utilisé pour pratiquer des interventions sur les objets de taille microscopique. *Le micromanipulateur permet notamment de réaliser des micro-injections.*

MICROMANIPULATION, ■ n. f. [mikʀomanipylasjɔ̃] (4 *micro-* et *manipulation*) Manipulation pratiquée sur des objets de très petite taille, au moyen d'instruments de grande précision. *Technique de micromanipulation pour pratiquer une fécondation in vitro.*

MICROMÉCANIQUE, ■ n. f. [mikʀomekanik] (4 *micro-* et *mécanique*) **Techn.** Usinage de précision pratiqué sur des pièces de très petites dimensions. *Micromécanique des matériaux. Micromécanique médicale.*

MICROMÉTÉORITE, ■ n. f. [mikʀometeoʀit] (4 *micro-* et *météorite*) Météorite de très petite taille. *Au-dessous de 1/10 mm, une micrométéorite ne s'éclaire pas.*

MICROMÈTRE, n. m. [mikʀomɛtʀ] (4 *micro-* et *-mètre*) Instrument pour mesurer les diamètres des astres. ◆ La lunette micrométrique elle-même. ◆ Instrument destiné à mesurer les objets de petite dimension. ■ Mesure valant un millionième de mètre.

MICROMÉTRIE, ■ n. f. [mikʀometʀi] (4 *micro-* et *métrie*) Mesure d'objets de très petite taille au moyen d'un micromètre. ■ MICROMÉTRIQUE, adj. [mikʀometʀik] *Une vis micrométrique.*

MICROMINIATURISATION, ■ n. f. [mikʀominjatyʀizasjɔ̃] (4 *micro-* et *miniaturisation*) **Électron.** Technique permettant de réduire au minimum la dimension des systèmes électroniques. *La microminiaturisation des outils électroniques. La microminiaturisation permet de construire des robots autonomes.*

MICROMODULE, ■ n. m. [mikʀomodyl] (4 *micro-* et *module*) **Électron.** Circuit électronique de très petite taille. *Micromodule d'une carte bancaire.*

MICROMOTEUR, ■ n. m. [mikʀomotœʀ] (4 *micro-* et *moteur*) **Techn.** Moteur de très petite taille. *Le micromoteur d'un ustensile de cuisine.*

MICROMUTATION, ■ n. f. [mikʀomytasjɔ̃] (4 *micro-* et *mutation*) **Génét.** Mutation d'un seul chromosome. *La micromutation est la mutation du chromosome la plus fréquente.*

MICRON, ■ n. m. [mikʀɔ̃] (gr. *mikron,* petit) Ancienne unité de longueur valant un millionième de mètre, aujourd'hui appelée *micromètre. Le symbole du micron est* μm.

MICRONÉSIEN, IENNE, ■ adj. [mikʀonezjɛ̃, jɛn] (*Micronésie*) Relatif à la Micronésie. *Anthropologie, île micronésienne.* ■ N. m. et n. f. Habitant de la fédération des États de Micronésie. *Les Micronésiens.*

MICRONISER, ■ v. tr. [mikʀonize] (*micron*) Pulvériser ou réduire un corps en particules. *Microniser une algue. Pollen, souffre micronisé.* ■ MICRONISATION, n. f. [mikʀonizasjɔ̃]

MICRONUCLÉUS, ■ n. m. [mikʀonykleys] (4 *micro-* et *nucléus*) **Biol.** Un des plus petits noyaux des cellules des protozoaires. *Les gènes du micronucléus.* ■ REM. On dit aussi *micronoyau.*

MICRONUTRIMENT, ■ n. m. [mikʀonytʀimɑ̃] (4 *micro-* et *nutriment*) **Biol.** Élément indispensable à l'organisme, mais présent en infime quantité. *Les vitamines, les minéraux et les oligoéléments sont des micronutriments.*

MICRO-ONDE ou **MICROONDE**, ■ n. f. [mikʀoɔ̃d] (4 *micro-* et *onde*) **Techn.** Onde électromagnétique, très courte. *Un four à micro-ondes. Des micro-ondes.*

MICRO-ONDES ou **MICROONDES**, ■ n. m. inv. [mikʀoɔ̃d] (4 *micro-* et *onde*) Four qui utilise des ondes électromagnétiques pour cuire, réchauffer ou décongeler rapidement des aliments. *Réchauffer des légumes au micro-ondes. Des micro-ondes.*

MICRO-ORDINATEUR ou **MICROORDINATEUR**, ■ n. m. [mikʀoɔʀdinatœʀ] (4 *micro-* et *ordinateur*) Ordinateur en général de petit format dont l'unité centrale est construite autour d'un microprocesseur, auquel s'adjoignent un écran et un clavier pour traiter l'information. *Des micro-ordinateurs.* ■ Abrév. Micro.

MICRO-ORGANISME ou **MICROORGANISME**, ■ n. m. [mikʀoɔʀganism] (4 *micro-* et *organisme*) Organisme vivant de taille microscopique. *Des micro-organismes bactériens.*

MICROPALÉONTOLOGIE, ■ n. f. [mikʀopaleɔ̃tolɔʒi] (4 *micro-* et *paléontologie*) Partie de la paléontologie qui étudie les microorganismes. *La micropaléontologie permet de déterminer un âge pour les couches géologiques. Alcide d'Orbigny est considéré comme le père de la micropaléontologie.*

MICROPESANTEUR, ■ n. f. [mikʀopəzɑ̃tœʀ] (4 *micro-* et *pesanteur*) Pesanteur réduite par rapport à la pesanteur terrestre. *Spationautes en micropesanteur.*

MICROPHAGE, ■ adj. [mikʀofaʒ] (4 *micro-* et *-phage*) Qui se nourrit d'aliments de très petite taille, comme des algues microscopiques, des animaux unicellulaires ou du plancton. *Huître, moule microphage. Alimentation microphage.* ■ N. m. *Un microphage.*

MICROPHONE, ■ n. m. [mikʀofɔn] (4 *micro-* et *phone*) Appareil qui permet d'amplifier les sons en transformant les vibrations sonores en signaux électriques. *Microphone téléphonique. Microphone à charbon.* ■ Abrév. Micro. ■ MICROPHONIQUE, adj. [mikʀofonik]

MICROPHOTOGRAPHIE, ■ n. f. [mikʀofotoɡʀafi] (4 *micro-* et *photographie*) Photographie d'un objet de taille microscopique. ■ Photographie de très petite taille. *Microphotographie d'un manuscrit.* ■ MICROPHOTOGRAPHIQUE, adj. [mikʀofotoɡʀafik]

MICROPHYSIQUE, ■ n. f. [mikʀofizik] (4 *micro-* et *physique*) Partie de la physique qui étudie les particules élémentaires dans les domaines de la physique atomique et nucléaire. *Microphysique des nuages.* ■ Adj. *Unité, particule microphysique.*

MICROPILULE, ■ n. f. [mikʀopilyl] (4 *micro-* et *pilule*) Pilule contraceptive à base de très faibles doses de progestérone. *Remplacer sa pilule classique par une micropilule pendant la période de l'allaitement.*

MICROPODIFORME, ■ n. m. [mikʀopodifɔʀm] (4 *micro-* et gr. *pous, podos,* pied, et *-forme*) Oiseau de très petite taille, généralement à pattes très courtes. *Le colibri est un micropodiforme.*

MICROPOREUX, EUSE, ■ adj. [mikʀopoʀø, øz] (4 *micro-* et *poreux*) Qui possède des pores de très petite taille. *Tissu, matériaux microporeux. Peinture microporeuse.*

MICROPROCESSEUR, ■ n. m. [mikʀopʀosesœʀ] (angl. *microprocessor*) **Électron.** Processeur de taille réduite. ■ **Spécialt Inform.** Élément de l'unité centrale d'un microordinateur qui effectue les calculs et exécute les instructions programmées. *Un microprocesseur de 3 GHz.*

MICROPROGRAMMATION, ■ n. f. [mikʀopʀoɡʀamasjɔ̃] (4 *micro-* et *programmation*) **Inform.** Programmation faite de micro-instructions et permettant de réaliser les fonctions de base d'une machine. *La technique de microprogrammation a été inventée par Wilkes en 1951.*

MICROPROGRAMME, ■ n. m. [mikʀopʀoɡʀam] (4 *micro-* et *programme*) **Inform.** Ensemble structuré d'instructions enregistrées dans une mémoire interne distincte de la mémoire principale et dont l'exécution permet celle d'une instruction du langage machine ou d'une fonction programmée. *Microgramme d'un graveur, d'un lecteur CD-Rom.*

MICROPROPAGATION, ■ n. f. [mikʀopʀopaɡasjɔ̃] (4 *micro-* et *propagation*) **Biol.** et **bot.** Multiplication in vitro de fragments de plantes en milieu stérile pour augmenter la production de certaines espèces. *La micropropagation des rosiers.*

MICROPYLE, ■ n. m. [mikʀopil] (4 *micro-* et gr. *pûlê,* porte) **Zool.** Orifice percé dans le chorion de l'œuf des insectes et par lequel passent les spermatozoïdes. ■ **Bot.** Orifice situé dans l'enveloppe externe de l'ovule et par lequel le tube pollinique pénètre lors de la fécondation. *Le sac embryonnaire passe par le micropyle. Micropyle d'une graine, du blé.*

MICROSATELLITE, ■ n. m. [mikʀosatelit] (4 *micro-* et *satellite*) **Astronaut.** Satellite de quelques dizaines de kilogrammes destiné à expérimenter les nouvelles technologies et applications auxiliaires. *Un microsatellite pèse en général moins de 100 kg.* ■ **Abrév.** Microsat. ■ **Biol.** Courte séquence d'ADN formée de la répétition d'un motif, lui-même constitué de une à quatre bases.

MICROSCOPE, n. m. [mikʀoskɔp] (4 *micro-* et *scope*) Instrument optique qui a la propriété de faire paraître les petits objets plus gros qu'il ne paraissent à l'œil nu. ♦ Fig. *Il voit tout avec un microscope,* son imagination lui grossit tous les objets ; il exagère tout. ♦ Fig. Ce qui grossit les choses abstraites, intellectuelles ou morales. « *Cette partie de la philosophie est un microscope avec lequel notre esprit découvre des grandeurs infiniment petites* », VOLTAIRE. ■ *Microscope électronique,* microscope à faisceaux d'électrons. *Un microscope électronique à balayage.*

MICROSCOPIE, n. f. [mikʀoskopi] (*microscope*) Art de se servir du microscope. ♦ Ensemble des connaissances qu'il procure.

MICROSCOPIQUE, adj. [mikʀoskopik] (*microscope*) Qui se fait avec le secours du microscope. ♦ Qui ne peut être vu qu'avec le microscope. *Animalcules microscopiques.* ♦ N. m. pl. *Les microscopiques,* les êtres vivants qu'on ne voit qu'au microscope. ■ Fam. De très petite taille. *Un livre microscopique.*

MICROSCOPISTE, n. m. [mikʀoskopist] (*microscope*) ▷ Personne qui fait usage du microscope. ◁

MICROSÉISME, ■ n. m. [mikʀoseism] (4 *micro-* et *séisme*) Séisme de très faible amplitude, non perceptible ou seulement au moyen d'appareils spécialisés. *Microséisme provoqué par une avalanche.*

MICROSILLON, ■ n. m. [mikʀosijɔ̃] (4 *micro-* et *sillon*) Sillon très fin d'un disque vinyle. ■ **Par extens.** Ce disque. ■ Adj. *Un disque microsillon.*

MICROSOCIOLOGIE, ■ n. f. [mikʀososjolɔʒi] (4 *micro-* et *sociologie*) Étude de la sociabilité des petits groupes d'individus. *Microsociologie relationnelle. Microsociologie de l'enseignement, de la famille.*

MICROSONDE, ■ n. f. [mikʀosɔ̃d] (4 *micro-* et *sonde*) Dispositif d'analyse dans lequel la matière de très petite taille est bombardée par un faisceau d'électrons et qui émet des rayons X dont l'intensité est mesurée grâce à un compteur. *La microsonde a été conçue en 1951 par le professeur Castaing. Microsonde électronique, nucléaire.*

MICROSPHÈRE, ■ n. f. [mikʀosfɛʀ] (4 *micro-* et *sphère*) **Biol.** Sphère ou globule de très petite taille. *Microsphère de polystyrène.*

MICROSPORANGE, ■ n. m. [mikʀospoʀɑ̃ʒ] (*microspore*) **Bot.** Cavité ou sac renfermant les microspores. *Microsporange d'une algue.*

MICROSPORE, ■ n. f. [mikʀospɔʀ] (4 *micro-* et *spore*) **Bot.** Spore mâle de certains végétaux. *Le pollen est une microspore fabriquée dans les étamines des fleurs mâles. Microspore d'un champignon.*

MICROSTRUCTURE, ■ n. f. [mikʀostʀyktyʀ] (4 *micro-* et *structure*) Structure englobée dans une structure plus vaste. *La microstructure d'un alliage.*

■ *La microstructure d'un dictionnaire,* organisation propre aux articles de dictionnaire. *La macrostructure et la microstructure.*

MICROTECHNIQUE, ■ n. f. [mikʀɔtɛknik] (4 *micro-* et *technique*) Ensemble des techniques de conception et de fabrication d'objets de très petite taille. *Utiliser la microtechnique pour fabriquer des instruments de mesure, des appareils d'optique, des équipements médicaux, des machines à calculer, des jouets, etc.*

MICROTOME, ■ n. m. [mikʀɔtɔm] (4 *micro-* et *-tome*) **Techn.** Instrument utilisé pour découper des lamelles suffisamment fines de tissus vivants pour être observées au microscope par transparence. *Microtome automatique. Microtome à la main.*

MICROTRACTEUR, ■ n. m. [mikʀɔtʀaktœʀ] (4 *micro* et *tracteur*) Tracteur agricole dont la taille et la puissance sont adaptées aux travaux sur terrains de moindre superficie. *La tonte d'un terrain avec un microtracteur.*

MICROTRAUMATISME, ■ n. m. [mikʀɔtʀomatism] (4 *micro-* et *traumatisme*) **Méd.** Léger traumatisme ou légère lésion sans gravité mais dont la répétition peut provoquer une pathologie. *Microtraumatisme du tissu nerveux. Microtraumatisme infectieux, mécanique, chimique.*

MICRO-TROTTOIR, ■ n. m. [mikʀɔtʀotwaʀ] (1 *micro* et *trottoir*) Mode de traitement journalistique utilisé aussi bien en radio qu'en télévision et consistant à faire une enquête d'opinion auprès des passants dans la rue. *Le micro-trottoir sert souvent d'introduction à un débat. Des micros-trottoirs.*

MICROTUBULE, ■ n. m. [mikʀɔtybyl] (4 *micro-* et *tubule*) **Biol.** Tube dont la paroi est constituée de filaments constitutifs du cytosquelette. *Lors de la division cellulaire, les microtubules assurent la séparation des paires de chromosomes.*

MICROVILLOSITÉ, ■ n. f. [mikʀɔvilozite] (4 *micro-* et *villosité*) **Biol.** Minuscule prolongement de la membrane à la surface de la cellule et dont le but est d'accroître la superficie de la membrane plasmique. *Microvillosité intestinale.*

MICTION, ■ n. f. [miksjɔ̃] (b. lat. *mictio,* du lat. *minctio,* de *mingere,* uriner) **Physiol.** Action d'uriner ; écoulement de l'urine. *Des troubles de la miction.*

MIDI, n. m. [midi] (*mi* et lat. *dies*) Le milieu du jour ; la douzième heure après midi. *Midi est sonné* (et non pas : a sonné). ♦ Par exagération, *en plein midi,* publiquement. ♦ **Fam.** *Ne point voir clair en plein midi,* dire qu'il n'est point jour en plein midi, contester contre l'évidence. ♦ *Chercher midi à quatorze heures,* Voy. QUATORZE. ♦ Un des quatre points cardinaux du monde, qu'on nomme autrement le sud, et qu'on a à sa droite quand on regarde le point où le soleil se lève. ♦ Les pays méridionaux (avec une majuscule en ce sens). *Les peuples du Midi. Voyager dans le Midi.* ♦ Exposition qui est en face du Soleil à midi. *Mettre une serre au midi.* ♦ **Poétiq.** et **fig.** *Le midi de la vie,* l'époque de la vie qui est entre l'enfance et la vieillesse. ♦ *Midi* ne s'emploie pas au pluriel. *Je m'y rendrai sur le midi,* et non : sur les midi. ♦ *Midi,* l'heure du déjeuner. *Qu'est-ce qu'on mange à midi ? Entre midi et deux heures,* à l'heure du déjeuner. ♦ **Prov.** *Chacun voit midi à sa porte,* chacun a son propre point de vue. ♦ **Adj. inv. Audiov.** *Chaîne midi,* chaîne dont le format se situe entre la chaîne haute-fidélité normale et la minichaîne. ■ *Le Midi,* sud de la France. *Aller en vacances dans le Midi.*

MIDINETTE, ■ n. f. [midinɛt] (*midi* et *dînette*) Jeune citadine, romanesque et naïve. *Des magazines pour midinettes.* ■ **Vx** Jeune vendeuse dans le milieu de la mode et de la couture.

MIDRASH, ■ n. m. [midʀaʃ] (hébreux *darash,* scruter, examiner) Écrits juifs commentant et interprétant les saintes Écritures et divisés en deux parties : le halakha, qui expose la loi traditionnelle, et le haggadah, ensemble de légendes, sermons et commentaires de passages narratifs de la Bible. *Des midrashs.*

MIDSHIP, ■ n. m. [mitʃip] (angl. *midshipman,* homme du milieu du navire) **Mar.** Aspirant dans la marine britannique. ■ Dans l'armée française, enseigne de vaisseau, souvent le plus jeune parmi les officiers. *École des midships.* ■ Chaussures ouvertes utilisées à bord des bâtiments de la marine en pays chauds.

1 **MIE**, n. f. [mi] (lat. *mica,* parcelle, miette) Anciennement, miette. ♦ La partie du pain qui est entre les croûtes. ■ **Fam.** *À la mie de pain,* sans valeur.

2 **MIE**, [mi] (lat. *mica,* parcelle) particule explétive qui renforce la négation et qui n'est plus guère usitée. *Vous ne l'aurez mie.*

3 **MIE**, n. f. [mi] (mauvaise coupure de *m'amie.*) **Vx** Abréviation du mot amie qui s'emploie qu'avec les adjectifs possessifs. *Ma mie, ta mie, sa mie* Voy. M'AMIE. ▷ *Ma mie,* se dit familièrement en parlant à une femme d'une classe inférieure. ◁ ▷ Il se dit aussi en un sens méprisant. ◁ ■ **Litt.** Femme aimée. *Je m'en vais rejoindre ma mie.*

MIEL, n. m. [mjɛl] (lat. *mel*) Substance sucrée que les abeilles forment avec le suc des fleurs et qu'elles déposent dans les alvéoles de leurs ruches. ♦

Miel vierge, miel de goutte, miel blanc qui a été tiré des ruches sans feu, et aussi miel qu'on recueille des jeunes abeilles. ♦ **Fig.** et **fam.** *Être tout sucre et tout miel,* être plein de douceur. ♦ *Doux comme miel,* extrêmement doux. ♦ **Fig.** *Cet orateur a toujours le miel sur les lèvres,* ses paroles sont douces et flatteuses. ♦ *Un parler de miel,* un langage doux et flatteur. ♦ **Fig.** et **poétiq.** Extrême douceur d'une chose. ♦ *La lune de miel,* le premier mois du mariage. ♦ **Pharm.** *Miel mercurial,* médicament composé de parties égales de suc de mercuriale et de miel. ♦ *Miel rosat,* médicament préparé avec des pétales secs de roses rouges que l'on fait infuser dans de l'eau bouillante. ♦ **Prov.** *On prend plus de mouches avec du miel qu'avec du vinaigre,* on réussit mieux par la douceur que par la rigueur. ♦ *Lune de miel,* Voy. LUNE. ♦ *Faire son miel de quelque chose,* tirer profit de quelque chose.

MIELLAT, ■ n. m. [mjela] (*miel*) Excrément liquide de certains pucerons, riche en sucre et en acides aminés, déposé ou projeté sur les feuilles par les pattes postérieures de ces insectes. *Les abeilles récoltent le miellat.*

MIELLÉ, ÉE, adj. [mjele] (*miel*) Qui est enduit de miel. ♦ Qui contient du miel. *Eau miellée.* ♦ Qui a la couleur jaune du miel. *Jacinthe miellée.* ♦ **Fig.** Doux comme le miel. « *Ses paroles miellées* », LA FONTAINE. ■ **Rem.** Il est littéraire aujourd'hui.

MIELLÉE, ■ n. f. [mjele] (*miel*) **Bot.** Période de floraison intense où l'activité de la ruche est à son paroxysme et la récolte de nectar maximale.

MIELLEUSEMENT, adv. [mjeløz(ə)mɑ̃] (*mielleux*) D'une manière mielleuse.

MIELLEUX, EUSE, adj. [mjelø, øz] (*miel*) Qui a la nature du miel. « *Les mielleuses bananes.* », A. CHÉNIER. « *Les vers récités par une bouche mielleuse* », VOLTAIRE. ♦ En mauvaise part, fade, doucereux. ♦ **Fig.** *Un homme mielleux, des paroles mielleuses,* un homme, des paroles qui ont une douceur affectée.

MIEN, IENNE, pron. poss. [mjɛ̃, jɛn] (lat. *meum,* accusatif du poss. *meus*) à la première personne. Qui est à moi. ♦ **Fam.** Avec *un, quelque, ce, cet,* et un substantif. *Un mien frère.* ♦ Sans article et après le substantif. *Ses intérêts sont miens.* ♦ Avec l'article défini et sans substantif. *Quand vous m'aurez dit votre sentiment, je vous dirai le mien.* ♦ **N. m.** *Le mien,* le bien qui m'appartient. ♦ *J'y mets du mien,* je fais un sacrifice d'argent, et aussi je fais des concessions. ♦ **Fig.** *Je mets du mien,* j'exagère, je controuve. ♦ *Du mien,* de mon côté. « *Je risque plus du mien que tu ne fais du tien* », MOLIÈRE. ♦ *Le tien et le mien,* la propriété. ♦ **N. m. pl.** *Les miens,* mes proches, mes alliés, mes partisans. ♦ **Fam.** *J'ai fait des miennes,* j'ai fait des fredaines.

MIETTE, n. f. [mjɛt] (dim. de *mie*) Petite partie qui tombe du pain quand on le mange ou qu'on le coupe. ♦ *Mettre en miettes,* briser, mettre en pièces. ♦ Un très petit morceau de quelque chose à manger. « *Les pauvres ne vous demandent que les miettes de votre table* », BOSSUET. ♦ **Fig.** « *Ce monde-ci est une grande table où les gens d'esprit font bonne chère ; les miettes sont pour les sots* », VOLTAIRE. ♦ Petit fragment ou débris de quelque chose. ■ *En miettes,* en petits fragments. *Mettre, réduire en miettes. Tomber en miettes.* ♦ *Ne pas perdre une miette de quelque chose,* être très attentif. *Les voisins n'ont pas perdu une miette de notre dispute.* ■ Petit morceau. *Goûter une miette d'un plat.*

MIEUX, adv. [mjø] (lat. *melius*) comparatif de l'adv. *bien.* D'une manière plus accomplie, plus complète ♦ *Aller mieux,* se rétablir d'une maladie. ♦ *Mieux que tout cela,* il y a, quelque chose de mieux à dire, quelque chose qu'on a proposé. ♦ *Tant mieux,* Voy. TANT. ♦ Plus, davantage. *J'aime mieux cette étoffe que l'autre.* ♦ *Il vaut mieux, mieux vaut,* il est plus à propos, plus expédient. ♦ Avec *le, mieux* est superlatif. *C'est lui que j'aime le mieux.* ♦ Au pl. On dira *les hommes le mieux doués* ou *les mieux doués.* ♦ *Des mieux,* comme, comme ce qu'il y a de mieux. « *Il cause des mieux* », Mme DE SÉVIGNÉ. « *Un beau carrosse, étoffé des mieux* », Mme DE SÉVIGNÉ. ♦ *Mieux* se prend adjectivement, et signifie *meilleur, plus convenable, plus propre à la chose dont il s'agit. Rien n'est mieux que ce que vous dites.* ♦ *Ne pas aimer, ne pas demander mieux,* faire très volontiers. ♦ *Pour mieux dire,* pour s'exprimer avec plus de justesse. ♦ **Absol.** *Être mieux,* être en meilleure santé, en meilleur état ; être d'une figure, d'un extérieur plus agréable ; être, paraître à son avantage ; être d'une meilleure conduite, d'un meilleur caractère. ♦ *Mieux,* quelque chose d'autre, quelque chose de supérieur. *Vous lui supposez dix mille livres de rente ; il a mieux que cela. Cette dame se donne trente ans, elle a mieux que cela.* ♦ *Mieux,* **n. m.** Ce qui est meilleur. « *Le moins qu'on peut laisser de prise aux dents d'autrui, C'est le mieux* », LA FONTAINE. « *Dieu fait tout pour le mieux* », Mme DE SÉVIGNÉ. ♦ **Prov.** *Le mieux est l'ennemi du bien,* on peut gâter une bonne chose en voulant la rendre meilleure. ♦ *Faire de son mieux,* faire aussi bien que l'on peut. ♦ **AU MIEUX, TOUT AU MIEUX, loc. adv.** Très bien. *Le mieux du monde,* aussi bien qu'il est possible. ♦ *Être le mieux du monde avec quelqu'un,* dans la plus grande intimité. ♦ **DU MIEUX QUE, loc. conj.** Aussi bien qu'il est possible dans une circonstance, à telle personne. ♦ *Tout le mieux qu'on puisse* *faire,* la plus grande concession qu'il soit possible de faire. ♦ *Mieux* sans article. *En attendant mieux.* ♦ *Faute de mieux,* à défaut d'une chose meilleure, plus convenable. ♦ **Fam.** *À qui mieux mieux,* à l'envi l'un de l'autre. ♦ n. Amélioration dans la santé d'un malade. *Le mieux se soutient.* ♦ *Aller de mieux en mieux,* faire toujours quelque progrès vers le bien, vers un état meilleur. ♦ Avec *mieux* suivi de deux infinitifs séparés par *que,* on met *de* avant le second. « *Il vaut mieux prévenir le mal que d'être réduit à le punir* », FÉNELON. Cependant ce ne serait pas une faute de supprimer *de.* ■ *On ne peut mieux,* c'est parfait. ■ *Qui dit mieux?,* aux enchères, qui propose davantage?

MIEUX-DISANT, n. m. [mjødizã] (*mieux* et *disant*) ▷ Personne qui parle le mieux (sorte de comparatif de bien-disant). *Les mieux-disants.* ◁

MIEUX-ÊTRE, ■ n. m. inv. [mjøzɛtʀ] (*mieux* et *être*) Amélioration du bien-être et des conditions de vie. *Mieux-être matériel, moral.*

MIEUX-FAISANT, ANTE, adj. [mjøfəzã, ãt] (*mieux* et *faisant*) ▷ Qui fait le plus de bien (sorte de comparatif de bienfaisant). « *Le mieux-faisant des hommes* », J.-J. ROUSSEAU. ♦ *Chevalier mieux-faisant,* chevalier qui dans un tournoi avait surpassé tous ses rivaux. ◁

MIÈVRE, adj. [mjɛvʀ] (prob. anc. scand. *snaefr,* rapide, agile) ▷ Qui a de la vivacité mêlée de quelque malice, surtout en parlant des enfants. « *Il n'a jamais été ce qu'on appelle mièvre et éveillé* », MOLIÈRE. ◁ ♦ N. m. et n. f. *Un petit mièvre.* ♦ En parlant du style et d'œuvre d'art, maniéré, prétentieux, efféminé. ♦ D'une grâce enfantine et fade. *Visage mièvre.*

MIÈVREMENT, adv. [mjɛvʀəmã] (*mièvre*) En enfant mièvre.

MIÈVRERIE, n. f. [mjɛvʀəʀi] (*mièvre*) Qualité de la personne, de la chose qui est mièvre. ♦ Action de cette personne.

MIÈVRETÉ, n. f. [mjɛvʀəte] (*mièvre*) ▷ Syn. de mièvrerie. « *Un de ces infortunés jeunes gens a été condamné au plus horrible supplice pour une mièvreté* », VOLTAIRE. ◁

MI-FER (À), ■ loc. adv. [mifɛʀ] (1 *mi* et *fer*) **Techn.** *Assemblage à mi-fer,* assemblage de deux pièces de fer entaillées à cet effet.

MI-FIN, INE, ■ adj. [mifɛ̃, in] (1 *mi* et *fin*) Intermédiaire entre ce qui est gros et ce qui est fin. *Des haricots mi-fins.*

MIGMATITE, ■ n. f. [migmatit] (gr. *migma,* mélange) **Minér.** Roche constituée de quartz, de feldspaths et de micas et résultant d'une fusion partielle dans laquelle les structures antérieures tendent à disparaître. *Migmatites des Alpes. Les migmatites peuvent donner naissance à des granites.*

MIGNARD, ARDE, adj. [miɲaʀ, aʀd] (radic. de *mignon*) ▷ Gracieux et délicat (en ce sens il vieillit). « *Ha, que mademoiselle de la Basinière est mignarde!* », MME DE SÉVIGNÉ. ◁ ♦ N. m. et n. f. *Il fait le mignard,* il fait le beau. ♦ Gracieux avec un mélange d'afféterie. *Un parler, un air mignard.* ♦ N. m. En peinture, *le mignard,* le genre mignard, le genre qui cherche les mignardises. ■ **Fam.** Qui est mignon, joli, gracieux. *Une petite fille mignarde.*

MIGNARDÉ, ÉE, p. p. de mignarder. [miɲaʀde] ou [minjaʀde]

MIGNARDEMENT, adv. [miɲaʀdəmã] ou [minjaʀdəmã] (*mignard*) ▷ D'une façon mignarde. ◁

MIGNARDER, v. tr. [miɲaʀde] ou [minjaʀde] (*mignard*) Traiter d'une façon mignarde. *Mignarder un enfant.* ♦ Affecter de la délicatesse, de la grâce. *Mignarder son style.* ♦ Se mignarder, v. pr. Se traiter d'une façon mignarde. ■ REM. Il est littéraire aujourd'hui.

MIGNARDISE, n. f. [miɲaʀdiz] ou [minjaʀdiz] (*mignard*) Qualité de ce qui est mignard. *La mignardise du visage.* ♦ Affectation de délicatesse. « *Les mignardises d'un style chargé d'ornements* », ROLLIN. ♦ En peinture, défaut des ouvrages dans lesquels le soin est porté à l'excès et qui paraissent peu naturels. « *J'aime mieux la rusticité que la mignardise* », DIDEROT. ♦ Au pl. Manières, paroles caressantes. ♦ Espèces de petits œillets. ♦ Espèce de soutache enjolivée. ♦ Petit œillet utilisé pour orner les bordures. ■ Pâtisserie de petite taille représentant l'équivalent d'une bouchée. ■ REM. Il est littéraire aujourd'hui dans ses deux premiers sens.

MIGNON, ONNE, adj. [miɲɔ̃, ɔn] ou [minjɔ̃, ɔn] (radic mign-, exprimant la grâce) Qui plaît par la délicatesse et la gentillesse. *Visage mignon. Bouche mignonne.* ♦ Se dit des ouvrages d'esprit où il y a de la finesse. *Sonnet mignon.* ♦ **Fam.** *Argent mignon,* somme d'argent comptant dont on peut disposer à son gré, pour ses fantaisies. ♦ *Péché mignon,* péché qu'on se plaît à commettre et dont on ne peut pas se corriger. ♦ N. m. et n. f. Le bien-aimé, la bien-aimée. *Mon mignon.* ♦ Se dit en adressant la parole à des enfants, à de jeunes femmes. ♦ *Mignonne* se dit aussi pour *jeune fille* simplement. ♦ Favori. *Cet enfant est le mignon de sa mère.* ♦ **Fig.** « *Ces indignes mignons de la fortune* », P. CORNEILLE. ♦ **Fam.** Gentil, aimable. *Sois mignon, apporte-moi mon livre.* ♦ *Filet mignon,* morceau de viande coupé dans la pointe du filet. ■ N. m. *Un mignon de veau, de porc.* ■ **Hist.** *Les mignons d'Henri III,* les favoris homosexuels du roi.

MIGNONNE, n. f. [miɲɔn] ou [minjɔn] (*mignon*) **Impr.** Caractère de sept points ; petit caractère qui est entre la nonpareille et le petit texte. ♦ Espèce de poire d'un rouge foncé. ♦ Sorte de pêche.

MIGNONNEMENT, adv. [miɲɔn(ə)mã] ou [minjɔn(ə)mã] (*mignon*) D'une façon mignonne.

MIGNONNET, ETTE, ■ adj. [miɲɔnɛ, ɛt] ou [minjɔnɛ, ɛt] (*mignon*) Petit et plutôt mignon. *Une attention mignonnette.*

MIGNONNETTE, n. f. [miɲɔnɛt] ou [minjɔnɛt] (*mignonnet*) Diminutif de mignonne, jeune fille, jeune femme. ♦ Sorte de dentelle ou de réseau fin ♦ Espèce de petits œillets, appelés autrement mignardise. ♦ Poivre concassé. ♦ Petite espèce de poire. ♦ Sorte d'étoffe tissue de laine et de soie. ♦ **Typogr.** Caractère très menu. ■ Bouteille d'alcool de très petite taille. ■ Pièce de tissu dont on se sert pour doubler les manches de veste. ■ Gravier fin. *Mignonnette d'une cour.*

MIGNOTÉ, ÉE, p. p. de mignoter. [miɲote] ou [minjote]

MIGNOTER, v. tr. [miɲote] ou [minjote] (anc. fr. *mignot,* mignon) ▷ Traiter d'une façon mignonne, délicate. *Mignoter ses enfants.* ■ Se mignoter, v. pr. Prendre grand soin de soi pendant sa toilette, se bichonner. ◁

MIGNOTISE, n. f. [miɲotiz] ou [minjotiz] (*mignoter*) ▷ Action de mignoter. ◁

MIGRAINE, n. f. [migʀɛn] (lat. *hemicranium,* du gr. *hêmikrania,* dans la moitié du crâne) Douleur qui occupe la moitié ou une moindre partie de la tête, particulièrement la région des tempes et des orbites, et qui revient par accès. *Avoir la migraine.* ■ **Par extens.** Mal de tête.

MIGRAINEUX, EUSE, ■ adj. [migʀɛnø, øz] (*migraine*) Relatif à de violents maux de tête. *Un état migraineux.* ■ Sujet à de violents maux de tête. ■ N. m. et n. f. *Un médicament qui soulage les migraineux. C'est une migraineuse.*

MIGRANT, ANTE, ■ n. m. et n. f. [migʀã, ãt] (*migration*) Personne originaire d'un pays peu développé qui s'expatrie pour pouvoir travailler. ■ Adj. Qui effectue une migration. *Les populations migrantes.*

MIGRATION, n. f. [migʀasjɔ̃] (lat. *migratio*) Action de passer d'un pays dans un autre, en parlant d'un peuple. ♦ Voyages périodiques que font certaines espèces d'animaux. ■ Déplacement à l'intérieur d'un organisme vivant. *La migration de l'ovule de l'ovaire à l'utérus.* ■ MIGRATEUR, TRICE, adj. ou n. m. et n. f. [migʀatœʀ, tʀis]

MIGRATOIRE, ■ adj. [migʀatwaʀ] (*migration*) Relatif aux migrations. *Les flux migratoires.*

MIGRER, ■ v. intr. [migʀe] (lat. *migrare,* émigrer) Se déplacer d'une région à une autre, d'un pays à un autre, temporairement ou non. *Les cigognes migrent vers le sud.*

MIHRAB, ■ n. m. [miʀab] (mot ar.) Petite niche à l'intérieur d'une mosquée indiquant la direction de La Mecque. *L'imam dit la prière dans le mihrab. Des mihrabs.*

MI-JAMBE (À), ■ loc. adv. [miʒãb] (1 *mi* et *jambe*) Au milieu de la jambe. *Avoir de la boue à mi-jambe.* ■ REM. On écrit aussi *mi-jambes.*

MIJAURÉE, n. f. [miʒoʀe] (prob. dial. *mijolée,* de *migeoler,* cajoler) Fille ou femme qui montre des prétentions par des manières affectées et ridicules. ■ REM. Ce terme est péjoratif.

MIJOTÉ, ÉE, p. p. de mijoter. [miʒote]

MIJOTER, v. tr. [miʒote] (anc. fr. *migoe,* lieu où l'on fait mûrir les fruits) **Cuis.** Faire cuire à petit feu. *Mijoter un ragoût.* ♦ **Fig.** Traiter avec un excès de délicatesse. *Mijoter un enfant.* ♦ Se mijoter, v. pr. Être mijoté. ♦ **Fig.** et **pop.** Se tramer. *Une intrigue se mijote.* ♦ Se traiter avec un excès de délicatesse. ♦ V. intr. **Fam.** *Laisser mijoter quelqu'un,* le faire attendre pour qu'il réfléchisse.

MIJOTEUSE, ■ n. f. [miʒotøz] (*mijoter*) Cocotte électrique utilisée pour maintenir une cuisson à feu doux et laisser mijoter. *Mijoteuse électronique.*

MIKADO, ■ n. m. [mikado] (mot jap.) Empereur du Japon. ■ Jeu d'adresse utilisant de fines baguettes de bois jetées pêle-mêle et qu'il faut retirer une à une sans faire bouger les autres. *Le jeu du mikado ressemble au jeu de jonchets. Jouer au mikado. Des mikados.*

1 **MIL,** adj. num. [mil] Voy. MILLE.

2 **MIL,** n. m. [mil] (lat. *milium*) Plante graminée qui porte une graine fort petite. ♦ Graine de cette plante. ♦ *Mil à épis,* sorgho. ♦ *Mil à grappes,* panic. ■ REM. On prononçait autrefois [mij] avec la même finale que *fille.*

MILADY, n. f. [miledi] (le *a* se prononce *é.* angl. *my lady*) ▷ Titre qu'on donne à une dame anglaise, femme d'un lord ou d'un baronet. ♦ Au pl. *Des miladys.* ◁

MILAN, n. m. [milã] (dérivé du lat. *milvus*) Oiseau de proie à queue fourchue.

MILANAIS, AISE, ■ adj. [milanɛ, ɛz] (*Milan*) Relatif à la ville de Milan. *La cuisine milanaise.* ■ N. m. et n. f. Habitant de la ville de Milan. *Les Milanaises.* ■ *(À la) milanaise*, que l'on trempe dans des œufs battus avec de la mie de pain et du parmesan pour paner. ■ En appos. *Une escalope milanaise.*

MILDIOU, ■ n. m. [mildju] (angl. *mildew*, moisissure) **Agric.** Maladie des plantes cultivées due à des champignons microscopiques. *Le mildiou de la pomme de terre. Le mildiou de la vigne.* ■ MILDIOUSÉ, ÉE, adj. [mildjuze]

MILE, ■ n. m. [majl] (on prononce à l'anglaise. mot angl.) Unité de mesure anglo-saxonne de longueur utilisée en Grande-Bretagne, aux États-Unis et au Canada (1 mile = 1609 mètres). *Des miles.*

MILER, ■ n. m. [majlœr] (on prononce à l'anglaise. mot angl., de *mile*) **Sp.** Athlète pratiquant le demi-fond. ■ Cheval courant de petites distances.

MILIACÉES, n. f. pl. [miljase] (*mil*) **Bot.** Tribu de la famille des graminées, ayant pour type le genre milium.

MILIAIRE, adj. [miljɛr] (lat. *miliarius*, relatif au mil) *Éruption miliaire*, élevure à la peau dont le volume ne dépasse pas celui d'un grain de millet. ♦ *Fièvre miliaire* ou n. f. *miliaire*, phlegmasie exanthématique caractérisée par de petits boutons rouges. ♦ Se dit des grains d'une roche grenue quand ils ont la grosseur d'un grain de millet. ♦ **Zool.** Se dit d'un animal qui est extrêmement petit.

MILICE, n. f. [milis] (lat. *militia*, service militaire) ▷ L'art et l'exercice de la guerre. ◁ ♦ *Expédition militaire.* « *Les prédications de saint Bernard pour exciter les chrétiens à cette milice sacrée [croisade]* », MASSILLON. ♦ « *Tout le temps de la vie présente est une milice continuelle* », MASSILLON. ♦ Corps de troupes, armée. « *Rome encore pauvre et attachée à l'agriculture nourrissait une milice admirable* », BOSSUET. ♦ Dans l'ancienne monarchie, levées de bourgeois et de paysans. ♦ **Fig.** *Les milices célestes*, les anges, les bienheureux. ♦ Corps paramilitaire qui renforce l'armée dans une nation. *Milice nationale, ouvrière.* ■ Formation illégale au sein d'une collectivité et chargée de la défendre en recourant à la force. *Milice privée.* ■ **Belg.** Armée ; service militaire.

MILICIEN, IENNE, n. m. et n. f. [milisjɛ̃, jɛn] (*milice*) **Hist.** N. m. Soldat de la milice. ■ **Mod.** Membre d'une milice organisée. *Une milicienne.* ■ N. m. **Belg.** Appelé au service militaire.

MILIEU, n. m. [miljø] (1 *mi-* et *lieu*) Le lieu qui est également distant des extrémités. *Le milieu de la place, d'un fruit, etc.* ■ Adj. *Le point milieu.* ■ En général, tout endroit qui est éloigné de la circonférence, des extrémités. *Le milieu du corps, de la France, etc.* ♦ *Royaume* ou *empire du Milieu*, nom que les Chinois donnent à leur pays. ♦ AU MILIEU DE, loc. adv. Entre, parmi, dans le sein de. *Au milieu de l'assemblée, des airs, etc. Cette langue de terre s'avance au milieu de la mer. Au milieu des hommes, dans la société.* ♦ **Fig.** *Au milieu de*, dans, entre. « *Faites périr Euphorbe au milieu des tourments* », P. CORNEILLE. « *Elle croissait au milieu des bénédictions de tous les peuples* », BOSSUET. ♦ **Fam.** *Au beau milieu*, tout au milieu. ♦ **Fam.** *Au milieu de tout cela*, parmi tout cela, avec tout cela, nonobstant tout cela. ♦ *Du milieu de*, du sein de. *Du milieu de l'assemblée.* ♦ *Milieu*, la place d'honneur entre plusieurs personnes. « *Il tient le milieu en se promenant avec ses égaux* », LA BRUYÈRE. ♦ La partie moyenne d'une durée. *Le milieu de la nuit, de l'été, etc.* ♦ **Poétiq.** *Le soleil était au milieu de son cours*, il était midi. ♦ L'endroit qui, dans un ouvrage prononcé ou écrit, est entre le commencement et la fin. ♦ Un intermédiaire. « *Qu'est-ce que l'homme dans la nature ? Un néant à l'égard de l'infini, un milieu entre rien et tout* », PASCAL. ♦ Ce qui est également éloigné des extrémités vicieuses. « *Entre ces deux extrémités [l'autorité et la liberté], un peuple, d'ailleurs si sage, ne put trouver le milieu* », BOSSUET. ♦ *Juste milieu*, juste mesure entre deux choses. « *Garder en tout un juste milieu, voilà la règle du bonheur* », DIDEROT. ♦ *Juste-milieu*, système de gouvernement qui domina pendant le règne de Louis-Philippe. ♦ Partisan de ce système. *Un juste-milieu dévoué.* ■ Adj. *Un ministère juste-milieu.* ♦ Tempérament qu'on prend pour accommoder les affaires ; parti moyen. « *On prit ce milieu* », MME DE SÉVIGNÉ. ♦ *Il n'y a point de milieu* ou ellipt. *point de milieu*, il n'y a point de terme moyen à chercher. ♦ Le lieu idéal où se passe la vie des hommes. *Vivre dans un milieu honnête.* ♦ L'espace matériel dans lequel un corps est placé. ♦ Tout corps qui peut être traversé par un autre corps, spécialement par la lumière. ♦ **Fig.** *[Le vulgaire] Mettant de faux milieux entre la chose et lui, Et mesurant par soi ce qu'il voit en autrui* », LA FONTAINE. ♦ Le fluide qui environne les corps. *L'air est le milieu dans lequel nous vivons.* ♦ Tout ce qui sert à établir une communication. « *L'âme ne reçoit les impressions des objets que par des milieux interposés ; les sens sont ces milieux* », BONNET. ♦ **Par extens.** *Milieu social*, l'ensemble des conditions sociales au milieu desquelles l'individu humain est placé. ■ En sport, *milieu de terrain*, joueur qui établit le lien entre les défenseurs et les attaquants. ■ Ensemble des conditions de vie d'un être vivant. *Les milieux et les climats.* ■ Tout ce qui entoure humainement, matériellement et moralement un individu. *Le milieu familial, scolaire, urbain.* ■ **Absol.**

Le milieu, ensemble d'individus appartenant ou constituant une organisation de type mafieuse. *Faire partie du milieu.* ■ *Milieu de table*, ornement, pièce de vaisselle que l'on place au milieu d'une table généralement pour la décorer. *Milieu de table en porcelaine, en argenterie.*

MILITAIRE, adj. [militɛr] (lat. *militaris*, de *miles*, soldat) Qui concerne la guerre. *Les institutions, les dignités militaires.* ♦ *Art militaire*, l'art de la guerre. ♦ *Justice militaire*, celle qui s'exerce parmi les troupes, suivant le code militaire. ♦ *Exécution militaire*, la peine de mort infligée aux soldats pour délits militaires, et aussi les violences qu'on exerce militairement dans un pays. ♦ *Architecture militaire*, l'art de fortifier les places. ♦ *Heure militaire*, heure exacte, ponctuelle. ♦ Il se dit par opposition à *civil. Les autorités militaires.* ♦ Qui est fondé sur la force militaire, sur les mœurs militaires. *Un gouvernement militaire.* ♦ N. m. Un homme de guerre. *Les militaires et les bourgeois.* ♦ Collectivement, *le militaire*, la totalité des gens de guerre. ♦ *Le militaire*, la carrière des armes. ■ N. m. et n. f. Personne qui fait partie de l'armée. *Une militaire de carrière.*

MILITAIREMENT, adv. [militɛr(ə)mɑ̃] (*militaire*) D'une manière militaire.

MILITANCE, ■ n. f. [militɑ̃s] (*militant*) Activité de militantisme. « *Il se demande ce qu'est devenue la militance des années soixante - soixante-dix* », L'HUMANITÉ, 2003.

MILITANT, ANTE, adj. [militɑ̃, ɑ̃t] (*militer*) ▷ **Relig.** Qui appartient à la milice de Jésus-Christ. « *Le fidèle, toujours militant dans la vie* », CHATEAUBRIAND. ◁ ♦ *L'Église militante*, l'assemblée des fidèles sur la terre, par opposition à *l'Église triomphante* (les saints, les bienheureux). ♦ Luttant, combattant, agressif. *Caractère militant. Politique militante.* ■ N. m. et n. f. Personne qui défend activement les idées ou les droits d'un parti ou d'une organisation.

MILITANTISME, ■ n. m. [militɑ̃tism] (*militant*) Comportement consistant à soutenir activement une organisation, une cause. *Le militantisme des féministes.* ■ MILITANTISTE, adj. [militɑ̃tist]

MILITARISATION, ■ n. f. [militarizasjɔ̃] (*militariser*) Action de pourvoir d'une force armée un groupe, une région, un pays. *La militarisation des groupes d'opposition au gouvernement.*

MILITARISER, ■ v. tr. [militarize] (*militaire*) Doter d'une force armée. *Militariser une région dangereuse.* ■ Organiser d'une façon militaire.

MILITARISME, n. m. [militarism] (*militaire*) **Néolog.** Système militaire ; prédominance du militaire. *Les excès du militarisme.* ■ **Rem.** Aujourd'hui, *militarisme* n'est plus considéré comme un néologisme.

MILITARISTE, ■ adj. [militarist] (*militaire*) Qui est un partisan du militarisme. *L'engagement militariste des dictateurs.* ■ N. m. et n. f. Personne qui est militariste.

MILITARO-INDUSTRIEL, ELLE, ■ adj. [militaroɛ̃dystrijɛl] (rad. de *militaire* et *industriel*) Qui associe l'activité militaire à celle de l'industrie par la fourniture de matériel fabriqué par des civils. *La demande croissante de l'armée en uniformes et en rangers a transformé de petites entreprises locales en structures militaro-industrielles.* ■ **Rem.** On peut aussi écrire *militaroïndustriel.*

MILITER, v. intr. [milite] (lat. *militare*) Combattre, faire la guerre ; ne s'emploie qu'au figuré avec *pour, en faveur de*, et il signifie *donner appui, venir en aide*, en parlant des raisons, des faits, etc. *Cela milite en sa faveur.* ■ S'investir activement dans un parti ou une organisation.

MILK-SHAKE, ■ n. m. [milkʃɛk] (mot angl. *milk*, lait, et *to shake*, secouer) Boisson à base de lait frappé et aromatisé. *Des milk-shakes à la fraise.*

MILLAGE, ■ n. m. [milaʒ] (2 *mille*) **Québec** Mesure d'une distance en milles. *Les panneaux routiers indiquent le millage entre chaque ville.*

1 MILLE, adj. num. card. [mil] (lat. *mille*) Dix fois cent. *Deux mille hommes.* ♦ Un grand nombre. *Souffrir mille morts.* « *Ô bienheureux mille fois l'enfant que le Seigneur aime !* », RACINE. ■ N. m. *Mille multiplié par vingt.* ♦ On dit aussi *le nombre mille, le numéro mille.* ■ N. m. *Un mille*, mille objets d'une certaine nature. *Un mille de fagots.* ♦ Dans la supputation des années, quand *mille* est suivi d'un ou de plusieurs autres nombres, et que la date commence par cet adjectif numéral, on retranche la dernière syllabe. *L'an mil huit cent.* ■ Une grande quantité, un grand nombre. *Mille mercis.* ■ N. m. **Fam.** *Taper dans le mille*, aboutir avec succès et fig. deviner quelque chose avec justesse. ■ N. m. pl. **Fam.** *Gagner des mille et des cents*, gagner beaucoup d'argent.

2 MILLE, n. m. [mil] (lat. *mille*) Mesure itinéraire usitée chez les Romains ; elle était de mille pas et valait 1 472,5 mètres. ♦ Mesure itinéraire de longueur, variable suivant les pays, usitée en Allemagne, en Angleterre, en Italie, etc. ◁ ♦ *Mille marin*, unité de longueur valant 1 852 mètres. ■ Mesure itinéraire de distance utilisée au Canada, aux États-Unis et en Grande-Bretagne valant environ 1 609 mètres.

1 MILLE-FEUILLE ou **MILLEFEUILLE**, n. f. [mil(ə)fœj] (lat. *millefolium*) Plante de la famille des synanthérées. ♦ Au pl. *Des mille-feuilles.* ■ *Des millefeuilles.*

2 MILLE-FEUILLE ou **MILLEFEUILLE**, ■ n. m. [mil(ə)fœj] (*mille* et *feuille*) Pâtisserie réalisée en alternant des couches de pâte feuilletée et de crème. *Il s'arrêta à la pâtisserie pour acheter une tartelette et trois mille-feuilles.*

MILLE-FLEURS, n. f. [mil(ə)flœʀ] (1 *mille* et *fleur*) Rossolis de mille-fleurs, sorte de rossolis, dans la composition duquel il entre quantité de fleurs distillées. ♦ *Eau de mille-fleurs,* alcool parfumé de diverses substances odorantes. ■ Tissu ou papier peint dont le motif se compose d'une multitude de petites fleurs. *Des mille-fleurs.*

MILLÉNAIRE, adj. [milenɛʀ] (lat. *millenarius*) Qui contient mille. *Le nombre millénaire.* ♦ N. m. Le chiffre qui indique les mille. ♦ En chronologie, dix siècles. *Le quatrième millénaire du monde.* ♦ *Millénaires,* sectaires chrétiens qui croyaient qu'après le jugement universel les élus demeureraient mille ans sur la terre à jouir de toute sorte de plaisirs. ♦ Adj. *Règne millénaire,* prétendu empire qui devait durer mille ans et où tout devait être joie et magnificence. ♦ *Millénaire* s'est dit aussi de ceux qui pensaient que le monde devait finir à l'an mille. ♦ D'un grand âge. *Un arbre millénaire.* ♦ N. m. Une période de mille ans.

MILLÉNARISME, ■ n. m. [milenaʀism] (*millénaire*) **Relig.** Croyance en un règne terrestre du Messie censé durer mille ans. ■ MILLÉNARISTE, n. m. et n. f. ou adj. [milenaʀist]

MILLENIUM ou **MILLÉNIUM**, ■ n. m. [milenjɔm] (*mille*, d'apr. *triennium*) **Relig.** Règne messianique de mille ans attendu par les partisans du millénarisme.

MILLE-PATTES ou **MILLEPATTE**, ■ n. m. [mil(ə)pat] (1 *mille* et *patte*) **Zool.** Insecte terrestre carnivore dont le corps est divisé en segments et doté de très nombreuses pattes. *Il a publié de nombreux ouvrages qui traitent de la vie des mille-pattes.* ■ **Rem.** On disait aussi autrefois *mille-pieds.*

MILLE-PERTUIS ou **MILLEPERTUIS**, n. m. inv. [mil(ə)pɛʀtɥi] (1 *mille* et *pertuis*) Plante dont les feuilles offrent une multitude de petits points qui sont des utricules remplis d'huile volatile.

MILLE-PIEDS, n. m. [mil(ə)pje] (1 *mille* et *pied*) Voy. MILLE-PATTES.

MILLÉPORE, n. m. [milepɔʀ] (1 *mille* et *pore*) Genre de polypiers pierreux dont la surface est creusée d'une multitude de pores.

MILLE-RAIES ou **MILLERAIES**, ■ n. m. [mil(ə)ʀɛ] (*mille* et *raie*) Tissu à très fines côtes ou rayures très serrées. « *Le milleraies est une étoffe à rayures ou à côtes très fines qui caractérise soit les velours, soit les tissus plats, soit les tricots* », *Glossaire textile de Victor Perrin.*

MILLERANDAGE, ■ n. m. [mil(ə)ʀɑ̃daʒ] (*millerand,* dont les grains sont très petits, prob. de 2 *mil*) **Vitic.** Croissance imparfaite du grain de raisin provoquée par une mauvaise fécondation. ■ MILLERANDÉ, ÉE, adj. [mil(ə)ʀɑ̃de]

MILLÉSIME, n. m. [milezim] (lat. *millesimus*) Chiffre qui marque le temps de la fabrication d'une monnaie. ♦ **Par extens.** Date que porte toute médaille. ■ Date d'élaboration d'un vin, d'édition d'un dictionnaire ou d'un timbre-poste ou de mise en circulation de certains objets. « *Beaujolais nouveau : le millésime 2004 sera classique, dit-on* », PRESSE CANADIENNE. ■ MILLÉSIMÉ, ÉE, adj. [milezime]

MILLÉSIMER, ■ v. tr. [milezime] (*millésime*) Attribuer un millésime à. *Millésimer un vin.*

MILLESIMO, adv. [milezimo] (lat. *millesimo,* s. e. *loco*) ▷ Millièmement. ◁

MILLET, n. m. [mijɛ] (dimin. de 2 *mil*) Syn. de mil. ♦ *Petit millet,* le mil ; *gros millet,* le maïs. ♦ Graine de millet. ♦ *Gros millet, grand millet d'Inde,* le sorgho. ♦ *Millet à grappes,* le panic. ♦ *Millet des petits oiseaux,* espèce de panic. ♦ *Millet noir,* le sarrasin. ♦ *Millet long,* l'alpiste. ♦ Éruption qui accompagne la fièvre miliaire.

MILLI..., [mili] préfixe issu du latin *mille,* mille, et qui signifie *un millième.*

MILLIAIRE, adj. [miljɛʀ] (lat. *milliarium*) Chez les Romains, qui est placé de mille en mille pas. *Borne milliaire.* ♦ Abusivement, placé à la distance d'une lieue, d'un kilomètre. ♦ N. m. *Le second milliaire est à tel endroit.* ♦ *Milliaire doré* ou *milliaire d'or,* colonne qu'Auguste avait fait élever dans le Forum et d'où l'on commençait à compter les milles pour les grands chemins de l'Empire romain.

MILLIAMPÈRE, ■ n. m. [miliɑ̃pɛʀ] (*milli-* et *ampère*) **Électr.** Unité qui représente un millième d'ampère (symbole mA).

MILLIAMPÈREMÈTRE, ■ n. m. [miliɑ̃pɛʀ(ə)mɛtʀ] (*milliampère* et *mètre*) **Électr.** Ampèremètre dont la graduation est en milliampères.

MILLIARD, n. m. [miljaʀ] (d'apr. *million*) Mille fois un million, ou dix fois cent millions ; syn. de billion. ♦ Il se dit absolument d'un milliard de livres ou de francs.

MILLIARDAIRE, ■ n. m. et n. f. [miljaʀdɛʀ] (*milliard*) Personne qui possède au moins un milliard. ■ **Adj.** *Une femme milliardaire.* ■ **Fig.** et **fam.** Qui est ou qui paraît très riche. *Il s'est payé un bateau de milliardaire. Se prendre pour un milliardaire.*

MILLIARDIÈME, ■ adj. [miljaʀdjɛm] (*milliard*) Qui occupe le rang marqué par le nombre un milliard. ■ **N. m.** Partie d'un tout divisé en un milliard. « *Un milliardième de seconde (nanoseconde) de précision par jour : c'est la sensibilité d'une horloge atomique* », LE MONDE, 2004.

MILLIARE, n. m. [milijaʀ] (*milli-* et *are*) ▷ Millième partie de l'are. ◁

1 MILLIASSE, n. f. [miljas] (d'apr. *million*) ▷ Dix fois cent milliards, syn. aujourd'hui inusité de trillion. ♦ **Fam.** Un grand nombre, en parlant par dédain. *Une milliasse de mendiants.* ◁

2 MILLIASSE ou **MILLASSE**, ■ n. f. [miljas, mijas] (*millet*) **Sud-Ouest** Sorte de gâteau à base de farine de maïs. ■ **Rem.** On dit aussi *un millas.*

MILLIBAR, ■ n. m. [milibaʀ] (*milli-* et 3 *bar*) **Météorol.** Unité de mesure de la pression atmosphérique. ■ **Abrév.** mbar.

MILLIÈME, adj. [miljɛm] (lat. *millesimus*) Nombre ordinal de mille, indiquant le rang après 999. ♦ Nombre fractionnaire indiquant une partie d'un tout qu'on suppose composé de mille parties. *La millième partie d'une somme.* ♦ **N. m.** *Le millième,* la millième partie.

MILLIER, n. m. [milje] (*mille* ou lat. *milliarius*) Nom de nombre collectif contenant mille. *Un millier d'écus, d'arbres,* etc. ♦ *Un millier de foin, de paille,* un millier de bottes de foin, de paille. ♦ *Un millier,* mille livres pesant. ♦ Un nombre indéterminé, mais considérable. *Des milliers de morts.* ♦ *À milliers, par milliers,* en très grand nombre.

MILLIGRAMME, n. m. [miligʀam] (*milli-* et *gramme*) La millième partie du gramme. ■ **Abrév.** mg.

MILLILITRE, n. m. [mililitʀ] (*milli-* et *litre*) La millième partie du litre. ■ **Abrév.** ml.

MILLIMÉTRÉ, ÉE, ■ adj. [milimetʀe] (*millimètre*) Qui est quadrillé en millimètres. *Papier millimétré.* ■ MILLIMÉTRIQUE, adj. [milimetʀik]

MILLIMÈTRE, n. m. [milimɛtʀ] (*milli-* et *mètre*) La millième partie du mètre. ■ **Abrév.** mm.

MILLION, n. m. [miljɔ̃] (ital. *milione,* augmentatif de *mille*) Mille fois mille. ♦ **Absol.** *Un million de livres ou de francs.* ♦ **Fam.** Être riche à millions, être extrêmement riche. ♦ Un nombre indéterminé, mais fort considérable. « *Des millions de soleils éclairent des milliards de mondes* », VOLTAIRE.

MILLIONIÈME, adj. [miljɔnjɛm] (*million*) Nombre ordinal de million, indiquant le rang après 999 999. ♦ Nombre fractionnaire indiquant une partie d'un tout composé d'un million de parties. ♦ **N. m.** *Un millionième, une millionième partie.*

MILLIONNAIRE, adj. [miljɔnɛʀ] (*million*) Qui possède des millions, qui est extrêmement riche. ♦ **N. m.** et n. f. *Un millionnaire, une millionnaire,* personne qui possède un million. ■ **Adj.** Qui compte au moins un million d'habitants en parlant d'une ville.

MILLISTÈRE, ■ n. m. [milistɛʀ] (*milli-* et *stère*) ▷ La millième partie du stère. ◁

MILLIVOLT, ■ n. m. [milivɔlt] (*milli-* et *volt*) La millième partie d'un volt. ■ **Abrév.** mV.

MILORD, ■ n. m. [milɔʀ] (angl. *my lord*) ▷ Dans l'usage français de ce mot, *un lord.* ♦ **Fig.** et **pop.** Un homme très riche. ♦ **Adj.** *Cabriolet milord* et plus souvent *un milord,* cabriolet à quatre roues. ◁

MILOUIN, ■ n. m. [milwɛ̃] (orig. incert.) Canard sauvage des régions arctiques qui hiverne en Europe.

MI-LOURD, ■ adj. m. [miluʀ] (1 *mi* et *lourd*) **Sp.** Catégorie de poids dans certains sports placée entre les catégories moyen et lourd. ■ **N. m.** Sportif appartenant à cette catégorie. *L'équipe des mi-lourds pouvait nous laisser croire à une entrée en championnat.*

MIME, ■ n. m. [mim] (lat. *mimus,* du gr. *mimos,* acteur bouffon) Dans l'antiquité grecque et latine, acteur qui représentait de petites pièces familières et bouffonnes. ♦ **Par extens.** Celui qui a le talent d'imiter, d'une manière plaisante, l'air, l'action, le langage d'autres personnes. ♦ **Adj.** *Il est mime.* ♦ Chez les Romains, espèce de comédie bouffonne et libre. ■ Spectacle dans lequel l'artiste s'exprime uniquement par gestes. ■ Celui qui pratique le mime.

MIMÉ, ÉE, p. p. de mimer. [mime]

MIMER, v. tr. [mime] (*mime*) Néolog. Représenter par des gestes. *Les sourds-muets miment ce qu'ils veulent dire.* ♦ **Absol.** *Il mime avec beaucoup de vérité.* ■ **Rem.** Aujourd'hui, *mimer* n'est plus considéré comme un néologisme.

MIMÉTIQUE, ■ adj. [mimetik] (gr. *mimetikos*) Qui a les qualités du mimétisme. *Un comportement mimétique.*

MIMÉTISME, ▪ n. m. [mimetism] (gr. *mimeisthai*, imiter) **Biol.** Qualité de certaines espèces animales ou végétales à imiter de façon temporaire ou permanente le milieu dans lequel elles évoluent, essentiellement par protection. ▪ **Par extens.** Action de reproduire, consciemment ou non, les attitudes ou le langage des personnes qui constituent l'entourage social. *Effet de mimétisme.*

MIMI, ▪ n. m. [mimi] (rad. à valeur expressive) **Fam.** Nom donné au chat dans le langage enfantin. ▪ **Fam.** Baiser, caresse. *Elle lui donnait un mimi sur la joue chaque matin. Des mimis.* ▪ **Adj. inv. Fam.** Mignon, adorable. *Tous ces enfants étaient mimi avec leurs déguisements. Mimi tout plein.*

MIMIQUE, adj. [mimik] (lat. *mimicus*) Dans la littérature latine, qui concerne les mimes, sorte de pièce de théâtre. ◆ N. m. *Un mimique*, un auteur de mimes. ◆ Qui imite, qui exprime par le geste. *Langage mimique.* ◆ N. f. *La mimique*, l'art d'exprimer la pensée par des gestes.

MIMODRAME, ▪ n. m. [mimodram] (*mime* et *drame*) Œuvre dramatique exécutée par gestes et sans paroles. *L'expression corporelle et les mimiques traduisent la parole du mimodrame.*

MIMOLETTE, ▪ n. f. [mimolet] (1 *mi* et *mollet*, un peu mou) Fromage hollandais à pâte pressée orange.

MIMOLOGIE, ▪ n. f. [mimoloʒi] (*mime* et *-logie*) Technique d'imitation de la voix. ▪ Langage gestuel des sourds-muets.

MIMOSA, ▪ n. m. [mimoza] (lat. bot. *mimus*, mime) Nom latin d'un genre de légumineuses, dont la plus connue est la sensitive. ▪ **REM.** Ce nom était autrefois donné féminin par l'Académie. ▪ Arbre ou arbuste originaire des régions chaudes, cultivé dans le Sud de la France pour ses fleurs jaunes très odorantes en forme de petites boules. ◆ *Offrir du mimosa.* ▪ **Cuis.** *Œuf mimosa*, entrée composée d'un œuf dur dont chaque moitié est garnie du jaune amalgamé à une mayonnaise. *Le menu composé était des plus simples : des œufs mimosa, un steak frites et une pomme.*

MIMOSACÉE, ▪ n. f. [mimozase] (*mimosa*) **Bot.** Famille de légumineuses comprenant notamment l'acacia et le mimosa.

MI-MOYEN, ▪ adj. m. [mimwajɛ̃] (1 *mi* et *moyen*) **Sp.** Catégorie de poids dans certains sports placée entre les catégories super-léger et super-mi-moyen. ▪ N. m. Sportif appartenant à cette catégorie. *L'entraîneur fonde de grands espoirs sur les mi-moyens de son club.*

MINABLE, adj. [minabl] (*miner*) ▷ Susceptible d'être détruit ou attaqué par une mine. ◁ ◆ **Par extens.** Misérable, qui fait pitié, qui indique une grande misère. *Air, vêtements minables.* ▪ **Fam.** Qui est lamentable.. *C'est minable comme attitude.* ▪ N. m. Personne de comportement lamentable. *Ce type est un minable.* ▪ **MINABLEMENT**, adv. [minabləmã]

MINAGE, n. m. [minaʒ] (*miner*) Anciennement, droit que les seigneurs levaient sur chaque mine de grain pour le mesurage. ▪ Action de miner un terrain, une chose.

MINARET, n. m. [minaʀɛ] (ar. *minâret*, phare, minaret) Nom des tours des mosquées, d'où les imans, les muezzins avertissent le peuple du temps de la prière.

MINAUDER, v. intr. [minode] (1 *mine*) Faire certaines mines affectées pour paraître agréable.

MINAUDERIE, n. f. [minod(ə)ʀi] (*minauder*) Action de minauder. Mines et manières par lesquelles on cherche à plaire.

MINAUDIER, IÈRE, n. m. et n. f. [minodje, jɛʀ] (rad. de *minauder*) Personne qui use de la minauderie. ◆ **Adj.** *Une femme minaudière.* ◆ Il se dit aussi de l'air, des manières. *Figure minaudière.*

MINBAR, ▪ n. f. [minbar] (mot ar.) Chaire qui sert au prêche dans les mosquées. *Des minbars.*

MINCE, adj. [mɛ̃s] (*mincer*) Qui a fort peu d'épaisseur. *Une lame mince.* ◆ *Taille mince, personne mince*, taille, personne non grasse, pourtant sans maigreur. ▪ N. m. et n. f. *Un grand mince*, un homme grand et mince. **Fig.** Peu considérable, de peu d'importance, en parlant des choses. *Dot mince.* ◆ Qui est de peu de considération, de peu de mérite, en parlant des personnes. *Auteur, talent mince.* ◆ ▷ *Ordre mince*, par opposition à *ordre profond*, ordre de bataille dans lequel les hommes sont sur peu de rangs. ◁ ▪ *Mince !* Marque l'étonnement. *Mince alors, je n'aurai jamais cru gagner ce concours !* ◆ *Mince !* Marque d'insatisfaction. *Mince, j'ai encore raté mon examen.*

MINCEMENT, adv. [mɛ̃s(ə)mã] (*mince*) ▷ D'une manière très peu épaisse. ◁

MINCER, v. tr. [mɛ̃se] (lat. pop. *minutiare*, de *minutus*, petit, menu) ▷ Mettre en petits morceaux. *Mincer de la viande.* ▪ **REM.** On dit aujourd'hui *émincer.* ◁

MINCEUR, ▪ n. f. [mɛ̃sœʀ] (*mince*) Caractère de ce qui est peu épais, mince. *La minceur d'une femme.* ▪ **Adj.** Qui aide à mincir ou empêche de grossir. *Produit minceur.*

MINCIR, ▪ v. intr. [mɛ̃siʀ] (*mince*) Perdre du poids. *Il a minci de 5 kg.* ▪ V. tr. *Cette robe te mincit.*

MINDEL, ▪ n. m. [mindɛl] (nom d'un affluent du Danube) **Géol.** Glaciation alpine du quaternaire.

1 MINE, n. f. [min] (p.-ê. bret. *min*, bec, museau) Apparence de la personne et principalement du visage. ◆ *Avoir de la mine*, avoir une apparence qui prévient favorablement. ◆ En parlant des choses qui ont bonne apparence. *Cette maison a de la mine.* ◆ *Sur la mine*, sur la bonne apparence. « *Garde-toi, tant que tu vivras, De juger des gens sur la mine* », LA FONTAINE. ◆ *Bonne mine*, apparence qui plaît. *Un homme de bonne mine.* ◆ *Avoir bonne mine*, avoir bonne apparence, en parlant des choses. ◆ ▷ *Être sur sa bonne mine*, faire de la toilette, se présenter avec bonne apparence. ◁ ◆ *Homme de mauvaise mine*, homme mal vêtu, dont l'habillement et l'extérieur peuvent exciter des inquiétudes. ◆ *Payer de mine*, avoir bonne apparence, mais sans grand fond au mérite. ◆ *Avoir une bonne mine, une mauvaise mine*, avoir l'apparence d'une bonne, d'une mauvaise santé. ◆ ▷ *Avoir la mine longue*, éprouver un vif désappointement qui se manifeste sur la figure. ◁ ◆ **Fam.** *Avoir la mine de*, paraître. « *Tel est cru défunt qui n'en a que la mine* », MOLIÈRE. ◆ *Avoir la mine de vouloir faire une chose*, avoir un air, un maintien qui le fait conjecturer. ◆ **Fig.** *Avoir bonne mine*, faire croire, faire supposer. « *J'ai bien la mine de payer plus cher vos folies* », MOLIÈRE. « *Votre ambassade m'a la mine d'être pour vous un bénéfice simple* », VOLTAIRE. ◆ *Faire les mines* ou *faire la mine*, se dit quelquefois pour : *avoir la mine de.* « *Il me semble que vous me faites la mine de m'en accuser* », MME DE SÉVIGNÉ. ◆ ▷ *Porter la mine de*, avoir l'air de, en mauvaise part. *Il porte la mine d'un fripon.* ◁ Contenance que l'on prend, air qu'on se donne, dans une intention quelconque. « *Que tu discernes mal le cœur d'avec la mine !* », P. CORNEILLE. ◆ *Faire mine de quelque chose*, paraître dans l'intention de la faire. ◆ Il se dit des choses dans le même sens. « *Voilà les beaux jours qui font mine de revenir* », MME DE SÉVIGNÉ. ◆ *Faire bonne mine, mauvaise mine à quelqu'un*, lui faire un bon, un mauvais accueil. ▪ **Fam.** *Faire triste mine, grise mine, froide mine à quelqu'un*, le recevoir froidement. ◆ *Faire la mine à quelqu'un*, lui témoigner qu'on est mécontent de lui. ◆ **Absol.** *Faire la mine*, témoigner du mécontentement. ◆ *Faire bonne mine à mauvais jeu*, cacher de mauvaises affaires par une démonstration de gaieté. ◆ *Faire meilleure mine que bon jeu*, promettre plus qu'on ne tient. ◆ Certains mouvements du visage, certains gestes qui ne sont pas naturels, ou avec lesquels on masque quelque chose. « *Sans mine, sans grimace* », MME DE SÉVIGNÉ.. « *Tout le monde n'est composé que de mines* », LA ROCHEFOUCAULD. ◆ *Faire des mines* ou *de petites mines à quelqu'un*, l'agacer par des regards affectés, par des mouvements de visage particuliers. ◆ **Absol.** *Faire des mines*, prendre certaines mines affectées pour paraître agréable. ◆ Signes que l'on fait à quelqu'un pour lui faire comprendre ce qu'on ne peut pas ou ne veut pas lui exprimer autrement. ▪ **Fam.** *T'as bonne mine, tiens !* Se dit par euphémisme d'une personne qui a l'air ridicule.

2 MINE, n. f. [min] (gaul. *meina*, métal brut) Terrain, gîte au sein de la terre d'où l'on extrait des métaux, des combustibles, des gemmes, etc. *Une mine d'or, de fer, de charbon, etc.* ◆ Excavations pratiquées dans le sein de la terre pour l'extraction des substances minérales. ◆ *Peine des mines*, condamnation qui astreignait le coupable à travailler dans les mines ; elle existe encore en Russie. ◆ *École des mines*, établissement où l'on forme des ingénieurs pour l'exploitation de mines. ▪ **Fig.** *Ce sujet est une mine de beautés poétiques.* ◆ *C'est une mine de savoir, d'érudition*, c'est un homme très savant, très érudit. ◆ Minéral qui renferme une substance métallique. *De la mine d'or, de cuivre, etc.* ◆ *Mines de plomb*, Voy. GRAPHITE. ◆ Dans l'antiquité et au Moyen Âge, cavité que l'on pratiquait sous des murailles, sous une tour, etc. pour les faire écrouler. ◆ Aujourd'hui, cavité souterraine que l'on pratique et où l'on place de la poudre, pour faire sauter tout ce qui se trouve au-dessus ; on se sert aussi de la mine pour percer des roches. ◆ *Éventer la mine*, Voy. ÉVENTER. ▪ **Fig.** Pratique secrète. « *Faire jouer sous main quelque secrète mine* », REGNARD. ▪ Tige de graphite ou de couleur constituant la partie centrale d'un crayon. ▪ Arme explosive qui se déclenche en entrant en contact avec un véhicule, un navire ou un individu.

3 MINE, n. f. [min] (abrév. de *hémine*) Ancienne mesure contenant la moitié d'un setier ; elle était de la contenance de 78 litres 73. ◆ Ce qui est contenu dans la mine.

4 MINE, n. f. [min] (lat. *mina*, de gr. *mna*) Poids grec, pesant 324 grammes. ◆ Monnaie grecque d'argent contenant en poids 69 francs.

MINÉ, ÉE, p. p. de miner. [mine]

MINER, v. tr. [mine] (2 *mine*) Anciennement, creuser le dessous d'une muraille pour la faire écrouler. ◆ Aujourd'hui, creuser le dessous d'une muraille, trouer un roc, pour y loger une mine. ◆ Creuser, caver lentement.

La mer mine ses bords. ♦ **Fig.** Consumer, ruiner peu à peu. « *Ce vice laisse dans le cœur un fond de tristesse qui le mine* », MASSILLON. ♦ **Se miner**, v. pr. Être miné, consumé. ▪ Disposer des explosifs sur un terrain ou en mer.

MINERAI, n. m. [min(ə)ʀɛ] (*minière*) Toute substance qui renferme un métal. ♦ **Métall.** Toute substance métallifère formée d'un ou de plusieurs métaux et de gangue.

1 **MINÉRAL**, n. m. [mineʀal] (lat. médiév. *mineralis*) Tout corps non organisé qui se trouve dans la terre ou à sa surface, tels que métaux, pierres. ▪ Au pl. *Une collection de minéraux.*

2 **MINÉRAL, ALE**, ▪ adj. [mineʀal] (1 *minéral*) Qui appartient aux minéraux. *Une substance minérale.* ▪ *Règne minéral,* ensemble de tous les corps ne provenant pas de la matière vivante. *Au règne minéral correspond la matière inorganique.* ▪ *Eau minérale,* eau naturelle, chaude ou froide, qui sort de la terre imprégnée de quelques substances minérales.

MINÉRALIER, ▪ n. m. [mineʀalje] (*minéral*) Cargo destiné au transport exclusif des minerais.

MINÉRALIER-PÉTROLIER, ▪ n. m. [mineʀaljepetʀolje] (*minéralier* et *pétrolier*) Navire conçu pour transporter indifféremment des hydrocarbures ou des minerais. *Les minéraliers-pétroliers sillonnent toutes les mers.* Voy. PÉTROLIER-MINÉRALIER.

MINÉRALISATEUR, TRICE, n. m. et n. f. [mineʀalizatœʀ, tʀis] (*minéraliser*) Corps qui en minéralise un autre, c'est-à-dire qui le fait passer de l'état de métal à l'état de minerai. ♦ Adj. *Substances minéralisatrices,* le soufre et l'oxygène, qui, se combinant avec les métaux, les changent en minerais.

MINÉRALISATION, n. f. [mineʀalizasjɔ̃] (*minéraliser*) Transformation des métaux en minerais. ♦ Combinaison de substances métalliques avec les eaux de source. *La minéralisation de certaines eaux.*

MINÉRALISÉ, ÉE, p. p. de minéraliser. [mineʀalize] À haute teneur en minéraux.

MINÉRALISER, v. tr. [mineʀalize] (*minéral*) Transformer en minéral ou en minerai.

MINÉRALOGIE, n. f. [mineʀalɔʒi] (*minéral* et *-logie*) Partie de l'histoire naturelle qui traite des minéraux. ♦ Livre, traité de minéralogie. *La Minéralogie de Beudant.*

MINÉRALOGIQUE, adj. [mineʀalɔʒik] (*minéralogie*) Qui a rapport à la minéralogie. ♦ *Étude minéralogique d'un corps,* description de ses caractères dans son état de nature. ▪ Auto. *Une plaque minéralogique,* plaque métallique sur laquelle une combinaison de chiffres et de lettres donnée par le service des Mines représente l'immatriculation de tout véhicule routier. *Identifier un véhicule grâce à sa plaque minéralogique.*

MINÉRALOGIQUEMENT, adv. [mineʀalɔʒik(ə)mɑ̃] (*minéralogique*) Dans le langage minéralogique.

MINÉRALOGISTE, n. m. et n. f. [mineʀalɔʒist] (*minéralogie*) Personne qui connaît la minéralogie.

MINÉRALURGIE, ▪ n. f. [mineʀalyʀʒi] (*minéral*, d'apr. *sidérurgie*) Ensemble des techniques qui permettent de traiter les minerais. ▪ MINÉRALURGIQUE, adj. [mineʀalyʀʒik]

MINERVAL, ▪ n. m. [mineʀval] (mot lat., cadeau offert pour l'instruction reçue, de *Minerva*) **Belg.** Frais de scolarité. *Les minervals payés par les écoliers belges dans certaines écoles peuvent être élevés.*

MINERVE, n. m. [mineʀv] (lat. *Minerva*) Nom chez les Romains de la déesse de la Sagesse. ♦ ▷ *Rimer malgré Minerve,* faire de mauvais vers. ◁ ♦ ▷ *Par extens.* Tête, cervelle (on ne met point de majuscule en ce sens). « *Une douzaine de flandrins fatiguaient leur minerve à maintenir un intarissable flux de paroles ; la belle occupation !* », J.-J. ROUSSEAU. ◁ ♦ ▷ **Fig.** Femme aussi sage que belle (on met une majuscule en ce sens). ◁ ♦ ▷ Femme instruite ou adroite au travail. ◁ ▪ **Méd.** Appareil en forme de collier rigide dont le rôle est d'immobiliser les cervicales.

MINERVOIS, ▪ n. m. [mineʀvwa] (nom d'une région vinicole) **Œnol.** Appellation du vin rouge originaire de l'Aude et de l'Hérault.

MINESTRONE, ▪ n. m. [minestʀɔn] (mot it. du lat. *ministrare,* servir) Soupe d'origine italienne, composée de riz ou de pâtes et de légumes coupés en dés.

MINET, ETTE, n. m. et n. f. [minɛ, ɛt] (p.-ê. de *mine*) Petit chat, petite chatte. ♦ ▷ Il se dit aussi, en termes d'amitié, aux petites filles, jeunes filles, jeunes femmes. ◁ ▪ **Fam.** Jeune femme jolie et habillée très à la mode. *Regarde cette minette !* ▪ **Fam.** Jeune homme aux allures efféminées. *Il a l'air d'un minet avec sa petite veste cintrée !* ▪ Terme d'affection. *Viens mon minet (ma minette) que je te fasse une grosse bise.*

1 **MINETTE**, ▪ n. f. [minɛt] (2 *mine*) **Lorraine** Minerai de fer.

2 **MINETTE**, ▪ n. f. [minɛt] (*minet*) **Bot.** Luzerne sauvage. *La minette s'appelle aussi la lupuline.*

1 **MINEUR**, n. m. [minœʀ, øz] (2 *mine*) Celui qui fouille la mine pour en tirer la matière minérale. ♦ Adj. *Ouvrier mineur.* ♦ *Mineur, mineuse,* se dit des animaux qui creusent dans la terre ou dans le tronc des arbres pour s'y loger. ♦ Adj. *Vers mineurs.* ♦ N. m. et n. f. Soldat qui travaille aux mines pour l'attaque ou la défense des places. ♦ Adj. *Sapeur mineur.*

2 **MINEUR, EURE**, adj. [minœʀ] (lat. *minor,* comparatif de *parvus,* petit) Moindre, plus petit. ♦ *L'Asie Mineure,* partie occidentale de l'Asie. ♦ *Les quatre ordres mineurs* ou n. m. *les quatre mineurs,* les quatre petits ordres, qui sont ceux de portier, de lecteur, d'exorciste et d'acolyte. ♦ *Frères mineurs,* religieux nommés autrefois cordeliers, ordre dont saint François d'Assise est le fondateur. ♦ *Tierce mineure,* tierce composée d'un ton et d'un demi-ton. ♦ *Sixte mineure,* intervalle de trois tons et deux demi-tons. ♦ *Ton* ou *mode mineur,* celui où la tierce et la sixte, au-dessus de la tonique, sont mineures. ♦ N. m. Passer du mineur au majeur. ♦ Qui n'a point atteint l'âge prescrit par les lois pour disposer de sa personne et de ses biens. ♦ N. m. et n. f. *Un mineur. Une mineure.*

MINEURE, n. f. [minœʀ] (2 *mineur*) Dans un syllogisme, celle des deux prémisses qui contient le petit extrême, c'est-à-dire le sujet de la conclusion ; c'est le petit terme. *Tout homme est mortel (majeure) ; or Socrate est un homme (mineure) ; donc il est mortel (conclusion).* ♦ L'acte le plus court de la licence en théologie.

MINI, ▪ adj. inv. [mini] (abréviation de *minimum*) **Fam.** Abréviation de *minimum. Des prix mini.* ▪ N. m. *Le minimum,* le minimum.

MINI..., ▪ [mini] Préfixe tiré du lat. *minimum,* moins, et qui signifie *tout petit, très court. Un minishort. Une minijupe. Un minigolf.*

MINIATURE, n. f. [minjatyʀ] (ital. *miniatura,* du lat. *miniare,* peindre en rouge, de *minium,* cinabre) Lettre rouge, tracée au minium, et mise en tête des chapitres des manuscrits anciens. ♦ Sorte de peinture délicate qui se fait à petits points ou à petits traits, avec des couleurs très fines, détrempées d'eau et de gomme. ♦ Dessin fait par ce procédé. ♦ Quelque chose de joli et de petite dimension. *Cette boîte, cette personne est une miniature.* ♦ Chose de petite dimension. *Ce ruisseau est un torrent en miniature.* ▪ *En miniature,* reproduction réduite. ▪ Adj. Qui est reproduit de façon réduite. *Cette voiture miniature est très fidèle au modèle réel.*

MINIATURISER, ▪ v. tr. [minjatyʀize] (*miniature*) Rendre miniature, réduire de taille. *Appareil photo miniaturisé.* ▪ MINIATURISATION, n. f. [minjatyʀizasjɔ̃]

MINIATURISTE, n. m. et n. f. [minjatyʀist] (*miniature*) Peintre en miniature.

MINIBAR, ▪ n. m. [minibaʀ] (*mini-* et 2 *bar*) Chariot employé dans les trains ou les avions par le personnel de bord pour distribuer des collations. ▪ Petit réfrigérateur rempli de boissons fraîches mis à disposition dans les chambres d'hôtel ou les voitures de luxe.

MINIBUS ou **MINICAR**, ▪ n. m. [minibys, minikaʀ] (*mini-* et *bus* ou *car*) Autocar de petite taille.

MINICASSETTE, ▪ n. f. [minikasɛt] (*mini-* et *cassette*) Cassette audio de petite dimension.

MINICHAÎNE ou **MINICHAINE**, ▪ n. f. [miniʃɛn] (*mini-* et *chaîne*) Chaîne haute fidélité de petit format. *On appelle aussi les minichaînes des chaînes compactes.*

MINIDISQUE, ▪ n. m. [minidisk] (*mini-* et *disque*) Disque compact de dimension réduite.

MINIER, IÈRE, adj. [minje, jɛʀ] (2 *mine*) Qui a rapport aux mines. *Les gisements miniers.*

MINIÈRE, n. f. [minjɛʀ] (lat. médiév. *minera,* mine) ▷ Terre ou roche d'où l'on tire les métaux, les minéraux, les substances combustibles, etc. ◁ ♦ Lieu d'où l'on extrait, à ciel ouvert, les mêmes substances que celles qui sont fournies par la mine.

MINIGOLF, ▪ n. m. [minigɔlf] (*mini-* et *golf*) Golf miniaturisé pour une pratique familiale et ludique. *Les minigolfs sont des lieux de détente familiale très prisés pendant l'été.*

MINIJUPE, ▪ n. f. [miniʒyp] (*mini-* et *jupe*) Jupe portée très courte sur le haut des cuisses. *La mode des minijupes revient régulièrement.*

1 **MINIMA (A)**, loc. adv. [minima] (lat. *a minima pœna,* à partir de la plus petite peine) Terme de droit usité seulement dans cette formule : *Appel a minima,* appel que le ministère public interjette, quand il croit que la peine appliquée est trop faible. ▪ REM. Graphie ancienne : *à minimâ.*

2 **MINIMA**, ▪ n. m. pl. [minima] Voy. MINIMUM.

MINIMAL, ALE, ▪ adj. [minimal] (*minimum*) Qui a atteint son minimum. *Prise de risque minimale. Salaires minimaux.* ▪ *Art minimal,* art exprimé avec le minimum de moyens.

MINIMALISME, ■ n. m. [minimalism] (*minimal*) Tendance, position consistant à demander ou à attendre le minimum. *En matière d'impôts, son minimalisme séduit.* ■ Art Courant visant à l'expression minimale de l'art. ■ MINIMALISTE, n. m. et n. f. ou adj. [minimalist]

MINIME, adj. [minim] (lat. *minimus,* superlatif de *parvus,* petit) Très petit. *Un intérêt, une somme minime.* ◆ N. f. Dans le plain-chant, note qui vaut la moitié de la semi-brève. ■ N. m. Religieux de l'ordre de Saint-François de Paule. ■ N. m. et n. f. Enfant de la catégorie sportive située entre celle des benjamins et celle des cadets.

MINIMESSAGE, ■ n. m. [minimesaʒ] (*mini-* et *message*) Message envoyé par le biais d'un téléphone portable. ■ REM. Terme officiel recommandé pour *SMS.*

MINIMEX, ■ n. m. [minimɛks] (abrév. pour *le minimum de moyens d'existence*) Belg. Équivalent du revenu minimum d'insertion français. ■ MINI-MEXÉ, ÉE, adj. ou n. m. et n. f. [minimɛkse]

MINIMISER, ■ v. tr. [minimize] (angl. *to minimize,* de *minimum*) Présenter une chose ou un événement en réduisant son importance. *Minimiser les risques.* ■ MINIMISATION, n. f. [minimizasjɔ̃]

MINIMUM, n. m. [minimɔm] (lat. *minimum,* neutre de *minimus,* superlatif de *parvus,* petit) Le plus petit degré auquel une grandeur puisse être réduite. ◆ État ou valeur d'une quantité variable au moment où elle cesse de décroître pour commencer à croître. ◆ En général, ce qu'il y a de moindre dans une chose. *Le minimum de l'amende.* ◆ Les mathématiciens disent ordinairement, au pluriel, *des minima ;* mais dans le langage général il faut dire *des minimums.* ◆ *Au minimum,* au moins. ■ *Minimum vital,* somme d'argent minimale pour pouvoir subvenir à ses besoins. ■ Adj. *Les températures minimums,* les plus basses. ■ *Le minimum vieillesse,* seuil minimum d'assurance vieillesse. ■ *Salaire minimum,* Voy. SMIC. ■ *Revenu minimum,* Voy. RMI.

MINI-ORDINATEUR ou **MINIORDINATEUR**, ■ n. m. [miniɔrdinatœr] (*mini-* et *ordinateur*) Ordinateur utilisé comme lien entre un ordinateur central et ses périphériques.

MINIPILULE, ■ n. f. [minipilyl] (*mini-* et *pilule*) Pilule contraceptive de faible dosage en œstrogènes.

MINISATELLITE, ■ n. m. [minisatelit] (*mini-* et *satellite*) Astron. Petit satellite.

MINISTÈRE, n. m. [ministɛr] (lat. *ministerium*) Service manuel, métier. *Exercer les plus vifs ministères.* ◆ ▷ Fonction, office. « *Un magistrat qui n'a rien négligé dans son ministère* », FLÉCHIER. ◁ ◆ ▷ *Le ministère de la parole, de l'éloquence, etc.,* les fonctions qui exigent le talent de l'orateur. ◁ ◆ *Le ministère des autels,* le saint ministère ou absol. *le ministère,* le sacerdoce. ◆ *Le ministère de la justice,* les fonctions de magistrat. ◆ *Ministère public,* magistrature établie près de chaque tribunal pour y veiller au maintien de l'ordre public, et y requérir l'exécution et l'application des lois. ◆ ▷ Entremise de quelqu'un dans une affaire. *Je vous offre mon ministère.* ◁ La fonction d'un ministre ayant un département. ◆ Le département d'un ministre. *Le ministère des finances.* ◆ Le temps pendant lequel la personne dont on parle a été ministre. ◆ Le lieu où sont établis les bureaux d'un ministère. ◆ Collectivement, le corps des ministres ayant département.

MINISTÉRIALISME, n. m. [ministerjalism] (*ministériel*) ▷ Opinion, conduite de ceux qui, dans un gouvernement parlementaire, soutiennent systématiquement tout ministère. ◁

MINISTÉRIEL, ELLE, adj. [ministerjɛl] (lat. chrét. *ministerialis,* qui est au service de Dieu) Qui a rapport à une fonction, à un office. « *Une indignité ministérielle* », BOSSUET. ◆ En droit, *officiers ministériels,* officiers publics ayant qualité pour faire certains actes authentiques, tels que les notaires, les avoués, les huissiers, les greffiers. ◆ Propre aux ministres, aux départements des affaires d'État. *Les agents ministériels. Les fonctions ministérielles.* ◆ Qui est partisan du ministère, dévoué au ministère. *Député, journal ministériel.* ◆ N. m. et n. f. *Un ministériel.*

MINISTÉRIELLEMENT, adv. [ministerjɛl(ə)mɑ̃] (*ministériel*) ▷ Dans la forme ministérielle. *Il m'a répondu ministériellement.* ◁

MINISTRABLE, ■ adj. [ministrabl] (*ministre*) Qui peut prétendre aux fonctions de ministre.

MINISTRAL, ALE, adj. [ministral] (*ministre*) ▷ Qui a rapport à la qualité de ministre dans l'Église protestante. *Autorité ministrale.* ◁

MINISTRE, n. m. [ministr] (lat. *minister*) Celui qui est chargé d'une fonction, d'un office ; celui dont on se sert pour l'exécution de quelque chose. « *Le ministre de ses charités* », BOSSUET. « *Des vengeances des rois ministre rigoureux* », RACINE. ◆ Poétiq. *Le ministre de la mort,* quiconque est chargé de la donner, et parfois le bourreau. ◆ Fig. *Les ministres de la mort,* ce qui cause la mort. ◆ *Les ministres du Seigneur,* les ministres saints, les ministres de Jésus-Christ, de l'Évangile, de la religion, de la parole de Dieu, des autels, les prêtres. ◆ Chez les luthériens et les calvinistes, *ministre du saint évangile* ou simplement *ministre,* celui qui fait le prêche. ◆ Homme public chargé des principales fonctions du gouvernement. ◆ *Premier ministre,* ministre qui est chargé par le prince de tout le gouvernement de l'État. ◆ *Ministres d'État,* ministres sans portefeuille, ministres qui n'ont pas de département, et qui ne sont appelés que pour le conseil. ◆ Envoyé d'un gouvernement auprès d'un gouvernement étranger. ◆ *Ministre plénipotentiaire,* celui qui a un plein pouvoir pour traiter quelque affaire importante. ◆ Gros-bec d'Amérique.

MINITEL, ■ n. m. [minitɛl] (nom déposé, de *mini-* et abrév. de *téléphone*) Terminal de France Télécom, datant des années 1980, relié à une ligne téléphonique et permettant d'accéder à un grand nombre de services en ligne tels que l'annuaire téléphonique, la vente par correspondance, etc. ■ MINITÉLISTE, n. m. et n. f. [minitelist]

MINIUM, n. m. [minjɔm] (lat. *minium,* cinabre) Nom vulgaire du deutoxyde de plomb, qui est rouge. ◆ *Minium natif,* le plomb carbonaté, terreux et rougeâtre des minéralogistes. ◆ Couleur à l'huile faite avec le minium.

MINIVAGUE, ■ n. f. [minivag] (*mini-* et *vague*) Coiffure réalisée par une permanente très légère. *Ce nouveau coiffeur réussit toujours ses minivagues.*

MINNESINGER, ■ n. m. [min(ə)singɛr] (mot all., de *Minne,* amour, et *Singer,* chanteur) Nom donné à des poètes allemands qui florissaient du XIIᵉ au XIVᵉ siècle, et qui imitaient les trouvères français et les troubadours provençaux. ◆ Au pl. *Des minnesingers.*

MINOEN, ENNE, ■ adj. [minoɛ̃, ɛn] (angl. *minoan,* de *Minos,* roi de la Crète antique) Qui se rapporte à la plus ancienne période crétoise et grecque. *La civilisation minoenne.* ■ N. m. *Les Minoens vécurent du IIᵉ millénaire à 1 300 avant J.-C.*

MINOIS, n. m. [minwa] (1 *mine*) Visage, mine, avec un sens de plaisanterie ou de dénigrement. « *C'est un de ces minois que l'on a vus partout Et dont on ne dit rien* », GRESSET. ◆ Visage d'une jeune personne plus jolie que belle. ◆ Par extens. *Une jolie fille.*

MINON, ■ n. m. [minɔ̃] (minet) Nom du chat.

MINORANT, ■ n. m. [minorɑ̃] (*minorer*) Math. Nombre ou élément inférieur à un ensemble donné. *Le minorant de l'ensemble A.*

MINORATIF, IVE, adj. [minoratif, iv] (*minorer*) Méd. Qui purge doucement. ◆ N. m. *Médicament minoratif.* ■ Qui minimise ou diminue la valeur ou l'importance.

MINORATION, n. f. [minorasjɔ̃] (*minorer*) Purgation douce sans colique ni trouble général, au moyen de laxatifs. ■ Diminution de quelque chose.

MINORER, ■ v. tr. [minore] (b. lat. *minorare,* diminuer) Rendre mineur, sous-évaluer volontairement ou non. *Minorer ses propos.*

MINORITAIRE, ■ adj. [minoritɛr] (*minorité*) Qui est en minorité, en infériorité numérique. *Ethnie minoritaire. Langue minoritaire.* ■ Dr. Qui ne possède pas la majorité. *Actionnaire minoritaire.*

MINORITÉ, n. f. [minorite] (lat. médiév. *minoritas*) État d'une personne mineure. ◆ Le temps pendant lequel on est mineur. ◆ Le petit nombre, par opposition à majorité. *La minorité des suffrages.* ◆ *La minorité d'une assemblée,* la partie la moins nombreuse qui combat les mesures, les opinions de la partie la plus nombreuse. ◆ *Être, se trouver en minorité,* n'avoir avec soi sur une question que le moindre nombre des votants. ■ *Être dans la minorité,* se dit aussi en général pour professer une opinion, une croyance, etc., qui n'a pas pour elle la majorité du public.

1 MINOT, n. m. [mino] (3 *mine*) Ancienne mesure de capacité qui contenait la moitié d'une mine, équivalant à 39 litres 36. ◆ Ce qui est contenu dans un minot. *Un minot de sel.*

2 MINOT, ■ n. m. [mino] (bret. *min,* bec, museau) Fam. Sud-Est Enfant.

MINOTERIE, n. f. [minɔt(ə)ri] (1 *minot*) Établissement dans lequel on prépare les farines destinées au commerce extérieur. ◆ Commerce du minotier.

MINOTIER, n. m. [minotje] (1 *minot*) Celui qui possède, qui fait valoir une minoterie.

MINOU, ■ n. m. [minu] (*minet*) Fam. Chat. *Des minous.* ■ Fam. Terme d'affection. *Mon petit minou.*

MINUIT, n. m. [minɥi] (1 *mi-* et *nuit*) Le milieu de la nuit. *Minuit sonné. Minuit et demi.* ◆ *Messe de minuit,* messe que l'on dit à minuit le jour de Noël.

MINUS, ■ n. m. [minys] (lat. *minus,* moins) Fam. et péj. Personne que l'on juge ridiculement petite. ■ Fig. Personne à qui l'on reproche sa petitesse de caractère ou de personnalité. *Quel minus, ce type !*

MINUSCULE, adj. [minyskyl] (lat. class. *minusculus,* assez petit) Se dit des petites lettres, par opposition à majuscules. ◆ N. f. *Une minuscule.* ■ Qui est de très petite taille.

MINUTAGE, ■ n. m. [minytaʒ] (*minuter*) Action de calculer précisément la durée d'une opération. *Le minutage précis d'un emploi du temps.*

MINUTAIRE, ■ adj. [minytɛr] (2 *minute*) **Dr.** Qui a le caractère original d'une minute. *Un document minutaire.*

1 **MINUTE**, n. f. [minyt] (lat. *minuta,* petite menue) La soixantième partie d'une heure. ♦ *Compter les minutes,* être dans une attente qui fait trouver le temps long. ♦ **Par extens.** Un très court espace de temps. ♦ **Fam.** *Être à la minute,* être d'une grande exactitude. ♦ *Dans la minute,* à l'instant même. ♦ **Astron.** et **géogr.** La soixantième partie de chaque degré d'un cercle. ♦ Dans le système centigrade, centième partie d'un degré et d'une heure. On dit en ce sens : *Minute centésimale.* ♦ **Mar.** Sablier d'une minute.

2 **MINUTE**, n. f. [minyt] (lat. *minuta,* s. e. *scriputra,* petite lettre) Petit caractère dont on se sert pour écrire les actes originaux et publics. ♦ Brouillon, original de ce qu'on écrit. ♦ Original des actes notariés, qui demeure chez les notaires. ♦ Jugements qui s'expédient dans les greffes, et qui demeurent au greffe. ♦ Dans l'art de lever les plans, le dessin qu'on a tracé géométriquement et à vue sur le terrain.

MINUTÉ, ÉE, p. p. de minuter. [minyte]

MINUTER, v. tr. [minyte] (*minute*) Écrire très fin. ♦ Faire la minute d'un écrit. ♦ **Fig.** et **fam.** Projeter quelque chose pour l'accomplir bientôt. « *Minutant à tous coups quelque retraite honnête* », MOLIÈRE. ■ Organiser un événement à la minute près. ■ **MINUTAGE**, n. m. [minytaʒ]

MINUTERIE, ■ n. f. [minyt(ə)ri] (1 *minute*) Mécanisme qui met en relation les aiguilles d'une montre ou d'une horloge avec le bloc moteur. ■ Dispositif qui relie un système électrique à un mécanisme d'horlogerie afin d'en fixer la durée de marche. *Minuterie réglable d'éclairage.*

MINUTEUR, ■ n. m. [minytœr] (*minuter*) Petit appareil permettant de programmer une durée dont la fin se signale par une sonnerie. *On utilise souvent les minuteurs pour programmer les temps de cuisson.*

MINUTIE, n. f. [minysi] (lat. impér. *minutia,* petite parcelle, de *minuo,* diminuer) Chose de peu de conséquence. *Les minuties de l'art.* « *Assez de livres sont pleins de toutes les minuties des actions de guerre* », VOLTAIRE. ■ Soin que l'on accorde au traitement des détails.

MINUTIER, ■ n. m. [minytje] (2 *minute*) Registre administratif qui contient les actes d'un notaire. ■ Local dans lequel sont archivés les actes notariés datés de plus de cent vingt-cinq ans à des fins de consultation historiques.

MINUTIEUSEMENT, adv. [minysjøz(ə)mɑ̃] (*minutieux*) D'une manière minutieuse.

MINUTIEUX, EUSE, adj. [minysjø, øz] (*minutie*) Qui s'attache aux minuties. *Un homme minutieux.* ♦ En parlant des choses, qui va jusqu'aux minuties. *Un soin minutieux.*

MIOCÈNE, adj. [mjɔsɛn] (gr. *meion,* plus petit, et *kainos,* récent) *Terrain miocène,* terrain superposé à l'Éocène et contenant une proportion moins grande de coquilles récentes actuellement vivantes que le Pliocène.

MIOCHE, ■ n. m. et n. f. [mjɔʃ] (dimin. de 1 *mie*) **Fam.** Enfant. « *C'était un mioche de cinq, six ans* », CENDRARS. « *La mioche regardait les lumières* », ARAGON.

MI-PARTI, IE, adj. [miparti] (1 *mi* et *partir,* partager) Composé de deux parties égales, mais dissemblables. *Robe mi-partie de blanc et de noir.* ♦ Partagé par la moitié. *Les avis sont mi-partis.* ♦ *Chambres mi-parties,* chambres instituées en France, au XVIᵉ siècle, et composées par moitié de juges protestants et de juges catholiques. ♦ **Hérald.** *Écu mi-parti,* celui qui est coupé dans une de ses parties.

MIPS, ■ n. m. [mips] (acronyme de *Million d'inscriptions par seconde*) **Inform.** Nombre de millions d'informations traitées par seconde dans un ordinateur.

MIQUELET, n. m. [mik(ə)lɛ] (esp. *miquelote*) Nom donné à des bandits qui se réfugiaient dans les Pyrénées. ♦ S'est dit aussi de certaines troupes légères qui font la guerre en enfants perdus, en éclaireurs. ♦ Soldats formant la garde particulière des capitaines généraux en Espagne.

MIR, ■ n. m. [mir] (mot russe, *communauté villageoise*) **Hist.** En Russie, assemblée rurale qui avait pour mission de répartir les terres entre les paysans dans chaque commune, avant la révolution de 1917.

MIRABELLE, n. f. [mirabɛl] (prob. de *Mirabel,* nom assez courant de villages dans le sud de la France) Espèce de petite prune ronde, de couleur jaune, et d'un goût excellent.

MIRABELLIER, ■ n. m. [mirabelje] (*mirabelle*) Prunier qui produit des mirabelles.

MIRABILIS, ■ n. m. [mirabilis] (mot lat., admirable) Plante herbacée dont les grandes fleurs ne s'ouvrent que la nuit et appelée aussi *belle-de-nuit.*

MIRACLE, n. m. [mirakl] (lat. *miraculum,* prodige, merveille) Acte contraire aux lois ordinaires de la nature et produit par une puissance surnaturelle. « *Rien ne caractérise mieux un miracle que l'impossibilité d'en expliquer l'effet par des causes naturelles* », BUFFON. ♦ Par exagération, chose extraordinaire, ou chose ordinaire, régulière dans l'ordre naturel, mais dont on ne sait aucunement la cause ou le moyen. *Une vie pleine de miracles.* « *Un héros, comme un dieu, peut faire des miracles* », P. CORNEILLE. ♦ **Fam.** *C'est un miracle de vous voir,* se dit d'une personne qu'on n'avait pas vue depuis longtemps. ♦ **Fam.** *Crier au miracle, crier miracle,* se dit quand quelqu'un fait une chose qu'il n'a pas coutume de faire. ♦ **Fam.** *Faire des miracles, faire miracle,* réussir merveilleusement, ou ironiq. commettre quelque maladresse. ♦ Se dit des personnes, des animaux et des choses qui sont dignes d'admiration. « *Anne, qui de Madrid fut l'unique miracle* », MALHERBE. « *L'éléphant est un miracle d'intelligence* », BUFFON. ♦ **PAR MIRACLE,** loc. adv. D'une façon qui est considérée comme un miracle, qui excite l'étonnement ou l'admiration. « *Il ne se soutient que par miracle* », BOURDALOUE. ♦ **À MIRACLE,** loc. adv. À merveille, fort bien. « *Il sait notre langue à miracle* », LA FONTAINE.

MIRACULÉ, ÉE, ■ n. m. et n. f. [mirakyle] (rad. lat. de *miraculum*) Sauvé, guéri miraculeusement. *La miraculée de Lourdes.* ■ Adj. *Un naufragé miraculé.*

MIRACULEUSEMENT, adv. [mirakyløz(ə)mɑ̃] (*miraculeux*) D'une façon miraculeuse, par miracle. ♦ D'une façon extraordinaire.

MIRACULEUX, EUSE, adj. [mirakylø, øz] (rad. lat. de *miraculum*) Qui tient du miracle. *Des effets miraculeux. Une délivrance miraculeuse.* ♦ Qui a le don des miracles. « *Des hommes miraculeux* », MASSILLON. ♦ Qui a quelque chose d'admirable, de merveilleux, en parlant soit des personnes, soit des choses. « *Miraculeux héros* », P. CORNEILLE. « *Le règne miraculeux de Louis* », BOSSUET. ♦ N. m. Ce qui a le caractère du miracle.

MIRADOR, ■ n. m. [mirador] (mot esp., de *mirar,* regarder) En Espagne, loge ou balcon entièrement vitré sur la façade d'une habitation. ■ Tour élevée de laquelle on peut surveiller ou garder un lieu. *Miradors d'une prison.*

MIRAGE, ■ n. m. [miraʒ] (*mirer*) Phénomène de réfraction par lequel les objets qui sont vus très près de l'horizon envoient quelquefois à l'observateur deux images, l'une directe, l'autre renversée. ♦ **Fig.** Déception, illusion. *Toutes ces espérances ne sont qu'un mirage.*

MIRAUD, AUDE, ■ adj. [miro, od] Voy. MIRO.

MIRBANE, ■ n. f. [mirban] (orig. inconnue) Nitrobenzène. *Essence de mirbane.*

MIRE, n. f. [mir] (*mirer*) Bouton placé au bout d'un fusil ou d'un canon et qui sert à mirer. ♦ *Point de mire,* le point où l'on vise pour tirer une arme, et fig. but auquel on tend. ♦ *Ligne de mire,* rayon visuel qui va de la pièce au point de mire. ♦ **Topogr.** Tige graduée le long de laquelle glisse un plateau de bois ou de tôle peint de deux couleurs et qui sert pour le nivellement. ♦ *Points de mire,* points à observer quand on lève un plan. ■ Ce qui fait l'objet de toutes les attentions.

1 **MIRÉ**, adj. m. [mire] (*mirer,* admirer) ▷ *Sanglier miré,* Vieux sanglier, dont les défenses, étant recourbées en dedans, ne sont plus dangereuses. ◁

2 **MIRÉ, ÉE**, p. p. de mirer. [mire]

MIRE-ŒUF ou **MIRE-ŒUFS**, ■ n. m. [mirœf, mirø] (*mirer* et *œuf*) Appareil lumineux permettant d'observer par transparence l'intérieur d'un œuf. Au pl. *Des mire-œufs.*

MIREPOIX, ■ n. f. [mir(ə)pwa] (nom de famille) **Cuis.** Préparation culinaire à base d'épices et de légumes servant à relever la saveur de certains plats.

MIRER, v. tr. [mire] (lat. *mirari,* s'étonner, d'où regarder avec étonnement, admirer) ▷ Regarder attentivement (peu usité en ce sens). « *Plus je regarde et mire ta personne* », LA FONTAINE. ◁ ♦ *Mirer des œufs,* les regarder, en les plaçant entre son œil et le jour, pour s'assurer qu'ils sont frais. ♦ *Mirer un drap,* le regarder à contrejour. ♦ Mettre l'objet que l'on veut atteindre avec une arme à feu, sur la même ligne que la pointe de l'arme. ♦ Absol. *Mirer longtemps.* ♦ **Fig.** *Mirer une place, un emploi,* y aspirer. ♦ Se mirer, v. pr. Se regarder dans un miroir ou dans quelque autre chose qui renvoie l'image des objets qu'on lui présente. *Se mirer dans l'eau.* ♦ Par exagération, *on se mirerait dans ce parquet,* il est fort luisant. *On se mire dans cette vaisselle, elle est très claire.* ♦ **Fig.** Se voir, se reconnaître. *Se mirer dans l'exemple des autres.* ♦ Se complaire. *Se mirer dans son ouvrage.*

MIRETTES, ■ n. f. pl. [mirɛt] (*mirer*) **Fam.** Les yeux. *Elle avait d'aussi belles gambettes que de belles mirettes.*

MIREUR, EUSE, ■ n. m. et n. f. [mirœr, øz] (*mirer*) Personne qui regarde attentivement quelque chose pour en apprécier la qualité, qui mire notamment les œufs.

MIRIFIQUE, adj. [miʀifik] (lat. *mirificus*) Qui fait qu'on s'émerveille, mais avec un sens d'ironie ou de plaisanterie. « *Les mirifiques aventures* », VOLTAIRE. « *Cela est mirifique* », VOLTAIRE.

MIRLIFLORE, n. m. [miʀliflɔʀ] (orig. incert., p.-ê. du lat. *mille flores*) ▷ **Fam.** Jeune homme qui fait l'agréable, le merveilleux. ◁

MIRLIROT, n. m. [miʀliʀo] ▷ Corruption de mélilot, Voy. ce mot. ◁

MIRLITON, n. m. [miʀlitɔ̃] (orig. inconnue) Tube creux de roseau garni par les deux bouts avec une pelure d'oignon ou avec un morceau de peau de baudruche, et autour duquel s'enroule souvent un papier contenant un rébus ou des devises. ◆ *Vers de mirliton, poésie de mirliton,* mauvais vers, poésie commune, vulgaire. ◆ **Refrain populaire.** ◆ Sorte de pâtisserie d'entremets.

MIRMIDON, n. m. [miʀmidɔ̃] Voy. MYRMIDON.

MIRO ou **MIRAUD, AUDE**, ■ adj. [miʀo, od] (*mirer*) **Fam.** Qui voit très mal tel un myope sans lunettes. *Il est miro comme une taupe!*

MIROBOLANT, ANTE, ■ adj. [miʀobolɑ̃, ɑ̃t] (p.-ê. de *Mirobolan*, personnage de théâtre, avec influ. de *mirer*) **Fam.** Mirifique, qui est trop beau pour qu'on puisse y croire. *Promesses mirobolantes.*

MIRODROME, ■ n. m. [miʀodʀom] (*mirer* et *-drome*) **Fam.** Lieu proposant des cabines disposées en cercle autour d'une scène sur laquelle une femme danse nue. ◁

MIROIR, n. m. [miʀwaʀ] (*mirer*) Verre étamé ou métal poli, qui rend la ressemblance des objets qu'on lui présente. ◆ *Présenter le miroir,* donner un miroir à quelqu'un pour qu'il s'y regarde, et fig. dire la vérité sans ménagement. ◆ **Fig.** *Le miroir de l'espérance,* les idées flatteuses qu'elle nous présente. ◆ En optique, toutes les surfaces solides, polies, planes ou courbes, qui sont susceptibles de réfléchir la lumière. *Miroir concave, convexe, etc.* ◆ **Par extens.** Objet ou brillant ou poli comme un miroir. *Ce parquet est un miroir. Le miroir des eaux.* ◆ **Fig.** Modèle. « *La clémence du roi, le miroir des monarques* », RÉGNIER. ◆ **Fig.** Ce qui représente une chose et la met pour ainsi dire sous nos yeux. « *Médée est un miroir de vertu signalée* », P. CORNEILLE. « *Mais l'exemple souvent n'est qu'un miroir trompeur* », P. CORNEILLE. ◆ *Miroirs ardents,* miroirs concaves, faits ordinairement d'acier, qui, rassemblant les rayons du soleil, font prendre feu aux corps combustibles qu'on présente à leur foyer. ◆ **Chasse** Morceau de bois taillé en arc, portant plusieurs petits miroirs qu'on fait tourner pour attirer certains oiseaux. ◆ **Cuis.** *Œufs au miroir,* œufs cuits sur le plat, sans que les jaunes se confondent avec le blanc. ◆ Place où l'on a enlevé l'écorce d'un arbre, pour y mettre l'empreinte du marteau.

MIROITANT, ANTE, adj. [miʀwatɑ̃, ɑ̃t] (*miroiter*) Qui miroite, qui a l'éclat d'un miroir. *Surface miroitante.*

MIROITÉ, ÉE, adj. [miʀwate] (*miroir*) *Robes miroitées,* se dit, chez le cheval, des robes dans lesquelles on remarque des plaques arrondies plus brillantes ou d'une nuance plus claire que le fond de la robe.

MIROITEMENT, n. m. [miʀwat(ə)mɑ̃] (*miroiter*) Éclat qu'une surface polie jette en réfléchissant la lumière.

MIROITER, v. tr. [miʀwate] (*miroir*, d'apr. *miroité*) Rendre semblable à un miroir. ◆ **V. intr.** Jeter des reflets ondoyants.

MIROITERIE, n. f. [miʀwat(ə)ʀi] (rad. de *miroitier*) Commerce de miroirs.

MIROITIER, IÈRE, n. m. et n. f. [miʀwatje, jɛʀ] (*miroir*) Personne qui fait, répare et vend des miroirs. ◆ **Adj.** *Maître miroitier.* ◆ Ouvrier qui met les glaces au tain, les coupes, etc.

MIROTON, n. m. [miʀotɔ̃] (orig. incert.) Mets composé de tranches de bœuf déjà cuites qu'on assaisonne surtout avec des oignons coupés en tranches très minces et bien cuits.

MIRV, ■ n. m. inv. [miʀv] (sigle de l'angl. *Multiple independently targetable reentry vehicle*) Partie supérieure d'un missile composée de plusieurs têtes nucléaires pouvant être guidées indépendamment les unes des autres. *Équiper les nouveaux missiles d'ogives MIRV.* ■ **REM.** On trouve aussi ce mot en minuscules : *mirv.*

MIS, MISE, p. p. de mettre. [mi, miz] *Bien mis, mal mis,* bien habillé, mal habillé.

MISAINE, n. f. [mizɛn] (ital. *mezzana*, du lat. impér. *medianus*, du milieu) Mât d'avant, mât qui est auprès du beaupré. ◆ *Voile de misaine* ou *simplement misaine,* voile attachée à ce mât.

MISANDRE, ■ adj. [mizɑ̃dʀ] (gr. *misein*, haïr, et *-andre*) Qui manifeste de la haine envers les hommes. ■ **N. m. et n. f.** *On parle plus souvent des misogynes que des misandres.*

MISANDRIE, ■ n. f. [mizɑ̃dʀi] (*misandre*) Haine ou mépris, en général des femmes, envers les hommes.

MISANTHROPE, n. m. [mizɑ̃tʀɔp] (gr. *misanthrôpos,* de *misein,* haïr, et *anthrôpos,* homme) Celui qui hait les hommes. ◆ Homme bourru, chagrin, ennemi du commerce des autres hommes. ◆ **Adj.** *Caractère misanthrope.*

MISANTHROPIE, n. f. [mizɑ̃tʀɔpi] (gr. *misanthrôpia*) Caractère du misanthrope, haine des hommes.

MISANTHROPIQUE, adj. [mizɑ̃tʀɔpik] (*misanthropie*) Qui a le caractère de la misanthropie. *Une réflexion misanthropique.*

MISCELLANÉES, n. f. pl. [miselane] (lat. *miscellanea*) Mélanges de littérature. ■ **REM.** On disait autrefois aussi *miscellanea.*

MISCHNA, n. f. [miʃna] (hébr. *mischna*, remaniement) Recueil de traditions rabbiniques depuis Moïse ; il a servi de fondement au Talmud. ◆ On trouve aussi *misnah.*

MISCIBILITÉ, n. f. [misibilite] (*miscible*) Qualité de ce qui peut se mêler, s'allier. *La miscibilité des métaux.*

MISCIBLE, adj. [misibl] (lat. *miscere,* mêler, mélanger) Qui est doué de la miscibilité. *L'eau et l'alcool sont miscibles.*

MISE, n. f. [miz] (*mettre*) Ce qu'on met soit dans une société de commerce, soit au jeu. ◆ Enchère. *Faire une mise.* ◆ ▷ Qualité d'une monnaie qui a cours. *Monnaie de mise.* ◁ ◆ **Fig.** *De mise,* qui est reçu, accepté, en parlant des personnes. « *C'est un homme qui est de mise un quart d'heure de suite* », LA BRUYÈRE. ◁ ◆ *Cet homme est de mise,* il est fait pour la bonne compagnie. ◆ En parlant des choses, *être de mise,* être valable, convenable. « *Combien en connaissais-je à qui tout est de mise!* », RÉGNIER. « *Une excuse de mise* », MOLIÈRE. ◆ *Cette étoffe n'est plus de mise,* elle n'est plus de mode, ou bien elle n'est plus de saison, ou enfin elle est usée. ◆ *Mise en possession,* formalité juridique par laquelle on est mis en possession d'un bien. ◆ *Mise en accusation, en jugement,* décision par laquelle un prévenu en accusation, un accusé en jugement. ◆ *Mise en liberté,* décision par laquelle le prévenu ou l'accusé est mis en liberté. ◆ *Mise en cause,* action d'appeler une personne dans un procès. ◆ *Mise en demeure,* Voy. DEMEURE. ◆ *Mise à prix,* déclaration du prix d'un objet, qui est faite en diverses circonstances par le vendeur. ◆ *Mise en vente,* l'action de vendre ou faire vendre quelque chose. ◆ *Mise en œuvre,* l'action de mettre en œuvre une matière quelconque. ◆ *Mise en scène,* les préparatifs, les soins qu'exige la représentation d'une pièce de théâtre. ◆ *Mise en pages,* l'action de rassembler les paquets de composition en faire des pages et des feuilles. ◆ *Mise en disponibilité, à la retraite, à pied,* Voy. ces mots. ◆ *Mise à l'eau d'un bâtiment,* son lancement du chantier. ◆ Manière de se vêtir. *Une mise décente.* ◆ *Mise bas,* parturition. *La mise bas d'une chienne.*

MISER, ■ v. tr. [mize] (*miser*) Parier. *Miser sur quelqu'un. Miser sur le 12 à la roulette.* ■ **Fig.** *Tout miser sur le même cheval,* fonder tous ses espoirs sur une seule chose.

MISÉRABILISME, ■ n. m. [mizeʀabilism] (*misérable*) Tendance littéraire et artistique qui vise à décrire la misère humaine. ■ **Par extens.** Complaisance par rapport à un état d'extrême indigence, misère. *Faire preuve de misérabilisme. Misérabilisme social.* ■ **MISÉRABILISTE**, n. m. et n. f. ou adj. [mizeʀabilist]

MISÉRABLE, adj. [mizeʀabl] (lat. *miserabilis,* de *miserari,* avoir compassion) Qui est dans une triste ou dans le malheur. « *La grandeur de l'homme est grande en ce qu'il se connaît misérable* », PASCAL. ◆ Il se dit des choses. *Une misérable condition.* ◆ *Faire une fin misérable,* mourir dans la misère, et aussi mourir d'une mort funeste. ◆ Digne de pitié. « *Misérables humains, ceci s'adresse à vous* », LA FONTAINE. ◆ Il se dit aussi des choses. « *C'est une misérable suite de la nature humaine* », PASCAL. ◆ Digne de mépris et de haine. *Il faut être bien misérable pour faire une telle action.* ◆ Qui est sans valeur, sans mérite. *Un auteur, un livre misérable.* ◆ **N. m. et n. f.** Celui, celle qui est dans la misère ou dans le malheur. « *Assister les misérables* », PASCAL. ◆ Il se dit aussi de ceux qui sont dans une condition inférieure, ou de gens sans ressources. « *Quand nous faisons besoin, nous autres misérables, Nous sommes les chéris et les incomparables* », MOLIÈRE. ◆ Celui, celle qui est digne de haine ou de mépris. *C'est un misérable.*

MISÉRABLEMENT, adv. [mizeʀabləmɑ̃] (*misérable*) D'une manière misérable.

MISÈRE, n. f. [mizɛʀ] (lat. *miseria,* malheur, adversité) État malheureux. *Les misères de cette vie.* ◆ *La misère du temps, des temps,* le mauvais état des affaires. ◆ Faiblesse et néant de l'homme. « *Ce sont [les misères de l'homme] misères de grand seigneur, misères d'un roi dépossédé* », PASCAL. ◆ Souffrances physiques, incommodités. ◆ *Lit de misère,* lit sur lequel est une femme en travail d'accouchement. ◆ Indigence, privation de ressources, des choses nécessaires. ◆ *Mal de misère,* la pellagre. ◆ *La misère,* les gens qui sont dans la misère. « *Les tristes demeures où se retirent la misère et la pauvreté* », FLÉCHIER. ◆ Peine, difficulté. *C'est une grande misère que les procès.* ◆ **Fam.** *Faire des misères,* causer de la peine, des contrariétés, du tourment. ◆ Paroles de médisance. *Il a dit toutes sortes de misères de vous.* ◆ Action, chose moralement petite. « *Quelle misère de s'offenser de tout ce que la Providence* *divine fait pour les autres!* », FLÉCHIER. ♦ Bagatelle, chose de peu d'importance et de valeur. ♦ Au boston, coup que l'on gagne quand on parvient à se débarrasser de toutes ses cartes, sans relever une seule main. ♦ *Petite misère,* celle dans laquelle on écarte préalablement une carte à son choix. ▪ *Un salaire de misère,* peu élevé. ▪ Chose qui a peu d'importance ou de valeur.

MISÉRÉRÉ, n. m. [mizeʀeʀe] (lat. *miserere,* aie pitié) Le psaume cinquante et unième, qui commence en latin par *Miserere mei, Deus.* ♦ Chant composé sur les paroles du psaume Miserere. ♦ Par extens. Le temps de dire un miséréré. ♦ Sorte de colique très douloureuse, que les médecins nomment iléus. ♦ Au pl. *Des misérérés.* ▪ *Des miséréré.*

MISÉREUX, EUSE, ▪ adj. [mizeʀø, øz] (*misère*) Qui donne l'apparence de la misère. ▪ N. m. et n. f. *On était touché par toutes ces miséreuses qui attendaient un travail.*

MISÉRICORDE, ▪ n. f. [mizeʀikɔʀd] (lat. *misericordia,* compassion) Sentiment par lequel la misère d'autrui touche notre cœur. ♦ Au pl. *Actes de miséricorde.* ♦ La grâce, le pardon accordé à ceux qu'on pourrait punir. *Obtenir, faire miséricorde.* ♦ *Être, se remettre, s'abandonner à la miséricorde de quelqu'un,* être, se remettre, s'abandonner à sa merci, à sa discrétion. ♦ *Sans miséricorde,* sans faire grâce. ♦ *La miséricorde de Dieu,* bonté par laquelle Dieu fait grâce aux hommes, aux pécheurs. ♦ *Miséricorde!* par exclamation, marque une extrême surprise accompagnée d'une sorte de chagrin ou de regret. ♦ ▷ *À l'aide, miséricorde!* cri poussé quand on est battu, outragé, et qu'on demande du secours. ◁ ♦ ▷ *Crier miséricorde,* crier en se plaignant des grandes douleurs qu'on souffre, ou d'une peine morale, d'une offense; et aussi éprouver une grande surprise, etc. ◁ ♦ ▷ Petit poignard que les anciens chevaliers portaient de l'autre côté de l'épée, et qui leur servait à tuer leur ennemi après l'avoir renversé, s'il ne criait pas miséricorde. ◁ ♦ Support en forme de cul-de-lampe pratiqué dans une stalle d'église, au-dessous du siège, et qui se relève avec lui. ♦ *Ancre de miséricorde,* la maîtresse ancre. ♦ Prov. *À tout péché miséricorde,* il faut pardonner les fautes, quelque graves qu'elles puissent être.

MISÉRICORDIEUSEMENT, adv. [mizeʀikɔʀdjøz(ə)mã] (*miséricordieux*) Avec miséricorde.

MISÉRICORDIEUX, EUSE, adj. [mizeʀikɔʀdjø, øz] (lat. médiév. *misericordiosus*) Qui a de la miséricorde. ♦ N. m. et n. f. *Bienheureux sont les miséricordieux.*

MISO..., ▪ [mizo] Préfixe issu du grec *misein,* haïr, et qui signifie haine.

MISOGYNE, ▪ n. m. [mizɔʒin] (gr. *misogunês,* de miso- et *gunê,* femme) Personne qui éprouve du dédain, du mépris pour les femmes. ▪ Adj. *Un homme misogyne.* ▪ MISOGYNIE, n. f. [mizɔʒini]

MISONÉISME, ▪ n. m. [mizoneism] (*miso-* et gr. *néos,* nouveau) Rare Aversion et méfiance envers la nouveauté, le progrès.

MISONÉISTE, ▪ n. m. et n. f. [mizoneist] (*misonéisme*) Rare Personne qui affiche un misonéisme. « *Les misonéistes annoncèrent [...] que les locomotives mettraient le feu aux maisons* », P. ROUSSEAU.

MISS, n. f. [mis] (mot angl.) Nom que les Anglais donnent aux jeunes filles et à toutes les femmes non mariées. ▪ Jeune fille élue dans un concours, pour sa beauté.

MISSEL, n. m. [misɛl] (lat. ecclés. *missalis,* de *missa,* messe) Nom du livre ecclésiastique qui contient les messes propres aux différents jours et fêtes de l'année, et qui sert aux prêtres à l'autel.

MISSI DOMINICI, ▪ n. m. pl. [misidominisi] (mots latins, envoyés du maître) Hist. Couple d'inspecteurs royaux formé d'un clerc et d'un laïc qui inspectaient les campagnes au nom de Charlemagne. *L'empereur envoyait ses missi dominici dans les différentes parties de son territoire.*

MISSILE, ▪ n. m. [misil] (lat. *missilis,* qu'on peut lancer) Fusée téléguidée à charge classique ou nucléaire. *Missile à courte, moyenne ou longue portée. Missile à tête chercheuse. Missile furtif.*

MISSILIER, ▪ n. m. [misilje] (*missile*) Soldat spécialiste des missiles.

MISSION, n. f. [misjɔ̃] (lat. *missio,* action d'envoyer) Pouvoir donné d'aller faire quelque chose. ♦ Fig. *La mission de notre siècle.* ♦ Fonction temporaire dont un gouvernement charge des agents spéciaux pour certains objets déterminés. ♦ Ordre et pouvoir que donne Dieu, Jésus-Christ, un ecclésiastique supérieur, pour aller prêcher, instruire, etc. ♦ *Mission de saint de Mahomet.* ♦ Fig. *Prêcher sans mission,* n'être pas autorisé à faire ou à dire ce qu'on fait ou ce qu'on dit. ♦ Collectivement, les prêtres envoyés pour la conversion des infidèles ou pour l'instruction des chrétiens. *La mission de la Chine.* ♦ Suite de prédications, de catéchismes et de conférences que les missionnaires font en quelque endroit. François Xavier est célèbre par ses missions dans l'Inde et au Japon. ♦ *Pères de la Mission,* congrégation de prêtres réguliers dont l'institution a pour objet la prédication dans les campagnes. ♦ Maison où demeurent les pères de la Mission. ♦ *Prêtres des*

Missions étrangères, prêtres séculiers, dont l'institution est d'aller prêcher l'Évangile dans les Indes. ♦ Établissement permanent où des missionnaires chrétiens sont parvenus à réunir des peuplades auparavant sauvages et errantes.

MISSIONNAIRE, n. m. [misjɔnɛʀ] (*mission*) Prêtre envoyé en mission. ♦ *Père de la Mission,* Voy. MISSION. ♦ Fig. Propagateur de certaines idées. *Les missionnaires du socialisme.*

MISSIVE, adj. f. [misiv] (lat. *missus,* de *mittere,* envoyer) Destiné à être envoyé. Usité seulement dans : *Lettre missive.* ♦ N. f. *Une missive,* une lettre.

MISTELLE, ▪ n. f. [mistɛl] (esp. *mistela,* du lat. *mixtus,* mêlé, mélangé) Moût de raisin dont la fermentation a été stoppée par ajout de l'alcool.

MISTIGRI, n. m. [mistigʀi] (prob. de *miste,* ancien nom pop. du chat, et *gris*) Fam. Chat. ♦ Le valet de trèfle, surtout quand il est accompagné de deux cartes de même couleur, à la bouillotte et au brelan. ♦ On dit aussi, en ce sens, par abréviation, *misti.*

MISTON, ONNE, ▪ n. m. et n. f. [mistɔ̃, ɔn] (anc. fr. *miste,* gentil) ▷ Fam. Gamin. ◁

MISTOUFLE, ▪ n. f. [mistufl] (p.-ê. de *emmitoufler,* avec influ. de l'anc. fr. *miste,* gentil) ▷ Fam. Misère. ▪ Tromperie, méchanceté. ▪ MISTOUFLARD, n. m. [mistuflaʀ]

MISTRAL, ▪ n. m. [mistʀal] (anc. provenç. *maestral,* du b. lat. *magistralis,* de maître) Nom qu'on donne, sur la Méditerranée, au vent nord-ouest. ▪ REM. Graphie ancienne : *maestral.*

MISTRESS ou **MISTRISS,** n. f. [mistʀɛs, mistʀis] (mot angl.) Nom donné en anglais aux femmes mariées.

MI-SUCRE, [misykʀ] (1 *mi* et *sucre*) Voy. SUCRE.

MITAGE, ▪ n. m. [mitaʒ] (*miter*) Implantation dispersée des habitations en milieu rural. *Le mitage de l'espace par des lotissements.*

MITAINE, n. f. [mitɛn] (anc. fr. *mite*) Gant sans séparation pour les quatre doigts, avec une séparation pour le pouce. ♦ Gants de femme qui, ne couvrant que la moitié de la main, laissent l'usage des doigts libre. ♦ Fig. et fam. Au pl. Précautions, soins, ménagements. *Il faut prendre des mitaines pour lui parler. Dire une chose sans mitaines.* ▪ REM. On dit auj. *prendre des gants, dire une chose sans gants.*

MITAN, ▪ n. m. [mitã] (1 *mi* et *tant*) ▷ Le centre, le milieu. *Le mitan de la vie.* ◁

MITARD, ▪ n. m. [mitaʀ] (arg. *mite,* cachot) Pop. Cachot de prison destiné à l'isolement des prisonnier punis.

MITE, n. f. [mit] (néerl. *mite*) Nom vulgaire de plusieurs espèces d'arachnides voisines des acares. *Mite de la farine, du fromage.* ♦ Fig. Des mites, de très petits êtres. ♦ Larve d'insectes, surtout de papillons nocturnes du genre teigne, qui rongent les étoffes. ♦ *Herbe aux mites,* la molaine blattaire. ♦ Pou des oiseaux.

MITÉ, ÉE, adj. [mite] (*mite*) Rongé des mites. *Fourrure mitée.*

MI-TEMPS, ▪ n. m. [mitã] (1 *mi* et *temps*) Emploi à temps partiel correspondant à la moitié du temps maximum légal. *Être employé à mi-temps.* ▪ N. f. Pause, temps de repos dans un match à la moitié du temps règlementaire. ♦ *La troisième mi-temps,* fête après un match. Au pl. *Des mi-temps.*

MITER (SE), ▪ v. pr. [mite] (*mité*) Être rongé, attaqué par les mites. *Ces vêtements se mitent au fond de l'armoire.*

MITEUX, EUSE, ▪ adj. [mitø, øz] (*mite*) Loqueteux, dans un état pitoyable. *Un hôtel miteux.* ▪ Fig. Minable. *Un concours miteux.* ▪ N. m. et n. f. Personne misérable, d'apparence nécessiteuse. *Ils n'acceptent pas les miteux dans mon genre.* ▪ MITEUSEMENT, adv. [mitøz(ə)mã]

MITHRIACISME ou **MITHRACISME,** ▪ n. m. [mitʀijasism, mitʀasism] (*mithriaque*) Relig. Culte de l'Empire romain dédié à Mithra. ▪ REM. On dit aussi *mithraïsme.*

MITHRIAQUE, ▪ adj. [mitʀijak] (lat. *mithriacus,* relatif à Mithra, dieu perse) Qui touche au culte de Mithra. *La genèse mithriatique.*

MITHRIDATE, n. m. [mitʀidat] (lat. *mithridatum,* contrepoison, du nom de *Mithridates,* roi du Pont) Électuaire composé de substances aromatiques, d'opium, etc., que l'on dit être de l'invention de Mithridate, et auquel on attribue des vertus de contrepoison. ♦ *Vendeur de mithridate,* charlatan, et fig. homme qui promet beaucoup et ne tient rien.

MITHRIDATISATION ou **MITHRIDATISME,** ▪ n. f. [mitʀidatizasjɔ, mitʀidatism] (*mithridatiser*) Accoutumance à un poison par ingestion progressive.

MITHRIDATISER, ▪ v. tr. [mitʀidatize] (*Mithridate,* roi du Pont) Accoutumer progressivement à l'absorption de poison afin d'y être immunisé. ▪ Se mithridatiser, v. pr. *Se mithridatiser à l'arsenic.*

MITIGATION, n. f. [mitigasjɔ̃] (lat. *mitigatio,* action d'adoucir) Action de mitiger. *La mitigation de la douleur.* ◆ **Fig.** Action d'atténuer.

MITIGÉ, ÉE, p. p. de mitiger. [mitiʒe]

MITIGER, v. tr. [mitiʒe] (lat. *mitigare,* amollir, calmer) Rendre quelqu'un moins entier, moins vif, moins rigoureux. *L'expérience mitigea ce caractère absolu.* ◆ Rendre quelque chose moins intense, moins vif, moins dur. *Mitiger la douleur, les passions, une proposition, une loi, une peine, etc.* ◆ Se mitiger, v. pr. Devenir moins absolu, moins rigoureux.

MITIGEUR, ■ n. m. [mitiʒœʀ] (*mitiger*) Robinet dont la commande d'eau chaude et d'eau froide est la même et dont le réglage du débit et de la température se fait d'une seule main. *Un mitigeur thermostatique.*

MITIS, n. m. [mitis] (lat. *mitis*) ▷ Nom propre du chat. ◁

MITOCHONDRIE, ■ n. f. [mitokɔ̃dʀi] (gr. *mitos,* fil, et *khondros,* grain) Structure microscopique dont le rôle physiologique est primordial dans la transformation des sucres en énergie pour la cellule. ■ MITOCHONDRIQUE, adj. [mitokɔ̃dʀik] ADN *mitochondrique.* ■ MITOCHONDRIAL, ALE, adj. [mitokɔ̃dʀijal]

MITOGÈNE, ■ adj. [mitoʒɛn] (*mitose* et *-gène*) **Biol.** Qui motive la prolifération cellulaire. ■ N. m. Élément générant la mitose.

1 **MITON**, n. m. [mitɔ̃] (anc. fr. *mite,* mitaine) Espèce de manchettes en fourrure ou en tricot que les femmes portent sur le poignet, pour se préserver du froid.

2 **MITON**, n. m. [mitɔ̃] (norm., morceau de mie, de *mie*) La mie du pain. ◆ **Fig.** et pop. *C'est de l'onguent miton mitaine, qui ne fait ni bien ni mal,* se dit en parlant d'un remède, d'un secours, d'un expédient qui ne sert ni ne nuit.

3 **MITON**, ■ n. m. [mitɔ̃] (1 *mitron*) **Archéol.** Gantelet de fer des chevaliers en forme de moufle.

MITONNÉ, ÉE, p. p. de mitonner. [mitone]

MITONNER, v. intr. [mitone] (2 *miton*) Rester longtemps sur le feu en trempant dans du bouillon ou de l'eau. *Le potage mitonne.* ◆ V. tr. Cuire à petit feu et dans un liquide. ◆ **Fig.** « *Je cache ma joie, je la mitonne* », MME DE SÉVIGNÉ. ◆ **Fig.** et fam. *Mitonner quelqu'un,* ménager adroitement son esprit, dans des vues intéressées. ◆ Disposer, préparer doucement. *Mitonner une affaire.* ◆ Dorloter. ◆ Se mitonner, v. pr. Être cuit doucement. ◆ **Fig.** Se procurer toute sorte d'aises et de commodités. *L'affaire se mitonne.* ■ **Fig.** Préparer quelque chose avec amour et application. *Mitonner aux petits oignons.*

MITOSE, ■ n. f. [mitoz] (gr. *mitos,* fil) **Biol.** Division d'une cellule en deux autres cellules possédant les mêmes caractéristiques chromosomiques que celle dont elles sont issues. ■ MITOTIQUE, adj. [mitotik]

MITOYEN, YENNE, adj. [mitwajɛ̃, jɛn] (anc. fr. *moitoien,* égal de moitié, altér. d'apr. *mi,* milieu) Qui tient le milieu entre deux choses, qui est entre deux choses. *Espace mitoyen.* ◆ *Mur mitoyen,* mur qui, séparant deux propriétés contiguës, appartient aux deux propriétaires. *Fossé mitoyen.* ◆ **Fig.** Qui est placé entre deux choses extrêmes, ou opposées, et qui tient un peu de l'une et de l'autre. « *Les chevaliers à Rome, ordre mitoyen entre les patriciens et le peuple* », BOSSUET. « *Des êtres mitoyens entre l'Être suprême et les hommes* », VOLTAIRE. ◆ *Avis mitoyen,* avis qui s'éloigne des extrémités de deux avis opposés. ◆ *État mitoyen,* condition entre la richesse et la pauvreté.

MITOYENNETÉ, n. f. [mitwajɛn(ə)te] (*mitoyen*) Qualité de ce qui est mitoyen. *La mitoyenneté d'un mur, d'un puits, etc.*

MITRAILLADE, n. f. [mitʀajad] (*mitrailler*) Décharge de plusieurs canons chargés à mitraille.

MITRAILLAGE, ■ n. m. [mitʀajaʒ] (*mitrailler*) Action de tirer par rafales sur un objectif. *Le mitraillage au sol des avions ennemis.*

MITRAILLE, n. f. [mitʀaj] (anc. fr. *mitaille,* morceau de métal, de *mite,* petite monnaie de cuivre) Anciennement, toute sorte de vieille quincaillerie, de vieux morceaux de cuivre. ◆ **Fam.** Basse monnaie. ◆ Anciennement, toute sorte de vieux clous et autre ferraille dont on se servait pour charger des pierriers. ◆ ▷ Aujourd'hui, balles ou biscaïens dont on charge les canons. ◆ *Obus à mitraille,* obus que l'on bourre de projectiles en fonte qui se morcellent lors du tir.

MITRAILLÉ, ÉE, p. p. de mitrailler. [mitʀaje]

MITRAILLER, v. intr. [mitʀaje] (*mitraille*) Tirer le canon à mitraille. ◆ V. tr. *Mitrailler l'ennemi.* ◆ Se mitrailler, v. pr. *Les deux armées se mitraillèrent.* ■ Photographier sous tous les angles. ■ **Fig.** *Mitrailler quelqu'un de questions,* le questionner sans cesse et sur n'importe quel sujet.

MITRAILLETTE, ■ n. f. [mitʀajɛt] (rad. de *mitrailleuse*) Fusil-mitrailleur. *Tirer à la mitraillette.*

MITRAILLEUR, n. m. [mitʀajœʀ] (*mitrailler*) Celui qui fait tirer à mitraille sur des rassemblements, sur le peuple.

MITRAILLEUSE, n. f. [mitʀajøz] (*mitrailler*) Machine composée d'un certain nombre de canons de fusil, au moyen de laquelle on lance des balles sur l'ennemi.

MITRAL, ALE, ■ adj. [mitʀal] (*mitre*) **Anat.** Qui a la forme d'une mitre. ■ *Valvule mitrale,* valvule située entre le ventricule gauche du cœur et l'oreillette. ■ *Insuffisance mitrale, rétrécissement mitraux,* relatifs à la valvule mitrale. ■ N. f. *La mitrale.*

MITRE, n. f. [mitʀ] (lat. médiév. *mitra,* du gr. *mitra,* bandeau pour la tête) Coiffure des anciens peuples de l'Asie, que les dames romaines leur avaient empruntée. ◆ Coiffure que portent les évêques, quand ils officient en habits pontificaux. ◆ **Fig.** Le pouvoir spirituel du pape. ◆ Bonnet de papier qu'on mettait en Espagne sur la tête de ceux qu'on exécutait par jugement de l'Inquisition. ◆ Tuiles ou planches de plâtre qu'on dispose en forme de mitre au-dessus d'une cheminée. ■ **Zool.** Mollusque des mers chaudes à coquille conique et effilée.

MITRÉ, ÉE, adj. [mitʀe] (*mitre*) Qui porte la mitre. *Abbé crossé et mitré.* ◆ *Abbaye crossée et mitrée,* abbaye dont l'abbé porte la crosse et la mitre. ◆ ▷ Qui porte la mitre, signe d'une condamnation infamante. *Un Juif mitré.* ◁

MITRON, n. m. [mitʀɔ̃] (*mitre,* du fait de la forme de leur bonnet) **Pop.** Garçon boulanger. ◆ *Coiffe* ou *mitre de papier.* ◆ Sorte de tuile.

MITTE, n. f. [mit] (orig. inconnue) Vapeur qui s'exhale des fosses d'aisances et qui cause des maux d'yeux. ◆ Maladie d'yeux.

MI-VOIX (À), ■ loc. adv. [mivwa] (1 *mi* et *voix*) Entre le chuchotement et la voix normale ; avec une voix faible et basse. *Parler à mi-voix.*

MIXAGE, ■ n. m. [miksaʒ] (*mixer*) Mélange et harmonisation sur une seule bande de plusieurs sources audiovisuelles. *Table de mixage. Mixage d'un film.*

MIXER, ■ v. tr. [mikse] (angl. *to mix,* mélanger, mêler) Broyer à l'aide d'un appareil électrique. *Mixer en purée.* ■ *Mixer un film,* réaliser le mixage d'un film.

1 **MIXEUR, EUSE**, ■ n. m. et n. f. [miksœʀ, øz] (mot angl., *to mix,* mélanger) Professionnel, professionnelle du mixage.

2 **MIXEUR** ou **MIXER**, ■ n. m. [miksœʀ] (mot angl., *to mix,* mélanger) Appareil ménager électrique qui mixe les aliments.

MIXITÉ, ■ n. f. [miksite] (*mixte*) Mélange des deux sexes. *Mixité des écoles.*

MIXTE, adj. [mikst] (lat. *mixtus,* de *miscere,* mêler, mélanger) Composé de plusieurs choses de différente nature. *Corps mixte.* ◆ Par extens. Qui participe à différentes choses. *Des êtres mixtes.* ◆ *Gouvernement mixte,* gouvernement qui participe de la nature de plusieurs autres. ◆ *Commission mixte,* commission composée d'hommes pris dans deux ou plusieurs compagnies, dans deux ou plusieurs nations, etc. ◆ *Espèce mixte,* race d'animaux produite par croisement. ◆ **Jurispr.** *Causes, actions mixtes,* causes, actions qui sont à la fois personnelles et réelles. ◆ **Bot.** *Boutons mixtes,* boutons qui produisent à la fois des feuilles et des fleurs. ◆ **Math.** *Nombre mixte,* nombre composé d'entiers et de fractions. ■ N. m. Dans l'ancienne chimie, corps composé d'éléments hétérogènes ou de différente nature ; dans la chimie moderne, composé indéterminé. ■ Qui compte à la fois des hommes et des femmes. ■ *Mariage mixte,* mariage entre deux personnes de religions, de nationalités ou d'ethnies différentes. ■ **Sp.** Au tennis, match qui oppose deux couples constitués chacun d'un homme et d'une femme.

MIXTILIGNE, adj. [mikstiliɲ] ou [mikstilinj] (*mixte* et *ligne*) **Géom.** Figures mixtilignes, figures terminées en partie par des lignes droites, et en partie par des lignes courbes.

MIXTION, n. f. [mikstjɔ̃] (lat. *mixtio,* mélange) **Pharm.** Action de mêler plusieurs drogues ou substances simples pour former un médicament composé. ◆ Préparation qui est le résultat de cette action. ◆ Mordant léger qui sert à fixer la dorure à l'huile.

MIXTIONNÉ, ÉE, p. p. de mixtionner. [mikstjɔne]

MIXTIONNER, v. tr. [mikstjɔne] (*mixtion*) Faire une mixtion, presque toujours avec le sens de mélange mauvais, dangereux. *Mixtionner un breuvage, du vin, etc.*

MIXTURE, n. f. [mikstyʀ] (lat. *mixtura,* mélange) Mélange de certaines substances pour un but déterminé. *Mixture frigorifique.* ◆ Médicament liquide qui résulte du mélange de substances diverses, et en particulier mélange qu'on prend par gouttes. ◆ Mélange de céréales qu'on sème. ■ Mélange au goût inqualifiable voire désagréable.

MJC, ■ n. f. [ɛmʒise] (sigle de *Maison des jeunes et de la culture*) Association municipale qui met à la disposition de tous des équipements de diverse nature afin de renforcer la vie sociale et culturelle d'une ville. *La bibliothèque, la salle de spectacle et de réunion d'une* MJC. *Un spectacle organisé par la* MJC.

MKSA, ■ adj. [ɛmkaɛsa] (sigle) *Système* MKSA, système international de mesure dont les unités fondamentales sont le mètre, le kilogramme, la seconde et l'ampère.

ML, ■ [mililitʀ] **Métrol.** Symbole du millilitre.

MM, MM2, MM3, ■ [milimɛtʀ, milimɛt(ʀə)kaʀe, milimɛt(ʀə)kyb] **Métrol.** Symbole du millimètre, millimètre carré, millimètre cube.

MM., ■ [mesjø] Voy. MESSIEURS.

MME, MMES, ■ [madam, medam] Voy. MADAME, MESDAMES.

MMS, ■ n. m. [ɛmɛmɛs] (sigle de *Multimedia messaging service*) Image envoyée par un téléphone portable. *Je t'envoie une photo par* MMS ou *je t'envoie un* MMS.

MNÉMO..., ■ [mnemo] Préfixe issu du grec *mnêmê*, mémoire, et qui signifie mémoire.

MNÉMONIQUE, adj. [mnemonik] (gr. *mnêmonikos*, de *mnêmê*, mémoire) Qui a rapport à la mémoire. *Art mnémonique.* ◆ N. f. *La mnémonique*, l'art de faciliter les opérations de la mémoire.

MNÉMONIQUEMENT, adv. [mnemonik(ə)mɑ̃] (*mnémonique*) Par rapport à la mnémonique.

MNÉMOSYNE, n. f. [mnemozin] (gr. *Mnêmosunê*) **Mythol.** La déesse de la mémoire, dite la mère des Muses.

MNÉMOTECHNIE, n. f. [mnemotɛkni] (*mnémo-* et *tekhnê*, art, métier) Art de donner la mémoire, d'augmenter la mémoire.

MNÉMOTECHNIQUE, adj. [mnemotɛknik] (*mnémotechnie*) Qui appartient à la mnémotechnie. *Procédés mnémotechniques.*

...MNÈSE, ...MNÉSIE, ...MNÉSIQUE, ■ [mnɛz, mnezi, mnezik] Suffixes issus du grec *mnêsia*, de *mimneskô*, je me souviens, et qui signifient se souvenir.

MNÉSIQUE, ■ adj. [mnezik] (gr. *mimneskô*, je me souviens) Qui se rapporte à la mémoire.

1 MO, ■ [ɛmo] Symbole chimique du molybdène.

2 MO, ■ [ɛmo] **Inform.** Symbole du mégaoctet.

MOA, ■ n. m. [moa] (empr. au maori, poule, coq) **Polynésie** et **zool.** Oiseau fossile d'Australie.

MOABITE, ■ n. m. et n. f. [moabit] (lat. *Moabites*) Habitant du Moab. ■ Adj. *La culture moabite.*

MOB, ■ n. f. [mɔb] Abréviation de *mobylette*. « Il met sa mob sur la béquille, s'assied par terre et réfléchit », RENAUD.

MOBILE, adj. [mobil] (lat. *mobilis*) Qui se meut ou qui peut être mû. *Un sable mobile.* ◆ **Impr.** *Caractères mobiles*, caractères séparés, par opposition aux planches gravées en bois, stéréotypées, etc. ◆ *Fête mobile*, fête dont le jour de célébration change tous les ans. ◆ *Troupes mobiles*, se dit par opposition à troupes sédentaires. ◆ *Garde mobile*, corps de troupe composé des jeunes gens qui ne font pas partie de l'armée active. ◆ N. f. *La mobile*, la garde mobile. ◆ N. m. *Un mobile*, un soldat de la garde mobile. ◆ Changeant, inconstant. *Un caractère mobile.* ◆ N. m. *Un mobile*, un corps qui est mû. ◆ Dans l'ancienne astronomie, *le premier mobile*, la première et la plus haute des sphères célestes qui se meut et donne le mouvement aux sphères inférieures ; de là par extens. la première cause de plusieurs mouvements subordonnés, et fig. personne qui donne le mouvement à une affaire, à une association. ◆ Il se dit aussi des choses qui exercent la principale influence. « *L'argent est le premier mobile des affaires de ce monde* », VOLTAIRE. ◆ La force mouvante. *Le feu est le mobile de cette machine ;* aujourd'hui, on dit plutôt et plus justement moteur. ◆ **Fig.** Ce qui porte, ce qui excite à faire quelque chose. « *La gloire, ce puissant mobile de toutes les grandes âmes* », BUFFON. ■ Objet de décoration constitué d'éléments assemblés entre eux et qui entrent en mouvement sous l'action du vent ou d'une impulsion.

...MOBILE, ■ [mobil] Suffixe relatif au mouvement, du latin *mobilis*, qui se meut.

MOBILE-HOME ou **MOBILE HOME**, ■ n. m. [mobilom] (mot angl., *mobile*, mobile, et *home*, maison) Petite maison en préfabriqué, transportable. *Des mobile-homes, des mobile homes.* ■ REM. Recommandation officielle : *autocaravane.*

MOBILIAIRE, adj. [mobiljɛʀ] (*mobile*) Qui consiste en biens meubles, ou qui concerne cette nature de biens. *Propriété, contributions mobiliaires.*

MOBILIER, IÈRE, adj. [mobilje, jɛʀ] (*mobile*) **Jurispr.** Qui est de la nature du meuble. *Les biens mobiliers d'une succession.* ◆ *Société générale de crédit mobilier*, société destinée à faire des prêts sur dépôt de valeurs mobilières, actions, coupons de rentes, etc. ◆ *Vente mobilière*, vente de tout ce qui est dénommé meuble. *Saisie mobilière. Succession mobilière.* ◆ *Héritier mobilier*, celui qui hérite de meubles. ◆ N. m. L'ensemble des meubles.

MOBILISABLE, adj. [mobilizabl] (*mobiliser*) Qui peut être mobilisé, mis en campagne, en parlant de troupes.

MOBILISATEUR, TRICE, ■ adj. [mobilizatœʀ, tʀis] (*mobiliser*) **Milit.** Qui est chargé de la mobilisation. *Un centre mobilisateur.* ■ Qui mobilise. *Une campagne politique mobilisatrice.*

MOBILISATION, n. f. [mobilizasjɔ̃] (*mobiliser*) **Jurispr.** Action d'assimiler aux meubles. ◆ **Admin.** et **milit.** Action de faire passer un corps sédentaire au service actif de guerre. ■ Entrée en action d'un groupe de personnes pour défendre une cause commune. ■ **Méd.** Action de mettre en mouvement une articulation.

MOBILISÉ, ÉE, p. p. de mobiliser. [mobilize]

MOBILISER, v. tr. [mobilize] (*mobile*) Assimiler aux meubles. *Par les contrats de mariage on mobilise quelquefois des immeubles.* ◆ Mettre en campagne. *Mobiliser la garde nationale.* ■ Réunir un groupe de personnes pour un projet commun. ■ **Fig.** Chercher à rassembler et à canaliser quelque chose. ◆ Se mobiliser, v. pr. Se réunir pour défendre une cause commune ou pour réaliser un projet commun.

MOBILITÉ, n. f. [mobilite] (lat. *mobilitas*) Propriété générale des corps, en vertu de laquelle ils obéissent parfaitement et en tous sens aux causes de mouvement. ◆ Mouvement communiqué. « *La lumière lugubre des lampes [...] répandait une mobilité effrayante sur ces objets éternellement immobiles* », CHATEAUBRIAND. ◆ Facilité à prendre différentes expressions. *La mobilité de la physionomie.* ◆ Facilité à passer promptement de l'imagination, des choses humaines, etc. ■ Aptitude à se déplacer dans le cadre de son emploi ou pour trouver un emploi.

MÖBIUS (RUBAN DE), ■ n. m. [møbjys] (nom propre) **Géom.** Surface que l'on obtient en tordant un ruban dont on a relié les deux extrémités et qui, de ce fait, ne présente qu'une seule face et un seul bord. *Le ruban de Möbius a été inventé par le mathématicien allemand Ferdinand Möbius.*

MOBYLETTE, ■ n. f. [mobilɛt] (nom déposé, d'apr. *mobile*) Vélomoteur. ■ Abrév. Mob.

MOCASSIN, n. m. [mokasɛ̃] (empr. à l'algonquin) Chaussure des sauvages de l'Amérique du Nord ; elle est faite de peau de bête [1]. ■ Chaussure basse, sans lacets et qui couvre le dessus du pied. ■ REM. 1 : Le mot *sauvage* n'avait pas, à l'époque de Littré, la connotation péjorative et raciste qu'il peut avoir aujourd'hui.

MOCHARD, ARDE, ■ adj. [mɔʃaʀ, aʀd] (*moche*) **Fam.** Très moche.

MOCHE, ■ adj. [mɔʃ] (arg. *amocher*) **Fam.** Laid. *Ce tableau est très moche.* ■ MOCHETÉ, n. f. [mɔʃ(ə)te]

MODAL, ALE, adj. [modal] (lat. médiév. *modalis*) **Philos.** Qui concerne la modalité. *Les accidents modaux.* ◆ *Proposition modale*, ■ *Une modale*, proposition qui contient une restriction. ◆ **Jurispr.** Qui a rapport à un mode, à une manière particulière de faire une chose. *Disposition modale.* ◆ **Mus.** *Notes modales*, celles qui caractérisent le mode majeur ou mineur : la tierce et la sixte. ■ **Ling.** Qui a rapport aux modes des verbes.

MODALITÉ, n. f. [modalite] (*modal*) **Philos.** Manière d'être. *Les figures ronde et carrée sont des modalités de l'étendue.* ◆ **Mus.** Indication du mode dans lequel on joue. ■ N. f. pl. Ensemble de conditions particulières à une situation. *Les modalités d'inscription à un examen.*

1 MODE, n. m. [mɔd] (lat. *modus*, manière) **Philos.** Manière d'être qui ne peut exister indépendamment des substances, quoiqu'elle puisse être conçue à part abstraitement. ◆ **Log.** Modification d'une proposition, ce qui la rend modale. ◆ Certain ordre dans le raisonnement ou dans la manière d'argumenter, qui dépend de la nature des propositions. *Modes du syllogisme.* ◆ Dans le langage ordinaire, forme, méthode. *Mode de gouvernement, d'enseignement, etc.* ◆ **Gramm.** Nom donné aux différentes formes du verbe employées pour exprimer les différents points de vue auxquels on considère l'existence ou l'action. *Les modes sont en français l'indicatif, l'impératif, le subjonctif, le conditionnel, l'infinitif et le participe.* ◆ *Modes personnels*, ceux qui ont des personnes. *Modes impersonnels*, l'infinitif et le participe. ◆ **Anc. mus.** Certaine disposition de l'échelle des sons. *Mode phrygien, dorien, etc.* ◆ Dans le plain-chant, disposition de l'échelle des sons analogues aux modes des Grecs. ◆ **Mus. mod.** Disposition des sons de la gamme, déterminée par la place du demi-ton, qui occupe le troisième degré dans le mode majeur, et le second dans le mode mineur. ◆ *Mode majeur*, celui où la tierce et la sixte, au-dessus de la tonique, sont majeures. ◆ *Mode mineur*, celui où la tierce et la sixte, au-dessus de la tonique, sont mineures.

2 MODE, n. f. [mɔd] (lat. *modus*, mesure, sorte) Manière, fantaisie. « *Un Dieu qu'on fait à sa mode, aussi patient que nos passions le demandent, n'incommode pas* », BOSSUET. ◆ *À la vieille mode*, comme dans les temps passés. ◆ *À la mode d'Italie, d'Espagne, etc.*, suivant les usages de ces pays. ◆ ▷ *Oncle, tante à la mode de Bretagne*, cousin germain, cousine germaine du père ou de la mère. *Neveu, nièce à la mode de Bretagne,* fils, fille du cousin germain ou de la cousine germaine. ◁ ✦ Usage passager qui dépend du goût et du caprice. *Suivre la mode.* ✦ *Passer de mode,* cesser d'être dans le goût du jour. ✦ *Mettre à la mode,* faire accepter par le goût du jour. ✦ *À la mode,* dans le goût du jour. « *L'hypocrisie est un vice à la mode* », MOLIÈRE. ✦ *Cet homme, cette femme est à la mode,* cet homme est recherché, cette femme est fêtée. ✦ *Il est de mode,* la mode veut. ✦ *Bœuf à la mode,* ragoût fait d'une pièce de bœuf piquée de gros lard, avec des carottes. ✦ Au pl. Les ajustements, les parures à la mode ; mais seulement en parlant des femmes. ✦ *Tenir les modes et la nouveauté,* vendre des chapeaux de femme, des objets de mode, des étoffes nouvelles. ✦ Aujourd'hui, *modes* ne se dit plus guère que des chapeaux et des coiffures de femme. ✦ ▷ Les jours qui font l'ornement du point d'Alençon. ◁ ■ **Prov.** *Chacun vit à sa mode,* chacun en use comme il lui plaît dans ce qui le regarde. ■ Ensemble des habitudes et des pratiques vestimentaires à une époque déterminée. ■ Industrie de la mode vestimentaire.

MODELAGE, ■ n.m. [mɔd(ə)laʒ] (*modeler*) Opération de celui qui modèle. ■ Forme ainsi réalisée.

MODELÉ, ÉE, p.p. de modeler. [mɔd(ə)le] N.m. **Peint.** et **sculpt.** Représentation, imitation des formes.

MODÈLE, n.m. [mɔdɛl] (ital. *modello*) Objet d'imitation. *Un modèle d'écriture, de broderie, etc.* ✦ Personne qui pose pour être dessinée ou peinte. ✦ *Être fait comme un modèle,* être bien fait. ✦ Représentation, en terre ou en une autre matière, d'un ouvrage à exécuter. *Un modèle de cire* ou *en cire, etc.* ✦ Dans le commerce, les statues, groupes, sujets qui appartiennent à telle ou telle maison. ✦ **Fig.** Ce qui est pour les choses d'esprit ou pour les choses morales l'équivalent des modèles dans les arts. « *Celui qui commande doit être le modèle de tous les autres* », FÉNELON. ✦ « *Les Anciens sont nos modèles en tout genre* », D'ALEMBERT. ✦ *C'est un modèle,* se dit d'une personne qui a de grandes vertus, de grandes qualités. ■ Représentation formalisant les différentes relations entre les éléments d'un système, d'un processus, d'une structure. ■ Type de produit spécifique et reproduit à grande échelle. *Un modèle standard.* ■ *Modèle réduit,* reproduction d'un avion, d'un bateau ou d'une voiture mais selon une échelle beaucoup plus petite. ■ Objet faisant office de prototype. ■ **Adj.** Dont la conduite est irréprochable.

MODELER, v.tr. [mɔd(ə)le] (*modèle*) **Sculpt.** Représenter par un modèle en terre molle, en cire, en plâtre. *Modeler une statue en terre.* ✦ **Absol.** *Ce sculpteur modèle bien.* ✦ Tirer en creux, faire des moules sur les beaux ouvrages de l'Antiquité ou autres ; on dit plutôt *mouler.* ✦ **Peint.** Rendre exactement le relief des figures, les méplats et les détails du système musculaire. ✦ **Absol.** *Ce peintre modèle bien.* ✦ Donner la forme extérieure. *L'océan a contribué à modeler le globe.* ✦ **Fig.** Régler, conformer. « *Le gouvernement fut modelé sur celui de la métropole* », RAYNAL. ✦ Se modeler, v.pr. Se régler, se conformer. « *Les jeunes animaux se modèlent sur les vieux* », BUFFON.

MODELEUR, EUSE, n.m. et n.f. [mɔd(ə)lœʁ, øz] (*modeler*) Personne qui modèle. ✦ Par analogie, personne qui fait des modèles de machines.

MODÉLISATION, ■ n.f. [mɔdelizasjɔ̃] (*modéliser*) Mise en place du modèle d'un système complexe qui permet d'en étudier plus facilement les variations et composantes. *La modélisation des recettes fiscales.*

MODÉLISER, ■ v.tr. [mɔdelize] (*modèle*) Concevoir un modèle. *Modéliser les plans d'un avion, un document.*

MODÉLISME, ■ n.m. [mɔdelism] (*modèle*) Concevoir et construire des modèles réduits. *Prendre des cours de modélisme.*

MODÉLISTE, ■ n.m. et n.f. [mɔdelist] (*modèle*) Personne qui dessine des modèles de couture. *Elle veut devenir modéliste.* ■ Personne qui invente et construit des modèles réduits.

MODEM, ■ n.m. [mɔdɛm] (abrév. de 1 *modulateur* et *démodulateur*) **Inform.** Périphérique utilisé pour transférer des informations entre plusieurs ordinateurs grâce aux lignes téléphoniques. *Des modems.*

MODÉNATURE, n.f. [mɔdenatyʁ] (ital. *modanatura,* du lat. *modulus,* moule) **Archit.** Proportion et galbe des moulures d'une corniche, qui détermine le caractère des divers ordres.

MODÉRANTISME, n.m. [mɔderɑ̃tism] (*modérant,* de *modérer*) S'est dit, pendant la Révolution française, de l'opinion de ceux qui étaient modérés.

MODÉRANTISTE, n.m. [mɔderɑ̃tist] (*modérantisme*) Partisan du modérantisme.

1 **MODÉRATEUR, TRICE**, n.m. et n.f. [mɔderatœʁ, tʁis] (lat. *moderator*) Personne qui dirige, qui règle. « *Modérateur des mœurs et de la police* », BALZAC. « *Elle est l'esclave plutôt que la modératrice des événements* », MASSILLON. ✦ *Le souverain modérateur,* Dieu. ✦ Celui qui cherche à tempérer des opinions exaltées, des sentiments extrêmes. ✦ **Adj.** *Pouvoir modérateur.* ✦ Instrument dont on se sert pour ralentir et régulariser le mouvement des machines. ✦ *Modérateur* ou *lampe à modérateur,* lampe à piston munie à

l'intérieur d'une tringle conique qui modère l'ascension de l'huile. ■ *Ticket modérateur,* système qui évitait d'avancer les frais médicaux remboursables par la Sécurité sociale.

2 **MODÉRATEUR**, ■ n.m. [mɔderatœʁ] (1 *modérateur*) **Nucl.** Substance (eau ou graphite) qui permet de réguler une réaction en chaîne dans une pile atomique.

MODÉRATION, n.f. [mɔderasjɔ̃] (lat. *moderatio*) Vertu de celui qui se modère. « *La modération est le trésor du sage* », VOLTAIRE. ✦ Action de rendre moindre. *La modération d'une taxe, d'une peine, d'une amende, etc.*

MODERATO ou **MODÉRATO**, ■ adv. [mɔderato] (it., *modéré*) **Mus.** Mouvement entre l'andante et l'allégro. ■ N.m. Morceau de musique qui doit être joué à ce rythme. ■ Au pl. *Des moderatos, des modératos.*

MODÉRÉ, ÉE, p.p. de modérer. [mɔdere] Qui se tient dans une juste mesure, en parlant des personnes. *Les esprits modérés. Soyez plus modéré dans vos désirs.* ✦ Il se dit des choses dans le même sens. « *J'avoue que le livre est sage et modéré* », VOLTAIRE. ✦ Qui est éloigné de l'excès, de l'extrême, en parlant des choses. *Une chaleur modérée. Le parti modéré.* ✦ **Mus.** Se dit d'un mouvement moyen entre le lent et le gai. ✦ **N.m.** *Un modéré, les modérés,* ceux qui appartiennent au parti ennemi des extrêmes.

MODÉRÉMENT, adv. [mɔderemɑ̃] (*modéré*) Avec modération, sans excès.

MODÉRER, v.tr. [mɔdere] (lat. *moderari,* régler, mesurer, de *modus,* mesure) Tenir dans la juste mesure. *Le temps modère notre affliction.* « *Modérez donc, seigneur, cette fureur extrême* », RACINE. ✦ Atténuer, diminuer. *Modérer le feu d'un fourneau, le prix d'une chose, sa marche, une peine, etc.* ✦ Se modérer, v.pr. Se tenir dans une juste mesure. ✦ Être tenu dans une juste mesure. « *Ce zèle est trop ardent, souffrez qu'il se modère* », P. CORNEILLE. ✦ Devenir moins violent, être atténué. *Le froid commence à se modérer.*

MODERN DANCE, ■ n.f. [mɔdɛʁndɛns] (amér., de *modern,* moderne, et *dance,* danse) Mouvement américain de danse moderne caractérisé par une remise en question radicale des contraintes académiques. Au pl. *Des modern dances.*

MODERNE, adj. [mɔdɛʁn] (lat. tard. *modernus,* récent, actuel) Qui est des derniers temps. *Un auteur moderne.* ✦ *Histoire moderne,* l'histoire depuis la Renaissance jusqu'à nos jours. ✦ **Peint.** *Tableau moderne,* tableau exécuté depuis peu d'années. *École moderne,* l'école d'aujourd'hui. ✦ **Géol.** *Terrain moderne,* terrain caractérisé par la présence des monuments de l'industrie humaine. ✦ *Architecture moderne,* l'architecture en usage dans l'Occident depuis le commencement du Moyen Âge. ✦ *Baliveau moderne,* baliveau qui a depuis 40 jusqu'à 60 et 80 ans. ✦ **N.m.** *Les modernes,* baliveaux réservés lors de la dernière coupe, par opposition aux anciens, qui sont de l'avant-dernière. ✦ **N.m.** Un homme des époques récentes, par opposition aux hommes des temps anciens. *Les modernes.* ✦ **N.m.** *Le moderne,* ce qui est dans le goût moderne. ✦ ▷ À LA MODERNE, loc. adv. Suivant la manière moderne. ◁ ■ Qui profite des recherches les plus récentes. *Un équipement moderne.* ◁ ■ Conçu en fonction des règles ou des besoins contemporains. ■ Qui sait s'adapter à l'évolution des pratiques sociales, en parlant d'une personne.

MODERNÉ, ÉE, p.p. de moderner. [mɔdɛʁne]

MODERNEMENT, adv. [mɔdɛʁnəmɑ̃] (*moderne*) ▷ D'une façon moderne. ◁

MODERNER, v.tr. [mɔdɛʁne] (*moderne*) ▷ Restaurer, pour de nouveaux usages et dans un goût moderne, un ancien édifice. ◁

MODERNISATEUR, TRICE, ■ adj. [mɔdɛʁnizatœʁ, tʁis] (*moderniser*) Qui modernise les choses. ■ N.m. et n.f. Personne qui modernise. *Les modernisatrices du mouvement féministe.*

MODERNISATION, ■ n.f. [mɔdɛʁnizasjɔ̃] (*moderniser*) Action de moderniser. *Plan de modernisation. Modernisation de l'usine.*

MODERNISER, v.tr. [mɔdɛʁnize] (*moderne*) Néolog. Donner un caractère moderne, une tournure moderne. ■ REM. Aujourd'hui, *moderniser* n'est plus un néologisme.

MODERNISME, ■ n.m. [mɔdɛʁnism] (*moderne*) Tendance à apprécier et à rechercher ce qui est moderne. ■ Courant artistique et littéraire du XXe siècle, qui voulait rompre avec le XIXe siècle. ■ MODERNISTE, n.m. et n.f. [mɔdɛʁnist]

MODERNITÉ, ■ n.f. [mɔdɛʁnite] (*moderne*) Qualité de ce qui est moderne. « *Il y a eu une modernité pour chaque peintre ancien ; la plupart des beaux portraits qui nous restent des temps antérieurs sont revêtus des costumes de leur époque* », BAUDELAIRE.

MODERN STYLE, ■ n.m. inv. [mɔdɛʁnstajl] ou [mɔdɛʁnstil] (angl., de *modern,* moderne, et *style,* style) Art nouveau du début du XXe siècle.

MODESTE, adj. [mɔdɛst] (lat. *modestus,* modéré, mesuré) Qui a de la modération, qui ne donne pas dans l'excès. « *Pour rendre votre peuple modeste* *dans sa dépense* », Fénelon. ♦ En parlant des choses, qui ne dépasse pas le taux voulu. *Prix modeste.* ♦ En parlant des choses, médiocre, simple, sans éclat. *Habillement modeste. « Renfermé dans les modestes emplois de la robe* », Bossuet. ♦ Qui a de la modestie, en parlant des personnes. « *Un homme modeste ne parle point de soi* », La Bruyère. ♦ N. m. et n. f. *Faire le modeste.* ♦ Il se dit des choses, dans le même sens. *Un refus modeste.* « *Récompenser le mérite modeste* », Voltaire. ♦ Qui a de la pudeur, de la décence, en parlant des personnes. *Une femme modeste.* ♦ En parlant des choses, qui est conforme à la pudeur, à la bienséance. *Un langage modeste.*

MODESTEMENT, adv. [modɛstəmɑ̃] (*modeste*) D'une manière modeste.

MODESTIE, n. f. [modɛsti] (lat. *modestia*, modération, mesure) Retenue à l'aide de laquelle on ne tombe pas dans l'excès. *La modestie dans la dépense.* ♦ Retenue dans la manière de penser et de parler de soi. « *La modestie est au mérite ce que les ombres sont aux figures dans un tableau : elle lui donne de la force et du relief* », La Bruyère. ♦ Pudeur, décence. « *Mettez dans vos discours un peu de modestie* », Molière. ♦ Contenance modeste. ♦ Mouchoir dont les dames se couvraient le cou.

MODICITÉ, n. f. [modisite] (b. lat. *modicitas*) Qualité de ce qui est modique. *La modicité de son revenu.*

MODIFIABLE, adj. [modifjabl] (*modifier*) Qui peut être modifié.

MODIFICATEUR, TRICE, adj. [modifikatœr, tris] (rad. de *modification*) Qui est propre à modifier. *Cause modificatrice. Les agents modificateurs.* ♦ N. m. Ce qui est propre à modifier.

MODIFICATIF, IVE, adj. [modifikatif, iv] (rad. de *modification*) Qui a la vertu de modifier. *Un terme modificatif.* ♦ N. m. **Gramm.** Mot qui détermine le sens des autres. *Les adverbes sont des modificatifs.*

MODIFICATION, n. f. [modifikasjɔ̃] (lat. *modificatio*, disposition mesurée) Changement qui s'opère dans la manière d'être d'une substance. *Les modifications du corps, de l'âme.* ♦ Changement qui s'opère ou qu'on opère dans une chose quelconque. *Opinion susceptible de modification. Les modifications du verbe.*

MODIFIÉ, ÉE, p. p. de modifier. [modifje]

MODIFIER, v. tr. [modifje] (lat. *modificare*, régler, ordonner) Changer la manière d'être. *Modifier une substance.* ♦ **Gramm.** Ajouter quelque modification à un mot, en restreindre, en particulariser le sens. *L'adverbe modifie l'action que le verbe exprime.* ♦ Changer, corriger une chose en quelqu'une de ses parties. « *L'homme est aux prises avec la nature ; sans cesse il la modifie, et sans cesse il est modifié* », Raynal. ♦ Modérer, atténuer. *Modifier une peine, une amende.* ♦ Se modifier, v. pr. Être modifié, changé, atténué.

MODILLON, n. m. [modijɔ̃] (ital. *modiglione*) **Archit.** Petite console propre aux ordres ionique, corinthien et composite, posée sous le larmier des corniches. ♦ **Menuis.** Espèce de petite console qui semble soutenir le larmier d'une corniche.

MODIQUE, adj. [modik] (lat. *modicus*) Qui est de peu de valeur, ou tout au moins d'une valeur modérée. *Revenu, fortune, taxe modique.*

MODIQUEMENT, adv. [modik(ə)mɑ̃] (*modique*) D'une manière modique.

MODISTE, n. m. et n. f. [modist] (2 *mode*) Ouvrier, ouvrière en modes. ♦ Marchand, marchande de modes. ♦ ▷ Aujourd'hui, il ne se dit que des faiseuses de chapeaux de femmes. ◁

MODULABLE, ■ adj. [modylabl] (*moduler*) Qui peut être adapté. *Un canapé modulable en lit.*

MODULAIRE, ■ adj. [modylɛr] (*module*) Qui est construit à partir de plusieurs modules. *Un ensemble modulaire.*

MODULANT, ANTE ■ adj. [modylɑ̃, ɑ̃t] (*moduler*) Qui permet la modification d'une chose. *Une fréquence modulante.*

MODULATEUR, TRICE, n. m. et n. f. [modylatœr, tris] (*moduler*) Celui, celle qui pratique bien la modulation, l'art de moduler.

MODULATION, n. f. [modylasjɔ̃] (lat. *modulatio*, action de mesurer, régler) **Mus.** Passage d'un mode à autre, d'un ton à un autre. ♦ Action de moduler le chant ou l'harmonie, et effet qui en résulte. « *C'est une musique sans modulation, où l'accent de l'âme humaine ne se fait pas sentir* », Mme de Staël. ♦ **Fig.** Qualité du style comparée à ce qu'est la modulation dans la musique. ■ Inflexion de la voix. ■ Adaptation de quelque chose selon des critères définis. ■ Variation de l'amplitude ou de la fréquence d'une onde ou d'un signal.

MODULE, n. m. [modyl] (lat. *modulus*, mesure) **Archit.** Toute grandeur établie pour servir de règle aux mesures de la distribution d'un bâtiment. ♦ Pour les colonnes, le module est le rayon moyen de la colonne. *Dans l'ordre dorique la hauteur est de 16, dans le corinthien de 20 modules.* ♦ Par extens. Tout ce qui sert à mesurer. *Le mètre est le module des longueurs.*

♦ Le diamètre d'une médaille. ■ Élément qui peut être associé à d'autres éléments de même nature. ■ Unité d'enseignement à l'université.

MODULÉ, ÉE, p. p. de moduler. [modyle]

MODULER, v. intr. [modyle] (lat. *modulari*, mesurer) Dans le style élevé, chanter, composer des vers. ♦ V. tr. « *La tranquille Philomèle À sa compagne fidèle Module ses doux concerts* », Voltaire. ♦ Donner au style un caractère comparé à la modulation musicale. *Moduler ses phrases.* ♦ V. intr. **Mus.** Faire passer le chant ou l'harmonie dans des tons ou des modes différents. ♦ V. tr. *Il a bien modulé cet air-là.* ■ Adapter quelque chose selon des critères définis.

MODULO, ■ adj. inv. [modylo] (mot lat., ablatif de *modulus*, mesure) **Math.** Relation d'équivalence entre deux entiers dont la différence, multiple de p, démontre la *congruence modulo p.*

MODULOR, ■ n. m. [modylɔr] (*module* et *or*, s. e. *nombre d'or*) Système de mesure architecturale fondé sur des modules et le nombre d'or. *Le Corbusier a essayé d'appliquer un modulor pour les unités d'habitation de Marseille.*

MODUS VIVENDI, ■ n. m. inv. [modysvivɛ̃di] (lat., manière de vivre) Arrangement entre deux personnes, parties ou nations afin d'éviter un conflit. « *Il faut trouver un modus vivendi, il faut tâcher de s'entendre avec* », Ionesco. Au pl. *Des modus vivendi.*

MOELLE, n. f. [mwal] (lat. *medulla*) Substance jaunâtre ou rougeâtre contenue dans la cavité des os. ♦ **Fig.** *Un os plein de moelle*, quelque chose qui est très productif de profit. ♦ **Fig.** et **fam.** *Il le suce jusqu'à la moelle des os*, se dit d'un homme qui en ruine un autre. ♦ ▷ **Fig.** *Jusque dans la moelle des os*, jusqu'au fond du cœur. « *Habitudes qui sont entrées jusque dans la moelle de leurs os* », Fénelon. ◁ ♦ *Corrompu jusqu'à la moelle des os*, jusqu'à la moelle, très corrompu. ♦ **Bot.** Tissu utriculaire placé au centre de la tige des dicotylédonées et renfermé dans le canal ou étui médullaire. *De la moelle de sureau.* ♦ **Fig.** Ce qu'il y a de plus essentiel, de meilleur. *Tirer, extraire la moelle d'un bon livre.* ♦ *Moelle épinière ou moelle de l'épine*, partie du système nerveux logée dans le canal vertébral.

MOELLEUSEMENT, adv. [mwaloz(ə)mɑ̃] (*moelleux*) D'une manière moelleuse, c'est-à-dire d'une manière qui a de la force et de la douceur à la fois. *Chanter, peindre moelleusement.* ■ De manière confortable, en parlant de mobilier d'assise. *Il était moelleusement installé dans le canapé.*

MOELLEUX, EUSE, adj. [mwalo, øz] (*moelle*) Rempli de moelle. *Un os, un bois moelleux.* ♦ Par extens. Qui unit la force à la douceur. *Vin moelleux.* ♦ *Étoffe moelleuse*, étoffe qui a du corps et qui est douce à la main. ♦ *Voix moelleuse*, voix pleine et douce. ♦ *Couleur moelleuse*, couleur qui a de l'éclat et de la douceur. ♦ **Fig.** En parlant des ouvrages de l'esprit ou des objets d'art, qui a quelque chose de doux et d'onctueux comme la moelle. *Un style moelleux. Pinceau, ciseau moelleux.* ♦ N. m. *Le moelleux*, ce qui dans les arts a le caractère de la largeur et de la douceur.

MOELLON, n. m. [mwalɔ̃] (anc. fr. *moilon*, du lat. *mutulus*, corbeau, modillon) Pierre blanche, assez tendre, qui se tire des carrières en moindres morceaux que la pierre de taille. ♦ *Mur construit en moellon.*

MŒUF, n. m. [mœf] (lat. *modus*) **Gramm.** Ancien nom des modes des verbes.

MŒURS, n. f. pl. [mœr] ou [mœrs] (lat. *mores*, usage, coutume) Habitudes considérées par rapport au bien ou au mal dans la conduite de la vie. *De bonnes, de mauvaises mœurs.* ♦ *Certificat de vie et de mœurs, de vie et mœurs, de bonne vie et mœurs*, certificat attestant qu'il n'y a rien à reprocher à telle personne. ♦ Absol. *Bonnes mœurs. Un homme sans mœurs. Avoir des mœurs.* ♦ Manière de vivre, usages, coutumes, préjugés, chez les différents peuples et dans les différents siècles. *Autres temps, autres mœurs.* « *Les mœurs, plus que les lois, font et caractérisent une nation* », Duclos. ♦ Les habitudes, les inclinations des individus. « *Chaque âge a ses plaisirs, son esprit et ses mœurs* », Boileau. ♦ *Les mœurs des animaux*, les habitudes naturelles des différentes espèces d'animaux. ♦ Ce qui est conforme aux habitudes des pays, des lieux, dans lesquels figurent dans une pièce de théâtre, etc. (On dit aujourd'hui : Couleur locale.) *Les mœurs sont bien gardées dans cette tragédie.* ♦ **Peint.** Le costume, les usages des différents temps, des différents lieux. ♦ **Rhét.** La partie de l'éloquence qui a pour objet de gagner la confiance des auditeurs. ♦ **Prov.** *Les honneurs changent les mœurs*, un homme dont la fortune s'élève se méconnaît et néglige ses amis qui sont demeurés dans la pauvreté.

MOFETTE, n. f. [mofɛt] (ital. *mofeta*, de *muffa*) ▷ **Chim.** Tout gaz non respirable. ◁ ♦ *Mofette atmosphérique*, le gaz azote. ♦ *Mofette inflammable*, syn. de grisou. ♦ On a dit aussi *moufette*. ♦ *Mofette* ou *moufette*, genre de mammifères qui répandent une odeur fétide.

MOHAIR, ■ adj. [moɛr] (mot angl.) Poil de chèvre angora réputé pour être soyeux. ■ Par méton. Laine faite à partir de ce poil. *Un pull mohair.*

MOHATRA, adj. m. [mɔatʀa] (ar. *muhâtara*, risque) Usité seulement dans : *Contrat mohatra*, contrat illicite, par lequel un usurier vend une marchandise très cher à crédit et la rachète immédiatement, à un très bas prix, mais argent comptant. ◆ N. m. *Le mohatra.*

MOI, pron. pers. [mwa] (lat. *me*) Pron. sing. de la première personne, des deux genres. ◆ *Moi* sert de complément aux prépositions. *Selon moi. Ce livre est à moi.* ◆ *Moi* sert de régime direct ou indirect au verbe à l'impératif. *Menez-moi. Dites-moi.* ◆ Si le verbe a pour complément direct *le, la, les*, ces mots se mettent après le verbe et devant *moi. Donnez-le-moi.* ◆ Il en est de même avec *leur, lui*, complément indirect. *Donnez-leur-moi sur les oreilles.* ◆ *Moi* s'emploie comme régime indirect d'une façon explétive et pour donner plus de force à ce qu'on dit. *Faites-moi taire ces gens-là. Moi*, employé seul comme réponse, peut être sujet ou régime direct, et tenir lieu d'une phrase entière. *Je partirai demain ; et vous ? – Moi, la semaine prochaine.* ◆ Dans un sujet composé où entre le pronom de la première personne, c'est de *moi* qu'on se sert et non de *je. Mon avocat et moi sommes de cet avis.* ◆ Lorsque *moi* précède le pronom relatif et une proposition incidente, le verbe de cette proposition incidente doit être mis à la première personne, et l'on doit dire : *Moi qui t'aimai et non pas moi qui t'aima.* ◆ *À moi !* sorte d'exclamation pour faire venir promptement quelqu'un auprès de soi. ◆ *De vous à moi*, en toute sincérité, ou en confidence. *Ceci est de vous à moi.* ◆ *Quant à moi*, pour moi, façons de parler dont on se sert pour marquer plus particulièrement ce qu'on pense. ◆ ▷ *Quant-à-moi*, employé comme un substantif masculin, et signifiant un air fier ou réservé (il est du langage familier). « *Si elle se tient sur son quant-à-soi, je vais au-devant* », LA FONTAINE. ◁ *Moi* se construit avec l'adjectif *même* pour appuyer sur le mot. *Moi-même*, Voy. MÊME. ◆ N. m. *Un autre moi-même*, Voy. MÊME. ◆ *Chez moi*, dans ma maison. ◆ N. m. *Un chez-moi*, une maison où l'on habite, où l'on a sa famille. ◆ N. m. *Le moi*, l'attachement de quelqu'un à ce qui lui est personnel. « *Le moi est haïssable* », PASCAL. ◆ *Le moi*, la personne même. *Oui moi, le moi qui vous parle.* ◆ Philos. *Le moi*, la personne humaine en tant qu'elle a conscience d'elle-même, et qu'elle est à la fois le sujet et l'objet de la pensée. ◆ *Le non-moi*, le monde extérieur ou l'objet. ■ REM. On dit aujourd'hui *le quant-à-soi* au lieu de *quant-à-moi.*

MOIGNON, n. m. [mwaɲɔ̃] ou [mwaɲjɔ̃] (prob. rad. préroman *munnio*, émoussé) L'extrémité amputée d'un membre recouverte d'une cicatrice. ◆ Par analogie, ce qui reste d'une grosse branche d'arbre qui a été coupée ou rompue. ◆ Partie qui a une forme comparée à un moignon. *Les oiseaux dits manchots n'ont qu'un moignon d'aile.*

MOINAILLE, n. f. [mwanaj] (*moine*) Terme de mépris dont on se sert pour désigner les moines en général.

MOINDRE, adj. [mwɛ̃dʀ] (lat. *minor*) Plus petit en étendue, en quantité, en qualité. ◆ Qui est de moindre mérite, de moindre rang, en parlant des personnes. « *Ils étaient plus que rois, ils sont moindres qu'esclaves* », P. CORNEILLE. ◆ Qui n'est pas aussi bon. *Ce vin-là est moindre que l'autre. Moindre* avec l'article défini *le, la, les*, ou un adjectif possessif, est un superlatif signifiant le moins considérable, le moins important, le plus petit. *C'est le moindre de mes soucis.* « *Qui vit jamais paraître en cette princesse le moindre sentiment d'orgueil* », BOSSUET. ◆ Fam. Il se joint par exagération à petit. *Au moindre petit bruit.* ◆ Avec l'article et précédé d'une négation, il signifie aucun. *Il ne lui a pas dit le moindre mot.* ◆ *Le moindre, la moindre*, la personne la moins considérable, de la dernière condition. « *Tous les hommes, jusqu'aux moindres, veulent qu'on les flatte* », BOSSUET. ◆ *Le moindre*, ce qu'il y a de moindre. ■ *Dans les moindres détails*, en totalité. ◆ Fam. *C'est la moindre des choses*, c'est tout à fait normal.

MOINDREMENT, adv. [mwɛ̃dʀəmɑ̃] (*moindre*) D'une façon moindre. ◆ *Le moindrement*, le moins du monde.

MOINE, n. m. [mwan] (b. lat. *monachus*, du gr. *monos*, seul) Homme qui s'est engagé par des vœux à suivre une certaine règle autorisée par l'Église. ◆ Fam. *Gras comme un moine*, fort gras. ◆ *Moine bourru*, Voy. BOURRU. ◆ Petit meuble de différentes formes qui sert à chauffer le lit. ◆ Prov. *Pour un moine l'abbaye ne faut pas*, l'absence d'une personne n'empêche pas que la chose dont il s'agit ne se fasse. ◆ *L'habit ne fait pas le moine*, ce ne sont point les habits ni la parure extérieure qui font l'honnête homme.

MOINEAU, n. m. [mwano] (dimin. de *moine*) Petit oiseau de plumage gris. ◆ *Moineau franc*, moineau domestique ou pierrot. ◆ Fig. *Tirer sa poudre aux moineaux*, faire de la dépense pour une chose qui n'en vaut pas la peine. ◆ *Manger comme un moineau*, manger très peu. ◆ Fig. *C'est un vilain moineau*. Ironiq. *Un joli moineau*, c'est un homme laid, désagréable, méchant. ◆ Fortif. Bastion plat bâti au milieu d'une courtine. ■ *Avoir une cervelle de moineau*, oublier facilement.

MOINERIE, n. f. [mwan(ə)ʀi] (*moine*) Terme collectif et de mépris qui désigne les moines en général ainsi que l'esprit et l'humeur des moines. ◆ Couvent de moines.

MOINE-SOLDAT, ■ n. m. [mwan(ə)sɔlda] (*moine* et *soldat*) Hist. Homme cumulant les fonctions de soldat et de religieux. « *Le père Georges est un moine-soldat, c'est vrai, dit l'évêque en souriant, immobile à nouveau* », MALRAUX. ■ Fig. Activiste engagé d'une cause. *Les moines-soldats de l'antiterrorisme européen.*

MOINESSE, n. f. [mwanɛs] (*moine*) Terme peu usité, qui ne se dit d'ailleurs que par plaisanterie. Religieuse.

MOINILLON, n. m. [mwanijɔ̃] (dimin. de *moine*) Petit moine ou moine sans considération.

MOINS, adv. [mwɛ̃] (lat. *minus*) Comparatif de peu. Il marque infériorité ou diminution. *Parlez moins haut.* ◆ *Ne... pas moins, n'en... pas moins*, tout de même, nonobstant. *Je suis souffrant, mais je n'en irai pas moins à la cérémonie.* ◆ *Moins que jamais*, se dit pour exprimer une impossibilité absolue. ◆ *Le moins*, superlatif de peu. « *Nous demandons au ciel ce qu'il nous faut le moins* », BOILEAU. ◆ *Ne... pas le moins du monde*, en aucune façon. *Il ne s'en aperçut pas le moins du monde.* ◆ *C'est moins que rien*, se dit d'une chose de nulle considération, d'une personne qu'on méprise. ◆ Dans certaines locutions, au lieu de *que*, on emploie *de. Cela coûte moins de dix francs.* ◆ *En moins de, dans moins de*, dans un moindre espace de temps. *En moins de dix jours.* ◆ *En moins de rien*, en très peu de temps. ◆ À MOINS DE, loc. prép. À un prix au-dessous de. *Je ne donnerai pas ce cheval à moins de mille francs.* ◆ Absol. *À moins*, pour un prix moindre, pour une peine moindre, pour une cause moindre. « *La tête tourne à moins* », MME DE SÉVIGNÉ. ◆ *À moins de*, sans une certaine condition. « *Tout est perdu, madame, à moins d'un prompt remède* », P. CORNEILLE. ◆ *À moins que de*, avec un verbe à l'infinitif. « *Toute puissance est faible à moins que d'être unie* », LA FONTAINE. ◆ On peut supprimer le *que*. ◆ À MOINS QUE, loc. conj. Régit le subjonctif avec la particule *ne*, et signifie si ce n'est que. « *Un lièvre en son gîte songeait (Car que faire en un gîte à moins que l'on ne songe ?)* », LA FONTAINE. ◆ Quelquefois le *ne* est supprimé, du moins en vers. ◆ *Moins* a certains emplois où il figure comme substantif, signifiant une moindre quantité. *Il a moins de fortune que vous. Il n'en sera ni plus ni moins.* ◆ *Moins*, employé substantivement avec l'article *le*, la plus petite partie. *Le plus et le moins.* ◆ *Le moins qu'on puisse faire*, se dit pour exprimer qu'on devrait faire davantage. ◆ Prov. *Qui peut le plus, peut le moins.* ◆ Il se construit aussi comme substantif avec *du*, et se joint à *plus*. « *Tous les hommes sont fous, et, malgré tous leurs soins, Ne diffèrent entre eux que du plus ou du moins* », BOILEAU. ◆ N. m. En algèbre, *un moins*, trait horizontal qui est le signe de la soustraction : A — B ; prononcez A moins B. ◆ N. m. Dans l'imprimerie, tiret long qui sert à séparer les phrases ou à remplacer des mots qu'on juge inutile de répéter. ◆ AU MOINS, loc. adv. Sert à marquer quelque restriction dans les choses dont on parle. « *Quand nous sommes malheureux, au moins avons-nous la mort, qui est comme un port assuré pour sortir de nos misères* », BOILEAU. ◆ On dit aussi : *Tout au moins, pour le moins, à tout le moins.* ◆ *Au moins*, sur toutes choses. *Au moins, prenez-y garde, c'est votre affaire.* ◆ *Au moins*, en une quantité qu'on ne peut évaluer au-dessous de... *Il a au moins dix mille livres de rente.* ◆ DU MOINS, loc. conj. Sert à restreindre. *Il est étourdi ; du moins il a bon cœur.* ◆ DE MOINS, loc. adv. *Il y a dix francs de moins.* ◆ *En moins*, à déduire. *Vous compterez cela en moins.* ◆ Manquant. *J'ai reçu en moins trois francs.* ◆ *Rien moins que*, Voy. RIEN.

MOINS-DISANT, ANTE, ■ adj. [mwɛ̃dizɑ̃, ɑ̃t] (*moins* et *disant*, de *dire*) Qui propose l'offre la plus basse au cours d'une vente par adjudication. ■ N. m. et n. f. *Les moins-disants avaient piètre allure après la montée des enchères.*

MOINS-PERÇU, ■ n. m. [mwɛ̃pɛʀsy] (*moins* et *perçu*, de *percevoir*) Ce qui reste à payer dans quelque chose qui vous est dû. *Il attendait de recevoir ses moins-perçus pour acheter un nouveau manteau.*

MOINS-VALUE, n. f. [mwɛ̃valy] (*moins* et *value*, d'apr. *plus-value*) Diminution d'une valeur, d'un fonds, d'un revenu. *Des moins-values.*

MOIRAGE, n. m. [mwaʀaʒ] (*moirer*) Action de moirer des étoffes, du fer-blanc. ◆ Reflet ondulé d'une étoffe, du fer-blanc moiré.

MOIRE, n. f. [mwaʀ] (angl. *mohair*, de l'ar. *muhayyar*) Originairement, étoffe faite avec le poil d'une espèce de chèvre de l'Asie Mineure. ◆ Aujourd'hui, apprêt que reçoivent à la calandre ou au cylindre certaines étoffes de soie, de laine, de coton ou de lin, et qui leur communique un éclat changeant, une apparence ondée. ◆ Étoffe qui a reçu ce genre d'apprêt. ◆ *Moire antique*, moire dont le dessin est grand.

MOIRÉ, ÉE, p. p. de moirer. [mwaʀe] N. m. *Le moiré*, propriété dans une étoffe, dans un métal, de présenter un dessin dont l'apparence varie avec la position du spectateur.

MOIRER, v. tr. [mwaʀe] (*moire*) Donner à une étoffe, à un métal la façon de la moire. *Moirer de la soie, du fer-blanc.*

MOIREUR, n. m. [mwaʀœʀ] (*moirer*) Ouvrier qui moire.

MOIRURE, ■ n. f. [mwaʀyʀ] (*moirer*) Reflet brillant que provoque le moiré sur une surface. *Il faut supprimer la moirure sur les photographies scannées.*

MOIS, n. m. [mwa] (lat. *mensis*) Une des douze parties de l'année. ♦ *Le premier, le second jour du mois,* ou absol. *le premier, le second ou le deux du mois.* ♦ En général, espace de trente jours consécutifs, de quelque jour que l'on commence à compter. ♦ D'après la loi, dans les questions d'intérêts, les mois sont tous de trente jours. ♦ Le prix convenu pour un mois. *Les mois d'une nourrice.* ♦ La somme qu'on donne à un jeune homme pour ses menus plaisirs, à une femme pour sa toilette. ♦ Astron. *Mois solaire,* l'espace de temps que le Soleil met à parcourir un des signes du zodiaque. ♦ *Mois lunaire,* syn. de lunaison. ▪ Temps de trente jours. ▪ Salaire correspondant à un travail de trente jours.

MOISE, n. f. [mwaz] (lat. *mensa,* table) Pièces de bois plates assemblées deux à deux par des boulons et servant à maintenir la charpente.

MOISÉ, ÉE, p. p. de moiser. [mwaze]

MOÏSE, ▪ n. m. [mɔiz] (*Moïse,* nom du personnage biblique abandonné à sa naissance dans une corbeille) Petit berceau en osier, capitonné et portatif, en principe sans pied.

MOISER, v. tr. [mwaze] (*moise*) Lier par des moises.

MOISI, IE, p. p. de moisir. [mwazi] N. m. Ce qui est moisi. *Cela sent le moisi. Ôter le moisi.*

MOISIR, v. intr. [mwaziʀ] (lat. *mucere,* être moisi) Se couvrir d'une petite végétation cryptogamique, en parlant de certaines substances ; ce qui indique qu'elles s'altèrent. ♦ Fig. Rester longtemps. « *M. Mathieu ne laisse point moisir l'argent entre les mains de ceux qui lui doivent* », REGNARD. ♦ V. tr. Rendre moisi. *C'est l'humidité qui a moisi ce pâté.* ♦ Se moisir, v. pr. Devenir moisi.

MOISISSURE, n. f. [mwazisyʀ] (*moisir*) Altération d'une chose moisie. ♦ Bot. Nom générique de toutes les petites végétations cryptogamiques qui se développent sur les végétaux morts et sur les matières qui s'altèrent. ♦ L'endroit moisi.

MOISSINE, n. f. [mwasin] (p.-ê. du lat. *musteus,* doux comme du moût) Faisceau de sarments de vigne, garni de feuilles et de grappes, que les vignerons suspendent au plancher de leur habitation.

MOISSON, n. f. [mwasɔ̃] (lat. class. *messis*) Action de récolter les grains et principalement les céréales. ♦ *Le temps de la moisson.* ♦ Les céréales mêmes qu'on récolte. ♦ Fig. Acquisition en bien ou en mal. « *Ce savant a fait une riche moisson dans les archives du royaume* », VOLTAIRE. ♦ Fig. Dans le langage de l'Écriture, conversion des âmes. ♦ Fig. et poétiq. Récolte de choses comparées aux moissons. « *Ces moissons de gloire Qu'à vos vaillantes mains présente la victoire* », RACINE. « *Ces moissons de lauriers* », RACINE.

MOISSONNAGE, ▪ n. m. [mwasɔnaʒ] (*moissonner*) Action de récolter les céréales dans les champs. *Le moissonnage à la faucille augmente la durée de travail, mais elle permet un rendement supérieur tant pour les grains que pour la paille.* ▪ Fig. *Le moissonnage d'informations permet de se faire une idée plus précise de la situation.*

MOISSONNÉ, ÉE, p. p. de moissonner. [mwasɔne]

MOISSONNER, v. tr. [mwasɔne] (*moisson*) Récolter par moisson. *Moissonner les froments, les orges, les avoines.* ♦ *Moissonner un champ,* faire la moisson des grains qu'il a produits. ♦ Fig. Dans la Bible, *celui qui sème le vent moissonnera la tempête,* celui qui excite des troubles sera lui-même victime de troubles plus grands encore. ♦ Absol. Faire la récolte. ♦ Fig. *Comme tu sèmeras, tu moissonneras,* comme tu feras, tu seras récompensé. ♦ Fig. et poétiq. *Moissonner des palmes, des lauriers,* avoir de nombreux succès, remporter de grandes victoires. ♦ Fig. et absol. Recueillir, obtenir des choses comparées à une moisson. « *Dans le champ du public largement ils moissonnent* », P. CORNEILLE. ♦ Fig. Détruire, faire périr. « *Le fer moissonna tout* », RACINE.

MOISSONNEUR, EUSE, n. m. et n. f. [mwasɔnœʀ, øz] (*moissonner*) Personne qui fait la moisson. ♦ N. f. Machine à moissonner.

MOISSONNEUSE-BATTEUSE, ▪ n. f. [mwasɔnøz(ə)batøz] (*moissonneuse* et *batteuse*) Machine agricole qui coupe les céréales, bat les grains et les sépare de la paille, qu'elle transforme en gerbes ou paquets. Au pl. *Des moissonneuses-batteuses.*

MOISSONNEUSE-LIEUSE, ▪ n. f. [mwasɔnøz(ə)ljøz] (*moissonneuse* et *lieuse*) Machine agricole qui lie en gerbes les céréales après les avoir coupées. Au pl. *Des moissonneuses-lieuses.*

MOITE, adj. [mwat] (lat. *mucidus,* moisi, gâté, altér. d'apr. *mustum,* moût) Un peu humide. *Une chaleur moite.* ♦ Méd. Peau moite, peau qui a de la moiteur. ♦ Fig. Mou, sans énergie. « *Ce même esprit me paraît lâche, moite* », J.-J. ROUSSEAU.

MOITEMENT, adv. [mwat(ə)mã] (*moite*) D'une manière moite.

MOITEUR, n. f. [mwatœʀ] (*moite*) Qualité de ce qui est moite. ♦ Méd. Sueur peu abondante ou simple humidité de la peau.

MOITIÉ, n. f. [mwatje] (lat. *medietas,* milieu) Une des deux parties égales dans lesquelles un tout est divisé. ♦ *Couper, partager une chose par la moitié,* la couper, la partager en deux parties égales. ♦ *Partager un différend par la moitié,* se relâcher des deux côtés, dans un marché, dans une contestation, sur ce qui empêche de conclure, de s'entendre. ♦ Par extens. Une part qui est à peu près la moitié. *La moitié d'un pain, d'un ouvrage, etc. La moitié du temps,* pendant une bonne partie de son temps. ♦ *Moitié de la vie,* moitié de moi-même, termes d'affection. ♦ ▷ Femme, à l'égard de son mari. « *Rends-toi digne du nom de ma chaste moitié* », P. CORNEILLE. ◁ ♦ *La plus belle moitié du genre humain,* les femmes en général. ♦ *Moitié,* pris adverbialement, à demi. *Moitié sérieusement, moitié en plaisantant.* ♦ ▷ *Moitié figue, moitié raisin,* Voy. FIGUE. ◁ ♦ Moitié chair, moitié poisson, Voy. POISSON. ♦ *À moitié,* avec le nom suivant sans article et sans préposition, en partageant par moitié ce dont il s'agit. *Louer une terre à moitié fruits. À moitié chemin. À moitié prix.* ♦ Dans le langage rural, *à moitié,* pris absolument, signifie : en partageant par moitié les produits entre le tenancier et le propriétaire. *Donner, prendre des terres à moitié.* ♦ ▷ *À moitié de perte et de gain,* et aussi *à moitié perte et gain,* en partageant également soit la perte soit le gain. ◁ ♦ *À moitié,* en partie, à demi. *De l'argent plus d'à moitié dépensé. Un fruit à moitié pourri.* ♦ On dit plus rarement : *Plus qu'à moitié.* ♦ *Être de moitié, se mettre de moitié,* être, se mettre en société avec quelqu'un, de manière que la perte et le gain se partagent par moitié, et fig. prendre part. ♦ DE MOITIÉ OU DE LA MOITIÉ, loc. adv. De beaucoup. « *Le moindre bruit que l'on peut faire Est le plus sûr de la moitié* », LA FONTAINE. ♦ *En rabattre de moitié* ou *de la moitié,* diminuer beaucoup l'estime qu'on avait pour une personne. ▪ REM. On dit auj. *mi-figue, mi-raisin.*

MOITIR, ▪ v. tr. [mwatiʀ] (*moite*) Imbiber régulièrement d'eau pour rendre moite.

MOKA, n. m. [mɔka] (*Moka,* nom ar. d'un port du Yémen) Le café qui vient de Moka, ville d'Arabie. *De bon Moka.* ♦ Infusion faite avec la graine de ce café. ▪ Génoise fourrée d'une crème au beurre parfumée au café. ▪ REM. Moka se trouve dans l'actuel Yémen.

1 MOL, OLLE, adj. [mɔl] Voy. MOU.

2 MOL, ▪ [mɔl] Chim. Symbole de la mole.

1 MOLAIRE, adj. [mɔlɛʀ] (lat. *molaris,* en forme de meule) *Dents molaires* ou n. f. *les molaires,* dents qui servent à broyer les aliments.

2 MOLAIRE, ▪ adj. [mɔlɛʀ] (*mole*) Chim. Qui est relatif à la mole. *Un calcul molaire.*

MOLARD, ▪ n. m. [mɔlaʀ] Voy. MOLLARD.

MOLARDER, ▪ v. intr. [mɔlaʀde] Voy. MOLLARDER.

MOLASSE, n. f. [mɔlas] (p.-ê. de *meule*) Sous-sol formé de pierre calcaire mêlée de sable et d'argile, complètement infertile. ▪ REM. On écrit aussi *mollasse.*

MOLASSIQUE, adj. [mɔlasik] (*molasse*) Qui a le caractère de la molasse. ▪ REM. On écrit aussi *mollassique.*

MOLE, ▪ n. f. [mɔl] (abrév. de *molécule*) Métrol. Unité de quantité de matière équivalant à la quantité de matière d'un système contenant autant d'entités élémentaires qu'il y a d'atomes dans 0,012 kg de carbone 12. (Symb. : mol.)

1 MÔLE, n. f. [mol] (lat. *mola,* meule) Méd. Embryon informe consistant en un simple sac cutané, sans organes distincts. ♦ *Fausses môles,* nom donné à des concrétions sanguines, à des corps charnus ou fibreux, à des polypes.

2 MÔLE, n. m. [mol] (ital. *molo*) Massif de maçonnerie placé au-devant d'un port pour le mettre à couvert de l'impétuosité des vagues. ♦ Anciennement, port lui-même.

3 MÔLE, ▪ n. f. [mol] (lat. *mola,* meule) Poisson des mers chaudes appelé aussi poisson-lune ou lune à cause de son corps rond et plat et qui peut atteindre deux mètres de long.

MOLÉCULAIRE, adj. [molekylɛʀ] (*molécule*) Qui a rapport aux molécules. ♦ *Actions moléculaires,* celles qui se passent dans l'intimité de la substance des corps, comme les actions chimiques. ♦ *Forces moléculaires,* celles qui s'exercent entre les molécules homogènes (cohésion) ou hétérogènes (affinité). ♦ *Attraction moléculaire,* force qu'on suppose inhérente aux molécules de la matière, et qui les tient adhérentes les unes avec les autres.

MOLÉCULAIREMENT, adv. [molekylɛʀ(ə)mã] (*moléculaire*) Molécule à molécule ; par molécules.

MOLÉCULE, n. f. [molekyl] (lat. *moles,* masse, d'apr. *corpuscule*) Petite partie d'un corps. ♦ Chim. La plus petite partie d'un corps composé qui puisse exister à l'état libre. ♦ *Molécules intégrantes,* celles qui forment par leur rapprochement la masse d'un corps, soit simple, soit composé. ♦ *Molécules constituantes,* les molécules des corps composés.

MOLÈNE, n. f. [molɛn] (1 *mol*) Genre de la famille des scrofulariées ; le type en est la molène ou bouillon blanc.

MOLESKINE, n. f. [molɛskin] (angl. *moleskin*, de *mole*, taupe, et *skin*, peau) Toile vernie qui sert à faire des buvards, des couvertures de livres, etc. ■ Rᴇᴍ. Graphie ancienne : *molesquine*.

MOLESTATION, n. f. [molɛstasjɔ̃] (*molester*) Action de molester.

MOLESTÉ, ÉE, p. p. de molester. [molɛste]

MOLESTER, v. tr. [molɛste] (b. lat. *molestare*, ennuyer, inquiéter) Tourmenter, inquiéter par des contrariétés suscitées mal à propos. ■ Brutaliser physiquement quelqu'un.

MOLETAGE, ■ n. m. [mɔl(ə)taʒ] (*moleter*) Méc. Réalisation de stries sur une surface cylindrique pour en faciliter la préhension. ■ MOLETER, v. tr. [mɔl(ə)te]

1 MOLETTE, n. f. [molɛt] (1 *mol*) Maladie particulière aux chevaux, consistant en une sorte d'hydropisie des capsules synoviales qui environnent les tendons fléchisseurs du pied.

2 MOLETTE, n. f. [molɛt] (dimin. du lat. *mola*, meule) Cône de marbre qui sert aux peintres à broyer les couleurs. ♦ **Pharm.** Espèce de pilon en pierre dure ou en verre, employé à broyer les corps sur le porphyre. ♦ Morceau de grès servant à polir le marbre.

3 MOLETTE, n. f. [molɛt] (2 *molette*) Partie de l'éperon, qui est une étoile de fer à huit ou dix pointes, et qui sert à piquer les flancs du cheval. ♦ Épi de poils au front du cheval, sur le poitrail, sur les flancs, etc. ♦ **Hérald.** La pièce principale de l'éperon ; elle est semblable à une étoile, mais percée en rond dans le milieu. ■ Disque strié sur son pourtour et servant à actionner un dispositif mobile. ■ *Clé à molette*, outil de serrage dont les mâchoires modulables permettent de s'adapter au diamètre de chaque pièce.

4 MOLETTE, ■ n. f. [molɛt] (2 *molette*) Techn. Pièce de tunnelier servant au forage en roche dure.

MOLIÈRE, ■ n. m. [mɔljɛʀ] (*Molière*, dramaturge français) Récompense qui distingue chaque année en France les divers domaines du théâtre. Recevoir le molière de la révélation masculine. « *Le Masque d'Or est aux comédiens ce que le molière est aux professionnels* », Dᴀɴᴅɪɴ.

MOLINISME, n. m. [molinism] (*Molina*, jésuite esp.) Opinion de Molina sur la grâce, d'après laquelle la grâce n'est point efficace par elle-même, mais est tantôt efficace et tantôt inefficace, selon que la volonté y coopère ou y résiste.

MOLINISTE, n. m. et n. f. [molinist] (*molinisme*) Celui, celle qui suit l'opinion de Molina sur la grâce. ♦ Adj. *Les opinions molinistes.*

MOLLAH, n. m. [mola] (ar. *maulâ*, seigneur) ▷ Prêtre musulman qui appelle, à certaines heures, du haut de la mosquée, les fidèles à la prière [1]. ◁ ■ Dans certains pays musulmans, responsable religieux qui exerce des fonctions juridiques ou pédagogiques. ■ Au pl. *Des mollahs.* ■ Rᴇᴍ. 1 : On dit *muezzin* aujourd'hui dans ce sens. ■ Rᴇᴍ. On écrit aussi *mulla* ou *mullah*.

MOLLARD ou **MOLARD**, ■ n. m. [molaʀ] (1 *mol*) Vulg. Crachat glaireux.

MOLLARDER ou **MOLARDER**, ■ v. intr. [molaʀde] (*mollard*) Vulg. Cracher.

1 MOLLASSE, adj. [molas] (1 *mol*) Qui est désagréablement mou au toucher. *Une substance mollasse.* ♦ Qui est désagréablement mou sous la dent. ♦ Qui n'a pas assez de corps, en parlant d'une étoffe. ♦ Il se dit des personnes dont toutes les parties du corps sont dans un état de flaccidité et de relâchement. ■ MOLLASSERIE, n. f. [molas(ə)ʀi]

2 MOLLASSE, n. f. [molas] Voy. ᴍᴏʟᴀꜱꜱᴇ.

MOLLASSIQUE, adj. [molasik] Voy. ᴍᴏʟᴀꜱꜱɪꞯᴜᴇ.

MOLLASSON, ONNE, ■ adj. [molasɔ̃, ɔn] (1 *mollasse*) Qui manifeste une attitude indolente, molle. « *Très beau film parfaitement réalisé, mais l'histoire est mollassonne* », Aʟʟᴏᴄɪɴᴇ. ■ N. m. et n. f. *Avance, gros mollasson, on n'attend plus que toi !*

MOLLEMENT, adv. [mɔl(ə)mã] (1 *mol*) D'une manière molle. *Être assis mollement.* ♦ Avec un abandon gracieux. *Se balancer mollement.* ♦ Fig. Avec un abandon moral. « *Se laisser entraîner mollement au courant* », Mᴀꜱꜱɪʟʟᴏɴ. ♦ Sans vigueur. « *Ils agissent mollement dans les choses qui sont de leur devoir* », Lᴀ Bʀᴜʏᴇ̀ʀᴇ. ♦ D'une manière efféminée. *Vivre mollement.*

MOLLESSE, n. f. [molɛs] (1 *mol*) Qualité de ce qui est mou. *La mollesse des chairs.* ♦ En parlant du climat, température douce et molle. ♦ En parlant de la complexion, du tempérament des personnes, défaut de résistance. ♦ Il se dit de la prononciation. ♦ Douceur, en parlant d'une langue. *La mollesse de la langue italienne.* ♦ Douceur de pensées et de style, accompagnée d'un certain abandon gracieux. ♦ Il se dit de la danse dans le même sens. *La mollesse des mouvements.* ♦ Peint. et sculpt. *La mollesse des chairs*, l'imitation vraie de la souplesse des chairs. ♦ *La mollesse du pinceau*, le défaut de fermeté dans le maniement du pinceau. ♦ Il se dit du style dans un sens analogue. ♦ Fig. Manque de vigueur et de fermeté dans le caractère, dans la conduite. ♦ Excès d'indulgence. « *Est-ce que vous voulez qu'un père ait*

la mollesse *De ne savoir pas faire obéir la jeunesse ?* », Mᴏʟɪᴇ̀ʀᴇ. ♦ Délicatesse d'une vie efféminée, mœurs efféminées. *Vivre dans la mollesse.* ♦ *La Mollesse*, sorte de divinité que crée la poésie.

1 MOLLET, n. m. [molɛ] (dimin. de 1 *mol*) Saillie que forment à la partie postérieure de la jambe les muscles jumeaux et soléaire, dite aussi le gras de la jambe. ♦ *Faux mollet*, pièce rembourrée qu'on place à la partie postérieure de la jambe pour suppléer à un mollet insuffisant.

2 MOLLET, ETTE, adj. [molɛ, ɛt] (dimin. de 1 *mol*) Un peu mou. ♦ Qui a une mollesse agréable au toucher. « *Un lit mollet où l'on s'ensevelit dans la plume* », J.-J. Rᴏᴜꜱꜱᴇᴀᴜ. ♦ *Pain mollet*, sorte de petit pain blanc qui est léger et délicat. ♦ *Œuf mollet* ou *œuf à la coque*, œuf cuit de manière que le blanc et le jaune restent liquides.

MOLLETIÈRE, ■ n. f. [mɔl(ə)tjɛʀ] (1 *mollet*) Guêtre montante, de cuir ou d'étoffe, qui protège le mollet. ■ Adj. *Bande molletière*, bande de tissu ou de cuir dont on entoure le mollet. « *Nous étions logés à quarante dans des baraquements en bois envahis par les puces. Il y en avait tant que les bandes molletières de nos tenues usagées bleu horizon en devenaient brunes* », Aʀᴀɢᴏɴ.

MOLLETON, n. m. [mɔl(ə)tɔ̃] (2 *mollet*) Étoffe de laine, de coton ou de soie, tirée à poil d'un seul côté ou des deux côtés, douce, chaude et mollette.

MOLLETONNÉ, ÉE, ■ adj. [mɔl(ə)tone] (*molleton*) Qui a la nature du molleton ou son aspect douillet. *Un tissu molletonné. Une doublure molletonnée.*

MOLLETONNEUX, EUSE, adj. [mɔl(ə)tonø, øz] (*molleton*) Qui est de la nature du molleton. *Étoffe molletonneuse.*

MOLLIFIÉ, ÉE, p. p. de mollifier. [molifje]

MOLLIFIER, v. tr. [molifje] (lat. *mollificare*, détendre, assouplir) Méd. Rendre mou et fluide. *Mollifier un abcès.* ♦ Il est peu usité.

MOLLIR, v. intr. [moliʀ] (1 *mol*) Devenir mou. *Ces fruits mollissent.* ♦ Manquer de force, faiblir, fléchir. « *Les plus hardis mollissent* », Bᴏɪʟᴇᴀᴜ. ♦ Se dit d'un cheval dont la jambe est faible et qui bronche souvent. ♦ Mar. *Le vent mollit* lorsqu'il tombe ou diminue de force ; on le dit aussi d'une grosse mer. ♦ Fig. Céder trop facilement. ♦ V. tr. Mar. Diminuer la raideur d'un câble ou d'une manœuvre quelconque, en la faisant filer.

MOLLISOL, ■ n. m. [molisɔl] (1 *mol* et *sol*) Partie supérieure du sol qui ressent le gel et le dégel. *Le mollisol est au-dessus du pergélisol.*

MOLLO, ■ adv. [molo] (1 *mol*) Fam. Doucement, lentement, prudemment. *Y aller mollo.*

MOLLUSCUM, ■ n. m. [molyskɔm] (lat. sc. d'apr. *molluscus*, voir *mollusque*) Petite tumeur fibreuse et bénigne de la peau.

MOLLUSQUE, n. m. [molysk] (lat. *mollusca*, s. e. *nux*, sorte de noix dont l'écale est tendre) Nom d'animaux sans vertèbres qui forment le troisième embranchement du règne animal. *L'huître est un mollusque.*

MOLOCH, ■ n. m. [molɔk] (hébr. *Molekh*, dieu des Ammonites) Petit lézard australien au corps recouvert d'épines. Au pl. *Des molochs.*

MOLOSSE, n. m. [molɔs] (lat. *molossus*, s. e. *canis*, de Molossie) Espèce de chien que les Anciens employaient à la chasse et à la garde des troupeaux. ♦ **Poétiq.** Chien de garde. ■ Fig. Une personne de forte corpulence et peu aimable. *Ce garde du corps est un vrai molosse.*

MOLOSSOÏDE, ■ n. m. [molosoid] (*molosse* et -*oïde*) Chien qui a le physique d'un dogue ou d'un pitbull et l'attitude agressive. ■ Adj. *Un chien de type molossoïde.*

MOLURE, ■ n. m. [molyʀ] (lat. scient. *molurus*) Grand python d'Asie pouvant mesurer jusqu'à six mètres.

MOLY, n. m. [moli] (gr. *môlu*) ▷ Plante dont parle Homère, et à laquelle il attribue des vertus merveilleuses. Au pl. *Des molys.* ◁

MOLYBDATE, n. m. [molibdat] (rad. de *molybdène*) Chim. Nom générique des sels neutres formés par l'union de l'acide molybdique avec les bases.

MOLYBDÈNE, n. m. [molibdɛn] (lat. *molybdæna*, du gr. *molubdis*, masse de plomb) Métal solide, blanc comme l'argent mat, malléable, presque infusible.

MOLYBDÉNITE, ■ n. m. [molibdenit] (*molybdène*) Sulfure naturel de molybdène.

MOLYBDEUX, adj. m. [molibdø] (rad. de *molybdène*) Chim. Oxyde molybdeux, qui est le premier degré d'oxydation du molybdène.

MOLYBDIQUE, adj. m. [molibdik] (rad. de *molybdène*) Chim. Acide molybdique, acide du molybdène.

MOLYSMOLOGIE, ■ n. f. [molismolɔʒi] (gr. *molusma*, souillure, et -*logie*) Étude des pollutions.

MÔME, ■ n. m. [mom] (prob. rad. *mom*- à valeur expressive) Gamin, petit enfant.

1 MOMENT, n. m. [momã] (lat. *momentum*) Partie petite, mais indéterminée, du temps. « *Le moment où je parle est déjà loin de moi* », BOILEAU. « *Il n'y avait pas un seul moment à perdre* », FÉNELON. ♦ *N'avoir pas un moment à soi*, avoir tout son temps pris. ♦ *Les derniers moments*, le peu de temps qui reste à un homme qui va perdre la vie. ♦ **Fam.** *Un moment*, c'est-à-dire attendez un moment. ♦ Temps qui convient, opportunité, occasion. *Le moment fut manqué*. « *Ces rapides moments d'où dépendent les victoires* », BOSSUET. ♦ *Un bon moment*, un instant favorable pour faire ce qu'on désire. ♦ En un sens contraire, *un mauvais moment*. ♦ ▷ *Avoir de bons moments*, se dit d'une personne dont l'esprit est égaré, mais à quelques bons intervalles, ou d'une personne d'humeur fâcheuse qui a des intervalles où elle est de bonne humeur. ◁ ♦ Conjoncture. « *Depuis ce malheureux moment tout alla en décadence* », BOSSUET. ♦ *Un moment*, pris adverbialement, *pendant un seul moment*. « *Albine, il ne faut pas s'éloigner un moment* », RACINE. ♦ *Dans un moment*, bientôt. ♦ *En un moment*, dans l'espace d'un moment. ♦ *Dans le moment*, dans très peu de temps. *À ce moment*, alors. ♦ *À tout moment, à tous moments*, à chaque moment, continuellement, sans cesse. ♦ ▷ *De moments en moments*, sans intervalle, continuellement ; dans le plus prochain intervalle de temps. ◁ ♦ *D'un moment à l'autre*, dans le plus prochain intervalle de temps. ♦ *En ce moment*, présentement. ♦ *Par moments*, de temps en temps. ■ *Sur le moment*, sur le coup. ■ AU MOMENT DE, loc. prép. Sur le point de. ■ *Dès ce moment, de ce moment*, depuis ce moment. ■ AU MOMENT OÙ, AU MOMENT QUE, DANS LE MOMENT OÙ, DANS LE MOMENT QUE, loc. conj. Lorsque. « *Au moment que j'ouvre la bouche pour célébrer la gloire immortelle de Louis de Bourbon* », BOSSUET. ■ DU MOMENT QUE, loc. conj. Dès que, depuis que. ■ *Du moment que*, puisque. ■ *Depuis le moment que*, depuis que.

2 MOMENT, n. m. [momã] (1 *moment*) Moment d'un levier ou simplement moment, le produit d'un bras de levier par la force qui lui est appliquée perpendiculairement. ♦ En général, produit d'une force par une distance.

MOMENTANÉ, ÉE, adj. [momãtane] (b. lat. *momentaneus*) Qui ne dure qu'un moment. *Un effort momentané*.

MOMENTANÉMENT, adv. [momãtanemã] (*momentané*) Pour un moment, pendant un moment.

MOMERIE, n. f. [mom(ə)ʀi] (p.-ê. de l'anc. fr. *momer*, se masquer) Mascarade. ♦ Chose concertée pour faire rire. ♦ Vieux en ces sens. ♦ Chose concertée pour tromper quelqu'un, mais avec teinte de ridicule. ♦ Cérémonie bizarre. ♦ **Fig.** Affectation ridicule d'un sentiment qu'on n'a pas. « *Ce méprisable sénat qu'on amusait par des momeries* », DIDEROT. ■ REM. On écrit aussi *mômerie*. « *Ce sentiment hypocrite si bien nommé la mômerie* », BALZAC.

MÔMERIE, ■ n. f. [mom(ə)ʀi] (*môme*) Enfantillage. *Faire des mômeries à la plage*.

MOMIE, n. f. [momi] (lat. médiév. *mumia*, de l'ar. *mumiya*, mélange de poix et de bitume) Corps embaumé par les anciens Égyptiens. ♦ **Fam.** « *Cet Ali d'Égypte ne remue pas plus qu'une momie* », VOLTAIRE. ♦ **Par extens.** Cadavre desséché et embaumé. ♦ **Fig.** *C'est une momie*, se dit d'une personne sèche et noire. ♦ Il se dit aussi d'une personne nonchalante et qui n'est bonne à rien. ♦ Couleur brune tirée des bitumes dont les momies ont été enduites.

MOMIFICATION, n. f. [momifikasjõ] (*momifier*) Conversion d'un cadavre en momie. ♦ **Fig.** Amaigrissement considérable.

MOMIFIER, v. tr. [momifje] (*momie*) Transformer en momie, dessécher un corps mort. ♦ Se momifier, v. pr. Devenir extrêmement maigre.

MOMON, n. m. [momõ] (*momerie*) ▷ Mascarade. ♦ Espèce de danse exécutée par des masques. « *Jouer un momon* », MOLIÈRE. ♦ Défi au jeu de dés porté par des masques. ♦ *Couvrir le momon*, accepter le pari. ◁

MOMUS, n. m. [momys] (gr. *Mômos*) Dieu qui présidait aux rires et aux chansons. ♦ **Par extens.** La chanson joviale.

MON, MA ou **MES**, adj. poss. [mõ, ma, me] (lat. *meus*...) Adj. poss. qui répond au pronom personnel *moi, je*. Il exprime la possession qu'a la personne qui parle. *Mon bien*. ♦ Devant un nom féminin commençant par une voyelle ou par une *h* muette, au singulier, l'usage veut qu'on emploie le masculin. *Mon amie. Mon humeur*. ♦ Il se dit aussi en parlant à une personne ou d'une personne qu'on aime. « *Rends-moi mon Curiace* », P. CORNEILLE. ♦ **Fam.** Il se met pour désigner les objets avec lesquels la personne qui parle a quelque rapport d'habitude ou dont il a été fait mention précédemment. *Voilà mes fous. Voilà mon homme pris*. ♦ Il se dit dans le même sens devant les noms propres. *Je connais mon Racine, mon Paris*, etc. ♦ *Mon, ma, mes*, devant les adverbes ou adjectifs comparatifs, forment le superlatif. *Mon meilleur ami. Ma plus chère espérance*.

MONACAL, ALE, adj. [monakal] (b. lat. *monachalis*) Appartenant à l'état de moine, presque toujours avec un sens défavorable. *L'esprit, le pouvoir monacal. Les ordres monacaux*.

MONACALEMENT, adv. [monakal(ə)mã] (*monacal*) À la manière des moines.

MONACHISME, n. m. [monaʃism] (b. lat. *monachus*) État de moine, avec un sens défavorable. *L'influence du monachisme*. ♦ Vie cénobitique, sans idée défavorable. ♦ Manière de penser et d'agir semblable à celle des moines.

1 MONACO, n. m. [monako] (*Monaco*) Sou fabriqué dans la principauté de Monaco. ♦ **Par extens.** Un mauvais sou, n'ayant pas cours en France. ◁ ♦ ▷ **Fam.** *Avoir des monacos*, être riche. ◁

2 MONACO, ■ n. m. [monako] (orig. inconnue) Bière pression dans laquelle on ajoute du sirop de grenadine et de la limonade. *Deux monacos et un café, s'il vous plaît !*

MONADE, n. f. [monad] (gr. *monas*, seul, isolé) Unité parfaite qui, selon les pythagoriciens, renferme l'esprit et la matière sans aucune division. ♦ D'après Leibniz, éléments des choses ou substances simples, incorruptibles, différentes de qualités, nées avec la création. ♦ **Arithm.** Nombre composé d'une seule figure, tel que 1, 2, 3, etc. ♦ Genre d'animalcules microscopiques.

MONADELPHE, adj. [monadɛlf] (*mono*- et gr. *adelphos*, jumeau) **Bot.** Dont les étamines sont réunies en un seul faisceau par les filets.

MONADELPHIE, n. f. [monadɛlfi] (*monadelphe*) **Bot.** Classe du système de Linné, renfermant les plantes monadelphes.

MONADELPHIQUE, adj. [monadɛlfik] (*monadelphie*) Qui appartient à la monadelphie.

MONADISME, n. m. [monadism] (*monade*) Système philosophique qui admet que l'univers est composé de monades.

MONADISTE, n. m. [monadist] (*monade*) Partisan du monadisme.

MONADOLOGIE, ■ n. f. [monadoloʒi] (*monade* et -*logie*) Théorie sur les monades développée par Leibniz. ■ REM. On dit aussi *monadisme*.

MONANDRE, adj. [monãdʀ] (*mono*- et -*andre*) Qui n'a qu'une seule étamine.

MONANDRIE, n. f. [monãdʀi] (*monandre*) **Bot.** Classe du système de Linné renfermant les plantes monandres.

MONANDRIQUE, adj. [monãdʀik] (*monandrie*) Qui appartient à la monandrie.

MONARCHIE, n. f. [monaʀʃi] (b. lat. *monarchia*, du gr. *monarkhia*, gouvernement d'un seul) Gouvernement d'un État régi par un seul chef. *Monarchie héréditaire, élective, constitutionnelle*. ♦ État gouverné par un roi. ♦ *Monarchie universelle*, pouvoir d'un monarque établi sur la terre entière, ou du moins sur la partie la plus importante et la plus civilisée.

MONARCHIQUE, adj. [monaʀʃik] (gr. *monarkhikos*) Qui appartient à la monarchie. *Un pouvoir monarchique*. ♦ N. m. Le monarchique, le gouvernement monarchique. « *Les Macédoniens aiment le monarchique* », P. CORNEILLE.

MONARCHIQUEMENT, adv. [monaʀʃik(ə)mã] (*monarchique*) À la manière d'une monarchie.

MONARCHISME, n. m. [monaʀʃism] (*monarchie*) Système, opinion des partisans de la monarchie.

MONARCHISTE, n. m. et n. f. [monaʀʃist] (*monarchie*) Partisan de la monarchie. ♦ Adj. *Un peuple monarchiste*.

MONARQUE, n. m. [monaʀk] (lat. *monarchus*, du gr. *monarkhos*, de *mono*- et *arkhos*, chef) Chef d'une monarchie. « *Une mouche est monarque des animalcules imperceptibles qu'elle dévore* », VOLTAIRE.

MONASTÈRE, n. m. [monastɛʀ] (lat. *monasterium*, du gr. *monastêrion*, résidence solitaire) Édifice habité par des moines ou par des religieuses.

MONASTIQUE, adj. [monastik] (lat. *monasticus*, du gr. *monastikos*) Qui concerne les moines. *Vœux, vie monastique*.

MONAURAL, ALE, ■ adj. [monoʀal] (*mono*- et lat. *auris*, oreille) Qui se rapporte à l'audition d'une seule oreille.

MONAUT, adj. m. [mono] (gr. *monôtos*, de *mono*- et *otos*, oreille) Qui n'a qu'une oreille. *Un chien, un chat, un cheval monaut*.

MONAZITE, ■ n. f. [monazit] (all. *Monazit*, du gr. *monazô*, être rare) Minerai contenant principalement du phosphate naturel de cérium.

MONBAZILLAC, ■ n. m. [mõbazijak] (*Monbazillac*, Dordogne) Vin blanc doux et sucré de la région du Sud-Ouest accompagnant surtout le foie gras.

MONCEAU, n. m. [mõso] (b. lat. *monticellus*, colline) Amas fait en forme de petit mont, entassement confus d'objets. *Des monceaux d'or. Des monceaux de morts*. ♦ **Fam.** *Avoir des monceaux d'une chose*, en avoir beaucoup.

MONDAIN, AINE, adj. [mõdɛ̃, ɛn] (lat. ecclés. *mundanus*, du monde) Qui appartient à la vie du monde, par opposition à la vie religieuse. *La science* *mondaine.* ♦ *Œuvre mondaine,* œuvre mercenaire, servile. ♦ Qui aime les vanités du monde. ♦ Qui aime les plaisirs du monde, bals, soirées, spectacles. *Une femme mondaine.* ♦ Qui se ressent des vanités du monde, en parlant des choses. « *Tous ces honneurs mondains ne sont qu'un bien stérile* », VOLTAIRE. ♦ N. m. et n. f. Personne qui est attachée aux choses du monde. Personne qui aime les réunions, les soirées, les bals, les spectacles. ■ *Brigade mondaine,* brigade chargée de traiter les affaires de drogue et de proxénétisme.

MONDAINEMENT, adv. [mɔ̃dɛn(ə)mɑ̃] (*mondain*) D'une manière mondaine.

MONDANITÉ, n. f. [mɔ̃danite] (*mondain*) État de ce qui appartient au monde. « *Faire profession de mondanité où vous l'aviez faite de christianisme* », MASSILLON. ♦ Vanité mondaine. « *On y apporte toutes les dispositions d'une mondanité voluptueuse* », BOURDALOUE. ■ N. f. pl. Habitudes et convenances de ceux qui sont attachés aux vanités du monde.

1 MONDE, n. m. [mɔ̃d] (lat. *mundus,* le monde) Tout ce que nous apercevons d'espace, de corps et d'être. ♦ *Un monde,* quelque chose de très grand. ♦ **Fam.** *Depuis que le monde est monde,* de tout temps. ♦ ▷ *L'an du monde deux mille,* la deux millième année depuis la création du monde. ◁ ♦ *Le monde physique,* le monde considéré dans ce qu'il a de sensible. ♦ *Le monde moral* ou *intellectuel,* le monde considéré par rapport aux choses morales ou intellectuelles. ♦ *Monde idéal,* l'idée archétype du monde qui est en Dieu de toute éternité, selon Platon. ♦ *Monde idéal,* monde imaginaire meilleur que notre monde. ♦ **Fig.** *Se créer un monde,* se faire un monde idéal. ♦ *Le monde,* notre système solaire avec les planètes, les satellites des planètes et les comètes. ♦ Les planètes et les étoiles considérées comme des habitations semblables aux nôtres. ♦ Le globe terrestre, le monde sublunaire. *Le tour du monde.* ♦ *Le bout du monde,* un lieu très éloigné. ♦ *Il est allé loger au bout du monde, à l'autre bout du monde,* dans un quartier fort éloigné. ♦ **Fig.** et **fam.** *C'est le bout du monde,* se dit lorsqu'on estime quelque chose à son plus haut prix, à sa plus grande valeur ; se dit aussi d'un délai extrême qu'on ne peut dépasser. ♦ *De par le monde,* quelque part. ♦ *Du monde* se joint avec un superlatif pour exprimer avec plus de force ce qu'on affirme ou ce qu'on nie. *Le meilleur homme du monde. Pas le moins du monde. Du monde,* se joint avec le même sens à un substantif. *Il dit de vous tout le bien du monde.* ♦ Par exagération, *tout au monde,* tout ce qui est dans le monde ; *rien au monde,* rien de ce qui est dans le monde. ♦ *Le monde, ce bas monde,* la terre que les hommes habitent. « *Il y a un royaume qui n'est pas de ce monde* », FLÉCHIER. ♦ *Venir au monde,* naître. ♦ *Être au monde,* être en vie. ♦ *Mettre un enfant au monde,* donner naissance à un enfant. ♦ *Le Monde Ancien* ou *le Monde des Anciens,* ce que les Anciens connaissaient du globe terrestre. ♦ *Le Nouveau Monde,* l'Amérique. ♦ **Fig.** *Un monde tout différent,* une manière tout autre de sentir, de comprendre, d'exprimer. ♦ **Fig.** *Mettre un monde entre...,* établir une extrême différence entre... ♦ **Fam.** *De quel monde venez-vous ?* se dit à quelqu'un qui ne paraît pas instruit d'une chose que tout le monde sait. ♦ Un lieu vaste et très peuplé. *Paris est un monde.* « *C'est un monde que votre château* », MME DE SÉVIGNÉ. ♦ Ensemble de pays, de sociétés, de civilisations. *Le monde grec, chrétien, etc.* ♦ *Le monde politique,* la société et son gouvernement. ♦ La totalité des hommes, le genre humain ; les hommes en général, la plupart des hommes. ♦ Un certain nombre de personnes. *Il y avait peu de monde.* ♦ *Avoir du monde,* avoir chez soi un certain nombre de personnes. ♦ *Recevoir du monde,* recevoir chez soi des personnes qui viennent rendre visite. ♦ *Le monde,* les gens, vous, nous, le premier venu. *Il ne faut pas accuser le monde légèrement.* ♦ ▷ *Devant le monde,* en public. ◁ ♦ *Tout le monde,* chacun. ♦ *Un monde,* une grande quantité de personnes, de choses. « *Être servi par un monde d'esclaves* », LA FONTAINE. « *Un monde de recettes* », LA FONTAINE. ♦ Avec l'adjectif possessif, les domestiques. *Congédier tout son monde.* ♦ Les gens qui sont sous les ordres de quelqu'un. *Ce capitaine a son monde avec lui.* ♦ La famille, les gens qu'on a autour de soi. *Tout mon monde vous fait ses compliments.* ♦ **Fig.** *Connaître son monde,* savoir à qui l'on a affaire. ♦ Dans la marine, l'équipage ou une partie de l'équipage. ♦ La société des hommes, ou une partie de cette société. *L'usage du monde. Être du monde. Aller dans le monde.* ♦ *Homme du monde,* homme qui vit dans la société et qui en sait les usages ; **Au pl.** *les gens du monde.* ♦ *Savoir son monde,* savoir bien le monde, avoir du monde, savoir vivre ; et dans un sens contraire : *Manquer de monde,* être sans monde. ♦ *Connaître le monde,* connaître les hommes. ♦ *La science du monde,* la connaissance de la manière de voir de la société. ♦ *Le grand monde,* la société distinguée par les richesses, par les dignités de ceux qui la composent. ♦ **Fam.** *Le petit monde,* les gens du commun. ♦ *Le beau monde,* la société la plus brillante. ♦ *Du beau monde,* des gens bien mis. ♦ *Le monde savant, le monde des lettres,* les hommes qui s'occupent particulièrement des sciences, des lettres. ♦ *Demi-monde,* gens d'une réputation équivoque. ♦ En langage de dévotion, la vie des hommes qui ont les mœurs peu sévères du siècle. « *Dieu ne veut point d'un cœur où le monde domine* », P. CORNEILLE. ♦ La vie séculière, par opposition à la vie monastique. *Abandonner le monde.* ♦ *L'autre monde,* la vie par-delà

le tombeau. *Envoyer, aller dans l'autre monde.* ♦ *Des gens de l'autre monde, des gens qui ne connaissent pas les usages du monde.* ♦ *Dire des choses de l'autre monde,* dire des choses étranges, incroyables. ♦ Titre de diverses publications. *Le Monde illustré. Le Monde religieux.* ■ REM. Aujourd'hui, l'expression *devant tout le monde* a remplacé l'expression ancienne *devant le monde.*

2 MONDE, adj. [mɔ̃d] (lat. *mundus,* net, propre) Usité seulement en style de l'Écriture sainte et signifiant pur. *Les animaux mondes et les animaux immondes.*

MONDÉ, ÉE, p. p. de monder. [mɔ̃de] De l'orge mondé.

MONDER, v. tr. [mɔ̃de] (lat. *mundare,* nettoyer, purifier) Débarrasser de matières hétérogènes, inutiles, telles que coques, pellicules, etc. *Monder des amandes, de l'orge.* ♦ *Monder de la casse,* la tirer de son bâton, la préparer. ♦ Dans la peinture en bâtiment, nettoyer ou séparer quelque matière mixte. ♦ **Chir.** Syn. de mondifier. ♦ Ébourgeonner.

MONDIAL, ALE, adj. [mɔ̃djal] (*monde*) Qui se réfère à la terre entière. *Les échanges mondiaux.* ■ N. m. **Sp.** Championnat du monde. *Le mondial de football.*

MONDIALEMENT, adv. [mɔ̃djal(ə)mɑ̃] (*mondial*) Partout à travers le monde. *Il est mondialement connu.*

MONDIALISATION, n. f. [mɔ̃djalizasjɔ̃] (*mondialiser*) Extension géographique des échanges, des flux ou des conflits dans le monde. *La mondialisation des marchés financiers.*

MONDIALISER, v. tr. [mɔ̃djalize] (*mondial*) Diffuser quelque chose à travers le monde. « *À l'heure où les entreprises mondialisent leurs dépenses, la fonction achat prend du galon. Zoom sur les secrets des superacheteurs* », L'EXPANSION.

MONDIALISME, n. m. [mɔ̃djalism] (*mondial*) Conception du monde qui envisage l'unité politique comme une communauté humaine unique. ■ Regard sur la politique mondiale prenant en compte les différences nationales. ■ MONDIALISTE, adj. ou n. m. et n. f. [mɔ̃djalist]

MONDIFIÉ, ÉE, p. p. de mondifier. [mɔ̃difje]

MONDIFIER, v. tr. [mɔ̃difje] (lat. *mundificare,* purifier, de *mundus,* net, pur) **Chir.** Nettoyer, déterger. *Mondifier un ulcère, une plaie.*

MONDOVISION, n. f. [mɔ̃dovizjɔ̃] (1 *monde* et *télévision,* d'apr. *eurovision*) Transmission d'émissions de télévision à travers le monde par le biais de satellites de télécommunication.

MONÉGASQUE, adj. [monegask] (ital. *monegasco*) Qui appartient à la principauté de Monaco. ■ N. m. ou n. f. Un, une Monégasque.

MONEL, n. m. [monɛl] (*Monel,* nom propre anglo-amér., marque déposée) Alliage très résistant à la corrosion composé de cuivre et de nickel.

MONÈME, n. m. [monɛm] (*mono-* et suff. *-ème,* d'apr. *morphème*) Voy. MORPHÈME.

MONERGOL, n. m. [monɛrgɔl] (*mono-* et *propergol*) **Aéronaut.** Produit permettant la propulsion des fusées constitué d'un seul ergol.

MONÉTAIRE, n. m. [monetɛr] (lat. *monetarius*) Nom donné autrefois aux fabricateurs des monnaies, qui étaient des officiers établis par le roi. ♦ Adj. Qui a rapport aux monnaies. *Système monétaire. Les questions monétaires.*

MONÉTARISME, n. m. [monetarism] (*monétaire*) **Écon.** Théorie qui considère la monnaie comme le fondement de l'économie. ■ MONÉTARISTE, adj. ou n. m. et n. f. [monetarist]

MONÉTIQUE, n. f. [monetik] (*monnaie* et *informatique*) **Financ.** Ensemble des dispositifs informatiques et électroniques au service de la gestion des transactions financières. ■ Adj. Relatif à cet ensemble. *Gestion monétique.*

MONÉTISATION, n. f. [monetizasjɔ̃] (*monétiser,* du rad. lat. *moneta*) Action de transformer en monnaie. *La monétisation de l'or et de l'argent.* ■ MONÉTISER, v. tr. [monetize]

MONGOL, OLE, ■ adj. [mɔ̃gɔl] (empr. au mongol) Qui est relatif à la Mongolie, à ses habitants. *La culture mongole.* ■ N. m. et n. f. *Certains Mongols ont su garder un habitat traditionnel.* ■ N. m. Le groupe de langues parlées par les peuples mongols.

MONGOLIEN, IENNE, ■ adj. [mɔ̃goljɛ̃, jɛn] (*Mongolie*) ▷ Relatif à la Mongolie. *Un paysage mongolien.* ◁ ♦ Qui est atteint de mongolisme. *Enfant mongolien.* ■ Relatif au mongolisme. *Un faciès mongolien.* ■ N. m. ou n. f. Personne atteinte de mongolisme. *Soigner un mongolien.*

MONGOLIQUE, adj. [mɔ̃golik] (*Mongolie*) Qui appartient aux Mongols. ♦ *Race mongolique* ou *mongole,* la race jaune [1]. ■ REM. La notion de race ne repose sur aucun fondement scientifique et a une connotation raciste. *Race mongolique* et *race jaune* sont des expressions injurieuses.

MONGOLISME, ■ n. m. [mɔ̃golism] (*mongol*) **Méd.** Pathologie due à une anomalie chromosomique, la trisomie 21, caractérisée par un faciès particulier, un retard mental et diverses malformations.

MONGOLOÏDE, ■ adj. [mɔ̃goloid] (*mongol* et *-oïde*) Caractéristique de certains traits qui rappellent ceux du mongolisme.

MONIALE, ■ n. f. [monjal] (b. lat. *monialis*, religieuse) Religieuse qui vit cloîtrée. *La cellule est l'univers d'une moniale cistercienne.*

MONILIA, ■ n. m. [monilja] (lat. scient. *monilia*) **Bot.** Champignon des fruits qui provoque leur pourrissement.

MONILIOSE, ■ n. f. [moniljoz] (*monilia*) **Bot.** Pourrissement des fruits dû au monilia. *Une poire atteinte de moniliose.*

MONISME, ■ n. m. [monism] (gr. *monos*, seul, unique) Doctrine qui considère que l'ensemble des choses peut être ramené à une réalité unique. *Le monisme forme une alternative avec les doctrines dualistes ou pluralistes.*

MONITEUR, TRICE, n. m. et n. f. [monitœr, tris] (lat. *monitor*, guide, conseiller, de *monere*, avertir) Personne qui donne des avis. « *Les jeunes gens ont besoin d'un moniteur fidèle et assidu* », ROLLIN. ◆ ▷ Dans l'enseignement mutuel, élève qui a reçu les leçons du maître, et qui est chargé d'instruire un certain nombre de ses condisciples. ◁ ■ **N. m.** Titre de certains journaux. *Le Moniteur universel. Le Moniteur des théâtres.* ■ **Inform.** Écran d'un ordinateur. ■ **Méd.** Appareil relié à un malade et qui surveille ses constantes. ■ **N. m. et n. f.** Personne qui enseigne une discipline. *Un moniteur d'auto-école, de ski.* ■ Personne qui accompagne des enfants dans diverses activités de loisirs. *Une monitrice de colonie de vacances.* ■ **Abrév.** Mono.

MONITION, n. f. [monisjɔ̃] (lat. *monitio*, avis, conseil) **Dr. ecclés.** Avertissement émanant de l'évêque avant l'excommunication. ◆ Publication d'un monitoire.

MONITOIRE, n. m. [monitwar] (lat. médiév. *monitorium*, précepte) Lettres qui s'obtenaient des juges ecclésiastiques, en vertu de permission des juges laïques, et qu'on publiait au prône des paroisses pour obliger les fidèles de venir déposer des faits contenus dans ces lettres, sous peine d'excommunication. Fulminer un monitoire. ◆ **Adj.** *Lettres monitoires.* ◆ Citation juridique faite sous peine d'excommunication.

1 MONITOR, n. m. [monitɔr] (lat. *monitor*, celui qui avertit, le cri de ce reptile avertissant de la présence de crocodiles) Genre de reptiles sauriens ainsi dit parce qu'il passe pour prévenir l'homme de l'approche des crocodiles.

2 MONITOR, n. m. [monitɔr] (anglo-amér. *monitor*) Nom donné en Amérique, par assimilation au monitor, à un navire cuirassé.

MONITORAGE ou **MONITORING**, ■ n. m. [monitoraʒ, monitoriŋ] (*moniteur* et suff. *-age* ou suff. angl. *-ing*) **Méd.** Ensemble des techniques de surveillance, spécialement de surveillance médicale électronique muni d'une alarme qui enregistre divers paramètres constants ou alternatifs. *Monitoring fœtal.*

MONITORAT, ■ n. m. [monitora] (*moniteur*) Fonction de moniteur. *Avoir son certificat de monitorat.* ■ Formation permettant de pratiquer cette fonction. *Faire son monitorat.*

MONITORIAL, ALE, adj. [monitorjal] (lat. *monitorius*) *Lettres monitoriales*, lettres en forme de monitoire.

MONITORING, ■ n. m. [monitoriŋ] (mot angl.) Voy. MONITORAGE.

MONNAIE, n. f. [monɛ] (lat. *Moneta*, surnom de Junon dans le temple de laquelle était fabriquée la monnaie) Pièce de métal servant aux échanges, frappée par une autorité souveraine, et marquée au coin de cette autorité. *Monnaie d'or, d'argent.* ◆ *Battre monnaie*, fabriquer de la monnaie, et fig. se procurer de l'argent. ◆ *Monnaie de compte*, Monnaie qui n'a jamais existé ou qui n'existe plus, mais qui sert à faciliter les comptes. *La livre tournois était une monnaie de compte.* ◆ *Papier-monnaie*, papier créé par le gouvernement pour faire office de monnaie. ◆ *Monnaie fiduciaire*, les billets, le papier. ◆ *Fausse monnaie*, Monnaie qui contient plus d'or ou d'argent, ou en contient moins qu'il ne faut. ◆ **Fam.** *Être décrié comme de la fausse monnaie, comme la fausse monnaie, comme fausse monnaie*, avoir une très mauvaise réputation. ◆ Menues pièces d'argent ou de billon. ◆ Valeur d'une pièce monnayée en plusieurs pièces moindres. ◆ Valeur d'un billet en pièces d'or ou d'argent. ◆ **Fig.** *Rendre à quelqu'un la monnaie de sa pièce*, se venger, user de représailles. ◆ *Payer en monnaie de singe*, Voy. SINGE. ◆ **Fig.** *Il l'a payé en même monnaie*, se dit de celui qui, ayant reçu quelque service ou quelque déplaisir, rend la pareille. ◆ **Fig.** Chose intellectuelle ou morale, dite monnaie en considération de sa valeur. « *Le plaisir, qui est la monnaie pour laquelle nous donnons tout ce qu'on veut* », PASCAL. ◆ Paroles ou actions dont il se fait une espèce d'échange dans la société. « *M. de Chevreuse fit force belles promesses, monnaie dont aucun ne se paya* », SAINT-SIMON. ◆ *Hôtel de la Monnaie, des Monnaies* et par abréviation *la Monnaie*, établissement où l'on fabrique la monnaie. ◆ **Bot.** *Monnaie-du-pape*, la lysimachie nummulaire ou monnayère.

MONNAYABLE, ■ adj. [monejabl] (*monnayer*) Que l'on peut transformer en monnaie. *De l'or monnayable.* ■ Que l'on peut échanger contre de l'argent liquide. *Une marchandise monnayable.* ■ Dont on peut tirer profit. *Un service monnayable.*

MONNAYAGE, n. m. [monejaʒ] (*monnayer*) Fabrication de la monnaie.

MONNAYÉ, ÉE, p. p. de monnayer. [moneje] *Argent monnayé*, se dit par opposition à argent ouvragé ou brut. ◆ **Par extens.** « *Son argent redresse les jugements de son esprit ; ses louanges sont monnayées* », MOLIÈRE.

MONNAYER, v. tr. [moneje] (*monnaie*) Convertir un métal en monnaie. ◆ Donner l'empreinte à la monnaie. *Ce balancier monnaye tous les jours tant de milliers de pièces d'or.* ◆ **Absol.** *L'art de monnayer.* ■ Obtenir de l'argent en échange de quelque chose.

MONNAYEUR, n. m. [monejœr] (*monnayer*) Celui qui travaille à la monnaie de l'État. ◆ *Faux-monnayeur*, celui qui fait de la fausse monnaie. ◆ **Fig.** « *De faux-monnayeurs en dévotion* », MOLIÈRE. ■ Automate qui fournit de la monnaie en échange d'un billet.

MONO, ■ n. m. et n. f. [mono] **Fam.** Abréviation de *moniteur, monitrice.*

MONO..., [mono] Préfixe qui vient du gr. *monos*, et qui signifie seul, unique.

MONOACIDE, ■ adj. [monoasid] (*mono-* et *acide*) **Chim.** Se dit d'un acide qui ne possède qu'un seul atome d'hydrogène par molécule. ■ N. m. *Le dosage d'un monoacide.*

MONOAMINE, ■ n. f. [monoamin] (*mono-* et *amine*) **Chim.** Amine ne possédant qu'un radical $-NH_2$.

MONOAMINE-OXYDASE, ■ n. f. [monoaminoksidaz] (*monoamine* et *oxydase*) **Chim.** Enzyme destructeur de certains neurotransmetteurs. *Les monoamines-oxydases ont pour principal effet de détruire la sérotonine.*

MONOATOMIQUE, ■ adj. [monoatomik] (*mono-* et *atomique*) **Chim.** Dont la molécule ne possède qu'un atome. *Un gaz monoatomique.*

MONOBASIQUE, ■ adj. [monobazik] (*mono-* et *basique*) **Chim.** Se dit d'une base qui ne libère qu'un seul atome d'hydrogène par molécule. *Du phosphate de magnésium monobasique*

MONOBLOC, ■ adj. [monoblɔk] (*mono-* et *bloc*) Qui est constitué d'un seul bloc. *Des ordinateurs monoblocs.* ■ **Rem.** Cet adjectif peut être considéré aussi comme invariable. ■ N. m. Objet fabriqué d'une seule pièce. *Des monoblocs de plastique.*

MONOCÂBLE, ■ adj. [monokabl] (*mono-* et *câble*) Qui est formé d'un seul câble. *Un téléphérique monocâble.* ■ N. m. *Cette alimentation électrique est formée de plusieurs monocâbles.*

MONOCAMÉRISME ou **MONOCAMÉRALISME**, ■ n. m. [monokamerism, monokameralism] (*mono-* et lat. *camera*, chambre) Système parlementaire composé d'une seule Chambre. *Être pour ou contre le monocamérisme.* ■ MONOCAMÉRISTE, adj. [monokamerist]

MONOCELLULAIRE, ■ adj. [monoselylɛr] (*mono-* et *cellulaire*) **Biol.** Qui est composé d'une seule cellule. *Un organisme monocellulaire.*

MONOCHROMATEUR, ■ n. m. [monokromatœr] (*mono-* et rad. de *chromatique*) **Phys.** Appareil permettant de choisir une onde spectrale monochromatique.

MONOCHROMATIQUE, ■ adj. [monokromatik] (*mono-* et *chromatique*) **Phys.** Qui ne contient qu'une seule longueur d'onde. *Une diffraction monochromatique.*

MONOCHROME, adj. [monokrom] (*mono-* et gr. *khrôma*, couleur) Qui est d'une seule couleur. *Peintures monochromes.* ◆ **N. m.** *Un monochrome*, tableau d'une seule couleur.

MONOCHROMIE, ■ n. f. [monokromi] (*monochrome*) Caractère de ce qui est uni, d'une seule couleur. *Une photo en monochromie.*

MONOCLE, ■ n. m. [monɔkl] (lat. *monoculus*, du gr. *monos*, unique, et *oculus*, œil) Petite lunette qui ne sert que pour un œil.

MONOCLINAL, ALE, ■ adj. [monoklinal] (*mono-* et gr. *klinein*, pencher, d'apr. *synclinal*) **Géol.** Se dit de vastes étendues dont les couches géologiques ont la même inclinaison. *Les reliefs monoclinaux de certaines régions.*

MONOCLINIQUE, ■ adj. [monoklinik] (*mono-* et *clinique*) **Minér.** Se dit d'un minéral cristallisé sous forme de prisme oblique formé de quatre faces latérales en parallélogrammes et deux faces rectangulaires. *Le système cristallin monoclinique.*

MONOCLONAL, ALE, ■ adj. [monoklonal] (*mono-* et *clone*) **Génét.** Qui découle du même clone. *Des anticorps monoclonaux.*

MONOCOQUE, ■ adj. [monokɔk] (*mono-* et *coque*) Qui est formé d'une coque comprenant une seule pièce, sans châssis pour assurer la rigidité.

Une carrosserie monocoque. Un avion monocoque. ■ N. m. Bateau à une seule coque. *Naviguer sur un monocoque.* ■ N. m. **Méd.** Bactérie ronde isolée.

MONOCORDE, n. m. [monɔkɔʀd] (lat. tard. *monochordon*, du gr. *monokhordon*, instrument à une seule corde) Instrument à une seule corde, en usage chez les Grecs, qui en jouaient en promenant sous la corde un chevalet mobile et pinçant la partie libre. ♦ Instrument sur lequel il y a une seule corde tendue et divisée suivant certaines proportions pour connaître les intervalles des tons. ■ Adj. Qui produit toujours le même son.

MONOCORPS, ■ n. m. [monokɔʀ] (*mono-* et *corps*) **Autom.** Se dit d'une carrosserie automobile profilée en un seul volume sans brisure pour marquer l'avant ou l'arrière. *Un véhicule monocorps.* ■ N. m. *Avoir le choix entre une berline et un monocorps.*

MONOCOTYLÉDONE, adj. [monokotiledɔn] (*mono-* et *cotylédon*) **Bot.** Qui n'a qu'un cotylédon. ♦ N. f. *Les monocotylédones, l'un des trois embranchements du règne végétal.*

MONOCOTYLÉDONÉ, ÉE, adj. [monokotiledone] (*monocotylédone*) Syn. de monocotylédone.

MONOCOTYLÉDONIE, n. f. [monokotiledoni] (*monocotylédone*) État d'une plante qui n'a qu'un seul cotylédon. ♦ Section du règne végétal qui renferme les plantes monocotylédones.

MONOCRATIE, ■ n. f. [monokʀasi] (*mono-* et *-cratie*, d'apr. *aristocratie*) **Polit.** Système politique dans lequel la réalité du pouvoir est aux mains du chef de l'État. ■ MONOCRATIQUE, adj. [monokʀatik]

MONOCRISTAL, ■ n. m. [monokʀistal] (*mono-* et *cristal*) **Minér.** Cristal élémentaire obtenu chimiquement. *La diffraction sur monocristaux.* ■ MONOCRISTALLIN, INE, adj. [monokʀistalɛ̃, in]

MONOCULAIRE, ■ adj. [monokylɛʀ] (lat. *monoculus*, voir *monocle*) **Méd.** Qui ne concerne qu'un seul œil. ♦ Qui n'offre qu'un oculaire. *Un télescope monoculaire.*

MONOCULTURE, ■ n. f. [monokyltyʀ] (*mono-* et *culture*) **Agric.** Culture d'une seule variété de plante. *Une agriculture fondée sur la monoculture.*

MONOCYCLE, ■ n. m. [monosikl] (*mono-* et *cycle*, roue) Vélo de cirque muni d'une seule roue et sans guidon. *Le clown faisait des acrobaties sur des monocycles de différentes tailles.*

MONOCYCLIQUE, ■ adj. [monosiklik] **Zool.** Qui n'a qu'un cycle sexuel par an. *Un oursin monocyclique.*

MONOCYLINDRE, ■ n. m. [monosilɛ̃dʀ] (*mono-* et *cylindre*) **Autom.** Se dit d'un moteur qui ne possède qu'un seul cylindre. ■ MONOCYLINDRIQUE, adj. [monosilɛ̃dʀik]

MONOCYTE, ■ n. m. [monosit] (*mono-* et gr. *kutos*, cellule) **Biol.** Leucocyte de grande taille.

MONODIE, ■ n. f. [monodi] (b. lat. *monodia*, chant pour une seule personne) **Mus.** Chant composé d'une seule voix. *La monodie médiévale.* ■ MONODIQUE, adj. [monodik]

MONŒCIE, n. f. [monesi] (*mono-* et gr. *oikia*, famille) **Bot.** Classe de plantes, dans le système de Linné, qui portent des fleurs mâles et femelles séparément sur la même tige.

MONŒCIQUE, adj. [monesik] (*monœcie*) Qui appartient à la monœcie.

MONOGAME, adj. [monogam] (*mono-* et *-game*) Qui n'épouse qu'une seule femme, par opposition à polygame. *Les populations monogames.* ♦ Qui n'a été marié qu'une fois. ♦ N. m. et f. *Un, une monogame.*

MONOGAMIE, n. f. [monogami] (*mono-* et *-gamie*) État du mariage où l'homme n'a qu'une femme, par opposition à polygamie. ■ MONOGAMIQUE, adj. [monogamik]

MONOGATARI, ■ n. m. [monogatari] (empr. au jap., de *mono*, chose, et *katari*, raconter) Genre littéraire japonais fondé sur le roman. *Les monogataris sont souvent présentés comme un genre futile.*

MONOGÉNIQUE, ■ adj. [monoʒenik] (*mono-* et *gène*) **Méd.** Qui n'est dû qu'à un seul gène. *Des maladies monogéniques.*

MONOGÉNISME, ■ n. m. [monoʒenism] (*mono-* et *-génie*) Doctrine qui affirme que toutes les races humaines découlent d'une seule origine commune.

MONOGRAMMATIQUE, adj. [monoɡʀamatik] (*monogramme*) Qui a le caractère du monogramme.

MONOGRAMME, n. m. [monoɡʀam] (*mono-* et *-gramme*) Réunion de plusieurs lettres en un seul caractère, de telle sorte que le même jambage ou la même panse serve à deux ou trois lettres différentes. *Monogramme du Christ.* ♦ *Monogramme parfait*, celui qui renferme toutes les lettres d'un nom. ♦ Chiffre ou signe que les artistes apposent au bas de leurs ouvrages.

♦ Adj. **Antiq.** Qui ne consiste que dans les lignes, dans les contours. *Peinture monogramme.*

MONOGRAPHE, n. m. [monoɡʀaf] (*mono-* et *-graphe*) Auteur d'une monographie. ♦ Adj. Qui ne traite que d'un seul objet. *Des ouvrages monographes.*

MONOGRAPHIE, n. f. [monoɡʀafi] (*mono-* et *-graphie*) Écrit sur un point particulier d'histoire naturelle, de médecine, d'archéologie, de philologie, d'histoire, etc.

MONOGRAPHIQUE, adj. [monoɡʀafik] (*monographie*) Qui appartient à une monographie ; qui est du genre de la monographie.

MONOHYDRATE, n. m. [monoidʀat] (*mono-* et *hydrate*) Premier des hydrates d'une substance qui en forme plusieurs.

MONOHYDRATÉ, ÉE, adj. [monoidʀate] (*monohydrate*) Qui est à l'état de monohydrate.

MONOHYDRIQUE, adj. [monoidʀik] (*mono-* et gr. *hudôr*, eau) Se dit d'un composé qui a une proportion d'hydrogène pour une de l'autre composant.

MONOÏ, ■ n. m. [monɔj] (mot tahitien) Huile pour le corps à base de fleur de tiaré. *Le monoï embaume les plages dès les premiers beaux jours.* Au pl. *Des monoï* ou *des monoïs.*

MONOÏDÉISME, ■ n. m. [monoideism] (*mono-* et *idée*) État de l'esprit occupé exclusivement par une seule idée. ■ MONOÏDÉIQUE, adj. [monoideik]

MONOÏQUE, ■ adj. [monoik] (*monœcie*) **Bot.** *Plante monoïque*, plante qui porte des fleurs mâles et des fleurs femelles séparées les unes des autres, mais sur un même pied. ♦ N. f. *Le maïs est une monoïque.*

MONOKINI, ■ n. m. [monokini] (*mono-* et *-kini*, d'apr. *bikini*) Maillot de bain sans soutien-gorge. *Acheter un monokini pour l'été.* ■ *Pratiquer le monokini*, se faire bronzer sur la plage ou se baigner sans soutien-gorge de maillot de bain.

MONOLINGUE, ■ adj. [monolɛ̃g] (*mono-* et *-lingue*, d'apr. *bilingue*) Qui ne parle qu'une langue. *Des personnes monolingues.* ■ Qui n'est composé qu'en une seule langue. *Un dictionnaire monolingue.*

MONOLINGUISME, ■ n. m. [monolɛ̃gɥism] (*monolingue*) Condition d'une personne, d'un pays qui est monolingue.

MONOLITHE, ■ adj. [monolit] (gr. *monolithos*, de *mono-* et *luthos*, pierre) Qui est d'une seule pierre. ♦ N. m. *L'obélisque est un monolithe.*

MONOLITHIQUE, ■ adj. [monolitik] (*monolithe*) Qui est formé d'un seul bloc de pierre. *Une sculpture monolithique.* ■ Qui forme un bloc, un ensemble. *Un organisme monolithique.*

MONOLITHISME, ■ n. m. [monolitism] (*monolithe*) État qui caractérise l'immobilisme, la rigidité d'une chose ou d'une personne. *Le monolithisme de certaines institutions.*

MONOLOGUE, ■ n. m. [monolɔg] (*mono-* et *-logue*, d'apr. *dialogue*) Scène où un acteur est seul et se parle à lui-même.

MONOLOGUER, ■ v. intr. [monologe] (*monologue*) Réciter un monologue au théâtre. ■ Parler seul ou à soi-même. « *Il saisit le cahier, se mit à relire la page, puis lut les pages suivantes, continuant de monologuer son admiration et sa surprise, comme s'il eût été seul dans la chambre* », ROLLAND.

MONOMANE, adj. [monoman] (*monomanie*) **Méd.** Qui est atteint de quelque monomanie. ♦ N. m. et n. f. *Un monomane. Une monomane.*

MONOMANIAQUE, adj. [monomanjak] (*monomanie*) Qui a rapport à la monomanie.

MONOMANIE, n. f. [monomani] (*mono-* et *-manie*) **Méd.** Folie ou délire sur un seul objet.

1 MONÔME, n. m. [monom] (contraction de *mononome*, de *mono-* et *-nôme*, d'apr. *binôme*) Quantité algébrique entre les parties de laquelle il n'y a pas de signe d'addition ou de soustraction interposé : ab et $a^2 b$ sont des monômes.

2 MONÔME, ■ n. m. [monom] (1 *monôme*) Argot de polytechnique. File indienne d'étudiants qui se tiennent par les épaules et se promènent sur la voie publique généralement pour fêter la fin de l'année scolaire.

MONOMÈRE, ■ adj. [monomɛʀ] (*mono-* et *-mère*, du gr. *meros*, partie) Qui est formé de molécules simples capables de se transformer en polymère. *Des monomères de protéines.*

MONOMÉTALLISME, ■ n. m. [monometalism] (*mono-* et *métal*) Système monétaire qui n'utilise qu'un seul métal étalon. *Le monométallisme-or.*

MONOMÉTALLISTE, ■ adj. [monometalist] (*monométallisme*) Qui fonctionne sur le monométallisme. ■ N. m. et n. f. Partisan du monométallisme.

MONOMÈTRE, ■ adj. [monomɛtʀ] (*mono-* et *mètre*) *Poème monomètre*, poème qui n'a qu'un mètre ou qu'une espèce de vers. ♦ *Vers monomètre*, vers d'une seule mesure.

MONOMOTEUR, TRICE, ◼ adj. [monomotœr, tris] (*mono-* et *moteur*) Aéronaut. Qui fonctionne avec un seul moteur. *Un avion monomoteur.* ◼ N. m. et n. f. (rare) *Il fait le trajet avec son monomoteur.*

MONONUCLÉAIRE, ◼ adj. [mononykleɛr] (*mono-* et *nucléaire*) Se dit d'une cellule qui n'a qu'un seul noyau. *Leucocyte mononucléaire.* ◼ N. m. *La numération des mononucléaires du sang.*

MONONUCLÉOSE, ◼ n. f. [mononykleoz] (rad. de *mononucléaire*) Méd. Pathologie caractérisée par une augmentation anormale des monocytes.

MONOPARENTAL, ALE, ◼ adj. [monoparɑ̃tal] (*mono-* et *parental*) Constitué d'un parent qui élève seul le ou les enfants. *Une famille monoparentale, des foyers monoparentaux.*

MONOPARTISME, ◼ n. m. [monopartism] (*mono-* et 1 *parti*) Système politique à parti unique.

MONOPÉTALE, adj. [monopetal] (*mono-* et *pétale*) Bot. Qui n'a qu'un pétale. *Corolle monopétale. Fleur monopétale.*

MONOPHASÉ, ÉE, ◼ adj. [monofaze] (*mono-* et *phase*) Électr. Qui ne comporte qu'un courant alternatif simple d'une seule phase.

MONOPHONIE, ◼ n. f. [monofoni] (*mono-* et *-phonie*) Transmission du son sur un seul canal acoustique. *La monophonie a été supplantée par la stéréophonie.* ◼ MONOPHONIQUE, adj. [monofonik]

MONOPHYLLE, ◼ adj. [monofil] (*mono-* et gr. *phullon,* feuille) Bot. Calice monophylle, calice formé d'une seule pièce. ◆ *Plante monophylle,* plante qui ne porte qu'une seule feuille.

MONOPHYSISME, ◼ n. m. [monofizism] (*monophysite*) Doctrine associant la nature divine et la nature humaine en la seule nature du Christ, condamnée au concile de Chalcédoine en 451.

MONOPHYSITE, ◼ adj. [monofizit] (*mono-* et gr. *phusis,* nature) Qui touche au monophysisme. *Une théorie monophysite.* ◼ N. m. et n. f. Personne qui défend les principes du monophysisme.

MONOPLACE, ◼ adj. [monoplas] (*mono-* et *place*) Qui ne possède qu'une seule place assise. *Une moto monoplace.* ◼ N. f. *Une monoplace,* voiture ou moto à une seule place.

MONOPLAN, ◼ n. m. [monoplɑ̃] (*mono-* et *plan*) Avion ne possédant qu'un plan de sustentation. *Piloter un monoplan.*

MONOPLÉGIE, ◼ n. f. [monopleʒi] (*mono-* et *-plégie,* d'apr. *hémiplégie*) Paralysie qui ne touche qu'un seul membre. *La monoplégie des membres inférieurs.*

MONOPOLE, n. m. [monopol] (lat. impér. *monopolium,* du gr. *monopôlion,* de *monos,* seul, et *pôlein,* vendre) Trafic exclusif, fait en vertu d'un privilège. ◆ Fig. *Cet écrivain s'est réservé le monopole de l'injure.* ◆ Commerce que le gouvernement fait d'une seule marchandise, avec interdiction à tout particulier de s'en mêler. *Le monopole du tabac.* ◆ Adj. *Une industrie monopole.* ◆ Privilège accordé à des personnes pourvues du droit exclusif d'occuper certaines places, comme les agents de change, les courtiers, etc. ◆ Fig. Il se dit de certains droits possédés exclusivement par un petit nombre de citoyens. ◆ Convention inique entre des marchands pour accaparer et pour vendre plus cher une marchandise. ◼ Contrôle ou domination d'un domaine d'activité ou d'un marché. ◼ Fig. Droit exclusif de faire quelque chose.

MONOPOLEUR, EUSE, n. m. et n. f. [monopolœr, øz] (*monopoler,* de *monopole*) Personne qui exerce un monopole.

MONOPOLISATEUR, TRICE, ◼ n. m. et n. f. [monopolizatœr, tris] (*monopoliser*) Personne qui monopolise l'attention, une chose. *C'est une monopolisatrice de l'attention du public.*

MONOPOLISATION, ◼ n. f. [monopolizɑsjõ] (*monopoliser*) Démarche monopolisatrice. *La monopolisation de l'opinion face à la faim dans le monde.*

MONOPOLISER, v. tr. [monopolize] (*monopole*) Remettre entre les mains d'un seul. *Monopoliser l'éligibilité entre un petit nombre de citoyens.* ◆ Posséder, vendre par monopole. *Monopoliser le tabac.* ◆ Fig. « *Il y a des plaisirs qu'il n'est pas donné à la fortune de monopoliser pour elle seule* », LAMARTINE. ◼ Exercer un contrôle ou une domination sur un domaine ou un marché. ◼ Fig. S'octroyer quelque chose de manière exclusive.

MONOPOLISTIQUE, ◼ adj. [monopolistik] (*monopole*) Écon. Qui procède d'une situation de monopole. *La concurrence monopolistique.*

MONOPOLY, ◼ n. m. [monopoli] (mot angl., *monopole*) Jeu de société fondé sur l'achat immobilier. *Jouer au monopoly.*

MONOPSONE, ◼ n. m. [monopsɔn] (*mono-* et gr. *opsônein,* s'approvisionner) Écon. Marché dont la singularité est d'avoir un seul acheteur pour plusieurs vendeurs. *Une firme peut être en situation de monopsone ou d'oligopsone.*

MONOPTÈRE, ◼ adj. [monoptɛr] (*mono-* et *-ptère,* de *pteron,* colonnade, aile) Archit. anc. Temple monoptère, temple rond, dont la couverture n'était soutenue que par un seul rang de colonnes, sans muraille. ◆ N. m. *Un monoptère.* ◆ Adj. Biol. Qui n'a qu'une seule aile, une seule nageoire. ◆ N. m. Poisson du genre des gades.

MONOPTÉRYGIEN, IENNE, adj. [monopteriʒjɛ̃, jɛn] (*mono-* et gr. *pterugion,* nageoire) Qui n'a qu'une seule nageoire.

MONORAIL, ◼ adj. [monoraj] (*mono-* et *rail*) Composé d'un seul rail. *Une voie ferrée monorail.* ◼ N. m. Moyen de transport ou dispositif dont le roulement n'utilise qu'un seul rail. Au pl. *Des monorails.*

MONORIME, adj. [monorim] (*mono-* et *rime*) Qui n'a qu'une seule rime. *Les anciennes chansons de geste sont à couplets monorimes.*

MONOSACCHARIDE, ◼ n. f. [monosakarid] (*mono-* et *saccharide*) Sorte de sucre.

MONOSÉMIQUE, ◼ adj. [monosemik] (*mono-* et *sémique,* du gr. *sêmeion,* signal) Se dit d'un mot qui ne peut avoir qu'un seul sens. *Il y a peu de mots monosémiques dans le vocabulaire courant, ils sont le plus souvent polysémiques.*

MONOSKI, ◼ n. m. [monoski] (*mono-* et *ski*) Sp. Ski unique très large sur lequel les deux pieds sont fixés utilisé sur la neige ou sur l'eau. *Pratiquer le monoski.*

MONOSPACE, ◼ n. m. [monospas] (contraction de *mono-* et *espace*) Autom. Voiture particulièrement spacieuse possédant une carrosserie monocorps. *La vente des monospaces a explosé ces dernières années.*

MONOSPERME, ◼ adj. [monospɛrm] (*mono-* et *sperme*) Bot. Qui ne possède qu'une graine. *Un fruit monosperme.*

MONOSTIQUE, adj. [monostik] (gr. *monostikhos*) Qui n'a qu'un seul vers. *Des sentences monostiques.* ◆ N. m. *Un monostique,* épigramme, inscription d'un seul vers.

MONOSYLLABE, n. m. [monosilab] (gr. *monosullabos*) Gramm. Mot d'une seule syllabe. ◆ *Ne parler que par monosyllabes,* daigner à peine s'exprimer. ◆ Adj. *Un mot monosyllabe. Un vers monosyllabe.*

MONOSYLLABIQUE, adj. [monosilabik] (*monosyllabe*) Qui a rapport au monosyllabe ; qui en dépend. *Réponses monosyllabiques.* ◆ *Vers monosyllabique,* celui qui est composé de monosyllabes.

MONOSYLLABISME, n. m. [monosilabism] (*monosyllabe*) État des langues qui n'ont que des monosyllabes pour racines, comme le chinois.

MONOTHÉISME, n. m. [monoteism] (*mono-* et gr. *Théos,* Dieu) Adoration d'un seul Dieu ; doctrine qui n'admet qu'un seul Dieu. *Le monothéisme des Hébreux.* ◼ MONOTHÉIQUE, adj. [monoteik]

MONOTHÉISTE, n. m. et n. f. [monoteist] (*monothéisme*) Personne qui adore un seul Dieu. ◆ Adj. Qui concerne le monothéisme, qui y a rapport.

MONOTONE, adj. [monotɔn] (gr. *monotonos,* uniforme) Qui est toujours sur le même ton. *Parole, bruit monotone.* ◆ Par extens. *Acteur, orateur monotone,* acteur, orateur, dont le débit est toujours sur le même ton. ◆ Fig. Uniforme, qui manque de variété. *Vie, style monotone.* ◆ Peint. Qui est égal de ton et de couleur ; qui est fade, gris, etc.

MONOTONIE, n. f. [monotoni] (gr. *monotonia*) Défaut de ce qui est monotone, dans le ton, dans la parole, dans la musique. ◆ Fig. Trop grande uniformité dans le style. ◆ Peint. Uniformité, égalité de ton ; reproduction ennuyeuse des mêmes lignes, des mêmes figures, etc. ◆ Fig. Manière toujours la même de vivre, de sentir. *Sa vie est d'une monotonie ennuyeuse.*

MONOTRACE, ◼ adj. [monotras] (*mono-* et *trace*) Aéronaut. Se dit du train d'atterrissage à deux roues ne laissant qu'une seule trace au sol parallèle au fuselage de l'avion. *Système monotrace.*

MONOTRÈME, ◼ adj. [monotrɛm] (*mono-* et gr. *trêma,* trou, orifice) Zool. Qui ne possède qu'un seul orifice pour l'évacuation du sperme, des œufs et des déjections. ◼ N. m. pl. Ordre de mammifères ovipares originaires d'Australie comprenant l'ornithorynque.

MONOTYPE, ◼ n. m. [monotip] (*mono-* et *type*) Peint. Procédé de gravure ou de peinture qui permet par impression, le tirage d'une œuvre unique. ◼ Œuvre unique réalisée avec ce procédé. ◼ Mar. Voilier de série. ◼ N. f. Impr. Machine à composer dans laquelle on fait fondre les lettres séparément.

MONOVALENT, ENTE, ◼ adj. [monovalɑ̃, ɑ̃t] (*mono-* et *valent,* d'apr. 2 *valence*) Chim. Qui a une valence égale à un. ◼ Qui a une valeur unique. *Une formation monovalente.*

MONOXYDE, ◼ n. m. [monɔksid] (*mono-* et *oxyde*) Chim. Oxyde qui ne contient qu'un seul atome d'oxygène. *Monoxyde de carbone.*

MONOZYGOTE, ◼ adj. [monozigɔt] (*mono-* et *zygote*) Qui est issu du même œuf. *Des jumeaux monozygotes.*

MONS, n. m. [mõs] Abréviation de *monsieur,* qui est familière ou méprisante. *Mons un tel.* ◼ Rem. Cette abréviation n'est plus en usage.

MONSEIGNEUR, n. m. [mɔsɛɲœʀ] ou [mɔsɛnjœʀ] (*mon* et *seigneur*) Titre d'honneur qu'on donne aux personnes d'une dignité éminente. ◆ *Le monseigneur*, le titre de monseigneur. ◆ On donne la qualification de monseigneur aux princes de famille royale, aux évêques, aux maréchaux. ◆ **Au pl.** *Messeigneurs*, titre dont on se sert en parlant ou en écrivant à plusieurs personnes qui ont droit au titre de monseigneur. ◆ On dit aujourd'hui : *Nosseigneurs les évêques*. ◆ ▷ **Arg.** Espèce de levier pour forcer les serrures. ◁ ◆ **Rem.** On dit aujourd'hui une *pince-monseigneur*.

MONSEIGNEURISÉ, ÉE, p. p. de monseigneuriser. [mɔsɛɲøʀize] ou [mɔsɛnjøʀize]

MONSEIGNEURISER, v. tr. [mɔsɛɲøʀize] ou [mɔsɛnjøʀize] (*monseigneur*) Affubler du titre de monseigneur ; ne se dit que par plaisanterie. « *Monseigneuriser un fat* », Gresset. ◆ Se monseigneuriser, v. pr. Se traiter réciproquement de monseigneur.

MONSIEUR n. m. et **MESSIEURS**, au pl. [møsjø, mesjø] (*mon* et *sieur*) Titre qui, avant la Révolution, ne se donnait qu'à certaines classes de la société. ◆ **Fam.** *Faire le monsieur*, faire l'homme de conséquence. ◆ *Monsieur de*, avec un nom de ville, se disait de l'évêque du diocèse dont cette ville est la capitale. *Monsieur de Meaux* (Bossuet). ◆ *Des messieurs*, des hommes d'une classe où se porte le titre de monsieur. *Messieurs du parlement.* ◆ Titre de simple civilité qu'on donne aujourd'hui à qui l'on parle ou de qui l'on parle. ◆ *Donner le monsieur à quelqu'un*, faire précéder son nom de : *Monsieur*. ◆ Tout homme dont le langage et les manières annoncent quelque éducation. *Un monsieur vous a demandé.* ◆ *Un beau monsieur*, un homme élégamment vêtu, et fig. un homme qui déplaît, qui est insupportable. ◆ *Un gros monsieur*, un homme fort à son aise. ◆ **Absol.** Le maître de la maison. *Monsieur est-il chez lui ?* ◆ **Absol.** *Monsieur*, l'aîné des frères du roi (avec une majuscule). ◆ *Prune de Monsieur* (avec une majuscule), sorte de prune d'un beau violet. ◆ Nuance de la couleur violette. *Des robes prune de Monsieur* (avec une majuscule). ◆ On dit aussi *monsieur* (avec une minuscule), par abréviation, pour la prune et l'arbre qui la produit ; alors il fait au pluriel *des monsieurs*. ◆ **Prov.** *Monsieur vaut bien madame, ou madame vaut bien monsieur*, se dit pour exprimer que le mari et la femme se valent, et fig. quand on soutient que deux personnes sont d'un mérite égal, ou même que l'on compare deux choses. ▪ **Rem.** On prononçait autrefois [mosjø].

MONSIGNOR ou **MONSIGNORE**, ▪ n. m. [mɔsiɲɔʀ] ou [mɔsinjɔʀ] (mot it.) Prélat appartenant à la cour papale. *Des monsignors, des monsignore* ou *des monsignori* (pluriel italien).

1 **MONSTRE**, n. m. [mɔstʀ] (lat. *monstrum*, événement prodigieux, de *monere*, avertir, éclairer) Corps organisé, animal ou végétal, qui présente une conformation insolite. *Cette femme est accouchée d'un monstre. Les fleurs doubles sont des monstres.* ◆ Être physique imaginé par les mythologies et par les légendes, dragon, minotaure, harpie, etc. ◆ Être allégorique auquel on donne soit des formes étranges, soit des inclinations malfaisantes. « *Ce monstre composé de bouches et d'oreilles, La Renommée* », Boileau. ◆ Animal d'une grandeur extraordinaire. ◆ **Poétiq.** *Les monstres des forêts*, les bêtes féroces. ◆ *Monstres marins*, les grands cétacés. ◆ **Fig.** *Un monstre*, une chose dont on s'effraye. ◆ *Faire un monstre d'une chose*, la représenter comme dangereuse, pénible, etc. ◆ *Se faire un monstre de quelque chose*, s'imaginer qu'une chose est très pénible, très difficile. ◆ **Fig.** Personne cruelle, dénaturée. *Caligula, Néron sont des monstres.* ◆ **Pop.** *Un monstre de nature.* ◆ On a dit dans un sens analogue : *Des monstres de la société, des monstres qui outragent la société.* ◆ *Un monstre d'ingratitude, d'avarice, de cruauté, etc.*, se dit d'une personne qui montre une noire ingratitude, qui est d'une sordide avarice, etc. ◆ Personne à qui on reproche quelque énormité. *Ces monstres d'hommes n'en font pas d'autres.* ◆ Par exagération, personne extrêmement laide. ◆ On dit de même : *Un monstre de laideur.* ◆ **Fig.** Toute chose qui est comparée à un monstre par sa grosseur, sa laideur, sa grossièreté, sa disproportion. « *L'homme est un monstre incompréhensible* », Pascal. « *Quels monstres d'opinions se faut-il mettre dans l'esprit ?* », Bossuet. ◆ **Adj. Pop.** Prodigieux, monstrueux, énorme, extraordinaire. *Un bouquet, un dîner monstre.*

2 **MONSTRE**, n. f. [mɔstʀ] (1 *monstre*) Tableau qui indique, pour un morceau de musique, le nombre que le poète doit faire, et le nombre de syllabes que chacun de ces vers doit avoir.

MONSTRUEUSEMENT, adv. [mɔstʀyøz(ə)mɑ̃] (*monstrueux*) D'une manière monstrueuse. *Un homme monstrueusement gros.*

MONSTRUEUX, EUSE, adj. [mɔstʀyø, øz] (lat. *monstruosus*) Qui a la conformation d'un monstre. *Un animal monstrueux. Conformation monstrueuse.* ◆ Qui est contraire aux lois de la nature. *Accouplement monstrueux.* ◆ **Fig.** « *Il fit un corps redoutable de cet assemblage monstrueux* », Bossuet. ◆ Prodigieux, excessif dans son genre. *Tête monstrueuse. Laideur monstrueuse.* ◆ **Fig.** Qui excède en mal tout ce qu'on peut concevoir. « *Une monstrueuse ingratitude* », Bourdaloue. ◆ Qui choque toutes les bienséances. *Cela est monstrueux.* ◆ Qui choque les règles du goût, la raison.

MONSTRUOSITÉ, n. f. [mɔstʀyozite] (*monstrueux*) Anomalie grave dans la conformation. ◆ Toute production animale ou végétale qui présente une anomalie grave. ◆ Caractère de ce qui est monstrueux. ◆ Chose monstrueuse. ◆ **Fig.** Ce qui choque la raison, la morale, le goût. *Sa conduite est une monstruosité.*

MONT, n. m. [mɔ̃] (lat. *mons, montem*, montagne) Grande masse de terre et de roche, élevée au-dessus du terrain qui l'environne. ◆ **Fig. et fam.** *Promettre monts et merveilles*, faire les plus grandes promesses. ◆ *Promettre des monts d'or à quelqu'un*, lui promettre de grandes richesses, de grands avantages. ◆ *Un mont d'or*, une somme très considérable. ◆ *Mont* suivi d'un nom propre ne prend pas la préposition *de*. *Les monts Pyrénées.* ◆ **Absol. Au pl.** *Les monts*, une chaîne de montagnes. ◆ Particulièrement, *les monts*, les Alpes. *Passer les monts.* ◆ **Poétiq.** *Le double mont*, le mont sacré, le Parnasse. ◆ *Mont pagnote*, Voy. **pagnote**. ◆ Chiromancie. *Mont*, la petite éminence qui est au-dessous de chaque doigt de la main. ◆ *Par monts et par vaux*, et toute sorte d'endroits, de tous côtés. ▪ *Mont de Vénus*, espace velu situé sur le bas-ventre d'une femme.

MONTAGE, n. m. [mɔ̃taʒ] (*monter*) Action de ce qui monte, s'élève. *Le montage de la crème sur le lait.* ◆ Action de monter quelque chose, de l'élever. *Le montage du bois.* ◆ Action de disposer dans l'ordre voulu les pièces d'une machine. *Le montage d'une filature, d'une pendule, etc.* ▪ Assemblage d'éléments dans le but de constituer un ensemble. ▪ **Spécialt** Organisation et assemblage des séquences d'un film ou d'un disque. ▪ *Montage financier*, organisation du financement d'une entreprise.

MONTAGNARD, ARDE, adj. [mɔ̃taɲaʀ, aʀd] ou [mɔ̃tanjaʀ, aʀd] (*montagne*) Qui habite les montagnes. *Les populations montagnardes.* ◆ Qui a rapport aux habitants des montagnes. *Costume, chant montagnard.* ◆ **N. m.** et n. f. Personne qui habite les montagnes. ◆ Sous la Convention, membre du parti qu'on appelait la Montagne. ◆ Il se dit encore aujourd'hui de ceux qui ont en politique des opinions très révolutionnaires.

MONTAGNE, n. f. [mɔ̃taɲ] ou [mɔ̃tanj] (b. lat. *montanea*) Suite de monts qui tiennent l'un à l'autre. ◆ **Géol.** *Montagnes primitives, secondaires, tertiaires, volcaniques, etc.*, divisions analogues à celles des terrains. ◆ *Chaîne de montagnes*, suite de montagnes qui tiennent l'une à l'autre. ◆ Il se dit pour mont ; et alors, quand il est joint à un nom de localité, on met la préposition *de*. *La montagne du Chimborazo.* ◆ **Fig.** *La montagne a enfanté une souris*, se dit lorsque de grands projets n'aboutissent à rien. ◆ *Montagnes de glaces*, amas considérables de glaces flottantes qu'on rencontre principalement dans les mers polaires. ◆ **Fig.** Amas quelconque. « *De morts et de mourants cent montagnes plaintives* », Brébeuf. ◆ **Fig.** Grosses affaires qui semblent des montagnes. ◆ *Montagne d'eau*, espèce de rocher artificiel d'où sortent plusieurs jets, bouillons et nappes d'eau. ◆ *Montagnes russes*, montagnes réelles ou artificielles où l'on a pratiqué un chemin unique que parcourt un traîneau qu'on laisse glisser du haut en bas. ◆ *La Montagne*, le parti exalté parmi les républicains, ainsi nommé parce que dans la Convention il siégeait dans le haut de la salle. ◆ **Prov.** *Si la montagne ne vient pas à nous, il faut aller à elle*, il faut faire les avances, quand celui à qui on a affaire refuse de le faire.

MONTAGNEUX, EUSE, adj. [mɔ̃taɲø, øz] ou [mɔ̃tanjø, øz] (*montagne*) Où il y a beaucoup de montagnes. « *La Grèce est un petit pays montagneux* », Voltaire.

MONTAISON, ▪ n. f. [mɔ̃tezɔ̃] (*monter*) Migration des saumons et des truites qui remontent le courant des fleuves et rivières pour aller frayer. ▪ Période de cette migration. « *D'autres rivières ont vu leur montaison doublée comparativement à celle de 1998* », Ministère de l'environnement québécois.

MONTANISME, ▪ n. m. [mɔ̃tanism] (*Montanus*, nom du fondateur de cette hérésie) Doctrine de Montan qui prétendait recevoir des révélations du Saint-Esprit. *Le montanisme a pris sa source au IIe siècle.*

MONTANISTE, ▪ adj. [mɔ̃tanist] (*montanisme*) Qui est affilié au montanisme. *Les prophéties montanistes.* ▪ **N. m.** et n. f. Partisan du montanisme.

1 **MONTANT**, n. m. [mɔ̃tɑ̃] (*monter*) Temps pendant lequel la marée monte. ◆ Pièce de bois, de pierre ou de fer qui est posée verticalement et à plomb dans certains ouvrages de menuiserie, de serrurerie. ◆ *Les montants d'une échelle*, les deux grandes pièces qui en font les côtés. ◆ *Montants d'une presse*, les jumelles. ◆ Tige des plantes. ◆ Total d'un compte. *Le montant de la note.* ◆ Goût relevé de certaines choses, de la vapeur qui sort de certaines substances. *Ce vin a du montant. Le montant de la moutarde.*

2 **MONTANT, ANTE**, adj. [mɔ̃tɑ̃, ɑ̃t] (*monter*) Qui monte, qui s'élève d'un lieu bas vers un lieu élevé. *Marée montante. Bateau montant.* ◆ Qui est incliné de manière à présenter une montée. *Chemin montant.* ◆ **Bot.** *Tige montante*, tige horizontale à sa base, qui se recourbe insensiblement pour gagner la direction verticale. ◆ *Robe montante*, robe dont le corsage couvre la poitrine et les épaules. ◆ **Hérald.** *Pièces montantes*, pièces tournées vers le chef de l'écu. ◆ *Garde montante*, celle qu'on place dans un poste, par

opposition à garde descendante. ♦ *Mus. Gamme, tirade montante,* gamme, tirade qui va du grave à l'aigu.

MONT-BLANC, ■ n. m. [mɔ̃blɑ̃] (*mont Blanc,* sommet des Alpes) Dessert à base de crème de marron surmontée de crème fouettée. *Ces monts-blancs sont trop appétissants pour les laisser dans la vitrine du pâtissier.*

MONT-DE-PIÉTÉ, ■ n. m. [mɔ̃d(ə)pjete] (ital. *monte di pieta*) Établissement bancaire consentant de petits prêts sur gages sans frais et sans intérêt. *Déposer ses bijoux au mont-de-piété.* au pl. *Des monts-de-piété.* ■ Caisse municipale.

MONTE, n. f. [mɔ̃t] (*monter*) Ascension des vers à soie le long des rameaux. ♦ Accouplement des chevaux et des cavales, et des autres quadrupèdes domestiques.

MONTÉ, ÉE, p. p. de monter. [mɔ̃te] *Être bien, être mal monté,* être monté sur un bon, sur un mauvais cheval. ♦ *Être bien, être mal monté en chevaux* ou absol. *être bien, être mal monté,* avoir de bons, de mauvais chevaux. ♦ Par extens. *Être bien ou mal monté en quelque chose,* en avoir beaucoup ou peu. ♦ *Cheval haut monté,* cheval dont les jambes sont trop hautes et disproportionnées. ♦ *Instrument monté à un certain ton,* instrument accordé à ce ton. ♦ Fig. et fam. *Il est monté sur un ton plaisant,* il plaisante. ♦ *Vous êtes bien monté, mal monté,* vous êtes bien, mal disposé. ♦ ▷ *Être monté,* être irrité. ◁ ♦ ♦ *Monté en couleur,* dont la coloration est prononcée. *Visage monté en couleur.* ◁ ♦ *Vin monté,* vin affecté de la pousse. ♦ Bien pourvu en quelque chose. ■ Dont les différents éléments sont réunis et assemblés. ■ *Coup monté,* manœuvre sournoise, organisée de toutes pièces et dirigée à l'encontre de quelqu'un. *Cette fête surprise était un coup monté.*

MONTE-À-REGRET, [mɔ̃taʀəgʀɛ] ▷ Pop. *Abbaye de Monte-à-Regret,* la potence, et aujourd'hui la guillotine. ◁

MONTE-CHARGE, ■ n. m. [mɔ̃t(ə)ʃaʀʒ] (*monter* et *charge*) Dispositif permettant de monter ou descendre des charges d'un étage à l'autre. *L'hôtel possède plusieurs monte-charges destinés à l'acheminement des livraisons.*

MONTÉE, n. f. [mɔ̃te] (*monter*) Action de monter. ♦ Endroit par où l'on monte à une éminence, à une montagne, etc. ♦ Rampe douce au-devant d'un édifice. ♦ Escalier. ♦ Les marches, les degrés qui composent un escalier. ♦ ▷ Pop. *Faire sauter les montées à quelqu'un,* le chasser honteusement de chez soi et avec violence. ◁ ♦ Archit. *La montée d'une colonne,* d'une voûte, etc., leur hauteur. ♦ Le mouvement organique par lequel le lait se produit dans les mamelles.

MONTE-EN-L'AIR, ■ n. m. inv. [mɔ̃tɑ̃lɛʀ] (*monter* et *en l'air*) Fam. et vx Cambrioleur. *Certains monte-en-l'air ne se sont jamais fait prendre par la police.*

MONTE-PLAT, ■ n. m. [mɔ̃t(ə)pla] (*monter* et *plat*) Petit monte-charge permettant le transport des plats de la cuisine à la salle à manger. Au pl. *Des monte-plats.*

MONTER, v. intr. [mɔ̃te] (lat. vulg. *montare,* de *mons,* montagne) Se conjugue avec *être* ou *avoir,* suivant le sens. Aller en un lieu plus haut que celui où l'on est. *Monter à une échelle, à un arbre, dans sa chambre,* etc. ♦ Fig. *Monter au ciel,* passer de cette vie à celle des bienheureux. ♦ *Monter chez quelqu'un,* aller dans son logis situé au premier étage ou plus haut. ♦ Fam. et par pléonasme *Monter en haut.* ♦ *Monter à cheval,* se mettre sur un cheval, et par extens. manier un cheval, lui faire faire le manège. ♦ *Monter à l'assaut,* attaquer une place afin de l'emporter de vive force. ♦ *Monter en voiture,* entrer dans une voiture. ♦ *Monter sur un vaisseau,* se mettre dans un vaisseau. ♦ ▷ *Monter sur mer,* s'embarquer. ◁ ♦ *Monter sur un trône,* aller de marche en marche s'asseoir sur un trône. ♦ Fig. *Monter au trône, sur le trône,* devenir roi ou reine. ♦ *Monter dans la chaire,* monter les degrés qui conduisent à la chaire d'une église. ♦ Fig. *Monter en chaire,* prêcher. ♦ *Monter sur le théâtre,* ▷ *sur les planches,* se faire comédien. ♦ *Monter sur les tréteaux,* se faire bateleur. ♦ S'élever dans l'air. *Le ballon monta.* ♦ Fauconn. Voler. ♦ Mar. *La mer monte pendant le flux.* ♦ *Le vent monte* ou *remonte,* quand il se rapproche du nord. ♦ *Monter* se dit de l'ascension d'un liquide dans des tuyaux, dans un bassin, etc. *Le mercure monte dans un thermomètre. La sève monte.* ♦ *Le baromètre, le thermomètre monte,* le mercure s'élève. ♦ Se dit aussi d'un liquide que la chaleur ou une autre cause gonfle et élève. *Le lait chauffé monte.* ♦ Il se dit d'un cours d'eau dont le volume s'accroît et le niveau s'exhausse. *La rivière a monté d'un pied.* ♦ Se dit des végétaux qui grandissent et s'élèvent. ♦ *Les astres, le soleil montent sur l'horizon,* ils se rapprochent du zénith. ♦ *Ce mur, ce collet d'habit, cette robe,* etc., *montent trop haut,* ils ont trop de hauteur. ♦ Fig. Passer à un poste, à un degré au-dessus de celui qu'on occupait. *Il est monté au grade de capitaine. Il a monté en grade.* ♦ *Monter au faîte des honneurs.* ♦ Absol. « *Quiconque s'est ébloui du degré éminent où la naissance et la fortune l'ont placé, c'est dire qu'il n'était pas fait pour monter si haut* », MASSILLON. ♦ *Monter* se dit des substances capiteuses qui font impression sur le cerveau. *Le vin monte à la tête.* ♦ On dit de même : *Le feu, le sang, la rougeur,* etc.,

me montent au visage. ♦ Il se dit des passions en un sens analogue. « *Le courroux lui montant au cerveau* », LA FONTAINE. ♦ Il se dit de choses morales ou abstraites que l'on suppose prendre leur essor vers le ciel. « *Et le cri de son peuple est monté jusqu'à lui* », RACINE. ♦ Fig. Atteindre un degré élevé, au sens moral, avec un nom de chose pour sujet. *Le luxe monte tous les jours.* « *Le perfide ! à quel point son insolence monte !* », RACINE. ♦ Mus. Aller du grave à l'aigu. *Monter jusqu'à l'ut.* ♦ Fig. Hausser de prix, croître de valeur. *Le blé, la rente monte.* ♦ *Monter,* faire un total. *L'armée montait à trois cent mille hommes.* ♦ Dans la supputation d'un compte : *Le tout montant à tant.* ♦ *Ce mémoire monte bien haut,* il coûtera beaucoup pour l'acquitter. ♦ V. tr. Parcourir en s'élevant, en passant d'un lieu bas à un lieu haut. *Monter une côte.* ♦ ▷ *Monter un fleuve, une rivière,* se rapprocher de leur source. ◁ ♦ Porter, transporter quelque chose en haut, l'y élever. *Monter le blé au grenier.* ♦ *Monter un cheval, être monté sur un cheval ;* s'en servir habituellement, et aussi le dresser. ♦ Se dit de l'accouplement du cheval et de la jument. ♦ *Monter un navire,* y être embarqué, et aussi le commander. ◁ ♦ *Monter la garde,* faire la garde en quelque endroit. ♦ Fig. *Monter la garde autour de,* surveiller activement. ♦ *Monter la tranchée,* faire la garde dans la tranchée. ♦ ▷ *Monter un cavalier,* lui fournir un cheval et l'équipement. ◁ ♦ ▷ Par extens. *Monter,* fournir un établissement ou une personne de tout ce qui lui est nécessaire. *Monter une imprimerie de ses presses, une personne en linge,* etc. ♦ *Monter une horloge, une montre, un tournebroche,* etc., en rehausser les contrepoids. ♦ Disposer les pièces d'une machine, de manière qu'elle puisse fonctionner. ♦ Fig. *Monter un coup, une affaire,* les préparer. ♦ ▷ Fig. et fam. *Monter une garde à quelqu'un,* lui faire une vive réprimande. ◁ ♦ *Monter une partie,* prendre des dispositions pour une partie, faire des invitations. ♦ *Monter un métier,* accommoder et tendre sur le métier l'étoffe, la toile, le canevas, la chaîne, le fil, etc., pour travailler. ♦ *Monter un diamant,* le mettre en œuvre. ♦ *Monter une estampe,* la mettre sous verre, dans un cadre. ♦ *Monter un bouquet,* disposer les fleurs d'une manière régulière et agréable à l'œil. ♦ *Monter un bonnet de femme, un habit, une chemise,* en disposer les parties, les ornements. ♦ *Monter un ouvrage d'orfèvrerie, de serrurerie, de menuiserie,* etc., en assembler les pièces. ♦ *Monter une batterie,* mettre tous les canons d'une batterie sur leurs affûts, et les ranger de manière à pouvoir s'en servir. ♦ *Monter un théâtre,* le dresser pour qu'on puisse y jouer. ♦ *Monter une pièce,* faire les répétitions et les préparatifs nécessaires pour la mise en scène et la représentation. ♦ *Monter un violon, une harpe, une guitare, un piano,* y mettre de nouvelles cordes au ton qu'elles doivent avoir. ♦ *Monter un instrument de musique,* en hausser le ton. ♦ On dit de même : *Monter une corde de violon, de harpe,* etc. ♦ Accroître, élever. *Monter sa dépense.* ♦ Peint. *Monter sa couleur,* rendre la couleur de son tableau plus vigoureuse. ♦ Fig. et fam. *Monter la tête à quelqu'un* ou simplement *le monter,* lui inspirer quelque idée qui s'empare de lui jusqu'à l'exalter. ♦ *Se monter,* v. pr. Être gravi. ♦ Recevoir un cavalier, en parlant du cheval ou autre bête de somme. ♦ *Se procurer un cheval.* ♦ Par extens. *Se monter en,* se fournir de. *Se monter en argenterie, en linge,* etc. ♦ Il se dit des pièces d'un appareil qu'on dispose. *Cette machine se montera quand on voudra.* ♦ Fig. S'élever, se hausser. *Il s'est monté à un ton qu'il ne soutiendra pas.* ♦ Absol. S'exciter, prendre des sentiments de colère, d'opiniâtreté, etc. ♦ Il se dit des choses qui croissent, s'augmentent. « *Et voyant le haut point où leur gloire se monte* », P. CORNEILLE. ♦ Former un certain total. *Son armée se montait à vingt mille hommes. La somme se monte à tant.*

MONTE-SAC, ■ n. m. [mɔ̃t(ə)sak] (*monter* et *sac*) Appareil de levage permettant de hisser des sacs. « *Les sacs, une fois pesés dans les bureaux [...], étaient hissés au dernier étage à l'aide d'un monte-sac* », JOINEAU. Au pl. *Des monte-sacs.*

MONTEUR, EUSE, n. m. et n. f. [mɔ̃tœr, øz] (*monter*) Ouvrier, ouvrière qui monte des pierres fines, des pièces d'orfèvrerie, etc. ♦ N. f. *Monteuse de bouquets et fleurs artificielles,* ouvrière qui monte, dispose les bouquets et fleurs artificielles. ♦ *Monteuse,* ouvrière qui monte les bonnets. ♦ Fig. et pop. *Un monteur de coups,* un homme qui cherche à tromper, et aussi un faiseur d'entreprises équivoques. ■ Cin. Personne chargée du montage d'un film.

MONTGOLFIÈRE, n. f. [mɔ̃gɔlfjɛr] (*Montgolfier,* nom de ses inventeurs) Nom donné aux premiers aérostats de Montgolfier, qui n'étaient autre chose qu'une enveloppe de papier, remplie d'air dilaté par un réchaud placé au-dessous du ballon.

MONTICULE, n. m. [mɔ̃tikyl] (lat. *monticulus,* dimin. de *mons,* montagne) Petit mont. ♦ Anat. Nom du milieu de la face supérieure du cervelet.

MONTJOIE, n. f. [mɔ̃ʒwa] (p.-ê. de *mont* et *joie*) Monceau de pierres jetées confusément, en signe de victoire, ou pour marquer le chemin. ♦ Croix ou indications mises sur les montjoies pour reconnaître les chemins. ♦ *Montjoie Saint-Denis !* ou simplement *Montjoie !* cri de guerre usité parmi les Français durant le Moyen Âge. ♦ Bannière qui indiquait la marche de l'armée. ♦ N. m. Titre affecté au premier roi d'armes de France. *Le roi d'armes*

Montjoie. ■ REM. Graphie ancienne : *mont-joie.*

MONTMORENCY, n. f. [mɔ̃mɔʀɑ̃si] (nom propre) Nom d'une cerise acide et à courte queue, que l'on cultive beaucoup à Montmorency près de Paris. ◆ Au pl. *Des montmorencys.*

MONTOIR, n. m. [mɔ̃twaʀ] (*monter*) Grosse pierre ou gros billot dont on se sert pour monter plus aisément à cheval. ◆ *Le côté du montoir,* le côté gauche du cheval. ◆ *Le pied du montoir,* le pied gauche du cheval. ◆ Le côté droit se nomme hors montoir ou hors du montoir.

MONTRABLE, adj. [mɔ̃tʀabl] (*montrer*) Qui peut être montré. « *Vous ririez bien de ma figure de quatre-vingts ans, qui n'est ni transportable, ni montrable* », VOLTAIRE.

MONTRACHET, ■ n. m. [mɔ̃ʀaʃɛ] (*Montrachet,* nom de communes de la Côte-d'Or) Bourgogne blanc, grand cru de la côte de Beaune. *Ces quelques bouteilles de montrachet vont aller garnir ma cave.* Au pl. *Des montrachets.*

MONTRE, n. f. [mɔ̃tʀ] (*montrer*) Action de montrer ; sens qui n'est guère usité que dans : *Faire montre,* montrer avec une sorte d'étalage. ◆ Ce qu'on montre pour faire juger du reste, échantillon. *Acheter du blé sur montre.* ◆ Ce qu'un marchand étale devant sa boutique, pour montrer quelle sorte de marchandise il vend. ◆ Boîte vitrée dans laquelle les orfèvres, bijoutiers, etc., mettent leurs marchandises. ◆ **Fig.** « *La vertu leur sert de montre pour se concilier la faveur des hommes* », BOSSUET. ◆ Lieu où les marchands de chevaux font voir leurs chevaux à vendre. ◆ Apparence. « *Il est des choses qui ont une montre douteuse* », MALHERBE. ◆ *La montre des blés est belle,* ils annoncent une bonne récolte. ◆ *N'être que pour la montre,* se dit de certaines choses qui ne sont que pour l'apparence et dont on ne se sert point. ◁ ◆ **Fig.** Parade, étalage. « *Malheur à vous, hypocrites* [...] *qui n'avez qu'une vaine montre de probité !* », BOURDALOUE. ◆ Autrefois, revue de gens de guerre. ◆ ▷ **Fig.** et fam. *Passer à la montre,* être acceptable, en parlant soit des personnes soit des choses. ◁ ◆ ▷ **Milit.** Manœuvre pour cacher son vrai dessein à l'ennemi. ◁ ◆ ▷ Petite horloge qui se porte ordinairement dans une poche destinée à cet usage. ◁ ◆ *Montre à répétition,* Voy. RÉPÉTITION. ◆ ▷ *Montre marine,* montre faite avec beaucoup de précision. ◁ ■ *Faire montre de,* donner l'impression, l'apparence de. ■ *Montre mécanique,* dont il faut remonter le mécanisme. ■ *Montre à quartz,* ■ *Contre-la-montre,* course cycliste dans laquelle les concurrents sont chronométrés individuellement. ■ **Fig.** *Contre la montre,* en un temps limité. ■ *Montre ou montre-bracelet,* Voy. BRACELET-MONTRE.

MONTRÉ, ÉE, p. p. de montrer. [mɔ̃tʀe] *Avoir été bien montré,* avoir eu un bon maître.

MONTRER, v. tr. [mɔ̃tʀe] (lat. *monstrare,* indiquer, montrer) Faire voir. *Montrer sa maison.* ◆ **Fig.** et pop. *Montrer son nez quelque part,* se faire voir en quelque endroit. ◆ *Montrer les dents,* Voy. DENT. ◆ **Fig.** *Montrer les talons,* Voy. TALON. ◆ Indiquer par quelque signe ou geste ou de toute autre façon. *Montrer quelque chose du doigt. Montrer le chemin à quelqu'un.* ◆ ▷ **Fig.** *Montrer quelqu'un au doigt,* s'en moquer publiquement. ◁ ◆ *Montrer la porte à quelqu'un,* faire signe à quelqu'un qu'il ait à sortir. ◆ **Fig.** *Montrer le chemin aux autres,* servir d'exemple. ◆ *Montrer une lettre, un écrit,* les faire lire. ◆ Faire paraître. « *Tout son visage montre une fierté si haute...* », P. CORNEILLE. ◆ Faire paraître une affection, un sentiment. *Montrer de la joie.* ◆ On dit de même : *Montrer un visage gai, triste, etc.* ◆ Faire preuve de. *Montrer du sang-froid, un bon cœur, etc.* ◆ Faire connaître, prouver. *Je lui ai montré que la proposition était fausse.* ◆ Enseigner. *Montrer les langues, la grammaire, à écrire, etc.* ◆ **Par extens.** « *Il montre aux plus hardis à braver le danger* », RACINE. ◆ **Absol.** *Il montre bien aux enfants.* ◆ Se montrer, v. pr. Paraître, se faire voir. « *Montrez-vous pour sauver ce héros du trépas* », P. CORNEILLE. ◆ *Se montrer,* aller dans le monde, et aussi ne pas se tenir caché. ◆ **Fig.** Se faire connaître. « *J'aime un esprit aisé qui se montre, qui s'ouvre* », BOILEAU. ◆ *Se montrer tel,* faire voir par les effets qu'on est tel. *Montrez-vous bon ami. Se montrer tel qu'on est.* ◆ **Fig.** *Se bien montrer, se montrer mal,* faire bonne, faire mauvaise contenance dans les occasions qui exigent de la résolution et de la fermeté. ◆ *Il faut se montrer,* il faut faire acte de résolution, payer de sa personne. ◆ Devenir visible, apparent. *La lune se montrait entre les nuages.* ◆ **Fig.** Il se dit des choses dont l'épreuve se fait, dont la preuve se donne. « *Ta foi dans mon malheur s'est montrée à mes yeux* », RACINE.

MONTREUR, EUSE, n. m. et n. f. [mɔ̃tʀœʀ, øz] (*montrer*) Personne qui montre. *Un montreur de lanterne magique, de bêtes féroces, de marionnettes.*

MONTUEUX, EUSE, adj. [mɔ̃tɥø, øz] (lat. *montuosus*) Qui est coupé de monts, de hauteurs. *Le Valais est montueux.*

MONTURE, n. f. [mɔ̃tyʀ] (*monter*) Bête sur laquelle on monte pour aller d'un lieu à un autre. ◆ Travail d'un ouvrier qui monte quelque ouvrage. ◆ Ce qui sert à assembler, à supporter, à fixer la partie ou les parties principales d'un objet, d'un outil, etc. *La monture d'un thermomètre, d'un fusil, etc.* ◆ *Monture d'un violon, d'une basse, etc.,* les cordes qui les garnissent. ◆

Le métal employé pour monter un bijou, un objet précieux. *Une monture d'or.* ◆ **Prov.** *Qui veut aller loin ménage sa monture,* Voy. MÉNAGER. ■ *Monture de lunettes,* élément qui permet de maintenir les verres en place et de fixer les lunettes sur le visage de celui qui les porte.

MONUMENT, n. m. [monymɑ̃] (lat. *monumentum,* de *monere,* faire penser) Construction faite pour transmettre à la postérité la mémoire de quelque personnage illustre, de quelque événement considérable. « *Ils avaient érigé des monuments des choses qui leur étaient arrivées* », BOSSUET. ◆ Édifice imposant par sa grandeur, sa beauté, son ancienneté. ◆ **Par extens.** Statues, bas-reliefs, etc., qui proviennent de l'Antiquité. ◆ Dans le style élevé, tombeau. ◆ **Fig.** Certains grands objets de la nature. *Les montagnes sont des monuments des révolutions du globe.* ◆ **Fig.** Ouvrage durable de la littérature, des sciences et des arts. ◆ **Fig.** Tout ce qui consacre et manifeste, tout ce qui garde les souvenirs. « *Babel, premier monument de l'orgueil et de la faiblesse des hommes* », BOSSUET. ◆ **Par extens.** « *Ces dépouilles seront mises sur mon tombeau comme un monument de la victoire due à mes flèches* », FÉNELON.

MONUMENTAL, ALE, adj. [monymɑ̃tal] (*monument*) Qui a rapport aux monuments, qui est de la nature des monuments. *Une gare monumentale. Des édifices monumentaux.* ◆ **Fig.** « *Une destinée historique et monumentale* », SAINTE-BEUVE.

1 **MOQUE**, ■ n. f. [mɔk] (néerl. *mok,* bloc de bois) **Mar.** Morceau de bois de forme ovoïde muni d'un trou au centre par lequel passe un filin.

2 **MOQUE**, ■ n. f. [mɔk] (p.-ê. du b. all. *Mokke,* cruche, pot) **Région.** Tasse servant à boire le cidre ou gobelet permettant la mesure de certaines denrées. *Une moque de crevettes.*

MOQUÉ, ÉE, p. p. de moquer. [moke] Tourné en ridicule.

MOQUER (SE), v. pr. [moke] (orig. incert.) Tourner en ridicule quelqu'un, quelque chose. *Se moquer de quelqu'un, de sa tournure.* ◆ Témoigner par des paroles ou par des actes qu'on ne fait nul cas de quelqu'un ou de quelque chose. *Se moquer des lois.* ◆ *Se moquer du monde, des gens,* ne pas parler d'une manière sérieuse, ne pas mériter l'attention. ◆ *Se moquer de,* suivi d'un infinitif, n'agir pas raisonnablement. « *Elle se moque de se piquer de jeunesse* », LA BRUYÈRE. ◆ Refuser en ridiculisant, se moquer d'un présent. ◆ **Absol.** Ne pas parler, ne pas agir sérieusement. « *On crut qu'il se moquait ; on sourit, mais à tort* », LA FONTAINE. ◆ *Être moqué,* être tourné en ridicule (*moquer* a une forme passive, bien qu'il n'ait pas de forme active). « *Les esprits forts qui s'étaient moqués de la fée furent moqués à leur tour* », J.-J. ROUSSEAU. ◆ *Se faire moquer,* être tourné en ridicule. ◆ **Prov.** *La pelle se moque du fourgon,* Voy. FOURGON. ◆ À côté de *se faire moquer,* tournure régulière, il s'en est introduit une autre qui est complètement inconciliable avec la syntaxe : *Vous vous ferez moquer de vous, il s'est fait moquer de lui,* etc. De vous, de lui, etc., ne peuvent se construire. Cependant cette locution a pour elle l'usage, l'autorité de l'Académie et celle des exemples.

MOQUERIE, n. f. [mɔk(ə)ʀi] (*moquer*) Action de se moquer. « *La moquerie est souvent indigence d'esprit* », LA BRUYÈRE. ◆ Chose absurde, impertinente. *C'est une moquerie que de vouloir soutenir une telle proposition.* ■ Parole prononcée pour se moquer.

MOQUETTE, n. f. [mokɛt] (orig. incert.) Étoffe à chaîne et à trame de fil, veloutée en laine, dont on fait des tapis ou dont on couvre les sièges. *Fauteuil de moquette.*

MOQUETTER, ■ v. tr. [mokete] (*moquette*) Recouvrir un support de moquette. *Moquetter un sol.*

MOQUEUR, EUSE, adj. [mokœʀ, øz] (*moquer*) Qui se moque. « *Le Français quelquefois est léger et moqueur ; Mais toujours le mérite eut des droits sur son cœur* », VOLTAIRE. ◆ Qui a le caractère de la moquerie. *Un langage, un rire moqueur.* ◆ **N. m.** et **n. f.** Personne qui se moque. ◆ **N. m.** Oiseau d'Amérique, qui imite aisément le chant des autres oiseaux.

MORAILLES, n. f. pl. [mɔʀaj] (provenç. *moralha,* pièce métallique pour fermer une porte) Sorte de tenailles pour serrer le nez d'un cheval, afin de le contenir dans une opération, ou de le punir.

MORAILLON, n. m. [mɔʀajɔ̃] (*morailles*) Pièce de fer qui sert à la fermeture d'une malle, d'une porte, etc., en laissant passer dans une lunette un anneau destiné à recevoir un cadenas.

MORAINE, n. f. [mɔʀɛn] (savoyard *morêna*) **Géol.** Falaise, terres escarpées au bord d'un torrent, d'une rivière, d'un lac. ◆ Amas de pierres que les glaciers déposent ou ont déposé sur leurs bords et à leur extrémité inférieure. ■ MORAINIQUE, adj. [mɔʀenik]

MORAL, ALE, adj. [mɔʀal] (lat. *moralis,* relatif aux mœurs) Qui concerne les mœurs. *Préceptes moraux. Réflexions morales.* ◆ *Contes moraux,* contes où l'auteur a l'intention de faire ressortir une leçon de morale. ◆ *Vertus morales,* celles qui ont pour principes les seules lumières de la raison. ◆ Qui est conforme aux bonnes mœurs. *Ce livre est moral.* ♦ En parlant des personnes, qui a des mœurs, une conduite conformes à la morale. *Un homme, un écrivain moral.* ♦ Qui, dans l'être humain, est du ressort de l'âme. *Les facultés, les sciences morales.* ♦ **Action morale,** l'action d'un agent capable de choisir et de refuser librement. ♦ **Philos.** *Certitude morale,* certitude fondée sur des témoignages ordinaires, tels que le récit d'autrui, l'expérience et les règles ordinaires de la sagesse. ♦ On dit de même : *Impossibilité morale.* ♦ N. m. *Le moral,* l'ensemble de nos facultés morales. ♦ Fermeté à supporter les périls, les fatigues, les difficultés. *Remonter le moral d'une armée.* ♦ Ce qu'il y a de moral en quelque chose.

MORALE, n. f. [mɔʀal] (*moral*) Ensemble des règles qui doivent diriger l'activité libre de l'homme. ♦ *Offense à la morale publique,* sorte de délit qui se commet par la voie de la presse et qui consiste en propositions jugées dangereuses pour les mœurs. ♦ *Morale* avec une épithète défavorable désigne des doctrines plus ou moins nuisibles aux mœurs. ♦ Traité de morale. *La Morale d'Épictète.* ♦ *Morale,* leçon de morale. « *Une morale nue apporte de l'ennui ; Le conte fait passer le précepte avec lui* », La Fontaine. ♦ *La morale d'un ouvrage,* la leçon de morale qui en résulte. ♦ Réprimande. *Son père lui a fait une morale.*

MORALEMENT, adv. [mɔʀal(ə)mɑ̃] (*moral*) Conformément à la morale. *Se conduire moralement.* ♦ *Moralement parlant* ou *moralement,* selon toutes les vraisemblances.

MORALISANT, ANTE, ■ adj. [mɔʀalizɑ̃, ɑ̃t] (*moraliser*) Qui essaie de convertir à une certaine morale. « *Mme Padoie, une petite femme moralisante, dévote, et toujours irritée* », Maupassant.

MORALISATEUR, TRICE, adj. [mɔʀalizatœʀ, tʀis] (*moraliser*) Néolog. Qui est propre à moraliser. *Un enseignement moralisateur.* ■ Rem. Ce mot n'est plus aujourd'hui un néologisme.

MORALISATION, n. f. [mɔʀalizasjɔ̃] (*moraliser*) Néolog. Action de moraliser, de rendre moral, de donner des principes moraux. *La moralisation du peuple par l'instruction.* ■ Rem. Ce mot n'est plus aujourd'hui un néologisme.

MORALISÉ, ÉE, p. p. de moraliser. [mɔʀalize]

MORALISER, v. intr. [mɔʀalize] (*moral*) Faire des réflexions morales. ♦ Au passif et impers. *C'est assez moralisé.* ♦ V. tr. *Moraliser quelqu'un,* lui faire de la morale ou une morale. ♦ Néolog. *Rendre moral,* perfectionner l'homme au point de vue moral. ♦ Se moraliser, v. pr. Devenir moral. ■ Rem. *Rendre moral* n'est plus un néologisme aujourd'hui.

MORALISEUR, n. m. [mɔʀalizœʀ] (*moraliser*) Celui qui affecte de parler morale. « *Je n'aime pas les moraliseurs* », Marmontel.

MORALISME, ■ n. m. [mɔʀalism] (*morale*) **Philos.** Doctrine mettant en avant le respect absolu de la morale avant toute autre valeur. ■ Propension rigoureuse et étroite à la morale.

MORALISTE, n. m. et n. f. [mɔʀalist] (*morale*) Écrivain qui traite des mœurs. *La Bruyère est un grand moraliste.*

MORALITÉ, n. f. [mɔʀalite] (lat. tard. *moralitas,* caractère, caractéristique) Réflexion morale. ♦ *Moralité chrétienne,* réflexions conformes aux principes de la religion chrétienne. ♦ Sens moral renfermé sous une fable, un récit. ♦ Ancien poème dramatique français qui représentait une action sérieuse ou morale, à l'aide de personnages allégoriques. ♦ Discernement moral. *Les actions des fous sont dénuées de moralité.* ♦ Rapport des actions humaines avec les principes qui en sont la règle. *La moralité des actions humaines suppose la liberté.* ♦ Qualité de ce qui est moral. ♦ En parlant des personnes, caractère moral. *Certificat de moralité.*

MORASSE, ■ n. f. [mɔʀas] (p.-ê. de *more,* var. de *maure,* du fait de la couleur de l'épreuve) Dernière épreuve d'un journal avant publication. *Corriger la morasse.*

MORATOIRE, ■ adj. [mɔʀatwaʀ] (lat. juridique *moratorius,* qui retarde) **Dr.** Qui accorde un délai. ■ *Intérêts moratoires,* somme due pour cause de retard de paiement. ■ **N. m.** Acte juridique accordant au débiteur des délais de paiement pour s'affranchir de ses dettes.

MORBIDE, adj. [mɔʀbid] (lat. *morbidus,* malade, malsain) **Méd.** Qui a rapport à la maladie. *État morbide. Phénomènes morbides.* ♦ **Peint. et sculpt.** Qui a de la morbidesse. ■ Empreint d'une certaine perversion. ■ MORBIDITÉ, n. f. [mɔʀbidite]

MORBIDESSE, n. f. [mɔʀbidɛs] (ital. *morbidezza,* caractère doux) **Peint. et sculpt.** Mollesse et délicatesse des chairs dans une figure. ♦ Souplesse dans les attitudes, la démarche, les manières, mêlée d'une sorte de mollesse aimable.

MORBIER, ■ n. m. [mɔʀbje] (*Morbier,* commune du Jura) Fromage au lait de vache, à pâte pressée et comportant une fine raie grise en son milieu.

MORBIFIQUE, adj. [mɔʀbifik] (lat. *morbificus,* de *morbus,* maladie) **Méd.** Qui cause la maladie. *Principe morbifique.*

MORBLEU, interj. [mɔʀblø] (*mort de Dieu*) Sorte de jurement.

MORCEAU, n. m. [mɔʀso] (dimin. de l'anc. fr. *mors,* du lat. *morsus,* morsure) Portion séparée d'une chose solide, bonne à manger. ♦ **Fam.** *Manger un morceau,* faire un repas léger. ♦ ▷ **Fam.** *Doubler les morceaux,* mettre les morceaux doubles, se hâter de manger. ◁ ▷ **Fig.** *Prendre le morceau,* se laisser attraper (par métaphore des pièges et des appâts d'hameçons). ♦ **Fig.** *Ne faire qu'un morceau de quelqu'un,* en triompher sans peine. ♦ **Fig.** *S'ôter le morceau, les morceaux de la bouche,* se priver du nécessaire pour secourir ou obliger quelqu'un. ♦ ▷ **Fig.** *Tailler les morceaux à quelqu'un,* régler, prescrire la dépense qu'il doit faire ; et aussi lui prescrire ce qu'il a à faire. ◁ **Fig.** *Rogner les morceaux à quelqu'un,* diminuer ses profits, ses revenus. ♦ On lui compte ses morceaux, on ne lui donne que tout juste ce qu'il faut pour vivre. ♦ **Par extens.** Partie séparée d'un corps solide. *Un morceau de cire.* ♦ *Fait de pièces et de morceaux,* qui n'est pas fait d'une seule pièce, et fig. qui n'est point coordonné, point fait d'une manière systématique. ♦ **Fig.** *Un morceau d'homme,* un petit homme, un homme de peu d'apparence. ♦ En général, portion, partie séparée ou non du tout, mais distincte et considérée à part. *Morceau de terre.* ♦ Partie, fragment d'un ouvrage d'esprit. *Les beaux morceaux de Corneille.* ♦ *Morceaux choisis,* recueil qui contient des morceaux de différents ouvrages et de différents auteurs. ♦ **Par extens.** *Morceau,* objet bon à manger considéré dans sa totalité. *Un faisan est un morceau délicat. Les bons morceaux,* les mets recherchés. ♦ **Fig. et fam.** *C'est un morceau trop cher,* c'est un morceau de prince, se dit d'une chose qui est d'un prix trop élevé, et par extens. de tout ce qui, personne ou chose, est haut prisé. ♦ **Fig.** Objet d'art ou de littérature considéré dans sa totalité. *La colonnade du Louvre est un beau morceau. Un morceau sur la politique.* ♦ *Morceau de réception,* tableau ou groupe en marbre de petite dimension que les peintres et les sculpteurs faisaient autrefois pour entrer à l'Académie. ♦ *Un morceau,* une pièce de musique. ♦ *Morceau d'ensemble,* morceau à diverses parties, chanté par plusieurs voix ou joué par plusieurs instruments. ♦ **Fig.** Fragment, partie d'une chose qui n'est divisible qu'en idéal. « *Mme de Vins a gagné un grand morceau de son procès* », Mme de Sévigné. « *Votre relation est admirable ; ce morceau de votre vie est si extraordinaire et si nouveau* », Mme de Sévigné. ♦ *Morceau d'Adam,* syn. de pomme d'Adam. ■ **Fam.** *Enlever le morceau,* réussir. ■ **Fam.** *Cracher le morceau,* avouer quelque chose. ■ **Fig.** *Mettre les bouchées doubles,* produire deux fois plus de travail.

MORCELABLE, ■ adj. [mɔʀsəlabl] (*morceler*) Qui peut se diviser en morceaux. *Un terrain morcelable.*

MORCELÉ, ÉE, p. p. de morceler. [mɔʀsəle]

MORCELER, v. tr. [mɔʀsəle] (anc. fr. *morcel,* morceau) Séparer en morceaux. *Morceler les héritages.* ♦ Se morceler, v. pr. Être partagé. *La propriété s'est beaucoup morcelée.* ■ Diviser un terrain en plusieurs parties.

MORCELLEMENT, n. m. [mɔʀsɛl(ə)mɑ̃] (*morceler*) L'action de diviser par morceaux. ♦ *Morcellement des terres,* division du domaine agricole en petites propriétés.

MORD, n. m. [mɔʀ] (*mordre,* voir *mords*) **Reliure** *Faire des mords,* serrer la presse fortement, et, par quelques petits coups de marteau, forcer les premiers et derniers cahiers de se replier sur les membrures.

MORDACITÉ, n. f. [mɔʀdasite] (lat. *mordacitas,* de *mordax,* piquant, mordant) Qualité corrosive. *La mordacité de l'eau-forte.* ♦ **Fig.** Penchant à mordre, à médire, à relever les défauts d'autrui.

MORDANÇAGE, n. m. [mɔʀdɑ̃saʒ] (*mordancer*) Action de mordancer.

MORDANCER, v. tr. [mɔʀdɑ̃se] (*mordant*) Appliquer un mordant sur une étoffe pour faire prendre la teinture.

1 MORDANT, n. m. [mɔʀdɑ̃] (*mordre*) Agent à l'aide duquel on attaque, décape ou corrode les surfaces métalliques. ♦ Corps qui a la propriété de s'unir avec ceux que l'on veut teindre, et d'en augmenter l'affinité pour les matières colorantes. ♦ Composition pour fixer la laine hachée sur la toile ou sur le papier de tenture. ♦ Vernis qui sert à retenir l'or en feuilles sur le cuivre. ♦ **Fig.** Ce qui agit sur l'esprit des autres comme la substance qui mord un métal, un tissu. *Avoir du mordant dans l'esprit.* ♦ **Fig.** Il se dit de la voix qui fait sur l'ouïe une impression comparée à quelque chose qui mord, qui pénètre. ♦ **Mus.** Trille qui n'est pas achevé. ♦ Manière de couper le bout d'une pièce de bois pour l'assembler avec une autre. ■ Agent corrosif. *Du mordant utilisé en gravure.*

2 MORDANT, ANTE, adj. [mɔʀdɑ̃, ɑ̃t] (*mordre*) Qui mord, qui entame. « *La dent de la lime mordante* », Delille. ♦ *Bête mordante,* bête qui se défend avec les dents, comme le sanglier, le renard, le loup, etc. ♦ **Fig.** Qui a une qualité corrosive. *L'eau-forte est mordante.* ♦ **Fig.** Dont la parole mord. *Un homme mordant.* ♦ Il se dit aussi des choses. *Des paroles mordantes.* ♦ Qui fait sur l'ouïe une impression forte. « *Une belle voix de basse, étoffée et* *mordante* », J.-J. Rousseau. ■ Qui provoque une sensation piquante. *Un froid mordant.*

MORDEUR, n. m. [mɔʀdœʀ] (*mordre*) ▷ Personne qui mord. ♦ Adj. *Mordeur, mordeuse,* qui a l'habitude de mordre. *Cheval mordeur.* ◁

MORDICANT, ANTE, adj. [mɔʀdikã, ãt] (b. lat. *mordicans,* âpre, de *mordere,* mordre) ▷ Qui exerce une espèce de petite morsure par son âcreté. ♦ Méd. *Chaleur mordicante,* chaleur de la peau qui cause une sensation de picotement désagréable au doigt qui la touche. ♦ Fig. et fam. Qui aime à mordre, à railler. « *Des discours et des traits mordicants* », Dancourt. ◁

MORDICUS, adv. [mɔʀdikys] (adv. lat. *mordicus,* en mordant) **Fam.** Avec ténacité, opiniâtreté. *Soutenir son opinion mordicus.*

MORDIENNE, n. f. [mɔʀdjɛn] (var. de *mordieu*) ▷ Sorte de juron. *Mordienne de vous !* c'est-à-dire la peste soit de vous ! ♦ *À la grosse mordienne,* sans façon, franchement.

MORDIEU, interj. [mɔʀdjø] (*mort de Dieu*) ▷ Sorte de juron. ◁

MORDILLAGE, n. m. [mɔʀdijaʒ] (*mordiller*) Action de mordiller, de mordre légèrement. ■ Rem. On dit aussi *mordillement. Les mordillements d'un chaton.*

MORDILLÉ, ÉE, p. p. de mordiller. [mɔʀdije]

MORDILLEMENT, ■ n. m. [mɔʀdij(ə)mã] (*mordiller*) Voy. MORDILLAGE.

MORDILLER, v. tr. [mɔʀdije] (dim. et fréquentatif de *mordre*) Mordre légèrement et fréquemment.

MORDORÉ, ÉE, adj. [mɔʀdɔʀe] (*more,* var. de *maure,* et *doré*) Qui est d'une couleur brune, mêlée de rouge, avec un reflet brillant. *Des souliers mordorés.* ♦ N. m. *Le mordoré,* la couleur mordorée. ♦ N. m. Espèce de pigeon.

MORDORURE, n. f. [mɔʀdɔʀyʀ] (*mordoré*) Couleur mordorée.

MORDRE, v. tr. [mɔʀdʀ] (lat. *mordere*) Entamer avec les dents. *Un chien enragé l'a mordu.* ♦ Fig. *Se mordre la langue,* Voy. LANGUE. ♦ Se mordre les lèvres de dépit, de rage, etc. ♦ *S'en mordre les doigts, s'en mordre les pouces,* se repentir d'une chose qu'on a faite. ♦ *Se mordre les doigts,* ronger ses doigts avec les dents, pendant qu'on est plongé dans la méditation et le travail. ♦ *Mordre ses ongles,* se ronger les ongles avec les dents, et fig. se travailler l'esprit pour faire quelque composition. ♦ Par extens. Entamer avec le bec ou les suçoirs, en parlant des oiseaux, des insectes. ♦ Absol. *Ce chien mord.* ♦ Fig. « *Ce malheureux veut toujours mordre et n'a plus de dents* », Voltaire. ♦ *Mordre à l'hameçon,* en parlant du poisson, saisir l'appât et l'hameçon, et fig. se laisser séduire par une proposition qui a été faite pour tromper. ♦ Fig. *Mordre à quelque chose,* y prendre goût, y faire des progrès. ♦ Poétiq. *Mordre la poudre, la poussière, la terre,* être tué dans un combat. ♦ Ronger, creuser, percer, en parlant de certaines choses. *Les flots mordent le rivage.* ♦ En gravure, *mordre une planche,* ou *faire mordre une planche,* lui faire éprouver l'effet de l'eau-forte. ♦ En teinturerie, *l'étoffe mord la teinture,* c'est-à-dire prend la couleur. ♦ V. intr. Exercer une action corrosive, entamer. *L'eau-forte mord sur les métaux. La lime ne mord pas dans l'acier trempé.* ♦ Mar. Se dit de l'ancre dont la patte inférieure s'enfonce dans le sol. ♦ Empiéter. *Cette pièce de bois mord dans le mur.* ♦ Engrener, en parlant d'une roue. ♦ *Mordre dans l'étoffe,* faire la couture loin du bord. ♦ Fig. Faire une critique de quelqu'un ou de quelque chose. « *Esprits du dernier ordre, Qui, n'étant bons à rien, cherchez surtout à mordre* », La Fontaine. ♦ Se mordre, v. pr. Se faire une morsure à soi-même. ♦ Se faire des morsures l'un à l'autre. ♦ Fig. Se déchirer, se faire du mal. ♦ Prov. *Tous les chiens qui aboient ne mordent pas,* Voy. ABOYER. ♦ *Chien qui aboie ne mord pas,* ceux qui font le plus de bruit ne sont pas les plus à craindre. ■ Fig. et plais. *Approchez, je ne mords pas !* ♦ Fig. Provoquer une sensation piquante et douloureuse sur quelqu'un ou quelque chose. *Le froid mord les mains et les pieds.* ♦ *Mordre sur,* empiéter sur. *Mordre sur le terrain de quelqu'un.* ♦ Fig. Croire, gober. *Je ne mords pas à cette histoire farfelue.* ■ Fig. *Mordre la poussière,* essuyer un échec. ■ *Mordre dans,* enfoncer les dents dans quelque chose. *Mordre dans une pomme à pleines dents.*

MORDS, n. m. [mɔʀ] (*mordre*) ▷ Partie de la tenaille qui en se refermant saisit l'objet qu'on veut serrer, tenir ou arracher. ♦ Chacune des deux mâchoires de l'étau. ◁

MORDU, UE, p. p. de mordre. [mɔʀdy] **Fam.** Amoureux. ♦ N. m. et n. f. Une personne passionnée par une activité.

MORE, n. m. [mɔʀ] Voy. MAURE.

MOREAU, ELLE, adj. [mɔʀo, ɛl] (lat. pop. *maurellus,* brun comme un Maure) Qui a le poil d'un noir foncé, vif et luisant, en parlant d'un cheval. *Des chevaux moreaux.* ♦ N. m. *Un moreau.* ■ Au f. *Une jument morelle. Une morelle.*

1 MORELLE, n. f. [mɔʀɛl] (lat. pop. *maurella,* fém. de *maurellus,* brun comme un Maure) Genre de la famille des solanées. *La morelle noire,* plante

vénéneuse. *La morelle tubéreuse,* la pomme de terre. *La morelle grimpante,* la vigne de Judée.

2 MORELLE, n. f. [mɔʀɛl] (fém. de *moreau*) Variété de pomme à cidre.

MORÈNE, ■ n. f. [mɔʀɛn] (cf. lat. sav. [Hydrocharis] *morsus ranæ* , morsure de grenouille) **Bot.** Plante des eaux stagnantes à petites fleurs blanches. *La morène aquatique.*

MORESQUE, adj. [mɔʀɛsk] Voy. MAURESQUE.

MORFAL, ALE, ■ adj. [mɔʀfal] (apocope de *morfaloux,* de *morfaler,* manger gloutonnement) **Fam.** Qui a un très grand appétit. ■ N. m. ou f. Personne ayant un appétit vorace. *Ces enfants sont des morfals.*

1 MORFIL, n. m. [mɔʀfil] (*mort* et *fil*) Barbes ou aspérités métalliques, irrégulières et extérieures au véritable tranchant. *On ôte le morfil au rasoir en le passant sur la pierre.*

2 MORFIL, ■ n. f. [mɔʀfil] (esp. *marfil,* de l'ar. *azm al fil,* os d'éléphant) ▷ Nom donné à l'ivoire qui n'a pas encore été travaillé, aux dents d'éléphant séparées de l'animal. ♦ On dit aussi *marfil.* ◁

MORFLER, ■ v. tr. [mɔʀfle] (var. de *morfiler,* manger) **Pop.** Recevoir un coup. *Morfler une gifle.* ♦ V. intr. Fam. Encaisser une punition, un coup dur. *Tu vas encore morfler !*

MORFONDRE, v. tr. [mɔʀfɔ̃dʀ] (a. provenç., devenir catarrheux, de *mor[e],* museau, groin et *fondre*) **Anc. t. de vétérinaire** Causer un coryza, un catarrhe nasal, chez le cheval. ♦ ▷ Causer un froid qui pénètre. *L'air glacial de la nuit l'a morfondu.* ◁ ♦ ▷ Se morfondre, v. pr. Prendre froid. ♦ Perdre du temps à attendre. *Se morfondre dans les antichambres.* ♦ Avec ellipse du pronom *se.* « *J'en [du plaisir] prendrais davantage à le laisser morfondre* », P. Corneille. ■ Souffrir d'ennui en attendant quelque chose. *Il se morfond depuis qu'elle est partie.* ◁

MORFONDU, UE, p. p. de morfondre. [mɔʀfɔ̃dy] N. m. et n. f. « *J'ouvre au pauvre morfondu* », La Fontaine. ♦ Fig. Qui perd son temps à attendre. ♦ Fig. Qui a souffert quelque dommage, quelque perte. ♦

MORFONDURE, n. f. [mɔʀfɔ̃dyʀ] (*morfondre*) ▷ Anc. t. de vétérinaire Le catarrhe nasal ou coryza du cheval. ◁

MORGANATIQUE, adj. [mɔʀganatik] (lat. médiév. *morganatio,* de l'all. *Morgengabe,* don du matin [des noces]) *Mariage morganatique,* mariage de la main gauche, Voy. GAUCHE. ■ Mariage d'un prince avec une personne de condition sociale inférieure. ■ *Une épouse morganatique.*

MORGANATIQUEMENT, adv. [mɔʀganatik(ə)mã] (*morganatique*) À la morganatique.

MORGANITE, ■ n. f. [mɔʀganit] (J. P. *Morgan,* 1837-1913, financier amér. ; grand amateur de gemmes) **Minér.** Minéral rose constitué de silicate d'aluminium et de béryllium. *La morganite, tout comme l'émeraude ou l'aigue-marine, appartient à la famille des béryls.*

MORGELINE, n. f. [mɔʀʒəlin] (prob. lat. médiév. *morsus gallinæ* , morsure de poule, les poules étant friandes de cette plante) Plante à petites fleurs et à feuilles pointues, que l'on nomme autrement alsine. ♦ *Morgeline d'été,* que l'on nomme aussi *alsine.* ■ Rem. On l'appelle aussi *alsine.*

MORGON, ■ n. m. [mɔʀgɔ̃] (Villié-*Morgon*) Vin rouge du Beaujolais renommé. *Servir des morgons.* ◁

1 MORGUE, n. f. [mɔʀg] (*morguer,* braver) Contenance sérieuse et fière. ♦ Orgueil et suffisance.

2 MORGUE, n. f. [mɔʀg] (*morguer,* regarder avec hauteur) ▷ Petite chambre à l'entrée des prisons, où l'on met d'abord les prisonniers, pour donner le temps aux guichetiers de les reconnaître. ◁ ♦ Endroit où l'on expose les corps des personnes mortes hors de leur domicile, afin qu'elles puissent être reconnues. ■ Salle d'hôpital où l'on place les personnes décédées. *On a transporté son corps à la morgue.*

1 MORGUÉ, interj. [mɔʀge] (altération euphémique de *mordieu*) ▷ Sorte de juron de paysan dans la comédie. ◁

2 MORGUÉ, ÉE, p. p. de morguer. [mɔʀge]

MORGUER, v. tr. [mɔʀge] (lat. pop. *murricare,* faire la moue) ▷ Faire la morgue à quelqu'un. « *Il faut bien morguer le public, et le traiter avec la dernière insolence* », Voltaire. ♦ Fig. « *Morguant la destinée* », Régnier. ♦ Se morguer, v. pr. Se faire la morgue l'un à l'autre. ◁

MORGUIENNE, interj. [mɔʀgjɛn] (altération de *morgue*) ▷ Sorte de juron de paysan dans la comédie. ◁

MORIBOND, ONDE, adj. [mɔʀibɔ̃, ɔ̃d] (lat. *moribundus*) Qui est près de mourir. ♦ *Être tout moribond ;* être dans un état de langueur, comme si l'on allait mourir. ♦ N. m. et n. f. *Un moribond. Une moribonde.*

MORICAUD, AUDE, adj. [mɔʀiko, od] (*more*) **Fam.** Qui a le teint de couleur brune. ♦ N. m. et n. f. Homme ou femme dont le teint est brun.

Fam. Nègre. ■ **Rem.** À l'époque de Littré, le mot *nègre* n'était pas raciste, contrairement à aujourd'hui.

MORIGÉNÉ, ÉE, p. p. de morigéner. [mɔʀiʒene]

MORIGÉNER, v. tr. [mɔʀiʒene] (lat. médiév. *morigenatus*, docile, rendu docile) ▷ Former les mœurs de quelqu'un (vieilli en ce sens). « *Si vous aviez, en brave père, morigéné votre fils, il ne vous aurait pas joué le tour qu'il vous a fait* », Molière. ◁ ◆ Réprimander, remettre dans l'ordre et dans le devoir.

MORILLE, n. f. [mɔʀij] (lat. *mauricula*, de *maurus*, brun foncé) Espèce de champignon comestible.

MORILLON, n. m. [mɔʀijɔ̃] (*more*, noir) Sorte de raisin noir et doux. ◆ Il y en a aussi une variété de blanc. ◆ Sorte de petit canard de couleur noire.

MORILLONS, n. m. pl. [mɔʀijɔ̃] (*more*) En joaillerie, émeraudes brutes qui se vendent à la livre.

MORINGA, ■ n. m. [mɔʀɛ̃ga] (*moringa*) Arbuste des régions tropicales dont les longues gousses renferment des graines noires ailées dont on extrait de l'huile utilisée en parfumerie. *Le beurre de moringa hydrate et revitalise la peau.*

MORIO, ■ n. m. [mɔʀjo] (lat. sav. [Linné], prob. de *Maurus*, pour sa couleur) Papillon de couleur brune dont les ailes sont bordées de jaune, parfois tachetées de bleu et vivant dans les lisières et les bois clairs. *Des morios.*

1 MORION, n. m. [mɔʀjɔ̃] (esp. *morrion*, de *morra*, sommet de la tête) Ancienne armure de tête plus légère que le casque. ■ Sorte de casque à bords relevés en pointe devant et derrière et porté par les fantassins espagnols au XVIᵉ siècle.

2 MORION, n. m. [mɔʀjɔ̃] (lat. *mormorion*, sorte de cristal de roche très noir décrit par Pline) Pierre précieuse, qui est une espèce d'onyx, d'un noir rougeâtre, transparente et brillante. ◆ Genre de coléoptères.

MORISQUE ou **MAURISQUE,** n. m. [mɔʀisk] (*More*) Nom donné aux Mores d'Espagne, après la ruine de leur empire. ■ Nom donné aux Maures convertis au catholicisme sous la contrainte.

MORMON, ONE, n. m. et n. f. [mɔʀmɔ̃, ɔn] (*Mormon*, prophète censé révélé à John Smith, fondateur de la secte) Membre d'une secte religieuse de l'Amérique du Nord, qui admet la polygamie et la théocratie. ◆ Adj. *L'Église mormone.* ■ **Rem.** Graphie ancienne : *mormon, mormonne.*

MORMONISME, n. m. [mɔʀmɔnism] (*mormon*) Religion des mormons.

MORNA, ■ n. f. [mɔʀna] (mot port., 1 *morne*) Musique lente, chantée et dansée, triste et nostalgique provenant du Cap-Vert. *Cesaria Evora, la reine de la morna.*

1 MORNE, adj. [mɔʀn] (anc. fr. *morner*, du frq. *mornan*, être triste) Qui a la tristesse peinte sur le visage, dans la contenance. ◆ Il se dit aussi des choses. « *Un morne et froid accueil* », P. Corneille. ◆ *Temps morne,* temps obscur et couvert. ◆ *Couleur morne,* couleur sombre, qui manque d'éclat. ■ Qui ne présente pas d'intérêt. *Une discussion morne.*

2 MORNE, n. m. [mɔʀn] (p.-ê. esp. *morro*, monticule, rocher) **Antilles** Nom donné aux petites montagnes dans les Antilles et dans les colonies françaises. ■ **Rem.** Il n'existe plus de colonies françaises aujourd'hui.

3 MORNE, n. f. [mɔʀn] (*morné*, émoussé) Sorte d'anneau, dit aussi frette, qu'on mettait au bout de la lance courtoise.

MORNÉ, ÉE, adj. [mɔʀne] (p. p. de *morner*, être morne, émoussé) *Lance mornée,* lance garnie d'une morne. ◆ **Hérald.** Il se dit des animaux sans dents, sans bec, langue, griffes et queue. *Lion, aigle morné.* ■ *Casque morné,* dont la visière est rabattue.

MORNIFLE, n. f. [mɔʀnifl] (*mornifler*, gifler le museau, de *more*, museau, et *nifler*, donner un coup.) ▷ **Fam.** Coup de la main sur le visage. ◆ Espèce de jeu de cartes. ◁

1 MOROSE, adj. [mɔʀoz] (lat. *morosus*) Qui est d'humeur chagrine. ◆ Il se dit des choses. *Humeur, caractère morose.*

2 MOROSE, ■ adj. [mɔʀoz] (lat. théol. *morosa delectatio*, du b. lat. *morosus*, lent) **Théol.** *Délectation morose,* délectation à être dans la tentation.

MOROSITÉ, n. f. [mɔʀozite] (lat. *morositas*) Caractère morose. ■ Manque d'entrain d'un ensemble de personnes. *La morosité économique d'un pays.*

...MORPHE, ■ [mɔʀf] Suffixe, du grec *morphê,* forme. *Une pierre polymorphe.*

MORPHÉE, n. m. [mɔʀfe] (gr. *Morpheus*) Dans la mythologie, le fils du Sommeil et le dieu des songes.

MORPHÈME, ■ n. m. [mɔʀfɛm] (gr. *morphê,* sur le modèle de *phonème*) **Ling.** Unité de sens minimale. Rue *est un morphème. Un mot peut être constitué de plusieurs morphèmes, comme* chant-ons. ■ **Rem.** On dit aussi *monème.*

MORPHINE, n. f. [mɔʀfin] (*Morphée,* fils du Sommeil dans la mythologie grecque) **Chim.** Alcali végétal qui existe dans l'opium du commerce et dans le pavot indigène, et qui leur donne leur vertu soporifique. ■ Sel de morphine utilisé comme analgésique. ■ **Par extens.** Morphine utilisée en tant que drogue. *Se piquer à la morphine.*

MORPHING, ■ n. m. [mɔʀfiŋ] (mot anglo-amér.) Voy. MORPHOSE.

MORPHINIQUE, ■ adj. [mɔʀfinik] (*morphine*) **Chim.** Se dit des sels dont la morphine fait la base. ■ **N. m.** *Un morphinique,* médicament à base de morphine. ■ **Rem.** On disait autrefois *morphique.*

MORPHINISME, ■ n. m. [mɔʀfinism] (*morphine*) **Méd.** Intoxication par prises de morphine répétées. *Passer du morphinisme à la morphinomanie.*

MORPHINOMANE, ■ adj. [mɔʀfinoman] (*morphine* et *-mane*) Qui utilise de la morphine en tant que drogue. ■ N. m. et n. f. *Des morphinomanes.*

MORPHINOMANIE, ■ n. f. [mɔʀfinomani] (*morphine* et *-manie*) Toxicomanie à la morphine. *Traitement de la morphinomanie.*

MORPHIQUE, adj. [mɔʀfik] Voy. MORPHINIQUE.

MORPHISME, ■ n. m. [mɔʀfism] (gr. *morphê,* forme) **Math.** Application qui relie deux ensembles munis d'une même structure algébrique. ■ **Rem.** On dit aussi *homomorphisme.*

MORPH(O)..., ■ [mɔʀfo] Préfixe, du grec *morphê,* forme. *La morphosyntaxe.*

MORPHOGÈNE, ■ adj. [mɔʀfoʒɛn] (*morpho-* et *-gène*) **Biol.** Qui agit sur la forme d'un organisme vivant au cours de son développement. *Les agents morphogènes.* ■ **Biol.** Relatif à la morphogenèse. *L'activité morphogène des facteurs de croissance.* ■ **Géogr.** *Crue morphogène,* crue à l'origine d'une évolution géomorphologique notable d'une rivière et de ses caractéristiques physiques.

MORPHOGENÈSE, ■ n. f. [mɔʀfoʒənɛz] (*morpho-* et *genèse*) **Biol.** Processus par lequel les êtres vivants prennent forme. *La morphogenèse végétale. La morphogenèse du plasmodium.* ■ **Géogr.** Évolution des formes du relief. *La morphogenèse postglaciaire.*

MORPHOLOGIE, ■ n. f. [mɔʀfoloʒi] (*morpho-* et *-logie*) Structure, forme d'un organisme vivant ou du corps humain ; **Par extens.** Structure de la surface terrestre. *La morphologie d'une montagne.* ■ Étude de cette structure. *Morphologie animale ou végétale.* ■ **Ling.** Spécialité qui étudie la construction des mots et leurs variations. *Morphologie et syntaxe.* ■ MORPHOLOGIQUE, adj. [mɔʀfoloʒik] ■ MORPHOLOGIQUEMENT, adv. [mɔʀfoloʒik(ə)mɑ̃]

MORPHOPSYCHOLOGIE, ■ n. f. [mɔʀfopsikoloʒi] (*morpho-* et *psychologie*) **Psych.** Discipline permettant de déduire le fonctionnement psychologique d'un individu à partir de la forme de son visage.

MORPHOSE, ■ n. f. [mɔʀfoz] (gr. *morphôsis,* action de donner une forme) **Audiov.** et **cin.** Technique informatique permettant de transformer une image en une autre afin d'obtenir un effet de métamorphose. *Utilisation de la morphose dans les films de science-fiction.* ■ **Rem.** Recomm. offic. pour *morphing.*

MORPHOSYNTAXE, ■ n. f. [mɔʀfosɛ̃taks] (*morpho-* et *syntaxe*) Étude de la forme et de la structure des énoncés. ■ MORPHOSYNTAXIQUE, adj. [mɔʀfosɛ̃taksik] *Analyse morphosyntaxique.*

MORPION, ■ n. m. [mɔʀpjɔ̃] (*mordre* et *pion,* pou qui mord) **Fam.** Pou du pubis provoquant de fortes démangeaisons. ■ **Pop.** et péj. Petit garçon. ■ jeu de stratégie quadrillé se jouant à deux et dont l'objectif est d'aligner à tour de rôle cinq signes dans n'importe quel sens.

MORS, n. m. [mɔʀ] (on ne prononce pas le s final ; lat. *morsus,* morsure) L'ensemble des pièces qui servent à brider un cheval. ■ Dans l'usage le plus ordinaire, il se dit seulement pour *embouchure de mors.* ◆ **Fig.** « *L'homme, en ses passions toujours errant sans guide, A besoin qu'on lui mette et le mors et la bride* », Boileau. ◆ *Prendre le mors aux dents,* se dit du cheval qui s'emporte. ◆ **Fig.** *Prendre le mors aux dents,* se livrer tout entier à ses passions, et aussi s'emporter, se livrer à une colère subite ; et encore faire succéder une grande activité à l'indolence. ◆ **Fig.** *Ronger le mors,* n'oser faire éclater son dépit ; on dit plutôt ronger le frein. ■ Chacune des deux mâchoires d'un étau ou d'une pince. ■ En reliure, saillies longitudinales faites sur le dos d'un livre et dans lesquelles se logent les cartons de la couverture.

1 MORSE, n. m. [mɔʀs] (russe *morz,* du lapon *morssa,* en imitation de son cri) Mammifère marin des mers du pôle Nord, dit aussi cheval marin, vache marine, animal à la grande dent.

2 MORSE, ■ n. m. [mɔʀs] (*Morse,* 1791-1872, son inventeur) Moyen de communication codé combinant des points et des traits ou des sons longs et brefs. *Un signal en morse. Le code morse.*

MORSURE, n. f. [mɔʀsyʀ] (*mors*) Action de mordre. ◆ Plaie avec contusion ou déchirure, que les animaux font en mordant. *Morsure d'un chien enragé.*

◆ **Fig.** Il se dit quelquefois de l'action de substances corrosives. « *L'or résiste aux impressions et aux morsures du sel et du vinaigre* », ROLLIN. ■ **Fig.** Effets de la médisance, de la calomnie. *Les morsures de la calomnie.* ■ **Fig.** Sensation désagréable provoquée par quelque chose. *La morsure du froid, du gel.*

1 MORT, n. f. [mɔr] (lat. *mors*, génit. *mortis*) Fin de la vie. ◆ *Belle mort*, mort glorieuse. ◆ *Une bonne mort*, une mort au milieu des sentiments religieux. ◆ **Fam.** *Mourir de sa belle mort*, mourir de mort naturelle. ◆ *Être malade à la mort*, être fort malade. ◆ *Être entre la vie et la mort*, dans un fort grand péril. ◆ *Être au lit de mort*, être à l'extrémité. ◆ *À son lit de mort*, avant de mourir, en mourant. ◆ **Fig.** *Avoir la mort entre les dents*, être fort vieux ou fort malade. ◆ *Avoir la mort sur les lèvres*, être près de mourir, avoir la figure d'un mourant. ◆ *Mille morts*, les plus grands supplices, ou les plus grandes douleurs, ou les plus grands périls. ◆ *Vouloir mal de mort*, vouloir beaucoup de mal à quelqu'un. ◆ *La mort personnifiée.* « *La mort ne surprend point le sage ; Il est toujours prêt à partir* », LA FONTAINE. ◆ *La Mort* (avec une majuscule), personnage mythologique que l'on représente sous la forme d'un squelette armé d'une faux. ◆ *Mort d'homme*, se dit des accidents, des rixes où quelqu'un est tué. *Il y a eu mort d'homme.* ◆ *La peine capitale. Voter la mort. La peine de mort.* ◆ *Sentence, arrêt de mort*, condamnation qui porte la peine de mort. ◆ *Mort civile*, cessation de toute participation aux droits civils. ◆ *La mort éternelle, la mort de l'âme, la seconde mort*, la condamnation des pécheurs aux peines de l'enfer. ◆ *Mort de l'âme*, la perte de la grâce sanctifiante par le péché mortel. ◆ *Mort morale*, état de l'âme où tout sentiment moral est éteint. ◆ *La mort au monde*, la retraite loin du monde. ◆ **Fig.** Extinction, destruction, ruine. *La mort de l'industrie. La mort du paganisme.* ◆ **Fig.** Un grand chagrin. *Ce fils dénaturé lui donne la mort.* ◆ *Avoir la mort dans l'âme, dans le cœur*, être très affligé. ◆ *Mort aux rats*, drogue dont on se sert pour faire mourir les rats. ◆ *Mort aux mouches*, cobalt ou arsenic délayé dans l'eau. ◆ **Bot.** *Mort aux chiens*, colchique d'automne. ◆ À MORT, loc. adv. De manière qu'on en meure. *Blessé à mort.* ◆ **Fig.** *Être frappé à mort*, être attaqué d'une maladie dont les symptômes annoncent une mort certaine. ◆ *Condamner, juger à mort*, condamner à la peine de mort. ◆ *Combat à mort*, combat qui ne doit se terminer que par la mort d'un des combattants. ◆ **Pop.** À *mort*, excessivement. *Boire à mort.* ◆ À *mort !* exclamation pour menacer de mort. *À mort les traîtres !* ◆ On dit de même : *Mort aux traîtres !* ◆ À LA MORT, loc. adv. Extrêmement, excessivement, en parlant de la haine, de l'ennui et d'autres sentiments analogues. *S'ennuyer, haïr à la mort.* ◆ À LA VIE ET À LA MORT, loc. adv. Pour toujours. *Je suis votre ami à la vie et à la mort.* ◆ *Entre nous, c'est à la vie et à la mort*, notre amitié durera toujours. ◆ *Par la mort !* sorte de serment et de menace. *Mort de ma vie !* autre serment qui sert à affirmer avec une sorte d'impatience. ◆ **Prov.** *Dieu ne veut pas la mort du pécheur*, il faut être indulgent pour la faiblesse humaine. ◆ *Il y a remède à tout, hors à la mort.* ■ *Être à l'article de la mort*, sur le point de rendre l'âme. ■ *Mourir de sa belle mort*, naturellement et à un âge avancé. ■ *Un silence de mort*, un silence pesant comme celui qui règne dans un tombeau. ■ *Se donner la mort*, se suicider. ■ *La mort dans l'âme*, très chagriné. ■ *Mort clinique*, baisse d'activité importante des fonctions vitales d'un individu. ■ *Ce n'est pas la mort* ou *ce n'est pas la mort du petit cheval*, d'un homme, ce n'est pas grave ; ce n'est pas si difficile. ■ *Camp de la mort*, camp d'extermination. ■ *Mort cérébrale*, arrêt de l'activité électrique du cerveau. ■ *La mort dans l'âme*, contre son propre gré. *Je le lui ai donné la mort dans l'âme.*

2 MORT, ORTE, p. p. de mourir [mɔr, ɔrt] (lat. *mortuus*, p. p. de *mori*, mourir) *Mort ou vif*, soit mort soit vivant, fig. en quelque état que ce soit. ◆ *C'est un homme mort*, il est ou il paraît être dans un grand danger. *Chair morte*, chair qui a cessé de vivre, et qui se séparera du reste du corps. ◆ *À demi mort*, à qui il ne reste que peu de vie. ◆ *Mort ivre*, ivre mort, ivre au point d'avoir perdu tout sentiment. ◆ Au pl. *Morts ivres.* ■ Il se dit des végétaux. *Un arbre mort.* ◆ En eaux et forêts, *bois mort*, bois qui est abattu ou qui, étant debout, est sec et ne peut servir qu'à brûler. ◆ *Mort-bois*, les épines, les ronces et le bois blanc. ◆ *Feuille morte*, feuille sèche qui tombe de l'arbre en automne. ◆ *Feuille-morte*, Voy. FEUILLE-MORTE. ◆ **Peint.** *Nature morte*, Voy. NATURE. ◆ Qui a l'apparence de la mort. « *Une morte pâleur s'empare de son front* », P. CORNEILLE. ◆ *Avoir le teint mort, les yeux morts, les lèvres mortes*, avoir le teint décoloré, les lèvres pâles, les yeux éteints. ◆ *Couleur morte*, couleur sombre et sans éclat. ◆ Qui est comme glacé par la mort. *Avoir le cœur mort.* ◆ *Avoir la langue morte*, se taire. ◆ *N'y pas aller de main morte*, Voy. MAIN. ◆ *Main-morte*, Voy. MAINMORTE. ◆ Privé de chaleur, de mouvement, en parlant de parties du corps. *Avoir une jambe morte.* ◆ **Fig.** *Mort à, mort pour*, qui n'existe plus pour certaines choses. *Mort au monde, au plaisir, à l'espérance, etc.* ◆ *Mort de*, qui éprouve une vive impression de. *Mort de fatigue.* ◆ **Fam.** *Tomber mort*, perdre soudainement l'entrain qu'on avait. ◆ **Fig.** En parlant des choses, qui est sans force, sans activité. *Des sociétés mortes.* ◆ « *Qui fuit croit lâchement et n'a qu'une foi morte* », P. CORNEILLE. ◆ *Œuvres mortes*, Voy. ŒUVRE. ◆ *Langue morte*, langue qui n'est plus parlée. ◆ *Balle morte*, balle qui a perdu la plus grande partie de l'impulsion qu'elle avait reçue. ◆ *Eau morte*, eau stagnante. ◆ *Bras mort*, partie de rivière interceptée et où l'eau n'est plus courante. ◆ *Morte eau*, les petites marées ; le temps des plus petites marées. ◆ **Fig.** Où il n'y a pas d'action. « *Il y a des temps dans la vie où l'on ne peut rien faire, des temps morts* », VOLTAIRE. ◆ *Argent mort*, argent qui ne porte ni intérêt ni profit. ◆ *Papier mort ;* aujourd'hui on dit plutôt papier libre, papier non timbré. ◆ *Lettre morte*, écrite sans autorité. ◆ *Pays mort*, pays où il n'y a ni commerce, ni industrie. ◆ *Saison morte* ou *morte-saison*, Voy. SAISON. ■ *Mort de peur*, terrorisé. ■ **Fam.** *Mort de rire*, secoué de rire. ■ *Plus mort que vif*, sous le coup d'une grande frayeur. ■ En sport, *temps mort*, temps d'arrêt accordé à la demande d'une équipe. ■ *Temps mort*, moment d'inactivité durant lequel rien ne se passe. ■ *Angle mort*, zone occultée dans un champ de vision. ■ *Une dent morte*, dent dévitalisée. ■ **Fam.** Qui est hors d'usage. *Des piles mortes. Mon ordinateur est mort.*

3 MORT, ORTE, n. m. et n. f. [mɔr, ɔrt] (2 *mort*) Personne qui a cessé de vivre. ◆ *Un mort*, une personne qu'on va enterrer. ◆ *Le rivage des morts, la demeure des morts*, chez les morts, les lieux où séjournent les morts. ◆ *Tête de mort*, tête dont il ne reste que la partie osseuse. ◆ *Faire le mort*, retenir ses mouvements et sa respiration de manière à faire croire qu'on est mort, et fig. ne pas répondre aux personnes par lesquelles on est questionné, interpellé par écrit. ◆ *Danse des morts*, Voy. MACABRE. ◆ *Mort* se dit, à la tontine, d'un joueur auquel il ne reste rien de sa mise. ◆ *Jouer le mort*, jouer le whist à trois, en mettant sur table et découvrant le jeu d'un quatrième partenaire imaginaire. ◆ **N. m. Mar.** *Le mort de l'eau* ou *le mort d'eau*, les marées les plus basses. On dit plutôt *morte eau*. ◆ **Prov.** *Les morts ont toujours tort*, on excuse toujours les vivants aux dépens des morts. ◆ **Fam.** *À réveiller les morts*, se dit d'un bruit fort, d'un aliment très épicé ou d'un alcool très fort. *Une eau-de-vie à réveiller les morts.* ◆ *Un mort vivant*, personne dont la mort se rapproche et dont le physique évoque vers celui d'une personne déjà morte. *Des mortes vivantes.* ■ *La place du mort*, dans un véhicule, place du passager, à côté du conducteur, souvent exposée aux accidents.

MORTADELLE, n. f. [mɔrtadɛl] (ital. *mortadella*, du lat. *murtatum*, farce aromatisée au myrte) Gros saucisson qui vient de Bologne en Italie.

MORTAILLABLE, adj. [mɔrtajabl] (*mortaille*) ▷ Jurispr. et féod. *Gens mortaillables*, personnes dont l'héritage revient à leur seigneur, parce qu'elles sont serves de condition. ◁

MORTAILLE, n. f. [mɔrtaj] (*mort* et *taille*) ▷ Droit que le seigneur avait, dans quelques coutumes, de succéder à son serf décédé sans héritiers naturels. ◁

MORTAISAGE, n. m. [mɔrtezaʒ] (*mortaiser*) Action de mortaiser.

MORTAISE, n. f. [mɔrtɛz] (orig. inc.) Entaillure dans une pièce de bois ou de métal pour recevoir un tenon. ◆ Ouverture que l'on fait dans une gâche pour recevoir un pêne.

MORTAISER, v. tr. [mɔrteze] (*mortaise*) Faire une mortaise.

MORTAISEUSE, n. f. [mɔrtezøz] (*mortaiser*) **Techn.** Machine-outil utilisée pour pratiquer des entailles dans des pièces de bois ou de métal, leur permettant de recevoir un tenon. *Mortaiseuse à chaînes, à bédane.*

MORTALITÉ, n. f. [mɔrtalite] (lat. *mortalitas*) Condition des êtres vivants qui les rend sujets à la mort. ◆ Condition humaine. « *Voici enfin le juste juge qui vient briser les liens de votre mortalité* », MASSILLON. ◆ Condition de ce qui doit causer la mort. *La mortalité d'une blessure.* ◆ La quantité d'hommes ou d'animaux qui succombent à la même maladie. *La mortalité fut grande dans le choléra. La mortalité s'est mise sur les bestiaux.* ◆ **Fig.** « *On dit que la mortalité est fort grande sur les ouvrages nouveaux* », VOLTAIRE. ◆ La quantité d'individus de l'espèce humaine qui meurent annuellement sur un certain nombre de vivants. ■ *Taux de mortalité*, proportion de décès dans une population donnée. *Le taux de mortalité chez les nouveau-nés prématurés.*

MORT-BOIS, n. m. [mɔrbwa] (2 *mort* et *bois*) Voy. MORT.

MORTE-EAU, n. f. [mɔrto] (2 *mort* et *eau*) **Mar.** Voy. MORT. ◆ L'Académie écrit *morte eau*, sans trait d'union à *mort*, p. p. de mort.

MORTEL, ELLE, adj. [mɔrtɛl] (lat. *mortalis*) Sujet à la mort. *Tous les hommes sont mortels.* ◆ *La dépouille mortelle*, ce qui reste de nous après la mort. ◆ **N. m. et n. f.** Un homme, une femme. ◆ **Absol.** *Les mortels*, l'espèce humaine. ◆ Qui cause la mort ou semble devoir la causer. *Maladie mortelle. Poisons mortels.* ◆ *Le coup mortel*, le coup qui donne ou paraît devoir donner la mort, et fig. ruine, perte. ◆ *Péché mortel*, qui fait perdre la grâce de Dieu. ◆ *Mortel ennemi, ennemi mortel*, ennemi jusqu'à vouloir la mort. ◆ **Fig.** Fatal, funeste. « *La gloire, qu'y a-t-il pour les chrétiens de plus mortel ?* », BOSSUET. ◆ Excessif dans son genre ; il ne se dit qu'en mal. *Haine mortelle.* « *Un si mortel affront* », P. CORNEILLE. ◆ **Fam.** Qui fatigue par sa longueur, ennuyeux ; alors il se met devant son substantif. *Il y a d'ici là deux mortelles lieues. Quinze mortels jours.* ■ *Le commun des mortels*, ensemble des personnes ordinaires qui représentent une majorité. *Un tarif accessible pour le commun des mortels.* ■ **Prov.** *Plaie d'argent n'est pas mortelle*, le manque ou la perte d'argent n'est pas irréversible, contrairement à la mort. ■ **Fam.** Profondément ennuyeux. *C'est mortel ici. Ce colloque est mortel.* ■ **Pop.** Génial. *C'est mortel ! Il est mortel, ce jeu !*

MORTELLEMENT, adv. [mɔrtɛl(ə)mɑ̃] (*mortel*) D'une manière qui cause la mort. *Blessé mortellement.* ♦ *Pécher mortellement,* commettre un péché mortel. ♦ Douloureusement. « *Du bruit de son trépas mortellement frappés* », VOLTAIRE. ♦ Excessivement, en parlant des sentiments de haine, de jalousie, ainsi que des offenses. *Haïr, offenser mortellement.* ■ Extrêmement. *Ces vacances sont mortellement ennuyeuses.*

MORTE-PAYE, n. f. [mɔrt(ə)pɛj] Voy. PAIE.

MORTE-SAISON, n. f. [mɔrt(ə)sezɔ̃] (2 *mort* et *saison*) Voy. SAISON. Au pl. *Des mortes-saisons.* ♦ L'Académie écrit *morte saison,* sans trait d'union à *mort,* p. p. de mourir.

MORT-GAGE, n. m. [mɔrgaʒ] (2 *mort* et *gage*) Gage dont on laisse recueillir les fruits à l'engagiste, sans qu'ils soient comptés sur la dette. ♦ Au pl. *Des morts-gages.* ■ REM. On disait aussi *gage-mort* autrefois.

MORTIER, n. m. [mɔrtje] (lat. *mortarium*) Vase à parois épaisses, en fer, en marbre ou autre substance, creusé d'une cavité hémisphérique évasée par le haut, et dans lequel on concasse, pulvérise ou écrase, à l'aide d'un pilon, des substances pour l'usage de la chimie, de la pharmacie ou de la cuisine, etc. ♦ Sorte de bonnet que portaient le chancelier de France et les grands présidents qu'on appelait présidents à mortier, et qui est encore la coiffure des présidents de cours de justice. ♦ **Fig.** Le président lui-même. « *Il traite les mortiers de bourgeoisie* », LA BRUYÈRE. ♦ Pièce d'artillerie pour lancer des bombes. ♦ Sable et chaux mélangés dont on se sert pour lier les pierres d'un mur. ♦ *Mortier gras,* mortier dans lequel il y a beaucoup de chaux. *Mortier maigre,* mortier dans lequel la chaux manque et qui n'est pas liant. ♦ **Fig.** et fam. *Cette soupe est du mortier,* elle est trop épaisse.

MORTIFÈRE, adj. [mɔrtifɛr] (lat. *mortiferus*) **Méd.** Qui cause la mort. *Substance mortifère.*

MORTIFIANT, ANTE, adj. [mɔrtifjɑ̃, ɑ̃t] (*mortifier*) Qui mortifie la chair. *Des pratiques mortifiantes.* ♦ **Fig.** Qui humilie l'amour-propre. *Un refus mortifiant.*

MORTIFICATION, n. f. [mɔrtifikasjɔ̃] (lat. chrét. *mortificatio*) **Méd.** État des chairs mortes, gangrenées. ♦ Action de garder la viande pour qu'elle devienne tendre et gagne du fumet. ♦ En style ascétique, action par laquelle on donne une sorte de mort au corps, aux passions. « *L'âme détaché de son corps par la mortification* », BOSSUET. « *La mortification des passions* », MASSILLON. ♦ Humiliation qu'on éprouve par quelques refus, par quelques mépris, par quelques réprimandes. ♦ Dans le style de la chaire, accidents qui arrivent dans la vie. *Dieu nous envoie des mortifications.*

MORTIFIÉ, ÉE, p. p. de mortifier. [mɔrtifje]

MORTIFIER, v. tr. [mɔrtifje] (lat. chrét. *mortificare*) **Méd.** Causer la mort, la gangrène d'une partie. ♦ Faire que la viande devienne plus tendre. ♦ **Fig.** Affliger son corps par des austérités, par des privations. ♦ *Mortifier ses sens, ses passions,* les réprimer pour plaire à Dieu. ♦ Humilier par une mortification. ♦ **Absol.** « *On a bien de l'obligation à ceux qui avertissent des défauts ; car ils mortifient* », PASCAL. ♦ Se mortifier, v. pr. Être frappé de gangrène. ♦ **Fig.** S'infliger à soi-même des austérités ascétiques.

MORTINATALITÉ, ■ n. f. [mɔrtinatalite] (lat. *mors, mortis,* mort et *natalité*) Rapport du nombre d'enfants mort-nés à une population donnée et pendant une période déterminée. *Recul de la mortinatalité dans les pays développés.* ■ *Taux de mortinatalité* ou simplement *mortinatalité,* nombre d'enfants mort-nés pour mille naissances.

MORT-NÉ, ÉE, adj. [mɔrne] Voy. NÉ.

MORTUAIRE, adj. [mɔrtɥɛr] (b. lat. *mortuarius*) Concernant les morts. *Drap, lit mortuaire.* ♦ *Registre mortuaire,* registre où l'on inscrit les noms des personnes décédées. ♦ *Extrait mortuaire,* extrait qu'on tire de ce registre. ♦ *Domicile mortuaire,* lieu où une personne avait son domicile légal, au moment de son décès. ♦ *Maison mortuaire,* maison où est le décédé et où l'on se réunit pour lui rendre les derniers devoirs. ♦ N. m. *Un mortuaire,* un cas de mort. ♦ N. f. *Mortuaire,* tableau raisonné des décès dans un pays, dans une localité donnée. ■ **Canada** *Salon mortuaire,* entreprise de pompes funèbres. ■ **Belg.** *Maison mortuaire* ou n. f. *la mortuaire,* lieu où une personne est décédée.

MORUE, n. f. [mɔry] (anc. fr. *moluel, molue,* p.-ê. du celt. *mor,* mer et *lus, luz,* brochet ; cf. *merlu.*) Poisson malacoptérygien dont la chair est alimentaire, et dont le foie fournit une huile. ♦ *Morue franche,* la morue fraîche, le cabillaud. ♦ *Morue verte,* la morue simplement salée, par opposition à la morue sèche. ♦ **Fig.** et pop. *Une morue,* une prostituée. ■ Injure destinée à une femme. *Tais-toi, morue !*

MORULA, ■ n. f. [mɔryla] (mot lat., dimin. de *morum,* mûre) **Biol.** Premier stade du développement de l'embryon apparaissant aux environs de la trentième heure après la pénétration du spermatozoïde dans l'ovocyte et où l'œuf fécondé ressemble à une petite mûre. *La formation des morulas est suivie de la gastrulation.*

MORUTIER, IÈRE, ■ adj. [mɔrytje, jɛr] (*morue*) Relatif à la morue, à la pêche à la morue. *L'industrie morutière.* ■ N. m. Bateau destiné à la pêche à la morue et à son traitement. ■ N. m. Pêcheur spécialisé dans la pêche à la morue. ■ REM. On disait autrefois *moruyer.*

MORUYER, adj. m. [mɔryje] (*morue*) ▷ *Vaisseau moruyer,* vaisseau qui va à la pêche de la morue. ■ REM. On dit aujourd'hui *morutier.* ◁

MORVANDIAU adj. m. ou **MORVANDEAU, ELLE,** ■ adj. [mɔrvɑ̃djo, mɔrvɑ̃do, ɛl] (*Morvan*) Relatif au Morvan. *La cuisine morvandelle. Un hameau morvandiau* ou *morvandeau.* ■ N. m. et n. f. Habitant du Morvan. *Les Morvandiaux* ou *Morvandeaux. Les Morvandelles.*

MORVE, n. f. [mɔrv] (p.-ê. métathèse de *vorm,* forme mérid. de *gourme*) Maladie particulière aux chevaux, qui débute par une inflammation de la membrane pituitaire accompagnée d'un écoulement par les narines, et qui est contagieuse soit de cheval à cheval, soit du cheval à l'homme. ♦ **Par extens.** Humeur visqueuse qui découle des narines. *Cet enfant a la morve au nez.*

MORVEAU, n. m. [mɔrvo] (*morve*) ▷ Mot grossier et à éviter. Morve épaisse et recuite. ◁

MORVEUX, EUSE, adj. [mɔrvø, øz] (*morve*) *Cheval morveux,* cheval qui a la morve. ♦ Qui a la morve au bout du nez. *Enfant, nez morveux.* ♦ N. m. et n. f. **Fam.** et par mépris Enfant, garçon ou fille, ou même jeune homme. ♦ *Traiter quelqu'un comme un morveux,* le traiter avec un mépris humiliant. ♦ **Prov.** *Il vaut mieux laisser son enfant morveux que de lui arracher le nez,* il vaut mieux souffrir un petit mal que de l'augmenter par le remède. ♦ *Qui se sent morveux se mouche,* celui qui se sent coupable des choses qu'on blâme en général, doit prendre pour lui la remarque. ♦ *Se sentir morveux,* ne pas être fier de soi. *Je me sens morveux à avoir été désagréable avec lui.*

1 **MOS** ou **MOS,** ■ n. m. [mos] (sigle angl. de *Metal oxyde semiconductor*) **Électron.** Technologie permettant d'implanter des composants électroniques sur la surface d'une plaquette de silicium lors de la construction d'une puce électronique, d'un microprocesseur. *Les différents courants qui traversent le MOS.* ■ **En appos.** *Transistor mos.*

2 **MOS,** ■ n. m. [mos] (acronyme angl. de *Multi objet spectroscopy*) **Astron.** Technologie permettant de prendre le spectre de plusieurs objets astronomiques en une seule pose.

1 **MOSAÏQUE,** adj. [mozaik] (*Moses,* nom latin de Moïse) Qui vient de Moïse. *La loi mosaïque.*

2 **MOSAÏQUE,** n. m. [mozaik] (ital. *mosaico,* du lat. *musivum,* gr. *mouseion,* relatif aux Muses) Ouvrage fait de pièces rapportées, cubes de pierre ou d'émail, ou de verre, ou de bois, colorés, appliqués sur un fond solide, et combinés de manière à reproduire toute sorte de dessins. *Pavé de mosaïque.* ♦ L'art de faire ces ouvrages. ♦ **Fig.** Ouvrage d'esprit composé de morceaux séparés, dont les sujets sont différents. ■ En reliure, décor constitué d'incrustations de morceaux de cuir colorés. ■ *Parquet mosaïque,* parquet constitué de lamelles de bois de petites dimensions préassemblées en usine et présentant de nombreux motifs. ■ Maladie à virus de certaines plantes présentant des tâches sur les feuilles. ■ **Biol.** Se dit d'un individu ou d'un tissu constitué de gènes et de chromosomes différents bien qu'issus d'un même zygote. *La mosaïque peut résulter d'une mutation.*

MOSAÏQUÉ, ÉE, ■ adj. [mozaike] (2 *mosaïque*) Qui imite, rappelle la mosaïque. *Une photo mosaïquée.* ■ *Reliure mosaïquée,* reliure dans laquelle sont incrustés des morceaux de cuir colorés.

MOSAÏSME, n. m. [mozaism] (lat. *Moses*) Loi de Moïse.

MOSAÏSTE, n. m. et n. f. [mozaist] (2 *mosaïque*) Artiste en mosaïque. ♦ Adj. *Les maîtres mosaïstes.* ■ Carreleur.

MOSAN, ANE, ■ adj. [mozɑ̃, an] (*Mosa,* nom lat. de la Meuse) *Art mosan,* art roman spécifique dans la région de la Meuse.

MOSARABE, adj. [mozarab] Voy. MOZARABE.

MOSCOUADE, n. f. [mɔskwad] (port. *mascavado,* de *menoscobar,* laisser une chose inachevée.) Sucre brut coloré par de la mélasse et autres substances étrangères.

MOSCOUTAIRE, ■ n. m. et n. f. [mɔskutɛr] (*Moscou*) **Vx** et péj. Communiste supposé prendre ses ordres à Moscou. ■ **Par extens.** Communiste.

MOSCOVITE, ■ adj. [mɔskovit] (*Moscou*) Relatif à la ville de Moscou. *L'architecture moscovite.* ■ N. m. et n. f. Habitant de la ville de Moscou. *Les Moscovites.*

MOSETTE ou **MOZETTE,** ■ n. f. [mozɛt] (ital. *mozetta,* de *almozetta,* petite aumusse) Courte pèlerine, boutonnée sur le devant, que les ecclésiastiques portent en hiver sur la soutane, le surplis ou le rochet.

MOSQUÉE, n. f. [mɔske] (ar. *mesgid*, lieu d'adoration) Temple des mahométans, des musulmans.

MOT, n. m. [mo] (b. lat. *muttum*, son, de *muttire*, grommeler) Son monosyllabique ou polysyllabique qui a un sens. ◆ *Fam. Traîner ses mots*, parler très lentement. ◆ *Compter ses mots*, parler avec lenteur et affectation. ◆ **Absol.** *Pas un mot*, silence complet. ◆ *Fig. N'entendre pas un mot de quelque chose*, y être tout à fait ignorant, étranger. ◆ On dit de même : *Il n'en sait pas le plus petit mot.* ◆ *Dire les mots*, dire crûment une chose. ◆ *Mot nouveau*, mot qui n'existait pas dans la langue, et que l'on crée pour une raison quelconque. ◆ *Mot propre*, mot qui exprime avec plus de justesse et d'exactitude que tout autre l'idée qu'on veut faire entendre. ◆ *Mots consacrés*, mots qui sont tellement propres et usités pour signifier certaines choses, qu'on ne peut se servir d'un autre mot. ◆ **Fam.** *Gros mots*, jurements ; menaces, paroles offensantes. ◆ **Pop.** *Avoir des mots*, échanger des reproches. ◆ *Grands mots*, paroles ampoulées. ◆ *Un grand mot*, une parole de grande importance. *Le grand mot est lâché.* ◆ Paroles et particulièrement peu de paroles. *Dites-lui un mot en ma faveur.* ◆ *N'avoir pas le mot, le plus petit mot à dire*, être sans aucun droit pour élever des objections. ◆ *Avoir le dernier mot*, l'emporter dans une discussion. ◆ *Au premier mot*, à la première parole qui se dit de quelque chose, dès qu'on peut comprendre ce dont il s'agit. ◆ *Dire deux mots*, tenir quelque discours très court. ◆ *Dire deux mots*, s'occuper de l'affaire dont il s'agit. ◆ Par menace : *J'ai à me plaindre de lui, je lui en dirai deux mots.* ◆ *Dire son mot*, parler à propos, donner son avis, prendre part à la conversation. ◆ *Ne dire mot, ne répondre mot, ne sonner mot, ne souffler mot*, ne point parler, ne point répondre. ◆ *Un mot, deux mots, s'il vous plaît*, se dit familièrement pour appeler quelqu'un quand on a à lui parler. ◆ Ce qu'on écrit brièvement à quelqu'un. *Je lui en écrirai un mot.* ◆ *Les mots*, par opposition aux choses. *Il ne faut pas consacrer plus de temps à l'étude des mots qu'à l'étude des choses.* ◆ *Ce sont des mots*, ces paroles sont vides de sens ; et aussi ces paroles ne seront suivies d'aucun effet. ◆ *Un mot d'écrit*, un mot, deux mots, un billet court. ◆ *Sentence*, apophtegme, dit notable, parole mémorable, pensée heureuse. ◆ *Un bon mot*, chose dite avec esprit. *Un diseur de bons mots.* ◆ **Absol.** *Des mots, de bons mots*, des traits d'esprit. ◆ *Mot fin*, expression dont la force ou l'esprit ne paraît qu'après qu'on a réfléchi, et fig. ce qu'il y a de secret, d'important dans une affaire. *Je n'entends pas le fin mot de tout cela.* ◆ *Dire le fin mot*, manifester entièrement son projet, ses vues. ◆ **Fam.** *Mot pour rire*, ce que l'on dit en plaisantant pour amuser les autres. ◆ *Il n'y a pas là le plus petit mot pour rire*, la chose dont on parle ne doit pas être tournée en plaisanterie. ◆ *Prix que l'on demande ou que l'on offre d'une chose. Le premier mot*, le premier prix, celui sur lequel il est possible que l'on fasse quelque diminution ou quelque augmentation. *Le dernier mot*, le dernier prix que l'on offre ou que l'on accepte. ◆ **Fig.** La détermination dernière. *C'est votre dernier mot.* ◆ *Au bas mot*, en évaluant la chose au plus bas. ◆ *Prendre au mot*, accepter sur-le-champ les offres, les propositions qui sont faites. ◆ *Le mot d'une énigme, d'une charade, d'un logogriphe*, le mot qu'on propose à deviner. **Fig.** *Le mot de la situation*, ce qui l'explique. ◆ **Fig.** *Chercher le mot*, avoir le mot d'une chose, en chercher, en avoir trouvé l'explication. ◆ *Mot*, dans une devise, les paroles de la devise. ◆ *Mot d'ordre*, sorte de reconnaissance donnée par un chef à ceux qui sont sous ses ordres pour qu'ils puissent se reconnaître. *Donner le mot. Prendre le mot.* ◆ *Le mot de passe*, le mot qu'il faut dire pour qu'on vous laisse passer par un endroit gardé. ◆ **Fig.** *Prendre le mot de...*, subir les ordres de... ◆ **Fig.** *Avoir le mot*, être averti de ce qu'il convient de faire ou de dire dans certaines circonstances. *Donner le mot*, indiquer ce qu'il faut dire ou faire. ◆ *En un mot*, bref, enfin. ◆ *En un mot, en deux mots, en trois mots*, en une seule ou en quelques paroles. ◆ *En peu de mots*, brièvement. ◆ **Fam.** *En un mot comme en cent, comme en mille, etc.*, façons de parler par lesquelles on exprime sa dernière résolution. ◆ *Mot à mot, mot pour mot*, sans aucun changement ni dans un mot ni dans l'ordre. *Cela est mot à mot, mot pour mot dans Bossuet.* ◆ *Dicter mot à mot*, dicter un mot après l'autre, ne dicter qu'un mot à la fois. ◆ *Traduire mot à mot*, traduire un mot d'une langue en place d'un mot d'une autre langue. ◆ **N. m.** *Le mot à mot*, une traduction littérale. *Faire le mot à mot.* ◆ À **CES MOTS**, loc. adv. Après qu'il a été parlé ainsi. ◆ *À demi-mot*, sans dire tout. *S'expliquer à demi-mot.* ◆ *Entendre à demi-mot*, comprendre promptement ce qu'une personne veut dire, dès qu'elle a commencé de parler. ◆ **N. m.** *Le demi-mot*, sorte de réticence par laquelle on fait entendre sa pensée sans l'exprimer nettement. ◆ *Au pl. Des demi-mots*, insinuations, ouvertures discrètes. ◆ *À mots couverts*, en employant des expressions qui voilent le sens de ce qu'on dit. ◆ **Prov.** *Qui ne dit mot consent*, en certains cas, se taire c'est consentir. ■ *Manger ses mots*, ne pas articuler correctement. ■ *Chercher ses mots*, avoir des difficultés à trouver le mot adéquat et par extens. avoir des difficultés à s'exprimer. ■ *Avoir un mot sur le bout de la langue*, ne pas trouver un mot tout en le connaissant. ■ *Un jeu de mots*, plaisanterie basée sur le caractère équivoque de mots utilisés pour d'autres dont la prononciation est ressemblante, mais dont le sens diffère. ■ *Jouer sur les mots*, utiliser le caractère équivoque d'un mot dont la prononciation ressemble à celle d'un

autre, mais dont le sens est différent ; être pointilleux quant à l'utilisation du mot adéquat. *Arrête de jouer sur les mots.* ■ *Ne pas avoir peur des mots*, utiliser le mot adéquat à une situation, en toute franchise. *N'ayons pas peur des mots, c'est un cancer.* ■ *Ne pas mâcher ses mots*, ne pas réprimer ce que l'on a à dire, se faire bien comprendre. *Le directeur l'a convoqué et il n'a pas mâché ses mots quant à son mécontentement.* ■ *Ne jamais dire un mot plus haut que l'autre*, employer un ton constant, sans élever la voix, sans exprimer de colère. *Je ne l'ai jamais entendu dire un mot plus haut que l'autre.* ■ *Employer les grands mots*, utiliser des mots qui manquent de simplicité et rendent le discours peu fluide. *Inutile d'employer les grands mots, j'ai compris !* ■ *Se donner le mot*, faire passer une information d'une personne à une autre. *Ils sont tous venus à cette soirée, ils ont dû se donner le mot.* ■ *Le fin mot*, le dernier mot. *Le fin mot de l'histoire.* ■ *En toucher mot*, en parler brièvement. *Calme-toi, je lui en toucherai mot.* ■ *Prendre quelqu'un au mot*, exécuter sans réfléchir ce qui a été dit par une personne. ■ *Le mot de la fin*, expression qui clôt une discussion et qui résume ce qui a été dit. ■ *Mots croisés*, Jeu consistant à trouver, à partir de définitions données, des mots que l'on saisit et qui se croisent verticalement et horizontalement dans une grille réalisée à cet effet, et dont chaque lettre s'écrit dans une case. *Faire des mots croisés.* ■ **Inform.** Suite de deux octets interprétée comme une valeur numérique entière unique.

MOTACILLE, n. f. [mɔtasil] (lat. *motacilla*) Bergeronnette.

MOTARD, ARDE, n. m. ou n. f. [mɔtaʀ, aʀd] (*moto*) Motocycliste de la gendarmerie ou de l'armée. ■ Motocycliste. *Une motarde sur un circuit.*

MOT-CLÉ ou **MOT-CLEF**, ■ n. m. [mokle] (*mot* et *clé*) Mot associé à un contenu et ayant une signification spécifique. *Faire une recherche par mot-clé.* au pl. *Des mots-clés, des mots-clefs.*

MOTEL, ■ n. m. [mɔtɛl] (mot anglo-amér. de *motor*, automobile et *hotel*) Hôtel, généralement situé au bord d'un grand axe routier, accueillant des voyageurs de passage. Au pl. *Des motels.*

MOTET, n. m. [mɔtɛ] (dim. de *mot*) Morceau de musique sur des paroles religieuses latines, destiné à être exécuté à l'église, sans faire partie du service divin.

MOTEUR, TRICE, n. m. et n. f. [mɔtœʀ, tʀis] (lat. *motor*, celui qui remue, et fém. *motrix*, de *movere*, mouvoir) Personne qui donne le mouvement. *Le premier moteur*, Dieu. ◆ Ce qui donne le mouvement. *Le moteur d'une machine.* ◆ *Moteurs animés*, l'homme et les animaux considérés dans leur emploi à porter ou à traîner des fardeaux. ◆ **Fig.** Personne qui produit des efforts comparés au mouvement physique. *Le moteur d'une guerre.* « *Adressez-vous à Dieu en qualité de moteur des cœurs* », BOSSUET. « *Ce sont les femmes qui furent motrices de cette révolte* », MONTESQUIEU. ◆ **Adj.** Qui produit un mouvement. *La force motrice du corps.* ■ **Anat.** Moteur de des muscles. *Les muscles moteurs de la jambe, du bras, etc.* ◆ *Nerf moteur*, se dit de quelques nerfs de mouvement qui se rendent à certains muscles. *Le nerf moteur externe de l'œil.* ■ **Inform.** *Moteur de recherche*, logiciel de recherche sur Internet. ■ *Centre moteur*, centre nerveux capable d'inhiber ou de stimuler l'activité d'un organe. ■ *Bloc-moteur*, ensemble des éléments du moteur d'un véhicule.

MOTEUR-FUSÉE, ■ n. m. [mɔtœʀfyze] (*moteur* et *fusée*) **Aéronaut.** Propulseur à réaction qui n'utilise que des ergols stockés à bord, sans avoir recours à l'oxygène atmosphérique. *Le moteur-fusée de l'étage principal du lanceur Ariane 5.* au pl. *Des moteurs-fusées.*

MOTIF, n. m. [mɔtif] (adj. anc. fr. *motif*, qui donne le mouvement, du lat. *motum*, supin de *movere*, mouvoir dérivé du *motum*) Ce qui pousse à faire une chose. « *Le motif seul fait le mérite des actions des hommes* », LA BRUYÈRE. ◆ En psychologie, *motifs d'action*, les motifs qui déterminent la volonté. *Motif de crédibilité*, ce qui peut raisonnablement porter à croire une chose, indépendamment des preuves démonstratives. ◆ **Jurispr.** *Les motifs*, les raisons de juger que les jugements doivent contenir. ◆ **Mus.** Phrase mélodique. ◆ Dans les beaux-arts, se dit de certains sujets. ■ *Sans motif*, sans raison apparente. *Un bailleur peut refuser de renouveler un bail sans motif. Sans motif valable.* ■ Dessin qui se répète dans un dessin ou un tissu. *Des rideaux aux motifs géométriques.*

MOTILITÉ, ■ n. f. [mɔtilite] (lat. *motum*, supin de *movere*, mouvoir) **Physiol.** Capacité à se mouvoir. ■ Ensemble des mouvements d'un organe. *La motilité cellulaire, gastrique.* « *Mme Verdurin, pour que son silence n'eût pas l'air d'un consentement, mais du silence ignorant des choses inanimées, avait soudain dépouillé son visage de toute vie, de toute motilité*, PROUST.

MOTION, n. f. [mɔsjɔ̃] (lat. *motio*) Action de mouvoir. « *On ne sait si les bêtes sont gouvernées par les lois générales du mouvement ou par une motion particulière* », MONTESQUIEU. ◆ **Fig.** Proposition faite dans une assemblée délibérante par un de ses membres. ■ *Motion d'ordre*, motion qui a pour objet l'ordre de la discussion. ■ *Motion de censure*, motion dans laquelle l'Assemblée nationale s'oppose au gouvernement en mettant en cause sa responsabilité et en lui retirant sa confiance. *Déposer une motion de censure.*

MOTIVANT, ANTE, ▪ adj. [motivã, ãt] (*motiver*) Qui motive, stimule.

MOTIVATION, ▪ n. f. [motivasjɔ̃] (*motiver*) Ensemble des actions qui justifient un acte. « *Le but secret de l'histoire, sa motivation profonde, n'est-ce pas l'explication de la contemporanéité ?* », BRAUDEL. ▪ **Écon.** Ensemble des facteurs psychologiques qui poussent les consommateurs à l'achat. ▪ **Psych.** Processus psychologique qui détermine le comportement d'une personne. ▪ **Ling.** Relation établie entre la forme des mots et leur sens lorsque celle-ci n'est pas perçue comme étant due au hasard. *La motivation d'un mot est phonique (l'onomatopée* tic-tac*) ou morphologique (*porte-avion*).*

MOTIVÉ, ÉE, p. p. de motiver. [motive] *Un arrêt motivé.* ▪ Qui a une motivation. *Un homme motivé par l'argent.* ▪ Stimulé. *Motivé pour travailler. Un élève motivé.* ▪ **Ling.** *Mot motivé*, dont le sens se déduit de ses propres composants.

MOTIVER, v. tr. [motive] (*motif*) Munir des motifs nécessaires. *Les juges sont obligés de motiver leurs jugements.* ◆ Servir de motif. *Ce qui motive une mesure.* ◆ *Motiver les entrées et les sorties dans une pièce de théâtre*, faire que les entrées et les sorties des personnages paraissent commandées par les circonstances. ◆ *Se motiver*, v. pr. Être motivé.

1 MOTO, ▪ n. f. [moto] (apocope de *motocyclette*) Voy. MOTOCYCLETTE.

2 MOTO..., ▪ [moto] Préfixe qui signifie *moteur*.

3 MOTO..., ▪ [moto] Préfixe qui signifie *motocyclette*.

MOTOBALL, ▪ n. m. [motobol] (3 *moto-* et *ball*) Football pratiqué à moto et dont les équipes sont composées de cinq joueurs.

MOTOCISTE, ▪ n. m. et n. f. [motosist] (1 *moto*) Personne qui vend, répare et restaure les motos et les pièces détachées.

MOTOCROSS ou **MOTO-CROSS**, ▪ n. m. [motokʀɔs] (3 *moto-* et *cross-country*) Course de motos sur circuits escarpés. *Faire du motocross.* au pl. *Des motocross* ou *moto-cross.*

MOTOCULTEUR, ▪ n. m. [motokyltœʀ] (*motoculture*) Engin motorisé, à deux roues ou à chenilles, utilisé pour le jardinage ou la culture maraîchère. *Passer le motoculteur dans son potager.*

MOTOCULTURE, ▪ n. f. [motokyltyʀ] (2 *moto-* et *culture*) Utilisation d'engins motorisés en jardinage, en maraîchage ou en agriculture. *Le matériel de motoculture.*

MOTOCYCLE, ▪ n. m. [motosikl] (2 *moto-* et *cycle*) Véhicule motorisé à deux roues et de moins de 125 cm³. *Les motocycles doivent être munis d'un silencieux. Les vélomoteurs, les scooters, les cyclomoteurs font partie des motocycles.*

MOTOCYCLETTE, ▪ n. f. [motosiklɛt] (*motocycle*) Véhicule motorisé à deux roues et de plus de 125 cm³. *La conduite des motocyclettes ne peut se faire sans permis de conduire.* ▪ **Abrév.** Moto.

MOTOCYCLISME, ▪ n. m. [motosiklism] (3 *moto-* et *cyclisme*) Ensemble des activités pratiquées en moto. *Motocyclisme sportif* et *motocyclisme touristique.*

MOTOCYCLISTE, ▪ n. m. ou n. f. [motosiklist] (3 *moto-* et *cycliste*) Personne qui conduit une motocyclette. *Une motocycliste.* ▪ **Adj.** Relatif à la moto. *Un équipement motocycliste. Un sport motocycliste.*

MOTOFAUCHEUSE, ▪ n. f. [motofoʃøz] (2 *moto-* et *faucheuse*) Appareil autotracté utilisé pour faucher.

MOTOMARINE, ▪ n. f. [motomaʀin] (3 *moto-* et *marine*) **Québec** Scooter des mers.

MOTONAUTISME, ▪ n. m. [motonotism] (3 *moto-* et *nautisme*) En sport, navigation sur petites embarcations motorisées rapides. ▪ MOTONAUTIQUE, adj. [motonotik]

MOTONEIGE, ▪ n. f. [motonɛʒ] (3 *moto-* et *neige*) Petit véhicule à une ou deux places, ouvert, à skis à l'avant et à chenilles. Au pl. *Des motoneiges.* ▪ MOTONEIGISTE, n. m. et n. f. [motonɛʒist]

MOTONEURONE, ▪ n. m. [motonøʀon] (angl. *motoneuron*) **Physiol.** Neurone destiné à entraîner une contraction musculaire à l'origine d'un mouvement. *La maladie de Charcot est caractérisée par la perte progressive des motoneurones entraînant une paralysie.*

MOTOPAVER ou **MOTOPAVEUR**, ▪ n. m. [motopavœʀ] (mot angl., de *moto* et *paver*, paveur) **Techn.** Engin de travaux publics utilisé dans le bitumage des chaussées.

MOTOPOMPE, ▪ n. f. [motopɔ̃p] (2 *moto-* et *pompe*) Pompe automatique actionnée par un moteur. *Motopompes de pompiers. Motopompe électrique.*

MOTOPROPULSEUR, ▪ adj. m. [motopʀopylsœʀ] (2 *moto-* et *propulseur*) **Techn.** *Groupe motopropulseur*, ensemble des éléments mécaniques assurant la traction d'un véhicule.

MOTOR-HOME, ▪ n. m. [motoʀom] (mot angl., de *motor*, moteur, et *home*, maison) Caravane autotractée ou véhicule automobile dont l'intérieur est aménagé pour y vivre. Au pl. *Des motor-homes.* ▪ **Rem.** On recommande officiellement l'emploi de *autocaravane.*

MOTORISATION, ▪ n. f. [motoʀizasjɔ̃] (*motoriser*) Action de motoriser quelque chose. *La motorisation de l'agriculture.* ▪ Caractéristique d'un moteur en fonction de l'énergie qu'il utilise. *Motorisation diesel, essence. Véhicule à motorisation électrique.*

MOTORISER, ▪ v. tr. [motoʀize] (*moteur*, du lat. *motor*) Doter d'un moteur. *Motoriser une barque. Motoriser une porte de garage.* ▪ Transporter des personnes au moyen de véhicules motorisés. ▪ **P. p. adj.** Être en possession d'un véhicule. *Êtes-vous motorisé ?*

MOTORISTE, ▪ n. m. et n. f. [motoʀist] (*moteur*) Mécanicien spécialisé dans la réparation et l'entretien de véhicules, de moteurs et de pièces détachées. ▪ Constructeur de moteurs.

MOTORSHIP, ▪ n. m. [motoʀʃip] (mot angl., de *motor*, moteur, et *ship*, bateau) **Mar.** Bateau à moteur diesel utilisé à des fins commerciales.

MOTOTRACTEUR, ▪ n. m. [mototʀaktœʀ] (2 *moto-* et *tracteur*) **Techn.** Tracteur agricole à moteur.

MOTRICE, ▪ n. f. [motʀis] (abrév. de *locomotrice*) Voiture à moteur qui en tracte d'autres attachées à elle. *Une motrice de train.*

MOTRICITÉ, ▪ n. f. [motʀisite] (*moteur, motrice*) **Physiol.** Capacité de l'organisme à assurer la contraction musculaire et les mouvements chez un être humain ou un animal. ▪ Ensemble des mouvements de l'organisme. ▪ **Techn.** Action de transmettre la puissance développée par un moteur vers la roue arrière ou une autre partie mobile.

MOTS-CROISISTE, ▪ n. m. et n. f. [mokʀwazist] (*mots croisés*) Amateur de mots croisés. Au pl. *Des mots-croisistes* ou *des cruciverbistes.*

MOTTE, n. f. [mɔt] (lat. médiév. *motta*, motte, tertre, prob. d'un radic. préroman.) Petit morceau de terre détaché avec la charrue, la bêche, ou autrement. *Rompre les mottes d'un champ.* ◆ Une certaine quantité de terre qui tient aux racines. *Lever un arbre en motte.* ◆ Butte, éminence faite de main d'homme ou par la nature. ◆ Au Moyen Âge, principal lieu d'une seigneurie ; place du château. ◆ *Motte à brûler* ou simplement *motte*, tan qui ne peut plus servir à tanner, et dont on fait de petites masses rondes pour brûler. ◆ *Motte de beurre*, une certaine masse de beurre que les marchands détaillent.

MOTTÉ, ÉE, p. p. de motter. [mote] *Perdrix mottées.*

MOTTER, v. tr. [mote] (*motte*) Jeter des mottes de terre avec la houlette pour faire obéir les brebis. ◆ *Se motter*, v. pr. Se cacher derrière des mottes de terre, en parlant des perdrix.

MOTTEUX, n. m. [motø] (*motte*) Oiseau commun en Europe, qui a l'habitude de se tenir sur les mottes des terres labourées. *Le motteux* ou *cul-blanc.*

MOTU PROPRIO (DE), loc. adv. [demotypʀopʀijo] (*de* se prononce *dé.* Loc. latine *de son propre mouvement*) Signifie : de propre mouvement, et appartient au style des bulles des papes. ◆ Il se dit aussi dans le langage général. *Je le ferai de motu proprio.* ◆ **N. m.** *Un motu proprio.* ▪ **Rem.** On disait aussi *proprio motu.*

MOTUS, [motys] (on prononce le *s* final. Latinisation de mot) Expression familière par laquelle on avertit quelqu'un de ne rien dire. « *Motus, il ne faut pas dire que vous m'avez vu sortir de là* », MOLIÈRE.

MOT-VALISE, ▪ n. m. [movaliz] (*mot* et *valise*) **Ling.** Néologisme formé par l'amalgame de deux autres mots existants. *Courriel* est un mot-valise formé de *courrier* et *électronique.* au pl. *Des mots-valises.*

1 MOU, MOLLE, adj. [mu, mɔl] (lat. *mollis*) Qui cède facilement au toucher, à la pression, tout en conservant une certaine adhérence. *Du fromage mou. Chair molle.* ◆ *Poire molle*, Voy. POIRE. ▪ **Phys.** *Corps mous*, corps qui ne tendent pas à reprendre la figure que le choc ou la compression leur a fait perdre. ◆ **Anat.** *Parties molles du corps*, ensemble des chairs ou des organes qui recouvrent le squelette. ▪ **N. m.** Ce qui est mou, chose molle. ◆ Par extens. *Le temps, le vent est mou*, le temps est relâché, le vent est chaud et humide. ◆ **Fig.** Qui a peu de vigueur. *Cheval mou. Homme mou au travail.* ◆ Qui a peu de suite, de ténacité. *Cet homme est mou à servir ses amis.* ◆ Il se dit aussi des choses. *Style mou*, style qui manque de vigueur. ◆ **Peint.** *Touche molle*, pinceau mou, manière molle, faiblesse d'expression dans le mécanisme de l'art. ◆ Qui perd sa vigueur dans les plaisirs, dans une vie énervante. *Un peuple mou.* ◆ Qui appartient à une âme sans vigueur. *De molles complaisances.* « *Nos mœurs sont trop molles* », VOLTAIRE. ◆ Qui éteint la vigueur de l'âme. *Une vie molle et oisive.* ▪ **Mar.** Se dit d'un navire qui tient mal le vent, qui va mal. ◆ *Molle mer*, intervalle entre le flux et reflux. ◆ *Cordage mou*, cordage lâche qui n'est pas raidi. ◆ **N. m.** *Le mou d'un cordage*, la partie d'un cordage qui n'est pas raidie. ◆ *Donner du* *mou à une manœuvre, à un câble*, en diminuer la tension. ◆ Dans la poésie, on dit quelquefois mol au masculin quand le mot qui suit commence par une voyelle : *Un mol abandon.* Même quand le mot commence par une consonne, la poésie peut préférer mol à mou. « *Ce mol consentement* », P. Corneille. ■ Qui est souple et gracieux. *La molle rondeur d'un visage.* ■ Adv. Fam. *Y aller mou*, doucement.

2 **MOU**, n. m. [mu] (1 *mou*) Nom vulgaire du poumon de certains animaux, et particulièrement du veau. ◆ *Morceau de mou.* ■ Fam. *Bourrer le mou à quelqu'un*, tromper quelqu'un en lui faisant croire n'importe quoi.

MOUCHAGE, n. m. [muʃaʒ] (*moucher*) Action de moucher quelqu'un ou de se moucher. *Solution nasale pour faciliter le mouchage des nourrissons.*

MOUCHARABIEH ou **MOUCHARABIÉ**, n. m. [muʃarabje] (ar. *machrabiya*) Treillis de bois en saillie devant une fenêtre permettant de voir sans être vu, typique de l'architecture arabe. Au pl. *Des moucharabiehs.*

MOUCHARD, n. m. [muʃar] (*mouche*) Espion de police. ◆ Il se dit aussi de personnes qui, dans la vie privée, jouent le rôle des mouchards de police. ■ Appareil de contrôle qui enregistre. ■ Fam. Judas de porte. ■ Milit. *Avion mouchard* ou *mouchard*, avion utilisé pour la reconnaissance ou l'espionnage.

MOUCHARDAGE, n. m. [muʃardaʒ] (*moucharder*) Action de moucharder.

MOUCHARDER, v. intr. [muʃarde] (*mouchard*) Faire le mouchard. ◆ V. tr. *Moucharder quelqu'un*, l'espionner. ■ Rem. Est familier aujourd'hui.

MOUCHE, n. f. [muʃ] (lat. *musca*) Genre d'insectes diptères. ◆ *Cheval tendre aux mouches*, cheval qui supporte mal les piqûres des mouches. ◆ Fig. *Être tendre, être sensible aux mouches*, ressentir vivement les moindres désagréments. ◆ Fig. et pop. *Gober des mouches*, perdre le temps à attendre, à ne rien faire. ◆ Fig. *Prendre la mouche* (c'est-à-dire en être piqué, comme on dit prendre une maladie), se fâcher sans grande raison. *Quelle mouche l'a piqué ? ◆ La mouche du coche*, Voy. COCHE. ◆ Nom donné à quelques insectes coléoptères. ◆ *Mouche à miel* ou simplement *mouche*, abeille. ◆ Cantharide. ◆ L'emplâtre vésicatoire préparé avec les cantharides. *Appliquer une mouche. ◆ Pieds de mouches*, écriture fine et mal formée. ◆ Méd. *Mouches volantes*, taches, filaments ou points brillants et colorés, qui passent quelquefois devant les yeux quand on a regardé un objet vivement éclairé, ou qui constituent un trouble spontané de la vision. ◆ Petit morceau de taffetas noir que les dames se mettent sur le visage. ◆ Petit dessin qu'on figure sur les étoffes. ◆ Morceau de peau placé au bout d'un fleuret. ◆ Petit bouquet de barbe qu'on laisse croître à la lèvre inférieure, et qui est plus souvent appelé impériale. ◆ Le point noir que l'on vise dans un tir avec le pistolet ou le fusil. ◆ *Faire mouche*, toucher le point noir placé au centre de la cible. ◆ En pêche, appât en forme de mouche pour prendre le poisson. ◆ Fig. Espion, mouchard. ◆ Fam. *Fine mouche*, personne très fine et très rusée. ◆ Mar. Petit navire qui va à la découverte, porte des ordres, ou épie les mouvements de l'ennemi. ◆ Espèce de jeu de cartes, dit aussi pamphile ou mistigri. ◆ Prov. *On prend plus de mouches avec du miel qu'avec du vinaigre*, on réussit mieux par la douceur que par la dureté et la rigueur. ◆ Fig. *Pattes de mouches*, écriture très petite et souvent difficile à lire. ■ *On entendrait une mouche voler*, se dit lorsqu'il règne un profond silence. ■ Fam. *Il ne ferait pas de mal à une mouche*, c'est une personne tellement gentille qu'elle ne serait capable de faire de mal à quiconque. ■ Pop. *Enculage de mouches*, minutie extrême et jugée inutile. ◆ *Tomber comme des mouches*, en très grand nombre. ◆ *Pêche à la mouche*, pêche au lancer dont la mouche est artificielle. ■ En boxe, catégorie de poids et boxeur concerné par cette catégorie. *Un poids mouche.* ■ *Bateau-mouche*, bateau à moteur, à Paris, permettant aux touristes de voir, de la Seine, les principaux monuments. Au pl. *Les bateaux-mouches.*

1 **MOUCHÉ, ÉE**, p. p. de moucher. [muʃe] *Un enfant mouché.*

2 **MOUCHÉ, ÉE**, p. p. de moucher. [muʃe] Espionné.

1 **MOUCHER**, v. tr. [muʃe] (b. lat. *muccare*, du lat. *mucus*, morve) Presser les narines pour en faire sortir les mucosités. *Moucher un enfant.* ◆ Absol. *Le tabac fait moucher.* ◆ *Moucher du sang*, rendre du sang par le nez en se mouchant. ◆ Par extens. Ôter le bout du lumignon qui empêche une chandelle de bien éclairer. ◆ *Moucher une chandelle avec le pistolet*, tirer si juste que la balle coupe la mèche. ◆ Pop. *Moucher quelqu'un*, remettre quelqu'un à sa place, lui infliger une correction, le battre. ◆ Mar. Couper l'extrémité d'un cordage qui s'effile. ◆ *Se moucher*, v. pr. Faire sortir ce qui est dans le nez. ◆ Prov. *Qui se sent morveux se mouche*, Voy. MORVEUX. ◆ *Il ne se mouche pas du pied*, c'est un homme habile, intelligent, résolu. ■ On dit aussi : *il ne se mouche pas du coude.*

2 **MOUCHER**, v. tr. [muʃe] (*mouche*) ▷ Espionner. ◆ On dit plutôt aujourd'hui moucharder. ◁

MOUCHEROLLE, n. m. [muʃ(ə)rɔl] (*mouche*) Petit oiseau de la grosseur à peu près d'un moineau, qui habite ordinairement près des bois et qui se nourrit de mouches.

1 **MOUCHERON**, n. m. [muʃ(ə)rɔ̃] (*mouche*) Nom vulgaire de petits diptères, et particulièrement des espèces du genre cousin. ■ Pop. Un petit garçon.

2 **MOUCHERON**, n. m. [muʃ(ə)rɔ̃] (*moucher*) Le bout de la mèche d'une chandelle qui brûle.

MOUCHERONNER, v. intr. [muʃ(ə)rɔne] (*moucheron*) Se dit de certains poissons quand ils jaillissent hors de l'eau pour saisir les insectes dont ils se nourrissent. *Les saumons moucheronnent.*

1 **MOUCHETÉ, ÉE**, p. p. de moucheter. [muʃ(ə)te] Garni de mouchetures. *Taffetas moucheté.* ◆ Tacheté, en parlant de certains animaux. ◆ Chez le cheval, *robes mouchetées*, robes blanches et gris clair, lorsqu'elles sont parsemées de petites taches noires. ◆ *Blé moucheté*, autrement dit blé charbonné ou niellé. ◆ N. m. Espèce de serpent ou de lézard. ■ Garni d'une mouche. *Un fleuret moucheté.* ■ En reliure, *tranche mouchetée*, tachetée de petits points.

2 **MOUCHETÉ, ÉE**, p. p. de moucheter une arme. [muʃ(ə)te]

1 **MOUCHETER**, v. tr. [muʃ(ə)te] (*mouche*) Orner de mouchetures. *Moucheter une étoffe.* ◆ *Moucheter de l'hermine*, y coudre de distance en distance de petits morceaux de fourrure noire. ◆ V. intr. Hortic. Se couvrir de petites taches de différentes couleurs.

2 **MOUCHETER**, v. tr. [muʃ(ə)te] (*mouche*) Garnir d'une mouche une arme pour la rendre inoffensive, et s'en servir dans l'escrime.

MOUCHETIS, n. m. [muʃ(ə)ti] (*moucheter*) Crépi appliqué par projection. *Un mouchetis pour façade.*

MOUCHETTES, n. f. pl. [muʃɛt] (*moucher*) Instrument pour moucher des chandelles. ◆ Ce mot n'a point de singulier. ■ Archit. Ajour de remplage du XIVe siècle dont le tracé asymétrique ressemble à celui d'une flamme.

MOUCHETURE, n. f. [muʃ(ə)tyr] (*moucheter*) Ornement qu'on donne à une étoffe en y disposant symétriquement de petites taches. ◆ *Moucheture d'hermine*, les petits morceaux de fourrure noire qu'on met çà et là sur l'hermine. ◆ Hérald. Les queues d'hermines, lorsqu'elles se sèment sur l'écu, et qu'elles s'y trouvent en nombre déterminé. ◆ Taches naturelles qui se trouvent sur la peau, les plumes de certains animaux. ◆ Poussière noire du blé, charbon ou nielle. ◆ Chir. Scarifications très superficielles et très peu étendues.

MOUCHEUR, EUSE, n. m. et n. f. [muʃœr, øz] (*moucher*) ▷ Personne qui mouche ou se mouche souvent. ◆ N. Personne qui dans un théâtre était chargée de moucher les chandelles. ◁

MOUCHOIR, n. m. [muʃwar] (*moucher*) Linge pour se moucher. ◆ *Mouchoir à tabac*, mouchoir d'une couleur ordinairement rembrunie, où le tabac paraît moins. ◆ *Le mouchoir* se dit aussi mouchoir de poche, pour le distinguer du mouchoir de cou, morceau d'étoffe dont les femmes se couvrent le cou. ◆ En maçonnerie, *en mouchoir*, obliquement. ◆ *Grand comme un mouchoir de poche*, de toute petite taille. ■ *Faire un nœud à son mouchoir*, le nouer pour se rappeler quelque chose. ■ *Agiter son mouchoir*, faire signe avec un mouchoir pour dire adieu. ■ En sport, *arriver, se tenir dans un mouchoir*, être très serré dans un peloton. ◆ *Mouchoir de, en papier*, mouchoir jetable en ouate de cellulose à usage unique.

MOUCHURE, n. f. [muʃyr] (*moucher*) ▷ Ce qu'on ôte du nez en se mouchant. ◆ *Mouchure de chandelle*, bout de lumignon d'une chandelle, lorsqu'on l'a mouchée. ◁

MOUÇON, n. m. [musɔ̃] Voy. MOUSSON.

MOUDJAHID, n. m. [mudʒaid] (mot ar., combattant de la guerre sainte) Combattant appartenant à une armée de libération islamique. Au pl. *Des moudjahids* ou *des moudjahidin.*

MOUDRE, v. tr. [mudr] (lat. *molere*, tourner la meule) Mettre en poudre par le moyen du moulin. ◆ Absol. *Ce moulin moud trop gros.* ◆ Réduire du café en poudre à l'aide d'un petit moulin portatif. ◆ Concasser le minerai à l'aide d'un moulin. ◆ Fig. *Moudre un homme de coups*, le battre violemment. ◆ *Se moudre*, v. pr. Être moulu. ■ *Moudre un air*, jouer un air de musique au moyen d'un instrument à manivelle.

MOUE, n. f. [mu] (anc. b. frq. *mauwa*) Grimace que l'on fait en allongeant les deux lèvres. « *Elle fait la moue pour montrer une petite bouche* », Molière. ◆ Fig. *Faire la moue*, témoigner sa mauvaise humeur par son silence et par son air. ■ *Faire la moue*, manifester un refus. *Il a fait la moue à ma requête.*

MOUÉE, n. f. [mwe] (orig. obsc. : *moue*, ou anc. fr. *muiee*, ce que contient un muid) ▷ En vénerie, soupe de chiens courants, dans laquelle on mêle du sang de la bête qu'ils ont forcée. ◁

MOUETTE, n. f. [mwɛt] (dim. de l'anglo-norm. *mave, mauve*) Oiseau de mer de l'ordre des palmipèdes, et à longues ailes. ■ Mar. Petit canot de sauvetage.

MOUEZZIN, n. m. [mwedzɛ̃] Voy. MUEZZIN.

MOUFETER, ■ v. intr. [muf(ə)te] Voy. MOUFTER.

MOUFETTE ou **MOUFFETTE**, n. f. [mufɛt] Voy. MOFETTE.

MOUFLARD, ARDE, n. m. et n. f. [muflar, ard] (radic. *muff-*, gonflé, jouf-flu : cf. all *muffel*, museau) Fam. Personne qui a le visage plein et rebondi.

1 **MOUFLE**, n. f. [mufl] (anc. b. frq. *muffvel*, de *muff-*, enveloppe, et *vel*, peau d'animal) Sorte de gant sans séparation pour les doigts, excepté pour le pouce.

2 **MOUFLE**, n. m. ou n. f. [mufl] (1 *moufle*.) Système de poulies assemblées dans une même chape et sur des axes particuliers. ♦ Barre de fer pour em-pêcher l'écart des murs. ♦ Les mécaniciens font généralement ce mot du masculin.

3 **MOUFLE**, n. m. ou n. f. [mufl] (1 *moufle*.) Chim. Vaisseau de terre, dont on se sert pour exposer des corps à l'action du feu, sans que la flamme y touche immédiatement. ♦ *Moufle des orfèvres, des émailleurs*, petit arc de terre sous lequel ils fondent leurs émaux. ♦ Four pour cuire la porcelaine. ♦ Les chimistes font d'ordinaire ce mot du féminin.

MOUFLÉ, ÉE, adj. [mufle] (*moufle*) *Poulie mouflée*, poulie qui agit concur-remment avec une ou plusieurs autres.

MOUFLET, ETTE, ■ n. m. et n. f. [muflɛ, ɛt] (radic. *muff-*, gonflé, jouffu) Fam. Petit enfant. *En route, les mouflets !*

MOUFLON, n. m. [muflɔ̃] (lat. tardif *mufro*) Quadrupède ruminant, proche du mouton et du bouquetin vivant dans les montagnes européennes et nord-américaines.

MOUFTER ou **MOUFETER**, ■ v. intr. [mufte] (var. de *mouveter*, remuer, bouger, du lat. *movere*, mouvoir.) Fam. Protester. *Il n'a pas moufté.* ■ REM. Employé surtout en tournure négative.

MOUFTI, n. m. [mufti] Voy. MUFTI.

MOUILLABILITÉ, ■ n. f. [mujabilite] (*mouillable*) Phys. Mesure des pro-priétés mouillantes d'une substance. *La bonne adhérence de la couleur exige la bonne mouillabilité du support.*

MOUILLABLE, ■ adj. [mujabl] (*mouiller*) Phys. Qui peut être mouillé par un liquide. *Poudre mouillable*, substance pulvérulente servant au traite-ment des végétaux et qui doit être dispersée dans un liquide en vue de son application. *Poudre mouillable insecticide.*

MOUILLAGE, n. m. [muja3] (*mouiller*) Action de mouiller. *Le mouillage des étoffes.* ♦ Action de mettre de l'eau dans le vin, l'eau-de-vie, etc. ♦ **Mar.** Lieu ou fond où l'on mouille les ancres d'un navire. ♦ Action d'ancrer ou mouiller un bâtiment. ♦ *Une ancre est au mouillage lorsqu'elle est disposée pour être prête à tomber au fond.*

MOUILLANCE, ■ n. f. [mujɑ̃s] (*mouillant*) Phys. Propriété physique d'un mouillant à améliorer l'aptitude d'un liquide à mouiller une surface.

MOUILLANT, ■ n. m. [mujɑ̃] (*mouiller*) Techn. Adjuvant dont l'utilisation accroît la faculté du liant à enrober les particules pigmentaires insolubles pour mieux l'étaler. ■ Adj. Pour un liquide, qui permet de s'étaler sur une surface. *La faculté mouillante d'une peinture.*

MOUILLE, ■ n. f. [muj] (*mouiller*) Zone de moindre pente, avec une hauteur d'eau supérieure à celle de l'ensemble du lit d'une rivière. ■ Mar. Consé-quences d'une inondation ou d'un fort taux d'humidité en cale sur des marchandises d'un bateau qui deviennent avariées. *Des cargaisons détruites par la mouille.*

MOUILLÉ, ÉE, p. p. de mouiller. [muje] Fig. *C'est du papier mouillé*, se dit d'une mauvaise étoffe qui ne durera pas. ♦ Absol. *Mouillé*, se dit du temps quand il a plu. « *Quand il fait mouillé, je ne sors point* », MME DE SÉVIGNÉ. ■ N. m. *Le mouillé*, le caractère d'une lettre mouillée. ♦ *Voix chargée d'émotion.* ■ *Un bébé mouillé*, qui a uriné dans sa couche-culotte.

MOUILLE-BOUCHE, n. f. [muj(ə)buʃ] (*mouiller* et *bouche*) Poire fondante qui mûrit dans les mois de juillet et d'août ; dite aussi épargne ou cueillette. ♦ Au pl. *Des mouille-bouche* ou *mouille-bouches*.

MOUILLEMENT, ■ n. m. [muj(ə)mɑ̃] (*mouiller*) Cuis. Fait d'arroser une préparation culinaire pendant sa cuisson. *Le mouillement d'un rôti.* ■ Pho-nét. Fait de mouiller une consonne. *Le mouillement des deux ll, dans* paille.

MOUILLER, v. tr. [muje] (lat. vulg. *molliare*, attendrir le pain, mouiller, du lat. *mollis*, mou, tendre) Rendre humide. *Mouiller des étoffes. La pluie a mouillé les chemins.* ♦ Absol. *Le brouillard mouille.* ♦ Arroser les plantes d'un jardin. ♦ *Mouiller quelqu'un, quelque chose de larmes*, pleurer abon-damment sur quelqu'un, sur quelque chose. ♦ *Mouiller les yeux*, se dit des

larmes qui coulent des yeux. ♦ *Mouiller les yeux de larmes*, faire pleurer. ♦ *Mouiller les lèvres*, tremper légèrement ses lèvres dans un liquide. ♦ Ajouter un liquide à une sauce, à un plat. ♦ **Mar.** *Mouiller l'ancre* ou par ellipse *mouiller*, jeter l'ancre ou les ancres. *Mouiller un vaisseau*, jeter l'ancre d'un vaisseau. *Être mouillé*, avoir jeté l'ancre. ♦ **Gramm.** *Mouiller l'*l, *les deux* ll, les prononcer comme dans *paille*, ne le prononcer comme dans *agneau*. ♦ Se mouiller, v. pr. Être mouillé. ♦ **Gramm.** Être prononcé mouillé. ■ Allonger un liquide avec de l'eau. **Fam.** Impliquer quelqu'un dans une intrigue. ■ **Fam.** *Se mouiller*, prendre quelques risques dans une affaire. ■ *Mouiller sa chemise*, faire de gros efforts physiques et fig. prendre des risques dans une affaire. ■ **Fig.** *Mouiller sa culotte*, uriner dans sa cu-lotte et fig. avoir peur. ■ **Vulg.** Se dit d'une femme qui désire quelqu'un sexuellement.

MOUILLÈRE, ■ n. f. [mujɛr] (*mouiller*) Champ humide de façon constante. *Bovins élevés dans les mouillères.*

MOUILLETTE, n. f. [mujɛt] (*mouiller*) Morceau de pain long et mince qu'on trempe dans les œufs à la coque. ■ En parfumerie, bandelette de papier sur laquelle on vaporise du parfum pour le sentir avant l'achat.

MOUILLEUR, ■ n. m. [mujœr] (*mouiller*) Mar. Appareil fixé sur le flanc d'un bateau qui permet de maintenir l'ancre en place quand on ne la mouille pas. ■ **Techn.** Rouleau habillé de tissu, de papier parcheminé ou de caoutchouc qui distribue la solution de mouillage à la plaque ou au rou-leau encreur de la presse. ■ Petit dispositif permettant d'humecter le revers d'une vignette à coller.

MOUILLOIR, n. m. [mujwar] (*mouiller*) ▷ Petit vase dont les fileuses se servent pour y mouiller le bout de leurs doigts. ♦ Cuve de papetier pour tremper le chiffon. ◁

MOUILLON, ■ n. m. [mujɔ̃] (*mouiller*) Suisse Humidité. ■ Petite flaque d'eau.

MOUILLURE, n. f. [mujyr] (*mouiller*) Action de mouiller. *La mouillure du papier avant l'impression.* ♦ État de ce qui est mouillé. ♦ Arrosement léger. ■ En reliure, tache jaunâtre, plus foncée sur les bords et causée sur le papier par une empreinte humide. ■ Caractère d'une consonne qui est mouillée. *La mouillure du* gn *dans* gagner.

MOUISE, ■ n. f. [mwiz] (all. dial. du Sud *mues*, bouillie) Fam. Situation très difficile. *Elle est dans une sacrée mouise.*

MOUJIK, n. m. [muʒik] (mot russe, *paysan*) Nom des paysans russes.

MOUJINGUE, ■ n. m. et n. f. [muʒɛ̃g] (orig. obsc. : p.-ê. dial. de l'Ouest *moujasse*, petite fille, ou fr. d'Algérie *mouchachou*, jeune garçon, de l'esp. *muchacho*) Pop. Enfant. « *Ça le souffle un peu Armand, la vacherie appliquée qu'apportent les mômes à serrer les nœuds, si dur, que la moujingue commence à chialer* », SIMONIN.

MOUKÈRE ou **MOUQUÈRE**, ■ n. f. [mukɛr] (sabir algérien *moukera*, de l'esp. *mujer*, femme) Femme du Maghreb. ■ **Pop.** Femme. « *On arrive de-vant une estrade, c'était la dernière moukère, une grand-mère qui décrochait ses tentures* », CÉLINE.

1 **MOULAGE**, n. m. [mula3] (*mouler*) Action de jeter en moule, de faire au moule, de fondre, de couler. ♦ Action de mesurer du bois au moule. ♦ Rou-leau destiné aux cartouches. *Moulage n° 1.* ♦ Façon que le potier donne à la terre glaise. ♦ Action de prendre l'empreinte d'un objet pour créer un moule. ■ Objet réalisé à l'aide d'un moule. *Décorer des moulages de plâtre.*

2 **MOULAGE**, n. m. [mula3] (*moudre*) Action de moudre.

MOULANT, ANTE, ■ adj. [mulɑ̃, ɑ̃t] (*mouler*) Qui épouse les courbes du corps. *Un jean moulant.*

1 **MOULE**, n. m. [mul] (lat. *modulus*, mesure) Matière creusée de manière à donner une forme précise à la cire, au métal, etc., qu'on y verse liquide. *Jeter en moule une statue. Un moule à balles.* ♦ Fig. *Cela ne se jette pas au moule*, c'est un ouvrage qui ne peut se faire qu'avec soin et temps. ♦ *Le moule en est rompu, en est perdu*, se dit d'une chose rare, d'un homme excellent. ♦ *Fait au moule*, beau et bien fait. *Taille, jambes faites au moule.* ♦ *Jetés dans le même moule*, se dit de personnes ou de choses qui sont sem-blables. ♦ Fig. Modèle. « *Formons nos ouvrages Aux moules si parfaits de ces grands personnages* », RÉGNIER. ♦ Vase dans lequel on met le lait caillé destiné à être transformé en fromage. ♦ *Moules des six, des huit, etc.*, se dit des moules qui, pour une livre, servent à fabriquer six, huit chandelles ou bougies. ♦ Instrument dans lequel on donne une forme déterminée à certaines substances qui ne sont pas liquides. *Moule à faire des mottes, des biscuits, etc.* ♦ *Moule de bouton*, petit morceau de bois ou d'os, plat, rond et percé au centre, qu'on recouvre d'étoffe pour en faire un bouton d'habit. *Moule de filet*, morceau de bois rond et de différentes grosseurs dont on se sert pour faire le filet. ♦ Ancienne mesure de bois à brûler. ♦ *Bois de moule*

ou *moulée*, bois à brûler de moyenne grosseur et d'une longueur déterminée. ♦ Mandrin pour faire des cartouches. ■ *Le moule est cassé*, se dit d'une personne qui est hors du commun.

2 **MOULE**, n. f. [mul] (lat. *musculus*) Mollusque bivalve, acéphale, dont l'espèce marine est alimentaire. ♦ *Moule à perles*, nom vulgaire de l'avicule aux perles. ■ *Fig.* et *fam. Une moule*, personne molle ; personne idiote. *Quelle moule, ce garçon !*

MOULÉ, ÉE, p. p. de mouler. [mule] *Lettre moulée*, lettre imprimée ou qui imite l'imprimé. ♦ **N. m.** *Le moulé*, les caractères imprimés. ♦ *La moulée*, genre d'écriture. ♦ **Archit.** *Marches moulées*, marches qui ont une moulure avec un filet au bord de leur giron.

MOULER, v. tr. [mule] (1 *moule*) Jeter en moule, faire au moule. *Mouler une figure, des ornements en plâtre, etc.* ♦ Mettre de la terre dans le moule à potier. ♦ *Mouler un bas-relief, une statue, etc.*, y appliquer une matière propre à en recevoir l'empreinte en creux et à servir de moule pour les reproduire. ♦ *Mouler la figure d'une personne*, appliquer sur son visage des couches de plâtre pour en avoir la ressemblance. ♦ Il se dit des vêtements qui expriment la forme du corps. ♦ *Mouler du bois*, le mesurer dans le moule. ♦ *Fig.* Former sur un certain modèle. « *Il vaut toujours mieux trouver de soi-même les choses qu'on trouverait dans les livres ; c'est le vrai secret de les bien mouler à sa tête et de se les approprier* », J.-J. ROUSSEAU. ♦ **Se mouler**, v. pr. Être moulé. ♦ Être appliqué exactement sur. *Cet habit serrait le corps et s'y moulait.* ♦ *Fig.* Se conformer. « *Les grands en toutes choses se forment et se moulent sur de plus grands* », LA BRUYÈRE. ■ *Mouler une lettre* ou *un mot*, écrire une lettre ou un mot de façon très soignée.

MOULEUR, EUSE, n. m. et n. f. [muloer, øz] (*mouler*) Personne qui moule des ouvrages de sculpture. ♦ *Mouleurs en terre, en sable*, nom qu'on donnait aux fondeurs. ♦ ▷ Personne dont la charge était de visiter le bois qui se vendait au moule et de le mesurer. ◁

MOULIÈRE, ■ n. f. [muljɛʀ] (2 *moule*) Bassin situé sur le littoral dans lequel vivent les moules. *Moulière naturelle, artificielle.*

MOULIN, n. m. [mulɛ̃] (b. lat. *molinus*, du lat. *mola*, meule) Machine composée de diverses pièces pour faire tourner des meules, et qui est employée pour réduire les grains en farine. ♦ *Moulin à bis*, moulin qui fabrique des farines bises. ♦ *Moulin à blanc*, moulin qui fabrique des farines blanches. ♦ *Fig. Faire venir l'eau au moulin*, procurer à soi, aux siens, des avantages, de l'argent, etc. ♦ *Fig. Il viendra moudre à mon moulin*, il aura besoin de moi, j'aurai ma revanche. ♦ *Fig. Jeter son bonnet par-dessus les moulins*, Voy. BONNET. ♦ *Fig. Un moulin à paroles*, une personne fort babillarde. ♦ *Moulin à vent*, sorte de moulin qui est mû par le vent. ♦ *Fig. Vêtu comme un moulin*, habillé en toile. *Cela lui ressemble comme à un moulin à vent*, se dit d'une mauvaise comparaison. ♦ *Fig. Se battre contre des moulins à vent*, se forger des chimères ; locution prise du combat de don Quichotte contre des moulins à vent. ♦ Machine du même genre qui sert à divers usages. *Moulin à foulon, à huile, à tan, etc.* ♦ *Moulin à café, à poivre*, petit ustensile où l'on moud le café, le poivre. ♦ *Moulin à beurre*, baratte rotative. ♦ Lieu qui renferme un moulin. ■ *On ne peut pas être à la fois au four et au moulin*, on ne peut pas être partout à la fois. ■ *Entrer quelque part comme dans un moulin*, comme on le veut, sans difficulté. ■ *Moulin à prières*, dans la religion bouddhiste, cylindre à l'intérieur duquel sont imprimées, sur des bandes de papier, les prières, que les fidèles répètent sans cesse à chaque tour qu'effectue le moulin. ■ Moteur d'avions, de voitures, etc.

MOULINAGE, n. m. [mulinaʒ] (*mouliner*) Action de moudre au moulin. ♦ Opérations par lesquelles on dévide, tord et double la soie grège.

MOULIN-À-VENT, ■ n. m. inv. [mulɛ̃avɑ̃] (nom d'un vignoble, de *moulin* et *vent*) Vin rouge du Beaujolais provenant du vignoble du même nom et estimé. *Un verre de moulin-à-vent.* au pl. *Des moulin-à-vent.*

MOULINÉ, ÉE, p. p. de mouliner. [muline]

MOULINER, v. tr. [muline] (*moulin*) Faire subir à la soie les opérations du moulinage. ♦ En parlant des vers, ronger le bois et le mettre en menue poussière. ■ *Fam.* Passer au moulin à légumes. *Des carottes moulinées.* ■ **Inform.** Effectuer des calculs en masse ; traiter un grand nombre de données informatiques.

MOULINET, n. m. [mulinɛ] (dim. de *moulin*) Petit moulin (vieilli en ce sens). ♦ Petite roue d'un moulin à vent. ♦ Tour traversé par des leviers, qui s'applique aux engins, aux cabestans, etc. ♦ *Faire le moulinet*, se dit d'une manière de se défendre avec le sabre, ou avec le bâton à deux bouts, qu'on manie autour de soi avec une vitesse extraordinaire. ♦ Pièces de bois qui se placent à côté des barrières pour laisser passer les gens de pied. ♦ Bâton pour serrer une corde. ♦ Figure dans laquelle toutes les danseuses d'un quadrille, réunies par la main droite et donnant la gauche à leur cavalier, tournent ou balancent en même temps. ♦ Petit ornement de soie ou de ruban que portaient autrefois les dames. ■ Petit dispositif fixé à une canne

à pêche et constitué d'une bobine et d'une manivelle que l'on fait tourner. *La pêche au moulinet* ou *à la plombée.*

MOULINETTE, ■ n. f. [mulinɛt] (nom déposé ; *moulinet*) Ustensile manuel ou électrique, utilisé pour broyer les aliments. ■ **Fam. Inform.** Traitement en masse de données. *Passer un fichier à la moulinette.*

MOULINEUR, EUSE ou **MOULINIER, IÈRE**, n. m. et n. f. [mulinœʀ, øz, mulinje, jɛʀ] (*mouliner*) Ouvrier employé au moulinage de la soie. *Une moulineuse.* ♦ Syn. de foulon.

MOULOUD ou **MULUD**, n. m. [mulud] (ar. *Mulud al-Nabi*, anniversaire du Prophète) Fête religieuse musulmane donnée en l'honneur de l'anniversaire de la naissance du Prophète. *Le mouloud correspond au premier jour de l'hégire.*

MOULT, adv. [mult] (lat. *multum*, beaucoup) Vx Mot qui signifie beaucoup. *Il était moult vaillant.*

MOULU, UE, p. p. de moudre. [muly] *Fig. Moulu* ou *moulu de coups*, qui a été battu. ♦ *Avoir le corps tout moulu*, sentir des douleurs par tout le corps. ♦ *Or moulu*, or en feuilles ou en poudre, qui, trituré avec le mercure coulant, donne un amalgame mou avec lequel on exécute la dorure dite en or moulu. *Argent, cuivre moulu.* ■ Réduit en poudre. *Du café moulu.*

MOULURATION, ■ n. f. [mulyʀasjɔ̃] (*mouluré*) Ensemble des moulures d'un bâtiment ou d'un meuble. *Une mouluration de style Régence.*

MOULURE, n. f. [mulyʀ] (*mouler*) **Archit.** Toute partie éminente de sculpture, qui ne sert que pour l'ornement. ♦ Se dit aussi en menuiserie et autres ouvrages semblables. ■ *Moulure électrique*, latte constituée de rainures dans lesquelles on place les fils conducteurs pour les protéger.

MOULURÉ, ■ p. p. de moulurer. [mulyʀe] *Une colonne moulurée.*

MOULURER, ■ v. tr. [mulyʀe] (*moulure*) Creuser des moulures. *Moulurer une baguette de bois.* ■ Poser des moulures décoratives. *Moulurer un plafond, une porte.*

MOULURIÈRE, ■ n. f. [mulyʀjɛʀ] (*mouluré*) Appareil permettant la fabrication de moulures.

MOUMOUTE, ■ n. f. [mumut] (*moumoute*, chat, ou apocope avec redoub. de *moutonne*, perruque en laine, du bret. *maout*, mouton) Fam. et péj. Chevelure postiche. *Le vent a emporté sa moumoute.* ■ **Fam.** Veste en peau de mouton retournée. *Mets ta moumoute et ton bonnet !*

MOUPHTI, n. m. [mufti] Voy. MUFTI.

MOUQUÈRE, ■ n. f. [mukɛʀ] Voy. MOUKÈRE.

MOURANT, ANTE, adj. [muʀɑ̃, ɑ̃t] Qui se meurt. ♦ Qui a la marque d'une mort prochaine. *Des regards mourants.* ♦ *Fig. Des yeux mourants*, des yeux languissants et pleins de passion. ♦ *Voix mourante*, voix langoureuse et traînante. ♦ *Fig.* Qui s'éteint, qui cesse, qui finit. *Une clarté mourante.* « *Les défenseurs d'une liberté mourante* », ROLLIN. ♦ Qui va en pente douce, qui s'abaisse insensiblement. *Une plage mourante.* ♦ Se dit de certaines couleurs pâles. « *Les feuilles étaient d'un vert pâle et mourant* », VOLTAIRE. ♦ **Peint.** *Tons mourants, couleurs mourantes*, tons, couleurs affaiblies et dégradées. ♦ **Mus.** *En mourant*, en passant du son fort à un son tellement faible qu'on l'entend à peine. ♦ **N. m. et n. f.** Personne dont la vie s'éteint. ♦ *Fig. Faire le mourant*, faire le langoureux.

MOURIR, v. intr. [muʀiʀ] (b. lat. *morire*, du lat. *mori*) Se conjugue avec être. Cesser de vivre. *Mourir de vieillesse, de maladie, etc.* ♦ *Mourir dans son péché*, ne pas se corriger. ♦ *Mourir dans son lit*, mourir d'une mort naturelle. ♦ *Mourir au champ d'honneur, au lit d'honneur*, être tué à la guerre, en faisant son devoir. ♦ **Fam.** *Mourir de sa belle mort*, mourir de sa mort naturelle. ♦ *Mourir dans les formes*, mourir traité en règle par la médecine. ♦ *Bien mourir*, mourir dans les sentiments de pénitence et de foi, et aussi mourir sans faiblesse. ♦ *Mourir tout entier*, ne laisser aucun renom après sa mort. ♦ *Mourir à la peine*, mourir sans avoir aucun relâche d'occupations pénibles, sans prendre une retraite, et fig. ne vouloir point démordre de ce qu'on a entrepris. ♦ **Impers.** *Il meurt, année moyenne, tant de personnes à Paris.* ♦ Par forme de serment : *Je veux mourir, que je meure à l'instant, si ce que je vous dis n'est pas vrai.* ♦ *Faire mourir quelqu'un*, le mettre à mort. ♦ *Faire mourir*, causer la mort, et par exagération, mettre dans un état très voisin de la mort. ♦ *Vous me faites mourir*, vous m'affligez beaucoup, ou bien vous m'impatientez beaucoup. ♦ *Faire mourir quelqu'un à petit feu*, lui causer des peines continuelles qui le rongent. ♦ Éprouver une mortelle affliction. « *Je meurs si je vous perds* », RACINE. ♦ **Fam.** *Pour mourir*, c'est-à-dire au point d'éprouver un très vif sentiment déterminé par le sens de la phrase, ou bien une peine, une fatigue. « *C'était pour mourir* », MME DE SÉVIGNÉ. ♦ *À mourir*, au point de souffrir beaucoup. « *La presse était à mourir* », MME DE SÉVIGNÉ. ♦ *Mourir sur*, se fatiguer excessivement sur. *Mourir sur un livre.* ♦ Par exagération, supporter les dernières extrémités. ♦ *Mourir* se dit, par exagération, de quelque sensation, de quelque passion ou sentiment qui s'empare de nous. *Mourir de chaud, de jalousie, de tristesse,* *etc.* ♦ *Mourir de rire,* se livrer à un rire excessif. ♦ *Mourir de faim,* n'avoir pas les moyens d'exister. ♦ **N. m.** et **n. f.** *Un meurt-de-faim,* un homme qui n'a pas ou qui ne gagne pas de quoi vivre. *Au pl. Des meurt-de-faim.* ♦ **Fig.** Être passionnément amoureux. « *Je meurs pour Isabelle* », Racine. ♦ **Jurispr.** *Être mort civilement,* être privé à jamais par un jugement des droits et des avantages de la société. ♦ Dans le langage de la dévotion, avoir fait le complet sacrifice de tout ce qui est nature dans l'homme. « *Un chrétien toujours attentif à combattre ses passions meurt tous les jours* », Bossuet. ♦ *Être mort tout vif,* être en état de péché mortel. ♦ *Mourir à,* renoncer pour jamais à. *Mourir à ses passions, au monde, etc.* ♦ *Être mort pour quelqu'un,* ne pouvoir plus lui être d'aucune utilité, ne conserver aucune relation avec lui. ♦ *Être mort pour quelque chose,* ne pouvoir plus y être sensible, en être privé pour toujours. ♦ Mourir, en parlant des arbres, des plantes. ♦ **Fig.** Cesser d'exister, en parlant des institutions, des établissements, des États. « *Les empires meurent en leur temps comme le reste des choses humaines* », Bossuet. ♦ **Fig.** Cesser, finir peu à peu, en parlant de l'activité, du mouvement de certaines choses. *Ne laissez pas mourir le feu. La balle vint mourir là.* ♦ Cesser, s'éteindre, en parlant des choses morales, des passions, des souvenirs, de la gloire, des productions de l'esprit, des ouvrages de l'art. ♦ Ne pas s'achever. « *À ces mots, la parole meurt dans sa bouche* », Fénelon. ♦ Il se dit d'un son qui s'éteint peu à peu, et de la dégradation des couleurs. ♦ Exprimer la défaillance, la mort prochaine. ♦ Exprimer la langueur. *Scier ou couper un morceau de bois en mourant,* le scier ou le couper de sorte que l'épaisseur diminue insensiblement et vienne à rien. ♦ À la poule, au billard et à plusieurs autres jeux, être mis hors du jeu comme perdant. ♦ *Se mourir,* **v. pr.** Ne se dit qu'au présent et à l'imparfait de l'indicatif et à l'infinitif. *Être sur le point de mourir.* ♦ Par exagération, *se mourir d'amour, de peur, d'impatience, d'envie de dormir, etc.* ♦ **Fig.** Finir, cesser, s'éteindre. *Le feu, la lampe se meurt.* ♦ **N. m.** « *Le vivre et le mourir* », La Fontaine. ♦ **Prov.** *Nous mourons tous les jours,* il n'y a pas de jour que nous ne fassions un pas vers la mort. ♦ *On n'en meurt pas,* ce n'est pas grave. *Ne t'inquiète pas, c'est la varicelle, on n'en meurt pas.* ■ *Mourir comme un chien,* mourir seul, abandonné et sans égard. ■ **Plus** (et adj.), *tu meurs!* ce n'est pas possible. *Plus débile, tu meurs!* ■ *À mourir,* à éprouver une grande fatigue et un fort ennui. *D'une tristesse à mourir.*

MOUROIR, ■ **n. m.** [muʁwaʁ] (*mourir*) **Péj.** Établissement de fin de vie pour les personnes âgées ou gravement malades. *Elle refuse d'aller finir sa vie dans un mouroir.*

MOURON, **n. m.** [muʁɔ̃] (moy. néerl. *muer,* all. *Mier*) Plante de la famille des primulacées, annuelle, très commune. ♦ *Mouron des oiseaux,* dit aussi morgeline. ♦ *Grand mouron,* le séneçon. ■ **Fam.** *Se faire du mouron,* du souci. *Ne te fais pas de mouron, on s'en sortira.* ■ **Rem.** *Anagallis* est le nom scientifique du mouron.

MOURRE, **n. f.** [muʁ] (ital. *mor[r]a,* p.-ê. du sicil. *morra,* troupeau, *murra,* tas de pierres, rac. pré-roman *murr-,* pierre) Jeu usité en Italie, qui consiste à montrer rapidement une partie des doigts levée et l'autre fermée, afin de donner à deviner le nombre de ceux qui sont levés. *Jouer à la mourre.*

MOUSCAILLE, ■ **n. f.** [muskaj] (*mousse,* excrément, du bret. *mous,* tas d'ordures) **Fam.** *Être dans la mouscaille,* avoir de gros ennuis. *Il s'est encore une fois mis dans la mouscaille.* ■ « *Qu'avaient-ils fait de plus que lui pour échapper à la mouscaille?* », Guérin.

MOUSMÉ, ■ **n. f.** [musme] (jap. *musume*) Jeune fille ou jeune femme au Japon. ■ **Fam.** et par extens. Femme. *C'est une belle mousmé.* « *Cela m'amuserait bien de lire ces lettres d'amies, et surtout les réponses que leur fait ma mousmé* », Loti.

MOUSQUET, **n. m.** [muskɛ] (ital. *moschetto,* de *moschetta,* flèche de l'arbalète, de *mosca,* mouche) Arme à feu qui était en usage avant le fusil, et qu'on faisait partir au moyen d'une mèche allumée. ♦ *Porter le mousquet,* être soldat dans l'infanterie.

MOUSQUETADE, **n. f.** [muskətad] (*mousquet*) ▷ Coup de mousquet ou de fusil. ♦ Plusieurs coups de mousquets tirés à la fois ou continûment par des gens armés. ♦ Vieilli dans les deux sens. ◁

MOUSQUETAIRE, **n. m.** [muskətɛʁ] (*mousquet*) Autrefois, soldat à pied qui portait le mousquet. ♦ Plus tard, soldat d'une des deux compagnies à cheval de la maison du roi. ■ En appos. *Col mousquetaire,* grand col rabattu et à longues pointes. ♦ *Poignet mousquetaire,* poignet de chemise que l'on rabat et que l'on attache avec des boutons de manchette. ■ *Botte à la mousquetaire,* botte à grands revers.

MOUSQUETERIE, **n. f.** [muskɛt(ə)ʁi] (*mousquet*) Anciennement, maniement du mousquet. ♦ Décharge de plusieurs mousquets, et aussi de plusieurs fusils tirés en même temps.

MOUSQUETON, **n. m.** [muskətɔ̃] (*mousquet*) Espèce de fusil dont le calibre est celui d'un mousquet, mais dont le canon a moins de longueur. ♦ Aujourd'hui, fusil de la cavalerie et de l'artillerie. ■ Anneau métallique qui tient fermé grâce à un ressort. ■ **Mod.** Petit fusil à canon court.

MOUSSAGE, ■ **n. m.** [musaʒ] (*mousser*) Phénomène d'aération qui se manifeste par de l'air piégé au sein d'un fluide et donnant naissance à des bulles. *Le moussage se manifeste par une augmentation de volume.* ■ **Techn.** Opération de fabrication de produits alvéolaires, comme des sièges d'automobile, etc., à partir de polystyrène ou de polyuréthanne.

MOUSSAILLON, ■ **n. m.** [musajɔ̃] (2 *mousse*) **Fam.** Jeune mousse. *À l'abordage, moussaillons!*

MOUSSAKA, ■ **n. f.** [musaka] (mot turc) Gratin d'aubergines, à base de viande de mouton hachée et de tomates, typique des Balkans.

MOUSSANT, ANTE, **adj.** [musɑ̃, ɑ̃t] (*mousser*) Qui mousse.

1 **MOUSSE**, **adj.** [mus] (lat. pop. *muttius,* tronqué) Qui n'est pas aigu ou tranchant. ♦ *Chèvre mousse,* chèvre sans cornes. ♦ **Fig.** Qui n'a pas de finesse. « *Ma pénétration naturellement très mousse, mais aiguisée à force de s'exercer* », J.-J. Rousseau.

2 **MOUSSE**, **n. m.** [mus] (esp. *mozo,* jeune garçon, du lat. pop. *muttius,* émoussé, parce qu'on rasait la tête aux jeunes gens) Jeune garçon qui fait son apprentissage du métier de la mer.

3 **MOUSSE**, **n. f.** [mus] (a. b. francique *mosa,* croisé avec le lat. *mulsa,* hydromel, de *mel,* miel) Nom des plantes cryptogames cellulaires, à fructification apparente et à tiges distinctes, à folioles vertes ou autrement colorées, disposées régulièrement sur la tige, et offrant un rhizome d'où partent des radicules cellulaires. ♦ *Un lit de mousse,* la mousse prête à recevoir ceux qui veulent s'étendre dessus. ♦ *Mousse aquatique,* substance verte qui couvre les eaux croupissants. ♦ *Mousse,* espèce de moisissure qui vient sur la tête des vieilles carpes. ♦ Écume qui se forme sur l'eau et sur quelques liqueurs quand on les bat ou qu'on les verse de haut. *La mousse de la bière, du savon, etc.* ♦ Chez les pâtissiers, espèce de crème fouettée dans laquelle on mêle du chocolat, de la vanille, etc. ♦ **Prov.** *Pierre qui roule n'amasse pas de mousse,* il ne faut pas changer constamment, si l'on veut profiter. ■ Produit qui mousse. *Mousse à raser.* ■ *Des collants en mousse,* en nylon. ■ **Fam.** *Une mousse,* une bière. ■ *Faire de la mousse,* parler beaucoup de quelque chose pour tenter d'en donner l'importance. *La presse a fait beaucoup de mousse pour ce procès.* ■ *Point mousse,* point de tricot obtenu en faisant les mailles à l'endroit. ■ **Cuis.** Espèce de pâté léger et mousseux. *Une mousse de canard. Une mousse de poisson.*

MOUSSÉ, ÉE, **p. p.** de mousser. [muse] Qu'on fait mousser.

MOUSSELINE, **n. f.** [mus(ə)lin] (*Mausil,* nom ar. de *Mossoul,* ville sur le Tigre) Étoffe claire faite avec des fils de coton très fins entrecroisés. ♦ *Mousseline de laine,* étoffe de laine mince et imprimée. ♦ *Mousseline de soie,* étoffe de soie très légère. ♦ **Cuis.** Sorte de pâte composée de gomme adragante fondue et mêlée au jus de citron, qu'on dresse en rocher, en dôme, etc., et qu'on fait sécher à l'étuve. ♦ **Adj. inv.** En parlant de porcelaines à pâte très fine ou de verres très fins. *Des verres mousseline.*

MOUSSER, **v. intr.** [muse] (3 *mousse*) S'élever en mousse. *L'eau de savon, la bière mousse.* ♦ **Fig.** et fam. *Faire mousser,* exagérer, faire valoir une chose au-delà de sa valeur. *Faire mousser un succès, un avantage, etc.* ♦ **Pop.** Écumer de rage.

MOUSSERON, **n. m.** [mus(ə)ʁɔ̃] (3 *mousse*) Nom donné à plusieurs agarics comestibles, et principalement à l'agaric mousseron, qui ressemble au champignon de couche.

MOUSSEUX, EUSE, **adj.** [musø, øz] (3 *mousse*) *Plantes mousseuses,* plantes qui croissent en gazons touffus, ou qui ressemblent à des mousses. ♦ *Rose mousseuse,* se dit abusivement pour rose moussue, rose dont le calice et la tige sont garnis d'une espèce de mousse. ♦ *Agates mousseuses,* agates qui renferment des arborisations en forme de mousses. ♦ Qui mousse. *De la bière mousseuse.* ■ **N. m.** Vin mousseux qui ressemble au champagne. ■ Qui a un aspect vaporeux. *Une joue mousseuse.*

MOUSSOIR, **n. m.** [muswaʁ] (*mousser*) Ustensile pour faire mousser.

MOUSSON, **n. f.** [musɔ̃] (ar. *mawsim,* saison des vents favorables au pèlerinage de La Mecque, de *wasama,* marquer, désigner) Vents réglés et périodiques de la mer des Indes, qui soufflent six mois du même côté, et autres six mois du côté opposé. ♦ **Adj.** *Les vents moussons.* ♦ La saison de ces vents. *La mousson d'été, d'hiver.* ♦ Espèce de courant d'eau formé par des vents qui soufflent du même côté. ■ **Rem.** On écrivait aussi *mouçon.*

MOUSSU, UE, **adj.** [musy] (3 *mousse*) Qui est couvert de mousse. *Un arbre moussu.* Voy. Mousseux.

MOUSTACHE, **n. f.** [mustaʃ] (ital. *mostaccio,* du gr. *mustax,* lèvre supérieure) Partie de la barbe qu'on laisse pousser sur la lèvre supérieure. ♦ **Fam.** *Brûler la moustache à quelqu'un,* lui tirer un coup de pistolet à bout portant. ♦ **Fig.** et fam. *Sur la moustache,* en bravant. ♦ *Enlever quelque chose à quelqu'un sur la moustache* ou *sous la moustache,* en sa présence et malgré lui. ♦ On dit souvent par abus *moustaches* au pluriel, pour signifier seulement la moustache. ♦ **Fig.** *Une vieille moustache,* un vieux soldat. ♦ Poils longs et raides qui se trouvent implantés sur les lèvres de beaucoup d'animaux et notamment du chat. ■ Duvet au-dessus de la lèvre supérieure. *Une femme qui a un peu de moustache.* ■ Trace de liquide autour des lèvres. *Une moustache de lait.*

MOUSTACHU, UE, ■ adj. [mustaʃy] (*moustache*) Qui a de la moustache. ■ N. m. *Un beau moustachu.*

MOUSTÉRIEN, IENNE, ■ adj. [musterjɛ̃, jɛn] (*Moustier*, en Dordogne) Préhist. *Période moustérienne,* Industrie lithique du Paléolithique moyen. ■ N. m. *Le Moustérien.*

MOUSTILLE, n. f. [mustij] (lat. *mustum,* vin nouveau) ▷ Montant d'un vin légèrement gazeux et pétillant. ◁

MOUSTIQUAIRE, n. f. [mustikɛr] (*moustique*) Morceau de gaze ou de mousseline claire dont on enveloppe son lit pour se préserver de la piqûre des moustiques. ■ Cadre de bois recouvert de gaze, placé aux fenêtres pour empêcher l'entrée des insectes volants.

MOUSTIQUE, n. m. [mustik] (esp. *mosquito,* dim. du lat. *musca*) Insecte voltigeant des pays chauds, dont la piqûre est douloureuse. *Les cousins sont des moustiques.* ■ Fig. et fam. Enfant. *Va te coucher, moustique !*

MOÛT ou **MOUT**, n. m. [mu] (lat. *mustum,* vin nouveau) Jus de raisin qui n'a point encore subi la fermentation. ◆ Par extens. Suc sucré extrait de divers végétaux et destiné ordinairement à la fermentation alcoolique. *Du moût de bière.*

MOUTARD, n. m. [mutar] (p.-ê. fr.-comtois et fr.-provençal *moutte, mote,* chèvre sans cornes.) **Pop.** Très jeune garçon. ■ Au pl. **Fam.** Enfants. *Au lit, les moutards !*

MOUTARDE, n. f. [mutard] (*moût,* avec quoi la moutarde était d'abord fabriquée) Composition faite de graine de sénevé broyée avec du moût, du vinaigre ou quelque autre liquide. ◆ Fig. *Sucrer la moutarde,* adoucir une réprimande, quelque chose de fâcheux. ◆ ▷ Fig. *S'amuser à la moutarde,* s'occuper à des bagatelles. ◁ ◆ *La moutarde monte au nez,* se dit au propre d'une sensation qu'on éprouve dans le nez quand on prend trop de moutarde, et fig. quand on commence à s'impatienter. ◆ Fig. *C'est de la moutarde après dîner,* cela vient lorsqu'on n'en a plus besoin. ◆ La graine de sénevé. ◆ *Farine de moutarde,* graine de moutarde pulvérisée, avec laquelle on fait les sinapismes. ◆ *Moutarde blanche,* la graine ou semence du *sinapis alba.* ◆ La plante même. ■ Adj. inv. De la couleur de la moutarde. *Un jaune moutarde. Des rideaux moutarde.*

MOUTARDIER, n. m. [mutardje] (*moutarde*) Petit pot servant à mettre la moutarde. ◆ Personne qui fait et qui vend de la moutarde. ◆ ▷ Fig. et fam. *Il se croit le premier moutardier du pape,* se dit d'un homme médiocre qui affecte de l'importance. ◁

MOÛTIER ou **MOUTIER**, n. m. [mutje] (lat. *monasterium*) Vieux mot qui signifie monastère. ◆ L'Académie l'écrit sans circonflexe.

MOUTON, n. m. [mutɔ̃] (celt. *molt,* mâle châtré, du gaul. *multo*) Bélier châtré que l'on engraisse. ◆ Fig. *Se laisser égorger comme des moutons,* se opposer aucune résistance. ◆ En un sens plus général, béliers, brebis et agneaux réunis en troupeau. *Troupeau de moutons.* ◆ Fig. *Revenons à nos moutons,* revenons à notre sujet ; locution tirée de *La Farce de Patelin.* ◆ *Sauter comme les moutons de Panurge,* se dit des gens qui font une chose par esprit d'imitation ; locution tirée de Rabelais, représentant Panurge, qui, pour se venger de Dindenault, lui achète un mouton et le fait sauter par-dessus bord dans la mer : tous les autres moutons sautent après lui. ◆ Fig. *Comme des moutons,* en imitant niaisement ce que font les autres. ◆ Peau de mouton préparée. *Reliure en mouton.* ◆ Fig. Personne douce, traitable. ◆ Fig. Homme aposté par la police près d'un prisonnier, pour gagner sa confiance et découvrir son secret. ◆ Masse de fer ou gros billot de bois, qui sert à enfoncer des pilots, des pieux. ◆ Pièce de bois dans laquelle on fait entrer les anses d'une cloche pour la suspendre. ◆ N. m. pl. Vagues écumantes, ainsi dites à cause de la blancheur de l'écume. ◆ *Mouton, onne,* qui appartient aux moutons. *La gent moutonne. Caractère mouton. Une figure moutonne.* ■ Personne incapable de faire preuve d'initiative. ■ N. m. pl. Accumulation de poussières. ■ Nuages blancs dont l'aspect rappelle celui des flocons. ■ *Compter les moutons,* compter dans son esprit des moutons imaginaires pour trouver le sommeil. ■ *Frisé comme un mouton,* très frisé. ■ *Doux comme un mouton,* très doux. ■ *Saute-mouton,* Jeu où l'on saute au-dessus d'une autre personne courbée. ■ *Mouton enragé,* personne ordinairement calme, qui cède à la colère brutalement. ■ *Mouton à cinq pattes,* se dit d'une chose (ou d'une personne) très rare. ■ *Mouton noir,* personne qui gêne ou qui n'est pas désirée au sein d'un groupe. ◆ Compagnon de cellule que la police place auprès d'un détenu pour qu'il lui soutire des informations.

MOUTONNANT, ANTE, ■ adj. [mutɔnɑ̃, ɑ̃t] (*moutonner*) Qui moutonne. *Une chevelure moutonnante. Nuages moutonnants.*

MOUTONNÉ, ÉE, p. p. de moutonner. [mutɔne] Se dit de l'aspect du ciel et des nuages, quand ceux-ci sont blancs et forment des flocons pressés.

■ **Géol.** *Roches moutonnées,* affleurements rocheux en forme de bosses qui portent les traces de leur modelage par le passage d'un glacier.

MOUTONNEMENT, ■ n. m. [mutɔn(ə)mɑ̃] (*moutonner*) Fait de moutonner. *Le moutonnement des nuages.* « *Le pays n'est qu'une suite ininterrompue de vallons et de côtes, une sorte de moutonnement du sol, que le chemin de fer traverse* », ZOLA.

MOUTONNER, v. tr. [mutɔne] (*mouton*) Rendre frisé et annelé comme la laine d'un mouton. *Moutonner la tête d'un enfant.* ◆ Fig. *Moutonner un prisonnier,* gagner sa confiance pour découvrir son secret afin de le révéler. ◆ V. intr. S'agiter en écume blanchissante, en parlant des eaux de la mer.

MOUTONNERIE, n. f. [mutɔn(ə)ri] (*mouton*) Fam. Simplicité, bêtise. ◆ Penchant à imiter autrui. ◆ Fade poésie pastorale.

MOUTONNEUX, EUSE, adj. [mutɔnø, øz] (*moutonner*) Qui moutonne. *Mer moutonneuse.*

MOUTONNIER, IÈRE, adj. [mutɔnje, jɛr] (*mouton*) ▷ Qui a la nature des moutons. « *La moutonnière créature* », LA FONTAINE. ◁ ◆ Fig. Qui fait ce qu'il voit faire. *La multitude ignorante et moutonnière.*

MOUTONNIÈREMENT, adv. [mutɔnjɛr(ə)mɑ̃] (*moutonnier*) ▷ D'une façon moutonnière. ◁

MOUTURE, n. f. [mutyr] (lat. *molitura,* choses à moudre, céréales amenées au moulin) Action de réduire le blé en farine entre des meules. ◆ Appareil pour moudre. ◆ Salaire du meunier. ◆ Fig. *Tirer d'un sac deux moutures,* prendre double profit dans une même affaire, et en général faire servir une même chose à deux fins. ◆ Mélange de froment, de seigle et d'orge par tiers. ■ Nouvelle version d'un travail ou d'un ouvrage. ■ *Une première mouture,* une première ébauche.

MOUVANCE, n. f. [muvɑ̃s] (*mouvoir*) ▷ Dépendance d'un fief à l'égard d'un autre. *Le Dauphiné était une mouvance* ou *dans la mouvance de l'Empire.* ◁ ◆ Fig. Sphère d'influence d'une personne ou d'un groupe de personnes. *Être dans la mouvance d'une grande entreprise.* ■ Caractère de ce qui est mouvant. *La mouvance d'un terrain.*

MOUVANT, ANTE, adj. [muvɑ̃, ɑ̃t] (*mouvoir*) Qui a la puissance de mouvoir. *Force mouvante.* ◆ Fig. « *Il veut que la foi soit la cause mouvante qui fasse agir en nous toutes les vertus* », BOURDALOUE. ◆ Qui se meut. « *Ce n'est qu'une idole mouvante* », P. CORNEILLE. ◆ *Tableau mouvant,* tableau à ressorts, qui présente successivement diverses figures, et quelquefois même des figures mobiles. ◆ Fig. *Tableau mouvant,* point de vue animé par un passage fréquent d'hommes, de chevaux, de voitures, etc. et aussi suite d'images littéraires. ◆ Hérald. Qui naît ou sort de. *Il porte d'azur à trois rais d'or mouvants du chef de l'écu.* ◆ Peu solide, où l'on enfonce quand on marche. *Terrain, sable mouvant.* ◆ Fig. *La cour est un terrain mouvant,* il est difficile de s'y tenir longtemps dans la même situation. ◆ Jurispr. et féod. Qui relève de. *La terre de Montmorency était mouvante de l'abbaye de Saint-Denis.* ■ Dont l'aspect ou la forme sont variables.

MOUVÉ, ÉE, p. p. de mouver. [muve] ▷ *Une terre mouvée.* ◁

MOUVEMENT, n. m. [muv(ə)mɑ̃] (*mouvoir*) Action par laquelle un corps ou quelqu'une de ses parties passe d'un lieu à un autre, d'une place à une autre. ◆ *Faire un mouvement,* se dit d'un homme, d'un animal qui change de place, ou qui remue un de ses membres. ◆ *En mouvement,* en action de se mouvoir. « *La côte était couverte d'hommes, de chariots en mouvement* », FÉNELON. ◆ *Être toujours en mouvement,* s'agiter sans cesse. ◆ *Se donner bien du mouvement,* s'agiter beaucoup, courir beaucoup, et fig. agir avec beaucoup d'ardeur, avec beaucoup d'activité, être dans des occupations incessantes. ◆ Fig. *Mettre en mouvement,* faire agir activement. ◆ **Astron.** La marche réelle ou apparente des corps célestes. *Le mouvement de la terre.* ◆ **Méc.** Changement par lequel un corps est successivement présent en différentes parties de l'espace ; état d'un corps dont la distance par rapport à un point fixe change continuellement. *Mouvement uniforme, accéléré, simple, composé.* ◆ Quantité du mouvement d'un corps, le produit de sa masse par sa vitesse actuelle. ◆ *Mouvement perpétuel,* chimère mécanique cherchée par quelques-uns, tout mouvement ayant des frottements et s'usant ainsi de lui-même. ◆ Fig. *Chercher le mouvement perpétuel,* chercher la solution d'une question insoluble. ◆ Fig. et fam. *Mouvement perpétuel,* personne qui a une excessive activité de corps. ◆ En métaphysique, le mouvement abstraitement considéré, indépendamment des causes qui le produisent. « *Nous savons les lois du mouvement ; mais la cause du mouvement sera éternellement cachée* », VOLTAIRE. ◆ *Mouvement de terre,* transport de terres d'un lieu dans un autre. ◆ **Physiol.** Toute fonction animale qui change la situation, la figure, la grandeur de quelque partie intérieure ou extérieure du corps. *Le mouvement du sang dans les artères. Les mouvements musculaires.* ◆ **Méd.** *Avoir un mouvement de fièvre,* avoir un léger accès de fièvre. ◆ *Le mouvement des humeurs,* ancien terme de médecine par lequel on désignait des éruptions à la peau, des hémorragies, des diarrhées. ◆ Marche, évolutions d'une armée, d'une troupe. *Mouvement en avant, en arrière, etc.*

♦ N. m. pl. Évolutions d'une flotte ; manœuvres d'un navire ; oscillations que lui fait éprouver la mer. ♦ En chemin de fer, disposition, suivant les heures, des différents trains montants et descendants. ♦ *Le mouvement d'un port*, l'ensemble des navires qui y entrent et qui en sortent. *Le mouvement de la navigation sur une rivière.* ♦ Variations qui arrivent dans certaines quantités. *Mouvements de la population, des prix du grain, de la rente, etc.* *Mouvement d'une place de commerce*, la quantité des affaires qui s'y font. ♦ Avancement dans les corps civils ou militaires. *Il y aura un mouvement dans cette administration.* ♦ **Mus.** Manière de battre la mesure pour hâter ou retarder le jeu des instruments ou la prononciation des paroles. *Presser, ralentir le mouvement.* ♦ **Peint.** et **sculpt.** Pose propre à l'individu agissant ou sentant. ♦ On dit qu'il y a du mouvement dans un tableau, pour indiquer que la scène qu'il représente est animée. ♦ *Mouvement d'une draperie*, la succession des inflexions suivant lesquelles elle s'étend sur le corps qu'elle enveloppe. ♦ **Archit.** Variété dans les lignes du plan, de l'élévation et de la décoration d'un édifice. ♦ *Le mouvement, les mouvements du terrain*, la succession et la diversité des plans d'un terrain. ♦ **Fig.** Ce qui anime le style. *Un style sans mouvement. Les mouvements oratoires.* ♦ **Fig.** Impulsion qui s'élève dans l'âme, ou qu'on fait naître dans l'esprit. *Les mouvements de l'âme. N'avoir aucun mouvement de compassion.* ♦ *De son propre mouvement*, et quelquefois *de son mouvement*, spontanément, sans impulsion étrangère. ♦ *Le premier mouvement*, la première impulsion que l'on éprouve pour faire ou ne pas faire quelque chose. ♦ *Le second mouvement*, mouvement qui suit le premier mouvement, et qui lui est souvent opposé. ♦ Agitation suscitée dans des personnes, ou dans un pays, ou dans des peuples. « *L'Allemagne était toute en mouvement pour résister au Turc* », BOSSUET. ♦ Fermentation dans les esprits, disposition au trouble, à la révolte. *Les mouvements populaires.* ♦ Sorte d'agitation des corps et des esprits. *Le mouvement d'une grande ville.* ♦ Néolog. *Le parti du mouvement*, parti des innovations. ♦ La machine qui fait mouvoir l'aiguille d'une horloge, d'une pendule, d'une montre. ■ **Comm.** L'achat et la vente d'une marchandise. *Les mouvements d'un stock.* ■ *Le mouvement*, la motilité. ■ Déplacement en masse. *Les mouvements d'une foule.* ■ *Les mouvements de population*, les flux migratoires. ■ Agitation. *Quel mouvement ici !* ■ *Être dans le mouvement*, suivre les idées ou les modes propres à l'actualité. ■ Changement, évolution. *Les mouvements de la Bourse.* ■ Action collective organisée au préalable ou non pour proposer un changement. *Un mouvement révolutionnaire. Un mouvement de grève.* ■ **Par extens.** Organisation ou parti politique qui dirige un mouvement social.

MOUVEMENTÉ, ÉE, adj. [muv(ə)mãte] (*mouvement*) Néolog. Qui offre de la variété, de la diversité. *Terrain, paysage mouvementé.* ♦ Se dit des compositions littéraires. *Une scène mouvementée.* ■ Qui connaît des péripéties multiples. *Une vie mouvementée.* ■ Rem. N'est plus un néologisme aujourd'hui.

MOUVEMENTER, ■ v. tr. [muv(ə)mãte] (*mouvement*) Rendre agité, donner un mouvement. « *Le vent qui mouvementait beaucoup notre traversée* », GIDE. ■ Rem. Employé principalement au participe passé. *Une réunion mouvementée.*

MOUVER, v. tr. [muve] (lat. *movere*, avec changement de conjugaison) ▷ Remuer la terre d'un pot, d'une caisse, à la surface, y donner une espèce de labour. ◁

MOUVOIR, v. tr. [muvwar] (lat. *movere*) Déplacer par un mouvement. *L'eau qui meut la roue d'un moulin. Mouvoir une chose de sa place.* ♦ **Fig.** Conduire par un mouvement moral. *L'âme meut le corps. L'intérêt seul vous meut.* ♦ Absol. « *Un corps qui ne vit, ne meut, ni ne respire* », LA FONTAINE. ♦ *Mouvoir une querelle*, susciter une querelle, une question. ♦ ▷ V. intr. En féodalité, se dit d'une terre qui relève d'une autre. ◁ ♦ Se mouvoir, v. pr. Être déplacé par un mouvement. ♦ Avec ellipse de se, *faire mouvoir*, mettre en mouvement. « *Les ressorts secrets qui font mouvoir les cours et les empires* », MASSILLON.

MOVIOLA, ■ n. f. [movjola] (nom déposé angl., de *movie*, cinéma) **Cin.** Table de montage.

MOXA, n. m. [mɔksa] (jap. *moe-ku-sa*, introd. en Europe sous cette forme) Mot par lequel les Chinois et les Japonais désignent un tissu cotonneux qu'ils préparent avec les feuilles desséchées de l'*Artemisia chinensis*, pour brûler sur les téguments d'une personne malade. ♦ En Europe, petit cylindre fait le plus ordinairement avec du coton cardé, et que l'on brûle comme font les Chinois. ■ Au pl. *Des moxas.*

MOYE ou **MOIE**, n. f. [mwa] (on prononce *moi* ; *moier*, fendre en deux, du b. lat. *mediare*, partager) En maçonnerie, nom qu'on donne au tendre d'une pierre dure.

MOYÉ, ÉE, adj. [mwaje] (*moye*) Techn. *Pierre moyée*, pierre qui contient des moyes, des couches tendres.

1 **MOYEN**, n. m. [mwajɛ̃] (2 *moyen*) Entremise. ♦ PAR LE MOYEN DE, loc. prép. *Il a réussi par le moyen d'un tel.* ♦ AU MOYEN DE, loc. prép. En conséquence de, avec, par. ♦ *Moyen*, ce qui sert pour parvenir à quelque fin. « *C'est l'unique moyen de régner aujourd'hui* », P. CORNEILLE. « *Dieu trouve dans nos passions les moyens mêmes de notre pénitence* », MASSILLON. ♦ *Les petits moyens*, les moyens au-dessous de ce qu'il faudrait pour réussir ; et aussi les moyens qui mettent en œuvre des petites choses. *C'est surtout en ne négligeant aucun des petits moyens qu'on réussit.* ♦ **Fam.** *Les grands moyens*, les moyens dont on ne se sert qu'à la dernière extrémité et dont l'effet est décisif. ♦ *La fin justifie les moyens*, maxime à l'aide de laquelle on se permet une action mauvaise en vue d'un résultat honnête. ♦ Le pouvoir, la faculté de faire quelque chose. *Il n'y a pas moyen de faire cela.* ♦ Dans le même sens : *Le moyen ou quel moyen ?* « *Seigneur, et le moyen que je vous obéisse ?* », P. CORNEILLE. ♦ Au sing. et au pl. Richesses, facultés pécuniaires. *Il a le moyen de faire cette dépense.* ♦ *Voies et moyens*, façon d'obtenir les revenus de tout genre que l'État applique à ses dépenses. ♦ *Moyens de guerre*, toutes les ressources dont un État, une armée disposent pour la guerre. ♦ Au pl. Facultés naturelles, morales ou physiques. *Cet enfant a des moyens. Un homme sans moyens.* ♦ **Dr.** Raisons qu'on apporte pour établir les conclusions que l'on a prises. *Moyens de nullité, de cassation.* ■ Employer les grands moyens, les moyens nécessaires pour réussir quelque chose. ■ *Les moyens*, les ressources pécuniaires. *T'offrir cela est au-dessus de mes moyens.* ■ *Avoir les moyens*, avoir beaucoup d'argent. ■ *Il y a moyen de*, il est possible de ; *il n'y a pas moyen de*, il est impossible de. ■ *Il y a moyen de réussir ce concours.* ■ *Perdre ses moyens*, être décontenancé au point de ne plus pouvoir parler ni agir. ■ *Rentrer chez soi par ses propres moyens*, sans être accompagné de quelqu'un ou sans prendre les transports en commun. ■ *Les moyens de communication*, ce qui permet de communiquer. *Internet est un moyen de communication très rapide.* ■ **Gramm.** *Complément de moyen*, complément qui détermine la façon dont l'action se fait. *Monter au cinquième étage par l'ascenseur ; par l'ascenseur est un complément de moyen.*

2 **MOYEN, ENNE**, adj. [mwajɛ̃, ɛn] (lat. impér. *medianus*, de *medius*, qui est au milieu) Qui occupe une situation intermédiaire. ♦ *La moyenne région de l'air*, la région de l'air qui est entre la haute et la basse. ♦ Qui tient le milieu entre deux extrémités. *Une taille moyenne.* ♦ *Des médailles de moyen bronze*, des médailles d'une médiocre grandeur. ♦ *Être de Moyen Âge*, n'être ni jeune ni vieux. ♦ *Moyen Âge*, le temps qui s'est écoulé depuis la chute de l'Empire romain en 476, ou selon d'autres depuis le partage de l'Empire romain en empire d'Occident et empire d'Orient en 395, jusqu'à la prise de Constantinople par Mahomet II, en 1453. ♦ Dans les arts, *Moyen Âge* est pris comme adjectif. *Costume moyen âge.* ♦ *La moyenne latinité*, les auteurs qui ont écrit depuis le temps de Sévère ou environ, jusqu'à la décadence de l'Empire. ♦ **Fig.** Qui n'est ni bon ni mauvais. *Un homme de moyenne vertu.* ♦ *Moyenne justice*, justice seigneuriale qui avait le droit de juger des actions de tutelle et injures dont l'amende ne pouvait excéder 60 sous. *Un seigneur moyen justicier.* ♦ Qui sert d'intermédiaire dans l'ordre intellectuel. *Les idées moyennes.* ♦ **Log.** *Moyen terme* et n. m. *le moyen*, le terme d'un syllogisme qui sert à unir les deux autres. ♦ **Fig. et fam.** *Moyen terme*, parti moyen qu'on prend pour terminer une affaire embarrassante. ♦ **Math.** *Termes moyens*, et n. m. *les moyens*, les termes du milieu dans une proportion. ♦ N. f. *Moyenne proportionnelle arithmétique* ou simplement *moyenne*, quantité moyenne entre deux autres, qui excède autant la plus petite qu'elle est surpassée par la plus grande. ♦ **Astron.** *Temps moyen*, le temps mesuré par un soleil fictif qui marcherait toujours du même pas. ♦ **Phys.** *Température moyenne d'un jour*, températures qu'on obtient en ajoutant entre elles les observations faites à tous les instants de la journée, et divisant cette somme par le nombre de ces instants. *Vie moyenne*, Voy. VIE. ♦ **Gramm.** *Verbe moyen*, verbe qui, dans quelques langues, participe de l'actif et du passif, soit pour le sens, soit pour les terminaisons. *Voix moyenne, temps moyen, etc.* ♦ *Écrire en moyen*, employer une écriture qui n'est ni grosse ni fine, qui est entre les deux. ♦ *Moyen duc*, espèce de chouette. ♦ N. f. **Math.** *Moyenne*, demi-somme de deux quantités, et en général la somme de plusieurs quantités divisée par leur nombre. *Prendre la moyenne.* ♦ *Le cours moyen*, les deux dernières années de l'école élémentaire. ■ *Les classes moyennes*, la petite et la moyenne bourgeoisie. ♦ *Le Français moyen*, personne ordinaire qui représente une majorité de Français. ■ N. f. Note correspondant à la moitié des points qu'il est possible d'obtenir. *Avoir la moyenne à un devoir de français.* ■ *En moyenne*, en évaluant la moyenne de. *En moyenne, il regarde la télévision une heure par jour.*

MOYENÂGEUX, EUSE, ■ adj. [mwajenaʒø, øz] (*Moyen Âge*) Qui évoque le Moyen Âge. ■ **Fig.** et péj. Obsolète et vieillot. *Des méthodes moyenâgeuses.*

MOYEN-COURRIER, ■ n. m. [mwajɛ̃kurje] (*moyen* et *courrier*) Avion de transport qui parcourt des distances moyennes. Au pl. *Des moyen-courriers.* ■ Adj. m. *Des vols moyen-courriers.*

MOYEN-MÉTRAGE ou **MOYEN MÉTRAGE**, n. m. [mwajɛ̃metraʒ] (*moyen* et *métrage*) Film dont la durée est en principe comprise entre trente et soixante minutes. *Un festival de moyens-métrages.*

MOYENNANT, prép. [mwajenã] (p. prés. de *moyenner*) Au moyen de, par le moyen de. *Moyennant quoi.* ♦ MOYENNANT QUE, **conj.** Pourvu que, à la condition que. ■ *Moyennant finances,* en donnant de l'argent en contrepartie. *Moyennant finances, tu auras ce que tu veux.* ■ *Moyennant quoi,* en échange de quoi ; grâce à quoi. *Ils ont investi dans de nouvelles machines, moyennant quoi la production a doublé.*

MOYENNE, ■ n. f. [mwajɛn] Voy. MOYEN.

MOYENNÉ, ÉE, p. p. de moyenner. [mwajene]

MOYENNEMENT, adv. [mwajɛn(ə)mã] (2 *moyen*) D'une manière moyenne. *Moyennement riche.* ♦ En prenant un terme moyen.

MOYENNER, v. tr. [mwajene] (*moyen*) ▷ Procurer par entremise, par secours. « *Un bon gage à moyenner l'accord* », P. CORNEILLE. « *Qu'il moyenne la paix comme médiateur* », BOURDALOUE. ◁ ■ *Fam. Il n'y a pas moyen de moyenner,* on ne parvient à aucun résultat.

MOYETTE, ■ n. f. [mwajɛt] (*moie, meule*) **Agric.** Petit tas de javelles ou de gerbes dressées en faisceau dans les champs au moment de la moisson pour les protéger de la pluie. ■ *Par extens. S'occuper de l'arrachage des plans de riz et de leur mise en moyette.*

1 MOYEU, n. m. [mwajø] (lat. *modiolus,* essieu d'un pressoir à huile) Partie centrale de la roue où s'emboîtent les rais, et par où passe l'essieu. ♦ *Au pl. Des moyeux.*

2 MOYEU, n. m. [mwajø] (b. lat. *mediolum*) ▷ Le jaune d'un œuf. ◁

3 MOYEU, n. m. [mwajø] (orig. inc.) ▷ Sorte de prune confite. ◁

MOZABITE ou **MZABITE,** ■ adj. [mozabit, mzabit] (*Mzab,* région d'oasis du Sahara) Relatif au Mzab, partie algérienne du Sahara. *Les communautés mozabites.* ■ N. m. et n. f. *Les Mozabites.* ■ N. m. Dialecte berbère parlé par les Mozabites. *Le mozabite ne s'écrit pas.*

MOZARABE, n. m. et n. f. [mozaʀab] (esp. *mozarabe,* de l'ar. *musta'rib,* arabisé) Nom donné aux chrétiens d'Espagne soumis aux musulmans. ♦ Adj. Qui appartient à leur culte. ■ REM. Graphie ancienne : *mosarabe.* ■ REM. L'Espagne est restée en totalité ou en partie sous la domination musulmane entre le VIIIᵉ et le XVᵉ siècle.

MOZARABIQUE, adj. [mozaʀabik] (*mozarabe*) Qui a rapport aux mozarabes.

MOZETTE, ■ n. f. [mozɛt] Voy. MOSETTE.

MOZZARELLA ou **MOZZARELLE,** ■ n. f. [modzaʀela, modzaʀɛl] (mot it. napol., dimin. de *mozza,* même sens) Fromage frais italien au lait de bufflonne ou de vache, à pâte cuite, élastique et blanche. *Recouvrir une pizza de mozzarella. Des mozzarellas, des mozzarelles de différente qualité.*

MP3, ■ n. m. [ɛmpetʀwa] (sigle de *MPeg-1 audio layer 3*) Format de compression de données audio permettant la compression des données sans perte de qualité. ■ *Par méton.* Fichier enregistré dans ce format. *Télécharger des* MP3 *à partir d'Internet.* ■ En appos. Qui permet la lecture de fichiers au format MP3. *Un baladeur, un lecteur* MP3.

MST, ■ n. f. [ɛmɛste] (sigle de *Maladie sexuellement transmissible*) Maladie infectieuse transmise au cours des rapports sexuels. *Dépister des* MST.

MU, ■ n. m. inv. [my] Douzième lettre de l'alphabet grec correspondant au *m* de l'alphabet latin. ■ *Au pl. Des mu.*

MÛ, UE, p. p. de mouvoir. [my]

MUABILITÉ, n. f. [mɥabilite] (*muable*) Qualité de ce qui est muable.

MUABLE, adj. [mɥabl] (lat. *mutabilis,* de *mutare,* changer) Sujet au changement.

MUABLEMENT, adv. [mɥabləmã] (*muable*) D'une manière muable. ■ REM. Son emploi est rare aujourd'hui.

MUANCE, n. f. [mɥãs] (*muer*) ♦ Action de muer. *La voix des enfants est en muance.* ◁ ■ **Mus.** Le changement d'une note en une autre, pour aller au-delà des six anciennes notes de musique, soit en montant, soit en descendant.

MUCHE-POT (À), loc. adv. [myʃ(ə)po] (pic. *mucher,* musser, et *pot*) En cachant le pot pour vendre du vin et frauder le droit, et fig. en cachette. ♦ On dit aussi : À musse-pot. ■ Ne se dit plus, sauf dans certaines régions.

MUCILAGE, n. m. [mysilaʒ] (b. lat. *mucilago,* mucosité) Substance végétale de nature visqueuse, coagulable en gelée par l'alcool. ♦ Liquide épais et visqueux formé par la solution ou la division d'une gomme dans l'eau.

MUCILAGINEUX, EUSE, adj. [mysilaʒinø, øz] (b. lat. *mucilaginosus*) Qui contient du mucilage, qui tient de la nature du mucilage.

MUCINE, ■ n. f. [mysin] (*mucus,* morve) **Méd.** Substance transparente et visqueuse, principal constituant du mucus. *La mucine participe à la protection des voies respiratoires et digestives.*

MUCOR, ■ n. m. [mykɔʀ] (mot lat., moisissure) **Bot.** Champignon riche en enzymes, qui se développe sous forme de moisissures. *Utilisation du mucor dans la fabrication des fromages.*

MUCOSITÉ, n. f. [mykozite] (lat. *mucosus,* muqueux, mucilagineux) Fluide visqueux que les membranes muqueuses sécrètent. ♦ Suc que contiennent certaines plantes.

MUCOVISCIDOSE, ■ n. f. [mykovisidoz] (angl. *mucoviscidosis,* de *mucus,* et *viscid,* visqueux) **Méd.** Maladie héréditaire caractérisée par l'augmentation de la viscosité des sécrétions glandulaires provoquant des troubles digestifs et respiratoires.

MUCOVISCIDOSIQUE, ■ adj. [mykovisidozik] (*mucoviscidose*) Atteint de mucoviscidose. *Un enfant mucoviscidosique.* ■ N. m. et n. f. *Soutien apporté aux mucoviscidosiques.*

MUCRON, ■ n. m. [mykʀɔ̃] (lat. *mucro,* pointe) **Bot.** Pointe courte et droite située à l'extrémité d'un organe. *Un petit, un long mucron. Les écailles de ce fruit portent à leur sommet un mucron.*

MUCUS, ■ n. m. [mykys] (on prononce le *s* final ; mot lat., morve) Substance visqueuse, claire, sécrétée par les glandes muqueuses.

MUDÉJAR, ■ n. m. et n. f. [mydeʒaʀ] (mot esp. de l'ar. *mudaggan,* de *dagana,* se fixer, rester) **Hist.** Musulman resté en Castille malgré la reconquête de la région par les chrétiens. ■ Adj. Relatif au style qui s'est développé en Espagne au XIIIᵉ siècle, caractérisé par l'influence de l'art islamique. *L'art, le style mudéjar.* ■ REM. On rencontre le féminin *mudéjare. Une église mudéjare.*

1 MUE, n. f. [my] (*muer*) Opération par laquelle un animal se dépouille de son épiderme ou des appendices de la surface de son corps, plumes, poils, cornes, etc., pour reparaître ensuite avec des parties analogues. *La mue du cerf, du serpent, de l'oiseau.* ♦ Le temps où ces changements se font. ♦ Changement de peau du ver à soie ; il y en a quatre. ♦ Dépouille d'un animal qui a mué. ♦ Endroit obscur et serré, caché où l'on enferme les oiseaux, soit pour les faire chanter, soit pour les engraisser. ♦ Sorte de cloche à claire-voie sous laquelle on retient en plein air une poule qui a de petits poulets. ■ *Mue de la voix,* changement du timbre de la voix au moment de la puberté, en particulier chez les garçons.

2 MUE, adj. f. [my] (fém. de *mu,* du lat. *mutus*) ▷ Employé seulement dans : *Rage mue,* rage muette, sans aboiement. ♦ On a dit aussi figurément : *Rage mue, folie mue.* ◁

MUÉ, ÉE, p. p. de muer. [mɥe] ♦ *Oiseau mué,* oiseau qui a mué. ♦ *Voix muée,* voix qui a subi la mue.

MUER, v. tr. [mɥe] (lat. *mutare,* déplacer, changer) Changer. « *Qui de Méduse eût vu jadis la tête Était en roc mué soudainement* », VOLTAIRE. ♦ **Vén.** *Muer sa tête,* se dit d'un cerf qui quitte son bois. ♦ V. intr. Se conjugue avec *être* ou *avoir,* suivant les sens. Être dans le temps de la mue. ♦ Prendre un certain timbre rauque, en parlant de la voix des jeunes gens qui atteignent la puberté.

MUESLI ou **MUSLI,** ■ n. m. [mysli] (on ne prononce pas le *e* aléman. *müesli*) Mélange de pétales ou de flocons de céréales, telles que le blé, le maïs, le riz et l'avoine, et de fruits séchés. *Ajoutez du lait ou un yaourt à votre muesli avant de le déguster.*

MUET, ETTE, adj. [mɥɛ, ɛt] (anc. fr. *mu,* du lat. *mutus*) Privé de l'usage de la parole. ♦ *Fam. N'être pas muet,* parler hardiment ou beaucoup. ♦ **Fig.** *Carte muette,* carte géographique où il n'y a rien d'écrit. ♦ Que des causes morales ou autres empêchent momentanément de parler. *Muet d'étonnement.* ♦ *Demeurer muet,* n'avoir rien à répondre. ♦ *Muet à,* qui garde le silence en voyant ou entendant. « *Muet à mes soupirs* », RACINE. ◁ ▷ *Chien muet,* chien qui guette et suit la bête sans aboyer. ◁ ♦ **Fig.** Il se dit des choses morales et des choses inanimées que l'on compare à un être humain qui se tait. « *Mon honneur est muet* », P. CORNEILLE. « *La terre à son pouvoir rend un muet hommage* », ROTROU. ♦ *Armes muettes,* armes incapables de faire feu. ♦ *Jeu muet,* la partie du jeu d'un acteur, par laquelle il exprime, sans parler, les sentiments dont il doit paraître affecté, ou par laquelle il feint certaines choses. ♦ *Scène muette,* action d'un ou plusieurs personnages qui, sans parler, expriment leurs sentiments par les gestes, par les regards, ou feignent certaines actions. ■ **Par extens.** *Il se passa entre nous une scène muette.* ♦ *Personnages muets,* personnages qui dans une pièce ne sont que pour figurer. ♦ *Un muet langage,* manière de se faire comprendre d'une manière expressive, mais sans parler. *Le muet langage des yeux.* ♦ **Gramm.** *Lettre muette,* toute lettre qui ne se prononce pas. *Le p est muet dans compter.* ♦ *H muette,* celle qui n'est point aspirée, comme dans *honneur.* ♦ *E muet,* l'*e* féminin, tel qu'il se prononce dans *boire, flamme,* etc. ♦ N. f. *Une muette,* une lettre muette. ♦ *E muet,* l'*e* féminin. ♦ N. m. Celui qui est muet, celle qui est muette. ♦ *Au pl. Muets,* gens attachés au service des sultans, et qui, sans être privés de l'usage de la parole, ne s'expriment jamais que par signes. ♦ ▷ À LA MUETTE, loc. adv. Sans faire de bruit. ◁ ♦ Appliqué aux personnes, *muet* suit toujours le substantif. Appliqué aux choses, il peut le précéder. ■ *La grande muette*, l'armée. ■ *Cinéma muet*, sans parole. ■ N. m. *Le muet*, le cinéma muet. ■ Rem. Aujourd'hui le nom des lettres étant masculin, on dit *h muet*.

1 MUETTE, n. f. [mɥɛt] (anc. forme de *meute*) Maison bâtie dans les parcs où l'on tient des relais de chasse, où sont les chenils, les équipages, et où logent les officiers de vénerie, les piqueurs, etc.

2 MUETTE, n. f. [mɥɛt] (*muer*) Maison destinée soit à garder les mues de cerfs, soit à mettre les oiseaux de fauconnerie, au temps de la mue.

MUEZZIN, n. m. [mɥɛdzin] (*in* se prononce *inn* ; turc *müezzin*, de l'ar. *mu'addin*, de *addana*, appeler à la prière) Crieur qui du haut des minarets appelle les musulmans à la prière. ■ Au pl. *Des muezzins*. ■ Rem. On disait aussi *mouezzin* autrefois. ■ Rem. On prononçait autrefois [mɥɛzin] sans faire entendre de *d*.

MUFFIN, ■ n. m. [mœfin] (mot angl., p.-ê. de l'anc. fr. *moflet*, mollet) Petit pain rond moulé, que l'on mange grillé avec du beurre. ■ Petit cake rond. *Des muffins au chocolat. Au Québec, on prend souvent des muffins au petit déjeuner.*

MUFLE, n. m. [myfl] (*moufle*, visage gras, croisé avec *museau*) Partie nue et recouverte d'une membrane muqueuse qui termine le museau de certains mammifères. *Mufle de taureau, de lion.* ◆ Peint. et sculpt. Masque ou ornement qui représente la tête de quelque animal, particulièrement celle du lion. ◆ Fig. Visage d'un homme qu'on veut injurier. ◆ ▷ *Donner sur le mufle à quelqu'un*, le frapper au visage. ◁ ◆ Pop. Personne laide et désagréable. ■ Bot. *Mufle de veau, mufle de bœuf, mufle de chien*, le muflier des jardins. ■ Homme grossier.

MUFLERIE, ■ n. f. [myfləri] (*mufle*) Comportement grossier et mal élevé. « *Toujours un peu là pour faire une muflerie à une femme* », Guérin.

MUFLIER, n. m. [myflije] (*mufle*, par analogie de forme) Genre *Antirrhinum*, famille des scrofularinées, Voy. gueule-de-loup.

MUFTI ou **MUPHTI**, n. m. [myfti] (ar. *mufti*, de *fata*, donner une consultation sur une question de droit) Le chef de la religion mahométane ; il résout en dernier ressort les points de controverse en droit civil et religieux ; la sentence rendue par lui s'appelle fetfa. ■ Rem. Graphies anciennes : *moufti* et *mouphti*.

MUG, ■ n. m. [mœg] (mot angl., cruche, pot) Tasse cylindrique, le plus souvent en porcelaine. *Ils buvaient leur thé dans des mugs personnalisés, portant leur nom.*

MUGE, n. m. [myʒ] (lat. impér. *mugil*) Poisson de mer, dit aussi mulet. ◆ *Muge volant* ou *exocet*, poisson volant.

MUGIR, v. intr. [myʒir] (lat. *mugire*) Il se dit proprement du cri du taureau, des bœufs, des vaches et d'animaux analogues. ◆ Fig. Il se dit de la voix humaine quand on la force d'une façon excessive. *Il mugissait de fureur.* ◆ Produire un bruit formidable. *Les vents mugissent.*

MUGISSANT, ANTE, adj. [myʒisɑ̃, ɑ̃t] (*mugir*) Qui mugit. *Des troupeaux mugissants.* ◆ Fig. *Des eaux mugissantes.*

MUGISSEMENT, n. m. [myʒis(ə)mɑ̃] (radic. du p. prés. de *mugir*) Cri des animaux qui mugissent. ◆ Fig. Cris, bruits qu'on a comparés aux mugissements des bœufs. *Les mugissements de la mer, de la tempête, etc.*

MUGUET, n. m. [mygɛ] (anc. fr. *mugue*, musc) Plante qui fleurit au printemps, et qui porte de petites fleurs blanches d'une odeur agréable. ◆ Fleur du muguet. *Cueillir du muguet.* ◆ Fig. Nom donné aux jeunes gens faisant profession d'élégance et de galanterie, parce qu'ils se parfumaient avec des essences de muguet. ◆ Méd. Inflammation avec production pseudo-membraneuse, par petites plaques.

MUGUETÉ, ÉE, p. p. de mugueter. [myg(ə)te]

MUGUETER, v. tr. [myg(ə)te] (*muguet*) Courtiser, comme fait le muguet. « *Vous muguetez sa fille ; elle a de quoi vous plaire* », Th. Corneille. ◆ Absol. *Il ne fait que mugueter.* ■ Est vieilli aujourd'hui.

MUGUETTERIE, n. f. [mygɛt(ə)ri] (*mugueter*) ▷ Action de mugueter. ◁

MUID, n. m. [mɥi] (on ne prononce pas le *d* final ; lat. *modius*) Ancienne mesure de capacité pour les liquides et pour les matières sèches, qui variait suivant les provinces. *Le muid de Paris pour les liquides contenait deux feuillettes, soit 268 litres.* ◆ Futaille qui contient la mesure d'un muid. ◆ ▷ *Il est gros comme un muid*, se dit d'un homme très corpulent. ◁

MUIRE, n. f. [mɥir] (dial. [Franche-Comté], du lat. pop. [*sali*]*muria*, saumure) ▷ Eau salée qu'on tire des puits pour en faire le sel. ◆ Dans les salines, eau saturée de sel, après qu'on lui a fait subir l'évaporation nécessaire. ◁

MULARD, ARDE, ■ n. m. et n. f. [mylar, ard] (*mulet*) Hybride stérile issu du croisement entre un canard de Barbarie et une cane domestique. On gave les mulards pour faire du foie gras. ■ Adj. *Les canards mulards. La race mularde.* ■ *Foie gras mulard.*

MULASSE, n. f. [mylas] (2 *mule*) Jeune mulet ou jeune mule.

MULASSIER, IÈRE, adj. [mylasje, jɛr] (*mulasse*) Relatif à la production des mulets. *Pays mulassier. Industrie mulassière.* ◆ *Jument mulassière* ou n. f. *Une mulassière*, jument employée à la production du mulet et de la mule.

MULÂTRE, adj. [mylɑtr] (esp. *mulato*, de *mulo*, mulet) Qui est né d'un Nègre et d'une Blanche, ou d'un Blanc et d'une Négresse. *Une domestique mulâtre* [1]. ◆ N. m. et f. *Un mulâtre, une mulâtre* ou *une mulâtresse*. ■ Rem. 1 : À l'époque de Littré, les termes *nègre* et *négresse* n'étaient pas racistes, contrairement à aujourd'hui.

MULCTÉ, ÉE, p. p. de mulcter. [mylkte]

MULCTER, v. tr. [mylkte] (lat. *mulctare*, punir) ▷ Jurispr. Condamner à quelque peine. *On le mulcta de 500 francs.* ◆ Par extens. Maltraiter, vexer. ◆ Peu usité. ◁

1 MULE, n. f. [myl] (lat. *mulleus* [*calceus*], brodequin rouge porté par les sénateurs, ou néerl. *muil*, pantoufle) Sorte de pantoufle pour les hommes, et de chaussure sans quartier pour les femmes. ◆ Il ne se dit plus guère que de la pantoufle du pape, sur laquelle il y a une croix. *Baiser la mule du pape.* ■ Pantoufle d'homme ou de femme, laissant à découvert l'arrière du pied. *Une paire de mules en velours.* ■ Rem. Courant aujourd'hui dans le premier sens. ■ Chaussure de femme sans contrefort. *Des mules en satin à talons.*

2 MULE, n. f. [myl] (lat. *mula*) Produit femelle de l'accouplement de l'âne et de la jument, ou du cheval et de l'ânesse. ◆ *Être fantasque, être têtu comme une mule*, avoir des caprices, de l'obstination. ◆ Fig. *Ferrer la mule*, faire quelque bénéfice sur ce qu'on achète pour un autre. ◆ Prov. *À vieille mule, frein doré*, se dit d'une vieille femme qui aime à se parer [1]. ■ Fam. *Charger la mule*, exagérer. ◆ Rem. : Expression péjorative.

MULE-JENNY, ■ n. f. [mylʒeni] (mot angl., de *mule*, hybride, et *jenny*, métier à filer) Métier à filer mécanique inventé à la fin du XVIIIᵉ siècle. *La mule-jenny a permis le passage d'une technique artisanale à une technique industrielle.* au pl. *Des mule-jennys.*

MULES, n. f. pl. [myl] (*mulleus*, rouge) Sorte d'engelures qui ont leur siège aux talons. *Avoir les mules aux talons.* ◆ Vétér. *Mules traversines* ou *traversières*, fissures qui surviennent à la peau du paturon et du boulet.

1 MULET, n. m. [mylɛ] (anc. fr. *mul*, du lat. *mulus*) Quadrupède engendré d'un âne et d'une jument, ou d'un cheval et d'une ânesse. ◆ *Chargé comme un mulet*, se dit de quelqu'un qui porte de lourds fardeaux, ou fig. qui essuie de grandes fatigues. ◆ *Têtu comme un mulet*, très opiniâtre. ◆ ▷ Fig. *Garder le mulet*, attendre longtemps quelqu'un avec ennui et impatience. ◁ ◆ Nom générique donné au produit d'accouplement de deux individus d'espèce et de race différentes ; il est synonyme de *métis* et d'*hybride*.

2 MULET, n. m. [mylɛ] (anc. fr. *mul*, du lat. *mullus*, surmulet, avec infl. de 1 *mulet*) Sorte de poisson de la Méditerranée et autres mers, dit aussi *muge*.

MULETA ou **MULÉTA**, ■ n. f. [myleta] ou [muleta] (mot esp.) Pièce d'étoffe rouge fixée sur un bâton que le matador brandit devant le taureau. *Le torero agitait sa muleta devant le taureau.*

MULETIER, n. m. [myl(ə)tje] (1 *mulet*) Conducteur de mulets.

MULETIÈRE, n. f. [myl(ə)tjɛr] (1 *mulet*) Femme d'un muletier.

MULETTE, n. f. [mylɛt] (var. de *moulette*, petite moule) Mollusque bivalve d'eau douce, proche de la moule par son apparence et dont la coquille noire à l'extérieur contraste fortement avec l'intérieur nacré. *Les perles des mulettes étaient très recherchées.*

MULLA ou **MULLAH**, ■ n. m. [mula] Voy. mollah.

MULON, ■ n. m. [mylɔ̃] (anc. fr. *mule*, tas de foin, du lat. *mutulus*) Région. Monticule de sel cristallisé extrait des marais salants. *Un mulon se forme progressivement et est ensuite rentré à la fin de la période de récolte du sel.*

MULOT, n. m. [mylo] (frq. *mul*, taupe) Espèce de souris des champs.

MULSION, ■ n. f. [mylsjɔ̃] (lat. médiév. *mulsio*) Action de traire. *La période de mulsion.*

MULTI..., [mylti] Préfixe usité dans les mots de science composés, qui signifie beaucoup, et vient du latin *multus*. ■ *Multi...* est aujourd'hui très productif dans le langage courant : *multipoche, multistandard.*

MULTICARTE, ■ adj. [myltikart] (*multi-* et *carte*) Comm. Qui travaille pour le compte de plusieurs entreprises. *Un représentant multicarte.*

MULTICAULE, ■ adj. [myltikol] (lat. *multicaulis*, de *caulis*, tige) Bot. Qui présente de nombreuses tiges. *Le chrysanthème multicaule.*

MULTICELLULAIRE, ■ adj. [myltiselylɛr] (*multi-* et *cellulaire*) Biol. Qui comporte de nombreuses cellules. *Les organismes unicellulaires et les organismes multicellulaires.* ■ Rem. On dit aussi *pluricellulaire.*

MULTICOLORE, adj. [myltikolɔr] (lat. *multicolorus*, de *color*, couleur) Qui est d'un grand nombre de couleurs.

MULTICOMBINÉ, ■ n. m. [myltikɔ̃bine] (*multi-* et *combiné*) Téléphone sans fil offrant plusieurs combinés.

MULTICONFESSIONNEL, ELLE, ■ adj. [myltikɔ̃fesjɔnɛl] (*multi-* et *confessionnel*) Relatif à plusieurs confessions. *Un cimetière multiconfessionnel.*

MULTICOQUE, ■ n. m. [myltikɔk] (*multi-* et *coque*) Voilier à plusieurs coques tel que le catamaran ou le trimaran.

MULTICOUCHE, ■ adj. [myltikuʃ] (*multi-* et *couche*) Constitué de plusieurs couches. *Revêtement multicouche d'une toiture.*

MULTICRITÈRE, ■ adj. [myltikʁitɛʁ] (*multi-* et *critère*) Qui combine plusieurs critères. *Le moteur de recherche vous offre la possibilité de faire une recherche simple ou une recherche multicritère.*

MULTICULTURALISME, ■ n. m. [myltikyltyʁalism] (*multiculturel*) Diversité culturelle au sein d'un même pays. *Le multiculturalisme de la société canadienne.*

MULTICULTUREL, ELLE, ■ adj. [myltikyltyʁɛl] (*multi-* et *culturel*) Qui concerne différentes cultures. *Favoriser les rencontres multiculturelles.*

MULTIDEVISE, ■ adj. [myltidəviz] (*multi-* et *devise*) Qui permet l'utilisation de plusieurs devises. *Un contrat multidevise. Un logiciel de comptabilité multidevise.*

MULTIDIFFUSION, ■ n. f. [myltidifyzjɔ̃] (*multi-* et *diffusion*) **Inform.** Diffusion d'un même message à de nombreux destinataires par le biais d'un réacheminement

MULTIDIMENSIONNEL, ELLE, ■ adj. [myltidimɑ̃sjɔnɛl] (*multi-* et *dimensionnel*) Qui prend en compte plusieurs dimensions, plusieurs domaines de connaissance. *Un concept multidimensionnel.*

MULTIDISCIPLINAIRE, ■ adj. [myltidisiplinɛʁ] (*multi-* et *disciplinaire*) Qui regroupe plusieurs disciplines. *La recherche multidisciplinaire.* ■ **Inform.** *Site multidisciplinaire,* site Internet proposant des liens vers d'autres sites relevant du même thème. ■ MULTIDISCIPLINARITÉ, n. f. [myltidisiplinaʁite]

MULTIDOCUMENT, ■ adj. [myltidokymɑ̃] (*multi-* et *document*) **Inform.** Se dit d'une application qui permet l'ouverture de plusieurs documents en même temps, les différents documents apparaissent dans une fenêtre distincte ou non. *Une interface multidocument.*

MULTIETHNIQUE, ■ adj. [myltietnik] (*multi-* et *ethnique*) Constitué de différentes ethnies. *Un État multiethnique. Enseigner dans une classe multiethnique.*

MULTIFENÊTRE, ■ adj. [myltif(ə)nɛtʁ] (*multi-* et *fenêtre*) **Inform.** Qui permet l'affichage de plusieurs fenêtres en même temps à l'écran. *Travailler en mode multifenêtre* ou *en mode plein écran. Des environnements multifenêtres.*

MULTIFIDE, adj. [myltifid] (lat. *multifidus,* fendu en plusieurs endroits, de *findere,* fendre) Qui est partagé en nombreuses lanières. ◆ **Bot.** Qui est divisé à peu près jusqu'à la moitié par plusieurs incisions aiguës.

MULTIFLORE, adj. [myltiflɔʁ] (lat. *multiflorus,* de *flos,* génit. *floris,* fleur) Qui porte des fleurs nombreuses. *Pédoncule multiflore.*

MULTIFOCAL, ALE, ■ adj. [myltifokal] (*multi-* et *focal*) **Méd.** Qui a plusieurs foyers d'infection. *Une neuropathie motrice multifocale.* ■ **Opt.** *Des lentilles multifocales, des verres multifocaux.*

MULTIFONCTION ou **MULTIFONCTIONNEL, ELLE**, ■ adj. [myltifɔ̃ksjɔ̃, myltifɔ̃ksjɔnɛl] (*multi-* et *fonction*) Qui peut effectuer différentes tâches. *Une imprimante multifonction. Des robots multifonctions.* ■ MULTIFONCTIONNALITÉ, n. f. [myltifɔ̃ksjɔnalite] *La multifonctionnalité du système éducatif, d'un appareil ménager, d'un téléphone portable.*

MULTIFORME, ■ adj. [myltifɔʁm] (lat. *multiformis,* de *forma,* forme) Qui a plusieurs formes. ◆ **Anat.** *Os multiforme,* le cunéiforme.

MULTIGRADE, ■ adj. [myltigʁad] (*multi-* et *grade*) Adapté à différentes spécifications. ◆ *Huile multigrade,* huile pour moteur utilisable en toute saison, quelle que soit la température extérieure.

MULTIJOUEUR, ■ adj. [myltiʒwœʁ] (*multi-* et *joueur*) Qui permet la participation de plusieurs joueurs en réseau. *La version multijoueur d'un jeu.* ■ Rem. Le féminin *multijoueuse* se rencontre rarement.

MULTILATÉRAL, ALE, ■ adj. [myltilateʁal] (*multi-* et *latéral*) Qui engage plusieurs pays. *Des accords multilatéraux. Les banques multilatérales.*

MULTILINGUE, ■ adj. [myltilɛ̃g] (*multi-* et lat. *lingua,* d'après *bilingue*) Qui est en plusieurs langues. *Un DVD multilingue.* ■ Qui parle plusieurs langues. *La Suisse est un pays multilingue.*

MULTILINGUISME, ■ n. m. [myltilɛ̃gɥism] (*multilingue*) Fait de parler couramment plusieurs langues. ■ Caractéristique d'un État dans lequel on parle plusieurs langues. *Le multilinguisme de la Suisse.*

MULTIMÉDIA, ■ n. m. [myltimedja] (*multi-* et *média*) Technologie regroupant des données textuelles, sonores et visuelles accessibles de manière interactive. ■ **Adj.** *Des ordinateurs multimédias.* ■ Qui a recours à plusieurs supports audiovisuels. *Une campagne de communication multimédia.*

MULTIMÈTRE, ■ n. m. [myltimɛtʁ] (*multi-* et *-mètre*) **Électr.** Appareil capable de mesurer différentes grandeurs de nature du courant électrique. *Ces multimètres mesurent l'intensité du courant, les résistances, etc.*

MULTIMILLIARDAIRE, ■ adj. [myltimiljaʁdɛʁ] (*multi-* et *milliardaire*) Plusieurs fois milliardaire. *Une société multimilliardaire.* ■ N. m. et n. f. Personne multimilliardaire.

MULTIMILLIONNAIRE, ■ adj. [myltimiljɔnɛʁ] (*multi-* et *millionnaire*) Plusieurs fois millionnaire. *Une famille multimillionnaire.* ■ N. m. et n. f. Personne multimillionnaire.

MULTINATIONAL, ALE, ■ adj. [myltinasjɔnal] (*multi-* et *national*) Qui concerne plusieurs nations, plusieurs pays. *Obtenir des financements multinationaux.* ■ N. f. Entreprise qui exerce ses activités dans plusieurs pays. *Travailler pour une multinationale.*

MULTINATIONALISER (SE), ■ v. pr. [myltinasjɔnalize] (*multinational*) Délocaliser sa production en investissant à l'étranger. *Une entreprise qui se multinationalise.* ■ MULTINATIONALISATION, n. f. [myltinasjɔnalizasjɔ̃]

MULTINÉVRITE, ■ n. f. [myltinevʁit] (*multi-* et *névrite*) **Méd.** Atteinte simultanée ou différée de plusieurs nerfs éloignés, liée à une affection générale. *Cas de multinévrite chez un diabétique. Multinévrite et polynévrite.*

MULTINÔME, n. m. [myltinom] (*multi-* et *-nôme*) ▷ Mot hybride et mauvais synonyme de *polynôme.* ◁

MULTINORME, ■ adj. [myltinɔʁm] (*multi-* et *norme*) Qui s'adapte à différentes normes informatiques, téléphoniques ou audiovisuelles. *Un écran de projection multinorme.* ■ Rem. On dit aussi *multistandard.*

MULTIPARE, ■ adj. [myltipaʁ] (*multi-* et *-pare*) **Méd.** Se dit d'une femme qui a mis au monde au moins deux enfants. *Les primipares et les multipares.* ■ Se dit d'une femelle qui a mis bas plusieurs fois. *Une vache multipare.* ■ N. f. *L'accouchement est généralement plus rapide pour les multipares.* ■ **Zool.** Dont chaque portée peut comprendre plusieurs petits. ■ Rem. Certains recommandent de réserver *pluripare* à ce dernier sens. ■ MULTIPARITÉ, n. f. [myltiparite] *La multiparité est le propre d'un très grand nombre d'espèces.*

MULTIPARTISME, ■ n. m. [myltipartism] (*multi-* et *parti*) Système politique dans lequel coexistent plus de deux partis. *Le multipartisme dans les démocraties.*

MULTIPARTITE, ■ adj. [myltipartit] (*multi-* et 1 *partir*) Constitué de plusieurs partis. *Un gouvernement multipartite.* ■ Qui engage plusieurs partenaires. *Un accord multipartite.*

MULTIPLE, adj. [myltipl] (lat. *multiplex*) Qui contient plusieurs choses, composé, divers, par opposition à simple, unique. *Des fonctions multiples.* ◆ **Arith.** Qui contient un nombre quelconque un certain nombre de fois exactement. *Douze est multiple de six.* ◆ N. m. *Un multiple.* ◆ **Gramm.** *Sujet multiple,* celui qui indique plusieurs objets différents. ◆ *Attribut multiple,* celui qui exprime plusieurs qualités différentes. ◆ *Écho multiple,* écho qui répète les mêmes sons plusieurs fois de suite. ■ Qui se produit plusieurs fois. *À multiples reprises.*

MULTIPLEX, ■ n. m. [myltiplɛks] (mot lat., multiple) **Télécomm.** et **inform.** Transmission simultanée de signaux indépendants par le biais d'un seul canal. ■ En appos. *Une transmission multiplex.* ■ Procédé permettant la diffusion, sur une même onde, d'un programme radiophonique ou télévisuel émis à partir de plusieurs stations distinctes. *Un débat en multiplex.*

MULTIPLEXAGE, ■ n. m. [myltiplɛksaʒ] (*multiplexer*) **Télécomm.** et **inform.** Action de multiplexer. *Multiplexage en fréquence.* ■ Recomm. offic. pour *multiplexing.*

MULTIPLEXE, ■ n. m. [myltiplɛks] (*multi-* et *complexe*) Établissement cinématographique comprenant de nombreuses salles et proposant le plus souvent des services de restauration. *Les multiplexes se développent dans les grandes villes.*

MULTIPLEXER, ■ v. tr. [myltiplɛkse] (*multiplex*) **Télécomm.** et **inform.** Combiner des signaux indépendants pour les transmettre par le biais d'un seul canal.

MULTIPLEXEUR, ■ n. m. [myltiplɛksœr] (*mutiplexer*) **Télécomm.** et **inform.** Dispositif qui permet le multiplexage. *Un multiplexeur analogique, vidéo, couleur, optique.*

MULTIPLEXING, ■ n. m. [myltiplɛksiŋ] Voy. MULTIPLEXAGE.

MULTIPLIABLE, adj. [myltiplijabl] (*multiplier*) Qui peut être multiplié.

MULTIPLIANT, ANTE, adj. [myltiplijɑ̃, ɑ̃t] (*multiplier*) Qui multiplie. ◆ ▷ *Verre multipliant* ou n. m. un multipliant, verre à facettes qui fait voir les objets répétés plusieurs fois. ◁

MULTIPLICANDE, n. m. [myltiplikɑ̃d] (lat. *multiplicandus*, adj. verbal de *multiplicare*) **Math.** Nombre à multiplier par un autre.

1 **MULTIPLICATEUR**, n. m. [myltiplikatœr] (b. lat. *multiplicator*, qui multiplie) **Math.** Nombre par lequel on en multiplie un autre.

2 **MULTIPLICATEUR, TRICE**, ■ adj. [myltiplikatœr, tris] (b. lat. *multiplicator*, qui multiplie) Qui permet ou qui sert à multiplier. *L'effet multiplicateur de la fidélité sur le profit.*

MULTIPLICATIF, IVE, ■ adj. [myltiplikatif, iv] (b. lat. *multiplicativus*) Propre à la multiplication. *Le signe multiplicatif. La fonction multiplicative.* ■ **Gramm.** Qui indique la multiplication. *Les préfixes multiplicatifs, tels que bi- et tri-.*

MULTIPLICATION, n. f. [myltiplikasjɔ̃] (lat. impér. *multiplicatio*) Opération d'arithmétique, qui consiste à répéter un nombre autant de fois qu'il y a d'unités dans un autre nombre donné. ◆ Toute augmentation en nombre. *La multiplication des crimes.* ◆ *La multiplication des pains*, le miracle que fit Jésus-Christ en nourrissant une multitude avec cinq pains. ◆ Augmentation en nombre des espèces vivantes par voie de génération. *La multiplication du genre humain. La multiplication des plantes.* ◆ Monstruosité végétale consistant dans l'augmentation du nombre de certains organes par l'apparition d'organes surnuméraires. ■ *Table de multiplication*, tableau à double entrée donnant les nombres obtenus par la multiplication de deux entiers.

MULTIPLICITÉ, n. f. [myltiplisite] (b. lat. *multiplicitas*) Grand nombre. *La multiplicité des dieux, des lois, etc.*

MULTIPLIÉ, ÉE, p. p. de multiplier. [myltiplije]

MULTIPLIER, v. tr. [myltiplije] (lat. *multiplicare*, multiplier, accroître) **Arith.** Répéter un nombre autant de fois qu'il y a d'unités dans un autre nombre donné, ou plus généralement trouver un nombre dit produit qui soit avec le multiplicande dans le même rapport que le multiplicateur est avec l'unité. ◆ Augmenter le nombre, la quantité. « *Vous avez promis que vous multipliriez leur race comme les étoiles du ciel* », Saci. « *Jésus-Christ multiplia tellement les pains, que de ce qui resta l'on put encore remplir jusqu'à sept paniers* », Bourdaloue. ◆ V. intr. Augmenter en nombre. « *Les expériences multiplient continuellement* », Pascal. ◆ Augmenter en nombre par la génération. « *Les hommes ne multiplient pas aussi aisément qu'on le pense ; le tiers des enfants est mort au bout de dix ans* », Voltaire. ◆ Se multiplier, v. pr. Devenir plus nombreux. ◆ Sembler être en plusieurs endroits à la fois. ◆ Augmenter en nombre par la génération. « *Ce peuple se multiplie à l'infini* », Fénelon. ■ Effectuer une opération de multiplication.

MULTIPLIEUR, ■ n. m. [myltiplijœr] (*multiplier*) **Inform.** Circuit électronique qui sert à multiplier deux nombres.

MULTIPOCHE ou **MULTIPOCHES**, ■ adj. [myltipɔʃ] (*multi-* et *poche*) Qui comporte plusieurs poches de rangement. *Un sac, une veste multipoche. Des vestes multipoches.*

MULTIPOLAIRE, ■ adj. [myltipɔlɛr] (*multi-* et *polaire*) Qui comporte plusieurs pôles. *Une structure multipolaire qui permet d'offrir un service complet. Les cellules multipolaires du cortex cérébral.* ■ Caractérisé par la présence de différents pôles de décision à l'échelle internationale. *Un monde multipolaire.*

MULTIPOSTE, ■ n. m. [myltipɔst] (*multi-* et *poste*) Ordinateur auquel peuvent être raccordés plusieurs postes de travail permettant le traitement simultané de différentes tâches. ■ **Adj.** *Un système multiposte.* ■ **Inform.** *Licence multiposte*, autorisant l'installation d'un logiciel sur plusieurs ordinateurs.

MULTIPRISE, ■ n. f. [myltipriz] (*multi-* et *prise*) Prise électrique sur laquelle on peut brancher plusieurs prises. Au pl. *Des multiprises.*

MULTIPROCESSEUR, ■ n. m. [myltiprosesœr] (*multi-* et *processeur*) **Inform.** Ordinateur muni de plusieurs processeurs qui partagent entre eux une mémoire centrale.

MULTIPROGRAMMATION, ■ n. f. [myltiprɔgramasjɔ̃] (*multi-* et *programmation*) **Inform.** Mode d'exploitation permettant l'exécution simultanée de plusieurs programmes informatiques.

MULTIPROPRIÉTÉ, ■ n. f. [myltiprɔprijete] (*multi-* et *propriété*) Contrat d'acquisition d'une résidence secondaire donnant à l'acheteur la jouissance de la propriété chaque année pendant une période choisie. *Ils ont acheté un appartement à Ibiza en multipropriété, ils bénéficient de la deuxième quinzaine d'août.*

MULTIRACIAL, ALE, ■ adj. [myltirasjal] (*multi-* et *racial*) Qui comprend plusieurs groupes de races différentes. *Une société multiraciale. Des rassemblements multiraciaux.*

MULTIRÉCIDIVISTE, ■ adj. [myltiresidivist] (*multi-* et *récidiviste*) Qui a commis plus d'une fois le même délit ou le même crime. *Un condamné multirécidiviste.* ■ N. m. et n. f. *Un, une multirécidiviste.*

MULTIRISQUE, ■ adj. [myltirisk] (*multi-* et *risque*) Qui couvre, en un même contrat, plusieurs types de risque comme le vol et l'incendie. *Des assurances multirisques.* ■ N. f. *Une multirisque.*

MULTISALLE, ■ adj. [myltisal] (*multi-* et *salle*) Qui comprend plusieurs salles propres à une activité. *Un complexe sportif multisalle.* ■ N. m. Complexe cinématographique multisalle. *De nombreux multisalles sont créés à la périphérie des grandes villes.*

MULTISERVICE, ■ adj. [myltiservis] (*multi-* et *service*) Qui propose plusieurs types de services. *Notre cordonnerie multiservice s'occupe de l'impression de vos cartes de visite, de la reproduction de vos clés, etc.*

MULTISOUPAPE, ■ adj. [myltisupap] (*multi-* et *soupape*) Qui comporte plus de deux soupapes par cylindre. *Un quatre-cylindres multisoupape. Des culasses multisoupapes.* ■ N. m. Automobile équipée d'un moteur multisoupape. *Un multisoupape de 2,4 litres qui développe 160 chevaux.*

MULTISTANDARD, ■ adj. [myltistɑ̃dar] (*multi-* et 1 *standard*) Qui peut fonctionner avec différentes normes techniques. *Cet adaptateur multistandard vous permettra de brancher vos appareils électriques à l'étranger.* ■ Spécialt Se dit d'un appareil audiovisuel pouvant s'adapter à différentes normes d'enregistrement et de diffusion. *Un téléviseur, un lecteur de DVD multistandard.* ■ Rem. On dit aussi multinorme.

MULTISUPPORT, ■ adj. [myltisypɔr] (*multi-* et *support*) Qui s'appuie sur plusieurs supports. *Notre agence d'informations vous propose des contenus multisupports : papier, cédérom, Internet, etc.* ■ Spécialt Se dit d'un investissement pouvant comporter des placements de nature différente. *Un contrat d'assurance-vie multisupport.*

MULTITÂCHE, ■ adj. [myltitɑʃ] (*multi-* et *tâche*) **Inform.** Se dit d'un système d'exploitation informatique capable d'exécuter plusieurs applications simultanément. *Grâce à ce système multitâche, vous pouvez travailler sur votre document tout en imprimant un autre document.*

MULTITRAITEMENT, ■ n. m. [myltitrɛt(ə)mɑ̃] (*multi-* et *traitement*) Association de plusieurs traitements. *Prescription d'un multitraitement aux patients atteints du sida.* ■ **Inform.** Possibilité offerte par un système d'exploitation informatique possédant plusieurs processeurs consistant à traiter différents programmes simultanément. *Le multitraitement accroît les performances de l'ordinateur.*

MULTITUBE, ■ adj. [myltityb] (*multi-* et *tube*) Qui comporte plusieurs tubes. *Un carottier multitube. Lance-roquette équipé d'un canon multitube.* ■ Spécialt Milit. Dont le canon est équipé de plusieurs tubes fixés l'un à l'autre. *Un lance-roquette, un mortier multitube.*

MULTITUBULAIRE, ■ adj. [myltitybylɛr] (*multi-* et *tubulaire*) Dont la structure se compose de plusieurs tubes. *Chaudière multitubulaire.*

MULTITUDE, n. f. [myltityd] (lat. *multitudo*) Grand nombre. « *Il ne faut pas plus se plaindre de la multitude des livres que de celle des citoyens* », Voltaire. ◆ Absol. Un grand nombre d'hommes. ◆ Le peuple, le vulgaire. « *Prendre la multitude par l'appât de la liberté* », Bossuet. ■ *Une multitude de*, beaucoup. *Une multitude de réponses nous ont été envoyées.*

MULTIVALVE, adj. [myltivalv] (*multi-* et *valve*) Qui est composé de plusieurs valves, en parlant des coquilles. ◆ N. f. pl. *De belles multivalves.* ◆ Bot. Se dit des capsules formées d'un nombre indéfini de valves.

MULTIVARIÉ, ÉE, ■ adj. [myltivarje] (*multi-* et *variable*) **Math.** Qui permet d'interpréter des phénomènes comportant plusieurs variables aléatoires. *L'analyse multivariée de données génétiques.*

MULTIVOIE, ■ adj. [myltivwa] (*multi-* et *voie*) Qui permet un acheminement par plusieurs voies. *La vanne multivoie d'un système de filtration pour piscines.*

MULUD, n. m. [mulud] Voy. mouloud.

MUNGO, ■ n. m. [muŋgo] (mot hindi) Haricot de petite taille, généralement de couleur vert mousse ou vert olive, utilisé dans la cuisine indienne. *Les pousses de haricot mungo entrent dans la composition du chop-suey.*

MUNI, IE, p. p. de munir. [myni]

MUNICHOIS, OISE, ■ adj. [mynikwa, waz] (*ch* se prononce *k* ; *Munich*) De Munich. *Les brasseries munichoises.* ■ N. m. et n. f. Personne originaire de Munich ou y habitant. *Un Munichois, une Munichoise.* ■ Partisan des accords de Munich qui ont permis à Hitler d'annexer une partie de la Tchécoslovaquie. *Il faisait partie de ces munichois qui reconnurent leur erreur et entrèrent dans la Résistance.* ■ Adj. Fig. Qui rappelle l'état d'esprit propre aux partisans des accords de Munich.

MUNICIPAL, ALE, adj. [mynisipal] (lat. *municipalis*) Dans l'Antiquité romaine, qui appartient à un municipe. *Une ville municipale.* ◆ Aujourd'hui, qui appartient à la municipalité. *Les règlements municipaux.* ◆ *Garde municipale*, garde de la ville de Paris. ◆ N. m. *Garde municipal* ou populairement *un municipal*, un soldat de la garde municipale. ◆ Il se dit des magistrats, des fonctionnaires qui administrent une municipalité. *Le conseil municipal,* conseil formé du maire, des adjoints du maire, et des conseillers. ◆ **N. m. pl.** *Les municipaux,* les magistrats qui administrent une commune.

MUNICIPALEMENT, adv. [mynisipal(ə)mɑ̃] (*municipal*) Selon les formes municipales. *Des villes gouvernées municipalement.*

MUNICIPALISATION, ▪ n. f. [mynisipalizasjɔ̃] (*municipaliser*) Fait d'être soumis au contrôle de l'autorité municipale. *La municipalisation d'une association.* ▪ Acquisition par une municipalité d'un bien privé.

MUNICIPALISER, ▪ v. tr. [mynisipalize] (*municipal*) Soumettre au contrôle de l'autorité municipale. *Municipaliser la gestion de l'eau.* ▪ Acquérir par municipalisation. *Municipaliser les chemins privés de la commune.*

MUNICIPALITÉ, n. f. [mynisipalite] (*municipal*) Le corps des officiers qui administrent une commune. ◆ La commune, le territoire administré par des magistrats municipaux. ◆ La mairie.

1 MUNICIPE, n. m. [mynisip] (lat. *municipium*) Ville du Latium et de l'Italie qui vivait d'après ses propres lois et coutumes, et qui participait au droit de bourgeoisie romaine.

2 MUNICIPE, n. m. [mynisip] (lat. *municeps,* de *munia,* fonctions, magistratures, et *capere,* prendre, assumer) Habitant d'un municipe. *Les municipes étaient citoyens romains.*

MUNIFICENCE, n. f. [mynifisɑ̃s] (lat. *munificentia,* de *munus,* don, faveur, et *facere,* faire) Qualité qui porte à faire de grandes libéralités. ◆ **Fig.** Caractère de ce qui apparaît luxueux. *La munificence d'une réception.*

MUNIFICENT, ENTE, ▪ adj. [mynifisɑ̃, ɑ̃t] (*munificence*) Qui fait preuve de munificence, d'une grande générosité. *Un mécène munificent.* ▪ **Par anal.** *Un paysage aux couleurs munificentes. Une munificente architecture baroque.*

MUNIR, v. tr. [myniʀ] (lat. *munire,* fortifier, protéger) Pourvoir, garnir de ce qui est nécessaire à la défense ou à l'approvisionnement de lieux de guerre. *Munir une place de vivres et d'armes. Munir les endroits faibles d'une place. « Vous pouvez cependant faire munir ces places »,* P. CORNEILLE. ◆ **Par extens.** *Munir d'un passeport, de recommandations, etc.* ▪ Se munir, v. pr. Se pourvoir, être pourvu. *Se munir d'un manteau, de pistolets, etc.* ◆ *Se munir de patience,* se préparer à supporter avec résolution, avec courage.

MUNITION, n. f. [mynisjɔ̃] (lat. *munitio,* travail de terrassement) ▷ Au pl. Choses dont on munit. *Munitions de guerre et de bouche.* ◁ ◆ **Spécialt** Poudres et projectiles. ◆ ▷ *Pain de munition,* le pain que l'on distribue aux soldats. ◁ ◆ ▷ *Fusil de munition,* fusil de gros calibre des soldats d'infanterie. ◁

MUNITIONNAIRE, n. m. [mynisjɔnɛʀ] (*munition*) ▷ Celui qui est chargé de fournir les munitions nécessaires à la subsistance des troupes. ◁ ▪ Personne, société qui fournit des munitions d'armes à feu. *Les munitionnaires capables de répondre aux besoins de l'armée.*

MUNITIONNER, v. tr. [mynisjɔne] (*munition*) ▷ Pourvoir de munitions. ◁

MUNSTER, ▪ n. m. [mœstɛʀ] ou [mɛ̃stɛʀ] (*Munster,* ville d'Alsace où l'on fabrique ce fromage) Fromage au lait de vache à la saveur corsée, à pâte molle et à croûte orangée. *Des munsters fermiers.*

MUNTJAC, ▪ n. m. [mœtʒak] ou [mɛ̃tʒak] (angl. *muntjak,* du malais *minchek*) Cervidé aboyeur, proche du chevreuil, mais de taille plus petite, vivant dans le Sud-Est asiatique. *Le muntjac peut vivre jusqu'à 3 000 mètres d'altitude. Des muntjacs.*

MUON, ▪ n. m. [myɔ̃] (gr. *mu,* douzième lettre de l'alphabet, sur le modèle de *électron*) Phys. Particule élémentaire créée par un rayonnement cosmique traversant l'atmosphère. *Utilisation des propriétés du muon dans la détection de blocs d'uranium.*

MUPHTI, n. m. [myfti] Voy. MUFTI qui est préférable.

MUQUEUX, EUSE, adj. [mykø, øz] (lat. *mucosus,* de *mucus,* morve) ▷ Anciennement, qui a le caractère de la mucosité, soit en parlant d'un liquide, soit en parlant d'un tissu, aussi bien chez les végétaux que chez les animaux. ◁ ◆ Aujourd'hui, qui a ou qui produit de la mucosité animale, du mucus. *Glandes muqueuses.* ◆ *Membrane muqueuse* ou n. f. *muqueuse,* membrane qui tapisse les cavités du corps humain ouvertes au dehors, et dont la surface libre est habituellement humectée d'un fluide muqueux. ◆ ▷ *Fièvre muqueuse,* fièvre mal définie et qui est tantôt une dothiénentérie légère, tantôt une irritation des membranes muqueuses digestive et pulmonaire avec fièvre. ◁

MUR, n. m. [myʀ] (lat. *murus*) Ouvrage de maçonnerie dressé et portant en terre sur des fondements, ou sur un plancher artificiel. ◆ *Ne laisser que les murs,* emporter tout ce qui est dans une maison, dans un appartement. ◆ *Entre quatre murs,* dans un logis non meublé, et aussi en prison. ◆ **Fig.** *Être au pied du mur sans échelle,* manquer une affaire, une entreprise pour ne s'être pas pourvu de ce qui était nécessaire. ◆ **Fig.** *Mettre un homme au pied du mur,* le forcer à prendre un parti, ou bien le réduire à ne pouvoir

rien répondre. ◆ *Se battre la tête contre un mur,* se donner la tête contre un mur, *donner de la tête contre un mur,* s'efforcer inutilement. ◆ *Gros mur,* un des principaux murs sur lesquels porte tout le bâtiment. ◆ *Mur d'appui,* mur qui est de la hauteur d'un mètre environ. ◆ *Mur de clôture,* mur qui enclôt les cours, les jardins, les parcs, etc. ◆ **Fig.** *Le mur de la vie privée,* expression dont on se sert pour indiquer que la vie privée ne doit pas être livrée à la publicité. ◆ *Murs d'une ville* ou absol. *les murs,* les murs qui entourent une ville. ◆ *Murs* se dit quelquefois pour *ville. Il est dans nos murs.* ◆ Se dit de diverses murailles construites pour arrêter les invasions. *Le mur d'Adrien.* ◆ **Fig.** Défense, protection. *« Sparte avait subsisté longtemps sans avoir d'autres murs ni d'autre défense que le courage de ses citoyens »,* ROLLIN. ◆ ▷ On s'en sert quelquefois pour exprimer que des soldats supportent le feu comme le ferait une muraille. *Ces hommes-là sont des murs.* ◁ ◆ *Un mur d'airain,* une défense dont rien ne peut triompher. ◆ **Fig.** *Mur de séparation, mur d'airain,* causes qui séparent deux personnes. *Il y a un mur d'airain entre ces deux hommes.* ◆ **Escrime** *Tirer au mur,* pousser de tierce ou de quarte à quelqu'un qui ne fait que parer. *Parer au mur,* parer les coups de celui qui tire au mur. ◆ **Prov.** *Les murs ont des oreilles,* quand on s'entretient de quelque chose de secret, il faut parler avec beaucoup de circonspection, de peur d'être écouté. ▪ *Mur d'escalade,* paroi en béton reproduisant les aspérités d'une paroi rocheuse et utilisée pour s'entraîner à l'escalade. ▪ **Sp.** Alignement de footballeurs entre le but et un tireur adverse. ▪ *Le mur du son,* ensemble des phénomènes aérodynamiques pouvant constituer un obstacle lorsqu'un appareil atteint la vitesse du son. *Les supersoniques peuvent franchir le mur du son.* ▪ **Fam.** *Faire le mur,* sortir sans autorisation. *Il a eu droit à trois jours de cachot parce qu'il a fait le mur.* ▪ **Fam.** *Aller droit dans le mur,* courir à la catastrophe. ▪ **Fam.** *Être dos au mur,* être obligé d'agir parce que l'on est dans l'impossibilité de fuir, de reculer. ▪ **Fig.** *Raser les murs,* faire en sorte de passer inaperçu par crainte d'un reproche. ▪ **Fig.** *Parler, se trouver face à un mur,* avoir pour interlocuteur une personne qui ne veut rien entendre, qui ne répond jamais. ▪ *Dans nos murs* signifie également chez nous.

MÛR, ÛRE, adj. [myʀ] (lat. *maturus*) Qui est arrivé au point de se détacher spontanément ou d'être cueilli, en parlant des fruits. *Des pêches mûres.* ◆ **Fig.** Il se dit des personnes qui ont atteint un certain point de développement. ◆ *Mûr pour le ciel,* en langage mystique, se dit d'une personne morte jeune, ou simplement dont la vie a été bien remplie. ◆ **Fig.** Il se dit des choses qui sont arrivées à un certain point. *« Ô cité mûre pour ta ruine »,* CHATEAUBRIAND. ◆ *Cet abcès est mûr,* il est près de crever, de percer, ou il est temps de l'ouvrir. ◆ *Cet habit est mûr,* il est vieux, usé. ◆ *Cette affaire est mûre,* il est temps de s'en occuper, de la terminer. ◆ *Âge mûr,* âge qui suit la jeunesse. ◆ *Homme mûr, esprit mûr,* homme, esprit sage, posé, réfléchi. ◆ *Mûre délibération,* délibération où tout a été examiné avec beaucoup d'attention. ◆ **Prov.** *La poire est mûre,* l'affaire est arrivée au point précis où il convient de s'en occuper. ▪ **Fam.** *Être mûr,* avoir trop bu. ▪ **Fam.** *En voir des vertes et des pas mûres,* Voy. VERT. ▪ **REM.** On dit aujourd'hui plutôt *mûre réflexion* que *mûre délibération. Après mûre réflexion, je préfère renoncer au projet.*

MURAGE, n. m. [myʀaʒ] (*murer*) État de ce qui est muré ; action de murer. *Le murage d'une porte.*

MÛRAIE ou **MURAIE,** ▪ n. f. [myʀɛ] Voy. MÛRERAIE.

MURAILLE, n. f. [myʀaj] (*mur*) Ensemble de murs épais et d'une certaine élévation. ◆ *Se ranger contre la muraille,* se serrer contre les murs des maisons pour éviter les voitures. ◆ Murs qui entourent une ville, une forteresse, etc. ◆ Dans le style soutenu, la ville même. ◆ Un mur, en particulier. ◆ ▷ **Fam.** *Enfermer quelqu'un entre quatre murailles,* le mettre en prison. ◁ ◆ ▷ *Entre quatre murailles,* dans un logement dénué de tout. ◁ ◆ ◆ *Il n'y a que les quatre murailles,* se dit d'une maison, d'un appartement où il n'y a point de meubles. ◁ ◆ **Fig.** *Être comme une muraille devant l'ennemi,* se dit d'une troupe en bataille que l'ennemi ne peut faire reculer. ◆ *Se casser la tête contre la muraille,* se tuer de désespoir en se heurtant la tête contre un mur, et fig. se donner une peine inutile. ◆ *Couleur de muraille,* couleur qui se confond avec celle des murailles. ◆ Très longs murs que certains peuples ont faits pour empêcher des incursions. *Muraille de la Chine* ou absol. *la grande muraille,* muraille construite pour arrêter les incursions des Tartares. ◆ **Équit.** *La muraille,* les murs du manège. ◆ **Escr.** *Tirer à la muraille,* Voy. MUR. ◆ **Mar.** Enveloppe intérieure du navire. ◆ **Prov.** *Les murailles ont des oreilles,* Voy. MUR. ◆ *Toute surface abrupte difficile à franchir.* ▪ **Hippol.** Partie visible du sabot d'un cheval lorsque le pied est posé à terre. *Les bords du fer à cheval sont repliés sur la muraille.*

MURAILLEMENT, n. m. [myʀaj(ə)mɑ̃] (*murailler*) Maçonnerie en briques dont on revêt les puits d'une mine, les tunnels. ◆ Travail qui a pour but de fortifier les ouvrages par la construction de murs.

MURAILLER, v. tr. [myʀaje] (*muraille*) Recouvrir d'une muraille. ◆ Soutenir par un mur. *Murailler un puits de mine.*

MURAL, ALE, adj. [myʀal] (lat. *muralis*) De mur, qui a rapport aux murs. « *On a donné le nom de sel mural au natron qui se forme contre les vieux murs* », Buffon. ♦ *Carte murale,* carte qui s'applique aux murs. ♦ *Peinture murale,* peinture qu'on applique sur les murs. ♦ *Plante murale,* plante qui croît sur les murs. ♦ **Astron.** *Cercle mural* ou n. m. *mural,* instrument astronomique qui est fixé à un mur. ♦ **Au pl.** *Des cercles muraux, des muraux.* ♦ *Couronne murale,* chez les Romains, couronne d'or crénelée qu'on donnait à ceux qui étaient montés les premiers sur les murs d'une place assiégée. ♦ ▷ *Machines murales,* celles qui servaient à défendre ou à renverser les murs. ◁

MURALISME, ■ n. m. [myʀalism] (*mural* ; cf. esp. *muralismo*) Mouvement artistique apparu au Mexique dans les années 1910, caractérisé par la réalisation, sur les édifices publics, de peintures murales empreintes de réalisme social. *Le muralisme s'est inspiré de la tradition de la peinture murale précolombienne. Diego Rivera et David Siqueiros, les deux grands noms du muralisme.* ■ MURALISTE, adj. ou n. m. et n. f. [myʀalist]

MURÉ, ÉE, p. p. de murer. [myʀe] **Fig.** *La vie privée doit être murée,* on ne doit pas se livrer à la publicité la vie privée d'une personne. ♦ Enfermé dans un couvent.

MÛRE ou **MURE**, n. f. [myʀ] (lat. *mora*, plur. de *morum*, mûre) Le fruit du mûrier. ♦ *Mûre sauvage, mûre de haie,* le fruit des ronces.

MÛREMENT ou **MUREMENT**, adv. [myʀ(ə)mã] (*mûr*) Avec beaucoup de réflexion.

MURÈNE, n. f. [myʀɛn] (lat. *muræna,* du gr. *muraina*) Genre de poissons de la division des apodes. ♦ *La murène anguille,* dite vulgairement anguille, des eaux douces et salées.

MURÉNIDÉ, ■ n. m. [myʀenide] (*murène*) Poisson au corps allongé, à la peau épaisse et visqueuse sans écailles, dépourvu de nageoire ventrale et caudale. *La murène fait partie de la famille des murénidés.*

MURER, v. tr. [myʀe] Entourer de murs. *Murer une ville.* ♦ **Fig.** *Murer sa vie.* ♦ Boucher par un mur. *Murer une porte.* ♦ Enfermer quelqu'un dans un lieu totalement clos. ■ REM. On dit plutôt *emmurer.* ■ Isoler du monde. *Sa démence le murait dans la solitude.* ■ **Se murer,** v. pr. S'isoler de la société. *Le dépressif a tendance à se murer chez lui toute la journée.* ■ S'enfermer dans un sentiment ou dans un état d'esprit. *Se murer dans son orgueil, dans le silence.*

MÛRERAIE ou **MURERAIE**, n. f. [myʀ(ə)ʀɛ] (*mûre*) Terrain planté de mûriers. ■ REM. On dit aussi *mûraie* ou *muraie.*

MURET n. m. ou **MURETTE**, ■ n. f. [myʀɛ, myʀɛt] (*mur*) Petit mur. *Un muret de pierres.* ■ REM. *Muret* est plus fréquent que *murette.* On dit également *muretin.*

MURETIN, ■ n. m. [myʀ(ə)tɛ̃] (*muret*) Voy. MURET.

MUREX, n. m. [myʀɛks] (mot lat., murex, pourpre) Genre de coquillages, dont on extrayait la pourpre.

MUREXIDE, n. m. [myʀɛksid] (*murex*) Purpurate d'ammoniaque.

MURGE, ■ n. f. [myʀʒ] (orig. inc.) **Très fam.** Ivrognerie. *La fête, ça s'est terminé par une murge générale.* ■ *Prendre, se mettre une murge,* se rendre ivre.

MURGER, ■ v. tr. [myʀʒe] (*murge*) **Très fam.** Rendre ivre. *Ce punch, ça l'a complètement murgé.* ■ **Se murger,** v. pr. Se soûler. *Il passe ses soirées à se murger dans les bars.*

MÛRI, IE ou **MURI, IE**, p. p. de mûrir. [myʀi]

MURIATE, n. m. [myʀjat] (lat. *muria,* saumure) **Chim.** Ancien nom des chlorhydrates ou hydrochlorates.

MURIATIQUE, adj. [myʀjatik] (*muriate*) **Anc. chim.** Syn. d'hydrochlorique ou chlorhydrique. ♦ *Acide muriatique oxygéné,* le chlore. ♦ *Acide muriatique suroxygéné,* acide chlorique.

MURIDÉ, ■ n. m. [myʀide] (lat. *mus,* génit. *muris,* souris) Petit rongeur muni d'une queue quasi nue dont la longueur excède généralement celle du corps, et dont la famille comprend les rats, les souris, les mulots, les hamsters, etc. *La plupart des muridés sont nocturnes.*

MÛRIER ou **MURIER**, n. m. [myʀje] (*mûre*) Arbre qui porte les mûres. ♦ *Mûrier noir,* dont l'écorce, ainsi que la racine, est âcre, amère, purgative, vermifuge ; ses fruits sont noirs. ♦ *Mûrier blanc* ou *de la Chine,* dont les fruits blancs sont alimentaires, mais qu'on cultive surtout pour ses feuilles.

MURIN, ■ n. m. [myʀɛ̃] (lat. *mus,* génit. *muris,* souris) Chauve-souris insectivore commune en Europe, aux oreilles très développées, vivant en colonie l'été et en solitaire l'hiver. *Le grand murin et le petit murin.*

MÛRIR ou **MURIR**, v. intr. [myʀiʀ] (anc. fr. *meurer,* du lat. *maturare,* faire mûrir, devenir mûr) Devenir mûr. « *Il fait naître et mûrir les fruits* », Racine. ♦ **Fig.** « *Choisissez, autant que vous pourrez, vos amis dans un âge un*

peu au-dessus du vôtre ; vous en mûrirez plus promptement* », Fénelon. ♦ **Fig.** *Laisser mûrir,* donner le temps nécessaire pour qu'une chose vienne à point. « *J'avance cette opinion ; mais, parce qu'elle est nouvelle, je la laisse mûrir au temps* », Pascal. ♦ **V. tr.** Rendre mûr. *Le soleil mûrit les moissons.* ♦ **Par extens.** Produire un effet comparé à la maturité d'un fruit. *Cet emplâtre mûrira l'abcès.* ♦ **Fig.** Donner de la maturité. « *Après tout, l'âge peut le mûrir* », Voltaire. ♦ Il se dit dans un sens analogue des choses qu'on amène à point. « *Il faut que le temps mûrisse peu à peu une opinion nouvelle* », Pascal. « *La foi mûrit la raison* », Massillon.

MÛRISSAGE ou **MURISSAGE**, ■ n. m. [myʀisaʒ] (*mûrir*) Voy. MÛRISSEMENT.

MÛRISSANT, ANTE, ou **MURISSANT, ANTE**, adj. [myʀisã, ãt] (*mûrir*) Qui est dans un état de maturation. ♦ Qui est propre à rendre mûr.

MÛRISSEMENT ou **MURISSEMENT**, ■ n. m. [myʀis(ə)mã] (radic. du p. prés. de *mûrir*) Action de mûrir. *Contrôler le mûrissement des fruits.* ■ REM. Dans ce sens, on dit aussi *mûrissage.* ■ **Fig.** *Le mûrissement d'un texte.*

MÛRISSERIE ou **MURISSERIE**, ■ n. f. [myʀis(ə)ʀi] (radic. du p. prés. de *mûrir*) Entrepôt où les fruits terminent leur mûrissement avant leur commercialisation. *Les mûrisseries de bananes.*

MURMEL, ■ n. m. [myʀmɛl] (all. *Murmel,* marmotte) Fourrure de marmotte ayant l'aspect de celle du vison. *Un manteau en murmel.*

MURMURANT, ANTE, adj. [myʀmyʀã, ãt] (*murmurer*) Qui rend un murmure. « *Source limpide et murmurante* », Lamartine.

MURMURATEUR, n. m. [myʀmyʀatœʀ] (b. lat. *murmurator,* celui qui parle bas, qui se plaint) ▷ Celui qui murmure. « *Moïse exterminant les murmurateurs* », Massillon. ♦ **Adj.** « *Les Juifs murmurateurs* », Voltaire. ■ **Au f.** *Murmuratrice.* ◁

MURMURE, n. m. [myʀmyʀ] (lat. *murmur,* bruit confus, bourdonnement, grondement de tonnerre) Bruit léger des eaux, des vents, etc. ♦ Bruissement que font entendre certains animaux. ♦ Bruit confus de plusieurs personnes qui parlent et s'agitent en même temps. *Murmure d'approbation, d'improbation, etc.* ♦ Le bruit et les plaintes que font des personnes mécontentes. *Les murmures du peuple.* ♦ Plainte sourde d'une seule personne. *Sa disgrâce ne lui arracha aucun murmure.* ♦ **Fig.** *Le murmure du cœur, le murmure des passions, etc.,* le mouvement secret des passions contraintes ou contrariées. ♦ Paroles prononcées par quelqu'un à voix basse. *Il m'a remercié dans un murmure à peine audible.* ■ **Méd.** *Murmure vésiculaire,* bruit normal entendu à l'auscultation pulmonaire et correspondant aux mouvements des parois alvéolaires. *La diminution du murmure vésiculaire est un symptôme de l'asthme.*

MURMURÉ, ÉE, p. p. de murmurer. [myʀmyʀe]

MURMURER, v. intr. [myʀmyʀe] (lat. *murmurare,* murmurer par mécontentement, faire entendre un bruit) Faire un bruit léger, en parlant des eaux, des vents, etc. ♦ Faire entendre un murmure, en parlant des personnes. ♦ **Fig.** Faire entendre une plainte sourde. « *Les enfants d'Israël murmurèrent contre Moïse et Aaron* », Saci. ♦ Il se dit aussi des choses qui, personnifiées, se plaignent, résistent. *La chair murmure.* « *La bouche obéit mal lorsque le cœur murmure* », Voltaire. ♦ *Murmurer de,* s'entretenir mystérieusement de. On en murmure. ♦ **V. tr.** Dire à voix basse. *Murmurer des vers.* ♦ **Se murmurer,** v. pr. Être dit à voix basse.

MÛROISE ou **MUROISE**, ■ n. f. [myʀwaz] (*mûre* et *framboise*) Fruit hybride obtenu par croisement entre la mûre et la framboise. *Confiture de mûroise.*

MÛRON ou **MURON**, n. m. [myʀɔ̃] (*mûre*) Fruit des ronces. ♦ Framboisier sauvage.

MUROS (EXTRA-) ou **MUROS (INTRA-)**, loc. lat. [ɛtra, ɛkstramyʀos] (mots lat., de *extra,* à l'extérieur de, ou *intra,* à l'intérieur de, et accus. plur. de *murus,* murs de la ville) Hors des murs, dans les murs d'une ville. *Les débitants de boissons intra-muros.* ♦ Voy. EXTRA-MUROS et Voy. INTRA-MUROS.

MURRHIN, INE, adj. [myʀɛ̃, in] (lat. *murr[h]inus,* de *murra,* matière minérale mal identifiée) *Vases murrhins,* vases fort estimés des Anciens, et dont la matière est encore pour les savants un objet de discussion.

MUR-RIDEAU, ■ n. m. [myʀʀido] (*mur* et *rideau*) Élément d'un mur extérieur d'un bâtiment qui n'est pas un élément porteur. *Des murs-rideaux comportant un double vitrage muni de cellules photovoltaïques servent de capteurs solaires. Le mur-rideau du Bauhaus à Dessau.*

MUSACÉE, ■ n. f. [myzase] (lat. sav. [Linné] *musa,* bananier, de l'ar. *mauz,* banane) Plante monocotylédone des régions tropicales pouvant atteindre plus de sept mètres de hauteur, possédant un pseudo-tronc constitué à partir de la base massive des feuilles. *La famille des musacées comprend les bananiers.*

MUSAGÈTE, adj. m. [myzaʒɛt] (gr. *mousagétês,* de *Mousa,* Muse, et *hêgeisthai,* conduire) *Apollon musagète,* Apollon conducteur des Muses.

MUSARAIGNE, n. f. [myzaʀɛɲ] ou [myzaʀɛnj] (b. lat. *musaraneus*, de *mus*, souris, et *araneus*, d'araignée, à cause de sa morsure venimeuse) Genre de mammifères carnassiers insectivores.

MUSARD, ARDE, adj. [myzaʀ, aʀd] (*muser*) Qui a l'habitude de muser. ♦ N. m. et n. f. *Un musard. Une musarde.*

MUSARDER, v. intr. [myzaʀde] (*musard*) **Pop.** Faire le musard.

MUSARDERIE ou **MUSARDISE**, n. f. [myzaʀdəʀi, myzaʀdiz] (*musard*) Conduite ou caractère du musard.

MUSC, n. m. [mysk] (b. lat. *muscus*, gr. *moskhos*, du pers. *musk*, même sens, p.-ê. du sanscr. *muska*, testicule) ▷ Animal ruminant qui produit le musc, dit aujourd'hui *porte-musc* ou *chevrotin porte-musc*. ◁ ♦ Substance odorante que l'on trouve dans une poche située près de l'ombilic de cet animal. ♦ ▷ *Couleur de musc*, espèce de couleur brune. ◁ ♦ *Drap musc* ou simplement *musc*, étoffe de cette couleur brune. ♦ ▷ *Peau de musc*, peau parfumée de musc. ◁ ♦ *Musc végétal*, l'huile essentielle de la muscatelline, de la mauve musquée. ♦ *Herbe au musc*, plante dite aussi ambrette. ♦ *Gros musc d'hiver*, poire longue et verte. ♦ Au pl. *Des gros muscs.*

MUSCADE, n. f. [myskad] (a. provenç. *muscada*, de *musc*, musc) Noix du muscadier des épices. ♦ *Rose muscade*, rose ainsi nommée à cause de son odeur. ♦ On dit aussi : *Noix muscade.* ♦ Petite boule de la grosseur d'une muscade dont les escamoteurs se servent dans leurs tours de gibecière. ■ REM. Aujourd'hui *noix muscade* ou *noix de muscade* sont plus usuels que *rose muscade.*

MUSCADET, n. m. [myskadɛ] (*muscade*, p.-ê. par réfection du provenç. *muscadel*, raisin, vin muscat) Sorte de vin qui a quelque goût de vin muscat. ■ Cépage blanc de la vallée de la Loire également appelé *melon de Bourgogne.* ■ Vin blanc sec issu de ce cépage. *Servir du muscadet avec un plateau de fruits de mer. Le muscadet est une AOC.*

MUSCADIER, n. m. [myskadje] (*muscade*) Nom d'un genre de végétaux dans lequel on distingue le muscadier aromatique, dit vulgairement *muscadier*, qui porte la muscade.

MUSCADIN, n. m. [myskadɛ̃] (ital. *moscardino*, pastille parfumée au musc, élégant, de *moscado*, musc) Petite pastille à manger où il entre du musc. ♦ **Fig.** Petit-maître, homme qui affecte une grande recherche dans son costume.

MUSCARDIN ou **MUSCADIN**, n. m. [myskaʀdɛ̃, myskadɛ̃] (ital. *moscardino*) Loir de la plus petite espèce.

MUSCARDINE, ■ n. f. [myskaʀdin] (*muscardin*, ver à soie que la maladie rend mou comme la pastille au musc) Maladie contagieuse du ver à soie due à un champignon qui s'attaque aux œufs et aux larves. *La muscardine a décimé de nombreuses magnaneries au XIXᵉ siècle.*

MUSCARI, ■ n. m. [myskaʀi] (lat. sav. [XVIᵉ>nb/>siècle] *muscarium*, de *muscus*, en raison de son parfum musqué) Plante bulbeuse dont les fleurs variant entre le bleu et le violet forment des clochettes regroupées autour de la tige. *Les muscaris des jardins anglais.*

MUSCARINE, ■ n. f. [myskaʀin] (all. *Muscarin*, de [amanita] *muscaria*, [amanite] tue-mouches, de *musca*, mouche) Substance toxique produite par certains champignons vénéneux, tels que l'amanite tue-mouches. *La muscarine en dose élevée peut tuer.*

MUSCAT, adj. m. [myska] (mot provenç., de *musc*) Qui a une odeur parfumée tenant légèrement de celle du musc. ♦ *Raisin muscat* et n. m. *muscat*, nom de diverses espèces de raisin qui ont une certaine odeur de musc. ♦ *Vin muscat* et n. m. *muscat*, vin qu'on tire de ces raisins. ♦ N. m. Nom de plusieurs espèces de poires. *Muscat royal. Muscat vert.*

MUSCATÉ, ÉE, adj. [myskate] (*muscat*) **Œnol.** Dont les arômes au nez ou en bouche rappellent ceux du muscat. *Ce vin possède une légère saveur muscatée qui fait toute son originalité.*

MUSCATELLINE, n. f. [myskatelin] (*muscat*) Plante qui donne le musc végétal.

MUSCICAPE, n. f. [mysikap] (lat. *musca*, mouche, et *capere*, prendre) ▷ Nom moderne du genre gobe-mouche (oiseaux insectivores). ◁

MUSCINAL, ALE, ■ adj. [mysinal] (lat. *muscus*, mousse) Où pousse de la mousse. *Les strates muscinales et herbacées d'une forêt. Des tapis muscinaux.*

MUSCINÉE, ■ n. f. [mysine] (lat. *muscus*, mousse) Plante cryptogame sans fleurs ni graines telle que les mousses. *Les muscinées forment une classe.*

MUSCIVORE, adj. [mysivɔʀ] (lat. *musca* et *-vore*) **Zool.** Qui dévore les mouches. « *Des oiseaux muscivores* », BUFFON.

MUSCLE, n. m. [myskl] (lat. *musculus*, petite souris, puis [lat. imp.] muscle ; cf. *lacertus*, lézard, puis muscle) **Anat.** Organe charnu, composé de fibres irritables, dont les contractions, déterminées soit par la volonté soit par certaines irritations, produisent tous les mouvements des animaux.

■ Le même type d'organe chez l'homme. ■ **Fam.** *Avoir du muscle*, être très fort. ■ *Être tout en muscles*, avoir des muscles développés, sans graisse. ■ **Fig.** *Manquer de muscle*, d'énergie, de dynamisme. *Voiture confortable, mais qui manque de muscle.*

MUSCLÉ, ÉE, adj. [myskle] (*muscle*) Qui est pourvu de muscles. ♦ Qui a les muscles marqués et puissants. ♦ **Peint.** et **sculpt.** *Cette figure, cette statue est bien musclée.* ♦ **Fig.** et **fam.** Qui recourt à la force physique, à la brutalité. *L'intervention musclée des CRS lors d'une manifestation.* ■ **Fam.** Difficile à résoudre, à faire. *J'y arriverai toute seule, même si c'est musclé.*

MUSCLER, ■ v. tr. [myskle] (*muscle*) Développer les muscles. *Un exercice qui muscle les jambes.* ■ **Fig.** Donner plus de dynamisme et de vigueur à. *On a musclé notre plan d'action.* ■ Se muscler, v. pr. *Il nageait pour se muscler.*

MUSCOVITE, ■ n. f. [myskovit] (angl. *Muscovy*, Moscovie) **Minér.** Mica contenant du potassium et de l'aluminium, transparent ou translucide, également appelé *mica blanc.* *Utilisation de la muscovite comme isolant dans les appareils électriques.*

MUSCU, ■ n. f. [mysky] (apocope de *musculation*) Voy. MUSCULATION.

MUSCULAIRE, adj. [myskylɛʀ] (lat. *musculus*, muscle) Qui a rapport aux muscles. *Tissu musculaire. Contractions musculaires.* ♦ *Force musculaire*, puissance développée par la contraction des muscles. ♦ *Système musculaire*, l'ensemble des parties musculaires du corps de l'animal.

MUSCULATION, ■ n. f. [myskylasjɔ̃] (lat. *musculus*, muscle) Développement intentionnel d'un muscle ou d'une partie du corps. *Des exercices de musculation.* ■ Ensemble d'exercices visant à développer la masse musculaire. *Un adepte de la musculation.* ■ **Abrév. fam.** Muscu ou muscle. *Faire de la muscu tous les matins.*

MUSCULATURE, n. f. [myskylatyʀ] (lat. *musculus*, muscle) **Bx-arts** L'ensemble des muscles du corps humain, d'une statue, etc. ■ Ensemble des muscles apparents sous la peau. *La musculature du cheval.*

1 MUSCULE, n. m. [myskyl] (lat. *musculus*) Machine de guerre des Anciens qui servait à couvrir les assiégeants.

2 MUSCULE, ■ n. f. [myskyl] (abrév. de *musculation*) Voy. MUSCULATION.

MUSCULEUX, EUSE, adj. [myskylø, øz] (lat. impér. *musculosus*) Où il y a beaucoup de muscles. *Partie musculeuse.* ♦ Qui a les muscles très apparents, très forts. *Corps musculeux.*

MUSCULOSQUELETTIQUE, ■ adj. [myskyloskəletik] (lat. *musculus* et *squelette*) Qui concerne à la fois le système musculaire et le squelette. *Une échographie musculosquelettique. La plupart des troubles musculosquelettiques, tels que le syndrome du canal carpien, sont déclarés maladies professionnelles.*

MUSE, n. f. [myz] (lat. *Musa*, gr. *Mousa*) Chacune des neuf déesses qui présidaient, suivant les Anciens, aux arts libéraux (on met une majuscule). ♦ *Dixième Muse*, femme qui cultive la poésie avec succès. ♦ **Fig.** *Les nourrissons, les favoris des Muses*, les poètes. ♦ **Fig.** Les belles-lettres et particulièrement la poésie (dans ce sens et dans tous les suivants on met une minuscule). *Cultiver les muses.* ♦ L'art de la poésie. « *Enfin Malherbe vint [...] Et réduisit la muse aux règles du devoir* », BOILEAU. ♦ *Les muses grecques, latines, françaises*, etc., la poésie grecque, latine, etc. ♦ On dit aussi au singulier : *La muse française.* ♦ **Absol.** L'inspiration poétique en général. ♦ Le génie de chaque poète, le caractère de sa poésie. ♦ Les poètes, un poète. « *Dans la disette, une muse affamée Ne peut pas, dira-t-on, subsister de fumée* », BOILEAU. ♦ La personne ou le sentiment qui inspire le poète. *L'indignation est sa muse.*

MUSÉAL, ALE, ■ adj. [myzeal] (*musée*) Relatif aux musées. *Les structures muséales de la ville. Des projets muséaux.* ■ Ensemble, espace muséal, comprenant le musée et les structures de services, telles que les boutiques, les cafétérias, qui lui sont annexes.

MUSEAU, n. m. [myzo] (anc. fr. *mus*, museau, bouche, du b. lat. *musus*) Nom donné vulgairement à la face des mammifères quand elle avance beaucoup en avant du front, de manière à rendre les mâchoires saillantes. *Le museau d'un chien, d'un narval*, etc. ♦ **Pop.**, **par mépris et plais.** Le visage. ♦ **Ironiq.** *Voilà un plaisant museau.* ■ Terrine à base de mufle et de joue de porc ou de bœuf.

MUSÉE, n. m. [myze] (lat. *museum*, du gr. *mouseion*, lieu consacré aux Muses, aux études) Anciennement, édifice où l'on se livrait à l'art, à la poésie, à l'érudition, etc. ♦ Le grand établissement fondé par les Ptolémées à Alexandrie pour la culture des lettres et des sciences. ♦ Aujourd'hui, lieu destiné soit à l'étude, soit à rassembler les monuments des beaux-arts et des sciences, les objets antiques, etc. *Le musée du Louvre. Un musée d'Histoire naturelle. Le musée d'Artillerie.* ■ Titre des ouvrages qui renferment la gravure et la description des objets d'art rassemblés dans un musée. ■ **Fig.** et **plais.** *Pièce de musée*, se dit d'un objet que l'on juge trop vieux pour pouvoir être utilisé.

MUSÉIFIER, ■ v. tr. [myzeifje] (*musée*) Transformer en musée. *Muséifier la maison d'un écrivain.* ■ **Fig.** Figer, momifier, ôter toute possibilité d'évolution. *Muséifier un centre-ville.*

MUSELÉ, ÉE, p. p. de museler. [myz(ə)le]

MUSÈLEMENT, ■ n. m. [myzɛl(ə)mɑ̃] (*museler*) Voy. MUSELLEMENT.

MUSELER, v. tr. [myz(ə)le] (anc. fr. *musel*, museau) Serrer par une muselière la gueule d'un animal. *Museler un chien.* ◆ **Fig.** Empêcher de parler. *Museler la presse.*

MUSELET, ■ n. m. [myz(ə)lɛ] (anc. fr. *musel*, museau) Armature de fil de fer galvanisé et tressé qui recouvre le bouchon d'une bouteille de vin effervescent. *Le muselet se fixe sous le goulot.*

MUSELIÈRE, n. f. [myzəljɛʀ] (anc. fr. *musel*, museau) Lien qu'on met au museau de quelques animaux pour les empêcher de mordre, de paître, etc.

MUSELLEMENT ou **MUSÈLEMENT**, n. m. [myzɛl(ə)mɑ̃] (*museler*) Action de museler.

MUSÉOGRAPHIE, ■ n. f. [myzeoɡʀafi] (*musée* et *-graphie*) Science qui a pour objet l'histoire des musées et de leurs collections. ■ Ensemble des moyens mis en œuvre pour exposer des pièces de collection ou des œuvres d'art dans les meilleures conditions tant au point de vue de leur conservation que de leur présentation au public. ■ MUSÉOGRAPHE, n. m. et n. f. [myzeoɡʀaf] ■ MUSÉOGRAPHIQUE, adj. [myzeoɡʀafik] *Collections, présentations muséographiques.*

MUSÉOLOGIE, ■ n. f. [myzeoloʒi] (*musée* et *-logie*) Science qui a pour objet l'étude des musées et plus particulièrement la conservation et la présentation de leurs collections. ■ MUSÉOLOGUE, n. m. et n. f. [myzeoloɡ] ■ MUSÉOLOGIQUE, adj. [myzeoloʒik] *Activités, matériels, inventaires muséologiques.*

MUSÉON, ■ n. m. [myzeɔ̃] (var. de *muséum*) Voy. MUSÉUM.

MUSER, v. intr. [myze] (anc. fr. *mus*, museau) S'amuser, perdre son temps à des riens. ◆ Impers. pass. *C'est assez musé.* ■ **Prov.** *Qui refuse, muse*, en refusant une offre, on perd une occasion qu'on ne retrouvera plus. ■ **Vén.** Se dit du cerf en rut à la recherche de biches.

MUSEROLLE ou **MUSEROLE**, n. f. [myz(ə)ʀɔl] (ital. *museruola*, de *muso*, museau) La partie de la bride d'un cheval qui se place au-dessus du nez.

MUSETTE, n. f. [myzɛt] (anc. fr. *muse*, cornemuse rustique, de *muser*, jouer de la musette, de *mus*, museau) Syn. poétique de cornemuse. ◆ Air fait pour la musette. *Jouer, chanter, danser une musette.* ◆ Par extens. La poésie champêtre et joyeuse. ◆ Petit sac rempli d'avoine qu'on attache au cou des chevaux, et dans lequel ils mangent l'avoine en route ou en travaillant. ◆ Gibecière de berger. ■ *Bal musette*, bal populaire où l'on danse au son de l'accordéon. ■ Sac de toile porté en bandoulière.

MUSÉUM, n. m. [myzeɔm] (lat. *museum*) Syn. de musée, en quelques acceptions particulières. *Le Muséum d'histoire naturelle à Paris.* ◆ Au pl. *Des muséums.* ◆ Le musée d'Alexandrie. ◆ On a écrit aussi *muséon.*

MUSICAL, ALE, adj. [myzikal] (lat. médiév. *musicalis*) Qui a rapport à la musique. *Soirée musicale. L'art musical. Caractères musicaux.* ◆ *Gazette musicale, Art musical*, noms de journaux de musique. ■ **Méd.** *Bruits musicaux*, degré le plus élevé des bruits de soufflet, perçus en auscultation. ◆ Qui reproduit les caractéristiques de la musique. *Une voix musicale.* ■ *Comédie musicale*, qui associe dialogue et chant. ■ *Oreille musicale*, faculté à reconnaître les sons musicaux et à les analyser. *Avoir l'oreille musicale. Travailler son oreille musicale.* ■ *Chaises musicales*, jeu consistant à disposer autant de chaises que de joueurs, puis à en retirer une et à demander aux joueurs tournant autour de s'asseoir sur l'une d'elle lorsque la musique s'arrête, le joueur restant debout étant éliminé ; fig. nouvelle répartition où chacun prend la place de l'autre de façon plus ou moins aléatoire. *Le jeu des chaises musicales qui fait suite à la réorganisation des responsables de cette société commerciale.*

MUSICALEMENT, adv. [myzikal(ə)mɑ̃] (*musical*) Conformément aux règles de la musique. ■ Avec harmonie.

MUSICALITÉ, ■ n. f. [myzikalite] (*musical*) Qualité de ce qui évoque la musique. *La musicalité d'un alexandrin.*

MUSIC-HALL, ■ n. m. [myzikɔl] (mot angl., salle de musique) Établissement qui produit des spectacles de variétés. *Les music-halls de Londres.* ■ Ce spectacle mêlant chant, danse, imitation ou prestidigitation.

MUSICIEN, IENNE, n. m. et n. f. [myzisjɛ̃, jɛn] (*musique*) Celui, celle qui sait l'art de la musique. ◆ **Adj.** *Des oreilles musiciennes.* ◆ Celui, celle qui compose ou exécute de la musique. ◆ **Fig.** *Les musiciens des bois*, les oiseaux chanteurs. ■ **Rem.** Aujourd'hui on dit *oreille musicale* plutôt que *oreilles musiciennes.*

1 MUSICO, n. m. [myziko] (mot néerl.) Lieu public dans les Pays-Bas où le peuple va boire, fumer, entendre de la musique, etc. ◆ Au pl. *Des musicos.*

2 MUSICO, ■ n. m. et n. f. [myziko] (abrév. de *musicien*) **Fam.** Musicien, musicienne ou amateur de musique. *Une radio pour les musicos.*

MUSICOGRAPHIE, ■ n. f. [myzikoɡʀafi] (*musique* et *-graphie*) Science qui a pour objet l'étude des œuvres musicales, de leurs compositeurs et de leur interprétation. ■ MUSICOGRAPHE, n. m. et n. f. [myzikoɡʀaf] ■ MUSICOGRAPHIQUE, adj. [myzikoɡʀafik] *Des travaux, des recherches musicographiques.*

MUSICOLOGIE, ■ n. f. [myzikoloʒi] (*musique* et *-graphie*) Science de la théorie, de l'art et de l'histoire de la musique. ■ MUSICOLOGUE, n. m. et n. f. [myzikoloɡ] ■ MUSICOLOGIQUE, adj. [myzikoloʒik]

MUSICOTHÉRAPIE, ■ adj. [myzikoteʀapi] (*musique* et *-thérapie*) **Psych.** Traitement des affections nerveuses et mentales associé à la musique. *La musicothérapie est parfois employée auprès de personnes souffrant d'autisme.* ■ MUSICOTHÉRAPEUTE, n. m. et n. f. [myzikoteʀapøt]

MUSIF, IVE, adj. [myzif, iv] (var. de *mussif*) Voy. MUSSIF.

MUSIQUE, n. f. [myzik] (lat. *musica*, du gr. *mousikê* [*tekhnê*], art des Muses) Science ou emploi des sons qui entrent dans une échelle dite gamme. ◆ *Apprendre la musique*, apprendre soit à composer soit à exécuter de la musique. ◆ On dit de même : *Savoir, enseigner, etc., la musique.* ◆ *Maître de musique*, celui qui enseigne la musique. ◆ *Lire la musique*, reproduire par la voix ou par les instruments les sons représentés par des signes écrits. ◆ Production de cet art. *Composer de la musique.* ◆ *Mettre en musique*, faire de la musique sur des paroles. ◆ L'exécution de la musique, soit avec la voix, soit avec les instruments. *Faire de la musique.* ◆ *Musique enragée, musique de chiens et de chats, musique d'enfer*, détestable musique. ◆ *Instrument de musique*, instrument avec lequel on exécute de la musique. ◆ *Notes de musique*, Voy. NOTE. ◆ *Livre de musique, cahier de musique*, ou **absol.** *musique*, livre, cahier dans lequel de la musique est écrite. ◆ *Papier de musique*, Voy. PAPIER. ◆ *Musique*, compagnie de musiciens qui ont coutume de jouer ensemble. *Une musique de régiment. La musique de l'Opéra.* ◆ **Fig.** Certains sons agréables. *La voix de cette personne est une musique délicieuse.* ◆ Paroles qui flattent le cœur. « *Ils faisaient raisonner à vos oreilles une musique si agréable* », BOSSUET. ◆ *Musique mécanique*, mouvements au moyen desquels des pendules, des tabatières, etc. jouent un certain nombre d'airs. ■ Transcription de pièces de musique. ■ *Musique classique*, Voy. CLASSIQUE. ■ **Fam.** *C'est toujours la même musique*, la même histoire. ■ **Fam.** *Réglé comme du papier à musique*, complètement organisé. ■ **Fam.** *Je connais la musique*, je sais comment cela se passe, de quoi il en retourne. ■ **Fam.** *Aller plus vite que la musique*, faire quelque chose beaucoup plus rapidement que ce que l'on peut envisager raisonnablement. *Laissez-moi du temps, je ne peux pas aller plus vite que la musique.* ■ **Fam.** *En avant la musique*, allons-y.

MUSIQUER, v. intr. [myzike] (*musique*) **Fam.** Faire de la musique. « *Nous musiquâmes tout le jour* », J.-J. ROUSSEAU. ◆ **V. tr.** Mettre en musique.

MUSIQUETTE, ■ n. f. [myzikɛt] (*musique*) **Péj.** Musique jugée comme insignifiante, de peu de valeur. « *En vérité elle n'écoutait pas, elle ne pouvait pas écouter. La moindre musiquette aurait bercé aussi bien sa rêverie* », MONTHERLANT.

MUSLI, ■ n. m. [mysli] Voy. MUESLI.

MUSOIR, ■ n. m. [myzwaʀ] (anc. fr. *muse*, museau, ou *muser*, flâner) Pointe extrême d'une digue, d'une jetée. *Un musoir permet de diminuer considérablement les effets de houle dans un port.*

MUSQUÉ, ÉE, p. p. de musquer. [myske] Il se dit de certaines choses dont l'odeur a quelque rapport avec celle du musc. ◆ *Les bisons ou bœufs musqués.* ◆ *Rosier musqué*, rosier qui porte la rose muscade, la noix de muscade. ◆ Qui a la saveur du musc. *Poire musquée. Canard musqué.* ◆ **Fig.** Qui a trop d'apprêt, qui affecte les ornements futiles. *Poète musqué. Style musqué.* ◆ *Paroles musquées*, paroles flatteuses.

MUSQUER, v. tr. [myske] (*musc*) Parfumer avec du musc. *Musquer des gants.* ◆ Se musquer, v. pr. Se parfumer de musc.

MUSSÉ, ÉE, p. p. de musser. [myse]

MUSSE-POT (À), ■ loc. adv. [mys(ə)po] Voy. MUCHE-POT ou Voy. MUSSER.

MUSSER (SE), v. pr. [myse] (gaul. *mukyare*, cacher, d'orig. celt.) Se cacher (il vieillit). ◆ **Fam.** *À musse-pot* ou *à muche-pot*, en cachette.

MUSSIF, IVE, adj. [mysif, iv] (b. lat. *musivum*, ouvrage en mosaïque) *Or mussif*, combinaison de soufre et d'étain, dont on frotte les coussins d'une machine électrique. ■ **Rem.** On disait aussi *musif* autrefois.

MUST, ■ n. m. [mœst] (mot angl., devoir) **Fam.** Ce qu'il faut faire ou avoir pour être à la mode. *Les ballerines sont le must de l'été. Un des musts de l'appellation.*

MUSTANG, ■ n. m. [mystɑ̃g] ou [mystɑ̃] (mot angl., de l'esp. *mestengo*, animal sans maître) Cheval d'Amérique du Nord vivant à l'état sauvage. *Monter un mustang pour un rodéo.*

MUSTÉLIDÉ, ■ n. m. [mystelide] (lat. *mustela*, belette) **Zool.** Petit mammifère carnivore à fourrure, aux pattes courtes et au corps allongé, tel que la belette, le blaireau, la loutre, la fouine ou l'hermine.

MUSULMAN, ANE, n. m. et n. f. [myzylmã, an] (persan plur. *musulman* ou *musliman*, de l'ar. *muslim*, part. de *aslama*, se confier, se soumettre ; cf. *islam*) Nom que les mahométans se donnent. ◆ Adj. *La religion musulmane. Les peuples musulmans.*

MUSURGIE, n. f. [myzyʀʒi] (gr. *mousourgia*, chant, poésie) ▷ **Mus.** Art d'employer à propos les consonances et les dissonances. ◁

MUTABILITÉ, n. f. [mytabilite] (lat. *mutabilitas*) Qualité de ce qui est muable. « *La mutabilité naturelle de nos désirs* », Bossuet. « *Nous sommes tous sujets à la mutabilité* », Voltaire.

MUTABLE, ■ adj. [mytabl] (lat. *mutabilis*) Qui peut changer, être changé. *Donner un paramètre comme valeur mutable.* ■ **Génét.** Dont la fréquence de mutation est élevée. *Gène mutable.*

MUTAGE, n. m. [mytaʒ] (1 *muter*) Opération qui a pour but d'arrêter la fermentation du moût, en le mettant en contact avec un sulfite ou avec de l'acide sulfureux.

MUTAGÈNE, ■ adj. [mytaʒɛn] (*mutation* et *-gène*) **Génét.** Capable de provoquer une mutation génétique. *Un agent mutagène. Des conditions environnementales mutagènes.* ■ N. m. *Les mutagènes chromosomiques.*

MUTAGENÈSE, ■ n. f. [mytaʒənɛz] (*mutation* et *genèse*) **Génét.** Introduction d'une altération dans un gène qui change la structure ou la fonction du produit génétique. ■ *Mutagenèse dirigée*, Technique par laquelle un gène cloné est muté *in vitro* dans une molécule d'ADN cible.

MUTANT, ANTE, ■ adj. [mytã, ãt] (p. prés. substantivé de 2 *muter*, d'après l'angl. *mutant* et l'all. *Mutante*) **Génét.** Qui a subi une mutation génétique. *Introduction de gènes mutants dans les OGM.* ■ N. m. *Produire un mutant par clonage.* ■ N. m. et n. f. Personnage de science-fiction dont les ancêtres furent humains et qui a subi une mutation. *Les mutants ont généralement l'aspect de monstres.*

MUTATION, n. f. [mytasjõ] (lat. *mutatio* ; sens biol., all. *Mutation*) Changement. « *Des mutations de matière et de forme* », Buffon. ◆ Remplacement d'une personne par une autre. *Il y a eu de nombreuses mutations dans cette administration.* ◆ **Jurispr.** Transmission de la propriété d'un bien par vente, échange, donation, succession, etc. ◆ Changement qui arrive dans les sociétés humaines. *Les mutations des empires.* ■ Changement d'affectation de poste, de lieu de travail au sein d'une même administration, et par extens. d'une même entreprise. *Demander sa mutation en province.* ■ **Mus.** Jeu de mutation, jeu d'orgue où chaque note, formée de plusieurs tuyaux, fait entendre à la fois le son fondamental et ses harmoniques. ■ **Biol.** Modification génétique brutale provoquant l'apparition d'un ou plusieurs nouveaux caractères héréditaires. *La mutation est irréversible. Mutations géniques et mutations chromosomiques.* ■ **EN MUTATION, EN PLEINE MUTATION**, loc. adj. Qui subit de profondes transformations. *Une société en mutation.*

MUTATIONNISME, ■ n. m. [mytasjɔnism] (*mutation*) Théorie mise au point par Hugo Vries au début du XXᵉ siècle, selon laquelle l'évolution des espèces vivantes est un phénomène discontinu provoqué par des mutations. ■ **MUTATIONNISTE**, adj. ou n. m. et n. f. [mytasjɔnist]

MUTATIS MUTANDIS, loc. adv. [mytatismytãdis] (mots lat., ablat. plur du p. p. et de l'adj. verbal de *mutare*, une fois changé ce qui doit être changé) En effectuant les changements nécessaires. *Le protocole s'applique mutatis mutandis sous réserve des conditions particulières.*

1 MUTER, v. tr. [myte] ([*vin*] muet, fait avec du moût non fermenté ; cf. la var. *muetter*) Pratiquer l'opération du mutage.

2 MUTER, ■ v. tr. [myte] (lat. *mutare*, déplacer, changer) Changer de poste, de lieu de travail au sein d'une même administration, et par extens. d'une même entreprise. *Il a demandé à être muté à l'étranger.* ■ V. intr. **Biol.** Subir une mutation génétique ou chromosomique. *Les virus inoffensifs peuvent muter et devenir sources de nouvelles infections.*

MUTILANT, ANTE, ■ adj. [mytilã, ãt] (*mutiler*) **Méd.** Qui provoque ou peut provoquer une mutilation. *Le choix entre une intervention conservatrice ou mutilante.*

MUTILATEUR, TRICE, n. m. et n. f. [mytilatœr, tʀis] (*mutiler*) Néolog. Celui, celle qui mutile les monuments, les livres, etc. ■ Adj. *Les obus mutilateurs.* ■ Mutilant. *Faire reculer les pratiques mutilatrices génitales sur les fillettes, encore en usage dans certaines sociétés.* ■ Rem. N'est plus considéré comme un néologisme aujourd'hui.

MUTILATION, n. f. [mytilasjõ] (b. lat. *mutilatio*) Action de mutiler. ◆ **Chir.** Retranchement d'un membre. ◆ **Par extens.** Destruction de statues, de monuments, de tableaux. ◆ **Fig.** Suppression de passages dans une œuvre littéraire.

MUTILÉ, ÉE, p. p. de mutiler. [mytile] N. m. et n. f. *Un mutilé.*

MUTILER, v. tr. [mytile] (lat. *mutilare*) Priver de quelque membre. *Mutiler quelqu'un d'un bras.* ◆ **Par extens.** *Mutiler un arbre*, en retrancher les branches nécessaires. ◆ **Fig.** *Mutiler la vérité.* ◆ **Par extens.** Détruire partiellement un ouvrage d'art. *Mutiler une statue.* ◆ **Fig.** Faire éprouver à une œuvre littéraire des retranchements ou des déformations. « *Je vous demanderai qu'il ne soit pas permis aux comédiens de mutiler mes pièces* », Voltaire. ■ Se mutiler, v. pr. Se couper quelque membre.

MUTIN, INE, adj. [mytɛ̃, in] (anc. fr. *meute* ou *muete*, émeute) Qui se révolte. *Enfant mutin. Peuple séditieux et mutin.* ◆ N. m., n. f. *Un mutin. Une mutine.* ◆ *Faire le mutin*, se fâcher, s'emporter. ◆ Il se dit aussi des choses. *Caractère mutin.* « *Calme les flots mutins* », P. Corneille. ◆ *Un visage, un air, un œil mutin*, un visage, un air, un œil vif, éveillé, piquant. ■ Au caractère malicieux, espiègle. *Une jeune femme mutine.*

MUTINÉ, ÉE, p. p. de mutiner. [mytine] Fig. *Les flots, les vents mutinés*, les flots agités, les vents impétueux.

MUTINER, v. tr. [mytine] (*mutin*) ▷ Jeter dans la révolte, soulever, irriter. « *Vents indomptés, Qui ne mutinez l'air et n'ouvrez les nuages Que pour faire ses volontés* », P. Corneille. « *Vous ne feriez que mutiner son amour-propre* », J.-J. Rousseau. ◁ ◆ Se mutiner, v. pr. Faire le mutin, se porter à la révolte. ◆ Avec ellipse du pronom *se*. « *Acaste, nouveau roi, fait mutiner la ville* », P. Corneille. ■ Se dépiter, s'irriter. « *On ne se mutine guère contre la nécessité* », J.-J. Rousseau.

MUTINERIE, n. f. [mytin(ə)ʀi] (*mutin*) Action de celui qui se mutine. *Esprit de mutinerie.* ◆ Obstination d'une personne qui se dépite.

MUTIQUE, ■ adj. [mytik] (lat. *mutus*, muet) **Psych.** Atteint de mutisme. *La rééducation d'enfants mutiques.* ■ N. m. et n. f. *L'examen de toutes les possibilités de communication avec un mutique.*

MUTISME, n. m. [mytism] (lat. *mutus*, muet) Impuissance d'articuler les sons. ◆ **Fig.** *Le mutisme imposé à la presse.* ◆ Volonté de garder le silence. *Le mutisme des pouvoirs publics face à cette situation ne surprend pas l'opposition.* ■ Rem. Le mutisme, contrairement à la mutité, n'est pas dû à une lésion physiologique.

MUTITÉ, ■ n. f. [mytite] (lat. *mutus*, muet) **Méd.** Impossibilité de parler due à une lésion des centres nerveux du langage ou des organes de la prononciation. *Surdité accompagnée de mutité.*

MUTUALISER, ■ v. tr. [mytɥalize] (*mutualisme*) Partager des risques, des frais en les mettant à la charge d'une communauté, d'une collectivité. *Mutualiser les frais de justice.* ■ **Par extens.** Partager des ressources au sein d'un réseau de solidarité. *Unir et mutualiser les moyens de lutte contre l'illettrisme.* ■ MUTUALISATION, n. f. [mytɥalizasjõ] *La mutualisation des moyens.*

MUTUALISME, ■ n. m. [mytɥalism] (*mutuel*) **Écon.** Doctrine fondée sur la solidarité entre les membres d'un groupe professionnel. ■ **Biol.** Association durable et profitable entre deux animaux ou organismes d'espèces différentes.

MUTUALISTE, ■ adj. [mytɥalist] (*mutuel*) Dont le fonctionnement repose sur la solidarité entre les membres. ■ *Société mutualiste*, organisme privé qui propose à ses membres un système d'assurance et de protection sociale. ■ Rem. On dit aussi *une mutuelle*. ■ N. m. et n. f. Membre d'une mutuelle.

MUTUALITÉ, ■ n. f. [mytɥalite] (*mutuel*) Néol. État de ce qui est mutuel. *Le système de la mutualité pour l'enseignement primaire*, Voy. MUTUEL. ◆ Système des sociétés d'assurance mutuelle, de coopération mutuelle. ■ Rem. N'est plus considéré comme un néologisme aujourd'hui.

MUTUEL, ELLE, adj. [mytɥɛl] (lat. *mutuus*, réciproque, mutuel) Qui s'échange entre deux ou plusieurs personnes, entre deux ou plusieurs choses. *Amour mutuel. Des besoins mutuels.* ◆ *Enseignement mutuel*, celui dans lequel on emploie les élèves les plus avancés pour répéter aux autres ce qu'eux-mêmes viennent d'apprendre. ◆ *Assurance mutuelle*, contrat de société par lequel les assurés s'engagent mutuellement à payer les dommages éprouvés par un d'eux dans une circonstance prévue, telle qu'incendie, etc. ◆ **Pop.** *La mutuelle*, l'assurance mutuelle, l'école mutuelle. ■ N. f. *Une mutuelle*, Voy. MUTUALISTE *Souscrire un contrat d'assurance auprès d'une mutuelle ou d'une compagnie.*

MUTUELLEMENT, adv. [mytɥɛl(ə)mã] (*mutuel*) D'une manière mutuelle.

MUTULE, n. f. [mytyl] (lat. archit. *mutulus*, corbeau, modillon) **Archit.** Ornement propre à la corniche de l'ordre dorique ; c'est ce qu'on appelle modillon dans les autres ordres.

MYALGIE, ■ n. f. [mjalʒi] (*my[o]-* et *-algie*) **Méd.** Douleur musculaire. *Myalgie accompagnée de céphalée.*

MYASE ou **MYIASE**, ■ n. f. [mijaz] **Méd.** Infection parasitaire d'un organisme animal ou humain par des larves d'insectes. *Myase cutanée.*

MYASTHÉNIE, ▪ n. f. [mjasteni] (*my[o]-* et *asthénie*) **Méd.** Affection auto-immune due à une anomalie enzymatique empêchant la transmission normale de l'influx nerveux. *La myasthénie se traduit par une faiblesse musculaire s'aggravant si on est soumis à des efforts.*

MYASTHÉNIQUE, ▪ adj. [mjastenik] (*myasthénie*) **Méd.** Qui est atteint de myasthénie. *Faire une crise myasthénique.* ▪ **N. m.** et n. f. *Un, une myasthénique.*

MYCÉLIEN, IENNE, ▪ adj. [miseljẽ, jɛn] (*mycélium*) **Bot.** Relatif au mycélium. *Le champignon est l'organe reproducteur du réseau mycélien.*

MYCÉLIUM, ▪ n. m. [miseljɔm] (mot lat. sav. [XIXe s.] du gr. *mukês*, champignon) **Bot.** Assemblage de filaments produits par les spores des champignons et leur servant de support ou de racine. *Le champignon n'est que la fructification de la vraie plante qui est le mycélium.*

MYCÉNIEN, IENNE, ▪ adj. [misenjẽ, jɛn] (lat. *Mycena*, gr. *Mukênê*, Mycènes, cité d'Argolide) Relatif à la cité antique de Mycènes. ▪ **N. m.** et n. f. *Les Mycéniens.* ▪ **N. m.** Dialecte grec archaïque parlé dans la région de Mycènes. *Le mycénien est l'un des plus anciens dialectes grecs.*

MYC(O)..., ▪ [miko] Préfixe tiré du grec *mucos* servant à former des mots en rapport avec les champignons.

MYCOBACTÉRIE, ▪ n. f. [mikobakteʀi] (*myco-* et *bactérie*) **Méd.** Bactérie présentant des caractéristiques communes avec les champignons, dont le genre comprend les bacilles responsables de la lèpre et de la tuberculose. *La tuberculose est provoquée par une mycobactérie tuberculeuse.*

MYCODERME, ▪ n. m. [mikodɛʀm] (d'après le lat. sav. [XIXe s.] *mycoderma*, de *myco-* et *derme*) Pellicule de moisissure qui se forme à la surface des aliments, notamment les liquides, en contact avec l'air. ▪ *Mycoderme acétique*, à partir duquel est formé la mère de vinaigre.

MYCOLOGIE, ▪ n. f. [mikoloʒi] (*myco-* et *-logie*) Étude scientifique des champignons. ▪ **MYCOLOGIQUE**, adj. [mikoloʒik] ▪ **MYCOLOGUE**, n. m. et n. f. [mikolɔg]

MYCOPLASME, ▪ n. m. [mikoplasm] (*myco-* et *-plasme*) **Méd.** Bactérie aux parois souples, responsable d'infections génitales ou pulmonaires chez l'homme ou les animaux. *Infections à mycoplasme.*

MYCORHIZE, ▪ n. f. ou n. m. [mikoriz] (*myco-* et gr. *rhiza*, racine) **Bot.** Association symbiotique entre le mycélium d'un champignon et les racines d'une plante. *Utilisation des mycorhizes dans les engrais.*

MYCOSE, ▪ n. f. [mikoz] (*myco-* et *-ose*) Infection provoquée par des champignons microscopiques parasites. *Une mycose vaginale.* ▪ **MYCOSIQUE**, adj. [mikozik] *Affection mycosique.*

MYDRIASE, ▪ n. f. [midʀijaz] (gr. *mudriasis*, maladie de la pupille, de *amudros*, obscur) **Méd.** Dilatation excessive de la pupille de l'œil. *Mydriase due à la prise d'hallucinogènes. La mydriase est normale lorsqu'elle est due à un réflexe pupillaire. Mydriase et myosis.*

MYDRIATIQUE, ▪ adj. [midʀijatik] (*mydriase*) **Méd.** Relatif à la mydriase. ▪ **N. m.** Produit qui permet la dilatation de la pupille, utilisé en particulier pour permettre l'examen d'un fond de l'œil. *Instiller un collyre mydriatique dans l'œil afin de dilater la pupille.*

MYE, ▪ n. f. [mi] (gr. *muax*, moule) **Zool.** Mollusque bivalve marin vivant enfoui dans le sable ou la vase. *Certaines espèces de myes sont comestibles.*

MYÉLENCÉPHALE, ▪ n. m. [mjelãsefal] (*myél[o]-* et *encéphale*) **Anat.** Partie intermédiaire entre l'encéphale et la moelle épinière, appelée également *bulbe rachidien.*

MYÉLINE, ▪ n. f. [mjelin] (*myél[o]-* et *-ine*) **Biol.** Substance blanchâtre constituée de lipides, qui enveloppe certaines fibres nerveuses. *La myéline augmente la vitesse de conduction de l'influx nerveux.*

MYÉLITE, ▪ n. f. [mjelit] (*myél[o]-* et *-ite*) **Méd.** Atteinte inflammatoire ou infectieuse de la moelle épinière. *La myélite se manifeste par des déficits neurologiques centraux.*

MYÉL(O)..., ▪ [mjelo] Préfixe tiré du grec *muelos* servant à former des mots en rapport avec la moelle épinière ou osseuse.

MYÉLOCYTE, ▪ n. m. [mjelosit] (*myél[o]-* et *-cyte*) **Méd.** Cellule de la moelle osseuse, précurseur des leucocytes polynucléaires. *Un myélocyte neutrophile est une cellule dont le noyau est excentré et ovalaire et dont le cytoplasme est peu coloré.*

MYÉLOGRAMME, ▪ n. m. [mjelogʀam] (*myél[o]-* et *-gramme*) Numération des différents éléments cellulaires de la moelle osseuse et détermination de leurs pourcentages respectifs. *Le myélogramme nécessite une ponction de la moelle pratiquée sous anesthésie locale.*

MYÉLOGRAPHIE, ▪ n. f. [mjelogʀafi] (*myél[o]-* et *-graphie*) **Méd.** Examen radiographique de la moelle épinière après injection d'un produit de contraste. *La myélographie est aujourd'hui le plus souvent remplacée par l'IRM.*

MYÉLOÏDE, ▪ adj. [mjeloid] (*myél[o]-* et *-oïde*) **Méd.** Relatif à la moelle osseuse. *Leucémie myéloïde.*

MYÉLOME, ▪ n. m. [mjelom] (*myél[o]-* et *-ome*) **Méd.** Tumeur maligne qui se développe aux dépens de la moelle osseuse. ▪ *Myélome multiple*, qui s'étend au-delà de la moelle osseuse. *Le myélome multiple est également appelé maladie de Kahler.*

MYÉLOPATHIE, ▪ n. f. [mjelopati] (*myél[o]-* et *-pathie*) Affection de la moelle épinière ou osseuse. ▪ *Myélopathie cervicale*, complication de l'arthrose touchant les vertèbres cervicales.

MYGALE, ▪ n. f. [migal] (gr. *mugalê*, musaraigne) Araignée tropicale de grande taille dont la morsure est très douloureuse pour l'homme, mais non mortelle.

MYIASE, ▪ n. f. [mijaz] Voy. MYASE.

MY(O)..., ▪ [mjo] Préfixe tiré du grec *mus, muos*, qui sert à former des mots en rapport avec le muscle.

MYOCARDE, ▪ n. m. [mjokaʀd] (*my[o]-* et *-carde*) Muscle cardiaque, de structure striée. *Les contractions du myocarde.*

MYOCARDIOPATHIE, ▪ n. f. [mjokaʀdjopati] (*myocarde* et *-pathie*) **Méd.** Toute affection du myocarde. *Une myocardiopathie peut avoir plusieurs origines : infectieuse, toxique, métabolique ou le vieillissement.*

MYOCARDITE, ▪ n. f. [mjokaʀdit] (*myocarde* et *-ite*) **Méd.** Inflammation du myocarde. *Myocardite aiguë, chronique.*

MYOCASTOR, ▪ n. m. [mjokastɔʀ] (*myo-* et *castor*) Ragondin. *Un parc présentant les myocastors dans leur milieu naturel.*

MYOGLOBINE, ▪ n. f. [mjoglobin] (*my[o]-* et *globine*) **Méd.** Protéine servant à l'acheminement de l'oxygène vers les muscles. *L'excès de myoglobine dans le sang est un témoin d'une atteinte musculaire et en particulier du muscle cardiaque.*

MYOGRAPHIE, ▪ n. f. [mjogʀafi] (*my[o]-* et *-graphie*) Description, représentation des muscles.

MYOLOGIE, n. f. [mjoloʒi] (*my[o]-* et *-logie*) Partie de l'anatomie qui traite des muscles.

MYOME, ▪ n. m. [mjom] (*my[o]-* et *-ome*) **Méd.** Tumeur bénigne qui se développe aux dépens d'un tissu musculaire. *L'extraction d'un myome utérin peut être effectuée par les voies vaginales.*

MYOMECTOMIE, ▪ n. f. [mjomɛktomi] (*myome* et *-ectomie*) **Méd.** Ablation chirurgicale de fibromes utérins tout en conservant intact l'utérus. *Une myomectomie réalisée sous péridurale.*

MYOPATHE, ▪ adj. [mjopat] (*myopathie*) Atteint de myopathie. ▪ **N. m.**, n. f. *Les associations de myopathes.*

MYOPATHIE, ▪ n. f. [mjopati] (*my[o]-* et *-pathie*) **Méd.** Toute affection du système musculaire. ▪ **Spécialt** Maladie dégénérative caractérisée par une atrophie progressive des muscles.

MYOPE, n. m. et n. f. [mjɔp] (gr. *muôps*, qui cligne les yeux, de *muein*, fermer, et *ôps*, œil) Celui, celle qui a la vue fort courte ; c'est l'opposé de presbyte. ♦ **Adj.** *Une personne myope. Un œil myope.* ♦ **N. f.** Genre d'insectes à deux ailes qui vivent sur les fleurs.

MYOPIE, n. f. [mjopi] (gr. *muôpia*) Imperfection de la vue qui ne permet de voir les objets que très rapprochés de l'œil.

MYORELAXANT, ANTE, ▪ adj. [mjoʀəlaksã, ãt] (*my[o]-* et *relaxant*) Qui favorise le relâchement musculaire. *Les propriétés myorelaxantes du magnésium.* ▪ **N. m.** Substance myorelaxante. ▪ **Rem.** On dit aussi *décontracturant.*

MYOSINE, ▪ n. f. [mjozin] (*my[o]-* et *-ine*) **Méd.** Protéine présente dans les fibres musculaires aux côtés de l'actine et qui permet la contraction du muscle. *C'est le calcium qui permet le déclenchement des myosines.*

MYOSIS, ▪ n. m. [mjozis] (mot gr. sav. [XIXe s.], du gr. *muein*, fermer, et *-ôsis*, *-ose*) **Méd.** Rétrécissement de la pupille de l'œil. *Myosis et mydriase.*

MYOSITE, ▪ n. f. [mjozit] (*my[o]-* et *-ite*) Inflammation d'un muscle. *Myosite aiguë, chronique.*

MYOSOTIS, n. m. [mjozotis] (on prononce le *s* final ; lat. *myosotis*, gr. *muosôtis*, de *muos*, génit. de *mus*, souris, et radic. de *ous, ôtos*, oreille) Genre de borraginées. ♦ *Le myosotis palustre*, connu sous les noms de : *Ne m'oubliez pas ; Souvenez-vous de moi ; Plus je vous vois, plus je vous aime, etc.*

MYOTOMIE, n. f. [mjotomi] (*my[o]-* et *-tomie*) **Anat.** Partie de l'anatomie qui a pour objet la dissection des muscles. ♦ **Chir.** Section des muscles à l'effet de guérir certaines déviations d'organes extérieurs. ♦ *Myotomie caudale*, opération de la queue, à l'anglaise, sur le cheval.

MYRIA..., ▪ [miʀja] Préfixe qui signifie dix mille et qui vient du gr. *murioi.* ♦ On aurait dû dire *myrio.*

MYRIADE, n. f. [miʀjad] (gr. *murias*, génit. *-ados*) **Antiq.** Nombre de dix mille. ◆ Quantité indéfinie et innombrable. *Une myriade de rêveries. Des myriades de fourmis.*

MYRIAGRAMME, n. m. [miʀjagʀam] (*myria-* et *gramme*) Poids de dix mille grammes.

MYRIAMÈTRE, n. m. [miʀjamɛtʀ] (*myria-* et *mètre*) Mesure itinéraire qui vaut dix mille mètres.

MYRIAPODE, n. m. [miʀjapɔd] (*myria-* et *-pode*) Nom d'une classe d'annelés articulés, séparée des insectes, dont elle se distingue par un corps allongé privé d'ailes, formé d'une grande quantité d'anneaux dont chacun porte une paire de pattes ou deux. ◆ **Adj.** Qui porte un grand nombre de pattes. ■ REM. On disait autrefois *myriopode*, seule forme qu'acceptait Littré. ■ Les myriapodes sont communément appelés *mille-pattes*.

MYRIARE, n. m. [miʀjaʀ] (*myria-* et *are*) Étendue de dix mille ares ou d'un kilomètre carré.

MYRIOPHYLLE, ■ n. m. [miʀjofil] (*myrio-* et *-phylle*) **Bot.** Plante d'eau douce, originaire d'Amérique du Sud, aux tiges ramifiées, aux feuilles très nombreuses et divisées en fines lanières. *Le myriophylle est une plante envahissante, c'est-à-dire que son développement conduit à la disparition des autres plantes, qui aurait été introduite tout d'abord dans les Landes puis qui se serait propagée dans le nord de la France dans les années 1930.*

MYRIOPODE, n. m. [miʀjopɔd] (*myrio-* et *-phylle*) Voy. MYRIAPODE.

MYRMÉCOPHILE, ■ adj. [miʀmekofil] (gr. *murmex*, génit. *-mêkos*, fourmi, et *-phile*) Qui vit en association symbiotique avec les fourmis. *L'acacia myrmécophile.*

MYRMIDON ou **MIRMIDON**, n. m. [miʀmidɔ̃] (gr. *Murmidôn*, rapproché de *murmêx*, fourmi par plusieurs légendes) Nom d'un ancien peuple de la Thessalie. ◆ **Fig.** et **par raillerie** Un jeune homme de petite taille (avec une minuscule) ; individu de peu de force, de crédit. ◆ L'Académie écrit *Mirmidons* et note l'orthographe *Myrmidons,* qui est seule correcte. ■ REM. La graphie *mirmidon* aujourd'hui en usage est acceptée.

MYROBOLAN ou **MYROBALAN**, n. m. [miʀobolɑ̃, miʀobalɑ̃] (gr. *murobalanos*, gland parfumé, de *muron*, parfum, et *balanos*, gland) Nom de plusieurs fruits desséchés, venant des deux Indes, et ayant la forme d'une prune. ■ *Prunier myrobolan*, prunus. ■ REM. On écrivait aussi *mirobolan* autrefois.

MYROXYLON ou **MYROXYLE**, ■ n. m. [miʀoksilɔ̃, miʀoksil] (mot lat. sav. [XIXᵉ s.], du gr. *muron* parfum, et *xulon*, bois) Arbre d'Amérique du Sud dont certaines espèces fournissent la résine nécessaire à la préparation du baume du Pérou. *Le myroxylon est également connu sous le nom de baumier du Pérou.*

MYRRHE, n. f. [miʀ] (lat. *myrrha*, gr. *murrha*) Gomme résine du *balsamodendron myrrha,* plante térébinthacée ; elle est apportée de l'Arabie heureuse et de l'Abyssinie.

MYRRHIS, n. m. [miʀis] (on prononce le *s* final ; gr. *murrhis*, plante semblable au myrte) Plante ombellifère dite aussi *cerfeuil musqué* et *cicutaire odorante.*

MYRTACÉES, n. f. pl. [miʀtase] (*myrte*, d'après le lat. impér. *myrtaceus,* de *myrte*) **Bot.** Famille de plantes dicotylédones, dont le myrte est le type. ■ Au sing. *L'eucalyptus est une myrtacée.*

MYRTE, n. m. [miʀt] (lat. *myrtus*, du gr. *murtos*) Arbrisseau toujours vert, qui porte de petites fleurs blanches d'une odeur agréable. *Le myrte chez les anciens était consacré à Vénus.*

MYRTIFORME, adj. [miʀtifɔʀm] (*myrte* et *-forme*) **Anat.** Qui a la forme d'une feuille de myrte. *Caroncule myrtiforme.*

MYRTIL, ■ n. m. [miʀtil] (p.-ê. *Myrtillo,* personnage du *Pastor fido* de Guarini, dont l'amante Amaryllis a donné son nom à un papillon de la famille des satyridæ) Papillon commun des prairies mesurant 4 à 5 centimètres de long. *Les ailes antérieures des myrtils se distinguent par un point noir.*

MYRTILLE, n. f. [miʀtij] (lat. médiév. *myrtillus*) Nom spécifique d'une airelle. ■ REM. Graphie ancienne : *myrtil.*

MYSTAGOGIE, n. f. [mistagoʒi] (gr. *mustagôgia,* de *mustagôgos*) **Antiq.** Initiation aux mystères. ◆ Explication des mystères de la religion.

MYSTAGOGUE, n. m. et n. f. [mistagɔg] (gr. *mustagôgos,* de *mustês*, initié, et *agein,* conduire) **Antiq. grecq.** Prêtre qui initiait aux mystères. ◆ **Par extens.** Celui, celle qui entreprend d'expliquer ce qu'il y a de merveilleux dans chaque religion.

MYSTÈRE, n. m. [mistɛʀ] (lat. *mysterium,* du gr. *mustêrion,* de *muein,* fermer, à cause du silence auquel s'engage l'initié) **Antiq.** Culte secret dans le polythéisme, auquel on n'était admis qu'après des initiations successives. ◆ Dans la religion chrétienne, tout ce qui est proposé pour être l'objet de foi des fidèles, et qui paraît contredire la raison humaine ou être au-dessus de cette raison. ◆ *Les saints mystères, les sacrés mystères,* le sacrifice de la messe. ◆ Quelque chose qui est caché avec un certain caractère religieux. « *C'est l'ordinaire de mêler du mystère dans l'origine des villes et des États pour les rendre plus célèbres* », FLÉCHIER. ◆ En général, secret. *Les mystères de la politique.* ◆ Faire mystère, faire un mystère d'une chose, la tenir secrète, la cacher avec soin. « *C'est de la tête aux pieds un homme tout mystère* », MOLIÈRE. ◆ Difficulté que l'on fait touchant quelque chose, importance que l'on y attache (assez souvent en mauvaise part). « *Pour être heureux faut-il tant de mystères ?* », FAVART. *Ne pas entendre mystère à une chose,* n'y avoir rien que d'innocent. ◆ Certaines précautions que l'on prend pour l'être pas observé, entendu. *Il est sorti en grand mystère.* ◆ **Fig.** Opérations secrètes de la nature, du cœur, des arts, des lettres. *Les mystères du cœur humain, de la nature, etc.* ◆ Nom, au Moyen Âge, de certaines pièces de théâtre où l'on représentait quelqu'un des mystères de la religion. *Le mystère de la passion de Notre-Seigneur.* ◆ Ce qu'on ne peut expliquer ou comprendre. ■ **Fam.** *Ce n'est un mystère pour personne,* c'est connu publiquement. ■ Dessert glacé composé d'une meringue entourée de glace vanille et de noisettes concassées.

MYSTÉRIEUSEMENT, adv. [misteʀjøz(ə)mɑ̃] (*mystérieux*) Avec mystère. *Les prophètes ont parlé mystérieusement.* ◆ Avec secret, en se cachant. *Se conduire, parler, etc. mystérieusement.* ■ De façon inexplicable. *Il a mystérieusement disparu.*

MYSTÉRIEUX, EUSE, adj. [misteʀjø, øz] (*mystère*) Relatif aux mystères religieux. *Les sens mystérieux de la Bible.* ◆ Qui contient quelque mystère, quelque chose de caché. « *Des paroles mystérieuses* », P. CORNEILLE. ◆ Qui a le caractère du mystère. *Une maison mystérieuse.* ◆ **Bx-arts** Qui porte à la méditation ; qui touche et émeut secrètement. ◆ En parlant des personnes, qui fait mystère, sans qu'il y en ait besoin. *C'est un homme tout mystérieux* ◆ **N. m.** Ce qu'il y a de mystérieux dans une chose.

MYSTICÈTE, ■ n. m. [mistisɛt] (lat. sav. [XXᵉ s.] *mysticetus,* du gr. *mustikêtos,* de *muein,* fermer, et *kêtos,* monstre marin) Cétacé à fanons dont le sous-ordre comprend les baleines et les rorquals. *Les mysticètes et les odontocètes.*

MYSTICISME, n. m. [mistisism] (*mystique*) **Néolog.** Croyance religieuse ou philosophique qui admet des communications secrètes entre l'homme et la Divinité. ◆ Doctrine qui prête un sens caché aux livres saints, aux choses de ce monde. ◆ Attachement à la religion, souvent jugé excessif. *Sa foi religieuse tournait au mysticisme.*

MYSTICITÉ, n. f. [mistisite] (*mystique*) Qualité de ce qui est mystique. *Des sentiments de mysticité.* ◆ Raffinement de dévotion.

MYSTIFIANT, ANTE, ■ adj. [mistifjɑ̃, ɑ̃t] (*mystifier*) Qui mystifie. *Des promesses mystifiantes. Une idéologie mystifiante.* « *Il y a toujours eu du mystagogue mystifiant chez ce compatriote de Raspoutine* », ROMAINS. ■ REM. On dit aussi *mystificateur.*

MYSTIFICATEUR, TRICE, n. m. et n. f. [mistifikatœʀ, tʀis] (*mystifier*) Personne qui mystifie. ■ **Adj.** Qui mystifie. ■ REM. On dit aussi *mystifiant.*

MYSTIFICATION, n. f. [mistifikasjɔ̃] (*mystifier*) Action de mystifier. ■ Acte, propos qui cherche à mystifier. *Les mystifications littéraires. La Guerre au vivant,* OMG *et autres mystifications scientifiques,* de Jean-Pierre Berlan.

MYSTIFIÉ, ÉE, p. p. de mystifier. [mistifje]

MYSTIFIER, v. tr. [mistifje] (gr. *mustês,* initié aux mystères.) Abuser de la crédulité de quelqu'un pour s'amuser à ses dépens, en général se jouer de lui. *Mystifier le public.* ◆ Présenter une version embellie ou déformée de la réalité pour faire bonne impression. *Vouloir mystifier son auditoire.*

MYSTIQUE, adj. [mistik] (lat. *mysticus,* gr. *mustikos,* qui concerne les mystères) Qui a un caractère de spiritualité allégorique, en parlant des choses de la religion. *L'Église est le corps mystique de Jésus-Christ.* « *Les fidèles sont les membres du corps mystique de Jésus-Christ* », BOURDALOUE. ◆ **N. m.** *Le mystique,* ce qu'il y a de mystère dans la spiritualité. ◆ Qui raffine sur les matières de dévotion et sur la spiritualité. *Auteur, livre mystique.* ◆ **N. m.** et n. f. Celui qui est livré, celle qui est livrée au mysticisme. ◆ **N. f.** Étude de la spiritualité. « *La théologie, dont la mystique en est une branche* », BOSSUET. ■ Adhésion inconditionnelle et passionnée. *La mystique de la science.* « *Je laisse la piété aux niais et aux cyniques. Ils peuvent se rincer l'âme, si ça leur chante, avec la mystique du travail et la petite vertu Espérance* », G. HYVERNAUD.

MYSTIQUEMENT, adv. [mistik(ə)mɑ̃] (*mystique*) Selon le sens mystique. *Interpréter l'Écriture mystiquement.*

MYSTRE, n. m. [mistʀ] (gr. *mustron,* cuiller, mesure de deux cuillerées) ▷ Mesure dont les Grecs se servaient pour les liqueurs ; c'était le quart d'un cyathe. ◁

MYTHE, n. m. [mit] (gr. *muthos*, parole, fable) Trait, particularité de la Fable, de l'histoire héroïque ou des temps fabuleux. *L'histoire d'Hercule est une suite de mythes.* ◆ **Fig.** et **fam.** Ce qui n'a pas d'existence réelle. *On dit qu'en politique la justice et la bonne foi sont des mythes.* ■ Exposition d'une doctrine, d'une théorie sous forme allégorique. *Le mythe de la caverne de Platon.* ■ Représentation collective stéréotypée, généralement simpliste. *Le mythe de l'insécurité.*

MYTHIFIER, ■ v. tr. [mitifje] (*mythe*) Donner une dimension mythique à. *Mythifier la vie à la campagne.*

MYTHIQUE, adj. [mitik] (lat. *mythicus*, gr. *muthikos*, qui concerne les mythes) Qui appartient à un mythe ; qui est fondé sur un mythe. *Héros, explication mythique.*

MYTHO, ■ adj. ou n. m. et n. f. [mito] (apocope de *mythomane*) Voy. MYTHO-MANE.

MYTH(O)..., ■ [mito] Préfixe tiré du grec *muthos*, qui signifie fable.

MYTHOLOGIE, n. f. [mitoloʒi] (gr. *muthologia*, histoire ou étude des choses fabuleuses) Histoire des personnages divins du polythéisme. ◆ Connaissance, explication des mystères et des récits du paganisme. ◆ Récit fabuleux émanant des temps et des idées du polythéisme.

MYTHOLOGIQUE, adj. [mitoloʒik] (lat. *mythologicus*, gr. *muthologikos*, habile à composer des fables) Qui appartient à la mythologie.

MYTHOLOGIQUEMENT, adv. [mitoloʒik(ə)mɑ̃] (*mythologique*) D'une manière mythologique.

MYTHOLOGUE, n. m. et n. f. [mitolɔg] (*mythologie* ; gr. *muthologos* celui qui compose des fables) Celui qui traite de la science appelée mythologie. ■ REM. On disait aussi *mythologiste* autrefois.

MYTHOMANE, ■ adj. [mitoman] (*mytho-* et *-mane*) Qui a tendance à mentir, à fabuler. ■ N. m. et n. f. « *Celui qui prétend se souvenir mot à mot d'une conversation m'a toujours paru un menteur ou un mythomane* », YOURCENAR. ■ **Abrév. fam.** *Cette fille est complètement mytho ! Quelle bande de mythos !*

MYTHOMANIAQUE, ■ adj. [mitomanjak] (*mythomanie*) **Psych.** Relatif à la mythomanie. *Comportement dissimulateur et mythomaniaque.* « *La personnalité mythomaniaque est une personnalité déprimée qui sent le besoin de combattre sa dépression, mais ne veut le faire que sur des voies faciles* », MOU-NIER.

MYTHOMANIE, ■ n. f. [mitomani] (*mytho-* et *-manie*) **Psych.** Tendance pathologique, plus ou moins consciente, au mensonge ou à la fabulation.

MYTILICULTEUR, TRICE, ■ n. m. et n. f. [mitilikyltœR, tRis] (*mytiliculture*) Personne qui élève des moules en vue de leur commercialisation.

MYTILICULTURE, ■ n. f. [mitilikyltyR] (gr. *mutilos*, coquillage, moule et *culture*) Élevage de moules destinées à la commercialisation. *Mytiliculture sur bouchots, sur filières.*

MYURE, ■ adj. [mjyR] (lat. médiév. *myurus*, du gr. *muouros*, effilé, de *mus*, souris, et *oura*, queue) ▷ **Méd.** *Pouls myure*, pouls dont les pulsations sont successivement plus faibles jusqu'à ce qu'elles manquent. ◁

MYXINE, ■ n. f. [miksin] (lat. sav. [Linné] *myxine*, du gr. *muxinos*, sorte de poisson visqueux) Vertébré anguilliforme des mers tempérées, dont la bouche ventrale dépourvue de mâchoire lui permet de s'attacher au corps d'autres poissons. *La myxine vit la journée tapie dans la vase et se nourrit de poissons morts.*

MYXŒDÈME, ■ n. m. [miksedɛm] (*œ* se prononce *é*, angl. *myxœdema*, du gr. *muxa*, morve, et *oidêma*, gonflement) **Méd.** Affection due à une insuffisance de fonctionnement de la glande thyroïde se traduisant entre autres par une infiltration œdémateuse des tissus. *Le myxœdème peut se traiter grâce à une prise régulière de thyroxine, sécrétée normalement par la thyroïde.*

MYXOMATOSE, ■ n. f. [miksomatoz] (*myxome*, tumeur molle, du gr. *muxa*, morve, et *-ome*, d'après l'all. *Myxomkrankheit* et l'angl. *myxomatosis*) Maladie infectieuse du lapin, provoquée par un virus. *Vaccination contre la myxomatose.*

MYXOMYCÈTE, ■ n. m. [miksomisɛt] (gr. *muxa*, morve, et *-mycète*, d'après l'all. *Myxomyceten*) **Bot.** Organisme vivant, proche des champignons par son mode de reproduction mais présentant, comme les animaux, la faculté de se déplacer. *Les myxomycètes se développent sur les souches décomposées, les tas de compost, etc.*

MZABITE, ■ adj. ou n. m. et n. f. [mzabit] Voy. MOZABITE.

n

N, n. f. et n. m. [ɛn] Consonne, la quatorzième lettre de l'alphabet. ♦ *N-S.* signifie Notre-Seigneur. *N.-D.* signifie Notre-Dame. ♦ **Astron.** et **mar.** *N* marque le nord ; *N.-E.* le nord-est ; *N.-O.* le nord-ouest. ♦ **Chim.** *N* désigne le nitrogène ou azote. ♦ *N.* ou *N.B.* Abréviation de : *Nota* ou *nota bene.* ▪ **Phys.** *N* est le symbole du newton. ▪ **Math.** *n* désigne un nombre d'une valeur indéterminée.

NA, ▪ interj. [na] (omnomat. enfantine) S'emploie en conclusion d'une phrase pour renforcer ce que l'on vient de dire. *Fallait être là à l'heure, na !* ▪ REM. Appartient surtout au langage enfantin.

NABAB, n. m. [nabab] (port. *nababo*, de l'ar. *nuwwab*, plur. *na'ib*, lieutenant) Titre des princes de l'Inde musulmane. ♦ **Fig.** En général, tout richard, avec une pointe d'ironie pour l'étalage du luxe. ▪ REM. Terme péjoratif dans ce dernier sens.

NABABIE, n. f. [nababi] (*nabab*) Dignité de nabab. ♦ Le territoire soumis à la puissance d'un nabab.

NABI, ▪ n. m. [nabi] (hébr. *nabhi*, prophète) Prophète biblique chez les Hébreux. ▪ Peintre appartenant au groupe d'artistes qui s'est constitué à la fin du XIXᵉ siècle en réaction contre l'impressionnisme. *Les nabis, tels que Paul Sérusier ou Pierre Bonnard, ont été influencés par Gauguin et les symbolistes.* ▪ Adj. Relatif au mouvement des nabis. *Les œuvres nabis.*

NABLE, ▪ n. m. [nabl] (néerl. *nagel*, cheville) **Mar.** Trou pratiqué dans la coque d'un bateau pour le vidanger. *Bouchon de nable.*

NABOT, OTE, n. m. et n. f. [nabo, ɔt] (prob. *nain* et *bot*, gros et court.) **Péj.** et **fam.** Personne d'une très petite taille.

NABUCHODONOSOR, ▪ n. m. [nabykodonozɔr] (*Nabuchodonosor*, personnage biblique, roi de Babylone au VIᵉ s. av. J.-C.) Grosse bouteille de champagne d'une contenance de quinze litres.

NACAIRE, n. f. [nakɛr] (ar. *naqqara*, petit tambour) Ancien instrument de musique militaire, sorte de timbale.

NACARAT, n. m. [nakara] (esp. *nacarado*) La couleur entre le rouge et l'orangé. ♦ Adj. inv. Qui est d'une couleur de nacarat. *Des rubans nacarat.*

NACELLE, n. f. [nasɛl] (b. lat. *navicella*, du lat. *navis*, bateau) Petit bateau qui n'a ni mât ni voile. ♦ Petit bateau qu'on suspend à un ballon. ♦ *La nacelle de saint Pierre,* l'Église catholique romaine. ♦ **Archit.** Moulure ayant pour profil un demi-cercle. ♦ Partie d'une montgolfière à bord de laquelle sont transportés les passagers. ▪ **Par anal.** *La nacelle d'un élévateur.* ▪ Partie amovible d'un landau, d'une poussette dans laquelle on couche ou bien on assied le bébé. ♦ Élément d'un portique se composant d'un double siège muni de montants.

NACRE, n. f. [nakr] (ital. *naccharo*, de l'ar. *naqqara*) Matière blanche et brillante qui forme l'intérieur de plusieurs coquilles, et qui a la propriété de réfracter la lumière d'une manière variée et agréable à l'œil. ♦ On dit aussi avec le même sens : *Nacre de perles.*

NACRÉ, ÉE, adj. [nakre] (*nacre*) Qui réfléchit une lumière irisée comme la nacre. *Éclat nacré.* ♦ Se dit des coquilles qui renferment de la nacre. ♦ N. m. Deux espèces de papillons.

NACRER, v. tr. [nakre] (*nacre*) Donner le brillant de la nacre.

NADIR, n. m. [nadir] (ar. *nazir [as-samt]*, opposé au zénith.) **Astron.** Le point du ciel qui est directement sous nos pieds, et auquel aboutirait une ligne verticale tirée du point que nous habitons et passant par le centre de la terre.

NÆVUS ou **NÉVUS**, ▪ n. m. [nevys] (mot lat.) Tache apparaissant sur la peau, due à une malformation congénitale. *Des nævus* ou *des nævi* (pluriel latin). *Le grain de beauté est une variété de nævus pigmenté.*

NAFÉ, n. m. [nafe] (ar. *nafi*, salutaire, ou pers. *nafeh*, vésicule de musc) Fruit de la ketmie, malvacée, plante cultivée en Syrie et en Égypte ; on en compose une pâte et un sirop.

NAFFE, n. f. [naf] (ar. *nafha*, odeur agréable) *Eau de naffe,* ancien nom de l'eau distillée de fleurs d'oranger.

NAGARI, ▪ n. m. [nagari] Voy. DEVANAGARI.

NAGE, n. f. [naʒ] (*nager*) Action de nager. ♦ *Se jeter à la nage,* se jeter à l'eau pour nager. ♦ **Mar.** Action de ramer. ♦ **Fam.** *Être en nage, tout en nage,* être tout trempé, tout mouillé de sueur. ▪ *Nage libre,* épreuve de natation n'imposant pas le type de nage. ▪ À LA NAGE, loc. adv. En nageant. *Rejoindre l'île à la nage.* ▪ Court-bouillon fortement aromatisé servi avec le poisson ou les crustacés. *Une nage de saint-Jacques. Langoustines à la nage.*

NAGEANT, ANTE, adj. [naʒɑ̃, ɑ̃t] (*nager*) **Bot.** Se dit des plantes qui nagent à la surface de l'eau, sans tenir au sol par des racines.

NAGÉE, n. f. [naʒe] (*nager*) Espace qu'on parcourt en nageant, à chaque impulsion donnée au corps par les membres.

NAGEMENT, n. m. [naʒ(ə)mɑ̃] (*nager*) ▷ Action de nager. « *Le vol des oiseaux, le nagement des poissons* », VOLTAIRE. ◁

NAGEOIRE, n. f. [naʒwar] (*nager*) Organe membraneux qui sert d'agent de locomotion aux poissons. ♦ ▷ Calebasse ou vessie pleine de vent, ou tout autre appareil qu'on se met sous les bras pour se soutenir sur l'eau. ◁ ▪ On utilise aussi le mot *nageoire* pour les oiseaux ou les mammifères marins tels que les pingouins, les phoques, etc.

NAGER, v. intr. [naʒe] (lat. *navigare*, naviguer, voyager sur mer) Se soutenir et avancer sur l'eau par le mouvement de certaines parties du corps. ♦ *Il nage comme un chien de plomb,* il ne sait pas du tout nager. ♦ **Fig.** *Nager en grande eau,* être dans l'opulence, ou être dans les emplois, dans les positions où l'on s'enrichit. ♦ **Fig.** *Nager entre deux eaux,* se ménager entre deux partis. ♦ Par ext. de même : *Nager entre deux partis.* ♦ **Fig.** *Nager contre le courant, contre le torrent,* résister à l'opinion commune. ♦ **Mar.** Ramer pour voguer sur l'eau. ♦ Flotter sur l'eau, ne point aller au fond, surnager. ♦ **Par extens.** Être dans un fluide quelconque. *Ce poisson nage dans le beurre.* ♦ Flotter d'une façon quelconque. « *Ces grands corps de lumière qui nagent, pour ainsi dire, dans les espaces* », MASSILLON. ♦ **V. tr.** *Nager la chaloupe à bord,* la faire avancer vers les bord, l'y conduire. ♦ **Fig.** *Nager dans...,* être au milieu de... « *Je nage dans la joie* », P. CORNEILLE. « *Son cœur nage dans la mollesse* », RACINE. ♦ Par exagération, *nager dans le sang,* en être couvert. ♦ *Nager dans son sang,* être tout couvert de son sang. ♦ **Par extens.** Être rempli de carnage. *Tout nage dans le sang.* ♦ Il se dit de l'œil, du regard qui devient vague. ♦ **Fam.** Ne rien comprendre. *Je nage complètement en maths.* ▪ **Fam.** Être au large dans ses vêtements. *Elle nage dans sa jupe.* ♦ **V. tr.** *Nager la brasse, le crawl.* ▪ REM. On dit aujourd'hui plutôt *nager comme un caillou au fond de l'eau* que *nager comme un chien de plomb.*

NAGEUR, EUSE, n. m. et n. f. [naʒœr, øz] (*nager*) Celui, celle qui nage. ♦ **Mar.** Rameur. ♦ Adj. *Oiseau nageur,* se dit des palmipèdes. ▪ **N. m. pl.** *Les nageurs,* famille de quadrupèdes rongeurs dont les doigts des pattes de derrière sont réunis par une membrane. ▪ *Maillot nageur* ou *nageur,* maillot de bain une pièce que portent les nageuses de compétition. ▪ *Maître nageur,* professeur de natation ; personne chargée de surveiller un lieu où l'on se baigne et d'assurer la sécurité des nageurs.

NAGUÈRE, adv. [nagɛr] (*n'a guère*) Il y a peu de temps. *Cette ville, naguère si florissante.* ▪ Jadis, il y a très longtemps. ▪ REM. Quoique très implanté dans l'usage, *naguère* dans ce sens est souvent condamné. ▪ REM. Graphie ancienne : *naguères.*

NAHUATL, ▪ n. m. [naɣatl] (mot par lequel les Aztèques se désignaient) Langue des Aztèques, parlée aujourd'hui encore en Amérique centrale. *Coyote est un emprunt au nahuatl.*

NAÏADE, n. f. [najad] (lat. *naïas,* gr. *naïas,* génit. *naïados*) Divinité qui, suivant le polythéisme, présidait aux fontaines et aux rivières. ♦ **Bot.** Genre de plantes aquatiques monocotylédones. ▪ **N. f. pl.** Famille de mollusques.

NAÏF, ÏVE, adj. [naif, iv] (lat. *nativus,* qui naît, naturel) ▷ Natif (vieilli en ce sens). « *Une couleur de roses... avait... Rehaussé de son teint la naïve blancheur* », LA FONTAINE. ◁ ♦ **Fig.** Qui retrace simplement la vérité, la nature, sans artifice et sans effort. *Une description, une peinture naïve.* ♦ **Fig.** Qui est gracieusement inspiré par le sentiment. *Les grâces naïves de l'enfance.* ♦ En parlant des personnes, qui obéit gracieusement à ses sentiments. *Une personne franche et naïve.* ♦ Qui dit sa pensée sans détour. ♦ Qui dit par un excès de simplicité ce qu'il aurait intérêt à cacher. ♦ En ce sens, il se dit aussi des choses. *Une réponse naïve. Un amour-propre naïf.* ♦ Qui n'est pas pénétrant, qui ne comprend pas ce que tout le monde comprend. *Vous êtes naïf de croire cela.* ▪ **Fam.** Ce qui est naïf. *L'école flamande offre des modèles du naïf en peinture.* ▪ **N. m., n. f.** Celui qui est naïf, celle qui est naïve.

NAIN, AINE, n. m. et n. f. [nɛ̃, ɛn] (lat. *nanus*) Celui, celle qui est d'une taille beaucoup plus petite que la taille ordinaire. ♦ *Nain jaune,* sorte de jeu de cartes pour lequel on emploie un tableau au milieu duquel est représenté un nain tenant à la main un sept de carreau. ♦ Adj. Qui a une taille de nain. *Cette fille est naine.* ◆ *Végétaux nains,* végétaux dont la taille est beaucoup au-dessous de celle des individus de même espèce. ◆ *Arbres nains,* arbres qu'on élève en buissons. ◆ *Œuf nain,* œuf de poule qui ne contient point de jaune. ■ Personnage de conte, caractérisé par sa petite taille. *Blanche-Neige et les sept nains.* ■ *Nain de jardin,* figurine représentant un nain des contes, placée dans un jardin pour le décorer. ■ **Astron.** *Naine brune,* étoile dont la très faible masse empêche le maintien des réactions nucléaires dans son cœur. *Naine blanche,* étoile de faible masse qui est sur le point d'achever son évolution.

NAIRA, ■ n. m. [najʀa] Unité monétaire en cours au Nigeria. *Un billet de cent nairas.*

NAIRE, n. m. [nɛʀ] (hindi *nayar,* caste des guerriers) Nom que les Indiens du Malabar donnent à leurs nobles, surtout aux militaires.

NAISSAIN, ■ n. m. [nesɛ̃] (*naître*) Ensemble des jeunes coquillages, tels que l'huître ou la moule, fixés sur un support au sortir de leur vie larvaire planctonique. *Récolte du naissain d'huîtres plates en baie de Quiberon.*

NAISSANCE, n. f. [nesɑ̃s] (*naître,* d'après le lat. impér. *nascentia,* nativité) Qualité, condition de l'être qui vient à la vie. *La naissance d'un fils.* ◆ *Naissances masculines,* le nombre de garçons nés ; *naissances féminines,* le nombre de filles nées. ◆ *Donner la naissance,* ▷ donner naissance à un enfant, ◁ le mettre au monde. ◆ Il se dit aussi des animaux. *La naissance d'un poulain.* ◆ Origine par le sang, par la famille. *Une haute naissance.* ◆ **Absol.** Noblesse. *C'est un homme de naissance, qui a de la naissance.* ◆ **Fig.** Origine, commencement. *La naissance d'un État, d'une ville.* ◆ *Donner naissance,* causer, produire. ◆ *Prendre naissance, prendre sa naissance, avoir naissance,* commencer à apparaître, à être produit, à se former. ◆ *Naissance de la verdure, des fleurs,* le moment où la verdure, les fleurs commencent à pousser. ◆ *Naissance du jour,* le moment où le jour commence à paraître. Le point, l'endroit où commence une chose qui se prolonge ensuite en une certaine direction. *La naissance d'une branche.* ◆ **Anat.** *La naissance d'une artère,* le point d'où elle se détache du cœur ou d'une autre artère. ◆ L'endroit où commence à paraître une voûte, une poutre, un corbeau, etc. ◆ *La naissance d'une colonne,* le commencement du fût. ◆ DE NAISSANCE, loc. adv. En naissant. *Aveugle de naissance.*

NAISSANT, ANTE, adj. [nesɑ̃, ɑ̃t] (*naître*) Qui naît, qui commence à vivre. *Enfant naissant. Plantes naissantes.* ◆ **Fig.** Qui commence à se former, à se développer, en parlant des personnes. « *Les peuples naissants se multiplient et croissent beaucoup* », MONTESQUIEU. « *Les inclinaisons naissantes ont des charmes inexplicables* », MOLIÈRE. « *L'aimable simplicité du monde naissant* », FÉNELON. ◆ *Cheveux naissants,* cheveux qui flottent en liberté comme ceux des enfants. ◆ **Phys.** *Rouge naissant,* teinte rouge qui commence à prendre un corps que l'on chauffe. ◆ **Chim.** Un gaz est à l'état naissant ou à l'état de gaz naissant au moment où il abandonne une combinaison. ◆ **Hérald.** Se dit des animaux dont on ne voit que le haut du corps, les pieds de devant et le bout de la queue.

NAISSEUR, EUSE, ■ n. m. et n. f. [nesœʀ, øz] (radic. du p. prés. de *naître*) Éleveur, éleveuse se consacrant au choix des reproducteurs et à la production de jeunes animaux. *Naisseurs et engraisseurs.* ■ REM. Le féminin *naisseuse* est attesté, mais rarement employé. *Une naisseuse de pur-sang.*

NAÎTRE ou **NAITRE**, v. intr. [nɛtʀ] (lat. *nascere*) Se conjugue avec *être.* Venir au monde. ◆ **Impers.** *Il naît tous les ans tant d'enfants à Paris. Il lui est né une fille.* ◆ *En naissant,* au moment de la naissance. ◆ *Naître* se construit avec des adjectifs ou des noms. *Naître riche, prince, etc.* ◆ *Ce que l'on est né,* la naissance, le naturel qu'on a. « *Il y a de la lâcheté à déguiser ce que le ciel nous a fait naître* », MOLIÈRE. ◆ *Naître poète, peintre, etc.* avoir des dispositions naturelles pour la poésie, pour la peinture, etc. ◆ *Être né pour quelque chose,* avoir pour quelque chose une grande disposition naturelle. ◆ *Naître* se dit des animaux, des végétaux. ◆ *Naître sous les pas,* se produire en grande quantité. ◆ Être issu, tirer son extraction. *Il naquit d'une noble maison.* ◆ Être né dans, appartenir à une famille qui est dans. *Être né dans la robe, dans la pourpre, etc.* ◆ **Fig.** Prendre son origine, être produit. *Ce ruisseau naît à quelques lieues d'ici. Beaucoup de maladies naissent d'intempérance.* ◆ **Fig.** Avoir sa cause dans, en parlant de choses abstraites. « *Il n'y a point de mal dont il ne naisse un bien* », VOLTAIRE. ◆ **Fig.** Commencer. « *Un pouvoir qui ne fait que de naître* », RACINE. ◆ **Absol.** *Je l'ai vu naître,* j'ai vu le commencement de sa fortune. ◆ *Faire naître,* donner la naissance. « *Les grands hommes que la Providence fait naître* », BOSSUET. ◆ *Faire naître,* prétendre que tel personnage est né à. « *Les anciens poètes font naître Bacchus en Égypte* », VOLTAIRE. ◆ **Fig.** *Faire naître,* être cause de. *Cela me fit naître l'idée de voyager.* ◆ **Fig.** et **fam.** *Ne pas être né d'hier, ne pas être né de la dernière pluie,* être suffisamment expérimenté pour savoir ce qu'il en est. ■ **Litt.** *Naître à,* s'ouvrir à. *Naître à une nouvelle vie.*

NAÏVEMENT, adv. [naiv(ə)mɑ̃] (*naïf*) D'une manière naïve. « *Montaigne est énergique et familier ; il exprime naïvement de grandes choses* », VOLTAIRE. ◆ Sans détour, sans artifice.

NAÏVETÉ, n. f. [naiv(ə)te] (*naïf*) Qualité des personnes naïves. ◆ Simplicité naturelle et gracieuse avec laquelle une chose est exprimée ou représentée. *Naïveté d'expression, de pinceau.* ◆ Simplicité trop grande ou défaut de retenue dans l'expression de sentiments qu'on aurait intérêt à cacher. *Son orgueil est d'une naïveté risible.* ◆ Propos, expressions qui échappent par ignorance. *Dire des naïvetés.*

NAJA, ■ n. m. [naʒa] (lat. sav. [XVIIᵉ s.] *naia, naja,* de l'hindi *nag,* serpent) Grand serpent venimeux vivant dans les régions tropicales d'Asie du Sud-Est et d'Afrique, appelé également *cobra. Le naja peut dresser verticalement l'avant de son corps.*

NAMIBIEN, IENNE, ■ adj. [namibjɛ̃, jɛn] (*Namibie*) Relatif à la Namibie. *Les steppes namibiennes, le désert namibien.* ■ N. m. et n. f. *Un Namibien, une Namibienne.*

NANA, ■ n. f. [nana] (dimin. du prén. fém. *Anna*) Fam. Femme, jeune fille. *Une belle nana. Les nanas et les mecs.* « *Il y en a trente mille nanas ici, il n'y en a qu'une seule qui se casse, c'est celle qui m'intéresse !* », ROCHANT. ■ **Fam.** Compagne. *Tu connais sa nana ?*

NANAN, n. m. [nanɑ̃] ▷ Mot dont les enfants se servent, et dont on se sert en leur parlant, et qui signifie des friandises, des sucreries. *C'est du nanan.* ◁ ◆ **Fig.** et très fam. . Tout ce qui est fort agréable, qui a un grand mérite, dont on veut faire valoir le prix. ■ **Fam.** *C'est du nanan,* c'est très facile.

NANAR ou **NANARD**, ■ n. m. [nanaʀ] (radic. onomat. enfantin *nann-*) **Fam.** Objet de peu de valeur, en particulier à cause de sa vétusté. *Il y a trop de nanards dans ce vide-grenier.* ■ **Fam.** Mauvais film sans intérêt.

NANDOU, ■ n. m. [nɑ̃du] (tupi-guarani *nandu*) Grand oiseau coureur d'Amérique du Sud, voisin de l'autruche, au plumage brun foncé et gris. *Les nandous sont incapables de voler.*

NANDROLONE, ■ n. f. [nɑ̃dʀolɔn] (*n[or]andro[sténo]lone*) Hormone proche de la testostérone agissant comme anabolisant. *Un contrôle antidopage positif à la nandrolone.*

NANIFIER ou **NANISER**, ■ v. tr. [nanifje, nanize] (lat. *nanus,* nain) Empêcher la croissance d'un végétal pour le rendre nain. *Les bonsaïs sont des arbres que l'on a nanifiés.* ■ NANIFICATION ou NANISATION, n. f. [nanifikasjɔ̃, nanizasjɔ̃] *La nanisation temporaire d'un peuple due à de très mauvaises conditions de vie.*

NANISME, ■ n. m. [nanism] (lat. *nanus,* nain) Anomalie de la croissance caractérisée par une stature très inférieure à la moyenne.

NANKIN, n. m. [nɑ̃kɛ̃] (*Nankin,* ville de Chine) Toile de coton d'un jaune particulier. ◆ Adj. inv. Couleur nankin.

NANO..., ■ [nano] Préfixe qui signifie un milliardième et qui vient du lat. *nanus.* Exemples : *nanoseconde, nanomètre.* ■ Signifie aussi très petit. Exemples : *nanophysique, nanoréseau.*

NANOMÈTRE, ■ n. m. [nanomɛtʀ] (*nano-* et *mètre*) Unité de mesure de longueur équivalant à un milliardième de mètre. *Le microscope électronique à balayage permet d'observer des objets d'une taille atteignant quelques nanomètres.* ■ NANOMÉTRIQUE, adj. [nanometrik]

NANOPHYSIQUE, ■ n. f. [nanofizik] (*nano-* et *physique*) Phys. Branche de la physique spécialisée dans l'étude des structures à l'échelle nanométrique. *Les débouchés prévisibles de la nanophysique dans l'industrie, comme dans la recherche fondamentale ou appliquée sont considérables.*

NANORÉSEAU, ■ n. m. [nanorezo] (*nano-* et *réseau*) Ensemble des ordinateurs individuels reliés à un serveur local. *Installation d'un nanoréseau dans une école.*

NANOTECHNOLOGIE, ■ n. f. [nanotɛknoloʒi] (*nano-* et *technologie*) Création et utilisation de matériaux, d'instruments et de structures dont la taille s'exprime en nanomètres. *La nanotechnologie a permis de créer de nouveaux outils informatiques.* ■ NANOTECHNOLOGIQUE, adj. [nanotɛknoloʒik]

NANSOUK ou **NANZOUK**, ■ n. m. [nɑ̃suk, nɑ̃zuk] (hindi *nansuk*) Tissu fin et léger de coton, au fini brillant et soyeux. *Un corsage en nansouk.*

NANTI, IE, p. p. de nantir. [nɑ̃ti]

NANTIR, v. tr. [nɑ̃tiʀ] (anc. fr. *nant,* gage, refait sur l'anc. nord. *nam,* prise de possession) Donner une chose à quelqu'un pour assurance d'une dette. ◆ Par extens. Pouvoir de procurer. ◆ Se nantir, v. pr. Se saisir de quelque bien pour assurance d'une chose due. ◆ *Se nantir des effets d'une succession,* s'en saisir comme y ayant droit. ◆ Fam. Se garnir, se pourvoir. *Se nantir d'un manteau.* ◆ Faire des profits, mettre en réserve. *A perdu sa place, mais s'est bien nanti.* ◆ On dit de même : *Il est bien nanti.*

NANTISSEMENT, n. m. [nɑ̃tis(ə)mɑ̃] (radic. du p. prés. de *nantir*) Ce qui nantit. *Le prêt sur nantissement.*

NANZOUK, ■ n. m. [nɑ̃zuk] Voy. NANSOUK.

NAOS, ■ n. m. [naos] (mot gr.) Antiq. Salle centrale et principale d'un temple abritant la statue de la divinité. *Seules les personnes qui avaient en charge son entretien avaient le droit de pénétrer dans le naos.*

NAPALM, ■ n. m. [napalm] (mot amér. de *Na*, symbole du sodium, et *palm*[*itate*], palmitate) Substance utilisée dans la fabrication des projectiles incendiaires. *Bombe au napalm.*

NAPÉE, n. f. [nape] (lat. *Napæa*, du gr. *napaia*, qui réside dans les vallons boisés, de *napê*, vallon boisé) Nymphe qui, suivant le polythéisme, présidait aux forêts et aux montagnes.

NAPEL, n. m. [napɛl] (b. lat. *napellus*, aconit, de *napus*, navet) L'aconit napel.

NAPHTA, ■ n. m. [nafta] (lat. sav., du lat. *naphta*, bitume) Chim. Liquide obtenu par distillation du pétrole, intermédiaire entre l'essence et le kérosène. *Utilisation du naphta dans la fabrication des peintures et des vernis.*

NAPHTALÈNE, ■ n. m. [naftalɛn] (radic. de *naphtaline*) Chim. Hydrocarbure aromatique blanc, présent dans le pétrole brut. *Le naphtalène est une matière de base des colorants utilisés en peinture.*

NAPHTALINE, n. f. [naftalin] (mot angl., de *naphta*, naphte) Substance qui existe dans le produit de la distillation du charbon de terre, du goudron. ■ *Boule de naphtaline*, utilisée comme insecticide contre les mites.

NAPHTE, n. m. [naft] (lat. *naphta*, gr. *naphtha*, sorte de bitume, de l'iran. *nafta*, de *nab-*, être humide, ou de l'akkadien *naptu*, maphte) Bitume liquide, incolore, très inflammable, volatil, d'une odeur vive et pénétrante ; c'est un carbure d'hydrogène. ◆ *Huile de naphte*, syn. de naphte.

NAPHTOL, ■ n. m. [naftɔl] (mot angl.) Chim. Phénol extrait du naphtalène. *Colorant à base de naphtol.*

NAPOLÉON, n. m. [napoleõ] (*Napoléon* I et III) Nom donné à une pièce d'or de vingt ou de quarante francs à l'effigie de Napoléon. ■ N. f. Bigarreau à peau rosée, à chair blanche et ferme.

NAPOLÉONIEN, IENNE, adj. [napoleonjɛ̃, jɛn] (*Napoléon* I) Qui appartient à Napoléon, à son système politique et militaire. *Dynastie napoléonienne.* ◆ N. m. et n. f. Un partisan du napoléonisme.

NAPOLÉONISME, n. m. [napoleonism] (*Napoléon* I) Attachement au gouvernement ou à la personne de Napoléon, ou à sa famille.

NAPOLITAIN, AINE, adj. [napolitɛ̃, ɛn] (ital. *napoletano*, de *Napoli*, Naples) Pharm. *Onguent napolitain*, onguent dont l'ingrédient actif est le mercure. ■ De Naples, de la région de Naples. ■ *Tranche napolitaine*, entremets composé de plusieurs couches de crème glacée diversement parfumées. ■ N. m. et n. f. *Les Napolitains.* ■ N. m. Ling. Langue appartenant au groupe italique parlée dans la région de Naples. ■ *Sauce napolitaine* ou *à la napolitaine*, préparation culinaire à base de tomates, d'oignons hachés et revenus et de morceaux de jambon. *Spaghettis sauce napolitaine* ou *à la napolitaine.*

NAPPAGE, ■ n. m. [napaʒ] (*napper*) Action de napper un mets. *Le nappage se fera après refroidissement du gâteau.* ■ Préparation onctueuse servant à napper. *Un nappage au chocolat.*

NAPPE, n. f. [nap] (lat. *mappa*, serviette, serviette de table) Linge dont on couvre la table pour prendre ses repas. ◆ ▷ Fig. *Mettre la nappe*, donner à dîner. ◁ ◆ *La nappe est toujours mise dans cette maison*, on y trouve à manger à quelque heure qu'on y vienne. ◁ ◆ *Nappe d'autel*, linge bénit dont on couvre un autel. ◆ *Nappe de communion*, linge blanc mis autour de la balustrade de l'autel devant les communiants. ◆ La peau des bêtes fauves qu'on étend quand on donne la curée aux chiens. ◆ Ce qui a la forme ou l'apparence d'une nappe. *Nappe de filet*, une certaine étendue de filet simple que l'on tend à plat. ◆ *Nappe d'eau*, cascade dont l'eau tombe en forme de nappe. ◆ *Nappe d'eau*, grande étendue d'eau tranquille. ■ Masse d'eau étendue sous des couches de terrain plus ou moins épaisses. *Nappe de feu*, vaste surface enflammée. ■ Math. Portion d'une courbe à points infinis. *Engendrer une nappe.* ■ *Nappe phréatique*, Voy. PHRÉATIQUE.

NAPPER, ■ v. tr. [nape] (*nappe*) Recouvrir un mets d'une préparation onctueuse. *Napper un gâteau d'un coulis de framboises.* ■ Recouvrir d'une nappe. *Une table nappée.* ■ Fig. Parer un endroit comme s'il était recouvert d'une nappe. *Les cultures de thé nappent le flanc des montagnes du Sri Lanka.*

NAPPERON, n. m. [nap(ə)rõ] (dim. de *nappe*) Petite nappe qu'on met sur la grande, et que d'ordinaire on ôte au dessert.

1 **NARCISSE**, n. m. [naʁsis] (lat. *narcissus*, du gr. *narkissos*) Genre de plantes de la famille des amaryllidées, qui contient entre autres l'espèce dite vulgairement narcisse, narcisse des poètes. ◆ *Le narcisse pseudo-narcisse*, dit vulgairement *coucou*. ◆ *Le narcisse jonquille*, dit vulgairement *jonquille*. ◆ *Narcisse d'automne*, le colchique d'automne. ◆ La fleur de cette plante.

2 **NARCISSE**, n. m. [naʁsis] (*Narcisse*) Personnage de la Fable qui, s'étant vu dans une fontaine, devint amoureux de lui-même et mourut en s'admirant. ◆ Fig. Homme amoureux de sa personne. *C'est un Narcisse.*

NARCISSIQUE, ■ adj. [naʁsisik] (*narcissisme*) Empreint de narcissisme. *Le renforcement narcissique du moi.* « *Certains de mes pensionnaires céderont au vertige publicitaire : compétition narcissique !* », PENNAC. ■ Qui fait preuve de narcissisme. *Un pervers narcissique.*

NARCISSISME, ■ n. m. [naʁsisism] (*Narcisse*) Intérêt que l'on porte à sa propre personne au détriment des autres.

NARCO..., ■ [naʁko] (angl. *narcotics* par le gr. *narkôtikos* [qui engourdit]) Préfixe qui signifie trafic de stupéfiants. *Narcodollar, narcotrafiquant.*

NARCOANALYSE, ■ n. f. [naʁkoanaliz] (*narco-* et *analyse*) Psych. Méthode consistant à provoquer l'endormissement du patient et à le faire parler durant son demi-sommeil. *La narcoanalyse cherche à faire disparaître les barrages psychologiques.*

NARCODOLLAR, ■ n. m. [naʁkodolar] (*narco-* et *dollar*) Profit réalisé par les trafiquants de drogue. ■ REM. S'emploie le plus souvent au pl. *Le blanchiment des narcodollars.*

NARCOLEPSIE, ■ n. f. [naʁkolɛpsi] (*narco-* et gr. *lêpsis*, accès, attaque) Pathologie caractérisée par un besoin immédiat et irrépressible de sommeil profond en journée. *Les endormissements involontaires sont signes de narcolepsie.* ■ NARCOLEPTIQUE, adj. ou n. m. et n. f. [naʁkolɛptik] *Les narcoleptiques paraissent paresseux parce qu'ils s'endorment très souvent.*

NARCOSE, ■ n. f. [naʁkoz] (gr. *narcôsis*, engourdissement) Sommeil artificiel profond provoqué par la prise de médicaments hypnotiques.

NARCOTINE, n. f. [naʁkotin] (radic. de *narcotique*) Chim. Alcaloïde découvert dans l'opium.

NARCOTIQUE, adj. [naʁkotik] (gr. *narkôtikos*) Méd. Qui a la propriété d'assoupir comme fait l'opium, la belladone, etc. ◆ N. m. *Un narcotique.* ◆ Fig. Qui endort, qui ennuie. *Style narcotique.* ◆ N. m. *Ce livre est un narcotique.*

NARCOTISME, n. m. [naʁkotism] (radic. de *narcotique*) Ensemble des effets causés par les substances narcotiques.

NARCOTRAFIC, ■ n. m. [naʁkotʁafik] (*narco-* et *trafic*) Trafic de drogue organisé à grande échelle. *Lutte contre le narcotrafic.*

NARCOTRAFIQUANT, ANTE, ■ n. m. et n. f. [naʁkotʁafikɑ̃, ɑ̃t] (*narco-* et *trafiquant*) Personne qui tire d'importants profits du trafic de drogue. *Démantèlement d'un réseau de narcotrafiquants.*

NARD, n. m. [naʁ] (on ne prononce pas le *d* final ; lat. *nardus*, gr. *nardos*, d'orig. sémit.) Racine aromatique dont les anciens se servaient à titre de parfum. ◆ Bot. Plante aromatique, genre de graminées.

NARGHILÉ ou **NARGUILÉ**, ■ n. m. [naʁgile] (pers. *nargile*, prob. du sanscr. *narikera*, cocotier) Pipe turque, indienne et persane, composée d'un long tuyau, d'un fourneau où brûle le tabac, et d'un vase rempli d'eau parfumée à travers lequel on aspire la fumée. ■ REM. Graphie ancienne : *narghileh.*

NARGUE, n. f. [naʁg] (*narguer*) Peu de cas, dédain témoigné. ◆ ▷ *Dire nargue d'une chose*, exprimer le peu de cas qu'on en fait. ◁ ◆ *Faire nargue à quelqu'un*, à quelque chose, braver avec mépris. ■ En forme d'interjection. « *Nargue de ceux qui me faisaient la guerre !* », LA FONTAINE.

NARGUÉ, ÉE, p. p. de narguer. [naʁge]

NARGUER, v. tr. [naʁge] (prob. lat. vulg. *naricare*, nasiller, de *naris*, narine) Faire nargue. *Narguer les mécontents.* ■ Défier quelqu'un, se moquer de quelqu'un. *Il nous nargue avec sa nouvelle voiture.*

NARGUILÉ, ■ n. m. [naʁgile] Voy. NARGHILÉ.

NARINE, n. f. [naʁin] (lat. *narina*, du *naris*) L'une des deux fosses nasales. *Cet enfant a mal à la narine droite.* ◆ *Les narines d'un cheval, d'un taureau, etc.* ◆ Dans le style élevé, les ailes du nez. *Ses narines se gonflent d'orgueil.*

NARQUOIS, OISE, adj. [naʁkwa, waz] (orig. inc., p.-ê. du moy. fr. *narquin*, *arquin*, soldat voleur, drille, avec affaiblissement de sens) Qui se plaît à tromper et à railler. *Un paysan narquois.* ◆ N. m. et n. f. *Un narquois. Une narquoise.* ■ REM. S'emploie également pour l'attitude physique ou morale d'une personne et signifie ironique, moqueur. *Avoir un air narquois. Être d'humeur narquoise.*

NARQUOISEMENT, adv. [naʁkwaz(ə)mɑ̃] (*narquois*) D'une manière narquoise.

NARRATEUR, TRICE, n. m. et n. f. [naʁatœʁ, tʁis] (lat. *narrator*) Celui, celle qui fait une narration. ■ Dans un écrit narratif, personne qui fait le récit. *Dans ce roman, le narrateur est le personnage principal.*

NARRATIF, IVE, adj. [naʁatif, iv] (b. lat. *narrativus*) Qui appartient à la narration. *Le genre narratif. La poésie narrative.* ◆ Qui expose en détail. *Procès-verbal narratif du fait.*

NARRATION, n. f. [naʀasjɔ̃] (lat. *narratio*) Récit historique, oratoire ou poétique. « *Soyez vif et pressé dans vos narrations* », Boileau. ◆ **Rhét.** Partie d'un discours qui contient l'exposé des faits et qui précède la confirmation. ◆ ▷ *Narration latine, française,* récit dont on dicte la matière et que l'on donne à faire aux écoliers en latin ou en français. ◁ ◆ Simple récit fait en conversation. ▪ *Présent de narration,* à valeur de passé. ▪ *Infinitif de narration,* infinitif précédé de *de,* que l'on emploie pour marquer une action en train de se dérouler *(et Pierre d'entrer).*

1 **NARRÉ, ÉE**, p. p. de narrer. [naʀe]

2 **NARRÉ**, n. m. [naʀe] Discours par lequel on narre quelque chose. *Le narré fidèle d'un fait.*

NARRER, v. tr. [naʀe] (lat. *narrare*) Exposer avec soin et détail, faire connaître par une narration. ◆ **Absol.** « *Vous narrez très agréablement* », Mme de Sévigné.

NARTHEX, n. m. [naʀtɛks] (gr. *narthêx,* férule [arbrisseau], objets en bois de férule, étui, boîte, par analogie de forme) Dans les anciennes basiliques, portique élevé en avant de la nef.

NARVAL, n. m. [naʀval] (dan. *narhval*) Genre de cétacés, où l'on distingue la licorne de mer, qui porte à l'extrémité de sa mâchoire supérieure une dent en forme de corne droite et longue. ◆ **Au pl.** *Des narvals.*

NASAL, ALE, adj. [nazal] (lat. *nasus,* nez) **Anat.** Qui a rapport au nez. *Le mucus nasal.* ◆ *Fosses nasales,* les deux cavités anfractueuses qui servent à la respiration et à l'olfaction. ◆ En parlant des sons, qui est modifié par le nez. *Sons nasaux. Prononciation nasale.* ◆ *Voyelles nasales* ou n. f. *les nasales,* les sons *an, in, on, un.* ◆ *Consonnes nasales* et n. f. *les nasales,* les consonnes *m* et *n*

NASALEMENT, adv. [nazal(ə)mɑ̃] (*nasal*) **Gramm.** Avec un son nasal.

NASALISATION, n. f. [nazalizasjɔ̃] (*nasaliser*) **Gramm.** Adjonction après la voyelle d'une consonne nasale. ▪ **Phonét.** Transformation d'une voyelle orale en voyelle nasale. *La nasalisation d'une voyelle se marque par un tilde dans l'alphabet phonétique.*

NASALISER, v. tr. [nazalize] (*nasal*) **Gramm.** Prononcer avec un son nasal. *Nasaliser une voyelle.* ▪ **V. pr.** Devenir nasale, en parlant d'une voyelle. *Le i peut se nasaliser au contact du n.*

NASALITÉ, n. f. [nazalite] (*nasal*) Qualité du son nasal.

NASARD, ARDE, adj. [nazaʀ, aʀd] (*nez*) Qui a le caractère du parler par le nez. *Lire d'un ton nasard.* ◆ **N. m.** Un des jeux de mutation de l'orgue.

NASARDE, n. f. [nazaʀd] (*nez*) Chiquenaude sur le nez. ◆ **Fig.** et **fam.** *Donner une nasarde, des nasardes à quelqu'un,* se moquer de lui. ◆ *Recevoir, essuyer des nasardes,* être moqué, insulté. ◆ *Homme à nasardes,* homme fait pour être méprisé et moqué impunément.

NASARDÉ, ÉE, p. p. de nasarder. [nazaʀde]

NASARDER, v. tr. [nazaʀde] (*nasarde*) ▷ Donner des nasardes. ◆ **Fig.** et **fam.** Se moquer de quelqu'un avec des marques de mépris. ◁

1 **NASE** ou **NAZE**, ▪ n. m. [naz] (ital. *naso,* nez) **Fam.** Nez. « *Ils avaient décapsulé la capsule, et le produit lui-même, il se l'était refilé directement dans le nase pour mieux en profiter* », Labro.

2 **NASE** ou **NAZE**, ▪ adj. [naz] (arg. *nazi,* maladie vénérienne, p.-ê. de *nase,* morve, de l'all. *Nase,* nez) **Fam.** Très fatigué. « *Je suis rincé, dit-il, vidé, nase* », Page. ▪ **Fam.** Hors d'usage. *Mon ordi est nase.* ▪ **Fam.** Très médiocre, de mauvaise qualité. « *D'un seul coup, son sourire de pauvre nase, s'est figé dans sa face de rat* », Hanska.

NASEAU, n. m. [nazo] (lat. *nasus* nez) Orifice externe des narines de l'animal et surtout du cheval.

NASHI, ▪ n. m. [naʃi] (mot jap., poire) Fruit exotique, à la peau lisse et jaune claire, proche de la pomme par sa forme et de la poire par sa saveur. *Des nashis. Nashi au citron vert et au gingembre.*

NASI, n. m. [nazi] Président du sanhédrin chez les Juifs.

NASILLARD, ARDE, adj. [nazijaʀ, aʀd] (*nasiller*) Qui nasille. *Un ton nasillard.* ◆ **N. m.,** et **n. f.** Personne qui nasille.

NASILLARDEMENT, adv. [nazijaʀdəmɑ̃] (*nasillard*) D'une manière nasillarde.

NASILLEMENT, n. m. [nazij(ə)mɑ̃] (*nasiller*) Action de nasiller.

NASILLER, v. intr. [nazije] (*nez*) Parler du nez. ◆ **V. tr.** « *Nasiller du latin* », Voltaire.

NASILLEUR, EUSE, n. m. et n. f. [nazijœʀ, øz] (*nasiller*) Celui, celle qui parle du nez.

NASILLONNER, v. intr. [nazijɔne] (*nasiller*) Diminutif de nasiller.

1 **NASIQUE**, ▪ n. m. [nazik] (lat. *nasica,* celui qui a le nez long et pointu) Grand singe originaire de Bornéo mesurant environ 70 cm et pesant jusqu'à 15 kilos, et dont le mâle est pourvu d'un long nez charnu. *Le nasique est le seul primate qui sait nager.* ▪ Couleuvre de grande taille vivant dans les arbres au sud de l'Asie et se démarquant par museau très allongé.

2 **NASIQUE**, ▪ n. f. [nazik] (lat. *nasica,* celui qui a le nez long et pointu) Oiseau originaire de l'île de São Tomé ressemblant à un passereau, possédant un long bec fin et droit et de pattes assez longues contrastant avec sa queue relativement courte. *Bien que fréquentant les roches découverts, le nasique vit dans les sous-bois.*

NASITORT, n. m. [nazitɔʀ] (lat. *nasturtium,* cresson alénois, refait par étym. pop. sur le *nasus,* nez et *tordre,* parce que ce cresson est piquant) Cresson alénois.

NASONNEMENT, ▪ n. m. [nazɔn(ə)mɑ̃] (*nasonner,* parler du nez, de *nez*) **Méd.** Modification du timbre vocal due à un trouble de la résonance nasale. *Le nasonnement s'observe chez les personnes enrhumées.* ▪ **Rem.** On dit aussi *rhinolalie.*

NASSE, n. f. [nas] (lat. *nassa,* nasse, mauvais pas) Espèce de panier d'osier, de figure oblongue, rond par l'ouverture et terminé en pointe, qui sert à prendre du poisson. ◆ Sorte de filet, rond à son ouverture, terminé en pointe, et soutenu par plusieurs cerceaux allant toujours en diminuant, avec lequel on prend les petits oiseaux. ◆ **Fig.** Tout moyen par lequel on saisit quelqu'un comme on saisit le poisson. « *Il ne songea plus qu'à me faire tomber dans la nasse* », Lesage. ◆ ▷ **Fam.** *Être dans la nasse,* être dans de grands embarras. ◁ ▪ Mollusque gastéropode marin, à coquille hélicoïdale, vivant dans le sable ou la vase. *La nasse est macrophage et nécrophage, c'est-à-dire qu'elle se nourrit d'animaux blessés ou de cadavres.*

NASTURCE, n. m. [nastyʀs] (lat. *nasturtium,* cresson) Genre de plantes de la famille des crucifères. *Nasture officinal,* cresson.

NATAL, ALE, adj. [natal] (lat. *natalis*) Qui a rapport à la naissance. *Le jour, le pays natal.* ▪ **Au pl.** *Des examens natals.*

NATALISTE, ▪ adj. [natalist] (radic. de *natalité*) Qui vise à augmenter le nombre des naissances. *Mener une politique familiale et nataliste.* ▪ **N. m.** et n. f. *Les natalistes.*

NATALITÉ, n. f. [natalite] (*natal*) Ce qui appartient à la naissance. ◆ Rapport des naissances à la population qui les a fournies, dans l'unité de temps, qui est l'année moyenne.

NATATION, n. f. [natasjɔ̃] (lat. *natatio*) Genre de locomotion propre aux animaux qui habitent l'eau. ◆ L'action de nager, en parlant des hommes. ◆ L'art de nager. ▪ *Natation synchronisée* ou *artistique,* Pratique de la natation en duo ou en équipe, qui consiste à exécuter des figures imposées ou libres sur un accompagnement musical.

NATATOIRE, adj. [natatwaʀ] (b. lat. *natatorius*) Qui concerne la natation ; qui sert à la natation. ◆ *Vessie natatoire,* vessie dont le gonflement aide certains poissons à s'élever dans l'eau.

NATEL, ▪ n. m. [natɛl] **Suisse** Téléphone portable.

NATICE, ▪ n. f. [natis] (lat. sav. *natex,* nom d'une coquille) Mollusque marin gastéropode dont la coquille, qui rappelle celle de l'escargot, présente une rangée de taches. *Les natices s'enfoncent dans le sable.*

NATIF, IVE, adj. [natif, iv] (lat. *nativus*) Qui naît, qui reçoit la naissance, par rapport au lieu où cette naissance est reçue. *Natif de Paris.* ◆ **N. m.** Nom donné aux habitant originaires d'un pays. *Un natif de Saint-Malo.* ◆ Se dit des métaux qu'on trouve dans le sein de la Terre à l'état de pureté, ou à peu près. *Or natif.* ◆ Apporté en naissant. *Qualité native.* ◆ *État natif de l'homme,* l'homme à l'état sauvage. ◆ **Fig.** Qui appartient d'origine à un objet. « *Sirius luit à nos yeux par sa lumière native* », Bailly. ◆ **Pop.** *Né natif,* syn. pléonastique de natif.

NATION, n. f. [nasjɔ̃] (lat. *natio,* naissance, nation) Réunion d'hommes habitant un même territoire, soumis ou non à un même gouvernement, ayant depuis longtemps des intérêts assez communs pour qu'on les regarde comme appartenant à la même race [1]. ◆ *Une nation de soldats,* une nation dont tous les hommes sont ou soldats, ou propres à la guerre. ◆ Tous ceux d'une même nation qui vivent en pays étranger. *Le conseil de la nation française.* ◆ Il se dit, dans les fables, des animaux. « *La nation de belettes* », La Fontaine. ◆ Dans le langage de l'Écriture, *les nations,* les païens, les gentils. ◆ **Fig.** Toute espèce de gens considérés comme faisant une sorte de nation à part. « *Une certaine nation qu'on appelle les nouvellistes* », Montesquieu. ◆ Dans l'ancienne université de Paris, provinces qui la composaient. *L'université était formée de quatre nations, France, Picardie, Normandie et Germanie.* ◆ *Collège des Quatre-Nations,* Collège fondé par Mazarin pour recevoir les élèves appartenant aux provinces espagnoles, italiennes, allemandes et flamandes, nouvellement réunies à la France. ▪ **Rem.** 1 : La notion de race ne repose sur aucun fondement scientifique et a une connotation raciste.

NATIONAL, ALE, adj. [nasjonal] (*nation*) Qui concerne la nation, qui est de la nation. *Fête nationale. Les intérêts nationaux.* ◆ *Assemblée nationale*, nom que prirent les états généraux en 1789, et qui fut donné à l'Assemblée constituante de 1848 et à l'Assemblée de 1871. ◆ *Les haines nationales*, les haines qui sont entre nations. ◆ *Garde nationale*, Voy. GARDE. ◆ *Bien national, biens nationaux*, propriétés foncières confisquées pendant la Révolution et vendues au profit de la nation. ◆ *Concile national*, assemblée des évêques de toutes les métropoles d'une nation. ◆ N. m. pl. *Les nationaux*, la totalité de ceux qui composent une nation, par opposition à *étrangers*. ▪ *Route nationale* ou n. f. *nationale*, route principale dont la construction et l'entretien incombent à l'État. *Une nationale à quatre voies.* ▪ **Polit.** Qui se présente comme défenseur premier des valeurs et des intérêts de la nation. *Un parti national.* ▪ REM. On emploie aujourd'hui encore *Assemblée nationale* à propos du Parlement.

NATIONALEMENT, adv. [nasjonal(ə)mɑ̃] (*national*) D'une manière nationale. ◆ Par ordre de la nation.

NATIONALISATION, n. f. [nasjonalizasjɔ̃] (*nationaliser*) Acquisition par la collectivité nationale de la propriété et de la gestion de moyens de production privés. *Nationalisation des compagnies d'assurances.*

NATIONALISER, v. tr. [nasjonalize] (*national*) Néolog. Rendre national, faire adopter par une nation. ◆ Se nationaliser, v. pr. Prendre les mœurs d'une nation. ◆ En parlant des choses, passer dans les usages d'un peuple. ▪ Acquérir par nationalisation. *Nationaliser une entreprise.* ▪ REM. Il n'est plus considéré comme un néologisme aujourd'hui.

NATIONALISME, ▪ n. m. [nasjonalism] (*national*) Exaltation des valeurs nationales, s'accompagnant parfois de xénophobie et de racisme. *Le nationalisme des partis d'extrême droite.* ◆ Doctrine, mouvement politique d'une communauté qui revendique le droit de former une nation autonome. *Le nationalisme corse.*

NATIONALISTE, ▪ adj. [nasjonalist] (*nationalisme*) Relatif au nationalisme. *Théorie nationaliste.* ▪ Qui est partisan du nationalisme. *Député nationaliste.* ▪ N. m. et n. f. *La défaite électorale des nationalistes.*

NATIONALITÉ, n. f. [nasjonalite] (*national*) Qualité de ce qui est national. *La nationalité d'un homme, d'un peuple.* ◆ **Mar.** Constatation de l'origine d'un navire. ◆ Réunion d'hommes qui ont même nationalité. ◆ Appartenance à une nation du point de vue de l'état civil. *Être de nationalité française.* ◆ *Avoir la double nationalité*, être membre de deux États.

NATIONAL-POPULISME, ▪ n. m. [nasjonalpopylism] (*national* et *populisme*) Doctrine mêlant populisme et xénophobie.

NATIONAL-SOCIALISME, ▪ n. m. [nasjonalsosjalism] (all. *Nazional-Sozialismus*) Doctrine à l'origine du régime dictatorial et raciste mis en place par Hitler. ▪ **NATIONAL-SOCIALISTE**, n. m. et n. f. et adj. [nasjonalsosjalist] *L'idéologie nationale-socialiste. Les nationaux-socialistes.*

NATIVISME, ▪ n. m. [nativism] (*natif*) Théorie qui considère que la perception du temps et de l'espace est naturelle et non acquise. *Le nativisme s'oppose au génétisme et à l'empirisme.*

NATIVITÉ, n. f. [nativite] (b. lat. *nativitas*) Époque de la naissance. « *Le jour de sa nativité* », LA FONTAINE. ◆ Naissance de Jésus-Christ, de la Vierge et de quelques saints. ◆ Absol. La naissance de Jésus-Christ, la fête de Noël. ◆ *Une Nativité*, tableau représentant la naissance de Jésus-Christ. ◆ ▷ En astrologie, disposition du ciel, des astres au moment de la naissance de quelqu'un. ◁ ◆ ▷ *Thème de nativité*, horoscope dressé à l'heure de la naissance. ◁

NATOUFIEN, ▪ n. m. [natufjɛ̃] (*Natouf*, n. géogr.) Civilisation du Moyen-Orient (10 000-8 000 av. J.-C.). *L'utilisation des outils pour le broyage s'est particulièrement développée au natoufien. Les premières traces de sédentarisation en contexte natoufien dateraient d'environ 11 000 avant J.-C.*

NATRÉMIE, ▪ n. f. [natremi] (*natrium*, sodium, et [*h*]*émie*) **Méd.** Taux de sodium dans le sang. *La natrémie est normalement d'environ 142 mmol par litre pour un être humain en bonne santé.*

NATRON ou **NATRUM**, n. m. [natrɔ̃, natrɔm] (ar. *natrun*) Carbonate de soude cristallisé.

NATTAGE, ▪ n. m. [nataʒ] (*natter*) Action de natter ; résultat de cette action. *Les différentes méthodes de nattage. Effectuer un nattage dans lequel on a inséré des plumes.* ▪ **Inform.** *Nattage d'adresse*, translation d'adresses d'un réseau privé en direction d'un réseau public, comme le fait Internet en leur affectant de façon temporaire des adresses publiques.

NATTE, n. f. [nat] (b. lat. *matta*) Tissu de paille ou de jonc fait de trois brins ou cordons entrelacés et servant à couvrir les planchers, à revêtir les murailles des chambres, etc. ◆ Fil, soie, etc. tressés en natte. *Une natte d'or et d'argent.* ◆ *Natte de cheveux*, cheveux tressés en natte.

NATTÉ, ÉE, p. p. de natter. [nate]

NATTER, v. tr. [nate] (*natte*) ▷ Revêtir de nattes. *Natter un mur.* ◁ ◆ Tresser en natte. *Natter des cheveux, de la soie, les crins d'un cheval.* ◆ Se natter, v. pr. Être tressé en natte.

NATTIER, IÈRE, n. m. et n. f. [natje, jɛr] (*natte*) Personne qui fait et vend des nattes.

NATURALIBUS (IN), loc. adv. [innatyralibys] (mots lat., *in*, dans, et ablat. plur. neutre substantivé de *naturalis*, de naissance) **Fam.** Dans l'état de nudité. ▪ REM. Il n'est plus familier aujourd'hui.

NATURALISATION, ▪ n. f. [natyralizasjɔ̃] (*naturaliser*) Action de naturaliser. *Des lettres de naturalisation.* ◆ Effet des lettres de naturalisation. ◆ Action de naturaliser une race d'animaux, une plante dans un pays où cette race, cette plante est étrangère. ◆ **Fig.** Action de transporter un mot, une phrase d'une langue dans une autre. ▪ Action de naturaliser un animal, une plante pour lui conserver son apparence d'être vivant.

NATURALISÉ, ÉE, p. p. de naturaliser. [natyralize]

NATURALISER, v. tr. [natyralize] (lat. *naturalis*, de naissance, naturel) Accorder à un étranger le droit dont jouissent les naturels du pays. ◆ En parlant des animaux et des plantes, procurer la naturalisation. ◆ **Fig.** Introduire dans un pays et y faire prospérer, en parlant des sciences, des arts, des inventions, des choses d'esprit et des choses morales. *Naturaliser un mot, une tournure, une mode, etc.* ◆ Se naturaliser, v. pr. Recevoir des lettres de naturalisation. ◆ Il se dit des animaux et des plantes. ◆ **Fig.** « *La lumière de Dieu étant une fois éteinte, tous les crimes l'un après l'autre se naturalisent, pour ainsi parler, dans notre cœur* », BOSSUET. ◆ ▷ **Fig.** Contracter certaines habitudes ou dispositions. « *Quand il sera naturalisé avec le péché* », BOURDALOUE. ◁ ◆ Faire subir différents traitements à un animal mort, à une plante coupée afin de les conserver dans leur aspect naturel.

NATURALISME, n. m. [natyralism] (lat. *naturalis*, naturel) Qualité de ce qui est produit par une cause naturelle. ◆ Système de ceux qui attribuent tout à la nature comme premier principe. ◆ Religion de la nature. ▪ **Bx-arts** Imitation de la nature. ▪ **Littér.** Courant littéraire du XIXᵉ s. qui visait à représenter le monde réel dans tous ses aspects. *Le naturalisme de Zola.*

NATURALISTE, n. m. et n. f. [natyralist] (lat. *naturalis*, naturel) Personne qui s'occupe spécialement de l'étude des productions de la nature. ◆ Abusivement, personne qui empaille des animaux et qui vend des objets d'histoire naturelle. ◆ Personne qui adopte les principes du naturalisme. ▪ Adj. Relatif au naturalisme artistique ou littéraire. *Un tableau naturaliste. Un roman naturaliste.*

NATURALITÉ, n. f. [natyralite] (lat. chrét. *naturalitas*, caractère naturel) L'état naturel, par opposition à l'état artificiel. *L'esprit humain, dans sa naturalité, aime les formes symboliques.* ◆ ▷ État de celui qui est naturel d'un pays, ou qui s'y est fait naturaliser. ◁ ◆ ▷ *Droit de naturalité*, le droit dont jouissent les habitants naturels d'un pays à l'exclusion des étrangers. ◁ ◆ ▷ *Lettres de naturalité*, syn. anc. de lettres de naturalisation ; aujourd'hui, constatation d'une nationalité préexistante. ◁

NATURE, n. f. [natyr] (lat. *natura*, de *nasci*, naître) Ensemble de tous les êtres qui composent l'univers. *La nature inorganique, végétale, animale.* ◆ Ordre établi dans l'univers. *Les merveilles de la nature.* ◆ Sorte de personnification de l'ensemble des lois naturelles. ◆ *Payer le tribut* ou *tribut à la nature*, mourir. ◆ *Philosophie de la nature*, sorte de panthéisme. ◆ **Phys.** *Jeux de la nature*, Voy. JEU. ◆ Ce qui constitue tout être en général, soit incréé, soit créé. *La nature de Dieu. La nature humaine.* ◆ L'essence, les attributs, la condition propre d'un être ou d'une chose. *La nature du feu est de brûler.* « *Ne nous emportons point contre les hommes, en voyant leur dureté, leur ingratitude, leur injustice : ils sont ainsi faits, c'est leur nature* », LA BRUYÈRE. ◆ *La nature des choses*, en général, la nécessité qui résulte de la constitution des choses. ◆ *Il est dans la nature des choses*, il arrive inévitablement. ◆ Ensemble des propriétés qu'un être vivant tient de sa naissance. *Chaque animal obéit à sa nature.* « *Bocchoris comptait pour rien les hommes, croyant qu'il était d'une autre nature qu'eux.* », FÉNELON. ◆ ▷ *Passer en nature*, devenir le propre de. ◁ ◆ **Par extens.** Ce qui est comparé à un être vivant, tel qu'un peuple, un gouvernement, etc. « *Les circonstances et la nature du gouvernement font les vices et les vertus des nations* », D'ALEMBERT. ◆ *La nature humaine* ou simplement *la nature*, la totalité des conditions physiques et morales de l'être humain. *Les besoins, la voix de la nature.* ◆ *Cet homme est ennemi de nature*, il se plaît à faire du mal à soi ou à autrui, ou il condamne toute sorte de divertissements. ◆ *Forcer nature*, vouloir faire plus qu'on ne peut. ◆ *La nature humaine*, le genre humain. ◆ La condition de l'homme telle qu'on la suppose antérieurement à toute civilisation. *L'homme dans l'état de nature.* ◆ **Fam.** *Être dans l'état de pure nature*, être tout nu. ▪ **Théol.** *L'état de nature*, l'état naturel de l'homme, par opposition à l'état de grâce. ◆ La constitution du corps vivant, le principe qui le soutient. *La nature s'affaiblit en lui.* ◆ La complexion, le tempérament de chaque individu. *Il est de nature bilieuse, sanguine, etc.* ◆ L'ensemble des sentiments innés. « *Je suivais la nature et cherchais la sagesse* », VOLTAIRE.

Sorte de constitution morale qui nous fait discerner plus par sentiment que par raison le bien et le mal. *La nature nous donne les premières notions du juste et de l'injuste.* ♦ Une certaine disposition ou inclination de l'âme. *Une nature heureuse. Il est enclin de sa nature à tel vice.* ♦ La partie morale chez les animaux. *La nature fidèle du chien.* ♦ *De nature, par nature,* par une condition essentielle à l'être. *Le singe est malicieux de nature. Envieux par nature.* ♦ L'ensemble des affections du sang, de la famille. *Les droits de la nature.* ♦ Sorte, espèce. *La nature du terrain.* ♦ Opérations, productions de la nature, par opposition à celles de l'art. *L'art perfectionne la nature.* ♦ La nature soit physique soit morale considérée comme modèle des arts d'imitation. « *Que la nature donc soit votre étude unique* », BOILEAU. ♦ **Peint.** et **sculpt.** L'objet réel qu'on se propose de représenter. *Dessiner sur nature. Peindre d'après nature.* ♦ **Fig.** *D'après nature,* conformément à la réalité. « *Lorsque vous peignez les hommes, il faut peindre d'après nature* », MOLIÈRE. ♦ *Belle nature,* la nature imitée seulement dans les objets agréables à l'œil, à l'imagination, à l'oreille. ♦ *Figures plus grandes, plus petites que nature,* figures qui sont au-dessus, au-dessous des proportions naturelles. ♦ *Figures de demi-nature* ou *demi-nature,* figures qui n'ont que la moitié des proportions naturelles. ♦ *Nature morte,* animaux tués et particulièrement gibier, dont l'imitation exclusive forme un genre particulier de peinture. *Des natures mortes. Peintre de nature morte.* ♦ **Adj. Fam.** *Comme cela est nature !* État matériel de certaines choses, par opposition à l'argent qu'elles peuvent valoir. *La dîme se levait en nature sur la récolte.* ♦ *Payer en nature,* payer avec les productions naturelles du sol. ♦ **Cuis.** *Bœuf, côtelettes nature,* sans sauce, sans apprêt. ♦ CONTRE NATURE, loc. adv. D'une manière contraire à l'ordre moral, aux sentiments. *Il est contre nature qu'un père persécute ses enfants.* ♦ **Prov.** *L'habitude est une seconde nature.* ■ *Nature morte,* représentation picturale ayant pour sujet un ensemble d'objets inanimés tels que des fruits, des fleurs, de la vaisselle, etc. ■ **Gramm.** Catégorie grammaticale à laquelle appartient un mot. *Chercher la nature et la fonction des différents mots qui composent une phrase.* ■ *Être de nature à,* être susceptible de, capable de. *Selon le gouvernement, ces mesures sont de nature à réduire le nombre des demandeurs d'emploi.* ■ **Adj.** Qui correspond à la réalité, naturel, véritable. *Obtenir un résultat très nature.* ■ **Fam.** Naturel, sans artifice. *C'est une personne nature.*

NATUREL, ELLE, adj. [natyʀɛl] (lat. *naturalis*) Qui fait partie de la nature, qui est conforme à la nature. *L'étude des corps naturels. Les phénomènes naturels.* ♦ *Mort naturelle,* mort qui vient par le progrès de l'âge ou par maladie. ♦ *La loi naturelle,* Voy. LOI. ♦ *Dieux naturels,* les parties de l'univers que l'on avait personnifiées, comme le soleil, l'air, le ciel, etc. ♦ *Sciences naturelles,* les sciences qui s'occupent de ses productions. ♦ *Histoire naturelle,* science qui a pour objet la description et la classification des animaux, des végétaux et des minéraux. ♦ Titre de certains ouvrages qui traitent de cette science. *L'Histoire naturelle de Buffon.* ♦ *Enfant naturel,* celui qui est né hors mariage. ♦ Qui vient de la nature seule, par opposition à acquis. *Des qualités naturelles. Esprit naturel.* ♦ Il se dit par opposition à factice, artificiel. *Cette perruque imite les cheveux naturels. Les eaux minérales naturelles.* ♦ *Vin naturel,* vin qui n'a pas été frelaté. ♦ Qui est conforme à la nature particulière de chaque espèce. *La raison est un attribut naturel de l'homme.* ♦ Il se dit de même sens, en parlant des choses. *La mer est sortie de ses bornes naturelles.* ♦ **Hist. nat.** *Caractère naturel,* celui qui est pris dans un des attributs essentiels et constants d'un corps brut ou organisé. *Classification naturelle,* celle qui est établie d'après les caractères naturels. ♦ **Gramm.** *Ordre naturel* ou *analytique des mots,* celui dans lequel ils sont rangés conformément à la suite et à la dépendance des idées, par opposition à inversion. ♦ **Mus.** *Tons naturels,* tons qui se forment de la gamme ordinaire, sans aucune altération, sans dièse et sans bémol à la clé : ce sont ut majeur et la mineure. ♦ *Note naturelle,* note qui n'est affectée ni d'un dièse ni d'un bémol. ♦ Qui est conforme aux lois de la nature. *Événement naturel.* ♦ Qui est conforme à la raison ou à l'usage commun. *Sa conduite est toute naturelle. Il n'est pas naturel de s'exposer à un si grand péril.* ♦ *Sujets naturels d'un souverain,* ceux qui sont nés dans ses États. ♦ *Juges naturels,* ceux que la loi assigne aux accusés. ♦ **Par extens.** *Les gens de goût sont les juges naturels des productions de l'esprit.* ♦ Qui se fait en conséquence d'habitudes. *Il lui est naturel de marcher très vite.* ♦ Qui s'offre de soi-même à l'esprit. *Le sens naturel d'une phrase.* ♦ Qui est sans affectation dans ses sentiments, dans ses manières. « *Rien n'empêche tant d'être naturel que l'envie de le paraître* », LA ROCHEFOUCAULD. ♦ Il se dit des choses dans le même sens. *Grâces naturelles.* ♦ Qui est sans affectation quant à l'esprit. *Un poète naturel et vrai.* ♦ Il se dit de même de l'esprit et de ses productions. *Il a l'esprit naturel. Des vers naturels.* ♦ **Bx-arts** *Couleur naturelle,* celle que le peintre se propose d'imiter. ♦ **N. m.** Un habitant originaire d'un pays. ♦ ▷ *Le naturel,* l'état de santé. « *Ma jambe redevient dans son naturel* », MME DE SÉVIGNÉ. ◁ ♦ Manière d'être que la nature donne à l'animé ou inanimé dont on parle tient de la nature. « *C'est le naturel du genre humain d'être plus sensible au mal qu'au bien* », BOSSUET. ♦ Manière d'être morale telle qu'on la tient de la nature. « *Tant le naturel a de force !* », LA FONTAINE. « *La mollesse et l'oisiveté corrompent les plus beaux naturels* », FÉNELON. ♦ ▷ Amour entre les

pères et mères et leurs enfants. « *Des enfants ingrats et sans naturel* », BOURDALOUE. ◁ ♦ ▷ Sentiment d'humanité et de compassion, sensibilité. *Il faut être sans naturel pour ne pas soulager les malheureux quand on le peut.* ◁ ♦ Manière d'être telle que la nature nous l'a donnée, par opposition à l'art, à l'affectation. « *Le naturel a tant de charmes, qu'il plaît même à ceux qui n'en ont point* », MME DE GENLIS. ♦ Il se dit des choses dans le même sens. « *Revenir au goût des anciens, et reprendre enfin le simple et le naturel* », LA BRUYÈRE. ♦ La forme naturelle de chaque chose. *Cela est peint, tiré sur le naturel.* ♦ AU NATUREL, loc. adv. D'après nature, selon la nature. « *Vous me dépeignez si fort au naturel, que je crois l'entendre* », MME DE SÉVIGNÉ. ♦ **Fig.** « *Rien ne représente plus au naturel, l'état d'une âme tiède* », MASSILLON. ♦ **Hérald.** *Au naturel,* se dit des animaux ou des fleurs représentés avec leurs couleurs naturelles. ♦ *Au naturel,* de la manière la plus simple, en parlant de l'apprêt de certaines viandes. *Du bœuf au naturel.* ♦ On dit aussi *du bœuf naturel.* ■ *Nombre naturel,* nombre entier positif. *1, 2, 3, etc.,* sont des nombres naturels. ■ *Langage naturel,* langue parlée et écrite par les êtres humains, par opposition aux langages artificiels, notamment aux langages informatiques.

NATURELLEMENT, adv. [natyʀɛl(ə)mɑ̃] (*naturel*) Par une propriété naturelle. *Le lièvre est naturellement timide.* ♦ Par le seul secours, par les seules forces de la nature. *Naturellement parlant, un mort ne peut revivre.* ♦ *Cela ne se fait pas naturellement,* cela n'arrive pas d'ordinaire, ou bien cela cache quelque supercherie. ♦ Comme on doit s'y attendre par une conséquence naturelle. *On l'attaqua ; naturellement il se défendit.* ♦ ▷ De famille, de naissance. « *Il était riche naturellement* », MME DE SÉVIGNÉ. ◁ ♦ D'une manière naturelle, simple, facile. *Cela s'explique naturellement.* ♦ D'une manière naïve et propre à imiter la nature. *Contrefaire les gens très naturellement.* ♦ Sans affectation ni recherche. *Parler, écrire naturellement.* ♦ Sans déguisement, avec franchise. *Répondez-moi naturellement.* ♦ *Naturellement parlant,* en parlant sans figure.

NATURISME, ■ n. m. [natyʀism] (*nature*) Doctrine prônant un mode de vie en harmonie avec la nature, par le nudisme, l'alimentation, la vie en communauté. *La fédération française de naturisme a été fondée en 1950.* ■ NATURISTE, n. m. et n. f. et adj. [natyʀist] *Des plages naturistes. Un camp de naturistes.*

NATUROPATHE, ■ n. m. et n. f. [natyʀopat] (*nature* et *-pathe* au sens de thérapeute) Personne qui soigne par les moyens de la naturopathie. *Un praticien naturopathe.*

NATUROPATHIE, ■ n. f. [natyʀopati] (*nature* et *-pathie* au sens de thérapie) Méthode de soin naturelle qui exclut l'utilisation des médicaments. *Le biologiste Pierre-Valentin Marchesseau est considéré comme le père de la naturopathie.*

NAUCORE, ■ n. m. ou n. f. [nokɔʀ] (lat. sav. [XVIIIᵉ s.] *naucoris,* du gr. *naus,* navire et *koris,* punaise) Insecte carnivore que l'on trouve dans les marais. *Le naucore est aussi appelé punaise d'eau.*

NAUFRAGE, n. m. [nofʀaʒ] (lat. *naufragium,* de *navifragium,* de *navis,* navire, et *frangere,* briser) Perte d'un vaisseau sur une côte de mer, sur un banc de sable, sur un écueil, etc. ♦ *Faire naufrage au port,* échouer quand on est arrivé, et fig. réussir mal vers la fin de quelque affaire. ♦ Il se dit aussi des bâtiments et barques qui naviguent sur les lacs et les rivières. ♦ **Fig.** Perte, malheur, chute morale. « *Cette mer où tu cours est célèbre en naufrages* », BOILEAU. « *Leur cœur était corrompu, avant que leur foi fît naufrage* », MASSILLON. ♦ *Le naufrage du temps,* l'oubli que le temps amène dans la mémoire des hommes.

NAUFRAGÉ, ÉE, adj. [nofʀaʒe] (*naufrage*) Qui a essuyé un naufrage, soit personne, soit chose. *Des marins naufragés. Un navire naufragé.* ♦ **N. m.** et n. f. *Un naufragé.*

NAUFRAGER, ■ v. intr. [nofʀaʒe] (*naufrage*) Vx Faire naufrage. *Le navire a naufragé dans la tempête.* ■ **Par méton.** Se dit aussi des personnes. *L'équipage a manqué plusieurs fois de naufrager.* ■ **Fig.** Sombrer, être détruit, perdu. *Le projet a naufragé malgré leurs efforts.*

NAUFRAGEUR, EUSE, ■ n. m. et n. f. [nofʀaʒœʀ, øz] (*naufrager*) Personne qui, par l'émission de faux signaux, provoquait le naufrage des navires dans l'intention de piller les épaves. ■ **Fig.** Personne qui détruit, anéantit quelqu'un ou quelque chose. *Le naufrageur d'un régime politique.* ■ **Adj.** Se dit d'un bateau qui provoque le naufrage d'un autre.

NAULAGE, n. m. [nolaʒ] (var. de *nolis,* du lat. *naulum,* fret) ▷ **Mar.** Syn. de fret, dans la Méditerranée. ♦ On dit aussi *nolis.* ◁

NAUMACHIE, n. f. [nomaʃi] (lat. *naumachia,* du gr. *naumakhia* de *naus,* navire, et *makhesthai,* combattre) Spectacle d'un combat naval chez les anciens Romains. ♦ Lieu où se donnait ce spectacle.

NAUPATHIE, ■ n. f. [nopati] (gr. *naus,* navire et *-pathie*) **Méd.** Mal de mer. *La naupathie serait une affection qui toucherait de façon régulière plus de 3 millions de personnes en France.*

NAUPLIUS, ▪ n. m. [noplijys] (mot lat. imp., sorte de crustacé) **Zool.** Premier stade du développement larvaire chez les crustacés. *La vie d'un nauplius avant le passage au stade suivant est estimé à environ un jour et demi.*

NAUSÉABOND, ONDE, adj. [nozeabɔ̃, ɔ̃d] (lat. impér. *nauseabundus*, de *nauseare*, avoir le mal de mer, vomir) Qui cause des nausées. *Odeur nauséabonde.* ♦ **Fig.** Qui déplaît en excitant le dégoût. *Ces détails sont nauséabonds.*

NAUSÉE, n. f. [noze] (lat. *nausea*, du gr. *nautia*, mal de mer, nausée) Sensation éprouvée par ceux qui, n'ayant pas l'habitude de la navigation, sont tourmentés d'envie de vomir. ♦ Envie de vomir. ♦ **Fig.** Dégoût qu'inspirent dans l'ordre intellectuel ou moral les choses fastidieuses ou honteuses.

NAUSÉEUX, EUSE, ▪ adj. [nozeø, øz] (*nausée*) Susceptible de provoquer des nausées. *Une odeur nauséeuse.* ▪ Qui est pris de nausées. *Se sentir nauséeux.* ▪ **Fig.** Qui inspire un profond écœurement. *Des propos racistes nauséeux.*

NAUTILE, n. m. [notil] (lat. *nautilus*, du gr. *nautilos*) Mollusque testacé à coquille divisée en plusieurs cellules. ♦ *Nautile papyracé*, nom donné abusivement à l'argonaute.

NAUTIQUE, adj. [notik] (lat. *nauticus*, du gr. *nautikos*, de matelot, naval) Qui appartient à la navigation. *Art nautique. Carte nautique.* ♦ *Qualités nautiques d'un vaisseau*, celles qui font qu'il se comporte bien à la mer. ▪ *Ski nautique*, Sport consistant à glisser sur l'eau avec un ou deux skis, en étant tiré par un petit bateau à moteur très rapide. ▪ Qui se pratique dans l'eau ou sur l'eau ; qui est en rapport avec les activités qui se pratiquent sur l'eau ou dans l'eau. *L'aviron est un sport nautique. Un club nautique.*

NAUTISME, ▪ n. m. [notism] (*nautique*) Ensemble des activités sportives et ludiques liées à la navigation.

NAUTONIER, IÈRE, n. m. et n. f. [notonje, jɛʁ] (a. provenç. *nautanier*, du lat. vulg. *nauto, -onis*, du lat. *nauta*, marin) Celui, celle qui conduit un navire. ♦ *Le nautonier des sombres bords*, Caron. ♦ *Nautonier* est usité surtout en poésie.

NAVAJA, ▪ n. f. [navaʒa] (mot esp., du lat. *novacula*, rasoir) Long couteau dont la lame est légèrement recourbée, utilisé en Espagne, au Portugal et en Amérique latine. *Sur quelques gravures anciennes de l'Espagne, se distinguent les porteurs de longs navajas.*

NAVAL, ALE, adj. [naval] (lat. *navalis*, de *navis*, navire) sans m. pl selon l'Académie. Qui concerne les vaisseaux. *L'architecture navale.* ♦ *Science navale*, l'art de construire et de conduire les vaisseaux. ♦ *Forces navales*, l'armée de mer. ♦ *Bataille navale*, bataille livrée sur mer. ♦ *École navale*, École instituée pour former les jeunes gens qui se destinent au corps des officiers de la marine de l'État. ▪ *Bataille navale*, Jeu qui consiste à deviner l'emplacement des positions de l'adversaire sur une grille qu'il tient cachée. ▪ **Rem.** Cet adjectif a aujourd'hui un masculin pluriel : *Des équipements navals.*

NAVALISATION, ▪ n. f. [navalizasjɔ̃] (*naval*) Action d'adapter une arme, un matériel à une utilisation sur un navire de guerre. *Son fils est inscrit dans une école de navalisation pour les pilotes d'hélicoptères. La navalisation de matériels médicaux, de matériels électroniques, etc.*

NAVARIN, ▪ n. m. [navaʁɛ̃] (*navet*, d'après *Navarin*, ville grecque, théâtre d'une bataille célèbre en 1827) Ragoût de mouton ou d'agneau préparé avec des légumes primeurs dont notamment des navets, des oignons, des carottes, des petits pois et des pommes de terre. *Déguster un navarin de mouton, d'agneau.* ▪ **Par extens.** Tout préparation culinaire ayant la même base. *Du homard en navarin. Un navarin de veau.*

NAVÉE, n. f. [nave] (lat. *navis*, navire) Charge d'un bateau.

NAVEL, ▪ n. f. [navɛl] (mot. angl., nombril) Variété d'orange qui a la caractéristique de posséder un petit fruit interne qui forme dans l'écorce un petit creux en forme de nombril. *Des oranges navels.*

NAVET, n. m. [navɛ] (anc. fr. *nef*, du lat. *napus*, navet) Plante crucifère dont la racine fusiforme, charnue, d'une saveur douce et sucrée, est employée comme aliment. ♦ La racine de cette plante. ▪ **Fam.** et **péj.** Production artistique jugée sans intérêt. *Son dernier film est un vrai navet.*

1 **NAVETTE**, n. f. [navɛt] (*navet*) Variété oléifère du chou navet appelé vulgairement navet ; la graine fournit l'huile grasse connue sous le nom d'huile de navette. ♦ Huile qu'on tire de la navette.

2 **NAVETTE**, n. f. [navɛt] (*nef*, du lat. *navis*, par analogie de forme) Petit vase de métal qui est en forme de navire, où l'on conserve l'encens et d'où on le prend avec une petite cuiller pour le mettre dans l'encensoir. ♦ Instrument où les tisserands mettent leur trame, pour la passer au travers de la chaîne. ♦ **Fig.** et **fam.** *Faire la navette*, aller et venir ; *faire faire la navette*, faire aller et venir. ▪ Véhicule de transport en commun qui effectue un trajet aller-retour sur une courte distance entre deux points déterminés. *Une navette assure le transport des voyageurs jusqu'à l'aéroport.* ▪ Vaisseau spatial conçu pour effectuer plusieurs trajets dans l'espace. ▪ Dans une machine

à coudre, élément qui contient la canette. ▪ **Dr.** Aller et retour que fait un projet de loi entre l'Assemblée nationale et le Sénat avant d'être voté définitivement.

NAVETTEUR, EUSE, ▪ n. m. et n. f. [navetœʁ, øz] (*navette*) **Suisse, Belg.** et **Québec** Personne qui effectue régulièrement le trajet entre son domicile et son lieu de travail et qui utilise les transports en commun pour le faire. *La navetteuse dépose généralement son bébé à la crèche à 7 h 20 pour prendre le train de 8 h.* ▪ Personne qui vit en province et travaille dans Paris ou en région parisienne. « *Stressant la vie de navetteur ? Bien moins que celle de banlieusard* », Le Point, 2003.

NAVICULAIRE, adj. [navikylɛʁ] (b. lat. *navicularis*, du lat. *navicula*, petit bateau) **Anat.** et **bot.** Qui est creusé en nacelle. *Os naviculaire.*

NAVICULE, ▪ n. f. [navikyl] (lat. *navicula*, petit bateau) **Bot.** Algue bleue microscopique en forme de navette de tisserand qui, filtrée par les huîtres, leur donne leur couleur verte. *La navicule pousse dans les claires.*

NAVIGABILITÉ, n. f. [navigabilite] (*navigable*) Qualité, état d'un cours d'eau où l'on peut naviguer. *La navigabilité de cette rivière.* ♦ État d'un bâtiment qui peut naviguer.

NAVIGABLE, adj. [navigabl] (lat. impér. *navigabilis*) Où l'on peut naviguer. *Un fleuve navigable.*

NAVIGANT, ANTE, ▪ adj. [navigɑ̃, ɑ̃t] (*naviguer*) Qui est à bord d'un bateau, d'un avion. *Mécanicien navigant.* ▪ *Personnel navigant*, ensemble des personnes qui travaillent à bord d'un bateau, d'un avion, par opposition au personnel au sol qui reste à terre. ▪ **N. m.** et **n. f.** *Les navigants civils et militaires.*

NAVIGATEUR, TRICE, n. m. et n. f. [navigatœʁ, tʁis] (lat. impér. *navigator*) Personne qui navigue, qui fait des voyages de long cours sur mer. ♦ **Adj.** *Peuple navigateur*, peuple adonné à la navigation. ♦ Personne qui entend la conduite d'un vaisseau. ▪ **N. m.** **Inform.** Logiciel qui permet l'exploitation des ressources d'Internet.

NAVIGATION, n. f. [navigasjɔ̃] (lat. *navigatio*, voyage sur mer ou par eau) Action de naviguer sur la mer, sur les lacs, sur les fleuves. ♦ *La navigation d'une mer, d'un fleuve*, l'action de naviguer sur une mer, sur un fleuve. ♦ *Navigation ntérieure*, celle qui a lieu sur les lacs, les fleuves, les rivières et les canaux. ♦ *Canal de navigation*, canal qui porte les bateaux, par opposition à canal d'irrigation. ♦ L'art de la navigation. ♦ Voyage sur la mer, sur un lac, sur un fleuve. « *Ils ont fait de longues navigations sur la mer Rouge* », Fénelon. ▪ Circulation des marchandises par les fleuves, les canaux. ♦ *Navigation aérienne*, voyages qu'on fait en ballon. ▪ *Navigation aérienne*, circulation des marchandises et des personnes par avion. *Les compagnies de navigation aérienne.* ▪ *Navigation de plaisance*, ensemble des activités nautiques pratiquées dans le cadre des loisirs. ▪ **Inform.** Ensemble des opérations qu'effectue un utilisateur en passant d'un site Internet à l'autre, d'une page à l'autre dans un ensemble de données structurées.

NAVIGUER, v. intr. [navige] (lat. *navigare*, naviguer, voyager sur mer) Aller sur mer ou sur les grandes rivières. ♦ Il se dit de la manière dont un pilote conduit un navire. *Ce pilote navigue bien.* ♦ En parlant du vaisseau même, se comporter à la mer. *Ce bâtiment navigue bien.* ▪ **V. tr. Mar.** *Naviguer une chaloupe*, la faire avancer avec des rames. ▪ **V. intr. Inform.** Se déplacer dans un ensemble de données structurées en utilisant des liens hypertextes. ▪ Voyager. *Il navigue beaucoup ces temps-ci.* ▪ **Fig.** Mener sa vie habilement, bien s'occuper de ses affaires. *Il sait naviguer.*

NAVILLE, n. f. [navij] (ital. *naviglio*) ▷ Nom que nous donnons aux canaux d'irrigation de la Lombardie. ◁

NAVIPLANE, ▪ n. m. [naviplan] (nom déposé ; *navi-*, navire, et *-plane*, d'après *aquaplane*) Aéroglisseur marin. *Le premier naviplane était capable de transporter 90 passagers à une vitesse d'environ 100 km/h.*

NAVIRE, n. m. [naviʁ] (anc. fr. *navirie, navilie*, du lat. pop. *navilium*, du lat. *navigium*, navire) Bâtiment qui sert à naviguer sur mer. ♦ *Le navire Argo*, constellation de l'hémisphère austral.

NAVIRE-ATELIER, ▪ n. m. [naviʁatəlje] (*navire* et *atelier*) Navire de guerre où sont effectuées les réparations qui ne peuvent l'être à bord. *Le Jules Verne est un des navires-ateliers de la marine française.*

NAVIRE-CITERNE, ▪ n. m. [naviʁ(ə)sitɛʁn] (*navire* et *citerne*) Navire utilisé pour transporter les liquides. *Le naufrage du navire-citerne Erika en décembre 1999 a provoqué une marée noire sur les côtes atlantiques françaises.*

NAVIRE-ÉCOLE, ▪ n. m. [naviʁekɔl] (*navire* et *école*) Navire utilisé pour l'apprentissage de la navigation. *Son fils vient d'embarquer à bord d'un navire-école des métiers de la croisière et du tourisme.*

NAVIRE-HÔPITAL, ▪ n. m. [naviʁopital] (*navire* et *hôpital*) Navire aménagé pour le transport des malades et des blessés en temps de guerre. *Des infirmières ont été affectées sur des navires-hôpitaux.*

NAVIRE-JUMEAU, ■ n.m. [naviʀ(ə)ʒymo] (*navire* et *jumeau*) Navire semblable à un autre, qui a été conçu de la même manière. *Ces trois navires-jumeaux ont connu les mêmes défaillances techniques.*

NAVIRE-USINE, ■ n.m. [naviʀyzin] (*navire* et *usine*) Navire où sont traités et transformés les produits de la pêche. *À bord des navires-usines, on procède à la préparation du poisson destiné à être mis en conserve.*

NAVISPHÈRE, ■ n.f. [navisfɛʀ] (*navigation* et *sphère* d'après *planisphère*) Instrument utilisé pour la navigation, représentant la sphère céleste et permettant d'identifier les étoiles dont la hauteur a été mesurée au sextant. *Il a acheté une magnifique navisphère chez un antiquaire.*

NAVRANT, ANTE, adj. [navʀɑ̃, ɑ̃t] (*navrer*) Qui navre. *Des maux navrants.* ■ Qui contrarie, qui mécontente. *C'est vraiment une nouvelle navrante. Un spectacle navrant.*

NAVRÉ, ÉE, p. p. de navrer. [navʀe] Fig. *Navré de douleur,* blessé d'une profonde douleur. ◆ Absol. Très affligé. ■ Peiné, désolé. *Il était navré de ne pas pouvoir venir.* ■ Pour exprimer un regret, des excuses. *Je ne peux pas vous recevoir, je suis navrée.*

NAVREMENT, ■ n.m. [navʀəmɑ̃] (*navrer*) Litt. Peine profonde, affliction. « *Elle regardait avec navrement la ville et le quai de pierre sur lequel s'attardait encore une petite foule figée* », DUHAMEL.

NAVRER, v. tr. [navʀe] (anc. fr. *nafrer,* de l'anc. nord. *nafarr,* tarière, ou du lat. *naufragare,* faire naufrage, abîmer, ruiner) Blesser (peu usité en ce sens propre). ◆ Fig. Causer une souffrance morale comparée à une blessure. ■ Peiner. *Son attitude me navre.*

NAY ou **NEY**, ■ n.m. [nɛ] (mot persan, roseau) Flûte percée de sept trous utilisée au Proche-Orient. *Des nays, des neys. Un musicien jouait du nay dans la rue.*

NAZARÉEN, ENNE, ■ adj. [nazaʀeɛ̃, ɛn] (adaptation du lat. chrét. *Nazarenus, Nazaræus*) De Nazareth. ■ *École nazaréenne,* École de peintres allemands du XIXᵉ s. installés à Rome. ■ N.m. Peintre appartenant à cette école. *Les nazaréens s'inspirèrent des primitifs italiens.*

1 NAZE, ■ n.m. [naz] Voy. NASE.

2 NAZE, ■ adj. [naz] Voy. NASE.

NAZI, IE, ■ adj. [nazi] (contraction de l'all. *Nationalsozialist*) Qui relève de la doctrine du national-socialisme. *La propagande nazie.* ■ N.m. et n.f. Membre du parti national-socialiste allemand. *Hitler était à la tête des nazis.*

NAZILLON, ONNE, ■ n.m. et n.f. [nazijɔ̃, ɔn] (*nazi*) Fam. et péj. Jeune nazi.

NAZISME, ■ n.m. [nazism] (*nazi*) Doctrine, politique nazie. « *Celui-ci avait autrefois fui le nazisme, poursuivi qu'il était là-bas comme communiste ou comme trotskyste, ou comme catholique, ou comme juif* », SAINT-EXUPÉRY.

NB, ■ adv. [ɛnbe] Voy. NOTA.

NBC, ■ adj. [ɛnbese] (sigle de *nucléaire biologique chimique*) Relatif aux armes nucléaires, biologiques ou chimiques. *Une tenue de protection NBC.*

NDLR, ■ n.f. [ɛndeɛlɛʀ] (sigle de *note de la rédaction*) Commentaire introduit par la rédaction d'un journal dans un texte. *Les NDLR sont en principe en bas de page.*

NE, [nə] (lat. *non,* affaibli en *nen* [cf. *nenni*], puis réduit à *ne* devant consonne) Mot qui rend une proposition négative et qui précède toujours le verbe ; seul et isolé de *pas* ou *point,* il n'a plus son ancienne vertu négative que dans certains emplois. ◆ *Ne* s'emploie seul avec les verbes *cesser, oser, savoir, avoir garde,* et l'impers. *importer,* dans le style familier : *Je ne sais, je n'ose, etc.* Toutefois on peut en ces cas mettre *pas* ou *point : Je ne sais pas.* ◆ Le plus ordinairement, *ne* est accompagné de *pas* ou *point,* qui fait la négation complète : *Il ne veut pas.* ◆ *Ne... pas... ne... pas,* double négation qui affirme. *Je ne puis pas ne pas croire qu'il en est ainsi,* c'est-à-dire je suis forcé de croire qu'il en est ainsi. ◆ *Ne* est dubitatif après *craindre, appréhender,* etc. *Je crains qu'il ne pleuve.* ◆ *Ne* explétif après un comparatif d'inégalité suivi de *que* et d'une proposition complétive. *Vous écrivez mieux que vous ne parlez.* ◆ Cependant si le premier membre est négatif, le second d'ordinaire ne prend point *ne. Vous n'écrivez pas mieux que vous parlez.* ■ REM. L'emploi de *ne* avec les verbes *cesser, oser, savoir,* etc. n'est plus familier aujourd'hui.

NÉ, NÉE, p. p. de naître. [ne] *Bien né,* né d'une famille honnête, honorable. ◆ *Né à, né pour,* qui a des dispositions innées pour. « *Les esprits nés à la tyrannie* », MALHERBE. « *Son génie né pour l'action* », BOSSUET. ◆ Fig. « *Tu sais bien que mon style est né pour la satire* », BOILEAU. ◆ Qui tient de sa naissance certaine qualité, dignité, fonction. « *Né ministre du Dieu qu'en ce temple on adore* », RACINE. *Carle Vanloo était né peintre.* ◆ *Né dans, né sur,* se dit pour exprimer qu'on possède en naissant telle ou telle chose. *Un homme né dans les richesses. Une princesse née sur le trône.* ◆ *Bien né, mal né,* qui a

apporté en naissant de bonnes, de mauvaises dispositions. « *À tous les cœurs bien nés que la patrie est chère !* », VOLTAIRE. ◆ Fig. *Né de,* produit par, issu de, en parlant des choses. « *Goûtez des jours sereins, nés du sein des orages* », VOLTAIRE. ◆ *Né* se joint par un trait d'union à quelques adjectifs pour signifier que la qualité exprimée est de naissance. ◆ *Mort-né, mort-née,* mort avant que de naître, et fig. en parlant des ouvrages d'esprit, des lois, etc. qui n'a aucun succès, aucune efficacité. *Des enfants mort-nés. Une tragédie mort-née.* ◆ *Nouveau-né, née,* qui est né depuis peu de temps, qui vient de naître (*nouveau* est adverbe et invariable). *Une fille nouveau-née.* ◆ Fig. En parlant des choses qui viennent de naître. « *Dès le temps nouveau-né, quand la Toute-Puissance D'un mot forma le ciel, l'air, la terre et les flots* », BOILEAU. ◆ N. m. *Nouveau-nés.* ◆ *Premier-né* (*premier* est adjectif et s'accorde ; mais dans l'usage le féminin est peu usité), le premier enfant mâle. *Les enfants premiers-nés.* ◆ N. m. *Un premier-né. Les premiers-nés.* ◆ Il se dit aussi en parlant des animaux. ◆ *Dernier-né,* enfant mâle né le dernier de tous. ◆ N. m. *Un dernier-né.* ◆ Au pl. *Derniers-nés.* ◆ *Né* se joint par un trait d'union à certains noms qu'il qualifie, pour exprimer que la qualification dont il s'agit est attachée comme par droit de naissance. *Président-né.* ◆ Fig. Il se dit de tout ce que l'on compare à une condition de naissance. *Protecteur-né des sciences et des arts.* ◆ *Il est l'ennemi-né de...,* il a une tendance naturelle à combattre.

NÉANDERTALIEN, IENNE, ■ adj. [neɑ̃dɛʀtaljɛ̃, jɛn] (all. *Neandertal,* vallée du Néandre, où fut découvert le crâne fossile qui permit de caractériser l'espèce) Relatif à l'homme fossile de Neandertal (paléolithique moyen) qui vivait en Europe et au Proche-Orient. *La morphologie de l'homme néandertalien était assez proche de celle de l'homme moderne.* ■ N.m. Homme de Neandertal.

NÉANMOINS, adv. [neɑ̃mwɛ̃] (*néant* et *moins,* pas moins) Non moins, toutefois, pourtant. ◆ On l'employait autrefois avec *ce.* « *Ce néanmoins, madame, bon droit a besoin d'aide* », MOLIÈRE.

NÉANT, n.m. [neɑ̃] (prob. lat. vulg., *gentem,* pas une personne, avec transfert ultérieur aux choses) Le non-être. *Dieu a tiré l'univers du néant.* ◆ Destruction, anéantissement de l'être vivant. « *Les impies n'ont pas même de quoi établir le néant auquel ils espèrent* », BOSSUET. ◆ ▷ Dr. *Mettre une appellation au néant, à néant,* refuser de l'admettre. ◁ ◆ Fig. *Réduire à néant,* annuler, compter pour rien. ◆ Peu de valeur, infinie petitesse d'une chose. « *Mes jours ne sont qu'un néant* », SACI. « *Qu'est-ce que l'homme dans la nature ? Un néant à l'égard de l'infini* », PASCAL. ◆ Il se dit des personnes pour exprimer leur infinie petitesse à l'égard de Dieu. « *L'humilité ne voit que son propre néant* », MASSILLON. ◆ État d'une âme vide de sentiments et d'affections. « *Rien n'est si insupportable à l'homme que d'être sans passion, sans affaire ; il sent alors son néant, son vide* », PASCAL. ◆ Myst. Sentiment de nullité, d'anéantissement qui s'empare de l'âme. ◆ Nullité, obscurité d'une personne. « *Rentre dans le néant d'où je t'ai fait sortir* », RACINE. ◆ *Homme de néant,* homme qui n'est rien ni par sa position ni par sa fortune. ◆ POUR NÉANT, loc. adv. Inutilement. ◆ *Néant* s'emploie familièrement dans un sens négatif pour exprimer que la chose dont on parle n'existe pas. « *Quant à l'esprit, néant ; il n'a pas pris la peine Jusqu'ici de paraître* », GRESSET. ◆ Il se met aussi pour *non.*

NÉANTISER, ■ v. tr. [neɑ̃tize] (*néant*) Philos. Considérer comme néant. *Néantiser le réel.* ■ Faire disparaître, supprimer. *Néantiser l'opposition.*

NEBKA, ■ n.f. [nɛbka] (ar. *nabka, nabaka,* colline) Géol. Amas de sable qui se forme autour des végétaux dans le désert. *La forme des nebkas permet de déterminer la succession de sens du vent.*

NÉBULEUX, EUSE, adj. [nebylø, øz] (lat. *nebulosus,* de *nebula,* brouillard) Obscurci par les nuages. *Un ciel nébuleux.* ◆ Fig. « *Ce jour nébuleux qu'on nomme la vie* », VOLTAIRE. ◆ Fig. *L'horizon est nébuleux,* on est menacé de troubles, d'événements tristes, funestes. ◆ Fig. *Visage, front nébuleux,* visage, front sur lequel se peint le souci, l'inquiétude. ◆ Vaporeux, semblable à de la vapeur. ◆ Fig. Vague, obscur, peu précis. *Écrivain nébuleux.* ◆ *Étoile nébuleuse* ou n.f. *nébuleuse,* étoile dont la lumière est faible, terne, ou groupe d'étoiles qui se confondent en une lueur blanchâtre. ◆ *Cristal nébuleux,* celui qui a des nuages blancs. *Pierres nébuleuses,* celles qui ne sont pas claires. ■ N.f. Nuage de gaz et de poussières interstellaires. *Il existe différents types de nébuleuses. La nébuleuse du Crabe.* ■ Fig. Ensemble flou dont on a du mal à discerner les différents éléments. *La nébuleuse des forces d'opposition armées.*

NÉBULISER, ■ v. tr. [nebylize] (angl. *to nebulize,* de *nebula,* brouillard) Diffuser un liquide sous forme de fines gouttelettes, de brouillard. ■ NÉBULISATION, n.f. [nebylizasjɔ̃].

NÉBULISEUR, ■ n.m. [nebylizœʀ] (angl. *nebulizer,* de *nebula,* brouillard) Appareil utilisé pour vaporiser un liquide, un médicament liquide notamment. *Inhaler un médicament grâce à un nébuliseur.*

NÉBULOSITÉ, n.f. [nebylozite] (b. lat. *nebulositas,* obscurité, de *nebulosus*) Substance qui a l'apparence d'une vapeur, d'un nuage. *Les nébulosités qui* *environnent les comètes.* ◆ **Fig.** Caractère de ce qui ne se comprend qu'imparfaitement. *La nébulosité des idées.* ■ **Météorol.** Portion de ciel couverte par les nuages.

NÉCESSAIRE, adj. [neseseʀ] (lat. *necessarius,* inévitable, pressant, indispensable) Qui doit être pour que quelque chose soit ou se fasse. *La respiration est nécessaire à la vie.* « *Les guerres doivent être justes ; ce n'est pas assez, il faut qu'elles soient nécessaires pour le bien public* », Fénelon. ◆ *Il est nécessaire,* avec *de* et l'infinitif, ou *que* et le subjonctif, il faut. ◆ Dont on ne peut se passer, en parlant des personnes. *Un ministre nécessaire.* ◆ **Philos.** Il se dit de ce dont la négation est impossible, de ce qui ne peut pas ne pas être. « *Je sens que je peux n'avoir pas été ; donc je ne suis pas un être nécessaire* », Pascal. ◆ *L'être nécessaire,* Dieu. ◆ *Lois nécessaires,* lois sans lesquelles l'univers ne saurait subsister. ◆ *Causes nécessaires,* les causes qui, n'agissant pas librement, produisent infailliblement leur effet. ◆ *Vérité nécessaire,* vérité qui ne peut pas ne pas être. ◆ Ce qui est considéré comme logiquement, naturellement lié à. *Une conséquence nécessaire.* ◆ N. m. sans pl. Ce qui est indispensable. ◆ *Faire le nécessaire,* s'acquitter de ce qu'il y a de plus important, quand on ne peut pas faire le tout. ◆ Tout ce qui est essentiel pour les besoins de la vie. *Manquer du nécessaire.* ◆ *Le nécessaire,* ce qui ne peut pas ne pas exister. ◆ N. m. avec un pl. Sorte de cassette ou d'étui qui renferme tout ce qui est indispensable à la toilette et que l'on porte en voyage avec soi. *Des nécessaires de voyage.* ◆ Les objets contenus dans cet étui. *Un nécessaire en argent.* ◆ Petit coffret qui renferme les objets nécessaires pour travailler à l'aiguille.

NÉCESSAIREMENT, adv. [neseseʀ(ə)mɑ̃] (*nécessaire*) D'une façon nécessaire, par un besoin absolu. *Il faut nécessairement manger pour vivre.* ◆ Infailliblement. *L'effet suit nécessairement la cause.* ◆ **Philos.** Il s'emploie par opposition à *librement.*

NÉCESSITANTE, adj. f. [nesesitɑ̃t] (*nécessiter*) Qui nécessite. ◆ **Théol.** *Grâce nécessitante,* grâce qui contraint et qui ôte la liberté. ◆ ▷ Nécessiteux. « *Les muses nécessitantes* », Molière. ◁

1 NÉCESSITÉ, n. f. [nesesite] (lat. *necessitas,* nécessité, besoin obligation) Ce qui est absolument nécessaire ; condition nécessaire. « *Il mourut d'une mort douce et paisible et par la seule nécessité de mourir* », Fontenelle. ◆ Le caractère de ce qui s'impose irrémissiblement. *La dure nécessité.* ◆ **Philos.** Ce qui fait qu'une chose ne peut pas ne pas être. ◆ *Nécessité métaphysique,* celle qui fait qu'une chose est telle que le contraire en est impossible. ◆ *Nécessité morale,* celle qui oblige les êtres moraux. « *Une nécessité morale n'est pas une nécessité absolue* », Voltaire. ◆ Ce qui est logiquement nécessaire. *La nécessité d'une conséquence.* ◆ Ce qui contraint, oblige, en une circonstance donnée. « *Mettre les peuples dans l'affreuse nécessité ou de ne pouvoir respirer librement ou de secourir le joug de votre tyrannique domination, est-ce là le vrai moyen de régner sans trouble ?* », Fénelon. ◆ *Faire de nécessité vertu,* faire de bonne grâce une chose qui déplaît, mais qu'on est obligé de faire. ◆ *Une chose de première nécessité,* une chose dont il est impossible ou très difficile de se passer pour exister. ◆ Besoin pressant. *Quelle nécessité y avait-il de faire ce que vous avez fait ?* ◆ Besoin d'argent, indigence. *Tomber dans la nécessité.* ◆ Au pl. Tout ce qui est exigé par des besoins physiques ou moraux. « *Les nécessités humaines que tu peux soulager par tes aumônes* », Fléchier. ◆ *Les nécessités,* les besoins de la vie, les choses nécessaires à la vie. ◆ Besoins d'argent qu'éprouve un pays, un gouvernement, une grande maison, etc. ◆ *Les nécessités de la nature,* les besoins auxquels la nature de l'homme est assujettie, comme boire, manger, etc. ◆ ▷ *Aller à ses nécessités, faire ses nécessités,* satisfaire les besoins d'évacuation. ◁ ◆ DE NÉCESSITÉ, loc. adv. Nécessairement. « *Il faut de nécessité que tout ce que nous avons dit arrive en lui* », Boileau. ◆ PAR NÉCESSITÉ, loc. adv. À cause d'un besoin pressant. *Il vend sa bibliothèque par nécessité.* ◆ **Prov.** *Nécessité n'a point de loi,* un extrême péril, un extrême besoin peuvent rendre excusables des actions blâmables en elles-mêmes.

2 NÉCESSITÉ, ÉE, p. p. de nécessiter. [nesesite]

NÉCESSITER, v. tr. [nesesite] (lat. médiév. *necessitare,* contraindre, obliger) ▷ Réduire à la nécessité de faire quelque chose. *Nécessiter quelqu'un à faire ou de faire quelque chose.* ◁ ◆ **Philos.** Obliger fatalement. *La grâce ne nécessite pas la volonté.* ◆ En parlant d'une chose, rendre nécessaire. *Cela nécessite une démarche.*

NÉCESSITEUX, EUSE, adj. [nesesitø, øz] (*nécessité*) Qui manque des choses nécessaires à la vie. *Des personnes nécessiteuses.* ◆ N. m. et n. f. *Un nécessiteux.* ◆ Il se dit des choses, dans le même sens. « *Le luxe nécessiteux* », Marmontel.

NECK, ■ n. m. [nɛk] (mot angl., cou) **Géol.** Masse conique de roche magmatique correspondant au contenu d'une ancienne cheminée volcanique laissé en relief par l'érosion. *Des necks volcaniques.*

NEC PLUS ULTRA, [nɛkplyzyltʀa] (mots latins, pas au-delà) Le terme qu'on ne saurait passer. ◆ *Sa conduite est le nec plus ultra de la fourberie.* ■ **Fig.** *Elle vient de s'offrir le nec plus ultra des appareils photos numériques.*

■ Rem. Graphie ancienne : *nec plus ultrà* ou *nec-plus-ultrà.* On disait aussi *non-plus-ultrà.*

NÉCRO..., [nekʀo] Préfixe signifiant mort et venant du gr. *nekros.*

NÉCROBIE, ■ n. f. [nekʀobi] (*nécro-* et *-bie*) Insecte coléoptère qui vit sur la matière animale en décomposition. *Nécrobie à pattes rouges, à col rouge.*

NÉCROLOGE, n. m. [nekʀɔlɔʒ] (lat. médiév. *necrologium,*) Livre, monument où l'on inscrit les noms des morts. ◆ Registre gardé dans les églises et les monastères, et contenant les noms des morts appartenant à l'église ou au monastère, le jour de leur décès, etc. ◆ Ouvrage consacré à la mémoire des hommes célèbres. ◆ Liste de morts malheureuses.

NÉCROLOGIE, n. f. [nekʀɔlɔʒi] (*nécro-* et *-logie*) Notice sur un mort ou sur des personnes considérables mortes depuis peu de temps. ■ Liste de personnes décédées durant une période déterminée.

NÉCROLOGIQUE, adj. [nekʀɔlɔʒik] (*nécrologie*) Qui appartient à la nécrologie. *Notice nécrologique.*

NÉCROLOGUE, n. m. [nekʀɔlɔɡ] (*nécrologie*) Auteur de nécrologies.

NÉCROMANCIE, n. f. [nekʀɔmɑ̃si] (gr. *nekromanteia,* de *nekros,* mort, et *manteia,* divination) Art prétendu d'évoquer les morts pour deviner l'avenir ou les choses cachées. ◆ Magie en général. ■ Rem. On disait aussi *nécromance* autrefois.

NÉCROMANCIEN, IENNE, n. m. et n. f. [nekʀɔmɑ̃sjɛ̃, jɛn] (*nécromancie*) Celui, celle qui se mêle de nécromancie. ◆ En général, magicien. ■ Rem. On disait aussi *négromancien* autrefois.

NÉCROMANT, n. m. [nekʀɔmɑ̃] (gr. *nekromantis,* nécromancien) Forme ancienne du mot *nécromancien.* ■ Rem. On trouvait aussi autrefois *négromant* autrefois.

NÉCROPHAGE, ■ adj. [nekʀɔfaʒ] (gr. *nekrophagos,* de *nekros,* mort, et *phagein,* manger) Qui se nourrit de matière morte en décomposition, qui vit sur les cadavres. *Insectes nécrophages.*

NÉCROPHILE, ■ adj. [nekʀɔfil] (*nécro-* et *-phile*) Relatif à la nécrophilie. ■ **Psych.** Se dit d'une personne atteinte de nécrophilie. ■ N. m. et n. f. *Un nécrophile.*

NÉCROPHILIE, ■ n. f. [nekʀɔfili] (*nécro-* et *-philie*) **Psych.** Comportement sexuel déviant qui se manifeste par une attirance morbide pour les cadavres. « *Il commença par raconter comment il avait pratiqué la nécrophilie en Bretagne par un jour d'orage* », Perec.

NÉCROPHORE, ■ n. m. [nekʀɔfɔʀ] (du gr. *nekrophoros,* de *nekros,* mort, et *phergein,* porter) Insecte coléoptère qui pond ses œufs sur des cadavres d'animaux, le plus souvent des rongeurs, qu'il a préalablement enfouis. *Les nécrophores adultes façonnent leur nid avec l'aide de leurs congénères.*

NÉCROPOLE, n. f. [nekʀɔpɔl] (gr. *nekropolis,* de *nekros,* mort, et *polis,* cité) **Antiq.** Partie des villes destinée aux sépultures, cimetière antique. ◆ Souterrain destiné aux sépultures. *Les nécropoles de l'Égypte.*

NÉCROPSIE, ■ n. f. [nekʀɔpsi] (*nécro-* et *-opsie,* du gr. *opsis,* vision) **Rare** Autopsie. « *Un cas si extraordinaire, si malheureux... on ne m'a pas prévenu pour la nécropsie !* », Goncourt.

NÉCROSE, n. f. [nekʀoz] (gr. *nekrôsis,* de *nekroun,* faire mourir, mortifier) **Méd.** État d'un os ou d'une portion d'os privée de la vie. *La nécrose des os maxillaires.* ◆ Maladie des grains dite aussi nielle.

NÉCROSER, v. tr. [nekʀoze] (*nécrose*) Produire la nécrose. ◆ *Se nécroser,* v. pr. Être frappé de nécrose.

NÉCROSIQUE ou **NÉCROTIQUE,** ■ adj. [nekʀozik, nekʀotik] (*nécrose*) Relatif à la nécrose. *Lésion nécrosique.*

NECTAIRE, n. m. [nɛktɛʀ] (lat. sav. [XVIIIᵉ s.] *nectarium,* de *nectar*) **Bot.** Tout organe glanduleux situé dans la fleur, émanant du réceptacle et contenant le suc dont les abeilles font le miel.

NECTAR, n. m. [nɛktaʀ] (lat. *nectar,* gr. *nektar,* breuvage des dieux, vin, miel, poésie, etc.) Le breuvage des dieux, suivant la Fable. ◆ **Par extens.** Toute sorte de liqueur agréable et en particulier vin excellent. ◆ **Fig.** Ce qui flatte l'esprit et le cœur. ◆ **Bot.** Suc mielleux que sécrètent diverses parties de la fleur, dans certaines parties. ◆ Boisson fabriquée avec du jus ou de la purée de fruit auxquels on ajoute de l'eau et du sucre. *Nectar de poire, de framboise.* ■ Rem. Il est vieux ou littéraire aujourd'hui dans son sens par extension.

NECTARIFÈRE, ■ adj. [nɛktaʀifeʀ] (*nectar* et *-fère*) **Bot.** Qui produit le nectar. *Plante nectarifère. Glande nectarifère.* ■ Qui porte un ou plusieurs nectaires.

NECTARINE, ■ n. f. [nɛktaʀin] (mot angl., de l'adj. *nectarine,* doux comme le nectar) Pêche à peau lisse et dont le noyau se détache facilement de la chair.

NECTARIVORE, ■ adj. [nɛktaʀivɔʀ] (*nectar* et *-vore*) Qui se nourrit de nectar. *Des insectes, des oiseaux nectarivores. Le colibri est un oiseau nectarivore.*

NECTON, ■ n. m. [nɛktɔ̃] (gr. *nêktos*, qui nage, de *nêkhesthai*, nager) **Zool.** Ensemble des animaux marins qui nagent, qui ont les moyens de résister au courant, par opposition à ceux qui flottent. *Le necton et le plancton. Les poissons constituent la majeure partie du necton.*

NÉERLANDAIS, AISE, ■ adj. [neɛrlɑ̃dɛ, ɛz] (*Néerlande*, francisation de Nederland, de *neder*, bas, et *land*, pays) Des Pays-Bas. ■ N. m. et n. f. *Un Néerlandais, une Néerlandaise.* ■ N. m. Langue officielle aux Pays-Bas.

NÉERLANDOPHONE, ■ adj. [neɛrlɑ̃dɔfɔn] (*néerlandais* et *-phone*) Qui parle le néerlandais. *Leur jeune fille au pair est néerlandophone.* ■ N. m. et n. f. *Les néerlandophones.*

NEF, n. f. [nɛf] (lat. *navis*, navire) Syn. poétique de navire. ◆ ▷ *Moulin à nef*, moulin à eau construit sur un bateau. ◁ ◆ La partie d'une église qui est depuis le portail jusqu'au chœur et entre les deux rangées de piliers qui soutiennent la voûte. *Nef centrale*, la nef, par opposition aux collatéraux. ◆ *Nefs latérales*, les collatéraux. ◆ Au Moyen Âge, *nef*, vase allongé et de vaste capacité, qu'on plaçait sur la table en face du seigneur.

NÉFASTE, adj. [nefast] (lat. *nefastus*, défendu par la loi divine) **Antiq. rom.** *Jours néfastes*, jours auxquels il n'était pas permis au magistrat de prononcer les paroles solennelles de procédure, et jours où il était défendu par la religion de vaquer aux affaires publiques. ◆ Jours de deuil regardés comme funestes, en mémoire de quelque disgrâce éclatante pour le peuple romain. ◆ Aujourd'hui, jour signalé par quelque événement sinistre. ■ **Par extens.** Il se dit des choses illicites et funestes. *Action néfaste. Guerre néfaste.* ■ Dont l'effet est mauvais, nuisible. *Une influence néfaste. Le tabac est néfaste pour la santé.*

NÈFLE, n. f. [nɛfl] (lat. *mespilum*, du gr. *mespilon*) Sorte de fruit qui a plusieurs noyaux, dont la peau est grisâtre, qui n'est bon à manger que quand il est amolli par le temps. ◆ **Fig.** et **fam.** *Des nèfles*, peu, rien du tout. *Gagner des nèfles.* ■ **Fam.** *Des nèfles !*, exprime un refus. *Tu m'en donnes ? Des nèfles !*

NÉFLIER, n. m. [neflije] (*nèfle*) Arbre de la famille des rosacées qui porte les nèfles.

NÉGATEUR, TRICE, adj. [negatœr, tris] (lat. chrét. *negator*, rénégat, apostat, de *negare*, dire non, nier) Qui nie habituellement. *Esprit négateur.* ◆ N. m. et n. f. Personne qui nie. *Les négateurs de la philosophie.*

NÉGATIF, IVE, adj. [negatif, iv] (b. lat. *negativus*, de *negare*, nier) Qui exprime une négation. *Proposition négative.* ◆ **Gramm.** *Particule négative*, la négation *ne*. ◆ *Avoir voix négative dans une assemblée*, avoir droit de s'opposer à une résolution, et d'empêcher qu'elle ne passe. ◆ Qui refuse, qui a l'habitude de refuser. *Cet homme est négatif.* ◆ On dit de même : *Air négatif*, etc. ◆ Dépourvu de qualités positives, réelles, présentes. « *Il est pis que nul, il est négatif* », J.-J. ROUSSEAU. ◆ « *La félicité de l'homme ici-bas n'est qu'un état négatif* », J.-J. ROUSSEAU. ◆ **Alg.** *Grandeurs ou quantités négatives*, celles qui sont précédées du signe moins. ◆ *Électricité négative*, celle qui est développée sur les corps résineux, par opposition à l'électricité positive, qui est développée sur le verre. ◆ *Pôle négatif*, le pôle d'une pile galvanique opposé au pôle positif. ◆ *État négatif*, état d'un corps qui ne manifeste que de l'électricité négative. ◆ **Chim.** Se dit d'une substance simple ou composée jouant dans ses combinaisons le rôle négatif ou d'acide, c'est-à-dire se rendant au pôle positif de la pile électrique. On dit aussi *électronégatif*. ◆ **Phot.** *Épreuve négative*, celle qui reproduit le modèle en couleurs inverses, en clair les obscurs, en obscur les clairs. ◆ N. f. *Négative*, proposition qui nie. ◆ **Gramm.** Mot qui sert à nier, négation. *Non, ni, ne, sont des négatives.* ◆ Refus. « *Des négatives sèches et vigoureuses* », BOSSUET. ◆ *Il est fort sur la négative*, il est accoutumé à refuser ce qu'on lui demande. ◆ *Se tenir sur la négative*, refuser constamment, persister dans un refus. ■ *Répondre par la négative*, refuser. *Il a répondu par la négative à mon invitation.* ■ **Adj.** Qui exprime un refus. *Une réponse négative.* ■ Qui révèle l'absence de ce que l'on recherchait. *Test de grossesse négatif.* ■ **Fig.** Mauvais, néfaste. *Leur éducation a eu une action négative.*

NÉGATION, n. f. [negasjɔ̃] (lat. *negatio*, de *negare*, nier) Action de nier ; il est opposé à affirmation. ◆ **Gramm.** Mot qui sert à nier. *Deux négations valent une affirmation.*

NÉGATIONNISME, ■ n. m. [negasjɔnism] (*négation*) Thèse cherchant à nier ou à minimiser l'importance du génocide des Juifs par les nazis et niant l'existence des chambres à gaz. ■ **Par extens.** Discours niant l'existence d'un fait historique. ■ **NÉGATIONNISTE**, n. m. et n. f. et adj. [negasjɔnist] *Un discours, une pensée négationniste.*

NÉGATIVEMENT, adv. [negativ(ə)mɑ̃] (*négatif*) D'une façon négative.

NÉGATIVISME, ■ n. m. [negativism] (*négatif*) Comportement qui consiste à tout nier, à tout refuser systématiquement. ■ **Psych.** Comportement pathologique qui se manifeste par une résistance, une opposition volontaire ou involontaire à toute demande extérieure. *On observe le négativisme chez les schizophrènes.*

NÉGATIVITÉ, ■ n. f. [negativite] (*négatif*) Caractère d'une chose ou d'une personne négative. *La négativité d'un test de dépistage d'une maladie. Des propos empruntés de négativité.* ■ **Électr.** État négatif d'un corps.

NÉGATOSCOPE, ■ n. m. [negatoskɔp] (*négatif* et *-scope*) Appareil composé d'un écran lumineux qui permet de lire les radiographies. *Une fois la radio posée sur le négatoscope, le diagnostic de fracture était évident.*

NÉGLIGÉ, ÉE, p. p. de négliger. [negliʒe] ▷ *Maladie négligée*, maladie qu'on a laissé s'invétérer faute de soin. ◁ ◆ Se dit des ouvrages d'esprit où il n'a pas été apporté un soin suffisant. ◆ *Style négligé*, celui où manquent souvent quelques-unes des qualités habituelles du style. ◆ *Écrivain négligé*, écrivain qui ne soigne pas suffisamment son style. ◆ Qui a un air de négligence, en parlant des personnes. « *Corneille était assez grand, toujours négligé et peu curieux de son extérieur* », FONTENELLE. ◆ Il se dit des choses, dans le même sens. « *Il y a des grâces négligées qui plaisent plus que des beautés régulières* », SAINT-ÉVREMOND. ◆ **Absol.** Il se dit d'une femme quand elle n'est point parée. ◆ N. m. L'état où est une femme quand elle n'est point parée. *Un élégant négligé.* ◆ Costume du matin des hommes aussi bien que des femmes. ◆ **Fig.** « *Les bons esprits ne s'intéressent guère moins à voir au naturel et comme en négligé ceux qui ont éclairé leurs contemporains que ceux qui les ont gouvernés bien ou mal* », d'ALEMBERT. ◆ Dans les beaux-arts, négligence aimable qui plaît à l'œil. *Un beau négligé est souvent un artifice du peintre.*

NÉGLIGEABLE, ■ adj. [negliʒabl] (*négliger*) Qui ne vaut pas la peine d'être pris en considération. *Une influence négligeable. Quantité négligeable.*

NÉGLIGEMENT, n. m. [negliʒ(ə)mɑ̃] (*négliger*) Action de négliger, surtout en parlant d'art. « *Quelque négligement du pinceau* », FÉNELON.

NÉGLIGEMMENT, adv. [negliʒamɑ̃] (*négligent*) Avec négligence. ◆ D'un ton de négligence qui marque peu d'intérêt.

NÉGLIGENCE, n. f. [negliʒɑ̃s] (lat. *negligentia*) Défaut de soin, d'exactitude, d'application. « *De la négligence à l'égard des plus petites choses, l'on va promptement à la négligence dans les grandes* », BOURDALOUE. ◆ *Négligence de*, avec l'infinitif. « *La négligence de purger ces fautes* », BOSSUET. ◆ *Négligence à*, avec l'infinitif. « *Votre négligence à répondre* », VOLTAIRE. ◆ Peu de soin apporté au vêtement, à l'extérieur. ◆ Vice du style négligé. *Une petite négligence de style.* ◆ Défauts de soin qui sont plutôt faits pour plaire que pour déplaire. « *J'appelle négligence raisonnée celle qu'on se permettrait pour donner une sorte de grâce au discours* », d'OLIVET. ◆ Action de négliger quelqu'un.

NÉGLIGENT, ENTE, adj. [negliʒɑ̃, ɑ̃t] (lat. *negligens*, p. prés. de *negligere*) Qui a de la négligence. *Un intendant négligent.* ■ N. m. et n. f. *Un négligent. Une négligente.* ■ Il se dit aussi des choses. « *Mon amitié n'est point du tout négligente* », VOLTAIRE.

NÉGLIGER, v. tr. [negliʒe] (lat. *negligere*, ne pas s'occuper de, être indifférent à, de la négation *nec* et *legere*, ramasser, recueillir) Traiter quelque chose avec moins de soin qu'il ne faut. *Négliger sa santé.* « *L'histoire des mœurs et de l'esprit humaine a toujours été négligée* », VOLTAIRE. ◆ *Négliger* veut de devant un infinitif. « *Quand les princes négligent de connaître leurs affaires et leurs armées* », BOSSUET. ◆ **Peint.** *Négliger une partie*, la laisser imparfaite. ◆ *Négliger quelqu'un*, n'avoir pas pour lui la considération, l'attention qu'il faudrait ; se refroidir à son égard ; le voir rarement. ◆ Ne pas mettre en usage. *Ne négliger aucun moyen.* ◆ *Négliger une occasion*, la laisser échapper, ne pas en profiter. *Ne pas tenir compte. Négliger les menaces d'un ennemi.* ◆ Omettre dans le calcul des quantités fort petites qui ne peuvent pas en affecter le résultat. ◆ *Se négliger*, v. pr. N'avoir pas soin de sa personne pour la propreté, l'ajustement, etc. ◆ S'occuper moins exactement qu'à l'ordinaire de son devoir, de sa profession, de son travail, etc.

NÉGOCE, n. m. [negɔs] (lat. *negotium*, activité politique ou privée, de la négation *nec* et *otium*, loisir) Toute affaire, toute entremise d'affaires. ◆ En mauvaise part, se dit de certaines industries suspectes, soit à cause du péril, soit à cause de la honte qui y est attachée. *La contrebande est un périlleux négoce.* ◆ *Faire un vilain négoce*, se mêler de quelque chose de honteux. ◆ Syn. moins usité de commerce. *Se mettre dans le négoce. Faire le négoce.*

NÉGOCIABILITÉ, ■ n. f. [negɔsjabilite] (*négociable*) **Financ.** Qualité d'un titre transmissible selon les procédés du droit commercial. *La négociabilité de biens, d'actions, etc.*

NÉGOCIABLE, adj. [negɔsjabl] (*négocier*) Qui peut se négocier, surtout en parlant des effets publics, des lettres de change, des billets, etc. *Du papier négociable.* ■ Qui peut faire l'objet d'une négociation, d'une discussion. *Le salaire est négociable.*

NÉGOCIANT, ANTE, n. m. et n. f. [negɔsjɑ̃, ɑ̃t] (*négocier*) Personne qui fait le négoce en grand.

NÉGOCIATEUR, TRICE, n. m. et n. f. [negɔsjatœr, tris] (lat. *negotiator*, négociant, banquier) Personne qui négocie quelque affaire. *Cette dame est la négociatrice du mariage.* ◆ Personne qui négocie quelque affaire considérable auprès d'un prince, d'un État.

NÉGOCIATION, n. f. [negosjasjɔ̃] (lat. *negotiatio*, négoce, commerce en grand) L'action d'arranger les différends publics et surtout internationaux. ◆ Action de traiter de certaines affaires particulières. *Être en négociation pour acheter une charge de notaire.* ◆ L'affaire même qu'on traite et qu'on négocie. *On l'a chargé d'une négociation importante.* ◆ Trafic qui se fait d'un billet, d'une lettre de change, etc. par les banquiers, les marchands, etc. *La négociation du papier.*

NÉGOCIÉ, ÉE, p. p. de négocier. [negosje]

NÉGOCIER, v. intr. [negosje] (lat. *negotiari*, faire le négoce, le commerce en grand) ▷ Faire négoce, faire trafic. *Négocier en épicerie, en draperie. Négocier en pays étranger.* ◁ ◆ V. tr. Traiter une affaire avec quelqu'un. *Négocier une importante affaire.* ◆ Absol. *Il a négocié.* ◆ Traiter de la paix et de la guerre, ou autres affaires internationales. *Négocier une ligue, un traité,* etc. ◆ Absol. « *Quand deux ministres négocient ensemble, ils ne disent jamais la moitié de leur secret* », VOLTAIRE. ◆ Transmettre à un tiers, en parlant des effets publics, des papiers de commerce. *Négocier un billet.* ◆ Se négocier, v. pr. Être transmis à un tiers, en parlant de papiers de commerce. ▪ *Négocier un virage,* prendre habilement un virage à vive allure.

NÉGONDO, ▪ n. m. [negɔ̃do] Voy. NÉGUNDO.

NÈGRE, n. m. [nɛgʀ] (lat. *niger*, noir) Habitant noir de l'Afrique. ◆ Esclave noir. ◆ Esclave noir employé aux travaux des colonies. ◆ **Fam.** *Traiter quelqu'un comme un nègre,* le traiter avec beaucoup de dureté et de mépris. ◆ *Travailler comme un nègre,* faire un travail pénible, travailler sans relâche. ◆ Adj. Qui appartient aux personnes de couleur noire. ▪ REM. Auj., *nègre* dans tous ces sens est raciste et injurieux. On emploie le terme *Noir.* ▪ N. m. Personne qui rédige un ouvrage qu'une autre personne signera. *Elle est le nègre du célèbre romancier.*

NÉGRERIE, n. f. [negʀəʀi] (*nègre*) ▷ Lieu où ceux qui font la traite renferment les esclaves noirs. ◆ Lieu où les esclaves noirs travaillent. ▪ REM. Ce mot est le témoin d'une période où les droits de l'homme étaient bafoués. ▪ REM. Graphie ancienne : *négrerie.* ◁

NÉGRESSE, n. f. [negʀɛs] (*nègre*) Femme de couleur noire. ▪ REM. Terme auj. raciste et injurieux.

NÉGRIER, adj. m. [negʀije] (*nègre*) *Vaisseau Bâtiment négrier* ou simplement *négrier*, Bâtiment qui sert à la traite des esclaves noirs. ◆ *Capitaine négrier,* capitaine d'un bâtiment négrier. ◆ N. m. *Un négrier,* un marchand d'esclaves noirs. ▪ REM. Ce mot est le témoin d'une période où les droits de l'homme étaient bafoués.

NÉGRILLON, ONNE, n. m. et n. f. [negʀijɔ̃, ɔn] (dim. de *nègre*) Enfant noir. ◆ Se dit abusivement d'une personne d'un teint noir. ▪ REM. Terme auj. raciste et injurieux.

NÉGRITUDE, ▪ n. f. [negʀityd] (*nègre*) Ensemble des valeurs propres aux cultures et aux civilisations des peuples de couleur noire. « *Le poète se référait consciemment aux valeurs essentielles de la négritude : à l'*« *instinct* », *c'est-à-dire à l'intuition du Nègre, exactement à sa puissance d'imagination symbolique* », SENGHOR.

NÉGRO-AFRICAIN, AINE, ▪ adj. [negʀoafʀikɛ̃, ɛn] (*négro-* et *africain*) Qui se rapporte à l'Afrique noire et à ses habitants. *Les littératures négro-africaines.*

NÉGROÏDE, ▪ adj. [negʀoid] (*nègre* et *-oïde*) Péj. et **raciste** Qui possède certaines caractéristiques, certains traits des personnes de couleur noire.

NÉGROMANCIEN, IENNE, ▪ n. m. et n. f. [negʀomɑ̃sjɛ̃, jɛn] Voy. NÉCROMANCIEN.

NÉGROMANT, ▪ n. m. [negʀomɑ̃] Voy. NÉCROMANT.

NEGRO-SPIRITUAL, ▪ n. m. [negʀospiʀityɔl] (mot angl., de *negro*, nègre, et *spiritual*, cantique) Chant religieux afro-américain inspiré du choral protestant. *Des negro-spirituals.*

NÉGUENTROPIE, ▪ n. f. [negɑ̃tʀopi] (mot angl., de *nég[ative]* et *entropie*) **Phys.** Grandeur qui exprime le degré d'ordre d'un système. *La néguentropie est une forme négative de l'entropie. En informatique la néguentropie caractérise l'évolution d'un système selon un degré croissant d'organisation.*

NÉGUNDO ou **NÉGONDO**, ▪ n.m. [negɔ̃do] (concani [langue de Goa] *ningud* ou *lingud*) **Bot.** Érable à feuilles composées, originaire d'Amérique du Nord. *Les négundos ou négondos peuvent atteindre jusqu'à 14 mètres de hauteur.* ▪ REM. On trouve aussi la graphie *negundo.*

NÉGUS, n. m. [negys] (amhariq. *negush*, roi) *Grand Négus* ou *Prêtre-Jean,* l'empereur des Éthiopiens.

NEIGE, n. f. [nɛʒ] (*neiger*) Eau congelée qui tombe de l'atmosphère en flocons légers, d'un blanc éclatant. ◆ *Neiges perpétuelles,* celles qui ne fondent jamais. ◆ *Blanc comme neige,* extrêmement pâle, et fig. parfaitement innocent. ◆ *Cela grossit comme une boule de neige, c'est une pelote de neige qui grossit, cela fait la boule de neige,* se dit de tout ce qui s'augmente par la durée et l'accumulation. ◆ *Saison des neiges. Certains peuples comptent par neiges.* ◆ **Fig.** Toute chose blanche comparée à la neige. *Il a de la neige sur la tête,* ses cheveux ont blanchi. ◆ Glace de fruits faite avec du sucre et le jus de certains fruits. ◆ *Œufs à la neige,* plat sucré composé de blancs d'œufs battus en neige et jetés quelques minutes dans du lait bouillant. ◆ **Anc. chim.** *Neige d'antimoine,* oxyde d'antimoine, blanc sublimé. ◆ ▷ **Fam. et fig.** *De neige,* sans valeur, digne de mépris. « *Voyez le beau héros de neige* », SCARRON. ◁ ▪ *Battre des œufs en neige,* battre des blancs d'œufs jusqu'à l'obtention d'une masse compacte, aérée et blanche. ▪ *Neige artificielle,* substance qui ressemble à de la neige et qui est utilisée pour la remplacer. *Les stations de basses altitudes ont recouvert leurs pistes de neige artificielle avant l'arrivée des premiers touristes.* ▪ **Arg.** Cocaïne. ◆ *Aller à la neige,* aller passer quelques jours dans une station de sports d'hiver. *Elle est partie une semaine à la neige avec ses parents et a obtenu son premier flocon.* ▪ REM. On dit aujourd'hui *faire boule de neige.*

NEIGÉ, ÉE, adj. [neʒe] (*neige*) Couvert de neige. « *Des cimes neigées* », SAUSSURE. ◆ Se dit des robes des chevaux sur lesquelles se remarquent des taches blanches peu étendues.

NEIGEOTER, ▪ v. impers. [neʒote] (*neiger*) Neiger légèrement. *Il neigeote depuis ce matin.*

NEIGER, v. impers. [neʒe] (lat. vulg. *nivicare,* du lat. *nix,* génit. *nivis,* neige) Tomber, en parlant de la neige. *Il a neigé.* ◆ **Par extens.** Tomber comme de la neige. ◆ ▷ **Fig.** *Il a neigé sur sa tête,* il a les cheveux blancs. ◁

NEIGEUX, EUSE, adj. [neʒø, øz] (*neige*) Chargé de neige ; où il y a beaucoup de neige. *Temps neigeux.* « *Au nord, s'étendent les plaines neigeuses et nues de la Tartarie* », VOLNEY. ◆ **Fig. et litt.** Qui évoque la neige. *Une blancheur neigeuse.*

NÉLOMBO ou **NELUMBO**, ▪ n. m. [nelɔ̃bo] (cinghal. *nelumbo*) Plante aquatique de la famille du nénuphar qui produit de grandes fleurs. *Une des espèces de nélombo est le lotus sacré des Hindous. Des nélombos, des nelumbos.*

NEM, ▪ n. m. [nɛm] (mot vietnamien) Mets vietnamien qui se compose d'une galette de riz roulée, et fourrée d'une farce à base de sojas, de carottes, de vermicelles de soja et de viandes ou de crustacés et frite. *Des nems au crabe, aux crevettes, au porc, au poulet,* etc.

NÉMATHELMINTHES, ▪ n. m. pl. [nematɛlmɛ̃t] (*némat[o]-* et *helminthe*) **Zool.** Embranchement qui comprend les vers au corps long, cylindrique et non segmenté. *Il existerait entre 12 000 et 40 000 espèces différentes de némathelminthes.*

NÉMATIQUE, ▪ adj. [nematik] (*némat[o]-* et *-ique*) **Chim.** Se dit d'une phase intermédiaire entre l'état solide et l'état liquide, où les molécules de forme allongée sont placées parallèlement les unes aux autres. *Des structures, des états nématiques.*

NÉMAT(O)..., ▪ [nemato] Préfixe du grec *nêma, nêmatos,* fil.

NÉMATOBLASTE, ▪ n. m. [nematoblast] (*némat[o]-* et *-blaste*) **Zool.** Cellule urticante des cœlentérés. *Les cnidaires se servent de leur nématoblaste pour défendre leur organisme et capturer leurs proies.*

NÉMATOCÈRES, ▪ n. m. pl. [nematosɛʀ] (*némat[o]-* et *keras,* antenne) **Entomol.** Insectes diptères, au corps mince et aux longues antennes. *Les moustiques sont des nématocères.*

NÉMATOCYSTE, ▪ n. m. [nematosist] (*némat[o]-* et *-cyste*) **Zool.** Vésicule urticante des cœlentérés. *Le nématocyste s'apparente à un harpon utilisé par les cnidaires pour propulser leur venin.*

NÉMATODES, ▪ n. m. pl. [nematɔd] (gr. *nêmatôdês,* semblable à des fils) **Zool.** Ordre de vers de l'embranchement des némathelminthes, caractérisés par un corps cylindrique, mince et allongé. *Certaines espèces de nématodes sont des parasites des animaux et de l'homme.*

NÉMÉENS, adj. m. pl. [nemeɛ̃] (*Némée,* ville d'Argolide) **Antiq.** *Jeux Néméens,* jeux solennels qui se faisaient en l'honneur d'Hercule, à cause de sa victoire sur le lion de Némée.

NÉMERTES ou **NÉMERTIENS**, ▪ n. m. pl. [nemɛʀt, nemɛʀtjɛ̃] (gr. *Nêmertês,* n. d'une des Néréides, litt. la véridique) Vers au corps allongé, munis d'une trompe extensible, marins pour la plupart. *Les némertes peuvent atteindre trente mètres de long.*

NEMI, ▪ n. m. [nemi] (acronyme de *nouvelle échelle métrique de l'intelligence*) Test de développement intellectuel que l'on fait passer aux enfants de 3 à 12 ans.

NÉMOPHILE, n. f. [nemofil] (lat. sav. [XIXᵉ s.] *nemophila,* de *nemos,* bois, et *philos,* qui aime) Genre de plantes d'Amérique qui sert à l'ornement.

NE-M'OUBLIEZ-PAS, ▪ n. m. [nəmublijepa] (phrase substantivée) Voy. MYOSOTIS.

NÉNÉ, ■ n. m. [nene] (radic. onomat. expressif enfantin *nann-/nenn-/ninn-/no[u]nn-*) **Fam.** Sein de la femme. « *Des jambes grecques, un nez idem et des nénés à réveiller le Soldat inconnu* », FALLET.

1 **NÉNETTE**, ■ n. f. [nenɛt] (orig. incert., p.-ê. de *[compre]nette*, faculté de juger) **Fam.** Tête. ♦ *Se casser la nénette*, faire un effort, réfléchir. *Il n'avait pas envie de se casser pas la nénette.*

2 **NÉNETTE**, ■ n. f. [nenɛt] (orig. incert., *Nana*, ou dimin. de prénom type *Antoinette*, ou *pon[n]ette*, jeune fille, prostituée) **Fam.** Jeune fille, femme. ■ Femme avec laquelle on a des relations amoureuses. *Il est venu avec sa nénette.*

NÉNIES, n. f. pl. [neni] (lat. *nænia*, chant funèbre) Chants funèbres ou lamentations qui se faisaient dans l'ancienne Rome aux obsèques des morts par des femmes qu'on louait.

NENNI, adv. [neni] (*nen*, forme atone de *non*, et pronom *il* sous-entendant une forme verbale, il n'[est], il n'[a], il ne [fait] pas) « *Est-ce assez? dites-moi, n'y suis-je point encore? - Nenni* », LA FONTAINE. ♦ Il se joint quelquefois avec *da. Nenni da.* ♦ On dit aussi : *Oh ou ah! que nenni.* ♦ *Il n'y a point de nenni*, la chose est forcée. ♦ N. m. *Un nenni*, un refus. ■ REM. Il est vieux aujourd'hui ou s'emploie par plaisanterie. ■ REM. On prononçait autrefois [nani], en faisant entendre *na.*

NÉNUPHAR ou **NÉNUFAR**, n. m. [nenyfaR] (ar. *nainufar*, du pers. *nilufar*, du sansc. *nilotpala*, lotus bleu, de *nilah*, bleu-noir, et *utpalam*,fleur du lotus) Genre de plantes aquatiques servant de type à la famille des nymphéacées, où l'on distingue le nénuphar blanc et le nénuphar jaune.

NÉO..., [neo] Préfixe qui veut dire nouveau et vient du gr. *neos.*

NÉO-CALÉDONIEN, IENNE, ■ adj. [neokaledɔnjɛ̃, jɛn] (*Nouvelle-Calédonie*) De la Nouvelle-Calédonie. *La société néo-calédonienne.* ■ N. m. et n. f. Personne qui habite ou qui est originaire de la Nouvelle-Calédonie. *Les Néo-Calédoniens.*

NÉOCATHOLICISME, n. m. [neokatolism] (*néo-* et *catholicisme*) Doctrine qui tend à rapprocher le catholicisme des idées de la société moderne. ■ REM. Graphie ancienne : *néo-catholicisme.*

NÉOCATHOLIQUE, adj. [neokatolik] (*néo-* et *catholique*) Qui a rapport au néo-catholicisme. *Les opinions néo-catholiques.* ♦ N. m. et n. f. Adhérent, adhérente au néo-catholicisme. ■ REM. Graphie ancienne : *néo-catholique.*

NÉOCLASSICISME, ■ n. m. [neoklasisism] (*néo-* et *classicisme*) Mouvement artistique et littéraire de la deuxième moitié du XVIIIe s. et du début du XIXe s. qui s'inspire de l'Antiquité gréco-romaine et qui prône un retour aux formes classiques. *C'est Joacquim Winckelmann qui a posé les fondements du néoclassicisme.*

NÉOCLASSIQUE, ■ adj. [neoklasik] (*néo-* et *classique*) Relatif au néoclassicisme. *Une architecture néoclassique. Les peintres néoclassiques.* ■ N. m. et n. f. Artiste ou écrivain qui appartient au néoclassicisme. *Le peintre Jacques David a introduit le style néoclassique en France.* ♦ **Écon.** *L'école néoclassique*, École de pensée économique de la seconde moitié du XIXe siècle fondée sur les grandes idées classiques comme l'économie de marché, la libre concurrence, pas ou peu d'intervention de l'état, et la libre économie auxquelles elle substitue la valeur d'utilité à celle du travail prônée par les classiques. *Le modèle, la théorie néoclassique. Léon Walras est un économiste néoclassique.*

NÉOCOLONIALISME, ■ n. m. [neokolonjalism] (*néo-* et *colonialisme*) Politique de domination, notamment économique, pratiquée dans une ancienne colonie devenue indépendante. ■ NÉOCOLONIALISTE, adj. [neokolonjalist] *Vision, pensée, mentalité néocolonialiste.*

NÉOCOMIEN, IENNE, adj. [neokomjɛ̃, jɛn] (*Neocomum*, nom lat. de Neuchâtel en Suisse) **Géol.** *Le terrain néocomien* ou n. m. *le néocomien*, syn. de grès vert inférieur.

NÉOCOMMUNISME, ■ n. m. [neokomynism] (*néo-* et *communisme*) Nouvelle forme de communisme apparue après la chute des anciens régimes communistes, et plus particulièrement des régimes soviétiques.

NÉOCORE, n. m. [neokɔr] (gr. *neôkoros*, de *neôs*, temple, et *korein*, nettoyer en balayant) **Antiq.** Officier chargé de garder les temples et d'y entretenir la propreté.

NÉOCORTEX, ■ n. m. [neokɔrtɛks] (*néo-* et *cortex*) **Anat.** La plus grande partie du cortex cérébral. *Chez l'être humain, le néocortex occupe 80 % de la totalité du cerveau.* ■ NÉOCORTICAL, ALE, adj. [neokɔrtikal] *Les neurones néocorticaux.*

NÉODARWINISME, ■ n. m. [neodaRwinism] (*néo-* et *darwinisme*) **Biol.** Théorie de l'évolution qui rejette l'hérédité des caractères acquis et qui fait intervenir la sélection naturelle dans les diverses transformations des espèces. *Le néodarwinisme réconcilie les théories de Darwin et de Mendel, en reprenant les grands principes de Darwin, comme la sélection naturelle ou les mutations dues au hasard, auxquelles ont été ajoutés les progrès de* la science comme la distinction entre les gènes et les caractères et la découverte de la génétique moléculaire.

NÉODYME, ■ n. m. [neodim] (*néo-* et *didyme*) **Chim.** Élément solide blanc, de numéro atomique 60 et de masse atomique 144,24, et de symbole Nd. *Le néodyme fut séparé pour la première fois du praséodyme en 1885 par le chimiste autrichien Auer von Welsbach.*

NÉOFASCISME, ■ n. m. [neofaʃism] (*sc* se prononce *ch* ; *néo-* et *fascisme*) Doctrine qui s'inspire du fascisme. ■ NÉOFASCISTE, adj. ou n. m. et n. f. [neofaʃist]

NÉOFORMATION, ■ n. f. [neofɔrmasjɔ̃] (*néo-* et *formation*) **Biol.** Formation de masse tissulaire nouvelle. *Une néoformation osseuse, d'organe.* ■ Par méton. Tissu, matière récemment formé. *Néoformation de kaolins. Néoformation de minéraux.* ■ **Méd.** Tumeur. Voy. NÉOPLASIE.

NÉOFORMÉ, ÉE, ■ adj. [neofɔrme] (*néoformation*) **Biol.** Qui provient d'une néoformation. *Tissu osseux néoformé.*

NÉOGÈNE, ■ n. m. [neoʒɛn] (gr. *neogenês*, né depuis peu, de *neos*, récent, et *genos*, naissance) Dernière grande période de l'ère tertiaire. *Le néogène comprend le miocène et le pliocène.*

NÉOGLUCOGENÈSE ou **GLUCONÉOGENÈSE**, ■ n. f. [neoglykoʒənɛz, glykoneoʒənɛz] (*néo-, gluco-* et *genèse*, ou *gluco-, néo-* et *genèse*) **Biol.** Fabrication de glucose à partir des protéines, effectuée par le foie.

NÉOGOTHIQUE, ■ adj. [neogotik] (*néo-* et *gothique*) Se dit d'un style architectural qui s'est inspiré du style gothique. *Une église néogothique.* ■ N. m. *Le néogothique.*

NÉOGRAMMAIRIEN, IENNE, ■ n. m. et n. f. [neogramerjɛ̃, jɛn] (*néo-* et *grammairien*) Linguiste de la fin du XIXe s. qui appartenait au courant linguistique venant d'Allemagne dans lequel on avançait notamment que tout changement phonétique est sans exception. ■ Adj. *Le courant néogrammairien.*

NÉOGRAPHE, adj. [neograf] (*néo-* et *-graphe*) Qui admet une orthographe nouvelle. *Écrivain néographe.* ♦ N. m. *Un néographe.*

NÉOGRAPHIE, n. f. [neografi] (*néographe*) Nouvelle orthographe.

NÉOGRAPHIQUE, adj. [neografik] (*néographie*) Qui concerne la néographie. *Systèmes néographiques.*

NÉOGRAPHISME, n. m. [neografism] (*néographe*) Ensemble des règles et des principes des néographes.

NÉOGREC, ECQUE, adj. [neogrɛk] (*néo-* et *grec*) Grec moderne. *Langue, littérature néogrecque.* ■ REM. Graphie ancienne : *néo-grec.*

NÉO-IMPRESSIONNISME, ■ n. m. [neoɛ̃presjɔnism] (*néo-* et *impressionnisme*) **Bx-arts** Mouvement pictural de la fin du XIXe s. qui utilisait la juxtaposition de petites touches de couleurs pures. *Le peintre français Georges Seurat est l'initiateur du néo-impressionnisme.* Voy. POINTILLISME. ■ REM. On peut aussi écrire *néoïmpressionnisme.* ■ NÉO-IMPRESSIONNISTE, adj. ou n. m. et n. f. [neoɛ̃presjɔnist] *Le mouvement néo-impressionniste. Les néo-impressionnistes.* ■ REM. On peut aussi écrire *néoïmpressionniste.*

NÉOKANTISME, ■ n. m. [neokɑ̃tism] (*néo-* et *kantisme*) Doctrine philosophique développée dans les années 1870, issue de l'idéalisme kantien et dont l'objectif général est l'application de la méthode transcendantale à la poursuite de la philosophie critique kantienne. *Le néokantisme, dont Rickert et Lask furent les chefs de file, avait pour but de dépasser l'hégélianisme.*

NÉOLATIN, INE, adj. [neolatɛ̃, in] (*néo-* et *latin*) Se dit des langues modernes dérivées du latin. *L'espagnol, le français, l'italien sont des langues néolatines.* ■ REM. Graphie ancienne : *néo-latin.*

NÉOLIBÉRALISME, ■ n. m. [neoliberalism] (*néo-* et *libéralisme*) Doctrine économique ultra-libérale qui prône l'initiative privée et une intervention très limitée de l'État. ■ REM. *Le terme de néolibéralisme est généralement utilisé par les détracteurs du libéralisme.* ■ NÉOLIBÉRALISTE, adj. ou n. m. et n. f. [neoliberalist]

NÉOLITHIQUE, ■ n. m. [neolitik] (*néo-* et *lithique*, d'après l'angl. *Neolithic*) Dernière période de la Préhistoire, l'âge de la pierre polie.

NÉOLITHISATION, ■ n. f. [neolitizasjɔ̃] (*néolithique*) **Géol.** Passage à la période du néolithique. *Étude du processus de néolithisation en Occident.*

NÉOLOCAL, ALE, ■ adj. [neolokal] (*néo-* et *local*) **Sociol.** Se dit d'un modèle où le couple vit dans un lieu différent de celui où vivent les parents des époux. *Modèles néolocaux.*

NÉOLOGIE, n. f. [neoloʒi] (*néo-* et *-logie*) Emploi de mots nouveaux ou d'anciens mots en un sens nouveau. ■ Création de mots nouveaux. ■ **Ling.** Processus de formation de mots nouveaux. *L'étude de la néologie formelle, celle des nouvelles formes de mot, ou sémantique, celle des nouveaux sens.*

NÉOLOGIQUE, adj. [neoloʒik] (*néologie*) Qui appartient à la néologie ou au néologisme. *Expression néologique.*

NÉOLOGIQUEMENT, adv. [neoloʒik(ə)mɑ̃] (*néologique*) ▷ Par néologisme. ◁

NÉOLOGISME, n. m. [neoloʒism] (*néologie*) Habitude et affectation de néologie. ◆ Par abus, syn. de néologie. ◆ Mot nouveau ou mot existant employé dans un sens nouveau.

NÉOLOGISTE, n. m. [neoloʒist] (*néologisme*) Syn. de néologue.

NÉOLOGUE, n. m. [neolɔg] (*néo-* et *-logue*) Celui qui invente des termes nouveaux ou aime à employer soit des termes nouveaux, soit des termes détournés de leur sens ancien.

NÉOMÉNIE, n. f. [neomeni] (gr. *neomênia*, de *neos*, nouveau, et *mênê*, lune) **Astron. anc.** Nouvelle lune. ◆ Le premier jour du mois athénien. ◆ Fête que célébraient les anciens à chaque renouvellement de lune.

NÉOMERCANTILISME, n. m. [neomɛʀkɑ̃tilism] (*néo-* et *mercantilisme*) **Écon.** Doctrine économique mêlant protectionnisme et interventionnisme. *Le néomercantilisme nippon.*

NÉON, ■ n. m. [neɔ̃] (mot angl., du gr. *neon*, neutre de *neos*, nouveau) Gaz rare utilisé dans les systèmes d'éclairage. ■ Par extens. Système d'éclairage utilisant ce gaz ou tout autre gaz rare. *Poser un néon dans la cuisine.*

NÉONATAL, ALE, ■ adj. [neonatal] (*néo-* et *natal*) Qui se rapporte au nouveau-né. *Le service néonatal d'un hôpital. Les soins néonatals.*

NÉONATALOGIE, ■ n. f. [neonataloʒi] (angl. *neonatalogy*, de *neonate*, nouveau-né) Spécialité médicale consacrée au nouveau-né. *Un service de néonatalogie.*

NÉONAZISME, ■ n. m. [neonazism] (*néo-* et *nazisme*) Idéologie d'extrême droite qui emprunte les thèses du nazisme. ■ **NÉONAZI, IE**, adj. ou n. m. et n. f. [neonazi] *Des groupes néonazis.*

NÉOPHYTE, n. m. et n. f. [neofit] (gr. chrét. *neophutos*, nouvellement planté, nouvellement converti, de *neos*, nouveau, et *phuesthai*, naître) Nom donné anciennement dans l'Église aux nouveaux chrétiens, c'est-à-dire aux païens qui avaient embrassé depuis peu le christianisme, et à ceux qui étaient entrés nouvellement dans les ordres ecclésiastiques. ◆ Aujourd'hui, personne nouvellement convertie et baptisée. ◆ Adj. « *Le fanatisme néophyte des rois wisigoths* », MONTALEMBERT. ■ N. m. et n. f. Personne qui adhère depuis peu à une doctrine, à une association ou qui débute dans une activité. *Il est chargé d'initier les néophytes.* ■ Adj. *Un marin néophyte.*

NÉOPLASIE, ■ n. f. [neoplazi] (*néo-* et *-plasie*) **Méd.** Formation de masse tissulaire nouvelle. ■ Tumeur bénigne ou maligne. *Une néoplasie endocrienne.*

NÉOPLASIQUE, ■ adj. [neoplazik] (*néoplasie*) **Méd.** Qui a rapport à un néoplasme, à la néoplasie. *Une pathologie néoplasique.*

NÉOPLASME, n. m. [neoplasm] (*néo-* et *-plasme*) **Anat.** Tissu accidentel, de nouvelle formation.

NÉOPLASTICISME, ■ n. m. [neoplastisism] (*néo-* et *plastique*) Théorie artistique du début du XXᵉ s. caractérisée par une abstraction géométrique. *Le peintre néerlandais Piet Mondrian est le créateur du néoplasticisme.*

NÉOPLASTIE, n. f. [neoplasti] (*néo-* et *-plastie*) **Méd.** Restauration des parties du corps par granulations, adhérences ou autoplastie.

NÉOPLATONICIEN, IENNE, adj. [neoplatonisjɛ̃, jɛn] (*néo-* et *platonicien*) Qui appartient au néoplatonisme. ◆ N. m. et n. f. Adhérent du néoplatonisme. ■ REM. Graphie ancienne : *néo-platonicien.*

NÉOPLATONISME, n. m. [neoplatonism] (*néo-* et *platonisme*) Doctrine des théosophes et des mystiques, disciples d'Ammonius Saccas et de Plotin, qui mêlaient le platonisme à la théologie et à la démonologie orientale. ◆ L'école philosophique d'Alexandrie. ■ REM. Graphie ancienne : *néoplatonisme.*

NÉOPOSITIVISME, ■ n. m. [neopoʒitivism] (*néo-* et *positivisme*) **Philos.** Doctrine philosophique de la première moitié du XXᵉ siècle, en Angleterre et aux États-Unis, inspirée du positivisme et de la logique. *Le principal objectif du néopositivisme est la construction d'un langage unitaire pour toutes les sciences.* ■ **NÉOPOSITIVISTE**, adj. ou n. m. et n. f. [neopoʒitivist] *Un esprit néopositiviste.*

NÉOPRÈNE, ■ n. m. [neopʀɛn] (nom déposé ; *néo-* et *-prène*, contraction de *propylène*) Caoutchouc synthétique très résistant à la chaleur. *Colle, accessoire néoprène.*

NÉORAMA, n. m. [neoʀama] (gr. *neôs*, temple, et *horama*, spectacle) Sorte de panorama tracé sur une surface cylindrique, et représentant l'intérieur d'un temple, d'un grand édifice.

NÉORÉALISME, ■ n. m. [neoʀealism] (*néo-* et *réalisme*) Mouvement littéraire et artistique né après la Seconde Guerre mondiale et s'inspirant du réalisme. ■ Mouvement cinématographique né en Italie à la fin de la Seconde Guerre mondiale, marqué par un style réaliste. *Les cinéastes Roberto*

Rossellini et Vittorio De Sica sont les grands maîtres du néoréalisme. ■ **NÉORÉALISTE**, adj. ou n. m. et n. f. [neoʀealist] *Une œuvre néoréaliste. Les néoréalistes italiens.*

NÉORURAL, ALE, ■ n. m. et n. f. [neoʀyʀal] (*néo-* et *rural*) Personne installée depuis peu dans un milieu rural après avoir vécu dans une ville. *Les néoruraux.*

NÉOTECTONIQUE, ■ n. f. [neotɛktonik] (*néo-* et *tectonique*) **Géol.** Déformation récente de la croûte terrestre. ■ Déformation d'une chaîne de montagnes, consistant le plus souvent en cassures verticales. *Étude néotectonique de la Cordillère des Andes.*

NÉOTÉNIE, ■ n. f. [neoteni] (*néo-* et *-ténie*, du gr. *teinein*, prolonger) **Biol.** Conservation de caractères juvéniles ou larvaires chez des adultes capables de se reproduire. *État de néotonie.*

NÉOTHOMISME, ■ n. m. [neotomism] (*néo-* et *thomisme*) **Relig.** Forme renouvelée et moderne du thomisme. *La théologie néothomisme.*

NÉOTTIE, ■ n. f. [neoti] (du gr. *neotteia*, nid d'oiseau, prob. en raison de l'enchevêtrement de ses racines qui évoquent un nid) Plante saprophyte de la famille des orchidées, qui est dépourvue de chlorophylle et qui pousse dans les forêts. ■ REM. On l'appelle aussi *néottie nid d'oiseau.*

NÉO-ZÉLANDAIS, AISE, ■ adj. [neozelɑ̃dɛ, ɛz] (*Nouvelle-Zélande*) De la Nouvelle-Zélande. *Les vins néo-zélandais.* ■ Qui habite ou est originaire de la Nouvelle-Zélande. *Une touriste néo-zélandaise.* ■ N. m. et n. f. Les Néo-Zélandais.

NÉPALAIS, AISE, ■ adj. [nepalɛ, ɛz] (*Népal*) Du Népal. *La monarchie népalaise.* ■ Qui habite ou qui est originaire du Népal. *Elle est népalaise. Les autorités népalaises.* ■ N. m. et n. f. Les Népalais. ■ N. m. Langue indo-européenne parlée au Népal.

NÈPE, ■ n. f. [nɛp] (lat. *nepa*, scorpion) **Entomol.** Insecte carnassier, au corps aplati, qui vit dans les eaux stagnantes. *La nèpe est également appelée scorpion d'eau.*

NÉPENTHACÉES, n. f. pl. [nepɛ̃tase] (*Népenthès*) Famille de plantes dicotylédonées. ■ REM. On disait aussi autrefois *népenthées.*

NÉPENTHÈS, n. m. [nepɛ̃tɛs] (*en* se prononce *in* ; Mot gr., qui dissipe la douleur, du préf. nég. *nê* et *penthos*, douleur) Genre composé de sous-arbrisseaux de l'Afrique et de l'Asie tropicale. ■ REM. On disait aussi *népenthe* autrefois.

NÉPÉRIEN, IENNE, ■ adj. [nepeʀjɛ̃, jɛn] (John *Neper*, 1550-1617) Qui a été inventé par John Neper, mathématicien écossais. *Logarithmes népériens.*

NÉPHÉLÉMÉTRIE ou **NÉPHÉLOMÉTRIE**, ■ n. f. [nefelemetʀi, nefelometʀi] (gr. *nephelê*, nuage, et *-métrie*, mesure) **Méd. et biol.** Mesure de la quantité de substance en suspension dans un liquide. *Dosage par néphélémétrie.*

NÉPHÉLINE, ■ n. f. [nefelin] (gr. *nephelê*, nuage, à cause de l'aspect nuageux de cette roche) **Minér.** Minéral composé de silicate, d'aluminium et de sodium. *La néphéline a été découverte par le chercheur français René-Just Haüy en 1800.*

NÉPHRALGIE, n. f. [nefralʒi] (*néphr[o]-* et *-algie*) **Méd.** Douleur des reins.

NÉPHRECTOMIE, ■ n. f. [nefʀɛktomi] (*néphr-* et *-ectomie*, du gr. *ektomê*, ablation) **Chir.** Ablation d'un rein. *Subir une néphrectomie.*

NÉPHRÉTIQUE, adj. [nefʀetik] (gr. *nephritikos*, qui souffre des reins) **Méd.** Qui appartient aux reins, en parlant des douleurs, des maladies. *Douleur, affection néphrétique.* ◆ *Colique néphrétique* ▷ ou simplement ◁ *néphrétique*, néphralgie et plus ordinairement douleur très vive causée par des graviers qui s'engagent dans l'uretère. ◆ N. m. et n. f. *Un néphrétique, une néphrétique*, personne qui est affligée de la colique néphrétique. ◆ ▷ Qui est bon contre la colique néphrétique. *Remèdes néphrétiques.* ◁ ◆ ▷ N. m. *Un néphrétique.* ◁

NÉPHRIDIE, ■ n. f. [nefridi] (gr. *nephridios*, relatif au rein) **Zool.** Conduit à fonction excrétrice de certains invertébrés. *Les annélidés possèdent une néphridie.*

1 NÉPHRITE, ■ n. f. [nefʀit] (gr. *nephritis*, maladie des reins) **Méd.** Inflammation du rein. *Les principaux symptômes de la néphrite sont la présence de protéines et de globules rouges dans les urines ainsi que des œdèmes.*

2 NÉPHRITE, ■ n. f. [nefʀit] (all. *Nephrit*, de [pierre] *néphrétique*, anc. nom qui lui venait de sa vertu thérapeutique sur les reins) **Minér.** Silicate de calcium, de fer et de magnésium qui constitue une variété de jade. *En fonction de sa teneur en fer, la néphrite peut être de couleur verte, jaunâtre, grise, blanche, rouge ou encore marron.*

NÉPHR(O)..., ■ [nefʀo] Préfixe du grec *nephros*, rein.

NÉPHROLOGIE, ■ n. f. [nefʀoloʒi] (*néphro-* et *-logie*) **Méd.** Branche de la médecine qui s'intéresse aux reins et à leurs pathologies. *Un service de néphrologie.*

NÉPHROLOGUE, ■ n. m. et n. f. [nefʀɔlɔg] (*néphro-* et *-logue*) **Méd.** Médecin dont la spécialité est la néphrologie. *Prendre rendez-vous avec un néphrologue.*

NÉPHRON, ■ n. m. [nefʀɔ̃] (gr. *nephros*, rein) **Anat.** Tuyau microscopique, composant du rein. *Chaque rein se compose d'environ un million de néphron.*

NÉPHROPATHIE, ■ n. f. [nefʀopati] (*néphro-* et *-pathie*) **Méd.** Maladie des reins. *Néphropathie chronique, diabétique.*

NÉPOTISME, n. m. [nepotism] (lat. *nepos*, génit. *nepotis*, petit-fils, neveu) Autorité excessive que les neveux ou les autres parents des papes ont eue autrefois dans les affaires de Rome. ♦ **Par extens.** Désir chez un homme en place d'avancer ses parents.

NEPTUNE, n. m. [nɛptyn] (lat. *Neptunus*) **Mythol.** Divinité présidant à la mer, et l'un des douze grands dieux. ♦ Planète découverte en 1846.

NEPTUNIEN, IENNE, adj. [nɛptynjɛ̃, jɛn] (*Neptune*, dieu de la mer) **Géol.** Se dit de dépôts ou de terrains qui doivent leur origine à l'eau. ♦ *Théorie neptunienne*, Voy. NEPTUNISME. ♦ N. m. Syn. de neptuniste.

NEPTUNISME, n. m. [nɛptynism] (radic. de *neptunien*) **Géol.** Hypothèse attribuant à l'action de l'eau la formation des roches qui constituent la croûte du globe.

NEPTUNISTE, n. m. [nɛptynist] (radic. de *neptunien*) Partisan du neptunisme.

NEPTUNIUM, ■ n. m. [nɛptynjɔm] (*Neptune*, nom d'une planète) **Chim.** Élément radioactif de numéro atomique 93 et de masse atomique 237,04. *Le neptunium a été découvert par les physiciens américains Philip Abelson et Edwin MacMillan en 1940.*

NÉRÉ, ■ n. m. [neʀe] (d'un mot mandingue) Arbre d'Afrique de la famille de l'acacia. *Les graines et la pulpe de néré sont utilisées dans la cuisine de certains pays d'Afrique. Des nérés.*

NÉRÉIDE, n. f. [neʀeid] (lat. *Nereïs*, du gr. *Nêrêïs*, nom des cinquante filles de *Nêreus*, Nérée) **Mythol.** Chacune des nymphes présidant à la mer, dont elles avaient le gouvernement subalterne. ■ **Zool.** Ver marin à corps segmenté qui vit enfoui dans la vase ou sous les rochers. *Les néréides sont souvent utilisées pour appâter les poissons de roche.*

NERF, n. m. [nɛʀ] (lat. *nervus*) ▷ **Vulg.** Ligaments, tendons. *Un nerf foulé.* ◁ ♦ **Absol.** Petits filaments qui mettent en communication le cerveau et la moelle épinière avec la circonférence du corps, et qui transmettent les sensations au centre et les volontés à la circonférence, et aussi petits filaments qui partent des ganglions et qui se rendent aux organes de la vie végétative, présidant aux fonctions de ces organes. *Les nerfs de la sensibilité, du mouvement.* ♦ ▷ *Avoir mal aux nerfs*, éprouver des sensations mal définies, pénibles. ◁ ♦ ▷ *Donner sur les nerfs*, causer de l'impatience. ◁ ♦ *Attaque de nerfs*, Voy. ATTAQUE. ♦ *Avoir ses nerfs, avoir des nerfs*, être agacé, facile à agacer. ♦ *Nerf de bœuf*, la partie épaisse du bord supérieur libre du ligament jaune élastique cervical postérieur du bœuf ou du cheval, desséchée et disposée en forme de cylindre. ♦ *Nerf de bœuf*, instrument de supplice dont étaient armés les surveillants de la chiourme dans les galères. ♦ Ficelle qui est sur le dos d'un livre qu'on relie. ♦ ▷ Cordes de différents instruments. « *Les nerfs brisés de la lyre expirante* », LAMARTINE. ◁ ♦ **Fig.** Force, vigueur. « *La visite des Églises, qui est le nerf du gouvernement ecclésiastique* », BOSSUET. « *Quand un gouvernement n'a plus d'autre nerf que l'argent* », J.-J. ROUSSEAU. ♦ *Le nerf des affaires, de la guerre, etc.* l'argent. ♦ **Au pl. Archit.** Nervure. ♦ *Nerfs d'ogives*, corps saillants qui soutiennent les pendentifs. ■ **Fam.** *Être à bout de nerfs*, être au point de ne plus pouvoir résister nerveusement. ■ **Fam.** *Un paquet de nerfs*, une personne très nerveuse, très agitée. ■ **Fam.** *Il me tape sur les nerfs*, il m'exaspère. ■ **Rem.** On prononçait aussi [nɛʀf] autrefois en faisant entendre le *f* final.

NERFÉRER (SE), v. pr. [nɛʀfeʀe] (*nerf* et *férir*, frapper) ▷ *Un cheval se nerfère* lorsqu'en courant il se coupe les jambes de devant avec les pieds de derrière. ◁

NERF-FÉRURE, n. f. [nɛʀfeʀyʀ] Maladie du cheval qui résulte d'une contusion sur le tendon fléchisseur du membre antérieur. ■ **Au pl.** *Des nerfs-férures.*

NÉRITE, n. f. [neʀit] (lat. impér. *nerita*, gr. *nêritês*, coquillage de mer) Testacé univalve.

NÉRITIQUE, ■ adj. [neʀitik] (*nérite*, d'après l'all. *Neritisch*) **Géol.** Qui est situé dans la zone marine comprise entre le littoral et le rebord du plateau continental. *Dépôts néritiques. Les espèces néritiques.*

NÉROLI, n. m. [neʀoli] (Anne-Marie de la Trémoïlle, femme du prince de *Nérola*) Huile volatile de la fleur d'orange.

NÉRONIEN, IENNE, ■ adj. [neʀɔnjɛ̃, jɛn] (*Néron*, 37-68, empereur romain) Relatif à Néron. *L'empire néronien.* ■ **Litt.** Qui est digne de Néron,

de son comportement tyrannique et cruel. *Faire preuve d'une méchanceté néronienne.*

NERPRUN, n. m. [nɛʀpʀœ̃] ou [nɛʀpʀɛ̃] (lat. pop. *niger prunus*, prunier noir) Genre de la famille des rhamnacées, composé d'arbrisseaux et de petits arbres portant des baies noires.

NERVAL, ALE, adj. [nɛʀval] (*nerf*) **Méd.** Qui est bon pour les nerfs. *Remèdes nervals.* ♦ **Bot.** Qui est en rapport avec les nervures des feuilles ou qui en provient. *Vrilles nervales.*

NERVATION, ■ n. f. [nɛʀvasjɔ̃] (*nerf*) **Zool.** et **bot.** Manière dont sont disposées les nervures d'une aile d'insecte ou d'une feuille. *Nervation pennée, nervation palmée.*

NERVÉ, ÉE, p. p. de nerver. ♦ **Bot.** Qui est muni de nervures, ou qui en a de très saillantes.

NERVER, v. tr. [nɛʀve] (*nerf*) Couvrir du bois avec des nerfs qu'on colle dessus. *Nerver des panneaux.* ♦ **Reliure** *Nerver un livre*, dresser les nerfs ou les cordelettes sur le dos d'un livre, et les fortifier avec de la colle forte et de la toile ou du parchemin.

NERVEUSEMENT, adv. [nɛʀvøz(ə)mɑ̃] (*nerveux*) Avec vigueur. ♦ Sous l'influence d'une affection des nerfs. *Sangloter nerveusement.*

NERVEUX, EUSE, adj. [nɛʀvø, øz] (lat. *nervosus*, musculeux, nerveux, vigoureux) **Vulg.** Qui a le caractère des ligaments, des tendons et des aponévroses. ♦ Qui a de bons nerfs, qui a beaucoup de force dans les muscles. *Des bras nerveux.* ♦ Qui appartient aux nerfs proprement dits, qui a rapport aux nerfs, et aussi à la substance formant l'encéphale, la moelle épinière et les ganglions. *Le tissu nerveux.* ♦ *Système nerveux*, ensemble de tous les nerfs et de tous les centres nerveux avec lesquels ils communiquent. ♦ *Maladies nerveuses*, celles qui ont leur siège dans le système nerveux. ♦ *Être nerveux*, avoir les nerfs irritables. ♦ Qui contient des nerfs. *Le pied et la main sont les parties les plus nerveuses du corps humain.* ♦ **Fig.** Fort de sens, en parlant du style, des pensées. ♦ Qui offre, à la main, de la solidité, de la résistance. *Fil nerveux.* ♦ Se dit du fer qui a de la ténacité. ■ **Bot.** Dont les feuilles sont garnies de nervures très saillantes. ■ Qui répond rapidement aux commandes d'accélération. *Un moteur nerveux, une voiture nerveuse.* ■ **Adj.** Qui s'irrite facilement. *Il est très nerveux.* ■ N. m. et n. f. *C'est un grand nerveux, une grande nerveuse.* ■ **Adj.** *Système nerveux central*, ensemble formé par la moelle épinière et l'encéphale. ■ Qui manifeste une certaine nervosité. *Un rire nerveux.*

NERVI, ■ n. m. [nɛʀvi] (marseillais, voyou, du provenç. *nervi*, nerf, tendon) **Fam.** et péj. Personne qui exécute des actions criminelles pour le compte d'autrui. « *Le nervi à la matraque a glissé vers moi. Il agitait significativement son arme. Elle fouettait l'air en sifflant* », MALET.

NERVIN, adj. m. [nɛʀvɛ̃] (*nerf*) **Méd.** Qui s'emploie à l'intérieur pour fortifier les nerfs ou pour faire disparaître les douleurs dont ils sont le siège. *Baume nervin.* ♦ N. m. *Les nervins.*

NERVOSITÉ, ■ n. f. [nɛʀvozite] (*nerveux*) État d'énervement passager. *Lutter contre la nervosité.* ■ Aptitude d'un moteur à réagir rapidement à l'accélération.

NERVURE, n. f. [nɛʀvyʀ] (*nerf*) Nom donné aux petites parties élevées qui divisent le dos des livres, et qui sont formées par les nerfs ou les cordes qu'on emploie pour les relier. ♦ **Archit.** Partie saillante d'une moulure. ♦ **Bot.** Filets saillants qui parcourent la surface des feuilles de certaines plantes et des pétales de certaines fleurs. ♦ **Zool.** Les tubes cornés qui se ramifient dans l'aile des insectes. ■ **Cout.** Petit pli décoratif. *Surpiquer une nervure.*

NERVURÉ, ÉE, ■ p. p. de nervurer. [nɛʀvyʀe] **Adj. Bot.** Garni de nervures. *Feuille nervurée.* ■ **Techn.** *Tôles d'acier nervurées.*

NERVURER, ■ v. tr. [nɛʀvyʀe] (*nervure*) **Techn.** Garnir de nervures. *Nervurer un métal.*

NESCIO VOS, [nesjovos] (mots latins, de *nescio*, je ne connais pas, et accus. du pron. *vos*, vous) Formule familière de refus empruntée du latin, qui signifie : je ne vous connais pas, allez vous promener. « *Quelque autre... Aurait ouvert l'oreille à la tentation ; Mais moi, nescio vos* », MOLIÈRE. ◁

NESTOR, n. m. [nɛstɔʀ] (*Nestor*, roi de Pylos) Nom d'un vieux guerrier de l'*Iliade* d'Homère qui avait vu trois âges d'hommes. ♦ **Par extens.** Le vieillard le plus âgé et le plus respectable. ■ **Rem.** Il est littéraire aujourd'hui.

NESTORIANISME, n. m. [nɛstɔʀjanism] (*Nestorius*, 380-451, hérésiarque chrétien) Hérésie des sectateurs de Nestorius, qui consistait dans une séparation entre la nature divine et la nature humaine de Jésus-Christ.

NESTORIEN, IENNE, adj. [nɛstɔʀjɛ̃, jɛn] (b. lat. *nestorianus*, de *Nestorius*) Qui est relatif au nestorianisme. ♦ N. m. et n. f. Partisan de la doctrine de Nestorius.

1 NET, ETTE, adj. [nɛt] (lat. *nitidus*, brillant, florissant, élégant) Clair, sans impureté. *Une eau pure et nette.* ✦ Uni, poli, sans tache. *Teint net. Glace nette.* ✦ Qui est sans saleté, sans souillure. *De la vaisselle nette. Des dents, des mains nettes.* ✦ Fig. *Avoir les mains nettes de quelque chose*, n'avoir pas de reproche à se faire relativement à cette chose, n'y avoir pris aucune part. ✦ Absol. *Il a les mains nettes*, il est probe. ✦ Qui est pur, sans mélange, au propre et au figuré. ✦ Fig. Purgé de, débarrassé de. *Pur et net de tout péché.* ✦ *Avoir le cœur net d'une chose*, s'en éclaircir. ✦ Qui est distinct, facile à discerner. *Une écriture nette.* « *Nous vivons au jour le jour, sans rien voir de net dans l'avenir* », Mme DE SÉVIGNÉ. ✦ *Voix nette*, voix qui a un son clair et égal. ✦ *Avoir la vue nette*, avoir des yeux qui distinguent bien les objets. ✦ Dont on a retiré ce qui garnit, remplit. *Faire place nette. Faire les plats nets.* ✦ *Faire tapis net*, gagner au jeu tout l'argent qui est sur le tapis. ✦ Fig. et fam. *Il a fait maison nette*, il a chassé en même temps tous ses domestiques. ✦ Fig. En parlant du bien, du revenu, quitte de dettes. *Des rentes claires et nettes.* ✦ *Payer une somme quitte et nette.* ✦ *Produit net*, ce qu'on retire d'un bien, tous frais faits. ✦ *Bénéfice net*, bénéfice qui reste, tous frais déduits. ✦ *Prix net*, prix qui ne saurait supporter aucune réduction. ✦ *Poids net*, le poids d'une chose sans ce qui la contient et l'enveloppe. ✦ En ce sens, *net* est souvent invariable. *Ce colis pèse 50 kilogrammes net (s. e. poids).* ✦ Fig. En parlant des personnes et de l'esprit, qui a des idées claires, des expressions claires. *Un esprit net. Avoir la conception nette.* ✦ Il se dit, dans le même sens, de ce qui appartient à l'esprit. *Notion nette. Un langage net.* ✦ *Style net*, celui qui unit la clarté à la précision. ✦ Qui est sans ambiguïté. *Cela est net.* ✦ Qui est sans embarras, sans difficulté. *Des affaires nettes.* ✦ Qui est sans supercherie, sur qui l'on peut compter. « *Et j'avouerai tout haut d'une âme franche et nette...* », MOLIÈRE. ✦ Qui est dicté par la franchise. *Un avis franc et net.* ✦ ▷ *Un cheval sain et net*, un cheval qui n'a aucun des défauts, aucune des maladies qu'il est d'usage de garantir. ◁ ✦ Fig. Qui n'est pas entaché moralement. *Je suis net là-dessus. Avoir la conscience nette.* ✦ Qui ne donne lieu à aucun doute, à aucun soupçon, en parlant des choses. *Une conduite nette.* ✦ Fam. *Son cas n'est pas net*, il n'est pas sans reproche dans cette affaire. ✦ N. m. *Mettre au net un écrit, un dessin, un plan, etc.* en faire une copie correcte sur l'original ou brouillon. ✦ Adv. Uniment et tout d'un coup. *Cela s'est cassé net comme un verre.* ✦ Fig. « *Le seigneur dit : Payez donc cent écus Net et comptant* », LA FONTAINE. « *Ah! mon ami, vous m'avez oublié* », VOLTAIRE. ✦ *Le trancher net*, dire une chose sans ménagement. ✦ D'une façon claire, non ambiguë. « *Puisqu'il faut parler net* », LA FONTAINE. ✦ *Tout net*, franchement, sans détour.

2 NET, ■ adj. inv. [nɛt] (mot angl., *filet*, employé à tort au tennis pour *let*, laissez, interrompez l'échange) Sp. Au tennis, tennis de table et volley-ball, se dit d'une balle de service qui touche le filet. *Faire quelques balles net.* ■ REM. Recommandation officielle : *filet.*

3 NET, ■ n. m. [nɛt] (angl. *Network*, réseau, ou aphérèse de *Internet*) Réseau mondial de télécommunication permettant l'échange d'informations, de courriers électroniques entre usagers connectés sur ordinateur. Voy. INTERNET.

NETÉCONOMIE, ■ n. f. [netekɔnɔmi] (3 *net* et *économie*) Marché économique qui est apparu avec le développement d'Internet. *L'actualité de la netéconomie.*

NETSUKÉ ou **NETSUKE**, ■ n. m. [nɛtsuke] (mot japonais) Figurine sculptée fixée à la ceinture et à laquelle les Japonais suspendaient des accessoires. *Les netsukés permettaient de transporter sur soi des objets, tels que de petites boîtes, des étuis.*

NETTEMENT, adv. [nɛt(ə)mɑ̃] (1 *net*) D'une manière claire, distincte. *Cette lunette fait voir nettement les objets. Concevoir nettement une chose.* ✦ ▷ Sans saleté. *Tenir nettement un enfant.* ◁ ✦ Fig. Franchement, sans déguisement. « *Parlez et nettement sur ce qu'il me propose* », P. CORNEILLE. ✦ Sans ménagement. « *Il est bien aisé de vous répondre sur ce point ; car il n'y a qu'à vous dire nettement que cela est faux.* », PASCAL. ■ Fam. D'une façon évidente, indéniable. *C'est nettement mieux ainsi.*

NETTETÉ, n. f. [nɛt(ə)te] (1 *net*) Qualité de ce qui a clarté et brillant. *La netteté de l'eau d'une fontaine.* ✦ Qualité de ce qui est sans saleté. *La netteté du corps.* ✦ Fig. *La netteté des mains*, probité de celui qui ne s'attribue aucun profit illicite. ✦ Qualité de celui qui a les conceptions claires. *La netteté de l'esprit. S'expliquer avec netteté.* ✦ Il se dit aussi de ce qui émane de l'esprit. *La netteté des expressions, du style.* ✦ *La netteté de la voix.* ✦ *La netteté de l'écriture.*

NETTOIEMENT, n. m. [netwamɑ̃] (*nettoyer*) Action de nettoyer. ✦ *Nettoiement des grains*, séparation de toutes les matières étrangères. ✦ *Nettoiement des terres, des bois*, enlèvement des plantes nuisibles, des arbres qui nuisent aux autres.

NETTOYABLE, adj. [netwajabl] (*nettoyer*) Qu'on peut, qu'on doit nettoyer.

NETTOYAGE, n. m. [netwajaʒ] (*nettoyer*) Syn. de nettoiement. ✦ Action d'enlever les pousses trop multipliées des arbres.

NETTOYANT, ANTE, ■ adj. [netwajɑ̃, ɑ̃t] (*nettoyer*) Qui nettoie. *Produit nettoyant pour les lunettes. Lotion nettoyante.* ■ N. m. Produit de nettoyage. *Un nettoyant antibactérien.*

NETTOYÉ, ÉE, p. p. de nettoyer. [netwaje]

NETTOYER, v. tr. [netwaje] (réfection d'après *net* de l'anc. fr. *noiier*, du lat. vulg. *nitidiare*, de *nitidus*) Rendre net, débarrasser de ce qui est sale. *Nettoyer les rues. Se nettoyer les dents.* ✦ Absol. *Nettoyez partout.* ✦ Fig. et fam. *Nettoyer une maison, une chambre*, prendre et emporter tout ce qui s'y trouve. ✦ ▷ *Nettoyer les brocs*, bien boire. ◁ ✦ *Nettoyer les plats*, bien manger. ✦ *Nettoyer le tapis*, gagner tout l'argent qui est sur jeu. ✦ *Nettoyer une personne*, lui gagner tout son argent. ✦ Fig. Débarrasser de. « *Les escadres de Louis XIV nettoyaient les mers infestées par les corsaires* », VOLTAIRE. ✦ Milit. Chasser l'ennemi de quelque poste. *Nettoyer la tranchée*, en chasser les assiégeants. ✦ *Nettoyer son bien*, le débarrasser des dettes, hypothèques, etc. ✦ Peint. *Nettoyer des contours*, les rendre plus purs, plus corrects. ✦ Fig. Purifier, purger. « *Des Lamoignon qui nettoient nos lois de la rouille ancienne de la barbarie* », VOLTAIRE. ✦ Se nettoyer, v. pr. Se débarrasser de saletés. ✦ Fig. « *Qui s'est nettoyé de vices* », MALHERBE. ✦ Être débarrassé de saletés. *Cette étoffe se nettoie facilement.* ■ V. tr. Tuer, éliminer. *Se faire nettoyer.*

NETTOYEUR, EUSE, n. m. et n. f. [netwajœr, øz] (*nettoyer*) Personne qui nettoie. ■ N. m. Appareil électrique utilisé pour nettoyer différentes surfaces. *Nettoyeur à haute pression. Nettoyeur vapeur.*

NETTOYURE, n. f. [netwajyr] (*nettoyer*) ▷ Les ordures dont on nettoie quelque chose ; ce qu'on enlève d'un lieu sale en le nettoyant. ◁

1 NEUF, adj. num. card. [nœf] (lat. *novem*) On prononce neuv' devant une voyelle ou un *h* muet, neuf quand il n'est suivi d'aucun mot ou qu'il n'est suivi ni d'un adjectif, ni d'un nom. Lat. *novem* nom de nombre des deux genres. Nombre impair qui suit immédiatement huit. *Neuf cents. Neuf mille. Trente-neuf.* ✦ On dit de même : *Le nombre, le chiffre neuf.* ✦ Mus. *Neuf-huit*, mesure contenant neuf croches en trois temps. *Neuf-quatre*, mesure de neuf noires en trois temps. ✦ Il s'emploie comme nombre ordinal. *Le roi Louis neuf* (on écrit presque toujours *Louis IX*). *Chapitre neuf.* ■ N. m. *Le neuf*, le neuvième jour du mois. *Le neuf de janvier, de mai, etc.* ou *le neuf janvier, le neuf mai, etc.* ✦ N. m. *Neuf* se dit pour le nombre neuf, pour le chiffre neuf. *Faire des neuf.* ✦ Au jeu de cartes, *un neuf de cœur, de carreau, etc.* une carte qui est marquée de neuf points de carreau, de cœur, etc. *Les quatre neuf.* ■ REM. On prononçait autrefois [nø] sans faire entendre le *f* devant une consonne et un *h* aspiré.

2 NEUF, EUVE, adj. [nœf, œv] (*novus*, nouveau, récent) Qui est fait depuis peu. *Une maison neuve.* ✦ Fig. *Faire corps neuf*, se rétablir après une grave maladie. ✦ Fig. *Faire maison neuve*, renvoyer tous ses domestiques, et en prendre d'autres. ✦ Qui n'a point encore servi, ou qui a peu servi. *Habit neuf. Cheval neuf.* ✦ Qui n'est encore mise en valeur depuis peu, et aussi terre rapportée qui n'a point encore servi à la végétation. ✦ Moins ancien. *La vieille ville et la ville neuve.* ✦ Qui vient d'arriver, d'être fait. ✦ Fam. *Voilà une chose toute neuve pour moi*, voilà une chose dont je n'avais pas entendu parler, dont je n'avais pas d'idée. ✦ Qui n'a point encore d'expérience en quelque chose. *Il est neuf aux affaires, neuf dans ce métier, etc.* ✦ Qui n'a pas encore été agité par les passions. *Une âme toute neuve.* ✦ Novice, naturel, franc. « *Tous ses sentiments sont tout neufs* », Mme DE SÉVIGNÉ. ✦ En parlant des pensées et des ouvrages d'esprit, qui n'a pas encore été dit, traité, produit, employé. *Un sujet neuf.* ■ N. m. Ce qui n'a pas encore servi, ce qui vient d'être fait. ✦ Fig. Ce qui a le caractère de la nouveauté, de l'innovation, du rajeunissement. ✦ À NEUF, loc. adv. Se dit en parlant de choses qu'on raccommode et qu'on renouvelle en quelque sorte. *Refaire un bâtiment à neuf. Habillé à neuf.* ✦ DE NEUF, loc. adv. S'emploie surtout dans cette phrase : *Habiller de neuf*, c'est-à-dire avec des habits neufs. ■ Fam. *Quoi de neuf ?*, qu'y a-t-il de nouveau ? ✦ Fig. *Faire peau neuve*, changer d'apparence. *Notre journal fait peau neuve.*

NEUFCHÂTEL, ■ n. m. [nøʃatɛl] (le *f* est muet. Neufchâtel-en-Bray, commune de Seine-Maritime) Fromage au lait de vache, à pâte molle, le plus souvent en forme de cœur. *Des neufchâtels.*

NEUME, n. f. [nøm] (b. lat. *pneuma*, gr. *pneuma*, souffle) Dans le plainchant, courte mélodie, qui est une sorte de récapitulation du mode dans lequel on vient de chanter, et se vocalise sans paroles sur la dernière syllabe du dernier mot, à la fin des antiennes. ■ N. m. pl. Signes qui servaient au commencement du Moyen Âge à noter le plain-chant.

NEUNEU, ■ adj. [nønø] (redoubl. de *nœud*) De comportement niais. ■ REM. On écrit aussi nœud-nœud. « *Alors vous avez décidé de la buter. Pour cela vous avez fait croire qu'elle était neuneu* », Dard.

NEURAL, ALE, ■ adj. [nøral] (neur[o]- et -*al*) Méd. Qui se rapporte au système nerveux. *Étude des mécanismes neuraux.*

NEURASTHÉNIE, ■ n. f. [nøʀasteni] (neur[o]- et asthénie) Maladie psychiatrique accompagnée de faiblesse physique, de mélancolie, d'atonie. « La neurasthénie et les scrupules de maman étaient une gourmandise refoulée, des grignotements d'âme, une délectation secrète », CENDRARS. ■ NEURASTHÉNIQUE, n. m. et n. f. et adj. [nøʀastenik]

NEURINOME, ■ n. m. [nøʀinom] Méd. Tumeur bénigne d'un nerf crânien ou rachidien. Son père s'est fait opérer d'un neurinome.

NEURO..., ■ [nøʀo] Préfixe tiré du gr., indiquant un rapport à établir avec les nerfs : neuropsychiatrie, neurochirurgie, neurologie.

NEUROBIOLOGIE, ■ n. f. [nøʀobjoloʒi] (neur[o]- et biologie) Étude du fonctionnement du système nerveux. Un laboratoire, un service de neurobiologie. ■ NEUROBIOLOGISTE, n. m. et n. f. [nøʀobjoloʒist]

NEUROCHIRURGIE, ■ n. f. [nøʀoʃiʀyʀʒi] (neur[o]- et chirurgie) Discipline chirurgicale qui s'occupe du système nerveux. ■ NEUROCHIRURGICAL, ALE, adj. [nøʀoʃiʀyʀʒikal] Des traitements neurochirurgicaux.

NEUROCHIRURGIEN, IENNE, ■ n. m. et n. f. [nøʀoʃiʀyʀʒjɛ̃, jɛn] (neur[o]- et chirurgien) Médecin dont la spécialité est la neurochirurgie.

NEURODÉPRESSEUR, ■ n. m. [nøʀodepʀesœʀ] (neur[o]- et dépresseur) Médicament qui ralentit l'activité du système nerveux central. Des neurodépresseurs peuvent être prescrits pour lutter contre l'anxiété.

NEUROENDOCRINIEN, IENNE, ■ adj. [nøʀoɑ̃dokʀinjɛ̃, jɛn] (neur[o]- et endocrinien) Méd. Qui relève des systèmes nerveux et endocrinien. Troubles neuroendocriniens.

NEUROENDOCRINOLOGIE, ■ n. f. [nøʀoɑ̃dokʀinoloʒi] (neur[o]- et endocrinologie) Méd. Discipline médicale qui étudie le fonctionnement des systèmes nerveux et endocrinien et leurs interactions.

NEUROFIBROMATOSE, ■ n. f. [nøʀofibʀomatoz] (neur[o]-, fibrome et -ose) Maladie génétique caractérisée par l'apparition de tumeurs sur la peau et le système nerveux. ■ REM. On l'appelle aussi maladie de Recklinghausen.

NEUROLEPTIQUE, ■ adj. [nøʀolɛptik] (neur[o]- et -leptique) Se dit d'un médicament qui agit sur le système nerveux et qui est utilisé comme calmant dans le traitement des psychoses, notamment. Prescrire un traitement neuroleptique. ■ N. m. Médicament neuroleptique. Prescrire des neuroleptiques.

NEUROLINGUISTIQUE, ■ n. f. [nøʀolɛ̃ɡɥistik] (neur[o]- et linguistique) Discipline qui s'intéresse aux troubles du langage et qui étudie les relations entre celui-ci et les fonctions cérébrales.

NEUROLOGIE, ■ n. f. [nøʀoloʒi] (neur[o]- et -logie) Spécialité médicale qui s'intéresse au système nerveux. ■ NEUROLOGIQUE, adj. [nøʀoloʒik] Passer un examen, faire un bilan neurologique.

NEUROLOGUE, ■ n. m. et n. f. [nøʀolɔɡ] (neurologie) Méd. Spécialiste en neurologie.

NEUROMÉDIATEUR, ■ n. m. [nøʀomedjatœʀ] (neur[o]- et médiateur) Substance libérée par les terminaisons nerveuses d'un neurone et qui assure la transmission des messages d'un neurone à l'autre. La dopamine est un neuromédiateur.

NEUROMUSCULAIRE, ■ adj. [nøʀomyskylɛʀ] (neur[o]- et musculaire) Qui concerne les relations entre les nerfs et les muscles. Maladie neuromusculaire.

NEURONAL, ALE, ■ adj. [nøʀonal] (neurone) Qui se rapporte au neurone. Récepteurs neuronaux.

NEURONE, ■ n. m. [nøʀon] (gr. neuron, nerf) Élément fondamental du tissu nerveux qui crée reçoit et transmet les messages nerveux. Un neurone postsynaptique.

NEUROPATHE, ■ n. m. et n. f. [nøʀopat] (neuropathie) Méd. Médecin spécialiste de la neuropathie. ■ Malade atteint de neuropathie. Soigner une patiente neuropathe.

NEUROPATHIE, ■ n. f. [nøʀopati] (neur[o]- et -pathie) Méd. Affection du système nerveux périphérique. Neuropathie diabétique, végétative.

NEUROPEPTIDE, ■ n. m. [nøʀopeptid] (neur[o]- et peptide) Biol. Molécule qui intervient dans le fonctionnement du système nerveux. La sécrétion de neuropeptide.

NEUROPHYSIOLOGIE, ■ n. f. [nøʀofizjoloʒi] (neur[o]- et physiologie) Science qui étudie le fonctionnement du système nerveux. Enseignement de la neurophysiologie. ■ NEUROPHYSIOLOGIQUE, adj. [nøʀofizjoloʒik] Un traitement, un phénomène neurophysiologique.

NEUROPLÉGIQUE, ■ adj. [nøʀopleʒik] (neur[o]- et gr. plêssein, frapper) Se dit d'une substance qui paralyse le système nerveux. Gaz neuroplégique.

NEUROPSYCHIATRE, ■ n. m. et n. f. [nøʀopsikjatʀ] (neur[o]- et psychiatre) Médecin spécialisé en neuropsychiatrie.

NEUROPSYCHIATRIE, ■ n. f. [nøʀopsikjatʀi] (neur[o]- et psychiatrie) Branche de la médecine qui relève à la fois de la neurologie et de la psychiatrie. Elle travaille dans un service de neuropsychiatrie.

NEUROPSYCHOLOGIE, ■ n. f. [nøʀopsikoloʒi] (neur[o]- et psychologie) Méd. Branche de la médecine qui étudie les correspondances entre fonctions mentales et système nerveux. ■ NEUROPSYCHOLOGIQUE, adj. [nøʀopsikoloʒik] Faire un bilan neuropsychologique.

NEUROPSYCHOLOGUE, ■ n. m. et n. f. [nøʀopsikolɔɡ] (neuropsychologie) Médecin dont la spécialité est la neuropsychologie.

NEUROSCIENCES, ■ n. f. pl. [nøʀosjɑ̃s] (neur[o]- et sciences) Ensemble des sciences qui étudient le fonctionnement du système nerveux. Les recherches en neurosciences.

NEUROTOMIE, ■ n. f. [nøʀotomi] (neur[o]- et -tomie) Chir. Section d'un nerf. La première neurotomie effectuée en France eut lieu en 1935.

NEUROTONIE, ■ n. f. [nøʀotoni] (neur[o]- et -tonie) Trouble du système nerveux végétatif caractérisé par une grande tension nerveuse. Être atteint de neurotonie.

NEUROTOXINE, ■ n. f. [nøʀotoksin] (neur[o]- et toxine) Biol. Toxine qui agit sur le système nerveux. Neurotoxine botulique.

NEUROTRANSMETTEUR, ■ n. m. [nøʀotʀɑ̃smetœʀ] (neur[o]- et transmetteur) Physiol. Substance chimique libérée par les neurones et qui assure la transmission des messages nerveux. L'acétylcholine est un neurotransmetteur

NEUROTRANSMISSION, ■ n. f. [nøʀotʀɑ̃smisjɔ̃] (neur[o]- et transmission) Physiol. Transmission des messages nerveux libérés par les neurones. La neurotransmission cérébrale.

NEUROTROPE, ■ adj. [nøʀotʀɔp] (neur[o]- et -trope) Qui atteint essentiellement le système nerveux. Toxine, virus neurotrope.

NEUROVÉGÉTATIF, IVE, ■ adj. [nøʀoveʒetatif, iv] (neur[o]- et végétatif) Méd. Relatif au système nerveux qui permet la motricité involontaire des organes et qui contrôle leur fonctionnement. Dystonie neurovégétative.

NEURULA, ■ n. f. [nøʀyla] (neur[o]- et ula, var. de -ule) Biol. Stade embryonnaire des vertébrés au cours duquel le système nerveux central commence à se former. La neurula succède à la gastrula. Être au stade neurula.

NEUTRALEMENT, adv. [nøtʀal(ə)mɑ̃] (lat. impér. neutralis, neutre) ▷ Gramm. D'une manière neutre. Un verbe employé neutralement. ◁

NEUTRALISANT, ANTE, adj. [nøtʀalizɑ̃, ɑ̃t] (neutraliser) Propre à neutraliser. ◆ ▷ N. m. Les neutralisants, agents qui, comme la magnésie, l'oxyde de fer hydraté, etc. annulent ou diminuent l'action des acides ingérés dans l'estomac. ◁

NEUTRALISATION, n. f. [nøtʀalizasjɔ̃] (neutraliser) Action de rendre neutre un territoire, une ville, un vaisseau, etc. La neutralisation de la Suisse. ◆ Chim. Extinction des propriétés particulières aux acides et aux bases par l'action réciproque de ces corps les uns sur les autres. ◆ Par extens. Il se dit des actions physiques. La neutralisation de l'électricité positive par l'électricité négative. ■ Action de rendre nulle, inopérante l'action de quelqu'un, de quelque chose. La neutralisation de personnes dangereuses. La neutralisation d'une voie de circulation à la suite d'un accident.

NEUTRALISÉ, ÉE, p. p. de neutraliser. [nøtʀalize]

NEUTRALISER, v. tr. [nøtʀalize] (lat. impér. neutralis) Rendre neutre, en parlant d'un pays, d'une ville, d'un vaisseau, etc. Les traités de 1815 ont neutralisé la Suisse. ◆ Chim. Rendre neutre une base, un acide, un sel, par une opération chimique. ◆ Il se dit, par extension, de certaines actions physiques. ◆ Diminuer, réduire à rien, à presque rien. Neutraliser les desseins de ses ennemis. ◆ Se neutraliser, v. pr. Devenir neutre, en parlant de bases, d'acides. ◆ S'annuler réciproquement. Ces deux effets se neutralisent. ■ Mettre dans l'impossibilité d'agir Neutraliser un forcené. ■ Empêcher d'être actif, d'avoir un effet. Neutraliser un virus.

NEUTRALISME, ■ n. m. [nøtʀalism] (lat. impér. neutralis, neutre) Doctrine d'un État qui refuse de participer à une alliance militaire ou politique.

NEUTRALISTE, ■ adj. [nøtʀalist] (lat. impér. neutralis, neutre) Relatif au neutralisme. La politique neutraliste d'un pays. ■ Qui est partisan du neutralisme. Un État neutraliste. ■ N. m. et n. f. Les interventionnistes et les neutralistes.

NEUTRALITÉ, ■ n. f. [nøtʀalite] (lat. impér. neutralis) État d'une puissance neutre entre deux ou plusieurs autres puissances qui sont en guerre. ◆ Neutralité armée, neutralité dans laquelle la puissance qui reste neutre tient sur pied des troupes suffisantes pour faire respecter son territoire, son commerce, ses droits. ◆ Par extens. Abstention de ceux qui ne prennent point de parti dans des questions, dans des différends. ◆ Chim. Qualité d'un corps neutre. ◆ Abolition réciproque des propriétés caractéristiques de l'acide et de la base qui constituent un sel neutre. ◆ Par extens. État d'un corps où certaines actions physiques sont neutralisées.

NEUTRE, adj. [nøtʀ] (lat. *neuter*, ni l'un ni l'autre, de la négation *ne* et *uter*, l'un ou l'autre) **Gramm.** Qui n'est ni masculin, ni féminin. *Un mot neutre.* ◆ **N. m.** Le genre neutre. *Le neutre existe en grec et en latin.* ◆ *Verbes neutres*, en grammaire latine, ceux qui ne sont ni actifs, ni passifs ; en grammaire française, verbes qui expriment une action en elle-même, sans aucun régime, comme *marcher, mourir*, etc. (on dit mieux aujourd'hui verbe intransitif). ◆ On appelle aussi *verbes neutres* ceux qui ne prennent leur régime qu'à l'aide des prépositions *à* ou *de*, comme *nuire à son prochain, manquer de pain* (on dit mieux *verbe transitif indirect*). ◆ **Fig.** Qui ne prend point parti entre des contendants, soit États, soit particuliers. ◆ **N. m. pl.** *Les neutres*, les États qui ne prennent point parti dans une guerre entre deux ou plusieurs puissances. ◆ *Droit des neutres*, droit reconnu par les puissances belligérantes aux États qui ne prennent point de part à la guerre. ◆ *Lieu, territoire neutre*, lieu, territoire appartenant à un État neutre. ◆ *Pavillon neutre*, pavillon d'une puissance neutre. ◆ **Zool.** Il se dit d'insectes (les abeilles ouvrières, par exemple) qui n'ont pas de sexe. ◆ **Phys.** *Corps neutres*, ceux qui ne présentent aucun signe d'électricité. ◆ **Chim.** *Sel neutre*, sel dont les deux principes immédiats, l'acide et l'alcali, qui, à l'état de liberté, agissent chacun d'une manière différente sur un corps coloré appelé réactif, n'agissent plus, après leur union mutuelle, sur ce réactif, du moins pour en changer la couleur. ◆ Aujourd'hui, *sels neutres*, ceux dans lesquels le rapport entre l'oxygène de la base et celui de l'acide est le même que le rapport qu'on observe dans les sels du même genre, qui, formés d'acide et de base énergiques, sont neutres aux papiers colorés. ■ Qui est terne, sans originalité. *Une voix neutre. Un style neutre.* ■ **Chim.** Dont le pH est égal à 7.

NEUTRINO, ■ n. m. [nøtʀino] **Phys.** Particule élémentaire de charge électrique nulle et de masse très petite ou également nulle. *Des neutrinos. Le neutrino fut découvert en 1956 par Reines et Cowan.*

NEUTRON, ■ n. m. [nøtʀɔ̃] (ital. *neutro*, neutre) **Phys.** et **nucl.** Particule élémentaire neutre qui forme, avec les protons, le noyau de l'atome. ■ **NEUTRONIQUE**, adj. [nøtʀɔnik] *Calcul, sonde neutronique.*

NEUTRONOGRAPHIE, ■ n. f. [nøtʀɔnɔgʀafi] (*neutron* et -*graphie*) **Phys.** Technique de radiographie qui utilise un faisceau de neutrons. *La neutronographie et la radiographie sont des techniques complémentaires.*

NEUTROPÉNIE, ■ n. f. [nøtʀɔpeni] (*neutre* et -*pénie*) **Méd.** Diminution du nombre des globules blancs neutrophiles dans le sang. *La neutropénie est souvent le signe d'un état infectieux.*

NEUTROPHILE, ■ adj. [nøtʀɔfil] (*neutre* et -*phile*) **Biol.** Se dit d'une cellule sensible aux colorants neutres. *Polynucléaire neutrophile.* ■ **N. m.** Globule blanc présentant un noyau segmenté.

NEUVAIN, ■ n. m. [nøvɛ̃] (*neuf*) Strophe composée de neuf vers.

NEUVAINE, n. f. [nøvɛn] (*neuf*) L'espace de neuf jours consécutifs pendant lesquels on fait quelque acte de dévotion. ◆ Réunion de neuf personnes ou de neuf choses.

NEUVIÈME, adj. num. ord. [nœvjɛm] (*neuf*) Qui suit immédiatement le huitième. *Le neuvième rang.* ◆ **N. m.** *Le neuvième*, le neuvième jour du mois, de la lune. ◆ En cet emploi, on se sert plutôt du nombre cardinal. ◆ **N. m.** *Le neuvième*, la neuvième partie d'un tout. ◆ **N. f. Mus.** Intervalle d'une note tel que de *ut* à la neuvième note en montant, à savoir le *ré* de l'octave supérieure.

NEUVIÈMEMENT, adv. [nœvjɛm(ə)mɑ̃] (*neuvième*) En neuvième lieu.

NE VARIETUR, loc. adv. [nevaʀjetyʀ] (*e* se prononce *é* ; mots latins, de la négat. *ne* et la 3ᵉ pers. du subj. passif de *variare*, modifier, qu'il n'y ait pas de modification) **Dr.** Sans changement possible. *Un document signé ne varietur, imprimé ne varietur.* ■ **Loc. adj.** Se dit d'une édition qui se trouve dans sa forme définitive.

NÉVÉ, n. m. [neve] (mot fr.-provenç., du lat. *nivatus*, rafraîchi avec de la neige, de *nix*, génit. *nivis*, neige) État de la neige qui n'est pas encore arrivée à être la glace du glacier.

NEVEU, n. m. [n(ə)vø] (lat. *nepos*, génit. *nepotis*, petit-fils, puis neveu) Petit-fils (sens latin qui n'est plus guère usité). « *À la postérité vous devez des neveux* », P. CORNEILLE. ◆ ▷ Au pl. *Les neveux*, la postérité, ceux qui viendront après nous. « *Votre règne aux neveux doit servir de modèle* », RACINE. ◁ ▷ On dit de même : *Derniers neveux, arrière-neveux.* ◁ ◆ Fils du frère ou de la sœur. ◆ *Petit-neveu*, fils du neveu ou de la nièce. ◆ *Neveu à la mode de Bretagne*, le fils du cousin germain ou de la cousine germaine.

NÉVRALGIE, n. f. [nevʀalʒi] (*névr[o]*- et -*algie*) Maladie dont le principal symptôme est une douleur vive qui suit le trajet d'une branche nerveuse et de ses ramifications.

NÉVRALGIQUE, adj. [nevʀalʒik] (*névralgie*) Qui a rapport à la névralgie.

NÉVRAXE, ■ n. m. [nevʀaks] (*névr[o]*- et -*axe*) **Anat.** Ensemble que forment la moelle épinière et l'encéphale. *Le névraxe constitue le système nerveux central.*

NÉVRITE, n. f. [nevʀit] (*névr[o]*- et -*ite*) Inflammation d'un nerf.

NÉVRITIQUE, adj. [nevʀitik] (*névrite*) Syn. peu usité de nevrin. ■ Relatif à la névrite. *Douleur névritique.*

NÉVRO..., [nevʀo] élément de composition qui vient du gr. *neuron*, et qui signifie nerf, corde, nervure.

NÉVROGLIE, ■ n. f. [nevʀɔgli] (*névr[o]*- et gr. *gloios*, glu) **Anat.** Tissu du système nerveux qui assure des fonctions de soutien et de nutrition. *La névroglie se compose de l'ensemble des cellules qui servent à la protection des neurones.*

NÉVROGRAPHIE, n. f. [nevʀɔgʀafi] (*névr[o]*- et -*graphie*) **Anat.** Description des nerfs.

NÉVROLOGIE, n. f. [nevʀɔlɔʒi] (*névr[o]*- et -*logie*) Partie de l'anatomie qui traite des nerfs.

NÉVROPATHE, ■ adj. [nevʀɔpat] (*névr[o]*- et -*pathe*) **Vieilli Psych.** Qui souffre de névropathie ou de névrose. ■ **N. m.** et **n. f.** *Un névropathe. Une névropathe.*

NÉVROPATHIE, ■ n. f. [nevʀɔpati] (*névr[o]*- et -*pathie*) **Vieilli Psych.** Troubles psychiques, névrose.

NÉVROPTÈRE, adj. et n. m. [nevʀɔptɛʀ] (*névr[o]*- et -*ptère*) **Hist. nat.** Nom donné à un ordre de la classe des insectes comprenant ceux dont les nervures ou lignes saillantes des ailes sont disposées de manière à former un réseau.

NÉVROSE, n. f. [nevʀoz] (*névr[o]*- et -*ose*) **Méd.** Maladie qu'on suppose avoir son siège dans le système nerveux.

NÉVROSÉ, ÉE, ■ adj. [nevʀoze] (*névrose*) Qui souffre de névrose. ■ **N. m.** et **n. f.** *Un névrosé, une névrosée.*

NÉVROTIQUE, ■ adj. [nevʀotik] (*névrose*) Relatif à la névrose.

NÉVROTOMIE, n. f. [nevʀotomi] (*névr[o]*- et -*tomie*) **Anat.** Dissection des nerfs. ◆ **Chir.** Section d'un cordon nerveux.

NEW-LOOK, ■ n. m. inv. [njuluk] (mot angl., de *new*, nouveau, et *look*, aspect) Mode vestimentaire lancée par le couturier français Christian Dior en 1947. *Le new-look était caractérisé par des jupes et des robes rallongées et marquées à la taille, aux formes amples.* ■ **Adj. inv.** *Le style new-look. Une robe new-look.* ■ **N. m. inv.** Nouveau genre, nouvel aspect d'une situation. ■ **Adj. inv.** *Une boutique new-look.*

NEWTON, ■ n. m. [njutɔn] (Isaac *Newton*, 1642-1727, physicien angl.) Unité de force correspondant à une force qui communique à un corps d'une masse de 1 kg une accélération de 1 m/sec² (symb. *N*)

NEWTONIANISME, n. m. [njutonjanism] (*Newton*) La philosophie naturelle de Newton, qui admet des forces immanentes à la matière, par exemple la gravitation. ■ **REM.** On prononçait autrefois [nøtonjanism].

NEWTONIEN, IENNE, ■ adj. [njutonjɛ̃, jɛn] (*newtonien*) Qui a rapport à la doctrine de Newton. *Le système newtonien.* ■ Qui a adopté cette philosophie. *Un philosophe newtonien* et **n. m.** et **n. f.** *un newtonien. Une newtonienne.* ■ **REM.** On prononçait autrefois [nøtonjɛ̃].

NEWTONISME, n. m. [njutonism] (*newtonien*) Syn. de newtonianisme employé par Voltaire. ■ **REM.** On prononçait autrefois [nøtonism], en faisant entendre *neu*.

NEW-WAVE, ■ n. f. inv. [njuwɛv] (mot angl., de *new*, nouveau, et *wave*, vague) Courant musical de la fin des années 1970 et des années 1980, né en Grande-Bretagne, rompant avec le mouvement punk et privilégiant une musique légère aux sons électroniques. ■ **Adj.** *La musique, le courant new-wave.*

NEY, ■ n. m. [nɛ] Voy. NAY.

NEZ, n. m. [ne] (lat. *nasus*) Partie saillante, pyramidale et triangulaire du visage qui est l'organe de l'odorat. ◆ *Nez fleuri, nez bourgeonné*, nez plein de boutons causés par le vin. ◆ *Nez enluminé*, nez rouge comme chez les ivrognes. ◆ *Parler, chanter du nez*, parler, chanter d'une manière désagréable, comme si le nez était bouché. ◆ **Fig.** *Ne pas voir plus loin que son nez, que le bout de son nez*, avoir peu de lumière, peu de prévoyance. ◆ **Fig.** *Tirer les vers du nez à quelqu'un*, tirer de lui un secret en le questionnant adroitement. ◆ **Fig.** *Mettre son nez, mettre le nez*, fourrer son nez où l'on n'a que faire, se mêler indiscrètement de quelque chose. ◆ *Mettre le nez dans, se mêler. ◆ **Fig.** *Mettre le nez dans les livres*, commencer à étudier. ◆ **Fig.** *Mettre à quelqu'un le nez sur*, lui faire voir, toucher ce qui lui échappait. ◆ **Fig.** *Avoir toujours le nez sur quelque chose, ne pas lever le nez de dessus quelque chose*, y être constamment appliqué. ◆ **Fig.** *Mener quelqu'un par* *le nez*, Voy. MENER. ♦ *Se casser le nez*, Voy. CASSER. ♦ ▷ *Donner du nez en terre*, tomber la face contre terre, et fig. échouer dans quelque entreprise, avoir du dessous. ◁ ♦ **Fig.** *Il lui en pend autant au nez*, il est menacé de pareille déconvenue. ♦ ▷ **Fig.** *Se couper, s'arracher le nez pour faire dépit à son visage*, faire par dépit contre quelqu'un une chose dont on souffre le premier. ◁ ♦ *Allonger le nez*, s'approcher pour voir, flairer, goûter, et aussi faire la moue. ♦ *Faire un pied de nez à quelqu'un*, se moquer de lui. ♦ ▷ *Il a un pied de nez*, il est attrapé, il n'a pas réussi. ◁ ♦ **Pop.** *Ce n'est pas pour son nez*, la chose dont il s'agit ne lui est pas destinée. ♦ **Peint.** et **sculpt.** Mesure proportionnelle. *Le nez est le tiers de la face.* ♦ *Nez* se dit en parlant de quelques animaux. ♦ *Le nez d'un chien.* ♦ *Nez au vent*, se dit d'un chien qui, le nez levé, flaire le vent et les odeurs qu'il apporte, et par extens. de personnes qui marchent le nez en l'air, des gens à la mine éventée, à l'air important. ♦ *Nez* se dit pour tout le visage. *Mettre son manteau sur son nez.* ♦ *Mettre le nez dehors*, s'aventurer à sortir. ♦ *Nez à nez*, face à face, vis-à-vis l'un de l'autre. ♦ *Montrer son nez, montrer le bout de son nez*, se faire voir. ♦ *Donner sur le nez à quelqu'un*, le frapper au visage, et fig. le tancer. ♦ ▷ **Fig.** *Donner d'une chose par le nez*, dire quelque chose à tort et à travers. ◁ ♦ *Regarder quelqu'un sous le nez*, s'approcher de lui de très près pour le regarder, comme pour le braver. ♦ *Fermer la porte au nez*, fermer la porte au moment où quelqu'un s'y présente pour entrer, et fig. ne pas vouloir le recevoir. ♦ **Fam.** *Au nez de quelqu'un*, en sa présence, et aussi en le bravant. ♦ *Rire au nez de quelqu'un*, se moquer de lui en face. ♦ **Fig.** *Jeter à quelqu'un une chose au nez*, la lui reprocher. ♦ **Fig.** *Avoir le nez tourné vers*, se disposer à aller, à faire. ♦ Le sens de l'odorat. *Ce chien a bon nez.* ♦ *Avoir le nez fin*, se dit d'un chien qui chasse avec succès dans la poussière et pendant la chaleur. ♦ **Fig.** Sagacité, prévoyance. « *Comme il a bon nez, il n'est pas longtemps la dupe* », MME DE SÉVIGNÉ. ♦ *Avoir du nez*, flairer, deviner. ♦ **Fam.** *Mettre le nez dessus*, deviner ce dont il s'agit. ♦ **Mar.** *Être sur son nez*, se dit d'un vaisseau qui enfonce trop sa proue dans l'eau. ♦ **Prov.** *Il vaut mieux laisser son enfant morveux que de lui arracher le nez*, Voy. MORVEUX. ♦ *Cela paraît comme le nez au milieu du visage*, se dit d'une chose très apparente. ♦ *Passer sous le nez de quelqu'un*, lui échapper de peu. ■ **Fam.** *Avoir quelqu'un dans le nez*, l'avoir en abomination. ■ **Fam.** *Il a un coup dans le nez*, il est ivre. ■ *Sentir à plein nez*, sentir de manière évidente, très fort. *Il sentait le parfum à plein nez.* ♦ *Fuselage avant d'un avion.* ♦ **Géogr.** Relief au-dessus de la mer, cap. ■ Personne qui crée des parfums. *Elle travaille comme nez chez un grand parfumeur.*

NGV, ■ n. m. [εnʒəve] (sigle de *Navire à grande vitesse*) **Mar.** Navire rapide qui transporte des personnes ou des marchandises.

NI, conj. [ni] (prob. *ne* élidé devant *icel* ou *il*, n'icel, n'il) Qui ne se dit jamais sans la particule négative *ne* précédant ou suivant, et qui est équivalente à et non, et non plus. ♦ *Ni* répété devant chacun des termes qu'il s'agit de nier. « *Elle n'a ni parents, ni support, ni richesse* », MOLIÈRE. ♦ Quand *ni* n'est pas répété, il peut se construire avec *pas* ou *point*. « *Que la fortune ne tente donc pas de nous tirer du néant, ni de forcer la bassesse de notre nature* », BOSSUET. ♦ Quand *ni* est répété, on ne met pas la particule *point* ou *pas*. *Il ne faut être ni prodigue ni avare.* ♦ Toutefois les meilleurs écrivains se sont affranchis de cette règle. « *Cela n'est pas capable ni de convaincre mon esprit, ni d'ébranler mon âme* », MOLIÈRE. ♦ Lorsqu'il y a plusieurs verbes qui se suivent, le premier n'est point précédé de *ni*. *Je ne veux, ni ne dois, ni ne puis obéir.* ♦ Cependant cet usage n'est pas absolu, et la Bruyère a dit : *Un sot n'entre, ni ne sort comme un homme d'esprit.* ♦ *Ni*, liant des propositions, peut se mettre en tête, surtout dans le style élevé. « *Ni sa main n'est point raccourcie, ni ses trésors ne sont point épuisés* », BOSSUET. ♦ *Ni* se met quelquefois sans *ne* et sans verbe, en vertu d'une proposition sous-entendue. *Comment la trouvez-vous? Ni belle ni laide.* ♦ *Ni* pris substantivement. « *Ces deux ni avec point ne sont pas permis* », VOLTAIRE. ♦ On dit également : *Ni la douceur ni la force n'y peut rien où n'y peuvent rien*, suivant qu'on a dans l'esprit la conjonction ou la disjonction des sujets.

NIABLE, adj. [njabl] ou [nijabl] (*nier*) Qui peut être nié. *Cette proposition est niable. Tout mauvais cas est niable.*

NIAIS, AISE, adj. [njε, εz] (lat. pop. *nidax*, pris au nid, du lat. *nidus*) **Fauconn.** Qui n'est pas encore sorti du nid, et qui a été pris au nid, en parlant des oiseaux de vol. *Un faucon niais.* ♦ **Fig.** Qui est simple et encore sans usage du monde. *Un garçon niais.* ♦ Il se dit des manières, du ton, etc. *Tournure niaise.* ♦ Qui annonce la sottise ou l'inexpérience. *Une démarche niaise.* ♦ N. m. et n. f. *Un niais, une niaise.* ♦ **Pop.** *C'est de la graine de niais*, Voy. GRAINE. ♦ **Adv.** *Parler, rire niais*, parler, rire niaisement.

NIAISEMENT, adv. [njεz(ə)mɑ̃] (*niais*) D'une manière niaise.

NIAISER, v. intr. [njeze] (*niais*) S'amuser à des choses niaises. ■ REM. Il est vieilli aujourd'hui.

NIAISERIE, n. f. [njεz(ə)ʀi] (*niais*) Chose niaise. *Ne s'occuper que de niaiseries.* ♦ Le caractère de celui qui est niais. « *L'esprit du monde n'est qu'un esprit de niaiserie qui nous fait voir les choses niaises comme importantes* », FLÉCHIER.

NIAISEUX, EUSE, ■ adj. [njezø, øz] (*niais*) **Canada** Niais. *Quelle niaiseuse !* ■ N. m. et n. f. *Un niaiseux.*

NIAOULI, ■ n. m. [njauli] (mot de la Nouvelle-Calédonie) **Bot.** Arbre de Nouvelle-Calédonie dont les feuilles fournissent une essence utilisée en parfumerie et en pharmacie. *Des niaoulis. De l'huile de niaouli.*

NIAQUE, ■ n. f. [njak] **Fam.** Esprit de lutte ; volonté de vaincre. *Avoir la niaque.*

NIB, ■ adv. [nib] (apocope de l'arg. *nibergue*, rien) **Arg.** Rien. « *On nous avait doublés car, une fois la lourde deboucларès, on s'apercevait qu'il y avait nib de nib dans le magaze du tailleur* », LE BRETON.

NICAISE, n. m. [nikεz] (prén. *Nicaise*, avec p.-ê. infl. de *nigaud*) Nom propre qui s'emploie pour désigner un jeune homme simple, crédule et même niais. ■ REM. Il est vieilli aujourd'hui.

NICE, adj. [nis] (lat. *nescius*, ignorant) **Vieilli** Qui ne sait pas, simple par ignorance.

1 **NICHE**, n. f. [niʃ] (*nicher*, ou ital. *nicchia*, de *nicchio*, coquille) Enfoncement pratiqué dans l'épaisseur de quelque corps solide, pour y placer une statue, un vase, un poêle, etc. ♦ Petit réduit pratiqué dans un appartement pour mettre un lit, ou dans un jardin pour s'y retirer en particulier. ♦ Petit meuble portatif dans lequel se retire et couche un chien, un chat. ♦ **Fig.** Demeure, retraite. « *Heureusement je me suis fait une niche dans laquelle on peut vivre et mourir à sa fantaisie* », VOLTAIRE. ■ *Niche écologique*, place qu'occupe une espèce animale ou végétale dans un écosystème.

2 **NICHE**, n. f. [niʃ] (p.-ê. anc. fr. *nicher, niger*, faire le niais, perdre son temps, ou réfection de *nique*) **Fam.** Malice que l'on fait à quelqu'un. Faire des niches à quelqu'un.

NICHÉ, ÉE, p. p. de nicher. [niʃe]

NICHÉE, n. f. [niʃe] (p. p. fém. substantivé de *nicher*) Les petits oiseaux d'une même couvée qui sont encore dans le nid. *Une nichée de fauvettes.* ♦ On dit aussi : *Une nichée de souris.* ♦ **Fam.** et **fig.** Les enfants d'une famille. ♦ **Fam.** et par **mépris** Il se dit de plusieurs personnes de mauvaise vie, de mauvaise conduite, rassemblées en un même lieu. ■ REM. Il est vieilli aujourd'hui dans ce dernier sens.

NICHER, v. intr. [niʃe] (lat. vulg. *nidicare*, du lat. *nidificare*, de *nidus*, nid) Faire son nid. ♦ Il se dit aussi de certains quadrupèdes. « *Les ours nichent dans de vieux arbres* », BUFFON. ♦ **Fam.** Placer en quelque endroit, enfermer. ♦ *Nicher quelqu'un en prison* ou absol. *le nicher*, le mettre en prison. ♦ Fig. Se nicher, v. pr. Se poster en quelque coin écarté. ♦ *Il s'est niché dans une bonne maison*, il a trouvé une bonne retraite, un bon établissement. ♦ Il se dit des sentiments, des passions, des idées, etc. qui prennent pied dans l'esprit, dans le cœur. « *Où la vertu va-t-elle se nicher !* », MOLIÈRE.

NICHET, n. m. [niʃε] (*nicher*) Œuf qu'on met dans un nid pour que les poules y aillent pondre.

NICHEUR, EUSE, adj. [niʃœʀ, øz] (*nicher*) Se dit des oiseaux qui se construisent des nids.

NICHOIR, n. m. [niʃwaʀ] (*nicher*) Cage propre à mettre à couver des serins. ♦ Panier à claires-voies pour faire couver des poules et autres oiseaux de basse-cour. ■ Espace aménagé ou petit abri de bois où les oiseaux peuvent venir nicher.

NICHON, ■ n. m. [niʃɔ̃] (*nicher*) **Fam.** Sein de femme.

NICKEL, n. m. [nikεl] (all. *Nickel*, un des génies nains des mines, forme fam. de *Nikolaus*) Métal d'un blanc qui tient le milieu entre la couleur de l'argent et celle de l'étain, et qui a la propriété magnétique, mais à un moindre degré que le fer. ■ Adj. inv. **Fam.** Très propre, en ordre. *Sa chambre est nickel.* ■ **Fam.** Se dit de ce qui convient parfaitement. *C'est nickel !*

NICKELER, ■ v. tr. [nik(ə)le] (*nickel*) **Techn.** Déposer du nickel sur une surface. *Nickeler un métal.* ■ **NICKELAGE**, n. m. [nik(ə)laʒ] *Un nickelage de qualité, durable, qui évitera l'oxidation.*

NICNAC ou **NIC-NAC**, n. m. [niknak] (onomat.) **Belg.** Petit biscuit sec en forme de lettre. *Des nicnacs, des nic-nac.*

NICODÈME, n. m. [nikodεm] (gr. *Nikodêmos*, Nicodème, pharisien ébranlé par le Christ, *Jn* III, 22, etc., et représenté comme un nigaud dans le *Mystère de la Passion* d'Arnoul Gréban) Nom propre devenu nom commun pour signifier un homme simple et borné, un niais. ■ REM. Il est familier aujourd'hui.

NIÇOIS, OISE, ■ adj. [niswa, waz] (*Nice*) De la ville de Nice. *Les hôtels niçois.* ■ Adj. Qui habite ou qui est originaire de Nice. *Sa cousine est niçoise.* ■ N. m. et n. f. *Les Niçois.* ■ Adj. *Salade niçoise*, salade composée de tomates, d'oignons, d'anchois, d'œufs durs et d'olives, assaisonnée d'huile d'olive.

NICOL, ■ n. m. [nikɔl] (William *Nicol*, 1768-1851, physicien anglais) **Phys.** Prisme qui produit une lumière polarisée.

NICOLAIER (BACILLE DE), ■ n. m. [nikolaje] (Arthur *Nicolaier*, 1862-1945, médecin all.) Bactérie qui provoque le tétanos.

NICOLAÏSME, ■ n. m. [nikolaism] (*Nicolas*, diacre de Jérusalem au 1ᵉʳ s. dont le laxisme sexuel a paru ressusciter au XIᵉ s. chez les opposants au célibat des prêtres) Non-respect du célibat par les membres du clergé.

NICOTIANE, n. f. [nikɔsjan] (le *t* se prononce *ss*. Jean *Nicot*, 1530-1600, ambassadeur de France en Portugal, qui envoya le tabac à Catherine de Médicis) ▷ *Nicotiane tabac*, ancien nom du tabac. ◁

NICOTINAMIDE, ■ n. f. [nikɔtinamid] (*nicotine* et *amide*) **Biol.** Amide de l'acide nicotinique qui intervient dans la respiration cellulaire. *Les globules rouges contiennent de la nicotinamide.*

NICOTINE, n. f. [nikɔtin] (radic. de *nicotiane*) **Chim.** Alcaloïde organique très vénéneux qu'on extrait du tabac.

NICOTINIQUE, ■ adj. [nikɔtinik] (*nicotine*) Relatif à la nicotine. *Substitution nicotinique.* ■ *Acide nicotinique*, substance chimique proche du nicotinamide.

NICOTIQUE, adj. [nikɔtik] (radic. de *nicotiane*) ▷ Qui appartient au tabac. ■ **Rem.** On dit aujourd'hui *nicotinique*. ◁

NID, n. m. [ni] (lat. *nidus*) Petit logement que se fait l'oiseau pour pondre, faire éclore ses petits et les élever. ♦ **Fig.** *Trouver la pie au nid*, faire une trouvaille, avoir bonne chance. ♦ *Il n'y a plus que le nid*, se dit lorsqu'on est allé chercher quelqu'un ou quelque chose en quelque endroit, et qu'on ne l'y a pas trouvé. ♦ *Prendre au nid*, prendre une chose où elle doit se trouver. ♦ La nichée. ♦ *Nid à rats*, petit trou où les rats se logent, et fig. méchante petite chambre. ♦ **Fig. et fam.** *Un nid*, un lieu où l'on s'établit. ♦ *Le nid paternel*, la maison paternelle. ♦ **Fig.** Origine, source de choses morales. « *De ce nid à l'instant sortiront tous les vices* », Boileau. ♦ **Prov.** *Petit à petit l'oiseau fait son nid*, on fait peu à peu sa fortune, sa maison. ■ Endroit où se rassemblent des individus suspects ou dangereux. *Un nid de terroristes.*

NIDATION, ■ n. f. [nidasjɔ̃] (lat. *nidus*) **Biol.** Processus de fixation de l'œuf fécondé des mammifères dans l'utérus. *La nidation se produit généralement de 5 à 11 jours après l'ovulation.*

NID-D'ABEILLES, ■ n. m. [nidabɛj] (*nid* et *abeille*) Point de broderie dont la forme évoque celle des alvéoles construites par les abeilles. ♦ Tissu gaufré dont les motifs en relief évoquent les alvéoles des abeilles. *Une serviette en nids-d'abeilles.* ■ **Techn.** *Radiateur en nids-d'abeilles*, radiateur d'un véhicule dont l'agencement horizontal des tubes rappelle la structure des rayons d'une ruche.

NID-DE-PIE, ■ n. m. [nid(ə)pi] (*nid* et *pie*) **Mar.** Poste d'observation aménagé sur le mât d'un navire. *Des nids-de-pie.*

NID-DE-POULE, ■ n. m. [nid(ə)pul] (*nid* et *poule*) Cavité arrondie déformant la chaussée. *Des nids-de-poule.*

NIDICOLE, ■ adj. [nidikɔl] (*nid* et *-cole*) **Zool.** Se dit d'un jeune oiseau qui reste longtemps au nid. *Des espèces nidicoles.*

NIDIFIER, ■ v. intr. [nidifje] (lat. *nidificare*) Construire son nid, en parlant d'un oiseau, et par extens. d'un animal. *Certains oiseaux migrent pour nidifier.* ■ S'installer dans l'utérus, en parlant du zygote. ■ **NIDIFICATION**, n. f. [nidifikasjɔ̃]

NIDIFUGE, ■ adj. [nidifyʒ] (*nid* et *-fuge*, qui fuit) **Zool.** Se dit d'un oiseau, d'un jeune animal qui quitte le nid très tôt.

NIDOREUX, EUSE, adj. [nidɔrø, øz] (lat. *nidorosus*, qui dégage une odeur de brûlé de *nidor*, odeur) **Méd.** Qui a une odeur et un goût de pourri, de brûlé, d'œufs couvés. *Des rapports nidoreux.*

NIÉ, ÉE, p. p. de nier. [nje] ou [nije]

NIÉBÉ, ■ n. m. [njebe] (mot ouolof) Légumineuse cultivée en Afrique. *Des niébés. La culture du niébé.*

NIÈCE, n. f. [njɛs] (b. lat. *neptia*, du lat. *neptis*, petite-fille, puis nièce) Fille du frère ou de la sœur. ♦ *Petite-nièce*, la fille du neveu ou de la nièce. ♦ *Nièce à la mode de Bretagne*, la fille du cousin germain ou de la cousine germaine.

NIELLAGE, ■ n. m. [njelaʒ] (*nieller*) Action de nieller, d'orner de nielles un ouvrage d'orfèvrerie. *Le niellage de métaux précieux.*

1 NIELLE, n. f. [njɛl] (b. lat. *nigella*, du lat. *nigellus*, noirâtre, de *niger*, noir) Plante qui croît dans les blés et dont la semence est noire.

2 NIELLE, n. m. [njɛl] (*nieller*) Ornements ou figures que l'on grave en creux sur un ouvrage d'orfèvrerie, et dont les traits sont remplis d'une sorte d'émail noir, fait d'un mélange d'argent, de plomb et de soufre liquéfiés.

3 NIELLE, n. f. [njɛl] (1 *nielle*, par analogie de couleur) Maladie des grains qui convertit l'épi en une poussière noirâtre, et qui est produite par des champignons parasites.

1 NIELLÉ, ÉE, p. p. de 1 nieller. [njele] Gâté par la nielle.

2 NIELLÉ, ÉE, p. p. de 2 nieller. [njele] Orné de nielles.

1 NIELLER, v. tr. [njele] (3 *nielle*) Gâter par la nielle. ♦ Se nieller, v. pr. Être gâté par la nielle.

2 NIELLER, v. tr. [njele] (anc. fr. *neel*, émail noir, du lat. *nigellus*, noirâtre, de *niger*, noir) Orner de nielles.

NIELLEUR, ■ n. m. [njelœr] (2 *nieller*) Graveur de nielles. ♦ Adj. *Les orfèvres nielleurs.*

1 NIELLURE, n. f. [njelyr] (1 *nieller*) Action funeste de la nielle sur les céréales.

2 NIELLURE, n. f. [njelyr] (2 *nieller*) Travail en nielle. ♦ L'art de nieller.

N-IÈME ou **NIÈME**, ■ adj. [ɛnjɛm] Voy. ÉNIÈME.

NIER, v. tr. [nje] ou [nije] (lat. *negare*) Dire qu'une chose n'est pas vraie ou n'est pas. *Nier le fait.* ♦ **Absol.** *L'accusé nie.* ♦ *Nier Dieu*, prétendre que Dieu n'existe pas. ♦ *Nier*, suivi d'un autre verbe, régit de et l'infinitif, lorsque le verbe régi se rapporte au sujet de la phrase. « *Il nie d'avoir rien touché* », Mme de Sévigné. ♦ Si le verbe régi ne se rapporte pas au sujet de la phrase, on met *que* et le subjonctif. « *L'on ne peut nier que la longue vie ne soit souhaitable* », Bossuet. ♦ *Nier un dépôt, une dette*, nier qu'on ait une dette à payer, un dépôt à rendre. ♦ Ne pas demeurer d'accord d'une proposition. *Nier un principe.* ♦ Refuser, ne pas accorder. « *Il demeure libre d'octroyer la demande ou de la nier* », Pascal. ♦ Se nier, v. pr. Être nié. ♦ *Nier* employé avec une négation est suivi ordinairement de la négative *ne*. « *Vous ne sauriez nier qu'un homme n'apprenne bien des choses quand il voyage* », Fénelon. ♦ On peut supprimer ce *ne* : *Je ne nie pas qu'il ait fait cela.*

NIETZSCHÉEN, ENNE, ■ adj. [nitʃeɛ̃, ɛn] (*Nietzsche*, 1844-1900, philosophe allemand) Relatif à Nietzsche ou à sa philosophie. *Le surhomme nietzschéen représente l'homme supérieur, libéré des normes sociales qui agirait avec une volonté propre de puissance, ne respectant rien en dehors de lui-même.* ■ N. m. et n. f. Partisan de la philosophie de Nietzsche.

NIFÉ, ■ n. m. [nife] (*Ni* et *Fe*, symboles du nickel et du fer) **Géol.** Noyau central de la Terre qui serait composé de 90 % de fer et de 10 % de nickel et dont la température atteindrait plusieurs milliers de degrés.

NIGAUD, AUDE, adj. [nigo, od] (abrév. de *Nicodème*) Qui est sans finesse d'esprit. ♦ N. m. et n. f. *Un nigaud, une nigaude.* ♦ *Le nigaud*, espèce de petit cormoran. ♦ Au jeu de la loterie, *le nigaud*, la carte qui n'a pas de lot.

NIGAUDER, v. intr. [nigode] (*nigaud*) Faire le nigaud, s'amuser à des riens.

NIGAUDERIE, n. f. [nigod(ə)ri] (*nigauder*) Action de nigaud. ♦ Le caractère du nigaud.

NIGELLE, ■ n. f. [niʒɛl] (b. lat. *nigella*) **Bot.** Renonculacée originaire d'Inde ou d'Égypte, aux feuilles très découpées et plumeuses, et dont les graines servent de condiment. *La nigelle de Damas* ou *cheveux-de-Vénus. La nigelle des champs.*

NIGÉRIAN, ANE, ■ adj. [niʒerjɑ̃, an] (*Nigeria*) Relatif au Nigeria. *La culture nigériane.* ■ N. m. et n. f. Habitant du Nigeria. *Les Nigérians.*

NIGÉRIEN, IENNE, ■ adj. [niʒerjɛ̃, jɛn] (*Niger*) Relatif au Niger. *La cuisine nigérienne.* ■ N. m. et n. f. Habitant du Niger. *Les Nigériens.*

NIGÉRO-CONGOLAIS, AISE, ■ adj. [niʒerokɔ̃gɔlɛ, ɛz] (*Niger* et *Congo*) **Ling.** *Langues nigéro-congolaises*, famille de langues d'Afrique noire parlées par un très grand nombre de locuteurs, constituée de plus de 400 langues, comme le swahili, le zoulou, le yoruba, etc., et de plusieurs milliers de dialectes.

NIGHT-CLUB, ■ n. m. [najtklœb] (ce mot se prononce à l'anglaise : *na-i-t'-cleub* ; mot angl., club de nuit) Établissement ouvert la nuit, où l'on peut danser et boire. *Des night-clubs.*

NIHILISME, n. m. [niilism] (lat. *nihil*, rien) **Philos.** Anéantissement, réduction à rien. *La théorie du nihilisme attribuée à Bouddha.* ♦ Absence de toute croyance. ♦ Se dit quelquefois aussi de l'idéalisme absolu. ■ Idéologie qui conteste les contraintes sociales et qui est en quête de liberté totale. ■ Caractère de l'esprit pessimiste. *Le nihilisme fasciste.*

NIHILISTE, n. m. et n. f. [niilist] (lat. *nihil*, rien) Personne qui admet le nihilisme. ♦ Adj. *Une philosophie nihiliste.*

NILGAUT, ■ n. m. [nilgo] (*nîlgâw*, mot persan de *nil*, bleu et *gaw*, bœuf) Grande antilope, au pelage gris foncé ou roussâtre tacheté de blanc et de noir à la base des pattes, aux cornes courtes et légèrement recourbées vers l'avant, et dont la gorge est garnie d'une touffe de grands poils noirs. *Les nilgauts des forêts himalayennes.*

NILLE, ■ n. f. [nij] (déglutination de *l'anille*, du lat. *anaticula*, petit canard) **Techn.** Bobine mobile entourant le manche d'une manivelle. ■ **Suisse** *Au pl.* Articulation des doigts ; phalange. *Elle a les nilles enflées.*

NILOMÈTRE, n. m. [nilɔmεtʀ] (gr. *neilometrion*, de *Neilos*, Nil, et *metron*, mesure) Pilier sur lequel sont marqués les degrés d'accroissement et de décroissement du Nil.

NILOMÉTRIQUE, adj. [nilɔmetʀik] (*nilomètre*) Qui a rapport au nilomètre.

NILO-SAHARIEN, IENNE, ■ adj. [nilosaaʀjε̃, jεn] (*Nil* et *Sahara*) Ling. *Langues nilo-sahariennes*, famille de langues d'Afrique centrale et de l'est regroupant 140 langues et quelques millions de locuteurs.

NILOTIQUE, ■ adj. [nilotik] (lat. *niloticus*, du gr. *neilôtikos*) Géogr. Relatif au Nil, aux régions qu'il traverse. *Le bassin nilotique.* ■ *Langues nilotiques*, langues nilo-sahariennes de la région du haut Nil.

NIMBE, n. m. [nε̃b] (lat. *nimbus*, nuage, lat. chrét., auréole) Cercle de lumière que les peintres mettent autour de la tête des personnages divins et des saints et saintes. ♦ Cercle qu'on voit sur les médailles autour de la tête de quelques empereurs. ■ **Fig.** Ce qui entoure en faisant paraître plus beau. *L'enfance revue dans un nimbe de bonheur.*

NIMBER, ■ v. tr. [nε̃be] (*nimbe*) Orner d'un nimbe. *Nimber la tête d'un saint.* ■ **Fig.** Orner en entourant pour faire paraître plus lumineux ou plus beau. *Nimber ses paupières de fard.* ■ Se nimber, v. pr. *Se nimber de gloire.*

NIMBOSTRATUS, ■ n. m. [nε̃bostʀatys] Météorol. Nuage de l'étage moyen de l'atmosphère, de 400 à 1 800 mètres d'altitude, constitué de gouttelettes d'eau, de cristaux de glace ou de flocons de neige et de couleur grise et sombre. *Les nimbostratus associés à un front chaud apportent des pluies continues.*

NIMBUS, n. m. [nε̃bys] (on prononce le *s* final ; lat. *nimbus*) Nuages pluvieux, d'un gris uniforme, qui se confondent entre eux.

N'IMPORTE, ■ v. [nε̃pɔʀt] Voy. IMPORTER.

NINAS, ■ n. m. [ninas] (esp. *niñas*, fém. pl. de *niño*, enfant) Petit cigare très courant, constitué de débris de tabac.

NIOBIUM, ■ n. m. [njɔbjɔm] (gr. *Niobê*, fille de Tantale) Chim. Métal rare brillant, blanc et dont les minerais sont associés au tantale (symbole Nb ; numéro atomique 41 ; masse atomique 92,91). *Utilisation du niobium dans la fabrication des bobines électromagnétiques.*

NIÔLE, ■ n. f. [njol] Voy. GNÔLE.

NIOLO, ■ n. m. [njolo] (*Niolo*, région montagneuse de Corse) Fromage de lait de brebis à pâte molle, collante et piquante, à croûte lavée et fabriqué en Corse. *De bons niolos.*

NIPPE, n. f. [nip] (aphérèse de *guenippe*) ▷ Tout ce qui sert à l'ajustement, surtout en linge. ◁ ♦ Il se dit surtout au pluriel. ♦ **Fig.** et **fam.** *Il en a eu, il en a tiré de bonnes nippes*, se dit d'un homme qui a tiré beaucoup d'utilité, beaucoup d'avantage de quelque commerce, de quelque emploi. ♦ **Pop.** Au pl.Vêtements en mauvais état, vieux linge usé. ■ **Par extens.** Les vêtements. *Elle a toujours de belles nippes.*

NIPPÉ, ÉE, p. p. de nipper. [nipe]

NIPPER, v. tr. [nipe] (*nippe*) Fournir de nippes. ♦ Se nipper, v. pr. Se garnir de nippes. ■ **Fam.** S'habiller. *Se nipper n'importe comment.*

NIPPON, ONE, ■ adj. [nipɔ̃, ɔn] (jap., *nippon*, soleil levant, de *ni* [*chi*], soleil, et *pon*, *hon*, origine) Du Japon. *L'économie nippone.* ■ N. m. et n. f. Habitant, habitante du Japon. *Les Nippons.*

NIQUE, n. f. [nik] (radic. expressif *nik-*, indifférence, dédain) Usité seulement dans cette locution : *Faire la nique à quelqu'un*, lui témoigner moquerie et mépris par un certain signe de tête. ■ **Fig.** Se moquer de quelqu'un. *Faire la nique à son professeur.*

NIQUEDOUILLE, ■ n. m. et n. f. [nik(ə)duj] (prob. *Nicodème* et suff. péj. -*ouille*) Fam. Nigaud. *Pique niquedouille, c'est toi l'andouille.* ■ Adj. *Il est un peu niquedouille.* « *Un petit peu niquedouille mais débordant d'affection* », Bory.

NIQUER, ■ v. tr. [nike] (sabir de l'Afrique du Nord, de l'ar. *nak*, faire l'amour) Arg. Avoir des relations sexuelles avec quelqu'un. ■ **Fig.** et **vulg.** Tromper, abuser. *Il s'est fait niquer dans cette affaire.* ■ **Fig.** et **vulg.** *Se faire niquer par*, se faire prendre par. *Ils se sont fait niquer par la police.*

NIRVANA, ■ n. m. [niʀvana] (sanskr., *nirvana*, extinction) Dans le bouddhisme, état de béatitude que l'on atteint lorsqu'on parvient à l'extinction de la conscience individuelle et du désir. *Le nirvana libère du cycle des renaissances.* ■ **Fig.** et **fam.** Bonheur complet. *Le soleil sous les cocotiers : c'est le nirvana !*

NITÉE, n. f. [nite] (*nid*) ▷ Syn. de nichée. ◁

NITESCENCE, ■ n. f. [nitesɑ̃s] (lat. *nitescere*, briller) Litt. Rayonnement, grande clarté. *La nitescence de ces perles bleutées.* « *Cette splendeur était-elle*

due à la nitescence que donnent au teint l'air pur des montagnes et le reflet des neiges ? », Balzac.

NITOUCHE, n. f. [nituʃ] (*sainte qui n'y touche pas*) Usité seulement dans la locution familière : *sainte-nitouche*, personne hypocrite, affectant la simplicité et l'innocence. ■ **Rem.** Graphies anciennes : *sainte n'y touche, sainte nitouche.*

NITRATE, n. m. [nitʀat] (*nitre*) Chim. Sel formé par la combinaison de l'acide nitrique et des bases salifiables. ♦ *Nitrate d'argent*, la pierre infernale. ■ NITRATER, v. tr. [nitʀate] ■ NITRATATION, n. f. [nitʀatasjɔ̃]

NITRATÉ, ÉE, adj. [nitʀate] (*nitrate*) Qui est converti à l'état de nitrate.

NITRATE-FIOUL ou **NITRATE-FUEL**, ■ n. m. [nitʀat(ə)fjul] (*nitrate* et *fioul* ou *fuel*) Explosif composé de nitrate d'ammonium et de fioul. *Des nitrates-fiouls ou nitrates-fuels.* ■ **Rem.** La graphie *nitrate-fioul* correspond mieux au système graphique du français.

NITRATION, ■ n. f. [nitʀasjɔ̃] (*nitrate*) Processus par lequel les oxydes d'azote attaquent les fluides pétroliers à haute température, ce qui produit fréquemment une augmentation de la viscosité et une formation de dépôts. *Préparation d'un explosif par nitration d'un hydrocarbure.*

NITRE, n. m. [nitʀ] (lat. *nitrum*, du gr. *nitron*, soude, natron, prob. d'orig. égypt.) Nom vulgaire du nitrate de potasse ou du salpêtre.

NITRÉ, ÉE, ■ adj. [nitʀe] (*nitre*) Vx Chim. Qui contient du nitre. ■ *Dérivés nitrés*, composés organiques azotés. ■ **Pharm.** *Dérivés nitrés*, famille de médicaments habituellement utilisés dans le traitement de l'angine de poitrine ou pour la cicatrisation de la fissure anale.

NITRER, ■ v. tr. [nitʀe] (*nitre*) Traiter par nitration. *Le pharmacien nitra sa boisson de quelques grains de nitre.*

NITREUX, EUSE, adj. [nitʀø, øz] (lat. *nitrosus*) Qui tient du nitre. *Une terre nitreuse.* ♦ **Chim.** *Acide nitreux*, nom primitif de l'acide azoteux. ♦ *Gaz nitreux*, ancien nom du bioxyde d'azote.

NITRIÈRE, n. f. [nitʀijεʀ] (lat. *nitraria*) Lieu où se forme le nitre. ♦ *Nitrière artificielle*, endroit où l'on dispose les éléments de la formation du nitre.

NITRIFIANT, ANTE, ■ adj. [nitʀifjɑ̃, ɑ̃t] (*nitrifier*) Qui nitrifie. *Un écosystème nitrifiant.*

NITRIFICATION, n. f. [nitʀifikasjɔ̃] (*nitrifier*) Chim. Opération naturelle par laquelle il se forme des nitrates ou du nitre.

NITRIFIER (SE), v. pr. [nitʀifje] (*nitre* et lat. *facere*) Se couvrir de nitre. ■ Se transformer progressivement en nitrates. *Les engrais organiques ont besoin de se nitrifier pour produire leur effet.*

NITRILE, ■ n. m. [nitʀil] (*nitre*) Chim. Molécule contenant le radical CN. *L'acide cyanhydrique est un nitrile.*

NITRIQUE, adj. [nitʀik] (*nitre*) Chim. *Acide nitrique*, acide formé de deux équivalents d'azote et de cinq d'oxygène, dit aujourd'hui acide azotique, le tout dissous dans l'eau. On l'appelle vulgairement eau-forte. ■ *Acide liquide corrosif. L'acide nitrique attaque la rouille.* ■ **Biol.** *Bactérie nitrique*, Voy. NITROBACTER.

NITRITE, ■ n. m. [nitʀit] (*nitre*) Chim. Résultat de la réduction de l'ammoniac ; sel provenant de l'acide nitreux. *Le nitrite sert surtout d'agent de conservation, en particulier dans les viandes de salaison.*

NITRO..., ■ [nitʀo] Préfixe, qui vient de *nitre*, et qui indique la présence du radical de l'acide nitrique. *Nitrocellulose, nitrobenzène.*

NITROBACTER ou **NITROBACTÉRIE**, ■ n. f. [nitʀobakteʀ, nitʀobakteʀi] (*nitro*- et *bactérie*) Biol. Bactérie aérobie du sol qui provoque, dans la nitrification, la transformation des nitrites en nitrates.

NITROBENZÈNE, ■ n. m. [nitʀobεzεn] (*nitro*- et *benzène*) Dérivé nitré du benzène, toxique, aromatique et huileux, utilisé dans la fabrication des colorants, des explosifs et en parfumerie. *Le nitrobenzène est communément appelé essence de mirbane en parfumerie.*

NITROCELLULOSE, ■ n. f. [nitʀoselyloz] (*nitro*- et *cellulose*) Nitrate de cellulose. *La sensibilité de la nitrocellulose aux chocs.*

NITROGÉNASE, ■ n. f. [nitʀoʒenaz] (*nitrogène* et -*ase*) Chim. Enzyme qui permet la fixation de l'azote moléculaire.

NITROGLYCÉRINE, n. f. [nitʀogliseʀin] (*nitro*- et *glycérine*) Chim. Substance liquide qui, enflammée, produit une explosion beaucoup plus forte que celle de la poudre à canon. ■ Constituant essentiel de la dynamite.

NITROPHILE, ■ adj. [nitʀofil] (*nitro*- et -*phile*) Plante nitrophile, espèce végétale se développant dans un sol riche en nitrates. *La lavatère arborescente est une plante nitrophile.*

NITROSATION, ■ n. f. [nitʀozasjɔ̃] (lat. *nitrosus*) Chim. Transformation de l'ammoniac en nitrates sous l'action de bactéries aérobies nitreuses.

NITROSOMONAS, ■ n. f. [nitʀozomonas] (*nitroso*- et -*monas*) Biol. Bactérie qui oxyde l'ammoniac en nitrites.

NITROSYLE, ■ n. m. [nitʀozil] (*nitros*[*o*]- et *-yle*) **Phys.** Radical monovalent.

NITROTOLUÈNE, ■ n. m. [nitʀotolɥɛn] (*nitro-* et *toluène*) Dérivé nitré provenant du toluène. *Le TNT ou trinitrotoluène, explosif, est un nitrotoluène.*

NITRURATION, ■ n. f. [nitʀyʀasjɔ̃] (*nitrurer*) **Techn.** Durcissement superficiel obtenu par réaction de l'azote et de certains alliages ferreux. *La nitruration de pièces de boîte de vitesse.*

NITRURE, n. m. [nitʀyʀ] (*nitre*) **Chim.** Combinaison du nitrogène ou azote avec un corps simple.

NITRURÉ, ÉE, ■ p. p. de nitrurer. [nitʀyʀe] *Un acier nitruré.*

NITRURER, ■ v. tr. [nitʀyʀe] (*nitrure*) **Techn.** Procéder au traitement d'un alliage ferreux par nitruration.

NIVAL, ALE, ■ adj. [nival] (lat. *nix*, génit. *nivis*, neige) Relatif à la neige. *Les crues nivales. Des processus nivaux et glaciaires.* ■ *Régime nival*, régime des cours d'eau alimenté par les précipitations sous forme de neige.

NIVÉAL, ALE, adj. [niveal] (lat. *nix, nivis*, neige) **Bot.** Qui fleurit pendant l'hiver, ou qui habite dans la neige.

NIVEAU, n. m. [nivo] (altération de l'anc. fr. *livel*, du lat. *libella*, niveau) Instrument qui sert à mener une ligne parallèle à l'horizon, et à trouver la différence des hauteurs de deux endroits. ◆ *Niveau de charpentier, de maçon, de paveur*, sorte d'équerre où est attaché un fil à plomb. ◆ *Niveau d'eau*, long tube de cuivre ou de fer-blanc terminé par deux tuyaux de verre qui se relèvent à angle droit sur le tube ; l'eau versée par un de ces tuyaux se met de niveau dans l'autre. ◆ État d'un plan horizontal, ou de plusieurs points qui sont dans le même plan horizontal. *Prendre le niveau d'un terrain.* ◆ *Fig. Le niveau démocratique*, l'égalité que produit la démocratie. ◆ **Mar.** *Niveau de l'eau, de la mer*, la surface de la mer ; et aussi la ligne de flottaison d'un navire. ◆ *De niveau* ou *au niveau*, selon le niveau. *Mettre de niveau. Une terrasse au niveau du jardin*, de niveau avec le jardin. ◆ **Fig.** *De niveau, au niveau*, de pair, à la même hauteur. « *Il était simple, affable, toujours de niveau avec tout le monde* », FONTENELLE. ◆ *À son niveau, à leur niveau, à votre niveau*, etc. de pair avec lui, avec eux, avec vous. ■ *Étage* d'un bâtiment. *Parking à quatre niveaux.* ◆ Degré atteint dans une échelle de valeurs. *Niveau sonore. Niveau intellectuel. Atteindre le niveau bac. Le niveau de la classe a baissé.* ■ *Niveau de vie*, situation d'une personne, d'un ménage par rapport à ses revenus. ■ **Gramm.** *Niveau de langue*, variété de la langue propre à une situation de communication. *Les marques de niveau de langue dans un dictionnaire.* ■ AU NIVEAU DE, *loc.* **prép.** Dans le domaine de, en ce qui concerne. *La direction a consenti des efforts au niveau des salaires.* ◆ *Passage à niveau*, Voy. PASSAGE. ■ Base de référence relative d'une grandeur. *Le niveau de pollution.* ■ *Niveau de salaire*, salaire moyen relatif à un secteur économique et à une catégorie professionnelle. ◆ *Courbe de niveau*, ligne représentant sur une carte les points se trouvant à la même altitude.

NIVELAGE, ■ n. m. [niv(ə)laʒ] (*niveler*) Fait de niveler quelque chose ; son résultat. *Des travaux de nivelage de terrains.*

NIVELÉ, ÉE, p. p. de niveler. [niv(ə)le]

NIVÈLEMENT, ■ n. m. [nivɛl(ə)mã] Voy. NIVELLEMENT.

NIVELER, v. tr. [niv(ə)le] (anc. fr. *nivel*, niveau) Mesurer avec le niveau, au niveau. *Niveler une rivière pour savoir combien elle a de pente.* ◆ Rendre plan et horizontal. *Niveler une route.* ◆ **Fig.** Rendre égal. *La révolution nivelle les rangs.* ◆ *Se niveler*, v. pr. Être mis de niveau. ◆ **Fig.** *Les fortunes tendent à se niveler par les partages.*

NIVELETTE, ■ n. f. [niv(ə)lɛt] (*niveler*) **Techn.** Sorte de niveau sur pied qu'on utilise pour étudier les pentes, notamment celles des chaussées.

NIVELEUR, EUSE, n. m. et n. f. [niv(ə)lœʀ, øz] (*niveler*) Personne qui nivelle. ◆ **Fig.** En politique, personne qui veut effacer les rangs sociaux. ◆ Adj. *Niveleur, euse*, qui a le caractère de niveleur politique. ◆ Personne qui mesure quelque chose au niveau. ■ **N. m.** **Agric.** Petite herse.

NIVELEUSE, ■ n. f. [niv(ə)løz] (*niveler*) Engin de terrassement utilisé dans les travaux publics pour niveler la surface d'un sol.

NIVELLE, ■ n. f. [nivɛl] (*niveau*) **Techn.** Niveau à bulle utilisé pour vérifier l'horizontalité.

NIVELLEMENT ou **NIVÈLEMENT**, n. m. [nivɛl(ə)mã] (*niveler*) Branche de la géométrie pratique qui a pour objet de mesurer la différence des niveaux des points terrestres, ou de faire connaître combien un point de la surface du globe est plus près ou plus loin du centre qu'un autre point. ◆ **Archit.** Opération par laquelle on cherche ou bien l'on établit une ligne horizontale sur le terrain, soit pour y asseoir des constructions, soit pour en faire dériver des pentes ou plans inclinés. ◆ Action de rendre un plan uni et horizontal. ◆ **Fig.** Action de rendre égal. *Le nivellement des fortunes, des*

conditions, des rangs. ■ *Nivellement par le bas*, en réduisant les objectifs de qualité au plus bas niveau.

NIVÉOLE, ■ n. f. [niveɔl] (lat. *niveus*, neigeux) **Bot.** Plante herbacée pérenne, à bulbes, voisine du perce-neige et qui vit principalement dans les prés et les bois.

NIVERNAIS, AISE, ■ adj. [nivɛʀnɛ, ɛz] (*Nièvre*) Relatif à la ville de Nevers ou à la Nièvre. *Le centre-ville nivernais.* ■ **N. m. et n. f.** Habitant de la ville de Nevers ou de la Nièvre. *Les Nivernaises.*

NIVET, n. m. [nivɛ] (orig. inc.) Remise que l'on fait par-dessous main à celui qui achète par commission.

NIVICOLE, ■ adj. [nivikɔl] (lat. *nix, nivis*, neige, et *-cole*) Qui vit dans la neige, en parlant de certains animaux ou de la végétation. *Des plantes nivicoles.*

NIVO..., ■ [nivo] Préfixe, du latin *niveus*, neige. *Un nivologue.*

NIVOGLACIAIRE, ■ adj. [nivoglasjɛʀ] (*nivo-* et *glaciaire*) **Géogr.** *Régime nivoglaciaire*, régime des cours d'eau alimenté par les glaciers et les précipitations de neige.

NIVOPLUVIAL, ALE, ■ adj. [nivoplyvjal] (*nivo-* et *pluvial*) **Géogr.** *Régime nivopluvial*, régime des cours d'eau alimenté par les précipitations de pluie d'automne et par la fonte des neiges au printemps.

NIVÔSE, ■ n. m. [nivoz] (lat. *nivosus*, abondant en neige) Le quatrième mois du calendrier républicain (du 21 décembre au 19 janvier).

NIXE, ■ n. f. [niks] (all. *Nix*) **Littér.** Dans la mythologie germanique, esprit follet aquatique des lacs, à la peau verte et couverte de fines écailles, aux mains et pieds palmés, aux oreilles pointues et aux grands yeux argentés. *Les nixes cherchent à séduire les jeunes hommes.* « *C'est l'ondine aux plaques d'or, femme ou nixe, douce ou cruelle selon les heures* », MICHELET.

NIZERÉ, ■ n. m. [nizeʀe] (mot pers. *nizrin*, rose musquée) **Techn.** Essence obtenue à partir de roses blanches. *L'odeur forte du nizeré.*

NÔ ou **NO**, ■ n. m. [no] (mot jap.) Drame lyrique sur un sujet religieux, mêlant chant et danse dans le théâtre japonais. *Des nôs, des nos.*

NOBEL, ■ n. m. et n. f. [nɔbɛl] (Alfred *Nobel*, 1833-1896, chimiste suédois) Personne qui a reçu un prix Nobel. *Des nobels.*

NOBÉLISABLE, ■ adj. [nobelizabl] (*nobel*) Qui est susceptible de recevoir un prix Nobel. ■ **N. m. et n. f.** *La liste des nobélisables.*

NOBÉLIUM, ■ n. m. [nobeljɔm] (*Nobel*, chimiste suédois) **Chim.** Élément métallique radioactif obtenu artificiellement (symbole No ; numéro atomique 102 ; masse atomique 259). *Les isotopes du nobélium.*

NOBILIAIRE, adj. [nobiljɛʀ] (lat. *nobilis*) Qui appartient à la noblesse. *La caste nobiliaire. L'orgueil nobiliaire.* ◆ *Particule nobiliaire*, préposition qui précède le nom des nobles ; en France, c'est *de*, en Allemagne *von*. ◆ **N. m.** *Le nobiliaire*, registre qui contient les noms de toutes les races nobles d'une province, d'un pays.

NOBILISSIME, adj. [nobilisim] (lat. *nobilissimus*, superl. de *nobilis*) **Antiq.** Titre qu'on donnait dans le Bas-Empire aux Césars et à leurs femmes. ■ **N. m.** Dignité créée par Constantin.

NOBLAILLON, ONNE, ■ n. m. et n. f. [nɔblajɔ̃, ɔn] (*noble* et suff. péj.) **Péj.** Personne de petite noblesse. *Des noblaillons. Un pauvre noblaillon de province.*

NOBLE, adj. [nɔbl] (lat. *nobilis*) Qui appartient à une classe distinguée ou privilégiée dans l'État par droit de naissance. *Il est noble par sa naissance ou de naissance. Un sang noble.* ◆ **Fam.** *Être noble comme le roi*, être d'une extraction fort noble. ◆ Se dit de ce qui appartient à un noble, à une famille noble. *Une terre noble.* ◆ *Noble* se dit d'un cheval qui a de la beauté dans les formes et surtout dans l'avant-main. ◆ Se dit des oiseaux de proie susceptibles d'être dressés pour la chasse. ◆ ▷ **Gramm.** *La personne la plus noble*, personne dont la relation est plus proche avec celle qui parle. *La 1ʳᵉ personne est plus noble que la 2ᵉ, et la 2ᵉ plus noble que la 3ᵉ.* ◁ ◆ ▷ *Le genre le plus noble*, le masculin comparé au féminin, et le féminin comparé au neutre. ◁ ◆ **Fig.** Distingué, relevé au-dessus des autres. *Les créatures les plus nobles.* ◆ Auguste, grand. « *Une des plus nobles couronnes de l'univers* », BOSSUET. ◆ Plein de gloire, plein de dignité. *Jouir d'un noble repos.* « *Une pauvreté noble est tout ce qui me reste* », VOLTAIRE. ◆ Plein de grandeur morale, en parlant des affections, des sentiments et des personnes. *Un cœur noble.* ◆ Libéral, généreux. « *Quoiqu'il n'y ait jamais eu de roi plus noble, saint Louis ne sut-il pas régler ses dépenses ?* », FLÉCHIER. ■ **Littér.** Qui est élevé au-dessus du langage vulgaire. *Le genre noble. Un mot noble.* ◆ Dans les beaux-arts, qui se distingue par la sagesse de l'ordonnance, l'élégance des formes, l'élévation du style. ◆ Au théâtre, *père noble*, rôle des pères et des hommes qui ont âge et autorité. ◆ En minéralogie, se dit des filons riches en minerai, et des métaux qui ne s'oxydent point au feu. ◆ **N. m.** Personne qui par sa naissance ou par les lettres du prince fait partie d'une classe privilégiée. ♦ En France, sous l'Ancien Régime, on appelait noble celui qui, étant anobli, commençait la noblesse de sa famille ; ceux qui naissaient de lui avaient le titre de gentilhomme. ♦ **N. m.** *Le noble*, ce qui a un caractère élevé au-dessus du vulgaire. ♦ Ancienne monnaie d'or d'Angleterre et de France, dont la valeur varie de 20 à 24 francs. ■ **Anat.** *Les parties nobles*, parties du corps nécessaires à la vie comme le cœur, le cerveau, etc. ■ *Les matières* ou *matériaux nobles*, matières naturelles, comme le bois, la pierre, etc.

NOBLEMENT, adv. [nɔbləmã] (*noble*) À la manière des nobles. ♦ *Vivre noblement*, vivre sans avoir d'autre profession que celle des armes. ♦ **Fig.** *D'une manière noble*, élevée, généreuse. « *Dans un noble projet on tombe noblement* », BOILEAU. ♦ **Fig.** Qui a, dans le style et dans les beaux-arts, un caractère élevé. « *Dire noblement les plus petites choses* », LA BRUYÈRE.

NOBLESSE, n. f. [nɔblɛs] (*noble*) Rang et qualité de ceux qui sont élevés au-dessus des roturiers, soit par leur naissance, soit par des lettres du prince. ♦ *Noblesse d'extraction*, noblesse dont l'origine est inconnue. ♦ *Noblesse d'épée*, noblesse qui était regardée comme originairement acquise l'épée à la main. ♦ *Noblesse militaire*, noblesse qui appartenait de droit aux roturiers parvenus à certains grades. ♦ *Noblesse de robe* ou *d'office*, personne que conférait la possession de certains offices de judicature. ♦ *Noblesse de finances*, titre de noblesse que l'on acquérait en achetant des titres. ♦ *Noblesse personnelle*, illustration qui dépend de la personne même et non des aïeux. ♦ Tout le corps des hommes qualifiés nobles. « *La noblesse expose sa vie pour le salut de l'État et pour la gloire du souverain* », LA BRUYÈRE. ♦ *Haute noblesse*, la partie de la noblesse qui a le plus d'ancienneté ou d'illustration. ♦ *Petite noblesse*, noblesse qui en a le moins. ♦ *Ancienne noblesse*, noblesse qui existait en France avant la révolution de 1789 ; *nouvelle noblesse*, noblesse qui a été créée depuis. ♦ **Fig.** Grandeur, élévation, dignité, en parlant soit des personnes, soit des choses. *La noblesse du maintien, de la physionomie, dans les sentiments, etc.* ♦ **Littér.** Qualité du style noble. ♦ En peinture et sculpture, le caractère élevé de la composition. ♦ **Prov.** *Noblesse vient de vertu*, un homme n'est proprement au-dessus d'un autre que par la vertu et par le mérite. ♦ *Noblesse oblige*, quiconque prétend être noble, doit se bien conduire. ■ **Hist.** *Lettres de noblesse*, lettres écrites par le roi et dans lesquelles il conférait la noblesse en échange de services ou moyennant finances. ♦ *Recevoir ses lettres de noblesse*, acquérir une notoriété ; être digne. *Les lettres de noblesse d'un grand vin.*

NOBLIAU, ■ n. m. [nɔbljo] (*noble* et suff. péj. *-iau*) Noble de petite noblesse ou dont les origines de la noblesse sont douteuses. *Les nobliaux de l'Ancien Régime.*

NOCE, n. f. [nɔs] (plur. lat. vulg. *noptiæ*, lat. *nuptiæ*) Le mariage (en ce sens, il ne se dit qu'au pluriel). *Le jour des noces.* ♦ *Secondes noces, troisièmes noces*, mariage qui a été précédé d'un ou de deux autres. *Épouser, se marier en secondes noces.* ♦ *Noces d'argent*, fête pour la célébration de la vingt-cinquième année de mariage. ♦ **Pop.** et **fig.** *Il n'a jamais été à telles noces, à pareilles noces*, il n'a jamais reçu un pareil traitement, il n'a jamais couru un tel danger. ♦ Réjouissances qui accompagnent le mariage (en ce sens il se dit tant au singulier qu'au pluriel). *Une noce de village. Être de noces.* ♦ *Garçon de la noce* ou *de noce*, Voy. GARÇON. ♦ **Fam.** *Faire noce*, se réjouir. ♦ **Pop.** *Faire la noce*, faire des parties de table, de campagne, etc. ♦ *Être aux noces*, se régaler, bien manger. ♦ **Fig.** et **pop.** *N'être pas à la noce*, être dans une position critique. ♦ L'assemblée qui s'est trouvée au mariage. *La noce est à la promenade.* ♦ *Allez-vous-en, gens de la noce*, refrain d'une vieille chanson qui se dit aux gens quand on n'a plus besoin d'eux et qu'il est temps qu'ils partent. ♦ *Les justes noces*, le mariage légitime. ♦ *La nuit de noces*, première nuit des nouveaux mariés. ■ *Voyage de noces*, voyage que font les jeunes mariés après la cérémonie de mariage. ♦ **Relig.** *Les noces de Cana*, noces durant lesquelles le Christ changea l'eau en vin. ■ *Noces d'or*, fête pour la célébration de la cinquantième année de mariage ; *noces de diamant*, soixantième année de mariage ; *noces de platine*, soixante-dixième année de mariage.

NOCEBO ou **NOCÉBO**, ■ n. m. [nosebo] (lat. *nocebo*, je nuirai) *Effet nocebo*, effet indésirable psychosomatique survenant après la prise d'un médicament placebo. *Les effets nocebo les plus fréquents sont les maux de tête.*

NOCEUR, EUSE, n. m. et n. f. [nosœr, øz] (*noce*) **Pop.** Personne qui aime à faire la noce, à se divertir.

NOCHER, n. m. [nɔʃe] (lat. médiév. *naucherius*, du lat. *nauclerus*, du gr. *nauklêros*, patron de bateau) Anciennement, dans le langage des gens de mer, le contremaître des navires d'une certaine importance, et le maître ou patron de quelques petits bâtiments. ♦ Dans le langage poétique ou élevé, syn. de pilote. ♦ *Le nocher du Styx, le vieux nocher des morts*, Caron.

NOCICEPTION, ■ n. f. [nosisɛpsjɔ̃] (*noci-, noci*[*tum*] supin de *nocere*, nuire, et [*ré*]*ception*) **Physiol.** Activité chimioélectrique des récepteurs et des fibres nerveuses qui transmettent et traitent le message de douleur. Les messages tactiles inhibent la nociception. ■ **Par extens.** Perception sensorielle de la douleur. ■ NOCICEPTEUR, n. m. [nosisɛptœr] ■ NOCICEPTIF, IVE, adj. [nosisɛptif, iv]

NOCIF, IVE, ■ adj. [nosif, iv] (lat. *nocivus*) Qui peut nuire à l'organisme. *Gaz nocif.* ♦ *Usage nocif*, consommation abusive ou répétée susceptible de provoquer des dommages physiques ou psychologiques. ■ **Fig.** Qui est dangereux pour l'équilibre moral ou intellectuel d'une personne, d'un groupe. *Un jeune adolescent exposé à des influences nocives. Les théories nocives des extrémistes.* ■ NOCIVITÉ, n. f. [nosivite] *La nocivité de la guerre.*

NOCTAMBULE, n. m. et n. f. [nɔktãbyl] (lat. *nox*, génit. *noctis*, et *ambulare*, se promener) Personne qui marche la nuit en dormant, somnambule. ♦ **Adj.** Qui marche la nuit ; se dit de certains animaux. *La punaise est noctambule.*

NOCTAMBULISME, n. m. [nɔktãbylism] (*noctambule*) État de ceux qui sont noctambules.

NOCTILUQUE, ■ adj. [nɔktilyk] (b. lat. *noctilucus*, qui luit pendant la nuit, de *nox* et *lucere*, luire) Qui émet de la lumière la nuit. *Un nuage noctiluque. Le lampyre noctiluque.* ■ **N. f. Zool.** Protozoaire marin luminescent de très petite taille capable de rendre la mer phosphorescente, la nuit, en raison de son abondance.

NOCTUELLE, ■ n. f. [nɔktɥɛl] (lat. *noctua*, chouette) Papillon de nuit de taille moyenne, aux couleurs ternes et sombres, et dont les chenilles sont particulièrement ravageuses.

NOCTULE, ■ n. f. [nɔktyl] (lat. *noctua*, chouette) Chauve-souris de grande envergure vivant en Europe ou en Afrique du nord, et aujourd'hui protégée.

NOCTURNE, adj. [nɔktyrn] (lat. *nocturnus*) Qui arrive pendant la nuit. *Cérémonie nocturne.* « *Lampe nocturne* », A. CHÉNIER. ♦ Qui agit, veille pendant la nuit. *Un voyageur nocturne.* ♦ **Bot.** *Fleurs nocturnes*, fleurs qui s'épanouissent à la tombée de la nuit et se ferment le lendemain matin. ♦ **Zool.** *Oiseaux nocturnes* et n. m. *les nocturnes*, section des oiseaux rapaces qui ne chassent que la nuit. ♦ **N. m.** Partie de l'office de la nuit composée d'un certain nombre de psaumes et de leçons. ♦ Romance à deux voix. Morceau de piano d'un caractère rêveur. ■ **N. f.** Ouverture tard dans la soirée d'un endroit public. *La nocturne du Salon du livre.* **N. f.** Compétition sportive qui a lieu pendant la nuit. *Un match en nocturne.* ■ *En nocturne*, ce qui se déroule en soirée. *Une inauguration en nocturne.*

NOCTURNEMENT, adv. [nɔktyrnəmã] (*nocturne*) De nuit, pendant la nuit.

NOCUITÉ, ■ n. f. [nokɥite] (lat. *nocuus*, nuisible) **Méd.** Caractère nuisible de quelque chose pour la santé. *La nocuité d'un aliment.*

NODAL, ALE, ■ adj. [nodal] (lat. *nodus*, nœud) En sciences, qui se situe au centre d'un système. ♦ *Point nodal*, question essentielle. ■ *Points nodaux.* ■ *Point nodal*, site où sont centralisées les opérations de triage des trains de marchandises. ■ **Anat.** *Tissu nodal*, tissu situé dans l'épaisseur du muscle cardiaque et ayant pour rôle de rendre automatiques les contractions du cœur.

NODOSITÉ, n. f. [nodozite] (lat. impér. *nodositas*) **Bot.** État de ce qui a des nœuds. *La nodosité d'un végétal.* ♦ Les nœuds mêmes. ■ **Méd.** État de ce qui a des nodus. ♦ Les nodus mêmes. *Les nodosités des doigts.* ■ **Par extens.** *Nœud.* Bois qui présente de nombreuses nodosités.

NODULAIRE, ■ adj. [nodylɛr] (*nodule*) **Méd.** Relatif aux nodules. *Une dermatose nodulaire.*

NODULE, ■ n. m. [nodyl] (lat. *nodulus*, petit nœud) **Méd.** Petit renflement ou petite protubérance de nature pathologique pouvant se former dans les tissus ou dans les organes. *Nodules cancéreux.* ♦ *Nodules vocaux*, situés sur les cordes vocales. ■ **Géol.** Concrétion minérale qui présente au sein d'une roche de nature différente. ■ NODULEUX, EUSE, adj. [nodylø, øz]

NODUS, n. m. [nodys] (on prononce le *s* final ; lat. *nodus*) **Méd.** Incrustation ou concrétion tophacée qui se forme autour des articulations affectées de rhumatisme ou de goutte. ♦ **Par extens.** Partie renflée de certains os.

NOËL, n. m. [nɔɛl] (lat. *natalis* [*dies*], jour de naissance) Fête de la nativité de Jésus-Christ, qui tombe toujours le 25 décembre. ♦ *À la fête de Noël* ou elliptiq. *à la Noël*, à Noël. ♦ *Bûche de Noël*, grosse bûche qu'on met au feu la nuit où commence Noël. ♦ *Arbre de Noël*, grosse branche de sapin ou de houx diversement ornée, garnie surtout de bonbons ou de joujoux pour donner aux enfants. ♦ **Fig.** *On a tant chanté, tant crié Noël, qu'à la fin il est venu*, se dit en parlant d'une chose longtemps attendue. ♦ Cantique en langue vulgaire, que l'on chante à l'approche de la Noël (on met une minuscule en ce cas). ♦ Les airs sur lesquels ces cantiques ont été faits. *Exécuter des noëls.* ♦ Chansons satiriques sur les airs des noëls. ♦ Cri que le peuple poussait autrefois à l'occasion de quelque événement public, tel que la naissance d'un prince, l'arrivée d'un souverain, etc. *Crier noël.* ■ *Bûche* *de Noël*, gâteau pâtissier ou glacé en forme de bûche que l'on mange le soir du réveillon. ■ *Père Noël*, personnage imaginaire dont on dit qu'il apporte des cadeaux aux enfants le soir de Noël, en descendant par la cheminée. ■ *Fam. Le noël*, cadeau offert à Noël. *C'est le moment de t'offrir ton noël.*

NOÉMATIQUE, ■ adj. [noematik] (*noème*) Philos. Relatif au noème. *La couleur considérée comme objet noématique.*

NOÈME, ■ n.m. [nɔɛm] (gr. *noêma*, pensée) Philos. Acte de connaissance autonome, par lequel on pense. *Les noèmes dans la théorie d'Husserl.*

NOÈSE, ■ n. f. [nɔɛz] (gr. *noêsis*, intelligence, conception) **Philos.** Acte de pensée. *Le corrélatif de la noèse est le noème.*

NOÉTIQUE, ■ n. f. [noetik] (gr. *noêtikos*, doué d'intelligence) **Philos.** Étude et développement de toutes les formes de connaissance et de création qui engendrent et nourrissent les connaissances de la Terre. ■ Adj. Relatif à la noèse, à la pensée. *L'acte noétique.*

NŒUD, n.m. [nø] (lat. *nodus*) Enlacement d'une corde ou de quelque chose de semblable, dont on passe les bouts l'un dans l'autre en les serrant. ◆ Corde nouée de manière à étrangler. « *Le nœud fatal* », RACINE. ◆ *Avoir un nœud à la gorge*, avoir une corde autour du cou pour la pendaison, et fig. avoir quelque chose qui déplaît, qu'on ne peut avaler. ◆ *Nœud coulant*, nœud qui glisse et serre d'autant plus qu'on tire davantage. ◆ *Nœud gordien*, nœud qui attachait le joug du char de Gordius, roi de Phrygie : l'oracle avait promis l'empire de l'Asie à celui qui déferait ce nœud ; Alexandre n'en pouvant venir à bout, le trancha avec son épée. **Fig.** *Nœud gordien*, difficulté qu'on ne peut résoudre. ◆ *Couper le nœud gordien*, trancher une difficulté, non pas la résoudre. ◆ *Nœud de tisserand*, le plus solide des nœuds. ◆ **Mar.** *Nœuds de la ligne du loch*, par le moyen desquels on estime la marche du bâtiment. Le nœud est en longueur la 120ᵉ partie du mille nautique (soit 15 mètres environ), et en temps la 120ᵉ partie de l'heure, c'est-à-dire 30 secondes ; de là autant de nœuds filés en 30 secondes, autant de milles parcourus en une heure. *Filer six nœuds à l'heure.* ◆ **Fig.** et pop. *Filer son nœud*, partir. ◆ Ornement qui représente un nœud. *Un nœud de diamants.* ◆ *Nœud d'épée*, rosette de ruban dont on orne la poignée d'une épée. ◆ Liens qui attachent les membres de quelqu'un. ◆ **Fig.** Piège. ◆ Enlacement d'un serpent. ◆ **Fig.** Le point essentiel d'une affaire, d'une question. *Le nœud de la difficulté, de la question, etc.* ◆ **Fig.** Lien moral entre des personnes. « *L'argent seul aujourd'hui forme les plus beaux nœuds* », LA FONTAINE. « *Le nœud d'une si sainte alliance* », BOSSUET. ◆ Ce qui unit, rapproche. « *Votre hymen est le nœud qui joindra les deux mondes* », VOLTAIRE. ◆ **Fig. Littér.** Ce qui forme l'intrigue d'une pièce de théâtre, d'un roman, etc. ◆ **Astron.** Les deux points opposés où le plan de l'écliptique est coupé par l'orbite d'un corps céleste. ◆ **Phys.** Point fixe où une corde vibrante reste immobile et se divise en aliquotes qui rendent un son en relation harmonique avec celui de la corde entière. ◆ **Bot.** *Nœud vital*, la ligne médiane qui se trouve au collet de la plante entre la racine et la tige. ◆ **Anat.** *Nœud vital*, point qui gouverne tous les mouvements respiratoires et dont la simple division les anéantit tous. ◆ Le fruit au moment où il noue. « *Dieu voit le fruit commencé dans le nœud, et la prière dans l'intention de prier* », BOSSUET. ◆ Renflement d'une tige d'où naît une feuille. ◆ Protubérance produite à l'extérieur et à l'intérieur d'un végétal par l'entrecroisement des fibres et la tuméfaction du tissu cellulaire. ◆ Jointure des doigts de la main. ◆ Os de la queue du cheval, du chien, du chat, etc. ◆ Cercles annuels du bois du cerf. ◆ *Le nœud de la gorge*, la partie de la gorge qui fait saillie à la partie antérieure du cou. ◆ *Un rire qui ne passe pas le nœud de la gorge*, un rire forcé. ◆ **Chir.** Tumeur dure. ◆ Parties dures dans la substance du bois, du marbre, de la pierre que l'on travaille. ■ Point de rencontre de voies de communication. *Nœud ferroviaire.* ◆ *Corde à nœuds*, corde utilisée pour grimper. ■ *Nœud de cravate*, nœud qui permet de resserrer la cravate autour du cou. ■ **Fam.** *Un sac de nœuds*, une affaire confuse, embrouillée. ■ **Vulg.** Gland du pénis. ◆ *Une tête de nœud*, injure. ■ **Fig.** Imbécile. *Quel nœud, ce type !* ◆ *Faire un nœud à son mouchoir.* Voy. MOUCHOIR.

NOIR, OIRE, adj. [nwaʀ] (lat. *niger*) Qui est de la couleur la plus obscure, la plus privée de lumière. *Une robe noire.* ◆ *Point noir*, petit nuage noir qui annonce l'orage, et fig. menace de malheur, de trouble, etc. ◆ **Fig.** *Il n'est pas si diable qu'il est noir*, il n'est pas si méchant qu'il en a l'air. ◆ Qui tire sur le noir, qui approche de la couleur noire. *Pain noir. Teint noir.* ◆ *Bête noire*, le sanglier. ◆ **Fam.** *Cet homme est ma bête noire*, il est pour moi l'objet d'une aversion particulière. ◆ *Viandes noires*, certains animaux dont la chair tire un peu sur le noir, comme le lièvre, etc. ◆ *Blé noir*, blé sarrasin. ◆ Livide, meurtri. *Avoir l'œil tout noir d'un coup.* ◆ Obscur, où il n'y a pas de lumière. *Une nuée noire.* « *Il fait noir comme dans un four* », MOLIÈRE. *La nuit noire*, le moment où la nuit est devenue tout à fait obscure. *Froid noir*, le froid qu'il fait quand le temps est fort couvert. ◆ **Poétiq.** *L'onde noire*, le Styx, la mort. ◆ *Chambre noire* ou *obscure*, lieu où la lumière ne peut entrer que par un trou d'un pouce de diamètre, auquel on applique

un verre qui, laissant passer les rayons des objets extérieurs sur le mur opposé ou sur un drap qu'on y tend, fait voir parfaitement en dedans tout ce qui se présente en dehors. ◆ Sale, crasseux. *Des mains noires. Du linge noir.* ◆ **Fig.** Triste, morne, mélancolique. *Une humeur noire. Un noir chagrin.* ◆ *Vapeurs noires*, accès d'égarement d'esprit, de mélancolie. ◆ *Il voit tout en noir*, il est sujet à prendre les choses du côté fâcheux. ◆ *Œil noir, regard noir*, œil, regard où se peint la colère, le soupçon, etc. ◆ **Fig.** *Noir* se dit, en parlant des personnes, de la noirceur morale. « *Ce censeur qu'ils ont peint si noir et si terrible, Fut un esprit doux, simple, ami de l'équité* », BOILEAU. ◆ *Blanc ou noir*, innocent ou coupable. ◆ Il se dit, dans le même sens, de l'âme, du cœur. « *Il y a tant d'esprits noirs et mauvais qui ne trouvent de plaisir qu'à mettre le mal où il n'est pas* », MASSILLON. ◆ **Fig.** Méchant, avec mélange de trahison, de perfidie, en parlant des choses. « *Une action si noire* », P. CORNEILLE. ◆ Qui mérite la dernière réprobation. « *Plus le bienfait dont on vous avait favorisé était grand, plus l'ingratitude qui le fait oublier est noire* », MASSILLON. ◆ *Couleurs noires*, paroles où l'on représente comme méchante, perverse, une personne ou une action. ◆ *Rendre noir*, diffamer, calomnier. ◆ Funeste. « *Jamais hymen formé sous le plus noir auspice* », RACINE. ◆ *Noir* se dit de la magie. « *Cette noire science de la magie* », BOSSUET. ◆ *Livres noirs*, livres de magie. ■ **N. m.** *Le noir*, la couleur noire. ◆ *Aller, passer du blanc au noir*, aller d'une extrémité à l'autre, dire ou faire des choses opposées. ◆ **Fam.** *Mettre du noir sur du blanc*, écrire, composer. ◆ **Fig.** et fam. *Faire du noir, broyer du noir*, se livrer à des réflexions tristes, à des pensées mélancoliques. ◆ *Le noir*, la couleur du deuil. ◆ En beaux-arts, *tirer au noir* ou *pousser au noir*, se dit d'un tableau dans lequel les ombres et les demi-teintes noircissent par l'action du temps. ◆ *Noir d'ivoire*, charbon d'ivoire calciné dans un creuset fermé et employé en peinture. ◆ *Noir animal* ou *charbon animal*, charbon d'os obtenu comme le noir d'ivoire. ◆ *Noir d'os*, charbon d'os. ◆ *Noir de fumée*, suie très noire et légère que donne la poix-résine. ◆ *Noir animalisé*, engrais désinfecté, composé d'excréments humains desséchés et réduits en poudre, ou de matières animales brûlées, mêlées avec de la terre carbonisée. ◆ **Fig.** *Noir*, ce qui excite une sorte de terreur. « *Tout cela est une sorte de noir sublime inconnu de l'antiquité* », CHATEAUBRIAND. ◆ **Fig.** Ce qui attriste, rend mélancolique. *Cela met un noir dans ma vie. S'enfoncer dans le noir.* ◆ *Un noir*, une meurtrissure. ◆ Centre d'une carte, d'une cible où il y a un cercle noir. ◆ *Le noir*, maladie des céréales et de certains arbres produite par un champignon. ◆ **N. m. pl.** *Noirs*, ouvrages de serrurerie qui n'ont point été polis et blanchis à la lime. ◆ *Un Noir*, homme de race noire, nègre [1]. ◆ Qui a un teint brun. « *La noire à faire peur [est] une brune adorable* », MOLIÈRE. ◆ **Adv.** D'une façon triste, mélancolique. *Vous rêvez noir.* ◆ *Il voit noir*, il est sujet à prévoir des événements tristes et funestes. ◆ *Regarder noir*, regarder d'un œil irrité. ■ *Illégal. Marché noir.* ■ AU NOIR, loc. adv. et loc. adj. Sans être déclaré légalement. *Travailler au noir. Travail au noir.* ■ *Chemises noires*, nom donné aux fascistes. ◆ *Un blouson noir*, mauvais garçon, voyou portant généralement un blouson de cuir noir. ■ **Astron.** *Trou noir*, zone de l'espace déformée par une masse énorme concentrée sur une toute petite surface. ■ **Inform.** *Trou noir*, perte d'un message électronique, quand il n'arrive pas à destination et ne revient pas à l'expéditeur sous forme d'un message indiquant l'absence de destinataire. ■ *Café noir*, sans lait ; subst. *un noir, un petit noir*, un café. ■ *Rempli. Un parvis noir de monde.* ■ *Se mettre du noir aux yeux*, mettre du crayon khôl autour des yeux pour les souligner. ■ *Marée noire*, nappe d'hydrocarbures polluante flottant à la surface de l'eau, qui est habituellement le résultat d'un déversement de pétrole par dégazage, d'un naufrage pétrolier, etc. ■ *Boîte noire*, Voy. BOÎTE. ■ *C'est écrit noir sur blanc*, de façon très lisible ; fig. C'est indéniable. ■ REM. On dit aujourd'hui *Noir* et non plus *nègre*, terme injurieux et raciste de nos jours. La notion de race ne repose sur aucun fondement scientifique et a une connotation raciste.

NOIRÂTRE, adj. [nwaʀɑtʀ] (*noir*) Qui tire sur le noir.

NOIRAUD, AUDE, adj. [nwaʀo, od] (*noir*) Qui a les cheveux noirs et le teint brun. ◆ N. m. et n. f. *Un noiraud. Une noiraude.*

NOIRCEUR, n. f. [nwaʀsœʀ] (*noir*, d'après *noircir*) Qualité de ce qui est noir. *La noirceur de l'encre, d'une étoffe, etc.* ◆ Obscurité. *La noirceur des bois sombres, de la nuit.* ◆ Tache noire. *Il a des noirceurs au visage.* ◆ **Fig.** Tristesse morne. *La noirceur de mes pensées.* ◆ Pensées sombres. « *Les noirceurs dans l'esprit, avec des peines si aiguës dans le corps* », BOSSUET. ◆ **Fig.** Caractère méchant et perfide d'une action, d'une personne. *La noirceur d'un crime. La noirceur d'une âme.* ◆ Action ou parole qui a pour but de nuire.

NOIRCI, IE, p.p. de noircir. [nwaʀsi]

NOIRCIR, v. intr. [nwaʀsiʀ] (lat. pop. *nigricire*, du lat *nigrescere*) Devenir noir. *Les tableaux noircissent en vieillissant.* ◆ V. tr. Rendre noir. *Noircir une muraille. Se noircir les cheveux.* ◆ **Fam.** *Noircir du papier*, écrire. ◆ **Fig.** Faire naître de sombres idées, attrister. « *Voilà un des chagrins de l'absence ; c'est qu'elle noircit toutes choses* », MME DE SÉVIGNÉ. « *Ce spectacle trouble la raison, noircit l'imagination* », MASSILLON. ◆ **Fig.** Rendre noir, faire passer pour méchant, infâme. « *J'ignore de quel crime on a pu me noircir* », Racine. ♦ Il se dit de choses auxquelles on donne une fâcheuse apparence. *Noircir la conduite de quelqu'un.* ♦ Se noircir, v. pr. Devenir noir. *Cela s'est noirci à la fumée.* ♦ Le temps, le ciel se noircit, le temps devient obscur, le ciel se couvre de nuages. ♦ **Fig.** Se faire tort, se rendre odieux, infâme. « *Je ne me noircis pas pour le justifier* », Racine. ♦ Se diffamer l'un l'autre. ■ NOIRCISSEMENT, n. m. [nwarsis(ə)mã]

NOIRCISSEUR, ■ n. m. [nwarsisœr] (radic. du p. prés. de *noircir*) **Fam.** *Un noircisseur de papier*, écrivain de pacotille.

NOIRCISSURE, n. f. [nwarsisyr] (radic. du p. prés. de *noircir*) Tache de noir. ♦ Altération des vins qui prennent une teinte noire.

NOIRE, n. f. [nwar] (substantivation du fém. de *noir*) **Mus.** Figure représentant la durée relative égale à celle de la moitié de la blanche ou du quart de la ronde ; la noire vaut elle-même deux croches, ou quatre doubles croches, ou huit triples croches. ♦ *La rouge et la noire*, se dit, à certains jeux de hasard, d'une boule rouge et d'une boule noire. ■ Femme noire.

NOISE, n. f. [nwaz] (lat. *nausea*, gr. *nausia*, mal de mer, envie de vomir, avec p.-ê. infl. sém. de l'a. provenç. *nauza*, ennui, chagrin, ou *noxia*, tort, délit, de *nocere*, nuire ou *noxia*?) Discorde accompagnée de bruit. « *Les contrats sont la porte Par où la noise entra dans l'univers* », La Fontaine. ♦ *Chercher noise à quelqu'un*, commencer une querelle avec lui.

NOISERAIE, n. f. [nwaz(ə)rɛ] (*noyer*, avec infl. de *noix, noisette*) Lieu planté de noyers.

NOISETIER, n. m. [nwaz(ə)tje] (*noisette*) Arbrisseau de la famille des cupulifères, dit aussi coudrier. ♦ Noisetier franc, variété qui se caractérise par la grosseur du fruit.

NOISETTE, n. f. [nwazɛt] (*noix*) Fruit du noisetier. ♦ *Noisette franche*, fruit du noisetier franc. ♦ *Couleur de noisette* ou *couleur noisette*, gris fauve approchant de la couleur de la noisette. ♦ **Adj. inv.** *Des étoffes noisette.* ♦ Petite quantité équivalant au volume d'une noisette. *Appliquer une noisette de crème hydratante sur le visage.* ♦ *Pommes noisettes* ou *pommes de terre noisettes*, petites boulettes de purée de pommes de terre que l'on fait rissoler ou frire. ♦ *Café noisette* ou ellipt. *un noisette*, café additionné d'un nuage de lait. ♦ *Beurre noisette*, beurre cuit qui prend la couleur de la noisette. ♦ En boucherie, partie bien garnie d'une côtelette. *Une noisette de biche, de chevreuil.*

NOIX, n. f. [nwa] (lat. *nux*) Sorte de fruit ayant une coque dure et ligneuse, couverte d'une écale verte. ♦ Il se dit aussi d'autres fruits qui ont quelques ressemblances avec la noix. ♦ *Noix d'Inde* ou *noix de coco*, le fruit du cocotier. ♦ *Noix muscade*, noyau contenu dans le fruit du muscadier aromatique. ♦ *Noix de galle*, Voy. GALLE. ♦ *Noix*, nom donné par les bouchers aux ganglions lymphatiques axillaires du veau. ♦ *Noix d'un gigot*, morceau constitué par les ganglions lymphatiques situés dans le creux du jarret. ♦ Ce creux du jarret est appelé *gîte à la noix* ou mieux *gîte de la noix*, quand il appartient au bœuf. ♦ Pièce de la platine, soit d'un fusil, soit d'un pistolet. ♦ Roue dentelée qui fait partie d'un moulin à café, à poivre, etc. et qui sert à broyer le grain. ■ *Noix de cajou*, Voy. CAJOU. ■ Petite quantité équivalant au volume d'une noix. *Faire fondre une noix de beurre dans la poêle.* ■ À LA NOIX, loc. adj. **Fam.** Sans valeur, sans intérêt. *C'est quoi ce truc à la noix ?* ■ *Noix de côtelette*, partie centrale charnue de la côtelette. ■ Imbécile. *Quelle noix, ce garçon !*

NOLI ME TANGERE, n. m. inv. [nolimetãʒere] (on prononce *no-li-mé-tan-jé-ré* ; lat. *noli me tangere*, ne me touche pas, paroles du Christ à Marie-Madeleine) Balsamine noli me tangere ou simplement *le noli me tangere*, plante dont les capsules, à l'époque de la maturité, s'ouvrent au moindre contact, et alors les graines s'élancent avec raideur. ♦ **Chir.** Ulcère que les moyens thérapeutiques ne font qu'irriter. ♦ Au pl. *Des noli me tangere.*

NOLIS, n. m. [nɔli] (on ne prononce pas le *s* final ; *noliser*) **Mar.** Qui n'est usité que dans la Méditerranée. Action de noliser. ♦ **Mar.** et **comm.** Fret. *Payer le nolis.*

NOLISATEUR, n. m. [nolizatœr] (*noliser*) Affréteur, fréteur

NOLISÉ, ÉE, p. p. de noliser. [nolize]

NOLISEMENT, n. m. [noliz(ə)mã] (*noliser*) Action de noliser.

NOLISER, v. tr. [nolize] (b. lat. *naulisare*, du lat. *naulum*, gr. *naulon*, fret, frais de transport maritime) **Mar.** Affréter.

NOM, n. m. [nõ] (lat. *nomen*) Mot qui désigne une personne. *Un nom de famille, de baptême.* ♦ *Avoir nom*, porter le nom. « *Elle avait nom Philis* », La Fontaine. ♦ *Sous le nom de quelqu'un*, en prenant son nom. ♦ *Prêter son nom*, se dit de celui qui permet qu'une personne prenne son nom pour faire quelque chose. ♦ **Fig.** Personnage, homme. *Son nom figure dans l'histoire.* ♦ *Les grands noms*, les personnes illustres par la noblesse et le rang. ♦ **Fam.** *Petit nom*, prénom, nom de baptême et aussi nom d'amitié. ♦ *Nom de guerre*, Voy. GUERRE. ♦ Nom propre que l'on impose aux animaux soit

pour leur parler, soit pour les désigner. ♦ Mot qui désigne un être, un objet, une chose. *Le nom d'une ville, d'un pays, etc.* ♦ *Nommer les choses par leur nom*, donner sans ménagement aux choses et aux personnes les noms qu'elles méritent. ♦ *N'avoir pas de nom*, se dit d'une chose qui ne peut être qualifiée assez sévèrement. « *C'est un excès qui n'a pas de nom* », Bossuet. ♦ *Le nom chrétien, le nom français, etc.* tout ce qui porte le nom de chrétien, de français, etc. c'est-à-dire tous les chrétiens, tous les Français etc. ♦ En style de pratique, qualité, titre en vertu duquel on agit, on prétend à quelque chose. *Il procède au nom et comme tuteur. Céder ses droits, noms, raisons et actions.* ♦ *Nom social*, le nom que des associés doivent signer pour représenter la raison de leur commerce. ♦ *Se faire un nom.* ♦ *La gloire de son nom*, la gloire qu'une personne s'est acquise. *C'est un homme sans nom*, il est sans crédit, sans réputation. ♦ Noblesse, qualité. « *Polyeucte a du nom.* », P. Corneille. « *Les grands noms abaissent au lieu d'élever ceux qui ne les savent pas soutenir* », La Rochefoucauld. ♦ Personnes du même nom, famille. ♦ Dénomination, qualité. « *Si l'on doit le nom d'homme à qui n'a rien d'humain* », P. Corneille. ♦ Qualification morale, appliquée soit aux personnes, soit aux choses. *Ce prince a mérité le nom de grand.* « *Une injustice couverte d'un nom spécieux* », Bossuet. ♦ **Gramm.** Mot qui sert à désigner ou qualifier une personne ou une chose. *Nom substantif, adjectif, masculin*, Voy. PROPRE, COMMUN. ♦ *Nom propre, commun*, Voy. PROPRE, COMMUN. ♦ *Nom de nombre*, nom qui sert à désigner les nombres. ♦ *Le nom*, ce qui n'est pas effectif, pas réel. « *Elle se défend du nom, mais non pas de la chose* », Molière. ♦ *N'être qu'un nom*, n'avoir point de réalité. ♦ AU NOM DE, loc. prép. De la part de. *En mon nom, en son nom, etc.* ♦ En considération de. « *Au nom d'une amitié si constante et si belle* », Racine. ♦ *Au nom de Dieu*, en invoquant le nom de Dieu. ♦ *Au nom de Dieu*, n'est quelquefois qu'une simple supplication. « *Mon frère, au nom de Dieu, ne vous emportez pas* », Molière. ♦ *De nom*, par opposition à réellement et de fait. « *Reine longtemps de nom, mais en effet captive* », Racine. ■ *Ne pas pouvoir mettre un nom sur un visage*, connaître physiquement quelqu'un sans connaître son nom. ♦ *Connaître quelqu'un de nom*, de réputation. ■ **Fam.** *Un nom à coucher dehors*, un nom très difficile à prononcer et à retenir. ■ **Par extens.** Prénom. *Choisir un nom pour son bébé.* ■ *Nom de Dieu ! Nom d'une pipe ! Nom d'un chien ! Nom d'un petit bonhomme ! Crénom de nom !*, jurons.

NOMADE, adj. [nomad] (lat. *nomas*, du gr. *nomas*, qui change de pâturage, nomade) Qui n'a point d'habitation fixe, en parlant de peuples. ♦ **Par extens.** *Population nomade*, classe de gens qui n'ont pas de résidence et qui se déplacent suivant les besoins. ♦ **N. m. pl.** *Les nomades*, les peuples qui n'ont pas d'habitation fixe. ■ **Zool.** Qui est concerné par la migration. *Les cigognes sont des oiseaux nomades.* ■ **Dr.** En France, personne n'ayant pas de domicile fixe déclaré, qui se déplace et qui ne fait pas partie de la communauté des forains. *Les nomades sont couramment appelés gens du voyage. Les nomades doivent être rattachés civilement à une localité.*

NOMADISER, ■ v. intr. [nomadize] (*nomade*) Vivre en nomades ou comme les nomades. *Une région riche en pâturages où les Berbères nomadisent dès le printemps.*

NOMADISME, ■ n. m. [nomadism] (*nomade*) Style de vie des nomades. *Le nomadisme au Sahara.* ■ Migration, déplacement sans but sédentaire. ■ Fait de changer régulièrement de responsabilités et de projets au sein d'une entreprise. *Le nomadisme en entreprise.*

NO MAN'S LAND ou **NO-MAN'S-LAND**, ■ n. m. inv. [nomanslãd] (les deux *an* se prononcent différemment : no-mann'-s-land' ; mots angl., terre d'aucun homme) Zone neutre entre deux armées ennemies, deux groupes opposés. *Se retrouver dans un no man's land.* ■ Endroit dévasté ; **Fig.** *Le no man's land de l'indifférence.* ■ **Par extens.** Partie située entre deux postes de douanes de pays différents. *Des no man's land, des no-man's-land.*

NOMARQUE, n. m. [nomark] (gr. *nomarkhês*, de *nomos*, nome, et *arkhein*, commander) Gouverneur d'un nome dans l'ancienne Égypte.

NOMBRABLE, ■ adj. [nõbrabl] (*nombre*) Que l'on peut compter. *Quantité nombrable.*

NOMBRANT, adj. m. [nõbrã] (*nombrer*) Usité seulement dans cette locution : *Nombre nombrant*, nombre abstrait.

NOMBRE, n. m. [nõbr] (lat. *numerus*) L'unité, une collection d'unités, les parties de l'unité. *Les chiffres servent à écrire les nombres.* ♦ *Les grands nombres*, les nombres composés de beaucoup de chiffres. ♦ *Nombre abstrait, concret, entier*, Voy. ABSTRAIT, CONCRET, ENTIER. ♦ *Nombre cardinal*, tout nombre qui sert à marquer la quantité, comme un, deux, etc. ♦ *Nombre d'ordre* ou *ordinal*, tout nombre qui sert à marquer le rang, comme premier, second, etc. ♦ *Nombre collectif*, tout nombre qui exprime l'assemblage de plusieurs unités, comme une dizaine, une vingtaine, etc. ♦ *Nombre rond*, un de ces nombres auxquels on rapporte le plus souvent les comptes, comme dix, cent, mille, etc. ♦ *Nombre carré, cube, décimal*, Voy. CARRÉ, CUBE, DÉCIMAL. ♦ *Nombre premier*, nombre qui n'est divisible que par lui-même et par l'unité, comme 3, 5, 7. ♦ *Nombres premiers entre eux,* nombres qui n'ont aucun diviseur commun, comme 14 et 15. ♦ Dans la numération, *nombre,* dizaine, centaine, etc. unité, dizaine centaine, etc. ♦ **Chim.** *Nombres proportionnels,* les équivalents. ♦ N. m. *Les Nombres,* livre de l'Ancien Testament où Moïse fait le dénombrement du peuple de Dieu. ♦ *Nombre d'or,* période de dix-neuf ans, au bout de laquelle la lune recommence son cours avec le soleil. ♦ Quantité indéterminée. *Un petit, un grand nombre.* « *Ils étaient les plus forts en nombre* », PASCAL. ♦ *Faire nombre,* compter, figurer. ♦ *N'être là que pour faire nombre,* ne pas compter comme personnage actif. ♦ *Nombre,* sans article. *Nombre de couvents furent supprimés.* ♦ *Petit nombre,* petite quantité. « *Le petit nombre de ceux qui courent après lui ne peut l'atteindre* », LA BRUYÈRE. ♦ *Le petit nombre, un petit nombre d'hommes,* par opposition à la foule, au vulgaire. « *Le petit nombre qui pense conduit le grand nombre avec le temps* », VOLTAIRE. ♦ Supériorité numérique. *Céder au nombre.* ♦ **Gramm.** Forme indiquant qu'un nom se rapporte à un seul objet ou à plusieurs. *Nombre singulier, pluriel.* ♦ Harmonie qui résulte d'un certain arrangement de mots dans la poésie et dans les vers. ♦ *Le nombre oratoire,* le rythme plus ou moins large de la phrase éloquente. ♦ DANS LE NOMBRE, loc. adv. Parmi plusieurs, entre plusieurs personnes ou choses. ♦ AU NOMBRE DE, AU NOMBRE DE, loc. prép. Parmi plusieurs, au rang de. ♦ *Du nombre* s'emploie aussi adverbialement. « *Vous serez peut-être du nombre* », MME DE SÉVIGNÉ. ♦ *En nombre,* nombreux. ♦ En librairie, *livres de fonds et en nombre,* par opposition aux livres d'assortiment dont la librairie ne possède qu'un ou quelques exemplaires. ♦ SANS NOMBRE, loc. adv. En quantité si grande qu'on la suppose innombrable. ♦ *Nombre algébrique,* nombre réel ou complexe qui est racine d'une équation polynomiale à coefficients entiers. ■ *Théorie des nombres,* partie des mathématiques pures qui s'occupe des propriétés des nombres entiers, qu'ils soient entiers naturels ou entiers relatifs, et qui contient beaucoup de problèmes faciles à comprendre, même par les non-mathématiciens. *L'arithmétique fait référence à la théorie des nombres.* ■ *Loi des grands nombres,* loi qui indique que lorsque l'on fait un tirage aléatoire dans une série de grande taille, plus on augmente le nombre d'échantillons, plus les caractéristiques statistiques des échantillons se rapprochent des caractéristiques statistiques de la population. *C'est sur la loi des grands nombres que reposent les sondages.* ■ *Nombre* ou *numéro atomique,* nombre de protons du noyau. ■ *Nombre de Mach,* Voy. MACH. ■ *Nombre pi,* nombre irrationnel qui s'écrit avec une infinité de décimales sans suite logique et qu'on écrit, dans la pratique, 3,14. *L'explication du nombre pi par Archimède est que* dans tout cercle, la proportion de la circonférence au diamètre et la proportion de la superficie au carré du rayon sont égales à une même constante.

NOMBRÉ, ÉE, p. p. de nombrer. [nɔ̃bʀe]

NOMBRER, v. tr. [nɔ̃bʀe] (lat. *numerare,* compter) Trouver le nombre de. ♦ Absol. « *Je ne puis jamais, en nombrant, arriver au plus grand de tous les nombres* », DESCARTES. ♦ Dans le langage général, compte, relater, énumérer. « *[Il] Peut à peine nombrer ses états et ses villes* », ROTROU.

NOMBREUSEMENT, adv. [nɔ̃bʀø(ə)mɑ̃] (*nombreux*) En nombre, d'une manière nombreuse. « *Espèce nombreusement répandue* », BUFFON.

NOMBREUX, EUSE, adj. [nɔ̃bʀø, øz] (lat. *numerosus,* en grand nombre, en cadence) Qui est en grand nombre. ♦ En peinture, *composition nombreuse,* composition dans laquelle il entre un grand nombre de figures. ♦ En parlant du style, qui a de l'harmonie, du nombre. ♦ *Période nombreuse,* période bien cadencée.

NOMBRIL, n. m. [nɔ̃bʀi] ou [nɔ̃bʀil] (on prononce ou non le *l* final ; lat. pop. *umbiliculus,* du lat. *umbilicus,* avec agglutination de l'art. indéfini, puis dissimilation des deux *l* de *nomblil*) Cicatrice arrondie, déprimée ou saillante selon les espèces, située vers le milieu de la ligne médiane de l'abdomen chez les mammifères adultes. ♦ Cavité qui se voit à la place des fruits qui est opposée à la queue. ♦ **Hérald.** *Nombril de l'écu,* point qui est au milieu du dessous de la fasce, et qui la sépare de la pointe. ■ **Fam.** *Se prendre pour le nombril du monde, de la Terre,* se croire très important. ■ **Fam.** *Se regarder le nombril,* ne penser qu'à soi, être égocentrique. ■ **Bot.** *Nombril-de-Vénus,* espèce de plante sauvage subméditerranéenne que l'on trouve sur la face nord des vieux murs et rochers.

NOMBRILISME, ■ n. m. [nɔ̃bʀilism] (*nombril*) Fam. Fait de donner une trop grande importance à sa personne. « *Il n'était pas bien de s'occuper de soi : c'était du nombrilisme et de l'égocentrisme par rapport à nos grands idéaux* », L'EXPRESS. ■ NOMBRILISTE, n. m. et n. f. et adj. [nɔ̃bʀilist]

1 NOME, n. m. [nɔm] (gr. *nomos*) **Antiq.** Poème en l'honneur d'Apollon. ♦ Chant ou air assujetti à une cadence. *Nome éolien. Nome béotien.*

2 NOME, n. m. [nɔm] (gr. *nomos*) **Antiq.** Gouvernement, préfecture, division administrative de l'Égypte. ■ Division administrative de la Grèce moderne. *Le nome de Samos.*

3 ...NOME, ...NOMIE, ■ [nɔm, nɔmi] Suffixe, du grec *nemein,* distribuer, administrer. *Un agronome.*

NÔME, n. m. [nom] (lat. *nomen,* à partir du *binominis,* qui a deux noms, de *bi(s)* et *nomen,* et avec infl. des mots savants en -*ôme*) Dans l'algèbre ancienne, quantité jointe à une autre par un signe + ou un signe - ; *a + b* est un binôme dont les deux nômes sont *a* et *b.*

NOMENCLATEUR, TRICE, n. m. et n. f. [nɔmɑ̃klatœʀ, tʀis] (lat. *nomenclator* ; nomenclature) **Antiq.** Esclave romain qui nommait les citoyens à ceux qui avaient intérêt à les connaître. ♦ Personne qui impose des noms. ♦ Personne qui s'applique à la nomenclature en chimie, en histoire naturelle, etc. ♦ Recueil des noms d'hommes ou de lieux qui sont dans un auteur. *Le nomenclateur cicéronien.* ■ Personne qui établit des nomenclatures.

NOMENCLATURE, n. f. [nɔmɑ̃klatyʀ] (lat. *nomenclatura,* fait d'appeler par le nom, de *nomen,* et rac. indo-eur. *kale-/klâ-,* appeler) Ensemble des mots d'un dictionnaire. ♦ Collection des mots employés pour désigner les différents objets d'une science ou d'un art. ♦ *Nomenclature chimique,* langage dont se servent les chimistes pour désigner les corps, ou l'ensemble des principes et des règles d'après lesquels on dénomme les corps composés. ■ Classification. *La nomenclature des professions paramédicales.*

NOMENKLATURA, ■ n. f. [nɔmɛnklatura] (*en* se prononce *enn* et *u* se prononce *ou* ; mot russe) Liste nominative des personnes occupant un poste d'encadrement dans l'ex-régime soviétique. ■ **Fig.** Ensemble de personnes bénéficiant de certains privilèges ou pouvoirs. *Renvois d'ascenseurs qui s'opèrent au sein de différentes nomenklaturas.*

NOMINAL, ALE, adj. [nɔminal] (lat. *nominalis*) Qui est relatif au nom. « *Souvent en histoire naturelle, une erreur nominale entraîne une erreur réelle* », BUFFON. ♦ *Appel nominal,* action d'appeler successivement par leur nom les membres d'une assemblée. ♦ *Adjectifs nominaux,* les adjectifs qualificatifs. ♦ Qui est seulement de nom. « *Des espèces nominales créées par le caprice des méthodes* », BUFFON. ♦ *Valeur nominale,* valeur exprimée sur un papier-monnaie, sur un effet de commerce, etc. ♦ Dans la scolastique, qui appartient à la philosophie nominaliste. ♦ N. m. et n. f. *Les nominaux,* les partisans de la philosophie nominaliste.

NOMINALEMENT, adv. [nɔminal(ə)mɑ̃] (*nominal*) De nom ; avec une valeur nominale. *Cela n'existe que nominalement.*

NOMINALISATION, ■ n. f. [nɔminalizasjɔ̃] (*nominaliser*) Fait de transformer en un syntagme nominal. *Présence du trait d'union due à la nominalisation d'un syntagme verbal.*

NOMINALISER, ■ v. tr. [nɔminalize] (*nominal*) **Ling.** Transformer en un syntagme nominal. *Utiliser les dérivés pour nominaliser un groupe verbal.* ■ Substantiver. *L'allemand nominalise plus facilement les adjectifs que le français.*

NOMINALISME, n. m. [nɔminalism] (*nominal*) Dans la philosophie scolastique, système dans lequel on prétendait que les espèces, les genres, les entités n'étaient point des êtres de raison, par opposition aux réalistes qui leur attribuaient une existence réelle. ■ *Nominalisme scientifique,* qui englobe toutes les doctrines contemporaines qui substituent, dans la théorie des sciences, les idées de convention, de commodité, de réussite empirique, à celles de vérité et de connaissance du réel. ■ **Dr.** *Nominalisme monétaire,* restitution d'argent qui ne peut être exigée que pour le montant nominal de l'obligation.

NOMINALISTE, n. m. et n. f. [nɔminalist] (*nominal*) Partisan du nominalisme. ♦ Adj. Qui appartient au nominalisme.

NOMINATAIRE, n. m. [nɔminatɛʀ] (radic. de *nomination*) Personne qui était nommée par le roi à un bénéfice. ♦ N. f. Fille que le roi nommait à quelque abbaye religieuse.

NOMINATEUR, n. m. [nɔminatœʀ] (lat. ecclés. *nominator*) ▷ En matière bénéficiale, personne qui nomme, qui a droit de nommer. ◁

NOMINATIF, IVE, adj. [nɔminatif, iv] (lat. impér. *nominativus*) Qui dénomme, qui contient des noms. *Un état nominatif.* ♦ *Titre nominatif, action nominative,* titre ou action qui porte le nom du propriétaire. ♦ N. m. Dans les langues qui ont des cas, le cas qui ne peut être employé que comme sujet ou attribut de la proposition. ♦ **Par extens.** Le sujet de la phrase, dans les langues qui n'ont pas de cas.

NOMINATION, n. f. [nɔminasjɔ̃] (lat. *nominatio*) Action de nommer à quelque emploi. ♦ Effet de cette nomination. *Sa nomination à un emploi lucratif.* ♦ Droit de nommer à un emploi, à une dignité. ■ Fait d'être nommé, notamment à une remise de prix. *Il a reçu une nomination au César du meilleur second rôle.*

NOMINATIVEMENT, adv. [nɔminativ(ə)mɑ̃] (*nominatif*) Par son nom. *Sommé nominativement de répondre.*

NOMINAUX, n. m. pl. [nɔmino] Voy. NOMINAL.

NOMINER, ■ v. tr. [nomine] (angl. *nominee*, personne désignée) Sélectionner comme candidat à un prix. *Les films nominés pour la cérémonie des Césars.* ■ Rem. On recommande officiellement l'emploi de *nommer.*

NOMMAGE, ■ n.m. [nomaʒ] (*nommer*) **Inform.** Procédé par lequel on identifie un objet, quand on lui attribue un nom pour le différencier des autres instances de sa classe. *Une charte, un protocole de nommage.*

NOMMÉ, ÉE, p. p. de nommer. [nome] *Fam. Être bien nommé, mal nommé,* se dit d'une personne dont le nom propre est un nom significatif qui lui convient ou qui ne lui convient pas. ♦ N.m. et n.f. *Le nommé Pierre. À point nommé,* en désignant par avance le point de dés ou de cartes, et fig. précisément, au temps qu'il faut, fort à propos. ♦ *À jour nommé,* au jour qui avait été indiqué. ♦ *Évêque nommé,* évêque qui a été nommé par le prince, mais qui n'a pas encore reçu ses bulles du pape. ♦ Qui a pour nom. *Un homme nommé Martin.* ■ Désigné. *Les personnes nommées peuvent s'asseoir.* ■ Désigné par nomination. *Une personne nommée chef de section.*

NOMMÉMENT, adv. [nomemɑ̃] (*nommé*) Avec désignation par le nom. *Déshériter nommément un fils.* ♦ **Spécial** *L'influence du climat et nommément celle de l'humidité.*

NOMMER, v. tr. [nome] (lat. *nominare*) Distinguer par un nom une personne ou une chose. ♦ Être parrain ou marraine. ♦ Dire le nom d'une personne ou d'une chose. ♦ Prononcer le nom de, dire comment une personne, une chose s'appelle. ♦ *Nommer un nom,* le prononcer, le faire entendre. ♦ Désigner les gens par leur nom, faire des personnalités. ♦ Qualifier. *Louis XII a été nommé le Père du peuple.* ♦ Désigner. « *La mort entre nous deux nous nommera le vainqueur* », Delille. ♦ À différents jeux, *nommer la couleur,* dire en quelle couleur on joue. ♦ *Nommer quelqu'un à un emploi, à une charge,* le choisir, le désigner pour cet emploi, pour cette charge. ♦ *Nommer quelqu'un son héritier,* l'instituer son héritier. ♦ *Nommer d'office,* se dit du juge qui, d'après la loi, choisit et nomme des experts, des arbitres, des défenseurs, etc. ♦ *Se nommer,* v. pr. Déclarer son nom. ♦ Avoir pour nom, en parlant des personnes et des choses. « *La candeur se nomma grossièreté, rudesse* », Boileau. ■ Donner un nom à quelque chose de nouveau. *Nommer une découverte scientifique. Nommer un nouveau-né.* ■ Conférer un titre à quelqu'un. *Nommer un avocat.*

NOMO..., ■ [nomo] Préfixe, du grec *nomos,* loi. *La nomographie.*

NOMOGRAMME, ■ n.m. [nomogram] (*nomo-* et *gramme*) **Math.** Diagramme formé de trois échelles graduées comportant différentes valeurs placées à des intervalles réguliers et permettant d'effectuer des calculs rapidement. *Utiliser un nomogramme pour calculer l'indice de masse corporelle.*

NOMOGRAPHE, ■ n.m. et n.f. [nomograf] (gr. *nomographos,* qui rédige des lois) Auteur d'une étude sur les lois.

NOMOGRAPHIE, ■ n.f. [nomografi] (gr. *nomographia,* action de donner des lois écrites) Sciences des lois. ■ Traité portant sur les lois. *Cet homme a été deux fois lauréat de l'Académie des sciences pour sa nomographie et ses travaux mathématiques.* ■ **Math.** Procédé graphique utilisant un nomogramme.

NOMOLOGIE, ■ n.f. [nomoloʒi] (*nomo-,* loi, et *logie*) Étude portant sur les lois. *Sociologie et nomologie juridiques.* ■ NOMOLOGIQUE, adj. [nomoloʒik] *Une analyse nomologique.*

NOMOTHÈTE, ■ n.m. [nomotɛt] (gr. *nomothetès,* législateur, de *nomos,* loi, et *tithenai,* poser) **Antiq. grecq.** À Athènes, membre élu d'une commission chargée d'apporter les modifications nécessaires aux lois existantes dont on demandait l'abrogation ou la révision.

NON, n.m. [nɔ̃] (lat. *non*) Particule négative opposée à oui. *L'avez-vous fait? - Non.* ♦ *Fam. Je ne dis pas non,* je ne refuse pas. ♦ *Non* s'emploie pour nier une proposition entière qui est sous-entendue. « *Je parle de Néarque et non de votre époux* », P. Corneille. ♦ Il peut remplacer un substantif, un adjectif. *Malice ou non, le mal est fait. Sage ou non.* ♦ Il se joint souvent avec *pas. Non pas.* ♦ Il se met au commencement d'une phrase négative pour en annoncer le caractère. *Non, je n'en ferai rien.* ♦ Il se joint à des adjectifs, à des substantifs, à des verbes. *Non solvable. Fin de non-recevoir.* ■ NON SEULEMENT, loc. adv. Ordinairement suivie de *mais encore.* ■ NON PLUS QUE, loc. adv. Ne... pas plus que. « *On ne doute non plus de sa volonté que de son être* », Bossuet. ♦ *Non plus,* pareillement, dans une phrase négative. *Vous ne le voulez pas, ni moi non plus.* ♦ *Non que,* avec le subjonctif, ce n'est pas que. *Non qu'il ne soit fâcheux de souffrir.* ♦ N.m. *Un non. Des non.* ♦ *Pour un oui ou pour un non,* pour peu de chose. ■ *Fam. et* interrogativ. *N'est-ce pas. Je te l'ai donné, non?* ■ *Ne dire ni oui ni non,* ne pas prendre position. ■ *Faire non de la tête,* faire bouger la tête de droite et de gauche; mimer un refus avec la tête. ■ *Fam. Non, mais!* exclamation en signe de protestation ou de colère. ■ *Non?* interrogation qui marque l'étonnement. ■ **Belg.** *Non fait,* renforce une négation. ■ Rem. Graphie ancienne : *non-seulement.*

NON ACCOMPLI, IE, ■ adj. [nɔ̃nakɔ̃pli] (*non* et *accompli*) Qui n'est pas fini. ■ N.m. **Ling.** *Le non-accompli,* ce qui sert à exprimer qu'une action

se déroule et n'est pas achevée. *L'imparfait en français est le temps du non-accompli.*

NON-ACTIVITÉ, n.f. [nɔ̃naktivite] (*non* et *activité*) Position d'un officier, d'un employé qui momentanément n'exerce aucune fonction.

NONAGÉNAIRE, adj. [nɔnaʒenɛʀ] (lat. *nonagenarius,* de quatre-vingt-dix) Qui a quatre-vingt-dix ans, en parlant d'un homme, d'une femme. ♦ N.m. et n.f. *Un nonagénaire. Une nonagénaire.* ■ Âgé de quatre-vingt-dix ans à quatre-vingt-dix-neuf ans.

NONAGÉSIME, adj. m. [nɔnaʒezim] (lat. *nonagesimus,* quatre-vingt-dixième) **Astron.** *Le nonagésime degré* ou *le nonagésime,* le plus haut point de l'écliptique, le point qui est éloigné de 90 degrés des points où l'écliptique coupe l'horizon. ♦ N.f. Fête du quatre-vingt-dixième jour avant Pâques.

NONAGESIMO, adv. [nɔnaʒezimo] (lat. *nonagesimo loco*) Il s'emploie pour marquer le quatre-vingt-dixième rang.

NON-AGRESSION, ■ n.f. [nɔ̃nagresjɔ̃] (*non* et *agression*) Accord fait entre deux pays qui, sans faire alliance, s'engagent à ne pas se combattre mutuellement. *Un pacte de non-agression.*

NON-ALIGNEMENT, ■ n.m. [nɔ̃nalinɔmɑ̃] ou [nɔnalinjɔmɑ̃] (*non* et *alignement*) Attitude d'un État qui refuse d'aligner sa politique sur celle menée par un ensemble d'autres États. ■ NON ALIGNÉ, ÉE, adj. [nɔnaline] ou [nɔnalinje] ■ NON-ALIGNÉS, n. m. pl. [nɔnaline] ou [nɔnalinje]

NON-ANIMÉ, ÉE, ■ adj. ou n. [nɔnanime] (*non* et *animé*) **Ling.** Qui désigne une chose. *Les non-animés sont également appelés inanimés. Le genre des noms non-animés est arbitraire contrairement à celui des animés qui correspond le plus souvent au sexe de l'être désigné.*

NONANTAINE, n.f. [nɔnɑ̃tɛn] (*nonante*) **Suisse** et **Belg.** Environ quatre-vingt-dix ; âge d'environ quatre-vingt-dix ans. *Il approche la nonantaine.*

NONANTE, adj. [nɔnɑ̃t] (lat. *nonaginta*) Nom de nombre cardinal composé de neuf dizaines. ♦ Il a vieilli ; on dit quatre-vingt-dix. ♦ **Astron.** Quart de nonante, quart de cercle divisé en quatre-vingt-dix degrés. ■ **Suisse** et **Belg.** Quatre-vingt-dix. *Il a nonante trois ans.*

NONANTIÈME, adj. [nɔnɑ̃tjɛm] (*nonante*) Nombre ordinal qui répond à nonante. ♦ Il a vieilli ; on dit quatre-vingt-dixième.

NON-APPARTENANCE, ■ n.f. [nɔ̃napaʀtɔnɑ̃s] (*non* et *appartenance*) Fait de ne pas appartenir à un ensemble, à un groupe. *Est interdite toute discrimination fondée sur l'appartenance ou la non-appartenance à une ethnie.*

NON-ASSISTANCE, ■ n.f. [nɔ̃nasistɑ̃s] (*non* et *assistance*) **Dr.** Délit consistant à ne pas apporter d'aide à une personne en danger, de façon volontaire. *Non-assistance à personne en danger.*

NON-BELLIGÉRANCE, ■ n.f. [nɔ̃beliʒeʀɑ̃s] (*non* et *belligérance*) État d'un pays neutre qui fait le choix de ne pas s'engager dans un conflit armé concernant d'autres nations. *Adopter une position de non-belligérance.* ■ NON BELLIGÉRANT, ANTE, adj. [nɔ̃beliʒeʀɑ̃, ɑ̃t]

NONCE, n.m. [nɔ̃s] (ital. *nunzio,* ambassadeur du pape, du lat. *nuntius,* messager) Prélat que le pape envoie en ambassade. *Le nonce du pape.*

NONCHALAMMENT, adv. [nɔ̃ʃalamɑ̃] (*nonchalant*) D'une manière nonchalante. ♦ Mollement, avec abandon.

NONCHALANCE, n.f. [nɔ̃ʃalɑ̃s] (*nonchalant*) Disposition de celui qui ne se soucie de rien ; manque de soin. ♦ Mollesse, abandon. ■ Sorte de grâce, d'abandon. *La nonchalance d'une pose.*

NONCHALANT, ANTE, adj. [nɔ̃ʃalɑ̃, ɑ̃t] (*non* et *chalant,* p. prés. de l'anc. verbe *chaloir,* se soucier) Qui a de la nonchalance. ♦ *Nonchalant de,* avec un substantif. « *Nonchalant du terme où finiront mes jours* », A. Chénier. ♦ N.m. et n.f. *Un nonchalant, une nonchalante.* ♦ Il se dit des choses dans le même sens. *Une démarche nonchalante.*

NONCHALOIR, ■ n.m. [nɔ̃ʃalwaʀ] (*non* et *chaloir*) **Litt.** Nonchalance. « *Céline tenta de l'égayer, de secouer cette torpeur, ce nonchaloir désolé qui l'abattait sur une chaise* », Huysmans.

NONCIATURE, n.f. [nɔ̃sjatyʀ] (ital. *nunziatura*) L'emploi, la charge de nonce du pape. ♦ Temps pendant lequel on exerce cet emploi. ♦ Palais qu'habite le nonce. ♦ Pays dépendant du pape, où un nonce exerçait une juridiction.

NON COMBATTANT, ANTE, ■ adj. [nɔ̃kɔ̃batɑ̃, ɑ̃t] (*non* et *combattant*) Qui ne prend pas part aux combats, en parlant des militaires. ■ N.m. et n.f. *Les non-combattants.*

NON COMPARANT, ANTE, ■ adj. [nɔ̃kɔ̃paʀɑ̃, ɑ̃t] (*non* et *comparant*) **Dr.** Qui ne comparaît pas en justice volontairement. *Prévenu non comparant représenté par son avocat.* ■ N.m. et n.f. *Un non-comparant.*

NON-COMPARUTION, ■ n. f. [nɔ̃kɔ̃paʀysjɔ̃] (*non* et *comparution*) Fait de ne pas se présenter devant la justice malgré l'ordre reçu. *En cas de non-comparution du demandeur sans justification d'un motif, l'affaire ne sera pas jugée.*

NON COMPTABLE, ■ adj. [nɔ̃kɔ̃tabl] (*non* et *comptable*) Ling. Qu'on ne peut compter. *Beurre est un nom non comptable.* ■ N. m. *Les non-comptables.*

NON-CONCILIATION, ■ n. f. [nɔ̃kɔ̃siljasjɔ̃] (*non* et *conciliation*) Dr. Refus de la conciliation. *Attestation de non-conciliation en cas d'instance de divorce.*

NON-CONFORMISTE, n. m. et n. f. [nɔ̃kɔ̃fɔʀmist] (*non* et *conformiste*) Nom donné à ceux qui s'écartent de l'Église anglicane. ♦ Adj. *Les Églises non conformistes.* ■ Qui ne se conforme pas aux règles sociales ou morales ; par extens. qui fait preuve d'originalité. ■ N. m. et n. f. *Un, une non-conformiste.* ■ NON-CONFORMISME, n. m. [nɔ̃kɔ̃fɔʀmism]

NON-CONFORMITÉ, ■ n. f. [nɔ̃kɔ̃fɔʀmite] (*non* et *conformité*) Caractère de ce qui n'est pas conforme à ce que l'on est en droit d'attendre. *La non-conformité d'une marchandise livrée.*

NON-CONTRADICTION, ■ n. f. [nɔ̃kɔ̃tradiksjɔ̃] (*non* et *contradiction*) Philos. *Principe de non-contradiction,* principe selon lequel chaque proposition d'un système théorique ne peut être à la fois démontré et réfuté.

NON CROYANT, ANTE, ■ adj. [nɔ̃kʀwajã, ãt] (*non* et *croyant*) Qui n'appartient à aucune confession religieuse. ■ N. m. et n. f. *Une non-croyante.*

NON-CUMUL, ■ n. m. [nɔ̃kymyl] (*non* et *cumul*) Dr. *Non-cumul des peines,* en France, loi selon laquelle la peine la plus faible prononcée pour un crime ou un délit est absorbée par la plus forte prononcée pour un autre crime ou autre délit. ■ Fait de ne pas pouvoir cumuler plusieurs mandats.

NON-DÉNONCIATION, ■ n. f. [nɔ̃denɔ̃sjasjɔ̃] (*non* et *dénonciation*) Fait de ne pas dénoncer un acte illégal dont une personne a été témoin ou a eu connaissance. *Non-dénonciation de crimes ou délits.*

NON DIRECTIF, IVE, ■ adj. [nɔ̃diʀɛktif, iv] (*non* et *directif*) Qui n'est pas directif en parlant d'une autorité. *Des parents non directifs.* ■ Psych. Qui ne fait pas pression ou qui évite de donner des orientations dans les réponses à un entretien ou un questionnaire. ■ *Psychothérapie non directive,* psychothérapie dans laquelle le thérapeute évite de donner des directions de réflexion à son patient. ■ NON-DIRECTIVITÉ, n. f. [nɔ̃diʀɛktivite]

NON-DISCRIMINATION, ■ n. f. [nɔ̃diskʀiminasjɔ̃] (*non* et *discrimination*) Attitude de ceux qui refusent toute discrimination. *La charte de non-discrimination des cabinets de recrutement.*

NON-DISSÉMINATION, ■ n. f. [nɔ̃diseminasjɔ̃] (*non* et *dissémination*) En politique, fait de limiter la quantité d'armes, notamment nucléaires, dans le monde. *Les accords désarmement et de non-dissémination.* ■ Rem. On dit aussi *non-prolifération.*

NON-DIT, ■ n. m. [nɔ̃di] (*non* et *dit*) Ce qu'on ne dit pas délibérément. *Malentendus qui reposent sur des non-dits.*

NON-DROIT, ■ n. m. [nɔ̃dʀwa] (*non* et *droit*) *Zone de non-droit,* zone géographique ou physique dans laquelle les lois ne peuvent être appliquées. *Internet, une zone de non-droit.*

NONE, n. f. [nɔn] (lat. *nona* [*hora*], neuvième heure du jour) Antiq. rom. La quatrième partie du jour, qui commençait à la fin de la neuvième heure, ou selon notre manière de compter, à trois heures après-midi. ♦ Dans la liturgie catholique, celle des sept heures canoniales qui se chante ou se récite après sexte.

NON ENGAGÉ, ÉE, ■ adj. [nɔ̃nãgaʒe] (*non* et *engagé*) Qui ne s'engage pas dans un conflit armé. *Les nations non engagées finiront-elles par prendre partie dans ce conflit ?* ■ N. m. et n. f. *Les non-engagés.* ■ NON-ENGAGEMENT, n. m. [nɔ̃nãgaʒ(ə)mã]

NONES, n. f. pl. [nɔn] (lat. *nonæ*, neuvième jour avant les Ides) Antiq. rom. Le septième jour des mois de mars, mai, juillet et octobre, et le cinquième des autres mois, et toujours le huitième avant les ides.

NON-ÊTRE, n. m. [nɔnɛtʀ] (*non* et *être*) Philos. Absence, négation de l'être. ♦ Cessation d'existence. *« L'horreur que témoigne toute la nature de la mort et du non-être »,* Bossuet. ■ Au pl. *Des non-être.*

NON EUCLIDIEN, IENNE, ■ adj. [nɔ̃nøklidjɛ̃, jɛn] (*non* et *euclidien*) Qui n'obéit pas à l'axiome d'Euclide, en parlant d'une géométrie. *L'espace-temps est un espace non euclidien.*

NON-ÉVÉNEMENT ou **NON-ÉVÈNEMENT**, ■ n. m. [nɔneven(ə)mã] (*non* et *événement*) Événement dont l'effet escompté ne se produit pas. *Le non-événement d'un film à sa sortie.*

NON-EXÉCUTION, ■ n. f. [nɔnɛgzekysjɔ̃] (*non* et *exécution*) Dr. Refus d'exécuter quelque chose. *La non-exécution d'un ordre.*

NON-EXISTENCE, ■ n. f. [nɔnɛgzistãs] (*non* et *existence*) Philos. Fait de ne pas exister. *L'existence et la non-existence.*

NON FIGURATIF, IVE, ■ adj. [nɔ̃figyʀatif, iv] (*non* et *figuratif*) En arts, qui ne représente pas la réalité du monde extérieur, qui est abstrait. *L'art pictural religieux non figuratif.* ■ N. m. et n. f. *Les non-figuratifs.* ■ NON-FIGURATION, n. f. [nɔ̃figyʀasjɔ̃]

NON-FUMEUR, EUSE, ■ n. m. et n. f. [nɔ̃fymœʀ, øz] (*non* et *fumeur*) Personne qui ne fume pas ou qui ne fume plus. ■ En appos. *Un wagon non-fumeur* ou *non-fumeurs* (c'est-à-dire pour les non-fumeurs).

NON-GAGE, ■ n. m. [nɔ̃gaʒ] (*non* et *gage*) *Certificat de non-gage,* certificat qui atteste qu'une voiture n'est pas gagée et peut être revendue.

NONIDI, n. m. [nonidi] (lat. *nonus dies*) Le neuvième jour de la décade dans le calendrier républicain.

NON-INGÉRENCE, ■ n. f. [nɔ̃nɛ̃ʒeʀãs] (*non* et *ingérence*) Attitude d'un État qui ne s'immisce pas dans la politique d'un autre État.

NON-INITIÉ, ÉE, ■ n. m. et n. f. [nɔ̃ninisje] (*non* et *initié*) Personne qui n'est pas initiée. *Un non-initié en franc-maçonnerie.* ■ Adj. *Des personnes non initiées.*

NON-INSCRIT, ITE, ■ n. m. et n. f. [nɔ̃nɛskʀi, it] (*non* et *inscrit*) Dr. Parlementaire qui n'est inscrit à aucun parti politique. *Les non-inscrits au Sénat.* ■ Adj. *Des personnes non inscrites.*

NON-INTERVENTION, n. f. [nɔ̃nɛ̃tɛʀvãsjɔ̃] (*non* et *intervention*) Absence d'intervention. ♦ *Système de non-intervention,* système de politique internationale, qui consiste à ne pas intervenir dans les affaires des peuples voisins. ■ NON-INTERVENTIONNISTE, adj. ou n. m. et n. f. [nɔ̃nɛ̃tɛʀvãsjɔnist]

NONIUS ou plutôt **NONNIUS** (*Nonius,* nom latinisé de Pedro *Nuñez,* v. 1492-1577, mathématicien et astronome) Échelle de certains instruments de mathématique, formée de très petites parties. ■ Race de cheval. *Les haras de nonius en Hongrie.*

NON-JOUISSANCE, n. f. [nɔ̃ʒwisãs] (*non* et *jouissance*) Dr. Privation de jouissance. *La non-jouissance d'un champ afferme.*

NON-LIEU, n. m. [nɔ̃ljø] (*non* et *lieu*) Déclaration d'un tribunal pour constater qu'il n'y a pas matière suffisante pour poursuivre. ■ Au pl. *Des non-lieux.*

NON LINÉAIRE, ■ adj. [nɔ̃lineɛʀ] (*non* et *linéaire*) Électron. *Circuit non linéaire,* circuit dont la sortie n'est pas proportionnelle à l'entrée.

NON MARCHAND, ANDE, ■ adj. [nɔ̃maʀʃã, ãd] (*non* et *marchand*) Écon. *Secteur non marchand,* ensemble des activités sans but lucratif qui concernent l'utilité publique ou sociale ou l'intérêt culturel pour satisfaire des besoins collectifs.

NON-MÉTAL, ■ n. m. [nɔ̃metal] (*non* et *métal*) Chim. Métal qui n'est pas malléable ni ductile et qui est un mauvais conducteur de chaleur et d'électricité. *De nombreux non-métaux peuvent se combiner avec le chlore.*

NON-MOI, n. m. [nɔ̃mwa] Voy. MOI.

NONNAIN, n. f. [nɔnɛ̃] (*nonne*) ▷ Syn. familier de nonne. ◁

NONNE, n. f. [nɔn] (lat. ecclés. *nonna,* parall. au masc. *nonnos,* litt. nourricier, -ière ; cf. termes enfantins gr. *nennos,* frère de la mère, gr. mod. *nonnos,* grand-père) Religieuse.

NONNETTE, n. f. [nɔnɛt] (dim. de *nonne*) Jeune nonne. ♦ Petits pains d'épices de forme ronde, que les religieuses ont fabriqués les premières. *Des nonnettes de Dijon.* ■ Mésange. ■ *Nonnette voilée,* espèce de bolet comestible et recouvert d'un voile.

NONNIUS, n. m. [nɔnjys] Voy. NONIUS.

NONO, adv. [nono] (lat. *nono loco*) Au neuvième rang, quand on a commencé à compter par primo, secundo, etc.

NONOBSTANT, prép. [nonopstã] (lat. *non* et *obstare,* faire obstacle) Sans avoir égard à, sans que la chose empêche. *« L'aigle fondant sur lui nonobstant cet asile »,* La Fontaine. ♦ *Ce nonobstant* ou *nonobstant ce,* malgré cela. ♦ Au palais, nonobstant opposition ou appellation quelconque. ♦ Adv. Malgré cela.

NON-PAIEMENT, n. m. [nɔ̃pɛmã] (*non* et *paiement*) Défaut de paiement. *Les retards et les non-paiements de loyer entraîneront des frais à la charge du débiteur.* ■ Rem. Graphie ancienne : *non-payement.*

NON PAIR, AIRE, adj. [nɔ̃pɛʀ] (*non* et *pair*) Qui n'est pas pair, qui est impair. ♦ *Pair ou non pair,* espèce de jeu.

NONPAREIL, EILLE, adj. [nɔ̃paʀɛj] (*non* et *pareil*) Qui est sans pareil. *Des vertus nonpareilles.* ♦ N. m. *Le nonpareil,* oiseau, Voy. NONPAREILLE.

NONPAREILLE, n. f. [nɔ̃paʀɛj] (substantivation du fém. de *nonpareil*) Dans plusieurs arts, ce qu'il y a de plus petit. ♦ Mercerie Sorte de ruban fort étroit. ♦ Sorte de dragée fort menue. ♦ Le caractère d'imprimerie le plus petit qu'il y avait autrefois ; il porte six points de hauteur. ♦ *Nonpareille des Florides,* sorte d'oiseau. ♦ Pomme d'automne.

NON-PAYEMENT, n. m. [nɔ̃pɛmã] Voy. NON-PAIEMENT.

NON-PLUS-ULTRA ou **NEC PLUS ULTRA**, n. m. [nɔnplyzyltʀa, nɛkplyzyltʀa] (le *s* se prononce comme *z* ; mots latins, pas plus en avant) Le terme qu'on ne saurait passer. ■ Ce qu'il y a de mieux. *Cette voiture, c'est le nec plus ultra.* ■ REM. Graphie ancienne : *nec-plus-ultra.*

NON-PRIX, n. m. [nɔ̃pʀi] (*non* et *prix*) Voy. PRIX.

NON-PROLIFÉRATION, ■ n. f. [nɔ̃pʀɔlifeʀasjɔ̃] (*non* et *prolifération*) Voy. NON-DISSÉMINATION.

NON-RECEVOIR, n. m. [nɔ̃ʀəsəvwaʀ] (*non* et *recevoir*) Voy. RECEVOIR.

NON-RÉPONSE, ■ n. f. [nɔ̃ʀepɔ̃s] (*non* et *réponse*) Absence de réponse ; réponse peu claire et fuyante. *Tenir compte du taux de non-réponses dans un sondage.*

NON-REPRÉSENTATION, ■ n. f. [nɔ̃ʀ(ə)pʀezɑ̃tasjɔ̃] (*non* et *représentation*) **Dr.** *Non-représentation d'enfant*, fait de ne pas présenter l'enfant dont on a la garde à la personne en droit de le réclamer.

NON-RÉSIDENCE, n. f. [nɔ̃ʀezidɑ̃s] (*non* et *résidence*) Absence du lieu où l'on devrait résider.

NON-RÉSIDENT, ENTE, ■ n. m. et n. f. [nɔ̃ʀezidɑ̃, ɑ̃t] (*non* et *résident*) **Écon.** Personne qui n'est pas considérée comme résidente et dont la résidence principale est à l'étranger. ■ Adj. *Une famille non résidente.*

NON-RETOUR, ■ n. m. [nɔ̃ʀ(ə)tuʀ] (*non* et *retour*) *Point de non-retour*, moment à partir duquel il n'est plus possible de revenir en arrière, de retrouver une situation initiale.

NON-RÉTROACTIVITÉ, ■ n. f. [nɔ̃ʀetʀoaktivite] (*non* et *rétroactivité*) **Dr.** Fait de ne pas être rétroactif. *La non-rétroactivité d'une loi.*

NON-RÉUSSITE, n. f. [nɔ̃ʀeysit] (*non* et *réussite*) Manque de réussite. ♦ État de ce qui n'a pas réussi.

NON-SALARIÉ, ÉE, ■ n. m. et n. f. [nɔ̃salaʀje] (*non* et *salarié*) Personne qui n'est pas rémunérée par un salaire. ■ Adj. *Les professions libérales sont des professions non salariées.*

NON-SATISFACTION, ■ n. f. [nɔ̃satisfaksjɔ̃] (*non* et *satisfaction*) Fait de ne pas être satisfait de quelque chose. *En cas de non-satisfaction, vous pouvez retourner la marchandise.* ■ État d'esprit qui découle de l'absence de satisfactions.

NON-SENS, n. m. [nɔ̃sɑ̃s] (on prononce le *s* final ; *non* et *sens*) Défaut de sens, de jugement. *Discours plein de non-sens.* ♦ Une absurdité. ■ Ce qui n'a pas de sens. *Des non-sens dans une rédaction.* ■ Adj. **Chim.** Relatif aux mutations de l'ADN. *Les codons non-sens ne correspondent à aucun acide aminé.* ■ REM. On prononçait autrefois [nɔ̃sɑ̃] sans faire entendre le *s* final.

NON-SPÉCIALISTE, ■ n. m. et n. f. [nɔ̃spesjalist] (*non* et *spécialiste*) Personne qui n'est pas spécialiste dans un domaine donné. *Un dictionnaire de psychologie pour les non-spécialistes.* ■ Adj. *Des étudiants non spécialistes.*

NON STANDARD, ■ adj. [nɔ̃stɑ̃daʀ] (*non* et *standard*) **Math.** *Analyse non standard*, théorie mathématique qui permet de calculer rigoureusement avec des nombres infiniment grands et infiniment petits.

NON-STOP, ■ adj. inv. [nɔnstɔp] (on prononce à l'anglaise : none-stop ; *non* et *stop*) Sans interruption. *Travailler non-stop.* ■ Sans escale. *Un vol non-stop.* ■ N. m. et n. f. Activité ininterrompue. *Un spectacle en non-stop. Un non-stop.*

NON-SUCCÈS, n. m. [nɔ̃syksɛ] (*non* et *succès*) Manque de succès.

NON-TISSÉ, ■ n. m. [nɔ̃tise] (*non* et *tissé*) **Techn.** Matériau textile obtenu par assemblage chimique, mécanique, thermique ou physique de fibres. *Une nappe en non-tissé. Des non-tissés.*

NONUPLE, adj. [nɔnypl] (b. lat. *noncuplus*) Qui contient neuf fois. *81 est nonuple de 9.*

NONUPLÉ, ÉE, p. p. de nonupler. [nɔnyple]

NONUPLER, v. tr. [nɔnyple] (*nonuple*) Répéter neuf fois.

NON-USAGE, n. m. [nɔnyzaʒ] (*non* et *usage*) Cessation d'usage. *Les servitudes s'éteignent par le non-usage pendant trente ans.*

NON-VALEUR, n. f. [nɔ̃valœʀ] (*non* et *valeur*) Manque de valeur. *Du revenu que produit une maison, il faut déduire tant pour les non-valeurs.* ♦ Marchandises qui ne se vendent pas, articles qui ne doivent pas être portés en recette. ♦ Créances qu'on n'a pu recouvrer. ♦ **Milit.** Les musiciens et les soldats faisant près des officiers le service d'ordonnances. ■ Personne ou chose qui n'a pas de valeur.

NON VIABLE, ■ adj. [nɔ̃vjabl] (*non* et *viable*) Qui n'a pas la capacité physique de vivre, en parlant d'un fœtus dont le développement est insuffisant. *Un fœtus non viable.* ■ **Par extens.** Qui ne peut se développer, qui est voué à l'échec. *Un projet non viable.*

NON-VIOLENCE, ■ n. f. [nɔ̃vjɔlɑ̃s] (*non* et *violence*) Principe selon lequel on évite de recourir à la violence notamment dans les actions politiques. *La non-violence prônée par Gandhi, Martin Luther King, etc.*

NON VIOLENT, ENTE, ■ adj. [nɔ̃vjɔlɑ̃, ɑ̃t] (*non* et *violent*) Qui refuse la violence quelle que soit sa forme. *Une grève de la faim menée par des militants non violents.* ■ N. m. et n. f. Partisan du principe de non-violence. *Des non-violents.*

NON-VOYANT, ANTE, ■ n. m. et n. f. [nɔ̃vwajɑ̃, ɑ̃t] (*non* et *voyant*) Personne qui a perdu la vue. *Des aménagements conçus pour les non-voyants.* ■ Adj. *Une femme non voyante.*

NON-VUE, n. f. [nɔ̃vy] (*non-* et *vue*) ▷ Vieilli **Mar.** Il se dit des temps où la brume est fort épaisse. *Il y a non-vue.* ◁

NOOLOGIQUE, ■ adj. [noolɔʒik] (gr. *noos*, esprit et *logique*) *Sciences noologiques*, qui se rapportent à l'esprit.

NOPAL, n. m. [nopal] (mot esp., de l'aztèq. *nopalli*) Nom donné à tous les cactiers employés à l'éducation de la cochenille. *Des nopals.*

NORADRÉNALINE, ■ n. f. [nɔʀadʀenalin] (acronyme de l'all. *Nohne Radical*, azote sans radical, et *adrénaline*) **Chim.** Molécule jouant le rôle de neurotransmetteur du système nerveux sympathique. *Administration par voie intraveineuse de noradrénaline dans le traitement de certains chocs.*

NORADRÉNERGIQUE, ■ adj. [nɔʀadʀenɛʀʒik] (*noradrénaline* et *énergique*) **Physiol.** Qui agit sur les récepteurs à la manière de la noradrénaline. *Des antidépresseurs à effet noradrénergique.*

NORD, n. m. [nɔʀ] (v. angl. *nor*) La partie du monde qui répond à l'étoile Polaire. ♦ Celui des deux pôles qui est du côté de l'étoile Polaire. ♦ *Étoile du Nord*, l'étoile Polaire. ♦ Absol. *Le nord*, le vent du nord. ♦ Adj. *Le vent est nord.* ♦ La partie d'un pays qui est au nord. *Le nord de la France.* ♦ *Le Nord*, les pays septentrionaux (avec une N majuscule). ♦ Les peuples septentrionaux. ■ **Fam.** *Il ne perd pas le nord*, il sait préserver ses intérêts. ■ *Vents du nord*, le mistral, la tramontane, la bise. ■ *Nord magnétique*, Nord qu'une aiguille aimantée indique sans correspondre exactement au nord géographique. ■ *Perdre le nord*, perdre la tête. ■ *Le Grand Nord*, partie du globe située au pôle Nord.

NORD-AFRICAIN, AINE, ■ adj. [nɔʀafʀikɛ̃, ɛn] (*nord* et *africain*) D'Afrique du Nord. *La géographie nord-africaine.* ■ N. m. et n. f. *Les Nord-Africains.*

NORD-AMÉRICAIN, AINE, ■ adj. [nɔʀameʀikɛ̃, ɛn] (*nord* et *américain*) D'Amérique du Nord. *Les climats nord-américains.* ■ N. m. et n. f. *Les Nord-Américains.*

NORD-CORÉEN, ENNE, ■ adj. [nɔʀkoʀeɛ̃, ɛn] (*nord* et *coréen*) De Corée du Nord. *La cuisine nord-coréenne.* ■ N. m. et n. f. *Les Nord-Coréens.*

NORDÉ, ■ n. m. [nɔʀde] Voy. NORDET.

NORD-EST, n. m. [nɔʀɛst] (les marins disent no-ré. *Nord* et *est*) La partie du monde qui est entre le nord et l'est. ♦ Absol. *Le vent du nord-est.* ♦ Adj. *Le vent est nord-est.* ♦ Partie d'un pays située au nord-est. *Le nord-est de la France.* ■ Adj. *La région nord-est.* ■ REM. On prononçait autrefois [nɔʀdɛst] en faisant la liaison en *d*.

NORDET ou **NORDÉ**, ■ n. m. [nɔʀdɛ, nɔʀde] (*nord-est*) **Mar.** Vent du nord-est.

NORDICITÉ, ■ n. f. [nɔʀdisite] (*nordique*) **Québec** Caractère nordique d'un lieu. *La nordicité de cette région procure un plus grand nombre d'heures d'ensoleillement en été.*

NORDIQUE, ■ adj. [nɔʀdik] (*nord*) Qui est relatif aux pays de l'Europe du Nord, et plus spécialement à la Scandinavie. *La mythologie nordique.* ■ N. m. et n. f. *Un, une Nordique.* ■ *Ski nordique*, privilégiant le ski de fond et le saut à ski (par opposition au ski alpin).

NORDIR, v. intr. [nɔʀdiʀ] (*nord*) **Mar.** Tourner vers le nord, en parlant du vent.

NORDISTE, ■ n. m. et n. f. [nɔʀdist] (*nord*) Partisan de l'esclavagisme au moment de la guerre de Sécession. ■ Adj. *Un général nordiste.* ■ En France, personne vivant dans la région Nord-Pas-de-Calais.

NORD-NORD-EST, ■ n. m. [nɔʀnɔʀɛst] (*nord* et *est*) Point de l'horizon situé entre le nord et le nord-est. ♦ Absol. *Vent du nord-nord-est.*

NORD-NORD-OUEST, n. m. [nɔʀnɔʀwɛst] (*nord* et *ouest*) Point de l'horizon qui est situé entre le nord et le nord-ouest. ♦ Absol. *Le nord-nord-ouest*, vent qui souffle de ce point.

NORD-OUEST, n. m. [nɔʀwɛst] (les marins disent no-roué. *Nord* et *ouest*) La partie du monde qui est entre le nord et l'ouest. ♦ Absol. *Le nord-ouest*, vent du nord-ouest. ♦ Adj. *Le vent est nord-ouest.* ♦ Partie d'un pays située au nord-ouest. *Le nord-ouest de la France.* ■ Adj. *De la pluie sur la région nord-ouest.* ■ REM. On prononçait autrefois [nɔʀdwɛst] en faisant la liaison en *d*.

NORD-VIETNAMIEN, IENNE, ▪ adj. [nɔʀvjɛtnamjɛ̃, jɛn] (*nord* et *vietnamien*) Du Vietnam du Nord. *La culture nord-vietnamienne.* ▪ N. m. et n. f. *Les Nord-Vietnamiens.*

NORIA, n. f. [nɔʀja] (esp. *noria*, de l'ar. *naura*, de *naara*, gronder) Machine d'irrigation composée d'un tambour autour duquel s'enroule une chaîne sans fin qui soutient des seaux. ▪ **Fig.** Rotation ininterrompue. *La noria des taxis à l'aéroport.*

NORMAL, ALE, adj. [nɔʀmal] (lat. *normalis*) **Géom.** *Ligne normale* ou n. f. *une normale,* droite passant par le point de tangence et perpendiculaire soit à la tangente d'une courbe, soit au plan tangent d'une surface. ◆ **Fig.** Qui est conforme à la règle. *État normal.* ◆ Qui sert de règle. *Des cours normaux.* ◆ *Établissement normal,* établissement qui sert de modèle pour en former d'autres de même genre. ◆ *École normale,* École destinée à former des professeurs. ◆ *École normale primaire* ou *départementale,* École destinée à former des instituteurs primaires. ▪ Qui n'est ni exceptionnel, ni extraordinaire. *Une famille normale.* ▪ Qui correspond à des normes. *Une taille normale pour son âge.* ▪ *Ne pas être normal,* avoir un niveau intellectuel inférieur à la moyenne ; avoir des troubles mentaux. ▪ *En temps normal,* quand toutes les conditions sont normales. *En temps normal, je me lève à 7 h.* ▪ N. f. *La normale,* la moyenne. *Son taux de cholestérol est dans la normale.* ▪ N. f. **Météorol.** *Les normales saisonnières,* valeurs moyennes des paramètres météorologiques tels que la température, l'humidité, les précipitations, la pression, la force du vent, etc., déterminées sur un intervalle de temps de trente ans.

NORMALEMENT, adv. [nɔʀmal(ə)mɑ̃] (*normal*) D'une manière normale.

NORMALIEN, IENNE, ▪ n. m. et n. f. [nɔʀmaljɛ̃, jɛn] ([*École*]*Normale*) Élève ou ancien élève d'une École normale. ▪ **Adj.** *La communauté normalienne.*

NORMALISATEUR, TRICE, ▪ n. m. et n. f. [nɔʀmalizatœʀ, tʀis] (*normaliser*) Personne qui normalise. *Un normalisateur comptable.* ▪ **Adj.** Qui normalise. *Les instances normalisatrices.*

NORMALISER, ▪ v. tr. [nɔʀmalize] (*normal*) Définir des règles spécifiques de fabrication ou de production de façon à garantir l'utilisation par le plus grand nombre. *Normaliser les systèmes de télécommunications.* ▪ Amener ou ramener à un état jugé normal. *Normaliser ses relations diplomatiques avec un ancien pays ennemi.* ▪ NORMALISATION, n. f. [nɔʀmalizasjɔ̃]

NORMALITÉ, ▪ n. f. [nɔʀmalite] (*normal*) Caractère de ce qui est ou paraît normal. *La normalité d'un comportement.*

NORMAND, ANDE, adj. [nɔʀmɑ̃, ɑ̃d] (anc. nord. *nordmadr,* homme du nord) Qui est de Normandie, province occidentale de la France. ◆ *Cheval normand,* cheval de race normande. ◆ *Fig.* Qui est rusé et auquel on ne peut se fier. ◆ *Réponse normande,* réponse ambiguë. ▪ N. m. et n. f. *Un Normand. Une Normande.* ◆ **Fig.** *C'est un Normand,* c'est un homme adroit et à qui il ne faut pas se fier. ◆ *Répondre en Normand,* ne répondre ni oui ni non. ▪ **Rem.** Les emplois figurés de *normand* ont une connotation discriminative.

NORMATIF, IVE, ▪ adj. [nɔʀmatif, iv] (*norme*) Qui se rapporte à une norme. *Un système normatif.* ▪ Qui émet des jugements de valeur. *La grammaire normative* (par opposition à la grammaire descriptive).

NORMATIVITÉ, ▪ n. f. [nɔʀmativite] (*normatif*) État de ce qui est conforme à une norme. *L'évolution de la normativité en droit social et du travail.*

NORME, ▪ n. f. [nɔʀm] (lat. *norma,* règle) État régulier, conforme à la moyenne. *Être, rester dans la norme quant à son poids.* ▪ *Norme sociale,* ensemble des comportements prescrits par la société. ▪ Ensemble des prescriptions techniques relatives aux conditions de fabrication d'un produit ou de la mise en place d'un processus, d'un service afin de garantir la sécurité ou l'uniformité. *Selon les normes européennes.* ▪ **Fig.** *Hors norme,* exceptionnel. *Le destin hors norme d'un aventurier.* ▪ **Math.** *Norme d'un vecteur,* nombre réel qui représente sa longueur. ▪ **Ling.** Tout ce qui correspond à l'usage.

NORMÉ, ÉE, ▪ adj. [nɔʀme] (*norme*) Qui découle d'une norme. *Mettre en œuvre des solutions normées.*

NORMOGRAPHE, ▪ n. m. [nɔʀmɔgʀaf] (*normo-* et *graphe*) Plaquette de plastique dans laquelle ont été évidés des symboles, des lettres, des chiffres, pour en suivre le tracé et permettre de normaliser leur graphie.

NOROÎT ou **NOROIT,** ▪ n. m. [nɔʀwa] (altér. de *nord-ouest*) **Mar.** Vent du nord-ouest.

NORROIS, OISE, ▪ n. m. et n. f. [nɔʀwa, waz] (anc. nord. *nord,* nord) **Ling.** *Le norrois,* langue scandinave médiévale. ▪ **Adj.** *La langue norroise.*

NORVÉGIEN, IENNE, ▪ adj. [nɔʀveʒjɛ̃, jɛn] (*Norvège*) Relatif à la Norvège. *Une omelette norvégienne,* dessert constitué d'une glace meringuée sur plateau de génoise, généralement flambée, chaud à l'extérieur et glacé à l'intérieur. ▪ N. m. et n. f. Habitant de la Norvège. *Les Norvégiens.* ▪ N. m. *Le norvégien,* langue scandinave parlée en Norvège.

NOS, pl. de notre. [no] Voy. NOTRE.

NOSÉMOSE, ▪ n. f. [nozemoz] (*nos[o]-,* gr. [*h*]*aima,* sang, et *-ose*) Chez les abeilles, maladie contagieuse de l'appareil digestif.

NOSO..., ▪ [nozo] Préfixe, du grec *nosos,* maladie. *La nosographie.*

NOSOCOMIAL, ALE, ▪ adj. [nozokɔmjal] (gr. *nosokomeion,* hôpital) **Méd.** Que l'on contracte en milieu hospitalier. *Infection nosocomiale.*

NOSOGRAPHIE, n. f. [nozɔgʀafi] (*noso-* et *-graphie*) Distribution méthodique dans laquelle les maladies sont groupées par classes, ordre, genre et espèces. ◆ Livre où les maladies sont ainsi classées.

NOSOLOGIE, n. f. [nozɔlɔʒi] (*noso-* et *-logie*) Branche de la médecine qui s'occupe d'imposer des noms aux maladies, de les définir et de les étudier dans toutes leurs circonstances.

NOSOPHOBIE, ▪ n. f. [nozofɔbi] (*noso-* et *phobie*) **Psych.** Peur incontrôlée des maladies. ▪ NOSOPHOBE, n. m. et n. f. ou adj. [nozofɔb] ▪ NOSOPHOBIQUE, adj. [nozofɔbik]

NOSSEIGNEURS, n. m. pl. [nosɛɲœʀ] ou [nosɑ̃ʒœʀ] (*nos* et *seigneurs*) Voy. MONSEIGNEUR.

NOSTALGIE, n. f. [nɔstalʒi] (gr. *nostos,* retour, et *-algie*) **Méd.** Mal du pays, dépérissement causé par un désir violent de retourner dans sa patrie. ◆ **Fig.** *La nostalgie du vice.* ▪ Forme de mélancolie. *Un regard plein de nostalgie.* ▪ Désir insatisfait. *Une femme qui a la nostalgie des enfants.*

NOSTALGIQUE, adj. [nɔstalʒik] (*nostalgie*) Qui a rapport à la nostalgie. ◆ Qui éprouve la nostalgie. ◆ N. m. et n. f. *Un nostalgique.*

NOSTOC, n. m. [nɔstɔk] (on prononce le *c* final. Orig. inc.) Algues filamenteuses, enveloppées d'un mucus globuleux.

NOTA ou **NOTA BENE,** loc. adv. [nota, notabene] (les deux *e* se prononcent *é* ; impératif du lat. *notare,* marquer, relever, et *bene,* bien) Signifie : remarquez, remarquez bien. ◆ N. m. *Un nota,* une remarque, une note mise en marge d'un écrit. *Mettez là un nota.* ◆ Au pl. *Nota* ou *nota bene* est invariable. ▪ **Abrév.** N.B. ▪ **Rem.** Graphie ancienne : *nota benè.*

NOTABILITÉ, ▪ n. f. [nɔtabilite] (*notable*) Qualité de ce qui est notable. ◆ Qualité des personnes notables. *Les listes des notabilités sous le Consulat.* ◆ Personne notable.

NOTABLE, adj. [nɔtabl] (lat. *notabilis*) Digne d'être noté, considérable. « *Il faut bien que le monde y prenne un notable intérêt* », BALZAC. ◆ Qui occupe un rang considérable dans une ville, dans une province. *Un personnage notable.* ◆ *Listes des notables commerçants,* listes destinées à former les assemblées qui élisent les membres des tribunaux et des chambres de commerce. ▪ N. m. *Un notable,* une personne des plus considérables d'une ville, d'une province. ◆ *Assemblée des notables,* assemblée composée de membres désignés par le roi.

NOTABLEMENT, adv. [nɔtabləmɑ̃] (*notable*) D'une manière notable.

NOTAIRE, n. m. [nɔtɛʀ] (lat. *notarius,* secrétaire) Officier public qui reçoit et rédige les contrats, les obligations, les testaments, les autres actes volontaires. ◆ *Style de notaire,* les manières de dire traditionnelles qui sont employées dans la rédaction des différents actes. ◆ **Prov.** *Le notaire y a passé,* on ne peut plus s'en dédire. ◆ *Notaire apostolique,* officier établi pour les expéditions en cour de Rome et affaires ecclésiastiques.

NOTAMMENT, adv. [nɔtamɑ̃] (p. prés. de *noter*) D'une manière qui doit être notée. ▪ Entre autres. *Nous avons obtenu différentes subventions, notamment auprès du Conseil général.*

NOTARIAL, ALE, adj. [nɔtaʀjal] (*notariat*) Qui appartient au notariat ; qui concerne les notaires. *Fonctions notariales. Jurisprudence notariale. Actes notariaux.*

NOTARIAT, n. m. [nɔtaʀja] (*notaire*) Charge, fonction de notaire.

NOTARIÉ, ÉE, adj. [nɔtaʀje] (*notaire*) Fait par un notaire, passé devant notaire. *Acte notarié. Quittance notariée.*

NOTATEUR, TRICE, ▪ n. m. et n. f. [nɔtatœʀ, tʀis] (*noter*) Personne qui prend note de quelque chose, notamment dans le domaine de la peinture, du dessin. ▪ Spécialiste qui prend note de la musique ou transcrit les évolutions en chorégraphie. ▪ Personne qui évalue, qui note. *Les notateurs ont été sévères.*

NOTATION, n. f. [nɔtasjɔ̃] (lat. *notatio*) Action de noter, de représenter à l'aide de signes. ◆ *Notation musicale,* système au moyen duquel on marque l'intonation des notes, leur valeur, la mesure, etc. ◆ Système de marques secrètes que se créent les marchands. ◆ En algèbre, représentation ou signe extérieur qu'on emploie pour désigner les quantités numériques. ◆ *Notation chimique,* langage conventionnel, dans lequel les éléments d'un composé sont représentés par la première lettre majuscule de leur nom latin, appelée leur symbole, et où figurent des exposants exprimant les proportions et des coefficients indiquant les quantités que l'on considère. ■ Action, façon de noter un travail, une conduite. *Notation sur 20.* ■ Courte remarque écrite.

NOTE, n. f. [nɔt] (lat. *nota*, signe, marque) Marque qu'on fait en quelque endroit d'un livre, d'un écrit, etc. pour s'en souvenir. ♦ Fig. *Homme de note*, un homme au-dessus du commun. ♦ Observation, commentaire sur quelque endroit d'un écrit, etc. ♦ Éclaircissement que dans un livre on met au bas des pages, ou en marge, ou à la fin du volume. ♦ *Notes à l'usage des classes*, notes en latin ou en français mises au bas des pages des éditions d'auteurs expliqués ou appris dans les classes. ♦ Extrait sommaire, exposé succinct. *Remettez-moi une note de votre affaire.* ♦ *Prendre des notes*, relever sommairement ce qui se dit, ce qui se fait. ♦ *Prendre des notes à un cours*, inscrire très sommairement, au fur et à mesure de l'exposition, ce qui est essentiel dans le cours. ♦ Au pl. Indications plus ou moins succinctes dont se servent les avocats, les orateurs, les professeurs. ♦ Mémoire à solder. ♦ Communication entre des agents diplomatiques. ♦ Observations d'un professeur sur la conduite et le travail des élèves. *Notes hebdomadaires.* ♦ *Notes d'un fonctionnaire*, appréciation qu'un supérieur fait de ce fonctionnaire. ♦ Ce qui fait une marque déshonorante. *Sa conduite déloyale en cette occasion est une note dans sa vie.* ♦ *Note d'infamie* ou *note infamante*, note imprimée juridiquement qui rappelle une conduite qui a causé une cause grave. ♦ **Mus.** Signe qui représente à la fois la durée et l'intonation d'un son. ♦ *Chanter la note*, solfier, et aussi chanter juste mais sans expression. ♦ Par extens. L'intonation même du son représenté par le signe. *Les sept notes de la gamme.* ♦ *Note tonique*, la note principale ou fondamentale d'un ton ou d'un mode. ♦ *Note sensible*, la note qui est d'un demi-ton au-dessous de la tonique. ♦ *Notes d'agrément* ou *petites notes*, notes qui n'entrent ni dans la mélodie ni dans l'harmonie, et dont la durée très rapide se prend sur la note qui précède ou sur celle qui suit. ♦ Fig. *Donner la note*, indiquer quel ton il faut prendre, quel langage il faut tenir. ♦ Fig. *Ne savoir qu'une note*, dire toujours la même chose. ♦ Fig. *Changer de note*, parler d'autre chose, changer de façon d'agir ou de parler. ♦ Fig. *Cela change la note*, cela change l'état des choses. ♦ *À basse note*, en basse note, sans élever la voix. ■ Indication numérique servant à estimer la valeur d'un travail, d'une conduite. *Avoir une bonne note en français.* ♦ Facture. *Régler la note.* ♦ *Note de frais*, détail des frais engagés à titre professionnel que l'on souhaite se faire rembourser. ♦ Détail que l'on remarque. *Apporter une note originale à une sauce.* ♦ *Forcer la note*, en faire trop. ■ *Note officielle*, note signée.

NOTÉ, ÉE, p. p. de noter. [note]

NOTER, v. tr. [note] (lat. *notare*, faire une marque) Faire une note sur quelque chose. ♦ Fig. Remarquer. *Notez l'heure.* ♦ Fig. Marquer d'une manière défavorable. « *On ne peut plus noter les impies, tant ils sont forts* », BOSSUET. ♦ *Noter d'infamie*, couvrir de honte. ♦ Écrire de la musique avec les notes. *Noter un air.* ♦ Se noter, v. pr. Être noté, remarqué. ♦ Être écrit en notes de musique. ■ Apprécier au moyen d'une note. *Noter un devoir. Noter un fonctionnaire.* ♦ Écrire quelque chose pour mémoire. *Noter un numéro de téléphone.*

NOTEUR, n. m. [notœʀ] (*note*) ▷ Copiste de notes de musique. *Le noteur de l'Opéra.* ♦ On dit plus ordinairement *copiste.* ◁

NOTICE, n. f. [notis] (lat. *notitia*, connaissance) Extrait raisonné, compte rendu succinct. ♦ N. f. pl. Documents et tableaux de statistique ou de toute autre nature que les parquets sont tenus de fournir périodiquement. ♦ Morceau écrit sur la vie de quelque homme célèbre. *Notice académique, historique, biographique.* ♦ *Notice nécrologique*, notice qui a pour sujet un personnage mort depuis peu de temps. ♦ En librairie, la liste imprimée des livres d'un cabinet, quand elle n'est pas assez étendue pour former un catalogue. ♦ **Antiq.** Titre de quelques livres anciens donnant une connaissance détaillée des charges, des dignités, des lieux, des chemins d'un pays. ■ Préface écrite par un éditeur pour présenter un ouvrage et son auteur. ■ Ensemble d'indications de base. *Une notice explicative.*

NOTIFICATIF, IVE, adj. [notifikatif, iv] (*notifier*) Qui sert à notifier.

NOTIFICATION, n. f. [notifikasjɔ̃] (*notifier*) Action de notifier. ♦ Acte par lequel on notifie. ♦ **Dr.** Exploit par lequel on donne à une partie connaissance d'un acte qui l'intéresse.

NOTIFIÉ, ÉE, p. p. de notifier. [notifje]

NOTIFIER, v. tr. [notifje] (lat. jurid. *notificare*, faire connaître) Donner connaissance dans les formes légales, dans les formes usitées. *Notifier un acte, un traité, etc. On lui notifia qu'il eût à se retirer dans les vingt-quatre heures.* ■ Faire part de quelque chose expressément. *Notifier un rendez-vous.*

NOTION, n. f. [nosjɔ̃] (lat. *notio*, de *noscere*, apprendre à connaître) Connaissance acquise de quelque chose. *Je n'ai qu'une faible notion de ce que vous me dites.* ♦ Au pl. Titre d'un ouvrage élémentaire et à l'usage des classes. *Notions de chimie.* ♦ L'idée d'une chose. ■ Absol. Idée qui se forme dans l'esprit. *La notion du bien et du mal. Les notions communes.*

NOTIONNEL, ELLE, ■ adj. [nosjɔnɛl] (*notion*) Relatif à une notion. *Une divergence notionnelle.* ■ **Financ.** *Emprunt notionnel*, valeur représentative d'emprunts cotés, livrables à terme et négociables sur le marché à terme international de France (MATIF).

NOTO..., ■ [noto] Préfixe, du grec *nôtos*, dos.

NOTOCHORDE ou **NOTOCORDE**, ■ n. f. [notokɔʀd] (*noto-* et *corde*) **Anat.** Précurseur cartilagineux de l'épine dorsale, autour duquel se forment les vertèbres. *On peut greffer la notochorde en partie dorsale.*

NOTOIRE, adj. [notwaʀ] (b. lat. jurid. *notorius*, qui fait connaître) Qui est à la connaissance publique. *Un fait public et notoire.* ■ Qui est reconnu. *Un criminel notoire.*

NOTOIREMENT, adv. [notwaʀ(ə)mã] (*notoire*) D'une manière notoire.

NOTONECTE, ■ n. f. [notonɛkt] (*noto-* et gr. *nêktos*, nageur) **Zool.** Punaise des eaux stagnantes qui nage sur le dos.

NOTORIÉTÉ, n. f. [notoʀjete] (*notoire*) État de ce qui est notoire. *La notoriété publique l'accuse. Il est de notoriété que, etc.* ♦ *Actes de notoriété*, actes passés devant notaire et où des témoins suppléent à des preuves par écrit. ■ Réputation. *Nuire à la notoriété de quelqu'un.*

NOTRE au pl. ou **NOS**, adj. poss. [notʀ, no] (lat. *noster*) Qui est à nous. *Notre père. Nos amis.* ♦ **Pop.** Syn. de mon. Ainsi un artisan dit : *Notre maître.* ♦ Employé au lieu de *mon* par le souverain, les évêques, etc. dans les mêmes cas où ils emploient *nous* pour *je* ou *moi.* *Notre ordonnance. Notre mandement.* ♦ *Notre*, avec un sens indéterminé, se dit des gens dont nous parlons. « *Nos deux époux suivaient, ne marchant qu'avec peine* », LA FONTAINE. ♦ *Notre*, devant les adjectifs ou adverbes comparatifs, fait un superlatif relatif. *Notre meilleur ami. Nos plus beaux arts.*

NÔTRE, adj. poss. [notʀ] (lat. *nostrum*, accus. de *noster*) qui a le même sens que le précédent, mais s'emploie sans substantif et avec l'article défini *le, la, les.* ♦ Il s'emploie aussi sans article, mais alors il ne se place qu'après le substantif et le plus souvent après le verbe. *Ces effets sont nôtres.* ■ N. m. *Le nôtre*, ce qui est à nous. ♦ Ce qui vient de nous. *Ne mettons rien du nôtre dans le compte que nous avons à rendre.* ♦ N. m. pl. *Les nôtres*, ceux qui sont de notre famille, nos parents. ♦ Ceux qui sont de notre pays, de notre parti, de notre compagnie. ♦ N. f. pl. *Les nôtres*, nos folies, nos farces ; usité seulement dans : *Nous avons bien fait des nôtres*, nous avons fait beaucoup de folies.

NOTRE-DAME, n. f. [notʀədam] (*notre* et *dame*) Nom donné à la sainte Vierge. ♦ Fête de la sainte Vierge. *Nous sommes à la Notre-Dame.* ♦ Image de la sainte Vierge qui est l'objet d'un culte particulier. ♦ Au pl. *Des Notre-Dame*, c'est-à-dire des images de Notre-Dame. ♦ Église consacrée à la sainte Vierge.

NOTULE, n. f. [notyl] (b. lat. *notula*) Petite note ; courtes annotations mises à un texte ancien.

NOUAGE, ■ n. m. [nuaʒ] (*nouer*) Fait de nouer quelque chose. *Le nouage d'un foulard porte-bébé.* ■ **Text.** Opération consistant à nouer les bouts de tous les fils d'une chaîne à ceux de la chaîne suivante.

NOUAISON, ■ n. f. [nuɛzɔ̃] (*nouer*) **Agric.** Cycle végétatif de la vigne intervenant dès que la floraison est terminée et se traduisant par l'apparition des petits grains de raisin. *Un temps froid et humide peut perturber la nouaison.*

NOUBA, ■ n. f. [nuba] (ar. *nuba*, tour de rôle, concert périodique, fanfare) Musique militaire des tirailleurs originaire d'Afrique du Nord. ■ **Fam.** Fête tapageuse. *Faire la nouba.*

1 NOUE, n. f. [nu] (lat. médiév. *nauda*, terrain marécageux, du gaul. *nauda*) Terre grasse et humide qui est une espèce de pré servant à la pâture des bestiaux. ♦ Sorte de trou ou de lieu bas où se jettent les eaux des rivières lors de leurs débordements.

2 NOUE, n. f. [nu] (b. lat. *navica*, petit bateau, du lat. *navis*, bateau) Endroit où se rencontrent les surfaces inclinées de deux combles. ♦ Tuile en demi-canal qui sert à égoutter les eaux.

NOUÉ, ÉE, p. p. de nouer. [nwe] ou [nue] Dans la fabrication du velours, *point noué*, Voy. POINT. ♦ **Héral.** Se dit d'un objet qui est entouré d'un nœud d'un autre émail, et de la queue du lion, quand elle est terminée par une houppe. ♦ *Une pièce bien nouée*, mal nouée, une pièce de théâtre dont l'intrigue est bien faite, mal faite. ♦ Syn. vulgaire de rachitique. ♦ N. m. et n. f. *Un noué.* ♦ Fig. Il se dit au moral. *Esprit noué. Intelligence nouée.* ♦ Fécondé, en parlant des fleurs des arbres à fruit. ■ *Avoir la gorge nouée, l'estomac noué*, être tendu par la peur, l'émotion. ♦ *Être noué*, nerveux.

NOUEMENT, n. m. [numã] (*nouer*) Action de nouer.

NOUER, v. tr. [nwe] ou [nue] (lat. *nodare*) Faire un nœud à quelque chose. *Nouer une ficelle.* ♦ Fig. Engager, commencer. *Nouer une partie. Nouer amitié.* ♦ En parlant des pièces de théâtre, former le nœud, l'obstacle qui donne lieu à l'intrigue. *Bien nouer l'action.* ♦ Rejoindre les fils de la chaîne ou de la trame quand ils se cassent. ♦ Fig. *Nouer des chœurs*, unir l'un à l'autre des chœurs de danse. ♦ Envelopper quelque chose en faisant un nœud. *Nouer quelque chose dans un mouchoir.* ♦ *Un arbre noue son fruit*, lorsqu'il passe de l'état de fleur à l'état de fruit. ♦ **V. intr.** Être fécondé, en parlant des fleurs des arbres à fruit. *Les fruits ont noué, sont noués.* ♦ Se nouer, v. pr. Être noué. ♦ *Les intestins se nouent dans l'iléus*, ils entrent l'un dans l'autre. ♦ En parlant des arbres à fruit, passer de l'état de fleur à celui de fruit. ♦ Devenir rachitique.

NOUET, n. m. [nwɛ] ou [nuɛ] (dim. de l'anc. fr. *nou*, nœud) ▷ Linge dans lequel, au moyen de quelques tours de fil, on enferme une substance médicamenteuse qu'on veut faire bouillir ou infuser et ensuite retirer à volonté. ■ Voy. MASTIGADOUR. ◁

NOUEUR, EUSE, ■ n. m. [nwœr, øz] ou [nuœr, øz] (*nouer*) Personne qui fait un nœud. ■ **N. f.** Techn. Dispositif qui noue de façon automatique.

NOUEUX, EUSE, adj. [nwø, øz] ou [nuø, øz] (lat. *nodosus*) Qui a beaucoup de nœuds. *Un tronc, un bâton noueux.* ♦ Qui offre une ou plusieurs nodosités. *Des doigts noueux.*

NOUGAT, n. m. [nuga] (provenç. *nougo*, noix, du lat. pop. *nuca*) Gâteau d'amandes ou de noix au caramel. ♦ *C'est du nougat !* très facile ; *c'est pas du nougat !* difficile. ■ **Pop.** *Les nougats*, les pieds. *S'emmêler les nougats.*

NOUGATINE, ■ n. f. [nugatin] (*nougat*) Caramel dur dans lequel sont incorporées des amandes. *La nougatine d'une pièce montée.*

NOUILLES, n. f. pl. [nuj] (all. *Nudel*) Espèce de pâte d'Allemagne faite avec de la farine et des œufs. ■ En appos. *Style nouille*, art décoratif. ■ **Au sing. Fam.** et péj. Idiot, idiote. *Quelle nouille celui-là !* ■ **Adj.** *Ce que tu es nouille !*

NOULET, n. m. [nulɛ] (dim de 2 *noue*) Canal pour l'écoulement des eaux fait avec des noues, etc. ♦ Petite noue entrant dans la composition de divers raccords creux, comme ceux des lucarnes.

NOUMÈNE, ■ n. m. [numɛn] (mot all. [Kant] du part. gr. *nooumena*, choses pensées, idées, de *noein*, penser) **Philos.** Dans la doctrine philosophique de Kant, tout fait intelligible qui passe par l'esprit, qui est révélé par la conscience et ne relève pas de l'expérience ; chose en soi. *Noumène et phénomène.* ■ NOUMÉNAL, ALE, adj. [numenal]

NOUNOU, ■ n. f. [nunu] (*nourrice*) Nourrice, dans le langage enfantin. *Des nounous.*

NOUNOURS, ■ n. m. [nunurs] (*un ours*, avec agglutination de l'art. indéfini et redoubl. expressif) Ours en peluche, dans le langage enfantin. *Une chambre pleine de nounours.* ■ **Fam.** Se dit d'un chien de grande taille dont le poil est touffu. *C'est un bon gros nounours très affectueux.*

NOURRAIN, n. m. [nurɛ̃] (lat. *nutrimen*, action de nourrir) Le petit poisson qu'on met dans un étang pour le peupler.

NOURRI, IE, p. p. de nourrir. ♦ Par plaisanterie, *cet homme est bien nourri*, il a beaucoup d'embonpoint. ♦ **Fig.** Il se dit de l'esprit qui reçoit des aliments intellectuels. « *Un esprit nourri de la méditation de la loi de Dieu* », MASSILLON. ♦ *Un ouvrage nourri de pensées, de réflexions*, un ouvrage où les pensées justes, où les réflexions judicieuses abondent. ♦ Formé, habitué. *Nourri dans l'erreur.* « *Ce guerrier, dans l'Église aux querelles nourri* », BOILEAU. ♦ Il se dit du feu de l'artillerie, de la mousqueterie qui se suit sans interruption. ♦ En peinture, *une couleur nourrie*, une couleur bien empâtée. ♦ *Un style nourri*, un style riche, plein, abondant. ♦ **Hérald.** Se dit des arbres et des plantes dont on ne voit pas les racines. ■ Alimenté. *Un enfant nourri au sein.*

NOURRICE, n. f. [nuris] (lat. *nutrix*, génit. *nutricis*) Femme qui allaite l'enfant d'une autre. ♦ *Mettre un enfant en nourrice*, le donner à une nourrice hors de chez soi. ♦ *Retirer un enfant de nourrice*, le retirer de chez la nourrice. ♦ *Changer un enfant en nourrice*, substituer un autre enfant en place de celui qui a été remis à la nourrice. ♦ *Il faut qu'il ait été changé en nourrice*, se dit d'un enfant qui ne ressemble en rien à ses parents. ♦ **Fig.** *Battre sa nourrice*, attaquer les choses ou les personnes auxquelles on est redevable de son éducation, de sa fortune. ♦ On dit de même : *Mordre le sein de sa nourrice*. ♦ *Nourrice sur lieu*, femme qui allaite un enfant dans la maison de la mère. ♦ Mère qui allaite son propre enfant. ♦ **Fig.** Ce qui entretient, alimente. « *La mémoire est la nourrice du génie* », MARMONTEL. ♦ Province qui fournit à une ville, à un pays, de quoi subsister. *La Sicile était la nourrice de Rome.* ♦ Jument qui allaite. ♦ Femme qui s'occupe d'un enfant moyennant une rémunération. *Une nourrice agréée.* ■ Bidon de carburant utilisé en réserve. ■ Abeille qui élève les larves. ■ **Financ.** Fait de nourrir une créance. *Un emprunt en nourrice.*

NOURRICERIE, ■ n. f. [nuris(ə)ri] (*nourrice*) Vx Pièce qui reçoit des enfants. ■ **Écol.** Lieu dans lequel les jeunes animaux viennent se nourrir et commencer leur croissance. *Le rôle de nourricerie des poissons joué par un estuaire.* ■ Partie d'une exploitation agricole réservée au jeune bétail.

NOURRICIER, IÈRE, adj. [nurisje, jɛr] (*nourrir*) Qui nourrit. ♦ Qui opère la nutrition, qui sert à la nutrition. *Suc nourricier.* ♦ **N. m.** Personne qui

nourrit. « *Les rois seront les protecteurs et les nourriciers de l'Église* », BOSSUET. ♦ Le mari d'une nourrice. ♦ **Adj.** *Le père nourricier*, le mari de la nourrice par rapport au nourrisson. ■ *Père nourricier*, père adoptif. ■ **Anat.** *Artères nourricières*, artères qui pénètrent dans les os pour assurer leur irrigation.

NOURRIR, v. t. [nurir] (lat. *nutrire*) Allaiter un enfant. ♦ **Absol.** *Cette femme nourrit.* ♦ Entretenir la vie par ce qui en répare les déperditions. *Les aliments les plus propres à nourrir l'homme.* ♦ *N'être pas nourri*, n'avoir pas les aliments en qualité ou quantité suffisante. ♦ **Absol.** *Le vin nourrit.* ♦ Entretenir d'aliments, fournir des aliments. « *La loi naturelle ordonne aux pères de nourrir leurs enfants* », MONTESQUIEU. ♦ **Par extens.** Élever, mener au terme de la croissance. « *Dieu lui nourrissait un vengeur* », BOSSUET. ♦ *Nourrir dans*, donner par l'éducation certaines habitudes, certaines idées, etc. « *Les pères nourrissaient leurs enfants dans cet espoir* », BOSSUET. « *Il avait été nourri dans la mollesse* », FÉNELON. ♦ Élever des bestiaux, en trafiquer. *Nourrir des bœufs, des chevaux, etc.* ♦ Il se dit de ce qui donne, fournit de quoi vivre. *La Sicile nourrissait Rome.* ♦ Produire, porter. *Ce pays nourrit une nombreuse population.* ♦ **Fig.** Il se dit des aliments intellectuels et moraux. « *Aimez donc la vertu, nourrissez-en votre âme* », BOILEAU. ♦ En un sens défavorable, nourrir son imagination de chimères. ♦ Entretenir, faire profiter. *La bonne terre nourrit les plantes.* ♦ Entretenir, faire durer, en parlant de choses matérielles qui consument ou se consument. *Des matières propres à nourrir le feu.* ♦ *Nourrir le feu*, entretenir une canonnade, une fusillade non interrompue. ♦ **Fig.** Faire durer en soi des sentiments, des passions. *Nourrir un espoir, de la haine, etc.* ♦ Il se dit des personnes ou des choses qui entretiennent un sentiment, une chose morale en quelqu'un. *Nourrir des divisions entre ses ennemis.* ♦ *Nourrir une action*, fournir un supplément de finance au capital d'une action. ♦ *Nourrir un numéro à la loterie*, mettre sur le même numéro à chaque tirage, en augmentant toujours la mise. ♦ En peinture, *nourrir un tableau de couleurs*, mettre les couleurs assez abondamment pour qu'on puisse les empâter. ♦ *Nourrir le trait*, éviter la maigreur, la sècheresse. ♦ **Mus.** *Nourrir les sons*, faire qu'ils soient pleins et retentissants. ♦ *Nourrir le style*, le fortifier soit par des expressions abondantes, soit par des citations. ♦ Se nourrir, v. pr. Prendre pour aliment. *Se nourrir de pain.* ♦ *Cet enfant, cet animal se nourrit bien, se nourrit mal*, les aliments lui profitent bien, ne lui profitent pas. ♦ **Fig.** Il se dit des aliments intellectuels et moraux. « *Me nourrissant de fiel* », RACINE. « *Il apprit à se nourrir de la vérité* », FÉNELON. ■ **Prov.** *Il n'y a si petit métier qui ne nourrisse son maître*, le travail, quelque peu lucratif qu'il soit, donne de quoi vivre. ■ *Cela ne nourrit pas son homme*, cela n'aide pas à subvenir aux besoins. ■ **Financ.** Immobiliser des créances.

NOURRISSAGE, n. m. [nurisaʒ] (radic. du p. prés. de *nourrir*) La manière d'élever les bestiaux. ■ Action de se nourrir en parlant des bêtes.

NOURRISSANT, ANTE, adj. [nurisɑ̃, ɑ̃t] (*nourrir*) Qui nourrit beaucoup. *Des aliments nourrissants.*

NOURRISSEUR, n. m. [nurisœr] (radic. du p. prés. de *nourrir*) Personne qui se livre à l'industrie d'engraisser les bestiaux. ■ Récipient dans lequel on met la nourriture des bêtes.

NOURRISSON, n. m. [nurisɔ̃] (lat. *nutritio*, nourriture) Enfant qui est en nourrice. ♦ Il se dit aussi au féminin, *nourrissonne.* ♦ Dans le style soutenu, élève. *Les nourrissons des Muses*, les poètes. ♦ Poulain ou pouliche qu'on élève. ■ Petit enfant âgé de quelques mois. *Les besoins alimentaires du nourrisson.*

NOURRITURE, n. f. [nurityr] (b. lat. *nutritura*) Allaitement, action de nourrir un enfant de son lait. ♦ *Faire des nourritures*, allaiter les enfants pendant le temps nécessaire. ♦ **Par extens.** Action de nourrir, élever du bétail, de la volaille. ♦ Temps durant lequel une femme allaite un enfant. ♦ Ancien syn. d'éducation. *Nourriture passe nature*, une bonne éducation peut corriger une mauvaise nature. ♦ Ce qui nourrit, ensemble des aliments destinés à nourrir l'homme et les animaux. ♦ *Chercher sa nourriture*, aller en quête de ce qui sert à soutenir la vie. ■ Sucs qui servent à l'entretien des êtres vivants. *Cet arbre prend nourriture.* ■ **Au pl.** Stipulation par laquelle des parents s'engageaient à nourrir les jeunes mariés pendant un temps déterminé. ■ **Par extens.** Ce qui entretient et fait durer. « *C'est un feu qui s'éteint faute de nourriture* », P. CORNEILLE. ♦ **Fig.** Ce qui sert d'aliment intellectuel ou moral. *C'est une mauvaise nourriture que la lecture des romans.* « *L'honneur est la nourriture des âmes bien nées* », PATRU.

NOUS, pron. pers. [nu] (lat. *nos*) Pronom de la p. pers. au pl. qui est des deux genres, et qui sert soit de sujet, soit de régime. ♦ *Nous* sujet se place avant le verbe, excepté dans les phrases interrogatives. *Nous partirons demain. Partirons-nous demain ?* ♦ *Nous* régime direct ou indirect se place avant le verbe, excepté dans les phrases impératives sans négation. *Il nous conduit. Il nous parlera. Parlez-nous.* ♦ Quand le verbe est réfléchi, *nous* régime se met devant le verbe, excepté dans les phrases impératives sans négation. *Nous nous convenions. Aimons-nous.* ♦ *Nous* est aussi régime des prépositions. *On est injuste envers nous.* ♦ Il s'emploie au lieu de *je* ou *moi* par les personnes qui ont caractère et autorité. *Nous avons ordonné et ordonnons ce qui suit.* Alors l'adjectif ou le participe qui y a rapport se met au singulier : *Nous, juge de paix soussigné, sommes convaincu, etc.* ♦ Il se dit aussi pour *je* ou *moi* par une sorte d'emphase. « *Je vous apprendrai bien s'il faut sortir sans nous* », MOLIÈRE. ♦ *Nous-même*, Voy. MÊME. ♦ *Chez nous*, dans notre maison, dans notre société, dans notre pays. ♦ **N. m.** *Se servir du nous.* ■ S'emploie à la place de *je* par les auteurs. *Nous avons constaté que...*

NOUURE, n. f. [nuyʀ] (on prononce en deux syllabes : *nou-ure. Nouer*) Action de nouer en général. ♦ État d'un enfant noué. ♦ État des fruits lorsqu'ils commencent à nouer. ■ **Méd.** Déformation des os du dos. ■ Nodosité cutanée.

NOUVEAU ou devant une voyelle ou un h muet **NOUVEL, ELLE**, adj. [nuvo, nuvɛl] (lat. *novellus*) Qui est ou apparaît pour la première fois. *Qu'y a-t-il de nouveau? Dire des choses nouvelles.* ♦ **Fig.** *C'est du fruit nouveau*, se dit de quelque chose de rare, d'inattendu. ♦ Qui existe ou est connu depuis peu de temps. ♦ Qui est contraire à la tradition. *Nouvelle religion.* ♦ *L'esprit nouveau*, l'esprit qui porte les hommes à l'innovation, à la rénovation. ♦ Se dit de celui qui prend un caractère, une doctrine, une fonction qu'il n'avait pas. *Les nouveaux chrétiens. Le nouveau prince.* ♦ *Mots nouveaux*, mots qui commencent à se répandre, mais que l'usage n'a pas encore autorisés. ♦ *Un habit nouveau*, un habit d'une nouvelle mode ; *un nouvel habit*, un habit différent de celui qu'on avait auparavant. ♦ *Nouveaux livres*, d'autres livres que ceux que l'on a lus ; *livres nouveaux*, livres qui ont paru depuis peu. ♦ *Chose nouvelle*, chose nouvellement faite, arrivée, mise à la mode ; *nouvelle chose*, chose autre que celle qu'on tenait, dont on s'occupait. ♦ Autre, qui a changé. *Éprouver pour quelqu'un de nouveaux sentiments.* ♦ Autre, qui se renouvelle. « *Quoi ! vous en attendez quelque injure nouvelle !* », RACINE. ♦ *Le nouvel an et l'an nouveau*, le commencement de l'année. ♦ *La saison nouvelle*, le printemps. ♦ *La nouvelle lune*, le commencement du mois lunaire. ♦ *Le nouveau monde*, l'Amérique. ♦ *Nouveau Testament*, Voy. TESTAMENT. ♦ *Un homme nouveau*, homme qui commence à se distinguer, et qui n'a pas de naissance. ♦ *Nouvel homme* ou *homme nouveau*, le chrétien régénéré par la grâce. ♦ *Un nouveau visage*, une personne qu'on n'a pas encore vue. ♦ Autre, qui vient après. *Accepter un nouvel époux.* ♦ Autre, second, qui a de la ressemblance ou de la conformité avec. *Un nouvel Alexandre.* ♦ Qui sort de la règle, qui est singulier, extraordinaire. ♦ *Il est nouveau de*, avec l'infinitif, ou *il est nouveau que*, avec le subjonctif, c'est une chose nouvelle, rare. ♦ En parlant des personnes, novice, inexpérimenté. ♦ **N. m.** Ce qui n'a pas été vu, dit, fait. *Aimer le nouveau.* ♦ **Adv.** Nouvellement. *Du beurre nouveau battu. Les nouveau-nés.* ♦ Avec d'autres participes que *né* et qui sont pris substantivement, *nouveau* est adjectif et s'accorde. *Les nouveaux venus. Une nouvelle convertie.* ■ DE NOUVEAU, loc. adv. Derechef, encore une fois. ■ À NOUVEAU, loc. adv. Une seconde fois. ♦ Terme de banque et de commerce. *À nouveau*, sur un nouveau compte. ♦ **Prov.** *Tout ce qui est nouveau paraît beau*, ou, plus brièvement, *tout nouveau, tout beau.* ■ **N. m. et n. f.** Personne nouvellement arrivée dans un groupe. *Accueillir les nouveaux dans un collège.* ■ **Dr.** *Faits nouveaux*, faits révélés après une condamnation engendrant la révision du jugement. ♦ *Rien de nouveau sous le soleil*, rien de nouveau à dire. ♦ *Ça, c'est nouveau !* c'est un peu fort. *Tu n'es pas allé en classe, hier ? C'est nouveau !* ♦ *Nouveau roman*, tendance littéraire des années 1960-1970. ■ *Cuisine nouvelle*, simple et légère.

NOUVEAU-NÉ, NÉE, ■ n. m. et n. f. [nuvone] (*nouveau* et *né*) Enfant né depuis quelques jours. *Des nouveau-nés, des nouveau-nées.* ■ Se dit aussi pour les animaux. ■ **Adj.** Qui vient de naître. *Une petite fille nouveau-née. Un veau nouveau-né.*

NOUVEAUTÉ, n. f. [nuvote] (*nouveau*) Qualité de ce qui est nouveau. *Les charmes de la nouveauté.* « *La nouveauté des arts parmi nous ne prouve point la nouveauté du globe* », VOLTAIRE. ♦ Chose nouvelle. « *Ce sont des nouveautés dont j'ai lieu d'être en peine* », P. CORNEILLE. ♦ *C'est une nouveauté de vous voir*, se dit à quelqu'un qu'on n'a pas vu depuis longtemps. ♦ En religion, en politique et en tout genre d'opinions, innovation. *Le peuple est avide de la nouveauté, des nouveautés.* ♦ Caractère du nouvel homme, en style mystique. ♦ Chose nouvelle en fait de mode, de livres, etc. ♦ *Les nouveautés*, les étoffes les plus nouvelles et les plus à la mode. ♦ *Article de haute nouveauté*, article de la dernière mode. ◁ ▷ *Marchand de nouveautés*, marchand qui fait particulièrement métier de vendre des étoffes pour femmes, la mercerie, les rubans et tout ce qui concerne la toilette des femmes. ◁ ▷ *Au sing. La nouveauté*, le commerce de nouveautés. ◁ ♦ Spectacle, pièce nouvelle dans une certaine vogue. ♦ Temps pendant lequel une chose est nouvelle. *Cette mode est dans sa nouveauté.*

NOUVEL, adj. [nuvɛl] Voy. NOUVEAU.

NOUVELLE, n. f. [nuvɛl] (fém. de *nouveau* pris subst.) Le premier avis qu'on reçoit d'une chose, renseignement sur quelque chose de lointain, de caché, d'ignoré. « *Les bonnes nouvelles sont toujours retardées, et les mauvaises ont des ailes* », VOLTAIRE. ♦ *Faire la nouvelle*, occuper l'attention en qualité de nouvelle. « *Une guerre qui fait présentement la nouvelle publique* »,

MME DE SÉVIGNÉ. ♦ *Être à la source des nouvelles*, être au lieu où se passent les choses les plus importantes. ♦ **Fam.** *Vous m'en direz des nouvelles*, vous verrez que j'ai raison ; vous verrez combien la chose est bonne, mauvaise. ♦ *Avoir nouvelle*, entendre parler. ♦ **Fig.** *Il y a bien des nouvelles, voici bien des nouvelles*, la face des choses, des affaires est bien changée. ♦ **Fig.** *En voici de nouvelles*, se dit d'une chose dont on n'avait aucune connaissance et qui surprend. ♦ **Fig.** *Point de nouvelles*, n'y comptez pas, cela est inutile, il n'en sera rien, il n'en est rien. ♦ *Envoyer aux nouvelles*, détacher quelques cavaliers pour battre l'estrade et découvrir ce que font les ennemis. ♦ Ce que l'on apprend sur le compte des personnes. « *Pour aller demander des nouvelles de mon père* », FÉNELON. ♦ *Demander des nouvelles de quelqu'un*, demander quel est l'état de sa santé. ♦ Écrit qui raconte ce qui se passe de nouveau. *Nouvelles politiques, littéraires, etc.* ♦ *Nouvelles à la main*, nouvelles qu'on distribue non imprimées. ♦ Sorte de roman très court. ♦ **Prov.** *Point de nouvelles, bonnes nouvelles*, quand on ne reçoit point de nouvelles d'une personne, on doit présumer ne lui est point arrivé de mal. ■ Au pl. Informations. *Regarder les nouvelles à la télévision.* ■ *Une bonne nouvelle*, un heureux événement ; *une mauvaise nouvelle*, un événement malheureux. ■ **Relig.** *La bonne nouvelle*, l'Évangile. ■ **Péj.** *Première nouvelle !* grande surprise à l'annonce d'une nouvelle. *Tu t'es mariée ? Première nouvelle !* ■ *Avoir des nouvelles de quelqu'un*, savoir ce que cette personne devient. ■ *Quelles nouvelles ?* lorsqu'on rencontre quelqu'un, façon de demander comment cette personne va.

NOUVELLEMENT, adv. [nuvɛl(ə)mɑ̃] (*nouveau, nouvelle*) Depuis peu de temps.

NOUVELLES, n. f. pl. [nuvɛl] (b. lat. jurid. *novellæ* (*leges*), lois nouvelles) **Jurispr.** Constitutions impériales promulguées par Théodose et ses successeurs, après la rédaction du code théodosien. ♦ Constitutions de l'empereur Justinien, qui forment la quatrième et dernière partie du Corps du droit romain. ♦ On dit au singulier : *une nouvelle*.

NOUVELLETÉ, n. f. [nuvɛl(ə)te] (b. lat. *novellitas*) **Jurispr.** Entreprise faite sur le possesseur d'un héritage.

NOUVELLISTE, n. m. et n. f. [nuvelist] (*nouvelle*) Personne qui cherche ou débite des nouvelles. ♦ *Nouvelliste à la main*, rédacteur de nouvelles à la main. ■ Auteur de nouvelles.

NOVA, ■ n. f. [nova] (lat. *nova stella*) Étoile invisible à l'œil nu qui se mettre à briller brusquement et temporairement. *Des novas* ou *des novæ* (pluriel latin).

NOVALE, n. f. [noval] (lat. *novalis* [*terra*]) ▷ Terre nouvellement défrichée. ♦ **N. f. pl.** Dîme que les curés levaient sur les novales. ♦ **Adj.** *Terre novale. Dîmes novales.* ◁

NOVATEUR, TRICE, n. m. et n. f. [novatœʀ, tʀis] (lat. *novator, novatrix*, celui, celle qui renouvelle) Personne qui innove. ♦ **Adj.** *Esprit novateur.*

NOVATION, n. f. [novasjɔ̃] (b. lat. *novatio*, renouvellement) **Jurispr.** Mode d'éteindre une ancienne obligation en changeant le titre, le créancier ou le débiteur. ■ **Litt.** Chose nouvelle. *Cette conception est une novation venue des États-Unis.*

NOVATOIRE, ■ adj. [novatwaʀ] (radic. du lat. *novatio*) Relatif à la novation. *Un acte novatoire.*

NOVELETTE, ■ n. f. [nɔv(ə)lɛt] (all. *Novelette*, créé selon le Lar. encyclop. par Robert Schumann, de l'ital. *novella*, récit, ; et de Clara *Novello*, cantatrice) **Mus.** Pièce pour piano.

NOVÉLISATION ou **NOVELLISATION**, n. f. [novelizasjɔ̃] (angl. *novelisation* ou *novelization*, de *novel*, roman) Adaptation d'un film ou d'un scénario en roman.

NOVEMBRE, n. m. [novɑ̃bʀ] (lat. *november*, de *novem*, neuf, neuvième mois de l'année romaine) Le onzième mois de l'année, selon notre manière actuelle de compter.

NOVER, v. tr. [nove] (lat. *novare*, renouveler, inventer) Renouveler une obligation ; substituer une obligation nouvelle à une précédente.

NOVICE, n. m. et n. f. [novis] (lat. *novicius*, récent) Personne qui a pris nouvellement l'habit religieux, et s'éprouve pendant un certain temps avant de faire profession. ♦ **Fig.** *Ferveur de novice*, ardeur qu'on met à remplir les obligations d'un nouvel état. ♦ **Fig.** Personne qui a peu d'expérience. ♦ **Adj.** Qui est nouveau, peu habile, peu exercé. *Une chanteuse novice.* ♦ **N. m. et n. f.** *Un novice. Une novice.* ♦ *Novice à.* « *Les vieux soldats de Philippe, novices aux voluptés* », VAUGELAS. ♦ Qui n'a point la connaissance du monde. ♦ **Par extens.** En parlant des choses. *Une plume, une main novice.* ♦ *N'être pas novice*, avoir une grande habileté, une grande expérience.

NOVICIAT, n. m. [novisja] (*novice*, d'après le lat. *novicius*) État des novices avant leur profession. ♦ Temps de l'épreuve des novices. ♦ La demeure des novices. ♦ **Fig.** Apprentissage quelconque.

NOVILLADA, ■ n. f. [novijada] (mot. esp., de *novillo*, jeune bœuf d'un an) Course de jeunes taureaux de combat. *Les novilladas du Sud-Ouest.*

NOVILLERO ou **NOVILLÉRO**, ■ n.m. [novijeʁo] (esp. *novillo*) Torero n'ayant pas encore reçu l'alternative et qui ne tue que des jeunes taureaux. *Des novilleros.*

NOVILLO, ■ n.m. [novijo] (esp. *novillo*) Jeune taureau de combat. *Des novillos.*

NOVISSIMÉ, adv. [novisime] (lat. *novissime*, superl. de *nove*, d'une manière nouvelle) ▷ **Fam.** Tout nouvellement, depuis très peu de temps. ◁

NOVLANGUE, ■ n.f. [nɔvlɑ̃g] (néolog. angl. de George Orwell) Langage rigide, composé de nombreux néologismes et qui tend à contrôler implicitement la masse populaire. *La novlangue de quelques technocrates.*

NOVO..., ■ [novo] Préfixe, du latin *novus*, nouveau.

NOVOCAÏNE, ■ n.f. [novokain] (novo- et *cocaïne*) **Méd.** Analgésique très puissant à base de cocaïne administré par injection.

NOVOTIQUE, ■ n.f. [novotik] (novo- et -*tique*, de *informatique*) **Inform.** Ensemble des quatre nouvelles technologies que sont l'informatique, la bureautique, la robotique et la télématique.

NOYADE, n.f. [nwajad] (*noyer*) Action de noyer plusieurs personnes à la fois. ◆ **Fig.** Action de perdre, de ruiner un homme. ■ Fait de se noyer. *Mourir par noyade.*

NOYALE ou **NOYALLE**, n.f. [nwajal] (*Noyal*-sur-Villaine, où cette toile était fabriquée.) *Toile de noyale* ou simplement *noyale*, nom de la toile dont on se sert pour faire les grandes voiles d'un navire.

NOYAU, n.m. [nwajo] (b. lat. *nucalis*, gros comme une noix, de *nux*, noix) Partie dure et solide, tantôt unique, tantôt multiple, que certains fruits renferment, et qui contient la semence ou l'amande. ◆ *Fruits à noyau*, fruits qui ont un noyau, comme la pêche, la prune, etc. ◆ *Eau de noyau*, liqueur dans la préparation de laquelle entrent certains noyaux. ◆ **Fig.** Premier et petit groupe d'une compagnie, d'un établissement, d'un rassemblement, etc. *Le noyau d'une colonie.* ◆ La partie la plus dure qui se trouve au centre de certains cailloux, et aussi d'une montagne ou de tout autre corps considérable. ◆ **Astron.** Partie qui paraît la plus dense dans une comète. ◆ La masse de terre à potier, ou autre matière, remplissant l'intérieur d'un moule et destinée à soutenir la cire que doit remplacer le métal en fusion. ◆ **Archit.** Toute partie plus ou moins brute et massive, qui est enveloppée d'un revêtement. ◆ **Prov.** *Il faut casser le noyau pour en avoir l'amande*, il faut prendre de la peine avant de retirer l'utilité de quelque chose. ■ *Rembourré avec des noyaux de pêche*, se dit d'un matelas ou d'un fauteuil peu confortable. ■ **Biol.** Partie de la cellule qui contient les chromosomes. ■ Groupe de personnes. *Un noyau d'amis. Le noyau familial.* ■ Ensemble des personnes les plus importantes dans un groupe. *Le noyau du syndicat.* ■ Petit groupe d'individus au sein duquel règne une cohésion, généralement dans l'hostilité. ■ *Noyau dur*, les dirigeants d'un groupe. *Le noyau dur d'un parti politique.*

NOYAUTAGE, ■ n.m. [nwajotaʒ] (*noyauter*) Action de noyauter une organisation ; son résultat. *Le noyautage d'un syndicat.*

NOYAUTER, ■ v. tr. [nwajote] (*noyau*) Prendre le contrôle d'une organisation en introduisant habilement un ou plusieurs éléments extérieurs au sein des instances décisionnelles. *Ce parti politique a été noyauté.*

NOYÉ, ÉE, p. p. de noyer. [nwaje] N. m. et n. f. *Un noyé. Une noyée.* ◆ **Fig.** *Noyé de dettes*, accablé de dettes. ◆ **Fig.** Perdu, ruiné. « *Et le monde effrayé Vous regarde déjà comme un homme noyé* », BOILEAU. ◆ *Teinte noyée*, dans la peinture en émail, teinte affaiblie ou devenue livide. ◆ Se dit des larmes coulant en abondance. « *Mes yeux de pleurs toujours noyés* », RACINE. ◆ **Fig.** Adonné tout entier à. « *Un jeune Lydien noyé dans les plaisirs* », FÉNELON. ◆ Perdu comme dans une grande étendue d'eau. *Des faits noyés dans des contes à dormir debout.* ◆ Se dit du sang versé par torrents. « *Rome entière noyée au sang de ses enfants* », P. CORNEILLE. ■ **Fam.** Qui ne maîtrise pas une situation, qui n'y comprend rien. *Un élève noyé en math.*

1 NOYER, n.m. [nwaje] (lat. pop. *nucarius*, du lat. *nux*, noix) Arbre qui porte les noix. ◆ Bois de noyer. *Une table de noyer.*

2 NOYER, v. tr. [nwaje] (lat. *necare*, faire périr, surtout sans effusion de sang, de *nex*, génit. *necis*, mort violente) Faire mourir d'asphyxie par immersion. ◆ **Fig.** « *L'intérêt de la tendresse est noyé dans celui de l'orgueil* », MME DE SÉVIGNÉ. ◆ **Fig.** Causer la perte, la ruine d'une personne. ◆ *Noyer son chagrin dans le vin.* ◆ *Noyer sa raison dans le vin*, perdre la raison à force de boire. ◆ Inonder. *Noyer un pays.* ◆ *Noyer des poudres*, introduire de l'eau dans une poudrière ou dans la soute aux poudres d'un bâtiment. ◆ Mouiller fortement, en parlant de la pluie. ◆ *Noyer son vin d'eau*, mettre trop d'eau dans son vin. ◆ *Noyer de larmes*, inonder de larmes. ◆ **Fig.** Exprimer avec une excessive diffusion. *Noyer sa pensée dans un déluge de mots.* ■ En peinture, mêler les extrémités des contours avec les contours voisins, de manière qu'ils se fondent insensiblement les uns dans les autres. ◆ *Se noyer*, v. pr. Se donner la mort en se

jetant dans l'eau. ◆ Mourir suffoqué dans l'eau ou dans quelque liquide. ◆ **Fig.** *Se noyer dans une goutte d'eau*, échouer devant le moindre obstacle, la moindre difficulté. ◆ Être plongé dans un liquide trop abondant. « *Des pois verts qui se noyaient dans l'eau* », BOILEAU. ◆ **Fig.** Se ruiner, se perdre. ◆ *Se noyer de dettes*, contracter des dettes qui dépassent beaucoup plus qu'on a. ◆ *Se noyer dans les larmes*, pleurer excessivement. ◆ **Fig.** Se plonger, être plongé dans certaines jouissances ou dans certaines souffrances. *Se noyer dans la débauche, dans les plaisirs, dans le vin.* « *Parmi les déplaisirs où son âme se noie* », RACINE. ◆ *Se noyer*, au jeu de boules, pousser sa boule plus loin que la ligne qui est marquée au-delà du but. ◆ **Prov.** *Qui veut noyer son chien l'accuse de la rage*, ou *dit qu'il a la gale*, c'est-à-dire on ne manque pas de prétextes pour perdre les gens. ■ *Noyer un carburateur, un moteur*, le rendre inutilisable par une arrivée excessive de carburant. ■ *Noyer dans le sang*, réprimer en faisant couler le sang. ■ *Noyer le poisson*, embrouiller un interlocuteur en obscurcissant une affaire.

NOYON, n.m. [nwajɔ̃] (*noyer*) Au jeu de boule, ligne au-delà de laquelle la boule est noyée.

NPI, ■ n.m. pl. [ɛnpei] (sigle de *nouveau pays industrialisé*) **Écon.** Nouveaux pays industrialisés, pays en développement d'Amérique latine et d'Asie qui ont connu, entre 1960 et 1970, un essor considérable sous l'effet de leur industrialisation.

NTSC, ■ n.m. [ɛnteesse] (sigle de *National television system committee*) Système de télévision en couleurs américain en usage aux États-Unis, au Canada et au Japon. *Le PAL et le NTSC.*

1 NU, NUE, adj. [ny] (lat. *nudus*) Qui n'est point vêtu. ◆ *Nu* est invariable lorsqu'il précède le substantif, et alors on met le trait d'union. *Il était nu-tête et nu-jambes.* ◆ **Fig.** et **fam.** *Un va-nu-pieds*, un gueux, un misérable. ◆ *Demi-nu*, à moitié vêtu. ◆ *Nu comme la main, nu comme un ver*, qui n'a aucun vêtement. ◆ *Mettre quelqu'un nu comme la main*, le dépouiller de ses habits, et fig. le priver de ce qu'il possède. ◆ Par exagération, *être tout nu*, avoir de méchants habits, ou n'être pas vêtu comme l'exigerait la saison ou la bienséance. ◆ *Cheval nu*, cheval vendu ou acheté sans selle ni bride. ◆ **Fig.** *Nu de*, qui n'est pas pourvu de. « *La terre, nue d'habitants, n'est plus qu'un lieu désolé* », VOLNEY. ◆ *Vendre son vin tout nu*, c'est-à-dire sans les tonneaux. ◆ **Jurispr.** *Nue-propriété*, propriété d'un fonds dont un autre a l'usufruit. ◆ Au pl. *Des nues-propriétés.* ◆ *Nu-propriétaire*, propriétaire qui a une nue-propriété. ◆ Au pl. *Des nus-propriétaires.* ◆ **Astron.** *Œil nu*, œil qui n'est pas armé de verres grossissants. *Observer à l'œil nu.* ◆ **Chim.** *Feu nu*, feu dont l'action se dirige immédiatement sur une substance. ◆ **Bot.** Se dit d'une partie quelconque, lorsqu'elle est privée des appendices qui l'accompagnent souvent ou ordinairement. ◆ Qui n'a pas l'enveloppe, la couverture, l'ornement ordinaire. *Les arbres sont nus en hiver. Une épée nue.* ◆ *Une maison nue*, une maison dégarnie de meubles. ◆ *Pays nu*, pays sans arbres, sans verdure. ◆ Qui manque des ornements convenables. *Une façade nue.* ◆ **Fig.** *Un style nu. Une composition nue.* ◆ Qui est sans déguisement, sans fard. *La vérité toute nue.* « *Mais je t'expose ici mon âme toute nue* », RACINE. ◆ N. m. *Le nu*, les parties nues du corps. « *Le nu des bras et des jambes montre un homme fort et nerveux* », FÉNELON. ◆ **Sculpt.** et **peint.** Les figures et les parties des figures non drapées. ◆ **Archit.** Absence d'ornements. ◆ *Le nu du mur*, la partie du mur qui est plane, où il n'y a point de ressaut, d'ornements qui excèdent. ◆ À NU, loc. adv. À découvert. « *Laissant voir à nu deux têtes sans cheveux* », MOLIÈRE. ◆ *Monter un cheval à nu*, le monter sans selle. ◆ **Fig.** *Montrer à nu ses passions.* ◆ **Chim.** À nu, se dit d'un corps qui se montre hors de toute composition. *Mettre du charbon à nu.* ■ *Se mettre à nu*, se déshabiller et fig. se dévoiler. ■ **Fam.** *Cul nu*, sans culotte. ■ *Nu-tête*, sans chapeau. ■ *Robe, haut à dos nu*, dont le dos est découvert. ◆ *À mains nues*, sans protection. *Pratiquer la boxe à mains nues.* ■ **Zool.** Qui n'a ni poils, ni plumes, ni écailles. *La queue nue du zyzomys.* ■ REM. Graphies anciennes : *nue propriété, nu propriétaire.*

2 NU, ■ n.m. [ny] (mot gr.) Lettre de l'alphabet grec correspondant au *n* de l'alphabet latin. *Des nus* ou *des nu.*

NUAGE, n.m. [nɥaʒ] ou [nɥɑʒ] (*nue*) Amas de vapeurs vésiculeuses suspendues dans l'air, qui troublent le bleu du ciel sous forme de masses blanches, grises ou noires. ◆ *Un ciel sans nuage*, un ciel parfaitement pur. ◆ **Fig.** Ce qui est chargé de quelque chose de menaçant, comme un nuage l'est de pluie. « *Ce coup du ciel qui vient de dissiper ce gros nuage* », FLÉCHIER. ◆ **Par extens.** Tout ce qui offusque la vue, qui empêche de voir distinctement les objets. *Un nuage de poussière.* « *Déjà de traits en l'air s'élevait un nuage* », RACINE. ◆ **Fig.** Obscurité qui se répand dans la vue. « *Des coups qui me firent vomir le sang et répandirent sur mes yeux un épais nuage* », FÉNELON. ◆ **Fig.** Ce qui voile, dérobe à la vue de l'intelligence. « *La vérité perça le nuage* », FÉNELON. « *Le démon répand mille nuages sur l'esprit* », MASSILLON. ◆ Doutes, soupçons, qui s'élèvent sur la conduite de quelqu'un, ou dans les liaisons, les amitiés, le commerce du monde. « *Jamais nous n'avions eu le moindre nuage dans notre amitié* », MME DE SÉVIGNÉ. ◆ Chagrins, ennuis. « *Il n'y a guère de vie qui soit exempte de nuage* », MME

DE SÉVIGNÉ. ♦ Idées vagues, obscures, peu intelligibles. ♦ *Se perdre dans les nuages,* parler, écrire avec emphase et obscurité. ♦ *Un nuage de lait,* une très petite quantité de lait qu'on verse dans le thé. ♦ **Héral.** Il se dit des pièces qui sont représentées avec des sinuosités et des ondes. ■ *Être dans les nuages,* perdu dans ses pensées. ■ *Vivre ou être sur un nuage,* hors de la réalité. ■ *Nuage atomique,* concentration dans l'air d'éléments radioactifs à la suite d'une explosion nucléaire. ♦ **Fig.** *Des nuages noirs à l'horizon,* un danger, une menace. ♦ **Fig.** *Sans nuage,* qui n'est ou ne peut être troublé. *Une vie sans nuage. Un mariage sans nuage.*

NUAGÉ, ÉE, adj. [nɥaʒe] ou [nɥaʒe] (*nuager*) **Hist. nat.** Qui offre des dessins représentant des nuages. ♦ **Héral.** Se dit des pièces qui sont représentées avec des ondes ou sinuosités.

NUAGEUX, EUSE, adj. [nɥaʒø, øz] ou [nɥaʒø, øz] (*nuage*) Où il y a des nuages. *Un ciel nuageux.* ♦ Qui ressemble à des nuages. ♦ **Fig.** Qui n'est pas clair. *Style, auteur nuageux.* ♦ **Hist. nat.** Qui est marqué de taches irrégulières, peu foncées, sur un fond blanc. ♦ Se dit d'une pierre précieuse dont la transparence est terne en quelques endroits.

NUAISON, n. f. [nɥɛzɔ̃] ou [nyɛzɔ̃] (*nuer*) **Mar.** Durée d'un même vent, d'un même état de l'atmosphère.

NUANCE, n. f. [nɥɑ̃s] ou [nyɑ̃s] (*nuer*) Degré d'augmentation ou de diminution que présente une même couleur ; différence ou changement des couleurs, surtout dans leur passage d'un ton à un autre. ♦ Mélange et assortiment de plusieurs couleurs qui vont bien ensemble. *Des nuances mal entendues.* ♦ **Fig.** Différence délicate et presque insensible qui se trouve entre deux choses du même genre. « *Suivant les différences du rang, du mérite personnel, il donnait à sa politesse les nuances que ces différences exigent* », CONDORCET. ♦ **Fig.** Les délicatesses du langage. *Les nuances les plus fines dans l'expression.* ♦ **Mus.** Différences du forte et du piano. *Jouer sans nuances.* ♦ On se sert préférablement en peinture des termes de teintes et demi-teintes, et tons demi-tons. *Nuance* du langage des teinturiers, des tapissiers, et du langage figuré. *Nuance ! ne confondez pas ! Nuance ! Surprendre et étonner ne veulent pas exactement dire la même chose.* ■ *Être sans nuances,* être intransigeant.

NUANCÉ, ÉE, p. p. de nuancer. [nɥɑ̃se] ou [nyɑ̃se] **Par extens.** « *Une voix nuancée* », J.-J. ROUSSEAU. ♦ **Fig.** *Dans la nature tout est nuancé à l'infini.* ■ Qui n'est pas tranché. *Une opinion nuancée.* ■ *Nuancé de,* qui comporte de légères modifications par quelque chose. *Un vert nuancé de blanc.*

NUANCER, v. tr. [nɥɑ̃se] ou [nyɑ̃se] (*nuance*) Assortir les nuances. *Nuancer les couleurs.* ♦ **Fig.** Ménager les gradations. *Cet auteur sait bien nuancer les caractères des personnages. Nuancer son chant.* ♦ Se nuancer, v. pr. Être nuancé.

NUANCIER, ■ n. m. [nɥɑ̃sje] ou [nyɑ̃sje] (*nuance*) Palette présentant aux clients les différentes couleurs d'un même produit. ■ **Inform.** Fenêtre présentant les couleurs que l'on peut afficher à l'écran.

NUBÉCULE, n. f. [nybekyl] (lat. *nubecula*) **Méd.** Petite tache qui siège dans les lames externes de la cornée, et qui fait voir les objets comme à travers un nuage.

NUBIEN, IENNE, ■ adj. [nybjɛ̃, jɛn] (*Nubie*) Relatif à la Nubie. *La culture nubienne.* ■ N. m. et n. f. Habitant de la Nubie. *Les Nubiens.*

NUBILE, adj. [nybil] (lat. *nubilis*, de *nubere*, prendre le voile de mariage) Qui est en âge d'être marié. ♦ *Âge nubile,* l'âge auquel on est nubile. ■ Pubère. *Une jeune fille nubile.*

NUBILITÉ, n. f. [nybilite] (*nubile*) État d'une personne nubile. ♦ Âge nubile.

NUBUCK, ■ n. m. [nybyk] (mot angl. de *new buck,* de *new,* nouveau, et *buck,* daim) Cuir bovin dont l'aspect velouté rappelle celui du daim. *Des chaussures, un sac en nubuck.*

NUCAL, ALE, ■ adj. [nykal] (*nuque*) **Anat.** Relatif à la nuque. *Les muscles et les os nucaux.*

NUCELLE, ■ n. m. [nysɛl] (lat. *nux,* génit. *nucis,* noix) **Bot.** Tissu formant la majeure partie du jeune ovule dans laquelle se développe le sac embryonnaire. *Le tégument de l'ovule entoure le nucelle.*

NUCLÉAIRE, ■ adj. [nykleɛʀ] (lat. *nucleus,* amande, noyau) **Sc.** Relatif au noyau de la cellule, de l'atome. *La membrane nucléaire.* ■ *Énergie nucléaire,* produite par une transformation au sein de l'atome. ■ Relatif à l'énergie nucléaire. *Centrale nucléaire.* ■ *Guerre nucléaire,* qui utilise l'énergie nucléaire. ■ *Famille nucléaire,* composée des parents biologiques et des enfants. ■ N. m. Énergie nucléaire. *Les dangers du nucléaire.* ■ *Médecine nucléaire,* partie de la médecine consacrée à l'utilisation d'éléments radioactifs pour l'examen et le traitement de patients, en particulier cancéreux. ■ *Puissance nucléaire,* pays qui possède la bombe atomique. ■ *Hiver nucléaire,* nuage de poussière obscurcissant l'atmosphère et refroidissant considérablement la température, dans le cas d'un conflit nucléaire.

NUCLÉARISATION, ■ n. f. [nyklearizasjɔ̃] (*nucléariser*) Fait de posséder de l'énergie nucléaire ; la bombe atomique, pour un État. *Dénoncer la nucléarisation.* ■ NUCLÉARISER, v. tr. [nyklearize] ■ NUCLÉARISÉ, ÉE, adj. [nyklearize] *Un pays nucléarisé.*

NUCLÉARISTE, ■ adj. [nyklearist] (*nucléaire*) Qui prône le recours à l'énergie nucléaire, en particulier en matière d'armement. *Politique nucléariste.* ■ N. m. et n. f. *Les nucléaristes.*

NUCLÉASE, ■ n. f. [nykleaz] (*nuclé(o)-* et *-ase*) **Chim.** Enzyme, généralement bactérienne, qui dégrade les molécules d'ADN ou d'ARN en catalysant l'hydrolyse des acides nucléiques.

NUCLÉÉ, ÉE, ■ adj. [nyklee] (*nucléus*) **Biol.** Qui possède un ou plusieurs noyaux en parlant d'une cellule. *La numération des éléments nucléés.*

NUCLÉIDE, ■ n. m. [nykleid] (*nuclé[o]-*) **Phys.** Noyau atomique défini par un certain nombre de neutrons et de protons. *Des nucléides radioactifs.* ■ REM. On dit aussi *nuclide.*

NUCLÉIQUE, ■ adj. [nykleik] (angl. *nucleic*) **Chim.** *Acides nucléiques,* macromolécules caractéristiques du noyau cellulaire constituées d'un enchaînement de nucléotides.

NUCLÉ(O)..., ■ [nykleo] Préfixe qui signifie noyau, du latin *nucleus.*

NUCLÉOCAPSIDE, ■ n. f. [nykleokapsid] (*nucléo-* et *capside*) Structure virale compacte constituée de l'acide nucléique viral et de la capside.

NUCLÉOCRATE, ■ n. m. et n. f. [nykleokrat] (*nucléaire* et [*techno*]*crate*) Souvent péj. Technocrate responsable de l'énergie nucléaire dans un pays. ■ Adj. *Un lobby nucléocrate.*

NUCLÉOLE, ■ n. m. [nykleɔl] (*nucléus*) **Biol.** Corps nucléaire présent en nombre variable dans le noyau atomique.

NUCLÉOLYSE, ■ n. f. [nykleoliz] (*nucléo-* et *-lyse*) **Méd.** Traitement de la hernie consistant à injecter une enzyme protéolytique dans le disque intervertébral pour le dessécher et pour soulager la pression sur la racine nerveuse.

NUCLÉON, ■ n. m. [nykleɔ̃] (*nuclé[o]-,* d'apr. proton) **Phys.** Chacun des deux composants du noyau atomique. *Le nucléon est un neutron ou un proton.*

NUCLÉONIQUE, ■ adj. [nykleonik] (*nucléon*) Relatif aux nucléons. *La densité nucléonique.*

NUCLÉOPHILE, ■ n. m. [nykleofil] (*nucléo-* et *-phile*) **Chim.** Réactif qui forme une liaison avec un autre réactif en partageant un ou plusieurs électrons. ■ Adj. *La substitution nucléophile.*

NUCLÉOPLASME, ■ n. m. [nykleoplasm] (*nucléo-* et *-plasme*) **Biol.** Substance du noyau, non colorée, liquide ou semi-liquide, remplissant l'espace nucléaire autour des chromosomes et des nucléoles.

NUCLÉOPROTÉINE, ■ n. f. [nykleoprotein] (*nucléo-* et *protéine*) **Chim.** Protéine conjuguée, composée d'un acide nucléique et d'une protéine et qui constitue le matériel formant des chromosomes. ■ REM. On dit aussi *nucléoprotéide.*

NUCLÉOSIDE, ■ n. m. [nykleozid] (*nuclé[o]-*et *oside*) **Chim.** Élément constitutif de l'ADN et de l'ARN composé d'une base azotée associée à un ribose pour l'ARN ou un désoxyribose pour l'ADN. *La reconstitution d'un nucléoside.*

NUCLÉOSOME, ■ n. m. [nykleozom] (*nucléo-* et *-some*) **Biol.** Unité fondamentale de la chromatine qui ressemble à un fin réseau de coloration irrégulière parcourant l'ensemble du nucléoplasme. *La formation des nucléosomes.*

NUCLÉOSYNTHÈSE, ■ n. f. [nykleosɛ̃tɛz] (*nucléo-* et *synthèse*) **Astron.** Formation des noyaux atomiques dans l'univers. *La nucléosynthèse stellaire.*

NUCLÉOTIDE, ■ n. m. [nykleotid] (*nucléo-* et *-ide*) **Chim.** Constituant de base de l'ADN.

NUCLÉUS, ■ n. m. [nykleys] (lat. *nucleus,* amande, noyau) **Préhist.** Bloc de pierre à partir duquel des outils tels que des lames et des éclats ont été fabriqués.

NUCLIDE, ■ n. m. [nyklid] Voy. NUCLÉIDE.

NUDIBRANCHE, ■ n. m. [nydibʀɑ̃ʃ] (radic. du lat. *nudus,* nu et *branche*) **Zool.** Petite limace de mer très colorée et dont les branchies sont nues.

NUDISME, ■ n. m. [nydism] (radic. du lat. *nudus,* nu) Pratique des personnes qui choisissent de vivre nues ou très peu vêtues chez elles ou dans des endroits prévus pour elles. ■ NUDISTE, n. m. et n. f. et adj. [nydist] *Camp nudiste.*

NUDITÉ, n. f. [nydite] (b. lat. *nuditas*) État d'une personne nue. ♦ Partie que la décence ou la pudeur oblige de cacher. « *Ayez horreur des nudités de gorge et de toutes les autres immodesties* », FÉNELON. ♦ Figures nues. « *Les peintres cherchent à faire voir leur art dans les nudités* », P. CORNEILLE. ♦

Par extens. État de ce qui est dépouillé, par exemple, de feuilles, de verdure, etc. *La nudité des rochers.* ♦ Fig. Privation de richesses, d'honneurs. ♦ En langage mystique, *parfaite nudité*, état de l'âme qui se dépouille de tout sentiment. ■ Fait de vivre nu.

NUE, n. f. [ny] (lat. pop. *nuba*, du lat. *nubes*) Toute masse de vapeur d'eau répandue dans l'atmosphère. ♦ Le haut des airs, la place où sont les nues. « *Nous avons percé la nue du cri de vive le roi!* », MME DE SÉVIGNÉ. ♦ Fig. *Porter, élever une personne, une chose aux nues*, la louer jusqu'aux nues, la louer avec excès. ♦ Fig. *Cette pièce a été aux nues*, elle a obtenu un très grand succès. ♦ *Par-dessus les nues*, avec exagération. « *Vous me loueriez par-dessus les nues* », MME DE SÉVIGNÉ. ♦ *Il est au-dessus des nues, sur les nues*, il a surmonté quelque grand obstacle, il est dans une grande fortune. ♦ Fig. *Monter, sauter aux nues, bondir dans les nues*, être dans un violent transport. ♦ Fig. *Tomber des nues*, arriver à l'improviste, n'être connu ni avoué de personne. ♦ En parlant d'une pièce de théâtre, *ce dénouement tombe des nues*, il n'est point amené, point préparé. ♦ *Tomber des nues*, être tout étonné. ♦ Fig. *Se perdre dans les nues*, s'égarer dans l'emphase et dans l'obscurité.

NUÉ, ÉE, p. p. de nuer. [nɥe] ou [nye] « *Un arc-en-ciel nué de cent sortes de soies* », LA FONTAINE. ♦ *Or nué*, or employé avec de la soie dans un ouvrage de broderie, de sorte que l'or serve comme de fond. ♦ Se dit de certaines fleurs qui ont plusieurs nuances. *Une fleur nuée d'incarnat.*

NUÉE, n. f. [nɥe] ou [nye] (*nue*) Grosse nue. ♦ Par extens. Nuage formé d'une vapeur quelconque. ♦ Fig. Multitude de personnes, d'oiseaux, d'animaux venus en troupe. *Des nuées de sauterelles.* ♦ « *Une nuée de traits obscurcit l'air* », FÉNELON. ♦ Par exagération, un grand nombre. *Une nuée de témoins, d'écrits, etc.* ♦ Fig. Menace, orage qui se prépare. *La nuée a crevé sur ce pays.* ♦ Parties sombres qui se trouvent quelquefois dans les pierres précieuses. ■ *Nuée ardente*, amas de cendres brûlantes qui dévalent la pente d'un volcan, détruisant tout sur son passage, lors d'une éruption volcanique.

NUEMENT, adv. [nymɑ̃] Voy. NÛMENT.

NUE-PROPRIÉTÉ, ■ n. f. [nypropʀijete] (*nu* et *propriété*) Voy. NU.

NUER, v. tr. [nɥe] ou [nye] (*nue*) ▷ Assortir des nuances. ♦ *Nuer un dessin*, marquer sur les fleurs les couleurs que l'ouvrier doit employer. ♦ Absol. *Savoir bien nuer.* ◁

NUIRE, v. intr. [nɥiʀ] (lat. *nocere*) Causer un tort, un dommage. « *Ceux qui nuisent à la réputation ou à la fortune des autres, plutôt que de perdre un bon mot, méritent une peine infamante* », LA BRUYÈRE. ♦ Absol. « *Il eût voulu pouvoir attaquer sans nuire, se défendre sans offenser* », FLÉCHIER. ♦ Se nuire, v. pr. Faire du mal à soi, ou s'en faire l'un à l'autre. *Ils se sont nui l'un à l'autre.* ♦ Ne pas nuire, aider, servir, être utile. *Cela n'a pas nui à mon succès.* ♦ Prov. *Abondance de bien ou de biens ne nuit pas.* ■ Constituer une menace. *Fumer nuit à la santé.* ■ Prov. *Trop gratter cuit, trop parler nuit*, Voy. GRATTER.

NUISANCE, ■ n. f. [nɥizɑ̃s] (angl. *nuisance*) Ce qui nuit à la qualité de la vie. *Nuisance sonore.*

NUISETTE, ■ n. f. [nɥizɛt] (*nuit* et *[chemis]ette*) Chemise de nuit courte, légère et généralement à fines bretelles.

NUISIBLE, adj. [nɥizibl] (anc. fr. *nuisable* refait d'après le lat. *nocibilis*) Qui peut ou doit nuire. *Les animaux nuisibles. Cela est nuisible à la santé.* ■ *Animaux nuisibles* ou n. m. pl. *nuisibles*, parasites destructeurs.

NUISIBLEMENT, adv. [nɥiziblǝmɑ̃] (*nuisible*) D'une manière nuisible.

NUIT, n. f. [nɥi] (lat. *nox, noctis*) L'espace de temps qui suit le crépuscule du soir, jusqu'au crépuscule du matin. *Il fait nuit. À nuit tombante.* ♦ *La nuit*, pendant la nuit. ♦ *Nuit close, nuit fermée*, le moment où la nuit est devenue complète. ♦ *Oiseaux de nuit*, les oiseaux de proie que le jour incommode et qui chassent à la tombée de la nuit. ♦ *Bonne nuit*, se dit en prenant congé, le soir, des personnes avec qui l'on vit en familiarité. ♦ *Nuit blanche*, nuit passée dans l'insomnie. ♦ *Une bonne nuit*, une nuit pendant laquelle on dort bien dans son lit. *Une mauvaise nuit*, une nuit pendant laquelle on ne dort pas, en raison de souffrances physiques ou morales. ♦ *Passer la nuit à étudier, à jouer, à danser, à boire, etc.* étudier, jouer, etc. pendant toute la nuit. ♦ Absol. *Passer la nuit*, veiller hors de son lit. ♦ Poétiq. *Les feux de la nuit*, les étoiles. *L'astre des nuits, la reine des nuits*, la lune. *Les voiles de la nuit*, l'obscurité de la nuit. ♦ *Bonnet de nuit*, coiffure de nuit, bonnet, linge dont on se couvre la tête pour dormir. ♦ Fam. *Triste comme un bonnet de nuit*, très triste. ♦ *Chemise de nuit*, chemise que l'on met le soir en se couchant, et que l'on quitte le jour. ♦ *Table de nuit, pot de nuit*, table, vase que l'on place à côté de son lit pour divers besoins. ♦ *Sac de nuit*, sac dans lequel on emporte ce qui est nécessaire dans un voyage. ♦ Peint. *effet de nuit*, scène où l'on ne voit point d'autres clairs ni d'autres reflets que ceux qui paraissent venir de la lueur de la lune, d'une bougie, d'une lampe ou d'une lanterne. ♦ *Une Nuit*, un tableau qui représente un

effet de nuit. *Une Nuit du Corrège.* ♦ Dans la mythologie, déesse qui préside à la nuit, et qui était figurée avec un voile semé d'étoiles, portée sur un char et traînée par des chevaux noirs (on met une majuscule en ce sens). ♦ Une obscurité quelconque. « *Mais jusque dans la nuit de mes sacrés déserts* », BOILEAU. « *Nous fûmes enveloppés dans une nuit profonde* », FÉNELON. ♦ Fig. *La nuit des temps*, les temps reculés dont les traditions sont effacées. *La nuit du tombeau* ou *des tombeaux*, la nuit éternelle, la nuit infernale, la mort, le séjour de la mort. ♦ *L'éternelle nuit*, la damnation éternelle. ♦ Fig. Obscurité qui, par une cause interne, physique ou morale, se répand sur la vue. ♦ Fig. Ténèbres de l'esprit ou du cœur. ♦ *La nuit de l'ignorance*, se dit des époques ou des pays privés de connaissances, de lumières. ♦ Fig. Ce qui cache, enveloppe comme ferait la nuit. « *De la nuit du silence un secret peut sortir* », VOLTAIRE. ♦ DE NUIT, loc. adv. Pendant la nuit. ♦ NUIT ET JOUR ou JOUR ET NUIT, loc. adv. Sans cesse. ♦ Prov. *La nuit tous les chats sont gris*, il est aisé de se méprendre, de ne pas reconnaître ceux à qui l'on parle ; et aussi on ne connaît pas, pendant la nuit, si une personne est belle ou laide. ♦ *La nuit porte conseil*, il est prudent de se donner le temps de réfléchir. ■ *Nuit noire*, très sombre, obscure. *Il fait nuit noire.* ■ *C'est le jour et la nuit*, Voy. JOUR. ■ *Bleu nuit*, bleu très foncé. *Un pull bleu nuit.* ■ *Faire ses nuits*, en parlant d'un bébé qui ne se réveille plus pour boire la nuit. ■ *Nuit bleue*, nuit au cours de laquelle des terroristes commettent des attentats simultanément. ■ *Nuit d'hôtel*, passée à l'hôtel. ■ *Nuit de noces*, Voy. NOCE. ■ Fam. *Être de nuit*, travailler la nuit ; faire une garde la nuit. ■ *Table de nuit*, Voy. TABLE. ■ Fig. *Oiseau de nuit*, personne qui vit la nuit. *Il sort tout le temps, c'est un oiseau de nuit.*

NUITAMMENT, adv. [nɥitamɑ̃] (réfection de l' a. fr. adv. *nuitantre*, du b. lat. *noctanter*) Il arriva nuitamment.

NUITARD, ARDE, ■ n. m. et n. f. [nɥitaʀ, aʀd] (*nuit*) Fam. Personne qui travaille la nuit. ■ Personne qui aime profiter des activités culturelles, des loisirs, qui ont lieu la nuit.

NUITÉE, n. f. [nɥite] (*nuit*) L'espace d'une nuit. ■ Unité de tarification dans un lieu d'hébergement, calculée sur le nombre de nuits passées dans l'établissement. *Prix de la nuitée.*

NUITEUX, EUSE, ■ n. m. et n. f. [nɥitø, øz] (*nuit*) Personne qui est en service de nuit. ■ Arg. *Une nuiteuse*, une prostituée qui travaille la nuit. ■ Noctambule. « *Quelques nuiteux, quelques traînards, des gens qui cherchent du sexe et de l'alcool* », BOUDARD.

NUL, NULLE, adj. [nyl] (lat. *nullus*) Aucun, avec négation. « *Nulle autre religion que la chrétienne n'a connu que l'homme est la plus excellente créature et en même temps la plus misérable* », PASCAL. ♦ Il se dit aussi au pluriel. *Nulles gens. Nuls frais.* ♦ Il se met avec *sans*. *Sans nulle vanité.* ♦ *Nul... que*, c'est-à-dire nul... si ce n'est. « *Nulle parure que la simplicité, nul ornement que la modestie* », BOSSUET. ♦ Au m. sing. Absol. *Nul homme. Nul n'est content de sa fortune.* ♦ Qui est sans valeur, sans effet, qui se réduit à rien, en parlant des choses. *Une déclaration, une valeur nulle.* ♦ *Lettre nulle*, lettre qui ne se prononce pas. ♦ *Son crédit, son talent est nul*, il n'a point de crédit, de talent. ♦ En parlant des personnes, qui, pour ainsi dire, n'a pas d'existence. « *J'avais la mortification d'être nul pour elle* », J.-J. ROUSSEAU. ♦ *Un homme nul*, un homme sans valeur, sans mérite. ♦ Jurispr. Se dit des actes qui, étant contraires aux lois pour le fond ou pour la forme, sont comme s'ils n'étaient pas. *Donation nulle.* ■ Math. Qui a pour valeur zéro. *Une somme nulle.* ■ Sans vainqueur ni vaincu. *Match nul.* ■ Fam. Qui ne présente aucun intérêt. *C'est nul, ce film.* ■ *Nulle part*, à aucun endroit. *J'ai cherché mon pull partout, je ne le trouve nulle part.* ■ *À l'impossible nul n'est tenu.* ■ *Nul et non avenu*, inexistant. *Une déclaration nulle et non avenue.* ■ Mauvais. *Elle est nulle en anglais.* ■ Incompétent. *Il est nul en cuisine.* ■ Fam. Un peu bête, ridicule. *Tu es nul de lui avoir dit ça!* ■ N. m. et n. f. *Une nulle. Oh le nul!*

NULLARD, ARDE, ■ n. m. et n. f. [nylaʀ, aʀd] (*nul* et *-ard*) Qui ne comprend ou ne connaît rien. *Quelle nullarde !* ■ Adj. *Il est nullard en maths.*

NULLE, n. f. [nyl] (substantivation du fém. de *nul*) Syllabes ou phrases insignifiantes entremêlées aux caractères significatifs dans une dépêche secrète, pour en rendre le déchiffrement plus difficile.

NULLEMENT, adv. [nyl(ǝ)mɑ̃] (*nul, nulle*) De nulle manière.

NULLIPARE, ■ adj. [nylipaʀ] (lat. *nullus* et *-pare*) Méd. Qui n'a jamais accouché. ■ Mammifère femelle avant sa première gestation. ■ N. f. *Une nullipare.*

NULLITÉ, n. f. [nylite] (lat. médiév. *nullitas*) Jurispr. Défaut qui rend un acte nul. *Moyens de nullité. Nullité au fond, dans la forme.* ♦ Fig. Défaut absolu de talent, de valeur. « *Un ton sentencieux Cache leur nullité sous un air dédaigneux* », GRESSET. ♦ Néolog. *Une nullité*, un homme nul. ■ REM. N'est plus un néologisme aujourd'hui.

NÛMENT ou **NUMENT**, adv. [nymɑ̃] (*nu*) En état de nudité. « *Les animaux demeurent nûment exposés à l'action de l'air et à toutes les intempéries du climat* », BUFFON. ♦ Fig. *D'une façon nue*, sans rien d'ajouté. « *Écrire les faits* *nuement et sèchement »*, Fontenelle. ◆ **Fig.** Sans déguisement. *Raconter nûment et simplement les faits.* ▪ Rem. On écrivait aussi *nuement.*

NUMÉRAIRE, adj. [nymeʀɛʀ] (b. lat. *numerarius*, relatif au nombre, comptable) Qui sert à compter. « *Placer des pierres numéraires sur la route éternelle du temps* », Buffon. ◆ Ayant valeur légale, en parlant des espèces qui ont cours. *Valeur numéraire de la pièce d'or.* « *On donnait cinq sous numéraires au fantassin, du temps de Henri IV* », Voltaire. ▪ **N. m.** Argent monnayé. *Payer en numéraire.* ◆ *Numéraire fictif,* les billets, le papier. ▪ EN NUMÉRAIRE, loc. adv. En utilisant l'argent comme monnaie d'échange. *Souscrire en numéraire au capital d'une société.*

NUMÉRAL, ALE, adj. [nymeʀal] (b. lat. gramm. *numeralis*) Qui désigne un nombre. *Les adjectifs numéraux.* ◆ *Lettres numérales,* lettres qui désignent un nombre, comme dans les chiffres romains. ◆ *Vers numéraux* ou *chronologiques,* vers dont les lettres numérales marquent le millésime de quelque évènement Voy. chronogramme. ▪ **Gramm.** *Adjectifs numéraux,* adjectifs qui désignent un nombre. ▪ **N. m.** *Les numéraux.*

NUMÉRATEUR, n. m. [nymeʀatœʀ] (b. lat. *numerator,* celui qui compte) Le nombre qui indique, dans une fraction, combien elle contient de parties de l'unité. *Dans 7/10, 7 est le numérateur.*

NUMÉRATION, n. f. [nymeʀasjɔ̃] (lat. *numeratio*) Action de nombrer. ◆ En style de notaire, action de compter. *Numération de deniers.* ◆ **Arithm.** Génération de tous les nombres au moyen de certains nombres que l'on considère comme simples. ◆ *Numération écrite,* manière d'écrire en chiffres un nombre énoncé. *Numération parlée,* manière d'énoncer verbalement un nombre écrit en chiffres. ◆ *Numération décimale,* numération qui emploie dix caractères. ◆ **Biol.** Détermination de la teneur d'un élément dans l'organisme. *Numération globulaire.* ◆ *Système de numération,* ensemble des conventions permettant de nommer les nombres entiers naturels et d'effectuer des calculs.

NUMÉRIQUE, adj. [nymeʀik] (lat. *numerus*) Qui appartient aux nombres. *L'unité numérique.* ◆ *Calcul numérique,* calcul qui se fait avec des nombres, et qu'on appelle calcul arithmétique, à la différence du calcul littéral, qui se fait avec des lettres, et qu'on appelle algèbre. ◆ Qui consiste en nombres. *Force, supériorité numérique.* ▪ **Techn.** Que l'on traduit par un nombre (par opposition à *analogique*) et qui peut ainsi être exploité par un système informatique. *Des données numériques. Technologie numérique. Édition numérique.* ◆ Qui fonctionne à partir de la technologie numérique. *Appareil photo numérique.* ▪ **N. m.** Procédé fondé sur la technologie numérique. *L'ère du numérique.* ▪ *Table numérique,* table de correspondance des nombres. ◆ *Fonction numérique,* règle qui permet d'associer à un réel un autre nombre réel. ▪ **Électron.** *Circuit numérique,* circuit électronique en mode binaire.

NUMÉRIQUEMENT, adv. [nymeʀik(ə)mɑ̃] (*numérique*) Relativement au nombre. *Des résultats numériquement rigoureux.* ◆ En nombre. *L'ennemi était numériquement supérieur.*

NUMÉRISER ▪ v. tr. [nymeʀize] (*numérique*) Convertir une image, un texte, un son en données numériques. *Numériser un ouvrage pour le consulter sur ordinateur.* ▪ Recommandation officielle pour *digitaliser.* ▪ NUMÉRISATION, n. f. [nymeʀizasjɔ̃] *La numérisation des fonds bibliothécaires.*

NUMÉRO, n. m. [nymeʀo] (ital. *numero,* du lat. *numerus*) Nombre, cote qui sert à reconnaître ce qui est étiqueté ou marqué de chiffres. *Le numéro de la page d'un livre, d'une maison, etc.* ◆ *Numéro d'ordre,* numéro qui indique la place d'un objet dans un classement. ◆ La marque particulière qu'un marchand met sur ses marchandises. ◆ **Fig.** et **fam.** *Connaître le numéro de quelqu'un,* être fixé sur sa valeur intellectuelle ou morale. ◆ Dans le commerce, la grosseur, la longueur, la largeur, la qualité de certaines marchandises. ◆ *Numéro d'un verre de lunettes,* sa puissance. ◆ **Fig.** et **fam.** *Cette marchandise est du bon numéro,* elle est de bonne qualité. ◆ **Fig.** et **pop.** *Premier numéro,* le plus haut degré. ◆ *Numéro se dit des billets de loterie. Avoir un bon numéro.* ◆ **Fig.** *Un bon numéro,* quelque chose d'heureux qui arrive par hasard. ◆ *Numéro que les jeunes gens tirent à la conscription. Un bon numéro,* un numéro qui exempte d'être soldat ; *un mauvais numéro,* un numéro qui oblige au service militaire. ◆ Partie d'un ouvrage publié par cahiers ou par feuilles numérotées. *Un numéro de la Revue des Deux-Mondes.* ▪ Partie du programme d'un spectacle de cirque, de music-hall, etc. donné par un artiste ou un groupe d'artistes. *Un numéro de clowns.* ▪ **Fig.** et **fam.** Attitude, comportement d'une personne qui cherche à se faire remarquer. *Arrête ton numéro.* ▪ **Fig.** et **fam.** Personne originale. *Celui-là, c'est un drôle de numéro !* ▪ *Numéro de téléphone,* suite de chiffres qu'il faut composer pour entrer en communication avec un abonné au téléphone. ▪ **Fig.** *Numéro un,* personne ou entreprise considérée comme la plus importante au sein d'un groupe. *Le numéro un de l'édition. Le numéro un d'un parti politique.* ▪ **Fig.** *Avoir tiré le bon numéro,* avoir de la chance et par extens. avoir trouvé la bonne personne avec qui partager sa vie. ▪ Partie d'un ouvrage périodique qui porte un numéro. *Le numéro d'un magazine.* ▪ *Un numéro spécial,* partie d'un ouvrage périodique qui traite d'un sujet

particulier, souvent à thème ; hors série. ▪ *La suite au prochain numéro,* au prochain numéro de la revue, du magazine et fig. plus tard.

NUMÉROLOGIE, ▪ n. f. [nymeʀoloʒi] (lat. *numerus* et *-logie*) Science divinatoire fondée sur l'interprétation des chiffres et des nombres, calculés à partir de caractéristiques individuelles et visant à tirer des conclusions sur le caractère d'une personne et à donner des pronostics sur son avenir.

NUMÉROTAGE, n. m. [nymeʀotaʒ] (*numéroter*) Action de numéroter. *Le numérotage des maisons.* ◆ Ordre dans lequel on numérote.

NUMÉROTATION, ▪ n. f. [nymeʀotasjɔ̃] (*numéroter*) Action de numéroter. *La numérotation des pages d'un livre. La numérotation des paragraphes dans un traitement de texte.* ▪ **Spécialt** Composition d'un numéro de téléphone. ▪ *Numérotation automatique,* fonction d'un appareil téléphonique permettant de composer un numéro complet en ne tapant qu'un code. ▪ Ordre des numéros.

NUMÉROTÉ, ÉE, p. p. de numéroter. [nymeʀote] *Une place de théâtre numérotée.*

NUMÉROTER, v. tr. [nymeʀote] (*numéro*) Marquer d'un numéro. *Numéroter les pages d'un manuscrit.* ▪ Se numéroter, v. pr. Se donner un numéro. *Demander aux participants d'un groupe de se numéroter.*

NUMÉROTEUR, ▪ n. m. [nymeʀotœʀ] (*numéroter*) Appareil permettant d'imprimer des numéros. *Un dateur numéroteur.* ▪ Dispositif téléphonique utilisé pour composer un numéro de téléphone.

NUMERUS CLAUSUS ou **NUMÉRUS CLAUSUS**, ▪ n. m. [nymeʀysklozys] (on prononce les *s* finals ; lat., nombre fermé) Limitation du nombre des candidats à un concours, à un poste. ▪ Limitation du nombre des professionnels à l'exercice de leur fonction. *Le numerus clausus régit l'ouverture des officines.*

NUMIDE, ▪ adj. [nymid] (*Numidie*) Relatif à la Numidie, ancien nom de l'Afrique du Nord. *L'art numide.* ▪ **N. m.** et n. f. *Les Numides.*

NUMISMATE, n. m. et n. f. [nymismat] (*numismatique*) Personne qui étudie la numismatique. ▪ Personne qui collectionne les médailles et les pièces de monnaie. ▪ Rem. On disait autrefois *numismatiste.*

NUMISMATIQUE, adj. [nymismatik] (lat. *numisma,* génit. *-matis,* gr. *nomisma,* pièce de monnaie) Qui a rapport aux médailles antiques. *Les recherches numismatiques.* ◆ N. f. *La numismatique,* la science des médailles. ▪ Science ayant pour objet l'étude des pièces de monnaie. *Un passionné de numismatique.*

NUMISMATISTE, n. m. et n. f. [nymismatist] Voy. numismate.

NUMISMATOGRAPHIE, n. f. [nymismatoɡʀafi] (lat. *numisma* et *-graphie*) Description numismatique.

NUMMULAIRE, n. f. [nymylɛʀ] (lat. médiév. *nummularius,* qui a la forme d'une pièce de monnaie) Nom vulgaire et spécifique de la lysimachie nummulaire, dite herbe aux écus. ◆ Petite coquille pétrifiée, en forme de lentille, qui compose souvent des roches. ▪ **Adj. Méd.** En forme de pièce de monnaie. *Une lésion nummulaire.*

NUMMULITE, n. f. [nymylit] (lat. *nummulus,* petit écu) Nom donné aux espèces fossiles de genre nummuline. ▪ Fossile à coquille ronde, abondant au début de la période tertiaire.

NUMMULITIQUE, ▪ adj. [nymylitik] (*nummulite*) **Géol.** Relatif aux nummulites ; qui contient des nummulites. *Les calcaires nummulitiques. Une couche nummulitique.* ▪ **N. m.** *Le nummulitique,* ensemble des terrains de l'époque tertiaire.

NUNATAK, ▪ n. m. [nynatak] (mot esquimau) **Géogr.** Émergence rocheuse isolée perçant une calotte glaciaire. *Les nunataks du Groenland.*

NUNCHAKU, ▪ n. m. [nunʃaku] (mot jap.) Petit fléau composé de deux parties réunies par une corde ou une chaîne, servant à battre la paille de riz. *Des nunchakus.* ▪ Ce fléau utilisé comme arme ; art martial pratiqué avec cette arme. *Un club de nunchaku.*

NUNCUPATIF, IVE, adj. [nɔ̃kypatif, iv] (*un* se prononce *on* ; lat. *nuncupare,* appeler déclarer solennellement, de *nomen* et *capere,* prendre) ▷ *Testament nuncupatif,* testament fait de vive voix et devant témoins, lorsque les lois admettaient cette sorte de testament. ◁

NUNCUPATION, ▪ n. f. [nɔ̃kypasjɔ̃] (lat. *nuncupatio, onis,* appellation, désignation solennelle) **Dr. rom.** Testament solennel.

NUNDINAL, ALE, adj. [nɔ̃dinal] (*un* se prononce *on* ; lat. *nundinalis,* de *nundinæ* , marché) ▷ **Antiq. rom.** Qui est relatif aux marchés. ◆ *Lettres nundinales,* les huit premières lettres de l'alphabet qui s'appliquaient de suite à tous les jours de l'année, comme les lettres dominicales ; il y en avait tous les ans une qui indiquait les jours de marché. ◆ *Jour nundinal,* jour de marché. ▪ Rem. On disait aussi *nundinaire.* ◁

NUNUCHE, ▪ adj. [nynyʃ] (redoubl. express. de *nul,*) **Fam.** Niais, sot. *Il est nunuche.* ▪ N. f. Fille ou jeune fille peu dégourdie. *Quelle nunuche !*

NUOC-MAM ou **NUOC-MÂM**, ▪ n. m. [nɥɔkmam] (mot vietnamien, eau de poisson) Assaisonnement obtenu par macération de poisson dans de la saumure et très utilisé dans la cuisine asiatique. *Des nuoc-mams, des nuoc-mâms. Le nuoc-mâm remplace le sel dans la plupart des recettes asiatiques. Une sauce au nuoc-mâm* ou *une sauce nuoc-mâm.*

NU-PIED, ▪ n. m. [nypje] (*nu* et *pied*) Chaussure laissant largement découvert le dessus du pied. *Porter des nu-pieds en été.*

NU-PROPRIÉTAIRE, NUE-PROPRIÉTAIRE, ▪ n. m. et n. f. [nyproprijetɛr] (*nu, nue* et *propriétaire*) Voy. NU.

NUPTIAL, ALE, adj. [nypsjal] (lat. *nuptialis*) Qui concerne la cérémonie des noces, le mariage. *Anneau nuptial.* ✦ **Jurispr.** *Gains nuptiaux* ou *de survie*, Voy. SURVIE. ▪ Relatif à l'accouplement des animaux. *La parade nuptiale des paons.*

NUPTIALITÉ, ▪ n. f. [nypsjalite] (*nuptial*) Étude statistique du nombre de mariages pour une population donnée. ▪ *Taux de nuptialité*, rapport du nombre de mariages de l'année à l'effectif de la population pendant un temps donné.

NUQUE, n. f. [nyk] (lat. médiév. *nucha*, moelle épinière, de l'ar. *nuha*) Partie postérieure du cou. *Il lui donna un coup sur la nuque.*

NURAGHE, ▪ n. m. [nyrag] ou [nyrage] (mot sarde, p.-ê. de l'hébr. *nour*, lumière et *hag*, toit) Tour en pierre et en forme de cône, propre à la Sardaigne, datant de l'âge de bronze. *Des nuraghes* ou *des nuraghi* (pluriel sarde). *Entreprendre des fouilles pour mettre à jour un nuraghe.*

NURAGIQUE, ▪ adj. [nyragik] (*nuraghe*) Relatif à la civilisation qui a édifié les nuraghes en Sardaigne.

NURSAGE, ▪ n. m. [nœrsaʒ] (d'après l'angl. *nursing*, de *nurse*, infirmière) Méd. Ensemble des soins infirmiers destinés à éviter ou à limiter les complications que risque d'entraîner une maladie. *Le nursage en soins palliatifs.* ▪ REM. Recommandation officielle pour *nursing*.

NURSE, n. f. [nœrs] (on prononce à l'anglaise : *neurs*; mot angl., nourrice) Femme au service d'une famille et qui a en charge les soins à apporter aux enfants contre rémunération.

NURSERY, ▪ n. f. [nœrsəri] (mot angl., de *nurse*) Pièce d'une maternité où sont placés les nouveau-nés lorsqu'ils ne sont pas dans la chambre de leur mère. ▪ Aménagement conçu pour apporter les soins aux jeunes enfants dans les stations services ou les trains. *Des nurserys* ou *des nurseries* (pluriel anglais).

NURSING, ▪ n. m. [nœrsiŋ] Voy. NURSAGE.

NUTATION, n. f. [nytasjɔ̃] (lat. *nutatio*, de *nutare*, faire signe par un mouvement de tête) Oscillation habituelle de la tête, vulgairement appelée branlement de tête. ✦ **Astron.** Balancement de l'axe de la terre, qui s'éloigne et se rapproche alternativement quelque peu du plan de l'écliptique ; il est dû à l'attraction de la lune. ✦ Petit mouvement apparent des étoiles. ✦ **Bot.** Faculté qu'ont les fleurs et les feuilles de se pencher ou de se redresser suivant le mouvement apparent du soleil.

NUTRIMENT, ▪ n. m. [nytrimã] (lat. *nutrimentum*, nourriture) **Biol.** Substance que l'organisme assimile sans transformation digestive. *La digestion transforme les aliments en nutriments.*

NUTRITIF, IVE, adj. [nytritif, iv] (lat. *nutritum*, supin de *nutrire*, nourrir) Qui nourrit. *Substance nutritive.* ✦ Qui a rapport à la nutrition. ✦ *Faculté nutritive*, syn. de nutrition.

NUTRITION, n. f. [nytrisjɔ̃] (b. lat. *nutritio*) Acte qui entretient la vie des corps organisés en introduisant les substances qui nourrissent et en éliminant les particules qui ont cessé d'être propres à la vie.

NUTRITIONNEL, ELLE, ▪ adj. [nytrisjɔnɛl] (*nutrition*) Relatif à la nutrition. *Des troubles nutritionnels.*

NUTRITIONNISTE, ▪ n. m. et n. f. [nytrisjɔnist] (*nutrition*) Spécialiste des aliments et de leur valeur nutritive, titulaire d'un diplôme universitaire en nutrition. *Un diabétique suivi par un nutritionniste.*

NYCTAGINACÉE, ▪ n. f. [niktaʒinase] (*nyctaginée*, de *nyctage*, belle de nuit, du gr. *vux*, génit. *nuktos*, nuit) **Bot.** Plante herbacée généralement à feuilles opposées, que l'on trouve essentiellement dans les régions subtropicales et tropicales. *Les bougainvilliers appartiennent à la famille des nyctaginacées.*

NYCTALOPE, n. m. et n. f. [niktalɔp] (gr. *nuktalôps*, de *nux, nuktos*, nuit et *ôps*, vue) **Méd.** Personne qui ne voit pas pendant le jour, et qui ne reprend la faculté de distinguer les objets que quand le jour tombe et que la nuit arrive. ▪ Adj. *Une chouette nyctalope.*

NYCTALOPIE, n. f. [niktalopi] (gr. *nuctalopia*) **Méd.** Maladie du nyctalope.

NYCTHÉMÈRE, ▪ n. m. [niktemɛr] (gr. *nux, nuktos*, nuit, et *hêmera*, jour) Unité physiologique de vingt-quatre heures comprenant un jour et une nuit et correspondant à un cycle biologique. *Le rythme d'activité de l'organisme s'adapte au nycthémère.* ▪ **NYCTHÉMÉRAL, ALE**, adj. [niktemeral]

NYCTURIE, ▪ n. f. [niktyri] (gr. *nux, nuktos*, nuit et -*urie*) **Méd.** Miction plus abondante la nuit que le jour.

NYLON, ▪ n. m. [nilɔ̃] (nom déposé ; [vi]*nyl*, sur le modèle de [*cot*]*on*) Fibre synthétique utilisée notamment dans l'industrie textile et dans la fabrication de fil. *Une blouse en nylon.* ▪ Adj. inv. *Des collants nylon.*

NYMPHAL, ALE, ▪ adj. [nɛ̃fal] (*nymphe*) **Zool.** Relatif à la nymphe d'insecte. *Les deux premiers stades nymphaux.*

NYMPHE, n. f. [nɛ̃f] (lat. *nympha*, du gr. *numphê*, jeune mariée, Nymphe) Dans le polythéisme gréco-latin, divinité des fleuves, des bois, des montagnes. ✦ **Poésie** Jeune fille belle et bien faite. *C'est une nymphe.* ✦ *Une taille de nymphe*, une taille élégante et légère. ✦ **Hist. nat.** Insecte parvenu de l'état de larve à son second état, principalement lorsque, sous cette forme il possède la faculté de se mouvoir ; d'où il suit qu'une nymphe est une chrysalide mobile. ✦ *Les nymphes des fourmis* sont ce qu'on appelle vulgairement œufs de fourmis. ▪ **Loc. adj.** *Cuisse de nymphe émue*, rose. ▪ **N. f. pl.** Anat. Petites lèvres de la vulve.

NYMPHÉA, n. m. [nɛ̃fea] (gr. *numphaia*) Nom grec du nénuphar. ✦ *Le nymphéa blanc*, dit vulgairement lis d'eau, nénuphar. ✦ *Le nymphéa lotus*, appelé lotos, lotus. ▪ REM. On écrivait aussi *nymphæa.*

NYMPHÉACÉES, n. f. pl. [nɛ̃fease] (*nymphéa*) Famille de plantes dicotylédones aquatiques, dont le nymphéa est le type.

NYMPHÉE, n. f. [nɛ̃fe] (lat. *nymphæum*, du gr. *numphaion*) Dans l'Antiquité, grotte naturelle ou artificielle, petit temple avec une fontaine qui était consacré aux nymphes. ✦ Lieu où il y a de l'eau, orné de statues, de bassins, etc. ▪ REM. On disait aussi *un nymphéum* autrefois.

NYMPHETTE, ▪ n. f. [nɛ̃fɛt] (*nymphe*) Jeune adolescente au physique attrayant, cherchant à aguicher sous un air faussement candide. *Cette nymphette de 14 ans l'a rendu fou.*

NYMPHOMANE, ▪ n. f. [nɛ̃foman] (*nymphe* et -*mane*) **Méd.** Femme souffrant d'une exacerbation de ses désirs sexuels. ▪ **Par extens.** Femme très attirée par les plaisirs sexuels. « *La femme de ma vie, hélas ! est nymphomane* », G. BRASSENS. ▪ **Abrév.** Nympho. *Des nymphos.* ▪ **NYMPHOMANIE**, n. f. [nɛ̃fomani]

NYMPHOSE, ▪ n. f. [nɛ̃foz] (*nymphe*) **Zool.** Ensemble des processus de métamorphose de la larve en nymphe.

NYSTAGMUS, ▪ n. m. [nistagmys] (gr. *nustagmos*, assoupissement, de *nustazein*, baisser la tête) **Méd.** Mouvements rythmiques et rotatifs involontaires de faible amplitude du globe oculaire provoqués par des circonstances pathologiques particulières comme des troubles de la vision, la fatigue des yeux, etc.

N'Y TOUCHE, [nituʃ] Voy. NITOUCHE.

O

1 O, n. m. [o] (lat. *o*) La quinzième lettre de l'alphabet et la quatrième voyelle. ♦ Dans les chiffres romains, lettre numérale qui signifiait onze. ♦ En géographie, astronomie et marine, *O* signifie ouest.

2 O, n. m. [zero] (*zéro*) Caractère ou figure numérique qu'on appelle zéro. ♦ **Fig.** *C'est un 0* [zéro] en chiffre, se dit d'un homme, d'une chose inutile. ♦ Dans le commerce et la banque, deux 0, ainsi disposés 0/0, signifient cent : *5 pour 0/0*, cinq pour cent. ♦ **Mus.** *O* désigne la corde à vide sur le violon et la guitare. ♦ Un petit ° après un chiffre et au-dessus de la ligne signifie degré, en parlant d'une échelle ou d'un cercle. *15°*, quinze degrés. ■ *O*, type de groupe sanguin. O⁺ et O⁻.

Ô !, interj. [o] (lat. *o*) Sert à marquer le vocatif. *Ô vengeance !* ♦ Exprime un sentiment d'admiration, d'étonnement, de surprise. « *Ô Mère, ô femme, ô reine admirable !* », BOSSUET. ♦ Exprime la satisfaction, la joie. « *D'une âme généreuse ô volupté suprême !* », L. RACINE. ♦ Exprime un sentiment de douleur, de regret. « *Ô mortels ignorants de leurs destinées !* », BOSSUET. ♦ Exprime la colère. « *Ô rage ! ô désespoir !* », P. CORNEILLE. ♦ Exprime un sentiment de crainte, d'effroi. « *Ô nuit désastreuse !* », BOSSUET. ♦ Exprime le reproche. « *Ô crainte, a dit mon père, indigne, injurieuse !* », RACINE. ♦ Exprime un désir, un vœu. « *Ô que n'est-il jour !* » ♦ Donne plus de force à *que* et à *combien*. « *Ô combien d'actions, combien d'exploits célèbres Sont demeurés sans gloire au milieu des ténèbres !* », P. CORNEILLE. ♦ ▷ *Les Ô de Noël*, neuf antiennes qui commencent par la particule latine *o*, et qui se chantent dans les neuf jours qui précèdent Noël. ◁ ♦ Cri dont les marins font précéder certains commandements qu'ils répètent en chœur, pour mettre de l'ensemble dans leurs efforts. *Ô ! hisse.*

OARISTYS, ■ n. f. [oaristis] ou [waristis] (gr. *oaristus*, conversation tendre, de *oar*, compagne, épouse) **Littér.** Ébats amoureux. « *Une presqu'île aux draps de myrte et d'orangers pour de tendres et fabuleuses oaristys* », BLAS DE ROBLÈS.

OASIEN, IENNE, adj. [oazjɛ̃, jɛn] (*oasis*) Qui a rapport aux oasis. ♦ N. m. pl. *Les oasiens du Sahara*, les habitants des oasis.

OASIS, n. f. [oazis] (gr. *Oasis*) Nom donné à des lieux qui, dans les déserts de sable de l'Afrique ou de l'Asie, offrent une belle végétation. ♦ **Fig.** Tout lieu où l'on se repose après une agitation violente ou de longs malheurs.

OB..., ■ [ɔb] Préfixe qui signifie *en face*, *à l'encontre*, du latin *ob*, et qui prend différentes formes en fonction de la lettre qui suit : *oc...*, *of...*, *op...*, *os...*, etc.

OBÉDIENCE, n. f. [obedjɑ̃s] (lat. *obœdientia*) Action de celui qui obéit (il ne se dit qu'en parlant des religieux). ♦ Congé par écrit du supérieur, permettant à un religieux d'aller en quelque endroit, ordinairement pour changer de couvent. ♦ Emploi particulier qu'un religieux ou une religieuse a dans son couvent. ♦ *Ambassadeur d'obédience*, ambassadeur envoyé au pape par un prince pour l'assurer de son obéissance filiale. ♦ *Pays d'obédience*, pays où pendant huit mois de l'année le pape conférait de plein droit les bénéfices vacants. ♦ *Lettres d'obédience*, lettres qu'un supérieur donne à des religieux ou à des religieuses appartenant aux ordres enseignants, et que le gouvernement reçoit comme équivalent d'un certificat de capacité. ■ **Litt.** Obéissance ou forme de soumission.

OBÉDIENCIER, n. m. [obedjɑ̃sje] (*obédience*) Religieux qui dessert, par l'ordre de son supérieur, un bénéfice dont il n'est pas titulaire. ♦ Religieux qui est soumis à l'autorité spirituelle de quelque supérieur.

OBÉDIENTIEL, IELLE, adj. [obedjɑ̃sjɛl] (*obédience*) Qui appartient à l'obédience. ♦ N. m. Officier chargé de faire des distributions aux chanoines.

OBÉI, IE, p. p. d'obéir. [obei] Par exception, au sens passif. « *Il y a des hommes qui doivent être obéis par d'autres hommes et servis par d'autres hommes* », BOURDALOUE.

OBÉIR, v. intr. [obeiʀ] (lat. *obœdire*) Faire ce que veut un autre, faire ce qui est commandé. « *Il est meilleur d'obéir à Dieu qu'aux hommes* », PASCAL. « *Un peuple libre obéit, mais il ne sert pas ; il a des chefs et non pas des maîtres* », J.-J. ROUSSEAU. ♦ ▷ Être sujet d'un prince. « *Trezène m'obéit* », RACINE. ◁

♦ Il se dit des animaux. *Le chien obéit à son maître.* ♦ *Ce cheval obéit bien à l'éperon, à la main, aux aides*, il se laisse gouverner aisément. ♦ Faire ce à quoi on est contraint par une certaine nécessité. *Obéir à la force.* ♦ **Fig.** En parlant des choses inanimées, céder, plier. *Ce bois obéit sans se rompre.* « *Tel qu'un ruisseau docile Obéit à la main qui détourne son cours* », RACINE. ♦ Il se dit aussi des choses qui cèdent aux lois, aux forces naturelles. *Les corps obéissent à la gravitation.* ♦ **Mar.** *Obéir à la barre, au gouvernail*, en parlant d'un navire, céder à l'effort que fait le gouvernail pour changer la direction de la route. ■ *Obéir au doigt et à l'œil*, obéir en exécutant exactement ce qu'il a été demandé de faire. ■ Être soumis à quelque chose. *Sa tête ne lui obéit plus.*

OBÉISSANCE, n. f. [obeisɑ̃s] (*obéir*) Action de celui qui obéit. ♦ La disposition à obéir, l'habitude d'obéir, la soumission d'esprit aux ordres des supérieurs. *L'obéissance aux supérieurs.* « *L'extrême obéissance suppose de l'ignorance dans celui qui obéit ; elle en suppose même dans celui qui commande* », MONTESQUIEU. ♦ Chez les religieux, obédience, l'un des trois vœux des moines. ♦ Il se dit aussi des animaux. *L'obéissance du chien.* ♦ *L'obéissance de*, l'autorité de. « *Je tiens tout l'univers sous mon obéissance* », QUINAULT. ♦ Être sous l'obéissance de père et de mère, être soumis à l'autorité légale de son père et de sa mère. ♦ En parlant des princes, domination. *Les terres de l'obéissance du roi.* « *Retenir les peuples dans l'obéissance* », BOSSUET.

OBÉISSANT, ANTE, adj. [obeisɑ̃, ɑ̃t] (*obéir*) Qui obéit. *Un enfant obéissant.* ♦ Par formule de civilité, en terminant une lettre : *votre très humble et très obéissant serviteur.* ♦ Il se dit aussi des animaux. *Un chien obéissant.* ♦ **Fig.** Soumis, docile. *Rendre ses passions obéissantes à la raison.* ♦ **Fig.** Souple, maniable, qui cède facilement, en parlant d'objets inanimés. *Du bois obéissant.* ♦ **Mar.** *Navire obéissant*, navire sensible à l'effet du gouvernail.

OBEL ou **OBÈLE**, ■ n. m. [obɛl] (b. lat. *obelus*, du gr. *obelos*, broche) Signe en forme de croix latine utilisé pour marquer les passages modifiés ou ajoutés dans les manuscrits anciens. ■ Caractère typographique en forme de croix latine. *L'insertion d'un obèle par un raccourci clavier.*

OBÉLISQUE, n. m. [obelisk] (b. lat. *obeliscus*, du gr. *obeliskos*, petite broche) Monument quadrangulaire en forme d'aiguille, élevé sur un piédestal et ordinairement monolithe. ♦ Colonne de cette forme dans l'art égyptien ancien. *L'obélisque de la place de la Concorde à Paris.*

OBÉRÉ, ÉE, p. p. d'obérer. [obere] Par pléonasme *Obéré de dettes.*

OBÉRER, v. tr. [obere] (*obéré*, du lat. *obœratus*) Accabler de dettes. *Les guerres obèrent les nations.* ♦ ▷ *S'obérer*, v. pr. S'endetter. ◁

OBÈSE, adj. [obɛz] (lat. *obesus*, de *ob*, et *edere*, manger) Qui a un excès d'embonpoint. *Un homme obèse.* ■ N. m. et n. f. Personne atteinte d'obésité. *Une obèse.*

OBÉSITÉ, n. f. [obezite] (lat. *obesitas*) Excès d'embonpoint. ■ **Méd.** Excès de masse grasse dans le corps, résultat d'un déséquilibre entre l'apport calorique quotidien et les dépenses énergétiques. ■ *Obésité endogène*, obésité causée par des troubles métaboliques ; *obésité exogène*, causée par une suralimentation.

OBI, ■ n. f. [obi] (mot jap.) Longue et large ceinture de soie que l'on porte au-dessus du kimono traditionnel au Japon.

OBIER, n. m. [obje] (var. de *aubier*) Nom vulgaire et spécifique de la viorne obier ; la variété cultivée dans les jardins est dite boule de neige. ♦ Quelques-uns écrivent *aubier*.

OBIT, n. m. [obit] (on prononce le *t* final ; lat. *obitus*, mort) Nom donné aux messes anniversaires qui se disent pour les morts. *Fonder un obit.* ♦ Émolument produit par l'obit. ♦ Au pl. *Des obits.*

OBITUAIRE, adj. m. [obitɥɛʀ] (lat. médiév. *obituarius*, de *obitus*, mort) *Registre obituaire* ou n. m. *obituaire*, registre où l'on écrit les noms des morts, le jour de leur sépulture, la fondation des obits, etc. ■ Relatif au décès.

OBJECTAL, ALE, ■ adj. [ɔbʒɛktal] (lat. scolast. *objectum*) **Psych.** Qui est extérieur au moi du sujet. *Les liens objectaux.*

OBJECTÉ, ÉE, p. p. d'objecter. [ɔbʒɛkte]

OBJECTER, v. tr. [ɔbʒɛkte] (lat. *objectare*, jeter à la face) Opposer comme objection. ♦ Reprocher. *On lui a objecté la corruption de ses mœurs.* ♦ *S'objecter*, v. pr. Être objecté. ♦ Opposer quelque chose à un projet afin de le reporter. *Objecter une maladie pour ne pas aller travailler.*

OBJECTEUR, ■ n. m. [ɔbʒɛktœʀ] (*objecter*) Personne qui objecte. ■ **Par extens.** *Objecteur de conscience*, personne qui refuse d'accomplir son service militaire pour des raisons morales, religieuses ou politiques.

OBJECTIF, IVE, adj. [ɔbʒɛktif, iv] (lat. scolast. *objectivus*) *Verre objectif*, le verre d'une lunette destiné à être tourné du côté de l'objet qu'on veut voir. ♦ Le verre d'une lunette composée, ou des lentilles simples ou composées du microscope qui sont tournées vers l'objet. ♦ On dit de même : *l'objectif d'une chambre noire, d'un daguerréotype.* ♦ **Philos.** Se dit de toute idée qui vient des objets extérieurs à l'esprit. ■ N. m. **Gramm.** Le cas qui représente le complément direct du verbe. ♦ En stratégie, *avoir tel point pour* *objectif*, diriger son attaque vers ce point. ▪ Qui décrit la réalité sans jugement. *Une pensée objective.* ▪ **Philos.** Qui vient de l'expérience. *Le savoir objectif.* ▪ **Méd.** *Symptômes objectifs,* que le médecin peut observer et vérifier. ▪ **N. m.** Système optique qui permet de photographier ou d'enregistrer une image sur une surface sensible, sur un film ou un écran. *L'objectif d'un appareil photographique ou d'une caméra. Regarder l'objectif.* ▪ **Par extens.** L'appareil photographique ou la caméra. ▪ **Milit.** But que l'on cherche à atteindre. *Une bombe qui a atteint son objectif.* ▪ But ou résultat que l'on cherche à atteindre. *Se fixer des objectifs dans la vie. Définir les objectifs globaux d'une entreprise.*

OBJECTION, n. f. [ɔbʒɛksjɔ̃] (b. lat. *objectio*) Difficulté qu'on soulève contre une proposition, contre une assertion. ▪ *Objection de conscience,* refus de servir l'armée pour des raisons de conscience. ▪ Opposition à une suggestion dans le but de la reporter. *Avez-vous une objection à continuer le cours? Si vous n'y voyez pas d'objection.* ▪ *Objection !* se dit dans un tribunal pour s'opposer à un argument ou pour proposer une opinion contraire. *Objection, votre honneur !*

OBJECTIVATION, ▪ n. f. [ɔbʒɛktivasjɔ̃] (*objectiver*) Fait de rendre objectif. « *La véritable fin de la querelle entre l'homme et la nature, entre l'homme et l'homme, entre l'essence et l'existence, entre l'objectivation et l'affirmation de soi* », CAMUS. ▪ **Psych.** Processus psychique par lequel un patient délirant assimile ses hallucinations à des réalités. ▪ **Didact.** Processus de rétroaction dans l'activité d'apprentissage par lequel un élève analyse de façon critique sa performance en fonction des objectifs fixés et prend conscience des stratégies d'apprentissage utilisées.

OBJECTIVEMENT, adv. [ɔbʒɛktiv(ə)mɑ̃] (*objectif*) **Philos.** D'une façon objective, relativement aux objets extérieurs. ▪ **Gramm.** En prenant en compte le sens objectif d'un mot ou d'une chose. ▪ En réalité. *Objectivement, il n'a pas tort.*

OBJECTIVER, v. tr. [ɔbʒɛktive] (*objectif*) **Philos.** Rendre objectif ; considérer comme objectif. ▪ Exprimer, extérioriser. *Objectiver sa pensée.*

OBJECTIVISME, ▪ n. m. [ɔbʒɛktivism] (*objectif*) Caractère de ce qui est objectif, impartial. ▪ Doctrine philosophique selon laquelle il existe une réalité objective au-delà de celui qui la pense. ▪ OBJECTIVISTE, n. m. et n. f. [ɔbʒɛktivist]

OBJECTIVITÉ, n. f. [ɔbʒɛktivite] (*objectif*) **Philos.** Qualité de ce qui est objectif ; existence des objets en dehors de nous. ▪ Caractère de la pensée qui est conforme à la réalité.

OBJET, n. m. [ɔbʒɛ] (lat. scolast. *objectum,* p. p. de *objicere,* placer devant, par oppos. au sujet) Tout ce qui se présente à la vue. ▪ Tout ce qui affecte les sens. *Les couleurs sont les objets de la vue.* ▪ **Philos.** Tout ce qui est en dehors de l'âme, par opposition à sujet. ▪ Chose, dans un sens indéterminé. *Un objet de peu de valeur.* ▪ *Un objet de dépense,* quelque chose qui occasionne de la dépense. ▪ *Un grand objet,* quelque chose d'un grand intérêt. ▪ **Fig.** Tout ce qui se présente à l'esprit, tout ce qui l'occupe. « *L'éternité se présentait à ses yeux comme le digne objet du cœur de l'homme* », BOSSUET. ▪ **Philos.** Tout ce qui meut, occupe les facultés de l'âme. *Le vrai est l'objet de l'entendement.* ▪ **Fig.** Tout ce qui sert de matière à une science, à un art, à une œuvre littéraire. *Les corps naturels sont l'objet de la physique.* ▪ On dit de même : *l'objet de la conversation.* ▪ **Fig.** Tout ce qui est la cause, le sujet, le motif d'un sentiment, d'une passion. « *Puis-je d'un tel chagrin savoir quel est l'objet ?* », P. CORNEILLE. « *Princesse le digne objet de l'admiration de deux grands royaumes* », BOSSUET. ▪ **Fig.** But, fin qu'on se propose. « *L'unique objet de l'Écriture est la charité* », PASCAL. « *Le grand objet du maréchal de Saxe était de prendre Maëstricht* », VOLTAIRE. *Remplir son objet,* atteindre le but proposé. ▪ ▷ **Fig.** Femme aimée. « *Dans l'objet aimé tout leur devient aimable* », MOLIÈRE. ◁ ▪ **Inform.** *Programmation par objets,* mode de programmation dans lequel les données sont regroupées en entités dites *objets. Langage orienté objets,* langage approprié à la programmation par objets. ▪ *Bureau des objets trouvés,* endroit où sont rassemblés tous les objets qui ont été perdus et dont les personnes rapportent, et leurs propriétaires peuvent venir chercher. ▪ Intention. *L'objet d'une visite.* ▪ *Être, faire l'objet de,* endurer, éprouver. *Être l'objet de critiques violentes.*

OBJURGATION, n. f. [ɔbʒyʁgasjɔ̃] (lat. *objurgatio,* réprimande) Figure de rhét. par laquelle on adresse des reproches à quelqu'un. ▪ Demande pressante.

OBJURGATOIRE, adj. [ɔbʒyʁgatwaʁ] (lat. *objurgatorius*) Qui appartient à l'objurgation.

OBLAT, ATE, n. m. et n. f. [ɔbla, at] (lat. *oblatus,* p. p. de *offerre,* présenter, offrir) Autrefois, enfant donné par ses parents à quelque monastère. ▪ Espèce de moine laïque que le roi mettait dans chaque abbaye de sa nomination, et qui était ordinairement un vieux soldat. ▪ Religieux. ▪ **En appos.** *Un missionnaire oblat.* ▪ **N. m. pl. Relig.** Ensemble des dons faits pendant une messe.

OBLATIF, IVE, ▪ adj. [ɔblatif, iv] (lat. *oblativus,* ce qui s'offre de soi-même) Qui cherche à satisfaire autrui avant soi. *Un amour oblatif.*

OBLATION, n. f. [ɔblasjɔ̃] (lat. ecclés. *oblatio*) Action par laquelle on offre quelque chose à la Divinité. « *Jésus fit à Dieu l'oblation solennelle de sa personne* », BOURDALOUE. ◆ Action du prêtre qui, avant de consacrer le pain et le vin, les offre à Dieu. ◆ Choses offertes à Dieu.

OBLIGATAIRE, n. m. et n. f. [ɔbligatɛʁ] (*obligation*) Porteur, porteuse de titres d'obligations. ▪ **Adj.** Relatif aux obligations financières. *Un fonds obligataire.*

OBLIGATION, n. f. [ɔbligasjɔ̃] (lat. jurid. *obligatio,* de *obligare,* lier, engager) Ce qui oblige. *Obligation d'honneur. L'obligation de faire l'aumône.* ◆ *D'obligation,* imposé, nécessaire. *La modestie est d'obligation. Une fête d'obligation.* ◆ Lien de reconnaissance pour quelque service, pour quelque plaisir. *Je vous en ai toutes les obligations du monde.* ◆ **Fig.** *Avoir l'obligation de... à une chose,* devoir à cette chose ce dont il s'agit. ◆ Action d'obliger, de rendre service. ◆ Lien de droit qui astreint une personne envers une autre à donner, à faire ou à ne pas faire quelque chose. *Les obligations du vendeur, de l'acheteur, etc.* ◆ Acte notarié par lequel on s'oblige à donner ou à faire telle chose dans un temps fixé. ◆ Toute espèce d'engagement de payer. *Faire honneur à ses obligations.* ◆ Titre qui représente des capitaux prêtés, soit aux administrations publiques, soit à des compagnies de commerce, d'industrie, de chemins de fer. ▪ **Financ.** *Obligation cautionnée,* crédit accordé par l'État à une entreprise pour ajourner le paiement des impôts. ▪ Astreinte morale impliquée par une religion. *L'obligation de confession.*

OBLIGATOIRE, adj. [ɔbligatwaʁ] (lat. jurid. *obligatorius*) Qui a la force d'obliger. *Clause obligatoire.* ◆ Se dit d'une chose à laquelle on est obligé. *Service militaire obligatoire.* ▪ **Fam.** Inévitable.

OBLIGATOIREMENT, ▪ adv. [ɔbligatwaʁ(ə)mɑ̃] (*obligatoire*) D'une manière obligatoire. *Il faut obligatoirement avoir ses papiers d'identité sur soi.* ▪ **Fam.** Forcément. *C'est obligatoirement lui qui a fait le coup.*

OBLIGÉ, ÉE, p. p. d'obliger. [ɔbliʒe] Qui est d'usage, qui est commandé par l'usage, dont on ne peut se dispenser. *C'est le complément obligé.* ◆ **Mus.** *Partie obligée,* partie qu'on ne pourrait retrancher sans gâter l'harmonie et surtout sans détruire le chant. ◆ Attaché par un lien de reconnaissance ; qui a une obligation. *Je vous suis bien obligé de toutes vos bontés.* ◆ Par forme de remerciement : *je vous suis bien obligé,* et par ellipse : *Bien obligé.* ◆ *bien obligé,* se dit quelquefois ironiquement. ◆ *Je suis votre obligé, votre obligée,* se dit à quelqu'un dont on a reçu un service. ◆ Qui est tenu par quelque engagement de payer ou de faire. ◆ **N. m. et n. f.** *Le principal obligé,* le principal débiteur, pour le distinguer de la caution. ◆ **N. m.** *Un obligé,* un acte passé entre un maître et un apprenti, sous des conditions réciproques. ▪ **Fam.** Obligatoire, forcé. *C'est obligé !*

OBLIGEAMMENT, adv. [ɔbliʒamɑ̃] (*obligeant*) D'une manière obligeante.

OBLIGEANCE, n. f. [ɔbliʒɑ̃s] (*obligeant*) Disposition, penchant à obliger, à rendre service. *Homme d'une grande obligeance.* ◆ Acte d'obligeance. *Ayez l'obligeance de m'accompagner.*

OBLIGEANT, ANTE, adj. [ɔbliʒɑ̃, ɑ̃t] (*obliger*) Qui aime à obliger, à faire plaisir. ◆ Qui a le caractère de l'obligeance, en parlant des choses. « *La remontrance est douce, obligeante, civile* », P. CORNEILLE. ◆ *Dire à quelqu'un des choses obligeantes,* lui adresser des paroles agréables, flatteuses pour lui.

OBLIGER, v. tr. [ɔbliʒe] (lat. *obligare,* lier, engager) Imposer comme chose dont on ne peut se dégager. *Obliger quelqu'un à faire* ou *de faire quelque chose.* ◆ **Absol.** « *Il faut subir la loi de qui peut obliger* », P. CORNEILLE. ◆ Porter à, exciter à, engager à. *Cela vous oblige à la reconnaissance. L'envie de parvenir m'a obligé d'étudier* ou *à étudier.* ◆ Contraindre, forcer. « *La nécessité nous oblige à bien faire* », VAUGELAS. « *Dieu nous a caché le moment de notre mort pour nous obliger d'avoir attention à tous les moments de notre vie* », LA ROCHEFOUCAULD. ◆ Lier par un devoir, mettre dans une certaine dépendance morale. « *Envers un ennemi qui peut nous obliger ?* », P. CORNEILLE. ◆ Lier, engager par un lien qui donne recours en justice, si la chose convenue n'est pas exécutée. *Il est obligé en son contrat à faire telle chose.* ◆ Il se dit des valeurs, des biens que l'on engage. ◆ Rendre service, faire plaisir. « *Il faut autant qu'on peut obliger tout le monde* », LA FONTAINE. ◆ **Absol.** « *Qui oblige vite oblige deux fois* », VOLTAIRE. ◆ *Obliger de,* avec un substantif. « *Oblige-moi d'un peu de complaisance* », P. CORNEILLE. ◆ *Obliger de,* avec un verbe à l'infinitif. « *Obligez-moi de n'en rien dire* », LA FONTAINE. ◆ *S'obliger,* v. pr. Contracter un engagement authentique. *S'obliger par-devant notaire.* ◆ *S'obliger pour quelqu'un,* lui servir de caution. ◆ *S'obliger de* ou *à,* se lier par une simple promesse. « *Vous obligerez-vous à faire tous les frais de ces deux mariages ?* », MOLIÈRE. ◆ *S'obliger,* se rendre service à soi-même. « *Obliger ceux qu'on aime..., c'est s'obliger soi-même* », COLLIN D'HARLEVILLE. ◆ **Prov.** *Noblesse oblige.* Voy. NOBLESSE. ◆ L'usage n'établit aucune distinction entre *obliger à* et *obliger de,* suivis d'un infinitif. Au passif, on préfère *de.* ◆ *Obliger* signifiant faire plaisir veut toujours *de* avec l'infinitif.

OBLIQUE, adj. [ɔblik] (lat. *obliquus*) Qui n'est pas droit ou perpendiculaire. « *La démarche du maki est oblique* », BUFFON. ♦ **N. f.** *Géom.* *Une oblique*, une ligne oblique. ♦ **Astron.** *Sphère oblique*, sphère où l'équateur n'est ni parallèle ni perpendiculaire à l'horizon. ♦ **Milit.** *Ordre oblique*, ordre de bataille dans lequel on présente à l'ennemi une aile en refusant l'autre. ♦ *Pas oblique*, pas d'une troupe qui marche sur une ligne diagonale, supposée tirée du point d'où elle part à celui où elle tend, de manière que le front reste toujours parallèle à lui-même. ♦ *Feux obliques*, feux dirigés à droite ou à gauche, au lieu d'être directs. ♦ **Mar.** Se dit de la marche d'un vaisseau qui, courant sous quelque rumb intermédiaire entre les points cardinaux, fait un angle avec le méridien, et change à chaque instant de latitude et de longitude. ♦ *Un vaisseau fait des routes obliques, a le vent oblique*, lorsqu'il a le vent contraire pour suivre sa droite, et qu'il est obligé de courir des bordées. ♦ *Anat.* Nom donné à différents muscles. ♦ *Bot.* Se dit d'une partie qui s'écarte ou du plan de l'horizon, ou de l'axe de la plante. ♦ **Fig.** Qui manque de droiture, de franchise, en parlant des personnes. *Un homme oblique.* ♦ Il se dit aussi des choses. *Conduite oblique.* ♦ Indirect, détourné. *Une louange, une accusation oblique.* ♦ *Gramm. Cas oblique*, l'un quelconque des cas de la déclinaison latine ou grecque, excepté le nominatif et le vocatif. ♦ *Regard oblique*, se dit d'une personne qui ne regarde pas son interlocuteur ; regard fuyant. ♦ *Un discours oblique*, indirect. ■ EN OBLIQUE, loc. adv. En diagonale. *Une rue en oblique.*

OBLIQUEMENT, adv. [ɔblik(ə)mã] (*oblique*) D'une manière oblique. *Fig.* D'une manière qui n'est ni droite ni franche. *Agir obliquement.* ♦ **Fig.** Indirectement. *Louer obliquement.*

OBLIQUER, v. intr. [ɔblike] (*oblique*) **Milit.** Aller en ligne oblique. *Obliquer à droite.* ■ **Mod.** Prendre une direction différente du chemin normal ou principal. *Quittez la nationale et obliquez à gauche.*

OBLIQUITÉ, n. f. [ɔblikɥite] (lat. *obliquitas*) Qualité de ce qui est oblique. *L'obliquité d'une ligne.* ♦ *L'obliquité de l'écliptique*, l'angle que l'écliptique fait avec l'équateur. ♦ **Fig.** Défaut de droiture. « *C'est presque toujours notre propre obliquité qui nous instruit à la défiance* », MASSILLON.

OBLITÉRATEUR, TRICE, ■ adj. [ɔbliteratœr, tris] (*oblitérer*) Qui permet d'oblitérer quelque chose. *Une machine oblitératrice.* ■ N. m. Instrument utilisé pour oblitérer des timbres, des factures, des reçus, etc.

OBLITÉRATION, n. f. [ɔbliterasjɔ̃] (lat. *oblitteratio*, oubli) Action d'oblitérer, d'effacer. *L'oblitération d'une inscription.* ♦ Dans l'administration des postes, *oblitération des timbres*, action de marquer, avec un timbre pointillé à l'encre noire, les timbres apposés sur les lettres, afin qu'on ne puisse plus s'en servir. ♦ *Anat.* État d'un conduit qui a été obstrué par un corps solide ou dont les parois ont contracté adhérence ensemble. ■ Le résultat de l'action d'oblitérer. *Collectionner des oblitérations.*

OBLITÉRÉ, ÉE, p. p. d'oblitérer. [ɔblitere]

OBLITÉRER, v. tr. [ɔblitere] (lat. *oblitterare*, de *ob* et *littera*) Effacer les lettres, les traits. *Le temps a oblitéré cette inscription.* ♦ À la poste, *oblitérer un timbre*, y opérer l'oblitération. ♦ *Par extens.* Faire oublier. *Le temps a oblitéré cette opinion.* ♦ Fermer la cavité d'un conduit. *L'inflammation a oblitéré la veine.* ♦ S'oblitérer, v. pr. Être effacé. ♦ Être obstrué. ■ N. m. et n. f. *Les oblitérés.*

OBLONG, ONGUE, adj. [ɔblɔ̃, ɔ̃g] (lat. *oblongus*) Qui est plus long que large. *Une place oblongue.* ♦ Il se dit, en librairie, des livres qui ont moins de hauteur que de largeur. *Un in-quarto oblong. Le format oblong ou à l'italienne.*

OBNUBILER, ■ v. tr. [ɔbnybile] (lat. impér. *obnubilare*, couvrir d'un nuage) Obscurcir les sentiments ou les facultés mentales. *Obnubiler une pensée.* ■ *Fig.* Obséder par quelque chose ou quelqu'un. « *Un instinct de dévouement et de protection qui prime toute logique et qui, lorsqu'il se manifeste, obnubile le raisonnement* », ROPS. ■ OBNUBILATION, n. f. [ɔbnybilasjɔ̃]

OBOÏSTE, n. m. [ɔboist] (ital. *oboe*) Voy. HAUTBOÏSTE.

OBOLE, n. f. [ɔbɔl] (lat. *obolus*, du gr. *obolos*) ▷ Poids qui, chez les Athéniens, valait 75 centigrammes. ◁ ▷ Petite monnaie d'Athènes, dont six faisaient la drachme attique, et qui valait 16 centimes de notre monnaie. ◁ ♦ Anciennement, en France, petite monnaie de cuivre qui valait la moitié d'un denier tournois. ♦ *Fig. Pas de pigeon pour une obole*, se dit pour exprimer qu'une chose coûte de l'argent, des soins, des peines. ♦ *Fig.* Très petite somme. ♦ *Cela ne vaut pas une obole*, cela n'a aucune valeur. ■ Petite participation financière à quelque chose. *Pour cette fête, chacun apportera son obole.*

OBOMBRÉ, ÉE, p. p. d'obombrer. [ɔbɔ̃bre]

OBOMBRER, v. tr. [ɔbɔ̃bre] (lat. *obumbrare*) Myst. Couvrir d'une ombre. *Les anges l'obombraient de leurs ailes.* ■ *Fig.* Rendre triste, assombrir. *Un pessimisme qui obombre les consciences.*

OBREPTICE, adj. [ɔbrɛptis] (b. lat. jurid. *obrepticius*, obtenu par surprise, de *obrepere*, s'approcher en rampant) En chancellerie, qui a été obtenu en taisant une vérité qui aurait dû être exprimée. *Un privilège, une grâce obreptice.*

OBREPTICEMENT, adv. [ɔbrɛptis(ə)mã] (*obreptice*) D'une manière obreptice.

OBREPTION, n. f. [ɔbrɛpsjɔ̃] (lat. *obreptio*, action de surprendre) En chancellerie, réticence qui rend une lettre obreptice.

OBSCÈNE, adj. [ɔpsɛn] (lat. *obscenus*, de mauvais augure, indécent) Qui blesse ouvertement la pudeur. *Un mot obscène. Peinture obscène.* ■ Par extens. Indécent, qui choque par son côté scandaleux. *Un étalage de richesse obscène.*

OBSCÉNITÉ, n. f. [ɔpsenite] (lat. *obscenitas*, indécence) Défaut de ce qui est obscène. ♦ Chose obscène. *Dire des obscénités.*

OBSCUR, URE, adj. [ɔpskyr] (lat. *obscurus*) Où il n'y a point de lumière. *Une nuit obscure.* ♦ *Il fait obscur*, le jour a peu de lumière. ♦ *Il fait obscur en cet endroit*, on n'y voit pas bien clair. ♦ *Chambre obscure.* Voy. NOIR. ♦ N. m. *L'obscur*, ce qui est privé de clarté. « *La peinture divise en grandes masses ses clairs et ses obscurs* », MONTESQUIEU. ♦ *Clair-obscur.* Voy. CLAIR-OBSCUR. ♦ En parlant de couleurs, de teintes, foncé, plus brun, plus chargé. ♦ En peinture, dont la couleur participe plus du brun que du clair. *Ton obscur.* ♦ *Fig.* Il se dit de l'apparence, de la figure qui est sans vivacité. « *L'air obscur, les mouvements gauches* », BUFFON. ♦ Qui n'est pas bien intelligible, qui se fait difficilement comprendre. « *J'évite d'être long et je deviens obscur* », BOILEAU. « *Lire en un songe obscur les volontés des cieux* », RACINE. ♦ Qui appartient aux classes inférieures et sans renom de la société. *Le vulgaire obscur. Un homme obscur. Cet homme est d'une naissance, d'une famille obscure*, est né de parents obscurs. ♦ Il se dit des choses, dans un sens analogue. « *Heureux qui, satisfait de son humble fortune, Vit dans l'état obscur où les dieux l'ont caché !* », RACINE. ♦ Qui est sans renom, sans gloire. *Une vie, une mort obscure.* ♦ Inconnu, caché. *L'obscur avenir.* ■ *Salle obscure*, salle de cinéma. ■ Qui est de l'ordre de l'ésotérisme, du mystique. *Une assemblée obscure.*

OBSCURANT, n. m. [ɔpskyrã] (*obscurans*, p. prés. de *obscurare*, obscurcir, aveugler) Voy. OBSCURANTISTE.

OBSCURANTISME, n. m. [ɔpskyrãtism] (*obscurant*) Opinion des obscurants.

OBSCURANTISTE, ■ n. m. et n. f. [ɔpskyrãtist] (*obscurantisme*) Personne qui est opposée aux progrès des lumières et de la civilisation. « *Bien qu'il soit vêtu des habits de la modernité, la démarche de l'obscurantisme scientifique est la même que celle de l'homme de l'Inquisition : nier des évidences au nom d'une conception dogmatique de ce que doit être la Vérité* », STAUNE. ■ Adj. Relatif à l'obscurantisme. ■ REM. On disait autrefois obscurant.

OBSCURATION, n. f. [ɔpskyrasjɔ̃] (lat. *obscuratio*, de *obscurare*, rendre obscur) Astron. Action de rendre obscur, en parlant des éclipses.

OBSCURCI, IE, p. p. d'obscurcir. [ɔpskyrsi]

OBSCURCIR, v. tr. [ɔpskyrsir] (*obscur*) Priver de clarté. « *Les ombres par trois fois ont obscurci les cieux* », RACINE. ♦ **Par extens.** « *Quelques pleurs répandus ont obscurci vos yeux* », RACINE. ♦ *Fig.* Rendre peu intelligible. ♦ **Fig.** Ternir, ôter du lustre. « *Leurs cruautés, mon fils, ont obscurci leur gloire* », VOLTAIRE. ♦ **Fig.** Cacher, voiler d'un nuage. « *Jamais l'envie n'a obscurci dans mes écrits la justice et la vérité* », MARMONTEL. ♦ **Fig.** Ôter la clarté aux lumières, la vivacité aux sentiments. *Obscurcir les lumières de la justice, la joie, etc.* ♦ S'obscurcir, v. pr. Perdre de sa clarté. *Le temps, le soleil s'obscurcit.* ♦ **Fig.** « *La connaissance de l'homme s'obscurcie par les passions* », PASCAL. ♦ Perdre de la faculté de voir. *La vue s'obscurcit.* ♦ **Fig.** *La raison s'obscurcit.* ♦ Devenir plus foncé, plus brun, en parlant des couleurs. ♦ **Fig.** *Sa gloire s'est obscurcie.* ♦ **Fig.** Il se dit de la physionomie, sous l'impression du mécontentement, de la tristesse, etc. *Son front s'obscurcit.* ■ Obnubiler, perdre sa lucidité. *Obscurcir une réflexion.*

OBSCURCISSEMENT, n. m. [ɔpskyrsis(ə)mã] (radic. du p. prés. de *obscurcir*) Action d'ôter la clarté. *L'obscurcissement du soleil.* ♦ **Fig.** L'action de rendre peu intelligible. *L'obscurcissement d'un passage par de fausses explications.* ♦ **Fig.** Perte des lumières intellectuelles ou morales. *L'obscurcissement de la raison.*

OBSCURÉMENT, adv. [ɔpskyremã] (*obscur*) Sans clarté. *La nuit approchait, on ne voyait les objets qu'obscurément.* ♦ D'une manière brune, foncée, en parlant de teintes. « *Le dessus du dos est d'un brun obscurément teint de verdâtre* », BUFFON. ♦ **Fig.** D'une manière peu intelligible. *Parler obscurément.* ♦ **Fig.** Sans renom, sans éclat. *Vivre obscurément.* ♦ **Fig.** D'une manière mal éclaircie, qui n'est pas bien certaine. « *Obscurément plongé dans ce doute cruel* », VOLTAIRE.

OBSCURITÉ, n. f. [ɔpskyʀite] (lat. *obscuritas*) État de ce qui est privé de lumière. *Une grande obscurité couvrit la terre.* ♦ *L'obscurité*, la nuit. ♦ **Fig.** Ce qui est comparé, dans les choses intellectuelles ou morales, aux ténèbres physiques ; état de ce qui est caché, voilé, inconnu. « *Je regarde de toutes parts, et ne vois partout qu'obscurité* », PASCAL. « *La profonde obscurité du cœur de l'homme* », BOSSUET. ♦ *L'obscurité des temps, de l'avenir*, le peu de connaissance que l'on a du temps passé, du temps à venir. ♦ **Fig.** Défaut de lumières, de civilisation. « *Tout a des révolutions réglées, et l'obscurité se terminera par un nouveau siècle de lumières* », D'ALEMBERT. ♦ **Fig.** Défaut de clarté dans les idées, dans les expressions. ♦ *Être dans l'obscurité*, ne pas comprendre ; *jeter dans l'obscurité*, ou *jeter de l'obscurité dans l'esprit*, empêcher de comprendre. ♦ Il se dit des personnes dont la conduite ne s'explique pas. « *C'était un homme plein d'artifice et d'obscurité dans sa conduite* », VOLTAIRE. ♦ Privation de célébrité, d'éclat ; condition, sort obscur. *Obscurité de la naissance, de la famille.*

OBSÉCRATION, n. f. [ɔpsekʀasjɔ̃] (lat. *obsecratio*, de *obsecrare*, prier instamment) Figure de rhétorique par laquelle l'auteur implore l'assistance de Dieu ou de quelque personne. ♦ ▷ **Au** pl. Chez les Romains, prières publiques pour apaiser les dieux. ◁

OBSÉDANT, ANTE, ■ adj. [ɔpsedɑ̃, ɑ̃t] (*obséder*) Relatif à une obsession. *Un cauchemar obsédant. Troubles compulsifs obsédants.* ■ **Fig.** Entêtant, envoûtant. *Un parfum obsédant. Un rythme obsédant.*

OBSÉDÉ, ÉE, p. p. d'obséder. [ɔpsede] **N. m.** et n. f. Personne tourmentée par une obsession, une idée fixe. *Un obsédé sexuel. Une obsédée du ménage. Un obsédé de Proust.*

OBSÉDER, v. tr. [ɔpsede] (lat. *obsidere*, mettre le siège devant) Être assidu auprès de quelqu'un, de manière à l'isoler des autres personnes. ♦ Importuner par des assiduités. ♦ Tourmenter par des illusions, en parlant du malin esprit. *Le diable l'obsède.* ♦ En parlant de certaines idées, tourmenter assidûment.

OBSÈQUES, n. f. pl. [ɔpsɛk] (lat. *obsequiæ*) Convoi pompeux. ■ Cérémonie funèbre. *Les obsèques auront lieu à 15 heures en l'église Notre-Dame.*

OBSÉQUIEUSEMENT, adv. [ɔpsekjøz(ə)mɑ̃] (*obséquieux*) D'une manière obséquieuse.

OBSÉQUIEUX, EUSE, adj. [ɔpsekjø, øz] (lat. *obsequiosus*) Excessif dans sa complaisance et ses égards. *Homme obséquieux. Humeur obséquieuse.*

OBSÉQUIOSITÉ, n. f. [ɔpsekjozite] (*obséqieux*) Néolog. Défaut de l'homme obséquieux. ■ **Rem.** N'est plus un néologisme aujourd'hui.

OBSERVABLE, adj. [ɔpsɛʀvabl] (*observer*) Qui peut être observé. *Les phénomènes observables.*

OBSERVANCE, n. f. [ɔpsɛʀvɑ̃s] (lat. *observantia*, considération, déférence) Pratique d'une règle en matière religieuse. ♦ La règle même. *Les observances de la vie religieuse.* ♦ *Observances légales*, certaines pratiques ou cérémonies que prescrivait la loi de Moïse. ♦ Se dit des communautés religieuses où certaines règles s'observent. *Observance relâchée.* ♦ *Étroite observance*, la partie d'un ordre religieux qui fait profession d'observer la règle littéralement. ♦ **Fig.** *Un platonicien, un cartésien d'étroite observance*, celui qui accepte dans tous ses détails le système de Platon, de Descartes. ■ **Méd.** Respect des prescriptions venant d'un médecin. *L'observance aux traitements anti-rétroviraux.* ■ Fait de respecter et de se conformer à une tradition, une règle de conduite, une coutume, etc.

OBSERVANTIN, n. m. [ɔpsɛʀvɑ̃tɛ̃] (*observant*, fidèle à l'observance) Religieux de l'observance de Saint-François. ■ **Adj.** *Religieux observantin.*

OBSERVATEUR, TRICE, n. m. et n. f. [ɔpsɛʀvatœʀ, tʀis] (lat. *observator*) Personne qui observe quelque loi ou quelque règle, qui en accomplit les prescriptions. « *Ce roi selon le cœur de Dieu, observateur de ses ordonnances* », FLÉCHIER. ♦ Personne qui épie, espionne. « *Et mille observateurs que j'ai commis exprès* », ROTROU. ♦ Personne qui s'applique à observer les phénomènes de la nature. ■ **Mar.** Officier chargé de faire les observations astronomiques. ♦ Personne qui observe les mœurs et les actions des hommes, les événements de la société. *Observateur du cœur humain.* ♦ Personne qui regarde, par opposition à celle qui agit. ■ **Adj.** Qui observe. *Médecin observateur. Esprit observateur.* ♦ Personne chargée de participer à des négociations politiques et d'en rendre compte au gouvernement.

OBSERVATION, n. f. [ɔpsɛʀvasjɔ̃] (lat. *observatio*) Action de se conformer à. *L'observation de sa parole. L'observation des lois.* ♦ Égard qu'on a à certaines croyances. *L'observation du dimanche.* ♦ *Être en observation, se tenir en observation*, être, se tenir dans un lieu d'où l'on observe. ♦ *Armée, corps d'observation*, armée, corps d'armée dont la destination est de surveiller les mouvements d'une armée ennemie. ♦ Action de considérer avec attention les choses physiques ou les choses morales. *Faire des observations sur la société et sur le cœur de l'homme.* ♦ **Astron.** Nom donné aux mesures, prises avec les instruments convenables, des distances angulaires des astres,

de leurs hauteurs méridiennes, de leurs mouvements, etc. ♦ *Avoir l'esprit d'observation*, savoir remarquer les causes et les effets des phénomènes, des événements, des actions des hommes. ♦ Procédé logique à l'aide duquel on constate toutes les particularités du phénomène en lui-même, sans le troubler par l'expérimentation. *Le type scientifique de l'observation est l'astronomie.* ♦ Résultat de l'observation. *Observations astronomiques, météorologiques.* ♦ **Mar.** *Observation*, étude de la position des astres pour la conduite d'un navire en mer. ♦ **Méd.** Histoire d'une maladie, d'un fait. *Des observations de fièvre typhoïde.* ♦ Remarque sur des écrits de quelque auteur (en ce sens il se dit surtout au pluriel). *Faire des observations sur un passage.* ♦ Réflexion, objection. *Permettez que je fasse une observation.* ♦ **Jurispr.** Au pl. Exposé des faits et circonstances qu'il faut apprécier pour parvenir au règlement ou à la liquidation des droits et intérêts des parties. ■ Reproche, remarque que l'on fait à quelqu'un en cas de désaccord. *J'ai plusieurs observations à te faire.* ■ *Mettre quelqu'un en observation*, placer quelqu'un, dont l'état n'est pas encore stable, sous surveillance médicale, à l'hôpital. *Il est en observation pour deux jours.*

OBSERVATIONNEL, ELLE, ■ adj. [ɔpsɛʀvasjɔnɛl] (*observation*) Relatif à l'observation scientifique. *Un contexte observationnel.*

OBSERVATOIRE, n. m. [ɔpsɛʀvatwaʀ] (*observer*) Édifice fourni de toutes sortes d'instruments pour les observations astronomiques. ■ Organisme chargé d'observer des faits politiques, sociologiques, économiques, etc. *Observatoire des pratiques linguistiques.* ■ Lieu spécialement équipé pour faire des observations météorologiques. *L'observatoire du mont Aigoual.*

OBSERVÉ, ÉE, p. p. d'observer. [ɔpsɛʀve] **Mar.** *Latitude* ou *longitude observée* et par abréviation *l'observée*, la latitude ou la longitude qu'on a reconnue à l'aide d'instruments.

OBSERVER, v. tr. [ɔpsɛʀve] (lat. *observare*, porter son attention sur, respecter) Se conformer à ce qui est prescrit par quelque loi, par quelque règle. *Observer la discipline.* ♦ **Fig.** *Observer les longues et les brèves*, ou *observer les points et les virgules*, être extrêmement exact et scrupuleux. ♦ *Observer les distances*, rester à la distance voulue entre les rangs, les pelotons, et fig. ne pas se familiariser avec une personne. ♦ Considérer avec application les choses physiques et les choses morales. *Observer la nature, les symptômes d'une maladie, etc.* ♦ *Observer des distances, des amplitudes, etc.*, déterminer par l'observation des distances, des amplitudes. ♦ **Absol.** *L'art d'observer.* ♦ Faire des observations astronomiques. ♦ **Mar.** *Observer*, prendre une latitude en mer par des moyens astronomiques. ♦ Examiner, regarder. ♦ Épier. *Je suis observé.* « *Si mes accusateurs observent tous mes pas* », RACINE. ♦ Remarquer, faire attention. *Observez bien toutes ces circonstances. La cour observera que...* ♦ *Faire observer*, faire remarquer, appeler l'attention sur. ♦ En ce sens, *observer* se conjugue toujours avec le verbe *faire* ; on ne dit donc pas : *je vous observe que*, mais : *je vous fais observer que.* ♦ *S'observer*, v. pr. Être observé, être obéi. ♦ Se regarder l'un l'autre avec attention. ♦ Être retenu, circonspect.

OBSESSEUR, n. m. [ɔpsesœʀ] (lat. *obsessor*, assiégeant) ▷ Personne qui obsède. ◁

OBSESSIF, IVE, ■ adj. [ɔpsesif, iv] (*obsession*) Qui est en proie à l'obsession. *Une crainte obsessive de la mort.*

OBSESSION, n. f. [ɔpsesjɔ̃] (lat. *obsessio*, action d'assiéger) Action de celui qui obsède et pour ainsi dire assiège quelqu'un. ♦ État de celui qui est obsédé. *Ces visites sont pour moi une obsession.* ♦ ▷ État d'une personne qu'on suppose troublée, assiégée par le diable. ◁ ♦ Par extens. « *Cette espèce d'obsession dont il a été tourmenté par le dieu des vers* », LA HARPE. ♦ Idée fixe qui s'impose sans cesse à l'esprit. *L'hygiène est son obsession.*

OBSESSIONNEL, ELLE, ■ n. m. et n. f. [ɔpsesjɔnɛl] (*obsession*) Personne obnubilée par une seule chose ou personne. *C'est un obsessionnel.* ■ **Adj.** Relatif à une obsession. *Un délire obsessionnel. Un trouble obsessionnel compulsif.*

OBSIDIENNE, n. f. [ɔpsidjɛn] (lat. *obsi[di]* [*anus lapis*], pierre d'Obsius, qui découvrit un minerai en Égypte) Verre volcanique qui ressemble à du verre de bouteille, et qui prend un beau poli. ■ **Rem.** On disait aussi *obsidiane* autrefois.

OBSIDIONAL, ALE, adj. [ɔpsidjɔnal] (lat. *obsidionalis*, de *obsidere*, assiéger) Qui concerne les sièges. ♦ *Couronne obsidionale*, couronne dont les Romains honoraient un général qui avait fait lever le siège d'une ville, ou délivré une armée assiégée. ♦ *Monnaie obsidionale*, monnaie qu'on frappe quelquefois dans une ville assiégée, où elle a cours pendant le siège. ■ *Fièvre obsidionale*, panique collective qui frappe une population en état de siège. ■ Par extens. **Psych.** *Délire obsidional*, délire d'une personne qui croit être poursuivie et assiégée.

OBSOLESCENCE, ■ n. f. [ɔpsolesɑ̃s] (*obsolescent*) Fait d'être périmé. ■ **Écon.** Dépréciation d'un bien de production due non à l'usure matérielle, mais au progrès technique ou à l'apparition de produits nouveaux. *La gestion de l'obsolescence dans les équipements électroniques.*

OBSOLESCENT, ENTE, ■ adj. [ɔpsolesɑ̃, ɑ̃t] (*obsolescens*, p. prés de *obsolescere*, tomber en désuétude) **Litt.** Qui est périmé. ■ Qui est déprécié. *Du matériel informatique obsolescent.*

OBSOLÈTE, adj. [ɔpsolɛt] (lat. *obsoletus*, usé, banal, de *obsolescere*) Néolog. Qui est hors d'usage, en parlant d'un mot, d'une locution. ■ Qui est suranné, vieilli, périmé. *Un mécanisme obsolète.* ■ REM. N'est plus un néologisme aujourd'hui.

OBSTACLE, n. m. [ɔpstakl] (lat. *obstaculum*) Ce qui arrête, s'oppose. « *La valeur de leur chef ne trouvait point d'obstacles* », P. CORNEILLE. ♦ **Phys.** Tout ce qui résiste à une force. ■ **Fig.** Qui empêche la progression de quelque chose. *La vie est faite d'obstacles.* ■ **Sp.** Difficulté, placée sur une piste ou un terrain de sport, que l'on doit franchir. *Une course d'obstacles.* ■ *Faire obstacle à*, empêcher, entraver. *Le gouvernement a fait obstacle à la loi proposée.*

OBSTÉTRICIEN, IENNE, ■ n. m. et n. f. [ɔpstetʁisjɛ̃, jɛn] (lat. *obstetrix*, sage-femme) Médecin spécialiste d'obstétrique et qui assure les accouchements. *Un gynécologue-obstétricien. Il y a beaucoup plus d'obstétriciens que d'obstétriciennes.*

OBSTÉTRIQUE, n. f. [ɔpstetʁik] (radic. du lat. *obstetrix*) L'art des accouchements. ■ Partie de la médecine spécialisée dans les grossesses et les accouchements. *Le service d'obstétrique d'un hôpital.*

OBSTINATION, n. f. [ɔpstinasjɔ̃] (lat. *obstinatio*, constance, persévérance) Action de s'obstiner ; état de celui qui s'obstine. « *L'ignorance présomptueuse, qui est la mère de l'obstination* », BOSSUET.

OBSTINÉ, ÉE, ■ p. p. d'obstiner. [ɔpstine] Attaché avec ténacité à quelque idée, opinion, sentiment, etc. « *Oui, seigneur, dans son mal Rome est trop obstinée* », P. CORNEILLE. « *Mais le moyen de sauver des gens si obstinés à se perdre ?* », BOSSUET. ■ **N. m.** et n. f. *Un obstiné. Une obstinée.* ♦ Il se dit des choses. « *La sévérité des pharisiens était une sévérité présomptueuse et obstinée dans ses jugements* », BOURDALOUE. ♦ Il se dit d'un mal qu'on ne peut faire cesser. *Un rhume obstiné.*

OBSTINÉMENT, adv. [ɔpstinemɑ̃] (*obstiné*) Avec obstination.

OBSTINER, v. tr. [ɔpstine] (lat. *obstinare*, litt. rester devant) Faire qu'une personne s'attache avec ténacité à quelque chose. *Mais ce flatteur espoir...* « *Me fait plaire en ma peine et m'obstine à souffrir* », P. CORNEILLE. ♦ **Absol.** *Obstiner quelqu'un*, le contredire et par là l'enfoncer davantage en son opinion. « *Il suffit qu'on nous contredise, pour nous obstiner davantage* », BOURDALOUE. ♦ *S'obstiner en, dans* ou *à*, v. pr. s'attacher avec ténacité à. « *Ne vous obstinez point en cette humeur étrange* », P. CORNEILLE. « *Puis, tout triste et pensif, il s'obstine au silence* », P. CORNEILLE. ♦ Il prend *à* avec un verbe à l'infinitif. « *Je voulus m'obstiner à vous être fidèle* », RACINE. ■ Il se dit quelquefois avec *de* et un infinitif. « *Si vous vous obstinez de vivre au milieu des périls* », MASSILLON. ♦ Il se dit d'un mal qui résiste aux remèdes et au temps. *Mon rhume s'obstine.*

OBSTRUCTIF, IVE, adj. [ɔpstʁyktif, iv] (lat. *obstructum*, supin de *obstruere*) **Méd.** Qui cause des obstructions. *Aliment obstructif.*

OBSTRUCTION, n. f. [ɔpstʁyskjɔ̃] (lat. *obstructio*, voile, dissimulation) **Méd.** Engorgement, embarras qui se trouve dans les conduits du corps vivant. ♦ Au pl. Engorgement chronique du foie ou de la rate. ■ Ensemble de tactiques employées pour empêcher une action de se faire. *Il faut mettre un terme à l'obstruction qui paralyse nos activités.* ■ *Faire obstruction à*, entraver, empêcher la réalisation de quelque chose. *Faire obstruction à des décisions parlementaires.*

OBSTRUCTIONNISME, ■ n. m. [ɔpstʁyksjɔnism] (*obstruction*) **Polit.** Stratégie politique récurrente employée pour entraver la réalisation de projets. *Obstructionnisme parlementaire.* ■ OBSTRUCTIONNISTE, n. m. et n. f. ou adj. [ɔpstʁyksjɔnist]

OBSTRUÉ, ÉE, ■ p. p. d'obstruer. [ɔpstʁye]

OBSTRUER, v. tr. [ɔpstʁye] (lat. *obstruere*, construire devant, boucher) Boucher par quelque obstacle interposé. *Obstruer le passage.* ♦ Causer, former une obstruction, un engorgement. *Obstruer un canal du corps vivant. Le dépôt de ces eaux obstrue les conduits.* ♦ S'obstruer, v. pr. Être obstrué.

OBTEMPÉRER, v. intr. [ɔptɑ̃peʁe] (lat. *obtemperare*, se conformer) Se soumettre, obéir. *Obtempérer à un ordre.* ♦ Il est principalement usité en style de palais. *Obtempérer à la justice.*

OBTENIR, v. tr. [ɔptəniʁ] (lat. *obtinere*, avoir en pleine possession, maintenir) Parvenir à se faire accorder ce qu'on demande. *Obtenir la paix, une grâce, etc.* ♦ *Obtenir une chose à quelqu'un*, faire qu'il obtienne une chose. ♦ *Obtenir de*, avec un verbe à l'infinitif, recevoir la permission de lui. *J'ai obtenu de demeurer auprès de lui.* ♦ *Obtenir que*, avec le verbe suivant au subjonctif ou au conditionnel, recevoir la faveur de. « *Le juste ne peut pas même obtenir que le monde le laisse en repos dans ce sentier solitaire et rude où il grimpe plutôt qu'il ne marche* », BOSSUET. ♦ **Absol.** « *Pour obtenir du peuple, il vaut mieux exagérer ses prétentions que de les borner* », DUCLOS. ♦ **Dr.** Obtenir *un arrêt*, parvenir à avoir un arrêt qu'on poursuivait. ♦ En termes d'art et de science, parvenir à un effet, à un résultat. *Par la greffe on obtient de beaux fruits. On obtient la santé par l'exercice. Obtenir un gaz.* ♦ S'obtenir, v. pr. Être obtenu. *Cela ne s'obtient pas facilement.* ♦ En termes d'art et de science, il se dit d'un résultat auquel on parvient.

OBTENTEUR, n. m. [ɔptɑ̃tœʁ] (*obtenir*, sur le supin *obtentum* du lat. *obtinere*) Personne qui obtient. *L'obtenteur de cette grâce.* ♦ Néolog. Personne qui obtient une nouvelle variété végétale. ■ Personne qui obtient ou qui valide quelque chose à la suite d'un travail ou d'une recherche.

OBTENTION, n. f. [ɔptɑ̃sjɔ̃] (supin *obtentum* du lat. *obtinere*) **Dr.** Action d'obtenir. Il ne se dit guère qu'en style de chancellerie et de palais. ♦ Néolog. Action de créer une nouvelle variété végétale. *L'obtention de la rose du roi.* ■ Fait d'obtenir ou de valider quelque chose à la suite d'un travail ou de recherches. ■ REM. N'est plus un néologisme aujourd'hui.

OBTENU, UE, p. p. d'obtenir. [ɔptəny]

OBTURATEUR, n. m. [ɔptyʁatœʁ] (lat. *obturare*) Pièces, systèmes ou appareils destinés à intercepter l'écoulement des fluides. ♦ **Chim.** Plaque de verre qui sert à boucher. ♦ En photographie, couvercle de cuivre qui ferme le tube de l'objectif. ♦ **Adj.** *Obturateur, obturatrice*, se dit des parties qui bouchent le trou ovale de l'os des iles.

OBTURATION, n. f. [ɔptyʁasjɔ̃] (lat. chrét. *obturatio*, action de boucher) **Chir.** Action de boucher les trous qui se font par maladie à la voûte du palais, aux os du crâne, etc. ♦ *Obturation des dents*, opération qui consiste à en boucher les cavités cariées. ■ *Obturation d'une arme*, obturation qui empêche les fuites de gaz de la culasse.

OBTURER, ■ v. tr. [ɔptyʁe] (lat. *obturare*, boucher) Boucher hermétiquement. ■ **Chir. dent.** Insérer un matériau spécial dans la cavité assainie d'une dent malade.

OBTUS, USE, adj. [ɔpty, ys] (on ne prononce pas le *s* final au masculin ; lat. *obtusus*, émoussé, stupide) **Hist. nat.** Qui est comme émoussé, au lieu d'être anguleux et pointu. *Des feuilles obtuses.* ♦ **Géom.** *Angle obtus*, angle plus grand qu'un angle droit. ♦ **Fig.** *Esprit obtus*, esprit peu pénétrant. ♦ *Sens obtus*, sens dont les perceptions manquent de vivacité, de netteté.

OBTUSANGLE, adj. [ɔptyzɑ̃gl] (b. lat. *obtusangulus*) **Géom.** *Triangle obtusangle*, triangle qui a un angle obtus.

OBUS, n. m. [ɔby] (on ne prononce pas le *s* final ; esp. *obuz*, de l'all. *Haubitze*, obusier, du tchèque *houfnice*, catapulte) Sorte de petite bombe sans anse.

OBUSIER, n. m. [ɔbyzje] (*obus*) Espèce de mortier monté sur un affût à roues, qui se tire sous un degré peu élevé, et avec lequel on lance les obus. ■ **Mod.** Canon court qui exécute des tirs directs, courbes, plongeants, etc.

OBVENIR, ■ v. intr. [ɔbvəniʁ] (lat. *obvenire*, venir au-devant, échoir) **Dr.** Incomber. *Des biens obvenus.*

OBVENTION, n. f. [ɔbvɑ̃sjɔ̃] (b. lat. jurid. *obventio*, revenu) ▷ Impôt ecclésiastique. ◁

OBVIE, ■ adj. [ɔbvi] (lat. *obvius*, qui va au-devant, d'usage courant) **Théol.** *Sens obvie*, qui vient naturellement à l'esprit.

OBVIER, ■ v. tr. [ɔbvje] (lat. *obviare*, aller au-devant) Prévenir un mal, une difficulté potentielle. « *Pour obvier à tout scandale* », BOSSUET.

OC (LANGUE D'), ■ n. f. [ɔk] (occit. *oc*, oui, du lat. *hoc*, ceci) Ensemble des dialectes romans parlés dans le sud de la France. *La langue d'oc et la langue d'oïl.*

OCA, n. m. [ɔka] (lat. *oxalis*) Nom au Brésil de l'oxalide tubéreuse, dont on mange les tubercules sous le nom de *cavi*.

OCARINA, ■ n. m. [ɔkaʁina] (mot ital., de *oca*, oie, pour sa forme) Flûte de forme ovoïde à embouchure latérale, souvent en terre cuite, parfois en métal, et comportant huit trous, parfois dix. *Des ocarinas.* ■ REM. On rencontre, mais rarement, le mot au féminin.

1 OCCASE, adj. f. [ɔkaz] (génit. du lat. *occasus*, chute, dans la locut. *amplitudo occasus*, grandeur de la chute) **Astron.** *Amplitude occase*, arc de l'horizon compris entre le point où se couche un astre et l'occident vrai.

2 OCCASE, ■ n. f. [ɔkaz] (apocope de *occasion*) Fam. Occasion. *C'est une voiture d'occase. C'est une belle occase !*

OCCASION, n. f. [ɔkazjɔ̃] (lat. *occasio*, du supin *occasum* de *occidere*, tomber) Rencontre d'affaires, de lieux, de temps, convenable pour quelque chose. *Profiter des occasions.* ♦ *Occasion de*, avec un verbe à l'infinitif. « *Si l'occasion vous vient de rendre quelque service* », MME DE SÉVIGNÉ. ♦ *Mettre en occasion de*, donner la faculté de. ♦ Dans la mythologie, divinité qu'on représente sous la forme d'une femme nue, chauve par-derrière, avec une longue tresse de cheveux par-devant, un pied en l'air, l'autre sur une roue, tenant un rasoir d'une main, et de l'autre une voile tendue au vent. ♦ *Prendre l'occasion aux cheveux*, saisir rapidement le moment favorable de faire quelque chose. ♦ *L'occasion est chauve*, elle est difficile à saisir, on n'a qu'un moment pour la saisir. ✦ Circonstance. *En toute occasion.* « *Les occasions nous font connaître aux autres et encore plus à nous-mêmes* », LA ROCHEFOUCAULD. ✦ *Les grandes occasions,* les circonstances importantes, graves de la vie. ✦ Raison, motif, sujet, ce qui donne lieu à quelque chose. *Faire naître des occasions de guerre.* ✦ *Occasions prochaines de péché* ou simplement *occasions prochaines* ou même plus simplement on n'avance occasions qui sont présentes ou qui peuvent porter facilement au péché. ✦ Il se dit en un sens analogue dans le langage général. « *L'occasion prochaine de la pauvreté, c'est de grandes richesses* », LA BRUYÈRE. ✦ Engagement de guerre, rencontre, combat (vieilli en ce sens). « *On comptait dix-huit batailles ou grandes occasions où Turenne s'était trouvé* », PELLISSON. ✦ *Par occasion,* accidentellement. ✦ *À l'occasion de,* au sujet de. ✦ Absol. *À l'occasion,* si le moment favorable se présente, si le cas l'exige. ✦ *À la première occasion,* au premier moment favorable. ✦ *À toute occasion,* chaque fois que l'occasion se présente. ✦ *Dans les occasions, aux occasions,* quand l'occasion se présente. ✦ D'OCCASION, loc. adv. Se dit des objets que l'on achète à bon marché, soit parce qu'ils ont déjà servi, soit parce que le marchand veut s'en défaire. *Acheter un livre d'occasion. Marchandise, meuble d'occasion.* ✦ Fig. et fam. *D'occasion,* de valeur très secondaire. *Une vertu, un héros d'occasion.* ✦ Prov. *L'occasion fait le larron,* l'occasion fait faire des choses auxquelles on n'aurait pas songé. ◼ Abrév. fam. Occase. ✦ *Sauter sur l'occasion,* ne pas laisser passer une affaire, tirer parti de quelque chose rapidement. *Quand j'ai vu son prix, j'ai sauté sur l'occasion.* ◼ *C'est l'occasion ou jamais,* maintenant ou jamais.

OCCASIONALISME, ◼ n.m. [ɔkazjɔnalism] (*occasionnel*) **Philos.** Théorie de la causalité qui prétend que la loi de cause à effet est due à l'intervention continuelle et directe de Dieu dans l'univers. *L'occasionalisme de Malebranche.*

OCCASIONNÉ, ÉE, p.p. d'*occasionner.* [ɔkazjɔne]

OCCASIONNEL, ELLE, adj. [ɔkazjɔnɛl] (*occasion*) Qui sert d'occasion. ✦ Méd. Se dit des causes à l'occasion desquelles une maladie vient à faire invasion dans l'économie. ✦ *Causes occasionnelles,* hypothèse imaginée par l'école cartésienne pour expliquer les rapports de l'âme et du corps. ◼ Qui n'est pas habituel. *Un client occasionnel.* ◼ N. f. *Une occasionnelle,* femme qui se prostitue de façon occasionnelle.

OCCASIONNELLEMENT, adv. [ɔkazjɔnɛl(ə)mã] (*occasionnel*) Par occasion.

OCCASIONNER, v. tr. [ɔkazjɔne] (*occasion*) Donner occasion à. *Occasionner des maux, des maladies, etc.*

OCCIDENT, n.m. [ɔksidã] (lat. *occidens,* p. prés. de *occidere,* tomber, se coucher en parlant du soleil) Côté où le soleil se couche. ✦ Partie du globe qui est au couchant de notre hémisphère. ✦ Les régions d'occident. « *Que l'Orient contre elle à l'Occident s'allie* », P. CORNEILLE. ✦ L'Europe occidentale. ✦ *Église d'Occident,* l'Église romaine, par opposition à l'Église grecque ou Église d'Orient. ✦ *Empire d'Occident,* partie de l'empire romain qui, à la mort de Théodose, fut donnée à Honorius, en 395. ✦ *Deuxième empire d'Occident,* ou *empire romain d'Occident,* empire qui fut fondé par Charlemagne, en 800.

OCCIDENTAL, ALE, adj. [ɔksidãtal] (lat. *occidentalis*) Qui est à l'occident. *Peuples occidentaux.* ✦ ▷ *Les Indes occidentales,* nom donné abusivement à l'Amérique, parce que Colomb crut n'avoir découvert qu'une route pour se rendre aux Indes par l'occident. ◁ ✦ N.m. pl. *Les Occidentaux,* les peuples qui habitent les régions de l'occident. ✦ Relatif à l'Occident, à l'Europe de l'Ouest. *La culture occidentale.*

OCCIDENTALISATION, ◼ n.f. [ɔksidãtalizasjɔ̃] (*occidental*) Évolution d'une civilisation vers les caractères occidentaux. *L'occidentalisation de la planète.*

OCCIDENTALISER, ◼ v. tr. [ɔksidãtalize] (*occidental*) Apporter les façons de penser ou de vivre de la civilisation occidentale.

OCCIDENTALISME, ◼ n.m. [ɔksidãtalism] (*occidental*) Doctrine qui consistait, pour l'intelligentsia russe, à s'ouvrir aux valeurs de l'Occident, plutôt qu'à celles de l'Est. ◼ OCCIDENTALISTE, n.m. et n.f. ou adj. [ɔksidãtalist]

OCCIPITAL, ALE, adj. [ɔksipital] (lat. *occipitalis*) Qui appartient à l'occiput. *Muscles occipitaux.* ✦ *L'os occipital* ou n.m. *l'occipital,* os symétrique formant la paroi postérieure inférieure du crâne. ◼ *Trou occipital,* trou dans l'os occipital à travers lequel passe l'axe cérébro-spinal.

OCCIPUT, n.m. [ɔksipyt] (*cc* se prononce *ks* et le *t* final se fait entendre ; lat. *occiput*) Partie postérieure inférieure de la tête, depuis le milieu du vertex jusqu'au grand trou occipital.

OCCIRE, v. tr. [ɔksiʀ] (*cc* se prononce *ks* ; lat. *occidere,* tuer, de *cædes,* meurtre, massacre) T. vieilli et qui ne s'emploie plus dans le langage familier ou par archaïsme. Tuer. ✦ S'occire, v. pr. Se tuer soi-même ou l'un l'autre.

OCCIS, ISE, p.p. d'*occire.* [ɔksi, iz]

OCCISEUR, n.m. [ɔksizœʀ] (lat. *occisor,* de *occidere,* tuer) ▷ **Vieilli** Personne qui tue. « *Faisons l'olibrius, l'occiseur d'innocents* », MOLIÈRE. ◁

OCCISION, n.f. [ɔksizjɔ̃] (lat. *occisio,* meurtre, de *occidere,* tuer) ▷ T. vieilli ou de plaisanterie. Tuerie. ✦ Il se dit dans le style scientifique. *L'occision immédiate de tous les chiens chez lesquels se manifestent les symptômes de la rage.* ◁

OCCITAN, ◼ n.m. [ɔksitã] (lat. médiév. [*lingua*] *occitana*) Langue d'oc, propre au Sud de la France. ◼ Adj. *Dialecte occitan. Culture occitane.* ◼ N.m. et n.f. *Les Occitans. Des Occitanes.*

OCCITANISME, ◼ n.m. [ɔksitanism] (*occitan*) Mouvement de défense de la langue occitane et des valeurs culturelles qui lui sont attachées. ◼ OCCITANISTE, n.m. et n.f. ou adj. [ɔksitanist] *Revue occitaniste.*

OCCLURE, ◼ v. tr. [ɔklyʀ] (lat. *occludere,* fermer) **Méd.** et chir. Fermer, pratiquer une occlusion. *Occlure une artère.*

OCCLUSIF, IVE, ◼ adj. [ɔklyzif, iv] (lat. *occlusum,* supin de *occludere,* fermer, boucher) **Méd.** Qui provoque une occlusion, une fermeture. *Pansement occlusif.* ◼ *Consonne occlusive* ou n. f. *occlusive,* consonne, dite aussi *explosive,* dont l'articulation comporte momentanément une fermeture complète du conduit vocal, et qui est soit sourde, comme *p, t, k,* soit sonore, comme *b, d, g.*

OCCLUSION, n.f. [ɔklyzjɔ̃] (b. lat. médiév. *occlusio,* de *occludere,* fermer, boucher) Fermeture. *L'occlusion d'un conduit.* ✦ Le rapprochement momentané des bords d'une ouverture naturelle. *L'occlusion des paupières.* ✦ Méd. État de fermeture d'une ouverture naturelle. *L'occlusion de la pupille.* ✦ Chir. *Occlusion des paupières,* action de fermer les paupières à l'aide de bandelettes de taffetas gommé, dans des cas d'ophtalmie. ✦ Phonét. Fermeture complète et momentanée d'un point du canal vocal. *L'occlusion peut être buccale, labiale ou laryngale.* ◼ Chim. Emprisonnement de substances par d'autres par absorption, combinaison, etc. *L'occlusion des carotides provoque des effets hypertenseurs.*

OCCULTATION, n.f. [ɔkyltasjɔ̃] (lat. *occultatio,* action de cacher ou se cacher) Astron. Passage d'une étoile ou d'une planète derrière la lune qui la cache ; d'un satellite derrière sa planète. ✦ Action de se cacher ; il se dit de quelques oiseaux qui disparaissent à certaines époques. « *L'occultation du coucou* », BUFFON. ◼ Action de cacher, d'occulter quelque chose. *L'occultation d'une fenêtre.* ◼ Fig. Action d'occulter, de rendre obscur quelque chose. *L'occultation d'une question délicate.*

OCCULTE, adj. [ɔkylt] (lat. *occultus,* caché, secret) Qui est caché sous une sorte de mystère. « *Selon les occultes dispositions de la Providence* », BOSSUET. ✦ *Sciences occultes,* la nécromancie, la cabale, la magie, l'alchimie, l'astrologie, etc., ainsi nommées parce que les adeptes en font mystère. ✦ Philos. *Qualités occultes,* certaines propriétés que l'école considérait comme la cause cachée d'effets apparents et l'explication suffisante de ces effets. ✦ Les causes premières considérées comme inaccessibles à l'esprit humain.

OCCULTEMENT, adv. [ɔkyltəmã] (*occulte*) D'une manière occulte.

OCCULTER, ◼ v. tr. [ɔkylte] (lat. *occultare,* dérober aux regards) Astron. Cacher un astre en passant devant lui, en parlant d'un autre astre. *Saturne a été occulté par la Lune.* ◼ Par extens. Cacher à la vue. *Occulter une lumière.* ◼ Fig. et fam. Ne pas voir, ne pas se rendre compte de. *J'avais complètement occulté cet aspect des choses.*

OCCULTISME, ◼ n.m. [ɔkyltism] (*occulte*) Mise en pratique, par des adeptes, des sciences occultes, qui traitent des lois et des forces secrètes, des puissances invisibles qui agissent sur l'univers et sur les êtres. *Occultisme et ésotérisme.* ◼ OCCULTISTE, n.m. et n.f. ou adj. [ɔkyltist]

OCCUPANT, ANTE, adj. [ɔkypã, ãt] (*occuper*) Qui occupe, qui est en possession, *nous étions occupants.* ✦ Il se dit d'un avoué qui est chargé des intérêts d'une partie dans un procès. ✦ Qui donne de l'occupation, de l'embarras. *Des gens très occupants.* ✦ N.m. et n.f. *Premier occupant,* personne qui s'empare, qui se saisit la première. « *L'idée de la propriété remonte au droit du premier occupant* », J.-J. ROUSSEAU. ◼ N.m. et n.f. Personne qui habite un lieu, un logement. *L'occupant de l'appartement du deuxième étage.* ◼ Milit. Qui occupe un territoire. *Une force armée occupante.* ◼ N.m. et n.f. *Les occupants d'un territoire.*

OCCUPATEUR, n.m. [ɔkypatœʀ] (*occuper*) ▷ Personne qui occupe, s'empare. ◁

OCCUPATION, n.f. [ɔkypasjɔ̃] (lat. *occupatio*) Action d'occuper, de s'emparer d'un lieu, d'un bien. *L'occupation a précédé la propriété.* ✦ Milit. Action de se rendre maître d'un pays, d'une place. ✦ *Armée d'occupation,* armée destinée à contenir un pays vaincu. ✦ Dr. Possession en fait d'une chose immobilière, avec ou sans droit. ✦ Rhét. Figure par laquelle on prévient et réfute d'avance les objections de l'adversaire. On dit plus souvent *prolepse.* ✦ Affaire, pratique, emploi qui prend, occupe le temps. *Les occupations de sa charge.* « *Toutes les occupations des hommes sont à avoir du* bien », Pascal. ♦ **Fig.** « *Votre souvenir fait toute mon occupation* », Mme de Sévigné. ♦ **Absol.** L'habitude de se livrer au travail. *L'occupation fait paraître les jours courts.* ♦ *Donner de l'occupation à quelqu'un,* l'employer à quelque travail. ♦ **Fig.** *Donner de l'occupation à quelqu'un,* lui susciter des affaires, de l'embarras. ♦ **Fig.** Le soin, le souci que l'on prend de quelque chose. *Une occupation continuelle de sa parure.* ■ **Hist.** Période de la Seconde Guerre mondiale durant laquelle la France fut occupée par les troupes allemandes (1940-1944). ■ Fait d'occuper un lieu illégalement. *L'occupation d'une mairie en période de grève.*

OCCUPÉ, ÉE, p. p. d'occuper. [ɔkype] *Occupé à,* qui travaille à. *Occupé à cultiver son domaine.* ♦ *Occupé de,* qui songe à. « *Toujours sérieusement occupé du soin de se vaincre soi-même* », Bossuet. ♦ *Il n'est occupé que de sa personne* », La Bruyère. ♦ Qui a à travailler, qui a de l'occupation. *Je suis occupé, je ne veux voir personne.* ♦ Il se dit, dans le même sens, du temps, de la vie. ♦ Dont l'esprit travaille. « *L'on est plus occupé aux pièces de Corneille ; l'on est plus ébranlé et plus attendri à celles de Racine* », La Bruyère. ■ Qui est déjà utilisé par quelqu'un. *Cette cabine est occupée.* ■ Qui est déjà en ligne, au téléphone. *Je n'arrive pas à le joindre, c'est toujours occupé. Ça sonne occupé.*

OCCUPER, v. tr. [ɔkype] (lat. *occupare,* occuper le premier, s'emparer de) S'emparer d'un pays, d'une place forte, d'un poste, etc., en demeurer maître. ♦ **Jurispr.** Se saisir d'un bien. ♦ **Absol.** *On peut occuper sans devenir propriétaire.* ♦ Tenir un certain espace. *Les eaux occupent les parties les plus basses.* « *La mort ne nous laisse pas assez de corps pour occuper quelque place* », Bossuet. ♦ **Peint.** Tenir. *Cet objet occupe le devant du tableau.* ♦ Tenir un certain espace de temps. *Ce travail l'a occupé toute sa vie.* ♦ Habiter. *Occuper une maison.* ♦ **Fig.** Remplir, posséder, en parlant d'emploi, de place, etc. *Occuper un rang distingué dans la société.* ♦ Employer, faire travailler. *Occuper beaucoup d'ouvriers.* ♦ Donner des affaires à faire, un emploi à remplir ; faire que l'on ne soit pas dans l'oisiveté. *Il faut occuper les jeunes gens.* ♦ *Occuper la postérité,* figurer dans l'histoire de manière que la postérité se souvienne de nous. ♦ *Occuper de,* faire que l'on songe à, que l'on ait présent à la pensée. « *Tu occupais l'assemblée de toi-même, et moi je ne l'occupais que des affaires dont je parlais* », Fénelon. ♦ Être, en parlant des choses, l'objet d'un travail, d'un soin de l'esprit, d'un souci de l'âme. « *Quels desseins maintenant occupent sa pensée* », Racine. ♦ En parlant des personnes, *occuper le cœur,* être l'objet d'un tendre sentiment. ♦ V. intr. **Dr.** Il se dit d'un avoué chargé d'une affaire en justice. ■ **S'occuper,** v. pr. Employer son temps, travailler. ♦ *Aimer à s'occuper,* aimer le travail. ♦ *S'occuper à une chose,* y travailler. *S'occuper à son jardin.* « *Il vaut mieux s'occuper à jouer qu'à médire* », Boileau. ♦ *S'occuper de quelqu'un, de quelque chose,* y penser. « *L'homme n'aime pas à s'occuper de son néant, de sa bassesse* », Massillon. ♦ **Fam.** *Occupe-toi de tes oignons, de tes fesses,* mêle-toi de ce qui te regarde. ♦ **Fam.** *T'occupe pas,* et ellipt., *t'occupe,* ne te mêle pas de mes affaires. ■ *S'occuper de quelqu'un,* veiller sur quelqu'un. *Il s'occupe de sa grand-mère tous les jours.*

OCCURRENCE, n. f. [ɔkyʀɑ̃s] (*occurrent*) Événement qui se présente fortuitement. *En cette occurrence.* ♦ Dans la liturgie, concours de deux fêtes qui tombent le même jour. ■ **Ling.** Présence d'une unité linguistique dans un corpus ; cette unité elle-même. *Établir la fréquence d'une occurrence.* ■ *En l'occurrence,* dans ce cas présent, dans cette circonstance.

OCCURRENT, ENTE, adj. [ɔkyʀɑ̃, ɑ̃t] (lat. *occurrens,* p. prés. de *occurrere,* aller au-devant, se présenter) Qui advient. *Cas occurrent. Affaires occurrentes.* ♦ Dans la liturgie, *fêtes occurrentes,* fêtes qui tombent le même jour.

OCÉAN, n. m. [ɔseɑ̃] (lat. *Oceanus,* du gr. *Ôkeanos*) L'étendue d'eau salée qui environne la terre. ♦ Il se dit des parties de la terre. *L'océan Pacifique. L'océan Atlantique* ou **Absol.** *l'Océan.* ♦ *L'océan,* la mer en général. ♦ Dans la mythologie, *l'Océan,* la divinité présidant à l'immensité des mers. ♦ **Fig.** Avec un *o* minuscule. Immensité, grande quantité. « *Un océan de blés, une mer de verdure* », Saint-Lambert. « *Cet océan de feux [l'enfer]* », Delille. ♦ **Fig.** et **poétiq.** *L'océan des âges,* le temps. ♦ **Fig.** Ce qui est orageux comme l'océan. *L'orageux océan du monde.*

OCÉANAUTE, ■ n. m. et n. f. [ɔseanot] (*océan* et *-naute*) Personne spécialisée dans l'exploration des fonds sous-marins. ■ Adj. *Un club océanaute.*

OCÉANE, adj. f. [ɔsean] (*océan*) *La mer océane,* l'océan.

OCÉANIDE, n. f. [ɔseanid] (gr. *Ôkeanis*) Nymphe de la mer, fille de l'Océan.

OCÉANIE, n. f. [ɔseani] (*océan* [*Pacifique*]) Nom géographique désignant le groupe de la Nouvelle-Hollande et les îles de l'océan Pacifique. ■ **Rem.** Aujourd'hui, l'Océanie est constituée de l'Australie, de la Nouvelle-Guinée, de la Nouvelle-Zélande et d'un grand ensemble insulaire.

OCÉANIEN, IENNE, ■ adj. [ɔseanjɛ̃, jɛn] (*Océanie*) Relatif à l'Océanie. *La culture océanienne.* ■ N. m. et n. f. *Les Océaniens.*

OCÉANIQUE, adj. [ɔseanik] (lat. impér. *oceanicus,* de *oceanus,* océan) Qui vit dans l'océan. ♦ Qui appartient à l'océan. *Des brèches de formation océanique.*

OCÉANOGRAPHIE, ■ n. f. [ɔseanɔgʀafi] (*océan* et *-graphie*) Étude scientifique des fonds marins d'un point de vue physique, chimique et biologique. ■ **OCÉANOGRAPHE**, n. m. et n. f. [ɔseanɔgʀaf] ■ **OCÉANOGRAPHIQUE**, adj. [ɔseanɔgʀafik]

OCÉANOLOGIE, ■ n. f. [ɔseanɔlɔʒi] (*océan* et *-logie*) Ensemble des disciplines scientifiques et des techniques de prospection et d'exploitation qui concernent l'étude de l'océan. ■ **OCÉANOLOGUE**, n. m. et n. f. [ɔseanɔlɔg] ■ **OCÉANOLOGIQUE**, adj. [ɔseanɔlɔʒik]

OCELLE, ■ n. m. [ɔsɛl] (lat. *ocellus,* dim. de *oculus,* œil) **Zool.** Marque arrondie de pigmentation sur la robe d'un poisson, le pelage d'un mammifère, le plumage d'un oiseau ou les ailes d'un papillon et qui évoque un œil. *L'ocelle du paon.* ■ Œil simple de certains insectes.

OCELLÉ, ÉE, ■ adj. [ɔsele] (lat. *ocellatus,* qui a de petits yeux) **Zool.** Qui possède des ocelles. *Un paon ocellé. Un pelage ocellé.*

OCELOT, n. m. [ɔs(ə)lo] (nahuatl *ocelotl*) Nom vulgaire et spécifique du chat ocelot, dit vulgairement chat tigre. ■ Fourrure du chat tigre. *Un chapeau en ocelot.*

OCHLOCRATIE, n. f. [ɔklɔkʀasi] (*ch* se prononce *k* et non *ch* ; gr. *okhlokratia,* de *okhlos,* foule, multitude, et *kratein,* gouverner) ▷ Gouvernement de la populace. ◁

OCRE, n. f. [ɔkʀ] (lat. *ochra,* terre jaune, du gr. *ôkhros,* jaune pâle) Terre argileuse colorée par du peroxyde de fer (ocre rouge) ou par du tritocarbonate de fer (ocre jaune). ■ N. m. ou adj. inv. Couleur jaune ou orangée ajoutée de brun. *Les façades ocre des casbahs marocaines.*

OCRÉ, ÉE, ■ adj. [ɔkʀe] (*ocre*) Qui est de couleur ocre ou teint en ocre. *Un rouge ocré.*

OCRER, ■ v. tr. [ɔkʀe] (*ocre*) Colorer ou teindre en ocre. *Ocrer un mur.*

OCREUX, EUSE, adj. [ɔkʀø, øz] (*ocre*) Qui est de la nature de l'ocre.

OCT..., OCTA..., OCTO..., [ɔkt, ɔkta, ɔkto] Préfixe qui signifie *huit,* du latin *octo,* du gr. *oktô.*

OCTAÈDRE, n. m. [ɔktaɛdʀ] (gr. *oktaedros*) **Géom.** Corps solide à huit faces. ♦ Adj. *La forme octaèdre.*

OCTAÉDRIQUE, adj. [ɔktaedʀik] (*octaèdre*) Qui a rapport à l'octaèdre, qui en a les caractères.

OCTAÉTÉRIDE, n. f. [ɔktaeterid] (gr. *oktaetêris*) **Astron.** Période de huit ans.

OCTANDRE, adj. [ɔktɑ̃dʀ] (*oct-* et *-andre*) **Bot.** Qui a huit étamines dans chaque fleur.

OCTANDRIE, n. f. [ɔktɑ̃dʀi] (*octandre*) **Bot.** Classe du système de Linné, qui renferme les plantes à huit étamines.

OCTANE, ■ n. m. [ɔktan] (*oct-* et *-ane*) **Chim.** Hydrocarbure saturé existant dans l'essence de pétrole. ■ *Indice d'octane,* nombre qui exprime la résistance à la détonation des carburants, par comparaison avec un carburant étalon, utilisés dans les moteurs à explosion.

OCTANT, n. m. [ɔktɑ̃] (lat. *octans,* huitième partie) **Astron.** Instrument de réflexion, servant à observer les hauteurs et les distances respectives des astres. ♦ Distance de quarante-cinq degrés entre deux astres. ■ **Géom.** Arc de 45°.

OCTANTE, adj. num. card. [ɔktɑ̃t] (lat. *octoginta*) **Vieilli** Quatre-vingts. ■ **Rem.** Utilisé parfois en Belgique pour *quatre-vingts.*

OCTANTIÈME, adj. num. ord. [ɔktɑ̃tjɛm] (*octante*) **Vieilli** Quatre-vingtième.

OCTASTYLE, adj. [ɔktastil] (gr. *oktastulos*) **Archit. anc.** Qui a huit colonnes de face. ♦ N. m. *Un octastyle.*

OCTAVE, n. f. [ɔktav] (fém. substantivé du lat. *octavus* ; sens poét., ital. *ottava rima*) Huitaine consacrée dans l'Église romaine à solenniser les grandes fêtes. ♦ Le dernier jour de cette huitaine. ♦ Station d'un prédicateur qui prêche chaque jour pendant l'octave de la Fête-Dieu ; les huit sermons de ce prédicateur. ♦ Stance de huit vers, employée dans la poésie espagnole, italienne, portugaise. ♦ **Mus.** L'intervalle formé par un même son répété à huit degrés d'intervalle, les extrémités comprises. ♦ Les huit degrés pris ensemble. ♦ La note qui est la huitième soit en montant soit en descendant. ♦ *Double octave,* intervalle composé de deux octaves ; c'est la même chose qu'une quinzième. ♦ *Faire des octaves,* jouer en octaves au piano. ♦ Petite flûte, dite aussi *octavin.* ■ En escrime, position de l'épée couvrant la ligne du dehors, la pointe étant plus basse que la main placée en supination.

OCTAVIER, v. intr. [ɔktavje] (*octave*) **Mus.** Faire entendre par accident l'octave supérieure d'un son au lieu de ce son lui-même. ◆ **Par extens.** Il se dit de l'instrument lui-même. ◆ **V. tr.** Jouer à l'octave. *Octavier un passage.*

OCTAVIN, n. m. [ɔktavɛ̃] (*octave*) Instrument de musique plus généralement appelé petite flûte ou octave.

OCTAVO, adv. [ɔktavo] (lat. *octavo* [*loco*]) ▷ Huitièmement ; il s'écrit par abréviation : 8°. ◆ *Octavo.* Voy. IN-OCTAVO. ◁

OCTAVON, ONNE, n. m. et n. f. [ɔktavɔ̃, ɔn] (lat. *octavus*) ▷ Personne qui provient d'un quarteron et d'une blanche, ou d'un blanc et d'une quarteronne. ◁

OCTET, ■ n. m. [ɔktɛ] (*oct-*, huit) **Chim.** Ensemble de huit électrons formant la couche extérieure d'un atome. ■ **Inform.** Groupe comprenant huit éléments binaires, les bits.

OCTETTE, ■ n. m. [ɔktɛt] Voy. OCTUOR.

OCTIDI, n. m. [ɔktidi] (lat. *octo* et *dies*, d'après lundi, mardi...) Huitième jour de la décade dans le calendrier républicain.

OCTIL, adj. m. [ɔktil] (on prononce le *l* final ; lat. *octo*) **Astron.** Aspect octil, position de deux planètes éloignées l'une de l'autre de quarante-cinq degrés.

OCTOBRE, n. m. [ɔktɔbr] (lat. *october*, huitième mois de l'année latine) Le dixième mois de l'année, selon la manière actuelle de compter.

OCTOCORALLIAIRE, ■ n. m. [ɔktokoraljɛr] (*octo-* et *coralliaire*) **Zool.** Anthozoaire à huit tentacules pennés entourant la bouche du polype. *Le corail rouge est un octocoralliaire.*

OCTOGÉNAIRE, n. m. et n. f. [ɔktoʒenɛr] (lat. *octogenarius*, de quatre-vingts) Personne qui a quatre-vingts ans. ◆ **Adj.** *Une tête octogénaire.* ■ Qui a entre quatre-vingts et quatre-vingt-neuf ans.

OCTOGESIMO, adv. [ɔktoʒezimo] (lat. *octogesimo* [*loco*]) Quatre-vingtièmement ; il s'écrit par abréviation : 80°.

OCTOGONAL, ALE, adj. [ɔktogonal] (*octogone*) **Géom.** Qui a huit angles. *Terrain octogonal.* ◆ Il se dit aussi d'un solide dont la base a huit angles. *Des prismes octogonaux.*

OCTOGONE, n. m. [ɔktogon] (d'après le gr. *oktagônos*, à huit angles) **Géom.** Polygone de huit côtés. ◆ **Fortif.** Place qui a huit bastions. ◆ **Adj.** Syn. d'octogonal. *Une tour octogone.*

OCTOGYNE, adj. [ɔktoʒin] (*octo-* et *-gyne*) **Bot.** Qui a huit pistils. *Fleurs octogynes.*

OCTOGYNIE, n. f. [ɔktoʒini] (*octogyne*) **Bot.** Ordre du système de Linné, qui renferme les plantes à huit pistils.

OCTOPODE, ■ adj. [ɔktopɔd] (*octo-* et *-pode*) **Zool.** Qui a huit tentacules ou pieds. ■ N. m. pl. Sous-ordre de mollusques munis de huit tentacules.

OCTOSTYLE, adj. [ɔktostil] (d'après le gr. *oktastulos*, à huit colonnes) Syn. d'octastyle, seul correct.

OCTOSYLLABE, adj. [ɔktosilab] (*octo-* et *syllabe*) Qui est de huit syllabes. *Des vers octosyllabes.* ■ N. m. Vers de huit syllabes. ■ OCTOSYLLABIQUE, adj. [ɔktosilabik]

OCTROI, n. m. [ɔktrwa] (*octroyer*) Concession. *Lettres d'octroi.* ◆ **Anc. coutume** Subside accordé par le peuple au souverain. ◆ Droit qu'on lève sur certaines denrées à leur entrée dans une ville. ◆ Bureau où l'on paye ce droit. ◆ Administration qui perçoit l'octroi.

OCTROYÉ, ÉE, p. p. d'octroyer. [ɔktrwaje]

OCTROYER, v. tr. [ɔktrwaje] (lat. *auctorare*, louer, garantir, de *auctor*, garant, répondant) Concéder, accorder. *Octroyer une demande, une grâce, etc.* ■ S'octroyer, v. pr. S'accorder quelque chose à soi-même, sans permission. *Je m'octroie une semaine de vacances.*

OCTUOR, ■ n. m. [ɔktɥɔr] ou [ɔktyɔr] (*octo-*, sur le modèle de *quatuor*) **Mus.** Composition vocale ou instrumentale à huit parties. ■ Groupe de musique de chambre de huit chanteurs ou instrumentalistes. ■ REM. On dit aussi *octette.*

OCTUPLE, adj. [ɔktypl] (lat. *octuplus*) Qui contient huit fois une quantité, un nombre.

OCTUPLÉ, ÉE, p. p. d'octupler. [ɔktyple]

OCTUPLER, v. tr. [ɔktyple] (lat. *octuplus*) Rendre huit fois aussi grand.

OCULAIRE, adj. [ɔkylɛr] (lat. *ocularius*) **Anat.** Qui appartient à l'œil. *Nerf oculaire.* ◆ *Témoin oculaire*, témoin qui rend témoignage de ce qu'il a vu de ses propres yeux. ◆ N. m. *L'oculaire*, le verre qui renvoie à l'œil les rayons partis de l'objet et rassemblés par l'objectif.

OCULAIREMENT, adv. [ɔkylɛr(ə)mɑ̃] (*oculaire*) Par le secours des yeux.

OCULARISTE, ■ n. m. et n. f. [ɔkylarist] (dér. sav. du lat. *ocularius*) Personne spécialisée dans la fabrication de prothèses oculaires.

OCULISTE, n. m. et n. f. [ɔkylist] (lat. *oculus*) Médecin qui s'occupe spécialement de l'étude et du traitement des maladies des yeux. ◆ **Adj.** *Médecin oculiste.*

OCULOMOTEUR, TRICE, ■ adj. [ɔkylomotœr, tris] (lat. *oculus* et *moteur*) **Méd.** Relatif aux mouvements oculaires. *Un muscle oculomoteur.*

OCULUS, ■ n. m. [ɔkylys] (lat. *oculus*, œil) **Archit.** Petite fenêtre ou baie ovale, œil-de-bœuf. *Des oculus* ou *des oculi* (pluriel latin).

OCYTOCINE, ■ n. f. [ositosin] (gr. *ôkutokos*, qui provoque un accouchement rapide, de *ôkus*, rapide, et *tiktein*, mettre au monde) **Biol.** Hormone sécrétée par l'hypophyse qui stimule les contractions utérines pendant l'accouchement, qui accélère le travail et qui stimule également la lactation.

ODALISQUE, n. f. [odalisk] (turc *odalk*, esclave destinée à la chambre, concubine, de *oda*, chambre) Femme esclave du harem attachée au service des femmes du sultan. ■ **Mod.** Femme faisant partie d'un harem.

ODE, n. f. [ɔd] (gr. *ôdê*, chant) Chez les anciens, poème destiné à être chanté. ◆ Aujourd'hui, poème divisé en strophes semblables par le nombre et la mesure des vers. ◆ N. f. pl. *Les odes*, recueil qui contient les odes d'un auteur. ◆ *Ode-symphonie*, poème musical mêlé de chant, de récitatif noté et parlé.

ODELETTE, n. f. [ɔd(ə)lɛt] (dim. de *ode*) Petite ode.

ODÉON, n. m. [odeɔ̃] (lat. *odeum*, du gr. *ôdeion*) Chez les anciens, édifice destiné à la répétition de la musique qui devait être chantée sur le théâtre. ◆ À Paris, nom d'un théâtre. ■ REM. On disait aussi autrefois *odéum.*

ODEUR, n. f. [odœr] (lat. *odor*) Impression particulière que certains corps produisent sur l'organe de l'odorat par leurs émanations volatiles. « *L'odeur d'un agréable encens* », RACINE. ◆ Impression que les corps laissent dans l'air et que flairent les animaux d'un odorat exquis. ◆ *Odeur de sainteté*, odeur agréable que l'on dit que répandaient les sépultures des saints. ◆ **Fig.** Se dit des personnes assez pieuses pour être regardées, de leur vivant, comme de saints personnages. ◆ *Mourir en odeur de sainteté*, mourir en état de grâce. ◆ **Fam.** *Il n'est pas en odeur de sainteté auprès de moi*, il n'est pas bien dans mon esprit. ◆ **Fig.** Impression faite sur l'âme, sur l'esprit. « *Du fond de ses sentiments se répandait sur ses écrits une certaine odeur de vertu délicieuse* », FONTENELLE. « *Une odeur d'antiquité qui plaît* », DIDEROT. ◆ *Être en bonne, en mauvaise odeur*, avoir une bonne, une mauvaise réputation. ◆ Au pl. Parfums. ■ **Prov.** *L'argent n'a pas d'odeur*, ne pas se soucier de la façon dont on gagne de l'argent.

...ODIE, [odi] Suffixe qui signifie *chant*, du grec *ôdia*, de *odê*.

ODIEUSEMENT, adv. [ɔdjøz(ə)mɑ̃] (*odieux*) D'une manière odieuse.

ODIEUX, EUSE, adj. [odjø, øz] (lat. *odiosus*, de *odium*, haine) Qui excite la haine, en parlant des personnes. *Un monstre odieux.* « *Les passions qui nous éloignent de Dieu nous rendent injustes et odieux aux hommes* », MASSILLON. ◆ Par exagération, extrêmement déplaisant. *Une femme odieuse.* ◆ Qui excite la haine, en parlant des choses. *Un nom odieux à toute la terre.* ◆ N. m. Ce qui mérite la haine. *L'odieux d'une mesure.* ■ Insupportable. *Cet enfant est odieux.*

ODOMÈTRE, n. m. [odomɛtr] (gr. *hodometron*, de *hodos*, route, et *metron*, mesure) Instrument servant à mesurer en marchant la distance d'un lieu à un autre. ■ Appareil permettant de mesurer la longueur du chemin parcouru par une voiture. ■ REM. Graphie ancienne : *hodomètre*. ■ ODOMÉTRIE, n. f. [odometri]

ODONATE, ■ n. m. [odonat] (gr. ionien *odôn*, dent) **Zool.** Insecte chasseur, caractérisé par ses éléments broyeurs, à gros yeux et à longues ailes transversales, tel que la libellule.

ODONTALGIE, ■ n. f. [odɔ̃talʒi] (*odont[o]-* et *-algie*) **Méd.** Douleur des dents, mal de dents.

ODONTALGIQUE, adj. [odɔ̃talʒik] (*odontalgie*) Qui a rapport à l'odontalgie. *Les accidents odontalgiques.* ◆ Bon contre l'odontalgie. *Élixir odontalgique.* ◆ N. m. *Un bon odontalgique.*

ODONTOÏDE, adj. [odɔ̃toid] (gr. *odontoeidês*) **Anat.** Qui a la forme d'une dent. *Apophyse odontoïde.*

ODONTOLOGIE, n. f. [odɔ̃toloʒi] (*odonto-* et *-logie*) Traité sur les dents. ■ Spécialité de la médecine qui étudie et qui traite les dents. *Une faculté d'odontologie.*

ODONTOLOGIQUE, ■ adj. [odɔ̃toloʒik] (*odontologie*) Relatif à l'odontologie. *Des soins odontologiques.*

ODONTOLOGISTE, ■ n. m. et n. f. [odɔ̃toloʒist] (*odontologie*) Praticien, praticienne qui exerce l'odontologie.

ODONTOMÈTRE, ■ n. m. [odɔ̃tomɛtr] (*odonto-* et *-mètre*) Feuille cartonnée ou plastifiée servant à mesurer la dentelure des timbres-poste en en indiquant le nombre de dents. *Un odontomètre électronique.*

ODONTOSTOMATOLOGIE, ▪ n. f. [odɔ̃tostomatoloʒi] (*odonto-* et *stomatologie*) Méd. Spécialité médicale qui étudie et qui traite à la fois l'odontologie et la stomatologie. *L'odontostomatologie est aussi appelée chirurgie dentaire.*

ODORANT, ANTE, adj. [odorɑ̃, ɑ̃t] (*odorer*) Qui exhale une odeur bonne ou mauvaise. *Les particules odorantes des corps. Les principes odorants.* ♦ Qui a en soi, qui répand une odeur. *Un parterre odorant. Des fleurs odorantes.*

ODORAT, n. m. [odora] (lat. *odoratus*) Le sens par lequel on perçoit les odeurs.

ODORER, v. intr. [odore] (lat. *odorari*, flairer) ▷ Avoir de l'odorat. « *Tous les animaux n'odorent pas* », Bernardin de Saint-Pierre. ♦ V. tr. Flairer, sentir par l'odorat. « *Dieu a odoré et reçu l'odeur du sacrifice* », Pascal. ◁

ODORIFÉRANT, ANTE, adj. [odoriferɑ̃, ɑ̃t] (lat. *odorifer*, de *odor* et *ferre*, apporter) Qui répand son odeur au loin, comme les parfums et les aromates lorsqu'on les brûle ; ne se dit que d'une bonne odeur.

ODYSSÉE, n. f. [odise] (gr. *Odusseia*, de *Odusseus*, Ulysse) Poème d'Homère qui contient le récit des aventures d'Ulysse. ♦ Fig. avec une minuscule. Tout récit d'aventures variées ou singulières. ♦ En style familier, les voyages, la vie, les aventures d'une personne. *Racontez-moi votre odyssée.*

OÉ ou **OHÉ !**, interj. [oe] (*ô* et *hé*) ▷ Cri du charretier pour arrêter les chevaux. ◁

ŒCUMÉNICITÉ ou **ÉCUMÉNICITÉ**, n. f. [ekymenisite] (*œcuménique*) Qualité de ce qui est œcuménique. *L'œcuménicité d'un concile.*

ŒCUMÉNIQUE ou **ÉCUMÉNIQUE**, adj. [ekymenik] (lat. ecclés. *œcumenicus*, universel, du gr. *oikoumenê* [*gê*], terre habitée) Qui appartient à toute la terre habitée, universel. « *Un docteur œcuménique et universel* », Massillon. ♦ Concile œcuménique, concile où tous les évêques catholiques sont convoqués par le pape. ▪ Relatif à l'œcuménisme. *Le Conseil œcuménique des Églises.*

ŒCUMÉNIQUEMENT ou **ÉCUMÉNIQUEMENT**, adv. [ekymenik(ə)mɑ̃] (*œcuménique*) D'une manière œcuménique.

ŒCUMÉNISME, ▪ n. m. [ekymenism] (*œ* se prononce *é* ; *œcuménique*) Relig. Mouvement spirituel préconisant le rassemblement de toutes les églises chrétiennes en une seule. *Quelques églises distinguent l'œcuménisme du dialogue inter-religieux, le premier s'adressant aux chrétiens et le second s'ouvrant sur les autres religions.* ▪ Par anal. Rassemblement, union. *L'œcuménisme culturel.* « *Le seul œcuménisme qui le captive est celui qui réconcilie l'aristocratie française avec la noblesse russe* », Matzneff.

ŒCUMÉNISTE, ▪ adj. [ekymenist] (*œ* se prononce *é*; *œcuménisme*) Relig. Relatif à l'œcuménisme. *L'activité œcuméniste des orthodoxes au sein du Conseil œcuménique des Églises.* ▪ N. m. Relig. Partisan de l'œcuménisme.

ŒDÉMATEUX, EUSE, adj. [edematø, øz] (*œ* se prononce *é*; *œdème*) Méd. Atteint d'œdème. *Un membre œdémateux.* ♦ Qui est de la nature de l'œdème. *Un gonflement œdémateux.*

ŒDÉMATIÉ, ÉE, ▪ adj. [edematje] (*œ* se prononce *é*; *œdème*) Qui est le siège d'un œdème. *Œdème du poumon.*

ŒDÈME, n. m. [edɛm] ou [ødɛm] (gr. *oidêma*, de *oidein*, s'enfler, grossir) Méd. Gonflement sans rougeur, ni tension, ni douleur, cédant à la pression du doigt, et la conservant pendant quelque temps ; il est formé par de la sérosité infiltrée dans le tissu cellulaire. ▪ *Œdème de Quincke. Œdème des chevilles. Œdème aigu du poumon. Œdème de la cornée.*

ŒDICNÈME, ▪ n. m. [ediknɛm] (*œ* se prononce *é* ; lat. sav. [XVIᵉ s.] *œdicnemus*, du gr. *oidein*, s'enfler, et *knêmê*, jambe) Zool. Petit oiseau échassier migrateur, aux pattes assez hautes, au plumage brun clair strié de noir, aux yeux jaunes, au bec court, ressemblant au pluvier et de mœurs nocturnes. *L'œdicnème est aussi appelé courlis de terre. L'œdicnème criard.*

ŒDIPE, n. m. [edip] ou [ødip] (lat. *Œdipus*, gr. *Oidipous*) Prince thébain qui devina l'énigme du Sphinx. ♦ Fig. Homme qui trouve facilement le mot des énigmes, la solution de questions obscures. ▪ Psych. *Complexe d'Œdipe*, ensemble des tendances attractives et répulsives de l'enfant envers ses parents (attirance érotique pour le parent de sexe opposé et répulsion pour le parent de même sexe), dont l'issue normale est l'identification avec le parent de même sexe.

ŒDIPIEN, IENNE, ▪ adj. [edipjɛ̃, jɛn] ou [ødipjɛ̃, jɛn] (*Œdipe*) Psych. Relatif au complexe d'Œdipe. *La phase œdipienne. Des conflits œdipiens. Le désir œdipien. Le triangle œdipien.* « *Ce rapport narcissique et œdipien ne sera pas aboli parce que le garçon appellera son géniteur Jules, au lieu de Père ou Papa* », Dolto.

ŒIL n. m. ou **YEUX**, au pl. [œj, jø] (lat. *oculus* ; accus. plur. *oculos*) L'organe de la vue. *De bons, de mauvais yeux.* ♦ Fig. *N'avoir des yeux que pour voir une chose*, ne pouvoir considérer que cette chose, et fig. accorder une

préférence exclusive. ♦ Fig. *N'avoir des yeux que pour...*, aimer, considérer, estimer uniquement. ♦ Fam. *Aimer quelqu'un comme ses yeux*, plus que ses yeux, l'aimer tendrement. ♦ *Fermer les yeux.* Voy. FERMER *Crever les yeux.* Voy. CREVER. ♦ *Les yeux du corps*, par opposition aux yeux de l'esprit, à la vue intellectuelle. ♦ Fig. *Cela coûte les yeux de la tête*, cela est d'un prix excessif. ♦ Par extens. « *Ces murs mêmes, seigneur, peuvent avoir des yeux* », Racine. ♦ *Il a plus grands yeux que grand ventre*, il demande à manger plus qu'il ne lui faut, et fig. il souhaite, il ambitionne des choses qui ne sont pas faites pour lui. ♦ *Avoir de bons yeux*, avoir des yeux qui voient loin, qui voient distinctement, qui ne se fatiguent pas à l'exercice ; et aussi voir distinctement et promptement ce qui échapperait aux autres. ♦ *Avoir bon pied, bon œil*, se bien porter, être actif et dispos ; et aussi se tenir sur ses gardes, être vigilant. ♦ Ellipt. *Bon pied, bon œil*, c'est-à-dire prenez garde à vous. ♦ *Avoir des yeux d'aigle.* Voy. AIGLE. *Œil nu.* Voy. NU. ♦ *Œil de verre*, œil artificiel en verre ou en émail, qu'on met dans l'orbite en remplacement d'un œil détruit. ♦ Organe de la vue considéré comme l'indice des qualités, des passions et des sentiments. *Avoir l'œil vif, doux, etc.* ou au pluriel *les yeux vifs, doux, etc.* ♦ *Voir de bon œil* ou *d'un bon œil, de mauvais œil* ou *d'un mauvais œil*, voir avec satisfaction ou avec déplaisir, avec affection ou avec inimitié. ♦ *Voir les choses d'un autre œil*, avec d'autres yeux qu'auparavant, les voir avec des sentiments différents de ceux qu'on avait. ♦ *Voir de même œil*, avoir les mêmes sentiments. ♦ *Voir une chose d'un œil sec*, voir sans s'affliger une chose faite pour contrister. ♦ *Faire les doux yeux, les yeux doux à une femme*, la courtiser. ♦ Action de la vue, regard, faculté de voir. *Se parler des yeux.* « *Un horizon à souhait pour le plaisir des yeux* », Fénelon. ♦ *L'œil de Dieu*, le regard que Dieu jette sur toute chose. ♦ *Avoir devant les yeux*, avoir devant soi, et fig. avoir la pensée tellement remplie de quelqu'un ou de quelque chose, qu'on y songe uniquement. ♦ *Ôter des yeux*, de devant les yeux, écarter de la présence. ♦ *Mettre sous les yeux.* Voy. METTRE. ♦ *Sous l'œil*, présent, en vue. « *Je me trouverais sous l'œil et sous la main du prince* », La Bruyère. ♦ *Avoir l'œil exercé*, avoir acquis, par l'habitude de regarder attentivement, la faculté de voir bien et promptement. ♦ *Avoir des yeux*, user de la faculté de voir, de discerner, de connaître, et fig. voir ce qui se passe, ne pas être dupe. ♦ *Avoir des yeux au bout des doigts.* Voy. DOIGT. ♦ *Œil, yeux*, pris dans le sens de surveillance, de guet. *L'œil de la vigilance.* ♦ *Être tout yeux*, contempler avidement. ♦ *Être tout yeux, tout oreilles*, contempler et écouter avidement ; et aussi surveiller avec vigilance. ♦ *Cent yeux*, se dit pour vigilance, surveillance attentive. ♦ ▷ *Avoir l'œil au guet*, prendre garde à tout ce qui se passe. ◁ ♦ *Avoir des yeux d'Argus.* Voy. ARGUS. ◁ ♦ *Avoir l'œil à*, tenir l'œil à quelque chose, y veiller. ♦ *Avoir l'œil sur quelqu'un*, le surveiller. ♦ *Avoir l'œil sur quelque chose*, y veiller. ♦ *L'œil du maître*, la surveillance du principal intéressé. ♦ Prov. *L'œil du maître engraisse le cheval*, il ne faut pas se reposer sur autrui du soin de ses affaires. ♦ *Mauvais œil.* Voy. MAUVAIS. ♦ Fam. *Voir de ses yeux, de ses deux yeux*, être témoin d'une chose. ♦ *Voir tout par ses yeux*, ne s'en rapporter qu'à soi pour juger des choses. ♦ *Voir par les yeux d'autrui*, juger des choses par le rapport des autres. ♦ *Voir une chose par les yeux de l'esprit*, l'examiner par la raison. ♦ *Voir une chose des yeux de la foi*, la considérer avec les dispositions, les sentiments que donne la foi, s'en rapporter à ce qu'on en dit. ♦ *Faire des yeux à quelqu'un, faire les gros yeux*, lui faire par le regard seul quelque reproche, quelque injonction. ♦ Pop. *Faire l'œil, faire de l'œil*, témoigner par ses regards qu'on désire quelque chose. ♦ Fig. Œil se dit des lumières intérieures. « *La réflexion est l'œil de l'âme* », Bossuet. ♦ Ce qui éclaire. *La chronologie et la géographie sont les yeux de l'histoire. L'œil de la nature*, le soleil. « *Antioche, qu'on appelait l'œil de l'Orient* », Bossuet. ♦ *Le coin de l'œil*, l'angle externe de l'œil. ♦ Fig. *Regarder du coin de l'œil une chose*, la désirer sans le témoigner ouvertement. ♦ La puissance du regard. *Le pouvoir de vos yeux.* « *Venez dans tous les cœurs faire parler vos yeux* », Racine. ♦ *Un bel œil, de beaux yeux*, une belle femme. ♦ *Pour de beaux yeux*, pour l'amour d'une belle femme. ♦ Fig. *Pour les beaux yeux de quelqu'un*, pour lui faire plaisir, pour lui ; et aussi gratuitement. ♦ *Aux yeux de, sous les yeux de*, en présence de, sous les regards de. ♦ Fig. *Aux yeux*, suivant la manière de voir, suivant le sentiment. ♦ Fam. *Yeux* se dit pour lunettes. ♦ *Clin d'œil.* Voy. CLIN. ♦ *Coup d'œil*, regard prompt et de peu de durée. ♦ *Jeter un coup d'œil sur*, examiner. ♦ *Coup d'œil*, vue, aspect. *Un beau coup d'œil.* ♦ *Le premier coup d'œil*, ce qui s'offre d'abord à la vue. ♦ *Œil*, lustre des étoffes, éclat des pierreries ; œil, en ce sens, n'a point de pluriel. *Cette étoffe, cette pierre n'a pas un bel œil. L'œil de ce noir n'est pas beau.* ♦ *Avoir de l'œil*, produire de l'effet. « *Le noir de son plumage a des reflets qui lui donnent un œil verdâtre* », Buffon. ♦ *Œil de perdrix*, teinte qui ressemble à la couleur de l'œil de la perdrix. ♦ *Ce vin a un œil louche*, il a une couleur un peu trouble. ♦ Fig. *Cette affaire a un œil louche*, elle a quelque chose de suspect, de peu satisfaisant. ♦ ▷ *Un œil de poudre*, une légère teinte de poudre mise sur les cheveux. ◁ ♦ *Vin couleur d'œil de perdrix*, ou simplement *vin œil de perdrix*, vin qui a une légère teinte rouge. ♦ Ouverture dans quelques outils ou instruments. *L'œil d'une meule, d'une grue, d'une chèvre, etc. Œil de bombe, d'obus*, trou qui sert de lumière. ♦ *Œil de dôme*, ouverture qu'on ménage au haut d'un dôme.

♦ Trou percé dans une voile pour y passer un cordage. ♦ *Œil de l'ancre*, trou pratiqué à l'extrémité supérieure de la verge de l'ancre pour recevoir l'organeau. ♦ Nom donné à certains vides qui se trouvent dans la mie de pain, dans le fromage. *Les yeux du pain, du fromage.* ♦ Marques de graisse qu'on aperçoit dans le bouillon. ♦ Petite pointe, bourgeon rudimentaire, qui se montre sur les arbres et arbrisseaux, à l'extrémité des rameaux ou aux angles que forme l'insertion des feuilles. ♦ **Impr.** Relief de la lettre, cette partie de la lettre qui laisse son empreinte sur le papier. ♦ *Œil de perdrix*, point de marque pour le linge. ♦ *Œil de perdrix* et *yeux de perdrix*, moitié laine et moitié soie, diversement ouvragée et façonnée. ♦ *Linge à œil de perdrix*, linge de table ouvré. ♦ *Œil de perdrix*, espèce de cor qui survient entre les doigts des pieds. ♦ **Au pl.** *Des yeux de perdrix.* ♦ *Œil-de-bœuf*, toute fenêtre ronde qui se prend dans un fronton, un attique, dans les reins d'une voûte, dans la couverture d'une maison. ♦ **Au pl.** *Des œils-de-bœuf.* ♦ *L'Œil-de-bœuf*, salle d'attente au château de Versailles où se tenaient les courtisans. *Gentilhomme de l'Œil-de-bœuf.* ♦ *Œil-de-loup*, nom de certaines pétrifications. ♦ *Œil-de-serpent*, petite pierre qu'on monte en bague. ♦ *Œil-de-chat*, corindon nacré. ♦ **Au pl.** *Des œils-de-loup, des œils-de-serpent, des œils-de-chat.* ♦ À L'ŒIL, loc. adv. Par la vue. ♦ *Faire toucher au doigt et à l'œil*, faire voir clairement. ♦ *Servir à l'œil*, servir son maître avec zèle et sans autre commandement que son seul regard. ♦ **Pop.** *À l'œil*, à crédit. ♦ À VUE D'ŒIL, loc. adv. Autant qu'on en peut juger par la vue seule. ♦ Visiblement, d'une manière apparente. *Sa faveur diminue à vue d'œil.* ♦ DE L'ŒIL, loc. adv. En regardant. « *Il l'observe de l'œil* », BOILEAU. ♦ **Fig.** En surveillant. « *Je conduis de l'œil toutes choses* », MOLIÈRE. ♦ *Suivre quelqu'un de l'œil*, faire attention à sa conduite, à ses démarches. ♦ ENTRE DEUX YEUX, ENTRE LES DEUX YEUX, loc. adv. Fixement. *Regarder quelqu'un entre deux yeux.* ♦ *Entre quatre yeux* (on prononce *entre quatre-z-yeux*) , en tête-à-tête. ♦ *Jusqu'aux yeux*, jusqu'au visage. ♦ **Fig.** « *Je suis en l'abondance jusques aux yeux* », BALZAC. ♦ **Fig. et fam.** *Par-dessus les yeux*, excessivement. ♦ Plus qu'on n'en peut supporter. *En avoir par-dessus les yeux.* ♦ *Avoir des affaires par-dessus les yeux*, en avoir tant qu'à peine on y peut suffire. ♦ *Non plus, pas plus que dans mon œil*, pas du tout. ♦ *Ce qu'il en tiendrait dans mon œil*, une très petite quantité. ♦ **Prov.** *Œil pour œil, dent pour dent*, se dit de la peine du talion établie par la loi des Juifs. ♦ *Loin du cœur, loin de cœur*, signifie que l'absence fait oublier l'amour et l'amitié. ■ REM. Auj., au lieu de dire *il a plus grands yeux que grand ventre*, on dirait plutôt *il a les yeux plus gros que le ventre*. ♦ *Obéir au doigt et à l'œil*, sans sourciller. ♦ *Manger à l'œil*, sans payer, gratuitement. ♦ *Tourner de l'œil*, s'évanouir. ■ **Fam.** *Avoir un œil qui dit merde à l'autre*, avoir une coquetterie dans l'œil, loucher. ■ **Fam.** *Avoir un œil au beurre noir*, avoir un coquard. ♦ *Perdre un œil, perdre les deux yeux*, devenir borgne, aveugle. ■ *Ouvrir l'œil, et le bon*, être vigilant, attentif. ■ *Ne dormir que d'un œil*, dormir en étant attentif à ce qui se passe autour de soi. ■ *Ne pas fermer l'œil de la nuit*, ne pas dormir de la nuit. ■ *Ne pas avoir les yeux en face des trous*, ne pas être réveillé. ■ *Ça coûte les yeux de la tête*, ça coûte horriblement cher. ■ *Les yeux des pommes de terre*, les bourgeons. ■ *L'œil de Moscou*, espion, personne qui moucharde, qui cafarde. ■ *Œil de pigeon*, bosse sur le front. ■ « *T'as de beaux yeux, tu sais !* », *Quai des brumes* (dialogue du film).

ŒILLADE, n. f. [øjad] (*œil*) Coup d'œil. ♦ Coup d'œil furtif et lancé à dessein.

1 ŒILLÈRE, adj. [øjɛʀ] (*œil*) *Dents œillères* et n. f. *les œillères*, dents canines de la mâchoire supérieure, placées entre les incisives et les molaires.

2 ŒILLÈRE, n. f. [øjɛʀ] (*œil*) Petit vase dont on se sert pour se baigner les yeux. ♦ Pièce de cuir attachée à chaque montant de la bride du cheval, pour l'empêcher de voir de côté. ♦ **Fig.** *Avoir des œillères*, n'y point voir par suite de préjugés. ♦ **Hérald.** Partie de casque ou heaume qui servait de visière aux chevaliers.

1 ŒILLET, n. m. [øjɛ] (dim. d'*œil*) Petit œil. ♦ Petit trou rond pour passer un lacet. ■ Petit anneau de papier autocollant qui sert à renforcer la perforation de feuilles mobiles.

2 ŒILLET, n. m. [øjɛ] (1 *œillet*) Genre de plantes qui sert de type à la famille des caryophyllées. ♦ *L'œillet de poète*, un des noms vulgaires de l'œillet barbu. ♦ Fleur de cette plante. ♦ *Œillet d'Inde*, un des noms vulgaires du tagète dressé (synanthérées). ♦ Il se dit quelquefois pour œillette. *L'huile d'œillet.* ■ *Œillet de mer*, nom d'une anémone de mer.

ŒILLETON, n. m. [œj(ə)tɔ̃] (1 *œillet*, bouton de fleur) Rejeton que poussent certaines racines, bourgeon produit par certaines plantes. ♦ Rejeton, marcotte d'œillet. ■ Extrémité d'une lunette ou d'un microscope permettant de délimiter la position de l'œil.

ŒILLETONNAGE, n. m. [œj(ə)tɔnaʒ] (*œilletonner*) Action de séparer les œilletons d'une plante, d'un arbre pour les replanter. *Le but de l'œilletonnage est de maintenir le caractère intensif de la culture en assurant le remplacement des pieds porteurs.*

ŒILLETONNER, ■ v. tr. [œj(ə)tɔne] (*œilleton*) Séparer les œilletons d'une plante, d'un arbre. ■ Multiplier une plante par les œilletons. *Œilletonner*

pour renouveler les plants. ■ Débarrasser un arbre, une plante de ses œilletons, de ses bourgeons.

ŒILLETTE, n. f. [øjɛt] (anc. fr. *olie*, huile) Pavot cultivé, dont on tire de l'huile. ♦ Huile qu'on en retire.

ŒKOUMÈNE, ■ n. m. [ekumɛn] Voy. ÉCOUMÈNE.

ŒNANTHE, ■ n. f. [enɑ̃t] (*œ* se prononce *é*; lat. impér. *œnanthe*, gr. *oinanthê*, bourgeon de vigne, œnanthe, de *oinos*, vin, et *anthos*, fleur) **Bot.** Plante herbacée de la famille des ombellifères, très toxique, à fleurs blanches et poussant dans les terrains humides. *Œnanthe fistuleuse. Œnanthe aquatique. Œnanthe safranée. Œnanthe de Lachenal.*

ŒNANTHIQUE, ■ adj. [enɑ̃tik] (*œ* se prononce *é*; mot sav. formé de *oinos*, vin, et *anthos*, fleur, bouquet de vigne) Relatif au bouquet, à l'arôme des vins. *Éther, acide œnanthique.*

ŒNOLIQUE, ■ adj. [enolik] (*œ* se prononce *é*; *œnol*, vin considéré comme excipient médicinal) *Intoxication œnolique*, intoxication due à une consommation chronique et excessive d'alcool.

ŒNOLISME, ■ n. m. [enolism] (*œ* se prononce *é*; *œno-* et *alcoolisme*) Alcoolisme dû à l'absorption abusive de vin. *Un œnolisme chronique.*

ŒNOLOGIE, n. f. [enoloʒi] ou [ønoloʒi] (*œno-* et *-logie*) Traité sur les vins ; art de faire le vin.

ŒNOLOGIQUE, adj. [enoloʒik] (*œ* se prononce *é*; *œnologie*) Qui est relatif à l'œnologie.

ŒNOLOGUE, n. m. et n. f. [enolɔg] ou [ønolɔg] (*œnologie*) Personne qui écrit sur les vins, sur la fabrication du vin. ■ REM. On disait aussi *œnologiste* autrefois.

ŒNOMANCIE, n. f. [enomɑ̃si] (*œ* se prononce *é*; *œno-* et *-mancie*) **Antiq.** Divination qui se faisait avec le vin destiné aux libations.

ŒNOMÈTRE, n. m. [enomɛtʀ] (*œ* se prononce *é*; *œno-* et *-mètre*) Instrument propre à connaître les pesanteurs spécifiques des vins, à mesurer la quantité d'alcool dans les vins. ■ REM. On dit aussi *pèse-vin*.

ŒNOMÉTRIE, n. f. [enometʀi] (*œ* se prononce *é*; *œno-* et *-métrie*) Action, manière de mesurer la qualité du vin avec l'œnomètre, la quantité d'alcool dans les vins.

ŒNOMÉTRIQUE, adj. [enometʀik] (*œ* se prononce *é*; *œnométrie*) Qui a rapport à l'œnométrie.

ŒNOPHILE, adj. [enofil] (*œ* se prononce *é*; *œno-* et *-phile*) Qui aime le vin. ♦ *Société œnophile*, société qui fait le commerce des vins.

ŒNOPHORE, n. m. [enofɔʀ] (*œ* se prononce *é*; lat. *œnophorum*, du gr. *oinophoros*, qui contient du vin) Grand vase où les anciens mettaient du vin. ♦ Officier qui avait soin du vin.

ŒNOTECHNIE, ■ n. f. [enotɛkni] (*œ* se prononce *é*; *œno-* et *-technie*) Ensemble des techniques de fabrication, de vinification et de conservation du vin.

ŒNOTHÈQUE, ■ n. f. [enotɛk] (*œ* se prononce *é*; *œno-* et *-thèque*) Magasin spécialisé où l'on vend des vins de crus de provenances diverses. *L'œnothèque d'un château.*

ŒNOTHÈRE, ■ n. m. [enotɛʀ] (*œ* se prononce *é*; gr. *oinotheras*, plante dont la racine a une saveur vineuse, de *oinos*, vin, et *thêran*, chasser, capturer) **Bot.** Plante herbacée cultivée pour ses fleurs jaunes ornementales et dont les racines sont comestibles. *L'œnothère est aussi appelé onagre ou herbe aux ânes.*

ŒRSTED, ■ n. m. [œʀstɛd] (Hans Christian *Œrsted*, 1777-1851, physicien danois) **Phys.** Unité d'intensité du champ magnétique dans le système CGS électromagnétique s'abrégeant en Oe.

ŒSOPHAGE, ■ n. m. [ezofaʒ] ou [øzofaʒ] (gr. *oisophagos*, de *oisesthai*, porter, et *phagein*, manger) Canal membraneux qui s'étend du pharynx à l'orifice supérieur de l'estomac. ■ ŒSOPHAGOSCOPE, n. m. [ezofagoskɔp] ■ ŒSOPHAGOSCOPIE, n. f. [ezofagoskopi]

ŒSOPHAGIEN, IENNE ou **ŒSOPHAGIQUE**, ■ adj. [ezofaʒjɛ̃, jɛn, ezofaʒik] (*œ* se prononce *é*; *œsophage*) Relatif à l'œsophage, qui appartient à l'œsophage. *Lésions œsophagiennes. Canal œsophagien. Une sonde œsophagique. Un spasme œsophagique.*

ŒSOPHAGITE, ■ n. f. [ezofaʒit] (*œ* se prononce *é*; *œsophage*) **Méd.** Inflammation de l'œsophage. *Une œsophagite par reflux.*

ŒSTRADIOL ou **ESTRADIOL**, ■ n. m. [ɛstʀadjɔl] (*œstrus*) **Biol.** Œstrogène naturel sécrété par les ovaires et considéré comme la véritable hormone femelle. *Œstradiol de synthèse.*

ŒSTRAL, ALE, ■ adj. [ɛstʀal] (*œ* se prononce *è*; *œstrus*) **Biol.** Qui concerne l'œstrus. *Des cycles œstraux.* ■ *Cycle œstral*, ensemble des modifications périodiques des organes génitaux femelles (utérus et vagin) sous l'influence des œstrogènes et de la progestérone, hormones ovariennes.

ŒSTRE, n. m. [ɛstʀ] (œ se prononce è lat. *œstrus*, gr. *oistros*, taon, aiguillon, désir furieux ; cf. la légende d'Io) Genre d'insectes à deux ailes, caractérisés essentiellement par l'absence absolue des parties de la bouche. ♦ ▷ **Fig.** Violente impulsion, excitation. « *Me livrant à tout l'œstre poétique et musical, je composai rapidement en sept ou huit heures la meilleure partie de mon acte* », J.-J. ROUSSEAU. ◁ ■ Grosse mouche très velue dont les larves, parasites, vivent soit dans les fosses nasales (*œstre du mouton*), soit dans le tube digestif (*œstre du cheval*), soit sous la peau de certains autres mammifères en les piquant douloureusement (*œstre du bœuf*).

ŒSTRIOL, ■ n. m. [ɛstʀijɔl] (œ se prononce è ; *œstrus*) Biol. Œstrogène placentaire très abondant pendant la grossesse, dérivé de l'oxydation de l'œstradiol. *La concentration d'œstriol est directement liée au mois de la grossesse en cours et à la vitalité du fœtus.*

ŒSTROGÈNE ou **ESTROGÈNE**, ■ n. m. [ɛstʀɔʒɛn] (*œstrus* et *-gène*) Biol. Hormone sexuelle sécrétée par les follicules ovariens ou de synthèse qui provoque l'œstrus. *L'œstrogène est impliqué dans le développement des caractères sexuels féminins et dans la régulation du cycle menstruel.* ■ Adj. Qui provoque l'œstrus.

ŒSTROGÉNIQUE, ■ adj. [ɛstʀɔʒenik] (œ se prononce è ; *œstrogène*) Qui concerne une hormone œstrogène, des œstrogènes. *Une carence œstrogénique.*

ŒSTROGÉNOTHÉRAPIE, ■ n. f. [ɛstʀɔʒenoteʀapi] (œ se prononce è ; *œstrogène* et *thérapie*) Méd. Thérapie réalisée grâce à des œstrogènes naturels ou de synthèse. *Les recherches démontrent que l'œstrogénothérapie peut être prescrite en tant que mesure préventive contre l'ostéoporose.*

ŒSTRONE ou **ESTRONE**, ■ n. f. [ɛstʀɔn] (*œstrus*) Biol. Une des hormones œstrogènes. ■ N. m. Œstrogène ovarien qui déclenche l'œstrus et qui fait apparaître les caractères sexuels féminins. *Après la ménopause, l'œstrone est fabriquée à partir des androgènes sécrétés par les glandes corticosurrénales.* ■ REM. On dit aussi *folliculine.*

ŒSTROPROGESTATIF, ■ n. m. [ɛstʀoprɔʒestatif] (œ se prononce è ; *œstrogène* et *progestatif*) Médicament composé d'œstrogènes associés à un progestatif, utilisé soit pour des traitements substitutifs hormonaux, soit comme contraceptifs. *Prendre un œstroprogestatif pour régulariser la menstruation.* ■ Adj. Qui concerne à la fois les œstrogènes et les progestatifs. ■ Qui est composé de ces deux hormones.

ŒSTRUS, ■ n. m. [ɛstʀys] (œ se prononce è, et on prononce le s final ; lat. *œstrus*, gr. *oistros*, désir furieux) Biol. Ensemble des phénomènes biologiques, physiologiques et psychiques qui accompagnent, lors du cycle œstral, la période de l'ovulation chez la femme et les mammifères femelles, période pendant laquelle la fécondation est possible.

ŒUF, n. m. [œf] (lat. *ovum*) Masse qui se forme dans les ovaires des oiseaux, et qui, sous une enveloppe commune, renferme le germe animal futur et certains aliments destinés à le nourrir pendant quelque temps. ♦ Absol. *Œufs*, œufs de poule pris comme aliment. *Œuf à la mouillette, à la coque, à la neige. Voy.* ces mots. ♦ *Œufs clairs*, œufs qui n'ont pas été fécondés. ♦ *Œufs rouges* ou *œufs de pâques*, œufs durcis et teints qu'on vend vers Pâques. ♦ *Fig.* et *fam. Donner à quelqu'un ses œufs de Pâques*, lui faire quelque présent à Pâques. ♦ *Œuf blanc*, celui qui ne renferme pas de jaune. ♦ *Fig. Marcher sur des œufs*, aller avec précaution, ménagement. ♦ *Plein comme un œuf*, tout à fait plein. ♦ *Être plein comme un œuf*, avoir bien mangé. ♦ *Chercher à tondre sur un œuf*, chercher à faire du profit sur les moindres choses. ♦ *Pondre sur ses œufs, couver ses œufs*, se dit d'un homme riche qui n'a pas besoin de travailler. ♦ *Fig. Mettre tous ses œufs dans un même panier*, mettre tout son avoir dans une même entreprise, dans un même placement. ♦ *Se ressembler comme deux œufs*, se dit de choses qui se ressemblent tout à fait. ♦ *Fig. Donner un œuf pour avoir un bœuf*, faire de petits présents dans l'espérance d'en recevoir de gros en retour. ♦ *Par extens.* Produits analogues aux œufs des oiseaux, qui se forment dans le corps des femelles appartenant à tout autres classes d'animaux. *Œufs de couleuvre, de brochet, de tortue, de ver à soie.* ■ *Œuf au plat. Voy.* CE MOT. ■ *Fam. Aller se faire cuire un œuf*, aller se faire voir. ■ *On ne fait pas d'omelette sans casser des œufs*, on ne peut pas obtenir de résultats sans peine. ■ *Qui vole un œuf vole un bœuf*, celui qui commet un petit larcin est capable d'en commettre un autre plus considérable. ■ Télécabine en forme d'œuf. ■ *La position de l'œuf*, position adoptée par le skieur qui se recroqueville sur lui-même. ■ *Fam.* Imbécile. *Quel œuf !*

ŒUFRIER, ■ n. m. [øfʀije] (*œuf*) Petit plateau destiné à présenter à table des œufs cuits à la coque dans leurs coquetiers. *Œufrier en faïence.* ■ REM. On dit aussi en ce sens *coquetière.* ■ Appareil électroménager servant à faire cuire plusieurs œufs, de mollet à dur, en même temps. *Œufrier automatique.* ■ Compartiment généralement amovible du réfrigérateur destiné à ranger les œufs. *Réfrigérateur avec beurrier et œufrier.*

ŒUVÉ, ÉE, adj. [øve] (*œuf*) En parlant des poissons femelles, qui a des œufs. *Hareng, brochet œuvé.*

ŒUVRE, n. f. [œvʀ] (lat. *opera*, plur. de *opus*, ouvrage, travail, acte) Ce qui est fait et demeure fait, à l'aide de la main. « *Nous sommes tout ensemble les œuvres des mains de Dieu et ses images* », BOSSUET. ♦ *Œuvre de main*, travail qui exige une main habile d'ouvrier. ♦ *Il ne fait œuvre de ses dix doigts*, il ne fait rien. ♦ *Mettre la main à l'œuvre*, travailler à une chose. *Mettre en œuvre*, employer à quelque usage. *L'art de mettre le bois et le fer en œuvre.* ♦ *Fig. Mettre en œuvre les idées d'autrui.* ♦ *Mettre en œuvre des personnes*, les employer. ♦ *Mettre à l'œuvre*, faire commencer un travail à quelqu'un, le mettre à un travail. ♦ *Se mettre à l'œuvre*, au travail, agir. ♦ On dit de même : *être à l'œuvre, être en œuvre, se mettre en œuvre. Voy.* MAIN D'ŒUVRE. ♦ *Maître des œuvres*, officier qui avait juridiction et inspection sur les ouvrages de maçonnerie et de charpenterie. ♦ *Maître des basses œuvres*, vidangeur. ♦ *Maître des hautes œuvres*, exécuteur des hautes œuvres, le bourreau, ainsi dit parce que son office dépendait de la haute justice. ■ Archit. Au m. *Œuvre, les œuvres*, la bâtisse. ♦ *Les œuvres sont hors de terre*, se dit en parlant d'un bâtiment dont les murs commencent à s'élever au-dessus des fondations. ♦ *Gros œuvre*, les murailles les plus grosses. ♦ DANS ŒUVRE, loc. adv. Dans le corps du bâtiment. *Cet escalier est dans œuvre.* ♦ HORS D'ŒUVRE, loc. adv. Hors des gros murs, en saillie. ♦ n. *Un hors-d'œuvre*, une pièce en saillie, qui ne fait pas partie de l'ordonnance générale. ♦ *Mesure hors d'œuvre* ou *hors œuvre*, mesure comprenant l'épaisseur des murs ; *mesure dans œuvre*, mesure ne la comprenant pas. ♦ SOUS ŒUVRE, EN SOUS-ŒUVRE, loc. adv. Sous la bâtisse, sous le mur. *Reprendre un mur en sous-œuvre*, en réparer les fondations, le rétablir par le pied. ♦ *Fig. Reprendre un travail sous œuvre, en sous-œuvre*, le corriger. ♦ *À pied d'œuvre*, dans la proximité du bâtiment que l'on construit. ♦ *Fig. Hors d'œuvre*, hors de la place ou du temps accoutumé. « *J'écris ceci hors d'œuvre pour vous divertir* », MME DE SÉVIGNÉ. ♦ *Qui, dans un ouvrage de littérature ou d'art, ne fait pas partie essentielle du sujet. Cette description est hors d'œuvre. Groupe de figures qui dans un tableau est hors d'œuvre.* ♦ n. *Un hors-d'œuvre*, ce qui dans un ouvrage ne fait pas partie essentielle du sujet. ♦ *Au pl. Des hors-d'œuvre.* Mets tels que radis, beurre, anchois, etc. servis après le potage et pendant le premier service. ♦ Au f. Joaillerie. *Œuvre*, l'enchâssure d'une pierre, le chaton dans lequel une pierre est enchâssée. ♦ *Mettre en œuvre une pierre précieuse*, l'enchâsser. ♦ Mar. *Œuvres mortes*, partie qui est au-dessus de la flottaison. *Œuvres vives*, la partie immergée ou carène. ♦ Sylvic. *Bois d'œuvre* ou *à œuvrer*, les bois autres que les bois de chauffage. ♦ Au pl. *Les œuvres*, les labours, façons de vigne ou autre culture. ♦ Tout ce qui est et demeure fait d'une façon quelconque. *Les œuvres de Dieu, de la nature, etc.* ♦ Toute sorte d'actions morales. « *Vous qui faites des œuvres d'iniquité* », SACI. « *Il faut rendre à chacun selon ses œuvres* », VOLTAIRE. ♦ *Bonnes œuvres*, actions inspirées par une morale pure et active ; les charités que l'on fait. ♦ Absol. *Les œuvres*, les actions méritoires. ♦ *Œuvres de miséricorde*, celles qui ont pour objet la charité envers le prochain. ♦ *Œuvres mortes*, œuvres qui, n'ayant pas une vraie dévotion pour principe, sont inutiles. ♦ *L'œuvre de la chair* ou *l'œuvre de chair*, l'union charnelle de l'homme et de la femme. ♦ *Au pl. et quelquefois au sing.* Productions en vers ou en prose considérées relativement à l'auteur. *Les œuvres de Corneille.* ♦ *Voy.* CHEF-D'ŒUVRE. ♦ *L'œuvre*, la fabrique d'une paroisse. ♦ *Le banc de l'œuvre* ou *le banc d'œuvre*, le banc particulier que les marguilliers occupent dans la nef de l'église. ♦ Au m. Recueil de toutes les estampes d'un graveur, de toutes les productions d'un compositeur de musique. *L'œuvre de Callot, de Mozart.* ♦ Au m. *Œuvre* suivi d'un numéro désigne l'ordre chronologique dans lequel ont été publiées les productions d'un compositeur de musique. *L'œuvre 21 de Beethoven.* ♦ Alchim. *Le grand œuvre*, recherche de la pierre philosophale. ♦ Prov. *À l'œuvre on connaît l'ouvrier*, le mérite de l'ouvrage fait juger du mérite de celui qui l'a fait. ♦ *La fin couronne l'œuvre*, il n'est pas assez de bien commencer, il faut bien achever. ■ Fig. *Œuvres vives*, partie essentielle de quelque chose. *Les œuvres vives d'une forteresse.* ♦ Organisation à but non lucratif. *Donner de l'argent à une œuvre.* ♦ *Œuvre d'art*, œuvre artistique où les matériaux et les moyens utilisés font s'extérioriser la vision personnelle de l'artiste en suscitant une émotion esthétique. ■ N. m. Alchim. *Le grand œuvre*, transmutation des métaux en or. ■ *Le gros œuvre*, fondations d'une construction. ■ *Le second œuvre*, ouvrages d'achèvement d'une construction. ■ Fig. *Être à pied d'œuvre*, être prêt à travailler.

ŒUVRER, ■ v. intr. [øvʀe] (altération, sous l'infl. de *œuvre*, de l'anc. fr. *ovrer*, du b. lat. *operare*, travailler) Litt. Travailler, réaliser. *Œuvrer au bon respect des lois. Œuvrer pour la vérité. Œuvrer dans la pédagogie.*

ŒUVRETTE, ■ n. f. [øvʀɛt] (*œuvre*) Petite œuvre. *Œuvre mineure.*

OFF, ■ adj. inv. [ɔf] (angl. ; abrév. de *off screen*, hors de l'écran) Cin. Hors champ. *Voix off.* ■ Par extens. À l'extérieur. *Festival off.*

OFFENSANT, ANTE, [ɔfɑ̃sɑ̃, ɑ̃t] (*offenser*) Adj. Qui offense. *Des paroles offensantes.* ■ Qui blesse.

OFFENSE, n. f. [ɔfɑ̃s] (lat. *offensa*, fait d'être offensé, de *offendere*, se heurter contre) Injure de fait ou de parole. ♦ En termes de dévotion, péché, faute. *Pardonnez-nous nos offenses.* ♦ Au sens actif. « *Tout péché contre la charité du*

prochain est une offense de Dieu », BOURDALOUE. ■ Outrage fait publiquement envers un chef d'État ou un diplomate étranger et qui constitue un
délit.

OFFENSÉ, ÉE, p. p. d'offenser. [ɔfɑ̃se] **N. m.** et n. f. *L'offensé.*

OFFENSER, v. tr. [ɔfɑ̃se] (lat. *offensare*, heurter, choquer) Faire une offense.
« *Qui pardonne aisément invite à l'offenser* », P. CORNEILLE. ◆ **Absol.** « *Parler et offenser, pour de certaines gens, est précisément la même chose* », LA
BRUYÈRE. ◆ *Offenser Dieu*, pécher. ◆ **Fig.** Choquer, blesser. « *Notre air
étranger n'offense plus personne* », MONTESQUIEU. ◆ Il se dit aussi des choses
auxquelles on fait une sorte de tort. *Offenser la vanité de quelqu'un.* « *Vous
avez cruellement offensé l'amitié qui était entre nous* », MME DE SÉVIGNÉ. ◆
Pécher contre. *Offenser les lois, la grammaire, etc.* ◆ ▷ Faire une lésion à
quelque organe. *La balle a offensé le poumon.* « *La lumière offense les yeux
des animaux qui ont accoutumé de ne sortir de leurs retraites que pendant la
nuit* », FÉNELON. ◁ *S'offenser*, v. pr. Se faire à soi-même une offense.
◆ Se fâcher, se piquer. *S'offenser d'un rien.* ◆ Il se dit aussi des choses.
« *Notre amour s'en offense* », P. CORNEILLE. ◆ *S'offenser contre quelqu'un*, se
fâcher, s'irriter contre lui. ◆ **Prov.** *Il n'y a que la vérité qui offense*, il n'y a
point d'injures plus sensibles que quand nous nous sentons coupables de
ce qu'on nous reproche. ■ Ne pas respecter une règle, un principe. *Offenser
une loi.*

OFFENSEUR, n. m. [ɔfɑ̃sœr] (*offenser*) Celui qui offense, qui a offensé.

OFFENSIF, IVE, adj. [ɔfɑ̃sif, iv] (anc. fr. *offendre*, attaquer, sur le modèle
de *défensif*) Qui attaque, qui sert à attaquer. *Armes offensives.* ◆ *Guerre offensive*, guerre dans laquelle on attaque l'ennemi. ◆ *Retour offensif*, attaque
d'une troupe qu'on croyait en retraite. ◆ *Traité offensif*, ligue offensive,
traité, ligue par laquelle des États s'engagent à entrer conjointement en
guerre contre un autre État. ◆ *Traité offensif et défensif, ligue offensive et
défensive*, traité, ligue par laquelle des princes ou des États conviennent de
s'assister mutuellement, soit pour attaquer, soit pour se défendre. ◆ **N. f.**
L'offensive, manière de faire la guerre qui consiste à attaquer. *Prendre l'offensive.* ■ **Adj.** Qui est combatif, agressif. *Une personne offensive. Un journal
offensif.* ■ **N. f.** Attaque militaire de grande envergure. *Déclencher une offensive.* ■ Campagne de grande envergure. *Offensive politique, diplomatique.
Offensive antidrogue.* ■ **Sp.** Phase d'attaque. ■ *Offensive de charme*, opération de séduction menée à grande échelle. *Offensive de charme d'un chanteur, d'un homme politique, d'un pays.* ■ *Offensive du froid*, chute brutale des
températures.

OFFENSIVEMENT, adv. [ɔfɑ̃siv(ə)mɑ̃] (*offensif*) D'une manière offensive.

OFFERT, ERTE, p. p. d'offrir. [ɔfɛr, ɛrt]

OFFERTOIRE, n. m. [ɔfɛrtwar] (lat. médiév. *offertorium*, offrande) Prière
qui précède dans la messe l'oblation du pain et du vin. ◆ Oblation du pain
et du vin. ◆ Morceau de musique composé ordinairement pour l'orgue, et
qu'on exécute dans l'intervalle du *Credo* au *Sanctus*. ■ REM. On disait aussi
une offerte autrefois.

1 OFFICE, n. m. [ɔfis] (lat. *officium*, fonction, service ; devoir) Devoir de
la vie. « *La probité dans les offices de la vie civile* », FLÉCHIER. ◆ **N. m. pl.**
Les offices, livre de Cicéron traitant des devoirs. ◆ Fonction, rôle, destination. *Faire l'office de juge.* « *Les femmes allument du feu et se distribuent dans
les différents offices dont elles étaient chargées* », FÉNELON. ◆ *Faire son office*,
produire son effet naturel. ◆ *Faire office de, l'office de*, tenir lieu, remplacer. *Faire l'office de bourreau.* ◆ *Faire l'office de*, suffire pour mettre à effet.
« *Tirons au sort, c'est la justice, Deux pailles en feront l'office* », LA FONTAINE.
◆ Bureau. *Des offices de publicité.* ◆ Assistance, service. « *Ce malheur me
rend un favorable office* », P. CORNEILLE. « *Mes mains ne purent lui refuser
ce cruel office* », FÉNELON. ◆ *Bon office*, service, assistance. ◆ *Mauvais office*, action, parole destinée à desservir quelqu'un, à lui nuire. ◆ Anciennement, certains emplois, certaines
charges avec juridiction. *Un office de judicature, de finance, etc.* ◆ Charge de
la maison du roi et des princes. *Les offices de la chambre.* ◆ *En titre d'office*
et plus ordinairement *à titre d'office*, avec la qualité que donne un office.
◆ Charge d'avoué. ◆ Au palais, *d'office*, sans en être requis et par le seul
devoir de la charge. *Le juge a informé d'office.* ◆ *Nommé d'office*, nommé
par le juge, par le tribunal. *Un avocat nommé d'office.* ◆ **Fig.** *Faire quelque
chose d'office*, faire quelque chose sans en être requis. ◆ *Le saint office*, la
congrégation de l'Inquisition établie à Rome ; le tribunal de l'Inquisition.
◆ Service divin qui se célèbre en public avec les cérémonies qui doivent y
être observées. *Assister à l'office, aux offices.* ◆ La manière de dire l'office, qui
change chaque jour. *L'office du dimanche.* ◆ Prière particulière qui se dit en
l'honneur de chaque saint. *L'office de saint Louis.* ◆ *L'office des morts*, certaines prières que l'Église a réglées en commémoration des morts. ◆ *Livre
d'office*, livre qui contient les prières chantées ou récitées au service divin.
◆ Art de préparer ce que l'on met sur la table pour le service. *Savoir bien
l'office.* ◆ La classe de domestiques qui mange à l'office dans une maison. ■
D'office, sans avis préalable. ■ On écrirait plutôt auj. le *Saint-Office*. ■ **Fig.**

Remplir son office, jouer un rôle. ■ Ensemble de livres (le plus souvent des
nouveautés) que reçoit obligatoirement le libraire sans les avoir commandés aux maisons d'édition. *Ces dix livres sont des offices arrivés ce matin.* ■
Office québécois de la langue française, institution chargée de veiller au bon
usage de la langue française, d'en surveiller son évolution et d'en faire la
promotion.

2 OFFICE, n. m. [ɔfis] (lat. *officium*) Lieu où l'on prépare tout ce qui se met
au dessert sur la table, et où l'on garde la vaisselle, le linge, etc. ◆ Au pl. Tous
les lieux où l'on prépare, où l'on garde les diverses choses nécessaires pour
le service de la table. ■ REM. Ce nom était autrefois féminin.

OFFICIAL, n. m. [ɔfisjal] (lat. médiév. *officialis*) Anciennement, juge ecclésiastique délégué par l'évêque pour exercer en son nom la juridiction
contentieuse. ◆ Membre de l'officialité établie par le concordat de 1801.

OFFICIALISATION, ■ n. f. [ɔfisjalizasjɔ̃] (*officialiser*) Action d'officialiser. *L'officialisation linguistique. L'officialisation d'une langue. L'officialisation
d'une commission.* ■ Résultat de cette action.

OFFICIALISER, ■ v. tr. [ɔfisjalize] (*officiel*) Rendre officiel, par une loi, un
contrat, un document administratif. *Officialiser une union.* ■ V. intr. Officialiser par le mariage.

OFFICIALITÉ, n. f. [ɔfisjalite] (*official*) Anciennement, juridiction de l'official. ◆ Charge d'official. ◆ Lieu où il rend la justice. ◆ Aujourd'hui, conseil
établi par le concordat de 1801. ■ Tribunal ecclésiastique chargé d'exercer,
dans les diocèses, le pouvoir judiciaire de l'évêque, sous la responsabilité d'un prêtre appelé *vicaire judiciaire* ou *official.*

OFFICIANT, adj. [ɔfisjɑ̃] (*officier*) Qui officie à l'église. *Prêtre officiant.* ◆
N. m. *L'officiant*, le célébrant. ◆ **N. f.** *L'officiante*, la religieuse qui est de semaine au chœur.

OFFICIEL, ELLE, adj. [ɔfisjɛl] (angl. *official*, même sens, du b. lat. *officialis*,
qui concerne le devoir) En style de négociations, qui est déclaré, proposé
en vertu d'une autorité reconnue. *Proposition, réponse officielle.* ◆ En style
d'administration, qui émane du gouvernement. *Nouvelle officielle. Le Journal Officiel.* ◆ **Fig.** *Un homme officiel*, un homme gourmé, important. ◆
Qui appartient, qui touche à l'administration. *Un dîner officiel.* ■ Qui a
une fonction dans un gouvernement. *Un personnage officiel.*

OFFICIELLEMENT, adv. [ɔfisjɛl(ə)mɑ̃] (*officiel*) D'une manière officielle.

1 OFFICIER, v. intr. [ɔfisje] (lat. médiév. *officiare*, du lat. *officium*, fonction,
charge) Faire l'office divin à l'église. ◆ **Fig.** *Il a toujours l'air d'officier*, se dit
d'un homme qui prend des airs solennels et imposants. ◆ **Fig.** et **fam.** *Il
officie bien à table*, il mange bien et boit largement.

2 OFFICIER, IÈRE, n. m. et n. f. [ɔfisje, jɛr] (lat. médiév. *officiarius*, personne pourvue d'une charge) Celui qui a un office, une charge, un emploi.
Officier de police, de justice. Les officiers municipaux. ◆ *Officiers de l'église*,
les employés laïques, tels que les sacristains, chantres, suisses, bedeaux. ◆
Grands officiers de la couronne, dans l'ancienne monarchie, le connétable,
l'amiral, le chancelier, le grand écuyer, etc. ◆ Celui qui a obtenu quelque
charge selon les formes prescrites. *Un officier ministériel.* ◆ Homme de
guerre qui a un grade, un commandement. *Officier d'infanterie, de cavalerie, etc.* ◆ *Officiers proprement dits*, les sous-lieutenants, les lieutenants,
les capitaines. ◆ *Officiers supérieurs*, les officiers d'un grade élevé, tels que
colonels et généraux. ◆ *Officiers généraux*, les maréchaux de France, les généraux de division et les généraux de brigade. ◆ *Officier de l'ordre de la
Légion d'honneur*, titulaire du grade immédiatement supérieur à celui de
chevalier. ◆ *Officier d'académie, de l'université*, titulaire d'une décoration
accordée par le ministre de l'instruction publique. ◆ Nom donné, dans les
maisons des princes, à des personnes qui y remplissaient quelque emploi
important. ◆ Dans une grande maison, domestique qui a soin de l'office.
◆ *Officiers de bouche*, ceux qui travaillaient pour la table du roi. ◆ *Officier
de santé*, médecin d'un rang au-dessous de celui de docteur en médecine. ■
Officier de marine, officier de la marine militaire.

OFFICIEUSEMENT, adv. [ɔfisjøz(ə)mɑ̃] (*officieux*) D'une manière officieuse.

OFFICIEUX, EUSE, adj. [ɔfisjø, øz] (lat. *officiosus*, obligeant, serviable, de
officium, service) Prompt à rendre de bons offices. ◆ **N. m.** et n. f. En un sens
ironique, celui, celle qui s'empresse avec un zèle déplacé ou inconvenant.
Faire l'officieux. ◆ Qui tend à être utile, agréable, en parlant des choses.
Un zèle officieux. ◆ *Mensonge officieux*, mensonge qu'on fait simplement
pour faire plaisir à quelqu'un. ◆ Se dit, par opposition à officiel, de ce qui
a le caractère de simple communication de la part du gouvernement. *Des
renseignements officieux.*

OFFICINAL, ALE, adj. [ɔfisinal] (*officine*) Qui se trouve dans l'officine. ◆
Compositions officinales, médicaments qui doivent se trouver tout préparés
chez les pharmaciens, par opposition à compositions magistrales. ◆ *Plantes
officinales*, celles qui entrent dans diverses préparations.

OFFICINE, n. f. [ɔfisin] (lat. *officina*, atelier, fabrique) Local où les pharmaciens préparent ou gardent les substances médicamenteuses. ♦ **Fig.** Lieu où l'on étudie, où l'on compose des ouvrages de science. ♦ **Ironiq. et péj.** Lieu où l'on prépare, où l'on manipule comme dans une officine de pharmacie. *Une officine de calomnies.*

OFFRANDE, n. f. [ɔfrɑ̃d] (lat. *offerenda*, adj. verbal fém. de *offerre*, qui doit être offerte) Don offert sur les autels, dans les temples, dans les églises. ♦ **Fig.** « *Présentez à nos dieux des offrandes de pleurs* », VOLTAIRE. ♦ Ce qu'on donne au prêtre qui officie et qui en même temps fait baiser, en signe de paix, une patène à la personne qui se présente. *Aller à l'offrande.* ♦ Tout ce qu'on offre à quelqu'un pour lui prouver son dévouement. ♦ Par compliment, *veuillez agréer l'offrande de mes vœux.*

OFFRANT, n. m. [ɔfrɑ̃] (*offrir*) Dr. Celui qui offre. ♦ *Au plus offrant*, à celui qui offre le plus haut prix d'une chose mise à l'enchère. ♦ On dit souvent dans les encans : *au plus offrant et dernier enchérisseur.*

OFFRE, n. f. [ɔfr] (*offrir*) Action d'offrir ; la chose offerte. *Des offres de paix.* ♦ **Jurispr.** Acte par lequel on propose de payer ce qu'on doit, ou de faire quelque autre chose, afin de prévenir une action judiciaire ou d'arrêter des poursuites. ♦ *Offres réelles*, offres dans lesquelles la proposition de payer ce qu'on doit est accompagnée de l'exhibition de la somme à payer. ♦ **Écon. et polit.** Empressement que les fabricants, les marchands et les ouvriers mettent à placer leurs produits, leurs denrées et leur travail, et qui résulte de l'abondance de ces choses. *L'offre et la demande constituent l'état du marché.* ■ *Offre d'emploi*, fait de proposer un contrat, un service à quelqu'un. *La loi de l'offre et de la demande*, loi économique dans laquelle l'offre et la demande sont en corrélation et exercent des pressions antagonistes sur les prix. ■ *Appel d'offres*, appel public à la concurrence en vue de l'attribution d'un marché où des fournisseurs de biens ou de services, des entrepreneurs sont invités à faire une offre. *Appel d'offres international.* ■ REM. *Appel d'offres* s'abrège en AO. ■ *Appel d'offres ouvert*, tous les fournisseurs intéressés peuvent présenter une offre. ■ *Appel d'offres restreint*, seuls les fournisseurs sélectionnés par l'acheteur éventuel peuvent présenter une offre. ■ *Offre publique d'achat.* Voy. OPA. ■ *Offre publique d'échange.* Voy. OPE. ■ *Offre publique de vente.* Voy. OPV.

OFFREUR, EUSE, ■ n. m. et n. f. [ɔfrœr, øz] (*offrir*) Personne qui offre quelque chose à quelqu'un. *L'offreur et le demandeur.* ■ **Écon.** Personne qui offre des prestations. *Les offreurs de service.*

OFFRIR, v. tr. [ɔfrir] (lat. *offerre*, porter devant, présenter) Proposer une chose pour qu'on l'accepte. *Offrir un présent, la paix, etc.* ♦ Il se dit avec *de* et un infinitif. « *Il vous offre, seigneur, ou de venir ici, Ou d'attendre en son camp* », RACINE. ♦ *J'offre de*, avec un verbe à l'infinitif, se dit pour affirmer quelque chose, en s'engageant à faire ce dont il s'agit. *S'il vous reste des doutes, je m'offre de les dissiper.* ♦ **Relig.** Faire une offrande. *Offrir un sacrifice.* ♦ **Absol.** « *Le pontife offrait pour ses péchés et pour ceux du peuple* », BOSSUET. ♦ *Offrir le saint sacrifice de la messe*, dire la messe. ♦ *Offrir à Dieu ses afflictions*, les lui présenter en satisfaction des péchés qu'on a commis. ♦ Proposer à telle ou telle condition. *Il offre tant de ma ferme.* ♦ *Offrir la propriété d'une chose.* ♦ **Fig.** Montrer à la vue, présenter à l'esprit. *Cette campagne offre des aspects agréables.* ♦ Mettre au service de quelqu'un. *Offrir sa fortune, son épée, son bras, etc. à quelqu'un.* ♦ *Offrir la main à une dame*, lui présenter la main pour l'accompagner, ou par civilité. ♦ *Offrir le combat*, présenter la bataille, défier son ennemi. ♦ Exposer, mettre en péril. « *Enfin, qu'attendez-vous ? il vous offre sa tête* », RACINE. ♦ S'offrir, v. pr. Se proposer soi-même pour être accepté. « *Dieu même a craint la mort. - Il s'est offert pourtant* », P. CORNEILLE. ♦ Se dit aussi d'une femme qui propose sa main, son cœur. *S'offrir à* ou plus rarement *de*, avec un infinitif, se proposer pour. « *Puisqu'il s'offre à vous voir, croyez qu'il veut la paix* », RACINE. ♦ *S'offrir à*, avec un substantif, se proposer pour. « *Milord s'offrit à cette commission* », HAMILTON. ♦ Être présenté aux yeux ou à l'esprit. *Le premier objet qui s'est offert à mes yeux. Les pensées s'offrent à l'esprit.* ♦ *S'offrir aux coups*, s'exposer à recevoir des coups. ♦ Être offert. « *C'était là que s'offraient les sacrifices* », BOSSUET. ♦ **Fig.** Être présenté comme quelque chose qui est offert. « *Jamais l'occasion ne s'offrira si belle* », P. CORNEILLE. ■ V. tr. Donner lieu à quelque chose, mettre à la portée de quelqu'un. *Une alternative offre deux solutions.* ■ S'offrir, v. pr. Se payer. *Je me suis offert un incunable.*

OFFSET, ■ n. m. [ɔfsɛt] (mot angl., *report*, de *off*, hors, et *to set*, placer) Impr. Procédé dans lequel le report du texte ou de l'image à imprimer se fait sur un rouleau spécial en caoutchouc, puis de ce rouleau sur le papier qu'on imprime. *Impression offset. Des offsets.* ■ **Adj. inv.** *Des plaques, des encres offset.* ■ **Par méton.** La machine et le papier utilisés pour ce procédé. ■ **Agric.** Machine servant à pulvériser.

OFFSETTISTE, ■ n. m. et n. f. [ɔfsetist] (*offset*) Technicien, technicienne de l'offset. *Un imprimeur-offsettiste.*

OFFSHORE, ■ n. m. [ɔfʃɔr] (angl. *offshore*, de *off*, hors de, et *shore*, littoral) **Industr.** Partie de l'industrie pétrolière qui comprend la prospection, le forage et l'exploitation des gisements se situant dans les fonds marins. ■ **Adj. inv.** *Des forages pétroliers offshore.* ■ **N. m.** Sport nautique et bateau de plaisance, très puissant, du même nom. ■ **Écon.** Secteurs bancaires et sociétés extraterritoriaux non soumis à la législation du pays d'origine. *Importance de l'offshore dans l'économie actuelle.* ■ **Adj. inv.** *Le phénomène offshore. Des comptes offshore.*

OFFUSQUÉ, ÉE, ■ p. p. d'offusquer. [ɔfyske]

OFFUSQUER, ■ v. tr. [ɔfyske] (lat. *offuscare*, obscurcir) ▷ Empêcher l'effet soit de la vue, soit de la lumière, soit de l'une et de l'autre. *Les nuées offusquent le soleil. Ôtez-vous de devant moi, vous m'offusquez la vue.* ◁ ♦ ▷ Empêcher de voir, en éblouissant. *Le soleil m'offusque les yeux.* ◁ ♦ ▷ **Absol.** *Une trop grande clarté offusque.* ◁ ♦ **Par extens.** Cacher, voiler, rendre terne. « *L'éclat des vertus offusque tout savoir* », RÉGNIER. ♦ **Fig.** Empêcher, en parlant de la vue, de l'esprit et du cœur. « *Les erreurs qui peuvent offusquer notre lumière naturelle* », DESCARTES. ♦ **Fig.** Donner de l'ombrage, de la jalousie, déplaire, heurter. *N'offusquez pas sa vanité. Ce rival vous offusque.* ■ S'offusquer de, v. pr. Se choquer de quelque chose.

OFLAG, ■ n. m. [ɔflag] (abrév. allem. de *Offizier[s]lager*, de *Offizier*, officier, et de *Lager*, camp) Camp de prisonniers en Allemagne ou dans les pays sous occupation allemande pendant la Seconde Guerre mondiale où étaient enfermés les officiers des armées alliées. *Les oflags et les stalags. Oflag de Colditz. Oflags de Wurzach, de Lübeck, de Soest.*

OGHAM ou **OGAM**, ■ n. m. [ɔgam] (irl. *ogham*, de *Ogma*, personnage légendaire, qui aurait créé cette écriture pour la transmission d'un langage secret réservé aux initiés) Ancienne écriture celtique. *L'ogham utilise un alphabet particulier dont les lettres portent des noms d'arbres.* ■ **Adj.** Qui concerne cette écriture. *Écriture ogham. Les pierres oghams.*

OGHAMIQUE ou **OGAMIQUE**, ■ adj. [ɔgamik] (*ogham*) Se dit de la première forme d'écriture celtique retrouvée dans les inscriptions funéraires d'Irlande du IVe au VIIe siècle de l'ère chrétienne. *Lettre oghamique.*

OGIVAL, ALE, adj. [ɔʒival] (*ogive*) Qui présente des ogives ; dont le caractère est l'ogive. *Architecture ogivale*, architecture des grandes cathédrales du Moyen Âge, dites gothiques.

OGIVE, n. f. [ɔʒiv] (prob. b. lat. *obviata*, fém. de *obviatus*, qui va à l'encontre de) Dans l'architecture gothique, nom donné à ces courbures saillantes qu'on appelle nervures, qui, dans les travées ou croisées des voûtes, se croisent diagonalement au sommet, en allant d'un angle à l'autre. ♦ On dit aussi : *voûte, croisée en ogive.* ♦ **Adj.** Qui est en forme d'ogive. *Arc ogive.* ■ **Milit.** Partie antérieure d'un missile ou autre, ayant la forme d'une ogive. ■ *Ogive nucléaire*, missile ou projectile à charge nucléaire.

OGM, ■ n. m. [ɔʒeɛm] (sigle de *organisme génétiquement modifié*) Souche végétale modifiée pour satisfaire à des soucis de résistance et de rentabilité. *Produit garanti sans OGM.*

OGNETTE, ■ n. f. [ɔɲɛt] ou [ɔnjɛt] Voy. ONGLET.

OGNON, n. m. [ɔɲɔ̃] ou [ɔnjɔ̃] Voy. OIGNON.

OGRE, OGRESSE, n. m. et n. f. [ɔgr, ɔgrɛs] (prob. métathèse d'une forme *orc*, du lat. *Orcus*, divinité infernale) Espèce de monstre qu'on supposait se nourrir de chair humaine, et qui est un personnage des contes de fées. ♦ **Fam.** *Manger comme un ogre*, manger excessivement. ♦ **Fig. et fam.** Homme méchant, surtout d'une méchanceté barbare, et effrayant. ♦ Nom donné par moquerie aux hommes qui font les terribles, les pourfendeurs.

OH !, interj. [o] (var. de *ô*) Elle marque la surprise. ♦ Elle sert à donner de la force à l'expression. *Oh ! pour cela, non.*

1 **OHÉ !**, [oe] (*ô* et *hé*) Interj. populaire qui sert à appeler.

2 **OHÉ**, ■ interj. [oe] Voy. OÉ.

OHM, ■ n. m. [om] (Georg Simon *Ohm*, 1789-1854, physicien allemand) Électr. Unité de mesure des résistances électriques dont le symbole est Ω. *Des ohms.*

OHMIQUE, ■ adj. [omik] (*ohm*) Qui concerne l'ohm, l'unité de mesure des résistances électriques. *Un conducteur ohmique.*

OHMMÈTRE, ■ n. m. [ommɛtr] (*ohm* et *-mètre*) Appareil servant à mesurer les résistances électriques. *L'ohmmètre est constitué d'un ampèremètre et d'une pile.*

OÏDIUM, n. m. [oidjɔm] (lat. sav. [XIXe s.], du gr. *ôon*) Genre de champignons parasites, dont une espèce cause la maladie du raisin. *On combat l'oïdium par le soufre.*

OIE, n. f. [wa] (b. lat. *auca*, *avica*, du lat. *avis*) Espèce d'oiseau aquatique plus gros et plus grand que le canard. ♦ *Bête comme une oie qui se laisse plumer sans crier*, c'est-à-dire très bête. ♦ **Fig.** *C'est une oie*, se dit d'une personne très sotte. ♦ *Jeu de l'oie*, jeu que l'on joue avec des dés sur un carton où des figures d'oie sont placées dans un certain ordre. ♦ *Contes de ma mère l'oie*, contes dont on amuse les enfants. ♦ *Merde d'oie.* Voy. MERDE. ♦ Voy. PATTE-D'OIE. ♦ *Pas de l'oie*, pas de parade militaire. ■ **Fam.** *Oie blanche*, jeune fille ou jeune femme sotte et naïve. ■ Femelle de cette espèce (le mâle s'appelle le jars).

OIGNON ou **OGNON**, n. m. [oɲɔ̃] ou [ɔɲjɔ̃] (lat. *unio*, p.-ê. de *unus*, parce qu'il a un seul tubercule) Plante potagère à racine bulbeuse, de saveur et d'odeur très fortes. ◆ *Une tête d'oignon*, un oignon seul. ◆ *Petits oignons*, oignons qu'on sème très serrés pour qu'ils ne viennent que très petits. ◆ ▷ **Fig.** et **ironiq.** *Aux petits oignons*, d'une façon aigre, peu plaisante. ◁ ◆ *Pelure d'oignon*, une des enveloppes de l'oignon, et fig. une étoffe très mince. ◆ Partie de la racine de quelques plantes, d'une forme renflée, et dont la base produit des racines fibreuses. *Des oignons de jacinthe.* ◆ *Flûte d'oignon* ou *flûte à l'oignon*, syn. de mirliton. ◆ Callosité douloureuse qui vient aux pieds. ◆ Tumeurs dures et douloureuses qui viennent au voisinage des articulations du pied du cheval. ■ **EN RANG D'OIGNON**, loc. adv. Sur une même ligne. ◆ **Prov.** *Marchand d'oignons se connaît en ciboules*, on est difficilement trompé sur les choses de son métier. ■ **Fam.** *Aux petits oignons*, avec méticulosité. *Configurer un système informatique aux petits oignons.* ■ **Fam.** *Occupe-toi de tes oignons !*, occupe-toi de ce qui te regarde.

OIGNONADE ou **OGNONADE**, n. f. [oɲonad] ou [ɔɲjonad] (*oignon*) Préparation culinaire où l'oignon est l'ingrédient principal. *Un Flétan à l'oignonade.*

OIGNONET ou **OGNONET**, n. m. [oɲonɛ] ou [ɔɲjonɛ] (dim. d'*oignon*) Sorte de poire d'été. ■ Petit oignon.

OIGNONIÈRE ou **OGNONIÈRE**, n. f. [oɲonjɛr] ou [ɔɲjonjɛr] (*oignon*) Terre semée d'oignons.

OÏL, ■ adv. [oil] ou [ɔjl] (anc. fr. *o*, cela, du lat. *hoc*, et pron. *il*) *Langue d'oïl*, ensemble des dialectes parlés pour la plupart au nord de la Loire (anglo-normand, bourguignon, champenois, francien, gallo, picard, wallon, etc.) où *oui* se disait *oïl*. *La langue d'oïl et la langue d'oc.* ■ Au Moyen Âge, façon d'affirmer, de dire *oui* au nord de la Loire. *Oïl et oc.*

OILLE, n. f. [ɔj] (esp. *olla* [*podrida*]) Mets favori des Espagnols, consistant dans un mélange de viandes, qu'on fait cuire en potage avec toutes sortes d'assaisonnements.

OINDRE, v. tr. [wɛ̃dr] (lat. *ungere*) Frotter d'huile ou de quelque matière grasse. ◆ Consacrer avec les huiles saintes. *On oint les évêques à leur sacre.* *On oignait les rois de France avec l'huile de la sainte ampoule.* ◆ S'oindre, v. pr. Se frotter avec une substance grasse.

1 OINT, n. m. [wɛ̃] (lat. *unctum*, huile pour frictionner, onguent) Graisse. ◆ *Vieux oint*, vieille graisse de porc fondue. ■ **REM.** Graphie ancienne : *oing*.

2 OINT, OINTE, p. p. d'oindre. [wɛ̃, wɛ̃t] N. m. *Les oints du Seigneur*, les rois, les prêtres. ◆ *L'Oint du Seigneur*, Jésus-Christ. ■ **Relig.** Qui a été consacré par une onction. *Un mourant oint.*

1 OISEAU, n. m. [wazo] (b. lat. *aucellus, avicellus*, du lat. *avis*) Animal ovipare à deux pieds, ayant des plumes et des ailes. ◆ **Fig.** et **ironiq.** *Un bel oiseau*, un homme de mauvaise mine ou pour qui on a peu de considération. ◆ **Fig.** et **fam.** Il se dit des personnes dont l'espèce est rare. *Le rare oiseau.* ◆ **Fig.** et **fam.** *L'oiseau s'est envolé*, se dit d'un prisonnier qui s'est échappé. ◆ **Fig.** *La plume de l'oiseau*, ce qu'il y a de mieux dans une affaire. ◆ *Oiseaux domestiques*, ceux qu'on élève dans les basses-cours : les coqs, les poules, les dindons, les canards, les oies, etc. ◆ *Oiseaux passagers, oiseaux de passage*, les cailles, les bécasses, et tous ceux qui émigrent tous les ans. ◆ **Fig.** *Un oiseau passager*, un étranger. ◆ *Oiseau de volière*, ceux qu'on nourrit en cage. ◆ *Oiseaux de bois*, les faisans, gelinotes, etc. ◆ *Oiseaux de rivière*, les canards, sarcelles et autres. ◆ *Tirer l'oiseau*, se dit d'un exercice où l'on essaye d'abattre d'un coup de fusil ou d'un coup de flèche ou d'un coup de pierre la figure d'un oiseau ou un oiseau réel. ◆ *Il est comme l'oiseau sur la branche.* Voy. **BRANCHE**. ◆ *Un oiseau de mauvais augure*, oiseau considéré chez les anciens comme présageant quelque malheur. ◆ **Fig.** et **pop.** *Oiseau de bon, de mauvais augure*, personne qui fait pressentir un heureux événement, ou un accident fâcheux. ◆ *Le roi des oiseaux, la reine des oiseaux*, l'aigle. *L'oiseau de Jupiter*, l'aigle. *L'oiseau de Junon*, le paon. *L'oiseau de Minerve*, la chouette, le hibou. ◆ *L'oiseau de Vénus*, la colombe, le pigeon. ◆ **Absol. Fauconn.** L'oiseau de proie dressé à la chasse. *Faire voler l'oiseau.* ◆ *Oiseau-mouche*, sous-genre de passereaux compris parmi les colibris. ◆ *Oiseau-abeille, oiseau-bourdon*, les oiseaux-mouches et les colibris. ◆ *Oiseau-moqueur.* Voy. **MOQUEUR**. ◆ *Oiseau-de-paradis.* Voy. **PARADIS**. ◆ **Fig.** et **pop.** *L'oiseau de saint Luc*, le bœuf. ■ *Avoir une cervelle d'oiseau*, être étourdi, dans les nuages. ■ *Avoir un appétit d'oiseau*, manger peu. *Donner des noms d'oiseau à quelqu'un*, l'injurier. ■ **À VUE D'OISEAU**, loc. adv. De la manière dont on verrait un objet si l'on planait au-dessus. *Plan à vue d'oiseau.* ■ **Fig.** « *Je n'ai fait voir les choses dans ce dernier volume qu'à vue d'oiseau* », VOLTAIRE. ■ **À VOL D'OISEAU**, loc. adv. En ligne droite. ■ **Pop.** et **fig.** *Aux oiseaux*, très bien. ■ **Prov.** *Petit à petit l'oiseau fait son nid.* Voy. **NID**. ■ *Il a battu les buissons, et un autre a pris les oiseaux*, c'est-à-dire il a pris la peine, et d'autres en ont profité. ■ *Oiseau-lyre*, ménure. *Des oiseaux-lyres.*

2 OISEAU, n. m. [wazo] (1 *oiseau*, par métaphore) Sorte de petite auge qui se met sur les épaules, pour porter du mortier. *Porter l'oiseau.*

OISELÉ, ÉE, p. p. d'oiseler. [waz(ə)le]

OISELER, v. tr. [waz(ə)le] (anc. fr. *oisel*, oiseau) **Fauconn.** Dresser un oiseau pour le vol ; chasser à l'oiseau. *Oiseler un faucon.* ■ **V. intr. Chasse** Tendre des filets, des gluaux, etc.

OISELET, n. m. [waz(ə)lɛ] (dim. de l'anc. fr. *oisel*, oiseau) Petit oiseau.

OISELEUR, n. m. [waz(ə)lœr] (anc. fr. *oisel*, oiseau) Celui qui fait métier de prendre des oiseaux à la pipée, aux filets ou autrement. ◆ **Adj.** Qui prend des oiseaux et en vit, en parlant de certains animaux. *Les serpents oiseleurs.*

OISELIER, IÈRE, n. m. [wazəlje, jɛr] (anc. fr. *oisel*, oiseau) Celui ou celle dont le métier est d'élever et de vendre des oiseaux.

OISELLE, ■ n. f. [wazɛl] (fém. de l'anc. fr. *oisel*, oiseau) Oiseau femelle. ■ Jeune fille naïve et niaise.

OISELLERIE, n. f. [wazɛl(ə)ri] (anc. fr. *oisel*, oiseau) Métier de prendre, d'élever et de vendre des oiseaux. ◆ Lieu où l'on élève des oiseaux.

OISEUSEMENT, adv. [wazøz(ə)mɑ̃] (*oiseux*) D'une manière oiseuse.

OISEUX, EUSE, adj. [wazø, øz] (lat. *otiosus*, de *otium*, loisir) ▷ Qui par habitude ou par goût ne fait rien. ◁ ◆ ▷ **N. m.** et **n. f.** « *L'ambitieux, l'oiseux, le vindicatif* », MASSILLON. ◁ ◆ ▷ En parlant des choses. « *Une vie oiseuse dans son agitation* », MASSILLON. ◁ ◆ ▷ **Fig.** « *Sors de ce lit oiseux qui te tient attaché* », BOILEAU. ◁ ◆ Inutile, qui ne sert à rien. *Occupation, dispute oiseuse. Épithète oiseuse.*

OISIF, IVE, adj. [wazif, iv] (anc. fr. *oisdif*, oisif, de *oisdive*, oisiveté, du lat. *otiosus*) Qui ne fait rien actuellement. « *Les journées sont longues et les années sont courtes pour l'homme oisif* », DIDEROT. ◆ Il se dit aussi des choses en ce sens. *Une oisive indolence.* ◆ *Vie oisive*, vie d'une personne inoccupée. ◆ Dont on ne fait point usage. *La valeur est oisive pendant la paix.* ◆ *Argent oisif*, argent qu'on ne fait point valoir. ◆ **N. m.** *Personne oisive.* ■ **N. m.** et **n. f.** Personne qui dispose de beaucoup de loisirs. *Un oisif fatigué de n'avoir rien fait.* ■ Personne qui peut se permettre de ne pas travailler.

OISILLON, n. m. [wazijɔ̃] (dim. de l'anc. fr. *oisel*, oiseau) Petit oiseau.

OISIVEMENT, adv. [waziv(ə)mɑ̃] (*oisif*) D'une manière oisive.

OISIVETÉ, n. f. [waziv(ə)te] (*oisif*) État d'une personne oisive, qui n'a rien à faire, qui ne fait rien. « *Les pernicieuses rêveries de l'oisiveté* », BOSSUET. ◆ **Prov.** *L'oisiveté est la mère de tous les vices.*

OISON, n. m. [wazɔ̃] (b. lat. *aucio*, dér. de *auca*, oie, refait d'après *oiseau*) Petit de l'oie. ◆ *N'avoir pas plus de sens qu'un oison*, être très borné. ◆ **Fig.** et **fam.** *Un oison*, un homme, une femme sans intelligence. ◆ *Ces oisons-là*, des gens de cette espèce.

OK, ■ adv. [oke] ou [okɛ] (abrév. angl. de *all correct*) **Fam.** Tout va bien. *C'est ok.* ■ Oui. *Ok, je vais le faire.*

OKA, ■ n. m. [oka] (monastère de *Oka*, dans la région des Laurentides au Québec) Fromage au lait de vache, à pâte ferme, ressemblant au Port-Salut, fabriqué à l'origine par les pères trappistes de l'abbaye cistercienne d'Oka. *Des okas.*

OKAPI, ■ n. m. [okapi] (mot angl., d'une langue d'Afrique occid.) Ruminant africain du Congo, de la famille des girafes, mais n'en ayant ni la longueur de cou ni la couleur. *Les okapis se nourrissent essentiellement de jeunes pousses.*

OKOUMÉ, ■ n. m. [okume] (mot d'une langue du Gabon) Arbre d'Afrique équatoriale utilisé en menuiserie. *Des okoumés.* ■ Bois de cet arbre, rose saumon, tendre, léger, et utilisé dans la fabrication du contreplaqué.

OLA ou **HOLA**, ■ n. f. [ola] (esp. *ola*, vague) Manifestation d'enthousiasme et d'encouragement dans une enceinte sportive où le public se met debout au fur et à mesure en levant les bras, ce qui produit un mouvement d'ensemble rappelant les ondulations d'une vague. *Faire une hola dans un stade.*

OLÉ ou **OLLÉ**, ■ interj. [ole] ou [olle] (esp. *ole*) Marque d'encouragement, spécialement dans les corridas.

OLÉACÉES ou **OLÉINÉES**, n. f. pl. [olease, oleine] (lat. *olea*, olivier, olive) Famille de plantes dont l'olivier est le type.

OLÉAGINEUX, EUSE, adj. [oleaʒinø, øz] (lat. *oleaginus*, d'olivier) Qui ressemble à de l'huile, ou qui en contient. *Substances oléagineuses.* ◆ **N. m.** *Un oléagineux.* ■ *Plante oléagineuse*, plante dont les graines ou les fruits servent à fabriquer des huiles alimentaires ou industrielles.

OLÉANDRE, n. m. [oleɑ̃dr] (lat. médiév. *oleander*, d'orig. incertaine, p.-ê. lat. *rhododendron*) Laurier-rose.

OLÉATE, n. m. [oleat] (lat. *oleum*, huile) **Chim.** Genre de sels qui sont produits par l'acide oléique et une base.

OLÉCRANE, ■ n. m. [olekʀan] (gr. *olecranon*, pointe du coude, coude, de *ôlenê*, coude, et *kranion*, tête) **Anat.** Apophyse postérieure du cubitus formant la saillie du coude. *Une fracture de l'olécrane.*

OLÉCRANIEN, IENNE, ■ adj. [olekʀanjɛ̃, jɛn] (*olécrane*) Qui concerne l'olécrane. *Réflexe olécranien. Fossette olécranienne. Gouttière olécranienne.*

OLÉFIANT, ANTE, adj. [olefjɑ̃, ɑ̃t] (lat. *oleum*, huile, et *facere*) Se dit d'un gaz hydrogène carboné qui, avec le chlore, produit un liquide oléagineux. ♦ Il serait mieux de dire *oléifiant.*

OLÉFINE, ■ n. f. [olefin] (angl. *olefine*, de *oléfiant*, du *oléfiant*) **Chim.** Hydrocarbure de formule CnH2n. ■ REM. *L'oléfine* est aussi appelée *alcène* ou *carbure éthylénique.*

OLÉICOLE, ■ adj. [oleikɔl] (*oléi-* et *-cole*) Qui concerne l'oléiculture. *Une pépinière oléicole. L'industrie oléicole méridionale.*

OLÉICULTEUR, TRICE, ■ n. m. et n. f. [oleikyltœʀ, tʀis] (*oléi-* et *-culteur*) Personne qui s'occupe d'oléiculture.

OLÉICULTURE, ■ n. f. [oleikyltyʀ] (*oléi-* et *culture*) Culture des oliviers. ■ Industrie d'extraction d'huile d'olive. *Une circulaire relative à l'agrément des produits issus de l'oléiculture bénéficiant d'une appellation d'origine contrôlée.*

OLÉIDES, ■ n. m. pl. [oleid] (lat. *oleum*, huile) Famille de corps qui se compose des huiles.

OLÉIFÈRE, ■ adj. [oleifɛʀ] (*oléi-* et *-fère*) Qui produit de l'huile. *Plantes oléifères.*

OLÉIFORME, ■ adj. [oleifɔʀm] (*oléi-* et *-forme*) Qui a la consistance de l'huile. *Un liquide oléiforme.*

OLÉINE, n. f. [olein] (*olé[i]-* et suff. *-ine*) **Chim.** Substance organique grasse, donnant par la saponification les acides oléique et margarique, ainsi que la glycérine, et faisant partie de toutes les huiles végétales, comme de la plupart des huiles grasses. ■ REM. On disait aussi *élaïne* autrefois.

OLÉINÉES, ■ n. f. pl. [oleine] (*oléine*) Voy. OLÉACÉES.

OLÉIQUE, adj. [oleik] (*olé[i]-*) **Chim.** *Acide oléique ou élaïque,* produit de la saponification et de la distillation des corps gras ou de la formation du gras des cadavres.

OLÉODUC, ■ n. m. [oleodyk] (*oléo-* et *-duc* sur le modèle de *aqueduc*) Gros conduit de transport à distance pour les hydrocarbures liquides du type pétrole brut, fuel, essence, gas-oil.

OLÉ-OLÉ ou **OLÉ OLÉ**, ■ adj. inv. [oleole] (esp. *ole*) **Fam.** Osé, libre, dévergondé. *Une pièce de théâtre olé-olé. Une personne olé-olé.*

OLÉOMÈTRE, ■ n. m. [oleometʀ] (*oléo-* et *-mètre*) **Phys.** Instrument servant à mesurer la densité des huiles. ■ **Méc.** Compteur indiquant la pression de l'huile dans un moteur.

OLÉOPNEUMATIQUE, ■ adj. [oleopnœmatik] (*oléo-* et *pneumatique*) **Méc.** *Suspension oléopneumatique,* système de suspension sans ressort pour certains véhicules automobiles qui fonctionnent grâce à de l'huile sous pression et à un gaz comprimé. ■ REM. On dit aussi *une suspension hydropneumatique.*

OLÉOPROTÉAGINEUX, ■ n. m. [oleopʀoteaʒinø] (*oléo-* et *protéagineux*) **Agric.** Ensemble des plantes cultivées pour leur production d'huile et pour leur important apport en protéines. *Les oléoprotéagineux regroupent les oléagineux (principalement le colza, le tournesol, le soja, le lin et l'olivier) et les protéagineux (principalement le pois, le lupin et la féverole).* ■ **Adj.** *La filière oléaprotéagineuse. La production oléaprotéagineuse.*

OLÉORÉSINE, ■ n. f. [oleoʀezin] (*oléo-* et *résine*) **Chim.** Produit visqueux mais naturel, tiré de certaines plantes et formé par une essence et de la résine résultant de l'oxydation de cette essence. *Oléorésine de curcuma. Oléorésine de paprika.* ■ REM. Après distillation, ce produit naturel devient une huile et une résine solide.

OLÉORÉSINEUX, EUSE, ■ adj. [oleoʀezinø, øz] (*oléorésine*) Qui contient à la fois de l'huile et de la résine. *Des vernis oléorésineux.*

OLÉUM, ■ n. m. [oleɔm] (lat. *oleum*, huile d'olive, huile en général) **Chim.** Acide sulfurique concentré sous la forme d'un liquide huileux (quelquefois sous forme solide) contenant une teneur en anhydride plus importante que dans l'acide sulfurique courant. *Les oléums sont également appelés acides fumants.*

OLFACTIF, IVE, adj. [ɔlfaktif, iv] (lat. impér. *olfactus*, action de flairer, de sentir ; odorat) Qui appartient à l'odorat. *Nerf olfactif. Appareil olfactif.*

OLFACTION, n. f. [ɔlfaksjɔ̃] (lat. impér. *olfactus*, action de flairer, de sentir ; odorat) Exercice actif du sens de l'odorat.

OLFACTOMÈTRE, ■ n. m. [ɔlfaktometʀ] (*olfacto-* et *-mètre*) Appareil servant à évaluer les sensations olfactives d'un individu en diffusant des stimulus olfactifs. *Olfactomètres à dilution dynamique.*

OLFACTOMÉTRIE, ■ n. f. [ɔlfaktometʀi] (*olfacto-* et *-métrie*) Mesure de la sensibilité olfactive (normale ou pathologique) d'un sujet du point de vue de la sensation, de la qualité et la détermination d'une odeur en fonction de différentes conditions d'olfaction et de l'intensité de l'odeur en question. *Des expertises en olfactométrie à la demande d'industriels confrontés à des problèmes d'odeur.*

OLFACTOMÉTRIQUE, ■ adj. [ɔlfaktometʀik] (*olfactométrie*) Qui concerne l'olfactométrie. *Une analyse, une mesure olfactométrique. Un observatoire olfactométrique.*

OLIBAN, n. m. [olibɑ̃] (lat. médiév. *olibanum*, du gr. *[h]o libanos*, l'encens, ou de l'ar. *al uban*, l'encens) **Rare Pharm.** Résine nommée aussi encens ; celle qui est en larmes s'appelle encens mâle, et celle qui est en petits fragments, encens femelle.

OLIBRIUS, n. m. [olibʀijys] (*Olybrius*, nom de plusieurs personnages de l'empire romain) **Fam.** Celui qui fait le méchant garçon ou l'entendu, et qui n'est le plus souvent que ridicule. « *Faisons l'olibrius* », MOLIÈRE.

OLIFANT ou **OLIPHANT**, n. m. [olifɑ̃] (anc. fr. *olifant*, éléphant, corne, du lat. *elephantus*, gr. *elephas*) Nom du cor que portait Roland, et en général espèce de petit cor que portaient les chevaliers.

OLIGARCHIE, n. f. [oligaʀʃi] (gr. *oligarkhia*, de *oligoi*, un petit nombre, et *arkhein*, commander) Gouvernement politique où l'autorité est entre les mains de peu de personnes. ■ Ensemble de ces personnes.

OLIGARCHIQUE, adj. [oligaʀʃik] (gr. *oligarkhikos*) Qui appartient à l'oligarchie.

OLIGARCHIQUEMENT, adv. [oligaʀʃik(ə)mɑ̃] (*oligarchique*) Suivant le système oligarchique.

OLIGARQUE, ■ n. m. [oligaʀk] (gr. *oligarkhês*) Membre d'une oligarchie.

OLIGISTE, adj. m. [oliʒist] (gr. *oligistos*, superl. de *oligos*, en petit nombre) *Fer oligiste* ou n. m. *l'oligiste,* l'hématite, minerai pauvre en métal.

OLIGO..., n. m. [oligo] (*oligos*) Préfixe qui veut dire *peu*, et vient du gr. *oligos*.

OLIGOCÈNE, ■ n. m. [oligosɛn] (*oligo-* et gr. *kainos*, nouveau, récent) **Géol.** Deuxième période de l'ère tertiaire s'étendant sur une durée d'environ douze millions d'années, entre l'éocène et le miocène. *Le début de l'oligocène est marqué par une extinction massive qui est peut-être reliée à l'impact d'un météorite en Sibérie.* ■ **Adj.** Qui se rapporte à cette période. *La faune et la flore oligocène.*

OLIGOCHÈTES, ■ n. m. pl. [oligokɛt] (*ch* se prononce *k* ; *oligo-* et gr. *khaitê*, chevelure) **Zool.** Classe d'annélides terrestres ou aquatiques. *Les oligochètes vivent dans les substrats de tous les milieux aquatiques et certains peuvent nager à la surface.* ■ **N. m.** **Zool.** Ver terrestre ou aquatique, sans pattes et au corps constitué de nombreux segments.

OLIGOCLASE, ■ n. f. [oligoklaz] (gr. *oligos*, peu, et *klasis*, cassure) **Minér.** Feldspath composé de sodium et de calcium très répandu dans les roches magmatiques. *L'oligoclase est transparente ou translucide.*

OLIGOÉLÉMENT, ■ n. m. [oligoelemɑ̃] (*oligo-* et *élément*) Nutriment chimique, en très petite quantité, nécessaire à la croissance et à la vie des humains et des végétaux. *Il y a plus d'une vingtaine d'oligoéléments. Se soigner par les oligoéléments.*

OLIGOMÈRE, ■ n. m. [oligomɛʀ] (*oligo-* et *-mère*) **Chim.** Polymère dont la molécule contient moins de 100 molécules monomères. ■ **Biol.** Protéine complexe.

OLIGOMÉRIQUE, ■ adj. [oligomerik] (*oligomère*) **Chim.** Qui concerne l'oligomère. *Une protéine oligomérique.*

OLIGOPHRÈNE, ■ adj. [oligofʀɛn] (*oligophrénie*) **Méd.** Qui est atteint d'oligophrénie. *Une patiente oligophrène. Un enfant oligophrène.*

OLIGOPHRÉNIE, ■ n. f. [oligofʀeni] (*oligo-* et gr. *phrên*, pensée) **Méd.** Arriération mentale. *Le degré d'oligophrénie peut être variable, pouvant aller de la débilité mentale à l'idiotie, et peut empêcher un enfant d'acquérir son autonomie et de s'adapter socialement.*

OLIGOPOLE, ■ n. m. [oligopɔl] (*oligo-* et *-pole*, formé sur *monopole*) Marché au sein duquel un nombre très restreint d'entreprises fait face à de nombreux acheteurs. *Le marché des pneumatiques est un oligopole. Oligopole et oligopsone.* ■ **Par méton.** Ensemble des entreprises dans cette situation. *L'oligopole de l'eau.*

OLIGOPOLISTIQUE, ■ adj. [oligopolistik] (*oligopole*, d'après *monopolistique*) Relatif à l'oligopole. *Une concurrence oligopolistique.*

OLIGOPSONE, ■ n. m. [oligopsɔn] (*oligo-* et gr. *opsônion*, approvisionnement) **Écon.** Marché au sein duquel un nombre restreint d'acheteurs fait face à de très nombreux vendeurs. *Oligopsone et oligopole.*

OLIGOSPERMIE, ■ n. f. [oligospɛʀmi] (*oligo-* et gr. *sperma*, semence, graine) **Méd.** Faible quantité anormale de spermatozoïdes dans le sperme.

On parle d'oligospermie quand la numération est inférieure à 20 millions de spermatozoïdes par ml. ■ Production insuffisante de sperme.

OLIGOTHÉRAPIE, ■ n. f. [oligoterapi] (*oligoélément* et *thérapie*) Traitement des maladies par les oligoéléments. *Les minéraux et métaux en oligothérapie interviennent en très petites quantités dans les fonctions et les échanges biologiques de l'organisme.*

OLIGOTROPHE, ■ adj. [oligotʁɔf] (*oligo-* et gr. *trophê*, nourriture) **Écol.** Se dit à propos d'une étendue d'eau pauvre en éléments nutritifs. *Un lac oligotrophe. Un milieu oligotrophe.*

OLIGURIE, ■ n. f. [oligyʁi] (*olig[o]-* et *-urie*) **Méd.** Diminution pathologique ou physiologique de la fonction urinaire pendant un laps de temps donné. *L'oligurie est due soit à un déficit du fonctionnement des reins, soit à une réduction de la consommation de liquide.*

OLIM, n. m. [olim] (lat. *olim*, autrefois) Anciens registres du parlement. « *Jean de Montluc, sous le règne de Philippe le Bel, fit le recueil qu'on appelle aujourd'hui les registres olim* », MONTESQUIEU. ♦ *Un olim*, un de ces registres.

OLINDE, n. f. [olɛ̃d] (*Olinda*, ville du Brésil) Sorte de lame d'épée.

OLIPHANT, ■ n. m. [olifɑ̃] Voy. OLIFANT.

OLIVAIE, ■ n. f. [olivɛ] Voy. OLIVERAIE.

OLIVAIRE, adj. [olivɛʁ] (b. lat. *olivarius*, qui concerne les olives) Qui est en forme d'olive. *Gautère olivaire.* ♦ *Bouton olivaire*, l'extrémité d'un outil arrondie comme une olive ; on s'en sert pour polir.

OLIVAISON, n. f. [olivɛzɔ̃] (*olive*) Temps où l'on cueille les olives ; la récolte même.

OLIVÂTRE, adj. [olivɑtʁ] (ital. *olivastro*) Qui est de couleur d'olive. *Teint olivâtre.*

OLIVE, n. f. [oliv] (lat. *oliva*, olivier et fruit de l'olivier) Fruit à noyau dont on tire de l'huile. ♦ *Olives noires*, celles qu'on a laissées mûrir sur l'arbre et dont on fait l'huile la plus grasse. ♦ *Olives vertes*, celles que l'on conserve dans la saumure. ♦ *Couleur d'olive*, couleur verdâtre qui tire un peu sur le brun. ♦ On dit aussi *olive* pour : de couleur d'olive. ♦ *Vert olive*, vert qui a la nuance de l'olive. ♦ Il se dit quelquefois pour olivier. *Le jardin des Olives.* « *Le rameau d'olive qui fit connaître que la terre était découverte* », MME DE SÉVIGNÉ. ♦ *Branche d'olivier. L'olive est le symbole de la paix.* ▷ *Fig. Joindre l'olive aux lauriers*, être pacifique, après avoir été guerrier victorieux. ◁ ♦ **Poétiq.** *L'olive* se dit pour l'huile. ♦ *Boutons faits en olive*, *boutons en olive* ou simplement *olives*, boutons qui ont la forme d'une olive. ■ **Archit.** Ornement de sculpture en forme d'olives. — Auj., le symbole de la paix n'est plus l'olive mais l'olivier et plus exactement le rameau d'olivier.

OLIVERAIE ou **OLIVAIE**, ■ n. f. [oliv(ə)ʁɛ, olivɛ] (*olivier* ; *olivaie* vient de l'anc. provenç. *oliveda*) Plantation d'oliviers.

OLIVET, ■ n. m. [olivɛ] (*Olivet*, nom d'une ville proche d'Orléans) Fromage au lait de vache provenant de la région d'Orléans. *Les olivets peuvent arborer une couleur bleutée ou s'enrober d'une croûte de cendres, confectionnée avec des sarments de vigne.*

OLIVÉTAIN, AINE, ■ n. m. et n. f. [olivetɛ̃, ɛn] (ordre du Mont-*Olivet*, dans le diocèse de Sienne en Italie) **Relig.** Moine, moniale appartenant à la congrégation bénédictine fondée en 1313 par Bernardo Tolomei sur le mont Olivet en Italie. ■ **Adj.** *L'ordre olivétain.*

OLIVÈTE, n. f. [olivɛt] (altération de *œillette* sous l'infl. de *olive*) **Syn.** d'œillette, sorte de pavot.

OLIVETTE, n. f. [olivɛt] (lat. *olivetum*) Clos planté d'oliviers. ■ Variété de tomate allongée. ■ Variété de raisin à grains allongés.

OLIVETTES, n. f. pl. [olivɛt] (*olive*) Espèce de danse en usage chez les Provençaux après la cueillette des olives.

OLIVEUR, EUSE, ■ n. m. et n. f. [olivœʁ, øz] (*olive*) Personne qui récolte les olives.

OLIVIER, n. m. [olivje] (*olive*) Arbre toujours vert qui porte les olives. ♦ *Une branche d'olivier était le symbole des suppliants et de ceux qui demandaient la trêve ou la paix.* ♦ *Mont des Oliviers* ou *jardin des Olives*, lieu où Jésus fut pris pour être conduit chez Pilate.

OLIVINE, ■ n. f. [olivin] (*olive*) **Minér.** Pierre semi-précieuse le plus souvent de couleur vert olive, parfois brunâtre ou grisâtre, présente dans le basalte. *De l'olivine a été détectée dans les disques de poussières entourant des étoiles jeunes, tout juste formées.*

OLLAIRE, adj. [olɛʁ] (lat. impér. *ollarius*, utilisé pour faire des pots, de *olla*, pot, marmite) *Pierre ollaire*, pierre facile à tailler dont on fait des pots.

OLLA-PODRIDA, n. f. [olapodʁida] (esp. *olla podrida*, pot-pourri, oille) **Fig.** Mélange sans liaison, macédoine. ■ **Fig.** Mélange hétéroclite de personnes. *Des olla-podrida* ou *des ollas-podridas.*

OLLÉ, ■ interj. [ole] ou [olle] Voy. OLÉ.

OLO..., ■ préfixe [olo] Voy. HOLO... .

OLOFFÉE, n. f. [olofe] ▷ Terme de marine. Voy. AULOFFÉE. ◁

OLOGRAPHE ou **HOLOGRAPHE**, adj. [olograf] (gr. *holographos*) *Testament holographe*, testament écrit en entier de la main du testateur.

OLYMPE, n. m. [olɛ̃p] (gr. *Olumpos*) Montagne de Thessalie, séjour des divinités du paganisme. *Les dieux de l'Olympe.* ♦ *L'Olympe*, les dieux du paganisme. ♦ Fig. et avec un *o* minuscule, le ciel. « *Le jour s'approche et l'olympe blanchit* », RACINE.

OLYMPIADE, n. f. [olɛ̃pjad] (lat. *olympias*, gr. *olumpias*) Manière, chez les Grecs, de compter le temps, et qui consistait en une période de quatre ans, s'écoulant d'une célébration des jeux Olympiques à l'autre. *L'ère des olympiades commence l'an 776 avant Jésus-Christ.* ■ Par méton. Les jeux Olympiques modernes. *Les prochaines olympiades se dérouleront cet été en Grèce.* ■ Par extens. Compétition nationale ou internationale qui se déroule tous les ans dans des domaines non sportifs. *Olympiade de mathématiques, de biologie, de la langue française.*

OLYMPIEN, IENNE, adj. [olɛ̃pjɛ̃, jɛn] (*Olympe*) Qui appartient à l'Olympe. ♦ *Les dieux olympiens*, les douze dieux principaux. ♦ Surnom de Jupiter et de Junon. ♦ Néolog. Majestueux, puissant. *Front, regard olympien.*

OLYMPIQUE, adj. [olɛ̃pik] (lat. *olympicus*, gr. *olumpikos*) Il se dit des jeux qu'on célébrait tous les quatre ans près d'Olympie dans le Péloponnèse. ♦ *Couronne olympique*, la couronne donnée aux vainqueurs des Jeux Olympiques. ♦ *Cirque olympique*, nom d'un théâtre de Paris. ♦ N. f. La première partie des odes de Pindare, celles où ce poète a célébré les vainqueurs à Olympie.

OLYMPISME, ■ n. m. [olɛ̃pism] (*olympique*) Ensemble des règles, de l'organisation et du déroulement des jeux Olympiques. ■ Esprit olympique. *L'olympisme est parfois considéré comme étant une philosophie de vie.*

OMANAIS, AISE, ■ n. m. et n. f. et adj. [omanɛ, ɛz] (*Oman*, État du Sud-Est de la péninsule Arabique) Habitant du sultanat d'Oman. *Les Omanais.* ■ Adj. *Le dialecte omanais. Le rial omanais.*

OMBELLE, ■ n. f. [ɔ̃bɛl] (lat. *umbella*, ombrelle, parasol, de *umbra*, ombre) **Bot.** Mode d'inflorescence dans lequel les pédoncules floraux partent tous d'un même point, et arrivent à peu près à la même hauteur ; exemple : la fleur du sureau.

OMBELLÉ, ÉE, ■ adj. [ɔ̃bele] (*ombelle*) **Bot.** Dont les inflorescences sont en forme d'ombelles. *Une pyrole ombellée.*

OMBELLIFÈRE, adj. [ɔ̃belifɛʁ] (*ombelle* et *-fère*) **Bot.** Il se dit des plantes qui portent des ombelles. ♦ **Bot.** N. f. *Les ombellifères*, grande famille naturelle de plantes dicotylédones polypétales.

OMBELLIFORME, adj. [ɔ̃beliform] (*ombelle* et *-forme*) **Bot.** Qui a la forme d'une ombelle ou d'un parapluie.

OMBELLULE, ■ n. f. [ɔ̃belyl] (*ombelle*) **Bot.** Ombelle partielle dont l'ensemble forme une ombelle composée. *Une petite collerette de bractées à la base d'une ombellule.*

OMBILIC, ■ n. m. [ɔ̃bilik] (lat. *umbilicus*, nombril) **Anat.** Nombril. ♦ **Bot.** Le hile. ♦ Dans les fruits, petite couronne, dite aussi œil, formée par les dents du calice ou par les vestiges du style. ♦ En général, dépression ou élévation au centre d'une surface.

OMBILICAL, ALE, adj. [ɔ̃bilikal] (*ombilic*) **Anat.** Qui appartient à l'ombilic. *Cordon ombilical.* ♦ Qui est en forme d'ombilic.

OMBILIQUÉ, ÉE, adj. [ɔ̃bilike] (*ombilic*) Pourvu d'un ombilic. ♦ Qui présente une dépression plus ou moins marquée à son centre.

OMBLE, ■ n. m. [ɔ̃bl] (altération, sous l'infl. de *ombre*, de l'anc. fr.-provenç. *amble*, de b. lat. *amulus*, sorte de poisson) Poisson salmonidé d'eau douce, vivant en Europe, à chair très estimée et dont il existe deux variétés : *l'omble chevalier* et *l'omble de fontaine.* ■ REM. *L'omble* est parfois dénommé improprement *ombre*, autre salmonidé. ■ *Omble chevalier*, poisson vivant dans les lacs d'Europe occidentale et dont la chair est particulièrement estimée. REM. *L'omble chevalier* est aussi appelé *truite rouge.* ■ *Omble de fontaine*, poisson importé des régions orientales de l'Amérique du Nord et qui vit dans les cours d'eau. ■ REM. *L'omble de fontaine* est aussi appelé *saumon de fontaine.*

OMBRAGE, n. m. [ɔ̃bʁaʒ] (1 *ombre*) Réunion d'arbres, de branches, de feuilles qui donnent de l'ombre. « *Mes arrière-neveux me devront cet ombrage* », LA FONTAINE. ■ Par anal. Obscurcissement, absence de lumière. ♦ *Faire ombrage*, projeter une ombre qui nuit. ♦ Fig. Soupçon, défiance. « *Son humeur aigrie et portée à la défiance et aux ombrages par des malheurs continuels* », J.-J. ROUSSEAU. ♦ *Faire ombrage*, causer de l'inquiétude, des soupçons. ♦ *Prendre ombrage* ou *de l'ombrage*, devenir jaloux, se chagriner, s'inquiéter. ♦ *Donner ombrage,* donner de la jalousie, de l'envie, de l'inquiétude. ■ *Porter ombrage,* faire du tort, causer de l'inquiétude. *Ses mensonges risquent de lui porter ombrage.*

OMBRAGÉ, ÉE, p. p. d'ombrager. [ɔ̃bRaʒe]

OMBRAGER, v. tr. [ɔ̃bRaʒe] (*ombrage*) Faire de l'ombre, donner de l'ombre. *Un grand arbre ombrage sa chaumière.* ♦ Jeter une ombre, une obscurité. Obscurcir. ♦ Couvrir, cacher comme fait un ombrage. *De longs cheveux ombrageaient sa tête.* ♦ **Fig.** *Les lauriers ombragent sa tête, son front,* se dit d'un capitaine qui a remporté de grandes victoires, d'un poète qui a obtenu de grands succès. ♦ S'ombrager, v. pr. Être couvert comme d'un ombrage.

OMBRAGEUSEMENT, adv. [ɔ̃bRaʒøz(ə)mã] (*ombrageux*) D'une manière ombrageuse.

OMBRAGEUX, EUSE, adj. [ɔ̃bRaʒø, øz] (anc. adj. *ombrage,* obscur, mélancolique, soupçonneux) Il se dit, au propre, des chevaux, des mulets, etc. qui sont sujets à avoir peur quand ils voient leur ombre ou quelque objet qui les surprend. ♦ **Fig.** Qui prend de l'ombrage, qui s'inquiète. *Un homme ombrageux. Une humeur, une politique ombrageuse.* ♦ **N. m.** et n. f. *L'ombrageux s'offusque d'un rien.*

OMBRANT, ANTE, adj. [ɔ̃bRã, ãt] (*ombrer*) **Peint.** Qui ombre, qui figure les ombres. *Produire des dessins ombrants sur des plaques de porcelaine par des différences d'épaisseur, c'est le propre de la lithophanie.*

1 OMBRE, n. f. [ɔ̃bR] (lat. *umbra,* ombre ; ombre d'un mort, apparence) Espace privé de lumière par interposition d'un corps opaque. ♦ *L'ombre et la lumière,* l'ombre considérée dans son contraste avec l'espace lumineux qui l'entoure. ♦ **Fig.** « *Un même caractère a aussi ses traits d'ombre et de lumière qui s'embellissent par leur mélange* », Marmontel. ♦ **Fig.** *Jeter une ombre sur,* obscurcir. « *Cet hymen jetterait une ombre sur sa gloire* », P. Corneille. ♦ *Passer comme l'ombre, comme une ombre,* être de courte durée, locution prise de la rapidité avec laquelle l'ombre change dans une journée. ♦ **Fig.** *Mettre un homme à l'ombre,* le mettre en prison, le tuer. ♦ *Être dans l'ombre,* être dans un espace que l'ombre couvre, et fig. ne pas paraître. ♦ **Fig.** *Tout lui fait ombre,* tout lui fait peur, tout excite sa défiance, par comparaison avec le cheval ombrageux. ♦ *Faire ombre à quelqu'un,* obscurcir le mérite, le crédit de quelqu'un. « *Sa vertu nous fait ombre* », Bossuet. ♦ **Fig.** *Jeter de l'ombre,* inquiéter, rendre jaloux. ♦ **Poétiq.** La nuit. ♦ Ombre donnée par les feuilles, ombrage. ♦ **Fig.** L'ombre considérée comme ce qui protège. *À l'ombre des montagnes.* ♦ *L'ombre de la mort,* les ténèbres qui accompagnent la mort. ♦ *L'ombre de la mort,* l'ombre du tombeau, la mort même. ♦ **Fig.** *L'ombre de la mort, les ombres de la mort,* l'ignorance de Dieu, de la vraie religion. ♦ **Peint.** Les endroits les plus bruns et les plus obscurs d'un tableau qui servent à rehausser l'éclat des autres. ♦ **Fig.** *C'est une ombre au tableau,* ou absol. *une ombre,* se dit d'un léger défaut qui n'efface point les beautés d'un ouvrage, les bonnes qualités d'une personne. ♦ Dans un dessin, ce qui imite l'ombre, ce qui est en noir. ♦ **Fig.** Ce qui obscurcit l'âme. « *Du chagrin le plus noir elle écarte les ombres* », Racine. ♦ **Fig.** Le secret qui cache les choses. *Le crime se cache dans l'ombre.* ♦ *Les ombres du mystère,* l'obscurité qui couvre les choses secrètes. ♦ *Être, rester dans l'ombre,* être, demeurer ignoré. ♦ **Fig.** Retraite, solitude, tranquillité. « *Dans l'ombre de la paix* », P. Corneille. « *La timide infortune aime à gémir dans l'ombre* », Dorat. ♦ L'ombre jetée par le corps d'une personne. « *Toi, que faisait trembler l'ombre d'un tel rival* », P. Corneille. ♦ *Il le suit comme l'ombre fait le corps, il ne le quitte pas plus que son ombre, c'est son ombre, il le suit partout.* ♦ ▷ *C'est l'ombre et le corps,* se dit de deux personnes qui ne se quittent pas. ◁ ♦ *Avoir peur de son ombre,* avoir peur des moindres choses. ♦ **Fig.** *Courir après une ombre,* se livrer à une espérance chimérique. ♦ **Fig.** *Prendre l'ombre pour le corps,* prendre une chose vaine pour une chose solide. ♦ *L'ombre d'une chose,* par opposition à cette chose même, à son existence réelle. « *L'erreur qui nous a fait prendre l'ombre pour la vérité* », Massillon. ♦ Selon la doctrine des anciens païens, apparence, simulacre du corps après la mort. « *Son ombre vers mon lit a paru se baisser* », Racine. ♦ La personne considérée après sa mort. « *Quoi ! viens-tu jusqu'ici braver l'ombre du comte ?* », P. Corneille. ♦ **Fig.** Légère apparence. « *Cette ombre d'amitié* », P. Corneille. « *Il ne lui laissa qu'une ombre de puissance* », Bossuet. ♦ Il se dit aussi pour exprimer que la chose dont on parle existe à peine. « *Il ne peut pas avoir l'ombre d'un chagrin* », Mme de Sévigné. *Pas l'ombre de,* pas du tout. « *De justice il n'y avait pas l'ombre* », Voltaire. ♦ **Par extens.** Image imparfaite. « *Astre dont le soleil n'est que l'ombre grossière* », Racine. « *Ces établissements ne sont que l'ombre de ce que vous ferez un jour* », Fénelon. ♦ **Fig.** Il se dit d'une personne ou d'une chose qui a perdu ce qui faisait sa grandeur, son éclat. « *Sémiramis n'est plus que l'ombre d'elle-même* », Voltaire. ♦ **Hérald.** Se dit d'une peinture si déliée, qu'on voit le champ de l'écu au travers. ♦ À L'OMBRE DE, **loc. prép.** Sous le couvert, à l'abri de. *À l'ombre d'un toit, des forêts, etc.* ♦ **Fig.** Sous la protection, à la faveur de. « *Je serai en sûreté et à couvert à l'ombre de vos ailes* », Saci. ♦ SOUS L'OMBRE DE, SOUS OMBRE DE, **loc. prép.** Sous l'apparence, sous le prétexte. « *On raille les dévotions de l'Église sous ombre de crédulité* », Bourdaloue.

♦ Quand on dit *sous l'ombre de,* il faut que le substantif suivant ait un article, par exemple : *sous ombre de l'amitié* ; quand on dit *sous ombre,* le substantif suivant ne prend pas l'article, par exemple : *sous l'ombre d'amitié.* ♦ SOUS OMBRE QUE, **loc. conj.** Sous prétexte que. « *Sous ombre qu'elle est un peu belle* », Molière. ■ **Fig.** *Faire de l'ombre à quelqu'un,* éclipser quelqu'un. ■ **Astron.** Zone du système solaire où une planète que le soleil n'éclaire pas. ■ **N. f. pl.** Ombres projetées sur un support (écran, mur, rideau, etc.) lors d'un spectacle. *Ombres chinoises. Théâtre d'ombres.* ■ *Être l'ombre de soi-même,* être affaibli physiquement, moralement ou intellectuellement. ■ Produit de maquillage destiné à obscurcir une partie du visage. *Ombre à paupières.*

2 OMBRE, n. m. [ɔ̃bR] Voy. HOMBRE.

3 OMBRE, n. m. [ɔ̃bR] (lat. *umbra,* poisson ainsi nommé à cause de sa couleur sombre pendant le frai) Espèce de perche de la Méditerranée. ♦ *Ombre chevalier,* variété de la truite. ■ *L'ombre* est en réalité un poisson de rivière, voisin du saumon et de l'omble. ■ On dirait plutôt auj. *l'omble chevalier* et non plus *l'ombre chevalier.*

4 OMBRE (TERRE D') ou simplement **OMBRE,** n. f. [ɔ̃bR] (1 *ombre,* par analogie de couleur) Terre brune qui sert à ombrer.

OMBRÉ, ÉE, p. p. d'ombrer. [ɔ̃bRe]

OMBRELLE, n. f. [ɔ̃bRɛl] (ital. *ombrello*) Petit parasol. ♦ **Zool.** Masse arrondie formant essentiellement le corps des méduses. *L'ombrelle d'une méduse est composée d'une substance gélatineuse appelée mésoglée contenue entre deux couches cellulaires.*

OMBRER, v. tr. [ɔ̃bRe] (ital. *ombrare,* couvrir d'ombre) Mettre des ombres à un tableau, à un dessin. ♦ **Hérald.** Marquer les traits plus fortement, afin de faire ressortir la pièce. ♦ **Litt.** Mettre dans l'ombre.

OMBRETTE, ■ n. f. [ɔ̃bRɛt] (4 *ombre,* d'après la couleur de terre d'ombre de son plumage) Oiseau échassier de l'Afrique tropicale au plumage brun rappelant la terre d'ombre et au bec très large, très épais et s'aplatissant par les côtés. *L'ombrette mâle est huppée. L'ombrette du Sénégal. L'ombrette africaine.*

OMBREUX, EUSE, adj. [ɔ̃bRø, øz] (lat. *umbrosus,* ombragé, sombre) Qui fait de l'ombre. « *Sous les hêtres ombreux* », Millevoye. ♦ Couvert d'ombre. « *Une vallée ombreuse* », Delille.

OMBRIEN, IENNE, ■ n. m. et n. f. [ɔ̃bRijɛ̃, ijɛn] (*Ombrie*) Habitant de l'Ombrie, région d'Italie centrale. *Les Ombriens.*

OMBRINE, ■ n. f. [ɔ̃bRin] (3 *ombre*) Poisson marin comestible de la Méditerranée et de l'Atlantique à corps rayé de bandes brunes. *L'ombrine commune.*

OMBUDSMAN, ■ n. m. [ɔmbydsman] (mot suéd., de *ombud,* délégué, et *man,* homme) Personne chargée de résoudre les conflits entre les citoyens et l'Administration dans les pays scandinaves. *Des ombudsmans ou des ombudsmen.*

OMÉGA, n. m. [omega] (gr. *ô mega,* grand *o*) Dernière lettre de l'alphabet grec (ω, Ω) notant un *o* long ouvert. ♦ **Fig.** *L'alpha et l'oméga,* le commencement et la fin.

OMELETTE, n. f. [ɔm(ə)lɛt] (altération de *amelette,* omelette, dér., avec métathèse et chang. de suff., de *lemelle,* lamelle, par analogie de forme plate) Œufs battus et cuits dans la poêle avec du beurre. ♦ *D'omelette,* couleur d'une omelette. ♦ *Faire une omelette,* casser des œufs et les battre pour faire l'omelette. ♦ **Prov.** *On ne saurait faire une omelette sans casser des œufs,* il faut se résigner à des pertes, à des sacrifices, pour faire ce qui doit être fait. ■ *Omelette norvégienne,* dessert glacé et meringué que l'on passe quelques minutes au four, puis que l'on flambe juste avant de servir.

OMERTA, ■ n. f. [ɔmɛrta] (ital. *omertà,* de *umiltà,* humilité) Loi du silence imposée par une mafia. *Des omertas.* ■ **Par extens.** Loi du silence imposée par un groupe. *Lever l'omerta sur certaines pratiques.*

OMETTRE, v. tr. [ɔmɛtR] (lat. *omittere,* laisser aller ; renoncer à) Manquer à faire, à dire une chose. ♦ Se construit avec *à* ou *de. Il a omis de* ou *à faire cela.* ♦ *Omettre quelqu'un,* ne pas le comprendre dans une énumération. ♦ S'omettre, v. pr. Être omis.

OMICRON, ■ n. m. [ɔmikRɔ̃] (gr. *o mikron,* petit *o*) Quinzième lettre de l'alphabet grec (O, o), équivalant au *o* bref (*oméga* étant un *o* long).

OMIS, ISE, p. p. d'omettre. [omi, iz]

OMISSION, n. f. [omisjɔ̃] (b. lat. *omissio*) Action d'omettre. « *L'omission d'un principe mène à l'erreur* », Pascal. ♦ La chose omise. *Une omission importante.* ♦ **Jurispr.** Manquement à une chose exigée par la loi, et qui dans certains cas entraîne la nullité. ♦ **Théol.** *Les péchés d'omission,* les péchés qui consistent à ne pas faire les bonnes œuvres auxquelles on est obligé, par opposition aux péchés de commission.

OMMATIDIE, ■ n. f. [omatidi] (gr. *ommation,* petit œil) **Zool.** Œil élémentaire, de forme conique, immobile mais indépendant qui forme avec des milliers d'autres l'œil composé des arthropodes. *L'ommatidie des insectes, des arachnides, des crustacés. La vision à facettes est possible grâce aux ommatidies.*

OMNIBUS, n. m. [ɔmnibys] (lat. *omnibus*, pour tous) Voiture qui parcourt une ville ou sa banlieue, et où chacun peut monter pour une somme modique. ♦ Adj. *Voiture omnibus.* ■ Train qui dessert toutes les stations sur son parcours. « *Que faisiez-vous sur l'esplanade des Invalides à une heure du matin?? De quoi?... J'attendais l'omnibus* », KARR.

OMNICOLORE, ■ adj. [ɔmnikɔlɔr] (lat. *omnicolor*) Qui est composé de toutes les couleurs. *Une perruche omnicolore.*

OMNIDIRECTIONNEL, ELLE, ■ adj. [ɔmnidirɛksjɔnɛl] (*omni-* et *directionnel*) Qui peut émettre ou qui peut capter des ondes dans toutes les directions. *Une antenne omnidirectionnelle. Microphone omnidirectionnel.*

OMNIPOTENCE, n. f. [ɔmnipɔtɑ̃s] (b. lat. *omnipotentia*) Toute puissance. *L'omnipotence divine.* ♦ Faculté de décider souverainement en certaines matières. *L'omnipotence du jury.*

OMNIPOTENT, ENTE, adj. [ɔmnipɔtɑ̃, ɑ̃t] (lat. *omnipotens*) Qui peut tout. *Le jury est omnipotent.*

OMNIPRATICIEN, IENNE, ■ n. m. et n. f. [ɔmnipratisjɛ̃, jɛn] (*omni-* et *praticien*) Médecin généraliste. *L'omnipraticien offre un éventail de services médicaux tels que le diagnostic, le traitement et le suivi, en vue de prévenir ou de soigner les maladies.*

OMNIPRÉSENCE, ■ n. f. [ɔmniprezɑ̃s] (lat. scolast. et théol. *omnipresentia*, présence en tous lieux) Faculté de pouvoir être présent en tous lieux. *L'omniprésence de Dieu.* ♦ Présence en tous lieux. « *Je voudrais m'infuser en elle, me glisser dans les joints de ses murs, à travers ses familles, être une omniprésence éparse sous les toits* », ROMAINS.

OMNIPRÉSENT, ENTE, ■ adj. [ɔmniprezɑ̃, ɑ̃t] (lat. scolast. et théol. *omnipresens*, qui est présent en tous lieux) Qui est présent en tous lieux. *Dieu est omniprésent.* ■ Qui est constamment présent. *Une grand-mère omniprésente. Une pensée omniprésente.*

OMNISCIENCE, n. f. [ɔmnisjɑ̃s] (lat. médiév. *omniscientia*, science infinie, en parlant de Dieu) **Théol.** La science infinie de Dieu. ♦ Dans le langage ordinaire et par exagération, la science de toute chose.

OMNISCIENT, ENTE, adj. [ɔmnisjɑ̃, ɑ̃t] (lat. médiév. *omnisciens*, qui sait tout, en parlant de Dieu) Qui a l'omniscience, qui sait tout. « *Dieu est omniscient* », VOLTAIRE.

OMNISPORTS, ■ adj. [ɔmnispɔr] (*omni-* et *sport*) Qui concerne plusieurs sports. *Un tournoi omnisports.* ■ Où l'on peut pratiquer de nombreux sports. *Le Palais Omnisports de Paris-Bercy. Un club, une salle omnisports.*

OMNIUM, ■ n. m. [ɔmnjɔm] (mot lat., génit. plur. de *omnis*, de tous ; intermédiaire pour le sens écon. de l'angl. *omnium*, même orig.) **Sp.** Compétition qui combine plusieurs épreuves. *Les omniums de cyclisme, de natation, de tennis...* ■ Plus particulièrement, tournoi de golf. *Le National Omnium constitue l'un des titres les plus enviés du golf en France. L'Omnium National Dames. L'omnium canadien, l'omnium britannique.* ■ N. f. Belg. Contrat d'assurance tous risques pour les véhicules. *Une omnium présentant une couverture très étendue.*

OMNIVORE, adj. [ɔmnivɔr] (*omni-* et *-vore*) **Hist. nat.** Qui se nourrit d'aliments de toute espèce. « *Le rat est carnassier et même omnivore* », BUFFON. ♦ N. m. *Les omnivores*, nom d'un ordre nombreux d'oiseaux.

OMOPLATE, n. f. [ɔmoplat] (gr. *ômoplatê*, de *ômos*, épaule, et *platê*, surface large et plate) Os large, plat, mince et triangulaire, situé à la face dorsale du thorax, et formant la partie postérieure des épaules. ♦ Fam. Le plat de l'épaule.

OMPHACITE, ■ n. m. [ɔ̃fasit] (gr. *omphax*, raisin vert) **Minér.** Pyroxène de couleur verte.

ON, pron. indéf. [ɔ̃] (lat. *homo*, homme) Il indique d'une manière générale ou vague les gens, les personnes ; il n'est employé que comme sujet du verbe, et se met toujours au singulier. « *On ne surmonte le vice qu'en le fuyant*, FÉNELON. ♦ *On* remplaçant un sujet déterminé. « *On n'a pas plus d'esprit, de grâce* », COLLIN D'HARLEVILLE. ♦ *On* se dit pour *je, tu, il, nous, vous, ils.* « *Et vous, à m'obéir, prince, qu'on se prépare* », RACINE. ♦ *On* admet devant lui l'article *l'*, particulièrement dans les cas où l'euphonie l'exige. « *Ce que l'on conçoit bien s'énonce clairement* », BOILEAU. ♦ Quand on suit le verbe dont il est le sujet, il s'y joint par un trait d'union. *Dit-on.* ♦ Si le verbe se termine par un *e* muet ou par un *a*, on le joint à *on* par un trait d'union et par un *t* euphonique. *Prie-t-on? Ira-t-on à Lyon?* ♦ *On-dit*, locution jouant le rôle de substantif, et signifiant : ce qui se dit. *Les on-dit.* ♦ *Le qu'en dira-t-on*, sorte de substantif composé. *Se moquer du qu'en dira-t-on*, se moquer de ce que les autres peuvent dire. ■ REM. *On* est un pronom personnel indéfini de la troisième personne. ■ *Les hommes*, l'*Homme.* ■ *Quelqu'un. On m'a dit que tu allais quitter la région.*

1 **ONAGRE**, n. m. [onagr] (lat. *onager*, du gr. *onagros*, de *onos*, âne, et *agrios*, sauvage) Âne sauvage. ♦ Ancienne machine de guerre pour lancer des pierres.

2 **ONAGRE**, n. f. [onagr] (lat. *onagra*) Genre de plantes dont une espèce a des pousses et des racines alimentaires, qui est cultivée pour ses fleurs et qui est aussi appelée *herbe aux ânes.*

ONANISME, ■ n. m. [onanism] (*Onan*, personnage biblique) Masturbation. ■ ONANISTE, n. m. et n. f. [onanist]

ONC, ONQUES ou **ONCQUES**, adv. [ɔ̃k] (lat. *umquam*, un jour, quelquefois) Jamais. *Vîtes-vous onc un plus hardi hâbleur?* ♦ Avec la négation, il a le sens négatif. ♦ Cet adverbe a vieilli.

1 **ONCE**, n. f. [ɔ̃s] (lat. *uncia*, la douzième partie d'un tout) Ancien poids qui était d'abord la douzième partie de la livre romaine ; il était resté la douzième partie de la livre de Lyon et du midi de la France ; il était la seizième partie de la livre de Paris. ♦ Fam. Petite quantité. « *Un homme pâle et livide, qui n'a pas sur soi dix onces de chair* », LA BRUYÈRE. ♦ Fig. *Il n'a pas une once de sens commun, d'esprit, etc.*, il en est complètement dénué. ♦ *Ne pas peser une once*, être très léger, et fig. avoir un grand contentement qui fait qu'on semble léger. ♦ Nom de plusieurs valeurs monétaires. ♦ *Once d'or*, Monnaie courante en plusieurs pays. ■ Mesure de poids anglo-saxonne qui vaut le seizième partie de la livre soit 28,349 grammes et dont le symbole est *oz.*

2 **ONCE**, n. f. [ɔ̃s] (aphérèse de l'anc. fr. *lonce*, lynx, de l'ital. *lonza*, panthère, du gr. *lugx*, lynx) Nom vulgaire et spécifique du *chat once*, dit aussi *jaguar.* ■ REM. L'once est un grand félin d'Asie à la robe gris clair, tachetée de noir. L'once est aussi appelée *panthère des neiges.*

ONCHOCERCOSE, ■ n. f. [ɔ̃kosɛrkoz] (*ch* se prononce *k* ; *onchocerque*, ver parasitaire, et *-ose*) **Méd.** Infection parasitaire due à un ver nématode notamment en Afrique noire. *L'onchocercose touche la peau et les yeux. L'onchocercose peut provoquer la cécité.*

ONCIAL, ALE, adj. [ɔ̃sjal] (lat. *uncialis*, d'un douzième) **Antiq.** Lettres onciales, sortes de grands caractères qui s'employaient aux titres des livres, aux inscriptions, etc. ♦ Au f. *l'onciale* ou au m. *l'oncial*, l'écriture onciale.

ONCLE, n. m. [ɔ̃kl] (lat. *avunculus*, oncle maternel) Frère du père ou de la mère. *Oncle paternel, maternel.* ♦ *Faire l'oncle*, gronder. ♦ *Oncle à la mode de Bretagne.* Voy. MODE. ♦ *Oncle d'Amérique*, personne qui, parent ou non, vient de loin et à l'improviste apporter à quelqu'un une grande fortune. ♦ *Grand-oncle*, le frère du grand-père ou de la grand-mère. ■ Par extens. Mari de la tante. ♦ *Oncle Sam*, personnification des États-Unis. C'est en retenant dans l'abréviation de United States of America, la dernière partie, USAm, qu'a été imaginée l'appellation familière d'oncle Sam.

ONCOGÈNE, ■ adj. [ɔ̃kɔʒɛn] (gr. *ogkos*, grosseur, et *-gène*) Cancérigène. *Gène oncogène.* ■ N. m. Gène souvent responsable d'une tumeur, d'une cancérisation.

ONCOGENÈSE, ■ n. f. [ɔ̃kɔʒənɛz] (gr. *onkos*, grosseur, et *genèse*) Méd. Cancérogenèse. *Une oncogenèse prostatique.*

ONCOLOGIE, ■ n. f. [ɔ̃kɔloʒi] (gr. *onkos*, grosseur, et *-logie*) Méd. Étude des tumeurs cancéreuses, cancérologie.

ONCOLOGIQUE, ■ adj. [ɔ̃kɔloʒik] (*oncologie*) Méd. Relatif à l'oncologie. *La génétique oncologique.*

ONCOLOGISTE ou **ONCOLOGUE**, ■ n. m. et n. f. [ɔ̃kɔloʒist, ɔ̃kɔlɔg] (*oncologie*) Méd. Médecin spécialiste de l'oncologie, cancérologue.

ONCQUES, ■ adv. [ɔ̃k] Voy. ONC.

ONCTION, n. f. [ɔ̃ksjɔ̃] (lat. *unctio*, action d'oindre, friction) Action de frotter avec une substance grasse. ♦ Fig. Ce qui facilite comme fait un corps gras. *Cela n'avait pas mis d'onction entre eux.* ♦ Action d'oindre, en usage dans certaines cérémonies judaïques. « *Je ne suis roi que par l'onction* », SACI. ♦ Action d'oindre, dans certaines cérémonies de l'Église chrétienne. *L'onction du baptême, de la confirmation. L'onction des évêques.* « *Pépin regarda l'onction qu'il reçut du pape Étienne comme une chose qui le confirmait dans tous ses droits* », MONTESQUIEU. ♦ *Extrême-onction.* Voy. EXTRÊME-ONCTION. ♦ Fig. Mouvement de la grâce, consolation du Saint-Esprit. *L'onction du Saint-Esprit.* « *L'humilité naît de l'onction de la grâce* », FÉNELON. ♦ Fig. Ce qui, dans un écrit, un discours, une action, touche le cœur, le porte à la piété. *L'onction de Fénelon. Prêcher avec onction.*

ONCTUEUSEMENT, adv. [ɔ̃ktɥøz(ə)mɑ̃] (*onctueux*) Avec onction.

ONCTUEUX, EUSE, adj. [ɔ̃ktɥø, øz] (lat. médiév. *unctuosus*) Qui est d'une substance grasse et huileuse. ♦ Qui produit au toucher l'impression d'un corps gras. *Une terre onctueuse. Des minéraux onctueux.* ♦ Fig. Rempli d'onction. *Un sermon onctueux. L'onctueux auteur de Télémaque.*

ONCTUOSITÉ, n. f. [ɔ̃ktɥozite] (lat. médiév. *unctuositas*) Qualité de ce qui est ou paraît gras au toucher.

ONDATRA, ■ n. m. [ɔ̃datʀa] (mot huron) **Zool.** Petit mammifère rongeur originaire du Canada et voisin du castor. *Des ondatras.* ■ *Rem. L'ondatra est aussi appelé rat musqué.* ■ Fourrure très recherchée de cet animal.

ONDE, n. f. [ɔ̃d] (lat. *unda*, eau agitée, vague) Eau qui se soulève. *Le vent fait des ondes sur la rivière.* « *L'onde approche, se brise* », Racine. ♦ **Fig.** Il se dit des passions, des sentiments qui se soulèvent comme une onde. « *Les ondes de la colère s'élèvent plus fort* », Bossuet. ♦ Dans le style élevé, l'eau en général. « *Sur le bord d'une onde pure* », Racine. ♦ La mer. « *Cet empire absolu sur la terre et sur l'onde* », P. Corneille. ♦ *L'onde noire*, le Styx. ♦ *Passer l'onde noire*, mourir. ♦ Tout ce qui a un mouvement de soulèvement semblable à celui de la mer. « *Car le feu dont la flamme en onde se déploie fait de notre quartier une seconde Troie* », Boileau. ♦ **N. f. pl.** Dans les beaux-arts, lignes composées d'une succession de courbes alternativement concaves et convexes. *Les ondes d'une colonne torse, les courbes du profil de cette colonne.* ♦ Teintes, nuances qui imitent une onde. *Les ondes de la moire, d'un bois veiné.* ♦ Lignes de différentes couleurs qui vont en serpentant sur la robe d'une coquillage. ♦ Soulèvement dans une matière solide. « *Il se forme, à la surface de ces masses, des trous, des ondes, des aspérités* », Buffon. ♦ Défaut dans le verre. ♦ Traces circulaires qui se propagent à la surface d'un liquide qui a été ébranlé dans un de ses points. ♦ **Phys.** *Ondes sonores*, ondulations de l'air, que l'on admet pour expliquer les phénomènes du son. ♦ *Ondes lumineuses*, ondulations qu'on suppose dans un fluide hypothétique, l'éther. ♦ *Onde de choc*, répercussion ou conséquence désagréable de quelque chose. ■ **N. f. pl.** *Les ondes*, la radio. ■ **Fam.** *Être sur la même longueur d'onde*, se comprendre parfaitement, à demi-mots.

ONDÉ, ÉE, adj. [ɔ̃de] (*onde*) Qui présente des lignes colorées irrégulières en forme d'ondes. « *La queue est ondée de blanc* », Buffon. ♦ Qui présente des élévations et des enfoncements. « *Il a les bords du bec supérieur non pas droits, mais ondés* », Buffon. ♦ *Cheveux ondés*, cheveux en bandeaux plats, il est vrai, mais qui sont rangés en lignes ondulées, non droites.

ONDÉE, n. f. [ɔ̃de] (*onde*) Ondée de pluie, grosse pluie subite et passagère. ♦ **Absol.** *Une forte ondée.* ♦ **Fig.** « *Nous allons faire pleuvoir sur toi une ondée de coups de bâton* », Molière.

ONDEMÈTRE, ■ n. m. [ɔ̃d(ə)mɛtʀ] (*onde* et *-mètre*) Appareil permettant de mesurer la longueur d'onde d'une émission radioélectrique. *Un ondemètre à absorption.*

ONDIN, INE, n. m. et n. f. [ɔ̃dɛ̃, in] (*onde*) Génie élémentaire des eaux, suivant les cabalistes.

ONDINISME, ■ n. m. [ɔ̃dinism] (*ondin*, d'après l'angl. *ondinism*) Plaisir que ressent un homme de voir une femme uriner ou plaisir sexuel que ressent un homme de se faire uriner dessus par sa compagne.

ON-DIT, ■ n. m. inv. [ɔ̃di] (substantivation de la proposition *on dit*) Ce qu'on raconte, bruit qui court. *Il ne faut pas se fier aux on-dit.*

ONDOIEMENT, ■ n. m. [ɔ̃dwamɑ̃] (*ondoyer*) Action de flotter par ondes. *L'ondoiement des vagues, des blés.* ♦ Baptême fait en cas de nécessité et où sont omises les cérémonies de l'Église ; il se fait souvent aussi par précaution, quand on veut retarder le baptême pour une circonstance quelconque.

ONDOYANT, ANTE, adj. [ɔ̃dwajɑ̃, ɑ̃t] (*ondoyer*) Qui ondoie, qui se meut en ondes. *Les moissons ondoyantes. Une flamme ondoyante.* ♦ Il se dit de la taille pour en marquer la souplesse. ♦ **Peint.** Il se dit des lignes, des contours, des draperies. ♦ **Hist. nat.** Qui est marqué de lignes ou de dépressions flexueuses. ♦ *Vol ondoyant*, vol qui n'est pas direct et qui va en s'élevant et en s'abaissant. ■ **Fig.** Inconstant. *Un caractère ondoyant.*

ONDOYÉ, ÉE, p. p. d'ondoyer. [ɔ̃dwaje]

ONDOYER, v. intr. [ɔ̃dwaje] (*onde*) Se mouvoir en ondes. « *Je voyais les moissons du soleil éclairées, Ondoyer mollement sur les plaines dorées* », Saint-Lambert. « *Les rangs pressés de la foule ondoyaient comme une moisson que les vents agitent* », Barthélemy. ♦ **V. tr.** Baptiser un enfant sans observer les cérémonies de l'Église.

ONDULANT, ANTE, adj. [ɔ̃dylɑ̃, ɑ̃t] (*onduler*) Qui ondule. « *Le reflet de la lune sur ces eaux ondulantes* », Diderot. ♦ **Méd.** Se dit du pouls lorsqu'il est grand, élevé et qu'il se fait sentir par un mouvement successif, continuel et inégal.

ONDULATION, n. f. [ɔ̃dylasjɔ̃] (lat. tardif *undula*, petite onde, légère ondulation) Mouvement oscillatoire ou de vibration que l'on observe dans un liquide et qui le fait alternativement hausser et baisser. ♦ Tout mouvement qui imite celui des ondes. *Les ondulations d'un champ de blé agité par le vent.* ♦ **Par anal.** Les ondulations d'un terrain. ♦ **Peint.** Il se dit des lignes, des contours, des draperies. ♦ **Phys.** Propagation du son dans l'air par des vibrations concentriques, analogues aux ondes formées sur l'eau tranquille par une pierre qu'on y jette. ♦ *Système des ondulations*, système d'après lequel les effets de la lumière seraient dus aux vibrations déterminées par la matière pondérable dans l'éther. ■ Succession de hauteurs et de

dépressions sur un terrain. ■ **Électr.** Composante alternative du courant. ■ Coiffure présentant des crans rappelant les ondulations de l'eau. *Se faire faire une ondulation.*

ONDULATOIRE, adj. [ɔ̃dylatwaʀ] (*onduler*) **Phys.** Qui se propage en ondulations. *Des mouvements ondulatoires.* ■ Qui possède les caractéristiques d'une onde. *Aspect ondulatoire.* ■ **Phys.** Qui concerne les ondes. *Mécanique ondulatoire.*

ONDULÉ, ÉE, adj. [ɔ̃dyle] (p. p. de *onduler*) Dont la surface présente des ondulations. ♦ **Fig.** *Des cheveux ondulés.* Voy. ondé. ♦ **Bot.** Qui s'élève et s'abaisse alternativement en plis arrondis. *Feuille ondulée.* ■ *Rem.* On ne dit plus auj. *des cheveux ondés* mais *des cheveux ondulés.*

ONDULER, v. intr. [ɔ̃dyle] (*ondulation*) Avoir comme un mouvement d'ondulation. ♦ **V. tr.** *Onduler ses cheveux*, faire former à des bandeaux plats une suite de plis arrondis. ■ **V. intr.** Présenter des ondulations. *Ses cheveux ondulent. La tôle ondule.*

ONDULEUR, ■ n. m. [ɔ̃dylœʀ] (*onduler*) **Électr.** Dispositif qui permet la conversion d'un courant continu en courant alternatif. ■ **Inform.** Appareil assurant la fourniture du courant nécessaire au fonctionnement d'un ordinateur en cas de défaillance du réseau de distribution d'électricité.

ONDULEUX, EUSE, adj. [ɔ̃dylø, øz] (*onduler*) Qui forme des ondes, qui ondule. *Les flots onduleux de ses cheveux.* ♦ Qui présente une suite de plis arrondis. *Les rives onduleuses d'un fleuve.*

ONE-MAN-SHOW et, rare, **ONE-WOMAN-SHOW**, ■ n. m. [wanmanʃo, wanwumanʃo] (mots angl. signifiant litt. : spectacle d'un seul homme, d'une seule femme) Spectacle le plus souvent comique mené par un seul artiste sur scène. *Des one-man-shows, des one-woman-shows.*

ONÉRAIRE, adj. [oneʀɛʀ] (lat. *onerarius*, de transport) ▷ Terme de jurisprudence qui a vieilli et qui se disait de celui qui avait le soin réel d'une chose dont un autre a l'honneur. Ainsi l'on distinguait *tuteur onéraire* et *tuteur honoraire.* ◁

ONÉREUSEMENT, adv. [oneʀøz(ə)mɑ̃] (*néreux*) **Rare** D'une manière onéreuse.

ONÉREUX, EUSE, adj. [oneʀø, øz] (lat. *onerosus*, pesant lourd, de *onus*, génit. *oneris*, charge, fardeau) Qui est à charge, qui pèse comme un fardeau. *Impôt onéreux.* « *Les brahmanes considèrent la vie comme une chose onéreuse* », Rollin. ♦ **Jurispr.** *Titre onéreux*, celui par lequel on acquiert une chose sous la condition d'acquitter certaines charges. ♦ **Fig.** « *N'envions point à une sorte de gens leurs grandes richesses : ils les ont à titre onéreux* », La Bruyère. ■ Qui coûte cher.

ONE-STEP, ■ n. m. [wanstɛp] (angl. *one step*, un pas) Danse d'origine américaine sur une musique à deux temps à la mode en France après la première guerre mondiale. *Des one-steps.* ■ Air musical sur lequel est exécutée cette danse. *Danser sur un one-step.*

ONG, n. f. [oɛnʒe] (sigle de *organisation non gouvernementale*) Organisme qui vit de dons privés et qui se voue à des causes humanitaires (assistance médicale, assistance technique, lutte contre l'illettrisme, lutte contre la famine, secours en cas de catastrophe naturelle ou de guerre). *Des ONG.*

ONGLADE, n. f. [ɔ̃glad] (*ongle*) ▷ **Méd.** Ongle entré dans la chair. ◁

ONGLE, n. m. [ɔ̃gl] (lat. *ungula*, serre, griffe, sabot, ongle, de *unguis*, ongle) Lame dure, cornée, demi-transparente, qui revêt l'extrémité dorsale des doigts et des orteils. ♦ **Fig.** *Rogner les ongles à quelqu'un*, lui diminuer son pouvoir, ses profits. ♦ *Couper les ongles*, enlever la partie libre qui croît constamment, et fig. ôter à quelqu'un ce qui fait sa force, son talent, etc. ♦ **Fig.** *Avoir de l'esprit jusqu'au bout des ongles*, en avoir beaucoup. ♦ *Être quelque chose jusqu'aux ongles*, l'être tout à fait. ♦ *Rogner, manger, mordre ses ongles*, être en proie à l'impatience, au chagrin. ♦ *Avoir du sang aux ongles, sous les ongles, au bout des ongles*, avoir du cœur. ♦ **Fig.** *Avoir bec et ongle*, savoir bien se défendre en toutes manières. ♦ *Rubis sur l'ongle.* Voy. rubis. ♦ **Fig.** *Savoir une chose sur l'ongle*, la savoir très bien. ♦ Griffes de plusieurs animaux. *Les ongles du lion, de l'aigle.* ♦ *À l'ongle on connaît le lion*, on reconnaît aux moindres traits un homme d'un grand talent, d'un grand caractère. ♦ *C'est l'ongle du lion*, se dit d'un trait qui décèle un grand talent, un grand caractère. ♦ **Par extens.** Sabot des solipèdes ou des ruminants. ♦ **Par anal.** Instrument crochu de fer. « *J'ai vu couler leur sang sous les ongles de fer* », Rotrou. ♦ **Chir.** Variété du ptérygion. ♦ Abcès qui a l'aspect d'un croissant entre l'iris et la cornée. ■ *Savoir quelque chose sur le bout des ongles*, la savoir parfaitement. ■ *Se battre, se défendre bec et ongles*, de toutes ses forces.

ONGLÉ, ÉE, adj. [ɔ̃gle] (*ongle*) Se dit, en fauconnerie, des oiseaux qui ont des serres. ♦ **Hérald.** Se dit des animaux dont les griffes sont d'un émail autre que celui du corps. ■ **Litt.** Qui a des ongles.

ONGLÉE, n. f. [ɔ̃gle] (*ongle*) Engourdissement douloureux causé par le froid au bout des doigts. ♦ Excroissance membraneuse à l'œil du cheval.

ONGLET, n. m. [ɔ̃glɛ] (*ongle*) Dé que les brodeuses emploient pour diriger l'aiguille à crochet. ◆ **Zool.** Épine saillante et raide qu'on voit souvent au bord externe de l'aile des insectes diptères. ◆ Espèce de burin dont l'extrémité est en losange. On dit aussi *onglette*. ◆ **Bot.** Partie inférieure de chaque pièce d'une corolle polypétale, celle par laquelle le pétale tient à la fleur. ◆ Bande de papier que l'on coud au dos d'un livre en le reliant, pour y coller des cartes, des estampes. *Cartes montées sur onglet.* ◆ **Impr.** Carton de deux pages substitués à des pages fautives. ◆ Extrémité d'une planche, d'une moulure qui forme un angle de quarante-cinq degrés. *Couper, tailler d'onglet.* ◆ **Charpent.** et menuis. *Assemblage à onglet*, celui des pièces qui sont coupées diagonalement en un triangle. ◆ Entaille sur la lame d'un couteau ou sur celle d'un canif, dans laquelle on passe le bout de l'ongle pour faire sortir cette lame au-dehors du manche. ◆ **Chir.** Synonyme de ptérygion. ■ **Inform.** Petit élément d'une interface graphique permettant de choisir une page à afficher sur l'écran. ■ Morceau de bœuf issu du diaphragme de l'animal. *Un onglet à l'échalote.* ■ **Menuis.** *Boîte à onglets*, espèce de boîte en forme de U permettant de scier des pièces en bois (planches ou moulures) de petit format qui y sont glissées, cela en choisissant l'angle de coupe grâce aux rainures correspondantes. ■ Échancrure carrée ou arrondie des feuillets d'un livre, d'un cahier ou d'un carnet permettant d'en signaler les différentes parties. *Les onglets d'un répertoire.* ■ Rᴇᴍ. Au sens de burin, on dit aussi *ognette*.

ONGLETTE, n. f. [ɔ̃glɛt] (*ongle*) Espèce de burin. Voy. ᴏɴɢʟᴇᴛ.

ONGLIER, ■ n. m. [ɔ̃glije] (*ongle*) Nécessaire à ongles. ■ Ensemble des instruments nécessaires pour l'entretien des ongles. ■ Petit ciseau ou sorte de pince permettant de couper les ongles.

ONGLON, ■ n. m. [ɔ̃glɔ̃] (*ongle*) **Zool.** Sabot des ruminants, des suidés et des éléphants. *Le soin des sabots et des onglons.*

ONGUENT, n. m. [ɔ̃gɑ̃] (lat. *unguentum*, parfum liquide, huile parfumée, essence) Médicament d'une consistance molle que l'on applique extérieurement. ◆ *Onguent gris* ou *napolitain*, onguent où il entre du mercure. ◆ *Onguent pour la brûlure*, cérat fait avec de l'huile et de la cire. ◆ **Fig.** *De l'onguent pour la brûlure*, moyen de se préserver des accidents qui peuvent se présenter dans la vie. ◆ *Onguent miton mitaine.* Voy. ᴍɪᴛᴏɴ. ◆ **Prov.** *Dans les petites boîtes sont les bons onguents*, se dit quand on veut complimenter les personnes de petite taille. ■ Rᴇᴍ. Cette pommade est peu utilisée en thérapeutique moderne.

ONGUICULÉ, ÉE, adj. [ɔ̃gɥikyle] ou [ɔ̃gikyle] (lat. sav. *unguiculatus*, du lat. *unguiculus*, petit ongle) **Hist. nat.** Pourvu de petits ongles. ◆ **Bot.** Qui est muni d'un grand onglet. *Pétales onguiculés.* ◆ Qui est en forme d'ongle.

ONGUIFORME, adj. [ɔ̃gɥifɔʀm] ou [ɔ̃gifɔʀm] (*ungui-* et *-forme*) Qui a la forme d'un ongle.

ONGULÉ, ÉE, adj. [ɔ̃gyle] (lat. impér. sav. *ungulatus*, qui a un sabot, une corne, de *ungula*) **Hist. nat.** Qui a la forme d'un ongle, d'un sabot. ◆ Se dit des mammifères dont le pied est terminé par un ou plusieurs sabots à ongles. ■ N. m. pl. *Les ongulés*, ordre des mammifères placentaires.

ONGULIGRADE, ■ adj. [ɔ̃gyligʀad] (*ungula*, sabot, et *-grade*) **Zool.** *Animal onguligrade*, animal qui marche sur des sabots.

ONIRIQUE, ■ adj. [oniʀik] (gr. *oneiros*, rêve) Qui a un rapport avec les rêves. *Images oniriques.* ■ Qui évoque le rêve. *Un poème onirique. Un décor onirique.* ◆ **Psych.** Qui est relatif à l'onirisme. *Le délire onirique.*

ONIRISME, ■ n. m. [oniʀism] (gr. *oneiros*, rêve) **Psych.** Délire hallucinatoire. *Onirisme toxique. Onirisme infectieux.* ■ Ensemble d'images qui s'apparentent au rêve, qui ont un caractère irréel.

ONIR(O)..., ■ [oniʀ(o)] Préfixe tiré du gr. *oneiros*, qui signifie rêve.

ONIROCRITE, ■ n. m. et n. f. [oniʀokʀit] (gr. *oneiocritès*, de *oneiros*, et *krinein*, expliquer) Personne qui interprète les rêves. *Le roi oriental consulta le célèbre onirocrite.*

ONIROCRITIE, n. f. [oniʀokʀisi] (le *t* se prononce *ss*; gr. *oneirokrisia*, interprétation des songes) Art d'interpréter les songes.

ONIROCRITIQUE, n. f. [oniʀokʀitik] (gr. *oneirokrisia*, qui concerne l'interprétation des songes) Syn. d'onirocritie. « *Homme qui possède arithmétique, optique, onirocritique* », ᴍᴏʟɪÈʀᴇ.

ONIROLOGIE, ■ n. f. [oniʀolɔʒi] (*oniro-* et *-logie*) Science qui étudie les rêves. *Si l'oniromancie s'occupe de l'aspect prémonitoire que pourraient avoir les rêves, l'onirologie explore les messages des rêves.*

ONIROLOGUE, ■ n. m. et n. f. [oniʀolɔg] (*onirologie*) Spécialiste de l'onirologie.

ONIROMANCE ou **ONIROMANCIE**, n. f. [oniʀomɑ̃s, oniʀomɑ̃si] (*oniro-* et *-mance* ou *-mancie*; cf. gr. *oneiromantis*, qui prédit l'avenir par les rêves) Divination par les songes.

ONIROMANCIEN, IENNE, ■ n. m. et n. f. [oniʀomɑ̃sjɛ̃, jɛn] (*oniromancie*) Personne qui interprète les songes.

ONIROTHÉRAPIE, ■ n. f. [oniʀoteʀapi] (*oniro-* et *thérapie*) **Psych.** Méthode psychothérapique qui utilise l'imagerie mentale et le rêve éveillé. ■ ONIROTHÉRAPEUTE, n. m. et n. f. [oniʀoteʀapøt]

ONLAY, ■ n. m. [ɔ̃lɛ] (angl. *onlay*, de *to lay*, déposer, et *on*, sur) **Chir. dent.** Dépôt d'une pellicule d'or ou d'un produit de synthèse sur une dent abîmée à la suite de caries pour la protéger et pour lui redonner sa forme originelle. *Des onlays et des inlays. Onlay en or, en céramique.*

ONOCROTALE, n. m. [onokʀotal] (gr. *onokrotalos*, cormoran, de *onos*, âne, et *krotos*, bruit) Espèce de pélican.

ONOMASIOLOGIE, ■ n. f. [onomazjolɔʒi] (all. *Onomasiologie*, du gr. *onomasia*, désignation, et *-logie*) **Ling.** Étude sémantique qui part du concept, de l'idée pour étudier les signes linguistiques, les mots y correspondant. *L'onomasiologie consiste à partir d'un concept, par exemple, objet volant, pour relever tout les mots relevant de ce concept, avion, hélicoptère, fusée, etc.; la sémasiologie consiste au contraire à partir d'un mot et à chercher les concepts y correspondant, les différents sens du mot avion par exemple.*

ONOMASIOLOGIQUE, ■ adj. [onomazolɔʒik] (*onomasiologie*) **Ling.** Qui concerne l'onomasiologie, qui part du sens pour aller vers la forme. *Dictionnaire onomasiologique. La démarche onomasiologique.*

ONOMASTIQUE, adj. [onomastik] (gr. *onomastikos*, habile à dénommer; *onomastikê tekhnê*, art de dénommer) Qui a rapport aux noms propres; qui renferme des noms. *Nomenclature onomastique des rois d'Égypte.* ◆ N. f. *L'onomastique*, la liste, la doctrine des noms propres.

ONOMATOPÉE, n. f. [onomatope] (gr. *onomatopoïa*, de *onoma*, nom, et *poiein*, créer) **Gramm.** Formation d'un mot dont le son est imitatif de la chose qu'il signifie; par exemple : le glouglou de la bouteille. ◆ Il se dit des mots imitatifs eux-mêmes.

ONOMATOPÉIQUE, ■ adj. [onomatopeik] (*onomatopée*) Qui est relatif à l'onomatopée. *Des mots de formation onomatopéique.* ■ Qui a les caractéristiques de l'onomatopée.

ONQUES, adv. [ɔ̃k] Voy. ᴏɴᴄ.

ONTOGENÈSE ou **ONTOGÉNIE**, ■ n. f. [ɔ̃toʒənɛz, ɔ̃toʒeni] (all. *Ontogenese*, de *onto-* et *genèse* ou *-génie*) **Biol.** Science qui étudie l'évolution et le développement de l'individu, de l'œuf fécondé jusqu'à l'état adulte. *Ontogenèse et phylogenèse.*

ONTOGÉNÉTIQUE ou **ONTOGÉNIQUE**, ■ adj. [ɔ̃toʒenetik, ɔ̃toʒenik] (*ontogenèse*) **Biol.** Relatif à l'ontogenèse. *Analyse, théorie ontogénétique. Système ontogénétique.*

ONTOLOGIE, n. f. [ɔ̃tolɔʒi] (*onto-* et *-logie*) **Philos.** Théorie de l'être, science de l'être en tant qu'être; c'est en général le synonyme de métaphysique. ◆ **Philos.** Traité sur l'ontologie. *L'Ontologie de Wolf.*

ONTOLOGIQUE, adj. [ɔ̃tolɔʒik] (*ontologie*) Qui a rapport à l'ontologie.

ONTOLOGIQUEMENT, ■ adv. [ɔ̃tolɔʒik(ə)mɑ̃] (*ontologique*) D'un point de vue ontologique. *L'esprit est ontologiquement indépendant du corps.* ■ **Philos.** En tant qu'être.

ONTOLOGISME, ■ n. m. [ɔ̃tolɔʒism] (*ontologie*) **Philos.** Doctrine favorable à l'ontologie. *Chomsky postule que la dimension kantienne du holisme est déterminée par une intuition métaphysique de l'ontologisme.*

ONTOLOGISTE, ■ n. m. [ɔ̃tolɔʒist] (*ontologie*) Celui qui s'adonne à l'ontologie, ou qui adopte les idées du système ontologique.

ONUSIEN, IENNE, ■ adj. [onyzjɛ̃, jɛn] (*ONU*, sigle de *Organisation des Nations unies*) Qui concerne l'ᴏɴᴜ. *Un sommet onusien.*

ONYCHOMYCOSE, ■ n. m. [onikomikoz] (*ch* se prononce *k*; gr. *onux*, ongle, et *mycose*) Champignon microscopique des ongles. *L'onychomycose de surface produit une coloration blanche plutôt que jaune ou brune, et rend l'ongle mou, sec et poudreux.*

ONYCHOPHAGIE, ■ n. f. [onikofaʒi] (*ch* se prononce *k*. gr. *onux*, ongle et *-phage*) **Méd.** Habitude de se ronger les ongles. *L'onychophagie est le témoin d'une grande anxiété.*

ONYX, ■ n. m. [oniks] (gr. *onux*, ongle) Agate très fine qui présente des couches parallèles de différentes couleurs. *Des pierres d'onyx.* ◆ Adj. *Une agate onyx.* ■ N. m. Tout objet taillé dans l'onyx.

ONYXIS, ■ n. m. [oniksis] (gr. *onux*, ongle) **Méd.** Inflammation ou lésion inflammatoire du derme sous un ongle, souvent accompagnée d'ulcérations et de fongosités. *Un onyxis du gros orteil.*

ONZAIN, ■ n. m. [ɔ̃zɛ̃] (*onze*) **Litt.** Strophe de onze vers. ■ **Litt.** Poème de onze vers.

ONZE, adj. num. card. [ɔ̃z] (lat. *undecim*, de *unus*, un, et *decem*, dix) Nombre qui contient dix et un. *Onze heures. Onze cents.* ◆ Le *e* muet de l'article *le*, de la préposition *de* et de la conjonction *que*, ne s'élide pas devant *onze* ◆ Se dit pour onzième. *Page onze. Louis onze* (qu'on écrit Louis XI). ◆ N. m. Onze multiplié par deux. *Les onze d'un loto.* ◆ Le onzième jour du mois. *Le onze de janvier* ou *le onze janvier*.

ONZIÈME, adj. num. ord. [ɔ̃zjɛm] (*onze*) Nombre d'ordre qui suit le dixième. ◆ Le plus souvent on n'élide pas la voyelle de l'article devant *onzième.* ◆ N. m. La onzième partie. *J'en aurai le onzième.* ◆ Le onzième, le onzième jour. « *C'est le onzième de son mal* », MME DE SÉVIGNÉ. ◆ N. f. Mus. *La onzième*, le redoublement de l'intervalle de quarte.

ONZIÈMEMENT, adv. [ɔ̃zjɛm(ə)mɑ̃] (*onzième*) En onzième lieu.

OOCYTE, ■ n. m. [oosit] (*oo-* et *-cyte*) Voy. OVOCYTE.

OOGENÈSE, ■ n. f. [oɔʒənɛz] (*oo-* et *genèse*) Voy. OVOGENÈSE.

OOGONE, ■ n. f. [oogon] (*oo-* et *-gone*) Bot. Organe femelle dans lequel se forment les oosphères.

OOLITHE ou **OOLITE**, n. m. ou n. f. [oolit] (*oo-* et *-lithe*) Variété de calcaire composé de nombreux petits grains ovoïdes semblables à des œufs de poisson.

OOLITHIQUE, adj. [oolitik] (*oolithe*) Qui résulte d'une agglomération d'oolithes. *Terrains oolithiques.* ■ Qui est relatif à l'oolithe. *Calcaire oolithique. Minerai de fer oolithique.*

OOSPHÈRE, ■ n. f. [oosfɛʀ] (*oo-* et *-sphère*) Bot. Gamète femelle des végétaux. *Après la fécondation, l'oosphère s'entoure d'une membrane propre et forme l'oospore.*

OOSPORE, ■ n. f. [oospɔʀ] (*oo-* et *spore*) Bot. Œuf des algues et des champignons après fécondation. *Chez certains végétaux, plusieurs oosphères se forment dans chaque oogone, et les oospores peuvent germer immédiatement.*

OOTHÈQUE, ■ n. f. [ootɛk] (*oo-* et *-thèque*) Zool. Coque sécrétée par la femelle de certains insectes comme les blattes ou les criquets et contenant des œufs. *À l'éclosion, les jeunes larves soulèvent une membrane pour sortir de l'oothèque.* ■ L'ensemble de ces œufs.

OPA, ■ n. f. [opea] (sigle de *offre publique d'achat*) Financ. Proposition faite aux actionnaires d'une société de racheter l'intégralité de leurs actions à un certain prix, ce qui permet de prendre le contrôle de cette société en offrant aux actionnaires un prix, pour leurs actions, supérieur au cours de la Bourse. *Une OPA sauvage. Une OPA amicale.*

OPACIFIANT, ANTE, ■ adj. [opasifjɑ̃, ɑ̃t] (*opacifier*) Qui rend opaque, qui opacifie. *Un brouillard opacifiant. Fixateur opacifiant.* ■ N. m. *Un opacifiant.*

OPACIFICATION, ■ n. f. [opasifikasjɔ̃] (*opacifier*) Injection dans un organe d'une substance opaque aux rayons X afin de les rendre visibles lors d'examens radiologiques. *Opacification des vaisseaux sanguins. Opacification d'un tissu cellulaire.* ■ Modification, due à une cicatrice, de la transparence normale de la cornée ou du cristallin. *Une cataracte est une opacification du cristallin.*

OPACIFIER, ■ v. tr. [opasifje] (*opaque*) Rendre opaque. ■ Fig. Opacifier des relations. ■ S'opacifier, v. pr. Devenir opaque. *Des yeux qui s'opacifient.*

OPACIMÈTRE, ■ n. m. [opasimɛtʀ] (*opacimétrie*) Appareil servant à mesurer l'opacité d'une substance.

OPACIMÉTRIE, ■ n. f. [opasimetʀi] (*opacité* et *-métrie*) Mesure de l'opacité d'une substance (liquide ou gaz). *L'opacimétrie du gazole.*

OPACITÉ, n. f. [opasite] (lat. impér. *opacitas*, ombre, ténèbres) Propriété qu'ont certains corps d'intercepter la lumière, même lorsqu'ils ont peu d'épaisseur. ■ Absence de lumière. « *L'opacité de certains bois les a rendus sacrés* », DIDEROT. ■ Fig. et litt. Obscur, difficilement compréhensible. *L'opacité de son essai philosophique.*

OPALE, n. f. [opal] (lat. impér. *opalus*, du gr. *opallios*) Quartz résinite, produit volcanique, d'un blanc laiteux et bleuâtre, qui reflète dans les fissures dont il est traversé les couleurs du spectre solaire, et produit ce chatoiement opalin qui lui est particulier. ◆ Couleur de l'opale.

OPALESCENCE, ■ n. f. [opalesɑ̃s] (*opalescent*) Teinte, aspect ou reflet rappelant l'opale. *L'opalescence d'un minéral.*

OPALESCENT, ENTE, ■ adj. [opalesɑ̃, ɑ̃t] (*opale*) Qui a la teinte, les reflets irisés de l'opale. *Un sérum opalescent.*

OPALIN, INE, adj. [opalɛ̃, in] (*opale*) Qui a la teinte laiteuse et bleuâtre de l'opale, et les reflets de cette pierre.

OPALINE, ■ n. f. [opalin] (*opale*) Substance vitreuse blanche ou colorée, à reflets irisés que l'on coule dans des moules de différentes formes pour fabriquer des objets ornementaux. ■ *Vase d'opaline*, vase fabriqué avec cette matière.

OPALISATION, ■ n. f. [opalizasjɔ̃] (*opaliser*) Action d'opaliser. *Opalisation d'un broc à eau.* ■ Résultat de cette action. ■ Action de rendre opale.

OPALISER, ■ v. tr. [opalize] (*opale*) Donner un aspect opalin à. *Opaliser un verre.* ■ Donner les reflets de l'opale à. ■ Rendre opale.

OPAQUE, adj. [opak] (lat. *opacus*, ombragé, obscur) Qui ne laisse point passer la lumière. *La terre est opaque.* ◆ Qui est sans lumière. *L'ombre opaque et noire des cyprès.* ■ Fig. Dont on ne peut comprendre le sens. *Des écrits opaques.*

OP ART ou **OP-ART**, ■ n. m. [ɔpaʀt] (angl. *optical art*, art optique) Mouvement d'art abstrait contemporain qui privilégie les illusions d'optique. *Des op arts, des op-arts.*

OPCVM, ■ n. m. [opeseveɛm] (sigle de *organisme de placement collectif en valeurs mobilières*) Financ. Organisme regroupant des fonds communs de placement et des SICAV. *Des titres d'OPCVM. Une gestion OPCVM.*

OPE, ■ n. f. [opeə] (sigle de *offre publique d'échange*) Financ. Offre par laquelle une société cotée en Bourse propose d'échanger ses propres titres contre ceux des actionnaires d'une autre société qu'elle désire contrôler. *Une OPE amicale.*

OPÉABLE, ■ adj. [opeabl] (*OPA*) Financ. *Société opéable*, qui est susceptible de faire l'objet d'une OPA ou d'une OPE. *Un groupe opéable.*

OPEN, ■ adj. [opən] (angl. *open*, ouvert) Sp. À propos d'une compétition, qui est ouverte à la fois aux professionnels et aux amateurs, qui est ouverte à tous. *Un tournoi open.* ■ N. m. *Un open de tennis.*

OPENFIELD, ■ n. m. [opənfild] (angl. de *open*, ouvert, non clos, et de *field*, champ) Géogr. Paysage agraire sans clôture et sans haie. *Des openfields.*

OPÉRA, n. m. [opera] (ital. *opera*, œuvre, puis opéra) Poème dramatique mis en musique, plus particulièrement grand poème lyrique composé de récitatifs, de chants et de danses, sans discours ou dialogue parlé. ◆ *Opéra bouffon* ou *bouffe*, celui dont les personnages appartiennent à la comédie. ◆ *Opéra comique*, drame mixte qui tient de la comédie par le dialogue et de l'opéra par le chant. ◆ Le genre de spectacle que constituent les poèmes dramatiques mis en musique. ◆ *L'Opéra*, dit à diverses époques l'Académie royale ou impériale ou nationale de musique, le théâtre où l'on joue le grand opéra à Paris ; *l'Opéra-Comique*, celui où l'on joue l'opéra comique. ◆ *Opéra-ballet*, genre d'opéra mêlé de danses. *Des opéras-ballets.* ◆ Au pl. *Des opéras.* ■ On écrit auj. *un opéra-comique, des opéras-comiques.* ■ Genre musical. ■ *Opéra rock*, spectacle musical où le rock est la musique principale.

OPÉRABLE, adj. [operabl] (*opérer*) Qui peut être opéré. *Ce cancer n'est pas opérable.*

OPÉRANDE, ■ n. m. [operɑ̃d] (*opérer*, d'après *multiplicande*, et l'angl. *operand*) Math. Donnée intervenant dans une opération arithmétique ou logique. *Les opérandes de la multiplication sont le multiplicande et le multiplicateur. Les opérandes de la division sont le dividende et le diviseur.* ■ Inform. Donnée intervenant dans une instruction.

OPÉRANT, ANTE, adj. [operɑ̃, ɑ̃t] (*opérer*) Théol. Qui est propre à opérer. « *La foi vive et opérante par la charité* », MASSILLON. ■ Qui produit un effet.

OPÉRATEUR, TRICE, n. m. et n. f. [operatœr, tris] (b. lat. *operator*, travailleur) Celui, celle qui se livre à quelque manipulation. ◆ Fig. *Des opérateurs d'iniquités.* ◆ ▷ Celui qui fait certaines opérations de chirurgie. ◁ ◆ ▷ On dit quelquefois au féminin *opératrice*. « *Voilà l'opératrice aussitôt en besogne* », LA FONTAINE. ◁ ◆ Charlatan qui vend des drogues en place publique. ■ Personne qui assure un standard téléphonique. ■ Personne qui fait fonctionner un appareil. *Opérateur PAO. Opératrice de télésurveillance.* ■ *Opérateur de prises de vues*, caméraman, cadreur. ■ *Opérateur de saisie*, personne chargée de saisir des données informatiques. ■ N. m. *Opérateur financier, opérateur boursier*, personne physique ou morale qui exécute des opérations financières ou boursières. ■ Entreprise spécialisée dans la diffusion de programmes audiovisuels. ■ Entreprise spécialisée dans la téléphonie mobile. *Il y a trois opérateurs de téléphonie mobile en France.* ■ Symbole mathématique indiquant les opérations à effectuer. *+, -, x et / sont les quatre opérateurs arithmétiques. Opérateur binaire. Opérateur logique.*

OPÉRATION, n. f. [operasjɔ̃] (lat. impér. *operatio*, travail) Action d'une puissance, d'une faculté qui produit un effet. *Les opérations de la nature, de l'âme.* ■ En termes de dévotion, *l'opération du Saint-Esprit, de la grâce.* ◆ Philos. *Les trois opérations de l'esprit*, la première qui conçoit, la seconde qui juge, la troisième qui raisonne. ◆ Math. Calculs qu'il faut faire pour obtenir un résultat. ◆ *Les quatre opérations de l'arithmétique*, l'addition, la soustraction, la multiplication et la division. ◆ Plans combinés, desseins en voie d'exécution. ◆ Ironiq. *Vous avez fait une belle opération*, vous n'avez rien fait qui vaille. ◆ Transactions qui se font à la Bourse, dans le commerce. ◆ Mouvement d'attaque ou de défense d'une armée qui agit. ◆ *Ligne d'opération*, ligne sur laquelle une armée opère. ◆ *Opération chimique*

ou *pharmaceutique,* tout ce que fait le chimiste ou le pharmacien pour analyser un corps, déterminer des combinaisons, préparer des médicaments.
♦ *Opération chirurgicale,* tout ce que fait le chirurgien sur le corps vivant
à l'aide d'instruments ou de la main seule. *L'opération de la cataracte.* ♦
L'action, l'effet d'un remède, d'une médecine. « *Attendre l'opération d'un
remède* », Malherbe. « *La médecine commençait à faire heureusement son
opération* », Vaugelas. ■ *Opération de Bourse,* action d'acheter ou de vendre
des valeurs boursières. ■ *Par l'opération du Saint-Esprit,* de façon inexplicable, incompréhensible.

OPÉRATIONNEL, ELLE, ■ adj. [opeʀasjɔnɛl] (*opération*) Qui concerne les
opérations militaires, leur stratégie. *Secteurs opérationnels. Base en circulation opérationnelle militaire.* ■ En état de fonctionner. *Dans une semaine, le
nouvel hôpital sera opérationnel. Aujourd'hui je suis malade, je ne suis pas très
opérationnelle.*

OPÉRATIQUE, ■ adj. [opeʀatik] (*opéra*) Qui concerne l'opéra. *La tradition
opératique.*

OPÉRATOIRE, adj. [opeʀatwaʀ] (*opérer* ; cf. b. lat. *operatorius,* efficace)
Qui a rapport aux opérations chirurgicales. ♦ *Procédés opératoires,* ceux que
l'on suit dans une opération. ♦ *Médecine opératoire,* ensemble des règles
à suivre dans les opérations. ■ *Bloc opératoire,* salle équipée des installations nécessaires pour permettre des opérations chirurgicales. ■ **OPÉRATOI-
REMENT,** adv. [opeʀatwaʀ(ə)mɑ̃]

OPERCULAIRE, ■ adj. [opɛʀkylɛʀ] (*opercule*) Relatif à l'opercule. ■ Qui
sert d'opercule. *Valve operculaire.*

OPERCULE, n. m. [opɛʀkyl] (lat. *operculum,* couvercle, de *operire,* couvrir)
Bot. Espèce de couvercle qui ferme l'urne des mousses. ♦ Appareil osseux
composé de quatre pièces, qui dans beaucoup de poissons couvre et protège les branchies. ♦ Pierre calcaire ou cornée qui ferme l'ouverture de
certaines coquilles univalves. ■ Couvercle. *L'opercule d'un pot.* ■ Couche de
cire perméable à l'air que les abeilles déposent sur leurs cellules pour les
fermer.

OPERCULÉ, ÉE, adj. [opɛʀkyle] (*opercule*) Muni d'un opercule.

OPÉRÉ, ÉE, p. p. d'opérer. [opeʀe] N. m. et n. f. Celui, celle qui a subi
une opération chirurgicale. ■ N. m. **Financ.** *Avis d'opéré,* avis d'un agent
de change ou d'un établissement financier qui confirme l'exécution d'un
ordre boursier.

OPÉRER, v. tr. [opeʀe] (lat. *operari,* travailler, s'occuper à) Produire un effet. « *Dieu opérait par eux de grandes choses* », Massillon. ♦ Absol. *La grâce
opéra dans son âme.* ♦ Il se dit d'une troupe qui agit militairement. *On opérait sur la gauche de l'ennemi.* ■ **Ironiq.** *Vous avez bien opéré,* se dit à ceux
qui ont gâté, ruiné quelque affaire. ♦ Il se dit de quelques arts ou sciences
qui exigent une certaine pratique. *Opérer une multiplication, la combinaison
de deux gaz, etc.* ■ **Absol.** *On ne saurait être bon chimiste sans opérer.* ♦ Faire
une opération de chirurgie. ♦ Il se dit aussi de la personne
qui subit l'opération. *Opérer un homme affecté de la pierre.* ♦ *Être opéré, se
faire opérer,* subir une opération. *Se faire opérer de la cataracte.* ♦ Absol. *Ce
chirurgien opère bien.* ♦ V. intr. Il se dit de l'effet que produit une substance
sur le corps vivant. *Ce médicament opère avec une grande énergie.* ♦ En un
sens plus restreint, se dit des évacuants. ♦ *S'opérer,* v. pr. Être accompli.
Ce changement s'est opéré à vue. ■ V. tr. Accomplir une action, exécuter une opération, réaliser. *Opérer une saisie dans un hangar.* ■ V. intr. Procéder d'une
certaine façon. *Opérer avec intelligence.*

OPÉRETTE, n. f. [opeʀɛt] (ital. *operetta,* petite œuvre, puis opérette) Petit
opéra. ■ Petit opéra-comique souvent parodique. ■ *D'opérette,* de pacotille
ou qu'on ne peut pas prendre au sérieux. *Des braqueurs d'opérette.* ■ Genre
musical.

OPÉRON, ■ n. m. [opeʀɔ̃] (radic. de *opérer*) **Biol.** Ensemble linéaire de
gènes contigus sur le chromosome qui accomplissent la même fonction
cellulaire. *L'opéron lactose.*

OPES, n. m. pl. [ɔp] (gr. *opê,* trou, ouverture, fenêtre) **Archit.** L'ouverture
qui est entre les métopes et qui se trouve remplacée par l'extrémité d'une
solive décorée d'un triglyphe. ♦ Trous qui reçoivent les poutres, les chevrons, les solives, etc. ♦ Trous que les boulins qui ont servi à l'échafaudage
laissent dans les murs. ■ *Opes d'une frise dorique,* ouverture entre les métopes.

OPHICLÉIDE, n. m. [ɔfikleid] (*ophi-* et gr. *-kleis,* génit. *kleidos,* clé) Instrument de cuivre de la famille des bugles.

OPHIDIEN, IENNE, adj. [ɔfidjɛ̃, jɛn] (gr. *ophidion,* petit serpent) **Zool.**
Qui ressemble à un serpent. ♦ N. m. pl. *Les ophidiens,* troisième ordre de la
classe des reptiles.

OPHIOGLOSSE, ■ n. m. [ɔfjoglɔs] (*ophio-* et gr. *glôssa,* langue) **Bot.** Petite
plante de la famille des fougères qui ne possède qu'une seule feuille en

forme de langue. *L'ophioglosse pousse dans des lieux humides. L'ophioglosse est
aussi appelé langue-de-serpent.*

OPHIOGRAPHIE, n. f. [ɔfjografi] (*ophio-* et *-graphie*) Description des serpents.

OPHIOLÂTRIE, ■ n. f. [ɔfjolɑtʀi] (*ophio-* et *-lâtrie*) Adoration, culte du serpent. *L'ophiolâtrie fait parti du culte vaudou haïtien.*

OPHIOLITE, ■ n. f. [ɔfjolit] (*ophio-* et *-lit[h]e*) Fragment de la croûte et du
manteau océaniques. *L'ophiolite d'Oman.* ■ **Minér.** Serpentine.

OPHIOLITIQUE, ■ adj. [ɔfjolitik] (*ophiolite*) Qui concerne l'ophiolite. *Un
massif ophiolitique.*

OPHIOLOGIE, ■ n. f. [ɔfjoloʒi] (*ophio-* et *-logie*) Science qui étudie les serpents.

OPHITE, n. m. [ɔfit] (gr. *ophitês,* semblable à un serpent) Nom donné à
certaines roches trappéennes des Pyrénées, d'une composition variable. ♦
Sorte de marbre d'un vert obscur, rayé de filets jaunes qui se croisent. ♦
Adj. *Marbre ophite.*

OPHIURE, ■ n. f. [ɔfjyʀ] (lat. sav. *ophiura,* du gr. *ophis,* serpent, et *oura,*
queue) **Zool.** Échinoderme invertébré marin possédant cinq bras longs,
grêles et souples, proche de l'étoile de mer. *Les ophiures forment la classe des
ophiurides.*

OPHIURIDES, ■ n. m. pl. [ɔfjyʀid] (*ophiure*) **Zool.** Une des cinq classes des
échinodermes. *Les ophiurides carnivores se nourrissent de proies vivantes, dont
elles se saisissent avec les bras puis les portent à la bouche.*

OPHRYS, ■ n. m. [ɔfʀis] (gr. *ophrus,* sourcil) **Bot.** Orchidée terrestre
d'Europe et d'Asie occidentale dont les fleurs ressemblent à des insectes.
Ophrys abeille. Ophrys araignée. Ophrys bourdon. Ophrys mouche.

OPHTALMALGIE, ■ n. f. [ɔftalmalʒi] (*ophtalm-* et *-algie*) Douleur de l'un
ou des deux yeux, quelle que soit son origine ou sa manifestation.

OPHTALMIE, n. f. [ɔftalmi] (gr. *ophthalmia*) **Méd.** Inflammation de l'œil.
■ **Rem.** Graphie ancienne : *ophthalmie.*

OPHTALMIQUE, adj. [ɔftalmik] (gr. *ophthalmikos*) Qui concerne les yeux.
Nerf ophtalmique ou *optique.* ♦ Qui est propre aux maladies des yeux. *Pommade ophtalmique.* ■ **Rem.** Graphie ancienne : *ophthalmique.*

OPHTALMOGRAPHIE, n. f. [ɔftalmografi] (*ophtalmo-* et *-graphie*) Description anatomique de l'œil. ■ **Rem.** Graphie ancienne : *ophthalmographie.*

OPHTALMOLOGIE, ■ n. f. [ɔftalmoloʒi] (*ophtalmo-* et *-logie*) Science des
affections de l'œil et de leur traitement.

OPHTALMOLOGIQUE, ■ adj. [ɔftalmoloʒik] (*ophtalmologie*) Qui
concerne l'ophtalmologie. *Dans une clinique ophtalmologique, sont étudiées, diagnostiquées et traitées toutes les pathologies de l'œil.*

OPHTALMOLOGISTE ou **OPHTALMOLOGUE,** ■ n. m. et n. f. [ɔftalmolo-
ʒist, ɔftalmolɔg] (*ophtalmologie*) Médecin spécialiste en ophtalmologie. ■
Abrév. Ophtalmo. ■ **Rem.** On dit aussi *oculiste.*

OPHTALMOMÈTRE, ■ n. m. [ɔftalmomɛtʀ] (*ophtalmo-* et *-mètre*) **Méd.**
Instrument d'optique servant d'une part à mesurer les degrés de courbure
de la cornée et son pouvoir de réfraction et d'autre part à évaluer un astigmatisme.

OPHTALMOMÉTRIE, ■ n. f. [ɔftalmometʀi] (*ophtalmo-* et *-métrie*) Mesure
de la courbure de la cornée et de son pouvoir de réfraction. ■ Évaluation
de l'astigmatisme.

OPHTALMOSCOPE, ■ n. m. [ɔftalmoskɔp] (*ophtalmo-* et *-scope*) Appareil
optique dont se sert l'ophtalmologue pour observer les milieux transparents de l'œil ainsi que l'état de la rétine.

OPHTALMOSCOPIE, ■ n. f. [ɔftalmoskopi] (*ophtalmo-* et *-scopie*) Examen
des milieux transparents de l'œil et donc examen du fond d'œil. *Une ophtalmoscopie à image inversée.*

OPHTALMOSCOPIQUE, ■ adj. [ɔftalmoskopik] (*ophtalmoscopie*) Qui
concerne l'ophtalmoscopie. *L'examen ophtalmoscopique. Le contrôle ophtalmoscopique.*

OPIACÉ, ÉE, adj. [opjase] (*opium*) Qui contient de l'opium. *Préparations
opiacées.* ■ Adj. Morphinique.

OPIAT, n. m. [opja] (lat. médiév. *opiatum,* du lat. *opium*) Électuaire où il
entre de l'opium. ♦ Abusivement, électuaire quelconque. ♦ Pâte pour nettoyer les dents.

OPILATIF, IVE, adj. [opilatif, iv] (lat. médiév. *oppilativus,* du lat. *oppilare,*
boucher, obstruer) **Méd.** Qui obstrue.

OPILATION, n. f. [opilasjɔ̃] (lat. impér. méd. *oppilatio*) **Méd.** Obstruction.

OPILÉ, ÉE, p. p. d'opiler. [opile]

OPILER, v. tr. [opile] (lat. *oppilare*, boucher) **Méd.** Obstruer.

OPILION, ■ n. m. [opiljɔ̃] (lat. *opilio*, berger, probablement parce que l'on trouve ces insectes dans les champs où paissent les moutons) **Zool.** Insecte arthropode aux pattes longues et velues appartenant à la classe des arachnides. *Le corps de l'opilion est petit et comporte deux yeux sur une protubérance à son milieu.* ■ Rem. *Les opilions forment un ordre comprenant environ deux mille quatre cents espèces.*

OPIMES, adj. f. pl. [opim] (lat. *opimus*, fertile, gras, opulent) **Antiq.** *Dépouilles opimes*, celles que remportait un général romain qui avait tué de sa main le général de l'armée ennemie. ♦ **Fig.** *Belles dépouilles*, belle acquisition, etc.

OPINANT, ANTE, n. m. et n. f. [opinɑ̃, ɑ̃t] (*opiner*) ▷ Personne qui opine dans une délibération. *Le premier opinant.* ◁ ■ Qui opine.

OPINEL, ■ n. m. [opinɛl] (marque déposée) Couteau à lame pliable et à manche en bois. *Des opinels.* « *Gardant le pain serré contre sa poitrine, il allongea une jambe pour fouiller dans sa poche, d'où il tira son opinel* », CLAVEL.

OPINER, v. intr. [opine] (lat. *opinari*, avoir telle ou telle opinion, conjecturer, être d'avis que) ▷ Dire son sentiment dans une délibération. *Opiner pour la paix.* « *Philoctète et Nestor avaient déjà opiné qu'il fallait profiter d'une si heureuse occasion* », FÉNELON. ◁ ♦ *Opiner du bonnet.* Voy. BONNET. ♦ *Opiner à.* « *Chacun opine à la vengeance* », LA FONTAINE.

OPINIÂTRE, adj. [opinjɑtʀ] (lat. *opinio*, opinion, p.-ê. d'après *écolel/écolâtre*) Fortement attaché à son opinion, à sa volonté. *La mule est opiniâtre.* « *Et dans son zèle aveugle un peuple opiniâtre* », VOLTAIRE. ♦ *Opiniâtre à.* « *On cesse d'être opiniâtre à maltraiter une personne qui est opiniâtre à nous aimer malgré nos mauvais traitements* », LEMAISTRE. ♦ **N. m.** et n. f. *Personne opiniâtre.* ♦ Il se dit des choses où l'on apporte de la persévérance, de l'obstination, de l'acharnement. *Une haine, un zèle opiniâtre.* ♦ *Travail opiniâtre*, travail où l'on persiste malgré la difficulté. ♦ *Combat opiniâtre*, combat soutenu longtemps avec vigueur de part et d'autre. ♦ *Un mal, un rhume opiniâtre*, un mal, un rhume qui résiste aux remèdes. ■ **Litt.** Tenace, acharné dans ses idées.

OPINIÂTRÉ, ÉE, p. p. d'opiniâtrer. [opinjɑtʀe]

OPINIÂTREMENT, adv. [opinjɑtʀəmɑ̃] (*opiniâtre*) D'une façon opiniâtre, obstinément. *Il soutint opiniâtrement cette erreur.* ♦ Sans céder, sans se relâcher. *Il défendit opiniâtrement cette place.* ■ Rem. On disait autrefois *opiniâtrément.*

OPINIÂTRER, v. tr. [opinjɑtʀe] (*opiniâtre*) Soutenir en opiniâtre. « *Opiniâtrer ses pleurs* », LA ROCHEFOUCAULD. « *On ne saurait opiniâtrer plus mal à propos une affaire* », MME DE SÉVIGNÉ. ♦ **Absol.** « *Il a opiniâtré de n'être point saigné* », MME DE SÉVIGNÉ. ♦ Contredire, contrarier quelqu'un de manière à le rendre opiniâtre. *N'opiniâtrez point cet enfant.* ♦ *S'opiniâtrer*, v. pr. S'attacher à une opinion avec ténacité. *Ne vous opiniâtrez point à cela.*

OPINIÂTRETÉ, n. f. [opinjɑtʀəte] (*opiniâtre*) Trop grand attachement à son opinion, à sa volonté. « *On plaint l'erreur, on hait l'opiniâtreté* », J.-J. ROUSSEAU. ♦ Fermeté, constance. *L'opiniâtreté de la défense, d'un combat, du travail, etc.*

OPINION, n. f. [opinjɔ̃] (lat. *opinio*) Avis, sentiment de celui qui opine sur quelque affaire mise en délibération. *L'opinion d'une assemblée. Il a été de l'opinion d'un tel.* ♦ Au pl. Voix, suffrages. *Recueillir les opinions.* ♦ Sentiment qu'on se forme des choses. « *Il faut des siècles pour détruire une opinion populaire* », VOLTAIRE. ♦ *C'est une affaire d'opinion*, c'est une chose sur laquelle chacun peut penser comme il lui plaît. ♦ *C'est une opinion*, c'est une assertion qui n'est pas sûre. ♦ *Un mal d'opinion*, un mal imaginaire. ♦ *L'opinion publique* ou simplement *l'opinion*, ce que pense le public. ♦ Jugement en bien ou en mal qu'on porte d'une personne ou d'une chose. *Avoir bonne opinion de soi. Donner bonne opinion de sa sagesse.* ♦ **Absol.** *Avoir opinion de quelqu'un, de quelque chose*, en bien augurer. ♦ **Log.** Croyance probable. « *L'opinion est une connaissance douteuse qui n'est pas sans apparence et sans fondement, mais qui n'a point de certitude* », FLÉCHIER. ♦ **T.** de casuiste. *Opinion probable*, opinion qui avait pour elle quelque docteur, quelque auteur autorisé, et qu'on pouvait suivre en conscience, quelque douteuse qu'elle fût en soi. ♦ Doctrine de politique ou de religion ; parti. *Opinions philosophiques, religieuses. L'opinion légitimiste.* ♦ *L'opinion avancée* ou *les opinions avancées*, se dit de ceux qui sont attachés aux nuances très prononcées du libéralisme. ♦ *Opinions relâchées*, opinions de ceux qui ont peu de sévérité en morale.

OPIOMANE, ■ n. m. et n. f. [opjoman] (*opium* et -*mane*) Personne fumant ou consommant de l'opium. ■ **Adj.** *Des malades opiomanes.*

OPIOMANIE, ■ n. f. [opjomani] (*opium* et -*manie*) Toxicomanie à l'opium.

OPISTHOBRANCHE, ■ n. m. [opistobʀɑ̃ʃ] (gr. *opisthen*, en arrière, et *branchia*, branchies) **Zool.** Mollusque gastéropode ressemblant à une limace et dont les branchies sont situées dans la partie postérieure du corps. *La sous-classe des opisthobranches.*

OPISTHODOME, n. m. [opistodom] (gr. *opisthodomos*, de *opisthen*, en arrière, et *domos*, maison) **Archit. anc.** La partie postérieure d'un temple.

OPISTHOTONOS, ■ n. m. [opistotonos] (gr. *opisthen*, en arrière, et *tonos*, tension) **Méd.** Contraction des muscles postérieurs du corps, entraînant une courbure de celui-ci vers l'arrière. *L'opisthotonos peut survenir dans des cas de tétanos ou de méningite.*

OPIUM, n. m. [opjɔm] (gr. *opion*) Suc épaissi des capsules de diverses espèces du genre pavot. *L'opium est une substance narcotique, très vénéneuse à haute dose, calmante et soporifique à dose médicale. Il est employé aussi comme un excitant du système nerveux, qui procure un sentiment momentané de bien-être.* ■ **Fig.** Ce qui procure un détachement, un soulagement par rapport aux problèmes ou aux difficultés que l'on rencontre. *La musique est son opium.*

OPLOMACHIE, n. f. [oplomaʃi] (gr. *oplomakhia*) Action de combattre avec une armure pesante ; art de combattre avec cette armure ; action de s'y exercer. ♦ On devrait écrire *hoplomachie.*

OPONCE, ■ n. m. [opɔ̃s] Voy. OPUNTIA.

OPOPANAX, ■ n. m. [opopanaks] (gr. *opopanax*) **Bot.** Plante dicotylédone ombellifère de couleur jaune, cultivée en Europe méditerranéenne et en Asie, dont la gomme-résine extraite des racines permet d'obtenir un baume et un parfum aromatique.

OPOSSUM, ■ n. m. [oposɔm] (algonq. *oposon*) **Zool.** Mammifère marsupial d'Amérique de la famille des didelphidés, au pelage gris brun soyeux, doté d'une longue queue préhensile et d'un museau pointu. ■ *Opossum d'Australie*, phalanger renard.

OPPIDUM, ■ n. m. [opidɔm] (mot lat.) Site fortifié établi sur une hauteur. *Des oppidums* ou *des oppida* (pluriel latin).

OPPORTUN, UNE, adj. [opɔʀtœ̃, yn] ou [opɔʀtɛ̃, yn] (lat. *opportunus*, qui pousse vers le port) Qui est à propos. *Il est opportun que. L'heure opportune.*

OPPORTUNÉMENT, adv. [opɔʀtynemɑ̃] (*opportun*) D'une manière opportune ; à propos.

OPPORTUNISME, ■ n. m. [opɔʀtynism] (*opportun*) Conduite d'une personne qui profite de certaines circonstances pour agir en fonction de ses intérêts. *Agir par opportunisme politique.*

OPPORTUNISTE, ■ n. m. et n. f. [opɔʀtynist] (*opportun*) Personne qui agit avec opportunisme. ■ **Adj.** *Une politique opportuniste.* ■ **Méd.** Se dit d'un germe provoquant une infection dans un organisme dont le système immunitaire est affaibli. « *Tu es un lourdaud, un esclave sans tête, ou peut-être pire, un opportuniste : tu peux voir en même temps le bien et le mal et être d'accord avec les deux* », KOLÈS.

OPPORTUNITÉ, n. f. [opɔʀtynite] (lat. *opportunitas*) Qualité de ce qui est opportun. *Profiter de l'opportunité de la circonstance.* ♦ **Absol.** Occasion favorable. *Saisir l'opportunité.*

OPPOSABILITÉ, ■ n. f. [opozabilite] (*opposable*) Caractère opposable de quelque chose. *L'opposabilité des doigts.* ■ **Dr.** Possibilité pour une personne de faire prévaloir en justice un droit contre un tiers. *Reconnaître l'opposabilité des clauses de réserve de propriété.*

OPPOSABLE, adj. [opozabl] (*opposer*) **Anat.** Qui peut être mis en face, vis-à-vis. *Le pouce est opposable aux autres doigts.* ♦ Qui peut être mis contre, mis contre. *Il n'y a pas d'argument opposable à ce dilemme.* ■ **Dr.** Que l'on peut faire valoir contre une tierce personne ou un tiers parti. *Le droit de propriété intellectuelle exclusif et opposable à tous.*

OPPOSANT, ANTE, adj. [opozɑ̃, ɑ̃t] (*opposer*) **Anat.** Qui met en opposition ou en face. ♦ **N. m.** *L'opposant du petit doigt, du pouce*, muscle. ♦ **Par extens.** *Qui est opposant à cette mesure.* ♦ **N. m.** et n. f. Personne qui s'oppose à une autre personne. *Convaincre ses opposants.* Personne qui s'oppose à une chose. ♦ En procédure, qui s'oppose suivant les formes à un jugement. *Se rendre opposant à un acte, à un mariage, etc.* ♦ Dans les assemblées parlementaires, qui est dans l'opposition, qui combat le ministère. *Le parti opposant.* ♦ **N. m.** et n. f. *Les opposants.*

OPPOSÉ, ÉE, adj. [opoze] (*opposer*) **Géom.** *Angles opposés*, ceux qui sont formés par deux lignes droites qui se coupent. ♦ **Bot.** Se dit des parties qui se présentent au nombre de deux, vis-à-vis l'une de l'autre, sur un même plan horizontal. *Feuilles opposées.* ♦ **Hérald.** *Pièces opposées*, se dit de deux pièces dont la pointe de l'une regarde le chef, et la pointe de l'autre le bas de l'écu. ♦ Qui est en opposition, qui combat contre. « *Opposé aux brigues et aux partialités qui corrompent l'intégrité de la justice* », BOSSUET. ♦ **Absol.** Se dit de personnes, de choses qui luttent l'une contre l'autre. *Des partis opposés.* ♦ Qui diffère totalement, en parlant des personnes. « *Souvent opposés* *d'opinion, toujours d'accord des sentiments* », Marmontel. ♦ Qui diffère totalement, en parlant des choses. « *On a porté des jugements opposés de mes livres* », J.-J. Rousseau. ♦ En dialectique, *terme opposé*, terme dont le sens est contraire à celui d'un autre terme. *Chaud et froid sont deux termes opposés.* ♦ N. m. *L'opposé*, ce qui diffère absolument. « *On ne voit sous les cieux... aucune créature Qui n'ait son opposé* », La Fontaine. ♦ En dialectique, *les termes opposés.* ■ **Math.** *Nombres opposés*, nombres de même valeur absolue mais de signes contraires. *La somme des nombres opposés est nulle.* ■ À L'OPPOSÉ DE, loc. prép. Du côté opposé à, au contraire de.

OPPOSER, v. tr. [ɔpoze] (lat. *opponere*, placer devant, dresser contre, altér. d'apr. *poser*) Mettre une chose vis-à-vis d'une autre, de manière qu'elle soit en face. *Opposer une glace à une fenêtre.* ♦ Placer des choses en contraste. ♦ Placer une chose de manière qu'elle fasse obstacle. *Opposer une digue à un torrent.* ♦ Fig. « *N'oppose aucun obstacle à cet ordre sacré* », Voltaire. ♦ Faire qu'une chose serve d'obstacle. « *Ils vous opposeront de vastes solitudes* », Racine. ♦ Faire que quelqu'un tienne tête à d'autres. « *Il fallait opposer à tant d'ennemis un homme d'un courage ferme et assuré* », Fléchier. ♦ Mettre en lutte. « *Quels méchants l'un à l'autre ont su vous opposer ?* », M.-J. Chénier. ♦ **Fig.** Mettre en obstacle quelque chose de moral. « *Opposons la constance aux périls* », P. Corneille. ♦ Objecter, présenter comme une difficulté. *Qu'opposez-vous à ce raisonnement ?* ♦ **Fig.** Se servir de personnes ou de choses pour résister à d'autres ou pour les combattre. *Opposer une recommandation, une autorité à une autre, etc.* ♦ Mettre en contraste. « *J'oppose quelquefois par une double image Le vice à la vertu* », La Fontaine. ♦ Mettre en comparaison, en parallèle. « *Un homme que notre siècle oppose à toute l'antiquité* », Balzac. ♦ S'opposer, v. pr. Être placé en obstacle. « *Les périls menacent, les obstacles s'opposent* », Voltaire. ♦ Effectuer un mouvement contraire, opposé. ♦ Se faire contrepoids. « *Des forces qui s'opposent sans pouvoir s'anéantir* », Buffon. ♦ Faire tête à des personnes. « *Il est tard de vouloir s'opposer au vainqueur* », Racine. ♦ Faire tête, résister à quelque chose, empêcher quelque chose. *S'opposer à la fuite de quelqu'un.* « *Je ne m'oppose point à la commune joie* », P. Corneille. ♦ **Dr.** Mettre un empêchement judiciaire à l'exécution d'un acte. *S'opposer à un paiement, à un mariage.* ■ Être divergent, en désaccord. *Des avis qui s'opposent.*

OPPOSITE, n. m. [ɔpozit] (lat. *oppositus*) L'opposé, le contraire. ♦ À L'OPPOSITE, À L'OPPOSITE DE, loc. adv. ou prép. En face, vis-à-vis. ♦ Fig. Au contraire.

OPPOSITION, n. f. [ɔpozisjɔ̃] (lat. *oppositio*) Action de mettre en face, vis-à-vis. ♦ **Astron.** L'aspect d'un corps céleste qui est à cent quatre-vingts degrés d'un autre. *Une planète est en opposition avec le Soleil quand la Terre est interposée entre elle et le Soleil ; et elle est en opposition avec la Terre lorsque le Soleil se trouve entre elle et notre globe.* ♦ **Escrime** Mouvement de la main par lequel on pare l'estocade. *Être en opposition*, tenir la pointe de l'épée dirigée vers la poitrine de l'adversaire, en garantissant sa propre poitrine avec la garde de l'épée. ♦ **Physiol.** *Mouvement d'opposition*, celui qu'exécutent les muscles opposants. ♦ Figure de rhétorique par laquelle on réunit deux idées qui apparaissent contradictoires ; par exemple : *une folle sagesse.* ♦ Action de mettre ou d'être en balance, en contraste. *Les oppositions de la nature.* ♦ **Peint.** Contraste d'ombres et de couleurs. ♦ **Archit.** Différence d'ornement ou de grandeur, que l'on établit entre les parties d'un édifice. ♦ **Sculpt.** Contraste de formes. ♦ **Danse** Contraste, mouvement opposé, contraire. *L'opposition des bras avec les pieds.* ♦ Empêchement qu'une personne met à quelque chose. ♦ **Dr.** Action de se rendre opposant. *Mettre opposition. Faire opposition au paiement d'une rente.* ♦ Contrariété, différence, contraste. *Des oppositions de caractère.* « *Ces oppositions que nous avons à Dieu et à notre propre bien* », Pascal. ♦ *En opposition*, en lutte. ♦ Manière de voir contraire. *Ils sont en opposition.* ♦ *Le parti de l'opposition* ou simplement *l'opposition*, la partie d'une assemblée en opposition d'idées, de vues avec la majorité. ♦ Le parti attaché aux opinions de la minorité opposante d'une assemblée ; et en général tout ce qui n'approuve pas la marche du pouvoir. *Un journaliste de l'opposition.* ♦ *Faire de l'opposition*, se montrer hostile par des discours ou des écrits à la direction donnée aux affaires publiques par le gouvernement. ♦ Répugnance. « *L'opposition invincible qu'elles ont à la prière* », Massillon. ■ **Dr.** *Faire opposition à*, empêcher légalement l'accomplissement de quelque chose (un paiement, un mariage, etc.).

OPPOSITIONNEL, ELLE, ■ n. m. et n. f. [ɔpozisjɔnɛl] (*opposition*) Personne qui appartient à l'opposition politique. *Les oppositionnels du parti en place.* ■ Adj. Qui manifeste une opposition. *La mouvance oppositionnelle.*

OPPRESSANT, ANTE, ■ adj. [ɔpresɑ̃, ɑ̃t] (*oppresser*) Qui oppresse, écrase. *Une chaleur moite, oppressante.* ■ Fig. Difficile à supporter. *Un silence oppressant.*

OPPRESSÉ, ÉE, p. p. de oppresser. [ɔprese] N. m. et n. f. « *Jésus de Nazareth, qui passait bienfaisant et guérissant tous les oppressés* », Bossuet. ♦ Il a vieilli en ce sens.

OPPRESSER, v. tr. [ɔprese] (rad. du lat. *oppressum*, de *opprimere*) Presser fortement, gêner la respiration. ♦ Être oppressé, respirer péniblement. ♦

Fig. *Le chagrin m'oppresse.* ♦ Absol. « *Rien n'oppresse comme la douleur dont on rougit à ses propres yeux* », Mme de Genlis. ♦ Anciennement, opprimer. « *Les royaumes qui ont oppressé sont humiliés* », Bossuet. ♦ S'oppresser, v. pr. Devenir oppressé. *Sa poitrine s'oppressa.*

OPPRESSEUR, n. m. [ɔpresœr] (lat. *oppressor*) Celui qui opprime. « *C'est d'Israël le superbe oppresseur* », Racine. ♦ Adj. m. *Un gouvernement oppresseur.*

OPPRESSIF, IVE, adj. [ɔpresif, iv] (*oppresser*) Qui tend à opprimer, qui sert à opprimer. *Loi oppressive. Moyens oppressifs.*

OPPRESSION, n. f. [ɔpresjɔ̃] (lat. *oppressio*) État de ce qui est oppressé. ♦ **Méd.** État dans lequel le malade éprouve la sensation d'un poids. ♦ Absol. *L'oppression de la poitrine.* ♦ Fig. *Chercher à soulager l'oppression de son cœur.* ♦ État de ce qui est opprimé. « *L'Église gémissait dans l'oppression* », Massillon. ♦ Action d'opprimer. « *L'aversion naturelle que l'on a pour les oppressions injustes* », Mme de Sévigné. ♦ La tyrannie domestique. *L'oppression d'une belle-mère.*

OPPRESSIVEMENT, adv. [ɔpresiv(ə)mɑ̃] (*oppressif*) D'une manière oppressive.

OPPRIMANT, ANTE, adj. [ɔprimɑ̃, ɑ̃t] (*opprimer*) Qui opprime. « *Je fais du genre humain deux parts, l'opprimante et l'opprimée ; je hais l'une et je méprise l'autre* », d'Alembert.

OPPRIMÉ, ÉE, p. p. de opprimer. [ɔprime] N. m. et n. f. *Un opprimé.*

OPPRIMER, v. tr. [ɔprime] (lat. *opprimere*, presser) Accabler sous un poids. *Un fardeau qui nous opprime.* ♦ Accabler sous la violence, sous une autorité tyrannique. *Opprimer l'innocence, les malheureux, etc.* ♦ Fig. « *Les violences dont l'art à Versailles opprime la pauvre nature* », Mme de Sévigné. ♦ Absol. « *Il est plus aisé d'opprimer que de contenir* », d'Alembert. ♦ Faire éprouver des chagrins, des souffrances, des embarras. « *Malgré le faix des ans et du sort qui m'opprime* », Racine.

OPPROBRE, n. m. [ɔprɔbr] (lat. *opprobrium*) Honte profonde, déshonneur extrême. *Un opprobre éternel.* ♦ *L'opprobre de*, ce qui est une cause de honte. « *Un exécrable juif, l'opprobre des humains [1]* », Racine. ♦ État d'abjection. « *L'opprobre avilit l'âme et flétrit le courage* », Voltaire. ■ Rem. 1 : Propos à connotation raciste mis par Racine dans la bouche d'Aman un personnage de sa pièce *Esther* (1689).

OPR, ■ n. f. [ɔpeɛr] (sigle de *Offre publique de retrait*) **Financ.** Offre de rachat de titres appartenant à des actionnaires minoritaires, proposée par un actionnaire majoritaire. *À l'issue d'une OPR réussie, le titre est radié de la cote.*

OPSONINE, ■ n. f. [ɔpsonin] (gr. *opson*, aliment) **Biol.** Anticorps protéique se fixant sur les bactéries et facilitant leur phagocytose par les leucocytes. ■ OPSONIQUE, adj. [ɔpsonik]

OPTATIF, IVE, adj. [ɔptatif, iv] (b. lat. *optativus*) Qui exprime le souhait. *Plût à Dieu ! une tournure optative.* ♦ **Gramm.** *Mode optatif* ou n. m. *l'optatif*, mode qui dans certaines langues exprime le souhait.

OPTER, v. intr. [ɔpte] (lat. *optare*) Prendre, entre des choses qui paraissent se valoir, celle qui convient. *Opter entre deux choses ; opter de deux choses l'une ou l'autre.*

OPTICIEN, IENNE, n. m. [ɔptisjɛ̃, jɛn] (2 *optique*) Personne qui sait et enseigne l'optique. ♦ Fabricant, marchand d'instruments d'optique. ♦ Adj. *Ingénieur opticien.*

OPTIMAL, ALE, ■ adj. [ɔptimal] (*optimum*, superl. de *bonus*) Le meilleur, le plus favorable. *Des rendements optimaux.*

OPTIMALISATION ou **OPTIMISATION**, ■ n. f. [ɔptimalizasjɔ̃, ɔptimizasjɔ̃] (*optimaliser* ou *optimiser*) Action d'optimaliser, son résultat. *L'optimalisation des performances d'une machine.*

OPTIMALISER ou **OPTIMISER**, ■ v. tr. [ɔptimalize, ɔptimize] (*optimal*) Rendre optimal, conférer à quelque chose les meilleures conditions de rendement, de fonctionnement. *Optimaliser sa production.*

OPTIMÉ, adv. [ɔptime] (lat. *optime*, superl. de *bene*) **Fam.** Très bien. ■ Rem. Graphie ancienne : *optimè*.

OPTIMISME, n. m. et n. f. [ɔptimism] (lat. *optimus*, le meilleur, superl. de *bonus*) Système de philosophie où l'on enseigne que Dieu a fait les choses suivant la perfection de ses idées, c'est-à-dire le mieux, et que le monde est le meilleur des mondes possibles. ♦ Dans le langage ordinaire, tendance à voir tout en beau. ■ Tendance à être confiant dans l'avenir. *Malgré la situation, elle affiche un optimisme inébranlable.*

OPTIMISTE, n. m. et n. f. [ɔptimist] (*optimisme*) Personne qui admet l'optimisme. ♦ Adj. *Le système optimiste.* ♦ En général, celui qui est naturellement disposé à être content de tout.

OPTIMUM, ■ n. m. [ɔptimɔm] (mot lat., superl. n. de *bonus*) Le meilleur état de choses dans les circonstances données. *Des optimums* ou *des optima* (pluriel latin). ■ Adj. *Des résultats optimums* ou *des résultats optima.*

OPTION, n. f. [ɔpsjɔ̃] (lat. *optio*, choix) Faculté, action d'opter. *Avoir l'option de deux choses* ou *entre deux choses.* ♦ *Droit d'option,* faculté de choisir entre plusieurs objets, qui a été réservée dans un contrat. ■ Équipement facultatif venant s'ajouter à un modèle de série, moyennant un supplément de prix. ■ Matière venant compléter les enseignements obligatoires. *Passer un baccalauréat option musique.* ■ *Prendre une option sur,* promesse de location ou d'achat d'un bien immobilier, d'un terrain, assurant la priorité de l'acheteur sur celui-ci. ■ *Levée d'option,* fait pour un acheteur d'acquérir un bien immobilier dans le délai imparti par la promesse de vente.

OPTIONNEL, ELLE, ■ adj. [ɔpsjɔnɛl] (*option*) Qu'on peut choisir parmi un éventail de possibilités. *Une matière optionnelle.* ■ Qu'on peut choisir en plus. *Assurance optionnelle. La climatisation est optionnelle pour cette voiture.*

1 **OPTIQUE**, adj. [ɔptik] (gr. *optikos,* relatif à la vue) Qui a rapport à la vision. *Illusion optique.* ♦ **Anat.** *Nerf optique.*

2 **OPTIQUE**, n. f. [ɔptik] (gr. *optikê,* science de la vue) Science de la lumière et des lois de la vision. ♦ Traité sur l'optique. *L'Optique de Newton.* ♦ Perspective, aspect des objets vus dans l'éloignement. *L'optique du théâtre.* ♦ **Fig.** *Otique du théâtre,* les conditions imposées par la scène aux œuvres dramatiques. ♦ Boîte avec un miroir incliné, dans laquelle on regarde, à travers une grosse lentille, des estampes enluminées. ■ **N. f. Fig.** Point de vue. *L'optique du directeur.*

OPTOMÈTRE, ■ n. m. [ɔptomɛtr] (gr. *optos,* visible, et *mètre*) Appareil mesurant le degré de réfraction de l'œil et permettant d'évaluer les problèmes visuels. *Son accomodation visuelle a été mesurée avec l'optomètre.*

OPTOMÉTRIE, ■ n. f. [ɔptometri] (*optomètre*) Ensemble des techniques de mesure de l'acuité visuelle. *La mesure de la myopie, de l'astigmatisme, de l'hypermétropie, de la vision périphérique, etc., relève de l'optométrie.* ■ OPTO-MÉTRIQUE, adj. [ɔptometrik]

OPTOMÉTRISTE, ■ n. m. et n. f. [ɔptometrist] (*optométrie*) Spécialiste de l'optométrie.

OPTRONIQUE, ■ n. f. [ɔptrɔnik] (*optique* et *électronique*) Ensemble des techniques optoélectroniques appliquées au domaine militaire. ■ **Adj.** *Un système optronique.*

OPULEMMENT, adv. [ɔpylamɑ̃] (*opulent*) Avec opulence.

OPULENCE, n. f. [ɔpylɑ̃s] (lat. *opulentia*) Abondance de biens, grandes richesses. ■ **Fig.** et **litt.** L'ampleur, la grandeur de quelque chose. *L'opulence du style d'un écrivain.*

OPULENT, ENTE, adj. [ɔpylɑ̃, ɑ̃t] (lat. *opulentus*) Qui est dans l'opulence. *Un homme, un royaume opulent.* ♦ Qui a le caractère de l'opulence. *Une vie opulente.*

OPUNTIA ou **OPONCE**, n. m. [ɔpɔ̃sja, ɔpɔ̃s] (*un* se prononce *on* et *t* se prononce *ss* ; gr. *Opountos,* Oponte, ville grecque) Nom latin du nopal.

OPUNTIACÉES, n. f. pl. [ɔpɔ̃sjase] (*un* se prononce *on* et *t* se prononce *ss* ; *opuntia*) Genre de plantes dont l'opuntia est le type, famille des cactées.

OPUS, ■ n. m. [ɔpys] (lat. *opus,* ouvrage) **Mus.** Indication (abrév. *op.*) désignant une pièce musicale dans le catalogue de l'œuvre intégrale d'un compositeur. *À chacune des 138 œuvres de Beethoven est attribué un numéro d'opus.*

OPUSCULE, n. m. [ɔpyskyl] (lat. *opusculum,* dimin. de *opus*) Petit ouvrage de science ou de littérature.

OPV, ■ n. f. [ɔpeve] (sigle de *offre publique de vente*) **Financ.** Offre de vente des actions d'une société, proposée au public sur le marché boursier à un prix unique. *Privatisation d'une banque par le biais d'une OPV.*

1 **OR**, conj. [ɔr] (lat. pop. *hora,* heure) Sert à lier la mineure d'un argument à la majeure. *Tous les hommes sont mortels ; or un roi est un homme ; donc un roi est mortel.* ♦ Or, donc, sert aussi à lier un discours à un autre. « *Or il est temps, ma sœur, de montrer qui nous sommes* », ROTROU. ♦ *Or* sert à exprimer l'exhortation. *Or çà, monsieur.*

2 **OR**, n. m. [ɔr] (lat. *aurum*) Métal d'un jaune brillant, d'une pesanteur très grande, dont on fait les monnaies de la plus haute valeur. ♦ *Faire de l'or,* nom donné à toutes les opérations par lesquelles les alchimistes ont essayé de transformer les métaux vils en or. ♦ *Or en barre.* Voy. BARRE. ♦ *Juste comme l'or* ou *comme l'or,* se dit d'un poids très juste, à cause que l'or se pèse très exactement. ♦ *Or* se dit au pluriel pour signifier les différentes couleurs de l'or. *Des ors jaune, rouge et vert.* ♦ *L'or,* métal considéré suivant sa pureté ou ses emplois. *Or de coupelle* ou *or affiné.* ♦ *Or au titre,* à ou bijoux au titre de 834 millièmes environ. ♦ *Or bas,* or au-dessous de 750 millièmes. ♦ *Or vierge,* l'or tel qu'il est sorti de la mine. ♦ *Or moulu.* Voy. MOULU. ♦ *Or de coquille.* Voy. COQUILLE. ♦ *Lettres d'or,* lettres écrites avec l'or de coquille. ♦ *Or mat, bruni.* Voy. MAT, BRUNI. ♦ *Or en feuilles,* or disposé en un petit cahier et dont se servent les peintres décorateurs et les fabricants d'éventails. ♦ *La monnaie, les espèces d'or. Une pièce d'or. Payer en or.*

♦ *La vaisselle d'or.* ♦ *Fil d'or,* fil d'argent doré dont on fait les passements, des galons, des franges, etc. *Drap d'or.* ♦ *Or clinquant,* or de Paris, clinquant d'or, fil de cuivre aplati en lame et employé pour lamer et broder les étoffes. ♦ En passementerie, *or fin,* argent doré ou vermeil. *Or faux,* cuivre doré. ♦ **Fig.** *Il est tout cousu d'or,* il est très riche. ♦ **Poétiq.** *Des jours filés d'or et de soie,* des jours brillants et heureux. ♦ **Fig.** *Richesses,* opulence. « *Ni l'or ni la grandeur ne nous rendent heureux* », LA FONTAINE. ♦ *Acheter, vendre quelque chose au poids de l'or,* très cher. ♦ *Promettre des monts d'or,* faire de grandes promesses. ♦ **Fig.** et **poétiq.** Il se dit de ce qui est jaune et brillant. *Des cheveux d'or.* « *L'or flottant des moissons* », DELILLE. ♦ **Fig.** Il se dit de ce qui a moralement une valeur comparable à celle de l'or. « *Quelquefois du bon or je sépare le faux* », BOILEAU. ♦ *Un cœur d'or,* un excellent cœur. ♦ *Il parle d'or, il dit d'or,* il dit ce qu'il y a de mieux à dire en la circonstance, ou ce qu'il y a de plus satisfaisant pour celui à qui il parle. ♦ *Un homme d'or,* un homme très utile, très précieux pour ce qu'il y a à faire. ♦ *Un livre d'or,* un livre excellent, et particulièrement un petit livre qui contient beaucoup d'idées justes et d'une utilité pratique. ♦ *Il vaut son pesant d'or,* se dit d'un homme qu'on veut louer, d'un homme excellent. ♦ **Pop.** *Saint Jean bouche d'or,* un homme qui ne peut garder les secrets, ou qui ne déguise pas sa pensée. ♦ *Une affaire, un marché d'or,* qui présente de grands avantages. ♦ Dans la mythologie, *l'âge, le siècle d'or,* le temps où, sous le règne de Saturne, les hommes vivaient dans l'innocence et le bonheur. ♦ *Un homme de l'âge d'or,* un homme de mœurs pures, d'une grande vertu. ♦ **Hérald.** Couleur jaune qui représente le premier métal ou le premier des émaux et qui s'exprime dans la gravure par une infinité de petits points. ♦ **Chim.** *Or fulminant,* oxyde d'or obtenu en précipitant le chlorure par un excès d'ammoniaque, et qui détone par la chaleur ou la pression. ♦ *Or potable,* liquide huileux et alcoolique qu'on obtient en versant une huile volatile dans une dissolution de chlorure d'or, et qu'on regardait autrefois comme un cordial et un élixir de santé. *Or musif* ou *mussif.* Voy. MUSIF *Or faux,* chrysocale. *Or d'Allemagne,* feuilles très minces de cuivre jaune. *Or de couleur,* sorte de vernis. ♦ **Prov.** *Tout ce qui reluit n'est pas or,* il ne faut pas se laisser prendre aux belles apparences. ■ *Or noir,* pétrole. ■ *Or blanc, rose, jaune, rouge, vert,* or allié à un ou deux métaux notamment l'argent, le cuivre, le zinc, etc. ■ **Fig.** *Or vert,* ensemble des éléments naturels permettant la fabrication de matières non polluantes et biodégradables, destinées à remplacer certains produits de grande consommation tels que le carburant, le plastique, etc. ■ **Fig.** *Or brun,* nom désignant le café ou le cacao. ■ *Livre d'or,* registre sur lequel des personnes inscrivent leur nom, leurs réflexions ou leurs éloges. *Laisser un mot sur le livre d'or de son hôte.* ■ **Adj. inv.** *Valeur or,* valeur exprimée en une monnaie qui se convertit en or. ■ **Dr.** *Clause or,* clause d'un contrat dans lequel le débit d'une personne est exprimé en valeur or. ■ *Règle d'or,* règle que chacun se doit de suivre. *La prudence est la règle d'or sur la route.*

ORACLE, n. m. [ɔrakl] (lat. *oraculum,* de *orare,* parler, prier) Chez les païens, réponse de la divinité à ceux qui la consultaient. ♦ La divinité même qui rendait des oracles. *Consulter l'oracle.* ♦ **Fam.** *Parler comme un oracle,* très bien parler. ♦ *Parler d'un ton d'oracle, avoir un ton d'oracle,* parler de manière à commander la croyance. ♦ *S'exprimer en style d'oracle,* s'exprimer d'une manière ambiguë. ♦ Dans l'Écriture, *l'oracle,* le saint des saints. ♦ Parmi les Juifs et les chrétiens, les paroles de Dieu. « *L'Église par laquelle le Saint-Esprit rendait ses oracles* », BOSSUET. ♦ **Fig.** Décisions données par des personnes d'autorité et de savoir. « *Ces augustes tribunaux où la justice rend ses oracles* », BOSSUET. « *Il parle et chacun écoute ses oracles* », FLÉCHIER. ♦ Sentiment qui contient quelque chose de beau et de solide. « *L'honneur parle, il suffit : ce sont là nos oracles* », RACINE. ♦ Les personnes mêmes qui donnent ces sortes de décisions, qui émettent ces sortes de sentiments. « *Cet homme admirable qui était comme l'oracle de son siècle* », FLÉCHIER.

ORAGE, n. m. [ɔraʒ] (lat. *aura,* souffle, vent) Agitation violente de l'atmosphère avec vent, éclair et tonnerre. ♦ **Fig.** Revers, malheurs, embarras, disgrâces. *Des jours sans orage.* « *Tous les jours de mon été des orages* », VOLTAIRE. ♦ **Fig.** Guerre, révolte, désordre. *Les orages de la révolution.* **Fig.** Tumulte de sentiments, agitations du cœur, tumulte de la société. *Les orages du monde.* « *Ah ! qu'il se passe d'orages au fond du cœur !* », MME DE STAËL. ♦ **Fig.** Opposition, colère soulevée contre quelqu'un ou quelque chose. « *Vous ne sauriez avoir l'idée de l'orage qu'excite contre moi la publication des Lettres écrites de la montagne* », J.-J. ROUSSEAU. ♦ **Fam.** Reproches d'un supérieur. *Tout l'orage tombera sur vous.* ♦ Correction manuelle. « *Quels orages de coups vont fondre sur ton dos !* », MOLIÈRE. ■ *Il y a de l'orage dans l'air,* de la tension, de la nervosité dans une ambiance. ■ *Orage magnétique,* perturbation du champ magnétique de la Terre provoquée par les éruptions solaires.

ORAGEUSEMENT, adv. [ɔraʒøz(ə)mɑ̃] (*orageux*) D'une manière orageuse.

ORAGEUX, EUSE, adj. [ɔraʒø, øz] (*orage*) Qui cause de l'orage, qui menace d'orage. *Vent orageux. Le temps est orageux.* ♦ Sujet aux orages. *Mer* *orageuse.* ✦ Troublé par l'orage. *Nuit orageuse.* ✦ **Fig.** Agité, troublé comme par un orage. *Une vie, une jeunesse orageuse. Le malade a passé une nuit orageuse.* « *Une nation vaillante [les Anglais], mais aussi orageuse que la mer qui l'environne* », Massillon. « *Dans nos temps orageux de trouble et de malheur* », Voltaire.

ORAISON, n. f. [ɔrezɔ̃] (lat. *oratio,* de *orare,* parler, prier) **Gramm.** Assemblage de mots construits suivant les règles de la grammaire. ✦ *Les parties de l'oraison,* les espèces de mots. ✦ Ouvrage d'éloquence composé pour être prononcé en public. ✦ Discours des anciens orateurs grecs et latins. *Les oraisons de Démosthène, de Cicéron.* ✦ *Oraison funèbre,* discours d'éloge prononcé après la mort d'un personnage. ✦ Prière à Dieu ou aux saints. *Les oraisons des fidèles. Être en oraison.* ✦ *États d'oraison,* les divers états de l'âme pour et pendant l'oraison. ✦ *Oraison mentale.* Voy. MENTAL.

ORAL, ALE, adj. [ɔral] (lat. *os, oris,* bouche) **Anat.** Qui a rapport à la bouche. *Cavité orale.* ✦ Qui est articulé par la bouche, en parlant de lettres et de syllabes. ✦ Qui se transmet de bouche en bouche. *Tradition orale.* ✦ Qui est dit de vive voix, par opposition à *écrit. Enseignement oral.* ✦ *Examen oral,* examen dans lequel il ne se fait que des interrogations et des réponses orales. ■ **Psych.** Premier stade de l'évolution de l'enfant, caractérisé par la découverte du plaisir de l'activité buccale lié à l'alimentation.

ORALEMENT, ■ adv. [ɔral(ə)mɑ̃] (*oral*) Par la voix, la parole. *Il a répondu oralement aux questions.* ■ Par voie orale. *Un médicament à prendre oralement.*

ORALISATION, ■ n. f. [ɔralizasjɔ̃] (*oraliser*) Transposition, expression orale d'un texte, d'un document, de ce qui est écrit. *Les problèmes posés par l'oralisation des noms propres.*

ORALISER, ■ v. tr. [ɔralize] (*oral*) Exprimer oralement un texte écrit. *Il est nécessaire que les élèves oralisent leur lecture.*

ORALITÉ, ■ n. f. [ɔralite] (*oral*) Caractère oral du langage, du discours. *Oralité de la littérature africaine.* ■ **Psych.** Premier stade du développement affectif de l'enfant, centré autour de la zone buccale.

ORANGE, n. f. [ɔrɑ̃ʒ] (a. ital. *melarancio,* de *mela,* pomme, et *arancio,* oranger, de l'ar. *nâranj*) Fruit à pépins, d'un jaune doré, et qui a beaucoup de jus. ✦ *Couleur d'orange* ou *couleur orange,* couleur qui approche de celle de l'orange. *Un ruban couleur d'orange.* **Ellipt.** *Un ruban, des rubans orange.* ■ *L'orange,* la couleur d'orange. ✦ Anciennement, oranger ; de là la locution *fleur d'orange,* que l'on tend aujourd'hui, à tort, à remplacer par *fleur d'oranger. Bouquet de fleur d'orange.* « *Cueillir des fleurs d'orange* », Mme de Sévigné. ✦ *Orange amère,* la bigarade. ✦ *Orange musquée, orange rouge, orange d'hiver,* variétés de poire.

ORANGÉ, ÉE, adj. [ɔrɑ̃ʒe] (*orange*) Qui est de couleur d'orange. ✦ **N. m.** *L'orangé,* la deuxième couleur du prisme.

ORANGEADE, n. f. [ɔrɑ̃ʒad] (*orange*) Boisson qu'on prépare en mêlant du jus d'orange avec de l'eau et en l'édulcorant.

ORANGEAT, n. m. [ɔrɑ̃ʒa] (*orange*) Confiture sèche faite d'écorce d'orange. ✦ Dragées faites d'écorce d'orange.

1 ORANGER, ÈRE, n. m. et n. f. [ɔrɑ̃ʒe, ɛr] (*orange*) Personne qui vend des oranges. ✦ **Adj.** *Un fruitier oranger, une fruitière orangère,* fruitier, fruitière qui vend des oranges.

2 ORANGER, n. m. [ɔrɑ̃ʒe] (*orange*) Arbre toujours vert qui porte les oranges ✦ *Fleur d'oranger.* Voy. ORANGE. ✦ *Les mariées portent une couronne de boutons et de fleurs d'oranger ; de là la fleur d'oranger est prise pour le symbole du mariage.* ✦ *Fleur d'oranger,* liqueur obtenue par l'infusion des fleurs de cet arbre dans l'eau-de-vie. ✦ *Oranger du savetier,* la maurelle, faux piment.

ORANGERAIE, ■ n. f. [ɔrɑ̃ʒ(ə)rɛ] (2 *oranger*) Plantation d'orangers.

ORANGERIE, n. f. [ɔrɑ̃ʒ(ə)ri] (2 *oranger*) Partie d'un jardin où sont placés les orangers. ✦ Lieu où l'on conserve les orangers pendant l'hiver, dans les climats où ces arbres ne peuvent supporter la température ambiante.

ORANGETTE, ■ n. f. [ɔrɑ̃ʒɛt] (dimin. de *orange*) Petite orange cueillie avant maturité. ■ Bâtonnet d'orange confite enrobé de chocolat noir.

ORANGISTE, ■ n. m. et n. f. [ɔrɑ̃ʒist] (*Orange,* nom propre) Protestant partisan du roi d'Angleterre Guillaume III d'Orange. ■ Extrémiste protestant d'Irlande. ■ **Adj.** *La politique orangiste.*

ORANG-OUTAN ou **ORANG-OUTANG,** n. m. [ɔrɑ̃utɑ̃] (les *g* ne se prononcent pas ; mot malais, de *orang,* homme, et *outang,* forêt) Espèce de singe sans queue, qui se rapproche de l'homme par la conformation. ■ Au pl. *Des orangs-outans, des orangs-outangs.*

ORANT, ANTE, ■ n. m. et n. f. [ɔrɑ̃, ɑ̃t] (*orer*) Dans les beaux-arts, personnage peint ou sculpté dans la posture de la prière. ■ **Par extens.** Personne qui prie. ■ **Adj.** *La Vierge orante.*

ORATEUR, TRICE, n. m. et n. f. [ɔratœr, tris] (lat. *orator,* de *orare,* parler) Personne qui compose et prononce des discours. ✦ *L'orateur romain,* Cicéron. ✦ *Orateur sacré,* orateur de la chaire chrétienne, auteur de sermons, d'oraisons funèbres. ✦ *Orateur du barreau,* avocat plaidant. ✦ *Orateur de la troupe,* celui qui parle pour une compagnie, une troupe de personnes. ✦ En Angleterre, *l'orateur,* le président de la Chambre des communes. ✦ En parlant d'une femme. *Une femme orateur.* ■ Personne dont le discours est éloquent en public. *Cet homme politique est un fin orateur.*

1 ORATOIRE, adj. [ɔratwar] (lat. *oratorius,* de *orator*) Qui appartient à l'orateur. *Style oratoire.* ✦ *Nombre oratoire.* Voy. NOMBRE.

2 ORATOIRE, n. m. [ɔratwar] (lat. chrét. *oratorium,* de *orare,* prier) Petite pièce qui dans une maison est destinée aux actes de dévotion. ✦ *L'Oratoire de Jésus* ou simplement *l'Oratoire,* ordre religieux fondé en Italie par Philippe Neri en 1548, introduit en France par Pierre de Bérulle en 1611, et consacré à l'enseignement. *Un père de l'Oratoire.* ✦ *La maison où demeurent les pères de la congrégation de l'Oratoire.* ✦ *L'Oratoire à Paris,* temple pour le culte calviniste.

ORATOIREMENT, adv. [ɔratwar(ə)mɑ̃] (1 *oratoire*) D'une manière oratoire.

ORATORIEN, n. m. [ɔratɔrjɛ̃] (2 *oratoire*) Membre de la congrégation de l'Oratoire. *Un père oratorien.*

ORATORIO, n. m. [ɔratɔrjo] (mot it., du lat. *oratorium,* 2 oratoire) Drame ou dialogue lyrique composé sur un sujet sacré et destiné à être exécuté sans décorations ni costumes, dans un concert ou dans une solennité religieuse. ✦ Au pl. *Des oratorios.*

1 ORBE, adj. [ɔrb] (lat. *orbus,* privé de) **Chir.** *Coup orbe,* coup qui fait une large meurtrissure, sans entamer la chair. ✦ **Maçon.** *Mur orbe,* mur sans ouverture.

2 ORBE, n. m. [ɔrb] (lat. *orbis,* cercle) **Astron.** L'aire, la surface circonscrite par l'orbite d'une planète ou de tout autre corps qui se meut autour d'un astre ou d'une planète. ✦ On a dit abusivement : *le grand orbe de la Terre,* pour *orbite de la Terre.* ✦ **Poésie** Globe, en parlant des corps célestes. « *Les orbes éclatants* », Delavigne. ✦ Contour. « *Sur l'orbe éblouissant de son bouclier d'or* », Delille.

ORBICULAIRE, adj. [ɔrbikylɛr] (lat. médiév. *orbicularis,* sphérique) Qui est en rond, qui a la forme d'un cercle. « *Les taches de la panthère sont orbiculaires* », Buffon. « *Dieu a donné aux planètes le mouvement orbiculaire d'orient en occident* », Voltaire. ✦ **Anat.** *Muscle orbiculaire,* ou n. m. *l'orbiculaire des paupières,* muscle formant une couche plate et assez mince aux deux bords de l'orbite, et servant à fermer les paupières.

ORBICULAIREMENT, adv. [ɔrbikylɛr(ə)mɑ̃] (*orbiculaire*) En rond. *Les astres se meuvent orbiculairement.*

ORBITAIRE, adj. [ɔrbitɛr] (*orbite*) **Anat.** Qui a rapport à l'orbite de l'œil. ✦ *Arcade orbitaire,* rebord saillant de la paroi supérieure de l'orbite qui fait partie de l'os frontal.

ORBITAL, ALE, ■ adj. [ɔrbital] (*orbite*) Qui concerne l'orbite d'une planète, d'un satellite artificiel. *Une station orbitale est un centre d'observation de l'Univers. Les paramètres orbitaux d'un satellite.* ■ **N. f. Phys.** Comportement spatial d'un électron dans la configuration d'un atome. *Orbitale atomique.* ■ *Véhicule orbital,* orbiteur.

ORBITE, n. f. [ɔrbit] (lat. *orbita,* de *orbis,* cercle) **Astron.** Le chemin que décrit une planète par son mouvement propre. *L'orbite de la Terre.* ✦ **Anat.** Cavité dans laquelle l'œil est placé. ✦ Quelques-uns le font masculin en ce sens. ■ **Fig.** Zone d'action ou sphère d'influence pour une personne. *Chercher à attirer quelqu'un dans son orbite.* ■ *Mise sur orbite,* placement en orbite d'un satellite. ■ **Fig.** Lancement. *La mise sur orbite d'une nouvelle chaîne TV.*

ORBITER, ■ v. tr. [ɔrbite] (*orbite*) Décrire une orbite. *La lune orbite autour de la Terre.*

ORBITEUR, ■ n. m. [ɔrbitœr] (*orbite*) **Astron.** Sonde spatiale d'étude placée en orbite autour d'un astre. ■ Partie principale réutilisable de la navette spatiale, où se trouve l'équipage.

ORCANÈTE ou **ORCANETTE,** n. f. [ɔrkanɛt] (altér. du lat. médiév. *alchanna,* empr. à l'ar. *al hinnâs,* le henné) Racine ayant un principe colorant rouge, soluble surtout dans les corps gras, de la famille des borraginées, la buglosse des teinturiers de certains auteurs, le grémil tinctorial suivant d'autres.

ORCHESTIQUE, adj. [ɔrkestik] (*ch* se prononce *k* ; gr. *orkhêstikê,* relatif à la danse) **Antiq.** *Genre orchestique,* celui des deux genres principaux de la gymnastique ancienne, qui comprenait la danse et l'exercice de la paume. ✦ **N. f.** *L'orchestique,* l'art de la danse et de la pantomime, chez les anciens.

ORCHESTRAL, ALE, ■ adj. [ɔrkestral] (*orchestre*) Relatif à l'orchestre symphonique. *Ensemble orchestral. Œuvre orchestrale. Arrangements orchestraux.*

ORCHESTRATEUR, TRICE, ■ n. m. et n. f. [ɔʀkɛstʀatœʀ, tʀis] *(orchestrer)* Musicien qui orchestre une mélodie, une chanson. ■ **Fig.** *C'est l'orchestrateur de ce projet.*

ORCHESTRATION, n. f. [ɔʀkɛstʀasjɔ̃] *(orchestrer)* Action d'orchestrer. ◆ Manière dont un compositeur sait rendre ses idées et les fait exprimer par tel ou tel instrument. ◆ Science du maniement d'un orchestre. ■ **Fig.** Fait d'organiser un événement avec un souci de qualité optimale. *L'orchestration de la bataille.*

ORCHESTRE, n. m. [ɔʀkɛstʀ] (gr. *orkhêstra*) La partie du théâtre des Grecs consacrée à la danse et aux évolutions du chœur. ◆ À Rome, le lieu où se plaçaient les sénateurs et les vestales, dans les théâtres. ◆ Dans nos théâtres, la partie contiguë à la scène et un peu au-dessous d'elle, où se placent les musiciens instrumentistes. ◆ Les musiciens qui occupent l'orchestre. ◆ *Chef d'orchestre,* celui qui dirige les musiciens avec l'archet ou le bâton de mesure. ◆ Toute réunion de musiciens instrumentistes assez considérable. ◆ Dans une partition, l'ensemble des parties instrumentales, à l'exclusion des voix. ◆ Ensemble quelconque d'instruments. ◆ Se dit de certains rangs de stalles ou des fauteuils destinés au public, et qui sont placés entre le parterre et l'orchestre proprement dit. *Fauteuil, stalle d'orchestre.* ◆ *Un orchestre, une place d'orchestre.* ◆ La partie du public placée à l'orchestre. ◆ Syn. d'orchestration. *Un orchestre savant.*

ORCHESTRER, v. tr. [ɔʀkɛstʀe] *(orchestre)* Arranger pour l'orchestre ; écrire les parties d'orchestre. ■ **Fig.** Organiser un événement avec un souci de perfection.

ORCHIDACÉE, ■ n. f. [ɔʀkidase] *(ch se prononce k ; orchidée)* **Bot.** Plante vivace monocotylédone des régions tempérées, tropicales et arctiques, très colorée, possédant trois sépales et trois pétales. *L'orchis et l'ophrys appartiennent à la famille des orchidacées.*

ORCHIDÉES, n. f. pl. [ɔʀkide] *(ch se prononce k ; lat. orchis, du gr. orkhidion, petit testicule)* Famille de plantes monocotylédones et tuberculeuses. ■ Au sing. Fleur de cette famille de plantes.

ORCHIS, n. m. [ɔʀkis] *(ch se prononce k et le s final se prononce ; gr. orkhis, testicule)* Genre de plantes de la famille des orchidées.

ORCHITE, ■ n. f. [ɔʀkit] *(ch se prononce k ; gr. orkhis, testicule)* **Méd.** Inflammation d'un testicule. *Une orchite chronique, aiguë.*

ORD, ORDE, adj. [ɔʀ, ɔʀd] *(lat. horridus)* ▷ Qui excite le dégoût et pour ainsi dire l'horreur par la saleté. ◁

ORDALIE, n. f. [ɔʀdali] *(anc. angl. ordâl, jugement)* Toute épreuve juridique usitée dans le Moyen Âge sous le nom de jugement de Dieu. ◆ Nom qu'on donnait aux cuves dans lesquelles se faisait l'épreuve de l'eau.

ORDALIQUE, ■ adj. [ɔʀdalik] *(ordalie)* Relatif à l'ordalie. *Duel ordalique.* **Psych.** Se dit d'une conduite, généralement celle d'un adolescent, visant à une quête ultime de sens par la prise de risques souvent mortels. *Fantasme, épreuve ordalique.*

ORDINAIRE, adj. [ɔʀdinɛʀ] *(lat. ordinarius, rangé par ordre)* Qui est dans l'ordre commun, qui a coutume d'être, de se faire, d'arriver. ◆ Ordinaire à. « *Il est assez ordinaire aux personnes à qui le ciel a donné de l'esprit, d'abuser des grâces qu'elles ont reçues* », FLÉCHIER. ◆ *Question ordinaire,* le premier degré de la torture qu'on faisait subir à un accusé. ◆ **Milit.** *Le pas ordinaire,* le pas le plus lent de ceux qui sont réglés pour les troupes et qu'elles doivent toujours prendre quand on n'en commande pas d'autre. ◆ Dont on se sert habituellement. *Nourriture, vin ordinaire.* ◆ Il se dit des officiers de la maison du prince qui remplissent leur fonction toute l'année, par opposition à ceux qui servent par quartier. *Médecin ordinaire.* ◆ *Gentilhomme ordinaire du roi* ou simplement *un ordinaire,* gentilhomme servant le roi pour porter ses ordres et ses volontés aux parlements, aux provinces, et ses compliments aux cours des rois et de princes. ◆ Il se dit de fonctionnaires qui sont en exercice toute l'année. ◆ *Conseiller d'État en service ordinaire,* par opposition à *conseiller d'État en service extraordinaire* auquel ont été confiées des fonctions qui l'empêchent d'assister au conseil. ◆ *Ambassadeur ordinaire,* celui qui réside près d'une cour. ◆ *Juges ordinaires,* ceux à qui appartenait naturellement la connaissance des affaires, à la différence des juges de privilège et de ceux qui étaient établis par commission. ◆ **Dr.** *Affaire ordinaire,* affaire qui n'est pas de nature à être jugée sommairement. ◆ Il s'est dit aussi de certains officiers de guerre. *Commissaire ordinaire des guerres.* ◆ Qui ne dépasse pas le niveau commun. *Un homme ordinaire.* ◆ N. m. Ce qui a coutume d'être, ce qu'on a coutume de faire. « *Contre mon ordinaire Je dormais tranquillement* », LA FONTAINE. ◆ « *D'une taille au-dessus de l'ordinaire* », VOLTAIRE. ◆ Ce qu'on a coutume de servir pour un repas. *Un bon ordinaire.* ◆ La portion d'aliments que dans les auberges, chez les traiteurs, on donne à une personne pour un repas, et principalement une portion de soupe et de bœuf bouilli. ◆ *Vin d'ordinaire,* vin de qualité ordinaire qu'on boit dans le cours du repas. ◆ La mesure de vin qu'on donne pour chaque

repas aux domestiques. ◆ La mesure d'avoine qu'on donne le soir et le matin aux chevaux. ◆ **Fig.** La manière de vivre. ◆ *L'ordinaire de la messe,* les prières que le prêtre dit à la messe et qui ne changent point. ◆ Autrefois, *l'ordinaire des guerres,* certain fonds établi pour payer la maison du roi, les commissaires des guerres et les compagnies de gendarmerie. ◆ Le courrier de la poste qui part et arrive à certains jours réglés. « *Je ne vous en parlerai que par le premier ordinaire* », PASCAL. ◆ Il a vieilli en ce sens. ◆ *Le jour où cet ordinaire part et arrive.* ◆ *L'ordinaire,* le juge naturel d'une personne. ◆ *L'ordinaire,* l'évêque diocésain. ◆ À L'ORDINAIRE, loc. adv. Suivant la manière accoutumée. *Tout va ici à l'ordinaire.* ◆ D'ORDINAIRE, loc. adv. Le plus souvent. « *C'est d'ordinaire ainsi que nos pareils agissent* », P. CORNEILLE. ◆ *Pour l'ordinaire,* même sens. « *L'amour pour l'ordinaire est peu fait à ces lois* », MOLIÈRE. ■ **Milit.** *L'ordinaire,* lieu destiné à pourvoir à l'alimentation du personnel militaire.

ORDINAIREMENT, adv. [ɔʀdinɛʀ(ə)mɑ̃] *(ordinaire)* À l'ordinaire, le plus souvent.

ORDINAL, ALE, adj. [ɔʀdinal] *(lat. ordinalis)* **Gramm.** Qui regarde l'ordre, le rang ; qui marque, indique l'ordre. *Des adjectifs, des nombres ordinaux.* ◆ **Zool.** *Différences ordinales,* différences d'ordre.

ORDINAND, n. m. [ɔʀdinɑ̃] *(lat. médiév. ordinandus)* Celui qui se prépare aux ordres sacrés.

ORDINANT, n. m. [ɔʀdinɑ̃] *(lat. ordinans)* L'évêque qui confère les ordres sacrés.

ORDINATEUR, TRICE, adj. [ɔʀdinatœʀ, tʀis] *(lat. impér. ordinator, celui qui met en ordre)* Qui met l'ordre, qui arrange. « *La cause universelle ordinatrice et première* », DIDEROT. ◆ En ces sens, on dit aussi *ordonnateur.* ◆ N. m. Celui qui confère un ordre de l'Église. ■ N. m. Machine capable d'effectuer automatiquement toutes sortes d'opérations et de traitements tels que des calculs, du maniement de textes et d'images, etc. et qui est régi par des programmes. *Travailler sur ordinateur, à l'ordinateur. Ordinateur portable, de bureau.* ◆ *Ordinateur personnel,* microordinateur à l'usage de particuliers.

ORDINATION, n. f. [ɔʀdinasjɔ̃] *(lat. impér. ordinatio)* Action de mettre en ordre, d'arranger. « *L'ordination et le gouvernement du monde* », DIDEROT. ◆ Action de conférer les ordres de l'Église.

ORDINOGRAMME, ■ n. m. [ɔʀdinɔgʀam] *(rad. de ordinateur et -gramme)* **Inform.** Schéma ou tableau présentant les différentes séquences d'enchaînements ou orientations structurelles d'un programme. *Établir un ordinogramme en fin de programmation.*

ORDO, n. m. [ɔʀdo] *(mot lat. ordo, ordre)* Livret qui indique aux ecclésiastiques la manière de réciter l'office du jour. ■ Au pl. *Des ordos.*

ORDONNANCE, n. f. [ɔʀdonɑ̃s] *(ordonner)* Mise en ordre, en arrangement. *La cavalerie en ordonnance de bataille. La belle ordonnance des figures dans un tableau. L'ordonnance d'une tragédie.* ◆ **Archit.** La manière dont les ordres sont employés. *Ordonnance dorique, ionique, corinthienne.* ◆ Nombre de colonnes d'une façade, manière dont ces colonnes sont disposées. ◆ Acte, prescription émanée de l'autorité supérieure. ◆ Dans l'ancien régime, lois et constitutions des rois de France. ◆ Aujourd'hui, règlements et actes faits par le pouvoir exécutif pour l'exécution des lois ou pour des objets d'administrations. ◆ *Ordonnance de police,* ordonnance qui rend la police pour la tranquillité, la propreté, la salubrité, etc. des villes. ◆ **Dr.** *Ordonnance du juge,* décision d'un juge sur une question qui lui est soumise. ◆ Ce que le médecin prescrit au malade, par rapport tant aux médicaments qu'au régime. ◆ Syn. de formule. ◆ Le papier sur lequel le médecin a écrit la prescription. ◆ **Milit.** *Compagnie d'ordonnance,* compagnie qui ne fait partie d'aucun régiment. ◆ Sous l'ancienne monarchie, *compagnies d'ordonnances,* troupes qui n'entraient point en corps de régiment et qui consistaient en gendarmes, chevau-légers, etc. ◆ *Habit d'ordonnance,* habit d'uniforme. ◆ *D'ordonnance,* se dit de tous les insignes attachés à une fonction. ◆ Planton de cavalerie employé près d'un officier général, qui monte à cheval pour porter des dépêches. ◆ En ce sens, on emploie quelquefois le masculin. *L'ordonnance s'est mal conduit.* ◆ On dit dans un sens analogue : *officier d'ordonnance.* ◆ Mandement à un trésorier de payer certaine somme. ■ Militaire attaché au service personnel d'un officier.

ORDONNANCÉ, ÉE, p. p. de ordonnancer. [ɔʀdonɑ̃se]

ORDONNANCEMENT, n. m. [ɔʀdonɑ̃s(ə)mɑ̃] *(ordonnancer)* **Admin.** Action d'ordonnancer un paiement. ■ Agencement, organisation précise. *L'ordonnancement d'un processus, de travaux.* ■ Service chargé de suivre l'ensemble du processus de fabrication à la mise à disposition au client d'un produit commandé.

ORDONNANCER, v. tr. [ɔʀdonɑ̃se] *(ordonnance)* **Admin.** Écrire au bas d'un état, d'un mémoire, l'ordre de payer. ■ Agencer.

ORDONNANCIER, ■ n. m. [ɔʀdɔnɑ̃sje] (*ordonnance*) **Pharm.** Registre sur lequel les pharmaciens doivent obligatoirement inscrire les préparations, les médicaments délivrés sur ordonnance et qui ne sont pas en vente libre, ainsi que les noms et adresses des personnes à qui ils ont été prescrits. ■ Bloc de papier sur lequel le médecin rédige son ordonnance.

ORDONNATEUR, TRICE, n. m. et n. f. [ɔʀdɔnatœʀ, tʀis] (*ordonner*) Personne qui ordonne, met en ordre, en arrangement. *L'ordonnateur d'une fête.* ◆ *Ordonnateur*, l'officier public chargé d'accompagner et de diriger les convois mortuaires. ◆ Personne qui donne les paiements. ◆ Adj. Qui dispose, ordonne. « *La doctrine d'un dieu ordonnateur du monde* », DIDEROT. ◆ Adj. m. *Commissaire ordonnateur*, celui qui ordonnance les dépenses de l'armée.

ORDONNÉ, ÉE, p. p. de ordonner. [ɔʀdɔne] *Une maison bien ordonnée*, une maison tenue avec ordre. ◆ *Une tête bien ordonnée*, un esprit juste, dont les idées sont bien classées. ◆ **Absol.** Bien ordonné. « *Des mœurs ordonnées et douces* », MASSILLON. ◆ **Math.** *Raison* ou *proposition ordonnée*, proportion qui résulte d'une ou de plusieurs autres proportions. ◆ *Hérald.* *Mal ordonné*, se dit des pièces disposées dans l'ordre contraire à l'usage général. ◆ Qui a reçu l'ordination. ◆ **Absol. Dr.** *Ordonné que*, ordonné de... ayant été donné. *Ordonné qu'il sera fait rapport à la cour.* ◆ N. f. **Géom.** *Ordonnée*, ligne droite tirée d'un point de la circonférence d'une courbe perpendiculairement à l'axe des abscisses.

ORDONNÉMENT, adv. [ɔʀdɔnemɑ̃] (*ordonné*) D'une manière ordonnée, réglée.

ORDONNER, v. tr. [ɔʀdɔne] (lat. class. *ordinare*, ranger, mettre en ordre) Mettre en un certain arrangement. *Ordonner un festin, une fête, un tableau, etc.* ◆ En algèbre, ranger les termes suivant les puissances croissantes ou décroissantes d'une certaine lettre. ◆ En matière ecclésiastique, conférer les ordres de l'Église. ◆ Prescrire, enjoindre. ◆ En ce sens, il régit *de* avec l'infinitif, lorsqu'il a un régime indirect : *on a ordonné à votre frère de partir* ; et *que* avec le subjonctif, quand il n'y a pas de nom en régime : *votre père a ordonné que vous le fassiez.* ◆ **Absol.** *Il ordonne sans cesse.* ◆ *Monsieur j'ordonne, madame j'ordonne*, sorte de substantif qui se dit de personnes toujours prêtes à commander. ◆ Il se dit des prescriptions des médecins. *Le médecin ordonna la diète, une saignée, etc.* ◆ **Absol.** *Ce médecin ordonne trop.* ◆ **V. intr.** *Ordonner de*, faire le règlement de. « *Ce sage législateur ordonne du commerce et de la police* », BOSSUET. ◆ *Ordonner de quelque chose*, en disposer. « *Le temps de chaque chose ordonne et fait le prix* », P. CORNEILLE. ◆ « *Ordonnez de sa peine* », P. CORNEILLE. ◆ On a dit : *ordonner sur.* « *Pour bien ordonner sur tous mes intérêts* », MME DE SÉVIGNÉ. ◆ S'ordonner, v. pr. Se soumettre à un certain arrangement. « *Qui ne s'ordonne pas à sa patrie, sa patrie au genre humain et le genre humain à Dieu, n'a pas connu les lois de la politique* », BERNARDIN DE SAINT-PIERRE. ◆ Être prescrit.

ORDOVICIEN, IENNE, ■ adj. [ɔʀdɔvisjɛ̃, jɛn] (lat. *Ordovices*, ancienne peuplade du pays de Galles) **Géol.** Relatif à l'ordovicien. *Les mers ordoviciennes.* ■ N. m. Deuxième période du paléozoïque, située entre le cambrien et le silurien. *L'ordovicien couvre la période allant de - 505 à - 438 millions d'années.*

ORDRE, n. m. [ɔʀdʀ] (lat. class. *ordo*, rang, ordre) Disposition des choses selon des rapports apparents et constants, simples ou complexes. *L'ordre de l'univers.* « *Je vois l'ordre pompeux de ses [de Dieu] cérémonies* », RACINE. ◆ **Gramm.** *L'ordre des mots. Ordre analytique* ou *naturel*, par opposition à *inversion.* ◆ *Mettre en ordre*, ranger suivant un ordre convenable. ◆ *Mettre ordre, donner ordre, apporter ordre, donner bon ordre, mettre bon ordre, pouvoir à.* « *Nous y mettrons bon ordre* », LA FONTAINE. « *Si vous n'y donnez ordre, nous serons obligés d'en avertir le pape* », PASCAL. ◆ *Mettre, donner ordre que*, faire en sorte que. « *Donnez ordre qu'il règne* », P. CORNEILLE. ◆ *Mettre ordre à sa conscience*, remplir tous les devoirs moraux ou religieux qu'on avait plus ou moins négligés. ◆ *Ordre de succession*, ordre dans lequel on hérite des biens, des dignités, de la couronne d'un défunt. ◆ *Dr. Ordre entre créanciers*, ordre dans lequel chaque créancier prend part à la distribution du prix provenant de la vente des immeubles du débiteur. ◆ *Ordre du jour dans les assemblées délibérantes*, travail dont l'assemblée doit s'occuper dans le jour. ◆ *Passer à l'ordre du jour sur une proposition*, la rejeter et reprendre la discussion qui est à l'ordre du jour. ◆ *Demander l'ordre du jour*, demander qu'on écarte une proposition et qu'on reprenne la discussion courante. ◆ *Rappeler à l'ordre, rappel à l'ordre*, sorte de blâme que le président d'une assemblée inflige à un des membres qui s'écarte des convenances ou des règlements parlementaires. ◆ **Milit.** Disposition d'une troupe. *Un ordre de bataille.* « *Il s'avance en bon ordre vers les ennemis* », FÉNELON. « *Ils combattent sans ordre* », FÉNELON. ◆ *Ordre de marche, ordre de bataille*, la disposition d'une armée pour marcher, pour combattre. ◆ *Ordre mince, profond.* Voy. MINCE, PROFOND. ◆ **Mar.** Arrangement des vaisseaux d'une armée navale, qui varie selon les circonstances. ◆ Bonne administration des finances, d'un État, de la fortune, des affaires d'un particulier. *Donner ordre à ses affaires. Mettre l'ordre dans les finances.* ◆ Avoir *de l'ordre*, bien régler ses affaires, ne pas dépenser plus qu'on n'a ; en un sens contraire, *manquer d'ordre.* ◆ *Avoir de l'ordre, manquer d'ordre*, se dit aussi de l'arrangement matériel des choses, appartements, papiers, objets, livres. ◆ L'arrangement d'une maison, d'un appartement, d'un jardin, etc. *Sa chambre est en bon ordre. Tout est chez lui mal en ordre.* ◆ Loi générale, dépendant de la nature, de l'autorité, de l'usage, etc. *Il est dans l'ordre que les parents meurent avant leurs enfants. Ce que vous faites là n'est pas dans l'ordre.* ◆ *L'ordre commun*, la loi commune aux choses. ◆ *Ordre physique, astronomique, etc.*, les lois physiques, astronomiques, etc. ◆ *L'ordre de la nature*, les lois qui constituent l'ensemble de ce qu'on nomme la nature. ◆ **Hist. nat.** Nom donné à des groupes de végétaux ou d'animaux. ◆ **Zool.** Subdivision immédiate d'une classe d'animaux. ◆ *L'ordre social*, les règles qui constituent la société. ◆ *Ordre public*, ensemble des règles qui font la sûreté de la société. ◆ *Ordre moral*, les lois sur lesquelles repose la morale. ◆ Discipline et subordination dans un État, dans une province, dans une ville, dans une armée, dans un corps ou établissement quelconque. *Troubler, rétablir l'ordre. Faire rentrer les mutins dans l'ordre.* ◆ *Ordre de chose*, l'ensemble des conditions au milieu desquelles on se trouve, et par extens. système de gouvernement. ◆ *Ordre d'idées*, système d'idées, classe particulière d'idées relatives à un même objet. ◆ Nom donné aux différentes classes subordonnées entre elles qui composent un État, une corporation. *Il y avait trois ordres parmi les Gaulois : les druides, les chevaliers et le peuple.* ◆ **Absol.** Les trois classes dont se composaient les états en France avant la Révolution : le clergé, la noblesse et les tiers état. ◆ *L'ordre hiérarchique*, les divers degrés de pouvoir et d'autorité subordonnés les uns aux autres. ◆ *L'ordre des avocats*, la compagnie des avocats inscrits sur le tableau. ◆ *Conseil de l'ordre*, le conseil de discipline de l'ordre des avocats. ◆ Les neufs classes ou chœurs dans lesquels les anges sont divisés. *L'ordre des séraphins, des chérubins, etc.* ◆ Rang qu'occupent entre eux les esprits, les personnes, les ouvrages. *Une composition de premier ordre.* « *Esprits du dernier ordre* », LA FONTAINE. ◆ Espèce, catégorie des puissances d'un ordre différent. « *Mes preuves sont d'un ordre surnaturel* », J.-J. ROUSSEAU. ◆ **Math.** *Courbe du second, du troisième, etc. ordre*, courbe dont l'équation est du second, du troisième, etc. degré. ◆ Compagnie dont les membres font vœu de vivre sous certaines règles. *Ordre religieux, militaire. L'ordre des templiers, des hospitaliers, des chartreux, etc.* ◆ Compagnie de chevalerie instituée par quelque souverain en forme de confrérie. *L'ordre de Saint-Louis, de la Légion d'honneur, etc.* ◆ Collier, ruban ou autre marque d'un ordre de chevalerie. *Porter tous ses ordres.* ◆ Sacrement de l'Église qui confère le pouvoir de remplir les fonctions ecclésiastiques. ◆ **Archit.** Proportions et ornements qui distinguent la colonne et l'entablement dans la construction des édifices. *Il y a cinq ordres : le dorique, l'ionique, le corinthien, le composite et le toscan ou rustique.* ◆ Prescription, injonction. « *Vous violez les ordres les plus saints que Dieu ait imposés aux hommes* », PASCAL. « *Le diligent officier qui porte ses ordres* », BOSSUET. ◆ Au sens passif, « *Je sais quel est mon ordre, et si j'en sors ou non* », P. CORNEILLE. ◆ *Jusqu'à nouvel ordre*, jusqu'à ce qu'un nouvel ordre soit donné. ◆ *Par ordre*, par une injonction d'une autorité supérieure. ◆ *Par ordre*, placé sur les affiches de théâtre devant la composition du spectacle, indique que le souverain a l'intention d'aller le soir même au spectacle. ◆ Le mot que l'on donne tous les jours aux gens de guerre pour distinguer les amis des ennemis. *Prendre l'ordre.* ◆ *Le mot de l'ordre* ou plus ordinairement *le mot d'ordre*, le mot que l'on donne de cette façon, et fig. résolution commune que prend un parti, une compagnie, et à laquelle tous les membres obéissent. ◆ *Aller, venir à l'ordre*, aller, venir chez un chef de service pour prendre le mot d'ordre ou l'ordre du service. ◆ Il se dit aussi des publications qui se font par ordre du général. *Mettre à l'ordre un soldat pour sa belle conduite.* ◆ Endossement d'un billet ou d'une lettre de change. *Mettre son ordre au dos d'un billet.* ◆ *Billet à ordre*, billet payable à la personne à l'ordre de laquelle il est fait ou transmis. ◆ PAR ORDRE, loc. adv. Successivement. ◆ *D'ordre*, suivant un certain ordre. ◆ EN SOUS-ORDRE, loc. adv. Voy. SOUS-ORDRE. ■ *Forces de l'ordre*, corps de police ou de gendarmerie chargé de maintenir l'ordre et d'assurer la sécurité publique. *Présence des forces de l'ordre lors d'une manifestation.* ■ *Service d'ordre*, service constitué d'un ensemble de personnes veillant au bon déroulement d'une manifestation. ■ *Entrer dans les ordres*, devenir prêtre, religieux. ■ *De premier ordre*, de qualité supérieure, de grande importance. *Un service bancaire de premier ordre.* ■ *Ordre de la Légion d'honneur*, premier ordre civil et militaire récompensant les mérites personnels éminents. *L'Ordre de la Légion d'honneur comprend cinq classes : grand-croix, grand-officier, commandeur, officier et chevalier.* ■ *Ordre National du Mérite*, deuxième ordre national après l'Ordre de la Légion d'honneur, récompensant les mérites personnels civils et militaires. ■ *Ordre de Bourse*, instruction donnée par un client à un intermédiaire pour acheter ou vendre en Bourse. *Passer un ordre de Bourse en ligne.*

ORDRÉ, ÉE, ■ adj. [ɔʀdʀe] (*ordre*) Suisse Ordonné. *Une pièce ordrée.*

ORDURE, n. f. [ɔʀdyʀ] (anc. fr. *ord*, sale, impur, du lat. *horridus*) Excréments, impuretés du corps. ◆ Immondices, balayures, etc. *Jeter quelque* *chose aux ordures.* ♦ **Fig.** *Être jeté dans le panier aux ordures,* être rejeté, mis à l'écart comme quelque chose de vil. ♦ Poussière, duvet, plume, paille, et autre petite chose malpropre qui s'attache aux habits, aux meubles, etc. ♦ **Fig.** Turpitude dans les actions, dans les mœurs. « *Que le cœur de l'homme est creux et plein d'ordure !* », PASCAL. « *Cet âge [la vieillesse] ordinairement souillé des ordures de l'avarice* », BOSSUET. ♦ **Fig.** Paroles, discours, écrits obscènes. ■ Personne abjecte. *Cet homme est une ordure !* ■ *Boîte à ordures,* poubelle.

ORDURIER, IÈRE, adj. [ɔʀdyʀje, jɛʀ] (*ordure*) Qui se plaît à dire des choses sales, déshonnêtes. ♦ **N. m.** et **n. f.** *Un ordurier.* ♦ Qui contient des choses obscènes. *Des vers orduriers.* ♦ **N. m.** Petite caisse de bois dont on se sert pour mettre les balayures.

ORE ou **ÖRE,** ■ n. m. [ɔʀ, øʀə] (mot nordique) Monnaie valant le centième de la couronne suédoise, danoise et norvégienne. *Des ores.* ■ REM. On écrit également *øre.*

ORÉADE, n. f. [ɔʀead] (gr. *oreas,* de *oros,* montagne) Dans la mythologie, chacune des nymphes qui présidaient aux forêts et aux montagnes.

ORÉE, n. f. [ɔʀe] (lat. *ora,* bord) **Vieilli** Le bord, la lisière d'un bois. « *Cependant, à l'orée du bois, on voit déjà fleurir les primevères* », BERNARDIN DE SAINT-PIERRE.

OREILLARD, ARDE, adj. [ɔʀejaʀ, aʀd] (*oreille*) Qui a les oreilles longues, basses, pendantes. *Jument oreillarde.* ♦ On dit aussi *orillard.* ♦ **Zool.** Dont les oreilles offrent quelque circonstance notable. ♦ **N. m.** Espèce de chauve-souris.

OREILLE, n. f. [ɔʀej] (lat. *auricula,* dimin. de *auris,* oreille) Appareil de l'audition. ♦ Organe de l'ouïe, placé de chaque côté de la tête. ♦ **Fig.** *Avoir les oreilles bouchées,* ne pas écouter, ne pas accorder d'attention. ♦ *Entendre des deux oreilles,* se dit pour affirmer qu'on a bien entendu. ♦ *Être tout oreilles,* écouter avec une extrême attention. ♦ **Fam.** *De toutes ses oreilles,* avec une grande attention. ♦ **Fig.** *Il entend, il n'entend pas de cette oreille-là,* il consent, il ne consent pas. ♦ *Prêter l'oreille,* être attentif ; donner créance ; accéder, écouter favorablement. ♦ **Fig.** *Ouvrir l'oreille,* écouter attentivement, et fig. écouter favorablement les propositions, les suggestions. ♦ **Fig.** *Fermer l'oreille,* ne pas vouloir écouter. ♦ *Parler à l'oreille,* parler très près de l'oreille et de manière à n'être entendu que de la personne à qui l'on parle. ♦ *Dire quelque chose à l'oreille de quelqu'un,* lui parler de manière à n'être entendu de lui seul. ♦ *Dire deux mots à l'oreille de quelqu'un,* le menacer et même lui proposer un duel. ♦ *Cela lui entre par une oreille et lui sort par l'autre,* se dit de celui qui ne fait pas grand cas de ce qu'on lui dit, ou de celui qui n'a pas beaucoup de mémoire ou d'attention. ♦ **Fam.** *Avoir les oreilles battues, rebattues d'une chose.* Voy. BATTU. ♦ *Étourdir, rompre les oreilles à quelqu'un,* l'importuner par ses discours. ♦ *L'ouïe, le sens qui perçoit les sons. Avoir l'oreille fine. Être dur d'oreille,* à l'audition. « *Tel écrit récité se soutient à l'oreille, Qui, dans l'impression au grand jour se montrant, Ne soutient pas des yeux le regard pénétrant* », BOILEAU. ♦ *N'avoir point d'oreilles pour quelque chose,* ne pas vouloir y accéder. ♦ *N'avoir point d'oreilles pour quelqu'un,* ne pas l'écouter. ♦ *Venir à l'oreille, aux oreilles de quelqu'un,* arriver à sa connaissance. ♦ *Faire la sourde oreille,* ne pas vouloir entendre ce qu'on vous dit, ne pas vouloir faire ce qu'on vous demande. ♦ Appréciation des sons musicaux. *Avoir l'oreille juste. Avoir l'oreille fausse.* ♦ **Absol.** *Avoir de l'oreille,* apprécier la justesse des sons. ♦ Délicatesse de l'ouïe. *Ce son blesse l'oreille.* ♦ *Avoir de l'oreille,* avoir le sentiment de la cadence et de l'harmonie. ♦ **Fig.** *Avoir les oreilles délicates,* se choquer des moindres choses. ♦ La partie externe qui est autour du trou de l'oreille, en forme de cornet, d'entonnoir. *Mettre un vésicatoire derrière l'oreille. Les oreilles d'un lièvre.* ♦ *Boucle d'oreille.* Voy. BOUCLE. ♦ **Fig.** *Laisser passer le bout de l'oreille,* laisser, quoiqu'on veuille le cacher, reconnaître ce qu'on est, ce qu'on veut ; locution prise de l'âne qui, revêtu de la peau de lion, est reconnu à un bout d'oreille qui passe. ♦ **Fig.** *Pendre à l'oreille,* être imminent. ♦ *Oreilles d'âne,* de grandes oreilles. ♦ *Oreilles d'âne en papier.* Voy. ÂNE. ♦ **Fig.** *Tenir les loups par les oreilles.* Voy. LOUP. ♦ **Fig.** *Dormir sur les deux oreilles.* Voy. DORMIR. ♦ *Avoir l'oreille basse,* faire attention à ce qui est dit. ♦ *Avoir l'oreille basse,* être humilié, mortifié. ♦ *Baisser l'oreille,* être las, triste, harassé, mélancolique. ♦ *Avoir l'oreille basse,* être fatigué, abattu par le travail, par des excès, par la maladie. ♦ *En avoir sur l'oreille,* être fatigué, abattu. ♦ *Tirer l'oreille, les oreilles,* tirer fortement l'oreille à un enfant, à un écolier pour le punir de quelque faute. ♦ *Tirer l'oreille à quelqu'un,* la lui pincer par signe d'amitié ou pour avertissement. ♦ *Tirer l'oreille,* éveiller, exciter. « *Ce soin ambitieux me tirant par l'oreille* », BOILEAU. ♦ *Se faire tirer l'oreille,* faire quelque chose lentement, avec mauvaise volonté. ♦ *Se prendre par les oreilles,* se quereller, se battre. ♦ *Y laisser ses oreilles,* être maltraité, ne pas revenir sain et sauf de quelque entreprise périlleuse. ♦ *Je lui couperai les oreilles,* se dit par menace à quelqu'un qu'on châtiera. ♦ *Frotter les oreilles à quelqu'un,* ou *lui donner sur les oreilles,* lui infliger une correction manuelle. ♦ *Avoir sur les oreilles,* recevoir quelque correction manuelle ou autre. ♦ *Il se gratte l'oreille,* se dit d'un homme qui a quelque chagrin qui l'inquiète,

ou qui a peine à se souvenir de quelque chose. ♦ *Échauffer les oreilles à quelqu'un,* le mettre en colère par quelque discours. ♦ **Fig.** Attention, intérêt, confiance. « *Je dois ici l'oreille à d'autres intérêts* », P. CORNEILLE. ♦ *Avoir l'oreille de quelqu'un,* en être favorablement écouté. ♦ Il se dit de ce qui a quelque ressemblance avec la figure de l'oreille. *Les oreilles d'une écuelle. Oreilles de soulier,* les parties du soulier où sont attachés les boucles ou les cordons. *Oreille de la charrue,* le versoir. ♦ Petite partie du haut ou du bas d'un feuillet d'un livre qu'on a pliée pour marquer une page. *Faire une oreille à un livre.* ♦ Nom de différentes plantes. *Oreille-de-lièvre,* le buplèvre en faux. *Oreille-d'ours,* primevère oreille-d'ours. *Oreille-de-souris,* le myosotis des champs. ♦ Nom d'un grand nombre de champignons : *oreille-d'âne* ou *d'ours, oreille-brune, oreille-de-chardon, oreille-de-chat,* etc. ♦ JUSQU'AUX OREILLES, loc. adv. Des pieds à la tête. *Crotté jusqu'aux oreilles.* ♦ **Fig.** Très avant. *Il est dans cette intrigue jusqu'aux oreilles.* ♦ PAR-DESSUS LES OREILLES, loc. adv. **Fig.** De manière à être accablé. *Avoir des dettes, de la besogne par-dessus les oreilles.* ♦ **Prov.** *Les murailles, les murs ont des oreilles.* Voy. MUR. *Ventre affamé n'a point d'oreilles,* on n'écoute rien quand on est pressé de la faim. ■ *Tendre l'oreille,* écouter avec une grande attention.

OREILLE-DE-MER, ■ n. f. [ɔʀɛj(ə)dəmɛʀ] (*oreille, de* et *mer*) Voy. ORMEAU. Au pl. *Des oreilles-de-mer.*

OREILLE-DE-SOURIS, ■ n. f. [ɔʀɛj(ə)dəsuʀi] (*oreille, de* et *souris*) **Bot.** Plante vivace à petites fleurs blanches ou bleues, de la famille des caryophyllacées. *L'oreille-de-souris est l'autre nom usuel du myosotis. Des oreilles-de-souris.*

OREILLER, n. m. [ɔʀeje] (*oreille*) Coussin qui soutient la tête quand on est couché. ♦ **Fig.** Ce qui est pour l'esprit ou la conscience ce qu'est un oreiller dans un lit. « *L'ignorance est un oreiller assez doux pour bien des têtes* », CONDILLAC. ♦ **Prov.** *Une conscience pure est un bon oreiller.*

OREILLÈRE, n. f. [ɔʀejɛʀ] (*oreille*) Le perce-oreille.

OREILLETTE, n. f. [ɔʀejɛt] (dimin. de *oreille*) **Anat.** Deux cavités du cœur qui reçoivent : la droite, le sang des veines du corps, la gauche, le sang des veines pulmonaires, et qui communiquent avec les ventricules. ■ Petit récepteur adapté à l'oreille permettant d'entendre les indications données par la régie ou l'émission hors plateau. ■ Partie d'un couvre-chef, d'une casquette protégeant les oreilles du froid. ■ Petite pâtisserie frite en forme d'oreille, saupoudrée de sucre.

OREILLON, n. m. [ɔʀejɔ̃] (*oreille*) Anciennement, partie du casque qui couvrait l'oreille ou qui se prolongeait en mentonnière. ♦ Au pl. **Méd.** Gonflement inflammatoire du tissu cellulaire qui entoure la glande parotide. ■ Moitié d'abricot. ■ REM. On disait aussi *orillons* autrefois.

ORÉMUS, n. m. [ɔʀemys] (mot lat. *oremus,* de *orare,* prier) Prière, oraison. *Chanter des orémus.*

ORÉOGRAPHE, n. m. et n. f. [ɔʀeogʀaf] Voy. OROGRAPHE.

ORÉOGRAPHIE, n. f. [ɔʀeogʀafi] Voy. OROGRAPHIE.

ORÉOGRAPHIQUE, adj. [ɔʀeogʀafik] Voy. OROGRAPHIQUE.

ORÉOPITHÈQUE, ■ n. m. [ɔʀeopitɛk] (gr. *oros,* montagne, et *pithêkos,* singe) **Préhist.** Primate arboricole fossile du miocène, aux longs bras typiques du gibbon et du gorille.

ORER, ■ v. intr. [ɔʀe] (lat. *orare*) ▷ Prier. « *Il devait orer dans ce lieu qu'il aimait, sans doute parce qu'il était isolé dans la solitude profonde de cette Trappe* », HUYSMANS. ◁

ORES, ■ adv. [ɔʀ, ɔʀ(ə)z] (lat. *hora,* heure) *D'ores et déjà,* dès à présent. *Des réformes sont d'ores et déjà programmées.*

ORFÉVRÉ, ÉE, adj. [ɔʀfevʀe] (*orfèvre*) Travaillé par l'orfèvre. *Des meubles d'argent orfévré.* ■ REM. On disait autrefois *orfévri.*

ORFÈVRE, n. m. et n. f. [ɔʀfɛvʀ] (lat. *aurifex,* orfèvre, refait d'apr. l'anc. fr. *fèvre,* du *faber*) Personne qui fait ou qui vend des ouvrages d'or et d'argent. ♦ *Orfèvre-bijoutier,* personne qui fabrique et qui vend des bijoux d'or. ♦ *Orfèvre-joaillier,* personne qui met en œuvre et vend des diamants. ♦ « *Vous êtes orfèvre, monsieur Josse* », MOLIÈRE. Se dit à quelqu'un qui donne un conseil intéressé ; locution tirée de *L'Amour médecin.* ■ *Être orfèvre en la matière,* être très compétent dans un domaine. ■ REM. Graphie ancienne : *orfévre.*

ORFÈVRERIE, n. f. [ɔʀfevʀəʀi] (*orfèvre*) Art de l'orfèvre. *Un chef-d'œuvre d'orfèvrerie.* ♦ Ouvrage fait par l'orfèvre. ■ REM. Graphie ancienne : *orfévrerie.*

ORFRAIE, n. f. [ɔʀfʀɛ] (altér. de l'anc. fr. *osfraie,* lat. *ossifraga*) Oiseau de proie nommé aussi *aigle de mer* et *aigle barbu* et vulgairement *huard* ; c'est le *pygargue orfraie.* ■ *Pousser des cris d'orfraie,* pousser des cris épouvantables, perçants.

ORFROI, n. m. [ɔʀfʀwa] (lat. *aurum phrygium,* or phrygien) Autrefois, broderie employée en bordure, l'équivalent de nos galons. ♦ Aujourd'hui, parement des chapes, des chasubles.

ORGANDI, n.m. [ɔʀɡɑ̃di] (orig. inc., p.-ê. var. de *organsin*) Mousseline fort claire.

ORGANE, n.m. [ɔʀɡan] (lat. *organum*, du gr. *organon*, instrument, organe) **Méc.** Nom donné à diverses parties d'une machine. *Les organes d'une locomotive.* ♦ Partie du corps vivant, envisagée par rapport à sa fonction. *« L'homme est une intelligence servie par des organes »*, BONALD. ♦ **Fig.** Ce qui sert comme d'instrument. *« La science est l'organe le plus nécessaire pour la conduite et pour l'instruction des hommes »*, PATRU. *« La parole est devenue l'organe de la dissimulation »*, FLÉCHIER. ♦ La voix. *Ce chanteur n'a pas d'organe, a un bel organe, etc.* ♦ Personne dont on se sert pour déclarer ses volontés, ses désirs, ses sentiments. *« La volonté de Dieu dont les supérieurs sont les organes »*, MASSILLON. ♦ Journal. *Chaque parti a son organe.*

ORGANEAU, n.m. [ɔʀɡano] (dimin. de *organe*) **Mar.** Anneau de fer auquel on attache un câble. ▪ **REM.** On disait aussi *argaﬂeau* autrefois.

ORGANELLE, ▪ n.f. [ɔʀɡanɛl] (*organe*) Voy. ORGANITE.

ORGANICIEN, IENNE, ▪ n.m. et n.f. [ɔʀɡanisjɛ̃, jɛn] (*organique*) Chimiste spécialisé en chimie organique.

ORGANICISME, ▪ n.m. [ɔʀɡanisism] (*organe*) **Méd.** Doctrine selon laquelle une maladie trouve son origine dans la lésion d'un organe. ▪ **Sociol.** Courant de pensée du XIXᵉ siècle, établissant une analogie entre le fonctionnement, l'organisation de la société et ceux du corps des êtres vivants. *L'organicisme d'Hebert Spencer.*

ORGANICISTE, ▪ n.m. et n.f. [ɔʀɡanisist] (*organicisme*) Partisan de l'organicisme. ▪ **Adj.** Relatif à l'organicisme. *Les théories organicistes.*

ORGANIGRAMME, ▪ n.m. [ɔʀɡaniɡram] (rad. de *organiser* et *-gramme*) Graphique, tableau représentant les différentes parties d'un organisme et les liens qui existent entre elles. *Organigramme d'un ministère, d'une université.* ▪ **Inform.** Représentation graphique de l'enchaînement logique des opérations d'un programme.

1 **ORGANIQUE**, adj. [ɔʀɡanik] (lat. *organicus*) Qui a rapport à l'organisation. *« Notre corps est organique, c'est-à-dire composé de parties de différentes natures, qui ont différentes fonctions »*, BOSSUET. ♦ *Règne organique*, ensemble de tous les corps vivants, végétaux et animaux. ♦ *Substances organiques*, toutes les substances définies tirées des êtres organisés. ♦ *Vie organique*, ensemble des fonctions qui servent à la nutrition de l'individu. ♦ *Fonctions organiques*, celles qui sont communes à tous les êtres organisés. ♦ *Chimie organique*, la partie de la chimie qui s'occupe des substances animales et végétales. ♦ **Méd.** Qui attaque les organes. *Maladie, lésion organique.* ♦ En législation, *loi organique*, loi fondamentale qui organise une institution quelconque. ▪ *Roche organique*, roche sédimentaire venant de la décomposition d'organismes vivants. ▪ *Architecture organique*, type de construction où chaque pièce, chaque couleur et chaque forme sont en relation étroite avec l'ensemble et en harmonie avec le cadre naturel.

2 **ORGANIQUE**, n.f. [ɔʀɡanik] (*organe*) **Antiq.** Nom donné par les anciens à la partie de la musique qui s'exécute avec les instruments, ou à la mécanique avec ses engins.

ORGANIQUEMENT, adv. [ɔʀɡanik(ə)mɑ̃] (*organique*) D'une manière organique.

ORGANISABLE, adj. [ɔʀɡanizabl] (*organiser*) Qui peut recevoir l'organisation ou y participer.

ORGANISATEUR, TRICE, adj. [ɔʀɡanizatœʀ, tʀis] (*organiser*) Qui organise. *Un génie organisateur. La puissance organisatrice.* ♦ N.m. et n.f. *Un grand organisateur.*

ORGANISATEUR-CONSEIL, ▪ n.m. [ɔʀɡanizatœʀkɔ̃sɛj] (*organisateur* et *conseil*) Spécialiste proposant une stratégie organisationnelle et menant des missions de conduite, de management et de changement des différentes directions d'une entreprise afin d'en améliorer les performances. *Des organisateurs-conseils.* ▪ **REM.** Quoique possible, le féminin *organistrice-conseil* est rare.

ORGANISATION, n.f. [ɔʀɡanizasjɔ̃] (*organiser*) État d'un corps organisé ; ensemble des parties qui le constituent et qui régissent ses actions. *L'organisation de l'homme, des végétaux.* ♦ La manière d'être d'un individu au physique et au moral. *Organisation délicate.* ♦ **Fig.** Constitution d'un État, d'un établissement public ou particulier. *L'organisation des tribunaux, d'une armée, etc. L'organisation sociale.*

ORGANISATIONNEL, ELLE, ▪ adj. [ɔʀɡanizasjɔnɛl] (*organisation*) Relatif à l'organisation. *Une entreprise qui adopte un nouveau modèle organisationnel.*

1 **ORGANISÉ, ÉE**, p.p. de 2 organiser. [ɔʀɡanize] ▷ **Mus.** *Un clavecin organisé. Une vielle organisée.* ◁

2 **ORGANISÉ, ÉE**, p.p. de 1 organiser. [ɔʀɡanize] Qui a reçu une organisation ; qui est composé d'organes. ♦ *Les êtres organisés* ou *les corps organisés*,

les animaux et les végétaux. ♦ **Fig.** Qui a reçu une disposition naturelle comparée à la disposition organique des corps vivants. *Une tête bien organisée.* ♦ *Être bien organisé pour*, avoir des dispositions naturelles pour. ♦ Disposé suivant un ordre comparé à l'organisation des êtres vivants. *Une administration bien organisée.*

1 **ORGANISER**, v.tr. [ɔʀɡanize] (*organe*) Donner la disposition qui rend des substances aptes à vivre, à être animées. *La nature est variée dans la formation des corps qu'elle organise.* ♦ **Fig.** Donner à un établissement une forme, en régler l'arrangement intérieur. *Organiser une armée, une administration, etc.* ♦ Disposer, arranger. *Organiser une partie de plaisir, une partie de jeu, etc.* ♦ **S'organiser**, v.pr. Prendre la disposition qui rend propre à être vivant. *Des substances qui s'organisent.* ♦ Prendre une forme régulière. *Ce corps, cette administration s'organise.*

2 **ORGANISER**, v.tr. [ɔʀɡanize] (*organe*) ▷ Joindre un petit orgue à un piano, ou à quelque autre instrument semblable, dont les touches mettent l'orgue en action. ◁

ORGANISEUR, ▪ n.m. [ɔʀɡanizœʀ] (angl. *organizer*) Agenda à feuillets mobiles servant à organiser ses rendez-vous, son carnet d'adresses, etc. *Noter un numéro de téléphone dans son organiseur.* ▪ **Par anal.** Petit ordinateur de poche servant d'agenda. *Organiseur électronique.*

ORGANISME, n.m. [ɔʀɡanism] (*organe*) Disposition en substance organisée. ♦ L'ensemble des fonctions qu'exécutent les organes. *L'organisme du corps humain.* ♦ Corps organisé ayant ou pouvant avoir une existence séparée. ▪ **Admin.** Institution envisagée du point de vue de sa fonction. *Les organismes bancaires. Un organisme international, régional.*

ORGANISTE, n.m. et n.f. [ɔʀɡanist] (lat. médiév. *organista*, du lat. *organum*, orgue) Personne dont la profession est de jouer de l'orgue.

ORGANITE n.m. ou **ORGANELLE**, ▪ n.f. [ɔʀɡanit, ɔʀɡanɛl] (*organe*) **Biol.** Élément constitutif de la cellule eucaryote, entouré d'une membrane et inclus dans le cytoplasme.

ORGANOCHLORE, ▪ n.m. [ɔʀɡanoklɔʀ] (*organe* et *chlore*) Substance organique composée de molécules de chlore, présente notamment dans les insecticides. ▪ **ORGANOCHLORÉ, ÉE**, adj. [ɔʀɡanoklore] *Un insecticide organochloré.*

ORGANOGENÈSE ou **ORGANOGÉNÉSIE**, ▪ n.f. [ɔʀɡanoʒɛnɛz, ɔʀɡanoʒenezi] (*organe* et *-genèse* ou *-génésie*) **Biol.** Formation et développement des organes d'un être vivant.

ORGANOLEPTIQUE, ▪ adj. [ɔʀɡanolɛptik] (*organe* et gr. *leptikos*, qui atteint, affecte) Qui peut être perceptible par les organes sensitifs. *Les propriétés organoleptiques du vin.*

ORGANOLOGIE, ▪ n.f. [ɔʀɡanoloʒi] (*organe* et *-logie*) Science qui étudie les instruments de musique. *Une revue d'organologie et d'iconographie musicale. L'organologie se réfère à l'anthropologie, à l'étude des mœurs humaines, en tant que faits sociaux, et à l'histoire des techniques.* ▪ **ORGANOLOGIQUE**, adj. [ɔʀɡanoloʒik]

ORGANOMAGNÉSIEN, ▪ n.m. [ɔʀɡanomaɲezjɛ̃] ou [ɔʀɡanomanjeʒjɛ̃] (*organe* et *magnésien*) **Chim.** Composé chimique contenant une ou plusieurs liaisons unissant un élément organique à un élément magnésium. *Les organomagnésiens sont utilisés pour produire des réactions de synthèse.* ▪ Adj. *Une réaction organomagnésienne.*

ORGANOMÉTALLIQUE, ▪ n.m. [ɔʀɡanometalik] (*organe* et *métallique*) Composé chimique contenant une ou plusieurs liaisons unissant un élément organique à un élément métallique tel que le lithium, le magnésium ou le cuivre. ▪ Adj. *La chimie organométallique.*

ORGANOPHOSPHORE, ▪ n.m. [ɔʀɡanofɔsfɔʀ] (*organe* et *phosphore*) Produit organique renfermant des molécules de phosphore et entrant dans la composition des insecticides, des pesticides, etc. ▪ **ORGANOPHOSPHORÉ, ÉE**, adj. [ɔʀɡanofɔsfore]

ORGANOPLASTIE, ▪ n.f. [ɔʀɡanoplasti] (*organe* et *-plastie*) **Méd.** Chirurgie réparatrice redonnant sa fonctionnalité à un organe lésé. *Dans certaines situations, l'organoplastie consiste aussi à reconstruire un organe.*

ORGANSIN, n.m. [ɔʀɡɑ̃sɛ̃] (prob. de l'ital. *organzino*, de *Ourguentch* ou *Urgang*, ville du Turkestan) Sorte de soies torses, qu'on a fait passer deux fois par le moulin. ♦ Fil de chaîne.

ORGANSINAGE, n.m. [ɔʀɡɑ̃sinaʒ] (*organsiner*) Action d'organsiner.

ORGANSINÉ, ÉE, p.p. de organsiner. [ɔʀɡɑ̃sine]

ORGANSINER, v.tr. [ɔʀɡɑ̃sine] (*organsin*) Tordre la soie et la passer deux fois au moulin.

ORGASME, ▪ n.m. [ɔʀɡasm] (gr. *organ*, être rempli d'ardeur) Point culminant de la jouissance sexuelle. *Orgasme féminin, masculin. Atteindre l'orgasme.*

ORGASMIQUE ou **ORGASTIQUE**, ▪ adj. [ɔʀɡasmik, ɔʀɡastik] (*orgasme*) Relatif à l'orgasme. *Une montée orgasmique.*

ORGE, n. f. [ɔrʒ] (lat. *hordeum*) Sorte de grain, du nombre de ceux qu'on nomme menus grains. ✦ *Pain d'orge*, pain fait avec de la farine d'orge. ✦ **Fam.** *Grossier comme du pain d'orge*, très grossier. ✦ Plante qui produit ce grain. ✦ **Fig. et pop.** *Faire ses orges*, faire bien ses affaires en quelque chose, s'y enrichir. ✦ *Orge* est masculin dans les trois cas suivants : *orge mondé*, grains d'orge auxquels on enlève, par le moyen de la meule, la première de leurs enveloppes ; *orge perlé*, grains d'orge dépouillés de leur seconde enveloppe, et obtenus en petits grains naturellement arrondis ; *orge carré*, espèce d'orge dite aussi *orge d'automne*. ✦ *Eau d'orge mondé* ou *eau d'orge perlé*, ou simplement *eau d'orge*, eau dans laquelle on a fait bouillir l'un ou l'autre de ces orges. ✦ *Sucre d'orge*, sucre dépuré cuit avec une décoction d'orge, coloré par quelques gouttes de teinture de safran. ✦ *Toile, linge de grain d'orge, à grain d'orge*, ou *toile, ligne grain d'orge*, ou elliptiq. *du grain d'orge*, toile semée de points ressemblant à des grains d'orge. ✦ On dit de même : *futaine, broderie à grains d'orge.*

ORGEAT, n. m. [ɔrʒa] (*orge*) Sirop dans lequel entrait autrefois une décoction d'orge, mais que l'on fait aujourd'hui avec une émulsion d'amandes. ✦ **Fam.** *Il est froid comme une carafe d'orgeat*, il ne s'anime pas.

ORGELET, n. m. [ɔrʒəlɛ] (b. lat. *hordeolus*, dimin. de *hordeum, orge*) Petite tumeur inflammatoire de la nature du furoncle qui se développe près du bord libre des paupières, dite aussi *grain d'orge*.

ORGIAQUE, ■ adj. [ɔrʒjak] (gr. *orgiakos*, relatif aux orgies) Relatif aux orgies célébrées dans l'Antiquité. *Les rites orgiaques de la Rome antique.* ■ Qui est relatif à l'orgie, évoque l'orgie. *Une soirée orgiaque. Une scène orgiaque.*

ORGIES, n. f. pl. [ɔrʒi] (gr. *orgia*, cérémonies religieuses) **Antiq.** Fêtes de Bacchus. ✦ Au sing. et au pl. Débauche de table. ■ Abondance de quelque chose. *Une orgie de cadeaux.*

ORGUE, n. m. au sing. et n. f. [ɔrg] (lat. *organum*) *Orgue hydraulique* ou *orgues hydrauliques*, instrument de musique, dans lequel le vent était poussé dans les tuyaux par la pression de l'eau. ✦ Instrument de musique à vent, composé de tuyaux de différentes dimensions, communiquant d'une part à un ou plusieurs claviers et jeux de pédales, d'autres part à un ou plusieurs soufflets. ✦ *Orgue expressif* ou *orgues expressives*, espèce d'orgue construit de telle sorte que l'exécutant peut augmenter ou diminuer à volonté et graduellement l'intensité des sons. ✦ Le lieu de l'église où sont les orgues. *Aller à l'orgue, aux orgues.* ✦ *Buffet d'orgue* ou *d'orgues*, la construction de menuiserie qui renferme toute la machine d'un orgue d'église. ✦ *Orgue de Barbarie* (corruption pour *orgue de Barberi*, fabricant de Modène), instrument portatif fait à l'instar de l'orgue, et mis en jeu au moyen d'un cylindre qu'on fait mouvoir. ✦ **Mus.** *Point d'orgue*, trait de la partie chantante pendant lequel l'accompagnement est suspendu. ✦ *Point d'orgue*, signe qui indique un temps d'arrêt. ✦ Espèce de herse avec laquelle on fermait les portes d'une ville assiégée. ✦ Machine composée de plusieurs canons attachés ensemble, dont on se servait pour la défense des brèches. ■ *Orgue électronique*, instrument de musique produisant des sons grâce à des signaux électriques. ■ *Orgue à parfums*, meuble où sont disposées sur des étagères les essences qui composent les parfums. ■ **Zool.** *Orgue de mer.* Voy. TUBIPORE. ■ **Milit.** *Orgues de Staline*, pièce d'artillerie constituée de tubes lance-roquettes, utilisée par l'armée russe durant la Seconde Guerre mondiale. ■ **Géol.** *Orgue volcanique*, colonne de basalte prismatique, formée suite au refroidissement d'une coulée de lave, et pouvant atteindre plus de 40 mètres de haut.

ORGUEIL, n. m. [ɔrgœj] (anc. b. frq. *urguol*, remarquable) Sentiment, état de l'âme où naît une opinion trop avantageuse de soi-même. ✦ En bonne part, sentiment noble, qui inspire une juste confiance en son propre mérite. *J'ai l'orgueil de croire que je ne suis pas indigne de votre amitié.* ✦ *Faire l'orgueil de, être l'orgueil de*, être un sujet d'orgueil pour. « *Elle fait tout l'orgueil d'une superbe mère* », RACINE. ✦ Il se dit aussi des choses dont le caractère de l'orgueil. *L'orgueil du diadème, de la beauté, etc.* ✦ Faste. « *L'orgueil de ces édifices que la misère publique a peut-être élevés* », MASSILLON.

ORGUEILLEUSEMENT, adv. [ɔrgøjøz(ə)mã] (*orgueilleux*) D'une manière orgueilleuse.

ORGUEILLEUX, EUSE, adj. [ɔrgøjø, øz] (*orgueil*) Qui a de l'orgueil. *Un peuple orgueilleux.* ✦ Il se construit avec la préposition *de. Orgueilleux de son nom. Il est orgueilleux d'avoir remporté le prix.* ✦ N. m. et n. f. *Un orgueilleux. Une orgueilleuse.* ✦ Où l'orgueil se montre. *Un ton orgueilleux.* ✦ Poétiq. Se dit de choses dont le caractère et la grandeur sont comparés à une sorte d'orgueil. « *Le mont Saint-Michel, ce mont si orgueilleux* », MME DE SÉVIGNÉ.

ORICHALQUE, ■ n. m. [ɔrikalk] (*ch* se prononce *k* ; gr. *oreikhalkon*, cuivre des montagnes) Dans l'Antiquité, métal mystérieux résultant probablement d'un alliage de cuivre et d'étain, de laiton ou d'or.

ORIEL, ■ n. m. [ɔrjɛl] (anc. fr. *oriol*, seuil, porche) **Archit.** Fenêtre fermée en saillie d'une pièce, surplombant la façade d'un immeuble ou d'une construction, très répandue en Angleterre. *Des oriels.* ■ REM. Recommandation officielle pour *bow-window.*

ORIENT, n. m. [ɔrjã] (lat. *oriens*, de *oriri*, se lever) Le point du ciel où le soleil se lève sur l'horizon. ✦ *Ce pays est à l'orient de tel autre*, il est situé, à son égard, du côté de l'orient. ✦ Celui des quatre points cardinaux où le soleil se lève à l'équinoxe. ✦ *L'orient d'une carte de géographie*, le côté qui est à notre droite. ✦ **Fig.** Ce qui est comparé à un lever de soleil. « *Tant de choses éclatantes ont eu leur orient et leur couchant* », VOLTAIRE. ✦ Avec une majuscule, l'ensemble des grands États, des provinces de l'Asie. « *Va jusqu'en Orient pousser tes bataillons* », P. CORNEILLE. ✦ *Empire d'Orient*, moitié orientale de l'empire romain dont Constantinople était la capitale. ✦ *Schisme d'Orient*, la séparation qui eut lieu en 862 entre l'Église grecque et l'Église latine. ✦ *Grand Orient*, diète formée, dans une capitale, par les représentants de toutes les loges maçonniques des provinces. ✦ Le lieu où se tient la réunion. ✦ *L'orient des perles*, le brillant produit par leurs reflets.

ORIENTABLE, ■ adj. [ɔrjãtabl] (*orienter*) Que l'on peut orienter à sa guise. *Antenne orientable.*

ORIENTAL, ALE, adj. [ɔrjãtal] (b. lat. *orientalis*) **Astron.** *Planète orientale*, celle qui se lève avant le soleil. ✦ Qui est du côté de l'orient, qui appartient à l'orient. *Région orientale. Les peuples orientaux.* ✦ *Les Indes orientales*, l'Inde, par opposition à *Indes occidentales*, qui est une dénomination abusive de l'Amérique. ✦ *Langues orientales*, langues mortes ou vivantes de l'Asie. ✦ *Style oriental*, style métaphorique en usage chez les peuples de l'Orient. ✦ *Luxe oriental*, pompe orientale, luxe, pompe digne de l'Orient. ✦ Qui croît en Orient, qui vient d'Orient. *Plantes orientales.* ✦ *Pierre orientale*, qualification qui, donnée au rubis, au saphir et à la topaze, indique que ces gammes sont de qualité supérieure. ✦ N. f. Sorte de fleur ; variété d'anémone et de tulipe. ✦ N. m. pl. *Les Orientaux*, les peuples de l'Asie.

ORIENTALISME, n. m. [ɔrjãtalism] (*oriental*) Ensemble des connaissances, des idées philosophiques et des mœurs des peuples orientaux. ✦ Science des orientalistes, connaissance des langues orientales. ■ Goût prononcé pour tout ce qui vient de l'Orient. ■ Peinture ou littérature prolifique au XIXᵉ siècle, attachée à la description du monde du Maghreb et du Moyen-Orient.

ORIENTALISTE, n. m. et n. f. [ɔrjãtalist] (*oriental*) Personne qui est versée dans la connaissance des langues orientales. ■ Artiste dont les œuvres se rattachent à la thématique de l'Orient. ■ Adj. *Les peintres orientalistes.*

ORIENTATION, n. f. [ɔrjãtasjõ] (*orienter*) Art de reconnaître l'endroit où l'on est, en déterminant les points cardinaux. ✦ Position d'un objet relativement aux pôles. ✦ **Astron.** Disposition convenable des appareils d'observation. ✦ **Mar.** Disposition convenable des vergues et des voiles. ■ *Course d'orientation*, compétition sportive qui consiste à effectuer le plus rapidement possible un parcours à pied, muni d'une carte et d'une boussole. ■ *Orientation scolaire et professionnelle*, détermination de la meilleure voie scolaire, universitaire ou professionnelle possible en fonction des aptitudes et des intérêts de la personne concernée, et du marché du travail. ■ Direction suivie par une activité. *L'orientation d'un projet.* ■ Tendance idéologique ou politique suivie par un parti, une association, etc.

ORIENTÉ, ÉE, p. p. de orienter. ✦ [ɔrjãte] *Maison bien orientée, mal orientée*, maison bien ou mal exposée. ✦ **Absol.** *Édifice orienté*, édifice dont les quatre faces répondent aux quatre points cardinaux. ■ Qui est dirigé vers une certaine idéologie ou une certaine politique. *Un discours idéologiquement orienté.*

ORIENTEMENT, n. m. [ɔrjãt(ə)mã] (*orienter*) État de ce qui est orienté. ✦ État d'un édifice auquel on a donné l'exposition la plus convenable à sa destination. ✦ **Mar.** Résultat de l'orientation, en parlant des vergues et des voiles.

ORIENTER, v. tr. [ɔrjãte] (*orient*) Disposer une chose selon la situation qu'elle doit avoir par rapport à l'orient et par conséquent aux trois autres points cardinaux. ✦ *Orienter un plan*, y placer la rose des vents pour faire connaître la position des objets représentés sur le dessin. ✦ **Mar.** *Orienter les voiles*, les brasser de manière qu'elles reçoivent le vent. ✦ Par extens. Disposer, arranger, mettre en place. ✦ V. intr. *Un navire oriente bien, lorsqu'il est gréé ou installé favorablement pour la marche.* ✦ S'orienter, v. pr. Reconnaître l'orient et les autres points du lieu où l'on est. ✦ **Fig.** Se mettre au courant, être au courant, se reconnaître. *S'orienter à la cour.* ■ Diriger une idée ou une conversation dans une certaine voie. *Orienter un débat politique.* ■ *Orienter un élève*, lui conseiller la meilleure voie dans le cursus scolaire, universitaire ou professionnel.

ORIENTEUR, EUSE, ■ n. m. et n. f. [ɔrjãtœr, øz] (*orienter*) Personne spécialisée dans l'orientation scolaire et professionnelle. ■ Personne qui pratique la course d'orientation. ■ Adj. *Officier orienteur*, qui est chargé d'orienter les nouvelles recrues dans leur choix d'affectation.

ORIFICE, n. m. [ɔʀifis] (lat. *orificium*) Ouverture plus ou moins étroite qui conduit à quelque cavité. ◆ En hydraulique, toute ouverture qui donne écoulement à un liquide contenu dans un vase. ◆ Toute ouverture qui sert d'entrée ou d'issue à quelque partie intérieure du corps, ou qui fait communiquer des cavités les unes avec les autres.

ORIFLAMME, n. f. [ɔʀiflam] (orig. incert., p.-ê. de l'anc. fr. *orie*, dorée, et *flamme*) Petit étendard fait d'un tissu de soie de couleur rouge tirant sur l'orangé, que nos anciens rois allaient recevoir des mains de l'abbé de Saint-Denis, en partant pour la guerre. ■ Petite bannière publicitaire. *Les oriflammes suspendues dans le bus, le métro.*

ORIGAMI, ■ n. m. [ɔʀigami] (jap. *ori*, plier, et *kami*, papier) Art du pliage du papier, originaire du Japon. *L'origami utilise une simple feuille de papier plié, sans découpage ni collage.*

ORIGAN, n. m. [ɔʀigɑ̃] (lat. *origanum*, du gr. *origanon*, de *oros*, montagne) **Bot.** Genre de la famille des labiées.

ORIGINAIRE, adj. [ɔʀiʒinɛʀ] (b. lat. *originarius*) Qui tire son origine de tel ou tel lieu, de telle ou telle source. *Le tabac est originaire d'Amérique. Je suis originaire de Naples.* ◆ Qui est à l'origine. *Vice originaire.* « *Un être suprême, infini et la cause originaire de tous les êtres* », VOLTAIRE. ◆ **Dr.** Qui est principal, qui est la chose principale. *Demande originaire.* ◆ *Demandeur originaire*, celui qui a fait la première demande, ou qui a commencé le procès.

ORIGINAIREMENT, adv. [ɔʀiʒinɛʀ(ə)mɑ̃] (*originaire*) Dans l'origine, primitivement. *Cette famille est originairement allemande.*

1 ORIGINAL, ALE, adj. [ɔʀiʒinal] (lat. impér. *originalis*) Qui a un caractère d'origine, primitif. *Un tableau original. Les textes originaux.* ◆ Qui paraît inventé, imaginé sans modèle ou souvenir antécédent. *Pensée originale.* ◆ Qui est marqué d'une marque propre. *Un auteur original. Le jeu de cet acteur est original. Des beautés originales.* ◆ « *Qui agit, qui se comporte sans imiter personne : Il y a peu d'hommes vraiment originaux, presque tous se gouvernent, pensent et sentent par l'influence de la coutume et de l'éducation* », VOLTAIRE. ◆ En mauvaise part, singulier, bizarre. *On n'est pas plus original que lui. Manières originales.* ◆ N. m. Minute, manuscrit primitif d'un texte, d'un acte, etc. ◆ Texte, par opposition à traduction. ◆ Œuvre d'art qui est un type. « *Ces statues antiques sont devenues des originaux* », BUFFON. ◆ Il se dit des peintures, sculptures, etc. par rapport à leur authenticité. *L'original de cette statue est à Rome.* ◆ Personne dont on a fait le portrait. « *L'injure faite à l'image retombait sur l'original* », BOSSUET. ◆ Choses d'après lesquelles on copie. *L'original d'après lequel il peint est un tableau de Lesueur.* ◆ Modèle d'après lequel dessine un élève. ◆ *Fig.* Ce qui sert de modèle à quelque chose ou à quelqu'un. « *Les lois de Crète étaient l'original de celles de Lacédémone* », MONTESQUIEU. ◆ Type idéal. « *Chacun a l'original de sa beauté, dont il cherche la copie dans le monde* », PASCAL. ◆ Celui qui est le premier en excellence dans un genre, sans avoir eu de modèle. *Les anciens sont des originaux.* ◆ D'ORIGINAL, loc. adv. Sans avoir été suggéré par un modèle. « *Le tour est-il d'original ?* », MOLIÈRE. ◆ De source directe. « *Les nouvelles que je vous mande sont d'original* », MME DE SÉVIGNÉ. ◆ *Savoir une chose d'original*, la savoir de ceux qui l'ont vue ou faite. ◆ N. m. et n. f. Personne qui pousse la singularité jusqu'à faire rire. ◆ *Original sans copie*, homme qui se fait remarquer par ses singularités ; chose singulière. « *Tout ce que vous dites de lui est admirable : ce sont des originaux sans copie* », MME DE SÉVIGNÉ. ◆ EN ORIGINAL, loc. adv. Dans le texte primitif. *Cet original existe en original dans les archives.* ◆ En propre original, dans la réalité même. En personne. « *Oui, madame, vous-même, en propre original* », REGNARD.

2 ORIGINAL, n. m. [ɔʀiʒinal] Voy. ORIGNAL.

ORIGINALEMENT, adv. [ɔʀiʒinal(ə)mɑ̃] (1 *original*) D'une manière originale.

ORIGINALITÉ, n. f. [ɔʀiʒinalite] (1 *original*) Qualité de ce qui est original. *L'originalité d'un tableau. L'originalité des idées.* ◆ Singularité, bizarrerie. *L'originalité de cet homme, de ses manières.* ◆ Au pl. Actions originales, bizarres. ◆ Innovation. *C'est une vraie originalité.* ◆ Personnalité. *Quelle originalité !*

ORIGINE, n. f. [ɔʀiʒin] (lat. *originem*, de *oriri*, naître) Principe d'où quelque chose provient. « *Les petites origines conviennent assez aux grandes choses* », FONTENELLE. ◆ **Géom.** Le point à partir duquel on compte les coordonnées. ◆ **Astron.** Le point à partir duquel on compte les ascensions droites et les longitudes. ◆ Le point où commence un organe dans un végétal ou un animal. ◆ Extraction d'une personne, d'une race, d'une nation [1]. « *De quelque superbe distinction que se flattent les hommes, ils ont tous une même origine, et cette origine est petite* », BOSSUET. « *Vous êtes Grecs d'origine* », FÉNELON. « *Toutes les origines des peuples sont visiblement petites* », VOLTAIRE. ◆ Étymologie. *L'origine d'un mot.* ◆ DÈS L'ORIGINE, loc. adv. Dès le principe. ◆ DANS L'ORIGINE, loc. adv. Dans le principe, au début. ■ REM. 1 : La notion de race ne repose sur aucun fondement scientifique et a une connotation raciste.

ORIGINEL, ELLE, adj. [ɔʀiʒinɛl] (lat. impér. *originalis*) Qui remonte jusqu'à l'origine. *Les droits originels de l'humanité.* ◆ **Théol.** *Péché originel*, péché que tous les hommes ont contracté dans la personne d'Adam. ◆ **Fig.** « *C'est le péché originel de l'homme de vouloir être plus qu'il n'est* », BOURDALOUE. ◆ *Fig. Cet homme a le péché originel*, c'est-à-dire que qu'il parvienne à telle charge, à telle dignité. ◆ *Justice, grâce originelle*, état d'innocence où Adam a été créé.

ORIGINELLEMENT, adv. [ɔʀiʒinɛl(ə)mɑ̃] (*originel*) Dès l'origine.

ORIGNAL, n. m. [ɔʀiɲal] ou [ɔʀiɲjal] (basque *oregnac*, cerfs) Élan du Canada. ◆ Au pl. *Des orignaux.* ◆ On dit aussi *original*, par confusion d'un mot inconnu avec un mot connu. ■ REM. On ne confond plus aujourd'hui *orignal* et *original*.

ORILLARD, ARDE, adj. [ɔʀijar, ard] Voy. OREILLARD. REM. On écrivait aussi *aurillard* autrefois.

ORILLON, n. m. [ɔʀijɔ̃] (dimin. de *oreille*) Appendice en forme d'oreille. ◆ *Les orillons d'une charrue*, les pièces de bois qui accompagnent le soc de la charrue. ◆ *Écuelle à orillons*, écuelle à oreilles. ◆ *Bastion à orillons*, bastion aux côtés duquel il y a des avances, des épaulements.

ORILLONS, n. m. pl. [ɔʀijɔ̃] Voy. OREILLON.

ORIN, n. m. [ɔʀɛ̃] (orig. inc.) **Mar.** Cordage qui attache une ancre à une bouée. ◆ Bout de cordage qui sert à prévenir la perte d'un objet susceptible de tomber.

ORIOLE, ■ n. m. [ɔʀjɔl] (*loriot*, du lat. *aureolus*, de couleur dorée, de *aurum*, or) **Zool.** Petit oiseau passereau d'origine africaine, au plumage jaune et noir chez le mâle, vert et brun chez la femelle.

ORION, n. m. [ɔʀjɔ̃] (gr. *Ôriôn*) **Mythol.** Géant énorme et célèbre chasseur. ◆ **Astron.** Constellation de l'hémisphère austral. *Le baudrier d'Orion, les Trois Rois.*

ORIPEAU, n. m. [ɔʀipo] (anc. fr. *orie*, dorée, et *peau*) Laiton battu en feuilles dont on fait divers ornements. ◆ Toute étoffe, toute broderie qui est de faux or ou de faux argent. *Un acteur couvert d'oripeau.* ◆ Par extens. Vieille étoffe, vieil habit dont l'or est usé. ◆ *Fig.* Ouvrage d'esprit où il y a du clinquant, des faux brillants. *Il y a bien de l'oripeau dans ce poème.* « *La philosophie ayant fait main basse sur tout cet oripeau mythologique* », LA HARPE.

ORIYA, ■ n. m. [ɔʀija] (mot hindou) Langue indo-aryenne officielle de l'État indien d'Orissa.

ORL, ■ n. f. [ɔɛʀɛl] (sigle de *oto-rhino-laryngologie*) Branche de la médecine qui traite les affections du nez, de la gorge et des oreilles. *Une consultation d'ORL.* ◆ N. m. et n. f. Oto-rhino-laryngologiste. *J'ai consulté un ORL.* ■ Adj. Oto-rhino-laryngologique. *Troubles de la sphère ORL.*

ORLE, n. m. [ɔʀl] (ital. *orlo*, bord, de *orlare*, ourler) **Archit.** Filet sous l'ove d'un chapiteau. ◆ **Hérald.** Bordure, sans largeur déterminée, qui ne touche pas les bords de l'écu, mais qui en suit la forme. ◆ Contour du cratère d'un volcan.

ORLÉ, ÉE, adj. [ɔʀle] (*orle*) **Hérald.** Bordé d'un orle.

ORLÉANISME, ■ n. m. [ɔʀleanism] (*Orléans*) Au XIXᵉ siècle, tendance politique des partisans de la famille d'Orléans pour l'accession au trône de France, opposés aux légitimistes, partisans des Bourbons. ■ Système politique instauré par Louis-Philippe, instituant un régime parlementaire conférant au gouvernement une certaine autonomie.

ORLÉANISTE, ■ n. m. et n. f. [ɔʀleanist] (*Orléans*) Partisan de l'orléanisme. ■ Adj. *La politique orléaniste.*

ORLÉANS, n. f. [ɔʀleɑ̃] (*Orléans*, nom de la ville) Sorte d'étoffe légère en laine et coton. *Redingote, robe d'orléans.* ■ REM. On prononçait autrefois [ɔʀleɑ̃s] en faisant entendre le *s*.

ORLON, ■ n. m. [ɔʀlɔ̃] (nom déposé, d'apr. *nylon*) Fibre acrylique pour textiles, très résistante. *Une housse pour siège de voiture en orlon.*

ORMAIE ou **ORMOIE**, n. f. [ɔʀmɛ, ɔʀmwa] (*orme*) Lieu planté d'ormes.

ORME, n. m. [ɔʀm] (lat. *ulmus*) Grand arbre de la famille des ulmacées. ◆ *Juges de dessous l'orme*, petits juges de village qui jugeaient devant la porte du manoir seigneurial, sous les ormes qui s'y trouvaient d'ordinaire. ◆ *Fig. Attendez-moi sous l'orme*, se dit quand on donne un rendez-vous auquel on n'a pas dessein de se trouver. Ce dicton vient de ce que souvent les parties assignées manquaient au rendez-vous et se faisaient attendre.

1 ORMEAU, n. m. [ɔʀmo] (dimin. de *orme*) Jeune orme. ◆ Par extens. Orme. ■ « *[Ces coteaux] Où le pampre en festons rit parmi les ormeaux* », VOLTAIRE.

2 ORMEAU ou **ORMET**, ■ n. m. [ɔʀmo, ɔʀmɛ, ɔʀmje] (lat. *auris*, oreille, et *maris*, mer) **Zool.** Mollusque gastéropode marin comestible, de la famille des haliotides, à la coquille longue et aplatie. ■ REM. On dit aussi *ormier*.

ORMILLE, n. f. [ɔRmij] (dimin. de *orme*) Très petit ormeau. ♦ Plant de petits ormes. ♦ Palissade formée de petits ormes.

ORMIN, n. m. [ɔRmɛ̃] (gr. *orminon*) Plante du genre des sauges.

ORMOIE, ■ n. f. [ɔRmwa] Voy. ORMAIE.

ORNE, n. m. [ɔRn] (lat. *ornus*) Nom vulgaire du *frêne orne* (oléacées), espèce qui produit un peu de manne.

ORNÉ, ÉE, p. p. de orner. [ɔRne] Peint. *Sujet orné*, sujet susceptible de la composition la plus riche. ♦ Absol. *Un esprit orné*, un homme qui a beaucoup de connaissances, d'instruction.

ORNEMANISTE, n. m. [ɔRnəmanist] (*ornement*) Néol. Peintre, artiste, ouvrier, qui s'occupe spécialement de tout ce qui tient à l'ornement de nos demeures.

ORNEMENT, n. m. [ɔRnəmɑ̃] (lat. *ornamentum*) Ce qui orne, ce qui sert à orner. *Les ornements royaux.* « *Les maisons y sont propres, commodes, riantes, mais sans ornements* », FÉNELON. ♦ Figures de caprice, fleurons, rosaces, festons, etc. qu'on emploie pour orner. *La peinture d'ornements. Un recueil d'ornements.* ♦ Archéol. et menuis. Sculptures, moulures, etc., qui servent à orner les différentes parties d'un bâtiment ou d'une boiserie. ♦ Les ornements, l'architrave, la frise et la corniche. ♦ *Ornement courant*, tout ornement qui se répète dans une frise ou une moulure. ♦ **Héral.** Tout ce qui est hors de l'écu, comme les timbres, les cimiers, etc. ♦ Au pl. Ornements, habits sacerdotaux et autres dont on se sert pour l'office divin. ♦ Pièces d'une même couleur ou d'une même parure, qui font assortiment. *Un ornement blanc.* ♦ **Mus.** *Notes d'ornement.* petites notes, Voy. NOTE. ♦ Ce qui fait honneur à. « *Les hommes qui ont été l'ornement de leur siècle* », FÉNELON. ♦ Litt. Figures, formes de style qui servent à embellir le discours.

ORNEMENTAL, ALE, adj. [ɔRnəmɑ̃tal] (*ornement*) **Bx-arts** Qui appartient à l'ornement. ♦ Qui peut servir d'ornement. ■ Au pl. *ornementaux*.

ORNEMENTATION, n. f. [ɔRnəmɑ̃tasjɔ̃] (*ornementer*) **Bx-arts** Manière de disposer les ornements ; art de l'ornemaniste.

ORNEMENTER, v. tr. [ɔRnəmɑ̃te] (*ornement*) Opérer l'ornementation.

ORNER, v. tr. [ɔRne] (lat. *ornare*, équiper, préparer) Pourvoir de ce qui embellit. « *Je lui bâtis un temple et pris soin de l'orner* », RACINE. ♦ Rendre plus beau, avec un nom de chose pour sujet. *Des arbres ornent cette promenade.* ♦ Fig. Donner un éclat, un embellissement comparés à l'éclat, aux embellissements matériels. *Orner quelqu'un de dignités.* « *Ce savant a eu le mérite rare d'orner le savoir par le goût* », D'ALEMBERT. ♦ *Orner la mémoire*, mettre dans sa mémoire des passages beaux ou utiles de différents auteurs et de différents genres. ♦ Fig. Pourvoir des ornements du style, de la rhétorique. *Les figures ornent le discours.* ♦ *S'orner*, v. pr. Se couvrir de ce qui embellit.

ORNIÉRAGE, ■ n. m. [ɔRnjeRaʒ] (*ornière*) Déformation de la chaussée causée par le trafic routier, provoquant l'apparition d'ornières. *Un revêtement de route qui offre une haute résistance à l'orniérage.*

ORNIÈRE, n. f. [ɔRnjɛR] (lat. *orbita*) Trace creuse que font les roues des voitures sur la terre dans les chemins. *Un chemin plein d'ornières.* ♦ Fig. Il se dit des habitudes invétérées, des opinions adoptées et suivies sans examen. *L'ornière de la routine, des préjugés.* ■ *Sortir de l'ornière*, sortir d'une situation difficile ou de la routine.

ORNITHISCHIEN, ■ n. m. [ɔRnitiskjɛ̃] (*ch* se prononce *k* ; lat. *ornithischia*, hanche d'oiseau, de *ornithos*, oiseau) Dinosaure reptilien herbivore tel que le tricératops ou l'iguanodon, dont le bassin évoque celui d'un oiseau. *L'ordre des ornithischiens.*

ORNITHO..., ■ [ɔRnito] Préfixe tiré du grec *ornithos*, qui signifie *oiseau*.

ORNITHOGALE, n. m. [ɔRnitogal] (gr. *ornithogalon*, de ornitho- et *gala*, lait) Genre de plantes bulbeuses, dont les fleurs sont d'un beau blanc.

ORNITHOLOGIE, n. f. [ɔRnitoloʒi] (ornitho- et -*logie*) Partie de la zoologie qui traite des oiseaux.

ORNITHOLOGIQUE, ■ adj. [ɔRnitoloʒik] (*ornithologie*) Relatif à l'ornithologie. *Une étude ornithologique.*

ORNITHOLOGISTE ou **ORNITHOLOGUE**, n. m. et n. f. [ɔRnitoloʒist, ɔRnitolɔg] (*ornithologie*) Naturaliste qui s'occupe spécialement de l'étude des oiseaux.

ORNITHOMANCE ou **ORNITHOMANCIE**, n. f. [ɔRnitomɑ̃s, ɔRnitomɑ̃si] (ornitho- et -*mancie*) Divination par le chant ou le vol des oiseaux.

ORNITHOPHILE, ■ n. m. et n. f. [ɔRnitofil] (*ornithophilie*) Amateur d'oiseaux. *Un club d'ornithophiles.* ■ Adj. Relatif à l'ornithophilie. ■ En parlant d'une plante, qui est pollinisée par les oiseaux. *Une fleur ornithophile.*

ORNITHOPHILIE, ■ n. f. [ɔRnitofili] (ornitho- et -*philie*) Intérêt pour l'observation et l'élevage des oiseaux. ■ Transport du pollen ou d'un virus par l'intermédiaire des oiseaux.

ORNITHORYNQUE, ■ n. m. [ɔRnitoRɛ̃k] (ornitho- et gr. *runkhos*, bec) Zool. Mammifère amphibie d'Australie et de Tasmanie, de l'ordre des monotrèmes, au pelage brun épais, au bec de canard corné et à queue plate.

ORNITHOSE, ■ n. f. [ɔRnitoz] (ornitho- et -*ose*) Maladie infectieuse transmise à l'homme par l'intermédiaire des oiseaux, et pouvant causer de graves pneumonies.

1 ORO..., ORÉO..., ■ [ɔRo, ɔReo] Préfixe tiré du grec *oros*, qui signifie *montagne*.

2 ORO..., ■ [ɔRo] Préfixe tiré du lat. *os, oris*, qui signifie *bouche*.

OROBANCHE, n. f. [ɔRobɑ̃ʃ] (gr. *orobagkhê*) Plante parasite à tige charnue.

OROBE, n. m. [ɔRɔb] (gr. *orobos*) Plante légumineuse dont la racine porte des tubercules bons à manger. ■ REM. Ce nom était autrefois féminin.

OROGÈNE, ■ n. m. [ɔRoʒɛn] (1 oro- et -*gène*) Zone géographique instable d'où surgit une chaîne de montagnes.

OROGENÈSE, ■ n. f. [ɔRoʒənɛz] (1 oro- et -*genèse*) Ensemble des phases d'édification qui ont conduit à la formation des reliefs montagneux. *L'orogenèse calédonienne.* ■ OROGÉNIQUE, adj. [ɔRoʒenik]

OROGRAPHE, ■ n. m. et n. f. [ɔRogRaf] (1 oro- et -*graphe*) Personne qui s'occupe d'orographie. *Un orographe spécialisé dans le relief des Rocheuses.* ■ REM. On disait aussi *oréographe* autrefois.

OROGRAPHIE, n. f. [ɔRogRafi] (1 oro- et -*graphie*) Traité, description des montagnes. ■ REM. On disait aussi *oréographie* autrefois.

OROGRAPHIQUE, adj. [ɔRogRafik] (*orographie*) Qui appartient à l'orographie. ■ REM. On disait aussi *oréographique* autrefois.

OROHYDROGRAPHIE, n. f. [ɔRoidRogRafi] (1oro-, hydro- et -*graphie*) Histoire des eaux qui découlent des montagnes, ou histoire des eaux et des formations géognostiques d'une contrée.

ORONGE, n. f. [ɔRɔ̃ʒ] (altér. de *orange*) Champignon alimentaire, d'un rouge doré, qui croît surtout dans le midi de la France. ♦ *Fausse oronge*, champignon vénéneux.

OROPHARYNX, ■ n. m. [ɔRofaRɛ̃ks] (2 oro- et *pharynx*) Partie moyenne du pharynx, située derrière la langue à la hauteur des amygdales.

ORPAILLAGE, ■ n. m. [ɔRpajaʒ] (*orpailleur*) Recherche et exploitation artisanale de l'or dans les rivières. *Lutte contre l'orpaillage clandestin.*

ORPAILLEUR, EUSE, n. m. et n. f. [ɔRpajœR, øz] (altér. du moy. fr. *harpailleur*, brocanteur, d'apr. *or*) Personne qui recueille, au moyen du lavage, les paillettes d'or qui se trouvent dans le sable de certaines rivières.

ORPHÉE, n. m. [ɔRfe] (lat. *Orpheus*) Personnage mythologique renommé comme musicien et comme chantre. ♦ Fig. Tout poète ou musicien illustre.

ORPHELIN, INE, n. m. et n. f. [ɔRfəlɛ̃, in] (lat. *orphanus*, du gr. *orphanos*) Enfant qui a perdu son père et sa mère ou l'un des deux. ♦ *Orphelin de père*, celui dont le père seul est décédé. *Orphelin de mère*, celui dont la mère seule est décédée. ♦ *Les Orphelins*, maison d'asile pour les orphelins. ♦ Adj. *Il est orphelin de père et de mère.* ■ *Maladie orpheline*, maladie héréditaire rare et méconnue pour laquelle aucun traitement n'existe et qui se caractérise par un déficit de la recherche et de la prise en charge médicale et sociale du patient. *Un cas de maladie orpheline. La plupart des maladies orphelines sont d'origine génétique.*

ORPHELINAGE, n. m. [ɔRfəlinaʒ] (*orphelin*) État d'orphelin, d'orpheline.

ORPHELINAT, n. m. [ɔRfəlina] (*orphelin*) Maison d'asile pour les orphelins.

ORPHÉON, n. m. [ɔRfeɔ̃] (*Orphée*) Société dont les membres se livrent à l'étude et à la pratique de la musique vocale et du chant choral, sans accompagnement. *Les orphéons de France.* ♦ Instrument à cordes et à clavier, dans lequel le son est produit par une roue qui frotte les cordes.

ORPHÉONIQUE, adj. [ɔRfeonik] (*orphéon*) Qui concerne la musique chorale populaire. *Concours orphéonique.*

ORPHÉONISTE, n. m. et n. f. [ɔRfeonist] (*orphéon*) Membre d'un orphéon.

ORPHÉOTÉLESTE, ■ n. m. et n. f. [ɔRfeotelɛst] Voy. ORPHISTE.

ORPHIQUE, adj. [ɔRfik] (gr. *orphikos*) Se dit des dogmes et des mystères attribués à Orphée. ♦ *Vie orphique*, vie sage et réglée par l'amour de la vertu. ♦ N. m. pl. Philosophes pythagoriciens prétendant avoir reçu d'Orphée leur dogme et leur morale. ♦ N. f. pl. *Les orphiques*, orgies ou fêtes de Bacchus. ♦ N. m. pl. Poèmes attribués à Orphée.

ORPHISME, ■ n. m. [ɔRfism] (*Orphée*, poète et musicien légendaire de la mythologie grecque) **Mythol.** Doctrine religieuse grecque apparue au VIᵉ siècle av. J.-C., reposant sur les mythes rattachés à Orphée et prônant la libération de l'âme de son enveloppe corporelle par l'ascétisme, l'abstinence et l'initiation aux mystères. ■ Peint. Nom donné par G. Apollinaire au mouvement esthétique créé en 1912 par R. Delaunay, inspiré du cubisme, et dont la peinture se caractérise par la construction de formes abstraites fondées sur la couleur et ses multiples contrastes.

ORPHISTE, ■ n.m. et n.f. [ɔʀfist] (*Orphée*) Adepte de l'orphisme. ■ Rem. Dans ce sens, on dit aussi *orphéotéleste*. ■ Artiste rattaché à l'orphisme. ■ Adj. *Les peintres, les œuvres orphistes.*

ORPIMENT, n. m. [ɔʀpimɑ̃] (lat. *auripigmentum*, de *aurum*, or, et *pigmentum*, couleur) Sulfure jaune d'arsenic, naturel ou artificiel, employé en peinture.

ORPIN, n. m. [ɔʀpɛ̃] (abrév. de *orpiment*) Syn. d'orpiment. ♦ Bot. Genre de crassulacées, dans lequel on distingue *l'orpin reprise*, dit *herbe aux coupures*, et *l'orpin âcre*.

ORQUE, n. f. [ɔʀk] (lat. *orca*) Mammifère marin, qui est la phocène orque, plus connue sous le nom d'épaulard.

ORSEC, ■ adj. m. [ɔʀsɛk] (acronyme de *organisation des secours*) *Plan orsec*, ensemble des mesures prises en cas de sinistre pour venir en aide aux populations touchées. *Le plan ORSEC est déclenché par le préfet.*

ORSEILLE, n. f. [ɔʀsɛj] (catal. *orxella*, prob. de l'ar.) Espèce de lichen qui donne une belle couleur bleue tirant sur le violet. ♦ Pâte d'un rouge violet, employée en teinture.

ORT, adj. inv. [ɔʀ] (on ne prononce pas le *t* final ; p.-ê. var. de *ord*, brut) *Peser ort*, peser les marchandises avec les emballages.

ORTEIL, n. m. [ɔʀtɛj] (lat. *articulus*) Doigt du pied. *Les cinq orteils.* ♦ *Le gros orteil* ou simplement *l'orteil*, le plus gros doigt du pied.

ORTHÈSE, ■ n. f. [ɔʀtɛz] (gr. *orthos*, droit, d'apr. *prothèse*) Appareil orthopédique externe appliqué sur une zone fragile ou déficiente du corps, et assurant une fonction de soutien, de stabilisation, de correction ou de protection. *Les attelles, les corsets, les chaussures orthopédiques sont des orthèses.*

ORTHO..., ■ [ɔʀto] Préfixe tiré du grec *orthos*, qui signifie *droit, correct.*

ORTHOCENTRE, ■ n.m. [ɔʀtosɑ̃tʀ] (ortho- et *centre*) Géom. Point de rencontre des trois hauteurs d'un triangle, des quatre hauteurs d'un tétraèdre. *L'orthocentre d'un triangle équilatéral est aussi le centre du cercle circonscrit à ce triangle.* ■ ORTHOCENTRIQUE, adj. [ɔʀtosɑ̃tʀik] *Un tétraèdre, un quadrangle orthocentrique.*

ORTHOCHROMATIQUE, ■ adj. [ɔʀtokʀomatik] (ortho- et *chromatique*) En parlant d'une cellule, d'un tissu organique, qui est de couleur normale. Des cellules orthochromatiques. ■ Qui est sensible à toutes les couleurs, excepté le rouge. *Une plaque, une pellicule, un film orthochromatique. La photométrie s'est développée à partir des plaques orthochromatiques qui permettent d'obtenir la valeur exacte de couleurs telles que le violet, le bleu, le vert, etc.*

ORTHODONTIE, ■ n.f. [ɔʀtodɔ̃si] (le *t* se prononce *ss* ; ortho- et gr. *odontos*, dent) Branche de la chirurgie dentaire qui dépiste et corrige la position défectueuse des dents. *Orthodontie pédiatrique.*

ORTHODONTISTE, ■ n. m. et n. f. [ɔʀtodɔ̃tist] (*orthodontie*) Spécialiste de l'orthodontie.

ORTHODOXE, adj. [ɔʀtodɔks] (gr. ecclés. *orthodoxos*, de ortho- et *doxa*, opinion) Conforme à la saine opinion, en matière de religion. *Opinion orthodoxe. Un pays orthodoxe.* ♦ N.m. et n.f. *Les orthodoxes.* ♦ Par extens. Il se dit des doctrines morales et littéraires. ■ *Église orthodoxe*, église chrétienne d'Orient, séparée de Rome au début du XIᵉ siècle.

ORTHODOXEMENT, adv. [ɔʀtodɔksəmɑ̃] (*orthodoxe*) D'une manière orthodoxe.

ORTHODOXIE, n.f. [ɔʀtodɔksi] (*orthodoxe*) Conformité aux doctrines de l'Église. ♦ Par extens. Il se dit des doctrines morales et littéraires.

ORTHODROMIE, n. f. [ɔʀtodʀomi] (ortho- et gr. *dromein*, courir) Mar. Route que fait un vaisseau en suivant directement un des trente-deux vents. Il est opposé à *loxodromie*. ■ ORTHODROMIQUE, adj. [ɔʀtodʀomik]

ORTHOGENÈSE, ■ n.f. [ɔʀtoʒənɛz] (ortho- et -*genèse*) Biol. Ensemble des variations qui touchent de façon continue et déterminée une espèce tout au long de son évolution. *L'orthogenèse peut se traduire par la disparition, l'apparition ou le changement de taille d'un organe.*

ORTHOGÉNIE, ■ n.f. [ɔʀtoʒeni] (ortho- et -*génie*) Méd. Régulation des naissances. *Les centres d'orthogénie interviennent dans les cas relatifs à la contraception, l'interruption volontaire de grossesse, etc.*

ORTHOGÉNIQUE, ■ adj. [ɔʀtoʒenik] (*orthogénie*) Relatif à l'orthogénie. *Une école orthogénique.*

ORTHOGÉNISME, ■ n.m. [ɔʀtoʒenism] (*orthogénie*) Méd. Science qui étudie l'orthogénie.

ORTHOGONAL, ALE, adj. [ɔʀtogonal] (ortho- et gr. *gônia*, angle) Géom. Se dit d'une projection quand chaque ligne projetant un point de la figure est perpendiculaire au plan de projection. ■ *Projection orthogonale*, projection d'un point ou d'un angle sur une droite ou un plan perpendiculairement à cette droite ou ce plan. ■ *Vecteurs orthogonaux*, vecteurs dont le produit scalaire est nul.

ORTHOGONALEMENT, ■ adv. [ɔʀtogonal(ə)mɑ̃] (*orthogonal*) De façon orthoganale.

ORTHOGONALITÉ, ■ n. f. [ɔʀtogonalite] (*orthogonal*) Fait d'être orthogonal. *L'orthogonalité d'un plan, d'une droite.*

ORTHOGRAPHE, n.f. [ɔʀtogʀaf] (ortho- et -*graphe*) L'art et la manière d'écrire correctement les mots d'une langue. ♦ Dans les écoles, *orthographe première* ou *d'usage*, manière d'écrire les mots ; *orthographe de règle*, manière d'écrire les mots suivant leur rôle dans la phrase. ♦ *Faute d'orthographe*, manquement contre les règles de l'orthographe ; fig. et fam. faute, tort de conduite. ♦ Manière quelconque d'écrire les mots d'une langue. *Mauvaise orthographe.* ♦ *Orthographe d'un mot*, la manière dont un mot s'écrit. ♦ *Une dictée d'orthographe* ou simplement *une orthographe*, une dictée faite pour exercer les élèves à l'orthographe.

ORTHOGRAPHIE, n.f. [ɔʀtogʀafi] (var. de *orthographe*) Ancien synonyme d'orthographe, seul correct étymologiquement. ♦ Géom. Art de représenter un objet sur un plan en projetant tous ses points perpendiculairement sur ce plan. ♦ Archit. Élévation géométrale d'un bâtiment où toutes les proportions sont observées dans leur naturel, sans avoir égard aux diminutions de la perspective. ♦ Profil ou coupe perpendiculaire d'une fortification.

ORTHOGRAPHIÉ, ÉE, p. p. de orthographier. [ɔʀtogʀafje]

ORTHOGRAPHIER, v. tr. [ɔʀtogʀafje] (*orthographie*) Écrire les mots suivant l'orthographe. ■ Absol. « *Orthographiant comme un laquais mal élevé* », Voltaire. ♦ S'orthographier, v. pr. Être écrit selon l'orthographe.

ORTHOGRAPHIQUE, adj. [ɔʀtogʀafik] (*orthographie*) Qui appartient à l'orthographe. *Signes orthographiques*, les accents, apostrophes, trémas, etc. ♦ Géom. Qui appartient à l'orthographie. *Dessin orthographique.* ♦ *Projection orthographique de la sphère*, celle qui est faite sur un grand cercle, l'œil ou le point de concours des droites projectives étant supposé à une distance infinie sur la ligne qui, passant par le centre, est perpendiculaire au plan de projection, à la différence de la *projection stéréographique*, dans laquelle l'œil est supposé au pôle du cercle de projection.

ORTHOGRAPHIQUEMENT, adv. [ɔʀtogʀafik(ə)mɑ̃] (*orthographique*) D'une manière orthographique, selon les règles de l'orthographe.

ORTHONORMÉ, ÉE ou **ORTHONORMAL, ALE**, ■ adj. [ɔʀtonɔʀme, ɔʀtonɔʀmal] (ortho- et *normé* ou *normal*) Math. Dont les vecteurs sont orthogonaux et de même norme. *Repères orthonormés* ou *orthonormaux.*

ORTHOPÉDIE, n. f. [ɔʀtopedi] (ortho- et gr. *pais*, génit. *paidos*, enfant) Chir. Art de prévenir ou de corriger les difformités du corps, à l'aide d'exercices méthodiques ou de moyens mécaniques.

ORTHOPÉDIQUE, adj. [ɔʀtopedik] (*orthopédie*) Qui appartient à l'orthopédie. *Appareil, traitement, établissement orthopédique.*

ORTHOPÉDISTE, n. m. et n. f. [ɔʀtopedist] (*orthopédie*) Celui, celle qui cultive l'orthopédie, qui dirige un établissement orthopédique. ■ Personne spécialisée dans la vente ou la fabrication d'appareils orthopédiques. ■ Adj. *Médecin orthopédiste.*

ORTHOPHONIE, ■ n.f. [ɔʀtofoni] (ortho- et -*phonie*) Méd. Spécialité paramédicale qui prévient et traite les troubles pathologiques de la voix, de la parole et la compréhension du langage oral et écrit. *L'orthophonie traite l'aphasie, la dyscalculie, la dyslexie, etc.* ■ ORTHOPHONISTE, n. m. et n. f. [ɔʀtofonist] ■ ORTHOPHONIQUE, adj. [ɔʀtofonik] *Une rééducation orthophonique.*

ORTHOPHOSPHORIQUE, ■ adj. [ɔʀtofɔsfɔʀik] (ortho- et *phosphorique*) Chim. Acide phosphorique hydraté responsable de l'acidité de certains produits dont il entre dans la composition. *L'acide orthophosphorique peut avoir des effets toxiques graves sur l'environnement.*

ORTHOPNÉE, n.f. [ɔʀtopne] (gr. *orthopnoia*, de *orthos*, droit, et *pnein*, respirer) Méd. Difficulté de respirer qui oblige à se tenir debout ou sur son séant.

ORTHOPTÈRE, ■ n.m. [ɔʀtɔptɛʀ] (ortho- et -*ptère*) Zool. Insecte broyeur à élytres mous, dont les ailes postérieures sont membraneuses et pliées, et dont le criquet, le grillon et la sauterelle sont le type. *Les orthoptères forment un ordre.* ■ Adj. *Des insectes orthoptères.*

ORTHOPTIE ou **ORTHOPTIQUE**, ■ n.f. [ɔʀtopsi, ɔʀtoptik] (ortho- et -*opsie* ou *optique*) Méd. Spécialité paramédicale qui prend en charge le traitement des troubles de la vision binoculaire par la rééducation des yeux. ■ ORTHOPTIQUE, adj. [ɔʀtoptik] ■ ORTHOPTISTE, n. m. et n. f. [ɔʀtoptist] *Lorsqu'il y a un déficit de la vision, l'orthoptiste conseille le patient sur l'aménagement de son poste de travail, sur l'éclairage, afin lui permettre d'utiliser au mieux ses capacités visuelles.*

ORTHORHOMBIQUE, ■ adj. [ɔʀtɔʀɔ̃bik] (*ortho-* et *rhombe*) **Minér.** *Système orthorhombique*, système cristallin dont la maille élémentaire est un prisme droit à base rectangle. *Les trois axes du système orthorhombique sont de longueurs différentes mais les trois angles sont égaux à 90 degrés. L'aragonite est un minerai orthorhombique.*

ORTHOSCOPIQUE, ■ adj. [ɔʀtɔskɔpik] (*ortho-* et *-scopique*) Se dit d'un objectif photographique corrigé de toute déformation de l'image. *Une visualisation orthoscopique à travers un objectif.* ■ **Opt.** *Image orthoscopique*, image dont le relief et l'effet de parallaxe sont conformes à la réalité.

ORTHOSE, ■ n.m. [ɔʀtoz] (gr. *orthos*, droit) **Minér.** Feldspath à base de potassium dont certains cristaux présentent des macles et très abondant dans les roches magmatiques telles que le granit. *L'orthose est originaire de Madagascar et de Birmanie.*

ORTHOSTATE, ■ n.m. [ɔʀtɔstat] (gr. *orthostatês*, qui se tient droit, de *orthos*, droit, et *histanai*, placer debout) **Archéol.** Bloc de pierre dressé et posé sur la tranche, formant la base d'un mur. *L'orthostate de la tombe de Ramsès II.*

ORTHOSTATIQUE, ■ adj. [ɔʀtɔstatik] (*ortho-* et gr. *statos*, qui est debout) Qui concerne la position debout ou qui est provoqué par cette station. *L'hypotension orthostatique.*

ORTHOSYMPATHIQUE, ■ adj. [ɔʀtosɛ̃patik] (*ortho-* et *sympathique*) **Anat.** *Système nerveux orthosympathique* ou *orthosympathique*, se dit de la partie du système nerveux relative à la mise en état d'alerte de l'organisme et à la préparation à l'activité physique et intellectuelle. *Le système nerveux orthosympathique permet de réguler différentes fonctions automatiques de l'organisme comme la digestion, la respiration, la circulation artérielle et veineuse, la pression artérielle, etc.*

ORTIE, n.f. [ɔʀti] (lat. impér. *urtica*) Genre de plantes sauvages, qui est le type de la famille des urticées. ♦ *Fig.* et *fam. Jeter le froc aux orties.* Voy. FROC. ♦ *Ortie de mer*, nom vulgaire sous lequel on désigne plusieurs espèces du genre actinie. ■ En art vétérinaire, sorte de séton. ■ *Fam. Faut pas pousser grand-mère, mamie, mémé dans les orties*, il ne faut pas aller trop loin dans ses demandes.

ORTIVE, adj. f. [ɔʀtiv] (lat. impér. *ortivus*, naissant, levant [à propos du soleil], de *ortus*, naissance) ▷ *Amplitude ortive*, arc de l'horizon compris entre le centre d'un astre à son lever et l'orient vrai. ◁

ORTOLAN, n.m. [ɔʀtɔlɑ̃] (ital. *ortolano*, du lat. tardif *hortolanus*, de *hortus*, jardin) Petit oiseau de passage, très recherché sur les tables. *Gras comme un ortolan.* ♦ Nom donné à plusieurs oiseaux d'espèces très différentes, par exemple au torcol, au bécfigue, etc. ■ *(Ne pas) manger des ortolans*, (ne pas) bénéficier de mets très raffinés et souvent coûteux. *Dans son enfance, il n'a pas mangé tous les jours des ortolans.*

ORVALE, n.f. [ɔʀval] (orig. inc.) Nom vulgaire de la sauge sclarée, dite aussi *herbe aux plaies*, famille des labiées. ♦ *Orvale des prés*, la sauge des prés.

ORVET, n.m. [ɔʀvɛ] (mot norm. p.-ê. de l'anc. fr. *or ver*, ver aveugle, du lat. *orbus*, aveugle) Petit serpent inoffensif, dit aussi aveugle et envoye.

ORVIÉTAN, n.m. [ɔʀvjetɑ̃] (ital. *orvietano*, originaire d'*Orvieto*, ville d'Italie) Électuaire très composé autrefois en vogue. ♦ *Marchand d'orviétan*, charlatan qui vend des drogues sur les places publiques, et fig. homme qui trompe par des paroles pompeuses. ♦ Chose quelconque avec laquelle on trompe. « *On laisse les bonzes débiter leur orviétan dans les places publiques* », VOLTAIRE.

ORYCTÉROPE, ■ n.m. [ɔʀiktɛʀɔp] (lat. sav. [XVIIIe s.] *orycteropus*, du gr. *opuktêr*, enfouisseur, et *pous*, pied) Mammifère nocturne insectivore d'Afrique, vivant dans les terriers, au museau et à la langue très allongés lui permettant d'attraper aisément les fourmis et les termites. *Les longues griffes de l'oryctérope lui permettent de briser les termitières pour accéder à sa nourriture.*

ORYCTOGRAPHIE, n.f. [ɔʀiktɔgʀafi] (gr. *oruktos*, tiré de la terre, fossile, et *-graphie*) ▷ Description des fossiles. ◁

ORYCTOLOGIE, n.f. [ɔʀiktɔlɔʒi] (gr. *oruktos*, tiré de la terre, fossile, et *-logie*) ▷ Histoire des fossiles. ◁

ORYCTOLOGISTE ou **ORYCTOLOGUE**, n.m. [ɔʀiktɔlɔg, ɔʀiktɔlɔʒist] (*oryctologie*) ▷ Celui qui s'occupe d'oryctologie. ◁

ORYX, ■ n.m. [ɔʀiks] (gr. *orux*, de *orussein*, creuser) Grande antilope majestueuse d'Afrique, aux cornes annelées fines, droites et pointues. *Les cornes des oryx leur permettent de se défendre en cas d'attaque.*

ORYX-ALGAZELLE, ■ n.m. [ɔʀiksalgazɛl] (*oryx* et *algazelle*) Voy. ALGAZELLE. *Des oryx-algazelles.*

1 **OS**, n.m. [ɔs] (lat. *os*, génit. *ossis*) Partie dure et solide qui forme la charpente du corps des animaux des classes supérieures. ♦ *Ronger un os*, en enlever avec les dents toute la chair qui y tient. ♦ *Fig. Ronger, manger quelqu'un jusqu'aux os*, vivre à ses dépens, lui dépenser le plus clair de son avoir. ♦ *Fig. Donner un os à ronger à quelqu'un*, lui donner quelque chose qui l'occupe, ou bien qui lui soit utile ou agréable. ♦ *Fig. Jeter un os à quelqu'un*, donner une part à quelque personnage dans les profits d'une entreprise, afin de se le rendre favorable. ♦ *Fam. Rompre, briser, casser les os*, battre cruellement. ♦ *En chair et en os*, en propre personne. ♦ *N'avoir que la peau et les os, que la peau sur les os*, être très maigre. ♦ *Fam.* et par *exagération Percé jusqu'aux os, mouillé jusqu'aux os*, extrêmement mouillé. ♦ *Jusqu'à la moelle des os*, profondément. ♦ *Il ne fera pas de vieux os*, il mourra jeune. ♦ *Il y laissera ses os*, il y mourra. ♦ *Os d'animal travaillé pour en faire certains ustensiles. Manches de couteau en os.* ♦ *Os*, en termes de boucherie, réjouissance. ♦ *Os à moelle* ou *à la moelle*, os qui contient de la moelle, et fig. chose utile, chose de valeur. ♦ *Au pl.* Dans le langage relevé et poétique, dépouilles mortelles. ♦ *Fig. Jusque dans la moelle des os*, jusqu'au fond de l'âme. ♦ *Dans le langage biblique, les os de mes os, ma femme, mes enfants.* ♦ Ergots du cerf. ♦ *Os de seiche*, grande coquille intérieure, dure et friable, qui soutient le dos de la seiche. ♦ **Prov.** *Les os sont pour les absents*, ceux qui viennent trop tard n'ont que les restes. ■ *Sac d'os*, personne très maigre. *Il a toujours peur de la casser en la prenant dans ses bras, c'est un sac d'os.* ■ **Pop.** *L'avoir dans l'os*, subir une grosse déception. *Il l'a eu dans l'os.* ■ *Risquer ses os*, mettre sa vie en danger. *Il a risqué ses os en allant sauver ce garçon.* ■ *Se rompre les os*, se tuer. ♦ *Jusqu'à l'os, jusqu'aux os*, entièrement, complètement. *Elle était trempée jusqu'à l'os.* ■ Obstacle, difficulté. *Il y a un os ! Tomber sur un os.*

2 **OS**, ■ n.m. et n.f. [ɔɛs] (sigle de *ouvrier spécialisé*) Ouvrier spécialisé dans un domaine. *Un, une os. Les os font partie des ouvriers les moins bien payés de l'entreprise, parce que leur tâche est répétitive, spécialisée.*

OSANORE, adj. [ozanɔʀ] (*os*, gr. *an[eu]*, sans, et *or*) ▷ *Dents osanores*, dents artificielles faites avec l'ivoire de l'hippopotame. ◁

OSCABRION, ■ n.m. [ɔskabʀijɔ̃] (orig. inc.) **Zool.** Mollusque marin qui se fixe sur les rochers et dont la partie dorsale est recouverte de plaques calcaires. *Les pièces de la coquille des oscabrions sont disposées en série articulée sur le dos de l'animal.*

OSCAR, ■ n.m. [ɔskaʀ] (mot anglo-amér., du prén. *Oscar* donné à la statuette qui accompagne le prix) Prix, décerné par l'Académie des arts et sciences du cinéma à Hollywood, matérialisé sous la forme d'une statuette dorée, récompensant diverses catégories du cinéma américain. *Oscar du meilleur acteur, de la meilleure musique de film. Des oscars.* ■ Par **extens.** Premier prix de toute nature. *Je te décerne l'oscar de la gentillesse !*

OSCIÈTRE, ■ n.m. [osjɛtʀ] (russe *ossiotr*) Espèce d'esturgeon produisant un caviar de grande qualité aux grains fermes et dorés ; ce caviar. *Le caviar d'osciètre offre une note délicate aux saveurs de noisette.*

OSCILLAIRE, ■ n.f. [osilɛʀ] (*osciller*) Espèce de cyanobactérie formant de grands filaments permettant leur reproduction et que l'on trouve dans l'eau ou dans les lieux humides. *Un arrêté d'interdiction de la pêche dans les lacs, à cause de la prolifération de l'oscillaire, grande consommatrice d'oxygène, entravant l'équilibre de l'écosystème.*

OSCILLANT, ANTE, adj. [osilɑ̃, ɑ̃t] (*osciller*) Qui est propre à osciller, qui peut osciller. ■ **Méd.** *Fièvre oscillante*, qui varie, dont les pics et les creux alternent au cours du temps. *Une fièvre oscillante contrôlée par les corticoïdes.*

OSCILLATEUR, ■ n.m. [osilatœʀ] (*osciller*) **Phys.** Appareil qui génère des courants électriques alternatifs périodiques dans une fréquence déterminée. *Des représentations physiques de l'oscillateur harmonique dans le domaine de la mécanique.* ■ Dispositif qui génère des ondes de haute fréquence. *Un oscillateur électrique.*

OSCILLATION, n.f. [osilasjɔ̃] (lat. *oscillatio*, action de se balancer) Mouvement de tout corps qui va et vient en sens contraire. *Les oscillations d'un vaisseau.* ♦ Mouvement d'un pendule qui, allant et venant alternativement en deux sens contraires, se balance à droite et à gauche d'un point central. ♦ **Astron.** et **phys.** Mouvement de va-et-vient. *Les oscillations d'un fluide, d'une planète, etc.* ♦ **Fig.** Alternative qui se passe de choses abstraites, fluctuation. *Les oscillations de l'âme, de l'opinion publique, du crédit, etc.*

OSCILLATOIRE, adj. [osilatwaʀ] (*osciller*, d'après le lat. [XIXe s.] *oscillatorius*) Qui est de la nature de l'oscillation. *Mouvement oscillatoire.* ■ Relatif aux oscillations. *Un cycle oscillatoire.*

OSCILLER, v. intr. [osile] (lat. *oscillare*, se balancer) Se mouvoir alternativement en deux sens contraires. *Le pendule oscille en temps égaux.* ♦ Par **extens.** Il se dit d'un mouvement apparent d'oscillation dû au papillotement de la vue. ♦ *Fig.* « *Ceux qui oscillent entre le vice et la vertu* », DIDEROT. ■ Hésiter dans ses attitudes. *Il oscille sans cesse entre la pingrerie et la générosité.* ♦ Varier entre plusieurs niveaux. *La houle oscille.*

OSCILLOGRAMME, ■ n.m. [osilogʀam] (*osciller* et *-gramme*) **Phys.** Courbe tracée à l'aide d'un oscillographe. *Relever des oscillogrammes réguliers.*

OSCILLOGRAPHE, ■ n. m. [ɔsilɔgʀaf] (*osciller* et *-graphe*) **Phys.** Appareil permettant d'enregistrer et d'étudier les variations temporelles de grandeurs physiques. *L'oscillographe le plus utilisé est l'oscillographe cathodique.* ■ **Mar.** Instrument permettant d'étudier et de surveiller l'action de la houle sur un navire.

OSCILLOMÈTRE, ■ n. m. [ɔsilɔmɛtʀ] (*osciller* et *-mètre*) Appareil utilisé pour enregistrer et étudier les variations de grandeurs physiques. ■ **Méd.** Appareil mesurant les pressions maximale, moyenne et minimale et leurs oscillations dans les artères. *Les résultats donnés par l'oscillomètre permettent de diagnostiquer certains complications cardiaques.* ■ **OSCILLOMÉTRIE**, n. f. [ɔsilɔmetʀi]

OSCILLOSCOPE, ■ n. m. [ɔsilɔskɔp] (*osciller* et *-scope*) Appareil permettant de mesurer et de visualiser les variations d'une grandeur physique. *L'oscilloscope est également appelé oscillographe cathodique.*

OSCULE, ■ n. m. [ɔskyl] (lat. *osculum*, petit bouche, de *os*, bouche) **Zool.** Orifice des spongiaires par lequel sont rejetés les déchets et l'eau de mer filtrée. *Toutes les particules non assimilables sont rejetées par l'oscule.*

1 OSE, ■ n. m. [oz] (lexicalisation du suff. *-ose*, glucide) **Chim.** Glucide simple, formé d'une seule chaîne carbonée non ramifiée. *Les oses ne sont pas hydrolysables.*

2 ...OSE, ■ [oz] Suffixe, de *ose*, utilisé pour former les noms de glucides. *Saccharose, cellulose, etc.*

3 ...OSE, ■ [oz] (gr. *ôsis*, poussée, coup) Suffixe, du gr. *ôsis*, utilisé pour former les noms de certaines maladies non inflammatoires. *Psittacose, leishmaniose, etc.*

OSÉ, ÉE, p. p. d'oser. [oze] ♦ Adj. Hardi, audacieux. ■ Qui est choquant pour la bienséance, hors des convenances. *Une remarque osée.*

OSEILLE, n. f. [ozɛj] (lat. pop. *acidula*, fém. substantivé de *acidulus*, aigrelet, du lat. *acidus*, aigre, acide) **Bot.** Nom de plusieurs espèces du genre *rumex*. ■ **Pop.** *La faire à l'oseille*, essayer de duper ou d'impressionner quelqu'un. ■ **Fam.** *Avoir de l'oseille*, être riche. *Il ne manque pas d'oseille. « Nom de Dieu, de pognon, de tunes, de jonc et de pépettes, riche de fric, de blé, de flouse, d'artiche et d'oseille ! »*, PENNAC.

OSER, v. tr. [oze] (b. lat. *ausare*, du radic. de *ausus*, part. de *audere*, oser) Tenter avec audace. *« Osez ce qu'ont osé tant d'autres conquérants »*, RoTROU. ♦ **Absol.** *« Il faut oser en tout genre, mais la difficulté est d'oser avec sagesse »*, FONTENELLE. ■ Absol. et négativement. *Je n'ose.* ♦ Par forme de défi. *Vous n'oseriez.* ♦ Avec un verbe à l'infinitif, avoir l'audace ou le courage de. *« Vous l'osâtes bannir, vous n'osez l'éviter »*, RACINE. ♦ Se permettre de. *« Oses-tu donc parler sans l'ordre de ton roi ? »*, RACINE. ♦ *Si j'ose le dire*, formule dont on se sert pour adoucir la force ou la hardiesse d'une expression, d'une idée. ♦ Avec la négation, s'abstenir par circonspection. *« Mille soupçons laissent entrevoir ce qu'on n'oserait dire »*, MASSILLON. ♦ Dans le sens absolu, ou quand *oser* est suivi d'un infinitif, on supprime souvent *pas* dans les constructions négatives : *je n'ose ; je n'oserai vous le dire.* ■ **Suisse** Avoir la permission de faire quelque chose.

OSERAIE, n. f. [oz(ə)ʀɛ] (*osier*) Lieu planté d'osiers.

OSEUR, n. m. [ozœʀ] (*oser*) ▷ Celui qui ose, qui tente quelque chose de hardi. *« Métier d'auteur, métier d'oseur »*, BEAUMARCHAIS. ◁

OSIDE, ■ n. m. [ozid] (*ose* et suff. *-ide*) **Chim.** Glucide pouvant être hydrolysé, par fixation d'une molécule d'eau, pour donner des oses, comme le glucose. *Les osides donnent, après hydrolyse, un ou plusieurs oses, c'est-à-dire des sucres simples pour lesquels aucune réaction chimique ne peut avoir lieu.*

OSIER, n. m. [ozje] (lat. pop. *auserium*, de l'anc. b. frq. *alisa*, aune) Arbrisseau dont les jets sont très pliants. ♦ Jet de cet arbrisseau. ♦ ▷ **Fam.** *Être pliant comme de l'osier*, avoir l'esprit souple. ◁ ♦ ▷ *Être franc comme l'osier*, être sincère, sans finesse et sans dissimulation ; locution qui vient de ce que l'osier n'a pas de nœuds. ◁ ♦ Jets d'osier employés à différents objets. *Un panier d'osier.* ♦ **Bot.** Nom donné à plusieurs espèces du genre saule : *osier blanc, osier jaune, osier rouge.* ♦ ▷ *Tête d'osier*, se dit de la forme d'un arbre qu'on a étêté. ◁

OSIÉRICULTURE, ■ n. f. [ozjeʀikyltyʀ] (*osier* et *culture*) Culture de l'osier à des fins de fabrication de meubles, de salons de jardin, etc. *Fayl-Billot, capitale de l'osiériculture et de la vannerie.*

OSMANLI, ■ n. m. [ɔsmãli] (sultan *Osman I*, 1259-1326) **Hist.** Langue parlée dans l'Empire ottoman. *L'osmanli ou turc ottoman est également parlé par les minorités turques d'Asie centrale, des Balkans et du Proche-Orient.*

OSMAZÔME, n. m. [ɔsmazom] (gr. *osmè*, odeur, et *zômos*, jus, sauce) ▷ **Chim.** Matière extractive qu'on retire de la chair musculaire et du sang. ◁

OSMIQUE, adj. m. [ɔsmik] (*osmium*) Un des oxydes de l'osmium.

OSMIUM, n. m. [ɔsmjɔm] (mot lat. sav. du gr. *osmè*, odeur) Corps simple d'un aspect métallique, dit ainsi à cause de l'odeur qu'exhale un de ses oxydes, et découvert dans la mine de platine. ■ Élément atomique, se présentant soit sous forme de poudre fine noire et dure, soit sous l'aspect d'un métal bleuté brillant, de symbole Os, de numéro atomique 76 et de masse atomique 190,23.

OSMIURE, n. m. [ɔsmjyʀ] (radic. de *osmium* et suff. *-ure*) **Chim.** Combinaison de l'osmium avec un corps métallique.

OSMOMÈTRE, ■ n. m. [ɔsmomɛtʀ] (*osmo[se]* et *-mètre*) Dispositif permettant de mesurer la pression osmotique entre deux solutions d'un même solvant. *Un osmomètre à tension de vapeur.*

OSMONDE, n. f. [ɔsmɔ̃d] (orig. inc.) Genre de plantes de la famille des fougères.

OSMOSE, ■ n. f. [ɔsmoz] (gr. *ôsmos*, poussée) **Phys.** et biol. Passage du solvant d'une solution diluée vers une solution concentrée à travers une membrane semi-perméable. ■ *Osmose inverse*, séparation par transfert du solvant d'une solution concentrée vers une solution moins concentrée. *L'osmose inverse est utilisée dans le traitement de l'eau.* ■ **Fig.** Influence réciproque, fusion entre des personnes, des éléments. *Être en osmose totale avec quelqu'un.*

OSMOTIQUE, ■ adj. [ɔsmotik] (angl. *osmotic*, de *osmose*) **Chim.** Qui est relatif à l'osmose ou qui en a la nature. *La pression osmotique.*

OSQUE, ■ adj. [ɔsk] (lat. *Oscus*, osque) Relatif aux Osques, peuple primitif d'Italie. *L'alphabet osque.* ■ **N. m.** et n. f. Le peuple osque. *Les Osques.* ■ N. m. *L'osque*, langue parlée par le peuple osque. *L'osque était encore en usage à Pompéi lors de la grande éruption du Vésuve en 79 de notre ère.*

OSSATURE, n. f. [ɔsatyʀ] (radic. du lat. *os*, génit. *ossis*, os) L'ensemble des os, la charpente d'un homme ou d'un animal. ♦ Ce qui lie entre elles les différentes parties d'un ensemble comparé au corps d'un animal. *L'ossature terrestre.* ■ Structure ou charpente donnant de la rigidité à un ensemble. *L'ossature d'une maison.*

OSSÉINE, ■ n. f. [osein] (radic. du lat. *os*, génit. *ossis*, os) **Chim.** Matrice de l'os adulte, sécrétée par les cellules osseuses, sur laquelle se déposent les éléments minéraux et qui représente environ un tiers du poids de l'os. *L'osséine et la matière minérale sont les deux seules constituants de la substance osseuse.*

OSSELET, n. m. [ɔs(ə)lɛ] (anc. fr. *ossel*, os) Petit os. *« Les mains sont un tissu des nerfs et d'osselets enchâssés les uns dans les autres »*, FÉNELON. ♦ Petits os tirés de la jointure du gigot, avec lesquels jouent les enfants. ♦ En art vétérinaire, exostose du boulet. ♦ ▷ Instrument de torture. ◁ ♦ *Lettres en osselets*, lettres capitales dont les jambages représentent des ossements. ♦ *Osselet de l'oreille*, ensemble des trois petits os de l'oreille moyenne articulés entre eux et permettant de transmettre les vibrations à travers la caisse du tympan. ■ Jeu d'adresse consistant à lancer et à rattraper, en général sur le dos de la main, des petits os du carpe du mouton ou des pièces imitant ces os. *Jouer aux osselets.*

OSSEMENTS, n. m. pl. [ɔs(ə)mã] (lat. ecclés. *ossamentum*) Os des personnes mortes, et ordinairement os décharnés. ♦ Il se dit aussi des animaux. *Des ossements d'éléphant.*

OSSEUX, EUSE, adj. [ɔsø, øz] (b. lat. *ossuosus*, plein d'os) Qui est de la nature des os. ♦ *Système osseux*, l'ensemble des os qui entrent dans la composition du corps. ♦ **Zool.** *Poissons osseux*, poissons dont le corps est muni d'arêtes. ■ Dont les os sont saillants. *Des mains osseuses.* ■ Qui concerne les os. *Une tuberculose osseuse.*

OSSIANIQUE, ■ adj. [ɔsjanik] (Ossian, barde gaélique légendaire dont James Macpherson, 1736-1796, prétendit avoir retrouvé et traduit les chants) Relatif aux poèmes attribués à Ossian. *La poésie ossianique.*

OSSIFICATION, n. f. [ɔsifikasjɔ̃] (*ossifier*) **Anat.** Génération des os, développement normal du système osseux. ♦ **Méd.** Mode d'altération de tissu par lequel des parties solides du corps acquièrent accidentellement la dureté des os.

OSSIFIÉ, ÉE, p. p. d'ossifier. [ɔsifje] *Des matières ossifiées.*

OSSIFIER, v. tr. [ɔsifje] (radic. du lat. *os*, génit. *ossis*, os) Changer en os. ♦ S'ossifier, v. pr. Être converti en os. ■ **Fig.** *L'immense Empire ottoman allait naître, s'ossifier et mourir.* ■ V. tr. *Ossifier des sentiments.*

OSSO BUCO ou **OSSOBUCO**, ■ n. m. [ɔsobuko] (mots it., du milanais *os bus*, os troué) Plat d'origine italienne composé de jarret de veau cuisiné avec des tomates, des oignons et du vin blanc. *Ossobuco à la milanaise. Des osso buco, des ossobucos.*

OSSU, UE, ■ adj. [ɔsy] (radic. du lat. *os*, génit. *ossis*, os) **Litt.** Qui a de gros os. *« Tante Piquette, au contraire, était longue, maigre et ossue »*, ROALD DAHL.

OSSUAIRE, n. m. [ɔsɥɛʀ] (b. lat. *ossuarium*, une sépulcrale) Amas d'ossements. ♦ Lieu couvert où l'on met les ossements des morts.

OST ou **HOST**, n. m. [ɔst] (lat. *hostis*, ennemi, lat. médiév. troupe, armée) Terme vieilli qui signifie *armée*. « *L'ost des Grecs* », La Fontaine. ▪ **Hist.** Service armé, d'une durée de quarante jours environ, que les vassaux devaient à leur suzerain, au Moyen Âge.

OSTÉALGIE, ▪ n. f. [ɔstealʒi] (*osté*[*o*]- et -*algie*) **Méd.** Douleur aiguë des os. *Souffrir d'ostéalgie chronique.*

OSTÉICHTYEN, ▪ n. m. [ɔsteiktjɛ̃] (*osté*[*o*]- et gr. *ikhthus*, poisson) **Zool.** Poisson dont le squelette est ossifié. *Les ostéichtyens forment une classe.*

OSTÉINE, n. f. [ɔstein] (*osté*[*o*]- et -*ine*) ▷ **Chim.** Substance organique propre du tissu osseux. ◁

OSTÉITE, n. f. [ɔsteit] (*osté*[*o*]- et -*ite*) **Méd.** Inflammation du tissu osseux.

OSTENSIBLE, adj. [ɔstɑ̃sibl] (lat. médiév. *ostensibilis*, du lat. *ostendere*, exposer, montrer) Qui peut être montré. *Un mot de réponse, une instruction ostensible.* ♦ Que l'on montre, que l'on manifeste ouvertement. *La manifestation ostensible d'une appartenance politique.*

OSTENSIBLEMENT, adv. [ɔstɑ̃sibləmɑ̃] (*ostensible*) D'une manière ostensible.

OSTENSOIR, n. m. [ɔstɑ̃swar] (lat. *ostensum*, supin de *ostendere*, exposer) Pièce d'orfèvrerie où l'on expose la sainte hostie. ▪ Rem. On écrivait aussi *ostensoire* autrefois.

OSTENTATION, n. f. [ɔstɑ̃tasjɔ̃] (lat. impér. *ostentatio*, de *ostentare*, présenter avec insistance, faire voir ostensiblement) Excès dans la manière de faire valoir quelque titre, quelque possession, quelque action ou quelque qualité. « *Il faut éviter l'ostentation comme la perte des bonnes œuvres* », Bossuet.

OSTENTATOIRE, ▪ adj. [ɔstɑ̃tatwar] (lat. *ostentatum*, supin de *ostentare*) Qui manifeste, révèle de l'ostentation. « *L'église était grande et haute, dorée, d'un luxe ostentatoire, comme il se doit pour un lieu de pèlerinage renommé* », Van der Meersch.

OSTÉO..., ▪ [ɔsteo] Préfixe, du gr. *ostéon*, os.

OSTÉOBLASTE, ▪ n. m. [ɔsteoblast] (*osté*[*o*]- et -*blaste*) **Biol.** Cellule souche du tissu osseux, responsable de la synthèse de la matrice osseuse et issue de la moelle. *Les ostéocytes et les ostéoblastes sont capables de résorber l'os avant de synthétiser de nouvelles structures.* ▪ OSTÉOBLASTIQUE, adj. [ɔsteoblastik] *Un processus ostéoblastique.*

OSTÉOCHONDROSE ou **OSTÉOCHONDRITE**, ▪ n. f. [ɔsteokɔ̃droz], [ɔsteokɔ̃drit] (*osté*[*o*]-, gr. *khondros*, cartilage, et -*ose* ou -*ite*) **Méd.** Trouble de la croissance de l'os et du cartilage de certaines régions telles que les extrémités et les parties saillantes des os, les corps vertébraux, les petits os et certaines autres articulations. *L'ostéochondrose deformante du tibia.*

OSTÉOCLASIE, ▪ n. f. [ɔsteoklazi] (*osté*[*o*]- et -*clasie*) **Biol.** Résorption des os par les ostéoclastes. *L'ostéoclasie par fragmentation spongieuse.* ▪ **Chir.** Intervention chirurgale visant à éliminer ou à corriger une anomalie de forme sur un os par la fracture de ce dernier. *L'ostéoclasie est améliorée avec la pose d'un fixateur externe sur l'articulation.*

OSTÉOCLASTE, ▪ n. m. [ɔsteoklast] (*osté*[*o*]- et gr. *klastês*, de *klan*, briser) **Biol.** Cellule osseuse qui détruit le tissu osseux vieilli avant les processus de réparation ou de croissance. *Les ostéoclastes se situent sur la matrice osseuse et forment en une à deux semaines un trou dans les os minéralisés, visible au microscope optique.*

OSTÉOCOLLE, n. f. [ɔsteokɔl] (*osté*[*o*]- et -*colle* ; cf. gr. *osteokollon*, partie gélatineuse des os) ▷ Carbonate de chaux qui se dépose sur les corps plongés dans les fontaines dont l'eau est chargée de ce sel ; on lui supposait la propriété de favoriser la formation du cal dans les fractures. ◁

OSTÉOCOPE, adj. [ɔsteokɔp] (gr. *osteokopos*, qui brise les os, courbature, de *osteon*, os, et *koptein*, frapper à coups répétés) ▷ **Méd.** *Douleurs ostéocopes*, douleurs aiguës qui ont leur siège dans les os. ◁

OSTÉOCYTE, ▪ n. m. [ɔsteosit] (*osté*[*o*]- et -*cyte*) **Biol.** Cellule du tissu osseux, arrivée à maturité. *Les ostéocytes ont une durée de vie d'environ 10 ans.*

OSTÉOGÈNE, ▪ adj. [ɔsteoʒɛn] (*osté*[*o*]- et -*gène*) Qui permet de constituer le tissu osseux. *Une cellule ostéogène.*

OSTÉOGENÈSE, ▪ n. f. [ɔsteoʒ(ə)nɛz] (*osté*(*o*)- et *genèse*) **Biol.** Processus de formation et de développement du tissu osseux. *L'ostéogenèse imparfaite ou maladie des os de verre est une maladie génétique caractérisée par une fragilité osseuse.* ▪ Rem. On disait aussi *ostéogénie* autrefois. ▪ OSTÉOGÉNIQUE, adj. [ɔsteoʒenik] *Un sarcome ostéogénique.*

OSTÉOGRAPHE, n. m. [ɔsteograf] (*osté*[*o*]- et -*graphe*) ▷ Auteur d'une ostéographie. ◁

OSTÉOGRAPHIE, n. f. [ɔsteografi] (*osté*[*o*]- et -*graphie*) ▷ Description, traité des os. ◁

OSTÉOLITHE, n. m. [ɔsteolit] (*osté*[*o*]- et -*lithe*) ▷ Os pétrifié. ♦ Roche renfermant des os fossiles. ◁

OSTÉOLOGIE, n. f. [ɔsteoloʒi] (*osté*[*o*]- et -*logie*) Partie de l'anatomie qui traite des os.

OSTÉOLOGIQUE, adj. [ɔsteoloʒik] (*ostéologie*) Qui appartient à l'ostéologie.

OSTÉOLYSE, ▪ n. f. [ɔsteoliz] (*osté*[*o*]- et -*lyse*) Destruction physique du tissu osseux, pour compenser la formation de tissu osseux nouveau, ou pathologique, si elle n'est pas compensée. *Certains cancers peuvent entraîner des zones d'ostéolyse qu'ils développent au voisinage de l'os ou dans la moelle osseuse.*

OSTÉOMALACIE, ▪ n. f. [ɔsteomalasi] (*osté*[*o*]- et gr. *malakia*, mollesse) **Méd.** Perte par le squelette de ses éléments minéraux, due à un manque de vitamine D ou à une insuffisance de phosphore et de calcium dans l'organisme, entraînant un ramollissement des os. *Chez l'enfant, l'ostéomalacie est appelée rachitisme.*

OSTÉOME, ▪ n. m. [ɔsteom] (*osté*[*o*]- et -*ome*) **Méd.** Tumeur sans gravité formée de tissu osseux au niveau du crâne, ou formation de tissu osseux due à l'infiltration de calcium dans un hématome. *À l'exception des ostéomes de la face, la plupart des ostéomes ne sont pas des tumeurs malignes, mais des foyers d'ossification métaplasique.*

OSTÉOMYÉLITE, ▪ n. f. [ɔsteomjelit] (*osté*[*o*]- et *myélite*) **Méd.** Inflammation simultanée de l'os et de la moelle osseuse. *L'ostéomyélite est l'infection d'un os par un staphylocoque venu par voie sanguine.*

OSTÉOPATHIE, ▪ n. f. [ɔsteopati] (*osté*[*o*]- et -*pathie*) **Méd.** Toute pathologie osseuse. ♦ Médecine douce qui soigne, par des manipulations, les pathologies d'origines musculaire et osseuse. *L'ostéopathie est aujourd'hui reconnue en France.* ▪ OSTÉOPATHE, n. m. et f. [ɔsteopat] ▪ OSTÉOPATHIQUE, adj. [ɔsteopatik] *Un bilan ostéopathique.*

OSTÉOPHYTE, ▪ n. m. [ɔsteofit] (*osté*[*o*]- et -*phyte*) **Méd.** Prolifération anormale de tissu osseux près d'une articulation malade ou d'une surface osseuse enflammée, aux dépens de la membrane recouvrant l'os. *Les ostéophytes sont le résultat de l'arthrose et sont responsables de la déformation des articulations et de l'impotence fonctionnelle.*

OSTÉOPLASIE, ▪ n. f. [ɔsteoplazi] (*osté*[*o*]- et -*plasie*) **Méd.** Formation de tissu osseux anormal.

OSTÉOPLASTIE, n. f. [ɔsteoplasti] (*osté*[*o*]- et -*plastie*) **Chir.** Opération par laquelle on remédie à la perte totale ou partielle d'un os.

OSTÉOPOROSE, ▪ n. f. [ɔsteoporoz] (*osté*[*o*]- et gr. *poros*, passage, pore) **Méd.** Affection caractérisée par la détérioration du tissu osseux entraînant une augmentation du risque de fracture. *L'ostéoporose peut atteindre surtout les femmes à partir de cinquante ans.* ▪ OSTÉOPOROTIQUE, adj. ou n. m. et n. f. [ɔsteoporotik] *Un tassement ostéoporotique au niveau cervical.*

OSTÉOSARCOME, ▪ n. m. [ɔsteosarkom] (*osté*[*o*]- et *sarcome*) **Méd.** Tumeur se développant aux dépens de tissu osseux en formation, principalement au niveau du fémur ou du tibia. *L'ostéosarcome est la plus fréquente des tumeurs osseuses malignes.*

OSTÉOSYNTHÈSE, ▪ n. f. [ɔsteosɛ̃tɛz] (*osté*[*o*]- et *synthèse*) **Chir.** Intervention chirurgicale consistant à réunir des fragments d'un os fracturé à l'aide d'une pièce métallique. *L'ostéosynthèse permet de résoudre la majeure partie des problèmes techniques posés par les fractures complexes de l'extrémité supérieure de l'humérus.*

OSTÉOTOMIE, n. f. [ɔsteotomi] (*osté*[*o*]- et -*tomie*) Partie de l'anatomie qui a pour objet la dissection des os. ▪ **Chir.** Intervention chirurgicale consistant à sectionner un os long. *L'ostéotomie tibiale est une intervention au cours de laquelle on modifie l'axe du tibia.*

OSTIAK ou **OSTYAK**, ▪ n. m. [ɔstjak] (mot sibérien, peuple de Sibérie occid.) **Ling.** Langue finno-ougrienne parlée en Sibérie. *Les langues ougriennes de l'Ob comme l'ostiak sont répandues sur de vastes espaces de part et d'autre de l'Ob, de l'Oural mais restent assez peu représentées.*

OSTINATO, ▪ n. m. [ɔstinato] (mot it., obstiné) **Mus.** Motif mélodique intermittent qui se compose de courtes phrases strictement récurrentes, sur lesquelles se greffe la mélodie principale. *Des ostinatos.*

OSTIOLE, ▪ n. m. [ɔstjɔl] (lat. impér. *ostiolum*, petite porte) **Sc. nat.** Petit orifice. ▪ **Bot.** Orifice respiratoire qui met une cavité en communication avec l'extérieur et permet les échanges gazeux des feuilles. *Une faible concentration en dioxyde de carbone dans la chambre sous-stomatique de la plante entraîne l'ouverture de l'ostiole.*

OSTRACÉ, ÉE, adj. [ɔstrase] (gr. *ostrakon*, coquille) ▷ **Hist. nat.** Qui a la forme d'une coquille. ♦ Qui est de la nature de l'huître. ♦ **N. m.** Les ostracés. ◁

OSTRACISER

OSTRACISER, ■ v. tr. [ɔstʀasize] (gr. *ostrakizein*, de *ostrakon*, tesson sur lequel on inscrivait son vote) Frapper d'ostracisme. *Ostraciser un parti politique.* ■ **OSTRACISATION**, n. f. [ɔstʀasizasjɔ̃] *L'ostracisation sociale.*

OSTRACISME, n. m. [ɔstʀasism] (gr. *ostrakismos*, de *ostrakizein*) Jugement par lequel, à Athènes, on bannissait pour dix ans un citoyen que sa puissance ou son mérite rendait suspect. ■ Fait d'exclure ou de tenir à l'écart du pouvoir politique une personne ou un groupe de personnes. *Le bannissement par ostracisme.* ■ **Par extens.** Fait, pour un parti, une collectivité, de mettre à l'écart, de rejeter un de ses membres.

OSTRACITE, n. f. [ɔstʀasit] (gr. *ostrakitês*, semblable à de la terre sèche) ▷ Coquille d'huître pétrifiée. ◁

OSTRACODE, ■ n. m. [ɔstʀakɔd] (gr. *ostrakôdês*, qui ressemble à une coquille) **Zool.** Petit crustacé, portant deux coquilles ovoïdes bordées d'une frange de cils et au milieu desquelles sortent des petites touffes de soies correspondant à divers appendices tels que les antennes, les pattes et la rame caudale. *Pour se nourrir, les ostracodes créent un courant d'eau avec leurs appendices qui entraîne vers la bouche des détritus, des bactéries et des algues.*

OSTRACON, ■ n. m. [ɔstʀakɔn] (mot gr., coquille, tesson) **Archéol.** Débris plat de calcaire ou de poterie utilisé comme support pour l'écriture ou la peinture. *Des ostracons ou des ostraca (pluriel grec).*

OSTRÉI..., ■ [ɔstʀei] Préfixe, du lat. *ostrea*, du gr. *ostreon*, huître.

OSTRÉICOLE, ■ adj. [ɔstʀeikɔl] (*ostréi*- et -*cole*) Relatif à l'ostréiculture. *Une exploitation ostréicole.*

OSTRÉICULTEUR, TRICE, ■ n. m. et n. f. [ɔstʀeikyltœʀ, tʀis] (*ostréi*- et -*culteur*) Personne spécialisée dans l'ostréiculture.

OSTRÉICULTURE, n. f. [ɔstʀeikyltyʀ] (*ostréi*- et *culture*) Procédés à l'aide desquels on augmente, on provoque la multiplication des huîtres. *L'île d'Oléron, le berceau de l'ostréiculture française.*

OSTRÉIDÉ, ■ n. m. [ɔstʀeide] (gr. *ostreon*, huître) **Zool.** Mollusque lamellibranche dont l'huître est le type caractéristique. *Les ostréidés forment un groupe.*

OSTROGOT, OTE ou **OSTROGOTH, OTHE**, n. m. et n. f. [ɔstʀogo, ɔt] (b. lat. *Austrogothi, Ostrogothæ*, du germ. *ost*, est, et *Gothi*) Habitant de la Gothie orientale. ♦ **Fig. et fam.** avec une minuscule. Homme, femme qui ignore les usages, les bienséances, la politesse. ■ Personnage étrange, extravagant. *C'est un drôle d'ostrogoth !* ■ Membre du peuple qui vivait en Germanie au IVᵉ siècle, dans la partie orientale du territoire occupé par les Goths. *Les Ostrogoths et les Wisigoths.* ■ **Adj.** *Un roi ostrogoth.* ■ **Rem.** On dit aussi *ostrogothique* en emploi adjectival.

OSTYAK, ■ n. m. [ɔstjak] Voy. OSTIAK.

OTAGE, n. m. [ɔtaʒ] (anc. fr. *ost*, hôte, du lat. *hospes*) Sûreté qu'on donne à des ennemis ou à des alliés, pour l'exécution de quelque promesse, en remettant entre leurs mains une ou plusieurs personnes. **Fig.** « *Pour otage en ses mains ce tigre a votre vie* », P. CORNEILLE. ♦ Places, villes qu'on livre à ceux d'un parti ennemi pour garantie d'un traité, d'un armistice. ■ Personne que l'on détient de force et en échange de qui on souhaite obtenir ce que l'on a préalablement demandé, généralement une rançon. *Une prise d'otages.*

OTALGIE, n. f. [ɔtalʒi] (gr. *ôtalgia*, de *ous*, génit. *ôtos*, oreille, et *algos*, douleur) **Méd.** Douleur nerveuse de l'oreille.

OTALGIQUE, adj. [ɔtalʒik] (*otalgie*) **Méd.** Qui a rapport à l'otalgie. *Accidents otalgiques.* ♦ *Médicaments otalgiques*, médicaments qu'on emploie pour calmer les douleurs d'oreille.

OTARIE, ■ n. f. [ɔtaʀi] (gr. *ôtarion*, petite oreille, dimin. de *ous*, *ôtos*, oreille) Mammifère marin de l'océan Pacifique et des mers du Sud, dont la tête est petite et allongée, et dont les nageoires sont plus longues et plus larges que celles des phoques. *Otarie à fourrure. L'otarie est une espèce protégée.*

ÔTÉ, ÉE, p. p. d'ôter. [ote] **Prép.** Hormis, excepté. *Ôté deux ou trois chapitres, cet ouvrage est excellent.*

OTELLES, n. f. pl. [ɔtɛl] (orig. inc.) **Hérald.** Bouts de fer de piques dont on charge quelquefois l'écu.

ÔTER, v. tr. [ote] (lat. *obstare*, se tenir devant, b. latin empêcher, enlever) Tirer une chose de la place où elle est. *Ôter tous les meubles d'une maison. Ôter le couvert, la nappe.* ♦ *Ôter un voile*, écarter le voile qui couvre quelque chose. ♦ *Ôter de devant les yeux*, écarter de devant la vue quelque objet. ♦ Déplacer, tirer une personne de la place où elle est, faire changer de lieu. « *Qu'on l'ôte de mes yeux* », P. CORNEILLE. ♦ En parlant des vêtements, ôter : déposer, quitter, se dépouiller. *Ôter son habit, ses souliers, ses gants, etc.* ♦ ▷ *Ôter son chapeau à quelqu'un*, le saluer. ◁ ♦ Prendre, enlever, retirer. *Les voleurs lui ont ôté son habit.* « *Ses enfants, que le ciel lui ôta pour éprouver sa résignation* », FLÉCHIER. ♦ *Ôter la vie*, faire mourir. ♦ **Fig.** Il se dit des

choses morales ou intellectuelles retirées, enlevées. *Je ne veux pas vous ôter ce plaisir. Le vin lui a ôté la raison. Ôter l'honneur, la vie à quelqu'un.* ♦ **Fig.** *Ôter à quelqu'un une chose de la tête, de l'esprit, de la fantaisie*, faire en sorte qu'il n'y songe plus. ♦ Retrancher. *Il faut ôter dix centimètres de ce morceau de bois. Ôter une branche d'un arbre.* ♦ **Fig.** Supprimer, retrancher. *Ôtez la paix de l'âme, et tous les plaisirs de la vie sont corrompus.* ♦ *Ôter quelqu'un,* priver de quelqu'un, le faire perdre. « *Huit jours de fièvre continue m'ont ôté cet illustre ami* », MME DE SÉVIGNÉ. ♦ Faire cesser, faire passer, délivrer de quelque chose qui incommode. *Cette eau ôte les taches. Rien ne peut m'ôter mon mal de tête.* ♦ **Fig.** *Ôter quelqu'un de*, le délivrer, le débarrasser de. « *Ôte-moi d'un doute* », P. CORNEILLE. ♦ **Fig.** *S'ôter quelque chose*, ôter à soi quelque chose, s'en priver. ♦ *S'ôter la vie*, se donner la mort. ♦ *S'ôter*, v. pr. Se séparer de, s'en aller, s'éloigner. « *C'est, dit-il, un cadavre ; ôtons-nous, car il sent* », LA FONTAINE. « *Insolent, ôte-toi pour jamais de ma vue* », P. CORNEILLE. ♦ Se débarrasser, se délivrer. « *Pour m'ôter de souci* », P. CORNEILLE. ♦ **Prov.** *Ôte-toi de là, que je m'y mette*, locution employée pour désigner ceux qui veulent sans droit occuper la place d'un autre, lui enlever ses avantages, etc. ■ **Fig.** *Ôter à quelqu'un une épine du pied, ôter un poids de la poitrine*, le soulager, le délivrer d'une difficulté. *Ton aide lui a ôté une belle épine du pied.* ■ **Fig.** *Ôter à quelqu'un le pain de la bouche*, le priver de nourriture.

OTIQUE, ■ adj. [ɔtik] (gr. *ôtikos*, de *ous*, génit. *ôtos*, oreille) **Anat.** Relatif à l'oreille. *Un médicament à usage otique.*

OTITE, ■ n. f. [ɔtit] (*ot[o]*- et -*ite*) Inflammation de l'oreille. *Souffrir d'une otite aiguë.*

OTO..., ■ [ɔto] Préfixe, du gr. *oûs*, *ôtos*, oreille.

OTOCYON, ■ n. m. [ɔtɔsjɔ̃] (*ot[o]*- et gr. *kuôn*, chien) Espèce de petit renard carnivore d'Afrique, aux très grandes oreilles, au museau pointu, qui se nourrit principalement de termites et de scarabées. *L'otocyon habite les zones arides de l'Afrique australe.*

OTOCYSTE, ■ n. m. [ɔtɔsist] (*ot[o]*- et -*cyste*) **Zool.** Organe sensoriel des invertébrés qui leur permet d'améliorer la perception de la gravité, de la position dans l'espace et des accélérations.

OTOLITHE, ■ n. m. [ɔtɔlit] (*ot[o]*- et -*lithe*) **Anat.** Concrétion minérale contenue dans l'organe de l'équilibration, l'oreille interne. *Si un otolithe vient à se bloquer dans l'oreille interne, il en résulte des vertiges importants.*

OTOLOGIE, ■ n. f. [ɔtɔlɔʒi] (*ot[o]*- et -*logie*) **Sc.** Branche de la médecine qui étudie la structure de l'oreille, ses fonctions et ses maladies.

OTOPLASTIE, ■ n. f. [ɔtɔplasti] (*ot[o]*- et -*plastie*) **Chir.** Intervention chirurgicale consistant à réparer la partie externe de l'oreille. *L'otoplastie permet de redonner une forme et une angulation normale aux oreilles décollées, trop apparentes.*

OTO-RHINO-LARYNGOLOGIE, ■ n. f. [ɔtoʀinolaʀɛ̃gɔlɔʒi] (*ot[o]*-, *rhino*- et -*laryngologie*) **Méd.** Branche de la médecine qui traite des affections du nez, de la gorge et des oreilles. *Une consultation d'oto-rhino-laryngologie.* ■ **Abrév.** ORL. ■ **OTO-RHINO-LARYNGOLOGISTE**, n. m. et f. [ɔtoʀinolaʀɛ̃gɔlɔʒist] *Des oto-rhino-laryngologistes.* ■ **Abrév.** Oto-rhino ou ORL *Des oto-rhinos, des ORL.* ■ **OTO-RHINO-LARYNGOLOGIQUE**, adj. [ɔtoʀinolaʀɛ̃gɔlɔʒik] *Une intervention chirurgicale oto-rhino-laryngologique.*

OTORRAGIE, ■ n. f. [ɔtoʀaʒi] (*ot[o]*- et -*rragie*) **Méd.** Écoulement de sang en dehors du conduit externe de l'oreille. *Les traumatismes de l'oreille sont les premières causes d'otorragie*

OTORRHÉE ou **OTORRÉE**, ■ n. f. [ɔtoʀe] (*ot[o]*- et -*rrhée*) **Méd.** Tout écoulement de liquide par l'oreille. *Une otorrhée purulente.*

OTOSCOPE, ■ n. m. [ɔtoskɔp] (*ot[o]*- et -*scope*) **Méd.** Instrument muni d'un petit système d'éclairage, utilisé pour inspecter le tympan et le conduit auditif externe. *Un otoscope à fibre optique.*

OTOSCOPIE, ■ n. f. [ɔtoskɔpi] (*otoscope*) **Méd.** Examen clinique du tympan et du conduit auditif externe. *L'otoscopie est un examen nécessaire pour guider les démarches diagnostique, étiologique et thérapeutique.*

OTTOMAN, ANE, ■ adj. [ɔtɔmɑ̃, an] (ar. *utmanie*, de *utman*, Osman I, 1259-1326) Qui est issu de la dynastie fondée par Osman. *L'Empire ottoman a perduré de 1299 à 1923.* ■ Qui concerne l'Empire ottoman, la période couverte par cet empire. *Art ottoman.* ■ **N. m. et n. f.** *Les Ottomans apportèrent d'Asie Mineure, comme base de leur législation, le chariah ou loi canonique qui fut leur unique règle.* ■ **N. m.** Tissu de soie à grosses côtes, tramé sur coton. *Une robe d'ottoman.*

OTTOMANE, n. f. [ɔtoman] (*ottoman*) Grand siège sans dossier, où l'on se repose à la manière des Orientaux. ■ Canapé à dossier concave, dont les côtés ont une forme de demi-cercle. *L'ottomane est également appelée canapé en gondole.*

OTTONIEN, IENNE, ■ adj. [otɔ̃jɛ̃, jɛn] (*Otto*, nom d'empereurs germ.) **Hist.** et **art** *L'art ottonien*, art de l'empire germanique sous le règne des empereurs Otton Iᵉʳ, II et III (xxᵉ et xxiᵉ siècles), caractérisé par des édifices très massifs comportant beaucoup de tours et très influencé par le style carolingien.

OU, conj. [u] (lat. *aut*, conjonction disjonctive ou) Marque l'alternative. *Oui ou non.* « *Je vivrai sans reproche, ou périrai sans honte* », P. CORNEILLE. ♦ *Ou*, avec deux sujets et le verbe au pluriel (cas où la force conjonctive de *ou* l'emporte). « *Avant l'affaire, Le roi, l'âne ou moi, nous mourrons* », LA FONTAINE. ♦ Avec le verbe au singulier (cas où l'idée de disjonction domine). « *Sa perte ou son salut dépend de sa réponse* », RACINE. ♦ L'adjectif se rapportant à deux ou plusieurs substantifs construits se met au pluriel. *On demande un homme ou une femme âgés.* ♦ Avec *ou*, précédé de *lequel*, on peut mettre devant les noms la préposition *de*. Lequel des deux fut le plus intrépide, de César ou d'Alexandre? Mais on peut se passer de cette préposition. « *Qui des deux est plus fou, le prodigue ou l'avare?* », REGNARD. ♦ *Ou*, autrement, en d'autres termes. *La logique ou dialectique.* ♦ Il se joint quelquefois à l'adverbe *bien*. *Il payera, ou bien il ira en prison.* ♦ *Et/ou*, l'un ou l'autre ou bien les deux en même temps. *On l'appellera et/ou on lui écrira.*

OÙ, adv. [u] (lat. *ubi*, où, quand) Pris absolument et sans nom exprime le lieu. ♦ Avec interrogation, en quel lieu, en quel endroit? « *Où menez-vous ces enfants et ces femmes?* », RACINE. ♦ Fig. « *Où Jésus avait-il pris chez les siens cette morale élevée et pure dont lui seul a donné les leçons et l'exemple?* », J.-J. ROUSSEAU. ♦ Il se construit avec l'infinitif, sous-entendu *puis-je, pourrai-je, peut-on*, etc. *Où le trouver?* ♦ *Où... que?*, dans quel droit... si ce n'est...? locution elliptique où *ailleurs* est sous-entendu. « *Où naissent les passions que dans les palais des grands?* », MASSILLON. ♦ Sans interrogation. *Dites-moi où il est.* ♦ *Où*, en quelque lieu que, avec le subjonctif. « *J'ai donné ordre à mon coureur de vous chercher où que vous soyez* », J.-J. ROUSSEAU. ♦ Fig. *Où*, toujours pris absolument et sans nom, à quoi, en quoi? « *Mon fils, ah! mon cher fils, où nous exposais-tu?* », QUINAULT. ♦ Sans interrogation. « *Il [l'esprit] se ramène en soi, n'ayant plus où se prendre* », P. CORNEILLE. ♦ *Où*, à quel point, à quel terme? « *Ah! destins ennemis, où me réduisez-vous?* », RACINE. ♦ Sans interrogation. « *Nous ne savions tous où nous en étions* », MME DE SÉVIGNÉ. ♦ *C'est où*, c'est à quoi, c'est là que. « *La mort nous égale tous; c'est où nous attendons les gens heureux* », MME DE SÉVIGNÉ. ♦ *Où*, avec un nom pour antécédent, remplace le pronom relatif *lequel* complément d'une préposition et la préposition elle-même qui le gouvernerait, quand il s'agit de temps ou de lieu. La maison où je demeure. « *L'instant où nous naissons est un pas vers la mort* », VOLTAIRE. ♦ Il se dit en tous les cas possibles en parlant des choses, pour *auquel, dans lequel, duquel, chez lequel, dont*, etc. « *L'attente où j'ai vécu n'a point été trompée* », P. CORNEILLE. ♦ *Chacun a son défaut où toujours il revient* », LA FONTAINE. ♦ Il se dit aussi des personnes, pour *à qui, en qui, chez qui.* « *Les esprits où il n'y a point de remède* », MME DE SÉVIGNÉ. « *L'hôtesse où vous avez logé* », MME DE SÉVIGNÉ. « *Les Égyptiens sont les premiers où l'on ait su les règles du gouvernement* », BOSSUET. ♦ *D'où*, loc. adv. *De quel lieu? D'où venez-vous?* ♦ Fig. *D'où tirez-vous cette conséquence? D'où vient que vous faites cela?* ♦ *D'où*, sans interrogation, de quel lieu. « *Ne regarde pas d'où tu viens; vois où tu vas* », BEAUMARCHAIS. ♦ Il se dit aussi pour *dont*. « *Des secrets d'où dépend le destin des humains* », RACINE. ♦ Du lieu où. « *Vous voyez, d'où vous êtes, tout ce que je dis* », MME DE SÉVIGNÉ. ♦ Il signifie raison, cause pour laquelle. *D'où il suit. D'où je conclus que...* ♦ *PAR OÙ*, loc. adv. Par quel lieu? *Par où irez-vous?* ♦ Avec l'infinitif. *Par où passer pour sortir?* ♦ Sans interrogation. *Voilà par où j'ai passé.* ♦ Avec interrogation, comment, par quel moyen, par quelle raison? « *Par où prétendez-vous mériter une reine?* », P. CORNEILLE. ♦ Sans interrogation, par lequel, par laquelle, par lesquels, par lesquelles. « *Dans tout discours il y a une idée par où l'on doit commencer, une par où l'on doit finir* », CONDILLAC. ♦ Par l'endroit où. « *Ah! tu sais me frapper par où je suis sensible* », P. CORNEILLE. ♦ *Ici où, là où*, dans l'endroit où. *Ici où vous êtes. Je t'ai laissé là où vous l'avez rencontré.* ♦ *Là* peut se supprimer. « *Il n'y a plus de divisions ni de jalousie où il n'y a qu'un cœur et qu'une âme* », BOSSUET. ♦ *Vers où*, vers le lieu où.

OUABAÏNE, ■ n. f. [wabain] (somali *ouabaio*, plante dont on extrait ce sucre) **Chim.** Sucre extrait des graines de strophante, plante tropicale, ayant la propriété, en injection intraveineuse, de stimuler rapidement et brièvement l'activité du muscle cardiaque. *L'ouabaïne peut être synthétisée par la glande cortico-surrénale.*

1 OUAH, ■ interj. [wa] (onomat.) Onomatopée imitant l'aboiement du chien. ■ REM. Généralement, on le redouble. *Ouah! ouah!*

2 OUAH, ■ interj. [wa] (d'après l'interj. anglo-amér. *wow*) **Fam.** Interjection exprimant l'admiration, la joie. « *- Ouah! C'est des Weston, Fred? - Ouais. La classe, hein!* », BELLOC.

OUAICHE, n. f. [wɛʃ] Voy. HOUACHE.

OUAILLE, n. f. [waj] (b. lat. *ovicula*, petite brebis, de *ovis*, brebis) Brebis (vieux en ce sens). *Paître ses ouailles.* ♦ Fig. Chrétien, par rapport au supérieur spirituel. *Un bon pasteur a soin de ses ouailles.*

OUAIS!, interj. [wɛ] (altération de *oui*, ou impér. *oyez*, écoutez, de *ouïr*) ▷ Interjection familière qui exprime la surprise. « *Ouais! que signifie tout ceci?* », LESAGE. ◁ **Fam.** Oui.

OUANANICHE, ■ n. f. [wananiʃ] (mot montagnais, du groupe algonquin) Saumon dulcicole du nord-est de l'Amérique du Nord. *La ouananiche demeure en lac, alors que le saumon migre en mer pour une partie de son cycle vital.* ■ REM. On ne fait pas d'élision : *la ouananiche*.

OUAOUARON, ■ n. m. [wawarɔ̃] (huron *ouaraon*) Grosse grenouille d'Amérique du Nord, dépourvue de queue, à la tête large et aplatie, sans cou apparent, aux membres postérieurs palmés et plus longs que ceux antérieurs. *Le ouaouaron est également appelé grenouille taureau.*

OUATE, n. f. [wat] (orig. inc., p.-ê. de l'ar. *wadda*, mettre, par l'esp. *bata*, robe de chambre, et *guata*, ouate) Laine, soie ou coton préparé, et qui, placé entre deux étoffes, rend les vêtements plus chauds. *Ouate de laine, de soie, de coton.* ♦ Particulièrement, celle qui est de coton, à cause qu'elle est la plus commune. ♦ On dit souvent *de la ouate, de ouate*, pour : *de l'ouate, d'ouate*. Ce n'est pas une faute, *ou* étant quelquefois à l'état de consonne. ■ *Ouate de cellulose*, matière absorbante constituée de couches de cellulose superposées. *La ouate de cellulose est un isolant efficace et écologique.* ■ *Ouate hydrophile*, coton purifié par lavage dans l'eau. *Soigner une plaie avec de la ouate hydrophile imprégnée de désinfectants.* ■ Fig. *Vivre dans la ouate*, évoluer dans un milieu confortable et protégé. ■ REM. On prononçait aussi [wɛt] autrefois.

OUATÉ, ÉE, p. p. d'ouater. [wate]

OUATER, v. tr. [wate] (*ouate*) Garnir d'ouate. *Ouater une robe.* ■ Qui est amorti, qui ne fait pas de bruit. *Un pas ouaté.*

OUATINE, ■ n. f. [watin] (*ouate*) Structure fibreuse de faible densité utilisée pour doubler certains vêtements ou utilisée en confection, en literie, etc. *Utiliser de la ouatine pour la confection d'un déguisement.* ■ OUATINER, v. tr. [watine]

OUBLI, n. m. [ubli] (*oublier*) Perte de souvenir. « *Ô d'un si grand service oubli trop condamnable!* », RACINE. ♦ *Tomber dans l'oubli*, s'effacer de la mémoire des hommes. ♦ Action d'oublier. « *Oubli du monde et de tout, hormis Dieu* », PASCAL. ♦ ▷ *Mettre en oubli*, perdre le souvenir. ◁ ♦ *Oubli des injures*, l'action d'oublier les injures et de n'en garder aucun ressentiment. ♦ *Oubli de soi-même*, abnégation de ses intérêts, de ses droits. ♦ *Oubli de ses devoirs*, action de manquer à ses devoirs. ♦ Il se dit, dans un sens analogue, des personnes qu'on néglige. « *L'oubli des dieux* », DELILLE. ♦ Acte d'oubli. *Réparer un oubli.* ♦ *Le fleuve de l'oubli*, le Léthé.

OUBLIABLE, ■ adj. [ublijabl] (*oublier*) **Plais.** et **rare** Que l'on peut oublier. *Un film oubliable.*

OUBLIANCE, n. f. [ublijãs] (*oublier*) Disposition à oublier.

OUBLIE, n. f. [ubli] (anc. fr. *oblee*, hostie, pâtisserie, du b. lat. *oblata* [*hostia*], pain offert pour l'Eucharistie, du lat. *oblatus*, p. p. de *offerre*, offrir) ▷ Pâtisserie mince et de forme ronde ; l'oublie est ordinairement roulée en cylindre creux, et on lui donne le nom de plaisir quand elle a la forme d'un cornet. ◁

OUBLIÉ, ÉE, p. p. d'oublier. [ublije]

OUBLIER, v. tr. [ublije] (lat. pop. *oblitare*, du lat. *oblitum*, supin de *oblivisci*, oublier) N'avoir pas souvenir de. *N'oubliez pas que je vous attends. Oublier sa leçon.* ♦ Avec un infinitif, *oublier* prend la préposition *de*. « *Je n'oublierai jamais d'avoir vu beaucoup pleurer une petite fille qu'on avait désolée avec la fable du Loup et du Chien* », J.-J. ROUSSEAU. ♦ Absol. *Il apprend facilement et il oublie de même.* ♦ Ne pas songer à. « *Il vaut mieux que nous oublions le passé* », MME DE SÉVIGNÉ. « *Vouloir oublier quelqu'un, c'est y penser* », LA BRUYÈRE. ♦ *Oublier l'heure*, laisser passer l'heure où l'on avait quelque chose à faire. ♦ *Oublier l'heure, les heures*, perdre le sentiment du temps en quelque occupation agréable. ♦ *Oublier de*, avec un infinitif, manquer à quelque chose par défaut de mémoire. *Vous avez oublié d'écrire.* ♦ *Oublier à*, même sens. « *J'ai oublié à vous dire que...* », PASCAL. ♦ Laisser par inadvertance. *Il a oublié sa canne.* ♦ Omettre, ne pas faire mention de. *Il a oublié une citation importante.* ♦ Négliger. « *L'Égypte n'oublierait rien pour polir l'esprit et fortifier le corps* », BOSSUET. ♦ Laisser de côté. *Il oubliait sa grandeur.* ♦ Manquer à, se mettre hors. « *Tes prières m'ont fait oublier mon devoir* », RACINE. ♦ Ne point conserver de reconnaissance. « *Oublie tous mes services passés* », MONTESQUIEU. ♦ Ne point garder de ressentiment. « *Le bonheur de te voir me fait tout oublier* », VOLTAIRE. ♦ Absol. *Cet homme n'oublie jamais.* ♦ En parlant des personnes, négliger quelqu'un, ne pas agir envers lui comme on le devrait. « *On oublie bientôt les gens qui se sont dépouillés* », FÉNELON. ♦ Par forme de reproche obligeant. *Vous ne venez plus* *nous voir, vous nous oubliez.* ◆ *Oublier qui l'on est,* se méconnaître, vouloir par orgueil s'élever au-dessus de sa condition. ◆ On dit aussi : *vous oubliez qui je suis,* vous n'avez pas pour moi les égards que vous me devez. ◆ **S'ou-blier, v. pr.** Perdre le souvenir de soi-même. ◆ Être oublié. *Tout s'oublie.* ◆ Ne plus penser à l'heure, à ce qu'on fait. « *Heureux cent fois l'auteur avec qui l'on s'oublie !* », La Motte. ◆ Perdre le souci, le soin de soi-même. « *Il faut s'oublier entièrement quand on veut instruire les hommes* », Voltaire. ◆ Négliger le soin de ses propres intérêts. ◆ Manquer à ce que l'on doit aux autres ou à soi-même. ◆ Devenir vain, orgueilleux. ■ **Fam.** Faire ses besoins dans un endroit inopportun. *Le chien s'est oublié sur le carrelage.* ■ *Se faire oublier,* se faire très discret, en particulier lorsqu'on est l'objet de reproches. *Avec son mauvais bulletin, il préfère se faire oublier.* ■ *On oublie tout et on recommence,* on fait comme si de rien n'était et on recommence comme avant. *On fait la paix, on oublie tout et on recommence.* ■ **V. intr.** Cesser volontairement de penser. *Boire pour oublier.*

OUBLIETTES, n. f. pl. [ublijɛt] (*oublier*) Cachot où l'on enfermait ceux qui étaient condamnés à une prison perpétuelle. ◆ *Fig. Mettre aux oubliettes,* jeter au rebut une lettre, une demande ; ne plus s'en occuper. ◆ Espèce de fosse couverte d'une trappe, où l'on faisait tomber ceux dont on voulait se défaire secrètement.

OUBLIEUSEMENT, adv. [ublijœz(ə)mã] (*oublieux*) ▷ D'une manière ou-blieuse. ◁

OUBLIEUX, EUSE, adj. [ublijø, øz] (*oublier*) ▷ Sujet à oublier. *Un vieillard oublieux.* « *L'homme oublieux de sa destinée* », Bossuet. ◁ ■ Qui ne garde pas le souvenir de quelque chose, qui ne s'en préoccupe pas. *Une réforme oublieuse des plus démunis.*

OUCHE, ■ **n. f.** [uʃ] (lat. tardif *olca*, portion de terre labourable, prob. d'orig. gaul.) Terrain clos, proche des bâtiments de ferme et utilisé comme potager, verger ou petit pâturage.

OUD, ■ **n. m.** [ud] (ar. *ud*) **Mus.** Luth oriental à doubles cordes, dont la caisse est en forme de demi-poire et au manche court. *Des ouds. L'oud est un instrument très prisé au Moyen-Orient.*

OUDLER, ■ **n. m.** [udlœʀ] (orig. inc.) Au jeu de tarot, chacune des trois cartes les plus importantes, le un, le vingt et un d'atout et l'excuse.

OUED, ■ **n. m.** [wɛd] (ar. *wadin,* vallée, lit de rivière) Rivière ou cours d'eau temporaire en Afrique du Nord. *Un oued à sec ou en crue.*

OUEST, n. m. [wɛst] (v. angl. *west*) Partie du monde qui est au soleil cou-chant. ◆ *Le vent est à l'ouest, le vent est ouest,* il vient du couchant. ◆ Vent qui souffle de ce côté. ◆ La partie d'un pays située du côté de l'ouest. *L'ouest de la France.* ◆ Particulièrement, la région occidentale de la France (en cet emploi prend volontiers une majuscule) ◆ *Le chemin de fer de l'Ouest* ou elliptiq. *l'Ouest,* le chemin de fer qui mène de Paris en Normandie et en Bretagne. ◁ ■ *L'Ouest,* l'Europe occidentale ; l'Amérique du Nord. ■ **Adj. inv.** Qui est situé à l'ouest. *La côte ouest.*

OUEST-ALLEMAND, ANDE, ■ **adj.** [wɛstal(ə)mã, ãd] (*ouest* et *allemand,* d'après l'angl. *west german*) **Hist.** Relatif à la République fédérale d'Alle-magne, l'Allemagne de l'Ouest. *La population ouest-allemande.*

1 **OUF !, interj.** [uf] (onomat.) Marque une douleur subite, ou l'étouffe-ment, l'oppression. « *Ouf ! tu m'étrangles* », Molière. ■ Marque un soula-gement après une difficulté, un effort ou une douleur. *Ouf ! c'est fait.* ■ *Ne pas avoir le temps de dire ouf,* ne pas laisser le temps de dire quelque chose ou de souffler. ■ **N. m.** *Des oufs de soulagement.*

2 **OUF**, ■ **adj. inv.** [uf] (verlan, fou) **Fam.** Fou. *Tu es complètement ouf, lui dit-il sans même percevoir que c'était du verlan !*

OUGANDAIS, AISE, ■ **adj.** [ugãdɛ, ɛz] (*Ouganda*) Relatif à l'Ouganda. *Le Parlement ougandais.* ■ **N. m. et n. f.** Habitant ou originaire de l'Ouganda. *Un Ougandais, une Ougandaise.*

OUGRIEN, IENNE, ■ **adj.** [ugʀijɛ̃, ijɛn] (russe *Jugra,* pays et population de la région de l'Ob) **Ling.** *Langues ougriennes,* ensemble formé par les langues de Sibérie (le vogoul, l'ostiak) et le hongrois. *Cohérent sur le plan linguis-tique, le groupe des langues ougriennes est géographiquement très dispersé.*

OUGUIYA, ■ **n. m.** [ugija] Monnaie principale de la Mauritanie. *1000 ou-guiyas.*

OUI, adv. [wi] (anc. fr. *oïl,* de *o,* du lat. *hoc,* ceci, et pr. pr. il) Ce mot a une demi-aspiration : *le oui et le non ; je crois que oui.* On dit aussi et on écrit : *je crois qu'oui.* ◆ Il affirme et est opposé à *non.* « *Un honnête homme qui dit oui et non mérite d'être cru* », La Bruyère. ◆ *Il ne dit ni oui, ni non,* il ne veut pas s'expliquer sur la chose dont il s'agit. ◆ *Dire oui,* consentir, surtout en parlant du mariage. ◆ *Oui* est souvent la réponse à une interrogation, et alors il équivaut à une phrase entière : *avez-vous fait cela ? - Oui,* c'est-à-dire j'ai fait cela. ◆ Quelquefois il est simplement affirmatif, sans opposition à *non.* « *Oui, c'est Agamemnon, c'est ton roi qui t'éveille* », Racine. ◆ Dans les phrases familières, il se met quelquefois à la fin. « *Notre sœur est folle, oui* »,

Molière. ◆ Redoublé, il augmente la force de l'affirmation. *Oui, oui, je le ferai.* ◆ ▷ *Oui-da,* certainement, vraiment. ◁ ◆ ▷ *Oui-da* est quelquefois ironique. ◁ ◆ *Oui,* joint à des adverbes. *Oui vraiment. Vraiment oui.* ◆ **N. m.** *Un oui,* une affirmation par oui. ◆ *Savoir le oui et le non de quelque chose,* savoir si une chose se fera ou ne se fera pas. ◆ *Dire le grand oui,* se marier. ◆ *Fig. Pour un oui, pour un non,* pour la cause la plus légère. ■ **Adv.** Considéré comme une interrogation : *ah oui ? Oui ou non ?*

OUÏ, ÏE, **p. p.** d'*ouïr.* [wi] ▷ En procédure, *ouï le rapport d'un tel.* ◆ En cet emploi, *ouï* est invariable. *Ouï les témoins.* Mais on dirait : *un jugement rendu parties ouïes.* ◁

OUICHE !, interj. [wiʃ] (altération de *oui*) ▷ **Pop.** Marque le doute, l'incré-dulité et une sorte de moquerie. « *Ah ! ouiche, on ne l'aura, vois-tu, qu'avec ma vie* », Beaumarchais. ◁

OUÏCOU, n. m. [wiku] (orig. inc.) ▷ Boisson faite de manioc, de patates, de bananes et de cannes à sucre. ◁

OUÏ-DIRE, n. m. inv. [widiʀ] (*ouïr* et *dire*) Ce qu'on ne sait que par le rap-port d'une autre personne. ◆ **Au pl.** *Des ouï-dire.* ■ *Par ouï-dire,* par la ru-meur. *L'admission d'une preuve par ouï-dire.*

1 **OUÏE, n. f.** [wi] (*ouïr*) Celui des cinq sens par lequel on reçoit les sons. *Avoir l'ouïe fine. L'organe de l'ouïe.* ◆ Acte d'ouïr, audition. « *À l'ouïe de ces mêmes sons* », Bonnet. ◆ *À perte d'ouïe,* aussi loin que l'ouïe peut s'étendre. ◆ **N. f. pl.** *Les ouïes,* organes que les poissons ont aux côtés de la tête, ce sont deux appareils respiratoires formés par les branchies. ■ **Techn.** Petites découpes longitudinales en forme de S, faites dans la partie médiane de la table d'un violon ou de tout autre instrument de la même famille. ◆ Toute ouverture pratiquée sur le capot de machines. *Les ouïes d'un batteur électriques.* ◆ *Être tout ouïe,* être prêt à entendre quelque chose en restant très attentif à ce qui va se dire. *Confie-toi à tes sœurs, elles seront tout ouïe.*

2 **OUÏE**, ■ **interj.** [uj] Voy. ouille.

OUÏGOUR ou **OUÏGHOUR**, ■ **n. m.** [wiguʀ] ou [ujguʀ] (*ouïgour uigur*) Langue turque parlée en Asie centrale. *Les langues, comme l'ouzbek, le ouï-gour et le turkmène sont parlées de nos jours des Balkans jusqu'à la Chine.* ■ **Adj.** *Des écrits ouïgours.*

OUILLAGE, n. m. [ujaʒ] (*ouiller*) Action d'ouiller, dite aussi *remplissage.*

OUILLE, ■ **interj.** [uj] (onomat.) Interjection qui exprime la douleur. « *La tondeuse cliquetait et, en fin de course, lui arrachait quelques cheveux, il se disait tout bas, pour lui seul : « Ouille ! » »*, Sabatier. ■ Interjection qui ex-prime la surprise, l'inquiétude. *Ouille, ouille, ouille ! je suis en retard !* ■ Rem. On écrit parfois *ouïe.*

OUILLER, v. tr. [uje] (*œil,* bonde du tonneau) Ajouter du vin de même origine à celui qui a diminué dans les tonneaux par l'évaporation et l'extra-vasement de l'écume lors de la fermentation.

OUILLÈRE , **OUILLIÈRE** ou **OULLIÈRE**, ■ **n. f.** [ujɛʀ, uljɛʀ] (provenç. *ou-liero,* allée, espace de terre labourable entre deux allées de vignes, du lat. tardif *orum,* du lat. *ora,* bord, lisière) Petite allée située entre les ceps dis-posés en lignes parallèles. ■ **Vitic.** Mode d'exploitation de la vigne selon lequel des cultures sont intercalées entre les rangées de vignes. *Une vigne en ouillère.*

OUÏR, v. tr. [wiʀ] (lat. *audire,* entendre, écouter) Usité seulement à l'infi-nitif présent et aux temps formés du participe passé, selon l'Académie ; les autres formes ne s'emploient que dans le style léger et badin. Recevoir les sons par l'oreille, entendre. « *Quelle partie du monde habitable n'a pas ouï les victoires du prince de Condé ?* », Bossuet. ◆ ▷ *Ouïr la messe,* assister à la messe. ◆ ▷ Écouter, prêter attention, donner audience. *Un juge doit ouïr les deux parties.* « *Oyez une merveille* », La Fontaine. ◆ ▷ Écouter favo-rablement, exaucer. *Daignez ouïr nos vœux.* ◁ ◆ En termes de procédure, *ouïr des témoins,* recevoir leurs dépositions. ■ *J'ai ouï dire que...,* j'ai entendu dire, par la rumeur, que... *J'ai ouï dire que vous alliez quitter la région ?*

OUISTITI, n. m. [wistiti] (onomat. imitant le cri de l'animal) Petit singe du Brésil. ◆ **Fig. et fam.** Personnage étrange. *Ce gars, c'est un drôle de ouistiti ! Des ouistitis.*

OUKASE ou **UKASE**, ■ **n. m.** [ukaz] (russe *ukaz,* édit, décret, de *ukazat,* dé-créter) **Hist.** Édit du tsar. ■ Décret rendu par l'État en Russie. *Le président de la Fédération de Russie a signé l'oukase.* ■ **Fig.** Ce qui est imposé de façon arbitraire. *Aucune décision ne doit être imposée comme un oukase irréfléchi.*

OULÉMA, ■ **n. m.** [ulema] Voy. uléma.

OULIPO, ■ **n. m.** [ulipo] (acronyme de OUvroir de LIttérature POtentielle) Groupement d'écrivains fondé en France en 1960 par Le Lionnais, Que-neau et une dizaine de leurs amis, dans le but d'inventer de nouvelles formes poétiques en utilisant des contraintes littéraires du passé et en créant de nouvelles. ■ OULIPIEN, IENNE, n. m. et n. f. ou adj. [ulipjɛ̃, jɛn] *La cryptographie oulipienne.*

OULLIÈRE, ■ **n. f.** [uljɛʀ] Voy. ouillère.

OUMIAK, ■ n. m. [umjak] (mot esquimau) Bateau ouvert, chez les Inuits, fait de peaux animales cousues sur un cadre de bois, habituellement plus gros qu'un kayak. *Des oumiaks.*

OUOLOF, ■ adj. ou n. m. [wɔlɔf] Voy. WOLOF.

OUPS, ■ interj. [ups] (interj., angl. *oops*, excuse, consternation, surprise à la suite d'une maladresse) Exprime la surprise relative à une bêtise, un raté, une gaffe. *Oups ! je n'aurais pas dû dire ça !*

OURAGAN, n. m. [uʀagã] (esp. *huracán*, du taïno *hurakán*, ouragan) Tempête extrêmement violente dans laquelle les vents, soufflant successivement de tous les points de l'horizon, produisent des tourbillons désastreux, et qui sévit surtout dans les pays équatoriaux. ♦ Coup de vent d'une violence excessive. ♦ **Fig.** *Arriver comme un ouragan*, arriver avec impétuosité. ♦ **Fig.** *Ouragan politique*, révolution. ♦ *L'ouragan populaire*, la foule soulevée. ■ **Fig.** Personne d'un dynamisme extrême. *Cette fille, c'est un véritable ouragan.*

OURALIEN, IENNE, ■ adj. [uʀaljɛ̃, jɛn] (*Oural*, chaîne montagneuse entre l'océan Arctique et la mer Caspienne) **Géogr.** Relatif à l'Oural, à la chaîne montagneuse de l'Oural. *Les peuples ouraliens.* ■ **Ling.** *Langues ouraliennes* ou n. m. *l'ouralien*, ensemble constitué par les langues finno-ougriennes et le samoyède. *Les langues ouraliennes sont parlées essentiellement en Europe et en Asie.*

OURALO-ALTAÏQUE, ■ adj. [uʀaloaltaik] (*Oural* et *Alta*, massif d'Asie centrale) **Ling.** Se dit d'un ensemble de langues qui réunit les langues ouraliennes et les langues altaïques. *La langue coréenne est une langue ouralo-altaïque, comme le mongol, le hongrois et le finnois.*

OURAQUE, ■ n. m. [uʀak] (gr. *ourakhos*, uretère du fœtus, de *oupon*, urine) **Anat.** Cordon fibreux qui relie le sommet de la vessie à l'ombilic. *Dans les premiers temps de la vie intra-utérine, l'ouraque est relié à la membrane de l'embryon, chez les vertébrés, elle-même reliée à l'ombilic.*

OURDI, IE, p. p. d'ourdir. [uʀdi] **Poétiq.** « *Nous jouirons d'un âge ourdi d'or et de soie* », RACAN.

OURDIR, v. tr. [uʀdiʀ] (lat. pop. *ordire*, du lat. *ordiri*, faire une trame, commencer, entamer) Disposer, arranger les fils de la chaîne pour faire un tissu. ♦ **Poétiq.** et fig. « *La Parque à filets d'or n'ourdira point ma vie* », LA FONTAINE. ♦ **Fig.** Tramer, machiner. *Ourdir une ruse.* « *Que ne sait point ourdir une langue traîtresse !* », LA FONTAINE. ♦ **Fig.** Il se dit de la contexture des ouvrages d'esprit. « *Le talent de Virgile était de faire des tableaux plutôt que d'ourdir avec art la trame d'une fable intéressante* », VOLTAIRE. ♦ S'ourdir, v. pr. Être ourdi.

OURDISSAGE, n. m. [uʀdisaʒ] (radic. du p. prés. de *ourdir*) Action de l'ouvrier qui ourdit.

OURDISSEUR, EUSE, n. m. et n. f. [uʀdisœʀ, øz] (radic. du p. prés. de *ourdir*) Celui, celle qui ourdit.

OURDISSOIR, n. m. [uʀdiswaʀ] (radic. du p. prés. de *ourdir*) Espèce de moulin haut de six pieds ou environ, et dont l'axe est posé perpendiculairement ; cet axe a six grandes ailes sur lesquelles s'ourdit le fil, la laine ou la soie. ■ **Rem.** L'ourdissoir permet de tendre les fils de la chaîne.

OURDOU ou **URDU**, ■ n. m. [uʀdu] (hindoustani [*zaban-i-*]*urdu*, langue du camp, du pers. *zaban*, langue, et *urdu*, camp) Langue indo-aryenne parlée en Inde et au Pakistan, dont l'écriture et la prononciation se distinguent de celles de l'arabe par de nombreux traits hérités du farsi. *L'ourdou est la langue nationale et officielle du Pakistan ; c'est aussi l'une des langues constitutionnelles de l'Inde.* ■ Adj. *La langue ourdoue.*

OURÉBI, ■ n. m. [uʀebi] (orig. inc.) Petite antilope de la savane africaine, à la robe fauve-roux, au ventre blanc, aux grandes oreilles et aux petites cornes droites. *Des ourébis. L'ourébi est un animal monogame.*

OURLÉ, ÉE, p. p. d'ourler. [uʀle] Adj. *Oreilles ourlées*, se dit des oreilles externes où le rebord est en forme d'ourlet. ■ **Fig.** *Une allée ourlée de massifs de fleurs.*

OURLER, v. tr. [uʀle] (lat. pop. *orulare*, border, de *ora*, bord) Munir d'un ourlet. *Ourler un mouchoir, des serviettes.* ■ **Fig.** *Un massif de fleurs ourle les allées du jardin.*

OURLET, n. m. [uʀlɛ] (*ourler*) Repli cousu au bord d'une étoffe pour l'empêcher de s'effiler. *Faire un ourlet.* ♦ *Faux ourlet*, ourlet fait avec un morceau rajouté. ■ Rebord de certains objets métalliques. *L'ourlet d'une gouttière.* ■ **Fig.** et litt. *L'ourlet blanc des nuages.*

OURLIEN, IENNE, ■ adj. [uʀljɛ̃, jɛn] (mot région. [Suisse rom., Savoie, Bresse] *ourles*, oreillons, plur. de *ourle*, bord) **Méd.** Relatif aux oreillons ou dû aux oreillons. *Une orchite ourlienne. Une infection ourlienne.*

OURS, n. m. [uʀs] (lat. *ursus*) Genre de mammifères plantigrades contenant comme espèces les plus connues : l'ours brun d'Europe, l'ours noir d'Amérique et l'ours blanc de la mer Glaciale. ♦ ▷ *Lécher l'ours*, se dit de la mère ourse que l'on supposait donner la forme à son petit en le léchant. ◁ ♦ ▷ **Fig.** *Lécher l'ours*, étudier un travail, une affaire. ◁ ♦ **Fig.** *Un ours mal léché*, un enfant mal venu, mal fait, et aussi un homme grossier, qui ne peut s'accommoder de personne. ♦ ▷ *Prenez mon ours*, se dit quand on presse quelqu'un de prendre quelque chose dont on veut se défaire ; locution tirée de la farce *L'Ours et le Pacha*. ◁ ♦ **Prov.** *Il ne faut pas vendre la peau de l'ours avant qu'on l'ait pris*, il ne faut pas spéculer sur quelque chose qui n'est qu'en espérance. ♦ **Fig.** et fam. Personne qui fuit le monde. ♦ **Adj.** « *Bien fait de corps, mais ours quant à l'esprit* », LA FONTAINE. ♦ ▷ En argot des coulisses, pièce de théâtre qui a vieilli dans les cartons. ◁ ♦ *Ours fourmilier*, le fourmilier tamanoir. ◁ ♦ *Ours terrestre*, espèce de rat-taupe. ♦ *Ours marin*, espèce de phoque. ■ **Rem.** On dit aujourd'hui : *Il ne faut pas vendre la peau de l'ours avant de l'avoir tué.* ■ *Le pavé de l'ours*, action nuisible dictée par une bonne intention, mais menée de façon irréfléchie et disproportionnée. *C'est La Fontaine qui consacre l'expression le pavé de l'ours dans sa fable* L'Ours et l'Amateur des jardins. ■ *Tourner comme un ours en cage*, faire les cent pas, en étant pris par l'ennui. *En attendant les résultats de son examen, elle tournait comme un ours en cage.* ■ Jouet d'enfant, en peluche, ressemblant à un ours ou à un ourson. *Il s'endort tous les soirs avec son ours en peluche.* ■ Encadré, dans un journal ou dans un ouvrage, où figurent l'ensemble des collaborateurs et les mentions légales. *Avoir son nom dans l'ours d'un dictionnaire.* ■ **Adj.** Qui recherche la solitude, qui n'est pas sociable. *Cet homme est un peu ours.* ■ **Rem.** On prononçait aussi [uʀ] autrefois.

OURSE, n. f. [uʀs] (lat. *ursa*) Femelle de l'ours. ♦ **Astron.** *La Grande Ourse, la Petite Ourse*, constellations boréales. ♦ **Poétiq.** Le nord. « *Le côté de l'Ourse* », RACINE.

1 OURSIN, n. m. [uʀsɛ̃] (mot marseill. *orsin* [*de mar*], de *ours*) Genre de zoophytes à coquille hérissée de pointes, de la classe des échinodermes, dits aussi *hérissons de mer*. ■ **Par méton.** Les glandes reproductrices de cet animal qui se consomment et qui constituent un mets raffiné. *Manger des oursins au restaurant.*

2 OURSIN, n. m. [uʀsɛ̃] (*ours*) ▷ Peau d'ours garnie de son poil. ♦ *Bonnet d'oursin*, coiffure des grenadiers de la Garde. ◁

OURSINE, n. f. [uʀsin] (*oursin*, parce que ses feuilles sont garnies d'épines) ▷ Plante d'Afrique, dite aussi *pied-d'ours*, genre oursine. ◁

OURSON, n. m. [uʀsɔ̃] (*ours*) Le petit de l'ours. ♦ ▷ Bonnet à poil. ◁ ♦ L'ours noir d'Amérique.

OURVARI, n. m. [uʀvaʀi] Voy. HOURVARI.

OUST ou **OUSTE**, ■ interj. [ust] (onomat.) **Fam.** Interjection qui s'emploie pour chasser quelqu'un ou pour le presser. *Oust ! dehors ! Allez, ouste, dépêche-toi !*

OUT, ■ adv. [awt] (mot angl., hors de, à l'extérieur) **Sp.** Au tennis, se dit pour informer que la balle est hors des limites du cours. ■ **Sp.** En boxe, se dit pour signifier que l'un des boxeurs est hors de combat. ■ **Adj. inv.** *La balle est out.* ■ En boxe, qui est hors de combat. ■ Qui n'est plus dans le coup, qui est dépassé. *En portant ce genre de vêtements, elle est vraiment out.*

OUTARDE, n. f. [utaʀd] (lat. vulg. *austarda*, du lat. *avis tarda*, oiseau lent) Genre d'oiseaux de l'ordre des échassiers, se rapprochant des autruches par la disposition de leurs pieds et leur port lourd, mais capables de voler.

OUTARDEAU, n. m. [utaʀdo] (*outarde*) Le petit de l'outarde. ■ Au pl. *Des outardeaux.*

OUTIL, n. m. [uti] (b. lat. plur. neutre *usitilia*, altération du lat. *utensilia*, ce qui est nécessaire à nos besoins) Tout instrument de travail dont se servent les artisans. ♦ **Prov.** *Un méchant ouvrier ne saurait trouver de bons outils*, un homme malhabile ne tire aucun parti de ce qu'il a sous la main. ■ Élément d'une activité dont on se sert comme instrument de travail ou de réflexion. *Les statistiques sont un outil d'aide à la gestion.* ■ **Rem.** On dit aujourd'hui : *Les mauvais ouvriers ont toujours de mauvais outils*, pour signifier qu'il est plus facile de justifier un mauvais travail par la mise à disposition de moyens inadéquats que de se remettre en cause.

OUTILLAGE, n. m. [utijaʒ] (*outil*) Ensemble des outils et engins nécessaires pour quelque exploitation.

OUTILLÉ, ÉE, p. p. d'outiller. [utije] Muni d'outils. ♦ **Fig.** et pop. Bien ou mal pourvu de ce qui est nécessaire pour ce que l'on veut faire.

OUTILLEMENT, n. m. [utij(ə)mã] (*outiller*) ▷ Action d'outiller. ◁

OUTILLER, v. tr. [utije] (*outil*) Fournir d'outils. *Outiller un ouvrier, une usine.* ♦ S'outiller, v. pr. Se munir d'outils. ■ **V. tr.** Fournir ce qui est nécessaire pour ce que l'on veut faire ou faire faire. *Claude a outillé ses collaborateurs avec les logiciels qui convenaient.*

OUTILLEUR, n. m. [utijœʀ] (*outil*) Fabricant ou marchand d'outils.

OUTLAW, ■ n. m. [awtlo] (mot angl., de *out*, hor de, et *law*, loi) Hors-la-loi, dans les pays anglo-saxons. *Des outlaws.*

OUTPLACEMENT, ■ n. m. [awtplasmã] (mot amér., de *out*, à l'extérieur, et *placement*, placement) **Écon.** Service que l'entreprise offre à un salarié dont elle a décidé de se séparer, en mettant à sa disposition un ensemble de techniques et de moyens lui permettant d'être conseillé dans ses démarches de recherche d'emploi au sein d'une autre structure. *Un cabinet d'outplacement.*

OUTPUT, ■ n. m. [awtput] (mot angl, de *out*, à l'extérieur, et *to put*, mettre) **Inform.** Les sorties, les données qui sortent de l'ordinateur. *Des outputs endommagés par un virus informatique.* ■ **Écon.** Résultat de la production effective d'une entreprise. *L'analyse du rapport entre les inputs et les outputs.* ■ **Rem.** *Output* est opposé à *input.*

OUTRAGE, n. m. [utʀaʒ] (2 *outre*) Ce qui outrepasse les bornes en fait d'offense, d'injure. ◆ **Fig.** *Faire outrage à la raison, à la morale, à la grammaire, au bon sens, etc.,* faire ou dire quelque chose qui y soit fort contraire. ◆ **Fig.** Dommage apporté par les choses inanimées. *Les outrages du temps, de la fortune.* ◆ **Jurispr.** *Outrage à la religion, à la morale publique,* offense commise par la voie de la presse contre la religion, la morale publique. ■ **Litt. et vieilli** *Faire subir à une femme les derniers outrages,* lui faire subir un viol. ■ **Dr.** Parole ou acte à l'encontre d'une personne chargée d'une mission de service public, dans l'exercice de ses fonctions, et de nature à porter atteinte à sa dignité ou au respect dû à sa fonction. *Un outrage à magistrat.* ■ **Dr.** *Outrage aux bonnes mœurs,* tout écrit ou publication qui est contraire aux bonnes mœurs. *Un quotidien attaqué pour outrage aux bonnes mœurs.*

OUTRAGÉ, ÉE, p. p. d'outrager. [utʀaʒe] **Adj.** Qui a subi un outrage. *Un père outragé.*

OUTRAGEANT, ANTE, adj. [utʀaʒã, ãt] (*outrager*) En parlant des choses, qui outrage. *Des paroles outrageantes.*

OUTRAGER, v. tr. [utʀaʒe] (*outrage*) Offenser cruellement. « *Qui se laisse outrager mérite qu'on l'outrage* », P. CORNEILLE. ◆ Insulter quelqu'un de paroles prononcées ou écrites. « *N'outragez plus les morts* », P. CORNEILLE. ◆ Il se dit des choses que l'on considère comme un outrage. « *Non, je ne puis souffrir un bonheur qui m'outrage* », RACINE. ◆ **Fig.** Porter une atteinte violente et odieuse. *Outrager l'hospitalité, la nature, etc.* ◆ Profaner. « *Outrager le saint lieu, les lois et la nature* », DELILLE. ◆ ▷ S'outrager, v. pr. Se faire réciproquement des outrages. ◁

OUTRAGEUSEMENT, adv. [utʀaʒøz(ə)mã] (*outrageux*) D'une manière outrageuse, avec outrage. *Traiter quelqu'un outrageusement.* ◆ D'une manière violente, excessive. *Battre outrageusement.*

OUTRAGEUX, EUSE, adj. [utʀaʒø, øz] (*outrage*) Qui fait outrage, en parlant des personnes. « *Un ennemi insolent et outrageux.* », BOSSUET. ◆ Qui est de la nature de l'outrage, en parlant des choses. *Un soupçon outrageux. Des paroles outrageuses.*

OUTRANCE, n. f. [utʀãs] (*outrer*) Il n'est usité que dans ces locutions adverbiales : *à outrance, à toute outrance,* jusqu'à l'excès. *Brave à outrance. Des adulateurs à outrance.* « *Poursuivi à toute outrance par l'implacable malignité de la fortune* », BOSSUET. ◆ ▷ *Combat à outrance,* combat qui ne devait se terminer que par la mort ou la défaite d'un des deux combattants. ◁ ◆ **Fig.** « *Le parlement se bat à outrance avec les jésuites* », d'ALEMBERT. ◆ *À outrance, à toute outrance,* aussi loin qu'une chose peut aller. « *S'il faut pousser à toute outrance ce passage de saint Paul* », BOSSUET. ■ *À outrance,* avec exagération, excès. *Cette dame est toujours maquillée à outrance.*

OUTRANCIER, IÈRE, ■ adj. [utʀãsje, jɛʀ] (*outrance*) Qui pousse les choses à l'excès ou qui est poussé à l'excès. *Caractère, propos outranciers.*

1 OUTRE, n. f. [utʀ] (lat. *uter*, génit. *utris*) Peau de bouc préparée pour contenir des liquides. ◆ **Bot.** Espèce de sac ouvert par une de ses extrémités et pouvant contenir du liquide. ◆ *Outre de mer,* nom vulgaire des ascidies. ■ **Fam.** *Être plein comme une outre,* avoir trop bu ou trop mangé.

2 OUTRE, prép. [utʀ] (lat. *ultra,* de l'autre côté [de], par-delà) Au-delà ; ce sens propre ne subsiste aujourd'hui que dans certains mots composés. *Le pays d'outre-Meuse. Outre-mer,* au-delà de la mer. *Des voyages d'outre-mer.* ◆ **Fig.** *Outre mesure,* avec excès, déraisonnablement. ◆ **Jurispr.** *Lésion d'outre moitié,* lésion de plus de la moitié. ◆ *Par-dessus,* en ajoutant. *Outre cela.* ◆ **Adv.** Plus loin, plus avant ; usité seulement avec les verbes passer, aller, etc. ◆ **Fig.** *Passer outre,* aller plus loin. ◆ **Fig.** *Passer outre à quelque chose,* l'entreprendre, ne pas se laisser arrêter. « *Passer outre au procès, sans entendre l'accusé* », BOSSUET. ◆ ▷ *Plus outre,* plus loin. « *J'irai plus outre* », P. CORNEILLE. ◁ ◆ EN OUTRE, loc. adv. De plus. ◆ ▷ D'OUTRE EN OUTRE, loc. adv. De part en part. *Un coup d'épée le perça d'outre en outre.* ◁ ◆ OUTRE QUE, loc. conj. Sans l'indicatif. En ajoutant. « *Outre qu'on doit rougir de s'en laisser surprendre* », P. CORNEILLE. ◆ *En outre de,* est une locution barbare. ■ OUTRE LE FAIT QUE, loc. conj. Sans parler du fait que. ■ **Fig.** *Passer outre,* poursuivre sans tenir compte de quelque chose. *Peu m'importe sa réaction, je passerai outre. Ils passèrent outre aux conseils de leur ami.* ■ **REM.**

Quoique répandue, la construction sans la préposition *à* n'est pas toujours admise.

OUTRÉ, ÉE, p. p. d'outrer. [utʀe] Excessif, exagéré. *Une résolution outrée.* « *Tout ce qui est outré dans les lois tend à la destruction des lois* », VOLTAIRE. ◆ Dans les beaux-arts, se dit de l'exagération des formes, des ombres et des couleurs. ◆ **N. m.** *L'outré.* « *Nous allons tomber en tout dans l'outré et dans le gigantesque* », VOLTAIRE. ◆ En parlant des personnes, qui passe la mesure. « *Tertullien, le plus figuré, pour ne pas dire le plus outré de tous les auteurs* », BOSSUET. ◆ Surchargé de travail, de peine. « *Outrés du chaud et de la douleur de leur plaie* », VAUGELAS. ◆ ▷ **Absol.** Surmené. *Un cheval outré.* ◁ ◆ **Fig.** Saisi, pénétré, en parlant d'un sentiment pénible. *Outré de colère, de dépit, etc.* ◆ Mis hors de soi, irrité. « *Si bien qu'enfin outré de tant d'indignités* », P. CORNEILLE. ◆ **Absol.** *Je suis outré.*

OUTRE-ATLANTIQUE, ■ adv. [utʀatlãtik] (*outre* et [*océan*] *Atlantique*) De l'autre côté de l'Atlantique. *Les traditions outre-Atlantique.* ■ **Par extens.** En Amérique du Nord, aux États-Unis. *La politique outre-Atlantique.*

OUTRECUIDANCE, n. f. [utʀakɥidãs] (a. et moy. fr. *outrecuider,* être présomptueux, afficher une supériorité méprisante, de 2 *outre* et *cuid*[*i*]*er,* penser) Action de croire en soi outre mesure. ◆ Action d'outrecuidance. ■ Attitude arrogante ou impertinence envers autrui. *Répondre avec outrecuidance à son professeur.*

OUTRECUIDANT, ANTE, adj. [utʀakɥidã, ãt] (a. et moy. fr. *outrecuider*) Qui croit en soi outre mesure. *Un homme outrecuidant.* ◆ **N. m. et n. f.** *Un outrecuidant.* ◆ Il se dit aussi des choses. *Je ne sais rien de plus outrecuidant que.* ■ **Litt.** Arrogant, impertinent. *Des propos outrecuidants.*

OUTRECUIDÉ, ÉE, adj. [utʀakɥide] (a. et moy. fr. *outrecuider*) ▷ Animé d'outrecuidance. « *L'aveugle outrecuidé Se croirait mal guidé Par l'aveugle fortune* », P. CORNEILLE. ◁

OUTRE-MANCHE, ■ adv. [utʀəmãʃ] (2 *outre* et *Manche*) De l'autre côté de la Manche. *La géographie outre-Manche.* ■ **Par extens.** En Grande-Bretagne. *La presse outre-Manche.*

OUTREMARIN, INE, adj. [utʀəmaʀɛ̃, in] (2 *outre* et *marin*) ▷ Qui est situé au-delà des mers. *Pays outremarin.* ◁

OUTRÉMENT, adv. [utʀemã] (*outré*) ▷ D'une façon outrée. ◁

OUTREMER, n. m. [utʀəmɛʀ] (substantivation de *outre-mer,* en raison de l'origine orientale de cette matière colorante) Couleur de peinture qui est un bleu d'azur fait de lapis-lazuli. ◆ Oiseau du genre moineau. ◁ ◆ **Minér.** Lapis-lazuli. ◆ **Adj. inv.** D'un bleu azur intense. *Un ciel outremer.*

OUTRE-MER, ■ adv. [utʀəmɛʀ] (2 *outre* et *mer*) Qui est au-delà des mers. *Les climats d'outre-mer.* ■ Qui est situé au-delà des mers, par rapport à un pays ou une métropole. *Les Départements et Territoires d'outre-mer* (DOM-TOM).

OUTRE-PASSE ou **OUTREPASSE**, n. f. [utʀəpas] (*outrepasser*) ▷ **Eaux et forêts** Abatis de bois fait au-delà des limites marquées. ◁

OUTREPASSÉ, ÉE, p. p. d'outrepasser. [utʀəpase] **Archit.** *Un arc outrepassé,* arc en fer à cheval dont la courbe dépasse celle du demi-cercle, le diamètre de l'arc étant plus large que l'espace entre les du piliers qui le soutiennent. ■ **REM.** Graphie ancienne : *outre-passé.*

OUTREPASSER, v. tr. [utʀəpase] (2 *outre* et *passer*) Aller au-delà. *Outrepasser une limite.* ◆ **Fig.** Aller au-delà de ce qui est permis, autorisé, etc. *Outrepasser son pouvoir.* ◆ ▷ **V. intr.** S'emporter au-delà des voies, en parlant des chiens. ◁ ■ **REM.** Graphie ancienne : *outre-passer.*

OUTRER, v. tr. [utʀe] (2 *outre*) Porter les choses au-delà de la mesure. *Outrer la mode, les beaux sentiments, etc.* ◆ **Absol.** *Il ne faut jamais outrer.* ◆ Exagérer. « *On aura outré les rapports qu'on vous aura faits* », VOLTAIRE. ◆ ▷ Surcharger de travail. *Outrer des domestiques.* ◁ ◆ ▷ *Outrer un cheval,* le pousser au-delà de ses forces. ◁ ◆ Offenser grièvement, pousser à bout. « *Ce manque de parole m'a outré contre lui* », MME DE SÉVIGNÉ. ◆ ▷ S'outrer, v. pr. Se fatiguer à l'excès. « *S'outrant pour acquérir des biens et de la gloire* », LA FONTAINE. ◁ ■ **V. tr.** Indigner profondément, scandaliser. *Son discours m'a outré.*

OUTRE-RHIN, ■ adv. [utʀəʀɛ̃] (2 *outre* et *Rhin*) Qui est au-delà du Rhin. *Les traditions d'outre-Rhin.* ■ **Par extens.** En Allemagne. *L'économie d'outre-Rhin.*

OUTRE-TOMBE (D'), ■ loc. adj. [utʀətɔ̃b] (2 *outre* et *tombe*) Qui survient, qui est censé survenir après la mort de quelqu'un. *Les Mémoires d'outre-tombe de Chateaubriand furent un grand succès.* ■ **Par anal.** *Une voix d'outre-tombe,* une voix caverneuse.

OUTRIGGER, ■ n. m. [awtʀigœʀ] (mot angl., de *out,* à l'extérieur, et *to rig,* gréer) **Sp.** Cadre fixé à la coque d'un aviron et utilisé pour soutenir la dame de nage. ■ **REM.** On dit aussi *portant.* ■ **REM.** On utilise également *outrigger* pour désigner la coque de l'aviron.

OUTSIDER, ■ n. m. [awtsajdœʀ] (mot angl., celui qui est à l'écart du groupe, de *outside*, extérieur, dehors) Cheval ne figurant pas parmi les favoris, mais qui a cependant une chance de gagner. *Miser sur un outsider.* ■ **Par anal.** Concurrent qui n'est pas favori, mais dont les chances de l'emporter existent. *C'est un outsider dans la course à l'Élysée.*

OUVERT, ERTE, p. p. d'ouvrir. [uvɛʀ, ɛʀt] *Lire à livre ouvert*, être assez avancé pour lire sans étudier d'avance la page. ♦ *Expliquer le grec, le latin, un auteur à livre ouvert*, c'est-à-dire sans préparation. ♦ *Chanter, jouer à livre ouvert*, chanter, jouer sans avoir auparavant étudié le morceau. ♦ À MAIN OUVERTE, loc. adv. En ouvrant la main, et fig. en prodiguant. *Répandre des dons à main ouverte.* ♦ *Avoir les yeux ouverts*, ne pas dormir. ♦ *Dormir les yeux ouverts*, se dit quand le sommeil ne tient les paupières qui ne sont pas bien closes. ♦ **Fig.** *Avoir les yeux ouverts sur*, considérer attentivement, avec intérêt. ♦ **Hérald.** *Couronne ouverte*, couronne composée d'un simple bandeau, comme les couronnes de duc, de comte. ♦ Il se dit d'une plaie dont les bords, n'étant pas rapprochés, restent béants. ♦ *Pays ouvert*, pays qui n'est pas défendu par des places fortifiées ni par des rivières ou des montagnes. ♦ *Ville ouverte*, ville qui n'est pas fortifiée. ♦ Spacieux et sans obstacle. *Un pays ouvert. Une mer ouverte.* ♦ **Mar.** *Rade ouverte*, celle où les vents soufflent sans obstacle. ♦ Large. *Un front ouvert.* ♦ À BRAS OUVERTS, loc. adv. Avec empressement, avec cordialité. ♦ *Table ouverte*, Voy. TABLE. ■ *Les paris sont ouverts*, chacun est admis à parier. ♦ **Jurispr.** *La succession est ouverte au profit d'un tel*, telle personne est dans le cas de recueillir la succession. ♦ *Compte ouvert*, celui auquel on ajoute journellement des articles. ♦ *Payer à bureau ouvert*, payer tous les billets ou bons qui sont présentés sans avertissement préalable. ♦ *Guerre ouverte*, guerre déclarée. ♦ *Force ouverte*, force employée d'une façon publique. ♦ ▷ À FORCE OUVERTE, loc. adv. Les armes à la main. ◁ **Fig.** Accessible. *Une âme ouverte à la douleur, à la médisance, etc.* ♦ **Fig.** Qui admet et comprend facilement. *Une intelligence ouverte.* ♦ Qui exprime la franchise et l'accueil. *Un air ouvert.* ♦ Qui se communique. « *Je ne suis pas même extrêmement ouvert avec la plupart de ceux que je connais* », LA ROCHEFOUCAULD. ♦ Franc, sincère. *Un cœur ouvert.* ♦ À CŒUR OUVERT, loc. adv. Avec franchise, sincérité, effusion. *Parler à cœur ouvert.* ♦ **Gramm.** E ouvert, a, o ouverts, ceux qu'on entend dans *succès, plat, bol*, par opposition aux mêmes voix fermées dans *thé, bas, clos*. ♦ Qui laisse le passage libre. *Une porte ouverte. Entrez, c'est ouvert !* ♦ Se dit d'un magasin, d'un commerce dans lequel on peut entrer pendant les horaires d'ouverture pour y faire ses achats ou simplement regarder la marchandise. *Un magasin ouvert toute la journée sans interruption.* ■ *Lettre ouverte*, article de journal présenté sous forme d'une lettre qui exprime une polémique ou une revendication envers une personne ou un groupe de personnes, généralement un président de la République ou son gouvernement. *Lettre ouverte au Premier ministre.* ■ À TOMBEAU OUVERT, loc. adv. À une telle vitesse que l'on risque un accident fatal. « *Il roulait à tombeau ouvert sur un chemin défoncé* », QUEFFELEC. ■ Où il y a une interruption. *Une courbe ouverte.* ♦ Que l'on peut emprunter en parlant d'un chemin, d'une voie. *Un col de montagne ouvert.* ♦ Qui est accessible. *Une exposition ouverte à tous.* ■ **Math.** *Intervalle ouvert*, intervalle qui ne contient pas les éléments qui constituent sa limite. *Ces deux nombres ne sont inclus dans l'intervalle ouvert.* ■ **Phys.** *Système ouvert*, système qui est en équilibre constant avec son environnement.

OUVERTEMENT, adv. [uvɛʀtəmɑ̃] (*ouvert*) D'une manière ouverte, manifeste. *Se déclarer ouvertement pour quelqu'un.*

OUVERTURE, n. f. [uvɛʀtyʀ] (lat. pop. *opertura*, du lat. impér. *apertura*, ouverture, trou) Fente, trou, espace vide dans un corps. ♦ **Fig.** « *Les prières ne trouvaient aucune ouverture pour entrer dans son cœur* », FÉNELON. ♦ **Archit.** Portes, fenêtres, croisées, etc. ♦ Grandeur de la baie d'une porte, d'une fenêtre. ♦ **Géom.** Écartement de deux lignes qui forment un angle. *L'ouverture d'un angle.* ♦ *L'ouverture d'un compas*, l'écartement plus ou moins grand de ses deux branches. ♦ La surface plus ou moins grande que les verres de lunettes présentent aux rayons de la lumière. ♦ Entrée. *L'ouverture d'un port. Faire l'ouverture d'un port*, en permettre l'entrée. ♦ Action d'ouvrir. *L'ouverture d'une fosse, d'un coffre, d'une lettre, d'un testament, etc.* ♦ À l'ouverture du livre, en ouvrant le livre au hasard. ♦ *L'ouverture d'un corps*, action d'inciser un corps mort pour en examiner les parties intérieures. ▷ **Milit.** *L'ouverture de la tranchée*, le premier travail pour creuser la tranchée. ◁ ♦ **Fig.** Commencement. *L'ouverture des chambres, des vendanges, de la chasse, des cours, etc.* ♦ **Mus.** Symphonie ou morceau instrumental qui précède un opéra, un oratorio, une ode-symphonie. ♦ **Jurispr.** *L'ouverture d'une succession*, le moment où les biens d'un défunt sont dévolus à ses héritiers. ♦ *Ouverture de faillite*, l'époque à partir de laquelle le débiteur est déclaré en faillite. *Il y a ouverture à cassation, à requête civile*, il y a lieu de se pourvoir par cassation, par requête civile. ♦ **Fig.** Premières propositions relatives à quelque affaire. *Faire des ouvertures de paix.* ♦ Expédient, voie, occasion. « *Charles Ier n'avait point donné d'ouverture ni de prétexte aux excès sacrilèges dont nous abhorrons la mémoire* », BOSSUET. ♦ Aveu, confidence. « *J'en avais fait à sa mère quelque peu d'ouverture* », MOLIÈRE. ♦ *Ouverture de cœur*, franchise, sincérité. ♦ **Absol.** Inclination, propension, complaisance. « *Celles qui auront de l'ouverture pour vous* », BOSSUET. ♦ *Ouverture d'esprit*, facilité à comprendre, à inventer, à imaginer. ♦ **Absol.** *Il a de l'ouverture pour les sciences.* « *Des enfants qui manquent d'ouverture ou d'attention* », ROLLIN. ■ **Phot.** *Ouverture d'un objectif*, rapport du diamètre de l'objectif à la distance focale déterminant l'intensité lumineuse atteignant le film. ■ Fait d'ouvrir quelque chose. *L'ouverture d'une boîte de conserve. L'ouverture du magasin.* ■ Fait de rendre accessible, pratiquable. *L'ouverture d'une nouvelle autoroute.* ■ **Sp.** *Demi d'ouverture*, joueur qui a la charge d'ouvrir le jeu, au rugby.

OUVRABILITÉ, ■ n. f. [uvʀabilite] (*ouvrable*) **Constr.** Délai durant lequel un mortier peut être utilisé, travaillé. *La capacité d'un mortier à garder une certaine ouvrabilité sous l'influence de la succion des briques dépend de son pouvoir de rétention d'eau mesuré lors d'essais en laboratoire.*

OUVRABLE, adj. [uvʀabl] (*ouvrer*) Usité dans cette seule locution : *jour ouvrable*, jour consacré au travail.

OUVRAGE, n. m. [uvʀaʒ] (*œuvre*) Action de faire une œuvre, de travailler. *Se mettre à l'ouvrage. Cet ouvrier n'a pas d'ouvrage.* ♦ **Fam.** *Avoir cœur, du cœur à l'ouvrage*, travailler avec ardeur. ♦ Façon, manière dont un ouvrage est exécuté. *L'ouvrage l'emporte sur la matière.* ♦ Ce que produit un ouvrier. *Ouvrage de maçonnerie, de serrurerie, etc.* ♦ *Ouvrages publics*, les monuments, les édifices qui servent à l'usage du public. ♦ *C'est un ouvrage de patience*, c'est un travail qui exige beaucoup de temps et de constance. ♦ *Les gros ouvrages*, les murs de fondation, les murs de face et de refend, les voûtes et les contre-murs ; les menus ouvrages, les plafonds, les enduits, les carrelages. ♦ Toute sorte de travaux avancés au-dehors d'une place et destinés à la fortifier. *Ouvrage à corne, à couronne*, Voy. CORNE Voy. COURONNE. ♦ **Absol.** Objets auxquels les dames travaillent à l'aiguille. *Mon ouvrage tomba de mes mains.* ♦ Production de l'art. *Ouvrage de mosaïque, de sculpture, d'architecture.* ♦ *Ouvrage d'art*, production qui émane non d'un simple ouvrier, mais d'un artiste. ♦ Production littéraire. *Les ouvrages d'esprit.* « *Les longs ouvrages me font peur* », LA FONTAINE. ♦ Il se dit de ce que fait Dieu, comparé à un suprême ouvrier. *Les ouvrages de Dieu.* ♦ Résultat obtenu et comparé à un travail de la main d'un ouvrier. « *L'ouvrage si mémorable du rétablissement de l'Église* », BOSSUET. « *Les Indiens domptés sont vos moindres ouvrages* », RACINE. ♦ Il se dit aussi par rapport à des choses auxquelles on attribue une action. « *Ce n'est pas l'ouvrage d'un moment que de faire un philosophe* », DIDEROT. ♦ En parlant des personnes, créature, personne qui doit à un autre ce qu'elle est. « *Quoiqu'il soit votre fils, et même votre ouvrage, Il est votre empereur* », RACINE. ■ *Ouvrage d'art*, construction telle que les tunnels, les ponts, etc. sur un réseau routier. ■ N. f. **Fam.** *De la belle ouvrage*, du beau travail.

OUVRAGÉ, ÉE, adj. [uvʀaʒe] (*ouvrage*) Qui a demandé beaucoup de travail manuel, où il y a beaucoup d'ouvrage. *Une broderie ouvragée.* ♦ **Par extens.** « *Le plumage du ventre est ouvragé des mêmes festons sur un fond blanchâtre* », BUFFON. ♦ Il se dit quelquefois pour *ouvré*, en parlant des métaux.

OUVRAGER, v. tr. [uvʀaʒe] (*ouvrage*) Enrichir un ouvrage de divers ornements. ■ **Rare** Apporter un soin particulièrement méticuleux à un travail. *Dans le domaine de l'architecture, les artistes italiens ouvragent plus que nous.*

OUVRAISON, ■ n. f. [uvʀɛzɔ̃] (*ouvrer*) **Techn.** Opération de décompactage des balles de coton avant filature.

OUVRANT, ANTE, adj. [uvʀɑ̃, ɑ̃t] (*ouvrir*) À jour ouvrant, aussitôt que le jour paraît. ♦ *À portes ouvrantes, à la porte ouvrante*, dès que l'on ouvre les portes d'une ville. ♦ *Image ouvrante*, image sainte qui, en s'ouvrant comme un tableau à volet, découvre à l'intérieur un sujet peint. ♦ *À audience ouvrante*, dès que l'audience commence. ■ **Rem.** On dit aussi *à jour ouvrant.* ■ Qui s'ouvre. *Le toit ouvrant d'une voiture.* ■ N. m. Partie mobile d'une porte, d'une armoire, d'un triptyque, etc.

OUVRÉ, ÉE, p. p. d'ouvrer. [uvʀe] *Matières ouvrées*, objets en état de confection préparatoire ou objets confectionnés. ♦ *Toiles ouvrées*, toiles façonnées de manière à représenter des figures, des fleurs, des compartiments. *Linge ouvré.* ♦ *Cuivre, fer ouvré*, cuivre, fer façonné. ♦ *Métaux ouvrés*, métaux élaborés par l'industrie. ■ **Admin.** *Jour ouvré*, jour où l'on travaille. ♦ Qui porte quelque chose en ornement. *Une porte ouvrée de guirlandes et de couronnes.*

OUVREAU, n. m. [uvʀo] (*ouvrir*, faire une ouverture) Ouverture du four de verrerie dans lequel la glace faite doit aller se recuire. ♦ **Techn.** Canaux pratiqués dans les meules de carbonisation pour y attirer l'air et activer la combustion. ■ *Des ouvreaux.*

OUVRE-BOÎTE, ■ n. m. [uvʀ(ə)bwat] (*ouvrir* et *boîte*) Instrument coupant utilisé pour ouvrir les boîtes de conserve. *Ouvre-boîte manuel, électrique. Des ouvre-boîtes.*

OUVRE-BOUTEILLE, ■ n. m. [uv(ʀə)butɛj] (*ouvrir* et *bouteille*) Décapsuleur, appareil permettant l'ouverture des bouteilles à capsule. *Des ouvre-bouteilles.*

OUVRÉE, n. f. [uvʀe] (*ouvrer*) ▷ Étendue de terre qu'un homme peut labourer dans une journée. ◁

OUVRE-HUÎTRE, ■ n. m. [uvʀ(ə)ɥitʀ] (*ouvrir* et *huître*) Petit couteau à lame courte utilisé pour ouvrir les huîtres. *Des ouvre-huîtres.*

OUVRER, v. tr. [uvʀe] (b. lat. *operare*, du lat. *operari*, travailler, de *opus*, ouvrage, travail) Fabriquer, façonner. *Ouvrer la monnaie.* ♦ T. forestier. *Ouvrer les bois*, les travailler, les façonner, les mettre en état d'être employés. ♦ V. intr. Travailler. *Il est défendu d'ouvrer les fêtes et les dimanches.* ♦ Vieux en cette acception. ♦ Décorer, orner par des broderies, en parlant du linge. *Ouvrer de la layette.*

1 OUVREUR, ■ n. m. [uvʀœʀ] (*ouvrer*) Techn. Ouvrier spécialisé dans la préparation de la pâte à papier.

2 OUVREUR, EUSE, n. m. et n. f. [uvʀœʀ, øz] (*ouvrir*) ▷ Celui, celle qui ouvre. « *Les ouvreurs de lettres avaient abusé de cette licence* », d'ALEMBERT. ◁ ♦ *Ouvreuse*, femme qui ouvre les loges d'un théâtre. ♦ Celui, celle qui ouvre des huîtres. ■ Skieur qui ouvre une piste pour vérifier son état ou pour donner un temps de référence pour une compétition. ■ Personne chargée de placer les spectateurs dans une salle de cinéma ou de spectacle. ■ Personne qui ouvre le jeu au poker ou au bridge. ■ Fam. Sp. Demi d'ouverture.

OUVREUSE, ■ n. f. [uvʀøz] (*ouvrer*) Techn. Machine utilisée pour démêler et nettoyer les fibres de la laine, du coton, etc. encore en balles. *Une ouvreuse verticale.*

OUVRIER, IÈRE, n. m. et n. f. [uvʀije, ijɛʀ] (lat. *operarius*, manœuvre, homme de peine, de *opera*, travail, activité) Celui, celle qui travaille de la main pour différents métiers. ♦ *Cela est du bon ouvrier, de la bonne ouvrière*, cette chose est faite par l'ouvrier, par l'ouvrière qui a le plus de réputation en son genre. ♦ *Compagnies d'ouvriers*, compagnies d'ouvriers enrégimentés pour certains services dans les armées de terre et de mer. ♦ *Collect. Les ouvriers*, la classe ouvrière. ♦ Fig. *De main d'ouvrier*, de la main d'un homme habile. ♦ *Le grand ouvrier*, Dieu. ♦ Fig. Celui, celle qui produit un résultat quelconque comparé à l'œuvre de la main d'un ouvrier. « *Je suis l'ouvrier de ma fortune* », BOSSUET. ♦ Il se dit de ceux qui font des ouvrages d'esprit. *Cette chose est d'un bon ouvrier.* ♦ Il se dit des choses dont on compare l'action à celle des ouvriers. « *La tempérance est la meilleure ouvrière de la volupté* », FÉNELON. ♦ ▷ Fig. *Les ouvriers évangéliques* ou simplement *les ouvriers*, les prêtres qui travaillent à répandre et à confirmer la religion et la piété. *Les ouvriers d'iniquité*, les méchants. ◁ ♦ N. m. *Ouvrier*, arbre sur lequel on prend les greffes. ♦ ▷ *Ouvrier hydraulique*, machine pour puiser de l'eau. ◁ ♦ Adj. Qui a rapport aux ouvriers. *Classe ouvrière*, partie de la population qui se compose des ouvriers, des artisans. ♦ ▷ *Jour ouvrier* ◁ ou *jour ouvrable*, jour où l'on travaille. ♦ *Cheville ouvrière*, Voy. CHEVILLE. ♦ *Abeilles ouvrières* ou *neutres* et n. f. *les ouvrières*, celles qui composent la très grande majorité d'une ruche et qui font tous les ouvrages. ♦ Prov. *À l'œuvre on connaît l'ouvrier.* ♦ *Les mauvais ouvriers ont toujours de mauvais outils*, Voy. OUTIL.

OUVRIÉRISME, ■ n. m. [uvʀijeʀism] (*ouvrier*) Système selon lequel la priorité est donnée à la classe ouvrière dans la gestion de l'économie. *Au contraire de l'ouvriérisme qui se réfère principalement à l'ouvrier du modèle keynésien bénéficiant de garanties sociales, l'opéraïsme se réfère en priorité au travailleur précaire.* ■ OUVRIÉRISTE, adj. ou n. m. et n. f. [uvʀijeʀist] *Le courant ouvriériste.*

OUVRIR, v. tr. [uvʀiʀ] (lat. pop. *operire*, du lat. *aperire*, ouvrir, mettre à découvert) Écarter ce qui empêche d'entrer, de pénétrer, de voir ; faire que ce qui était clos ne le soit plus. *Ouvrir une porte, une fenêtre, un rideau, etc.* ♦ Absol. *Ouvrir*, ouvrir la porte, ouvrir sa boutique, son magasin. ◁ ♦ En parlant d'une ville, *ouvrir ses portes*, se rendre ou se soumettre. ◁ ♦ Fig. *Ouvrir la porte*, donner accès. *Ouvrir la porte aux abus.* ♦ *Ouvrir une maison*, en ouvrir les portes. ♦ Fig. *Ouvrir sa maison à quelqu'un*, l'accueillir chez soi. ♦ ▷ *Ouvrir une bourse*, défaire ce qui la ferme. ◁ ♦ ▷ Fig. *Ouvrir sa bourse à quelqu'un*, lui offrir de l'argent. ◁ ♦ ▷ Fig. *Ouvrir la main*, dépenser de l'argent. ◁ ♦ *Ouvrir la bouche*, écarter les deux mâchoires et fig. parler. ♦ *Ouvrir la bouche à quelqu'un*, le faire parler. ♦ *Ouvrir la bouche*, se dit de la cérémonie par laquelle le pape autorise les cardinaux à prendre la parole dans les consistoires. ♦ *Ouvrir les yeux*, écarter les paupières qui étaient rapprochées ; s'éveiller ; et fig. faire attention à, surveiller. « *L'infatigable ministre ouvre les yeux attentifs sur tous les tribunaux* », BOSSUET. ♦ Fig. *Ouvrir les yeux*, devenir clairvoyant, s'apercevoir qu'on était dans l'erreur. ♦ *Ouvrir les yeux à la vérité*, la reconnaître. ♦ Fig. *Ouvrir les yeux à quelqu'un*, l'éclairer, le rendre clairvoyant. ♦ *Ouvrir de grands yeux*, regarder d'un air ébahi, être tout étonné. ♦ Fig. *Ouvrir les oreilles*, écouter attentivement et aussi accueillir favorablement une proposition. ♦ Fig. *Ouvrir de grandes oreilles*, entendre, écouter avec étonnement. ♦ Fig. *Ouvrir l'esprit*, le rendre capable de mieux comprendre. ♦ Fig. *Ouvrir le cœur*, le rendre accessible aux bons sentiments ; et aussi disposer favorablement. ♦ *Ouvrir*

son cœur, son âme à quelqu'un, lui confier ses plus secrets sentiments. ♦ On dit de même : *ouvrir sa pensée, ses secrets, ses sentiments, son intention.* ♦ *Ouvrir son cœur, son âme à quelque chose*, s'y laisser aller. « *Il n'ose ouvrir son âme à l'espérance* », MME DE SÉVIGNÉ. ♦ Fig. *Ouvrir l'appétit*, le rendre plus vif. ♦ Mar. *Ouvrir une voile*, la disposer de manière qu'elle reçoive le vent sous un plus grand angle. ♦ *Ouvrir une batterie*, enlever les mantelets de sabord. ♦ *Ouvrir une rade, un port*, en permettre l'entrée. ♦ Pratiquer une ouverture, une percée. *On a ouvert une porte dans ce mur.* ♦ *Ouvrir un mur*, y faire une percée. ♦ On dit de même : *ouvrir une forêt, un bois.* ♦ Fendre, entamer. *Ouvrir un pâté, un abcès.* ♦ *Ouvrir la veine*, pratiquer une saignée. ♦ *Ouvrir quelqu'un*, ouvrir son corps après sa mort. ♦ Commencer à creuser, à fouiller. *Ouvrir une carrière, un canal, une mine, etc.* ♦ ▷ *Ouvrir la tranchée*, faire les premiers travaux pour établir des tranchées autour d'une place assiégée. ◁ ♦ Poétiq. *Ouvrir des abîmes*, se dit de la terre, de la mer qui se fend. ♦ Diviser une chose, en séparer les parties contiguës. *Ouvrir des noix, des huîtres, etc.* ♦ *Ouvrir les rangs*, se dit d'une troupe qui écarte ses files pour laisser passer. ♦ *Ouvrir une lettre*, en défaire le cachet. ♦ *Ouvrir les lettres*, les décacheter dans les bureaux de poste par ordre supérieur en violation du secret des lettres ou par abus de confiance. ♦ *Ouvrir un livre*, en écarter la couverture pour le lire. ♦ Écarter, séparer. *Ouvrir les bras, les jambes.* ♦ Fig. *Ouvrir les bras à quelqu'un*, l'accueillir avec bonté. ♦ Milit. *Ouvrir les rangs*, les espacer à une distance déterminée. ♦ *Ouvrir la poitrine*, rendre la poitrine aussi large que possible en effaçant les épaules. ♦ Rendre libre, permettre l'accès. *Ouvrir un passage.* ♦ *Ouvrir l'entrée*, écarter ce qui empêche d'entrer. ♦ *Ouvrir un pays*, en faciliter l'entrée. ♦ Fig. « *La route qu'ouvrit Descartes est depuis lui devenue immense* », VOLTAIRE. ♦ Fig. Rendre accessible à l'esprit. « *Daniel, je suis venu à vous pour vous ouvrir la connaissance des choses* », PASCAL. ♦ Donner l'indication de, suggérer. « *Le moyen que je vous ouvre est sans doute plus honnête* », PASCAL. ♦ Fig. Commencer. *Ouvrir la campagne, un cours, etc.* ♦ *Ouvrir la lice*, entrer le premier dans la lice. ◁ ♦ On dit de même : *ouvrir le champ, ouvrir la carrière.* ♦ *Ouvrir boutique*, commencer à tenir boutique. ♦ *Ouvrir une école*, commencer à tenir une école. ♦ On dit de même : *ouvrir un café, un bureau d'affaires, etc.* ♦ *Ouvrir la chasse*, chasser à l'ouverture de la chasse. ♦ *Ouvrir le bal*, ouvrir le premier, la première dans un bal. ♦ *Ouvrir la danse*, commencer à danser ; fig. et pop. commencer le combat. ♦ *Ouvrir la vendange*, se mettre à vendanger. ♦ *Ouvrir sa maison*, commencer à tenir table ouverte, à donner des soirées. ♦ Dans le même sens, *ouvrir ses salons*. ♦ *Ouvrir le feu*, commencer à faire jouer des batteries d'artillerie. ♦ *Ouvrir un commerce avec*, former des relations de commerce, d'affaires. ♦ *Ouvrir un avis*, être le premier à le proposer. ♦ *Ouvrir un crédit à quelqu'un*, l'autoriser à prendre à une caisse l'argent dont il a besoin. ♦ *Ouvrir un compte avec quelqu'un*, porter sur ses livres le nom d'une personne avec qui on entre en relations d'affaires. ♦ V. intr. Être ouvert. *Les boutiques n'ouvrent pas les jours de fête. Cette porte n'ouvre jamais.* ♦ Donner accès sur. *Cette porte ouvre sur la cour.* ♦ Il se dit du moment où un marchand ouvre sa boutique, son magasin. *Ouvrir à huit heures.* ♦ Débuter, commencer. *La scène ouvre par un chœur.* ♦ Entrer en exercice. *Le théâtre des Italiens n'ouvre pas. Les cours ouvrent.* ♦ S'ouvrir, v. pr. Devenir ouvert. *Les fleurs s'ouvrent au soleil. Les boutiques s'ouvrent.* ♦ Fig. *Ses yeux s'ouvrent*, il reconnaît son erreur. ♦ *Sa bouche s'ouvre*, il parle. ♦ Être béant. *Un précipice s'ouvre sous vos pas.* ♦ Se fendre. *La glace s'ouvrit sous leurs pieds.* ♦ S'écarter, se séparer. *La foule s'ouvre devant lui. Il s'ouvrait devant lui une belle carrière.* ♦ ▷ *Le pays s'ouvre*, il cesse d'être boisé, coupé par des coteaux ou des montagnes. ◁ ♦ Fig. Il se dit de l'esprit qui devient plus pénétrant, plus capable d'apprendre. ♦ Il se dit du cœur qui se laisse pénétrer par certains sentiments. « *Quand le cœur s'ouvre aux passions, il s'ouvre à l'ennui de la vie* », J.-J. ROUSSEAU. ♦ Fig. Avoir commencement. « *Cette année s'ouvrit par la déclaration de guerre contre l'Espagne* », DUCLOS. ♦ Impers. *S'il s'ouvre une succession, etc.* « *Il s'ouvrait alors une grande scène vers les frontières de la Suède* », VOLTAIRE. ♦ *S'ouvrir à quelqu'un*, lui découvrir sa pensée, lui faire des confidences. *Il s'ouvre à moi de son chagrin.* ♦ Absol. « *Il s'ouvre et parle le premier* », LA BRUYÈRE. ■ *Ouvrir une piste de ski*, descendre en premier une piste de ski pour vérifier son état ou établir un temps de référence pour une compétition. ■ *Ouvrir l'œil*, être vigilant. ■ Faire fonctionner. *Ouvrir un robinet, une lumière, etc.* ■ Sp. Au rugby, lancer le ballon à un autre joueur, en parlant du demi d'ouverture. ■ Inform. Lancer l'exécution d'un programme ; rendre accessible un fichier. *Ouvrir un logiciel de traitement de texte pour rédiger une lettre.*

OUVROIR, n. m. [uvʀwaʀ] (*ouvrer*) Lieu de travail en commun. ♦ Espèce d'asile ou d'atelier de charité pour les femmes pauvres et les jeunes filles. ♦ Dans les communautés de filles, lieu où elles s'assemblent à des heures réglées pour travailler à différents ouvrages. ■ *L'Ouvroir de littérature potentielle (Oulipo)*, Voy. OULIPO.

OUZBEK, EKE ou **UZBEK, EKE**, ■ adj. [uzbɛk] (prob. mot turc, brave, désignant un peuple d'Asie centrale) Relatif à l'Ouzbékistan. *La campagne* ouzbeke. ■ N. m. et n. f. Habitant ou originaire de l'Ouzbékistan. *Les Ouzbeks.* ■ N. m. Langue parlée en Ouzbékistan. *Langue nationale de l'Ouzbékistan, l'ouzbek est aussi parlé par des minorités dans les pays frontaliers comme l'Afghanistan, le Kazakhstan, le Kirghizstan, le Tadjikistan, le Turkménistan.*

OUZO, ■ n. m. [uzo] (mot gr. mod.) Boisson grecque alcoolisée et anisée. *Des ouzos.*

OVAIRE, n. m. [ovɛʀ] (lat. sav. mod. [XVIIᵉ s.] *ovarium*, du lat. *ovum*, œuf) **Anat.** Organe femelle destiné à la production des œufs dans les animaux ovipares ou vivipares. ♦ **Bot.** Partie du pistil qui renferme les semences.

OVALAIRE, adj. [ovalɛʀ] (*ovale*) **Anat.** Qui présente une forme à peu près ovale.

OVALBUMINE, ■ n. f. [ovalbymin] (*ov[o]*- et *albumine*) **Chim.** Protéine du blanc d'œuf.

OVALE, adj. [oval] (lat. *ovum*, œuf) Qui est de figure semblable à celle que présenterait un œuf coupé par le milieu, dans le sens de sa longueur. ♦ N. m. *Un ovale*, une figure ronde et oblongue. *Un ovale très allongé. L'ovale du visage.* ♦ EN OVALE, loc. adv. En forme d'ovale. ■ *Le ballon ovale*, le rugby.

OVALIE, ■ n. f. [ovali] ([*ballon*] *ovale*) Ensemble des régions où l'on pratique le rugby. ■ *Le milieu du rugby.*

OVALISATION, ■ n. f. [ovalizasjɔ̃] (*ovaliser*) **Méc.** Défaut d'une pièce cylindrique devenue ovale par suite de l'usure. *La déformation en flexion et en ovalisation d'un tuyau.*

OVALISER, ■ v. tr. [ovalize] (*ovale*) Donner une forme ovale à. *Coiffure qui ovalise le visage.* ■ P. p. adj. **Méc.** Devenu ovale en raison d'une usure irrégulière. *Tambour de frein ovalisé.*

OVARIECTOMIE, ■ n. f. [ovaʀjɛktomi] (lat *ovarium*, ovaire, et *-ectomie*) **Chir.** Acte chirurgical qui consiste en l'ablation de l'un ou des deux ovaires. *Une ovariectomie chez une femme non ménopausée entraîne la ménopause.*

OVARIEN, IENNE, ■ adj. [ovaʀjɛ̃, jɛn] (radic. du lat. *ovarium*, ovaire) Relatif à l'ovaire. *Les hormones ovariennes.* ■ **Anat.** *Cycle ovarien*, série de phénomènes liés à la maturation de l'ovaire, durant en moyenne 28 jours.

OVARITE, ■ n. f. [ovaʀit] (radic. du lat. *ovarium*, ovaire, et suff. *-ite*) **Méd.** Inflammation de l'ovaire. *La cause de l'ovarite est généralement la présence d'un germe microbien, entré par les voies naturelles et qui se propage dans le vagin, puis l'utérus et les trompes.*

OVATE, ■ n. m. [ovat] (lat. vulg. *ovates*, du lat. *vates*, devin, prophète) Prêtre gaulois, après le druide dans la hiérarchie druidique, pratiquant essentiellement la médecine. *Les ovates étaient principalement des devins, des médecins, des physiciens ou des sourciers.*

OVATION, n. f. [ovasjɔ̃] (lat. *ovatio*, petit triomphe) Espèce inférieure de triomphe, qui s'accordait à un général après une victoire peu considérable, ou remportée dans une guerre qui n'avait pas été déclarée suivant les lois ; dans l'ovation le triomphateur était à cheval et non porté sur un char. ■ Par extens. Honneur rendu à une personne en lui faisant cortège, etc. *Faire une ovation à quelqu'un.*

OVATIONNER, ■ v. tr. [ovasjɔne] (*ovation*) Acclamer, saluer par une ovation. *Public qui ovationne les comédiens à la fin d'une représentation théâtrale.*

OVE, n. m. [ɔv] (lat. *ovum*, œuf) **Archit.** et orfèvr. Ornement taillé en forme d'œuf. *Un rang d'oves.*

OVÉ, ÉE, adj. [ove] (radic. du lat *ovum*, œuf) Qui a la forme d'un œuf.

OVER ARM STROKE ou **OVER-ARM-STROKE**, ■ n. m. [ovœʀaʀmstʀok] (mots angl. de *arm stroke*, coup de bras, et *over*, par-dessus) **Vx** Nage indienne, sur le côté.

OVERDOSE, ■ n. f. [ovœdoz] (mot angl., de *over*, par-dessus, en excès, et *dose*, dose) Dose excessive d'une drogue dure, pouvant entraîner la mort. ■ Par méton. Mort qui survient à la suite d'une overdose. *Faire une overdose.* ■ Fig. et fam. Quantité trop importante. *Avoir une overdose d'informations, de travail.* ■ REM. On dit aussi *surdose*.

OVERDRIVE, ■ n. m. [ovœʀdʀajv] (mot angl. de *over*, par-dessus, sur, et *to drive*, mener) **Autom.** Démultiplication de transmission, placée en sortie d'une boîte de vitesses, allongeant le rapport final et permettant d'abaisser le régime du moteur sur les longs parcours ou d'augmenter la vitesse maximale du véhicule. *La cinquième en overdrive est en option sur ce modèle.*

OVIBOS, ■ n. m. [ovibos] (*ovis*, brebis, et *bos*, bœuf) **Zool.** Mammifère ruminant ongulé, originaire du Nord canadien et du Groenland, communément appelé *bœuf musqué*, qui rappelle le mouton par sa toison longue et épaisse et par la faible longueur de sa queue. *Les ovibos vivent au Groenland, au nord du 60ᵉ degré de latitude nord de la région arctique de l'Amérique, et ont été réintroduits en Eurasie arctique.*

OVIDUCTE, ■ n. m. [ovidykt] (lat. sav. [XVIIᵉ s.] *oviductus*, de *ovi-*, œuf, et *ductus*, conduit) **Biol.** Conduit par lequel les œufs passent de l'ovaire hors du corps, chez les animaux. *Chez les humains, l'oviducte est appelé* trompe de Fallope.

OVIN, INE, ■ adj. [ovɛ̃, in] (b. lat. *ovinus*, de brebis) Qui se rapporte au mouton. *La race ovine. Maîtriser l'état sanitaire d'un cheptel ovin.* ■ N. m. Mouton, brebis, bélier. *Élevage d'ovins charolais. Les ovins forment une sous-famille.*

OVINE, adj. f. [ovin] (*ovin*) Qui est de l'espèce de la brebis. *Les races ovines.*

OVINÉ, ■ n. m. [ovine] (lat. *ovis*, brebis) **Zool.** Ovin. *Les ovinés représentent une sous-famille de la famille des bovidés.*

OVI..., **OV(O)...**, ■ [ovi, ovo] préfixe, du lat. *ovum*, œuf.

OVIPARE, ■ adj. [ovipaʀ] (lat. impér. *oviparus*, de *ovum*, œuf, et *parere*, enfanter) *Animaux ovipares*, animaux qui se reproduisent par des œufs : oiseaux, reptiles, poissons. ♦ N. m. *Un ovipare. Les ovipares.*

OVIPARITÉ, n. f. [ovipaʀite] (*ovipare*) État ou condition des êtres ovipares. ■ Mode de reproduction des animaux ovipares. ■ REM. On disait aussi *oviparisme* autrefois.

OVIPOSITEUR ou **OVISCAPTE**, ■ n. m. [ovipozitœʀ, oviskapt] (*ovi-* et radic. du lat. *positum*, supin de *ponere*, poser) **Zool.** Organe de ponte de certains insectes spécialement conçu pour que la femelle puisse déposer ses œufs dans un milieu susceptible de les accueillir. *Ovipositeur denté. L'ovipositeur en forme de lance du grillon.*

OVNI, ■ n. m. [ɔvni] (sigle de *objet volant non identifié*) Objet volant ou phénomène non identifié, observé dans l'atmosphère. *De nombreux scientifiques s'intéressent aux ovnis.* ■ Par anal. et fam. Personne ou chose étrange, atypique.

OVO (AB), loc. adv. [abovo] (mots lat., prép. *ab*, à partir de, et ablat. de *ovum*, œuf) Chez les anciens, on servait des œufs à l'entrée du repas et des pommes à la fin : de là la locution *ab ovo ad mala*, de l'œuf aux pommes, ou par abréviation *ab ovo*, signifiant à partir du commencement. *Reprenons la chose ab ovo.*

OVOCYTE ou **OOCYTE**, ■ n. m. [ovosit, oosit] (*ovo-* et *-cyte*) **Biol.** Gamète femelle dont la maturation n'est pas terminée.

OVOGENÈSE, ■ n. f. [ovoʒ(ə)nɛz] (*ovo-* et *genèse*) **Biol.** Processus de formation des gamètes femelles ou ovules. *L'ovogenèse débute lors de la vie embryonnaire.* ■ REM. On disait aussi *oogenèse* autrefois.

OVOÏDAL, ALE, adj. [ovoidal] (*ovoïde*) Dont la forme se rapproche de celle d'un œuf. *Des fruits ovoïdaux.*

OVOÏDE, adj. [ovoid] (*ovo-* et *-oïde*) Qui a la forme d'un œuf. *Figure ovoïde.* ♦ N. m. Corps solide de forme ovale.

OVOTESTIS, ■ n. m. [ovotɛstis] (*ovo-* et lat. *testis*, testicule) **Biol.** Glande génitale hermaphrodite de certains mollusques pouvant émettre successivement des ovules et des spermatozoïdes. *L'appareil génital de certains mollusques comporte un ovotestis noyé dans le tortillon de la glande digestive et de nombreuses glandes annexes.*

OVOTIDE, ■ n. m. [ovotid] (var. de *ovule*) **Biol.** Gamète femelle mûr prêt à être fécondé par un spermatozoïde pour donner un œuf. *La fusion des membranes plasmiques de l'ovotide et du spermatozoïde.*

OVOVIVIPARE, ■ adj. [ovovivipaʀ] (*ovo-* et *vivipare*) **Biol.** Dont le corps garde les œufs fécondés jusqu'à l'éclosion des jeunes. *Le requin est une espèce ovovivipare.* ■ N. m. *Un ovovivipare.*

OVOVIVIPARITÉ, ■ n. f. [ovovivipaʀite] (*ovovivipare*) Mode de reproduction des animaux ovovivipares. *L'ovoviviparité, propre notamment aux oiseaux et aux poissons, se distingue de la viviparité propre en règle générale aux mammifères qui donnent naissance à des petits déjà formés et autonomes.*

OVULAIRE, ■ adj. [ovylɛʀ] (*ovule*) Qui concerne l'ovule. *Ponte ovulaire.*

OVULATION, ■ n. f. [ovylasjɔ̃] (*ovule*) Rupture du follicule et expulsion de l'ovocyte dans la trompe. *Chez la femme, l'ovulation a lieu aux alentours du 14ᵉ jour du cycle avant les règles.*

OVULATOIRE, ■ adj. [ovylatwaʀ] (radic. de *ovulation*) Relatif à l'ovulation. *Un dérèglement ovulatoire.*

OVULE, ■ n. m. [ovyl] (lat. *ovum*, œuf) Gamète femelle produit par l'ovaire, que le gamète mâle peut féconder. *L'ovule fécondé devient œuf chez les ovipares et fœtus chez les vivipares.* ■ **Méd.** Capsule ovale composée de substances médicamenteuses, destinée au traitement local des affections vaginales et que l'on introduit dans le vagin. ■ **Bot.** Gamète femelle végétal qui se tranforme en graine après fécondation par le pollen.

OVULER, ■ v. intr. [ovyle] (*ovule*) Avoir une ovulation. *Certains médecins prescrivent des pilules contraceptives pour empêcher les femmes d'ovuler.*

OXACIDE, n. m. [ɔksasid] (*ox[y]*- et *acide*) **Chim.** Acide résultant de la combinaison d'un corps simple avec l'oxygène.

OXALATE, n. m. [ɔksalat] (lat. *oxalis*, gr. *oxalis*, oseille) **Chim.** Sel produit par l'acide oxalique et une base.

OXALIDE n. f. ou **OXALIS**, n. m. [ɔksalid, ɔksalis] (lat. *oxalis*, gén. *oxalidis*, gr. *oxalis*, gén. *oxalidos*, oseille) Type de la famille des oxalidées, où l'on distingue la petite oseille, oseille ronde, alleluia, pain à coucou, etc., dont on extrait le sel d'oseille.

OXALIDÉES, n. f. pl. [ɔksalide] (lat. *oxalis*, *-lidis*, gr. *oxalis*, *-lidos*, oseille) Famille de plantes dont l'oxalide est le type.

OXALIQUE, adj. [ɔksalik] (lat. *oxalis*, gr. *oxalis*, oseille) *Acide oxalique*, acide qui existe dans les oxalides, les rumex, les lichens, etc.

OXALIS, ▪ n. m. [ɔksalis] Voy. OXALIDE.

OXER, ▪ n. m. [ɔksɛʀ] (mot angl., de *ox*[-*fence*], barrière de pâturage, de *ox*, bœuf, et *fence*, barrière) **Équit.** Obstacle de concours composé de trois barres superposées et réparties sur plusieurs plans verticaux et parallèles. *On place souvent une haie au milieu des oxers.*

OXFORD, ▪ n. m. [ɔksfɔʀd] (*Oxford*, ville d'Angleterre) Tissu de coton, très léger et doux dont la côte se répète et généralement utilisé dans la confection de chemises pour homme. *Une chemise en oxford.*

OXHYDRIQUE, ▪ adj. [ɔksidʀik] (*ox*[*y*]- et *hydr-*, hydrogène) Se dit d'un mélange d'oxygène et d'hydrogène. *Une lumière oxhydrique.* ▪ *Chalumeau oxhydrique*, chalumeau qui produit la combustion de ce mélange, dégageant une très forte chaleur.

OXHYDRYLE, ▪ n. m. [ɔksidʀil] (*ox*[*y*]- et *hydr-*, hydrogène) **Chim.** Groupe formé d'un atome d'oxygène et d'un atome d'hydrogène.

OXIME, ▪ n. f. [ɔksim] (*ox*[*y*]- et *-ime*, pour *-imide*, radical contenant NH) **Chim.** Composé chimique formé par élimination d'eau. *Un comprimé aromatisé comportant de l'oxime. Arme chimique incluant de l'oxime.*

OXO, ▪ adj. inv. [ɔkso] (*ox*[*y*]-) **Chim.** *Espèce oxo*, atome d'oxygène doublement chargé négativement. ▪ **Chim.** *Composé oxo*, composé contenant un atome d'oxygène doublement lié à un autre atome.

OXONIUM, ▪ n. m. [ɔksɔnjɔm] (*ox*[*y*]- et *-onium*, cation polyatomique) **Chim.** Oxyde de carbone.

OX(Y)..., [ɔksi] préfixe chimique signifiant acide et venant du gr. *oxus*, acide.

OXYACÉTYLÉNIQUE, ▪ adj. [ɔksiasetilenik] (*oxy-* et *acétylène*) *Chalumeau oxyacétylénique*, dont la flamme produite par combustion d'acétylène et d'oxygène atteint des températures particulièrement élevées.

OXYCARBONÉ, ÉE, ▪ adj. [ɔksikaʀbone] (*oxy-* et *carbone*) **Physiol.** Qui est combiné à l'oxyde de carbone. *Hémoglobine oxycarbonée.*

OXYCHLORURE, ▪ n. m. [ɔksiklɔʀyʀ] (*oxy-* et *chlorure*) **Chim.** Combinaison d'un oxyde avec du chlore. *Un oxychlorure de carbone, d'azote, de zirconium.*

OXYCOUPAGE, ▪ n. m. [ɔksikupaʒ] (*oxy-* et *coupage*) **Techn.** Coupage thermique par oxydation réalisé au chalumeau. *L'oxycoupage est essentiellement utilisé pour le coupage des aciers doux et faiblement alliés.*

OXYCRAT, n. m. [ɔksikʀa] (gr. *oxukraton*, de *oxus*, aigre, et *-kratos*, mélangé) Mélange de vinaigre et d'eau.

OXYDABILITÉ, n. f. [ɔksidabilite] (*oxydable*) **Chim.** Faculté de s'oxyder.

OXYDABLE, adj. [ɔksidabl] (*oxyder*) **Chim.** Qui peut s'oxyder.

OXYDANT, ANTE, adj. [ɔksidɑ̃, ɑ̃t] (*oxyder*) Qui a la propriété d'oxyder. ▪ N. m. *Les oxydants.*

OXYDASE, ▪ n. f. [ɔksidaz] (*oxyde*) **Chim.** Enzyme chargée d'activer l'oxygène sur une substance chimique, par oxydation, et de le fixer. *Une glucose oxydase, une cytochrome oxydase, etc.*

OXYDATION, n. f. [ɔksidasjɔ̃] (*oxyder*) **Chim.** Action d'oxyder ; état de ce qui est oxydé. *L'oxydation du fer.*

OXYDE, n. m. [ɔksid] (*ox*[*y*]- et *-ide*) **Chim.** Composé neutre ou à réaction alcaline d'oxygène et d'un métalloïde ou d'un métal. *Les oxydes métalliques étaient désignés autrefois sous le nom générique de* chaux. *Oxyde de fer.*

OXYDÉ, ÉE, p. p. d'oxyder. [ɔkside]

OXYDER, v. tr. [ɔkside] (*oxyde*) **Chim.** Amener à l'état d'oxyde. ♦ S'oxyder, v. pr. Passer à l'état d'oxyde.

OXYDIMÉTRIE, ▪ n. f. [ɔksidimetʀi] (*oxyde* et *-métrie*) **Chim.** Dosage d'une substance chargée d'en oxyder une autre. *Le dosage des huiles essentielles dans les jus d'agrumes par oxydimétrie.*

OXYDORÉDUCTASE, ▪ n. f. [ɔksidoʀedyktaz] (*oxydoréduction*) **Chim.** Fait d'effectuer une réaction d'oxydoréduction, en parlant d'une enzyme.

OXYDORÉDUCTION, ▪ n. f. [ɔksidoʀedyksjɔ̃] (*oxyd*[*ation*] et *réduction*) **Chim.** Réaction au cours de laquelle une molécule est oxydée et une autre réduite. *La corrosion est due à la constitution de mini-piles où le métal de potentiel d'oxydoréduction le plus bas constitue la borne négative.* ▪ OXYDO-RÉDUCTEUR, TRICE, adj. [ɔksidoʀedyktœʀ, tʀis] *L'emploi d'un détartrant oxydoréducteur.*

OXYGÉNABLE, adj. [ɔksiʒenabl] (*oxygéner*) **Chim.** Qui est susceptible de se combiner avec l'oxygène.

OXYGÉNANT, ANTE, adj. [ɔksiʒenɑ̃, ɑ̃t] (*oxygéner*) Qui produit des oxydes.

OXYGÉNATION, n. f. [ɔksiʒenasjɔ̃] (*oxygéner*) Toute combinaison de l'oxygène avec un corps quelconque, soit qu'elle produise un oxyde, soit qu'elle n'en produise pas ; c'est dans ce dernier sens qu'on dit *oxygénation du sang* et non *oxydation du sang*. ▪ Fait d'appliquer de l'eau oxygénée. *Décolorer un duvet par oxygénation.*

OXYGÉNÉ, ÉE, p. p. d'oxygéner. [ɔksiʒene] *Eau oxygénée.*

OXYGÈNE, adj. [ɔksiʒɛn] (gr. *oxus*, piquant, acide, et *-gène*) **Chim.** *Gaz oxygène* ou n. m. *l'oxygène*, gaz simple, qui fait partie de l'air atmosphérique et qui entretient la respiration et la combustion. ♦ *Oxygène électrisé*, l'ozone. ▪ Élément métalloïde de symbole O, de numéro atomique 8 et de masse atomique 16. *L'oxygène est le plus abondant des éléments de la croûte terrestre et constitue à peu près 21% de l'atmosphère terrestre.* ▪ **Fig.** Air pur. *Prendre une bouffée d'oxygène.*

OXYGÉNER, v. tr. [ɔksiʒene] (*oxygène*) **Chim.** Combiner avec l'oxygène. ♦ S'oxygéner, v. pr. Être combiné avec l'oxygène. ♦ S'oxygéner, v. pr. Prendre l'air, respirer l'air pur.

OXYGÉNOTHÉRAPIE, ▪ n. f. [ɔksiʒenoteʀapi] (*oxygène* et *thérapie*) **Méd.** Traitement thérapeutique consistant à inhaler de l'oxygène, généralement en cas d'insuffisance respiratoire. *Le recours à l'oxygénothérapie en secourisme.*

OXYGONE, adj. [ɔksigon] (gr. *oxus*, aigu, et *gônia*, angle) ▷ Terme de géométrie inusité et qui fait double emploi avec acutangle. ◁

OXYHÉMOGLOBINE, ▪ n. f. [ɔksiemoglobin] (*oxy-* et *hémoglobine*) **Physiol.** Combinaison de molécules de dioxygène à l'hémoglobine pour former un composé rouge vif. *C'est l'oxyhémoglobine qui transporte l'oxygène vers les tissus.*

OXYLITHE, ▪ n. f. [ɔksilit] (*oxy-* et *-lithe*) **Chim.** Péroxyde de sodium associé à un sel métallique utilisé pour la préparation industrielle de l'oxygène.

OXYMEL, n. m. [ɔksimɛl] (gr. *oxumeli*, de *oxus*, aigre, et *meli*, miel) Mélange d'eau, de miel et de vinaigre.

OXYMORE ou **OXYMORON**, ▪ n. m. [ɔksimɔʀ, ɔksimɔʀɔ̃] (gr. *oxumôron*, alliance de contraires, de *oxumôros*, de *oxus*, aigu, pénétrant, et *môros*, émoussé, hébété) Figure de style qui combine des mots de sens opposé. *« Guerre propre », « croissance zéro » sont des oxymorons.*

OXYSULFURE, ▪ n. m. [ɔksisylfyʀ] (*oxy-* et *sulfure*) **Chim.** Combinaison de soufre et d'oxygène. *Des cristaux d'oxysulfure.*

OXYTON, ▪ n. m. [ɔksitɔ̃] (gr. *oxutonos*, de *oxus*, aigu, et *tonos*, accent) **Gramm. grecq.** Mot qui a l'accent aigu sur la dernière syllabe, comme *theos*.

OXYURE, ▪ n. m. [ɔksjyʀ] (lat. sav. [XIXᵉ s.] *oxyuris*, du gr. *oxus*, pointu, et *oura*, queue) **Zool.** Vers parasite des intestins des mammifères, principalement de l'être humain, et responsable de l'oxyurose. *Le lieu de vie principal des oxyures est le tube digestif car ils se nourrissent des aliments que nous consommons.*

OXYUROSE, ▪ n. f. [ɔksjyʀoz] (*oxyure* et 2 *ose*) **Méd.** Ensemble des troubles causés par l'oxyure et caractérisés par des démangeaisons anales ou vaginales. *L'oxyurose, fréquente chez les enfants, est très contagieuse, surtout dans les crèches et les écoles.*

OYANT, ANTE, n. m. et n. f. [ɔjɑ̃, ɑ̃t] (p. prés. de ouïr) Terme de pratique usité seulement dans la locution : *oyant compte*, celui, celle à qui on rend un compte en justice. ♦ Au pl. *Les oyants compte.*

OYAT, ▪ n. m. [ɔja] (mot pic., d'orig. inc.) Plante graminée colonisatrice du sable des dunes et utilisée pour fixer ces dernières grâce à ses racines et à ses rhizomes. *L'oyat est une plante adaptée à la sécheresse et dont la plantation systématique sur de nombreuses dunes a permis de fixer ces dernières.*

OZALID, ▪ n. m. [ozalid] (marque déposée ; firme *ozalid*, anagramme de *diazol*) **Impr.** Épreuve positive tirée sur papier sensible d'après un film positif pour contrôler la séquence des pages d'un ouvrage. *Des ozalids.*

OZÈNE, ▪ n. m. [ozɛn] (lat. *ozæna*, gr. *ozaina*, polype fétide, de *ozein*, exhaler une odeur) **Méd.** Affection caractérisée par l'atrophie des éléments constitutifs des fosses nasales et par la formation de croûtes et de sécrétions nauséabondes. *L'ozène est fréquent dans les cas de rhinites aiguës.*

OZOCÉRITE ou **OZOKÉRITE**, ◾ n. f. [ozoseʀit, ozokeʀit] (gr. *ozein*, exhaler une odeur, et *kêros*, cire) **Minér.** Hydrocarbure naturel proche de la cire, utilisé dans la fabrication de certains cosmétiques. *L'ozocérite est utilisée dans les techniques de momification en paléonthologie.*

OZONATION, ◾ n. f. [ozonasjɔ̃] Voy. OZONISATION.

OZONE, n. m. [ozon] (all. *Ozon*, p. prés. neutre du gr. *ozein*, exhaler une odeur) **Chim.** Nom donné à l'odeur qui se développe sous l'influence des décharges électriques et qui est due à l'oxygène mis par ces décharges en un état particulier. ◆ Nom de l'oxygène lui-même quand il est dans cet état. ◾ *Couche d'ozone*, zone de la stratosphère dans laquelle la concentration d'ozone protège la Terre des rayons du Soleil. ◾ *Trou dans la couche d'ozone*, zone de la stratosphère, au-dessus de l'Antarctique, dans laquelle on observe une diminution de la concentration d'ozone provoquant un réchauffement de la planète.

OZONÉ, ÉE, adj. [ozone] Voy. OZONISÉ.

OZONER, ◾ v. tr. [ozone] Voy. OZONISER.

OZONEUR, ◾ n. m. [ozonœʀ] Voy. OZONISEUR.

OZONIDE, ◾ n. m. [ozonid] (*ozone* et *-ide*) **Chim.** Adduit entre l'ozone et un éthylène. *Au contact de l'eau, les ozonides se décomposent, entre autres produits, en eau oxygénée.*

OZONISATION ou **OZONATION**, n. f. [ozonizasjɔ̃, ozonasjɔ̃] (*ozoniser*) Action de donner à l'oxygène les qualités de l'ozone ou de charger un corps d'oxygène ozonisé.

OZONISÉ, ÉE ou **OZONÉ, ÉE**, adj. [ozonize, ozone] (*ozone*) Se dit de l'oxygène auquel on a communiqué la propriété d'oxyder à froid l'argent et de donner un bioxyde particulier, ainsi qu'une odeur forte et des qualités irritantes.

OZONISER ou **OZONER**, ◾ v. tr. [ozonize, ozone] (*ozone*) Traiter un corps à l'ozone pour le purifier, le stériliser ou le transformer. *Ozoniser un aquarium.*

OZONISEUR ou **OZONEUR**, ◾ n. m. [ozonizœʀ, ozonœʀ] (*ozoniser*) Appareil servant à fabriquer de l'ozone. *Un ozoniseur programmable à filtre.*

OZONOSPHÈRE, ◾ n. f. [ozonosfɛʀ] (*ozone* et *sphère*) **Phys.** Couche de l'atmosphère terrestre située entre 15 et 40 km d'altitude et qui contient la quasi-totalité de l'ozone atmosphérique. *La plus grande concentration d'ozone de l'ozonosphère se situe à 25 km d'altitude.*

P

P, n. m. [pe] La seizième lettre de l'alphabet et la douzième des consonnes. ♦ *5 %*, cinq pour cent. ♦ ▷ *P* capital signifie *pied*, et *p* minuscule *pouce*. ◁ ♦ **Mus.** *p*, piano, doucement ; *pp*, più piano, plus doucement ; *ppp*, pianissimo, très doucement. ■ N. m. *P*, Père. *Le P. François*. ■ N. m. *P*, parking. ■ N. f. *p.*, page ; *pp.*, pages. ■ N. m. *p.p.*, participe passé.

PACAGE, n. m. [pakaʒ] (b. lat. *pascuaticum*, du lat. *pascuum*, pâturage, de *pascere*, mener paître) Lieu de pâture. ♦ Terrains soumis au pâturage, mais surtout terrains en friche, communaux. ♦ *Droit de pacage*, droit d'envoyer paître son bétail dans certains pâturages. ■ Fait de faire paître du bétail. *Pacage communal*.

PACAGER, v. tr. [pakaʒe] (*pacage*) **Coutume** Faire paître, faire pâturer. ♦ *Faire pacager du blé, du seigle*, le faire manger en herbe par les troupeaux. ■ V. intr. Brouter, paître.

PACANE, ■ n. f. [pakan] (mot algonquin) Noix ovale, à coque mince et lisse, composée d'une graine formée de deux lobes qui ressemblent à la noix. *La pacane, ou noix de pécan, est le fruit du pacanier*.

PACANIER, ■ n. m. [pakanje] (*pacane*) Grand arbre de la famille des juglandacées, originaire d'Amérique, dont le fruit comestible est appelé *noix de pécan* ou *pacane. Le bois du pacanier est très apprécié en ébénisterie*.

PACANT, n. m. [pakã] (orig. obsc. ; p.-ê. all. arg *Packan*, assaillant, ou lat. *paganus*, de la campagne, paysan) Voy. PAÏEN. ▷ Terme vieilli de mépris. Un rustre, un manant. ◁

PACE (IN), n. m. [inpase] ou [inpatʃe] (mots lat., prép. *in*, dans, et ablat. de *pax*, génit. *pacis*, paix, repos) ▷ Prison fort rigoureuse où les moines mettaient ceux d'entre eux qui avaient commis quelque grande faute. *Des in pace*. ◁

PACEMAKER, ■ n. m. [pɛsmekœʀ] (mot angl., de *pace*, pas, marche, et *to make*, faire, régler) Appareil électronique implanté dans le corps et qui commande le rythme cardiaque, lorsque la stimulation naturelle est déficiente. *Se faire implanter un pacemaker*.

PACFUNG, ■ n. m. [pakfɔ̃] (altération du cantonais *paktong*, du chin. *peh t'ung*, de *peh*, blanc, et *t'ung*, cuivre) **Techn.** Alliage de cuivre et de nickel à l'état naturel, qui ressemble à de l'argent et qu'on utilise en orfèvrerie.

PACHA, n. m. [paʃa] (mot turc, prob. du pers. *padishah*) Titre, chez les Turcs, des gouverneurs de provinces. Le rang des pachas est déterminé par le nombre des queues de cheval qui forment leur étendard. *Pacha à trois queues*. ■ **Fam.** *Mener une vie de pacha*, une vie facile, sans peine ni souci. ■ **Fam.** *Faire le pacha*, se laisser servir. ■ **Arg. Mar.** Commandant d'un bâtiment de guerre. ■ REM. On disait aussi *bacha* autrefois.

PACHALIK, n. m. [paʃalik] (mot turc) Pays soumis au gouvernement d'un pacha.

PACHTO ou **PACHTOU**, ■ n. m. [paʃto, paʃtu] (pachto *past*, pachto) Langue indo-européenne parlée en Afghanistan. *Le pachto s'écrit en caractères arabes auxquels se sont ajoutés différents signes grapiques pour les sonorités, les phonèmes, inconnus du persan et de l'arabe*.

PACHTOUN, OUNE ou **PACHTOUNE**, adj. [paʃtun] (*pachtou*) Relatif au peuple pachtoun. ■ N. m. et n. f. *Les Pachtouns*. ■ N. m. Langue appartenant à la famille des langues indo-européennes et parlée au sud-est et au centre-est de l'Afghanistan. *Suivant les régions, le pachtoun présente de sensibles différences de prononciation*.

PACHYDERME, adj. [paʃidɛʀm] (gr. *pakhudermos*, de *pakhus*, épais, et *derma*, peau) **Hist. nat.** Qui a la peau épaisse. *Un pachyderme*. ♦ N. m. pl. *Les pachydermes*, ordre des mammifères. ■ **Cour.** *Un pachyderme*, un éléphant. ■ *Une démarche de pachyderme*, une démarche lourde. ■ REM. On prononçait aussi [pakidɛʀm] autrefois. ■ PACHYDERMIQUE, adj. [paʃidɛʀmik] *Une démarche pachydermique*.

PACHYDERMIE, ■ n. f. [paʃidɛʀmi] (gr. *pakhudermia*, de *pakhudermos*) **Méd.** Prolifération pathologique de cellules normales de la peau provoquant son épaississement, généralement limité à une partie du corps ; par extens. cette prolifération dans un autre tissu ou organe. *La pachydermie de la paume des mains*.

PACHYURE, ■ n. m. [paʃjyʀ] (du gr. *pakhus*, épais, et *oura*, queue) **Zool.** Musaraigne caractérisée par sa très petite taille, de 3 à 5 cm, et par son long museau élargi, vivant en Europe méridionale, en Asie Mineure et en Afrique. *Le pachyure est considéré comme le plus petit de tous les mammifères*.

PACIFICATEUR, TRICE, n. m. et n. f. [pasifikatœʀ, tʀis] (lat. *pacificator*) Celui, celle qui pacifie. « *Au nom de conquérant et de triomphateur, Il veut joindre le nom de pacificateur* », VOLTAIRE. « *Catherine II, la pacificatrice de la Pologne* », VOLTAIRE. ♦ **Adj.** Qui pacifie, qui apaise les troubles. « *La victoire de l'esprit pacificateur sur l'esprit de persécution* », VOLTAIRE.

PACIFICATION, n. f. [pasifikasjɔ̃] (lat. *pacificatio*) Rétablissement de la paix. *La pacification de l'Europe, des troubles, etc*. ♦ *Édits de pacification*, édits des rois de France qui avaient pour but d'apaiser les troubles de religion, dans le XVIe siècle. ♦ Apaisement des dissensions domestiques, des différends entre particuliers.

PACIFIÉ, ÉE, p. p. de pacifier. [pasifje]

PACIFIER, v. tr. [pasifje] (lat. *pacificare*, traiter de la paix, apaiser, de *pax*, génit. *pacis*, paix, et *facere*, faire) Rétablir la paix. *Pacifier l'Europe*. ♦ Il se dit aussi des différends, des troubles qu'on fait cesser. ♦ **Fig.** Rétablir le calme. ■ Se pacifier, v. pr. Devenir pacifié.

PACIFIQUE, adj. [pasifik] (lat *pacificus*, qui établit la paix) Qui porte la paix, qui aime la paix. *Un roi pacifique. Des desseins pacifiques*. ♦ N. m. et n. f. « *Salomon le Pacifique* », BOSSUET. ♦ Qui porte la paix, la tranquillité. « *Du soir les ombres pacifiques* », BOILEAU. « *Que Dieu jette sur vous des regards pacifiques !* », RACINE. ♦ Où règne la tranquillité. *Une ville pacifique*. ♦ **Jurispr.** Possesseur pacifique, celui qui possède sans réclamation. ♦ *La mer Pacifique*, l'océan *Pacifique*, et par abréviation *le Pacifique*, la mer du Sud. ■ Qui se passe dans la paix. *Une manifestation pacifique*.

PACIFIQUEMENT, adv. [pasifik(ə)mã] (*pacifique*) D'une manière pacifique.

PACIFISME, ■ n. m. [pasifism] (*pacifique*) Mouvement de pensée qui traduit une volonté d'instaurer la paix dans le monde, par le dialogue, le désarmement, la non-violence. *Le pacifisme de Gandhi*. ■ PACIFISTE, n. m. et f. ou adj. [pasifist]

1 PACK, ■ n. m. [pak] (angl. *pack*[-*ice*], de *pack of ice*, paquet de glace) Blocs de glace détachés de la banquise et qui flottent jusqu'à leur fonte totale dans l'océan. *Le pack arctique*.

2 PACK, ■ n. m. [pak] (angl. *pack*, paquet) Lot d'une même marchandise. *Un pack de bières*. ■ **Par méton.** Contenant ou type de conditionnement, généralement cartonné. *Un pack de lait*. ■ Kit, ensemble. *Le pack proposé par cette banque pour les jeunes est le plus intéressant*. ■ **Sp.** Au rugby, les avants. ■ REM. On dit aussi *paquet*.

PACKAGE, ■ n. m. [pakaʒ] ou [pakɛdʒ] (mot angl., paquet, emballage) **Inform.** Ensemble logique d'instructions destiné à surmonter une catégorie de problèmes. *Un package de gestion*. ■ REM. On recommande officiellement l'emploi de *mise en boîtier*. ■ **Comm.** Lot de biens ou de services vendus groupés dans un même emballage. *Un package de maquillage*. ■ REM. On recommande officiellement l'emploi de *conditionnement*. ■ Ensemble de prestations payées au forfait.

PACKAGER ou **PACKAGEUR**, ■ n. m. et rare f. [pakadʒœʀ] ou [pakɛdʒœʀ] (*package*) Personne chargée de réaliser partiellement ou totalement un livre pour le compte d'un éditeur. ■ Personne chargée de prestations rémunérées au forfait.

PACKAGING, ■ n. m. [pakadʒiŋg] ou [pakɛdʒiŋg] (*package*, emballage, conditionnement) **Comm.** Technique de conditionnement dont le but est de différencier un produit par rapport à d'autres afin qu'il soit non seulement présent, mais aussi bien positionné en magasin, et par conséquent mieux vendu. ■ REM. On recommande officiellement l'emploi de *conditionnement*.

PACOTILLE, n. f. [pakotij] (prob. esp. *pacotilla*, de *paquete*, de *paquet*) ▷ Primitivement, petit ballot de marchandises que chaque marin embarqué avait le droit de porter avec lui, sans en payer le fret à l'armateur. ◁ ♦ ▷ Aujourd'hui, certaines parties de marchandises qu'un passager embarque pour son propre compte dans l'espoir de les vendre outre-mer. ◁ ♦ ▷ Certaines parties de marchandises dont l'ensemble compose la cargaison. ◁ ♦ *Marchandises de pacotille*, marchandises de qualité inférieure. ♦ *C'est de la marchandise de pacotille* ou simplement *c'est de la pacotille*, c'est une mauvaise marchandise. ♦ **Fig.** et **fam.** Une certaine quantité d'objets quelconques. ■

De pacotille, sans valeur, de mauvaise qualité. *Des bijoux de pacotille.* **Fig.** *Une gentillesse de pacotille.*

PACOTILLEUR, n. m. [pakotijœr] (*pacotille*) ▷ Celui qui fait le commerce de pacotille. ◁

PACQUAGE, ■ n. m. [pakaʒ] (*pacquer*) Action d'entasser le poisson préalablement salé dans des barils prévus à cet effet.

PACS, ■ n. m. [paks] (sigle de *pacte civil de solidarité*) Contrat signé entre deux personnes majeures, de même sexe ou de sexe opposé, n'ayant pas de liens de parenté, pour organiser leur vie commune selon des obligations et des droits spécifiques. ■ PACSER, v. tr. et v. pr. [pakse] ■ PACSÉ, ÉE, n. m. et n. f. ou adj. [pakse]

PACSON, ■ n. m. [paksɔ̃] (*paquet*, avec suff. argot.) **Arg.** Paquet. ■ REM. On peut aussi écrire *paxon*.

PACTA CONVENTA, n. m. pl. [paktakɔ̃vɛ̃ta] (mots lat. plur. de *pactum*, convention, et *conventum*, p. p. de *convenire*, être l'objet d'un accord) Conventions faites entre la république de Pologne et le roi qui venait d'être élu.

PACTE, n. m. [pakt] (lat. *pactum*, de *paciscor*, conclure un arrangement) Convention. *Il y a un pacte entre eux. Le pacte social.* ♦ *Faire un pacte avec le Diable*, contracter avec le Diable une prétendue convention par laquelle il accordait richesse et pouvoir pendant un certain temps, au bout duquel il s'emparait de celui qui avait fait le pacte. ♦ **Fig.** « *Rompez, rompez tout pacte avec l'impiété* », RACINE. ♦ *Pacte de famille*, traité conclu en 1761 entre la France et l'Espagne, par lequel toutes les branches de la maison de Bourbon s'obligeaient à se soutenir mutuellement. ♦ *Pacte fédéral*, la Constitution de la Suisse. ♦ ▷ *Pacte de famine*, compagnie de monopoleurs de grains fondée en 1729. ◁ ■ **Fig.** *Pacte avec le Diable*, accord immoral qui se fait dans le secret. *En faisant des affaires avec ces gens, il signe un pacte avec le Diable.* ■ *Pacte civil de solidarité*, Voy. PACS.

PACTISER, v. intr. [paktize] (*pacte*) Faire un pacte. ♦ **Fig.** Composer, transiger. *Pactiser avec le crime.*

PACTOLE, n. m. [paktɔl] (lat. *Pactolus*, gr. *Paktôlos*, fleuve de Lydie) Petite rivière de Lydie qui charriait de l'or. ♦ **Fig.** Source de richesse. *C'est le Pactole.* ■ REM. On l'écrit aujourd'hui avec un *p* minuscule. *Il est tombé sur un vrai pactole.*

PADAN, ANE, adj. [padɑ̃, an] (lat. impér. *padanus*, du Pô) Relatif au Pô, fleuve d'Italie, à la plaine du Pô. *Le piémont padan des Alpes.*

PADDOCK, ■ n. m. [padɔk] (mot angl., enclos, enceinte réservé[e], pesage) Enclos situé dans une prairie pour que les juments et les poulains puissent y paître. ■ Enclos aménagé à côté du box d'un cheval pour le laisser en liberté. ■ Espace d'un champ de courses où sont promenés les chevaux par leur bride avant le départ. ■ **Pop.** et **litt.** *Aller au paddock.*

PADDY, ■ n. m. [padi] (mot angl., du malais *padi*) Riz qui n'est ni décortiqué ni nettoyé. **En appos.** *Riz paddy. Des paddys.*

PADICHAH ou **PADISCHAH**, n. m. [padiʃa] (mot persan, roi, de *pad*, maître, et *shah*, roi) L'empereur des Turcs. ■ REM. On écrivait aussi *padisha* autrefois.

PADINE, ■ n. f. [padin] (lat. sav. [XVIIIᵉ s.] *padina*, d'orig. inc.) Algue brune dont le thalle est en éventail, s'enroulant en cornet, de couleur blanc et brun, incrustée de calcaire et munie d'un court pédoncule.

PADISCHAH ou **PADISHA**, n. m. [padiʃa] Voy. PADICHAH.

PADOU ou **PADOUE**, n. m. [padu] (*Padoue*, ville d'Italie) Nom donné à des rubans de bourre de soie.

PADOUANE, adj. f. [padwan] (fém. de *padouan*, de Padoue, d'après l'ital. *padovano*) ♦ *Médailles padouanes* et n. f. *padouanes*, médailles nouvellement frappées pour contrefaire les antiques ; elles provenaient d'un nommé le *Padouan*, qui en a contrefait un grand nombre en Italie. ♦ **Par extens.** Toute médaille moderne frappée à l'antique et qui semble avoir tous les caractères de l'antiquité. ◁

PAELLA, n. f. ou **PAËLLA**, ■ n. f. [paela] ou [paelja] (mot esp., du catal. *paella*, de l'anc. fr. *paele*, poêle) Plat espagnol composé de riz au safran accompagné de légumes, de poulet, de chorizo, de crustacés, de moules, etc. *Préparer une paella.*

1 PAF !, interj. [paf] (onomat., bruit de coup ou de chute) Indique un coup donné. *Pif ! paf !*

2 PAF, ■ adj. [paf] (abrév. de *paffé*, p. p. de *se paffer*, se gaver ; cf. *s'empaffer*, *se piffrer*, *s'empiffrer*) **Pop.** Ivre. « *C'est bon l'air frais, soupira-t-elle. Je suis complètement paf !* », EMBARECK.

3 PAF, ■ n. m. [paf] (acronyme de *paysage audiovisuel français*) Ensemble des chaînes de télévision et des stations de radio qui sont autorisées à émettre sur le territoire national. *La création d'une nouvelle chaîne de télévision dans le PAF.*

PAGAIE, n. f. [pagɛ] (malais *peñ gayuh*, rame à pirogue à double pelle) Espèce de rame dont on se sert aux Indes orientales et dont la forme est celle d'une pelle, avec une petite traverse, en forme de béquille, au bout du manche ; elle ne porte pas sur l'embarcation. ■ REM. On manie aujourd'hui les pagaies sur les pirogues, les canoës, etc.

PAGAILLE ou **PAGAÏE**, n. f. [pagaj] (orig. incert. ; p.-ê. *pagaie*, à cause des mouvements désordonnés qu'impose cette rame) Fam. Désordre. « *Il vaut mieux avancer dans la pagaille que piétiner dans l'ordre* », FITOUSSI. ■ *En pagaille*, en désordre. *Une chambre en pagaille.* ■ *En pagaille*, en grosse quantité. *Des cheveux en pagaille.* ■ REM. On écrivait aussi *pagaye* autrefois. ■ PAGAILLEUR, EUSE, n. m. et f. [pagajœr, øz] ■ PAGAILLEUX, EUSE, adj. [pagajø, øz]

PAGANISER, v. intr. [paganize] (lat. chrét. *paganizare*, participer à des rites païens, de *paganus*, païen) Agir, penser en païen. « *Je paganise dans le sanctuaire* », BOSSUET. ♦ V. tr. Donner le caractère du paganisme.

PAGANISME, n. m. [paganism] (lat. chrét. *paganismus*, gentilité, paganisme) Religion païenne, religion constituée par le polythéisme. ♦ **Fig.** « *N'a-t-il pas dit partout que le papisme est un abominable paganisme ?* », BOSSUET. ♦ ▷ S'est dit, dans le Moyen Âge, pour *islamisme*. ◁

PAGAYE, n. f. [pagaj] Voy. PAGAILLE.

PAGAYER, ■ v. intr. [pageje] (*pagaie*) Ramer en manœuvrant une pagaie. *Continuer à pagayer.* ■ PAGAYEUR, EUSE, n. m. et f. [pagejœr, øz]

1 PAGE, n. f. [paʒ] (lat. *pagina*, feuille de papyrus prête à recevoir l'écriture, page, feuillet) L'un des côtés d'un feuillet de papier, de parchemin, etc. ♦ *Page blanche*, page où il n'y a rien d'écrit. ♦ **Fig.** « *Puisse toute ma vie être une page blanche !* », LAMARTINE. ♦ Écriture ou impression contenue dans la page. *Il y a tant de lignes à la page.* ♦ **Impr.** *Mettre en pages*, rassembler des paquets de composition pour en former des pages. ♦ *Metteur en pages*, le compositeur chargé de cette opération. ♦ Le contenu de la page, par rapport au sens, au style. *Il y a de belles pages dans ce livre.* ♦ **Fig.** *C'est la plus belle page de sa vie*, c'est l'action qui lui fait le plus d'honneur. ♦ Feuille de papier. *Déchirer la page d'un magazine.* ♦ **Fig.** *Tourner la page*, oublier le passé ; *Être à la page*, suivre l'actualité, la mode. ♦ *Page Web*, page-écran d'un site Web. ■ **Inform.** *Page-écran*, ensemble des informations qu'on peut visualiser sur un même écran. *Des pages-écrans.* ■ **Inform.** *Page d'accueil*, page par laquelle on accède à un site Web. ■ REM. Recommandation officielle pour *homepage*. ■ **Typogr.** *La belle page*, la page de droite, qui est impaire ; *la fausse page*, celle de gauche, qui est paire. *Commencer un chapitre en belle page.* ■ **Fig.** Partie de la vie de quelqu'un ou partie de l'histoire. *Une belle page de la ville de Paris.*

2 PAGE, ■ n. m. [paʒ] (orig. incert. ; ital. *paggio*, du gr. *paidion*, petit enfant, ou lat. *pathicus*, sodomite passif, ou *pagicus*, paysan) Jeune garçon attaché au service d'un roi, d'un prince, d'un seigneur. « *Tout marquis veut avoir des pages* », LA FONTAINE. ♦ ▷ *Tour de page*, malice où il y a de l'espièglerie. ◁ ♦ ▷ *Effronté comme un page de cour* ou simplement *comme un page*, hardi jusqu'à l'impudence. ◁ ♦ ▷ *Être sorti de page*, être hors de page, avoir accompli le temps de son service dans les pages, et fig. être hors de toute dépendance. ◁ ♦ ▷ *Mettre hors de page*, affranchir de la dépendance. ◁

3 PAGE, ■ n. m. [paʒ] Voy. PAGEOT.

PAGEAU, ■ n. m. [paʒo] Voy. PAGEOT.

PAGE-ÉCRAN, ■ n. f. [paʒekrɑ̃] Voy. PAGE.

PAGEL n. m. ou **PAGELLE**, ■ n. f. [paʒɛl] Voy. PAGEOT.

1 PAGEOT, ■ n. m. [paʒo] (a. provenç. *pagel*, du lat. pop. *pagellus*, dimin. de *pager*, pagre) Poisson de Méditerranée, de couleur gris-rose argenté et dont la chair est très appréciée. Le pageot est également appelé dorade rose. ■ REM. On dit aussi *pagel*, *pagelle* (substantif féminin) ou *pageau*.

2 PAGEOT ou **PAJOT**, ■ n. m. [paʒo] (croisement de *paillot*, petite paillasse de lit d'enfant, avec *pagnot*, panier à provisions, puis panier à viande, lit) **Pop. Lit.** *Au pajot !* ■ **Abrév.** Page.

PAGER ou **PAGEUR**, ■ n. m. [paʒœr] (angl. *to page*, faire appeler) **Télécomm.** Petit récepteur de radiomessagerie qui permet de recevoir des messages brefs et dont la transmission se fait par ondes hertziennes.

PAGINATION, n. f. [paʒinasjɔ̃] (lat. *pagina*, page) Série des numéros des pages d'un livre. *Une faute de pagination.*

PAGINÉ, ÉE, p. p. de paginer. [paʒine]

PAGINER, v. tr. [paʒine] (lat. *pagina*, page) Numéroter les pages d'un livre, d'un registre, etc.

PAGNE, n. m. [paɲ] ou [panj] (esp. *paño*, du lat. *pannus*, morceau d'étoffe) Morceau de toile de coton ou d'autre étoffe, dont les nègres d'Afrique s'enveloppent le corps, depuis la ceinture jusqu'aux genoux [1]. ♦ Chaque pièce d'un tissu d'écorce d'arbres ou d'autres filaments végétaux qui se fait à Madagascar ou ailleurs, et dont on fait soit des robes, soit des chapeaux. ◆ L'Académie fait ce mot masculin d'après l'étymologie ; Voltaire et Chateaubriand l'ont fait féminin. ■ Morceau d'étoffe légère destiné à couvrir le bas du corps. ■ Rem. 1 : À l'époque de Littré, le mot *nègre* n'était pas raciste, contrairement à aujourd'hui.

PAGNON, n. m. [paɲɔ̃] ou [paɲɔ̃] (*Pagnon*, fabricant de draps de Sedan au XVIIe s.) ▷ Sorte de drap noir très fin, de la manufacture de Sedan, dont l'auteur se nommait Pagnon. ◆ Adj. *Du drap pagnon.* ◁

PAGNOTE, adj. [paɲɔt] ou [paɲɔt] (ital. *pagnotta*, pain, ration de soldat, du provenç. *panhota*, petit pain) ▷ Qui est sans courage, sans énergie. « *Fuyez, troupes pagnotes* », Legrand. ◆ N. m. *Un pagnote.* ◆ *Mont pagnote*, lieu élevé d'où l'on peut sans péril regarder un combat. ◁

PAGNOTER (SE), v. pr. [paɲɔte] ou [paɲɔte] (*pagnot*, panier, lit) **Pop.** Se coucher, se mettre au lit. « *Sur le pas de la porte où il s'était pagnoté toute la nuit dans un plumard, i' cirait les godasses de son ouistiti* », Barbusse.

PAGNOTERIE, n. f. [paɲɔt(ə)ri] ou [paɲɔt(ə)ri] (*pagnote*) ▷ Absence de courage, d'énergie. ◆ Bévue, balourdise. « *Cette pagnoterie fait rire* », Voltaire. ◁

PAGODE, n. f. [pagɔd] (port. *pagode*, idole, temple des idolâtres, du dravidien *pagôdi*, *pagavadi*, nom de Cali, épouse de Çiva, du sansc. *bhagavati*, déesse) Sorte de pavillon consacré au culte des idoles, chez certains peuples d'Asie. *Une pagode chinoise.* ◆ Idole adorée dans les pagodes. ◆ **Par extens.** Petite figure grotesque à tête mobile. ◆ Monnaie d'or indienne, valant 9 fr. 18 c. ◆ *Une manche pagode*, sorte de manche large. ■ *Toit en pagode*, toit qui s'évase en se recourbant vers le bas.

PAGODON, ■ n. m. [pagɔdɔ̃] (dimin. de *pagode*) Petite pagode. *Un pagodon abritant une empreinte de pied de Bouddha.*

PAGRE, ■ n. m. [pagʀ] (lat. *pager*, *pagrus*, du gr. *phagros*) Poisson de Méditerranée, voisin de la dorade, de couleur gris-rose à reflets bleutés et dont la chair est très appréciée. *Le pagre est également appelé* dorade royale.

PAGURE, ■ n. m. [pagyʀ] (lat. *pagurus*, sorte de crabe, gr. *pagouros*, de *pagos*, objet fiché, durci, et *oura*, queue) **Zool.** Crustacé décapode, au corps orangé à rouge, dont la principale caractéristique est de protéger son abdomen mou dans la coquille vide d'un gastéropode. *Le pagure est également appelé* bernard-l'ermite.

PAGUS, ■ n. m. [pagys] (lat. *pagus*, bourg, canton) **Antiq.** Circonscription rurale. *Des pagus ou des pagi* (pluriel latin).

PAHLAVI, ■ n. m. [palavi] Voy. PEHLVI.

PAIDOLOGIE, ■ n. f. [pedɔlɔʒi] Voy. PÉDOLOGIE.

PAIE, ■ n. f. [pɛ] Voy. PAYE.

PAIEMENT, n. m. [pɛmɑ̃] (*payer*) Ce qu'on donne pour acquitter une dette. *Le paiement d'un mémoire.* ◆ **Fig.** « *Voilà le paiement de vos peines et des siennes !* », Mme de Sévigné. ◆ Action de payer. *Faire un paiement.* ■ **Rem.** Graphies anciennes : *payement, paîment.*

PAÏEN, ÏENNE ou **PAYEN, ENNE**, adj. [pajɛ̃, jɛn] (lat. *paganus*, habitant d'un bourg, civil par opposition aux soldats, puis extérieur aux groupes constitués, enfin païen aux yeux des clercs qui se déclarent soldats du Christ) Qui est du nombre des sectateurs du polythéisme antique. *Les philosophes païens.* ◆ Il se dit de tous les peuples idolâtres. *Les habitants de l'Inde, à part les musulmans, sont païens* [1]. ◆ ▷ S'est dit des mahométans, par opposition à chrétien, et même des hérétiques, par opposition à catholique. ◁ ◆ Qui est relatif au paganisme. *La religion païenne.* ◆ **Fig.** Qui a le caractère païen, en parlant soit des personnes, soit des choses. *Une vie païenne.* « *Depuis le péché, l'esprit de l'homme est tout païen* », Malebranche. ◆ N. m. et f. Celui, celle qui adore plusieurs dieux. ◆ Dans le Moyen Âge, musulman. ◆ **Fig.** Celui, celle dont la religion a quelque chose du paganisme. *Vivre en païen.* « *Nous jugeons en païens* », Fénelon. ◆ **Par extens.** Un impie. *C'est un vrai païen.* ◆ ▷ *Jurer comme un païen*, proférer d'horribles jurements. ◁ **Rem. 1** : Si *païen* s'emploie encore dans ce sens aujourd'hui, on ne dirait plus à propos des Hindous auxquels fait allusion l'exemple qu'ils sont païens.

PAIERIE, ■ n. f. [peʀi] (*payer*) Trésorerie, service de trésorerie ; bureau du trésorier-payeur. *Une paierie départementale.*

PAILLAGE, ■ n. m. [pajaʒ] (*pailler*) Action de pailler.

PAILLANTINE, n. f. [pajɑ̃tin] (radic. de *paillette.*) ▷ Épiderme brillant du dos de la plume qui s'emploie dans les fleurs artificielles. ◁

PAILLARD, ARDE, n. m. et n. f. [pajaʀ, aʀd] (*paille*) ▷ Proprement, celui, celle qui couche sur la paille ; homme, femme misérable. ◁ ◆ **Pop.** Personne de vie dissolue. ◆ Adj. Adonné à la luxure. ■ Qui est grivois, qui a le caractère de la paillardise. *Des histoires, des chansons paillardes.* ■ N. m. et n. f. Personne grivoise.

PAILLARDER, v. intr. [pajaʀde] (*paillard*) ▷ Faire acte de paillard. ◁

PAILLARDISE, n. f. [pajaʀdiz] (*paillard*) Goût, habitude de l'impudicité. ◆ ▷ Acte de paillard. ◁

1 **PAILLASSE**, n. f. [pajas] (*paille*) Amas de paille enfermée dans une toile, dont on garnit les lits. ◆ La toile elle-même qui contient cette paille. ◆ **Fig.** et **pop.** *Crever la paillasse à quelqu'un*, le tuer d'un coup d'arme tranchante dans le ventre. ■ **Techn.** Surface horizontale à hauteur d'appui qui sert de plan de travail. *Les paillasses d'un laboratoire de chimie.* ■ Surface située à côté de la cuve d'un évier. *Mettre la vaisselle à égoutter sur la paillasse.* ■ **Pop.** et **vx** Prostituée.

2 **PAILLASSE**, n. m. [pajas] (ital. *Pagliaccio*, nom d'un bateleur) Bateleur qui contrefait gauchement les tours de force qu'il voit faire. ■ ▷ **Fig.** et **fam.** *Ce n'est qu'un paillasse*, un homme sans consistance. ◁ ◆ ▷ **Fig.** Homme politique qui donne la comédie par ses changements d'opinion. ◁

PAILLASSON, n. m. [pajasɔ̃] (1 *paillasse*) Natte de paille ou de roseau sur laquelle on s'essuie les pieds. ◆ Paille longue étendue attachée par des rangs de ficelle, servant à garantir de la gelée les espaliers et les couches. ■ **Fig.** et **fam.** Personne faible et servile. ■ Paille tressée dont on fabrique des chapeaux.

PAILLASSONNER, ■ v. tr. [pajasɔne] (*paillasson*) **Agric.** Couvrir de paillassons. *Paillassonner un espalier.* ■ PAILLASSONNAGE, n. m. [pajasɔnaʒ]

PAILLE, n. f. [paj] (lat. *palea*, balle du blé, paille) Tiges desséchées des graminées céréales. ◆ **Fig.** « *Armes du reste de la terre, Contre ces deux peuples unis Qu'êtes-vous que paille et que verre?* », Malherbe. ◆ *Un cent, un millier de paille*, un cent, un millier de bottes de paille. ◆ ▷ *Aller à la paille*, se dit des soldats qui vont faire leur provision de paille. ◁ ◆ ▷ *Cet homme a mis de la paille en ses souliers*, il est devenu riche en peu de temps. ◁ ◆ *Feu de paille*, Voy. FEU. ◆ **Fig.** Dans l'Évangile, *paille*, les réprouvés. « *Les tempêtes dont l'Église a été battue ont emporté la paille et fait paraître le froment* », Nicole. ◆ **Fig.** Misère. *Coucher sur la paille*, être très misérable. *Mettre à la paille, sur la paille*, ruiner ; se dit d'un homme qui se ruine. *Il mourra sur la paille*, se dit d'un homme qui se ruine. ◆ *Une paille*, un très petit brin de paille. « *Quand la balance est parfaitement égale, une paille suffit pour la faire pencher* », J.-J. Rousseau. ◆ **Fig.** Dans le langage de l'Évangile, **Prov.** *voir une paille dans l'œil de son prochain et ne pas voir une poutre dans le sien*, remarquer les moindres défauts chez les autres et ne pas voir les siens propres. ◆ **Fig.** *Rompre la paille*, rompre un marché, un accord ; et aussi se brouiller. ◆ **Fig.** *Cela lève, enlève, emporte la paille*, se dit d'une chose excellente, singulière, décisive, par allusion à l'ambre, qui a la vertu d'attirer la paille. ◆ *Tirer à la courte paille*, tirer au sort avec des brins de paille de longueur inégale. ◆ ▷ *Jeter la paille au vent*, se dit lorsque, incertain de sa route, on jette une paille au vent pour voir d'où le vent souffle. ◁ ◆ *De paille*, se dit des personnes et des choses sans valeur. *Homme de paille.* ◆ *Homme de paille*, celui qui ne fait que prêter son nom dans une affaire. ◆ Enveloppe florale des graminées séparée du grain. *Paille d'avoine.* ◆ Défaut de liaison dans la fusion des métaux et du verre. ◆ Obscurité, défaut qui se trouve quelquefois dans les pierres précieuses. ◆ *Paille-en-queue* ou *paille-en-cul*, oiseau de mer dont la queue a deux longues plumes étroites. ◆ Au pl. *Des paille-en-queue* ou *paille-en-cul.* ◆ *Couleur de paille* et adj. *couleur paille*, couleur qui ressemble à celle de la paille. ◆ *Vins de paille*, vins fabriqués avec des raisins séchés sur la paille. ◆ Adj. inv. *Qui est couleur de paille. Des rubans paille.* ◆ N. m. *Le paille de cette étoffe est bien beau.* N. f. Paille utilisée en vannerie. *Un cabas en paille tressée. Un chapeau de paille.* ■ Long tuyau fin en matière plastique avec lequel on aspire une boisson. ◆ **Fig.** *Être sur la paille*, ne plus avoir d'argent. *Depuis qu'ils sont au chômage, ils sont sur la paille.* ■ **Fig.** *Paille de fer*, tampon constitué de copeaux de fer agglutinés, généralement utilisé pour gratter une surface. ◆ **Fig.** et **fam.** *Une paille*, peu de chose, presque rien. **Ironiq.** *Il se doit 10 000 euros? Une paille !*

PAILLÉ, ÉE, p. p. de pailler. [paje] **Hist. nat.** Qui a la couleur de la paille. ◆ **Hérald.** Il se dit des fasces, pals et autres pièces bigarrées de diverses couleurs. ◆ Qui a une paille, en parlant des métaux. *Acier paillé.*

PAILLE-EN-QUEUE, n. m. [pajɑ̃kø] (*paille*, en et queue) Voy. PAILLE.

1 **PAILLER**, n. m. [paje] (b. lat. *palearium*) La basse-cour d'une métairie, où il y a de la paille, du foin, etc. ◆ **Fig.** *Il est bien fort sur son pailler*, c'est-à-dire dans le lieu qu'il habite, près de ceux qui peuvent le soutenir. ◁ ◆ ▷ On dit de même : *C'est un coq sur son pailler.* ◁ ◆ Léger hangar sous lequel on conserve, dans le Midi, la paille entassée. ◆ La meule même formée avec des gerbes de paille. ◆ Adj. *Pailler, ère*, qu'on nourrit sur le pailler. *Chapon pailler. Poularde paillère.*

2 **PAILLER**, v. tr. [paje] (*paille*) Répandre de la paille courte ou de la litière sur un terrain semé ou planté. ◆ *Pailler des arbres, des figuiers*, les envelopper de paille pour les protéger contre la gelée. ◆ Garnir de paille. *Pailler une chaise.* ◆ **Absol.** *Cet ouvrier paille très bien.*

PAILLET, adj. m. [pajɛ] (*paillé*) En parlant du vin rouge, peu chargé de couleur. ◆ *Vin paillet*, vin de paille.

PAILLETAGE, ■ n. m. [paj(ə)taʒ] (*pailleter*) Action de pailleter ; résultat de cette action. *Le pailletage d'une robe.*

PAILLETÉ, ÉE, adj. [paj(ə)te] (*paillette*) Couvert de paillettes. *Habit pailleté.* ✦ **Bot.** Qui a la forme de paillettes. ✦ Qui affecte la forme de lamelles, de petits cristaux libres ou disséminés dans des roches. *Mica pailleté.*

PAILLETER, ■ v. tr. [paj(ə)te] (*paillette*) Couvrir, décorer de paillettes. *Pailleter ses cheveux.*

PAILLETEUR, n. m. [paj(ə)tœʀ] (*paillette*) Celui qui recueille les paillettes d'or qui se trouvent dans quelques rivières.

PAILLETTE, n. f. [pajɛt] (*paille*) Petit morceau d'une lame d'or, d'argent, de cuivre ou d'acier, qu'on applique sur quelque étoffe pour l'orner. ✦ **Fig.** Tout ce qui paraît très brillant et n'a aucune solidité. *Les paillettes du style.* ✦ Parcelle d'or qu'on trouve dans le sable de quelque rivière. ✦ Très petites plaques ou lames comme celles du mica. ✦ Défaut dans le diamant et autres pierres précieuses.

PAILLEUR, EUSE, n. m. et n. f. [pajœʀ, øz] (suivant le sens, *paille* ou 2 *pailler*) Celui, celle qui vend ou qui voiture de la paille. ✦ Celui, celle qui paille les chaises. On dit aussi *rempailleur.*

PAILLEUX, EUSE, adj. [pajø, øz] (*paille*) Fait de paille. *Litières pailleuses.* ✦ Qui contient des fragments de paille. *Chiffons pailleux.* ✦ Qui a une paille, un défaut de structure. *Des rails pailleux. Une glace pailleuse.*

PAILLIS, n. m. [paji] (*paille*) Couche de litière courte ou de fumier non consommé que l'on étend sur des planches de jardin avant ou après les avoir plantées.

PAILLON, n. m. [pajɔ̃] (*paille*) Poignée de paille. ✦ **Orfèvr.** Lame de cuivre mince et colorée qui sert à faire le fond des chatons. ✦ Petit morceau de soudure. ✦ Feuilles d'étain minces, rondes, qui servent à paillonner ou étamer. ✦ Métal quelconque battu et réduit en feuille très mince, que l'on découpe et qui sert à faire le fond luisant des divers ornements que l'on rapporte dans les franges, galons, etc.

PAILLOTE, ■ n. f. [pajɔt] (port. *palhota*) Cabane des pays chauds bâtie avec des branchages, des roseaux, etc. et recouverte de paille. *Construire une paillote.*

PAÎMENT, n. m. [pemɑ̃] Voy. PAIEMENT.

PAIN, n. m. [pɛ̃] (lat. *panis*, pain, boule) Aliment fait de farine pétrie et cuite. *Pain tendre. Pain rassis. Petit pain*, Voy. PETIT. *Pain mollet*, Voy. MOLLET.* ✦ *Pain de munition*, Voy. MUNITION. ✦ ▷ *Il mange son pain dans sa poche* ou *dans son sac*, se dit d'un avare ou d'un homme qui vit retiré. ◁ ▷ *Il ne vaut pas le pain qu'il mange*, se dit d'un fainéant, de quelqu'un d'inutile. ◁ ✦ ▷ *Il mange son pain blanc le premier*, se dit de quelqu'un qu'on prévoit ne devoir pas être toujours dans une condition aussi heureuse que celle où il est présentement. ◁ ✦ **Fig.** *Ne manger que d'un pain*, n'avoir aucune variété. ◁ **Fig.** *Pain dérobé*, plaisir qu'on obtient en cachette et par une sorte de vol. ✦ *C'est du pain bien dur*, c'est une condition fâcheuse où le besoin force à rester. ✦ *Il est bon comme le bon pain, comme du bon pain*, se dit d'un homme bon et doux. ✦ *Pour un morceau de pain*, à très bon marché. ✦ *Pain sec*, punition qu'on inflige aux enfants et qui consiste à ne leur donner que du pain pour repas. ✦ *Mettre au pain et à l'eau*, se dit d'une punition dans laquelle on ne donne au délinquant que du pain et de l'eau pour toute nourriture. ✦ **Pop.** *Faire passer, faire perdre le goût du pain*, tuer. ✦ **Par extens.** La nourriture de chaque jour. « *Chaque jour mange son pain* », LA FONTAINE. ✦ *Pain quotidien*, la nourriture de chaque jour, les besoins journaliers, et fig. ce que l'on fait habituellement. ✦ *Pain des prisonniers*, le pain que l'on distribue journellement aux prisonniers. ✦ *Pain du roi*, le pain que le roi donnait pour la nourriture des prisonniers. ✦ ▷ *Il a mangé du pain du roi*, il a été en prison, et aussi il a été militaire. ◁ ✦ Le morceau de pâte avant qu'il soit cuit. *Mettre le pain au four.* ✦ *Du pain cuit*, du pain qui a subi la cuisson au four, et fig. ouvrage fait d'avance, épargne faite pour l'avenir. ✦ *Avoir son pain cuit*, avoir sa subsistance assurée. ✦ ▷ *Avoir du pain sur la planche* ou simplement *avoir du pain sur la planche*, avoir de quoi vivre en repos, sans travailler. ◁ ✦ *Pain sans levain*, le pain azyme. ✦ *Les pains de proposition*, les douze pains qui étaient offerts à Dieu dans l'ancienne loi, les jours de sabbat. ✦ *Pain d'affliction*, pain que les Juifs mangeaient en souvenir de leur sortie d'Égypte. ✦ En style mystique, *pain de douleur*, le temps qu'on passe dans l'affliction. ✦ *Pain d'amertume*, chose qui afflige. ✦ *Pain bénit*, pain que le prêtre bénit et qu'on coupe par morceaux pour le distribuer aux fidèles durant une messe solennelle. ✦ *Rendre le pain bénit*, donner à l'église le pain qui doit être bénit. ✦ ▷ **Fig.** *C'est pain bénit*, se dit d'une disgrâce qui arrive à quelqu'un qui l'a bien méritée. ◁ ✦ **L'hostie.** *Pain céleste, pain des anges, pain de l'âme*, l'eucharistie. ✦ **Fig.** *Pain du Ciel, pain de vie*, Jésus-Christ et sa doctrine. ✦ *Pain de la parole de Dieu* ou simplement *pain de la parole*, enseignement des vérités morales et religieuses. ✦ *Le pain des forts*, les vérités de la religion chrétienne. ✦ **Fig.** Subsistance. *Gagner son pain.* ✦ *Manger le pain de quelqu'un*, recevoir de lui de quoi vivre et aussi être à son service comme domestique. ✦ *Ôter à quelqu'un le pain de la main, ôter le pain*, lui faire perdre les moyens de subsister. ✦ *S'ôter le pain de la bouche pour quelqu'un*, se priver du nécessaire, afin de lui fournir de quoi vivre. ✦ *Mettre le pain à la main de quelqu'un*, lui fournir le pain qui fait vivre, et fig. être la première cause de sa fortune. ✦ **Fig.** *Tremper son pain de ses larmes*, vivre dans une componction continuelle. ✦ *Pain de chien*, pain grossier destiné à la nourriture des chiens. ✦ *Pain d'épice*, Voy. ÉPICE. ✦ *Pain à cacheter*, petit rond de pain sans levain dont on se sert pour cacheter les lettres. ✦ *Pain d'autel, pain à chanter*, hostie. ✦ Certaines substances mises en masse et dont la forme est comparée à celle d'un pain. *Pain de sucre, de bougie, de savon.* ✦ En pain de sucre, en forme de cône. ✦ *Pain de noix, pain d'olives*, masse formée du résidu des noix, des olives, quand on en a extrait l'huile. ✦ *Arbre à pain*, le jaquier. ✦ *Pain de coucou*, alléluia. ✦ *Pain-de-hanneton*, les fruits de l'orme. ✦ *Pain-de-pourceau*, cyclame. ✦ **Prov.** *À mal enfourner on fait les pains cornus*, le principal d'une affaire, c'est de la bien commencer. ✦ *Pain coupé n'a point de maître*, se dit lorsque à table on prend le pain d'un autre. ■ *Avoir du pain sur la planche*, avoir beaucoup de travail. ■ *C'est pain bénit*, c'est une chance. ■ **Fam.** *Ça ne mange pas de pain*, ça ne demande pas un gros effort, ça n'engage à rien. ■ **Fam.** Coup. *Donner un pain à quelqu'un.* ■ **Fam.** *Se vendre, partir comme des petits pains*, être vendu en grande quantité. *Ce livre est un vrai succès de librairie ; il se vend comme des petits pains.* ■ **Fam.** *Ne pas manger de ce pain-là*, ne pas accepter une offre malhonnête. ■ *Une bouchée de pain*, une très petite somme. *J'ai acheté ce miroir pour une bouchée de pain.*

PAIR, AIRE, adj. [pɛʀ] (lat. *par*) Égal, semblable, pareil ; ne se dit plus en ce sens que dans *sans pair. C'est un homme sans pair.* « *Mérite sans pair* », LA FONTAINE. ✦ **Arith.** *Nombre pair*, nombre divisible par deux. ✦ Qui est d'un rang pair, en arithmétique. *Des années paires.* ✦ *Pair ou non*, jeu où l'on donne à deviner si le nombre des objets qu'on tient dans la main est pair ou impair. ✦ *Pair et impair*, sorte de jeu qui se joue avec trois dés. ✦ **Hist. nat.** Qui est divisible en deux parties ayant entre elles des rapports marqués de disposition et placées des deux côtés d'un plan. ✦ **N. m. pl.** Dans le régime féodal, *les pairs*, ceux qui étaient de même condition. ✦ Aujourd'hui, *les pairs*, les égaux. *Vivre avec ses pairs.* ✦ **Au sing.** Ne se dit que dans cette locution : *pair et compagnon.* ✦ *De pair à compagnon*, sur le pied de l'égalité. ✦ Le mâle ou la femelle de certains oiseaux, et particulièrement de la tourterelle. ✦ Dans le régime féodal, les principaux vassaux d'un seigneur. ✦ Chacun des grands vassaux du roi. ✦ *Les douze pairs de France* ou *de Charlemagne*, les douze paladins que l'on suppose avoir été attachés à la personne de Charlemagne. ✦ Plus tard, ceux qui possédaient des terres érigées en pairies et qui avaient droit de séance au parlement de Paris. ✦ *Duc et pair*, seigneur qui avait le titre de duc et celui de pair. ✦ Membre de la Chambre haute en Angleterre. ✦ Membre de la Chambre haute en France sous la Restauration, pendant les Cent-Jours et sous le règne de Louis-Philippe. ✦ **Comm.** *Le pair*, l'égalité de change des espèces de différents pays. *Le change est au pair.* ✦ **Bourse** *Le pair*, parité entre le capital d'une action, ou d'une obligation, ou d'une rente et le prix vénal à un moment donné. ✦ ▷ *La rente est au pair*, elle se vend et s'achète au prix indiqué par son nom. ◁ ✦ *Être au pair*, au courant de sa besogne. ✦ **DE PAIR**, loc. adv. Sur le même rang. *Aller de pair avec quelqu'un.* « *La mollesse et le plaisir ont trouvé le secret d'aller de pair avec la valeur et le courage* », MASSILLON. ✦ Dans la première moitié du XVIIᵉ siècle, on préférait *du pair* à *de pair.* ✦ **HORS DE PAIR, HORS DU PAIR**, loc. adv. Au-dessus de ses égaux, au-dessus des choses semblables. ✦ ▷ *Tirer du pair* ou *de pair*, distinguer. ◁ ✦ ▷ *Il s'est tiré du pair, il est hors du pair*, il s'est élevé au-dessus des autres. ◁ ■ **Rem.** On dit aujourd'hui *hors pair* plutôt que *hors de pair* ou *hors du pair.* ■ *Au pair*, se dit d'une personne qui est nourrie et logée, ou faiblement rémunérée, en échange du travail qu'elle fournit. *Une jeune fille au pair s'occupera des enfants.*

PAIRE, n. f. [pɛʀ] (lat. pop. *paria*, plur. neutre de *par*, pair) Couple d'animaux de la même espèce, mâle et femelle. ✦ Il se dit aussi, sans distinction de mâle et de femelle, de deux animaux. *Une paire de poulets.* ✦ *Une paire de bœufs, de chevaux*, des bœufs destinés à être attachés au même joug, deux chevaux destinés à être attelés à la même voiture. ✦ **Fam.** Il se dit des personnes. *Une paire d'amis.* ✦ Deux choses de même espèce qui vont ensemble. *Une paire de pistolets, de gants.* ✦ **Fam.** *Une paire de joues, d'oreilles.* ✦ Une chose composée de deux pièces essentielles. *Une paire de lunettes, de pincettes.* ✦ **Prov.** *Les deux font la paire*, se dit, en mauvaise part, de deux personnes qui ont même caractère, qui sont bien appariées ensemble.

PAIREMENT, adv. [pɛʀ(ə)mɑ̃] (*pair*) **Arith.** *Nombre pairement pair*, nombre dont la moitié est un nombre pair et qui peut se diviser en quatre parties égales. ✦ *Nombre pairement impair* ou *impairement pair*, nombre pair dont la moitié est un nombre impair.

PAIRESSE, n. f. [pɛʀɛs] (angl. *peeress*, de *peer*, qui a la dignité de pair) Femme qui, en Angleterre, possède une pairie femelle. ✦ Femme d'un pair.

PAIRIE, n. f. [peʁi] (*pair*) Dans la féodalité, dignité attachée à un grand fief qui relevait immédiatement de la couronne. ◆ Fief, domaine auquel cette dignité était attachée. ◆ *Duché-pairie, comté-pairie,* duché, comté auquel était joint le titre de pair. ◆ ▷ *Pairie femelle,* celle qui passait aux femmes. ◁ En Angleterre, dignité de membre de la Chambre des pairs. ◆ En France, dignité de pair sous la Restauration, pendant les Cent-Jours et sous Louis-Philippe.

PAIRLE, n. m. [peʁl] (orig. inc.) **Hérald.** Pal mouvant de la pointe de l'écu et divisé en deux parties égales, qui vont aboutir en forme d'Y aux deux angles du chef.

PAISIBLE, adj. [pezibl] (*pais,* anc. forme de *paix*) Qui demeure en paix, qui ne trouble pas la paix. *Un homme, un caractère paisible.* ◆ Il se dit aussi des animaux. *Un agneau, un cheval paisible.* ◆ Qui ne trouble pas la paix, en parlant des choses. « *Tous les moyens de réclamer contre l'injustice sont permis quand ils sont paisibles* », J.-J. ROUSSEAU. ◆ Qui n'est point inquiété dans la possession d'un bien. *Paisible possesseur.* ◆ Il se dit aussi des choses dont la possession n'est pas inquiétée. « *La Macédoine demeura paisible à sa famille* », BOSSUET. ◆ Où l'on est en paix, où il n'y a point de bruit. *Une paisible solitude.* ◆ Qui n'est pas troublé, agité, en parlant des personnes. « *Une âme paisible est peu propre à juger des passions* », J.-J. ROUSSEAU. ◆ Qui est calme, tranquille. *Un ruisseau paisible.* ◆ Où il n'y a point d'agitation, de trouble. *L'empire d'Orient était paisible.* « *Comme l'ignorance est un état paisible et qui ne coûte aucune peine, l'on s'y range en foule* », LA BRUYÈRE.

PAISIBLEMENT, adv. [pezibləmɑ̃] (*paisible*) En paix, d'une manière paisible. *Vivre paisiblement.*

PAISSANCE, ■ n. f. [pesɑ̃s] (radic. du p. prés. de *paître*) **Dr.** Fait de laisser paître le bétail sur un terrain communal. *Donner le droit de paissance.*

PAISSEAU, n. m. [peso] (lat. vulg. *paxellus,* du lat. *paxillus,* pieu) Échalas pour soutenir la vigne.

PAISSELAGE, n. m. [pɛs(ə)laʒ] (*paisseler*) Action de paisseler.

PAISSELER, v. tr. [pɛs(ə)le] (*paisseau*) Garnir la vigne de paisseaux. ◆ **Absol.** *Le moment de paisseler est venu.*

PAISSON, n. f. [pesɔ̃] (lat. *pastio*) Tout ce que paissent les animaux. ◆ Action de paître le gland et la faîne.

PAÎTRE ou **PAITRE**, v. tr. [pɛtʁ] (lat. *pascere*) Sans passé défini et sans imparfait du subjonctif. ◆ **Fauconn.** *Paître un oiseau,* lui donner à manger. ◆ **Fig.** Nourrir. *Il faut qu'un curé paisse les fidèles du pain de la parole.* ◆ Mener des animaux dans les champs pour qu'ils y mangent. « *Un pasteur qui paît ses brebis* », SACI. ◆ **Fig.** « *Il faut un grand amour pour paître un grand troupeau* », FÉNELON. ◆ En parlant des animaux, brouter l'herbe, se nourrir de certains fruits tombés par terre. « *Paître l'herbe nouvelle* », LA FONTAINE. *Les pourceaux paissent le gland.* ◆ **Absol.** « *Hélas ! petits moutons, que vous êtes heureux ! Vous paissez dans nos champs, sans soucis, sans alarmes* », DESHOULIÈRES. ◆ **Fig. et fam.** *Envoyer paître,* renvoyer avec colère, avec mépris. *Envoyer paître quelque chose,* s'en débarrasser. ◆ **V. intr. Fauconn.** Manger, en parlant de l'oiseau. *Un faucon qui a pu.* ◆ *Se paître,* v. pr. Se nourrir. *Les corbeaux se paissent de charogne.* « *Les princes qui prennent l'Église sans se donner à elle ne paissent point le troupeau, c'est du troupeau qu'ils se paissent eux-mêmes* », FÉNELON. ◆ **Fig.** *Se paître d'imaginations, de chimères,* entretenir son esprit de choses vaines. ◆ On dit plus souvent *se repaître.* ◆ ▷ *Se paître de vent,* se complaire aux louanges. ◁

PAIX, n. f. [pɛ] (lat. *pax,* génit. *pacis*) Rapports réguliers, calmes, sans violence d'un État, d'une nation avec un autre État, une autre nation. ◆ **Poétiq.** *L'arbre de la paix,* l'olivier. ◆ *Pied de paix,* se dit, par opposition à *pied de guerre,* des forces militaires que l'on réduit quand aucun conflit n'est à craindre. *Mettre l'armée sur le pied de paix.* ◆ *Les arts de la paix,* les arts auxquels la paix est favorable. ◆ *Paix perpétuelle,* projet pour l'abolition de la guerre entre les peuples civilisés. ◆ *Laisser en paix,* ne pas guerroyer contre. ◆ **Fig.** « *Quelle injuste puissance Laisse le crime en paix et poursuit l'innocence* », RACINE. ◆ **Fig.** *Laisser quelqu'un en paix,* ne point l'importuner, ne point le molester. ◆ **Fig.** *Laisser en paix un objet,* n'y pas toucher. ◆ *Traité de paix. Faire une paix honteuse. Paix fourrée, paix plâtrée,* Voy. ces mots. ◆ **Fig.** *Ne donner ni paix ni trêve à quelqu'un,* le presser continuellement. ◆ Concorde, tranquillité intérieure dans les États, dans les familles, dans les sociétés particulières. ◆ Dans le Moyen Âge, *paix de Dieu,* loi qui ordonnait tout chrétien de poser les armes les dimanches et les jours de fête. ◆ *Paroles de paix,* propositions pour une réconciliation. ◆ *Ministre de paix,* un prêtre. ◆ *Homme de paix,* homme pacifique qui entretient la paix parmi les autres. ◆ *Faire la paix,* se réconcilier. ◆ *Faire sa paix,* rentrer dans les bonnes grâces de quelqu'un. ◆ **Fig.** « *Faisons notre paix avec la vérité* », BOSSUET. ◆ *Paix se dit aussi des animaux.* « *Deux coqs vivaient en paix* », LA FONTAINE. ◆ Tranquillité de l'âme. « *La paix de l'âme consiste dans le mépris de tout ce qui peut la troubler* », J.-J. ROUSSEAU. ◆ **Fig.** Dans le langage de l'Évangile, la tranquillité que donne l'accomplissement des préceptes religieux et des volontés de Dieu. ◆ Dans l'Écriture sainte, *l'ange de paix,* Jésus-Christ. ◆ **Fig.** *Ange de paix,* personne qui porte toujours les esprits à l'union, à la concorde. ◆ *Loi de paix,* l'Évangile. ◆ *Baiser de paix,* la cérémonie qui se fait à la grand-messe, quand le célébrant et ses ministres s'embrassent. ◆ **Fig.** *Se donner le baiser de paix,* se réconcilier. ◆ *La paix,* la patène que le prêtre donne à baiser à l'offrande. ◆ **Poétiq.** *Le séjour de l'éternelle paix,* le lieu où vont les âmes des justes après leur mort. ◆ **Fig.** Calme, repos, silence, éloignement des affaires. *La paix des forêts, des tombeaux, etc.* ◆ La Paix (avec une majuscule) personnifiée est représentée avec une branche d'olivier à la main. ◆ *Paix !,* interj. Sert pour faire silence. *Chut, paix !* ◆ **Relig.** *Reposer en paix,* pour le corps et l'âme d'un défunt, avoir trouvé le repos éternel. *Il repose en paix désormais.* ■ **Fam.** *Fiche-moi la paix !,* laisse-moi tranquille.

PAJOT, ■ n. m. [paʒo] Voy. PAGEOT.

PAKISTANAIS, AISE, ■ adj. [pakistanɛ, ɛz] (*Pakistan*) Relatif au Pakistan. *Le gouvernement pakistanais.* ■ N. m. et n. f. Personne habitant au Pakistan ou en étant originaire. *Un Pakistanais, une Pakistanaise.*

1 PAL, ■ n. m. [pal] (lat. *palus,* poteau) Longue pièce de bois aiguisée par un bout. *Le supplice du pal.* ◆ **Hérald.** Pieu posé debout qui divise l'écu de haut en bas. ◆ **Au pl.** *Des pals.* ◆ **REM.** On disait aussi *des paux* au pluriel.

2 PAL ou **PAL,** ■ n. m. [pal] (acronyme angl. de *phase alternating line*) **Audiov.** Format du signal télévisuel, caractérisé par 625 lignes en couleurs et un rafraîchissement de 50 Hz, utilisé comme norme aux États-Unis et en Angleterre notamment. *Lecteur de DVD capable de lire le format en PAL.*

PALABRE, ■ n. f. [palabʁ] (esp. *palabra,* parole, du lat. *parabola*) **Afr. noire** Réunion où les hommes parlent affaires et prennent des décisions. ■ Conversation interminable et souvent oiseuse. *Des palabres politiques.* ■ **REM.** Généralement au pl.

PALABRER, ■ v. intr. [palabʁe] (*palabre*) Discuter longuement et souvent inutilement. *Palabrer toute la journée.*

PALABREUR, EUSE, ■ n. m. et n. f. [palabʁœʁ, øz] (*palabrer*) Personne qui prend part à des palabres. ■ Adj. Se dit de quelqu'un ou d'un groupe de personnes qui palabrent. « *Il n'était pas palabreur, pas le genre à discuter des heures sous le baobab* », PAPA DIOUF.

PALACE, ■ n. m. [palas] (mot angl. de l'anc. fr. *paleis,* palais) Hôtel luxueux. *Descendre dans un palace.* ■ **Par extens.** Très belle résidence. *Ils habitent un palace sur la Côte d'Azur.*

PALADIN, ■ n. m. [paladɛ̃] (ital. *paladino,* du fr. *palatin,* du lat. impér. *palatium,* palais) Nom donné dans les romans de chevalerie aux seigneurs qui suivaient Charlemagne à la guerre. ◆ **Par extens.** Chevalier errant. ◆ *C'est un vrai paladin,* il est brave et galant.

PALAFITTE, ■ n. m. [palafit] (ital. *palafitta,* du lat. *pala ficta,* pieux enfoncés) Pilotis qui forment les habitations lacustres des hommes préhistoriques.

1 PALAIS, n. m. [palɛ] (lat. *palatium,* mont Palatin, et lat. imp., palais) Maison vaste et somptueuse qui sert de logement à un grand personnage. ◆ *Les coutumes du palais,* l'étiquette qu'on y observe. ◆ *Révolution de palais,* révolte qui a lieu dans l'intérieur du palais d'un souverain. ◆ *Maire du palais,* Voy. MAIRE. ◆ Par exagération, maison magnifique. *Sa maison est un palais.* ◆ *Le palais de justice* ou absol. *le palais,* lieu où l'on rend la justice. ◆ *Les gens de palais,* les juges, les avocats, etc. ◆ *Jours de palais,* jours où l'on plaide au palais. ◆ *Style du palais,* style de palais, termes de palais, formules, termes de pratique. ◆ Collectivement, *le palais,* tous les gens du palais. ◆ **Fig.** La profession d'avocat. ■ Vaste édifice public où ont lieu certaines manifestations. *Le palais de la Découverte, à Paris, est un musée des sciences.*

2 PALAIS, n. m. [palɛ] (lat. *palatum*) Partie supérieure de la cavité de la bouche, voûte parabolique formée par les deux os sus-maxillaires et les deux palatins et revêtue d'une membrane muqueuse épaisse et dense. ◆ Il se dit aussi en parlant des animaux. ◆ **Fig.** Sens du goût. « *Il a surtout un palais sûr, qui ne prend point le change* », LA BRUYÈRE. ◆ **Bot.** Partie supérieure du fond des corolles monopétales irrégulières.

PALAN, n. m. [palɑ̃] (ital. *palanco,* du lat. *p[h]alanga,* gr. *phalagx,* rouleau de bois) **Mar.** Combinaison de deux poulies dans lesquelles passe un cordage dont l'effet est de rapprocher la poulie inférieure de la supérieure.

PALANCHE, ■ n. f. [palɑ̃ʃ] (lat. vulg. *palanca,* perche, levier) Tige de bambou que l'on porte sur l'épaule et aux extrémités de laquelle on suspend des paniers, utilisée principalement en Orient pour le transport de marchandises. *Le coolie déchargeait les fardeaux, la palanche sur l'épaule.*

PALANÇONS, ■ n. m. pl. [palɑ̃sɔ̃] (*palanche*) **Maçon.** Morceaux de bois qui retiennent les torchis.

PALANGRE, ■ n. f. [palɑ̃gʁ] (mot provenç., du gr. *panagron,* grand filet, de *pan-,* tout, et *agra,* proie) Ustensile de pêche constitué d'une longue ligne de fibre végétale ou de nylon portant des hameçons et des appâts que l'on fixe sur le fond ou entre deux eaux. *Pêche à la palangre.* ■ **REM.** Ce nom se rencontre parfois au masculin.

PALANGROTTE ou **PALANGROTE**, ■ n. f. [palɑ̃gʀɔt] (provenç. *palang-grotto*) Palangre de moindre taille. ■ Ligne portant plusieurs hameçons et manœuvrée à la main. *Dérouler les palangrottes.*

PALANQUE, n. f. [palɑ̃k] (ital. *palanca*, pieu de palissade) Pièces de bois ou corps d'arbres plantés verticalement et jointifs, pour mettre à l'abri du feu dans les fortifications passagères.

PALANQUÉE, ■ n. f. [palɑ̃ke] (*palanquer*) **Mar.** Fardeau de marchandises manipulé à l'aide d'une élingue. ■ Groupe de plongeurs. *Plonger en palanquée. Un chef de palanquée.*

PALANQUER, ■ v. tr. [palɑ̃ke] (*palanc,* anc. forme de *palan*) **Mar.** Déplacer à l'aide d'un palan. *Ils palanquèrent les grosses poutres hors du bateau.* ■ V. intr. Utiliser un palan.

PALANQUIN, n. m. [palɑ̃kɛ̃] (port. *palanquim,* du sansc. *palyanka*) Litière dans laquelle les riches Indiens se font porter sur les épaules de leurs serviteurs.

PALASTRE, n. m. [palastʀ] (*pale*) Boîte de fer qui forme la partie extérieure d'une serrure et qui en contient tout le mécanisme. ♦ On trouve aussi *palâtre.*

PALATAL, ALE, adj. [palatal] (lat. *palatum,* 2 *palais*) Consonnes palatales, certaines consonnes qui résultent de la manière dont l'air est modifié entre la langue et le palais ; ce sont *k, g, ch, j, gn.* ■ N. f. *Une palatale.*

PALATALISANT, ANTE, ■ adj. [palataliza̅, ɑ̃t] (*palataliser*) **Ling.** Relatif à la palatalisation. *Un contexte vocalique palatalisant.*

PALATALISATION, ■ n. f. [palatalizasjɔ̃] (*palataliser*) **Ling.** Phénomène phonétique consistant en un déplacement du lieu d'articulation d'un phonème vers le palais dur. *Le son [i] devient le son [tj] par palatalisation. La palatalisation de* castel *en* châtel.

PALATALISER, ■ v. tr. [palatalize] (*palatal*) **Ling.** Modifier le lieu d'articulation d'un phonème en le déplaçant vers la région du palais dur. *Palataliser une consonne.* ■ V. pr. Se palataliser, en parlant d'une consonne. *Le son [t] se palatalise en [tj].*

1 PALATIN, adj. m. [palatɛ̃] (lat. *palatinus,* du palais impérial, puis officier du palais) Titre de dignité donné à ceux qui avaient quelque office dans le palais d'un prince. ♦ *Comtes palatins,* seigneurs que le prince chargeait de fonctions judiciaires. ♦ Seigneur qui avait un palais où l'on rendait la justice. *Les comtes palatins de Champagne.* ♦ ▷ *L'électeur palatin* ou *comte palatin du Rhin,* aujourd'hui le roi de Bavière. ◁ ♦ Qui appartient au palatinat. ♦ N. m. Gouverneur d'une province polonaise. ♦ *Le palatin de Hongrie,* le vice-roi de Hongrie.

2 PALATIN, INE, adj. [palatɛ̃, in] (lat. *palatum*) Qui a rapport au palais. *Les os palatins. Membrane palatine.*

PALATINAT, n. m. [palatina] (1 *palatin*) Dignité de palatin. ♦ Pays sous la domination de l'électeur palatin. ♦ Chaque province de la Pologne.

1 PALATINE, adj. f. [palatin] (1 *palatin*) *Maison palatine,* la maison de l'électeur palatin. ♦ *Princesse palatine* ou *la palatine,* femme d'un palatin ou princesse de la maison palatine.

2 PALATINE, n. f. [palatin] (princesse *Palatine,* 1616-1684, seconde femme du duc d'Orléans, qui lança cette mode) Fourrure que portent les femmes autour du cou et sur les épaules.

PALÂTRE, n. m. [palɑtʀ] Voy. PALASTRE.

1 PALE, n. f. [pal] (lat. *pala,* pelle) **Mar.** Le plat de l'aviron, la partie plate de la rame qui entre dans l'eau. ♦ Par extens. Vanne d'étang ; aube de roue d'un bateau à vapeur. ■ Chacune des parties d'une hélice de bateau, d'avion ou d'hélicoptère.

2 PALE ou **PALLE,** n. f. [pal] (lat. *palla,* manteau) Carton carré garni de toile blanche qui se met sur le calice pendant la messe.

PALÉ, ÉE, ■ adj. [pale] (1 *pal*) **Hérald.** Se dit d'un écu divisé verticalement en un nombre pair de bandes de deux émaux alternés. *Un écu palé d'azur et d'or.*

PÂLE, adj. [pɑl] (lat. *pallidus*) Qui a perdu sa couleur vive et animée, en parlant du visage et de la peau. ♦ *Les pâles ombres,* les âmes des morts. ♦ *Pâles couleurs,* chlorose. ♦ Peu coloré. ♦ *Roses pâles,* les roses ordinaires, par opposition aux roses de Provins. ♦ En parlant des corps lumineux, qui ne répand qu'une lumière terne et blafarde. *Le soleil est pâle aujourd'hui.* ♦ Par extens. Faible de couleur. *Un bleu pâle.* ♦ Fig. « *Mes pâles journées M'offrent de longs ennuis l'enchaînement certain* », M.-J. CHÉNIER. ♦ Fig. Littér. Qui est sans couleur, sans brillant. *Style pâle.* ■ Fam. *Se faire porter pâle,* se faire porter malade.

PALE-ALE, ■ n. f. [pɛlɛl] (on prononce à l'anglaise : *pel-el* ; mot angl., de *pale* blonde, et *ale,* bière) Variété d'ale, bière blonde anglaise. *Des pale-ales.*

1 PALÉE, n. f. [pale] (1 *pal*) Rang de pieux qu'on enfonce en terre, suivant le fil de l'eau, pour soutenir les poutres d'un pont de bois. ♦ Rang de pieux qui forment une digue, ou soutiennent des terres, etc.

2 PALÉE, ■ n. f. [pale] (lat. *pelaica*) **Suisse** Poisson de la même famille que les saumons, que l'on trouve dans les lacs de Suisse et très apprécié pour sa chair. *Comptez une palée par personne.*

PALEFRENIER, IÈRE, n. m. et n. f. [pal(ə)fʀənje, jɛʀ] (a. provenç. *palafrenier,* de *palafren,* palefroi) Valet qui panse les chevaux. ■ Personne en charge du soin des chevaux.

PALEFROI, n. m. [pal(ə)fʀwa] (lat. médiév. *palafrenus,* du b. lat. *paraveredus,* cheval de renfort, du gr. *para-,* auprès de, et *veredus,* cheval de poste) Cheval de parade. ♦ Il se disait des chevaux que montaient les dames.

PALÉMON, n. m. [palemɔ̃] (lat. *Palæmon,* dieu marin) Genre de crustacés ; c'est la grande crevette, salicoque ou bouquet.

PALÉO..., ■ [paleo] (gr. *palaios,* ancien) préfixe qui détermine comme ancien un élément de l'histoire de l'homme ou du monde. *Paléographie, paléotropical, paléontologue,* etc.

PALÉOBOTANIQUE, ■ n. f. [paleobotanik] (*paléo-* et *botanique*) Discipline de la paléontologie qui étudie les végétaux fossiles. *La paléobotanique est née au* XIXᵉ *siècle, comme la géographie des plantes.*

PALÉOCÈNE, ■ n. m. [paleosɛn] (*paléo-* et gr. *kainos,* récent) **Géol.** Période qui précède l'éocène et qui voit s'installer la flore et la faune actuelles. *Le paléocène a duré douze millions d'années : de 65 à 53 millions d'années avant notre ère.* ■ Adj. Relatif à cette période géologique. *Le muséum expose des fossiles paléocènes.*

PALÉOCHRÉTIEN, IENNE, ■ adj. [paleokʀetjɛ̃, jɛn] (*paléo-* et *chrétien*) Relatif aux premiers chrétiens, du IIIᵉ au VIᵉ siècle environ. *L'art paléochrétien se caractérise par de nombreuses représentations du Christ.*

PALÉOCLIMAT, ■ n. m. [paleoklima] (*paléo-* et *climat*) Climat d'une époque géologique donnée. *Reconstituer le paléoclimat du paléozoïque.*

PALÉOCLIMATOLOGIE, ■ n. f. [paleoklimatoloʒi] (*paléoclimat* et *-logie*) Partie de la paléontologie qui étudie l'évolution du climat au cours des différentes périodes géologiques.

PALÉOÉCOLOGIE, ■ n. f. [paleoekoloʒi] (*paléo-* et *écologie*) Partie de la paléontologie qui étudie les écosystèmes des périodes géologiques anciennes.

PALÉOGÈNE, ■ n. m. [paleoʒɛn] (*paléo-* et *-gène*) **Géol.** Période géologique du début de l'ère tertiaire (−65 à −23 millions d'années) pendant laquelle la dérive continentale est particulièrement active, entraînant une diversification des climats. *Le paléogène comprend le paléocène, l'éocène et l'oligocène.* ■ Adj. Relatif à cette période. *Sédiments paléogènes.*

PALÉOGÉOGRAPHIE, ■ n. f. [paleoʒeogʀafi] (*paléo-* et *géographie*) Partie de la géographie qui étudie la surface de la Terre aux temps anciens, et principalement la formation des continents et des océans.

PALÉOGÉOGRAPHIQUE, ■ adj. [paleoʒeogʀafik] (*paléogéographie*) Relatif à la paléogéographie. *Évolution paléogéographique des îles grecques.*

PALÉOGRAPHE, n. m. et n. f. [paleogʀaf] (*paléo-* et *-graphe*) Celui qui s'occupe de paléographie, qui connaît cette science. ♦ Adj. *Archiviste-paléographe,* titre donné aux élèves de l'École des chartes ayant obtenu leur diplôme.

PALÉOGRAPHIE, n. f. [paleogʀafi] (*paléo-* et *-graphie*) Art de déchiffrer les écritures anciennes et particulièrement les manuscrits grecs et latins, les chartes et diplômes du Moyen Âge, etc.

PALÉOGRAPHIQUE, adj. [paleogʀafik] (*paléographie*) Qui appartient à la paléographie.

PALÉOGRAPHIQUEMENT, adv. [paleogʀafik(ə)mɑ] (*paléographique*) Selon les caractères paléographiques.

PALÉOHISTOLOGIE, ■ n. f. [paleoistoloʒi] (*paléo-* et *histologie*) Partie de la paléontologie qui étudie les restes de tissus animaux et végétaux contenus dans les fossiles.

PALÉOLITHIQUE, ■ n. m. [paleolitik] (angl. *palaeolithic,* du gr. *palaios,* ancien, et *lithos,* pierre) **Anthrop.** Époque de la préhistoire caractérisée par l'utilisation de la pierre taillée et se répartissant en trois phases : inférieure, moyenne et supérieure. ■ Adj. Qui correspond à l'âge de la pierre taillée. *Des peuples paléolithiques.*

PALÉOMAGNÉTICIEN, IENNE, ■ n. m. et n. f. [paleomaɲetisjɛ̃, jɛn] ou [paleomanjetisjɛ̃, jɛn] (*paléomagnétisme*) Chercheur spécialiste en paléomagnétisme.

PALÉOMAGNÉTISME, ■ n. m. [paleomaɲetism] ou [paleomanjetism] (*paléo-* et *magnétisme*) Étude de l'évolution du champ magnétique terrestre au cours des temps géologiques.

PALÉONTOGRAPHIE, n. f. [paleɔ̃tografi] (*palé[o]-, onto-* et *-graphie*) Description des corps organisés fossiles.

PALÉONTOGRAPHIQUE, adj. [paleɔ̃tɔgʀafik] (*paléontographie*) Qui a rapport à la paléontographie.

PALÉONTOLOGIE, n. f. [paleɔ̃tɔlɔʒi] (*palé[o]-, onto-* et *-logie*) Partie de l'histoire naturelle traitant des races d'animaux et de végétaux dont les débris sont ensevelis dans les anciennes couches du globe terrestre et qui n'existent plus.

PALÉONTOLOGIQUE, adj. [paleɔ̃tɔlɔʒik] (*paléontologie*) Qui appartient à la paléontologie. *Découvertes paléontologiques.*

PALÉONTOLOGUE, n. m. et n. f. [paleɔ̃tɔlɔg] (*paléontologie*) Personne qui s'occupe de la paléontologie. ♦ Auteur de travaux sur la paléontologie. ■ Rem. On dit aussi, mais moins fréquemment, *paléontologiste.*

PALÉOSOL, ■ n. m. [paleosɔl] (*paléo-* et *sol*) Sol fossilisé formé dans les temps anciens, recouvert de sédiments plus récents, sondé pour témoigner des formations géologiques du passé lointain. *Le géologue identifia un paléosol provenant de la désagrégation des basaltes.*

PALÉOTHÉRIUM, n. m. [paleoteʀjɔm] (*paléo-* et gr. *thêrion*, bête sauvage) Genre de mammifères fossiles pachydermes.

PALÉOZOÏQUE, ■ n. m. [paleozoik] (*paléo-* et *-zoïque*, du gr. *zôikos*, relatif aux êtres vivants) **Géol.** Ère primaire (−550 à −250 millions d'années) au cours de laquelle sont apparus les premiers vertébrés et les premières plantes terrestres. ■ Adj. Relatif à cette période. *L'ère paléozoïque. Fossiles paléozoïques.*

PALERON, n. m. [pal(ə)ʀɔ̃] (1 *pale*) Partie plate et charnue de l'épaule de certains animaux. ♦ **Bouch.** Partie du bœuf entre les côtes, les plates côtes, le gîte, le pis, puis le talon du collier, et allant en pointe de l'échine.

PALESTINE, n. f. [palɛstin] (*Palestine*, territoire du Proche-Orient) **Impr.** Caractère entre le gros parangon et le petit canon. *La palestine a 22 points.*

PALESTINIEN, IENNE, ■ adj. [palɛstinjɛ̃, jɛn] (*Palestine*) Relatif à la Palestine, région du Proche-Orient, et à son peuple. ■ Relatif à la communauté arabe qui habite cette région. *Les mouvements de résistance palestiniens.* ■ N. m. et n. f. *Un Palestinien, une Palestinienne*, personne qui habite la Palestine ou qui en est originaire.

PALESTRE, n. f. [palɛstʀ] (lat. *palæstra*, gr. *palaistra*, de *palê*, lutte) Chez les anciens, lieu public pour les exercices du corps. ♦ Les exercices mêmes.

PALESTRIQUE, adj. [palɛstʀik] (gr. *palaistrikos*) Qui a rapport à la palestre. ♦ N. f. *La palestrique*, l'art de la palestre.

PALET, n. m. [palɛ] (dim. de 1 *pale*) Pierre ou morceau de métal plat et rond qu'on jette le plus près possible d'un but marqué. ♦ **Antiq.** Morceau de pierre, de fer ou de cuivre qui servait dans le jeu du disque.

PALETOT, n. m. [pal(ə)to] (m. angl. *paltok*, vêtement de laquais) Vêtement de drap moelleux et chaud que les hommes portent tantôt seul, tantôt sur un autre vêtement. ♦ *Paletot sac*, paletot non ajusté à la taille. ♦ Il y a aussi des paletots pour femmes.

1 PALETTE, n. f. [palɛt] (dim. de 1 *pale*) Instrument de bois plat pour jouer au volant. ♦ Morceau de bois mince, taillé en ovale et muni d'un manche, dont on se sert pour renvoyer la balle. ♦ ▷ Instrument de bois mince avec lequel les maîtres d'école frappaient autrefois dans la main des enfants pour les punir. ◁ ♦ ▷ Dans le langage vulgaire, la rotule et aussi l'omoplate. ◁ ♦ Planchette mince sur laquelle les peintres mettent leurs couleurs. ♦ **Fig.** *Jeter là la palette*, renoncer au métier de peintre. ♦ **Fig.** *La palette d'un peintre*, son faire. *Ce peintre a la palette brillante.* ♦ **Fig.** Les couleurs de l'imagination et du style. « *La palette du poète moderne se couvre d'une variété infinie de teintes* », CHATEAUBRIAND. ♦ Parties placées à l'extrémité des bras qui servent à former les roues des bateaux à vapeur et font l'office de rames. ♦ Ais d'une roue de moulin. ♦ Petite pelle en usage dans divers métiers. ■ **Bouch.** Morceau de porc, de mouton provenant de la région de l'omoplate. *Acheter de la palette pour mettre dans le pot-au-feu.* ■ **Fig.** Ensemble de choses de même catégorie, gamme. *Ce centre de vacances offre une large palette d'activités.* ■ **Techn.** Plateau de chargement utilisé pour le transport, la manutention de marchandises.

2 PALETTE, n. f. [palɛt] (altération de *paelette*, dimin. de *poêle*) ▷ Espèce de petite écuelle d'étain d'une capacité déterminée dans laquelle on reçoit le sang de ceux que l'on saigne. ♦ La quantité de sang contenue dans la palette. ◁

PALETTISABLE, ■ adj. [paletizabl] (*palettiser*) **Techn.** Se dit d'une marchandise dont le conditionnement se prête à la palettisation. *Des caisses palettisables.*

PALETTISATION, ■ n. f. [paletizasjɔ̃] (*palettiser*) **Techn.** Ensemble des techniques permettant de palettiser des marchandises en vue de les transporter. *Matériel de palettisation. Palettisation automatique.*

PALETTISER, ■ v. tr. [paletize] (*palette*) **Techn.** Charger des marchandises sur une palette. *Palettiser des cartons de livres.*

PALÉTUVIER, n. m. [paletyvje] (altération de l'anc. nom *appariturier*, du tupi *aparahiwa*, de *apara*, courbé, et *hiva*, arbre) Nom vulgaire de différents arbres des régions intertropicales dont le caractère commun est d'avoir les racines baignées par les eaux de la mer.

PÂLEUR, n. f. [pɑlœʀ] (*pâle*) Couleur de ce qui est pâle. « *On verrait la pâleur sur tous les visages* », MONTESQUIEU. ♦ *La pâleur de la mort, une pâleur mortelle*, la couleur pâle que la mort étend sur le visage.

PALI, n. m. [pali] (mot hindi) Langue sacrée de l'île de Ceylan, dérivée du sanskrit. ♦ Adj. *La langue palie. Manuscrits palis.* ♦ Eugène Burnouf ne met point de circonflexe à cet adjectif et l'accorde toujours. *La langue palie.* ■ Rem. Graphie ancienne : *pâli.* On disait aussi *bâli.* L'adjectif était invariable en genre et en nombre.

PÂLI, IE, p. p. de pâlir. [pali] Rendu pâle.

PÂLICHON, ONNE, ■ adj. [paliʃɔ̃, ɔn] (*pâle*) **Fam.** Légèrement pâle, pâlot. *Un visage pâlichon.*

PALIER, n. m. [palje] (anc. fr. *paele*, anc. forme de *poêle*, ustensile de cuisine, par analogie avec la forme plate de cet ustensile) Plate-forme où se termine un étage. ♦ *Palier circulaire*, celui qui se trouve dans la cage d'un escalier en limace. ♦ *Demi-palier*, celui qui est carré, de la longueur des marches. ♦ *Palier de communication*, celui qui sert des appartements de plain-pied et qui leur est commun. ♦ Portion du parcours d'un chemin de fer dans laquelle il est horizontal ou à faible pente. ♦ ▷ **Prov.** *Un homme est bien fort sur son palier* ou *sur son pailler*, on est bien fort chez soi. ◁ ■ **Fig.** Période de stabilité dans une évolution. *Les experts prévoient un palier dans la croissance.* ♦ Phase, étape. *Le premier palier de l'évolution de l'homme.* ♦ *Par paliers*, par étapes. Progresser par paliers.

PALIÈRE, ■ adj. f. [paljɛʀ] (*palier*) *Porte palière*, porte donnant sur un palier. ■ *Marche palière*, marche supérieure d'un escalier, quand elle est de plain-pied avec le palier.

PALIFICATION, n. f. [palifikasjɔ̃] (*palifier*) Action de palifier.

PALIFIER, v. tr. [palifje] (ital. *palificare*, du lat. *palus*, poteau, et *facere*) **Constr.** Affermir un sol avec des pilotis.

PALIKARE, n. m. [palikaʀ] (gr. mod. *pallêkari*, homme vaillant) ▷ Milicien grec dans la guerre de l'affranchissement. ◁

PALILALIE, ■ n. f. [palilali] (gr. *palin*, de nouveau, et *lalia*, babil) **Psych.** Trouble du langage qui se manifeste par la répétition rapide et incontrôlée d'une syllabe ou d'un mot. *Le malade était en pleine crise, entre mutisme et palilalie.*

PALIMPSESTE, n. m. [palɛ̃psɛst] (gr. *palimpsêstos*, gratté pour écrire de nouveau, de *palin*, de nouveau, et *psan*, gratter) Manuscrit sur parchemin d'auteurs anciens que les copistes du Moyen Âge ont effacé, puis recouvert d'une seconde écriture, sous laquelle l'art des modernes est parvenu à faire reparaître en partie les premiers caractères. ♦ Adj. *Manuscrit palimpseste.*

PALINDROME, ■ n. m. [palɛ̃dʀom] (gr. *palindromos*, qui court en sens inverse) Mot ou phrase qu'on peut lire de la même manière de gauche à droite et de droite à gauche. « *Laval* », « *2002* », « *L'âme sûre ruse mal* », sont des palindromes. ■ Adj. *Un mot palindrome.*

PALINGÉNÉSIE, n. f. [palɛ̃ʒenezi] (gr. *paliggenesia*) Régénération, renaissance. ♦ Système de philosophie de l'histoire, d'après lequel les mêmes révolutions se reproduiraient sans cesse dans un ordre donné.

PALINGÉNÉSIQUE, adj. [palɛ̃ʒenezik] (*palingénésie*) Qui appartient à la palingénésie ; qui produit une palingénésie. *Système palingénésique.* ■ Rem. On disait aussi *palingénésiaque* autrefois.

PALINOD, n. m. [palino] (on ne prononce pas le *d* final ; *palinodie*) ▷ Poème en l'honneur de l'Immaculée Conception de la Vierge que l'on présentait à Rouen, à Caen et à Dieppe ; un prix était adjugé à la meilleure pièce. ♦ Le jour de cette solennité s'appelait *les palinods* ou *la fête des palinods.* ♦ Pièce de poésie dans laquelle on devait amener la répétition du même vers à la fin de chaque strophe. ◁

PALINODIE, n. f. [palinodi] (gr. *palinôidia*, chant différent, de *palin*, en sens inverse, et *ôidê*, chant) Chez les anciens, poème dans lequel on rétractait ce qu'on avait dit dans le poème précédent. ♦ **Fig.** Rétractation de ce qu'on a dit. ♦ *Chanter la palinodie*, se rétracter. ♦ Particulièrement et surtout au pluriel, changement d'opinion politique.

PALINODIQUE, adj. [palinodik] (*palinodie*) Qui a le caractère d'une palinodie.

PÂLIR, v. intr. [pɑliʀ] (*pâle*) Devenir pâle. « *On pâlit dans la crainte, l'effroi et la tristesse* », BUFFON. ♦ *Pâlir de*, devenir pâle à cause de. *Pâlir de colère.* « *J'ai pâli du dessein qui vous a fait sortir* », RACINE. ♦ **Fig.** *Pâlir sur les livres*, étudier sans relâche. ♦ *Faire pâlir*, inspirer la crainte. ♦ Il se dit de la lumière qui devient plus faible. *Les étoiles pâlissent.* ♦ **Fig.** *Son étoile pâlit*, se dit de celui dont la prospérité diminue. ♦ **Fig.** Paraître décoloré, faible, sans valeur à côté de quelqu'un ou de quelque chose de brillant. « *Le* *diamant... Pâlit près d'un rayon du grand astre du jour »*, DELILLE. ♦ *Faire pâlir*, éclipser, mettre dans l'ombre. ♦ **V. tr.** Rendre pâle. *La fièvre l'a pâli.* ♦ **Par extens.** Faire paraître pâle. *« La douce lumière qui éclairait son visage pâlissait son teint »*, MME DE STAËL.

PALIS, n. m. [pali] (on ne prononce pas le *s* final ; anc. fr. *pel*, du lat. *palus*, poteau) Suite de pieux formant une clôture. *Un jardin clos de palis.* ♦ **Par extens.** Clôture faite avec des perches ou des échalas liés les uns contre les autres. ♦ Sorte de filets de pêche en nappe simple que l'on tend sur des piquets. ■ **REM.** Graphie ancienne : *pâlis.*

PALISSADE, n. f. [palisad] (*palis* ou provenç. *palissada*, clôture de palis) **Fortif.** Rangée de pièces de bois destinées à fermer la gorge d'un ouvrage, à arrêter l'ennemi au fond du fossé. ♦ Chacun des pieux qui forment la palissade. ♦ Rangée d'arbres qu'on plante à la ligne et dont on laisse croître les branches dès le pied, avec le soin de les tondre pour en faire une espèce de mur. *Palissade de charmille, d'ifs, etc.* ♦ Clôture en planches, en perches ou en échalas.

PALISSADÉ, ÉE, p. p. de palissader. [palisade]

PALISSADEMENT, n. m. [palisad(ə)mɑ̃] (*palissader*) Action, manière de palissader. ♦ Ensemble des palissades.

PALISSADER, v. tr. [palisade] (*palissade*) Entourer de palissades. *Palissader une fortification.* ♦ Dresser des arbres en palissade.

PALISSADIQUE, ■ adj. [palisadik] (*palissade*) **Bot.** *Parenchyme palissadique*, tissu cellulaire de la face supérieure des feuilles, fait de cellules assemblées en forme de palissade. *La photosynthèse se fait dans le parenchyme palissadique.*

PALISSAGE, n. m. [palisaʒ] (*palisser*) Action de palisser un arbre, une vigne, une treille.

PALISSANDRE, n. m. [palisɑ̃dʀ] (néerl. *palissander*, prob. d'un mot indig. de Guyane) Bois violet avec nuance de jaune et de noir, propre aux ouvrages de marqueterie ; il est odorant. ■ **REM.** On disait aussi *palixandre* autrefois.

PÂLISSANT, ANTE, adj. [pɑlisɑ̃, ɑ̃t] (*pâlir*) Qui pâlit. *Un front pâlissant.* ♦ Dont la clarté devient plus faible. *« La lune pâlissante »*, ROTROU. ♦ **Fig.** *« Je sens que de mes jours... Le flambeau pâlissant s'éteint et se consume »*, VOLTAIRE.

PALISSÉ, ÉE, p. p. de palisser. [palise] *Un arbre palissé.* ♦ **Hérald.** Se dit des pièces découpées en pointe comme des palissades et enclavées les unes dans les autres.

PALISSER, v. tr. [palise] (*palis*) Étendre les branches des arbres contre un mur, les dresser à l'aide de loques, d'osier ou de clous, arrangeant chaque branche avec ordre selon sa place, afin que l'arbre ait une forme régulière.

PALISSON, ■ n. m. [palisɔ̃] (*palis*) Outil servant à assouplir les peaux.

PALISSONNER, ■ v. tr. [palisɔne] (*palisson*) Assouplir une peau au moyen d'un palisson.

PALISSONNEUR, EUSE, ■ n. m. et n. f. [palisɔnœʀ, øz] (*palissonner*) Ouvrier, ouvrière qui adoucit les peaux dans l'industrie du cuir.

PALIURE, ■ n. m. [paljyʀ] (lat. *paliurus*, gr. *paliouros*) Arbuste épineux avec lequel on forme des haies, appelé aussi *épine du Christ. Les tiges tortueuses du paliure.*

PALIXANDRE, n. m. [paliksɑ̃dʀ] Voy. PALISSANDRE.

PALLADIEN, IENNE, ■ adj. [paladjɛ̃, jɛn] (*Palladio*, 1508-1580, architecte italien) **Archit.** Se dit du style de l'architecte italien Palladio qui réactualisa les formes antiques. *Les arcades palladiennes de la basilique de Vicence.*

1 **PALLADIUM**, n. m. [paladjɔm] (lat. *palladium*, du gr. *palladion*) Statue de Pallas, qui passait pour le gage de la conservation de Troie. ♦ **Par extens.** Nom donné à divers objets auxquels certaines villes, certains empires attachaient leur durée. ♦ **Fig.** Garantie, sauvegarde. *« La loi civile est le palladium de la propriété »*, MONTESQUIEU.

2 **PALLADIUM**, n. m. [paladjɔm] (angl. *palladium*, du gr. *Pallas*, génit. *Pallados*, surnom de la déesse Athéna donné à un astéroïde découvert peu avant ce métal) **Chim.** Métal blanc, très difficile à fondre, très malléable, découvert par Wollaston dans la mine de platine.

PALLAS, n. f. [palas] (on prononce le *s* final ; lat. *Pallas*, du gr. *Pallas*) Relig. gréco-latine La même que Minerve. ♦ *Oiseau de Pallas* ou *de Minerve*, le hibou. ♦ *Arbre de Pallas* ou *de Minerve*, l'olivier. ♦ ▷ *Fruit de Pallas* ou *de Minerve*, l'olive. ◁ ♦ Petite planète découverte par Olbers en 1802.

PALLE, ■ n. f. [pal] Voy. PALE.

PALLÉAL, ALE, ■ adj. [paleal] (lat. *palla*, manteau) **Anat.** Relatif au pallium des mollusques. *Les lobes palléaux sécrètent la coquille.*

PALLIATIF, IVE, adj. [paljatif, iv] (lat. médiév. *palliativus*) Qui a la vertu de calmer, de soulager momentanément. *Traitement palliatif.* ♦ **Fig.** *« Une faible mitigation, palliative de grandes erreurs »*, BOSSUET. ♦ **N. m.** *Un palliatif*, remède palliatif. ♦ **Fig.** Mesure insuffisante. *Cette mesure n'est qu'un palliatif.* ■ **Adj.** *Soins palliatifs*, ensemble des soins apportés aux personnes en phase terminale d'une maladie mortelle.

PALLIATION, n. f. [paljasjɔ̃] (*pallier*) Action de pallier, de déguiser. *Palliation d'une faute.* ♦ Subtilités ou distinctions que l'on emploie pour pallier. ♦ **Méd.** Action de pallier.

PALLIÉ, ÉE, p. p. de pallier. [palje]

PALLIER, v. tr. [palje] (lat. *palliare*, cacher, pallier, de *pallium*, manteau) Couvrir d'un déguisement, d'une excuse comme d'un manteau. *Pallier ses défauts. « De quelque manière qu'il pallie ses maximes »*, PASCAL. ♦ **Méd.** Ne guérir qu'en apparence. *Pallier un mal.* ♦ **Fig.** *« Le mauvais état des finances n'est pas un mal qui se laisse longtemps pallier et dissimuler »*, MARMONTEL. ■ **REM.** La tournure *pallier à quelque chose*, quoique déconseillée par l'Académie et les puristes, est fréquente en français oral.

PALLIUM, n. m. [paljɔm] (mot lat. *pallium*) Manteau dont les Grecs avaient coutume de se couvrir. ♦ Aujourd'hui, bande de laine blanche, large de trois ou quatre doigts, chargée de croix noires et attachée à un rond, qui se met sur les épaules, avec deux pendants longs d'un pied, l'un devant et l'autre derrière ; c'est un ornement propre aux souverains pontifes, aux patriarches, aux primats et aux métropolitains, et une marque de leur juridiction. *Le pape envoie le pallium aux évêques.* ♦ **Hérald.** Croix par laquelle on représente le pallium. ■ **Anat.** Division du cerveau antérieur, appelée aussi *cortex cérébral. Le pallium contient la substance grise.* ■ **Anat.** Chez les mollusques, ensemble des glandes qui sécrètent la coquille.

PALMA-CHRISTI, n. m. inv. [palmakristi] (lat. *palma Christi*, paume du Christ, parce que sa feuille est en forme de main) Un des noms vulgaires du ricin commun. ■ **Au pl.** *Des palma-christi.*

PALMAIRE, adj. [palmɛʀ] (lat. *palma*, paume) Qui appartient à la paume de la main. *Aponévrose palmaire.*

PALMARÈS, n. m. [palmaʀɛs] (on prononce le *s* final ; plur. du lat. *palmaris*, ceux qui méritent la palme) Nom qui désigne le programme d'une distribution des prix dans les lycées et les collèges. ■ Liste des lauréats d'un concours, d'une compétition. *Le palmarès du Festival cinématographique de Cannes.*

PALMATIFIDE, ■ adj. [palmatifid] (lat. *palmatus*, palmé, et *findere*, fendre) **Bot.** Se dit d'une feuille palmée, dont les divisions remontent jusqu'au limbe. *Certaines variétés de géraniums ont des feuilles palmatifides.* ■ **REM.** On dit aussi, mais moins fréquemment, *palmifide.*

PALMATURE, ■ n. f. [palmatyʀ] (lat. *palmatus*, palmé) **Anat.** Malformation de la main qui porte une membrane réunissant les doigts. *La palmature peut être accidentelle ou congénitale.*

1 **PALME**, n. f. [palm] (lat. *palma*, paume, palmier, feuille de palmier) Branche de palmier. ♦ *Dimanche des Palmes* ou *des Rameaux*, Voy. RAMEAU. ♦ Branche de palmier que portent droite à la main les saints martyrs dans les représentations iconographiques ; de là l'expression : *palme du martyre.* ♦ *La palme du martyre*, la gloire éternelle qui est le prix du martyre. ♦ ▷ **Fam.** *À vous la palme*, vous excellez, vous l'emportez. ◁ ♦ *Le palmier. « La palme souple se relève d'elle-même, quelque effort qu'on fasse pour l'abaisser »*, FÉNELON. ♦ *Huile de palme*, huile extraite de la chair des fruits de l'éléis de Guinée. ♦ *Vin de palme*, vin fait avec la sève du cocotier. ♦ **Fig.** Symbole de triomphe. *Remporter la palme dans un combat, dans une discussion.* ♦ Ornements que l'on voit le plus souvent dans le dessin des châles de cachemire. ♦ **Archit.** Ornement en forme de feuille de palmier. ♦ Chaussure de caoutchouc, très longue et assez rigide, que portent les nageurs pour se déplacer plus rapidement.

2 **PALME**, n. m. [palm] (lat. *palmus*) Mesure en usage chez les anciens, représentant une étendue de quatre doigts. ♦ Mesure de longueur employée dans différentes contrées du Midi de l'Europe et qui n'est pas partout la même. ♦ Mesure dont on se sert exclusivement aujourd'hui en Italie pour le commerce des marbres ; elle vaut 0 m 25 ; il faut 64 palmes cubes pour faire 1 m de volume.

PALMÉ, ÉE, adj. [palme] (lat. *palmatus*) **Bot.** Qui ressemble à une main ouverte ; il se dit des racines, feuilles, lobes ou nervures qui s'écartent en divergeant d'un point commun et dans un même plan. ♦ Il se dit des oiseaux dont les doigts sont réunis par une membrane. *Des oiseaux à pieds palmés.* ♦ Se dit aussi des pieds des mammifères, quand les orteils sont réunis jusqu'au bout par une membrane partant de leur base.

PALMER, ■ n. m. [palmɛʀ] (*er* se prononce *ère* et non *é* ; Jean-Louis *Palmer*, l'inventeur) Instrument qui permet de mesurer l'épaisseur et le diamètre des petites pièces avec précision. *Le palmer permet d'éviter les erreurs* *de parallaxe. La pièce coincée entre la vis du palmer et la touche était mesurée au centième de millimètre près.*

PALMERAIE, ■ n. f. [palməʀɛ] (*palmier*) Endroit où sont plantés des palmiers.

PALMETTE, n. f. [palmɛt] (dim. de *palme*) ▷ Petit palmier qui ne s'élève jamais au-delà de douze à seize décimètres. ◁ ♦ **Archit.** Petit ornement qui se taille sur les moulures et qui ressemble aux feuilles du palmier. ♦ Forme donnée aux arbres fruitiers en espalier ou en contre-espalier ; elle consiste en une tige verticale sur laquelle partent à droite et à gauche des branches latérales également distancées. *Palmette double*, ou *à deux tiges*, ou *en U*.

PALMIER, n. m. [palmje] (*palme*) Famille de plantes monocotylédones, composée d'arbres de diverses grandeurs et dont le palmier qui porte les dattes est le type. ♦ *Palmier nain*, nom vulgaire du chaméros humble. ♦ *Huile de palmier*, syn. d'huile de palme. ♦ *Eau de palmier*, liqueur sucrée qu'on retire des régimes du dattier.

PALMIFIDE, ■ adj. [palmifid] Voy. PALMATIFIDE.

PALMIPÈDE, n. m. [palmiped] (lat. impér. *palmipes*) Nom d'un ordre d'oiseaux caractérisés par des pieds palmés (canard, oie). ♦ Famille de quadrupèdes rongeurs claviculés comprenant les castors. ♦ Adj. *Le pélican est palmipède.*

PALMISTE, n. m. [palmist] (créole des Antilles, de l'esp. *palmito*, petit palmier) Nom vulgaire des palmiers dont la cime produit le chou-palmiste. ♦ Espèce de rongeur de la grosseur d'un rat ou d'un petit écureuil.

PALMITE, n. m. [palmit] (créole des Antilles, prob. du port. *palmito*) Moelle du palmier.

PALMITINE, ■ n. f. [palmitin] (*palmite*) **Chim.** Ester de l'acide palmitique et du glycérol. *La palmitine est un des composants de l'huile de palme. On utilise la palmitine dans la fabrication des savons.*

PALMITIQUE, ■ adj. [palmitik] (*palmitine*) **Chim.** *Acide palmitique*, acide gras saturé, que l'on retrouve dans de nombreuses graisses, tant animales que végétales. *L'huile de palme est riche en acide palmitique.*

PALMURE, ■ n. f. [palmyʀ] (*palme*) **Anat.** Membrane qui joint les doigts des pattes chez certains animaux. *La palmure des oiseaux aquatiques.* ■ **Méd.** Malformation caractérisée par la présence d'une membrane entre deux parties anatomiques. *Palmure des doigts, des orteils.*

PALOMBE, n. f. [palɔ̃b] (lat. pop. *palumba*) Nom, dans nos provinces voisines des Pyrénées, du pigeon ramier.

PALONNIER, n. m. [palɔnje] (anc. fr. *pal*, pieu) Pièce de bois de la grosseur du bras, à laquelle les extrémités postérieures des traits des chevaux sont immédiatement attachées. ■ **Techn.** Commande de direction d'un avion.

PALOT, n. m. [palo] (*palot*, pieu) **Pop.** Villageois grossier ; rustre.

PÂLOT, OTTE, adj. [pɑlo, ɔt] (dim. de *pâle*) **Fam.** Un peu pâle.

PALOTTE, ■ adj. [palɔt] (orig. inc.) **Louisiane** Maladroit, gauche.

PALOURDE, n. f. [paluʀd] (lat. pop. *pelorida*, du gr. *pelôris*, grosse huître) Mollusque bivalve comestible à coquille ovale. *Pêcher des palourdes. Palourdes farcies.*

PALPABILITÉ, n. f. [palpabilite] (*palpable*) Qualité de ce qui est palpable. *La palpabilité d'un fait.*

PALPABLE, adj. [palpabl] (b. lat. *palpabilis*) Qui peut être palpé. « *L'être incompréhensible qui embrasse tout, qui forme tout le système des êtres, n'est ni visible à nos yeux, ni palpable à nos mains* », J.-J. ROUSSEAU. ♦ N. m. « *On a dit qu'il n'y avait de vrai que le palpable* », MME DE STAËL. ♦ Fig. Clair, évident. « *Preuves solides et palpables* », PASCAL.

PALPABLEMENT, adv. [palpabləmɑ̃] (*palpable*) D'une manière palpable.

PALPATION, n. f. [palpasjɔ̃] (*palpatio*, attouchement, caresse) **Méd.** Examen des parties normales ou morbides placées sous la peau ou dans les cavités naturelles à paroi souple, par l'application méthodique de la main sur leur surface externe.

PALPE, n. m. [palp] (lat. sav. [XVIIIᵉ s.) *palpus*, de *palpare*) **Hist. nat.** Appendice articulé et mobile situé en nombre pair sur les parties latérales de la bouche des insectes. ♦ Barbillons des poissons. ♦ Les naturalistes font ce mot masculin. ■ REM. Ce nom était autrefois féminin.

PALPÉ, ÉE, p. p. de palper. [palpe]

PALPÉBRAL, ALE, adj. [palpebʀal] (b. lat. *palpebralis*) **Anat.** Qui appartient aux paupières. *Ligaments palpébraux.*

PALPER, v. tr. [palpe] (lat. *palpare*) Toucher avec la main à plusieurs reprises et en pressant légèrement. *Le médecin l'a palpé.* ♦ Fig. et fam. *Palper de l'argent*, en recevoir. ♦ Absol. Toucher de l'argent. ♦ Se palper, v. pr. Exercer sur soi-même la palpation. ♦ N. m. *Le palper*, syn. de palpation. *Le palper abdominal.*

PALPEUR, ■ n. m. [palpœʀ] (*palper*) **Techn.** Dispositif qui contrôle le bon fonctionnement d'un appareil : par exemple, en le désactivant en cas de surchauffe. *Le palpeur d'une plaque de cuisson à contrôle thermostatique.*

PALPITANT, ANTE, adj. [palpitɑ̃, ɑ̃t] (*palpiter*) Qui palpite. *Un corps, un cœur palpitant.* ♦ Fig. et néolog. *Question palpitante d'intérêt*, question qui excite le plus vif intérêt et fait palpiter les cœurs. ♦ On dit elliptiq. : *Cela est palpitant.* ■ REM. Ce mot n'est plus un néologisme.

PALPITATION, n. f. [palpitasjɔ̃] (lat. impér. *palpitatio*, battement) Agitation convulsive d'une partie du corps. ♦ *Palpitations de cœur* ou absol. *palpitations*, battements violents et déréglés du cœur.

PALPITER, v. intr. [palpite] (lat. *palpitare*, battre, s'agiter) Avoir des palpitations. « *Les entrailles des victimes palpitaient* », FÉNELON. ♦ Être ému au point que le cœur batte ou semble battre plus qu'à l'ordinaire. *Je palpite de crainte. Mon cœur palpite.*

PALPLANCHE, ■ n. f. [palplɑ̃ʃ] (1 pal et planche) Planche utilisée pour fortifier les galeries de mines. ■ Élément métallique allongé que l'on enfonce verticalement et côte à côte pour consolider les berges d'un cours d'eau, les bords d'un bassin. *Palplanches en acier.*

PALSAMBLEU !, interj. [palsɑ̃blø] (altération de *par le sang de Dieu*) Jurement de l'ancienne comédie. « *Hé ! palsambleu ! si je le savais, je ne le demanderais pas* », REGNARD. ♦ On disait aussi : *Par le sambleu !*

PALSANGUÉ ou **PALSANGUIENNE !**, interj. [palsɑ̃ge, palsɑ̃gjɛn] (altération de *par le sang de Dieu*) Jurement de paysan, dans l'ancienne comédie.

PALTOQUET, n. m. [paltokɛ] (anc. fr. *paletoc*, casaque de paysan) **Pop.** Homme grossier. ♦ Homme sans valeur ni considération. *C'est un franc paltoquet.* ■ Homme insolent, prétentieux.

PALU, ■ n. m. [paly] (apocope de *paludisme*) Voy. PALUDISME.

PALUCHE, ■ n. f. [palyʃ] (arg. *palette*, main, de 1 *pale*) **Fam.** Main. *Une grande paluche.*

PALUD, ■ n. m. [paly] (on ne prononce pas le *d* final ; lat. *palus, paludis*, marais, étang) **Vx** Marais. *Un palud de bord de mer.* ■ REM. On disait aussi *un palude.*

PALUDÉEN, ENNE, adj. [palydeɛ̃, ɛn] (lat. *palus*) Qui appartient aux marais. *Terrains paludéens.* ♦ *Fièvre paludéenne*, fièvre due aux émanations de terrains paludéens. ■ Relatif au paludisme. *Infection paludéenne.* ■ Atteint du paludisme. ■ N. m. et n. f. *Un paludéen, une paludéenne.*

PALUDIER, IÈRE, ■ n. m. et n. f. [palydje, jɛʀ] (lat. *palus*, marais) Personne qui travaille dans un marais salant.

PALUDINE, ■ n. f. [palydin] (lat. *palus*, marais) Mollusque d'eau douce proche de l'escargot. *La paludine est un gastéropode.*

PALUDIQUE, ■ adj. [palydik] (*paludisme*) Relatif au paludisme. *Lutter contre une endémie paludique par la distribution de vaccins.*

PALUDISME, ■ n. m. [palydism] (lat. *palus*, marais) Maladie parasitaire contractée dans certains pays chauds, provoquée par une piqûre de moustique et infligeant une fièvre sévère. *Souffrir du paludisme.* ■ Abrév. Palu.

PALUS, n. m. [palys] (on prononce le *s* final ; mot lat.) ▷ Marais. Usité seulement dans *Palus Méotide*, nom ancien de la mer d'Azov. ◁

PALUSTRE, adj. [palystʀ] (lat. *palustris*) Qui a la nature du marécage. *Terrains palustres.* ♦ Qui croît ou vit dans les marécages. *Plantes palustres.*

PALYNOLOGIE, ■ n. f. [palinɔlɔʒi] (angl. *palynology*, du gr. *palunein*, répandre de la farine, saupoudrer) **Sc.** Étude scientifique des pollens, notamment fossiles.

PALYNOLOGUE, ■ n. m. et n. f. [palinɔlɔg] (*palynologie*) Scientifique spécialiste en palynologie.

PÂMÉ, ÉE, p. p. de pâmer. [pame] *Carpe pâmée*, carpe qui, lorsque le soleil brille, vient à la surface de l'eau et se met sur le côté, fermant les yeux, entrouvrant la bouche à courtes reprises, en sorte qu'on la croirait presque morte. ♦ Fig. Il se dit d'une femme qui s'émeut pour des riens. ♦ **Hérald.** Qui a la gueule béante ; se dit du dauphin.

PÂMER, v. intr. [pame] (lat. vulg. *spasmare*, anc. fr. *espame*, évanouissement) Se conjugue avec *être* ou *avoir*, suivant le sens. Tomber en défaillance, en syncope. ♦ ▷ *Pâmer de rire*, *rire à pâmer*, rire excessivement. ◁ ♦ *Pâmer de joie*, éprouver une joie infinie. ♦ Se pâmer, v. pr. Même sens. ♦ Par exagération « *On se sent à ces vers jusques au fond de l'âme Couler je ne sais quoi qui fait que l'on se pâme* », MOLIÈRE. ♦ *Se pâmer de rire, se pâmer de joie, etc.*, même sens que *pâmer de rire*, etc. ■ REM. Aujourd'hui, ce verbe ne s'emploie plus que dans sa forme pronominale.

PÂMOISON, n. f. [pamwazɔ̃] (*pâmer*) Syncope, évanouissement. *Tomber en pâmoison.*

PAMPA, n. f. [pɑ̃pa] (quechua *pampa*, plaine) Vaste plaine de l'Amérique méridionale, aux environs de Buenos Aires et dans le bassin de l'Amazone. ♦ Au pl. *Des pampas.*

PAMPE, n. f. [pɑ̃p] (lat. *pampinus*, branche, feuillage de vigne) ▷ Feuille du blé, de l'orge, de l'avoine, etc. (ce mot n'est pas du langage botanique). ◁

PAMPELMOUSE, n. f. ou n. m. [pɑ̃pɛlmus] Voy. PAMPLEMOUSSE.

PAMPÉRO ou **PAMPERO**, ■ n. m. [pɑ̃peʁo] (mot espagnol, de *pampa*) Vent froid du sud ou du sud-ouest qui souffle en Argentine. *La pampa balayée par le pampéro.*

PAMPHILE, n. m. [pɑ̃fil] (gr. *Pamphilos*) Jeu de cartes analogue à la mouche. ◆ Le valet de trèfle au jeu de pamphile. ◆ **Par extens.** Homme de peu de valeur. « *Un Pamphile veut être grand, il croit l'être, il ne l'est pas, il est d'après un grand* », LA BRUYÈRE.

PAMPHLET, n. m. [pɑ̃flɛ] (mot angl., opuscule, de l'anc. fr. *Pamphilet*, du poème lat. *Pamphilus seu de amore*) Petit livre de peu de pages. « *Il prétend prouver dans sa brochure appelée en anglais pamphlet* », VOLTAIRE. ◆ Il se prend souvent en mauvaise part. *Faiseur de pamphlets.* ■ Court écrit satirique. *Cet éditorial est un véritable pamphlet contre la politique sociale du gouvernement.*

PAMPHLÉTAIRE, n. m. [pɑ̃fletɛʁ] (angl. *pamphleteer*) Auteur de pamphlets. *Un vil pamphlétaire.*

PAMPILLE, ■ n. f. [pɑ̃pij] (radic. expressif pop. *pamp-*, balancement, fait de pendiller ; cf. Rabelais, *pampillette*, papillotte) Frange de passementerie à laquelle sont suspendues des pendeloques. ■ **Par méton.** Pendeloque. *Boucles d'oreilles, lustre à pampilles.*

PAMPLEMOUSSE, n. f. d'après l'Académie mais n. m. d'après l'usage du pays. [pɑ̃pləmus] (néerl. *pompelmoes*, de *pompel*, gonflé, et *limoes*, citron) Nom, dans les îles Maurice et de la Réunion, du citronnier décumane. ■ N. f. Fruit du pamplemousse, qui est très gros. ■ REM. Quelques auteurs écrivaient *pampelmouse*. ■ REM. Ce nom se rencontre au masculin dans la majorité des cas aujourd'hui.

PAMPLEMOUSSIER, ■ n. m. [pɑ̃pləmusje] (*pamplemousse*) Arbre qui donne le pamplemousse.

PAMPRE, n. m. [pɑ̃pʁ] (lat. *pampinus*, branche, feuillage de vigne) Tige de vigne couverte de feuilles. ◆ Feston de feuilles de vigne et de grappes de raisin qui sert d'ornement à la colonne torse.

1 PAN, n. m. [pɑ̃] (lat. *pannus*, morceau d'étoffe) Partie considérable d'un vêtement, robe, manteau, habit. « *D'un des pans de sa robe il couvre son visage* », P. CORNEILLE. ◆ On dit aussi *un pan de tapisserie.* ◆ Partie d'un mur. *De longs pans de muraille.* « *Quand les tempêtes ont abattu des pans entiers de forêts* », CHATEAUBRIAND. ◆ Chacun des côtés d'un ouvrage de maçonnerie, de menuiserie, d'orfèvrerie, etc. *Les pans d'un prisme, d'une tour, etc.* ◆ *Pan de bois*, clôture de charpenterie qui sert à séparer des chambres. ◆ *Pan coupé*, figure dont les angles sont coupés. ◆ *Pan coupé*, surface qui remplace l'angle à la rencontre de deux pans de mur. ◆ À PAN, TOUT À PAN, loc. adv. En plein, à même. *Vendanger tout à pan. Mettre quelqu'un à pan d'un panier de fruits.*

2 PAN, n. m. [pɑ̃] (lat. *Pan*, du gr. *Pan*) Polythéisme gréco-latin. Le dieu des bergers. ◆ *Flûte de Pan*, la syringe ou flûte à sept tuyaux. ◆ *Le grand Pan*, nom sous lequel les panthéistes ont désigné la nature.

3 PAN !, interj. [pɑ̃] Onomatopée qui exprime soit le bruit occasionné par un corps qui tombe subitement ou frappe sur un autre corps, soit le bruit de quelque chose qui éclate.

4 PAN..., **PANTO...**, ■ [pɑ̃, pɑ̃to] ou [pan, pɑ̃to] préfixe tiré du grec *pas, pantos*, tout, qui exprime l'idée de rassemblement, de totalité : *panafricanisme, pandémie, pantomètre.*

PANACÉE, n. f. [panase] (lat. *panacea*, du gr. *panakeia*, de *pan-* et *akos*, remède) Remède universel. *Il n'y a point de panacée.* ◆ S'est dit de quelques préparations pharmaceutiques. *Panacée mercurielle.* ◆ **Fig.** *Le travail est la panacée contre les chagrins de la vie.*

PANACHAGE, ■ n. m. [panaʃaʒ] (*panacher*) Fait de panacher, de mélanger. *Un panachage de coloris.* ■ Possibilité d'inscrire sur un bulletin de vote les noms de candidats appartenant à des listes concurrentes. *Le panachage d'une liste électorale.*

PANACHE, n. m. [panaʃ] (ital. *pennachio*, bouquet de plumes sur un casque, du lat. *pinna*, plume) Faisceau de plumes ou d'autres choses légères, qui, étant liées par le bas et voltigeant par le haut, forment une espèce de bouquet. « *Et son feutre à grands poils ombragé d'un panache* », BOILEAU. ◆ **Par extens.** « *La queue en panache étalée* », LA FONTAINE. ◆ **Fig.** « *Quand l'hypocrisie a perdu le masque de la honte, elle arbore le panache de l'orgueil* », BUFFON. ◆ Partie supérieure d'une lampe d'église. ◆ **Archit.** Surface triangulaire du pendentif d'une voûte. ◆ **Sculpt.** Ornement de plumes d'autruche qu'on introduit dans le chapiteau de l'ordre français. ◆ Agréable mélange de rayures de différentes teintes dans une fleur. *Anémone qui a un beau panache.* ■ **Fig.** Allure, éclat. *Avoir du panache. Ce coureur cycliste a gagné la course avec panache.*

PANACHÉ, ÉE, adj. [panaʃe] (*panache*) Orné d'un panache. *Casque panaché.* ◆ *Oiseau panaché*, oiseau qui a une aigrette. ◆ Qui présente diverses couleurs mélangées, en parlant de certaines fleurs et de certains oiseaux. *Œillet panaché. Des canaris panachés de noir.* ◆ En termes d'office, *glace panachée*, glace formée de glaces de différentes couleurs et de divers aromes. ◆ *Salade panachée*, salade composée de deux ou plusieurs herbes. ◆ On dit aussi *potage panaché.* ■ Composé d'éléments divers. *Liste panachée.* ■ *Un demi panaché* ou elliptiq. *un panaché*, une bière additionnée de limonade.

PANACHER, v. tr. [panaʃe] (*panache*) Parer d'un panache. ◆ Donner des couleurs variées. *Les fleuristes ont des secrets pour panacher les fleurs.* ◆ V. intr. Il se dit des plantes dont les feuilles, les fleurs ou les fruits prennent des couleurs variées, et des oiseaux qui offrent un pareil mélange de couleurs. *Cette tulipe commence à panacher.* « *Les femelles du pigeon grosse-gorge ne panachent point* », BUFFON. ◆ Se panacher, v. pr. Se parer d'un panache. ◆ Devenir panaché, prendre des couleurs variées. ■ V. tr. *Panacher une liste électorale*, composer sa propre liste en y insérant des candidats appartenant à d'autres listes.

PANACHURE, n. f. [panaʃyʁ] (*panache*) Taches blanchâtres ou de diverses couleurs sur les feuilles, les fleurs, les fruits et sur certains oiseaux. *De belles panachures.*

PANADE, n. f. [panad] (provenç. *panado*, de *pan*, pain) Soupe faite avec de l'eau, du beurre et du pain qu'on a laissé mitonner. ◆ Adj. **Fig.** et **pop.** Qui est sans énergie, sans consistance. *Il est panade. C'est une panade.* ■ N. f. **Fam.** *Être dans la panade*, être dans la misère, avoir des ennuis, des difficultés.

PANADER (SE), v. pr. [panade] (moy. fr. *penade*, ruade, de l'occ. dial. *penar*, ruer, du lat. vulg. *pedinare*) ▷ Marcher avec ostentation comme un paon. « *Un paon muait : un geai prit son plumage... Puis parmi d'autres paons tout fier se panada* », LA FONTAINE. ◆ On dit plus souvent *se pavaner.* ◁

PANAFRICAIN, AINE, ■ adj. [panafʁikɛ̃, ɛn] (4 *pan-* et *africain*, d'après l'angl. *Pan-African*) Relatif au panafricanisme. ■ Qui regroupe tous les peuples africains. *Le Festival panafricain du cinéma et de la télévision se déroule à Ouagadougou.*

PANAFRICANISME, ■ n. m. [panafʁikanism] (*panafricain*) Doctrine visant à regrouper tous les peuples africains en un seul peuple, solidaire.

PANAGE, n. m. [panaʒ] (lat. médiév. *pastionaticum*, du lat. *pastio*, pâturage) ▷ Droit qui se paye au seigneur d'une forêt pour avoir la liberté d'y faire paître les porcs. ◁

PANAIS, n. m. [panɛ] (lat. *pastinaca*) Genre de la famille des ombellifères. ◆ Plante potagère dont la racine est d'un blanc jaunâtre. ◆ Il y a aussi le *panais sauvage*, qui est du même espèce.

PANAMA, n. m. [panama] (*Panamá*) Chapeau d'été fait d'un jonc très fin qui vient de l'isthme de Panama. ◆ Au pl. *Des panamas.*

PANAMÉEN, ENNE, ■ adj. [panameɛ̃, ɛn] (*Panamá*) Relatif au Panamá, État d'Amérique centrale. *L'indépendance panaméenne date de 1903.* ■ N. m. et n. f. *Un Panaméen, une Panaméenne*, personne habitant le Panamá ou en étant originaire.

PANAMÉRICAIN, AINE, ■ adj. [panameʁikɛ̃, ɛn] (anglo-amér. *Pan-American*, de *pan-* et *American*) Qui concerne tous les pays du continent américain. *Le Congrès panaméricain d'architecture est réputé.* ■ Qui relève du panaméricanisme. *Une politique panaméricaine.*

PANAMÉRICANISME, ■ n. m. [panameʁikanism] (anglo-amér. *Pan-Americanism*, de *Pan-American*) Doctrine visant à regrouper tous les peuples américains en un seul, solidaire.

PANARABISME, ■ n. m. [panaʁabism] (*panarabe*, de 4 *pan-* et *arabe*) Doctrine visant à regrouper tous les peuples de civilisation arabe. *Le panarabisme prôné par l'homme politique égyptien Nasser.*

1 PANARD, ARDE, adj. [panaʁ, aʁd] (provenç. *panard*, boiteux, de *pan*, côté) *Cheval panard*, cheval dont les pieds de devant sont tournés en dehors, par opposition au cheval cagneux. *Des chevaux panards, une jument panarde.* ■ REM. Cet adjectif était autrefois invariable en genre et en nombre et on écrivait *des chevaux panard, une jument panard.*

2 PANARD, ■ n. m. [panaʁ] (1 *panard*) **Fam.** Pied.

PANARIS, n. m. [panaʁi] (on ne prononce pas le *s* final ; lat. *panaricium*, du gr. *parônukhia*, de *para*, auprès de, et *onux*, ongle) **Chir.** Tumeur phlegmoneuse développée dans un point des doigts ou des orteils.

PANATÉLA ou **PANÉTÉLA**, n. f. [panatela, panetela] (catal. *panatela*, biscuit, par analogie de forme) Cigare de La Havane, long et mince, sorte de queue de rat. *Une panatéla.* ◆ Au pl. *Des panatélas.* ■ REM. Graphie ancienne : *panetela.*

PANATHÉNAÏQUE, adj. [panatenaik] (gr. *panathênaïkos*) Qui appartient aux Panathénées.

PANATHÉNÉES, n. f. pl. [panatene] (gr. *panathênaia*) Fêtes célébrées dans Athènes en l'honneur de Minerve.

PANAX, ■ n. m. [panaks] (mot lat., du gr. *panax*, de pan- et radic. de *akos*, remède) Arbre des régions d'Amérique tropicale et d'Asie orientale dont une espèce fournit le ginseng. *La racine des panax a des vertus toniques.*

PAN-BAGNAT, ■ n. m. [pɑ̄baɲa] ou [pɑ̄baɲja] (mot provenç., de *pan*, pain, et *bagnat*, imbibé, s.e. d'huile) Type de sandwich réunissant les ingrédients traditionnels de la salade niçoise dans du pain de campagne imbibé d'huile. *Des pans-bagnats. Le pan-bagnat est une spécialité niçoise.*

PANCAKE, ■ n. m. [pãkɛk] (mot angl., crêpe) Crêpe épaisse et spongieuse. *Des pancakes arrosés de sirop d'érable.*

PANCALIER, n. m. [pãkalje] (*Pancalieri*, ville de Piémont) Variété du chou frisé. ♦ Adj. *Un chou pancalier.*

PANCARTE, n. f. [pãkaʀt] (lat. médiév. *pancharta*, du gr. *pan* et du lat. *charta*) Papier affiché qui contenait le tarif de certains droits. ♦ **Par extens.** Tout placard, tout écriteau servant à donner un avis au public. ♦ **Plais.** Toute sorte de papiers. ♦ S'est dit pour *billet d'enterrement*. ♦ Feuille de papier, carton, très mince, pliée en deux, servant à mettre les papiers d'un usage important. ♦ ▷ Espèce de registre sur lequel les suisses ou portiers des maisons inscrivent ceux qui sont venus faire des visites en l'absence des maîtres. ◁

PANCHEN-LAMA, ■ n. m. [pãʃɛnlama] (mot tibétain) Dans la religion bouddhiste, représentant spirituel du dalaï-lama, qui se réincarne comme ce dernier et n'a pas d'obligations politiques. *Des panchen-lamas.*

PANCHROMATIQUE, ■ adj. [pãkʀomatik] (4 pan- et *chromatique*) **Phot.** Sensible à toutes les couleurs du spectre visible. *Une émulsion, une pellicule panchromatique.*

PANCHRONIE, n. f. [pãkʀoni] (4 *pan-* et gr. *chronos*, temps) **Biol.** Caractéristique d'une espèce animale ou végétale n'ayant subi aucune modification profonde au cours du temps. ■ **Ling.** Caractéristique des faits linguistiques qui traversent une longue période sans subir de changements particuliers. ■ Par opposition à la synchronie et à la diachronie, étude de ce qui se présente comme un aspect homogène du langage sur une longue durée. ■ PANCHRONIQUE, adj. [pãkʀonik] *Une étude panchronique.*

PANCLASTITE, ■ n. f. [pãklastit] (4 *pan-* et gr. *klastos*, brisé) **Techn.** Explosif liquide constitué d'un combustible et de peroxyde d'azote. *La panclastite est un mélange explosif dû à Turpin et utilisé au cours de la Première Guerre mondiale : on mélangeait le comburant et le carburant pendant le vol dans les avions.*

PANCRACE, n. m. [pãkʀas] (gr. *pagkration*, de pan- et *kratos*, force) **Antiq.** Exercice qui consistait dans la réunion de la lutte et du pugilat. ♦ Fig. Sorte de surnom injurieux. *Docteur Pancrace*, celui qui est prêt à combattre sur tous les points.

PANCRATIASTE, n. m. [pãkʀatjast] (gr. *pagkratiastês*) Celui qui avait remporté le prix dans l'exercice du pancrace.

PANCRÉAS, n. m. [pãkʀeas] (on prononce le *s* final; gr. *pagkreas*, de pan- et *kreas*, chair, parce qu'il ressemble à un morceau de chair) **Anat.** Glande située dans l'abdomen qui a pour fonction d'opérer, à l'aide du liquide qu'elle sécrète, la digestion des substances grasses.

PANCRÉATECTOMIE, ■ n. f. [pãkʀeatɛktomi] (*pancréas*, génit. -atos et -*ectomie*) **Chir.** Ablation partielle ou totale du pancréas. *On peut pratiquer une pancréatectomie pour enlever une tumeur cancéreuse.*

PANCRÉATIQUE, adj. [pãkʀeatik] (*pancréas*) **Anat.** Qui a rapport au pancréas. *Canal pancréatique.* ♦ *Suc pancréatique*, la liqueur qui est sécrétée par le pancréas.

PANCRÉATITE, ■ n. f. [pãkʀeatit] (*pancréas*) État d'inflammation du pancréas. *Une pancréatite aiguë.*

PANDA, ■ n. m. [pãda] (mot népalais) Mammifère proche de l'ours vivant dans les forêts de Chine ou dans les montagnes de l'Himalaya. *Le grand panda, au pelage noir et blanc, se nourrit de pousses de bambou et le petit panda, à fourrure rousse, mange des herbes et des fruits. Des pandas.*

PANDANÉES, n. f. pl. [pãdane] (*pandanus*) Famille de plantes monocotylédones, arborescentes, grimpantes ou très basses.

PANDANUS, n. m. [pãdanys] (on prononce le *s* final; lat. sav. mod., du malais *pandang*) Plante très cultivée pour appartements et qui appartient au genre pandanus, type de la famille des pandanées.

PANDECTES, n. f. pl. [pãdɛkt] (b. lat. jurid. *pandectæ*, du gr. *pandektês*, qui recueille tout, de *pan-* et *dekhesthai*, recevoir, recueillir) Recueil de décisions des anciens jurisconsultes que Justinien convertit en lois; on le nomme aussi *Le Digeste.*

PANDÉMIE, ■ n. f. [pãdemi] (4 pan- et gr. *dêmos*, pays, d'après *épidémie*; cf. *pandêmia*, le peuple entier) Épidémie qui se propage sur la quasi-totalité d'une région, d'un pays, d'un continent. *Une pandémie dévastatrice.*

PANDÉMIQUE, ■ adj. [pãdemik] (*pandémie*) Relevant d'une pandémie. *Une grippe pandémique qui touche tout le continent.*

PANDÉMONIUM, n. m. [pãdemonjom] (angl. [Milton] *Pandæmonium*, du gr. pan- et *daimôn*, démon) Lieu que l'on suppose être le point de réunion des esprits infernaux. *Le Pandémonium de Milton.* ♦ Voltaire disait *Pandémonion.* ♦ **Fig.** Réunion de mauvais esprits, de gens qui ne s'assemblent que pour le mal. ■ Lieu où sévissent la corruption et le désordre. *Des pandémoniums.*

PANDICULATION, n. f. [pãdikylasjõ] (lat. *pandiculari*, s'étendre, s'étirer) **Méd.** Mouvement automatique des bras en haut, avec renversement de la tête et du tronc en arrière, et extension des membres abdominaux.

PANDIT, n. m. [pãdit] (on prononce le *t* final; sansc. *pandita*, homme instruit) Titre honorifique donné en Inde aux érudits. *Des pandits. Consulter un pandit.*

1 **PANDORE**, ■ n. f. [pãdoʀ] (lat. *Pandorâ*, dans la myth. grecque, belle femme envoyée aux hommes pour les punir de leur orgueil, de pan- et *dôron*, don) *Boîte de Pandore*, chose, situation qui, en dépit de son apparence, peut être la source de bien des malheurs.

2 **PANDORE**, ■ n. f. [pãdoʀ] (lat. *pandura*, luth à trois cordes) Sorte de luth des XVIᵉ et XVIIᵉ siècles, muni de trois cordes, d'une caisse de résonance et d'un manche.

3 **PANDORE**, ■ n. m. [pãdoʀ] (*Pandore*, personnage de chanson) **Fam.** et vieilli Gendarme, policier. « *À ce moment, une estafette de la gendarmerie arriva. Un pandore en descendit. Il se figea au garde-à-vous* », VAUTRIN.

PANDOUR ou **PANDOURE**, n. m. [pãduʀ] (*Pandur*, ville de Hongrie) ▷ Nom donné à des troupes irrégulières de la Hongrie. ♦ On a abusivement étendu le nom de *pandour* à toute l'infanterie croate. ♦ **Fig.** Il se dit de toute espèce de pillards. ♦ Homme dont les manières sont rudes et impolies, dont l'apparence est sauvage. ◁

1 **PANÉ, ÉE**, p. p. de paner. [pane] *Côtelettes panées.* ♦ *Eau panée*, eau dans laquelle on fait bouillir du pain. ■ Enrobé de chapelure et d'œuf battu avant d'être cuit dans un corps gras chaud. *Du poisson pané.*

2 **PANÉ, ÉE**, adj. [pane] (1 *panne*) ▷ **Pop.** Misérable Voy. PANNÉ. ◁

PANÉGYRIQUE, n. m. [paneʒiʀik] (gr. *panêgurikos*, de *panêguris*, réunion solennelle) Discours public à la louange de quelqu'un. « *Vous avez raison de vous méfier des panégyriques ; ils sont presque tous composés par des sujets qui flattent un maître* », VOLTAIRE. ♦ Adj. *Discours panégyrique. Le style panégyrique.* ♦ **N. m. Par extens.** Toute parole d'éloge. ♦ « *Il me siérait mal de faire votre panégyrique à vous-même* », MME DE SÉVIGNÉ. ♦ **Ironiq.** Discours médisant, malin. ♦ **Adj. Antiq.** Où il y a un grand concours de monde. *Fêtes, jeux panégyriques.*

PANÉGYRISTE, n. m. [paneʒiʀist] (b. lat. *panegyrista*) Celui qui fait un panégyrique. ♦ **Par extens.** Prôneur, celui qui vante. « *Ils veulent avoir des panégyristes de leur générosité* », MASSILLON.

PANEL, ■ n. m. [panɛl] (mot angl.) Échantillon de personnes regroupées régulièrement pour répondre à une enquête d'opinion, à un sondage politique, à une étude de marché, etc. *Un panel de consommateurs. Des panels.* ■ Groupe de spécialistes qui organisent une table ronde, animent un débat, etc.

PANER, v. tr. [pane] (*pain*) Couvrir de pain émietté la viande qu'on a fait rôtir ou griller. *Paner des côtelettes.* ■ Recouvrir de chapelure et d'œuf battu avant de faire cuire. *Paner un filet de poisson.*

PANERÉE, n. f. [pan(ə)ʀe] (*panier*) Le contenu d'un panier plein.

PANÉTÉLA, ■ n. f. [panetela] Voy. PANATÉLA.

PANETERIE, n. f. [panɛt(ə)ʀi] (le premier *e* se prononce è; *panetier*) Lieu où l'on distribue le pain dans les grandes maisons, les grands établissements. ♦ **Absol.** *La paneterie du roi.* ♦ **Collect.** Les officiers qui servaient à la paneterie. ♦ Lieu où l'on dépose le pain dans les manutentions militaires.

PANETIER, n. m. [pan(ə)tje] (*pain*; cf. lat. médiév. *panetarius*, boulanger) Celui qui dans les grands établissements est chargé de la garde et de la distribution du pain. ♦ Autrefois, *grand panetier de France*, officier de la couronne qui avait autorité sur tous les boulangers de France et qui dans les jours de cérémonie servait le roi à table avec le grand échanson.

PANETIÈRE, n. f. [pan(ə)tjɛʀ] (*pain*) Espèce de sac de cuir, suspendu en forme de fronde, où les bergers portent leur pain. ♦ **Chasse** Filet en forme de sac.

PANETON, n. m. [pan(ə)tõ] (*panier*) Petit panier d'osier garni intérieurement d'une toile, dans lequel on met, pour l'enfourner, la pâte à laquelle on a donné la forme du pain.

PANGERMANISME, ■ n. m. [pãʒɛʀmanism] (4 *pan-* et *germanisme*) Doctrine visant à réunir tous les peuples d'origine germanique dans un État unique. *Le pangermanisme qui est né au XIXe siècle a influencé les thèses nazies.*

PANGERMANISTE, ■ adj. [pãʒɛʀmanist] (*pangermanisme*) Relatif au pangermanisme. *Doctrine, politique pangermaniste.* ■ N. m. et n. f. Partisan, partisane du pangermanisme.

PANGOLIN, n. m. [pãgɔlɛ̃] (malais *panggolin,* animal qui s'enroule) Genre de mammifères écailleux des Indes et d'Amérique, famille des édentés.

PANHELLÉNIQUE, ■ adj. [panelenik] (4 *pan-* et *hellénique,* d'après l'angl. *Pan-Hellenic*) Qui se rapporte à l'ensemble des peuples grecs de l'Antiquité. *Les sanctuaires panhelléniques.*

PANIC, n. m. [panik] (on prononce le *c* final ; lat. *panicum*) Genre de plantes graminées dont fait partie le millet. ■ Rᴇᴍ. On disait aussi *panis* autrefois.

PANICAUT, n. m. [paniko] (b. lat. *panis calidus,* pain chaud ; altération de *paniscardus,* pain chardon, parce que les jeunes feuilles se mangent en salade) Genre de plantes ombellifères, où l'on distingue le panicaut, chardon roulant.

PANICULE, n. f. [panikyl] (lat. impér. *panicula,* de *panus,* fil du tisserand, épi à panicules) Bot. Mode d'inflorescence indéfinie, dans lequel les fleurs sont portées au sommet des rameaux terminaux des axes secondaires ; exemples : le marronnier d'Inde, le millet.

PANICULÉ, ÉE, adj. [panikyle] (*panicule*) Qui a des fleurs disposées en panicule.

PANIER, n. m. [panje] (lat. médiév. *panarium*) Ustensile d'osier, de jonc, etc. qui sert à contenir des provisions, des marchandises, etc. ♦ *Panier de marée,* panier dans lequel on apporte d'ordinaire la marée à la halle. ♦ *Panier à bouteilles, panier à compartiments,* dans lequel on met des bouteilles. ♦ On dit de même *le panier aux verres, à l'argenterie, etc.* ♦ ▷ *Il est sot comme un panier percé,* ou simplement *sot comme un panier,* se dit d'un homme fort sot. ◁ *Fig.* et *fam. Un panier percé,* un prodigue, un dissipateur. ♦ *Panier percé,* mémoire qui ne retient rien. ♦ Contenu d'un panier, panerée. *Un panier de fruits.* ♦ *Le dessus du panier,* ce qu'il y a de plus beau et ce qui est placé en dessus pour faire valoir le reste ; *le fond du panier,* le rebut, ce qu'il y a de moins beau, de moins bon. ♦ *Fig.* « *Je vous donne avec plaisir le dessus de tous les paniers, c'est-à-dire la fleur de mon esprit, de ma tête, de mes yeux, de ma plume, de mon écritoire », Mᴍᴇ ᴅᴇ Sᴇᴠɪɢɴᴇ́. ♦ Fig. L'anse du panier,* Voy. ᴀɴsᴇ. ♦ *Panier à salade,* espèce de panier à jour, plus étroit du haut que du bas, où l'on met la salade, après l'avoir lavée, pour la faire égoutter. ♦ *Panier,* voiture légère en osier. ♦ **Pop.** *Panier à salade,* voiture pour les prisonniers, séparée en deux compartiments par une allée. ♦ *Panier au papier,* panier où l'on jette les papiers inutiles que l'on ne veut pas conserver. ♦ *Panier aux ordures,* panier dans lequel on dépose les ordures, les épluchures de ménage. ♦ ▷ Sorte de cage en osier, de forme conique, qui sert à chauffer le linge. ◁ ♦ *Panier à ouvrage,* petite corbeille où les femmes mettent leurs ouvrages d'aiguille. ♦ Au jeu, petite corbeille dans laquelle on met les enjeux. *Mettre au panier.* ♦ *Ces enjeux eux-mêmes. Panier roulant,* sorte d'ustensile avec lequel on fait marcher les enfants. ♦ Ruche d'abeilles faite en paille ou en osier. *Des paniers à mouches.* ♦ Jupon garni de baleines qui soutenait la robe des femmes, dans les modes du XVIIIe siècle. ♦ **Prov.** *Il ne faut pas mettre tous ses œufs dans un même panier,* Voy. ŒUF. ♦ *Petit mercier, petit panier,* Voy. ᴍᴇʀᴄɪᴇʀ. ♦ *Adieu paniers, vendanges sont faites,* se dit quand il est venu quelque fléau sur les vignes, et fig. de toutes les affaires manquées sans ressource. ■ *Mettre, jeter au panier,* jeter, se débarrasser de. *Il a mis tous ses vieux manuscrits au panier.* ■ *Le panier de la ménagère,* ensemble des dépenses consacrées aux produits de consommation courante. ■ **Sp.** Au basket-ball, filet percé suspendu dans lequel les joueurs doivent faire passer le ballon pour marquer un point ; point ainsi marqué. *Ce joueur a réussi plusieurs paniers.* ■ Ensemble des articles que l'on enregistre avant de les commander lorsque l'on fait des achats sur un site Internet. *Pour visualiser votre panier, cliquez sur l'icone représentant un chariot.*

PANIÈRE, ■ n. f. [panjɛʀ] (forme fém. de *panier*) Corbeille à anses. *Une panière à linge en osier, en plastique. Les chatons dormaient dans une panière d'osier.* ■ Petit panier qui contient le pain, à table.

PANIER-REPAS, ■ n. m. [panjɛʀ(ə)pa] (*panier* et *repas*) Paquet comportant un repas froid préparé en vue d'être transporté lors d'un voyage, une excursion, etc. *Des paniers-repas.*

PANIFIABLE, adj. [panifjabl] (*panifier*) Dont on peut faire du pain. *Les produits panifiables de la mouture.*

PANIFICATION, n. f. [panifikasjɔ̃] (*panifier*) Conversion des matières farineuses en pain. ♦ Fabrique de pain à la mécanique.

PANIFIER, v. tr. [panifje] (lat. *panis* et *facere*) Faire du pain avec une farine quelconque.

PANINI, ■ n. m. [panini] (ital. *panino,* petit pain) Sandwich d'origine italienne préparé avec du pain garni de fromage, de tomates, de jambon, etc., et cuit sur une grille. *Acheter des paninis dans un fast-food.*

PANIQUANT, ANTE, ■ adj. [panikã, ãt] (*panique*) Qui fait naître la panique. *Souffrir d'une phobie paniquante.*

PANIQUE, adj. [panik] (gr. *panikos,* du dieu Pan) *Terreur panique,* terreur subite et sans fondement. ♦ N. f. *Une panique,* une terreur soudaine. ■ **Fam.** *C'est la panique,* c'est le désordre le plus confus, l'affolement général. *C'est la panique au carrefour lorsque les feux de signalisation ne fonctionnent pas.*

PANIQUER, ■ v. intr. [panike] (*paniquer*) **Fam.** Être pris de panique, perdre son sang-froid. *Il a paniqué devant le jury.* ♦ Se paniquer, v. pr. S'affoler. *Ils se sont paniqués lorsque l'alarme a retenti.* ■ V. tr. **Fam.** Frapper d'un sentiment d'affolement, d'inquiétude. *Les examens le paniquent.*

PANIS, n. m. [panis] (b. lat. *panicium*) ▷ Syn. de panic. ◁

PANISLAMIQUE, ■ adj. [panislamik] (*panislamisme*) Qui relève du panislamisme. *Une théorie panislamique.*

PANISLAMISME, ■ n. m. [panislamism] (4 *pan-* et *islamisme*) Doctrine visant à réunir tous les peuples musulmans en un seul. *Cette idéologie se réclame du panislamisme.*

PANKA ou **PANCA**, ■ n. m. [pãka] (hindi *pankha,* éventail) Dans les pays chauds, éventail suspendu au plafond manœuvré par des cordes. *Les pankas rendaient la chaleur moins insupportable.*

1 PANNE, n. f. [pan] (lat. *pinna,* plume, et gallo-roman, fourrure) Étoffe fabriquée à la façon du velours et de même largeur, mais dont le poil est plus long et moins serré. ♦ **Hérald.** Fourrure de vair ou d'hermine. ♦ ▷ **Pop.** *Être dans la panne,* être dans la misère. ◁

2 PANNE, n. f. [pan] (1 *panne,* par annalogie) Graisse qui garnit la peau du cochon et de quelques autres animaux.

3 PANNE, n. f. [pan] (lat. *penna,* aile) **Mar.** *En panne,* se dit de l'état où est un navire lorsque, une partie de ses voiles tendant à le faire aller en avant et l'autre partie le poussant vers l'arrière, il reste presque immobile. ♦ *Mettre en panne,* brasser certaines voiles sur le mât pour équilibrer celles qui reçoivent le vent sur leur face postérieure et arrêter par là l'élan du navire. ♦ *Fig.* et *fam. Se tenir en panne, rester en panne,* cesser d'agir en attendant un moment plus favorable. ■ Fait de s'arrêter de fonctionner. *La voiture est en panne. Une panne d'électricité.* ■ *Panne sèche,* arrêt du moteur d'un véhicule occasionné par le manque de carburant. ■ **Fam.** *Être en panne de quelque chose,* en manquer. *Je suis en panne de feuilles. Un écrivain en panne d'imagination.*

4 PANNE, n. f. [pan] (b. lat. *patena,* mangeoire, du gr. *pathên,* lambris d'un plafond compartimenté, râtelier) Pièce de bois posée horizontalement sur la charpente d'un comble pour porter les chevrons.

5 PANNE, n. f. [pan] (lat. *penna,* aile) Partie du marteau opposée au gros bout ou tête. *Frapper de panne.*

PANNÉ, ÉE, adj. [pane] (3 *panne*) ▷ **Pop.** Misérable. *Il est bien panné. Il a un air panné.* ■ Rᴇᴍ. On écrivait aussi *pané.* ◁

PANNEAU, n. m. [pano] (lat. pop. *pannellus,* du lat. *pannus,* morceau d'étoffe) Toute partie d'un ouvrage d'architecture, de menuiserie, etc. qui offre un champ, une surface de médiocre grandeur encadrée de moulures. *Un panneau de lambris. Une porte à panneaux.* ♦ *Panneau de sculpture,* se dit des ornements sculptés dans un panneau. ♦ *Panneau de glace,* une glace tenant lieu de panneau. ♦ **Peint.** Planche dressée pour exécuter un tableau sur bois. ♦ **Mar.** Pièce de bois qui forme l'écoutille, et abusivement l'écoutille elle-même. ♦ Filet pour prendre des lièvres, des cerfs et autres bêtes. *Tendre un panneau, des panneaux.* ♦ **Fig.** et **fam.** Piège. *Tomber, donner dans le panneau.* ♦ ▷ Coussinets placés sous les bandes de l'arçon d'une selle. ◁ ■ Élément préfabriqué destiné à la construction. *Un panneau en particules de bois.* ■ Surface destinée à recevoir des informations, des inscriptions, etc. *Un panneau d'affichage. Un panneau publicitaire. Panneaux routiers qui donnent des indications de direction.*

PANNEAUTER, v. intr. [panote] (*panneau*) **Chasse** Tendre des panneaux pour prendre des lapins, des cerfs, des daims, etc.

PANNEAUTEUR, n. m. [panotœʀ] (*panneauter*) Celui qui braconne avec des panneaux.

PANNETON, n. m. [panətɔ̃] (anc. fr. *penon,* petit étendard) La partie d'une clé où sont les dents.

PANNICULE, ■ n. m. [panikyl] (lat. *panniculus,* chiffon) **Anat.** *Pannicule adipeux,* couche sous-cutanée de cellules renfermant la graisse. *L'épaisseur du pannicule adipeux varie selon le sexe et l'état de santé de la personne.*

PANNON, n. m. [panɔ̃] (var. de *pennon*, de *penne*) *Pannon généalogique*, écu rempli de diverses alliances des maisons desquelles un gentilhomme est descendu.

PANONCEAU, n. m. [panɔ̃so] (dimin. de l'anc. fr. *pennon*, étendard) Écusson d'armoirie, tel qu'on le met sur un poteau, pour marquer la juridiction. *Les panonceaux du prince.* ◆ Girouette sur laquelle les armes du seigneur étaient peintes ou découpées à jour. ◆ Écusson à la porte des notaires, des huissiers, des commissaires-priseurs. ■ Petit panneau. *Panonceau d'une boutique affichant les horaires d'ouverture.*

PANOPHTALMIE, ■ n. f. [panɔftalmi] (4 *pan*- et *ophtalmie*) **Méd.** Inflammation de toutes les structures constitutives de l'œil. *Une infection oculaire peut évoluer vers une panophtalmie.*

PANOPLIE, n. f. [panɔpli] (gr. *panoplia*, de *pan*- et *hoplon*, arme) Armure complète d'un chevalier du Moyen Âge. ◆ Panneau de bois ou recouvert de velours, en forme d'écu ordinairement, sur lequel on accroche symétriquement des armes rares. ■ Ensemble d'objets de même nature. *Une panoplie de produits de beauté.* ■ **Fig.** Ensemble de moyens, de procédés. *Une panoplie de mesures.* ■ Jouet d'enfant constitué d'un déguisement et d'accessoires. *Une panoplie d'Indien.*

PANOPTIQUE, ■ adj. [panɔptik] (4 *pan*- et *optique*) **Archit.** Se dit d'un édifice dont l'aménagement permet une surveillance d'ensemble à partir d'un seul endroit. *Une prison panoptique.*

PANORAMA, n. m. [panorama] (angl *panorama*, du gr. *pan*- et *horama*, ce que l'on voit) Tableau cylindrique disposé de manière que le spectateur placé au centre voie les objets représentés, comme si, placé sur une hauteur, il découvrait tout l'horizon dont il serait environné. ■ Vaste étendue de territoire que l'on voit depuis un lieu. *Contempler le panorama.* ■ **Fig.** Étude qui donne une vue d'ensemble d'un sujet. *Présenter un panorama de la politique économique.*

PANORAMIQUE, adj. [panoramik] (*panorama*) Qui offre les caractères du panorama. *Une vue panoramique.* ■ *Restaurant panoramique*, d'où l'on peut voir un vaste paysage. ■ *Format panoramique*, format de photographie très allongé. ■ **N. m. Cin.** Mouvement de la caméra qui se déplace horizontalement, de droite à gauche ou de gauche à droite, ou verticalement. *On effectue un panoramique vertical pour montrer un personnage des pieds à la tête.* ■ **Rem.** On disait aussi *panoramatique* autrefois.

PANORPE, ■ n. f. [panɔrp] (lat. sav. [Linné] *panorpa*, du gr. *pan*- et *horpêx*, aiguillon) Grand insecte au corps grêle appelé aussi *mouche-scorpion*. L'extrémité de l'abdomen de la panorpe mâle est relevée comme chez le scorpion, mais la panorpe ne pique pas.

PANOSSE, ■ n. f. [panɔs] (b. lat. *pannucia*, guenille) **Savoie** et **Suisse** Serpillière. *Essorer la panosse. Passer la panosse.*

PANOSSER, ■ v. tr. [panose] (*panosse*) **Savoie** et **Suisse** Nettoyer à l'aide de la serpillière. *Panosser le sol, la cuisine. Je n'ai pas encore panossé.*

PANOUFLE, n. f. [panufl] (a. moy. fr. *panufle*, haillon, de *pane*, chiffon) ▷ Morceau de peau de mouton avec sa laine dont on garnit des sabots. ◁

PANSAGE, n. m. [pɑ̃saʒ] (*panser*) Action de brosser, d'étriller, pour un but hygiénique, le corps d'un animal domestique.

PANSARD, ARDE, adj. [pɑ̃sar, ard] (*panse*) ▷ Qui a un gros ventre. ◆ S'est dit quelquefois pour *pansu*. ◁

PANSE, n. f. [pɑ̃s] (lat. *pantex*, intestins) Ventre, dans le langage familier. ◆ *Avoir la panse ronde*, avoir bien mangé. ◆ **Pop.** *Se faire crever la panse*, se faire tuer à la guerre ou en duel. ◆ **Fig.** *Avoir les yeux plus grands que la panse*, avoir moins d'appétit qu'on ne croyait. ◆ Premier estomac des animaux ruminants. ◆ *Une panse d'a*, Voy. **A**. ◆ *Panse d'une bouteille, d'une cornue*, la partie renflée d'une bouteille, d'une cornue. ■ **Fam.** *S'en mettre plein la panse*, manger beaucoup. ■ **Fam.** *Manger à s'en faire crever la panse*, faire un festin, manger de grandes quantités de nourriture. ■ **Rem.** On dit aujourd'hui *avoir les yeux plus gros que le ventre* plutôt que *avoir les yeux plus grands que la panse.*

PANSÉ, ÉE, p. p. de *panser*. [pɑ̃se]

PANSEMENT, n. m. [pɑ̃s(ə)mɑ̃] (*panser*) Action de panser une plaie. ◆ *Pansement de la main* ou *pansement*. Syn. de *pansage*. ■ Compresse, bande adhésive dont on recouvre une plaie pour la protéger, la soigner. *Changer un pansement.*

PANSER, v. tr. [pɑ̃se] (spécialisation de *penser*, à partir du sens de *prendre soin*) Appliquer méthodiquement les topiques ou les appareils sur une partie malade. ◆ **Fig.** *Panser des maux.* ◆ *Panser la main* ou simplement *panser*, opérer le pansage des animaux domestiques. ◆ ▷ **Par extens.** *Panser des chiens, des oiseaux, etc.*, leur donner à manger. ◁ ◆ *Se panser*, v. pr. Se soigner et par extens. se dorloter. ■ Appliquer un pansement sur. *Panser une plaie.* ■ **Par extens.** *Panser un blessé.*

PANSEUR, EUSE, ■ n. m. et n. f. [pɑ̃sœr, øz] (*panser*) Personne qui panse, qui fait des pansements. *Il travaille comme panseur dans une clinique.*

PANSLAVISME, n. m. [pɑ̃slavism] (4 *pan*- et *slave*) Système politique de la Russie, tendant à rattacher à son empire tous les peuples slaves.

PANSPERMIE, ■ n. f. [pɑ̃spɛrmi] (gr. *panspermia*, mélange de toutes sortes de semences, de *pan*- et *sperma*, semence) **Biol.** Théorie d'après laquelle l'apparition de la vie sur Terre a été favorisée par l'apport de germes par des météorites. *La théorie de la panspermie a été proposée par Arrhenius en 1905.*

PANSU, UE, adj. [pɑ̃sy] (*panse*) **Fam.** Qui a une grosse panse. ◆ N. m. et n. f. *Un gros pansu.* ◆ **Par extens.** *Vases pansus*, vases qui sont en forme de ventre.

PANTAGRUÉLIQUE, ■ adj. [pɑ̃tagryelik] (*Pantagruel*, personnage de Rabelais) Comparable à l'énorme appétit de Pantagruel. *Un festin pantagruélique.*

PANTALON, n. m. [pɑ̃talɔ̃] (ital. *Pantalone*) ▷ Personnage bouffon du théâtre italien, qui porte une culotte longue et qui représente les vieillards (on met une majuscule). ◁ ◆ ▷ **Fig.** et **fam.** Homme qui prend toutes sortes de figures, qui joue toutes sortes de rôles pour en venir à ses fins (on met une minuscule en ce sens). ◁ ◆ Culotte qui descend jusqu'au bas de la jambe. ◆ *Pantalon à pieds*, pantalon qui se termine par des pieds comme les bas. ◆ ▷ La première des figures qui composent le quadrille ordinaire. ◁

PANTALONNADE, n. f. [pɑ̃talɔnad] (*pantalon*) Bouffonnerie et postures comiques semblables à celles d'un Pantalon. ◆ Subterfuge ridicule. « *Ajouter au manquement de parole des pantalonnades pour vous jouer des malheureux* », FÉNELON. ◆ Fausse démonstration de joie, de douleur, de morale.

PANTELANT, ANTE, adj. [pɑ̃t(ə)lɑ̃, ɑ̃t] (*panteler*) Qui pantelle. *Un vieillard pantelant.* « *Le visage enflammé, l'estomac pantelant* », J.-J. ROUSSEAU. ◆ **Par anal.** « *C'est un cœur pantelant que vous ferez saigner* », TH. CORNEILLE. ◆ *Chair pantelante*, la chair palpitante d'un animal récemment tué.

PANTELER, v. intr. [pɑ̃t(ə)le] (réfection par chang. de suff. de l'anc. fr. *pantoiser*, de *pantois*) Avoir la respiration haletante, respirer par secousses. ◆ **Par anal.** « *Je vous le disais bien, mon pauvre cœur pantelle.* », TH. CORNEILLE.

PANTENNE, ■ n. f. [pɑ̃tɛn] (a. provenç. *pantena*, nasse, du radic. de *pantière*) Voy. PANTIÈRE.

PANTHÉE, adj. [pɑ̃te] (gr. *pantheios*, commun à tous les dieux, de *pan*- et *theios*, divin) **Antiq.** *Figure panthée*, figure qui réunissait les attributs de différentes divinités. ◆ Qui réunit en soi le pouvoir de toutes les divinités. *La nature panthée.*

PANTHÉISME, n. m. [pɑ̃teism] (*panthéiste*) Système de ceux qui admettent pour Dieu le grand tout, l'universalité des êtres.

PANTHÉISTE, n. m. et n. f. [pɑ̃teist] (angl. *pantheist* [J. Toland], de *pan*- et *theos*, divinité) Celui, celle qui admet le panthéisme. ◆ **Adj.** Qui appartient au panthéisme ; qui admet cette doctrine. *Doctrine panthéiste.*

PANTHÉISTIQUE, adj. [pɑ̃teistik] (*panthéiste*) Qui a le caractère du panthéisme.

PANTHÉON, n. m. [pɑ̃teɔ̃] (lat. *Pantheon*, du gr. *pantheion* [hieron], [temple] consacré à tous les dieux) Temple de l'ancienne Rome, bâti par Agrippa, gendre d'Auguste, ainsi nommé parce qu'il était dédié à tous les dieux. ◆ Église faite à l'imitation du Panthéon de Rome. ◆ Monument national où l'on dépose les restes de ceux qui ont illustré la patrie. ◆ **Fig.** Partie d'un poème où l'on place les grands hommes. ◆ L'ensemble des dieux d'une religion polythéiste. *Le panthéon grec.* ◆ Syn. de *figure panthée*. ■ Ensemble de célébrités. *Le panthéon du cinéma français.*

PANTHÈRE, n. f. [pɑ̃tɛr] (lat. *panthera*, du gr. *panthêr*, guépard, d'orig. orient.) Quadrupède féroce du genre des chats, à peau mouchetée. ◆ *Panthère des fourreurs*, dite aussi *once* et *jaguar*.

PANTIÈRE ou **PANTENNE**, n. f. [pɑ̃tjɛr, pɑ̃tɛn] (gr. *panthera*, grand filet, de *pan*- et *thêr*, bête sauvage) Filet qu'on tend verticalement pour prendre les petits oiseaux.

PANTIN, n. m. [pɑ̃tɛ̃] (*pantine*, écheveau de soie, de *pan*) Figure de carton coloriée qu'on met en mouvement au moyen de fils. ◆ **Fig.** et **fam.** Homme qui gesticule sans motif et ridiculement. ◆ **Fig.** Personne que l'on fait agir comme on veut. ◆ Individu qui flotte sans cesse d'une opinion à l'autre.

PANTOGRAPHE, n. m. [pɑ̃tograf] (*panto*- et *-graphe*) Instrument à l'aide duquel on copie mécaniquement des dessins, des gravures et qui s'emploie surtout pour faire des copies réduites. ◆ *Pantographe des sculpteurs*, machine pour mettre au point les statues et les bustes. ■ **Ch. de fer.** Dispositif d'une motrice électrique qui assure le contact avec la caténaire.

PANTOGRAPHIE, n. f. [pɑ̃tografi] (*pantographe*) Manière de se servir du pantographe. ◆ ▷ Collection de tous les alphabets. ◁

PANTOGRAPHIQUE, adj. [pɑ̃tografik] (*pantographie*) Qui a rapport au pantographe ou à la pantographie. ♦ Exécuté par le pantographe.

PANTOGRAPHIQUEMENT, adv. [pɑ̃tografik(ə)mɑ̃] (*pantographique*) D'une manière pantographique, avec le pantographe.

PANTOIEMENT, n. m. [pɑ̃twamɑ̃] (*pantois*) **Fauconn.** Asthme dont les oiseaux sont attaqués.

PANTOIRE, ■ n. f. [pɑ̃twar] (*pente*) **Mar.** Cordage fixé au mât et à l'extrémité duquel on attache un palan. *Les pantoires peuvent être utilisées pour le remorquage.*

PANTOIS, OISE, adj. [pɑ̃twa, waz] (anc. fr. *pantoisier*, palpiter, du lat. pop. *pantasiare*, rêver, du gr. *phantasia*, imagination) Haletant, hors d'haleine. ♦ **Fig.** et **fam.** Interdit, stupéfait, penaud. « *Le chevalier tout pantois et confus* », VOLTAIRE.

PANTOMÈTRE, n. m. [pɑ̃tomɛtr] (*panto-* et *mètre*) Instrument composé de trois règles mobiles servant à déterminer les trois angles d'un triangle.

1 **PANTOMIME**, n. m. et n. f. [pɑ̃tomim] (lat. *pantomimus*, du gr. *pantomimos*, de *panto-* et *mimeisthai*, imiter) Acteur, actrice qui dans la pièce joue tous les rôles et qui ne s'exprime que par des gestes. ♦ **Par extens.** Personne qui imite les gestes, l'air, le parler des autres.

2 **PANTOMIME**, n. f. [pɑ̃tomim] (1 *pantomime*) Chez les anciens, l'art de représenter par des gestes les sentiments de tous les personnages. ♦ L'action d'exprimer les sentiments et les passions uniquement par des gestes et des attitudes. ♦ Pièce où les acteurs ne s'expriment que par des gestes. ♦ Espèce de danse théâtrale. ♦ Air sur lequel s'exécute une pantomime. ♦ **Adj.** *Danse pantomime.* ♦ **Ballet pantomime**, ballet où l'on ne chante pas et où l'on ne fait que danser.

PANTOTHÉNIQUE, ■ adj. [pɑ̃totenik] (angl. *pantothenic*, du gr. *pantothen*, de toutes parts) **Chim.** *Acide pantothénique*, vitamine B5. *Utilisation de l'acide pantothénique dans des lotions destinées à enrayer la chute des cheveux.*

PANTOUFLARD, ARDE, ■ adj. [pɑ̃tuflar, ard] (*pantoufle*) **Fam.** Qui prend plaisir à rester chez soi, à mener une vie confortable sans imprévu. *Un couple pantouflard.* ■ **N. m.** et n. f. *Un pantouflard, une pantouflarde.*

PANTOUFLE, n. f. [pɑ̃tufl] (prob. mot mérid. [chaussure de paysan?], de la rac. *patt-*) Chaussure qui sert à la chambre et qui ne s'attache pas comme le soulier. ♦ ▷ *Mettre son soulier en pantoufle*, abaisser le quartier de derrière. ◁ ♦ **Fig.** et **fam.** *Raisonner comme une pantoufle* ou elliptiq. *raisonner pantoufle*, dire des riens, raisonner au hasard. Cette locution vient d'un jeu de mots entre *raisonner* et *résonner* ; la pantoufle ne résonne pas. ♦ **Fig.** *En pantoufles*, à son aise, avec toute sorte de commodité. *Faire un siège en pantoufles.* ■ Chausson sans talon. *Chausser, mettre ses pantoufles. Sortir en pantoufles.*

PANTOUFLER, v. intr. [pɑ̃tufle] (*pantoufle*) **Arg.** Abandonner le service de l'État pour exercer dans le secteur privé, en parlant d'un militaire ou d'un fonctionnaire issu d'une grande école. *Pantoufler dans une entreprise privée.*

PANTOUM, ■ n. m. [pɑ̃tum] (malais *pantum*) **Littér.** Suite de quatrains à rimes croisées. *Composer des pantoums.*

PANURE, ■ n. f. [panyr] (*paner*) **Cuis.** Chapelure avec laquelle on pane les aliments. *Tremper des filets de sole dans de la panure.*

PANURGISME, ■ n. m. [panyrʒism] (*Panurge*, personnage rabelaisien) Comportement qui consiste à imiter sans discernement les faits et gestes d'autrui. *Ils suivaient sans discuter la mode, leur panurgisme l'agaçait.*

PANZER, ■ n. m. [pɑ̃dzɛr] (le *z* se prononce *dz* ; all. *panzer*, cuirasse) Véhicule blindé utilisé par les soldats allemands au cours de la Seconde Guerre mondiale. *Conduire des panzers.*

PAON, n. m. [pɑ̃] (on ne prononce pas le *o* : *pan* ; lat. *pavo*) Oiseau domestique d'un beau plumage, qui a une petite aigrette sur la tête et une longue queue couverte de marques en forme d'yeux. ♦ **Fig.** et **fam.** *Glorieux comme un paon*, très glorieux. ♦ **Fig.** *Prendre les plumes du paon*, se faire honneur de ce qui ne nous appartient pas. ♦ Espèce de papillon ; il y a le *paon de jour* et le *paon de nuit*.

PAONNE, n. f. [pan] (on ne prononce pas le *o* : *panne* ; *paon*) Femelle du paon.

PAONNEAU, n. m. [pano] (on ne prononce pas le *o* : *pa no* ; dim. de *paon*) Jeune paon.

PAPA, n. m. [papa] (lat. *pap[p]a*) Terme enfantin pour *père*. ♦ *Grand-papa*, grand-père. ♦ *Bon papa*, nom d'amitié donné à l'aïeul par ses petits-enfants. ♦ **Fam.** *Papa*, un homme déjà avancé en âge qui a de l'embonpoint. ♦ **Fam.** *À la papa*, tranquillement, sans se presser. *Rouler à la papa.* ■ **Fam.** *De papa*, démodé, désuet. *Les danses de papa.*

PAPABLE, adj. [papabl] (*pape*, infl. de l'ital. *papabile*) Propre à être élu pape.

PAPAÏNE, ■ n. f. [papain] (*papaye*) **Biol.** Enzyme contenue dans la papaye. *La papaïne est notamment utilisée dans l'industrie alimentaire pour attendrir la viande.*

PAPAL, ALE, adj. [papal] (lat. médiéval *papalis*, de *papa*, pape) Qui appartient au pape. *Dignité papale.* ♦ **N. m. pl.** *Les papaux*, les partisans du pape.

PAPALIN, n. m. [papalɛ̃] (ital. *papalino*) ▷ Soldat du pape. ♦ Monnaie des États du pape. ♦ **Adj.** *Papalin, papaline*, qui appartient au pape. Se dit par dénigrement ; en bonne part, on dit *papal*. ◁

PAPARAZZI, ■ n. m. [paparadzi] (plur. de l'ital. *paparazzo*) Photographe qui traque les célébrités dans leur intimité pour vendre à leur insu les clichés à la presse. *Une vedette victime des paparazzis.*

PAPAS, n. m. [papa] (on ne prononce pas le *s* final ; gr. *pappas*) Prêtre, évêque ou patriarche de l'Église grecque. ♦ Aujourd'hui, on dit plutôt *pope*, en parlant des prêtres russes.

PAPAUTÉ, n. f. [papote] (*pape*, d'après *royauté*) Dignité de pape. ♦ Temps pendant lequel un pape occupe le Saint-Siège.

PAPAVÉRACÉ, ÉE, adj. [papaverase] (lat. *papaver*, pavot) Qui ressemble au pavot. ♦ **N. f. pl.** *Les papavéracées*, famille de plantes dont le pavot est le type.

PAPAVÉRINE, ■ n. f. [papaverin] (lat. *papaver*, pavot) **Pharm.** Alcaloïde de l'opium utilisé comme antispasmodique.

PAPAYE, n. f. [papaj] (esp. *papaya*, d'une langue caraïbe) Fruit du papayer. ■ REM. On prononçait autrefois [papɛ] avec une finale en *è*.

PAPAYER, n. m. [papaje] (*papaye*) Arbre des deux Indes dont le fruit ressemble à un petit melon. ■ REM. On prononçait autrefois [papɛje] en faisant entendre *è* et non *a*.

PAPE, n. m. [pap] (lat. ecclés. *papa*, du gr. ecclés. *papas*, père, titre donné aux évêques) Le chef de l'Église catholique. ♦ Nom d'un bel oiseau de trois couleurs, gros comme un serin, qu'on trouve à la Caroline et au Canada. ♦ **Fig.** Personne considérée comme le chef d'un mouvement, d'un parti. *Le pape du rap.*

PAPEGAI, n. m. [pap(ə)gɛ] (a. provenç. *papagay*, de l'ar. *babbaga*) Ancien nom du perroquet. ♦ Oiseau de bois ou de carton qu'on met au bout d'une perche pour servir de but à ceux qui disputent le prix du tir. ■ REM. On disait aussi *papegaut* autrefois.

1 **PAPELARD**, n. m. [pap(ə)lar] (anc. fr. *papeler*, manger, marmonner, ou *papel*, ultramontain) Faux dévot, hypocrite. ♦ **Adj.** Qui a le caractère de l'hypocrisie. *Un air papelard. Une voix papelarde.*

2 **PAPELARD**, ■ n. m. [pap(ə)lar] (*papier*) **Fam.** Morceau de papier.

PAPELARDER, v. intr. [pap(ə)larde] (1 *papelard*) Faire le papelard, l'hypocrite.

PAPELARDIE, n. f. [pap(ə)lardi] (1 *papelard*) ▷ Fausse dévotion, hypocrisie. « *Nous vîmes que son fait était papelardie* », LA FONTAINE. ◁

PAPELARDISE, n. f. [pap(ə)lardiz] (1 *papelard*) Syn. de papelardie.

PAPELINE, n. f. [pap(ə)lin] (var. de *popeline*) *Des papelines et autres étoffes tramées de fleuret.* Voy. POPELINE.

PAPELONNÉ, ÉE, adj. [pap(ə)lɔne] (*papeillon*, forme anc. de *papillon*) **Hérald.** Se dit d'une représentation en forme d'écaille ou de demi-cercle sur un écu. *D'hermine papelonné de gueules.*

PAPERASSE, n. f. [pap(ə)ras] (*papier*) Papier écrit sans utilité.

PAPERASSER, v. intr. [pap(ə)rase] (*paperasse*) Remuer, feuilleter des paperasses. ♦ Faire des écritures inutiles.

PAPERASSERIE, ■ n. f. [pap(ə)ras(ə)ri] (*paperasse*) Entassement de paperasse. *Son bureau est envahi de paperasserie.* ■ Grand nombre de formalités administratives. *Classer de la paperasserie.*

PAPERASSIER, n. m. [pap(ə)rasje] (*paperasse*) **Fam.** Celui qui aime à paperasser. ♦ **Adj.** *Paperassier, paperassière. L'administration est en général paperassière.*

PAPESSE, n. f. [papɛs] (*pape*) Femme pape. ♦ Ce mot n'est usité qu'à propos de la fable de la papesse Jeanne. ■ **Fig.** Femme qui fait autorité dans un domaine. *La papesse de la mode.*

PAPETERIE ou **PAPÈTERIE**, n. f. [papet(ə)ri] (le premier *e* se prononce è ; *papetier*) Commerce de papier. ♦ Art de fabriquer le papier. ♦ Espèce de nécessaire contenant ce qu'il faut pour écrire.

PAPETIER, IÈRE, n. m. et n. f. [pap(ə)tje, jɛr] (*papier*) Personne qui fait ou vend du papier. ♦ **Adj.** *Ouvrier papetier. Marchand papetier.*

PAPETIÈRE, n. f. [pap(ə)tjɛʀ] (fém. de *papetier*) Femme qui vend du papier et autres fournitures de bureau. ◆ Adj. *Mouche papetière*, mouche qui fabrique une sorte de papier ; elle appartient au genre guêpe.

PAPI, ■ n. m. [papi] Voy. PAPY.

PAPIER, n. m. [papje] (ital. *paper*, du lat. médiév. *paperium*, altération du lat. *papyrus*, roseau d'Égypte) Nom donné dans l'Antiquité à un tissu sur lequel on écrivait et qui était fabriqué avec le papyrus. ◆ Aujourd'hui, feuille faite la plupart du temps avec des chiffons de vieux linge et qui sert à écrire ou à imprimer. ◆ Noms de différents papiers à écrire : *papier écolier, vélin, vergé, à lettres, etc.* ◆ Noms de papiers à imprimer : *carré, grand raisin, grand aigle, écu, etc.* ◆ *Confier au papier, dire au papier*, écrire ce qu'on a de secret. ◆ *Mettre, jeter ses idées sur le papier*, les mettre par écrit. ◆ *Sur le papier*, par écrit. ◆ *Sur le papier*, se dit, par opposition à *effectif*, de ce qui ne figure que par écrit. *Une armée sur le papier.* ◆ *Cela est beau sur le papier*, se dit d'un projet, d'un plan qui, paraissant beau en écrit, est d'une exécution ou impossible, ou inutile, ou dangereuse. ◆ Fig. *Papier mâché, papier mouillé*, se dit de ce qui n'est ni fort, ni résistant. « *Un corps de roseau et des organes de papier mâché* », VOLTAIRE. ◆ Fig. *Une figure, un visage de papier mâché*, un visage pâle et blême qui annonce manque de santé et de force. ◆ Différentes sortes de papiers qui servent à différents usages. *Papier maroquiné, marbré, etc. Papier à sucre, à chandelle, etc.* ◆ *Papier gris* ou *papier brouillard*, papier qui, n'étant point collé, sert à filtrer. ◆ *Papier parchemin*, papier trempé dans une dissolution d'acide sulfurique. ◆ *Papier végétal*, papier à décalquer. ◆ *Papier de Chine*, papier fait avec la seconde pellicule de l'écorce de bambou. ◆ *Papier timbré* ou *marqué*, papier marqué d'un timbre, dont on est obligé de se servir pour certains actes. ◆ *Papier libre* ou *mort*, papier non timbré. ◆ *Papier de musique*, papier réglé pour la portée et sur lequel on écrit la musique. ◆ *Papier réglé à la française*, celui qui est plus haut que large. ◆ *Papier réglé à l'italienne*, celui qui est plus large que haut. ◆ Fig. *Réglé comme un papier de musique*, se dit d'un homme extrêmement régulier et concerté dans tout ce qu'il fait. ◆ *Papier peint* ▷ ou *papier-tenture*, ◁ papier qui sert à tapisser les murs d'une chambre. ◆ *Papier soufflé* ou *papier velouté*, papier sur lequel on applique divers dessins de laine hachée. ◆ *Papier de verre*, papier enduit de poudre de verre, dont on se sert pour polir. ◆ Chim. *Papier réactif*, bandelette de papier joseph teinte avec des solutions de couleurs végétales qui sert à reconnaître diverses réactions. ◆ Toute sorte de titres, documents, mémoires ou autres écritures. *Des papiers d'affaires.* ◆ ▷ *Être écrit sur les papiers d'un autre* ou simplement *être sur ses papiers*, lui devoir quelques sommes. ◁ ◆ ▷ *Être sur les papiers*, se dit aussi d'une personne contre laquelle il a été donné quelque renseignement à celui qui a droit d'inspection et de juridiction. ◁ Fig. et fam. *Être bien, être mal dans les papiers, sur les papiers de quelqu'un*, être bien ou mal dans son esprit. ◆ Fig. *Être dans les petits papiers de quelqu'un*, occuper son souvenir, lui être cher. ◆ Fig. *Rayez cela de vos papiers*, vous vous trompez de compter sur telle chose. ◆ *Papier volant*, feuille détachée sur laquelle on écrit quelque chose. ◆ Au pl. Passeport, livret et autres pièces certifiant la qualité, la profession, l'état civil d'une personne. *Des papiers en règle. Les papiers d'un navire*, les pièces authentiques par lesquelles on prouve son identité. ◆ Tout effet qui représente l'argent comptant, à savoir lettres de change, billets payables au porteur, bons, etc. *Payer en papier.* ◆ ▷ *Papier à Londres* ou elliptiq. *du Londres*, papier qui doit être payé à Londres. ◁ ◆ ▷ *Bon papier, mauvais papier*, papier dont le signataire est solvable ou n'est pas solvable, et aussi papier qui ne perd pas ou perd beaucoup sur la place. ◁ ▷ *Le papier d'un négociant*, les lettres de change et billets souscrits par lui. ◁ ◆ *Papier-monnaie*, papier auquel le gouvernement donne valeur d'argent monnayé et cours forcé. ◆ ▷ *Papiers publics, papiers-nouvelles*, les gazettes, les journaux. ◁ ◆ Tissu que les guêpes forment pour faire leur nid. ◆ *Papier fossile*, tissu d'asbeste très mince. ◆ Feuille très mince de métal. *Papier d'aluminium* ou *papier aluminium*. ■ Fam. Article de journal. *Je n'ai pas lu ce papier.* ■ *Papier carbone*, mince feuille de papier dont une des faces est enduite d'une matière colorante et que l'on intercale entre deux feuilles de papier pour établir, par pression sur la feuille supérieure, plusieurs exemplaires d'un même document. *Établir le double d'une facture avec un papier carbone.* ■ *Papier hygiénique, papier de toilette* ou fam. *papier-toilette*, papier spécial utilisé lorsque l'on va aux toilettes.

PAPILIONACÉ, ÉE, adj. [papiljɔnase] (lat. sav. [XVIIᵉ s.] *papilionaceus*, du lat. *papilio*) Bot. Qui est en forme de papillon. ◆ Se dit des corolles irrégulières, composées de cinq pétales inégaux et dissemblables. ◆ N. f. pl. *Les papilionacées.* ◆ Zool. Se dit des mouches qui ont des poils fins et courts aux ailes et des coquilles ressemblant à des ailes de papillons. ■ REM. On écrivait aussi *papillonacé*.

PAPILLAIRE, adj. [papilɛʀ] (*ll* se prononce *l*, comme dans *ville* ; *papille*) Anat. Qui a des papilles, qui a rapport aux papilles. *Corps papillaires.*

PAPILLE, n. f. [papij] (*ll* se prononce comme dans *fille* ; lat. *papilla*, bouton du sein) Petite saillie conique, généralement inclinée, formée, vers la surface de la peau ou des membranes muqueuses, par des ramifications nerveuses et vasculaires. ◆ Bot. Petites éminences coniques, glandulaires ou non, que l'on rencontre sur divers organes des végétaux.

PAPILLOME, ■ n. m. [papijom] (*ll* se prononce comme dans *fille* ; all. *Papillome*) Méd. Tumeur bénigne apparaissant sur la peau ou les muqueuses, telle que la verrue ou le condylome. *Papillome du larynx. Papillomes génitaux.*

PAPILLON, n. m. [papijɔ̃] (lat. *papilio*) Insecte à quatre ailes, couvertes d'écailles fines comme de la poussière. ◆ Fig. et fam. Un esprit léger et volage. ◆ Fig. *Courir après les papillons*, s'amuser à des bagatelles. *Se brûler à la chandelle comme un papillon*, se laisser tromper par des apparences agréables. ◆ Fig. *Papillons noirs*, visions, idées noires. ◆ Partie d'une coiffe qui va en s'élargissant comme les ailes d'un papillon. ◆ Ornement qui se met dans les cheveux et qui a la forme d'un papillon. *Un papillon de diamant.* ◆ Géogr. Petite carte insérée au coin d'une grande. ◆ Sorte de bec d'éclairage. ◆ Feuillet joint à une publication, à un texte ; feuille publicitaire. ■ Fam. Contravention. ■ Techn. Écrou à ailettes. *Fixer les roues d'une bicyclette à l'aide de papillons.* ■ Sp. Technique de nage dans laquelle le nageur jette simultanément ses bras hors de l'eau dans un mouvement de moulinet. *Le cent mètres papillon des Jeux olympiques.* ■ *Nœud papillon*, ornement vestimentaire que les hommes portent autour du cou, constitué d'un ruban noué en forme de papillon. *Des nœuds papillon.*

PAPILLONACÉ, ÉE, adj. [papijɔnase] Voy. PAPILIONACÉ.

PAPILLONNAGE ou **PAPILLONNEMENT**, n. m. [papijɔnaʒ, papijɔn(ə)mɑ̃] (*papillonner*) Action, goût de papillonner. ■ REM. Graphie ancienne : *papillonage*.

PAPILLONNANT, ANTE, ■ adj. [papijɔnɑ̃, ɑ̃t] (*papillonner*) Qui aime papillonner, aller d'une chose à l'autre sans s'arrêter à aucune. *Une existence papillonnante.* ■ Qui évoque le mouvement des ailes du papillon. *Une danse papillonnante.*

PAPILLONNER, v. intr. [papijɔne] (*papillon*) Voltiger d'objet en objet, sans s'arrêter à aucun. ■ Passer sans cesse d'une chose à une autre ou d'un sujet à un autre sans véritable approfondissement. *Il papillonnait d'un journal à l'autre en lisant les gros titres.* ■ Avoir des mouvements successifs et rapides qui évoquent ceux des ailes des papillons. *Ses yeux papillonnent de fatigue.*

PAPILLONNEUR, EUSE, ■ n. m. et n. f. [papijɔnœʀ, øz] (*papillon*) Nageur, nageuse de papillon.

PAPILLOTAGE, n. m. [papijɔtaʒ] (*papilloter*) Action de mettre des papillotes. ◆ Les papillotes d'une frisure, d'une perruque. ◆ Mouvement des yeux qui les empêche de se fixer sur un objet. ◆ Fig. Effet de ce qui éblouit et fatigue les yeux par des lumières, par des couleurs également vives. *Il y a beaucoup de papillotage dans ce tableau.* ◆ Fig. Effet de ce qui éblouit l'esprit par trop de lumières et de couleurs, en parlant d'une œuvre littéraire ou d'une œuvre d'art. *Le papillotage du style.* ◆ Impr. Il se dit d'une feuille imprimée, quand les caractères ont marqué double.

PAPILLOTE, n. f. [papijɔt] (*papillon*) Morceau de papier dont on enveloppe les mèches de cheveux pour les friser. ◆ ▷ *Cela n'est bon qu'à faire des papillotes*, se dit d'un papier bon à mettre au rebut, d'un écrit sans mérite. ◁ ◆ ▷ *Être en papillotes*, avoir les cheveux sous les papillotes. ◁ ◆ Fig. *Avoir les yeux en papillotes*, ne pas les avoir bien ouverts en se réveillant. ◆ *Côtelette en papillote*, côtelette que l'on enveloppe d'une feuille de papier pour la faire cuire. ◆ *Papillote*, dragée enveloppée dans un morceau de papier. ■ REM. On peut faire cuire de nombreux aliments en papillote, et pas uniquement des côtelettes. *Des pommes de terre en papillote. Un filet de saumon en papillote.* ■ REM. Une papillote est aujourd'hui plus souvent un chocolat qu'une dragée.

PAPILLOTÉ, ÉE, p. p. de papilloter. [papijote]

PAPILLOTER, v. tr. [papijote] (*papillote*) Mettre des papillotes à quelqu'un. ◆ Arranger un bout de mèche en forme de papillote. ◆ V. intr. En parlant des yeux, ne pouvoir se fixer par suite d'un mouvement involontaire. ◆ Peint. Fatiguer les yeux par le trop vif éclat des lumières, des couleurs, en parlant d'un tableau. ◆ Fig. En parlant du style, fatiguer par l'abus des expressions brillantes. *Ce style papillote.* ◆ Impr. En parlant des caractères, marquer double.

PAPION, ■ n. m. [papjɔ̃] (lat. médiéval *papio*) Famille de singes à laquelle appartiennent le babouin et le drill notamment.

PAPISME, n. m. [papism] (*pape*) Terme sous lequel les protestants désignent l'Église catholique romaine. ◆ Autorité absolue des papes, système ultramontain.

PAPISTE, n. m. et adj. [papist] (*papisme*) Nom que les protestants donnent aux catholiques romains. ◆ Partisan de la suprématie des papes.

PAPIVORE, ■ adj. [papivɔʀ] (*papier* et *-vore*) Fam. et plais. Qui lit beaucoup. *Un étudiant papivore.* ■ N. m. et n. f. Personne papivore. ■ N. m. Péj. Personne puissante investissant d'importants capitaux dans la presse.

PAPOTAGE, ■ n. m. [papotaʒ] (*papoter*) Propos de personnes qui bavardent, qui papotent. *Il y a trop de papotages dans cette classe !*

PAPOTER, ■ v. intr. [papote] (radic. onomat. *papp-*, mouvement des lèvres ; cf. lat. *pappare*, manger) Fam. Bavarder, discuter de choses futiles. *Papoter entre amis.*

PAPOTEUR, EUSE, ■ n. m. et n. f. [papotœʀ, øz] (*papoter*) Personne qui papote. *Un groupe de papoteurs se tenait dans la cour.*

PAPOU, OUE, ■ adj. [papu] (malais *papuwah*, crépu) Propre aux aborigènes noirs de la Nouvelle-Guinée et des îles avoisinantes. ■ N.m. et n.f. *Un Papou, une Papoue.*

PAPOUILLE, ■ n. f. [papuj] (rac. express. *papp-* ; p.-ê. infl. de *palper*) Fam. Caresse, chatouille. *Faire des papouilles.*

PAPRIKA, ■ n. m. [papʀika] (mot hongrois) Piment rouge d'origine hongroise utilisé en poudre comme condiment. *Du poulet au paprika. Des paprikas.*

PAPULE, n. f. [papyl] (lat. *papula*, bouton) Méd. Petite élevure de la peau, solide, ne contenant ni pus, ni sérosité, et se terminant par desquamation. ◆ Bot. Nom donné aux glandes utriculaires superficielles.

PAPULEUX, EUSE, ■ adj. [papylø, øz] (*papule*) Méd. Dont le symptôme est l'apparition de papules. *Eczéma papuleux.*

PAPY ou **PAPI**, ■ n. m. [papi] (sur le modèle de *mamie*) Fam. Surnom que les enfants donnent à leurs grands-pères. *Des papys généreux.*

PAPY-BOOM, ■ n. m. [papibum] (*papy*, sur le modèle de *baby-boom*) Fam. Arrivée à un âge avancé des nombreuses personnes nées lors d'un baby-boom. *Les impacts du papy-boom sur les départs en retraite. Des papy-booms.*

PAPYRACÉ, ÉE, adj. [papiʀase] (lat. *papyraceus*, de *papyrus*) Hist. nat. Qui est mince et sec comme du papier. ◆ Il se dit des zoophytes dont le cartilage intérieur est papyracé.

PAPYROLOGIE, ■ n. f. [papiʀoloʒi] (*papyrus* et *-logie*) Étude scientifique des écrits antiques sur papyrus. *L'Institut de papyrologie de la Sorbonne.*

PAPYROLOGUE, ■ n. m. et n. f. [papiʀoloɡ] (*papyrologie*) Spécialiste de papyrologie. *Il est archéologue et papyrologue.*

PAPYRUS, n. m. [papiʀys] (on prononce le *s* final ; lat. *papyrus*, du gr. *papuros*) Sorte de roseau cultivé en Égypte, dans l'Inde, et dont la tige, formée de feuillets superposés que l'on détachait les uns des autres, servait pour l'écriture après une préparation convenable. ◆ Feuille pour écrire faite avec le papyrus. ◆ Les manuscrits eux-mêmes.

PÂQUE, n. f. [pɑk] (lat. *pascha*, gr. *paskha*, pâque juive, de l'hébr. *pesah*, pâque, agneau pascal) Fête solennelle célébrée tous les ans par les Juifs, en mémoire de leur sortie d'Égypte. ◆ *Immoler la pâque, manger la pâque,* manger l'agneau que la loi de Moïse prescrit d'immoler à cette fête. ◆ N. m. *Pâque* ou *Pâques,* fête annuelle en l'honneur de la résurrection de Jésus-Christ. ◆ *La quinzaine de Pâques,* le temps qui est entre le dimanche des Rameaux et celui de Quasimodo inclusivement. ◆ *La semaine de Pâques,* le temps qui est entre la fête de Pâques et le dimanche de Quasimodo inclusivement. ◆ *Œufs de Pâques,* Voy. ŒUFS. ◆ N. f. pl. (avec une majuscule) *Pâques fleuries,* le dimanche des Rameaux. ◆ *Pâques closes,* le dimanche de Quasimodo. ◆ *Faire ses pâques,* communier dans la quinzaine qui précède ou qui suit Pâques.

PAQUEBOT, n. m. [pak(ə)bo] (angl. *packet-boat,* de *packet,* paquet [de courrier], et *boat,* bateau) Anciennement, navire petit et rapide dont la mission était de porter les ordres, avis, plis ou paquets des amiraux, des commandants des ports, etc. ◆ Anciennement encore, petit bâtiment de mer, qui va et vient d'un pays à un autre pour transporter des lettres et des passagers. ◆ Par extens. Toute espèce de navire qui remplit cette fonction. ◆ Aujourd'hui, bâtiment fort grand, à voiles ou à vapeur, qui porte les lettres, les passagers et des marchandises d'un pays à un autre, et fait l'office de messageries. ■ Rem. De nos jours, le transport intercontinental de courrier est assuré par des avions.

PÂQUERETTE, n. f. [pak(ə)ʀɛt] (*Pâques,* époque où elle fleurit) Petite marguerite blanche qui fleurit vers le temps de Pâques.

PAQUET, n. m. [pakɛ] (moy. fr. *pacque,* ballot d'étoffe) Assemblage de plusieurs choses liées ou enveloppées ensemble. *Mettre en paquet des livres, du linge.* ◆ *Faire son paquet, ses paquets,* se préparer à partir. ◆ Fig. *Faire son paquet pour l'autre monde* ou simplement *faire son paquet,* se préparer à mourir. ◆ Fig. *Hasarder, risquer le paquet,* s'engager dans une affaire douteuse. ◁ ◆ *Donner à quelqu'un son paquet,* le congédier, le renvoyer. ◆ *Paquets de chenilles,* chenilles entrelacées en tas. ◆ Lettres, dépêches. *Fermer un paquet.* ◆ Plusieurs lettres sous une même enveloppe. ◆ ▷ Toutes les lettres et les dépêches que porte un courrier. *Le paquet d'Angleterre.* ◁ ▷ Fig. et fam. Personne qui a pris beaucoup d'embonpoint, qui se remue

difficilement ; et aussi personne qui n'apporte aucun agrément dans la société, et qui y cause plutôt de la gêne. ◁ ◆ Fig. Tout ce qui charge, gêne. « *Que je n'aie plus ce paquet sur la conscience !* », MME DE SÉVIGNÉ. « *Il a eu le paquet d'aller annoncer cette nouvelle à la maréchale de Gramont* », MME DE SÉVIGNÉ. ◁ ◆ *Avoir son paquet,* être déçu dans son attente. ◆ Pop. *Donner un paquet à quelqu'un,* lui faire une tromperie, une malice. ◆ Imputation de quelque chose de mauvais. *Donner un paquet à quelqu'un.* ◆ Propos qui contient une appréciation piquante, mordante. « *Pour l'homme au sonnet... Voici votre paquet* », MOLIÈRE. ◆ *Donner à quelqu'un son paquet,* le réduire au silence par une réponse nette et précise. ◆ Propos désobligeants et faux. *Faire un paquet, des paquets sur quelqu'un.* ◆ Impr. Certaine quantité de lignes de composition liées ensemble avec une ficelle. ◆ Certaine quantité d'oseille, ou d'épinards, ou de persil. ◆ Mar. *En paquet,* vivement, tout d'un coup, sans soins ni précautions. *Amener les voiles en paquet.* ◆ *Un paquet de mer,* une grosse et pesante lame qui tombe à bord, pendant la tempête. ■ Emballage ; emballage et produit qu'il contient. *Un paquet de pâtes.* ■ Par extens. Contenu d'un paquet. *Manger un paquet de biscuits.* ■ Fam. *Un paquet de,* une grande quantité de. *Il a dit un paquet de bêtises.* ■ Fam. *Toucher le paquet,* une somme importante. ■ Fam. *Mettre le paquet,* tout mettre en œuvre pour réussir quelque chose. *Ils ont mis le paquet pour que leur fête soit réussie.* ◆ *Paquet-cadeau,* paquet que l'on offre, cadeau. *Emballages pour paquets-cadeaux.*

PAQUETAGE, n. m. [pak(ə)taʒ] (*paqueter*) Action de mettre en paquet. ◆ Milit. Ensemble de tout ce qui est porté par le cheval en campagne, comme effets de pansage, l'habit dans son étui, le manteau sur le devant de la selle, etc. ■ Cour. Bagage. *Préparer son paquetage.*

PAQUETER, v. tr. [pak(ə)te] (*paquet*) Mettre en paquet. ■ Québec Emballer, empaqueter. *Paqueter des verres avec un emballage spécial.*

PAQUETIER, n. m. [pak(ə)tje] (*paquet*) Impr. Compositeur qui fait des paquets et qui les remet au metteur en pages.

PÂQUIS, n. m. [pɑki] (dial., croisement de *pâtis* avec *pasquier,* pâturage, du lat. pop. *pascuarium*) ◆ Chasse Lieu où le gibier vient paître. « *Des pâquis humides* », BUFFON. ◁

PAR, prép. [paʀ] (lat. *per,* à travers, par le moyen de) À travers. *Il a passé par Paris.* ◆ *Par* se dit pour exprimer les conditions atmosphériques sous lesquelles quelque chose se fait. *Voyager par la pluie.* ◆ En, dans, avec l'idée de mouvement dans l'espace indiqué. *Voyager par la France. Courir par les rues.* ◆ En, dans, sans idée de mouvement. *On dit par la ville que...* ◆ Par le travers de. *Il lui cingla un coup de fouet par le visage.* ◁ ◆ Fig. « *Ils [les médecins] nous donnent... De cent sots contes par le nez* », MOLIÈRE. ◁ ◆ Géogr. et mar. À la hauteur de. *Nous étions par trente degrés de latitude.* ◆ *Par* sert à désigner la partie que l'on saisit, que l'on prend. *Prendre quelqu'un par la main.* ◆ À cause de, en raison de. « *J'ai ouï condamner cette comédie à certaines gens, par les mêmes choses que j'ai vu d'autres estimer le plus* », MOLIÈRE. « *Homme de mérite estimable par ses talents* », J.-J. ROUSSEAU. ◆ En résultat de, en effet de. « *L'ennui est entré dans le monde par la paresse* », LA BRUYÈRE. ◆ ▷ *Par quoi,* raison par laquelle. *On s'y prit tard, par quoi l'opération manqua.* ◁ ◆ Par le roi, par l'empereur, par les lois, par les ordonnances. ◆ D'après. « *On regarde les gens par leurs méchants côtés* », MOLIÈRE. ◆ Selon, suivant. « *Le pape était, par les dernières nouvelles, à la dernière extrémité* », MME DE SÉVIGNÉ. ◆ *Par* s'emploie pour exprimer le complément des verbes passifs. « *C'était une personne formée par et pour la bonne compagnie* », MME DE STAËL. ◆ *Par* indique le moyen. *Il a réussi par l'intrigue.* « *Mettez-vous au régime de penser par vous-même* », VOLTAIRE. « *Il ne voit rien que par tes yeux, il n'entend que par tes oreilles* », FAVART. ◆ *Par* indique la manière. « *Je punirai les habitants d'Égypte par l'épée, par la famine et par la peste* », SACI. « *Il m'appelle par mon nom* », FÉNELON. ◆ *Par* indique l'ordre, la distribution. *Diviser un livre par chapitres. Couper par morceaux. On paye tant par tête.* ◆ *Par* s'emploie pour affirmer, jurer, conjurer, s'appliquant alors à la personne ou à la chose qu'on invoque en affirmant. *Il en jure par sa foi.* « *Par ma barbe, dit l'autre...* », LA FONTAINE. ◆ *Par* se construit avec un infinitif, quand il dépend des verbes *commencer, débuter, finir, terminer. Il a commencé par être simple soldat.* ◆ ▷ *Par,* devant un infinitif, tenant lieu de *en* avec un participe présent, ou de *parce que* avec un mode personnel (tournure qui vieillit). « *Nous la saurons dompter, Moi par écrire, et vous par réciter* », LA FONTAINE. ◁ ◆ *De par,* par l'ordre de, Voy. PAR (DE). ◆ *Par* forme d'autres prépositions composées avec une préposition qui le suit. ◆ *Par entre,* dans l'intervalle de. ◆ *Par-dessus, par-dessous, par-devant,* Voy. DESSUS, ETC. ◆ *Par-devant,* en traversant le devant. *En passant par-devant sa chambre.* ◆ *Par-derrière, par-deçà, par-delà,* Voy. DERRIÈRE, ETC. ◆ *Par-devers,* Voy. DEVERS. ◆ *Par ailleurs,* par une autre voie. *Par en haut, par en bas,* par le côté d'en haut, d'en bas. ◆ *Par ici,* par cet endroit-ci, vers cet endroit-ci, en parlant du lieu où l'on est. ◆ *Par là,* par ce lieu-là, en parlant du lieu où l'on n'est pas. ◆ Fig. *Par là, par cela,* ce parti, ce motif, par ce moyen, par ces paroles. *Il en a* passé par là. « *Je l'attaquai par là, par là je pris son âme* », P. CORNEILLE. ◆ *Par où*, ellipse pour *par là où*. « *Il commence en effet par où finit Auguste* », RACINE. ◆ *Par où*, par lequel, laquelle, etc. ◆ PAR-CI, PAR-LÀ, **loc. adv.** En divers endroits, de côté et d'autre. ◆ *Par trop*, beaucoup trop (*par* dans l'ancienne langue avait une signification superlative). *Il est par trop pressé.* ◆ *Par conséquent*, Voy. CONSÉQUENT. ◆ PARCE QUE, **loc. conj.** Attendu que, vu que. « *Rien n'enfle et n'éblouit les grandes âmes, parce que rien n'est plus haut qu'elles* », MASSILLON. ◆ Ne dites pas : *Il y a deux ans jour par jour que*, etc. Copiez ce manuscrit *page par page*, mais dites : jour pour jour, page pour page. Dites au contraire : *Je surveille sa conduite jour par jour ; j'examine ce livre page par page.*

PAR (DE), loc. prép. [paʀ] (altération de *de part*, de la part de) Par l'ordre, par le commandement. « *De par le roi des animaux... Fut fait savoir à ses vassaux* », LA FONTAINE. ◆ *De par le roi*, formule qui se mettait au commencement de divers actes publics portant sommation, injonction, etc. ◆ *De par le monde*, dans le monde.

1 PARA, n. m. [paʀa] (persan, *para*, pièce, morceau) ▷ Petite monnaie turque, quarantième partie de la piastre, dont la valeur varia selon la contrée où on en faisait usage. ◁

2 PARA..., ■ [paʀa] préfixe, venant du grec *para*, exprimant l'idée de contiguïté : *paraphrase*.

3 PARA..., ■ [paʀa] préfixe d'origine italienne qui exprime l'idée de protection : *parachute, paracrotte*.

4 PARA, ■ n. m. et n. f. [paʀa] (apocope de *parachutiste*) **Fam.** Parachutiste militaire ou civil. *Les anciens paras d'Indochine.*

PARABASE, n. f. [paʀabaz] (gr. *parabasis*) Partie de la comédie grecque où le poète parlait lui-même aux spectateurs.

PARABELLUM, ■ n. m. [paʀabelɔm] (mot all., de la locution latine [*Si vis pacem,*] *para bellum*, [Si tu veux la paix,] prépare la guerre) Pistolet automatique de l'ancienne armée allemande. *Des parabellums.*

PARABIOSE, ■ n. f. [paʀabjoz] (2 para- et gr. *biôsis*, moyens de vivre) **Biol.** Greffe expérimentale par laquelle on joint deux organismes animaux pour observer les échanges physiologiques qui surviennent entre eux. *Associer en parabiose une glande mâle à une glande femelle.*

PARABOLAIN, n. m. [paʀabolɛ̃] (b. lat. *parabolanus*, du gr. *parabolos*, qui s'expose, audacieux) **Antiq.** Nom donné, dans le Code théodosien, à ceux qui soignent les malades, et surtout les malades atteints de maladies contagieuses.

1 PARABOLE, n. f. [paʀabɔl] (gr. *parabolê*, comparaison, de *paraballein*, mettre à côté) Allégorie qui renferme quelque vérité importante. *Parabole de l'enfant prodigue.*

2 PARABOLE, n. f. [paʀabɔl] (gr. math. *parabolê*) **Géom.** Courbe plane du second degré présentant une double branche infinie ; elle résulte de la section d'un cône par un plan parallèle à son côté. ◆ *Demi-parabole*, la moitié d'une parabole. ◆ **Abusiv.** Courbe décrite dans l'atmosphère par une bombe ou tout autre projectile, et dite *trajectoire*. ■ **Télécomm.** Antenne de forme parabolique qui permet de recevoir des programmes de télévision retransmis par satellite. *Installer une parabole sur le toit de sa maison.*

PARABOLÉ, ÉE, ■ adj. [paʀabole] (2 *parabole*) Algérie, Maroc. Équipé d'une antenne parabolique. *Les foyers parabolés.*

1 PARABOLIQUE, adj. [paʀabolik] (gr. chrét. *parabolikos*) Qui tient à la parabole, de l'allégorie. « *Des prophéties paraboliques* », BOSSUET.

2 PARABOLIQUE, adj. [paʀabolik] (2 *parabole*) **Géom.** Courbé en parabole. *Ligne, orbite parabolique.* ■ **Télécomm.** Antenne parabolique, parabole.

1 PARABOLIQUEMENT, adv. [paʀabolik(ə)mɑ̃] (1 *parabolique*) Par paraboles. *Parler paraboliquement.*

2 PARABOLIQUEMENT, adv. [paʀabolik(ə)mɑ̃] (2 *parabolique*) **Géom.** En décrivant une parabole. *Un corps qui se meut paraboliquement.*

PARABOLOÏDE, ■ n. m. [paʀaboloid] (2 *parabole* et -*oïde*) **Géom.** Surface géométrique courbe que l'on peut décrire par une équation du second degré. *Le paraboloïde offre un plan de symétrie.*

PARACENTÈSE, n. f. [paʀasɛ̃tɛz] (*cen* se prononce *sin* ; lat. *paracentesis*, du gr. *parakentêsis*, ponction, de *parakentein*, piquer sur le côté) **Méd.** Ponction d'une cavité pratiquée pour évacuer le liquide qu'elle contient anormalement. *Paracentèse abdominale.*

PARACÉTAMOL, ■ n. m. [paʀasetamol] (mot anglais, de *par*[*a*]*acet*[*yl*]*am*[*inophen*]*ol*) Substance médicamenteuse utilisée pour soulager ou supprimer la douleur et faire tomber la fièvre. *Prescrire du paracétamol.*

PARACHEVÉ, ÉE, p. p. de parachever. [paʀaʃ(ə)ve]

PARACHÈVEMENT, n. m. [paʀaʃɛv(ə)mɑ̃] (*parachever*) Action de parachever, résultat de cette action.

PARACHEVER, v. tr. [paʀaʃ(ə)ve] (*par*, accomplissement, et *achever*) Conduire à un complet achèvement. ◆ **Absol.** « *Si monsieur me donnait la licence de parachever, peut-être que...* », MARIVAUX. ◆ Se parachever, v. pr. Être parachevé.

PARACHRONISME, n. m. [paʀakronism] (2 para- et gr. *khronos*, temps, d'après *anachronisme*) Erreur de chronologie qui consiste à placer un événement plus tard qu'on ne le doit.

PARACHUTAGE, n. m. [paʀaʃytaʒ] (*parachuter*) Action de parachuter des personnes, des troupes armées. *Le parachutage des vivres dans la région sinistrée.* ■ **Fig.** et **fam.** Comment la population locale accueillera-t-elle le parachutage de ce candidat parisien dans la circonscription?

PARACHUTE, n. m. [paʀaʃyt] (3 para- et *chute*) Machine adaptée aux aérostats et qui, présentant par son déploiement une résistance à l'air, rend la chute inoffensive. ◆ **Fig.** Ce qui sert à préserver des suites d'une parole ou d'une action. ■ Appareil constitué d'une voilure et d'un système d'attaches qui permet de ralentir la chute d'une personne ou d'un objet qui tombe d'une hauteur. *Saut en parachute.*

PARACHUTER, ■ v. tr. [paʀaʃyte] (*parachute*) Jeter d'un avion au moyen d'un parachute. *Parachuter des militaires.* ■ **Fig.** Confier subitement un poste, envoyer impromptu dans un lieu. *Parachuter un candidat à une élection dans une commune qui n'est pas la sienne.*

PARACHUTISME, ■ n. m. [paʀaʃytism] (*parachute*) Activité consistant à sauter en parachute. *Un club de parachutisme.*

PARACHUTISTE, ■ n. m. et n. f. [paʀaʃytist] (*parachute*) Personne pratiquant le parachutisme. *Un club de parachutistes.* ■ Militaire faisant partie d'une unité destinée à être parachutée. *Le 14ᵉ régiment de parachutistes.* ■ **Adj.** *Le bataillon parachutiste d'infanterie de marine.* ■ **Abrév. fam.** Para.

PARACLET, n. m. [paʀaklɛ] (gr. *paraklêtos*, qu'on appelle à son secours, de *parakalein*, appeler auprès de soi) Consolateur, nom affecté au Saint-Esprit. ◆ **Adj.** « *Si je ne m'en retourne à mon père, l'Esprit paraclet ne descendra pas* », BOSSUET. ◆ *Le Paraclet*, monastère de femmes fondé par Abélard près de Nogent-sur-Seine (Aube).

PARACROTTE, n. m. [paʀakrɔt] (3 para- et *crotte*) ▷ Appareil pour garantir de la boue en marchant. ◆ Bande de cuir bouilli qu'on place de chaque côté de la portière d'une voiture, afin de garantir de la boue. ◁

PARADE, n. f. [paʀad] (*parer*) **Manège** Arrêt d'un cheval qu'on manie. *Un cheval sûr à la parade* est un cheval qu'on arrête facilement dans sa course. ◆ Lieu où ceux qui vendent des chevaux viennent habituellement les montrer aux acheteurs. ◆ Exhibition pompeuse. ◆ *Lit de parade*, lit élevé sur lequel on expose, après leur mort, les personnages de grande distinction. ◆ Revue qu'on fait passer aux troupes qui vont monter la garde. ◆ *Défiler la parade*, Voy. DÉFILER. ◆ Étalage, montre. « *Fer [...] qui [...] M'as servi de parade et non pas de défense* », P. CORNEILLE. ◆ **Mar.** Faire parade, orner un vaisseau de tous ses pavillons. ◆ *De parade*, se dit de ce qui est moins pour l'usage que pour l'ornement. *Un meuble, un habit de parade.* ◆ **Fig.** « *Des vertus de parade* », BOSSUET. ◆ **Fig.** Faire parade d'une chose, en tirer vanité. ◆ On dit en un sens analogue *par parade*. « *La plupart de leurs belles sentences ne sont dites que par parade* », BOSSUET. ◆ Scènes burlesques données par les bateleurs à la porte de leur théâtre pour attirer des spectateurs. ◆ **Par extens.** Mauvaise pièce de théâtre. ◆ **Fig.** Vain semblant, étalage plein de fausseté. *Ses larmes n'étaient qu'une parade.* ◆ *Parade politique*, démonstrations politiques qui ne sont qu'une comédie. ◆ **Escrime** Action de parer un coup. ◆ **Fig.** *Il n'est pas heureux à la parade*, il ne sait pas écarter une plaisanterie, un reproche. ◆ *Parade nuptiale*, ensemble des comportements qu'adoptent certains animaux avant l'accouplement. ■ **Sp.** Action de parer un coup. ■ **Fig.** Riposte, moyen de défense. *Trouver une parade à une agression.* ■ Cérémonie militaire consistant en un défilé des troupes. *La parade militaire, lors du défilé du 14 juillet.* ■ Défilé public d'un grand nombre de personnes réunies par un intérêt commun et ouvert à tous. *Chaque année depuis 1998, la Techno Parade de Paris réunit des centaines de milliers de participants. Parade gay*, adaptation de l'anglais *Gay Pride*.

PARADER, v. intr. [paʀade] (*parade*) **Manège** *Faire parader un cheval*, le faire manœuvrer. ◆ Anciennement, exécuter une marche au début d'un carrousel. ◆ **Fam.** Faire le beau, se pavaner. ◆ *Faire la parade*, en parlant des troupes. ◆ **Mar.** Croiser, aller et venir, en se disposant à l'attaque. ◆ *Faire une parade*, user de charlatanisme.

PARADIGMATIQUE, ■ adj. [paʀadigmatik] (*paradigme*, d'après le gr. *paradeigmatikos*, propre à servir d'exemple) **Ling.** Qui fait partie d'un paradigme. *L'axe paradigmatique s'oppose à l'axe syntagmatique. On représente l'axe paradigmatique sur un axe vertical, comme dans les tableaux de conjugaison.*

PARADIGME, n. m. [paradigm] (gr. *paradeigma*, modèle, exemple) **Gramm.** Exemple, modèle de déclinaison, de conjugaison. ■ **Ling.** Ensemble des mots substituables à un mot dans une phrase. *Dans la phrase :* Je mange du pain, Je mange *est remplaçable par* Tu manges *car les deux appartiennent au même paradigme verbal.*

PARADIS, n. m. [paradi] (lat. chrét. *paradisus*, du gr. *paradeisos*, lieu planté d'arbres) **Antiq.** Grand parc chez les anciens Perses ; jardins délicieux. ♦ *Le paradis terrestre* ou simplement *le paradis*, jardin où Dieu mit Adam. ♦ **Fig.** et fam. Séjour délicieux. *Ce pays est un paradis.* ♦ Lieu où résident les âmes des justes et les anges. *Les joies du paradis.* ♦ ▷ **Fig.** *Se recommander à tous les saints et saintes du paradis*, être en grand danger, implorer la protection de tout le monde. ◁ ♦ **Fig.** *Être en paradis, se croire en paradis*, être dans une extrême joie ou se trouver délivré d'une vive douleur, d'une grande inquiétude. ♦ *Vous ne l'emporterez pas en paradis*, je me vengerai tôt ou tard. ♦ **Fig.** *Mettre en paradis*, glorifier. ♦ Titre de poèmes consacrés au paradis chrétien. *Le Paradis*, une des trois parties du poème de Dante. *Le Paradis perdu* de Milton. ♦ *Le paradis de Mahomet*, lieu où les fidèles musulmans jouiront, après leur mort, de toutes sortes de plaisirs. ♦ **Fig.** État le plus agréable et le plus heureux dont on puisse jouir. *Un bon ménage est le paradis sur Terre.* ♦ **Théât.** Amphithéâtre placé au plus haut rang des loges. ♦ *Oiseau de paradis*, oiseau des Indes à longues plumes effilées. ♦ *Oiseau de paradis*, plumes de cet oiseau que les femmes portent dans leur coiffure. ♦ *Pommier de paradis* ou simplement *paradis*, espèce de pommier nain. ♦ *Pomme de paradis* ou simplement *paradis*, espèce de pomme rouge qui se mange en été. ♦ **Prov.** *C'est le chemin du paradis, on n'y va qu'à un à un*, se dit d'un chemin, d'un passage fort étroit. ■ **Rem.** On dit aujourd'hui : *Vous ne l'emporterez pas au paradis*, plutôt que *en paradis*. ■ *Paradis fiscal*, pays dont la fiscalité avantageuse attire des capitaux étrangers. ■ **Fam.** *C'est le paradis sur Terre*, c'est un endroit agréable où il fait bon vivre.

PARADISIAQUE, adj. [paradizjak] (lat. chrét. *paradisiacus*) Qui est du paradis, qui appartient au paradis. *Les joies paradisiaques.* ■ Qui ressemble à l'idée qu'on se fait du paradis. *Carte postale représentant une plage paradisiaque.*

PARADISIER, ■ n. m. [paradizje] (*paradis*) Oiseau de la famille des passériformes, qui vit en Nouvelle-Guinée et en Australie, fort réputé, quand il s'agit d'un mâle, pour son plumage aux couleurs variées, également connu sous le nom d'*oiseau de paradis.*

PARADOS, ■ n. m. [parado] (3 *para-* et *dos*) **Fortif.** Masse de terre dressée sur un rempart ou une tranchée qui protège contre les coups venant de l'arrière.

PARADOXAL, ALE, adj. [paradɔksal] (*paradoxe*) Qui tient du paradoxe. *Opinion paradoxale.* ♦ N. m. *Le paradoxal*, comme on dit *le vrai, le beau*. ♦ Adj. Qui aime le paradoxe. *Des esprits paradoxaux.* ♦ **Fig.** *Existence paradoxale*, celle de certains hommes dont on ne connaît pas les ressources, ordinairement nulles, et qui cependant vivent dans l'aisance. ■ *Sommeil paradoxal*, stade du sommeil correspondant à une période de rêves. *On compte en général quatre à six phases de sommeil paradoxal par nuit.*

PARADOXALEMENT, adv. [paradɔksal(ə)mã] (*paradoxal*) D'une manière paradoxale, en forme de paradoxe.

PARADOXE, n. m. [paradɔks] (gr. *paradoxos*, de *para-*, contre, et *doxa*, opinion) Opinion contraire à l'opinion commune. « *J'aime mieux être homme à paradoxes qu'homme à préjugés* », J.-J. ROUSSEAU. ♦ *Crier au paradoxe*, dénoncer une opinion comme contraire à l'opinion commune. ♦ **Par extens.** « *Connaissez donc, superbe, quel paradoxe vous êtes à vous-mêmes ; humiliez-vous, raison superbe* », PASCAL. ♦ Adj. Paradoxal. « *Les béatitudes de Jésus-Christ en apparence si paradoxes* », BOURDALOUE. « *Cette proposition si paradoxe* », FONTENELLE. ♦ Comme adj., il a vieilli. ■ N. m. Raisonnement qui porte en lui-même des éléments le contredisant, qui inclut son propre contraire. *Les paradoxes des stoïciens.*

PARADOXISME, n. m. [paradɔksism] (*paradoxe*) Figure de rhétorique par laquelle on réunit sur un même sujet des attributs qui semblent inconciliables.

PARAFE, ■ n. m. [paraf] Voy. PARAPHE.

PARAFER, ■ v. tr. [parafe] Voy. PARAPHER.

PARAFEUR, ■ n. m. [parafœr] Voy. PARAPHEUR.

PARAFFINAGE, ■ n. m. [parafinaʒ] (*paraffiner*) Opération qui consiste à enduire, à enrober de paraffine. *Le paraffinage de certains fromages. Le paraffinage du papier lui confère une certaine imperméabilité.*

PARAFFINE, n. f. [parafin] (lat. *parum affinis*, qui a peu d'affinité) **Chim.** Substance solide, blanche, tirée des schistes bitumineux et formée exclusivement de carbone et d'hydrogène dans les proportions convenables pour donner une flamme bien éclairante. ♦ ▷ Adj. *La lumière paraffine.* ◁

PARAFFINÉ, ÉE, ■ p. p. de paraffiner. [parafine] Enduit de paraffine. *Du papier paraffiné, utilisé notamment en cuisine.*

PARAFFINER, ■ v. tr. [parafine] (*paraffine*) Enduire de paraffine. *On paraffine les plants à greffer pour faciliter la jointure entre le greffon et le porte-greffe.*

PARAFISCAL, ALE, ■ adj. [parafiskal] (*parafiscalité*) Relatif à la parafiscalité. *Prélèvements parafiscaux.*

PARAFISCALITÉ, ■ n. f. [parafiskalite] (2 *para-* et *fiscalité*) Taxes prélevées par l'État au profit d'organismes qui ne dépendent pas de lui. *Le régime de la parafiscalité pour les retraites complémentaires.*

PARAFOUDRE, n. m. [parafudr] (3 *para-* et *foudre*) Instrument qui sert à remédier aux effets de la foudre et de l'électricité atmosphérique sur le télégraphe électrique. ■ **Rem.** Aujourd'hui, les parafoudres ne protègent plus le télégraphe mais tous les matériels électriques en général.

1 **PARAGE**, n. m. [paraʒ] (p.-ê. a. gasc. *paratge*, étendue de mer) **Mar.** Espace de mer, étendue de côtes accessible à la navigation. ♦ **Fig.** et fam. Au pl. Tout endroit sur la Terre où des personnes se rencontrent. *Que venez-vous faire dans nos parages ?* ■ Au pl. Environs, abords d'un lieu. *Il a une maison dans les parages.*

2 **PARAGE**, n. m. [paraʒ] (*pair*) ▷ Extraction, qualité. *Des gens de haut parage.* ♦ **Féod.** Droit en vertu duquel une petite partie du fief était possédée par les puînés. ◁

3 **PARAGE**, n. m. [paraʒ] (*parer*) **Mar.** Poli que les charpentiers donnent aux surfaces de la membrure d'un vaisseau avant de le border. ♦ Labour donné aux vignes avant l'hiver. ♦ Une des opérations de l'ajustage des pièces métalliques qui a pour but de redresser les surfaces.

PARAGOGE, n. f. [paragɔʒ] (gr. *paragôgê*, de *paragein*, amener) **Gramm.** Addition à la fin d'un mot. *Dans* jusques, *l'* s *est une paragoge.*

PARAGOGIQUE, adj. [paragɔʒik] (*paragoge*) Qui tient de la paragoge, qui s'ajoute à la fin d'un mot. *Une lettre paragogique.*

PARAGRAPHE, n. m. [paragraf] (lat. *paragraphus*, du gr. *paragraphos*, signe distinguant les différentes parties d'un texte) Petite section d'un discours, d'un chapitre. ♦ Partie d'une loi, d'un chapitre, d'un titre. ♦ **Impr.** Le signe §.

PARAGRÊLE, n. m. [paragrɛl] (3 *para-* et *grêle*) Appareil placé sur ou dans un champ, une maison, au moyen duquel on a cherché à dissiper les nuages chargés de grêle. ■ Adj. Qui protège de la grêle. *Installer des filets paragrêles au-dessus des fraisiers.*

PARAGUANTE, n. f. [paragwãt] (*gu* se prononce comme *gw* ; esp. [*dar*] *para guantes*, donner pour les gants, donner un pourboire) ▷ Terme vieilli. Présent fait pour quelque service. « *Pourvu qu'il tire des paraguantes d'une affaire, il se soucie fort peu des épilogueurs* », LESAGE. ◁

PARAGUAYEN, ENNE, ■ adj. [paragwejɛ̃, jɛn] (*Paraguay*) Relatif au Paraguay. *La délégation paraguayenne aux Jeux olympiques.* ■ N. m. et n. f. Personne habitant ou originaire du Paraguay. *Un Paraguayen, une Paraguayenne.*

PARAÎTRE ou **PARAITRE**, v. intr. [parɛtr] (lat. vulg. *parescere*, du lat. *parere*, se montrer) Être vu, être en vue, en parlant des choses. « *Une croix lui parut dans l'air* », BOSSUET. ♦ Se faire voir, se laisser voir, se montrer, en parlant des personnes. « *Devant ce fier monarque, Élise, je parus* », RACINE. ♦ *Paraître chez quelqu'un, dans un salon*, y aller en visite. ♦ *Paraître dans une affaire*, y intervenir. ♦ **Fig.** Il se dit des choses qu'on aperçoit par les yeux de l'esprit. « *L'homme est si grand que sa grandeur paraît même en ce qu'il se connaît misérable* », PASCAL. ♦ Venir sur le théâtre du monde. « *Les mahométans parurent, conquirent et se divisèrent* », MONTESQUIEU. ♦ Briller, se faire remarquer, faire figure. *Chacun veut paraître.* ♦ ▷ Ressortir, faire de l'effet, en parlant des choses. « *Nulle amitié ne paraît devant la vôtre* », Mme DE SÉVIGNÉ. ◁ ♦ Être publié, en parlant d'un livre qu'on met en vente, d'un journal, d'un feuilleton, d'un morceau qu'imprime un journal, etc. ♦ Il se dit aussi des pièces qu'on joue. « *Le Cid* » parut en 1636. ♦ Avoir l'apparence, sembler. *Vous paraissez jeune.* « *Soyez ce que vous paraissez* », BOURDALOUE. ♦ **Fam.** *Paraître* se construit avec un nombre d'années, pour signifier que la personne semble avoir tel âge ; il y a ellipse du verbe *avoir.* « *Elle paraît soixante ans* », Mme DE SÉVIGNÉ. ♦ **Impers.** En parlant de personnes et de choses. *Il a paru des hommes qui...* ♦ ▷ *Il y paraît*, on le voit bien, la chose se montre. ♦ *Il n'y paraît pas, il n'y paraît plus*, il n'en reste pas, il n'en reste plus de trace. ♦ *Il paraît*, c'est l'apparence. « *Il n'y paraît pas qu'on ait défini le sublime* », LA BRUYÈRE. ♦ *Laisser paraître*, ne pas cacher complètement. « *Elle a bien plus d'esprit qu'elle n'en laisse paraître* », Mme DE SÉVIGNÉ. ♦ *Faire paraître*, montrer. ♦ *Faire paraître*, mettre en état de paraître. ♦ *Faire paraître*, tirer de l'obscurité. ♦ *Faire paraître*, publier. ♦ LE PARAÎTRE, n. m. Apparence. *Préférer l'être au paraître.* ♦ **Prov.** *Être et paraître sont deux.* ♦ *Paraître* régit l'infinitif sans préposition ; on dit : *Vous me paraissez douter de ma sincérité*, ou *Il me paraît que vous doutez* *de ma sincérité*. Dans le sens négatif, il régit le subjonctif : *Il ne paraît pas que vous doutiez de ma sincérité.* ▪ V. impers. **Cour.** *Il paraît que*, une rumeur dit que. *Il paraît qu'ils vont construire une nouvelle ligne de métro.*

PARALANGAGE, ▪ n. m. [paralɑ̃gaʒ] (2 *para-* et *langage*) **Ling.** Ensemble des éléments non verbaux du langage tels que les gestes, les regards, les grognements, etc.

PARALIPOMÈNES, n. m. pl. [paralipɔmɛn] (gr. *paraleipomena*, p. passif de *paraleipein*, laisser de côté) Titre d'une partie de la Bible, qui est un supplément aux livres des Rois. ◆ **Fig.** Sorte de supplément à l'ouvrage qui précède, par opposition à *prolégomènes*.

PARALIPSE, n. f. [paralips] (gr. *paraleipsis*, de *paraleipein*, laisser de côté) Figure de rhétorique dite aussi *prétérition*. Voy. ce mot.

PARALITTÉRAIRE, ▪ adj. [paraliterɛr] (2 *para-* et *littéraire*) Qui relève de la paralittérature. *Des productions paralittéraires.*

PARALITTÉRATURE, ▪ n. f. [paraliteratyr] (2 *para-* et *littérature*) **Littér.** Ensemble des productions écrites sans finalité utilitaire, que l'on estime ne pas appartenir à la littérature dite traditionnelle. *Les chansons, les bandes dessinées sont considérées comme de la paralittérature.*

PARALLACTIQUE, adj. [paralaktik] (gr. *parallaktikos*) Qui appartient à la parallaxe. ◆ *Machine* ou *lunette parallactique*, lunette animée, autour d'un axe parallèle à l'axe du monde, d'un mouvement de rotation qui permet à l'astronome d'observer un astre, sans que le mouvement diurne le fasse sortir du champ de la vision. ◆ *Pied parallactique*, le pied auquel est adapté le mécanisme.

PARALLAXE, n. f. [paralaks] (gr. *parallaxis*, de *parallassein*, changer de place) **Astron.** Angle formé au centre d'un astre par deux lignes droites passant par les extrémités d'un même rayon de la Terre ou de l'orbite terrestre. ▪ Déplacement de la position apparente d'un objet, dû au changement de position de l'observateur. ▪ Différence entre les axes optiques du viseur et de l'objectif d'un appareil photographique. ▪ *Erreur de parallaxe*, erreur de lecture commise sur un appareil de mesure par une personne qui ne se place pas en face de la graduation.

PARALLÈLE, adj. [paralɛl] (gr. *parallêlos*) **Géom.** Il se dit de deux lignes ou de deux surfaces également distantes l'une de l'autre dans toute leur étendue. *Ces deux lignes sont parallèles l'une à l'autre.* ◆ N. f. *Une parallèle*, une ligne parallèle à une autre. ◆ ▷ N. f. Tranchée bordée d'un parapet avec banquettes et tracée parallèlement au côté de la place qu'on assiège. ◁ ◆ N. m. Nom donné à des petits cercles parallèles à l'équateur, qui indiquent les degrés de latitude. ◆ ▷ N. m. Instrument composé de deux règles de bois attachées l'une à l'autre par deux autres règles plus petites, formant parallélogramme ; il sert à tracer des lignes parallèles. ◁ **Adj. Par extens.** Qui se fait en même temps, qui a même disposition, même caractère. « *Une autre édition parallèle à la sienne, pour la Hollande, l'Allemagne et l'Angleterre* », J.-J. ROUSSEAU. ◆ **Fig.** Qui renferme une comparaison. « *Les Vies parallèles des hommes illustres* » par Plutarque. ◆ N. m. Comparaison où l'on examine les ressemblances et les différences de deux personnes ou de deux choses entre elles. *Parallèle de Corneille et de Racine.* « *Mettre la raison en parallèle avec l'instinct des animaux* », PASCAL. ▪ **Électr.** *En parallèle*, en dérivation (par opposition à *en série*). *Montage en parallèle d'un circuit électrique.* ◁

PARALLÈLEMENT, adv. [paralɛl(ə)mɑ̃] (*parallèle*) D'une manière parallèle. « *Si on mesure le continent parallèlement à l'équateur* », BUFFON.

PARALLÉLÉPIPÈDE, n. m. [paralelepiped] (gr. *parallêlepipedon*, de *parallêlos* et *epipedon*, surface plane) **Géom.** Solide terminé par six parallélogrammes, dont les opposés sont égaux et parallèles. ▪ **Rem.** On trouve aussi la forme *parallélipipède*.

PARALLÉLÉPIPÉDIQUE, ▪ adj. [paralelepipedik] (*parallélépipède*) **Géom.** En forme de parallélépipède. *Un dé, une brique, un aquarium sont des solides parallélépipédiques.*

PARALLÉLIPIPÈDE, n. m. [paralelipiped] (altération de *parallélépipède*) L'Académie écrit *parallélipipède* ; c'est un barbarisme.

PARALLÉLISME, n. m. [paralelism] (*parallèle*) **Géom.** État de deux lignes ou de deux surfaces parallèles. ◆ **Fig.** Correspondance entre des objets. « *Je remarque un parallélisme assez singulier entre ces deux genres d'oiseaux* », BUFFON.

PARALLÉLOGRAMME, n. m. [paralelogram] (gr. *parallêlogrammon*, de *parallêlos* et *gramma*, figure) **Géom.** Quadrilatère dont les côtés opposés sont égaux et parallèles.

PARALOGISME, n. m. [paralɔʒism] (gr. *paralogismos*, de *para*, contre, et *logos*, raison) Faux raisonnement.

PARALYMPIQUE, ▪ adj. [paralɛ̃pik] (angl. *paralympics*, mot-valise, de *paraplegic*, paraplégique, et *olympics*, Jeux olympiques) *Jeux paralympiques*, rencontres sportives internationales ayant lieu tous les quatre ans après les Jeux olympiques, réservées aux athlètes handicapés. *Participer aux Jeux paralympiques.* ▪ Relatif à ces jeux. *Un champion paralympique.*

PARALYSANT, ANTE, ▪ adj. [paralizɑ̃, ɑ̃t] (*paralyser*) Qui rend paralytique. *Une maladie paralysante.* ▪ **Par extens.** Qui immobilise sous l'effet d'un trouble émotionnel. *Une peur paralysante.*

PARALYSÉ, ÉE, p. p. de paralyser. [paralize]

PARALYSER, v. tr. [paralize] (*paralysie*) Rendre paralytique. ◆ **Fig.** Frapper d'inertie. *La frayeur paralysait toutes ses facultés.* ◆ Se paralyser, v. pr. Devenir paralysé. ▪ Empêcher de bouger, engourdir. *Le froid paralysait ses doigts.*

PARALYSIE, n. f. [paralizi] (gr. *paralusis*, de *paraluein*, relâcher les organes d'un côté du corps) **Méd.** Diminution ou privation soit à la fois du sentiment et du mouvement volontaire, soit du mouvement volontaire seul, soit du sentiment seul. ◆ **Fig.** Impossibilité d'agir. « *Tant de richesses tombent pour ainsi dire en paralysie* », MONTESQUIEU.

PARALYTIQUE, adj. [paralitik] (gr. chrét. *paralutikos*) **Méd.** Atteint de paralysie. *Corps paralytique.* ◆ N. m. et n. f. *Un paralytique une paralytique.*

PARAMAGNÉTIQUE, ▪ adj. [paramaɲetik] ou [paramɑ̃jetik] (2 *para-* et *magnétique*) **Phys.** Qui s'aimante dans le même sens que le fer, mais plus faiblement. *L'oxygène, le platine sont paramagnétiques.*

PARAMAGNÉTISME, ▪ n. m. [paramaɲetism] ou [paramɑ̃jetism] (*paramagnétique*) Propriété des corps paramagnétiques. *Le paramagnétisme de l'hélium.*

PARAMÉCIE, ▪ n. f. [paramesi] (gr. *paramêkês*, oblong, allongé) **Biol.** Protozoaire cilié de grande taille vivant dans des eaux stagnantes.

PARAMÉDICAL, ALE, ▪ adj. [paramedikal] (2 *para-* et *médical*) Qui, pour une discipline ou une profession, est relatif à la santé sans cependant appartenir au corps médical ou à la médecine proprement dits. *Le personnel paramédical d'une clinique. Un enseignement paramédical.* ▪ N. m. Ensemble des professions paramédicales. *Travailler dans le paramédical.*

PARAMÉTRAGE, ▪ n. m. [parametraʒ] (*paramétrer*) Action de paramétrer un outil informatique. *Le paramétrage d'un logiciel.*

PARAMÈTRE, n. m. [parametr] (2 *para-* et *mètre*) **Géom.** Ligne constante et invariable qui entre dans l'équation ou dans la construction d'une famille de courbes, et par la variation de laquelle on peut obtenir toutes les variétés de courbes qui appartiennent à cette famille. ▪ Élément à prendre en compte dans un raisonnement, un jugement. ▪ **Inform.** Option, variable d'un programme informatique.

PARAMÉTRER, ▪ v. tr. [parametre] (*paramètre*) Établir les paramètres d'une équation, d'un problème ou d'un programme informatique.

PARAMÉTRIQUE, ▪ adj. [parametrik] (*paramètre*) Relatif à un paramètre. *Une équation paramétrique.*

PARAMILITAIRE, ▪ adj. [paramiliter] (2 *para-* et *militaire*) Qui est organisé comme une armée, mais qui n'en est pas une. *Une organisation terroriste paramilitaire.* ▪ N. m. et n. f. Membre d'un tel groupe. *L'action des paramilitaires colombiens.*

PARANGON, n. m. [parɑ̃gɔ̃] (ital. *paragone*, pierre de touche, du gr. *parakonan*, aiguiser) ▷ Comparaison. *Mettre en parangon.* ◁ ◆ Patron, modèle. *Parangon de beauté.* ◆ Ce qu'il y a de plus excellent, en parlant des personnes ou des choses. « *Anne... passait dans son village Pour la perle et le parangon* », LA FONTAINE. ◆ ▷ Perles, diamants parangons, perles, diamants qui se distinguent par leur grosseur et leur beauté. ◁ ◆ ▷ Se dit de quelques fleurs qui reviennent chaque année avec la même beauté, sans dégénérer. ◁ ◆ ▷ **Impr.** *Gros parangon*, caractère dont le corps est de vingt et un points. *Petit parangon*, caractère dont le corps porte dix-huit points et dont on fait usage pour les affiches. ◁ ◆ ▷ Pierre de touche. ◁ ◆ *Parangon* a vieilli.

PARANGONNAGE, n. m. [parɑ̃gɔnaʒ] (*parangonner*) **Impr.** Action de parangonner.

PARANGONNER, v. tr. [parɑ̃gɔne] (*parangon*) ▷ Comparer (sens vieilli). ◁ ▪ **Impr.** Faire qu'un caractère qui n'est pas du même corps que celui dont on se sert s'aligne bien avec lui. ◆ *Se parangonner*, se comparer, se mettre en parallèle. ◆ ▷ Se dit des fleurs qui se conservent sans dégénérer. ◁

PARANOÏA, ▪ n. f. [paranoja] (gr. *paranoia*, folie, de *para-*, contre, et *noos*, entendement) **Psych.** Psychose chronique se manifestant par un délire de persécution, de grandeur ou de jalousie. *Être atteint de paranoïa.* ▪ **Abrév.** Parano.

PARANOÏAQUE, ▪ adj. [paranojak] (*paranoïa*) **Psych.** Atteint de paranoïa. *Un sujet paranoïaque.* ▪ N. m. et n. f. *Un paranoïaque, une paranoïaque.* ▪ **Abrév. fam.** Parano. *Ces paranos qui s'enferment toujours partout à double tour.*

PARANOÏDE, ▪ adj. [paranoid] (*paranoïa*) **Psych.** Dont l'un des symptômes est la paranoïa, en parlant d'une maladie mentale. *Schizophrénie paranoïde.*

PARANORMAL, ALE, ■ adj. [paranɔrmal] (2 *para-* et *normal*) **Psych.** Caractère de ce qui se situe en marge de la normalité. *Un symptôme paranormal.* ■ **Parapsych.** Qui est le fait ou la manifestation de capacités psychiques non reconnues (prémonitions, etc.). *La voyance est une activité paranormale.* ■ N. m. *Le paranormal*, ce qui relève de faits paranormaux, de phénomènes inexpliqués par la science. *Le paranormal, l'ésotérisme et la magie.*

PARANT, ANTE, adj. [parã, ãt] (*parer*) Qui pare, qui orne. « *Nos belles et parantes étoffes* », VOLTAIRE.

PARANYMPHE, n. m. et n. f. [paranɛ̃f] (gr. *paranumphos*, de *para-*, à côté, et *numphê*, jeune mariée) ▷ **Antiq. grecq.** Le jeune ami du marié qui, assis sur le char à côté de lui, va chercher la mariée ; et la jeune amie de la mariée qui l'amène au marié. ♦ Dans les anciennes facultés de théologie et de médecine, discours solennel que l'on prononçait à la fin de chaque licence. ◁

PARAPENTE, ■ n. m. [parapãt] (*para[chute]* et *pente*) Parachute permettant à une personne s'élançant d'une falaise ou d'un sommet d'effectuer un vol en planant. ■ Activité pratiquée avec un parapente. *Faire du parapente.*

PARAPENTISTE, ■ n. m. et n. f. [parapãtist] (*parapente*) Personne qui pratique le parapente pour son loisir. *Une aire d'envol pour les parapentistes.*

PARAPET, n. m. [parapɛ] (ital. *parapetto*, de *parare*, garantir, et *petto*, poitrine) Mur à hauteur d'appui élevé sur le bord d'un pont, d'une terrasse, etc. ♦ **Fortif.** Partie supérieure d'un rempart qui couvre les défenseurs et par-dessus laquelle ils font feu.

PARAPHARMACIE, ■ n. f. [parafarmasi] (2 *para-* et *pharmacie*) Ensemble des produits non médicamenteux que l'on vend en pharmacie. *Le rayon parapharmacie d'une grande surface.* ■ Magasin où l'on vend des produits pour le soin du corps. *Acheter du shampooing en parapharmacie.*

PARAPHASIE, n. f. [parafazi] (2 *para-* et *-phasie*) **Psych.** Trouble du langage dans lequel le malade substitue des syllabes ou des mots à d'autres. *Une personne qui souffre de paraphasie dira par exemple : Donne-moi « mon manteau » au lieu de mon chapeau.*

PARAPHE ou **PARAFE**, n. m. [paraf] (lat. médiév. *paraphus*, ou syncope de *paragraphe*) Sorte de chiffre qu'on ajoute à son nom dans les signatures. *Signer avec paraphe.* ♦ Sorte de signature abrégée que l'on met aux mots écrits en marge des actes, à la place des mots changés ou raturés. ■ Trait qu'on ajoute parfois à une signature. ■ REM. La graphie *parafe* est moins fréquente que la graphie *paraphe*.

PARAPHÉ, ÉE ou **PARAFÉ, ÉE**, p. p. de parapher. [parafe]

PARAPHER ou **PARAFER**, v. tr. [parafe] (*paraphe*) Mettre son paraphe au bas d'un écrit. « *On paraphe les écritures, de peur qu'on ne puisse en supposer d'autres* », BOSSUET. ♦ Mettre son paraphe à la marge d'un acte pour les mots changés ou raturés. ♦ En termes de palais, *parapher ne varietur*, se dit d'un officier public qui met son paraphe sur un papier.

PARAPHERNAL, ALE, adj. [parafɛrnal] (lat. médiév. *paraphernalis*, du gr. *para-* et *phernê*, dot) **Dr.** Se dit des biens particuliers de la femme dont la jouissance et l'administration lui sont laissées. ♦ N. m. *Le paraphernal, les paraphernaux*, les biens paraphernaux.

PARAPHEUR ou **PARAFEUR**, ■ n. m. [parafœr] (*parapher*) Classeur particulier qui regroupe les courriers destinés à être signés. *Présenter le parapheur à son patron.*

PARAPHIMOSIS, ■ n. m. [parafimozis] (2 *para-* et gr. *phimos*, lien) **Méd.** Étranglement du gland décalotté par le prépuce qui, quand il est trop étroit, ne parvient plus à reprendre sa position initiale. *Les risques de paraphimosis lors de la toilette du petit garçon.*

PARAPHRASE, n. f. [parafraz] (lat. *paraphrasis*, du gr. *para-*, à côté, et *phrasis*, expression parlée) Développement explicatif, plus long que le texte ou que la simple traduction du texte. ♦ Développement verbeux, diffus. ♦ **Fam.** Interprétation défavorable. *Il a fait une paraphrase maligne sur un propos fort innocent.*

PARAPHRASÉ, ÉE, p. p. de paraphraser. [parafraze]

PARAPHRASER, v. tr. [parafraze] (*paraphrase*) Faire une paraphrase, des paraphrases. ♦ **Absol.** *Ce n'est pas là traduire, c'est paraphraser.* ♦ Amplifier, développer.

PARAPHRASEUR, EUSE, n. m. et n. f. [parafrazœr, øz] (*paraphraser*) Celui, celle qui amplifie verbeusement les choses en les rapportant.

PARAPHRASTE, n. m. [parafrast] (gr. *paraphrastês*) Celui qui fait la paraphrase de quelque ouvrage.

PARAPHRASTIQUE, ■ adj. [parafrastik] (*paraphrase*) Qui contient une paraphrase. *Un développement paraphrastique.*

PARAPHRÉNIE, ■ n. f. [parafreni] (2 *para-* et du gr. *phrēn*, intelligence) **Psych.** Psychose caractérisée par un délire très avancé, mais sans trouble des fonctions mentales. *La paraphrénie est caractérisée par une prédilection pour les choses fabuleuses et surnaturelles.*

PARAPHYSE, ■ n. f. [parafiz] (gr. *paraphusis*, ramification) **Bot.** Cellule allongée de l'hyménium de certains champignons. *La paraphyse est stérile. Paraphyses ramifiées.*

PARAPLÉGIE, ■ n. f. [parapleʒi] (2 *para-* et du gr. *plêssein*, frapper, blesser) Paralysie des membres, plus spécifiquement des membres inférieurs.

PARAPLÉGIQUE, ■ n. m. et n. f. [parapleʒik] (*paraplégie*) Personne atteinte de paraplégie. ■ Adj. *Il est devenu paraplégique à la suite d'un accident de la circulation.*

PARAPLUIE, n. m. [paraplɥi] (3 *para-* et *pluie*) Petit pavillon portatif fait de toile imperméable tendue qui sert à garantir de la pluie.

PARAPSYCHIQUE, ■ adj. [parapsiʃik] (2 *para-* et *psychique*) Voy. PARAPSYCHOLOGIQUE.

PARAPSYCHOLOGIE, ■ n. f. [parapsikoloʒi] (2 *para-* et *psychologie*) Science qui étudie l'ensemble des phénomènes psychiques non expliqués. *La télépathie est un phénomène de parapsychologie.*

PARAPSYCHOLOGIQUE, ■ adj. [parapsikoloʒik] (*parapsychologie*) Qui relève de la parapsychologie. *Il va passer des tests parapsychologiques car il prétend avoir le don de la télépathie.* ■ REM. On dit aussi *parapsychique*.

PARAPSYCHOLOGUE, ■ n. m. et n. f. [parapsikolog] (*parapsychologie*) Spécialiste de parapsychologie. *Consulter un parapsychologue.*

PARASANGE, n. f. [parazãʒ] (gr. *parasaggês*) ▷ Mesure itinéraire chez les anciens Perses, qui valait 5 250 m. ◁

PARASCÈVE, ■ n. f. [parasɛv] (lat. chrétien *parasceve*, Vendredi saint, du gr. *paraskeuê*, préparation) Dans la religion juive, veille du sabbat.

PARASCOLAIRE, ■ adj. [paraskolɛr] (2 *para-* et *scolaire*) Annexe à l'activité scolaire, complétant les enseignements dispensés à l'école. *Des animations parascolaires.* ■ N. m. Secteur de l'édition qui assure la publication d'ouvrages dont le contenu est en liaison avec l'enseignement mais qui ne sont pas prescrits par les enseignants. *Les cahiers de vacances du parascolaire.*

PARASÉLÈNE, ■ n. f. [paraselɛn] (2 *para-* et gr. *selênê*, lune) Sorte de météore qui consiste dans un cercle lumineux qu'on voit quelquefois autour de la Lune.

PARASEXUALITÉ, ■ n. f. [parasɛksɥalite] (2 *para-* et *sexualité*) **Biol.** Mode de reproduction où aucune fécondation n'a lieu. *La parasexualité des bactéries.*

PARASISMIQUE, ■ adj. [parasismik] (3 *para-* et *sismique*) Qui résiste aux activités sismiques. *Architecture parasismique.*

PARASITAIRE, ■ adj. [parazitɛr] (*parasite*) **Biol.** Relatif à un parasite. *Les organismes parasitaires.* ■ Qui a un parasite pour cause ou origine. *Une maladie parasitaire.* ■ **Fig.** Qui vit sur les ressources d'autrui. *L'augmentation croissante de sa dette extérieure fait de cet État une entité parasitaire.*

PARASITE, n. m. [parazit] (lat. *parasitus*, convive, écornifleur, du gr. *parasitos*, commensal) ▷ Chez les anciens, sorte d'écornifleur qui faisait métier de manger à la table de quelque riche, en l'amusant par des flatteries et par des plaisanteries. ◁ Aujourd'hui, celui qui fait métier d'aller manger à la table d'autrui. ♦ Adj. *Plantes parasites*, celles qui naissent et croissent sur d'autres corps organisés, vivants ou morts. ♦ N. f. *Une parasite.* ♦ Se dit aussi de plantes qui croissent dans les terres cultivées et qui nuisent aux objets de culture. ♦ Il se dit aussi des productions qui se font dans un corps vivant et qui se développent aux dépens de sa substance. *Une excroissance parasite.* ♦ *Insecte parasite*, insecte qui vit sur un autre animal et aux dépens de sa substance. ■ N. m. pl. *Les parasites. Les entozoaires sont des parasites.* ♦ **Fig. Littér.** Surabondant, superflu. *Mot parasite.* ■ N. m. pl. Bruits qui perturbent la réception de signaux radioélectriques. *Les parasites qui brouillent une conversation téléphonique.*

PARASITER, ■ v. tr. [parazite] (*parasite*) **Biol.** Se river à un autre organisme vivant et l'affaiblir, voire le détruire, en se développant à son contact. *Le gui parasite de nombreux arbres.* ■ **Fig.** Détourner pour son propre avantage. *Les sectes parviennent à parasiter la pensée de leurs adeptes.* ■ Altérer ou faire obstacle à. *Cesse de parasiter notre travail !* ■ **Phys.** Brouiller la réception d'une onde sonore ou lumineuse. *Appareil électrique qui parasite la radio.*

PARASITIQUE, adj. [parazitik] (gr. *parasitikos*) Qui appartient au parasite. ♦ ▷ N. f. Art de vivre aux dépens d'autrui. ◁ ♦ Qui dépend des parasites végétaux ou animaux. *Les maladies parasitiques.*

PARASITISME, n. m. [parazitism] (*parasite*) ▷ Habitudes du parasite ; profession, état du parasite. ◁ ♦ Condition d'un être organisé qui vit sur un autre corps organisé.

PARASITOLOGIE, ■ n. f. [parazitoloʒi] (*parasite* et *-logie*) **Méd.** Recherche médicale sur les parasites en tant que responsables de nombreuses maladies, tant chez l'homme que chez les animaux et les végétaux.

PARASITOLOGUE, ■ n. m. et n. f. [paʀazitɔlɔg] (*parasitologie*) Médecin spécialiste de parasitologie.

PARASITOSE, ■ n. f. [paʀazitoz] (*parasite* et -*ose*) Méd. Affection due à la présence de parasites. *Parasitose digestive.*

PARASOL, n. m. [paʀasɔl] (ital. *parasole*, de para-, protection, et *sole*, soleil) Espèce de petit pavillon portatif, soutenu sur une baguette, qu'on porte au-dessus de sa tête pour se garantir de l'ardeur du soleil. ♦ EN PARASOL, loc. adv. En forme de parasol. *Des pins en parasol.* ♦ *Plantes en parasol,* les ombellifères. ♦ *Parasol blanc,* espèce d'agaric. ♦ ▷ *Parasol frisé,* espèce d'agaric des environs de Paris. ◁ ■ Objet semblable à un grand parapluie que l'on utilise pour se protéger du soleil. *Parasol de jardin, de plage.*

PARASTATAL, ALE, ■ adj. [paʀastatal] (2 para- et lat. *status*, État) Belg. Semi-public. *À sa création, la Radio-Télévision belge de la communauté française était un organisme parastatal.* ■ N. m. *Organisme parastatal. La restructuration des administrations et des parastataux.*

PARASYMPATHIQUE, ■ adj. [paʀasɛ̃patik] (2 para- et *sympathique*) Anat. Partie du système nerveux qui intervient dans la mise au repos de l'organisme. *Le système parasympathique ralentit la fréquence des contractions du cœur et le système sympathique l'accélère.*

PARASYNTHÈSE, ■ n. f. [paʀasɛ̃tɛz] (gr. *parasunthesis*, formation d'un composé, de *para-*, à côté, et *sunthesis*, action de rassembler) Ling. Formation d'un mot dérivé à partir d'une base lexicale à laquelle sont soudés à la fois un préfixe et un suffixe. *Le mot* enterrement *est une parasynthèse : il dérive du mot* terre *par adjonction simultanée du préfixe* en- *et du suffixe* -ment.

PARASYNTHÉTIQUE, ■ adj. [paʀasɛ̃tetik] (gr. *parasunthetos*, composé, de *para-*, à côté, et *suntithenai*, rassembler) Ling. Qui relève de la parasynthèse. *La formation parasynthétique d'un mot.*

PARATACTIQUE, ■ adj. [paʀataktik] (*parataxe*, sur le modèle de *syntactique*) Rhét. Qui contient des parataxes. *Une écriture paratactique.*

PARATAXE, ■ n. f. [paʀataks] (gr. *parataxis*, de *paratassein*, mettre en rangs côte à côte.) Rhét. Juxtaposition, sans outil de coordination ou de subordination, de deux propositions dont le lien de dépendance implicite est élucidé par l'usage courant. « *Il pleut, on rentre* » : *la parataxe prenait la force d'un ordre !*

PARATEXTE, ■ n. m. [paʀatɛkst] (2 para- et *texte*) Ensemble des illustrations et des annotations accompagnant un texte.

PARATHORMONE, ■ n. f. [paʀatɔʀmɔn] (contraction de *parathyroïde* et *hormone*) Biol. Hormone produite par la parathyroïde, qui régule notamment les taux de calcium et de phosphore de l'organisme. *Hypocalcémie due à une déficience en parathormone.*

PARATHYROÏDE, ■ n. f. [paʀatiʀɔid] (2 para- et *thyroïde*) Anat. Chacune des quatre glandes situées près de la thyroïde. *La sécrétion hormonale des parathyroïdes.* ■ Adj. *Les glandes parathyroïdes.*

PARATHYROÏDIEN, IENNE, ■ adj. [paʀatiʀɔidjɛ̃, jɛn] (*parathyroïde*) Anat. Relatif à la parathyroïde. *Hormone parathyroïdienne. Pathologies parathyroïdiennes.*

PARATITLAIRE, n. m. [paʀatitlɛʀ] (*paratitles*) ▷ Auteur de paratitles. ◁

PARATITLES, n. m. pl. [paʀatitl] (b. lat. *paratitla*, du gr. *para* et lat. *titulus*, titre) ▷ Courte explication des titres du *Digeste* et du *Code* pour en faire connaître la matière. ◁

PARATONNERRE, ■ n. m. [paʀatɔnɛʀ] (3 para- et *tonnerre*) Verge de fer terminée en pointe qu'on place sur la partie la plus élevée d'un édifice pour le préserver de la foudre et communiquant par une chaîne métallique avec la terre.

PARÂTRE, ■ n. m. [paʀɑtʀ] (b. lat. *patraster*, second époux de la mère) Mauvais et méchant père. *Enfant victime d'un parâtre.*

PARATYPHIQUE, ■ adj. [paʀatifik] (*paratyphoïde*, d'après *typhique*) Méd. Qui se rapporte à la fièvre paratyphoïde. *Bacille paratyphique.* ■ N. m. et n. f. Personne atteinte de fièvre paratyphoïde.

PARATYPHOÏDE, ■ adj. [paʀatifoid] (2 para- et *typhoïde*) Méd. *Fièvre paratyphoïde,* mal ressemblant à la fièvre typhoïde, mais de moindre importance. *La fièvre paratyphoïde est due à des salmonelles.*

PARAVALANCHE, ■ n. m. [paʀavalɑ̃ʃ] (*pare-avalanches*) Long grillage solidement planté sur une pente enneigée permettant de freiner la neige en cas d'avalanche. ■ Abri en béton qui surplombe une route à flanc de montagne, protégeant celle-ci des avalanches.

PARAVENT, ■ n. m. [paʀavɑ̃] (ital. *paravento*, de para-, protection, et *vento*, vent) Meuble formé de plusieurs châssis mobiles, dont on se sert pour se garantir du vent dans une chambre. ♦ ▷ Fig. *Des Chinois de paravent,* mauvaises figures dans un tableau. ◁ ■ REM. Un paravent sert non seulement

à protéger des courants d'air, mais aussi à créer dans une pièce un espace d'intimité, à l'abri des regards.

PARBLEU, interj. [paʀblø] (altération de *par Dieu*) Sorte de jurement.

PARC, n. m. [paʀk] (b. lat. *parricus*, enclos, du pré-lat. *parra*, perche ; infl. sém. de l'anglo-amér. *park* empr. au *parc*) Espace considérable, environné de murs ou de palissades pour y conserver des bêtes fauves ou pour le seul agrément de la promenade. *Un parc anglais. Un parc français.* ♦ Pâtis entouré de fossés où l'on met les bœufs pour les engraisser. ♦ Clôture faite de claies où l'on enferme les moutons quand ils couchent dans les champs. ♦ **Chasse** Enceinte de toiles où l'on enferme et court les bêtes noires. ♦ *Parcs de mer* ou simplement *parcs,* pêcheries environnées de filets. ♦ *Parc aux huîtres,* lieu préparé pour y mettre des huîtres ; elles s'y engraissent et deviennent meilleures. ♦ **Milit.** *Le parc des vivres,* le lieu où sont les munitions de bouche. *Parc d'artillerie,* la partie d'un camp où l'on met le canon et les poudres. Réunion de voitures qui font le transport du matériel d'une armée. ♦ ▷ **Mar.** Lieu où sont renfermés les magasins, et où l'on construit les vaisseaux de l'État. ◁ ■ *Parc de stationnement* ou ellipt. *parc,* endroit réservé au stationnement des véhicules. ■ Petit enclos pliable dans lequel on laisse jouer les jeunes enfants. ■ Ensemble des biens, des équipements de même nature dont dispose un pays, une collectivité, une entreprise. *Le parc de matériel informatique.* ■ *Parc national, parc naturel régional,* territoire où sont protégées la faune et la flore. ■ *Parc de loisirs,* terrain aménagé qui offre diverses attractions au public. ■ REM. On dit aujourd'hui *parc à huîtres* plutôt que *parc aux huîtres.*

PARCAGE, n. m. [paʀkaʒ] (*parquer*) Séjour momentané des bêtes à laine, en plein air, dans une enceinte appelée *parc.* ♦ Se dit aussi des huîtres. *Le parcage des huîtres.*

PARCELLAIRE, adj. [paʀselɛʀ] (*parcelle*) Qui est fait par petites parcelles. *Plan parcellaire.* ♦ *Cadastre parcellaire,* cadastre fait par pièces de terre. ♦ N. m. *Le parcellaire d'une commune.*

PARCELLE, n. f. [paʀsel] (lat. pop. *particella*, du lat. *particula*, dim. de *pars*, partie) Petite partie. « *Il faut nous aimer nous-même comme étant une petite parcelle de ce grand tout qui compose l'univers* », FÉNELON. ♦ Dans le cadastre, chaque petite portion de terre séparée des terres voisines et appartenant à un propriétaire différent. ■ Dans un camping, portion de terrain que l'on loue et où l'on plante sa tente. *Les parcelles portent des numéros.*

PARCELLEMENT, n. m. [paʀsel(ə)mɑ̃] (*parceller*) Division des biens territoriaux en parcelles exiguës.

PARCELLER, v. tr. [paʀsele] (*parcelle*) Diviser en parcelles.

PARCELLISATION, ■ n. f. [paʀselizasjɔ̃] (*parcelliser*) Fait de diviser une chose ou une tâche, résultat de cette action. *La parcellisation de la production dans une usine.*

PARCELLISER, ■ v. tr. [paʀselize] (*parcelle*) Diviser en plusieurs petites parties, fragmenter. *Parcelliser un terrain agricole.* ■ Se parcelliser, v. pr. *Avec la mécanisation, les travaux en usine se parcellisent de plus en plus.*

PARCE QUE, loc. conj. [paʀs(ə)kə] (*par, ce, et que*) Voy. PAR.

PARCHEMIN, n. m. [paʀʃəmɛ̃] (lat. *pergaminus* [papyrus?], du gr. *pergamênê* [*diphthera*, [peau] préparée à Pergame) Peau de mouton, de brebis ou d'agneau, qui est préparée avec de l'alun pour écrire. ♦ **Fig. et pop.** *Un visage de parchemin,* un visage dont la peau est jaune et sèche. ♦ ▷ *Allonger le parchemin,* multiplier les écritures sans nécessité. ◁ ♦ ▷ Contrats et titres. ◁ ♦ **Fig. Au pl.** Titres de noblesse.

PARCHEMINÉ, ÉE, adj. [paʀʃəmine] (*parchemin*) Qui a la consistance ou l'aspect du parchemin.

PARCHEMINERIE, n. f. [paʀʃəmin(ə)ri] (*parchemin*) ▷ Lieu où l'on prépare le parchemin. ♦ Art de le préparer. ♦ Commerce du parcheminier. ◁

PARCHEMINIER, IÈRE, n. m. et n. f. [paʀʃəminje, jɛʀ] (*parchemin*) ▷ Personne qui prépare et vend le parchemin. ◁

PARCHET, ■ n. m. [paʀʃe] (var. de *parquet*) Suisse Parcelle de vigne.

PAR-CI, ■ loc. adv. [paʀsi] (1 *par* et *ci*) Voy. PAR.

PARCIMONIE, n. f. [paʀsimoni] (lat. *parcimonia*, de *parcere*, épargner) Épargne sur les petites choses.

PARCIMONIEUSEMENT, adv. [paʀsimonjøz(ə)mɑ̃] (*parcimonieux*) D'une manière parcimonieuse.

PARCIMONIEUX, EUSE, adj. [paʀsimonjø, øz] (*parcimonie*) Qui a de la parcimonie. *Homme parcimonieux. Une économie parcimonieuse.*

PARCMÈTRE, ■ n. m. [paʀkmɛtʀ] (*parc* et *mètre*, calque de l'anglo-amér. *parking-meter*) Appareil permettant d'encaisser le paiement et de mesurer le temps de stationnement d'un véhicule automobile sur un emplacement de parking. *Parcmètres à cartes.*

PARCOMÈTRE, ■ n. m. [paʀkomɛtʀ] (var. de *parcmètre*) Québec Parcmètre.

PARCOURIR, v. tr. [paʀkuʀiʀ] (lat. *percurrere*) Aller d'un bout à l'autre d'un lieu, y courir çà et là. *Parcourir la ville.* ◆ Il se dit aussi des choses qui font un trajet. « *Le Nil parcourt du midi au nord toute la longueur du pays* », ROLLIN. ◆ Examiner rapidement du regard. « *J'ai parcouru des yeux la Cour, Rome et l'Empire* », RACINE. ◆ Lire d'une façon rapide. « *Ces gens parcourent tous les livres et ne profitent d'aucun* », LA BRUYÈRE. ◆ **Fig.** Passer en revue, examiner rapidement des yeux de l'esprit. « *Quand l'on parcourt, sans la prévention de son pays, toutes les formes de gouvernement, l'on ne sait à laquelle se tenir ; il y a dans toutes le moins bon et le moins mauvais* », LA BRUYÈRE. ◆ Se parcourir, v. pr. Être parcouru, lu rapidement. ▪ **V.** tr. Faire un trajet. *Les coureurs doivent parcourir 150 km en une journée.*

PARCOURS, n. m. [paʀkuʀ] (b. lat. *percursus*) Chemin que parcourt une voiture publique, un fleuve, etc. ◆ *Libre parcours*, droit que chacun possède de faire circuler sur les chemins de fer des machines et des voitures en concurrence avec celles du concessionnaire de l'exploitation, en payant toutefois à ce dernier des prix déterminés par le tarif. ◆ ▷ *Droit de parcours* ou simplement *parcours*, droit que possède tout propriétaire d'une commune, par suite de l'usage ou d'une aliénation régulière, de faire paître son bétail sur les terres non closes et non actuellement cultivées d'une autre commune. ◁ ▪ *Incident* ou *accident de parcours*, difficulté qui surgit dans le déroulement de quelque chose. ▪ *Parcours du combattant*, parcours semé d'obstacles que doivent effectuer des soldats pour s'entraîner ; fig. série de difficultés rencontrées.

PARCOURU, UE, p. p. de parcourir. [paʀkuʀy]

PARD, n. m. [paʀ] (lat. *pardus*, gr. *pardos*, léopard, panthère) ▷ Chat-pard. ◁

PARDESSUS, n. m. [paʀdəsy] (*par* et *dessus*) Vêtement de dessus, surtout.

PARDI !, interj. [paʀdi] (altération de *pardieu*) **Fam.** Altération de *pardieu*. ▪ REM. On disait aussi *pardine* autrefois.

PARDIEU !, interj. [paʀdjø] (*par Dieu !*) Sorte de juron employé pour affirmer.

PARDON, n. m. [paʀdɔ̃] (*pardonner*) Rémission d'une faute, d'une offense. *Le pardon des injures. Le pardon de nos ennemis.* ◆ *Je vous demande pardon* ou, par ellipse, *pardon*, formule de civilité dont on se sert pour faire des excuses. ◆ *Je vous demande pardon* ou simplement *pardon*, c'est-à-dire *je suis d'un autre avis que vous.* ◆ *Lettres de pardon*, lettres que le prince accordait pour remettre la peine de certains délits moins grands que ceux qui exigeaient les lettres de grâce. ◆ Au pl. Indulgence de l'Église. ◆ *Le grand pardon*, le jubilé. ◆ ▷ **Fig.** et **fam.** *Croire gagner les pardons*, croire faire une action méritoire. ◁ ◆ Certains pèlerinages. *Le pardon de Sainte-Anne d'Auray.* ◆ ▷ *Pardon d'armes*, sorte de jeu, de tournoi au Moyen Âge. ◁

PARDONNABLE, adj. [paʀdɔnabl] (*pardonner*) À quoi l'on peut, l'on doit pardonner, en parlant des choses. « *Les autres admirent votre sagesse dans un âge où il est pardonnable d'en manquer* », FÉNELON. ◆ Pardonnable à. « *Ah ! tout est pardonnable aux douleurs d'un amant* », P. CORNEILLE. ◆ À qui l'on peut, l'on doit pardonner, en parlant des personnes. *Ils sont pardonnables de parler ainsi.*

PARDONNÉ, ÉE, p. p. de pardonner. [paʀdɔne] À qui on a fait grâce, en parlant des personnes, bien que l'on ne dise pas *pardonner quelqu'un.* « *Que sommes-nous, si un tel homme croyait avoir besoin d'être pardonné ?* », Mme DE STAËL. ◆ S'il arrive à quelqu'un de demander, par civilité, pardon d'une liberté qu'il a prise, d'une inconvenance qui lui est échappée, on lui répond : *Vous êtes tout pardonné.* ◆ **Prov.** *Péché caché est à demi pardonné*, quand le scandale n'est pas joint au péché le mal est beaucoup moindre.

PARDONNER, v. tr. [paʀdɔne] (lat. tardif *perdonare*) Remettre la punition ou la vengeance de quelque chose. *Pardonner une offense.* ◆ Neutralement, même signification. « *On pardonne aisément aux personnes qu'on aime* », HAUTEROCHE. ◆ Il s'applique quelquefois à un nom de chose personnifiée. « *Et qui pardonne au crime en devient le complice* », VOLTAIRE. ◆ Absol. « *Qui pardonne aisément invite à l'offenser* », P. CORNEILLE. ◆ **Fam.** *Dieu me pardonne*, espèce d'excuse ou d'adoucissement à ce qu'on dit. ◆ Excuser, tolérer. « *Nous nous pardonnons tout, et rien aux autres hommes* », LA FONTAINE. « *Se pardonner les uns aux autres les petits défauts* », LA BRUYÈRE. ◆ Neutralement, même signification. « *Nous pardonnons souvent à ceux qui nous ennuient ; mais nous ne pardonnons pas à ceux que nous ennuyons* », LA ROCHEFOUCAULD. ◆ Terme de civilité. *Pardonnez-moi la liberté que je prends d'être d'une autre opinion que vous. Pardonnez-moi ce langage.* ◆ Absol. dans des formules de civilité. *Pardonnez-moi* ou simplement *pardonnez, si je vous contredis.* ◆ *Ne point pardonner*, juger sévèrement, condamner. *Boileau ne pardonnait pas aux mauvais vers.* ◆ Voir sans dépit, sans jalousie. *On lui pardonne ses succès à cause de sa modestie.* ◆ **V.** intr. Même signification. « *Des droits de ses enfants une mère jalouse Pardonne rarement au fils d'une autre épouse* », RACINE. ◆ **V.** intr. Épargner, excepter (en cet emploi, il ne se dit qu'avec *ne*

et *à*). *La mort ne pardonne à personne.* ◆ Absol. *Cette maladie ne pardonne point*, on y succombe tôt ou tard. ◆ Se pardonner, v. pr. Être pardonné. « *Perfide, cet affront se peut-il pardonner ?* », RACINE. ◆ Quand ce verbe a pour régime un nom de personne, c'est toujours le régime indirect qu'il faut employer : *pardonner à quelqu'un*, et non *pardonner quelqu'un.*

PARDONNEUR, EUSE, n. m. et n. f. [paʀdɔnœʀ, øz] (*pardonner*) Personne qui pardonne. « *La croyance d'un Dieu rémunérateur des bonnes actions, punisseur des méchantes, pardonneur des fautes légères, est la croyance la plus utile au genre humain* », VOLTAIRE.

PARÉ, ÉE, p. p. de parer. [paʀe] ▷ **Fam.** *Elle est parée comme une châsse, comme une épousée, comme un autel*, elle est excessivement parée. ◁ ◆ *Un bal paré*, un bal où l'on vient en toilette de bal. ◆ ▷ *Panier paré*, panier où l'on a mis les plus beaux fruits dans le dessus. ◁ ◆ **Bouch.** *Pièce parée*, la pièce de bœuf qui se lève à la tête de la surlonge. ◆ *Côtelette parée*, côtelette dont on a retranché les parties les moins délicates. ◆ *Qu'on a détourné*, en parlant d'un coup, d'une botte, etc. ▪ REM. On parle aujourd'hui de *bal costumé* plutôt que de *bal paré*. ▪ *Paré à*, suivi d'un verbe à l'infinitif ; dans le langage des militaires, et plus spécialement des marins, signifie *je suis prêt à. Paré à l'attaque !*

PARÉAGE ou **PARIAGE**, n. m. [paʀeaʒ, paʀjaʒ] (b. lat. *pariare*, rendre égal) **Jurispr.** et **féod.** Égalité de droit et de possession que deux seigneurs avaient par indivis dans une même terre.

PARÉATIS, n. m. [paʀeatis] (lat. *pareatis*, 2ᵉ pers. plur. du subj. de *parere*, obéir) Lettres de chancellerie par lesquelles le roi ordonnait l'exécution d'un jugement, dans un lieu qui n'était pas du ressort de la juridiction où ce jugement avait été rendu. ◆ Requête qu'un huissier présentait à un juge pour obtenir son ordonnance donnant pouvoir d'exécuter, dans l'étendue de sa juridiction, le jugement ou sentence d'un autre juge.

PARE-BALLE, ▪ n. m. [paʀ(ə)bal] (*parer* et *balle*) Sur les armes lourdes, dispositif constitué de larges parois verticales permettant au tireur de viser sa cible et d'être protégé des projectiles émis par les armes adverses au cours des combats. *L'artilleur a été sauvé par le pare-balle. Des pare-balles.* ▪ **Adj.** Qui résiste aux balles. *Des vitres pare-balles.*

PARE-BRISE ou **PAREBRISE**, ▪ n. m. [paʀ(ə)bʀiz] (*parer* et *brise*) Vitre située à l'avant d'un véhicule, permettant d'assurer au conducteur une grande visibilité et de protéger l'ensemble des occupants du véhicule. *Des pare-brises, des parebrises.*

PARE-CHOC ou **PARECHOC**, ▪ n. m. [paʀ(ə)ʃɔk] (*parer* et *choc*) Élément placé sur la carrosserie d'un véhicule afin de réduire les dommages matériels causés en cas de choc. *Des pare-chocs, des parechocs.*

PARE-ÉCLAT, ▪ n. m. [paʀekla] (*parer* et *éclat*) **Fortif.** Rempart qui protège des éclats de bombes, d'obus, d'explosions diverses. *Des pare-éclats.* ▪ **Adj.** Qui protège des éclats des explosions. *Des vestes pare-éclats.*

PARE-ÉTINCELLE, ▪ n. m. [paʀetɛsɛl] (*parer* et *étincelle*) Grille de protection contre les projections du feu que l'on place devant une cheminée. *Des pare-étincelles en fer forgé.*

PARE-FEU, ▪ adj. [paʀ(ə)fø] (*parer* et *feu*) Qui résiste au feu ou qui en protège. *Le débroussaillage est un dispositif pare-feu. Des portes pare-feux ou pare-feu.* ▪ **Inform.** (Traduction de l'anglais *firewall*.) Sur un ordinateur relié à un réseau, logiciel qui limite l'entrée et la sortie de fichiers à certains ports et donc à certaines applications, par mesure de sécurité. *Des pare-feux.*

PARE-FUMÉE, ▪ n. m. [paʀ(ə)fyme] (*parer* et *fumée*) Dispositif qui canalise la fumée d'une cheminée, notamment dans les locomotives à vapeur. *Des pare-fumées* ou *des pare-fumée.* ▪ **Adj.** *Une porte pare-fumée.*

PARÉGORIQUE, adj. [paʀegɔʀik] (gr. *parêgorikos*, de *parêgorein*, calmer) **Méd.** Qui calme. *Remède parégorique.* ◆ **N.** m. *Un parégorique.* ▪ *Élixir parégorique*, médicament à base d'opium utilisé contre les douleurs dues à la diarrhée.

PAREIL, EILLE, adj. [paʀɛj] (b. lat. *pariculus*, du lat. *par*, égal) Qui est de même forme, de même caractère, de même apparence, de même quantité. *Une chose pareille à une autre.* « *Nos crimes sont pareils, ainsi que nos misères* », P. CORNEILLE. ◆ *Toutes choses pareilles*, tout étant égal d'ailleurs. ◆ Il se dit aussi des personnes. « *Pareils de force et de courage* », ROTROU. ◆ *Sans pareil*, excellent. *Il est d'une probité sans pareille. C'est un homme sans pareil.* ◆ *À nul autre pareil*, même signification. ◆ Tel, de cette nature. *Un pareil ouvrage annonce du génie.* ◆ **N.** f. Il se dit de personnes ou de choses semblables, équivalentes. *C'est un homme qui n'a pas son pareil.* « *Sa résolution a si peu de pareilles* », P. CORNEILLE. ◆ Précédé de l'adjectif possessif, il désigne les gens de l'état, du caractère, etc. de la personne dont il s'agit. « *Mes pareils à deux fois ne se font pas connaître, Et pour leur coup d'essai veulent des coups de maître* », P. CORNEILLE. « *Il n'a point son pareil d'ici jusqu'à Rouen* », TH. CORNEILLE. ◆ **N.** f. *La pareille* (sous-entendu un nom tel que *chose, part*), le même traitement qu'on a fait ou qu'on a reçu.

Rendre la pareille. « *Trompeurs, Attendez-vous à la pareille* », LA FONTAINE. ♦ À LA PAREILLE, loc. adv. De la même manière. « *Il faut nous excuser à la pareille* », MME DE SÉVIGNÉ. ♦ En rendant même traitement qu'on a reçu. ♦ Ellipt. *Si vous me faites ce plaisir-là, à la pareille.* ♦ ▷ N. m. Dans le langage familier, *du pareil,* de l'étoffe pareille. ◁ ■ **Adv. Fam.** De la même façon. *Elle est toujours coiffée pareil.* ■ **N. m. Fam.** *C'est du pareil au même,* c'est la même chose.

PAREILLEMENT, adv. [paʀɛj(ə)mɑ̃] (*pareil*) De la même manière. ♦ Aussi. *Vous le désirez, et moi pareillement.*

PARÉLIE, n. m. [paʀeli] Voy. PARHÉLIE.

1 **PARELLE,** n. f. [paʀɛl] (lat. médiév. *paratella,* du lat. *parata,* préparée [pour engraisser les porcs]) **Bot.** Patience.

2 **PARELLE,** n. f. [paʀɛl] (orig. incert.) Le lichen qui fournit l'orseille.

PAREMENT, n. m. [paʀ(ə)mɑ̃] (*parer*) Action de parer ; résultat de cette action. ♦ Ornement d'étoffe de soie, enrichi de broderie et de frange, qu'on met pour parer le devant d'un autel. ♦ ▷ Riche étoffe que les hommes portaient sur leurs manches et les femmes sur le devant de leurs robes, et que les militaires portent sur les manches de leurs uniformes. ◁ ♦ Espèce de retroussis au bout des manches d'un habit. ♦ ▷ *Les parements d'un fagot,* les plus gros bâtons d'un fagot. ◁ ♦ *Le parement d'une pierre,* le côté qui doit paraître en dehors du mur. ♦ Gros quartiers de pierre qui bordent un chemin pavé. ♦ **Menuis.** La surface apparente d'un ouvrage. ♦ **Bouch.** Graisse qui est autour de la panse d'un mouton, d'un agneau, et qu'on étend proprement sur les quartiers de derrière.

PAREMENTER, ■ v. tr. [paʀ(ə)mɑ̃te] (*parement*) Revêtir d'un parement mural. *Les Arabes utilisaient le stuc pour parementer la pierre.*

PAREMENTURE, ■ n. f. [paʀ(ə)mɑ̃tyʀ] (*parement*) Pièce de tissu qui double les bords des vêtements pour les rigidifier. *Une parementure cousue endroit contre endroit.*

PARÉMIOGRAPHE, n. m. [paʀemjɔɡʀaf] (gr. *paroimia,* proverbe, et -*graphe*) Auteur qui fait un recueil de proverbes.

PARÉMIOLOGIE, n. f. [paʀemjɔlɔʒi] (gr. *paroimia,* proverbe, et -*logie*) Recueil de proverbes.

PARENCHYMATEUX, EUSE, adj. [paʀɑ̃ʃimatø, øz] (*ch* se prononce *ch,* et non *k* ; *parenchyme*) Qui appartient au parenchyme, qui en est formé.

PARENCHYME, n. m. [paʀɑ̃ʃim] (*ch* se prononce *ch,* et non *k* ; gr. *paregkhuma,* de *paregkhein,* répandre dans) **Anat.** Tissu propre aux viscères et particulièrement aux organes glanduleux. ♦ **Bot.** Le tissu utriculaire.

PARÉNÈSE, n. f. [paʀenɛz] (gr. *parainesis,* de *parainein,* conseiller, exhorter) Terme didactique peu usité. Discours moral, exhortation.

PARÉNÉTIQUE, adj. [paʀenetik] (gr. *parainetikos*) Qui a rapport à la parénèse, à l'exhortation morale. ♦ *Théologie parénétique,* la prédication.

PARENT, n. m. [paʀɑ̃] (lat. *parens*) Au pl. Le père et la mère. « *Je suis, dit-on, un orphelin... Et qui de mes parents n'eus jamais connaissance* », RACINE. ♦ *Parents spirituels,* le parrain et la marraine. ♦ **Par extens.** Ceux de qui on descend. *Né de parents illustres.* ♦ *Nos premiers parents,* Adam et Ève. N. m. et n. f. *Parent, parente,* celui, celle qui est de la même famille. ♦ ▷ **Fam.** Les grands-parents, les plus considérables d'entre les proches parents, et aussi le grand-père et la grand-mère. ◁ ♦ **Par extens.** Allié. *Il est devenu mon parent en épousant ma cousine.*

PARENTAGE, n. m. [paʀɑ̃taʒ] (*parent*) Union par les liens du sang ou par les alliances de famille. « *Un lion de haut parentage* », LA FONTAINE. « *Un cousin abusant d'un fâcheux parentage* », BOILEAU. ♦ **Fig.** « *Impudence, babil et sotte vanité, Et vaine curiosité Ont ensemble étroit parentage* », LA FONTAINE.

PARENTAL, ALE, ■ adj. [paʀɑ̃tal] (*parent*) Qui est lié à la fonction ou à l'activité des parents, plus spécifiquement du père et de la mère. *Jouer son rôle parental avec sévérité.* ■ *Contrôle parental,* outil de sécurisation présent sur les médias familiaux, télévision, téléphone, ordinateur notamment, empêchant les enfants d'en faire une mauvaise utilisation. *Des logiciels de contrôle parental.*

PARENTALES ou **PARENTALIES,** ■ n. f. pl. [paʀɑ̃tal, paʀɑ̃tali] (lat. *parentalia*) **Antiq. rom.** Fête des morts. *Les Parentales avaient lieu tous les ans.*

PARENTALITÉ, ■ n. f. [paʀɑ̃talite] (*parental*) **Sociol.** Le fait d'être parent. *Ils assument parfaitement leur parentalité.*

PARENTÉ, n. f. [paʀɑ̃te] (lat. pop. *parentatus*) Consanguinité. *Il y a parenté entre eux.* ♦ *Degré de parenté,* nombre de générations qui séparent entre eux deux membres de la famille. ♦ *Parenté spirituelle,* parenté produite par le parrainage. ♦ **Collect.** Tous les parents et alliés d'une même personne. ■ **Fig.** Rapport, ressemblance entre des choses, le plus souvent dus à une origine commune. *Parenté entre des courants philosophiques.*

PARENTÈLE, n. f. [paʀɑ̃tɛl] (b. lat. *parentela,* parenté, alliance) **Collect.** Les parents. ♦ Consanguinité.

PARENTÉRAL, ALE, ■ adj. [paʀɑ̃teʀal] (2 *para-* et du gr. *enteron,* intestin) **Méd.** Qui n'utilise pas la voie digestive. *L'alimentation parentérale se fait par injection ou par perfusion. Par voie parentérale.* ■ *Médicaments parentéraux,* administrés par voie non digestive.

PARENTHÈSE, n. f. [paʀɑ̃tɛz] (gr. *parenthesis,* de *parentithenai,* insérer) Phrase formant un sens distinct, séparé du sens de la période où elle est insérée. ♦ **Fam.** *Je vous dirai par parenthèse,* s'emploie lorsqu'on interrompt son discours pour faire quelque remarque. ♦ Signes dont on enferme les mots d'une parenthèse, ainsi figurés ( ). *Mettre entre parenthèses. Ouvrir, fermer la parenthèse.* ♦ **Par extens.** Digression. « *S'il conte une nouvelle... il tombe en des parenthèses qui font oublier le gros de l'histoire* », LA BRUYÈRE. ■ **Math.** Chacun des signes qui délimitent une expression algébrique. *Les parenthèses d'un couple.* ■ **Fig.** *Mettre entre parenthèses,* mettre de côté. *Mettre sa carrière entre parenthèses.*

PARÉO, ■ n. m. [paʀeo] (mot tahitien) Large morceau de tissu, souvent coloré, originellement utilisé comme vêtement par les femmes tahitiennes et dont l'usage s'est répandu sur les plages et dans les stations balnéaires. *Les femmes portent le paréo de multiples façons selon les régions et les coutumes.*

PARER, v. tr. [paʀe] (lat. *parare*) Apprêter certaines choses de manière à leur donner meilleure apparence, à les rendre plus commodes. *Parer des allées du jardin.* ♦ ▷ *Les fruitières parent leur marchandise en mettant les plus beaux fruits au-dessus du panier.* ◁ ♦ *Parer le pied du cheval,* enlever avec le rogne-pied et le boutoir la corne qui donne au pied un excès de longueur. ♦ Rogner légèrement les racines, les branches d'un végétal qu'on plante. ♦ **Mar.** *Parer quelque chose,* mettre en ordre une chose qui sert dans un navire. *Parer l'ancre, les manœuvres, etc.* ♦ **Bouch.** *Parer les viandes,* ôter les peaux et les graisses superflues. ♦ **Cuis.** *Parer des côtelettes,* en enlever, pour les faire cuire, tout ce qui est moins bon. ♦ Orner, embellir. *Parer une maison, une chambre, etc.* ♦ **Fig.** « *Plus d'autres ont paré le vice, Plus je dois parer la vertu* », LA MOTTE. « *On ne m'a point appris à parer mes discours* », DUCIS. ♦ **Escrime** *Parer du corps,* détourner le corps de la ligne par où le coup doit passer. ♦ *Parer de la pointe,* écarter avec la pointe l'arme de l'adversaire de la ligne du corps. ♦ **Fig.** *Parer un coup, une botte,* se défendre d'un mauvais office, d'une demande fâcheuse, importune. ♦ Éviter, détourner. « *Cent coups étaient portés et parés à l'instant* », VOLTAIRE. ♦ **Absol.** *Parer et porter en même temps.* ♦ **Fig.** Détourner, empêcher. *Parer un inconvénient.* « *Et songeons à parer ce fâcheux mariage* », MOLIÈRE. ♦ **Mar.** *Parer un abordage,* l'éviter. ♦ *Parer un cap,* le doubler. ♦ *Être paré,* avoir échappé à quelque péril. ♦ Mettre à couvert, défendre (avec la préposition *de* ou la préposition *contre*). *Cela vous parera de la pluie.* « *Rien ne m'a pu parer contre ces derniers coups* », RACINE. ♦ *Parer à,* V. intr. Se garantir de, remédier à. « *Avec les armes de la foi, il pare à tous les coups* », BOURDALOUE. ♦ **Manège** *Parer,* s'arrêter, en parlant du cheval. ■ **N. m.** *Le parer,* arrêt relevé du cheval. Se parer, v. pr. Faire une toilette recherchée. « *Un jeune homme qui aime à se parer vainement comme une femme est indigne de la sagesse et de la gloire* », FÉNELON. ♦ Être orné. « *Les noms des plus fameux dont se pare l'histoire* », P. CORNEILLE. ♦ Faire parade. « *Et sans plus te parer d'une vertu forcée* », P. CORNEILLE. ♦ **Fig.** *Se parer des plumes du paon,* tirer vanité de ce qui appartient à autrui. ♦ *Se parer de quelqu'un,* tirer vanité de la connaissance, de l'appui de quelqu'un. ♦ Se mettre à couvert de, se défendre contre. « *De ce coup imprévu songeons à nous parer* », RACINE.

PARÈRE, n. m. [paʀɛʀ] (ital. *parere,* du vb. *parere,* sembler, paraître) Sentiment, avis de négociants sur des questions de commerce. *Le livre des* Parères *de Savary.*

PARÉSIE, ■ n. f. [paʀezi] (gr. *paresis,* action de relâcher, de *parienai,* laisser aller) Légère paralysie, engourdissement. *La parésie se traduit par la diminution de la force musculaire.*

PARE-SOLEIL, ■ n. m. [paʀ(ə)sɔlɛj] (*parer* et *soleil*) Dispositif de protection contre le soleil, et spécial. dans une voiture, écran rabattable sur le pare-brise. *Des pare-soleil* ou *des pare-soleils.* ■ **Adj.** *Un écran pare-soleil.*

PARESSE, n. f. [paʀɛs] (lat. *pigritia,* de *piger,* paresseux) Propension à ne pas travailler. « *L'ennui est entré dans le monde par la paresse* », LA BRUYÈRE. ♦ **Fam.** et **fig.** *Relever quelqu'un du péché de paresse,* le remettre vivement à son devoir. ♦ Un acte de paresse. ♦ Faiblesse de tempérament qui porte à ne pas agir. « *Vous connaissez l'homme et sa paresse naturelle à soutenir la conversation* », MOLIÈRE. « *L'on fait l'aveu de sa paresse en des termes qui signifient toujours son désintéressement* », LA BRUYÈRE. ♦ Amour du repos. *La paresse a ses douceurs.* ♦ Lenteur. « *Vous avez vu l'Espagne et surtout les Gaulois Par des ambassadeurs accuser ma paresse* », RACINE. ♦ **Fig.** « *Du jour trop long accuser la paresse* », BOILEAU. ♦ *Paresse d'esprit,* lenteur, nonchalance d'esprit qui empêche de concevoir promptement ou de s'appliquer avec force. ■ **Méd.** Fonctionnement anormalement lent d'un organe. *Paresse intestinale.*

PARESSER, v. intr. [paʀese] (*paresse*) **Fam.** Se laisser aller à la paresse.

PARESSEUSEMENT, adv. [paʀesøz(ə)mɑ̃] (*paresseux*) Avec paresse.

PARESSEUX, EUSE, adj. [paʀesø, øz] (*paresse*) Qui évite l'action, le travail. *Un écolier paresseux. Ce cheval est paresseux.* ♦ *Paresseux à. Il est paresseux à remplir ses devoirs.* ♦ *Paresseux de.* « *Quoiqu'il ne soit point paresseux d'écrire* », Mme DE SÉVIGNÉ. ♦ **Fig.** « *Hésiode à son tour, par d'utiles leçons, Des champs trop paresseux vint hâter les moissons* », BOILEAU. ♦ **Méd.** *Estomac paresseux,* estomac qui fait lentement ses fonctions. ♦ **N. m. et n. f.** *Un paresseux, une paresseuse.* ♦ **N. m.** *Paresseux,* l'unau et l'aï.

PARESTHÉSIE, ■ n. f. [paʀestezi] (2 *para-* et gr. *aisthêsis,* sensation) **Méd.** Anomalie dans la perception tactile. *La paresthésie est indolore.*

PAREUR, EUSE, n. m. et n. f. [paʀœʀ, øz] (*parer*) Ouvrier, ouvrière qui finit, qui perfectionne un ouvrage. ♦ Personne qui aplanit la surface d'un drap, en dirigeant les brins de la laine d'un même côté.

PARFAIRE, v. tr. [paʀfɛʀ] (lat. *perficere,* achever, faire complètement) Achever une chose de manière qu'il n'y manque rien. « *Parfaire le cercle de leur mouvement [des planètes]* », DESCARTES. ♦ *Parfaire un paiement, une somme, etc.* y ajouter ce qui y manquait. ♦ *Se parfaire,* v. pr. Être parfait, être amené à terme.

1 PARFAIT, AITE, p. p. de parfaire. [paʀfɛ, ɛt] *Fait et parfait,* entièrement terminé. « *Voilà donc qui est fait et parfait* », Mme DE SÉVIGNÉ. ♦ *Parfait paiement,* paiement auquel on a ajouté la somme qui manquait pour le rendre complet.

2 PARFAIT, AITE, adj. [paʀfɛ, ɛt] (lat. *perfectus,* p. p. de *perficere*) Qui réunit toutes les qualités, sans nul mélange de défauts. *Dieu seul est parfait.* ♦ Qui réunit beaucoup de qualités, en parlant des personnes. « *Les grands croient être seuls parfaits* », LA BRUYÈRE. ♦ *Parfait* précédant un substantif qui exprime une condition, une profession, une qualité, etc., signifie *accompli en son genre. Un parfait courtisan. Un parfait honnête homme.* ♦ En mauvaise part. *Un parfait imbécile.* ♦ Qui réunit toutes les qualités, en parlant des choses. *Une amitié parfaite.* ♦ « *La parfaite raison fuit toute extrémité* », MOLIÈRE. ♦ *Le parfait amour,* un amour pur et complet. ♦ Complet, total. *Une solitude parfaite. Sa guérison n'est pas parfaite.* ♦ **Mus.** *Accord parfait,* accord formé de la tonique, de la tierce et de la quinte. *Consonance parfaite,* intervalle juste et déterminé qui ne peut être altéré sans cesser d'être consonant. ♦ **Bot.** *Fleurs parfaites,* fleurs qui présentent les quatre verticilles floraux. ♦ **Zool.** *Insectes parfaits,* insectes dont les métamorphoses sont accomplies. ♦ **Arith.** *Nombre parfait,* celui qui est égal à la somme de ses parties aliquotes. *Six est un nombre parfait.* ♦ **Gramm.** *Prétérit parfait* ou n. m. *parfait,* le prétérit qui marque qu'une chose est arrivée en un temps qui n'est pas précisé ; par exemple : « *J'ai aimé.* » ♦ **N. m. pl.** *Les personnes parfaites.* « *C'est aux parfaits que la volonté de la Providence cause cette paix et cette soumission sans murmurer* », Mme DE SÉVIGNÉ. ♦ **N. m.** La perfection, en parlant des choses. « *Le parfait est plutôt que l'imparfait, et l'imparfait le suppose* », BOSSUET. ■ **Interj.** S'emploie pour exprimer que l'on est satisfait. *Il est arrivé ? Parfait, nous allons pouvoir commencer.* ■ **N. m.** Crème glacée. *Un parfait au chocolat.*

PARFAITEMENT, adv. [paʀfɛt(ə)mɑ̃] (2 *parfait*) D'une manière parfaite. *Aimer parfaitement.* ♦ D'une manière complète, totale. *Être parfaitement heureux.* ♦ *Parfaitement* s'emploie comme réponse affirmative dans certains cas.

PARFILAGE, n. m. [paʀfilaʒ] (*parfiler*) Action de parfiler. *Le parfilage d'un galon.* ♦ Le résultat de cette action.

PARFILÉ, ÉE, p. p. de parfiler. [paʀfile]

PARFILER, v. intr. [paʀfile] (prép. *par* et *fil*) Défaire fil à fil une étoffe ou un galon, soit d'or, soit d'argent, et séparer l'or et l'argent. ♦ On parfile aussi des morceaux d'étoffe en soie sans dorure, en séparant les brins de la trame et de la chaîne. ♦ **Absol.** Passer son temps à parfiler. ♦ **Fig.** « *On n'a jamais parfilé des riens avec plus de soin et de prétention* », LA HARPE.

PARFILEUSE, n. f. [paʀfiløz] (*parfiler*) ▷ Dame qui s'amusait à parfiler. ◁

PARFILURE, n. f. [paʀfilyʀ] (*parfiler*) ▷ Fils d'or et d'argent séparés de la soie qu'ils recouvraient. ♦ Brins de soie, de laine, etc. d'une étoffe parfilée. ◁

PARFOIS, adv. [paʀfwa] (prép. *par* et *fois*) Par occasion. *Il arrive parfois que...*

PARFONDRE, v. tr. [paʀfɔ̃dʀ] (préf. *par-* et *fondre*) Dans la peinture en émail, faire fondre l'émail également partout.

PARFONDU, UE, p. p. de parfondre. [paʀfɔ̃dy] *Émail parfondu.*

PARFOURNI, IE, p. p. de parfournir. [paʀfuʀni]

PARFOURNIR, v. tr. [paʀfuʀniʀ] (préf. *par-* et *fournir*) ▷ Fournir en entier, achever de fournir. ♦ **Dr.** Contribuer subsidiairement ou donner sa part pour achever un paiement. ◁

PARFUM, n. m. [paʀfœ̃] ou [paʀfɛ̃] (*parfumer*) Odeur aromatique agréable qui s'exhale, comme une fumée, comme une vapeur, d'un corps odoriférant. *Le parfum des fleurs.* ♦ **Fig.** *Le parfum des louanges, de la renommée,* le plaisir qu'on a de s'entendre louer, d'avoir de la renommée. ♦ **Fig.** *Un parfum de vertu, de piété. Le parfum de la prière s'élève jusqu'à Dieu.* ♦ Composition qui exhale une odeur agréable. « *Tu brûleras des parfums sur mes autels* », FÉNELON. ♦ Composition d'une odeur forte dont on se sert dans les lazarets pour purifier les personnes et les choses. ■ Liquide très odorant fabriqué par mélange de parfums naturels ou synthétiques, que l'on vend en flacons. *Parfum pour femmes, pour hommes.* ■ **Par méton.** Offrir un parfum à sa mère. ■ Arôme de certains aliments. *Une glace parfum vanille.*

PARFUMÉ, ÉE, p. p. de parfumer. [paʀfyme]

PARFUMER, v. tr. [paʀfyme] (lat. *per* et *fumare,* fumer, jeter de la vapeur, par l'interm. d'une langue du bassin médit.) Faire prendre à l'aide d'un parfum une odeur agréable aux choses ou aux personnes. *Parfumer des habits, des gants. Les orangers parfument l'air.* ♦ **Fig.** *Une odeur de vertu parfume cette maison.* ♦ *Parfumer une maison, un navire, etc.,* y brûler quelque chose d'une odeur forte pour en chasser le mauvais air. ♦ ▷ *Parfumer des lettres,* les exposer à un feu de soufre et les tremper dans le vinaigre. ◁ ♦ *Se parfumer,* v. pr. Remplir de bonnes odeurs ses habits, ses cheveux.

PARFUMERIE, n. f. [paʀfym(ə)ʀi] (*parfum*) Fabrication et commerce des parfums, des cosmétiques, des pommades, des savons de toilette, etc. *Un magasin de parfumerie.*

PARFUMEUR, EUSE, n. m. et n. f. [paʀfymœʀ, øz] (*parfum*) Celui, celle qui fait et vend des parfums.

PARGUÉ, PARGUENNE ou **PARGUIENNE**, interj. [paʀge, paʀgɛn, paʀgjɛn] (altérations de *pardieu*) Jurements de l'ancienne comédie. Voy. PARDIEU.

PARHÉLIE ou **PARÉLIE**, n. m. [paʀeli] (gr. *parêlion,* de *para-,* auprès, et *hêlios,* soleil) Image du Soleil réfléchie dans une nuée ; c'est pour le Soleil la même chose que la parasélène à l'égard de la Lune.

PARI, n. m. [paʀi] (*parier*) Engagement mutuel entre des personnes qui soutiennent des choses contraires de payer une somme fixée à celui qui aura raison. ♦ *Tenir le pari,* l'accepter, parier contre celui qui le propose. ♦ *Les paris sont ouverts,* tout le monde est admis à parier, et fig. il y a des opinions contraires sur une affaire qui va bientôt se décider. ♦ *Somme pariée. Payer le pari.* ♦ **Jeu** Somme indépendante de l'enjeu ordinaire, que les personnes qui ne jouent pas parient entre elles.

PARIA, n. m. [paʀja] (tamoul *pareyan,* joueur de tambour, confondu avec *pulliyar,* homme de la dernière classe) Homme de la dernière caste des Hindous, qui est un objet de mépris et d'exécration. ♦ **Fig.** Un homme que personne ne veut voir, qui est exclu de la société.

PARIADE, n. f. [paʀjad] (*parier*) Saison où les perdrix s'apparient. ♦ État des perdrix qui, pour s'apparier, cessent d'aller en compagnie. ♦ Perdrix appariées. *Il y a cinq ou six pariades dans ce champ.*

PARIAGE, ■ n. m. [paʀjaʒ] Voy. PARÉAGE.

PARIDIGITIDÉ, ÉE, ■ adj. [paʀidiʒitide] (*pari-,* pair, et *digitus,* doigt) **Hist. nat.** Qui possède un nombre pair de doigts à chaque patte, en parlant d'un mammifère. ♦ **N. m.** *Les paridigitidés.*

PARIÉ, ÉE, p. p. de parier. [paʀje]

PARIER, v. tr. [paʀje] (b. lat. *pariare,* rendre égal, être égal, balancer un compte) Faire un pari, une gageure. *Je parie cent louis que...* ♦ *Il y a à parier, gros à parier, tout à parier que...,* c'est-à-dire : il est presque certain que... ♦ **Par exagération** *Parier sa tête,* certifier absolument. ♦ **Absol.** *Il faut parier.* ♦ *Parier à coup sûr,* parier avec la certitude de gagner. ♦ **Jeu** *Parier pour quelqu'un* ou simplement *parier,* gager que celui des deux joueurs qu'on désigne gagnera la partie. ♦ **Fig.** Affirmer, soutenir. *Je parie qu'il a dit cela.*

PARIÉTAIRE, n. f. [paʀjetɛʀ] (lat. *parietaria,* de *paries,* mur) Plante qui croît sur les murailles, famille des urticées.

PARIÉTAL, ALE, adj. [paʀjetal] (b. lat. *parietalis,* de *paries,* mur) **Bot.** *Plantes pariétales,* plantes qui croissent sur les murailles. ♦ **Anat.** Il se dit de deux os qui forment les côtés de la voûte du crâne. ♦ **N. m.** *Un pariétal. Les pariétaux.* ■ *Peinture pariétale,* réalisée sur les parois des grottes.

PARIEUR, EUSE, n. m. et n. f. [paʀjœʀ, øz] (*parier*) Personne qui parie. ♦ **Fig.** *Cela ne vaut rien pour les parieurs,* se dit d'une chose qui doit faire craindre un résultat fâcheux à l'une des parties.

PARIGOT, OTE, ■ n. m. et n. f. [paʀigo, ɔt] (*Parisien* et suffixe argot. *-got*) **Fam.** Personne typique du Paris populaire, y étant née ou y habitant de longue date. « *On disait à la campagne : "Parisien tête de chien ! Parigot tête de veau !"* », BOUDARD. ■ **Adj.** « *Le garçon a poussé tout seul, là-bas du côté de Belleville, [...] il est maintenant ouvrier quelque part, je ne sais où, un vrai titi parigot* », BERNANOS.

PARIPENNÉ, ÉE, ■ adj. [paʀipene] (*pari-*, pair, et *penné*) **Bot.** Composée d'un nombre pair de folioles, en parlant d'une feuille. *Les feuilles paripennées du robinier à miel.*

PARIS-BREST, ■ n. m. [paʀibʀɛst] (*Paris* et *Brest*) Pâtisserie en forme de couronne, faite de pâte à chou fourrée à la crème pralinée. *Des paris-brest* ou *des paris-brests.*

PARISETTE, ■ n. f. [paʀizɛt] ([*herbe de*] *Pâris*, héros troyen) **Bot.** Plante à baies bleuâtres, remarquable pour ses feuilles groupées par quatre.

PARISIANISME, ■ n. m. [paʀizjanism] (*Parisien*) Ensemble des attitudes ou des traits de caractère typiques du Paris mondain. ■ Tournure langagière typique du Paris mondain. ■ PARISIANITÉ, n. f. [paʀizjanite].

PARISIEN, IENNE, ■ adj. [paʀizjɛ̃, jɛn] (*Paris*) De Paris. *La région parisienne.* « *L'accent titi parisien de Georgette* », SCHREIBER. ■ N. m. et n. f. *Un Parisien, une Parisienne,* personne qui habite ou qui est originaire de la ville de Paris. « *Il disait qu'il s'ennuyait de Paris des adorables Parisiennes, des noces, des bombes, ah là là, de la Coupole de la Rotonde* », DURAS.

PARISIENNE, n. f. [paʀizjɛn] (*Parisien*) ▷ **Impr.** Caractère au-dessous de la nonpareille et dont le corps a cinq points. ◁

PARISIS, adj. inv. [paʀizi] (on ne prononce pas le *s* final ; *Paris*) Sou, livre *parisis*, sou, livre qui valaient un quart de plus que le sou et le livre tournois et qui se frappaient à Paris.

PARISYLLABE, adj. [paʀisilab] (var. de *parisyllabique*) ▷ Syn. de parisyllabique. ◁

PARISYLLABIQUE, adj. [paʀisilabik] (*pari-*, pair, et *syllabe*) ▷ **Gramm.** *Noms parisyllabiques,* noms qui ont au nominatif et au génitif le même nombre de syllabes. ♦ On dit aussi *déclinaison, adjectif parisyllabique.* ◁

PARITAIRE, ■ adj. [paʀitɛʀ] (*parité*) Qui représente deux groupes de façon égale. *Un parlement paritaire.*

PARITARISME, ■ n. m. [paʀitaʀism] (*paritaire*) État d'une assemblée où deux groupes sont représentés de façon égale. *Il y a paritarisme dans le conseil d'administration d'une entreprise quand celui-ci est composé d'autant d'employeurs que de salariés.*

PARITÉ, n. f. [paʀite] (lat. chrét. *paritas*) Ressemblance entre des objets de même nature, de même qualité. *Mettre en parité deux choses.* ♦ Égalité entre des personnes. « *La parité manquait entre les personnes* », J.-J. ROUSSEAU. ♦ Comparaison employée pour prouver une chose par une autre semblable. ♦ *Je nie la parité,* je nie que le cas allégué soit pareil à celui dont il s'agit. ♦ État de ce qui est divisible en deux moitiés. *La parité d'un nombre.* ■ **Écon.** Égalité de valeur de deux monnaies. ■ Rapport égal entre des groupes. *La parité entre les hommes et les femmes.*

1 PARJURE, n. m. [paʀʒyʀ] (lat. *perjurium*) Faux serment. *Faire un parjure.* ♦ Serment violé. « *Tous mes pas vers vous sont autant de parjures* », RACINE.

2 PARJURE, adj. [paʀʒyʀ] (lat. *perjurus*) Qui a fait un faux serment. « *Dieu s'apprête à te joindre à la race parjure...* », RACINE. ♦ N. m. et n. f. Personne qui viole son serment.

PARJURER (SE), v. pr. [paʀʒyʀe] (lat. *perjurare*) Violer son serment, faire un faux serment. ♦ On l'a employé comme verbe neutre. « *Vous ne parjurerez point* », SACI. ♦ On l'a aussi employé comme verbe actif. « *Léandre a parjuré ses vœux* », MOLIÈRE.

PARKA, ■ n. f. [paʀka] (mot anglo-amér., d'un mot russe) Veste chaude à capuche, imperméabilisée. ■ REM. On trouve aussi ce nom au masculin : *un parka.*

PARKÉRISATION, ■ n. f. [paʀkeʀizasjɔ̃] (nom déposé, anglo-amér. *parkerizing,* de *Parker,* nom de société) **Techn.** Procédé de phosphatation de pièces métalliques. *Protection des alliages de fer par parkérisation.*

PARKING, ■ n. m. [paʀkiŋ] (mot angl., de *to park,* mettre dans un parc, garer) Emplacement ou infrastructure comprenant plusieurs espaces de stationnement pour les véhicules automobiles. *Une place de parking. Parking souterrain, aérien.*

PARKINSONIEN, IENNE, ■ adj. [paʀkinsɔnjɛ̃, jɛn] (James *Parkinson,* 1755-1824, médecin anglais) Caractéristique de la maladie de Parkinson. *Un symptôme parkinsonien.* ■ N. m. et n. f. Personne atteinte de la maladie de Parkinson.

PAR-LÀ, ■ loc. adv. [paʀla] (*par* et *là*) Voy. PAR.

PARLAGE, ■ n. m. [paʀlaʒ] (*parler*) Bavardage, paroles inutiles. ♦ Discours apprêté que l'on tient dans le dessein de tromper. *Se laisser surprendre au parlage d'un fourbe.* ■ **Louisiane** Langage.

PARLAILLER, ■ v. intr. [paʀlaje] (*parler*) **Louisiane** Bavarder, jaser.

PARLANT, ANTE, adj. [paʀlɑ̃, ɑ̃t] (*parler*) Qui parle. « *Les arbres et les plantes Sont devenus chez moi créatures parlantes* », LA FONTAINE. ♦ Qui

aime à parler. *Cet homme est parlant.* ♦ **Théât.** *Personnages parlants,* par opposition à personnages muets. ♦ **Par extens.** Expressif. *Des yeux parlants.* ♦ **Fig.** « *Ah ! que mon mariage est une leçon bien parlante à tous les paysans qui veulent s'élever au-dessus de leur condition !* », MOLIÈRE. « *Des preuves parlantes de certains faits* », LA BRUYÈRE. ♦ **Hérald.** *Armes parlantes,* armes dont la pièce principale exprime le nom de la famille à qui elles appartiennent. *Les armes de Mailly, qui sont des maillets, sont des armes parlantes.* ♦ *Portrait parlant,* portrait très ressemblant. ♦ ▷ On dit de même : *Vous êtes parlant dans votre portrait.* ◁ ♦ **Fig.** « *Cet air, ce port, cette âme bienfaisante Du bon vieux temps est l'image parlante* », VOLTAIRE. ♦ Qui reproduit, qui imite la parole humaine. *Poupée parlante.* ♦ *Cinéma parlant,* où les sons sont reproduits, par opposition au cinéma muet. ■ N. f. **Fam.** *À la parlante,* aux jeux de cartes, façon de jouer ou de tricher en dévoilant sa stratégie oralement.

PARLÉ, ÉE, p. p. de parler. [paʀle] Dont on use pour la parole. *On distingue la langue parlée de la langue écrite.* ♦ *Numération parlée,* se dit des nombres exprimés par la parole ou de la lecture des nombres écrits. ♦ *Parlé* se met dans les chants et chansons pour indiquer les endroits qui doivent être récités sans chanter.

PARLEMENT, n. m. [paʀləmɑ̃] (*parler*) Dans les premiers temps de la monarchie française, assemblée des grands du royaume. ♦ Nom postérieurement donné aux assemblées qui représentaient la nation ; en France, ces assemblées prirent le nom d'états généraux. ♦ Aujourd'hui, en Angleterre, il se dit des deux Chambres qui exercent, avec le roi, le pouvoir législatif. ♦ Nom donné, sur le continent, à l'imitation de l'Angleterre, aux deux Chambres législatives, et parfois à la seule Chambre des députés. ♦ Nom qu'on donnait en France, avant 1789, à treize cours supérieures de judicature, qui connaissaient des affaires en dernier ressort dans l'étendue de leur juridiction, et dans lesquelles se vérifiaient et s'enregistraient les édits, les déclarations et les ordonnances du roi. ♦ *Tenir le parlement,* présider une séance du parlement. ♦ Étendue, ressort de la juridiction d'un parlement. *Le parlement de Paris s'étendait jusqu'en Saintonge.* ♦ Durée du parlement depuis le jour de son ouverture jusqu'aux vacances. ■ **Polit.** Assemblée détenant le pouvoir législatif. *Le Parlement européen.*

PARLEMENTAGE, n. m. [paʀləmɑ̃taʒ] (*parlementer*) Action de parlementer.

1 PARLEMENTAIRE, adj. [paʀləmɑ̃tɛʀ] (*parlement*) Qui appartient au parlement, cour de justice. *Les remontrances parlementaires.* ♦ N. m. et n. f. *Les parlementaires,* les gens du parlement. ♦ Adj. et n. m. et n. f. Se dit de ceux qui dans la guerre civile suivirent Charles Iᵉʳ, roi d'Angleterre, suivaient le parti du parlement. ♦ Qui a rapport aux deux Chambres qui font, dans les pays constitutionnels, partie de l'autorité législative. *Régime, éloquence parlementaires.* ♦ *Régime, gouvernement parlementaire,* nom donné en France à la période qui s'écoula de 1814 à 1848. ♦ N. m. et n. f. *Les parlementaires,* les partisans de ce régime. ♦ Qui est conforme aux usages parlementaires. *Ce procédé n'est pas parlementaire.* ♦ **Fam.** Poli, courtois.

2 PARLEMENTAIRE, adj. [paʀləmɑ̃tɛʀ] (*parlement*) Qui est relatif à l'action de parlementer. *Pavillon parlementaire.* ♦ ▷ *Vaisseau parlementaire* ou subst. *parlementaire,* vaisseau qui porte un négociateur ou des dépêches. ◁ ♦ N. m. et n. f. Personne envoyée pour faire ou pour écouter des propositions.

PARLEMENTAIREMENT, adv. [paʀləmɑ̃tɛʀ(ə)mɑ̃] (*parlementaire*) Conformément au gouvernement parlementaire.

PARLEMENTARISME, n. m. [paʀləmɑ̃taʀism] (*parlementaire*) Régime parlementaire.

PARLEMENTER, v. intr. [paʀləmɑ̃te] (*parlement*) Faire, écouter des propositions pour l'abandon d'une place. ♦ **Fig.** Entrer en accommodement. *Nous en viendrons à bout, il parlemente.* ♦ Impers. au passif. *Il ne fut pas longuement parlementé.*

1 PARLER, v. intr. [paʀle] (b. lat. chrét. *parabolare,* de *parabola*) Articuler des mots, prononcer des paroles. *Le malade ne parle plus. Parler du nez.* ♦ *Parler haut, parler bas,* parler à haute voix, à voix basse. ♦ **Fig.** *Parler haut,* parler sans ménagement, avec insolence. ♦ *Parler ferme,* parler avec fermeté, raideur. ♦ *Parler à l'oreille de quelqu'un,* Voy. OREILLE. ♦ **Fig.** *Il sait ce que parler veut dire,* il entend à demi-mot, il comprend les intentions, les menaces, etc. ♦ Il se dit des oiseaux qui imitent la voix humaine. *Ce perroquet parle très bien.* ♦ S'exprimer. « *Est-ce un si grand mal d'être entendu quand on parle, et de parler comme tout le monde ?* », LA BRUYÈRE. ♦ *Pour ainsi parler,* locution usitée pour adoucir une expression trop forte, trop figurée. ♦ *Pour parler avec,* expression employée quand on cite quelque écrivain, quelque autorité. *Pour parler avec Montaigne.* ♦ Discourir, causer. *Parler sur des matières difficiles.* « *Il y a des gens qui parlent un moment avant que d'avoir pensé* », LA BRUYÈRE. ♦ ▷ *Il n'y a que pour lui à parler,* se dit d'une personne qui dans une conversation garde constamment la parole. ◁ ♦ *Parler en public,* tenir un discours devant une assistance nombreuse. ♦

Parler comme un livre, Voy. LIVRE. ♦ *Parler pour parler*, parler sans avoir rien à dire. ♦ *Parler bien*, parler avec élégance et pureté, et dans un sens contraire, *parler mal* ou ne savoir pas parler. ♦ ▷ *Parler que*, au sens de dire, avec un verbe suivant subordonné. « *Vous avez ouï parler que ce monsieur Oronte a une fille* », MOLIÈRE. ◁ ♦ *Parler de*, avec le verbe à l'infinitif, dire, annoncer vaguement que, etc. *Il parle de se marier*. ♦ *Parler à*, adresser la parole à. « *Apprenez à ne point oublier à qui vous parlez, et qui vous êtes* », MME DE GENLIS. ♦ Fig. *Parler à un mur, aux rochers*, parler à des gens que rien ne touche. ♦ Fig. *Trouver à qui parler*, rencontrer une personne qui nous comprenne, qui nous convienne, et ironiq. trouver des gens qui nous tiennent tête. ♦ ▷ Fig. *Parler à son bonnet*, se parler à soi-même. ◁ ♦ *Parler à*, avec un nom de chose pour régime, parler de manière à exercer une action sur cette chose. « *Tâchons de parler à la fois aux yeux, aux oreilles et à l'âme* », VOLTAIRE. ♦ *Parler au cœur, à l'imagination, aux passions*, parler de manière à intéresser le cœur, à plaire à l'imagination, à exciter les passions. ♦ Fig. *Dieu parle au cœur des pécheurs*, Il leur envoie de saintes inspirations. ♦ *Parler de*, prononcer des paroles relatives à. « *Ils parlent de guerre à un homme de robe, et de politique à un financier* », LA BRUYÈRE. ♦ *Se parler*, se dit de personnes qui ont des entretiens ensemble. ♦ *Se parler*, s'adresser la parole à soi-même. « *Je me parle à moi-même* », MOLIÈRE. ♦ Dr. Plaider. *Cet avocat parle pour un tel*. ♦ *Parler bien, parler mal d'une personne*, en dire du bien, du mal. ♦ *Parler pour quelqu'un*, intercéder pour lui auprès d'un autre. ♦ Fig. « *La nature ou l'amour parle pour chacun d'eux* », P. CORNEILLE. ♦ *Parler contre*, parler de manière à nuire. ♦ En matière d'affaires et de procès, *cette pièce parle contre lui*, elle est contraire à ses prétentions. ♦ Expliquer ses sentiments, ses opinions, ses volontés. « *Avant que tous les Grecs vous parlent par ma voix* », RACINE. ♦ *N'avoir qu'à parler*, se dit quand, pour qu'une chose se fasse, il n'est besoin que d'une parole. ♦ Faire connaître quelque chose qui devait être tu. *Il faut que quelqu'un ait parlé*. ♦ Recommander, appuyer. « *L'un de mes amis qui a promis de parler ne parle point, l'autre parle mollement* », LA BRUYÈRE. ♦ Faire des propositions, et particulièrement des propositions d'argent. ♦ *Parler se dit des bruits qui courent dans le monde. On parle, on en parle*, se dit de bruits défavorables qui courent sur quelqu'un ou quelque chose ; et en un autre sens, se dit d'hommes ou de choses dont la réputation dure. « *Combien d'hommes admirables et qui avaient de très beaux génies sont morts sans qu'on en ait parlé* », LA BRUYÈRE. ♦ *Il faut laisser parler le monde* ou simplement *il faut laisser parler*, il ne faut pas se mettre en peine de ce que le monde dit mal à propos. ♦ Fig. Manifester ses sentiments par une autre moyen que par la parole. *Les muets parlent par signes*. « *Tu lui parles du cœur, tu la cherches des yeux* », RACINE. « *Un langage qui parle plus aux oreilles qu'aux yeux* », CONDILLAC. ♦ Fig. Il se dit des choses inanimées qui ont ou qui semblent avoir une sorte de langage. *La peinture parle aux yeux*. « *Leurs postures suppliantes parlaient pour eux* », FÉNELON. ♦ ▷ *Les murailles parlent*, c'est-à-dire : il se trouve souvent des témoins des choses même les plus cachées. ◁ ♦ Il se dit de même des choses morales. « *L'honneur parle, il suffit* », RACINE. « *C'est la nature qui parle, qui se fait sentir* », FÉNELON. ♦ *Cela parle de soi, cela parle tout seul*, ou *la chose parle d'elle-même*, cela se comprend sans qu'il soit besoin de l'expliquer. ♦ *La vérité parle par sa bouche*, ce qu'il dit est empreint de vérité. ♦ Expliquer sa pensée par écrit. *Les auteurs qui ont parlé de ce sujet*. ♦ Il se dit de ce qui est exprimé dans un écrit. *La loi est formelle et parle très clairement*. ♦ ▷ On dit que *les tuyaux d'un orgue* ou que *des instruments parlent bien*, pour exprimer que le son est clair et net. ◁ ♦ Vén. Aboyer. *Le limier ne parle pas*. ♦ Jeu Dire ce que l'on veut faire sur le coup que l'on joue, ou au piquet dire ce qu'on veut compter. ♦ *Faire parler quelqu'un*, tirer de lui ce qu'il sait. ♦ *Faire parler*, mettre un langage dans la bouche de. « *Ne faites point parler vos acteurs au hasard* », BOILEAU. ♦ Fig. *Faire parler quelqu'un*, lui prêter des paroles, des discours qu'il n'a pas tenus. ♦ Fig. *Faire parler*, se dit des choses inanimées auxquelles on prête un langage. « *Je devrais faire ici parler la vérité* », RACINE. ♦ *Faire parler à quelqu'un*, procurer un entretien avec quelqu'un. ♦ *Faire parler*, être cause de bruits qui se répandent. ♦ *Faire parler de soi*, se faire une réputation bonne ou mauvaise. ♦ V. tr. Dire, prononcer. « *Je vous demande, ce que je parle avec vous, qu'est-ce que c'est ?* », MOLIÈRE. ♦ *Prononcer comme on parle*. *C'est une tragédie qu'il faut plutôt parler que déclamer* », VOLTAIRE. ♦ S'exprimer en une langue. *Parler italien*. ♦ Fig. *Parler un langage*, s'exprimer d'une certaine façon. « *Chaque passion parle un différent langage* », BOILEAU. ♦ *Parler français*, Voy. FRANÇAIS. ♦ *Parler chrétien*, Voy. CHRÉTIEN. ♦ Fig. *Parler grec*, ▷ *bas-breton*, ◁ ♦ *haut-allemand*, s'exprimer d'une façon inintelligible. ♦ *Parler gascon, normand*, parler français avec un accent gascon, normand. ♦ S'entretenir de. *Parler musique, peinture, affaire, etc.* ♦ *Parler raison*, parler raisonnablement, sagement. ♦ Avoir sans cesse à la bouche. « *Il faut laisser Aronce parler proverbe* », LA BRUYÈRE. ♦ Au passif et impers. « *Dans les traités il n'est point parlé d'eux* », P. CORNEILLE. ♦ *Il en est fort parlé dans le monde*, cela fait l'objet de l'entretien public. ♦ *Il en sera parlé*, cela fera du bruit dans le monde. ♦ *Se parler*, v. pr. Être parlé. *La langue française se parle au Canada*. ♦ Impers. *Il se parle de*, on parle de. « *Les histoires seront abolies avec les empires, et il ne se parlera plus de tous ces faits éclatants dont elles sont*

pleines », BOSSUET. ♦ *Généralement parlant*, à prendre la chose en général. ♦ *Humainement parlant*, en parlant comme un homme. ♦ *Sans parler de*, indépendamment de. ♦ ▷ Prov. *Trop gratter cuit, trop parler nuit*. ◁ ■ REM. On dit aujourd'hui *pour ainsi dire* plutôt que *pour ainsi parler*.

2 PARLER, n. m. [paʀle] (1 *parler*) Infinitif de parler pris substantivement. *Le trop parler. Le parler peu.* ♦ Manière de parler. *Un parler traînant*. « *L'affectation dans le geste, dans le parler et dans les manières* », LA BRUYÈRE. ♦ *Avoir son franc parler*, s'être mis sur le pied de dire ce qu'on pense. ♦ Patois ou accent particulier de province. *Le parler picard*. ■ Ling. Façon de parler propre à un groupe ethnique, social, ou professionnel. *Un dictionnaire du parler administratif*.

PARLERIE, n. f. [paʀləʀi] (1 *parler*) Fam. Babil fatigant.

PARLEUR, EUSE, n. m. et n. f. [paʀlœʀ, øz] (1 *parler*) Celui, celle qui parle. « *Ne soyez à la Cour, si vous voulez y plaire, Ni fade adulateur, ni parleur trop sincère* », LA FONTAINE. ♦ *Un grand parleur*, un homme qui parle beaucoup, et aussi qui parle trop. ♦ *Un beau parleur*, un homme qui s'énonce facilement, qui a à son service de belles phrases ; et aussi un homme qui parle de vertu, de beaux sentiments. ♦ Celui, celle qui a l'habitude de parler beaucoup. ♦ Au m. Orateur. « *S'il a fait voir du talent de parleur, il n'a jamais montré la moindre connaissance d'un homme d'État* », MIRABEAU. ♦ Adj. Qui parle. « *Ces grands hommes n'étaient point parleurs* », BOSSUET. « *L'oiseau parleur* », BUFFON. ■ *Un beau parleur*, une personne qui s'exprime bien mais dont le discours est creux.

PARLOIR, n. m. [paʀlwaʀ] (1 *parler*) Lieu où l'on parle. ♦ *Les parloirs du roi*, conseils que le roi tenait pour juger certaines affaires. ♦ *Parloir aux bourgeois*, lieu de Paris où l'on traitait des affaires municipales. ♦ Lieu où les religieux s'assemblent pour parler. ♦ Dans une communauté religieuse, dans un collège, lieu où l'on parle aux personnes du dehors. ■ Dans une prison, pièce où les détenus peuvent recevoir des visiteurs et parler avec eux. *Se rendre au parloir*.

PARLOTE ou **PARLOTTE**, n. f. [paʀlɔt] (1 *parler*) Péj. Lieu où l'on prononce des discours représentés comme de peu d'importance, comme des bavardages. ♦ Il se dit aussi, au palais, des exercices des jeunes avocats entre eux. ■ Fam. Conversation futile. « *C'est le support de l'assurance Et le premier apéritif de France, La parlote la parlote* », JACQUES BREL.

PARME, ■ adj. inv. [paʀm] (*Parme*, ville italienne) D'un mauve tirant vers le rose. ■ N. m. Cette couleur.

PARMÉLIE, ■ n. f. [paʀmeli] (lat. sav. *parmelia*, du lat. *parma*, petit bouclier rond) Lichen fin et jaune que l'on trouve généralement sur les rochers, dans les régions froides.

PARMENTIER, IÈRE, ■ adj. [paʀmɑ̃tje] (A. A. *Parmentier*, 1737-1813, militaire français qui vulgarisa la pomme de terre) À la pomme de terre. *Un hachis parmentier. Une soupe parmentière.*

PARMENTIÈRE, n. f. [paʀmɑ̃tjɛʀ] (*Parmentier*) ▷ Nom donné à la pomme de terre en l'honneur de Parmentier qui l'avait introduite. ◁

PARMESAN, n. m. [paʀməzɑ̃] (ital. *formaggio parmigiano*, fromage de Parme) Ainsi nommé parce qu'une duchesse de Parme le fit connaître à Paris. Espèce de fromage fabriqué aux environs de Lodi. ■ REM. L'étymologie que donne Littré est fantaisiste ; le mot est attesté dès le XVe siècle.

PARMI, prép. [paʀmi] (prép. *par* et *mi*, milieu du lat. *medius*) Par le milieu de, au milieu de, au sein de, avec le régime au singulier. « *Force moutons parmi la plaine* », LA FONTAINE. « *Il faut parmi le monde une vertu traitable* », MOLIÈRE. ♦ *Parmi nous*, dans notre pays. ♦ Entre, au milieu de, avec le régime au pluriel. « *Quelle est ton occupation parmi ces arbres ?* », MOLIÈRE. « *Parmi toutes les républiques dont la Grèce était composée, Athènes et Lacédémone étaient sans comparaison les principales* », BOSSUET. ♦ *Parmi les chemins*, en cheminant, pendant le trajet. ♦ DE PARMI, loc. prép. Du milieu de. « *Un nom obscur et à peine échappé de parmi le peuple* », MASSILLON. ♦ Adv. Dans le nombre, au milieu. *Vos moutons sont chétifs ; il y en a pourtant de bons parmi*. ■ Adv. Suisse Mutuellement. *Nous nous sommes remerciés parmi*.

PARNASSE, n. m. [paʀnas] (lat. *Parnas[s]us*, gr. *Parnas[s]os*) Montagne de la Phocide consacrée à Apollon et aux Muses. ♦ Fig. La poésie. ♦ ▷ *Le Parnasse français*, la poésie française. ◁ ♦ ▷ *Les nourrissons du Parnasse*, les poètes. ◁ ♦ ▷ *Monter sur le Parnasse*, s'adonner à la poésie. ◁ ♦ ▷ Recueil de vers. *Le Parnasse français*. ◁ ♦ Dictionnaire poétique à l'usage des collèges, appelé d'ordinaire *Gradus*.

1 PARNASSIEN, IENNE, ■ n. m. et n. f. [paʀnasjɛ̃, jɛn] (*Le Parnasse contemporain*, recueil de vers publié en 1866, en réaction au romantisme) Poète appartenant au groupe du Parnasse. ■ Adj. *Un poète parnassien*.

2 PARNASSIEN, ■ n. m. [paʀnasjɛ̃] (*Parnasse*) Papillon diurne de la famille des lépidoptères qui vit surtout dans les montagnes de l'hémisphère Nord.

PARODIE, n. f. [paʀodi] (gr. *parôidia*) Ouvrage en prose ou en vers, où l'on tourne en raillerie d'autres ouvrages, en se servant de leurs expressions et de leurs idées dans un sens ridicule ou malin. ✦ Pièce de théâtre d'un genre burlesque, où l'on travestit une pièce d'un genre noble. ✦ Fig. Peinture fausse, exagérée, travestissement moqueur. *La parodie des sentiments.* ✦ Couplet, strophe lyrique composé tout exprès pour être chanté sur un air, sur une mélodie fait à l'avance.

PARODIÉ, ÉE, p. p. de parodier. [paʀodje]

PARODIER, v. tr. [paʀodje] (*parodie*) Faire une parodie. *Parodier une tragédie, un air.* ✦ Contrefaire les manières, le langage de quelqu'un. ✦ **Mus.** Ajuster à un air de chant de nouvelles paroles. ✦ Se parodier, v. pr. Être parodié.

PARODIQUE, ■ adj. [paʀodik] (gr. *parôidikos*) Qui relève de la parodie. *Un journal satirique et parodique.* « *Hodkann répéta son prénom sur un ton d'affection parodique, d'une voix railleuse et enrouée, lourde de menace* », CARRÈRE.

PARODISTE, n. m. [paʀodist] (*parodie*) Auteur de parodies.

PARODONTE, ■ n. m. [paʀodɔ̃t] (2 para- et -*odonte*) **Anat.** Ensemble des tissus qui entourent la racine de la dent. *Abcès du parodonte.*

PARODONTISTE ou **PARODONTOLOGISTE**, ■ n. m. et n. f. [paʀodɔ̃tist, paʀodɔ̃tɔloʒist] (*parodonte* ou *parodontologie*) Dentiste spécialiste de parodontologie.

PARODONTOLOGIE, ■ n. f. [paʀodɔ̃tɔloʒi] (*parodonte* et -*logie*) Spécialité de la dentisterie qui a pour objet l'ensemble des tissus situés dans l'entourage direct de la dent (gencive, etc.).

PAROI, n. f. [paʀwa] (lat. pop. *pares*, du lat. *paries*, mur) Syn. vieilli de muraille. S'appuyer contre la paroi. ✦ Cloison de maçonnerie. *Les parois de cette chambre sont humides.* ✦ **Maçon.** Syn. de parement. ✦ Côtés intérieurs d'un vase, d'un tube, etc. ✦ Par extens. *Une paroi de rochers*, rochers dressés comme une sorte de muraille. ■ **Anat.** Couche plus ou moins épaisse, plus ou moins composée qui forme l'enceinte des cavités du corps. *Les parois de l'intestin, de la poitrine, etc.* ✦ La corne du pied du cheval. ■ REM. Ce nom était autrefois masculin : *un paroi*.

PAROIR, ■ n. m. [paʀwaʀ] (*parer*) **Techn.** Outil servant à parer. *Paroir de tanneur. Couteau paroir.*

PAROISSE, n. f. [paʀwas] (lat. ecclés. *paræcia, parochia*, diocèse, du gr. *paroikia*, séjour dans un pays étranger) Circonscription dans laquelle un curé dirige le spirituel. ✦ ▷ *Porter un habit de deux paroisses*, se disait, quand deux paroisses étaient réunies en une seule, du bedeau dont la robe était mi-partie de la couleur de la paroisse supprimée et de celle de la paroisse conservée. ✦ ▷ Fig. *Porter un habit de deux paroisses*, se comporter entre deux partis de manière à paraître appartenir à l'un et à l'autre. ◁ ✦ ▷ Fig. *Ces choses sont de deux paroisses*, se dit d'objets dépariés, comme gants, souliers, etc. ◁ ✦ *L'église de la paroisse.* ✦ *Les habitants d'une paroisse.*

PAROISSIAL, ALE, adj. [paʀwasjal] (lat. ecclés. *parochialis*, du diocèse) Qui est de la paroisse. *Église paroissiale. Les intérêts paroissiaux.*

PAROISSIEN, IENNE, n. m. et n. f. [paʀwasjɛ̃, jɛn] (lat. ecclés. *parochianus*, du diocèse) Habitant, habitante d'une paroisse. ✦ **Pop.** Un individu. ✦ N. m. Livre de prières dont on se sert pour suivre l'office.

PAROLE, n. f. [paʀol] (lat. chrét. *parabola*, puis *paraula*, parabole, discours grave, du gr. *parabolê*, comparaison) Sentence, mot notable, dit. *Parole mémorable. Une belle parole.* ✦ *La parole de Dieu,* Son commandement. *La parole éternelle, la parole incréée, la parole incarnée* ou simplement *la Parole*, le Verbe. ✦ *Paroles sacramentales* ou *sacramentelles*, et absol. *paroles*, les mots que le prêtre prononce dans la consécration ou qui sont nécessaires pour l'accomplissement de chaque sacrement. ✦ **Fig.** et fam. *Paroles sacramentelles*, les mots essentiels pour la conclusion d'une affaire. ✦ *Paroles magiques*, celles que les magiciens prononcent dans leurs opérations. ✦ *Charmer, guérir avec des paroles*, faire un charme à l'effet de guérir une maladie. ✦ Par extens. *Paroles magiques*, paroles qui produisent un grand effet. ✦ *La parole de Dieu*, les promesses contenues dans l'Écriture sainte. ✦ *La parole de Dieu, la parole divine, la parole de vie, la parole sainte* ou simplement *la Parole*, l'Écriture sainte et les sermons qui se font pour l'expliquer. ✦ *Un simple mot prononcé. Les paroles s'envolent et les écrits restent.* ✦ Voix articulée. ✦ Il se dit aussi des paroles écrites. « *Pour me servir des paroles fortes du plus grave des historiens* », BOSSUET. ✦ Suite de mots considérés par rapport aux idées, aux sentiments qu'ils expriment. « *Un même sens change selon les paroles qui l'expriment* », PASCAL. ✦ *De bonnes paroles*, des paroles qui annoncent des intentions favorables. ✦ *De mauvaises paroles*, des paroles qui annoncent des intentions défavorables ou de mauvaises nouvelles. ✦ **Ironiq.** *De belles paroles*, de belles et stériles promesses. ✦ *Prendre la parole*, commencer à parler dans un entretien, dans une assemblée, dans une société, etc. ✦ *Couper la parole à quelqu'un*, l'interrompre dans son discours, et fig. le réduire à l'impossibilité de répondre. ✦ *Porter la parole*, parler au nom d'un autre, au nom de plusieurs personnes, d'un corps, d'une compagnie. ✦ *Avoir la parole*, avoir le droit de parler en vertu d'une charge, d'un emploi. ✦ Dans les assemblées politiques, *avoir la parole*, avoir le droit actuel, la permission de parler, conformément au règlement. ✦ *Avoir la parole*, accaparer la conversation. ✦ *Demander la parole*, demander à être entendu. ✦ *Retirer la parole, ôter la parole*, se dit du président d'une assemblée délibérante qui empêche un orateur de parler. ✦ Faculté qu'a l'espèce humaine d'exprimer ses idées par les sons de la voix. « *La parole a été donnée à l'homme pour exprimer ses pensées* », MOLIÈRE. ✦ *Avoir le don de la parole, manier bien la parole*, s'exprimer d'une manière facile, abondante, heureuse. ✦ ▷ *Avoir la parole à commandement, avoir la parole à la main, en main*, s'exprimer avec facilité. ◁ ✦ *Perdre la parole*, cesser de pouvoir parler ; devenir muet de surprise, de crainte, etc. ✦ *Il ne lui manque que la parole*, se dit d'un portrait fort ressemblant. ✦ Le ton de la voix, selon qu'elle est forte ou faible, douce ou rude, etc. « *Cette parole douce, simple et insinuante* », FÉNELON. ✦ Fig. *Avoir la parole haute*, parler avec autorité, avec arrogance. ✦ À certains jeux de renvi, *passe parole* se dit de celui qui, devant parler, ne veut pas couvrir le jeu pour le moment. ✦ *Avoir la parole*, avoir la faculté d'exprimer ce que l'on veut faire sur le coup qui se joue, et, au piquet, annoncer le premier son jeu. ✦ Les expressions considérées relativement à l'art de parler ou d'écrire. *La parole doit répondre à la pensée.* ✦ Éloquence, diction. *Le pouvoir, l'art de la parole.* ✦ Pourparler. « *Il est avec Anselme en parole pour vous* », MOLIÈRE. ✦ Proposition faite de part et d'autre. *Paroles de paix, d'accommodement, etc.* ✦ ▷ *Porter parole à quelqu'un*, lui faire quelque proposition. ◁ ✦ Promesse verbale par laquelle on s'engage à faire certaines choses. « *La parole des rois doit être inviolable* », P. CORNEILLE. ✦ *Donner sa parole*, s'engager. ✦ *Tenir, garder sa parole*, être fidèle à ses engagements. ✦ *Un homme d'honneur n'a qu'une parole*, il ne manque jamais à la parole qu'il a donnée. ✦ *N'avoir qu'une parole, n'avoir pas deux paroles*, s'en tenir à ses premières conditions. ✦ *Un homme de parole*, un homme fidèle à sa promesse. ✦ *Avoir de la parole, être de parole*, tenir fidèlement ses promesses. ✦ *Reprendre sa parole, se dégager de sa parole, retirer sa parole*, avertir celui à qui on avait promis qu'on ne veut pas tenir la promesse faite. ✦ *Manque de parole*, violation de la parole donnée. ✦ *Manquer à sa parole, manquer de parole*, ne pas tenir sa parole. ✦ **Fam.** *Ma parole, ma parole d'honneur, parole d'honneur*, formules d'affirmation employées dans la conversation. ✦ Promesses vagues, vains discours, par opposition à *action*, à *effet*. « *Il faut faire et non pas dire, et les effets décident mieux que les paroles* », MOLIÈRE. ✦ On dit de même *des paroles vagues, des paroles vaines, des paroles en l'air.* ✦ Au pl. Discours piquant, aigre, offensant. *Des paroles en venir aux mains. Il y a eu quelques paroles entre nous.* ✦ Mots d'une chanson, d'un air, d'un motet, etc. ✦ *Sur la parole de*, sur l'affirmation de. *Croire quelqu'un sur sa parole.* ✦ ▷ *Jurer sur la parole du maître*, affirmer d'après quelqu'un. ◁ ✦ *Sur parole*, sur un simple dire. ✦ *Sur sa parole, sur ma parole*, après promesse donnée par lui, par moi. *Revenir sur sa parole.* « *Renvoyé sur sa parole pour ménager l'échange des prisonniers* », BOSSUET. ✦ *Sur parole*, sur la garantie de sa bonne foi. *Jouer, perdre sur parole.* ✦ *Prisonnier sur parole*, prisonnier à qui on accorde une certaine liberté, mais qui a promis de ne pas s'en servir pour prendre la fuite. ◁ ■ *Vous avez ma parole que…*, je vous promets que… *Vous avez ma parole que je ne dirai rien.* ■ *Ma parole !* interj. qui exprime l'étonnement. *Mais ma parole, il manque un billet dans mon portefeuille !*

PAROLI, n. m. [paʀoli] (ital. *paro*, je mise, et *li*, pron., les, ou adv., là) ▷ Le double de ce qu'on a joué la première fois, à la bassette, au pharaon, etc. *Faire gagner le paroli.* ✦ **Fig.** *Donner, faire, rendre le paroli à quelqu'un*, renchérir sur ce qu'il a dit ou fait. ◁

PAROLIER, IÈRE, n. m. et n. f. [paʀolje, jɛʀ] (*parole*) Néolog. Auteur des paroles dans les pièces à mettre en musique. ■ Auteur de paroles de chansons.

PARONOMASE, n. f. [paʀonomaz] (gr. *paronomazein*, transformer un mot) Figure de rhétorique qui consiste à rapprocher dans la même phrase des mots dont le son est à peu près semblable, mais dont le sens est différent.

PARONOMASIE, n. f. [paʀonomazi] (gr. *paronomasia*, paronomase) ▷ Suivant quelques grammairiens, syn. de paronomase ; suivant l'Académie, ressemblance entre les mots de différentes langues, qui peut marquer une origine commune. ◁

PARONYME, n. m. [paʀonim] (gr. *parônumos*, qui porte un nom semblable) Mot qui a du rapport avec un autre par le son qu'il fait entendre. *Bailler* et *bâiller* sont des paronymes.

PARONYMIE, n. f. [paʀonimi] (*paronyme*) Qualité de ce qui est paronyme.

PARONYMIQUE, adj. [paʀonimik] (*paronymie*) Qui a rapport au paronyme. ✦ Qui a de l'affinité par sa consonance.

PARONYQUE, ■ n. f. [paʀonik] (gr. *parônukhia*, panaris, de *par[a]*, à côté de, et *onux*, ongle) **Bot.** Plante herbacée à fleurs blanches ou vertes, qui pousse dans les zones arides des régions tempérées, utilisée autrefois pour guérir les panaris. *Paronyque à pointes.*

PAROS, ■ n. m. [paʀos] (on prononce le *s* final ; *Paros*, île des Cyclades) Marbre blanc de l'île grecque Paros. *Paros lamelleux.*

PAROTIDE, n. f. [paʀotid] (gr. *parôtis*, oreillon, de *par*[a], à côté de, et *ous*, génit. *ôtos*, oreille) **Anat**. La glande salivaire située près de l'oreille. ♦ **Méd**. Gonflement qui se forme dans la parotide ou dans son voisinage.

PAROTIDIEN, IENNE, ■ adj. [paʀotidjɛ̃, jɛn] (*parotide*) Relatif à la parotide. *Canal parotidien. Région parotidienne.*

PAROTIDITE, ■ n. f. [paʀotidit] (*parotide*) **Méd**. Inflammation des glandes parotidiennes. *Parotidite infectieuse, chronique.*

PAROUSIE, ■ n. f. [paʀuzi] (lat. médiév. *parousia*, du gr. *parousia*, présence, venue) **Relig**. Retour glorieux de Jésus-Christ sur Terre pour le Jugement dernier. *Parousie du Seigneur.*

PAROXYSMAL, ALE, ■ adj. [paʀɔksismal] Voy. PAROXYSTIQUE.

PAROXYSME, n. m. [paʀɔksism] (gr. *paroxusmos*, de *para* et *oxus*, aigu) **Méd**. La plus forte intensité d'un accès, d'une douleur, etc. ♦ **Fig**. *Le paroxysme de la colère, de la passion, etc.*

PAROXYSMIQUE, ■ adj. [paʀɔksismik] (*paroxysme*) Relatif au paroxysme. *Phase, crise paroxysmique.*

PAROXYSTIQUE, ■ adj. [paʀɔksistik] (*paroxysme*) Qui est à son moment de plus forte expression. *Une douleur paroxystique.* ■ **Rem**. On dit aussi *paroxysmal. Événements paroxysmaux.*

PAROXYTON, adj. m. [paʀɔksitɔ̃] (gr. *paroxutonos*, de *para*, presque, et *oxutonos*, oxyton) **Gramm. grecq**. Qui a l'accent aigu sur l'avant-dernière syllabe. *Les mots paroxytons.* ♦ **N. m**. *Un paroxyton*, par exemple gr. *logos*.

PARPAILLOT, OTE, n. m. et n. f. [paʀpajo, ɔt] (papillon, pour l'infidélité des réformés) Nom donné par injure aux calvinistes. ♦ **Fam**. Celui qui ne croit pas à la religion révélée.

PARPAING, n. m. [paʀpɛ̃] (lat. *perpes*, ininterrompu) **Maçon**. Pierre qui tient toute l'épaisseur d'un mur. ♦ Pierre placée sous un pan de bois pour l'isoler du sol. ♦ Élément de construction de forme parallélépipédique, généralement en béton.

PARQUE, n. f. [paʀk] (lat. *Parca*) Chacune des trois déesses qui filaient, dévidaient et coupaient le fil de la vie des hommes (on met une majuscule). *Les Parques sont Clotho, Lachésis et Atropos.* ♦ **Poétiq**. La mort.

PARQUÉ, ÉE, p. p. de parquer. [paʀke] *Huîtres parquées*, se dit de celles qu'on jette dans des clayères.

PARQUER, v. tr. [paʀke] (*parc*) Mettre dans une enceinte, dans un parc. *Parquer des bœufs.* ♦ Enfermer un troupeau dans une enceinte non couverte, qu'on transporte dans la même à différentes places, pendant plusieurs mois de l'année. ♦ *Faire parquer un champ*, y faire parquer un troupeau pour le fertiliser. ♦ *Parquer des huîtres*, les mettre dans les clayères. **Milit**. Procéder à l'installation d'un parc. ♦ **Fig**. Renfermer, en parlant des personnes. ♦ **V. intr**. Être dans un parc. *Les moutons ne parquent pas encore. L'artillerie parquait dans la plaine.* ♦ Se parquer, v. pr. Établir un parc. ■ Garer un véhicule.

PARQUET, n. m. [paʀkɛ] (dim. de *parc*) Compartiment d'un pâturage. ♦ Petit compartiment dans un parc. ♦ La partie d'une salle de justice où se tiennent les juges. ♦ Lieu où les officiers du ministère public tiennent leur séance. *Le parquet du procureur.* ♦ **Par extens**. et **collect**. Les officiers du ministère public lorsqu'ils tiennent le parquet. ♦ Lieu où se placent les huissiers pendant la séance des juges. ♦ Enceinte où se réunissent les agents de change pour traiter leurs affaires. ♦ Assemblage à compartiments qu'on pose sur des lambourdes pour servir de plancher dans les appartements. ♦ Assemblage de bois sur lequel les glaces sont appliquées et fixées.

PARQUETAGE, n. m. [paʀkətaʒ] (*parqueter*) Ouvrage de parquet.

PARQUETÉ, ÉE, p. p. de parqueter. [paʀkəte]

PARQUETER, v. tr. [paʀkəte] (*parquet*) Garnir de parquet.

PARQUETERIE, n. f. [paʀkɛt(ə)ʀi] (*parqueter*) Art de faire du parquet.

PARQUETEUR, n. m. [paʀkətœʀ] (*parqueter*) Ouvrier qui pose les parquets.

PARQUEUR, EUSE ou **PARQUIER, IÈRE**, ■ n. m. et n. f. [paʀkœʀ, øz] ou [paʀkje, jɛʀ] (*parc*) **Agric**. Ouvrier agricole qui garde et soigne le bétail d'un parc. *Parqueur de bestiaux.* ♦ **Ostréic**. Personne qui s'occupe des huîtres dans un parc d'élevage. *Parqueur dans l'industrie huîtrière.*

PARRAIN, n. m. [paʀɛ̃] (lat. pop. *patrinus*, celui qui tient un enfant sur les fonts baptismaux, du lat. *patruus*, oncle paternel) Celui qui présente un enfant au baptême, qui le tient sur les fonts, qui répond de sa croyance et lui impose un nom. ♦ **Fig**. *Être le parrain de quelque chose*, en être le promoteur. ♦ ▷ Dans les ordres militaires, le chevalier qui présente le novice à sa réception. ◁ ♦ Celui qui accompagnait un chevalier dans un combat singulier pour lui servir de témoin. ♦ *Parrains*, à l'Académie française, les deux académiciens qui accompagnent le récipiendaire. ■ Chef d'une organisation mafieuse. ♦ Celui qui présente une personne dans une société, une institution, en se portant garant d'elle.

PARRAINAGE, n. m. [paʀenaʒ] (*parrainer*) Qualité, rapports de parrain, de marraine. ■ Appui apporté à une personne ou à une société par un parrain. *Parrainage d'une émission de télévision. Comité de parrainage.*

PARRAINER, ■ v. tr. [paʀene] (*parrain*) Apporter son soutien financier ou symbolique à, se porter garant de. *Parrainer une association humanitaire.* « *Chaque matin, vers mai, juin, Hilditch et Tout en Daim reçoivent deux ou trois invitations à venir présider une remise de diplôme ou parrainer une "promotion"* », ORSENNA.

PARRAINEUR, EUSE, ■ n. m. et n. f. [paʀenœʀ, øz] (*parrainer*) Personne, entreprise ou institution qui parraine une action. *Parraineur d'un jeu télévisé.* ♦ **Rem**. Recommandation officielle pour *sponsor*.

1 PARRICIDE, n. m. et n. f. [paʀisid] (lat. *parricida*, de *pater*, père, et *cædere* tuer) Celui, celle qui tue son père ou sa mère, son aïeul ou son aïeule, ou quelque autre de ses ascendants. ♦ **Par extens**. Celui, celle qui ôte la vie à de très proches parents. ♦ Celui qui attente à la personne du souverain ou qui porte les armes contre sa patrie. ♦ Celui qui se rend coupable de quelque crime énorme et outrageant la nature. ♦ **Adj**. Qui a commis un parricide. *Oreste parricide.* ♦ **Fig**. « *Parricide de la liberté publique* », MIRABEAU. ♦ Il se dit aussi des choses entachées de parricide ou de quelque crime énorme. *Une main parricide. Des conseils parricides.*

2 PARRICIDE, n. m. [paʀisid] (lat. *parricidium*, de *parricida*) Crime que commet le parricide. ♦ Attentat contre la vie des proches parents. ♦ Un crime énorme. ♦ Attentat contre la vie du souverain ou contre la patrie.

PARSE, n. m. et n. f. [paʀs] Voy. PERSE.

PARSEC, ■ n. m. [paʀsɛk] (abrév. de *parallaxe* et *seconde*) **Astron**. Unité de longueur utilisée en astronomie pour mesurer la distance des astres extérieurs au système solaire à la Terre, et qui vaut 3,26 années-lumière environ. *Le parsec, qui représente environ 30 000 milliards de kilomètres, correspond à peu près à la distance entre deux étoiles dans la galaxie.*

PARSEMÉ, ÉE, p. p. de parsemer. [paʀsəme]

PARSEMER, v. tr. [paʀsəme] (*par* et *semer*) Semer çà et là, jeter çà et là. *Parsemer un chemin de fleurs.* ♦ Il se dit aussi de ce dont on parsème. « *Des taches noires en croissant et en cœur parsèment l'estomac et le ventre* », BUFFON.

PARSI, IE, adj. [paʀsi] (*Parse*) Qui appartient aux Perses. *Langue parsie.* ♦ N. m. Sectateur de la religion Zoroastre. ♦ N. m. *Le parsi*, langue usitée en Perse sous les derniers rois Sassanides.

1 PART, n. m. sans pl. [paʀ] (*par*, bien que l'Académie dise que le *t* final se prononce ; lat. *partus*, accouchement) **Dr**. L'enfant dont une femme vient d'accoucher. ♦ *Exposition de part*, l'action de déposer et de délaisser un enfant. ♦ *Suppression de part*, l'action de soustraire et de cacher un enfant immédiatement après sa naissance, et de le priver de son état civil. ♦ La mise bas des animaux.

2 PART, n. f. [paʀ] (lat. *pars*, génit. *partis*) Partie, portion d'un tout quelconque. ♦ Portion d'une chose divisée, lot. *La part d'un gâteau.* ♦ **Fig**. *Avoir sa part de gloire.* « *Je vous demande quelque part en votre amitié* », MME DE SÉVIGNÉ. ♦ ▷ *J'y retiens part, part à deux*, se dit quand on est avec quelqu'un qui trouve quelque chose et qu'on veut partager sa trouvaille. ◁ ♦ *Part avantageuse*, la portion que l'aîné avait dans les fiefs, outre son préciput. ♦ **Fig**. *Avoir part du lion*, celui qui, un homme, plus d'autorité, s'attribue dans un partage ; locution tirée de la fable de « La Génisse, la Chèvre et la Brebis en société avec le Lion ». ♦ ▷ *Ne pas jeter sa part aux chiens*, se dit de celui qui a des prétentions sur quelque chose. ◁ ♦ **Fig**. *Avoir part au gâteau*, avoir un intérêt secret en quelque affaire. ♦ **Fig**. *Avoir sa bonne part d'une chose*, avoir beaucoup de quelque chose, et le plus ordinairement beaucoup de quelque chose de pénible. ♦ ▷ *Faire la part du feu*, abattre une partie des édifices que le feu menace, afin de sauver le reste, et fig. sacrifier une portion de ce que l'on possède pour mettre le reste à l'abri. ◁ ♦ ▷ *Faire la part des accidents*, prévoir ce que les accidents pourront apporter d'obstacles, causer de préjudice dans une affaire. ◁ ♦ En général, *faire la part de*, faire entrer en ligne de compte. ♦ ▷ *Faire la part de la jeunesse*, user d'indulgence. ◁ ♦ Quotité qui revient à chaque personne participant à une affaire. *Être de part*, avoir une part dans les bénéfices d'une affaire. *Mettre de part*, admettre à la participation d'une affaire. **Mar**. *Être à la part, naviguer à la part*, avoir part dans les bénéfices de la campagne. ♦ *Part de prise*, Voy. PRISE. ♦ Au sens juridique, portion qui dans un partage appartient à chacun des copartageants, et spécialement portion de la succession qui appartient à chaque cohéritier. ◆ Participation. « *Nous avons peu de part en nos destinées, tout est entre les mains de Dieu* », Mᵐᵉ DE SÉVIGNÉ. « *Le hasard et la force ont beaucoup de part au succès* », FÉNELON. ◆ *Avoir part à,* participer à. *Avoir part à toutes les charges et à toutes les magistratures.* ◆ *Avoir la première part à quelque chose,* y jouer le principal rôle. ◆ ▷ *Avoir part en,* être complice de. ◁ ◆ *Avoir sa part,* participer à l'avantage de. ◆ *Faire part de quelque chose à quelqu'un,* l'y faire participer. ◆ *Prendre part à,* entrer en participation de, se mêler de. ◆ Portion morale. *Part d'affection, d'amour,* etc. « *Nous avons en son cœur, vous et moi, peu de part* », P. CORNEILLE. ◆ *Prendre part à quelque chose,* s'y intéresser. ◆ ▷ *Prendre une chose en bonne, en mauvaise part,* la prendre en bien, en mal. ◁ ◆ Communication, renseignement. *Faire part de quelque chose à quelqu'un,* l'en informer. ◆ *Billet de faire part* ou ellipt. *billet de part* ou *faire part,* billet, circulaire, par lesquels on fait part d'un mariage, d'un décès, d'une naissance, etc. ◆ *De la part de,* se dit de la personne de qui vient quelque chose. *De quelle part viennent ces présents?* ◆ *De bonne part,* d'une personne qui mérite confiance. ◆ *De ma part, de sa part,* de mon côté, de son côté. ◆ *Pour ma part, pour sa part,* quant à moi, quant à lui. ◆ Endroit, lieu. *Je vous ai vu quelque part.* ◆ *Nulle part,* en aucun lieu. ◆ DE TOUTE PART, DE TOUTES PARTS, loc. adv. De tout côté. ◆ *De part et d'autre,* de côté et d'autre, et fig. réciproquement. ◆ *De part et d'autre, d'une part et d'autre part,* à l'un et à l'autre point de vue. ◆ Dans les contrats, dans les procès, *d'une part, d'autre part,* se disent des parties contractantes, plaidantes. *Transaction entre un tel d'une part et un tel d'autre part.* ◆ DE PART EN PART, loc. adv. D'un côté à l'autre, tout à travers. *Un coup lui perça le bras de part en part.* ◆ À PART, loc. adv. Séparément. *Mettez cela à part. Nous avons dîné à part.* ◆ Fig. *Mettre à part, laisser à part,* laisser de côté. *À part,* en particulier. « *Il prit à part Télémaque et Mentor* », FÉNELON. ◆ ▷ Fig. *Avoir un but à part,* avoir un but particulier. ◁ ◆ Fig. *À part,* exceptionnel, particulier. *Un fait à part. Un homme à part.* ◆ *Telle chose à part,* en mettant de côté telle chose, en faisant abstraction de telle chose. *Raillerie à part.* ◆ Théât. *Dire quelque chose à part,* le dire de manière à être entendu des spectateurs, mais de telle façon qu'ils puissent croire que l'autre acteur ne l'a pas entendu. ◆ À PART, loc. prép. Excepté. *À part sa vivacité, on ne peut qu'être satisfait de son caractère.* ◆ À PART MOI, À PART SOI, loc. adv. Seul. « *Quand je suis à part moi, souvent je m'étudie* », RÉGNIER. ◆ En moi-même, en soi-même, tacitement. *Je disais à part moi. Il pensait à part lui.* ◆ *Autre part,* ailleurs. ◾ *À part entière,* qui jouit des droits attachés à une qualité. *Un citoyen à part entière.* ◾ *Part sociale* ou *part d'intérêt,* part du capital d'une société détenue par un associé. ◾ Élément de calcul de l'impôt sur le revenu.

PARTAGE, n.m. [paʀtaʒ] (*partir, partager*) Division d'une chose en plusieurs portions. *Faire le partage d'une succession. Le partage de l'empire d'Alexandre.* ◆ *L'action en partage.* Demande de partage d'une succession portée en justice. ◆ Acte qui contient la division d'une succession. ◆ Portion de la chose partagée, portion assignée, part de patrimoine. « *Tu savais l'art de te défaire d'un frère pour avoir son partage* », FÉNELON. ◆ Action d'avoir part à. *Entrer en partage de quelque chose.* ◆ Fig. Division de l'âme et de ses facultés placées entre des tendances contraires, entre des diversions. « *C'est vouloir vous partager entre Dieu et le monde, et Dieu ne peut souffrir de partage* », BOURDALOUE. ◆ SANS PARTAGE, loc. adv. Exclusivement. ◆ Fig. Ce qui échoit comme une espèce de part. « *L'affliction et l'opprobre sont ici-bas le partage des gens de bien* », MASSILLON. ◆ *En partage,* donné par la nature, par la fortune, par le Ciel. « *Les uns ont la grandeur et la force en partage* », LA FONTAINE. ◆ Fig. Division des opinions, désaccord. « *Recevant les compliments de toute la Cour, car il n'y a point eu de partage* », Mᵐᵉ DE SÉVIGNÉ. ◆ Dans une assemblée, dans un tribunal, division égale des voix pour et contre. ◆ Action de diviser en parties plus petites. *Le partage d'une ligne en diverses parties. Le partage de la Terre en cinq zones.* ◆ Géogr. *Point de partage,* point assez élevé entre deux bassins pour que les eaux puissent couler indifféremment d'un côté ou de l'autre.

PARTAGÉ, ÉE, p.p. de partager. [paʀtaʒe] Bot. Se dit d'une partie qui offre des découpures partagées. ◆ Qui est réciproque. *Un amour partagé.* ◆ Dans une assemblée délibérante, *voix partagées,* se dit quand deux opinions réunissent un même nombre de voix.

PARTAGEABLE, adj. [paʀtaʒabl] (*partager*) Qui peut être partagé.

PARTAGEANT, n.m. [paʀtaʒɑ̃] (*partager*) ▷ Celui qui est admis, intéressé dans un partage. *Chacun des partageants.* ◁

PARTAGER, v. tr. [paʀtaʒe] (*partage*) Diviser une chose en plusieurs parties. *Partager un gâteau, l'Empire, le travail entre des ouvriers,* etc. ◆ ▷ Fig. *Ils partagent le gâteau ensemble,* se dit de ceux qui sont d'intelligence pour faire quelque profit secret. ◁ ◆ ▷ *Partager le différend par la moitié* ou simplement *partager le différend,* se relâcher chacun de son côté sur ses prétentions. ◁ ◆ *Se partager quelque chose,* se dit de plusieurs personnes qui se donnent à chacune une part de quelque chose. ◆ Former dans un tout des parties distinctes, mais non effectivement séparées les unes des autres. *Ce fleuve partage la province. Partager un nombre en deux.* ◆ Attribuer en part.

« *La nature... Sait entre les auteurs partager les talents* », BOILEAU. ◆ Donner en partage, avec le régime direct de la chose. « *Il lui partagera son propre diadème* », P. CORNEILLE. ◆ Donner en partage, avec le régime direct de la personne. *Son père l'a partagé en aîné.* ◆ Fig. Il se dit des dons de la nature, de la fortune, du Ciel, de Dieu. *La nature l'a mal partagé. Il est bien partagé du sort.* ◆ Fig. Il se dit des choses abstraites ou morales. *Un père partage également sa tendresse entre tous ses enfants.* ◆ Fig. Avoir une part en des choses abstraites, morales. *Il a partagé avec lui l'honneur de cette journée.* ◆ Fig. Faire des divisions en des choses abstraites, morales. *Partager son temps entre l'étude et les plaisirs.* ◆ Il se dit des choses qui produisent un pareil partage. « *Ces intervalles de repentir qui ont partagé toute votre vie* », MASSILLON. ◆ Fig. S'intéresser à, prendre part à. « *Mon amitié s'accommode mieux de partager vos peines que de les ignorer* », Mᵐᵉ DE SÉVIGNÉ. ◆ *Partager l'opinion, l'avis, le sentiment de quelqu'un,* être de son opinion, de son avis, de son sentiment. ◆ On dit de même *partager la crainte, les soupçons, la défiance, la confiance,* etc. *de quelqu'un.* ◆ Fig. Produire dans l'âme des sentiments qui se balancent. *Partager son cœur entre le monde et Dieu.* « *D'ailleurs mille desseins partagent mes esprits* », RACINE. ◆ Fig. Séparer en partis opposés, en sentiments opposés. « *Ces deux peuples jaloux partagèrent toute la Grèce* », BOSSUET. ◆ V.intr. Avoir part, avoir droit à une part. *Il ne partage pas dans cette succession.* « *Ah! crois qu'avec César on partage sans peine* », VOLTAIRE. ◆ *Partager en frères,* faire un partage égal. ◆ *Se partager,* v. pr. Être coupé en diverses parties. *La route se partage en deux branches.* « *Ces terres et ces seigneuries se partageront en mille mains* », BOSSUET. ◆ Il se dit d'une troupe qui se divise en fractions moindres. « *Amis, partageons-nous* », RACINE. ◆ Il se dit d'une personne qui partage son temps, ses soins, son affection. *Se partager entre ses amis.* ◆ On le dit aussi des choses. *La tendresse d'un père se partage également entre tous ses enfants.* ◆ Fig. Être de partis, d'avis, de sentiments différents. « *Les opinions se partagent toutes les affaires de ce monde* », VOLTAIRE.

PARTAGEUR, EUSE, n.m. et n.f. [paʀtaʒœʀ, øz] (*partager*) Personne qui partage. ◆ Néolog. Partisan de la communauté des biens, du partage des terres. ◆ En ce sens, on écrit et on prononce le plus ordinairement *partageux.* ◾ Adj. *Un garçon partageur.*

PARTAGEUX, EUSE, ◾ adj. [paʀtaʒø, øz] (forme pop. de *partageur*) Vx Qui préconise le partage des terres et l'égalité des biens. *Il refusait d'être traité de partageux parce qu'il avait participé à la Commune.* « *Je ne suis pas un partageux* », ARAGON. ◾ N.m. et n.f. *Un partageux, une partageuse.*

PARTANCE, n.f. [paʀtɑ̃s] (2 *partir*) Mar. Départ d'un bâtiment, d'une flotte. ◆ *Coup de partance,* coup de canon sans boulet qu'on tire pour avertir qu'on va mettre à la voile. ◆ *En partance,* sur le point de partir.

1 PARTANT, ANTE, n.m. et n.f. [paʀtɑ̃, ɑ̃t] (de 2 *partir*) Personne qui part. *Les partants.* ◾ Sp. Coureur, cheval qui prend le départ d'une course. ◾ Adj. Fam. *Être partant, partante pour quelque chose,* être prêt(e), disposé(e) à faire quelque chose. *Ils sont toujours partants pour un pique-nique.*

2 PARTANT, adv. [paʀtɑ̃] (*par* et *tant*) ▷ Par conséquent « *Il arrivait du comptant, Et partant De quoi choisir* », LA FONTAINE. ◆ Il s'emploie en style de pratique et de comptabilité. *Vous avez signé au contrat, et partant vous êtes obligé.* ◆ *Partant quitte,* c'est-à-dire tous les comptes balancés, les deux parties sont quittes l'une envers l'autre. ◁

PARTENAIRE, n.m. et n.f. [paʀtənɛʀ] (angl. *partner*) Associé avec lequel on joue, principalement au whist. ◆ Personne avec qui l'on danse. *Choisir son partenaire, sa partenaire.* ◆ Quelques-uns écrivent *partner,* dit l'Académie. ◾ Personne avec laquelle on a des relations sexuelles. ◾ Groupe avec lequel on a des relations, dans une affaire, une négociation. *Partenaire commercial.* ◾ *Partenaires sociaux,* les représentants des syndicats, du patronat et du salariat dans une négociation.

PARTENARIAL, ALE, ◾ adj. [paʀtənaʀjal] (radic. de *partenariat*) Relatif au partenariat. *Des accords partenariaux.*

PARTENARIAT, ◾ n.m. [paʀtənaʀja] (de *partenaire*) Convention engageant deux protagonistes dans la réalisation d'un projet commun. *Programme de partenariat.*

PARTERRE, n.m. [paʀtɛʀ] (*par* et *terre*) Aire plate et unie. ◆ Partie du jardin qui fait face au bâtiment et qui est divisée par compartiments de buis, de fleurs, de gazon. ◆ *Parterre de gazon,* celui qui est fait de pièces de gazon en compartiments carrés et avec enroulements. ◆ *Parterre d'eau,* canaux conduits par compartiments. ◆ Partie d'une salle de spectacle entre l'orchestre et le fond du théâtre. ◆ Pop. Prendre un billet de parterre, tomber. ◆ *Spectateurs placés au parterre.* ◆ Fig. Le public en général. « *L'affaire réjouit fort le parterre* », Mᵐᵉ DE SÉVIGNÉ.

PARTHÉNOGENÈSE, ◾ n.f. [paʀtenoʒɛnɛz] (gr. *parthénos,* vierge, et *genèse*) Biol. Fait, pour des organismes sexués, de se reproduire sans fécondation. *Parthénogenèse artificielle. Parthénogenèse des pucerons.*

PARTHÉNOGÉNÉTIQUE, ■ adj. [paʀtenoʒenetik] (*parthénogenèse*) Relatif à la parthénogenèse. *Reproduction parthénogénétique. Embryon parthénogénétique.*

PARTHÉNON, n. m. [paʀtenɔ̃] (gr. *Parthenôn*, de *parthenos*, pour la virginité d'Athéna) **Antiq.** Temple de Minerve à Athènes.

1 PARTI, n. m. [paʀti] (*partir*, diviser) Le choix à faire, la détermination à prendre dans une matière où il y a du hasard, d'après telle condition donnée. « *S'il y a autant de hasards d'un côté que de l'autre, le parti est à jouer égal contre égal* », Pascal. ◆ Anciennement, forfaits soit pour faire certaines fournitures, soit pour lever les droits du roi. *Le parti des vivres. S'enrichir dans les partis.* ◆ ▷ *Mettre les tailles en parti*, en confier le recouvrement à des partisans. ◁ ◆ ▷ Somme qu'on alloue à un employé, à un intendant, etc. ◁ ◆ **Fig.** Condition, traitement. *C'est lui faire un bon parti.* ◆ ▷ **Fig.** *Faire un mauvais parti, un méchant parti à quelqu'un*, lui faire subir un mauvais traitement, ou même attenter à sa vie. ◁ ◆ ▷ Troupe de gens de guerre qu'on détache pour battre la campagne. « *Les partis vinrent jusqu'aux portes de Paris* », Duclos. ◁ ◆ Union de plusieurs personnes contre d'autres qui ont un intérêt, une opinion contraire. *Les partis politiques.* ◆ *Homme de parti*, homme passionné en tout ce qui intéresse son parti. ◆ ▷ *Esprit de parti*, esprit aveugle et même injuste en tout ce qui regarde un parti et le parti contraire. ◁ ◆ *Prendre le parti de quelqu'un, prendre parti pour quelqu'un*, le protéger, le défendre. ◆ *Prendre parti contre quelqu'un*, se tourner contre lui, l'attaquer. ◆ *Prendre parti*, se décider pour un parti ou pour l'autre. ◆ *Mettre du parti de quelqu'un*, l'appuyer. ◆ *Avoir un parti*, avoir un certain nombre de personnes par qui l'on est soutenu, défendu. ◆ Action de se partager, d'aller l'un d'un côté, l'autre d'un autre. « *Prendre chacun notre parti, les uns vers Paris, les autres à Autry* », Mme de Sévigné. ◆ **Fig.** Résolution, détermination. « *Il prenait des partis extrêmes contre ses intérêts* », Fénelon. ◆ ▷ *Demi-parti*, résolution insuffisante qui ne mène qu'à la moitié de ce qui doit être fait. ◁ ◆ *Prendre parti*, se décider pour ou contre. ◆ ▷ *Prendre un parti*, en finir avec une situation. ◁ ◆ *Prendre son parti*, se résigner. ◆ *C'est un parti pris*, c'est une chose résolue, convenue. ◆ *De parti pris*, avec une résolution arrêtée à l'avance, sans vouloir rien entendre. ◆ Dans les beaux-arts, *de parti pris*, manière raisonnée et déterminée de traiter une difficulté, un accessoire du sujet. ◆ Expédient, moyen. « *Prends-moi le bon parti* », Boileau. ◆ *Tirer parti*, tirer avantage, utilité, profit. ◆ **Fig.** *Tirer parti de la vie*, en user d'une manière agréable et sage. ◆ Situation, état intermédiaire. « *Il y a un parti à trouver entre les âmes crédules et les esprits forts* », La Bruyère. ◆ ▷ Profession, genre de vie, emploi. *Le parti des armes, de la robe.* ◁ ◆ Une personne à marier considérée par rapport à son bien ou à sa naissance. *Parti avantageux.* ◆ ▷ *Prendre parti*, se marier. ◁

2 PARTI, IE, p. p. de partir. [paʀti] ▷ Divisé. ◆ *Mi-parti*, Voy. MI-PARTI. ◆ **Bot.** Profondément divisé par des incisions aiguës. ◆ **Hérald.** En parlant de l'écu, divisé perpendiculairement en parties égales. *Il porte parti d'or et de gueules.* ◆ *Écu parti et coupé de six pièces*, celui qui a trois pièces en chef et trois en pointe. ◆ **N. m.** Division de l'écu en deux parties égales depuis le haut jusqu'en bas. ◁

3 PARTI, IE, p. p. de partir. [paʀti] Qui a quitté un lieu. *Parti de Paris.* ◆ **Fig.** *Un trait parti d'une main ennemie.* ■ **Fam.** Ivre.

PARTIAIRE, adj. [paʀsjɛʀ] (le *t* se prononce *s* ; lat. *partiarius*, qui a une partie) **Jurispr.** *Colon partiaire*, cultivateur qui rend au propriétaire une partie des produits de sa ferme.

PARTIAL, ALE, adj. [paʀsjal] (lat. médiév. *partialis*, de parti pris, factieux) Qui s'attache de préférence et par prévention à. *Des juges partiaux.* ■ Qui prend injustement parti. *Œuvre, opinion partiale.*

PARTIALEMENT, adv. [paʀsjal(ə)mɑ̃] (*partial*) Avec partialité.

PARTIALITÉ, n. f. [paʀsjalite] (*partial*) Attachement passionné et aveugle pour un parti, une opinion, etc. ◆ ▷ Au pl. Divisions, factions. « *Votre Majesté éteindra dans tous ses États les nouvelles partialités* », Bossuet. ◁ ■ Comportement partial. *Agir avec partialité.* ■ Caractère injuste et infondé d'une idée, d'un jugement. *Partialité d'un choix.*

PARTIBUS (IN), [inpaʀtibys] (abrév. de la loc. lat. *in partibus infidelium*, dans les régions des infidèles) ▷ *Évêque in partibus infidelium* ou simplement *in partibus*, celui qui a un titre d'évêché dans un pays occupé par les infidèles. ◆ **Fam.** Sans fonction. *Un professeur in partibus.* ◁

PARTICIPANT, ANTE, adj. [paʀtisipɑ̃, ɑ̃t] (*participer*) Qui participe à. « *Sa gouvernante, Qui du secret n'était participante* », La Fontaine. ◆ ▷ *Protonotaires participants*, camériers participants, ceux qui sont en charge à la cour de Rome. ◁ ■ N. m. et n. f. *Le nombre des participants au concours a augmenté.*

PARTICIPATIF, IVE, ■ adj. [paʀtisipatif, iv] (*participation*) Relatif à la participation. ■ *Prêt participatif*, prêt à taux d'intérêts variables accordé à une entreprise.

PARTICIPATION, n. f. [paʀtisipasjɔ̃] (lat. *participatio*) Action de participer. *La participation aux prières.* « *La raison... puisqu'elle est un don de Dieu et une participation de la raison souveraine* », Massillon. ◆ *Sans ma participation*, sans que j'y aie aucunement contribué. ◆ *Société en participation*, association momentanée entre plusieurs négociants, avec des parts égales ou inégales. ◆ *Part qu'on a prise à une affaire. Il n'a eu aucune participation au complot.* ■ Part du capital d'une société détenue par une autre société ou par un particulier. *Participation financière. Participation aux bénéfices.*

1 PARTICIPE, n. m. [paʀtisip] (lat. *particeps*, participant) ▷ Anciennement, celui qui participait à une opération de finance. ◆ **Anc. jurispr.** Celui qui prend part à un crime. ◁

2 PARTICIPE, n. m. [paʀtisip] (lat. *participium*) **Gramm.** Mot qui participe de la nature du verbe et de l'adjectif. *Le participe présent. Le participe passé.*

PARTICIPÉ, ÉE, p. p. de participer. [paʀtisipe] Qui est possédé par participation. « *Tout porte en nous la marque d'une raison subalterne, bornée, participée* », Fénelon.

PARTICIPER, v. intr. [paʀtisipe] (lat. *participare*, faire participer, partager) Avoir part à. « *À cet âge [la vieillesse] l'âme même participe à la langueur du corps* », Buffon. ◆ Participer aux prières des fidèles, aux sacrements, au corps et au sang de Jésus-Christ, aux mérites de Jésus-Christ. ◆ **Fig.** Avoir une part morale dans. *Il participe à mes peines comme à mes plaisirs.* ◆ Dans ces deux sens, participer veut la préposition *à*. ◆ Tenir de la nature de. *Le mulet participe de l'âne et du cheval.* « *Le pathétique participe du sublime* », Boileau. ◆ En ce sens, participer se construit avec la préposition *de*. ■ Payer sa part. *Participer aux dépenses.*

PARTICIPIAL, ALE, adj. [paʀtisipjal] (lat. *participialis*) **Gramm.** Qui vient du participe. *Les suffixes participiaux.*

PARTICULARISATION, n. f. [paʀtikylaʀizasjɔ̃] (*particulariser*) Action de particulariser ; résultat de cette action.

PARTICULARISÉ, ÉE, p. p. de particulariser. [paʀtikylaʀize]

PARTICULARISER, v. tr. [paʀtikylaʀize] (*particulier*, d'après le lat. *particularis*) Faire connaître les détails. « *Un exact historien est obligé à particulariser les accidents importants de son histoire* », Scarron. ◆ *Rendre particulier, par opposition à* généraliser, *il faut particulariser cette proposition générale* », Pascal. ◆ ▷ **Jurispr.** *Particulariser une affaire*, la poursuivre contre un seul de ceux qui s'y trouvent impliqués. ◁ ◆ Se particulariser, v. pr. Devenir particulier.

PARTICULARISME, ■ n. m. [paʀtikylaʀism] (*particulier*, d'après le lat. *particularis* ; infl. de l'all. *Partikularismus*) Attachement d'un groupe à la préservation de la spécificité de ses mœurs, de son patrimoine et de ses traditions. ■ *Ces spécificités.*

PARTICULARITÉ, n. f. [paʀtikylaʀite] (b. lat. *particularitas*) Qualité de ce qui est particulier, spécial. ◆ Circonstance particulière. « *Il faut connaître les particularités de cette action* », Pascal.

PARTICULE, n. f. [paʀtikyl] (lat. *particula*) Petite partie. « *L'air se charge, comme les plantes, des particules de la terre de chaque pays* », Montesquieu. « *Particule émanée de la Divinité* », Diderot. ◆ Miettes ou petits morceaux de pain consacré qui se détachent de l'hostie. ◁ ◆ **Chim.** Atomes intégrants de corps simples ou composés. ◆ **Gramm.** Mot très court et invariable. *Et, oui, ni, mais, que*, etc. sont des particules. ◆ *Particule nobiliaire*, Voy. NOBILIAIRE. ◆ *Les vraies particules* ou absol. *les particules*, mots comme *re, dé*, dans *redire* et dans *défaire*, qui entrent dans la composition d'autres mots, mais n'existent pas seuls. En ce sens, on dit aujourd'hui *préfixe*. ■ **Phys.** Constituant de la matière. *Un électron est une particule élémentaire.*

PARTICULIER, IÈRE, adj. [paʀtikylje, jɛʀ] (lat. *particularis*) Qui appartient en propre et singulièrement à certaines personnes ou à certaines choses. *Goût particulier.* « *La sotte vanité nous est particulière* », La Fontaine. ◆ *Maître particulier*, maître qui donne des leçons privées. ◆ *Leçons particulières* ou répétitions, leçons données à un ou plusieurs élèves par un maître en dehors de la classe. ◆ Par opposition à *général. Sacrifier son intérêt particulier à l'intérêt général.* ◆ **Log.** *Proposition particulière*, celle qui ne s'applique qu'à quelques individus et non à tous ceux de la même espèce. ◆ Par opposition à *public. Audience particulière. Les fortunes particulières.* ◆ **Jurispr.** Se dit de ce qui ne touche qu'une personne ou une chose. *Substitution particulière.* ◆ *Legs particulier*, legs d'un objet déterminé, et non de l'universalité, ni d'une quote-part des biens de la succession. ◆ Il se dit de personnes qui sont à l'égard d'autres dans un rapport tout spécial. *Il était mon ami particulier.* ◆ *Secrétaire particulier*, par opposition à *secrétaire général*, celui qui est secrétaire d'une administration, mais de l'administrateur. ◆ Détaillé, circonstancié. *Les circonstances les plus particulières.* ◆ Séparé, distinct. *Une chambre, une habitation particulière. Manger à une table particulière.* ◆ Qui n'est pas public ; réservé, secret. *Il y a quelque chose* *de particulier entre ces deux personnes.* ♦ Remarquable, singulier, peu commun, hors du commun, en parlant de personnes ou de choses. *Avoir un talent particulier.* « *Mais j'en fais, je l'avoue, un cas particulier* », MOLIÈRE. ♦ *Cela est particulier,* se dit de quelque chose qui étonne, qu'on ne s'explique par clairement. ♦ *Un homme particulier,* homme qui se tient à l'écart, qui communique peu. ♦ *Un esprit particulier, des opinions particulières,* un esprit qui ne s'accommode pas avec le reste du monde, opinions qui diffèrent de celles des autres. ♦ N. m. *Ce qui est particulier. Conclure du particulier au général.* ♦ Détail. « *Lorsqu'on descend dans le particulier* », MALEBRANCHE. ♦ ◁ *Le particulier,* réunion, société où ne sont admises que les personnes intimes ; intérieur de la famille. « *Combien de gens vous étouffent de caresses dans le particulier, qui sont embarrassés de vous dans le public* », LA BRUYÈRE. « *Le roi les admettait dans son particulier* », FONTENELLE. ◁ ◁ ▷ *Être en son particulier,* être retiré dans sa chambre, dans son cabinet. ◁ ◁ ▷ *Vivre en son particulier, se mettre en son particulier,* faire son ordinaire chez soi. ♦ *Le particulier,* un aparté, un tête-à-tête. ♦ Collect. Le particulier, opposé au public. *Le public et le particulier.* ♦ N. m. *Un particulier,* une personne privée. *Les vertus d'un particulier.* ♦ Pop. et avec un sens défavorable, *un particulier,* un individu, un quidam. ♦ EN PARTICULIER, loc. adv. À part, séparément des autres. « *Il le prit en particulier et lui parla ainsi* », FÉNELON. ♦ *En particulier,* par opposition à *en général.* « *Socrate, ainsi que ses disciples, se sont moins occupés de la nature en général que de l'homme en particulier* », BARTHÉLEMY. ♦ *En mon particulier, pour mon particulier,* pour ce qui me concerne.

PARTICULIÈREMENT, adv. [paʀtikyljɛʀ(ə)mɑ̃] (*particulier*) D'une manière singulière, remarquable. *Il vous honore particulièrement.* ♦ D'une manière spéciale. *Recommander particulièrement.* ♦ Dans l'intimité, d'une manière intime. *Connaître particulièrement quelqu'un.* ♦ En détail.

PARTIE, n. f. [paʀti] (*parti,* p. p. de *partir,* diviser) Portion d'un tout. *Première partie d'un livre. Donner aux pauvres une partie de son bien.* ♦ *Les cinq parties du monde,* les cinq grandes divisions de la Terre habitée. ♦ Portion du corps. *Appliquer un topique sur la partie malade.* ♦ ▷ *Les parties nobles,* le cœur, le poumon, le foie, le cerveau. ◁ ♦ En parlant de l'âme, dans le langage scolastique, *la partie supérieure,* la raison ; *la partie inférieure, la partie animale ; la partie irascible, la partie concupiscible,* les appétits, la concupiscence. ♦ Gramm. *Parties du discours* ou *parties d'oraison,* les espèces de mots. ♦ *Les parties du discours :* l'exorde, la narration, la confirmation, la réfutation, la péroraison. ♦ *Les parties de la peinture* sont l'invention, la disposition, le dessin, le coloris et la touche. ♦ Mus. Ce que chaque voix ou instrument particulier doit faire dans un morceau d'ensemble, et la copie séparée de cela. *La partie de ténor. Un morceau à deux parties.* ♦ Par rapport à l'harmonie, les différentes notes ou suites de notes qui, chantées ou jouées ensemble, forment un tout harmonieux. On distingue quatre parties principales de voix : le dessus, la haute-contre, la taille et la basse, qu'on appelle aujourd'hui soprano, contralto, ténor et basse. ♦ *Chanter en partie, faire sa partie,* se dit de plusieurs personnes dont chacune chante sa partie. ♦ Fig. *Faire bien sa partie, tenir bien sa partie,* se bien acquitter de ce que l'on doit faire. ♦ Papier sur lequel est tracée la partie séparée de chaque musicien. ♦ *Les parties d'orchestre,* les parties détachées de la grande partition. ♦ Portion d'un grand morceau, d'une sonate, d'un concerto, d'une symphonie, d'une ouverture, d'un chœur, etc. ♦ ▷ Quantité plus ou moins grande de marchandises à vendre ou à acheter. *Il a vendu une partie considérable de café.* ◁ ◁ Au pl. Un mémoire où sont énumérés tous les articles faits, fournis ou vendus (vieilli en ce sens). « *Il ne se donne pas la peine de régler des parties* », LA BRUYÈRE. ◁ ♦ Fig. et fam. *Parties d'apothicaires ;* on dit plutôt aujourd'hui : *mémoire d'apothicaire.* ♦ *Tenue des livres en partie* ou *à partie simple,* celle qui ne mentionne dans chaque article que le doit ou l'avoir. ♦ *Tenue des livres en partie* ou *à partie double,* celle qui mentionne à la fois dans chaque compte le doit et l'avoir. ♦ *Les parties casuelles,* Voy. CASUEL. ♦ Jeu Sorte de combat entre deux ou plusieurs personnes, qui est soumis à certaines règles, et dont l'issue décide qui gagnera ou perdra. *Jouer, perdre, gagner une partie.* ♦ ▷ *Faire la partie de quelqu'un,* jouer habituellement avec lui. ◁ ♦ *La partie d'honneur,* Voy. HONNEUR. ♦ *Coup de partie,* coup qui décide le gain ou la perte de la partie, et fig. ce qui décide du succès. ♦ *La partie est inégale, n'est pas égale,* elle est faite entre des joueurs d'une force inégale ; et fig. se dit quand on lutte avec un homme plus fort, plus habile, plus audacieux qu'on ne l'est. ♦ Fig. *C'est une partie perdue,* se dit lorsqu'on désespère de réussir dans ce qu'on a entrepris. ♦ *Quitter la partie,* convenir que celui contre qui l'on joue a gagné, et fig. se désister de quelque chose, y renoncer. ♦ ▷ Projet formé entre plusieurs personnes pour quelque affaire, pour quelque entreprise. « *La partie ainsi faite, il vient avec ses gens* », LA FONTAINE. ◁ ♦ *Lier partie,* s'entendre avec d'autres pour quelque projet. ♦ Projet de divertissement. *Faire une partie de promenade.* ♦ *Être d'une partie,* être du nombre de ceux qui font la partie, et fig. faire quelque chose en commun avec d'autres. ♦ *Se mettre de la partie,* prendre part à quelque chose. ♦ *Partie fine,* partie de plaisir où l'on met quelque mystère. ♦ Dr. Celui qui plaide contre quel-

qu'un, soit en demandant, soit en défendant. *Sa partie l'a fait condamner aux dépens.* ♦ *Forte partie,* se dit d'un homme puissant en crédit, contre qui l'on plaide. ♦ Fig. *Avoir affaire à forte partie,* avoir un adversaire redoutable. ♦ *Être juge et partie,* être à la fois celui qui fait un procès et celui qui le juge. ♦ *Prendre quelqu'un à partie,* attaquer un homme en justice. ♦ *Prendre son juge à partie,* se rendre partie contre le juge, l'accusant d'avoir prévariqué. ♦ *Prise à partie,* acte par lequel on prend son juge à partie. ♦ Par extens. *Prendre à partie,* imputer à quelqu'un le mal qui est arrivé. ♦ Celui dont un avocat ou un avoué défend le droit ou les prétentions. ♦ Au pl. Les personnes qui contractent ensemble. *Toutes les parties intéressées sont d'accord.* ♦ *Parties belligérantes,* les puissances qui sont en guerre les unes contre les autres. ♦ *Parties prenantes,* créanciers de l'État dont le paiement a été assigné sur un fonds particulier ; créanciers qui viennent en ordre utile dans une distribution de fonds provenant de leur débiteur ; ceux qui participent à une distribution de vivres, d'habits, etc. ♦ Agent, acteur. « *Notre religion, à nous, c'est notre histoire... nous sommes parties dans les scènes que le pinceau nous étale* », CHATEAUBRIAND. ♦ Rôle. « *La comédie ne serait pas moins bien jouée, quand je serais demeuré derrière le théâtre ; ma partie est bien petite en ce monde* », BOSSUET. ♦ Profession. *Son père est marchand de vin, il le mettra dans la partie.* ♦ ▷ Bonne qualité, naturelle ou acquise. « *La principale partie de l'orateur, c'est la probité* », LA BRUYÈRE. « *Cicéron, avec des parties admirables pour un second rôle, était incapable du premier* », MONTESQUIEU. ◁ ♦ EN PARTIE, loc. adv. Non entièrement, non en totalité. *Il n'est héritier qu'en partie.* ♦ On omet quelquefois *en.* « *Elle peut passer toute ou partie dans un corps* », DESCARTES. ♦ Quand cette locution est répétée, elle a le sens de *moitié, à peu près. Un corps de troupes composé en partie de Français, en partie de Suisses ;* ou en omettant *en : composé partie de Français, partie de Suisses.* ♦ Prov. *Qui n'entend qu'une partie n'entend rien.* ♦ *Qui quitte la partie la perd,* se dit non seulement quand on quitte le jeu, mais aussi quand on abandonne un emploi, une position, une entreprise. ■ *Faire partie de,* appartenir à. *Elle fait partie d'une chorale.* ■ *Ce n'est que partie remise,* c'est reporté à plus tard. ■ Au pl. Fam. *Les parties,* les testicules.

PARTIEL, ELLE, adj. [paʀsjɛl] (b. lat. *partialis,* incomplet, divisé en parties) Qui fait partie d'un tout. *Des idées partielles.* ♦ Qui n'existe ou qui n'a lieu qu'en partie. *Éclipse partielle.* ♦ Fait par parties. *Lecture partielle.* ♦ Arithm. *Produit partiel,* le produit du multiplicande par un seul chiffre du multiplicateur. *Dividende partiel,* partie séparée du dividende total pour obtenir un seul chiffre du diviseur. ■ *Examen partiel* ou ellipt. *un partiel,* examen universitaire qui a lieu plusieurs fois dans l'année et dont les résultats entrent dans la note finale. ■ *Élection partielle* ou ellipt. *la partielle,* qui ne concerne qu'une partie des sièges.

PARTIELLEMENT, adv. [paʀsjɛl(ə)mɑ̃] (*partiel*) Par parties.

1 **PARTIR,** v. tr. [paʀtiʀ] (lat. *partiri*) ▷ Vieilli Diviser en plusieurs parts. « *Aussi rien n'est parti si bien par la nature Que le sens, car chacun en a sa fourniture* », RÉGNIER. ♦ Fig. *Avoir maille à partir avec quelqu'un,* Voy. MAILLE. ◁

2 **PARTIR,** v. intr. [paʀtiʀ] (1 *partir ;* extension de sens à partir de l'idée de séparation) Se conjugue avec *être* ou *avoir,* suivant le sens. Quitter un lieu, s'en aller d'un lieu. ♦ Fig. « *Allez, partez, mes vers, dernier fruit de ma veine* », BOILEAU. ♦ Mar. Quitter un port, une rade, commencer une navigation. ♦ Mourir. « *C'est la règle et la raison, ma fille, que je parte la première* », MME DE SÉVIGNÉ. ♦ Fig. Il se dit de l'argent qu'on dépense. ♦ *Partir* se dit des hommes, des animaux qui quittent précipitamment un endroit. « *La colombe l'entend, part et tire de long* », LA FONTAINE. ♦ *Partir du pied droit, du pied gauche,* commencer à marcher par le pied droit, par le pied gauche. ♦ N. m. Le moment où le cheval part pour se porter en avant. *Ce cheval a le partir prompt.* ♦ V. intr. Mus. Commencer. « *Partez donc, partez donc, musicien barbare* », REGNARD. ♦ Fig. *Partir d'un grand éclat de rire,* rire tout à coup avec éclat. ♦ En parlant des choses, sortir avec impétuosité. « *Le coup qui l'a perdu n'est parti que de lui* », RACINE. « *Quand la foudre s'allume et s'apprête à partir* », RACINE. ♦ Il se dit des choses intellectuelles, morales. « *Elle abondait en saillies charmantes qui partaient malgré elle* », J.-J. ROUSSEAU. ♦ Il se dit des armes de jet ou des armes à feu. *Le fusil, la flèche part.* ♦ Prendre pour point de départ d'un discours, d'un raisonnement, etc. *Partez de ce principe.* ♦ Tirer son origine, avoir son commencement, avec un nom de chose pour sujet. *Les nerfs qui partent du cerveau.* ♦ Provenir, émaner de, en parlant de rayons, de lumière, de sons, de mouvements. ♦ Fig. Provenir de. « *Votre compassion... Part d'un bon naturel* », LA FONTAINE. ♦ Fig. Être produit. « *Peut-être jamais deux pièces ne partirent d'une même main plus différentes et d'invention et de style* », P. CORNEILLE. ♦ À PARTIR DE, loc. prép. À dater de, en commençant à. ♦ À PARTIR DE LÀ, loc. adv. En supposant telle chose ; depuis ce moment. ♦ ▷ *Au partir de,* au moment du départ. ◁ ♦ Il ne faut pas dire *partir à la campagne, partir en Italie,* mais *partir pour la campagne, pour l'Italie.* ♦ On ne dit pas non plus *partir en voyage,* mais simplement *partir* ou *partir pour un voyage.* ■ REM. Auj. *partir à la campagne* ou *partir en voyage* sont courants.

PARTISAN, ANE, n. m. et n. f. [partizã, an] (ital. *partigiano*, qui prend parti pour ; infl. de *parti*, part, sur le sens fiscal) Personne qui est attachée à une personne, à un parti. ♦ Au f. *Partisane*, celle qui est attachée au parti de quelqu'un, qui en prend la défense. « *Vous n'aviez point de partisane plus sincère* », Voltaire. ♦ **Fig.** « *L'éclat de mes hauts faits fut mon seul partisan* », P. Corneille. ♦ Il se dit de ceux qui ont de l'attachement pour quelque chose. « *L'ouvrage le plus plat a, chez les courtisans, De tout temps rencontré de zélés partisans* », Boileau. « *Partisans du plaisir* », Massillon. ♦ Officier de troupes légères ou irrégulières qui court le pays et fait une guerre de surprises. ♦ Au pl. Troupes qui font une guerre de surprises ou d'avant-postes. ♦ Anciennement, celui qui faisait des partis ou sociétés pour la levée de certains impôts. « *Quelque gros partisan t'achètera bien cher* », La Fontaine. ■ **Adj.** Qui défend, qui soutient quelque chose. *Elle est partisane du travail à temps partiel.* ■ Qui est partial, sectaire. *Adopter une attitude partisane.*

PARTITA, ■ n. f. [partita] (mot it., p. p. de *partire*, diviser) **Mus.** Pièce musicale formée en général d'une suite de danses ou de variations. *Partita pour le clavier. Jouer une partita. Des partitas* ou *des partite* (pluriel italien).

PARTITEUR, ■ n. m. [partitœr] (lat. *partitum*, supin de *partiri*, partager) Dispositif sur un canal d'irrigation permettant de répartir l'eau entre plusieurs branches.

PARTITIF, IVE, adj. [partitif, iv] (lat. *partitum*, supin de *partiri*) **Gramm.** Qui désigne une partie d'un tout. *Moitié est un nom partitif* et plusieurs *un adjectif partitif.*

PARTITION, n. f. [partisjõ] (lat. *partitio*) ▷ Action de diviser, de partager. ◁ **Hérald.** *Partition de l'écu*, division. ♦ **Bot.** Action de se diviser, de se partager. *La partition de la tige.* ♦ Chacune des divisions d'une feuille quand ces divisions sont seulement réunies par la base. ♦ Action de partager un ensemble, un discours en parties. ♦ **Mus.** Le recueil des parties d'un opéra, d'une symphonie, etc. superposées les unes aux autres. ♦ **Par extens.** L'œuvre même. « *Guillaume Tell* » *est la plus belle partition de Rossini.* ♦ La règle dont les accordeurs d'orgues, de clavecins, de pianos, etc. se servent pour accorder. ♦ Partage d'un territoire. *La Corée du Nord et la Corée du Sud sont nées de la partition de la Corée en 1948.*

PARTNER, n. m. [partnɛr] Voy. partenaire.

PARTOUSE n. f. ou **PARTOUZE**, ■ n. f. [partuz] (*partie*, au sens de partie galante) Très fam. Orgie sexuelle pratiquée entre plusieurs partenaires.

PARTOUT, adv. [partu] (*par* et *tout*) En tout lieu. ♦ Dans tous les endroits d'un livre. ♦ **Fam.** *Se fourrer partout*, s'introduire dans les maisons, s'ingérer dans les affaires. ♦ *Partout ailleurs*, en tout autre lieu. ♦ *Partout où*, en quelque lieu que ce puisse être. « *Partout où je trouverai des hommes, je me choisirai des amis* », Montesquieu. ♦ *De part tout*, de tous côtés. ♦ **Prov.** On ne saurait être partout, on ne saurait être en deux endroits à la fois, vaquer à deux affaires en même temps. ♦ ▷ *Tout partout* est une locution ancienne dont on se sert encore, mais qui est tombée en désuétude dans la langue littéraire. ◁ ■ Indique que les participants à un jeu, un match sont à égalité. *Cinq partout.*

PARTURIENTE, ■ n. f. [partyrjãt] (lat. *parturiens*, p. prés. de *parturire*, être en couches) **Méd.** Femme qui accouche.

PARTURITION, n. f. [partyrisjõ] (b. lat. *parturitio*) Accouchement naturel, sans le concours de l'art. ♦ Mise bas des animaux.

PARU, UE, p. p. de paraître. [pary] Néolog. Qui a été publié, en parlant de livres. *Les volumes parus.* ■ **Rem.** N'est plus un néologisme aujourd'hui.

PARURE, n. f. [paryr] (*parer*) Ce qui sert à parer. « *Une trop grande négligence, comme une excessive parure dans les vieillards, multiplient leurs rides, et font mieux voir leur caducité* », La Bruyère. ♦ **Fig.** *Des arbres dépouillés de leur parure.* « *Vous étiez mes trésors, ma gloire, ma parure* », M.-J. Chénier. ♦ *Parure de diamants, parure de rubis, etc.*, garniture de diamants, de rubis, etc. pour servir de parure. ♦ Convenance ou ressemblance entre deux ou plusieurs choses. *La tapisserie de la chambre et celle de l'alcôve sont de différente parure.* ♦ **Fig.** *Tout est de même parure*, se dit, le plus souvent en mauvaise part, de la conduite d'un homme dont toutes les actions se ressemblent, d'un ouvrage où tout est de même caractère. ■ **Lingerie** Une *parure*, le col et les manches pareil. ♦ Dans plusieurs arts, ce qui a été retranché avec un outil. *La parure du pied d'un cheval.* ♦ **Reliure** *La parure d'une peau*, ce qui se retranche d'une peau, après que les couvertures sont taillées. ♦ Au pl. Rognures pour faire de la colle forte. ■ Ensemble de choses assorties. *Une parure de bijoux. Une parure de lit.*

PARURERIE, ■ n. f. [paryr(ə)ri] (*parure*) Fabrication et vente d'articles destinés à orner les vêtements féminins. *Acheter des fleurs artificielles, des bijoux dans une parurerie.*

PARURIER, IÈRE, ■ n. m. et n. f. [paryrje, jɛr] (*parure*) Personne qui fabrique et vend des articles destinés à la mode féminine. *Acheter des boutons chez un parurier.*

PARUTION, ■ n. f. [parysjõ] (*paru*, sur le modèle de *comparution*) Publication, mise à disposition du public. *Il a écrit un article dans la dernière parution de ce magazine.* ■ Le texte publié lui-même.

PARVENIR, v. intr. [parvənir] (lat. *pervenire*) Se conjugue avec *être*. Venir jusqu'au terme qu'on s'est proposé. *Parvenir au haut d'une montagne.* ♦ Il se dit des choses qui arrivent à destination. *Son nom est parvenu aux oreilles du roi. Ma lettre parviendra jusqu'à lui.* ♦ **Fig.** Atteindre quelque terme présenté comme un but auquel on aspire. *Parvenir à un grand âge, aux honneurs, au trône, etc.* ♦ ▷ **Absol.** S'élever en dignité, faire fortune. « *Ces artifices que les ambitieux appellent le secret de parvenir* », Fléchier. ◁ ■ *Parvenir* à suivi d'un infinitif, réussir à. *Parvenir à résoudre un problème.*

PARVENU, UE, p. p. de parvenir. [parvəny] Il se dit d'une personne obscure qui a fait une grande fortune. *Un soldat parvenu.* ♦ **N. m.** et n. f. *Un parvenu. Une parvenue.* ■ **Péj.** Personne qui accède rapidement à une condition sociale plus élevée que sa condition première mais qui ne maîtrise pas les usages de cette nouvelle société. « *Le Paysan parvenu* » *de Marivaux.*

PARVIS, n. m. [parvi] (lat. chrét. *paradisus*, jardin, enclos, puis place devant une façade d'église, du gr. *paradeisos*, lieu planté d'arbres ; paradis) ▷ Place devant la porte principale d'une église et particulièrement d'une église cathédrale. ◁ ♦ *Le parvis de Notre-Dame* et plus ordinairement *le parvis Notre-Dame*, le parvis de l'église de Notre-Dame à Paris. ♦ **Par extens.** Il se dit de toute espèce de temple. ♦ **Poétiq.** Les *sacrés parvis*, une église. ♦ Chez les Juifs, dans l'ancien temple, espace qui était autour du tabernacle. ♦ Au pl. Les *parvis*, vestibule, enceinte. « *De ses parvis sacrés [du temple] j'ai deux fois fait le tour* », Racine. ♦ *Les célestes parvis*, le ciel. ■ **Par extens.** Vaste place devant certains bâtiments publics. *Le parvis de l'hôtel de ville.*

1 **PAS**, n. m. [pa] (lat. *passus*) Action de mettre un pied devant l'autre pour marcher. ♦ *Aller un bon pas*, marcher assez bien. ♦ *À pas lents*, en marchant lentement. ♦ **Fig.** « *Anne vit avancer la mort à pas lents* », Bossuet. ♦ *Aller plus vite que le pas*, courir précipitamment. ♦ **Fig. et pop.** *Faire aller quelqu'un plus vite que le pas*, lui susciter des embarras, et aussi le remettre dans son devoir. ♦ *Faire un pas, faire des pas en arrière, reculer d'un pas, de plusieurs pas.* ♦ *Porter ses pas vers un lieu*, s'y rendre. ♦ *Conduire les pas de quelqu'un*, le diriger. ♦ *S'attacher aux pas de quelqu'un*, le suivre partout. ♦ *Au petit pas*, lentement, sans hâter le pas. ♦ *Marcher à pas comptés*, marcher gravement et lentement. ♦ **Fig.** *Aller à pas mesurés*, agir avec circonspection. ♦ *Marcher de même pas que quelqu'un*, aller aussi vite que lui. ♦ *Du même pas*, aussi vite l'un que l'autre. ♦ **Fig.** « *La gravité, l'orgueil et la paresse marchent du même pas* », Montesquieu. ♦ *Suivre les pas de quelqu'un*, l'accompagner, et fig. suivre son exemple. ♦ *Aller, marcher sur le pas de quelqu'un*, le suivre, et fig. l'imiter. ♦ *Sur les pas*, à la suite de. ♦ **Fig.** *Sur les pas*, à l'imitation de. « *Ô le plaisant docteur, qui, sur les pas d'Horace, Vient prêcher, diront-ils, la réforme au Parnasse !* », Boileau. ♦ *À grands pas*, en faisant de grands pas, en marchant vite, et fig. avec beaucoup de rapidité. ♦ ▷ **Fig.** *Aller à grands pas aux dignités, aux honneurs*, s'avancer rapidement dans la carrière des dignités, des honneurs. ◁ ♦ **Fig.** *Faire des pas, de grands pas*, faire des progrès, de grands progrès. ♦ **Fig.** *À chaque pas*, à chaque moment. ♦ **Poétiq.** *Sous tes pas*, à mesure que l'on marche. « *Les jeux, les ris naissent sous mes pas* », Fénelon. ♦ *Revenir sur ses pas*, parcourir en arrière le chemin qu'on avait parcouru en avant. ♦ **Fig.** « *Après avoir mal fourni sa carrière, on ne revient plus sur ses pas pour reprendre d'autres routes* », Massillon. ♦ **Fig.** *Revenir sur ses pas*, reprendre un sujet au point où on l'avait laissé. ♦ *Les premiers pas*, les pas que fait un enfant quand il commence à marcher. ♦ **Fig.** « *Le premier pas, mon fils, que l'on fait dans le monde, Est celui dont dépend le reste de nos jours* », Voltaire. ♦ **Fig.** *Faire les premiers pas*, faire les avances, les premières démarches. ♦ **Fig.** *Le premier pas*, le commencement de quelque affaire, de quelque entreprise. ♦ **Fig.** *Tout dépend du premier pas*, le succès dépend de la manière dont on commence. ♦ *Faux pas*, pas dans lequel on glisse ou chancelle. *Faire un faux pas.* ♦ Chez le cheval, *faux pas*, pas mal assuré, irrégularité dans l'allure du pas. ♦ **Fig.** Une faute. « *La plus haute vertu peut faire de faux pas* », P. Corneille. ♦ On dit au pluriel *de faux pas*, ou, si l'on considère *faux pas* comme un substantif composé, *des faux pas.* ♦ **Danse** Les différentes manières de conduire ses pas. *Pas de valse.* Les pas sont simples ou composés. *Pas de ballet*, pas figuré qu'on fait dans les ballets. *Pas de deux, pas de trois, etc.*, entrée de ballet dansée par deux, trois, etc. personnes. ♦ *Pas seul*, danse exécutée par un seul danseur. ♦ **Milit.** Les différentes manières de marcher des troupes. *Pas de charge. Pas redoublé. Pas accéléré.* ♦ **Absol.** *Le pas*, manière de marcher qui est la plus voisine de la marche naturelle. ♦ **Fig. et fam.** *Mettre quelqu'un au pas*, le forcer à faire son devoir. ♦ **Mus.** *Un pas redoublé*, morceau dont la mesure est appropriée au pas des troupes. ♦ **Manège** L'une des allures naturelles du cheval, la plus lente. ♦ Vestige, marque du pied sur le sol. *On voyait des pas d'homme sur le sable.* ♦ **Fig.** *Vous devriez baiser chacun de ses pas*, vous lui devez beaucoup de reconnaissance pour tout ce qu'il a fait pour vous. ♦ L'espace qui se trouve d'un pied à l'autre quand on marche. ♦ ▷ *Pas géométrique*, mesure de 5 pieds ou 1 m 62. ◁ ♦ **Par exagération** *Il*

n'y a qu'un pas, il n'y a que très peu de chemin à faire, et fig. il y a bien peu de différence. ◆ On dit de même *à deux pas, à quatre pas*. ◆ *Ne pas quitter d'un pas*, rester tout près. ◆ ▷ **Fig.** *À cent pas*, à une grande distance morale ou intellectuelle. ◁ ◆ *Passage*. ◆ *Un mauvais pas*, endroit où il est difficile ou dangereux de passer. ◆ **Fig.** *« Il faut avec honneur franchir ce mauvais pas »*, P. CORNEILLE. ◆ **Fig.** *Tirer d'un mauvais pas*, faire sortir heureusement d'une affaire difficile, embarrassante ; *se tirer d'un mauvais pas*, en sortir heureusement. ◆ On dit de même *un pas glissant, pas dangereux, pas hasardeux*, une occasion où il est difficile de se bien conduire. ◆ **Fig.** *Passer le pas*, subir quelque chose de forcé ; et aussi mourir. ◆ ▷ *Faire passer le pas à quelqu'un*, le faire mourir, le tuer. ◁ ◆ **Pop.** *Sauter le pas*, mourir. ◆ *Le dernier pas*, la mort. ◆ **Fig.** *Franchir le pas, sauter le pas*, faire une chose qu'on ne pouvait se résoudre à faire. ◆ *Pertuis*. ◆ *Passage étroit et difficile dans une vallée, dans une montagne. Le pas de Suse*. ◆ Détroit, passage de mer. *Le pas de Calais*. ◆ *Seuil. Sur le pas de la porte*. ◆ Marche au-devant d'une entrée. *Prenez garde, il y a un pas*. ◆ **Fig.** Préséance, droit de marcher le premier. *Avoir le pas sur quelqu'un. Céder le pas*. ◆ **Fig.** *Avoir le pas*, l'emporter. ◆ **Fig.** *« L'esprit doit sur le corps prendre le pas devant »*, MOLIÈRE. ◆ ▷ *Donner le pas à quelqu'un*, le laisser par civilité passer le premier. ◁ ◆ Au Moyen Âge, *pas d'armes*, sorte de tournoi qui avait pour objet de défendre un poste quelconque, soit un chemin ou un sentier de forêt, soit un passage en rase campagne, mais fermé par des barricades. ◆ **Fig.** Acte comparé à un pas qui se fait. *« Un pas hors du devoir nous peut mener bien loin »*, P. COR-NEILLE. *« Si mes accusateurs observent tous mes pas »*, RACINE. ◆ *Pas de clerc*, Voy. CLERC. ◆ ▷ *Allées et venues, peines qu'on prend pour quelque affaire. Faire des pas pour quelqu'un*. ◁ ◆ On dit aussi *pas et démarches*. ◆ *Salle des pas perdus*, grande salle servant d'antichambre à toutes les chambres des tribunaux. ◆ Entailles faites sur la plate-forme d'un comble pour recevoir le pied des chevrons. ◆ *Pas de vis*, l'espace compris entre deux filets d'une vis. ◆ *Pas-d'âne*, instrument avec lequel on maintient ouverte la bouche du cheval pour l'examiner. ◆ *Pas-d'âne*, nom vulgaire du tussilage. ◆ PAS À PAS, *loc. adv. Un pas après l'autre*, doucement. *S'avancer pas à pas*. ◆ **Fig.** *« Il faut marcher pas à pas dans cette voie »*, BOSSUET. ◆ DE CE PAS, TOUT DE CE PAS, TOUT D'UN PAS, *loc. adv.* À l'heure même. *« Allons-y de ce pas »*, P. CORNEILLE. ◆ **Prov.** *Pas à pas, on va bien loin*, quelque lentement qu'on procède, on ne laisse d'avancer beaucoup pour un ouvrage, quand on y travaille sans discontinuité. ◆ *Il n'y a que le premier pas qui coûte*, le plus difficile en toutes choses est de commencer. ◆ *À pas de loup*, silencieusement, discrètement. *Marcher à pas de loup*. ■ *Faire les cent pas*, aller et venir impatiemment en attendant quelque chose ou quelqu'un. *En attendant le résultat, il faisait les cent pas*.

2 PAS, adv. [pa] (lat. *passus*) Il renforce la négation ne. *« Je ne vous réponds pas des volontés d'un père »*, MOLIÈRE. ◆ **Interrogativ.** *N'avez-vous pas été là ?* ◆ **Abusiv.** *Pas* nie quelquefois, même sans *ne*, dans les phrases interrogatives. *« Fit-il pas mieux que de se plaindre ? »*, LA FONTAINE. ◆ On supprime *pas* et *point* devant *ni, rien, jamais, plus, aucun. Je ne l'aime ni ne l'estime ; cela ne vaut rien ; etc.* ◆ *Pas* se met négativement devant les substantifs, les noms de nombre, etc. en sous-entendant la négation et le verbe. *Pas d'argent, pas de Suisses. « Pauvre esprit, pas deux mots ! »*, MOLIÈRE. ◆ *Pas* se met négativement devant plusieurs adverbes, dans une réponse négative. *Avez-vous de l'argent ? –Pas beaucoup.* ◆ **Fam.** *Pas vrai ?* pour : *N'est-il pas vrai ?* ◆ **Pop.** *Un pas-grand-chose*, un homme qui ne vaut guère. ◆ *Non pas que*, ce n'est pas que. ◆ *Il n'est pas que... ne*, sans doute. *« Il n'est pas que vous ne confessiez quelqu'un »*, PASCAL. ◆ *Pas aussi*, non plus. *« Nous ne voulons pas que les autres nous trompent... Il n'est donc pas juste aussi que nous les trompions »*, PASCAL. ◆ *Ne... pas que*, dans cette phrase : *Je n'ai pas que ce livre*, est une grosse faute.

1 PASCAL, ALE, adj. [paskal] (lat. ecclés. *paschalis*) Qui concerne la pâque des Juifs. *L'agneau pascal*. ◆ Qui concerne la fête de Pâques des chrétiens. *La communion pascale*. ◆ L'Académie dit que le pluriel *pascaux* n'est pas usité.

2 PASCAL, ■ n.m. [paskal] (Blaise *Pascal*, 1623-1662, savant, philosophe et écrivain) **Phys.** Unité de mesure de contrainte et de pression équivalant à la pression exercée perpendiculairement sur une surface plane de 1 m². *Le symbole du pascal est Pa.*

3 PASCAL, ■ n.m. [paskal] (Blaise *Pascal*) **Inform.** Langage de programmation informatique utilisé pour certaines applications scientifiques. *Le pascal a été conçu en 1969.*

PASCALIEN, IENNE, ■ adj. [paskaljɛ̃, jɛn] (*Pascal*) Relatif à la pensée du savant, philosophe et écrivain Blaise Pascal (1623-1662). *Une rhétorique pascalienne. « Là encore, il avait trouvé tremplin contre les fausses évidences pascaliennes, ébauchant une critique du fameux développement sur les deux infinis »*, VAILAND.

PAS-D'ÂNE, ■ n.m. [padɑn] (1 *pas* et *âne*) Voy. PAS.

PAS-DE-PORTE, ■ n.m. [pad(ə)pɔʀt] (1 *pas* et 1 *porte*) Rétribution financière donnée par un commerçant à un bailleur ou à un commerçant qui l'a

précédé lorsqu'il reprend un emplacement. *L'emplacement est très bon, mais le pas-de-porte est exorbitant. Des pas-de-porte.*

PASHMINA, ■ n.m. [paʃmina] (moghol *pashm*, très fin) Duvet particulièrement doux et chaud, provenant de chèvres tibétaines, utilisé pour confectionner des châles et des écharpes. *Finesse du pashmina.* ■ Nom donné aux châles et aux écharpes tissés avec ce duvet. *Des pashminas.*

PASIGRAPHIE, n.f. [paziɡʀafi] (gr. *pas*, tout, et *-graphie*) ▷ Écriture universelle. ◁

PASIONARIA ou **PASSIONARIA**, ■ n.f. [pasjɔnaʀja] (mot esp., *passiflore*, de *passion* ; surnom donné à Dolorès Ibarrun, 1895-1984, militante républicaine espagnole) Femme engagée farouchement dans un combat idéologique.

PASO-DOBLE, ■ n.m. inv. [pasodɔbl] (mot esp.) Danse enlevée et cadencée à deux temps d'origine espagnole. *Le paso-doble était à la mode entre les deux guerres. Des paso-doble.*

PASQUIN, n.m. [paskɛ̃] (ital. *Pasquino*) ▷ Nom d'une statue mutilée, en marbre, qui est au coin du palais des Ursins, à Rome et à laquelle on attache des satires et des railleries. ◆ Méchant bouffon, satirique trivial. *Cet homme est un Pasquin.* ◆ Écrit satirique (on met une minuscule en ce sens). *« D'un pasquin qu'on a fait, au Louvre on vous soupçonne »*, BOILEAU. ◆ Valet de comédie. *Le Pasquin de la troupe.*

PASQUINADE, n.f. [paskinad] (*Pasquin*) ▷ Placard satirique attaché à la statue de Pasquin. ◆ **Par extens.** Raillerie bouffonne et triviale. ◁

PASSABLE, adj. [pasabl] (*passer*) Qui peut être admis, qui peut passer comme n'étant pas mauvais. *Une pièce passable. « Si tout n'est pas bien dans l'univers, tout est passable »*, VOLTAIRE. ◆ Il se dit des personnes. *Un écrivain passable. « Elle n'est point tant sotte, ma foi, et je la trouve assez passable »*, MOLIÈRE.

PASSABLEMENT, adv. [pasabləmɑ̃] (*passable*) D'une manière passable, de manière qu'on puisse s'en contenter. *« Quand on est passablement quelque part, il faut y rester »*, VOLTAIRE. ◆ D'une manière dépassant en mal la mesure ordinaire. *Ses mains sont passablement grandes. Il est passablement sot.*

PASSACAILLE, n.f. [pasakaj] (esp. *passacalle*) **Anc. mus.** Espèce de chacone d'un mouvement plus lent que la chacone ordinaire. ◆ Ancienne danse qu'on exécutait sur cet air. ◆ **Jeu** *Faire la passacaille*, couper avec une carte inférieure, dans l'espoir que le joueur suivant n'aura pas une carte plus forte. ◁ ■ Danse de théâtre à trois temps souvent exécutée dans des opéras en vogue au XVIIIᵉ siècle. *La passacaille de la cour de Louis XIV.*

PASSADE, n.f. [pasad] (*passer*, avec infl. de l'ital. *passata*, passage) ▷ Passage d'un homme dans un lieu où il fait peu de séjour. *Ce gîte est assez bon pour une passade.* ◁ ◆ *De passade*, en ne faisant que passer. ◁ ◆ **Fig.** *« Des charlatans qui ont usurpé une réputation de passade »*, VOLTAIRE. ◆ ▷ *À la passade*, en passant. ◁ ◆ ▷ *En passade*, en ne faisant que passer. ◁ ◆ ▷ *Cela est bon pour une passade*, cela est bon pour une fois. ◁ ◆ **Fig.** Il se dit de goûts qui durent peu. *« Vous n'avez jamais eu qu'une passion véritable, celle de faire du bien ; tout le reste n'a été que passades »*, VOLTAIRE. ▷ Les charités, les assistances qu'on demande en passant, en voyageant. ◁ ◆ Course d'un cheval qui se compose le plus souvent d'une demi-volte, faire rapidement aux deux extrémités d'une piste, pour revenir au point de départ. ◆ **Escrime** Syn. de passe. ◆ Action par laquelle un nageur en enfonce un autre dans l'eau et le fait passer sous lui. *Donner une passade.* ■ Brève liaison amoureuse. *Notre histoire n'a été qu'une passade.*

PASSAGE, n.m. [pasaʒ] (*passer*) Action de passer, en parlant des personnes qui passent. *Le passage d'une armée. « Alexandre dompta tous les pays qu'il trouva sur son passage »*, BOSSUET. ◆ Action de passer, en parlant du lieu par où l'on passe. *Le passage d'un pont, d'un fleuve, etc.* ◆ *Cette route est d'un grand passage*, elle est très fréquentée. ◆ **Milit.** Passage de défilé, de fossé, de lignes, nom des différentes évolutions pratiquées pour traverser un défilé, etc. ◆ Il se dit des animaux qui changent de lieu en certaines saisons. *Le passage des bécasses, des harengs.* ◆ *Oiseaux de passage*, oiseau qui passe en certaines saisons d'un pays dans un autre, et fig. personne qui n'est en quelque lieu que pour peu de temps. ◆ **Fig.** *De passage*, provisoire. *« L'armée fit quelques camps de passage »*, SAINT-SIMON. ◆ **Fig.** Qui ne dure pas, qui passe aussitôt. *Un bonheur de passage.* ◆ Moment de passer. *Nous guettons son passage.* ◆ Voie par où l'on passe. *Les passages dans les montagnes.* ◆ **Fig.** *Il me trouvera sur son passage*, se dit par menace de quelqu'un à qui l'on se propose de faire obstacle. ◆ *Au passage*, dans le lieu où passe la personne dont il s'agit. ◆ **Fig.** *« Guettant à propos les fautes au passage »*, RÉGNIER. ◆ Dans quelques villes, galerie couverte où ne passent que les piétons. ◆ **Archit.** Dégagement entre deux pièces ; corridor court et étroit. ◆ Action de passer sur un navire d'un lieu à un autre ; voyage au-delà des mers. ◆ *Passage de la ligne*, instant où un bâtiment traverse la ligne équinoxiale. ◆ Embarquement, sur un navire, d'un individu qui paye un prix convenu pour être transporté au lieu de la destination. ◆ Temps que dure une traversée sur mer. ◆ Droit qu'on paye pour passer sur un pont, sous un pont, etc. ♦ **Jurispr.** Droit de passer sur la propriété d'autrui. *Passage de servitude. Passage de souffrance.* ♦ **Astron.** Le moment où un astre est interposé entre l'œil d'un observateur et d'autres corps fixés ou mobiles auxquels il rapporte sa position. ♦ *Passage du méridien,* moment où un astre est le plus élevé et à distance égale de l'Orient et de l'Occident. ♦ **Manège** Pas relevé et cadencé du cheval. ♦ *Point de passage,* col de montagne. ♦ *Passage de niveau* ou *à niveau,* endroit où un chemin de fer rencontre un chemin ordinaire. ♦ **Fig.** Ce que l'on compare à l'action de passer. « *Je puis donner passage à mes tristes soupirs* », P. CORNEILLE. ♦ **Fig.** Transition. *Le passage du jour à la nuit,* d'un ton à un autre, etc. ♦ **Peint.** Succession graduée des nuances d'une couleur, depuis la plus foncée jusqu'à la plus claire ; succession des ombres depuis la plus forte jusqu'à la plus légère, jusqu'au clair lui-même. ♦ **Fig.** Changements qui se font dans les situations. ♦ **Fig.** Changement de disposition de l'âme. « *Rien n'est moins surprenant que le passage de la méchanceté à l'abjection* », J.-J. ROUSSEAU. ♦ Il se dit d'une chose de peu de durée. « *Chacun veut de la vie embellir le passage* », GILBERT. ♦ **Fig.** Mort. « *La religion seule a des secrets pour ce terrible passage* », Mme DE STAËL. ♦ **Fig.** Citation d'un auteur, d'un ouvrage. ♦ **Mus.** Portion de chant, une ou plusieurs phrases. Ornement qu'on ajoute à un trait de chant. *Notes de passage,* celles par lesquelles on remplit les degrés disjoints pour les franchir avec plus de grâce et qui n'appartiennent point à l'harmonie. ♦ Préparation que l'on donne aux peaux en les passant dans différentes drogues. ■ *Examen de passage,* qui permet à un élève de passer dans une classe supérieure ; fig. épreuve déterminante. ■ **Fig.** *Passage à vide,* baisse de rendement, d'efficacité d'une personne. ■ **Fig.** *Passage obligé,* condition indispensable, nécessité. *La concertation est un passage obligé pour la réussite du projet.* ■ *Passage protégé, passage clouté,* endroit délimité sur la chaussée où les piétons peuvent traverser. ■ *Passage souterrain,* tunnel sous une route, une voie ferrée. ■ **Fam.** *Passage à tabac,* fait de battre quelqu'un.

PASSAGÉ, ÉE, p. p. de passager. [pasaʒe]

1 PASSAGER, v. tr. [pasaʒe] (ital. *passeggiare,* promener, se promere, attesté au sens équestre) ▷ *Passager un cheval,* le faire marcher de côté, soit au pas, soit au trot, de manière que ses hanches tracent un chemin parallèle à celui que tracent ses épaules. ♦ **V. intr.** Il se dit du cheval qui exécute cette action. ■ REM. On disait aussi *passéger.* ◁

2 PASSAGER, ÈRE, adj. [pasaʒe, ɛʀ] (*passage*) Qui ne s'arrête pas et qui ne fait que passer. *Les grues sont des oiseaux passagers.* ♦ Qui n'a point de demeure fixe. « *Je suis médecin passager, qui vais de ville en ville* », MOLIÈRE. ♦ **Fig.** Qui est de peu de durée. *Des biens passagers.* « *La mauvaise foi ne peut avoir qu'un succès court et passager* », ROLLIN. ♦ *Fortification passagère,* Fortification relative à toutes les opérations qui ont pour but de renforcer des positions qui ne doivent être occupées que momentanément. ♦ **N. m.** et n. f. Celui, celle qui ne fait que passer en un lieu ; qui n'est dans un lieu qu'en passant. ♦ Celui, celle qui s'embarque pour passer en quelque lieu. Ne dites pas : *Une rue passagère,* mais *une rue passante.* ■ Adj. Se dit d'un lieu très fréquenté. *Une rue passagère.* ■ **N. m. et n. f.** Personne qui voyage à bord d'un navire, d'un avion, d'une voiture, etc., sans conduire le véhicule ni participer à sa marche. *Les passagers de première classe d'un avion.*

PASSAGÈREMENT, adv. [pasaʒɛʀ(ə)mã] (*passager*) Pour peu de temps, d'une manière passagère.

PASSANT, ANTE, adj. [pasã, ãt] (*passer*) Qui passe. ♦ **Hérald.** *Animaux passants,* animaux qui sont représentés marchant sur leurs quatre pieds. ♦ Où il passe beaucoup de monde. *Une rue passante.* ♦ *Chemin passant,* chemin public où tout le monde a le droit de passer. ♦ **N. m. et n. f.** Celui, celle qui passe par une rue, par un chemin. ♦ **N. m.** *Passant de baudrier,* partie du baudrier dans laquelle s'introduit le fourreau d'une arme blanche. ■ Anneau dans lequel on passe l'extrémité d'une ceinture, d'une courroie pour la maintenir.

PASSATION, n. f. [pasasjɔ̃] (*passer*) Dr. Action de passer un contrat. *La passation d'un contrat, d'un acte.* ■ *Passation des pouvoirs,* leur transmission à une autre personne.

1 PASSAVANT, n. m. [pasavã] (*passe* et *avant*) Mar. Partie du pont supérieur bordée par le bastingage et comprise entre les deux gaillards ; elle sert de passage entre l'avant et l'arrière du navire à son étage supérieur.

2 PASSAVANT, n. m. [pasavã] (*passe* et *avant*) Acte qui autorise à laisser passer les marchandises qui ont acquitté le droit, ou en sont exemptes.

1 PASSE, n. f. [pas] (*passer*) Action de passer, en parlant des oiseaux voyageurs qui changent de contrée. *Le temps de la passe.* ♦ **Escrime** Action par laquelle on avance sur l'adversaire, en passant le pied gauche au devant du pied droit. *Faire des passes.* ♦ Action d'aller l'un contre l'autre dans une joute. ♦ Mouvements qu'un magnétiseur fait avec les mains, soit en touchant légèrement la personne, soit à distance. ♦ Dans l'ancien jeu de billard, petite arcade de fer par laquelle il faut que la bille passe. ♦ *Être en passe* dans un lieu du billard d'où l'on peut, en passant et en traversant la passe, toucher la bille opposée ; et fig. et fam. Être dans une situation

favorable pour. « *Il est fort peu d'emplois dont je ne sois en passe* », MOLIÈRE. ♦ *Être en belle passe,* dans une belle passe, être dans une position qui promet beaucoup d'avancement ; et en un sens contraire, *n'être pas dans une belle passe,* être dans une mauvaise passe. ♦ *Mettre en passe de,* mettre dans une position favorable pour. ♦ **Absol.** *Mettre en passe,* mettre dans une position favorable. ♦ *La passe, les passes,* la condition où l'on est. « *Dans la passe où j'étais à la cour, il ne me convenait plus de fréquenter des maîtres d'hôtel* », LESAGE. ♦ **Danse** Mouvement du corps particulier à quelques figures. Entrelacement des bras dans la valse. ♦ **Mar.** Canal entre deux terres, entre deux écueils. *Sonder une passe.* ♦ *Lettres de passe,* lettres accordées pour passer d'un emploi à un autre. ♦ Mise au jeu de quelques jetons ou fiches à chaque nouveau coup. *La passe est double.* ♦ La petite somme qu'il faut ajouter à des pièces de monnaie pour compléter un compte. ♦ *La passe du sac,* ce qu'on paye pour le sac qui contient l'argent que l'on reçoit. ♦ Aumône qu'on donne aux pauvres passants pour les aider à se rendre où ils ont dessein d'aller. ♦ **Impr.** *Main de passe* ou chaperon, main de papier en sus de chaque rame, destinée à servir à la mise en train et à remplacer les feuilles qui seraient gâtées ou qui manqueraient dans la rame. *La main de passe est réglée à un dixième en sus du tirage.* ♦ Partie d'un chapeau de femme qui entoure le visage. ♦ À la roulette, tout numéro au-dessus de 18. ♦ **Fig.** *Passe d'armes,* vif échange d'arguments. ♦ *Mot de passe,* formule convenue qui donne le droit de passer. ♦ Acte de prostitution. ♦ *Maison, hôtel de passe,* où des personnes se prostituent. ■ *Être en passe de,* être sur le point de. *Cette méthode est en passe d'être remplacée.* ♦ **Techn.** Chacune des opérations identiques subies par une pièce. ♦ **Sp.** Action de passer le ballon à un autre joueur.

2 PASSE, ■ n. m. [pas] (abrév. de *passe-partout*) Fam. Clé permettant d'ouvrir ou de fermer plusieurs serrures différentes. *Le passe du concierge.*

1 PASSÉ, n. m. [pase] (*passer*) Ce qui a été fait ou dit autrefois. *J'ai oublié le passé.* ♦ *Le temps passé.* « *Nous rappelons le passé, pour l'arrêter comme trop prompt* », PASCAL. ♦ **Gramm.** *Le passé,* la flexion du verbe par laquelle on marque un temps passé. *Le passé défini. Le passé indéfini.* ■ *Par le passé,* autrefois. *Ils étaient amis par le passé.*

2 PASSÉ, ÉE, p. p. de passer. [pase] ▷ **Hérald.** *Épées passées en sautoir,* épées croisées. ◁ ♦ Qui vient de passer (sous-entendu *dernièrement*). *La semaine passée.* ♦ Qui a été autrefois et qui n'est plus. *Les choses passées. Oublier les services passés.* ♦ *Participe passé,* Voy. PARTICIPE. ♦ Qui a perdu sa fraîcheur, qui est flétri. *Des étoffes passées. Une viande passée. Une fleur passée.* ♦ *Être maître passé,* passé maître, être très habile, Voy. MAÎTRE. ♦ Passé en habitude, devenu habituel. ♦ Apprêté d'une certaine façon, en parlant du cuir, des étoffes, etc. ♦ *Passé,* prép. Au-delà. *Passé l'équateur.* ♦ Après. *Passé le mois de juin, le rossignol ne chante plus.* ♦ PASSÉ, n. m. Sorte de broderie dans laquelle la soie embrasse autant d'étoffe en dessus qu'en dessous.

PASSE-BANDE, ■ adj. inv. [pas(ə)bãd] (*passer* et *bande*) Se dit d'un dispositif qui ne laisse passer qu'une bande de fréquences données. *Des filtres passe-bande.*

PASSE-BAS, ■ adj. inv. [pas(ə)ba] (*passer* et *bas*) Se dit d'un dispositif qui ne laisse passer que les fréquences plus basses qu'une fréquence donnée. *Des filtres passe-bas.*

PASSE-CARREAU, n. m. [pas(ə)kaʀo] (*passer* et *carreau*) ▷ Morceau de bois long, dont les tailleurs se servent pour passer les coutures au carreau. ♦ Dans les cirques forains, le pitre qui joue le rôle de tailleur dans une farce. ♦ Au pl. *Des passe-carreaux.* ◁

PASSE-CHEVAL, n. m. [pas(ə)ʃəval] (*passe* et *cheval*) ▷ Sorte de bateau pour passer les chevaux. ♦ Au pl. *Des passe-chevaux.* ◁

PASSE-CRASSANE, ■ n. f. [pas(ə)kʀasan] (*passer* et *crassane*) Poire d'hiver à la peau jaune et à la chair particulièrement juteuse. *Une confiture de passe-crassanes.*

PASSE-DEBOUT, n. m. inv. [pas(ə)dəbu] (*passer* et *debout*) ▷ Permission que le commis des douanes accorde pour les marchandises qui doivent traverser quelque ville sans payer d'octroi. ♦ Au pl. *Des passe-debout.* ◁

PASSE-DIX, n. m. inv. [pas(ə)dis] (*passer* et *dix*) ▷ Jeu à trois dés dans lequel un des joueurs parie amener plus de dix. ♦ Au pl. *Des passe-dix.* ◁

PASSE-DROIT, n. m. [pas(ə)dʀwa] (*passer* et *droit*) Grâce accordée contre le droit et l'usage ordinaire. ♦ Injustice faite à quelqu'un en lui préférant une personne qui a moins de titres que lui. *On m'a fait un passe-droit.* ♦ Au pl. *Des passe-droits.*

PASSÉE, n. f. [pase] (*passer*) ▷ Action de passer. *Ils ont eu plusieurs passées de gens de guerre.* ♦ **Chasse** Moment du soir où les bécasses se lèvent du bois pour aller dans la campagne. Trace que laisse le pied d'une bête. Le lieu où le cerf a passé. Place où les animaux ont coutume de passer. ♦ Espace dans lequel on a coupé les herbes pour faire une route qui conduise les poissons aux filets dormants. ♦ Chez les mégissiers, certaine quantité de peaux qu'on plonge à la fois dans une cuve pour les faire devenir blanches. ♦ L'aller et le venir de la navette. ◁

PASSEFILAGE, n. m. [pas(ə)filaʒ] (*passefiler*) ▷ Action de passefiler. ◁

PASSEFILER, v. tr. [pas(ə)file] (*passer* et *fil*) ▷ Faire une reprise, passer un fil de laine, de soie, etc. dans un mouchoir, un bas, etc. pour réparer la partie mauvaise ou affaiblie. ◁

PASSEFILURE, n. f. [pas(ə)filyʀ] (*passefiler*) ▷ Résultat du passefilage. ◁

PASSE-FLEUR, n. f. [pas(ə)flœʀ] (*passer* et *fleur*) ▷ Un des noms vulgaires du *lychnis coronaria*, ainsi dit parce qu'il passe les autres fleurs. ◆ Au pl. *Des passe-fleurs.* ◁

PASSÉGER, v. tr. [paseʒe] (ital. *passeggiare*) Voy. PASSAGER.

PASSE-HAUT, ■ adj. inv. [paseo] (*passer* et *haut*) Filtre qui ne laisse passer que les fréquences plus hautes qu'une fréquence donnée. *Des filtres passe-haut.*

PASSÉISME, ■ n. m. [paseism] (1 *passé*) Fait d'être réfractaire au changement et de prôner le retour aux valeurs et au mode de vie du passé.

PASSÉISTE, ■ adj. [paseist] (*passéisme*) Qui manifeste un sentiment poussé de nostalgie pour une époque passée, qui vit dans le passé. *Attitude passéiste.* ■ N. m. et n. f. *Un, une passéiste.*

PASSE-LACET, n. m. [pas(ə)lasɛ] (*passer* et *lacet*) Morceau de métal au moyen duquel on passe un lacet dans les œillets d'un corset, d'une bottine, etc. ◆ Au pl. *Des passe-lacets.*

PASSEMENT, n. m. [pas(ə)mã] (*passer*; cf. anc. fr., action de passer) Cuve pleine d'une liqueur acide, dans laquelle le tanneur passe les peaux pour les faire gonfler. ◆ Tissu plat de fil d'or, de soie, etc. qui sert à orner des habits, des meubles, etc. ◆ Dentelle dont on bordait un habit, des manchettes, etc.

PASSEMENTÉ, ÉE, p. p. de passementer. [pas(ə)mãte]

PASSEMENTER, v. tr. [pas(ə)mãte] (*passement*) ▷ Chamarrer de passements. ◁

PASSEMENTERIE, n. f. [pas(ə)mãt(ə)ʀi] (*passement*) Art, commerce du passementier. ◆ Par extens. Marchandise du passementier.

PASSEMENTIER, IÈRE, n. m. et n. f. [pas(ə)mãtje, jɛʀ] (*passement*) Celui, celle qui fait et qui vend de la passementerie.

PASSE-MÉTEIL, n. m. [pas(ə)metɛj] Voy. MÉTEIL.

PASSE-MONTAGNE, ■ n. m. [pas(ə)mõtaɲ] ou [pas(ə)mõtaɲj] (*passer* et *montagne*) Cagoule recouvrant le haut du crâne et le cou, laissant le visage découvert et permettant de se protéger du froid. *Des passe-montagnes.*

PASSE-PAROLE, n. m. [pas(ə)paʀɔl] (*passer* et *parole*) ▷ Milit. Commandement donné à la tête d'une troupe, qu'on fait passer de bouche en bouche jusqu'à la queue. ◆ Au pl. *Des passe-paroles.* ◁

PASSE-PARTOUT ou **PASSEPARTOUT**, n. m. inv. [pas(ə)paʀtu] (*passer* et *partout*) Clé qui peut ouvrir plusieurs portes. ◆ Clés pareilles qui servent à plusieurs personnes pour ouvrir une même porte. ◆ Cadre avec glace dont le fond s'ouvre à volonté pour recevoir des dessins, des gravures, etc. ◆ Encadrement de papier, orné de filets, dans lequel on place un dessin. ◆ Impr. Ornement de bois ou de fonte, dont le milieu est percé et peut recevoir une lettre quelconque. ◆ Au pl. *Des passe-partout.* ■ Scie munie d'une poignée à chaque extrémité. ■ Adj. inv. Fig. Qui convient à toutes les situations. *Une veste passe-partout.*

PASSE-PASSE ou **PASSEPASSE**, n. m. inv. [pas(ə)pas] (redoubl. de l'impératif de *passer*) Passe-passe ou *tours de passe-passe*, tours d'adresse des joueurs de gobelets. ◆ Fig. et fam. Tromperie adroite. ◆ Ce n'est pas jeu de passe-passe, ce n'est pas une illusion, une moquerie. ◆ Sorte de jeu où les enfants dansent en rond, se tenant par la main. ◆ Au pl. *Des passe-passe.*

PASSE-PIED, n. m. [pas(ə)pje] (*passer* et *pied*) Danse à trois temps et d'un mouvement très rapide. ◆ Air de cette danse. ◆ Au pl. *Des passe-pieds.*

PASSE-PIERRE, n. f. [pas(ə)pjɛʀ] (*passer* et *pierre*) ▷ Nom vulgaire du crithme maritime. ◆ Au pl. *Des passe-pierres.* ◁

PASSE-PLAT, ■ n. m. [pas(ə)pla] (*passer* et *plat*) Ouverture aménagée, surtout dans les vieilles maisons bourgeoises et les restaurants, dans le mur séparant la cuisine (située du côté de la salle à manger), et permettant de transmettre les plats. *Des passe-plats.*

PASSE-POIL, n. m. [pas(ə)pwal] (*passer* et *poil*) Liséré de soie, de drap, etc. qui borde certaines parties d'un habit, d'un gilet, etc. ou qui règne le long d'une couture. ◆ Au pl. *Des passe-poils.*

PASSEPORT, n. m. [pas(ə)pɔʀ] (*passer* et *port*, passage) ▷ Permission de passer en des lieux où autrement on ne pourrait aller. ◁ ◆ ▷ Permission donnée par l'autorité, et garantissant la liberté et la sûreté de ceux qui voyagent. ◆ *Demander ses passeports*, se dit d'un ambassadeur déclarant qu'il veut se retirer. ◆ Permission donnée par l'État à un bâtiment de commerce de faire un voyage déterminé. ◆ Feuille de congé d'un marin. ◆ Sauf-conduit délivré à un bâtiment ennemi pour se rendre dans un port désigné. ◆ Fig. Ce qui fait passer, accepter quelque chose. *L'allégorie sert de passeport aux vérités les plus hardies.* « *Le peu de charmes de son style servit de passeport à la hardiesse de ses idées* », D'ALEMBERT. ■ Document officiel délivré à un ressortissant, qui certifie son identité et lui permet de se déplacer à l'étranger. *Présenter son passeport à la frontière.* ■ REM. Graphie ancienne : *passe-port.*

PASSER, v. intr. [pase] (lat. vulg. *passare*, du lat. *passus*, pas) Se conjugue avec *être* ou *avoir* suivant le sens. Aller d'un lieu à un autre. ◆ *Passer devant*, marcher devant une autre personne, avoir la préséance, et fig. obtenir la préférence. ◆ *Passer chez quelqu'un*, se rendre chez une personne. ◆ *Ne faire que passer*, traverser un lieu sans s'y arrêter, et fig. durer peu. ◆ *Passer sous le joug*, Voy. JOUG. ◆ On dit dans un sens analogue : *Passer sous les lois, sous l'empire.* ◆ *Passer sur le corps de quelqu'un*, franchir le corps de quelqu'un qui est renversé par terre. ◆ **Par extens.** *Passer sur le ventre ou sur le corps de quelqu'un*, le renverser, parvenir à ce qu'on veut malgré lui, et fig. obtenir un avantage au préjudice de quelqu'un. ◆ *Passez au large !* Voy. LARGE. ◆ *Passer à l'ennemi*, déserter, se mettre du parti ennemi. ◆ **Par anal.** « *Je vois tout le sénat passer à votre avis* », VOLTAIRE. ◆ Il se dit de ceux qui se présentent devant des gens chargés de les inspecter. *Passer au conseil de recrutement*, être examiné par le conseil de recrutement. *Passer à un conseil de guerre*, être jugé par un conseil de guerre. *Cette compagnie a passé en revue*, on en a fait la revue. ◆ Il se dit des choses qui ont du mouvement ou qui en reçoivent. *La Seine passe à Paris. Quand la lune passe au méridien.* ◆ *Passer debout*, se dit des marchandises munies d'un passe-debout. ◆ *Cette route, ce chemin passe par tel endroit*, a son trajet par là. ◆ *Passer devant les yeux*, se dit de ce qui se présente à la vue. ◆ **Fam. et fig.** *Passer devant le nez*, se dit de choses qu'on pourrait avoir et qui trompent notre attente. ◆ **Fig.** Il se dit de personnes dont soit la position, soit les sentiments se modifient. *Passer aux effets.* « *Je suis passée de l'excès de l'insolence à l'excès de la timidité* », MME DE SÉVIGNÉ. « *Mathias Corvin avait passé de la prison sur le trône* », DUCLOS. ◆ *Passer à l'état de*, être tenu pour. ◆ *Passer de l'ordre en bataille à l'ordre en colonne, de l'ordre en colonne à l'ordre en bataille*, se dit d'une troupe qui, étant en bataille, se met en colonne, ou qui, étant en colonne, se met en bataille. ◆ **Mus.** *Passer d'un ton, d'un mode à un autre*, dans un autre, quitter le ton, le mode où l'on est pour en prendre un autre. ◆ **Fig.** « *Passer du grave au doux, du plaisant au sévère* », BOILEAU. ◆ **Fig.** Il se dit de choses abstraites que l'on compare à des choses matérielles qui se meuvent. *Ce mot a passé de l'italien dans notre langue.* ◆ *Passer en*, se convertir en. « *Toute imputation passe en preuve invincible* », J.-J. ROUSSEAU. ◆ **Fig.** *Passer*, se dit des idées qui traversent l'esprit. « *Ce sont des doutes qui passent dans l'esprit* », BOSSUET. ◆ *Cela lui a passé de la tête, de l'esprit*, il n'y pense plus. ◆ En venir à, faire transition, quitter un sujet. « *J'ai bien envie de passer tout d'un coup à ce qui me tient le plus au cœur* », MME DE SÉVIGNÉ. ◆ **Absol.** *Passons, n'insistons pas.* ◆ Il se dit de nuances qui vont de l'une à l'autre. *Cette couleur passe au jaune doré.* ◆ *Passer de cette vie en l'autre, passer de cette vie à une meilleure, passer de vie à trépas*, mourir. ◆ **Absol.** *Passer*, mourir. ◆ **Absol.** Au jeu, ne point jouer le coup. ◆ À différents jeux, *la carte passe*, aucun des joueurs ne la coupe. *La main passe*, un joueur perd sa donne. *Passer*, gagner plusieurs parties de suite. ◆ Recevoir une sanction. *Le jugement passa de tant de voix. La loi a passé.* ◆ Il se dit de ce qui reçoit l'assentiment. « *On peut croire que cette folie ne passa pas sans opposition* », J.-J. ROUSSEAU. ◆ **Dr.** *Cette affaire a passé à l'avis du rapporteur, contre l'avis du rapporteur*, elle a été jugée suivant le sentiment, contre le sentiment du rapporteur. ◆ Subir un examen. *Passer son baccalauréat.* ◆ **Absol.** *Quand passez-vous ?* ◆ Être reçu, être admis, en parlant d'épreuves, d'examens. ◆ *Passer maître*, Voy. MAÎTRE. ◆ Il se dit des monnaies. *Cette monnaie ne passe plus.* ◆ Être reçu par l'usage. *Le mot a passé. Passer en proverbe*, être dit proverbialement. ◆ Être supportable, être acceptable. *Ce vin peut passer.* ◆ Être transmis. *Passer de bouche en bouche, de génération en génération. Cette nouvelle a passé jusqu'à lui.* « *Et par vous cette lettre a passé dans ses mains* », RACINE. ◆ *Passer à la postérité*, se dit d'un souvenir qui se conserve parmi les générations successives, d'un livre ancien qui a survécu. ◆ Être introduit, en parlant de certaines choses. *Cette note a passé de la marge dans le texte.* ◆ *Passer*, se dit des aliments qui se digèrent. ◆ S'écouler, en parlant du temps, des années, etc. *Ce temps est passé et il a passé bien vite.* ◆ Ne pas rester dans le même état, diminuer, disparaître, ne pas laisser de trace. « *Tout passe sous le ciel après le terme qui lui a été prescrit* », SACI. « *Les hommes passent comme les fleurs qui s'épanouissent le matin, et qui le soir sont flétries et foulées aux pieds* », FÉNELON. ◆ Finir, cesser. *Cette mode passera. Il est en colère, mais cela passera. Une mèche bien unie et sans fil qui passe.* ◆ **Fig.** *Passer plus loin*, s'occuper de choses ultérieures, aller au-delà. ◆ *Passer plus avant*, se porter à quelque chose de plus décisif. ◆ *Passer trop avant*, aller au-delà de ce qui convient. ◆ *Passer*, aller au-delà, et fig. ajouter ce qu'on a dit ou fait. *Passons outre.* ◆ **Dr.** Commencer ou continuer d'exécuter. *Défense de passer outre à la vente du bien.* ◆ *Passer par*, traverser certains degrés. *Passer par tous les grades*, par les emplois, par les dignités. ◆ ▷ *Cette affaire a passé par ses mains*, il s'en est mêlé. ◁ ◆ *Passer par les mains*, être manipulé, manié, préparé. ♦ ▷ **Fig.** *Il passera par mes mains,* j'aurai occasion de me venger de lui. ◁ ♦ **Fig.** et **fam.** *Passer par les mains d'un médecin,* être traité par lui. ♦ **Fig.** *Passer par la main du bourreau,* être puni corporellement. ♦ On dit de même : *Passer par les verges, par les baguettes, par les armes.* ♦ **Fig.** *Passer par,* être soumis à. *Passer par de rudes épreuves.* ♦ *Passer par le fil de l'épée, par le fer,* périr par la main de l'ennemi. ♦ *En passer par,* se résigner, se soumettre. « *Oui, j'en passerai par ce qu'il dira* », MOLIÈRE. ♦ **Fig.** *Passer par-dessus,* ne tenir compte, éluder, violer. *Passer par-dessus la loi.* ♦ *Passer par-dessus toutes les difficultés,* ne point être arrêté par les difficultés. ♦ *Passer par-dessus les plus beaux endroits d'un livre, par-dessus les défauts d'un ouvrage,* ne point s'y arrêter, ne point les remarquer. ♦ *Il faut passer là-dessus,* il faut pardonner. ♦ **Fig.** *Passer sur,* ne pas s'appesantir sur, laisser de côté. « *Je passe légèrement sur mille choses pour ne point trop écrire* », MME DE SÉVIGNÉ. ♦ *Passer pour,* être réputé. *Passer pour l'auteur d'un livre.* « *Toutes les calamités publiques passaient dans son esprit pour des vengeances du ciel irrité* », FLÉCHIER. ♦ **V. impers.** *Il passe pour constant que,* etc. ♦ **Fam.** *Y passer,* subir nécessairement une peine, un châtiment, une mortification. « *Tout le monde y passe* », MOLIÈRE. ♦ *Y passer,* mourir. ♦ *Y passer,* se dit aussi d'une intervention nécessaire. *Le notaire y a passé,* se dit d'une chose constatée par un acte en forme. *La main du maître y a passé.* ♦ *Faire passer,* introduire ou simplement faire marcher. *Il le fit passer dans le salon. Je l'ai fait passer devant moi.* ♦ *Faire passer,* faire parvenir, laisser parvenir. *Faire passer de belles vérités à la postérité, de l'argent à quelqu'un,* etc. ♦ *Faire passer,* communiquer. « *Partout dans tous les cœurs j'ai fait passer ma rage* », DELAVIGNE. ♦ **Fig.** Transporter. « *Despréaux a su faire passer dans ses vers les beautés propres à chaque genre dont il donne les règles* », D'ALEMBERT. ♦ *Faire passer,* faire paraître court. « *Bon, cela fait toujours passer une heure ou deux* », RACINE. ♦ *Faire passer,* faire admettre, faire accepter. « *Le conte fait passer le précepte avec lui* », LA FONTAINE. « *Que ne fait-on passer avec un peu d'encens ?* », FLORIAN. ♦ *Faire passer pour,* donner à croire que. « *Faire passer pour nouveaux des vers déjà passés* », SCARRON. ♦ *Faire passer sur,* induire à ne pas tenir compte de. « *Un motif si légitime me fit passer sur les petites formalités ordinaires* », MONTESQUIEU. ♦ *Faire passer,* ôter, faire disparaître. *Faire passer une tache. Faire passer le désir de quelque chose.* ♦ *Faire passer par,* soumettre à. *Faire passer par le feu pour purifier.* ♦ *Laisser passer,* permettre de s'écouler, de passer. « *Ulysse... De ce premier torrent laissa passer le cours* », RACINE. ♦ **Fig.** *Laisser passer,* ne pas répondre, ne pas blâmer, admettre, tolérer. *On ne peut laisser passer cette proposition.* ♦ **Fam.** *Passe,* soit, j'y consens, je l'accorde. « *Un octogénaire plantait : Passe encor de bâtir, mais planter à cet âge* », LA FONTAINE. ♦ *Passe pour celui-là, mais n'y revenez plus ; passe pour cette fois-là, mais que cela n'arrive plus,* se dit quand une personne a fait quelque chose de mal et qu'on lui pardonne pour cette fois. ♦ EN PASSANT, **loc. adv.** En suivant son chemin. ♦ Sans faire de séjour. « *Des hôtelleries où l'on n'était qu'en passant* », BOSSUET. ♦ **Fig.** Incidemment, sans s'y appliquer. « *Ce n'est pas en passant qu'on traite cette chose* », LA FONTAINE. ♦ **V. tr.** Traverser. *Passer la mer.* ♦ *Passer la porte,* être obligé de sortir d'une maison. ♦ **Fig.** *Passer le pas,* faire une chose malgré soi ; faire quelque chose de difficile, d'important. ♦ *Passer le pas,* se dit d'une mort forcée. ♦ *Passer son chemin,* le continuer sans s'arrêter. ♦ **Fig.** *Passez votre chemin,* se dit à un importun. ♦ *Passer la mer,* aller d'un des rivages de la mer à un autre rivage. ♦ Transporter d'un lieu à un autre. *Le batelier m'a passé à l'autre bord.* ♦ Transmettre, remettre de la main à la main. *Passez cela à votre voisin.* ♦ *Passer un billet à l'ordre de quelqu'un,* lui en transmettre la propriété par un endossement. ♦ *Passer une pièce de monnaie fausse,* la faire recevoir. ♦ *Passer des marchandises en fraude,* les faire entrer sans payer les droits. ♦ Faire couler des liquides au filtre ou au tamis. ♦ Il se dit aussi de choses qui ne sont pas liquides. *Passer de la farine.* ♦ ▷ **Fig.** *Passer les choses au gros sas,* ne les point examiner à la rigueur. ◁ ♦ Aller au-delà, en parlant de l'espace. *La boule a passé le but.* ♦ **Absol.** *Qui passe perd,* se dit à certains jeux lorsqu'on excède le nombre de points nécessaires pour gagner. ♦ Aller au-delà, en parlant du temps. *Passer l'heure d'un rendez-vous. Il passe cinquante ans.* ♦ *Il ne passera pas la journée,* il ne vivra pas jusqu'à la fin de la journée. ♦ Aller au-delà, dépasser, en parlant de taille, de hauteur. ♦ **Fig.** « *Il nous passe cent pieds par-dessus la tête* », MME DE SÉVIGNÉ. ♦ ▷ Aller au-delà, en parlant d'un certain taux. *La dépense passe la recette.* ◁ ♦ **Fig.** Aller au-delà, dépasser. « *Il passe le vrai dans la nature ; il en fait le roman* », LA BRUYÈRE. « *Le plaisir de l'esprit passe celui des yeux* », VOLTAIRE. ♦ ▷ Devancer. *Ce lévrier passe tous les autres à la course.* ◁ ♦ Passer se dit de ce qu'on fait aller d'une place à l'autre. *Passer un collier à son cou, son doigt dans une bague. Passer son épée au travers du corps.* ♦ *Passer son habit,* le mettre. ♦ *Passer un habit à quelqu'un,* lui mettre son habit. ♦ Faire mouvoir, faire glisser une chose sur une autre. *Passer sa main sur ses cheveux. Passer des rasoirs sur la pierre.* ♦ **Fig.** *Passer les yeux,* promener le regard. ♦ **Fig.** *Ne faire que passer les yeux sur un ouvrage, sur une chose,* ne la regarder qu'à la hâte, l'examiner superficiellement. ♦ ▷ **Pop.** *Passer la jambe,* donner un croc-en-jambe. ◁ ♦ **Danse** *Passer un entrechat,* faire un entrechat. ♦ En parlant du temps, consumer, employer. « *Conduisez-vous partout, comme si vous y deviez passer votre vie* », MAINTENON. ♦ *Passer le temps,* se divertir. ♦ *Passer mal son temps,* le temps, souffrir, être mal traité. ♦ *Passer une bonne nuit, bien passer la nuit,* bien dormir. *Passer une mauvaise nuit, mal passer la nuit,* mal dormir. ♦ ▷ Suffire pendant quelque temps. *Ce manteau me passera ce printemps. Il faut que ces provisions nous passent l'hiver.* ◁ ♦ Soumettre à l'action de. *Passer du linge à la calandre. Passer des coutures au fer.* ♦ *Passer au bleu,* passer le linge une fois propre dans de l'eau rendue bleue pour l'empêcher d'avoir une teinte jaune. ♦ ▷ **Fig.** et **pop.** *Passer au bleu,* effacer, vendre. ◁ ♦ *Passer les peaux en blanc,* les blanchir. ♦ ▷ *Passer un soldat par les armes,* le fusiller. ◁ ♦ *Passer au fil de l'épée,* massacrer une troupe, une garnison, une population. ♦ Préparer, accommoder, apprêter certaines choses, comme cuirs, étoffes. ♦ *Passer des troupes en revue,* en faire la revue. ♦ *Passer une revue,* faire une revue des troupes. ♦ **Fig.** *Passer en revue les actions d'une personne,* les examiner les unes après les autres. ♦ Soumettre quelqu'un à un examen, à un jugement. « *Combien de pécheurs sont ainsi passés au jugement de Dieu* », BOURDALOUE. ♦ *Passer quelqu'un maître,* le recevoir à la maîtrise. ♦ Subir une inspection, un examen. *Passer une inspection, un examen.* ♦ Il se dit des actes que l'on fait par-devant notaire. *Passer une procuration.* ♦ ▷ Donner pour un certain prix, en parlant de ventes. *Il m'a passé cet objet à un prix très modéré.* ◁ ♦ Concéder tolérer, accepter. *Passez cette proposition.* « *Passez-nous seulement notre lenteur* », MME DE SÉVIGNÉ. ♦ ▷ **Fig.** *Passer condamnation,* avouer qu'on a eu tort. ◁ ♦ Allouer. *Passer un article en dépense. Passer une somme en compte,* la tenir pour reçue. ♦ Pardonner. *Passer à quelqu'un ses défauts.* ♦ Surpasser, l'emporter sur. « *Cette pièce égale ou passe la meilleure des miennes* », P. CORNEILLE. « *Passez-les en prudence, aussi bien qu'en courage* », VOLTAIRE. ♦ ▷ Être au-dessus des forces du corps ou des facultés de l'esprit. « *Ce sont choses qui passent notre capacité présente* », PASCAL. ◁ ♦ ▷ *Cela me passe,* je ne le conçois pas. ◁ ♦ Aller plus loin, se répandre, s'ébruiter. « *Je vous prie que tout ceci ne passe point vous et Mme de Guitaut* », MME DE SÉVIGNÉ. ♦ Toucher, mentionner adroitement. *Il a passé cela délicatement.* ♦ Omettre. *Passez cet endroit.* ♦ **Absol.** *Passez.* ♦ *Passer sous silence,* ne pas parler de. ♦ *Passer quelqu'un,* l'omettre dans quelque distribution, dans quelque politesse. ♦ **Fig.** Il se dit de certains sentiments qu'on satisfait. *Se passer une envie. Il passa sa colère sur son domestique.* ♦ Se passer, **v. pr.** Être supérieur à soi-même. ♦ Avoir son cours, en parlant du temps et des choses qui se font dans le temps. « *La moitié de la vie se passant en sommeil* », PASCAL. ♦ Il se dit du moment qui se perd. « *Sire, à trop consulter l'occasion se passe* », ROTROU. ♦ Cesser, n'avoir pas lieu. *Sa colère, son mal se passa.* ♦ Il se dit des choses qui perdent leur beauté, leur force, etc. *Ce vin se passe. Cette mode se passe.* « *Les fleurs des champs qui se passent du matin au soir* », BOSSUET. ♦ Arriver, avoir lieu. *Comment la chose s'est passée.* ♦ **V. impers.** « *Il s'est passé tantôt entre eux une scène ici* », LESAGE. ♦ Fig. et par menace, *cela ne se passera pas ainsi, j'aurai satisfaction de ce qui vient d'arriver.* ♦ **Fig.** Il se dit des sentiments, des émotions qui se forment dans l'âme. *Je ne saurais dire ce qui se passait en moi.* ♦ ▷ *Se passer à,* se contenter de. « *Si l'on dit que l'homme aurait pu se passer à moins pour sa conservation* », LA BRUYÈRE. ◁ ♦ ▷ On a dit de même : *Se passer de.* « *La sagesse accoutume les hommes à se passer de peu* », FÉNELON. ◁ ♦ Se priver, s'abstenir. « *Celui qui croit trouver en soi-même de quoi pouvoir se passer de tout le monde, se trompe fort ; mais celui qui croit qu'on ne peut se passer de lui, se trompe encore davantage* », LA ROCHEFOUCAULD. ♦ ▷ *Se passer que,* avec le subjonctif. « *Je me passerai bien que vous les approuviez [mes vers]* », MOLIÈRE. ◁ ♦ *Se passer bien de, se passer volontiers de,* se dit des choses qui ne plaisent guère. « *On assure que vous avez raconté bien des choses, dont je me serais passé volontiers* », FÉNELON. ♦ **Prov.** *Il faut que jeunesse se passe,* il faut avoir de l'indulgence pour les écarts de la jeunesse. ■ **V. intr. Fig.** *Passer au travers de quelque chose,* en être dispensé, y échapper. *Il passe au travers de tous les ennuis.* ■ Être projeté, en parlant d'un film. ■ Figurer dans une émission de radio ou de télévision ; être retransmis, diffusé. *Elle est passée à la télévision. Le concert passe à la radio ce soir.* ■ **V. tr.** Étaler quelque chose sur une surface. *Passer une couche de vernis sur un tableau.* ■ Projeter. *Passer un vieux film.* ■ Retransmettre à la radio, à la télévision. *Passer une chanson.* ■ Mettre en relation par téléphone. *Il veut te parler, je te le passe.* ■ Enclencher une vitesse. *Passer la première.* ■ **Fig.** *Passer avant,* avoir plus d'importance. *Sa vie privée passe avant tout.* ■ **Fam.** *Le, la sentir passer,* souffrir. ■ *Passer un coup de fil,* téléphoner. ■ REM. L'utilisation de l'auxiliaire *être* avec le v. intr. *passer* est auj. plus courante que l'utilisation de l'auxiliaire *avoir.*

PASSERAGE, n. f. [pas(ə)ʀaʒ] (*passer* et *rage*) Plante crucifère qu'on croyait bonne pour guérir la rage.

PASSEREAU, n. m. [pas(ə)ʀo] (lat. *passer*) Moineau. ♦ **N. m. pl.** Second ordre de la classe des oiseaux.

PASSERELLE, n. f. [pas(ə)ʀɛl] (*passer*) Sorte de pont étroit qui ne sert qu'aux piétons. ♦ Pont destiné à maintenir des communications entre les deux parties d'une propriété, coupée en deux par une voie ferrée. ■ Sorte de pont mobile qui relie un navire, un avion au quai ou à la zone d'embarquement. ■ **Mar.** Partie d'un navire située au-dessus du pont supérieur et où se trouvent les commandes.

PASSERINE, ■ n. f. [pas(ə)ʀin] (fém. de l'anc. fr. *passerin,* qui ressemble au moineau, du lat. *passer*, moineau) Passereau très coloré d'Amérique et des Antilles, également appelé *pape*, et qui peut être élevé en captivité. *La passerine bleue d'Amérique.*

PASSEROSE, n. f. [pas(ə)ʀoz] (*passer*, surpasser, et *rose*) Nom vulgaire de l'*Althæa alcea* ou rose trémière. ▪ Rᴇᴍ. Graphie ancienne : *passe-rose*.

PASSE-TEMPS, n. m. inv. [pas(ə)tɑ̃] (*passer* et *temps*) Occupation légère et agréable. « Hé quoi ! vous n'avez point de passe-temps plus doux ? », Rᴀᴄɪɴᴇ. ◆ Au pl. *Des passe-temps.*

PASSE-TOUT-GRAIN, ▪ n. m. inv. [pas(ə)tugʀɛ̃] (*passer*, *tout* et *grain*) Vin rouge de Bourgogne issu d'un mélange de pinot et de gamay. *Des passe-tout-grain.*

PASSETTE, n. f. [pasɛt] (*passer*) Petite passoire.

PASSEUR, EUSE, n. m. et n. f. [pasœʀ, øz] (*passer*) Personne qui conduit un bateau pour passer l'eau. ▪ Sp. Personne qui fait une passe. ▪ Personne qui fait passer clandestinement des individus ou des marchandises sur un territoire. *Passeur de cocaïne, de sans-papiers.*

PASSE-VELOURS, n. m. [pas(ə)vəluʀ] (*passer*, surpasser, et *velours*) Nom de plusieurs espèces du genre célosie, de la famille des amarantacées. ◆ *Passe-velours branchu*, l'amarante à queue de renard. ◆ **Passe-velours jaune**, le souci des jardins. ◆ Au pl. *Des passe-velours.*

PASSE-VOLANT, n. m. [pas(ə)vɔlɑ̃] (*passer* et p. prés. de *voler*) ▷ Faux soldat que les officiers faisaient passer en revue pour tromper les inspecteurs et les commissaires, quand leurs compagnies n'étaient pas complètes, et dont ils s'appropriaient la solde. ◆ Dans la marine, celui qui est porté en fraude sur le rôle d'un équipage sans être présent. ◆ **Fig. et fam.** Homme qui s'introduit dans une partie de plaisir sans payer sa part de la dépense, ou qui entre au spectacle par fraude sans payer. ◆ Celui qui n'est quelque part que passagèrement. ◆ Canon postiche, fait de bois et destiné à figurer à la place d'une bouche à feu. ◆ Au pl. *Des passe-volants.* ◁

PASSIBILITÉ, n. f. [pasibilite] (b. lat. *passibilitas*, passivité) ▷ Qualité des corps qui sont passibles. ◁

PASSIBLE, adj. [pasibl] (b. lat. *passibilis*, sensible, susceptible de souffrir) ▷ Capable d'éprouver la douleur ou le plaisir. « Le Christ s'est revêtu d'une chair passible », Bᴏᴜʀᴅᴀʟᴏᴜᴇ. ◁ ◆ **Jurispr.** Qui doit subir, qui a mérité de subir une peine. *Passible d'une amende, d'une dette.*

PASSIF, IVE, adj. [pasif, iv] (b. lat. *passivus*, susceptible de souffrir) Qui souffre l'action, l'impression. *Un état passif. Des sensations purement passives.* ◆ *Actif et passif*, qui agit et qui subit. « Y a-t-il une autre ressource que la médisance contre l'ennui actif et passif dont votre inutile beau monde est accablé sans cesse ? », Vᴏʟᴛᴀɪʀᴇ. ◆ **Par extens.** Qui n'agit point. *Un rôle passif.* ◆ *Obéissance passive*, obéissance absolue, qui rejette tout examen des raisons du commandement. ◆ **Gramm. grecq. et lat.** *Verbe passif*, verbe où le sujet subit une action du régime exprimé ou non. *Voix passive*, la forme de conjugaison des verbes passifs. *Signification passive*, celle qui marque l'action reçue par le sujet. ◆ Qui appartient à la voix passive. *Participe passif.* ◆ *Dette passive*, celle qu'on est tenu d'acquitter, par opposition à dette active, celle dont on peut exiger le paiement. ◆ N. m. *Le passif*, ce qu'on doit. *L'actif surpasse le passif.* ◆ N. m. **Gramm.** *Le passif*, la voix passive.

PASSIFLORE, n. f. [pasiflɔʀ] (lat. sav. [Linné] *passiflora*, fleur de la passion, de *passio*, passion, et radic. de *flos, floris*, fleur) Genre de plantes de la famille des passiflorées de l'Amérique tropicale.

PASSIM, ▪ adv. [pasim] (lat. *passim*, partout, çà et là) Çà et là, de façon disséminée (dans un texte ou un ouvrage). *Page 12 et passim.*

PASSING-SHOT, ▪ n. m. [pasiɲʃɔt] (mot angl. de *to pass*, passer, et *shot*, coup, tir) Au tennis, coup tendu en revers ou en coup droit consistant à faire passer la balle dans le fond du côté adverse, lorsque l'adversaire est monté au filet, et qui généralement se traduit par un point gagnant. *Des passing-shots.* ▪ Rᴇᴍ. L'Académie a condamné ce terme en 1967 et préconise l'emploi de *coup imparable.*

PASSION, n. f. [pasjɔ̃] (lat. *passio*, action de supporter, de souffrir) Souffrance, en parlant de Jésus-Christ et des martyrs. ◆ ▷ **Fig. et fam.** Souffrir *mort et passion*, éprouver de grandes douleurs ou simplement éprouver de vives contrariétés. ◁ ◆ *La semaine de la Passion*, celle qui précède la semaine sainte. ◆ *Le dimanche de la Passion*, le dimanche qui ouvre cette semaine. *Par extens. Sermon sur la passion*, qu'on prêche le vendredi saint. « Je veux demain aller à la passion du P. Bourdaloue », Mᴍᴇ ᴅᴇ Sᴇ́ᴠɪɢɴᴇ́. ◆ La partie de l'Évangile où est racontée la passion de Jésus-Christ. ◆ Oratorio. *La Passion de Sébastien Bach.* ◆ *Confrères de la Passion*, association de jeunes clercs qui, sous le règne de Charles VI, entreprirent de jouer publiquement des mystères. ◆ ▷ **Méd.** Certaines maladies douloureuses. *Passion iliaque.* ◁ ◆ Mouvement de l'âme, en bien ou en mal, pour le plaisir ou pour la peine. « Suis moins ta passion, règle mieux tes désirs », P. Cᴏʀɴᴇɪʟʟᴇ. « En sachant la passion dominante de chacun, on est sûr de lui plaire », Pᴀsᴄᴀʟ. ◆ Une passion

en particulier, le plus souvent l'amour. « J'ai tendresse pour toi, j'ai passion pour elle », P. Cᴏʀɴᴇɪʟʟᴇ. ◆ *Une grande passion*, un amour qui s'empare de tout le cœur et qui se subordonne toute chose. ◆ *Une passion malheureuse*, un amour qui n'est pas partagé, et fig. une étude, un goût où l'on ne réussit pas. ◆ *Faire une passion, une grande passion*, exciter vivement l'amour. ◆ *Aimer à la passion*, aimer extrêmement. ◆ **Belle passion**, tendre attachement, soit d'amitié, soit d'amour, et en un sens ironique, amour inattendu pour quelque chose. ◆ Vive affection pour quelque chose que ce soit. *Il a la passion de la gloire, des beaux-arts, etc.* ◆ Vif désir. « Je souhaite avec une grande passion d'être hors d'ici », Mᴍᴇ ᴅᴇ Sᴇ́ᴠɪɢɴᴇ́. ◆ Objet de l'affection, en parlant d'une personne ou d'une chose. *Cette femme est sa passion. La musique est ma passion.* ◆ Prévention forte pour ou contre quelqu'un ou quelque chose. *Parler, agir avec passion.* ◆ **Littér. et bx-arts** Chaleur, expression vive, sensibilité. *Les passions sont bien entendues dans ce poème, dans cette pièce, sont bien rendues dans ce tableau.* ◆ **Philos.** Impression reçue par un sujet ; se dit par opposition à action. ◆ **Gramm.** Impression reçue par un sujet. *Le verbe passif marque la passion du sujet.* ◆ ▷ ᴅᴇ ᴘᴀssɪᴏɴ, loc. adv. Passionnément. « Votre frère vous aime de passion », Mᴍᴇ ᴅᴇ Sᴇ́ᴠɪɢɴᴇ́.

PASSIONISTE, ▪ n. m. [pasjɔnist] Voy. ᴘᴀssɪᴏɴɴɪsᴛᴇ.

PASSIONNANT, ANTE, ▪ adj. [pasjɔnɑ̃, ɑ̃t] (*passionner*) Qui passionne ou peut stimuler un vif intérêt. *Vivre une aventure passionnante. Allez voir ce film, il est passionnant.*

PASSIONNÉ, ÉE, p. p. de passionner. [pasjɔne] Rempli de passion. « Ce sont les caractères passionnés bien plus que les caractères légers qui sont capables de folie », Mᴍᴇ ᴅᴇ Sᴛᴀᴇ̈ʟ. ◆ Où règne la passion, en parlant des choses. « Ah ! que voilà un air qui est passionné ! », Mᴏʟɪᴇ̀ʀᴇ. ◆ Qui a de l'affection pour. *Passionné pour la personne du roi.* ◆ Il se dit des choses. *Un homme passionné pour la gloire. Je suis passionné de musique.* ◆ Néolog. *Un passionné de peinture, de musique.* ◆ Qui est épris d'un vif amour. *Un mari passionné de sa femme.* « Il était passionné pour une autre femme », Fᴇ́ɴᴇʟᴏɴ. ◆ Rempli d'une forte prévention, d'une chaleur immodérée pour ou contre. « On doit tenir pour suspect un historien visiblement passionné », Fʟᴇ́ᴄʜɪᴇʀ.

PASSIONNEL, ELLE, adj. [pasjɔnɛl] (*passion*, d'après le b. lat. *passionalis*, susceptible de passion) Qui tient aux passions. *Les états passionnels de l'âme.* ◆ *Attraction passionnelle*, dans le système de Fourier, l'impulsion qui porte chacun vers le but de sa passion dominante. ▪ **PASSIONNELLEMENT**, adv. [pasjɔnɛl(ə)mɑ̃] *Ils s'aiment passionnellement.*

PASSIONNÉMENT, adv. [pasjɔnemɑ̃] (*passionné*) Avec beaucoup de passion. *Aimer passionnément.* ◆ Avec beaucoup de désir. *Souhaiter passionnément.*

PASSIONNER, v. tr. [pasjɔne] (*passion*) Exciter la passion, un vif intérêt chez quelqu'un. « Il est vrai que les personnes passionnées nous passionnent », Mᴀʟᴇʙʀᴀɴᴄʜᴇ. ◆ Inspirer un vif attrait. *La musique le passionne.* ◆ Donner un caractère animé et qui marque de la passion. *Passionner son chant.* « La voix de Mentor passionnait jusqu'aux moindres choses », Fᴇ́ɴᴇʟᴏɴ. ◆ *Se passionner*, v. pr. Se préoccuper par l'effet de quelque passion. « On se passionnera toujours quand il ne faut que s'instruire », Vᴏʟᴛᴀɪʀᴇ. ◆ *Se passionner de ou pour*, avoir une passion pour quelque chose. *Se passionner pour les arts.* ◆ S'éprendre d'amour. ◆ Se laisser aller à la colère.

PASSIONNISTE ou **PASSIONISTE**, ▪ n. m. [pasjɔnist] (*passion* [*du Christ*]) Homme qui appartient à une congrégation fondée par Paul de la Croix (1694-1775) et dévouée à la Passion du Christ. ▪ N. f. Femme qui appartient à la branche contemplative de la congrégation fondée par Paul de la Croix. ▪ Adj. *Un religieux passionniste.*

PASSIVATION, ▪ n. f. [pasivasjɔ̃] (*passiver*) Ling. Transformer à la voix passive. ▪ Peint. Application de phosphate sur la surface d'un métal avant de le peindre. *Un traitement de passivation.* ▪ Chim. Action de rendre une surface métallique passive. *Ils recouvrent le circuit d'une couche de passivation.*

PASSIVEMENT, adv. [pasiv(ə)mɑ̃] (*passif*) D'une manière passive. *Il n'a figuré que passivement dans toute cette affaire.* ◆ Conformément à la voix passive. *Ce verbe se prend passivement.*

PASSIVER, ▪ v. tr. [pasive] (*passif*) Ling. Mettre à la voix passive. ▪ Chim. Soumettre à la passivation un métal, un alliage. *Les lamelles passivent à l'humidité de l'air.*

PASSIVITÉ, n. f. [pasivite] (*passif*) État de l'être passif. ▪ Rᴇᴍ. On disait aussi *passiveté* autrefois.

PASSOIRE, n. f. [paswaʀ] (*passer*) Vaisseau de terre ou de métal percé de petits trous, dans lequel on écrase des légumes, des fruits, pour en tirer la purée, le jus. ▪ Ustensile de cuisine creux et percé de petits trous que l'on utilise pour égoutter des aliments, filtrer des liquides. *Peux-tu égoutter les pâtes dans la passoire, s'il te plaît ?* ▪ Fig. Personne ou chose qui laisse tout passer. *Ce gardien de but est une vraie passoire ! Ce pare-soleil est aussi efficace qu'une passoire.*

1 PASTEL, n. m. [pastɛl] (ital. *pastello*, petit gâteau, puis bâtonnet coloré, du lat. *pastillus*, pastille) Nom donné à des crayons composés de différentes couleurs broyées et réduites en pâte avec de l'eau de gomme. *Peindre en* ou *au pastel.* ◆ Tableau peint au pastel. ■ Adj. inv. Se dit d'une couleur claire. *Des tons pastel. Un jaune pastel.*

2 PASTEL, n. m. [pastɛl] (mot languedoc., de *pasta*, pâte, parce que la plante était réduite en pâte pour servir à teindre) Nom de l'*Isatis tinctoria*, plante crucifère contenant de l'indigotine, et aussi appelée guède. ◆ Substance bleue qu'on en retire.

PASTELLISTE, ■ n. m. et n. f. [pastelist] (1 *pastel*) Personne qui dessine au pastel. *C'est l'œuvre d'une pastelliste.*

PASTENADE, n. f. [pastənad] (a. provenç. *pastenaga*, du lat. *pastinaca*, panais, carotte) ▷ Anc. nom du panais. ◁

PASTENAGUE, ■ n. f. [pastənag] (a. provenç. *pastenago*, du lat. impér. *pastinaca*, carotte, raie) Grande raie munie d'une longue queue aux aiguillons très venimeux dont la chair est comestible et qui vit dans les fonds sablonneux et vaseux. *La pastenague a une espérance de vie d'environ vingt et un ans.*

PASTÈQUE, n. f. [pastɛk] (moy. fr. *pateque*, de l'ar. *bittiha*, melon d'eau ; cf. lat. sav. médiév. *batheca arabica*) Nom vulgaire et spécifique de la cucurbite pastèque. ◆ Fruit de cette plante, appelé aussi melon d'eau.

PASTEUR, n. m. [pastœr] (lat. *pastor*, berger, de *pascere*, faire paître) Celui qui possède ou qui garde les troupeaux. ◆ Adj. *Les peuples pasteurs.* ◆ N. m. **Fig.** Celui qui exerce une grande autorité sur une réunion d'hommes. *Les pasteurs des peuples.* ◆ Homme qui a reçu de Dieu mission et caractère pour enseigner les fidèles, et leur administrer les moyens de salut. ◆ *Le bon pasteur,* le pasteur qui dans l'Évangile retrouve et rapporte la brebis perdue. ◆ Ministre protestant.

PASTEURELLA, ■ n. f. [pastørela] (Louis *Pasteur*, 1822-1895, biologiste et chimiste français) Bactérie infectant essentiellement les animaux domestiques. *Infections à pasteurella.*

PASTEURELLOSE, ■ n. f. [pastøreloz] (*pasteurella*) Infection causée par la pasteurella qui provoque chez les animaux, et parfois chez l'homme, une méningite et une septicémie hémorragique. *Pasteurellose pulmonaire, humaine.*

PASTEURIEN, IENNE, ■ adj. [pastørjɛ̃, jɛn] (L. *Pasteur*) Relatif à Pasteur, à ses travaux, à ses théories. *Les travaux pasteuriens.* ■ N. m. et n. f. Collaborateur de Pasteur. *Le pasteurien Émile Roux a étudié la maladie du charbon.* ■ Chercheur à l'Institut Pasteur. ■ **Rem.** On dit aussi *pastorien, ienne.*

PASTEURISATION, ■ n. f. [pastørizasjɔ̃] (*pasteuriser*) Procédé permettant d'éliminer un grand nombre d'éléments pathogènes d'un produit alimentaire généralement liquide et d'en améliorer la conservation en le chauffant, puis en le refroidissant de manière subite. *La pasteurisation du lait.*

PASTEURISER, ■ v. tr. [pastørize] (L. *Pasteur*) Stériliser un aliment en le portant à haute température, puis en le refroidissant subitement. *Du lait pasteurisé.*

PASTICHE, n. m. [pastiʃ] (ital. *pasticcio*, pâté, imbroglio) Tableau d'imitation, dans lequel l'auteur a contrefait la manière de quelque peintre. ◆ Imitation mélangée de la manière et du style de différents maîtres. ◆ **Littér.** Ouvrage où l'on a imité les idées et le style d'un écrivain. ◆ Opéra formé de la réunion de morceaux de musique pris dans différents ouvrages et ajustés à un nouveau poème.

PASTICHER, ■ v. tr. [pastiʃe] (*pastiche*) Imiter la manière, le style d'un artiste. *Pasticher les œuvres de Proust.*

PASTICHEUR, EUSE, ■ n. m. et n. f. [pastiʃœr, øz] (*pasticher*) Auteur de pastiche. ■ Imitateur. *Un pasticheur de talent.*

PASTILLAGE, ■ n. m. [pastijaʒ] (*pastille*) Réalisation de pastilles. ■ Moulage qui permet au confiseur de donner la forme d'un objet à une pâte de sucre. *Des fleurs en pastillage.* ■ Art décoratif en céramique qui consiste à ajouter des ornements moulés à part sur une poterie.

PASTILLE, n. f. [pastij] (esp. *pastilla*, pâte odorante, du lat. *pastillus*, petit pain, pastille parfumée) Petit pain composé de substances odorantes qu'on brûle pour parfumer l'air. ◆ *Pastilles du sérail,* pastilles qui répandent une odeur agréable et dont on fait différents bijoux. ◆ Petits pains faits avec du sucre, des aromates et des sucs, et que l'on mange comme agréables au goût. ◆ **Pharm.** Médicament solide, de forme hémisphérique. ■ Motif de forme ronde. *Elle s'est acheté une très jolie jupe noire avec de grosses pastilles orange.*

PASTILLEUR, EUSE, ■ n. m. et n. f. [pastijœr, øz] (*pastille*) Ouvrier, ouvrière qui donne à une pâte la forme d'une pastille. *Un pâtissier pastilleur.* ■ N. f. **Techn.** Machine servant à la fabrication de pastilles. ■ N. m. Emporte-pièce servant à réaliser des pastilles.

PASTIS, ■ n. m. [pastis] (mot marseillais, méli-mélos, gâchis, de l'a. provenç. *pastis*, pâté, du b. lat. *pasta*, pâte) Boisson alcoolisée à base d'anis qui se consomme en ajoutant de l'eau. *Prendre un pastis à l'apéritif. Des gambas flambées au pastis.* ■ Pâtisserie du Midi composée de pâte finement étalée, repliée en plusieurs couches puis roulée avant d'être cuite dans une tourtière. *Le pastis est souvent parfumé à l'anis et à l'armagnac.* ■ **Fam.** et **région.** Chose inextricable, embrouillée. *Quel pastis cette histoire !*

PASTORAL, ALE, adj. [pastoral] (lat. *pastoralis*, de berger, champêtre) Qui appartient aux pasteurs ou bergers. *La vie pastorale. Des chants pastoraux.* ◆ Qui peint la vie champêtre. *Des poésies pastorales.* ◆ *Genre pastoral,* nom donné aux compositions en vers ou en prose où l'on fait parler des bergers, dans le langage qui leur est propre. ◆ N. m. **Littér.** le genre pastoral. ◆ N. f. *Pastorale,* pièce de théâtre dont les personnages sont des bergers et des bergères. ◆ Petit roman appartenant au même genre. ◆ **Mus.** Morceau de musique instrumentale, dont le chant imite celui des bergers. ◆ Sorte de danse dont l'air est à deux temps. ◆ Adj. **Fig.** Qui appartient aux pasteurs spirituels. *Des écrits pastoraux. Instruction pastorale,* se dit de certains ouvrages de religion que les évêques publient pour l'instruction de leurs diocésains. ◆ N. f. *Une pastorale.* ◆ L'Académie dit que le pluriel masculin n'est pas usité.

PASTORALEMENT, adv. [pastoral(ə)mɑ̃] (*pastoral*) ▷ Comme les pasteurs ou bergers. *Vivre pastoralement.* ◆ **Fig.** En pasteur spirituel. *Prêcher pastoralement.* ◁

PASTORALISME, ■ n. m. [pastoralism] (*pastoral*) Système d'exploitation agricole qui repose sur l'élevage intensif. *Le pastoralisme traditionnel pyrénéen.*

PASTORAT, n. m. [pastora] (*pasteur*) Dignité de pasteur protestant.

PASTORIEN, IENNE, ■ adj. [pastorjɛ̃, jɛn] Voy. PASTEURIEN.

PASTOUREAU, ELLE, n. m. [pasturo, ɛl] (anc. fr. *pasturel*, jeune berger) Petit berger, petite bergère. ◆ *Pastourelle,* sorte de poésie, au Moyen Âge.

PASTOURELLE, n. f. [pasturɛl] (anc. fr. *pasturele*, chanson de troubadour) Figure d'une contredanse française, la quatrième du quadrille ordinaire.

PAT, n. m. inv. [pat] (on prononce le *t* final. Prob. ital. *patta*, point pair, jeu égal, de *pattare*, mettre les cartes égales ; infl. de mat) Aux échecs, coup où l'un des joueurs, n'ayant plus que son roi qui puisse jouer et ne l'ayant pas en échec, ne peut le jouer sans le mettre en prise. *Faire pat. Être pat.*

PATACHE, n. f. [pataʃ] (esp. *pataje*, navire, bateau de guerre léger, de l'ar. *batas*, bateau à deux mâts) Anciennement, petit vaisseau de guerre qui suit ordinairement un plus grand, ou qui mouille à l'entrée d'un port pour aller faire la découverte et reconnaître les navires. ◆ Vieux navire approprié pour la police d'un arsenal maritime. ◆ Bâtiment de la douane et du fisc en général. ◆ Barque qui porte des lettres ou des passagers sur quelques fleuves ou rivières. ◆ **Par extens.** Voiture de transport non suspendue.

PATACHON, n. m. [pataʃɔ̃] (*patache*) Celui qui garde la patache aux droits. ◆ Celui qui conduit la voiture qu'on nomme patache.

PATAGIUM, ■ n. m. [pataʒjɔm] (mot lat., bande, frange) **Biol.** Repli de peau, chez certains mammifères, reliant le cou aux membres antérieurs et postérieurs et qui leur permet de voler. *L'écureuil volant possède un patagium, ce qui lui permet de sauter d'arbre en arbre pour se déplacer.*

PATAGON, n. m. [patagɔ̃] (castill. *patacon*, d'orig. inc.) ▷ Ancienne monnaie d'argent de Flandre. ◆ Monnaie d'argent espagnole, valant à peu près 3 francs. ◁

PATAOUÈTE, ■ n. m. [patawɛt] (prob. *Bab-el-Oued*, quartier populaire européen d'Alger où est né ce parler) Parler pratiqué par les Français d'Algérie française, né dans un quartier populaire d'Alger, caractérisé par le nombre important d'emprunts à l'arabe, à l'italien et à l'espagnol. « *Plusieurs convives racontèrent des histoires en pataouète* », DROIT.

PATAPHYSIQUE, ■ n. f. [(é)pi-/mé]taphysique], terme créé par Alfred Jarry, 1873-1907) « *La pataphysique est la science des solutions imaginaires, qui accorde symboliquement aux linéaments les propriétés des objets décrits par leur virtualité* », ELUARD. ■ PATAPHYSICIEN, IENNE, n. m. et n. f. [patafizisjɛ̃, jɛn] *Boris Vian était un illustre pataphysicien.*

PATAPOUF, ■ n. m. [patapuf] (onomat) **Fam.** Personne grosse, lourdaude. « *Elle poussa un cri, se retourna et se trouva nez à nez, on peut le dire, avec une espèce de patapouf énorme, informe et blafard, comparable aux bonshommes de neige que construisent les enfants* », BOYLESVE. ■ onomat. imitant le bruit d'une chute. *Et patapouf !*

PATAQUÈS, ■ n. m. [patakɛs] (faute courante de liaison (*je ne sais*) *pas-t-à qu'est-ce*) **Pop.** Faute de langage, qui consiste à faire entendre un *t* final quand il y a un *s*, ou réciproquement. ◆ Faire pataquès. ◆ Maladresse grossière. *Quel pataquès !* ■ Situation confuse. *Ils ont fait tout un pataquès de cette histoire !* ■ **Rem.** On écrivait aussi *pat-à-qu'est-ce* autrefois.

PATARAFFE, n. f. [pataraf] (altération moqueuse de *parafe* par croisement avec *patte*) ▷ **Fam.** Traits informes, lettres confuses et mal formées. ◁

PATARAS, ■ n. m. [pataʀa] (mot provenç., de *patte*, support, pièce de renfort) **Mar.** Câble métallique utilisé pour étayer ou renforcer le hauban d'un navire. *Le pataras joue un rôle prédominent dans le réglage en navigation.*

PATARD, n. m. [pataʀ] (a. provenç. *patac* ou ital. *patacca*, pièce de monnaie) ▷ Petite monnaie ancienne. N'est plus usité que dans les locutions suivantes : *Cela ne vaut pas un patard ; il n'a pas un patard.* ◁

PATARIN, ■ n. m. [pataʀɛ̃] (ital. *Pattaria*, de *patee*, fripier, quartier de Milan où serait né ce mouvement) **Hist.** Membre d'une secte chrétienne du nord de l'Italie. ■ **Par extens.** Hérétique.

PATAS, ■ n. m. [patas] (lat. sav. *erythrocebus patas*) Singe à poil roux d'Afrique de l'Ouest. *Le patas est également connu sous le nom de singe rouge.*

PATATE, n. f. [patat] (esp. *patata*, de l'arawak de Haïti *batata*) Plante de l'Inde cultivée dans divers pays, parce que ses racines fibreuses donnent des tubercules ovoïdes, blancs ou jaunes, amylacés et sucrés, qui sont un excellent aliment. ◆ Se dit improprement de la pomme de terre et du topinambour.

PATATI PATATA, ■ interj. [patatipatata] (onomat. du radic. *patt-*, bruit de choc, de bavardage, etc.) **Fam.** S'emploie pour remplacer des paroles que l'on juge sans importance. *Elle m'a raconté son aventure et patati patata.*

PATATRAS, [patatʀa] (onomat. du radic. *patt-*, bruit de choc, de chute) Mot qui exprime par onomatopée le bruit d'un corps qui tombe.

PATAUD, n. m. [pato] (*patte*) Jeune chien qui a de grosses pattes. ◆ **N. m.,** n. f. *Pataud, pataude*, personne grossièrement faite. ◆ Gros enfant potelé. ◆ **Adj.** *Cet homme est pataud.* ◆ **Fam.** Lourd d'exécution, dans les beaux-arts. ■ **Adj.** Qui est lent et maladroit. *Une démarche pataude.*

PATAUGAS, ■ n. m. [patogas] (on prononce le *s* final ; nom déposé, de *patauger*) Chaussure montante, à semelle épaisse, particulièrement utilisée pour la marche pour sa solidité et sa souplesse. « *Le pataugas de la sentinelle est posé sur la source, la fraîcheur de l'eau fait sursauter le soldat, il frissonne, regarde autour de lui, marche vers la guérite* », GUYOTAT.

PATAUGEOIRE, ■ n. f. [patoʒwaʀ] (*patauger*) Piscine peu profonde où les enfants peuvent se baigner en toute sécurité. *Elle exige que son fils porte des brassards, même dans la pataugeoire.* ■ **Fig.** Endroit où le sol est recouvert d'une substance liquide, notamment de l'eau. *Lorsque mes enfants prennent leur bain ensemble, ils transforment toujours la salle de bains en pataugeoire.*

PATAUGER, v. intr. [patoʒe] (*patte* ; p.-ê. var. de *patouiller*) Marcher dans une eau bourbeuse. *Patauger dans la boue.* ◆ **Fig.** S'embarrasser dans un raisonnement, dans une mauvaise entreprise. ◆ S'embarrasser dans ses phrases, ne pouvoir en sortir. ■ Barboter dans l'eau. *Les enfants pataugent dans le petit bassin.* ■ **PATAUGEAGE**, n. m. [patoʒaʒ] ■ **PATAUGEUR, EUSE,** n. m. et n. f. [patoʒœʀ, øz]

PATCH, ■ n. m. [patʃ] (mot angl., pièce) Petit autocollant posé à même la peau qui diffuse par absorption à travers la peau des agents actifs, des médicaments, notamment pour arrêter de fumer. *Patch contraceptif. Des patchs ou des patches* (pluriel anglais).

PATCHOULI, n. m. [patʃuli] (altération du tamoul *patch*, vert, et *ilai*, feuille, feuille de patchey) Nom spécifique du *pogostemon patchouli* (labiées) originaire de Chine, remarquable par son odeur aromatique. ■ Parfum extrait de cette plante. *Elle se parfume au patchouli.*

PATCHWORK, ■ n. m. [patʃwœʀk] (mot angl., de *patch*, pièce rapportée, et *work*, travail) Ouvrage composé d'une multitude de petits morceaux de tissus cousus de diverses couleurs et de diverses formes, souvent géométriques. *Des couvertures en patchwork.* ■ Tissu imprimé imitant cette technique. ■ **Par extens.** Ensemble d'éléments disparates. *Des patchworks.* ■ **Fig.** « *Quarante-cinq minutes plus tard, avec en poche le numéro du portable de Florian et en tête un patchwork de rêves et de cauchemars, je retrouve chez moi Mister Doud* », DORIN.

PATE, n. f. [pat] Voy. PATTE.

PÂTE, n. f. [pɑt] (b. lat. *pasta*) Farine détrempée et pétrie pour faire du pain ou une autre nourriture semblable. ◆ **Fig.** *Mettre la main à la pâte*, travailler soi-même à quelque chose. ◆ ▷ **Fig.** *Avoir la main à la pâte*, être en train de faire quelque chose. ◁ ◆ **Fig.** *Être comme un coq en pâte*, être dans son lit bien couché et bien couvert, être bien nourri, et aussi avoir toutes ses aises. (Un coq en pâte est un coq qu'on engraisse avec force pâtée.) ◆ *Pâtes d'Italie*, pâtes faites de farine auxquelles on donne différentes formes et dont on fait des potages, des ragoûts. *Le vermicelle, le macaroni sont des pâtes d'Italie.* ◆ Diverses choses qui sont mises en une masse et comme pétries ensemble. *Pâte d'amande, d'abricots*, etc. ◆ **Pharm.** Nom donné à certaines préparations médicoalimentaires formées de gomme, de sucre, d'eau et d'un principe médicinal le plus souvent émollient. *Pâte de jujube, de guimauve, de lichen*, etc. ◆ Diverses matières broyées et mêlées qu'on emploie dans les arts. *Pâte de carton. La pâte de la porcelaine.* ◆ Le vieux linge détrempé, pilé, broyé dans l'eau, avec lequel on fait le papier. ◆

La matière qui fait la partie essentielle d'une roche. ◆ **Impr.** *Cette forme est tombée en pâte*, les caractères en sont tombés et se sont brouillés. ◆ **Peint.** L'ensemble des couleurs d'un tableau. ◆ *Peindre dans la pâte*, peindre en pleine pâte, charger sa toile de masses épaisses de couleurs et les fondre ensuite les unes dans les autres. ◆ **Fig.** et **fam.** Complexion, constitution. « *Vous êtes d'une pâte à vivre jusques à cent ans* », MOLIÈRE. ◆ Il se dit du caractère et des dispositions morales. « *C'est une fort bonne pâte de femme* », DANCOURT. ◆ **Prov.** *Quand on a la main à la pâte, il en demeure quelque chose aux doigts*, quand les personnes ont un grand maniement d'argent, il leur en reste quelque profit.

PÂTÉ, n. m. [pate] (*pâte*) Sorte de pâtisserie qui renferme de la chair ou du poisson. ◆ *Hacher menu comme chair à pâté*, Voy. HACHER. ◆ *Petit pâté*, sorte de petite pâtisserie renfermant un peu de viande et qu'on sert dans les dîners après le potage. ◆ ▷ *C'est un prix fait comme celui des petits pâtés*, c'est un prix réglé, connu de tout le monde. ◁ ◆ *Je mangerais des petits pâtés sur la tête*, je suis beaucoup plus grand que toi. ◆ **Fig.** et **fam.** *Un gros pâté*, un enfant gros et gras. ◆ **Fig.** Goutte d'encre tombée sur du papier. ■ **Impr.** Caractères mêlés et confondus par la rupture d'une forme, ou d'un paquet, ou même d'une ligne. ◆ Plate-forme ou terre-plein, d'une figure irrégulière, et bordé d'un parapet, qui se construit pour couvrir la porte d'une place. ◆ Assemblage de maisons ou d'édifice isolé, ayant une forme arrondie ou carrée. ■ *Pâté de sable*, sable mouillé que l'on moule. ■ **Ellip.** *On a fait des pâtés tout l'après-midi.*

PÂTÉE, n. f. [pate] (*pâte*) Pâte faite avec de la farine et des herbes et dont on engraisse la volaille. ◆ Mélange de pain émietté et de viande hachée dont on nourrit les animaux domestiques. *La pâtée du chien, du chat.*

1 PATELIN, n. m. [pat(ə)lɛ̃] (radic. onomat. *patt-*, avec infl. du personnage de Maistre *Patelin*) ▷ Personnage d'une vieille comédie qui ses flatteries se fait vendre à crédit du drap et par de vaines paroles et des contes en l'air échappe au paiement. ◆ **Fig.** et avec un *p* minuscule. Celui qui tâche par des flatteries et de belles paroles de tromper ou simplement d'en venir à ses fins. ◆ **Adj.** Il se dit du ton, des manières. *Un air patelin. Une voix pateline.* ◁

2 PATELIN, ■ n. m. [pat(ə)lɛ̃] (anc. fr. *pastis*, petit pâturage, petit pays, du lat. *pascere*, faire paître) **Fam.** Village ou d'une ville de peu d'importance. *C'est un patelin agréable et peu peuplé.*

PATELINAGE, n. m. [pat(ə)linaʒ] (1*patelin*) ▷ Manière insinuante et artificieuse d'un patelin. ◁

PATELINÉ, ÉE, p. p. de pateliner. [pat(ə)line]

PATELINER, v. intr. [pat(ə)line] (1 *patelin*) Agir en patelin. ◆ **V. tr.** Ménager d'une façon pateline l'esprit de quelqu'un. ◆ *Pateliner une affaire*, la manier avec adresse pour la faire réussir.

PATELINERIE, n. f. [pat(ə)lin(ə)ʀi] (*pateliner*) ▷ Manière artificieuse d'un patelin. ◁

PATELINEUR, EUSE, n. m. et n. f. [pat(ə)linœʀ, øz] (*pateliner*) ▷ Celui, celle qui pateline. ◁

PATELLE, n. f. [patɛl] (lat. *patella*) **Antiq.** Sorte de vase sacré. ◆ Coquille dite aussi *lépas*. ◆ **Bot.** Réceptacle plan et ayant un rebord distinct du thalle.

PATÈNE, n. f. [patɛn] (lat. chrét. *patena*, var. de *patina*, plat creux) Chez les catholiques, vase sacré en forme de petite assiette qui sert à couvrir le calice et à recevoir l'hostie. *Baiser la patène.*

PATENÔTRE, n. f. [pat(ə)notʀ] (lat. *pater noster*, de *pater*, père, et adj. poss. *noster*, notre) ▷ Les premières prières qu'on apprend aux enfants, et surtout le Pater. ◆ Toute autre espèce de prières chrétiennes. *Dire sa patenôtre ou ses patenôtres.* ■ **Par extens.** Vaines paroles sans cesse répétées. « *Il marmotte toujours certaines patenôtres Où je ne comprends rien* », RACINE. ◆ **Au pl.** Les grains d'un chapelet, le chapelet tout entier. ◆ **Archit.** Sorte d'ornement des corniches et d'autres pièces, qui est en forme de grains de chapelet, les uns ronds, d'autres ovales. ◆ Chapelet de morceaux de liège qui soutient un filet au-dessus de l'eau. ◁

PATENÔTRIER, ■ n. m. [pat(ə)notʀije] (*patenôtre*) ▷ Fabricant, marchand de chapelets. ■ Nom vulgaire du staphylier pinné. ◁

PATENT, ENTE, adj. [patɑ̃, ɑ̃t] (lat. *patens*, p. prés. de *patere*, être ouvert, être visible) Évident, manifeste. *Un fait patent.* ◆ *Lettres patentes*, Voy. LETTRE. ■ *Acquit-patent*, brevet royal indiquant la gratification d'une somme d'argent, ayant valeur d'acquit mais aussi de décharge pour celui qui devait en faire le paiement.

PATENTAGE, ■ n. m. [patɑ̃taʒ] (angl. *patent*) Traitement thermique d'un fil de métal afin de le rendre plus souple. *Une ligne de patentage.*

1 PATENTE, n. f. [patɑ̃t] ([*lettre*]*patente*, d'après l'angl. *patent*, privilège, brevet) Lettres, commission, diplôme, accordés par le souverain, par des corps, par des universités ; en ce sens, il s'emploie au singulier ou au pluriel. « *Richelieu n'eut les patentes de premier ministre qu'en 1629* », VOLTAIRE.

♦ Certificat de santé délivré dans les ports aux vaisseaux qui partent. ♦ Pièce déclarant la qualité ou la nature des marchandises. ♦ Contribution annuelle que paye toute personne qui fait un commerce, qui exerce une industrie imposable. ♦ Quittance de cette contribution.

2 PATENTE, ▪ n. f. [patɑ̃t] (angl. *patent*) **Québec** Invention, bricolage. ▪ **Fam.** Objet de peu d'importance, truc.

PATENTÉ, ÉE, p. p. de patenter. [patɑ̃te] **N. m.** et n. f. *Un patenté.* ▪ **Adj.** Qui est habitué à. *C'est un menteur patenté.*

1 PATENTER, v. tr. [patɑ̃te] (1 *patente*) ▷ Soumettre à la patente. ♦ Délivrer une patente à quelqu'un. ◁

2 PATENTER, ▪ v. tr. [patɑ̃te] (2 *patente*) **Québec** Inventer, bricoler. ▪ **PATENTEUX, EUSE**, adj. ou n. m. et n. f. [patɑ̃tø, øz] *Ce site Internet propose de bons conseils pour une patenteuse comme moi!*

PATER, n. m. [patɛʀ] (on prononce le *r* final ; lat. *pater*) Oraison dominicale. *Dire son Pater. Dire cinq Pater et cinq Avé.* ♦ ▷ **Fam.** *Savoir une chose comme son Pater*, la savoir très bien, par cœur. ◁ ♦ ▷ **Fig.** *Il ne sait pas son Pater*, il est très ignorant. ◁ ♦ Durée d'un Pater. « *Charost fut plus de trois ou quatre Pater à se remettre* », SAINT-SIMON. ♦ Gros grains d'un chapelet sur lesquels on dit le Pater. ♦ Au pl. *Des Pater.*

PATÈRE, n. f. [patɛʀ] (lat. *patera*, coupe évasée) **Antiq.** Espèce de soucoupe en usage dans les anciens sacrifices. ♦ Ornement de cuivre doré dont on se sert pour soutenir les draperies ou suspendre divers objets. ♦ **Archit.** Ornement de forme circulaire, imitant une patère antique. ▪ Portemanteau fixé au mur.

PATER FAMILIAS ou **PATERFAMILIAS**, ▪ n. m. [patɛʀfamiljas] (mot lat., de *pater*, père, et génit. arch. de *familia*, famille) Chef de famille à l'autorité absolue dans le droit romain. ▪ **Par extens.** Père de famille particulièrement autoritaire. « *Opprimée dès son plus jeune âge, niée dans son existence, passant sans transition, de la terrible autorité de mon grand-père, authentique paterfamilias de tribu, à celle de mon père* », HALIMI.

PATERNALISME, ▪ n. m. [patɛʀnalism] (angl. *paternalism*, du lat. médiév. *paternalis*) Conception patriarcale du chef d'entreprise qui octroie à ses salariés des avantages sociaux. ▪ **Polit.** Attitude qui à imposer une domination, un contrôle. « *Le vrai paternalisme, c'est d'aimer les autres pour soi-même* », DAC. ▪ **PATERNALISTE**, adj. [patɛʀnalist] *Une politique, une attitude paternaliste.*

PATERNE, adj. [patɛʀn] (lat. *paternus*) **Fam.** et en badinant, qui appartient à un père. *Un air et un ton paternes.*

PATERNEL, ELLE, adj. [patɛʀnɛl] (lat. *paternus*) Du père, qui appartient au père. *Bénédiction paternelle. La maison paternelle.* ♦ Qui vient du père, qui est du côté du père. *Succession paternelle. Ligne paternelle.* ♦ Qui est tel qu'il convient à un père, à la qualité de père. *Entrailles paternelles. Avis paternel.* ♦ Il se dit, en un sens analogue, de Dieu, d'un souverain, d'un maître, d'un supérieur. ▪ **N. m. Pop.** et **fam.** Père. *Elle se dépêche de rentrer, elle a peur de son paternel.*

PATERNELLEMENT, adv. [patɛʀnɛl(ə)mɑ̃] (*paternel*) En père, comme il convient à un père. *Il l'a traité paternellement.*

PATERNITÉ, n. f. [patɛʀnite] (lat. chrét. *paternitas*) La qualité de père. *Les devoirs de la paternité.* ♦ ▷ *Paternité spirituelle*, alliance qui se contracte entre le parrain et le filleul. ◁ ♦ Qualité d'auteur. *Revendiquer la paternité d'une théorie.*

PÂTEUX, EUSE, adj. [pɑtø, øz] (*pâte*) Qui a les caractères, la consistance de la pâte. ♦ **Fig. Peint.** Se dit d'une touche abondante en couleurs, des chairs peintes largement et moelleusement. ♦ Il se dit des choses qui font dans la bouche l'effet désagréable qu'y ferait la pâte. *Ces poires sont pâteuses.* ♦ *Pain pâteux*, pain qui n'est pas assez cuit. ♦ On dit *la bouche pâteuse* quand la langue est couverte d'un enduit muqueux qui en émousse la sensibilité. ♦ Il se dit des liquides dont la liquidité n'est pas parfaite, et où se trouvent des filaments, des matières non fondues, etc. ♦ Se dit d'une terre grasse, molle, à demi détrempée. *Chemin pâteux.* ♦ **Fig.** Se dit d'un style qui manque de fermeté, de netteté, de légèreté.

PATHÉTIQUE, adj. [patetik] (gr. *pathêtikos*, émouvant, de *paskhein*, être affecté de l'extérieur) Qui touche l'âme et l'émeut. *Orateur, discours pathétique.* ♦ **Anat.** *Muscle pathétique*, le grand oblique de l'œil. ▪ **N. m.** Ce qui touche, émeut l'âme.

PATHÉTIQUEMENT, adv. [patetik(ə)mɑ̃] (*pathétique*) D'une manière pathétique.

PATHÉTISME, ▪ n. m. [patetism] (*pathétique*) **Litt.** Caractère de ce qui est pathétique. *Ce film est d'un pathétisme navrant !*

PATHOGÈNE, ▪ adj. [patoʒɛn] (*patho* et -*gène*) Qui provoque des maladies. *Agent pathogène.* ▪ **Psych.** Qui est à l'origine de troubles mentaux.

PATHOGENÈSE, ▪ n. f. [patoʒənɛz] (*patho*- et *genèse*) Étude des mécanismes d'apparition et de développement d'une maladie. *La pathogenèse des maladies neurodégénératives, des métastases, etc.*

PATHOGÉNIQUE, ▪ adj. [patoʒenik] (*pathogénie*, étude de la pathogenèse) Qui a trait à la pathogenèse. *Discussion, approche, élément pathogénique.*

PATHOGNOMONIQUE, adj. [patognomonik] (le *g* se prononce séparément du gr. *pathognômonikos*, qui fait reconnaître une maladie, de *pathos*, maladie, et *gnômôn*, qui discerne) **Méd.** Se dit des signes qui caractérisent chaque maladie. ♦ **N. f. Philos.** Science des signes des passions.

PATHOLOGIE, n. f. [patoloʒi] (gr. *pathologia*, étude des passions, des affections) **Méd.** Science qui traite de tous les désordres survenus, soit dans la disposition matérielle des organes, soit dans les actes qu'ils remplissent. *Pathologie générale, interne, externe.* ▪ Maladie. *Le traitement médical d'une pathologie.*

PATHOLOGIQUE, adj. [patoloʒik] (gr. *pahologikos*, qui traite des passions, des maladies) Qui appartient à la pathologie. *L'anatomie pathologique.* ▪ Qui concerne la maladie ; anormal. *Des manifestations pathologiques. Un comportement pathologique.*

PATHOLOGIQUEMENT, adv. [patoloʒik(ə)mɑ̃] (*pathologique*) Au point de vue pathologique.

PATHOLOGISTE, n. m. et n. f. [patoloʒist] (*pathologie*) Médecin qui s'occupe de la pathologie. ▪ **Adj.** *Médecin pathologiste.*

PATHOMIMIE, ▪ n. f. [patomimi] (*patho*- et *mime*) Simulation volontaire ou inconsciente d'une maladie ou d'une infirmité. *Un malade atteint de pathomimie peut se mutiler et entretenir ses lésions.*

PATHOS, n. m. [patos] (on prononce le *s* final ; gr. *pathos*, ce qu'on éprouve, affection, passion) **Rhét.** Mouvements, figures propres à toucher fortement l'âme des auditeurs. *Les rhéteurs opposent le pathos à l'ithos.* ♦ Style où une émotion vraie ou factice se déguise sous une emphase déplacée, sous une chaleur affectée.

PATIBULAIRE, adj. [patibylɛʀ] (lat. *patibulum*, fourche patibulaire) Qui appartient au gibet. *Fourches patibulaires.* ♦ **Fig.** *Mine patibulaire*, mine d'un homme digne de la potence. ♦ *Inclinations patibulaires*, inclinations qui conduisent à des actes dignes de la potence. ▪ **N. m.** Gibet. « *Le scélérat [renard]… Passa près d'un patibulaire* », LA FONTAINE. ▪ Qui est inquiétant, qui inspire de la méfiance. *Une figure patibulaire.*

PATIEMMENT, adv. [pasjamɑ̃] (*patient*) Avec patience.

1 PATIENCE, n. f. [pasjɑ̃s] (lat. *patientia*) Vertu qui fait supporter avec modération et sans murmure. *Il exerce ma patience. Il n'a pas eu la patience de l'écouter.* ♦ *Une patience d'ange, une patience de saint*, une très grande patience. ♦ *Prendre en patience*, supporter avec résignation. ♦ *Mettre la patience à bout*, agir tellement qu'on ne puisse être supporté. ♦ *La patience lui échappe*, il ne contient plus sa colère, sa mauvaise humeur, etc. ♦ Calme, sang-froid, tranquillité avec laquelle on attend ce qui tarde. *Attendez avec patience.* ♦ *Prendre patience*, attendre avec tranquillité, avec sang-froid. ♦ *Perdre patience*, s'impatienter. ♦ Persévérance à poursuivre une œuvre, un travail, malgré la lenteur ou les progrès ou malgré les obstacles. « *Patience et longueur de temps. Font plus que force ni que rage* », LA FONTAINE. ♦ *Ouvrage de patience*, ouvrage qui demande principalement du temps et de la constance. ♦ *Jeu de patience*, amusement qui consiste à rassembler et à mettre en ordre les pièces découpées d'une mosaïque représentant divers objets. ♦ Différentes combinaisons d'un jeu de cartes qui peut tenter une personne seule. ♦ **Hérald.** Salamandre représentée dans le feu. ♦ Espèce de cul-de-lampe sur lequel on peut être assis quand les stalles du chœur sont levées. ♦ Instrument en bois ou en métal employé pour nettoyer les boutons métalliques sans souiller le drap des vêtements. ♦ **PATIENCE !**, interj. Exprime une sorte de résignation. *Patience !* signifie au : laissez-moi dire ou faire. ♦ On dit aussi par menace : *Patience ! j'aurai mon tour.*

2 PATIENCE, n. f. [pasjɑ̃s] (altération du lat. *lapathium*, du gr. *lapathon*, par confusion de la première syll. avec l'article ; infl. de *patience*) Genre de plantes de la famille des polygonées, genre *Rumex*. ♦ Plante dont l'espèce commune, dite aussi parelle, a des feuilles semblables à celles de l'oseille.

PATIENT, ENTE, adj. [pasjɑ̃, ɑ̃t] (lat. *patiens*, p. prés. de *pati*, supporter) Qui souffre, reçoit l'impression d'un agent. « *Dans les passions comme nous les considérons, l'âme est patiente, et elle ne préside pas aux dispositions du corps, mais elle y sert* », BOSSUET. ▪ **N. m.** *L'agent et le patient*, le sujet qui agit et celui sur lequel il agit. ▪ **Adj.** Qui a de la patience, qui supporte, tolère. « *Les aventures du sage et patient Ulysse* », FÉNELON. ♦ Dans le langage de l'Écriture, *Dieu est patient et miséricordieux*, il supporte nos fautes pour nous donner le temps de nous corriger. ♦ Il se dit aussi des choses. « *Une vie simple et patiente* », FLÉCHIER. ▪ **N. m.** et n. f. Celui qui a de la patience. ♦ Qui attend et qui persévère avec tranquillité. « *Ce n'est jamais qu'aux esprits patients et laborieux qu'appartient le don de l'invention dans les* *sciences naturelles* », Voltaire. ◆ ▷ Celui qui est condamné à mort et que l'on va exécuter. ◁ ◆ Celui qui est entre les mains des chirurgiens, ou en général le malade. ■ *Il y a déjà cinq patients dans la salle d'attente du dentiste.*

PATIENTER, v. intr. [pasjɑ̃te] (*patient*) Prendre patience, attendre avec patience.

PATIN, n. m. [patɛ̃] (*patte*) ▷ Soulier à semelle fort épaisse, que les femmes portaient autrefois pour se grandir. « *La trop courte beauté monta sur des patins* », Boileau. ◁ ◆ Sorte de double chaussure, montée en quelques endroits sur un petit cercle de fer, dont les femmes se servaient pendant le mauvais temps. ◁ ◆ Sorte de chaussure d'hiver. ◆ Support en bois tenant une lame de fer posée verticalement et indépendant de la chaussure, qu'on ne quitte pas ; on s'en sert pour courir sur la glace. ◆ ▷ Air fort épais qu'on pose de niveau sous la charpente d'un escalier pour lui servir de base. ◁ ◆ Chacune des deux pièces de tissu sur lesquelles on pose les pieds pour se déplacer sur un parquet sans le salir. ■ *Patin à roulettes* ou ellipt. *patin*, sorte de chaussure ou structure montée sur roulettes avec laquelle on se déplace. ■ *Patin en ligne*, patin dont les roulettes sont alignées dans le sens de la longueur. ■ **Techn.** *Patin de frein*, pièce mécanique qui assure le freinage par frottement.

PATINAGE, n. m. [patinaʒ] (1 *patiner*) Action de patiner sur la glace. ◆ Action d'une locomotive qui patine.

PATINE, n. f. [patin] (ital. *patina*, teinte que le temps donne aux tableaux, lat. *patina*, plat creux utilisé à la cuisson des aliments) Carbonate vert de bronze qui se forme sur les statues et les médailles de bronze de l'antiquité, et qui leur sert en quelque sorte de vernis. ◆ Fig. *La patine du temps*, la teinte que le temps donne aux tableaux, aux statues. ◆ **Par extens.** Concrétions terreuses qui se forment à la surface des marbres antiques ; espèce de crasse dont se chargent les vieux tableaux. ■ Produit dont on recouvre un objet pour le colorer ou le protéger. *Acheter un kit de patine pour donner l'aspect de l'ancien à ses meubles.*

PATINÉ, ÉE, p. p. de patiner. [patine]

1 PATINER, v. intr. [patine] (*patin*) Glisser sur la glace avec des patins. ◆ Se dit d'une locomotive dont les roues tournent sur place, n'ayant pas une prise suffisante pour communiquer un mouvement de translation à tout le convoi. ■ Se déplacer au moyen de patins à roulettes ou de rollers, le plus souvent sur le bitume. *Elles vont patiner au Trocadéro tous les week-ends.*

2 PATINER, v. tr. [patine] (*patte*) ▷ Manier avec peu de ménagement. *Ces fruits ont perdu leur fleur, on les a patinés.* ◁

3 PATINER, v. tr. [patine] (*patine*) Donner la couleur de la patine.

PATINETTE, ■ n. f. [patinɛt] (1 *patiner*) Planche montée sur deux petites roues et munie d'un guidon, que l'on fait avancer par une impulsion d'un des deux pieds. ■ N. f. pl. Skis à peine plus grands qu'une chaussure, que l'on chausse pour glisser sur la neige. *On ne se sert pas de bâton avec les patinettes.*

PATINEUR, EUSE, n. m. et n. f. [patinœr, øz] (1 *patiner*) Celui, celle qui glisse sur la glace avec des patins. ■ **Par extens.** Personne qui circule en patins à roulettes ou en rollers. *Les patineurs parisiens aiment circuler les quais de Seine.*

PATINOIRE, ■ n. f. [patinwar] (1 *patiner*) Lieu aménagé pour la pratique du patinage sur glace. *Patinoire naturelle, artificielle.* ■ Surface glissante. *Ce parquet encaustiqué est une vraie patinoire.*

PATIO, n. m. [pasjo] ou [patjo] (esp. *patio*, d'orig. obsc.) Nom qu'on donne en Espagne à une cour intérieure entourée de galeries.

PÂTIR, v. intr. [patir] (lat. *pati*, supporter, être victime) Éprouver une souffrance. ◆ Pâtir de quelque chose, en souffrir du dommage. « *Hélas ! on voit que de tout temps Les petits ont pâti des sottises des grands* », La Fontaine. ◆ *Pâtir pour quelqu'un*, souffrir d'une faute qu'il a faite, d'un tort qu'il a eu. ◆ Avoir du mal, éprouver des privations. « *Quand on a un peu pâti, le plaisir en semble meilleur* », Marivaux. ◆ Il se dit des choses qui souffrent de l'altération, du mal. *Il a fait des excès, sa santé en a pâti. Cet arbre a pâti.* ◆ Il se dit des sentiments qui sont froissés. « *Ciel ! que mon cœur pâtit !* », Molière. « *Ma fierté pâtissait à retourner chez des gens qui m'avaient si mal reçu* », J.-J. Rousseau. ■ Prov. *Les bons pâtissent pour les méchants*, se dit quand les actes des méchants attirent sur les bons un mal quelconque.

PÂTIRAS, n. m. [patira] (2ᵉ pers. du fut. de *pâtir*, petit tapis sur lequel les tailleurs font porter les boutonnières de l'habit qu'ils repassent) ▷ **Pop.** Homme, enfant ou animal servant de jouet ; souffre-douleur. ◆ Personne fort maigre ou malade. ■ Rem. On écrivait aussi *pâtira*. ◁

PÂTIS, n. m. [pati] (lat. pop. *pasticium*, du lat. *pastus*, pâture) Lande ou friche, où l'on fait paître des bestiaux.

PÂTISSAGE, n. m. [patisaʒ] (*pâtisser*) ▷ Action de pâtisser. ◁

PÂTISSANT, ANTE, adj. [patisɑ̃, ɑ̃t] (*pâtir*) ▷ Qui pâtit. *Âme pâtissante.* ◁

PÂTISSÉ, ÉE, p. p. de pâtisser. [patise]

PÂTISSER, v. intr. [patise] (anc. fr. *pastitz*, du lat. pop. *pasticium*, pâté, de *pasta*) ▷ Faire de la pâtisserie. ◁ ■ Travailler de la farine. ■ V. tr. Pétrir. *Pâtisser la pâte*

PÂTISSERIE, n. f. [patis(ə)ri] (*pâtisser*) Pâte préparée, assaisonnée et cuite au four. ◆ Profession, commerce du pâtissier. ◆ Endroit où l'on confectionne la pâtisserie.

PÂTISSIER, IÈRE, n. m. et n. f. [patisje, jɛr] Celui, celle qui fait et qui vend de la pâtisserie. ◆ Adj. *Garçon pâtissier.* ◆ N. m. Livre dans lequel on enseigne la pâtisserie. ◆ Adj. *Crème pâtissière*, crème à base d'œufs, de farine, de sucre et de lait dont on fourre certaines pâtisseries.

PÂTISSOIRE, n. f. [patiswar] (*pâtisser*) ▷ Table sur laquelle on pâtisse. ◁

PÂTISSON, ■ n. m. [patisɔ̃] (a. provenç. *pastis*, pâté) Cucurbitacée de couleur jaune clair, ressemblant à une courge, autrement appelé bonnet-de-prêtre ou artichaut d'Espagne. *Dépêchez-vous de vous mettre à table, j'ai préparé un soufflé de pâtisson pour le déjeuner.*

PATOCHE, ■ n. m. [patɔʃ] (*patte*) Coup de férule que recevaient les écoliers. ■ Désignation familière et péjorative des mains. *Enlève tes patoches de là !*

PATOIS, n. m. [patwa] (anc. fr. *patoier*, gesticuler pour se faire comprendre) Parler provincial qui, étant jadis un dialecte, a cessé d'être littérairement cultivé et qui n'est plus en usage que pour la conversation parmi les gens de province, et particulièrement parmi les paysans et les ouvriers. *Le patois normand, gascon, etc.* ◆ Par analogie et plaisanterie. « *L'âne [...] Se plaint en son patois* », La Fontaine. ◆ Par dénigrement, langue pauvre et grossière. ◆ Mauvais style. *Quel patois !* ◆ Adj. *Patois, patoise*, qui a le caractère du patois.

PATOISANT, ANTE, ■ adj. [patwazɑ̃, ɑ̃t] (*patoiser*) Qui utilise le patois. *Des locutions patoisantes.* ■ N. m., n. f. Personne parlant patois.

PATOISER, v. intr. [patwaze] (*patois*) ▷ Parler en patois, parler avec un accent provincial. ◁ ◆ V. tr. Rendre patois. *Patoiser un rôle.* ◁

PÂTON, n. m. [patɔ̃] (*pâte*) Nom donné à des morceaux de certaines pâtes, qu'on fait avaler aux volailles pour les engraisser. ◆ Sorte de défectuosité dans le papier. ■ Petite masse de pâte à pain.

PATOUILLER, ■ v. intr. [patuje] (anc. fr. *patoiller*, barboter, de *patte*) Patauger dans un liquide généralement malpropre, notamment dans la boue. « *Il nous fallait patouiller sans répit, quelquefois de l'eau jusqu'aux fesses, enjamber, jouer de la hachette* », Genevoix. ■ V. tr. Tripoter. *Son bébé, comme tous les bébés, adore patouiller la pâte à modeler.*

PATRAQUE, n. f. [patrak] (prob. it. du Nord *patracca*, monnaie de faible valeur.) Machine usée, sans valeur, ou qui va mal. *Cette montre n'est qu'une patraque.* ◆ Fig. et fam. Personne faible, maladive. ◆ Adj. *Il devient patraque.*

PÂTRE, n. m. [patr] (lat. *pastor*, de *pascere*, faire paître) Celui qui garde, qui fait paître les troupeaux de bœufs, de vaches, de chèvres, etc.

PATRES (AD), [adpatrɛs] (mots lat., de la prép. *ad*, vers, et l'accus. plur de *pater*, père) Locution latine qui signifie *vers les pères* et qui n'est usitée que dans ces phrases : *Aller ad patres*, mourir ; *envoyer ad patres*, faire mourir.

PATRIARCAL, ALE, adj. [patrijarkal] (lat. ecclés. *patriarchalis*) Qui a rapport aux anciens patriarches. *Gouvernement patriarcal.* ◆ Qui rappelle la simplicité de leurs mœurs. *Vie patriarcale.* ◆ Qui appartient à la dignité de patriarche. ◆ *Sièges patriarcaux*, nom donné à cinq sièges qui avaient la préséance dans les conciles. ◆ Relatif au patriarcat. *Société patriarcale.*

PATRIARCALEMENT, adv. [patrijarkal(ə)mɑ̃] (*patriarcal*) ▷ En patriarche. ◁

PATRIARCAT, n. m. [patrijarka] (lat. médiév. *patriarcatus*, dignité de patriarche) Dignité des évêques qui se nomment patriarches. ◆ Étendue de pays soumise à un patriarche. ◆ Durée de l'autorité d'un patriarche. ■ Société fondée sur l'ascendance paternelle et l'autorité du père. *Le patriarcat et le matriarcat.*

PATRIARCHE, n. m. [patrijarʃ] (lat. chrét. *patriarca*, gr. *patriarkhês*, de *patria*, lignée, et *arkhein*, commencer, commander) Nom donné aux premiers chefs de famille qui ont vécu soit avant, soit après le déluge, et dont la vie fut fort longue. ◆ Fig. *Avoir l'air d'un patriarche*, avoir une figure vénérable. ◆ *C'est un patriarche*, se dit d'un vieillard qui vit au milieu d'une famille nombreuse. ◆ Titre qui se donnait autrefois aux évêques des premiers sièges épiscopaux. ◆ On donne encore ce titre à quelques évêques. *Le patriarche de Lisbonne. Le patriarche d'Aquilée.* ◆ Chef de l'Église grecque et de quelques autres communions séparées de l'Église romaine. ◆ Nom donné aux premiers fondateurs des ordres religieux, tels que saint Basile, saint Benoît, etc.

PATRICE, n. m. [patʀis] (lat. *patricius*, patricien) Titre d'une dignité instituée dans l'Empire romain par Constantin, et plus tard chez les rois bourguignons et francs. ♦ *Patrice des Romains,* dignité conférée à Pépin et à Charlemagne.

PATRICIAT, n. m. [patʀisja] (lat. impér. *patriciatus*) Ordre des patriciens à Rome. ♦ Dignité de patricien, rang des familles patriciennes. ♦ Dignité de patrice.

PATRICIEN, IENNE, adj. [patʀisjɛ̃, jɛn] (*patrice*) Il se dit de l'ordre qui, chez les Romains, tenait le premier rang. ♦ Se dit des nobles ou privilégiés, dans quelque pays que ce soit. ♦ N. m. et n. f. Celui, celle qui appartient au premier ordre parmi les Romains. ♦ S'est dit des nobles de quelques républiques d'Italie. ♦ Adj. **Fig.** Distingué, digne de patriciens. *Des manières patriciennes.*

PATRICLAN, ■ n. m. [patʀiklɑ̃] (lat. *pater*, père, et *clan*) **Ethnol.** Clan, groupe d'individus dont l'organisation familiale et sociale se fonde sur un système patrilinéaire. *Dans certaines communautés, lors de leur mariage, la femme quitte son patriclan pour entrer dans celui de son époux.*

PATRIE, n. f. [patʀi] (lat. *patria*, pays natal, de *pater*, père) Pays où l'on a pris naissance. « *À tous les cœurs bien nés que la patrie est chère !* », Voltaire. ♦ **Fig.** « *L'univers est la patrie d'un grand homme* », Raynal. ♦ Province, ville où l'on est né. *Marseille est sa patrie.* ♦ **Fig.** La nation dont on fait partie, la société politique dont on est membre. « *Que me servirait, comme à tout le peuple, que ma patrie fût puissante et formidable, si, triste et inquiet, j'y vivais dans l'oppression ?* », La Bruyère. ♦ *Patrie commune,* l'État dans lequel on possède des droits politiques. ♦ *La mère patrie,* Voy. mère. ♦ **Par extens.** Contrées, des villes où fleurissent, où sont en abondance certaines espèces d'hommes et de choses. *Athènes fut la patrie des philosophes. Ce pays est la patrie des sciences et des lettres.* ♦ *La céleste patrie,* le ciel.

PATRILINÉAIRE, ■ adj. [patʀilineɛʀ] (lat. *pater*, père et *linéaire*, d'après l'angl. *patrilinear*) **Ethnol.** Relatif à un système fondé sur l'ascendance paternelle et qui structure l'organisation sociale d'un groupe d'individus. *Un système, une lignée patrilinéaire.*

PATRILOCAL, ALE, ■ adj. [patʀilɔkal] (lat. *pater*, père, et *local*, d'après l'angl. *patrilocal*) **Ethnol.** Relatif à un mode d'organisation familiale où la femme s'installe dans le lieu de résidence de la famille du mari. *Des mariages patrilocaux. Des sociétés patrilinéaires et patrilocales.*

PATRIMOINE, n. m. [patʀimwan] (lat. *patrimonium*, bien de famille, de *pater*, père) Bien d'héritage qui descend, suivant les lois, des père et mère à leurs enfants. ♦ *Patrimoine paternel,* les biens qui viennent du côté du père ; *patrimoine maternel,* les biens qui viennent du côté de la mère. ♦ En général, biens de famille. ♦ **Par extens.** Il se dit des trônes, des charges, des prérogatives qui se transmettent héréditairement. « *La Castille devient patrimoine d'un fils de France* », Massillon. ♦ **Fig.** Ce qui est considéré comme une propriété patrimoniale. *Chaque découverte dans les sciences est le patrimoine de toutes les nations.* ♦ *Le patrimoine de Saint-Pierre,* une partie du domaine que le pape possédait en Italie. ♦ Se disait des biens fonds de chaque église. ■ **Biol.** *Patrimoine génétique, héréditaire,* ensemble des gènes dont hérite un individu.

PATRIMONIAL, ALE, adj. [patʀimɔnjal] (b. lat. jurid. *patrimonialis*) Qui est de patrimoine. *Biens patrimoniaux.*

PATRIOTE, n. m. et n. f. [patʀijɔt] (b. lat *patriota*, compatriote, gr. *patriôtês*, qui est du pays, indigène) Celui, celle qui aime sa patrie, qui cherche à la servir. « *Il est triste que souvent, pour être bon patriote, on soit l'ennemi du reste des hommes* », Voltaire. ♦ **Adj.** *Un ministre patriote.*

PATRIOTIQUE, adj. [patʀijɔtik] (*patriote*) Qui appartient au patriote. *Sentiments patriotiques.* ♦ *Don patriotique,* don fait à la patrie.

PATRIOTIQUEMENT, adv. [patʀijɔtik(ə)mɑ̃] (*patriotique*) En patriote.

PATRIOTISME, n. m. [patʀijɔtism] (*patriote*, d'après l'angl. *patriotism*) Amour de la patrie. ♦ En mauvaise part. *Patriotisme de clocher. Patriotisme provincial.*

PATRISTIQUE, ■ n. f. [patʀistik] (lat. ecclés. *patristica* (*theologia*), de *pater*, père) Science et étude de la doctrine des Pères de l'Église. *La patristique grecque.* ■ **Adj.** Relatif aux Pères de l'Église. *L'âge patristique.*

PATROCINER, v. intr. [patʀɔsine] (lat. *patrocinari*, défendre, protéger) ▷ Vieilli Parler longuement et d'une façon importune pour persuader. « *Prêchez, patrocinez jusqu'à la Pentecôte* », Molière. ◁

PATROLOGIE, n. f. [patʀɔlɔʒi] (gr. *patêr* et *-logie*) Connaissance particulière des Pères de l'Église. ♦ Édition de tous les Pères de l'Église.

1 PATRON, n. m. [patʀɔ̃] (emploi fig. de 1 *patron*) Modèle sur lequel travaillent certains artisans, comme les brodeurs, les tapissiers et autres. ♦ Morceau de papier découpé de manière à figurer certaines parties des vêtements d'homme ou de femme, et sur lequel on taille l'étoffe. ♦ Papier ou carton découpé qu'on applique sur une surface quelconque pour peindre les parties que ces découpures laissent à découvert. ♦ Peinture faite avec des patrons découpés. ♦ **Fig.** Modèle. « *Fais toutes choses selon le patron qui t'a été montré* », Pascal. ♦ *Cet homme s'est formé sur un bon, sur un mauvais patron,* il s'est formé sur un bon, sur un mauvais modèle.

2 PATRON, ONNE, n. m. et n. f. [patʀɔ̃, ɔn] (lat. *patronus*, patron [par opposition à client] protecteur des plébéiens, avocat) **Antiq.** Chez les Romains, le maître à l'égard de l'affranchi, le protecteur à l'égard du client. ♦ Celui, celle qui sert de protection, d'appui ; qui s'intéresse à notre fortune et qui cherche à la pousser. ♦ Saint, sainte dont on porte le nom ; à qui une église est dédiée ou qui protège particulièrement une ville, un pays, etc. ♦ **Fig.** Personnage sous qui on se met, bien qu'il ne soit pas un saint. *Mon patron est Horace.* ♦ **Fig.** Celui qui donne crédit, autorité à quelque chose. *Le patron d'un remède.* ♦ **Fam.** Le maître d'une maison. ♦ Dans l'industrie, le maître de l'établissement. ♦ *Patron d'une chaloupe,* quartier-maître ou contremaître chargé du commandement d'une embarcation. ■ Chef dans une entreprise. *C'est le patron qui décide des orientations de la société.*

PATRONAGE, n. m. [patʀɔnaʒ] (2 *patron*) **Antiq.** Se dit des relations établies à Rome entre les patrons et leurs clients. ♦ Protection accordée par un homme puissant à un inférieur, et même à des cités, à des cantons, etc. ♦ Dans le droit canon, droit de présenter un ecclésiastique au bénéfice vacant. ♦ Se dit de diverses institutions ou sociétés de bienfaisance. *Œuvre du patronage des enfants de Saint-Vincent de Paul.* ♦ **Hérald.** *Armoiries de patronage,* celles qui contiennent quelque marque de dépendance. ♦ Soutien apporté par une personne ou par une société influente. *Cette fête a été organisée sous le haut patronage de Mme la Baronne.* ■ **Cout.** Action de tracer des patrons. *Le patronage peut maintenant s'effectuer à l'aide de logiciels.*

PATRONAL, ALE, adj. [patʀɔnal] (2 *patron*) Qui appartient au patron, au saint du lieu. *Fête patronale. Les saints patronaux.* ■ Qui concerne les chefs d'entreprise. *Cotisations patronales. Des syndicats patronaux.*

PATRONAT, n. m. [patʀɔna] (2 *patron*) **Antiq.** Droit d'un patron sur ses clients. ♦ Dignité de patron. ■ Ensemble des patrons d'entreprise. *Accord entre les syndicats et le patronat.*

PATRON-JAQUET ou **PATRON-MINET (DÈS LE)**, ■ loc. adv. [patʀɔ̃ʒakɛ, patʀɔ̃minɛ] Voy. potron-jaquet.

1 PATRONNÉ, ÉE, p. p. de patronner. [patʀɔne] Protégé.

2 PATRONNÉ, ÉE, p. p. de patronner. [patʀɔne] « *Les ailes des papillons patronnées sur une infinité de formes* », Bernardin de Saint-Pierre.

1 PATRONNER, v. tr. [patʀɔne] (2 *patron*) Néolog. Protéger ; introduire dans le monde, dans la haute société.

2 PATRONNER, v. intr. [patʀɔne] (1 *patron*) Appliquer sur une toile ou sur un carton un papier ou une carte découpée, dont on imprime la figure sur cette toile avec de la couleur. ♦ V. tr. Calquer sur un patron. *Patronner des cartes à jouer.*

PATRONNESSE, adj. f. [patʀɔnɛs] (2 *patron*) *Dame patronnesse* ou n. f. *patronnesse,* dame qui se charge de diriger une fête, un bal, etc. au profit des pauvres.

PATRONNET, n. m. [patʀɔnɛ] (2 *patron*) ▷ Petit garçon pâtissier. ◁

PATRONYME, ■ n. m. [patʀɔnim] (*patronymique*) Nom de famille.

PATRONYMIQUE, adj. [patʀɔnimik] (b. lat. patronymicus, gr. *patrônumikos,* de *patêr*, père, et *onuma,* var. de *onoma,* nom) Se dit, chez les anciens, du nom donné à des descendants d'après celui d'un aïeux. *Atrides est le nom patronymique d'Agamemnon et de Ménélas, parce qu'ils étaient fils d'Atrée.* ♦ Chez les modernes, nom patronymique, nom de famille, par opposition aux noms de terre ou de fief.

PATROUILLAGE, n. m. [patʀujaʒ] (*patrouiller*) ▷ **Fam.** Malpropreté qu'on fait en patrouillant. ◁

PATROUILLE, n. f. [patʀuj] (*patrouiller*) Marche faite pendant la nuit par une garde, pour la sûreté d'une ville, d'un camp. ♦ Le détachement même qui fait la patrouille. *Doubler les patrouilles.* ■ **Milit.** Petit groupe d'avions, de navires effectuant des missions.

PATROUILLÉ, ÉE, p. p. de patrouiller. [patʀuje] ▷ *Des fruits patrouillés.* ◁

1 PATROUILLER, v. intr. [patʀuje] (var. dial. de *patouiller*) Marcher, s'agiter dans de l'eau bourbeuse. ♦ ▷ V. tr. Manier malproprement. *Patrouiller des fruits.* ◁

2 PATROUILLER, v. intr. [patʀuje] (emploi fig. de 1 *patrouiller*) Aller en patrouille.

PATROUILLEUR, ■ n. m. [patʀujœʀ] (2 *patrouiller*) Soldat appartenant à une patrouille chargée de surveiller un lieu. ■ **Milit.** Navire ou avion de guerre chargé de surveiller et de protéger les routes maritimes et aériennes lors de patrouilles.

PATROUILLIS, n. m. [patʀuji] (1 *patrouiller*) ▷ Bourbier où l'on patrouille. *Mettre le pied dans un patrouillis.* ◁

PATTE, n. f. [pat] (radic. onomat. *patt-*, bruit de heurt.) Pied des quadrupèdes qui ont des doigts, des ongles ou des griffes, et des oiseaux autres que les oiseaux de proie. ◆ ▷ **Fig.** *Des pattes de chat*, des lettres mal formées. ◁ ◆ *Des pattes de mouche*, caractères d'écriture très fins, peu lisibles. ◆ En parlant d'un chat, *faire patte de velours*, cacher les griffes en donnant la patte, et fig. cacher sous des dehors caressants le dessein qu'on a de nuire. ◆ ▷ *Se servir de la patte du chat pour tirer les marrons du feu*, Voy. MARRON. ◁ ◆ **Fam.** *Marcher à quatre pattes*, marcher sur les pieds et sur les mains. ◆ **Fig.** *Mettre l'homme à quatre pattes*, le considérer comme un pur animal. ◆ **Pop.** *À pattes*, à pied. ◆ Il se dit des membres de certains crustacés et de certains insectes. *Une patte d'écrevisse, de mouche, d'araignée.* ◆ **Fam.** Main. « *J'ai eu toutes les peines du monde à m'échapper de leurs pattes* », MOLIÈRE. ◆ *Sous la patte*, sous la main, à portée. ◆ *Tomber sous la patte de quelqu'un*, être à sa merci. ◆ *Mettre la patte sur quelqu'un*, le battre, le maltraiter. ◆ *Être entre les pattes de quelqu'un*, être soumis à l'examen d'un homme dont on a sujet de craindre la sévérité. ◆ *Être sous la patte de quelqu'un*, être sous son autorité. *Tenir quelqu'un sous sa patte*, être en état de lui faire de la peine, du mal. ◆ *Sortir des pattes, se tirer des pattes de quelqu'un*, n'avoir plus rien à craindre de lui, plus rien à démêler avec lui. ◆ *Donner un coup de patte, des coups de patte à quelqu'un*, lâcher quelque trait vif et malin contre lui. ◆ *Graisser la patte à quelqu'un*, Voy. GRAISSER. ◆ **Fig.** *Pattes croisées*, se dit de celui qui se tient coi. ◆ *Patte d'anémone, patte de renoncule, etc.*, la racine de ces plantes, dite plus souvent griffe. ◆ La partie sur laquelle se soutient un verre, une coupe, etc. *Un verre à patte.* ◆ On dit de même : *La patte d'un flambeau, d'un guéridon.* ◆ *Patte-fiche* ou *patte*, morceau de fer pointu d'un bout et plat de l'autre, qui sert à fixer un lambris, un châssis, etc. ◆ **Mar.** *Patte de l'ancre*, triangle de fer soudé à l'extrémité de chaque bras de l'ancre. ◆ Petit instrument formé de cinq tire-lignes, qui sert à régler les livres de musique. ◆ Bande d'étoffe fixée par un de ses bouts à une partie d'un vêtement, et qui s'attache de l'autre à un bouton. ◆ Petite bande d'étoffe de couleur tranchante, appliquée sur un habit d'uniforme. ◆ **Fam.** Jambe. *Traîner la patte.* ■ *Montrer patte blanche*, se faire reconnaître pour pouvoir entrer quelque part. ■ *Pantalon à pattes d'éléphant*, dont le bas des jambes s'évase. ■ REM. On écrivait aussi *pate* autrefois.

PATTÉ, ÉE, adj. [pate] (*patte*) Qui a une espèce de patte. ◆ **Hérald.** Se dit des croix dont les extrémités s'élargissent en forme de patte ouverte.

PATTE-DE-LOUP, ■ n. f. [pat(ə)dəlu] (*patte* et *loup*) Plante herbacée des lieux humides à tige rigide et aux petites fleurs blanches. *Des pattes-de-loup. La patte-de-loup est également appelée lycope ou chanvre d'eau.* ■ Variété de pommes que l'on trouve principalement en Bretagne, très appréciée pour sa chair fine et parfumée.

PATTE-D'OIE, n. f. [pat(ə)dwa] (*patte* et *oie*) Le point de réunion de plusieurs routes, de plusieurs allées divergentes. *Des pattes-d'oie.* ◆ Assemblage de pièces de charpente présentant en plan la forme triangulaire. ◆ **Mar.** *En patte-d'oie*, se dit de trois cordages partant d'un même point et faisant entre eux des angles plus ou moins grands. ◆ Ride qui imprime au coin de chaque œil trois sillons d'apparence de patte-d'oie. ◆ En chiromancie, certaines lignes de la main.

PATTE-FICHE, n. f. [pat(ə)fiʃ] (*patte* et *ficher*) Voy. PATTE.

PATTEMOUILLE, ■ n. f. [pat(ə)muj] (*patte* et *mouiller*) Linge mouillé que l'on positionne entre le fer et le vêtement à repasser. *Repasser à la pattemouille.*

PATTE-PELU, UE, ■ adj. et n. f. [pat(ə)pəly] (*patte* et *pelu*, poilu) ▷ Homme, femme dont la patte, la manière d'agir est douce et flatteuse et qui s'en sert pour arriver à ses fins. « *Deux francs patte-pelus* », LA FONTAINE. ◆ Au f. *Patte-pelue*, calandre, espèce d'insecte. ◁

PATTERN, ■ n. m. [patɛrn] (angl. *pattern*, modèle, schéma) **Psych.** Représentation typologique des comportements individuels ou en groupe en fonction des réactions sensorielles des personnes interrogées. *Étude comportementale fondée sur un pattern spécifique.* ■ **Inform.** Modèle graphique composé de lignes et de points dont la position et l'angle doivent être spécifiés. *Des patterns identifiés en fonction du numéro qui leur est attribué.*

PATTU, UE, adj. [paty] (*patte*) Qui a de grosses pattes. ◆ Qui a de la plume jusqu'aux pattes. *Un coq pattu. Le pigeon pattu.*

PÂTURABLE, ■ adj. [pɑtyrabl] (*pâturer*) Relatif à un lieu qui peut être utilisé comme pâturage. *Déterminer la surface pâturable par vache.*

PÂTURAGE, n. m. [pɑtyraʒ] (*pâturer*) Lieu où l'on fait paître le bétail. ◆ *Usage du pâturage. Avoir pâturage sur une terre.*

PÂTURANT, ANTE, adj. [pɑtyrɑ̃, ɑ̃t] (*pâturer*) ▷ Que l'on conduit au pâturage. *Animaux pâturants.* ◁

PÂTURE, n. f. [pɑtyr] (b. lat. *pastura*, action de paître, de brouter) Ce qui sert à la nourriture des bêtes. ◆ **Poétiq.** « *Grand Dieu, tes saints sont la pâture Des tigres et des léopards* », RACINE. ◆ Il se dit de l'herbe et de la paille qu'on donne aux bestiaux pour leur nourriture. ◆ Action de prendre

la pâture. « *Ces animaux demeurant presque tout le jour à la pâture* », J.-J. ROUSSEAU. ◆ Lieu où croît la nourriture des animaux qui paissent. *Une belle pâture.* ◆ *Mettre, envoyer des chevaux en pâture*, les mettre paître, les envoyer paître dans un pré. ◆ *Vaine pâture*, Droit réciproque que les habitants d'une même commune ont d'envoyer leurs bestiaux paître sur les fonds les uns des autres, à certaines époques. ◆ *Droit de vaine pâture* ou *droit de parcours et de vaine pâture*, Voy. PARCOURS. ◆ **Fam.** La nourriture de l'homme. *C'est une bonne pâture que la pomme de terre.* ◆ **Fig.** Ce qui sert d'aliment intellectuel ou moral. « *Je vous donnerai de la pâture pour votre retraite* », BOSSUET. « *Peu d'hommes ont dans leur vie privée donné plus que moi prétexte à la calomnie, pâture à la médisance* », MIRABEAU.

PÂTURÉ, ÉE, p. p. de pâturer. [pɑtyre]

PÂTURER, v. intr. [pɑtyre] (*pâturer*) Prendre la pâture. *Les bêtes cherchent à pâturer.* ◆ V. tr. Manger en paissant.

PÂTUREUR, n. m. [pɑtyrœr] (*pâturer*) ▷ **Milit.** Celui qui mène les chevaux à l'herbe. *Donner une escorte aux pâtureurs.* ◁

PÂTURIN, n. m. [pɑtyrɛ̃] (*pâture*, parce que cette plante fournit du foin) Nom français du genre *poa*, graminées. ■ REM. Graphie ancienne : *paturin.*

PÂTURON ou **PATURON**, n. m. [patyrɔ̃] (anc. fr. *pasture*, partie de la jambe du cheval, lien avec lequel on attache un cheval, du b. lat. *horda pastoria*, corde de berger) Partie du membre des mammifères ongulés (du cheval, par exemple) qui est située entre le canon et la couronne.

PAUCHOUSE, ■ n. f. [poʃuz] Voy. POCHOUSE.

PAULETTE, n. f. [polɛt] (Charles *Paulet*, premier fermier de cet impôt) Nom d'un droit que le roi faisait lever sur les charges de finance et de magistrature, et qui était la soixantième partie du prix d'un office.

PAULIEN, IENNE, ■ adj. [poljɛ̃, jɛn] (lat. *paulianus*, de *Paulus*, le préteur romain qui instaura cette action) **Dr. rom.** *Action paulienne*, action judiciaire qui obligeait un débiteur à dédommager son créancier. ■ **Dr.** Action révocatoire qu'un créancier peut intenter à l'encontre de son débiteur.

PAULINIEN, IENNE, ■ adj. [polinjɛ̃, jɛn] (apôtre *saint Paul*, v. 5/15-v. 62/64) Relatif à saint Paul. *Les institutions pauliniennes. Des écrits pauliniens.* ■ N. m. et n. f. Partisan de la doctrine de Saint-Paul. *Les droits et devoirs des pauliniens.*

1 PAULISTE, ■ n. m. [polist] (apôtre *saint Paul*) Membre d'une organisation missionnaire catholique inspirée de saint Paul et fondée à New York à la fin du XIXe siècle. *Une réunion de paulistes.* ■ **Adj.** *La congrégation pauliste.*

2 PAULISTE, ■ adj. [polist] (de *São Paulo*) Relatif à la ville brésilienne de São Paulo ou à ses habitants. *Le territoire pauliste. La région pauliste.* ■ N. m., n. f. Habitant ou originaire de São Paulo.

PAULÒ-POST-FUTUR, n. m. [polopɔstfytyr] (mots lat. de *paulo*, un peu, et *post*, après, et *futur*) **Gramm. grecq.** Temps du passif qu'on a supposé indiquer un futur très prochain ; c'est le futur antérieur qu'on a quelquefois nommé ainsi. ◁

PAULOWNIA, n. m. [polonja] (le *w* est muet. Lat. sav., de Anna *Pawlovna*) Bel arbre du Japon de la famille des scrofularinées, genre dédié à la princesse russe Paulowna, fille de Paul Ier.

1 PAUME, n. f. [pom] (lat. *palma*, du gr. *palamê*) Le dedans de la main. ◆ *Siffler en paume*, du creux de la main une espèce de sifflet. ◆ Mesure dont on se sert pour la taille des chevaux, et qui consiste dans la hauteur d'un poing fermé.

2 PAUME, n. f. [pom] (extension métonymique de 1 *paume*, parce qu'on jouait primitivement avec la paume de la main) Sorte de jeu où l'on se renvoie une balle avec une raquette ou un battoir. ◆ *Longue paume*, celle à laquelle on joue dans un terrain qui n'est pas fermé de murailles et qui est disposé exprès. ◆ *Courte paume*, celle à laquelle on joue dans un carré long enfermé de murailles. ◆ **Absol.** *La paume*, le jeu de la paume. ◆ *Jeu de longue paume*, le terrain où l'on joue à la longue paume. *Jeu de paume*, le lieu où l'on joue à la courte paume.

PAUMÉ, ÉE, adj. [pome] de paumer. [pome] **Adj. Fam.** Perdu. *Un village paumé en pleine campagne.* ■ N. m. et n. f. **Fam.** et **fig.** Personne misérable, qui ne sait pas trop où elle va. *Une bande de paumés.*

PAUMELLE, n. f. [pomɛl] (a. provenç. *palmola*, du lat. *palmula*, petite palme, de *palma*, paume, palme) Espèce d'orge.

PAUMER, v. tr. [pome] (1 *paume*) ▷ **Pop.** *Paumer la gueule de quelqu'un*, lui donner un coup de poing sur le visage. ◁ ◆ *Se paumer*, v. pr. **Mar.** Se touer à la main. ■ V. tr. **Fam.** Perdre. *Il a paumé ton adresse.* ■ *Se paumer*, v. pr. **Fam.** *Il a dû se paumer.*

PAUMIER, n. m. [pomje] (2 *paume*) ▷ Maître d'un jeu de paume. ◆ Au f. *Paumière*, femme qui tenait un jeu de paume. ◆ *Paumier-raquettier*, artisan qui fait des raquettes de paume. ◁

PAUMOYER, ■ v. tr. [pomwaje] (1 *paume*) **Mar.** Tirer à la main la corde ou l'encre d'une embarcation. *Paumoyer l'encre.*

PAUMURE, n. f. [pomyʀ] (1 *paume*) ▷ Se dit du sommet des têtes de cerf, où le bois se divise en plusieurs parties. ◁

PAUPÉRISATION, ■ n. f. [popeʀizasjɔ̃] (prob. angl. *pauperization*, de *to pauperize*, réduire à l'indigence) Appauvrissement incessant d'une classe sociale, et principalement des classes pauvres. *La paupérisation du tiers-monde*. ■ PAUPÉRISER, v. tr. [popeʀize] *Les pays du quart-monde se paupérisent*.

PAUPÉRISME, n. m. [popeʀism] (angl. *pauperism*, du lat. *pauper*, pauvre) Appauvrissement des classes inférieures ; existence d'un grand nombre de pauvres dans un État. *L'extinction du paupérisme*.

PAUPIÈRE, n. f. [popjɛʀ] (b. lat. *palpetra*, du lat. *palpebra*) Nom donné à deux voiles membraneux qui, en se rapprochant l'un de l'autre, couvrent entièrement les yeux. ◆ *Paupière interne*, troisième paupière qui existe chez les oiseaux. ◆ **Fig.** *Ouvrir la paupière*, s'éveiller. ◆ *Fermer, clore la paupière*, dormir. ◆ *Fermer la paupière*, faire dormir. ◆ *Fermer les paupières à quelqu'un*, l'assister à sa dernière heure. ◆ *Fermer la paupière*, mourir. ▷ *Paupières*, les cils. *« Ses longues paupières voilaient ses regards »*, MME DE STAËL. ◁

PAUPIETTE, ■ n. f. [popjɛt] (ital. *polpetta*, boulette de viande hachée) Tranche de viande farcie et roulée. *Des paupiettes de veau*.

PAUSE, n. f. [poz] (lat. *pausa*, cessation, pause) Interruption momentanée d'une action. *« Fais à ce discours quelque pause »*, MOLIÈRE. ◆ Intervalle de temps pendant lequel une personne émue qui parle, un acteur qui récite son rôle, restent sans parler. ◆ Séjour momentané. *« J'aurai fait ici une petite pause de dix jours »*, MME DE SÉVIGNÉ. ◆ **Mus.** Intervalle de silence dont la durée correspond à celle de la ronde. *Demi-pause*, intervalle de silence dont la durée correspond à celle de la blanche. *Le quart d'une pause se nomme soupir*. ◆ Intervalle de temps pendant lequel un ou plusieurs musiciens restent sans chanter, sans jouer. ◆ ▷ **Fig.** *Compter des pauses*, attendre inutilement et sans rien faire. ◁ *Pause-café*, brève interruption du travail pour boire le café. *Des pauses-café*.

PAUSER, v. intr. [poze] (*pause*) **Mus.** Faire une pause en musique. ◆ Appuyer sur une syllabe en chantant.

PAUVRE, adj. [povʀ] (lat. *pauper*, pauvre, de *paucus*, peu, et *parere*, produire) Qui n'a pas le nécessaire, ou qui ne l'a qu'à peine. ◆ **Par extens.** Qui n'a pas de quoi vivre selon sa condition. *« Celui-là est riche, qui reçoit plus qu'il ne consume ; celui-là est pauvre, dont la dépense excède la recette »*, LA BRUYÈRE. ◆ *Cet hospice est pauvre*, il a des revenus insuffisants. ◆ Qui a l'apparence de la pauvreté. *Une pauvre demeure*. ◆ **Fig.** Il se dit de tout ce qui présente de l'insuffisance, et où manque l'abondance voulue. *Un cœur, un esprit pauvre*. ◆ *Pays pauvre*, pays stérile ou dont les habitants sont misérables. *Mine pauvre*, mine qui contient peu de métal. ◆ *Langue pauvre*, langue qui manque des termes, des tours nécessaires à l'expression exacte de la pensée. ◆ *Sujet, matière pauvre*, sujet, matière peu féconde. ◆ *Rime pauvre*, rime où la consonance est réduite au minimum. ◆ Dans les beaux-arts, qui manque de grandeur, de richesse ; qui est sans élévation, sans dignité, sans énergie. ◆ **Fam.** Il se dit par une sorte d'attendrissement ou de commisération. *« Va-t'en, ma pauvre enfant »*, MOLIÈRE. *« Le pauvre M. Fouquet est mort »*, MME DE SÉVIGNÉ. ◆ Il se dit des choses en un sens analogue. *« Les moindres choses qui ont rapport à vous, ont fait impression dans mon pauvre cerveau »*, MME DE SÉVIGNÉ. *« Pas un pauvre petit procès »*, BRUEYS. ◆ Isolé, peu nombreux, en parlant de choses. *Je ne l'ai vu qu'une pauvre fois*. ◆ *Il ne m'a pas dit un pauvre mot*, il ne m'a pas dit un seul mot d'honnêteté, de consolation. ◆ Il se dit aussi par simple terme d'amitié. *« Ah ! mon pauvre Scapin ! Je suis ton pauvre Scapin, à cette heure qu'on a besoin de moi »*, MOLIÈRE. ◆ Chétif, mauvais dans son genre ; en ce sens, il se met d'ordinaire avant son substantif. *Cela fait un pauvre effet*. *« Quelle pauvre espèce que le genre humain ! »*, VOLTAIRE. ◆ *Un pauvre sire*, un homme sans mérite, sans considération. ◆ *Un pauvre homme*, un homme sans industrie, sans courage. ◆ *Un pauvre hère, un pauvre diable*. ◆ **Fig.** Privé, dénué, manquant de. *« Riches de mots, pauvres de sens »*, LA MOTTE. *« Ils étaient si pauvres de talents et de ressources »*, DIDEROT. ◆ **N. m.** Celui qui est dans la misère, mendiant. ◆ **T. de l'Écriture.** *Les pauvres d'esprit*, ceux dont le cœur et l'esprit sont détachés des biens de la terre. ◆ **Fam.** *Les pauvres d'esprit*, ceux qui sont dépourvus d'intelligence. ◆ *Pauvre* ne s'emploie pas au féminin comme substantif ; on dit une *pauvresse*.

PAUVREMENT, adv. [povʀəmɑ̃] (*pauvre*) Dans la pauvreté. *Vivre pauvrement*. ◆ Dans une condition insuffisante. *« Une maison où l'on entretient environ trois cents personnes assez pauvrement »*, MONTESQUIEU. ◆ *Vêtu pauvrement*, mal habillé. ◆ On dit de même : *Logé, meublé pauvrement*.

PAUVRESSE, n. f. [povʀɛs] (*pauvre*) Femme pauvre, qui mendie.

PAUVRET, ETTE, n. m. et n. f. [povʀɛ, ɛt] (dim. de *pauvre*) Terme familier de commisération, d'affection. *La pauvrette ne sait où aller*. *« Un milan [...] Voit d'en haut le pauvret se débattre sur l'onde »*, LA FONTAINE.

PAUVRETÉ, n. f. [povʀəte] (lat. *paupertas*, de *pauper*, pauvre) Manque de biens. ◆ *Pauvreté évangélique*, la renonciation volontaire aux biens temporels. ◆ *Pauvreté d'esprit*, le détachement entier des biens de la terre, et, dans le langage général, manque d'esprit. ◆ **Fig.** *La pauvreté de la langue*, l'absence des termes et des tours nécessaires pour exprimer la pensée. ◆ **Fig.** État de ce qui est chétif, de peu de valeur. *« Tâcher d'ennoblir la pauvreté des moyens par l'importance des objets : voilà toute la politique »*, BEAUMARCHAIS. ◆ **Au pl. Fig.** Chose basse, sotte, ridicule, qu'on dit ou qu'on fait. ◆ Il se dit de ce qui est commun, plat, mauvais dans les ouvrages littéraires. *« Le public pardonne ces pauvretés aux gens à talent, parce que le public ne songe qu'à s'amuser »*, VOLTAIRE. ◆ Dans les beaux-arts, les formes petites, les détails minutieux, les accidents vulgaires qu'il est de l'essence de l'art d'agrandir ou de négliger. ◆ **Prov.** *Pauvreté n'est pas vice*, il ne faut pas reprocher à un homme sa pauvreté.

PAVAGE, n. m. [pavaʒ] (*paver*) Ouvrage fait avec du pavé. *Pavage de grès*. ◆ **Par extens.** *Pavage en bois*, en asphalte. ◆ Travail du paveur. ◆ Matériaux fournis par le paveur.

PAVANE, n. f. [pavan] (ital. *pavana*, fém. de *pavano*, de *Pava*, Padoue) Danse grave venue d'Espagne. ◆ Air sur lequel cette danse s'exécute.

PAVANER (SE), v. pr. [pavane] (*pavane*, interprété à tort comme dérivé du lat. *pavo*, paon) Marcher d'une manière superbe comme un qui fait la roue. ◆ **Fig.** *« D'un air content l'orgueil se reposait, Se pavanait sur son large visage [du financier] »*, VOLTAIRE.

1 PAVÉ, n. m. [pave] (p. p. substantivé de *paver*) Morceau de grès, de pierre dure dont on se sert pour paver. ◆ *Gros pavé*, celui dont on se sert pour les rues et les grands chemins. ◆ *Petit pavé*, celui qu'on emploie pour paver les cours, les cuisines, etc. ◆ **Fig.** *Quel pavé lui est tombé sur la tête !* Quel événement fâcheux et étourdissant lui est arrivé, par allusion à la fable de la Fontaine, *L'Ours et l'Amateur des jardins*. ◆ *Pavé* se dit aussi d'un éloge maladroit. *C'est le pavé de l'ours*. ◆ Assemblage de pavés qui couvrent une aire, une surface. *Le pavé d'une rue*. ◆ La voie publique. *Le pavé est glissant*. ◆ *Disputer le pavé*, disputer le pas dans une rue. ◆ **Fig.** *Faire quitter le pavé à quelqu'un*, le faire retirer, faire qu'il n'ose plus se montrer. ◆ **Fig.** *Abandonner le pavé à quelqu'un*, lui laisser le champ libre. ◆ **Fig.** *Brûler le pavé*, aller très vite à cheval ou en voiture. ◆ *Être sur le pavé*, n'avoir point de domicile, et fig. n'avoir point de condition, d'emploi. ◆ **Fig.** *Être le maître du pavé*, dominer, n'être plus gêné en rien. ◆ *Battre le pavé*, aller et venir sans but, sans occupation. ◆ *Un batteur de pavé*, un fainéant, un vagabond. ◆ *Le haut du pavé*, la partie du pavé qui est du côté des murailles. ◆ **Fig. et fam.** *Tenir le haut du pavé*, avoir la prépondérance. ◆ *Pavé de mosaïque*, pavé fait de plusieurs petits cubes de pierre ou de marbre diversement colorés, qui, joints ensemble, représentent plusieurs figures. ◆ Grosse pièce de pain d'épice. ■ *Un pavé dans la mare*, un événement imprévu qui bouleverse une situation. ■ Morceau épais de quelque chose. *Un pavé de saumon*. ■ **Fam.** Ouvrage épais. *Un pavé de cinq cents pages*. ■ **Inform.** *Pavé numérique*, partie d'un clavier d'ordinateur qui comprend les chiffres et les symboles d'opération.

2 PAVÉ, ÉE, p. p. de paver. [pave] **Fig.** *Gosier pavé*, gosier supportant des boissons très fortes ou très chaudes. ◆ Garni comme de pavés. ◆ *Les rues en sont pavées*, se dit en parlant de certaines gens qui affluent dans une ville. ◆ *L'enfer est pavé de bonnes intentions*, Voy. INTENTION.

PAVEMENT, n. m. [pav(ə)mɑ̃] (*paver*) Action de paver. ◆ Matériaux qu'on emploie pour cet effet. ◆ Genre de pavage intérieur, orné avec luxe, avec goût. *Un pavement en mosaïque*.

PAVER, v. tr. [pave] (lat. pop. *pavare*, carreler, du lat. *pavire*, aplanir) Couvrir avec du grès, de la pierre dure, du caillou, etc. le sol d'une cour, d'une rue. ◆ **Absol.** *On pave dans cette rue*

PAVESADE, n. f. [pav(ə)zad] (ital. *pavesata*, de *pavese*, pavois) ▷ Grandes claies portatives, derrière lesquelles les archers étaient placés pour tirer. ◆ ▷ **Mar.** Rangée de boucliers ou pavois placés autour du navire pour faire un rempart aux combattants. ◁ ◁

PAVEUR, n. m. [pavœr] (*paver*) Celui dont le métier est de paver les rues, les routes, etc.

PAVIE, n. m. [pavi] (*Pavie*, ville d'Italie) Sorte de pêche dont la chair est ferme, et qui ne quitte pas le noyau.

PAVILLON, n. m. [pavijɔ̃] (lat. *papilio*, papillon, lat. chrét. tente) ▷ Logement portatif qu'on peut dresser partout et pour toutes sortes de personnes, mais employé plus particulièrement au campement des gens de guerre. ◁ ◆ **Hérald.** Ce qui enveloppe les armoiries des souverains, et qu'ils ont seuls le droit de porter. ◆ Tour de lit plissé par en haut et suspendu au plafond. ◆ Tour d'étoffe dont on couvre le tabernacle, ou qu'on met sur le saint ciboire. ◆ **Archit.** Corps de bâtiment, ordinairement carré. ◆ Corps de bâtiment lié à d'autres constructions en retraite, au-dessus desquelles il s'élève ordinairement de la hauteur du comble ou de l'attique qui le couronne. *Le* *pavillon de l'Horloge, aux Tuileries.* ◆ Les extrémités angulaires d'un bâtiment, soit sur la rue, soit sur les jardins. ◆ Corps de logis seul, qui se fait dans un jardin, loin de la maison principale. ◆ Extrémités évasées d'une trompette, d'un cor, d'un hautbois, d'une clarinette, etc. et du porte-voix. ◆ *Pavillon chinois,* petit cône de métal garni de clochettes, et attaché à l'extrémité d'une hampe, que l'on agite en frappant sur les temps forts de la mesure, dans la musique militaire. ◆ **Anat.** *Pavillon de l'oreille,* espèce de cornet ou d'entonnoir formé par la conque. ◆ Étendard, drapeau. ◆ **Mar.** Quadrilatère d'étoffe, généralement plus large que haut, s'attachant par un de ses côtés à un mât ou à une drisse. ◆ Chaque pavillon est distingué par le nom du lieu où on le place, ou de l'usage auquel il sert. *Pavillon de beaupré, pavillon de conseil, etc.* ◆ *Le pavillon couvre la marchandise,* le commerce des neutres doit être respecté par les puissances belligérantes, et fig. cela est sous la responsabilité de telle ou telle personne. ◆ *Trafiquer sous le pavillon neutre, sous pavillon neutre,* employer, en temps de guerre, des bâtiments neutres pour le transport de ses marchandises. ◆ *Amener le pavillon,* le baisser par déférence ou par force. ◆ *Amener son pavillon,* se dit d'un vaisseau qui se rend. ◆ *Baisser pavillon,* rendre hommage en mettant son pavillon bas, et fig. reconnaître son infériorité. ◆ **Fig.** *Se ranger sous le pavillon de quelqu'un,* se mettre sous sa protection. ◆ Il se dit des pavillons qui sont employés dans les signaux de mer. ◆ **Fig.** Les vaisseaux, l'armée navale, la puissance maritime d'une nation. *Le pavillon anglais domine sur ces mers.* ◆ **Par extens.** Marque apparente. *Chaque page était marquée par un pavillon.*

PAVILLONNAIRE, ■ adj. [pavijɔnɛʀ] (*pavillon*) Qui est formé de pavillons. *Les banlieues pavillonnaires.*

PAVILLONNÉ, ÉE, adj. [pavijɔne] (*pavillon*) ▷ **Hérald.** Se dit des instruments tels que le cor, dont la grande ouverture est d'un autre émail que le reste de l'instrument. ◆ Se dit aussi des châteaux et des tours, dont la girouette est d'un autre émail que le corps. ◁

PAVILLONNERIE, ■ n. f. [pavijɔn(ə)ʀi] (*pavillon*) **Mar.** Magasin de dépôt des pavillons de navires. ■ Lieu où l'on fabrique les pavillons de navires. *Un mât de pavillonnerie.*

PAVIMENTEUX, EUSE, ■ adj. [pavimɑ̃tø, øz] (lat. *pavimentum,* aire en terre battue) Relatif à un revêtement qui sert au pavage. *Du grès pavimenteux.* ■ **Biol.** Qui est composé d'une superposition de cellules plates. *Des cellules, des zones pavimenteuses.*

PAVLOVIEN, IENNE, ■ adj. [pavlɔvjɛ̃, jɛn] (I. P. *Pavlov,* 1849-1936, physiologiste et médecin russe) Relatif au physiologiste russe Pavlov et à ses travaux. ■ *Réflexe pavlovien,* réflexe conditionnel. ■ **N. m. et n. f.** Partisan des théories de Pavlov. *Les physiologistes pavloviens.*

PAVOIS, n. m. [pavwa] (ital. *pavese,* bouclier d'osier ou de bois, litt. objet de Pavie, du lat. médiév. *pavensis,* de Pavie.) Anc. syn. de bouclier. « *Lorsque les seigneurs avaient élu les rois, ils les élevaient sur un grand pavois et les faisaient porter dans le camp, où le peuple, étant assemblé en armes, confirmait le choix* », MÉZERAY. ◆ **Fig.** Élever sur le pavois, mettre en grand honneur ou grande renommée. ◆ ▷ **Mar.** Boucliers dont on garnissait le bord supérieur du navire et le tour de la hune. ◁ ◆ Plus tard, tenture dont on bordait un navire soit pour décoration, soit pour cacher ce qui se passait sur le pont pendant le combat.

PAVOISÉ, ÉE, p. p. de pavoiser. [pavwaze]

PAVOISEMENT, n. m. [pavwaz(ə)mɑ̃] (*pavoiser*) **Mar.** Action d'étendre des pavois, résultat de cette action.

PAVOISER, v. tr. [pavwaze] (*pavois*) **Mar.** Autrefois, étendre le pavois le long du bord, les jours de fête ou au moment du combat. ◆ Aujourd'hui, orner le navire de pavillons et de flammes. ◆ *Se pavoiser,* v. pr. Se dit d'un navire qui se couvre de ses pavillons. ■ Orner de drapeaux un monument, une ville. ■ **Fig.** et **fam.** Exprimer sa joie, sa fierté. *Il n'y a pas de quoi pavoiser !*

PAVOT, n. m. [pavo] (lat. pop. *papavus,* du lat. *papaver,* pavot) Genre de la famille des papavéracées. ◆ Plante qui porte de grandes fleurs à quatre pétales, dont la graine renferme de l'huile, et dont le suc est soporifique. ◆ **Poétiq.** et fig. *Les pavots,* le sommeil. ◆ On dit de même : *Les pavots de la mort.* ■ *Graines de pavot,* graines qui proviennent de cette plante et qui entrent dans la composition de certaines préparations culinaires. *Du pain aux graines de pavot.*

PAXON, ■ n. m. [paksɔ̃] Voy. PACSON.

PAYABLE, adj. [pejabl] (*payer*) Qui doit être payé. *Un billet payable au porteur.*

PAYANT, ANTE, adj. [pejɑ̃, ɑ̃t] (*payer*) Qui paye. *Ils sont deux payants.* ◆ N. m. et n. f. *Les payants.* ◆ Pour quoi on paye. *Un concert payant.* ◆ *Billet payant,* billet que l'on achète pour un spectacle, un concert, etc., par opposition à billet gratis. ◆ *Carte payante,* compte de la dépense dans un restaurant. ■ Qui rapporte de l'argent. *Un travail payant.* ■ Qui procure un avantage. *Des efforts payants.*

PAYE ou **PAIE,** n. f. [pɛj, pɛ] (*payer*) Salaire des ouvriers et autres personnes. ◆ *Demi-paye,* la moitié de la paye. ◆ Action de donner la paye. *Le jour de paye.* ◆ Salaire des gens de guerre. ◆ *Haute paye,* solde plus forte que la solde ordinaire. ◆ Celui qui reçoit la haute paye. *Les hautes payes du régiment.* ◆ Celui qui paye. « *M. Durville, qui était une excellente paye* », PICARD. ◆ ▷ *Morte-paye,* soldat qui ne faisait pas de service et que le roi ne laissait pas de payer, et par extens. celui qu'on entretient sans qu'il rende aucun service. ◁ ◆ *Au pl.* Ceux qui ne peuvent payer leurs contributions. *Il faut tenir compte des mortes-payes.*

PAYÉ, ÉE, p. p. de payer. [peje] Quand *payé* est placé avant le nom, il n'y a point d'accord. *Payé cent francs à valoir.* ◆ *Il est payé pour,* il a fait une assez triste expérience de la chose pour... ◆ *Il n'est pas payé pour...,* il a de justes raisons pour ne pas... ◆ **Prov.** *Tant tenu, tant payé,* il faut payer à proportion des services, et fig. il faut rendre juste la pareille.

PAYEMENT, n. m. [pemɑ̃] Voy. PAIEMENT.

PAYEN, ENNE, adj. et n. m. et n. f. [pajɛ̃, ɛn] Voy. PAÏEN.

PAYER, v. tr. [peje] (lat. *pacare,* faire la paix, pacifier, puis satisfaire, apaiser, de *pax,* génit. *pacis,* paix) Acquitter une dette. ◆ Faire un versement imposé. ■ Il se dit de ceux à qui on doit. *Payer ses fournisseurs.* ◆ **Fig.** *Se faire bien payer,* vendre cher ses services, son travail. ◆ ▷ *Se faire payer,* tirer profit de services qui devraient être gratuits. ◁ ◆ Il se dit en parlant de la chose pour laquelle on doit. *Payer des marchandises.* ◆ *Payer un billet,* payer la somme qui y est portée. ◆ ▷ *Payer pinte, chopine, bouteille à quelqu'un,* mener quelqu'un boire au cabaret et payer pour lui. ◁ ◆ *Payer les violons,* Voy. VIOLON. ◆ *Payer les pots cassés,* Voy. POT. ◆ Fig. et par menace, *il me le payera,* je trouverai le moyen de me venger de lui. ◆ ▷ *Cela est à payer,* se dit de ce qui est excellent en son genre. ◁ ◆ **Fig.** *Payer le tribut à la nature,* mourir. ◆ **Fig.** *Payer le tribut à la faiblesse humaine,* avoir quelqu'une des imperfections, faire quelqu'une des fautes auxquelles les hommes sont sujets. ◆ **Absol.** *Il refuse de payer.* ◆ *Payer bien, payer mal,* être généreux, être chiche en payant. ◆ **Fig.** *Payer en monnaie de singe,* Voy. SINGE. ◆ **Fig.** *Payer en même monnaie,* rendre la pareille. ◆ *Payer pour,* être puni en place de. *Il payera pour tous.* ◆ *Payer pour,* être puni à cause de. « *C'est à nous à payer pour les crimes des nôtres* », RACINE. ◆ Être sujet, soumis à quelque impôt. *Ce marchand paye cent francs de patente. L'hectolitre de vin paye tant d'entrée.* ◆ Corrompre à prix d'argent. *Payer des assassins.* ◆ **Fig.** Récompenser, reconnaître. « *On a payé le zèle, on punira le crime* », RACINE. ◆ **Absol.** « *Être prompt à payer et tardif à punir* », ROTROU. ◆ *Payer quelqu'un de retour,* répondre à ses procédés, à ses sentiments. ◆ *Payer d'ingratitude,* manquer de reconnaissance. ◆ Dédommager. « *La gloire de leur mort m'a payé de leur perte* », P. CORNEILLE. ◆ Obtenir, acquérir quelque chose par un procédé. « *Mon père paya cher ce dangereux honneur* », RACINE. Expier. « *Néarque a payé son forfait* », P. CORNEILLE. ◆ Punir. *On l'a payé de son insolence. Il a été bien payé de l'injure qu'il a dite.* ◆ **Absol.** *Il a été payé,* il a reçu son fait, il a été traité comme il le méritait. ◆ Satisfaire à ce qu'on doit, à ce qu'on fait attendre. « *Et de payer à Dieu ce que vous lui devez* », RACINE. ◆ *Payer de raison ou de raisons,* donner de bonnes raisons. *Payer de mauvaises raisons.* ◆ *Payer de,* donner satisfaction avec. *Payer d'excuses, de paroles, de belles paroles, de mots.* ◆ *Payer de sa personne,* s'exposer dans une occasion dangereuse ; s'employer activement à quelque chose ; agir par soi-même dans les occasions qui le demandent ; se rendre agréable par ses manières, par son esprit. ◆ *Payer de,* faire preuve de. « *Il faut payer d'effronterie* », RACINE. *Payer de mine,* avoir un extérieur qui prévient favorablement. ◆ *Il paye de bonne mine, il ne paye que de mine,* se dit d'un homme de peu de mérite, mais d'une belle apparence... ◆ *Il ne paye pas de mine,* se dit d'un homme d'apparence chétive, disgracieuse. ◆ **Fig.** Retenir le montant de sa créance sur ce qu'on a entre les mains. ◆ **Fig.** Trouver en soi sa propre récompense. « *Un honnête homme se paye de l'application qu'il a à son devoir par le plaisir qu'il sent à le faire* », LA BRUYÈRE. ◆ Être payé. *Cette dette s'est payée difficilement.* ◆ **Fig.** *L'amitié ne se paye que par l'amitié.* ◆ *Cela ne se peut payer,* se dit de ce qui est excellent en son genre, de ce qui est impayable. ◆ Se contenter, demeurer satisfait. « *Le monde se paye de paroles* », PASCAL. ◆ *Se payer de raisons,* se rendre aux raisons qu'un autre allègue. ◆ **Prov.** *Qui paye ses dettes s'enrichit.*

PAYEUR, EUSE, n. m. et n. f. [pejœʀ, øz] (*payer*) Celui, celle qui paye ce qui est dû. *C'est un bon payeur.* ◆ Celui dont l'emploi est de payer des dépenses, des rentes, des traitements. *Payeur de département. Payeur de l'armée.* ◆ **Prov.** *Les conseillers ne sont pas les payeurs,* Voy. CONSEILLEUR. *Crédit est mort, les mauvais payeurs l'ont tué.*

PAYS, n. m. [pei] (b. lat. *pagensis,* habitant du village, compatriote, paysan, de *pagus,* village, canton) Région, contrée. ◆ *Pays plat, pays de plaine.* ◆ *Plat pays,* la campagne, par opposition aux lieux fortifiés. ◆ *Le haut pays,* la partie montagneuse d'une contrée. ◆ *Courir le pays,* aller çà et là dans un pays, et fig. être l'objet d'un bruit public. ♦ ▷ *Voir le pays,* parcourir un pays pour l'examiner. ◁ ♦ *Voir du pays,* voyager. ♦ **Fig.** *Faire voir du pays à un homme,* lui donner de l'exercice, de la peine, lui susciter beaucoup d'affaires. ♦ ▷ **Fig.** *Savoir la carte du pays,* Voy. CARTE. ◁ ♦ *Être en pays de connaissance,* se trouver parmi les gens de sa connaissance, et aussi connaître ce dont il s'agit. ♦ **Fam.** et **fig.** *De quel pays venez-vous ?* se dit à celui qui ignore une nouvelle, une chose connue de tout le monde. ♦ Pays considéré par rapport à certaines conditions politiques ou administratives. *Pays d'états, pays d'élection,* Voy. ÉTAT, ÉLECTION *Pays coutumier,* ▷ provinces où l'on suivait une coutume locale. ◁ *Pays de droit écrit,* provinces où l'on décidait les affaires par l'autorité du droit romain. ♦ Région, contrée, ville où l'on est né, patrie. « *Avant que d'être à vous je suis à mon pays* », P. COR-NEILLE. ♦ **Absol.** *Le pays,* la patrie. ♦ **Fig.** et **fam.** *Il est bien de son pays,* il est bien simple, bien malavisé. ♦ Le canton, la localité où l'on est né ; en cet emploi, il se dit d'ordinaire sans adjectif possessif. *Quitter le pays.* ♦ « *Tant qu'au pays le cousin restera* », PICARD. ♦ *Vin de pays,* vin recueilli dans le canton, lorsque le canton n'a pas un cru renommé. ♦ *Mal du pays,* désir violent et qui rend malade de revoir le canton où l'on est né Voy. NOSTALGIE. ♦ ▷ **Pop.** et par catachrèse, celui qui est du même pays, du même canton. « *Mon cher pays, secourez-moi, lui dis-je* », VOLTAIRE. ◁ ♦ Au fém. Payse. *C'est ma payse.* ◁ ♦ Les habitants mêmes du pays. *Chaque pays a ses usages, ses mœurs.* ♦ ▷ *Pays légal,* Voy. LÉGAL. ◁ ♦ **Fig.** *Un pays perdu,* une localité éloignée, un lieu où il y a peu de ressources, un quartier éloigné du centre des affaires ou de la société. ♦ **Fig.** Il se dit de tout ce que l'on compare à un pays. « *Quelque découverte que l'on ait faite dans le pays de l'amour-propre, il y reste encore bien des terres inconnues* », LA ROCHEFOUCAULD. « *Le pays de l'érudition et des faits est inépuisable* », D'ALEMBERT. ♦ *Le pays d'où l'on ne revient pas,* la mort. ♦ **Prov.** *Nul n'est prophète en son pays,* un homme de mérite est ordinairement moins considéré en son pays qu'ailleurs. ■ État, nation. *Les pays d'Afrique.* ♦ Petite localité, village. *C'est la fête au pays.* ♦ *Le plat-pays,* la Belgique. « *Avec infiniment de brumes à venir ; Avec le vent de l'est écoutez-le tenir ; Le plat pays qui est le mien* », BREL.

PAYSAGE, n. m. [peizaʒ] (*pays*) Étendue du pays que l'on voit d'un seul aspect. ♦ Genre de peinture qui a pour objet la représentation des sites champêtres. ♦ Tableau qui représente un paysage. *Un paysage du Poussin.* ■ **Fig.** Situation. *Le paysage politique.*

PAYSAGER, adj. m. [peizaʒe] (*paysage*) *Jardin paysager,* jardin à dispositions irrégulières, comme les jardins anglais. ♦ On dit aussi en ce sens paysagiste. ■ Qui concerne le paysage. ■ REM. S'emploie auj. aussi au féminin. *La politique paysagère.*

PAYSAGISTE, n. m. [peizaʒist] (*paysage*) Peintre qui fait des paysages. ♦ Adj. *Jardin paysagiste,* Voy. PAYSAGER. ■ Personne qui aménage des jardins, des espaces verts. ■ REM. S'emploie auj. aussi au féminin. *Un architecte paysagiste. Sa fille est une paysagiste de grand renom.*

PAYSAN, ANNE, n. m. et n. f. [peizɑ̃, an] (*pays,* par réfection de l'anc. fr. *païsenc*) Homme, femme de campagne. ♦ *C'est un paysan,* c'est un homme rustre, impoli [1]. ♦ À LA PAYSANNE, loc. adv. À la mode de la campagne. *Un bonnet à la paysanne.* ♦ N. f. *Paysanne,* espèce de danse. ♦ Adj. Qui appartient aux paysans. « *C'est une assez mauvaise engeance que la race paysanne* », DANCOURT. ■ REM. 1 : Expression péjorative.

PAYSANNAT, ■ n. m. [peizana] (*paysan*) L'ensemble des paysans. *Le petit paysannat.* ■ La condition des paysans. *Dans cette région, la majorité des gens vivent du paysannat.*

PAYSANNERIE, n. f. [peizan(ə)ʀi] (*paysan*) Condition des paysans. « *J'aurais mieux fait de m'allier en bonne et franche paysannerie* », MOLIÈRE. ♦ Petite pièce dont les personnages sont des paysans.

PAYSE, n. f. [peiz] (*pays*) Voy. PAYS.

1 PC, ■ n. m. [pese] (sigle de l'angl. *personal computer*) Ordinateur individuel.

2 PC, ■ n. m. [pese] (sigle de *poste de commandement*) **Milit.** Lieu où se tient un chef pendant le combat.

PDG ou **P-DG,** ■ n. m. [pedeʒe] (sigle) Président-directeur général. *Le PDG d'une banque.* Voy. PÉDÉGÉ.

PÉAGE, n. m. [peaʒ] (*pied :* droit de mettre le pied) Droit seigneurial qui se prenait sur le bétail ou sur la marchandise qui passe. ♦ Droit de passage, qui se lève pour l'entretien d'un pont, d'une chaussée, d'un port, etc. ♦ Lieu où l'on paye ce droit.

PÉAGER, ÈRE, n. m. et n. f. [peaʒe, ɛʀ] (*péage*) ▷ Celui, celle qui reçoit le péage. ♦ Adj. Qui a le caractère du péage. *Taxe péagère.* ◁

PÉAGISTE, ■ n. m. et n. f. [peaʒist] (*péage*) Personne employée au péage d'une autoroute. *Le péagiste est dans sa cabine.*

PÉAN, ■ n. m. [peã] (gr. *paian,* hymne à la gloire d'Apollon) **Antiq.** Chant de reconnaissance et de joie en l'honneur d'un dieu ou d'un héros grec.

Chanter le péan. ■ Chant de louange, d'espoir ou de victoire. *Entonner de beaux péans datant de la Renaissance.*

PEAU, n. f. [po] (lat. *pellis,* peau d'animal, fourrure, cuir, puis peau de l'homme) Membrane dense, épaisse, qui enveloppe et couvre extérieurement toutes les parties du corps de l'homme, des animaux vertébrés et d'un assez grand nombre d'animaux sans vertèbres. ♦ ▷ *Porter à la peau,* se dit d'une boisson, d'une préparation qui fait suer. ◁ ♦ *Maladies de peau ou de la peau,* celles qui altèrent la peau. ♦ *N'avoir que les os et la peau,* être très maigre. ♦ ▷ *Il est gras à pleine peau,* il est très gras. ◁ ♦ **Fig.** et **fam.** *Ne pas tenir dans sa peau,* être plein de joie, d'orgueil ; ne pouvoir résister, être tourmenté par un désir ; être impatient. ♦ *Enrager dans sa peau,* être en proie à une colère, à une impatience intérieure. ◁ ♦ *Il crève dans sa peau,* il est très gras, et fig. il a quelque grand dépit qu'il s'efforce de renfermer. ◁ ♦ *Il mourra dans sa peau, il ne changera pas de peau,* se dit d'une personne incorrigible. *Il mourra dans la peau d'un insolent, d'un fat, etc.* ♦ **Pop.** *Être dans la peau de,* être à la place de. *Je ne voudrais pas être dans sa peau.* ♦ *La peau lui démange,* se dit d'une personne qui cherche les occasions de se faire battre. ♦ L'épiderme, la première peau. ♦ **Fig.** et **fam.** Il désigne la personne dont on parle. *Trembler pour sa peau.* ♦ **Fam.** Les parties de la peau qui sont flasques et pendantes. *Il a de grandes peaux qui pendent au menton.* ♦ Parties tendineuses et coriaces qui se trouvent dans la viande. ♦ La dépouille de l'animal, sa peau séparée de son corps. *Apprêter une peau.* ♦ **Fig.** *Coudre la peau du renard à celle du lion,* joindre la finesse et la ruse à la force. ♦ *Peaux d'Espagne, peaux de senteur,* peaux bien passées et bien parfumées. ♦ *Peau de chien,* peau de chien de mer dont les menuisiers et les ébénistes se servent pour polir le bois. ♦ *Peau de vélin,* peau de veau préparée pour la reliure ou l'impression. ♦ *Peau d'âne,* peau d'âne préparée. ♦ *Peau de tambour,* peau d'âne tendue sur un tambour. ♦ Au masc. *Peau d'âne,* le conte de *Peau d'âne.* ♦ *Contes de Peau d'âne,* petits contes pour amuser les enfants. ♦ Enveloppe qui couvre les plantes, les fruits, les légumes. ♦ Croûte qui se forme sur les substances liquides ou onctueuses. ♦ **Prov.** *Il ne faut pas vendre la peau de l'ours avant de l'avoir mis par terre,* Voy. OURS. ■ **Fam.** *Vieille peau,* femme âgée. ■ **Fam.** *Se faire trouer la peau,* se faire tuer. ■ **Fig.** *Être bien, mal dans sa peau,* être à l'aise, mal à l'aise. ■ **Fig.** et **fam.** *Avoir la peau de quelqu'un,* le tuer pour se venger ; le vaincre. ■ **Fig.** et **fam.** *Faire la peau à quelqu'un,* le tuer. ■ *Peau lainée,* peau de mouton qui a conservé sa laine.

PEAUCIER, adj. [posje] (*peau*) *Le muscle peaucier.* L'Académie l'écrit par deux ss Voy. PEAUSSIER.

PEAUFINER, ■ v. tr. [pofine] (*peau* et *fin ;* cf. *peau-fine,* camarade imberbe au teint rose, expression de l'école de Saint-Cyr) Nettoyer avec une peau de chamois. ■ **Fam.** Achever minutieusement dans les moindres détails. *Il a peaufiné sa dissertation.* ■ PEAUFINAGE, n. m. [pofinaʒ] *J'ai presque fini, j'en suis au peaufinage.*

PEAU-ROUGE, ■ n. m. [poʀuʒ] (*peau* et *rouge*) Indien d'Amérique du Nord. *Les Peaux-Rouges.* ■ Adj. *Une nation peau-rouge. Des cavaliers peaux-rouges.*

PEAUSSERIE, n. f. [pos(ə)ʀi] (*peaussier*) Commerce, marchandise de peaux. ♦ Art de travailler les peaux.

PEAUSSIER, n. m. [posje] (*peau*) Artisan qui façonne les peaux, et qui les met en couleur. ♦ Celui qui vend les peaux préparées. ♦ Adj. m. **Anat.** *Le muscle peaussier* ou n. m. *le peaussier,* muscle qui adhère à la peau et qui sert à la remuer. ♦ Les anatomistes écrivent *peaucier.*

PÉAUTE, ■ n. f. [peot] Voy. PÉOTTE.

PEAUTRE, n. m. [potʀ] (orig. obsc.) ▷ Lit, mauvais lit, grabat ; inusité, sauf dans cette locution populaire, qui tombe elle-même en désuétude : *Envoyer quelqu'un au peautre,* le brusquer pour le congédier, pour le chasser. ◁

PÉBRINE, ■ n. f. [pebʀin] (provenç. *pebrino,* de *pebre,* poivre) Infection parasitaire du tube digestif des vers à soie qui provoque l'apparition de petites taches noires ressemblant à des grains de poivre. *Une épidémie de pébrine.*

PÉBROC ou **PÉBROQUE,** ■ n. m. [pebʀɔk] (*pépin*) Désignation familière du parapluie. « *Nous on n'avait pas de pébroque pour s'abriter de la pluie qui tombait maintenant de plus en plus dru* », BOUDARD.

PEC, adj. m. [pɛk] (néerl. *pekelharing,* hareng salé) ▷ *Hareng pec,* hareng fraîchement salé. ♦ N. m. Un des noms vulgaires de l'épinoche. ◁

PÉCAÏRE, ■ interj. [pekaiʀ] (provenç. *pecaire,* pécheur) Exclamation pour traduire diverses émotions telles que la surprise ou la pitié. *Pécaïre ! La pauvre ! Elle n'a pas mérité ça.*

PÉCAN, ■ n. m. [pekã] (angl. *pecan,* d'un mot algonquin) Noix du pacanier, arbre originaire du sud de l'Amérique, dont l'amande est comestible. *Un gâteau au chocolat et aux noix de pécan.*

PÉCARI, n. m. [pekaʀi] (caraïbe *begare,* cochon sauvage) Cochon de l'Amérique méridionale.

PECCABLE, adj. [pekabl] (lat. médiév. *peccabilis*, du lat. *peccare*, commettre une faute) ▷ Qui est capable de pécher. *Tout homme est peccable.* ◁

PECCADILLE, n. f. [pekadij] (esp. *pecadillo*, dimin. de *pecado*, péché, du lat. *peccatum*, faute) Faute légère.

PECCANT, ANTE, adj. [pekã, ãt] (lat. *peccans*, p. prés. de *peccare*, être défectueux) ▷ Méd. Épithète donnée par les humoristes aux humeurs, quand elles pèchent, par rapport à la qualité surtout. ◁

PECCATA, n. m. [pekata] (lat. *peccata*, plur. de *peccatum*, faute) ▷ **Pop.** Nom qu'on désigne un âne dans les combats publics d'animaux. ◆ **Fig.** Un homme stupide, un sot. ◁

PECCAVI, n. m. [pekavi] (lat. chrét. *peccavi*, 1re pers. du parfait de *peccare*, pécher) ▷ L'aveu qu'un pécheur fait de sa faute. ◆ **Fam.** Tout aveu qui coûte. « Là, je dis hautement mon peccavi, m'avouant l'auteur de la pièce », J.-J. ROUSSEAU. ▷ **Au pl.** *Des peccavis* ou *des peccavi* (pluriel latin). ◁

PECHBLENDE, ■ n. f. [pɛʃblɛ̃d] (all. *Pechblende*, de *pech*, poix, et *blende*, minerai) Minerai à forte teneur en oxyde d'uranium. *Le premier gisement de pechblende fut découvert en 1927 dans le Puy-de-Dôme.*

PÉCHÉ, n. m. [peʃe] (lat. *peccatum*, faute, de *peccare*, faillir, se tromper) Transgression volontaire de la loi religieuse. ◆ *Vieux péchés*, les péchés qu'on a commis anciennement, dans la jeunesse. ◆ *Rechercher les vieux péchés de quelqu'un*, fouiller dans sa vie passée à dessein de lui nuire. ◆ **Fam.** *Laid comme le péché*, très laid. ◆ **Fig.** *Ce n'est pas un grand péché*, se dit des fautes légères dans le commerce de la vie qu'on veut atténuer. ◆ **Fam.** *Pour mes péchés*, pour la peine que je mérite, pour me punir. ◆ *Péché mortel*, *péché véniel*, Voy. MORTEL, VÉNIEL. ◆ **Fig.** *Dire les sept péchés mortels de quelqu'un*, en dire tout le mal qu'on peut imaginer. ◆ *Péché de commission*, *péché d'omission*, Voy. COMMISSION. ◆ *Péché mignon*, Voy. MIGNON. ◆ *Péché originel*, Voy. ORIGINEL. ◆ **Absol.** *Le péché originel.* ◆ **Fig.** *Péché* se dit en plaisantant d'actes que l'on compare à des péchés. ◆ **Prov.** *Péché caché est à demi pardonné*, Voy. PARDONNÉ. ◆ *À tout péché miséricorde*, Voy. MISÉRICORDE.

1 PÊCHE, n. f. [pɛʃ] (b. lat. *persica*, de [*malum*] *persicum*, fruit de Perse ; cf. *arbor Persica*, arbre de Perse, pêcher) Fruit du pêcher. ■ **Fig.** *Peau de pêche*, peau rose et veloutée. ■ **Fam.** *Coup. Recevoir une pêche.* ■ **Fam.** *Avoir la pêche*, être en forme, avoir de l'énergie.

2 PÊCHE, n. f. [pɛʃ] (2 *pêcher*) Art, action de pêcher. *Pêche à la ligne, au filet.* ◆ *Droit de pêcher. Avoir la pêche d'une rivière.* ◆ *Poisson qu'on a pêché.* ◆ *Pêche miraculeuse*, celle que firent les disciples sur l'indication de Jésus. ◆ *Pêche* se dit des perles, du corail. ◆ **Fig.** Action de retirer de l'eau des débris d'un navire naufragé.

PÊCHÉ, ÉE, p. p. de pêcher. [peʃe] *Carpe pêchée à la ligne.*

PÉCHER, v. intr. [peʃe] (lat. *peccare*, commettre une faute) Transgresser la loi religieuse. ◆ **Par extens.** Faillir contre quelque règle de morale. *Pécher contre l'honneur, contre la vérité, etc.* ◆ Faillir contre quelque autre règle que ce soit. « Je pèche contre le sens commun », PASCAL. « *Pécher contre la langue* », VOLTAIRE. ◆ Il se dit aussi des choses. « Sa comédie pèche contre toutes les règles de l'art », MOLIÈRE. ◆ *Se dit en pêche en couleur, par la couleur*, il n'a pas sa couleur naturelle. ◆ *Pécher*, joint à un nom qui exprime quelque chose de favorable, prend le sens de porter trop loin une bonne intention, une bonne qualité. *Cet écrivain, cet ouvrage pèche par trop d'esprit.*

1 PÊCHER, n. m. [peʃe] (1 *pêche*) Arbre qui porte la pêche. ◆ Chez le cheval, robe fleur de pêcher, robe caractérisée par des poils rouges rassemblés en bouquets sur un fond blanc.

2 PÊCHER, v. tr. [peʃe] (lat. pop. *piscare*, du lat. *piscari*, de *piscis*, poisson) Prendre du poisson avec des filets ou autrement. *Pêcher une carpe.* ◆ **Absol.** *Pêcher à la ligne.* ◆ *Pêcher en eau trouble*, Voy. EAU. ◆ **Fig. et pop.** *Pêcher au plat*, prendre au plat même. ◆ *Pêcher un étang*, pêcher tout le poisson d'un étang. ◆ Il se dit de tout ce qu'on tire de l'eau. *Pêcher des perles, du corail*, etc. ◆ **Fig. et fam.** Prendre, avec une nuance de mépris. « *Où pêchez-vous cette fausse et offensante humilité ?* », MME DE SÉVIGNÉ. ◆ *Où a-t-il pêché cela ?* se dit de quelque trouvaille, et aussi de quelque idée étrange, fausse, qui vient à l'esprit de quelqu'un.

PÊCHERESSE, n. f. [peʃ(ə)ʀɛs] (*pêcheur*) Voy. PÉCHEUR.

PÊCHERIE, n. f. [peʃ(ə)ʀi] (2 *pêcher*) Lieu où l'on pêche, ou qui est préparé pour la pêche.

PÊCHETTES, n. f. pl. [peʃɛt] (2 *pêcher*) Petits filets ronds pour prendre les écrevisses, les sangsues.

PÉCHEUR, CHERESSE, n. m. et n. f. [peʃœʀ, ʃ(ə)ʀɛs] (lat. chrét. *peccator*) Celui, celle qui commet des péchés. ◆ *Vieux pécheur*, vieux débauché. ◆ **Adj.** « Les âmes pécheresses », FÉNELON. « Les hommes pécheurs », MASSILLON. ◆ **Prov.** *Dieu ne veut pas la mort du pécheur*, il ne faut pas être inexorable.

PÊCHEUR, n. m. [peʃœʀ] (lat. *piscator*, de *piscari*, pêcher) Celui qui pêche, qui fait métier de pêcher. ◆ *L'anneau du pêcheur*, le sceau du pape. ◆ *Pêcheurs d'hommes*, expression figurée par laquelle Jésus désigne ses disciples

remplissant leur mission apostolique. ◆ **N. f.** *Pêcheuse*, femme qui prend du poisson, qui fait son métier de la pêche. ◆ **Adj.** *Pêcheur, pêcheuse*, qui concerne la pêche ; qui sert pour la pêche. *Bateau pêcheur.* ◆ *Le pêcheur*, le martin-pêcheur.

PÊCHU, UE, ■ adj. [peʃy] (1 *pêche*) **Fam.** Qui a la pêche, qui est en forme.

PÉCOPTÉRIS, ■ n. m. [pekɔpteʀis] (lat.sav. [XIXe s.], du gr. *pekos*, toison et *pteris*, fougère) **Géol.** Fougère de l'ère primaire à l'état fossile particulièrement présente sur les terrains riches en charbon. *Les pécoptéris du bassin houiller du nord de la France.*

PÉCORE, n. f. [pekɔʀ] (ital. *pecora*, brebis, du lat. *pecora*, plur. de *pecus*, menu bétail) Animal, bête. « *La chétive pécore S'enfla si bien qu'elle creva* », LA FONTAINE. ◆ Personne stupide. « *Vous ne serez jamais qu'une pauvre pécore* », MOLIÈRE.

PECQUE, n. f. [pɛk] (a. provenç. *pec*, stupide, du lat. *pecus*, génit. *pecudis*, tête de bétail) Femme sotte et impertinente qui fait l'entendue. « *A-t-on jamais vu deux pecques provinciales faire plus les renchéries que celles-là ?* », MOLIÈRE. ◁ ■ **Rem.** Ce terme est péjoratif.

PECTATE, n. m. [pɛktat] (radic. de *pectique*) ▷ **Chim.** Sel formé par la combinaison de l'acide pectique avec les bases. ◁

PECTEN, ■ n. m. [pɛktɛn] (*en* se prononce *ène* ; lat. *pecten*, peigne) Mollusque de la famille des pétoncles également appelé peigne. *Le Pecten maximus est beaucoup plus connu sous le nom de coquille Saint-Jacques.*

PECTEUX, EUSE, adj. [pɛktø, øz] (radic. de *pectine*) ▷ Qui se rapproche de la pectine par sa consistance de gelée épaisse. ◆ *État pecteux*, passage d'un corps spiritueux à l'état de gelée consistante. ◁

PECTINE, n. f. [pɛktin] (gr. *pêktos*, coagulé, de *pêgnunai*, fixer, faire geler) **Chim.** Principe immédiat qui existe dans beaucoup de fruits.

PECTINÉ, ÉE, ■ adj. [pɛktine] (lat. *pectinatus*, disposé en forme de peigne) En forme de dents de peigne. *Cet insecte possède des antennes pectinées.*

PECTIQUE, adj. [pɛktik] (gr. *pektikos*, sujet à se congeler, de *pêgnunai*, faire geler) *Acide pectique*, acide connu pendant longtemps sous le nom de gelée végétale ; il donne au suc des fruits la propriété de se prendre en gelée.

1 PECTORAL, n. m. [pɛktɔʀal] (lat. *pectorale*, cuirasse, neutre substantivé de *pectoralis*) Ornement que le grand prêtre des Juifs portait sur la poitrine.

2 PECTORAL, ALE, adj. [pɛktɔʀal] (lat. *pectoralis*, de *pectus*, génit. *pectoris*, poitrine) Qui concerne la poitrine. ◆ *Croix pectorale*, celle que les évêques portent sur la poitrine. ◆ **Anat.** *Muscles pectoraux* ou n. m. *les pectoraux*, muscles qui s'attachent à la poitrine. ◆ **N. m. pl.** *Les pectoraux*, division des poissons appelés plus communément thoraciques. ◆ **Méd.** Se dit des médicaments qu'on regarde comme étant propres à combattre les affections des poumons. *Julep pectoral.* ◆ *Les fleurs pectorales sont la mauve, la violette, le bouillon blanc et le coquelicot. Les fruits pectoraux sont les dattes, les jujubes, les figues et les raisins.* ◆ Bon pour la poitrine. *Ce vin est pectoral.*

PÉCULAT, n. m. [pekyla] (lat. *peculatus*, malversation) ▷ Profit personnel fait sur les deniers publics par un homme auquel l'administration ou le dépôt en est confié. ◁

PÉCULE, n. m. [pekyl] (lat. *peculium*, avoir économisé, de *pecus*, bétail) **Antiq. rom.** Argent gagné et économisé par un esclave. ◆ Aujourd'hui, ce qu'une personne dans la dépendance d'autrui acquiert par son travail, par son économie. ◆ Toute petite somme d'argent, de quelque source qu'elle provienne.

PÉCUNE, n. f. [pekyn] (lat. *pecunia*, avoir, fortune, argent, de *pecu*, bétail) ▷ Vieilli et fam. Argent comptant. « *Vide de pécune* », LA FONTAINE. ◁

PÉCUNIAIRE, adj. [pekynjɛʀ] (lat. *pecuniarius*, de *pecunia*) Qui a rapport à l'argent, qui consiste dans l'argent. *Intérêts pécuniaires.* ◆ **N. m.** *Le pécuniaire*, ce qui concerne l'argent.

PÉCUNIAIREMENT, adv. [pekynjɛʀ(ə)mã] (*pécuniaire*) D'une manière pécuniaire ; par rapport à l'argent.

PÉCUNIEUX, EUSE, adj. [pekynjø, øz] (lat. *pecuniosus*, de *pecunia*) ▷ **Fam.** Qui a beaucoup d'argent comptant. ◁

PÉDAGOGIE, n. f. [pedagoʒi] (gr. *paidagôgia*, de *pais*, enfant, et *agein*, mener) Éducation morale des enfants. *L'art de la pédagogie.* ■ Science de l'éducation. ■ Qualité pédagogique. *Manquer de pédagogie.*

PÉDAGOGIQUE, adj. [pedagoʒik] (gr. *paidagôgikos*) Qui appartient à la pédagogie. *Ouvrage, méthode pédagogique.* ◆ En mauvaise part, qui sent le pédagogue. *Ton, air pédagogique.* ◆ **N. f.** *La pédagogique*, la science de l'éducation.

PÉDAGOGIQUEMENT, adv. [pedagoʒik(ə)mã] (*pédagogique*) À la manière d'un pédagogue.

PÉDAGOGISME, n. m. [pedagoʒism] (*pédagogie*) ▷ Le système, les manières des pédagogues. ◁

PÉDAGOGUE, n. m. et n. f. [pedagɔg] (lat. *pædagogus*, du gr. *paidagôgos*) Dans l'antiquité, esclave qui menait à l'école les jeunes garçons. ♦ En un sens plus général, chez les anciens et chez les modernes, celui qui enseigne les enfants, qui a soin de leur éducation. ♦ **Fig.** Il se dit le plus souvent en mauvaise part. « *C'est là pour un pédagogue l'occasion d'entamer un beau discours* », J.-J. ROUSSEAU. ♦ **Adj.** « *Un ton impérieux et pédagogue* », J.-J. ROUSSEAU. ♦ **Par extens.** Celui qui s'arroge le droit de censurer les autres. ■ Spécialiste de pédagogie. ■ **N. m.** et n. f. ou adj. Personne douée pour l'enseignement. *Être un bon pédagogue.*

PÉDALAGE, ■ n. m. [pedalaʒ] (*pédaler*) Action de pédaler. *Ce braquet développe une fréquence de pédalage de 40 tours/minute.*

PÉDALE, n. f. [pedal] (ital. *pedale*, pédale d'orgue, du lat. *pedalis*, qui se rapporte au pied, de *pes, pedis*, pied) Chacune des grandes touches en bois qui composent le clavier grave que l'organiste touche avec le pied. ♦ *Clavier de pédales*, la rangée de ces touches. ♦ Note de basse que l'on soutient, pendant plusieurs mesures, pendant que les parties élevées font entendre différents accords dans lesquels cette note de basse n'existe pas toujours. ♦ *Pédales de harpe*, leviers qui servent à élever les cordes de la harpe. ♦ *Pédales de piano*, chacune des pattes en bois et en cuivre placées sous le piano, au moyen desquelles on modifie à volonté l'intensité des sons. ■ Organe mécanique que l'on actionne avec le pied et qui déclenche un mouvement ou le fonctionnement d'une machine. *Pédales d'une bicyclette.* ■ **Fig.** et **fam.** *S'emmêler, perdre les pédales*, s'embrouiller. ■ **Très fam.** et injur. Homosexuel.

PÉDALER, ■ v. intr. [pedale] (*pédale*) Faire mouvoir une pédale, et plus particulièrement les pédales d'un vélo. *Pédale plus fort!* ♦ **Fam.** *Pédaler dans la choucroute, dans la semoule*, patauger, perdre ses moyens.

PÉDALEUR, EUSE, ■ n. m. et n. f. [pedalœr, øz] (*pédaler*) Coureur cycliste réputé pour sa façon de pédaler. *Un pédaleur.*

PÉDALIER, ■ n. m. [pedalje] (*pédale*) Clavier à pédales de l'orgue. ■ Ensemble des pédales d'un instrument à clavier. *Le pédalier d'un piano, d'un clavecin.* ■ Mécanisme d'une bicyclette composé de deux pédales, des manivelles d'un axe et d'un plateau.

PÉDALO, ■ n. m. [pedalo] (nom déposé ; *pédale*, p.-ê d'après *meccano*) Petite embarcation à flotteurs utilisée sur les plans d'eau, mue par une roue à aubes et des pédales. *Louer des pédalos sur la plage.* ■ Activité de plage. *Faire du pédalo.*

PÉDANÉ, adj. m. [pedane] (b. lat. jurid. *pedaneus*, de *pes*, pied) ▷ Anciennement, *juges pédanés*, juges de village qui jugeaient debout, n'ayant point de siège d'audience particulier. ◁

PÉDANT, n. m. [pedɑ̃] (ital. *pedante*, du lat. vulg. *pædere*, du gr. *paideuein*, instruire, former, ou de *pédante*, celui qui va à pied, par jeu sur *pedagogo*) **Par mépris** Celui qui enseigne les enfants. « *Et ne sais bête au monde pire Que l'écolier, si ce n'est le pédant* », LA FONTAINE. ♦ *Pédant, pédante*, celui, celle qui, avec de médiocres lumières et peu de savoir-vivre, prend un air de suffisance, et fait un usage mal entendu de sa doctrine. ♦ Celui, celle qui est empressée, réservée, minutieuse dans des bagatelles. ♦ **Adj.** *Ton pédant. Manières pédantes.*

PÉDANTER, v. intr. [pedɑ̃te] (*pédant*) ▷ Faire ridiculement le métier de régent dans les collèges. ◁

PÉDANTERIE, n. f. [pedɑ̃t(ə)ʀi] (*pédant*) Tout ce qui caractérise le pédant, soit en affectation de savoir, soit en exigences minutieuses. ♦ *Pédanterie du style*, affectation de la profondeur de style. ♦ Érudition pédante.

PÉDANTESQUE, adj. [pedɑ̃tɛsk] (ital. *pedantesco*, de *pedante*, pédant) Qui tient du pédant, qui sent le pédant. « *Ronsard [...] Vit [...] Tomber de ses grands mots le faste pédantesque* », BOILEAU. ♦ *Formation pédantesque*, se dit des mots français faits ou refaits sur le latin par les lettrés ; par exemple de *fragilis*, le peuple avait fait *frêle* ; les pédants firent *fragile*. ♦ En termes d'art, il se dit des formes raides et sèches de certaines écoles. ♦ **N. m.** Le pédantesque, ce qui sent l'affectation, où l'on fait étalage de science.

PÉDANTESQUEMENT, adv. [pedɑ̃tɛskəmɑ̃] (*pédantesque*) D'une manière pédantesque. *Parler pédantesquement.*

PÉDANTISER, v. intr. [pedɑ̃tize] (*pédant*) **Fam.** *Faire le pédant,* affecter de paraître savant, parler d'un ton doctoral, régenter impertinemment tout le monde.

PÉDANTISME, n. m. [pedɑ̃tism] (*pédant*) Caractère, manières du pédant.

PÉDÉ, ■ n. m. [pede] (apocope de *pédéraste*) **Injur.** Homosexuel. *Bande de pédés.* ■ *Pédé comme un phoque* Jeu de mots injurieux sans doute construit à partir du foc dans lequel s'engouffre le vent arrière.

PÉDÉGÉ, GÈRE, ■ n. m. et n. f. [pedeʒe, ʒɛʀ] (*PDG*) Graphie peu usitée pour *P-DG. Un pédégé, une pédégère d'entreprise.*

PÉDÉRASTE, ■ n. m. [pederast] (gr. *paiderastês*, qui aime les jeunes garçons, de *pais*, enfant et *eran*, être épris de) Homme qui éprouve une attirance sexuelle pour les jeunes garçons, pédophile. ■ Homme qui a des relations sexuelles avec d'autres hommes, homosexuel. ■ **Abrév.** Pédé.

PÉDÉRASTIE, ■ n. f. [pederasti] (gr. *paiderastia*) Attirance sexuelle d'un homme pour les jeunes garçons. ■ Homosexualité masculine.

PÉDESTRE, adj. [pedɛstʀ] (lat. *pedester*) *Statue pédestre*, statue d'un homme à pied. ♦ Qui se fait à pied. « *Les voyages pédestres* », J.-J. ROUSSEAU.

PÉDESTREMENT, adv. [pedɛstʀəmɑ̃] (*pédestre*) À pied. *Aller pédestrement.*

PÉDI..., ■ [pedi] préfixe tiré du latin qui signifie pied.

PÉDIATRE, ■ n. m. et n. f. [pedjatʀ] (*péd(o)-* et -*iatre*) Médecin spécialisé dans les maladies infantiles. *Le pédiatre soigne les nourrissons.* ■ PÉDIATRIE, n. f. [pedjatʀi], ■ PÉDIATRIQUE, adj. [pedjatʀik]

PÉDIBUS, ■ adv. [pedibys] (abrév. du lat. macaronique *pedibus cum jambis, avec les pieds et les jambes*) **Fam.** À pied. « *Sans compter qu'on pouvait regagner la Villa Léone, pédibus, le moyen de transport que je préfère* », HANSKA.

PÉDICELLAIRE, ■ n. m. [pedisɛlɛʀ] (*pédicelle*) **Zool.** Petite pince de préhension des échinodermes tels les oursins ou les étoiles de mer.

PÉDICELLE, n. m. [pedisɛl] (lat. sav. *pedicellus*, pédoncule) **Bot.** Division extrême d'un pédoncule ramifié, celle qui porte la fleur. ♦ Axe secondaire qui supporte une structure organisée. ■ **Zool.** Article d'une antenne chez les insectes. *Les antennes d'insectes sont des organes sensoriels pairs constitués d'une succession d'articles dont le pédicelle.*

PÉDICELLÉ, ÉE, ■ adj. [pedisele] (*pédicelle*) Qui est porté par un pédicelle. *Une fleur pédicellée.*

1 **PÉDICULAIRE**, adj. [pedikylɛʀ] (lat. *pedicularius*, de *pediculus*, pou, de *pedis*, pou) **Méd.** *Maladie pédiculaire,* maladie dans laquelle il s'engendre un grand nombre de poux.

2 **PÉDICULAIRE**, n. f. [pedikylɛʀ] (*pédicule*) **Bot.** Genre de plantes scrofularinées, où l'on remarque l'espèce des marais ou herbe aux poux.

PÉDICULE, n. m. [pedikyl] (lat. *pediculus*, petit pied, de *pes*, pied) **Bot.** Tout support d'un organe quelconque, quand il est plus ou moins allongé et grêle. ♦ **Anat.** Toute partie rétrécie qui supporte un organe ou portion d'organe.

PÉDICULÉ, ÉE, adj. [pedikyle] (*pédicule*) **Bot.** et anat. Qui est porté sur un pédicule. *Aigrette pédiculée, tumeur pédiculée.*

PÉDICULOSE, ■ n. f. [pedikyloz] (lat. *pediculus*, pou, et -*ose*) **Méd.** Ensemble des lésions cutanées provoquées par la présence de poux.

PÉDICURE, n. m. [pedikyʀ] (*pédi-* et lat. *curare*, soigner) Nom de ceux qui se livrent spécialement à l'extirpation des cors et durillons. ♦ **Adj.** Chirurgien pédicure. ■ PÉDICURIE, n. f. [pedikyʀi]

PÉDIEUX, EUSE, ■ adj. [pedjø, øz] (lat. *pes*, génit. *pedis*, pied) Qui se rapporte au pied. *Une engelure pédieuse.*

PEDIGREE ou **PÉDIGRÉE**, ■ n. m. [pedigʀe] (mot angl., relevé généalogique) Généalogie d'un animal domestique (chien, chat, cheval) de race pure. ■ Document où est consignée cette généalogie. ■ **Ironiq.** Généalogie d'une personne. *Être fier de son pedigree.* ■ Ensemble des références d'une personne, curriculum vitæ.

PÉDILUVE, n. m. [pedilyv] (lat. médiév. *pediluvium*, bain de pieds) Bain de pieds. ■ Bac d'hygiène destiné au lavage des pieds et placé avant l'entrée dans un lieu de bain public tel une piscine. ■ Bac désinfectant pour le lavage des chaussures, utilisé à l'entrée ou à la sortie d'un lieu pour éviter toute contamination.

PÉDIMANE, n. m. [pediman] (*pédi-* et lat. *manus*, main) Tribu de marsupiaux, chez lesquels le pouce est opposable dans les pieds postérieurs. ♦ Adj. *La sarigue est pédimane.*

PÉDIMENT, ■ n. m. [pedimɑ̃] (angl. *pediment*, fronton) **Géol.** Glacis d'érosion développé sur une roche dure et situé à la base d'un relief spécifique des région arides ou semi-arides. *Les pédiments du bassin tchadien.*

PÉDIPALPE, ■ n. m. [pedipalp] (*pédi-* et *palpe*) **Zool.** Appendice pair propre aux arachnides situé derrière les crochets et développé en pince unique chez le scorpion. *Les pédipalpes servent à la préhension de la nourriture.*

1 **PÉDO...**, ■ [pedo] préfixe du grec *pais* qui signifie enfant.

2 **PÉDO...**, ■ [pedo] préfixe du grec *pedon* qui signifie sol.

PÉDODONTIE, ■ n. f. [pedodɔ̃si] (le *t* se prononce *ss*. 1 *péd[o]-* et gr. *odous, odontos*, dent) **Méd.** Soins dentaires pour les enfants.

PÉDOGENÈSE, ■ n. f. [pedoʒənɛz] (2 *pédo-* et *genèse*) **Géol.** Étude de la formation et de l'évolution des sols.

1 PÉDOLOGIE, ◾ n. f. [pedolɔʒi] (2 *pédo-* et *-logie*) **Géol.** Science qui étudie les différents caractères des sols, leur évolution et leur répartition. ◾ PÉDOLOGIQUE, adj. [pedolɔʒik]

2 PÉDOLOGIE, ◾ n. f. [pedolɔʒi] (1 *pédo-* et *-logie*) Étude physiologique et psychologique de l'enfant.

PÉDOLOGUE, ◾ n. m. et n. f. [pedolɔg] (1*pédologie*) Spécialiste de l'étude des caractères du sol.

PÉDOMÈTRE, n. m. [pedomɛtʀ] (2 *pédo-* et *-mètre*) Mesure du chemin Voy. HODOMÈTRE.

PÉDON, n. m. [pedɔ̃] (ital. *pedone*, du lat. *pes*) Courrier à pied dans certains pays du Midi, dit ailleurs *piéton.*

PÉDONCULAIRE, ◾ adj. [pedɔ̃kylɛʀ] (*pédoncule*) **Bot.** Qui se rapporte au pédoncule. *L'extrémité pédonculaire du haricot.* ◾ **Méd.** *Une hallucination pédonculaire, un infarctus pédonculaire.*

PÉDONCULE, n. m. [pedɔ̃kyl] (lat. *pedunculus*) **Bot.** Support de la fleur. ◆ Queue d'un fruit. ◆ **Zool.** Support d'une partie quelconque. ◾ **Méd.** Région du système nerveux située dans la partie haute du tronc cérébral. *Le pédoncule cérébral.*

PÉDONCULÉ, ÉE, adj. [pedɔ̃kyle] (*pédoncule*) **Bot.** Porté par un pédoncule. *Fleur pédonculée.* ◆ **Zool.** Se dit de la tête d'un insecte quand elle se resserre à sa partie postérieure en manière de cou. ◆ Se dit des yeux d'un crustacé portés sur un gros pédoncule. ◆ N. m. pl. Ordre de cirripèdes.

PÉDOPHILE, ◾ n. m. et n. f. [pedofil] (1 *pédo-* et *-phile*) Personne qui éprouve une attirance sexuelle pour les enfants. ◾ Adj. *On le soupçonne d'être pédophile.*

PÉDOPHILIE, ◾ n. f. [pedofili] (*pédophile*) Attirance sexuelle d'un adulte envers de jeunes enfants. *La pédophilie est punie par la loi.* ◾ PÉDOPHILIQUE, adj. [pedofilik]

PÉDOPSYCHIATRE, ◾ n. m. et n. f. [pedopsikjatʀ] (1 *pédo-* et *psychiatre*) Psychiatre spécialiste des enfants et des adolescents. *Emmener son enfant consulter le pédopsychiatre pour des troubles du comportement.*

PÉDOPSYCHIATRIE, ◾ n. f. [pedopsikjatʀi] (1 *pédo-* et *psychiatrie*) Branche de la psychiatrie spécialisée dans le traitement des enfants et des adolescents.

PÉDUM, ◾ n. m. [pedɔm] (lat. *pedum*, *houlette*) **Antiq.** Bâton en forme de crosse associé à certaines divinités champêtres ou personnages de la mythologie. *Le pédum d'Atys.* ◾ **Zool.** Mollusque lamellibranche des mers chaudes. *Les pédums sont également appelés houlettes.*

PEDZOUILLE ou **PETZOUILLE**, ◾ n. m. et n. f. [pɛdzuj] (p.-ê. dial. *pézan*, paysan, avec chang. de suff.) **Fam.** et **péj.** Paysan. « *D'où que tu viens?? Et toi?? Angers.? Pedzouille!? Pas plus que toi, Parigot* », VIALAR.

PEELING, ◾ n. m. [piliŋ] (angl. *to peel*, peler) Desquamation de la couche superficielle de la peau par massage avec une crème granuleuse ou tout autre procédé chimique, dans un but esthétique. *Se faire un peeling avec une crème aux éclats broyés de noyau d'abricot rend la peau du visage ou du corps très douce.*

PEEPSHOW ou **PEEP-SHOW**, ◾ n. m. [pipʃo] (angl. *peep*, regard furtif, et *show*, spectacle.) Établissement où le client, installé dans une cabine individuelle vitrée, peut regarder sans être vu un spectacle érotique. *Certaines rues des grandes capitales sont bordées de peepshows.*

PÉGASE, ◾ n. m. [pegaz] (gr. *Pêgasos*) Dans la mythologie, cheval ailé, qui d'un coup de pied fit naître la fontaine Hippocrène, inspiratrice des poètes. ◆ **Fig.** et **poétiq.** L'inspiration poétique. « *Pour lui Phébus est sourd et Pégase est rétif* », BOILEAU. ◆ Par plaisanterie, *monter, enfourcher son Pégase*, se mettre à faire des vers. ◆ Constellation de l'hémisphère boréal. ◆ **Zool.** Poisson de l'océan Indien aux nageoires pectorales en forme d'ailes.

PEGC, ◾ n. m. [peɔʒese] (sigle de *professeur d'enseignement général de collège*) Professeur de collège, qui assure le service d'enseignement dans deux disciplines. *Il n'y a plus de recrutement de PEGC depuis 1986.*

PEGMATITE, n. f. [pɛgmatit] (gr. *pêgma*, chose solidement fixée) **Géol.** Roche à base de feldspath laminaire et de quartz.

PÈGRE, ◾ n. f. [pɛgʀ] (prob. arg. marseill. *pego*, larron des quais, litt. poix, glu, du lat. *picare*, poisser, *paigres*, voleurs) Ensemble des voleurs, des escrocs réunis dans une sorte de communauté. *La petite et la haute pègre.*

PEHLVI ou **PEHLEVI**, n. m. [pelvi] (*a.* perse *Parthava*, Parthie) Ancienne langue parlée en Perse sous la dynastie des Sassanides. ◆ Adj. *La langue pehlvie.* ◾ REM. On dit aussi *pahlavi.*

PEIGNAGE, n. m. [pɛɲaʒ] ou [penjaʒ] (*peigner*) Action de peigner la laine, le lin, le chanvre, etc. ◆ Façon qu'on leur donne avec le peigne.

PEIGNE, n. m. [pɛɲ] ou [penj] (lat. *pecten*, de *pectere*, peigner) Instrument de corne, de buis, d'ivoire, etc. taillé en forme de dents, qui sert à démêler

les cheveux et à nettoyer la tête. ◆ *Sale comme un peigne*, très sale. ◆ *Se donner un coup de peigne*, se passer rapidement le peigne dans les cheveux. ◆ **Pop.** *Coup de peigne*, lutte dans laquelle on s'empoigne aux cheveux, et par suite combat. ◆ ▷ **Fig.** *Un peigne dans un chausson*, Voy. CHAUSSON. ◁ ◆ Sorte de peigne courbe et à longues dents dont les femmes se servent pour retrousser leurs cheveux, ou seulement pour les orner. ◆ *Un peigne de diamants, de corail*, un peigne orné de diamants, de corail. ◆ Se dit en parlant des animaux. *Un peigne pour peigner les crins d'un cheval.* ◆ *Peigne de tisserand*, espèce de châssis divisé par de petites ouvertures dans lesquelles le tisserand passe ses fils, pour former la longueur de sa toile ou de son étoffe. ◾ Instrument de fer dont les cardeurs se servent pour apprêter la laine. ◾ **Zool.** Genre de mollusques à coquilles bivalves. ◾ Rangée de poils à l'extrémité des pattes d'arthropodes tels que l'araignée ou l'abeille. ◾ *Passer au peigne fin*, chercher ou contrôler avec minutie. *Passer un site archéologique au peigne fin.*

PEIGNÉ, ÉE, p. p. de peigner. [pɛɲe] ou [penje] **Fam.** *Mal peigné*, malpropre et mal vêtu. ◆ N. m. et n. f. Un mal peigné. ◆ **Fig.** *Jardin bien peigné*, jardin bien soigné. ◆ **Littér.** et **bx-arts** Poli, travaillé avec un excès de soin. ◆ N. m. Le peigné, le genre peigné. ◆ N. m. Le peigné, genre de laine.

PEIGNE-CUL, ◾ n. m. [pɛɲ(ə)ky] ou [penj(ə)ky] (*peigner* et *cul*) **Vulg.** Personne méprisable, faisant preuve de médiocrité. « *Mme Chevassu m'a traité de peigne-cul, de barbouilleur à la manque, de satyre* », DUTOURD. *Des peigne-culs.*

PEIGNÉE, n. f. [pɛɲe] ou [penje] (*peigne*) La quantité de laine, de lin ou de chanvre que l'ouvrier met sur son peigne. ◆ **Pop.** et **fig.** Lutte dans laquelle on s'empoigne aux cheveux, combat.

PEIGNER, v. tr. [pɛɲe] ou [penje] (lat. *pectinare*, de *pecten*, peigne) Démêler, arranger les cheveux, les poils ; nettoyer avec un peigne. *Peigner sa barbe, la crinière d'un cheval.* ◆ **Par extens.** *Peigner du lin, du chanvre.* ◆ **Fig. Littér.** et **bx-arts** Travailler, soigner, châtier, polir. *Peigner son style.* ◆ **Fig.** et **pop.** Battre, maltraiter. ◆ **Se peigner**, v. pr. Peigner ses cheveux. ◆ **Pop.** Se prendre aux cheveux, se battre.

PEIGNEUR, EUSE, n. m. et n. f. [pɛɲœʀ, øz] ou [penjœʀ, øz] (*peigner*) Personne qui peigne la laine, le chanvre, le lin, etc. ◆ N. f. *Peigneuse*, métier servant à peigner la bourre de soie, le lin, la laine.

PEIGNIER, n. m. [pɛɲe] ou [penje] (*peigne*) Celui qui fait et vend des peignes.

PEIGNOIR, n. m. [pɛɲwaʀ] ou [penjwaʀ] (*peigner*) ▷ Manteau de toile, de calicot ou de flanelle qu'on met sur ses épaules quand on se peigne. ◁ ◆ On le dit aussi d'un manteau semblable qu'on met quand on sort du bain. ◆ Vêtement de femme, en forme de robe, sans taille ajustée, qui se porte en déshabillé. ◆ *Peignoir de bain* ou *peignoir*, long manteau en éponge qu'on met en sortant du bain ou de la douche. ◾ Vêtement à manches longues, fait de tissu léger qu'on met pour protéger ses habits chez le coiffeur.

PEIGNURES, n. f. pl. [pɛɲyʀ] ou [penjyʀ] (*peigner*) ▷ Cheveux qui tombent de la tête quand on se peigne. ◆ **Mar.** Extrémité d'un cordage qui a été détordue et effilée. ◁

PEILLE, ◾ n. f. [pɛj] (mot occit., guenille, du lat. *pil[l]eum*, bonnet en laine) Chiffon servant à la fabrication du papier. ◾ REM. On utilise surtout le mot au pluriel. *Le marchand de peilles récupérait les chiffons pour les revendre aux papetiers. Un mendiant habillé de peilles.*

PEINANT, ANTE, adj. [penã, ãt] (*peiner*) Qui cause de la peine. « *Des choses peinantes me passent par l'entendement* », POUSSIN.

PEINARD, ARDE ou **PÉNARD, ARDE**, ◾ adj. [penaʀ, aʀd] (*peine*) **Fam.** Qui est tranquille, paisible, qui se ménage en évitant les soucis et la fatigue. *Être peinard. Un job peinard.*

PEINARDEMENT OU PÉNARDEMENT, ◾ adv. [penaʀdəmã] (*peinard*) **Fam.** Tranquillement. *Tout ce qu'il souhaitait, c'était être peinardement installé chez lui, sans être dérangé.*

PEINDRE, v. tr. [pɛ̃dʀ] (lat. *pingere*) Représenter une personne, une chose par des lignes et des couleurs. ◆ **Absol.** Savoir peindre. ◆ *Peindre à l'huile*, peindre avec des couleurs broyées et détrempées à l'huile. ◆ *Fait à peindre*, très bien fait, et avec ellipse du participe *fait* « : *Un tour de visage et un menton à peindre* », MME DE SÉVIGNÉ. ◆ *Être à peindre*, être dans une posture, dans une attitude singulière, risible, ridicule. ◆ **Fam.** et **fig.** *Achever de peindre*, donner le coup de grâce, consommer le désagrément, l'embarras, la ruine. ◆ *Peindre une galerie, un plafond*, les orner de peintures. ◆ Couvrir de couleur. *Peindre un mur en blanc.* ◆ Farder le visage ; teindre les cheveux, la barbe. ◆ Se dit des couleurs que répand la lumière. « *Le soleil peint nos champs des plus vives couleurs* », QUINAULT. ◆ ▷ Écrire, former les lettres, les caractères. ◁ ◆ **Absol.** *Il peint si mal qu'on ne peut lire son écriture.* ◆ **Fig.** Décrire, représenter vivement par le discours. « *Corneille peint les hommes comme ils devraient être ; Racine les peint tels qu'ils* sont », La Bruyère. ♦ *Peindre en,* représenter comme. *Peindre en enne-mis.* ♦ **Par extens.** « *Il s'en faut bien que je croie la musique capable de tout peindre* », d'Alembert. ♦ **Fig.** *Peindre en beau,* représenter les choses ou les personnes comme meilleures qu'elles ne sont. ♦ *Peindre en laid,* peindre en mal. ♦ **Absol.** « *Tout l'esprit d'un auteur consiste à bien définir et à bien peindre* », La Bruyère. ♦ Représenter l'image. « *Votre mémoire vous le peindra mieux que ne pourraient faire toutes mes paroles* », Bossuet. ♦ *Se peindre,* représenter à soi-même, s'imaginer. « *Peins-toi dans ces horreurs Andromaque éperdue* », Racine. ♦ *Se peindre,* v. pr. Faire soi-même son portrait. ♦ **Fig.** Faire la description de son âme, de son cœur. « *Cet auteur se peint dans ses ouvrages,* ses ouvrages le font connaître. ♦ ▷ **Fig.** *S'achever de peindre,* se conduire de manière à se compromettre, à ruiner ses affaires, etc. ◁ ♦ *Être peint,* figuré comme par la peinture. *Les objets se peignent au fond de l'œil sur la rétine comme sur une toile.* ♦ **Fig.** *La mort se peint sur son visage.* ♦ **Poétiq.** Être orné. « *Les campagnes se peignent Du safran que le jour apporte à la mer* », Malherbe.

PEINE, n. f. [pɛn] (lat. *pæna*) Ce qu'on fait subir pour quelque chose jugée répréhensible ou coupable. « *Les peines doivent être proportionnées aux délits* », Voltaire. ♦ *Les peines éternelles,* celles que les damnés souffrent en enfer ; *les peines du purgatoire,* celles que les âmes souffrent dans le purgatoire. ♦ *Âme en peine,* âme qui souffre dans l'enfer ou dans le purgatoire. ♦ **Fam.** *Il est comme une âme en peine,* il est très inquiet. ♦ *Sous peine de,* en encourant la peine de. *Sous peine d'amende.* ♦ *Sous peine de la vie, sous peine de mort,* en encourant la perte de la vie. ♦ **Dr.** *Sous les peines de droit,* en encourant les peines portées par la loi. ♦ *Sur peine,* même sens (locution qui n'est plus aussi usitée que *sous peine*). « *Sur peine de péché mortel* », Pascal. « *Sur peine de la vie* », Mme de Sévigné. ♦ *À peine de,* même sens. « *À peine de péché mortel* », Pascal. « *À peine de la vie* », Bossuet. ♦ Souffrance physique ou morale. *Les peines du corps, de l'esprit.* ♦ *Faire peine,* causer une souffrance physique ou morale. ♦ *Faire quelque peine,* causer du déplaisir, déplaire. ♦ *Faire peine,* en parlant des personnes, exciter une compassion profonde. ♦ *Faire de la peine à quelqu'un,* lui susciter des difficultés, des embarras, lui faire subir des vexations. ♦ *Être dans la peine,* être dans le besoin. ♦ Inquiétude, souci, embarras. « *Voilà, mes chers amis, ce qui me met en peine* », P. Corneille. « *Il m'ôta de peine en disant...* », Pascal. ♦ *Être en peine que,* avec le subjonctif, craindre que. « *Je ne suis point en peine que vous ne fassiez tout ce qui sera nécessaire* », Mme de Sévigné. ♦ *Être en peine de sa personne,* être fort embarrassé de ce que l'on deviendra. ♦ Travail, fatigue. « *Travaillez, prenez de la peine* », La Fontaine. ♦ *Voilà pour votre peine,* se dit à un homme de peine, à un ouvrier à qui on donne une gratification. ♦ *Perdre sa peine,* ses peines, travailler inutilement à quelque chose. ♦ *En être pour sa peine,* ne pas réussir. ♦ *Mourir à la peine,* mourir avant de recueillir le fruit d'un travail long et pénible. ♦ *La chose en vaut bien la peine,* elle mérite qu'on ne néglige rien afin d'y réussir ; et en sens contraire, *cela n'en vaut pas la peine,* ce n'est pas la peine, cela ne mérite pas qu'on en tienne compte. ♦ *En valoir la peine,* se dit aussi des personnes. ♦ Par politesse. *Prenez la peine de vous asseoir.* ♦ *Homme de peine,* homme qui, sans avoir un métier déterminé, gagne sa vie par des travaux pénibles de corps. ♦ Salaire du travail d'un artisan. *Payez sa peine à cet ouvrier.* ♦ Difficulté, empêchement. « *Quand mon rang fut venu, je n'eus pas de peine à répondre* », Fénelon. ♦ *Avoir de la peine à parler,* parler difficilement. ♦ *Avoir de la peine à marcher,* se servir difficilement de ses jambes. ♦ **Fig.** *Cette affaire a de la peine à marcher.* ♦ Manque de disposition à, de volonté pour. « *On a peine à haïr ce qu'on a bien aimé* », P. Corneille. ♦ *Faire de la peine,* se dit d'une chose qui déplaît. ♦ *À* peine, loc. adv. Depuis peu, depuis un moment. « *À peine le soleil fait ouvrir les boutiques* », Boileau. ♦ Quelquefois le second membre de phrase prend *que.* « *À peine une résolution était-elle prise, que...* », Fénelon. ♦ *À peine,* presque pas. *À peine est-il jour.* ♦ *À peine,* tout juste, peu s'en faut. *Il a vingt ans à peine.* ♦ *À peine,* difficilement. « *Télémaque suivait à peine* », Fénelon. ♦ *À grand-peine,* très difficilement. ♦ *À grand-peine,* presque pas, tout au plus. ♦ *Sans peine,* aisément, sans regret. ♦ *Avec peine,* à regret, difficilement. ♦ *À toute peine,* très difficilement. ♦ **Prov.** *À chaque jour suffit sa peine.* ♦ *Nul bien sans peine.* ♦ *Quelquefois la peine passe le plaisir.*

PEINÉ, ÉE, p. p. de peiner. [pene] Qui éprouve de la peine, du chagrin. « *Une âme peinée par les terreurs de l'enfer* », Bossuet. ♦ **Fig.** Où le travail se fait beaucoup sentir. *Un style peiné. Ce tableau paraît trop peiné.*

PEINER, v. tr. [pene] (*peine*) Causer de la fatigue. *Ce travail vous peinera beaucoup.* ♦ Causer du chagrin, de l'inquiétude. ♦ Faire avec difficulté (peu usité en ce sens). *Ce peintre peine beaucoup ses ouvrages.* ♦ **V. intr.** Se fatiguer. « *Nous suons, nous peinons comme bêtes de somme* », La Fontaine. « *M. de Leibnitz peinait quelquefois à parler* », Fontenelle. ♦ Il se dit de poutres chargées d'un fardeau trop pesant. ♦ Éprouver du déplaisir. *On peine à l'entendre.* ♦ Répugner à. *Il peine à punir.* ♦ **Impers.** *Il me peine de vous faire faire cette besogne.* ♦ *Se peiner,* v. pr. Se tourmenter. « *Il faut trop se peiner pour avoir de l'esprit* », Molière.

PEINT, EINTE, p. p. de peindre. [pɛ̃, ɛ̃t] **Par extens.** Coloré, en parlant

d'objets naturels. *L'aile peinte d'un oiseau.* ♦ **Fig.** Qui n'a pas plus de réalité qu'une peinture. « *Toutefois il n'a rien qu'une tristesse peinte* », Malherbe. ♦ *Toiles peintes,* toiles où sont empreintes diverses figures, et qui servent à l'habillement des femmes, aux tentures et à l'ameublement. ♦ *Cartes peintes,* celles d'entre les cartes à jouer qui ont des figures. ♦ **Biol. et zool.** Se dit d'un corps dont la surface offre des taches qui ne sont ni arrondies ni très allongées. *Couleuvre peinte.*

PEINTRE, n. m. et n. f. [pɛtʀ] (lat. vulg. *pinctor,* du lat. *pictor,* de *pictum,* supin de *pingere*) Personne qui exerce l'art de la peinture. *Peintre d'histoire. Peintre de genre.* ♦ *Désespoir des peintres,* nom d'une plante, le *Saxifraga umbrosa.* ♦ Celui dont le métier est de peindre les murs, les lambris. *Peintre en bâtiments. Peintre de décor,* ouvrier qui imite par la peinture les marbres, les bois. ♦ **Fig.** Celui qui représente vivement en parlant, en écrivant. « *Le plus grand peintre de l'antiquité, Tacite* », Racine. ♦ **Adj.** *Une femme peintre.* ♦ En parlant de la femme d'un peintre, La Fontaine a dit *la peintre ;* Voltaire a fait peintre du féminin au figuré ; J.-J. Rousseau a dit *peintresse.*

PEINTURAGE, n. m. [pɛtyʀaʒ] (*peinturer*) Action de peinturer ; le résultat de cette action. ♦ Peinture plus ou moins grossière.

PEINTURE, n. f. [pɛtyʀ] (lat. vulg. *pinctura,* réfection du lat. *pictura* d'après *pingere*) « *Imitation faite avec lignes et couleurs, sur une superficie plane, de tout ce qui se voit sous le soleil* », Poussin. ♦ *Peinture à fresque, en détrempe, à l'huile, sur verre, en émail,* Voy. fresque, détrempe, etc. ♦ Ouvrage de peinture. *Une belle peinture.* ♦ Portrait, image d'un objet. ♦ Toute couleur appliquée sur une surface. *La peinture de la carrosse est fraîche.* ♦ **Poétiq.** Les couleurs naturelles répandues dans la nature. « *Il [Dieu] donne aux fleurs leur aimable peinture* », Racine. ♦ **Fig.** Description vive et animée par la parole ou le style. « *L'éloquence est une peinture de la pensée* », Pascal. « *La peinture que la chaire fait des vices* », Massillon. ♦ *En peinture,* en apparence, sans réalité. « *Puisque le roi veut bien n'être roi qu'en peinture* », P. Corneille. ◁ ♦ *En effigie. Je ne voudrais pas y être, m'y avoir, même en peinture,* se dit d'un lieu, d'une situation pour laquelle on aurait une vive répugnance. ♦ *Ne pouvoir voir en peinture,* détester quelqu'un ou quelque chose.

PEINTURÉ, ÉE, p. p. de peinturer. [pɛtyʀe] « *Les visages des sauvages sont peinturés de blanc ou de noir* », Chateaubriand.

PEINTURER, v. tr. [pɛtyʀe] (*peinture*) Enduire d'une couleur ou de plusieurs, sans autre dessein que d'ôter à l'objet sa couleur naturelle. ♦ **Fam.** Barbouiller en essayant de peindre.

PEINTUREUR, n. m. [pɛtyʀœʀ] (*peinturer*) ▷ Ouvrier qui met en couleur les bois, les fers, les murs. ♦ Mauvais peintre, barbouilleur. ◁

PEINTURLURER, ■ v. tr. [pɛtyʀlyʀe] (altération de *peinturer,* d'après l'onomat. *turelure*) **Fam.** Couvrir de peinture avec des couleurs criardes et de manière grossière. ♦ *Se peinturlurer,* v. pr. **Très fam.** Se farder à l'excès, se barbouiller. *Se peinturlurer le visage.*

PÉJORATIF, IVE, adj. [peʒɔʀatif, iv] (b. lat. *pejorare,* du lat. *pejor,* pire) **Gramm.** Qui ravale le sens, qui se prend en mauvaise part. *Mot péjoratif.* ♦ *Finale péjorative,* finale donnant au mot une idée de dénigrement, comme *ailler, ache,* dans philosophailler, apache. ♦ **N. m.** Bravache est un péjoratif. ■ **PÉJORATIVEMENT**, adv. [peʒɔʀativ(ə)mɑ̃]

PÉJORATION, ■ n. f. [peʒɔʀasjɔ̃] (b. lat. *pejorare,* rendre pire) Ajout d'une connotation péjorative à un mot. *Coterie peut prendre la valeur péjorative de clique, petit groupe, ou bien s'employer sans péjoration, avec le sens d'association de gens ayant des goûts, des intérêts communs.* ■ Fait de devenir pire, de s'aggraver. *Péjoration climatique qui se manifeste par une baisse de la pluviométrie.*

PÉKAN, ■ n. m. [pekɑ̃] (mot algonquin) Martre du Canada à la fourrure très recherchée. ■ Cette fourrure.

PÉKET ou **PÉQUET**, ■ n. m. [pekɛ] **Belg.** Eau-de-vie aromatisée au genièvre.

1 **PÉKIN**, n. m. [pekɛ̃] (*Pékin,* capitale de la Chine) Espèce d'étoffe de soie.

2 **PÉKIN**, n. m. [pekɛ̃] (var. de *péquin*) Voy. péquin.

PÉKINÉ, ÉE, ■ adj. [pekine] (1 *pékin*) En parlant d'un tissu, qui alterne des rayures brillantes et mates. *Des rideaux pékinés aux reflets chatoyants.* ■ N. m. Du pékiné.

PÉKINOIS, OISE, ■ adj. [pekinwa, waz] (*Pékin,* capitale de la Chine) Relatif à Pékin. *Un restaurant pékinois.* ■ N. m. et n. f. *Un Pékinois, une Pékinoise.* ■ N. m. Dialecte du chinois, parlé à Pékin et dans le nord de la Chine, devenu la langue nationale. ■ N. m. Petit chien de luxe, originaire de Chine, à tête ronde, à face aplatie, avec une queue en panache, les oreilles pendantes et le poil long. *Le pékinois est un épagneul nain.*

PELADE, n. f. [pəlad] (*peler*) Maladie qui fait tomber le poil et les cheveux.

PELAGE, n. m. [pəlaʒ] (anc. fr. *pel,* de *pellis,* peau d'animal) La couleur principale du poil des chevaux, des cerfs, etc. ■ Ensemble des poils d'un animal. *Le pelage d'un ours.*

PÉLAGIANISME, ■ n. m. [pelaʒjanism] (*pélagien*) **Relig.** Doctrine hérétique initiée par le moine Pélage qui minimisait le péché originel et le rôle de la grâce divine au profit de l'effort personnel comme exercice de vertu. *Le pélagianisme soutenait que le péché d'Adam n'avait porté préjudice qu'à lui seul et non à sa postérité.*

PÉLAGIEN, IENNE, ■ adj. [pelaʒjɛ̃, jɛn] (*Pélage*, moine hérésiarque breton du Ve siècle) **Relig.** Qui appartient au pélagianisme. ■ N. m. et n. f. Partisan du pélagianisme.

PÉLAGIQUE, ■ adj. [pelaʒik] (gr. *pelagikos*, de *pelagos*, mer) Relatif à la haute mer. *La pêche au chalut pélagique. L'étude de l'écosystème pélagique.*

PÉLAMIDE ou **PÉLAMYDE**, n. f. [pelamid] (lat. *pelamis*, jeune thon, du gr. *pêlamus*, thon) **Zool.** Poisson de mer qui ressemble au maquereau. ■ Serpent aquatique venimeux originaire de l'océan Indien et du Pacifique. ■ Rem. Graphie ancienne : *pelamide.*

PELARD, adj. m. [pelaʀ] (*peler*) *Bois pelard* et n. m. *pelard*, bois qu'on a dépouillé de son écorce pour faire du tan.

PÉLARGONIUM, n. m. [pelaʀgɔnjɔm] (mot lat. sav. [XVIIIe s.], du gr. *pelargos*, cigogne) Genre de plantes de la famille des géraniacées. ■ Rem. Plante voisine du géranium et commercialisée de nos jours sous ce nom.

1 PELÉ, ÉE, p. p. de 1 peler. [p(ə)le] Dégarni de poil. « *Il vit le cou du chien pelé* », La Fontaine. ◆ *Tête pelée,* tête chauve. ◆ N. m. et n. f. *Un pelé,* celui qui n'a plus de cheveux. ◆ **Pop.** *Il y avait quatre pelés et un tondu,* il n'y avait que peu de personnes, et des gens peu considérés. ◆ **Fig.** Il se dit de sommets, de coteaux dépourvus d'arbres et de verdure.

2 PELÉ, ÉE, p. p. de 2 peler. [p(ə)le] Dont on a ôté la peau.

PÊLE, n. m. [pɛl] Voy. **PÊNE**.

PÉLÉEN, ENNE ou **PELÉEN, ENNE**, ■ adj. [peleɛ̃, ɛn, pəleɛ̃, ɛn] (*montagne Pelée,* en Martinique) **Géol.** Qui offre les mêmes caractéristiques volcaniques que celles de la montagne Pelée. *Une éruption péléenne se caractérise par des explosions de nuées ardentes et des croûtes de lave solidifiée en forme de dôme ou d'aiguille formées à la sortie du cratère.*

PÊLE-MÊLE ou **PÊLEMÊLE**, loc. adv. [pɛl(ə)mɛl] (altération de l'anc. fr. *mesle mesle,* redoubl. de *mêler,* ou *pesle,* verrou, et *mêler*) En confusion. *Vivre pêle-mêle avec les bêtes. Mettre des objets pêle-mêle dans un coffre.* ◆ N. m. *Le pêle-mêle,* la confusion. *Vit-on jamais pareil pêle-mêle ?* ◆ Cadre qui peut contenir plusieurs photographies. *Elle a plusieurs pêle-mêle dans son bureau avec des photos de famille.*

PÊLE-MÊLER, v. tr. [pɛl(ə)mele] (*pêle-mêle*) Mettre pêle-mêle, en confusion.

1 PELER, v. tr. [p(ə)le] (lat. *pilare,* de *pilus,* poil) Ôter le poil. *Peler des peaux.* ◆ **Par extens.** *Peler la terre,* enlever le gazon. ◆ *Se peler,* v. pr. Perdre son poil. « *La terre se pèle sous les pas redoublés et furieux des guerriers* », Chateaubriand.

2 PELER, v. tr. [p(ə)le] (1 peler rapproché de l'anc. fr. *pel,* peau) Ôter la peau d'un fruit, l'écorce d'un arbre. *Peler une pomme.* ◆ **V. intr.** Se dit du corps d'où l'épiderme se soulève. ◆ *Se peler,* v. pr. Être pelé. ◆ **V. intr. et v. pr. Fam.** *Peler de froid, peler ou se peler,* avoir très froid. *Elles se sont pelées pendant deux heures à la piscine.*

1 PÈLERIN, INE, n. m. et n. f. [pɛl(ə)ʀɛ̃, in] (b. lat. *pelegrinus,* du lat. *peregrinus,* étranger) Personne qui va en pèlerinage. ◆ *Pèlerin de Saint-Michel,* pèlerin qui va à Saint-Michel ou qui en revient. ◆ Se dit aussi des mahométans qui font le voyage de La Mecque. ◆ Voyageur, voyageuse. ◆ **Fig.** et **fam.** Personne, individu. « *Si tu connaissais le pèlerin, tu trouverais la chose assez facile pour lui* », Molière. ■ *Prendre son bâton de pèlerin,* partir en pèlerinage. ■ **Fig.** Partir à la rencontre des gens pour les convaincre d'adhérer à un projet ou à une idée. *Le candidat aux élections a pris son bâton de pèlerin pour rallier de nouvelles voix.* ■ N. m. **Zool.** *Faucon pèlerin,* faucon commun européen, à habitat varié, reconnaissable en vol à sa silhouette d'ancre. ■ *Requin pèlerin,* grand requin inoffensif des eaux tempérées pouvant mesurer jusqu'à 15 mètres et qui se nourrit de plancton. ■ *Criquet pèlerin,* criquet migrateur très redouté pour ses ravages lors de ses déplacements en essaim.

2 PÈLERIN, INE, ■ adj. [pɛl(ə)ʀɛ̃, in] (1 pèlerin) Qui se réfère au pèlerinage. « *Les Européens [...] ont retrouvé le sens de l'effort et la durée du cheminement dans la démarche pèlerine* », Institut européen des itinéraires culturels. *La chevalerie pèlerine. Un ermite pèlerin.* ■ Qui évoque les pèlerinages. *Les icônes pèlerines. Une vierge pèlerine.*

PÈLERINAGE, n. m. [pɛl(ə)ʀinaʒ] (1 pèlerin) Voyage fait par dévotion à quelque lieu consacré. *Aller en pèlerinage.* ◆ Lieu où un pèlerin va en dévotion. ◆ **Fig.** Carrière de vie. « *Cette mort qu'il a regardée comme le terme de son pèlerinage* », Fléchier.

PÈLERINE, n. f. [pɛl(ə)ʀin] (1 pèlerin) Ajustement de femme en forme de grand collet rabattu. ■ Ample manteau sans manches couvrant les épaules

et le buste. *À cause de leur pèlerine qui volait au vent et leur donnait l'allure d'un oiseau, les anciens policiers à bicyclette étaient surnommés les hirondelles.*

PÉLIADE, ■ n. f. [peljad] (gr. *pelios,* livide, sombre) Vipère commune des régions françaises, au museau arrondi et portant une bande noire sur le dos.

PÉLICAN, n. m. [pelikɑ̃] (b. lat. *pelicanus,* du gr. *pelekan*) Oiseau aquatique de la famille des palmipèdes, dont l'œsophage forme une poche. ◆ **Chim.** Alambic avec un chapiteau, d'où sortent deux becs. ◆ Instrument de dentiste pour l'extraction des dents molaires. ◆ Crochet de fer dont le menuisier se sert pour assujettir sur l'établi les morceaux de bois qu'il travaille.

PELISSE, n. f. [pəlis] (b. lat. *pellicia* [*vestis*], vêtement fait de peaux) Robe fourrée de peau, dont on se sert dans les pays du nord et au Levant. ◆ Veste d'ornement, garnie de fourrure, à manches pendantes, et attachée à l'épaule gauche sur le dolman par un cordon. *La pelisse des hussards.* ◆ Espèce de manteau ouaté dont on enveloppe les enfants, les malades. ■ Manteau doublé de fourrure ou dont le col est en fourrure. *Il portait une vieille pelisse en renard toute mitée qui trahissait sa déchéance.*

PELLAGRE, ■ n. f. [pelagʀ] (ital. *pellagra,* du lat. *pellis,* et gr. *agra,* proie, prise) **Méd.** Maladie générale, se manifestant d'abord par des symptômes du côté de la peau, suivis d'altérations graves de la membrane muqueuse du canal digestif et de ses fonctions ; puis de troubles du système nerveux central.

PELLAGREUX, EUSE, adj. [pelagʀø, øz] (*pellagre*) Qui a rapport à la pellagre. ◆ N. m. et n. f. *Un pellagreux, une pellagreuse,* homme, femme affectés de la pellagre.

PELLE, n. f. [pɛl] (lat. *pala,* bêche, pelle) Instrument de fer ou de bois, large et plat, à long manche. ◆ **Fig.** et **fam.** *Remuer l'argent à la pelle,* en avoir beaucoup. ◆ **Prov.** *La pelle se moque du fourgon,* Voy. FOURGON. ◆ *Pelle mécanique,* engin de terrassement. ■ **Mar.** Extrémité plate d'un aviron. ■ Ramasse-poussière dans lequel on pousse les saletés à l'aide d'un balai ou d'une balayette. *Tu trouveras la pelle et le balai dans le placard !* ■ *Pelle à tarte,* couvert en forme de truelle permettant de soulever les parts d'une tarte ou d'un gâteau. ◆ À LA PELLE, loc. adv. **Fam.** En grande quantité. *Dans ce magasin, on trouve des pantalons à la pelle.* ■ **Fam.** *Ramasser une pelle, (se) prendre une pelle,* tomber ; échouer. *Il a pris une pelle en maths.* ■ **Fam.** Baiser sur la bouche. *Il lui roula une pelle.*

PELLE-BÊCHE, ■ n. f. [pɛl(ə)bɛʃ] (*pelle* et *bêche*) Petite pelle carrée en fer au manche court. *Des pelles-bêches.*

PELLÉE, PELLERÉE, PELLETÉE, n. f. [pele, pɛl(ə)ʀe, pɛl(ə)te] (*pelle*) Autant qu'il en peut tenir sur une pelle. *Une pelletée de terre.*

PELLE-PIOCHE, ■ n. f. [pɛl(ə)pjɔʃ] (*pelle* et *pioche*) Outil de jardinage dont la base est munie de deux extrémités, l'une en forme de pioche et l'autre en forme de pelle. *Des pelles-pioches.*

PELLER, ■ v. tr. [pele] (*pelle*) **Suisse** et **Franche-Comté** Déplacer avec une pelle. *Peller la neige qui tombe du toit devant la porte.*

PELLET, ■ n. m. [pelɛ] (mot angl., pilule, boulette, de l'anc. fr. *pelote*) **Pharm.** Comprimé médicamenteux implanté sous la peau qui permet une diffusion lente de ses principes actifs. ■ **Techn.** Poudre de fer moulée en boule et humidifiée pour faciliter sa combustion en haut-fourneau.

PELLETAGE, ■ n. m. [pɛl(ə)taʒ] (*pelleter*) Action de pelleter.

PELLETER, v. tr. [pɛl(ə)te] (*pelle*) Remuer les grains pour les aérer. ◆ Déplacer avec une pelle. *Pelleter de la neige.*

PELLETERIE, n. f. [pelɛt(ə)ʀi] ou [pɛltʀi] (*pelletier*) Art de préparer les peaux pour en faire des fourrures. ◆ Commerce de fourrures. ◆ Peaux dont on fait des fourrures.

PELLETEUR, EUSE, ■ n. m. et n. f. [pɛl(ə)tœʀ, øz] (*pelleter*) Personne qui travaille avec une pelle. *Dès qu'un chien d'avalanche détecte une victime ensevelie, les pelleteurs se mettent à l'œuvre pour dégager la neige.*

PELLETEUSE, ■ n. f. [pɛl(ə)tøz] (*pelleter*) Pelle mécanique, sur roues ou chenilles, utilisée dans les travaux publics pour charger et décharger des matériaux, notamment des gravats.

PELLETIER, IÈRE, n. m. et n. f. [pɛl(ə)tje, jɛʀ] (anc. fr. *pel,* peau) Personne qui fait et vend des fourrures.

PELLICULAGE, ■ n. m. [pelikylaʒ] (*pelliculer*) Protection d'un objet par l'application d'une pellicule de plastique transparent. *Appliquer un pelliculage brillant sur une carte en carton.*

PELLICULAIRE, ■ adj. [pelikylɛʀ] (*pellicule*) Qui forme une fine membrane. *Un enduit pelliculaire.* ■ **Électr.** *Effet pelliculaire* ou *effet de peau,* état d'un courant à haute fréquence qui, épousant les parois internes de son conducteur, forme une sorte de seconde peau ou doublure. ■ *État pelliculaire,* constat d'une présence de pellicules dans la chevelure. *Squames provoquées par l'état pelliculaire.*

PELLICULE, n. f. [pelikyl] (lat. *pellicula*, petite peau) Membrane très mince, de quelque nature qu'elle soit. ■ Petit morceau de peau qui se détache du cuir chevelu. ■ Bande souple recouverte d'une couche sensible, utilisée en photographie, au cinéma. ■ **Abrév. fam.** Pelloche. *Tu n'aurais pas une pelloche pour mon appareil photo ?* ■ *Une pellicule noir et blanc* ou *couleur*, qui ne reproduit des films ou des photographies qu'en noir et blanc ou en couleur. ■ *Gâcher, utiliser, acheter de la pellicule* ou *un rouleau de pellicule.* ■ Couche mince d'une substance sur une surface. *Une pellicule de crème, de neige, de peinture.*

PELLICULÉ, ÉE, ■ adj. [pelikyle] (*pellicule*) Qui est recouvert d'une fine couche plastique. *Des étiquettes pelliculées.*

PELLICULER, ■ v. tr. [pelikyle] (*pellicule*) Recouvrir d'une pellicule de plastique transparent. *Pelliculer la couverture d'un livre.*

PELLICULEUX, EUSE, ■ adj. [pelikylø, øz] (*pellicule*) Qui a des pellicules dans les cheveux. *Une chevelure pelliculeuse.*

PELLUCIDE, ■ adj. [pelysid] (lat. *perlucidus*, de *per-*, préf. intens., et *lucidus*, lumineux) **Biol.** *Zone pellucide*, enveloppe translucide formée de protéines qui entoure l'ovule. *Les spermatozoïdes traversent la zone pellucide.*

PÉLOBATE, ■ n. m. [pelobat] (gr. *pêlos*, boue, et *-bate*) **Zool.** Espèce rare de crapaud des dunes appartenant à la famille du pélodyte qui s'enfouit le jour sous le sable et ne sort que la nuit. *Le pélobate est aussi nommé pélobate cultipède.*

PÉLODYTE, ■ n. m. [pelodit] (gr. *pêlos*, boue, et *dutes*, plongeur) **Zool.** Petit crapaud parsemé de taches vertes affectionnant les endroits rocheux et les cavités souterraines.

PELOTAGE, n. m. [p(ə)lotaʒ] (*peloter*) Action de mettre les écheveaux en pelotes. ♦ Au jeu de paume et au billard, action de jouer négligemment, sans s'astreindre aux règles. ♦ **Fig.** Action de peloter, de s'amuser à quelque chose de peu sérieux. ■ **Fam.** Action de palper ou de caresser quelqu'un avec ou sans son consentement, hors des pratiques sexuelles. « ...*Quoiqu'elle ait fini par concéder un peu de pelotage laissant Jacques passer de temps à autre et modérément une main admirative et pleine de tact sur un sein ou une cuisse par-dessus le corsage ou la jupe bien entendu* », QUENEAU.

PELOTARI, ■ n. m. [p(ə)lotaʀi] (mot basque) Joueur de pelote basque. ■ REM. Le mot n'ayant pas de déterminant en langue basque, il n'est pas employé au féminin. On dit *une joueuse de pelote basque.*

PELOTE, n. f. [p(ə)lɔt] (b. lat. *pilotta*, de *pila*, balle) Boule que l'on forme avec du fil, de la soie, etc., en les enroulant. ♦ Coussinet où les femmes fichent des aiguilles et des épingles. ♦ Masse arrondie de quelque substance. *Une pelote de pâte.* ♦ ▷ *Pelote de neige*, boule faite avec de la neige pressée. ◁ ♦ **Fig.** et **fam.** *La pelote se grossit*, se dit de projets, d'intérêts, de ressentiments qui s'accumulent. ◁ ♦ **Fig.** *Cela fait une pelote au bout de quelque temps*, se dit de petits profits qui, accumulés, finissent par former une certaine somme. ♦ **Fig.** *Faire sa pelote*, amasser ses profits et s'en composer une petite fortune. ♦ Tache blanche arrondie, située sur le front du cheval. ■ En sport. **Sp.** *Pelote basque* ou *pelote*, Sport d'origine basque qui consiste à lancer une balle contre un mur, à la main, avec une raquette spéciale ou un instrument en osier. ■ REM. On appelle un joueur de pelote basque un pelotari ; au féminin, une joueuse de pelote basque. Voy. PELOTARI ■ *Une pelote à épingles* ou *d'épingles*, une pelote de laine. ■ **Fam.** *Avoir les nerfs en pelote*, être très énervé. ■ **Fam.** *Envoyer quelqu'un aux pelotes*, renvoyer quelqu'un verbalement. *Il m'énervait tellement que je l'ai envoyé aux pelotes !*

PELOTÉ, ÉE, p. p. de peloter. [p(ə)lote] *Du fil peloté.*

PELOTER, v. tr. [p(ə)lote] (*pelote*) Mettre en peloton. *Peloter du fil.* ♦ **Fig.** et pop. Battre, maltraiter de coups ou de paroles. ♦ V. intr. Jouer à la paume sans faire une partie réglée. ♦ **Fig.** *Peloter en attendant partie*, faire quelque chose de peu important en attendant mieux. ■ Se peloter, v. pr. Être mis en peloton. ♦ **Fig.** Se battre. Ils se sont pelotés. ■ V. tr. **Fam.** Toucher, caresser sensuellement le corps de quelqu'un. *Se faire peloter.* « *Elle a essayé de me peloter dans la voiture, sous le nez de Caroline qui dormait, heureusement* », DORMANN.

PELOTEUR, EUSE, n. m. et n. f. [p(ə)lotœʀ, øz] (*peloter*) Ouvrier, ouvrière employés à mettre du fil en pelotons. ■ Personne qui touche, caresse sensuellement le corps de quelqu'un. « *Grand peloteur de fesses convaincu, passé maître en l'art de la main au cul* », BRASSENS.

PELOTON, n. m. [p(ə)lotɔ̃] (*pelote*) Boule formée avec du fil, de la soie, de la laine, dont on a roulé un ou plusieurs fils sur eux-mêmes. ♦ **Fig.** *En peloton*, en ramassant ses membres. *Se mettre en peloton.* ♦ **Fig.** *Un peloton de graisse*, se dit d'un petit oiseau extrêmement gras, et aussi d'un petit enfant fort gras. ♦ Balle de paume non encore recouverte. ♦ **Fig.** Petit nombre de personnes réunies en groupe. ♦ Il se dit des animaux. *Un peloton de chenilles.* ♦ Petite bande de soldats. ♦ Subdivision d'une compagnie sur le champ de bataille ou en marche. ■ **Sp.** Groupe de coureurs cyclistes. *Le peloton de tête.* ■ *Un peloton de gendarmerie, de pompiers*, une unité de gendarmerie, de pompiers. ■ *Un peloton d'exécution*, groupe de soldats chargés de passer par les armes un condamné. *La sentence était tombée, il devrait passer devant le peloton d'exécution !*

PELOTONNÉ, ÉE, p. p. de pelotonner. [p(ə)lotone] *Du fil pelotonné.*

PELOTONNER, v. tr. [p(ə)lotone] (*peloton*) Mettre en peloton. *Pelotonner du fil.* ♦ Se pelotonner, v. pr. Être mis en peloton. ♦ **Par extens.** Prendre la forme d'une boule, d'un peloton. ♦ Se mettre en forme de peloton, ramasser, réunir ses membres. ♦ **Fig.** Se réunir en groupe. *Les abeilles se pelotonnent.* ■ *Se pelotonner dans les bras de quelqu'un.*

PELOUSE, n. f. [p(ə)luz] (provenç. *pelouso*, litt. garnie de poils, du lat. *pilosus*, de *pilus*, poil) Terrain couvert d'une herbe courte, épaisse et douce. ♦ Cette herbe même. ■ *La pelouse d'un stade*, le terrain de football ou de rugby dans un stade. *La pelouse du Stade de France.* ■ **Spécialt** Partie du champ de course délimitée par les pistes, par opposition au pesage et au pavillon. ■ *Aller sur, semer, tondre, entretenir la pelouse.* ■ REM. La pelouse existe aussi en plaques ou en rouleaux pour combler des parcelles abîmées.

PELOUSER, ■ v. tr. [p(ə)luze] (*pelouse*) Semer ou mettre de la pelouse. *On pelousera l'emplacement du barbecue !*

PELTASTE, n. m. [pɛltast] (gr. *peltastês*) **Antiq. grecq.** Soldat armé de la pelte, soldat armé à la légère.

PELTE ou **PELTA**, n. f. [pɛlt, pɛlta] (lat. *pelta*, du gr. *peltê*) **Antiq. grecq.** Petit bouclier en forme de croissant.

PELTÉ, ÉE, ■ adj. [pɛlte] (*pelte*) **Bot.** Se dit d'une feuille en forme de flèche dont le pétiole s'insère au milieu du limbe. *La renoncule possède des feuilles peltées.*

PELU, UE, adj. [pəly] (*poilu*) ▷ Couvert de poil. « *Ces membres pelus, robustes et nerveux* », RACAN. ♦ Patte-pelu, Voy. PATTE-PELU. ◁

PELUCHE, n. f. [p(ə)lyʃ] (anc. fr. *peluchier*, éplucher, nettoyer des poils embrouillés) Étoffe de laine, de soie, etc., dont les fils sont très longs d'un côté. ♦ Plusieurs écrivent et prononcent pluche. ■ Jouet, animal en peluche. *On lui a offert une peluche pour Noël.* ■ Petit morceau, petit fil de tissu. *Ce torchon fait des peluches.*

PELUCHÉ, ÉE ou **PLUCHÉ, ÉE**, adj. [p(ə)lyʃe] (*peluche*) Se dit des étoffes et de quelques plantes qui sont velues. *Anémone peluchée.*

PELUCHER ou **PLUCHER**, v. intr. [p(ə)lyʃe] (*peluche*) En parlant des étoffes, se couvrir de poils qui se dégagent du tissu.

PELUCHEUX, EUSE ou **PLUCHEUX, EUSE**, adj. [p(ə)lyʃø, øz] (*peluche*) Se dit d'une étoffe qui peluche, ou d'une étoffe dont le poil est très long d'un côté.

PELURE, n. f. [p(ə)lyʀ] (2 *peler*) Peau, enveloppe de certains fruits, de certains légumes, et de tout ce qui se pèle. *Pelure de poire, d'oignon, de fromage, etc.* ♦ **Pop.** Redingote, vêtement de dessus. ♦ *Papier pelure*, sorte de papier très fin. ■ *Pelure d'oignon*, vin rosé dont la couleur orangée rappelle celle des pelures de l'oignon. ■ **Inform.** *Effet pelure d'oignon*, affichage sur l'écran d'images antérieures ou postérieures à l'image d'animation en cours.

PELVAN, n. m. [pɛlvɑ̃] (b. bret. *peulvan*, de *peul*, pilier, et *man*, figure) Pierre longue dressée perpendiculairement en forme de pilier.

PELVIEN, IENNE, adj. [pɛlvjɛ̃, jɛn] (lat. *pelvis*, bassin) **Anat.** Qui appartient au bassin. *Les membres pelviens.* ■ *La ceinture pelvienne.* ■ **Zool.** *Les nageoires pelviennes*, nageoires paires des poissons figurant les membres postérieurs et situées après les nageoires pectorales.

PELVIMÈTRE, ■ n. m. [pɛlvimɛtʀ] (*pelvis* et *-mètre*) **Méd.** Instrument obstétrique utilisé pour obtenir des mesures du bassin chez la femme enceinte.

PELVIMÉTRIE, ■ n. f. [pɛlvimetʀi] (*pelvimètre*) **Méd.** Mesure du périmètre du bassin chez la femme enceinte à l'aide de pelvimètres, de radiographies (radiopelvimétrie) ou d'un scanner. *Passer une radio pelvimétrie.*

PELVIS, ■ n. m. [pɛlvis] (on prononce le *s* final. Mot lat.) Partie basse du bassin.

PEMMICAN, n. m. [pemikɑ̃] (angl. *pimmecon, pemican*, d'un mot algonquin) Préparation de viande très nutritive sous un petit volume, qu'on emporte dans les longues traversées.

PENAILLON, n. m. [pənajɔ̃] (anc. fr. *penaille*, harde, de *penne*, fourrure) ▷ Haillon. ♦ **Fam.** et par mépris Moine. ◁

1 PÉNAL, ALE, adj. [penal] (lat. impér. *pœnalis*) Qui est assujetti à quelque peine. « *Il faut éviter les lois pénales en fait de religion* », MONTESQUIEU. ♦ *Clause pénale*, dommages-intérêts déterminés à l'avance par les parties, pour le cas où l'une d'elles ne remplira pas ses engagements. ♦ *Code pénal*, le code qui renferme les peines portées contre les crimes et délits. ■ **PÉNALEMENT**, adv. [penal(ə)mɑ̃]

2 PÉNAL, ■ n. m. [penal] (lat. impér. *pœnalis*) La juridiction pénale. *Assister à un procès au pénal. L'étude du droit se divise en deux branches : le civil et le pénal.* ■ **Rem.** On dit *le pénal, au pénal* mais pas *un pénal.*

PÉNALISANT, ANTE, ■ adj. [penalizã, ãt] (*pénaliser*) Qui désavantage et peut porter préjudice. *Le handicap physique est souvent pénalisant dans la recherche d'emploi.*

PÉNALISATION, ■ n. f. [penalizasjõ] (angl. *penalization*) **Sp.** Désavantage infligé à un joueur ou à une équipe lors d'une rencontre sportive pour avoir enfreint le règlement. *Des points de pénalisation.* ■ Désavantage subi.

PÉNALISER, ■ v. tr. [penalize] (angl. *to penalize*, soumettre à une pénalité) Sanctionner. *Pénaliser un joueur, une équipe.* ♦ Infliger une peine à. *Être pénalisé pour avoir copié.* ■ Provoquer un handicap, un désavantage. *Cela pénalise les élèves sérieux.*

PÉNALISTE, ■ n. m. et n. f. [penalist] (2 *pénal*) Personne spécialiste du droit pénal. *Cette femme est une grande pénaliste.* ■ **Adj.** *Une avocate pénaliste.*

PÉNALITÉ, n. f. [penalite] (1 *pénal*) Qualité de ce qui est pénal, de ce qui est susceptible d'une peine, d'une punition. ♦ Système des peines établies par les lois. ♦ On peut dire pénalités au pluriel, s'il s'agit de comparer les différents systèmes de peines des peuples. ♦ Peine, sanction. *Une pénalité financière.* ■ **Sp.** *Des points de pénalité.*

PENALTY ou **PÉNALTY**, ■ n. m. [penalti] (mot angl., sanction) Faute grave d'un footballeur commise dans la surface de réparation. *Siffler des penaltys* ou *des penalties.* ■ Tir accordé à l'équipe adverse en réparation de cette faute.

PÉNARD, n. m. [penaʀ] (prob. *peine*) *Vieux pénard* ou simplement *pénard*, vieillard rusé. ■ **Rem.** Graphie ancienne : *penard.peinard.*

PÉNATES, n. m. pl. [penat] (lat. *penates*) Chez les anciens Romains, dieux domestiques. ♦ **Adj.** *Les dieux pénates.* ♦ **Fig.** Habitation. « *Il voit de loin ses pénates* », **La Fontaine.** ■ *Retrouver* ou *regagner ses pénates*, retrouver sa maison.

PENAUD, AUDE, adj. [pəno, od] (*peine*) **Fam.** Embarrassé, honteux, interdit. ♦ *Être penaud comme un fondeur de cloches*, être fort surpris de voir manquer une chose sur laquelle on comptait.

PENCE, pl. [pɛns] de penny. Voy. **penny.**

1 PENCHANT, n. m. [pãʃã] (*pencher*) Le terrain qui est en pente. « *La grotte de la déesse était sur le penchant d'une colline* », **Fénelon.** ♦ **Fig.** Être sur le penchant de sa ruine, de sa chute, sur le point d'être ruiné, d'être perdu, de tomber. ♦ **Fig.** *Se retenir sur le penchant du précipice*, avoir la force, la prudence de s'arrêter sur le point prêt à amener la ruine. ♦ **Fig.** Déclin, en parlant de ce qui a un cours et marche vers un terme. « *Bien qu'il parût déjà dans le penchant de l'âge* », **P. Corneille.** « *Le jour décline, le soleil est sur son penchant* », **Bossuet.** « *La fortune, la faveur de cet homme est sur son penchant*, elle est sur son déclin. ♦ **Fig.** Impulsion forte vers quelque chose ou vers quelqu'un. *Suivre son penchant.* « *Les hommes n'ont qu'un penchant décidé, c'est leur intérêt* », **Duclos.** ♦ *Penchant vers*, se dit en parlant des personnes. « *Quel que soit vers vous le penchant qui m'attire* », **Racine.** ♦ *Penchant pour*, se dit en parlant des personnes et des choses. *Il avait un penchant infini pour moi.* « *Un penchant dangereux pour la débauche* », **Voltaire.** ♦ *Penchant à*, se dit en parlant des choses. « *Nous avons un penchant à nous révolter contre la loi de Dieu qui nous domine* », **Bourdaloue.** « *Même penchant à la vertu* », **Fléchier.** ♦ *Penchant* n'a un pluriel que lorsqu'il se dit absolument : *Il faut résister à ses penchants.* Quand il régit *à, pour, vers,* il se met toujours au singulier.

2 PENCHANT, ANTE, adj. [pãʃã, ãt] (*pencher*) Qui penche, qui est incliné. *Mur penchant.* ♦ **Fig.** « *Étrange aveuglement de l'homme, qui, tout penchant qu'il est à la mort, ne veut prendre qu'à l'extrémité des sentiments d'un mourant !* », **Bossuet.** ♦ Qui est sur son déclin. « *Ô d'un état penchant l'inespéré secours !* », **P. Corneille.** « *Quand nous nous voyons penchants sur le retour de notre âge* », **Bossuet.** ♦ **Fig.** Enclin. « *Le cœur des hommes est étrangement penchant à la légèreté !* », **Pascal.**

PENCHÉ, ÉE, p. p. de pencher. [pãʃe] *Un air penché*, air malade, souffrant. ♦ **Par extens.** *Des airs penchés*, les mouvements de la tête et du corps affectés pour tâcher de plaire. ♦ **Fig.** Qui incline vers. « *La faiblesse humaine, trop penchée par elle-même au relâchement* », **Bossuet.**

PENCHEMENT, n. m. [pãʃ(ə)mã] (*pencher*) Action de rendre penchant. « *Des penchements de tête* », **P. Corneille.** ♦ État d'un corps qui penche.

PENCHER, v. tr. [pãʃe] (lat. pop. *pendicare*, du lat. *pendere*, pendre) Faire que quelque chose ne soit pas droit, perpendiculaire. « *Si Alexandre penche la tête, ses courtisans penchent la tête* », **Malebranche.** ♦ **Fig.** « *Dieu répand dans l'âme quelque chose qui la penche vers la chose commandée* », **Pascal.** ♦ V. intr. Être hors de son aplomb, de la ligne perpendiculaire. *Ce mur penche.* « *Ton front bientôt flétri penchera vers la terre* », **Ducis.** ♦ *Faire pencher une balance*, ajouter dans un des plateaux quelque chose qui le fait descendre. ♦

Fig. *Faire pencher la balance de la justice.* ♦ **Fig.** S'incliner, s'affaisser. « *Cependant Claudius penchait vers son déclin* », **Racine.** « *La synagogue penchait visiblement à sa ruine* », **Bossuet.** ♦ **Fig.** Être porté à. « *Ce bon naturel qui vous fait pencher du côté de la vertu* », **Massillon.** ♦ Pencher vers quelqu'un ou vers quelque chose. « *Et toujours tous les cœurs penchent vers Bajazet* », **Racine.** ♦ Pencher pour. « *Osmin a vu l'armée, elle penche pour vous* », **Racine.** ♦ *Pencher à*, être porté vers quelque chose. « *Mon naturel penchait à la mollesse* », **Fénelon.** ♦ *Pencher à*, avec un verbe à l'infinitif. « *Ils penchent à aimer le vice* », **J.-J. Rousseau.** ♦ Se pencher, v. pr. S'incliner. ■ **V. pr. Fig.** *Se pencher sur*, considérer, s'intéresser à. *Elles s'est penchée sur son passé.*

PENDABLE, adj. [pãdabl] (*pendre*) Qui mérite d'être pendu. *Cet homme est pendable.* ♦ Qui entraîne la peine du gibet. *Un cas pendable.* ♦ *Tour pendable*, méchanceté insigne. ♦ *Le cas n'est pas pendable*, il n'y a pas lieu de beaucoup blâmer.

PENDAISON, n. f. [pãdɛzõ] (*pendre*) Action d'attacher au gibet. ■ Action de se suspendre à une corde pour se suicider. ■ *Pendaison de crémaillère*, fête organisée pour l'emménagement dans un nouveau domicile. *Tu viendras à ma pendaison de crémaillère ?*

1 PENDANT, prép. [pãdã] (p. prés. de *pendre*, au sens de en suspens) Le long du temps de. *Pendant la nuit.* ♦ **PENDANT QUE**, loc. conj. Le long du temps où. ♦ Il se dit quelquefois au lieu de *tandis que.*

2 PENDANT, ANTE, adj. [pãdã, ãt] (*pendre*) Qui pend. *Un rocher pendant. Des joues pendantes.* « *Mais que font là tes bras pendants à ton côté ?* », **Racine.** ♦ **Bot.** Se dit d'un organe dont la base est dirigée en haut et le sommet tourné vers la terre et libre. ♦ **Pratiq.** *Les fruits pendants par les racines* ou simplement *par racines*, les blés, les fruits dont on n'a point encore fait la récolte. ♦ **Fig.** Qui est imminent. « *Les châtiments pendants sur nos têtes* », **Fénelon.** ♦ **Dr.** Qu'on est en train de juger. *Procès pendant.* ♦ **Par extens.** « *Une question pendante devant le public* », **J.-J. Rousseau.** ■ N. m. *Pendant de ceinturon, de baudrier*, partie du ceinturon, du baudrier, qui soutient l'épée. ♦ *Pendants d'oreilles*, parures de pierreries attachées aux boucles d'oreilles. ♦ Il se dit de deux objets d'art à peu près pareils, et destinés à figurer ensemble en se correspondant. *Ces deux tableaux font pendants.* ♦ **Fig.** Il se dit de personnes ou de choses qui sont à peu près pareilles. ■ **Fig.** *Avoir la langue pendante*, attendre quelque chose avec avidité.

PENDARD, ARDE, n. m. et n. f. [pãdar, ard] (*pendre*) Par exagération, personne qui est digne de pendaison, qui ne vaut rien du tout.

PENDARDERIE, n. f. [pãdardəri] (*pendard*) ▷ Conduite, action de pendard. ◁

PENDELOQUE, n. f. [pãd(ə)lɔk] (altération d'après *breloque* de *pendeloche*, de l'anc. fr. *pendeler*, pendiller) Lambeau d'un vêtement déchiré. ♦ Petite pièce de cristal taillée en poire, qui sert d'ornement à un lustre, ou à d'autres ouvrages. ♦ Nom donné aux pierreries qui pendent aux boucles d'oreilles. *Une pendeloque de diamants.*

PENDENTIF, n. m. [pãdãtif] (lat. *pendens*, génit. *pendentis*, p. prés. de *pendere*, pendre) Portion de voûte sphérique placée entre les grands arcs qui supportent un dôme, une coupole. ■ Bijou que l'on porte suspendu au cou par une chaîne, un cordon.

PENDERIE, n. f. [pãdʀi] (*pendre*) Exécution de pendus. « *On croit qu'il y aura bien de la penderie* », **Mme de Sévigné.** ■ Meuble ou endroit où l'on suspend les vêtements. *Une armoire avec penderie.*

PENDEUR, n. m. [pãdœr] (*pendre*) ▷ Celui qui pend ; bourreau. ◁

PENDILLER, v. intr. [pãdije] (*pendre*) Être suspendu en l'air et agité.

PENDILLON, ■ n. m. [pãdijõ] (*pendiller*) **Techn.** Pièce d'horlogerie qui tient le balancier d'une pendule.

PENDJABI ou **PENJABI**, ■ n. m. [pɛndʒabi, pɛnʒabi] (mot hindi, de *Panjab*, région des cinq fleuves, du pers. *panj*, cinq, et *ab*, eau) Langue indo-aryenne parlée dans la région du Pendjab. ■ **Adj.** *Une coutume pendjabie.*

PENDOIR, n. m. [pãdwar] (*pendre*) Corde, crochet où l'on suspend les quartiers de lard chez un charcutier, les quartiers et les morceaux de viande chez un boucher.

PENDOUILLER, ■ v. intr. [pãduje] (*pendre*) **Fam.** Pendre avec négligence ou de manière ridicule. « *Rien de plus triste que des sandwichs au jambon quand la petite bande de gras pendouille misérablement par-dessus bord* », **Djian.**

PENDRE, v. tr. [pãdr] (lat. *pendere*, être suspendu) Attacher un objet en haut, de manière qu'il ne touche point à la terre. ♦ **Fig.** *Pendre au croc*, Voy. **croc.** ♦ Attacher quelqu'un à la potence ou à tout autre endroit, pour l'étrangler. ♦ *Pendre haut et court*, pendre à quelque chose d'élevé et avec une corde courte. ♦ **Absol.** On ne pend plus. ♦ Chez les anciens, *pendre à la croix*, attacher à la croix, crucifier. ♦ *Dire pis que pendre de quelqu'un*, en dire outrageusement du mal. ♦ *Cet homme ne vaut pas la corde pour le pendre*, c'est un misérable. ♦ *Je veux être pendu si...*, locution familière qui s'emploie pour affirmer d'une manière péremptoire. ♦ **V. intr.** Être suspendu. *Son bras pend.* « *Les plus riches fruits de l'automne qui pendaient des* arbres », FÉNELON. ◆ **Fig.** *Être toujours pendu aux côtés ou à la ceinture de quelqu'un,* le suivre partout. ◆ *Cet enfant est toujours pendu au cou de sa mère,* il l'embrasse sans cesse. ◆ *Être pendu aux oreilles de quelqu'un,* lui parler sans cesse de quelque chose. ◆ **Fig.** Être menaçant. « *Un pressentiment du malheur qui pendait sur sa tête* », ROLLIN. ◆ **Fig.** et **fam.** *Autant lui en pend à l'œil,* au nez, à l'œil, il pourra lui en arriver autant. ◆ **Fig.** Être en jugement. *Le procès pend.* ◆ Descendre trop bas, tomber trop bas. *Votre robe pend d'un côté.* ◆ *Les joues lui pendent,* ses joues sont flasques. ◆ Se pendre, v. pr. Se suspendre à quelque chose. ◆ *Se pendre à la sonnette,* sonner avec beaucoup de force et de continuité. ◆ **Fig.** *Se pendre à l'oreille de quelqu'un,* lui parler constamment dans l'oreille. ◆ Se donner la mort en se suspendant par le cou pour s'étrangler. ◆ *Il y a de quoi se pendre,* se dit en parlant d'un événement qui accable. ■ **Fam.** *Cela lui pend au nez,* cela va lui arriver. ■ **Fam.** *Être pendu à des basques,* suivre sans cesse. *Je ne peux pas faire un pas sans qu'il ne soit pendu à mes basques !* ■ **Fam.** *Aller se faire pendre ailleurs,* aller voir ailleurs. *Je ne veux plus le voir, qu'il aille se faire pendre ailleurs !*

PENDU, UE ■ p.p. de pendre. [pãdy] Attaché au gibet. ◆ N. m. et n. f. Un pendu. Une pendue. ◆ *Sec comme un pendu,* extrêmement sec et maigre. ◆ **Prov.** *Il ne faut pas parler de corde dans la maison d'un pendu,* Voy. CORDE. ■ *Le pendu,* Jeu où il faut deviner les lettres composant un mot avant d'être pendu : à chaque mauvaise lettre donnée, on trace un trait préfigurant le dessin d'un pendu à une potence. ◆ *Faire un cochon pendu,* se suspendre la tête en bas en repliant les genoux sur l'accroche. *Chez les trapézistes de cirque, le porteur se balance en faisant le cochon pendu pour rattraper ses partenaires.*

PENDULAIRE, ■ adj. [pãdylɛr] (*pendule*) Relatif au pendule. *Les oscillations pendulaires. Mouvement pendulaire.* ■ Qui est comparable au mouvement du pendule par sa régularité. ■ *Migration pendulaire,* migration quotidienne entre le domicile et le lieu de travail. ■ *Train pendulaire,* dont les wagons se penchent à contrepente dans les courbes pour permettre un meilleur confort et une plus grande vitesse.

1 PENDULE, n. m. [pãdyl] (lat. sav. *[fune] pendulus,* de *funis,* corde, et *pendulus,* qui pend) Corps pesant suspendu à l'extrémité inférieure d'un fil ou d'une verge métallique, dont l'autre bout est attaché à un point fixe autour duquel le système peut osciller.

2 PENDULE, n. f. [pãdyl] (1 *pendule,* de *[horloge à] pendule*) Horloge portative qu'on place sur une cheminée, sur un meuble, ou qu'on attache à la muraille ; elle est à poids ou à ressort, on y joint un pendule dont les oscillations servent à en régler le mouvement. ◆ La boîte dans laquelle sont placés le mouvement et le cadran. ◆ *Pendule de bronze doré, de marbre, etc.,* pendule dont la boîte est de bronze doré, de marbre, etc. ■ **Fam.** *Mettre* ou *remettre les pendules à l'heure,* mettre ou remettre les choses en ordre, s'expliquer sur des points de désaccord. ■ **Fam.** *En faire une pendule,* faire des histoires pour des vétilles.

PENDULER, ■ v. intr. [pãdyle] (*pendule*) **Sp.** En alpinisme ou en spéléologie, se balancer latéralement en augmentant l'amplitude pour atteindre une aspérité ou un surplomb dans la paroi, lorsqu'on est suspendu à une corde dans le vide.

PENDULETTE, ■ n. f. [pãdylɛt] (*pendule*) Petite pendule portative. *Une pendulette de voyage multifonction.*

PÊNE, n. m. [pɛn] (altération de l'anc. fr. *pesle,* du lat. *pessulus,* verrou) Partie d'une serrure qui est poussée par la clé et qui ferme ou qui ouvre une porte en allant ou venant. ■ REM. On disait aussi *pêle* autrefois.

PÉNÉEN, ENNE, adj. [peneẽ, ɛn] (gr. *penês,* pauvre) **Géol.** *Terrain pénéen,* terrain ainsi dit parce qu'on le croyait pauvre en débris de corps organisés ; on le nomme maintenant permien.

PÉNÉPLAINE, ■ n. f. [peneplɛn] (angl. *peneplain,* du lat. *paene,* presque, et *plain,* plaine) **Géogr.** Surface très vaste, autrefois élevée, ressemblant à présent à une plaine légèrement ondulée sous l'action de l'érosion. *La pénéplaine bretonne nord.*

PÉNÉTRABILITÉ, n. f. [penetrabilite] (*pénétrable*) Qualité de ce qui est pénétrable. *La pénétrabilité d'une substance spongieuse.*

PÉNÉTRABLE, adj. [penetrabl] (lat. *penetrabilis*) Dans quoi l'on peut pénétrer. *Espace pénétrable à la matière.* ◆ **Phys.** Qui peut laisser entrer en soi un corps, de manière à occuper en même temps que lui le même lieu. *La matière n'est point pénétrable.* ◆ **Fig.** Qui peut être pénétré, conçu. *Les vérités pénétrables à notre esprit.*

PÉNÉTRANT, ANTE, adj. [penetrã, ãt] (*pénétrer*) Qui pénètre. « *Un de ces rayons pénétrants de votre grâce [de Dieu] lumineuse* », FLÉCHIER. ◆ **Méd.** *Plaie pénétrante,* plaie qui pénètre dans une cavité intérieure. ◆ *Vue pénétrante,* vue qui atteint les objets petits et cachés. ◆ **Fig.** Qui pénètre avant dans les choses par l'intelligence. *Un esprit pénétrant.* ◆ *Œil, coup d'œil, regard pénétrant,* œil qui devine, qui pénètre au fond des cœurs. ◆ Qui se

fait sentir profondément. *Froid pénétrant.* ◆ **Fig.** Qui touche, émeut. *Des accords pénétrants.* « *Reconnaissez le monde et ses douleurs plus vives et plus pénétrantes que ses joies* », BOSSUET.

PÉNÉTRATIF, IVE, adj. [penetratif, iv] (*pénétrer*) Qui a la vertu de pénétrer.

PÉNÉTRATION, n. f. [penetrasjõ] (lat. *penetratio,* action de percer, piqûre) Action de pénétrer. *L'intime pénétration qui a lieu entre certains corps.* ◆ Quantité dont un projectile pénètre dans un milieu résistant quelconque : terre, bois, maçonnerie, etc. ◆ Action de faire infiltrer des liquides dans les bois. ◆ **Fig.** Action intellectuelle par laquelle on pénètre avant dans les choses. « *Le plus grand défaut de la pénétration n'est pas de n'aller point jusqu'au but ; c'est de le passer* », LA ROCHEFOUCAULD. ■ Pendant l'acte sexuel, l'introduction du pénis dans le vagin. *La pénétration forcée constitue un viol.*

PÉNÉTRÉ, ÉE, p. p. de pénétrer. [penetre] **Fig.** Au cœur duquel certains objets, certains sentiments sont arrivés. « *Je suis pénétrée de cette affaire* », MME DE SÉVIGNÉ. *Pénétré de reconnaissance,* du désir de, etc. ◆ **Absol.** « *Quand il m'arrive d'y faire réflexion, je me sens si pénétré que je ne puis me taire* », LESAGE. ◆ *Avoir l'air pénétré,* paraître très affecté.

PÉNÉTRER, v. tr. [penetre] (lat. *penetrare,* de *penitus,* jusqu'au fond) Passer à travers. *Le coup a pénétré les chairs.* « *Leurs habits étaient appesantis par l'eau qui les avait pénétrés* », FÉNELON. ◆ Entrer bien avant. « *Les Sarrasins pénétrèrent l'empire* », BOSSUET. ◆ **Fig.** « *À ce coup, ma prière a pénétré les cieux* », P. CORNEILLE. ◆ **Fig.** Percer intellectuellement, en comprenant. *Pénétrer un secret.* « *Elle pénétrait les défauts les plus cachés des ouvrages d'esprit* », FLÉCHIER. ◆ *Pénétrer quelqu'un,* découvrir ses secrètes pensées. ◆ **Absol.** « *Plus on crut pénétrer, moins on fut éclairci* », BOILEAU. ◆ Se laisser pénétrer. ◆ **Fig.** Percer le cœur de quelque émotion. *Cette nouvelle m'a pénétré de douleur.* « *Sa voix douce pénétrait le cœur du jeune fils d'Ulysse* », FÉNELON. ◆ **Absol.** « *Racine plaît, remue, touche, pénètre* », LA BRUYÈRE. ◆ V. intr. Aller bien avant, arriver jusqu'à. *Je pénétrai dans la cour.* « *Les barbares pénétrèrent partout* », MONTESQUIEU. ◆ **Fig.** « *Ces paroles ont pénétré jusqu'au fond de mon cœur* », FÉNELON. ◆ **Fig.** Entrer avant l'intelligence, par les recherches. « *Cet esprit vif et perçant, qui pénétrait avec tant de facilité dans les plus secrets intérêts* », FLÉCHIER. ◆ Se pénétrer l'un dans l'autre. ◆ Faire pénétrer en soi. *La terre se pénètre de la chaleur du soleil.* ◆ **Fig.** « *Laissez-vous pénétrer des saintes maximes des Pères* », BOSSUET.

PÉNÉTROMÈTRE, ■ n. m. [penetromɛtr] (*pénétrer* et -*mètre*) **Techn.** Instrument mesurant la dureté, la résistance d'un corps par pénétration. *Des mesures géotechniques par pénétromètre. Un pénétromètre pour fruits mous ou fermes.*

PÉNIBILITÉ, ■ n. f. [penibilite] (*pénible*) Caractère d'une chose pénible. *La pénibilité du travail d'un déménageur ou d'un ouvrier métallurgiste.*

PÉNIBLE, adj. [penibl] (*peine*) Qui donne de la peine, de la fatigue. *Travail pénible.* ◆ *Style pénible,* style où le naturel manque. ◆ Se dit de ce qui cause une peine morale. « *Lorsqu'il faut souffrir une longue et pénible langueur* », FLÉCHIER. ◆ Il régit *à* devant un infinitif. « *Un trône est plus pénible à quitter que la vie* », RACINE. ◆ Avec *être* employé impersonnellement, il régit *de. Il est pénible de se quitter.* ■ *Être pénible,* être énervant. *Il est pénible à s'agiter sans cesse !*

PÉNIBLEMENT, adv. [peniblǝmã] (*pénible*) Avec peine. *Une fortune amassée péniblement.* ◆ Avec effort. *Parler péniblement.*

PÉNICHE, ■ n. f. [peniʃ] (angl. *pinnace,* du moy. fr. *pinace*) **Mar.** Canot léger, fin, bon voilier. ■ Long bateau à fond plat utilisé pour le transport fluvial. ■ Au pl. **Fam.** *Les péniches,* les pieds. *Ses bottes pointues lui font de grandes péniches !*

PÉNICHETTE, ■ n. f. [peniʃɛt] (*péniche*) Petite péniche aménagée pour le tourisme fluvial. *Louer une pénichette pour remonter les canaux de Bourgogne.*

PÉNICILLÉ, ÉE, adj. [penisile] (*ll* se prononce *l* comme dans *ville* ; lat. *penicillum,* pinceau) **Bot.** Qui offre un assemblage de poils disposés en pinceau.

PÉNICILLINE, ■ n. f. [penisilin] (*ll* se prononce *l* comme dans *ville* ; angl. *penicillin,* de *penicillium*) Substance antibiotique, d'une grande activité antibactérienne, produite par la moisissure d'un champignon microscopique. *La pénicilline synthétique.*

PÉNICILLIUM ou **PENICILLIUM,** ■ n. m. [penisiljɔm] (lat. bot., du lat. *penicillum,* pinceau) **Bot.** Moisissure présentant une forme comparable à celle d'un pinceau. *Certaines espèces de pénicillium sont employées pour la production de fromages spéciaux, de certains acides et d'antibiotiques.*

PÉNICILLORÉSISTANT, ANTE, ■ adj. [penisilorezistã, ãt] (*pénicilline* et *résistant*) **Méd.** Qui résiste à un traitement à base de pénicilline. *Un germe pénicillorésistant.*

PÉNIEN, IENNE, ■ adj. [penjẽ, jɛn] (*pénis*) **Méd.** Qui concerne le pénis. *Une prothèse pénienne.* ■ *Étui pénien,* étui englobant la verge et destiné à pallier les fuites urinaires. ■ **Ethnol.** Attribut de protection ou d'ornementation utilisé dans certaines tribus primitives et fabriqué à partir de matières naturelles.

PÉNIL, ■ n. m. [penil] (lat. pop. *pectiniculum*, de *pecten*, peigne) Zone du pubis qui se couvre de poils à la puberté.

PÉNINSULAIRE, adj. [penɛ̃sylɛʀ] (*péninsule*) Qui appartient à une péninsule ou à ses habitants.

PÉNINSULE, n. f. [penɛ̃syl] (lat. *pæninsula*, de *pæne*, presque, et *insula*, île) Pays s'avançant dans la mer et joint au reste de la terre par un espace plus ou moins étroit. ♦ **Absol.** *La Péninsule*, (avec une majuscule), l'Espagne et le Portugal.

PÉNIS, ■ n. m. [penis] (lat. *penis*, queue des quadrupèdes, membre viril) Organe de la copulation du mâle. *Le pénis des mammifères, des oiseaux.*

PÉNITENCE, n. f. [penitɑ̃s] (lat. *pænitentia*, regret, repentir) Retour du pécheur à Dieu, avec une ferme résolution de ne plus pécher à l'avenir. ♦ *Le sacrement de la pénitence ou simplement la pénitence*, l'un des sept sacrements de l'Église par lequel le prêtre remet les péchés à ceux qui les confessent. ♦ *Le tribunal de la pénitence*, le prêtre qui confesse ; le lieu où il confesse. ♦ Tout ce que le prêtre impose en expiation des péchés. ♦ Il se dit des jeûnes, des prières, des macérations, en un mot de toutes les austérités qu'on s'impose en expiation de ses péchés. ♦ **Fig.** *Faire pénitence de sa mauvaise conduite*, en être puni par quelque malheur. ♦ **Fig. et fam.** *Faire pénitence*, faire mauvaise chère. ♦ *Les psaumes de la pénitence*, Voy. PSAUME. ♦ Punition, châtiment d'une faute. *Voilà une rude pénitence pour une faute bien légère. Un enfant en pénitence.* ♦ À certains jeux de société, punitions infligées à ceux qui ont manqué aux règles. ♦ POUR PÉNITENCE, EN PÉNITENCE, POUR VOTRE PÉNITENCE, loc. adv. En punition, pour peine ; se dit surtout par plaisanterie.

PÉNITENCERIE, n. f. [penitɑ̃s(ə)ʀi] (*pénitence*) Charge de pénitencier. ♦ *La pénitencerie*, à Rome, le tribunal de la pénitencerie.

PÉNITENCIER, n. m. [penitɑ̃sje] (*pénitence*) Prêtre commis par l'évêque pour absoudre certains cas réservés. ♦ *Grand pénitencier*, le cardinal qui est pénitencier. ♦ **Adj.** « *Un prêtre pénitencier* », FLÉCHIER. ♦ Prison où sont détenus les malfaiteurs. ♦ *Pénitencier militaire*, prison où sont enfermés les militaires condamnés à la réclusion.

PÉNITENT, ENTE, adj. [penitɑ̃, ɑ̃t] (lat. *pænitens*, p. prés. de *pænitere*, avoir du regret) Qui a regret d'avoir offensé Dieu, qui fait pénitence. ♦ Voué à la pénitence, en parlant des choses. *Une vie pénitente.* ■ **N. m.** et n. f. Personne qui se repent d'avoir offensé Dieu. ♦ *Pénitent du diable*, celui qui, après avoir fait pénitence, retourne au péché. ♦ Personne qui fait pénitence. *Avoir l'air d'un pénitent*, avoir l'air contrit. ♦ Personne qui confesse ses péchés à un prêtre. ♦ Nom de plusieurs ordres religieux. ♦ Membre de certaines confréries de l'Italie et du midi de la France.

PÉNITENTIAIRE, adj. [penitɑ̃sjɛʀ] (*pénitence*) Qui a rapport aux moyens employés pour l'amélioration morale des condamnés. ■ Relatif aux prisons. *Administration pénitentiaire.*

PÉNITENTIAL, ALE, ■ adj. [penitɑ̃sjal] Voy. PÉNITENTIAUX.

PÉNITENTIAUX, adj. m. pl. [penitɑ̃sjo] (lat. ecclés. *pænitentialis*, qui a trait au sacrement de la pénitence) Usité seulement dans : *Psaumes pénitentiaux*, les sept psaumes de la pénitence.

1 **PÉNITENTIEL,** n. m. [penitɑ̃sjɛl] (lat. ecclés. *[liber] pænitentialis*, [livre] de la pénitence) Rituel de la pénitence.

2 **PÉNITENTIEL, ELLE,** adj. [penitɑ̃sjɛl] (lat. ecclés. *pænitentialis*) Qui appartient à la pénitence, qui concerne la pénitence. *Œuvre pénitentielle.* ♦ L'Académie donne seulement le pluriel féminin pénitentielles. *Œuvres pénitentielles.* ■ *Une célébration, une préparation pénitentielle.*

PENNAGE, n. m. [penaʒ] (*penne*) **Fauconn.** Plumage des oiseaux de proie qui se renouvelle chaque année. ♦ Plumes des ailes des oiseaux.

1 **PENNE,** n. f. [pɛn] (lat. *penna*) Nom donné aux longues plumes de l'aile et de la queue des oiseaux. ♦ **Fauconn.** Grosse plume des oiseaux de proie. ♦ *Penne marine*, espèce de zoophyte. ♦ **N. f. pl. Hérald.** Se dit des plumes qui garnissent un chapeau placé au-dessus de l'écu. ♦ Plumes qui garnissent les flèches.

2 **PENNE, ■** n. f. [pene] (les *e* se prononcent *é*. Mot it. pl. de *penna*, plume) Pâte alimentaire cylindrique, striée et aux extrémités biseautées. *Des pennes* ou *des penne* (pluriel italien).

PENNÉ, ÉE, adj. [pene] (lat. *pennatus*, empenné) **Bot.** Se dit des feuilles composées dont les folioles sont disposées de l'un et de l'autre côté d'un pétiole commun. ■ **Zool.** *Doigts pennés*, ceux qui sont garnis d'une membrane découpée à chaque phalange, en festons lisses ou finement dentelés. ♦ On dit aussi *pinné, ée.*

PENNIFORME, ■ adj. [peniform] (*penne*) **Bot.** Qui est en forme de plume. *Des feuilles penniformes.* ■ **Méd.** *Les fibres musculaires sont dites penniformes quant elles sont très obliques, comme les petites fibres dans une plume.*

PENNON, n. m. [penɔ̃] (*penne* et *-forme*) Enseigne avec laquelle le bachelier conduisait ses vassaux. ♦ En général, toute espèce de bannière ou de banderole. ♦ **Hérald.** *Pennon généalogique*, écu rempli des alliances diverses d'une maison. ♦ Plume qui garnit la baguette d'une flèche.

PENNY, n. m. [peni] (angl. *penny*) Monnaie anglaise de compte qui vaut environ 10 centimes. ♦ *Des pence.* ■ **Rem.** On trouve ajourd'hui au pluriel *des pennys* ou *des pennies* (pluriel anglais).

PÉNOMBRE, n. f. [penɔ̃bʀ] (lat. *pæne*, presque, et *umbra*, ombre) **Astron.** Zone d'ombre d'une teinte plus claire qui borde de chaque côté l'ombre véritable. ♦ **Peint.** Passage du clair à l'obscur. ♦ Demi-jour, en général. ♦ Point où la lumière se fond dans l'ombre.

PENON, n. m. [penɔ̃] (var. de *pennon*) **Mar.** Banderole ou petite flamme d'une étoffe légère, ou bien système de tranches de liège rondes et minces, sur la circonférence desquelles sont implantées des plumes, et qu'on laisse flotter au gré du vent pour en connaître la direction.

PENSABLE, ■ adj. [pɑ̃sabl] (1 *penser*) Que l'on peut imaginer, concevoir ou envisager. *Ce n'est pas pensable !*

PENSANT, ANTE, adj. [pɑ̃sɑ̃, ɑ̃t] (1 *penser*) Qui pense, qui est capable de penser. « *L'homme n'est qu'un roseau, mais c'est un roseau pensant* », PASCAL. « *Les gens non pensants demandent souvent aux gens pensants à quoi a servi la philosophie* », VOLTAIRE. ♦ *Un homme bien pensant*, homme qui a de bons sentiments. *Un homme mal pensant*, homme qui a de mauvais sentiments, qui est disposé à juger défavorablement des autres. ♦ *Bien pensant, mal pensant*, celui qui est partisan du gouvernement, celui qui en est l'adversaire ; celui qui a des croyances religieuses, celui qui n'en a pas.

PENSÉ, ÉE, p. p. de penser. [pɑ̃se] En quoi il y a de la pensée. « *Ce qu'il y a jamais eu de mieux pensé, de mieux écrit* », LA BRUYÈRE. ♦ *Ouvrage bien pensé*, ouvrage dont la conception est bonne, et dont les idées sont justes et convenablement ordonnées. ♦ Imaginé. *Cela n'est pas mal pensé.*

PENSE-BÊTE, ■ n. m. [pɑ̃s(ə)bɛt] (1 *penser* et *bête*) Note, objet destiné à se souvenir de ce que l'on a l'intention de faire ou de dire. *Des pense-bêtes.*

1 **PENSÉE,** n. f. [pɑ̃se] (1 *penser*) Ce que l'esprit imagine ou combine. « *Les grandes pensées viennent du cœur* », VAUVENARGUES. ♦ *De la pensée*, par la pensée seulement. « *L'un et l'autre se dit adieu de la pensée* », LA FONTAINE. ♦ *Avoir de mauvaises pensées*, penser à des choses funestes ou déshonnêtes. ♦ *La pensée humaine*, la succession et l'enchaînement des idées qui ont formé la civilisation. ♦ Ce qui a été pensé, produit sous une forme de langage ou de style. « *Entre toutes les différentes expressions qui peuvent rendre une seule de nos pensées, il n'y en a qu'une qui soit la bonne* », LA BRUYÈRE. ♦ **Rhét.** *Figure de pensée*, Voy. FIGURE. ♦ *Pensées détachées*, livre composé de réflexions qui ne sont point liées les unes aux autres. ♦ **Absol.** *Les Pensées de Pascal.* ♦ Sens d'un auteur. *Affaiblir la pensée d'un auteur.* ♦ *Façon de penser*, opinion. *J'ai dit ma pensée.* ♦ Dessein, projet, représentés comme n'étant encore qu'en idée. « *Je ne sais comment vous avez pu avoir la pensée de m'accuser* », PASCAL. ♦ *Ils mourront, dit le prophète, et en ce jour périront toutes leurs pensées* », BOSSUET. ♦ Espérances. « *Quittez le long espoir et les vastes pensées* », LA FONTAINE. ♦ L'action de penser, l'opération de l'intelligence. « *Toute notre dignité consiste en la pensée* », PASCAL. ♦ La faculté de penser. ♦ L'esprit considéré comme le siège de ce qui est pensé. « *Ô mort, éloigne-toi de notre pensée* », BOSSUET. ♦ Ce qui est marqué par une certaine profondeur. *Il y a de la pensée dans cet ouvrage.* ♦ Méditation, rêverie, réflexion. « *Il est pour la pensée une heure... une heure sainte* », LAMARTINE. ♦ Il se dit le plus souvent au pluriel en ce sens. *Se perdre dans ses pensées.* ♦ Souvenir. « *Mais il ne put si tôt en bannir la pensée* », RACINE. ♦ En termes de dévotion, *n'avoir aucune pensée de Dieu*, aucune pensée de son salut, n'y faire aucune attention, aucune réflexion. ♦ **Littér. et art** Première idée, esquisse. *Il n'a encore jeté sur le papier que la pensée de son ouvrage.* ♦ Le motif d'une composition.

2 **PENSÉE,** n. f. [pɑ̃se] (1 *pensée*, car cette fleur est l'emblème du souvenir) Petite fleur à cinq pétales ordinairement nués de violet et de jaune. ♦ *Couleur de pensée* ou absol. *pensée*, couleur d'un violet brun. Il est invariable en ce sens et masculin quand on l'emploie substantivement. *Le pensée. Des rubans pensée.*

1 **PENSER,** v. tr. [pɑ̃se] (lat. *pensare*, peser, apprécier, de *pendere*, peser, payer) Trouver en réfléchissant, imaginer, combiner. « *Celui qui a pensé tout l'édifice est le seul architecte* », FÉNELON. ♦ S'imaginer. « *Quant au surplus, je le laisse à penser* », LA FONTAINE. ♦ Avoir dans l'esprit. « *Combien tout ce qu'on dit est loin de ce qu'on pense !* », RACINE. ♦ **Philos.** *Penser une chose*, en faire une pensée, une idée. « *Je pense les choses telles qu'elles sont* », BOSSUET. ♦ Croire, juger. *Je pense mes raisons meilleures que les vôtres.* ♦ *Ne pas savoir que penser d'une personne*, d'une chose, ne pas pouvoir s'en

former une opinion. ♦ *À ce que je pense,* suivant mon idée. ♦ **penser,** v. intr. Exercer son esprit en combinant des idées. « *Quiconque pense fait penser* », VOLTAIRE. ♦ Former en son esprit des pensées, des idées. « *Les hommes ont pensé avant de chercher comment on pense* », CONDILLAC. ♦ *Penser finement, noblement,* etc. avoir des pensées fines, nobles, etc. ♦ Croire, juger. « *Le plus âne des trois n'est pas celui qu'on pense* », LA FONTAINE. ♦ Avoir telle ou telle opinion, manière de voir. *Il pense comme moi.* ♦ *Liberté de penser,* la liberté de professer les opinions que l'on croit bonnes. ♦ *Façon de penser,* opinion, jugement. ♦ **Fam.** *Dire à quelqu'un sa façon de penser,* lui exprimer sans ménagement ce qu'on pense, lui faire des reproches, des remontrances. ♦ *Penser bien, mal,* avoir bonne, mauvaise opinion de. ♦ *Bien penser, mal penser,* avoir en religion, en morale, en politique, des sentiments conformes ou contraires aux véritables principes. ♦ *Penser bien,* avoir des opinions réputées orthodoxes ou favorables à l'ordre établi ; *penser mal,* avoir des opinions contraires. ♦ Réfléchir. Donner à penser, faire réfléchir, faire rentrer en soi-même. ♦ Raisonner. « *Il faut chercher seulement à penser et à parler juste* », LA BRUYÈRE. ♦ Penser, suivi, sans préposition, d'un verbe à l'infinitif, avoir une idée, une opinion dans l'esprit. *Nous pensions partir aujourd'hui.* ♦ S'imaginer, espérer, se flatter. « *Il pense voir en pleurs dissiper cet orage* », RACINE. ♦ En ce sens, il se construit aussi avec *que.* « *Qui eût pu seulement penser que les années eussent dû manquer à une jeunesse qui semblait si vive?* », BOSSUET. ♦ Penser, suivi de *à* avec un substantif ou un verbe, réfléchir à, songer à, se souvenir de. *Penser à Dieu, à sa santé, à sa fortune, etc.* ♦ *Sans y penser,* naturellement, sans effort. ♦ *Pensez à moi,* Voy. MYOSOTIS. ♦ Avoir en vue, avoir dessein. « *Ils croient être convertis, dès qu'ils pensent à se convertir* », PASCAL. ♦ *Penser à mal,* avoir quelque mauvaise intention. *Faire ou dire une chose sans penser à mal.* ♦ Prendre garde. *Vous avez des ennemis, pensez à vous.* ♦ Aspirer. « *Et moi, par un bonheur où je n'osais penser...* », RACINE. ♦ *Penser à une personne,* s'en occuper en idée d'amour, de mariage. ♦ Être sur le point de, en parlant des personnes et des choses ; en ce sens, *penser* se construit avec le verbe à l'infinitif sans préposition. *Il pensa se noyer.* « *Leur hôtel de Paris a pensé brûler* », MME DE SÉVIGNÉ. ♦ **Impers.** *Il pensa lui en coûter la vie* ♦ **Se penser,** v. pr. Croire de soi, sur son compte. « *Ces enfants qui se pensent libres, lorsque, échappés de la maison paternelle, ils courent sans savoir où ils vont* », BOSSUET. ♦ Être pensé. *Cela se pensait en secret.* ♦ **Prov.** *Honni soit qui mal y pense,* il ne faut pas interpréter en mal ce qui peut être innocent. ♦ *Il ne dit mot, mais il n'en pense pas moins,* il ne dit rien, mais il garde sa façon de penser.

2 PENSER, n. m. [pɑ̃se] (substantivation de l'infin. de 1 *penser*) Manière de penser. « *Le penser mâle des âmes fortes* », J.-J. ROUSSEAU. ♦ Faculté de penser. ♦ Dans le langage élevé et poétique, pensée. « *Sur des pensers nouveaux faisons des vers antiques* », A. CHÉNIER.

PENSEUR, n. m. [pɑ̃sœʀ] (1 *penser*) Celui qui pense, qui réfléchit, qui est profond. ♦ Au fém. *Une penseuse.* ♦ *Libre-penseur,* celui qui refuse d'admettre la religion révélée.

PENSIF, IVE, adj. [pɑ̃sif, iv] (1 *penser*) Qui est fortement occupé d'une pensée. « *Il suivait tout pensif le chemin de Mycènes* », RACINE. ■ **PENSIVEMENT,** adv. [pɑ̃siv(ə)mɑ̃].

PENSION, n. f. [pɑ̃sjɔ̃] (lat. *pensio,* pesée, paiement, de *pendere,* peser, payer) Tribut, péage (vieilli en ce sens). « *Viviers et réservoirs lui [au cormoran] payaient pension,* » LA FONTAINE. ♦ Gages en général. ♦ Somme annuelle que paie un État, un souverain, un particulier à quelqu'un comme récompense ou libéralité. *Pension sur l'État. Pension de retraite.* ♦ *Pension alimentaire,* Voy. ALIMENTAIRE. ♦ Somme que l'on donne pour être logé et nourri. ♦ *Demi-pension,* ce que donne celui qui ne fait que prendre ses repas. ♦ *Lieu où l'on est logé et nourri pour un certain prix.* ♦ *Demi-pension,* maison où l'on reçoit des demi-pensionnaires. ♦ On dit aussi : Tenir, mettre *des chevaux, des chiens en pension.* ♦ Maison d'éducation où les élèves sont nourris et couchés. ♦ *Tous les élèves d'une pension. Une pension nombreuse.* ♦ *Être en demi-pension,* se dit d'un élève externe qui prend ses repas avec les pensionnaires. ♦ *Pension, demi-pension,* ce que paye un pensionnaire, un demi-pensionnaire. ♦ *Pension de famille,* petit hôtel où les conditions d'accueil ont un style familial.

PENSIONNAIRE, n. m. et n. f. [pɑ̃sjɔnɛʀ] (*pension*) Personne qui reçoit une pension d'un État, d'un prince, d'un particulier. ♦ Élève de peinture, de sculpture ou d'architecture, entretenu à Rome par le gouvernement. ♦ En parlant du Théâtre-Français, *comédien pensionnaire* ou simplement *pensionnaire,* comédien qui ne participe point aux bénéfices de la société et qui reçoit un traitement fixe. ♦ Titre donné autrefois dans l'Académie des sciences aux académiciens. ♦ Titre qu'on donnait en Hollande au premier ministre des États, ainsi qu'au ministre de la régence de chaque ville. ♦ Personne qui paye une pension pour être logé et nourri. ♦ *Demi-pensionnaire,* celui qui n'est dans une pension bourgeoise que pour le dîner. ♦ Élève qui demeure dans une maison d'éducation. ♦ *Demi-pensionnaire,* élève qui prend un ou deux repas avec les pensionnaires, mais qui ne couche pas dans la maison.

PENSIONNAT, n. m. [pɑ̃sjɔna] (*pension*) Maison où l'on reçoit des enfants de l'un ou de l'autre sexe en pension pour les instruire. ♦ Lieu où sont logés les pensionnaires d'un collège.

PENSIONNÉ, ÉE, p. p. de pensionner. [pɑ̃sjɔne] **Adj.** Qui perçoit une pension. *Elle est pensionnée par l'État.* ■ **N. m.** et n. f. *Un pensionné de guerre.* ■ **Belg.** Personne retraitée.

PENSIONNER, v. tr. [pɑ̃sjɔne] (*pension*) Donner, faire une pension à quelqu'un.

PENSIVEMENT, adv. [pɑ̃siv(ə)mɑ̃] (*pensif*) D'une manière pensive.

PENSUM, n. m. [pɛ̃sɔm] ou [pɑ̃sɔm] (lat. *pensum,* poids de laine à filer, tâche, devoir) Surcroît de travail imposé à un écolier par punition. *Des pensums.* ■ **Fig.** Travail pénible. *Jamais je n'aurais dû accepter ce pensum !*

PENT... ou PENTA..., [pɛ̃, pɛ̃ta] (*en* se prononce *in*) préfixe signifiant cinq, du gr. *pente.*

PENTACLE, ■ n. m. [pɛ̃takl] (lat. médiév. *pentaculum,* du gr. *penta,* cinq) Objet talismanique ou magique, représentant une étoile à cinq branches, agrémenté de formules cabalistiques, hébraïques ou latines et censé être le symbole des puissances dites occultes.

PENTACORDE, n. m. [pɛ̃takɔʀd] (gr. *pentakhordon,* de *penta,* cinq, et *khordê,* corde) **Antiq.** Lyre à cinq cordes.

PENTADACTYLE, ■ adj. [pɛ̃tadaktil] (gr. *pentadaktulos,* de *penta,* cinq, et *daktulos,* doigt) Qui a cinq doigts. *Un membre pentadactyle.*

PENTAÈDRE, ■ adj. [pɛ̃taɛdʀ] (*penta-* et *-èdre*) **Géom.** Qui a cinq faces. *Sculpture pentaèdre.* ■ **N. m.** Polyèdre à cinq faces.

PENTAGONAL, ALE, adj. [pɛ̃tagonal] (*pentagone*) Qui a forme de pentagone. *Des plans pentagonaux.*

PENTAGONE, n. m. [pɛ̃tagon] (gr. *pentagônos,* de *penta,* cinq, et *gônia,* angle) Figure qui a cinq angles et cinq côtés. ♦ **Adj.** Se dit pentagonal. ♦ *Le Pentagone,* Bâtiment de forme pentagonale, situé à Washington et abritant l'état-major des armées des États-Unis. *Réunion de crise au Pentagone.*

PENTAGYNE, adj. [pɛ̃taʒin] (*penta-* et *-gyne*) **Bot.** Qui a cinq pistils.

PENTAGYNIE, n. f. [pɛ̃taʒini] (*pentagyne*) Classe du système de Linné qui comprend les plantes à cinq pistils.

PENTAMÈRE, ■ adj. [pɛ̃tamɛʀ] (gr. *pentamerês,* de *penta,* cinq, et *meros,* partie) **Zool.** Qui a cinq articles en parlant des tarses d'un insecte. *Les tarses des buprestes sont tous pentamères.*

PENTAMÈTRE, n. m. [pɛ̃tamɛtʀ] (gr. *pentametros,* de *penta,* cinq, et *metron,* mesure) Dans la métrique ancienne, vers de cinq pieds. ♦ **Adj.** *Vers pentamètre.* ♦ Se dit quelquefois abusivement du vers français de dix syllabes.

PENTANDRE, adj. [pɛ̃tɑ̃dʀ] (*pent-* et *-andre*) **Bot.** Qui a cinq étamines.

PENTANDRIE, n. f. [pɛ̃tɑ̃dʀi] (*pénandre*) **Bot.** Classe du système de Linné qui renferme les plantes dont la fleur a cinq étamines.

PENTANE, ■ n. m. [pɛ̃tan] (*penta-*) **Chim.** Hydrocarbure saturé dont la molécule est composée de cinq atomes de carbone et de douze atomes d'hydrogène. *Mousse de polyuréthane expansée au pentane.*

PENTAPOLE, n. f. [pɛ̃tapɔl] (gr. *pentapolis,* de *penta,* cinq, et *polis,* cité) **Antiq.** Territoire qui comprenait cinq villes.

PENTATEUQUE, n. m. [pɛ̃tatøk] (gr. *Pentateukhos (biblos),* de *penta,* cinq, et *teukhos,* instrument) Les cinq premiers livres de la Bible. ■ **REM.** On prononçait aussi [pɑ̃tatøk] autrefois en faisant entendre *an* et non *in.*

PENTATHLE, n. m. [pɛ̃tatl] (gr. *pentathlos,* athlète qui pratique le pentathlon) Réunion des cinq espèces de jeux auxquels s'exerçaient les athlètes. ♦ Se dit des athlètes qui s'adonnaient à ces jeux.

PENTATHLON, ■ n. m. [pɛ̃tatlɔ̃] (gr. *pentathlon,* de *penta,* cinq, et *athlon,* épreuve) Sport pratiqué par les athlètes grecs et romains comprenant cinq exercices. ■ Compétition d'athlétisme composée de cinq épreuves. *Le pentathlon classique est constitué d'un 200 m, d'un 1 500 m, du saut en longueur et des lancers de disque et de javelot. Le pentathlon moderne est constitué d'une épreuve de tir au revolver ou au pistolet, de natation, d'escrime à l'épée, d'équitation et de cross.* ■ **PENTATHLONIEN, IENNE,** adj. [pɛ̃tatlɔnjɛ̃, jɛn].

PENTATOME, ■ n. m. ou n. f. [pɛ̃tatom] **Zool.** Punaise des bois.

PENTATONIQUE, ■ adj. [pɛ̃tatonik] (*penta-* et gr. *tonos, ton*) **Mus.** Qui est constitué de cinq tons. *L'échelle pentatonique de certaines chansons populaires hongroises.*

PENTE, n. f. [pɑ̃t] (lat. vulg. *pendita,* p. p. de *pendere,* pencher) Inclinaison d'un lieu haut vers un lieu bas. *Des rues en pente. La pente des fleuves.* ♦ Instrument indiquant aux ouvriers l'inclinaison que doivent présenter certaines parties des pièces qu'ils travaillent, relativement aux autres parties. ♦ Bande qui pend autour d'un ciel de lit, sur le haut des rideaux. ♦ *Pente de comble,* l'inclinaison d'un des côtés d'un comble, qui le rend plus ou moins raide sur sa hauteur, par rapport à sa base. ♦ Inclinaison donnée au fer d'un outil. ♦ **Fig.** Ce qui est comparé à l'inclinaison d'un terrain. *La pente des ans.* « *On se détourne d'un seul pas de la droite route ; aussitôt une pente inévitable nous entraîne et nous perd* », J.-J. ROUSSEAU. ♦ **Fig.** Ce qui fait pour l'âme ce que l'inclinaison fait pour les corps. « *La pente vers soi est le commencement de tout désordre* », PASCAL. « *La pente naturelle de son esprit* », Mme DE SÉVIGNÉ. ♦ *Avoir une pente à,* être enclin à. « *Le naturel de l'homme a tant de pente aux vices, Qu'il s'y replonge à tous moments* », P. CORNEILLE. ♦ *La pente de quelqu'un,* ce qui l'entraîne habituellement. ♦ On dit aussi : *La pente du cœur, de l'âme, etc.* ■ *Être sur une mauvaise pente,* aller à sa perte, à l'échec. ■ *Remonter la pente,* se trouver dans une situation, dans des conditions plus favorables.

PENTECÔTE, n. f. [pãt(ə)kot] (lat. *pentecoste,* du gr. *pentêkostê [hêmera],* cinquantième [jour]) Chez les Juifs, fête qui se célébrait le cinquantième jour après le second jour de Pâques. ♦ Chez les chrétiens, fête qui se célèbre cinquante jours ou le septième dimanche après Pâques, en mémoire de la descente du Saint-Esprit sur les apôtres. ♦ **Fig.** *Jusqu'à la Pentecôte,* longtemps. « *Prêchez, patrocinez jusqu'à la Pentecôte* », MOLIÈRE.

PENTECÔTISME, ■ n. m. [pãt(ə)kotism] (*pentecôte*) **Relig.** Mouvement religieux protestant né au début du XXᵉ siècle aux États-Unis qui prône la présence toujours active du Saint-Esprit. ■ PENTECÔTISTE, adj. ou n. m. et n. f. [pãt(ə)kotist]

PENTHOTAL, ■ n. m. [pẽtotal] (marque déposée ; *pentthiobarbital*) Dérivé de l'acide barbiturique. *Utilisation du penthotal comme sérum de vérité. Des penthotals.*

PENTHOUSE, ■ n. m. [pɛntaws] (mot angl., appentis, auvent) Appartement luxueux situé au dernier étage d'un immeuble. *Un penthouse avec terrasse.*

PENTHRITE ou **PENTRITE**, ■ n. f. [pẽtʀit] (*pent-* et *érythrite,* du gr. *eruthros,* rouge) Explosif très puissant et extrêmement sensible.

PENTIÈRE, n. f. [pãtjɛʀ] Voy. PANTIÈRE.

PENTU, UE, adj. [pãty] (*pente*) En pente, incliné. *Un chemin pentu.*

PENTURE, n. f. [pãtyʀ] (lat. pop. *penditura,* de *pendere,* être suspendu) Morceau de fer plat, replié en rond par un bout, et creusé de manière à recevoir le mamelon d'un gond. *Les pentures d'une porte.*

PÉNULTIÈME, adj. [penyltjɛm] (lat. *pænultimus,* de *pæne,* presque, et *ultimus,* dernier) Avant-dernier, qui précède le dernier. ♦ **N. f.** *La pénultième,* l'avant-dernière syllabe d'un mot, d'un vers.

PÉNURIE, n. f. [penyʀi] (lat. *penuria*) Extrême disette. *Pénurie d'argent, de denrées, etc.* ♦ **Fig.** *La pénurie d'une langue.* ♦ **Absol.** Misère. *Il vit dans une grande pénurie.*

1 PÉON, n. m. [peɔ̃] (lat. *pæon,* gr. *paiôn*) T. de prosodie ancienne. Pied composé d'une longue et de trois brèves diversement combinées.

2 PÉON, ■ n. m. [peɔ̃] (esp. *peôn,* journalier, du b. lat. *pedo,* fantassin) Ouvrier agricole pauvre de l'Amérique du Sud. *Des péons.*

PEOPLE, ■ adj. inv. [pipɔl] (on prononce à l'anglaise : *pi-pol* ; mot angl., célébrités) Se dit des magazines consacrés aux célébrités. *La presse people.* ■ N. m. Célébrité du monde du spectacle. *Avec snobisme, il évoquait les peoples présents dans son émission. Le people est essentiel pour l'audience, insistait-il.*

PÉOTTE, n. f. [peɔt] (vénit. *peota,* pilote) Grande gondole en usage sur l'Adriatique. ♦ On écrit aussi *péaute.*

PEP, ■ n. m. [pɛp] Voy. PEPS.

PÉPÉ, ■ n. m. [pepe] (*père*) Nom donné à son grand-père par un enfant. *Dis pépé, c'est vrai que t'es le papa de maman ?* ■ **Fam.** Personne âgée. *Un petit pépé assis sur un banc.* ■ Péj. *Alors pépé, tu l'avances, ta voiture !*

PÉPÉE, ■ n. f. [pepe] (*poupée*) Jolie fille. *Regarde la chouette pépée qui passe !*

PÉPÈRE, ■ n. m. [pepɛʀ] (*père*) Diminutif ancien pour grand-père. ♦ Terme affectueux employé souvent envers un animal. *Allez mon pépère, t'es un gentil chien !* ■ **Adj. Fam.** Qui est tranquille et calme. *Un endroit pépère. Un boulot pépère.* ■ **Adv.** Facilement et sans effort. *J'ai eu mon examen pépère, sans même avoir révisé !*

PÉPERIN, n. m. [pep(ə)ʀẽ] (ital. *peperino,* du lat. *piper,* poivre) Sorte de tuf volcanique commun aux environs de Rome.

PÉPÈTES ou **PÉPETTES**, ■ n. f. pl. [pepɛt] (dial., galet plat, ricochet sur l'eau) **Fam.** Argent. *Moi, j'ai pas les pépètes pour m'acheter une voiture de sport !*

PÉPIE, n. f. [pepi] (normanno-pic. *pipie,* du lat. *pituita*) Maladie consistant en une pellicule blanche qui vient au bout de la langue des oiseaux, et qui les empêche de boire et de faire entendre leur cri. ♦ **Fig.** *Avoir la pépie,* avoir soif, avoir le gosier sec. ■ REM. Graphie ancienne : *pepie.*

PÉPIEMENT, n. m. [pepimã] (*pépier*) Action de pépier.

PÉPIER, v. intr. [pepje] (lat. vulg. *pippare,* du radic. onomat. *pipp-,* cri des oiseaux) Crier, en parlant du moineau.

PÉPIN, n. m. [pepẽ] (prob. radic. express. *pep-,* petitesse.) Semence qui se trouve au centre de certains fruits. *Un pépin de poire, de raisin.* ■ **Fam.** Difficulté, problème. *Avoir un pépin.* ■ **Fam.** Parapluie. *Prends ton pépin, il va pleuvoir !* ■ REM. Graphie ancienne : *pepin.*

PÉPINIÈRE, n. f. [pepinjɛʀ] (*pépin*) Terrain dans lequel on fait des semis d'arbres pour en obtenir de jeunes plants destinés à être transplantés. ♦ Plants de jeunes arbres qu'on cultive jusqu'à ce qu'ils puissent être transplantés. ♦ **Fig.** Collection, réunion de personnes propres à un état, à une profession, etc. *Une pépinière de savants.* « *La jeunesse est comme la pépinière de l'État* », ROLLIN. ♦ Il se dit des choses qui pullulent. « *L'habitude vicieuse ne s'éteint pas, encore que le péché cesse ; elle demeure dans nos cœurs comme une pépinière de nouveaux péchés* », BOSSUET.

PÉPINIÉRISTE, n. m. et n. f. [pepinjeʀist] (*pépinière*) Jardinier qui cultive des pépinières. ■ **Adj.** Un jardinier pépiniériste.

PÉPITE, n. f. [pepit] (esp. *pepita,* pépin, du radic. express. *pep-*) Morceau d'or natif sans gangue, quand il est plus grand qu'une paillette ; se dit aussi en parlant des autres métaux précieux. ■ *Pépite de chocolat,* petit morceau de chocolat. *Un cake aux pépites de chocolat.*

PÉPLUM, n. m. [peplɔm] (lat. *peplum,* du gr. *peplos*) **Antiq.** Grand et large vêtement, à beaucoup de plis, d'un tissu léger, ordinairement à riche broderie ; il se mettait par-dessus les autres pièces d'habillement ; il n'appartenait proprement qu'aux femmes. ■ **Fam.** Film qui retrace un épisode de l'histoire antique. ■ REM. On disait aussi *péplon* autrefois.

PÉPONIDE ou **PÉPON**, ■ n. m. [peponid, pepɔ̃] (lat. *pépo,* pastèque, du gr. *pepôn,* cuit par le soleil, mûr) **Bot.** Fruit de plusieurs espèces de cucurbitacées.

PEPPERMINT, ■ n. m. [pepɛʀmint] (mot angl., de *pepper,* poivre, et *mint,* menthe) Liqueur de menthe poivrée. *Une vodka et deux pippermints, s'il vous plaît !*

PEPS ou vieilli **PEP**, ■ n. m. [pɛps, pɛp] (angl. *pepper,* poivre) **Fam.** Entrain, dynamisme. *Quel animateur, il a un sacré peps !*

PEPSINE, ■ n. f. [pɛpsin] (gr. *pepsis*) **Biol.** Enzyme du suc gastrique qui décompose les protéines alimentaires et les transforme en peptone. *Présence de pepsine dans le suc gastrique.*

PEPTIDE, ■ n. m. [pɛptid] (all. *Peptid.,* du gr. *peptein,* faire cuire, digérer) **Biol.** Composé protéique formé d'un petit nombre d'acides aminés. *Les peptides intestinaux.* ■ PEPTIDIQUE, adj. [pɛptidik] *Pharmacologie peptidique.*

PEPTIQUE, ■ adj. [pɛptik] (gr. *peptikos,* de *peptein,* digérer) **Biol.** Qui est relatif au peptide. *Un ulcère peptique.* ■ **Par extens.** Qui concerne la digestion.

PEPTONE, ■ n. f. [pɛptɔn] (all. *Pepton,* du gr. *peptein, digérer*) Substance issue de la dégradation de protéines par des enzymes. *Utilisation de la peptone en homéopathie.* ■ PEPTONISATION, adj. [pɛptɔnizasjɔ̃]

PÉQUENAUD, AUDE n. m. et n. f. ou **PÉQUENOT**, ■ n. m. [pɛk(ə)no, od] (orig. incert. : p.-ê. *péquin,* ou *pecque,* femme acariâtre) **Péj.** et **fam.** Paysan, rustre. ■ **Par extens.** Homme peu dégourdi et niais, que l'on méprise. *C'est un vrai péquenaud !* ■ **Adj.** *Elle a l'air péquenaude.*

PÉQUET, ■ n. m. [pekɛ] Voy. PÉKET.

PÉQUIN, n. m. [pekẽ] (prob. *péquin,* chétif, maigre ; cf. esp. *pequeno,* petit) Nom que les militaires donnent par dérision aux bourgeois. ♦ On écrit aussi *pékin.*

PÉQUISTE, ■ n. m. et n. f. [pekist] (*PQ, Parti québécois*) **Québec** Partisan du Parti québécois. ■ **Adj.** *Un congrès péquiste.*

PER..., [pɛʀ] (lat. *per*) Particule qui, placée devant les noms des composés chimiques, sert à désigner la plus grande quantité de l'élément électronégatif qui puisse entrer dans la combinaison, par ex. : peroxyde, perchlorure, etc.

PERBORATE, ■ n. m. [pɛʀbɔʀat] (*per-* et *borate*) **Chim.** Sel de perborate, utilisé dans la composition des lessives comme blanchisseur et désinfectant.

PERÇAGE, n. m. [pɛʀsaʒ] (*percer*) Action de percer des trous.

PERCALE, n. f. [pɛʀkal] (pers. *pargâla,* lambeau, sorte de toile) Tissu de coton blanc fin, serré et très uni, une préparation lui ôtant tous les petits poils qui se voient sur le calicot.

PERCALINE, n. f. [pɛʀkalin] (*percale*) Étoffe de couleur en coton, ordinairement très lustrée, quelquefois sans apprêt.

PERÇANT, ANTE, adj. [pɛʀsɑ̃, ɑ̃t] (*percer*) Qui perce, qui fait un trou. *Une alêne perçante.* ◆ **Fig.** Qui pénètre au loin. *Vue perçante*, vue qui distingue des objets petits ou éloignés. *Yeux perçants*, yeux vifs et pénétrants, et fig. yeux qui découvrent ce qu'on veut cacher. ◆ Qui se fait entendre au loin. *Cri perçant.* ◆ *Voix perçante*, voix claire et aigre. ◆ Qui fait éprouver une sensation vive. *Froid perçant.* ◆ **Fig.** Dont l'esprit perce avant dans les choses. *Esprit perçant.*

PERCE, n. f. [pɛʀs] (*percer*) Sorte d'outil avec lequel on perce. ◆ **N. f. pl.** *Perces*, l'ensemble des trous qu'on fait à un instrument à vent. ◆ **EN PERCE**, loc. adv. *Mettre du vin en perce*, faire une ouverture à un tonneau pour en tirer du vin. *Ce vin est en perce depuis huit jours.*

1 **PERCÉ**, n. m. [pɛʀse] Syn. de percée.

2 **PERCÉ, ÉE**, p. p. de percer. [pɛʀse] **Fig.** et **fam.** *Il est bas percé*, il n'a plus guère d'argent, par comparaison avec un tonneau qui ne contient presque plus rien et qu'on est obligé de percer bas. ◆ *Panier percé*, Voy. PANIER. ◆ *Une maison bien percée*, maison dont les fenêtres sont bien placées. ◆ *Une forêt bien percée*, forêt traversée par de grandes et belles routes. ◆ **Hérald.** *Pièce percée*, celle qui est à jour.

PERCE-BOIS, n. m. [pɛʀsəbwa] (*percer* et *bois*) Nom d'insectes coléoptères qui attaquent le bois. ◆ *Perce-bois* ou abeille menuisière, Voy. MENUISIER. ◆ Au pl. *Des perce-bois.*

PERCÉE, n. f. [pɛʀse] (*percer*) Opération par laquelle on perce. ◆ *Faire une percée*, se faire un passage, s'avancer malgré les obstacles, et fig. pénétrer en voyageant. ◆ Ouverture pratiquée dans un bois pour faire un chemin ou se procurer un point de vue. On dit aussi percé, en ce sens et dans les suivants. ◆ **Peint.** Échappée de lumière que l'on ménage dans un paysage à travers une touffe d'arbres ou toute autre masse. ◆ **Archit.** Ouvertures qui distribuent les jours d'une façade. ◆ *Faire une percée*, ouvrir une porte ou une fenêtre dans un mur. ■ Réussite par rapport à la concurrence. *Faire une percée dans le domaine artistique.*

PERCE-FEUILLE, n. f. [pɛʀsəfœj] (*percer* et *feuille*) Nom vulgaire du buplèvre. ◆ Au pl. *Des perce-feuilles.*

PERCE-FORÊT, n. m. [pɛʀs(ə)fɔʀɛ] (*percer* et *forêt*) Un chasseur déterminé. ◆ Il est peu usité. ◆ Au pl. *Des perce-forêts.*

PERCEMENT, n. m. [pɛʀsəmɑ̃] (*percer*) Action de percer. *Le percement d'un mur. Le percement de l'isthme de Suez.* ◆ *Percement d'une rue*, opération par laquelle on ouvre une rue à travers un quartier. ◆ Ouverture faite après coup dans un mur pour former une baie de porte ou de croisée.

PERCE-MURAILLE, n. f. [pɛʀs(ə)myʀaj] (*percer* et *muraille*) Pariétaire officinale. ◆ Au pl. *Des perce-murailles.*

PERCE-NEIGE, n. f. [pɛʀs(ə)nɛʒ] (*percer* et *neige*) Petite plante à fleurs blanches qui fleurit en hiver et perce la neige. ■ Au pl. *Des perce-neiges* ou *des perce-neige.*

PERCENTAGE, n. m. [pɛʀsɑ̃taʒ] (var. de *pourcentage*) ▷ Droit de tant pour cent. *Le percentage douanier.* ◁

PERCE-OREILLE, n. m. [pɛʀsɔʀɛj] (*percer* et *oreille*) Nom vulgaire de la forficule auriculaire. ◆ Au pl. *Des perce-oreilles.* ■ REM. On dit aussi parfois *pince-oreille.*

PERCE-PIERRE, n. f. [pɛʀsəpjɛʀ] (*percer* et *pierre*) Nom vulgaire de la christe marine. ◆ Au pl. *Des perce-pierres.*

PERCEPTEUR, TRICE, n. m. et n. f. [pɛʀsɛptœʀ, tʀis] (lat. *perceptum*, supin de *percipere*, recueillir) Préposé au recouvrement des impositions, des deniers publics.

PERCEPTIBILITÉ, n. f. [pɛʀsɛptibilite] (*perceptible*) Qualité de ce qui peut être perçu, comme impôt, taxe. ◆ **Fig.** Qualité de ce qui est perceptible par les sens ou par l'intelligence.

PERCEPTIBLE, adj. [pɛʀsɛptibl] (b. lat. *perceptibilis*) Qui peut être perçu par un percepteur. ◆ *Percevable* est plus usité. ◆ Qui peut être saisi par les sens, aperçu par l'esprit.

PERCEPTIBLEMENT, adv. [pɛʀsɛptibləmɑ̃] (*perceptible*) D'une manière perceptible.

PERCEPTIF, IVE, adj. [pɛʀsɛptif, iv] (lat. *perceptum*) **Philos.** Qui concerne la perception. *Facultés perceptives.* ◆ *Foyer perceptif*, Voy. FOYER.

PERCEPTION, n. f. [pɛʀsɛpsjɔ̃] (lat. *perceptio*, récolte) Action de recueillir des deniers, des impôts, etc. ◆ Charge de percepteur. ◆ **Philos.** Acte par lequel l'esprit aperçoit l'objet qui fait impression sur les sens. ◆ Résultat de cet acte. ◆ La faculté de percevoir. ■ Bureau où travaille le percepteur.

PERCER, v. tr. [pɛʀse] (lat. pop. *pertusiare*, du lat. *pertundere*, transpercer ; cf. *pertuis*) Faire une ouverture, un trou. *Percer une planche, un mur.* ◆ *Percer un tonneau*, y faire une ouverture pour en tirer le vin. ◆ **Par extens.** *Percer du vin*, percer un tonneau de vin. ◆ *Percer une porte, une croisée*,

faire l'ouverture nécessaire pour l'établissement d'une porte, d'une fenêtre. ◆ *Percer à jour*, Voy. JOUR. ◆ Blesser, tuer avec un instrument tranchant ou piquant. « *Les bêtes que les nymphes avaient percées de leurs flèches* », FÉNELON. ◆ *Se percer le cœur*, percer à soi le cœur. ◆ *Les os lui percent la peau*, il est très maigre. ◆ Faire des ouvertures, des chemins à travers des constructions, à travers un terrain. *Percer un pays*, y faire des routes. ◆ On dit de même : *Percer une forêt, un bois.* ◆ Passer à travers. *La pluie perça les tentes, les manteaux*, etc. ◆ On dit de même : *Percer quelqu'un.* ◆ *Le soleil perce le nuage*, les rayons du soleil passent à travers le nuage. ◆ *La lumière perce les ténèbres*, elle se fait apercevoir malgré les ténèbres. ◆ **Fig.** « *La vérité a percé les ténèbres de l'idolâtrie* », DICT. DE L'ACAD. ◆ Passer au travers d'une troupe, en s'y ouvrant un passage. ◆ **Fig.** « *Quelle foule de concurrents faut-il percer pour en venir là!* », MASSILLON. ◆ *Passer à travers un pays, un espace.* ◆ *Percer les buissons, les halliers*, passer au travers des buissons, des halliers, etc. ◆ *Percer l'air, le ciel de cris*, pousser des cris qui se font entendre au loin. ◆ *Ses cris percent l'air, la nue*, se font entendre au loin. ◆ *Crier à percer les oreilles*, pousser des cris aigus. ◆ **Fig.** Faire éprouver une vive affliction. *Vous me percez l'âme.* « *Ces paroles percèrent Télémaque jusqu'au fond du cœur* », FÉNELON. ◆ **Fig.** Découvrir, apercevoir par les yeux de l'esprit. *Percer les causes de la nature, un mystère*, etc. ◆ *Percer les motifs*, les pénétrer. ◆ *Percer l'avenir*, le prévoir. ◆ **V. intr.** Se conjugue avec *être* ou *avoir*, suivant le sens. Se faire ouverture. *L'abcès a percé.* ◆ Pénétrer. *Le coup perça dans les chairs.* ◆ Se laisser traverser par l'eau, par un liquide. *Cette étoffe ne perce point.* ◆ *Cette maison perce dans deux rues*, d'une rue à l'autre, elle a issue dans deux rues différentes. ◆ **Fig.** « *Percer jusqu'aux Indes* », FÉNELON. ◆ *Percer au-delà des cieux*, s'élever plus haut que les cieux. ◆ Il se dit de la lumière, de rayons qui pénètrent, de nuances qui se font voir à travers d'autres. ◆ **Vén.** *Le cerf perce*, il tire de long. ◆ **Fig.** *Percer dans, percer jusqu'à*, apercevoir au loin des yeux de l'esprit. « *Il perçait dans tous les secrets* », BOSSUET. « *Perçant jusqu'au fond de vos consciences* », FLÉCHIER. ◆ **Fig.** Se déceler, se manifester. « *Cependant le vrai avait percé à la longue* », FONTENELLE. « *Va, va, le caractère enfin perce toujours* », COLLIN D'HARLEVILLE. ◆ Arriver jusqu'à, se faire jour. ◆ **Fig.** Sortir de la foule, se faire connaître. *On a bien de la peine à percer.* ◆ **Se percer**, v. pr. Être percé. ◆ Se traverser le corps avec une arme. ◆ **Fig.** *Il s'est percé de ses propres traits*, en voulant nuire à autrui, il s'est nui à lui-même. ◆ *Se percer l'un l'autre*, se dit de personnes qui se blessent ou se tuent réciproquement avec des armes tranchantes. ◆ **Fig.** Être touché, ému. « *[Plût à Dieu que] Ce cœur trop endurci se pût enfin percer!* », P. CORNEILLE. ◆ Ne dites pas : *Cet enfant a percé ses premières dents*, mais : *Les premières dents ont percé à cet enfant.* ■ *Percer à jour*, découvrir un secret, une chose ou une intention cachée.

PERCEUR, EUSE, n. m. et n. f. [pɛʀsœʀ, øz] (*percer*) Personne qui perce. *Un perceur de galeries souterraines.*

PERCEUSE, ■ n. f. [pɛʀsøz] (*percer*) Outil électrique servant à percer des trous, à l'aide d'une tige vrillée.

PERCEVABLE, adj. [pɛʀsəvabl] (*percevoir*) Qui peut être perçu, recouvré. *Impôt percevable.* ◆ **Fig.** Qui peut être perçu par l'esprit.

PERCEVOIR, v. tr. [pɛʀsəvwaʀ] (lat. *percipere*, recevoir, recueillir par l'intelligence, connaître) Recueillir un produit, des revenus. ◆ **Fig.** *Percevoir un avantage.* ◆ Recevoir, recueillir les impôts. ◆ **Philos.** Recevoir l'impression des objets, éprouver une sensation, concevoir l'idée qu'elle éveille. *Percevoir la vérité, des rapports*, etc.

1 **PERCHE**, n. f. [pɛʀʃ] (lat. *perca*, du gr. *perkê*, de *perkos*, noirâtre) Poisson d'eau douce à nageoires épineuses. ◆ *Perche goujonnière* ou *perche gardonnée* ou *gremille*, espèce de perche de rivière.

2 **PERCHE**, n. f. [pɛʀʃ] (lat. *pertica*) Brin de bois de trois à quatre mètres de longueur et de moyenne grosseur. ◆ **Fig.** et **fam.** *C'est une grande perche*, se dit d'une femme grande et d'une taille mal gracieuse [1]. ◆ Long bâton dont on se sert pour faire aller un bateau. *Conduire un bateau à la perche.* ◆ Ancienne mesure agraire de dix-huit, vingt ou vingt-deux pieds, suivant les pays, *cent perches faisant toujours un arpent.* ◆ L'étendue d'une perche carrée. ◆ Baguette dont on se sert pour pêcher, et à laquelle on attache une ligne. ◆ Les deux grosses tiges du bois ou de la tête du cerf, du daim et du chevreuil, auxquelles les andouillers sont attachés. ■ *Saut à la perche*, saut en hauteur où l'athlète prend appui sur une longue tige flexible. ■ **Audiov.** Longue tige métallique à l'extrémité de laquelle est fixé un micro. ■ *Tendre la perche à quelqu'un*, lui venir en aide. ■ REM. 1 : Péjoratif dans ce sens.

PERCHÉ, ÉE, p. p. de percher. [pɛʀʃe] *On est perché sur cette chaise*, on y est mal assis. ◆ **Fig.** *Être toujours perché sur sa grandeur, sur ses aïeux*, en être entiché. ◆ **N. m.** En termes de chasse, *tirer les faisans au perché*, les tirer quand ils sont perchés.

PERCHÉE, n. f. [pɛʀʃe] (*percher*) Réunion, groupe d'oiseaux perchés. ◆ Piège à prendre les petits oiseaux.

PERCHER, v. intr. [pɛʀʃe] (*perche*) En parlant des oiseaux, *se poser sur une perche*, sur une branche d'arbre. ◆ **Par extens.** Se dit de tout lieu élevé sur lequel les oiseaux se posent. *Cet oiseau a perché longtemps sur le clocher.* ◆ Se percher, v. pr. Même sens. ◆ Fam. Se mettre sur quelque chose d'élevé. *Où est-il allé se percher?* ■ V. tr. Fam. Placer dans un endroit élevé. *Percher quelque chose dans un arbre.*

PERCHERON, ONNE, adj. [pɛrʃərɔ̃] (*Perche*, région de l'Ouest du Bassin parisien) *Cheval percheron* ou n. m. *percheron*, cheval produit dans le Perche (départements de l'Orne, Eure-et-Loir, Sarthe, Loir-et-Cher) ; il est classé parmi les races communes propres au trait rapide. ■ *Une jument percheronne, une percheronne.*

PERCHEUR, EUSE, adj. [pɛrʃœr, øz] (*percher*) *Oiseau percheur*, oiseau qui a l'habitude de se percher.

PERCHIS, ■ n. m. [pɛrʃi] (2 *perche*) Jeune futaie composée d'arbres dont le diamètre de 10 à 20 cm permettent de produire des perches.

PERCHISTE, ■ n. m. et n. f. [pɛrʃist] (perche, d'après l'angl. *perchman*) Sauteur à la perche. ■ Au cirque, funambule muni d'une perche servant à maintenir son équilibre. ■ Audiov. Technicien qui tient la perche de prise de son. ■ Personne qui tend les perches aux skieurs et qui est chargée du bon fonctionnement des remontées mécaniques.

PERCHLORATE, n. m. [pɛrklɔrat] (*per-* et *chlorate*) Chim. Nom générique des sels d'acide perchlorique.

PERCHLORIQUE, adj. [pɛrklɔrik] (*per-* et *chlorique*) Chim. Acide perchlorique, acide contenant la plus grande proportion d'oxygène.

PERCHLORURE, n. m. [pɛrklɔryr] (*per-* et *chlorure*) Chim. Nom générique des chlorures qui, pour chaque métal, offrent le nombre le plus élevé d'équivalents de chlore par rapport à un équivalent de l'autre corps simple. *Le perchlorure de fer.*

PERCHMAN, ■ n. m. [pɛrʃman] (mot angl., de 2 *perche* et *man*, homme) Audiov. Technicien du son qui manie la perche au bout de laquelle se trouve le micro. *Les perchmans* ou *les perchmen* (pluriel anglais). ■ Rem. Recomm. offic. *perchiste.*

PERCHOIR, n. m. [pɛrʃwar] (*percher*) Bâton sur lequel on fait percher un oiseau. ◆ Lieu où perchent les volailles. ◆ Petit meuble surmonté d'une mangeoire et destiné aux perroquets. ■ Polit. Tribune réservée où se tient président de l'Assemblée nationale. *Briguer* ou *viser le perchoir*, avoir des vues sur le poste de président de l'Assemblée nationale. ■ Fam. Lieu en hauteur où se tient quelqu'un. *Accoudé à sa fenêtre, il nous snobait du haut de son perchoir.*

PERCIFORME, ■ n. m. [pɛrsifɔrm] (gr. *perkê*, perche et *-forme*) Zool. Poisson osseux à bouche terminale, aux branchies recouvertes par des opercules, à écailles plates et fines, représenté par presque tous les poissons actuels et dont les nageoires dorsales sont formées de rayons épineux telle la perche. *Les perciformes constituent un ordre.*

PERCLUS, USE, adj. [pɛrkly, yz] (lat. médiév. méd. *perclusus*, p. p. de *percludere*, fermer entièrement, du lat. *claudere*, fermer) Qui ne peut exécuter aucun mouvement soit d'un membre, soit de tout le corps. *Perclus de tous ses membres.* ◆ Fig. *Perclus d'esprit.* Avoir le cerveau perclus.

PERCNOPTÈRE, ■ n. m. [pɛrknɔptɛr] (gr. *perknopteros*, de *perknos*, noirâtre, et *pteron*, aile) Zool. Petit vautour migrateur du bassin méditerranéen d'environ 1,50 mètre d'envergure, nichant dans les falaises et dont le plumage blanc se caractérise par des plumes noires en bordure des ailes.

PERÇOIR, n. m. [pɛrswar] (*percer*) Instrument avec lequel on perce. ◆ Foret pour percer les tonneaux.

PERCOLATEUR, ■ n. m. [pɛrkɔlatœr] (lat. *percolare*, filtrer) Machine à café filtrante.

PERÇU, UE, p. p. de percevoir. [pɛrsy]

PERCUSSION, n. f. [pɛrkysjɔ̃] (lat. *percussio*, de *percutere*, frapper) Coup par lequel un corps en frappe un autre. *La percussion du marteau.* ◆ Arme à percussion, arme portative dans laquelle le feu est communiqué à la charge à l'aide d'une platine à percussion. ■ Mus. Instrument de percussion, instrument dont on joue en le frappant. ■ Méd. Méthode d'exploration à l'aide de laquelle, en frappant sur les parois de la cavité du corps, on peut reconnaître les lésions des parties contenues dans cette cavité.

PERCUSSIONNISTE, ■ n. m. et n. f. [pɛrkysjɔnist] (*percussion*) Musicien jouant d'un ou de plusieurs instruments de percussion.

PERCUTANÉ, ÉE, ■ adj. [pɛrkytane] (lat. *per*, à travers et *cutané*) Qui se fait à travers la peau. *Un examen percutané consiste à introduire du matériel par une piqûre au niveau de la peau, sans réaliser d'ouverture chirurgicale.*

PERCUTANT, ANTE, ■ adj. [pɛrkytɑ̃, ɑ̃t] (*percuter*) Qui produit un choc, une percussion. *Une attaque percutante.* ■ Qui éclate au moment de l'impact. *Une balle percutante.* ■ Fam. Qui est frappant, saisissant. *Une communication percutante.*

PERCUTER, v. tr. [pɛrkyte] (lat. *percutere*, frapper) Donner un coup. ◆ Méd. *Percuter la poitrine*, en tirer un son en la frappant pour juger l'état intérieur. ■ V. tr. et v. intr. Heurter violemment. *Le véhicule a percuté un arbre. Il a percuté contre un mur.* ■ V. intr. Exploser en heurtant une surface. *La bombe percuta au large.* ■ V. intr. Fam. Comprendre.

PERCUTEUR, ■ n. m. [pɛrkytœr] (*percuter*) Pièce métallique d'une arme à feu qui frappe violemment l'amorce et la fait détoner. *Le percuteur vient au contact de la douille.* ■ Préhist. Outil permettant de tailler les roches pour en obtenir des éclats ou les transformer en outil.

PERDABLE, adj. [pɛrdabl] (*perdre*) ▷ Qui peut être perdu. *Ce procès, ce pari n'est pas perdable.* ◁

PERDANT, ANTE, n. m. et n. f. [pɛrdɑ̃, ɑ̃t] (*perdre*) Personne qui perd au jeu. *Les gagnants et les perdants.* ◆ Adj. *Numéros, billets perdants.*

PERDITION, n. f. [pɛrdisjɔ̃] (b. lat. *perditio*) Action de perdre, de ruiner. « *Que ceux qui tyrannisent votre peuple, tombent dans la perdition !* », Saci. ◆ *La perdition du Rhône*, Voy. PERTE. ◆ Mar. *Être en perdition*, être en danger de se jeter à la côte, en danger de naufrage. ◆ Action de perdre, de dissiper. *Tout son bien s'en va en perdition.* ◆ État d'une personne qui est hors de la croyance de l'Église et de la voie du salut. « *Le chemin qui mène à la perdition* », Bourdaloue. ◆ *Enfant de perdition*, homme qui se perd et perd les autres. ◆ Fig. et fam. *Lieu de perdition*, lieu où l'on ne peut vivre, où tout va mal.

PERDRE, v. tr. [pɛrdr] (lat. *perdere*, détruire, faire une perte) Être privé de quelque chose dont on était en possession. « *On perd tout quand on perd un ami si fidèle* », P. Corneille. ◆ *Perdre Dieu*, ne plus avoir sa grâce, ne plus croire en lui. ◆ Il se dit aussi des personnes en ce même sens. « *On le négligea comme un serviteur qu'on ne pouvait perdre* », Fléchier. ◆ Être privé d'un avantage, d'un profit qu'on aurait pu obtenir. *Perdre sa réputation, son honneur, ses emplois, les bonnes grâces de quelqu'un, etc.* ◆ Être séparé, par la mort ou autrement, de personnes qu'on aime, qu'on regrette. *Perdre son mari. Perdre un bon domestique.* ◆ Être privé de quelque partie de soi. *Perdre un bras.* « *Il perdait son rang et ses forces* », Fénelon. ◆ *Perdre la vie*, mourir. ◆ *Perdre la tête*, avoir la tête coupée, et fig. devenir fou, et aussi ne savoir plus où l'on en est. ◆ Subir la diminution de quelque faculté physique ou morale. *Perdre le repos, la patience, etc.* ◆ *Perdre la parole*, l'usage de la parole, perdre la voix, ne plus pouvoir parler. ◆ *Perdre haleine*, manquer de respiration. ◆ *Perdre l'esprit*, devenir fou, et aussi ne pas savoir comment se tirer de quelque embarras. ◆ Fam. *Il en perd le boire et le manger*, il est tellement préoccupé de quelque chose qu'il semble ne songer à rien autre. ◆ Ne pas entendre. *Il a l'oreille dure, il perd une partie de ce qui se dit dans la conversation.* ◆ Ne pas comprendre. *Il sait l'anglais imparfaitement, et il perd une partie de ce qui se dit.* ◆ Ne pas voir. *Il était mal placé, et perdait une partie du spectacle.* ◆ Être privé d'une chose qui est sortie hors de notre possession par quelque accident. *Perdre son chapeau.* ◆ Priver quelqu'un d'une chose qu'on met par accident hors de sa possession. « *On lui perd tout, on lui égare tout* », La Bruyère. ◆ *Perdre quelqu'un*, se séparer de lui de manière à ne plus pouvoir le retrouver. ◆ *Perdre quelqu'un*, le détourner de sa route, l'égarer. ◆ *Perdre quelqu'un, un chien*, l'égarer de manière à ne plus le retrouver. ◆ Cesser d'avoir, n'avoir plus. *Les arbres ont perdu leurs feuilles. Cette étoffe a perdu sa couleur.* « *Ce présent perdait son prix par son abondance* », Pascal. ◆ Cesser de suivre, d'occuper, laisser échapper, laisser prendre. *Perdre son chemin, son rang, etc.* ◆ Fig. *Perdre la trace, les voies, le train d'une affaire*, ne savoir plus où elle en est. ◆ *Perdre du terrain*, reculer au lieu d'avancer, et fig. se laisser distancer par un concurrent. ◆ *Perdre de vue*, Voy. VUE. ◆ Fig. *Perdre le fil de son discours*, n'en pouvoir plus trouver la suite. ◆ *Perdre pied, perdre terre*, ne plus trouver le fond de l'eau avec les pieds, et fig. ne savoir plus où l'on en est. ◆ Mar. *Perdre terre*, cesser de voir la terre. ◆ Fig. et fam. *Perdre la carte*, se brouiller dans ses idées. ◆ *Un officier commandant perd ou a perdu un bâtiment*, lorsque ce bâtiment fait ou a fait naufrage pendant qu'il le commandait. ◆ *Perdre*, faire un mauvais emploi, un emploi inutile. *Perdre du temps.* « *Ne perds plus de raisons à combattre ma flamme* », P. Corneille. ◆ Fam. *Il y perd son latin*, Voy. LATIN. ◆ Fig. *Vous y perdrez vos pas*, vous ne réussirez pas à ce que vous entreprenez. ◆ Avoir le désavantage. *Perdre un procès, une bataille.* ◆ *Ne rien perdre*, n'éprouver aucun désavantage. *Il ne perd rien à être vu de près.* ◆ Jeu *Perdre les cartes*, faire moins de levées que la personne contre laquelle on joue. ◆ Il se dit aussi de l'argent qu'on donne à celui qui gagne une partie de jeu. *Perdre cent francs.* ◆ Fig. *Il joue à tout perdre*, il expose au hasard tout ce qu'il a, ou les plus grands intérêts dont il soit chargé. ◆ Causer la ruine. « *On se perdait en voulant perdre l'innocence* », Massillon. ◆ *Perdre d'honneur, de réputation*, ôter l'honneur, la réputation, en action ou en parole. ◆ *Perdre auprès de quelqu'un, dans l'esprit de quelqu'un*, ôter la faveur, la bonne opinion. « *Je vois qu'à voulu me perdre auprès de vous* », P. Corneille. ◆ Par exagération, causer un grand tort, un grand embarras. ◆ Il se dit des choses qui causent la ruine. *Son indiscrétion le perdra.* ◆ Gâter l'esprit, corrompre les mœurs. ◆ *Perdre une femme*, la jeter dans le désordre.

♦ Causer la damnation. *Perdre son âme*, se damner. ♦ Endommager, gâter. *La nielle a perdu les blés. La pluie a perdu cette robe.* ♦ Confondre avec, rendre insensible dans. *Il faut perdre cette nuance dans les autres.* ♦ **V. intr.** Perdre, ne pas obtenir le gain, le profit, l'avantage qu'on espérait. « *Je suis charmé de mon prédicateur ; vous avez bien perdu de n'être pas à son sermon* », FÉNELON. ♦ *Ce marchand perd sur sa marchandise*, il la vend moins cher qu'il ne l'a achetée ; *il perd dans son commerce*, il y souffre du dommage, du préjudice. ♦ On dit de même : *Perdre tant sur une marchandise, sur un marché.* ♦ *Perdre à*, manquer à. *Je perds bien à gagner, de ce que...* ♦ Avoir le désavantage au jeu. ♦ *Jouer à qui perd gagne*, jouer à un jeu où l'on convient que celui qui perdra la partie selon les règles ordinaires, la gagnera, et fig. obtenir un avantage réel au prix d'un désavantage apparent. ♦ Diminuer de valeur. *La rente a perdu.* ♦ *Cet homme a beaucoup perdu dans l'opinion*, on en fait moins de cas qu'auparavant. ♦ *Sa réputation perd chaque jour*, l'estime qu'on faisait de lui diminue chaque jour. ♦ Diminuer d'intensité, de force, de qualité. *Le vin perd en vidange. Ces fruits perdent à attendre.* ♦ Empirer. « *Chez les peuples misérables l'espèce perd et quelquefois dégénère* », MONTESQUIEU. ♦ **Mar.** *La mer perd*, la marée se retire. *Les marées perdent, lorsqu'elles sont dans la période pendant laquelle chaque marée est plus faible que celle qui l'a précédée. Un navire perd*, lorsqu'il est gagné par un autre. ♦ Se perdre, v. pr. *Être perdu*, devenir à rien. « *Le temps se perd, seigneur* », P. CORNEILLE. « *Dieu, aux yeux de qui rien ne se perd* », BOSSUET. ♦ Se dit des espèces qui cessent d'exister. ♦ Neutralement. *Laisser perdre*, ne pas avoir soin de garder. ♦ *Se perdre*, se dit des lois, des usages, des coutumes qui cessent, des mots qui tombent en désuétude. ♦ *Cette rivière se perd dans la terre*, sous terre à tel endroit, elle s'enfonce en terre et disparaît. ♦ *Le chemin se perd en cet endroit*, il cesse d'être frayé. ♦ S'abîmer. « *Les jours, les mois, les années s'enfoncent et se perdent sans retour dans l'abîme des temps* », LA BRUYÈRE. ♦ **Fig.** Tomber comme dans un précipice. « *Les monarchies vont se perdre dans le despotisme* », MONTESQUIEU. ♦ Disparaître. « *Des montagnes qui se perdaient dans les nues* », FÉNELON. ♦ **Fig.** *Se perdre dans les nues, dans les nuages*, parler avec emphase et obscurité. ♦ **Fig.** *Se perdre dans les digressions*, se livrer à des digressions qui font oublier le sujet principal. ♦ *Se perdre en*, se terminer en, s'épuiser en, en parlant de choses. « *Que vos ressentiments se perdront en discours* », RACINE. ♦ Se confondre en. « *Les dix tribus se perdent parmi les gentils* », BOSSUET. ♦ *Ces couleurs se perdent l'une dans l'autre*, elles deviennent tellement mêlées qu'on n'en voit plus la différence. ♦ S'anéantir. *Se perdre en Dieu.* ♦ Faire naufrage. ♦ S'égarer, ne plus retrouver son chemin. ♦ Neutralement. *Mener perdre*, conduire quelqu'un pour l'égarer. ♦ **Fig.** *Se perdre*, ne plus se retrouver soi-même. ♦ **Fig.** Avoir l'esprit surmonté par la grandeur ou la difficulté des choses. « *Notre imagination se perd dans cette pensée* », PASCAL. « *Je me perdais dans ces foules de règles* », J.-J. ROUSSEAU. *Je m'y perds*, je n'y connais rien. ♦ *Ma tête se perd*, je m'égare, mes idées se troublent. « *Je me perds dans cette pensée* », MME DE SÉVIGNÉ. ♦ Causer sa propre ruine. *Il se perd par son luxe.* ♦ *Il joue à se perdre*, se dit d'un homme qui s'expose à perdre sa vie, sa fortune, sa réputation. ♦ *Se perdre d'honneur*, ruiner soi-même sa réputation. ♦ *Se perdre dans l'esprit de quelqu'un*, s'enlever auprès de lui tout crédit, toute bonne opinion. ♦ *Se perdre à crédit, à plaisir, de gaieté de cœur*, se faire tort par étourderie. ♦ Se damner. ♦ Au jeu de billard, *se perdre*, mettre sa propre bille dans une blouse, ou la faire sauter hors des bandes. ♦ **Prov.** *À laver la tête d'un âne, d'un Maure, on perd sa lessive*, on perd sa peine à instruire une personne têtue, stupide, indocile[1]. ♦ *Qui quitte la partie la perd*, se dit au jeu, et aussi pour marquer qu'il faut poursuivre ce qu'on entreprend. ♦ *Il est aujourd'hui la Saint-Lambert, qui quitte sa place la perd.* ■ REM. 1 : Expression raciste.

PERDREAU, n. m. [pɛʁdʁo] (*perdrix*) Perdrix de l'année.

PERDRIGON, n. m. [pɛʁdʁigɔ̃] (*perdrix*, à cause de la couleur de ce fruit) Nom d'une espèce de prune.

PERDRIX, n. f. [pɛʁdʁi] (lat. *perdix*, empr. au gr. ; épenthèse de *-r-* sur le modèle de subst. fém. lat. [*strix*, strige, *nutrix*, nourrice, etc.] ou sous l'infl. phonétique du groupe voisin *-rd-*) Nom d'oiseaux gallinacés, à queue courte, à pourtour de l'œil sans plumes. *Perdrix grise. Perdrix rouge.* ♦ *Compagnie de perdrix*, perdrix d'une même couvée. ♦ *Vin couleur d'œil de perdrix* ou simplement *vin œil de perdrix*, vin paillet et fort brillant. ♦ *Linge à œil de perdrix*, linge de table ouvré, dont les dessins représentent à peu près les yeux de perdrix. ♦ *Œil de perdrix*, espèce de cor entre les doigts du pied.

PERDU, UE, p.p. de perdre. [pɛʁdy] *Espèce perdue*, espèce qui a cessé d'exister. ♦ *Fonds perdu*, Voy. FONDS. ♦ *Sentinelle perdue*, sentinelle postée dans un lieu très avancé. ♦ *Enfants perdus*, Voy. ENFANT. ♦ Perdu se dit de ce qui n'est pas dirigé avec précision, de ce qui est fait avec un certain hasard. *Coup perdu.* ♦ *Faire flotter du bois à bois perdu*, à *bûche perdue*, le jeter dans de petites rivières non navigables pour le rassembler à leurs embouchures. ♦ *Ouvrage à pierres perdues, à pierre perdue*, Construction qu'on établit dans l'eau en y jetant de gros quartiers de pierre. ♦ *À corps perdu*, avec impétuosité, sans se ménager. ♦ **Fig.** « *Et de là, il s'est jeté à corps perdu*

dans le raisonnement du ministère », MOLIÈRE. ♦ Perdu se dit encore de ce qui est destiné à disparaître, à ne pas être vu. *Ballon perdu*, aérostat qui n'est pas retenu par une corde. *Reprise perdue*, reprise faite de manière à se confondre avec le tissu de l'étoffe. *Moulage à cire perdue*, moulage dans lequel la maquette en cire est détruite par l'opération même du moulage. *Pierre perdue*, celle qui est jetée à bain de mortier dans la maçonnerie de blocage. ♦ Qui est écarté, placé loin des voies de communication. *Des pays perdus. Un quartier perdu.* ♦ Dont on fait un mauvais emploi. *C'est temps perdu, c'est peine perdue*, se dit des choses pour lesquelles on emploie inutilement du temps ou de la peine. ♦ *Salle des pas perdus*, Voy. PAS. ♦ *Perdu pour*, dont on ne tire pas profit. *Cet exemple est perdu pour vous.* ♦ *Perdu pour*, se dit aussi des personnes. « *La voilà perdue pour moi* », MARIVAUX. ♦ *Moments perdus, heures perdues*, moments, heures de loisir d'une personne ordinairement fort occupée. ♦ Qui est atteint sans ressource dans sa vie, dans sa fortune. « *Un tas d'hommes perdus de dettes et de crimes* », P. CORNEILLE. ♦ *Être perdu d'honneur, de réputation*, avoir perdu l'honneur, la réputation. ♦ *Perdu de goutte, de rhumatisme*, dont la constitution est ruinée par la goutte, par le rhumatisme. ♦ *Un homme perdu*, un homme dont la vie ne laisse plus d'espérance, et aussi un homme sans ressources. ♦ Par exagération, être perdu, encourir blâme, reproche. ♦ *Un homme perdu*, un homme sans moralité. *Une femme perdue*, une femme sans mœurs. ♦ *C'est une tête perdue*, c'est une personne égarée par la folie ou la passion. ♦ Il se dit des choses auxquelles il n'y a plus de remède. *Tout est perdu.* ♦ Qui a disparu, qui ne peut plus être aperçu, retrouvé. *Perdu dans la foule.* ♦ Absorbé, plongé. « *Perdu dans la douleur* », MONTESQUIEU. ♦ **N. m.** *Comme un perdu*, comme un homme dont la tête est perdue. *Rire, crier comme un perdu.* ♦ **Prov.** *Ce qui est différé n'est pas perdu.* ♦ *Un bienfait n'est jamais perdu*, un bienfait a tôt ou tard sa récompense. ♦ *Pour un perdu deux retrouvés*, ou *deux recouvrés*, se dit quand on veut faire entendre que la perte qu'on a faite est facile à réparer.

PERDURER, ♦ v. intr. [pɛʁdyʁe] (lat. impér. *perdurare*) Durer longuement, de façon permanente.

PÈRE, n. m. [pɛʁ] (lat. *pater*) Celui qui a un ou plusieurs enfants. ♦ *Être père*, agir, parler en père. ♦ *De père en fils*, par transmission successive du père au fils. ♦ *Ses père et mère*, locution usitée, et blâmée à tort par quelques grammairiens, pour désigner collectivement le père et la mère de quelqu'un. ♦ *Père de famille*, celui qui a femme et enfants. ♦ ▷ Au sens juridique, *père de famille*, le maître de maison. ◁ **Pratiq.** *En bon père de famille*, avec autant de soin que le ferait un père de famille. ♦ *Grand-père*, Voy. GRAND-PÈRE. ♦ **Fam.** *Père grand* se dit pour grand-père. ♦ Père se dit aussi des animaux. *Mon chien est le père du vôtre.* ♦ *Père nourricier*, Voy. NOURRICIER. ♦ *Père noble*, l'acteur chargé de l'emploi des pères dans la tragédie et dans la haute comédie. ♦ Ce chef d'une longue suite de descendants, soit dans l'ordre de la nature, soit autrement. *Notre premier père, Adam.* ♦ *Nos pères*, ceux qui nous ont précédés dans le temps, dans l'ordre des générations. ♦ *Dieu le Père, le Père éternel*, la première personne de la Trinité. ♦ En style de l'Écriture, *le père du mensonge, le père du mal*, le diable. ♦ On donne le nom de père à quelques dieux de la mythologie. **Poétiq.** *Le père du jour*, le soleil. *Le père du vin*, Bacchus. ♦ **Fig.** Celui qui a beaucoup fait pour la prospérité, le bien-être d'une classe nombreuse de personnes. *Cet homme est le père des pauvres. Louis XII fut le père du peuple.* ♦ Créateur, fondateur. *Socrate fut le père de la philosophie morale.* ♦ Quand *père de...* est un surnom, on met une majuscule. *Cicéron fut appelé le Père de la patrie.* ♦ **Fig.** Principe, origine, cause. « *Le travail est souvent le père du plaisir* », VOLTAIRE. ♦ *Les pères conscrits* ou simplement *les pères*, les sénateurs de l'ancienne Rome. ♦ Titre qu'on donne aux membres des ordres et des congrégations religieuses. *Les pères capucins. Le père untel.* On écrit par abréviation au singulier P, et au pluriel PP. ♦ *Père spirituel*, prêtre chargé de la direction de la conscience d'une personne. ♦ *Le saint-père, notre saint-père, notre très saint-père, le père des fidèles*, le pape. ♦ *Les Pères de l'Église* ou **absol.** *les Pères*, les saints docteurs antérieurs au XIIIᵉ siècle, dont l'Église a reçu et approuvé les décisions sur les choses de la foi. ♦ *Les Pères du désert*, les anciens anachorètes. ♦ *Les Pères du concile* (avec majuscule), les évêques qui assistent au concile. ♦ **Fig.** et **fam.** Homme d'un rang inférieur, qui est d'un certain âge. *Dites donc, père Mathurin.* ♦ **Pop.** *Un père la joie*, un rieur, un homme qui excite les autres à la gaieté. ♦ *Un père aux écus*, vieillard riche et avare. ♦ *Un gros père*, homme qui a de l'embonpoint ; se dit même des enfants.

PÉRÉGRINATION, n. f. [peʁegʁinasjɔ̃] (lat. *peregrinatio*) Voyage fait dans les pays étrangers. ■ Au pl. Déplacements, allées et venues.

PÉRÉGRINITÉ, n. f. [peʁegʁinite] (lat. *peregrinitas*, de *peregrinus*, étranger) **Dr.** État de celui qui est étranger dans un pays. ♦ *Vice de péregrinité*, incapacité résultant de la qualité d'étranger.

PÉREMPTION, n. f. [peʁɑ̃psjɔ̃] (b. lat. *peremptio*, destruction) Prescription qui annule une procédure civile, par suite de discontinuation de poursuites après un délai fixé. ■ *Date de péremption,* au-delà de laquelle un produit ne doit plus être consommé.

PÉREMPTOIRE, adj. [peʀɑ̃ptwaʀ] (b. lat. *peremptorius,* meurtrier ; jur., définitif) **Dr.** *Exception péremptoire,* celle qui a pour objet la péremption. ◆ En général, contre quoi il n'y a rien à alléguer, à répliquer. *Des preuves péremptoires.*

PÉREMPTOIREMENT, adv. [peʀɑ̃ptwaʀ(ə)mɑ̃] (*péremptoire*) D'une manière péremptoire, décisive.

PÉRENNANT, ANTE, ■ adj. [peʀenɑ̃, ɑ̃t] (*pérenne*) Qui peut durer ou vivre plusieurs années. *Une espèce, une culture pérennante.*

PÉRENNE, ■ adj. [peʀɛn] (lat. *perennis,* qui dure toute l'année) Qui est permanent, qui dure depuis longtemps. *Une source pérenne.* ■ **PÉRENNITÉ,** n. f. [peʀenite] *La pérennité d'une institution. La pérennité d'une idée.*

PÉRENNISER, ■ v. tr. [peʀenize] (*pérenne*) Rendre permanent, éternel. *Pérenniser des échanges culturels.* ■ Titulariser un employé. *Cette année, peu de postes de fonctionnaires stagiaires ont été pérennisés.* ■ **PÉRENNISATION,** n. f. [peʀenizasjɔ̃] *La pérennisation d'une réforme. La pérennisation d'un emploi.*

PÉRÉQUATION, ■ n. f. [peʀekwasjɔ̃] (*qua* se prononce *coua* ; b. lat. *peræquatio,* répartition égale de l'impôt) **Écon.** Mécanisme de redistribution équitable qui vise à réduire les écarts de richesses ou de charges. *La péréquation interdépartementale des dépenses pour l'éducation.* ■ Rajustement des pensions et traitements, notamment en fonction du coût de la vie.

PERESTROÏKA ou **PÉRESTROÏKA,** ■ n. f. [peʀɛstʀɔjka] (mot russe, reconstruction) En ex-URSS, vaste politique de restructuration économique, sociale et judiciaire menée en 1985 par M. Gorbatchev, caractérisée par de nombreuses réformes et par davantage de transparence de l'information.

PERFECTIBILITÉ, n. f. [peʀfɛktibilite] (*perfectible*) Qualité de ce qui est perfectible. « *Perfectibilité indéfinie de l'homme* », TURGOT.

PERFECTIBLE, adj. [peʀfɛktibl] (lat. *perfectus,* parfait, accompli) Susceptible d'être perfectionné.

PERFECTIF, ■ adj. m. [peʀfɛktif] (lat. *perfectus,* accompli) **Ling.** Se dit d'un verbe qui exprime l'aspect ponctuel et accompli d'une action par opposition à un verbe imperfectif dont l'action est envisagée dans sa durée. *Dans la phrase « Il saisit la poignée », saisir est un verbe perfectif qui exprime une action ponctuelle qui ne dure pas dans le temps.*

PERFECTION, n. f. [peʀfɛksjɔ̃] (lat. *perfectio,* de *perficere,* faire complètement) Achèvement. *Cet édifice approche de sa perfection.* ◆ **Par extens.** État de ce qui est parfait dans son genre. « *La perfection ne se trouve pas du premier coup* », BALZAC. ◆ **EN PERFECTION,** loc. adv. Parfaitement. ◆ On dit de même : *Dans la perfection. Ce comédien joue dans la perfection.* ◆ On dit encore dans le même sens : *D'une perfection,* mais toujours avec quelque déterminatif. « *Il dansa les Folies d'Espagne d'une perfection qui ne se peut représenter* », MME DE SÉVIGNÉ. ◆ *La perfection chrétienne* ou absol. *la perfection,* la perfection de la vie religieuse. ◆ **Au pl.** Qualités excellentes de l'âme et du corps. « *Ils comptent les défauts pour des perfections* », MOLIÈRE. ◆ *Les perfections divines,* les qualités qui sont en Dieu. ◆ **À LA PERFECTION,** loc. adv. Parfaitement.

PERFECTIONNANT, ANTE, adj. [peʀfɛksjɔnɑ̃, ɑ̃t] (*perfectionner*) Qui perfectionne.

PERFECTIONNÉ, ÉE, p. p. de perfectionner. [peʀfɛksjɔne]

PERFECTIONNEMENT, n. m. [peʀfɛksjɔn(ə)mɑ̃] (*perfectionner*) Action de perfectionner ; effet de cette action. ◆ Dans l'industrie, *brevet de perfectionnement,* par opposition à brevet d'invention. ■ Amélioration d'une chose. *Un cours de perfectionnement en mécanique automobile.*

PERFECTIONNER, v. tr. [peʀfɛksjɔne] (*perfection*) Rendre parfait, plus parfait. *Perfectionner une invention, une machine, etc.* « *La fin de l'histoire est de perfectionner la vie civile* », FLÉCHIER. ◆ *Se perfectionner,* v. pr. Devenir plus parfait. ■ V. tr. Améliorer une chose. *Perfectionner une technique, un dessin.* ■ V. pr. S'améliorer. *Se perfectionner dans ses aptitudes professionnelles.*

PERFECTIONNEUR, EUSE, n. m. et n. f. [peʀfɛksjɔnœʀ, øz] (*perfectionner*) Personne qui perfectionne. *Le perfectionneur d'une machine, d'une technique.*

PERFECTIONNISME, ■ n. m. [peʀfɛksjɔnism] (*perfection*) Volonté excessive de rechercher la perfection. « *Ce perfectionnisme avait l'avantage de donner lieu à d'irréprochables badigeonnages [...] et l'inconvénient de nous retarder* », ROLIN. ■ **PERFECTIONNISTE,** n. m. et n. f. et adj. [peʀfɛksjɔnist] *C'est une passionnée et une perfectionniste. Un artisan perfectionniste.*

PERFECTO, ■ n. m. [peʀfɛkto] (nom déposé) Blouson de cuir noir dont la fermeture sur le côté ne se termine pas entièrement pour laisser pendre en un triangle le haut de la partie zippée. *Le perfecto a longtemps été l'attribut des motards. Des perfectos.* « *Je remonte le col de mon Perfecto et en avant marche !* », LASAYGUES.

PERFIDE, adj. [peʀfid] (lat. *perfidus*) Qui manque de foi. « *Ce perfide ennemi de la grandeur romaine* », P. CORNEILLE. ◆ *Être perfide à quelqu'un,* lui manquer de foi. ◆ Il se dit aussi des choses. « *Le perfide intérêt* », RACINE. ◆ **N. m.,** n. f. Personne qui agit avec perfidie. ◆ **Fam.** *Un petit perfide,* un homme qu'on accuse d'une petite perfidie. ■ Personne qui agit sournoisement. *Il nous trahira tous, c'est un perfide !* ■ Adj. Qui est sournois, traître, en parlant d'une personne. *Ne le mettons pas dans la confidence, c'est un individu perfide !* ■ Qui est dangereux, en parlant d'une chose. *Une route perfide.* ■ *Perfide Albion,* la Grande-Bretagne. ■ **REM.** Il est littéraire aujourd'hui.

PERFIDEMENT, adv. [peʀfid(ə)mɑ̃] (*perfide*) Avec perfidie. *Agir perfidement.*

PERFIDIE, n. f. [peʀfidi] (lat. *perfidia*) Manque de foi. ■ Trahison, fourberie. *Les masques de la perfidie sont multiples.*

PERFOLIÉ, ÉE, adj. [peʀfɔlje] (lat. sav. *perfoliatus,* à feuilles traversées) **Bot.** Se dit des feuilles qui, entourant la tige, semblent traversées par elle.

PERFORANT, ANTE, adj. [peʀfɔʀɑ̃, ɑ̃t] (*perforer*) Qui est susceptible de perforer, de pénétrer les corps. ◆ **Bot.** Se dit de certaines plantes qui s'enfoncent dans les pierres. ■ *Balle perforante,* qui est constituée d'un noyau de métal dur qui lui permet de percer des blindages.

PERFORATEUR, TRICE, adj. [peʀfɔʀatœʀ, tʀis] (*perforer*) Qui perfore. ■ **N. f.** Machine qui perfore des cartes, en mécanographie. ■ Machine qui perce des trous de mines. ■ **N. m. Méd.** Instrument utilisé en chirurgie pour percer des trous dans les os. ■ **N. m.** et n. f. Personne qui utilise une perforatrice.

PERFORATIF, IVE, adj. [peʀfɔʀatif, iv] (*perforer*) Qui sert à perforer. *Trépan perforatif.*

PERFORATION, n. f. [peʀfɔʀasjɔ̃] (b. lat. *perforatio,* trépanation) Action de perforer. ◆ **Méd.** Ouverture accidentelle dans la continuité des organes, produite par une lésion externe, ou résultant d'une affection interne. ■ Trou que l'on fait en perforant.

PERFORÉ, ÉE, p. p. de perforer. [peʀfɔʀe]

PERFORER, v. tr. [peʀfɔʀe] (lat. *perforare*) **Art** Pratiquer un trou. ■ **PERFORAGE,** n. m. [peʀfɔʀaʒ]

PERFOREUSE, ■ n. f. [peʀfɔʀøz] (*perforer*) Machine utilisée pour percer des trous dans le papier. *Une perforeuse électrique. Dans l'imprimerie, on utilise des perforeuses relieuses.* ■ Femme dont le métier consistait à perforer des fiches cartonnées à l'aide d'une perforatrice.

PERFORMANCE, ■ n. f. [peʀfɔʀmɑ̃s] (angl. *performance,* accomplissement, réalisation, de l'anc. fr. *parformer,* accompli) **Vieilli** Résultat obtenu par un cheval lors d'une course hippique. ■ **Par extens.** Résultat obtenu par un athlète ou par une équipe dans une compétition sportive. ■ Capacité optimale chiffrée d'un véhicule, d'une machine. *Les performances d'une voiture.* ■ Productivité, fiabilité d'une entreprise, d'un matériau, d'une machine. *Les performances d'une usine, d'un matériel.* ■ **REM.** S'emploie surtout au pl. ■ Exploit. *Bravo, c'est une sacrée performance !* ■ Prestation d'une personne encensée pour ses hautes qualités. *Elle a des performances vocales exceptionnelles.* ■ **Psych.** *Test de performance,* épreuve non verbale visant à tester les facultés intellectuelles d'une personne. ■ **Ling.** En grammaire générative, réalisation d'actes de parole par le sujet parlant, qui manifeste ainsi sa compétence linguistique.

PERFORMANT, ANTE, ■ adj. [peʀfɔʀmɑ̃, ɑ̃t] (*performance*) Qui est capable de très bonnes performances, compétitif. *Un employé performant, une machine performante.*

PERFORMATIF, IVE, ■ adj. [peʀfɔʀmatif, iv] (angl. *performative*) **Ling.** Se dit d'un verbe ou d'un énoncé qui représente l'acte même qu'il énonce. *Je juge vos actes, énonce l'acte de juger et en même temps le jugement.* ■ **N. m.** *Un performatif,* un verbe performatif.

PERFUSER, ■ v. tr. [peʀfyze] (lat. *perfusum,* supin de *perfundere,* verser sur) Injecter un liquide médicamenteux ou sanguin dans une artère. *Perfuser un malade.* ■ **PERFUSION,** n. f. [peʀfyzjɔ̃]

PERGÉLISOL, ■ n. m. [peʀʒelisɔl] (mot angl., de *per[manent],* geli-, du lat. *gelare,* geler, et *sol,* du *solum,* sol) **Géol.** Sol qui reste gelé en permanence. *Une carte du pergélisol du Canada. Des pergélisols.*

PERGOLA, ■ n. f. [peʀgɔla] (mot it., treille, lat. *pergula,* tonnelle, treille) Construction pour parcs et jardins faite de piliers soutenant une toiture de poutres, qui sert de support aux plantes grimpantes. *Des pergolas.*

1 PÉRI, n. m. et n. f. [peʀi] (pers. *pari,* bonne fée, de l'avestique *pairika,* démon femelle) Au masc. Génie qui, dans les contes persans joue le rôle attribué aux fées dans les nôtres. ◆ Au fém. Femme de ces génies. *La péri.*

2 PÉRI..., ■ [peʀi] préfixe d'origine grecque qui signifie autour.

3 PÉRI, IE, p. p. de périr. [peʀi] Qui n'existe plus. « *Ne considérons plus son âme comme périe et réduite au néant* », PASCAL. « *Ce nombre prodigieux de* seigneurs du sang royal, de pairs du royaume [...] péris sur un échafaud », VOLTAIRE. ♦ **Hérald.** Se dit des pièces qui sont raccourcies de manière à ne pas toucher les bords de l'écu.

PÉRIANTHE, n. m. [peʀjɑ̃t] (lat. sav. [XVIIᵉ s.] perianthum, du gr. péri-, autour et anthos, fleur) **Bot.** Enveloppe extérieure, simple ou double, de la fleur.

PÉRIARTHRITE, ■ n. f. [peʀiaʀtʀit] (2 péri- et arthrite) **Méd.** Inflammation des structures qui entourent une articulation provoquant de vives douleurs lors des mouvements. Le terme périarthrite est parfois employé pour la périarthrite scapulo-humérale, qui correspond à l'inflammation de l'articulation de l'épaule.

PÉRIASTRE, ■ n. m. [peʀiastʀ] (2 péri- et astre) **Astron.** Point où l'orbite d'une planète est la plus proche de l'astre autour duquel elle gravite. Le périastre opposé à l'apoastre.

PÉRIBOLE, n. m. [peʀibɔl] (gr. peribolos) Espace planté d'arbres, que les anciens laissaient autour des temples. ♦ Dans l'architecture moderne, espace laissé entre un édifice et la clôture qui est autour. Le péribole de la Bourse de Paris.

PÉRICARDE, n. m. [peʀikaʀd] (gr. perikardion) **Anat.** Sac membraneux qui enveloppe le cœur.

PÉRICARDIQUE, adj. [peʀikaʀdik] (péricarde) **Anat.** Qui appartient au péricarde, qui en dépend.

PÉRICARDITE, n. f. [peʀikaʀdit] (péricarde) Inflammation du péricarde.

PÉRICARPE, n. m. [peʀikaʀp] (gr. perikarpion) **Bot.** Ensemble des enveloppes des graines d'une plante.

PÉRICHONDRE, n. m. [peʀikɔ̃dʀ] (ch se prononce k. 2 peri- et gr. khondros, cartilage) **Méd.** Membrane fibreuse qui recouvre les cartilages.

PÉRICHONDRITE, n. f. [peʀikɔ̃dʀit] (ch se prononce k ; périchondre) **Méd.** Inflammation du périchondre.

PÉRICLITER, v. intr. [peʀiklite] (lat. periclitari, faire un essai, risquer) Être en péril, en parlant des personnes. « Votre fille peut péricliter, si on ne lui donne du secours », MOLIÈRE. ♦ Il se dit aussi des choses. « Sans avoir fait péricliter mon honneur », LESAGE. ♦ Il se dit plus particulièrement des risques que courent des sommes d'argent. « Ma créance ne devait pas péricliter », VOLTAIRE.

PÉRICRÂNE, n. m. [peʀikʀɑn] (gr. perikranios, qui enveloppe le crâne) **Anat.** Périoste qui revêt toute la surface externe du crâne.

PÉRICYCLE, ■ n. m. [peʀisikl] (2 péri- et gr. kuklos, cercle) **Bot.** Partie externe de la racine et du cylindre central de la tige. La plupart des racines proviennent du péricycle.

PÉRIDOT, n. m. [peʀido] (orig. inc., p.-ê. métathèse de l'anc. fr. pederos, du gr. paiderôs, sorte d'opale, dotée de pouvoirs magiques) Pierre fine, d'un vert jaunâtre. Péridot du Brésil, tourmaline verdâtre. ♦ Péridot de Ceylan, variété de tourmaline.

PÉRIDOTITE, ■ n. f. [peʀidotit] (péridot) Roche magmatique de couleur sombre qui compose le manteau de la Terre. Les péridotites sont riches en fer et en magnésium.

PÉRIDROME, ■ n. m. [peʀidʀom] (gr. peridromos, de peri, autour, et dramein, courir) **Archit.** Galerie couverte autour d'un édifice.

PÉRIDURAL, ALE, ■ adj. [peʀidyʀal] (2 péri- et dural, dur) **Méd.** Qui est situé dans la zone de la dure-mère. ♦ Espace péridural, canal situé entre les vertèbres et la dure-mère. ■ N. f. Anesthésie locale par injection d'une substance médicamenteuse dans l'espace péridural, permettant notamment de réduire les douleurs de l'accouchement.

PÉRIF ou **PÉRIPH**, ■ n. m. [peʀif] (apocope de périphérique) **Fam.** Boulevard périphérique. Pour prendre l'autoroute, le plus simple est de passer par le périph !

PÉRIGÉE, ■ n. m. [peʀiʒe] (gr. perigeios) **Astron.** Point où l'orbite d'une planète est la plus proche de la terre. ♦ Se dit aussi de la lune par rapport à la terre. La lune est dans son périgée. ♦ Adj. La lune est périgée.

PÉRIGLACIAIRE, ■ adj. [peʀiglasjɛʀ] (2 péri- et glaciaire) **Géogr.** Se dit des régions proches des glaciers dont le relief a été formé par l'alternance du gel et du dégel. Étudier un milieu périglaciaire.

PÉRIGORDIEN, IENNE, ■ adj. [peʀigɔʀdjɛ̃, jɛn] (Périgord) **Préhist.** Qui est issu du paléolithique supérieur contemporain de l'aurignacien. ■ N. m. Cette période. L'outillage et l'art caractéristiques du périgordien.

PÉRIGOURDIN, INE, ■ adj. [peʀiguʀdɛ̃, in] (Périgueux et Périgord) De Périgueux ou du Périgord. Une coiffe périgourdine. ■ N. m. et n. f. Les Périgourdins et Périgourdines sont issus de la région du Périgord ou bien sont les

habitants de la ville de Périgueux. ■ REM. On dit aussi Périgordin, Périgordine, pour le Périgord.

PÉRIGUEUX, n. m. [peʀigø] (Périgueux, ville de la Dordogne) **Minér.** Pierre noire, fort douce, employée par les verriers, les émailleurs et les potiers, qui se trouve aux environs de Périgueux.

PÉRIHÉLIE, n. m. [peʀieli] (2 péri- et -hélie) **Astron.** L'extrémité du grand axe de l'orbite d'une planète la plus voisine du soleil. ♦ Adj. Cette planète est périhélie.

PÉRI-INFORMATIQUE, ■ adj. [peʀiɛ̃fɔʀmatik] (2 péri- et informatique) Qui concerne l'ensemble des matériels et des activités relatifs aux périphériques d'un système informatique. Les métiers péri-informatiques. ■ N. f. Ensemble des matériels et des activités économiques relatifs aux périphériques informatiques. La péri-informatique concerne les imprimantes, les terminaux, etc. Un spécialiste en péri-informatique.

PÉRIL, n. m. [peʀil] (lat. periculum, essai, danger) État où il y a quelque chose de fâcheux à craindre. « Aux grands périls tel a pu se soustraire, Qui périt pour le moindre affaire », LA FONTAINE. ♦ Se dit aussi des choses. « L'Italie mit leur empire en péril », BOSSUET. ♦ Être en péril, être menacé de quelque chose de funeste. Sa vie est en péril. ♦ Au péril de, aux périls de, en s'exposant à. « Au péril de tout perdre, il met tout à mon choix », P. CORNEILLE. ♦ Au péril de, aux périls de, aux dépens de, au risque de. « J'ai conquis votre cœur aux périls de ma vie », P. CORNEILLE. ♦ Faire une chose à ses risques et périls ou simplement à ses périls, la faire au hasard de ce qui peut en arriver. ♦ **Pratiq.** Prendre une affaire à ses risques, périls et fortunes, se charger de tout ce qui peut en arriver. ♦ Il y a péril en la demeure, Voy. DEMEURE. ♦ Il se dit de ce qui est à craindre pour le salut de l'âme. « Notre âme n'est plus en péril », BOSSUET. ♦ Il se dit de ce qui peut faire perdre de l'argent, des valeurs. « Si la dot est mise en péril, la femme peut poursuivre la séparation de biens », CODE CIVIL. ♦ Il se dit, par exagération, de petits inconvénients qui sont à craindre. « Celui qui a la mémoire fidèle et une grande prévoyance est hors du péril de censurer dans les autres ce qu'il a peut-être fait lui-même », LA BRUYÈRE. ♦ Un bâtiment est en péril, lorsqu'une de ses parties menace ruine. ■ REM. On prononçait autrefois [peʀij] avec le l final.

PÉRILLEUSEMENT, adv. [peʀijøz(ə)mɑ̃] (périlleux) Avec péril.

PÉRILLEUX, EUSE, adj. [peʀijø, øz] (lat. periculosus) Où il y a du péril. « Le théâtre... Chez nous pour se produire est un champ périlleux », BOILEAU. ♦ Saut périlleux, Voy. SAUT. ♦ Il se dit du péril que fait courir la beauté. « La sagesse ne rend la beauté que plus périlleuse », LA BRUYÈRE.

PÉRIMÉ, ÉE, p. p. de périmer. [peʀime]

PÉRIMER, v. intr. [peʀime] (lat. perimere, anéantir, faire périr) Se conjugue avec être et n'est employé qu'à l'infinitif et aux temps composés. **Dr.** Il se dit d'une instance qui vient à périr faute d'avoir été poursuivie dans le délai fixé. ♦ Se périmer, v. pr. Être périmé. ♦ Ce verbe réfléchi, qui n'est pas dans le Dictionnaire de l'Académie, est dans l'usage et s'emploie à tous les temps. L'instance se périmera. ■ V. pr. Par extens. Ne plus être valable. Mon billet se périme demain.

PÉRIMÈTRE, n. m. [peʀimɛtʀ] (gr. perimetros, qui mesure tout autour) **Géom.** Circonférence d'une figure. Le périmètre de la terre. ■ Limite, contour d'un espace. Le périmètre d'un quartier. ■ Zone délimitée. Établir un périmètre de sécurité.

PÉRINATAL, ALE, ■ adj. [peʀinatal] (2 péri- et natal) **Méd.** Qui se situe entre la fin de la grossesse et la première semaine après la naissance. Les soins périnataux ou périnatals.

PÉRINATALITÉ, ■ n. f. [peʀinatalite] (périnatal) **Méd.** Période située entre la fin de la grossesse et les premiers jours de la naissance. Le service de périnatalité d'un hôpital.

PÉRINATOLOGIE, ■ n. f. [peʀinataloʒi] (périnatal et -logie) **Méd.** Spécialité de la médecine consacrée à la pathologie et à la physiologie périnatales de la mère et de l'enfant. Les grossesses à risque sont suivies en périnatologie.

PÉRINÉAL, ALE, ■ adj. [peʀineal] (périnée) Qui concerne le périnée. Les muscles périnéaux. Après un accouchement, on peut suivre une rééducation périnéale chez une sage-femme ou un kinésithérapeute pour éviter des fuites urinaires dues aux muscles distendus.

PÉRINÉE, ■ n. m. [peʀine] (gr. perineos, prob. de peri et inein, faire évacuer, purger, en raison de sa zone anatomique) **Anat.** Petit groupe de muscles se trouvant entre le bas des parties génitales et l'anus, soutenant tous les muscles et les organes qui se situent au niveau du bassin.

PÉRIODE, n. f. [peʀjɔd] (lat. periodus, gr. periodos, chemin autour, révolution des astres) Temps qu'un astre met à sa révolution. La période solaire, lunaire. ♦ Révolution d'un nombre déterminé d'années, au moyen duquel le temps est mesuré de différentes manières par différentes nations. Période Julienne. ♦ Périodes géologiques, divisions de l'existence de la terre.

♦ **Méd.** Chacun des espaces de temps qu'une maladie doit successivement parcourir. ♦ Dans les fièvres intermittentes, l'espace de temps qui s'écoule de l'invasion d'un accès à l'invasion de l'accès suivant. ♦ **Gramm.** Assemblage de propositions liées entre elles par des conjonctions, et qui toutes ensemble font un sens fini. *Période à deux membres. « Le commun des hommes aime les phrases et les périodes »*, La Bruyère. ♦ *Période carrée,* Voy. carré. ♦ *Période musicale,* phrase musicale composée de plusieurs membres. ♦ ▷ N. m. Le plus haut point où une chose, une personne puisse arriver. *« Serait-il possible que vos incommodités fussent venues à leur période ? »*, Mme de Sévigné. *« Ce période de développement des facultés humaines »*, J.-J. Rousseau. ◁ ♦ Aujourd'hui, on joint ordinairement à *période* l'adjectif *haut* ou *dernier. Le plus haut période de la gloire. Le dernier période de la vie.* ♦ N. m. Espace de temps indéterminé. *« Un long période de temps »*, Dict. de l'Acad. ♦ En ce dernier sens, beaucoup font période féminin. ■ N. f. Espace de temps caractérisé par des événements, une situation. *Une période de croissance.* ■ Intervalle de temps au bout duquel un phénomène se reproduit de manière identique. ■ **Phys.** *Période d'un corps radioactif,* temps nécessaire pour que la moitié des atomes de ce corps soit désintégrée. ■ **Sp.** Partie d'un match, dans certains sports d'équipe. *Un but a été marqué à la fin de la deuxième période.* ■ **Milit.** Temps d'instruction militaire pour les réservistes, en temps de paix. *Faire sa période.* ■ **Géol.** Temps séparant les ères géologiques. *La période glaciaire.*

PÉRIODICITÉ, n. f. [peʀjɔdisite] (*périodique*) Qualité de ce qui est périodique. ♦ **Méd.** Aptitude qu'ont certains phénomènes physiologiques ou pathologiques à se reproduire à des époques déterminées, après des intervalles plus ou moins longs.

PÉRIODIQUE, adj. [peʀjɔdik] (lat. *periodicus,* gr. *periodikos*) Qui revient à des temps marqués. *Des vents périodiques.* ♦ **Math.** *Fraction périodique,* se dit des fractions décimales dont tous les chiffres, ou certains chiffres seulement, se reproduisent dans le même ordre à l'infini. ♦ **Bot.** Qui s'ouvre et se ferme à des heures fixes et réglées. *Fleur périodique.* ♦ **Méd.** *Maladie périodique,* celle qui se reproduit par accès réguliers. ♦ *Ouvrage périodique,* ouvrage qui paraît à des temps marqués. ♦ On dit de même : *Écrivain périodique.* ♦ *La presse périodique,* l'ensemble des publications qui se font à des époques revenant périodiquement. ♦ **Gramm.** *Abondant en périodes,* qui a le caractère de la période. *Style périodique.* ■ N. m. Publication périodique. ■ *Serviette, garniture, tampon périodique,* protection en matière absorbante que les femmes utilisent pendant leurs règles.

PÉRIODIQUEMENT, adv. [peʀjɔdik(ə)mɑ̃] (*périodique*) D'une manière périodique, à intervalles réguliers. *Ce recueil paraît périodiquement.* ♦ En un style périodique. *Parler périodiquement.*

PÉRIŒCIENS, n. m. pl. [peʀjesjɛ̃] (œ se prononce *é.* gr. *perioikos,* qui habite alentour, voisin) Habitants de la Terre qui sont éloignés entre eux de cent quatre-vingts degrés de longitude, mais qui sont dans la même latitude, de sorte qu'il est minuit pour les uns tandis qu'il est midi pour les autres. ♦ Adj. *Les peuples périœciens.*

PÉRIOSTE, n. m. [peʀjɔst] (gr. *periosteon,* de *peri,* autour, et *osteon,* os) **Anat.** Membrane fibreuse qui forme une enveloppe aux os.

PÉRIOSTITE, ■ n. f. [peʀjɔstit] (*périoste*) **Méd.** Inflammation de la membrane d'un os. *Le port de chaussures inadaptées à la course à pied peut provoquer une périostite tibiale.*

PÉRIOSTOSE, n. f. [peʀjɔstoz] (*périoste* et *-ose*) **Méd.** Tuméfaction du périoste.

PÉRIPATÉTICIEN, IENNE, adj. [peʀipatetisjɛ̃, jɛn] (lat *peripateticus,* disciple d'Aristote) Qui suit la doctrine d'Aristote. *La philosophie péripatéticienne.* ♦ N. m. *Un péripatéticien.* ■ N. f. Litt. ou par plais. Prostituée.

PÉRIPATÉTIQUE, adj. [peʀipatetik] (gr. *peripatētikos,* philosophe péripatéticien, de *peripatein,* se promener, parce qu'Aristote enseignait en marchant) Se dit de la philosophie d'Aristote, de ce qui appartient au péripatétisme. ♦ N. m. Péripatéticien. *« L'autorité du péripatétique »*, Racine.

PÉRIPATÉTISME, n. m. [peʀipatetism] (*péripatétique*) Philosophie péripatéticienne.

PÉRIPÉTIE, n. f. [peʀipesi] (gr. *peripeteia,* de *peripiptein,* tomber autour ou sur) Événement amené dans un poème épique, dans une pièce de théâtre, etc. qui change la face des choses. ♦ Dans le langage général, événement imprévu qui change l'état des choses.

PÉRIPH, ■ n. m. [peʀif] Voy. périf.

PÉRIPHÉRIE, n. f. [peʀifeʀi] (gr. *periphereia,* circonférence) **Géom.** Contour d'une figure curviligne. ♦ La surface externe d'un solide. ■ Ensemble des quartiers d'une ville qui sont éloignés du centre.

PÉRIPHÉRIQUE, adj. [peʀifeʀik] (*périphérie*) Qui est situé à la périphérie. ■ *Boulevard périphérique* ou n. m. *périphérique,* voie de circulation aménagée

autour d'une grande ville. ■ **Abrév. fam.** Périf ou périph. ■ N. m. Appareil, dispositif relié à un ordinateur.

PÉRIPHLÉBITE, ■ n. f. [peʀiflebit] (2 *péri-* et *phlébite*) **Méd.** Inflammation de la tunique externe d'une veine et des tissus environnants souvent présente sur des varices préexistantes et qui se traduit par des douleurs de piqûres d'aiguilles qui régressent à la chaleur. *La périphlébite est très répandue chez les personnes âgées.*

PÉRIPHRASE, n. f. [peʀifʀaz] (gr. *periphrasis,* de *periphrazein,* exprimer par circonlocution) Figure de style par laquelle, au lieu d'un seul mot, on en met plusieurs qui forment le même sens : *l'oiseau de Jupiter,* pour l'aigle.

PÉRIPHRASER, v. intr. [peʀifʀaze] (*périphrase*) User de périphrases.

PÉRIPHRASTIQUE, adj. [peʀifʀastik] (*périphrase*) Qui tient de la périphrase. ♦ Qui abonde en périphrases. *Style périphrastique.* ♦ **Gramm.** Se dit de tous les temps des verbes qui se forment à l'aide d'un auxiliaire.

PÉRIPLE, n. m. [peʀipl] (gr. *periplous,* de *periplein,* naviguer autour) **Antiq.** Navigation autour d'une mer, autour des côtes d'un pays ; relation d'une navigation de ce genre. ♦ Titre de quelques ouvrages anciens. *Le Périple d'Hannon.* ■ Long voyage. *Il s'est fait de nombreux amis au cours de son périple.*

PÉRIPNEUMONIE, n. f. [peʀipnømoni] (gr. *peripneumonia*) **Méd.** Inflammation du poumon. ♦ On dit d'ordinaire *pneumonie.*

PÉRIPTÈRE, n. m. [peʀiptɛʀ] (gr. *peripteros,* entouré d'ailes, c.-à-d. de colonnes) **Archit.** Édifice qui a des colonnes isolées dans tout le pourtour extérieur. ♦ Adj. *La Bourse de Paris est périptère.*

PÉRIR, v. intr. [peʀiʀ] (lat. *perire,* s'en aller tout à fait, périr) Prendre fin. *« Les corps peuvent changer, mais ils ne peuvent pas périr »*, Malebranche. ♦ **Fig.** *« Le Psalmiste a dit qu'à la mort périront toutes nos pensées »*, Bossuet. ♦ Être détruit, en parlant d'un pays, d'un royaume, etc. ♦ En parlant des personnes, mourir, avec l'idée que la fin est prématurée ou violente. ♦ Par exagération, *périr d'ennui,* en être excédé, y succomber. ♦ *À périr,* de la façon la plus ennuyeuse du monde. *S'ennuyer à périr.* ♦ Se damner, mourir de la mort spirituelle. ♦ **Mar.** Se dit d'un navire qui est détruit et démoli dans un naufrage, ou qui a sombré en mer et dont la perte est complète. ♦ Tomber en ruine, en parlant des choses. *Les maisons inhabitées périssent.* ♦ **Fig.** *La liberté périt par la licence.* ♦ Être effacé, anéanti. *Son nom ne périra pas.* ♦ Être inutilement dépensé. *Ne laissez rien périr.* ♦ **Dr.** Syn. de *périmer. Il a laissé périr son appel.* ♦ Par imprécation. *« Périssent ces jalousies fatales qui rendent les hommes ennemis des hommes ! »*, Montesquieu. ♦ Périr, construit d'ordinaire avec *avoir,* se trouve aussi avec *être. « L'héritage promis à Jésus-Christ était péri »*, Bossuet. *« Ne cherchez plus votre père qui doit être péri dans les flots »*, Fénelon.

PÉRISCIENS, n. m. pl. [peʀisjɛ̃] (gr. *Periskioi,* plur de *periskios,* où l'ombre fait un tour entier, de *peri* et *skia,* ombre) **Géogr.** Habitants des zones froides ou glaciales.

PÉRISCOLAIRE, ■ adj. [peʀiskolɛʀ] (2 *péri-* et *scolaire*) Qui vient compléter l'enseignement scolaire. *Des animations périscolaires.* ■ N. m. Le périscolaire.

PÉRISCOPE, ■ n. m. [peʀiskɔp] (d'après le gr. *periskopein,* regarder tout autour) Instrument d'optique constitué de prismes réflexifs et de lentilles permettant de voir par-dessus un obstacle. *Le périscope d'un sous-marin, de forme tubulaire, permet d'observer la surface de l'eau.* ■ **PÉRISCOPIQUE**, adj. [peʀiskopik]

PÉRISPERME, ■ n. m. [peʀispɛʀm] (2 *péri-* et *-sperme*) **Bot.** Partie du fruit située le plus souvent autour de la graine et qui fournit des substances nutritives à l'embryon. *Le périsperme du nénuphar.*

PÉRISPOMÈNE, ■ n. m. [peʀispomɛn] (gr. *perispômenos,* p. passif de *perispan,* tirer en sens contraire) **Gramm. grecq.** Se dit des mots qui ont l'accent circonflexe sur la dernière syllabe, comme *philô.*

PÉRISSABLE, adj. [peʀisabl] (radic. du p. prés. de *périr*) Sujet à périr, peu durable. *Une vie périssable. Un bien périssable.*

PÉRISSODACTYLE, ■ n. m. [peʀisodaktil] (gr. *perissos,* superflu, impair et *daktulos,* doigt) **Zool.** Ordre des mammifères ongulés possédant un nombre impair de doigts aux pieds et dont le poids du corps repose sur le doigt médian. *Les équidés sont des périssodactyles.* ■ Adj. *Un animal périssodactyle.*

PÉRISSOIRE, n. f. [peʀiswaʀ] (radic. du p. prés. de *périr*) Embarcation très légère, mise en mouvement à l'aide d'une pagaie.

PÉRISSOLOGIE, ■ n. f. [peʀisoloʒi] (gr. *perissologia,* de *perissos,* superflu, et *legein,* dire) **Gramm.** Pléonasme. Descendre en bas *est une périssologie.* ■ **Rhét.** Répétition d'une idée sur laquelle on veut insister ou répétition d'une idée dans un emploi ironique. *Je l'ai entendu de mes oreilles est une périssologie.*

PÉRISTALTIQUE, adj. [peristaltik] (gr. *peristaltikos*, qui a la propriété de se contracter, de *peristellein*, envelopper pour protéger) **Physiol.** *Mouvement péristaltique*, contraction successive des fibres circulaires de la tunique musculeuse de l'estomac et de l'intestin, quand elle s'exécute de haut en bas ; il a pour but de faire marcher les substances ingérées tout le long de l'intestin jusqu'à l'expulsion. ■ **PÉRISTALTISME**, n. m. [peristaltism] *Les laxatifs stimulent le péristaltisme.*

PÉRISTOME, ■ n. m. [peristom] (2 péri- et gr. *stoma*, bouche) **Zool.** Bord de l'ouverture de la coquille des gastéropodes. *Le péristome de la coquille d'escargot.* ■ **Zool.** Sillon des protozoaires représentant la bouche. ■ **Bot.** Bord poilu et dentelé de l'ouverture de l'urne des mousses.

PÉRISTYLE, adj. [peristil] (gr. *peristulos*, de *peri*, autour, et *stulos*, colonne) **Archit.** Qui est garni d'une rangée de colonnes. ◆ *Temple péristyle*, celui qui est orné à l'intérieur de colonnes parallèles aux murs. ◆ **N. m.** « *Le temple est tout de marbre ; c'est un parfait péristyle* », FÉNELON. ◆ **N. m.** Lieu environné intérieurement de colonnes, comme les cloîtres monastiques. ◆ L'ensemble de colonnes isolées qui orne la façade d'un monument. *Le péristyle du Panthéon.*

PÉRISYSTOLE, n. f. [perisistɔl] (2 péri- et *systole*) **Physiol.** Intervalle de temps entre la systole et la diastole.

PÉRITEL, ■ adj. inv. [peritɛl] (nom déposé, abrév. de *péritélévision*, de *périphérique* et *télévision*) *Prise, câble péritel*, prise, câble normalisé permettant le branchement d'équipements audiovisuels. *Raccorder un magnétoscope au téléviseur avec une prise péritel.*

PÉRITÉLÉPHONIE, ■ n. f. [peritelefoni] (2 péri- et *téléphonie*) Ensemble des techniques et matériels utilisant la téléphonie ou associés à la téléphonie. *La péritéléphonie d'entreprise.*

PÉRITÉLÉVISION, ■ n. f. [peritelevizjɔ̃] (2 péri- et *télévision*) Ensemble des matériels associés à la télévision. *Les décodeurs, magnétoscopes, lecteurs de* DVD *appartiennent à la péritélévision.*

PÉRITHÈCE, ■ n. m. [peritɛs] (2 péri- et gr. *thêkê*, étui) **Bot.** Organe en forme de petite bouteille contenant les asques dans lesquels se forment les spores, situé à l'intérieur de la fructification de certains champignons ascomycètes et qui comporte une petite ouverture faisant plus ou moins saillie. *Les périthèces mesurent généralement moins de 1 mm de haut.*

PÉRITOINE, n. m. [peritwan] (gr. *peritonaion*, litt. tendu tout autour) **Anat.** Membrane séreuse qui tapisse tout le ventre à l'intérieur.

PÉRITONÉAL, ALE, ■ adj. [peritoneal] (b. lat. *peritonæum*, péritoine ; cf. angl. *peritoneal*) **Méd.** Qui est relatif au péritoine. *Des kystes péritonéaux.*

PÉRITONITE, n. f. [peritonit] (angl. *peritonitis*, du lat. médiév. *peritonitis*) **Anat.** Inflammation du péritoine.

PÉRIURBAIN, AINE, ■ adj. [periyrbɛ̃, ɛn] (2 péri- et *urbain*) Qui est aux abords immédiats d'une ville. *L'itinéraire périurbain des autobus de banlieues.*

PERKALE, PERKALINE, n. f. [pɛrkal, pɛrkalin] Voy. PERCALE, PERCALINE.

PERLANT, ANTE, ■ adj. [pɛrlɑ̃, ɑ̃t] (*perler*) Se dit d'un vin très légèrement pétillant. *Ce vin a une attaque perlante.*

PERLE, n. f. [pɛrl] (lat. vulg. *pernula*, du lat. *perna*, cuisse, coquillage) Globule d'un blanc argentin qui se forme dans certaines coquilles. ◆ *Perle baroque*, Voy. BAROQUE. ◆ *Perle orientale*, Voy. ORIENTAL. ◆ **Fig.** *Jeter des perles devant les pourceaux*, offrir à quelqu'un des choses dont il ne sent pas le prix ; faire à quelqu'un un compliment, une gracieuseté dont il ne sent pas la délicatesse. ◆ *Perles fines*, les véritables perles. ◆ *Semence de perles*, perles trop petites pour les compter, et qui se vendent au poids. ◆ *Gris de perle*, couleur semblable à celle de la perle. ◆ *Nacre de perles* ou *mère de perles*, Voy. NACRE. ◆ *Perles fausses*, imitation des vraies perles. ◆ *Essence de perles*, Voy. ESSENCE. ◆ *Perles d'or, d'acier*, cuivre ou acier travaillé en forme de perles de diverses grandeurs. ◆ **Absol.** *Perles de verre* de toutes couleurs, mates et transparentes, qui s'emploient à différents ouvrages. ◆ **Fig. et fam.** *Je ne suis pas ici pour enfiler des perles*, pour perdre mon temps à des choses de peu d'importance. ◆ **Fig.** *Ce qu'il y a de mieux dans son genre. C'est la perle des hommes.* ◆ **Fig.** *Gouttes de liquide et particulièrement gouttes de rosée qui sont sur la pointe des herbes. Les perles de l'aurore*, la rosée. ◆ **Fig.** De belles dents. ◆ Se dit des cadences de la flûte, quand chaque son est plein et qu'il a une sorte de rondeur et de netteté. ◆ Se dit aussi de certaines notes de chant détachées. ◆ **Impr.** Le plus petit caractère. ◆ **Archit.** Suite de petits grains ronds qu'on taille dans les moulures appelées baguettes. ◆ Espèce de coquille univalve. ■ Erreur souvent ridicule. *Les perles des copies d'élèves.*

PERLÉ, ÉE, adj. [pɛrle] (*perle*) Orné de perles. ◆ **Héral.** *Croix, couronne perlée.* ◆ Qui a l'éclat ou la couleur de la perle. ◆ Qui est parsemé de petites taches blanches ou de granulations arrondies. ◆ *Orge perlé*, Voy. ORGE. ◆ *Sucre perlé* ou *cuit à perlé*, sucre auquel on a donné un second degré de cuisson. ◆ *Sirop perlé*, sirop que la cuisson a rendu assez épais pour retomber en

perles de l'écumoire. ◆ *Bouillon perlé*, bouillon blanchi d'un lait d'amandes broyées avec de bon jus de mouton, qu'on a mis sur le potage. ◆ **Fig.** Se dit des petits ouvrages de mains, faits avec un goût, un soin extrême. ◆ **Fam.** *C'est perlé*, c'est très bien. ◆ **Mus.** *Cadence perlée*, trille brillant. ■ *Coton perlé*, coton qui a subi un traitement qui lui donne un aspect brillant.

PERLÈCHE, ■ n. f. [pɛrlɛʃ] (*se perlécher*, var. région. de *[se] pourlécher*) **Méd.** Inflammation de la commissure des lèvres qui forme des fissures et des croûtes. *La perlèche est généralement due à une carence en vitamine B_2, un appareil dentaire mal toléré, une infection par une bactérie ou un champignon.*

PERLER, v. tr. [pɛrle] (*perle*) Arrondir les grains de l'orge. ◆ Donner au sucre une consistance telle qu'il se réduise facilement en petits globules ou en perles. ◆ **Fig.** Faire dans la perfection, en parlant de petits ouvrages de main. ◆ **Mus.** Donner un grand fini à ses trilles, à ses roulades. ◆ **V. intr.** Former des gouttelettes. *La rosée perlait sur la toile d'araignée et donnait l'image d'un bijou perdu dans la végétation.*

PERLIER, IÈRE, ■ adj. [pɛrlje, jɛr] (*perle*) **Zool.** Qui renferme des perles, qui en produit. *Moule, huître perlière.*

PERLIMPINPIN, n. m. [pɛrlɛ̃pɛ̃pɛ̃] (orig. inc., p.-ê. parodie de formule magique) *Poudre de perlimpinpin*, poudre imaginaire qui donne aux sorciers un grand pouvoir, et fig. médicament sans vertu.

PERLINGUAL, ALE, ■ adj. [pɛrlɛ̃gwal] (*gua* se prononce *goua* ; per, à travers, et *lingual*) **Méd.** Qui fond sous ou sur la langue. *Des médicaments perlinguaux.*

PERLITE, ■ n. f. [pɛrlit] (*perle*) **Minér.** Constituant microscopique des alliages ferreux. ■ Roche volcanique siliceuse aux propriétés absorbantes et isolantes utilisée notamment dans la culture des plantes en pot. *La perlite est produite en chauffant un silicate naturel volcanique à 1 200° C.*

PERLON, ■ n. m. [pɛrlɔ̃] (*perle*) **Zool.** Requin de la famille des hexanchidés présent en Méditerranée. ■ Grondin de la Méditerranée et de l'Atlantique. *Le perlon vit dans les eaux assez profondes au-dessus des plaques continentales, on le trouve d'habitude entre 25 et 700 mètres de profondeur.*

PERLOT, ■ n. m. [pɛrlo] (*perle*) **Région.** Petite huître récoltée sur les bords de la Manche.

PERLOUSE ou **PERLOUZE**, ■ n. f. [pɛrluz] (*perle*) **Arg.** Perle. *T'as mis tes perlouzes pour sortir ce soir !*

PERLUETTE, ■ n. f. [pɛrlɥɛt] Voy. ESPERLUETTE.

PERLURE, ■ n. f. [pɛrlyr] (*perle*) Nom donné à des grumeaux qui font une croûte raboteuse le long des perches et des andouillers du bois d'un cerf.

PERMAFROST, ■ n. m. [pɛrmafrɔst] (mot angl., de *perma[nent]* et *frost*, gel) **Géol.** Couche du sol qui est continuellement gelée dans les régions arctiques. *Les scientifiques s'inquiètent de la fonte du permafrost. Des permafrosts.*

PERMANENCE, n. f. [pɛrmanɑ̃s] (*permanent*) Durée constante. *La permanence d'une impression.* ◆ État d'une personne qui reste constamment dans le même milieu. *Être quelque part en permanence.* ◆ *L'assemblée se déclara en permanence*, elle déclara qu'elle ne lèverait pas la séance jusqu'à ce que telle chose fût terminée. ◆ *La permanence des armées*, condition des armées qui demeurent toujours organisées. ◆ **Relig.** Présence continue du corps de Jésus-Christ dans l'eucharistie, après la consécration. ■ Service qui assure le fonctionnement continu d'un organisme, d'une organisation. ■ Lieu où est assurée une permanence. *La permanence d'un syndicat.* ■ Dans un collège, un lycée, salle d'études surveillée où les élèves qui n'ont pas cours peuvent travailler.

PERMANENCIER, IÈRE, ■ n. m. et n. f. [pɛrmanɑ̃sje, jɛr] (*permanence*) Personne qui assure la permanence dans une fonction. *La permanencière du standard téléphonique.*

PERMANENT, ENTE, adj. [pɛrmanɑ̃, ɑ̃t] (lat. *permanens*, p. prés. de *permanere*, demeurer jusqu'au bout) Qui dure sans changer. « *Rien que Dieu n'est permanent* », MALHERBE. « *L'homme n'a point ici de cité permanente* », P. CORNEILLE. ◆ Qui est à demeure. *Fortification permanente*, par opposition à fortification passagère. ◆ Qui est constamment en fonctions, en organisation. *Assemblées permanentes. Armée permanente.* ◆ Se dit d'un gaz qui conserve l'état aériforme à toutes les températures et sous toutes les pressions. ■ **N. m.** Personne rémunérée qui s'occupe de la gestion d'une organisation. ■ **N. f.** Traitement qui frise les cheveux.

PERMANENTER, ■ v. tr. [pɛrmanɑ̃te] (*permanente*) Faire une permanente à ses cheveux. *Aller chez le coiffeur pour faire ou faire faire une permanente.*

PERMANGANATE, ■ n. m. [pɛrmɑ̃ganat] (*permanganique*) **Chim.** Sel de l'acide permanganique de formule HMnO. ■ *Permanganate de potassium*, oxydant utilisé comme désinfectant.

PERMANGANIQUE, ■ adj. [pɛrmɑ̃ganik] (*per-* et *manganique*) **Chim.** *Acide permanganique*, acide correspondant à l'anhydride permanganique.

PERMÉABILITÉ, n. f. [pɛʀmeabilite] (*perméable*) Propriété qu'ont certains corps d'en laisser passer d'autres à travers leurs pores. ■ **Phys.** *Perméabilité magnétique*, propriété d'un corps qui se laisse traverser par un flux magnétique. *La perméabilité magnétique du fer est élevée.* ■ **Fig.** Fait de se laisser influencer par quelque chose. *Perméabilité aux idées nouvelles.*

PERMÉABLE, adj. [pɛʀmeabl] (lat. *permeabilis*, de *permeare*, traverser) **Phys.** Qui jouit de la perméabilité. ■ **Fig.** Qui est ouvert aux idées, aux influences.

PERMESSE, n. m. [pɛʀmɛs] (gr. *Permêssos*) Source de la Béotie, consacrée aux Muses. ◆ *Le dieu du Permesse*, Apollon. ◆ *Les Nymphes du Permesse*, les Muses.

PERMETTRE, v. tr. [pɛʀmɛtʀ] (lat. *permittere*, laisser aller, confier, permettre) Donner liberté, pouvoir de dire, de faire. « *Permettez qu'à mon tour je parle avec franchise* », P. CORNEILLE. « *Il ne faut pas permettre à l'homme de se mépriser tout entier* », BOSSUET. ◆ *Permettez*, formule de politesse quand on dit une chose contraire à l'opinion que quelqu'un vient de manifester, et aussi quand on dérange quelqu'un pour faire quelque chose. ◆ *S'il m'est permis de parler ainsi*, se dit quand on se sert d'une locution qui n'est pas usitée, ou qui paraît trop forte. ◆ *Il est permis*, les convenances ne s'opposent pas à ce que. ◆ *Il m'est permis*, il est en mon pouvoir, j'ai la facilité, la faveur, le loisir de. ◆ *Se permettre*, se donner la liberté de. « *Ces abus que tout le monde se permet* », MASSILLON. ◆ Autoriser à faire usage d'une chose. *Les médecins lui ont permis le café.* ◆ Tolérer ce qu'on ne peut empêcher, et aussi tolérer ce qu'on pourrait empêcher. ◆ *Si Dieu le permet*, sorte d'exclamation. ◆ Donner le moyen, le loisir de, avec un nom de chose pour sujet. « *L'ambition ne permettait pas à la justice de régner dans les conseils des Romains* », BOSSUET. ◆ *Se permettre*, v. pr. Être permis. *Ces choses-là ne se permettent pas.* ◆ Quand permettre a un régime indirect, il demande *de* et l'infinitif. *On vous permet de sortir.* S'il n'a pas de régime, il demande *que* et le subjonctif : *Votre père a permis que vous sortissiez.*

PERMIEN, IENNE, adj. [pɛʀmjɛ̃, jɛn] (*Perm*, ville de Russie) **Géol.** *Le terrain permien* ou n. m. *le permien*, le calcaire magnésien des géologues anglais, ou nouveau grès rouge inférieur, ainsi dit du gouvernement de Perm, en Russie.

1 PERMIS, n. m. [pɛʀmi] (p. p. substantivé de *permettre*) Permission écrite. ◆ *Permis de circulation*, billet gratuit que les compagnies de chemins de fer accordent à quelques personnes. ◆ *Permis de chasse*, permission de chasser sur un certain terrain. ■ *Permis de conduire*, document officiel qui donne le droit de conduire certains véhicules. ■ Examen que l'on doit subir pour obtenir ce permis. *Passer son permis.* ■ *Permis à points*, permis de conduire comprenant douze points dont un certain nombre peut être retiré pour des infractions au code de la route. ■ Document officiel donnant l'autorisation de conduire certains véhicules ou donnant l'autorisation de conduire à certains endroits. *Permis bateau, permis rivière, permis côtier, permis poids lourd, permis moto.* ■ Tout document administratif délivrant une autorisation. *Permis de construire, de démolir, de résidence.*

2 PERMIS, ISE, p. p. de permettre. [pɛʀmi, iz] *Tout est permis*, la licence de tout faire est donnée. ◆ Ellipt. *Permis à vous, à vous permis*, vous avez la permission, la licence de.

PERMISSIF, IVE, ■ adj. [pɛʀmisif, iv] (angl. *permissive*) Qui a tendance à trop permettre, à ne pas sanctionner. *Une société permissive.* ■ **Ling.** *Verbes permissifs*, verbes signifiant la permission, la possibilité, tels que autoriser, pouvoir, permettre, etc. ■ PERMISSIVITÉ, n. f. [pɛʀmisivite] *On reproche à ces parents leur trop grande permissivité à l'égard de leurs enfants.*

PERMISSION, n. f. [pɛʀmisjɔ̃] (lat. *permissio*) Autorisation de dire, de faire. ◆ **Fig.** *Abuser de la permission*, se dit de celui à qui on peut reprocher un excès en quelque chose que ce soit. ◆ *Avec votre permission*, formule de politesse, et adoucissement à quelque reproche. ◆ *Permission de chasse* ; on dit aujourd'hui permis de chasse. ◆ *Permission de Dieu*, ordre de la Providence. ◆ Congé d'une durée limitée accordé à un militaire.

PERMISSIONNAIRE, n. m. [pɛʀmisjɔnɛʀ] (*permission*) Celui qui a reçu une permission, ou qui est porteur d'un permis. ■ Adj. **Milit.** *Soldat permissionnaire.*

PERMISSIONNER, v. tr. [pɛʀmisjɔne] (*permission*) Accorder la permission, l'autorisation d'exercer un métier sur la voie publique.

PERMITTIVITÉ, ■ n. f. [pɛʀmitivite] (angl. *permittivity*, de *to permit*, permettre) **Électr.** Rapport de l'induction électrique d'un matériau avec l'intensité du champ électrique de ce dernier. *La permittivité est représentée par la lettre epsilon et s'exprime en picofarad/mètre.*

PERMUTABILITÉ, n. f. [pɛʀmytabilite] (*permutable*) Qualité de ce qui est permutable, de ce qui peut être échangé.

PERMUTABLE, adj. [pɛʀmytabl] (permuter ; cf. b. lat. *permutabilis*, qui peut être changé) Qui est susceptible d'être permuté, changé ou échangé. ◆ **Gramm.** Qui peut être permuté. *Lettres permutables.*

PERMUTANT, ANTE, n. m. et n. f. [pɛʀmytɑ̃, ɑ̃t] (*permuter*) Personne qui permute.

PERMUTATION, n. f. [pɛʀmytasjɔ̃] (lat. *permutatio*) Changement de l'un pour l'autre. ◆ **Math.** Transposition de choses par rapport aux divers arrangements dont elles sont susceptibles. ◆ **Gramm.** Changement d'une lettre en une autre. ◆ Échange d'un emploi contre un autre.

PERMUTÉ, ÉE, p. p. de permuter. [pɛʀmyte]

PERMUTER, v. tr. [pɛʀmyte] (lat. *permutare*, changer complètement, échanger) Faire une transposition de choses qui forment un tout, une série. ◆ Faire une permutation d'emploi. ◆ Absol. *Il voudrait permuter avec son confrère.* ◆ Permuter se dit dans l'armée de deux officiers de même grade qui changent de régiment ou de corps. ◆ Se permuter, v. pr. **Gramm.** Se substituer l'une à l'autre, en parlant des lettres. ◆ Éprouver la permutation d'emploi. *Un bénéfice se permute.*

PERMUTEUR, n. m. [pɛʀmytœʀ] (*permuter*) Celui qui fait un échange, un troc.

PERNICIEUSEMENT, adv. [pɛʀnisjøz(ə)mɑ̃] (*pernicieux*) D'une manière pernicieuse.

PERNICIEUX, EUSE, adj. [pɛʀnisjø, øz] (lat. *perniciosus*) Qui cause la mort, la maladie. *Cela est pernicieux à la santé. La pernicieuse vertu d'une plante.* ◆ *Fièvre pernicieuse*, fièvre intermittente ou rémittente dont chaque accès est accompagné des symptômes les plus graves. ◆ **Fig.** Qui cause la ruine. *De maximes pernicieuses.* ◆ Il se dit aussi des personnes. « *De ligues, de complots pernicieux auteur* », RACINE. ◆ *Une langue pernicieuse*, une personne fort médisante. ■ Qui est nuisible du point de vue moral. *Des paroles pernicieuses.*

PERNICIOSITÉ, n. f. [pɛʀnisjozite] (*pernicieux*) Caractère des fièvres pernicieuses.

PER OBITUM, loc. adv. [pɛʀobitɔm] (loc. lat. ecclés., de *per*, par le fait de, et accus. *obitus*, mort) **Dr.** Par mort ; il est adopté en style ecclésiastique. *Un bénéfice vacant per obitum.*

PÉRONÉ, n. m. [perone] (gr. *peronê*) **Anat.** Os long et grêle placé à la partie externe de la jambe.

PÉRONIER, IÈRE, ■ adj. [peronje, jɛʀ] (*péroné*) Qui est relatif au péroné. *L'artère péronière.* ■ *Muscle péronier*, muscle de la jambe qui rejoint le pied et qui se trouve le long du péroné. *Les muscles péroniers sont au nombre de trois : le muscle péronier antérieur, le muscle péronier court latéral et le muscle péronier long latéral.* ■ N. m. *Le péronier antérieur permet de relever le bord externe du pied.*

PÉRONISME, ■ n. m. [peronism] (Juan *Perón*, 1895-1974, homme d'État argentin) Doctrine politique pratiquée par le président argentin Perón. ■ PÉRONISTE, adj. ou n. m. et n. f. [peronist]

PÉRONNELLE, n. f. [peronɛl] (*Peronnelle*, prén. fém. donné dans une chanson à une épouse acariâtre) Jeune femme sotte et babillarde.

PÉRORAISON, n. f. [perorezɔ̃] (lat. *peroratio*, de *perorare*, conclure un discours) **Rhét.** Conclusion d'un discours. ◆ **Mus.** La conclusion d'une symphonie, d'un discours musical.

PÉRORER, v. intr. [perore] (lat. *perorare*, exposer de bout en bout) Discourir longuement et avec prétention.

PÉROREUR, n. m. [perorœʀ] (*pérorer*) **Fam.** Celui qui a l'habitude de pérorer. ◆ On emploie aussi le féminin *péroreuse*.

PÉROT, n. m. [pero] (dim. de *père*) **Sylvic.** Baliveau qui a l'âge de deux coupes.

PÉROU, n. m. [peru] (*Pérou*) Contrée de l'Amérique méridionale, très riche en or et en argent. ◆ **Fig.** *Un Pérou, un petit Pérou*, ce qui est très avantageux. « *La campagne couverte de blés, de vignes et de troupeaux est pour l'homme un vrai Pérou* », ROLLIN. ◆ *Gagner le Pérou*, faire une grande fortune. ◆ *Ce n'est pas le Pérou*, se dit pour exprimer qu'une personne, qu'une chose ne sont pas d'une aussi grande valeur qu'on le dit.

PEROXYDASE, ■ n. f. [pɛʀɔksidaz] (*peroxyde*) **Chim.** Enzyme utilisant l'oxygène des peroxydes comme oxydant. *La peroxydase existe chez presque tous les êtres vivants.*

PEROXYDE, n. m. [pɛʀɔksid] (*per-* et *oxyde*) **Chim.** Combinaison d'un corps simple avec la plus grande proportion d'oxygène qu'il puisse contenir.

PEROXYDER, v. tr. [pɛʀɔkside] (*peroxyde*) **Chim.** Transformer en peroxyde. *Peroxyder du fer.*

PERPENDICULAIRE, adj. [pɛʀpɑ̃dikylɛʀ] (b. lat. *perpendicularis*, de *perpendiculum*, fil à plomb) Qui se dirige sur une ligne, sur un plan, sans pencher ni d'un côté, ni de l'autre, c'est-à-dire en faisant avec cette ligne, avec ce plan, deux angles droits. *Lignes perpendiculaires.* ◆ N. f. *Une perpendiculaire*, une ligne perpendiculaire. ◆ **Mar.** *La perpendiculaire à la route*, la ligne qui coupe à angles droits la direction de la route d'un navire ou celle de sa quille. ✦ *Perpendiculaire du vent*, la ligne perpendiculaire à la direction du vent régnant.

PERPENDICULAIREMENT, adv. [pɛʀpɑ̃dikylɛʀ(ə)mɑ̃] (*perpendiculaire*) D'une manière perpendiculaire.

PERPENDICULARITÉ, n. f. [pɛʀpɑ̃dikylaʀite] (*perpendiculaire*) État de ce qui est perpendiculaire. *La perpendicularité des rayons du soleil.*

PERPENDICULE, n. m. [pɛʀpɑ̃dikyl] (lat. *perpendiculum*, fil à plomb) Fil qui tend en bas par le poids d'un plomb qu'on y attache. ✦ Hauteur verticale. *Le perpendicule d'un clocher.*

PERPÈTE (À) ■ loc. adv. [pɛʀpɛt] Voy. PERPETTE.

PERPÉTRATION, n. f. [pɛʀpetʀasjɔ̃] (lat. chrét. *perpetratio*, accomplissement) **Dr.** Action de perpétrer. *La perpétration d'un crime.*

PERPÉTRÉ, ÉE, p. p. de perpétrer. [pɛʀpetʀe]

PERPÉTRER, v. tr. [pɛʀpetʀe] (lat. *perpetrare*, faire entièrement, consommer, de *per-* et *patrare*, effectuer) Usité seulement en jurisprudence. Commettre. *Perpétrer un crime.*

PERPETTE (À) ou **PERPÈTE (À)**, ■ loc. adv. [pɛʀpɛt] (abrév. de *perpétuité*) **Fam.** À perpétuité. *Il a été condamné à perpette.* ■ Très loin. *Elle habite à perpète.*

PERPÉTUATION, n. f. [pɛʀpetɥasjɔ̃] (*perpétuer*) Action qui perpétue ; résultat de cette action. *La perpétuation des espèces.*

PERPÉTUÉ, ÉE, p. p. de perpétuer. [pɛʀpetɥe]

PERPÉTUEL, ELLE, adj. [pɛʀpetɥɛl] (lat. impér. *perpetualis*, général, universel) Qui ne cesse point, qui dure toujours. « *La promesse d'un empire perpétuel* », BOSSUET. ✦ *Mouvement perpétuel*, Voy. MOUVEMENT. ✦ En diplomatie, *alliance perpétuelle*, alliance dont la durée n'est point limitée. ✦ En horticulture, *roses perpétuelles, fraises perpétuelles*, roses qui fleurissent, fraises qui fructifient pendant toute la bonne saison. ✦ Qui dure toute la vie. *Exil perpétuel.* ✦ Il se dit de certaines charges ou dignités dont on est pourvu pour toute sa vie. *Dans les académies qui forment l'Institut, les secrétaires sont perpétuels.* ✦ Continuel, incessant. « *La vie d'un homme de lettres est un combat perpétuel* », VOLTAIRE. ✦ Fréquent, habituel. *Des débats perpétuels.*

PERPÉTUELLEMENT, adv. [pɛʀpetɥɛl(ə)mɑ̃] (*perpétuel*) D'une façon perpétuelle.

PERPÉTUER, v. tr. [pɛʀpetɥe] (lat. *perpetuare*, faire continuer sans interruption, de *perpetuus*, continu) Rendre perpétuel, faire durer toujours ou longtemps. « *Un père laisse le plus d'enfants qu'il peut, afin de perpétuer son nom* », FONTENELLE. « *Par là nous perpétuons l'erreur parmi les hommes* », MASSILLON. ✦ Se perpétuer, v. pr. Durer toujours, être transmis. « *La loi assignait en Égypte à chacun son emploi, qui se perpétuait de père en fils* », BOSSUET. ✦ Se dit aussi des races, des générations qui se succèdent. ✦ *Se perpétuer dans une charge*, se maintenir dans un poste qu'on ne devait posséder que temporairement.

PERPÉTUITÉ, n. f. [pɛʀpetɥite] (lat. *perpetuitas*, continuité dans le temps, l'espace ou la pensée) Durée perpétuelle. *La perpétuité de la religion. La perpétuité des fiefs.* ✦ À PERPÉTUITÉ, loc. adv. Pour toujours. ✦ *Concession à perpétuité*, se dit des terrains vendus à toujours dans les cimetières. ✦ À perpétuité, autant que durera la vie d'un homme. *Condamné aux galères à perpétuité.* ✦ *À perpétuité*, continuellement. « *Sur cette figure il y avait à perpétuité un sourire gracieux* », MME DE STAËL.

PERPLEXE, adj. [pɛʀplɛks] (lat. *perplexus*, enchevêtré, embarrassé) Qui est dans la perplexité. ✦ Qui cause la perplexité. *Affaire perplexe.*

PERPLEXITÉ, n. f. [pɛʀplɛksite] (b. lat. *perplexitas*, enchevêtrement, ambiguïté) Irrésolution qui résulte de choses embarrassées et confuses. « *Ah ! ne me tiens donc plus l'âme en perplexité* », P. CORNEILLE.

PERQUISITION, n. f. [pɛʀkizisjɔ̃] (b. lat. *perquisitio*, recherche attentive, examen, de *perquirere*, rechercher avec soin) Recherche exacte que l'on fait d'une personne ou d'une chose. *Perquisition à domicile.*

PERQUISITIONNER, ■ v. tr. [pɛʀkizisjɔne] (*perquisition*) Effectuer une fouille méthodique et minutieuse du domicile d'un individu dans le cadre d'une enquête policière et judiciaire. *Les policiers ont perquisitionné la villa.* ■ V. intr. Faire une perquisition. *Des policiers ont perquisitionné à son domicile ce matin. Les enquêteurs perquisitionnent chez le suspect.*

PERRÉ, n. m. [pɛʀe] (*pierre*) Revêtement en pierre qui protège les abords d'un pont, et empêche l'eau de les dégrader. ✦ Petit canal rempli de pierres concassées.

PERRETTE, n. f. [pɛʀɛt] (*Perrette*, prén. fém.) Nom propre dérivé de Pierre, employé dans cette locution : *Boîte à Perrette*, argent, valeurs mises de côté pour un besoin.

PERRIÈRE, n. f. [pɛʀjɛʀ] (*pierre*) Dans le Moyen Âge, machine de guerre qui lançait des pierres, des traits, des feux grégeois. ✦ Carrière d'où l'on tire l'ardoise en Anjou, et dans certaines provinces carrière de pierres.

PERRON, n. m. [pɛʀɔ̃] (*pierre*) Espèce de palier ou de repos, où l'on monte par plusieurs marches, devant la porte d'une église ou d'autres bâtiments. ✦ Degrés d'une chute d'eau qui tombe par étages.

PERROQUET, n. m. [peʀokɛ] (prob. prén. *Pierre*) Oiseau à gros bec, qui imite la voix humaine. ✦ *Bâton de perroquet*, bâton établi sur un plateau de bois, et garni de distance en distance d'échelons, auquel les perroquets aiment à grimper, et fig. maison à plusieurs étages dont chacun n'a qu'une chambre. ✦ *En bec de perroquet*, en forme du bec de perroquet. ✦ **Fam.** *Parler comme un perroquet*, parler sans comprendre ce qu'on dit. ✦ **Fig.** *Un perroquet*, celui qui a appris quelque chose par cœur, sans le comprendre. ✦ **Mar.** Nom donné à de seconds mâts qui s'arborent sur les hunes du grand mât et de la misaine, et sur celles du beaupré et de l'artimon, et aux voiles que ces mâts portent. ✦ *Perroquet de fougue*, Voy. FOUGUE. ■ Boisson composée de pastis et de sirop de menthe. ■ Portemanteau sur pied à multiples patères.

PERRUCHE, n. f. [peʀyʃ] (prob. *perrique*, petit perroquet, de l'esp. *perico*, du prén. *Perico*, dimin. de *Pe[d]ro*) Femelle du perroquet. ✦ Petit perroquet à longue queue. ✦ **Mar.** Voile carrée qui se hisse au-dessus du perroquet de fougue.

PERRUQUE, n. f. [peʀyk] (p.-ê. ital. *parrucca*) Coiffe de réseau sur laquelle on range des cheveux représentant une coiffure naturelle. ✦ *Tête à perruque*, tête en bois sur laquelle on place une perruque pour l'accommoder, et fig. vieillard de peu d'esprit et opiniâtre en ses préjugés. ✦ **Fig. et pop.** *Perruque*, personne trop âgée pour les fonctions qu'elle occupe, ou attachée à des idées qui ont passé de mode. ✦ **Adj.** Vieux, suranné. *Cela est perruque.* ■ **Fam.** Travail qu'un ouvrier effectue pour son propre compte sur son lieu de travail.

PERRUQUIER, n. m. [peʀykje] (*perruque*) Celui qui fait des perruques, qui coiffe et qui rase. ✦ ▷ *Perruquière*, la femme d'un perruquier. ◁ ✦ **Adj.** *Garçon perruquier.* ■ **REM.** Aujourd'hui, *perruquière* est la profession de celle qui fabrique des perruques.

PERS, ERSE, adj. [pɛʀ, ɛʀs] (b. lat. *persus*, violet, bleu foncé, p.-ê. de *Persia*, d'où l'on faisait venir des cocons pour fabriquer des vêtements de soie) De couleur bleue dans toutes les nuances. ✦ En général, d'un bleu foncé. ✦ *La déesse aux yeux pers*, Minerve. ✦ N. m. Pers, drap bleu foncé.

PER SALTUM, loc. adv. [pɛʀsaltɔm] (loc. lat., de *per*, au moyen de, et accus. *saltus*, saut) En droit canon, l'ordination est dite *per saltum*, lorsqu'on reçoit un ordre supérieur, sans avoir passé par les inférieurs.

1 PERSAN, ANE, ■ adj. [pɛʀsɑ̃, an] (*Perse*) Qui est originaire de Perse (l'Iran d'aujourd'hui). *Un tapis persan.* ■ N. m. et n. f. Habitant de l'ancienne Perse. *Les Persans.* ■ N. m. Langue parlée en Iran, en Afghanistan et au Tadjikistan. *Le persan est une langue indo-européenne.*

2 PERSAN, ■ n. m. [pɛʀsɑ̃] (*Perse*) Race de chat aux poils longs et soyeux et à la face aplatie. *Une exposition féline de persans.* ■ Adj. *Un chat persan.*

1 PERSE, n. m. et n. f. [pɛʀs] (lat. *Persa*, de Perse) Sectateur de la religion de Zoroastre. ✦ Adj. Qui appartient aux sectateurs de Zoroastre. ✦ N. m. Idiome que les Guèbres parlent entre eux. ■ Adj. Qui est originaire de l'ancienne Perse, avant la conquête arabe. *L'empire perse.* ■ *Les langues perses*, l'iranien, le persan, le parsi. ■ **REM.** On disait autrefois *parse*.

2 PERSE, n. f. [pɛʀs] (*Perse*, nom de pays) Toile peinte, qui venait originairement de l'Orient, et que maintenant on fabrique partout.

3 PERSE, ■ n. f. [pɛʀs] (abréviation de *perspective*) Dessin en perspective. *Faire une perse.* ■ *Monter ou descendre une perse*, en dessin d'architecture, construire sa perspective à l'aide des plans de coupes et de niveaux.

PERSÉCUTANT, ANTE, adj. [pɛʀsekytɑ̃, ɑ̃t] (*persécuter*) Qui persécute. « *Une religion persécutante* », J.-J. ROUSSEAU. ✦ Se dit aussi des choses. « *Tout ce qu'a le malheur de plus persécutant* », P. CORNEILLE. ✦ N. m. Le persécutant. ✦ Qui se rend incommode par ses importunités. ✦ Il se dit des choses. « *Ah ! te trouverons-nous toujours partout, ô vérité persécutante ?* », BOSSUET.

PERSÉCUTÉ, ÉE, p. p. de persécuter. [pɛʀsekyte] N. m. et n. f. Les persécutés.

PERSÉCUTER, v. tr. [pɛʀsekyte] (radic. de *persécuteur*) Tourmenter par des voies injustes, par des poursuites violentes. ✦ Il se dit en particulier des persécutions religieuses. « *Ils [les chrétiens] font des vœux pour nous qui les persécutons* », P. CORNEILLE. ✦ **Absol.** « *Ceux qui persécutent me paraissent des monstres* », VOLTAIRE. « *Ceux qui persécutent persévéramment en eux-mêmes leurs mauvais désirs* », BOSSUET. ✦ **Fig.** Causer des peines comparées aux douleurs de la persécution. *La fortune le persécute.* ✦ **Par exagération** Presser avec importunité. *Ses créanciers le persécutent.* ✦ Se persécuter, v. pr.

Agir l'un contre l'autre par des voies injustes et violentes. ♦ Se persécuter soi-même.

PERSÉCUTEUR, TRICE, n. m. et n. f. [pɛʀsekytœʀ, tʀis] (lat. chrét. *persecutor*, persécuteur des chrétiens, de *persequi*, poursuivre) *Personne* qui persécute. ♦ En particulier, personne qui persécute pour cause de religion. ♦ **Fig.** « *Le juste, sévère à lui-même et persécuteur irréconciliable de ses propres passions* », Bossuet. ♦ Personne importune, incommode. ♦ **Adj.** Qui persécute. *L'esprit persécuteur.*

PERSÉCUTION, n. f. [pɛʀsekysjɔ̃] (lat. chrét. *persecutio*, persécution des chrétiens) Poursuite injuste et violente, vexation. « *Ceux qui souffrent persécution pour la justice* », Bossuet. ♦ Il se dit, en particulier, des poursuites pour cause religieuse. « *Les historiens ecclésiastiques comptent dix persécutions sous dix empereurs* », Bossuet. ♦ *La persécution de Néron, de Dioclétien, etc.*, celle que les chrétiens ont soufferte sous Néron, sous Dioclétien, etc. ♦ Par exagération, importunité continuelle dont on se trouve fatigué. ▪ **Psych.** *Délire de persécution*, forme de délire dans lequel la personne a la certitude d'être constamment attaquée par autrui.

PERSÉE, n. m. [pɛʀse] (*Persée*, héros de la mythologie grecque) **Astron.** Constellation boréale.

PERSÉIDES, ▪ n. f. pl. [pɛʀseid] (*Persée*, nom d'une constellation) Ensemble météorique observé généralement au mois d'août et qui semble provenir de la constellation de Persée. *L'essaim météorique des Perséides.*

PERSEL, ▪ n. m. [pɛʀsel] (*per-* et *sel*) **Chim.** Sel dérivant d'un peroxyde. *Des persels.*

PERSÉVÉRAMMENT, adv. [pɛʀseveʀamɑ̃] (*persévant*) Avec persévérance.

PERSÉVÉRANCE, n. f. [pɛʀseveʀɑ̃s] (lat. *perseverantia*) Qualité de celui qui persévère. « *La plupart des hommes, pour arriver à leurs fins, sont plus capables d'un grand effort que d'une longue persévérance* », La Bruyère. ♦ Il se dit aussi des choses qui persévèrent. *La persévérance d'une vertu.* ♦ **Absol.** Fermeté et constance dans la piété, dans la foi. ♦ *Le catéchisme de persévérance*, celui que les enfants suivent après leur première communion.

PERSÉVÉRANT, ANTE, adj. [pɛʀseveʀɑ̃, ɑ̃t] (*persévérer*) Qui persévère. *Homme persévérant.* ♦ Il se dit aussi des choses. « *La foi persévérante de la reine* », Fléchier.

PERSÉVÉRATION, ▪ n. f. [pɛʀseveʀasjɔ̃] (all. *Perseveration*, du b. lat. *perseveratio*, action de persévérer) **Méd.** Trouble qui persiste, de manière consciente ou non, chez un malade, alors qu'il n'a plus aucune cause mécanique ou physiologique. *Quand un aphasique ne peut s'empêcher de redire constamment le même mot à la place d'un autre, il s'agit du phénomène de persévération.*

PERSÉVÉRER, v. intr. [pɛʀseveʀe] (lat. *perseverare*, persister, continuer, de *per-* et *severus*, sévère, rigoureux) Demeurer toujours dans la même manière d'être. « *Persévérer dans la règle ou dans le désordre* », La Bruyère. ♦ Il régit la préposition *à* devant un infinitif. ♦ *Je persévère*, je suis toujours du même avis. ♦ **Absol.** Persévérer dans le bien. « *Qui persévérera, celui-là sera sauvé* », Fléchier. ♦ *Persévérer* se dit des choses qui se continuent. *Son mal persévère.*

PERSICAIRE, n. f. [pɛʀsikɛʀ] (lat. médiév. *persicaria*, du lat. *persicus*, pêcher) Nom de plusieurs espèces du genre *polygonum*.

PERSICOT, n. m. [pɛʀsiko] (lat. *persicus*, mêcher, ou *persique*, variété de grosse pêche) Liqueur dont la base est de l'esprit-de-vin, des noyaux de pêches et du sucre, avec un extrait de persil et d'autres ingrédients.

PERSIENNE, n. f. [pɛʀsjɛn] (fém. substantivé de l'anc. fr. *persien*, persan) Un châssis de bois qui s'ouvrent en dehors comme des croisées ou des contrevents, et sur lesquels sont assemblées, à distance égale, des tringles de bois en abat-jour.

PERSIFLAGE ou **PERSIFFLAGE**, n. m. [pɛʀsiflaʒ] (*persifler*) Discours de celui qui persifle.

PERSIFLÉ, ÉE ou **PERSIFFLÉ, ÉE**, p. p. de persifler. [pɛʀsifle]

PERSIFLER ou **PERSIFFLER**, v. tr. [pɛʀsifle] (*per-* intensif et *siffler*) Railler quelqu'un, en lui adressant d'un air ingénu des paroles qu'il n'entend pas, ou qu'il prend dans un autre sens. ♦ Parler avec ironie et moquerie de quelque chose. ♦ **Absol.** *Vous persiflez.* ♦ Se persifler, v. pr. Se railler soi-même.

PERSIFLEUR ou **PERSIFFLEUR**, n. m. [pɛʀsiflœʀ] (*persifler*) Celui qui a l'habitude de persifler. ▪ Au féminin, *persifleuse.*

PERSIL, n. m. [pɛʀsi] ou [pɛʀsil] (lat. pop. *petrosinu*, du gr. *petroselinon*) Plante potagère, *Apium petroselinum.* ♦ **Fig.** Grêler sur le persil, Voy. **GRÊLER.**

PERSILLADE, n. f. [pɛʀsijad] (*persil*) Ragoût fait de tranches de bœuf assaisonnées de persil. ▪ Mélange de persil frais et d'ail finement hachés que l'on ajoute à un plat pour le parfumer. *Des champignons à la persillade.*

PERSILLÉ, ÉE, adj. [pɛʀsije] (*persil*) Qui est semé à l'intérieur de petits points verdâtres, dus à des espèces de moisissures. *Le bon fromage de Roquefort est persillé.* ▪ Additionné de persil haché. *Beurre persillé.* ▪ *Viande persillée*, parsemée de filaments graisseux.

PERSILLÈRE, ▪ n. f. [pɛʀsijɛʀ] (*persil*) Pot de terre percé dans lequel on fait pousser du persil quelle que soit la saison.

PERSIQUE, adj. [pɛʀsik] (lat. *persicus*) Qui appartient aux anciens Perses. ♦ **Archit.** *Ordre persique*, ordre d'architecture où ce sont des figures de captifs qui servent de colonnes ; tout le reste appartient d'ailleurs au dorique.

PERSISTANCE, n. f. [pɛʀsistɑ̃s] (*persister*) Qualité de ce qui est persistant. *La persistance d'un mal.* ♦ Action de persister.

PERSISTANT, ANTE, adj. [pɛʀsistɑ̃, ɑ̃t] (*persister*) **Bot.** Se dit des organes dont la durée se prolonge au-delà de l'époque qui semble fixée pour leur chute. *Les feuilles du laurier sont persistantes.* ♦ Qui a de la persistance, en parlant des personnes.

PERSISTER, v. intr. [pɛʀsiste] (lat. *persistere*) Demeurer ferme dans ses résolutions, dans ses sentiments. *Persister dans son aveuglement.* « *Il persista dans la piété* », Bossuet. ♦ Il se construit avec *à* et l'infinitif. « *S'il persiste à demeurer chrétien* », P. Corneille. ♦ **Absol.** Être toujours du même avis. ▪ Continuer d'exister, durer. *L'inquiétude persiste.*

PERSO, ▪ adj. inv. [pɛʀso] (apocope de *personnel*) **Fam.** Personnel. *Fournir un travail perso. Des messages perso.* ▪ **Adv.** Personnellement. « *J'ai pas perso une grosse camaraderie pour Bernard* », Degaudenzi.

PERSONA GRATA, ▪ loc. adj. inv. [pɛʀsonagʀata] (loc. lat., personne bienvenue) Représentant d'un gouvernement officiellement agréé par le gouvernement du pays étranger au sein duquel il exerce ses fonctions. ▪ **Fig.** Bienvenu. *Tu seras toujours persona grata chez nous.* ▪ **Rem.** Opposé à *persona non grata.*

PERSONNAGE, n. m. [pɛʀsonaʒ] (*personne*) Personne considérable, célèbre. « *Se croire un personnage est fort commun en France* », La Fontaine. ♦ En mauvaise part. *Voilà un plaisant personnage !* ♦ Personne fictive mise en action dans un ouvrage dramatique, dans un poème narratif, un roman. *Les personnages de Molière.* ♦ **Par extens.** Rôle que joue un acteur, une actrice. ♦ *L'intérêt parle toutes sortes de langues, et joue toutes sortes de personnages, même celui de désintéressé* », La Rochefoucauld. ♦ *Personnage allégorique*, être métaphysique ou inanimé que la poésie ou la peinture personnifie. ♦ **Peint.** Se dit des figures dans un tableau historique. ♦ *Tapisserie à personnages*, tapisserie où il y a des figures d'hommes et de femmes.

PERSONNALISATION, ▪ n. f. [pɛʀsonalizasjɔ̃] (*personnaliser*) **Vieilli** Prêter les traits d'une personne à quelque chose de généralement abstrait. *La personnalisation de la nature.* ▪ Action de rendre personnel, d'adapter à chaque individu. *La personnalisation d'un appartement, d'un impôt.*

PERSONNALISER, ▪ v. tr. [pɛʀsonalize] (*personnel*, avec infl. de l'angloamér. *to personalize*, rendre personnel, de *personal*) **Vieilli** Donner les traits ou les émotions d'une personne à une abstraction. *Personnaliser un arbre.* ▪ Apporter une touche ou une modification personnelle à un objet. *Personnaliser son intérieur.* ▪ Adapter en fonction de chaque individu. *Personnaliser un contrat.*

PERSONNALISME, ▪ n. m. [pɛʀsonalism] (*personne*) **Philos.** Doctrine philosophique qui place la personne humaine comme valeur suprême. *Le personnalisme échappe à toute systématisation définitive, à toute totalisation.* « *Et je prémunirai mon disciple [...] en l'engageant à prendre une conscience toujours plus aiguë du personnalisme essentiel de la connaissance historique* », Marrou.

PERSONNALITÉ, n. f. [pɛʀsonalite] (b. lat. *personalitas*, du lat. *personalis*) Ce qui appartient essentiellement à une personne, ce qui fait qu'elle est elle et non pas une autre. *Le sentiment de notre personnalité.* ♦ Caractère, qualité de ce qui est personnel. ♦ **Au pl.** Détails personnels. « *Vous connaissez mille particularités, mille personnalités qui sont inconnues à la plupart des auteurs* », Bayle. ♦ Attachement à sa propre personne. « *La personnalité, ce sentiment si naturel, devient atroce dans un homme public, sitôt qu'elle est passionnée* », Marmontel. ♦ Paroles qui attaquent personnellement quelqu'un. *Une personnalité offensante.* ♦ **Néolog.** Une personne, un personnage.

PERSONNAT, n. m. [pɛʀsona] (lat. ecclés. *personatus*, ou a. provenç. *personat*) Sorte de bénéfice dans une église cathédrale ou collégiale qui donnait préséance sur les simples chanoines.

PERSONNE, n. f. [pɛʀson] (lat. *persona*, masque d'acteur, rôle, caractère) Un homme ou une femme. « *Des personnes de grande condition* », Pascal. ♦ **Fam.** *Être bonne personne*, être d'humeur facile. ♦ *Être personne à...*, être capable de... ♦ Il se dit avec première, seconde, etc. au sens de personnage. « *L'archevêque d'Upsal était la seconde personne du royaume* », Voltaire. ♦ Il se dit des femmes dans certaines phrases où cette acception est déterminée par le sens total. *Une jeune personne.* ♦ Un homme ou une femme considérés en eux-mêmes. « *Envoyez-moi cet habit et ces bijoux de Philémon, et je vous quitte de la personne* », La Bruyère. ♦ En droit soit civil, soit public, celui qui a des droits. « *Les lois disent que l'esclave n'est pas une personne dans l'État* », Bossuet. ♦ *Personne civile*, être moral qui, en raison de ses droits actifs ou passifs, a une existence civile ; se dit de l'État, des communes, de certaines associations. ♦ Précédé d'un adjectif possessif, il désigne tel ou tel suivant l'indication de l'adjectif. « *Je chéris sa personne et je hais son erreur* », P. Corneille. « *Mais un ordre est donné contre votre personne* », Molière. ♦ **Fam.** *Aimer sa personne, sa petite personne,* aimer ses aises, avoir un grand soin de sa santé, de son corps. ♦ *Être content de sa personne, de sa petite personne,* être satisfait de soi-même. ♦ *De sa personne,* soi-même. ♦ *Payer de sa personne,* Voy. payer. ♦ *Cet homme est bien fait de sa personne,* il est bien proportionné. ♦ *En personne, en propre personne,* moi-même, vous-même, lui-même ou elle-même. ♦ **Fig.** *C'est l'honneur en personne,* c'est un homme plein d'honneur. ♦ *En la personne de, en sa personne,* se disent dans le même sens. « *Le premier crime a été un homicide en la personne du premier juste* », Pascal. ♦ **Procéd.** *En la personne.* Assigner une commune en la personne du maire. ♦ Dans le discours ordinaire, offenser, louer quelqu'un en la personne d'un autre. ♦ *Parlant à sa personne,* parlant à sa propre personne, c'est-à-dire parlant à lui-même. ♦ *La personne du roi, la personne royale,* le roi. ♦ **Relig.** *Les personnes divines,* la Trinité. ♦ **Gramm.** *Personnes,* les diverses situations des êtres par rapport à l'acte de la parole : *la première personne,* celle qui parle ; *la seconde personne,* celle à qui l'on parle ; *la troisième personne,* celle de qui l'on parle. ♦ *Personne,* substantif abstrait, qui est toujours du masculin et du singulier, et qui signifie quelqu'un. *Personne croira-t-il jamais ?* ♦ Avec la négation, nul, pas un. « *Dieu ne veut pas que personne périsse* », Bossuet. ♦ **Absol.** Personne sert de réponse négative. ♦ Avec ellipse de la négation. *Personne dans les rues.* ♦ **Fig.** et **fam.** *Il n'y a plus personne au logis,* ou simplement *il n'y a plus personne,* se dit de quelqu'un qui a perdu la tête, et aussi de quelqu'un qui vient de mourir.

PERSONNÉE, adj. f. [pɛrsɔne] (lat. sav., du lat. *personata,* masquée) **Bot.** *Corolle personnée,* celle qui se compose d'un tube plus ou moins long, à gorge dilatée et fermée, et d'un limbe à deux lèvres inégales représentant grossièrement le mufle d'un animal ; exemple : le muflier. ♦ **N. f.** *Les personnées.*

PERSONNEL, ELLE, adj. [pɛrsɔnɛl] (b. lat. gramm. et lat. jurid. *personalis,* relatif à la personne) Qui est propre et particulier à chaque personne. *L'intérêt personnel. Un fait qui m'est personnel.* ♦ *Entrée personnelle,* Droit d'entrer dans un lieu public qui ne peut se céder à d'autres. ♦ *Critique personnelle,* celle où l'on attaque moins l'ouvrage que l'auteur lui-même. ♦ **Dr.** *Action personnelle,* action par laquelle on poursuit contre une personne l'exécution d'une obligation. ♦ *Droit personnel,* droit tellement attaché à la personne qu'il ne peut être transporté à un autre. ♦ *Loi personnelle,* loi qui régissait une certaine catégorie de personnes. *Les lois des Francs étaient personnelles et non territoriales.* ♦ *Contribution personnelle,* celle qui frappe la personne et non pas les biens. ♦ **Gramm.** *Pronom personnel,* pronom qui représente une des trois personnes. ♦ *Verbe personnel,* celui qui est employé aux personnes du singulier et du pluriel. ♦ *Mode personnel,* Voy. mode. ♦ Qui est plein de personnalité, d'attachement à sa propre personne. *Un caractère personnel.* ♦ personnel, **n. m.** Personnes attachées à un service public. *Les dépenses relatives au personnel.* ♦ La partie d'une administration qui s'occupe de la nomination et de l'avancement des fonctionnaires, des employés. ♦ **Prov.** *Toutes fautes sont personnelles, on n'est pas responsable des fautes d'autrui.*

PERSONNELLEMENT, adv. [pɛrsɔnɛl(ə)mɑ̃] (*personnel*) D'une manière propre à la personne. *Je ne le connais pas personnellement.* ■ En personne. *Je lui ai demandé personnellement.* ■ Quant à soi. *Personnellement, je m'y oppose.*

PERSONNIFICATION, n. f. [pɛrsɔnifikasjɔ̃] (*personnifier*) Action de personnifier ; résultat de cette action. ♦ **Littér.** Figure qui consiste à faire d'un être inanimé ou d'une abstraction un personnage réel. *La personnification de la Guerre.*

PERSONNIFIÉ, ÉE, p. p. de personnifier. [pɛrsɔnifje]

PERSONNIFIER, v. tr. [pɛrsɔnifje] (*personne*) Attribuer à une chose inanimée les sentiments, le langage, etc. ♦ *Personnifier en soi,* offrir en soi la réalité de quelque chose. *Elle personnifie en soi toutes les grâces de la femme du monde.* ♦ *Se personnifier,* v. pr. Être personnifié. ♦ *Toutes les qualités de l'honnête homme se personnifient en lui,* il les a toutes.

PERSPECTIF, IVE, adj. [pɛrspɛktif, iv] (lat. médiév. *perspectivus,* relatif à l'optique, du lat. *perspicere,* regarder à travers, regarder attentivement) Qui représente un objet en perspective. *Plan perspectif. Vue perspective.*

PERSPECTIVE, n. f. [pɛrspɛktiv] (lat. médiév. *perspectiva,* fém. substantivé de *perspectivus*) Science qui enseigne à représenter les objets sur un plan,

de la manière qu'ils paraissent à la vue, en gardant les distances et les situations. *Dans ce tableau, il y a de la perspective.* ♦ *Perspective linéaire,* celle qui se fait par les lignes seules. ♦ *Perspective aérienne,* celle qui se fait par la dégradation des couleurs ou des teintes. ♦ Peinture qui représente des jardins, des bâtiments en éloignement et qu'on met au bout d'une galerie ou d'une allée de jardin pour tromper la vue. ♦ Aspect des objets vus de loin. *Ces montagnes font une belle perspective.* ♦ **Fig.** « *Les hommes et les affaires ont leur point de perspective* », La Rochefoucauld. ♦ **Fig.** Il se dit d'un événement éloigné, mais probable. « *Je m'en irai avec cette douce espérance de vous revoir l'hiver : c'est une perspective agréable* », Mme de Sévigné. « *Une immense perspective de gloire* », Raynal. ♦ **en perspective,** loc. adv. Dans un certain éloignement. « *Ayant en perspective les neiges éternelles des grandes Alpes* », Voltaire. ♦ **Fig.** Dans l'avenir. « *J'ai en perspective d'aller vous voir* », Mme de Sévigné. ■ Manière dont une chose se présente, point de vue. *Dans une perspective européenne.*

PERSPICACE, adj. [pɛrspikas] (lat. *perspicax,* clairvoyant, de *perspicere,* voir pleinement) Qui a de la perspicacité.

PERSPICACITÉ, n. f. [pɛrspikasite] (b. lat. *perspicacitas*) Pénétration d'esprit.

PERSPICUITÉ, n. f. [pɛrspikɥite] (lat. *perspicuitas,* de *perspicuus,* transparent, évident) Qualité qui fait que l'esprit voit à travers une pensée, à travers le style, etc., clarté, netteté. ♦ Qualité d'une pensée, du style, qui fait que l'esprit voit à travers. ■ **Rem.** Graphie ancienne : *perspicuité.*

PERSPIRATION, n. f. [pɛrspirasjɔ̃] (lat. *perspirare,* respirer partout) **Méd.** Exhalation insensible à la surface de la peau ou d'une membrane séreuse.

PERSUADANT, ANTE, adj. [pɛrsɥadɑ̃, ɑ̃t] (*persuader*) Qui persuade. « *Plus ce que vous écrivez est fort et persuadant et ingénieux* », Voiture. ♦ Il se dit aussi des personnes.

PERSUADÉ, ÉE, p. p. de persuader. [pɛrsɥade] N. m. et n. f. « *Il avait toute la simplicité et l'enthousiasme d'un persuadé* », Voltaire.

PERSUADER, v. tr. [pɛrsɥade] (lat. *persuadere*) Porter à croire, décider à faire. *Il m'a persuadé de sa sincérité. Il m'a persuadé de venir.* ♦ **Absol.** *L'art de persuader.* ♦ *Se persuader,* persuader à soi-même, croire, s'imaginer. *Ils se sont persuadé qu'il fallait partir.* En 1798, l'Académie mettait dans son Dictionnaire cet exemple : *Ils s'étaient persuadés qu'on n'oserait les contredire.* En 1835, elle écrit *persuadé* sans *s.* On peut le faire accorder ou ne le pas faire accorder : si on supprime l'*s,* on s'appuie sur ce que l'on dit *persuader une chose à quelqu'un* ; si on met l'*s,* on s'autorise de ce que l'on dit *persuader quelqu'un d'une chose.* ♦ Faire croire, en parlant des choses qu'on persuade. « *Ce grand orateur voyant Antoine près d'envahir la Gaule, persuada au sénat de lui opposer les troupes du jeune César* », Vertot. « *Ce don, cet heureux don de tout persuader* », Voltaire. ♦ *Se persuader,* v. pr. Donner à soi-même la croyance. « *On se persuade mieux par les raisons qu'on a soi-même trouvées, que par celles qui sont venues dans l'esprit des autres* », Pascal. ♦ *Se persuader les uns les autres.* ♦ Devenir l'objet d'une persuasion. « *La religion se persuade et ne se commande point* », Fléchier. ■ **Rem.** On écrit aujourd'hui *ils se sont persuadés de quelque chose.*

PERSUASIF, IVE, adj. [pɛrsɥazif, iv] (lat. scolast. *persuasivus,* de *persuadere*) Qui a la force, le pouvoir de persuader. *Une éloquence persuasive.* ♦ En parlant des personnes, qui a le talent de persuader.

PERSUASION, n. f. [pɛrsɥazjɔ̃] (lat. *persuasio,* de *persuadere*) Action de persuader. ♦ *Il a la persuasion sur les lèvres,* il est très éloquent. ♦ Détermination de l'esprit à croire, causée par la force, la vérité, la beauté des raisons. « *Rien ne ressemble plus à la vive persuasion que le mauvais entêtement* », La Bruyère. ♦ Ferme croyance. *J'ai agi dans la persuasion que vous m'approuveriez.* « *Tout cela n'ébranla pas ma persuasion* », J.-J. Rousseau.

PERSULFATE, ■ n. m. [pɛrsylfat] (*per-* et *sulfate*) **Chim.** Sel obtenu par électrolyse d'un sulfate. *Persulfate de soude.*

PERTE, n. f. [pɛrt] (lat. pop. *perdita,* substantivation du p. p. fém. de *perdere,* détruire, faire une perte) Privation de quelque chose d'avantageux, d'agréable. « *La perte de nos biens et de nos libertés* », P. Corneille. ♦ Privation, parce qu'on a égaré, perdu. *La perte d'un livre.* ♦ Il se dit de la privation de l'esprit, du sommeil, des forces, etc. ♦ Se dit des personnes dont on est privé par la mort. *La perte d'un époux.* ♦ *Ma perte,* la perte que j'ai faite. ♦ **Mar.** Destruction. *Il y a perte d'un navire,* lorsque ce navire fait naufrage, se perd ou périt. ♦ Portion perdue en choses, en argent, en espace, etc. *Il y aura de la perte dans la coupe de cet habit, dans la taille de ce marbre, etc.* ♦ *Être en perte d'une somme,* l'avoir perdue. ♦ **Absol.** *Il est toujours en perte.* ♦ Se dit au jeu de ce qui passe entre les mains de l'adversaire. *Une perte de mille francs.* ♦ On le dit des hommes tués ou blessés dans les batailles. *Nos pertes ont été considérables.* ♦ *Être repoussé avec perte,* en parlant d'une troupe, reculer en laissant des morts, des blessés, et fig. avoir le désavantage dans une discussion. ♦ Il se dit de ce qui s'échappe et se perd par des pertuis. *Il y a des pertes d'eau.* ♦ *La perte du Rhône,* le lieu où il s'enfonce dans un trajet souterrain, pour reparaître plus loin. ♦ *Perte de sang* ou **absol.** *perte,* écoulement de sang. ♦ Ruine, en ce qui regarde le gouvernement, la fortune, la réputation, les mœurs, etc. *Ce serait la perte des affaires, du crédit, de l'État, etc.* ♦ Jurer, résoudre la perte de quelqu'un, jurer, résoudre sa mort, sa ruine. ♦ **Relig.** *La perte de l'âme,* la damnation éternelle. ♦ Mauvais succès, issue fâcheuse. *La perte d'une partie de jeu, d'un procès, d'une bataille.* ♦ Mauvais ou inutile emploi d'une chose. *Une grande perte de temps. La perte des occasions.* ♦ À PERTE, loc. adv. Avec perte, en perdant. *Vendre à perte.* ♦ À PERTE DE VUE, loc. adv. Voy. VUE. ♦ *À perte d'haleine,* jusqu'à ne pouvoir plus respirer. ♦ EN PURE PERTE, loc. adv. Sans utilité, sans résultat. ♦ On dit aussi *à pure perte.* ■ *Pertes* ou *pertes blanches,* écoulement par la vulve d'un liquide muqueux blanchâtre. Voy. LEUCORRHÉE. ♦ *Perte sèche,* perte d'argent que rien ne peut venir compenser. ■ *En perte de vitesse,* se dit d'un avion dont la vitesse n'est pas suffisante pour se soutenir dans l'air. ♦ **Fig.** *Être en perte de vitesse,* être en recul, ne plus progresser. *Ces activités industrielles sont en perte de vitesse.*

PERTINEMMENT, adv. [pɛʁtinamɑ̃] (*pertinent*) D'une manière pertinente, en touchant précisément le point en question. « *Il parle, ce me semble, assez pertinemment* », RACINE. ■ *Savoir pertinemment quelque chose,* le savoir parfaitement.

PERTINENCE, n. f. [pɛʁtinɑ̃s] (*pertinent*) Qualité de ce qui est pertinent. *La pertinence de ses raisons.* ♦ En procédure, *la pertinence des moyens, des faits et articles.*

PERTINENT, ENTE, adj. [pɛʁtinɑ̃, ɑ̃t] (lat. *pertinens,* p. prés. de *pertinere,* appartenir, à viser à) **Dr.** Qui se rapporte à la question, qui a trait à la question. ♦ Dans le langage général, *raisons pertinentes,* raisons convenables à ce qu'on veut prouver.

PERTUIS, n. m. [pɛʁtɥi] (a. et moy. fr. *pertuiser,* faire un trou, du lat. *pertundere,* transpercer) Trou, vide qu'on fait en perçant, forant. ♦ Trou d'une filière. ♦ Trou par où se perd l'eau d'un bassin, d'une fontaine, d'un réservoir. ♦ Ouverture pratiquée à une digue pour le passage des bateaux. ♦ Ouverture par laquelle l'eau passe d'une écluse dans un coursier pour faire mouvoir une roue. ♦ Détroit resserré entre une île et la terre ferme, ou entre deux îles. ♦ Nom donné sur la Seine aux rapides. ♦ Nom donné, dans une rivière navigable par éclusées, à un endroit resserré où l'on établit le barrage mobile de planches pour retenir l'eau.

PERTUISANE, n. f. [pɛʁtɥizan] (ital. *partigiana,* hallebarde, altéré sous l'infl. de *pertuis*) Ancienne arme d'hast, dont le fer présente une pointe à la partie supérieure, et sur les côtés des pointes, des crocs, des croissants.

PERTUISANIER, ■ n. m. [pɛʁtɥizanje] (*pertuisane*) Soldat qui portait une pertuisane comme arme.

PERTURBANT, ANTE, ■ adj. [pɛʁtyʁbɑ̃, ɑ̃t] (*perturber*) Qui cause un trouble. *Un rêve perturbant.*

PERTURBATEUR, TRICE, n. m. et n. f. [pɛʁtyʁbatœʁ, tʁis] (lat. *perturbator*) Personne qui cause du trouble. *Perturbateur du repos public, de l'Europe, etc.* ♦ **Adj.** Qui trouble. *Des causes perturbatrices.* ♦ **Méc.** *Force perturbatrice,* force qui trouble la régularité des mouvements. ♦ *Méthode* ou *médecine perturbatrice,* méthode de traitement consistant dans l'emploi de moyens actifs qui tendent à troubler et à abréger la marche des maladies.

PERTURBATION, n. f. [pɛʁtyʁbasjɔ̃] (lat. *perturbatio,* désordre, émotion) Dérangement dans les mouvements des corps célestes. ♦ Mouvements brusques et en apparence accidentels que l'aiguille aimantée éprouve quelquefois. ♦ Trouble, émotion, à l'occasion de quelque mouvement dans le corps. ♦ Bouleversement dans un État. ♦ Entraves mises à la marche d'une maladie par les agents thérapeutiques. ■ Dérangement dans le fonctionnement de quelque chose. *On prévoit des perturbations dans le trafic aérien.* ■ **Météorol.** *Perturbation atmosphérique,* changement de l'atmosphère qui entraîne une dépression.

PERTURBER, ■ v. tr. [pɛʁtyʁbe] (lat. *perturbare,* bouleverser) Empêcher le déroulement normal de, troubler. *Des manifestants ont perturbé la conférence.* ■ **P. p. adj.** *Un enfant perturbé,* qui a quelques troubles psychologiques ou affectifs.

PERVENCHE, n. f. [pɛʁvɑ̃ʃ] (lat. impér. [*vinca*] *pervinca,* prob. à l'origine formule magique, p.-ê. de *vincere,* vaincre) Genre de plantes de la famille des apocynées. ♦ **Adj. inv.** D'une couleur entre le bleu et le mauve. ■ **N. f.** **Fam.** Contractuelle parisienne.

PERVERS, ERSE, adj. [pɛʁvɛʁ, ɛʁs] (lat. *perversus,* renversé, défectueux) Dont l'âme est tournée vers le mal. *Un animal pervers. Un cœur pervers.* ♦ Il se dit aussi des choses. *Des doctrines perverses. Siècle pervers.* ■ **N. m.** et n. f. *Homme pervers.* ■ **Adj.** et n. Atteint de perversité ou de perversion. ■ *Effet pervers,* conséquence inattendue et souvent néfaste. *Les effets pervers du progrès.*

PERVERSEMENT, adv. [pɛʁvɛʁsəmɑ̃] (*pervers*) Avec perversité.

PERVERSION, n. f. [pɛʁvɛʁsjɔ̃] (b. lat. *perversio,* renversement, falsification de texte) Changement de bien en mal. *La perversion des mœurs.* ♦ Trouble, dérangement. *Il y a perversion de l'appétit dans le pica.* ■ **Psych.** Déviation d'un instinct, d'une conduite ou d'un jugement par rapport au comportement considéré comme normal. ♦ *Perversion sexuelle,* comportement sexuel jugé comme déviant. *L'exhibitionnisme, le fétichisme, le sadisme, par exemple, sont considérés comme des perversions sexuelles.*

PERVERSITÉ, n. f. [pɛʁvɛʁsite] (lat. *perversitas,* extravagance, absurdité) État de ce qui est pervers. « *Trop de perversité règne au siècle où nous sommes* », MOLIÈRE. « *Cette perversité de principes* », D'ALEMBERT. ■ **Psych.** Tendance à se comporter de manière immorale ou cruelle et à en éprouver du plaisir.

PERVERTI, IE, p. p. de pervertir. [pɛʁvɛʁti]

PERVERTIR, v. tr. [pɛʁvɛʁtiʁ] (lat. *pervertere,* mettre sens dessus dessous, renverser) Faire changer de bien en mal, en matière de morale. *Les mauvaises compagnies l'ont perverti.* ♦ Déranger, troubler. *Pervertir l'ordre des choses.* ♦ *Pervertir le sens d'un passage,* l'altérer, le dénaturer. ♦ *Se pervertir,* v. pr. Devenir perverti.

PERVERTISSEMENT, n. m. [pɛʁvɛʁtis(ə)mɑ̃] (radic. du p. prés. de *pervertir*) Action de pervertir. « *Pervertissement de la religion naturelle* », VOLTAIRE. ■ PERVERTISSEUR, EUSE, adj. ou n. m. et n. f. [pɛʁvɛʁtisœʁ, øz]

PERVIBRAGE, ■ n. m. [pɛʁvibʁaʒ] (*pervibrer*) Action de pervibrer le béton. *Le pervibrage est indispensable à un bon durcissement du béton.* ■ **REM.** On dit aussi *pervibration.*

PERVIBRATEUR, ■ n. m. [pɛʁvibʁatœʁ] (*pervibrer*) Appareil vibrateur introduit dans du béton frais et dont l'action facilite la mise en place du béton. *Un pervibrateur manuel.*

PERVIBRER, ■ v. tr. [pɛʁvibʁe] (*per-* intensif et *vibrer*) **Techn.** Soumettre le béton au pervibrateur. *Celui qui pervibre le béton doit fournir un gros effort physique et supporter le bruit du pervibrateur.*

PESADE, n. f. [pəzad] (ital. *posata,* de *posare,* s'arrêter) **Équit.** Air relevé, dans lequel le cheval, sans que les pieds postérieurs quittent le sol, s'élève du devant, comme s'il voulait sauter.

PESAGE, n. m. [pəzaʒ] (*peser*) Action de peser. ♦ L'action de peser les jockeys qui vont courir. *L'enceinte du pesage.*

PESAMMENT, adv. [pəzamɑ̃] (*pesant*) D'une manière pesante. ♦ *Pesamment armé,* se dit de ceux qui, dans l'antiquité ou le Moyen Âge, étaient armés de toutes pièces. ♦ **Fig.** D'une manière qui semble alourdie par un poids. *Parler pesamment.* ♦ **Fig.** Sans facilité, sans grâce.

PESANT, ANTE, adj. [pəzɑ̃, ɑ̃t] (*peser*) Qui pèse. « *Laissez là ces mousquets trop pesants pour vos bras* », BOILEAU. ♦ **Fig.** *Le joug pesant de la nécessité.* ♦ **Phys.** Qui est doué de la propriété de tendre vers le centre de la terre. *Les corps pesants.* ♦ Qui est du poids réglé par la loi. *Espèces pesantes.* ♦ **Mar.** *Un grain est pesant, le vent est pesant,* quand leur violence est dans le cas de faire incliner le navire outre mesure. ♦ **Équit.** *Cheval pesant,* celui qui ne s'enlève pas facilement du devant. ♦ Il se dit des coups qui tombent avec poids, qui sont violents. ♦ *Avoir la main pesante,* être fort et robuste, donner de grands coups. ♦ **Fig.** *Il a la main pesante,* se dit de celui dont la vengeance est à craindre. ♦ Qui manque d'agilité, de légèreté. *Ce chirurgien, ce maître d'écriture, ce peintre a la main pesante.* ♦ Lent, tardif. *Cette femme devient pesante. Le vol pesant d'un oiseau.* ♦ **Fig.** Qui engourdit. *Sommeil pesant. Ivresse pesante.* ♦ *Avoir la tête pesante,* éprouver un sentiment comme d'un poids dans la tête. ♦ **Fig.** Qui manque de grâce, de prestesse, de vivacité, en parlant des personnes. ♦ Il se dit aussi des choses. *Style pesant.* ♦ **Fig.** À charge, qui semble peser, en parlant des personnes et des choses. *Un secret pesant.* « *Ne considérez point cette grandeur suprême, Odieuse aux Romains et pesante à moi-même* », P. CORNEILLE. ♦ Onéreux. *Ce voyage est une chose pesante pour vous.* ♦ **N. m.** *Valoir son pesant d'or,* avoir d'excellentes qualités, en parlant des personnes, une grande valeur, en parlant des choses. ♦ **Adv.** *Mille livres pesant.*

PESANTEUR, n. f. [pəzɑ̃tœʁ] (*pesant*) Qualité de ce qui est pesant. *La pesanteur naturelle des corps.* ♦ **Phys.** La tendance de tous les corps à tomber vers la terre. ♦ *Pesanteur universelle* ou *attraction,* tendance de tous les corps planétaires les uns vers les autres. ♦ *Pesanteur spécifique,* Voy. SPÉCIFIQUE. ♦ Impression que fait un corps grave par sa chute ou par son choc. *Il resta étourdi de la pesanteur de sa chute.* « *La pesanteur du coup souvent nous étourdit* », P. CORNEILLE. ♦ Malaise en quelque partie du corps. *Pesanteur de tête, d'estomac.* ♦ Lenteur, défaut d'activité et de célérité. « *La pesanteur de l'âge.* » *Cet état malheureux de l'âme asservie sous la pesanteur du corps* », BOSSUET. ♦ **Fig.** Défaut de légèreté, de vivacité, de pénétration. *La pesanteur du style. La pesanteur d'esprit.*

PESÉ, ÉE, p. p. de peser. [pəze] *Tout bien pesé,* après examen de toutes les circonstances.

PÈSE, ■ n. m. [pɛz] Voy. PÈZE.

PÈSE-ACIDE, n.m. [pɛzasid] (*peser* et *acide*) Instrument qui indique la densité d'une liqueur acide. ■ Au pl. *Des pèse-acides.*

PÈSE-ALCOOL, ■ n.m. [pɛzalkɔl] (*peser* et *alcool*) Voy. ALCOOMÈTRE.

PÈSE-BÉBÉ, ■ n.m. [pɛz(ə)bebe] (*peser* et *bébé*) Balance spéciale dont le plateau a les bords relevés et qui permet de peser les bébés en les déposant sur le dos. *Louer ou acheter des pèse-bébés.*

PESÉE, n.f. [pəze] (*peser*) Action de peser. ♦ La quantité de ce qui a été pesé en une fois. ♦ Effort qu'on fait avec une pince pour forcer une porte, un tiroir, etc. ♦ *Faire une pesée*, pousser ou soulever un corps à l'aide d'un levier.

PÈSE-ESPRIT, n.m. [pɛzɛspʀi] (*peser* et *esprit*) Instrument pour éprouver les liqueurs spiritueuses. ■ Au pl. *Des pèse-esprits.*

PÈSE-LAIT, n.m. [pɛz(ə)lɛ] (*peser* et *lait*) Voy. GALACTOMÈTRE. Au pl. *Des pèse-laits.*

PÈSE-LETTRE, ■ n.m. [pɛz(ə)lɛtʀ] (*peser* et *lettre*) Petite balance pour peser les lettres et en déterminer le tarif d'affranchissement. *Des pèse-lettres.*

PÈSE-LIQUEUR, n.m. [pɛz(ə)likœʀ] (*peser* et *liqueur*) Instrument par lequel on détermine la pesanteur spécifique des liquides. ■ Au pl. *Des pèse-liqueurs.*

PÈSE-PERSONNE, ■ n.m. [pɛz(ə)pɛʀsɔn] (*peser* et *personne*) Balance à cadran gradué ou digital sur laquelle on monte pour se peser. *Des pèse-personnes.*

PESER, v.tr. [pəze] (lat. *pensare*, peser, apprécier, intensif de *pendere* ; cf. penser) Comparer la pesanteur d'une chose avec un poids connu et certain. *Peser du pain.* ♦ Fig. Examiner une chose attentivement pour en connaître le pour et le contre. « *On ne pardonne rien aux hommes d'un certain ordre : on pèse leurs plus indifférentes actions dans une balance rigoureuse* », DIDEROT. ♦ Absol. *Pesez*, examinez. ♦ *Peser les mots, les paroles*, en apprécier les conséquences. ♦ *Peser toutes ses paroles*, parler avec lenteur, avec circonspection. ♦ Apprécier, en parlant des personnes. « *Il pesait les esprits, et donnait à chacun le rang qu'il méritait* », FLÉCHIER. ♦ On dit dans un sens analogue : *Peser les raisons, les voix, etc.* ♦ peser, v.intr. Avoir un certain poids. *Tous les corps pèsent. Les trente kilogrammes que cet enfant a pesé.* ♦ *Cette pièce d'or ne pèse pas*, elle n'a pas le poids légal. ♦ *Cela ne pèse pas plus qu'une plume*, se dit d'une chose très légère. ♦ Fig. *Il ne pèse pas une once*, se dit d'un homme que la joie rend vif, alerte. ♦ Fig. *Ce que pèse son bras*, sa force, sa vaillance dans les combats. ♦ Par menace. *Tu sauras ce que pèse ma main*, tu éprouveras les effets de ma colère. ♦ Mar. *Le vent pèse*, il fait incliner le navire. ♦ Graviter. « *Tous les corps, selon M. Newton, pèsent les uns sur les autres, ou s'attirent en raison de leurs masses* », FONTENELLE. ♦ Fig. Avoir la valeur de. « *Le héros et le grand homme mis ensemble ne pèsent pas un homme de bien* », LA BRUYÈRE. ♦ Faire sentir un poids. « *Que ces vains ornements, que ces voiles me pèsent !* », RACINE. ♦ Appuyer fortement sur une chose. *Peser sur un levier.* ♦ Fig. *Peser sur*, exercer une pression, de l'intimidation. ■ Mar. Agir sur les cordages par son propre poids, les raidir en les tirant de haut en bas. ♦ Fig. Causer un malaise comparé à la pesanteur. *Cette viande pèse sur l'estomac. Son déjeuner lui a pesé toute la journée.* ♦ Causer un malaise moral. *Cet aveu me pesait.* « *Rien ne pèse tant qu'un secret* », LA FONTAINE. ♦ *L'argent lui pèse*, se dit d'un prodigue qui a hâte de dépenser. ♦ Fig. Être soutenu, reposer sur, en parlant de choses importantes. « *Tout le fort des combats pèse aujourd'hui sur moi* », DELILLE. ♦ Être à charge. « *Ma funeste amitié pèse à tous mes amis* », RACINE. ♦ *Peser sur les épaules*, être ennuyeux, fatigant. ♦ *Peser sur les bras*, être à charge par la dépense. ♦ Demeurer plus longtemps sur. *Peser sur une syllabe.* ♦ *Peser sur*, faire remarquer. « *Pesons davantage sur cette parole* », BOSSUET. ♦ Se peser, v.pr. Être pesé.

PÈSE-SEL, ■ n.m. [pɛz(ə)sɛl] (*peser* et *sel*) Instrument qui permet de mesurer la densité et la concentration des solutions salines. *Des pèse-sels.*

PÈSE-SIROP, ■ n.m. [pɛz(ə)siʀo] (*peser* et *sirop*) Instrument indiquant la densité du sirop de sucre. ■ Au pl. *Des pèse-sirops.*

PESETA OU PÉSÉTA, ■ n.f. [pezeta] ou [peseta] (mot esp.) Ancienne monnaie espagnole remplacée par l'euro depuis la mise en circulation de la monnaie européenne en 2002. *Des pesetas, des pésétas.*

PESETTE, ■ n.f. [pəzɛt] (*peser*) Petite balance aux graduations très précises qui permet de peser les monnaies et les bijoux.

PESEUR, EUSE, n.m. et n.f. [pəzœʀ, øz] (*peser*) Personne qui pèse. ♦ Fig. « *Peseurs de brèves et de longues* », MÉNAGE.

PÈSE-VIN, n.m. [pɛz(ə)vɛ̃] (*peser* et *vin*) Voy. ŒNOMÈTRE.

PESON, n.m. [pəzɔ̃] (*peser*) *Peson à contrepoids*, instrument qui sert à peser, et qui est composé d'un fléau ou d'une verge, d'une masse ou contrepoids, et d'un crochet pour la suspendre. ♦ Nom de la masse ou contrepoids. ♦ Morceau de plomb que les femmes mettent au bout de leur fuseau, afin de le tourner plus facilement.

PESSE, n.f. [pɛs] (lat. *picea*, épicéa commun) Nom vulgaire du sapin.

PESSIMISME, n.m. [pesimism] (lat. *pessimus*, superl. de *malus*, mauvais) Néolog. Opinion des pessimistes. ■ REM. N'est plus un néologisme aujourd'hui.

PESSIMISTE, n.m. et n.f. [pesimist] (lat. *pessimus*) Personne qui croit que tout va mal. ■ Adj. *Il est pessimiste et se décourage facilement.* ■ Empreint de pessimisme. « *Gagné par la contagion pessimiste, Olivier n'avait plus de goût à rien* », SABATIER.

PESTE, n.f. [pɛst] (lat. *pestis*, épidémie, destruction) Il se dit, en général, de graves maladies contagieuses ou épidémiques. ♦ *Peste bovine*, maladie très contagieuse qui attaque l'espèce bovine. ♦ Méd. Maladie fébrile, généralement contagieuse, endémique dans le Levant, souvent épidémique, caractérisée par des bubons et des anthrax. ♦ *Peste noire*, épidémie qui régna dans le milieu du XIVᵉ siècle. ♦ *Fuir quelqu'un ou quelque chose comme la peste*, s'en écarter le plus possible. ♦ Fig. et fam. *Dire peste et rage de quelqu'un*, en dire tout le mal possible. ♦ Fig. Chose pernicieuse, funeste, qui corrompt le cœur ou l'esprit. « *La Discorde... Peste fatale aux potentats* », MALHERBE. ♦ Il se dit aussi des personnes qui peuvent faire beaucoup de mal, des animaux nuisibles ou incommodes. « *Il ne manquait pas de flatteurs, peste fatale qui renverse plus d'États que les armes des ennemis* », VAUGELAS. *Les loirs sont la peste des jardins.* ♦ Fam. *C'est une méchante peste*, se dit d'un méchant petit garçon, d'une jeune fille très malicieuse. ♦ *Des pestes de...*, on dit très désagréables. « *Des pestes de valets j'admire l'insolence* », HAUTEROCHE. ♦ Par imprécation. *La peste du...! Peste soit du...!* « *La peste soit du causeur!* », MOLIÈRE. ♦ *La peste soit le...! Peste soit le...! La peste le...!* « *La peste soit la bête!* », MOLIÈRE. ♦ *La peste soit fait le...!* « *La peste soit fait l'homme, et sa chienne de face!* », MOLIÈRE. « *La peste m'étouffe, monsieur, si je le sais!* », MOLIÈRE. ♦ Par exclamation, *peste* ou *la peste!* « *Peste! où prend mon esprit toutes ces gentillesses?* », MOLIÈRE.

PESTER, v.intr. [pɛste] (*peste*) Fam. Témoigner de la mauvaise humeur par des paroles aigres et emportées. *Pester contre l'espèce humaine.*

PESTEUX, EUSE, ■ adj. [pɛstø, øz] (*peste*) Relatif à la peste. *Le bacille pesteux. Des foyers pesteux subsistent dans certains pays.* ■ Qui vient de la peste. *Méningite pesteuse.* ■ Se dit d'une personne ou d'un animal atteint de la peste. *Puce pesteuse.* ■ N.m. et n.f. *Les pesteux.*

PESTICIDE, ■ n.m. [pɛstisid] (angl. *pest*, insecte et *-cide*) Produit chimique utilisé contre les parasites animaux et végétaux nuisant aux cultures. ■ Adj. *Les produits pesticides.*

PESTIFÉRÉ, ÉE, adj. [pɛstifeʀe] (lat. *pestifer*) Infecté de peste. *Un lieu pestiféré.* ♦ Atteint de peste. *Un malade pestiféré.* ♦ N.m. et n.f. *Un pestiféré. Une pestiférée.* ♦ *Fuir quelqu'un comme un pestiféré*, éviter tout commerce avec lui.

PESTIFÈRE, adj. [pɛstifɛʀ] (lat. *pestifer*, qui apporte la ruine) Qui communique la peste. *Un air pestifère.* ♦ Fig. « *Les pestifères maximes du cardinal Mazarin* », SAINT-SIMON.

PESTIFÉRER, v.tr. [pɛstifeʀe] (lat. *pestifer*) ▷ Communiquer la peste, au propre et au figuré. ◁

PESTILENCE, n.f. [pɛstilɑ̃s] (lat. *pestilentia*, peste, insalubrité) Peste ou maladie contagieuse répandue dans un pays (vieilli en ce sens). *Un temps de pestilence.* ♦ Fig. Chaire de pestilence, chaire où l'on professe une mauvaise doctrine. ■ Odeur infecte.

PESTILENT, ENTE, adj. [pɛstilɑ̃, ɑ̃t] (lat. *pestilens*, empesté, pernicieux, de *pestis*) Qui tient de la peste. *Une fièvre pestilente.* ♦ Qui donne la peste. *Une vapeur pestilente.* ♦ Fig. « *Des doctrines pestilentes* », BOSSUET.

PESTILENTIEL, ELLE, adj. [pɛstilɑ̃sjɛl] (*pestilence*) Qui a le caractère de la peste. ♦ *Fièvre pestilentielle*, toute fièvre dans laquelle il survient des charbons, des bubons. ♦ *Maladie pestilentielle*, la peste, et par extens. les maladies contagieuses de mauvais caractère. ♦ Qui donne la peste. *Des vapeurs pestilentielles.* ♦ Fig. « *Ce germe pestilentiel qui avait si longtemps infecté la terre* », VOLTAIRE. ■ Qui dégage une odeur infecte.

1 PET, n.m. [pɛ] (lat. *peditum*, de *pedere*, péter) Vent qui sort par en bas avec bruit. ♦ *Pet-de-nonne*, petite pâte sucrée et aromatisée, frite de telle sorte qu'elle est pleine d'air au milieu. ♦ *Pet d'âne*, plante. ■ Fam. *Ne pas valoir un pet de lapin*, n'avoir aucune valeur.

2 PET, ■ n.m. [pɛt] (apocope de *pétard*) Fam. Choc entraînant des séquelles. *Quand j'ai repris ma voiture elle avait un pet, le phare arrière gauche cassé!*

PETA..., ■ [peta] préfixe tiré du grec *penta*, cinq, indiquant la multiplication par 10^{15}.

PÉTAINISTE, ■ n.m. et n.f. [petenist] (Philippe *Pétain*, 1856-1951) Partisan du maréchal Pétain et de sa politique durant l'occupation allemande lors de la Seconde Guerre mondiale. *Les pétainistes et les vichystes.* ■ Adj. *Il fut pétainiste avant de devenir gaulliste. Des idées pétainistes.* ■ PÉTAINISME, n.m. [petenism]

PÉTALE, n. m. [petal] (gr. *petalon*, feuille) **Bot.** Nom qu'on donne à chacune des pièces qui composent la corolle d'une fleur.

PÉTALISME, n. m. [petalism] (gr. *petalismos*, de *petalon*, parce qu'on écrivait son vote sur une feuille d'olivier) Sentence populaire par laquelle les Syracusains condamnaient à l'exil, pour cinq ans, ceux d'entre leurs concitoyens dont la puissance paraissait dangereuse pour la liberté publique.

PÉTANQUE, ■ n. f. [petɑ̃k] (provenç. *pétanco*, de *pé*, pied et *tanco*, pieu, parce qu'on lance la boule le pied fixé au sol) Jeu de boules du Midi provençal, se jouant par équipes de deux ou trois, chaque joueur disposant de plusieurs boules qu'il doit lancer le plus près possible du cochonnet.

PÉTANT, ANTE, ■ adj. [petɑ̃, ɑ̃t] (*péter*) **Fam.** Se dit de l'heure exacte. *Le rendez-vous est fixé à trois heures pétantes ! Elle est arrivée à minuit pétant !*

PÉTARADANT, ANTE, ■ adj. [petaʀadɑ̃, ɑ̃t] (*pétarader*) Qui provoque beaucoup de bruit. *Un moteur pétaradant. Une voiture pétaradante.*

PÉTARADE, n. f. [petaʀad] (provenç. *pétarrada*, de *pet*) Suite de pets que font certains animaux en ruant. ♦ Bruit qu'on fait de la bouche, par mépris pour quelqu'un. *Il m'a répondu par une pétarade.* ♦ Explosion, coups de canon inutiles, feux d'artifice.

PÉTARADER, ■ v. intr. [petaʀade] (*pétarade*) Produire une série de petits bruits détonants. *Sa mobylette pétarade.*

PÉTARD, n. m. [petaʀ] (*pet*) Boîte en bois ou en métal, remplie de poudre, employée pour faire sauter les portes, les barrières, etc. Pièce d'artifice composée d'un cylindre en carton rempli de poudre tassée. ♦ **Fig.** Néolog. *Tirer un pétard*, faire quelque excentricité pour se faire remarquer. ■ **Fam.** *Être en pétard*, en colère. ■ **Fam.** Pistolet. ■ **Fam.** Cigarette de haschisch.

PÉTARDÉ, ÉE, p. p. de pétarder. [petaʀde]

PÉTARDER, v. tr. [petaʀde] (*pétard*) Enfoncer, faire sauter, en faisant jouer un pétard. *Pétarder une porte, une roche.*

PÉTARDIER, n. m. [petaʀdje] (*pétard*) Celui qui fait ou qui applique les pétards.

PÉTASE, n. m. [petaz] (gr. *petasos*) Sorte de chapeau en usage chez les anciens ; il était à larges bords, et protégeait contre la pluie et le soleil. ♦ **Fam.** Chapeau d'homme.

PÉTASSE, ■ n. f. [petas] (*péter*, avec infl. de *pute*, *putasse*) **Vulg.** Prostituée. ■ Injure pour désigner une femme, une fille.

PÉTAUD, n. m. [peto] (*Pétaud*, personnage légendaire du XVIᵉ siècle) Usité dans cette locution : *La cour du roi Pétaud*, un lieu de désordre et de confusion et où tout le monde est le maître. ■ **REM.** On disait aussi *Petaud* autrefois.

PÉTAUDIÈRE, n. f. [petodjɛʀ] (*Pétaud*) Assemblée confuse, où chacun fait le maître. ■ **REM.** On disait aussi *petaudière* autrefois.

PÉTAURISTE, ■ n. m. [petoʀist] (gr. *petauristein*, danser sur la corde, de *petauron*, perchoir de poules) **Zool.** Écureuil d'Asie centrale et d'Australie possédant une membrane entre ses pattes avant et ses pattes arrière qui lui permet de faire des vols planés. *Les pétauristes sont arboricoles et ont des mœurs nocturnes.* ■ **Antiq. grecq.** Danseur, sauteur de corde.

PET-DE-NONNE, ■ n. m. [pɛd(ə)nɔn] (*pet*, beignet, et *nonne*) Voy. PET.

PÉTÉ, ÉE, ■ adj. [pete] (*péter* au sens de casser) **Fam.** Qui n'est pas dans son état normal, qui est ivre ou drogué. *« Autant dire qu'il n'avait jamais vu Lambert à jeun. Beurré, pété, rond comme une queue de pelle, Lambert était un frère »*, PAGE. ■ Fou. *Cette fille est un peu pétée.*

PÉTÉCHIAL, ALE, adj. [peteʃjal] (*pétéchie*) **Méd.** Qui ressemble à des pétéchies. ♦ Qui est accompagné de pétéchies. *Fièvre pétéchiale. Des purpuras pétéchiaux.*

PÉTÉCHIE, n. f. [peteʃi] (ital. *petecchia*, petite tache rouge sur la peau, p.-ê. du lat. tardif, *impetix*, dartre ; cf. lat. *impetigo*) **Méd.** Tache pourprée, semblable à une morsure de puce, qui se manifeste souvent sur la peau dans des maladies aiguës très graves.

PET-EN-L'AIR, n. m. inv. [pɛtɑ̃lɛʀ] (*pet* et *en l'air*) Robe de chambre qui ne descend que jusqu'au bas des reins. ♦ Au pl. *Des pet-en-l'air.*

PÉTER, v. intr. [pete] (*pet*) Faire un pet. ♦ Faire un bruit subit et éclatant. *Ce vin fait péter les bouteilles. Le sel pète dans le feu.* ♦ *Son fusil lui a pété dans la main*, il lui a crevé dans la main en faisant explosion. ♦ **Fig.** et trivial *Péter dans la main*, faire défaut, manquer au moment nécessaire. ♦ *Faire péter dans la main*, faire manquer. ♦ Plusieurs disent peter. ■ **Fam.** Se casser. *La lanière a pété.* ■ V. tr. **Fam.** Casser. *Péter une vitre.* ■ **Fam.** *Péter le feu*, être plein d'énergie. ■ **Fam.** *Péter les plombs* , s'énerver ; perdre la tête.

PÈTE-SEC, ■ n. m. et n. f. [pɛt(ə)sɛk] (*péter* et *sec*) **Fam.** Personne qui manifeste une attitude péremptoire, autoritaire. *Des pète-sec ou des pète-secs.*

« Il avait tout des pète-sec éminemment cultivés qu'on trouve au service cinématographique des armées », EMBARECK. ■ Adj. inv. *Il espère se faire obéir avec un style pète-sec !*

PÉTEUR, EUSE ou **PÉTEUX, EUSE**, n. m. et n. f. [petœʀ, øz, petø, øz] (*péter*) Personne qui a l'habitude de péter. ♦ **BassementProv.** *On l'a chassé comme un péteux*, on l'a chassé honteusement. ♦ L'Académie donne ces mots sans accent aigu. ♦ **Fam.** *Être péteux, péteuse*, avoir honte. *Après sa bêtise, il était tout péteux !*

PÉTILLANT, ANTE adj. [petijɑ̃, ɑ̃t] (*pétiller*) Qui pétille. *Le vin de Champagne pétillant.* ♦ Qui brille avec éclat. *Des yeux pétillants.* ♦ **Fig.** Qui a une vivacité comparée à un pétillement. *Un écrit, un style pétillant. Une figure pétillante d'esprit.* ■ **REM.** On disait aussi *petillant* autrefois.

PÉTILLEMENT, n. m. [petij(ə)mɑ̃] (*pétiller*) Action de pétiller. *Le pétillement du sel dans le feu*, du vin de Champagne. ♦ **Par extens.** Bruit répété de coups de feu. ♦ **Fig.** Mouvement moral qui fait comme pétiller. *« Avec quel pétillement de joie je commençai à respirer en me sentant libre ! »*, J.-J. ROUSSEAU. ■ **REM.** On disait aussi *petillement* autrefois.

PÉTILLER, v. intr. [petije] (*pet*) Éclater avec un petit bruit réitéré. *Le sel pétille dans le feu. « Dès que le vin commence à briller et à pétiller dans la coupe »*, BOSSUET. ♦ **Par extens.** Se dit de coups de feu. ♦ Jeter un vif éclat. *Les yeux lui pétillaient.* ♦ **Fig.** Être plein de vivacité. *Le sang lui pétille dans les veines*, il est plein d'ardeur, d'impatience. ♦ *Pétiller d'esprit*, avoir l'esprit vif et brillant. ♦ On dit aussi : *L'esprit, le sentiment pétille. « Des traits d'esprit semés de temps en temps pétillent »*, BOILEAU. ♦ *Pétiller de joie, d'ardeur*, etc., manifester beaucoup de joie, d'ardeur, etc. ♦ **Fam.** *Pétiller de faire une chose*, avoir une extrême impatience de la faire. ♦ **Absol.** Être impatient. ■ **REM.** On disait aussi *petiller* autrefois.

PÉTIOLE, n. m. [pesjɔl] (lat. impér. *petiolus*, petit pied, queue des fruits) **Bot.** Partie rétrécie de la feuille, et qui lui sert de support.

PÉTIOLÉ, ÉE, adj. [pesjɔle] (*pétiole*) **Bot.** Porté par un pétiole, par opposition à sessile. *Feuille pétiolée.*

PETIOT, OTE, adj. [p(ə)tjo, jɔt] (dimin. de *petit*)

PETIT, ITE, adj. [p(ə)ti, it] (b. lat. *pitinnus*, *pisinnus*, petit, marmot, du radic. expressif. *pits*- petitesse : cf. *pitchoun*) Qui a peu d'étendue, peu de volume. *Petit vase. « Petit poisson deviendra grand »*, LA FONTAINE. *« Tout doit être pour le philosophe un sujet de méditation, et rien n'est petit à ses yeux »*, VOLTAIRE. ♦ *Un petit homme, une petite femme*, un homme, une femme dont la taille est au-dessous de la moyenne. ♦ *Se faire petit*, se ratatiner. ♦ **Fig.** *Se faire petit*, s'abaisser devant quelqu'un, par respect ou par crainte. ♦ *Se faire petit*, ne point chercher à attirer sur soi les regards. ♦ *Être petit devant quelqu'un*, perdre beaucoup à lui être comparé. ♦ *Petite maison*, Voy. MAISON. ♦ *« Je vous l'ai dit cent fois, quand vous étiez petit »*, MOLIÈRE. ♦ Il se dit d'une quantité numérique. *Une petite somme d'argent.* ♦ Qui est moindre que d'autres dans le même genre, soit au physique, soit au moral. *Un petit feu. Une petite gloire.* ♦ *Les petites choses*, les choses peu importantes. ♦ *Une petite chose*, une chose basse, vile. ♦ *Une petite complexion*, une petite constitution, une constitution faible. ♦ Il se dit des personnes petites par leur condition, par leur fortune, par leur naissance. *« Tout petit prince a des ambassadeurs »*, LA FONTAINE. ♦ *Les petites gens*, les personnes qui n'ont pas de fortune. ♦ *Petit marchand*, marchand en détail qui a une petite boutique. ♦ *Le petit peuple*, les gens des classes inférieures. ♦ *Le petit monde*, les personnes de condition inférieure ; les enfants, par opposition aux grandes personnes. ♦ Qui est de peu de valeur, en parlant des personnes. *« Marie, humble, retirée, petite à ses yeux, ne pensait pas seulement qu'un ange pût la saluer »*, BOSSUET. ♦ *Un petit esprit*, une personne qui a peu d'idées, des idées peu étendues, des sentiments peu généreux. ♦ Qui est ou qui manque de noblesse, de dignité. *Ce procédé est petit.* ♦ Dans les beaux-arts, il s'oppose à hardi, large, noble, grandiose. ♦ Qui a le caractère de la recherche, de la minutie. *De petits soins.* ♦ *En être aux petits soins avec quelqu'un*, être rempli pour lui d'attentions et de prévenances. ♦ Qui est diminutif d'une autre chose. *Cet hôtel est un petit Louvre.* ♦ *La petite guerre*, Voy. GUERRE. ♦ Qui est tout au commencement, en parlant de temps. *La petite pointe du jour.* ♦ Épithète ajoutée à beaucoup de noms de plantes. *Petit houx. Petite centaurée. Petite consoude, etc.* ♦ Épithète ajoutée au nom de plusieurs animaux. *Petit bœuf*, le roitelet, etc. ♦ On emploie petit comme terme d'affection, de compassion, de familiarité. *Mon petit mari. Ma petite femme.* ♦ N. m. et n. f. Il se dit des enfants, des jeunes gens, des jeunes filles. *Ma petite.* ♦ En mauvaise part ou avec ironie. *« Mais, mon petit monsieur, prenez-en un peu moins haut »*, MOLIÈRE. *« Avec son petit air langoureux et discret »*, COLLIN D'HARLEVILLE. ♦ Petit se combine avec différents noms. petite-fille, petit-fils, petit-gris, Voy. ces mots. ♦ N. m. pl. Ceux qui sont de petite taille. N. m. Animal nouvellement né. *« Aux petits des oiseaux il donne leur pâture »*, RACINE. ♦ **Fig.** *Ses écus ont fait des petits*, se dit d'une somme qui s'est accrue parce qu'on l'a fait valoir. ♦ N. m., n. f. **Fam.** Enfant encore petit. *Notre petit, notre petite* *a été malade.* ♦ **N. m. pl.** Il se dit des hommes sans naissance, sans fortune, sans crédit. « *Hélas ! on voit que de tout temps Les petits ont pâti des sottises des grands* », LA FONTAINE. ♦ **N. m.** Ce qui est petit. ♦ *Les infiniment petits,* les êtres les plus petits, qu'on ne voit qu'avec les plus forts microscopes. ♦ *Du petit au grand,* par comparaison des petites choses aux grandes. ♦ *Un petit,* un peu (locution qui a vieilli). « *Je commence à mon tour à le croire un petit* », MOLIÈRE. ♦ **Fig.** *Le petit,* ce qui a le caractère mesquin, sans noblesse. ♦ EN PETIT, loc. adv. En raccourci. « *C'est l'effet d'un art consommé de réduire en petit tout un grand ouvrage* », BOSSUET. ♦ PETIT À PETIT, loc. adv. Peu à peu. ♦ **Prov.** *Petit à petit l'oiseau fait son nid,* on fait peu à peu sa fortune, sa maison. ♦ *Petit ami, petite amie,* amant, maîtresse.

PETIT-BEURRE, ■ n. m. [p(ə)tibœr] (*petit* et *beurre*) Biscuit sec composé de beurre en pommade, de sucre et de farine à la forme rectangulaire et aux bords dentelés. *Des petits-beurre* ou *des petits-beurres.*

PETIT-DÉJEUNER ou **PETIT DÉJEUNER**, ■ n. m. [p(ə)tideʒ(ø)ne] (*petit* et *déjeuner*) Collation du matin. ■ **Abrév.** Petit-déj'. *Des petits-déj'.* ■ *Des petits-déjeuners, des petits déjeuners.* ■ **V. intr. Fam.** *Prendre un petit-déjeuner.* « *Il avait dormi toute la journée dans son costume, enfilé son pyjama à son réveil et entrepris de petit-déjeuner à l'heure du dîner* », B. AUBERT.

PETITE-FILLE, n. f. [p(ə)tit(ə)fij] (*petit* et *fille*) Fille du fils ou de la fille, par rapport à l'aïeul ou à l'aïeule. ♦ **Au pl.** *Des petites-filles.*

PETITEMENT, adv. [pətit(ə)mã] (*petit*) En petite quantité, pas beaucoup. ♦ *Être logé petitement,* être logé à l'étroit. ♦ Mesquinement, chétivement. *Vivre petitement.* ♦ Avec petitesse, sans grandeur. *Cela est petitement fait.*

PETITE-NIÈCE, ■ n. f. [p(ə)tit(ə)njɛs] (*petit* et *nièce*) Fille du neveu ou de la nièce. *Des petites-nièces.*

PETITESSE, n. f. [pətitɛs] (*petit*) Peu d'étendue, peu de volume, peu de taille. *La petitesse d'un vase, de la taille, etc.* « *Nous ne sentons point notre petitesse ; et, malgré qu'on en ait, nous voulons être comptés dans l'univers, y figurer et y être un objet important* », MONTESQUIEU. ♦ Modicité. *La petitesse d'un don.* ♦ **Fig.** Condition, rang très inférieur. ♦ **Fig.** Faiblesse, bassesse. *Petitesse d'esprit.* « *Il ne faut pas tomber dans la petitesse de croire que...* », BOSSUET. ♦ Actions qui dénotent la bassesse du cœur ou de l'esprit. « *Les petitesses de la vie privée peuvent s'allier avec l'héroïsme de la vie publique* », VOLTAIRE.

PETIT-FILS, n. m. [p(ə)tifis] (*petit* et *fils*) Le fils du fils ou de la fille, par rapport à l'aïeul et à l'aïeule. ♦ **Au pl.** *Des petits-fils.*

PETIT-FOUR ou **PETIT FOUR**, ■ n. m. [p(ə)tifur] (*petit* et *four,* par allusion à la préparation culinaire induite) Petite pièce de pâtisserie servie en assortiment, en général au cours d'une réception, d'un thé. *Des petits-fours, des petits fours. Petits-fours salés ou sucrés.*

PETIT-GRAIN ou **PETIT GRAIN**, ■ n. m. [p(ə)tigrɛ̃] (*petit* et *grain*) Distillat de fleurs et branchages du bigaradier utilisé en parfumerie. *Essences de petit-grain, de petit grain.* ■ **Adj.** *Essences petit-grain, petit grain.* ■ **Rem.** Bien que morphologiquement possible, le pluriel n'est pas attesté.

PETIT-GRIS, n. m. [p(ə)tigri] (*petit* et *gris*) Sorte de fourrure, dont la couleur est grise, et qui est faite de la peau d'un écureuil du Nord. ♦ L'animal lui-même. ■ **Au pl.** *Des petits-gris.* ■ Pinceau à dessin fait avec des poils de petit-gris. ■ Une des quatre sortes d'escargots, de petite taille et de couleur grise. *Les petits-gris des Charentes.* ■ Rare sorte de melon. *Les petits-gris de Rennes.* ■ Nom donné à un extraterrestre supposé. *Les petits-gris de Roswell.*

PÉTITION, n. f. [petisjɔ̃] (lat. *petitio,* de *petere,* chercher à atteindre, à obtenir) Demande par écrit à une autorité. ♦ **Dr.** *Pétition d'hérédité,* action par laquelle l'héritier légitime ou le légataire universel demande que soit obligé de la délaisser. ♦ **Log.** *Pétition de principe,* sophisme qui consiste à supposer comme certain ce qui ne l'est pas et qui a besoin de preuve.

PÉTITIONNAIRE, n. m. et n. f. [petisjɔnɛr] (*pétition*) Celui, celle qui présente une pétition.

PÉTITIONNEMENT, n. m. [petisjɔn(ə)mã] (*pétitionner*) Action de pétitionner.

PÉTITIONNER, v. intr. [petisjɔne] (*pétition*) Présenter une pétition.

PETIT-LAIT, ■ n. m. [p(ə)tilɛ] (*petit* et *lait*) Sérum résiduel après la coagulation des protéines du lait. ■ **Fig.** *Boire du petit-lait,* être content. ■ *Ça se boit comme du petit-lait,* ça se boit facilement. ■ **Rem.** L'expression s'utilise encore couramment, bien que le petit-lait ne se boive plus fréquemment, et en tout cas pas facilement.

PETIT-NÈGRE, ■ n. m. [p(ə)tinɛgr] (*petit* et *nègre,* cf. aussi *parler nègre,* parler un mauvais français, loc. attest. chez les Goncourt) **Fam.** Façon de parler incorrecte, notamment en n'utilisant pas à bon escient les pronoms ou en ne conjuguant pas correctement les verbes. *Moi vouloir partir* est une

phrase en petit-nègre. ■ **Rem.** Le terme de *petit-nègre* est resté dans le langage courant sans que soit forcément présente à l'esprit la notion raciste et injurieuse que peut induire le terme *nègre.*

PETIT-NEVEU, ■ n. m. [p(ə)tin(ə)vø] (*petit* et *neveu*) Fils du neveu ou de la nièce. *Des petits-neveux.*

PÉTITOIRE, n. m. [petitwar] (b. lat. jurid. *petitorium*) **Dr.** Action en revendication de la propriété. ♦ **Adj.** *Action pétitoire,* celle par laquelle on réclame un droit de propriété sur une chose possédée par un autre.

PETIT-POIS ou **PETIT POIS**, ■ n. m. [p(ə)tipwa] (*petit* et *pois*) Voy. POIS.

PETITS-ENFANTS, n. m. pl. [p(ə)tizãfã] (*petit* et *enfant*) Les enfants du fils ou de la fille, par rapport au père ou à la mère de ce fils ou de cette fille. ♦ Il n'a pas de singulier.

PETIT-SUISSE, ■ n. m. [p(ə)tisɥis] (*petit* et *suisse,* parce que ce fromage était d'abord fabriqué en Suisse) Fromage frais au lait de vache, enrichi de crème, présenté sous forme de petits cylindres entourés de papier poreux. *Des petits-suisses à vingt ou trente pour cent de matière grasse.*

PÉTOCHE, ■ n. f. [petɔʃ] (*péter,* et suff. *-oche*) **Fam.** Peur. *Avoir la pétoche.* ■ **Rem.** On rencontre aussi *avoir les pétoches. J'ai les pétoches pour mon examen.*

PÉTOIRE, ■ n. f. [petwar] (*péter*) **Fam.** Pistolet. « *Quand Croquignol, Ribouldingue et Filochard brandissaient une pétoire, ils disaient toujours Hands up et le dévalisé levait les mains au ciel* », R. SABATIER.

PETON, n. m. [pətɔ̃] (dim. de *pied*) **Fam.** Petit pied. ■ **Rem.** Le mot est attesté dans une chanson célèbre : « *Elle avait des tout petits petons Valentine, Valentine* », Maurice Chevalier.

PÉTONCLE, n. f. [petɔ̃kl] (lat. *pectunculus,* peigne de mer, de *pecten,* peigne) Nom de plusieurs coquillages bivalves. ♦ Espèce d'agaric. ■ *Des pétoncles sautées à l'ail et au persil.*

PÉTOUILLE, ■ n. f. [petuj] (*péter* et suff. *-ouille*) **Arg.** Peur. ■ **Fam.** Petite chose gênante, concrète ou abstraite. *Attends, tu as une pétouille sur l'objectif de l'appareil ! Il y a une pétouille dans le contenu de ton message.*

PÉTOUILLER, ■ v. tr. [petuje] (*pétouille*) Émettre une série de petits bruits explosifs. ■ **Suisse** Lambiner, traînasser.

PÉTRARQUISME, ■ n. m. [petrarkism] (Francesco Petrarca, *Pétrarque,* 1304-1374, poète et humaniste italien) **Litt.** Imitation de Pétrarque, faite en établissant une rhétorique de l'amour, liée à la sublimation.

PÉTRARQUISTE, ■ adj. [petrarkist] (*Pétrarque*) Qui concerne le pétrarquisme. *Genre, imitateurs pétrarquistes.*

PÉTRAS, n. m. [petra] (orig. incert., p.-ê. de la famille de *pet, péter* : cf. *péteux,* poltron, grossier) ▷ Homme lourd et borné. *C'est un pétras.* ◁

PÉTRÉE, adj. f. [petre] (lat. *petræus,* gr. *petraios,* de *petra,* rocher) Couverte de pierres, de rochers. *L'Arabie Pétrée.* ♦ Qui ressemble à la pierre ou qui en a la dureté. « *Substance pétrée* », BUFFON.

PÉTREL, n. m. [petrɛl] (mot anglais de *Peter,* Pierre, par comparaison du vol de l'oiseau au ras des eaux avec la marche sur le lac de Tibériade) Oiseau palmipède de haute mer.

PÉTREUX, EUSE, ■ adj. [petrø, øz] (lat. impér. *petrosus,* rocheux) Qui concerne le rocher, une des parties de l'os temporal. *Nerfs pétreux.*

PÉTRI, IE, p. p. de pétrir. [petri] *Se croire pétri d'un autre limon que le reste des hommes,* se croire d'une nature supérieure à celle des autres. ♦ ▷ **Fig.** *C'est un homme tout pétri de salpêtre,* il est vif et bouillant. ◁ ♦ **Fig.** Composé de. *Il est pétri d'orgueil.* « *Cette droiture, cette naïveté dont il [le cœur de Turenne] était pétri* », MME DE SÉVIGNÉ.

PÉTRICOLE, ■ adj. [petrikɔl] (*pétri-,* pierre et *-cole*) **Zool.** Qui vit dans les cavités rocheuses. *Poissons, espèces pétricoles.* ■ **N. m.** *Un pétricole vivant dans les grands fonds.*

PÉTRIFIANT, ANTE, adj. [petrifjã, ãt] (*pétrifier*) Qui a la faculté de pétrifier. « *Suc pétrifiant* », BUFFON. ♦ Il se dit abusivement pour incrustant. *La fontaine pétrifiante de Sainte-Allyre, à Clermont-Ferrand.* ♦ **Fig.** Qui rend immobile d'étonnement, de crainte, etc. *Cela est pétrifiant.*

PÉTRIFICATION, n. f. [petrifikasjɔ̃] (*pétrifier*) Formation de la substance pierreuse. ♦ Conversion en pierre des substances végétales et animales. ♦ Corps dans lequel la matière organique a été remplacée par une substance minérale. ♦ Se dit abusivement pour incrustation.

PÉTRIFIÉ, ÉE, p. p. de pétrifier. [petrifje]

PÉTRIFIER, v. tr. [petrifje] (lat. *petra,* roche et *facere*) Changer en pierre. ♦ Se dit abusivement pour incruster. *Cette source pétrifie.* ■ **Absol.** *Cette source pétrifie.* ♦ **Fig.** Rendre immobile par l'effet de quelque sentiment intense. « *Tout ce que vous me dites là me pétrifie d'admiration* », VOLTAIRE. ♦ *Se pétrifier,* v. pr. Se convertir en pierre. ♦ **Fig.** « *Le stoïcien travaillait à se pétrifier* », DIDEROT.

■ **Fig.** *Être pétrifié de peur, de surprise.* « *Je l'ai quitté aussi pétrifié, au milieu de sa galerie, que la Victoire de Samothrace en haut de son escalier* », Pouy.

PÉTRIN, n. m. [petʀɛ̃] (lat. *pistrinum*, moulin, boulangerie, gallo-rom. *pétrin*, de *pinser*, battre, broyer) Coffre dans lequel on pétrit le pain. ✦ **Fig.** et pop. *Être dans le pétrin*, être dans l'embarras.

PÉTRIR, v. tr. [petʀiʀ] (b. lat. *pistrire*, de *pistrix*, celle qui fait le pain) Détremper de la farine avec un liquide, la remuer, et en faire de la pâte. *Pétrir du pain.* ✦ Absol. *Ce boulanger pétrit bien.* ✦ Presser l'argile pour en lier les différentes parties et leur donner de la consistance. ✦ **Fig.** *Dieu nous a tous pétris du même limon.* ✦ Presser avec les mains comme on fait pour la pâte. ✦ **Fig.** Composer, former. « *À mon plaisir j'ai pétri sa jeune âme* », Voltaire. ✦ *Se pétrir*, v. pr. Être pétri.

PÉTRISSABLE, adj. [petʀisabl] (radic. du p. prés. de *pétrir*) Qui peut être pétri.

PÉTRISSAGE, n. m. [petʀisaʒ] (radic. du p. prés. de *pétrir*) Action de pétrir.

PÉTRISSEMENT, n. m. [petʀis(ə)mɑ̃] (*pétrir*) Syn. de pétrissage.

PÉTRISSEUR, EUSE, n. m. et n. f. [petʀisœʀ, øz] (radic. du p. prés. de *pétrir*) Celui qui chez un boulanger pétrit la pâte. ✦ *Pétrisseur mécanique*, mécanisme destiné à remplacer les gindres.

1 **PÉTRO...,** ■ [petʀo] élément formant qui veut dire pierre, du gr. *petros*.

2 **PÉTRO...,** ■ [petʀo] élément formant qui se rattache à *pétrole*, avec la même étymologie.

PÉTROCHIMIE, ■ n. f. [petʀoʃimi] (2 *pétro...* et *chimie*) Branche de la chimie étudiant les dérivés du pétrole et ses développements scientifiques, techniques et industriels.

PÉTROCHIMIQUE, ■ adj. [petʀoʃimik] (*pétrochimie*) Qui concerne la pétrochimie. *Industrie, complexes pétrochimiques.* ■ N. f. Rare *La pétrochimique*, la pétrochimie.

PÉTROCHIMISTE, ■ n. m. et n. f. [petʀoʃimist] (*pétrochimie*) Personne ou structure spécialisée en pétrochimie. ■ Adj. *Ingénieur pétrochimiste ; sociétés industrielles pétrochimistes.*

PÉTRODOLLAR, ■ n. m. [petʀodolaʀ] (2 *pétro-* et *dollar*, sur le modèle de *eurodollar* désignant des dollars américains en Europe) Dollar provenant des pays fournisseurs et exportateurs de pétrole.

PÉTROGALE, ■ n. m. [petʀogal] (lat. sav. [XIXᵉ s.] *petrogale*, de 1 *pétro-* et gr. *galeê*, belette) **Zool.** Kangourou des régions rocheuses australiennes, dont les pieds comportent des coussinets plantaires granuleux favorisant leur stabilité. *Des pétrogales à oreille courte.*

PÉTROGENÈSE, ■ n. f. [petʀoʒənɛz] (1 *pétro-* et *genèse*) **Géol.** Processus de formation des roches. *Pétrogenèse des volcanites.*

PÉTROGÉNÉTIQUE, ■ adj. [petʀoʒenetik] (*pétrogenèse*) Qui a rapport à la pétrogenèse. *Études pétrogénétiques.*

PÉTROGLYPHE, ■ n. m. [petʀoglif] (1 *pétro-* et gr. *gluphein*, graver) Gravure sur pierre. *Les pétroglyphes ont surtout été des représentations religieuses.*

PÉTROGRAPHE, ■ n. m. et n. f. [petʀogʀaf] (*pétrographie*) Spécialiste en pétrographie. ■ Adj. *Géologue pétrographe.*

PÉTROGRAPHIE, ■ n. f. [petʀogʀafi] (1 *pétro-* et *-graphie*) Science de la description des roches. *La pétrographie est née avec l'avènement de la minéralogie, spécialement sous l'influence de Cordier en 1815.*

PÉTROGRAPHIQUE, ■ adj. [petʀogʀafik] (*pétrographie*) Qui a rapport à la pétrographie. *Recherches pétrographiques.*

PÉTROLE, n. m. [petʀɔl] (lat. médiév. *petroleum*, huile minérale, du lat. *petra*, roche, et *oleum*, huile) Huile minérale fournie par des sources naturelles, et qui sert à l'éclairage. ✦ *Huile de pétrole*, ancien nom donné au pétrole. ■ Combustible et carburant. *Pétroles bruts. Raffineries de pétrole. L'essence est obtenue après raffinage du pétrole.*

PÉTROLERIE, n. f. [petʀɔl(ə)ʀi] (*pétrole*) ▷ Usine à pétrole. ◁

PÉTROLETTE, ■ n. f. [petʀɔlɛt] (*pétrole*) **Fam.** Motocyclette. « *Hubert c'est l'fonctionnaire À ch'val sur sa pétrolette Ah il a l'air drôl'ment fier Et sur sa mob il en jette !* », Groupe Lily drop.

PÉTROLEUSE, ■ n. f. [petʀɔløz] (*pétrole*) Femme qui aurait été à l'origine des incendies au pétrole durant la Commune de Paris en 1871. ■ Par extens. Femme qui manifeste avec plus ou moins de véhémence ses idées. ■ Femme de fort tempérament, exaltée. « *L'autre soir elle lui avait balancé un plat de crème sur son costard [...] on ne s'est pas ennuyés, quelle pétroleuse !* », Ph. Labro. ■ Rem. Le titre d'un film de 1971, *Les Pétroleuses*, joue sur le double sens de pétrole au sens concret, dont il est question dans l'intrigue, et dans le fait qu'y sont mises en scène deux femmes de fort tempérament.

PÉTROLIER, IÈRE, ■ adj. [petʀɔlje, jɛʀ] (*pétrole*) Qui est relatif au pétrole. *Un gisement pétrolier, une compagnie pétrolière.* ■ *Choc pétrolier*, augmentation brutale, générale et importante du prix du baril de pétrole, qui conduisit à deux grandes crises économiques mondiales en 1973 et 1979. ■ N. m. Navire citerne transportant du pétrole. N. m. et n. f. Personne possédant de gros capitaux dans l'industrie du pétrole.

PÉTROLIER-MINÉRALIER, ■ [petʀɔljemineʀalje] (*pétrolier* et *minéralier*) *Des pétroliers-minéraliers.* Voy. MINÉRALIER-PÉTROLIER.

PÉTROLIFÈRE, ■ adj. [petʀɔlifɛʀ] (*pétrole* et *-fère*) Qui contient du pétrole. *Gisement pétrolifère. Régions, pays pétrolifères.*

PÉTROLISME, ■ n. m. [petʀɔlism] (*pétrole*) **Rare** Ensemble des nuisances physiques et écologiques dues au pétrole et à ses dérivés.

PÉTROLOGIE, ■ n. f. [petʀɔlɔʒi] (1 *pétro-* et *-logie*) **Géol.** Étude des roches, de leur formation, de leurs propriétés.

PÉTROLOGIQUE, ■ adj. [petʀɔlɔʒik] (*pétrologie*) Qui a rapport à la pétrologie. *Études pétrologiques.*

PÉTROLOGUE ou, plus rare, **PÉTROLOGISTE,** ■ n. m. et n. f. [petʀɔlɔg, petʀɔlɔʒist] (*pétrologie*) Spécialiste en pétrologie.

PÉTROMYZONIDÉ, ■ n. m. [petʀomizonide] (nom sav. *petromyzon*, de *petron*, pierre, et *muzein*, sucer) Vertébré aquatique primitif, sans colonne vertébrale osseuse. *La lamproie appartient à la famille des pétromyzonidés.*

PÉTROSILEX, n. m. [petʀosilɛks] (all. *Petrosilex*, de 1 *petro-* et *silex*) Pierre qui tient le milieu entre le jaspe et le silex.

PETTO (IN), loc. adv. [inpeto] (ital. *in*, dans, et *petto*, sein, cœur, du lat. *pectus*, poitrine) Signifiant à part soi, intérieurement, en secret ; se dit du pape, quand il nomme un cardinal, sans le proclamer, ni l'instituer. ✦ Par extens. *Ce jeune homme est mon gendre in petto.*

PÉTULAMMENT, adv. [petylamɑ̃] (*pétulant*) ▷ D'une manière pétulante. ◁

PÉTULANCE, n. f. [petylɑ̃s] (lat. *petulantia*, impudence, fougue) Vivacité impétueuse. « *La pétulance française* », J.-J. Rousseau.

PÉTULANT, ANTE, adj. [petylɑ̃, ɑ̃t] (lat. *petulans*, toujours prêt à attaquer, de *petere*, attaquer) Qui a de la pétulance.

PÉTUN, n. m. [petœ̃] ou [petɛ̃] (tupi *petyma*, *petyn*) Terme tombé en désuétude. Tabac. ■ Rem. Graphie ancienne : *petun*.

PÉTUNER, v. intr. [petyne] (*petun*) **Vieilli** Prendre, fumer du pétun. « *Ça, monsieur, lorsque vous pétunez, la vapeur du tabac vous sort-elle du nez sans qu'un voisin ne crie au feu de cheminée ?* », E. Rostand. ■ Rem. Graphie ancienne : *petuner*.

PÉTUNIA, n. m. [petynja] (mot lat. sav. [XVIIIᵉ s.], de *petun*) Plante qui appartient à un genre originaire de l'Amérique du Sud, famille des solanées ; elle est cultivée pour ses fleurs dans nos jardins.

PÉTUNSÉ, n. m. [petœ̃se] ou [petɛ̃se] (empr. au chinois) Variété du feldspath commun composée de silice et de chaux, dont on se sert en Chine pour faire la porcelaine. ■ On écrit aussi *petunzé* et *petuntzé*.

PEU, n. m. [pø] (lat. vulgaire *paucum*, peu, du lat. *paucus*, peu nombreux) Une petite quantité. ✦ *Peu* construit avec l'article défini, ou avec l'adjectif possessif ou avec un pronom démonstratif. « *Si je t'abandonnais à ton peu de mérite* », P. Corneille. « *Le peu du juste vaut mieux que l'abondance du pécheur* », Fléchier. ✦ *Le peu*, le petit nombre. ✦ *Le peu*, le peu de temps. ✦ *Le peu que je suis*, le peu que je vaux, c'est-à-dire mon peu, ou peu de rang, de mérite. ✦ *Peu*, avec l'article *un*, une petite quantité, construit avec un substantif. *Un peu de repos.* ✦ Construit avec un verbe ou un autre mot. « *J'espère encore un peu* », P. Corneille. ✦ Explétivement. *Dites-moi un peu.* ✦ Pop. *Un petit peu*, très peu. ✦ Ironiq. *Un peu*, se dit pour beaucoup. « *Vous pourriez un peu loin pousser ma patience* », P. Corneille. ✦ *Un peu bien* ▷ ou *un peu beaucoup*, ◁ très, trop, beaucoup trop. « *Je tarde un peu beaucoup pour votre impatience* », P. Corneille. ✦ *Un peu*, se dit, dans un langage très familier, comme une affirmation dédaigneuse. « *Vous vous mariez, ma sœur. – Un peu, mon frère* », Dancourt. ✦ *Peu* sans article, peu de chose. *Vivre de peu.* ✦ *Peu vaut la crainte de Dieu vaut mieux que de grands trésors qui ne rassasient point* », Saci. ✦ Dans cet emploi, *peu* se construit avec les verbes actifs. *Boire peu.* ✦ *Être peu*, être de peu de valeur, en parlant des choses. ✦ *Un homme de peu*, un homme de basse condition. ✦ *C'est peu de*, suivi d'un substantif, signifie que la chose dont il s'agit ne suffit pas, ou qu'on ne s'y borne pas. « *C'est peu de quatre jours pour un tel sacrifice* », P. Corneille. ✦ On dit quelquefois : *C'est peu... que de...* « *Pour en venir à bout, c'est trop peu que de vous* », P. Corneille. ✦ *C'est peu de...*, avec l'infinitif, ou c'est peu que..., avec le subjonctif. « *C'est peu d'aller au ciel, je vous y veux conduire* », P. Corneille. *C'est peu qu'il veuille le premier, il voudrait être le seul.* ✦ *Peu*, peu de gens, avec le verbe au pluriel. « *Assez de gens méprisent le bien, mais peu savent le donner* », La Rochefoucauld. ✦ *Peu*, sans article et construit avec un substantif, en petite quantité. « *Tout ce qui doit finir est de peu de durée* », Lebrun. ✦ *Peu de chose*, une chose petite. « *Pour mériter ce sort, je suis trop peu de chose* », MOLIÈRE. ♦ *C'est peu de chose*, se dit d'une personne, d'une chose dont on ne fait point de cas. ♦ *C'est peu de chose que de nous*, se dit pour exprimer que la condition humaine est bien précaire. ♦ *Peu*, pris adverbialement et construit avec un verbe, ou un adjectif, ou un adverbe, en petite quantité. *Un homme peu connu. Fort peu.* ♦ *Acheter peu*, acheter à bon marché. ♦ *Peu souvent*, assez rarement. ♦ PEU À PEU, loc. adv. Lentement, insensiblement. ♦ DANS PEU, SOUS PEU, loc. adv. Dans peu de temps. ♦ *Il y a peu*, depuis peu de temps. ♦ *Depuis peu*, depuis peu de temps. ♦ *Peu après*, peu de temps après. ♦ *Quelque peu*, un peu. ♦ *Tant soit peu*, très peu, et Subst. *un tant soit peu*, très peu. ♦ *À peu près*, à peu de chose près, presque, environ, et n. m. *un à peu près*. ♦ ▷ *Si peu que rien*, une très petite quantité. ◁ ♦ SI PEU QUE, loc. conj. Avec le subjonctif, en quelque petite quantité que. ♦ POUR PEU QUE, loc. conj. Avec le subjonctif, pour quelque petite quantité que. ■ **Fam.** Dans une réponse ironique, par assonance : *un peu, mon neveu !* ■ *C'est peu de le dire*, c'est encore plus que ce que j'en dis. ■ **Litt.** *Peu ou prou*, plus ou moins. ■ REM. *Un homme de peu* est auj. rarement utilisé, et si c'est le cas, avec une connotation péjorative.

PEUCÉDAN, ■ n. m. [pøsedɑ̃] (lat. *peucedanum*, gr. *peukedanon*, de *peukê*, pin) Bot. Plante ombellifère. *Le peucédan des marais est une espèce protégée qui pousse dans les marais et les prairies humides du nord et de l'est de l'Europe.*

PEUCHÈRE, ■ interj. [pøʃɛr] (provenç. *pécaire*, pécheur, exprimant la compassion) Région. Interjection onomatopéique méridionale de sens variable selon le contexte. « *Oh, peuchère, tu deviendrais pas un peu fada par hasard ?* », M. TOURNIER.

PEUH, ■ interj. [pø] Onomatopée à connotation négative. « *Elle serait Léon Bloy ou rien, et qu'est-ce qu'elle pouvait bien en avoir à foutre de Tintin et compagnie, peuh !* », VERGNE.

PEUL, PEULE ou **PEULH, PEULHE**, ■ n. m. et n. f. [pøl] (mot afric.) Personne appartenant à différentes ethnies nomades d'Afrique de l'Ouest. *Les Peuls et les Peules.* ■ Adj. Qui a rapport aux peuls. *Statuettes peules à bras articulés.* ■ N. m. Langue nigéro-congolaise. *Le peul est composé de nombreux dialectes.*

PEUPLADE, n. f. [pøplad] (*peuple* ou *peupler*) ▷ Nombre d'hommes et de femmes qu'on envoie dans un pays pour le peupler. ♦ Petites sociétés, petits groupes d'hommes, dans les pays non civilisés. ♦ Action de peupler. « *Le but, le devoir d'un gouvernement sage est la peuplade et le travail* », VOLTAIRE. ■ REM. Le seul sens approchant est auj. celui de petit groupe isolé, souvent nomade, dans des pays africains ou par exemple en Amazonie. ◁

PEUPLE, n. m. [pœpl] (lat. *populus*, habitants d'un État ou d'une ville, peuple par opposition au sénat) Multitude d'hommes d'un même pays et vivant sous les mêmes lois. ♦ *Mon peuple, son peuple*, le peuple auquel j'appartiens, il appartient. ♦ Au pl. Habitants d'un État composé de diverses provinces qui n'ont pas été réunies en même temps et qui sont régies par des lois différentes. *Les peuples qui composaient l'Empire romain.* ♦ Multitude d'hommes, bien que n'habitant pas le même pays, ont une même religion ou une même origine. *Le peuple juif.* ♦ *Le peuple de Dieu*, le peuple juif. ♦ ▷ Au pl. *Les peuples*, les nations en dehors du peuple juif. ◁ ♦ *Peuple* se dit aussi des chrétiens, en tant que peuple de Dieu. ♦ *Le peuple-roi*, l'ancien peuple romain. ♦ Peuple se dit par rapport au gouvernement d'un roi, etc. « *On m'élit roi, mon peuple m'aime* », LA FONTAINE. ♦ Habitants d'une même ville, d'un même village, etc. Le peuple, considéré dans les républiques comme le souverain. ♦ Partie de la nation considérée au point de vue des divisions établies en politique. *Le sénat et le peuple romain.* ♦ La multitude, le public considéré en son ensemble. « *Le peuple raisonne ordinairement ainsi : une chose est possible, donc elle est* », PASCAL. ♦ La partie de la nation, considérée par opposition aux classes où il y a soit plus d'aisance, soit plus d'instruction. *Un homme du peuple.* ♦ *Le petit peuple, le menu peuple, le bas peuple*, les classes tout à fait inférieures. ♦ ▷ **Fam.** *Le petit peuple*, les enfants. ◁ ♦ Par extens. Foule, rassemblement. « *Les flots toujours nouveaux d'un peuple adorateur* », RACINE. ♦ Grand nombre de personnes considérées par des côtés qui leur sont communs. « *Les Romains étaient un peuple de soldats* », ROLLIN. « *Faire du genre humain un peuple de frères* », VOLTAIRE. ♦ Petits poissons qui servent à peupler un étang. ♦ Rejeton au pied des arbres, des plantes. ♦ Adj. Qui tient du peuple, qui en a le caractère, qui ne s'élève pas au-dessus de lui. *Un air peuple, un air commun, vulgaire.* « *Il faut être bien peuple pour se laisser éblouir par l'éclat qui environne les grands* », BOUHOURS. ♦ *Le petit père des peuples*, Staline.

PEUPLÉ, ÉE, p. p. de peupler. [pøple]

PEUPLEMENT, n. m. [pœpləmɑ̃] (*peupler*) Action de peupler. *Le peuplement de l'Amérique.* ♦ Action de peupler un étang, une basse-cour, un colombier. ♦ Il se dit aussi de la production des arbres. *Le peuplement d'une forêt.* ■ État d'un territoire, d'un pays peuplé. ♦ **Écol.** Ensemble des animaux et des végétaux qui vivent dans un même milieu.

PEUPLER, v. tr. [pøple] (*peuple*) Emplir un lieu d'habitants, en les y menant. « *Rebâtissez son temple, et peuplez vos cités* », RACINE. ♦ En parlant des animaux. *Peupler un pays de gibier.* ♦ Se dit aussi de plantations. *Peupler un bois*, en y mettant du nouveau plant. ♦ Emplir un lieu d'habitants (hommes, animaux ou végétaux) par voie de génération. *Les races ont peuplé l'Amérique. Le gibier aura bientôt peuplé ce parc. Le chêne peuple nos forêts [1].* ♦ Attribuer une certaine population. « *Il faut avouer que d'ordinaire nous peuplons et dépeuplons la terre un peu au hasard* », VOLTAIRE. ♦ Emplir d'un certain nombre de personnes. *Peupler la terre de mendiants.* ♦ Il se dit aussi des personnes qui remplissent. ♦ **Peint.** *Peupler un tableau*, y faire entrer beaucoup de figures. ♦ **Fig.** Emplir de choses qui n'ont point de corps. « *Pauvres enfants ! de fantômes funèbres Quelque nourrice a peuplé vos esprits* », BÉRANGER. ♦ ▷ V. intr. Se multiplier par la génération, en parlant des hommes et des animaux. *Toutes les nations ne peuplent pas également. Le lapin peuple beaucoup.* ◁ ♦ Se peupler, v. pr. Devenir rempli d'habitants. ■ REM. 1 : La notion de race ne repose sur aucun fondement scientifique et a une connotation raciste.

PEUPLERAIE, n. f. [pœplərɛ] (*peuplier*) Lieu planté de peupliers.

PEUPLIER, n. m. [pøplije] (anc. fr. *pople, peuple*, peuplier, du lat. *populus*, peuplier) Genre de la famille des salicinées. *Peuplier d'Italie. Peuplier suisse. Peuplier de Hollande.*

PEUR, n. f. [pœr] (lat. *pavor*, de *pavere*, craindre, redouter) Passion pénible qu'excite en nous ce qui paraît dangereux, menaçant, surnaturel. ♦ *N'avoir que la peur*, en être quitte pour la peur, n'éprouver pas le mal que l'on redoutait. ♦ *Avoir peur de son ombre*, être très craintif, très poltron. ♦ Par exagération, *mourir de peur*, craindre extrêmement. ♦ Divinité qui avait des autels en Grèce et à Rome (avec une majuscule en ce sens). ♦ *Peur* se dit, par exagération, en des cas où il s'agit non de péril, mais de ce qui nuit, de ce qui est désagréable, de ce qui inquiète, etc. *J'ai peur de vous déranger.* « *Souvent la peur d'un mal nous conduit dans un pire* », BOILEAU. ♦ ▷ *Faire peur de quelqu'un*, faire croire que quelqu'un peut nous nuire, nous faire du mal. ◁ ♦ ▷ *Faire peur de quelque chose*, menacer de quelque chose. ◁ ♦ *Faire peur*, se dit de quelqu'un dont la physionomie s'est beaucoup altérée. *Elle est changée à faire peur.* ♦ ▷ **Fam.** *Être mis à faire peur*, être vêtu d'une manière bizarre et ridicule. ◁ ♦ *Faire peur*, se dit d'une personne très laide. ♦ *Faire peur aux petits enfants*, exciter de vaines terreurs. ♦ *Faire peur à quelqu'un*, lui causer une peur, en sortant subitement d'une cachette, ou de toute autre façon. ♦ **Prov.** *La peur grossit les objets.* ♦ DE PEUR, loc. adv. Par l'effet de la peur. ♦ DE PEUR, loc. prép. En craignant que. ♦ *Il faut vivre avant que d'être heureux, de peur de mourir sans avoir ri* », LA BRUYÈRE. ♦ DE PEUR QUE, loc. conj. Avec le subjonctif, en craignant que. ♦ Avec *avoir peur*, *de peur que*, on met *ne* dans le membre de phrase subordonné : *J'ai peur qu'il ne vienne. De peur qu'il ne se blessât.* Mais en vers on supprime quelquefois ce *ne.* ■ *Une peur bleue*, une très grande peur. ■ *N'avoir pas peur des mots*, dire les choses telles qu'elles sont. ■ **Prov.** *La peur n'évite pas le danger.*

PEUREUSEMENT, adv. [pørøz(ə)mɑ̃] (*peureux*) D'une façon peureuse.

PEUREUX, EUSE, adj. [pørø, øz] (*peur*) Qui a peur facilement. « *Les gens de naturel peureux Sont, disait-il, bien malheureux* », LA FONTAINE. ♦ N. m. et n. f. Un peureux, une peureuse.

PEUT-ÊTRE, adv. [pøtɛtr] ([cela] peut être) Marque le doute, la possibilité. « *Pour la dernière fois je vous parle peut-être* », RACINE. ♦ Il est souvent suivi de *que.* « *Peut-être que parmi tous ceux qui m'entendent, il ne se trouvera pas dix justes* », MASSILLON. ♦ *Peut-être pas*, sûrement non. ♦ N. m. Un peut-être, une chose fort douteuse. « *À peine il est sorti, tous les peut-être les plus sinistres s'emparent de mon imagination* », MARMONTEL.

PEYOTL, ■ n. m. [pejɔtl] (nahuatl *peyotle, peiotle*) Plante du Mexique à la base de l'élaboration d'un hallucinogène puissant, la mescaline. *Des peyotls.*

PÈZE ou **PÈSE**, ■ n. m. [pɛz] (orig. incert., *peser*, ou occit. *pese, peze*), poids) Fam. Argent. *Il me doit du pèze.*

PÉZIZALE, ■ n. f. [pezizal] (*pézize*) Type de champignon de forêt. *La pézize et la truffe appartiennent à l'ordre des pézizales.*

PÉZIZE, ■ n. f. [peziz] (gr. *pezis*, nom d'un champignon sans stipe, de *pezos*, qui ne s'élève pas de terre) Champignon comestible de consistance charnue. *Des pézizes orangées, veinées, brunes.*

PFENNIG, ■ n. m. [pfenik] ou [pfenig] (le *g* se prononce *k* ou *g*. Mot all.) Ancienne monnaie allemande. Au pl. *Des pfennigs* ou *des pfennige* (pluriel allemand).

PFF, PFFT ou **PFUT**, ■ interj. [pft, pfyt] Onomatopée qui simule l'indifférence, le recul, ou marque l'ironie. *Pfft, moi vexé, et puis quoi encore ?*

PGCD, ■ n. m. [peʒesede] (sigle de *plus grand commun diviseur*) Math. *Soit deux entiers naturels non nuls, a et b. L'ensemble des diviseurs communs à a et b admet un plus grand élément commun diviseur de a et b, qu'on note* PGCD *(a, b).*

PH, ■ n. m. [peaʃ] (*potentiel hydrogène*) Mesure de l'état acidobasique d'une solution contenant des ions H+. *Le pH d'un sol. Des pH sanguins.* ■ *pH neutre*, valeur équilibrée entre les substances acides et basiques. *La valeur du pH se mesurant sur une échelle de 0 à 14, le pH neutre se situe à 7.* ■ REM. Le *p* ne prend jamais de majuscule.

PHACOCHÈRE, ■ n. m. [fakoʃɛʁ] (gr. *phakos*, lentille et *khoiros*, petit cochon, qui porte une excroissance en forme de lentille sur chaque joue) Mammifère ongulé d'Afrique, proche du sanglier, aux défenses incurvées.

PHAÉTON, n. m. [faetɔ̃] (gr. *Phaetôn*, litt. brillant) Par plaisanterie et par allusion à Phaéton, fils du Soleil, cocher, charretier. « *Le phaéton d'une voiture à foin Vit son char embourbé* », LA FONTAINE. ◆ Voiture à quatre roues, légère et découverte. ■ Zool. Oiseau marin. *Les phaétons ont des pattes courtes qui rendent leur marche pénible.*

PHAGÉDÉNIQUE, adj. [faʒedenik] (gr. *phagedainikos*, rongeur, de *phagedaina*, ulcère, cancer) Méd. Qui ronge, en parlant des substances qu'on emploie pour consumer les chairs fongueuses. *Eau phagédénique.* ◆ Se dit aussi des ulcères qui rongent les parties voisines.

PHAGOCYTAGE, ■ n. m. [fagositaʒ] (*phagocyter*) Action de phagocyter, au propre et au fig. *Le phagocytage d'une bactérie, d'un budget.*

PHAGOCYTAIRE, ■ adj. [fagositɛʁ] (*phagocyte*) Qui concerne les phagocytes ou la phagocytose. *Des cellules phagocytaires.*

PHAGOCYTE, ■ n. m. [fagosit] (*phago-* et *-cyte*) Biol. Cellule de défense du système immunitaire, qui a le pouvoir d'absorber et de digérer d'autres cellules, particules ou micro-organismes.

PHAGOCYTER, ■ v. tr. [fagosite] (*phagocyte*) Biol. Détruire les corps étrangers présents dans un organisme. *Les cellules tueuses phagocytent les microbes.* ■ Fig. Absorber et détruire. *Phagocyter une petite entreprise.*

PHAGOCYTOSE, ■ n. f. [fagositoz] (*phagocyte* et *-ose*) Propriété de capturer et d'ingérer des micro-organismes ■ Par extens. et fig. Capture, absorption. « *Quand une femme prend le nom de son mari, en général, elle en prend même le prénom ! Elle va vers la phagocytose... Elle finit même par disparaître* », HALIMI.

PHALANGE, n. f. [falɑ̃ʒ] (lat. *phalanx*, du gr. *phalagx*) Nom que les Grecs donnaient à leur infanterie. ◆ *Phalange macédonienne*, bataillon formé de huit mille hommes armés de piques et de boucliers, qui se composait de seize files en profondeur. ◆ Par extens. Toute espèce de troupes. *De vieilles phalanges.* ◆ Toute espèce de multitude considérée comme organisée militairement. « *Les célestes phalanges* », LA FONTAINE. ◆ Se dit, dans le système de Fourier, de la commune sociétaire, composée de familles associées pour les travaux de ménage, de culture, d'industrie, d'art, de science, etc. ◆ Anat. Les petits os longs qui concourent à former les doigts et les orteils. ■ *Phalange unguéale*, Voy. PHALANGETTE.

PHALANGER, ■ n. m. [falɑ̃ʒe] (*phalange*) Zool. Marsupial d'Australie, omnivore et nocturne, à doigts divisés en phalanges. *Les phalangers femelles ont pour particularité d'avoir une poche marsupiale qui s'ouvre vers l'avant.*

PHALANGÈRE, ■ n. f. [falɑ̃ʒɛʁ] (*phalange*) Bot. Plante vivace ornementale, à feuilles longues et tombantes partant de son centre, et qui sont vert clair, à bande médiane blanche. *Il existe plusieurs types de phalangères, dont une à fleurs de lys.*

PHALANGETTE, ■ n. f. [falɑ̃ʒɛt] (*phalange*) Phalange du bout du doigt. *C'est sur les phalangettes que se trouvent les ongles.*

PHALANGIEN, IENNE, ■ adj. [falɑ̃ʒjɛ̃, jɛn] (*phalange*) Qui a rapport aux phalanges. *Ligaments phalangiens. Articulations phalangiennes.*

PHALANGINE, ■ n. f. [falɑ̃ʒin] (*phalange*) Des trois phalanges d'un doigt, celle du milieu. *La phalangine du majeur.*

PHALANGISATION, ■ n. m. [falɑ̃ʒizasjɔ̃] (*phalange*) Méd. Opération particulière de la main lors d'une mutilation, destinée en principe à améliorer le confort de son utilisation. *La phalangisation d'un métacarpien.*

PHALANGISTE, ■ adj. [falɑ̃ʒist] (*phalange*) Qui appartenait à la Phalange espagnole ou la concernait. *Idéologie, membre phalangistes.* ◆ N. m. et n. f. *Un, une phalangiste.* ■ REM. La Phalange espagnole (*Falange Española*) est un groupement politique fondé en 1933, à programme d'inspiration fasciste, qui fusionna avec le parti unique de Franco, qui en devint le chef.

PHALANGITE, n. m. [falɑ̃ʒit] (lat. *phalangites*, du gr. *phalaggitês*) Antiq. Soldat de la phalange.

PHALANSTÈRE, ■ n. m. [falɑ̃stɛʁ] (mot-valise créé par Fourier en 1822 à partir de *phalange* et *monastère*) Habitation de la commune sociétaire ou phalange dans le système de Fourier. ■ Par extens., rare et plais. Communauté de vie et d'intérêts.

PHALANSTÉRIEN, IENNE, n. m. [falɑ̃st…ʁjɛ̃, jɛn] (*phalanstère*) Celui, celle qui habite un phalanstère. ◆ Partisan des doctrines qui doivent être mises en pratique dans le phalanstère.

PHALARIQUE, n. f. [falaʁik] (lat. *phalarica*) Voy. FALARIQUE.

PHALAROPE, ■ n. m. [falaʁɔp] (gr. *phalaros*, tacheté de blanc) Zool. Petit échassier. *Phalaropes à bec large ou à bec étroit.* « *J'avais trouvé d'autres apaisements, comme je faisais à pied le tour du lac de Myvatn, comme j'observais le phalarope à bec étroit* », PASCAL DESSAINT.

PHALÉCIEN, adj. [falesjɛ̃] (lat. *Phalæcus*, gr. *Phalaikos*, *Phalækos*, poète grec) Voy. PHALEUCE.

PHALÈNE, n. f. [falɛn] (gr. *phalaina*, de *phalos*, brillant) Nom d'un genre parmi les lépidoptères nocturnes.

PHALÈRES, n. f. pl. [falɛʁ] (lat. *phaleræ*, gr. *phalara*, bossettes de métal ornant un casque, de *phalos*, cimier) Antiq. rom. Collier composé de bulles d'or et d'argent, ornement des patriciens et récompense militaire.

PHALEUCE, adj. [faløs] (lat. *phaleucius*, var. de *phalæcium*, de Phalaikos, poète grec qui a inventé ce mètre) *Vers phaleuce* ou n. m. *le phaleuce*, sorte de vers de cinq pieds, formé d'un spondée, d'un dactyle, de deux trochées et d'un spondée. ◆ L'Académie dit à tort *phaleuque*. ■ REM. On disait aussi *phalécien*.

PHALLIQUE, ■ adj. [falik] (b. lat. *phallicus*, gr. *phallikos*, de *phallos*, phallus) Qui est relatif à l'érection du sexe masculin, à son culte et à son symbole. *Une sculpture phallique.* ■ Psych. *Stade phallique*, période où l'enfant des deux sexes découvre entre trois et six ans sa sexualité et ressent des pulsions d'ordre génital.

PHALLO, ■ n. m. [falo] Abréviation de *phallocrate*. *Se comporter en phallo.* ■ Adj. *Des attitudes phallos.*

PHALLOCENTRISME, ■ n. m. [falosɑ̃tʁism] (*phallus* et *centre*) Psych. Système de pensée fondé sur l'idée que le phallus, et donc l'homme, prime sur tout. *Le système freudien est fondé sur le phallocentrisme, puisqu'il définit la femme en fonction de l'absence de phallus.*

PHALLOCRATE, ■ n. m. [falokʁat] (*phallus* et *-crate*) Personne prônant la domination des hommes sur les femmes. ■ Adj. *Une attitude phallocrate.*

PHALLOCRATIE, ■ n. f. [falokʁasi] (*phallus* et *-cratie*) Système social où les hommes dominent les femmes en termes de droit et de pouvoir. *La lutte des féministes contre la phallocratie ambiante.*

PHALLOCRATIQUE, ■ adj. [falokʁatik] (*phallocratie*) Qui a rapport à la phallocratie. *Un comportement phallocratique.*

PHALLOCRATISME, ■ n. f. [falokʁatism] (*phallocratie*) Doctrine selon laquelle l'homme domine la femme. « *Il pleurait sa compagne de toujours, l'amie dont il avait soutenu l'ardent combat féministe. Des articles fielleux avaient parfois souligné un phallocratisme qu'il récusait* », BERHEIM ET CARDOT.

PHALLOÏDE, ■ adj. [faloid] (*phallus* et *-oïde*) Qui a la forme d'un phallus, spécialement dans *amanite phalloïde*, qui est un champignon vénéneux très toxique. ■ Rare N. f. *La phalloïde*, l'amanite phalloïde. *L'oronge est comestible alors que la phalloïde, qui est aussi une amanite, est mortelle.*

PHALLOÏDIEN, IENNE, ■ adj. [faloidjɛ̃, jɛn] (*phalloïde*) Qui a rapport à la phalloïde. *Le syndrome phalloïdien est dû à une intoxication par certains champignons. Intoxications phalloïdiennes.*

PHALLOTOXINE, ■ n. f. [falotɔksin] (*phallo-*, dans un contexte mycologique et *toxine*) Toxine phalloïdienne, lors d'une intoxication hépatique à cause de l'ingestion de certains champignons vénéneux.

PHALLUS, ■ n. m. [falys] (b. lat. *phallus*, gr. *phallos*, pénis en érection, emblème de la génération qu'on portait aux fêtes de Bacchus, d'une rac. i.-eur. *bhel-*, se gonfler) Dans l'Antiquité, représentation du sexe masculin en érection et culte voué à cette représentation symbolique de la fécondité. ■ Par extens. Pénis en érection. ■ Bot. Champignon à l'odeur nauséabonde, ayant la forme d'un pénis en érection.

PHANÈRE, ■ n. m. [fanɛʁ] (gr. *phaneros*, visible) Production épidermique protectrice comme les poils, les ongles, les plumes.

PHANÉR(O)..., ■ [faneʁo] Préfixe tiré du grec *phaneros*, de *phainein*, mettre au jour, qui veut dire *visible*, *apparent*.

PHANÉROGAME, adj. [faneʁogam] (*phanéro* et *-game*) Se dit des plantes pourvues de fleurs. ◆ N. f. Les phanérogames.

PHANÉROGAMIE, n. f. [faneʁogami] (*phanérogame*) Bot. État d'une plante pourvue de fleurs. ◆ Grande division du règne végétal, comprenant toutes les plantes phanérogames.

PHANIE, ■ n. f. [fani] (gr. *phanos*, lumineux) Opt. Unité définissant la grandeur de la sensation de lumière.

PHANOTRON, ■ n. m. [fanotʁɔ̃] (mot angl., de *phanos*, lumineux) Électr. anc. Tube à vide, valve électronique.

PHANTASMAGORIE, PHANTASMAGORIQUE, PHANTASMASCOPE, [fɑ̃tasmagoʁi, fɑ̃tasmagoʁik, fɑ̃tasmaskɔp] Voy. FANTASMAGORIE, FANTASMAGORIQUE, etc.

PHANTASME, ■ n.m. [fɑ̃tasm] Voy. FANTASME.

1 PHARAON, n.m. [faʀaɔ̃] (lat. chrét. *Pharao*, de l'égypt. *peraa*, palais, roi) Nom commun ou titre par lequel on désigne les souverains de l'ancienne Égypte.

2 PHARAON, n.m. [faʀaɔ̃] (*Pharaon*, nom du roi de cœur dans certains jeux de cartes) ▷ Jeu de hasard qui se joue avec des cartes ; le banquier y joue seul contre un nombre indéterminé de joueurs. ◁

PHARAONIQUE, adj. [faʀaonik] (1 *pharaon*) Qui appartient aux pharaons. *L'empire pharaonique. Les dynasties pharaoniques.* ■ **Par extens.** Gigantesque. *Dimensions pharaoniques.*

PHARE, n.m. [faʀ] (gr. *Pharos*, île de la baie d'Alexandrie) Tour dressée sur un cap, sur un point éminent d'une côte, sur la jetée d'un port, et portant à son sommet une lanterne où s'allume, pendant la nuit, un feu connu des navires qu'il guide au milieu des ténèbres. ◆ Le fanal placé sur le phare. ◆ **Fig.** Dans le style élevé, ce qui guide. ◆ **Mar.** L'ensemble des vergues et de leurs voiles. ■ **Au pl.** *Les phares*, projecteurs situés à l'avant d'un véhicule et destinés à éclairer la route. *Allumer ses phares.*

PHARILLON, ■ n.m. [faʀijɔ̃] (mot poitevin et saint., dimin. de *phare*) Réchaud suspendu au bout d'une perche, à l'avant du bateau, et dans lequel les pêcheurs faisaient un feu de bois, pendant la nuit, pour attirer le poisson. ■ Mode de pêche dans lequel on emploie ce feu.

PHARISAÏQUE, adj. [faʀizaik] (lat. chrét. *pharisaicus*, de *Pharisæus*) Qui tient du caractère des pharisiens. « *Cette prétendue sévérité pharisaïque* », BOURDALOUE.

PHARISAÏSME, n.m. [faʀizaism] (*pharisaïque*) Caractère des pharisiens. ◆ **Fig.** Hypocrisie.

PHARISIEN, n.m. [faʀizjɛ̃] (lat. *pharisæus*, gr. *pharisaios*, de l'aram. *perishayya*, litt. les séparés) Secte des Juifs qui affectaient de se distinguer par la sainteté extérieure de leur vie. ◆ **Fig.** Celui qui n'a que l'ostentation de la piété ou de toute autre vertu. ◆ **Adj.** Pharisien, enne, syn. de pharisaïque. « *Qu'était-ce que cette piété pharisienne ? une piété hypocrite, une piété fausse et vicieuse* », BOURDALOUE.

PHARMACEUTIQUE, adj. [faʀmasøtik] (gr. *pharmakeutikos*, de *pharmakeuein*, donner, préparer un médicament) Qui a rapport à la pharmacie. *Une préparation pharmaceutique.* ◆ *Emploi pharmaceutique*, mise en usage de certains corps dans les officines. ◆ **N. f.** La partie de la matière médicale qui traite des effets et de l'emploi thérapeutique des médicaments.

PHARMACIE, n.f. [faʀmasi] (gr. *pharmakeia*, emploi de drogue, de *pharmakon*, drogue salutaire ou malfaisante) L'art de reconnaître, de recueillir, de conserver les drogues simples, et de préparer les médicaments composés. ◆ L'officine ou le lieu où les médicaments sont préparés ou débités. ◆ La profession de pharmacien. ◆ Collection de médicaments. ■ Armoire où l'on conserve des médicaments. ■ **Fig.** et **plais.** en parlant de quelqu'un. *Tu es une véritable pharmacie ambulante !*

PHARMACIEN, IENNE, n.m. et n.f. [faʀmasjɛ̃, jɛn] (*pharmacie*) Celui, celle qui exerce la pharmacie. ■ REM. Cette profession s'exerce après obtention du diplôme de pharmacien.

PHARMACO..., [faʀmako] Préfixe avec le sens positif de médicament, ou, le sens négatif, de poison, selon les contextes, parce qu'il vient du grec *pharmacon*, qui signifie, au départ, toute substance au moyen de laquelle on altère la nature d'un corps, toute drogue salutaire ou malfaisante.

PHARMACOCINÉTIQUE, ■ n.f. [faʀmakosinetik] (*pharmaco-* et *cinétique*) Étude du sort d'un médicament dans un organisme vivant. ■ **Adj.** *Recherches, études pharmacocinétiques.*

PHARMACODÉPENDANCE, ■ n.f. [faʀmakodepɑ̃dɑ̃s] (*pharmaco-* et *dépendance*) Besoin irrépressible d'absorber certains médicaments.

PHARMACODÉPENDANT, ANTE, ■ adj. [faʀmakodepɑ̃dɑ̃, ɑ̃t] (*pharmacodépendance*) Qui se trouve dans un besoin psychologique et physiologique de certaines substances médicamenteuses, avec manifestation de manque en cas de privation. ■ **N.m.** et **n.f.** *Des pharmacodépendants pris en charge par certaines structures médicales.*

PHARMACODYNAMIE, ■ n.f. [faʀmakodinami] (*pharmaco-* et gr. *dunamis*, puissance) Étude des effets, des variations que peut provoquer un médicament dans l'organisme.

PHARMACODYNAMIQUE, ■ adj. [faʀmakodinamik] (*pharmacodynamie*) Qui a rapport à la pharmacodynamie. ■ **N.f.** Mécanisme d'action concernant un effet médicamenteux dans l'organisme. ■ Partie de la pharmacie relevant des processus d'action des médicaments sur l'organisme.

PHARMACOLOGIE, n.f. [faʀmakoloʒi] (*pharmaco-* et *-logie*) Partie de la matière médicale qui a pour objet de faire connaître les médicaments et d'en éclairer l'emploi.

PHARMACOLOGIQUE, adj. [faʀmakoloʒik] (*pharmacologie*) Qui se rapporte à la pharmacologie.

PHARMACOLOGUE ou **PHARMACOLOGISTE**, ■ n.m. et n.f. [faʀmakoloɡ, faʀmakoloʒist] (*pharmacologie*) Spécialiste de pharmacologie, en recherche ou en enseignement.

PHARMACOPÉE, n.f. [faʀmakope] (gr. *pharmakopoïïa*, de *pharmakon*, drogue, et *poiein*, faire, confectionner) Livre qui enseigne la manière de préparer et de composer les médicaments.

PHARMACOPHAGUS, ■ n.m. [faʀmakofaɡys] (*pharmaco-*, poison et *-phage*) **Zool.** Papillon dont la chenille vit sur des plantes vénéneuses.

PHARMACOPOLE, n.m. [faʀmakopɔl] (gr. *pharmakopôlês*, de *pharmakon*, drogue, et *pôlein*, vendre) ▷ Terme qui ne se dit que par plaisanterie. Apothicaire, vendeur de drogues, charlatan. ◁

PHARMACOVIGILANCE, ■ n.f. [faʀmakoviʒilɑ̃s] (*pharmaco-* et *vigilance*) Ensemble des moyens mis en œuvre de façon à avoir un bon suivi relatif aux médicaments et à leurs effets. *Il existe un Centre national de pharmacovigilance dont le rôle est d'assurer les différents liens entre les métiers en rapport avec les médicaments.*

PHARYNGAL, ALE, ■ adj. [faʀɛɡal] (*pharynx*) En parlant d'une consonne, qui s'articule en repoussant la racine de la langue vers l'arrière de la paroi du pharynx. *Les consonnes pharyngales sont nombreuses dans les langues sémitiques. Sons pharyngaux.*

PHARYNGÉ, ÉE, ■ adj. [faʀɛ̃ʒe] Voy. PHARYNGIEN, IENNE.

PHARYNGIEN, IENNE ou **PHARYNGÉ, ÉE**, adj. [faʀɛ̃ʒjɛ̃, jɛn, faʀɛ̃ʒe] (*pharynx*) Qui a rapport au pharynx.

PHARYNGITE, n.f. [faʀɛ̃ʒit] Inflammation du pharynx.

PHARYNGOLARYNGITE ou **PHARYNGO-LARYNGITE**, n.f. [faʀɛ̃ɡolaʀɛ̃ʒit] (radic. de *pharynx* et *laryngite*) Inflammation du pharynx et du larynx.

PHARYNX, n.m. [faʀɛ̃ks] (gr. *pharugx*) Cavité musculo-membraneuse faisant suite à la bouche, dont elle est séparée par le voile du palais, et se continuant avec l'œsophage.

PHASE, n.f. [faz] (gr. *phasis*, apparition d'une étoile, de *phainesthai*, apparaître) Apparences diverses de la Lune et de quelques planètes, suivant la manière dont elles reçoivent la lumière du Soleil. ◆ **Fig.** Changements successifs qui se remarquent dans certaines choses. *Les phases de l'humanité. Les phases d'une affaire.* ■ **Phys.** *En phase*, se dit de mouvements périodiques qui varient de façon identique. ■ **Fig.** *Être en phase*, être en accord. *Les syndicats sont en phase avec la direction.*

PHASEMÈTRE, ■ n.m. [faz(ə)mɛtʀ] (*phase* et *-mètre*, mesure) Instrument qui sert à mesurer le déphasage entre deux courants alternatifs de même fréquence.

PHASÉOLE, n.f. [fazeɔl] Voy. FASÉOLE.

PHASIANIDÉ, ■ n.m. [fazjanide] (gr. *phasianos* [*ornis*], [oiseau] du Phase, faisan) **Zool.** Type d'oiseau terrestre. *Les faisans, les paons et les coqs sont des phasianidés.*

PHASME, ■ n.m. [fasm] (gr. *phasma*, apparition, fantôme, de *phainesthai*, apparaître) Insecte fin et long, originaire de l'Asie du Sud-Est, ressemblant aux brindilles sur lesquelles il vit.

PHASMIDÉ ou **PHASMOPTÈRE**, ■ n.m. [fasmide, fasmoptɛʀ] (*phasme* et *-idé* ou *-ptère*) **Zool.** Insecte du type *phasme*. *Les phasmidés sont les plus grands des insectes.*

PHÉBUS, ■ n.m. [febys] (lat. *Phœbus*, gr. *Phoibos*) Apollon, dieu du Soleil et dieu des Vers. ◆ ▷ Fig. et avec un *p* minuscule, galimatias prétentieux. *Parler phébus.* « *Lu magnificence de paroles avec de faibles idées est proprement du phébus* », VAUVENARGUES. ◁ ◆ ▷ En parlant des personnes, homme faisant le beau parleur. « *Qu'un beau phébus lui débite ses gentillesses* », J.-J. ROUSSEAU. ◁

PHELLODENDRON, ■ n.m. [felodɛ̃dʀɔ̃] ou [felodɑ̃dʀɔ̃] (gr. *phellos*, liège et *dendron*, arbre) **Bot.** Arbre asiatique qui produit du liège.

PHELLODERME, ■ n.m. [feloderm] (gr. *phellos*, liège et *-derme*) **Bot.** Tissu de l'arbre qui produit le liège.

PHELLOGÈNE, ■ adj. [feloʒɛn] (gr. *phellos*, liège et *-gène*) **Bot.** Qui concerne la base de production du liège se trouvant dans la racine et la tige de l'arbre.

PHELSUME, ■ n.m. [felsym] (Van *Phelsum*, naturaliste belge) **Zool.** Petit gecko de Madagascar.

PHÉNAKISTISCOPE, ■ n.m. [fenakistiskɔp] (gr. *phenakizein*, tromper, et *-scope*) Appareil qui donne l'illusion du mouvement par un système de disque rond en carton, percé de fentes, et sur lequel sont recomposées les différentes étapes d'un mouvement. *Le phénakistiscope a été inventé en 1832 par Joseph Plateau.*

PHÉNANTHRÈNE, ■ n. m. [fenɑ̃tʀɛn] (1 *phéno-* et gr. *anthrax*, charbon) **Chim**. Hydrocarbure contenu dans le goudron de houille. *Les phénan-thrènes sont utilisés dans les industries de matières colorantes.*

PHÉNÉTIQUE, ■ n. f. [fenetik] (gr. *phainein*, faire paraître) Science fondée, statistiquement, sur les caractères, les ressemblances visibles entre différents éléments, pour déterminer des familles, dans différents domaines, et très en vogue dans les années 1960. ■ **Adj**. *Méthodes, classifications, systèmes phéné-tiques.*

PHÉNICIEN, IENNE, ■ adj. [fenisjɛ̃, jɛn] (*Phénicie*, du gr. *Phoinix*, génit. *Phoinikos*, phénicien) Qui concernait la Phénicie. *Flottes phéniciennes.* ■ **N. m. et n. f.** Personne appartenant au peuple sémitique de l'Antiquité en Phénicie. *Les Phéniciens et les Phéniciennes.* ■ **N. m.** Langue sémitique ancienne.

PHÉNICOPTÈRE, n. m. [fenikɔptɛʀ] (gr. *phoinikopteros*, de *phoinix*, pourpre, et *pteron*, aile) Flamant.

PHÉNIQUE, adj. [fenik] (1 *phéno-* et *-ique*) **Chim**. Qui a rapport au phé-nol. ◆ *Acide phénique*, produit de la distillation de la houille.

PHÉNIQUÉ, ÉE, ■ adj. [fenike] (*phénique*) **Chim**. Qui contient de l'acide phénique, autrement dit du phénol cristallisé. *Des vapeurs phéniquées.*

PHÉNIX, n. m. [feniks] (gr. *phoinix*) Oiseau fabuleux, unique en son es-pèce, qui, disait-on, vivait plusieurs siècles, et qui brûlé renaissait de sa cendre. ◆ **Fig**. Personne unique dans son genre, supérieure aux autres. « *Vous êtes le phénix des hôtes de ces bois* », La Fontaine. « *Le phénix de la poésie chantante [Quinault]* », La Bruyère. ◆ Il se dit aussi des choses. « *Il est heureux phénix [un sonnet sans défaut] est encore à trouver* », Boi-leau. ◆ Constellation australe. ■ **Bot**. Palmier. *Les dattiers font partie des phénix.* ■ **Rem**. Dans ce dernier sens, on écrit aussi *phœnix.*

1 PHÉNO..., ■ [feno] Élément indiquant la présence d'un noyau benzé-nique dans la formule d'une combinaison chimique, du gr. *phaino*, au sens d'éclairer.

2 PHÉNO..., ■ [feno] Élément indiquant un phénomène visible, du gr. *phainesthai*, au sens de se manifester, apparaître.

PHÉNOBARBITAL, ■ n. m. [fenobarbital] (1 *phéno-* et *barbital* sur *bar-biturique*) **Chim**. Substance barbiturique utilisée contre l'épilepsie, les convulsions et comme hypnotique. *Des phénobarbitals.*

PHÉNOCRISTAL, ■ n. m. [fenokʀistal] (2 *phéno-* et *cristal*) Cristal d'une taille suffisante pour être vu a l'œil nu, sans appareil. *Des phénocristaux de feldspath.*

PHÉNOL, n. m. [fenɔl] (1 *phéno-* et *-ol*) **Chim**. Substance extraite des huiles lourdes que fournissent les goudrons des gaz.

PHÉNOLATE, ■ n. m. [fenolat] (*phénol*) **Chim**. Sel du phénol. *Les déter-gents contiennent des sels métalliques appelés* phénolates. *Des études montrent qu'en moyenne les aliments issus de l'agriculture durable ont plus de minéraux et de phénolates, éléments qui combattent le cancer, les maladies cardiaques.* ■ Adj. *Ions phénolates.*

PHÉNOLIQUE, ■ adj. [fenolik] (*phénol*) **Chim**. Qui a rapport au phénol ou à un de ses dérivés. *Résines phénoliques. Composés phénoliques du vin rouge.*

PHÉNOLOGIE, ■ n. f. [fenolɔʒi] (2 *phéno-* et *-logie*, d'après l'all. *Phänologie*) **Météorol**. Étude des variations des climats sur les végétaux. ■ **PHÉNOLO-GIQUE**, adj. [fenolɔʒik]

PHÉNOMÉNAL, ALE, adj. [fenomenal] (*phénomène*) **Néolog**. Qui tient du phénomène. ◆ **Fam**. Surprenant, étonnant. ■ **Rem**. Auj. ce mot appartient au vocabulaire usuel.

PHÉNOMÉNALEMENT, ■ adv. [fenomenal(ə)mɑ̃] (*phénoménal*) De façon prodigieuse, énorme ou étonnante.

PHÉNOMÉNALISME, ■ n. m. [fenomenalism] (*phénoménal*) **Philos**. Doc-trine selon laquelle seuls les phénomènes, les choses qui apparaissent aux sens ou à la conscience, sont objets de connaissance.

PHÉNOMÉNALISTE, ■ n. m. et n. f. [fenomenalist] (*phénoménalisme*) Per-sonne qui adhère aux idées défendues par le phénoménalisme.

PHÉNOMÈNE, n. m. [fenomɛn] (gr. *phainomenon*, p. prés. de *phainesthai*, se montrer) **Philos**. Tout ce qui tombe sous les sens, tout ce qui peut af-fecter notre sensibilité d'une manière quelconque, soit au physique, soit au moral. ◆ **Méd**. Tout changement appréciable par nos sens, qui survient dans un organe ou une fonction. *Le phénomène de la respiration.* ◆ Tout ce qui paraît d'extraordinaire dans l'air, dans le ciel. *Les comètes, les météores sont des phénomènes.* ◆ Ce qui est rare et surprenant. *C'est un phénomène que de vous voir ici.* « *L'établissement de l'Académie et le phénomène du Cid* », Voltaire. ◆ Il se dit des personnes qui surprennent par leurs talents, leurs actions, etc. « *Phocion était à la fois grand capitaine et grand homme d'État, phénomène auquel dans ce siècle on n'était pas accoutumé* », Condillac.

◆ Chose ou personne extraordinaire qu'on montre à la foire. *Phénomène vivant.* ■ **Fam**. Personne excentrique. *Quel phénomène !* ■ **Rem**. Auj., *phé-nomène de foire*, au contraire du sens *supra* qui entend par *phénomènes* des êtres physiquement monstrueux qu'on exhibait dans les foires, comme dans le film *Freaks*, signifie de façon plus large quelqu'un ou quelque chose qui attire le regard ou l'attention, en appelle à un certain sensationnel. *L'électricité fut d'abord parfois considérée comme un phénomène de foire.*

PHÉNOMÉNISME, ■ n. m. [fenomenism] (*phénomène*) **Philos**. Doctrine se-lon laquelle seuls les phénomènes, que l'on peut appréhender par la vision ou les sens, existent.

PHÉNOMÉNISTE, ■ n. m. et n. f. [fenomenist] (*phénoménisme*) **Philos**. Per-sonne qui adhère aux idées défendues par le phénoménisme.

PHÉNOMÉNOLOGIE, ■ n. f. [fenomenolɔʒi] (*phénomène* et *-logie*) **Philos**. Observation et description des phénomènes et de leurs modes d'appari-tion. *Il existe plusieurs conceptions de la phénoménologie : celle de Hegel et de Husserl principalement.*

PHÉNOMÉNOLOGIQUE, ■ adj. [fenomenolɔʒik] (*phénoménologie*) **Philos**. Qui concerne, a rapport à la phénoménologie.

PHÉNOMÉNOLOGUE, ■ n. m. et n. f. [fenomenolɔg] (*phénoménologie*) Phi-losophe qui adopte les positions de la phénoménologie.

PHÉNOPÉRIDINE, ■ n. f. [fenoperidin] **Chim**. Dérivé synthétique de la morphine, utilisé dans les anesthésies, et beaucoup plus puissant comme analgésique, sans avoir les inconvénients liés aux drogues comme l'accou-tumance.

PHÉNOPLASTE, ■ n. m. [fenoplast] (1 *phéno-* et *plaste*) **Chim**. Nom gé-nérique de différents composés chimiques liés au phénol. *La bakélite est un phénoplaste.* ■ Adj. *Résines phénoplastes.*

PHÉNOTYPE, ■ n. m. [fenotip] (2 *phéno-* et *-type*, d'après l'all. *Phänotypus*) **Biol**. Ensemble des caractères apparents d'un individu, d'une espèce, qui traduisent son patrimoine génétique. *Phénotypes cellulaires.*

PHÉNOTYPIQUE, ■ adj. [fenotipik] (*phénotype*) Qui concerne le phéno-type. *Observations phénotypiques.*

PHÉNYLALANINE, ■ n. f. [fenilalanin] (*phényl-* et *alanine*) **Chim**. Acide aminé essentiel très répandu obtenu par hydrolyse de nombreuses pro-téines.

PHÉNYLCÉTONURIE, ■ n. f. [fenilsetonyʀi] (*phényl-*, *cétone* et *-urie*) **Méd**. Affection héréditaire grave provenant d'une accumulation en phénylala-nine, due à un déficit enzymatique permettant sa transformation en ty-rosine, qui est à l'origine d'une diminution de la maturation cérébrale, et provoque un retard mental. *Un dépistage néonatal systématique permet de vérifier la présence de la phénylcétonurie, maladie qui touche un nouveau-né sur environ 17 000 naissances.*

PHÉNYLE, ■ n. m. [fenil] (1 *phéno-* et *-yle*) **Chim**. Esther de phénol, dérivé du benzène. *Un dérivé du phényle est utilisé en parfumerie pour son odeur de géranium.*

PHÉNYLIQUE, ■ adj. [fenilik] (*phényle*) Qui contient du phényle. *Éthers phényliques.*

PHÉOPHYCÉE, ■ n. f. [feofise] (gr. *phaios*, sombre, et *phukos*, algue) **Bot**. Algue brune. *Les fucus sont des phéophycées.* ■ Adj. *Algues phéophycées.*

PHÉROMONE ou **PHÉRORMONE**, ■ n. f. [feʀomɔn, feʀɔʀmɔn] (*phér[o]-*, du gr. *pherein*, porter et *hormone*) **Biol**. Substance chimique secrétée par un animal, un individu, pouvant produire certains effets sur le comporte-ment ou la physiologie d'un autre individu de même espèce. *Des sprays aux phéromones pour les chiens, comme calmants ou comme répulsifs. Dans un but écologique, on peut tenter d'utiliser des produits à base de phéromones pour pister et éradiquer des insectes en surnombre dans certains contextes.* « *Comme nous [les fourmis] ne disposons pas d'antennes émettrices, nous projetons les phéromones dans l'air à partir de certaines zones spécifiques de notre corps* », Werber.

PHI, ■ n. m. [fi] Vingt et unième lettre de l'alphabet grec Φ, φ, correspon-dant à *ph* dans l'alphabet latin.

PHIALE, ■ n. f. [fjal] (gr. *phialê*, sorte de coupe sans pied ni anse) **Archéol**. Coupe destinée aux libations. *Des phiales en métal précieux.*

PHILANDER, ■ n. m. [filɑ̃dɛʀ] (*phil[o]-* et gr. *andrôn*, lieu humide) **Zool**. Petit opossum omnivore nocturne d'Amérique du Sud. *Des philanders.*

PHILANTHE, ■ n. m. [filɑ̃t] (*phil[o]-* et *anthos*, fleur) **Zool**. Insecte nour-rissant ses larves d'abeilles. *Les philanthes creusent des terriers dans les talus sablonneux.*

PHILANTHROPE, n. m. [filɑ̃tʀɔp] (gr. *philanthrôpos*, de *philein*, aimer et *anthrôpos*, être humain) Celui dont le cœur est porté à aimer les hommes. ◆ Celui qui s'occupe des moyens d'améliorer le sort de ses semblables. ■ Rem. Hommes, en l'occurrence, signifie êtres humains.

PHILANTHROPIE, n. f. [filɑ̃tʀopi] (gr. *philanthrôpia*, de *philanthrôpos*) Amour de l'humanité. ◆ Charité établie en règles. ■ REM. On dit aussi *philanthropisme*.

PHILANTHROPIQUE, adj. [filɑ̃tʀopik] (*philanthropie*) Qui a rapport à la philanthropie ; qui est inspiré par la philanthropie.

PHILANTHROPISME, ■ n. m. [filɑ̃tʀopism] (*philanthropie*) Voy. PHILAN-THROPIE.

PHILATÉLIE, ■ n. f. [filateli] (*phil[o]*- et gr. *ateleia*, exemption d'impôt, affranchissement) Étude et collection de timbres-poste.

PHILATÉLIQUE, ■ adj. [filatelik] (*philatélie*) Qui concerne la philatélie. *Clubs, amicales philatéliques.*

PHILATÉLISTE, ■ n. m. et n. f. [filatelist] (*philatélie*) Personne pratiquant la philatélie.

PHILHARMONIE, ■ n. f. [filaʀmoni] (*philharmonique* d'après *harmonie* et prob. l'all. *Philharmonie*) Association de musique qui donne des concerts. *La Philharmonie de Lorraine.*

PHILHARMONIQUE, adj. [filaʀmonik] (ital. *filarmonico*, personne qui aime la musique, de *phil[o]*- et gr. *harmonia*, accord de sons) Qui aime l'harmonie, la musique, en parlant de certaines sociétés musicales. *Société philharmonique.* ◆ *Orchestre philharmonique*, orchestre symphonique.

PHILHELLÈNE, n. m. [filelɛn] (gr. *philellên*, ami des Grecs, de *phil[o]*- et *hellên*, grec) ▷ Anciennement, ami des Hellènes, de leurs arts, de leur civilisation, en parlant d'hommes qui n'étaient pas Grecs. ◆ Ami des Grecs modernes, favorable à leur indépendance. ◆ Volontaire au service de la Grèce moderne. ◁

PHILIPPIN, INE, ■ adj. [filipɛ̃, in] (*Philippe* [II], roi d'Espagne, éponyme des [*îles*] *Philippines*) Qui concerne les Philippines, des îles. ■ N. m. et n. f. Personne originaire des îles Philippines ou y habitant. *Les Philippins et les Philippines.*

PHILIPPINE, ■ n. f. [filipin] (altération, d'après *Philippe*, de l'all. *Vielliebchen*, bien-aimé, de *viel*, beaucoup, et *Lieb[chen]*, chéri) Seulement dans l'expr. *faire philippine*, Jeu ancien consistant pour deux personnes à rassembler deux amandes, identiques, d'une même coque. ■ Adj. *Amandes philippines.* ■ REM. Le film de 1962, *Adieu Philippine*, met en scène deux jeunes filles inséparables comme deux amandes philippines. ■ S'est dit aussi d'autres jeux enfantins, comme celui qui consiste à tirer chacun de son côté sur un élément et à gagner quand on a le plus gros morceau. ■ Fig. Math. *Faire philippine*, pouvoir superposer exactement des formes planes qui peuvent être divisées en deux parties géométriquement égales. ■ Adj. *Formes philippines*, figures dont les découpes sont isométriques.

PHILIPPIQUE, n. f. [filipik] (gr. *philippikos* [*logos*], *Philippos*, Philippe, roi de Macédoine) Harangue de Démosthène contre Philippe, roi de Macédoine. ◆ Par extens. Nom donné aux discours de Cicéron contre Marc-Antoine. ◆ ▷ Discours violent et injurieux. ◁

PHILISTIN, ■ n. m. [filistɛ̃] (lat. chrét. *Philistini*, Philistins ; sens fig., all. *Philister*, petit bourgeois, ennemi des étudiants) Fam. Personne hermétique aux arts, aux lettres ou aux nouveautés. ■ REM. Auj. le mot n'est plus fam., mais au contraire littéraire.

PHILISTINISME, ■ n. m. [filistinism] (*philistin*) Comportement de philistin, c'est-à-dire manque de goût, de raffinement culturel.

PHILO, ■ n. f. [filo] (apocope de *philosophie*) Fam. Abréviation de *philosophie*. *Aimer la philo. Avoir fait un bac philo.* ■ REM. Le mot ne s'utilise pas au pl.

PHIL(O)..., [filo] Préfixe signifiant *qui aime* et venant du gr.

PHILODENDRON, ■ n. m. [filodɛ̃dʀɔ̃] ou [filodɑ̃dʀɔ̃] (*phil[o]*- et gr. *dendron*, arbre) Plante grimpante tropicale, originaire d'Amérique du Sud, aux feuilles persistantes odorantes et en forme de cœur.

PHILOLOGIE, n. f. [filolɔʒi] (gr. *philologia*, goût pour les lettres ou l'érudition) Sorte de savoir général qui regarde les belles-lettres, les langues, la critique, etc. ◆ Étude et connaissance d'une langue en tant qu'elle est l'instrument ou le moyen d'une littérature. ◆ *Philologie comparée*, étude appliquée à plusieurs langues.

PHILOLOGIQUE, adj. [filolɔʒik] (*philologie*) Qui concerne la philologie. *La critique philologique.*

PHILOLOGIQUEMENT, adv. [filolɔʒik(ə)mɑ̃] (*philologique*) D'une manière philologique.

PHILOLOGUE, n. m. et n. f. [filolɔg] (gr. *philologos*, qui aime les lettres ou l'érudition) Personne qui s'occupe de philologie.

PHILOMATHIQUE, adj. [filomatik] (*philomathie*, amour des sciences, du gr. *philomatheia*, de *philein*, aimer, et *manthanein*, apprendre) Qui aime les sciences. *Société philomathique.*

PHILOSOPHAILLER, v. intr. [filozofaje] (*philosopher* et suff. péj. *-ailler*) Néolog. Faire de la philosophie à tort et à travers. ■ REM. Auj, mot rarement utilisé.

PHILOSOPHALE, adj. f. [filozofal] (*philosophe*, au sens anc. d'*alchimiste*) *Pierre philosophale*, pierre qui, composée selon les règles des philosophes ou alchimistes avec de petites quantités d'or ou d'argent devenues, grâce à certains procédés, alchimiquement vivantes, et capables de communiquer cette vie, devait avoir la propriété de transmuer les métaux inférieurs en or ou en argent. ◆ ▷ *Il n'a pas trouvé la pierre philosophale*, il a l'esprit borné. ◁ ◆ ▷ *Il faut qu'il ait trouvé la pierre philosophale*, se dit d'un homme qui fait des dépenses fort au-dessus du revenu qu'il paraît avoir. ◁ ◆ Fig. *C'est la pierre philosophale*, c'est une chose impossible à trouver.

PHILOSOPHE, n. m. et n. f. [filozɔf] (lat. *philosophus*, du gr. *philosophos*, qui recherche la science, de *philein*, aimer, et *sophia*, science) Dans l'ancienne Grèce, ami de la sagesse. ◆ Celui qui s'applique à la recherche des principes et des causes. ◆ Personne qui s'applique à l'étude de l'homme et de la société, à l'effet de rendre ses semblables meilleurs et plus heureux. ◆ Personne qui cultive sa raison, conforme sa conduite aux règles de la saine morale, et affermit son âme contre les coups du sort. ◆ Au f. « *C'est une philosophe enfin ; je n'en dis rien* », MOLIÈRE. ◆ Personne qui mène une vie tranquille et retirée, hors de l'embarras des affaires. ◆ Celui qui ne reconnaît pas la révélation. ◆ Nom donné, dans le XVIIIᵉ siècle, à des hommes qui cultivaient la philosophie et la faisaient servir au renversement des anciennes opinions. ◆ Dans les collèges et lycées, étudiant en philosophie. ◆ ▷ Alchimiste. ◁ ◆ Adj. Qui est philosophe. *Un naturel philosophe. Une reine philosophe. Un siècle philosophe.* ◆ Il se dit quelquefois pour philosophique. « *Mon flegme est philosophe autant que votre bile* », MOLIÈRE.

PHILOSOPHER, v. intr. [filozofe] (lat. *philosophari*, parler philosophie, être philosophe) Traiter, raisonner des choses qui regardent la philosophie. ◆ Raisonner, discuter sur diverses matières de morale ou de physique. ◆ Argumenter, disputer trop subtilement. ◆ Raisonner sur, tirer des inductions.

PHILOSOPHIE, n. f. [filozofi] (lat. *philosophia*, du gr. *philosophia*, amour de la science) Étude des principes et des causes, ou système des notions générales sur l'ensemble des choses. ◆ Système particulier de philosophie. *La philosophie de Descartes.* ◆ *Philosophie naturelle*, par opposition à philosophie morale, ensemble des sciences astronomique, physique, chimique et biologique. ◆ Système des idées générales qui appartiennent à une science, à un art. *La philosophie de la chimie, de l'art de la guerre, etc.* ◆ *Philosophie de l'histoire*, théorie des faits historiques telle qu'elle fasse saisir l'enchaînement des phases de la civilisation et époques du genre humain. ◆ Ouvrage composé sur la philosophie d'une science (avec une majuscule). *La Philosophie de la botanique.* ◆ Cours de philosophie qui se fait à des élèves. ◆ La classe où l'on enseigne la philosophie. ◆ Doctrines d'un certain nombre de penseurs du XVIIIᵉ siècle qui attaquaient les opinions traditionnelles en religion et en politique. ◆ Étude de la société et de la morale. « *Socrate est regardé comme le fondateur de la philosophie morale chez les Grecs* », ROLLIN. ◆ Fermeté et élévation d'esprit par laquelle on se met au-dessus des événements et des préjugés. « *La philosophie est bonne à quelque chose, elle console* », VOLTAIRE. ◆ *Philosophie païenne ou naturelle*, philosophie fondée sur les lumières naturelles. ◆ *Philosophie chrétienne*, philosophie fondée sur les croyances du christianisme. ◆ Système particulier qu'on se fait pour la conduite de la vie. *Sa philosophie consiste à ne se tourmenter de rien.* ◆ Impr. Caractère de dix points.

PHILOSOPHIQUE, adj. [filozofik] (b. lat. *philosophicus*) Qui appartient à la philosophie. *Enseignement, livres philosophiques.* ◆ Habituel aux philosophes. *Le sérieux philosophique.* ◆ *Esprit philosophique*, esprit plein de clarté, de méthode ; esprit exempt de préjugés, de passions. ◆ Se dit de certains ouvrages composés dans un dessein philosophique. *Une grammaire philosophique.*

PHILOSOPHIQUEMENT, adv. [filozofik(ə)mɑ̃] (*philosophique*) D'une manière philosophique.

PHILOSOPHISME, n. m. [filozofism] (*philosophie*) ▷ L'étude, la manie de la philosophie. ◆ En un sens péjoratif, l'esprit philosophique considéré comme perverti ou mauvais.

PHILOTECHNIQUE, adj. [filotɛknik] (*phil[o]*- et gr. *tekhnê*, art) Qui aime les arts. *Société philotechnique.*

PHILTRE, n. m. [filtʀ] (gr. *philtron*, moyen de se faire aimer, de *philein*, aimer) Antiq. Breuvage qu'on supposait propre à inspirer de l'amour. ◆ ▷ Fig. « *La jeunesse et la santé sont les véritables philtres* », VOLTAIRE. ◁ ■ REM. On précise souvent *philtre d'amour*, *philtre de jeunesse*, etc. ■ REM. On écrivait aussi *filtre* autrefois.

PHIMOSIS, ■ n. m. [fimozis] (gr. *phimôsis*, rétrécissement du prépuce, *phimoun*, museler) Méd. Étroitesse de l'orifice du prépuce, gênante du fait que le gland ne peut pas être décalotté. *La circoncision est parfois conseillée pour corriger un phimosis.*

PHLÉBITE, n. f. [flebit] (gr. *phleps*, génit. *phlebos*, veine) Méd. Inflammation de la membrane interne des veines.

PHLÉBO..., ■ [flebo] Élément formant qui vient du gr. *phlebs, phlebos*, veine.

PHLÉBOGRAPHIE, ■ n. f. [fleboɢʀafi] (*phlébo-* et *-graphie*) Méd. Image radiographique des veines, après y avoir injecté une substance opaque aux rayons X.

PHLÉBOLOGIE, ■ n. f. [fleboloʒi] (*phlébo-* et *-logie*) Spécialité médicale qui traite des veines et de leurs maladies.

PHLÉBOLOGUE, ■ n. m. et n. f. [flebolɔg] (*phlébologie*) Personne dont la spécialité médicale est la phlébologie.

PHLÉBOTHROMBOSE, ■ n. f. [flebotʀɔ̃boz] (*phlébo-* et *thrombose*) Méd. Thrombose veineuse. *La phlébothrombose peut être le point de départ d'une embolie.*

PHLÉBOTOME, n. m. [flebotɔm] (gr. *phlebotomos*, de *phleps*, veine, et *temnein*, couper) ▷ **Chir.** Nom donné à la lancette dont on se sert, surtout en Allemagne, pour saigner. ◁ ♦ ▷ Espèce de petite boîte de métal, renfermant une lame tranchante que l'on fait sortir au moyen d'une bascule à ressort. ◁ **Zool.** Mouche transmettant une maladie parasitaire au chien et à l'homme, et qui peut être mortelle.

PHLÉBOTOMIE, n. f. [flebotomi] (gr. *phlebotomia*, de *phlebotomos*) **Chir.** Syn. de saignée, en tant qu'il s'agit de la saignée d'une veine. ■ Rem. Ce terme est encore en usage auj., même si c'est à d'autres fins. Il s'agit d'une incision pratiquée à l'occasion par exemple d'une ablation de varices.

PHLÉBOTOMISÉ, ÉE, p. p. de phlébotomiser. [flebotomize]

PHLÉBOTOMISER, v. tr. [flebotomize] (*phlébotome*) ▷ N'est plus usité que par plaisanterie. *Pratiquer la phlébotomie.* ◁

PHLÉBOTOMISTE, n. m. [flebotomist] (*phlébotomie*) Celui qui pratique la saignée des veines. ♦ Celui qui s'occupe de la dissection des veines. ■ Adj. *Médecin phlébotomiste.* ■ Aujourd'hui, ce mot se dit toujours en parlant d'un médecin qui a des fonctions précises.

PHLÉBOTONIQUE, ■ n. m. [flebotonik] (*phlébo-* et *tonique*) Méd. Produit susceptible d'augmenter le tonus veineux. ■ Adj. *Médicaments phlébotoniques.*

PHLEGMAGOGUE, adj. [flɛgmagɔg] Voy. FLEGMAGOGUE.

PHLEGMASIE, n. f. [flɛgmazi] (gr. *phlegmasia*, de *phlegmainein*, enflammer, échauffer, dilater) ▷ Méd. Classe de maladies internes très fréquentes, consistant en une irritation qui appelle le sang dans les vaisseaux capillaires d'un organe, d'où résulte de la douleur, de la rougeur, de la chaleur, du gonflement, etc. ■ Rem. On écrivait aussi *flegmasie.* ◁

PHLEGMASIQUE, adj. [flɛgmazik] (*phlegmasie*) Méd. Qui tient à la phlegmasie, à l'inflammation.

PHLEGMATIQUE, adj. [flɛgmatik] Voy. FLEGMATIQUE.

PHLEGME, n. m. [flɛgm] Voy. FLEGME.

PHLEGMON, n. m. [flɛgmɔ̃] (gr. *phlegmonê*, de *phlegein*, enflammer) Méd. Inflammation du tissu lamineux. ■ Rem. On écrivait aussi *flegmon* autrefois.

PHLEGMONEUX, EUSE, adj. [flɛgmonø, øz] (*phlegmon*) Qui a le caractère du phlegmon. ■ Rem. On écrivait aussi *flegmoneux* autrefois.

PHLÉOLE, n. f. [fleɔl] Voy. FLÉOLE.

PHLOÈME, ■ n. m. [floɛm] (angl. *phloem*, du gr. *phloios*, écorce, plus particulièrement intérieure) Bot. Tissu conducteur de la sève.

PHLOGISTIQUE, n. m. [floʒistik] (lat. sav. [XVIIIe s.] *phlogiston*, du gr. *phlogistos*, inflammable, de *phlox*, génit. *phlogos*, flamme) **Chim.** Principe adopté par Stahl pour expliquer la combustion. ♦ Inflammatoire. *La moutarde est un phlogistique dans les sinapismes.* ■ Adj. *Les produits phlogistiques créent une inflammation artificielle et augmentent la vascularisation locale, ce qui permet une bonne circulation et un drainage efficace.*

PHLOGOSE, n. f. [flogoz] (gr. *phlogôsis*, de *phlogoun*, brûler) ▷ Méd. Syn. d'inflammation ou de phlegmasie. ♦ Plus spécialement, inflammation légère, superficielle, érysipélateuse. ◁

PHLOX, n. m. [flɔks] (gr. *phlox*, flamme) Jolie plante d'Amérique dont les fleurs disposées en panicule pyramidale varient du blanc le plus pur au rouge le plus intense.

PHLYCTÈNE, n. f. [fliktɛn] (gr. *phluktaina*, pustule, de *phluzein*, sourdre, couler) Méd. Petite ampoule vésiculeuse, transparente, formée par l'épiderme que soulève un amas de sérosité.

PH-MÈTRE, ■ n. m. [peaʃmɛtʀ] (*pH* et *-mètre*) Appareil qui mesure le pH. *Des pH-mètres.*

PHOBIE, ■ n. f. [fobi] (gr. *phobos*, fuite, peur) Aversion instinctive. ■ **Psych.** Peur irraisonnée face à certaines situations, choses ou animaux. *La phobie des serpents.*

PHOBIQUE, ■ adj. [fobik] (*phobie*) Qui relève de la phobie. *Avoir une peur phobique des araignées.* ■ N. m. et n. f. *Un phobique, une phobique,* personne souffrant d'une ou de plusieurs phobies. ■ *Un phobique social, une phobique sociale,* personne que le contact avec l'extérieur remplit d'angoisse. *Une phobique sociale ne se sent à l'aise que terrée chez elle.*

PHOCÉEN, ENNE, ■ adj. [foseɛ̃, ɛn] (lat. *Phocæa*, gr. *Phôkaia*, Phocée, cité d'Ionie dont les colons fondèrent Massalia, Marseille) De Phocée, ville de Grèce antique. *Colonies phocéennes.* ■ N. m. et n. f. Personne originaire de Phocée ou qui y vivait. *Les Phocéens bâtirent Marseille et en firent une de leurs colonies.* ■ *La cité phocéenne,* Marseille.

PHOCÈNE, n. f. [fosɛn] (gr. *phôkaina*) ▷ Nom moderne du genre marsouin (cétacés). ◁ ■ **Rare Géol.** Adj. Qui correspond à l'étage le plus récent des terrains tertiaires. *Couches, alluvions phocènes.*

PHOCOMÉLIE, ■ n. f. [fokomeli] (gr. *phôkê*, phoque et *melos*, membre) Méd. Maladie transmise par la thalidomide, et consistant en une atrophie des membres supérieurs.

PHŒNICURE, n. m. [fenikyʀ] (gr. *phoinix*, rouge et *oura*, queue) ▷ Espèce de fauvette à queue rouge qui se retire dans les trous des murailles. ◁

PHŒNIX, ■ n. m. [feniks] Voy. PHÉNIX.

PHOLADE, n. f. [folad] (gr. *phôlas*, coquillage, litt. qui vit dans les trous, de *phôleos*, trou, tanière) Mollusque dont la coquille est composée de cinq pièces. ♦ La coquille elle-même.

PHOLIDOSAURE, ■ n. m. [folidozɔʀ] (gr. *pholis, pholidos*, écaille de reptile et *saura*, lézard) Crocodile fossile du Jurassique supérieur.

PHOLIDOTE, ■ n. m. [folidɔt] (gr. *pholis, pholidos*, écaille de reptile) Zool. Mammifère sans dents, au corps couvert d'écailles, et qui capture termites et fourmis de sa longue langue gluante.

PHOLIOTE, ■ n. f. [foljɔt] (lat. sav. [XIXe s.] *pholiota*, du gr. *pholis*, écaille) Bot. Champignon à anneau sur le pied.

PHOLQUE, ■ n. m. [folk] (gr. *pholkos*, louche, bancal) Zool. Araignée minuscule mais aux pattes très longues et très fines. *Le pholque a un système de défense original qui consiste à tournoyer rapidement dans le vide en étant attaché par une patte à sa toile. Ce mouvement étrange le rend insaisissable.* ■ Adj. *Chez les araignées pholques, le chassé-croisé amoureux entre un mâle et une femelle peut durer des heures.*

PHOMA, ■ n. m. [foma] Bot. Champignon parasite. *Le phoma parasite la luzerne, le lin ou les tournesols, et surtout le colza.* ■ Maladie provoquée par ce champignon. *Le phoma est une nécrose des crucifères qui se manifeste sous la forme de taches noires sur le végétal. Des phomas.*

PHONATEUR, TRICE ou **PHONATOIRE**, ■ adj. [fonatœʀ, tʀis, fonatwaʀ] (gr. *phônê*, voix, d'après *phonation*) Qui a rapport aux sons émis par la voix. *Organes, muscles phonateurs. Fonctions phonatrices. Muscles, prothèses phonatoires.* ■ N. m. *Le larynx, les cordes vocales sont des phonateurs de la voix.*

PHONATION, ■ n. f. [fonasjɔ̃] (gr. *phônê*, voix) Ensemble des phénomènes qui contribuent à la production de la voix.

PHONATOIRE, ■ adj. [fonatwaʀ] Voy. PHONATEUR.

PHONE, ■ n. m. [fɔn] (gr. *phônê*, son) Unité de niveau sonore, décibel acoustique qui permet de mesurer l'intensité des sons du point de vue de l'impression physiologique causée, l'oreille n'ayant pas la même sensibilité aux différentes fréquences.

...PHONE, ...PHONIE, PHON(O)..., ■ [fɔn, foni, fono] Suffixes et préfixe signifiant voix, son.

PHONÉMATIQUE ou **PHONÉMIQUE**, ■ adj. [fonematik, fonemik] (*phonème*) Qui a rapport aux phonèmes. *Unités, formes, éléments phonémiques, phonématiques.* ■ N. f. Partie de la phonologie qui concerne l'étude des phonèmes.

PHONÈME, ■ n. m. [fonɛm] (gr. *phônêma*, son de voix) Ling. Unité distinctive des sons dans une langue. *La langue française comprend trente-six phonèmes : seize voyelles et vingt consonnes.*

PHONÉTICIEN, IENNE, ■ n. m. et n. f. [fonetisjɛ̃, jɛn] (*phonétique*) Personne spécialisée dans la phonétique.

PHONÉTIQUE, adj. [fonetik] (gr. *phônêtikos*, qui concerne le son ou la parole) Qui se rapporte à la voix. ♦ *Écriture phonétique,* écriture dont les éléments représentent des voix ou des articulations. ■ N. f. *La phonétique,* l'ensemble des sons d'une langue. ■ Science qui étudie les sons des langues.

PHONÉTIQUEMENT, adv. [fonetik(ə)mɑ̃] (*phonétique*) Gramm. En représentant des sons.

PHONÉTISME, n. m. [fonetism] (*phonétique*) Peinture des sons, manière de représenter les idées en représentant les sons.

PHONIATRE, ■ n. m. et n. f. [fɔnjatʀ] (*phoniatrie*) Spécialiste de la phonation et de ses troubles.

PHONIATRIE, ■ n. f. [fɔnjatʀi] (*phon[o]-* et *-iatrie*) Spécialité médicale qui traite des troubles de la phonation, de la parole.

PHONIE, ■ n. f. [fɔni] ([*télé\]phonie* ou [*radiotélé\]phonie*, du gr. *phônê*, son) Abréviation, aphérèse de *téléphonie* ou de *radiotéléphonie*, utilisée dans les transmissions militaires.

PHONIQUE, adj. [fɔnik] (gr. *phônê*, son, voix) Qui a rapport à la voix. ♦ *Signes phoniques*, signes destinés à représenter les sons de la voix. ♦ **Archit.** *Voûte phonique*, voûte construite de telle sorte que les sons y sont répétés par un écho. ♦ N. f. *La phonique*, art de combiner les sons d'après les lois de l'acoustique.

PHONO, ■ n. m. [fɔno] (*phonographe*) Abréviation de *phonographe*. *Des phonos*.

PHON(O)..., ■ [fɔno] Élément formant issu du gr. *phônê*, son, voix, entrant dans la composition de mots en rapport avec un de ces deux sens.

PHONOCAPTEUR, TRICE, ■ adj. [fɔnokaptœʀ, tʀis] (*phono-* et *capteur*) Qui peut lire les sillons d'un disque à enregistrement phonographique. ■ N. m. Capteur utilisé pour cette lecture. *De nombreuses prothèses auditives sont munies d'un phonocapteur permettant de capter des sons comme les modulations de fréquence.*

PHONOGÉNIE, ■ n. f. [fɔnoʒeni] (*phono-* et *-génie*) Qualité d'une voix agréable.

PHONOGÉNIQUE, ■ adj. [fɔnoʒenik] (*phonogénie*) Agréable à entendre lors d'un enregistrement, d'une transmission radiophonique. *Voix phonogénique.*

PHONOGRAMME, ■ n. m. [fɔnoɡʀam] (*phono-* et *-gramme*) **Ling.** Caractère graphique qui représente un nom, une suite de sons. ■ Produit résultant de l'enregistrement de sons sur support.

PHONOGRAPHE, ■ n. m. [fɔnoɡʀaf] (*phon[o]-* et *-graphe*) **Vieilli** Appareil qui reproduit les sons grâce à un procédé mécanique. ■ Gramophone, ancêtre du tourne-disque. ■ **Abrév.** Phono.

PHONOGRAPHIE, ■ n. f. [fɔnoɡʀafi] (*phono-* et *-graphie*) Écriture phonétique. ■ Procédé permettant une reproduction de sons à toutes les fréquences possibles, grâce à une captation et une fixation des phénomènes sonores. *C'est Charles Cros qui imagina le terme de phonographie en référence au portrait photographique ; il pensait qu'on pourrait, par cette voie, fixer et conserver la voix de personnes proches pour la postérité.*

PHONOGRAPHIQUE, ■ adj. [fɔnoɡʀafik] (*phonographie*) Dont l'enregistrement se fait par gravure. *Enregistrements phonographiques*, ceux qui se font sur tous types de disques, par opposition aux bandes magnétiques, puis tous enregistrements musicaux sur tous supports, analogiques et numériques, disques vinyles, bandes mémoires ou supports informatiques. ■ Qui a rapport avec la phonographie. *Les producteurs phonographiques portent plainte contre les internautes qui téléchargent de la musique.*

PHONOLITE ou **PHONOLITHE**, ■ n. f. [fɔnolit] (*phono-* et *-lithe*) Roche volcanique alcaline qui résonne au moindre choc. *Les phonolites sont des roches sonores même au contact des souliers.*

PHONOLITIQUE ou **PHONOLITHIQUE**, ■ adj. [fɔnolitik] (*phonolithe*) Formé de phonolites. *Magma, plateau phonolithiques. Volcan, lave, piton phonolitiques.*

PHONOLOGIE, ■ n. f. [fɔnoloʒi] (*phono-* et *-logie*) Étude des sons au sein d'une langue qui permet d'en répertorier les phonèmes.

PHONOLOGIQUE, ■ adj. [fɔnoloʒik] (*phonologie*) Qui concerne la phonologie. *Système, théorie phonologique.*

PHONOLOGUE, ■ n. m. et n. f. [fɔnolɔɡ] (*phonologie*) Spécialiste en phonologie.

PHONOTHÉCAIRE, ■ n. m. et n. f. [fɔnotekɛʀ] (*phonothèque*) Personne responsable de l'administration et de la gestion d'une phonothèque.

PHONOTHÈQUE, ■ n. f. [fɔnotɛk] (*phono-* et *-thèque*) Lieu où sont conservés des documents sonores de toutes sortes. *Depuis le procédé de la numérisation, les phonothèques accueillent beaucoup plus de public qu'auparavant.*

PHOQUE, n. m. [fɔk] (gr. *phôkê*) Quadrupède amphibie, couvert de poils et à pattes très courtes.

PHORMIUM ou, plus rare, **PHORMION**, ■ n. m. [fɔʀmjɔm, fɔʀmjɔ̃] (mot lat. sav. [XIXᵉ s.], du gr. *phormion*, petite corbeille, de *phormos*, natte, panier, parce que cette plante fournit de la filasse) **Bot.** Liliacée vivace originaire de Nouvelle-Zélande, à longues feuilles partant du centre de la plante et à fleurs blanches en grappes. *Certaines variétés naines de phormiums sont cultivables en pot.*

PHOSGÈNE, ■ n. m. [fɔsʒɛn] (angl. phosgene, du gr. *phôs*, lumière, et *gène*, parce que ce gaz a d'abord été obtenu sous l'action des rayons solaires) **Chim.** Chlorure de carbonyle, gaz très toxique. *Le phosgène est utilisé en particulier dans l'industrie, et dans la préparation de certains colorants ; il a aussi été utilisé dans la fabrication de bombes et de mines lors de la Première Guerre mondiale.*

PHOSPHATAGE, ■ n. m. [fɔsfataʒ] (*phosphate*) **Agric.** Apport d'engrais phosphatés dans le sol pour le fertiliser. ■ Voy. PHOSPHATATION.

PHOSPHATASE, ■ n. f. [fɔsfataz] (*phosphate*) **Chim.** Enzyme. *Les phosphatases, alcalines ou acides, selon les organes dans lesquels elles favorisent une réaction chimique, doivent être présentes, et dans une proportion donnée : la phosphatase alcaline est essentielle pour la minéralisation des os.*

PHOSPHATATION n. f. ou **PHOSPHATAGE**, ■ n. m. [fɔsfatasjɔ̃, fɔsfataʒ] (*phosphate*) **Chim.** Traitement de surface chimique des pièces métalliques. *La phosphatation permet en particulier une protection de l'acier contre la corrosion atmosphérique.*

PHOSPHATE, n. m. [fɔsfat] (rad. de *phosphorique* et suff. *-ate*) **Chim.** Genre de sels formés par la combinaison de l'acide phosphorique avec les bases.

PHOSPHATÉ, ÉE, adj. [fɔsfate] (*phosphate*) Qui est à l'état de phosphate.

PHOSPHATER, ■ v. tr. [fɔsfate] (*phosphate*) **Agric.** Répandre des phosphates. *Il a phosphaté son champ la semaine dernière.* ■ **Techn.** Faire une phosphatation.

PHOSPHÈNE, ■ n. m. [fɔsfɛn] (gr. *phôs*, lumière et *phainein*, faire briller) **Méd.** Sensation lumineuse restant imprimée dans le champ visuel après fixation d'une lumière vive. *Les phosphènes, par un phénomène physique rétinien, se manifestent sous la forme de taches, éclairs ou zigzags plus ou moins brillants et mobiles alors qu'on a les yeux fermés. « Il se jeta sur le sol et, pendant un temps infini, il ne vit plus que des phosphènes qui traversaient comme des éclairs la nuit rouge de ses paupières »*, M. TOURNIER. ■ **Zool.** Ver luisant.

PHOSPHINE, ■ n. f. [fɔsfin] (*phosph[o]-* et suff. *-ine*) **Chim.** Composé provenant de l'hydrogène phosphoré. *L'utilisation des dérivés de phosphines concerne aussi bien la pharmacopée humaine que la chimie servant à la fumigation d'insectes nuisibles.*

PHOSPHITE, ■ n. m. [fɔsfit] (*phosph[o]-* et suff. *-ite*) **Chim.** Sel de l'acide phosphoreux. *Des dérivés de phosphites sont utilisés en industrie, dans les matières plastiques.*

PHOSPHOCALCIQUE, ■ adj. [fɔsfokalsik] (*phosph[o]-* et *calcium*) Qui a rapport au phosphore et au calcium, ou en contient. *Bilan, équilibre phosphocalciques ; calculs phosphocalciques. Céramique phosphocalcique de synthèse en chirurgie orthopédique.*

PHOSPHOLIPIDE, ■ n. m. [fɔsfolipid] (*phosph[o]-* et *lipide*) **Chim.** Lipide contenant un ou plusieurs atomes de phosphores et composant essentiel de la structure des membranes cellulaires. *Les phospholipides sont des dérivés des acides gras, de l'acide phosphorique et des composés azotés.*

PHOSPHORE, n. m. [fɔsfɔʀ] (lat. sav. [XVIIᵉ s.] *phosphorus*, d'après le gr. *phôsphoros*, qui apporte la lumière, de *phôs*, lumière, et *pherein*, porter) Corps simple, non métallique, combustible, brûlant avec flamme au contact de l'air, lumineux dans l'obscurité ; on l'extrait des os. ♦ *Phosphore rouge ou amorphe*, préparation qui s'obtient en soumettant pendant plusieurs jours le phosphore ordinaire à une température élevée ; en cet état, le phosphore n'est plus vénéneux. ♦ Nom de divers corps brillant dans l'obscurité. ♦ **Fig.** Lueur.

PHOSPHORÉ, ÉE, adj. [fɔsfɔʀe] (*phosphore*) **Chim.** Qui contient du phosphore. *Gaz hydrogène phosphoré.* ♦ *Pâte phosphorée*, pâte employée pour la destruction des animaux nuisibles.

PHOSPHORER, ■ v. intr. [fɔsfɔʀe] (*phosphore*) **Fam.** Fournir un effort intellectuel intense. *Cerveaux qui phosphorent.*

PHOSPHORESCENCE, n. f. [fɔsfɔʀesɑ̃s] (*phosphorescent*) Propriété qu'ont certains corps de briller dans l'obscurité, sans répandre de chaleur sensible. *La phosphorescence des vers luisants.* ♦ Phénomène qui a lieu la nuit sur l'Océan et qui est dû à la présence d'animaux microscopiques vivant par milliers suspendus à la surface des eaux. ♦ Propriété qu'ont certains corps de devenir lumineux, sans qu'il y ait combustion, lorsqu'on les frotte, ou qu'on les chauffe, ou qu'on les soumet à une décharge électrique.

PHOSPHORESCENT, ENTE, adj. [fɔsfɔʀesɑ̃, ɑ̃t] (*phosphore*, p.-ê. d'après l'angl. *phosphorescent*) Qui jouit de la phosphorescence. *Des corps phosphorescents.*

PHOSPHOREUX, adj. m. [fɔsfɔʀø] (*phosphore*, p.-ê. d'après l'angl. *phosphor[e]ous*) **Chim.** *Acide phosphoreux*, acide formé par la combustion lente du phosphore.

PHOSPHORIDE, ▪ adj. [fɔsfɔʀid] (*phosphore*) **Chim.** Qui contient du phosphore. *Minéraux phosphorides. Les phosphorides contiennent de la lécithine et peuvent être utilisés dans la confection d'alicaments comme la levure.* ▪ **N. m.** *Phosphoride,* minéral phosphoride.

PHOSPHORIQUE, adj. [fɔsfɔʀik] (*phosphore*) Qui appartient au phosphore, où il entre du phosphore. ◆ **Chim.** *Acide phosphorique,* acide formé par la combustion rapide et complète du phosphore. ◆ Qui est en rapport avec le phosphore. *Les paralysies phosphoriques,* paralysies que cause le phosphore. ◆ Qui brille à la façon du phosphore.

PHOSPHORISTE, ▪ adj. [fɔsfɔʀist] (*Phosphorus,* nom de la revue) Qui concerne une revue suédoise du XIXᵉ siècle.

PHOSPHORITE, ▪ n. f. [fɔsfɔʀit] (*phosphore*) **Minér.** Phosphate naturel de calcium en présence dans des roches sédimentaires. *Jean André Poumarède a découvert le premier gisement de phosphorite en 1865.*

PHOSPHORYLATION, ▪ n. f. [fɔsfɔʀilasjɔ̃] (*phosphoryler*) **Chim.** Mécanisme qui aboutit à la fixation d'une molécule d'acide phosphorique.

PHOSPHORYLER, ▪ v. intr. [fɔsfɔʀile] (*phosphoryle,* radical trivalent PO) **Chim.** Effectuer une phosphorylation.

PHOSPHURE, n. m. [fɔsfyʀ] (*phosph[o]-* et suff. *-ure*) **Chim.** Combinaison, en proportions définies, du phosphore avec un autre corps simple, principalement avec un métal.

PHOTO, ▪ n. f. [foto] (apocope de *photographie*) *Photos de classes, de mariage, de groupe. Des appareils photos ; des reportages photos.*

PHOTO-, [foto] Élément de composition des mots signifiant *lumière,* et venant du gr. *phôs, phôtos.*

PHOTOCATHODE, ▪ n. f. [fotokatɔd] (*photo-* et *cathode*) **Électr.** Cathode d'une cellule photoélectrique qui, quand elle reçoit des radiations lumineuses, émet des électrons.

PHOTOCHIMIE, ▪ n. f. [fotoʃimi] (*photo-* et *chimie*) Étude des transformations chimiques provoquées par la lumière.

PHOTOCHIMIQUE, ▪ adj. [fotoʃimik] (*photochimie*) Qui a rapport aux processus chimiques qui mettent en jeu les radiations lumineuses. *Une réaction, une pollution photochimique.*

PHOTOCOMPOSER, ▪ v. tr. [fotokɔ̃poze] (*photocomposition*) Faire de la photocomposition.

PHOTOCOMPOSEUSE, ▪ n. f. [fotokɔ̃pozøz] (*photocomposition*) Machine servant à la composition photographique des textes.

PHOTOCOMPOSITEUR, TRICE n. m. et n. f. ou **PHOTOCOMPOSEUR, EUSE,** ▪ n. m. et n. f. [fotokɔ̃pozitœʀ, tʀis, fotokɔ̃pozœʀ, øz] (*photocomposition*) Personne qui prend en charge la photocomposition des textes.

PHOTOCOMPOSITION, ▪ n. f. [fotokɔ̃pozisjɔ̃] (*photo* et *composition*) **Impr.** Technique de composition par photographie qui permet d'obtenir des textes sur un film.

PHOTOCONDUCTEUR, ▪ n. m. [fotokɔ̃dyktœʀ] (*photo-* et *conducteur*) **Électr.** Circuit ou composant qui, sous l'effet de la lumière, libère des charges électriques. ▪ **Adj.** Qui libère des charges électriques sous l'effet de la lumière. *Détecteurs infrarouges photoconducteurs. Cellules photoconductrices. Stimulus électrique créé grâce aux propriétés photoconductrices du silicium.*

PHOTOCONDUCTION, ▪ n. f. [fotokɔ̃dyksjɔ̃] (*photo-* et *conduction*) **Électr.** Libération de charges électriques sous l'effet de la lumière.

PHOTOCOPIE, ▪ n. f. [fotokopi] (*photo* et *copie*) Reproduction d'un document par photographie.

PHOTOCOPIER, ▪ v. tr. [fotokopje] (*photocopie*) Faire une, des photocopies. *Il te photocopiera le cours.*

PHOTOCOPIEUR n. m. ou **PHOTOCOPIEUSE,** ▪ n. f. [fotokopjœʀ, fotokopjøz] (*photocopier*) Appareil permettant de reproduire des documents par photocopie.

PHOTOCOPILLAGE, ▪ n. m. [fotokopijaʒ] (*photoco[pie]* et *pillage*) Action de photocopier un livre, partiellement ou dans sa totalité, pour en économiser l'achat. *Le photocopillage tue le livre est une phrase de mise en garde fréquente auprès des utilisateurs.*

PHOTODIODE, ▪ n. f. [fotodjɔd] (*photo-* et *diode*) **Électr.** Diode réagissant à la lumière. *Photodiodes photoconductrices.*

PHOTOÉLECTRICITÉ, ▪ n. f. [fotoelɛktʀisite] (*photo-* et *électricité*) Transformation de la lumière en électricité. ▪ Électricité ainsi obtenue.

PHOTOÉLECTRIQUE, ▪ adj. [fotoelɛktʀik] (*photo-* et *électrique*) **Électr.** Qui transforme un signal lumineux en électricité. *Cellules photoélectriques.*

PHOTOÉMETTEUR, TRICE, ▪ adj. [fotoemetœʀ, tʀis] (*photo-* et *émetteur*) **Électr.** Qui émet de l'électricité grâce à la lumière. *Substances photoémettrices d'un écran.* ▪ **N. m.** *Circuits de commande de photoémetteurs. Photoémetteurs pour fibres optiques.*

PHOTO-FINISH, ▪ n. f. [fotofiniʃ] (*photo* et angl. *finish,* arrivée) Photo faite à l'arrivée d'une compétition sportive, destinée à vérifier l'ordre d'arrivée des participants et à déterminer le vainqueur. *Des photos-finish* ou *des photos-finishs.*

PHOTOGENÈSE, ▪ n. f. [fotoʒɛnɛz] (*photo-* et *genèse*) Ancien terme utilisé pour *bioluminescence.* Capacité que montrent certains animaux à produire de la lumière. *On observe le phénomène de photogenèse chez certains poissons, vers, méduses, insectes, et aussi chez des protozoaires et des bactéries.*

PHOTOGÉNIQUE, adj. [fotoʒenik] (angl. *photogenic,* de *phôs, phôtos,* lumière, et rac. *gen-,* engendrer) Qui produit des images par la lumière. *Rayons photogéniques.* ◆ Qui vient bien par la photographie. *Une robe blanche n'est pas photogénique.* ◆ Qui rend un bel effet, en photographie, au cinéma. *Cette chanteuse est très photogénique.*

PHOTOGÉOLOGIE, ▪ n. f. [fotoʒeoloʒi] (*photo* et *géologie*) Ensemble des techniques de télédétection qui, à partir de photographies aériennes ou d'images de satellites, permettent d'établir la géologie d'une région.

PHOTOGRAMME, ▪ n. m. [fotogʀam] (*photo-* et *-gramme,* du gr. *gramma,* caractère gravé, inscription) **Phot.** Impression produite, en grandeur nature, par des objets, des éléments posés sur du papier sensible photographique, protégé à cet endroit de la lumière qu'on projette sur lui et qui noircit le reste de la feuille. *Les photogrammes célèbres de Man Ray.* ▪ **Cin.** Sur une pellicule de film, instantané dans un petit cadre, défilant au rythme de 24 images par seconde. ▪ Image représentée dans ce cadre.

PHOTOGRAMMÉTRIE, ▪ n. f. [fotogʀametʀi] (*photogramme* et *-métrie,* mesure) Science utilisant des photographies prises par avion dans des conditions techniques optimales, dans le but de servir de support fiable à la réalisation de cartes ou à l'étude d'aménagements et d'infrastructures publics. *La photogrammétrie est déterminante dans le travail des géomètres, urbanistes, concepteurs de réseaux de circulation, de téléphonie mobile, etc.*

PHOTOGRAPHE, n. m. et n. f. [fotogʀaf] (*photographie*) Personne qui s'occupe de photographie.

PHOTOGRAPHIE, n. f. [fotogʀafi] (*photo-* et *-graphie*) Procédé au moyen duquel on fixe sur une plaque sensible, à l'aide de la lumière, l'image des corps placés devant l'objectif d'une chambre obscure. ▪ Procédé identique qui utilise d'autres surfaces sensibles comme le papier, la pellicule. ▪ *Photographie numérique,* utilisant un support informatique. ▪ Technique, art de la photographie. *Un studio de photographie.* ▪ Image obtenue par les procédés de la photographie. ▪ **Abrév.** Photo. ▪ **Fig.** Représentation, image fidèle de quelque chose. *Une photographie de l'opinion publique.*

PHOTOGRAPHIER, ▪ v. tr. [fotogʀafje] (*photographie*) Prendre une photographie. ▪ **Fig.** Garder l'image de quelque chose en mémoire. ▪ Décrire ou représenter avec exactitude une situation ou une chose.

PHOTOGRAPHIQUE, adj. [fotogʀafik] (*photographie*) Qui appartient à la photographie, dont elle se sert, ou qui est produit par elle.

PHOTOGRAPHIQUEMENT, adv. [fotogʀafik(ə)mɑ̃] (*photographie*) Par les procédés photographiques.

PHOTOGRAVEUR, EUSE, ▪ n. m. et n. f. [fotogʀavœʀ, øz] (*photogravure*) Personne qui prend en charge la photogravure d'un ouvrage.

PHOTOGRAVURE, ▪ n. f. [fotogʀavyʀ] (*photo-* et *gravure*) Technique d'impression par un procédé chimique et photographique. ▪ Image, gravure produite selon ce procédé. *Le tirage des photogravures est très réussi.*

PHOTO-INTERPRÉTATION, ▪ n. f. [fotoɛ̃tɛʀpʀetasjɔ̃] (*photo* et *interprétation*) Observation et analyse de photos aériennes ou spatiales dans un contexte archéologique, géologique, environnemental. *Les photos-interprétations permettent des études et des recherches relatives à l'occupation des sols, l'exploitation des énergies, les risques naturels, etc., à l'échelle planétaire.* ▪ Rᴇᴍ. On peut aussi écrire *photointerprétation.*

PHOTOJOURNALISME, ▪ n. m. [fotoʒuʀnalism] (*photo* et *journalisme*) Information événementielle et sociétale par le biais de l'image photographique prise en reportage.

PHOTOJOURNALISTE, ▪ n. m. et n. f. [fotoʒuʀnalist] (*photo* et *journaliste*) Reporter-photographe. *Les photojournalistes racontent les événements en images.*

PHOTOLITHOGRAPHIE, n. f. [fotolitogʀafi] (*photo-* et *lithographie*) Procédé par lequel on décalque sur la pierre une épreuve photographique que l'on encre ensuite.

PHOTOLUMINESCENCE, ▪ n. f. [fotolyminesɑ̃s] (*photo-* et *luminescence*) Production de lumière d'un corps provoquée par un rayonnement visible, ultraviolet ou infrarouge.

PHOTOLYSE, ▪ n. f. [fotoliz] (*photo-* et *-lyse*) Décomposition chimique, oxydation de substances sous l'effet de la lumière. *Les photolyses engendrent des réactions chimiques positives ou négatives selon le contexte environnemental.*

PHOTOMATON, ▪ n. m. [fotomatɔ̃] (marque déposée, *photo* et *[auto]mat[ique]*) Petite cabine installée dans les lieux publics et munie d'un appareil qui prend et développe automatiquement des photos d'identité, ou parfois une photo-portrait.

PHOTOMÉCANIQUE, ▪ n. f. [fotomekanik] (*photo-* et *mécanique*) Procédé de reproduction et d'impression, à partir de photographies, sur différents matériaux et structures. ▪ Adj. *Procédé, techniques photomécaniques.*

PHOTOMÈTRE, ▪ n. m. [fotomɛtʀ] (*photo-* et *-mètre*) Appareil servant à mesurer l'intensité et le flux d'un rayonnement lumineux. ▪ *Photomètre solaire*, instrument de télédétection, des particules en suspension dans l'air, en vue de l'étude des paramètres physiques caractéristiques de l'atmosphère.

PHOTOMÉTRIE, ▪ n. f. [fotometʀi] (*photo-* et *-métrie*) Étude de la mesure des rayonnements et de la luminosité de l'atmosphère terrestre. *La photométrie a des applications dans différents domaines comme l'astronomie ou les sciences de l'environnement.*

PHOTOMÉTRIQUE, ▪ adj. [fotometʀik] (*photométrie*) Qui a rapport à la photométrie. *Laboratoire, courbes photométriques.*

PHOTOMONTAGE, ▪ n. m. [fotomɔ̃taʒ] (*photo* et *montage*) Création combinatoire à partir de plusieurs photos. *Un habile photomontage lui permit de réaliser un canular.*

PHOTON, ▪ n. m. [fotɔ̃] (gr. *phôs*, génit. *phôtos*, lumière) **Phys.** Particule de la lumière, quantum du champ électromagnétique.

PHOTOPÉRIODE, ▪ n. f. [fotoperjɔd] (*photo-* et *période*) Durée de répartition de la lumière et de l'obscurité dans ses implications biologiques sur le règne animal et végétal.

PHOTOPÉRIODISME, ▪ n. m. [fotoperjodism] (*photopériode*) Mécanisme généré par les photopériodes.

PHOTOPHOBIE, ▪ n. m. [fotofobi] (*photo-* et *phobie*) **Méd.** Sensibilité douloureuse à la lumière.

PHOTOPHORE, ▪ n. m. [fotofɔʀ] (*photo-* et *phore*, qui porte) Appareil d'éclairage, en forme de tulipe, qu'on utilise en extérieur. « *Des bombyx et de délicats papillons des groseilliers crépitaient, brûlés, dans les calices des photophores* », COLETTE. ▪ Accessoire décoratif servant de réceptacle protecteur pour une bougie. ▪ **Zool.** Organe à fonction spécifique des animaux lumineux. *Photophore des vers luisants.*

PHOTOPILE, ▪ n. f. [fotopil] (*photo-* et *pile*) **Électron.** Composant transformant l'énergie lumineuse en énergie électrique. *Associées à une batterie pour stocker l'énergie électrique, les photopiles sont utilisées pour alimenter divers appareils : montres, calculatrices, lampadaires, bornes téléphoniques, etc.*

PHOTOREPORTAGE, ▪ n. m. [fotoʀəpɔʀtaʒ] (*photo* et *reportage*) Reportage dont la source d'information est la photographie sur le terrain. *Ce journaliste a réalisé un photoreportage au péril de sa vie.*

PHOTORÉSISTANCE, ▪ n. f. [fotoʀezistɑ̃s] (*photo-* et *résistance*) **Électr.** Conducteur électrique dont la résistance varie avec l'éclairement. ▪ PHOTORÉSISTANT, ANTE, adj. [fotoʀezistɑ̃, ɑ̃t]

PHOTOSCULPTURE, n. f. [fotoskyltyʀ] (on ne prononce pas le *p* de *sculpture*. *Photo* et *sculpture*) Sculpture qui donne une statuette de la personne qui pose, en en prenant différents profils par la photographie.

PHOTOSENSIBILISATION, ▪ n. f. [fotosɑ̃sibilizasjɔ̃] (*photo-* et *sensibilisation*) Réaction dermique conjuguée du soleil et d'une molécule médicamenteuse. *Dermatoses par photosensibilisation. Taches de pigmentation dues à une photosensibilisation.*

PHOTOSENSIBILITÉ, ▪ n. f. [fotosɑ̃sibilite] (*photo-* et *sensibilité*) Réaction aux radiations lumineuses.

PHOTOSENSIBLE, ▪ adj. [fotosɑ̃sibl] (*photo-* et *sensible*) Qui réagit à la lumière. *Crèmes spéciales pour peaux photosensibles qui présentent des intolérances solaires. Papier, émulsions photosensibles pour les tirages photo.*

PHOTOSPHÈRE, n. f. [fotosfɛʀ] (*photo-* et *sphère*) **Astron.** Atmosphère lumineuse par elle-même qui appartient au globe du soleil.

PHOTOSTOPPEUR, EUSE, ▪ n. m. et n. f. [fotostopœʀ, øz] (*photo* et *stoppeur*, qui arrête) Photographe de rue qui prend les gens en photo et s'efforce de leur vendre le cliché. *Les photostoppeurs des bateaux-mouches.*

PHOTOSTYLE, ▪ n. m. [fotostil] (*photo-* et *style*, crayon) **Rare Inform.** Crayon optique. ▪ REM. Crayon optique est beaucoup plus usité que photostyle.

PHOTOSYNTHÈSE, ▪ n. f. [fotosɛ̃tɛz] (*photo-* et *synthèse*) **Biol.** Processus de production de matière organique chez les plantes vertes et certaines bactéries à partir de l'eau et du gaz carbonique de l'atmosphère qu'elles fixent grâce à la chlorophylle, en utilisant la lumière solaire comme source d'énergie.

PHOTOSYNTHÉTIQUE, ▪ adj. [fotosɛ̃tetik] (*photosynthèse*) Qui a rapport à la photosynthèse. *Organismes, bactéries photosynthétiques.*

PHOTOTHÈQUE, ▪ n. f. [fototɛk] (*photo* et *-thèque*) Lieu où sont conservées des archives photographiques.

PHOTOTHÉRAPIE, ▪ n. f. [fototeʀapi] (*photo-* et *thérapie*) Méthode consistant à soigner par la lumière ou les rayons ultraviolets. *La photothérapie prend en compte des affections aussi diverses que les lésions cutanées comme le psoriasis et l'acné, la dépression dite hivernale ou l'ictère du nouveau-né.*

PHOTOTRANSISTOR, ▪ n. m. [fototʀɑ̃zistɔʀ] (*photo-* et *transistor*) **Électron.** Composant électronique qui se comporte comme un transistor passant en présence de lumière, avec une certaine longueur d'onde.

PHOTOTYPE, ▪ n. m. [fototip] (*photo* et *-type*) Image photographique qu'on obtient après exposition et traitement d'une couche sensible.

PHOTOTYPIE, ▪ n. f. [fototipi] (*phototype*) Procédé d'impression obtenu à partir de reliefs de gélatine encrés.

PHOTOVOLTAÏQUE, ▪ adj. [fotovoltaik] (*photo-* et *voltaïque*) **Électr.** Qui transforme la lumière en électricité. *L'énergie solaire est photovoltaïque. Les piles sont des cellules photovoltaïques.*

PHOTURE, ▪ n. m. [fotyʀ] (gr. *phôs*, *phôtos*, lumière) **Zool.** Coléoptère émettant de la lumière, remarquable par la puissance de son appareil lumineux.

PHRAGMITE, ▪ n. m. [fʀagmit] (lat. sav. [Linné] *phragmites*, du gr. *phragmitès*, qui sert à construire une haie, de *phragma*, palissades) Petit passereau. *Phragmite des joncs, phragmite aquatique.*

PHRASE, n. f. [fʀaz] (gr. *phrasis*, expression par la parole, de *phrazein*, faire comprendre, indiquer) Assemblage de mots formant un sens complet. ◆ *Phrase faite*, façon de parler consacrée par l'usage. ◆ *Des phrases, des grandes phrases*, des paroles emphatiques, affectées. *Un faiseur de phrases. Faire des phrases.* ◆ *Faire des phrases*, parler beaucoup et ne rien faire d'effectif. ◆ Se dit de la tournure d'écrire particulière à une langue. *La phrase latine a de la majesté.* ◆ *Phrase musicale*, suite de sons musicaux avec un arrêt ou repos après le dernier, présentant à l'oreille un rythme semblable à celui d'une phrase parlée. ▪ REM. Auj. on ne dit plus *phrase faite* mais *phrase toute faite*.

PHRASÉ, ÉE, p. p. de phraser. [fʀaze] N. m. *Le phrasé*, manière de disposer, de couper les phrases musicales.

PHRASÉOLOGIE, n. f. [fʀazeoloʒi] (lat. Renaissance *phraseologia*, du gr. *phrasis*, expression, et *-logia*, étude) **Gramm.** Étude et connaissance de la phrase. ◆ Construction de phrase particulière à une langue ou à un écrivain. ◆ ▷ Discours creux et vides de sens. ◁ ▪ REM. La phraséologie est plus qu'une construction de phrase, elle tient compte aussi des tours langagiers, du choix des locutions, des variantes, des créations morphologiques.

PHRASÉOLOGIQUE, adj. [fʀazeoloʒik] (*phraséologie*) Qui a rapport à la phraséologie.

PHRASER, v. tr. [fʀaze] (*phrase*) Faire des phrases. ◆ Couper son style par phrases. ◆ V. tr. Articuler les membres d'une phrase, en lisant ou en déclamant ◆ V. intr. **Mus.** Faire des phrases ou suites régulières et complètes de chant ou d'harmonie. ◆ Chanter avec l'expression convenable. ◆ V. tr. *Phraser la musique*, bien marquer chaque phrase d'un morceau de musique.

PHRASEUR, EUSE, n. m. et n. f. [fʀazœʀ, øz] (*phrase*) **Fam.** Faiseur, faiseuse de phrases, bavard. ▪ Adj. *Un ton phraseur.*

PHRASIER, n. m. [fʀazje] (*phrase*) ▷ Faiseur de phrases, parleur affecté. ◆ Adj. « *La du Rocher était plus phrasière que jamais* », MME DE GENLIS. ◆ Écrivain verbeux, sonore et vide. ◁

PHRASTIQUE, ▪ adj. [fʀastik] (gr. *phrastikos*, qui sert à indiquer, de *phrazein*, indiquer) **Ling.** Relatif à une phrase. *Structure phrastique.*

PHRÉATIQUE, ▪ adj. [fʀeatik] (gr. *phrear*, génit. *phreatos*, puits) *Nappe phréatique*, nappe d'eau de pluie souterraine qui alimente les sources.

PHRÉNÉSIE, PHRÉNÉTIQUE, [fʀenezi, fʀenetik] Voy. FRÉNÉSIE, etc.

PHRÉNIQUE, adj. [fʀenik] (gr. *phrên*, diaphragme) **Anat.** Qui a rapport au diaphragme. *Centre phrénique.* ◆ **Physiol.** Qui appartient à l'intelligence, à la pensée.

PHRÉNITE, n. f. [fʀenit] (gr. *phrên*, diaphragme) **Méd.** Inflammation du diaphragme.

PHRÉNOLOGIE, n. f. [fʀenoloʒi] (gr. *phrēn*, siège de l'intelligence, et *-logie*) Hypothèse physiologique de Gall, dans laquelle il considère le cerveau comme constitué par de nombreuses parties ou organes, dont chacun sert à une affection, à un instinct, à une faculté particulière.

PHRÉNOLOGIQUE, adj. [fʀenoloʒik] (*phrénologie*) Qui appartient à la phrénologie ; qui s'en occupe : *société phrénologique*.

PHRÉNOLOGIQUEMENT, adv. [fʀenoloʒik(ə)mɑ̃] (*phrénologique*) Phrénol. D'une manière phrénologique.

PHRÉNOLOGISTE, n. m. et n. f. [fʀenoloʒist] (*phrénologie*) Celui, celle qui s'occupe de phrénologie. ♦ Partisan de la phrénologie.

PHRÉNOLOGUE, n. m. et n. f. [fʀenolog] (*phrénologie*) Syn. de phrénologiste.

PHRYGANE, ■ n. f. [fʀigan] (lat sav. Renaissance *phryganius*, du gr. *phruganion*, dimin. de *phruganon*, menu bois mort, broussaille) Zool. Insecte qui ressemble à un papillon de nuit.

PHRYGIEN, IENNE, ■ adj. [fʀiʒjɛ̃, jɛn] (gr. *Phrugia*, Phrygie, contrée d'Asie Mineure) Relatif à la Phrygie. ■ N. m., n. f. Un Phrygien, une Phrygienne. ■ *Bonnet phrygien*, bonnet rouge que portaient les révolutionnaires de 1789, semblable à celui des Phrygiens de l'Antiquité.

PHTALÉINE, ■ n. f. [ftalein] ([*na*]*phtal*[*ène*]) Chim. Indicateur de pH de couleur rouge en milieu basique, et incolore en milieu acide ou neutre.

PHTHISIE, n. f. [ftizi] Voy. PHTISIE.

PHTIRIASE n. f. ou **PHTIRIASIS**, n. m. [ftiʀjaz, ftiʀjazis] (gr. *phtheiriasis*, de *phtheir*, pou, vermine) Maladie pédiculaire. ♦ Maladie des végétaux dans laquelle ils sont couverts d'insectes extrêmement petits. ■ Rem. Graphies anciennes : *phthiriase, phthiriasis*.

PHTISIE, n. f. [ftizi] (gr. *phthisis*, dépérissement, phtisie, de *phthein*, dépérir, se flétrir) Méd. Consomption lente. ♦ *Phtisie pulmonaire* ou simplement *phtisie*, affection tuberculeuse des poumons. ♦ *Phtisie laryngée*, laryngite chronique. ♦ *Phtisie mésentérique*, Syn. de carreau. ■ Rem. Graphie ancienne : *phthisie*.

PHTISIOLOGIE, ■ n. m. [ftizjoloʒi] (*phtisie* et *-logie*) Méd. Branche médicale consacrée à la tuberculose pulmonaire.

PHTISIQUE, adj. [ftizik] (gr. *phthisikos*) Qui est atteint de phtisie. ♦ N. m. et n. f. *Un phtisique, une phtisique*. ■ Rem. Graphie ancienne : *phthisique*.

PHTORE, n. m. [ftɔʀ] (gr. *phtheirein*, détruire) Chim. Nom qu'on donne quelquefois au principe non encore isolé qu'on nomme plus souvent *fluor*. ■ Rem. Graphie ancienne : *phtore*.

PHYCOCYANINE, ■ n. f. [fikosjanin] (gr. *phukos*, algue, et *cyanine*) Chim. Pigment bleu présent dans les algues.

PHYCOÉRYTHRINE, ■ n. f. [fikoeʀitʀin] (gr. *phukos*, algue, et *érythrine*) Chim. Pigment rouge présent dans les algues.

PHYCOMYCOSE, ■ n. f. [fikomikoz] (gr. *phukos*, algue, et *mycose*) Mycose sous-cutanée ou profonde due à certains champignons des milieux tropicaux humides.

PHYLACTÈRE, n. m. [filaktɛʀ] (gr. *phulaktêrion*, talisman, de *phulassein*, veiller, se garder) Petit morceau de peau ou de parchemin que les Juifs s'attachaient au bras ou au front, et sur lequel étaient écrits des passages de l'Écriture. ♦ Nom donné par les anciens aux amulettes qu'ils portaient sur eux pour se préserver de quelque mal. ■ Bulle, dans une bande dessinée.

PHYLARQUE, n. m. [filaʀk] (gr. *phularkhês*, de *phulê*, tribu, et *arkhein*, commander) Antiq. Chef de tribu ; magistrat athénien.

PHYLÉTIQUE, ■ adj. [filetik] (all. *phyletisch*, d'après le gr. *phuletikos*, qui concerne une tribu) Qui concerne les relations entre espèces animales ou végétales du même phylum. *Étude de l'évolution phylétique des vertébrés.*

PHYLLADE, ■ n. m. [filad] (gr. *phullas*, génit. *phullados*, feuillage) Type de schiste. *Le phyllade de nature schisteuse donne de l'ardoise.*

PHYLLIE, ■ n. f. [fili] (lat. sav. [XIXᵉ s.] *phyllium*, du gr. *phullon*, feuille) Zool. Insecte qui ressemble à une feuille et peut atteindre dix centimètres. *Les phyllies ont un corps aplati, au contraire de celui des phasmes, qui est allongé.*

PHYLLITHE, ■ n. f. [filit] (gr. *phullon*, feuille, et *lithos*, pierre) Feuille pétrifiée ou pierre qui porte des empreintes de feuilles.

PHYLLOTAXIE, ■ n. f. [filotaksi] (gr. *phullon*, feuille, et *-taxie*) Disposition des feuilles sur la tige des plantes.

PHYLLOXÉRA, ■ n. m. [filokseʀa] (mot lat. sav. [XIXᵉ s.], du gr. *phullon*, feuille, et *xêros*, sec) Puceron parasite qui s'attaque aux racines de la vigne. ■ Maladie de la vigne provoquée par cet insecte qui provoque la mort du cep.

PHYLLOXÉRIEN, IENNE ou **PHYLLOXÉRIQUE**, ■ adj. [filokseʀjɛ̃, jɛn, filokseʀik] (*phylloxéra*) Qui a rapport au phylloxéra. *Une épidémie phylloxérienne. Une crise phylloxérique.*

PHYLOGENÈSE ou **PHYLOGÉNIE**, ■ n. f. [filoʒənɛz, filoʒeni] (gr. *phulon*, race, espèce, et *genèse*) Biol. Science qui étudie l'histoire et l'évolution des espèces animales et végétales afin d'établir leur parenté.

PHYLOGÉNÉTIQUE ou **PHYLOGÉNIQUE**, ■ adj. [filoʒenetik, filoʒenik] (*phylogenèse*) Qui concerne la phylogenèse. *La classification phylogénétique est fondée sur la généalogie.*

PHYLUM, ■ n. m. [filɔm] (mot lat. sav. [XIXᵉ s.], du gr. *phulon*, race, espèce) Biol. Souche commune dans l'évolution des espèces végétales et animales. ■ Zool. Classification correspondant à un embranchement. *Des phylums.*

PHYSALIS, ■ n. m. [fizalis] (mot lat. sav. [Linné], du gr. *phusalis*, plante dont le calice se gonfle comme une vessie, de *phusa*, soufflet, souffle) Bot. Plante donnant comme fruit une baie à l'aspect de cerise jaune orange, très prisé dans les décorations culinaires, qui se consomme frais. *Confitures au physalis.*

PHYSIATRE, ■ n. m. et n. f. [fizjatʀ] (*physiatrie*) Spécialiste en physiatrie.

PHYSIATRIE, ■ n. f. [fizjatʀi] (gr. *phusis*, nature, état naturel, et *-iatrie*) Spécialité médicale concernant la rééducation fonctionnelle ainsi que le diagnostic et le traitement médical des pathologies de l'appareil moteur. *Un centre de physiatrie.*

PHYSICALISME, ■ n. m. [fizikalism] (all. *Physikalismus*, de *physikalisch*, de la physique) Philos. Doctrine défendant l'idée selon laquelle le langage utilisé en physique est universel et peut convenir à toutes les sciences.

PHYSICALISTE, ■ n. m. et n. f. [fizikalist] (*physicalisme*) Philos. Adepte du physicalisme. ■ Adj. *La philosophie physicaliste de la pensée.*

PHYSICIEN, IENNE, n. m. et n. f. [fizisjɛ̃, jɛn] (*physique*) Celui, celle qui s'occupe de physique. ♦ Dans les collèges et lycées, un écolier étudiant en physique. ♦ Au Moyen Âge, nom du médecin.

PHYSICOCHIMIE, ■ n. f. [fizikoʃimi] (*physique* et *chimie*) Étude des systèmes chimiques à l'aide des lois de la physique. ■ PHYSICOCHIMIQUE, adj. [fizikoʃimik]

PHYSICOMATHÉMATIQUE, adj. [fizikomatematik] (*physique* et *mathématique*) Qui a rapport à la physique et aux mathématiques. *Les sciences physicomathématiques.* ■ Rem. Graphie ancienne : *physico-mathématique*.

PHYSIOCRATE, ■ n. m. [fizjokʀat] (*physio-* et *-crate*) Économiste qui, au XVIIIᵉ siècle, considérait l'agriculture comme source essentielle des richesses, par opposition au mercantilisme. ■ Adj. *L'école physiocrate.*

PHYSIOGNOMONIE, n. f. [fizjɔɡnomoni] (le *g* se prononce séparément du *n* ; gr. *phusiognômonia*, de *phusis*, manière d'être, et *gnômôn*, qui discerne) Art de juger le caractère, les inclinations par l'inspection du visage. ♦ Traité sur cette matière.

PHYSIOGNOMONIQUE, adj. [fizjɔɡnomonik] (le *g* se prononce séparément du *n*. *Physiognomonie*) Qui appartient, qui a rapport à la physiognomonie. ♦ N. f. *La Physiognomonique*, titre d'un traité attribué à Aristote.

PHYSIOGRAPHE, n. m. [fizjoɡʀaf] (*physiographie*) Celui qui s'occupe de physiographie.

PHYSIOGRAPHIE, ■ n. f. [fizjoɡʀafi] (*physio-* et *-graphie*) Description des productions de la nature.

PHYSIOGRAPHIQUE, adj. [fizjoɡʀafik] (*physiographie*) Qui a rapport à la physiographie.

PHYSIOLOGIE, n. f. [fizjoloʒi] (gr. *phusiologia*, de *phusis*, nature, et *-logia*, étude) Science qui traite des fonctions des organes dans les êtres vivants, végétaux et animaux. *Physiologie animale. Physiologie végétale. Physiologie comparée.* ♦ Ouvrage qui traite de cette science. *La Physiologie de Müller.* ■ Rem. La physiologie du goût *est un ouvrage célèbre de Brillat-Savarin.*

PHYSIOLOGIQUE, adj. [fizjoloʒik] (*physiologie*) Qui appartient à la physiologie.

PHYSIOLOGISTE, n. m. et n. f. [fizjoloʒist] (*physiologie*) Celui, celle qui s'occupe de physiologie.

PHYSIONOMIE, n. f. [fizjonomi] (lat. tardif *physiognomia*, altération du gr. *phusiognômonia*) L'air, les traits du visage. ♦ *Physionomie heureuse*, résultat de tous les traits d'une personne, qui prévient en faveur de son caractère. ♦ *Mauvaise physionomie*, physionomie qui annonce la méchanceté. ♦ ▷ Absol. Certain air de vivacité et d'agrément répandu habituellement sur le visage. *Avoir de la physionomie.* ◁ ■ Il se dit aussi des animaux. ♦ Aspect particulier qui, pour chaque être vivant, résulte de l'ensemble de ses parties tant intérieures qu'extérieures. ■ Fig. Caractère qui distingue certaines choses de toutes les autres. *Ce pays a une physionomie particulière.* ♦ Art de juger par les traits du visage quel est le caractère d'une personne.

PHYSIONOMISTE, n. m. et n. f. [fizjonomist] (*physionomie*) Personne qui se connaît en physionomie. *Bon physionomiste.* ◾ Adj. Qui reconnaît facilement les gens.

PHYSIOTHÉRAPEUTE, ◾ n. m. et n. f. [fizjoterapøt] (*physiothérapie*) Spécialiste en physiothérapie.

PHYSIOTHÉRAPIE, ◾ n. f. [fizjoterapi] (*physio-* et *thérapie*) Méd. Traitement de certaines pathologies par des moyens naturels tels que l'eau, l'air, la lumière, le chaud, le froid, etc.

PHYSIQUE, adj. [fizik] (lat. *physicus*, du gr. *phusikos*, qui concerne la nature ou l'étude de la nature, de *phusis*, nature, ordre naturel) Qui se rapporte aux conditions, aux lois de la nature. ◆ *Phénomènes physiques,* ceux qui ont lieu entre les corps visibles, à des distances appréciables, et qui n'en changent pas les caractères. ◆ *Propriétés physiques,* qualités naturelles des corps qui sont perceptibles aux sens. ◆ *Sciences physiques,* celles qui étudient les caractères naturels des corps, les forces qui agissent sur eux et les phénomènes qui en résultent. ◆ Qui ne s'élève pas au-dessus des conditions matérielles de l'organisation. « *L'état de nature, où l'homme est presque tout physique* », CHATEAUBRIAND. ◆ Qui est effectif, réel, par opposition à moral. *Une certitude, une impossibilité physique.* ◆ N. f. Dans un sens général et ancien, la connaissance de toute la nature matérielle. ◆ Dans un sens spécial, science du mouvement et des actions réciproques des corps, en tant que ces actions ne sont pas de composition et de décomposition. ◆ *Traité de physique. La physique de Nollet.* ◆ Dans les collèges et lycées, classe où l'on enseigne la physique. ◆ *Conditions physiques qui président à l'existence des végétaux et des animaux. La physique des végétaux.* ◆ N. m. L'ensemble de l'apparence extérieure de l'homme. *Un beau physique.* ◆ Par anal. « *Ces lois doivent être relatives au physique du pays* », MONTESQUIEU. ◆ Ensemble des dispositions anatomiques intérieures, par opposition au moral. *Le physique influe sur le moral.* ◆ Ce qu'il y a de physique, de matériel. « *Analysons le physique de nos actions* », BUFFON. Dans le Moyen Âge, la physique, la médecine. ◾ Adj. Qui se rapporte au corps humain. *Un handicap physique.* ◾ Qui se rapporte aux sens. *Le plaisir physique.* ◾ *Culture, éducation physique.* ◾ Qui demande beaucoup d'énergie, d'endurance. *Faire le ménage de fond en comble, c'est très physique.*

PHYSIQUEMENT, adv. [fizik(ə)mɑ̃] (*physique*) D'une manière réelle et physique. *Cela est physiquement impossible.*

PHYTÉLÉPHAS, ◾ n. m. [fitelefas] (on prononce le *s* final. *Phyt[o]-* et gr. *elephas,* ivoire) Bot. Palmier nain. *Le phytéléphas est également appelé éléphant végétal.*

PHYTOGÉOGRAPHIE, ◾ n. f. [fitozeografi] (*phyt[o]-* et *géographie*) Science de la distribution des plantes sur la Terre. *S'intéresser à la phytogéographie des pays tropicaux.*

PHYTOGRAPHE, n. m. [fitograf] (*phyt[o]-* et *-graphe*) ▷ Celui qui décrit les plantes. ◆ Auteur d'une phytographie. ◁

PHYTOGRAPHIE, n. f. [fitografi] (*phyt[o]-* et *-graphie*) ▷ Partie de la botanique qui traite de la description des plantes. ◆ Traité sur cette partie. ◁

PHYTOGRAPHIQUE, adj. [fitografik] (*phytographie*) ▷ Qui appartient à la phytographie. ◁

PHYTOHORMONE, ◾ n. f. [fitoɔrmɔn] (*phyt[o]-* et *hormone*) Hormone végétale. *L'auxine est une phytohormone.*

PHYTOLITHE, n. m. [fitolit] (*phyt[o]-* et *-lithe*) Végétal fossile. ◆ Pierre qui porte l'empreinte d'une plante.

PHYTOLOGIE, n. f. [fitoloʒi] (*phyt[o]-* et *-logie*) Étude des plantes, et en ce sens syn. de botanique. ◆ Traité sur les plantes.

PHYTOLOGIQUE, adj. [fitoloʒik] (*phytologie*) Qui a rapport à la phytologie.

PHYTOPHAGE, ◾ n. m. [fitofaʒ] (*phyt[o]-* et *-phage*) Zool. Insecte qui se nourrit de matières végétales. *Le charançon et le criquet sont des insectes phytophages.*

PHYTOPHARMACIE, ◾ n. f. [fitofarmasi] (*phyt[o]-* et *-pharmacie*) Ensemble de moyens de prévention et de traitement contre les maladies et parasites des plantes.

PHYTOPLANCTON, ◾ n. m. [fitoplɑ̃ktɔ̃] (*phyt[o]-* et *plancton*) Ensemble des algues microscopiques en suspension dans l'océan.

PHYTOSANITAIRE, ◾ adj. [fitosanitɛr] (*phyt[o]-* et *sanitaire*) Relatif à l'entretien et à la protection des plantes contre les maladies. *Un produit phytosanitaire.*

PHYTOTHÉRAPEUTE, ◾ n. m. et n. f. [fitoterapøt] (*phyt[o]-* et *-thérapeute*) Médecin qui soigne par les plantes. ◾ PHYTOTHÉRAPEUTIQUE, adj. [fitoterapøtik]

PHYTOTHÉRAPIE, ◾ n. f. [fitoterapi] (*phyt[o]-* et *thérapie*) Traitement des maladies par les plantes.

PHYTOTRON, ◾ n. m. [fitotrɔ̃] (*phyt[o]-* d'après *cyclotron*) Biol. Dispositif grâce auquel il est possible de cultiver des végétaux dans les milieux les plus divers en tenant compte de divers facteurs tels que la lumière, la température, l'humidité. *Conduire une expérimentation en phytotron et en serre. Placer des plantes dans un phytotron.*

PHYTOZOAIRE, ◾ n. m. [fitozoɛr] (*phyt[o]-* et gr. *zôon,* animal) Zool. Animal aquatique invertébré qui peut donner l'apparence d'un végétal.

PI, ◾ n. m. inv. [pi] Seizième lettre de l'alphabet grec π correspondant au *p* de l'alphabet latin. ◾ Math. Rapport constant de la circonférence d'un cercle à son diamètre dont la valeur approchée est 3,14159.

PIACULAIRE, adj. [pjakylɛr] (lat. *piacularis*, de *piaculum*, sacrifice expiatoire, de *piare*, apaiser par des sacrifices) Syn. peu usité d'expiatoire et employé seulement en parlant de l'Antiquité. *Sacrifice piaculaire.*

PIAF, ◾ n. m. [pjaf] (orig. inc., prob. onomat.) Fam. Moineau. ◾ Fig. « *Ma pauvre cervelle de piaf est bien assez remplie avec ma nouvelle histoire* », ÉVANE HANSKA.

PIAFFANT, ANTE, ◾ adj. [pjafɑ̃, ɑ̃t] (*piaffer*) Qui piaffe. *Chevaux piaffants.*

PIAFFE, n. f. [pjaf] (*piaffer*) ▷ Fam. Braverie, somptuosité, manières par lesquelles on cherche à attirer l'attention sur soi. « *Je sais de qui procède cette piaffe* », LA FONTAINE. ◁

PIAFFEMENT, n. m. [pjaf(ə)mɑ̃] (*piaffer*) Action de piaffer.

PIAFFER, v. intr. [pjafe] (orig. onomat.) Faire piaffe. « *Tessé piaffait et se pavanait de son chapeau* », SAINT-SIMON. ◆ En parlant du cheval, frapper des pieds la terre. ◾ *Piaffer d'impatience,* manifester son impatience en s'agitant ; être très impatient.

PIAFFEUR, EUSE, n. m. et n. f. [pjafœr, øz] (*piaffer*) Celui, celle qui piaffe. ◆ Adj. Il se dit des chevaux. *Jument piaffeuse.*

PIAILLARD, ARDE, adj. [pjajar, ard] (*piailler*) Qui a l'habitude de piailler. *Une femme piaillarde.*

PIAILLEMENT, ◾ n. m. [pjaj(ə)mɑ̃] (*piailler*) Action de piailler ◾ Résultat de cette action. « *Et le bruit des conversations ne cessait pas, pareil au piaillement d'une nuée de moineaux bavards, lorsque le jour tombe* », ZOLA.

PIAILLER, v. intr. [pjaje] (onomat.) Fam. Se dit des petits oiseaux qui crient sans cesse. ◆ Par extens. Criailler. *Cet enfant ne fait que piailler.* ◆ Il se dit de toute personne qui criaille d'un ton aigre.

PIAILLERIE, n. f. [pjaj(ə)ri] (*piailler*) Fam. Criaillerie perpétuelle et fatigante des petits oiseaux. ◆ Par extens. Criaillerie des enfants, des personnes.

PIAILLEUR, EUSE, n. m. et n. f. [pjajœr, øz] (*piailler*) Fam. Oiseau qui crie sans cesse. ◆ Par extens. Celui, celle qui piaille souvent, qui criaille.

PIAN, n. m. [pjɑ̃] (tupi *pian, pia*) Nom donné en Amérique à une maladie chronique, caractérisée par une éruption cutanée suivie de tubercules fongueux à surface granuleuse. ◾ REM. Cette maladie existe toujours, mais en Asie, et surtout en Afrique.

PIANINO, n. m. [pjanino] (dim. de 2 *piano*) Piano vertical à cordes obliques.

PIANISSIMO, adv. [pjanisimo] (mot it., superl. de 1 *piano*) Superlatif de piano.

PIANISTE, n. m. et n. f. [pjanist] (2 *piano*) Celui, celle qui joue du piano.

PIANISTIQUE, ◾ adj. [pjanistik] (2 *piano*) Qui concerne le piano. ◾ Qui s'adapte bien au piano, en parlant d'une œuvre. *Un poème, une chanson pianistique.*

1 PIANO, adv. [pjano] (ital. *piano,* tout doucement, du lat. *planus,* plan) Terme de musique qu'on écrit en abrégé P., et qui indique qu'il faut adoucir le son. ◆ Se prend quelquefois subst. en parlant de l'expression d'un passage (sans *s* au pluriel). *Faire les piano.* ◆ Dans le langage familier, doucement. ◾ Endroit, plan de travail, avec sa batterie de cuisine, où officie un cuisinier.

2 PIANO, n. m. [pjano] (abrév. de *piano-forte*) Voy. PIANO-FORTE.

PIANO-BAR, ◾ n. m. [pjanobar] (2 *piano* et 2 *bar*) Bar dans lequel l'ambiance musicale est assurée par un pianiste. *Des pianos-bars.*

PIANO-FORTE ou **FORTE-PIANO**, n. m. [pjanofɔrte, fɔrtepjano] (le *e* se prononce *é*; ital. *pianoforte*, de *piano,* doux, et *forte,* fort) Voy. FORTE-PIANO. Aujourd'hui, *piano,* instrument de musique à clavier, dont on peut renforcer ou adoucir le son à volonté. ◆ Au pl. *Des pianos.* ◆ *Piano droit,* piano dont les cordes et la table d'harmonie sont posées verticalement. *Les pianos à cordes horizontales se divisent en piano carré où les cordes se présentent latéralement à l'exécutant, et piano à queue, où elles se présentent par bout.* ◾ Technique, art de jouer du piano. *Prendre des cours de piano.* ◾ Au pl. *Des piano-fortes, des forte-pianos.* ◾ REM. On écrit aussi *piano-forté, forté-piano.*

PIANOTAGE, ■ n. m. [pjanotaʒ] (*pianoter*) Action de pianoter. *Pianotage sur le clavier d'ordinateur. Le pianotage de ses doigts sur le bureau.*

PIANOTER, ■ v. intr. [pjanote] (2 *piano*) Jouer maladroitement du piano. ■ Tapoter successivement avec ses doigts sur quelque chose. ■ Taper sur un clavier d'ordinateur.

PIAPIA, ■ n. m. [pjapja] (radic. onomat. *pi-*) **Fam.** Bavardage. *Leurs piapias m'horripilaient.* ■ **PIAPIATER**, v. intr. [pjapjate]

PIASSAVA ou **PIASSAVE**, ■ n. m. [pjasava, pjasav] (port. *piaçaba, piaçava*, du tupi *pi'a a'saba*) Palmier à tronc fibreux. ■ Fibre textile issue de ce palmier. *Le piassava est utilisé pour la fabrication de brosses et de balais.*

PIASTE, n. m. [pjast] (*Piast*, fondateur de la dynastie, qui aurait régné de 870 à 891) Descendant de l'ancienne maison royale de Pologne ; il est opposé à *étranger*. ◆ Quelques-uns écrivent *piast*.

PIASTRE, n. f. [pjastʀ] (ital. *piastra*, plaque de métal, aphérèse du lat. *emplastrum*, gr. *emplastron*, emplâtre) ▷ Monnaie d'argent qui se fabrique en différents pays : la piastre espagnole, qui est la plus connue et appelée absolument *piastre*, vaut 5 fr. 40 c. ; la piastre gourde ne vaut que 2 fr. 75 c. ◆ Rᴇᴍ. Ces équivalences sont celles du xıxᵉ siècle. ◁

PIAULE, ■ n. f. [pjol] (arg. moy. fr. *piolle*, cabaret, taverne, de l'anc. fr. *pier*, boire) **Fam.** Chambre ou logement.

PIAULEMENT, n. m. [pjol(ə)mã] (*piauler*) ▷ Action de piauler. ◁

PIAULER, v. intr. [pjole] (radic. onomat. *pi-*, cri aigu) ▷ Se dit du cri des petits poulets et autres. ◆ **Par extens.** Se plaindre en pleurant, en parlant des petits enfants. ◁

PIAULEUR, EUSE, n. m. et n. f. [pjolœʀ, øz] (*piauler*) ▷ Petit garçon, petite fille qui a l'habitude de piauler. ◁

PIAZZA, ■ n. f. [pjadza] (mot it., place) Place publique italienne. « *Parce qu'il y a bal, toute la nuit, sur la Piazza... Le ciel est si beau, la nuit si chaude, qu'on danserait jusqu'à la fin du monde* », Cʟᴜɴʏ.

PIB, ■ n. m. [peibe] (sigle de *produit international brut*) Indice économique qui permet de déterminer la richesse d'un pays, en calculant la somme des valeurs ajoutées d'un pays, c'est-à-dire, l'ensemble des richesses créées par les entreprises et les administrations d'un pays.

PIBALE, ■ n. f. [pibal] (poitev. *pibole, pipeau*) **Région.** Côte atlantique. **Zool.** Civelle.

PIBROCH, n. m. [pibʀɔk] (*ch* se prononce *k*. Mot angl., du gaél. *piobaireachd*, art de jouer de la cornemuse) Cornemuse écossaise. ◆ Air écossais que jouent les cornemuses.

1 PIC, n. m. [pik] (prob. emploi fig. de 3 *pic*, avec infl. de *piquer*) Instrument de fer courbé, pointu, à long manche, dont on se sert pour casser des fragments de rocher ou pour ouvrir la terre. ◆ Morceau de fer pointu avec lequel on attise le feu de charbon de terre.

2 PIC, n. m. [pik] (esp. *pico*, d'un pré-roman *pikk*) Pointe de montagne. ◆ Sommet de certaines montagnes. *Le pic du Midi.* ■ **Fig.** Valeur maximale d'un phénomène. *Un pic de pollution.* ■ ᴀ ᴘɪᴄ, loc. adv. Verticalement. *Cette montagne est coupée à pic.* ■ **Mar.** *Un bâtiment est à pic sur son ancre,* quand le câble de l'ancre est tendu verticalement.

3 PIC, n. m. [pik] (lat. pop. *piccus*, du lat. *picus*, pivert, masc. de *pica*, pie) Genre d'oiseaux insectivores, qui fait une famille dans l'ordre des passereaux ; on y distingue le pic-vert, dit vulgairement *pivert*.

4 PIC, ■ n. m. [pik] (*piquer*) Au jeu de piquet, coup où celui qui joue, comptant trente sans que l'autre ait rien compté, passe de trente à soixante. ◆ *Pic et repic*, Voy. ʀᴇᴘɪᴄ.

PICA, n. m. [pika] (lat. *pica*, pie, par comparaison avec la voracité de l'oiseau) **Méd.** Perversion du goût caractérisée par de l'éloignement pour les aliments ordinaires et par le désir de manger des substances non nutritives, telles que craie, terre, charbon.

PICADOR, n. m. [pikadɔʀ] (mot esp., de *picar*, piquer) Cavalier qui attaque le taureau avec la pique.

PICAGE, n. m. [pikaʒ] (*piquer*) Opération qui consiste à piquer le dessin sur le parchemin, dans la dentelle réseau.

PICAILLON, n. m. [pikajɔ̃] (prob. a. provenç. *piquar*, convoquer à son de cloche, à cause du tintement des pièces de monnaie) Petite monnaie de Savoie valant un demi-liard. ◆ Il se dit très populairement pour de l'argent. *Il a des picaillons.*

PICARD, ARDE, ■ n. m. et n. f. [pikaʀ, aʀd] (*Picardie*) Personne originaire de la Picardie ou y habitant. *Les Picards et les Picardes.* ■ **Adj.** Qui appartient à, fait partie de ou concerne la Picardie. *Villes, spécialités picardes. Ficelle picarde,* crêpe salée fourrée de champignons et de jambon, et souvent d'échalotes, préparée avec une sauce Mornay, agrémentée de crème fraîche, et gratinée au gruyère.

PICAREL, ■ n. m. [pikaʀɛl] (anc. provenç. *picar*, piquer, p.-ê. parce que ce poisson est embroché pour le séchage) **Zool.** Poisson au dos brun qui vit dans les mers chaudes et tempérées. *Des alevins de picarel.*

PICARESQUE, adj. [pikaʀɛsk] (esp. *picaresco*, de *picaro*, individu vil et de mauvaise vie) Se dit des pièces de théâtre, des romans, où le principal personnage est un *picaro* (en espagnol, un coquin).

PICCOLO, ■ n. m. [pikolo] (mot it., petit) Petite flûte traversière en ré.

PICÉA, n. m. [pisea] Voy. ᴇᴘɪᴄᴇᴀ.

PICHENETTE, n. f. [piʃ(ə)nɛt] (p.-ê. provenç. *pichouneto*, petite) Syn. de chiquenaude.

PICHET, ■ n. m. [piʃɛ] (mot norm., de l'anc. fr. *pichier* du b. lat. *picarium*, récipient pour les liquides) Petite cruche munie d'une anse utilisée pour la boisson. *Un pichet de vin.*

PICHOLINE, n. f. [pikolin] (provenç. *picholino*, petite) Olives, petites ou non, préparées suivant le procédé inventé par l'Italien Picholini. ◆ **Adj.** *Des olives picholines.*

PICKLES, ■ n. m. pl. [pikœls] (mot angl., *pickle* désignant un liquide, vinaigre ou saumure, dans lequel on conserve certains aliments) Petits légumes, souvent en morceaux : cornichons, piments, oignons, choux-fleurs, carottes, conservés dans du vinaigre et utilisés comme condiments. *Servir des pickles à l'apéritif.*

PICKPOCKET, ■ n. m. [pikpokɛt] (mot angl., de *to pick*, enlever, et *pocket*, poche) Voleur à la tire. *Les agents de la RATP mettent les voyageurs en garde contre les pickpockets.*

PICK-UP, ■ n. m. inv. [pikœp] (mot angl., de *to pick up*, ramasser) **Vieilli** Électrophone. *Des pick-up.* ■ Véhicule léger de deux places dont l'arrière est composé d'un plateau. ■ **Agric.** Outil de ramassage placé à l'avant des moissonneuses.

PICOLER, ■ v. intr. [pikole] (ital. *pic[c]olo*, petit vin) **Fam.** Boire de l'alcool de façon excessive.

PICORÉE, n. f. [pikoʀe] (p. p. fém. substantivé de *picorer*) ▷ Action d'aller en maraude pour enlever des vivres. *Aller à la picorée.* ◆ **Par extens.** Action des écoliers et autres personnes qui dérobent des fruits dans leurs promenades. ◆ **Par anal.** Se dit du butin des abeilles et d'autres animaux. ◆ Le produit de la picorée. ◁

PICORER, v. intr. [pikoʀe] (arg. milit., de *piquer*, voler au passage) ▷ Aller à la picorée. ◁ ◆ ▷ Il se dit des abeilles et d'autres animaux. ◁ ◆ **V. tr.** Il se dit familièrement de quelqu'un qui prend des fruits, de l'argent, etc. ◆ ▷ **Fig.** *Faire la picorée dans les ouvrages des autres,* être plagiaire. ◁ ◆ **Fig.** Grappiller, faire des voleries. ■ **V. intr.** Chercher sa nourriture, en parlant des oiseaux. *Des poules qui picorent.* ■ **V. tr.** Prendre la nourriture avec le bec. *Picorer des grains.* ■ **V. intr.** ou **v. tr.** Prendre de la nourriture en petite quantité, grignoter. *Picorer des cacahouètes.* ■ **Absol.** *Qu'est-ce que tu as aujourd'hui, tu picores !*

PICOREUR, n. m. [pikoʀœʀ] (*picorer*) ▷ Soldat qui va à la picorée. ◆ Celui qui coupe et enlève du bois en délit dans les forêts. ◆ **Fig.** Celui qui fait des voleries. ◆ **Fig.** Auteur qui pille dans les ouvrages des autres. ◁

PICOT, n. m. [piko] (dim. de 1 *pic*) Petite pointe qui reste sur le bois qui n'a pas été coupé net. *S'écorcher la main à un picot.* ◆ Marteau pointu dont les carriers se servent pour soulever la pierre. ◆ Petite dent aiguë formée d'un fil de dentelle croisé sur lui-même en forme de bouclette qui termine les dentelles et les imitations. ◆ Toute petite chose pointue.

PICOTAGE, ■ n. m. [pikotaʒ] (*picoter*) Action de picoter. ■ **Mus.** Action de remplacer chacune des noires qui se trouve dans une suite par deux croches.

PICOTANT, ANTE, adj. [pikotã, ãt] (*picoter*) Qui picote, qui irrite.

PICOTÉ, ÉE, p. p. de picoter. [pikote] **Hérald.** Se dit des animaux dont le corps est couvert de points de différentes couleurs. ◆ **N. m.** Picoté, coquille du genre cône.

PICOTEMENT, n. m. [pikot(ə)mã] (*picoter*) Impression incommode et un peu douloureuse sur la peau ou autres organes, comme si l'on y faisait des piqûres légères.

PICOTER, v. tr. [pikote] (*piquer*, d'après *picot*) En parlant des oiseaux, becqueter les fruits. ◆ *Picoter du raisin,* en manger des grains. ◆ *Picoter un cheval,* lui faire sentir légèrement l'éperon à diverses reprises. ◆ Causer des picotements. ◆ **Fig.** Attaquer souvent par des traits malins. ◆ Se picoter, v. pr. S'agacer mutuellement.

PICOTERIE, n. f. [pikot(ə)ʀi] (*picoter*) Paroles dites dans l'intention de picoter. *Impatienter quelqu'un par des picoteries.*

PICOTIN, n. m. [pikotɛ̃] (p.-ê. *picoter*, becqueter) Mesure pour donner de l'avoine aux chevaux. ◆ L'avoine que contient le picotin.

PICPOUL, ■ n. m. [pikpul] (a. occit. *piquapol*, p.-ê. de *piquer*, piquer) Cépage utilisé en Roussillon. ■ Vin blanc obtenu avec ce cépage. *Un producteur de picpoul.*

1 PICRATE, n. m. [pikʀat] (gr. *pikros*, piquant, amer, et suff. *-ate*) **Chim.** Nom générique des sels que forme l'acide picrique.

2 PICRATE, ■ n. m. [pikʀat] (1 *picrate*) **Fam.** Vin.

PICRINE, n. f. [pikʀin] (gr. *pikros*, amer) Substance amère obtenue de la digitale, et qu'on dit être de la digitaline impure.

PICRIQUE, adj. [pikʀik] (gr. *pikros*, piquant) **Chim.** *Acide picrique*, matière tinctoriale d'un jaune d'or éclatant.

PICTOGRAMME, ■ n. m. [piktogram] (*pictographie*, p.-ê. d'après l'angl. *pictogram*) Dessin stylisé et normalisé qui délivre un message simple. *Une croix rouge sur fond blanc est un pictogramme qui indique une infirmerie.*

PICTOGRAPHIE, ■ n. f. [piktogʀafi] (lat. *pictum* supin de *pingere*, peindre, et *-graphie*) Système d'écriture formé de pictogrammes. *La pictographie a été par exemple utilisée en Mésopotamie et en Chine.*

PICTOGRAPHIQUE, ■ adj. [piktogʀafik] (*pictographie*) Qui est fait de pictogrammes. *Représentations pictographiques.*

PICTORIALISME, ■ n. m. [piktoʀjalism] (angl. *picture*, peinture, et *image*) Mouvement artistique né vers 1880, qui a duré jusqu'en 1910 environ, et qui fait de la photographie une œuvre unique, à la manière d'un tableau. *Le pictorialisme est souvent un art qui cherche à créer une atmosphère, en travaillant les effets de brume, de pluie, de fumée, etc.*

PICTORIALISTE, ■ n. m. et n. f. [piktoʀjalist] (*pictorialisme*) Personne ou artiste adepte de ce type d'art photographique. ■ **Adj.** *Photographes pictorialistes ; œuvres, thèses pictorialistes.*

PICTURAL, ALE, ■ adj. [piktyʀal] (lat. *pictura*, peinture) Relatif à la peinture. *L'art pictural. Des motifs picturaux.*

PIC-VERT, n. m. [pivɛʀt] (on ne prononce pas le *c*) *Des pics-verts.* Voy. PIVERT.

PIDGIN, ■ n. m. [pidʒin] (mot angl., altération de *business* par la prononciation chinoise) Langue seconde née du contact entre l'anglais et les diverses langues d'Extrême-Orient. *Le pidgin-english ou pidgin est un mélange avec le chinois et se distingue du pidgin mélanésien. À la différence du créole, le pidgin n'est pas une langue maternelle. Des pidgins.*

1 PIE, n. f. [pi] (lat. *pica*) Oiseau à plumage blanc et noir, à longue queue étagée, de la famille des corbeaux. ◆ *Jaser comme une pie, comme une pie borgne, comme une pie dénichée*, jaser beaucoup. ◆ On dit de même : *Bavard comme une pie.* ◆ *Larron comme une pie*, se dit de quelqu'un qui est très voleur, à cause que cet oiseau prend et cache tout ce qu'il trouve. ◆ **Fig.** *Trouver la pie au nid*, faire quelque heureuse trouvaille. ◆ *Fromage à la pie*, fromage blanc écrémé. ◆ *Pie agasse, pie de buisson, pie-grièche.* ◆ **Fig.** *Pie-grièche*, femme d'une humeur aigre et querelleuse. ◆ **Adj. inv.** Se dit d'un cheval qui a la robe blanche, marquée de grandes taches noires, baies, etc. *Des chevaux pie.* ◆ D'autres laissent au pluriel *pie* invariable. *Un attelage de six chevaux pie.* ◆ **N. f.** *Une pie*, un cheval pie. « *Mignard a peint M. de Turenne sur sa pie* », Mme de Sévigné. ◆ Se dit de plusieurs espèces d'animaux, quand ils ont le poil ou le plumage blanc et noir ou brun et blanc. *Pigeon pie.* ◆ **N. m.** *Le pie*, la disposition en deux couleurs, noire et blanche. ■ **Fam.** Personne très bavarde. ■ **Rem.** L'adjectif de couleur n'a pas toujours été invariable.

2 PIE, adj. [pi] (lat. *pius*, qui remplit ses devoirs envers les dieux) Usité seulement dans la locution : *Œuvre pie*, œuvre de charité, œuvre pieuse. ■ **Rem.** La loc. est le plus souvent, mais pas exclusivement, utilisée dans un contexte religieux.

PIÈCE, n. f. [pjɛs] (gaul. *pettia*) Partie d'un tout, considérée comme complète, entière en soi. *Les pièces d'une montre.* ◆ Il se dit de certaines choses qui font un tout, un objet complet. *Une pièce de drap, de ruban, etc.* ◆ *Travailler à ses pièces, à la pièce*, être payé à proportion de l'ouvrage qu'on fait. ◆ *Pièce de four, pièce de pâtisserie*, ouvrage de pâtisserie. ◆ *Pièce montée*, pièce de pâtisserie qui présente des formes d'architecture. ◆ *Pièce de bois*, un morceau de bois, poutre ou planche. ◆ *Pièce de charpente*, morceau de bois taillé qui entre dans un assemblage de charpente. ◆ **Par extens.** Il se dit des fragments, des morceaux d'un tout. ◆ *Tomber par pièces*, se dit d'une personne chez qui il survient des abcès, des pourritures, des gangrènes. ◆ *Tailler une armée en pièces*, la défaire entièrement. ◆ **Fig.** *Emporter la pièce*, railler cruellement. ◆ *Mettre en pièces*, déchirer par morceaux, et par extens. partager, diviser. ◆ *Mettre en pièces un livre*, en lire au hasard des fragments. ◆ *Mettre en pièces*, ne tenir aucun compte, violer, dissoudre. ◆ *Mettre en pièces un auteur*, en prendre des fragments. ◆ **Fig.** *Mettre quelqu'un en pièces*, le déchirer par les médisances. ◆ **Fam.** *Se mettre en pièces*, faire tous ses efforts. ◆ Il se dit des différentes parties de l'ancienne armure. *Être armé de toutes pièces.* ◆ **Fig.** *Être armé de toutes pièces*, être en

état de repousser toutes les attaques. ◆ **Fig.** *Accommoder, habiller, ajuster un homme de toutes pièces*, le battre, et aussi en dire beaucoup de mal. ◆ *La pièce de bœuf*, le morceau qui est le plus propre à satisfaire l'appétit. ◆ *Pièce de résistance*, pièce considérable de viande où il y a beaucoup à manger. ◆ **Fig.** *C'est la pièce de bœuf*, se dit de certaines choses dont on fait un usage ordinaire, et aussi du morceau le plus considérable dans une réunion d'objets du même genre. ◆ *Pièces de rapport*, les petits morceaux de bois précieux ou de pierres dures pour faire les ouvrages de marqueterie ou de mosaïque. ◆ **Fig.** *Ouvrage de pièces de rapport*, ouvrage d'esprit composé sans plan et de morceaux faits à part que l'auteur a rapprochés. ◆ On dit de même : *Fait de pièces et de morceaux.* ◆ Petit morceau d'étoffe ou de métal qu'on emploie pour faire un raccommodage. *Mettre une pièce à un habit.* **Fig.** *Mettre la pièce à côté du trou*, ne point appliquer le remède à une chose où il serait nécessaire. ◆ Il se dit des fûts qui contiennent des liquides. *Pièce de vin, d'huile, d'eau-de-vie*, de différentes capacités suivant les parties de la France. *Demi-pièce*, la moitié d'une pièce de vin. ◆ Se dit de certaines choses considérées comme faisant partie d'une collection, d'un ensemble. *Une pièce de vaisselle. Pièce de cabinet*, objet rare et curieux. *Une pièce rare.* ◆ *Pièce d'orfèvrerie*, ouvrage d'orfèvrerie. ◆ *Pièce de tapisserie*, morceau de tapisserie. ◆ *Pièce d'honneur*, la couronne, le sceptre, l'épée qui sont portés par les grands dignitaires aux obsèques du roi et dans d'autres grandes cérémonies. ◆ **Hérald.** *Pièces honorables*, nom donné à certaines pièces de l'écu, comme le chef, la bande, le pal, etc. ◆ *Pièce anatomique* ou simplement *pièce*, partie d'un corps mort employée à l'étude de l'anatomie et de la pathologie. ◆ *Pièce de bétail*, chacun des animaux qui composent un bétail. *Pièce de volaille*, oiseau de basse-cour. *Pièce de gibier*, chacun des animaux qu'on tue à la chasse. ◆ *Pièce*, chacun, chaque. *Ces chevaux coûtent mille francs pièce.* ◆ *Homme de toute pièce*, homme en qui toutes les pièces, toutes les parties, surtout au moral, semblent en parfait rapport. ◆ Différentes parties d'un appartement. *Appartement de cinq pièces.* ◆ *Pièce de terre*, une certaine étendue de terre, tenue en un tenant. *Pièce de blé, d'avoine, etc.*, portion continue de terre couverte de blé, d'avoine, etc. ◆ *Pièce d'eau*, quantité d'eau renfermée dans un espace de terrain. ◆ *Pièce de canon* ou simplement *pièce*, syn. de canon. *Pièce de siège*, tout canon de fort calibre dont on se sert pour attaquer une place ou la défendre. *Pièce de campagne*, l'artillerie qu'une armée mène avec elle. ◆ *Les pièces de huit livres de balle, de vingt-quatre livres de balle, etc.* ou simplement *des pièces de huit, de vingt-quatre, etc.*, des pièces de canon qui portent des boulets de huit, de vingt-quatre livres. ◆ **Fortif.** *Pièces détachées*, ouvrages qui sont construits à quelque distance de la place. ◆ En parlant de la monnaie, portion de métal marquée et d'une valeur déterminée. *Une pièce de monnaie. Une pièce de cent sous.* ◆ **Pop.** *La pièce*, petite somme d'argent donnée en gratification. *Donner la pièce.* ◆ *La pièce ronde, la pièce blanche*, pièce d'argent que l'on donne ou que l'on gagne. ◆ *Être près de ses pièces*, n'avoir plus guère d'argent. ◆ *Pièce de mariage*, médaille d'or ou d'argent que le mari donne à sa femme pendant la célébration du mariage religieux, et sur laquelle sont gravés les noms des époux et la date du mariage. ◆ Au jeu d'échecs, *pièces*, dans le sens général, tous les individus qu'on met sur l'échiquier, et dans le sens spécial, le roi, la dame, les fous, les cavaliers et les tours, à l'exclusion des pions. ◆ *Pièce d'écriture*, page écrite avec un très grand soin. ■ **Rem.** Auj. on dit *page d'écriture*. ◆ Notes diplomatiques ou autres. *Les pièces relatives à une négociation.* ◆ *Pièces justificatives*, en termes de pratique, tout ce qu'on produit pour établir un droit, toute sorte d'écriture qui sert à quelque procès ; dans les ouvrages historiques, tous les témoignages, extraits, citations qui prouvent l'exactitude des assertions. ◆ Ouvrage d'esprit en vers ou en prose, formant un tout complet. « *Je hais les pièces d'éloquence Hors de leur place, et qui n'ont point de fin* », La Fontaine. ◆ *Pièce de théâtre* et absol. *pièce*, ouvrage dramatique. ◆ *La petite pièce*, pièce comique d'un, de deux ou trois actes qu'on joue après une pièce plus longue. ◆ **Fig.** *Petite pièce*, chose divertissante ou même ridicule qui succède à une autre plus sérieuse. ◆ Composition musicale faite pour être exécutée sur des instruments. *Pièce de musique.* ◆ **Fig.** Tromperie, moquerie, petit complot, comparé à une pièce de théâtre. « *Ésope qui tous les jours faisait de nouvelles pièces à son maître* », La Fontaine. ◆ *Faire pièce à quelqu'un*, lui faire une malice, en user mal avec lui. ◆ Il se dit fig. et fam. des personnes. « *Voyez la bonne pièce avec ses révérences* », P. Corneille. ◆ **Fig.** Ce qui entre en composition d'objets intellectuels, moraux. « *L'homme est un composé de pièces très inégales, qui ont leur fort et leur faible* », Bossuet. ◆ PIÈCE À PIÈCE, **loc. adv.** *Une pièce après l'autre. Vendre son mobilier pièce à pièce. Laisser tomber une maison pièce à pièce.* ◆ TOUT D'UNE PIÈCE, **loc. adv.** D'un seul morceau. *La phalange ne pouvait se mouvoir que tout d'une pièce* », Bossuet. ◆ *Il est tout d'une pièce*, se dit d'une personne qui se tient trop droite et dont la taille n'est pas libre et dégagée, et fig. d'un homme rigide qui n'a pas de souplesse dans l'esprit. ◆ On dit aussi : *D'une pièce.* « *Le maréchal de Bellefonds a été trop sec et trop d'une pièce* », Mme de Sévigné. ◆ Sans interruption. « *Le mouvement se faisant par la même impulsion tout d'une pièce* », Bossuet. ◆ *Pièce détachée*, qui remplace une pièce usagée d'un mécanisme. ■ *Mettre en pièces quelqu'un*, ou *mettre quelqu'un en pièces*, le tuer. ■ **Fig.** *Ils ont mis*

Antoine en pièces pendant son entretien. ■ *De toutes pièces,* entièrement. *Créer de toutes pièces.*

PIÉCETTE, n. f. [pjesɛt] (dimin. de *pièce*) En Espagne, petite monnaie d'argent valant quatre réaux. ♦ Monnaie de compte d'Alger. ■ Petite pièce de monnaie. ■ **Fam.** *Donner la, une piécette à quelqu'un,* lui donner un petit quelque chose, et spécialt. lui faire l'aumône. *Ma grand-mère m'a donné la piécette pour mon anniversaire. Elle donne toujours une piécette aux quêteurs à la sortie de l'église.*

PIED, n. m. [pje] (lat. *pes,* génit. *pedis*) La partie inférieure de la jambe qui pose sur le sol et supporte le corps. ♦ *À pied sec,* sans se mouiller les pieds. ♦ *La pointe du pied,* Voy. POINTE. ♦ *Un coup de pied,* un coup porté avec le pied. ♦ **Fig.** *Ne pas se donner de coups de pied,* se vanter complaisamment. ♦ *Donner un coup de pied jusqu'à tel endroit,* aller jusqu'à ce lieu. ♦ À pieds joints, Voy. JOINT. ♦ **Hérald.** *Animal en pied,* celui qui est posé sur ses quatre pieds. ♦ *Peindre quelqu'un en pied,* faire le portrait de sa personne tout entière. *Portrait en pied.* ♦ **Fig.** *Être en pied,* être dans l'exercice d'une fonction. ♦ *Sur ses pieds,* debout. ♦ **Fig.** *Être encore sur ses pieds,* n'être pas ruiné, perdu, quoiqu'on ait subi un échec considérable. ♦ Sur pied, debout, levé, éveillé. *Être toutes les nuits sur pied.* ♦ **Fig.** *Sur pied,* guéri, rétabli. *Ce remède l'a remis sur pied.* ♦ **Fig.** *Mettre sur pied quelqu'un,* rétablir ses affaires. ♦ **Fig.** *Être sur pied,* subsister, être en vigueur. ♦ **Fig.** *Mettre, remettre sur pied,* remettre en usage. ♦ *Sur pied,* se dit d'hommes, de troupes prêtes à servir militairement. *Mettre, avoir cent mille hommes sur pied.* ♦ *Depuis la tête jusqu'aux pieds, de la tête aux pieds, depuis les pieds jusqu'à la tête,* depuis le haut du corps jusqu'au bas, et fig. complètement, absolument. « *C'est de la tête aux pieds un homme tout mystère* », MOLIÈRE. ♦ Examiner quelqu'un de la tête aux pieds, depuis les pieds jusqu'à la tête, le considérer attentivement. ♦ *De pied en cap,* Voy. CAP. ♦ **Fig.** *Avoir les pieds chauds,* jouir des commodités de la vie. ♦ **Fam.** *Avoir toujours un pied en l'air,* changer sans cesse de place. ♦ *Avoir bon pied, bon œil,* Voy. ŒIL. ♦ **Pop.** *Il a déjà un pied dans la fosse,* se dit d'un vieillard ou d'un malade dont la vie approche du terme. ♦ **Fig.** *Tenir à quelqu'un le pied sur la gorge,* vouloir le forcer à faire quelque chose. ♦ **Fig.** *Ne savoir sur quel pied danser,* ne savoir quel parti prendre. ♦ *Perdre pied,* ne plus trouver le fond de l'eau avec les pieds. ♦ *Il y a pied, il n'y a pas pied,* on peut, on ne peut se tenir dans l'eau les pieds au fond, la tête dehors. ♦ **Fig.** *Perdre pied,* ne savoir plus où on est. ♦ *Prendre pied,* toucher, trouver le fond de l'eau avec le pied ; fig. commencer à s'établir solidement. ♦ **Fig.** *Prendre pied,* se fixer, s'établir, en parlant de choses. « *Les basses vengeances sont indignes de mon cœur, et la haine n'y prend jamais pied* », J.-J. ROUSSEAU. ♦ **Fig.** *Mettre une chose sous le pied, sous les pieds, sous ses pieds,* la mépriser. ♦ *Aux pieds de,* au niveau des pieds de. « *Les vaincus qu'il voit étendus à ses pieds* », BOSSUET. ♦ *Aux pieds de,* en se prosternant. « *Il a vu à ses pieds toutes les nations vaincues* », BOSSUET. ♦ **Fig.** *Mettre aux pieds de,* déposer devant, faire hommage de. « *Le monde vient mettre à ses pieds toute sa gloire* », MASSILLON. ♦ *Mettre aux pieds de,* soumettre, vaincre. « *Alexandre mit tout à ses pieds* », BOSSUET. ♦ *Se mettre aux pieds,* formule de politesse par laquelle un inférieur témoigne sa soumission à un supérieur, ou un homme à une dame. ♦ Le pied considéré comme instrument de la marche, de la course. « *Ils n'avaient pas le pied hors de la chambre Que...* », LA FONTAINE. ♦ *Lever le pied,* Voy. LEVER. ♦ *Au pied levé,* Voy. LEVÉ. ♦ *Mettre pied à terre,* descendre de cheval, de voiture, de bateau. ♦ *Pied à terre,* descendu de cheval. *Nous étions pied à terre.* ♦ **Fig.** *Mettre pied à terre,* prendre un temps d'arrêt, de repos. ♦ *Mettre le pied, les pieds, remettre le pied, les pieds dans un endroit,* y aller, y retourner. ♦ *Mettre un pied l'un devant l'autre,* faire quelques pas. ♦ *Ne pouvoir mettre un pied devant l'autre,* être si faible qu'on a peine à marcher. ♦ *Lâcher pied ou le pied,* reculer, prendre la fuite, et fig. céder, ne plus soutenir son opinion. ♦ *Aller bien du pied, aller du pied comme un chat maigre, comme un Basque,* être bon marcheur. ♦ **Fig.** *Aller du même pied,* avoir une marche égale et semblable, en parlant des personnes et des choses. ♦ **Fig.** *Aller de bon pied dans une affaire,* s'y comporter avec zèle. ♦ *Aller de son pied gaillard, de son pied léger, de son pied mignon,* voyager lestement à pied. ♦ *Venir de son pied en quelque endroit,* y venir en marchant. ♦ *Gagner au pied,* s'enfuir. ♦ *Haut le pied,* Voy. HAUT. ♦ *Pied plat ou plat pied,* difformité du pied consistant dans l'aplatissement général de la surface plantaire. ♦ **Fig.** et **par mépris** *Pied plat* et quelquefois *plat pied,* homme qui ne mérite aucune considération (locution qui vient d'une différence de chaussure entre les gens du peuple et les gentilshommes, ceux-ci portant des souliers avec des talons rouges très relevés). *Des pieds plats.* ♦ *Pied bot,* difformité consistant en une déviation permanente du pied par l'effet de la rétraction continue de quelques-uns des muscles dont les tendons viennent s'y insérer. ♦ *Un pied bot,* Voy. BOT. ♦ Pied se dit d'un grand nombre d'animaux. *Les pieds du cerf, des oies, etc.* ♦ *Tomber sur ses pieds,* se dit du chat, qui, de quelque façon qu'on le jette, tombe toujours sur ses quatre pieds. ♦ **Fig.** et **fam.** *Il tombe toujours sur ses pieds,* se dit de quelqu'un qui reste toujours en bonne position, quelque changement d'affaires qui arrive. ♦ *Faire le pied de grue,* Voy. GRUE. ♦ *Tirer pied ou aile,* obtenir une partie quelconque de ce qu'on désire (image prise à une volaille qu'on dépèce). ♦ Chez le cheval, *le pied,* le sabot. ♦ *Ce cheval galope sur le bon pied,* en galopant il lève le pied droit de devant le premier. ♦ On dit de même : *Mettre un cheval sur le bon pied.* ♦ **Fig.** *Mettre quelqu'un sur un bon pied,* lui procurer de grands avantages, et en un sens tout différent, l'obliger à faire son devoir. ♦ La trace de la bête qu'on chasse. *Le veneur a reconnu au pied que c'était une biche.* ♦ *Pied de mouche,* se dit pour *patte de mouche,* en des locutions figurées. *Disputer sur un pied de mouche,* discuter sur des choses de rien. *Des pieds de mouches,* une écriture très fine et peu lisible. ♦ *Gens de pied,* les fantassins. ♦ **Par extens.** *Homme de pied, gens de pied,* les gens qui vont à pied. ♦ *Valet de pied,* Voy. VALET. ♦ *Pied marin,* pied ferme sur le navire que la mer agite. ♦ **Fig.** *Avoir le pied marin,* ne pas se déconcerter dans les difficultés. ♦ *Petits pieds,* en termes de rôtisseur, grives, cailles, ortolans et autres petits oiseaux. ♦ *Pied de cochon,* pied de mouton, sorte de mets fait avec le pied de ces animaux. ♦ *Pied-à-terre,* Voy. PIED-À-TERRE. ♦ Partie de la tige ou du tronc qui est le plus près de la terre. ♦ *Vendre, acheter une récolte sur pied,* vendre, acheter du blé avant qu'il soit coupé, du raisin avant qu'il soit cueilli, etc. ♦ **Fig.** *Sécher sur pied,* se consumer d'ennui, d'inquiétude, de tristesse. ♦ *Pied,* avec le mot *arbre* ou avec un nom de végétal, signifie un arbre entier, la plante entière. *Cent pieds d'arbres. Un pied de giroflée.* ♦ Endroit le plus bas d'une montagne, d'un mur, d'une tour, etc. ♦ *À pied d'œuvre,* Voy. ŒUVRE. ♦ **Fig.** *Mettre au pied du mur,* Voy. MUR. ♦ *Au pied de la lettre,* Voy. LETTRE. ♦ La partie la plus basse d'un fût, d'une colonne, etc. ♦ **Fig.** *Mettre une injure, une disgrâce, son ressentiment aux pieds de la croix, du crucifix,* faire à Dieu le sacrifice d'une injure, d'une disgrâce, d'un ressentiment. ♦ **Hérald.** *Pied de l'écu,* la pointe ou la partie inférieure. ♦ **Mar.** *Pied du mât,* l'extrémité inférieure du mât qui repose dans la carlingue où il est implanté ; et aussi la partie du mât qui est à la hauteur du pont. ♦ **Géom.** *Pied d'une perpendiculaire,* le point où elle rencontre une ligne, une surface, avec lesquelles elle fait un angle droit. ♦ Inclinaison ou base qu'on donne à une chose. *Ce mur a du pied. Donner du pied à une échelle.* ♦ Partie qui sert à soutenir certains meubles et ustensiles : support d'un instrument quelconque. *Les pieds d'une chaise, d'une marmite, etc.* ♦ Tige de fer qui tient une balance suspendue. ♦ *Le pied du lit, les pieds du lit,* l'endroit du lit où l'on a les pieds quand on y est couché. ♦ Mesure de longueur de douze pouces (0 m 324). On disait aussi *pied de roi.* ♦ *Un pied de terre,* une très petite portion de terre. « *Sans y posséder un pied de terre* », BOSSUET. ♦ **Par exagération** *Elle a un pied de rouge sur le visage,* se dit d'une femme extrêmement fardée. ♦ On dit de même : *Un pied de crotte.* ♦ *Un pied de nez,* un nez extrêmement long. ♦ *Faire un pied de nez, avoir un pied de nez,* Voy. NEZ. ♦ **Par exagération** *Il voudrait être à cent pieds sous terre,* il est si confondu qu'il voudrait pouvoir se cacher à tout le monde. ♦ **Par imprécation** *Je voudrais que cet homme fût à cent pieds sous terre,* je voudrais qu'il fût mort. ♦ **Fig.** *Avoir d'une chose cent pieds par-dessus la tête,* en être tout à fait dégoûté. ♦ *Passer cent pieds par-dessus la tête,* être infiniment supérieur. ♦ **Fig.** *Si vous lui donnez un pied, il en prendra quatre,* se dit d'un homme qui abuse de l'indulgence ou de la facilité qu'on a pour lui. ♦ Règle sur laquelle sont gravées les divisions du pied. *Un pied en buis.* ♦ **Fig.** Mesure, base, établissement. « *Est-ce au pied du savoir qu'on mesure les hommes ?* », BOILEAU. « *Il me paraît impossible que cet ouvrage se continue sur le même pied qu'auparavant* », D'ALEMBERT. ♦ *Sur le pied de,* avec le caractère de. « *Nos troubles l'avaient mis sur le pied d'homme sage* », MOLIÈRE. ♦ Sur le pied de, à raison de, à proportion de, conformément à. « *Il me reçut dans sa maison sur le pied de cinquante pistoles d'appointements* », LESAGE. ♦ Prendre pied sur, s'autoriser de. « *De peur que sur votre faiblesse il ne prenne le pied de vous mener comme un enfant* », MOLIÈRE. ♦ *Au petit pied,* en petit, en raccourci. *Réduire un plan au petit pied.* ♦ **Fig.** « *Les cours des parlements sont des états généraux au petit pied* », VOLTAIRE. ♦ **Fig.** *Être réduit au petit pied,* être réduit à ne pouvoir plus faire de dépense. ♦ *Être sur un grand pied,* être un personnage considérable. ♦ *Cette maison est montée sur un grand pied,* on y fait une grande dépense. ♦ *Être sur un bon pied, sur le bon pied,* être dans une position avantageuse, honorable. ♦ *Être sur un bon pied dans le monde,* y être en estime et considération. ♦ *Être, se mettre sur un tel pied avec quelqu'un,* avoir, prendre avec lui telle manière d'agir. ♦ *Être sur le pied de,* passer pour. *Il était sur le pied d'un homme de condition.* ♦ *Se mettre sur le pied d'un homme de qualité,* s'ériger en homme de qualité. ♦ *Sur le pied où sont les choses* **Absol.** *Sur ce pied,* sur ce pied-là, c'est-à-dire les choses étant ainsi, avec ces conditions. ♦ *Le pied de paix, le pied de guerre,* état militaire réglé pour la paix, pour la guerre. ♦ **Versif. anc.** *Pied,* certaine disposition de longues et de brèves. ♦ **Versif. fr.** *Un pied,* deux syllabes. ♦ Bain de couleur qu'on donne à une étoffe. *Pied de pastel.* ♦ *Pied de bœuf,* jeu d'enfants. ♦ Nom de quelques instruments. *Pied-de-biche,* instrument de dentiste. *Pied-de-biche,* pinceau en blaireau plat pour lisser les couleurs sur la porcelaine. ♦ *Pied-de-chat,* instrument pour visiter et sonder les bouches à feu. ♦ *Pied-de-chèvre,* levier de fer dont l'une des extrémités est faite en pied de chèvre. ♦ *Pied-de-cheval,* grande espèce d'huître. ♦ *Pied* entre dans le nom de différentes plantes. *Pied-d'alouette, pied-de-chat, pied-de-coq, etc.* ♦ À PIED, **loc. adv.** Pédestrement, au moyen de ses pieds. *Aller à pied.* ♦ *Être à pied,* n'avoir point de voiture, d'équipage. ♦ **Fig.** et **fam.** *Être à pied,* avoir perdu son emploi, sa position. On l'a mis à pied pour six mois. ♦ *Loger à pied et à cheval,* se dit d'un aubergiste qui reçoit les piétons et les cavaliers. ♦ PIED À PIED, loc. adv. Pas à pas, graduellement. ♦ *Défendre un poste, un passage pied à pied,* le défendre en résistant toujours et en ne reculant que lentement devant l'ennemi qui avance. ■ **Fig.** *Aller pied à pied dans une affaire,* la conduire avec circonspection. ♦ **Fig.** *Avancer pied à pied dans une affaire,* s'en occuper toujours en faisant quelque progrès. ♦ DE PIED FERME, loc. adv. Sans quitter son poste, la place. *Attendre de pied ferme.* ♦ **Escrime** *Se battre de pied ferme,* rester exactement à la même place en faisant des armes. ♦ D'ARRACHE-PIED, loc. adv. Voy. ARRACHE-PIED. ♦ *Plain-pied,* Voy. PLAIN. ♦ *Au pied* signifie au bas ; *aux pieds* ne se dit généralement que des personnes. Ainsi on dit : *Cette ville est au pied des Pyrénées,* et non *aux pieds.* ■ *Pieds et poings liés,* sans aucun moyen d'action, de réaction. ■ *Faire du pied à quelqu'un,* toucher le pied avec le sien pour attirer son attention ou pour lui signifier qu'il nous plaît. ■ *Faire des pieds et des mains,* tout tenter pour obtenir quelque chose. ♦ DE PIED FERME, loc. adv. Avec résolution, courageusement. *Travailler de pied ferme.* ■ **Fam.** *Prendre son pied,* éprouver beaucoup de plaisir. ■ **Fam.** *C'est le pied !* c'est très agréable. ■ **Fam.** *Comme un pied,* très mal. *Danser comme un pied.* ■ **Fig.** *Avec les pieds,* gauchement. *Il écrit avec ses pieds.*

PIED-À-TERRE, n. m. inv. [pjetatɛʀ] (*pied, à* et *terre*) Logement dans un endroit où l'on ne vient qu'en passant. *Avoir un pied-à-terre à Paris.* ♦ Au pl. *Des pied-à-terre.*

PIED-BOT, ■ n. m. [pjebo] (*pied* et *bot*) Voy. BOT.

PIED-D'ALOUETTE, ■ n. m. [pjedalwɛt] (*pied, de* et *alouette*) **Bot.** Nom usuel du delphinium, plante appartenant à la famille des renonculacées caractérisée par ses fleurs en grappes, le plus souvent roses, blanches ou bleues et souvent cultivées à des fins ornementales. *Des pieds-d'alouette.* ■ **Minér.** Minéral cristallin principalement constitué de sulfate de calcium que l'on trouve le plus souvent dans les marnes du bassin parisien.

PIED-DE-BICHE, ■ n. m. [pjed(ə)biʃ] (*pied, de* et *biche*) Voy. PIED.

PIED-DE-CHEVAL, ■ n. m. [pjed(ə)ʃəval] (*pied, de* et *cheval*) Voy. PIED.

PIED-DE-COQ, ■ n. m. [pjed(ə)kɔk] (*pied, de* et *coq,* d'apr. *pied-de-poule*) Tissu dont la trame bicolore est plus épaisse que celle du pied-de-poule. *Des pieds-de-coq.* ■ **Adj.** *Un tailleur pied-de-coq.*

PIED-DE-LION, ■ n. m. [pjed(ə)ljɔ̃] (*pied, de* et *lion*) Plante également connue sous le nom d'*edelweiss* ou *alchémille.* Voy. ces mots. *Des pieds-de-lion.*

PIED-DE-LOUP, ■ n. m. [pjed(ə)lu] (*pied, de* et *loup*) Plante également connue sous le nom de *lycopode.* Voy. ce mot. *Des pieds-de-loup.*

PIED-DE-MOUTON, ■ n. m. [pjed(ə)mutɔ̃] (*pied, de* et *mouton*) Champignon comestible très recherché en dépit de sa saveur un peu amère. ■ Patte du mouton qui fait partie de la triperie. *Des pieds-de-mouton à la rouennaise.*

PIED-DE-POULE, ■ n. m. [pjed(ə)pul] (*pied, de* et *poule*) Tissu dont la trame croisée et bicolore rappelle l'empreinte d'une patte de poule. *Des pieds-de-poule.* ■ **Adj. inv.** *Un tailleur pied-de-poule.*

PIED-DE-ROI, ■ n. m. [pjed(ə)ʀwa] (*pied, de* et *roi*) Mesure agraire utilisée sous l'Ancien Régime correspondant à 0,3247 m. *L'origine du mot pied-de-roi viendrait du pied de Charlemagne, qui était fort long et avait été pris pour unité de longueur. Des pieds-de-roi.*

PIED-DE-VEAU, ■ n. m. [pjed(ə)vo] (*pied, de* et *veau*) Plante également connue sous le nom d'*arum.* Voy. ce mot. *Des pieds-de-veau.*

PIED-D'OISEAU, ■ n. m. [pjedwazo] (*pied, de* et *oiseau*) Plante de la famille des papilionacées, aux fleurs roses ou jaunes. *Les pieds-d'oiseau fleurissent de mai à septembre sur les sables et rochers maritimes.*

PIED-DROIT ou **PIÉDROIT,** ■ n. m. [pjedʀwa] (*pied* et 1 *droit*) Nom donné aux murs verticaux qui vont du sol à la naissance des voûtes. ♦ Pilier carré qui sert de support à une arcade. ♦ Partie du jambage d'une porte ou d'une fenêtre, qui comprend le chambranle, le tableau, la feuillure, l'embrasure et l'écoinçon. ♦ Au pl. *Des pieds-droits.*

PIÉDESTAL, n. m. [pjedɛstal] (ital. *piedestallo,* de *piede,* pied, et *stallo,* support, soutien) Support, avec base et corniche, d'une statue, d'une colonne, d'un vase, etc. ♦ **Fig.** Ce qui sert comme de support, de rehaussement. « *Tel vécut sur un piédestal, Qui n'aura jamais de statue* », BÉRANGER. ♦ Au pl. *Des piédestaux.* ♦ **Fig.** *Mettre quelqu'un sur un piédestal,* avoir pour lui une grande admiration, l'idéaliser.

PIED-FORT, ■ n. m. [pjefɔʀ] (*pied* et *fort*) Nom donné à certaines pièces d'or ou d'argent, plus épaisses que les pièces communes, qu'on frappe pour servir d'essai. ♦ Au pl. *Des pieds-forts.*

PIED-NOIR, ■ n. m. et n. f. [pjenwaʀ] (*pied* et *noir,* par allus. aux bottes noires que portaient les premiers soldats français qui se sont installés en

Afrique du Nord) **Fam.** Français installé en Algérie avant l'indépendance. *Des pieds-noirs.* ■ **Adj.** *L'accent pied-noir. Des origines pied-noires.*

PIÉDOUCHE, n. m. [pjeduʃ] (ital. *pieduccio,* dimin. de *piede,* pied) Petite base, ronde ou carrée, qui sert à porter un buste ou quelque petite figure de ronde bosse ; c'est un petit piédestal.

PIED-PLAT, ■ n. m. [pjepla] (*pied* et 2 *plat*) **Rare** Homme désagréable et méprisable. « *La foule des pieds plats ne saurait compter* », GOBINEAU. ■ **Rem.** On trouve aussi fréquemment *pied plat* sans trait d'union

PIÉDROIT, ■ n. m. [pjedʀwa] Voy. PIED-DROIT.

PIÈGE, n. m. [pjɛʒ] (lat. *pedica,* lien aux pieds) Machine qui sert à prendre certains animaux. *Tendre un piège.* ♦ **Fig.** Ce qui, comme un piège, saisit ou trompe les hommes. « *Il était tombé dans le piège qu'il avait dressé à son ennemi* », VAUGELAS. ■ **Rem.** Graphie ancienne : *piége.*

PIÉGEAGE, ■ n. m. [pjeʒaʒ] (*piéger*) Action de poser des pièges. *Le piégeage d'animaux nuisibles.*

PIÉGER, ■ v. tr. [pjeʒe] (*piège*) Prendre dans un piège à la chasse. *Interdiction de piéger des animaux appartenant à des espèces protégées.* ■ **Fig.** Bloquer une personne dans une situation sans issue. *Se faire piéger par ses ennemis.* ■ Installer un engin, une mine, qui explose au premier contact. *Un colis piégé.*

PIÉGEUR, EUSE, ■ n. m. et n. f. [pjeʒœʀ, øz] (*piéger*) Personne qui chasse au moyen de pièges. ■ Personne qui fait preuve de ruse. *Faites attention à lui, c'est un piégeur de première !*

PIE-GRIÈCHE, ■ n. f. [piɡʀiɛʃ] (*pie* et *grièche*) Genre pie-grièche, ordre des passereaux ; l'espèce la plus commune est la pie-grièche grise. ♦ **Fig.** Femme méchante, acariâtre. ■ Au pl. *Des pies-grièches.* ■ **Rem.** On écrivait aussi *pigrièche* autrefois.

PIE-MÈRE, n. f. [pimɛʀ] (2 *pie* et *mère*) La plus interne des membranes qui revêtent l'appareil cérébro-spinal. ♦ Au pl. *Des pies-mères.*

PIÉMONT ou **PIEDMONT,** ■ n. m. [pjemɔ̃] (*pied* et *mont,* de l'ital. *piemonte,* glacier au pied d'un mont) Région constituée de plaines alluviales et de collines, généralement formées en contrebas d'un volume montagneux.

PIÉMONTAIS, AISE, ■ n. m. et n. f. [pjemɔ̃tɛ, ɛz] (*Piémont,* région située au nord-ouest de l'Italie) Originaire ou habitant du Piémont. ■ **Adj.** *Les Alpes piémontaises.* ■ *Une salade piémontaise* ou n. f. *une piémontaise,* salade composée de pommes de terre, de gruyère, tomates, œufs durs, cornichons, le tout coupé en dés et assaisonné avec de la sauce mayonnaise.

PIERCING, ■ n. m. [piʀsiŋ] (mot angl., de *body piercing,* perforation du corps) Pratique qui consiste à se percer la peau pour y passer un bijou. ■ **Par extens.** Le bijou lui-même. *Porter un piercing au nombril.*

PIÉRIDE, ■ n. f. [pjeʀid] (lat. *Pierides,* nom donné aux Muses) Papillon diurne aux ailes blanches et dont les chenilles se nourrissent principalement de feuilles de chou.

PIERRAILLE, n. f. [pjeʀaj] (*pierre*) Mélange informe de diverses sortes de pierres.

PIERRE, n. f. [pjeʀ] (lat. *petra*) Corps dur et solide, de la nature des roches, qu'on emploie, entre autres, pour bâtir. ♦ *Pierres sèches,* pierres posées l'une sur l'autre sans mortier. ♦ ▷ *Il n'y reste pas pierre sur pierre,* l'édifice est détruit de fond en comble. ◁ ♦ ▷ On dit de même : *Ne pas laisser pierre sur pierre.* ◁ ♦ *Être comme une pierre,* demeurer muet, immobile, stupéfait. ♦ *Un cœur de pierre,* une âme de pierre, une personne très dure. ♦ *Pierre parpaigne,* Voy. PARPAING. ♦ *Pierre d'attente,* Voy. ATTENTE. ♦ *Pierre angulaire,* Voy. ANGULAIRE. ♦ *Pierre fondamentale,* Voy. FONDAMENTAL. ♦ *Pierre de taille,* Voy. TAILLE. ♦ *Première pierre,* gros quartier de pierre dure ou de marbre qu'on place dans les fondements d'un édifice, avec quelques médailles dans une entaille, ou une inscription sur une table de bronze. *Poser la première pierre d'un édifice.* ♦ Nom de pierres employées à divers usages. *Pierre à aiguiser. Pierre à broyer. Pierre d'évier.* ♦ Nom donné à diverses pierres suivant leur apparence, leur provenance, etc. *Pierre d'aigle,* Voy. AÉTITE *Pierre d'aimant,* syn. d'*aimant. Pierre de foudre, pierre de l'air,* aérolithe *Pierre à fusil* ou *pierre à feu,* caillou qu'on frappe avec le briquet, avec le fusil, pour faire du feu ; nom vulgaire du silex pyromaque. *Pierre de jade,* syn. de jade. *Pierre de lard, pierre à magots,* Voy. STÉATITE *Pierre lithographique,* Voy. LITHOGRAPHIQUE *Pierre de la lune,* agate nébuleuse à reflets. *Pierre de meule, pierre de meulière, pierre meulière,* Voy. MEULIÈRE *Pierre ponce,* Voy. PONCE *Pierre rouge,* sanguine. *Pierre de touche,* Voy. TOUCHE. ♦ Le morceau de pierre ou de marbre qui recouvre la fosse d'un mort. ♦ *Pierre levée,* Voy. PELVAN. ♦ **Myst.** Le fondement de l'Église. « *Il a bâti son Église sur la pierre* », BOSSUET. ♦ *La pierre de l'angle,* le soutien essentiel ; locution prise de la pierre de l'angle, qui fait le coin des maisons. ♦ ▷ *Pierre de scandale,* chose ou personne qui scandalise. ◁ ♦ La pierre considérée comme un fragment, un morceau. « *Certain fou poursuivait à coups de pierre un sage* », LA FONTAINE. ♦ *Les pierres du chemin,* les cailloux qui sont dans le chemin. ◆ **Fig.** *Trouver des pierres en son chemin*, Voy. CHEMIN. ◆ *Pierre d'achoppement*, Voy. ACHOPPEMENT. ◆ *Jeter des pierres*, lancer des pierres avec la main. ◆ *Jeter le premier la pierre, jeter la première pierre*, s'est dit, au propre, dans la lapidation chez les Juifs, de celui qui jetait le premier la pierre au condamné. ◆ **Fig.** *Jeter la première pierre*, être le premier à attaquer, à accuser quelqu'un. ◆ **Fig.** *Jeter la pierre à quelqu'un*, en dire du mal, le rendre l'objet d'accusations. ◆ *Il a jeté des pierres dans mon jardin*, Voy. JARDIN. ◆ **Fig.** *Faire d'une pierre deux coups*, se dit quand on fait deux affaires du même coup, ou d'une chose qui sert à deux fins. ◆ **Fig.** *Je le mènerai par un chemin où il n'y a point de pierres*, Voy. CHEMIN. ◆ ▷ **Pop.** *Être malheureux comme les pierres*, être très malheureux. ◁ ◆ *Pierres précieuses* ou *gemmes*, nom donné à des minéraux d'origine ignée, précieux à cause de leur rareté, de leur belle couleur ou de leurs formes cristallines, formés en général d'alumine et de silice, et colorés par des oxydes métalliques. *Le diamant, le rubis, la topaze, le saphir sont des pierres précieuses.* ◆ **Fig.** « *Notre âme est un trésor caché, c'est une pierre précieuse parmi les ordures* », BOSSUET. ◆ *Pierres fines*, les agates, les onyx, les cornalines, etc. ◆ *Pierres fausses*, celles qui imitent les pierres précieuses. ◆ *Pierres de couleur*, les rubis, les saphirs et autres pierres colorées. ◆ **Absol.** *Pierre*, le diamant. *Voilà une belle pierre.* ◆ *Pierre gravée*, pierre fine ou composition imitant les pierres fines sur laquelle on a gravé des figures. ◆ *Pierres d'affection*, nom donné aux pierres curieuses et particulièrement aux diamants de couleurs vives et riches. ◆ *Pierre figurée*, toute pierre qui représente les traits de différents corps organisés. ◆ Nom donné vulgairement aux concrétions qui se forment dans les reins, dans la vessie et dans quelques autres organes du corps. ◆ **Absol.** *La pierre*, la pierre de la vessie. ◆ Espèce de concrétion qui se trouve dans quelques fruits, par exemple dans les poires de Saint-Germain. ◆ Nom donné à divers composés artificiels. *Pierre à cautère*, composé d'hydrate et de carbonate de potasse, de protoxyde et de chlorure de potassium qui sert à faire des cautères. *Pierre à détacher*, sorte de composition dont la base est de la glaise. *Pierre infernale*, azotate d'argent, qui sert à cautériser. *Pierre philosophale*, Voy. PHILOSOPHAL. ◆ *Pierre artificielle*, se dit des briques. ◆ **Prov.** *Pierre qui roule n'amasse pas de mousse*, celui qui change souvent de métier, de profession, ne fait pas fortune. ■ *Marquer quelque chose d'une pierre blanche*, garder quelque chose en mémoire. *Cette date est à marquer d'une pierre blanche.*

PIERRÉE, n. f. [pjere] (*pierre*) Conduit fait à pierres sèches pour l'écoulement des eaux. ◆ *Construction par pierrée*, construction faite en jetant pêle-mêle, mais lit par lit, des cailloux ou des pierres dans des caisses.

PIERRERIES, n. f. pl. [pjɛʀ(ə)ʀi] (*pierre*) Pierres précieuses.

1 **PIERRETTE**, n. f. [pjɛʀɛt] (dimin. de *pierre*) ▷ Petite pierre. ◁

2 **PIERRETTE**, n. f. [pjɛʀɛt] (dimin. de *Pierre*) Déguisement de femme pour le carnaval, analogue au costume du pierrot de la parade. ◆ Femelle du pierrot ou moineau franc.

PIERREUX, EUSE, adj. [pjeʀø, øz] (*pierre*) Plein de pierres. *Un terrain pierreux.* ◆ Qui est de la nature de la pierre. *Concrétion pierreuse.* ◆ Il se dit de certains fruits qui ont des espèces de petites pierres dans l'intérieur. ◆ Qui produit des pétrifications. ◆ Qui est relatif à la pierre dans la vessie. ◆ N. m. et n. f. Syn. peu usité de calculeux.

PIERRIER, n. m. [pjeʀje] (*pierre*) Arme à l'aide de laquelle on jetait des pierres (on trouve plus souvent *pierrière* ou *perrière*, n. f.). ◆ Plus tard, sorte de mortier qu'on employait pour lancer, à de faibles distances, des pierres et des grenades. ◆ Aujourd'hui, espèce de petit canon d'une livre ou deux de boulet, lançant des balles de fer, et monté sur un chandelier à pivot. ◆ Amoncellement de pierres.

PIERRISTE, ■ n. m. et n. f. [pjeʀist] (*pierre*) Techn. Artisan horloger qui taille et monte les pierres fines qui sont utilisées comme pivots aux roues et pignons dans les montres.

PIERROT, n. m. [pjero] (dimin. de *Pierre*, personnage de la Commedia dell'arte) Bateleur qui porte un habillement blanc à longues manches. ◆ Homme travesti en pierrot. ◆ Nom vulgaire du moineau franc.

PIERRURES, n. f. pl. [pjeʀyʀ] (*pierre*) Ce qui entoure la racine du bois d'une bête fauve, et qui ressemble à de petites pierres.

PIETÀ ou **PIÉTA**, ■ n. f. [pjeta] (mot it., *piété*) Représentation iconographique de la Vierge Marie pleurant Jésus-Christ après sa descente de croix. *Des pietà, des piétas.* « *Il ne savait pourquoi il avait pensé, regardant certaine piéta du Louvre dont il possédait une photographie dans sa chambre à la revendeuse et à son fils Quentin* », JOUHANDEAU.

PIÉTAILLE, ■ n. f. [pjetaj] (lat. pop. *peditalia*, aller à pied) Ceux qui vont à pied. « *Vous nous voyez marcher, nous sommes la piétaille* », PÉGUY. ■ **Spécialt** et vx Infanterie. ■ **Péj.** Gens de petite condition.

1 **PIÉTÉ**, n. f. [pjete] (lat. *pietas*) Amour et respect pour les choses de la religion. ◆ Les poètes l'ont personnifiée. *La Piété.* ◆ Amour pour ses parents,

respect pour les morts, etc. *Piété filiale.* ◆ **Hérald.** *Piété*, un pélican s'ouvrant le sein sur ses petits, pour les nourrir de son sang. ◆ **Peint.** et **sculpt.** *Une Piété*, représentation de la Vierge tenant Jésus mort sur ses genoux.

2 **PIÉTÉ, ÉE**, p. p. de piéter. [pjete]

PIÈTEMENT, ■ n. m. [pjɛt(ə)mɑ̃] (*pied*) Ensemble des pieds d'un meuble. *Une table basse en verre avec un piètement en fer forgé.*

PIÉTER, v. intr. [pjete] (lat. tard. *peditare*, aller à pied) Au jeu de boule et de quilles, tenir le pied à l'endroit marqué. ◆ Se dit en parlant d'une perdrix ou d'une caille, lorsqu'elle avance quelques pas sous l'arrêt du chien. ◆ V. tr. Fig. Disposer à la résistance (peu usité). ◆ Donner une teinte de bleu aux étoffes qu'on veut teindre en noir. ◆ Se piéter, v. pr. Se raidir sur ses pieds. « *On se moque d'un nain qui se piète pour se grandir* », GRIMM. ◆ **Fig.** Se raidir, faire effort.

PIÉTIN, ■ n. m. [pjetɛ̃] (*pied*) **Vétér.** Affection contagieuse grave des pieds des ovins et des caprins qui se traduit par un amollissement du sabot, une infection et bien souvent un amaigrissement général. ■ **Bot.** Maladie causée par des champignons et qui affecte la tige des céréales, en en causant soit la cassure soit le dessèchement.

PIÉTINANT, ANTE, ■ adj. [pjetinɑ̃, ɑ̃t] (*piétiner*) Qui piétine. *La foule piétinante.* ■ **Par méton.** *L'impatience piétinante des enfants pressés de sortir jouer.*

PIÉTINEMENT, n. m. [pjetin(ə)mɑ̃] (*piétiner*) Action de piétiner. ■ **Fig.** *Le piétinement des négociations ne fait que reculer l'échéance.*

PIÉTINER, v. intr. [pjetine] (*piéter*) Remuer vivement, fréquemment les pieds. *Piétiner de colère.* ■ **V. tr.** Fouler aux pieds. ◆ Corroyer avec les pieds. ■ **V. intr.** Avancer à petit pas. *On piétine sans pouvoir vraiment avancer dans ces rues pleines de monde.* ■ **Fig.** Ne pas progresser. *Les négociations piétinent.* ■ **V. tr.** Fig. Traiter avec mépris, bafouer. *Piétiner des principes.*

PIÉTISME, n. m. [pjetism] (*piétiste*) Doctrine des piétistes.

PIÉTISTE, n. m. et n. f. [pjetist] (all. *Piestist*, du lat. *pietas*, piété) Membre d'une secte chrétienne qui s'attache à la lettre de l'Évangile.

PIÉTON, ONNE, n. m. et n. f. [pjetɔ̃, ɔn] (*piéter*) Celui, celle qui va à pied. ◆ **Fam.** *Un bon piéton*, un homme qui marche bien. *Une excellente piétonne.* ◆ ▷ Facteur rural. ◁ ◆ Anciennement, fantassin. ■ **Adj.** Réservé aux piétons. *Quartier piéton.*

PIÉTONNIER, IÈRE, ■ adj. [pjetɔnje, jɛʀ] (*piéton*) Qui est réservé aux piétons. *Une zone piétonnière.*

PIÉTRAIN, ■ n. m. [pjetʀɛ̃] (*Piétrain*, ville de Belgique où la race est apparue dans les années 1920) Race de porc blanc et noir, connue pour sa robustesse. ■ **Adj. m.** *Le génome piétrain est utilisé pour renforcer certaines autres races porcines.*

PIÈTRE, adj. [pjɛtʀ] (lat. *pedester*, qui va à pied) Chétif, mesquin dans son genre. *Un extérieur piètre.* ◆ Il se dit aussi des personnes. *Un piètre personnage.*

PIÈTREMENT, adv. [pjɛtʀəmɑ̃] (*piètre*) D'une manière piètre.

PIÈTRERIE, n. f. [pjɛtʀəʀi] (*piètre*) Chose vile et méprisable.

PIETTE, n. f. [pjɛt] (dimin. de 1 *pie*) Oiseau aquatique dont le plumage est en partie blanc et en partie noir.

1 **PIEU**, n. m. [pjø] (lat. *palus*) Pièce de bois pointue par un des bouts. ◆ Gros bâton ferré avec lequel on tue des bêtes noires qui sont dans un parc. ◆ Au pl. *Des pieux.*

2 **PIEU**, ■ n. m. [pjø] (forme picarde de *peau*) Fam. Lit. *Se mettre au pieu. Refaire son pieu.*

PIEUSEMENT, adv. [pjøz(ə)mɑ̃] (*pieux*) D'une façon pieuse, avec piété. ◆ *Croire pieusement une chose*, la croire par principe de dévotion. ◆ **Fam.** et **ironiq.** *Croire une chose pieusement*, la croire sur parole et sans examen.

PIEUTER (SE), ■ v. pr. [pjøte] (2*pieu*) Fam. Aller se coucher. ■ **V. intr.** *Il pieute chez un ami.*

PIEUVRE, n. f. [pjœvʀ] (lat. *polypus*) Le poulpe commun. ■ **Fig.** Personne insatiable et tenace.

PIEUX, EUSE, adj. [pjø, øz] (lat. *pius*) Qui a de la piété. *Une âme pieuse.* ◆ N. m. et n. f. Les pieux. ◆ Qui a le caractère de la piété, en parlant des choses. *De pieux devoirs.* ◆ *Legs pieux*, legs destiné à être employé en œuvres pies. ◆ *Croyance pieuse*, opinion qu'adoptent des personnes pieuses, bien qu'elle ne soit pas prescrite par la foi. ■ N. m. *Le pieux*, ce qui a le caractère de la piété. « *Si le pieux y règne, on n'en a point banni Du profane innocent le mérite infini* », LA FONTAINE. ◆ Qui tient à un sentiment d'amour filial, de compassion pour les malheureux, etc. « *L'amour pieux qu'un fils doit à son père* », FÉNELON.

PIÉZO..., ■ [pjezo] Préfixe tiré du grec *piezein*, qui signifie pression.

PIÉZOÉLECTRICITÉ, ■ n. f. [pjezoelɛktʁisite] (*piézo-* et *électricité*) Propriété découverte par Pierre Curie et que possèdent certains corps de développer, sous l'action d'une force mécanique, une charge électrique proportionnelle à la contrainte qui leur est appliquée et de se déformer lorsqu'on leur applique un champ électrique. *La piézoélectricité est utilisée, par exemple, dans les allume-gaz.*

PIÉZOÉLECTRIQUE, ■ adj. [pjezoelɛktʁik] (*piézo-* et *électrique*) Relatif à la piézoélectricité. *Matériaux piézoélectriques.*

PIÉZOGRAPHE, ■ n. m. [pjezogʁaf] (*piézo-* et *-graphe*) Instrument servant à mesurer la pression à l'aide de quartz piézoélectriques.

PIÉZOGRAPHIE, ■ n. f. [pjezogʁafi] (*piézo-* et *-graphie*) **Méd.** Méthode d'exploration et d'enregistrement des pressions d'un organe en fonction du temps. *Mesure de l'élasticité d'une paroi artérielle par piézographie.* ■ Mode d'impression par jets d'encre avec des pigments de charbon.

PIÉZOGRAPHIQUE, ■ adj. [pjezogʁafik] (*piézographie*) Relatif à la piézographie. *Enregistrement, empreinte piézographique.*

PIÉZOMÈTRE, ■ n. m. [pjezomɛtʁ] (*piézo-* et *-mètre*) Instrument servant à mesurer la pression hydrostatique. ■ Petit forage réalisé dans le sol atteignant la nappe phréatique, servant à sa mesure, son échantillonnage et son analyse.

PIÉZOMÉTRIE, ■ n. f. [pjezometʁi] (*piézo-* et *-métrie*) Niveau de l'eau mesuré au moyen d'un piézomètre.

PIÉZOMÉTRIQUE, ■ adj. [pjezometʁik] (*piézométrie*) Relatif à la piézométrie. *Mesures piézométriques.*

1 **PIF**, ■ interj. [pif] (onomat.) Désigne une détonation, un bruit sec. Souvent suivi de *paf. Et pif! paf! Une claque.*

2 **PIF**, ■ n. m. [pif] (rad. expressif *piff-*) **Fam.** Nez. ■ *Avoir du pif,* du flair. ■ *Avoir quelqu'un dans le pif,* le détester. ■ *Au pif,* approximativement. *Au pif, cela doit mesurer 2 m.* ■ Par hasard. *J'ai donné la réponse au pif.*

PIFER ou **PIFFER**, ■ v. tr. [pife] (2 *pif*) **Fam.** Supporter. ■ **Rem.** S'emploie surtout à la forme négative et à l'infinitif. *Il ne peut pas le piffer.*

PIFFRE, ESSE, n. m. et n. f. [pifʁ, ɛs] (rad. expressif *piff-*) **Pop.** et **injur.** Personne excessivement grosse. ♦ Goulu, gourmand.

PIFFRER (SE), v. pr. [pifʁe] (*piffre*) **Pop.** et **injur.** Se remplir de nourriture.

PIFOMÈTRE, ■ n. m. [pifomɛtʁ] (2*pif* et *-mètre*) Mesure approximative. ■ *Au pifomètre,* au flair.

1 **PIGE**, ■ n. f. [piʒ] (1 *piger*) Tige de longueur déterminée prise en comparaison comme référence de mesure. ■ Travail d'un journaliste, d'un auteur payé à la ligne, au mot, etc. *Faire des piges pour un journal local, pour une encyclopédie.*

2 **PIGE**, ■ n. f. [piʒ] (2 *piger*) **Fam.** *Faire la pige à quelqu'un.* Faire mieux qu'un autre. ■ **Fam.** Année quand il s'agit d'une durée. *Avoir trente piges. Ça fait plus de dix piges que j'attends ça!*

PIGEON, n. m. [piʒɔ̃] (b. lat. *pipio, -onem*) Oiseau de basse-cour qu'on élève dans un colombier. ♦ *Une paire de pigeons,* deux pigeons vivants et appariés. ♦ *Une couple de pigeons,* deux pigeons destinés à être mangés. ◁ ♦ *Pigeon pattu, cauchois, biset,* Voy. PATTU, ETC. ♦ *Pigeon de volière,* pigeon nourri à la main et élevé dans une volière. ♦ ▷ *Aile de pigeon,* disposition des cheveux qui figure une aile de chaque côté de la tête. ◁ ♦ ▷ *Couleur gorge de pigeon,* couleur à reflets. ◁ ♦ *Pigeon vole,* jeu d'enfants. ♦ *Cœur de pigeon,* espèce de prune ronde et à la figure ronde et presque cubique. ♦ **Fig.** et **fam.** Homme qu'on attire et qu'on ne veut pas laisser aller, afin d'en tirer quelque profit. ♦ *Plumer le pigeon,* voler, dépouiller quelque dupe. ♦ *Pigeon de mer, pigeon plongeur,* le pétrel damier. ■ *Pigeon voyageur,* qui était utilisé autrefois pour porter des messages. ♦ *Cœur de pigeon,* variété de cerise croquante et charnue, assez rare.

PIGEONNANT, ANTE, ■ adj. [piʒɔnɑ̃, ɑ̃t] (*pigeonner*) Qui fait saillie et évoque la gorge du pigeon particulièrement pour la poitrine féminine. *Un décolleté pigeonnant.* ■ *Un soutien-gorge pigeonnant,* type de soutien-gorge qui rehausse les seins.

PIGEONNE, ■ n. f. [piʒɔn] (*pigeon*) Femelle du pigeon. ■ **Fig.** Dans un couple d'amoureux, la femme. *Le tourtereau et sa pigeonne.* ■ **Québec** Femme animée par la jalousie.

PIGEONNEAU, ■ n. m. [piʒɔno] (dimin. de *pigeon*) Jeune pigeon. ♦ ▷ **Fig.** et **fam.** Jeune homme que l'on dupe. ◁

PIGEONNER, ■ v. tr. [piʒɔne] (*pigeon*) Duper quelqu'un. *Il l'on pigeonné dans cette affaire.* ■ Pour une femme, faire ressortir sa poitrine dans un décolleté. *Ce soutien-gorge est prévu pour pigeonner les seins.*

PIGEONNIER, ■ n. m. [piʒɔnje] (*pigeon*) Habitation préparée pour les pigeons domestiques. ♦ **Fam.** et **fig.** Lieu situé sur une hauteur. ♦ Méchante habitation.

1 **PIGER**, ■ v. tr. [piʒe] (b. lat. *pinsiare,* piler, broyer) Mesurer avec une pige.

2 **PIGER**, ■ v. tr. [piʒe] (lat. pop. *pedicus,* qui prend les pieds au piège) **Fam.** Comprendre quelque chose. « *Ça m'arrive plus souvent qu'à mon tour de vraiment rien piger du tout* », DJAN.

PIGISTE, ■ n. m. et n. f. [piʒist] (1*pige*) Journaliste, auteur qui fait des piges. *Être pigiste pour une encyclopédie.*

PIGMENT, n. m. [pigmɑ̃] (lat. *pigmentum*) Matière de teinte brune ou roussâtre, qui donne à la peau des espèces animales des nuances diverses. ■ **Techn.** Matière colorante. *Les pigments minéraux, organiques.*

PIGMENTAIRE, ■ adj. [pigmɑ̃tɛʁ] (*pigment*) Relatif au pigment, à une substance colorante. *Souffrir d'urticaire pigmentaire.*

PIGMENTATION, n. f. [pigmɑ̃tasjɔ̃] (*pigment*) Action de colorer par un pigment. *La pigmentation de la peau.*

PIGMENTER, ■ v. tr. [pigmɑ̃te] (*pigment*) Colorer grâce à un pigment. *Pigmenter une peinture.* ■ **V. pr.** *La peau se pigmente sous l'effet du soleil.*

PIGNADA, ■ n. m. ou n. f. [piɲada] ou [piɲjada] (gasc. *pinada,* pinède) **Sud-Ouest** Pinède.

PIGNE, n. f. [piɲ] ou [piɲj] (lat. *pinea,* de *pinus,* de pin) Masse d'or ou d'argent qui reste après l'évaporation du mercure qu'on avait amalgamé avec le minerai pour extraire le métal. ■ **Sud-Ouest** Pomme de pin.

PIGNOCHER, v. intr. [piɲɔʃe] ou [piɲjɔʃe] (moy. fr. *espinocher,* manger du bout des dents) **Fam.** Manger négligemment et par petits morceaux.

1 **PIGNON**, n. m. [piɲɔ̃] ou [piɲjɔ̃] (lat. pop. *pinnio,* du lat. class. *pinna,* merlon) La partie des murs qui s'élève en triangle et sur laquelle porte l'extrémité de la couverture. *Dans les anciennes maisons, le pignon faisait la façade de la maison.* ♦ *Avoir pignon sur rue,* posséder une maison dans une ville et sur la rue, et fig. avoir une maison d'un bon rapport. ■ **Hérald.** Fragment de muraille en forme de degrés.

2 **PIGNON**, n. m. [piɲɔ̃] ou [piɲjɔ̃] (*peigne*) Petite roue dont les ailes ou dents engrènent dans celles d'une plus grande roue. ♦ Tout rouleau cannelé, dans les cannelures duquel les dents d'une roue s'engrènent.

3 **PIGNON**, n. m. [piɲɔ̃] ou [piɲjɔ̃] (anc. provenç. *pinhon,* de *pinha,* pigne) Fruit du pin pignon ou pomme de pin. L'amande de ce fruit est appelée *pistache.*

PIGNORATIF, adj. m. [piɲoʁatif] (le *g* se prononce séparément du *n* ; lat. *pignorare,* donner des gages) *Contrat pignoratif,* sorte de contrat de vente d'un héritage, par laquelle vente un débiteur se libérait envers son créancier, sous la condition que, dans un délai convenu, il lui serait loisible de retirer son héritage, et qu'en attendant il en conserverait la jouissance en payant à titre de loyer une certaine somme qui était ordinairement égale aux intérêts du capital prêté, et pour le montant duquel la vente avait été faite.

PIGNOUF, ■ n. m. [piɲuf] ou [piɲjuf] (région. Ouest, *pigner,* crier, geindre) **Fam.** Personne qui manque de délicatesse et d'éducation. *Jamais je ne traiterai avec ces pignoufs.* « *C'est-y pas une honte de foutre des galons à un pignouf pareil!* », GIBEAU.

PIGRIÈCHE, n. f. [pigʁijɛʃ] Voy. PIE-GRIÈCHE.

PILAF, n. m. [pilaf] (turc *pilav*) Dans l'Orient, riz que l'on fait cuire à moitié dans l'eau ou dans le bouillon, et sur lequel on verse ensuite de la graisse ou du beurre fondu, avec addition de poivre rouge ; on y mêle aussi parfois des morceaux de viande rôtie. ■ *Riz pilaf,* riz rissolé avec des oignons et des lardons puis recouvert d'eau pour achever la cuisson. ■ **Rem.** On disait aussi *pilau* autrefois, on écrit aussi *pilaw* aujourd'hui.

PILAGE, n. m. [pilaʒ] (1 *piler*) Action de piler.

PILAIRE, adj. [pilɛʁ] (lat. *pilus,* poil) **Anat.** Qui a rapport aux poils. *Système pilaire,* ensemble des poils qui couvrent un animal ou une plante.

PILASTRE, ■ n. m. [pilastʁ] (ital. *pilastro,* du lat. *pila,* pilier) Colonne carrée qui a les mêmes proportions et les mêmes ornements que les colonnes d'architecture, et qui est ordinairement engagée dans un mur. ♦ **Menuis.** Espèce de colonne plate de décoration. ♦ Premier barreau du bas d'une rampe d'escalier.

PILAU, n. m. [pilo] Voy. PILAF.

PILAW, ■ n. m. [pilaf] Voy. PILAF.

PILCHARD, ■ n. m. [pilʃaʁ] (mot angl.) Espèce de sardine.

1 **PILE**, n. f. [pil] (lat. *pila,* pilier, colonne) Amas de choses placées les unes sur les autres. *Une pile de livres.* ♦ *En pile,* en tas. ♦ *Pile de boulets, d'obus, de bombes,* réunion, arrangement régulier d'un certain nombre de projectiles sphériques. ♦ *Pile galvanique* ou *voltaïque* ou *de Volta,* ou simplement *pile,* appareil électrique composé de plaques de cuivre et de zinc alternées avec un liquide conducteur. ♦ *Pile à auges,* pile horizontale dont les couples

forment comme de petites auges que l'on remplit d'eau acidulée. ◆ Massif de maçonnerie, tel que ceux qui séparent et soutiennent les arches des ponts de pierre. ■ Générateur qui transforme l'énergie chimique obtenue par une réaction en énergie électrique.

2 PILE, n. f. [pil] (1 *piler*) Grosse pierre qui sert à broyer, à écraser. ◆ ▷ **Pop.** *Donner une pile à quelqu'un*, le frapper, le battre d'importance. ◁

3 PILE, n. f. [pil] (prob. de 1 *pile*) Côté d'une pièce de monnaie opposé à la face, et où sont empreintes les armes du souverain et la valeur de la pièce. ◆ *Croix ou pile*, Voy. CROIX. ■ *Jouer à pile ou face*, syn. de jouer à croix ou pile. ◆ **Fig. et fam.** *À pile ou face*, au hasard. ■ **Adv. Fig. et fam.** Précisément. *Rendez-vous à 16 h pile.* ■ *S'arrêter pile*, s'arrêter brusquement ou à une distance très proche de ce qui se trouve devant soi. ■ *Tomber, arriver pile*, arriver à point nommé. *Tu tombes pile, j'avais besoin de toi.* ■ *Tomber pile sur quelque chose ou quelqu'un*, tomber par hasard sur quelqu'un ou quelque chose au moment où on y pensait.

4 PILE, n. m. [pil] (3 *pile*) **Hérald.** Se dit d'un pal qui, s'étrécissant depuis le chef, va se terminer en pointe vers le bas de l'écu.

PILÉ, ÉE, p. p. des verbes piler. [pile]

PILE-POIL, ■ loc. adv. [pil(ə)pwal] (3 *pile* et *au poil*) **Fam.** Au bon moment. *Je suis arrivé pile-poil avant le départ du train.* ■ **Fam.** Exactement. *L'armoire rentre pile-poil entre la fenêtre et la porte. Tu as trouvé pile-poil ce dont j'avais envie.*

1 PILER, v. tr. [pile] (lat. *pilare*, empiler, enfoncer) Réduire par les coups un corps dur en petits fragments. ◆ ▷ **Fig. et par exagération** *Piler dans un mortier*, faire le plus de mal qu'on peut. ◁ ◆ **Se piler**, v. pr. Être pilé.

2 PILER, ■ v. intr. [pile] (1 *piler*) **Fam.** Freiner, s'arrêter brutalement. *Piler devant un piéton. Piler au feu rouge.*

PILEUR, n. m. [pilœʀ] (2 *piler*) ▷ Ouvrier qui pile. ◁

PILEUX, EUSE, adj. [pilø, øz] (lat. *pilosus*) Qui a rapport aux poils. *Follicule pileux.* ◆ *Système pileux*, Voy. PILAIRE.

PILIER, n. m. [pilje] (lat. pop. *pilare*) Tout massif qui sert à soutenir quelque partie d'un édifice. ◆ Il se dit de tout ce qui soutient un corps quelconque. *« Les bras ne sont pas donnés à l'homme pour servir de piliers d'appui à la masse de son corps »*, BUFFON. ◆ *Avoir de bons gros piliers*, avoir de grosses jambes. ◆ *Piliers de carrière*, masses de pierres qu'on laisse, de distance en distance, pour soutenir le ciel d'une carrière. ◆ Il se dit, dans un manège, de poteaux en bois entre lesquels on met un cheval pour le dresser. ◆ Poteaux qu'on met dans les écuries pour séparer les places des chevaux. ◆ Espèce de petite colonne qui, dans les montres et les pendules, tient les platines éloignées l'une de l'autre. ◆ Anciennement, poteaux de justice, fourches patibulaires. ◆ **Anat.** Nom donné à des parties renflées bordant certaines ouvertures. *Les piliers du diaphragme.* ◆ **Fig.** Ce qui fait la force, le soutien. *« La mère et l'épouse de ce roi de Pologne étaient les piliers de leur religion [protestante] »*, SAINT-SIMON. ◆ **Fig.** Habitué ne bougeant pas plus d'un lieu public qu'une des colonnes de l'établissement. *Pilier de café.* ◆ *Qu'est-ce qu'un gentilhomme ? « Un pilier d'antichambre »*, RACINE. ■ **Rem.** Auj. on ne dit plus *avoir de bons gros piliers*, mais plutôt *avoir des poteaux.* ■ **Rem.** Auj. on ne dit pas *un pilier de café* mais plutôt *un pilier de bar.*

PILIFÈRE, ■ adj. [pilifɛʀ] (lat. *pilus*, poil, et *-fère*) **Bot.** Qui est doté de poils. *La zone pilifère.*

PILI-PILI, ■ n. m. inv. [pilipili] (mot africain, p.-ê. d'une déformation de l'arbre *felfel* qui signifie poivre) Espèce de petit piment rouge africain. *Des pili-pili.* ■ Préparation culinaire à base de petits piments rouges séchés marinés dans de l'huile, du sel et du vinaigre. *Du riz sauce pili-pili.*

PILLAGE, n. m. [pijaʒ] (*piller*) Action de piller, ou le dégât qui en résulte. ◆ Concussion, volerie. *« Sous vous l'État n'est plus en pillage aux armées »*, P. CORNEILLE. ◆ ▷ **Fam.** *Tout y est au pillage*, se dit d'une maison où les domestiques prennent et grappillent. ◁ ◆ **Par exagération** Action de prendre ce qui est dans un jardin, dans une parterre, etc. ◆ **Fig.** Action de gaspiller. *« Tes folies n'ont-elles pas mis tes jours et tes nuits au pillage »*, DIDEROT. ◆ **Fig.** Action de prendre des passages dans les livres des autres.

PILLARD, ARDE, adj. [pijaʀ, aʀd] (*piller*) Qui aime à piller. *Soldat pillard.* ◆ **Chasse** Se dit d'un chien querelleur et hargneux. ◆ **N. m.**, n. f. *Un pillard.* ◆ Plagiaire.

PILLÉ, ÉE, p. p. de piller. [pije]

PILLER, v. tr. [pije] (lat. vulg. *piliare*, du lat. *pilare*, dépouiller) Dépouiller avec violence de ses biens une ville, une maison, etc. ◆ Il se dit des personnes dans un sens analogue. ◆ **Absol.** *« Aux Indes il n'y a que des misérables qui pillent, et des misérables qui sont pillés »*, MONTESQUIEU. ◆ Enlever, emporter par pillage. *Vos effets ont été pillés.* ◆ ▷ *Piller une collation, un dessert*, se jeter sur une collation, sur un dessert, pour emporter les fruits, les confitures, etc. ◁ ◆ Commettre des exactions, des concussions. ◆ Faire des gains

illicites, mettre à contribution. ◆ **Litt. et bx-arts** Prendre chez autrui des choses qu'on donne comme siennes. ◆ En parlant des chiens, se jeter sur les animaux, sur les personnes. ◆ Se dit, dans le même sens, des personnes. *« On nous voit tous pour l'ordinaire Piller le survenant, nous jeter sur sa peau »*, LA FONTAINE. ◆ *Pille*, terme dont on se sert pour exciter un chien à se jeter sur le gibier, pour lui faire entendre de manger un morceau qu'on lui jette. ◆ À certains jeux de triomphe, *piller* ou *faire pille*, avoir le droit dans certains cas de prendre pour soi toutes les cartes d'une même couleur. ◆ **Se piller**, v. pr. Se prendre l'un à l'autre ce que l'on a. ◆ Se jeter l'un sur l'autre.

PILLERIE, n. f. [pij(ə)ʀi] Action de piller. ◆ Extorsion, volerie.

PILLEUR, EUSE, n. m. et n. f. [pijœʀ, øz] (*piller*) Personne qui pille, qui aime à piller.

PILLOW-LAVA, ■ n. f. [pilolava] (le *w* ne se prononce pas ; angl. *pillow*, coussin, oreiller, et *lava*, lave) **Géol.** Formation de lave basaltique que l'on trouve principalement dans les fonds sous-marins. *Des pillow-lavas.*

PILON, n. m. [pilɔ̃] (1 *piler*) Instrument dont on se sert pour piler une substance dans un mortier. ◆ Gros maillets ferrés de différentes formes, employés dans les moulins à tan et à papier. ◆ *Mettre ou envoyer des livres au pilon*, les déchirer par morceaux, de sorte qu'ils ne puissent plus servir qu'aux moulins à papier et aux cartonniers. ■ Partie inférieure de la cuisse d'une volaille.

PILONNAGE, ■ n. m. [pilɔnaʒ] (*pilonner*) Destruction par bombardements intensifs. *Le pilonnage d'une ville, des positions ennemies.* ■ Destruction de tous les exemplaires d'un ouvrage. *Le pilonnage d'un livre censuré, d'un stock d'invendus.*

PILONNER, ■ v. tr. [pilɔne] (*pilon*) Réduire en purée à l'aide d'un pilon. *Pilonner de l'ail dans un mortier.* ■ Détruire par l'action d'un bombardement intensif d'obus ou de bombes. *Pilonner une position ennemie.* ■ Détruire les exemplaires d'un ouvrage. *Pilonner un livre censuré afin d'empêcher sa mise en vente. Pilonner un stock d'invendus.*

PILORI, n. m. [pilɔʀi] (orig. inc., p.-ê. du lat. *pila*, pilier) Poteau où l'on attachait le criminel avec un carcan au cou, pour l'exposer à la vue du peuple. ■ **Fig.** *Mettre, clouer quelqu'un au pilori*, l'accabler publiquement de mépris.

PILORIÉ, ÉE, p. p. de pilorier. [pilɔʀje]

PILORIER, v. tr. [pilɔʀje] (*pilori*) Mettre au pilori. ◆ **Fig.** Diffamer, exposer l'infamie de quelqu'un.

PILORIS, n. m. [pilɔʀi] (orig. inc.) Rat des Antilles, qui répand une forte odeur de musc.

PILOSÉBACÉ, ÉE, ■ adj. [pilosebase] (lat. *pilus*, poil, et *sebum*, suif) Relatif à la pilosité et à la glande sébacée. *L'inflammation d'un follicule pilosébacé par le staphylocoque doré.*

PILOSELLE, n. f. [pilozɛl] (b. lat. *pilosella*, du lat. *pilosus*, pileux) Nom vulgaire du *hieracium pilosella*, dit aussi épervière.

PILOSITÉ, n. f. [pilozite] (lat. *pilosus*, poilu) Présence de poils. *La pilosité féminine.* ■ Ensemble des poils sur une partie du corps humain. *Pilosité pubienne.*

PILOT, n. m. [pilo] (dimin. de 1 *pile*) Pieu de forte dimension.

1 PILOTAGE, n. m. [pilotaʒ] (1 *piloter*) Ouvrage fait avec des pilots ; pilotis.

2 PILOTAGE, n. m. [pilotaʒ] (2 *piloter*) Art du pilote, art de conduire un navire. ◆ Action de conduire un vaisseau à l'entrée ou à la sortie d'un port. ◆ *Pilotage ou lamanage*, nom des droits qui sont dus aux pilotes lamaneurs. ■ Action de conduire, de piloter un avion, une voiture, un bateau, etc. *Aides à la navigation pendant le pilotage.* ■ Action de diriger une activité. *Prendre en charge le pilotage d'un projet.*

PILOTE, n. m. [pilɔt] (ital. *piloto*, du gr. *pêdotês*, de *pêdon*, gouvernail) Marin qui a fait une étude particulière de tout ce qui touche à la conduite du navire. ◆ **Fig.** Celui qui conduit ; ce qui sert de guide. *« L'homme... n'a-t-il pas la raison ? N'est-ce pas son flambeau, son pilote fidèle ? »*, BOILEAU. ◆ Atlas contenant des cartes, des vues des côtes. ◆ *Bateau pilote*, espèce d'embarcation. ■ Personne qui conduit un avion. ■ *Pilote de ligne*, pilote qui conduit un avion sur les lignes commerciales régulières. ■ Personne qui conduit une voiture de course. ■ Prototype d'un journal, d'une émission de télévision. ■ **Inform.** Programme qui permet de faire fonctionner un périphérique d'ordinateur. *Le pilote de l'imprimante.* ■ *Poisson-pilote*, poisson de petite taille de couleur bleue et argentée qui vit généralement dans les mers dont la température est supérieure à 18° C, et qui suit dans leurs déplacements les grands poissons et les mammifères marins. ■ *Pilote automatique*, système permettant la conduite d'un bateau ou d'un avion sans intervention humaine. ■ **Fig. et fam.** Façon inconsciente de se déplacer. *J'étais tellement fatigué que je me suis mis en pilote automatique pour rentrer...* ■ *Pilote de* *chasse*, pilote d'avion dans l'armée. ■ *Pilote d'essai*, pilote qui teste les nouveaux modèles. ■ **En appos.** Qui sert de prototype, ou qui met en œuvre des méthodes expérimentales. *Un lycée-pilote.*

1 **PILOTÉ, ÉE**, p. p. de 1 piloter. [pilote] Garni de pilots.

2 **PILOTÉ, ÉE**, p. p. de 2 piloter. [pilote] Conduit par un pilote.

1 **PILOTER**, v. intr. [pilote] (*pilot*) Enfoncer des pilots pour bâtir dessus. ♦ V. tr. *Piloter un terrain*, y enfoncer des pilots.

2 **PILOTER**, v. tr. [pilote] (*pilote*) **Mar.** Faire le métier de pilote ; conduire un navire au milieu des difficultés d'une navigation près de la terre. ♦ **Fig.** Servir de guide dans le monde, dans une ville étrangère. ■ Conduire un avion, une voiture de course. ■ Diriger. *Piloter un projet.*

PILOTIN, n. m. [pilotɛ̃] (dimin. de *pilote*) **Mar.** Apprenti pilote, mousse de la timonerie.

PILOTIS, n. m. [piloti] (*pilot*) L'ensemble de tous les pilots mis en terre et destinés à soutenir une construction établie sur un terrain dont le fond n'est pas jugé assez solide. ♦ Grosse pièce de bois pointue que l'on enfonce en terre pour asseoir les fondements d'un ouvrage construit dans l'eau ou sur un fond peu solide.

PILOU, n. m. [pilu] (p.-ê. du lat. *pilosus*, pileux) Tissu de coton pelucheux, confortable et chaud. ■ **Rem.** Ironiq. On double le nom. *Elle nous a reçus dans sa robe de chambre en pilou-pilou !*

PILS, ■ n. f. [pils] (abrév. de *Pilsen*, ville de l'actuelle République tchèque où elle fut fabriquée pour la 1re fois en 1842) Bière pâle de basse fermentation au goût légèrement amer très populaire en Belgique.

1 **PILULAIRE**, adj. [pilylɛʀ] (*pilule*) **Pharm.** Qui est en forme ou façon de pilule. ♦ **N. m.** *Un pilulaire*, instrument à l'aide duquel on administre aux grands animaux les médicaments qui sont sous forme de bol ou de pilule.

2 **PILULAIRE**, ■ n. f. [pilylɛʀ] (lat. scient. *Pilularia globulifera*, voir *pilule*) Fougère d'eau de petite taille.

PILULE, n. f. [pilyl] (lat. médiév. *pilula*, boulette, pelote) **Pharm.** Petite boule du poids de quelques centigrammes, qu'on façonne avec une pâte composée de substances diverses. ♦ *Argenter, dorer des pilules*, les revêtir d'une feuille d'argent, d'or, pour en masquer le goût. ♦ **Fig.** Chose désagréable, pénible à supporter. « *La pilule, à vrai dire, était assez amère* », La Fontaine. ♦ *Avaler la pilule*, endurer avec patience un déplaisir, un affront ; se déterminer à faire quelque chose qui répugne. ♦ *Dorer la pilule*, donner un tour agréable à ce qui est, de soi, déplaisant, pénible. ■ Comprimé composé d'hormones qui empêche l'ovulation et qui est utilisé comme contraceptif féminin. *Prendre la pilule.* ■ **Fig.** et **fam.** *Se faire dorer la pilule*, se faire bronzer.

PILULIER, ■ n. m. [pilylje] (*pilule*) **Pharm.** Appareil servant à la fabrication des pilules. ■ Petite boîte servant au rangement des médicaments. ■ *Pilulier hebdomadaire*, compartimenté selon les jours de la semaine.

PILUM, ■ n. m. [pilɔm] (mot lat.) Javelot utilisé par les légionnaires dans la Rome antique et qui avait la particularité de se briser lors de l'impact. *Les légionnaires possédaient généralement deux pilums.*

PIMBÊCHE, ■ n. f. [pɛ̃bɛʃ] (orig. inc.) Femme impertinente qui se donne des airs de hauteur. ■ **Rem.** Terme péjoratif.

PIMBINA, ■ n. m. [pɛ̃bina] (algonquin, *nipimina*) Arbuste qui pousse généralement dans les régions tempérées. *Le pimbina est également connu sous le nom de viorne.* ■ Fruit de cet arbuste. *Vin, coulis de pimbina.*

PIMENT, n. m. [pimɑ̃] (b. lat. *pigmentum*) Genre de la famille des solanées. ♦ Plante dont le fruit est rouge et d'un goût très âcre. ♦ Le fruit de cette plante. ■ **Fig.** Ce qui donne du piquant à quelque chose. *Mettre du piment dans la vie.*

PIMENTER, ■ v. tr. [pimɑ̃te] (*piment*) Épicer par adjonction de piment. *Un curry très pimenté.* ♦ **Fig.** Rendre moins banal en apportant une touche d'originalité. *Son récit est pimenté de détails croustillants.*

PIMPANT, ANTE, adj. [pɛ̃pɑ̃, ɑ̃t] (moy. fr. *pimper*, parer, d'orig. incert.) **Fam.** Qui est d'une toilette élégante, recherchée, attirant l'œil. ♦ Il se dit aussi des choses. *Une toilette pimpante.*

PIMPESOUÉE, n. f. [pɛ̃p(ə)swa] (moy. fr. *pimper*, parer, et anc. fr. *souef*, doux) **Vieilli** Femme à manières prétentieuses et ridicules.

PIMPRENELLE, ■ n. f. [pɛ̃pʀənɛl] (lat. médiév. *pipinella*, boucage) Genre de la famille des rosacées. *La pimprenelle des prés.*

PIN, n. m. [pɛ̃] (lat. *pinus*) Genre de la famille des conifères. ♦ Grand arbre toujours vert dont on tire la résine. *Pomme de pin*, fruit du pin ou pignon.

PINACE, n. f. [pinas] Voy. PINASSE.

PINACÉE, ■ n. f. [pinase] (lat. *pinus*, pin) Résineux appartenant à l'ordre des conifères, qui porte des cônes mâles et femelles séparés. *Le cèdre, le mélèze et l'épicéa font partie de la famille des pinacées.*

PINACLE, n. m. [pinakl] (lat. chrét. *pinnaculum*, du lat. *pinna*, plume, créneau) *Le pinacle du temple.* **Absol.** *Le pinacle*, la partie la plus élevée du temple de Jérusalem, celle où Jésus-Christ fut transporté quand il fut tenté par le démon. ♦ **Fig.** et **fam.** *Être sur le pinacle*, être dans une position très élevée. ♦ **Fig.** *Mettre quelqu'un sur le pinacle*, le mettre, l'élever au-dessus de tous les autres. ■ **Litt.** *Porter au pinacle*, mettre sur un piédestal, combler de compliments.

PINACOTHÈQUE, ■ n. f. [pinakotɛk] (lat. *pinacotheca*, du gr. *pinaks*, tableau, et *thêkê*, boîte) Musée présentant des tableaux. *C'est d'abord en Italie et en Allemagne que se développèrent les pinacothèques.*

PINAILLAGE, ■ n. m. [pinajaʒ] (*pinailler*) Fait de pinailler. *Des pinaillages stériles.*

PINAILLER, ■ v. intr. [pinaje] (orig. incert.) **Fam.** et **péj.** Faire preuve de perfectionnisme de façon exagérée. *Il pinaille sur les moindres détails.* ■ Argumenter sans cesse par goût de la contradiction. *Inutile de lui répondre, il cherche toujours à pinailler.*

PINAILLEUR, EUSE, ■ n. m. et n. f. [pinajœʀ, øz] (*pinailler*) Personne qui pinaille.

PINARD, ■ n. m. [pinaʀ] (prob. de *pineau*) **Pop.** Vin, généralement de qualité médiocre.

PINARDIER, ■ n. m. [pinaʀdje] (*pinard*) Bateau équipé pour le transport du vin. ■ **Fam.** Marchand de vin en gros.

PINASSE ou **PINACE**, n. f. [pinas] (esp. *pinaza*, du lat. *pinus*, pin, le pin servant à la fabrication de ce bateau) Anciennement, petit vaisseau long, étroit, léger, propre à faire la course. ♦ Nom donné, à la fin du XVIIIe siècle, à certaines embarcations légères, longues, armées de huit ou dix avirons et destinées au service des vaisseaux.

PINASTRE, n. m. [pinastʀ] (lat. impér. *pinaster*) Pin sauvage ; c'est le pin maritime.

PINÇADE, n. f. [pɛ̃sad] (*pincer*) Action de pincer.

PINÇAGE, n. m. [pɛ̃saʒ] (*pincer*) Action de raccourcir les sarments de la vigne, les pousses des arbres fruitiers, en les pinçant ou cassant, au lieu de les couper.

PINÇARD, ARDE, adj. m. et f. [pɛ̃saʀ, aʀd] (*pince*) *Cheval pinçard* et n. m. *un pinçard*, cheval qui marche sur la pince.

PINCE, n. f. [pɛ̃s] (*pincer*) Action de pincer, de saisir avec force. ♦ *Avoir bonne pince*, la pince forte, la pince rude, avoir un poignet vigoureux. ♦ ▷ *Être sujet à la pince*, avoir l'habitude de chercher à faire des grains illicites. ◁ ♦ Longues tenailles qui servent à remuer les bûches dans une cheminée. ♦ Tenailles servant à différents usages dans les métiers. ♦ **Anat.** et **chir.** Instrument dont on se sert dans diverses opérations pour saisir, attirer ou fixer certaines parties. *Pince à dissection, à artère, à ligature, etc.* ♦ *Pinces d'une écrevisse, d'un homard*, parties de leurs grosses pattes avec lesquelles ils pincent. ♦ **Fig.** « *Jean Rousseau... Vit émousser dans ce pays Le tranchant aigu de sa pince* », Voltaire. ♦ **Au pl.** *Les pinces*, les dents incisives des animaux herbivores. ♦ Extrémité antérieure du pied des animaux ongulés. ♦ Partie inférieure antérieure du sabot du cheval. ♦ Devant d'un fer de cheval. ♦ *Les pinces des bêtes fauves*, l'extrémité de l'ongle. ♦ Terme de tailleur et de couturière. Pli large à sa base et se terminant en pointe aiguë, ou bien large au milieu et finissant en pointe en haut et en bas. ♦ Barre de fer aplatie par un bout qui sert de levier. ■ **Fam.** *Serrer la pince*, la main. *Ils se sont serré la pince aujourd'hui pour la première fois depuis leur réconciliation.* ■ **Fam.** *À pinces*, à pied. *Ma voiture est en panne, j'irai au bureau à pinces.*

PINCÉ, ÉE, p. p. de pincer. [pɛ̃se] *Lèvres pincées* ; lèvres minces et tenues serrées l'une contre l'autre, ce qui donne à la physionomie quelque chose de sec ou de hautain. ♦ On dit aussi : *Bec pincé.* ♦ **Mar.** *Bâtiment pincé*, bâtiment très mince dans ses parties basses. ♦ **Fig.** Qui a dans les manières quelque chose de ce qu'expriment les lèvres pincées. « *Il était pincé dans la conversation* », Voltaire. ♦ Il se dit aussi de l'air, du style, etc. ♦ **N. m.** *Le pincé éloigne de nous.*

PINCEAU, n. m. [pɛ̃so] (lat. vulg. *penicillus*, dimin. de *penis*, queue de quadrupède) Touffe de poils fortement pressés par un fil ou par une ficelle, à l'aide de laquelle on prend des couleurs, de la colle, et on les étale sur une surface. ♦ *Donner le dernier coup de pinceau à un tableau*, l'achever entièrement. ♦ L'art même de la peinture. *Vivre de son pinceau.* ♦ Manière de peindre. *Un pinceau hardi.* ♦ **Fig.** Il se dit des orateurs, des poètes, des écrivains. « *La délicatesse et la vigueur du pinceau de Sénèque* », Diderot. ♦ *Donner un coup de pinceau*, indiquer quelques-uns des traits qui distinguent une personne, une chose ; et en un autre sens, lâcher quelque trait mordant, médisant. ♦ **Par extens.** Se dit d'objets comparés, en raison de leur forme, au pinceau des peintres. « *Les oreilles du lynx sont surmontées à leur extrémité d'un pinceau de poils noirs* », Buffon. ♦ En forme de pinceau. ♦ *Par pinceaux*, par places comme peintes. ♦ **Phys.** *Pinceau optique*, pinceau de lumière, nom donné aux rayons qui, émanant d'un objet lumineux, passent par une ouverture étroite. ■ **Fam.** Pied, jambe. *Elle s'est emmêlé les pinceaux dans le tapis.* ■ **Fig.** et **fam.** *S'emmêler les pinceaux,* se tromper en confondant. ■ **Fam.** *À pinceau,* à pied.

PINCÉE, n. f. [pɛ̃se] (*pincer*) Quantité d'une chose, d'une substance quelconque que l'on peut saisir avec l'extrémité de deux ou trois doigts. *Une pincée de farine.*

PINCE-FESSE, ■ n. m. [pɛ̃s(ə)fɛs] (*pincer* et *fesse*) Personne qui pince les fesses. « *Pour deux ou trois chansons, lesquelles je le confesse, Sont discutables sous le rapport du bon goût, J'ai la réputation d'un sacré pince-fesse* », G. Brassens. *Des pince-fesses.* ◆ **Fam.** Cocktail mondain.

PINCELIER, n. m. [pɛ̃səlje] (anc. fr. *pincel*, pinceau) Vase de fer-blanc divisé en deux parties, dont l'une sert pour l'huile, et l'autre pour nettoyer les pinceaux.

PINCE-MAILLE, n. m. [pɛ̃s(ə)maj] (*pincer* et *maille*, petite monnaie) Personne dont l'avarice se montre jusque dans les plus petites choses. ◆ **Au pl.** *Des pince-mailles.* ◆ Voy. FESSE-MAILLE.

PINCEMENT, n. m. [pɛ̃s(ə)mɑ̃] (*pincer*) Action de pincer. ◆ Opération qui consiste à retrancher avec les ongles la sommité herbacée d'un rameau en végétation, à l'effet de le faire ramifier, ou de l'affaiblir au profit d'un autre. ■ **Fig.** *Pincement au cœur,* brève sensation de douleur généralement causée par l'émotion. ■ Technique de massage consistant en des étirements rapides et répétés de la peau entre le pouce et l'index. ■ **Bot.** Action d'empêcher qu'une plante ou un arbre ne pousse trop rapidement en longueur et ainsi faciliter l'écoulement de la sève en plus grande quantité dans les parties inférieures.

PINCE-MONSEIGNEUR, ■ n. f. [pɛ̃s(ə)mɔ̃sɛɲœr] ou [pɛ̃s(ə)mɔ̃senjœr] (*pince* et *monseigneur*) Pince utilisée pour forcer les serrures. *Des pinces-monseigneur.*

PINCE-NEZ, ■ n. m. [pɛ̃s(ə)ne] (*pincer* et *nez*) Lorgnon. *Des pince-nez.*

PINCE-OREILLE, ■ n. m. [pɛ̃sɔrɛj] (*pincer* et *oreille*) Voy. PERCE-OREILLE.

PINCER, v. tr. [pɛ̃se] (rad. expressif *pints-*) Serrer la peau entre les doigts ou autrement. ◆ **Absol.** *Cet enfant pince.* ◆ *Je vous pince sans rire,* sorte de jeu. ◆ **Fig.** *Pincer sans rire,* offenser, faire du mal sans en avoir l'air ; dire quelque chose de piquant sans paraître en avoir l'intention. ◆ **N. m.** et **n. f.** *Un pince-sans-rire,* un homme qui raille sans en avoir l'air, un homme malin et sournois. ◆ Saisir, couper, arracher. ◆ Couper avec les ongles l'extrémité des jeunes rameaux pour les arrêter en faveur des autres branches ou des fruits. ◆ **Mus.** Faire vibrer les cordes d'un instrument en les tirant vivement avec le bout d'un doigt. ◆ *Pincer* se dit des instruments à cordes que l'on touche de l'extrémité des doigts, tels que la guitare, le luth, la harpe ; en cet emploi, il est ordinairement neutre. *Pincer de la guitare.* ◆ Serrer fortement avec une pince, avec des tenailles ou autres instruments semblables. *Pincer une barre de fer rouge.* ◆ **Absol.** *Ces tenailles ne pincent plus.* ◆ *Pincer les lèvres,* les rapprocher l'une contre l'autre, en signe de mécontentement, de pruderie. ◆ Rendre plus mince en serrant. *Pincer des livres.* ◆ *Cette robe lui pince la taille,* elle lui dessine la taille, la lui fait paraître fine. ◆ **Mar.** *Pincer un bâtiment,* lui donner des formes ou des façons aiguës ou fines. ◆ **Fam.** Arrêter, saisir. *On pinça le voleur.* ◆ **Par extens.** Causer une sensation vive et désagréable. *Le coup de fouet a pincé ce cheval. Le vent me pinçait le visage.* ◆ **Fig.** et **fam.** Saisir, surprendre en faute. ◆ *Se faire pincer,* être puni de quelque imprudence, de quelque faute. ◆ **Fig.** Critiquer, railler. ◆ « *Je vous pardonne cordialement de m'avoir pincé* », Voltaire. ◆ *Pincer en riant,* faire la critique de quelqu'un, sans amertume et d'une manière agréable. ◆ **Mar.** *Pincer le vent,* s'approcher du lit du vent, se tenir le plus près du vent, aussi près que possible. ◆ *Se pincer,* v. pr. Se faire un pinçon. ■ **Fam.** *En pincer pour quelqu'un,* en être amoureux.

PINCE-SANS-RIRE, ■ n. m. [pɛ̃s(ə)sɑ̃rir] (*pincer, sans* et *rire*) Voy. PINCER.

PINCETTE, n. f. [pɛ̃sɛt] (dimin. de *pince*) ▷ *Baiser quelqu'un à la pincette, à pincette, en pincette,* le baiser en le prenant doucement les deux joues entre le bout des doigts. ◁ ◆ **Au pl.** Instrument de fer à deux branches égales, dont on se sert pour arranger le feu. ◆ **Fig.** et **fam.** Se dit pour exprimer la raideur de la tenue. « *Le maréchal de Duras dit au roi que ses fils ne seraient jamais à cheval que des paires de pincettes* », Saint-Simon. ◆ *On ne le toucherait pas avec des pincettes,* se dit d'un objet fort sale. ◆ On dit aussi, mais plus rarement, *pincette* au singulier. ◆ Petites pinces pour s'arracher le poil. ■ **Fam.** *N'être pas à toucher, à prendre avec des pincettes,* être de mauvaise humeur. ◆ **Rem.** Auj. on ne dit plus *pincette* pour s'arracher le poil, mais une *pince à épiler.*

PINCHARD, ARDE, ■ adj. [pɛ̃ʃar, ard] (norm. *pêchard,* de la couleur de la fleur du pêcher) De couleur gris de fer, en parlant de la robe d'un cheval. ■ **N. m.** Cheval de couleur gris de fer. ■ Siège portatif, pliant, à trois pieds. *Le chasseur s'était assis sur son pinchard.*

PINCHINA, n. m. [pɛ̃ʃina] (prob. du provenç. *penchinar,* peigner) Étoffe de laine non croisée, espèce de gros drap.

PINÇON, n. m. [pɛ̃sɔ̃] (*pincer*) Marque qui reste sur la peau quand on a été pincé. ◆ Rebord de la pince d'un fer de cheval.

PINÇURE, ■ n. f. [pɛ̃syr] (*pincer*) Sensation ressentie lorsque l'on est pincé. « *Il se sentait faible, très faible, mais sans souffrance vive, bien qu'il éprouvât en divers points du corps une gêne sensible, comme des pinçures* », Maupassant.

PINDARIQUE, adj. [pɛ̃darik] (*Pindare,* poète grec du vᵉ siècle av. J.-C.) Qui imite Pindare. *Ode pindarique.*

PINDARISER, v. intr. [pɛ̃darize] (*pindarique*) **Fam.** Parler, écrire d'une manière recherchée, ampoulée.

PINDARISEUR, EUSE, n. m. et n. f. [pɛ̃darizœr, øz] (*pindariser*) Personne qui pindarise.

PINDARISME, n. m. [pɛ̃darism] (*pindarique*) Imitation du style lyrique de Pindare.

PINDE, n. m. [pɛ̃d] (lat. *Pindus*) Montagne de la Thessalie consacrée à Apollon et aux Muses. ◆ *Le dieu du Pinde,* Apollon. ◆ *Les filles, les déesses du Pinde,* les Muses. ◆ *Les nourrissons du Pinde,* les habitants du Pinde, les poètes. ◆ *Les lauriers du Pinde,* la gloire des poètes.

PINÉAL, ALE, adj. f. [pineal] (lat. *pinea,* pomme de pin) Usité seulement dans cette expression anatomique : *Glande pinéale,* petit corps de substance grise situé au-devant du cervelet. ■ **Rem.** Adj. m. *Cas pinéal. Des corps pinéaux.*

PINEAU, n. m. [pino] (*pin,* par anal. du grain de raisin avec la forme de la pomme de pin) Cépage qui produit des raisins petits et ayant des graines petites ; il donne le meilleur vin.

PINÈDE, ■ n. f. [pinɛd] (provenç. *pinedo,* du lat. *pinetum*) Terrain planté majoritairement de pins. *Les pinèdes méditerranéennes.*

PINÈNE, ■ n. m. [pinɛn] (lat. *pinus,* pin) Hydrocarbure utilisé pour la fabrication de l'essence de térébenthine.

PINGOUIN, n. m. [pɛ̃gwɛ̃] (néerl. *pinguin*) Oiseau à ailes très courtes, habitant les mers arctiques. ■ **Rem.** On écrivait aussi *pinguin* autrefois.

PING-PONG ou **PINGPONG,** ■ n. m. [piŋpɔ̃g] (nom déposé, mot angl., onomat.) Jeu analogue au tennis, la balle rebondissant sur une table. *Raquettes, balles de ping-pong.* ■ **Rem.** On dit aussi *tennis de table.* ■ Table munie d'un filet utilisée dans ce jeu. *Une salle de sport avec deux ping-pongs.*

PINGRE, n. m. et n. f. [pɛ̃gr] (orig. inc.) **Pop.** Celui, celle qui est très chiche, avare. ◆ **Adj.** *Il est un peu pingre.*

PINGRERIE, ■ n. f. [pɛ̃grəri] (*pingre*) Fait d'être avare, pingre. « *À voir tant de malaise en haut et en bas, tant de mesquinerie et de pingrerie et de ladrerie et de détresse au ciel et sur la terre, depuis l'oiseau qui n'a pas un grain de mil jusqu'à moi qui n'ai pas cent mille livres de rente* », V. Hugo.

PINIÈRE, n. f. [pinjɛr] (*pin*) Plantation de pins, bois de pins.

PINNE, n. f. [pin] Voy. PINNE MARINE.

PINNÉ, ÉE, adj. [pine] (lat. *pinnatus*) Voy. PENNÉ.

PINNE MARINE ou simplement **PINNE,** n. f. [pin(ə)marin, pin] (lat. *pinna,* plume, nageoire, et *marin*) Grand coquillage dont les deux valves, en forme d'éventail, sont soudées vers leur sommet, et qui s'attache aux rochers par le moyen d'une touffe de filets soyeux dont on peut faire des tissus. *Drap de pinne marine.* ■ **Rem.** On l'appelle aussi *jambonneau de mer.*

PINNIPÈDE, ■ n. m. [pinipɛd] (lat. *pinna,* nageoire, et *-pède*) Ordre de mammifères marins possédant des pattes en forme de nageoires. *L'otarie et le morse sont des pinnipèdes.*

PINNOTHÈRE, ■ n. m. [pinotɛr] (lat. *pinoteres,* gr. *pinnotêrês,* qui garde la pinne marine) Espèce de petit crabe qui vit dans les coquillages.

PINNULE, n. f. [pinyl] (lat. *pinnula,* dimin. du *pinna,* nageoire) Nom donné à deux petites pièces de cuivre minces, rectangulaires, élevées perpendiculairement aux deux extrémités de l'alidade d'un demi-cercle, d'un graphomètre, d'une boussole, etc. ◆ **Zool.** Très petite nageoire ou organe qui en remplit les fonctions. ◆ **Bot.** Foliole d'une feuille pennée.

PINOCYTOSE, ■ n. f. [pinositoz] (gr. *pinein,* boire, et *kutos,* cellule) **Biol.** Insertion dans une cellule de gouttelettes du liquide dans lequel évolue cette cellule et qui conduit à la formation de vésicules dans son cytoplasme. *La pinocytose permet à certaines variétés de cellules d'absorber des nutriments. Pinocytose et phagocytose.*

PINOT, ■ n. m. [pino] (*pin*) Vin d'Alsace. *Du pinot gris, noir.*

PIN-PON, ■ interj. [pɛ̃pɔ̃] (onomat.) Bruit censé reproduire celui que fait l'avertisseur à deux tons des véhicules des pompiers lorsqu'ils se déplacent en urgence. *L'incendie venait de se déclarer et on entendait déjà au loin les pin-pon.*

PINQUE, n. f. [pɛ̃k] (néerl. *pink*) **Mar.** Navire à fond plat, assez large, du port de deux à trois cents tonneaux, ayant trois mâts à voiles latines.

PIN'S, ■ n. m. [pins] (angl. *pin,* épingle) Petite broche arborant le logo d'une association, d'une entreprise, etc., que l'on fixe sur un vêtement au moyen d'une pointe munie d'un embout. *Des pin's.* ■ Rem. On recommande officiellement *épinglette.*

PINSCHER, ■ n. m. [pinʃɛr] (mot all., griffon) Race de chien de compagnie ou de garde. *Un pinscher moyen, nain, etc. Des pinschers.*

PINSON, n. m. [pɛ̃sɔ̃] (lat. vulg. *pincio, -onis*) Petit oiseau dont le plumage est de diverses couleurs, et le bec gros et dur. ♦ *Gai comme un pinson, comme pinson,* fort gai.

PINTADE, n. f. [pɛ̃tad] (port. *pintada,* du lat. *pinctare,* de *pingere,* peindre) Genre de gallinacés à tête nue, à queue courte, à pieds sans éperons, et à plumage gris bleuâtre et semé de taches blanches.

PINTADEAU, ■ n. m. [pɛ̃tado] (*pintade*) Jeune pintade, petit de la pintade. *Pintadeau farci aux morilles.*

PINTADINE, ■ n. m. [pɛ̃tadin] (*pintade*) Espèce d'huître perlière.

PINTE, n. f. [pɛ̃t] (p.-ê. du b. lat. *pincta,* de *pingere,* peindre) Ancienne mesure pour le vin et les autres liquides. *La pinte de Paris valait un peu moins que le litre (0,931 l).* ◁ ▷ *Vendre à pot et à pinte,* vendre en détail du vin et autres liqueurs. ◁ ♦ *Il a mis une pinte sur chopine,* il s'est enivré. ◁ ♦ Ce que contient une pinte. ♦ *Boire pinte,* s'enivrer. ◁ ♦ Fig. *Faire une pinte de mauvais sang,* éprouver de très vives contrariétés. ◁ ♦ On dit dans le sens contraire : *Se faire une pinte de bon sang.* ■ *Une pinte de bière* ou *une pinte,* une chope de bière de 50 cl.

PINTER, v. intr. [pɛ̃te] (*pinte*) Pop. Boire longtemps et avec excès. ■ Fam. Se pinter, v. pr. Se soûler.

PINTOCHER, ■ v. intr. [pɛ̃tɔʃe] (*pinte*) Suisse Boire beaucoup.

PIN-UP, ■ n. f. inv. [pinœp] (mot angl., abrév. de *pin-up girl,* de *to pin up,* épingler, et *girl,* jeune femme, affiche de vedette qui se trouvait dans les cabines des camions des routiers) Fam. Jeune femme très séduisante au physique d'actrice. *Des pin-up.*

PINYIN, ■ n. m. [pinjin] (mot chinois) Système de transcription phonétique du chinois. *L'alphabet pinyin a recours aux 26 lettres de l'alphabet latin.*

PIOCHAGE, n. m. [pjoʃaʒ] (*piocher*) Travail fait avec la pioche. ♦ Action de piocher.

PIOCHE, n. f. [pjoʃ] (1 *pic*) Instrument de petite culture employé à faire les défrichements, les défoncements, les tranchées, etc. et composé d'un manche et d'un fer terminé d'un côté par un pic, et de l'autre par un fer de houe. ♦ Fig. Dans l'argot des écoliers et des étudiants, travail opiniâtre. *Le temps de la pioche commence.* ■ Fam. *Tête de pioche,* personne têtue. ■ Au jeu, tas de cartes ou de dominos dans lequel on pioche.

PIOCHÉ, ÉE, p. p. de piocher. [pjoʃe]

PIOCHEMENT, n. m. [pjoʃ(ə)mɑ̃] (*piocher*) Action de piocher.

PIOCHER, v. tr. [pjoʃe] (*pioche*) Fouir avec une pioche. *Piocher une vigne.* ♦ ▷ V. intr. Fig. Dans l'argot des écoliers et des étudiants, travailler avec ardeur et assiduité. *Il pioche douze heures par jour.* ◁ ♦ ▷ V. tr. *Piocher le grec, le code de procédure.* ◁ ♦ ▷ Se piocher, v. pr. Fig. et pop. Se battre. ■ V. tr. Au jeu, prendre une carte, un domino parmi ceux qui n'ont pas été distribués. ♦ Prendre au hasard, puiser dans un tas. ◁

PIOCHEUR, EUSE, ■ n. m. et n. f. [pjoʃœr, øz] (*piocher*) Ouvrier qui pioche. ♦ Fig. Écolier, étudiant qui travaille beaucoup.

PIOCHEUSE, n. f. [pjoʃøz] (*piocher*) Machine à piocher.

PIOCHON, n. m. [pjoʃɔ̃] (*pioche*) Petite pioche.

PIOLET, ■ n. m. [pjolɛ] (mot valdotain, petite hache) Canne d'alpiniste munie à un bout d'une pointe de fer et à l'autre d'une petite pioche.

1 PION, n. m. [pjɔ̃] (2 *piéton*) Chacune des plus petites pièces au jeu des échecs. ♦ *Aller à dame,* en parlant d'un pion, Voy. DAME. ♦ Fig. « *Souvent avec des pions qu'on ménage bien, on va à dame et on gagne la partie* », La Bruyère. ♦ Fig. *Damer le pion à quelqu'un,* Voy. DAMER. ♦ Une des pièces du jeu de dames.

2 PION, ONNE, ■ n. m. et n. f. [pjɔ̃, ɔn] (lat. médiév. *pedo, -onis,* piéton, fantassin) Fam. Surveillant dans un collège, un lycée.

PIONCÉE, ■ n. f. [pjɔ̃se] (*pioncer*) Suisse Somme, sieste.

PIONCER, ■ v. intr. [pjɔ̃se] (p.-ê. de *piausser,* coucher, voir 2 *pieu*) Fam. Dormir. *Il a pioncé toute l'après-midi.*

PIONNAGE, n. m. [pjɔnaʒ] (2 *pionner*) ▷ Travail de pionnier. ◁

1 PIONNER, ■ v. intr. [pjɔne] (1 *pion*) Prendre beaucoup de pions. ♦ Au jeu de dames, perdre autant de pions qu'on en prend.

2 PIONNER, ■ v. intr. [pjɔne] (1 *pion*) Faire un travail de pionnier.

PIONNIER, IÈRE, n. m. et n. f. [pjɔnje, jɛr] (1 *pion,* avec influ. de l'angl. *pioneer*) Travailleur dont on se sert à l'armée pour aplanir les chemins, remuer les terres. ♦ Fig. Un travailleur. ♦ Soldat des compagnies de discipline. ■ Colon qui défriche des terres vierges pour s'y installer. *Les pionniers de l'Amérique du Nord.* ■ Personne qui innove dans un domaine. *Les pionniers de la photographie.* ■ Adj. *Une industrie pionnière.*

PIORNE, ■ n. f. [pjɔrn] (mot vaudois) Suisse Personne qui pleurniche, qui piorne.

PIORNER, ■ v. intr. [pjɔrne] (*piorne*) Suisse Pleurnicher.

PIOT, n. m. [pjo] (anc. fr. *pier,* boire, p.-ê. avec influ. de *pot*) ▷ Pop. Vin. « *Leur voyant de piot la cervelle échauffée* », Régnier. ◁

PIOUPIOU, ■ n. m. [pjupju] (onomat. d'apr. le cri du poussin) ▷ Fam. Soldat. *Des pioupious.* ◁ ■ Poussin, dans le langage enfantin. ■ Par extens. et rare Bébé, enfant. *Qu'est-ce qu'il est mignon, ce pioupiou !*

PIPA, ■ n. m. [pipa] (mot de la Guyane holl.) Espèce de crapaud qui vit dans la région amazonienne et dont le pipa femelle porte ses œufs sur son dos. *Des pipas.*

PIPE, n. f. [pip] (*piper*) Tuyau terminé par un petit vase dans lequel on allume du tabac dont on aspire la fumée. ♦ *Allumer sa pipe,* allumer le tabac qui est dans le fourneau de la pipe. ♦ *Fumer une pipe,* prendre en fumée autant de tabac qu'il en peut tenir dans le fourneau de la pipe. ♦ ▷ Pop. *Fumer sans pipe,* bouillir de colère. ◁ ♦ Habitude, action de fumer. *La pipe diminue l'appétit.* ♦ Par extens. Grande futaille qui contient un muid et demi. ■ Techn. Conduit, tuyau. *Pipe d'aération.* ■ Fam. *Par tête de pipe,* par personne. ■ *Casser sa pipe,* mourir. ♦ Juron. *Nom d'une pipe (en bois).* ■ Vulg. *Tailler, faire une pipe à quelqu'un,* lui faire une fellation. ■ Vulg. Fellation.

PIPÉ, ÉE, p. p. de piper. [pipe] *Des dés pipés.*

PIPEAU, n. m. [pipo] (*pipe*) Chalumeau, flûte champêtre. ♦ Petit chalumeau qui sert à contrefaire le cri des oiseaux. ♦ Au pl. Petites branches enduites de glu pour prendre les oiseaux. ♦ Fig. et fam. Artifices par lesquels on cherche à tromper les autres. *J'ai évité ses pipeaux.*

PIPÉE, n. f. [pipe] (*piper*) Sorte de chasse dans laquelle on contrefait le cri de la chouette, pour attirer les oiseaux sur des branches enduites de glu. ♦ Emplacement et appareil de la pipée.

PIPELETTE, ■ n. f. [pip(ə)lɛt] (*Pipelet,* concierge d'un roman de Sue, de *piper*) Fam. Personne très bavarde. *Quelle pipelette, ce bout de chou !*

PIPELINE, ■ n. m. [piplin] ou [pajplajn] (mot angl., de *pipe,* tuyau, et *line,* ligne) Canalisation servant au transport de produits liquides sur de longues distances. *Pipelines traversant le désert.*

PIPER, v. intr. [pipe] (lat. class. *pipare,* glousser) Faire entendre un petit cri, en parlant du poulet, d'un oiseau. ♦ Fumer une pipe. ♦ Contrefaire le cri de la chouette. ♦ V. tr. Prendre à la pipée. *Piper la bécasse.* ♦ Absol. Piper. ♦ Fig. Tromper, séduire, enjôler. « *Le présent ne nous satisfaisant jamais, l'espérance nous pipe* », Pascal. ♦ *Piper des dés,* les préparer pour tromper au jeu. ♦ *Piper des cartes,* faire à des cartes des signes de reconnaissance. ♦ Tromper au jeu. « *Vous pipâtes au jeu, pour douze mille écus, ce jeune seigneur étranger* », Molière. ♦ Absol. Piper. ♦ ▷ Se piper, v. pr. Se faire illusion, tromperie à soi-même. ♦ *Ne pas piper (mot),* ne taire. ◁

PIPÉRACÉE, ■ n. f. [piperase] (lat. *piper,* poivre) Famille de plantes sans pétales. *Le poivre est une pipéracée.*

PIPÉRADE ou **PIPERADE**, ■ n. f. [piperad] (béarn. *piper,* piment, du lat. *piper,* poivre) Plat d'origine basque composé d'œufs battus en omelette et cuits avec des tomates et des poivrons.

PIPERIE, n. f. [pip(ə)ri] (*piper*) Tromperie au jeu. ♦ Fig. « *Tout ce qu'on voit de lui n'est que... Piperie, artifice* », Régnier.

PIPÉRONAL, ■ n. m. [piperonal] (mot all., contraction de *aldéhyde pipéronylique*) Chim. Autre nom de l'héliotropine. *Des pipéronals.*

PIPETTE, ■ n. f. [pipɛt] (dimin. de *pipe*) Petit tube de verre gradué, utilisé pour faire des prélèvements de liquide. ■ Fam. *Cela ne vaut pas pipette,* cela ne vaut pas grand-chose. ■ Par anal. Inform. Outil d'un logiciel de traitement d'image servant à prélever une couleur pour l'utiliser ailleurs.

PIPEUR, EUSE, n. m. et n. f. [pipœr, øz] (*piper*) Personne qui fait jouer les pipeaux à la chasse. ♦ Fig. Filou qui trompe au jeu, en substituant de fausses cartes ou de faux dés en la place des bons. ♦ Celui qui trompe de quelque manière que ce soit. « *Les pipeurs d'argent* », Buffon. ♦ Adj. « *Les longueurs infinies [des charlatans], Qui ne sont après tout qu'un mystère pipeur Pour se faire valoir et pour vous faire peur* », P. Corneille.

PIPI, ■ n. m. [pipi] (*pisser*) Fam. Urine. *Un drap plein de pipi.* ■ Action d'uriner. *Faire pipi au lit. Avoir envie de faire pipi.* ■ *Dame pipi,* personne qui assure la surveillance et l'entretien des toilettes dans un endroit public. ▪ *Du pipi de chat,* boisson de mauvaise qualité ; chose sans valeur, sans intérêt.

PIPIEMENT, n. m. [pipimɑ̃] Voy. PÉPIEMENT.

1 PIPIER, v. intr. [pipje] Voy. PÉPIER.

2 PIPIER, IÈRE ▪ n. m. et n. f. [pipje, jɛR] (*pipe*) Personne qui fabrique des pipes. ▪ Adj. *L'industrie pipière.*

PIPI-ROOM, ▪ n. m. [pipiRum] (*pipi* et angl. *room,* pièce sur le modèle de living-room) Fam. Toilettes. *Les pipi-rooms.*

PIPISTRELLE, ▪ n. f. [pipistRɛl] (ital. *pipistrello,* du lat. *vespertilio,* de *vesper,* soir) Espèce de chauve-souris de petite taille. *La pipistrelle commune vit en Europe.*

PIPIT ou **PITPIT,** ▪ n. m. [pipit, pitpit] (onomat.) Oiseau chanteur appartenant à l'ordre des passereaux, de la famille des bergeronnettes. *Des pipits, des pitpits.*

PIPO, ▪ n. m. et n. f. [pipo] (orig. inc.) **Arg.** Polytechnicien. *Des pipos cultivés.*

PIPPERMINT, ▪ n. m. [pipɛRmint] Voy. PEPPERMINT.

PIQUAGE, n. m. [pikaʒ] (*piquer*) Action de piquer le grès ou le moellon avec le marteau. ◆ Action du soc qui s'enfonce dans le sol.

PIQUANT, ANTE, adj. [pikɑ̃, ɑ̃t] (*piquer*) Qui pique. *Les orties sont piquantes.* ◆ Qui est de haut goût et pique le palais. *Moutarde piquante.* ◆ **Fig.** *Le sel piquant de ses bons mots.* ◆ *Sauce piquante,* sauce fortement relevée par du vinaigre et des échalotes. ◆ Il se dit d'une température qui est très froide. *Un vent, un froid piquant.* ◆ **Fig.** Qui fait une impression morale comparée à une piqûre. « *Mille déplaisirs, d'autant plus piquants qu'on avait moins lieu de les attendre* », BOURDALOUE. ◆ **Fig.** Il se dit des paroles qui blessent. *Des mots piquants.* ◆ Même sens, en parlant des personnes ou de leur humeur. « *Parler et offenser, pour de certaines gens, est précisément la même chose ; ils sont piquants et amers* », LA BRUYÈRE. ◆ **Fig.** Qui exerce sur l'esprit une action comparée à la sensation que produit sur le palais un mets épicé. « *La sagesse pallie les défauts du corps, ne rend la jeunesse que plus piquante* », LA BRUYÈRE. « *Les attraits piquants du danger* », BERNARD. ◆ **Fig.** Plein de vivacité, de finesse, d'agrément, en parlant des personnes et des choses. « *Elle ne doit tous ses défauts qu'au désir de paraître piquante* », MME DE GENLIS. ◆ En parlant des personnes, qui plaît par la vivacité, l'agrément de la physionomie, plus que par la régularité des traits. *Une beauté piquante.* ◆ **N. m.** Pointes que portent certaines plantes, certains animaux. *Les piquants de l'acacia.* ◆ **Fig.** Ce qui blesse comme les épines. ◆ Ce qui plaît à l'esprit, comme au palais un mets épicé. *Le piquant de l'aventure.* « *Les Lettres provinciales ont perdu beaucoup de leur piquant* », VOLTAIRE.

1 PIQUE, n. f. [pik] (néerl. *pik*) Chez les anciens, arme formée d'un long bois garni d'un fer plat et pointu. ◆ Arme d'hast, plus courte que la lance, employée autrefois pour armer certains corps d'infanterie. ◆ Le fer, indépendamment du bois. ◆ Longueur, hauteur d'une pique. « *C'est un spectacle de voir les pélicans raser l'eau, s'élever de quelques piques au-dessus* », BUFFON. ◆ ▷ **Fig.** *Vous en êtes à cent piques,* se dit à quelqu'un qui ne devine pas. ◁ ◆ **Fam.** *Être à cent piques au-dessus de quelqu'un, au-dessous de quelqu'un,* lui être bien supérieur, lui être bien inférieur.

2 PIQUE, n. m. [pik] (1 *pique,* par anal. avec la forme du fer de la lance) Jeu de cartes. Une des figures de la couleur noire.

3 PIQUE, n. f. [pik] (*piquer*) Brouillerie, aigreur entre deux ou plusieurs personnes. ▪ *Mettre en pique,* susciter une querelle. ◆ *Faire, jeter des piques à quelqu'un,* le taquiner.

1 PIQUÉ, n. m. [pike] (*piquer*) Étoffe de coton, faite de deux tissus appliqués l'un sur l'autre et unis par des points rangés en losanges. ◆ *Il y a aussi des piqués à dessins.* ▪ Mouvement d'un avion qui descend brusquement à la verticale.

2 PIQUÉ, ÉE, p. p. de piquer. [pike] **Fig.** et **pop.** *Qui n'est pas piqué des vers,* sain, intact, frais. ◆ *Vin piqué,* vin qui tend à se transformer en vinaigre. ◆ **N. m.** *Goût de piqué,* goût désagréable qui affecte certains vins et qui est causé par la production d'un ferment organisé. ◆ **Mus.** *Notes piquées,* suite de notes sur chacune desquelles on met un point, pour indiquer qu'elles doivent être rendues d'une manière égale par des coups de gosier, de langue ou d'archet secs et détachés. ◆ **N. m.** *Un piqué.* ▪ **Adj.** Marqué de petites taches. *Un miroir piqué.* ◆ **Fam.** Bizarre, un peu fou.

PIQUE-ASSIETTE, n. m. [pikasjɛt] (*piquer* et *assiette*) Voy. PIQUER.

PIQUE-BŒUF, ▪ n. m. [pik(ə)bœf] (*piquer* et *bœuf*) Passereau d'Afrique trouvant sa nourriture sur la peau d'herbivores tels que le bœuf, l'antilope, le rhinocéros, etc.

PIQUE-BOIS, ▪ n. m. [pik(ə)bwa] (*piquer* et *bois*) Pic noir, oiseau. *Des pique-bois.*

PIQUE-FEU, ▪ n. m. [pik(ə)fø] (*piquer* et *feu*) Instrument servant à remuer les braises pour attiser le feu. *Des pique-feux.*

PIQUE-FLEUR, ▪ n. m. [pik(ə)flœR] (*piquer* et *fleur*) Objet, soit à trous dans lesquels on glisse les tiges des fleurs, soit en mousse dans laquelle on peut les piquer. *Des pique-fleurs.*

PIQUE-NIQUE ou **PIQUENIQUE,** n. m. [pik(ə)nik] (*piquer* et *nique,* petite chose) Repas de plaisir où chacun paye son écot. ◆ ▷ *À pique-nique, en pique-nique,* chacun pour son écot. ◆ Repas en plein air. *Faire un pique-nique en famille.* ◆ Au pl. *Des pique-niques, des piqueniques.*

PIQUE-NIQUER ou **PIQUENIQUER,** ▪ v. intr. [pik(ə)nike] (*pique-nique*) Faire un pique-nique. ▪ Par extens. et fam. Prendre un repas rapide. *Pas le temps de déjeuner à midi, je pique-niquerai.*

PIQUE-NIQUEUR, EUSE ou **PIQUENIQUEUR, EUSE,** ▪ n. m. et n. f. [pik(ə)nikœR, øz] (*pique-nique*) Personne qui participe à un pique-nique. *Des pique-niqueurs.*

PIQUER, v. tr. [pike] (lat. vulg. *pikkare,* entailler avec une pointe) Entamer légèrement avec quelque chose de pointu. *Se piquer un doigt.* ◆ *Piquer un poisson,* donner à l'hameçon une secousse plus ou moins forte, pour le faire entrer dans les chairs du poisson. ◆ Harponner. ◆ Se dit du chirurgien qui perce la peau avec la lancette pour saigner. ◆ *Piquer l'artère, le tendon,* se dit de la lésion de ces organes faite par la lancette en saignant. ◆ Il se dit des serpents, des insectes. ◆ Il se dit des entamures que certains insectes font aux étoffes, aux bois. *Les vers ont piqué cet habit, ces livres.* ◆ *Piquer un cheval* ou absol. *piquer,* donner de l'éperon à un cheval. ◆ *Piquer des deux,* donner des deux éperons à la fois, donner vigoureusement de l'éperon. ◆ ▷ **Fig.** *Piquer des deux,* faire grande diligence. ◁ ◆ Coudre deux étoffes avec un point arrière régulier, dont le second point entre dans le trou fait par le premier et ainsi de suite. ◆ *Piquer un collet d'habit, des poignets de chemise,* y faire des points et des arrière-points symétriques pour les orner. ◆ *Piquer une pierre,* la rendre raboteuse, en y faisant de petits trous avec un marteau. ◆ *Piquer un dessin,* en suivre les contours en piquant légèrement, de manière à former un poncis. ◆ **Cuis.** Faire entrer, en piquant, quelque ingrédient. *Piquer des oignons de clous de girofle.* ◆ *Piquer de la viande,* la larder. *Piquer de lard un morceau de bœuf.* ◆ Au billard, *piquer la bille,* la toucher presque perpendiculairement avec la queue. ◆ *Piquer une tête,* s'élancer dans l'eau la tête la première, ou y tomber la tête la première. ◆ ▷ **Fig.** *Piquer les tables, les assiettes,* et plus ordinairement *piquer l'assiette,* vivre en parasite. ◁ ◆ **N. m.** et **n. f.** *Un pique-assiette,* un parasite. *Des pique-assiette.* ◆ **Fig.** *Piquer les absents,* marquer ceux qui manquent à leur poste, à un appel. ◆ **Fig.** En parlant des mets, avoir un goût fort. *Ce vin pique la langue.* ◆ **Absol.** *Ce fromage pique.* ◆ **Fig.** Faire une impression morale comparée à une piqûre. « *Le blâme piquait au vif les cœurs généreux* », BOSSUET. ◆ *Piquer de...,* faire éprouver un certain sentiment. *Piquer de générosité, de jalousie,* etc. ◆ *Piquer d'honneur,* exciter une personne à quelque chose, en lui représentant qu'elle a de l'honneur. ◆ **Fig.** Exciter, réveiller, animer. « *Des marques d'honneur et de justes récompenses attachées au mérite piquent et réveillent l'industrie* », ROLLIN. ◆ *Piquer la curiosité de quelqu'un,* rendre plus vif le désir qu'il a de savoir quelque chose. ◆ **Fig.** Faire une impression vive et agréable. « *Les plaisirs défendus n'auront rien qui vous pique* », LA FONTAINE. ◆ **Absol.** *La physionomie de cette femme pique et attire.* ◆ **Fig.** Frapper d'un trait satirique. ◆ **Fig.** Fâcher, irriter, mettre en colère. « *Apprends-moi le sujet qui contre moi te pique* », MOLIÈRE. ◆ **Absol.** « *Un malheur continuel au jeu pique et offense* », MME DE SÉVIGNÉ. ◆ *Piquer au vif,* causer une très vive irritation. ◆ **V. intr. Mar.** *Piquer au vent,* syn. de pincer le vent. ◆ Au jeu, *piquer sur,* commencer à prendre des points sur un adversaire qui a déjà une grande avance. ◆ Se piquer, v. pr. S'entamer avec un corps pointu. *Il s'est piqué dans les ronces.* ◆ **Fig.** « *Il est impossible de s'approcher d'eux sans se piquer* », BALZAC. ◆ Il se dit de certaines choses, étoffes, livres, etc. que les vers percent de petits trous. *Ce bois se pique.* ◆ Cette boisson se pique, elle commence à s'aigrir. ◆ **Fig.** Se prendre d'amour. *Il se piqua pour une femme* ou *d'une femme.* ◆ **Fig.** Se vanter de, avoir des prétentions à. « *Le vrai honnête homme est celui qui ne se pique de rien* », LA ROCHEFOUCAULD. ◆ *S'en piquer,* avoir la prétention d'exceller en quelque chose. ◆ *Se piquer d'honneur,* montrer dans quelque occasion plus de courage, plus de générosité, etc. qu'on n'a coutume de faire ; et aussi tenir obstinément à ce qu'on a décidé. ◆ *Se piquer au jeu* ou simplement *se piquer,* s'opiniâtrer à jouer malgré la perte, et fig. persister dans une entreprise malgré les obstacles, s'y opiniâtrer. ◆ **Fig.** Se sentir offensé, prendre en mauvaise part. « *Entre amis on ne va pas se piquer pour si peu de chose* », MOLIÈRE. ▪ **V. tr. Fam.** Faire une piqûre à quelqu'un. ◆ Faire une piqûre à un animal qui le fait mourir sans souffrance. *Faire piquer son chien.* ▪ **Fam.** Prendre, dérober. *On lui a piqué sa montre.* ▪ **Fam.** Se faire piquer, se faire prendre. ▪ **V. intr.** Descendre brutalement à la verticale. *Un avion qui pique.* ▪ Se piquer, v. pr. **Fam.** S'injecter une drogue.

1 PIQUET, n. m. [pikɛ] (*piquer*) Bâton pointu que l'on enfonce en terre. ◆ *Être droit comme un piquet,* se tenir droit et raide. ◆ *Être planté comme un* *piquet,* se tenir debout et immobile. ◆ Petit pieu qu'on fiche en terre pour arrêter les cordages des tentes dans un camp. ◆ *Planter le piquet,* camper. ◆ ▷ *Lever le piquet,* décamper. ◁ ◆ **Fig.** et **fam.** *Planter le piquet,* s'établir en quelque endroit. ◆ Sorte de pieu grand et fort dont on se sert pour tenir les chevaux à l'attache. *Mettre les chevaux au piquet.* ◆ Certain nombre de cavaliers commandés pour monter à cheval au premier signal. ◆ **Par extens.** Tout détachement chargé de monter la garde dans un poste avancé et se tenant prêt à marcher au premier ordre. ◆ En général, petit détachement. ◆ Perches plantées d'espace en espace pour prendre un alignement. ◆ Sorte de punition militaire qui consistait à passer deux heures debout, un pied sur un piquet. ◆ Punition employée dans les collèges, qui consiste à se tenir debout à une place marquée pendant une heure de récréation. ▪ *Piquet de grève,* groupe de grévistes qui veillent au respect des consignes de grève. ▪ Rᴇᴍ. Auj. on ne dit plus *lever le piquet* mais plutôt *lever le camp* dans le sens de décamper.

2 **PIQUET,** n. m. [pikɛ] (orig. incert., p.-ê. de *piquer*) Sorte de jeu qu'on joue avec trente-deux cartes. ◆ *Faire une partie de piquet.* ◆ *Piquet à écrire,* manière de jouer le piquet qui consiste dans une série de parties. ◆ *Piquet voleur,* piquet à trois. ◆ *Un piquet,* un jeu de piquet, un jeu de trente-deux cartes.

PIQUETÉ, ÉE, p. p. de piqueter. [pik(ə)te] Parsemé de petites taches, de petits points semblables à des piqûres.

PIQUETER, v. tr. [pik(ə)te] (fréq. de *piquer*) **Ponts et chaussées** Tracer une ligne avec des piquets. ◆ Marquer sur une pièce de bois brut la forme de la pièce taillée que l'on se propose d'en tirer.

PIQUETTE, n. f. [pikɛt] (*piquer*) Boisson faite d'eau et de marc de raisin. ◆ **Par extens.** Mauvais vin.

PIQUEUR, EUSE, n. m. et n. f. [pikœʀ, øz] (*piquer*) Ouvrier, ouvrière, employés à coudre des ouvrages de cordonnerie. ◆ *Piqueuse,* celle qui pique le dessin d'une dentelle sur du parchemin. ◆ Celui qui larde les viandes. ◆ Ouvrier employé à piquer ou tailler du grès. ◆ Valet à cheval qui suit la bête ou qui règle la course des chiens. ◆ ▷ Domestique que les princes ou les gens riches font courir devant leur voiture pour éclairer leur route. ◁ ◆ Celui qui est chargé de monter les chevaux pour les dresser ou les exercer. ◆ Celui qui prend soin de piquer ou de marquer les ouvriers absents ou présents, et qui les surveille. ◆ Dans le service des ponts et chaussées, employé chargé de seconder les conducteurs. ◆ *Piqueur de vin,* Voy. ɢᴏᴜʀᴍᴇᴛ. ◆ ▷ **Fig.** et **fam.** *Piqueur d'assiettes, piqueur de tables,* parasite. ◁

PIQUIER, n. m. [pikje] (1*pique*) Soldat armé d'une pique.

PIQÛRE ou **PIQURE,** n. f. [pikyʀ] (*piquer*) Plaie étroite et profonde faite par un instrument aigu. ◆ Blessure faite à un cheval en le ferrant. ◆ Petite blessure que fait un animal qui pique. *Une piqûre d'aspic, de cousin, etc.* ◆ Trous que font les insectes dans les fruits, le bois, etc. ◆ **Fig.** Souffrance morale comparée à une piqûre physique. *Les piqûres faites à notre amour-propre.* ◆ Rangs de points et d'arrière-points faits symétriquement sur les étoffes. ▪ Résultat de l'action de piquer. ▪ Ornements faits sur du taffetas percé avec de petits fers. ▪ Sensation douloureuse causée par une plante. *Une piqûre d'ortie.* ▪ Petite tache d'humidité, de rouille. *Une plaque métallique pleine de piqûres.* ▪ Injection d'un produit ou ponction faite avec une aiguille. *Piqûre sous-cutanée, intraveineuse ou intramusculaire.*

PIRANHA, ▪ n. m. [piʀana] (mot tupi) Petit poisson carnivore, très vorace, vivant en bande notamment dans les fleuves d'Amérique du Sud. *Des piranhas.*

PIRATAGE, ▪ n. m. [piʀataʒ] (*pirater*) ▷ Action de pirater, acte de piraterie. ◁ ▪ Action de dupliquer au moyen d'un système informatique sans y être autorisé. *Piratage de logiciels, de* ᴄᴅ. ▪ Action de pénétrer frauduleusement un réseau informatique. *Piratage d'un serveur, d'une ligne téléphonique.*

PIRATE, n. m. [piʀat] (lat. *pirata,* du gr. *peiratês,* brigand) Celui qui n'a de commission d'aucun gouvernement, et qui court les mers pour piller. ◆ Corsaire barbaresque. *Les pirates d'Alger, de Tripoli* [1]. ◆ **Fig.** Tout homme qui s'enrichit aux dépens d'autrui. ◆ *Pirate de l'air,* individu qui détourne un avion. ▪ **Inform.** Personne qui copie illégalement un logiciel ou qui s'introduit illégalement dans un système informatique. ▪ **Adj.** Qui est illicite, clandestin. *Un logiciel pirate.* ◆ Rᴇᴍ. 1 : *Barbaresque* est un ancien terme qui désignait les habitants de la Libye et du Maghreb actuels.

PIRATER, v. intr. [piʀate] (*pirate*) Exercer le brigandage sur mer. ◆ *Pirater au-delà de la ligne,* se disait des pirateries qui se commettaient au-delà de la ligne, et qui, à cette distance, n'étaient pas considérées comme telles. ▪ V. tr. Copier illégalement une œuvre. *Pirater de la musique.*

PIRATERIE, n. f. [piʀat(ə)ʀi] (*pirate*) Métier de pirate. *Exercer la piraterie.* ◆ Acte de pirate. ◆ **Fig.** Toute sorte de pillerie. *S'enrichir par des pirateries.* ◆ **Fig.** Plagiat.

PIRE, adj. [piʀ] (lat. *pejor,* comparatif de *malus,* mauvais) Plus mauvais, plus dommageable, plus nuisible, en parlant des personnes et des choses. « *Souvent la peur d'un mal nous conduit dans un pire* », Bᴏɪʟᴇᴀᴜ. ◆ *Le remède est pire que le mal,* se dit, au propre, d'un remède qui fait plus souffrir que le mal, et au fig. de tout ce qui empire une condition sous prétexte de l'amender. ◆ **N. m.** *Avoir du pire,* avoir le dessous. ◆ Avec l'article défini ou un pronom possessif, il devient superlatif. « *Notre condition jamais ne nous contente ; La pire est toujours la présente* », Lᴀ Fᴏɴᴛᴀɪɴᴇ. ◆ Il est encore superlatif avec *de* pris partitivement. « *Ils prennent de la cour ce qu'elle a de pire* », Lᴀ Bʀᴜʏèʀᴇ. ◆ **N. m.** *Le pire,* ce qu'il y a de plus mauvais. ◆ Ne confondez pas *pire* dans les emplois précédents. *Pire* est un adjectif qui ne s'emploie substantivement qu'avec l'article défini.

PIRIFORME, adj. [piʀifɔʀm] (lat. *pirum,* poire, et *-forme*) **Anat.** et **bot.** Qui a la forme d'une poire.

PIROGUE, n. f. [piʀɔg] (caraïbe *piraugue*) Nom donné par les Européens à toutes les embarcations faites d'un seul arbre creusé, à tous les canots légers, longs, rapides, dont se servent les naturels des deux Indes.

PIROGUIER, ▪ n. m. [piʀɔgje] (*pirogue*) Conducteur de pirogue.

PIROJKI, ▪ n. m. [piʀɔʃki] (*j* se prononce *ch.* Mot russe *pirozhki*) **Cuis.** Spécialité culinaire russe en forme de petite bourse de pâte oblongue farcie le plus souvent de viande, de chou, de riz ou de poisson. *Pirojki au saumon, aux choux. Des pirojkis.*

PIROLE ou **PYROLE,** n. f. [piʀɔl] (lat. *pirola,* de *pirus,* poirier) Plante de la famille des bruyères, dont les feuilles ressemblent à celles du poirier.

PIROPLASMOSE, ▪ n. f. [piʀɔplasmoz] (lat. *pirum,* poire, et *-plasme*) Maladie pouvant être mortelle, transmise par les tiques aux animaux.

PIROUETTE, n. f. [piʀwɛt] (prob. altér. de *pirouelle,* toupie, d'apr. *girouette*) Petit morceau de bois plat et rond, traversé par un pivot sur lequel on le fait tourner. ◆ Tour entier ou demi-tour qu'on fait de tout le corps, en se tenant sur la pointe d'un seul pied. ◆ Un ou plusieurs tours qu'un danseur fait sur la pointe des pieds sans changer de place. ◆ **Fig.** et **fam.** *Répondre par des pirouettes,* répondre à un discours sérieux par des plaisanteries. ◆ ▷ **Fig.** *Payer ses créanciers en pirouettes,* leur échapper par des faux-fuyants. ◁ ◆ Mouvement dans lequel le cheval tourne sur lui-même, sans changer de place. ◆ Tout mouvement en rond. ▪ **Fig.** Changement brusque d'opinion.

PIROUETTEMENT, n. m. [piʀwɛt(ə)mã] (*pirouetter*) Succession de pirouettes.

PIROUETTER, v. intr. [piʀwete] (*pirouette*) Faire une ou plusieurs pirouettes ◆ ▷ **Fig.** *Il n'a fait que pirouetter pendant deux heures,* il n'a fait que répéter les mêmes choses. ◁ ◆ Faire faire des tours, des pirouettes à son cheval. ◆ Il se dit de mouvements en rond comparés à ceux d'une pirouette. « *Des tourbillons qui bouleversent les flots de la mer et font pirouetter les bateaux* », Bᴜғғᴏɴ. ◆ *Faire pirouetter quelqu'un,* le faire tourner ◆ ▷ **Fig.** et **fam.** Errer çà et là. ◁

PIRRHONIEN, PIRRHONISME, [piʀɔnjẽ, piʀonism] Voy. ᴘʏʀʀʜᴏɴɪᴇɴ, etc.

1 **PIS,** adv. [pi] (lat. *pejus*) de l'adverbe *mal.* Plus mal, d'une manière plus mauvaise. *Ils sont pis que jamais ensemble.* « *Il ne m'en sera jamais ni pis ni mieux* », Lᴀ Bʀᴜʏèʀᴇ. ◆ **N. m.** *Dire pis,* dire pis, ce qui peut arriver de plus fâcheux. ◆ **AU PIS-ALLER,** loc. adv. En mettant les choses au pis. ◆ Ce qui sert à défaut de mieux. « *La vertu n'est pas un pis-aller* », Mᴀssɪʟʟᴏɴ. ◆ *Être le pis-aller de quelqu'un,* être la personne à qui il s'adresse pour quelque chose lorsqu'il n'a pas trouvé une autre personne de qui il pût l'obtenir. ◆ ▷ *Pis* se prend quelquefois adjectivement, mais ne se joint jamais à un substantif ; il signifie plus mauvais. « *Que m'offrirait de pis la fortune ennemie ?* », P. Cᴏʀɴᴇɪʟʟᴇ ◁ ◆ ▷ **N. m.** *Le pis,* ce qu'il y a de plus mauvais. « *Ce fut là le pis de l'aventure,* » Lᴀ Fᴏɴᴛᴀɪɴᴇ. ◁ ◆ *Tout le pis, le pis du pis,* tout ce qu'il y a de plus mauvais. ◆ ▷ *Faire du pis qu'on peut,* faire le plus de mal qu'on peut. ◁ ◆ ▷ *Mettre quelqu'un au pis,* lui dire par manière de défi pour marquer à un homme qu'on ne le craint point, quelque mauvaise volonté qu'il ait. ◁ ◆ ▷ *Mettre les choses au pis,* supposer tout ce qui peut arriver de plus fâcheux. ◁ ◆ ▷ *Prendre les choses au pis,* les envisager dans le pire état où elles puissent être. ◁ ◆ ▷ *Pis* (sans article), chose plus mauvaise. « *C'est à qui pis fera, à qui pis dira* », Mᴍᴇ ᴅᴇ Séᴠɪɢɴé. « *Vous avez bien fait pis aux Français que de répandre leur sang ; vous avez corrompu le fond de leurs mœurs* », Féɴᴇʟᴏɴ. ◁ ◆ ▷ *Dire à quelqu'un pis que son nom,* l'injurier. ◁ ◆ ▷ *Mettre à faire pis* ou *à pis faire,* défier de faire plus de mal ou de faire plus mal. ◁ ◆ ▷ *Qui pis est,* ce qu'il y a de plus fâcheux et de plus désagréable. ◁ ◆ **DE MAL EN PIS, DE PIS EN PIS,** loc. adv. De plus mal en plus mal. ◆ *Tant pis,* Voy. ᴛᴀɴᴛ.

2 **PIS,** n. m. [pi] (lat. *pectus,* poitrine) Mamelle d'une vache, d'une chèvre, etc. ◆ **Bouch.** Partie inférieure du ventre du bœuf dans toute la longueur du dessous de l'animal.

PIS-ALLER, ▪ n. m. [pizale] (1 *pis* et *aller*) Voy. ᴘɪs.

PISAN, ANE, ■ n. m. et n. f. [pizɑ̃, an] (*Pise*, ville d'Italie) Originaire ou habitant de la ville de Pise. ■ Adj. *Le Duomo à Milan est un archétype de la sculpture pisane.*

PISCICOLE, ■ adj. [pisikɔl] (lat. *piscis*, poisson, et *-cole*) Relatif à la pisciculture. *La faune piscicole du bassin méditerranéen est très importante.*

PISCICULTEUR, TRICE, ■ n. m. et n. f. [pisikyltœr, tʀis] (*pisciculture*) Personne qui élève des poissons pour les vendre.

PISCICULTURE, n. f. [pisikyltyʀ] (lat. *piscis*, poisson, et *-culture*) Art d'élever et de multiplier les poissons. ◆ En particulier, les procédés de fécondation artificielle des poissons.

PISCIFORME, ■ adj. [pisifɔʀm] (lat. *piscis*, poisson, et *-forme*) En forme de poisson. *Elle portait un magnifique pendentif pisciforme en turquoise.*

PISCINE, n. f. [pisin] (lat. *piscina*, vivier, de *piscis*, poisson) **Antiq.** Vivier où les anciens nourrissaient du poisson. ◆ *Piscine probatique*, Voy. PROBATIQUE. ◆ Fig. Fonts baptismaux. ◆ Lieu où l'on jette l'eau des ablutions, et les cendres des ustensiles ecclésiastiques qu'on brûle lorsqu'ils ne peuvent plus servir. ◆ Appareil ou bassin de pisciculture. ■ Bassin où l'on pratique la natation. *Piscine municipale. Piscine couverte. Aller à la piscine. Faire creuser une piscine dans son jardin.*

PISCIVORE, ■ adj. [pisivɔʀ] (lat. *piscis*, poisson, et *-vore*) **Zool.** Qui se nourrit de poisson. *Oiseau piscivore. Prédateur piscivore.*

PISÉ, n. m. [pize] (*piser*) Genre de construction qui s'exécute avec des espèces de grandes briques faites de terre argileuse, corroyée et refoulée dans des moules de bois.

PISER, v. tr. [pize] (lat. class. *pinsare*, broyer) Battre la terre entre deux planches pour la rendre plus compacte.

PISOLITE ou **PISOLITHE**, ■ n. f. [pizolit] (lat. *pisum*, pois, et *-lithe*) Corps solide calcaire dont le volume n'excède généralement pas celui d'un pois.

PISOLITIQUE ou **PISOLITHIQUE**, ■ adj. [pizolitik] (*pisolite*) Qui est constitué de pisolites. *Une surface pisolitique.*

PISSALADIÈRE, ■ n. f. [pisaladjɛʀ] (niçois *pissaladiero*, du provenç. *peis*, poisson, et *sala*, salé) Galette de pâte à pain recouverte de purée d'oignons, d'anchois et d'olives et cuite au four. *Les pissaladières de Nice.*

PISSASPHALTE, ■ n. m. [pisasfalt] (gr. *pissasphaltos*) Bitume mollasse de couleur noire et d'une odeur forte et pénétrante.

PISSAT, n. m. [pisa] (*pisser*) Urine des animaux. ◆ Il se dit de l'urine de l'homme, par terme de mépris.

PISSE, ■ n. f. [pis] (*pisser*) **Vulg.** Urine. *Ça pue la pisse ici.* ■ *Pisse d'âne, pisse de chat*, boisson de mauvaise qualité. *C'est de la pisse d'âne, ton café!*

PISSE-FROID, ■ n. m. inv. [pis(ə)fʀwa] (*pisser* et *froid*) **Fam.** Personne dénuée de chaleur humaine, d'humour. *Des pisse-froid.* ■ Adj. *Ce qu'il est pisse-froid, celui-là!*

PISSEMENT, n. m. [pis(ə)mɑ̃] (*pisser*) **Méd.** Action de pisser. ◆ *Pissement de sang*, évacuation de sang par les urines.

PISSENLIT, n. m. [pisɑ̃li] (*pisser*, en et *lit*) ▷ **Pop.** Enfant qui pisse au lit. ◁ ◆ Au pl. *Des pissenlits.* ◆ **Bot.** Genre de la famille des composées. ◆ Plante dont les feuilles se mangent en salade ; ainsi dite parce que l'eau dans laquelle on en a fait bouillir les feuilles est diurétique.

PISSER, v. intr. [pise] (lat. pop. *pissiare*, d'orig. onomat.) Uriner. ◆ V. tr. *Pisser le sang*, rendre le sang par les urines. ◆ **Fam.** Laisser s'échapper un liquide. *Sa plaie pissait le sang.* ■ **Très fam.** *Ne plus se sentir pisser*, être très satisfait de soi. ■ **Fam.** *Pisser de la copie*, rédiger abondamment.

PISSEUR, EUSE, n. m. et n. f. [pisœʀ, øz] (*pisser*) Celui, celle qui pisse souvent. ■ **Vulg.** Gamin, gamine. *Je ne vais pas me laisser insulter par cette pisseuse !* ■ **Fam.** *Pisseur de copie*, écrivain ou journaliste de peu de talent qui écrit abondamment.

PISSEUX, EUSE, adj. [pisø, øz] (*pisser*) Qui a l'odeur, l'apparence de l'urine. ◆ *Couleur pisseuse*, couleur comme gâtée par l'urine. *Une étoffe pisseuse.*

PISSOIR, n. m. [piswaʀ] (*pisser*) Lieu établi dans un endroit public pour y pisser. ■ REM. On dit plutôt auj. *une pissotière.*

PISSOTER, v. intr. [pisote] (*pisser*) Uriner peu et fréquemment.

PISSOTIÈRE, n. f. [pisotjɛʀ] (*pisser*) Pissoir. ◆ Fig. Petit jet d'eau ; fontaine qui fournit peu d'eau. ◆ ▷ Trous obliques percés dans la muraille du navire, pour l'écoulement des eaux. ◁ ■ Voy. PISSOIR.

PISTACHE, n. f. [pistaʃ] (lat. *pistacium*, du gr. *pistakion*) Amande du fruit du pistachier. ◆ Amande du pignon. ◆ Dragée faite avec cette amande.

PISTACHIER, n. m. [pistaʃje] (*pistache*) Genre de la famille des térébinthacées. ◆ En particulier, arbre qui porte les pistaches. ◆ *Faux pistachier* ou *pistachier sauvage*, le staphylier.

PISTE, n. f. [pist] (ital. *pista*, du lat. tard. *pistare*, fouler aux pieds) Trace des animaux sur le sol où ils ont marché. *La piste du lièvre.* ◆ En parlant du cerf, on dit *la voie* ; du sanglier, *la trace.* ◆ Traces suivant une ligne droite ou courbe laissées par le cheval sur le terrain qu'il parcourt. ◆ En termes de course, la ligne marquée que les chevaux doivent parcourir. ◆ Il se dit des traces laissées par l'homme qui marche. ◆ **Fig.** *Suivre quelqu'un à la piste, suivre la piste de quelqu'un*, l'imiter, suivre son exemple. ◆ ▷ Fig. *Perdre la piste*, ne pas se conformer à. « *Faisons si bien qu'on ne perde pas, s'il se peut, la piste de l'Évangile* », BOSSUET. ◁ ◆ **Fig.** Recherche de quelqu'un ou de quelque chose. *Se lancer à la piste de quelqu'un.* ■ Endroit aménagé pour des courses sportives. *La piste d'un stade.* ■ Emplacement circulaire où se produisent les artistes d'un cirque. *En piste !* ■ Endroit où l'on danse. *La piste d'une discothèque.* ■ Parcours aménagé et réservé à la pratique d'un sport, d'une activité. *Une piste cyclable. Une piste de ski.* ■ Terrain où les avions décollent et atterrissent. ■ Chemin, route de terre. *Une piste dans le désert.* ■ **Techn.** Zone d'un support magnétique sur laquelle sont enregistrées des informations. *Chaque chanson est sur une piste du CD.* ■ REM. On ne dit plus *se lancer sur la piste de quelqu'un*, mais *se lancer sur la trace de quelqu'un.*

1 **PISTER**, ■ v. tr. [piste] (*piste*) Suivre quelqu'un pour surveiller ses moindres faits et gestes.

2 **PISTER**, ■ v. tr. [piste] (lat. tard. *pistare*, piler, broyer) **Pharm.** et **cuis.** Pilonner dans un mortier différentes substances pour en constituer une pâte homogène. *Pister de l'ail dans de l'huile d'olive pour préparer l'aïoli.*

PISTEUR, ■ n. m. [pistœʀ] (1 *pister*) Personne dont le métier est de surveiller et d'entretenir les pistes de ski.

PISTIL, n. m. [pistil] (on prononce le *l* final ; lat. *pistillus*, pilon, par anal. avec la forme du pilon) Organe dans les plantes, qui occupe ordinairement le centre de la fleur et se change en fruit.

PISTILLAIRE, adj. [pistilɛʀ] (*ill* se prononce il, comme dans *ville*. *Pistil*) **Bot.** Qui a rapport au pistil.

PISTILLÉ, ÉE ou **PISTILLIFÈRE**, adj. [pistile, pistilifɛʀ] (*ill* se prononce il, comme dans *ville*. *Pistil* et *-fère*) **Bot.** Qui porte ou renferme un pistil. *Fleur pistillée.*

PISTOLE, n. f. [pistɔl] (mot all. *Pistole*, du tchèque *pichtal*, petite arquebuse) Pièce d'or qui était battue au coin d'Espagne ou de quelques villes d'Italie, et qui en France valait onze livres et quelques sous. ◆ En France, terme de compte qui se disait de dix livres tournois, et qui se dit aujourd'hui de dix francs. ◆ Dans les prisons, chambre à part et autres commodités qu'un prisonnier obtient en payant. ◆ N. f. pl. Pruneaux de Brignoles.

PISTOLET, n. m. [pistolɛ] (*pistole*) La plus courte des armes à feu portatives. ◆ *Pistolet d'arçon*, grand pistolet qui se porte à l'arçon de la selle. ◆ *Pistolet de poche*, pistolet assez petit pour être mis dans la poche. ◆ ▷ *Faire le coup de pistolet*, se dit d'un cavalier qui sort des rangs et va défier quelqu'un des ennemis. ◁ ◆ Fig. *Il a tiré son coup de pistolet*, il a dit son mot dans une discussion, dans une dispute ; il a dit quelque chose de vif, de piquant. ◁ ◆ Fig. *Tirer des coups de pistolet dans la rue*, chercher à attirer l'attention par des paradoxes. ◁ ◆ ▷ *Si ses yeux étaient des pistolets, il le tuerait*, se dit d'un homme qui lance à un autre des regards menaçants. ◆ Fig. et pop. Un original, un homme fort bizarre. ◆ **Phys.** *Pistolet de Volta*, vase cylindrique en fer-blanc verni ou en laiton, portant une armature sur une de ses parois, qu'on remplit de gaz détonant et qu'on décharge ensuite à l'aide d'une étincelle électrique. ■ Pulvérisateur de peinture. *Peindre au pistolet.* ■ Urinal.

PISTOLET-MITRAILLEUR, ■ n. m. [pistolɛmitʀajœʀ] (*pistolet* et *mitrailleur*) Arme à feu portative permettant le tir par rafales. *Des pistolets-mitrailleurs.*

PISTON, n. m. [pistɔ̃] (lat. *pistare*, broyer) Organe mécanique, en forme de cylindre très court, remplissant exactement une certaine portion de la capacité d'un tube dans lequel il exécute un mouvement de va-et-vient. *Le piston d'une pompe.* ◆ *Jeu du piston, course du piston*, le chemin parcouru par le piston. ◆ *Fusil à piston*, fusil dont le chien en forme de marteau frappe sur un grain de poudre fulminante qui enflamme la charge. ◆ **Mus.** *Cornet à piston* ou simplement *piston*, Voy. CORNET Il y a aussi *des cors, des trompettes à piston.* ◆ *Piston*, celui qui joue du cornet à piston. ◆ **Fontainier** La pièce mouvante d'une soupape de fond. ■ **Fam.** Appui dont bénéficie une personne pour accéder à un poste, obtenir quelque chose. *Elle a eu la place par piston.*

PISTONNER, ■ v. tr. [pistone] (*piston*) **Fam.** Favoriser la candidature de quelqu'un à un poste en le recommandant expressément. « *Il l'informa de son désir de passer dans l'intendance, et lui demanda de le "pistonner", le moment venu* », ROMAINS.

PISTOU, ■ n. m. [pistu] (anc. provenç. *pistar*, broyer, du lat. *pistare*) Purée de basilic broyé avec de l'ail, du parmesan et de l'huile d'olive. *Soupe, pâtes au pistou.*

PITA, ■ n. m. [pita] (gr. mod. *pitta, pêtta*, galette) Spécialité d'origine libanaise consistant en une fine galette creuse de pain sans levain. *À l'origine le pain pita accompagnait les falafels. Des pitas.* ■ **Par extens.** Sandwich composé de pain pita fendu et fourré d'ingrédients variés.

PITANCE, n. f. [pitɑ̃s] (lat. médiév. *pietantia*, du lat. *pietas*, piété) La portion qu'on donne à chacun à chaque repas dans les communautés. ♦ **Pop.** *Aller à la pitance*, aller chercher les provisions. ♦ **Par extens.** Ce qu'il faut pour un repas d'une personne. ♦ **Pop.** La chair ou le poisson qu'on mange dans le repas outre le pain.

PITAUD, AUDE, n. m. et n. f. [pito, od] (orig. incert.) ▷ Nom des paysans qui formaient les compagnies à pied dans les armées du Moyen Âge. Homme, femme de la campagne, de lourde structure. ♦ Personne courte d'esprit. ◁

PITBULL, ■ n. m. [pitbul] ou [pitbyl] (mot angl., de *pit*, arène, et *bull*, taureau) Chien proche du bouledogue, réputé pour son agressivité. *Une loi de 1999 règlemente la détention de pitbulls.*

PITCH, ■ n. m. [pitʃ] (angl. *to pitch*, enfoncer) **Sp.** Impact provoqué par la chute de la balle sur le green au golf. *Des pitchs.* ■ **Inform.** Distance séparant deux pixels sur un écran. *Le pitch est dépendant de la taille et de la résolution de l'écran.* ■ **Cin.** Résumé et fiche technique d'un film. ■ **Par extens.** *Faire le pitch*, résumer l'histoire d'un film.

PITCHOUN, OUNE ou **PITCHOUNET, ETTE**, ■ n. m. et n. f. [pitʃun, pitʃunɛ, ɛt] (mot prov., petit) **Fam.** Enfant en bas âge, jeune enfant. « *Tu viendrais chez moi un mois d'temps que j'f'en f'rais goûter chaque jour du pas pareil, mon pitchoun* », Barbusse. S'emploie le plus souvent comme appellatif affectueux. *Allez les pitchouns, au lit.*

PITCHPIN, ■ n. m. [pitʃpɛ̃] ou [piʃpɛ̃] (mot angl., de *pitch*, poix, et *pin*, pin) Variété de pins qui pousse généralement en Amérique du Nord. *Une armoire en pitchpin.*

1 **PITE**, n. f. [pit] (lat. médiév. *picta*, petite monnaie frappée à Poitiers) Petite monnaie de cuivre, qui valait le quart d'un denier.

2 **PITE**, n. f. [pit] (esp. *pita*) Nom vulgaire donné à l'agavé américain. Nom américain de la filasse qu'on prépare avec les feuilles de diverses espèces d'agavés et d'aloès. ♦ En ce dernier sens on le fait masculin. *Le pite est bon.*

PITEUSEMENT, adv. [pitøz(ə)mɑ̃] (*piteux*) De manière à exciter la pitié. ♦ Il ne s'emploie plus que par plaisanterie pour peindre un chagrin ridicule. *Se lamenter piteusement.*

PITEUX, EUSE, adj. [pitø, øz] (lat. tard. *pietosus*, du lat. *pietas*, piété) Digne de pitié, de compassion (usité, en ce sens, dans le style noble, et encore rarement). « *Le piteux jouet de tant de changements* », P. Corneille. ♦ Dans le style familier, qui a l'air à la fois malheureux et ridicule. *Ton piteux. Une piteuse figure.* ♦ N. m. et n. f. *Faire le piteux*, se lamenter sans sujet. ♦ *Faire piteuse chère*, dîner mal.

PITHÉCANTHROPE, ■ n. m. [pitekɑ̃trɔp] (gr. *pithêkos*, singe, et *anthrôpos*, homme) Mammifère primate fossile présentant à la fois des caractères communs aux grands singes d'aujourd'hui et à l'homme.

PITHIATISME, ■ n. m. [pitjatism] (gr. *peithein*, persuader, et *iatos*, guérissable) **Psych.** Symptôme fonctionnel sans cause organique qui peut apparaître et disparaître par la simple suggestion ou la persuasion. *Une paralysie due à un pithiatisme.*

PITHIVIERS, ■ n. m. [pitivje] (*Pithiviers*, ville du Loiret) Gâteau composé de crème d'amandes entre deux disques, deux couches de pâte feuilletée. *Le pithiviers est plus connu sous le nom de galette des rois.* ■ Fromage au lait de vache à pâte molle. *Le pithiviers a un goût assez proche de celui du coulommiers.*

PITIÉ, n. f. [pitje] (lat. *pietas*) Sentiment qui saisit à la vue des souffrances et qui porte à les soulager. ♦ *Par pitié*, par un sentiment qui porte à plaindre et à soulager. « *Il se croit quelque enfant rejeté par sa mère À qui j'ai par pitié daigné servir de père* », Racine. ♦ **Fig.** « *Par pitié de ma gloire* », P. Corneille. ♦ *Sans pitié*, d'une façon inexorable. « *Les dieux l'ont traité sans pitié* », Fénelon. ♦ *Prendre pitié*, être saisi de pitié. ♦ *Avoir pitié*, éprouver le sentiment de la pitié. « *Pauvres gens, je les plains ; car on a pour les fous plus de pitié que de courroux* », La Fontaine. ♦ *Faire pitié*, inspirer le sentiment de la pitié. ♦ *Regarder en pitié*, jeter un regard de pitié. ♦ *C'est une pitié, c'est grand-pitié, c'est grand-pitié, cela est digne de pitié.* ♦ ▷ *C'est grande pitié, c'est grand pitié que de nous*, la condition humaine est sujette à beaucoup de misères. ◁ ♦ *Pitié* se dit quelquefois en un sens où il entre quelque mépris. *Regarder, parler, traiter avec une pitié offensante, insultante.* ♦ *C'est pitié, c'est une pitié*, cela excite un certain dédain. ♦ *Avoir*

pitié de, regarder en pitié, avoir du dédain pour. ♦ *Faire pitié*, exciter une pitié mêlée de dédain. ♦ *Raisonner, chanter à faire pitié*, très mal. ♦ *Quelle pitié !* c'est-à-dire que la chose mérite de dédain ! *Quelle pitié !* c'est-à-dire quelle chose inexcusable ! ♦ *De pitié*, avec un sentiment de dédain. *Sourire de pitié.* ■ **Prov.** *Il vaut mieux faire envie que pitié.* ■ *Par pitié*, de grâce. *Par pitié, arrêtez et de vous plaindre sans cesse.*

PITON, n. m. [pitɔ̃] (provenç. *pitar*, picoter, du rad. *pitt-*) Espèce de clou dont la tête est percée en anneau pour retenir des crochets, des verges de fer. ♦ Nom donné, dans les Antilles et ailleurs, aux pointes les plus élevées d'une montagne.

PITOYABLE, adj. [pitwajabl] (*pitié*) Qui est naturellement enclin à la pitié. « *Si le ciel pitoyable eût écouté ma voix* », P. Corneille. ♦ Il se dit en ce sens des sentiments, des regards, etc. « *Je jette encore un œil pitoyable sur vous* », Molière. ♦ Il vieillit en ces emplois. ♦ Qui excite la pitié. « *Je voudrais pouvoir me dispenser de vous représenter un si pitoyable spectacle* », Fléchier. ♦ N. m. « *Est-il moins dans la nature de s'attendrir sur le pitoyable que d'éclater sur le ridicule ?* », La Bruyère. ♦ Méprisable, mauvais dans son genre. « *Quels pitoyables vers !* », Boileau. ♦ *Cela est pitoyable*, se dit d'un acte, d'une parole qui ne mérite aucune attention sérieuse. ♦ Il se dit aussi des personnes. *Poète pitoyable.*

PITOYABLEMENT, adv. [pitwajabləmɑ̃] (*pitoyable*) D'une manière qui excite la compassion. ♦ D'une manière qui excite le mépris.

PITRE, n. m. [pitr] (prob. var. dial. de *piètre*) Anciennement, *un bon pitre*, un bon homme. ♦ Aujourd'hui, dans le langage populaire, aide, serviteur d'escamoteur ou de saltimbanque. ♦ **Fig.** Bouffon, mauvais plaisant.

PITRERIE, n. f. [pitrəri] Acte fait dans le but d'amuser son entourage. *Les pitreries d'un jeune enfant.*

PITTORESQUE, adj. [pitɔrɛsk] (ital. *pittoresco*, du lat. *pictor*, peintre) Qui concerne la peinture. *La composition pittoresque.* ♦ Il se dit de tout ce qui se prête à faire une peinture bien caractérisée, et qui frappe et charme les yeux et l'esprit. *Des expressions pittoresques. Un effet pittoresque.* ♦ On dit d'une physionomie, d'un vêtement, d'un site, qu'ils sont pittoresques, lorsque leur beauté ou leur caractère les rendent dignes ou du moins susceptibles d'être représentés en peinture. ♦ Plus particulièrement, se dit de ce qui résulte, en peinture, de l'opposition des lignes et du contraste brusque de la lumière et des ombres. ♦ Il se dit dans un sens analogue des œuvres littéraires. *Style pittoresque.* ♦ **Libr.** Se dit de certaines publications ornées de gravures. *Édition pittoresque. Le Magasin pittoresque.* ♦ N. m. Tout ce qui contribue à faire une peinture bien caractérisée. *Le pittoresque d'un site.* ■ Original, fantaisiste, vivant. *Une ville, une personne pittoresque.*

PITTORESQUEMENT, adv. [pitɔrɛskəmɑ̃] (*pittoresque*) D'une manière pittoresque.

PITTOSPORUM, ■ n. m. [pitosporɔm] (mot lat., du gr. *pitta*, poix, et *spora*, semence) Petit arbuste au feuillage persistant originaire de Nouvelle-Zélande.

PITUITAIRE, adj. [pitɥitɛr] (*pituite*) **Méd.** Qui a rapport à la pituite. ♦ **Anat.** Membrane pituitaire ou simplement *la pituitaire*, membrane muqueuse qui tapisse les cavités nasales dans toute leur étendue.

PITUITE, n. f. [pitɥit] (lat. *pituita*, mucus, humeur) **Méd.** Humeur blanche et visqueuse, sécrétée par certains organes, et particulièrement celle qui vient du nez et des bronches. ♦ Liquide aqueux et filant qui est rejeté, soit par l'expectoration, soit par une sorte de régurgitation, soit par le vomissement. ♦ **Au pl.** Rejet, chaque matin, de mucosités qui viennent de l'estomac. ♦ Suivant les anciens, une des quatre humeurs fondamentales du corps.

PITUITEUX, EUSE, adj. [pitɥitø, øz] (lat. *pituitosus*) Qui abonde en pituite. *Un vieillard, un tempérament pituiteux.* ♦ N. m. et n. f. Celui, celle dont le tempérament est pituiteux.

PITYRIASIS, n. m. [pitirjazis] (gr. *pituriasis*) **Méd.** Affection chronique de la peau, caractérisée par de petites taches roses souvent à peine visibles, et suivie d'une desquamation permanente de l'épiderme.

PIVE, ■ n. f. [piv] (lat. *pipa*, flûte) **Savoie** et **Suisse** Pomme de pin.

PIVERT, n. m. [pivɛr] (1 *pic* et *vert*) Oiseau à plumage jaune et vert, du genre des pics.

1 **PIVOINE**, n. f. [pivwan] (lat. *pæonia*, du gr. *paiônia*) Genre de la famille des renonculacées. ♦ Nom vulgaire du *pæonia officinalis*. ♦ *Rose pivoine*, pivoine rose. ♦ *Pivoine en arbre.* ■ *Ressembler à une pivoine, rougir comme une pivoine*, avoir le visage qui s'empourpre. *Elle a rougi comme une pivoine lorsqu'il lui a dit qu'il la trouvait jolie.* ■ Adj. inv. D'un rose rappelant celui de la pivoine. *Des draps pivoine.*

2 **PIVOINE**, n. m. [pivwan] (1 *pivoine*, par anal. de couleur) La pirrhule vulgaire (oiseaux granivores), plus connue sous le nom de bouvreuil. ♦ On le fait aussi féminin. *Grosse-pivoine* ou *dur-bec*.

PIVOT, n. m. [pivo] (orig. incert.) Morceau arrondi de bois ou de métal sur lequel tourne quelque chose. ♦ **Par extens.** « *Le cou, sur lequel la tête est posée et qui paraît comme un pivot sur lequel elle tourne* », BOSSUET. ♦ Horlogerie, parties des axes qui portent les roues. ♦ **Bot.** Racine souvent unique, toujours plus considérable que les autres et s'enfonçant perpendiculairement dans le sol. ♦ **Art et milit.** Aile sur laquelle tournent les troupes en exécutant des conversions. ♦ **Fig.** Principal soutien, principal mobile. « *La sage conduite roule sur deux pivots, le passé et l'avenir* », LA BRUYÈRE. ♦ ▷ *Tourner toujours sur le même pivot*, mener une vie uniforme. ◁ ♦ **Vén.** Les deux qui portent le cerf, du daim, etc. ♦ Tige qui supporte une prothèse dentaire. *Une dent sur pivot.* ♦ **Sp.** Au basket, joueur qui est placé à proximité du panier.

PIVOTANT, ANTE, adj. [pivɔtɑ̃, ɑ̃t] (*pivoter*) **Bot.** Qui s'enfonce perpendiculairement en terre, en parlant d'une racine. ▪ Qui pivote. *Une armoire, une chaise pivotante.*

PIVOTEMENT, ▪ n. m. [pivɔt(ə)mɑ̃] (*pivoter*) Action de pivoter. *Le pivotement de la meule sur son axe. Le pivotement du skieur, skis parallèles au-dessus de la neige.*

PIVOTER, v. intr. [pivote] (*pivot*) Tourner sur un pivot, comme un pivot. ♦ S'enfoncer perpendiculairement en terre, en parlant des racines. *Le chêne pivote.* ♦ *Pivoter un arbre*, l'abattre en pivotant ou en pivot, l'abattre avec une partie de son pivot pour donner plus de longueur à la tige. ▪ Tourner sur soi-même. *Ils pivotèrent sur leur talon en l'entendant arriver derrière eux.* ▪ **Milit.** En parlant d'une armée, effectuer un mouvement tournant. *La troupe pivota rapidement sur la droite.*

PIXEL, ▪ n. m. [piksɛl] (mot angl., abrév. de *picture element*) **Électron.** Élément de base d'une image ou d'un écran. *Un écran peut afficher les images en 800 par 600 pixels.*

PIZZA, ▪ n. f. [pidza] (mot it., d'orig. incert.) Mets d'origine italienne composé d'une galette de pâte à pain garnie de tomates et de divers autres ingrédients que l'on fait cuire au four. *Une pizza aux quatre fromages. Pizzas à emporter.*

PIZZAIOLO, OLA, ▪ n. m. et n. f. [pidzajolo, ola] (mot it., de *pizza*) Personne dont le métier est la fabrication de pizza. *Des pizzaiolos* ou *des pizzaioli* (pluriel italien).

PIZZERIA ou **PIZZÉRIA**, ▪ n. f. [pidzerja] (mot it., de *pizza*) Restaurant où l'on peut manger des pizzas ou des spécialités italiennes.

PIZZICATO, n. m. [pidzikato] (mot it., de *pizzicare*, pincer) **Mus.** Mot italien signifiant pincé qu'on écrit abrégé *pizz.* dans les parties d'instruments à cordes, devant les passages qui, au lieu d'être joués avec l'archet, doivent être pincés avec les doigts. ♦ **Adv.** *Jouer pizzicato.* ▪ **Au pl.** *Des pizzicatos* ou *des pizzicati* (pluriel italien).

PLACAGE, n. m. [plakaʒ] (*plaquer*) Action, art de plaquer. ♦ Sorte de menuiserie qui consiste à placer du bois scié par feuilles sur des fonds faits de moindre bois, et à le coller par compartiments. ♦ **Fig. et fam.** Se dit, en littérature et en musique, des parties faites en dehors du plan régulier de l'œuvre totale. ♦ Mortier fait avec de la terre grasse.

PLAÇAGE, n. m. [plasaʒ] (*placer*) Action de placer. ♦ **Admin.** Distribution des places dans un marché ou une foire, etc.

PLACARD, n. m. [plakaʀ] (*plaquer*) Ce qu'on plaque. ♦ **Fam.** Ce qui est appliqué en plaquant, tas, amas. *Se mettre un placard de pommade.* ♦ Se dit de l'assemblage de menuiserie qui forme la porte d'un appartement ou d'une armoire. ♦ **Par extens.** L'armoire elle-même, quand elle est creusée dans la muraille. ♦ Écrit ou imprimé affiché dans les places et les rues pour donner un avis au public. ♦ Affiche indicative de biens à vendre judiciairement. ♦ Écrit injurieux ou séditieux appliqué au coin des rues, ou répandu parmi le peuple. ♦ **Impr.** Composition imprimée par colonnes et sans pagination. ▪ *Placard publicitaire*, publicité qui occupe un espace important dans un journal, une revue. ▪ **Fam.** Poste sans responsabilité où l'on relègue un salarié. ▪ *Mettre au placard*, mettre à l'écart.

PLACARDÉ, ÉE, p. p. de placarder. [plakaʀde]

PLACARDER, v. tr. [plakaʀde] (*placard*) **Fam.** Appliquer en plaque, mettre en amas au lieu d'étaler. *Placarder de la couleur, de la pommade.* ♦ **Constr.** Pratiquer un placard. ♦ Monter un placard. ♦ Masquer par un placard. ♦ Afficher un placard. ♦ *Placarder quelqu'un*, afficher contre lui un placard injurieux. ♦ **Par extens.** Diffamer par des écrits. ♦ **Typogr.** Mettre en placard.

PLACE, n. f. [plas] (lat. class. *platea*, rue large, place publique, du gr. *plateia*) Espace, lieu public découvert et environné de bâtiments. *Place publique.* ♦ ▷ *Place de fiacres, de cabriolets*, endroit où stationnent les voitures à l'usage du public. *Une voiture de place.* ◁ ♦ *Place marchande*, place commode pour vendre de la marchandise. ♦ *Place d'armes*, terrain libre et spacieux où s'assemble le garnison d'une ville de guerre ; dans un camp, lieu

où la troupe campée vient s'assembler. ♦ *Place d'armes* d'une attaque où d'une tranchée, poste où on loge de la cavalerie et de l'infanterie. ♦ *Place d'armes*, ville frontière où est le dépôt principal des vivres, des munitions, etc. ♦ Lieu découvert, espace libre. ♦ *Sur la place*, à terre, par terre. *Un coup de bâton l'étendit sur la place.* ♦ *Demeurer, rester sur la place*, être à terre et y rester étendu, mort ou non, et fig. avoir le dessous. ♦ *Par la place*, à terre, par terre. ♦ **Eaux et forêts** *Places vaines et vagues*, terrains qui ne produisent rien ; vides d'une grande étendue dans une forêt. *Place vide*, clairière sans bois. ♦ Espace qu'occupe ou que peut occuper une personne. *Une place au parterre, à table, dans un wagon, etc.* ♦ **Fig.** *Tenir une grande place*, être un personnage considérable. ♦ *Prendre place*, s'asseoir. ♦ *Demeurer en place*, ne pas bouger. ♦ *Ne pas tenir en place*, aimer à voyager ; s'agiter, marcher par impatience ou par allégresse. ♦ *Tenir la place de*, occuper la place. ♦ *Faire place à quelqu'un*, se ranger afin qu'il passe ; lui donner une place auprès de soi ou lui céder celle qu'on occupe. ♦ *Faire place*. « *Tout fit place à mes armes* », RACINE. ♦ ▷ *Faire faire place*, faire écarter la foule. ◁ ♦ *Se faire place*, écarter pour passer ceux qu'on a devant soi. ♦ *Quitter la place, céder la place*, se retirer. ♦ *Place, place !* rangez-vous, laissez passer. ♦ **EN PLACE**, loc. **Ellipt.** *Restez en place*, ou remettez-vous en place. *En place les danseurs.* On dit de même : *À vos places.* ♦ *Faire place nette*, vider le logement qu'on occupait dans une maison. ♦ *À la place de*, au lieu de. « *La créature adorée à la place du Créateur* », BOSSUET. ♦ **Fig.** *Se mettre en* ou *à la place de quelqu'un*, se supposer dans l'état, la situation où il se trouve. ♦ On dit dans un sens analogue : *Mettre en la place de.* ♦ *À la place de*, en supposant qu'on fût dans la position de celui dont il s'agit. ♦ On dit dans un sens analogue : *Être dans la place de quelqu'un.* ♦ Espace qu'occupe ou que peut occuper une chose. *Ranger chaque chose à sa place, en sa place.* ♦ **Archit.** Emplacement, lieu propre pour bâtir. ♦ *En place*, dans la place qui est destinée à un objet. *Il faut voir les choses en place.* ♦ **Fig.** *Tenir une grande place*, se dit des choses qui prennent une grande part du temps ou de l'intérêt. ♦ *Tenir place de quelque chose*, en être l'équivalent. ♦ *Faire place*, être substitué à. ♦ *Prendre la place de*, succéder à. ♦ **Fig.** *Un esprit hors de sa place*, se dit d'un esprit troublé d'une façon quelconque. ♦ *À la place de*, dans le lieu occupé par. « *Puisque vous ne touchiez jamais à cet argent, Mettez une pierre à la place* ; *Elle vous vaudra tout autant* », LA FONTAINE. ♦ *Laisser place*, permettre. ♦ La situation, le rang qui convient ou appartient à une personne. « *Les places que la postérité donne sont sujettes, comme les autres, aux caprices de la fortune* », MONTESQUIEU. ♦ *Avoir place dans l'histoire*, tenir sa place dans l'histoire, être mentionné, être célèbre dans l'histoire. ♦ *Cet homme n'est pas à sa place*, il n'est pas dans la situation, dans l'emploi qui lui convient. ♦ **Fig.** *Se tenir à sa place, ne pas se tenir à sa place*, observer, ne pas observer les bienséances qu'exige sa condition, son état. ♦ *Tenir sa place*, figurer convenablement, remplir un rôle convenable. ♦ *Remettre quelqu'un à sa place*, lui faire sentir qu'il s'écarte des convenances, des bienséances. ♦ Il se dit, dans un sens analogue, du rang donné aux choses. « *Malherbe... D'un mot mis en sa place enseigna le pouvoir* », BOILEAU. ♦ *Être à sa place*, se dit d'une chose qui est dans de justes convenances. ♦ **Fig.** *Place* se dit de l'intérêt, de l'attachement, de l'estime, de l'amour qui occupent l'esprit, le cœur. *Obtenir une place dans le cœur, dans l'estime de quelqu'un.* ♦ Dignité, fonction, charge, emploi. ♦ *Prendre la place de*, succéder à, remplacer. *Mettre à la place de*, remplacer par. ♦ *Les grandes places*, les hauts emplois dans le gouvernement. ♦ ▷ *Un homme en place*, un homme qui exerce un emploi important dans l'administration. ◁ ♦ *Être en place*, être dans un emploi, dans une charge qui donne de l'autorité, de la considération. ♦ *Perdre sa place*, être destitué. ♦ *Être sans place*, n'avoir point d'emploi. ♦ ▷ *Place* se dit d'un domestique en service. *Une bonne place. Être en place.* ◁ ♦ Rang qu'un élève obtient par sa composition. *Une bonne place. Donner les places.* ♦ Le lieu du change, de la banque ; l'endroit où les négociants s'assemblent pour y traiter les affaires de leur commerce. ♦ ▷ *Avoir du crédit sur la place*, avoir du crédit parmi les gens de banque, de commerce d'une ville. ◁ ♦ ▷ *Jour de place*, un des jours où les négociants d'une ville ont coutume de s'assembler. ◁ ♦ ▷ *Faire la place*, se dit d'un commis qui va dans toute une ville offrir les marchandises de son patron aux autres commerçants ou conclure des traités avec eux. ◁ ♦ **Par extens.** *Place*, tout le corps des négociants, des banquiers d'une ville. ◁ ♦ *Place* se dit d'une ville, d'une localité. ♦ *Place forte* ou *place fortifiée* ou simplement *place*, ville défendue, protégée par des remparts capables de soutenir un siège. ♦ **Fig.** « *Ouvrez mon cœur, Seigneur, entrez dans cette place rebelle que les vices ont occupée* », PASCAL. ♦ *Sur place*, dans le lieu où l'on se trouve ou sur le lieu d'un événement. *Dormir sur place.*

PLACÉ, ÉE, p. p. de placer. [plase] *C'est un homme qui serait placé partout, bien placé partout*, c'est un homme fait pour être bien reçu dans les meilleures sociétés, et aussi un homme qu'on pourrait élever à des emplois importants. ♦ *Avoir la poitrine, les épaules bien placées*, les avoir dans la position où il convient. ♦ **Fig.** *Avoir le cœur bien placé, mal placé*, avoir des sentiments honnêtes, en être dépourvu. ♦ *Bien placé, mal placé*, se dit aussi de ce dont on fait un bon ou un mauvais emploi. ♦ Convenable. « *Je ne lui* *ai jamais rien entendu dire qui ne fût bien placé »*, MARIVAUX.

PLACEBO ou **PLACÉBO**, ■ n. m. [plasebo] (mot lat., je plairai) Substance dépourvue de principe actif, mais pouvant agir par un mécanisme psychologique sur le patient qui pense prendre un médicament. *Le placebo est délivré dans un contexte thérapeutique. Les placebos sont utilisés dans l'étude scientifique des médicaments.* ■ *Effet placebo,* guérison ou amélioration de l'état de santé obtenue grâce à l'administration d'une telle substance. ■ **Fig.** *Une mesure politique à l'effet placebo.*

PLACEMENT, n. m. [plas(ə)mã] (*placer*) ▷ Action de placer. *Le placement d'un meuble.* ◁ ♦ Vente, débit. *Le placement d'une marchandise.* ♦ *Le placement d'un ouvrier, d'un domestique, etc.,* l'action de lui procurer de l'ouvrage, une place. ♦ Action de placer de l'argent. ♦ Argent placé. ■ Internement. *Le placement d'office d'un malade.*

PLACENTA, ■ n. m. [plasɛ̃ta] (mot lat., galette) Organe de forme ovale, qui, chez les mammifères, se forme dans l'utérus au début de la gestation et permet les échanges entre le fœtus et la mère par le biais du cordon ombilical. *Expulsion du placenta au moment de l'accouchement.*

PLACENTAIRE, ■ adj. [plasɛ̃tɛr] (*placenta*) Relatif au placenta. *Liquide placentaire.* ■ N. m. pl. Mammifères dont le fœtus se développe complètement dans l'utérus par le biais du placenta. *Les marsupiaux et les monotrèmes sont les seuls mammifères qui ne sont pas des placentaires.*

PLACENTATION, ■ n. f. [plasɛ̃tasjɔ̃] (*placenta*) Période au cours de laquelle se forme et se développe le placenta chez les animaux. *Implantation et placentation chez les ruminants.* ■ Bot. Façon dont se répartissent les graines dans l'ovaire d'une plante. *Placentation axile, pariétale.*

1 **PLACER**, v. tr. [plase] (*place*) Mettre dans une place, dans un lieu, en parlant des personnes. ♦ **Absol.** Indiquer les places dans une cérémonie, dans une assemblée. ♦ Il se dit de la place dans le temps. *Placer un événement à sa date.* ♦ Il se dit aussi des choses que l'on met dans un lieu. *Placer des meubles dans un appartement.* ♦ **Manège** *Placer un homme à cheval,* le mettre à cheval dans la position où il doit être. ♦ **Fig.** Faire entrer dans une maison, dans une famille. *Il a bien placé sa fille.* ♦ Procurer un poste, un emploi, un établissement. ♦ *Placer un domestique,* lui procurer une condition. ♦ *Placer de l'argent,* le prêter à intérêt, et aussi l'employer pour en retirer une rente. ♦ ▷ Opérer le débit, la vente. *Placer des étoffes.* ◁ ♦ Dans un sens analogue, *placer des billets de loterie, des billets de spectacle.* ♦ **Fig.** Donner un rang, une position. *Placer quelqu'un parmi les honnêtes gens.* ♦ Il se dit des choses auxquelles on attribue une place qui n'est qu'idéale. *Le philosophe place le bonheur dans la vertu.* ♦ *Placer un mot, un propos, etc.,* le dire dans un moment où il peut produire de l'effet ; dire quelques paroles. ♦ *Placer un nom sur un visage,* dire le nom de la personne que l'on voit. ♦ *Placer bien, placer en bon lieu son amitié, son affection, sa confiance,* les donner à des personnes qui en sont dignes. ♦ *Placer bien ses charités, ses aumônes, ses faveurs,* les faire à des personnes qui les méritent. ◁ ♦ Se placer, v. pr. Prendre une place. ♦ Être mis en une certaine ordonnance. *« Mes mots viennent sans peine et courent se placer »,* BOILEAU. ♦ Se mettre en une certaine place. ♦ Prendre un rang. *« Parmi tant de héros je n'ose me placer. »,* RACINE. ♦ Obtenir un emploi, une dignité. ♦ *« Il y a même des stupides et, j'ose dire, des imbéciles qui se placent dans de beaux postes »,* LA BRUYÈRE. ♦ Entrer en condition dans une maison pour quelque travail, pour quelque service.

2 **PLACER**, n. m. [plasɛr] (*er* se prononce *ère* et non *é* ; esp. *placer, placel,* banc de sable) Nom donné dans la Californie et l'Australie aux lieux où l'on trouve de l'or. *Les placers de la Californie.*

1 **PLACET**, n. m. [plasɛ] (dim. de *place*) Petit siège qui n'a ni bras, ni dossier. ♦ On dit aujourd'hui *tabouret.*

2 **PLACET**, n. m. [plasɛ] (lat. médiév. *placet,* il plaît, formule d'acceptation) Demande succincte par écrit, pour obtenir justice, grâce, faveur (on dit aujourd'hui *pétition*). ♦ **Dr.** Demande adressée au tribunal pour obtenir audience.

PLACETTE, ■ n. f. [plasɛt] (*place*) Petite place. *« Vallauris n'est pas loin de Golfe-Juan, c'est la même commune, un village avec placette »,* JOFFO.

PLACEUR, EUSE, n. m. et n. f. [plasœr, øz] (*1 placer*) Syn. de placier. ■ **Techn.** Ouvrier chargé de la mise en place d'objets, d'éléments déterminés. *Le placeur pose les poulies dans les mines.* ♦ Personne qui dirige un bureau de recrutement et de placement. *Placeur de nourrices, de domestiques.*

PLACIDE, adj. [plasid] (lat. *placidus*) Néol. Qui garde son calme et sa douceur. ■ **Par extens.** *Un air placide.* ■ REM. N'est plus considéré comme un néologisme aujourd'hui.

PLACIDEMENT, adv. [plasid(ə)mã] (*placide*) D'une manière placide.

PLACIDITÉ, n. f. [plasidite] (lat. *placiditas*) Néol. Caractère placide ; tranquillité douce et sereine. ■ REM. N'est plus considéré comme un néologisme aujourd'hui.

PLACIER, IÈRE, n. m. et n. f. [plasje, jɛr] (*placer*) Celui, celle qui a mission d'indiquer les places dans une cérémonie, dans un lieu public. ♦ Celui, celle qui s'occupe du placement d'articles de commerce, d'ouvrages de librairie, etc. ♦ **Adj.** *Commis placier.*

PLACODERME, ■ n. m. pl. [plakodɛrm] (gr. *plax,* génit. *placos,* toute surface large et plate et -*derme*) **Paléogr.** Poisson, uniquement fossile, qui vivait à l'ère primaire, et dont le corps était recouvert d'une épaisse cuirasse constituée de plaques osseuses. *La sous-classe des placodermes.*

PLACOPLÂTRE, ■ n. m. [plakoplɑtr] (nom déposé ; de *plaque* et *plâtre*) Panneau composé de plâtre coulé entre deux épaisseurs de carton spécial, et utilisé dans la construction. *Fixer du placoplâtre sur un mur intérieur. Des plaques de placoplâtre.*

PLACOTAGE, ■ n. m. [plakotaʒ] (*placoter*) **Fam. Québec** Action de placoter, de cancaner. *Entre elles, les placotages vont bon train !*

PLACOTER, ■ v. tr. [plakote] (prob. métathèse de *clapoter*) **Fam. Québec** Papoter. *Arrête un peu de placoter !* ♦ Dire du mal de. *Elle a passé deux heures à placoter contre sa belle-sœur.* ■ PLACOTEUX, EUSE, adj. ou n. m. et n. f. [plakotø, øz]

PLAFOND, ■ n. m. [plafɔ̃] (*plat* et *fond*) **Archit.** Surface plane et horizontale qui forme la partie supérieure d'un lieu couvert. ♦ Surface qui forme le haut d'une salle, d'une chambre, etc. et qui est le dessous d'un plancher. ♦ *Faux plafond,* plafond qu'on fait au-dessous du plafond principal, pour diminuer la hauteur d'un appartement. ♦ **Peint.** Ouvrage ornant un plafond, et fait pour être vu de bas en haut. ♦ Toute espèce de menuiserie placée horizontalement et servant à revêtir le haut des embrasures des portes, des croisées, etc. ♦ **Hydraul.** Le fond d'un bassin, d'un réservoir, sa plate-forme, son aire. ■ Limite maximum d'une valeur. *Déterminer le plafond des dépenses.*

PLAFONNAGE, n. m. [plafonaʒ] (*plafonner*) Action de plafonner. ♦ Travail de celui qui plafonne.

PLAFONNÉ, ÉE, p. p. de plafonner. [plafone]

PLAFONNEMENT, ■ n. m. [plafon(ə)mã] (*plafonner*) Action de plafonner. *Le plafonnement des prix.*

PLAFONNER, v. tr. [plafone] (*plafond*) Couvrir le dessous d'un plancher, garnir de plâtre le haut d'une chambre, etc. ♦ *Plafonner une figure,* donner à une figure peinte sur un plafond le raccourci nécessaire pour que, vue de bas en haut, elle fasse un bon effet. ♦ V. intr. *Ces figures plafonnent bien.* ■ V. tr. Fixer la valeur maximale de quelque chose. *Plafonner les salaires.* ■ V. intr. *Le taux de croissance devrait plafonner à 3 %.*

PLAFONNEUR, ■ n. m. [plafonœr] (*plafonner*) Celui qui plafonne, qui fait des plafonds de plâtre.

PLAFONNIER, ■ n. m. [plafonje] (*plafond*) Système d'éclairage que l'on fixe au plafond sans suspension. *Le plafonnier d'une entrée. Plafonniers et appliques.* ■ Lampe fixée au plafond d'un véhicule automobile. *Lampe du plafonnier.*

PLAGAL, ALE, adj. [plagal] (lat. médiév. *plagalis,* du gr. *plagios,* oblique) Dans le plain-chant, *mode* ou *ton plagal,* celui qui part de la quarte au-dessous de la finale, par opposition aux authentiques, qui partent de la finale et vont à son octave. ♦ *Cadence plagale,* la cadence harmonique qui consiste, en finissant un morceau, à passer de l'accord parfait de sous-dominante à l'accord parfait de tonique. ■ Au pl. *Des modes plagaux.*

PLAGE, n. f. [plaʒ] (lat. *plaga,* du gr. *plax,* surface plane, confondu avec plage, ital. *piaggia,* du *plagios,* oblique, incliné) **Poétiq.** Contrée. ♦ **Géogr.** Espace de terre considéré par le rapport qu'il a avec quelque partie du ciel, comme par exemple avec les zones, avec les climats. *Cette ville est située vers telle plage du ciel.* ♦ **Mar.** Espace plat d'une étendue plus ou moins grande sur le rivage de la mer, et qui n'est recouvert d'eau que dans les grandes marées. ■ Station balnéaire. ■ *Plage arrière,* tablette située sous la vitre arrière d'une automobile. ■ **Techn.** Espace limité d'enregistrement sur un disque. ■ Laps de temps, période. *Une plage musicale dans une émission de radio.* ■ Écart entre deux valeurs. *Plage des salaires.*

PLAGIAIRE, n. m. et n. f. [plaʒjɛr] (lat. *plagiarius,* celui qui vole les esclaves d'autrui, issu du gr. *plagios,* oblique, fourbe) Personne qui prend, dans un ouvrage qu'elle ne cite pas, des pensées, des expressions remarquables, ou même des morceaux entiers. ♦ **Adj.** *Auteur plagiaire.* ♦ **Fig.** *Les plagiaires de la Terreur de 1793.*

PLAGIAT, n. m. [plaʒja] (*plagiaire*) Action de plagiaire, de celui qui s'approprie des portions de livres. ♦ Passage pillé d'un ouvrage. ♦ **Par extens.** Il se dit de la peinture, de la musique. *« Rien n'est si commun et si difficile à reconnaître que le plagiat en peinture »,* DIDEROT.

PLAGIER, ■ v. tr. [plaʒje] (*plagiaire*) Reproduire ce que d'autres ont créé en faisant croire qu'on en est l'auteur original. *Plagier un auteur, un texte.*

PLAGIOCLASE, ■ n. m. [plaʒjoklaz] (gr. *plagios*, oblique et *klasis*, cassure, brisure) Feldspath composé de calcium et de sodium. *Des cristaux de plagioclase.*

PLAGISTE, ■ n. m. et n. f. [plaʒist] (*plage*) Personne qui exploite ou gère une plage à l'accès payant et les services qu'elle peut offrir. *Il faut s'adresser au plagiste pour emprunter un pédalo.*

1 **PLAID**, n. m. [plɛ] (on ne prononce pas le *d* final ; b. lat. *placitum*, principe, précepte, en lat. médiév., engagement à comparaître, procès) Se dit des assemblées dans lesquelles se jugeaient les procès, sous les rois de France des deux premières races. ◆ Audience d'un tribunal. *Tenir les plaids.* **Par extens.** Plaidoyer. ◆ **Prov.** *Peu de chose, peu de plaid,* pour expliquer une affaire de peu de conséquence, il ne faut pas de longs discours. ◆ Ce mot a vieilli, excepté dans le sens historique.

2 **PLAID**, n. m. [plɛd] (on prononce le *d* final ; écoss. *plaid*) Manteau de montagnard écossais. ◆ Manteau à manches qu'on met par-dessus ses vêtements. ◆ Couverture de voyage. ■ **Rem.** On prononçait autrefois [plɛ] sans faire entendre le *d*.

PLAIDABLE, adj. [pledabl] (*plaider*) **Dr.** Qui peut être plaidé.

PLAIDANT, ANTE, adj. [pledɑ̃, ɑ̃t] (*plaider*) Qui plaide. *Partie plaidante.* ◆ *Avocat plaidant,* avocat qui fait profession de plaider, par opposition à avocat consultant.

PLAIDÉ, ÉE, p. p. de plaider. [plede]

PLAIDER, v. intr. [plede] (1 *plaid*) Contester quelque chose en justice. « *Depuis qu'il est des lois, l'homme pour ses péchés Se condamne à plaider la moitié de sa vie* », La Fontaine. ◆ Défendre, soutenir de vive voix la cause d'une partie devant les juges. « *Vraiment il plaide bien* », Racine. ◆ **Fig.** « *Une conscience qui plaide au-dedans de vous pour la foi* », Massillon. ◆ **V. tr.** Soutenir par-devant la justice une affaire, une contestation. *Plaider une affaire.* ◆ *Plaider une cause,* se dit en parlant de l'avocat qui soutient le droit ou apprécie les intérêts d'une partie. ◆ *Plaider un fait, un moyen,* le faire valoir. ◆ *Plaider que,* avancer, soutenir en plaidant, que... ◆ **Fig.** *Plaider la cause,* prendre la défense. ◆ **Fig.** *Plaider les causes perdues,* soutenir une mauvaise cause. ◆ ▷ **Fam.** et **fig.** *Plaider le faux pour savoir le vrai,* dire à quelqu'un une chose fausse pour lui faire avouer la vérité. ◁ ◆ *Plaider quelqu'un,* lui faire un procès, l'appeler en jugement, lui chercher querelle. ◆ *Se plaider,* v. pr. Être en procès les uns avec les autres. ◆ *Être plaidé.* Mon affaire se plaide aujourd'hui. ■ **Rem.** On ne dit plus auj. *plaider le faux pour savoir le vrai* mais *prêcher.*

PLAIDERIE, n. f. [pled(ə)ʀi] (*plaider*) ▷ Procès. « *Je verrai dans cette plaiderie Si les hommes auront assez d'effronterie... Pour me faire injustice aux yeux de l'univers* », Molière. ◁

PLAIDEUR, EUSE, n. m. et n. f. [pledœʀ, øz] (*plaider*) Celui, celle qui plaide, qui est en procès. ◆ Celui, celle qui aime à plaider.

PLAIDOIRIE, n. f. [pledwaʀi] (anc. fr. *plaidoyer*, plaider) Art, profession de plaider. ◆ Action de plaider. « *Les jeunes avocats devraient ne se livrer pas de si bonne heure à la plaidoirie* », Rollin.

PLAIDOYABLE, adj. m. [pledwajabl] (anc. fr. *plaidoyer*, plaider) **Vieilli** *Jours plaidoyables,* jours où l'on peut plaider.

PLAIDOYER, n. m. [pledwaje] (substantivation de l'anc. inf. *plaidoyer*, plaider) Discours prononcé devant un tribunal pour soutenir le droit d'une partie. *Cet avocat a fait un beau plaidoyer.* ■ Défense d'une personne, d'une idée. *Un plaidoyer pour l'égalité des droits.*

PLAIE, n. f. [plɛ] (lat. *plaga*, coup, blessure) Solution de continuité qui est dans les parties molles du corps, et qui communique avec le dehors. ◆ *Rouvrir une plaie,* en écarter les lèvres pour empêcher que les bords ne se cicatrisent avant le fond, et fig. renouveler une douleur. ◆ *Les plaies de Notre-Seigneur,* les blessures faites à Jésus-Christ le jour de sa passion. ◆ **Fig.** *Rouvrir les plaies de Jésus-Christ,* commettre des péchés qui l'offensent grièvement. ◆ **Fam.** *Plaies et bosses,* plaies et blessures. ◆ ▷ *Ne demander, ne souhaiter que plaie et bosse,* que querelles, débats, combats, malheurs. ◁ ◆ **Abusiv.** Cicatrice. ◆ *Les plaies des arbres,* ouvertures qui se font spontanément ou qui sont faites à l'écorce des arbres par un coup, par une scie, par un instrument tranchant. ◆ *Tout ce qui porte préjudice, ou cause de la peine, de l'affliction. Les plaies de l'État.* « *Les plaies du cœur sont plus dangereuses que celles de l'esprit* », Malebranche. ◆ *Plaie secrète,* un mal de l'âme qu'on dissimule. ◆ **Fig.** *Mettre le doigt sur la plaie,* indiquer nettement la cause d'un mal. ◆ **Fig.** Blessure faite par l'amour. « *J'ai bien reconnu la profondeur de la plaie que l'amour m'avait faite* », Fénelon. ◆ Il se dit des personnes mêmes qui causent un grand mal, un grand scandale. ◆ *Les plaies d'Égypte,* les fléaux dont Dieu punit l'endurcissement de Pharaon. **Par extens.** Toute infliction faite par le Seigneur et manifestée par quelque souffrance.

PLAIGNANT, ANTE, adj. [plɛɲɑ̃, ɑ̃t] ou [plɛ̃ɲɑ̃, ɑ̃t] (*plaindre*) **Dr.** Qui porte plainte en justice. ◆ **N. m.** et **n. f.** *Écouter les plaignants.* ◆ **Par extens.** Celui qui se plaint de quelque chose.

PLAIN, AINE, adj. [plɛ̃, ɛn] (lat. *planus*) Qui est sans inégalités, uni. « *Des lieux plains et sablonneux* », J.-J. Rousseau. ◆ *Velours, satin, linge plain ;* on dit aujourd'hui *uni.* ◆ *De plain-pied,* au même étage et de même niveau. *Cet appartement est de plain-pied avec le nôtre.* ◆ *De plain-pied,* sans monter ni descendre. *De la salle on entre de plain-pied dans le jardin.* ◆ **Fig.** *De plain-pied,* sans rien qui oblige à des efforts, sans difficulté. « *Combien de favoris de la fortune vont de plain-pied saisir les premiers postes* », Massillon. ◆ **N. m.** *Le plain-pied,* plusieurs pièces de plain-pied. ◆ **N. m.** *Le plain,* la haute mer. *Un vaisseau est allé au plain, a mis, a donné au plain.* ■ **Rem.** *Plain-pied* se dit aussi auj. au fig. dans le sens de complètement, sans hésiter. « *Le medef entre de plain-pied dans la campagne* », L'Expansion, 2002.

PLAIN-CHANT, n. m. [plɛ̃ʃɑ̃] (*plain*, uni, et *chant*) Chant de l'Église romaine, institué au IVᵉ siècle, et restauré au VIᵉ par le pape Grégoire le Grand. ◆ *Écriture du plain-chant :* il s'écrit sur une portée de quatre lignes. ◆ *Plain-chant musical,* celui dans lequel on a introduit quelques-unes des conditions de la musique moderne. ◆ **Au pl.** *Des plains-chants.*

PLAINDRE, v. tr. [plɛ̃dʀ] (lat. *plangere*, frapper, se frapper la poitrine, se lamenter) Témoigner un sentiment de chagrin pour les peines d'autrui ou de soi-même. *Plaindre les malheureux.* ◆ Témoigner de la compassion au sujet de. « *Je vous plains bien de vos méchantes compagnies* », Mme de Sévigné. ◆ *Plaindre de,* avec le verbe à l'infinitif. « *Je te plains de tomber dans ses mains redoutables* », Racine. ◆ *Être à plaindre,* mériter d'être plaint. ◆ *N'être pas à plaindre,* être dans une condition où l'on ne doit pas être plaint. ◆ En parlant des choses pour lesquelles on témoigne sa pitié. *Votre sort est à plaindre.* ◆ *Plaindre quelque chose,* exprimer des plaintes de la perte, de la privation de quelque chose. ◆ Employer à regret, donner avec répugnance et parcimonie. *Plaindre son argent.* ◁ ◆ *Se plaindre une chose,* s'en passer par avarice. « *Ils se plaignent souvent les choses nécessaires ; Pour qui ? pour des ingrats* », Destouches. ◁ ◆ Regretter. « *Si votre main gauche plaint ce que donne votre main droite* », Fléchier. ◆ *Plaindre sa peine,* travailler mollement et sans se donner véritablement de la peine. ◆ ▷ *Il ne plaint pas sa peine, ses peines,* il est obligeant, actif. ◁ ◆ **V. intr.** Pousser des plaintes. « *J'ai beau plaindre et soupirer* », Malherbe. ◆ *Se plaindre,* v. pr. Se lamenter. *Se plaindre du mal de tête.* « *Et quiconque se plaint cherche à se consoler* », P. Corneille. ◆ **Poétiq.** « *Sous les fougueux coursiers l'onde écume et se plaint* », Boileau. ◆ Témoigner des regrets, du mécontentement. « *Il est souvent plus utile de quitter les grands que de s'en plaindre* », La Bruyère. ◆ *Se plaindre que,* avec l'indicatif ou le subjonctif suivant les sens. « *La mouche, en ce commun besoin, Se plaint qu'elle agit seule et qu'elle a tout le soin* », La Fontaine. « *Combien de fois ne s'est-on pas plaint que les affaires n'eussent ni règle ni fin !* », Bossuet. ◆ *Se plaindre de ce que.* Il se plaint de ce qu'on le calomnie. ◆ Former une plainte en justice. *Se plaindre au commissaire.* ◆ Témoigner de la compassion l'un pour l'autre. ◆ Témoigner de la compassion pour soi-même.

PLAINE, n. f. [plɛn] (fém. substantivé de *plain*) Grande étendue de terre dans un pays uni. ◆ *La plaine,* ceux qui l'habitent. ◆ *Plaine d'eau,* grande étendue d'eau calme et unie. ◆ **Poétiq.** *La plaine liquide,* la mer. ◆ *Les plaines du ciel,* l'atmosphère, le ciel. ◆ La partie des bancs de la Convention où s'asseyaient les députés de l'opinion modérée, par opposition à la Montagne. ◆ **Hérald.** Se dit de la pointe de l'écu, quand cette pointe, séparée du champ par une ligne horizontale, est peinte d'un autre émail que celui-ci.

PLAIN-PIED (DE), ■ loc. adv. [plɛ̃pje] (*plain* et *pied*) Voy. PLAIN, AINE.

PLAINT, AINTE, p. p. de plaindre. [plɛ̃, ɛ̃t]

PLAINTE, n. f. [plɛ̃t] (plaindre) Paroles et cris par lesquels on exhale sa peine. ◆ Les doléances de l'amour ou même de la simple amitié. ◆ Ce qu'on dit, ce qu'on écrit pour témoigner son mécontentement, son regret. « *C'est l'unique sujet qu'il m'a donné de plainte* », P. Corneille. ◆ *Faire ses plaintes à quelqu'un,* lui exposer les griefs qu'on a. ◆ Exposé d'un grief en justice. *Porter plainte.*

PLAINTIF, IVE, adj. [plɛ̃tif, iv] (*plainte*) Qui a l'accent de la plainte. *Des cris plaintifs.* ◆ **Fig.** « *Quelle plaintive voix crie au fond de mon cœur ?* », Racine. ◆ Qui exhale des gémissements. « *La plaintive Progné de douleur en frémit* », Boileau. ◆ **Fam.** Qui se plaint à tout propos, qui aime à se plaindre. « *Il est arrivé souvent qu'on a dit aux rois que les peuples sont plaintifs naturellement, et qu'il n'est pas possible de les contenter, quoi qu'on fasse* », Bossuet. « *Les passions malheureuses sont plaintives* », Voltaire.

PLAINTIVEMENT, adv. [plɛ̃tiv(ə)mɑ̃] (*plaintif*) D'une manière plaintive.

PLAIRE, v. intr. [plɛʀ] (lat. *placere*) Agréer, être agréable, en parlant des personnes. « *Qui cherche à plaire à tous ne doit plaire à personne* », J.-B. Rousseau. ◆ Il se dit du charme qui captive. « *Votre fille me plut, je prétendis lui* *plaire, Elle est de mes serments seule dépositaire* », Racine. ♦ **Absol.** Avoir un charme. ♦ Être agréable, convenir, en parlant des choses. « *Il faut... Prendre l'état qui vous plaira le plus* », Voltaire. ♦ **Fam.** *Cela vous plaît à dire*, s'emploie pour faire entendre que l'on n'accepte pas ce qui vient d'être dit. ♦ **V. impers.** Vouloir, trouver bon. « *Qui peut ce qu'il lui plaît commande alors qu'il prie* », P. Corneille. ♦ Avec *que*, le verbe qui suit se met au subjonctif. *Il me plaît que vous fassiez cela.* ♦ Dans l'emploi impersonnel, l'infinitif qui suit est mis souvent sans préposition. « *Vous plaît-il, don Juan, nous éclaircir ces beaux mystères ?* », Molière. ♦ *Qui bon lui plaît*, celui qu'il veut selon le bon plaisir. ♦ *Cela va comme il plaît à Dieu*, se dit d'une chose mal ordonnée, qui se fait mal. ♦ *S'il vous plaît*, terme de politesse. ♦ *Plaît-il ?* c'est-à-dire que demandez-vous de moi ? ♦ Cela se dit aussi pour faire répéter ce qu'on n'a pas bien entendu. ♦ *Plaise à Dieu, plût à Dieu que... !* formules de souhait. *Plaise à Dieu qu'il en soit ainsi !* ♦ Quelquefois le *de* même le *que* se supprime. « *Plût à Dieu vous savoir en chemin présentement !* », Mme de Sévigné. ♦ *À Dieu ne plaise !* marque l'éloignement, l'aversion que l'on a pour quelque chose. ♦ *Plaise*, terme de formule dont on se sert dans quelques écrits ou mémoires que l'on présente. *Plaise au roi, plaise à la cour m'octroyer, etc.* ♦ Se plaire, v. pr. Être agréable à soi-même. « *Il plaît à tout le monde et ne saurait se plaire* », Boileau. ♦ Être agréable l'un à l'autre. ♦ *Se plaire à*, prendre plaisir à. « *Il y a bien de la différence entre se plaire à un travail et y être propre* », J.-J. Rousseau. ♦ On dit aussi : *Se plaire en, dans.* « *La créature qui se plaît en elle-même* », Bossuet. « *Ce roi, qui se plaisait dans la vérité* », Fléchier. ♦ *Se plaire à*, se met le verbe à l'infinitif. « *La fortune se plaît à plaire de ces coups* », La Fontaine. ♦ On dit aussi avec un infinitif, bien que plus rarement, se plaire *de*. « *Et cette erreur extrême Est un mal que chacun se plaît d'entretenir* », La Fontaine. ♦ Aimer à être avec certaines personnes. *On se plaît avec des amis, dans la société des honnêtes gens.* ♦ Aimer à être dans un lieu, s'y trouver bien. ♦ Il se dit aussi des animaux et des végétaux. *Les perdrix se plaisent sur ce coteau.* ♦ Le participe passé du verbe *plaire* est toujours invariable.

PLAISAMMENT, adv. [plɛzamɑ̃] (*plaisant*) D'une manière plaisante, agréable. *Conter plaisamment.* ♦ ▷ D'une manière qui fait rire, d'une manière ridicule. ◁ ♦ ▷ *C'est plaisamment répondre, c'est agir plaisamment, c'est plaisamment reconnaître mes services*, c'est mal répondre, mal agir, mal reconnaître. ◁

PLAISANCE, n. f. [plɛzɑ̃s] (*plaisant*) Usité seulement dans la locution : *De plaisance*, qui sert au plaisir, à l'agrément. *Maison, lieu, embarcation, etc., de plaisance.* ■ *Navigation de plaisance*, navigation d'agrément. ■ **Par extens.** *La plaisance*, la navigation de plaisance.

PLAISANCIER, IÈRE, ■ n. m. et n. f. [plɛzɑ̃sje, jɛʀ] ([*navigation de*]*plaisance*) Personne qui pratique la navigation en tant que loisir. *Un port réservé aux plaisanciers.* ■ **Adj.** *La navigation commerciale et plaisancière.*

PLAISANT, ANTE, adj. [plɛzɑ̃, ɑ̃t] (*plaire*) Qui plaît (sens vieilli). « *Plaisant séjour des âmes affligées* », Racan. « *C'est une chose, hélas ! si plaisante et si douce* », Molière. ♦ **Fam.** *Il n'est pas plaisant d'avoir un mauvais voisin.* ♦ Qui divertit, qui fait rire. « *Il est bonhomme, il est plaisant homme* », La Bruyère. ♦ **Ironiq.** *Je vous trouve plaisant*, se dit pour exprimer qu'on ne reconnaît pas à la personne à qui l'on s'adresse le droit de dire ou de faire ce qu'elle dit ou fait. ♦ Divertissant, en parlant des choses. « *Je tiens cette comédie une des plus plaisantes que l'auteur ait produites* », Molière. ♦ ▷ *Plaisant* mis avant son substantif prend le sens d'impertinent, de ridicule. *C'est un plaisant homme.* « *Nous sommes plaisants de nous reposer dans la société de nos semblables, misérables comme nous* », Pascal. ◁ ♦ **N. m.** Celui qui cherche à faire rire. *Faire le plaisant.* ♦ *Un mauvais plaisant*, un faiseur de mauvaises plaisanteries. ♦ Ce qui fait rire. « *Passer du grave au doux, du plaisant au sévère* », Boileau. ♦ **Fam.** *Le plaisant*, le côté plaisant.

PLAISANTÉ, ÉE, p. p. de plaisanter. [plɛzɑ̃te]

PLAISANTER, v. intr. [plɛzɑ̃te] (*plaisant*) Dire ou faire quelque chose pour amuser, pour faire rire les autres ; railler, badiner. « *Aux dépens du bon sens gardez de plaisanter* », Boileau. ♦ **Fam.** *C'est un homme qui ne plaisante pas*, avec qui il ne faut pas plaisanter, il est susceptible ou sévère. ♦ *Il ne plaisante pas là-dessus*, il est sévère sur cela, il veut qu'on soit exact, et aussi il prend cette chose, ce discours au sérieux. ♦ *Je ne plaisante pas*, je parle sérieusement. ♦ **V. tr.** Faire de quelqu'un un objet de plaisanterie. ♦ *Se plaisanter*, v. pr. Exercer la plaisanterie l'un sur l'autre. *Ils se sont plaisantés avec beaucoup d'esprit.*

PLAISANTERIE, n. f. [plɛzɑ̃t(ə)ʀi] (*plaisanter*) Ce qui est dit ou fait pour amuser. « *Il ne faut jamais hasarder la plaisanterie même la plus douce et la plus permise qu'avec des gens polis ou qui ont de l'esprit* », La Bruyère. ♦ *Faire la plaisanterie de*, faire une chose pour plaisanter. ♦ *Tourner en plaisanterie*, railler, se moquer de. ♦ *Plaisanterie à part ou sans plaisanterie*, parlant sérieusement. ♦ *Il entend la plaisanterie*, il ne s'offense point de ce qu'on dit en plaisantant. ♦ *Il n'entend pas plaisanterie*, il est susceptible, ou bien

il est sévère et veut qu'on soit exact. ♦ **Fam.** *Cela passe la plaisanterie*, cela est excessif, violent. ♦ Dérision offensante. *Je suis las de cette plaisanterie.*

PLAISANTIN, ■ n. m. [plɛzɑ̃tɛ̃] (*plaisant*) Personne dont les plaisanteries n'amusent personne. *Un mauvais plaisantin a voulu lui faire une blague au téléphone.* ■ **Par extens.** Personne à laquelle on ne peut accorder aucun crédit. *Pas question de confier ce travail à un plaisantin.*

PLAISIR, n. m. [plɛziʀ] (substantivation de l'anc. inf. *plaisir*, du lat. *placere*, plaire) Mouvement, sentiment plaisant, agréable, excité dans l'âme par une impression physique ou morale. ♦ *Prendre plaisir à*, éprouver une jouissance à. « *Quelqu'un a pris plaisir à se jouer de vous* », P. Corneille. ♦ On dit aussi : *Prendre plaisir de*. ♦ ▷ *Prendre plaisir que*, avec la verbe suivant au subjonctif. « *Les grandes fortunes ne prennent pas plaisir qu'on remarque leur défaut* », Bossuet. ◁ ♦ *Prendre son plaisir de quelque chose*, s'y plaire, en jouir. ♦ *Se faire un plaisir de*, jouir à, se plaire à. ♦ **Ironiq.** et **fam.** *À faire plaisir*, se dit pour exprimer que quelque chose de mal est mal au dernier degré. *Il est bête à faire plaisir.* ◁ ♦ *Avoir du plaisir à*, éprouver du plaisir à. *Avoir du plaisir à obliger.* ♦ On le dit aussi avec la préposition *de*. *Le plaisir de vous recevoir.* ♦ *Avoir le plaisir de*, avoir la satisfaction de. « *J'aurai le plaisir de perdre mon procès* », Molière. ♦ *Il y a plaisir à*, on éprouve de la satisfaction à. « *Il y a plaisir à travailler pour des personnes qui soient capables de sentir les délicatesses d'un art* », Molière. ♦ On dit aussi : *Il y a plaisir de*. ♦ *Avec plaisir*, avec satisfaction. ♦ **Absol.** *Avec plaisir*, volontiers, oui. ♦ *Le plaisir des yeux*, se dit de ce qui charme les yeux. « *Des collines et des montagnes, dont la figure bizarre formait un horizon à souhait pour le plaisir des yeux* », Fénelon. ♦ Il se dit des diverses voluptés sensuelles. *Les plaisirs de la table.* ♦ Il se dit aussi des plaisirs moraux, intellectuels. *Les plaisirs de l'intelligence.* ♦ **Au pl.** Tout ce qui plaît dans la vie, jouissances, divertissements de toute espèce. « *Tous nos plaisirs ne sont que vanité* », Pascal. ♦ Poétiq. dans le même sens. *Les jeux, les ris et les plaisirs.* ♦ **Absol. Au sing.** L'ensemble des plaisirs. « *Il n'est pas honteux pour l'homme de succomber sous la douleur, et il est honteux de succomber sous le plaisir* », Pascal. ♦ Amusement. « *Chasse dont il voulut donner le plaisir à sa fille* », Fénelon. ♦ *Jouer pour le plaisir*, jouer sans mettre d'argent au jeu. ♦ **Au pl.** Réjouissances. *J'étais de tous les plaisirs.* ♦ *Homme de plaisir*, homme qui se livre à tous les divertissements du monde. ♦ *Les plaisirs du roi*, l'étendue de pays qui était dans une capitainerie royale, où la chasse était réservée pour le roi. ♦ *Menus plaisirs*, Voy. MENU. ♦ Volonté, consentement. *Est-ce votre plaisir que je me charge de cette affaire ?* ♦ On dit dans le même sens : *Le bon plaisir*. « *Un plein abandonnement au bon plaisir de Dieu* », Bourdaloue. ♦ *Arrêter, régler, terminer une affaire sous le bon plaisir de quelqu'un*, la régler de telle façon qu'il n'y ait rien de fait s'il n'y donne son consentement. ♦ *Tel est notre plaisir ou notre bon plaisir*, formule par laquelle le roi marquait sa volonté dans les édits. ♦ ▷ *Le bon plaisir*, se dit d'un gouvernement où tout se fait par la volonté seule du monarque. *Le régime du bon plaisir.* ◁ ♦ Grâce, faveur, bon office. « *Il n'y a pas de plaisir que l'on fasse plus volontiers à un ami, que lui donner conseil* », La Rochefoucauld. ♦ *Faire plaisir*, obliger, rendre service ; être agréable. ♦ **Fam.** *Faire le plaisir de*, avoir la bonté de. *Voulez-vous me faire le plaisir de*, formule d'invitation à dîner, à une soirée, etc. ♦ Espèce d'oublie roulée en cornet. ♦ **À PLAISIR**, **loc. adv.** Avec soin. *Un meuble fait à plaisir.* ♦ *À plaisir*, se dit aussi de quelque fiction que l'on forge pour se faire plaisir ou pour un but quelconque. *Une histoire à plaisir. Une lettre faite à plaisir.* ♦ *Se tourmenter à plaisir*, se tourmenter sans sujet. ♦ **PAR PLAISIR**, **loc. adv.** Par divertissement. **Fig.** et **fam.** *Par plaisir*, pour éprouver, pour voir si. *Lisons par plaisir ce discours.* ♦ **Prov.** *La peine passe le plaisir.* ♦ *Nul plaisir sans peine.* ♦ *Chacun prend son plaisir où il le trouve.* ♦ *Où il y a de la gêne, il n'y a pas de plaisir.*

PLAMÉE, n. f. [plame] (*plamer*) ▷ Chaux dont les tanneurs se servent pour enlever le poil des cuirs. ◁

PLAMER, v. tr. [plame] (var. de *pelaner*, de l'anc. fr. *pelain*, pelage) ▷ Gonfler, amollir et dégraisser les peaux, à l'aide de la chaux. ◁

1 PLAN, n. m. [plɑ̃] (substantivation de 2 *plan*) Surface plane. *La surface de la terre n'est pas ce qu'elle nous semble, un plan.* ♦ Surface plane qu'on suppose passer dans tel ou tel sens déterminé, à laquelle on rapporte différentes directions. ♦ **Phys.** *Plan de réfraction*, plan qui passe par le rayon incident et le rayon réfracté. ♦ *Plan de tir*, plan vertical passant par l'axe d'une arme à feu. ♦ Dessin d'une ville, d'un bâtiment, etc. ♦ *Plan géométral, perspectif*, Voy. GÉOMÉTRAL, PERSPECTIF. ♦ *Plan à vue d'oiseau*, Voy. OISEAU. ♦ *Plan en relief*, Voy. RELIEF. ♦ *Lever un plan*, prendre les mesures d'un objet pour en tracer un plan. ♦ **Mar.** Devis d'un navire, gabarit. ♦ **Peint.** Se dit des éloignements, plus ou moins grands, où sont placés les personnages et les objets qu'un tableau représente. *Les figures du premier plan.* ♦ **Par extens.** Il se dit des différents éloignements dans un paysage, dans une vue. ♦ **Sculpt.** *Plan du bas-relief*, nom donné aux épaisseurs au moyen desquelles les objets représentés s'enlèvent sur le fond ou se distinguent les uns des autres. ♦ **Fig.** Dispositions générales d'un ouvrage. *Le plan de l'Iliade.* ♦ Projet, dessein. « *Peu de gens se font un plan de vie raisonné et réfléchi* », Saint-Évremond.

■ *Plan d'eau*, étendue d'eau. ■ *Plan de travail*, surface plane que l'on utilise pour diverses opérations, dans une cuisine. ■ **Fig.** Importance accordée à quelqu'un, quelque chose. *Une personnalité de premier plan.* ■ *Sur le même plan*, au même niveau. ■ *Sur le plan (de)*, du point de vue (de). ■ Image obtenue selon la distance de cadrage de l'appareil par rapport au sujet photographié ou filmé. *Faire un gros plan d'une personne.* ■ **Cin.** Suite d'images enregistrées en une seule prise de vue. ■ **Fam.** *Laisser en plan*, ne plus s'occuper de. ■ *Plan social*, ensemble des mesures qui accompagnent un projet de licenciement économiques.

2 **PLAN, ANE**, adj. [plã, an] (lat. *planus*) Se dit de toute surface qui n'offre ni plis, ni courbures, ni rides, ni ondulations. ◆ **Math.** *Surface plane*, celle sur laquelle une ligne droite peut s'appliquer complètement dans toutes les directions. ◆ *Figure plane*, toute figure tracée sur un plan. ◆ **Arithm.** *Nombre plan*, celui qui n'est formé que de la multiplication de deux nombres. ◆ *Carte plane*, carte géographique dans laquelle une portion plus ou moins étendue de la terre est figurée comme si la surface terrestre était plane. ◆ *Miroir, verre plan*, miroir, verre dont la surface est plane. ◆ *Plan-concave*, qui offre une surface plane et une autre concave ; *plan-convexe*, qui offre une surface plane et une autre convexe.

PLANAGE, ■ n.m. [planaʒ] (2 *planer*) Action de planer quelque chose. *Planage de la chaussée. Les plaques de métal qui doivent être gravées font l'objet d'un planage préalable.*

PLANAIRE, ■ n.f. [planɛʀ] (lat. sav. [XVIIIᵉ s.] *planaria*, du lat. *planus*, plan) Ver plat carnivore qui vit dans les eaux douces. *Le potentiel de régénération des planaires.*

PLANANT, ANTE, ■ adj. [planã, ãt] (1 *planer*) **Fam.** Qui est très agréable, qui provoque un état de plaisir intense, voire hallucinatoire. *Une chanson planante.* ■ *Musique planante*, musique, notamment instrumentale et relaxante des années 1970, qui consacra les premiers synthétiseurs.

PLANCHA, ■ n.f. [plãtʃa] (mot esp., planche) *À la plancha*, servi sur une planche en bois en guise de l'assiette. *Sardines grillées à la plancha.*

PLANCHE, ■ n.f. [plãʃ] (b. lat. *planca*) Morceau de bois refendu, peu épais et plus long que large. ◆ *Faire la planche*, nager étendu sur le dos. ◆ **Fig.** *Du pain sur la planche*, Voy. PAIN. ◆ ▷ **Fig.** *C'est une planche qu'il a sauvée du naufrage*, se dit de ce qu'un homme ruiné a pu sauver de sa fortune. ◁ ◆ ▷ **Fig.** *C'est une planche dans le naufrage*, c'est une dernière ressource. ◁ ◆ ▷ **Fig.** *Une planche*, une dernière planche, une ressource suprême. ◁ ◆ ▷ **Fig.** et **fam.** Ce qui facilite une chose. *Faire la planche aux autres. Cela fait une planche à sa fortune.* ◁ ◆ Au pl. La scène sur laquelle paraissent les acteurs. *Monter sur les planches.* ◆ **Mar.** *La planche*, planche qui, poussée du navire à terre, sert de communication entre le rivage ou le quai et le bâtiment. ◆ Feuille de métal ou morceau de bois plat sur lesquels on grave. ◆ Estampe tirée sur une planche gravée. ◆ Plaque de cuivre ou d'étain sur laquelle on grave la musique. ◆ Il s'est dit quelquefois des caractères d'imprimerie formant les feuilles d'impression. ◆ ▷ Espace de terrain ordinairement plus long que large, séparé des parties environnantes par une bordure, une allée, des fossés, etc. *Une planche d'oignons.* ◁ ◆ En particulier qu'on ajuste aux pieds des mulets. ■ Pièce de bois ou pièce découpée dans une autre matière qui sert de support pour divers usages. *Planche à repasser. Planche à dessin.* ■ *Planche à roulettes*, planche munie de roulettes avec laquelle on se déplace. ■ *Planche à voile*, planche munie d'une voile fixée à un mât et avec laquelle on glisse sur l'eau.

PLANCHÉIAGE, n.m. [plãʃejaʒ] (*planchéier*) Action de planchéier ; résultat de cette action.

PLANCHÉIÉ, ÉE, p.p. de planchéier. [plãʃeje]

PLANCHÉIER, v. tr. [plãʃeje] (*planche*) Garnir de planches le sol d'un appartement. ◆ Faire un plafond d'ais minces, cloués contre des solives. ◆ **Mar.** Construire les ponts d'un navire.

PLANCHÉIEUR, n.m. [plãʃejœʀ] Celui qui fait des planchers.

1 **PLANCHER**, n.m. [plãʃe] (*planche*) Assemblage horizontal de solives recouvertes de planches, formant la séparation entre les étages d'une maison. ◆ *Faux plancher*, plancher qu'on fait au-dessus du plancher principal pour diminuer la hauteur d'un appartement. ◆ Le plancher sur lequel on marche. ◆ *Le plancher des vaches*, Voy. VACHE. ◆ La partie supérieure d'une chambre. ◆ ▷ *Vous me feriez sauter au plancher*, vous abusez de ma patience. ◁ ◆ **Anat.** Surface inférieure d'une cavité quelconque. *Plancher des fosses nasales.* ■ **Fig.** Valeur, niveau minimal. *Déterminer le plancher des contributions.*

2 **PLANCHER**, ■ v. intr. [plãʃe] (arg. scolaire, *planche*, tableau noir) **Fam.** Passer un examen. *J'ai beaucoup révisé, je suis prêt à plancher.* ■ Par extens. Travailler, réviser. *Il a planché toute la journée.*

PLANCHETTE, n.f. [plãʃɛt] (*planche*) Petite planche. ◆ Petite planche que les tourneurs mettent devant leur estomac. ◆ Instrument de mathématiques propre à lever des plans.

PLANCHISTE, ■ n.m. et n.f. [plãʃist] (*planche*) Personne qui pratique la planche à voile. *Une planchiste très souple et dotée d'un grand sens de l'équilibre.*

PLANÇON ou **PLANTARD**, ■ n.m. [plãsɔ̃, plãtaʀ] (lat. pop. *plantio*, bouture, de *plantare*, planter) Branche de saule, de peuplier, d'osier, etc. qu'on sépare du tronc pour la planter en terre et en former une bouture.

PLAN-CONCAVE, ■ adj. [plãkɔkav] (2 *plan* et *concave*) Voy. PLAN, ANE. ■ Au pl. *Plan-concaves.*

PLAN-CONVEXE, ■ adj. [plãkɔvɛks] (2 *plan* et *convexe*) Voy. PLAN, ANE. ■ Au pl. *Plan-convexes.*

PLANCTON, ■ n.m. [plãktɔ̃] (gr. *plagktos*, errant) Ensemble des microorganismes qui se laisse porter par le courant dans les eaux douces et salées, vivant en suspension près de la surface de l'eau. *La baleine se nourrit de plancton.*

PLANCTONIQUE, ■ adj. [plãktɔnik] (*plancton*) Relatif au plancton. *La vie planctonique.*

1 **PLANE**, n.m. [plan] (lat. *platanus*, platane) Nom vulgaire d'une espèce d'érable que les botanistes appellent érable plane.

2 **PLANE**, n.f. [plan] (2 *planer*) Outil d'acier tranchant, qui a deux poignées, et qui sert aux charrons et aux tonneliers pour aplanir le bois. ◆ Lame tranchante avec laquelle le potier d'étain tourne et polit ses pièces.

PLANÉ, ÉE, p.p. de 2 planer. [plane] *Pièce de bois planée.*

PLANÉITÉ, ■ n.f. [planeite] (1 *plan*) État d'une surface plane. *Planéité du sol, d'une tôle. Planéité par fraisage.*

1 **PLANER**, v. intr. [plane] (*plain*) Il se dit d'un oiseau qui se soutient en l'air sur ses ailes étendues sans paraître les remuer. « *Et l'aigle impérieux qui plane au haut du ciel* », VOLTAIRE. ◆ **Fig.** « *Mon âme erre et plane dans l'univers sur les ailes de l'imagination* », J.-J. ROUSSEAU. ◆ **Fig.** Considérer de haut. *De cette hauteur on plane au loin sur la campagne.* ◆ **Fig.** Il se dit de la vue générale et élevée de l'esprit. « *Un roi philosophe, qui plane d'en haut sur toutes les sottises de notre espèce* », D'ALEMBERT. ■ Flotter dans l'air. *Une odeur agréable planait.* ■ **Fig.** Peser, subsister. *Le doute plane.* ■ **Fam.** Être dans un état de bien-être ou de rêve, notamment sous l'effet d'une drogue. ■ Par extens. Rêvasser. *Arrête de planer et fais ton exercice !*

2 **PLANER**, v. tr. [plane] (b. lat. *planare*) Polir, égaliser le bois avec la plane. ◆ Égaliser, dresser au marteau. ■ Rendre plan, aplanir. *Planer une planche pour en faire une étagère.*

3 **PLANER**, v. tr. [plane] (peler) ▷ Dépouiller une peau de son poil. ◁

PLANÉTAIRE, adj. [planetɛʀ] (*planète* ; le b. lat. *planetarius* a le sens d'astrologue) **Astron.** Qui concerne les planètes. ◆ *Année planétaire*, le temps qu'une planète emploie à faire sa révolution autour du Soleil. ◆ *Système planétaire*, l'ensemble des planètes qui dépendent du Soleil. ◆ *Région planétaire*, l'espace où se fait le mouvement de toutes les planètes. ◆ *Vitesse planétaire*, vitesse avec laquelle se meuvent les planètes. ◆ N.m. *Un planétaire*, machine qui représente le système des planètes. ■ Adj. Relatif au monde entier. *Un problème planétaire.*

PLANÉTAIREMENT, ■ adv. [planetɛʀ(ə)mã] (*planétaire*) Mondialement. *Chanteur planétairement connu.*

PLANÉTARIUM, ■ n.m. [planetaʀjɔm] (latinisation de *planétaire* ; cf. angl. *planetarium*) Dôme reproduisant l'ensemble des constellations et planètes qui constituent l'Univers. ■ Par méton. Endroit dans lequel est abrité ce dôme. *Je vais au planétarium.*

PLANÈTE, n.f. [planɛt] (lat. *planeta*, du gr. *planêtês asteres*, astres errants, de *planasthai*, s'écarter, errer) Dans l'astronomie ancienne, les astres errants, par opposition aux étoiles fixes. *Les sept planètes étaient le Soleil, la Lune, Mercure, Vénus, Mars, Jupiter et Saturne.* ◆ Les astrologues attribuaient aux planètes une influence sur les destinées humaines. « *J'ai toujours bon espoir, et connais ma planète* », TH. CORNEILLE. ◆ *Il est né sous une heureuse planète*, se dit d'un homme extrêmement heureux. ◆ Dans l'astronomie moderne, astre qui se meut autour du Soleil et emprunte de lui sa lumière. *Les planètes sont Mercure, Vénus, la Terre, Mars, Jupiter, Saturne, Uranus, Neptune.* ◆ *Planètes télescopiques*, petites planètes situées entre Mars et Jupiter. ■ REM. La neuvième planète est Pluton.

PLANÉTOLOGIE, ■ n.f. [planetɔlɔʒi] (*planète* et *-logie*) Science dont l'objet est l'étude des planètes. *La planétologie analyse par exemple la composition des planètes géantes et la dynamique des astéroïdes et des comètes.*

PLANÉTOLOGUE, ■ n.m. et n.f. [planetɔlɔg] (*planétologue*) Spécialiste de la planétologie. *Le planétologue recherche une planète habitable. Une planétologue spécialisée dans l'étude des atmosphères planétaires.*

1 **PLANEUR, EUSE**, n.m. et n.f. [planœʀ, øz] (2 *planer*) ▷ Ouvrier qui plane. ◁ ◆ *Planeur en cuivre*, ouvrier qui plane les planches de cuivre destinées à la gravure. ■ N.f. **Techn.** Machine qui dresse de façon automatique les tôles. *Planeuse de précision. Planeuse à chaud.*

2 **PLANEUR**, ■ n. m. [planœʀ] (1*planer*) Avion sans moteur qui plane en utilisant les courants atmosphériques. *Le planeur utilise son poids comme force motrice. Vol en planeur.*

PLANÈZE, ■ n. f. [planɛz] (lat. *planitia*, surface plane, de *planus*, qui est à niveau) **Géol.** Plateau basaltique situé sur le flanc d'un massif volcanique entre deux vallées. *Les parties basses des planèzes sont le plus souvent utilisées pour l'élevage des bovins.*

PLANIFIABLE, ■ adj. [planifjabl] (*planifier*) Qui peut être planifié. *La durée des travaux est difficilement planifiable. Action planifiable.*

PLANIFICATEUR, TRICE, ■ n. m. et n. f. [planifikatœʀ, tʀis] (*planifier*) Spécialiste de la planification. *Planificateur financier.* ■ Personne qui organise selon un plan. *Planificatrice sociale.* ■ **Adj.** *Une logique planificatrice.* ■ **N. m. Inform.** Classe de logiciel servant à gérer son emploi du temps ou à exécuter des tâches automatiquement. *Le planificateur de tâche de l'ordinateur lance automatiquement ces programmes et ces fichiers.*

PLANIFICATION, ■ n. f. [planifikasjɔ̃] (*planifier*) Méthode qui consiste à fixer des objectifs précis et à trouver des moyens propres à les atteindre. *Planification de l'enseignement.* ■ **Écon.** Organiser selon un plan. *La planification a pour but d'optimiser les ressources en vue de satisfaire les besoins du pays.*

PLANIFIER, ■ v. tr. [planifje] (1 *plan*) Prévoir à moyen ou long terme suivant un plan bien précis. *Planifier ses vacances, son emploi du temps.*

PLANIMÉTRAGE, ■ n. m. [planimetʀaʒ] (*planimètre*) Mesure d'une aire au moyen d'un planimètre. *Planimétrage d'une surface, d'une carte.*

PLANIMÈTRE, ■ n. m. [planimɛtʀ] (*planimétrie*) **Techn.** Appareil qui permet de mesurer les aires des surfaces planes. *Le planimètre permet de déterminer les superficies d'eau.*

PLANIMÉTRIE, n. f. [planimetʀi] (*plani-* et *-métrie*) Partie de la géométrie pratique qui enseigne l'art de mesurer les plans et les surfaces.

PLANIMÉTRIQUE, adj. [planimetʀik] (de *planimétrie*) Qui a rapport à la planimétrie.

PLANIPENNE, ■ n. m. [planipɛn] (*plani-* et lat. *penna*, plume, aile) Insecte aux antennes insérées entre les yeux, aux ailes membraneuses et dont l'appareil buccal sert à broyer les aliments. *Le fourmilion est un planipenne. Les planipennes forment un ordre.*

PLANIROSTRE, adj. [planiʀɔstʀ] (*plani-* et lat. *rostrum*, bec d'oiseau) **Hist. nat.** Qui a le bec ou le museau aplati.

PLANISME, ■ n. m. [planism] (1*plan*) **Écon.** Théorie prônant la planification en économie. *Planisme socialiste.*

PLANISPHÈRE, ■ n. m. [planisfɛʀ] (*plani-* et *sphère*) Représentation d'un globe ou d'une sphère sur un plan, pour les usages de la géométrie et de l'astronomie. *Planisphère terrestre. Planisphère céleste.* ♦ Machine qui représente le mouvement des corps célestes.

PLANISPHÉRIQUE, adj. [planisfeʀik] (*planisphère*) Qui a rapport au planisphère.

PLANISTE, ■ n. m. et n. f. [planist] (*planisme*) **Écon.** Partisan du planisme. *Les planistes capitalistes.*

PLANNING, ■ n. m. [planiŋ] (mot angl., *to plan*, prévoir) Prévision et répartition de la charge de travail à réaliser dans un temps donné. *L'entreprise a conçu le planning des commandes.* ■ Emploi du temps. *Elle a un planning très chargé.* ♦ *Planning familial*, institution établie pour gérer les naissances selon le désir du couple et proposer des consultations médicales en rapport avec la maîtrise de la fécondité. *Les centres de planning familial informent sur la sexualité, l'IVG, le Sida, etc. Aller au planning familial pour prendre la pilule du lendemain ou faire un test VIH.*

PLANORBE, ■ n. f. [planɔʀb] (lat. *planus*, plat, uni, égal et *orbis*, cercle) Mollusque de la famille des gastéropodes doté de poumons, qui vit dans les eaux douces et dont la particularité réside dans la forme en spirale de sa coquille. *Les planorbes, escargots d'eau douce, sont hermaphrodites.*

PLAN-PLAN, ■ adj. inv. [plɑ̃plɑ̃] (redoubl. de l'a. provenç. *plan*, doucement, du lat. *planus*, égal) **Fam.** et **plais.** Tranquille et sans surprise, en parlant d'un état, d'une manière d'être. *Une petite vie plan-plan. Des films plan-plan.*

PLANQUE, ■ n. f. [plɑ̃k] (*planquer*) **Fam.** Cachette, endroit où l'on se sent en sécurité. *C'est la planque du braqueur.*

PLANQUER, ■ v. tr. [plɑ̃ke] (altération de l'arg. *planter*, cacher, p.-ê. par croisement avec *plaquer*, appliquer) **Fam.** Cacher. *Elle a planqué son journal intime.* ■ **Se planquer**, v. pr. *Il se planque toujours au même endroit.*

PLAN-SÉQUENCE, ■ n. m. [plɑ̃sekɑ̃s] (1*plan* et *séquence*) **Cin.** Scène ou séquence d'un film, généralement assez longue, filmée en une seule prise de vue. *Des plans-séquences.*

PLANSICHTER, ■ n. m. [plɑ̃siʃtɛʀ] (all. *Plan*, plan et *Sichter*, blutoir) Appareil utilisé pour trier les grains de blé par tamisage, en fonction de leur grosseur. *Les plansichters sont composés de plusieurs tamis qui exécutent des mouvements circulaires.*

PLANT, n. m. [plɑ̃] (*planter*) Jeune tige nouvellement plantée. ♦ *Jeune plant, nouveau plant*, arbre fruitier ou vigne nouvellement plantée. ♦ Végétal destiné à être repiqué ou planté. *Plant de buis, de chou, etc.* ■ **Pop.** *Mettre en plant*, mettre en gage (écrit à tort *en plan*). *Mettre sa montre en plant.* ♦ *Laisser quelqu'un en plant*, le quitter brusquement, ou encore l'oublier après lui avoir promis de revenir. ♦ *Laisser tout en plant*, interrompre toutes ses occupations, toutes ses affaires, pour s'occuper d'autre chose. ♦ Quantité de jeunes arbres plantés dans un même terrain. *Un plant d'ormes.* ♦ Le terrain même où se trouvent les plantations. ♦ Disposition suivant laquelle les arbres sont plantés. ■ **Rem.** On disait aussi *complant* autrefois.

PLANTAGE, n. m. [plɑ̃taʒ] (*planter*) Action de planter un végétal. ♦ En Amérique, plants de tabac, de cannes à sucre. ■ **Fam.** Échec, erreur. *Plantage à un examen d'histoire. Son intervention a été un plantage complet !* ■ **Suisse** Jardin potager. *Cultiver des légumes de son plantage.*

PLANTAGINÉES, n. f. [plɑ̃taʒine] (lat. *plantago*, génit. -*aginis*, plantain) Famille de plantes herbacées, à laquelle le plantain a donné son nom.

1 **PLANTAIN**, n. m. [plɑ̃tɛ̃] (lat. *plantago*, dér. de *planta*, plante du pied, en raison de sa ressemblance avec les feuilles de cette plante) Genre principal de la famille des plantaginées. ♦ Plante dont la tige porte un épi chargé d'une multitude de petites semences. ♦ Eau distillée de plantain. ♦ *Plantain d'eau*, plantain aquatique.

2 **PLANTAIN**, n. m. [plɑ̃tɛ̃] (esp. *plátano, plantano*, du lat. *platanus*, et d'abord étendu aux bananiers d'Amérique et à leurs fruits) Variété de bananes des forêts tropicales consommée cuite en légume. *Frites de plantain. Des bananes plantains.*

PLANTAIRE, adj. [plɑ̃tɛʀ] (lat. médiév. *plantaris*) **Anat.** Qui appartient à la plante du pied. ♦ *Arcade plantaire*, la courbure de l'artère plantaire. ♦ N. m. Nom de certains muscles.

PLANTARD, n. m. [plɑ̃taʀ] Voy. PLANÇON.

PLANTATION, ■ n. m. [plɑ̃tasjɔ̃] (lat. *plantatio*) Action de planter. *La plantation d'un arbre, d'un jardin.* ♦ Arbres plus ou moins gros qui couvrent un terrain. ♦ Le lieu où l'on a planté. ♦ ▷ Établissement dans les colonies. ◁

PLANTE, n. f. [plɑ̃t] (lat. *planta*) Nom général sous lequel on comprend tous les végétaux. ♦ ▷ **Fig.** *Une jeune plante*, un jeune homme, une jeune personne qui s'élève. ◁ ♦ *Jardin des plantes*, jardin où l'on cultive des plantes pour l'étude de la botanique. ♦ *Plante*, végétal qui ne pousse point de bois. ■ **Absol.** *Plante médicinale. La connaissance des plantes est nécessaire au médecin.* ♦ Jeune vigne. ♦ *Plante du pied*, plante des pieds, le dessous du pied de l'homme, la partie qui pose à terre. ♦ Partie inférieure du pied dans les animaux plantigrades.

PLANTÉ, ÉE, p. p. de planter. [plɑ̃te] ▷ *Terre bien plantée*, terre où il y a de belles avenues d'arbres. ◁ ♦ *Maison bien plantée*, maison bâtie dans une situation agréable. ♦ *Cheveux bien plantés*, cheveux bien placés sur le front. ♦ Debout et immobile. « *Vous voyez l'amateur de fleurs planté et qui a pris racine au milieu de ses tulipes* », La Bruyère. ♦ *Planté sur ses pieds, sur ses pattes*, reposant sur ses pieds, sur ses pattes. ♦ ▷ *Être bien planté sur ses pieds* ou simplement *être bien planté*, se tenir de bonne grâce. ◁ ♦ ♦ *Une statue, une figure en pied bien plantée*, une statue, une figure debout en belle attitude. ◁ ♦ **Fam.** *Être planté quelque part*, ne pas bouger d'un lieu.

PLANTER, v. tr. [plɑ̃te] (lat. *plantare*) Mettre un végétal en terre pour qu'en prenant racine il croisse. *Planter des saules, des choux, etc.* ♦ ▷ *Planter un bois, une avenue, une allée*, planter des arbres de manière qu'ils forment un bois, une avenue, une allée. ◁ ♦ ▷ **Fig.** *Aller planter ses choux* ou planter *des choux*, se retirer à la campagne. ◁ ♦ ♦ **Fig.** *On l'a envoyé planter des choux, ses choux*, se dit de quelqu'un qui a été relégué à la campagne. ◁ ♦ ▷ **Absol.** « *Un octogénaire plantait ; Passe encor de bâtir, mais planter à cet âge !* », La Fontaine. ◁ ♦ Semer, en parlant des noyaux, des pépins, des pois, etc., qu'on met en terre. ♦ Garnir un terrain de végétaux. *Planter un terrain de vignes.* ♦ ▷ **Fig.** et **fam.** Il se dit des hommes mis quelque part comme des plantes. « *La Providence a planté des hommes sous le cercle polaire* », Voltaire. ◁ ♦ **Fig.** Fixer en terre ou ailleurs. *Planter un poteau.* ♦ *Planter des échelles à une muraille*, y appliquer des échelles. ♦ **Fig.** et **fam.** *Planter le piquet*, Voy. PIQUET. ♦ *Planter un étendard, un drapeau*, l'arborer sur les remparts d'une ville prise d'assaut. ♦ **Fig.** *Planter l'étendard de la croix, planter la foi dans un pays*, y introduire la religion chrétienne. ♦ Poser, placer, enfoncer. « *Devant moi justement on plante un grand potage* », Régnier. « *Il lui planta la javeline fort avant* », d'Ablancourt. ♦ ▷ *Planter un baiser*, appliquer un baiser sur la joue de quelqu'un. ◁ ♦ **Pop.** *Planter un soufflet sur la joue de quelqu'un*, lui donner un soufflet. ◁ ♦ ▷ **Fig.** et **fam.** *Planter quelque chose au nez de quelqu'un*, lui dire quelque chose d'incongru, et aussi lui faire quelque reproche en face. ◁ ♦ **Archit.**

Planter un édifice, faire les premiers travaux pour le construire. ♦ ▷ *Planter une personne en quelque endroit*, l'y aposter. ◁ ♦ **Fig.** *Planter là quelqu'un*, l'abandonner, le quitter. ♦ Il se dit aussi de la rupture des liens d'affection. « *Non, si j'étais de vous, je le planterais là* », RÉGNIER. ♦ *Planter là une chose*, ne plus s'en occuper. ♦ *Se planter*, v. pr. Être planté. ♦ **Fig.** Se poster. *Se planter sur le passage de quelqu'un.* ♦ ▷ *Se loger.* « *Il est allé se planter au fond du faubourg Saint-Germain* », MME DE SÉVIGNÉ. ◁ **V. pr. Fam.** Avoir un accident. *Se planter en voiture.* ■ **Fam.** Faire une erreur ; échouer. *Elle s'est plantée dans ses calculs. Il s'est planté à l'examen de chimie.* ■ **V. intr. Fam.** Cesser de fonctionner, en parlant d'un ordinateur. *Mon ordinateur a planté ; j'ai perdu tous mes fichiers.*

PLANTEUR, EUSE, n. m. et n. f. [plãtœr, øz] (*planter*) Personne qui plante des arbres et autres végétaux. ♦ ▷ **Fig.** *Un planteur de choux*, un homme qui vit retiré à la campagne. ◁ ♦ Colon qui cultive des plantations hors de l'Europe. *Un planteur des Antilles.* ■ *Un punch planteur* ou *un planteur*, cocktail à base de rhum blanc, de sucre de canne et de citron. *Boire des planteurs.*

PLANTEUSE, ■ n. f. [plãtøz] (*planter*) Machine utilisée pour planter les pommes de terre dans les plantations agricoles. *Planteuse de tubercules.*

PLANTIGRADE, adj. [plãtigrad] (*plante* et -*grade*) **Zool.** Qui marche sur la plante du pied. ♦ **N. m. pl.** *Les plantigrades*, tribu de la famille des carnivores.

PLANTOIR, n. m. [plãtwar] (*planter*) Morceau de bois dur garni ou non de fer, recourbé à l'une de ses extrémités, plus ou moins aigu à l'autre, destiné au repiquage des plantes.

PLANTON, n. m. [plãtõ] (*planter*) **Milit.** Sous-officier ou soldat qui est de service auprès d'un officier supérieur, pour porter les dépêches, les ordres de cet officier. ♦ Le service que fait le planton. *Être de planton.* ■ **Fam.** *Faire le planton*, attendre longtemps debout.

PLANTULE, n. f. [plãtyl] (lat. sav. *plantula*) Embryon qui commence à se développer par l'acte de la germination.

PLANTUREUSEMENT, adv. [plãtyrøz(ə)mã] (*plantureux*) D'une manière plantureuse, abondamment.

PLANTUREUX, EUSE, adj. [plãtyrø, øz] (anc. fr. *plentiveux*, de *plenteif*, abondant, dér. de *plentet*, abondance, lat. *plenitas*, de *plenus*, plein ; p.-ê. infl. de *heureux*) Copieux, abondant. « *Que les saignées soient fréquentes et plantureuses* », MOLIÈRE. ♦ Il se dit d'un pays fertile en toutes sortes de productions. ■ Qui est bien en chair. *Une femme plantureuse.*

1 **PLANURE**, ■ n. f. [planyr] (2 *planer*) Bois qu'on retranche en planant.

2 **PLANURE**, ■ n. f. [planyr] (*plain*, p.-ê. avec infl. de l'ital. *pianura*, terrain plat) Grande étendue de terrain plane. *Une planure en lisière de forêt.*

1 **PLAQUAGE**, ■ n. m. [plakaʒ] Voy. PLACAGE.

2 **PLAQUAGE**, ■ n. m. [plakaʒ] (*plaquer*) **Fam.** Abandon. *Il ne s'est pas remis de son plaquage.* ■ **Sp.** Action de plaquer, coller quelqu'un contre le sol. *Le plaquage permet d'arrêter un adversaire et parfois d'attraper le ballon.*

PLAQUE, n. f. [plak] (*plaquer*) Feuille de métal plus ou moins épaisse. *La plaque d'un shako.* ♦ *Plaque de feu ou de cheminée*, plaque de fer ou de fonte appliquée au fond d'une cheminée. ♦ Plaque de métal dont la partie inférieure porte une bobèche, et qu'on applique à une muraille. ♦ Morceau de cuivre que portent les commissionnaires, les portefaix, les marchands ambulants, indiquant le numéro de leur inscription dans les bureaux de la police. ♦ Décoration de quelques dignitaires. *La plaque de la Légion d'honneur.* ♦ Partie de la garde d'une épée qui couvre la main. ■ Pièce plate d'épaisseur variable. *Des plaques de plâtre.* ■ Partie rigide et indéformable de l'écorce terrestre. *La tectonique des plaques.* ■ **Méd.** Lésion de la peau ou des muqueuses. *Plaques d'eczéma.* ■ **Fig.** Plaque tournante, lieu de circulation, d'échanges. *Plaque tournante de la culture européenne.*

PLAQUÉ, ÉE, p. p. de plaquer. [plake] **Fig.** « *De grosses louanges de moi, si maussadement plaquées* », J.-J. ROUSSEAU. ♦ *Vaisselle plaquée*, vaisselle recouverte d'une feuille d'or ou d'argent laminé. ♦ ▷ **N. m.** *Du plaqué*, de la vaisselle plaquée. ◁ ■ **Mus.** *Accord plaqué*, accord dont toutes les notes sont frappées en même temps de façon à ne produire qu'un son. ■ **N. m.** Métal recouvert d'une fine couche de métal précieux. *Du plaqué or.* ■ Bois recouvert d'une feuille de bois plus précieux.

PLAQUEMINE, ■ n. f. [plak(ə)min] (algonq. *piakimin*) **Bot.** Kaki, fruit de l'une des espèces du plaqueminier. *La plaquemine ou kaki est le fruit du plaqueminier du Japon.*

PLAQUEMINIER, n. m. [plak(ə)minje] (*plaquemine*) Genre de la famille des ébénacées. ♦ *Le plaqueminier de Virginie* a un fruit alimentaire recherché dans les États-Unis. ♦ *Le plaqueminier ébénier*, qui fournit le bois d'ébène.

PLAQUE-MODÈLE, ■ n. f. [plak(ə)mɔdɛl] (*plaque* et *modèle*) **Techn.** Plaque sur laquelle est fixée de façon permanente le modèle, les dispositifs de coulée ainsi que tous les accessoires utiles pour sa reproduction à l'identique. *Une plaque-modèle est montée sur une machine à mouler. Des plaques-modèles.*

PLAQUER, v. tr. [plake] (m. néerl. *placken*, rapiécer) Appliquer une chose plate sur une autre. ♦ *Plaquer des bijoux, de la vaisselle*, recouvrir d'or ou d'argent laminé des bijoux, de la vaisselle de quelque métal peu précieux. ♦ *Plaquer le bois*, l'appliquer par feuilles déliées sur d'autres bois. ♦ *Plaquer du gazon*, appliquer les tranches de gazon sur un terrain préparé. ♦ **Fig.** « *Des lambeaux des ouvrages des autres qu'ils plaquent dans les leurs comme des pièces de gazon dans un parterre* », MONTESQUIEU. ♦ *Plaquer du plâtre, du mortier*, l'appliquer fortement avec la main sur le mur qu'on veut enduire. ♦ ▷ **Fig.** et pop. *Plaquer un soufflet sur la joue*, donner un soufflet. ◁ ♦ ▷ **Fig.** *Plaquer quelque chose au nez de quelqu'un*, lui faire en face quelque reproche piquant. ◁ ■ **Fig. Mus.** *Plaquer des accords*, les faire de façon que toutes les notes résonnent en même temps. ■ Aplatir. *Plaquer une mèche de cheveux.* ■ Appuyer contre quelque chose. *Plaquer ses lèvres sur la joue de quelqu'un.* ■ **Fam.** Abandonner. *Il a plaqué sa femme.* ■ **V. intr. Fam.** *Se faire plaquer*, être abandonné par quelqu'un. *Il s'est fait plaquer.* ■ *Plaquer quelqu'un contre, sur quelque chose*, le jeter contre, sur quelque chose. *Il a plaqué contre le sol.* ■ **Sp.** *Plaquer quelqu'un*, effectuer un plaquage. *Plaquer le porteur du ballon.*

PLAQUETTAIRE, ■ adj. [plaketɛr] (*plaquette*) Relatif aux plaquettes sanguines. *Membrane plaquettaire. Activation plaquettaire.*

PLAQUETTE, n. f. [plakɛt] (dim. de *plaque*) **Géol.** Plaque de calcaire schisteux. ♦ Espèce de moellon mince. ♦ Volume relié ou broché de peu d'épaisseur. ♦ Monnaie de billon en divers pays. ♦ *Cela ne vaut pas une plaquette*, cela n'est d'aucune valeur. ■ **Biol.** Composant du sang qui joue un rôle dans la coagulation. *Faire un don de plaquettes.*

PLAQUEUR, EUSE, n. m. et n. f. [plakœr, øz] (*plaquer*) Ouvrier, ouvrière qui fait des placages. ♦ Personne qui plaque des bijoux, de la vaisselle. ■ **Sp.** Joueur de rugby, spécialiste du plaquage. *Le plaqueur doit lâcher le plaqué dès que celui-ci touche le sol.*

PLASMA, ■ n. m. [plasma] (mot gr., ouvrage façonné) **Méd.** Liquide qui contient des éléments en suspension. *Plasma sanguin.* ■ **Phys.** Un des états de la matière, constitué de particules neutres, d'ions et d'électrons. *Ce gaz a été transformé en plasma.* ■ **Télév.** Dispositif permettant l'affichage d'images ou de données sur un écran plat au moyen de la luminescence d'un gaz enfermé et soumis à des décharges électriques. *Le plasma permet la conception d'écrans plats de grande dimension.* ■ **Par méton.** *Un plasma*, un écran de télévision à plasma. *Ils souhaitaient acheter une grande télévision ; ils ont acheté un plasma.*

PLASMAPHÉRÈSE, ■ n. f. [plasmaferɛz] (gr. *plasma* et *aphairesis*, action d'enlever) **Méd.** Méthode utilisée pour éclaircir le sang, avec un processus au cours duquel la partie liquide du sang est séparée de ses composants cellulaires à l'aide d'une centrifugeuse avant que ces cellules soient réinjectées dans le sang circulant. *Dans certaines maladies auto-immunes, la plasmaphérèse a pour but de substituer le plasma du malade à un autre plasma.*

PLASMATIQUE, ■ adj. [plasmatik] (*plasma*) Relatif au plasma. *Hémoglobine plasmatique.*

PLASMIDE, ■ n. m. [plasmid] (*plasm-* et -*ide*) **Biol.** Élément moléculaire d'ADN, capable de se répliquer indépendamment, ne contenant qu'un très petit nombre de gènes dont certains confèrent à la bactérie des propriétés comme la résistance aux antibiotiques. *Certains plasmides sont utilisés comme vecteurs de clonage.*

PLASMINE, ■ n. f. [plasmin] (*plasma*) Protéase alcaline, enzyme principale impliquée notamment dans les phénomènes protéolytiques du lait. *La plasmine permet de détruire les caillots sanguins qui peuvent se former dans un vaisseau.*

PLASMIQUE, ■ adj. [plasmik] (*plasma*) Composé de plasma. *Membrane, cellule plasmique.*

PLASMOCYTAIRE, ■ adj. [plasmositɛr] (*plasmocyte*) Relatif au plasmocyte. *Une leucémie plasmocytaire.*

PLASMOCYTE, ■ n. m. [plasmosit] (*plasmo-* et -*cyte*) Cellule se trouvant dans la moelle osseuse et dans le tissu lymphoïde, responsable de la production d'anticorps. *Les plasmocytes sont à l'origine de certains cancers rares.*

PLASMODE, ■ n. m. [plasmɔd] (gr. *plasm-* et -*ode*) Masse cellulaire de grande taille, sans parois et composée de plusieurs noyaux. *Le plasmode est une masse gluante plus ou moins gélatineuse que l'on rencontre en particulier chez les champignons myxomycètes.*

PLASMODIUM, ■ n. m. [plasmɔdjɔm] (lat. sav. mod. *plasma* et *odium*, d'abord créé en 1863 pour désigner le *plasmode*, puis repris en 1885 par le biologiste italien Marchiafava pour l'hématozoaire du paludisme) Parasite unicellulaire à l'origine du paludisme. *Il existe quatre espèces différentes de plasmodium : le plasmodium falciparum qui est l'espèce la plus largement* répandue dans le monde et la seule qui puisse être mortelle, le plasmodium vivax qui est la deuxième espèce par ordre de fréquence, le plasmodium ovale qui n'existe qu'en Afrique de l'Ouest et en Afrique Centrale et enfin, le plasmodium malariae.

PLASMOPARA, ■ n. m. [plasmopaʁa] (plasmode et -para, forme fém. de -pare) Champignon parasitaire du céleri ou de la vigne. Le plasmopara est un agent du mildiou.

PLASTE, ■ n. m. [plast] (gr. plassein, modeler, façonner) Nom générique des organites de cellules végétales chargées généralement d'amidon ou de chlorophylle et qui effectuent la photosynthèse. Le plaste colore la plupart des algues. Les plastes se transmettent par division.

PLASTIC, ■ n. m. [plastik] (angl. plastic) Type d'explosif ayant la malléabilité du mastic. Avec une charge de deux kilos, l'attentat au plastic a fait de nombreuses victimes.

PLASTICAGE, ■ n. m. [plastikaʒ] Voy. PLASTIQUAGE.

PLASTICIEN, IENNE, ■ n. m. et n. f. [plastisjɛ̃, jɛn] (plastique) Artiste, peintre ou sculpteur. Michel-Ange était un plasticien. ■ Ouvrier travaillant les matières plastiques afin d'en réaliser des objets. ■ **Méd.** Chirurgien spécialisé dans la chirurgie plastique. Elle est allée consulter un plasticien pour se refaire la poitrine.

PLASTICIMÈTRE, ■ n. m. [plastisimɛtʁ] (plasticité et -mètre) Techn. Appareil utilisé pour la mesure du degré de plasticité d'une substance. Le plasticimètre est utilisé pour tester la maniabilité du béton.

PLASTICITÉ, ■ n. f. [plastisite] (plastique) Qualité de ce qui peut prendre ou recevoir différentes formes. La plasticité des argiles.

PLASTIE, ■ n. f. [plasti] (gr. plassein, modeler, façonner) Opération de chirurgie esthétique. Subir une plastie mammaire, abdominale.

PLASTIFIANT, ■ n. m. [plastifjɑ̃] (plastifier) Techn. Adjuvant, le plus souvent liquide, utilisé pour augmenter la plasticité d'un produit. Les plastifiants rendent le caoutchouc plus malléable. ■ Produit ajouté pour augmenter la maniabilité du béton et faciliter sa mise en œuvre. Le plastifiant permet de réduire le dosage en ciment. ■ **Cuis.** Produit ajouté aux aliments pour en accroître le moelleux et réduire leur fragilité.

PLASTIFICATION, ■ n. f. [plastifikasjɔ̃] (plastifier) Action de plastifier ou de faire plastifier. La plastification de son permis de conduire. La plastification d'une affiche, d'un document.

PLASTIFIER, ■ v. tr. [plastifje] (plastique) Recouvrir de plastique un objet afin de le protéger. Faire plastifier sa carte d'identité.

PLASTIQUAGE ou **PLASTICAGE**, ■ n. m. [plastikaʒ] (plastiquer) Attentat au plastic. Plastiquage d'une voiture, de la mairie.

PLASTIQUE, adj. [plastik] (gr. plastikos, relatif à l'art de modeler) Scolast. Qui a la puissance de former. Les natures plastiques. La vertu plastique des animaux, des végétaux. ■ **Physiol.** Qui forme, qui sert à former. ■ Liquide plastique ou blastème, liquide qui, sorti des capillaires, sert à la génération ou à la nutrition des éléments anatomiques. ■ Force plastique, la force qui est supposée présider aux phénomènes de nutrition et de reproduction ou de réparation des tissus dans les corps organisés. ■ Se dit de toute substance propre à la fabrication des poteries. L'argile est plastique. ■ Art plastique, art de modeler les figures en plâtre, etc. ■ Au pl. Les arts plastiques, tous les arts du dessin. ■ **Fig.** Il se dit de la poésie, quand elle s'efforce par le vers de peindre et de sculpter. ■ **N. f.** Forme esthétique d'un corps. Un acteur à la plastique parfaite. ■ Matière plastique ou plastique, n. m., matière synthétique à laquelle on peut donner différentes formes. Plastique biodégradable. ■ **Adj.** Chirurgie plastique, chirurgie reconstructrice ou esthétique. Il a eu recours à la chirurgie plastique pour diminuer la taille de son nez. ■ En plastique, ou plastique, fait de matière plastique. Des sacs plastiques, des bouteilles en plastique.

PLASTIQUER, ■ v. tr. [plastike] (plastic) Fam. Déclencher une explosion avec du plastic. Plastiquer une voiture, un bâtiment.

PLASTIQUEUR, EUSE, ■ n. m. et n. f. [plastikœʁ, øz] (plastiquer) Personne qui commet un attentat au plastic. La police recherche le plastiqueur qui a fait exploser l'hôtel.

PLASTISOL, ■ n. m. [plastisɔl] (plastique et sol sur le modèle d'aérosol) Corps chimique, liquide ou pâteux, constitué d'une émulsion ou d'une suspension de chlorure de vinyle dans un plastifiant. Le plastisol est surtout utilisé pour la confection de semelles ou de chaussures moulées.

PLASTOC, ■ n. m. [plastɔk] (abrév. de plastique) Fam. Matière plastique. Jette les bouteilles en plastoc ! ■ **Par extens.** En plastoc, de moindre qualité, peu solide. C'est une montre en plastoc ! Garde tes idées en plastoc !

PLASTRON, n. m. [plastʁɔ̃] (ital. piastrone, de piastra, plaque) Partie de la cuirasse qui protège le devant de la poitrine. ■ **Fig.** Ce qui protège. ■ Espèce de corselet rempli de bourre et couvert de cuir que le maître d'armes

met sur sa poitrine et sur lequel il reçoit les coups de fleuret de l'élève. ◆ ▷ **Fig.** et fam. Homme qui est en butte aux attaques ou aux railleries des autres. ◁ ◆ Morceau de bois garni d'une plaque de fer percée de plusieurs trous, que certains artisans appliquent sur leur estomac pour faire tourner un foret au moyen d'un archet. ◆ Chez les oiseaux, partie du plumage disposée en forme de plastron. ◆ **Archit.** Ornement en forme d'anse de panier avec deux enroulements.

PLASTRONNÉ, ÉE, p. p. de plastronner. [plastʁɔne]

PLASTRONNER, v. tr. [plastʁɔne] (plastron) Garnir d'un plastron. ◆ V. intr. S'exercer à tirer des armes sur le maître qui a un plastron. ◆ Se plastronner, v. pr. Se couvrir d'un plastron.

PLASTURGIE, ■ n. f. [plastyʁʒi] (plastique et -urgie) Technologie de l'industrie des matières plastiques. Cet atelier de plasturgie fabrique des emballages.

PLASTURGISTE, ■ n. m. et n. f. [plastyʁʒist] (plasturgie) Personne qui travaille dans la plasturgie. Le plasturgiste peut notamment être présent sur les marchés automobile ou aéronautique.

1 **PLAT**, n. m. [pla] (substantivation de 2 plat) Sorte de vaisselle plus ou moins creuse à l'usage de la table. ◆ **Fig.** Mettre les petits plats dans les grands, faire beaucoup de frais pour quelqu'un. ◆ ▷ **Fig.** Il ne sert pas à plats couverts, il lui nuit ouvertement. ◁ ◆ **Fig.** et fam. Mettre les pieds dans le plat, faire quelque chose contre la convenance ou la coutume. ◆ Ce qui est contenu dans le plat. Un plat de viande. ◆ Plat d'entrée, plat de rôti, plat d'entremets, entrée, rôti, entremets servi dans un plat. ◆ Œufs sur le plat, œufs cassés sur un plat et cuits avec du beurre sans être brouillés. ◆ ▷ **Ironiq.** Voilà un bon plat, se dit quand on voit deux ou trois personnes ensemble qui sont de même caractère et qui ne valent pas grand-chose. ◁ ◆ ▷ Il se dit aussi d'une seule personne. « C'est un fort méchant plat que sa sotte personne », MOLIÈRE. ◁ ◆ **Fig.** Donner, servir un plat de son métier, se dit d'un homme qui apporte dans une compagnie quelque chose de relatif à sa profession, comme un poète qui lit des vers, et aussi d'une personne qui coopère, aide à quelque chose. Se dit aussi de quelque tour que l'on joue à une personne. ◁ ◆ Plat de balance, chacun des deux bassins d'une balance. ■ Plat de résistance, plat principal. L'entrée est finie, je peux servir le plat de résistance. ■ **Fig.** et fam. En faire tout un plat, donner plus d'importance qu'il n'en faut à quelque chose. Ce n'est pas la peine d'en faire tout un plat, ce n'est qu'une égratignure.

2 **PLAT, ATE**, adj. [pla, at] (lat. pop. plattus, du grec plattus, large et plat) Dont la superficie est unie et sans inégalités. ◆ Pays plat, pays plat, Voy. **PAYS**. ◆ **Sp.** Courses plates, Voy. **COURSE**. ◆ Vue plate, vue qui s'étend sur un terrain plat. ◆ Souliers plats, souliers qui n'ont point de talon. ◆ À plate couture, Voy. **COUTURE**. ◆ ▷ **Fam.** Avoir le ventre plat, n'avoir pas mangé depuis longtemps. ◁ ◆ ▷ Avoir la bourse plate, n'avoir guère d'argent en sa bourse. ◁ ◆ **Hydraulique**, bassin plat, bassin qui a peu de profondeur. ◆ Eaux plates, se dit par opposition à eaux jaillissantes. ◆ Vaisselle plate, vaisselle qui est d'une seule pièce, sans soudure, par opposition à vaisselle montée. Les cuillers, les fourchettes sont de la vaisselle plate. ◆ Vaisselle plate, vaisselle d'argent et vaisselle d'or. ◆ Qui n'a pas de relief, en parlant des parties du corps. Avoir le dos plat. ◆ Visage plat, visage qui n'a pas des formes assez en relief. Nez plat. ◆ Pied plat ou plat pied. Voy. **PIED**. ◆ Cheveux plats, cheveux qui ne sont ni frisés ni bouclés. ◆ Plate peinture, ouvrages de peinture qui ne sont pas faits en relief. ◆ Broderie plate, broderie qui n'est pas relevée. ◆ Rimes plates, Voy. **RIME**. ◆ **Mar.** Nœud plat, nœud formé de deux bouts de cordages croisés et revenant sur eux-mêmes en se croisant de nouveau. ◆ Vaisseau plat, bâtiment plat, bateau plat, celui dont le fond est plus ou moins plat. ◆ Cartes plates, cartes de géographie ne pouvant servir que pour des espaces très limités. ◆ Calme plat, état de la mer lorsque rien n'en agite la surface, et fig. stagnation des affaires. ◆ **Fig.** Dénué de saveur. Du vin plat. ◆ **Fig.** Qui n'est ni élégant, ni élevé, ni vif, ni piquant. Style plat. Scène plate. ◆ **Mus.** Se dit d'un thème vulgaire, d'une exécution sans nuances. ◆ Physionomie plate, physionomie basse et qui ne signifie rien. ◆ Il se dit des personnes qui n'ont ni élégance ni élévation. ◆ ▷ Un plat personnage, une personne sans aucune espèce de mérite. ◁ ■ N. m. La partie plate d'une chose. Le plat d'une règle. Des coups de plat de sabre. ◆ ▷ **Fig.** Le plat de la langue, le bavardage, les belles paroles. ◁ ◆ ▷ **Fig.** Faire merveille du plat de la langue, faire de grandes phrases, faire des récits extraordinaires. ◁ ◆ **Bouch.** Plats de côtes couverts, la partie inférieure de l'entrecôte et des côtes, près de la poitrine. ◆ ▷ Qui est plat, sans élégance ni élévation. « La cour désabusée... Distingua le naïf du plat et du bouffon », BOILEAU. ◆ **TOUT PLAT**, loc. adv. De manière à être étendu sur le sol. « Tu l'étendras [le loup] tout plat sur le sol », LA FONTAINE. ◆ **Fig.** Sans déguisement. « Et te dis tout net et tout plat : Je ne veux point changer d'état », LA FONTAINE. ◆ **À PLAT, TOUT À PLAT**, loc. adv. Sur la face même, sur le côté même. ◆ **Fig.** Entièrement, tout à fait. Refuser tout à plat. La pièce est tombée tout à plat. ◆ À plat ventre, Voy. **VENTRE**. ■ Eau plate, non gazeuse. ■ **Fam.** Être à plat, dégonflé en parlant d'un pneu. Ses pneus sont à plat, ils risquent de crever. ■ **Fig.** Être

à plat, être très fatigué, manquer d'énergie. *Elle est à plat, il faudrait qu'elle se repose.* ■ *Tomber à plat*, échouer, ne pas avoir de succès. *Son initiative est tombée à plat.* ■ *Mettre à plat*, reconsidérer une question, un problème, en analysant un à un ses éléments. *Avant de prendre une décision, il faut mettre les choses à plat.* ■ *Le plat pays*, la Belgique. « *Avec infiniment de brumes à venir, Avec le vent de l'est écoutez-le tenir, Le plat pays qui est le mien* », J. BREL.

PLATANAIE, n. f. [platanɛ] (*platane*) ▷ Lieu planté de platanes. ◁

PLATANE, n. m. [platan] (lat. *platanus*, du gr. *platanos*) Genre de la famille des platanées. ♦ Bel arbre dont les branches s'étendent beaucoup, et dont les feuilles sont très larges. ♦ *Faux platane*, nom vulgaire de l'érable faux platane, dit à tort érable sycomore.

PLATANÉES, n. f. [platane] (*platane*) Famille de plantes à laquelle le genre platane sert de type.

1 **PLATANISTE**, n. m. [platanist] (gr. *platanistas*) **Antiq. grecq.** Lieu ombragé de platanes qui servait aux exercices gymnastiques de la jeunesse de Sparte.

2 **PLATANISTE**, ■ n. m. [platanist] (gr. *platanistès*) Espèce de dauphin qui vit dans les eaux douces et troubles d'Asie et d'Amérique du Sud, et plus particulièrement dans le Gange et l'Amazone, possédant une petite tête et un long bec. *Le plataniste, pratiquement aveugle, est devenu très rare.*

PLAT-BORD, n. m. [plabɔʀ] (2*plat* et *bord*) **Mar.** Rangée de larges planches qu'on fixe horizontalement sur le sommet de la muraille du navire dans toute sa longueur. ♦ Le rempart vertical qui s'élève au-dessus de la rangée des bordages dont il vient d'être parlé. ♦ Au pl. *Des plats-bords.*

PLATE, ■ n. f. [plat] (2*plat*) Canot à fond plat. *La plate est généralement utilisée sur les marais ou les étangs.* ♦ Variété d'huître. *On a mangé une douzaine de plates et une douzaine de creuses.*

PLATEAU, n. m. [plato] (dim. de 1*plat*) Proprement, chose plate. ♦ Table portative à rebords sur laquelle on sert le café, le thé, etc. ♦ **Phys.** *Plateau électrique*, pièce de verre circulaire et plate que l'on électrise en la faisant tourner entre deux coussins. ♦ Terrain élevé, qui s'étend en plaine. ♦ En termes de stratégie, terrain élevé mais plat et uni, sur lequel on peut placer un corps de troupes, une batterie. ♦ **Mar.** Haut fond, plat et uni. ♦ Le fond des balances. ♦ Bassin de balance. ■ Espace d'un théâtre, d'un studio de cinéma, de télévision où est planté le décor et où se déroule le spectacle, l'émission. *Silence sur le plateau... on tourne! Les comédiens s'étaient rassemblés sur le plateau.*

PLATEAU-REPAS, ■ n. m. [platoʀ(ə)pa] (*plateau* et *repas*) Plateau sur lequel se trouvent tous les mets et couverts nécessaires à un repas complet. *L'hôtesse de l'air sert les plateaux-repas aux passagers.*

PLATEBANDE ou **PLATE-BANDE**, n. f. [plat(ə)bɑ̃d] (2*plat* et *bande*) Toute bande mince, unie ou ornée de moulures aux deux bords, dont on garnit le dessus des traverses des rampes d'escalier, des balcons, des barres d'appui de croisée. ♦ **Archit.** Moulure plate et unie qui a plus de largeur que de saillie. ♦ Pierre dont chaque extrémité porte sur une colonne ou un pilier. ♦ Dans les jardins, morceau de terre assez étroit qui règne le long du parterre et où l'on met d'ordinaire des fleurs et des arbustes. *Des platebandes bien garnies.*

1 **PLATÉE**, n. f. [plate] (1*plat*) **Fam.** La quantité de mets qu'un plat contient. *Des platées de viande.*

2 **PLATÉE**, n. f. [plate] (2*plat*) **Archit.** Massif de fondation qui comprend toute l'étendue du bâtiment.

PLATEFORME ou **PLATE-FORME**, n. f. [plat(ə)fɔʀm] (2*plat* et *forme*) Sorte de terrasse sur un édifice, où l'on peut se promener à découvert. ♦ Nom donné aux pièces de bois qui soutiennent la charpente d'une couverture. ♦ Bâti en bois ou en maçonnerie disposé pour recevoir les bouches à feu. ♦ **Mar.** Sorte de plancher. ■ Partie non fermée d'un autobus, d'un tramway, etc. ■ Structure équipée du matériel nécessaire à un certain type d'activités. *Plateforme pétrolière. Plateforme de lancement d'une fusée.* ■ **Fig.** Ensemble des idées de base d'un parti politique. *Plateforme électorale.* ■ Au pl. *Des plateformes, des plates-formes.*

PLATELAGE, ■ n. m. [plat(ə)laʒ] (anc. fr. *platel*, plateau) Assemblage de matériaux plats tels que des tôles, des plaques métalliques, etc., utilisés pour la constitution de l'aire supérieure d'un plancher. *Platelage d'une passerelle. Platelage de tôles d'acier.*

PLATELONGE ou **PLATE-LONGE**, n. f. [plat(ə)lɔ̃ʒ] (2*plat* et *longe*) Large corde longue de quatre mètres environ et servant à maintenir les animaux debout ou couchés, les chevaux quand on les ferre, etc. ♦ Corde ou courroie avec laquelle un écuyer à pied dirige un cheval qu'on fait tourner. ♦ Longe de cuir qui fait partie du harnais des chevaux de carrosse, et qui doit les empêcher de ruer. ■ Au pl. *Des platelonges, des plates-longes.*

PLATEMENT, adv. [plat(ə)mɑ̃] (2*plat*) Avec platitude. *Se conduire, écrire platement.* ♦ *Tout platement*, sans circonlocution, sans détour. *Il lui a dit tout platement qu'il était une dupe.*

PLATERESQUE, ■ adj. [plat(ə)ʀɛsk] (esp. *plateresco*, de *platero*, orfèvre, de *plata*, argent) **Archit.** Se dit d'un style combinant principalement l'influence de la Renaissance italienne et du gothique et se caractérisant notamment par son exubérance décorative. *Le style plateresque est apparu en Espagne au xvie siècle.*

PLATEURE, n. f. [platœʀ] (2*plat*) **Mines** Le lieu plat et horizontal auquel aboutit la partie inclinée de la veine.

PLATHELMINTHE ou **PLATODE**, ■ n. m. [platɛlmɛ̃t, patɔd] (gr. *platus*, large et plat, et *helmins*,génit. helminthos, ver) Ver parasitaire plat. *Le plathelminthe est un ver parasitaire de l'homme et de certains animaux comme les bovins.*

PLATINAGE, ■ n. m. [platinaʒ] (*platiner*) Action de recouvrir un métal ou une surface d'une fine couche de platine. *Platinage des objets de cuivre, des métaux.*

1 **PLATINE**, n. f. [platin] (2*plat*) Pièce plate, dans divers instruments ou ustensiles. ♦ Plaque de fer attachée à une porte au-devant de la serrure, et percée pour le passage de la clé. ♦ Mécanisme adapté aux armes à feu portatives pour communiquer le feu à l'amorce. ♦ Plaque qui soutient le rouage d'une montre ou d'une pendule. ♦ **Impr.** Partie de la presse qui foule sur le tympan. ♦ ▷ **Pop.** *Avoir une bonne platine*, parler beaucoup et avec assurance. ◁ ■ Partie d'un électrophone composée du système d'entraînement du disque, du plateau et de la tête de lecture. *Le disc-jockey est aux platines.*

2 **PLATINE**, n. m. [platin] (esp. *platina*, [remplacé par le masc. *platino* en 1817], de *plata*, argent) Métal d'un blanc gris, plus pesant que l'or, inaltérable à l'air et très difficile à fondre. ♦ *Platine spongieux*, mousse de platine, éponge de platine, platine qui a la propriété d'absorber les gaz et de les condenser au point d'en enflammer quelques-uns, l'hydrogène par exemple. ♦ Adj. inv. De la couleur du platine. *Un blond platine.*

PLATINÉ, ÉE, ■ adj. [platine] (*platiner*) Qui a subi un platinage. *Bronze platiné.* ■ Relatif à la couleur du platine. *Lumière platinée.* ■ **Fig.** De couleur blond très pâle. *Elle a les cheveux platinés.*

PLATINER, v. tr. [platine] (2*platine*) Faire un platinage. *Platiner des métaux.* ■ **Vx** Blanchir le cuivre rouge avec un amalgame d'étain et de mercure. ■ Donner la couleur du platine à quelque chose. *Platiner ses cheveux.*

PLATINEUR, EUSE, ■ n. m. et n. f. [platinœʀ, øz] (2*platine*) Personne spécialisée dans le platinage. *Platineur de faucilles, de cuivres.*

PLATINEUX, adj. m. [platinø] (2*platine*) **Chim.** *Oxyde platineux*, oxyde qui est le premier degré d'oxydation du platine.

PLATINIDE, ■ n. m. [platinid] (2*platine*) Minéral qui contient du platine. *Les platinides forment une famille de minéraux.*

PLATINIFÈRE, adj. [platinifɛʀ] (2*platine* et -*fère*) Qui contient du platine.

PLATINIQUE, adj. [platinik] (2*platine*) Qui appartient au platine. *Une molécule platinique.* ♦ *Oxyde platinique*, oxyde qui est le second degré d'oxydation du platine.

PLATINITE, ■ n. f. [platinit] (2*platine*) Alliage composé de fer et de nickel pouvant se substituer au platine. *La platinite est utilisée pour la fabrication des lampes à incandescence, en remplacement du platine trop onéreux.*

1 **PLATINOÏDE**, ■ adj. [platinoid] (gr. *platanos*, platane et *eidos*, aspect) Qui ressemble au platane. *Un érable platinoïde.*

2 **PLATINOÏDE**, ■ n. m. [platinoid] (2*platine* et -*oïde*) Métal extrait des mines de platine. *L'iridium et le rhodium sont des platinoïdes.*

PLATINOSE, ■ n. f. [platinoz] (2*platine* et -*ose*) **Méd.** Affection consécutive à une trop fréquente manipulation du platine. *La platinose se manifeste principalement par l'apparition de lésions cutanées et des troubles respiratoires.*

PLATITUDE, n. f. [platityd] (*plat*) Qualité de ce qui est plat dans les sentiments, dans les productions de l'esprit. ♦ Se dit de même en parlant de la sensation du goût. *Ce vin est d'une platitude extrême.* ♦ Chose plate. *Dire une platitude.*

PLATODE, ■ n. m. [platɔd] (gr. *platus*, large, et -*ode*) Voy. PLATHELMINTHE.

PLATONICIEN, IENNE, adj. [platonisjɛ̃, jɛn] (*Platon*, philosophe grec) Qui a rapport à la philosophie de Platon. ♦ Qui est partisan de la doctrine de Platon. ♦ N. m. et n. f. *Un platonicien.*

PLATONIQUE, adj. [platonik] (*Platon*) Qui a rapport au système de Platon. ♦ *Année platonique*, révolution à la fin de laquelle on suppose que les corps célestes seront dans le même ordre et dans la même place qu'ils avaient au moment de la création. ♦ *Amour platonique*, affection mutuelle entre deux personnes de différent sexe, qui n'a pour objet que le mérite spirituel et les perfections de l'âme. ♦ **Par extens.** Se dit de ce qui n'a qu'un caractère idéal.

PLATONIQUEMENT, ■ adv. [platonik(ə)mɑ̃] (*platonique*) De façon platonique. *Ils s'aiment platoniquement.*

PLATONISANT, ANTE, adj. [platonizɑ̃, ɑ̃t] (*platoniser*) Qui platonise. « *L'ouvrage de quelque juif platonisant* », VOLTAIRE.

PLATONISER, v. intr. [platonize] (*Platon*) Imiter, suivre les doctrines de Platon.

PLATONISME, n. m. [platonism] (*Platon*) Système de Platon. ♦ Fig. Caractère de l'amour platonique.

PLÂTRAGE, n. m. [plɑtʁaʒ] (*plâtrer*) Ouvrage fait de plâtre. ♦ Action de répandre sur la terre du plâtre pour amender le sol et le féconder. ♦ Action de plâtrer les vins.

PLÂTRAS, n. m. [plɑtʁɑ] (*plâtre*) Débris d'ouvrages de plâtre ; mauvais matériaux.

PLÂTRE, n. m. [plɑtʁ] (aphérèse de *emplâtre*) Sulfate de chaux qui se trouve par couches dans le sein de la terre. ♦ *Pierre à plâtre* ou *de plâtre,* sulfate de chaux qui contient environ 0,12 de son poids de carbonate de chaux. ♦ *Plâtre cru,* pierre à plâtre propre à cuire. ♦ *Plâtre cuit* ou simplement *plâtre,* pierre à plâtre cuite au fourneau et réduite en poudre, qu'on emploie pour bâtir, mouler, etc. ♦ *Battre le plâtre,* réduire le plâtre en poudre. ♦ Fig. *Battre comme plâtre,* battre excessivement. ♦ **Absol.** Au pl. Tout le plâtre employé dans une construction. *Les plâtres sont secs.* ♦ *Les plâtres,* légers ouvrages en plâtre, tels que corniches, ravalements, scellements, etc. ♦ *Essuyer les plâtres,* loger le premier dans une maison récemment construite. ♦ Tout ouvrage moulé en plâtre. *Figure tirée en plâtre.* ♦ *Le plâtre d'une statue, d'un buste,* le modèle de plâtre de cette statue, de ce buste. ♦ *Le plâtre d'une personne,* le masque de plâtre avec lequel on a pris l'empreinte de son visage ; ou son buste, son médaillon en plâtre. ♦ *Blanc de fard.* « *Mettant la céruse et le plâtre en usage* », BOILEAU. ♦ Fig. *De plâtre,* qui n'a que l'apparence, qui n'a rien de réel ni d'effectif. « *N'est-on pas las de tous ces dieux de plâtre ?* », BÉRANGER. ■ Appareil constitué de bandes plâtrées et destiné à immobiliser un membre fracturé. *Il a le bras dans le plâtre.* ■ Fig. Qui ressemble au plâtre, en a les propriétés. *C'est du plâtre, ta sauce !*

PLÂTRÉ, ÉE, p. p. de plâtrer. [plɑtʁe] Fig. « *Il arrive à l'auteur comme à ceux qui bâtissent mal ; c'est un ouvrage plâtré ; et ce qu'ils soutiennent d'un côté retombe de l'autre* », BOSSUET. ♦ *Vin plâtré,* vin clarifié à l'aide du plâtre. ♦ Fig. Fardé, peint. « *Que de vertus chimériques et plâtrées !* », BOURDALOUE. ♦ ▷ *Paix, réconciliation plâtrée,* peu sincère. ◁ ■ Se dit d'un membre que l'on a mis dans un plâtre. *Il a le bras droit plâtré.*

PLÂTRER, v. tr. [plɑtʁe] (*plâtre*) Couvrir, enduire de plâtre. *Plâtrer un plafond.* ♦ Répandre du plâtre sur le sol pour l'améliorer. ♦ *Plâtrer les vins,* y mettre du plâtre pour les clarifier. ♦ Fig. Cacher quelque chose de mauvais sous des apparences peu solides. « *Jusqu'ici vous avez joué mes accusations, ébloui vos parents et plâtré vos malversations* », MOLIÈRE. ♦ *Se plâtrer,* v. pr. Se mettre du blanc, se farder. ■ V. tr. Mettre un membre fracturé dans un plâtre. *Sa jambe cassée a été plâtrée.*

PLÂTRERIE, ■ n. f. [plɑtʁəʁi] (*plâtre*) Travail qu'effectue le plâtrier. *Travaux de plâtrerie.*

PLÂTREUX, EUSE, adj. [plɑtʁø, øz] (*plâtre*) Qui contient du plâtre. *Les carrières plâtreuses.* ♦ Mêlé de plâtre. *Eaux plâtreuses.* ■ Qui a l'aspect du plâtre. *Un fromage plâtreux.*

PLÂTRIER, n. m. [plɑtʁije] (*plâtre*) Celui qui fait du plâtre, ou celui qui en vend. ♦ Ouvrier qui emploie le plâtre, maçon.

PLÂTRIÈRE, n. f. [plɑtʁijɛʁ] (*plâtre*) Carrière d'où l'on tire le plâtre. ♦ L'endroit où l'on cuit et où l'on prépare le plâtre.

PLATYRHINIEN, ■ n. m. [platiʁinjɛ̃] (gr. *platus,* large et *rhis, rhinos,* nez) Ordre de singes qui se rencontrent notamment en Amérique du Sud et qui se caractérisent par la forme particulière de leurs narines, larges et écartées vers l'extérieur. *Le ouistiti, le singe hurleur et le singe capucin sont des platyrhiniens.*

PLAUSIBILITÉ, n. f. [plozibilite] (*plausible*) Qualité de ce qui est plausible.

PLAUSIBLE, adj. [plozibl] (lat. *plausibilis*) Qui mérite d'être applaudi, approuvé en apparence et jusqu'à preuve du contraire. *Des maximes, des excuses plausibles.* ■ Que l'on peut admettre. *Un raisonnement plausible.*

PLAUSIBLEMENT, adv. [ploziblǝmɑ̃] (*plausible*) D'une manière plausible.

PLAY-BACK, ■ n. m. inv. [plɛbak] (mot angl., de *play,* jeu et *back,* en retour) Bande sonore pré-enregistrée grâce à laquelle une personne chante, ou fait semblant de chanter, comme si elle était en direct. *Enregistrer des play-back. Chanter en play-back.*

PLAY-BOY, ■ n. m. [plɛbɔj] (mot angl., viveur, de *play,* jeu, amusement et *boy,* garçon) Fam. Homme qui fait payer ses charmes, gigolo. ■ Fig. Bel homme qui séduit beaucoup de femmes. *C'est un vrai play-boy. Des play-boys.*

PLAZA, ■ n. f. [plasa] ou [plaza] (mot esp.) Arène dans laquelle ont lieu les corridas. *Les taureaux de combat sont conduits à la plaza. Des plazas.*

PLÈBE, n. f. [plɛb] (lat. *plebs*) À Rome, l'ordre du peuple, par opposition aux patriciens. *La plèbe diffère du peuple en ce que la dénomination de peuple désigne tous les citoyens, y compris les patriciens, tandis que le mot de plèbe désigne les citoyens autres que les patriciens.* ♦ Dans les États modernes, les classes inférieures. ■ REM. Terme péjoratif et vieilli dans ce dernier sens.

PLÉBÉIANISME, n. m. [plebejanism] (*plébéien*) ▷ État, condition des plébéiens, du peuple, des prolétaires. ◁

PLÉBÉIEN, IENNE, n. m. et n. f. [plebejɛ̃, jɛn] (*plèbe,* d'après le lat. *plebeius*) Celui, celle qui était de l'ordre de la plèbe chez les Romains. ♦ Adj. *Magistrat plébéien.* ♦ Dans les sociétés modernes, celui, celle qui n'appartient pas à la noblesse [1]. ♦ Adj. *Race plébéienne* [2]. ■ REM. 1 et 2 : Le nom et l'adjectif sont péjoratifs et vieillis dans ce sens.

PLÉBISCITAIRE, ■ adj. [plebisitɛʁ] (*plébiscite*) Qui concerne un plébiscite. *République, démocratie plébiscitaire.*

PLÉBISCITE, n. m. [plebisit] (lat. *plebiscitum,* de plebis, génit. de plebs, plèbe, et *scitum,* décret) Décret de la plèbe romaine convoquée par tribus. ♦ Sous la Première République française et sous le Second Empire, résolution soumise à l'approbation du peuple.

PLÉBISCITER, ■ v. tr. [plebisite] (*plébiscite*) Voter par plébiscite. *Plébisciter un candidat électoral.* ■ Par extens. Approuver par une grande majorité. *Son public l'a plébiscité.*

PLÉCOPTÈRE, ■ n. m. [plekɔptɛʁ] (gr. *plekein,* tresser, et *-ptère*) Ordre d'insectes aquatiques vivant de préférence dans les eaux fraîches et aux larves aquatiques. *La perle est un plécoptère.*

PLECTRE, ■ n. m. [plɛktʁ] (gr. *plêktron,* objet pour frapper, de *plêssein,* frapper) Antiq. Baguette, le plus souvent en bois ou en ivoire, utilisée pour faire vibrer les cordes des instruments de musique, comme la cithare ou la lyre. ■ Lame en corne de petite taille servant à jouer de certains instruments à cordes pincées comme la balalaïka ou la guitare. *Le plectre est appelé médiator aujourd'hui.*

PLÉIADES, n. f. pl. [plejad] (gr. *Pleiades*) Astron. Groupe de six étoiles qui sont dans le signe du Taureau et que les poètes disaient être au nombre de sept. *Le lever des Pléiades.* ♦ On dit quelquefois au singulier : *La Pléiade céleste.* ♦ Fig. Réunion de sept personnes illustres (on met une minuscule). *La pléiade française,* Ronsard, Joachim du Bellay, Pontus de Thyard, Jodelle, Belleau, Baïf et Daurat, sous Henri II, Charles IX et Henri III. Au sing. Par extens. Groupe de personnes de qualité. *Ce film regroupe une pléiade d'acteurs.*

PLEIGE, n. m. [plɛʒ] (prob. anc. b. frq. *plegan,* cautionner.) Dr. anc. Celui qui sert de caution. « *Ma tête sur ce point vous servira de pleige* », P. CORNEILLE. « *Les pythagoriciens poussaient si loin la charité, que l'un d'eux condamné au supplice par Denis le tyran trouva un pleige qui prit sa place dans la prison* », DIDIER.

PLEIGÉ, ÉE, p. p. de pleiger. [plɛʒe]

PLEIGER, v. tr. [plɛʒe] (*pleige*) Cautionner, promettre par caution.

1 PLEIN, EINE, adj. [plɛ̃, ɛn] (lat. *plenus*) Qui contient tout ce qu'il est capable de contenir. *Une bouteille pleine de vin.* ♦ *Un verre plein,* un verre qui est plein. *Un plein verre,* la quantité que contient un verre plein. ♦ *Plein comme un œuf,* très plein. ♦ *Bête pleine,* bête qui porte les petits dans son ventre. ♦ *Cet homme est plein de vin,* il est ivre. ♦ *Avoir le ventre plein,* être bien repu. ♦ Où il n'y a pas d'intervalles vides. *Tige pleine,* tige qui ne renferme aucune cavité. *Bois plein,* bois compacte et à tissu serré. ♦ Par exagération Qui contient une grande quantité. « *Ville pleine de tumulte, ville pleine de peuple* », SACI. « *Nos poètes sont pleins des descriptions courtes et vives* », ROLLIN. ♦ Qui abonde en quelque chose que ce soit. *Un habit plein de taches. Un pré plein de fleurs.* ♦ Fig. Qui abonde, en parlant des personnes, en choses que l'on compare à celles qui remplissent matériellement. « *Ce héros plein d'honneur* », VOLTAIRE. ♦ *Un homme plein de difficultés,* un homme qui cherche des difficultés à tout. ♦ ▷ *Un homme plein d'expédients,* un homme qui trouve des expédients pour toute chose. ◁ ▷ *Il est plein de vie,* il vit encore et se porte bien. ◁ ♦ Dans le style biblique, *plein de jours,* qui est dans un âge avancé. ♦ Fig. Il se dit des choses. « *Ses écrits pleins de feu partout brillent aux yeux* », BOILEAU. ♦ *Plein de vie,* très animé. ♦ Entièrement occupé de personnes. « *Pleine de son pays, pleine de ses parents* », P. CORNEILLE. ♦ ▷ *Il est plein de lui-même,* se dit d'un homme qui a trop bonne opinion de lui-même. ◁ ♦ ▷ Entièrement occupé de choses. « *J'étais plein de la chose, et je la racontai naturellement* », BOSSUET. « *Un homme si plein de ses intérêts* », LA BRUYÈRE. ◁ ▷ **Absol.** « *Je suis si plein que je répète* », VOLTAIRE. ◁ ♦ *Avoir le cœur plein,* avoir des sujets de tristesse ou de joie qu'on éprouve le besoin de confier à d'autres. ♦ Fig. Qui est rassasié. « *Malheur à vous* qui êtes pleins et contents du monde ! », BOSSUET. ♦ Rebondi, replet, gras. *Un visage plein*. « *Corneille était assez grand et assez plein* », FONTENELLE. ♦ **Fig.** De durée ou d'étendue complète. *Trois jours pleins.* ♦ *Un jour plein*, les vingt-quatre heures tant du jour que de la nuit. ♦ *Pleine vendange, pleine récolte*, vendange, récolte qui donne autant qu'on peut en attendre. ♦ *Plein rapport*, état d'une propriété qui rapporte autant qu'elle peut rapporter. *Un domaine en plein rapport.* ♦ **Mus.** *Plein jeu*, Voy. JEU. ♦ Chronologie, *année pleine*, année lunaire de 354 jours, par opposition à l'année cave de 353. ♦ *Mois plein*, mois de 31 et 30 jours, par opposition au mois cave de 28 et de 29 jours. ♦ *Pleine lune*, la lune quand elle présente l'aspect d'un cercle entier. ◁ ♦ **Fig.** *C'est une pleine lune*, il a le visage large et plein. ◁ ▷ On dit de même : *Un visage de pleine lune.* ◁ ♦ *Pleine lune*, tout l'espace qui est depuis le quatorzième jusqu'au vingt et unième jour de la lune. ♦ *Pleine mer*, la mer loin du rivage, le large (*plein* est pris ici dans le sens de *milieu*). ♦ *Pleine mer, pleine marée*, le moment du flux où la mer est la plus haute. ♦ Au billard, *prendre une bille pleine*, l'atteindre avec la sienne de centre à centre. ♦ **Fig.** Qui a de la plénitude, de l'ampleur. *Une expression pleine.* ♦ *Voix pleine*, voix nette et forte qu'on entend bien. ♦ *Style plein et nourri*, style abondant, et qui fait naître beaucoup d'idées. ♦ ▷ *Un ouvrage plein*, un ouvrage d'esprit où l'on trouve tout ce qu'il doit contenir. ◁ ♦ *Une vie pleine*, une vie très activement employée. ♦ Entier, absolu, complet ; en ce sens, il se met avant son substantif. *Une pleine victoire.* « *Rien n'est plus insupportable à l'homme que d'être en plein repos* », PASCAL. ♦ Il se met quelquefois après son substantif. « *Il est naturel qu'un jeune homme épuisé de fatigue tombe dans un sommeil plein* », VOLTAIRE. ♦ Il s'y met régulièrement quand il est joint à quelque terme modificatif. *Dormir d'un sommeil plein et tranquille.* ♦ De notre certaine science, *pleine puissance et autorité royale*, formule dont le roi se servait dans ses édits et ses déclarations. ♦ *Plein*, précédé de la préposition *en*, forme diverses locutions qui, avec plus d'énergie, signifient *au milieu de*. *En plein jour, en pleine place, etc.* ♦ *En plein air*, exposé de tous côtés à l'air, hors des maisons. ♦ *En plein hiver*, au plus fort de l'hiver. ♦ *Un arbre en plein vent*, Voy. VENT. ♦ *Un arbre en pleine terre*, Voy. TERRE. ♦ *En pleine campagne*, loin des habitations. ♦ *En plein champ*, au milieu des champs. ♦ *L'ennemi est en pleine retraite*, il est en retraite sur tous les points. *L'ennemi est en pleine déroute.* ♦ *Tailler en plein drap*, Voy. DRAP. ♦ *Plein*, construit avec la préposition *à*, sert à former diverses locutions qui marquent le haut degré de la chose dont il s'agit. *Boire à plein verre. Crier à pleine tête.* ♦ *À pleines mains*, Voy. MAIN. ♦ **Mar.** *À pleines voiles*, Voy. VOILE, *n. f.* ♦ *Plein*, précédé de la préposition *de*, entre dans quelques locutions. ♦ *De plein droit*, sans que le droit puisse être contesté. ♦ *De plein saut*, Voy. SAUT. ♦ *De plein fouet*, sans sauts, ni ricochets, en parlant d'un boulet. ♦ *Le plein*, *n. m.* **Phys.** L'espace que l'on suppose entièrement rempli de matière. ♦ Dans le langage général, ce qui est rempli. ♦ **Archit.** *Les pleins et les vides*, les parties solides, continues, et les espaces sans construction ainsi que les jours. ♦ *Le plein du mur*, le massif d'un mur. ♦ *Le plein de la lune*, le temps où la lune est pleine. ♦ **Mar.** *Le plein de la mer*, moment où la marée est arrivée à sa plus grande hauteur. ♦ *En pleine marée*, quand le flux est le plus haut. ♦ *En pleine mer*, loin des côtes. ♦ *Le plein d'un bois*, le milieu. ♦ Calligraphie, la plus grande largeur ou grosseur du trait de plume. ♦ *Mettre dans le plein*, ▷ *mettre en plein*, envoyer une balle, une flèche au milieu du but où l'on vise. ♦ Au trictrac, *faire son plein*, couvrir de deux dames les six flèches d'une des tables. ♦ **Prép.** Autant que la chose dont on parle peut en contenir. *Avoir plein ses poches d'argent.* ♦ *En plein, tout en plein*, complètement, pleinement. ♦ *À plein*, même sens. « *Au travers du masque on voit à plein le traître* », MOLIÈRE. ♦ *À pur et à plein*, Voy. PUR. ♦ TOUT PLEIN, *loc. adv.* Beaucoup. *Tout plein de gens.* ♦ **Prov.** *Quand le vase est trop plein, il faut bien qu'il déborde*, se dit de passions, de sentiments qui finissent par éclater, quoi qu'on en ait. ■ *Battre son plein*, être à son plus haut degré d'activité. *La campagne électorale bat son plein.* ■ *Faire le plein*, remplir le réservoir d'un véhicule. *Faire le plein d'essence.* ■ **Fig.** *Faire le plein de*, obtenir le maximum. *On a fait le plein de provisions.* ■ *À plein temps*, qui dure le nombre légal d'heures de travail par jour. *Travailler à plein temps.* ■ **Fam.** *En avoir plein les bottes* ou *plein le dos* ou **très fam.** *plein le cul*, en avoir assez. *J'en ai plein le dos de vos chamailleries.*

2 PLEIN, EINE, adj. [plɛ̃, ɛ̃n] (*plain*) **Héral.** *Armes pleines*, celles qu'on porte telles qu'elles sont, sans écartelure ni brisure. ♦ *Écu plein*, écu rempli d'un seul émail.

PLEINEMENT, adv. [plɛn(ə)mã] (1*plein*) Entièrement, tout à fait.

PLEIN-EMPLOI, ■ *n. m.* [plɛnãplwa] (1*plein* et *emploi*) **Écon.** Période qui ne connaît pas le chômage. *Une situation de plein-emploi.* ■ REM. Ce nom est toujours singulier.

PLEIN-TEMPS, ■ *n. m.* [plɛ̃tã] (1*plein* et *temps*) Période hebdomadaire de travail, qui correspond à la durée maximum légale. *J'ai été embauchée à plein-temps. Des pleins-temps.*

PLÉISTOCÈNE, ■ *n. m.* [pleistosɛn] (gr. *pleistos*, superl. de *polus*, nombreux, grand, et *kainos*, nouveau, récent, donc la plus longue période de l'ère récente) **Géol.** Début de l'ère quaternaire. *Le pléistocène, qui correspond au paléolithique, se caractérise par l'apparition de l'homme.* ■ **Adj.** Relatif à cette période. *Époque pléistocène.*

PLÉNIER, IÈRE, adj. [plenje, jɛr] (b. lat. *plenarius*, complet, du lat. *plenus*) Qui est en plénitude, complet, entier. « *Lorsque l'imbibition du bois dans l'eau est plénière* », BUFFON. *Liberté plénière.* ♦ *Cour plénière*, assemblée solennelle que tenaient les rois, les princes souverains le jour de quelque grande fête, de quelque tournoi magnifique. ♦ *Indulgence plénière*, rémission pleine et entière de toutes les peines dues au péché. ♦ **Fig.** *On dirait qu'il a des indulgences plénières pour sa conduite.* ■ Se dit d'une assemblée, d'une réunion où tous les membres sont présents. *Séance plénière.*

PLÉNIÈREMENT, adv. [plenjɛr(ə)mã] (*plénier*) D'une manière plénière.

PLÉNIPOTENTIAIRE, ■ *n. m.* [plenipotãsjɛr] (lat. *plenus* et *potentia*, puissance, autorité) Envoyé d'un souverain qui a un plein pouvoir pour quelque négociation. ♦ **Adj.** *Ministre plénipotentiaire.*

PLÉNITUDE, *n. f.* [plenityd] (lat. *plenitudo*, développement complet) **Méd.** Sentiment de tension et de pesanteur qu'on éprouve à l'épigastre quand l'estomac est ou semble trop rempli. ♦ ▷ Surabondance de sang et d'humeurs. ◁ ♦ Dans le style biblique, *plénitude de jours*, un âge très avancé ; *la plénitude des temps*, le terme marqué pour l'accomplissement des prophéties relatives au Messie. ♦ **Fig.** Abondance qui remplit l'âme. « *Cette plénitude de bonheur qui ne permet pas de former un désir de plus* », MME DE STAËL. ♦ *La plénitude du cœur*, l'abondance des sentiments dont le cœur est rempli. ♦ **Fig.** Ce qui est plein, entier, complet. *Plénitude de puissance.* « *La plénitude de l'Être divin* », BOSSUET.

PLÉNUM, ■ *n. m.* [plenɔm] (mot lat., neutre de *plenus*, le plein) Réunion plénière. *Plénum du comité du parti communiste.*

PLÉOMORPHISME, ■ *n. m.* [pleomɔrfism] (gr. *pleos*, abondant, en excès et *morphê*, forme) **Biol.** Capacité que possède un organisme à changer de forme, soit durant le développement normal de sa vie, soit sous l'effet de facteurs extérieurs. *Pléomorphisme des fourmis, des bactéries, des virus.*

PLÉONASME, *n. m.* [pleonasm] (gr. *pleonasmos*, surabondance, excès, de *ple*[*i*]*ôn*, compar. de *polus*, plus grand, excessif) **Rhét.** Surabondance de termes, donnant plus de force à l'expression, comme : *Je l'ai vu de mes yeux.* ♦ Redondance, emploi de mots inutiles dans l'expression de la pensée.

PLÉONASTIQUE, adj. [pleonastik] (gr. *pleonastikos*) Qui renferme un pléonasme. *Locution pléonastique.*

PLÉSIANTHROPE, ■ *n. m.* [plezjãtrɔp] (lat. sav. *plesianthropus*, du gr. *plêsios*, voisin, et *anthropos*, homme) Type d'australopithèque appartenant au pléistocène et qui vivait en Afrique. *Le plésianthrope était omnivore.*

PLÉSIOMORPHE, ■ adj. [plezjomɔrf] (gr. *plêsios*, voisin, proche et -*morphe*) **Biol.** Se dit d'un caractère biologique considéré comme ancestral et primitif. *Caractère plésiomorphe d'un ancêtre.*

PLÉSIOSAURE, *n. m.* [plezjozor] (gr. *plêsios*, voisin, et *sauros*, lézard) Reptile gigantesque de la faune géologique. ■ REM. On prononçait [plezjosor] autrefois.

PLÉTHORE, *n. f.* [pletɔr] (gr. *plêthôrê*, plénitude, surabondance, de *plêthein*, être rempli) ▷ **Méd.** Surabondance de sang et d'humeurs. ◁ ♦ **Fig.** « *La pléthore était au centre de l'empire ; le marasme, la langueur, aux extrémités* », MIRABEAU. ■ **Fig.** Abondance. *Il y a pléthore de prétendants.* ■ **Méd.** Obésité.

PLÉTHORIQUE, adj. [pletorik] (gr. *plêthôrikos*) Qui a trop de sang, trop d'humeurs. ♦ Qui a rapport à la pléthore. ■ **Méd.** Obèse.

PLEUR, *n. m.* [plœr] (*pleurer*) Au sing. Écoulement de larmes. « *Princes et rois et la tourbe menue Jetaient maint pleur* », LA FONTAINE. ♦ Il est peu usité au singulier ; ou bien on le dit en plaisantant. ♦ Au pl. Larmes. « *Pour me tirer des pleurs il faut que vous pleuriez* », BOILEAU. ♦ *Des pleurs de joie*, des pleurs que la joie fait couler. ♦ **Fig.** *Essuyer les pleurs de quelqu'un*, le consoler. ♦ **Fig.** *Essuyer, sécher ses pleurs*, se consoler. ♦ Par exagération et pour exprimer une profonde affliction, *être baigné, trempé de pleurs*, être en pleurs, être noyé de pleurs, noyé dans les pleurs. ♦ *Pleurs* pris au sens distributif, par opposition au sens collectif. « *Voilà les premiers pleurs qui coulent de mes yeux* », VOLTAIRE. ♦ Au sing. Il se dit au style élevé, plaintes, gémissements, lamentations. « *Là commencera ce pleur éternel, là ce grincement de dents qui n'aura jamais de fin* », BOSSUET. ♦ Il se dit aussi au pluriel et en ce sens. « *Le ciel dans tous leurs pleurs ne m'entend point nommer* », RACINE. ♦ *Les pleurs de la vigne*, la sève qui s'échappe des jeunes bourgeons. ♦ **Poétiq.** *Les pleurs de l'aurore*, la rosée.

PLEURAL, ALE, ■ adj. [plœral] (gr. *pleura*, plèvre) Relatif à la plèvre. *Des épanchements pleuraux.*

PLEURANT, ANTE, adj. [plœrã, ãt] (*pleurer*) Qui pleure.

PLEURARD, ARDE, n. m. [plørar, ard] (*pleurer*) Personne qui pleure, se plaint, gémit souvent et sans sujet.

PLEURE, n. f. [plœr] Voy. PLÈVRE, qui est seul usité

PLEURÉ, ÉE, p. p. de pleurer. [pløre]

PLEURE-MISÈRE, n. m. [plœr(ə)mizɛr] (*pleurer* et *misère*) Avare qui se plaint toujours. ■ Au pl. *Des pleure-misère* ou *des pleure-misères*.

PLEURER, v. intr. [pløre] (lat. *plorare*) Répandre des larmes. « *On n'a pas dans le cœur de quoi toujours pleurer* », LA BRUYÈRE. ♦ *Pleurer de,* avec un substantif. *Pleurer de joie, de douleur.* ♦ *Pleurer de,* avec un verbe à l'infinitif. « *Alexandre pleura de n'avoir point d'Homère* », DELILLE. ♦ *Pleurer sur,* déplorer. « *Pleurer sur la folie de ses semblables* », DIDEROT. ♦ *Pleurer comme un enfant,* pleurer abondamment et facilement. ♦ ▷ Fam. *Pleurer comme une Madeleine,* pleurer avec effusion. ♦ ▷ Fam. *Pleurer comme un veau,* pleurer excessivement. ◁ ♦ ▷ *On dirait qu'il a pleuré pour avoir un habit, un chapeau, etc.,* se dit d'un homme qui a un habit écourté, un chapeau trop petit. ◁ ♦ *Il ne lui reste, on ne lui a laissé que les yeux pour pleurer,* il a tout perdu, on lui a tout pris. ♦ ▷ *Il pleure d'un œil et rit de l'autre,* se dit d'un homme incertain entre deux sentiments opposés. ◁ ♦ ▷ N. m. *Le pleurer.* ◁ ♦ *Pleurer* se dit des larmes provoquées par quelque chose d'âcre. *Les yeux pleurent quand on pèle de l'oignon.* ♦ *Les yeux lui pleurent, ses yeux pleurent,* se dit de quelqu'un qui a une incommodité qui fait que les larmes coulent sans cesse de l'œil. ♦ ▷ *La vigne pleure,* il dégoutte de l'eau de son bois. ◁ ♦ V. tr. *Pleurer quelqu'un,* s'affliger de la perte, de la mort, du malheur de quelqu'un. ♦ ▷ Fam. *On ne l'a pleuré que d'un œil,* il n'a été regretté qu'en apparence. ◁ ♦ Il se dit des choses regrettées. « *Nous avons pleuré nos plaisirs injustes* », MASSILLON. ♦ *Pleurer ses péchés, ses fautes,* s'affliger profondément de les avoir commis. ♦ ▷ Fam. *Il pleure le pain qu'il mange,* se dit d'un avare qui regrette la nourriture qu'il prend. ◁ ♦ *Pleurer une larme,* verser quelques larmes. « *Vous auriez peut-être pleuré une petite larme, puisque j'en ai pleuré plus de vingt* », MME DE SÉVIGNÉ. ♦ Se pleurer, v. pr. Verser des pleurs sur soi-même.

PLEURÉSIE, n. f. [plørezi] (lat. médiév. méd. *pleuresis,* du gr. *pleuritis*) Méd. Inflammation de la plèvre. ♦ *Fausse pleurésie,* nom donné vulgairement à une pleurodynie avec fièvre.

PLEURÉTIQUE, adj. [pløretik] (gr. *pleuritikos*) Méd. Qui est affecté de pleurésie. ♦ Qui est causé par la pleurésie. *Un point pleurétique.*

PLEUREUR, EUSE, n. m. et n. f. [plørœr, øz] (*pleurer*) Celui, celle qui pleure, qui a l'habitude de pleurer. ♦ Adj. *Un ton pleureur.* ♦ *Roche pleureuse,* roche qui laisse filtrer l'eau. ♦ *Pleureur* se dit des arbres dont les branches pendent naturellement vers la terre. *Saule, frêne pleureur.* ♦ Celui, celle qui regrette. ♦ *Pleureuse,* femme que chez les Anciens on louait pour pleurer à des funérailles. ■ N. f. Femme qui est payée pour pleurer les morts en Europe du Sud et en Afrique subsaharienne.

PLEUREUSES, n. f. pl. [pløroz] (*pleurer*) ▷ Bandes de toile blanche qui se portaient retroussées de la largeur de trois ou quatre pouces sur le bord des manches de l'habit dans le grand deuil. ◁

PLEUREUX, EUSE, adj. [pløro, øz] (*pleurer*) Qui annonce qu'on va pleurer ou qu'on vient de pleurer. *Air pleureux. Mine pleureuse.* ♦ ▷ N. m. et n. f. « *Qu'on me chasse ce grand pleureux* », BOILEAU.

PLEURNICHARD, ARDE, ■ n. m. et n. f. [plœrniʃar, ard] (*pleurnicher*) Fam. Qui pleure pour un rien, beaucoup. *Cet enfant capricieux est un pleurnichard.* ■ Fig. Qui se plaint souvent. ■ Adj. *Un caractère pleurnichard.*

PLEURNICHEMENT, n. m. [plœrniʃ(ə)mã] (*pleurnicher*) Action de pleurnicher.

PLEURNICHER, v. intr. [plœrniʃe] (prob. norm. *pleurmicher,* pleurer pour peu de chose, de *pleurer* et *micher,* prob. de même sens par renforcement expressif) Fam. Faire semblant de pleurer, comme les enfants qui veulent qu'on leur cède.

PLEURNICHERIE, n. f. [plœrniʃ(ə)ri] (*pleurnicher*) Action de pleurnicher.

PLEURNICHEUR, EUSE, n. m. et n. f. [plœrniʃœr, øz] (*pleurnicher*) Fam. Celui, celle qui pleurniche.

PLEURODYNIE, n. f. [plørodini] (*pleuro-* et gr. *odunê,* douleur) Méd. Douleur rhumatismale qui a son siège dans les muscles intercostaux.

PLEURODYNIQUE, adj. [plørodinik] (*pleurodynie*) Qui tient à la pleurodynie.

PLEURONECTE, n. m. [pløronɛkt] (*pleuro-* et gr. *nêktos,* qui nage, de *nêkhesthai,* nager) Genre de poissons plats qui nagent sur un côté du corps et ont les yeux du même côté de la tête, comme la sole, le turbot.

PLEURONECTIFORME, ■ n. m. [pløronɛktiform] (*pleuronecte* et *-forme*) Poisson plat dont l'ordre comprend la sole et le carrelet. *Les pleuronectiformes ont les yeux du même côté et vivent couché sur le flanc.*

PLEUROPNEUMONIE, n. f. [pløropnømoni] (*pleuro-* et *pneumonie*) Inflammation simultanée de la plèvre et du poumon.

PLEUROTE, ■ n. m. [plørɔt] (*pleuro-* et *ous,* génit. *otos,* oreille) Champignon comestible, dont les lamelles sont généralement de couleur blanchâtre, qui pousse sur le bois en décomposition. *Un pleurote en forme d'huître. Pleurote tardif. Pleurote jaune.* ■ REM. On emploie parfois *pleurote* au féminin.

PLEURS, n. m. pl. [plœr] Voy. PLEUR.

PLEUTRE, n. m. [pløtr] (prob. flam. *pleute,* chose sans valeur, coquin, attesté dans les parlers du Nord et du Nord-Est au sens de lâche) Péj. Homme sans courage et sans capacité.

PLEUTRERIE, ■ n. f. [pløtrəri] (*pleutre*) Litt. Lâcheté, couardise. *En se sauvant, il a fait preuve de pleutrerie.*

PLEUVINER, ■ v. impers. [pløvine] (diminutif de *pleuvoir*) Pleuvoir de fines gouttelettes, bruiner. *Il pleuvinait légèrement en cette matinée de Toussaint.*

PLEUVOIR, v. impers. [pløvwar] (lat. pop. *plovere,* du lat. *pluere*) Il se dit de l'eau qui tombe du ciel ; sens auquel il est impersonnel. *Il a plu.* ♦ Comme s'il en pleuvait, beaucoup. *Il dépense l'argent comme s'il en pleuvait.* ♦ Fig. *Il pleut dans son escarcelle,* tout lui arrive en abondance. ♦ Fig. *Il a bien plu dans son écuelle,* il lui est venu quelque bonne succession, quelque grand profit. ♦ Il se dit de ce qui tombe ou semble tomber du ciel comme la pluie. *Il plut du sang, des pierres.* ♦ Fig. « *Le Seigneur fera pleuvoir sur vous sa fureur et sa guerre* », MASSILLON. ♦ ▷ *Quand il pleuvrait des hallebardes, quelque mauvais temps qu'il fasse.* ♦ Par extens. Il se dit de tout ce qui tombe en haut en grande quantité, et alors il cesse d'être impersonnel. « *Et des couvreurs grimpés au toit d'une maison En font pleuvoir l'ardoise et la tuile à foison* », BOILEAU. « *Les bombes pleuvaient sur les maisons* », VOLTAIRE. ♦ Impers. *Il pleuvait des balles.* ♦ Avec un nom de personne pour sujet, il signifie quelquefois faire pleuvoir. « *Dieu qui fait luire son soleil sur les bons et sur les mauvais, et qui pleut sur les justes et sur les injustes* », BOSSUET. ♦ Fig. Affluer, arriver en abondance. *Les avis vous pleuvent. L'argent, les biens, les honneurs pleuvent chez lui.* « *Les calomnies pleuvent sur quiconque réussit* », VOLTAIRE. ♦ Il se dit aussi impers. en ce sens. *Il pleut des chansons contre un tel.* ♦ *Pleuvoir* se conjugue avec l'auxiliaire *avoir* quand il s'agit de la pluie ; mais quand il s'agit d'autre chose et qu'on veut marquer l'état, non l'action, il se conjugue avec l'auxiliaire *être. Il nous est plu des fâcheux.*

PLEUVOTER ou **PLEUVIOTER**, ■ v. impers. [pløvote, pløvjote] (*pleuvoir*) Pleuvoir faiblement. *Il pleuvote.*

PLÈVRE, n. f. [plɛvr] (gr. *pleura*) Anat. Nom de deux membranes séreuses qui tapissent chacune un des côtés de la poitrine et se réfléchissent ensuite sur le poumon. ■ REM. On disait aussi *pleure* autrefois.

PLEXIGLAS, ■ n. m. [plɛksiglas] (nom déposé) (*plexi-,* du lat. *plexus,* p. p. de *plectere,* tresser, et all. *glas,* verre) Matière plastique rigide et transparente, incassable. *Plaquette de plexiglas. Table en plexiglas.*

PLEXUS, n. m. [plɛksys] (b. lat. *plexus,* entrelacement, de *plectere,* tresser) Anat. Entrelacement formé par plusieurs branches de nerfs, ou par des vaisseaux quelconques qui s'anastomosent.

PLEYON, n. m. [plejɔ̃] (anc. fr. *ploion,* rejeton de vigne, de *ployer*) Osier menu avec lequel on attache les vignes et les branches d'arbres. ♦ Perche pliante.

1 PLI, n. m. [pli] (*plier*) Ce qu'on fait à une étoffe, à du linge, etc., lorsqu'on les met en un ou deux doubles. ♦ *Remettre une étoffe dans ses plis,* la replier de la même manière qu'elle avait été pliée par le fabricant. ♦ *Cet habit ne fait pas un pli,* il est juste à la taille. ♦ Fig. et fam. *Cela ne fait pas un pli,* cela est sans difficulté. ♦ Fig. *Donner un bon pli à une affaire,* la tourner de sorte qu'elle ait une issue favorable. ♦ Diminution de l'ampleur ou de la largeur d'une étoffe, d'un ruban, d'un papier, en mettant l'étoffe en deux ou en trois. ♦ La marque qui reste à une étoffe, etc., pour avoir été pliée. ♦ *Cette étoffe a pris son pli,* les plis qui y sont demeureront toujours. ♦ *Donner le pli à un vêtement,* le porter quelque temps pour que les plis s'accommodent aux formes du corps. ♦ Manière de plier une lettre pour la fermer ; enveloppe de lettre, de paquet, etc. *Je vous envoie sous ce pli, etc.* ♦ *Pli cacheté,* lettre secrète, qui ne doit être ouverte, à la mer, qu'en certain lieu indiqué d'avance, ou dans certaines circonstances prévues. ♦ Il se dit de la manière dont un vêtement s'accommode aux formes du corps. *Arranger les plis de sa robe.* ♦ Peint. et sculpt. Sinuosités des draperies. ♦ Ce qui ressemble aux plis d'une étoffe. *Les plis de la peau.* ♦ L'endroit où une chose solide fait comme un pli. ♦ *Le pli du bras, du jarret,* l'endroit où le bras, le jarret se plient. ♦ *Un pli de terrain,* un enfoncement où une troupe peut se masquer. ♦ Fig. Habitude contractée et comparée à la marque que le pli laisse dans une étoffe. « *Dans les âges suivants, on commence à prendre un pli* », BOSSUET. ♦ Fig. *Cet homme a pris son pli,* les habitudes qu'il a contractées ne sont plus susceptibles d'être changées. ♦ On dit de même : *Le pli est pris.* ♦ *Ce jeune homme a pris un bon pli, un mauvais pli,* il est déjà formé aux habitudes du bien, à celles du mal. ◆ **Fig.** *Les plis du cœur,* et aussi *les plis et replis du cœur,* ce qu'il y a de plus secret dans le cœur. ■ *Mise en plis,* mise en forme des cheveux à l'aide de rouleaux. *La coiffeuse m'a fait une mise en plis pour m'onduler les cheveux.* ■ Mettre *sous pli,* mettre sous enveloppe à la main ou à l'aide d'une machine. *Il a mis sa lettre sous pli.*

2 **PLI,** ■ n. m. [pli] (angl. *ply,* couche) Couche de bois qui, superposée à d'autres, constitue un panneau de contreplaqué. *Des panneaux à plis.*

PLIABLE, adj. [plijabl] (*plier*) Qui peut être plié. *Une branche pliable.* ◆ **Fig.** Docile, facile à gouverner. *Caractère pliable.*

PLIAGE, n. m. [plijaʒ] (*plier*) Action, manière de plier ; l'effet de cette action. *Le pliage des feuilles d'impression.*

PLIANT, ANTE, adj. [plijã, ãt] (*plier*) Qui plie facilement. *Une branche pliante.* « *L'on désirerait de ceux qui ont un bon cœur, qu'ils fussent toujours pliants, faciles, complaisants* », LA BRUYÈRE. ◆ *Table pliante,* table composée de plusieurs parties qui se replient au besoin, de manière à tenir moins d'espace. ◆ *Siège pliant* et n. m. *un pliant,* siège qui se plie deux, et qui n'a ni bras ni dossier.

PLICA, n. m. [plika] (var. masc. de *plique,* usitée au XVIII⁰ s.) *Plica* est inusité. Voy. PLIQUE.

PLICATILE, adj. [plikatil] (lat. *plicatilis,* de *plicare,* plier) **Bot.** Qui est susceptible de se ployer ou qui a une tendance naturelle à le faire, comme la corolle des liserons, qui se plisse le soir.

PLIE, n. f. [pli] (anc. fr. *plaïs,* du b. lat. *platessa,* p.-ê. d'orig. gaul.) Poisson plat du genre de la limande, dit aussi *carrelet.*

1 **PLIÉ,** n. m. [plije] (*plier*) **Danse** Mouvement des genoux quand on les plie. *Faire des pliés.*

2 **PLIÉ, ÉE,** p. p. de plier. [plije] *Plié en deux,* se dit d'un homme à qui la maladie ou l'âge ne permet pas de se tenir droit. ◆ Chez les insectes, *ailes pliées,* celles qui sont ployées longitudinalement comme un éventail. ◆ **Hérald.** Il se dit des oiseaux qui n'étendent pas les ailes. *Un aigle au vol plié.* ◆ **Fig.** Qui a reçu une habitude, une disposition comme une étoffe, un pli.

PLIEMENT, n. m. [plimã] (*plier*) Action de plier.

PLIER, v. tr. [plije] (lat. *plicare,* gr. *plekein,* entrelacer) Mettre en un ou plusieurs doubles et avec un certain soin du linge, des étoffes, du papier. ◆ Serrer, fermer ce qui était étendu, déployé. ◆ *Plier bagage,* serrer les tentes, les bagages, et par suite décamper, se retirer, en parlant d'un corps de troupes. ◆ **Fig.** *Plier bagage,* s'en aller, fuir à la hâte, furtivement. ◆ **Pop.** *Plier bagage,* mourir. ◆ Fléchir, courber. *Plier les genoux, le bras.* ◆ **Fig.** *Il faut plier les épaules,* il faut se soumettre. ◆ ▷ **Fig.** *Plier les genoux devant le veau d'or,* Voy. VEAU. ◁ ◆ **Fig.** Assujettir, faire céder, accoutumer. *Plier les esprits.* « *Tu dois à ton état plier ton caractère* », VOLTAIRE. ◆ Accommoder. « *L'homme plia jusqu'aux métaux à son usage* », BOSSUET. ◆ **V. intr.** Devenir courbe. *Faire plier un arc. Une lame d'épée qui plie.* ◆ *C'est un roseau qui plie à tout vent,* se dit d'une personne qui n'a point de fermeté, qui cède à toute personne ou à toute chose. ◆ **Mar.** Incliner sur un côté, en parlant d'un navire que le poids du vent sans ses voiles fait pencher plus que de raison. ◆ S'affaisser, ne pas pouvoir porter. *Le plancher pliait sous le faix.* ◆ **Fig.** *Plier sous le poids de son bonheur, sous les maux, etc.* ◆ **Fig.** *Plier sous le poids des années,* être accablé par l'âge. ◆ Céder, se soumettre. « *Louis est contraint de plier sous les coups de sa mauvaise fortune* », BOSSUET. « *C'en est fait, mon orgueil est forcé de plier* », RACINE. ◆ En parlant des troupes, reculer dans un combat. ◆ **Se plier,** v. pr. Se courber, être fléchi. « *Le bois se plie peu à peu* », BOSSUET. ◆ **Fig.** *L'expression doit se plier à la pensée.* ◆ **Fig.** S'accommoder, déférer à. *Se plier au goût du public.* « *Il se plie sans cesse au gré des passions d'autrui* », MASSILLON. ◆ **Prov.** *Il vaut mieux plier que rompre,* il vaut mieux obéir, céder, que s'exposer à être maltraité, à tout perdre. ◆ *Plier* et *ployer* ne sont que deux variétés de prononciation du même mot ; la seule différence consiste en ce que dans certaines locutions l'un est plus usité que l'autre.

PLIEUR, EUSE, n. m. et n. f. [plijœr, øz] (*plier*) Celui, celle qui plie des étoffes, du papier, etc. ◆ **Adj.** *Chenilles plieuses* et n. f. *plieuses,* chenilles qui plient les feuilles des arbres pour se construire des nids. ■ **N. f.** Machine utilisée pour plier les feuilles imprimées en cahier. *Une presse-plieuse.* ■ Machine-outil utilisée pour travailler et plier de la tôle en feuilles. *Les zingueurs utilisent des plieuses.*

PLINTHE, n. f. [plɛt] (lat. *plinthus,* du gr. *plinthos,* brique, plinthe) **Archit.** Membre plat et carré, tel que la face d'une base de colonne. ◆ *Plinthe de menuiserie,* bande plate qui règne au pied d'un bâtiment, au bas d'un mur d'appartement.

PLIOCÈNE, adj. [plijosɛn] (gr. *pleion,* plus nombreux, et *kainos,* récent) **Géol.** *Terrain pliocène* ou n. m. *le pliocène,* terrain tertiaire superposé au miocène, et contenant plus de coquilles récentes, actuellement vivantes.

PLIOIR, n. m. [plijwar] (*plier*) Petite lame de bois ou d'ivoire, arrondie par le bout, qui sert à plier et à couper le papier. ■ Petit morceau de bois plat et rectangulaire autour duquel on enroule une ligne de pêche. *Ranger sa ligne sur un plioir.*

PLIQUE, n. f. [plik] (lat. médical *plica,* du lat. *plicare,* enchevêtrer, plier) **Méd.** Maladie qui est caractérisée par l'entrelacement et par l'agglutination des cheveux. ■ **REM.** On disait aussi *le plica* autrefois.

PLIQUÉ, ÉE, p. p. de pliquer. [plike] ▷ Affecté de la plique. ◁

PLIQUER (SE), v. pr. [plike] (*plique*) ▷ Devenir affecté de la plique. ◁

PLISSAGE, n. m. [plisaʒ] (*plisser*) Action de plisser, résultat de cette action. ■ **Impr.** Formation de plis sur les bords du papier lors d'une impression. Le plissage est également appelé *moustache.*

PLISSÉ, ÉE, p. p. de plisser. [plise] **Bot.** Se dit des organes qui offrent une série de plis disposés en éventail. ◆ **N. m.** *Le plissé d'une chemise, des feuilles.* ■ **Adj.** Qui présente une série de plis réguliers. *Une jupe plissée.* ■ **Géol.** *Relief plissé.*

PLISSEMENT, n. m. [plis(ə)mã] (*plisser*) Action de plisser, effet de cette action. ■ **Géol.** Déformation de l'écorce terrestre, qui se présente alors sous forme de plis, provoquée par la rencontre des plaques tectoniques. *Un plissement hercynien.*

PLISSER, v. tr. [plise] (*plis,* plur. de *pli*) Former des plis les uns sur les autres ou les uns à côté des autres avec les doigts, et les tenir soit par un fil, soit par un rubans, soit par le fer à repasser. *Plisser une jupe, une chemise.* ◆ **V. intr.** *Cette étoffe plisse,* il s'y fait des plis. ◆ **Se plisser,** v. pr. Devenir plissé. *Son front se plisse. Cette étoffe se plisse.* ■ **V. tr.** **Absol.** Faire des plis. *Plisser un papier.* ■ **Géol.** Provoquer la déformation des couches géologiques. *Les mouvements de l'écorce terrestre plissent les couches géologiques.* ■ **V. intr.** Faire des plis. *Des chaussettes qui plissent.*

PLISSEUR, EUSE, n. m. et n. f. [plisœr, øz] (*plisser*) Celui, celle qui plisse. ■ **N. f.** Machine utilisée pour plisser les tissus. *Faire des smocks avec une plisseuse.*

PLISSURE, n. f. [plisyr] (*plisser*) Manière de faire des plis. ◆ Assemblage de plusieurs plis. ◆ **Géol.** Repli.

PLIURE, n. f. [plijyr] (*plier*) **Reliure** Action de plier une feuille. ■ Lieu où ce travail est effectué, dans une imprimerie. ■ Marque laissée par un pli sur du papier, du tissu, etc. ■ Creux formé par une articulation pliée. *Tenir quelque chose dans la pliure du bras.*

1 **PLOC,** n. m. [plɔk] (néerl. *plock,* flocon) Poil de vache. *Couverture de ploc.* ◆ Mélange de poil et de goudron dont on se sert pour défendre les navires contre certains insectes rongeurs. ◆ Poil, laine de rebut. ◆ Coton qui voltige dans les filatures.

2 **PLOC,** ■ interj. [plɔk] (onomat.) Évoque le bruit de quelque chose qui tombe dans l'eau. *Je crois que le robinet fuit, j'entends ploc, ploc, ploc.*

PLOCÉIDÉ, ■ n. m. [ploseide] (gr. *plokê,* action de tresser) Oiseau passereau de l'Ancien Monde, au chant médiocre, comme le moineau, le tisserin. *Les plocéidés forment une famille.*

PLOIEMENT, ■ n. m. [plwamã] (*ployer*) **Litt.** Action de ployer, de plier ; le résultat. *Le ploiement des roseaux. Le ploiement des genoux.*

PLOMB, n. m. [plõ] (lat. *plumbum*) Métal d'un blanc bleuâtre, très mou et très pesant. ◆ *Il lui faudrait un peu de plomb dans la tête,* il est léger, étourdi. ◆ *Il a du plomb dans la tête,* il est sage, posé, sérieux. ◆ On dit dans un sens analogue : *Mettre du plomb dans la tête.* ◆ **Fig.** Il se dit pour exprimer la pesanteur. « *Il faut attendre les occasions, qui ne marchent qu'à pas de plomb* », BOSSUET. ◆ *Galette de plomb,* galette de pâte non feuilletée. ◆ **Fam.** *Cul de plomb,* Voy. CUL. ◆ *Sommeil de plomb,* sommeil très profond. ◆ *Blanc de plomb,* nom vulgaire du carbonate de plomb, appelé aussi *céruse.* ◆ *Mine de plomb* ou *plombagine,* graphite employé à faire des crayons. ◆ **Impr.** *Lire sur le plomb,* lire sur la composition même. ◆ Tout le plomb qu'on met sur les toits et autres endroits de la maison. *Poser le plomb.* ◆ **N. m. pl. Mar.** Les divers tuyaux de dalots, de bouteilles, ou autres conduits en plomb qui existent à bord. ◆ *Les plombs de Venise,* la toiture de plomb du palais ducal, en dessous de laquelle étaient les prisons. ◆ *Colique de plomb* ou *des peintres,* colique violente causée par l'oxyde de plomb contenu dans les couleurs à l'huile. ◆ *Soldat de plomb,* Voy. SOLDAT. ◆ *Plomb,* balles ou grains de plomb dont on charge les armes à feu. ◆ *Grains de plomb,* petites boules de plomb ayant des numéros suivant leur différente grosseur, qui servent pour chasser, pour rincer les bouteilles, etc. ◆ *Mettre du plomb dans la tête de quelqu'un,* lui casser la tête d'un coup de fusil ou de pistolet. ◆ **Mar.** *Plomb de sonde* ou simplement *plomb,* masse de plomb généralement façonné en cône ou en pyramide, qu'on attache à l'extrémité d'une cordelette, et dont on se sert pour mesurer la profondeur de l'eau. ◆ **Fig.** *Jeter son plomb sur quelqu'un* ou *quelque chose,* former un dessein qui a pour objet cette personne ou cette chose. ◆ Petit sceau de plomb en usage dans les manufactures d'étoffes et dans les douanes. ✦ *Fil à plomb* ou simplement *plomb*, morceau de métal suspendu à une ficelle, dont les maçons, les charpentiers, etc., se servent pour élever verticalement leurs ouvrages. *Mettre, dresser à plomb, rendre vertical. Être à plomb.* ✦ Petit morceau de plomb qui fait enfoncer la ligne dans l'eau. ✦ ▷ Espèce de cuvette où l'on jette, aux différents étages d'une maison, les eaux sales. ◁ ■ Mélange délétère gazeux qui s'échappe des fosses à vidange. ✦ Asphyxie causée par ce gaz. ✦ À PLOMB, loc. adv. Perpendiculairement. *Le soleil était à plomb sur ma tête.* ✦ **Fig.** « *Cette remarque tombait à plomb sur un gros manant qui dînait avec nous* », J.-J. ROUSSEAU. ✦ Pour le substantif *aplomb*, qui est *à plomb* écrit en un seul mot, Voy. APLOMB. ✦ **Fig.** *Avoir du plomb dans l'aile*, être en difficulté, compromis. ■ *Soleil de plomb*, soleil ardent. ■ **Techn.** Petit fil métallique qui sert de coupe-circuit. *Changer les plombs. Les plombs ont sauté.* ■ **Fam.** *Péter les plombs, un plomb*, perdre la tête. ■ Métal bleuté brillant, très mou, très malléable et ductile, qui ternit au contact de l'air humide (symbole Pb ; numéro atomique 82 ; masse atomique 207,2). ■ *Essence sans plomb*, essence qui ne contient pas d'additif au plomb et qui est utilisée comme carburant pour les véhicules. ■ **Fig.** *Avoir du plomb dans l'estomac*, ressentir un poids sur l'estomac. ■ *N'avoir pas de plomb dans la cervelle, dans la tête*, être étourdi. ■ *Mettre du plomb dans la tête de quelqu'un*, l'inviter à réfléchir. ■ Lest de plomb dans le bas d'un rideau qui permet de maintenir le tissu tendu. ■ Petite baguette de plomb dont on se sert pour maintenir les verres des vitraux.

PLOMBAGE, n. m. [plɔ̃baʒ] (*plomber*) Action de garnir de plomb. ✦ Action de marquer avec un plomb. ✦ *Plombage des dents*, opération qui consiste à remplir la cavité d'une dent cariée avec une substance métallique malléable. ✦ Cette substance qui bouche la cavité d'une dent cariée. *Il faut que j'aille chez le dentiste, mon plombage a sauté.*

PLOMBAGINE, n. f. [plɔ̃baʒin] (lat. impér. *plumbago*, génit. *-ginis*, de *plumbum*) Syn. de graphite et de mine de plomb.

PLOMBE, ■ n. f. [plɔ̃b] (arg. *plomber*, frapper, sonner) **Fam.** Heure. *Il est arrivé à cinq plombes du matin.* ■ **Par extens.** Laps de temps qui paraît très long. *Ça fait des plombes que tu es parti.*

PLOMBÉ, ÉE, p. p. de plomber. [plɔ̃be] Dont la couleur se rapproche de celle du plomb, livide. *Teint plombé.* ■ **Adj.** Qui contient du plomb. *Peinture plombée.* ■ *Dent plombée*, obturée par un plombage. ■ **Inform.** Qui contient un programme informatique empêchant toute copie illicite. *Logiciel, CD plombé.*

PLOMBÉE, ■ n. f. [plɔ̃be] (réfection de l'anc. fr. *plummee* sur *plomber*) **Archéol.** Arme en plomb du Moyen Âge qui a la forme d'une masse. ■ **Pêche** Plombs, pierres percées, etc., utilisés pour lester une ligne, un filet. *Des plombées pour la pêche au coup.*

PLOMBÉMIE, ■ n. f. [plɔ̃bemi] (*plomb* et *-hémie*) **Méd.** Présence anormale de plomb dans le sang. *La plombémie est un indicateur du niveau d'intoxication au plomb (saturnisme).* ■ Taux de plomb dans le sang, généralement exprimé en microgrammes par litre de sang (μg/L). *Le dosage de la plombémie nécessite une parfaite technique de prélèvement étant donné le risque de contamination de l'échantillon.*

PLOMBER, v. tr. [plɔ̃be] (*plomb* ; anc. fr. *plom[m]er*) Attacher, appliquer du plomb. *Plomber les faîtes d'un toit couvert d'ardoise.* ✦ *Plomber une canne*, mettre du plomb à son extrémité. ✦ Attacher un petit sceau de plomb soit à des étoffes pour en certifier la qualité ou l'aunage, soit à des ballots, des coffres, etc., pour marquer qu'ils ont payé le droit. ✦ Attacher à une bulle, à une charte une médaille de plomb portant un sceau. ✦ Juger de la position verticale d'un ouvrage à l'aide d'un fil à plomb. *Plomber un mur.* ✦ *Plomber une dent*, en opérer le plombage. ✦ Polir le marbre avec une molette de plomb. ✦ *Plomber de la vaisselle de terre*, la vernisser avec la mine de plomb ou graphite. ✦ Battre, fouler des terres pour les affermir. ✦ Se plomber, v. pr. Prendre une teinte plombée. ■ **V. tr.** Compromettre. *Plomber des résultats financiers.* ■ **Arg.** Transmettre à quelqu'un une maladie sexuellement transmissible.

PLOMBERIE, n. f. [plɔ̃b(ə)ʀi] (*plomb*) Art de fondre et de travailler le plomb. ✦ Ouvrage de plombier. ✦ Lieu où l'on coule, où l'on travaille le plomb. ■ Activité qui consiste à installer des conduites d'eau et de gaz, des appareils sanitaires. ■ Ensemble de ces installations. *Changer la plomberie.*

PLOMBEUR, n. m. [plɔ̃bœʀ] (*plomber*) Celui qui plombe les marchandises, les étoffes, qui appose un sceau sur ces marchandises. ■ *Rouleau plombeur* ou n. m. *un plombeur*, rouleau servant à compacter, à tasser la terre des champs.

PLOMBEUX, EUSE, adj. [plɔ̃bø, øz] (lat. impér. *plombosus*, plein de plomb) **Chim.** Se dit d'un des oxydes du plomb, et de son premier degré de sulfuration. ■ Qui contient du plomb. *Une glaçure plombeuse.*

PLOMBIER, n. m. [plɔ̃bje] (*plomb*) Ouvrier qui façonne le plomb et le met en œuvre. ✦ Entrepreneur en plomberie. ■ **Rem.** Le féminin n'existe pas.

PLOMBIÈRES, ■ n. f. [plɔ̃bjɛʀ] (*Plombières*, ville des Vosges) Glace à la vanille contenant de petits morceaux de fruits confits. *De la plombières.*

PLOMBIFÈRE, adj. [plɔ̃bifɛʀ] (*plomb* et *-fère*) Qui contient du plomb. ■ Dans quelques industries, qui contient de l'oxyde de plomb. *Un vernis plombifère.*

PLOMBIQUE, adj. [plɔ̃bik] (*plomb*) **Chim.** Se dit d'un des oxydes du plomb et des sels dans lesquels entre cet oxyde.

PLOMBOIR, n. m. [plɔ̃bwaʀ] (*plomber*) Instrument pour plomber les dents.

PLOMBURE, ■ n. f. [plɔ̃byʀ] (*plomber*) **Techn.** Filet de plomb servant à sertir les vitraux.

PLOMMÉE, ■ n. f. [plome] (anc. fr. *plommee*, projectile de plomb, disque en plomb, sonde) **Archéol.** Arme en plomb garnie de pointes en fer utilisée au Moyen Âge. *La plommée était très efficace contre les armures en plaques.*

PLONGE, ■ n. f. [plɔ̃ʒ] (*plonger*) **Fam.** Nettoyage de la vaisselle dans un restaurant, un café. *Il fait la plonge tout l'été pour payer ses études.*

PLONGÉ, ÉE, p. p. de plonger. [plɔ̃ʒe] **Bot.** *Plantes plongées*, celles qui restent constamment sous l'eau.

PLONGEANT, ANTE, adj. [plɔ̃ʒɑ̃, ɑ̃t] (*plonger*) Qui plonge. ✦ Par extens. Dont la direction est de haut en bas. *Vue plongeante.* ✦ *Feu plongeant*, feu qui part d'un point très élevé pour arriver au sol en faisant un angle assez considérable. ✦ *Tir plongeant*, tir effectué sous un angle assez élevé pour atteindre un but placé derrière un épaulement. ■ *Décolleté plongeant*, profond. *Porter un chemisier à décolleté plongeant.*

PLONGÉE, n. f. [plɔ̃ʒe] (fém. substantivé du p. p. de *plonger*) **Fortif.** Talus supérieur du parapet. ✦ Affaissement des fonds sous-marins. ✦ Action de descendre sous l'eau. *Faire de la plongée sous-marine. Un sous-marin en plongée.* ■ **Phot.** Prise de vue plongeante. *La plongée et la contre-plongée.*

PLONGEMENT, n. m. [plɔ̃ʒ(ə)mɑ̃] (*plonger*) Action de plonger. ✦ **Géol.** *Point de plongement*, l'angle qu'une couche de roches fait avec le plan horizontal.

PLONGEOIR, ■ n. m. [plɔ̃ʒwaʀ] (*plonger*) Planche souple de laquelle le nageur saute dans une piscine.

PLONGEON, n. m. [plɔ̃ʒɔ̃] (*plonger*) Genre d'oiseaux aquatiques qui plongent souvent dans l'eau, ordre des palmipèdes. ✦ Le manchot. ✦ *Faire le plongeon*, imiter l'oiseau dit *plongeon*, s'enfoncer sous l'eau ; se dit aussi d'un homme qui, exposé au feu, baisse la tête quand il entend tirer ; s'esquiver, disparaître à la vue ; faiblir, se relâcher de ses prétentions. ✦ Action de plonger. *Faire des plongeons.* ■ **Fig.** *Faire un plongeon dans le passé.* ■ **Fam.** *Faire le plongeon*, être en difficultés pécuniaires après avoir perdu beaucoup d'argent. ■ **Fam.** Révérence très basse. « *Madame Floche s'était levée de sa chaise, mais ne paraissait pas plus grande debout qu'assise ; je m'inclinai profondément devant elle ; elle m'honora d'un petit plongeon brusque* », A. GIDE. ■ **Sp.** Au football, saut plongeant qu'exécute le gardien de but pour arrêter le ballon.

PLONGER, v. tr. [plɔ̃ʒe] (lat. pop. *plumbicare*, tomber à plomb, du lat. *plumbum*) Faire entrer un corps dans un liquide. ✦ Enfoncer dans. *Plonger sa main dans l'eau.* ✦ Mettre dans quelque lieu bas. *Plonger quelqu'un dans un cachot.* ✦ Faire pénétrer. *Plonger son épée dans ses propres entrailles.* ✦ **Fig.** *Plonger le poignard dans le sein de quelqu'un*, lui causer une vive et profonde douleur. ✦ **Fig.** Jeter, faire entrer dans quelque chose que l'on compare à un liquide. *Tout est plongé dans le silence.* « *Dans quel trouble nouveau cette fuite me plonge !* », RACINE. ✦ **V. intr.** S'enfoncer sous l'eau. ✦ Descendre au fond de l'eau pour y chercher quelque objet, ou pour y travailler. ✦ **Fig.** Se jeter dans ou sur. *Le vautour plonge sur sa proie.* ✦ **Par extens.** S'enfoncer. « *L'œil plonge avec effroi sous sa profonde voûte* », DELILLE. « *L'homme... Médite le présent, plonge dans l'avenir* », DELILLE. ✦ Avoir une direction de haut en bas. « *Nous pouvions voir les environs, les passants ; et, quoique au quatrième étage, plonger dans la rue* », J.-J. ROUSSEAU. ✦ Se dit du canon dont la décharge se fait obliquement de haut en bas. ✦ **Géol.** Lorsqu'une couche ou lit de rochers, au lieu d'être parfaitement horizontale, incline plus ou moins, on dit qu'elle plonge. ✦ Se plonger, v. pr. Entrer sous l'eau. ✦ **Fig.** *Se plonger dans le sang*, commettre un meurtre, des meurtres. ✦ **Fig.** *Se plonger dans la fontaine de Jouvence*, employer tous les artifices pour paraître plus jeune qu'on n'est. ✦ **Fig.** S'enfoncer dans ce que l'on compare aux eaux. *Se plonger dans les plaisirs, dans la rêverie.* ✦ *Plonger son regard, ses yeux dans*, regarder de manière intense, fixer. *Il a plongé son regard dans le mien.* ■ Enfoncer une partie du corps dans quelque chose. *Plonger la main dans les cheveux de quelqu'un.* ■ Mettre quelqu'un dans une situation difficile. *Tu me plonges dans l'embarras avec ces questions.* ✦ **V. pr.** *Se plonger dans un travail, une lecture, etc.* En ce moment, elle se plonge dans l'œuvre de Balzac. ■ **P. p.** Être absorbé par quelque chose. *Être plongé dans ses pensées.* ✦ **V. intr.** Faire un plongeon. *Il plonge très bien.* ■ **Sp.** Faire un saut plongeant pour arrêter le ballon, au football. *Le gardien de but vient de plonger.* ■ **Arg.**

Être condamné à une peine d'emprisonnement. *Il a déjà plongé une fois.* ■ Faire faillite, être en grande difficulté pécuniaire.

PLONGEUR, EUSE, n. m. et n. f. [plɔ̃ʒœr, øz] (*plonger*) Nageur, nageuse qui descend au fond de l'eau. ◆ *Cloche à plongeur,* Voy. CLOCHE. ◆ **Pêche** Se dit de pêcheurs qui vont sous l'eau prendre à la main des poissons ou des coquillages. ◆ N. m. pl. Famille d'oiseaux de l'ordre des palmipèdes. ◆ Adj. *Des oiseaux plongeurs.* ■ *Bateau plongeur,* appareil à l'aide duquel on peut descendre, séjourner et se diriger au fond de la mer. ■ Personne qui plonge. *Regarder les plongeurs.* ■ Sportif spécialisé dans le plongeon de haut niveau. *Ce plongeur a été médaillé l'année dernière.* ■ Personne chargée de faire la plonge dans un restaurant, un café. *Il a été embauché comme plongeur.*

PLOQUÉ, ÉE, p. p. de ploquer. [plɔke] *Carène ploquée.*

PLOQUER, v. tr. [plɔke] (1 *ploc*) ▷ Employer le ploc. ◆ **Mar.** Garnir de ploc la carène d'un bâtiment. ◆ Mêler des laines de différentes couleurs. ◆ Se ploquer, v. pr. Se mettre en paquets, en parlant des laines. ◁

PLOT, ■ n. m. [plo] (mot région., billot, du lat. *plautus*, plat, croisé avec le néerl. *block*, bloc) Objet servant de signalisation de travaux sur la chaussée ou de point de départ lors d'une course de natation. *Plot de départ.* ■ Pièce métallique utilisée pour établir une connexion électrique. *Les plots de contact d'un interrupteur électrique.* ■ Pièce de bois obtenue en découpant la bille suivant une série de traits de scie parallèles à l'axe de la bille, utilisée dans la rénovation de meubles anciens. ■ **Suisse** Billot. ■ **Suisse** Élément de construction de jeu d'enfant.

PLOUC, ■ n. m. et n. f. [pluk] (apocope des noms de localités bretonnes commençant par *Plouc*-, ou altération de *ploum*, rustre) **Péj.** Paysan. « *Il nous apprit à ravir coqs ou canards aux ploucs du coin* », PEREC. ■ Personne rustre. ■ Adj. *Une démarche plouc.*

PLOUF, ■ interj. [pluf] (onomat.) Évoque le bruit de quelque chose qui tombe dans l'eau. *Plouf! la grenouille a sauté dans l'eau.* ■ N. m. *Il a fait un grand plouf en plongeant dans la piscine.*

PLOUTO..., ■ [pluto] Préfixe tiré du gr. *ploutos*, richesse.

PLOUTOCRATIE, ■ n. f. [plutokrasi] (*plouto-* et *-cratie*) Pouvoir exercé par des hommes riches et influents. « *Vieilles méthodes, pactiser avec la bourgeoisie et la ploutocratie* », CHEVALLIER. ■ PLOUTOCRATE, n. m. et n. f. [plutokrat] ■ PLOUTOCRATIQUE, adj. [plutokratik]

PLOYABLE, adj. [plwajabl] (*ployer*) Qui peut être ployé. « *Il faudrait avoir une règle ; la raison s'offre ; mais elle est ployable à tous sens ; et ainsi il n'y en a point* », PASCAL.

PLOYANT, ANTE, adj. [plwajɑ̃, ɑ̃t] (*ployer*) Qui ploie, qui cède, qui fléchit. « *Et son âme ployante, attendant l'avenir, Sait faire également sa cour et la tenir* », P. CORNEILLE. ■ REM. Est littéraire auj.

PLOYÉ, ÉE, p. p. de ployer. [plwaje]

PLOYER, v. tr. [plwaje] (lat. *plicare*, plier) Arranger une chose en plis. *Ployer une étoffe, une serviette.* ◆ Donner une courbure, une flexion. *Ployer une branche.* ◆ **Fig.** *Ployer les genoux,* faire des actes de servilité. ◆ **Fig.** Faire céder, faire fléchir. « *Ils ne rompront pas les lois, mais ils les ploieront à leurs intérêts* », FLÉCHIER. ◆ V. intr. Courber, fléchir. « *Le vendangeur ravi de ployer sous le faix* », BOILEAU. « *Mes genoux ployèrent sous moi* », MARMONTEL. ◆ **Fig.** Être accablé, céder, fléchir. « *Le pesant joug de la nécessité sous lequel il faut que tout être fini ploie* », J.-J. ROUSSEAU. ◆ **Fig.** Se ployer, s'accommoder à, se prêter à. *Il se ploie à tout ce qu'on veut.*

PLU, p. p. inv. des verbes plaire et pleuvoir. [ply]

PLUCHE, n. f. [plyʃ] (b. lat. *piluccare*, tirer, éplucher) Voy. PELUCHE.

PLUCHER, ■ v. intr. [plyʃe] (*pluche*) Voy. PELUCHER.

PLUCHES, ■ n. f. pl. [plyʃ] (*éplucher*) **Fam.** et arg. milit. Épluchage de légumes, et surtout de pommes de terre. *Corvée de pluches.*

PLUCHEUX, EUSE, ■ adj. [plyʃø, øz] (*plucher*) Voy. PELUCHEUX.

PLUIE, n. f. [plɥi] (lat. pop. *ploia*, du lat. *pluvia*) Eau qui tombe par gouttes de l'atmosphère. ◆ **Fig.** *Parler de la pluie et du beau temps,* parler de choses indifférentes. ◆ **Fig.** *Faire la pluie et le beau temps,* disposer de tout, être le maître. ◆ ▷ *Se mettre, se jeter, se cacher dans l'eau de peur de la pluie,* se dit de ceux qui, pour éviter un inconvénient, s'exposent à un autre encore plus grand. ◁ ◆ *Ennuyeux comme la pluie,* très ennuyeux. ◆ **Fig.** *La pluie,* quelque chose de malheureux, de pénible. « *Ces jours mêlés de plaisirs et de peines, Mêlés de pluie et de soleil* », BÉRANGER. ◆ Il se dit de ce qui tombe en très grande quantité. *Des pluies de pierres.* ◆ **Fig.** *Une pluie d'or,* de très grandes largesses. ◆ **Artific.** *Une pluie de feu,* une masse d'étincelles qui tombent sous les airs. ◆ **Prov.** *Petite pluie abat grand vent,* il faut quelquefois peu de chose pour faire cesser une grande querelle. ◆ *Après la pluie le beau temps,* la joie succède à la douleur, aux ennuis. ■ *Ne pas être né, tombé de la dernière pluie,* n'être pas dupe. *Tu ne pourras pas le tromper comme cela, elle*

n'est pas née de la dernière pluie. ■ **Afriq.** *Pluie des mangues,* pluie de courte durée pendant la saison sèche.

PLUMAGE, n. m. [plymaʒ] (1 *plume*) Toute la plume qui est sur le corps d'un oiseau. ■ Fait de plumer un oiseau. *Le plumage d'un pigeon, d'un poulet avant de le vider.*

PLUMAIL, n. m. [plymaj] (1 *plume*) ▷ Petit balai de plumes. ◆ Anc. syn. de plumet. « *Mais les seigneurs sur leur tête Ayant chacun un plumail* », LA FONTAINE. ◁

PLUMARD, ■ n. m. [plymar] (1 *plume*) Fam. et litt. « *Il s'allonge sur son plumard, les mains sous la nuque, et ferme les yeux* », CHAREF. ■ **Abrév.** Plume. *Allez, au plume !*

PLUMASSEAU, n. m. [plymaso] (a. et moy. fr. *plumas*, plumet, panache, de *plume*) ▷ Balai de plume. ◆ Bouts de plumes pour emplumer des clavecins et des flèches. ◁

PLUMASSERIE, n. f. [plymas(ə)ri] (*plumassier*) Métier et commerce de plumassier.

PLUMASSIER, n. m. [plymasje] (a. et moy. fr. *plumas*, plumet, panache, de *plume*) Marchand qui prépare et vend des plumes pour la parure, pour l'ornement. ■ Adj. *Un commerce plumassier.*

PLUMASSIÈRE, n. f. [plymasjɛr] (*plumassier*) Femme qui prépare ou qui vend des plumes pour la toilette. ■ Adj. *La fabrication plumassière.*

1 PLUME, n. f. [plym] (lat. *pluma*) Production qui couvre le corps des oiseaux et qui se compose d'un tuyau, d'une tige et de barbes. ◆ **Fig.** et fam. *Il y a laissé des plumes, de ses plumes,* il ne s'est pas tiré de cette affaire sans y faire des pertes. ◆ ▷ **Fig.** *Avoir des plumes de quelqu'un,* lui gagner de l'argent au jeu. ◁ ◆ ▷ **Fig.** *Arracher à quelqu'un une plume de l'aile,* lui tirer des plumes, lui ôter quelque chose de considérable, en tirer quelque profit de manière ou d'autre. ◁ ◆ **Fig.** *La plus belle plume de l'aile,* ce que quelqu'un possède de plus avantageux. ◁ ◆ **Fig.** *Passer la plume par le bec,* frustrer quelqu'un de ses espérances ; locution tirée de la pratique qui consiste à passer une plume à travers les deux orifices du bec de l'oie pour l'empêcher de traverser quelque haie. ◁ ◆ **Fig.** *Jeter la plume au vent,* Voy. VENT. ◆ ▷ **Fig.** *Paré des plumes d'autrui,* se dit d'un plagiaire ; métaphore tirée de la fable « *Le Geai paré des plumes du paon* », LA FONTAINE. ◁ ◆ *Comme une plume,* se dit de ce qui est très léger. *Il me porta comme une plume.* ◆ *Se sentir plus léger qu'une plume,* se sentir dispos, allègre. ◆ *N'être pas de plume,* être fort lourd. ◆ Collectivement, un assemblage de plumes. *La plume d'un oreiller.* ◆ *Ce chien est dressé au poil et à la plume,* ou simplement *est au poil et à la plume,* il arrête le gibier à poil comme le gibier à plume. ◆ ▷ **Fig.** *Il est au poil et à la plume,* il est propre à des occupations de genres très divers, ou il peut tenir tête à un autre. ◁ ◆ *Lit de plume,* lit fait avec la plume. ◆ Par catachrèse, *la plume,* un lit fait avec la plume. ◆ Plumes préparées qu'on emploie comme parure. *Une plume au chapeau. Des plumes sur la tête.* ◆ Gros tuyau de plume dont on se sert pour écrire. ◆ *Tenir la plume, avoir la plume,* être chargé d'écrire les résolutions d'une assemblée, d'un prince, etc. ◆ *Tenir la plume,* écrire sous la dictée. ◆ *Tailler une plume,* la préparer avec le canif, de manière qu'elle puisse écrire. ◆ **Fig.** *Tailler sa plume,* se préparer à écrire. ◆ *Passer la plume sur,* raturer. ◆ *Cela s'est trouvé, présenté au bout de ma plume,* se dit des choses qu'on écrit sans les avoir préméditées. ◆ **Fig.** *Ce mot, cette syllabe est restée au bout de ma plume,* j'ai oublié de l'écrire. ◆ *Prendre la plume,* commencer à écrire. ◆ *Poser la plume,* cesser d'écrire. ◆ *Mettre la main à la plume,* commencer d'écrire. ◆ *Mettre la main de quelqu'un à la plume,* l'obliger d'écrire. ◆ *La plume à la main,* quand on écrit, quand on compose. *Lire un volume la plume à la main.* « *Notre nation... est de toutes les nations la plus sage, la plume à la main* », VOLTAIRE. ◆ *Laisser aller sa plume,* écrire avec abandon. ◆ *Au courant de la plume,* au gré de l'inspiration. ◆ **Fig.** *La plume tombe des mains,* on est saisi d'étonnement en écrivant. ◆ *Plume métallique, plume artificielle,* bec semblable à celui d'une plume taillée, et formé d'une petite plaque demi-cylindrique de fer ou d'alliage, servant de former les caractères d'écriture. *Une belle plume.* ◆ *La plume,* le travail des écritures. ◆ *Homme de plume,* celui dont le travail consiste surtout à faire des écritures. ◆ *La plume* s'est dit aussi des emplois de l'administration. *Un office de plume.* ◆ **Fig.** Composition des ouvrages d'esprit, style et manière d'écrire d'un auteur. *Une plume élégante. La plume de l'historien.* ◆ *Guerre de plume,* polémique entre des écrivains. ◆ L'auteur même (en parlant plutôt d'un prosateur que d'un poète). *C'est une bonne plume.* ◆ **Prov.** *C'est le geai qui se pare des plumes du paon,* Voy. GEAI. ■ **Fam.** *Voler dans les plumes de quelqu'un,* l'attaquer. ■ **Fam.** *Y laisser des plumes,* subir un dommage. ■ *Léger comme une plume,* très léger. ■ *Poids plume,* de la catégorie des boxeurs légers. *Championnat des poids plumes.* ■ **Fam.** *Les plumes,* le lit. *Il est temps de se mettre aux plumes.* ■ *Stylo à plume, stylo plume* ou simplement n. m. *plume,* stylo muni d'une petite lame de métal par laquelle l'encre s'écoule et qui permet d'écrire. ■ Pointe de métal qui trace les enregistrements d'un appareil tel qu'un encéphalographe. ■ *Tremper sa plume dans le poison,* écrire de façon haineuse à quelqu'un.

2 PLUME, ■ n.m. [plym] (abrév. de *plumard*) Voy. PLUMARD.

PLUMÉ, ÉE, p. p. de plumer. [plyme]

PLUMEAU, n.m. [plymo] (1 *plume*) Balai fait avec de fortes plumes. ♦ Bout de l'aile d'une oie. ♦ ▷ Ustensile de bureau dans lequel on met ses plumes, son canif, etc. ◁ ■ Touffe de poils ou de plumes. *Le plumeau de la queue d'un chien.*

PLUMÉE, n.f. [plyme] (fém. substantivé du p. p. de *plumer*) Quantité de plumes fournies par un oiseau qu'on a plumé. ♦ Action de plumer les oies pour leur ôter leur duvet. ♦ ▷ Ce qui entre dans une plume à écrire. *Une plumée d'encre.* ◁ ■ Fait de plumer un oiseau. *Il est conseillé de mettre la volaille au réfrigérateur quelques instants pour faciliter la plumée.*

1 PLUMER, ■ v. tr. [plyme] (1 *plume*) Arracher les plumes d'un oiseau. ♦ **Fig.** et **fam.** *Plumer quelqu'un,* en tirer de l'argent. ♦ *Plumer la poule sans la faire crier,* faire ses affaires aux dépens de quelqu'un sans qu'il se plaigne ; faire des exactions sans qu'il ait de plaintes. ■ **Région.** Éplucher. *Plumer ses légumes.* ■ V. intr. En aviron, effleurer l'eau avec la pelle lorsqu'on la ramène en arrière.

2 PLUMER (SE), ■ v. pr. [plyme] (2 *plume*) **Fam.** Se mettre au lit, se coucher. *Va te plumer.*

PLUMET, n.m. [plymɛ] (1 *plume*) Plume d'autruche préparée et mise autour du chapeau. ♦ Bouquet de plumes que les militaires portent à leur chapeau, à leur casque, etc. ♦ ▷ **Fig.** et collect. *Le plumet,* les gens de guerre. « *Le plumet vaut mille fois mieux que la robe* », DANCOURT. ◁ ♦ Vieux en ce sens. ♦ **Mar.** *Plumets de pilote,* plumes attachées à des petits morceaux de liège, qu'on laisse voltiger pour connaître d'où vient le vent. ■ Touffe de plumes à fins décoratives. *Le plumet d'une coiffe militaire.*

PLUMETÉ, ÉE, adj. [plym(ə)te] (a. fr *plumete,* dimin. de 1 *plume*) **Hérald.** Qui est parsemé de mouchetures ayant la forme d'un bouquet de plumes. ■ Qui imite la plume, un ensemble de plumes.

PLUMETIS, n.m. [plym(ə)ti] (*plumeté*) Espèce de broderie, faite à la main avec du coton peu tordu, qui représente en relief des fleurs, des feuilles, des écussons, des lettres, etc. *Broder au plumetis.* ■ Étoffe ainsi brodée. *Une robe de baptême en plumetis.*

PLUMEUR, EUSE, ■ n. m. et n. f. [plymœʀ, øz] (1 *plume*) Préparateur, préparatrice de volailles aux commandes d'une plumeuse dans un abattoir. ■ N. f. Machine utilisée pour plumer les volailles.

PLUMEUX, EUSE, adj. [plymø, øz] (*plume*) Couvert de plumes ou fait de plumes. ♦ Qui tient de la nature de la plume. ♦ **Bot.** Garni de poils semblables aux barbes des plumes.

PLUMIER, ■ n.m. [plymje] (1 *plume*) Boîte oblongue, dont le couvercle est coulissant, dans laquelle on range les crayons, les stylos. *Aujourd'hui, on utilise une trousse plutôt qu'un plumier.*

PLUMITIF, n.m. [plymitif] (altér. de *plumetis,* brouillon d'un acte, sur le modèle de *primitif,* texte original) Papier original sur lequel on écrit les sommaires des jugements d'un tribunal, des délibérations d'une compagnie. ♦ **Fam.** et plais. Homme de plume, commis de bureau, de greffe. ■ **Péj.** Écrivain peu scrupuleux. *Ce plumitif a réussi à publier de nombreux ouvrages.*

PLUM-PUDDING ou **PLUM-POUDING,** n.m. [plɔmpudiŋ] (angl. *plum,* prune, et *pudding,* gâteau) Mets anglais, espèce de gâteau cuit dans l'eau et composé de farine, de moelle de bœuf, de pruneaux ou de raisins de Corinthe, etc. ■ Au pl. *Des plum-puddings, des plum-poudings.* ■ **Abrév.** Plum. *Des plums.*

PLUMULE, n.f. [plymyl] (lat. impér. *plumula*) **Zool.** Petite plume, duvet. ♦ **Bot.** Partie de l'embryon végétal qui constitue le sommet de la tigelle.

PLUPART (LA), n.f. [plypaʀ] (*plus* et 2 *part*) La plus grande partie, le plus grand nombre, en parlant soit de personnes, soit de choses. Si *la plupart* est construit avec un nom au pluriel, le verbe se met au pluriel : *La plupart des hommes font... ;* s'il est construit avec un nom au singulier, le verbe se met au singulier : *La plupart du monde suit ses passions.* ♦ **Absol.** *La plupart,* le plus grand nombre des gens, avec le verbe au pluriel : *La plupart disent...* ♦ POUR LA PLUPART, loc. adv. Quant à la plus grande partie. *Ces gens sont pour la plupart paresseux.* ♦ Avec ellipse de *pour. Les hommes sont la plupart intéressés.* ♦ *La plupart du monde,* le plus grand nombre des gens. ♦ LA PLUPART DU TEMPS, loc. adv. Le plus ordinairement. ■ *Dans la plupart des cas,* presque à chaque fois, presque toujours.

PLURAL, ALE, ■ adj. [plyʀal] (lat. impér. *pluralis,* pluriel) Qui est composé de plusieurs éléments. *Des systèmes pluraux.* ♦ *Vote plural,* vote qui attribue plusieurs voix à certains votants.

PLURALISER, v. tr. [plyʀalize] (lat. *pluralis*) **Gramm.** Mettre un mot au pluriel. ♦ Se pluraliser, v. pr. Prendre le pluriel.

PLURALISME, ■ n.m. [plyʀalism] (*plural*) Doctrine politique et sociale tolérant et intégrant différents courants ou opinions. ■ **Philos.** Conception selon laquelle il existe une pluralité d'êtres. ■ PLURALISTE, adj. [plyʀalist]

PLURALITÉ, n. f. [plyʀalite] (b. lat. *pluralitas,* de *pluralis*) Le plus grand nombre. *La pluralité des hommes.* ♦ *La pluralité des voix* ou simplement *la pluralité,* le plus grand nombre des voix ou suffrages. ♦ Aujourd'hui, on dit presque exclusivement majorité. Voy. ce mot. ♦ Multiplicité. *La pluralité des mondes.* ♦ *Pluralité des bénéfices,* possession de plusieurs bénéfices. ♦ **Gramm.** S'emploie quelquefois comme synonyme de *pluriel. Le signe de la pluralité.*

PLURI..., ■ [plyʀi] Préfixe, du lat. *plures,* plusieurs.

PLURIANNUEL, ELLE, ■ adj. [plyʀianɥɛl] (*pluri-* et *annuel*) Qui s'étend sur plusieurs années. *Un programme pluriannuel.* ■ **Bot.** Dont la floraison ne se produit qu'après quelques années de vie. *Une plante pluriannuelle.*

PLURICAUSAL, ALE, ■ adj. [plyʀikozal] (*pluri-* et *causal*) Qui a plusieurs causes possibles. *Des phénomènes pluricausals* ou *pluricausaux.*

PLURICELLULAIRE, ■ adj. [plyʀiselylɛʀ] (*pluri-* et *cellulaire*) **Biol.** Qui est composé de plusieurs cellules. *Un organisme pluricellulaire.* ■ **Rem.** On dit aussi *multicellulaire.*

PLURICULTUREL, ELLE, ■ adj. [plyʀikyltyʀɛl] (*pluri-* et *culturel*) Caractérisé par plusieurs cultures qui se côtoient. *Une population pluriculturelle.* ■ Qui propose une programmation culturelle variée. *Danse, théâtre et concert au centre pluriculturel.*

PLURIDIMENSIONNEL, ELLE, ■ adj. [plyʀidimɑ̃sjɔnɛl] (*pluri-* et *dimensionnel*) Qui a plusieurs dimensions. *Un espace pluridimensionnel.*

PLURIDISCIPLINAIRE, ■ adj. [plyʀidisiplinɛʀ] (*pluri-* et *disciplinaire*) Commun à plusieurs disciplines. *Un enseignement pluridisciplinaire.* ■ PLURIDISCIPLINARITÉ, n. f. [plyʀidisiplinaʀite]

PLURIEL, ELLE, adj. [plyʀjɛl] (lat. *pluralis,* composé de plusieurs) Qui marque la pluralité dans les noms et dans les verbes. *Terminaison plurielle. Substantif pluriel.* ♦ N. m. *Le pluriel,* le nombre pluriel. ♦ Mot qui est au pluriel. ♦ Adj. **Litt.** Qui est composé de plusieurs éléments. *Un texte pluriel.* ■ **Rem.** On disait aussi *le plurier* (nom masculin) autrefois.

PLURIETHNIQUE, ■ adj. [plyʀiɛtnik] (*pluri-* et *ethnique*) Qui est constitué de plusieurs ethnies. *Un État pluriethnique.*

PLURILATÉRAL, ALE, ■ adj. [plyʀilateʀal] (*pluri-* et *latéral*) Relatif à plusieurs personnes ou plusieurs groupes de personnes. *Une décision plurilatérale. Des accords plurilatéraux.*

PLURILINGUE, ■ adj. [plyʀilɛ̃g] (*pluri-* et lat. *lingua,* langue) Qui utilise ou parle plusieurs langues. *Un enseignement plurilingue.* ■ N. m. et n. f. Former des plurilingues. ■ Relatif au traitement conjoint de plusieurs langues. *Un dictionnaire plurilingue.* ■ PLURILINGUISME, n. m. [plyʀilɛ̃gɥism]

PLURINATIONAL, ALE, ■ adj. [plyʀinasjɔnal] (*pluri-* et *national*) Qui concerne plusieurs nations. *Des échanges plurinationaux.*

PLURIPARTISME, ■ n.m. [plyʀipaʀtism] (lat. *plures,* plusieurs et *partisme*) **Polit.** Caractéristique d'un régime reconnaissant légalement l'existence de plusieurs partis politiques. ■ PLURIPARTISTE, adj. [plyʀipaʀtist] *Les démocraties pluripartistes.*

PLURIPARTITE, ■ adj. [plyʀipaʀtit] (lat. *plures,* plusieurs, et p. p. de l'anc. fr. *partir,* partager) Qui engage plusieurs parties, plusieurs personnes ou groupes de personnes. *Une organisation, une décision pluripartites.*

PLURISÉCULAIRE, ■ adj. [plyʀisekylɛʀ] (*pluri-* et *séculaire*) Qui dure depuis plusieurs siècles. *Des traditions pluriséculaires.* « *Cette civilisation qui, aux champs, sinon dans les centres urbains, jouissait d'une permanence pluriséculaire, n'incitait ni à la précipitation, ni à la novation* », LEVADOUX.

PLURIVALENT, ENTE, ■ adj. [plyʀivalɑ̃, ɑ̃t] (*pluri-,* d'après *polyvalent*) Qui a plusieurs valeurs, plusieurs effets. ■ **Chim.** Qui a plusieurs valences. ■ **Log.** Qui admet plus de valeurs que les deux seules : vrai, faux. ■ **Philos.** De diverses formes, sans condition déterminante pour chacune.

PLURIVOQUE, ■ adj. [plyʀivɔk] (b. lat. *plurivocus,* qui a plusieurs sens) **Math., ling.** et **log.** Qui a plusieurs valeurs ou plusieurs sens. *Un concept plurivoque.* ■ PLURIVOCITÉ, n. f. [plyʀivosite] *La plurivocité d'une question.*

PLUS, n.m. [plys] (lat. *plus,* plus, une plus grande quantité) Une plus grande quantité. « *Qui a le plus a, dit-on, le moins ; cela est faux* », VAUVENARGUES. ♦ *Être sur le plus ou sur le moins avec quelqu'un,* être en délicatesse sur les civilités réciproques, craindre de lui en faire plus qu'il ne faut. ♦ *Plus* servant de régime direct à un verbe. « *Pour vous, estimez plus qui plus vous donnera* », RÉGNIER. ♦ *N'en pouvoir plus,* Voy. POUVOIR. ♦ IL Y A PLUS, BIEN PLUS, QUI EST PLUS, loc. adv. En outre. *C'est un joueur ; il y a plus,* *c'est un fripon.* ♦ AU PLUS, TOUT AU PLUS, loc. adv. Exprime le plus haut point où une chose soit parvenue ou puisse parvenir. *Dans deux heures au plus. Il aura tout au plus le temps d'arriver.* ♦ Plus, construit avec la préposition *de. De plus,* en sus. *Une vertu de plus.* ♦ *De plus,* en outre. *L'oisiveté étouffe les talents, et de plus engendre les vices.* ♦ On emploie de même : *Plus que. Il a dix ans plus que moi.* ♦ *Rien de plus,* rien en sus. ♦ ▷ On dit aussi : *Rien plus.* ◁ ♦ *Plus* construit avec la préposition *en. En plus,* en outre. ♦ **Alg.** Signe de l'addition. A + B signifie : *A plus B.* ♦ *Plus* pris adverbialement devient un adverbe de comparaison indiquant supériorité en nombre, en quantité. ♦ Avec un adjectif ou un adverbe. « *L'envie plus irréconciliable que la haine* », LA ROCHEFOUCAULD. « *Nul ne leur a plus fait acheter la victoire* », RACINE. ♦ Il se dit même devant une préposition suivie de son régime. « *Rien ne serait plus selon l'humanité que de...* », BUFFON. ♦ *Plus que jamais,* plus qu'en aucun temps. ♦ *Tous plus entêtés les uns que les autres,* se dit de gens très entêtés. ♦ *N'être pas plus* (avec un adjectif)... *que de,* être au plus haut point ce qui est marqué par l'adjectif. « *Ils ne seront pas plus ravis que de voir pendre un Limosin* », MOLIÈRE. ♦ *On ne peut plus,* au plus haut point, par ellipse de l'épithète qui précède. *N'êtes-vous pas bien content ? - On ne peut pas plus.* ♦ *Plus encore,* de préférence, plutôt. ♦ *Et plus,* exprime une augmentation indéterminée. « *Après mille ans et plus de guerre déclarée* », LA FONTAINE. ♦ *Plus que,* suivi d'un adjectif ou d'un substantif, indique que la qualité dont il s'agit est dépassée. « *C'est assez, je suis plus que content* », LA FONTAINE. « *Salomon a dit Que femme sage est plus que femme belle* », VOLTAIRE. ♦ Absol. et sans complément en un sens analogue. « *Sois toujours un héros ; sois plus, sois citoyen* », VOLTAIRE. ♦ *Plus* suivi de *que* et d'un membre de phrase demande *ne* Voy. NE. ♦ *Ne... pas plus... que,* signifie quelquefois que la chose dont il s'agit n'existe ni d'un côté ni de l'autre. *Il n'est pas plus riche que moi,* c'est-à-dire nous ne sommes riches ni l'un ni l'autre. ♦ *Plus de,* pour plus que, en quantité supérieure à. *Plus d'à moitié.* « *Des terres plus d'aux trois quarts incultes* », BUFFON. On dit aussi : *Plus que.* « *La course de mes jours est plus qu'à demi faite* », RACAN. ♦ *Plus d'un,* pour plus qu'un, Voy. UN. ♦ *Plus,* avec la négation, signifie la cessation de quelque action ou de quelque état, ou l'absence de quelque chose qu'on avait auparavant. « *N'espérons plus, mon âme, aux promesses du monde* », MALHERBE. ♦ *N'être plus que,* être réduit à l'état de. « *L'époux et l'épouse ne sont plus que une même cendre* », FLÉCHIER. ♦ Absol. *N'être plus,* avoir cessé, avoir disparu, être mort. ♦ Absol. et sans négation, *plus* s'emploie pour dire qu'une action ou un état doit cesser ou a cessé. *Plus de larmes, je vous en prie.* « *Plus de jardin, plus de ruisseau, plus de paysage ; la maison était sombre et triste* », J.-J. ROUSSEAU. ♦ *Plus,* davantage, encore, de nouveau. « *Le besoin de l'État défend de plus attendre* », P. CORNEILLE. « *Si j'y retombe plus, je veux bien qu'on m'affronte* », MOLIÈRE. ♦ *Plus,* précédé de l'article ou d'un adjectif possessif, exprime le plus haut degré de comparaison ou superlatif relatif. *Mon plus beau cheval.* « *Le plus semblable aux morts meurt le plus à regret* », LA FONTAINE. ♦ ▷ *Le plus homme de bien, les plus gens de bien,* l'homme, les hommes qui ont le plus de probité. ◁ ♦ *Le plus... qu'il est possible* ou elliptiq. *le plus... possible. Il a voyagé le plus commodément qu'il a été possible,* ou *le plus commodément possible.* ♦ LE PLUS, adv. ou *le plus, la plus, les plus,* Voy. LE. ♦ Absol. *Plus* signifie outre cela, et sert de formule dans les inventaires, dans les états de compte, etc. *Plus,* une pièce de drap. ♦ *Plus,* précédé de l'article et joint à un autre mot, devient quelquefois avec celui-ci un seul et même substantif. *Le plus payé.* ♦ SANS PLUS, loc. adv. Sans rien ajouter. ♦ SANS PLUS DE, loc. prép. *Sans plus de délai agissez.* ♦ *Sans plus,* avec un infinitif. *Sans plus attendre.* ♦ TANT ET PLUS, loc. adv. Abondamment, extrêmement. *Ils ont bu tant et plus.* ♦ PLUS OU MOINS, loc. adv. À peu près, environ. ♦ À différents degrés. *Il a fait froid tout le mois plus ou moins.* ♦ *Plus ou moins se construit avec les adjectifs et les adverbes. Plus ou moins grand. Plus ou moins bien.* ♦ D'AUTANT PLUS, loc. adv. À plus forte raison. *Il est riche ; d'autant plus doit-il être charitable.* ♦ *D'autant plus... que.* On doit d'autant plus être modeste qu'on est plus élevé. ♦ *Plus... plus...* ou *plus... moins...* cette tournure exprime une augmentation corrélative, ou, s'il y a *moins,* une diminution. « *Plus on est sujet à la loi de Dieu, plus on est heureux,* BOURDALOUE. ♦ *Non plus* sert à unir deux propositions dont le sens est négatif. *S'il n'est pas juste à votre égard, vous ne l'êtes pas non plus.* ♦ NON PLUS QUE, loc. adv. Sert à exprimer la comparaison dans la négation. « *Ses plus proches voisins Ne s'en sentaient non plus que les Américains* », LA FONTAINE. ♦ NI PLUS NI MOINS QUE, loc. adv. de compar. Autant que. *Je ne vous aime ni plus ni moins que si vous étiez mon frère.* ♦ *Ni plus ni moins* s'emploie absolument. *Quoi que vous fassiez, il n'en sera ni plus ni moins.* ♦ *De plus en plus,* indique le progrès en bien ou en mal. *Il devient habile de plus en plus.* ♦ QUI PLUS, QUI MOINS, loc. adv. Les uns plus, les autres moins. *Ils y ont tous contribué, qui plus, qui moins.* ♦ *Plus tôt, plus tard, plus loin, plus près,* locutions de temps et de lieu qui sous cette forme sont comparatives, et qui avec l'article sont superlatives. ♦ n. *Le plus tôt, le plus tard, le plus loin, le plus près sera le mieux.* ♦ *Au plus tôt,* dans le plus court délai. ♦ *Au plus tard,* dans le plus long délai. ♦ *Plutôt,* Voy. PLUTÔT. ■ *Plus que tout,*

principalement, surtout. *Il aime sa femme plus que tout.* ■ **Fam.** *C'est un plus,* quelque chose de supplémentaire et de positif. *Sa nouvelle expérience professionnelle est un plus.*

PLUSIEURS, adj. m. pl. et f. [plyzjœr] (lat. pop. *plusiores,* du lat. *plures,* plus nombreux) Indique un nombre indéfini, un nombre plus ou moins considérable. *Plusieurs hommes. Plusieurs fois.* ♦ Absol. *Plusieurs,* un grand nombre de personnes.

PLUS-JE-TE-VOIS, PLUS-JE-T'AIME, n. m. [plyʒətəvwaplyʒətɛm] (phrase substantivée) ▷ Autre nom du *ne-m'oubliez-pas* Voy. MYOSOTIS. ◁

PLUS-PAYÉ, n. m. [plypeje] (*plus* et *payé*) Ce qui a été payé en plus. ■ Au pl. *Des plus-payés.*

PLUS-PÉTITION, n. f. [plypetisjɔ̃] (*plus* et *pétition*) ▷ **Pratiq.** Demande qui excède le droit de celui qui la forme. ■ Au pl. *Des plus-pétitions.* ◁

PLUS-QUE-PARFAIT, adj. [plyskəparfɛ] (b. lat. gramm. *plus quam perfectum*) **Gramm.** Le temps *plus-que-parfait,* et n. m. *le plus-que-parfait,* flexion du verbe qui indique un passé antérieur à un autre temps passé lui-même, comme : *il avait dîné quand il est venu.*

PLUS-VALUE, n. f. [plyvaly] (*plus* et anc. fr. *value,* valeur) Excédent de valeur, de revenu. ♦ Différence positive entre la valeur de cession et le prix d'acquisition d'un bien. *Des plus-values.* ■ Dans le marxisme, différence entre la valeur de ce qui est produit et les salaires dont bénéficient les travailleurs. ■ *Taux de plus-value,* taux d'exploitation correspondant à la plus-value divisée par le capital variable, dans la théorie marxiste. ■ **Par extens.** Augmentation de valeur. *Plus-value immobilière,* augmentation de la valeur d'un bien considérée entre son acquisition et sa revente. *Faire une plus-value en vendant sa maison.*

PLUTON, ■ n. m. [plytɔ̃] (all. *Pluton,* de *plutonisch,* plutonique) **Géol.** Masse de magma qui s'est solidifié et cristallisé dans les profondeurs de la croûte terrestre. *Le pluton granitique.*

PLUTONIEN, IENNE, adj. [plytonjɛ̃, jɛn] (*Pluton,* dieu des Enfers) Syn. de plutonique. *L'action plutonienne,* l'action des feux souterrains. ♦ N. m. Partisan du plutonisme. ■ Adj. Relatif à Pluton. ■ REM. On disait aussi *plutoniste* autrefois.

PLUTONIGÈNE, ■ adj. [plytoniʒɛn] (*plutonium* et *-gène*) **Phys.** Qui produit du plutonium. *Un réacteur plutonigène.*

PLUTONIQUE, adj. [plytonik] (*Pluton*) Se dit des terrains qui ont été produits par les feux souterrains. ♦ *Force plutonique,* force de chaleur qui s'exerce dans l'intérieur du globe terrestre.

PLUTONISME, n. m. [plytonism] (*Pluton*) Système qui attribue principalement la formation de la croûte du globe à l'action du feu intérieur, dont les volcans sont un effet. ■ **Géol.** Processus de formation de roches contenant du pluton.

PLUTONISTE, n. m. [plytonist] (*plutonisme*) Voy. PLUTONIEN.

PLUTONIUM, ■ n. m. [plytonjɔm] (lat. *Pluto,* Pluton, dieu des Enfers) Métal radioactif utilisé dans la fission atomique (symbole Pu ; numéro atomique 94 ; masse atomique 244).

PLUTÔT, adv. [plyto] (*plus* et *tôt*) Avant, de préférence, par préférence. « *Dieu ! donnez-nous la mort plutôt que l'esclavage* », VOLTAIRE. ♦ *Plutôt* avec *que* et l'infinitif. « *Ah ! plutôt que souffrir des douleurs insensées, Combien j'aimerais mieux...* », A. CHÉNIER. ♦ *Plutôt que de,* avec l'infinitif. « *Ceux qui nuisent à la réputation ou à la fortune des autres plutôt que de perdre un bon mot, méritent une peine infamante* », LA BRUYÈRE. ♦ *Plutôt que,* avec le verbe au subjonctif. « *Non, non, plutôt sur moi tombe cent fois la foudre, Qu'on m'oblige à changer ce que j'osai résoudre !* », TH. CORNEILLE. ♦ *Plutôt,* pour mieux dire. « *Il faut vous oublier, ou plutôt vous haïr* », RACINE. ♦ Il ne faut pas confondre *plutôt* qui marque la préférence avec *plus tôt,* plus vite. ■ Fam. *Plutôt deux fois qu'une,* avec grand plaisir, très volontiers. *Encore un peu de gâteau ? Plutôt deux fois qu'une !* ■ Assez, relativement. *C'est une personne plutôt gentille* Fam. *Il est plutôt désagréable.*

1 PLUVIAL, n. m. [plyvjal] (b. lat. *pluvialis,* de pluie) ▷ Anciennement, espèce de manteau que les ecclésiastiques portaient pour se garantir de la pluie. ♦ Aujourd'hui, habillement d'église, qui se nomme autrement *chape* et dont l'officiant est revêtu lorsqu'il encense. ◁

2 PLUVIAL, ALE, adj. [plyvjal] (lat. *pluvialis,* de pluie) Qui a rapport à la pluie. ♦ *Eau pluviale,* eau de pluie. ♦ Se dit de certains insectes qui deviennent importuns à l'approche de la pluie. ■ *Régime pluvial,* régime des cours d'eau alimenté par les précipitations. *Analyser les régimes pluviaux.* ■ *Riz pluvial,* riz cultivé sans irrigation autre que les eaux de pluie.

PLUVIAN, ■ n. m. [plyvjɑ̃] (*pluvier*) Petit oiseau d'Afrique tropicale, aux ailes gris bleuté, dont le ventre et le cou sont blancs et dont une des caractéristiques est de se nourrir dans la gueule des crocodiles. *Le pluvian est également appelé ami du crocodile.*

PLUVIER, n. m. [plyvje] (lat. *pluvia*, parce que cet oiseau arrive en troupes dans la saison des pluies) Genre d'oiseaux contenant plus de soixante espèces, et faisant partie de l'ordre des échassiers. ◆ *Grand pluvier*, oiseau qu'on nomme aussi *courlis de terre*. ◆ *Pluvier doré* ou **absol.** *pluvier*, dit aussi *petit pluvier doré*.

PLUVIEUX, EUSE, adj. [plyvjø, øz] (lat. pop. *pluviarius*, oiseau de pluie, de *pluvia*, pluie) Abondant en pluie. *Pays pluvieux.* ◆ Qui amène la pluie. *Vent pluvieux.*

PLUVINER, ■ v. impers. [plyvine] (var. de *pleuviner*) Voy. PLEUVINER.

PLUVIO..., ■ [plyvjo] Préfixe, du lat. *pluvia*, pluie.

PLUVIOMÈTRE, n. m. [plyvjometʀ] (*pluvio*- et *-mètre*) **Phys.** Instrument à l'aide duquel on évalue l'épaisseur de la couche d'eau qui tombe chaque jour en un point donné de la terre.

PLUVIOMÉTRIE, ■ n. f. [plyvjometʀi] (*pluvio*- et *-mètre*) Mesure de la quantité de pluie mensuelle ou annuelle qui tombe en un lieu donné. *La pluviométrie dans cette région est très importante.* ■ PLUVIOMÉTRIQUE, adj. [plyvjometʀik] *Relevé pluviométrique.*

PLUVIONIVAL, ALE, ■ adj. [plyvjonival] (*pluvio*- et *nival*) **Géogr.** *Régime pluvionival*, régime des cours d'eau alimentés principalement par des précipitations de pluie et des fontes de neige. *Régimes pluvionivaux.*

PLUVIÔSE, n. m. [plyvjoz] (lat. impér. *pluviosus*, pluvieux) Le cinquième mois du calendrier républicain (du 20 janvier au 19 février).

PLUVIOSITÉ, ■ n. f. [plyvjozite] (lat. *pluviosus*) Caractère pluvieux d'une région, d'un pays. *La pluviosité de la Bretagne.* ■ Quantité de pluie tombée à un endroit pendant une période donnée. La pluviosité est généralement exprimée en millimètres par heure. *Une pluviosité faible, moyenne ou élevée.*

PLV, ■ n. f. [peɛlve] (sigle de *publicité sur le lieu de vente*) Publicité véhiculée par le biais de prospectus, de présentoirs, etc., installés dans les points de vente ou aux alentours. *La PLV d'un opticien.* ■ Matériel utilisé pour cette publicité.

1 PM, ■ loc. adv. [peɛm] ou [piɛm] (abréviation du lat. *post meridiem*) Après midi. *Il est 3 heures pm.* ■ REM. Dans les pays où les heures sont comptées par tranches de douze, *pm* est opposé à *am* (ante meridiem). *6 heures am (6 heures du matin), 6 heures pm (18 heures).*

2 PM, ■ n. f. [peɛm] (sigle de *préparation militaire*) Préparation militaire dispensée avant l'entrée dans une école militaire ou avant de s'engager. *Faire une PM dans l'armée de terre.*

1 PMA, ■ n. m. pl. [peɛma] (sigle de *pays les moins avancés*) **Écon.** Parmi les pays en voie de développement, ceux qui sont les plus pauvres. *Un programme d'action en faveur des PMA.*

2 PMA, ■ n. f. [peɛma] (sigle de *procréation médicalement assistée*) **Méd.** Technique d'insémination artificielle pratiquée notamment en cas de stérilité. *Les enfants nés d'une PMA.*

PME, ■ n. f. [peɛmə] (sigle de *petite et moyenne entreprise*) **Écon.** Entreprise de moins de 500 salariés, et avec un chiffre d'affaires annuel de moins de 40 millions d'euros. *Il travaille dans une PME.*

1 PMI, ■ n. f. [peɛmi] (sigle de *petite et moyenne industrie*) **Écon.** Industrie de moins de 500 employés.

2 PMI, ■ n. f. [peɛmi] (sigle de *protection maternelle et infantile*) **Écon.** Service relevant des collectivités territoriales et de la Sécurité sociale, ayant pour objectif la protection et le suivi de la femme enceinte et des enfants jusqu'à six ans, ainsi que la surveillance des modes de garde des enfants.

PMU, ■ n. m. [peɛmy] (sigle de *pari mutuel urbain*) Masse d'enjeux sur l'ordre d'arrivée des chevaux lors d'une course hippique, divisée par le nombre de gagnants. ■ Par méton. Endroit où les turfistes parient sur le résultat des courses de chevaux. *Je vais au PMU.*

PNB, ■ n. m. [peɛnbe] (sigle de *produit national brut*) **Écon.** Indice économique qui indique l'activité économique d'un pays en mesurant la valeur des biens et services produits par les entreprises nationales, qu'elles soient sur le territoire national ou à l'étranger. *Le PNB par habitant représente le revenu moyen des habitants du pays.*

PNEU, ■ n. m. [pnø] (apocope de *pneumatique*) Tuyau de caoutchouc, gonflé d'air, adapté à la jante d'une roue. *Les pneus arrière de la voiture sont dégonflés.*

PNEUMALLERGÈNE, ■ n. m. [pnømalɛʀʒɛn] (*pneum[o]*- et *allergène*) Allergène présent dans l'air inhalé par voie respiratoire. *Lorsqu'un pneumallergène est inhalé, il génère des troubles comme une rhinite, un prurit nasal, des éternuements à répétition et une obstruction du nez.*

PNEUMATIQUE, adj. [pnømatik] (lat. *pneumaticus*, du gr. *pneumatikos*, de *pneuma*, souffle) Qui est relatif à l'air. ◆ *Machine* ou *pompe pneumatique*, machine avec laquelle on pompe l'air d'un récipient. ◆ *Briquet pneumatique*, petit cylindre de métal ou de verre, dans lequel on allume de l'amadou en comprimant l'air subitement. ■ Qui fonctionne à l'air comprimé. ■ Qui se gonfle d'air. *Un matelas pneumatique.* ■ N. m. *Un pneumatique.* ■ Abrév. Pneu. ■ N. f. Science qui a pour objet les propriétés physiques des fluides, de l'air et des autres gaz permanents. *Connaître les bases de la pneumatique et de l'hydraulique.* ■ Voy. PNEUMATOLOGIE.

PNEUMAT(O)..., ■ [pnømato] Préfixe, du gr. *pneuma*, *pneumatos*, souffle.

PNEUMATOLOGIE, n. f. [pnømatoloʒi] (*pneumat[o]* et *-logie*) Traité des substances spirituelles. ■ REM. On dit aussi *pneumatique*.

PNEUMATOPHORE, ■ n. m. [pnømatofɔʀ] (*pneumat[o]*- et *-phore*) **Bot.** Organe respiratoire aérien qui émerge des racines de certains arbres des marécages. *Les palétuviers sont des pneumatophores.* ■ **Zool.** Organe flotteur de certaines méduses leur permettant de tenir en équilibre en profondeur. *Le pneumatophore forme un flotteur très développé muni d'une carène.*

PNEUM(O)..., ■ [pnømo] Préfixe, du gr. *pneumôn*, poumon.

PNEUMOCONIOSE, ■ n. f. [pnømokonjoz] (*pneumo-*, gr. *konis*, poussière et *-ose*) **Méd.** Ensemble des affections qui concernent l'appareil respiratoire, dues à l'inhalation de poussières, en particulier minérales, contenues en trop grande quantité dans l'atmosphère ambiante. *La pneumoconiose des mineurs de charbon.*

PNEUMOCOQUE, ■ n. m. [pnømokɔk] (*pneumo-* et *-coque*) **Méd.** Bactérie située généralement dans la partie haute du pharynx, à l'origine de différentes infections. *Une méningite à pneumocoques.*

PNEUMOCYSTOSE, ■ n. f. [pnømosistoz] (*pneumocystis*, nom d'une bactérie et *-ose*) **Méd.** Infection pulmonaire due à un parasite et fréquente chez les personnes immunodéprimées. *La pneumocystose est fréquente chez les personnes porteuses du VIH.*

PNEUMOGASTRIQUE, ■ adj. [pnømogastʀik] (*pneumo-* et *gastrique*) **Anat.** *Nerf pneumogastrique*, nerf principal du système nerveux parasympathique qui innerve la totalité des viscères et qui contrôle les mouvements du voile du palais, du cœur et des vaisseaux, du larynx, des poumons et du tube digestif. ■ N. m. *Le pneumogastrique.*

PNEUMOGRAPHIE, ■ n. f. [pnømogʀafi] (*pneumo-* et *-graphie*) **Méd.** Examen radiographique caractérisé par l'injection d'air ou d'un autre gaz dans les cavités de l'organe à radiographier. *Une pneumographie cérébrale.* ■ Enregistrement des mouvements de la cage thoracique pendant la respiration.

PNEUMOLOGIE, ■ n. f. [pnømoloʒi] (*pneumo-* et *-logie*) **Méd.** Discipline de la médecine spécialisée dans l'étude et le soin des infections des poumons. ■ PNEUMOLOGUE, n. m. et n. f. [pnømolɔg]

PNEUMONECTOMIE, ■ n. f. [pnømonɛktomi] (*pneumo-* et *-ectomie*) **Chir.** Ablation d'un poumon. *Une pneumonectomie est généralement pratiquée dans les cas de cancer du poumon.*

PNEUMONIE, n. f. [pnømoni] (gr. *pneumonia*) **Méd.** Inflammation du parenchyme du poumon.

PNEUMONIQUE, adj. [pnømonik] (gr. *pneumonikos*, qui concerne le poumon) **Méd.** Se dit des remèdes propres aux maladies du poumon. ◆ Se dit des individus affectés d'une de ces maladies. ◆ N. m. et n. f. *Un pneumonique. Une pneumonique.* ■ Adj. Relatif à la pneumonie ; atteint de pneumonie. *Un foyer pneumonique.*

PNEUMOPATHIE, ■ n. f. [pnømopati] (*pneumo-* et *-pathie*) **Méd.** Toute maladie pulmonaire. *Une pneumopathie chronique. Une pneumopathie virale.*

PNEUMOPÉRITOINE, ■ n. m. [pnømopeʀitwan] (*pneumo-* au sens de *pneumat[o]*- et *péritoine*) **Méd.** Collection d'air ou de gaz dans la cavité péritonéale. *Un pneumopéritoine n'est observé que dans 50 % des cas de perforation intestinale.* ■ Introduction de gaz dans la cavité péritonéale pour pratiquer certains examens radiologiques.

PNEUMOTHORAX, ■ n. m. [pnømotoʀaks] (*pneumo-* au sens de *pneumat[o]*- et *thorax*) **Méd.** Présence d'air dans la cavité pleurale, soit pathologique soit provoquée à des fins thérapeutiques. *Pneumothorax dû à une perforation de la plèvre.* ■ Abrév. Pneumo. *Des pneumos.*

PNYX, n. m. [pniks] (gr. *pnux*) **Antiq.** Place d'Athènes où le peuple se rassemblait quelquefois pour délibérer.

POA, n. m. [poa] (gr. *poa*, herbe, gazon) Nom botanique du genre paturin (graminées). *Le poa des prés.*

POCHADE, n. f. [pɔʃad] (*pocher*) **Peint.** Esquisse rapide et négligée où la brusquerie de la main a jeté çà et là les couleurs ou les traits. ■ Par extens. Œuvre littéraire sans prétention et produite rapidement.

POCHARD, ARDE, ■ n. m. et n. f. [pɔʃaʀ, aʀd] (1 *poche*, sac) Ivrogne. « *Des pochards au nez en enseigne lumineuse* », SABATIER. ■ Adj. *Un voisin pochard.*

POCHARDER (SE), ■ v. pr. [pɔʃaʀde] **Fam.** S'enivrer. *Ils se sont pochardés.*

1 POCHE, n. f. [pɔʃ] (anc. b. frq. *pokka*, bourse) Petit sac attaché à un habit, à un gilet, à un pantalon, etc. pour y mettre ce qu'on veut sur soi. ◆ Fig. « *J'ai mes poches pleines de compliments pour vous* », Mme de Sévigné. ◆ Fig. *Avoir en sa poche*, avoir toujours sur soi ou sous la main, à sa disposition. ◆ *De poche*, qu'on porte dans sa poche. *Pistolet de poche.* ◆ Fig. *De poche*, qui n'est pas plus gros qu'il ne faudrait pour être porté dans la poche. ◆ Fig. *De sa poche*, de ses propres deniers. *Payer de sa poche.* ◆ *L'argent de la poche*, l'argent qu'on destine à ses petites dépenses personnelles. ◆ *Argent de poche*, partie de la solde militaire dont le soldat a la libre disposition. ◆ Fig. *Mettre en poche*, s'approprier ◆ ▷ *Jouer de la poche*, débourser de l'argent. ◁ ◆ Fig. *Ne rien faire.* ◆ Fig. *N'avoir pas ses mains dans ses poches*, s'enrichir du bien d'autrui. ◆ Fig. *Tenir une affaire dans sa poche*, être assuré du succès de cette affaire. ◆ Fig. *N'avoir pas sa langue dans sa poche*, savoir fort bien parler et répondre. ◆ Fig. *Mettre sa langue dans sa poche*, ne pas parler. ◆ Fig. et fam. *Se mettre dans la poche de quelqu'un*, ne pas le quitter. ◆ Fam. *Il semble sortir de sa poche*, se dit de quelqu'un très petit placé à côté de quelqu'un très grand. ◆ Fam. *Il le mettrait dans sa poche*, se dit d'un homme qui a une grande supériorité de force sur un autre. ◆ Grand sac pour mettre du blé, de l'avoine, etc. ◆ *Vendre, acheter chat en poche*, Voy. CHAT. ◆ *Donner chat en poche*, attraper dans un marché. ◆ Filet de chasse qui a la forme d'une poche. *Poche à perdrix.* ◆ Filet servant à fermer les ouvertures des terriers, pour prendre les lapins au furet. ◆ Pêche Espèce de sac, la manche des filets traînants. ◆ Jabot des oiseaux. ◆ Espèce de sac extérieur formé par la peau du ventre chez certains animaux, notamment chez les marsupiaux. ◆ Sac qui se forme à un abcès. ◆ Faux plis dans un habit mal taillé. *Cet habit fait des poches.* ◆ *Violon de poche* ou Ellipt. *une poche*; on dit plutôt *pochette* Voy. POCHETTE. ◆ Cuillère avec laquelle on sert le potage. ◆ Cuillère de fer avec un long manche, dont les fondeurs se servent pour puiser le métal en fusion. ◆ Boucle faite à l'extrémité de certaines lettres. ◆ Cavité où s'est accumulé un liquide, une substance. *Une poche d'eau.* ■ Sac. *Une poche de plastique.* ■ Boursouflure sous les yeux. ■ *Argent de poche*, argent que l'on destine aux petites dépenses courantes et que l'on a sur soi. *Ses enfants reçoivent 20 euros d'argent de poche chaque mois.* ■ *Faire les poches à quelqu'un*, prendre ce qui s'y trouve; dresser un inventaire de ce qui s'y trouve. ■ *Se remplir les poches*, s'enrichir de façon malhonnête et souvent illicite. ■ *Livre de poche* ou n. m. *un poche*, livre qui a un format suffisamment réduit pour pouvoir être mis dans une poche. *Des livres de poche* ou *des poches.* ■ *Connaître quelqu'un* ou *quelque chose comme sa poche*, dans le détail, parfaitement. *Je vais vous guider, je connais ce quartier comme ma poche.* ■ *Mettre sa fierté dans sa poche*, la mettre de côté. ■ *Mettre quelqu'un dans sa poche*, pouvoir le dominer, le manipuler. ■ Fam. *C'est dans la poche*, c'est une affaire réglée; c'est facile.

2 POCHE, ■ n. f. [pɔʃ] (b. lat. *popia*, louche, cuillère en bois) et région. Suisse Cuillère à pot.

POCHÉ, ÉE, p. p. de pocher. [pɔʃe] *Œufs pochés.* ◆ *Avoir les yeux pochés au beurre noir* ou simplement *avoir les yeux pochés*, avoir les yeux gonflés et noirs. ◆ ▷ *Lettre pochée*, lettre à laquelle on a fait une poche. ◁ ◆ ▷ *Olives pochées*, olives qu'on a portées longtemps dans la poche. ◁ ■ *Œil poché*, œil dont le contour présente des ecchymoses.

POCHÉE, n. f. [pɔʃe] (1 *poche*) ▷ Ce qu'une poche peut contenir; une pleine poche. ◁

POCHER, v. tr. [pɔʃe] (1 *poche*) Mettre en sac (vieilli en ce sens). ◆ *Pocher des œufs*, les casser dans de l'eau ou du bouillon bouillant, et les laisser quelques minutes pour la cuisson. ◆ Faire une boucle à l'extrémité de certaines lettres. *Pocher les L.* ◆ Esquisser d'une manière négligée et hardie. ◆ Faire une meurtrissure suivie d'enflure. *Pocher les yeux à quelqu'un d'un coup de poing.* ◆ V. intr. Se détendre et former ainsi une sorte de poche, en parlant d'un vêtement. *Un survêtement qui poche aux genoux.*

POCHETÉ, ÉE, p. p. de pocheter. [pɔʃ(ə)te]

POCHETÉE, ■ n. f. [pɔʃ(ə)te] (*pocheter*) Région. Contenu d'une poche, d'un sac. *Une pochetée de blé.* ■ Fam. Personne niaise et maladroite. « *Tu peux pas regarder devant toi, pochetée?* », Sartre.

POCHETER, v. tr. [pɔʃ(ə)te] (1 *poche*) ▷ Porter quelque temps dans sa poche. *Pocheter des olives.* ◆ V. intr. *Laisser pocheter des olives.* ◁

POCHETRON, ONNE ou **POCHTRON, ONNE**, ■ n. m. et n. f. [pɔʃ(ə)trɔ̃, ɔn] (*pochard*) Fam. Ivrogne.

POCHETTE, n. f. [pɔʃɛt] (1 *poche*) Petite poche. ◆ Petit filet pour la pêche. ◆ ▷ Petit violon qu'on met dans la poche, que portaient autrefois, que portent quelquefois encore, les maîtres de danse allant donner des leçons en ville. ◁ ■ Mouchoir fin que l'on place dans la poche de poitrine d'une veste. ■ Enveloppe de matière fine (carton, plastique, etc.) servant de protection. *Des pochettes perforées pour classeurs. Une pochette de disque.* ■ Petit

sac à main sans anse. ■ *Pochette-surprise*, cornet de papier, acheté ou gagné, destiné aux enfants et dont le contenu n'est pas connu. *Des pochettes-surprises.* ■ Fam. *Il a eu son permis de conduire dans une pochette-surprise*, se dit d'une personne dont la conduite est hésitante ou dangereuse.

POCHIS, n. m. [pɔʃi] (*pocher*) Grav. Effet que produisent des traits crevassés et confondus ensemble.

POCHOIR, ■ n. m. [pɔʃwar] (*pocher*) Feuille de papier, de métal, etc., dans laquelle sont découpés le contour de l'objet, la forme ou la lettre que l'on souhaite reproduire sur la surface de son choix. *Peinture au pochoir. Une décoration au pochoir.*

1 POCHON, ■ n. m. [pɔʃɔ̃] (*pocher*, faire des taches) Une grosse tache d'encre, un pâté. ◆ Pop. *Un coup de poing.*

2 POCHON, ■ n. m. [pɔʃɔ̃] (1 *poche*) Région. Sachet, sac en plastique, en tissu ou en papier. *Voulez-vous un pochon?*

3 POCHON, ■ n. m. [pɔʃɔ̃] (2 *poche*) Région. Grande louche. *Verser un pochon de bouillon.*

POCHOTHÈQUE, ■ n. f. [pɔʃɔtɛk] (1 [*livre de*] *poche* et *-thèque*) Librairie spécialisée dans la vente de livres de poche.

POCHOUSE ou **PAUCHOUSE**, ■ n. f. [pɔʃuz] (mot région. [Bourgogne], pêcheuse) Cuis. Matelote de poissons de rivière au vin blanc et liée à un mélange de beurre et de farine. *La pochouse est une spécialité franc-comtoise ou bourguignonne.*

POCHTRON, ONNE, ■ n. m. et n. f. [pɔʃtrɔ̃, ɔn] (*pochard*) Voy. POCHETRON.

PODAGRAIRE, n. f. [podagrɛr] (*podagre*) Plante ombellifère que l'on croyait bonne contre la goutte.

PODAGRE, n. f. [podagr] (lat. *podagra*, du gr. *podagra*, de *pous*, génit. *podos*, pied, et *agra*, chasse, prise) ▷ Méd. Goutte qui attaque les pieds. ◆ Adj. Qui a la goutte aux pieds. *Un vieillard podagre.* ◆ N. m. et n. f. *Un podagre.* ◁

PODAIRE, ■ n. f. [podɛr] (gr. *pous, podos*, pied) Math. *Podaire d'une courbe T par rapport à un point P*, lieu des pieds des perpendiculaires issues du point P aux tangentes à la courbe T. *L'équation podaire d'une courbe.*

...PODE, ■ [pɔd] Suffixe, du gr. *pous*, génit. *podos*, pied, dans le sens d'organe permettant la locomotion: *tétrapode.*

PODESTAT, ■ n. m. [podesta] (ital. *podestà*, du lat. *potestas, -atis*, pouvoir d'un magistrat) Magistrat vénitien qui administrait la justice dans les lieux de son département. ◆ ▷ Titre du premier magistrat annuel de Gênes et d'autres villes d'Italie. ◁

PODIATRIE, ■ n. f. [podjatri] (*pod*[o]- et *-iatrie*) Québec Partie de la médecine qui étudie et soigne les affections du pied. ■ PODIATRE, n. m. et n. f. [podjatr] ■ PODIATRIQUE, adj. [podjatrik] *Médecine podiatrique.*

PODIE ou **PODION**, ■ n. m. [podi, podjɔ̃] (gr. *podion*, petit pied) Zool. Ventouse de certains échinodermes. *Des podies, des podions* ou *des podia* (pluriel savant). *L'oursin possède des podions.*

PODIUM, n. m. [podjɔm] (lat. *podium*, du gr. *podion*) Antiq. Petit mur formant une espèce de galerie autour de l'arène, dans les amphithéâtres. ◆ Endroit des amphithéâtres et des cirques où se plaçaient les sénateurs et les magistrats. ■ Estrade. *Les vainqueurs sont montés sur le podium. Des podiums.* ■ Archit. Petite avancée sur le mur d'un monument antique qui pouvait porter des objets.

PODOLOGIE, ■ n. f. [podoloʒi] (*podo-* et *-logie*) Méd. Discipline de la médecine qui étudie et soigne les affections du pied. ■ PODOLOGIQUE, adj. [podoloʒik] *Une crème podologique.*

PODOLOGUE, ■ n. m. et n. f. [podolog] (*podologie*) Spécialiste en podologie. *La réforme des études de 1986 fait qu'il n'y a plus de différence entre les deux métiers de podologue et pédicure.* ■ Rem. La langue continue d'utiliser le terme de *pédicure*, mais on devrait dire *podologue* dans tous les cas; les praticiens évitent l'écueil en se disant en général *pédicures-podologues.* ■ Adj. *Un pédicure podologue.*

PODOMÈTRE, ■ n. m. [podomɛtr] (*podo-* et *-mètre*) Appareil permettant de compter le nombre de pas d'une personne au fur et à mesure de sa marche et d'évaluer ainsi approximativement la distance parcourue. *Un podomètre pour coureur à pied.*

PODZOL, ■ n. m. [pɔdzɔl] (mot russe, sol stérile, de *pod*, dessous, et *zola*, cendre) Géogr. Type de sol acide, cendreux et délavé, des forêts boréales de conifères. *Des podzols.* ■ PODZOLIQUE, adj. [pɔdzolik] *Sol podzolique.*

PODZOLISER, ■ v. tr. [pɔdzolize] (*podzol*, d'après l'angl. *to podzolize*) Géogr. Transformer un sol en podzol par des procédés spécifiques d'acidification. ■ PODZOLISATION, n. f. [pɔdzolizasjɔ̃] *Un sol en cours de podzolisation.*

PŒCILE, n. m. [pesil] (gr. *poikilê* [*stoa*], (*portique*) peint de couleurs variées.) Antiq. grecq. Portique public orné de peintures.

PŒCILOTHERME, ■ adj. ou n. m. [pesilotɛrm] (*œ* se prononce *é* ; gr. *poikilos,* variable et *-therme*) Voy. POIKILOTHERME.

1 **POÊLE**, n. m. [pwal] (lat. *pallium,* couverture, tenture) ▷ Voile qu'on tient sur la tête des mariés pendant la bénédiction nuptiale. ◁ ♦ ▷ Drap dont on couvre le cercueil pendant les cérémonies funèbres, et dont quelquefois, les coins sont tenus, pendant la marche du convoi, par certaines personnes. ◁ ♦ Dais sous lequel on porte le saint sacrement.

2 **POÊLE**, n. f. [pwal] (lat. *patella,* petit plat servant aux sacrifices) Ustensile de cuisine dont on se sert pour frire, pour fricasser. ♦ ▷ Fig. *Être dans la poêle,* être dans l'embarras. ◁ ♦ ▷ *Tomber de la poêle en la braise,* ou *dans le feu,* tomber d'un mal en un pire. ◁ ♦ *Il n'y a point de plus empêché que celui qui tient la queue de la poêle,* Voy. QUEUE. ♦ Nom donné dans nos salines de l'Est à une vaste chaudière servant à l'évaporation du liquide. ♦ Partie du fond d'un étang, plus profonde que le reste, et située vis-à-vis de la bonde. ■ Vx *Tenir la queue de la poêle,* tenir les commandes d'une affaire. ■ Fam. *Poêle à frire,* appareil permettant de détecter les objets métalliques enfouis, les mines, etc.

3 **POÊLE**, n. m. [pwal] (lat. [*balnea*] *pensilia,* bains construits sur des voûtes, litt. suspendus, de *pendere,* être suspendu) Grand fourneau de terre ou de métal, qui sert à échauffer une chambre. ♦ *Poêle suédois,* gros poêle que l'on construit ordinairement de toute la hauteur de la pièce. ♦ ▷ En Allemagne et en Hollande, la chambre où est le poêle. « *Je demeurais tout le jour enfermé seul dans un poêle* », DESCARTES. ◁ ■ REM. Graphie ancienne : *poile.*

POÊLÉE, n. f. [pwale] (2 *poêle*) Le contenu d'une poêle. *Une poêlée de poissons frits.* ♦ Dans certaines provinces, petite fête à la fin de la moisson ou de la vendange.

POÊLER, ■ v. tr. [pwale] (2 *poêle*) Passer, cuire à la poêle. *J'ai poêlé mon steak. Foie gras poêlé.*

POÊLERIE, n. f. [pwal(ə)ʀi] (3 *poêle*) ▷ Tous les ouvrages de terre, de tôle ou de fer-blanc qui servent à échauffer ou éclairer. ♦ Commerce ou industrie de poêlier. ◁

POÊLETTE, n. f. [pwalɛt] (2 *poêle*) ▷ Petite poêle. ♦ Petit bassin. ♦ Petit vase à recevoir le sang de la saignée (forme correcte qu'à évincée la forme corrompue *palette*). ◁

1 **POÊLIER**, n. m. [pwale] (3 *poêle*) ▷ Celui qui fait et pose les poêles. ◁

2 **POÊLIER**, n. m. [pwalje] (2 *poêle*) Celui qui fait et vend les ustensiles de ménage compris sous la dénomination de *poêlerie.*

POÊLON, n. m. [pwalɔ̃] (dim. de 2 *poêle*) Espèce de petite poêle. ♦ Vase de terre allant au feu, qui a la forme d'une casserole et une assez longue queue.

POÊLONNÉE, n. f. [pwalɔne] (*poêlon*) ▷ Autant qu'un poêlon peut contenir. ◁

POÈME, n. m. [pɔɛm] (lat. *poema,* du gr. *poïêma,* ouvrage manuel, création de l'esprit, de *poein,* fabriquer, créer) Ouvrage en vers. ♦ Particulièrement, ouvrage en vers d'une certaine étendue. *Un poème épique, dramatique, etc.* ♦ Ouvrage de prose, où l'on trouve les fictions, le style harmonieux et figuré de la poésie. *Le Télémaque est un poème en prose.* ♦ S'emploie aussi pour louer les qualités poétiques d'une œuvre d'art quelconque. *C'est un poème que ce tableau, que cette symphonie.* ♦ Absol. Paroles d'un opéra et même d'un opéra-comique. ■ Fam. *C'est tout un poème,* se dit de quelqu'un ou de quelque chose d'extraordinaire, d'indescriptible. *Cet homme, c'est tout un poème !*

POÉSIE, n. f. [poezi] (lat. *poesis,* du gr. *poïêsis,* création, composition d'œuvres poétiques) Art de faire des ouvrages en vers. ♦ Il se dit des différents genres de poèmes, et des différentes matières traitées en vers. *Poésie épique, lyrique, dramatique, etc.* ♦ Absol. Qualités qui caractérisent les bons vers, et qui peuvent se trouver ailleurs que dans les vers. *Cette tirade manque de poésie.* ♦ Éclat et richesse poétiques même en prose. *Platon est plein de poésie.* ♦ Poésie du style, richesse, hardiesse, coloris, soit dans les vers, soit dans la prose. ♦ Fig. Se dit de tout ce qu'il y a d'élevé, de touchant dans une œuvre d'art, dans le caractère ou la beauté d'une personne, et même dans une production naturelle. ♦ Art de faire des vers, versification. « *La poésie fut trouvée avant la prose* », J.-J. ROUSSEAU. ♦ La manière de faire des vers qui est particulière à un poète, à une nation. *La poésie de la Fontaine. La poésie grecque, latine, française.* ♦ Au pl. Ouvrages en vers. *Les Poésies de Malherbe.* ■ *Il manque de poésie,* il est très terre à terre. ■ Par extens. *Ça manque de poésie,* c'est banal et plat.

POÈTE, n. m. [pɔɛt] (lat. *poeta,* du gr. *poïêtês,* créateur, poète) Celui qui s'adonne à la poésie. *Poète dramatique, tragique, comique.* ♦ Il se dit aussi

des femmes. *Madame Deshoulières était un poète aimable.* ♦ Celui qui, composant ou non, a les facultés poétiques. *Se croire poète.* ■ Adj. en attribut. *Il est poète à ses heures.*

POÉTEREAU ou **POÈTEREAU**, n. m. [pɔet(ə)ʀo] (dimin. de *poète*) ▷ Mauvais poète. ◁

POÉTESSE, n. f. [poetɛs] (*poète*) T. peu usité. Femme poète. ■ REM. Est assez péjoratif auj. On dira plutôt *poète : cette femme est un grand poète.*

POÉTIQUE, adj. [poetik] (lat. *poeticus,* du gr. *poïêtikos,* propre à fabriquer, ingénieux, poétique) Qui concerne la poésie, qui lui est propre. *Mots poétiques. Génie poétique.* ♦ *Art poétique,* Voy. ART. ♦ *Licences poétiques,* Voy. LICENCE. ♦ Fig. *Licence poétique,* altération de la vérité, ou tout autre manquement contre quelque devoir, quelque obligation. ♦ Qui se prête à la poésie. *Un sujet poétique.* ♦ Peint. Qui procède de la poésie. ♦ Impr. *Caractère poétique,* espèce de caractère romain, plus étroit et plus allongé que le caractère ordinaire. ♦ N. f. *Une poétique,* un traité de l'art de la poésie. *La Poétique de Boileau.* ♦ Par extens. *La poétique des beaux-arts,* l'explication de ce qu'il y a d'élevé, d'idéal dans les beaux-arts. ♦ Fig. L'explication de ce qu'il y a d'élevé dans la nature vivante ou morte. « *La poétique des ruines est encore à faire* », DIDEROT. ■ Adj. Ling. (d'après Jakobson) *Fonction poétique du langage,* fait de centrer le message sur lui-même, sur sa forme esthétique.

POÉTIQUEMENT, adv. [poetik(ə)mɑ̃] (*poétique*) D'une manière poétique. « *Platon philosophe poétiquement* », BALZAC. ♦ En fait de poésie. « *Le dieu des chrétiens est poétiquement supérieur au Jupiter antique* », CHATEAUBRIAND.

POÉTISER, v. intr. [poetize] (*poète* ; cf. lat. médiév. *poetizare,* parler à la manière des poètes) T. peu usité. Faire des vers. ♦ V. tr. Rendre poétique, élever au ton de la poésie. *Poétiser son langage, son style.* ■ POÉTISATION, n. f. [poetizasjɔ̃] *La poétisation de la mort.*

1 **POGNE**, ■ n. f. [pɔɲ] ou [pɔnj] (lorr. *po*[*u*]*gne,* poing) Fam. Main. *Serrer la pogne à quelqu'un.*

2 **POGNE**, ■ n. f. [pɔɲ] ou [pɔnj] (mot provenç.) Brioche en forme de couronne, à la fleur d'oranger et au citron. *La pogne est une spécialité de la ville de Romans.*

POGNON, ■ n. m. [pɔɲɔ̃] ou [pɔnjɔ̃] (*poigner,* empoigner, de *poing*) Fam. Argent. *Il a plein de pognon, ce type.*

POGONOPHORE, ■ n. m. [pogonofɔʀ] (gr. *pôgôn,* barbe et *-phore*) Zool. Invertébré marin, dont la bouche est couronnée de tentacules, dépourvu de tube digestif et de système respiratoire et qui se nourrit directement par la peau et les tentacules. *L'embranchement des pogonophores.*

POGROM ou **POGROME**, ■ n. m. [pogʀɔm] (mot russe, de *po-,* entièrement et *gromit',* détruire) Soulèvement, sous le régime tsariste, contre les membres de la communauté hébraïque, entraînant des pillages et des meurtres. ■ Par extens. Toute émeute violente et antisémite.

POIDS, n. m. [pwa] (lat. *pensum,* poids quotidien de laine à filer, de *pendere,* peser ; infl. de *pondus,* poids de qui est pesant. « *Des laboureurs accablés sous le poids des fruits* », FÉNELON. ♦ *Tomber de tout son poids,* se dit d'un corps qui tombe sans que rien n'amortisse la chute et le coup. ♦ Phys. Somme ou plutôt résultante de toutes les actions que la pesanteur exerce sur le corps, pression que les corps exercent sur l'obstacle qui s'oppose directement à leur chute. ♦ Méc. Se dit de tout ce qui doit être élevé, soutenu ou mû par une machine, ou de ce qui résiste, de quelque manière que ce soit, au mouvement qu'on veut communiquer. ♦ Chim. *Poids atomique,* Voy. ATOMIQUE. ♦ Pesanteur fixe et déterminée de certaines choses. *Le poids de la pièce de cinq francs est de 25 grammes.* ♦ Cette monnaie est de poids,* elle a le poids fixé par la loi. ♦ Morceau de métal d'une pesanteur déterminée qu'on emploie pour peser. ♦ *Faire bon poids,* peser de sorte que la marchandise emporte la balance, et Fig. Être juste. ♦ *Faire le poids,* ajouter dans un plateau de la balance ce qui est nécessaire pour faire exactement équilibre à ce qui est dans l'autre plateau. ♦ Fig. et fam. *Faire tout avec poids et mesure.* ♦ Fig. *Avoir deux poids et deux mesures,* changer de poids et de mesure. Voy. MESURE. ♦ *Vendre, acheter au poids de l'or,* vendre, acheter très cher. ♦ Fig. et fam. *Un poids de cinq cents livres,* quelque chose qui oppresse, qui contriste. « *Cette nouvelle m'ôta de dessus la poitrine un poids de cinq cents livres* », J.-J. ROUSSEAU. ♦ *Le poids public,* lieu où l'on peut faire constater combien pèse réellement un objet à livrer. ♦ *Poids vivant,* poids que pèse un animal de boucherie pendant qu'il est encore sur pied. ♦ Mar. *Tonneau de poids,* unité qui sert d'appréciation de la cargaison ou du chargement d'un bâtiment. ♦ Chez les Juifs, *poids du sanctuaire,* un poids dont les prêtres gardaient l'étalon dans le temple, à Jérusalem. ♦ Fig. *Peser une chose au poids du sanctuaire,* la peser avec une stricte équité. ♦ *Faire au poids du bon sens peser tous ses écrits* », BOILEAU. ♦ Morceau de métal ou de pierre qu'on attache aux cordes d'une horloge, d'un tournebroche, pour lui donner le mouvement. ♦ Fig. Moralement, tout ce qui gêne, fatigue, embarrasse, oppresse. « *Le poids honteux des fers* », P. CORNEILLE. « *Malgré le poids des années et des affaires* », FLÉCHIER. ♦ **Fig.** *Porter le poids du jour et de la chaleur*, endurer toute la peine, faire tout le travail, pendant que les autres se reposent. ♦ **Fig.** Importance, considération, force. « *Vous n'êtes pas encor du poids de vos rivaux* », P. CORNEILLE. « *Elle savait de quel poids est non seulement la moindre parole, mais le silence même des princes* », BOSSUET. ♦ *Un homme de poids*, un homme d'importance, de mérite. ■ **Fig.** *Faire le poids*, être capable de faire quelque chose. ■ **Sp.** Catégorie de sportifs déterminée selon leur poids. *Poids plume, poids léger.* ■ **Sp.** Boule de métal d'un certain poids que l'on lance. *Un lancer de poids.* ■ *Poids lourd*, véhicule automobile destiné au transport des charges lourdes. ■ **Fig.** *Poids lourd*, personne influente, importante. *C'est un poids lourd en stratégie de communication.* ■ *Prendre, perdre du poids*, grossir, maigrir. ■ *Ne pas faire le poids*, ne pas avoir les capacités nécessaires pour faire quelque chose. *Il ne fait pas le poids pour gérer cette affaire.*

POIGNANT, ANTE, adj. [pwaɲɑ̃, ɑ̃t] ou [pwanjɑ̃, ɑ̃t] (*poindre*) Qui point, qui pique. « *Le hérisson a reçu de la nature la facilité de présenter de tous côtés des armes poignantes* », BUFFON. ♦ **Fig.** Qui cause une impression vive et pénible. « *Douleur poignante, Peindre les méchants et les vices en traits vifs et poignants* », J.-J. ROUSSEAU.

POIGNARD, n. m. [pwaɲaR] ou [pwanjar] (lat. pop. *pugnalis*, de *pugnus*, poing) Arme d'estoc dont la lame est courte, aiguë et tranchante. ♦ ▷ *Mettre le poignard au sein de quelqu'un*, l'exposer à être assassiné. ◁ ♦ **Fig.** *Mettre, tenir à quelqu'un le poignard sur la gorge*, vouloir le contraindre à faire quelque chose. ♦ **Fig.** Tout ce qui peut blesser, offenser d'une manière vive, profonde. « *Chaque mot dans mon cœur enfonce le poignard* », VOLTAIRE. ♦ *Avoir le poignard dans le cœur ou dans le sein*, ▷ avoir une vive douleur. ◁ ♦ *Tourner le poignard dans la plaie*, s'appesantir sur ce qui offense, blesse ou afflige cruellement. ♦ *Couteau-poignard*, couteau dont la lame est aiguë et tranchante des deux côtés.

POIGNARDÉ, ÉE, p. p. de poignarder. [pwaɲaRde] ou [pwanjarde]

POIGNARDER, v. tr. [pwaɲaRde] ou [pwanjarde] (*poignard*) Frapper avec un poignard. ♦ **Fig.** Causer une vive douleur. ♦ **Fig.** *La curiosité le poignarde*, se dit d'un homme très curieux. ♦ *Se poignarder*, v. pr. Se percer d'un poignard. ■ *Poignarder quelqu'un dans le dos*, le trahir sournoisement.

POIGNE, n. f. [pwaɲ] ou [pwanj] (mot lorr., forme fém. de *poing*) Pop. La force du poing. *Avoir une poigne de fer.* ■ Énergie dans l'autorité, le commandement. *Avoir de la poigne.* ■ REM. On prononçait autrefois [pɔɲ].

POIGNÉE, n. f. [pwaɲe] ou [pwanje] (*poing*) Quantité que la main fermée peut contenir. ♦ ▷ **Fig.** et **pop.** *Arrangé, donné comme une poignée de sottises*, se dit d'une chose en désordre, ou donnée malhonnêtement. ◁ ♦ *Ce qu'on saisit avec la main. Une poignée de cheveux.* ♦ *Une poignée de verges*, des brins de bouleau liés ensemble. ♦ *Une poignée de fil*, un certain nombre d'écheveaux. ♦ *Une poignée de morues*, deux morues sèches jointes ensemble. ♦ **Fig.** Petit nombre. *Une poignée de gens.* ♦ *Une poignée de monde*, très peu de gens. ♦ *Une poignée de mains*, action par laquelle deux personnes se prennent la main en signe de salutation amicale. ♦ La partie d'un objet par où on le saisit, on le tient à la main. *La poignée d'un sabre.* ♦ Ce qui sert, dans les cuisines, dans les laboratoires, etc., pour saisir ou tenir un ustensile trop chaud. ♦ À POIGNÉE, loc. adv. À pleine main. *Prendre une chose à poignée.* ♦ En grande quantité. *Jeter de l'argent à poignée.* ■ **Fam.** *Poignées d'amour*, amas de graisse sur les hanches, à la taille.

POIGNET, n. m. [pwaɲe] ou [pwanje] (dimin. de *poing*) L'endroit où le bras se joint à la main. ♦ Bande plate plus ou moins haute, de la largeur du poignet, dans laquelle est contenue l'ampleur des manches des chemises d'hommes, de certaines manches de robes, et qui termine ces manches. ♦ *Poignets de manche* ou simplement *poignets*, sorte de manchettes, de fausses manches qu'on met pour conserver les poignets de chemises. ■ **Fam.** *À la force du poignet, des poignets*, par la force des bras. *Se hisser à la force du poignet.* ■ **Fig.** *À la force du poignet, des poignets*, par ses propres moyens et par ses efforts. *J'ai monté cette entreprise à la force du poignet.*

POÏKILOTHERME ou **PŒCILOTHERME**, ■ adj. [pɔjkilotɛRm, pesilotɛRm] (gr. *poikilos*, variable et *-therme*) **Zool.** Dont la température du corps varie en fonction de l'environnement. *Les reptiles sont des animaux poïkilothermes.* ■ N. m. *Un poïkilotherme.* ■ POÏKILOTHERMIE, n. f. [pɔjkilotɛRmi]

POIL, n. m. [pwal] (lat. *pilus*) Filets déliés qui croissent sur la peau des animaux. ♦ Collect. Tous les poils qui sont sur le corps d'un animal. *Un chien à long poil.* ♦ ▷ *Au poil et à la plume*, Voy. PLUME. ◁ ♦ *Faire le poil à un cheval*, lui arranger la crinière, lui couper les crins. ♦ ▷ *Monter un cheval à poil*, le monter sans selle. ◁ ♦ Se dit aussi du poil qui recouvre certaines parties du corps humain. *Les poils du bras.* ♦ ▷ **Fig.** et **pop.** *Un homme à poil*, un homme résolu. ◁ ♦ Chez l'homme, chevelure. *Son poil commence à grisonner.* « *Nous jurons par le Seigneur qu'il ne tombera pas un seul poil de sa tête* », SACI. ♦ *Poil de Judas*, poil roux. ♦ *Poil hérissé*, se dit

des cheveux lorsqu'ils se dressent sur la tête. ♦ Barbe. *Se faire le poil.* « *Un jeune garçon... sans poil au menton* », LA FONTAINE. ♦ *Poil follet*, le léger poil qui vient avant la barbe. ♦ En parlant du cheval et de quelques autres animaux, couleur. *On voit des chevaux barbes de tout poil.* ♦ **Fig.** et **fam.** *De tout poil*, de toute espèce. « *Des gens de tous états, de tout poil, de tout âge* », LA FONTAINE. ♦ Partie velue du drap, du velours, etc. *Coucher, rebrousser le poil.* ♦ *Du velours à trois poils, à six poils*, velours dont la trame est de trois, de six fils de soie, et qui est le meilleur. ♦ **Fig.** et **fam.** *Un brave à trois, à quatre poils*, un homme qui se pique d'une très grande bravoure. ♦ *Poil de chèvre*, étoffe dont la trame est en laine peignée et la chaîne en coton. ♦ **Bot.** Filets déliés et flexibles de certaines parties des plantes. ■ *Avoir un poil dans la main*, être très paresseux. ■ **Fam.** *Reprendre du poil de la bête*, se remettre, retrouver des forces. ■ **Fam.** *À poil*, tout nu. ■ **Fam.** *Être au poil*, convenir parfaitement. ■ **Fam.** *Être de bon, de mauvais poil*, de bonne, de mauvaise humeur. ■ Les poils d'animaux ou de matières synthétiques utilisés pour confectionner certains objets. *Les poils d'un pinceau.* ■ Le poil, le pelage. *Mon chat a un très beau poil.* ■ **Fam.** *Ne pas avoir un poil sur le caillou*, être chauve. ■ **Fam.** *À un poil près*, à peu de choses près. *À un poil près, je tombais dans le ravin.* ■ **Fam.** *Au poil*, exactement ; très bien. *Elle est au poil, ton invention !* ■ *Poil à gratter*, poil qui couvre les fruits du rosier ; matière similaire utilisée dans les farces et attrapes. ■ REM. *Un brave à trois, à quatre poils* est littéraire auj.

POILANT, ANTE, ■ adj. [pwalɑ̃, ɑ̃t] ([*se*]*poiler*) **Fam.** Très drôle. *Elle est poilante, cette histoire.*

POIL-DE-CAROTTE, ■ adj. inv. [pwaldəkaRɔt] (*poil* et *carotte*) **Fam.** D'un roux tirant sur l'orange, en parlant de la couleur de cheveux. *Tu la reconnaîtras facilement, elle est poil-de-carotte.*

POILE, ■ n. m. [pwal] (var. de 3 *poêle*) Voy. POÊLE.

POILER (SE), ■ v. pr. [pwale] (*s'époiler*, s'arracher les poils, rire aux éclats ; cf. anc. fr. *epoil*, heureux) **Fam.** Rire et s'amuser. *Ce film, pas un chef-d'œuvre, mais on s'est bien poilés !*

POILEUX, EUSE, adj. [pwalø, øz] (var. de *poilu*) ▷ Qui est couvert de poils. ♦ On dit plutôt *poilu*. ◁

POILU, UE, adj. [pwaly] (*poil*) Couvert de poils. *Un bras poilu.* ♦ **Bot.** Qui est composé de poils simples non ramifiés. *Aigrette poilue.* ■ N. m. **Fam.** Nom donné aux soldats de la Première Guerre mondiale. *Les poilus.*

POINCILLADE, n. f. [pwɛ̃sijad] (lat. sav. (fin XVIIᵉ s.) *poinciana*, de *Poinci*, gouverneur des Antilles) ▷ Genre de légumineuses d'Asie et d'Amérique dédié par Linné à M. de Poincy, gouverneur des Antilles. ◁

1 **POINÇON**, n. m. [pwɛ̃sɔ̃] (lat. pop. *punctiare*, piquer, du lat. *pungere*, supin *punctum*) Instrument de métal rond et pointu qui sert à percer. ♦ Outil pour graver. *Graver au poinçon.* ♦ Outil dont les maçons et les tailleurs de pierre se servent pour faire des trous dans les pierres. ♦ Morceau d'acier gravé en relief, avec lequel on frappe les coins des monnaies et des médailles. ♦ Morceau d'acier où les lettres sont gravées en relief, et avec lequel on frappe les matrices servant à fondre les caractères d'imprimerie. ♦ Petit instrument d'acier, gravé en creux, pour marquer la vaisselle d'or et d'argent. ♦ Arbre vertical sur lequel tourne une machine. ♦ Pièce de bois qui est toute droite sous le faîte du bâtiment, et qui sert pour l'assemblage des formes et faîtes. ■ Marque apposée à l'aide d'un poinçon sur une pièce d'orfèvre, un bijou. *Poinçon de garantie.*

2 **POINÇON**, n. m. [pwɛ̃sɔ̃] (prob. 1 *poinçon*, à cause du poinçon de contrôle.) ▷ Sorte de tonneau qui tient à peu près les deux tiers d'un muid. ◁

POINÇONNAGE, n. m. [pwɛ̃sɔnaʒ] (*poinçonner*) Action de poinçonner. ■ REM. On dit aussi *poinçonnement*.

POINÇONNER, v. tr. [pwɛ̃sɔne] (*poinçon*) Marquer avec un poinçon. *Poinçonner de l'orfèvrerie, des marchandises importées, etc.* ■ Perforer un titre de transport pour le valider. ■ Découper une tôle ou une pièce de charpente à la poinçonneuse.

POINÇONNEUR, EUSE, ■ n. m. et n. f. [pwɛ̃sɔnœr, øz] (*poinçonner*) Personne travaillant dans une usine ou une entreprise avec comme outil une perforeuse ou une poinçonneuse. ■ **Spécialt** Personne qui trouait d'un coup de (pince) poinçonneuse, avant l'ère du compostage, les tickets d'entrée, de passage, de transport, pour les valider. « *J'suis l'poinçonneur des Lilas... J'fais des trous, des p'tits trous* », GAINSBOURG. ■ N. f. Machine-outil destinée à la perforation, notamment de tôle ou de pièces de charpente.

POINDRE, v. tr. [pwɛ̃dR] (lat. *pungere*, piquer, tourmenter) ▷ Piquer. ◁ ♦ **Fig.** « *Le regret du passé cruellement me point* », RÉGNIER. ♦ **Prov.** *Oignez vilain, il vous poindra ; poignez vilain, il vous oindra*, caressez un homme de néant, il vous fera du mal, faites-lui du mal, il vous caressera. ♦ V. intr. Commencer à pousser comme une pointe. « *Les bourgeons des arbres commençaient à poindre* », J.-J. ROUSSEAU. ♦ **Fig.** « *De tous les maux on vit poindre l'engeance* », BENSERADE. ♦ Se dit de la lumière qui commence à paraître. « *Le jour venant à poindre* », LA FONTAINE. ♦ **Fig.** « *Laissez former le corps jusqu'à ce que la raison commence à poindre* », J.-J. ROUSSEAU.

POING, n. m. [pwɛ̃] (lat. *pugnus*) Main fermée. ♦ *Fermer le poing,* fermer la main et la tenir serrée. ♦ *Avoir les poings sur les côtés, sur les hanches,* en parlant d'une femme dans l'attitude de la provocation, et disant ou prête à dire des injures. ♦ *Pas plus gros que le poing,* se dit de choses petites dans leur espèce. ♦ *Mener quelqu'un pieds et poings liés,* après lui avoir lié les bras et les pieds. ♦ **Fig.** *Livrer quelqu'un pieds et poings liés,* le remettre à la merci, à la disposition de. ♦ ▷ *Flambeau de poing,* flambeau de cire qu'on porte à la main. ◁ ♦ *Coup de poing,* coup appliqué avec la main fermée. ♦ *Faire le coup de poing,* se battre à coups de poing. ♦ ▷ *Il ne vaut pas un coup de poing,* se dit d'une personne débile et qu'un rien suffit à mettre à terre. ◁ ♦ *Coup de poing,* petit pistolet de poche. ♦ *Coup de poing,* gros anneau de fer ou d'acier où la main fermée s'engage, et qui sert d'arme défensive. ♦ *Oiseau de poing,* celui qui revient sans leurre sur le poing du fauconnier. ♦ **Fig.** *Manger sur le poing,* être très familier. ♦ Toute la main jusqu'à l'endroit où elle se joint au bras. *Couper le poing à un condamné.* ■ *Dormir à poings fermés,* très profondément. ■ *Au poing,* dans la main fermée, serrée. *Porter une arme au poing.* ■ *Serrer les poings,* supporter quelque chose sans mot dire. *Ne réponds pas à ses injures, serre les poings.* ■ *Taper du poing sur la table,* le faire en signe de contrariété, de mécontentement, d'irritation ; **Fig.** Marquer son autorité, sa puissance, généralement au cours d'une discussion. ■ *Montrer le poing,* tendre le poing en l'air pour menacer ou intimider. ■ *Salut à poing levé,* salut en signe de fraternité.

POINSETTIA, ■ n. m. [pwɛ̃setja] (J. R. *Poinsett,* nom d'un botaniste américain, ambassadeur au Mexique de 1825 à 1829) Arbuste ornemental originaire du Mexique, aux bractées d'un rouge très vif entourant de petites fleurs jaunes et communément appelé *étoile de Noël. Le poinsettia est une plante très populaire durant la période des fêtes de fin d'année.*

1 **POINT**, n. m. [pwɛ̃] (lat. *punctum,* piqûre, point, de *pungere*) Douleur qui point, qui pique. *Avoir un point au dos.* ♦ *Point de côté,* douleur dans un lieu fixe et très circonscrit des parois thoraciques. ♦ Piqûre que l'on fait dans l'étoffe avec une aiguille enfilée de soie, de laine, de fil, etc. ♦ *Point arrière,* point d'aiguille qui empiète sur celui qu'on vient de faire. *Point devant, d'ourlet, de tapisserie, de feston, de reprise, etc.* ♦ Certains ouvrages de broderie ou de tapisserie à l'aiguille, distingués les uns des autres par le déterminatif qui accompagne le mot point. *Gros point, petit point, point à carreaux, à la turque, d'Angleterre, d'esprit, de plume, d'armes ou de sable, etc.* ♦ *Point,* dentelle de fil, faite à l'aiguille. *Des manchettes de point.* ♦ Accompagné de divers déterminatifs, *point* désigne différentes espèces de dentelles. *Point de France, d'Alençon, de Venise, d'Angleterre, etc.* ♦ Petit trou que l'on fait à des courroies pour y passer l'ardillon. *Allonger la courroie d'un point.* ♦ Dans les anciennes mesures, douzième partie de la ligne. ♦ **Typogr.** Mesure d'un sixième de ligne, qui sert à régler la force des caractères. ♦ Ce que l'on conçoit comme la plus petite partie de l'étendue. « *Ces grands astres ne nous semblent qu'un petit point, tant nous les mettons loin de nous !* », BOSSUET. ♦ **Géom.** La plus petite portion qu'il soit possible de concevoir, considérée par abstraction comme sans étendue. ♦ Endroit fixe et déterminé. *Point central, point de départ, de repère, etc.* ♦ *Sur divers points,* en différents endroits. ♦ *De tous les points de l'horizon,* de toutes les portions de l'horizon. ♦ *Les différents points du corps,* les différentes parties du corps considérées comme des lieux isolés. ♦ **Méc.** *Point d'appui,* point fixe sur lequel un levier s'appuie. ♦ *Point d'appui,* pile, colonne ou maçonnerie isolée servant à supporter une masse quelconque. ♦ **Fig.** Ce qui aide, soutient. « *La justice est le point d'appui de l'autorité* », MARMONTEL. ♦ *Points cardinaux,* Voy. CARDINAL. ♦ *Point culminant,* Voy. CULMINANT. ♦ **Opt.** *Point de concours,* celui où les rayons convergents se rencontrent. *Point d'incidence,* le point d'une surface où tombe un rayon lumineux. ♦ *Point de vue,* Voy. VUE. ♦ *Mettre une lunette à son point de vue* ou simplement *à son point,* Voy. VUE. ♦ *Mettre au point,* donner à une lunette, à un appareil photographique le degré de longueur nécessaire pour que l'image soit nette. ♦ *Point de mire,* Voy. MIRE. ♦ **Mar.** L'endroit estimé ou calculé de la mer où se trouve le navire à un moment donné. ♦ *Faire son point,* déterminer le point d'un bâtiment. ♦ Le degré de température auquel un corps change d'état. *Le point de congélation de l'eau. Le point de fusion du fer.* ♦ *Point* avec une épithète de couleur, se dit de certaines taches. *Avoir un point rouge à l'œil.* ♦ *Un point noir,* un nuage orageux et menaçant qui paraît dans le ciel. ♦ **Fig.** *Il y a un point noir à l'horizon,* quelque chose de menaçant se prépare, est à craindre. ♦ **Sculpt.** Se dit des marques que l'on fait sur toutes les parties les plus saillantes d'une statue que l'on veut copier. *Mettre une statue aux points,* la dégrossir. ♦ *Metteur au point,* le praticien qui exécute cette ébauche. ♦ Divisions de la règle dont les cordonniers et les chapeliers se servent pour prendre mesure. ♦ ▷ **Fig.** et **pop.** *Ces deux personnes ne chaussent pas à même point,* leurs humeurs, leurs inclinations ne concordent pas. ◁ ♦ Petite marque que l'on met sur un *i.* ♦ **Fig.** *Mettre les points sur les i,* Voy. I. ♦ **Fig.** *Il faut avec cet homme mettre les points sur les i,* il faut avec lui être très exact, ou il faut prendre les plus grandes précautions. ♦ Petite marque que l'on met dans l'écriture pour indiquer la fin des phrases. *Deux points (:)* et n. m. *un deux-points, le deux-points. Point et virgule (;)* et n. m. *le point-virgule. Point d'interrogation (?)* ou *point interrogeant. Point d'exclamation (!)* ou *point d'admiration, un point admiratif, Points suspensifs (...).* ♦ *Points-voyelles* ou **absol.** *points,* certains caractères qui servent à marquer les voyelles dans les langues sémitiques (hébreu, arabe, etc.) ♦ **Mus.** Le premier point qu'on place après une note augmente cette note de la moitié de sa valeur ; le second point placé après le premier augmente encore cette note du quart de sa valeur. ♦ *Point d'orgue,* Voy. ORGUE. ♦ Jeux de cartes. Nombre attribué à chaque carte. *L'as au piquet vaut onze points.* Il se dit aussi des points marqués sur chacune des faces des dés. Au piquet et à d'autres jeux, nombre de points que composent ensemble plusieurs cartes de la même couleur. *Avoir le point,* avoir en cartes d'une même couleur un plus grand nombre de points que son adversaire. Dans la plupart des jeux, nombre que l'on marque à chaque coup, et dont la somme doit atteindre un certain taux qui fait le gain de la partie. *Donner des points, rendre des points à son adversaire,* supposer, en commençant la partie, qu'il a déjà un certain nombre de points ; **Fig.** *Rendre des points à quelqu'un,* lui être supérieur. ♦ **Prov.** *Faute d'un point, pour un point Martin perdit son âne,* peu de chose fait quelquefois manquer une affaire. ♦ **Collège** Marques pour le travail et la conduite. *Un bon point. Un mauvais point.* ♦ **Fig.** Division d'un discours, d'un ouvrage et particulièrement d'un sermon, en un certain nombre de parties. ♦ **Fig.** En général, objet, terme. *C'était le point principal de notre conversation.* ♦ Question, difficulté particulière en quelque matière que ce soit. *Un point d'histoire. Des points de religion.* ♦ Ce qu'il y a de principal, d'important dans une question, dans une difficulté. « *Qui aurait trouvé le secret de se réjouir du bien, sans se fâcher du mal contraire, aurait trouvé le point* », PASCAL. « *Vous mettez la chose au vrai point de la question* », BOSSUET. ♦ ▷ *Se faire un point de,* attacher une importance capitale à. ◁ ♦ *Venir au point,* venir à ce qu'il y a d'essentiel. ♦ *Point d'honneur,* ce que l'on regarde comme intéressant l'honneur. ♦ État, situation. « *Voilà... à quel point nous en sommes* », P. CORNEILLE. ♦ *Au point de,* avec un verbe à l'infinitif, en situation de. « *Et je l'ai mis au point de voir tout sans rien croire* », MOLIÈRE. ♦ *En bon point, mal en point,* en bon état, en mauvais état. ♦ On écrit aussi *mal-en-point.* ♦ N. m. *Le bon point,* la bonne situation, la situation favorable. ♦ Degré, période. « *C'est une espèce de bonheur de connaître jusqu'à quel point on doit être malheureux* », LA ROCHEFOUCAULD. « *Il en est d'un État et d'une république comme du corps humain qui a ses progrès et ses accroissements, son point de force et de maturité, sa décadence et sa fin* », ROLLIN. ♦ Instant, moment précis. « *Moïse sur le point de sa mort* », MASSILLON. « *Il y a de ces instants-là qui n'ont qu'un point qu'il faut saisir* », MARIVAUX. ♦ ▷ *Sur le point que,* au moment où. « *Sur le point qu'un homme est près de partir* », LA BRUYÈRE. ◁ ♦ On dit de même : *Au point où.* ♦ *Sur le point de,* au point de, avec l'infinitif, même sens. « *Le sénat fut sur le point de rétablir la liberté* », BOSSUET. ♦ *Point du jour,* moment où le jour commence à poindre. ♦ Opportunité, gré, fantaisie. « *Qui peut sans s'émouvoir supporter une offense Peut mieux prendre à son point le temps de sa vengeance* », P. CORNEILLE. ♦ ▷ *Faire venir quelqu'un à son point,* l'obliger, l'engager adroitement à faire ce qu'on veut. ◁ ♦ ▷ On dit de même : *Mettre à son point.* ◁ ♦ À POINT, loc. adv. À propos. « *Rien ne sert de courir ; il faut partir à point* », LA FONTAINE. ♦ ▷ *Il a tout à point,* tout le seconde, tout le favorise. ◁ ♦ *Cela lui vient à point,* se dit d'un avantage arrivant dans un moment de grand besoin. ♦ **Prov.** *Tout vient à point à qui sait attendre,* avec du temps et de la patience on vient à bout de tout. ♦ *Viande cuite à point,* cuite ni trop, ni trop peu. ♦ À POINT NOMMÉ, loc. adv. À l'instant précis, au moment nécessaire. ♦ *À son point et aisément,* à son aise, à loisir. ♦ AU DERNIER POINT, loc. adv. Extrêmement. *Vous lui plaisez au dernier point.* ♦ DE POINT EN POINT, loc. adv. Exactement, en détail. ♦ DE TOUT POINT, EN TOUT POINT, loc. adv. Totalement. ♦ *Équiper un homme de tout point,* l'équiper de tout ce qui lui est nécessaire. ♦ **Fig.** *Accommoder quelqu'un, équiper quelqu'un de tout point,* le traiter extrêmement mal ou de fait ou de parole. ■ *Point d'eau,* endroit où l'on trouve de l'eau. ■ *Au point,* terminé, en état de fonctionner. ■ *Faire le point,* analyser une situation. ■ *Point noir,* circulation difficile ou dangereuse. *Un point noir à l'entrée de l'autoroute A1.* ■ **Milit.** *Point chaud,* zone dangereuse, au sein de laquelle ont lieu des combats ; **Par extens.** *Point chaud,* zone géographique sensible, généralement en conflit politique. ■ *Point de presse,* conférence de presse rapide. *Faire un point de presse.* ■ **Mar.** Position d'un navire en mer. ■ *Point mort,* position de commande du levier de vitesse de telle sorte que le moteur n'entraîne plus les roues motrices. *Se mettre au point mort.* ■ *À ce point,* tellement. *Être gentil à ce point, c'est incroyable.* ■ À QUEL POINT, loc. adv. Combien. *Les projets sur l'environnement montrent à quel point les modes de vie peuvent améliorer la qualité de l'air.* ■ À TEL POINT, loc. adv. Autant, tellement. *Paris est une ville merveilleuse à tel point que les touristes du monde entier la considèrent comme la plus belle ville du monde.* ■ *À un certain point, jusqu'à un certain point,* dans une certaine mesure. *Le ridicule ne fait rire que jusqu'à un certain point.* ■ *À un point,* à un degré qui n'est pas imaginable. *Il est bête à un point !* ■ *Sur tous les points,* sur toutes les questions

abordées. *Nous sommes d'accord sur tous les points.* ▪ *En tous points,* absolument. *Tu as raison en tous points.* ▪ **Chir.** *Point de suture,* point permettant de réunir les lèvres d'une plaie à l'aide de fils chirurgicaux. *Certains points de suture se résorbent en quelques jours.* ▪ *Point final,* point marqué à la fin d'un énoncé ou d'une phrase. ▪ *Mettre un point final à,* conclure définitivement un débat, une conversation. ♦ **Fig.** *Point à la ligne,* se dit lorsqu'on souhaite parler d'autre chose. *je n'ai envie de t'accompagner, point à la ligne.* ♦ *Un point c'est tout,* c'est comme ça, voilà tout. *Tu vas te coucher, un point c'est tout !* ♦ *Les trois points* (en forme d'équerre retournée), le symbole de la franc-maçonnerie ; *les frères trois-points,* nom donné aux francs-maçons. ▪ Partie d'un discours ou d'un texte. *Résumer les principaux points abordés.* ▪ **Par extens.** Question. *Traiter un point.*

2 **POINT**, adv. [pwɛ̃] (1 *point,* la plus petite portion qu'on puisse concevoir) Il renforce, comme *pas,* la négation *ne.* ♦ Abusivement, *point* nie quelquefois même sans *ne,* dans les phrases interrogatives. « *S'ils osent quelquefois prendre un air de grandeur, Seront-ils point traités par vous de téméraires ?* », LA FONTAINE. ♦ *Point* surabondant avec *jamais, aucun,* etc. « *On ne doit point songer à garder aucunes mesures* », MOLIÈRE. ♦ *Point* se met négativement devant les substantifs, les noms de nombre, etc. *Point de nouvelles.* ♦ *Point* se dit seul en réponse négative à une interrogation ou à une demande. « *Montrez-vous généreux. - Point* », MOLIÈRE. ♦ ▷ *Point* se met négativement devant quelques adverbes, dans une réponse négative. *Vous êtes facile à contenter ? - Point tant que vous le pensez.* ◁ ♦ Il s'emploie de même hors de toute réponse. « *Il était équitable, point jaloux* », J.-J. ROUSSEAU. ♦ On dit de même dans le style familier : *Les gens peu ou point instruits.* ♦ ▷ *Point... que,* point... sinon. « *Point d'argent qu'à la pointe de l'épée* », MME DE SÉVIGNÉ. ◁ ♦ Il s'emploie dans des cas où une proposition est sous-entendue. « *Pour défendre le bien public, plusieurs le font ; mais pour la religion, point* », PASCAL. ♦ *Point du tout,* négation renforcée. ♦ **Prov.** *Point d'argent, point de Suisse,* Voy. SUISSE.

POINTAGE, n. m. [pwɛ̃taʒ] (*pointer*) **Mar.** *Pointage de la carte,* action de la pointer. ♦ Action de pointer une bouche à feu. ▪ Action de faire une marque sur une liste pour contrôler. **Absol.** Fait de pointer. ▪ REM. On disait aussi *pointement* autrefois.

POINTAL, n. m. [pwɛ̃tal] (*pointe*) Étai que l'on place sous les planchers lorsqu'ils sont trop faibles. ♦ Au pl. *Des pointaux.*

POINT-ARRIÈRE, n. m. [pwɛ̃arjɛr, arjɛr(ə)pwɛ̃] (*point* et *arrière*) Point d'aiguille qui empiète sur celui qu'on vient de faire. ▪ On disait également autrefois *arrière-point.*

POINT DE VUE, ▪ n. m. [pwɛ̃d(ə)vy] (*point* et *vue*) Endroit où se place un observateur pour voir le mieux possible. ▪ Endroit où l'on bénéficie d'une vue étendue, d'un panorama. *Point de vue sur la mer.* ▪ Perspective particulière concernant une question. *Adopter un point de vue commun. Pour comprendre les autres, il faut changer de point de vue.* ▪ *Du point de vue,* concernant. *Le mensonge du point de vue de l'éthique.* ▪ *Au point de vue,* en ce qui concerne. *Au point de vue de l'organisation. Au point de vue philosophique.* ♦ Opinion. *Chacun a son point de vue sur cette affaire. Donner son point de vue sur la question. Des points de vue différents.*

POINTE, n. f. [pwɛ̃t] (b. lat. *puncta,* p. p. fém. substantivé de *pungere,* piquer) Ce qui point, ce qui pique, piqûre. « *Ces cruelles pointes de douleur qui percent le corps* », FLÉCHIER. ♦ **Fig.** « *Les pointes de la pénitence qui percent sa chair* », MASSILLON. ♦ Saveur piquante et agréable. *Une petite pointe d'ail.* ♦ **Fig.** Sentir une petite pointe de jalousie. *La pointe du plaisir s'émousse par la souffrance* », BOSSUET. ♦ *Une pointe de raillerie, d'ironie,* un mot moqueur, un trait ironique. ♦ ▷ *Une pointe de vin,* un coup de vin qui a mis en gaieté. *Être en pointe de vin,* être un peu échauffé par le vin. ◁ ♦ Trait subtil, recherché, jeu de mots. ♦ *Pointe d'épigramme,* la pensée piquante qui doit terminer une épigramme. ♦ *La pointe de l'esprit,* ce qu'il y a de plus pénétrant, de plus vif dans l'esprit. ♦ Bout piquant et aigu. *La pointe des dards. Des pointes de fer.* ♦ *À la pointe de l'épée,* les armes à la main, et aussi en duel. ♦ **Fig.** *À la pointe de l'épée,* de vive force, avec de grandes difficultés. « *On ne réussit dans ce monde qu'à la pointe de l'épée* », VOLTAIRE. ♦ **Par extens.** *À la pointe de l'éloquence, de l'argent,* par le moyen de l'éloquence, de l'argent. ♦ **Fig.** *Sur la pointe d'une aiguille,* Voy. AIGUILLE. ♦ **Escrime** *Parer de la pointe,* écarter la pointe de la ligne du corps, en faisant une parade. ♦ *Un coup de pointe,* un coup porté avec la pointe du sabre. ♦ Outil de fer qui sert au sculpteur à ébaucher l'ouvrage, après que le bloc de pierre ou de marbre a été dégrossi. ♦ *Pointe sèche,* pointe dont le graveur se sert pour former, sur le cuivre nu, des traits fins et délicats. Manière d'opérer avec la pointe. *Cette gravure est touchée d'une pointe fort spirituelle.* ♦ *Pointe de diamant* ou simplement *diamant,* diamant taillé en pointe qui sert à couper le verre. ♦ **Chir.** *Pointe de feu,* petite eschare que l'on produit à l'aide d'un cautère point. ♦ Clou long et mince, avec ou sans tête, rond et de grosseur uniforme. ♦ Bout, extrémité des choses qui vont en diminuant. *Des pointes de rochers. La pointe d'un clocher.* ♦ *Pointe de terre* ou simplement *pointe,* espace de terre ou de rochers qui s'avance

plus ou moins dans la mer. ♦ *Pointe,* l'espace de terrain compris entre deux cours d'eau à leur confluent. ♦ *La pointe du pied,* l'extrémité du pied opposée au talon. ♦ *Sur la pointe du pied* ou *des pieds,* se dit d'une personne qui, debout, fait porter son corps sur les orteils. *Marcher sur la pointe du pied.* ♦ *Avoir des pointes,* se dit d'un danseur qui sait s'élever sur la pointe des pieds, et faire des pas sans porter le talon à terre. ♦ ▷ **Fig.** et **pop.** *Marcher sur ses pointes,* être fier. ◁ ▪ **Milit.** *La pointe de l'aile droite, de l'aile gauche,* l'extrémité de ces ailes. ♦ *La pointe d'un bastion,* l'angle du bastion le plus avancé du côté de la campagne. ♦ **Hérald.** Partie basse de l'écu. ♦ Morceau d'étoffe taillée en pointe, qui sert à donner plus d'ampleur à un vêtement. ♦ Petit fichu en pointe, dont les femmes se couvrent le cou. ♦ On dit d'un terrain qu'il est *en pointe de fichu* lorsqu'il a la forme d'un fichu en pointe. ♦ **Manège** Défense d'un cheval qui se cabre. ♦ Vol d'un oiseau qui s'élève vers le ciel. ♦ **Chasse** On dit qu'un animal fait une pointe lorsqu'il perce très loin devant lui sans se détourner. ♦ **Fig.** et **fam.** *Faire une pointe,* quitter le chemin qu'on suivait, et aller faire une course qu'on n'avait pas projetée. ♦ **Milit.** *Faire une pointe,* s'éloigner de sa ligne d'opération. ♦ *Suivre sa pointe,* aller de l'avant dans ses opérations. ♦ **Fig.** et **fam.** *Poursuivre, suivre, pousser sa pointe,* poursuivre une résolution, une idée avec vigueur ou obstination. ♦ Ce qui commence à poindre, à paraître. ♦ *La pointe du jour,* les premiers rayons du jour. ♦ EN POINTE, loc. adv. En forme de pointe. *Barbe en pointe.* ♦ *En pointe de diamant,* se dit d'une pierre terminée par une pyramide quadrangulaire aplatie. ♦ *De pointe,* par la pointe, par le bout pointu. ▪ *Marcher sur la pointe des pieds,* sans faire de bruit. ♦ **Accélération.** *Une pointe de vitesse.* ▪ Moment où un phénomène atteint son intensité maximale. *Les heures de pointe.* ♦ *De pointe,* d'avant-garde. *Une technologie de pointe.* ♦ *Sur la pointe des pieds,* en prenant des précautions. *Un dossier sensible, à traiter sur la pointe des pieds.* ▪ **N. f. pl.** *Les pointes,* ballerines de danse à bout dur permettant de se tenir sur la pointe des pieds, les orteils étant bien tendus. ♦ Crampon de chaussures de sport, permettant de ne pas glisser sur le terrain. *Changer ses pointes régulièrement pour une meilleure adhérence au terrain.*

POINTÉ, ÉE, p. p. de pointer. [pwɛ̃te] **Mus.** *Note pointée.* ♦ **N. m.** *Le pointé,* action de pointer, de diriger un instrument d'optique sur un objet. ▪ *Zéro pointé,* note éliminatoire à un examen.

POINTEMENT, n. m. [pwɛ̃t(ə)mɑ̃] (*pointer*) ▷ Syn. moins usité de pointage. ♦ Action de pointer, apparition à la surface. ▪ Voy. POINTAGE. ◁

1 **POINTER**, v. tr. [pwɛ̃te] (*point*) Porter un coup avec la pointe d'une épée, d'un sabre. ♦ Faire des points avec le pinceau, le burin, la plume. ♦ **Absol.** *Les miniatures se font en pointant.* ♦ Marquer sur une liste, au moyen d'un point ou d'une piqûre d'épingle, les personnes présentes ou absentes. ♦ **Mus.** Augmenter de moitié la valeur d'une note, en faisant suivre cette note d'un point. ♦ **Impr.** Détacher la note, dans l'exécution instrumentale ou vocale. ♦ **Impr.** Placer sur le tympan les feuilles qui sont en retiration, de manière que les pointures entrent exactement dans les trous qu'elles y ont faits lorsqu'on tirait le premier côté. ♦ **Mar.** *Pointer la carte,* porter sur la carte le point que l'on a fait à midi. ♦ Diriger vers un point en mirant. *Pointer une lunette.* ♦ *Pointer une bouche à feu,* donner à son axe une direction et une inclinaison convenables pour que le projectile atteigne un but déterminé. ♦ **Absol. Mar.** *Pointer à démâter,* diriger le canon de manière à briser les mâts. ♦ **V. intr.** S'élever vers le ciel. « *Les bécassines pointent en s'élevant à perte de vue* », BUFFON. ♦ Se cabrer. ♦ En parlant des herbes, des bourgeons, etc. commencer à pousser. ♦ Se pointer, se diriger vers. « *On voyait son esprit se pointer vers l'objet et le pénétrer* », FONTENELLE. ▪ **V. intr.** Commencer à apparaître. *Le soleil pointe.* ▪ Enregistrer son heure d'arrivée ou de départ sur son lieu de travail ; **Par extens.** Être au travail. *Je pointe à 9 heures.* ▪ Au jeu de boules, lancer la boule le plus près possible du cochonnet en la faisant rouler. ▪ **V. pr. Fam.** Arriver. *Il s'est pointé très tard.* ▪ **V. tr.** Contrôler les entrées et sorties du personnel, dans une entreprise. *Une machine à pointer.* ▪ **V. tr.** Diriger quelque chose vers autre chose. *Il a pointé du doigt le coupable* et fig. *Pointer du doigt un sujet douloureux.* ▪ Diriger une arme à feu vers quelqu'un. *Il a pointé son revolver sur moi.*

2 **POINTER**, ▪ v. tr. [pwɛ̃te] (*pointe*) Façonner en pointe. *Pointer une aiguille.* ▪ En boucherie, *pointer un bœuf,* l'égorger. ▪ *Pointer les oreilles,* les dresser en pointes. *Son chien pointe les oreilles au moindre bruit suspect.* ▪ **V. intr.** S'élever à une grande hauteur en formant une pointe. *Les cimes des arbres pointent vers le ciel.* ▪ Présenter une pointe saillante. *Des seins qui pointent sous l'effet du froid.* ▪ Faire une pointe de vitesse.

3 **POINTER** ou **POINTEUR**, ▪ n. m. [pwɛ̃tœr] (angl. *pointer*) Race de chien d'arrêt à poil court qui indique la présence de gibier en s'immobilisant, d'origine anglaise.

POINTEUR, EUSE, n. m. et n. f. [pwɛ̃tœr, øz] (1 *pointer*) Chanoine pointeur, celui qui note les chanoines présents à l'office. ♦ Ouvrier imprimeur qui pointe la feuille sur le tympan. ♦ Celui des servants d'une bouche à feu qui est chargé de la pointer. ▪ Personne qui effectue un pointage. ▪ **Sp.** Personne chargée de relever les résultats d'une épreuve sportive. ▪ Joueur de pétanque qui pointe, par opposition au tireur. ■ N. f. Machine qui sert à pointer les salariés d'une entreprise. ■ N. m. **Inform.** Variable contenant une adresse hexadécimale faisant référence à un espace mémoire d'un ordinateur ; dispositif de pointage utilisé sur les ordinateurs portables permettant de déplacer le curseur sur l'écran, sans avoir besoin de souris ; élément graphique en forme de flèche indiquant l'endroit où se trouve la souris sur l'écran d'un ordinateur.

POINTIL, ■ n. m. [pwɛ̃til] (*pointe*) Voy. PONTIL.

POINTILLAGE, n. m. [pwɛ̃tijaʒ] (*pointiller*) Action de pointiller. ◆ Petits points dans un ouvrage en miniature. ■ **Méd.** Massage léger du bout des doigts.

POINTILLÉ, ÉE, p. p. de pointiller. [pwɛ̃tije] Marqué de petits points. « *Son plumage est blanc, pointillé de noir* », BUFFON. ◆ **Anat.** Se dit de la rougeur phlegmasique ou hémorragique produite par une accumulation de petits points rouges serrés les uns contre les autres. ◆ N. m. **Anat.** *Le pointillé.* ■ N. m. Manière de dessiner, de graver à petits points. ◆ Genre de gravures faites au pointillé. ■ Trait discontinu que l'on dessine en une succession de points équidistants. *Une bordure en pointillé.* ■ **Fig.** *En pointillé,* qui est implicite. *Une idée en pointillé.*

POINTILLER, v. tr. [pwɛ̃tije] (anc. fr. *pointille*, point de détail, de l'ital. *puntiglio*) Marquer avec des points. ◆ ▷ **Fig.** Piquer par paroles. ◁ ◆ V. intr. Faire des points avec le burin, le crayon, le pinceau. ◆ **Fig.** Disputer, contrarier pour des riens. *Pointiller sur une équivoque.* ◆ ▷ Se pointiller, v. pr. Se quereller sur des riens. ◁

POINTILLERIE, n. f. [pwɛ̃tij(ə)ʀi] (anc. fr. *pointille*) ▷ Picoterie, contestation sur des bagatelles. ◁

POINTILLEUX, EUSE, adj. [pwɛ̃tijø, øz] (anc. fr. *pointille*) Qui aime à pointiller, à contester. « *Et le mien et le tien, deux frères pointilleux* », BOILEAU. ◆ Il se dit aussi des choses. *Des arguments pointilleux.* ◆ Qui est susceptible, exigeant. *Un homme pointilleux. Pointilleux sur le cérémonial.*

POINTILLISME, ■ n. m. [pwɛ̃tijism] (*pointiller*) Mouvement pictural issu de l'impressionnisme qui pousse à l'extrême la division des tons en points de couleur. ■ La technique en elle-même. ■ POINTILLISTE, n. m. et n. f. ou adj. [pwɛ̃tijist]

POINTU, UE, adj. [pwɛ̃ty] (*pointe*) Qui a une pointe aiguë ; qui se termine en pointe. *Un bâton pointu par le bout.* ◆ *Chapeau pointu,* chapeau haut de forme, qui va en diminuant. ◆ *Menton pointu, nez pointu,* menton, nez qui est en pointe. ◆ **Fig.** Qui aime à subtiliser, à chercher des difficultés. *Avoir l'esprit pointu.* ◆ N. m. **Très fam.** *Un pointu,* un homme à l'esprit pointu. ◆ Adj. *Style pointu,* celui dans lequel on a toujours l'air de chercher une pointe. ◆ Se dit d'une voix qui ne donne que des sons grêles, et n'a de développement que dans la partie aiguë. ■ Très spécialisé. *Des études très pointues.*

POINTURE, n. f. [pwɛ̃tyʀ] (lat. *punctura*, piqûre) Syn. anc. de piqûre. ■ **Impr.** Petite lame de fer qui porte une pointe, et qui sert à fixer sur le tympan la feuille à imprimer. ◆ Trou qu'elle fait dans le papier. ◆ **Cordonn.** Nombre de points d'une chaussure. ■ **Fam.** Personnage important, très compétent. *Ce gars, c'est une pointure en informatique. Une grosse pointure.*

POIRE, n. f. [pwaʀ] (lat. pop. *pira*, plur. du lat. *pirum*) Fruit à pépins, de forme oblongue et plus grosse à la partie inférieure. ◆ *Entre la poire et le fromage,* au dessert, à la fin du repas, au moment où l'on cause librement. ◆ **Fig.** *Garder une poire pour la soif,* conserver quelque chose pour le besoin. ◆ ▷ **Fig.** *La poire n'est pas mûre,* se dit d'une opportunité qui n'est pas encore venue ◁ *Poire molle,* poire qui se ramollit, qui devient blette. ◆ **Fig.** *Ne pas promettre poires molles,* faire une menaces sévères. ◆ *Poire d'angoisse,* Voy. ANGOISSE. ◆ *Poire à poudre,* espèce de petite bouteille de cuir bouilli, de corne, où l'on met la poudre de chasse. ◆ *Perle en poire,* perle de figure oblongue comme les poires. ◆ Pendant d'oreille en forme de poire. ◆ Taille du diamant en poire à facettes. ◆ *Poire,* visage. ■ **Fam.** Personne naïve. *Quelle poire !* ■ Adj. *Que tu es poire !* ■ N. f. **Fam.** *Se sucer la poire,* s'embrasser. ■ *Poire Belle-Hélène,* poire au sirop servie avec une boule de glace à la vanille nappée de chocolat chaud. ■ *Couper la poire en deux,* partager les avantages et les inconvénients de quelque chose ; transiger. ■ Alcool de poire. *Un verre de poire.* ■ Petit instrument de caoutchouc, en forme de poire, permettant notamment de laver l'intérieur des oreilles ou d'y injecter un produit. ■ Morceau de viande de bœuf très tendre. *Un morceau de poire poêlé.*

POIRÉ, n. m. [pwaʀe] (*poire*) Boisson fermentée faite avec des poires.

POIREAU, n. m. [pwaʀo] (lat. *porrum*, prob. avec infl. de *poire*) Plante potagère. ◆ Excroissance verruqueuse qui se développe spécialement aux mains. ■ Au pl. *Poireaux.* ■ **Fam.** *Être planté comme un poireau, faire le poireau,* attendre pendant un certain temps. *J'ai fait le poireau une heure.* ■ REM. Le terme *porreau* est une variante vieillie, mais il est utilisé en Suisse.

POIREAUTER, ■ v. intr. [pwaʀote] ([*faire le*] *poireau*, p.-ê. par référence à un des anciens sens de *poireau*, sergent de ville en station) **Fam.** Attendre sans bouger. *Je poireaute dans le froid depuis un quart d'heure.*

POIRÉE, n. f. [pwaʀe] (anc. fr. *por*, poireau) Anciennement, mélange de poireaux et autres légumes avec lesquels on faisait un potage. ◆ Aujourd'hui, *poirée* ou *carde poirée,* variété de la bette ordinaire dont on ne mange que la côte.

POIRIER, n. m. [pwaʀje] (*poire*) Arbre de la famille des rosacées, qui porte des poires. ■ Bois de cet arbre. *Un meuble en poirier.* ■ **Fig.** *Faire le poirier,* se mettre en équilibre à la verticale sur la tête.

POIS, n. m. [pwa] (lat. *pisum*, gr. *pisos, pison*) Légume de forme ronde. ◆ On dit aussi *petits pois, pois verts.* ◆ ▷ *Je lui rendrai pois pour fève,* s'il me fait de la peine, je lui rendrai la pareille et même davantage. ◁ ◆ ▷ *Donner un pois pour avoir une fève,* donner quelque chose à l'effet d'obtenir davantage. ◁ ◆ *Pois sans cosse, pois goulus, pois mange-tout,* pois dont la cosse est tendre et se mange. ◆ Plante qui porte les pois. ◆ ▷ **Fig.** *La fleur des pois,* se dit de personnes remarquables par leur élégance, leur position, leur agrément, etc. ◁ ◆ *Pois chiche,* plante annuelle très cultivée dans les parties méridionales de l'Europe, en Asie et en Afrique. ◆ *Pois de senteur,* pois à fleur, plante grimpante dont la fleur est très odorante. ◆ *Pois à cautère* ou *pois de cautère,* petites boules d'iris qu'on met dans les cautères pour en entretenir la suppuration. ■ Petit rond de couleur différente de celle du fond. *Un tissu à pois.* ■ *Petit pois* ou *petit-pois,* petite graine de couleur verte provenant du pois potager. *Des petits pois en conserve.* ◆ *Pois cassés,* pois verts cassés en deux. *Une purée de pois cassés.* ■ *Purée de pois,* brouillard épais. ■ **Fig.** Verrue. ■ **Fam.** *Avoir un pois chiche dans la tête,* être stupide.

POISCAILLE, ■ n. f. ou n. m. [pwaskaj] (anc. fr. *peschaille,* ce qu'on prend à la pêche, de *peschier*) **Fam.** Poisson. *Une odeur de poiscaille.*

POISE, ■ n. f. [pwaz] (apocope de J.-L. *Poiseuille,* 1799-1869, médecin et physicien français) **Métrol.** Ancienne mesure de la viscosité dont la valeur est égale à la force requise pour déplacer un plan parallèle d'un centimètre carré par seconde quand les deux surfaces sont séparées par une couche de fluide d'un centimètre d'épaisseur (symbole Po).

POISEUILLE, ■ n. m. [pwazœj] (J.-L. *Poiseuille*) **Métrol.** Ancienne unité de viscosité dynamique, autre appellation du pascal-seconde (symbole Pl).

POISON, n. m. [pwazɔ̃] (lat. *potio,* action de boire, boisson, potion philtre) Nom générique de toutes les substances qui, introduites dans l'économie animale, agissent d'une manière assez nuisible sur le tissu des organes pour compromettre la vie ou déterminer très promptement la mort. ◆ Crime d'empoisonnement. *Accusation de poison.* ◆ **Par exagération** Breuvage, nourriture de mauvaise qualité. ◆ **Fig.** Maxime pernicieuse, discours, écrit corrupteur. « *Il répand tant de poison dans ses discours* », BOSSUET. ◆ *Le poison de l'hérésie,* les dogmes des hérétiques. ◆ **Fig.** Tout ce qui trouble la raison, agite le cœur. « *L'orgueil est un poison pénétrant et subtil qui se glisse insensiblement dans l'âme des grands* », FLÉCHIER. « *Craignez le poison flatteur de ses louanges* », FÉNELON. ■ N. m. et n. f. Personne acariâtre ou insupportable (souvent en parlant d'un enfant). *Quel poison, cet enfant !* ■ N. m. Ce qui est ennuyeux. *Quel poison !*

POISSARD, ARDE, adj. [pwasaʀ, aʀd] (selon le sens, *poix,* litt. qui a les mains enduites de *poix,* voleur, avec infl. de *poisson,* ou *poisse*) Qui imite le langage et les mœurs du plus bas peuple. *Chanson poissarde.* ◆ ▷ N. f. Femme qui a des manières hardies, un langage grossier. ◁ ◆ Femme de la halle. ◁ ■ N. m. et n. f. **Fam.** Malchanceux, malchanceuse en permanence. *Dans la vie, il y a les veinards, et il y a les poissards.*

POISSE, ■ n. f. [pwas] (*poisser*) **Fam.** Malchance. *Celui-là décidément, il me porte la poisse !* ■ *Porter la poisse,* porter malheur. *À chaque fois qu'on se voit, il me porte la poisse.*

POISSÉ, ÉE, p. p. de poisser. [pwase] *Vin poissé,* qui contient de la résine de pin.

POISSEMENT, n. m. [pwas(ə)mɑ̃] (*poisser*) ▷ Action de poisser ; résultat de cette action. ◁

POISSER, v. tr. [pwase] (*poix*) Enduire de poix. *Poisser du fil.* ◆ Salir avec quelque chose de gluant. *Je me suis poissé les doigts avec des confitures.* ■ **Fam.** Attraper. *Se faire poisser par la police.* ■ V. intr. *Ça poisse !*

POISSEUX, EUSE, adj. [pwasø, øz] (*poix*) Qui poisse, qui est enduit de poix. *Avoir les mains poisseuses.* ■ Sali par quelque chose de gluant. *Des couverts poisseux.*

1 POISSON, n. m. [pwasɔ̃] (anc. fr. *peis, pois,* du lat. *piscis*) Animal vertébré qui naît et vit dans l'eau. ◆ *Être muet, rester muet comme un poisson,* rester interdit, et aussi garder un silence absolu. ◆ **Fig.** *Être comme le poisson dans l'eau,* être à son aise en quelque lieu. ◆ *Être comme le poisson hors de l'eau,* être hors du lieu où l'on voudrait être. ◆ *Il avalerait la mer et les poissons,* se dit d'un homme qui a grande soif, et aussi d'un homme qui mange beaucoup. ◆ **Fam.** *Cet homme est moitié chair, moitié poisson, il n'est ni chair ni poisson,* on a peine à dire de quelles mœurs, de quel naturel il est, ce qu'il veut, ce qu'il ne veut pas. ◆ *Poisson blanc,* dénomination qui sert à désigner des espèces dont la chair pâle a peu de goût. ◆ *Poisson rouge,* cyprin doré ou dorade de la Chine. ◆ *Poisson volant,* l'exocet. ◆ *Poisson fleur,* les méduses et les actinies. ◆ *Poisson d'avril,* le maquereau. ◆ **Pop.** *Un poisson d'avril,* attrape qui consiste à faire courir quelqu'un sous de faux prétextes le premier jour d'avril. ◆ **N. m. pl.** *Les Poissons* (avec une majuscule), l'un des signes du zodiaque. ◆ **Prov.** *Les gros poissons mangent les petits,* les puissants oppriment les faibles. ◆ *La sauce vaut mieux que le poisson,* l'accessoire vaut mieux que le principal. ◆ *La sauce fait manger le poisson,* se dit de quelque chose de peu agréable que les circonstances accessoires font passer. ■ **Collect.** *Manger du poisson. Pêcher du poisson. Marchand de poisson.* ■ *Être comme un poisson dans l'eau,* être très à l'aise. ■ *Nager comme un poisson,* nager très bien. ■ *Parler, engueuler* (vulg.), *traiter (quelqu'un) comme du poisson pourri,* injurier quelqu'un. *Il me traite comme du poisson pourri.* **Fig.** *Noyer le poisson,* tenter d'embrouiller un interlocuteur en obscurcissant volontairement une situation, un acte, etc. ■ *Un gros poisson,* une personne influente et importante. ■ **Prov.** *Petit poisson deviendra grand,* se dit d'une personne ou d'une chose qui va évoluer. ■ *Queue de poisson,* fait de se rabattre brusquement devant un autre véhicule après l'avoir dépassé. *Faire une queue de poisson à quelqu'un.* ■ **Fig.** *Finir en queue de poisson,* finir sans conclusion satisfaisante ; échouer de façon progressive. *Cette histoire finit en queue de poisson.*

2 POISSON, n. m. [pwasɔ̃] (altération de l'a. et moy. fr. *poçon, posson,* pot, puis mesure pour liquides.) ▷ Petite mesure de liquides, la moitié d'un demi-setier. ◁

POISSONNAILLE, n. f. [pwasɔnaj] (*poisson*) Petit poisson, fretin.

POISSONNERIE, n. f. [pwasɔn(ə)ʀi] (*poisson*) Lieu où l'on vend le poisson. ■ Lieu où l'on vend les produits de la mer comme les poissons, les fruits de mer, etc.

POISSONNEUX, EUSE, adj. [pwasɔnø, øz] (*poisson*) Qui abonde en poisson. *Étang poissonneux. Des côtes poissonneuses.*

POISSONNIER, IÈRE, n. m. et n. f. [pwasɔnje, jɛʀ] (*poisson*) Celui, celle qui vend du poisson.

POISSONNIÈRE, n. f. [pwasɔnjɛʀ] (*poisson*) Ustensile de forme oblongue qui sert à faire cuire le poisson.

POITEVIN, INE, ■ adj. [pwat(ə)vɛ̃, in] (*Poitou,* région française) Relatif au Poitou ou à la ville de Poitiers. *Le marais poitevin.* ■ **N. m. et n. f.** Originaire du Poitou ou de la ville de Poitiers ; habitant du Poitou ou de la ville de Poitiers. *Les Poitevines.* ■ **N. m.** *Le poitevin,* langue d'oïl parlée dans le Poitou.

POITRAIL, n. m. [pwatʀaj] (lat. impér. *pectorale,* cuirasse, lat. médiév. attelle de cheval, de *pectus,* génit. *pectoris,* poitrine) Chez le cheval, région antérieure de la poitrine. ◆ Partie du harnais qui se met sur le poitrail du cheval. ◆ **Fig.** Grosse poutre qui sert à soutenir un mur de face, ou un pan de bois. ◆ Au pl. *Des poitrails.* ■ **Fam.** Torse de quelqu'un. *Découvrir son poitrail.*

POITRINAIRE, adj. [pwatʀinɛʀ] (*poitrine*) ▷ Qui a la poitrine attaquée. ◆ **N. m. et n. f.** Celui, celle qui est poitrinaire. ◁

POITRINE, n. f. [pwatʀin] (lat. *pectorinus,* du *pectus,* génit. *pectoris*) Partie du corps qui contient les poumons et le cœur. ◆ Les organes qui dans la poitrine servent à la respiration. *Une maladie de poitrine.* ◆ ▷ *Une poitrine faible,* poitrine disposée aux rhumes, aux fluxions, aux tubercules, etc. ◁ ◆ Voix. *Cet acteur a une bonne poitrine. Voix de poitrine,* voix. **VOIX. Bouch.** *Poitrine de bœuf, poitrine de veau, de mouton,* la partie des côtes rattachées par le sternum. ■ *Tour de poitrine,* mesure du tour de la poitrine à l'endroit le plus large. ■ *Se frapper la poitrine,* se repentir. ■ Les seins d'une femme. *Une belle poitrine.*

POITRINIÈRE, ■ n. f. [pwatʀinjɛʀ] (*poitrine*) **Techn.** Pièce de harnais que l'on place sur le poitrail du cheval. *Une poitrinière amovible.* ■ Sorte de tablier rigide utilisé pour protéger la poitrine de certains ouvriers ou artisans. ■ Pièce transversale du métier à tisser.

POIVRADE, n. f. [pwavʀad] (*poivre*) *Manger des artichauts à la poivrade,* les manger crus avec du poivre et du sel. ◆ **Par extens.** Sauce faite avec du poivre, du sel, de l'huile et du vinaigre. ■ En appos. *Des artichauts poivrade.*

POIVRE, n. m. [pwavʀ] (lat. *piper,* du gr. *peperi,* d'orig. orient.) Fruit de diverses plantes du genre *piper,* qui croissent dans les pays chauds ; il sert d'épice. ◆ **Fig.** *Moudre du poivre,* avancer péniblement une marche. ◆ *Poivre long,* fruit du *piper longum,* cueilli avant sa maturité et desséché. ◆ *Poivre de Guinée, poivre d'Inde,* piment. ◆ *Poivre d'eau,* nom de la renouée âcre, dite aussi *persicaire âcre.* ■ *Poivre gris, poivre noir,* poivre qui possède encore son enveloppe. ■ *Steak au poivre,* que l'on recouvre de

poivre concassé. ■ **Adj.** *Poivre et sel,* se dit d'une chevelure foncée mêlée de cheveux blancs. *Des cheveux poivre et sel.*

POIVRÉ, ÉE, p. p. de poivrer. [pwavʀe] **Fig.** Assaisonné comme avec du poivre. « *Avez-vous lu l'ouvrage? cela est poivré* », VOLTAIRE. ◆ ▷ **Pop.** *Cela est poivré,* cela est trop cher. ◁ ■ **Adj.** Assaisonné de poivre. *Un plat poivré.* ■ **Par extens.** Qui rappelle le goût du poivre. *De la menthe poivrée.* ■ **Fig.** Grossier. *Une histoire poivrée.*

POIVRER, v. tr. [pwavʀe] (*poivre*) Assaisonner de poivre. ◆ ▷ **Fig. et pop.** Faire payer trop cher. *On l'a poivré dans ce magasin.* ◁ ■ **V. pr. Fam.** Se poivrer, S'enivrer. *Ils s'étaient poivrés.*

POIVRIER, n. m. [pwavʀije] (*poivre*) Genre de la famille des pipéracées. ◆ Arbrisseau qui porte le poivre. ◆ Petit vase à poivre. ■ Petit récipient de table fermé, dont le bouchon est perforé de petits trous et permettant d'écouler le poivre moulu. *Le poivrier et la salière.*

POIVRIÈRE, n. f. [pwavʀijɛʀ] (*poivre*) Boîte à divers compartiments où l'on met du poivre, de la muscade, etc. ◆ Ustensile de table en forme de salière, dans lequel on sert le poivre. ◆ Petit vase de forme cylindrique fermé par un couvercle conique, percé, à son sommet, d'un petit trou, et que l'on secoue pour poivrer. ◆ Lieu planté en poivrier. ◆ *Tour en poivrière,* tour ronde surmontée d'un toit en cône.

POIVRON, ■ n. m. [pwavʀɔ̃] (*poivre*) Fruit de la famille du piment, mais à saveur douce, plus gros et rond, de couleur naturellement verte, jaune ou rouge selon sa maturité, et souvent utilisé en salade. *Faire griller des poivrons pour les peler.* ■ Plant qui produit ce fruit.

POIVROT, OTE, ■ n. m. et n. f. [pwavʀo, ɔt] (*se poivrer*) **Fam.** Ivrogne, alcoolique. *Avoir un nez rouge de poivrot.*

POIX, n. f. [pwa] (lat. *pix, picis,* du gr. *pissa*) Suc résineux tiré du pin ou du sapin. ■ *Cela tient comme poix,* se dit d'une chose qui tient fortement à quelque autre. ■ *Poix-résine,* la résine de la térébenthine. ◆ *Poix minérale,* le pissasphalte. ◆ *Poix de Judée,* l'asphalte.

POKER, ■ n. m. [pokɛʀ] (mot angl., prob. de *to poke,* frapper, battre.) Jeu de cartes d'origine américaine, dans lequel on mise habituellement de l'argent. ■ **Par extens.** *Partie de poker,* action où entrent en jeu des données incontrôlables, et à l'issue imprévisible. ■ *Coup de poker,* acte ponctuel risqué.

POLACK, ■ n. m. [polak] (var. de *polaque*) Voy. POLAQUE.

POLACRE, n. f. [polakʀ] (prob. ital. *polacca*) ▷ Navire de la Méditerranée qui a de l'analogie avec la pinque. ■ **REM.** On disait aussi *polaque* autrefois. ◁

POLAIRE, adj. [polɛʀ] (lat. médiév. *polaris,* près d'un pôle) Qui appartient aux pôles, qui est près des pôles. *Les zones polaires.* ◆ *Étoile polaire* ou n. f. *la polaire,* la dernière des étoiles formant la queue de la Petite Ourse. ◆ *Cercles polaires,* nom de deux petits cercles de la sphère, parallèles à l'équateur, à 23° 27' 57" de distance des pôles du monde, l'un au nord, l'autre au sud de l'équateur. ◆ *Mer Polaire,* partie de l'océan Glacial au nord de l'Amérique septentrionale. ■ *Laine polaire,* fibre synthétique légère et très isolante. ■ **N. f.** Vêtement en laine polaire. ■ **Adj.** *Étoile Polaire* ou n. f. *la Polaire,* l'étoile qui indique le nord. ■ **Adj.** *Un froid polaire,* un très grand froid. ■ Relatif à un pôle. *Globule polaire. Une droite polaire.* **N. f.** *La polaire d'un point.* ■ Relatif aux pôles magnétiques. *Puissance polaire de l'aimant.*

1 POLAQUE ou **POLACK,** n. m. [polak] (pol. *polak,* polonais, abrév. de *Polánin*) Cavalier polonais. ◆ **N. f.** *La polaque,* air de danse, appelé aussi *polonaise.* ◆ *Habit à la polacre,* habit dont les deux devants, se croisant, s'attachaient vers les épaules par deux rangs de boutons. ■ **Fam. et péj.** Polonais.

2 POLAQUE, n. f. [polak] (var. de *polacre*) Voy. POLACRE.

1 POLAR, ■ n. m. [polaʀ] (abrév. de *policier*) **Fam.** Roman ou, plus rare aujourd'hui, film policier. *Lire des polars dans le métro.*

2 POLAR ou **POLARD, ARDE,** ■ n. m. et n. f. [polaʀ, aʀd] (*polarisé*) **Péj.** Élève travailleur ne s'intéressant à rien d'autre qu'à ses études. ■ **REM.** La graphie *polar* n'atteste pas de forme féminine.

POLARI..., ■ [polaʀi] Préfixe, du gr. *polein,* tourner, d'après *polaire.*

POLARIMÈTRE, n. m. [polaʀimɛtʀ] (*polari-* et *-mètre*) **Phys.** Appareil destiné à déterminer si un corps dévie le plan de polarisation à droite ou à gauche, et de combien de degrés il le fait tourner. ■ POLARIMÉTRIE, n. f. [polaʀimetʀi]

POLARISABLE, ■ adj. [polaʀizabl] (*polariser*) **Phys.** Qui peut être polarisé. *Un acide polarisable.*

POLARISANT, ANTE, adj. [polaʀizɑ̃, ɑ̃t] (*polariser*) **Phys.** Qui est susceptible de polariser.

POLARISATEUR, TRICE, adj. [polaʀizatœʀ, tʀis] (*polariser*) Qui polarise. *Appareil polarisateur.*

POLARISATION, n. f. [polaʁizasjɔ̃] (*polariser*) Modification particulière des rayons lumineux, en vertu de laquelle, une fois réfléchis ou réfractés, ils deviennent incapables de se réfléchir ou de se réfracter de nouveau dans certaines directions. ■ **Électr.** Séparation à deux pôles des charges + et - dans un même corps. ■ **Fig.** Fait de se concentrer autour d'un point.

POLARISCOPE, n. m. [polaʁiskɔp] (*polari-* et *-scope*) Syn. de polarimètre.

POLARISÉ, ÉE, p. p. de polariser. [polaʁize] *Lumière polarisée.*

POLARISER, v. tr. [polaʁize] (*polaire*, d'après le lat. *polaris*) **Phys.** Faire prendre aux rayons lumineux la disposition appelée *polarisation*. ◆ Se polariser, v. pr. Être polarisé. ◆ **Chim.** Se dit des particules qui, soumises à l'action de la pile galvanique, se décomposent et se portent aux pôles de la pile. ■ V. tr. Concentrer, attirer. *Polariser l'attention.* ■ V. pr. Se polariser sur un point.

POLARISEUR, ■ adj. [polaʁizœʁ] (*polariser*) **Phys.** Qui polarise la lumière. *Un filtre polariseur.* ■ **N. m.** Miroir capable de polariser la lumière.

POLARITÉ, n. f. [polaʁite] (*polaire*, d'après l'angl. *polarity*) **Phys.** Propriété qu'a l'aimant ou l'aiguille aimantée de se diriger vers un point fixe de l'horizon. ◆ **Mar.** Propriété qu'ont les masses de fer existantes à bord d'agir sur les boussoles et d'en altérer la direction. ◆ État d'un corps ou d'un appareil dans lequel il s'est manifesté deux pôles opposés. ■ **Biol.** Particularité d'une cellule à posséder deux pôles fonctionnels.

POLAROGRAPHIE, ■ n. f. [polaʁɔgʁafi] (*polaro-* et *-graphie*) **Phys.** Analyse des métaux permettant la mesure de la tension de polarisation au cours de l'électrolyse. *Les applications de la polarographie peuvent être extrêmement variées, aussi bien dans le domaine de l'analyse minérale que dans celui de l'analyse organique.*

POLAROÏD ou **POLAROID**, ■ n. m. [polaʁoid] (nom déposé ; angl. *to polarize*, polariser) **Opt.** Feuille transparente qui peut polariser la lumière. ■ Appareil photo à développement instantané utilisant ce même principe. ■ **Par extens.** Photo de ce type. *Faire des polaroïds.*

POLDER, n. m. [pɔldɛʁ] (*er* se prononce *ère*. Mot néerl.) Sorte de marais conquis sur la mer et protégé par des digues.

POLDÉRISER, ■ v. tr. [pɔldeʁize] (*polder*) Transformer une région en polder. *Poldériser des terres à des fins agricoles.* ■ **POLDÉRISATION**, n. f. [pɔldeʁizasjɔ̃]

PÔLE, n. m. [pol] (lat. *polus*, du gr. *polos*, de *polein*, tourner) Chacune des deux extrémités de l'axe rationnel autour duquel la sphère céleste semble se mouvoir en vingt-quatre heures. ◆ *Sous les pôles*, dans les régions polaires. ◆ **Absol.** *Sous le pôle*, dans les régions boréales. ◆ Dans la mythologie, *les pôles*, l'axe qui porte le monde. « *Jupiter leur parut avec ses noirs sourcils Qui font trembler les cieux sur leurs pôles assis* », La Fontaine. ◆ Les deux extrémités de l'axe de la Terre qui rejoignent aux deux pôles du ciel. *Pôle arctique* ou *boréal. Pôle antarctique* ou *austral.* ◆ **Absol.** *Le pôle*, le pôle septentrional. ◆ *Hauteur* ou *élévation du pôle*, l'arc du méridien compris entre le pôle et l'horizon du lieu où l'on est. ◆ *De l'un à l'autre pôle*, par toute la Terre. ◆ Ce qui dirige, fixe, comme but ou pôle. « *Le gouvernement et la religion, ces deux pôles de la vie humaine* », Voltaire. ◆ Chacune des deux extrémités de l'axe rationnel autour duquel tourne un corps sphérique ou elliptique. ◆ **Géom.** Point placé par rapport à une circonférence quelconque comme l'est le pôle du globe relativement à l'équateur. ◆ *Pôles de l'aimant*, points par lesquels il attire ou repousse le fer et l'acier. ◆ Se dit des deux extrémités de la pile galvanique, désignées sous les noms de *pôle positif* et de *pôle négatif.* ■ **Rem.** Le *Pôle arctique* ou *boréal* est appelé communément le *Pôle Nord*, et le *Pôle antarctique* ou *austral* correspond au *Pôle Sud.* ◆ **Fig.** Se dit de deux notions ou points opposés. *Les pôles du bien et du mal.* ◆ *Pôle magnétique*, région du globe terrestre où l'inclinaison magnétique est la plus forte. ◆ **Fig.** Ce qui attire l'attention, centre d'intérêt, centre d'activité. *Pôle d'attraction. Pôle de développement.* ■ **Géom.** Point fixe qui joue un rôle spécifique dans une transformation en géométrie. *Pôle d'inversion.* ■ **Anat.** Partie la plus éminente de chacun des deux côtés opposés d'un organe. *Pôle antérieur et postérieur de l'œil.* ■ **Méd.** *Pôle germinatif*, partie de l'œuf embryonnaire où commence la segmentation. ■ **Méd.** *Pôle végétatif*, pôle de l'œuf embryonnaire qui s'oppose au pôle animal.

POLÉMARQUE, n. m. [polemaʁk] (gr. *polemarkhos*) Chez les anciens Grecs, commandant d'armée. ◆ À Athènes, le *polémarque* ou troisième archonte n'était point général, il était plutôt ministre de la guerre, et en avait l'administration.

POLÉMIQUE, adj. [polemik] (gr. *polemikos*, relatif à la guerre) Qui appartient à la dispute par écrit. *Un écrivain polémique. Le genre polémique.* ◆ *Ouvrage polémique*, ceux qui se font dans les disputes littéraires, pour soutenir une opinion contre une autre. ◆ **N. f.** *La polémique*, dispute par écrit. ■ Controverse qui peut être menée oralement.

POLÉMIQUER, ■ v. intr. [polemike] (*polémique*) Débattre avec plus ou moins d'agressivité.

POLÉMISTE, n. m. et n. f. [polemist] (*polémique*) Personne qui fait de la polémique.

POLÉMOLOGIE, ■ n. f. [polemoloʒi] (gr. *polemos*, guerre, et *-logie*) Étude scientifique des guerres réalisée dans une perspective psychologique et sociologique. *La polémologie a été fondée par Gaston Bouthoul.* ■ **POLÉMOLOGIQUE**, adj. [polemoloʒik] ■ **POLÉMOLOGUE**, n. m. et n. f. [polemolog]

POLENTA, n. f. [polɛnta] (ital. *polenta*) Bouillie de farine d'orge. ■ Bouillie de farine de maïs ou de farine de châtaignes. ■ **Rem.** On prononçait autrefois [polɛ̃ta] en faisant entendre *in.* ■ **Rem.** On disait aussi *polente* autrefois.

POLE POSITION ou **POLE-POSITION**, ■ n. f. [polpozisjɔ̃] (mot angl., position de tête) **Sp.** Meilleure place de départ pour un coureur automobile, qui a réalisé le meilleur temps aux essais, et qui se trouve en principe à la corde en première ligne. *Se placer en pole position. Coureur qui obtient deux pole positions, deux pole-positions.*

POLI, IE, p. p. de polir et adj. [poli] Dont le poil est luisant. « *Un dogue aussi puissant que beau, Gras, poli* », La Fontaine. ◆ **Fig.** Qui a reçu une culture intellectuelle et morale. « *Le peuple le plus social et le plus poli de la terre* », Voltaire. ◆ Élégant, par opposition à rude, sauvage. *Nos vices polis.* ◆ **Fig.** Observant avec attention toutes les convenances de la société. *Un homme poli.* ◆ Il se dit aussi des choses. *Des manières polies.* ◆ **N. m.** Lustre, éclat d'une chose qui a été polie. *Le poli du marbre.* ◆ Dernière façon donnée aux glaces. *Poli glaciaire*, aspect éclatant et lisse d'une roche dû au frottement des glaciers. ■ **Adj.** *Trop poli pour être honnête*, dont la courtoisie excessive dissimule des intentions déloyales.

1 POLICE, n. f. [polis] (lat. tard. *politia*, du gr. *polis*, cité) ▷ Organisation politique. « *Des peuples sauvages qui vivaient sans loi, sans police* », Massillon. ◁ ◆ Ordre, règlement établi dans un État, dans une ville, pour tout ce qui regarde la sûreté et la commodité des citoyens. ◆ L'administration qui exerce la police. *Un préfet de police.* ◆ ▷ *Haute police*, l'ensemble des moyens employés, les dispositions prises ou à prendre dans l'intérêt de l'État et de la sécurité des citoyens. ◁ ◆ *Être sous la surveillance de la police*, se dit de ceux qui, par suite d'un jugement, peuvent disposer de leur personne sans l'autorisation de la police. ◆ *Lieutenant de police*, nom du magistrat qui présidait à la police de la ville de Paris. ◆ *Police correctionnelle*, tribunal connaissant des délits qui sont plus graves que les contraventions à la police ordinaire. ◆ *Tribunal de police, de simple police*, tribunal qui connaît des infractions aux règlements de police. ◆ L'ordre et le règlement établis dans une assemblée, dans une société. ◆ *Faire la police*, faire régner l'ordre, la sûreté. **Fig.** Régenter. ◆ *Police médicale* ou *sanitaire*, tout ce qui se rapporte à la conservation de la santé dans les villes et durant les épidémies. ◆ *Bonnet de police*, Voy. bonnet. ◆ *Salle de police*, Voy. salle. ■ *Police municipale*, ensemble des dispositions prises pour assurer la sécurité et la salubrité publiques, et appliquées par des forces de police dans la circonscription d'une commune. ■ *Police rurale*, ensemble des mesures appliquées dans les campagnes, qui permettent d'assurer la salubrité et la sécurité publique, notamment en vue de protéger les récoltes et de surveiller les animaux. ■ *Police administrative*, ensemble des règlements établis pour assurer le maintien et le rétablissement de l'ordre public par des mesures préventives. ■ *Police judiciaire (PJ)*, institution chargée de rechercher, constater et réprimer les infractions à la loi pénale. ■ *Police scientifique*, organe de police qui vise à élucider des affaires en utilisant des techniques modernes de contrôle et d'investigation. *La police scientifique a entrepris des analyses ADN pour tenter d'identifier l'assassin.* ■ *Police de la route*, corps de police s'occupant de la circulation routière. ■ *Police secours*, organisation de police mise en place dans les grandes villes et chargée d'assurer l'arrivée rapide de policiers dans des cas d'urgence. *Appeler Police secours.* ■ **Fam.** La *police des polices*, l'inspection générale des services de la police (l'IGS).

2 POLICE, n. f. [polis] (ital. *polizza*, du gr. byz. *apodeixis*, quittance) Contrat par lequel on s'engage à indemniser quelqu'un de certaines pertes. *Police d'assurance.* ◆ **Mar.** *Police de chargement*, connaissement. ◆ **Typogr.** *Police d'un caractère*, l'assortiment des différentes sortes dont il est composé : lettres, chiffres, points, virgules, etc.

POLICÉ, ÉE, p. p. de policer. [polise] *L'homme policé.* ■ **Litt.** Qui s'est éloigné de la sauvagerie, qui est civilisé, raffiné. *La société policée.*

POLICEMAN, ■ n. m. [polis(ə)man] (mot angl., de *police* et *man*, homme) Agent de police, dans les pays britanniques. *Des policemans* ou *des policemen* (pluriel anglais).

POLICER, v. tr. [polise] (1 *police*) Adoucir les mœurs par la police ou civilisation. « *Pierre le Grand policait ses peuples, et il était sauvage* », Voltaire. ◆ Se policer, v. pr. Devenir policé.

POLICHINELLE, n. m. [poliʃinɛl] (napol. *pulecenella*, nom d'un personnage de la commedia dell'arte, du lat. tard. *pullicenus*, jeune poulet) Personnage des farces napolitaines représentant un paysan balourd qui dit de bonnes vérités. ♦ *Le secret de Polichinelle*, chose qu'on croit secrète et qui, dans le fait, est sue de tout le monde. ♦ Marionnette de bois bossue par devant et par derrière (avec un p minuscule). ♦ **Fig.** « *Ce monde est une grande foire où chaque polichinelle cherche à s'attirer la foule* », VOLTAIRE. ♦ *Voix de polichinelle*, voix chevrotante et aiguë. ♦ Celui qui est déguisé en polichinelle. ■ **Fam.** Personnage sans conséquence et ridicule. ♦ *C'est un vrai polichinelle*, se dit d'un ridicule bouffon de société. ♦ **N. f.** *La polichinelle*, sorte de danse bouffonne. ■ **N. m. Par anal.** et **pop.** Bébé, jeune enfant. ■ **Très fam.** *Avoir un polichinelle dans le tiroir*, être enceinte.

POLICIER, IÈRE, adj. [polisje, jɛʁ] (1 *police*) Qui appartient à la police d'une ville. *Un régime policier.* ♦ **N. m. et f. Fam.** et **péj.** *Policier, policière*, personne attachée à la police. ■ *Roman, film policier*, dont l'intrigue est fondée sur une affaire criminelle. ■ **N. m. et n. f.** Personne qui travaille dans un service de police. ■ *Chien policier*, chien dressé pour aider la police dans ses enquêtes. *Le chien policier dressé pour la recherche de drogue dans les bagages.*

POLICLINIQUE, ■ n. f. [poliklinik] (gr. *polis*, ville, et *clinique*) Établissement ou service d'un hôpital dans lequel sont soignés des malades qui n'ont pas besoin d'être hospitalisés. ■ Clinique dont les frais sont assurés par la commune. ■ **REM.** La *polyclinique* (grec *poly*, beaucoup) se distingue de la *policlinique* dans la mesure où elle rassemble différents services spécialisés où sont hospitalisés les malades.

POLICOLOGIE, ■ n. f. [polikɔlɔʒi] (1 *police* et -*logie*) Science dont l'objet d'étude est l'organisation et le fonctionnement de la police.

1 **POLIMENT**, n. m. [polimɑ̃] (*polir*) Action de polir ; état de ce qui est poli. *Le poliment du diamant, de l'acier, etc.*

2 **POLIMENT**, adv. [polimɑ̃] (*poli*) D'une manière polie, civile. *Refuser poliment.* ♦ ▷ Avec correction. « *Écrire poliment* », BOILEAU. ◁

POLIO, ■ n. m. et n. f. [poljo] (abrév. de *poliomyélite*) **Fam.** Personne souffrant de poliomyélite. ■ **N. f. Fam.** Poliomyélite. *Il a eu la polio quand il était enfant.*

POLIOMYÉLITE, ■ n. f. [poljomjelit] (gr. *polios*, gris, et *muelos*, moelle) Maladie infectieuse virale touchant la substance grise de la moelle épinière, entraînant des paralysies, des déformations des membres, de la hanche, et évitable depuis 1954 grâce à un vaccin préventif. ■ **Abrév.** Polio.

POLIOMYÉLITIQUE, ■ adj. [poljomjelitik] (*poliomyélite*) Qui se rapporte à la poliomyélite. *Symptômes poliomyélitiques.* ■ **N. m. et n. f.** Personne souffrant de poliomyélite.

POLIORCÉTIQUE, adj. [poljɔʁsetik] (gr. *poliorkêtikos*) **Antiq.** Qui appartient à l'art de faire les sièges. ■ **N. f.** *La poliorcétique*, l'art de faire les sièges.

POLIR, v. tr. [poliʁ] (lat. *polire*, égaliser, aplanir) Rendre uni et luisant à force de frotter. « *On polit l'émeraude, on taille le rubis* », BOILEAU. ♦ **Fig.** Orner l'esprit, adoucir les mœurs. ♦ Il se dit aussi de la langue. « *Il se peut que les Arabes aient poli leur langue* », DIDEROT. ♦ Rendre civil, donner les manières de la politesse. ♦ **Fig.** Mettre la dernière main à un ouvrage d'esprit. ■ *Se polir*, v. pr. Devenir uni, luisant. ♦ Se rendre à soi-même le poil luisant. « *Les écureuils se peignent et se polissent avec les mains et les dents* », BUFFON. ♦ Se dit des mœurs qui s'adoucissent et des esprits qui s'ornent. *Une langue s'appauvrit en se polissant.* « *On voit les lois s'établir, les mœurs se polir* », BOSSUET.

POLISSABLE, adj. [polisabl] (*polir*) Qui est susceptible de recevoir le poli.

POLISSAGE, n. m. [polisaʒ] (*polir*) Action de polir, de donner du poli.

POLISSEUR, EUSE, n. m. et n. f. [polisœʁ, øz] (*polir*) Celui, celle qui polit. *Polisseur de glaces, d'argenterie, etc.*

POLISSEUSE, ■ n. f. [polisøz] (*polisseur*) Machine permettant de polir. *Une polisseuse de pierres précieuses, de marbre.*

POLISSOIR, n. m. [poliswaʁ] (*polir*) Instrument pour polir. ■ **Préhist.** Instrument de pierre dure utilisé pour polir un outil de pierre taillée.

POLISSOIRE, n. f. [poliswaʁ] (*polir*) Sorte de décrottoire douce. ♦ Meule de bois qui sert à polir les outils émoulus. ■ Brosse destinée à reluire les chaussures.

POLISSON, ONNE, n. m. et n. f. [polisɔ̃, ɔn] (*polisse*, dérivé de *polir*, voler) Petit enfant mal tenu, qui vagabonde et s'amuse à jouer dans les rues et les places publiques. ♦ Enfant dissipé, jeune drôle. ♦ Homme qui a l'habitude de faire ou de dire des bouffonneries. ■ **Adj.** *Il est trop polisson pour son âge.* ♦ Homme sans considération et sans mérite. ■ **Fam.** Celui qui dit ou fait des choses trop libres. ■ **Adj.** Licencieux. *Aventure polissonne.*

POLISSONNER, v. intr. [polisɔne] (*polisson*) Faire le polisson, vagabonder, jouer dans les rues, la campagne, en parlant d'enfants. ■ **REM.** Il est vieux auj.

POLISSONNERIE, ■ n. f. [polisɔn(ə)ʁi] (*polisson*) Action de vagabonder. ♦ Acte, parole, tour de polisson. ♦ Acte de drôle. ■ **REM.** Il est vieux auj.

POLISSURE, n. f. [polisyʁ] (*polir*) Résultat de l'action de polir. « *L'arme est d'une polissure admirable* », LA BRUYÈRE. ■ **Fig.** « *Nous achetons d'un précepteur la polissure de notre esprit* », MALHERBE. ■ **REM.** Il est vieux ou litt. auj.

POLISTE, ■ n. m. ou n. f. [polist] (gr. *polistês*, fondateur d'une ville) Guêpe de petite taille qui vit dans un nid formé d'un seul rayon d'alvéoles, fixé dans un arbre ou sous une pierre. *La poliste gauloise.*

POLITESSE, n. f. [polites] (ital. *pulitezza*, propreté, élégance) ▷ Culture intellectuelle et morale des sociétés. « *En envoyant ses colonies par toute la terre, et avec elles la politesse* », BOSSUET. « *Joindre la politesse du temps à la bonne foi de nos pères* », FLÉCHIER. ◁ Il se dit aussi de la culture individuelle. « *La politesse de l'esprit consiste à penser des choses honnêtes et délicates* », LA ROCHEFOUCAULD. ♦ Manière de vivre polie, non sauvage ni farouche. ♦ Manière d'agir, de parler civile et honnête, acquise par l'usage du monde. ♦ *La politesse du cœur*, celle qui est inspirée par la bonté. ♦ Action conforme à la politesse. « *Les hommes savent que les politesses qu'ils se font ne sont que l'imitation de l'estime* », DUCLOS. ♦ *Faire politesse à quelqu'un*, se montrer particulièrement civil à son égard. ♦ *Brûler la politesse*, Voy. BRÛLER.

POLITICAILLERIE, ■ n. f. [politikaj(ə)ʁi] (2 *politique*) Politique méprisable, de bas étage. *Politicaillerie arriviste.*

POLITICARD, ARDE, ■ adj. [politikaʁ, aʁd] (2 *politique*) **Péj.** Qui exerce une action politique méprisable, arriviste, sans scrupule. *Des magouilles financières et politicardes.* ■ **N. m. et n. f.** *Un politicard, une politicarde.*

POLITICIEN, IENNE, ■ n. m. et n. f. [politisjɛ̃, jɛn] (angl. *politician*) Personne faisant de la politique. ■ **Adj. Péj.** À visée politique interne, orientée, stérile. *Politique politicienne. Exploitation politicienne d'un événement.*

POLITICOMANIE, n. f. [politikomani] (*politique* et -*manie*) Manie qui consiste à s'occuper constamment de politique.

1 **POLITIQUE**, adj. [politik] (lat. *politicus*, du gr. *politikos*, relatif à la cité, aux citoyens) Qui a rapport aux affaires publiques. *Les sciences politiques.* « *Le monde politique, aussi bien que le physique, se règle par poids, nombre et mesure* », FONTENELLE. ♦ *Droit politique*, les lois qui règlent les formes du gouvernement. ♦ *Droits politiques*, droits en vertu desquels un citoyen participe au gouvernement. ♦ *Domicile politique*, Voy. DOMICILE. ♦ *Économie politique*, Voy. ÉCONOMIE. ♦ Qui résulte de l'opinion sur les affaires publiques. *Parti politique. Serment politique.* ♦ Qui s'occupe des affaires publiques, qui y prend part, en parlant des hommes. *Les hommes politiques.* ■ **Fig.** Qui est fin et adroit, prudent et réservé. « *Il est politique, mystérieux sur les affaires du temps* », LA BRUYÈRE. ♦ Il se dit aussi des choses. « *Ils couvrent leur prudence humaine et politique du prétexte d'une prudence divine et chrétienne* », PASCAL. ♦ **N. m. et n. f.** Personne qui s'applique à la connaissance des affaires publiques, du gouvernement des États. ♦ Personne qui a une conduite adroite, prudente, rusée. *De fins politiques.* ■ **Ellipt.** Prisonnier politique. ■ **N. m.** Ce qui relève de la politique. *Le politique et l'humanitaire.* ■ **Adj.** Qui concerne les relations entre les États. ■ *Prisonnier politique*, personne incarcérée pour des raisons politiques. ■ *Science politique*, science qui analyse les phénomènes politiques. ■ *Sciences politiques*, établissement dans lequel sont enseignées ces sciences. ■ **Abrév.** Sciences po.

2 **POLITIQUE**, n. f. [politik] (lat. *politicus*, du gr. *politikos*) La science du gouvernement des États. ♦ *Traité de politique. La Politique d'Aristote.* ♦ L'art de gouverner un État, et de diriger ses relations avec les autres États. ♦ Système particulier qu'adopte un gouvernement, direction donnée aux affaires de l'État. *Principes politiques. La politique de tel journal.* ♦ *Par politique*, par des motifs politiques. ♦ Se dit des affaires publiques, des événements politiques. *La politique intérieure, extérieure.* ♦ **Par extens.** Règles de conduite particulières de chacun dans sa famille, dans ses affaires. ♦ **Fig.** La manière adroite dont on se sert pour arriver à ses fins. « *La clémence des princes n'est souvent qu'une politique pour gagner l'affection des peuples* », LA ROCHEFOUCAULD.

POLITIQUE-FICTION, ■ n. f. [politik(ə)fiksjɔ̃] (2 *politique* et *fiction*) Œuvre prospective qui imagine et décrit l'évolution d'une organisation politique actuelle. *Une fable de politique-fiction. Des politiques-fictions.*

POLITIQUEMENT, adv. [politik(ə)mɑ̃] (1 *politique*) Selon les règles de la politique. ♦ D'une manière fine, adroite.

POLITIQUER, v. intr. [politike] (2 *politique*) **Fam.** Raisonner sur les affaires politiques.

POLITIQUEUR, n. m. [politikœʁ] (*politiquer*) ▷ **Très fam.** Homme qui s'occupe des affaires politiques. ◁

POLITISATION, ■ n. f. [politizasjɔ̃] (*politiser*) Action de politiser. *La politisation d'un débat, d'un scandale.* « *La politisation des masses se propose non d'infantiliser les masses mais de les rendre adultes* », FANON.

POLITISER, ■ v. tr. [politize] (2 *politique*) Donner une connotation politique à quelque chose, une conscience politique à quelqu'un. « *J'écoutais [...] les Clash, très politisés : antifascistes, antiracistes, antibourges* », PUTMAN.

POLITOLOGIE, ■ n. f. [politoloʒi] (rad. de *politique* et *-logie*) Science qui traite des phénomènes politiques.

POLITOLOGUE, ■ n. m. et n. f. [politolɔg] (*politologie*) Spécialiste de sciences politiques, des phénomènes politiques.

POLJÉ, ■ n. m. [pɔlje] (mot slave, plaine) **Géogr.** Grande dépression fermée, d'origine karstique, à fond plat, et drainée par des écoulements superficiels. *Les poljés de Tripolis. Les dolines et les poljés de Bosnie-Herzégovine.*

POLKA, n. f. [pɔlka] (prob. du tchèque *pulka*, demi-pas) Espèce de danse importée de Pologne en France. *Pas de polka.* ♦ Air à deux temps et assez vif sur lequel on exécute cette danse. ■ À LA POLKA, loc. adj. Vx À la mode. *S'habiller à la polka. Veste polka.* ■ **Adj.** *Pain polka*, pain fariné dont la croûte est marquée de dessins représentant des losanges ou des carrés. *Manger des pains polkas.*

POLKA MAZURKA, ■ n. f. [pɔlkamazyrka] Voy. MAZURKA.

POLKER, v. intr. [pɔlke] (*polka*) Danser la polka.

POLKEUR, EUSE, n. m. et n. f. [pɔlkœr, øz] (*polker*) Celui ou celle qui danse la polka.

POLLAKIURIE, ■ n. f. [polakjyri] (gr. *pollakis*, souvent, et *ourein*, uriner) **Méd.** Pathologie caractérisée par l'émission fréquente de mictions peu abondantes. *Pollakiurie nocturne.*

POLLEN, n. m. [pɔlɛn] (*en* se prononce *ène*. lat. *pollen*, farine fine) **Bot.** Poussière fécondante des végétaux, renfermée dans l'anthère.

POLLICITATION, n. f. [polisitasjɔ̃] (lat. *pollicitatio*) **Jurispr.** Engagement contracté par quelqu'un, sans qu'il soit accepté par un autre.

POLLINIE, ■ n. f. [polini] (*pollen*) **Bot.** Masse solide composée de grains de pollen agglomérés et qui se forme chez certaines plantes. *La pollinie des orchidées se colle sur le corps des insectes qui viennent les visiter.*

POLLINIFÈRE, adj. [polinifɛr] (*pollen* et *-fère*) **Bot.** Qui porte ou contient du pollen. *Loge pollinifère.*

POLLINIQUE, adj. [polinik] (*pollen*) **Bot.** Qui a rapport au pollen.

POLLINISATEUR, TRICE, ■ adj. [polinizatœr, tris] (*pollinisation*) Qui participe à la pollinisation. *Agent pollinisateur. Action pollinisatrice.* ■ **N. m.** Insecte assurant la pollinisation des fleurs en récoltant le pollen sur leurs stigmates. *Les bourdons sont de grands pollinisateurs.*

POLLINISATION, ■ n. f. [polinizasjɔ̃] (*pollen*) **Bot.** Processus de fécondation des plantes à fleurs par lequel le pollen est transféré de l'étamine jusqu'aux stigmates du pistil de la même fleur (*pollinisation directe*) ou d'une fleur appartenant à un autre pied de la même espèce (*pollinisation indirecte*). *Pollinisation naturelle, artificielle.*

POLLINISER, ■ v. tr. [polinize] (*pollen*) **Hist. nat.** Recouvrir de pollen un lieu, une fleur, etc. *Polliniser un arbre.*

POLLINOSE, ■ n. f. [polinoz] (*pollen*) **Méd.** Ensemble des troubles, tels que la conjonctivite ou l'asthme, provoqués chez un individu allergique au pollen.

POLLUANT, ANTE, ■ adj. [polɥɑ̃, ɑ̃t] (*polluer*) Qui pollue. *Pots catalytiques non polluants.* ■ **N. m.** Produit qui détériore l'environnement, soit parce que la substance polluante ne devrait pas être présente à certains endroits, soit parce que sa concentration à cet endroit est supérieure à la norme. *Parmi les divers polluants on trouve des acides, des composants radioactifs, des métaux.*

POLLUÉ, ÉE, p. p. de polluer. [polɥe]

POLLUER, v. tr. [polɥe] (lat. *polluere*, souiller, salir) ▷ Profaner. *Polluer les temples, les églises.* ◁ Souiller, rendre malsain ou dangereux. *Polluer une rivière.* ■ **Fig.** *Émissions de télé polluées par de nombreuses coupures publicitaires.*

POLLUEUR, EUSE, ■ n. m. et n. f. [polɥœr, øz] (*polluer*) Personne, groupe qui détériore l'environnement. ■ **Adj.** *Pétroliers pollueurs non payeurs.*

POLLUTION, n. f. [polysjɔ̃] (lat. *pollutio*, salissure) ▷ Profanation, souillure. *La pollution d'une église.* ◁ Dégradation d'un milieu naturel due à des substances polluantes. *Pollution atmosphérique.* ■ Nuisance. *Pollution sonore.* ■ **Vieilli** Masturbation. ■ **Méd.** Émission de sperme produite involontairement, notamment durant le sommeil.

1 **POLO**, ■ n. m. [polo] (mot angl.) Sport équestre se jouant avec une balle et un maillet.

2 **POLO**, ■ n. m. [polo] (angl. *polo shirt*) Tricot de coton en maille, à ouverture boutonnée sous le col. *Des polos à manches longues.*

POLOCHON, ■ n. m. [polɔʃɔ̃] (néerl. *poluwe*) **Fam.** Traversin. *Il dort avec un polochon et un oreiller. Faire une bataille de polochons.* ■ *Sac polochon*, bagage cylindrique et souple.

POLONAIS, AISE, ■ adj. [polonɛ, ɛz] (lat. *Polonia*, Pologne, du lat. médiév. *Polunus*) Qui est né ou qui vit en Pologne. *Danseuse polonaise.* ■ Relatif à la Pologne ou à ses habitants. *Nation polonaise.* ■ **N. m. et n. f.** *Un Polonais, une Polonaise.* ■ **N. m.** Langue parlée en Pologne. *Le polonais appartient au groupe des langues slaves occidentales.* ■ *Boire comme un Polonais*, boire excessivement. ■ *Lapin polonais*, petit lapin à poils argentés.

POLONAISE, n. f. [polonɛz] (*polonais*) Nom donné à un air à trois temps, d'un mouvement modéré, en usage en Pologne, et dont on fait des chansons et des airs de danse. ♦ Il y a des morceaux en musique instrumentale qui portent ce nom. ♦ Espèce de redingote courte ornée de brandebourgs.

POLONIUM, ■ n. m. [polonjɔm] (lat. *Polonia*, Pologne, pays d'origine de Marie Curie) **Chim.** Élément chimique radioactif de symbole Po et de numéro atomique 84, contenu dans la pechblende. *Le polonium a été découvert en 1898 par Pierre et Marie Curie.*

POLTRON, ONNE, adj. [poltrɔ̃, ɔn] (ital. *poltrone*, vil, peureux, du lat. vulg. *pulliter*, dimin. du lat. *pullus*, petit d'un animal) Qui est sans courage. « *Il n'est, je le vois bien, si poltron sur la terre. Qui ne puisse trouver un plus poltron que soi* », LA FONTAINE. ♦ **N. m. et n. f.** *Ne faites pas le poltron, la poltronne.* ♦ *Poltron révolté*, personne faible qui, poussée à bout, montre de l'énergie.

POLTRONNEMENT, adv. [poltrɔn(ə)mɑ̃] (*poltron*) D'une façon poltronne.

POLTRONNERIE, n. f. [poltrɔn(ə)ri] (*poltron*) Manque de courage. ♦ Action qui dénote le manque de courage.

POLY..., (*poli*) Élément de composition des mots qui signifie beaucoup, et qui vient du grec, gr. *polus*. ■ Signifie aussi *plusieurs*.

POLYACIDE, ■ n. m. [poliasid] (*poly-* et *acide*) **Chim.** Corps ayant la particularité de posséder plusieurs fonctions acides. ■ **Adj.** *Un corps polyacide.*

POLYACRYLIQUE, ■ adj. [poliakrilik] (*poly-* et *acrylique*) **Chim.** Qui résulte de la polymérisation de corps relevant de la série acrylique. *Des résines polyacryliques.* ■ **N. m.** *Un polyacrylique.*

POLYADDITION, ■ n. f. [poliadisjɔ̃] (*poly-* et *addition*) **Chim.** Variante de polymérisation au cours de laquelle les monomères peuvent s'ouvrir et s'unir sans élimination d'aucune substance. *Le polystyrène est un polymère de synthèse obtenu à partir du styrène par polyaddition.*

POLYADELPHE, adj. [poliadɛlf] (*poly-* et gr. *adelphos*, jumeau) **Bot.** Qui appartient à la polyadelphie. *Plantes polyadelphes.*

POLYADELPHIE, n. f. [poliadɛlfi] (*polyadelphe*) **Bot.** Classe du système de Linné qui renferme les plantes à vingt étamines ou plus, réunies par leurs filets en plus de deux faisceaux distincts dans une même fleur.

POLYAKÈNE, ■ adj. [poliaken] (*poly-* et *akène*) **Bot.** Qui possède plusieurs akènes, en parlant d'un fruit. *Les clématites ont des fruits polyakènes.* ■ **N. m.** Fruit polyakène. *Le polyakène est porté par le réceptacle floral.*

POLYALCOOL, ■ n. m. [polialkɔl] (*poly-* et *alcool*) **Chim.** Corps dont la particularité est de posséder plusieurs fonctions alcool. *Polyalcools utilisés en guise d'agents édulcorants dans les aliments.* ■ **REM.** On dit aussi *polyol.*

POLYAMIDE, ■ n. m. [poliamid] ou [poljamid] (*poly-* et *amide*) Polymère dans lequel le motif de structure répété contient la fonction amide. *Le nylon est un polyamide. Maillot de bain en polyamide.* ■ **Adj.** *Fibre polyamide.*

POLYAMINE, ■ n. f. [poliamin] (*poly-* et *amine*) **Chim.** Corps dont la particularité est de posséder plusieurs fois la fonction amine. *Polyamine naturelle et polyamine de synthèse.*

POLYANDRE, adj. [poliɑ̃dr] ou [poljɑ̃dr] (*poly-* et gr. *andros*, homme) **Bot.** Qui appartient à la polyandrie. ■ **Anthrop.** Qui pratique la polyandrie. *Femme polyandre.*

POLYANDRIE, n. f. [poliɑ̃dri] ou [poljɑ̃dri] (*polyandre*) **Bot.** Classe du système de Linné, qui renferme les plantes pourvues de vingt étamines ou plus, insérées sous un pistil simple ou multiple. ■ **Anthrop.** Régime matrimonial permettant à une femme d'épouser simultanément plusieurs hommes.

POLYANDRIQUE, adj. [poliɑ̃drik] ou [poljɑ̃drik] (*polyandrie*) **Bot.** Qui appartient à la polyandrie. ■ **Anthrop.** Qui se rapporte à la polyandrie. *Mariage polyandrique.*

POLYARTHRITE, ■ n. f. [poliartrit] (*poly-* et *arthrite*) Affection rhumatismale inflammatoire pouvant atteindre successivement ou simultanément plusieurs articulations.

POLYBUTADIÈNE, ■ n. m. [polibytadjɛn] (*poly-* et *butadiène*) **Chim.** Polymère obtenu à partir du butadiène, utilisé pour fabriquer des caoutchoucs.

POLYCARBONATE, ■ n. m. [polikaʀbɔnat] (*poly-* et *carbonate*) Matière thermoplastique transparente, isolante et résistante, utilisée pour fabriquer des bouteilles, des boîtiers, des emballages alimentaires, des éléments de protection pour appareils électriques, etc.

POLYCARPIQUE, ■ adj. [polikaʀpik] (*poly-* et gr. *karpos*, fruit) Qui est susceptible de fleurir et de fructifier plusieurs fois au cours de sa vie, en parlant d'une plante. *Espèces monocarpiques et polycarpiques.*

POLYCENTRIQUE, ■ adj. [polisɑ̃tʀik] (*poly-* et *centre*) Qui possède plusieurs centres. *Plan d'un bâtiment polycentrique.* ■ Qui multiplie les centres de direction ou de décision. *Parti politique polycentrique.*

POLYCENTRISME, ■ n. m. [polisɑ̃tʀism] (*poly-* et *centre*) Doctrine qui vise à donner à un parti, à un système d'organisation plusieurs centres de direction ou de décision. *Le polycentrisme de l'Union européenne.*

POLYCÉPHALE, ■ adj. [polisefal] (gr. *polukephalos*) Qui possède plusieurs têtes. *L'hydre de Lerne, serpent à sept têtes, est un monstre polycéphale de la mythologie.* ■ **Bot.** Qui comporte de nombreux capitules.

POLYCHÈTES, ■ n. m. pl. [polkɛt] (*ch* se prononce *k*. *Poly-* et gr. *khaitê*, longue chevelure) **Zool.** Classe d'annélides qui regroupe les vers marins possédant de nombreuses soies latérales. *Polychètes errants, polychètes sédentaires.* ■ **N. m.** *La néréide est un polychète.*

POLYCHRESTE, adj. [polikʀɛst] (*ch* se prononce *k*. gr. *polukhrêstos*) **Chim.** et **pharm.** Servant à plusieurs usages.

POLYCHROÏSME, ■ n. m. [polikʀoism] (*poly-* et gr. *khroa*, teinte) **Opt.** Propriété de certains matériaux transparents de présenter diverses couleurs lorsqu'ils absorbent les différentes polarisations de la lumière et selon l'angle sous lequel on les regarde. *Pierre précieuse qui présente un polychroïsme prononcé.* ■ **POLYCHROÏQUE**, adj. [polikʀoik]

POLYCHROME, adj. [polikʀom] (*poly-* et gr. *khrôma*, couleur) Qui porte plusieurs couleurs. ♦ **Antiq. grecq.** S'est dit des peintres qui les premiers ont peint avec plusieurs couleurs. ♦ *Statue polychrome*, statue faite avec des matières de diverses couleurs, comme la Minerve de Phidias.

POLYCHROMIE, ■ n. f. [polikʀomi] (*polychrome*) État de ce qui a plusieurs couleurs. *Polychromie d'une statue. Polychromie des fleurs.*

POLYCLINIQUE, ■ n. f. [poliklinik] (*poly-* et *clinique*) Clinique traitant les affections relevant de plusieurs spécialités médicales. ■ **Rem.** Ne pas confondre avec *policlinique*.

POLYCONDENSAT, ■ n. m. [polikɔ̃dɑ̃sa] (*polycondensation*) **Chim.** Corps obtenu par le processus de polycondensation.

POLYCONDENSATION, ■ n. f. [polikɔ̃dɑ̃sasjɔ̃] (*poly-* et *condensation*) **Chim.** Variante de polymérisation au cours de laquelle les molécules de monomère se soudent pour former un polymère avec élimination de petites molécules. *Le polyester est obtenu par polycondensation.*

POLYCOPIE, ■ n. f. [polikopi] (*poly-* et *copie*) Procédé de reproduction d'un document par duplication sur une couche de gélatine. *La photocopie tend à remplacer aujourd'hui la polycopie.*

POLYCOPIÉ, ■ n. m. [polikopje] (*polycopier*) Feuille de papier imprimée selon le procédé de la polycopie. ■ **Par extens.** Feuille de cours pré-imprimée, même s'il s'agit de photocopie. *Distribuer les polycopiés aux étudiants.* ■ **Abrév.** *Poly. Tu pourras me passer tes polys ?*

POLYCOPIER, ■ v. tr. [polikopje] (*poly-* et *copier*) Reproduire par polycopie. *Polycopier ses notes de cours.*

POLYCULTURE, ■ n. f. [polikyltyʀ] (*poly-* et *culture*) Pratique consistant à cultiver plusieurs produits en même temps sur une exploitation agricole.

POLYCYCLIQUE, ■ adj. [polisiklik] (*poly-* et *cyclique*) **Chim.** Qui possède plusieurs cycles, en parlant d'un corps. *Les dioxines sont des composés organiques polycycliques.* ■ **Géol.** Formé par plusieurs cycles d'érosion. *Relief polycyclique.*

POLYDACTYLE, ■ adj. [polidaktil] (*poly-* et *dactyle*) Qui a plusieurs doigts. *Les ancêtres polydactyles du cheval.* ■ **Méd.** Qui présente une polydactylie. ■ N. m. et n. f. *Un, une polydactyle.*

POLYDACTYLIE, ■ n. f. [polidaktili] (*polydactyle*) **Méd.** Malformation qui se caractérise par la présence de doigts ou d'orteils en surnombre. *La polydactylie peut être héréditaire.*

POLYDIPSIE, ■ n. f. [polidipsi] (*poly-* et gr. *dipsa*, soif) **Méd.** Soif intense ressentie par un sujet qui se trouve contraint de boire excessivement jour et nuit. *Un malade atteint de polydipsie peut en arriver à apaiser sa soif par n'importe quel moyen.*

POLYÈDRE, ■ n. m. [poliɛdʀ] (*poly-* et gr. *hedra*, base, siège) **Géom.** Corps solide à plusieurs faces. ♦ Adj. *Une figure polyèdre.*

POLYÉDRIQUE, adj. [poliedʀik] (*polyèdre*) Qui est en forme de polyèdre.

POLYEMBRYONIE, ■ n. f. [poliɑ̃bʀijoni] (*poly-* et *embryon*) **Biol.** Formation de plusieurs embryons à partir de la division d'un seul œuf. *La polyembryonie chez les hyménoptères.*

POLYESTER, ■ n. m. [poliɛstɛʀ] ou [poljɛstɛʀ] (*poly-* et *ester*) **Chim.** Matériau polymère, dérivé du pétrole, permettant d'obtenir des fibres chimiques de synthèse à utilisation essentiellement textile. *Le tergal est un polyester.* ■ Adj. *Des résines polyesters.*

POLYÉTHYLÈNE, ■ n. m. [polietilɛn] (*poly-* et *éthylène*) **Chim.** Polymère obtenu à partir de l'éthylène. ■ **Par méton.** Matière plastique obtenue à partir de la polymérisation de l'éthylène. *Des sachets en polyéthylène.* ■ **Rem.** On dit aussi *polythène*.

POLYGALA ou **POLYGALE**, ■ n. m. [poligala, poligal] (lat. *polygala*, de *poly-* et du gr. *gala*, lait, cette plante étant jadis réputée pour favoriser la production laitière des vaches) **Bot.** Plante vivace, dicotylédone, herbacée, agrémentée de petites fleurs lancéolées violettes, blanches, bleues ou roses. *Les vaches attrapaient les polygalas des haies.*

POLYGAME, n. m. et n. f. [poligam] (gr. *polugamos*) Homme marié à plusieurs femmes, ou femme mariée à plusieurs hommes en même temps. ♦ **Dr. canonique** Se dit d'un homme qui a été marié plusieurs fois, ou qui a épousé une veuve. ♦ **Bot.** Se dit des plantes qui portent sur le même pied des pistils et des étamines. ■ Adj. Qui est uni légitimement à plusieurs conjoints. *Cet homme polygame est marié à trois femmes. Un sultan polygame.* ■ Qui se rapporte à la polygamie. *Société polygame.*

POLYGAMIE, n. f. [poligami] (gr. *polugamia*) État du polygame. ♦ **Bot.** Classe qui renferme les plantes polygames. ■ POLYGAMIQUE, adj. [poligamik]

POLYGÉNIQUE, ■ adj. [poliʒenik] (*poly-* et *gène*) Qui se rapporte au polygénisme. ■ **Géogr.** et **minér.** Façonné par plusieurs éléments ou dans différentes conditions. *Roche polygénique.* ■ **Biol.** Qui concerne plusieurs gènes. *Un diabétique est atteint d'une maladie polygénique.*

POLYGÉNISME, ■ n. m. [poliʒenism] (*poly-* et *génisme*) **Anthrop.** Théorie qui consiste à penser que les différentes races humaines proviendraient de plusieurs souches bien distinctes. *Le polygénisme défendu par M. Wolpoff.*

POLYGÉNISTE, ■ adj. [poliʒenist] (*polygénisme*) Qui a trait au polygénisme. ■ N. m. et n. f. Partisan du polygénisme.

POLYGINIE, n. f. [poliʒini] Voy. POLYGINIE.

POLYGLOBULIE, ■ n. f. [poliglobyli] (*poly-* et *globule*) **Méd.** Prolifération anormale de la masse globulaire totale, en particulier du nombre des globules rouges. *La polyglobulie peut se transformer en leucémie. Polyglobulie primitive et secondaire.*

POLYGLOTTE, adj. [poliglɔt] (gr. *poluglôttos*) Qui est écrit en plusieurs langues. *Bible polyglotte.* ♦ N. f. Bible écrite en plusieurs langues. ♦ Qui sait, qui parle plusieurs langues. ♦ N. m. *Cet homme est un polyglotte.* ♦ D'après l'Académie on dit : *Cet homme est une polyglotte*, c'est-à-dire est comme une Bible polyglotte. Mais l'usage est plutôt de dire : *Cet homme est polyglotte, est un polyglotte.* ■ **Rem.** Aujourd'hui, *polyglotte* est toujours masculin à propos d'un homme, et féminin à propos d'une femme. *Un polyglotte, une polyglotte.*

POLYGONACÉES, ■ n. f. pl. [poligonase] (gr. *polugonum*, de *poly-* et *gonum*, genou, par allus. à leurs tiges noueuses) **Bot.** Famille de plantes dicotylédones caractérisées par des fleurs sans pétales et une tige segmentée par des nœuds, qui comprend les rhubarbes, les patiences, les renouées, le sarrasin, l'oseille.

POLYGONAL, ALE, adj. [poligonal] (*polygone*) **Géom.** Qui présente plusieurs angles. *Des terrains polygonaux.* ♦ Dont la base est un polygone. *Prisme polygonal.*

POLYGONE, n. m. [poligon] (gr. *polugônos*) **Géom.** Figure qui a plusieurs angles et plusieurs côtés. ♦ *Polygone régulier*, celui qui a les angles et les côtés égaux. ♦ Adj. *Figure polygone.* ♦ **Fortif.** Figure qui détermine la forme générale du tracé d'une place de guerre. ♦ Lieu où les artilleurs s'exercent au tir des bouches à feu.

POLYGRAPHE, n. m. et n. f. [poligraf] (gr. *polugraphos*) Auteur qui a écrit sur plusieurs matières. ♦ N. m. Machine avec laquelle on peut faire mouvoir plusieurs plumes à la fois, et tracer ainsi plusieurs copies d'un même écrit. ■ **Méd.** Appareil qui permet l'enregistrement simultané de divers phénomènes physiologiques. *Enregistrer l'activité cardiaque et musculaire à l'aide du polygraphe.*

POLYGRAPHIE, n. f. [poligrafi] (*polygraphe*) Partie d'une bibliothèque où l'on range les ouvrages des polygraphes. ■ **Méd.** Enregistrement réalisé au moyen du polygraphe.

POLYGRAPHIQUE, adj. [poligrafik] (*polygraphie*) Qui appartient à la polygraphie, division de la littérature. *Œuvres polygraphiques.*

POLYGYNE ou **POLYGYNIQUE**, adj. [poliʒin, poliʒinik] (*poly-* et gr. *gunê*, femme) **Bot.** Qui a plusieurs pistils dans chaque fleur. ■ **Anthrop.** Qui est marié à plusieurs femmes simultanément. *Les peuplades polygines.*

POLYGYNIE, ■ n. f. [poliʒini] (*poly-* et gr. *gunê*, femme) **Bot.** État d'une plante dont les fleurs renferment plusieurs pistils. ■ **Anthrop.** Fait, pour un homme, d'être uni simultanément à plusieurs femmes. ▪ *Polygynie sororale,* fait pour un homme d'épouser plusieurs femmes qui sont sœurs. ■ Rem. On écrivait autrefois *polyginie* dans le sens botanique.

POLYHOLOSIDE, ■ adj. [poliolozid] (*poly-* et *holoside*) **Biol.** Glucide naturel composé d'une longue chaîne d'oses associés, tel que la cellulose, l'amidon, les fécules. ■ Rem. On dit aussi *polyoside* et *polysaccharide.*

POLYLOBÉ, ÉE, ■ adj. [polilobe] (*poly-* et *lobe*) Qui comporte plusieurs lobes, qui est divisé en lobes. *Arc polylobé.*

POLYMÉRASE, ■ n. f. [polimeʀaz] (*polymère*) **Chim.** Enzyme susceptible de provoquer la polymérisation d'un monomère et de catalyser la synthèse de l'ARN ou de l'ADN. ■ **En appos.** *Les ADN polymérases sont des enzymes.*

POLYMÈRE, adj. [polimɛʀ] (*poly-* et gr. *meros*, partie) **Chim.** Composés polymères, ceux qui contiennent les mêmes éléments en même quantité relative, mais non en même quantité absolue. ■ **Chim.** Se dit d'un composé dont la masse moléculaire est multiple de celle d'un autre. *Une colle polymère. Un film polymère.* ■ **N. m. Chim.** Macromolécule qui résulte de l'assemblage de molécules à partir d'un ou plusieurs monomères.

POLYMÉRIE n. f. ou **POLYMÉRISME**, n. m. [polimeʀi, polimerism] (*polymère*) **Chim.** État des composés polymères. ■ **Chim.** Cas spécial d'isomérie entre deux polymères dont l'un a une masse moléculaire multiple de celle de l'autre.

POLYMÉRIQUE, ■ adj. [polimeʀik] (*polymère*) **Chim.** Constitué de plusieurs polymères, différents ou identiques. *Molécule polymérique.*

POLYMÉRISABLE, ■ adj. [polimeʀizabl] (*polymériser*) Qui peut être transformé en polymère. *Produit polymérisable.*

POLYMÉRISATION, ■ n. f. [polimeʀizasjɔ̃] (*polymériser*) **Chim.** Union de plusieurs molécules semblables pour former un composé nouveau, de masse moléculaire plus élevée. *Le caoutchouc synthétique est obtenu par polymérisation.* ■ Ensemble des techniques permettant cette union.

POLYMÉRISER, ■ v. tr. [polimeʀize] (*polymère*) Procéder à la transformation d'un corps en polymère.

POLYMORPHE, adj. [polimɔʀf] (*poly-* et gr. *morphê*, forme) **Didact.** Qui est sujet à varier beaucoup de forme. ■ **Chim.** et biol. Qui est doué de polymorphisme.

POLYMORPHIE n. f. ou **POLYMORPHISME**, n. m. [polimɔʀfi, polimɔʀfism] (*polymorphe*) Qualité de l'être qui se présente sous plusieurs formes. ♦ **Chim.** État particulier par lequel les mêmes substances affectent des formes cristallines ou particulières très différentes entre elles, sans changer de nature. ■ **Didact.** Caractère de ce qui se présente sous différentes formes. ■ **Biol.** Caractère de certaines espèces qui présentent des aspects morphologiques variés d'un être à autre, selon le sexe, la région, la saison, etc. *Polymorphisme des fourmis, des guêpes.* ■ **Biol.** Propriété de certains organismes de présenter des aspects différents tout en conservant leur nature. *Polymorphisme des microbes.*

POLYNÉSIEN, IENNE, ■ adj. [polinezjɛ̃, jɛn] (*Polynésie*) Qui est né ou qui vit en Polynésie. ■ Qui se rapporte à la Polynésie, à ses habitants. *Mythologie polynésienne.* ■ **N. m.** et n. f. *Un Polynésien, une Polynésienne.* ■ **N. m.** Langue parlée par les Polynésiens. *Le polynésien appartient à la famille des langues malayo-polynésiennes.*

POLYNÉVRITE, ■ n. f. [polinevʀit] (*poly-* et *névrite*) **Méd.** Névrite bilatérale et symétrique d'origine toxique, métabolique ou infectieuse, dans laquelle plusieurs nerfs périphériques sont atteints. *Polynévrite alcoolique, diabétique.*

POLYNÔME, ■ n. m. [polinom] (*poly-* et *-nôme,* d'apr. *binôme*) **Math.** Toute quantité algébrique composée de plusieurs termes, séparés par les signes plus (+) ou moins (-).

POLYNOMIAL, IALE, ■ adj. [polinomjal] (*polynôme*) Qui se rapporte aux polynômes. *Termes polynomiaux.*

POLYNUCLÉAIRE, ■ adj. [polinykleɛʀ] (*poly-* et *nucléaire*) **Biol.** Qui contient plusieurs noyaux, en parlant d'une cellule. ■ **N. m.** Globule blanc dont le noyau, qui se caractérise par une segmentation et une irrégularité, paraît multiple. *Un polynucléaire est la formule elliptique de* leucocyte polynucléaire.

POLYOL, ■ n. m. [poljɔl] (*poly-* et *(alco)ol*) **Chim.** Polyalcool. ■ **Spécialt** Substitut du saccharose utilisé pour réduire les risques de caries dentaires.

POLYOLÉFINE, ■ n. f. [poliolefin] (*poly-* et *oléfine*) **Chim.** Polymère qui résulte de monomères hydrocarbonés non saturés tels que le polypropylène et le polyéthylène.

POLYORAMA, n. m. [poljɔʀama] (*poly-* et *-orama*, vue, d'apr. *panorama*) Sorte de panorama où les tableaux se pénètrent l'un dans l'autre, changent de contour et se transfigurent sous les yeux du spectateur.

POLYOSIDE, ■ n. m. [poliozid] (*poly-* et *oside*) **Biol.** Polyholoside.

POLYPE, n. m. [polip] (lat. *polypus*, du gr. *polupous*, de *poly-* et *pous*, pied) ♦ **Hist. nat.** Animaux à corps mou, contractile, enroulé ou cylindrique, à bouche supérieure et antérieure garnie de tentacules rayonnés. ♦ **Méd.** Excroissances charnues, fongueuses, fibreuses, etc., qui peuvent se développer sur toutes les membranes muqueuses. *Polype du nez.*

POLYPEPTIDE, ■ n. m. [polipɛptid] (all. *Polypeptid*, de *poly-* et *peptide*, mot inventé par le chimiste E. Fischer) **Chim.** Substance moléculaire formée par l'union de plusieurs acides aminés combinés par des groupes peptides. *Polypeptides naturels, synthétiques.*

POLYPEPTIDIQUE, ■ adj. [polipɛptidik] (*polypeptide*) Qui relève du polypeptide, qui se rapporte aux polypeptides. *Structure d'une chaîne polypeptidique.*

POLYPÉTALE, adj. [polipetal] (*poly-* et *pétale*) **Bot.** Qui a plusieurs pétales. *Corolle polypétale.*

POLYPEUX, EUSE, adj. [polipø, øz] (*polype*) **Méd.** Qui est de la nature du polype. *Tumeur polypeuse.*

POLYPHASÉ, ÉE, ■ adj. [polifaze] (*poly-* et *phase*) **Phys.** Constitué par des fonctions sinusoïdales de nature et fréquence identiques, déphasées les unes par rapport aux autres. *Tension polyphasée.* ■ **Électr.** *Courants polyphasés,* courants alternatifs de même fréquence, de même amplitude, qui présentent une différence de phase importante.

POLYPHÉNOL, ■ n. m. [polifenɔl] (*poly-* et *phénol*) **Chim.** Composé d'origine végétale qui comprend plusieurs fonctions phénol et possède des propriétés antioxydantes. *Le thé vert, riche en polyphénol.*

POLYPHONIE, ■ n. f. [polifoni] (gr. *polyphonia*, de *poly-* et *phônê*, voix, son) Mode d'écriture musicale qui superpose plusieurs voix ou plusieurs mélodies instrumentales selon les règles du contrepoint. ■ **Par extens.** Chant à plusieurs voix. ■ **Ling.** Caractère d'un graphème qui représente plusieurs sons distincts. ■ **Ling.** Phénomène qui illustre l'idée que, dans le déroulement d'un énoncé, se trouve le discours antérieur d'autrui, et par conséquent se fait entendre une pluralité de voix.

POLYPHONIQUE, ■ adj. [polifonik] (*polyphonie*) Qui constitue une polyphonie, qui a trait à une polyphonie. *Cantique polyphonique.* ■ **Ling.** Qui représente plusieurs sons distincts. *Le graphème* c *est polyphonique, canot et* cinéma *ne se prononcent pas de la même façon.* ■ **Ling.** Qui a rapport à la polyphonie.

POLYPHONISTE, ■ n. m. et n. f. [polifonist] (*polyphonie*) Musicien qui compose ses œuvres selon les procédés de la polyphonie. *Les polyphonistes de la Renaissance.*

POLYPIER, n. m. [polipje] (*polype*) Habitation de ceux des polypes qui vivent en agrégations.

POLYPLACOPHORE, ■ n. m. [poliplakofɔʀ] (*poly-*, gr. *placo*, plaque, et *-phore*) **Zool.** Mollusque marin, principalement herbivore, qui vit attaché aux rochers et qui se caractérise par une coquille aplatie constituée de huit plaques calcaires articulées entre elles. *Le polyplacophore, qui forme une classe, est communément appelé* chiton.

POLYPLOÏDE, ■ adj. [poliploid] (all. *Polyploid*, de *poly-* et *-ploïde*, d'apr. *haploïde*) **Biol.** Qui possède anormalement plus de deux stocks de chromosomes. *Un organisme animal ou végétal polyploïde.* ■ Qui se rapporte à la polyploïdie. *L'induction polyploïde peut être utilisée comme technique de modification génétique sous certaines conditions.*

POLYPLOÏDIE, ■ n. f. [poliploidi] (*polyploïde*) **Biol.** État d'une espèce, d'un organisme, d'un noyau polyploïde. *La polyploïdie est souvent observée chez les plantes.*

POLYPNÉE, ■ n. f. [polipne] (*poly-* et gr. *pnein*, respirer) **Méd.** Respiration accélérée amenant une hyperventilation. *Polypnée thermique des névropathes.*

POLYPODE, n. m. [polipɔd] (lat. *polypodium*, du gr. *polupodion*) **Bot.** Plante de la famille des fougères dont les racines s'attachent par une multitude de fibres sur les pierres et les troncs d'arbres.

POLYPORE, n. m. [polipɔʀ] (lat. *polyporus*, de *poly-* et du gr. *poros*, pore) Champignon parasite charnu, à chair coriace, dont la majorité des espèces vivent sur les arbres. *Les polypores entraînent la mort des arbres.*

POLYPROPYLÈNE, ■ n. m. [polipʀopilɛn] (*poly-* et *propylène*) **Chim.** Polymère obtenu à partir du propylène. ■ **Par méton.** Matière plastique solide résultant de la polymérisation du propylène et servant à fabriquer des emballages, des fibres, des cordes, etc.

POLYPTÈRE, ■ n. m. [poliptɛʀ] (gr. *polupteros*, aux ailes bien fournies) **Zool.** Poisson vivant dans les eaux douces d'Afrique, possédant un long corps cylindrique, des écailles brillantes et une nageoire dorsale allongée et segmentée en une série de pinnules.

POLYPTOTE, ■ n. m. [poliptɔt] (b. lat. *polyptoton*) **Rhét.** Figure de style qui consiste à utiliser dans une phrase plusieurs formes grammaticales d'un mot, notamment en employant des mots dérivés d'un même radical ou en conjuguant des verbes à des personnes ou des temps différents. Voici des cas de polyptote : « *Beauté, mon beau souci* », MALHERBE. « *Car ce n'est pas assez d'avoir l'esprit bon, mais le principal est de l'appliquer bien* », DESCARTES.

POLYPTYQUE, adj. [poliptik] (gr. *poluptukhos*, qui a de nombreux plis) **Antiq.** Se disait, en général, des tablettes à écrire, quand elles étaient composées de plus de deux lames ou feuillets. ■ N. m. Syn. de pouillé. *Le polyptyque d'Irminon, abbé de Saint-Germain, du temps de Charlemagne.* ■ **Art** Tableau peint ou sculpté, comportant plusieurs panneaux mobiles ou fixes.

POLYRADICULONÉVRITE, ■ n. f. [poliʀadikylonevʀit] (*poly-*, lat. *radicula*, petite racine, et *névrite*) **Méd.** Inflammation du système nerveux périphérique et en particulier, de nombreuses racines nerveuses. *Polyradiculonévrite aiguë.*

POLYRIBOSOME, ■ n. m. [poliʀibozom] (*poly-* et *ribosome*) **Biol.** Complexe constitué d'une molécule d'ARN messager et de plusieurs ribosomes liés par cette molécule, sur lequel a lieu la synthèse protéique. ■ **Rem.** On peut aussi employer le terme *polysome.*

POLYSACCHARIDE, ■ n. m. [polisakaʀid] (*poly-* et *saccharide*) **Biol.** Polyholoside.

POLYSÉMIE, ■ n. f. [polisemi] (*poly-* et gr. *sêma*, signe, marque distinctive) **Ling.** Caractéristique d'un mot consistant à présenter plusieurs sens. *La polysémie du mot secrétaire.*

POLYSÉMIQUE, ■ adj. [polisemik] (*polysémie*) Qui comporte plusieurs sens. *Mot polysémique.* ■ Propre à la polysémie. *Relation polysémique.*

POLYSOC, ■ adj. [polisɔk] (*poly-* et *soc*) Qui comporte plusieurs socs, en parlant d'une charrue. *Des charrues polysocs.* ■ N. m. *Un polysoc. Tracteur avec polysoc.*

POLYSOME, ■ n. m. [polizom] (*polyribosome*) **Biol.** Polyribosome.

POLYSTYLE, adj. [polistil] (gr. *polustulos*, de *poly-* et *stulos*, colonne) **Archit.** Qui a beaucoup de colonnes, qui est soutenu par beaucoup de colonnes. *Temple, salle polystyle.*

POLYSTYRÈNE, ■ n. m. [polistiʀɛn] (*poly-* et *styrène*) Matériau polymère constitué de styrène. *Des emballages protecteurs en polystyrène expansé. Granules de polystyrène.*

POLYSULFURE, ■ n. m. [polisylfyʀ] (*poly-* et *sulfure*) **Chim.** Composé qui contient plus d'atomes de soufre que le sulfure normal. *Polysulfure de calcium.*

POLYSYLLABE, adj. [polisilab] (gr. *polusullabos*) Qui est de plusieurs syllabes. ♦ N. m. *Un polysyllabe.*

POLYSYLLABIQUE, adj. [polisilabik] (*polysyllabe*) Syn. de polysyllabe. ♦ **Phys.** *Écho polysyllabique,* écho qui répète plusieurs syllabes.

POLYSYNDÈTE n. f. ou **POLYSYNDÉTON**, ■ n. m. [polisɛ̃det, polisɛ̃detɔ̃] (gr. *polusundéton,* liaison multiple) **Rhét.** Figure qui consiste à répéter une même conjonction plus souvent que ne l'exige la grammaire, notamment devant chaque mot d'une énumération. Voici un cas de polysyndète : « *J'ai perdu ma force et ma vie, Et mes amis et ma gaieté* », ALFRED DE MUSSET.

POLYSYNODIE, n. f. [polisinodi] (*poly-* et *synode*) Système d'administration qui consiste à remplacer chaque ministre par un conseil. ■ **Rem.** Ce système a été pratiqué en France entre 1715 et 1718.

POLYSYNTHÈSE n. f. ou **POLYSYNTHÉTISME**, ■ n. m. [polisɛ̃tez, polisɛ̃tetism] (*poly-* et *synthèse*) **Ling.** Caractère d'une langue qui réunit plusieurs lexèmes en une nouvelle unité lexicale. *La polysynthèse est un cas particulier de l'agglutination.*

POLYSYNTHÉTIQUE, ■ adj. [polisɛ̃tetik] (*poly-* et *synthétique*) **Ling.** Qui se rapporte au polysynthétisme. *Langue polysynthétique.*

POLYTECHNICIEN, IENNE, n. m. et n. f. [politeknisjɛ̃, jɛn] (*École Polytechnique*) Personne qui fait partie, qui a fait partie de l'École polytechnique.

POLYTECHNIQUE, adj. [politɛknik] (*poly-* et *technique*) Qui embrasse plusieurs arts, plusieurs sciences. ♦ *École polytechnique,* École où l'on instruit les jeunes gens destinés à entrer dans les écoles spéciales d'artillerie, du génie, des mines, des ponts et chaussées, etc.

POLYTHÉISME, n. m. [politeism] (*poly-* et gr. *theos,* dieu) Système de religion qui admet la pluralité des dieux.

POLYTHÉISTE, n. m. et n. f. [politeist] (*polythéisme*) Celui, celle qui professe le polythéisme. ♦ Adj. *Populations polythéistes. Religion polythéiste.* ♦ On dit aussi quelquefois polythéistique.

POLYTHÈNE, ■ n. m. [politɛn] (*polyéthylène*) **Chim.** Polyéthylène.

POLYTHERME, ■ adj. [politɛʀm] (*poly-* et *therme*) **Mar.** Qui est conçu pour transporter à températures différentes des marchandises réfrigérées. *Navire polytherme.* ■ N. m. *Un polytherme.*

POLYTONAL, ALE, ■ adj. [politonal] (*poly-* et *tonal*) Qui comporte simultanément plusieurs tonalités. *Musique polytonale.* ■ Propre à la polytonalité. *Compositeurs polytonaux.*

POLYTONALITÉ, ■ n. f. [politonalite] (*poly-* et *tonalité*) Procédé d'écriture musicale qui superpose diverses mélodies relevant de tonalités différentes. *Polytonalité harmonique.*

POLYTOXICOMANIE, ■ n. f. [politɔksikomani] (*poly-* et *toxicomanie*) Consommation simultanée ou alternée de différentes substances toxiques ou stupéfiantes, telles que la drogue, l'alcool, les médicaments, etc.

POLYTRANSFUSÉ, ÉE, ■ adj. [politʀɑ̃sfyze] (*poly-* et *transfuser*) Qui a subi des transfusions sanguines à plusieurs reprises. *Hémophile polytransfusé.* ■ N. m. et n. f. *Un polytransfusé, une polytransfusée.*

POLYTRAUMATISÉ, ÉE, ■ adj. [politʀomatize] (*poly-* et *traumatisé*) Qui a un polytraumatisme. *Des automobilistes polytraumatisés.* ■ N. m. et n. f. *Un polytraumatisé, une polytraumatisée.*

POLYTRAUMATISME, ■ n. m. [politʀomatism] (*poly-* et *traumatisme*) Présence chez un blessé de plusieurs lésions graves survenues lors d'un accident et pouvant causer la mort.

POLYTRIC, ■ n. m. [politʀik] (lat. *polytrichum,* du gr. *trikhos,* cheveu) **Bot.** Mousse des forêts à tige dressée et aux feuilles lancéolées étroites et écartées.

POLYURÉTHANNE ou **POLYURÉTHANE**, ■ n. m. [poliyʀetan] ou [poliyʀetan] (*poly-* et *uréthane*) Matière plastique entrant dans la fabrication de nombreux produits, tels que colles, vernis, peintures, isolants et revêtements. *Mousse de polyuréthanne.*

POLYURIE, ■ n. f. [poliyʀi] ou [pɔliyʀi] (*poly-* et gr. *ouria,* de *ourein,* uriner) **Méd.** Augmentation importante et anormale du volume des urines. *La polyurie est provoquée notamment par le diabète insipide.* ■ **POLYURIQUE**, adj. [poliyʀik] ou [pɔliyʀik]

POLYVALENCE, ■ n. f. [polivalɑ̃s] (*polyvalent*) Caractère d'une personne ou d'une chose polyvalente. *La polyvalence d'une infirmière. La polyvalence d'un enseignement.*

POLYVALENT, ENTE, ■ adj. [polivalɑ̃, ɑ̃t] (*poly-* et lat. *valens,* qui a de la puissance, de la valeur) De plusieurs usages, valeurs, qualités ou fonctions. *Salle polyvalente. Les techniciens et les secrétaires polyvalents d'une entreprise.* ■ N. m. et n. f. « *C'est un polyvalent... Il passe sans broncher d'une prise d'otage d'enfant à la planque d'une actrice à Megève* », LE MONDE. ■ **Chim.** Qui a plusieurs valences. *Ion polyvalent.* ■ Adj. *Lycée polyvalent,* lycée regroupant une section d'enseignement général et une section d'enseignement technique. ■ N. f. **Québec** *La polyvalente,* École secondaire dans laquelle les élèves reçoivent simultanément un enseignement général et un enseignement professionnel.

POLYVINYLE, ■ n. m. [polivinil] (*poly-* et *vinyle*) **Chim.** Polymère obtenu à partir des composés vinyliques. *Nitrate de polyvinyle.* ■ *Chlorure de polyvinyle,* polymère obtenu à partir du chlorure de vinyle et utilisé pour fabriquer des matières plastiques, des fibres textiles, etc.

POLYVINYLIQUE, ■ adj. [polivinilik] (*polyvinyle*) **Chim.** Qui résulte de la polymérisation de divers vinyliques, qui possède des radicaux vinyles. *Le polyéthylène et le polystyrène sont des composés polyvinyliques.*

POLYVITAMINE, ■ n. f. [polivitamin] (*poly-* et *vitamine*) Médicament composé de plusieurs vitamines.

POMÉLO ou **POMELO**, ■ n. m. [pomelo] (mot anglo-amér.) Fruit issu de l'hybridation d'une variété d'orange et du pamplemousse, un peu plus petit que lui, parfumé, sans pépins, d'une saveur aigre-douce. *Des pomélos roses.* ■ Arbre qui produit ce fruit. ■ **Rem.** La confusion est fréquente, dans l'appellation, entre *pamplemousse* et *pomélo.*

POMÉRANIEN, IENNE, ■ adj. [pomeʀanjɛ̃, jɛn] (*Poméranie,* une région polonaise) Qui est né ou qui vit en Poméranie. ■ Qui se rapporte à la Poméranie, à ses habitants. ■ N. m. et n. f. *Un Poméranien, une Poméranienne.*

POMÉRIUM, ■ n. m. [pomeʀjɔm] Voy. POMŒRIUM.

POMEROL, ■ n. m. [pɔm(ə)ʀɔl] (*Pomerol,* nom d'une commune) Vin rouge du Bordelais, onctueux et velouté. *Le pomerol est un vin de garde. La grande finesse des pomerols.*

POMICULTEUR, TRICE, ■ n. m. et n. f. [pomikyltœʀ, tʀis] (lat. *pomum*, fruit, et -*culteur*) Personne s'occupant de la culture des arbres qui donnent des fruits à pépins.

POMICULTURE ou **POMOCULTURE**, ■ n. f. [pomikyltyʀ, pomokyltyʀ] (lat. *pomum*, fruit, et -*culture*) Culture des arbres fruitiers à pépins.

1 **POMMADE**, n. f. [pomad] (ital. *pomata*, de *pomo*, pomme, les anciennes pommades étant parfumées à la pomme d'api) Préparation pharmaceutique ou de parfumerie obtenue par la mixtion d'une graisse animale, ordinairement l'axonge, avec une ou plusieurs substances médicinales ou parfums. ■ *Passer de la pommade à quelqu'un*, le flatter lourdement.

2 **POMMADE**, n. f. [pomad] (*pomme*, pommeau) **Équit**. Tour qu'on fait en voltigeant, et se soutenant d'une main sur le pommeau de la selle.

POMMADÉ, ÉE, p. p. de pommader. [pomade]

POMMADER, v. tr. [pomade] (*pommade*) Enduire de pommade. ♦ Se pommader, v. pr. S'enduire de pommade.

POMMARD, ■ n. m. [pomaʀ] (*Pommard*, nom d'une ville de Bourgogne) Vin rouge, de cépage pinot noir. *Pommard à robe très colorée. Les pommards demandent généralement cinq à dix ans de garde.*

POMME, n. f. [pom] (lat. *pomum*, fruit) Sorte de fruit à pépins, de forme ronde, bon à manger. ♦ *Sucre de pomme*, Voy. SUCRE. ♦ *Pomme cuite*, pomme qui a été exposée au feu, et que la cuisson a rendue molle. ♦ *Il lui a rendu à coups de poing la tête comme une pomme cuite*, il lui a fait beaucoup de meurtrissures à la tête. ♦ **Fam.** « *Son petit visage de pomme cuite* », J.-J. ROUSSEAU. ♦ *On l'abattrait à coups de pommes cuites*, se dit d'une place faible, mal fortifiée. ♦ *Fruit de l'arbre qui a causé le péché d'Adam dans le paradis terrestre.* ♦ *Par allusion à la Discorde qui jeta une pomme parmi les déesses en disant :* À la plus belle ! *Pomme de discorde*, chose contentieuse que plusieurs personnes veulent avoir. ♦ *Donner la pomme à une femme*, par allusion à Pâris, qui donna la pomme à Vénus, juger qu'elle l'emporte en beauté sur les autres femmes. ♦ *Il a emporté la pomme*, se dit de celui qui a emporté un prix, une chose contestée. ♦ *Dans la mythologie, les pommes du jardin des Hespérides*, pommes d'or qui étaient gardées par un dragon. ♦ *Pomme de pin*, le fruit que produit le pin, le sapin. ♦ *Pomme de pin*, ornement de sculpture. ♦ *Pomme d'amour*, Voy. TOMATE. ♦ *Pomme de raquette*, fruit du cactier en raquette. ♦ *Pomme de chêne* ou noix de galle, Voy. GALLE. ♦ *Pomme d'églantier*, excroissance velue produite sur les branches de l'églantier par la piqûre d'un insecte. ♦ *Pomme de terre*, plante dont les racines sont garnies de tubercules bons à manger. ♦ *Pomme d'Adam*, nom vulgaire de la saillie formée par le cartilage thyréoïde à la partie antérieure du cou de l'homme. ♦ *Pomme se dit des feuilles des choux et des laitues, lorsqu'elles sont compactes et ramassées.* ♦ *Ornement de bois, de métal, etc. fait en forme de pomme.* ♦ *Pomme d'arrosoir*, sorte d'entonnoir fermé au gros bout par une plaque percée d'une grande quantité de petits trous pour laisser arriver l'eau en pluie sur la terre. ■ *Pomme d'un mât*, sphère de bois extrêmement aplatie dont on couvre la tête d'un mât. ■ Personne naïve ou stupide. *Quelle pomme celui-là ! Il s'est fait avoir.* ■ Objet arrondi dont la forme rappelle celle d'une pomme. *Pomme de douche.* ■ **El-lipt**. *Pomme de terre*, en parlant du tubercule comestible de la plante. *Des pommes noisettes.* ♦ *Croquer la pomme*, se laisser charmer. ■ **Fam**. *Tomber dans les pommes*, s'évanouir. ■ **Fam**. *Haut comme trois pommes*, très petit. ■ **Fam**. *Ma pomme, sa pomme, etc.*, moi, lui, etc. *Les corvées, ça va être encore pour ma pomme !*

POMMÉ, ÉE, p. p. de pommer. [pome] Fait en forme de pomme. *Chou pommé.* ♦ **Fig. et fam.** Achevé, complet, toujours en mauvaise part. *Sottise pommée. Sot pommé.*

POMMEAU, n. m. [pomo] (dimin. de l'anc. fr. *pom*, pommeau) Dans les épées et dans quelques sabres, la partie de la monture qui est au-dessus de la poignée, et sur laquelle est rivée la soie de la lame. ♦ Éminence qui est au milieu de l'arçon de devant d'une selle, et qui est de forme arrondie. ■ Poignée en forme de boule située à l'extrémité d'un parapluie, d'une canne, etc. *Des pommeaux de douche.*

POMME DE TERRE, ■ n. f. [pom(ə)dɛtɛʀ] (*pomme, de* et *terre*) Des pommes de terre. Voy. POMME.

POMMELÉ, ÉE, p. p. de pommeler [pom(ə)le] (anc. fr. *pomel*, pommeau) *Ciel pommelé. Cheval pommelé.* ♦ Dénomination ajoutée aux diverses nuances de la robe grise du cheval, lorsqu'elles présentent des taches arrondies plus foncées que le reste de la robe. *Gris pommelé.* ♦ **Prov.** *Temps pommelé et femme fardée ne sont pas de longue durée.* ♦ **N. m.** *Le pommelé du ciel.* ♦ Particularité des robes des chevaux.

POMMELER (SE), v. pr. [pom(ə)le] (*pommelé*) En parlant du ciel, se couvrir de petits nuages blancs et grisâtres arrondis. *Le ciel se pommelle.* ♦ En parlant de la robe des chevaux, être marqué de taches rondes grises et blanches.

POMMELLE, n. f. [pomɛl] (*paumelle*, dimin. de *paume*, avec influ. de *pomme*) Plaque en plomb percée de petits trous, qu'on met à l'embouchure d'un tuyau pour empêcher les ordures d'y pénétrer.

POMMER, v. intr. [pome] (*pomme*) Se conjugue avec *être* ou *avoir*, suivant le sens. En parlant des choux et des laitues, se former en pomme.

POMMERAIE, n. f. [pom(ə)ʀɛ] (*pommier*) Lieu planté de pommiers.

POMMETÉ, ÉE, ■ adj. [pom(ə)te] (*pommette*) **Hérald**. Dont l'extrémité est ornée de boules. *Croix pommetée.*

POMMETTE, n. f. [pomɛt] (dimin. de *pomme*) Instrument qui sert à cueillir les pommes et les poires. ♦ Ornement de bois ou de métal en forme de pomme. ♦ Plaques creuses et rondes de fer, de cuivre ou d'argent, avec lesquelles on garnit le haut des crosses des pistolets. ♦ Partie proéminente que présente la face au-dessous de l'angle externe de chaque œil. *Avoir les pommettes rouges.*

POMMIER, n. m. [pomje] (*pomme*) Arbre qui porte les pommes. ♦ Ustensile de terre ou de métal pour faire cuire les pommes devant le feu.

POMOCULTURE, ■ n. f. [pomokyltyʀ] Voy. POMICULTURE.

POMŒRIUM ou **POMÉRIUM**, ■ n. m. [pomeʀjom] (lat. *pomaerium*) **Hist. et Antiq**. Espace consacré entourant la ville de Rome, et sur lequel il était interdit de bâtir, de cultiver, de porter les armes. *Les pomœriums étaient réservés au culte.*

POMOLOGIE, n. f. [pomoloʒi] (lat. *pomum*, fruit, et -*logie*) Science des fruits. ♦ Traité des fruits.

POMOLOGIQUE, adj. [pomoloʒik] (*pomologie*) Qui appartient à la pomologie.

POMOLOGUE ou **POMOLOGISTE**, ■ n. m. et n. f. [pomolog, pomoloʒist] (*pomologie*) Personne spécialisée dans la pomologie.

POMONE, n. f. [pomon] (lat. *Pomona*) ▷ Dans la mythologie, la déesse des Fruits (avec une majuscule). ♦ *La pomone* (avec une minuscule), l'ensemble des arbres fruitiers d'un pays. *La flore et la pomone françaises.* ◁

POMPADOUR, adj. inv. [pɔ̃paduʀ] (nom de Mᵐᵉ de *Pompadour*, favorite de Louis XV) Qui est à la mode de Louis XV. *Cela est pompadour.* ♦ *Costume pompadour*, costume de femme avec poudre, paniers, fleurs, dentelles et rubans à profusion. ♦ *Étoffes pompadour*, celles sur lesquelles il y a des bouquets de plusieurs couleurs dans lesquelles le bleu et le rose dominent. ♦ Se dit des objets d'art qui datent du règne de Louis XV. ■ POMPADOU-RITÉ, n. f. [pɔ̃paduʀite]

POMPAGE, ■ n. m. [pɔ̃paʒ] (*pomper*) Action de pomper, d'aspirer au moyen d'une pompe. *Station de pompage d'un pipeline.* ■ **Phys**. *Pompage optique*, méthode expérimentale utilisée notamment dans les lasers, permettant de faire transiter les atomes d'un corps grâce à une irradiation lumineuse intense, et d'obtenir ainsi une émission stimulée de lumière. ■ **Fam**. Action de pomper, de tricher en copiant. *On l'a accusé de pompage.*

1 **POMPE**, n. f. [pɔ̃p] (lat. *pompa*, procession, apparat) Appareil magnifique et somptueux. « *La pompe de ces lieux, Je le vois bien, Arsace, est nouvelle à tes yeux* », RACINE. « *J'aime la pompe du spectacle ; mais j'aime mieux un vers passionné* », VOLTAIRE. ♦ **Fig**. « *Et parer le couchant des pompes de l'aurore* », DELILLE. ♦ *Pompe funèbre*, tout l'appareil d'un enterrement. ♦ **Fig**. En parlant du langage, du style, éclat et faste. ♦ Dans le style de la chaire, *les pompes du siècle*, les vanités brillantes du monde. « *Pour renoncer au monde et à ses pompes* », MASSILLON. ♦ On dit de même : *Renoncer à Satan, à ses pompes et à ses œuvres.* ■ *En grande pompe*, avec faste et cérémonie. *Mariage en grande pompe.*

2 **POMPE**, n. f. [pɔ̃p] (mot néerl.) Machine pour élever l'eau, qui est composée d'un cylindre creux (*le corps de pompe*, dans lequel un piston joue à frottement dans le cylindre, et de deux soupapes qui s'ouvrent et se ferment alternativement. *Pompe aspirante. Pompe foulante.* ♦ *Pompe à incendie*, pompe aspirante et foulante garnie d'un long tuyau de cuir. ♦ **Mar**. Instrument dont la fonction est d'épuiser l'eau qui s'introduit dans la cale d'un navire. ♦ *Pompe à feu*, machine pour élever l'eau et la distribuer dans les différents quartiers d'une ville. ♦ *Pompe de cellier*, tube de métal pour goûter le vin d'un tonneau. ♦ Partie des tuyaux de cuivre dont se composent le trombone, le cor, la trompette, qui peut s'allonger et se raccourcir à volonté, pour baisser ou hausser le ton de l'instrument. ♦ Pièce composée d'une pompe. *Pompe à huile, à injection.* ♦ *Pompe à bicyclette, à vélo*, petite pompe à air servant à gonfler les pneus des bicyclettes et des motos. ♦ *Pompe à essence*, appareil destiné à distribuer du carburant. ■ *Pompe à chaleur*, appareil servant à exploiter la chaleur d'un milieu extérieur en vue de chauffer l'eau sanitaire ou de climatiser des locaux. ■ **Fam. Sp**. Mouvement de musculation qui consiste à abaisser puis remonter le corps positionné à plat ventre au sol, en tendant les bras. *Faire cinquante pompes.* ■ **Fam**. Chaussure. *Elle s'est acheté de nouvelles pompes.* ■ *Cirer les pompes*, flatter grossièrement. ■ **Fam**. *Marcher, être à côté de ses pompes*, ne pas avoir les

idées claires, faire fausse route, être dans un état d'inattention, de rêverie. ■ *À toute(s) pompe(s),* à toute vitesse, très rapidement. *Courir à toutes pompes.* ■ *Avoir un coup de pompe,* se sentir subitement fatigué.

POMPÉ, ÉE, p. p. de pomper. [pɔ̃pe]

1 **POMPÉIEN, IENNE,** ■ adj. [pɔ̃pejɛ̃, jɛn] (lat. *Pompeianus,* de Pompéi) Hist. rom. Qui est né ou qui vit à Pompéi. *Peintre pompéien.* ■ Propre à Pompéi, au style antique ornemental de Pompéi. *L'art pompéien.* ■ N. m. et n. f. *Un Pompéien, une Pompéienne.*

2 **POMPÉIEN, IENNE,** ■ adj. [pɔ̃pejɛ̃, jɛn] (lat. *Pompeianus,* de Pompée) Hist. rom. Relatif à Pompée. *Les légions pompéiennes.* ■ N. m. Soldat, général, homme politique romain du iᵉʳ siècle avant J.-C.

POMPER, v. tr. [pɔ̃pe] (2 *pompe*) Puiser avec une pompe. *Pomper de l'eau.* ◆ Il se dit aussi de l'action de la machine pneumatique sur l'air. ◆ Attirer, comme fait la pompe. *L'éléphant pompe l'eau avec sa trompe.* ◆ **Par extens.** Attirer un liquide par quelque propriété physique. *Le soleil pompe les eaux de la mer.* ◆ *Pomper l'humidité,* se dit de certaines matières, de certains corps qui attirent l'humidité et s'en imprègnent. ◆ **Fig.** Attirer à soi des choses comparées à un liquide. ◆ **Fig.** *Pomper quelqu'un,* essayer de tirer de lui des secrets, des informations. ◆ V. intr. Faire agir la pompe. ◆ **Fig. et pop.** Boire copieusement. ■ **Fam.** Ennuyer. *Tu me pompes avec tes histoires. Il me pompe l'air!* ■ **Fam. et arg. scol.** Copier. *Cet élève a tout pompé sur son voisin.* ■ **Arg.** Faire une fellation.

POMPETTE, ■ adj. [pɔ̃pɛt] (peut-être sous l'influence de *pomper* au sens de boire) **Fam.** Plus ou moins ivre. *Une coupe de champagne, et il est pompette!*

POMPEUSEMENT, adv. [pɔ̃pøz(ə)mɑ̃] (*pompeux*) Avec pompe. *Recevoir quelqu'un pompeusement.* ◆ En termes qui ont de la pompe. *Déclamer pompeusement.*

POMPEUX, EUSE, adj. [pɔ̃pø, øz] (b. lat. *pomposus,* grave, pompeux) Qui a de la pompe. *Une pompeuse majesté. Ce jour pompeux.* ◆ Il se dit aussi des personnes ou des objets personnifiés. « *On le verra bientôt, pompeux en cette ville, Marcher encor chargé des dépouilles d'autrui* », Boileau. « *Le pompeux Saint-Gothard apparaît à mes yeux* », Delille. ◆ Qui a le caractère de la pompe et de la magnificence. *Titres pompeux.* ◆ **Fig.** Qui est exprimé en termes pleins de pompe. *Style, vers pompeux.* ◆ Qui s'exprime en termes pleins de pompe. « *Soyez riche et pompeux dans vos descriptions* », Boileau. ◆ *Des éloges pompeux,* de très grands éloges. ◆ *Pompeux galimatias,* amas de grands mots, de belles paroles qui ne signifient rien. ◆ *Pompeux solécisme, pompeux barbarisme,* locution qui paraît brillante, mais qui pèche contre la grammaire, contre la langue. ■ N. m. Le caractère pompeux du style. ◆ Empreint d'une solennité un peu ridicule. *Un discours pompeux.*

1 **POMPIER,** n. m. [pɔ̃pje] (2 *pompe*) Celui qui fait des pompes. ◆ Nom qu'on donne à chaque homme d'un corps spécialement chargé de porter des secours dans les incendies et de faire agir les pompes. ◆ On dit aussi : *sapeur-pompier.* ■ *Fumer comme un pompier,* fumer beaucoup. ■ **Arg.** Fellation. *Faire un pompier.*

2 **POMPIER, IÈRE,** ■ adj. [pɔ̃pje, jɛʀ] (1 *pompe,* p.-ê. avec influ de 1 *pompier*) Qui traite de manière emphatique et académique des sujets conventionnels. *Peintre pompier.* ■ Qui est pompeux et ridicule. *Écrivain pompier. Style, art pompier.* ■ N. m. Genre pompier. ■ Artiste pompier. *Un pompier prétentieux.*

POMPIÉRISME, ■ n. m. [pɔ̃pjeʀism] (2 *pompier*) Style propre aux artistes pompiers. ■ **Par extens.** Emphase empreinte de ridicule.

POMPILE, ■ n. m. [pɔ̃pil] (lat. *pompilus*) Insecte rouge et noir, porteur d'aiguillon, qui nourrit ses larves à partir des araignées qu'il paralyse. *Le pompile chasse l'araignée directement sur sa toile.*

POMPISTE, ■ n. m. et n. f. [pɔ̃pist] (2 *pompe*) Personne dont le métier est d'assurer le fonctionnement et l'entretien des pompes pétrolifères. ■ **Par extens.** Personne assurant la distribution de l'essence dans une station-service. *Être pompiste de nuit.*

POMPON, n. m. [pɔ̃pɔ̃] (orig. incert., p.-ê. de *poupon*) Toute espèce d'ornement de peu de valeur que les femmes ajoutent à leur ajustement. ◆ *Avoir le pompon,* être au premier rang. ◆ Ornement de laine que les soldats portent à leur shako. ◆ *Rose pompon,* très petite rose. ■ **Fam.** *C'est le pompon!,* c'est le comble!

POMPONNÉ, ÉE, p. p. de pomponner. [pɔ̃pɔne]

POMPONNER, v. tr. [pɔ̃pɔne] (*pompon*) Orner de pompons et, dans un sens plus étendu, parer une personne, lui faire sa toilette. ◆ **Fig.** *Pomponner son style,* y mettre de la recherche, des ornements affectés. ◆ Se pomponner, v. pr. Se parer avec recherche et coquetterie.

PONANT, n. m. [pɔnɑ̃] (anc. provenç. *ponen,* ouest, du lat. *ponere,* se coucher) L'occident. ◆ Dans nos ports de France sur la Méditerranée, *le ponant,* le vent d'ouest. ◆ **Mar.** L'Océan, par opposition à Levant qui désigne la Méditerranée (avec un P majuscule). *Les ports du Ponant et du Levant.*

PONANTAIS, AISE, ■ adj. [pɔnɑ̃tɛ, ɛz] (*ponant*) Vx De l'océan Atlantique. *Côtes ponantaises.* ■ N. m. Marin qui est né ou qui travaille sur les côtes françaises de l'Atlantique.

PONÇAGE, n. m. [pɔ̃saʒ] (1 *poncer*) Action de poncer.

1 **PONCE,** n. f. [pɔ̃s] (lat. class. *pumex,* pierre ponce) Pierre volcanique légère et spongieuse. ◆ Adj. *Pierre ponce.*

2 **PONCE,** n. f. [pɔ̃s] (lat. class. *pumex,* pierre ponce) Petit sac rempli de charbon pilé, si l'on veut poncer sur une surface blanche, et de craie en poudre ou de plâtre fin, si l'on veut poncer sur une surface noire. *Calquer un dessin avec la ponce.* ◆ Sorte d'encre avec laquelle on marque le bout des pièces de toile.

1 **PONCÉ, ÉE,** p. p. des verbes poncer. [pɔ̃se]

2 **PONCÉ,** ■ n. m. [pɔ̃se] (2 *poncer*) Art Dessin obtenu au moyen du poncif.

1 **PONCEAU,** n. m. [pɔ̃so] (lat. pop. *ponticellus,* petit pont) Petit pont d'une arche.

2 **PONCEAU,** n. m. [pɔ̃so] (*paon,* par anal. avec sa couleur) Coquelicot, pavot rouge sauvage. ◆ Rouge fort vif. ◆ Adj. inv. Qui est de cette couleur. *Des étoffes ponceau.*

1 **PONCER,** v. tr. [pɔ̃se] (1 *ponce*) Polir, rendre uni avec la pierre ponce.

2 **PONCER,** v. tr. [pɔ̃se] (2 *ponce*) Passer la ponce sur un dessin dont on a piqué le trait avec une aiguille, pour contretirer ce dessin sur du papier, sur de la toile, etc. ◆ Régler du papier avec la ponce. ◆ *Poncer une toile,* la marquer à l'un des bouts avec une sorte d'encre.

PONCETTE, n. f. [pɔ̃sɛt] (dimin. de 2 *ponce*) Petit sachet plein de charbon que l'on emploie avec le poncis.

PONCEUR, EUSE, ■ n. m. [pɔ̃sœʀ, øz] (1 *poncer*) Personne qui s'occupe du ponçage. ■ N. f. Machine permettant de poncer. *Une ponceuse électrique.*

PONCEUX, EUSE, adj. [pɔ̃sø, øz] (1 *ponce*) Qui consiste en pierre ponce, qui en est formé. *Cendres ponceuses.*

PONCH, ■ n. m. [pɔ̃ʃ] Voy. punch.

PONCHO, ■ n. m. [pɔ̃ʃo] (mot esp.) Vêtement d'Amérique latine consistant en un grand rectangle de laine troué en son milieu pour la tête. *Chaque groupe d'Indiens du Pérou se différencie par la couleur du poncho et du châle. Des ponchos.* ■ **Par extens.** Vêtement de même forme. *Tricoter un poncho avec des restes de laine.*

PONCIF, ■ n. m. [pɔ̃sif] (2 *poncer*) Papier ou carton sur lequel un dessin quelconque est découpé ou piqué, de manière à pouvoir le reproduire à l'infini moyennant la poncette. ◆ **Fig. et fam.** Formule de style, de sentiment, d'idée ou d'image qui, fanée par l'abus, court les rues avec un faux air hardi et coquet.

PONCIRE, n. m. [pɔ̃siʀ] (anc. provenç. *poncire,* du lat. pop. *pomum syrium,* fruit de Syrie) Variété du citronnier de Médie, et son fruit dont on fait la confiture appelée écorce de citron.

PONCIS, n. m. [pɔ̃si] (2 *ponce*) Dessin qui a été piqué, et sur lequel on passe le petit sachet appelé *ponce.* ◆ Modèle piqué dont on se sert avec la ponce ou poncette, pour marquer des dessins sur la faïence. ◆ **Fig.** Se dit de tous les dessins dans lesquels on remarque un certain type convenu, un calque ou une copie, une routine dont l'artiste ne sort pas. *Cela est bien poncis.*

PONCTION, n. f. [pɔ̃ksjɔ̃] (lat. *punctio*) Chir. Opération par laquelle on ouvre une cavité naturelle ou accidentelle pour en évacuer un liquide qui y est épanché ou accumulé. *Une ponction dans un abcès.* ◆ **Partic.** Ponction pratiquée à l'abdomen. ■ **Fig.** Action de prélever quelque chose, notamment de l'argent. *Un budget qui subit de nouvelles ponctions.*

PONCTIONNER, v. tr. [pɔ̃ksjɔne] (*ponction*) Chir. Opérer la ponction. ■ **Fig. et fam.** Prélever de l'argent. *L'État cherche encore à ponctionner les contribuables.*

PONCTUALITÉ, n. f. [pɔ̃ktɥalite] (*ponctuel*) Qualité de celui qui est ponctuel.

PONCTUATION, n. f. [pɔ̃ktɥasjɔ̃] (*ponctuer*) Art de distinguer par des signes reçus les phrases entre elles, les sens partiels qui constituent ces phrases, et les différents degrés de subordination qui conviennent à chacun de ces sens. *Les signes de la ponctuation.* ◆ Manière de ponctuer. *Une ponctuation vicieuse.* ◆ Points qui suppléent les voyelles dans quelques langues orientales. ◆ **Mus.** Art de ponctuer. ◆ **Bot.** Petits enfoncements à la surface extérieure des vaisseaux.

PONCTUÉ, ÉE, p. p. de ponctuer. [pɔ̃ktɥe] *Ligne ponctuée,* ligne formée d'une suite de points. ◆ **Hist. nat.** Marqué de points, de taches. *Lézard ponctué. Plante ponctuée.*

PONCTUEL, ELLE, adj. [pɔ̃ktɥɛl] (lat. médiév. *punctualis*) Qui fait à point nommé ce qu'il doit. *Je serai ponctuel à vous écrire.* ◆ En parlant des choses.

Des réponses ponctuelles. ■ Qui arrive à l'heure convenue. *Il est toujours ponctuel à ses rendez-vous.* ■ Qui accomplit une tâche avec rigueur, régularité, précision. *Assistante ponctuelle.* ■ **Math.** et **opt.** Qui s'apparente à un point. *Image ponctuelle.* ■ **Par anal.** Qui porte sur un point déterminé, un objectif précis, une partie délimitée. *Action ponctuelle.*

PONCTUELLEMENT, adv. [pɔ̃ktɥɛl(ə)mɑ̃] (*ponctuel*) Avec ponctualité. ■ De façon ponctuelle. *Avoir ponctuellement besoin de quelque chose.*

PONCTUER, v. tr. [pɔ̃ktɥe] (lat. médiév. *punctuare*) Mettre dans un discours écrit les signes de ponctuation. ◆ **Absol.** *Il ne sait pas ponctuer.* ◆ **Mus.** Marquer les repos, diviser les phrases, dans la composition et l'exécution musicale. ■ Marquer les mots d'intonations, de soupirs, de gestes, etc. *Ponctuer ses phrases de silences. Le public a ponctué le discours de l'orateur d'applaudissements.*

PONDAGE, n. m. [pɔ̃daʒ] (angl. *poundage*, de *pound*, livre, du lat. *pondus*) Droit levé autrefois en Angleterre sur le poids des marchandises, à l'entrée et à la sortie.

PONDAISON, n. f. [pɔ̃dezɔ̃] (*pondre*) Saison de la ponte chez les oiseaux. ■ **Rem.** Dans l'usage, *pondaison* est souvent utilisé au sens de *ponte*.

PONDÉRABILITÉ, n. f. [pɔ̃derabilite] (*pondérable*) Qualité de ce qui peut être pesé.

PONDÉRABLE, adj. [pɔ̃derabl] (b. lat. *ponderabilis*) Dont on peut déterminer le poids, qu'on peut peser.

PONDÉRAL, ALE, adj. [pɔ̃deral] (lat. *ponderis*, poids) Qui a rapport au poids. *Une quantité pondérale.* ■ *Surcharge pondérale,* en parlant d'une personne, poids excessif. ■ *Des rapports pondéraux,* relevant d'une théorie en chimie qui donne la priorité aux rapports effectués en fonction du poids des corps et non des atomes. ■ **PONDÉRALEMENT**, adv. [pɔ̃deral(ə)mɑ̃]

PONDÉRATEUR, TRICE, adj. [pɔ̃deratœr, tris] (*pondérer*) Qui maintient l'équilibre. *Pouvoir pondérateur.*

PONDÉRATION, n. f. [pɔ̃derasjɔ̃] (*pondérer*) Science de l'équilibre des corps. ■ **Bx-arts** Juste équilibre des masses, des figures. ◆ **Fig.** Juste équilibre des forces morales ou sociales. *La pondération des pouvoirs.* ■ Qualité d'une personne pondérée. ■ **Fig.** Mesure dans les jugements, modération. *Il manque de pondération dans ses propos.* ■ **Écon.** Attribution d'un coefficient numérique à une variable en vue d'assurer la représentativité d'un échantillon et d'établir une moyenne. ■ **Math.** Attribution d'un coefficient en pondération.

PONDÉRÉ, ÉE, p. p. de pondérer. [pɔ̃dere] **Adj.** Qui sait garder son contrôle, qui est équilibré, calme. *Une âme pondérée et réfléchie. Ton pondéré.* ■ **Spécialt** Dont la valeur relative a été élaborée au moyen d'une pondération. *Indice pondéré.* ■ **PONDÉRÉMENT**, adv. [pɔ̃deremɑ̃]

PONDÉRER, v. tr. [pɔ̃dere] (lat. *ponderare*, peser, estimer) Équilibrer, en parlant de pouvoirs politiques. ■ Rétablir l'équilibre, balancer. ■ **Art** Équilibrer les masses, les figures. ■ **Spécialt** Appliquer une méthode de pondération pour calculer une moyenne, un indice, etc. et rétablir la représentativité d'un échantillon. *Pondérer une variable.* ■ **PONDÉRANT, ANTE**, adj. [pɔ̃derɑ̃, ɑ̃t]

PONDÉREUX, EUSE, ■ adj. [pɔ̃derø, øz] (lat. *ponderosus*, lourd) Qui est très lourd, très dense. *Matières pondéreuses.* ■ **N. m. pl.** Marchandises denses transportées pêle-mêle, dont le poids atteint plus d'une tonne au mètre cube. *Le trafic des pondéreux.*

PONDEUR, EUSE, adj. [pɔ̃dœr, øz] (*pondre*) *Poule pondeuse,* poule qui donne beaucoup d'œufs. ■ **N. f.** *Une pondeuse.* Qui pond des œufs. *Mammifère pondeur.* ■ **N. f. Péj.** Femme qui donne naissance à beaucoup d'enfants. *Au regard de ses huit mômes, on peut dire qu'elle est une bonne pondeuse!*

PONDOIR, ■ n. m. [pɔ̃dwar] (*pondre*) Lieu, panier spécialement conçu pour que les poules viennent y pondre leurs œufs.

PONDRE, v. tr. [pɔ̃dr] (lat. *ponere*, poser) Faire des œufs, en parlant d'une femelle d'oiseau. ◆ Il se dit d'autres animaux que les oiseaux. *La tortue pond ses œufs dans le sable.* ■ **V. intr.** *La poule a pondu.* ◆ **Fig.** *Il pond sur ses œufs,* se dit d'un homme riche et qui a toutes ses aises. ■ **Fam.** Écrire, élaborer. *Pondre un article de journal, une nouvelle loi.* ■ **Pop.** et **péj.** Donner naissance à. *Elle a pondu cinq garçons en sept ans!* ■ **PONDANT, ANTE**, adj. [pɔ̃dɑ̃, ɑ̃t]

PONDU, UE, p. p. de pondre. [pɔ̃dy]

PONETTE, ■ n. f. [ponɛt] (*poney*) Femelle du poney.

PONEY, n. m. [ponɛ] (mot angl. *pony*) Bidet de taille peu élevée, propre aux allures rapides et à la selle. *Les poneys viennent de la Bretagne.* ■ **Rem.** On écrivait aussi *ponet* autrefois.

PONGÉ ou **PONGÉE**, ■ n. m. [pɔ̃ʒe] (angl. *pongee*, prob. du chin. *pungi*, métier à tisser) Tissu souple et léger, composé de soie et de laine. *Pongée de soie. Jupe de pongé.*

PONGIDÉ, ■ n. m. [pɔ̃ʒide] (*pongo*) Grand singe anthropoïde, arboricole, tel que l'orang-outan, le gorille, le chimpanzé. *Les pongidés forment une famille.*

PONGISTE, ■ n. m. et n. f. [pɔ̃ʒist] (*ping-pong*) Joueur, joueuse de ping-pong, de tennis de table. *Des pongistes amateurs.* ■ **Adj.** Qui se rapporte au tennis de table. *Club pongiste.*

PONGO, n. m. [pɔ̃go] (mot africain, grand singe) Nom donné à de grands singes. ■ Appellation scientifique de l'orang-outan. *Des pongos.* ■ Sous-espèce de l'orang-outan. *On peut distinguer deux espèces d'orangs : l'orang, appelé couramment l'orang-outan, et le pongo, identifiable par la forme particulière de sa tête.*

PONT, n. m. [pɔ̃] (lat. *pons*) Construction de pierre, de fer ou de charpente, élevée d'un bord à l'autre d'une rivière pour la traverser. ◆ **Fig.** *Laisser passer l'eau sous les ponts,* ne pas se mettre en peine de ce qui ne nous regarde pas. ◆ *Il passera bien de l'eau sous le pont d'ici à ce temps-là,* se dit d'une chose qui n'arrivera pas de sitôt. ◆ ▷ **Fig.** *Faire le pont à quelqu'un,* favoriser son succès. ◁ ◆ **Fig.** *Servir de pont,* se dit de ce qui sert de transition, de facilité, de précédent pour quelque chose. ◆ *Pont de bateaux,* pont fait de bateaux attachés ensemble. ◆ *Pont volant,* sorte de pont, composé de deux petits ponts placés l'un sur l'autre, et tellement disposés que celui de dessus s'avance par des cordages et des poulies attachées à celui de dessous. ◆ *Pont tournant,* pont construit de manière qu'on peut le retirer à l'un des bords, en le faisant tourner sur un pivot. ◆ *Pont suspendu,* pont qui, ne reposant pas sur des piles, a son tablier suspendu et soutenu par des chaînes ou des fils de fer. ◆ *Pont dormant,* pont qu'on ne peut faire mouvoir. ◆ Ponts construits par une armée pour effectuer un passage de rivière : *pont de bateaux, pont de chevalets, pont de radeaux, pont de pilotis,* etc. ◆ *Équipage de pont,* l'ensemble de toutes les choses nécessaires pour établir ces ponts. ◆ ▷ **Fig.** *Il faut faire un pont d'or à ses ennemis,* il faut, quand ils s'enfuient, leur donner la facilité de se sauver et ne pas les réduire au désespoir. ◁ ◆ *Pont d'or,* grand avantage qu'on fait à quelqu'un, grand dédommagement qu'on lui accorde. ◆ *Le pont aux ânes,* le pont où passent les ânes ; **Fig.** et **fam.** une chose facile, ce que tout le monde sait, banalité. ◆ *Ponts et chaussées,* École des ponts et chaussées, Voy. chaussée. ◆ ▷ Aux jeux de cartes, *faire le pont,* courber quelques-unes des cartes et les arranger de telle sorte que celui contre qui on joue ne pourra guère couper qu'à l'endroit qu'on veut. ◁ ◆ **Fig.** *Couper dans le pont,* se prendre à un piège, croire à une bourde. ◆ **Mar.** Plancher établi dans la longueur du navire, à une certaine hauteur, soit seulement pour couvrir la cale, soit pour former un étage et partager le vaisseau. ◆ *Vaisseau à deux ponts, à trois ponts,* celui qui a deux, trois batteries couvertes, c'est-à-dire entre deux tillacs. ◆ **Ellipt.** *Un deux-ponts, un trois-ponts.* ◆ *Pont de pantalon,* Voy. pont-levis. ◆ ▷ **Prov.** *La foire n'est pas sur le pont,* rien ne presse. ◁ ◆ *Faire le pont,* ne pas travailler entre deux jours chômés. ◆ *Sous les ponts,* expression propre aux clochards, aux SDF, désignant le lieu où ils s'installent souvent, sous les ponts ou dans la rue. *Dormir, finir sous les ponts.* ■ *Couper, brûler les ponts,* cesser d'entretenir des relations avec quelqu'un, rompre avec quelque chose. *Il a coupé les ponts avec son ami d'enfance.* ■ **Spécialt** *Pont aux ânes,* démonstration du théorème de Pythagore. ■ *Pont basculant,* pont qui peut être manœuvré grâce à la mobilité de son tablier. ■ *Pont roulant,* engin de manutention comprenant un appareil de levage, se déplaçant sur des rails parallèles et permettant de soulever des charges. ■ *Pont supérieur,* pont le plus élevé qui s'étend tout le long d'un bateau. ■ *Pont de cloisonnement,* pont atteint par les cloisons étanches transversales d'un navire. ■ *Pont aérien,* liaison accomplie par un avion dans une zone difficilement accessible par un autre moyen de communication. *Ravitailler des sinistrés par pont aérien.* ■ *Pont d'envol,* pont supérieur d'un porte-avion qui sert de piste de décollage et d'atterrissage. ■ **Autom.** *Pont élévateur, pont de graissage,* appareil mobile équipé de deux rails parallèles servant à soulever un véhicule à hauteur d'homme en vue de l'entretenir, de le graisser ou de le réparer. ■ **Autom.** *Pont avant, pont arrière,* ensemble formé par l'essieu et quelques organes qui transmettent le mouvement moteur aux roues avant ou arrière d'un véhicule. ■ **Anat.** *Pont de Varole,* protubérance de l'encéphale placée devant le cervelet. ■ **Électr.** Circuit constitué de quatre branches disposées en forme de quadrilatère et destiné à mesurer des résistances, des fréquences, des capacités, etc. *Pont de Wheatstone.* ■ **Mus.** Moment de transition entre le premier et le deuxième thème de l'allegro d'une sonate. ■ **Sp.** Figure acrobatique dans laquelle le corps, cambré en arrière, prend appui sur les pieds et les bras tendus. *Faire le pont.* ■ *Pantalon à pont,* Voy. pont-levis.

PONTAGE, ■ n. m. [pɔ̃taʒ] (*pont*) Fait de construire un pont. *Travaux de pontage d'un bateau.* ■ **Chir.** Réunion de deux vaisseaux du cœur par dérivation, pour contourner les segments obstrués des artères coronaires. *On parvient à faire jusqu'à des quadruples pontages.* ■ *Pontage gastrique,* opération encore rare effectuée en dernier recours dans les cas d'obésité grave, et consistant à relier une partie de l'estomac directement à l'intestin.

PONT-AQUEDUC, ■ n. m. [pɔ̃ak(ə)dyk] (*pont* et *aqueduc*) Pont servant au passage d'une conduite d'eau. *Des ponts-aqueducs.*

PONT-BASCULE, ■ n. m. [pɔ̃baskyl] (*pont* et *bascule*) Plateforme permettant de peser des charges très lourdes, notamment des véhicules. *Des ponts-bascules.*

PONT-CANAL, ■ n. m. [pɔ̃kanal] (*pont* et *canal*) Pont portant un canal au-dessus d'une voie d'eau, d'un chemin de fer, d'une route, etc. *Des ponts-canaux.*

1 **PONTE**, n. f. [pɔ̃t] (*pondre*) Action de pondre. ♦ Quantité d'œufs pondus. ♦ Temps où les oiseaux pondent.

2 **PONTE**, n. m. [pɔ̃t] (esp. *punto*, point) Au jeu d'hombre, l'as rouge quand on joue en cœur ou en carreau. ♦ Le joueur qui ponte. ♦ Il s'est dit de gens appartenant à une tontine. ■ Fam. Personne influente.

PONTÉ, ÉE, adj. [pɔ̃te] (1 *ponter*) Mar. Qui a un pont. *Vaisseau ponté.*

PONTÉE, ■ n. f. [pɔ̃te] (*pont*) Ensemble des marchandises déposées et fixées sur le pont d'un navire. *Une pontée de bois.*

1 **PONTER**, v. tr. [pɔ̃te] (*pont*) Mar. Couvrir d'un pont le navire pour le mettre à l'abri de la pluie ou des lames. ■ Méd. Procéder à un pontage.

2 **PONTER**, v. intr. [pɔ̃te] (*pont*, anc. p. p. de *pondre*, du lat. *ponere*, déposer) Mettre de l'argent sur les cartes contre le banquier, au pharaon, au trente et quarante. ■ PONTAGE, n. m. [pɔ̃taʒ]

PONTET, n. m. [pɔ̃tɛ] (dimin. de *pont*) Partie de la sous-garde des armes à feu portatives ; elle est demi-circulaire et entoure la détente. ♦ Partie d'une selle en forme d'arcade.

PONTIER, ■ n. m. [pɔ̃tje] (*pont*) Personne s'occupant de la manœuvre d'un pont mobile. ■ Personne chargée de conduire un pont roulant.

PONTIFE, n. m. [pɔ̃tif] (lat. *pontifex*) Ministre du culte d'une religion. ♦ Dans la liturgie catholique et dans le style élevé, évêque, prélat. ♦ *Le souverain pontife*, le pape. ■ Fam. et péj. Personne s'attribuant une autorité dans un domaine particulier et se donnant des airs importants et prétentieux. *En linguistique, il se prend pour un pontife.*

PONTIFIANT, ANTE, ■ adj. [pɔ̃tifjɑ̃, ɑ̃t] (*pontifier*) Fam. Qui pontifie, qui se comporte comme un pontife. *Un professeur pontifiant.* ■ Qui a trait à celui qui pontifie, solennel. *Ton pontifiant.*

1 **PONTIFICAL**, n. m. [pɔ̃tifikal] (2 *pontifical*) Livre qui contient les différentes prières et l'ordre des cérémonies que l'évêque doit observer, particulièrement dans l'ordination, la confirmation, les sacres et les autres fonctions réservées aux évêques. ■ Au pl. *Des pontificaux.*

2 **PONTIFICAL, ALE**, adj. [pɔ̃tifikal] (lat. *pontificalis*, relatif aux pontifes) Qui appartient aux pontifes. ♦ Qui appartient à la dignité d'évêque. *Habits, ornements pontificaux.* ♦ *Dignité pontificale*, celle de souverain pontife.

PONTIFICALEMENT, adv. [pɔ̃tifikal(ə)mɑ̃] (2 *pontifical*) Avec les cérémonies propres au ministère de l'évêque ; avec les habits pontificaux. *Officier pontificalement.*

PONTIFICAT, n. m. [pɔ̃tifika] (lat. *pontificatus*) Dignité de grand pontife. ♦ Chez les chrétiens, dignité du souverain pontife. ♦ Le temps pendant lequel un pape est sur le siège de saint Pierre.

PONTIFIER, ■ v. tr. [pɔ̃tifje] (*pontife*) Relig. Célébrer un office en qualité de pontife. ■ Fam. et péj. Discourir de ce qu'on connaît avec autorité et emphase. *Un crâneur qui n'arrête pas de pontifier.*

PONTIL ou **POINTIL**, ■ n. m. [pɔ̃til, pwɛ̃til] (on prononce le *l* final ; *pointe*) Petite masse de verre à l'état de demi-fusion, servant à maintenir un objet de verre en cours de fabrication à l'extrémité d'une petite barre de fer. ♦ Cette barre de fer. ■ Petite glace arrondie permettant de répandre l'émeri sur une glace en vue de la polir.

PONT-L'ÉVÊQUE, ■ n. m. inv. [pɔ̃levɛk] (du nom de la ville de Normandie) Fromage au lait de vache, carré, à croûte jaune à gris-brun, à pâte molle. *Des pont-l'évêque à la pâte jaune, onctueuse.*

PONT-LEVIS, n. m. [pɔ̃l(ə)vi] (*pont* et anc. fr. *leveïs*, qui se lève, de *lever*) Pont qui se baisse et se lève pour ouvrir ou fermer le passage d'un fossé. *Des ponts-levis.* ♦ *Pont-levis* ou plus ordinairement *pont*, partie de la culotte ou du pantalon qui s'abaisse ou se lève à volonté. *Pantalon à grand pont, à petit pont.*

PONT-NEUF, n. m. [pɔ̃nœf] (du *Pont-Neuf* de Paris) Pont à Paris bâti par Henri IV, sur lequel il y avait jadis des chanteurs en plein air et des bouffons. « *Les plaisants du Pont-Neuf* », BOILEAU. ♦ *Il se porte comme le Pont-Neuf*, il se porte très bien, par allusion à la solidité de ce pont. ♦ ▷ Avec

des minuscules, *pont-neuf*, chanson populaire. *Des ponts-neufs.* ◁ ♦ ▷ Air de cette chanson. **Par extens.** Air banal et trivial. ◁

PONTON, n. m. [pɔ̃tɔ̃] (lat. *pontonem*) Pont flottant composé de deux bateaux joints par des poutres et recouverts de planches. ♦ Bateaux de cuivre qui servent aux armées à jeter des ponts sur les rivières. ♦ **Mar.** Bâtiment à fond plat, ayant la forme d'un parallélogramme rectangle long une ou deux fois autant qu'il est large. ♦ On donne aussi le nom de *pontons* à de vieux bâtiments de guerre rasés jusqu'au premier pont, ou de guerre non rasés qui servent de prison. ■ Plateforme flottante ou sur pilotis, servant de débarcadère. *Ponton d'embarquement.*

PONTONAGE, n. m. [pɔ̃tonaʒ] (*ponton*) ▷ Droit dû par ceux qui traversent une rivière dans un bac ou sur un pont. ◁

PONTON-GRUE, ■ n. m. [pɔ̃tɔ̃gry] (*ponton* et *grue*) Ponton sur lequel est aménagée une grue et qui permet d'arrimer ou de débarquer de lourdes charges dans un port. *Des pontons-grues.*

PONTONNIER, ■ n. m. [pɔ̃tɔnje] (*ponton*) ▷ Celui qui perçoit le pontonage. ◁ ♦ Soldat employé à la construction des ponts militaires.

PONT-PROMENADE, ■ n. m. [pɔ̃prɔm(ə)nad] (*pont* et *promenade*) Pont situé sur un paquebot, réservé aux passagers et sur lequel ils peuvent se promener à leur gré. *Des ponts-promenades.*

PONT-RAIL, ■ n. m. [pɔ̃raj] (*pont* et *rail*) Pont permettant le passage d'une voie ferrée au-dessus d'un obstacle. *Des ponts-rails.*

PONT-ROUTE, ■ n. m. [pɔ̃rut] (*pont* et *route*) Pont qui permet le passage d'une route surplombant un obstacle. *Des ponts-routes.*

PONTUSEAU, n. m. [pɔ̃tyzo] (p.-ê. par altér. de *pontereau*, dimin. de *pont*) Verge de métal qui traverse les vergeures dans les formes à papier. ♦ Au pl. Raies que les verges laissent sur le papier. ■ Chacun des rouleaux qui soutiennent la toile métallique d'une machine à papier moderne et constituent le châssis de la forme à papier.

POOL, ■ n. m. [pul] (mot angl.) Groupe aux intérêts communs. ■ Spécialt *Pool bancaire*, groupement de banques associées pour une opération de crédit. ■ Groupement de personnes remplissant des tâches identiques. *Le pool des secrétaires.*

POP, ■ adj. [pɔp] (abrév. de *pop-music*) Qui concerne la pop music. *La musique pop. Des chansons pops.*

POP ART ou **POP-ART**, ■ n. m. [pɔpart] (mot angl., de *popular art*) Mouvement artistique pictural des années 1960, né en Angleterre et qui s'est imposé aux États-Unis, et se référant aux produits liés à la consommation, aux médias et à la vie urbaine. *Warhol fut une grande figure du pop art. Des pop arts, des pop-arts.*

POP-CORN, ■ n. m. [pɔpkɔrn] (mot angl., de *popped corn*, maïs éclaté) Grains de maïs soufflés et éclatés à la chaleur, et qui sont vendus souvent caramélisés. *On peut acheter du pop-corn à l'entrée de nombreux cinémas. Des pop-corns salés ou sucrés.*

POPE, n. m. [pɔp] (russe *pop*, du gr. *pappos*) Nom du prêtre du rite grec chez les Russes.

POPELINE, n. f. [pɔp(ə)lin] (altér. de *Poperinge*, ville flamande) Étoffe unie dont la chaîne est de soie et la trame de laine retorse. ♦ *Popeline de laine*, imitation de la vraie popeline, dont la chaîne est en laine et la trame en laine retorse. ■ REM. On disait aussi *papeline* autrefois.

POPLITÉ, ÉE, adj. [poplite] (lat. *poples*, jarret) Anat. Qui a rapport au jarret. *L'artère poplitée. Le muscle poplité.*

POP MUSIC ou **POP-MUSIC**, ■ n. f. [pɔpmjuzik] (abrév. de l'angl. *popular music*, de *pop*, abrév. de *popular*, et de *music*) Musique née dans les années 1960 en Angleterre et aux États-Unis, issue du rock'n'roll et influencée par le folk, le jazz, dans un contexte de contestation sociale non violente. *La pop music est illustrée par bon nombre de chanteurs et surtout de groupes comme les Beatles, Jefferson Airplane, Martin Circus ou Abba. Des pop musics.* ■ Abrév. Pop.

POPOTE, ■ n. f. [pɔpɔt] (p.-ê. du lat. *pappare*, manger) Fam. Cuisine, préparation des repas. *Faire la popote.* ■ Ensemble de gamelles emboîtables utilisées en camping, en randonnée. ■ Organisation et lieu privés où se restaurent plusieurs personnes, en particulier des militaires. ■ *Tournée des popotes*, visite d'une personnalité militaire ou civile aux différentes unités ; visite d'une personnalité, d'un chef, aux groupes qu'il administre ou dans l'action desquels il est impliqué. ■ Adj. Fam. Qui se préoccupe trop des travaux ménagers. *Femmes popotes.* ■ Pantouflard, casanier, peu ouvert d'esprit. *Des maris popotes qui passent leur temps devant la télé.* ■ Insignifiant, banal.

POPOTIN, ■ n. m. [pɔpɔtɛ̃] (orig. inc., p.-ê. de *popo*, par allus. au terme enfantin ou par redoublement de *pot*) Fam. Postérieur, fesses. *Remuer du* *popotin.* ■ **Fam.** *Se manier le popotin,* se dépêcher. *Magne-toi le popotin, on va être en retard !*

POPOV, ■ n. m. et n. f. [popɔf] (le *v* se prononce *f.* Mot russe) **Fam.** Russe.

POP STAR ou **POP-STAR**, ■ n. f. [pɔpstar] (*pop* et *star*) Artiste célèbre de pop music. *Des pop-stars.*

POPULACE, n. f. [pɔpylas] (ital. *popolaccio,* du lat. *populus,* peuple) Le bas peuple. « *La populace soulevée contre les lois est le plus insolent de tous les maîtres* », FÉNELON. ◆ **Par extens.** Il se dit de ce qu'il y a de plus bas dans une classe quelconque. « *La populace littéraire* », D'ALEMBERT. ■ **Rem.** Terme péjoratif.

POPULACIER, IÈRE, adj. [pɔpylasje, jɛr] (*populace*) Qui appartient, qui est propre à la populace. *Propos populacier.*

POPULAGE, ■ n. m. [pɔpylaʒ] (lat. scient. *populago,* de *populus,* peuplier) Plante herbacée vivace, légèrement toxique, poussant principalement dans les lieux humides, et qui se caractérise par une tige charnue et creuse, de larges feuilles brillantes, des fleurs à cinq pétales de couleur jaune et à étamines nombreuses. *Le populage des marais est appelé communément* souci d'eau.

POPULAIRE, adj. [pɔpylɛr] (lat. *popularis*) Qui est du peuple, qui concerne le peuple, qui appartient au peuple. *Opinion populaire.* ◆ *Gouvernement, État populaire,* État où l'autorité est entre les mains du peuple. ◆ Il se dit, dans le même sens, des institutions. *Des lois populaires.* ◆ *Éloquence populaire,* éloquence propre à faire impression sur la multitude. ◆ Qui est usité, répandu parmi le peuple. « *Il est dangereux en philosophie de s'écarter du sens usuel et populaire des mots* », DIDEROT. ◆ *Erreur populaire,* erreur accréditée parmi le peuple. ◆ *Rendre une science populaire,* la répandre en tous lieux, la rendre accessible à tous les esprits. ◆ *Maladies populaires,* certaines maladies épidémiques ou contagieuses qui courent parmi le peuple. ◆ Vulgaire, bon pour le peuple, qui ne s'élève pas au-dessus de la portée du peuple. *Une dévotion populaire [1].* ◆ Qui recherche, qui se concilie l'affection du peuple. *Un prince populaire.* ◆ Se dit aussi des manières, du langage. « *La véritable grandeur est libre, douce, familière, populaire* », LA BRUYÈRE. ◆ ▷ **N. m.** Le commun des hommes, le vulgaire, la foule [2]. ◁ ◆ Qui concilie la faveur du peuple, qui est connu et apprécié du plus grand nombre. *Acteur populaire.* ■ Qui concerne les couches les plus modestes, les moins cultivées de la société. *Lexique populaire.* ■ **Ling.** Qui résulte d'une évolution phonétique ou d'une formation spontanée respectant les règles générales de la langue, en parlant d'un mot ou d'une forme. *On distingue forme populaire et forme savante :* coffre-fort *est un mot composé populaire, constitué de morphèmes lexicaux autonomes, tandis que* génocide *est un mot composé savant formé à partir d'éléments grec et latin.* ■ **Rem.** 1 et 2 : Terme péjoratif dans ces deux sens.

POPULAIREMENT, adv. [pɔpylɛr(ə)mɑ̃] (*populaire*) À la manière du peuple. *En parlant ainsi, il s'exprimait populairement.* ◆ Parmi le peuple. « *Aucune secte établie populairement ne peut avoir de corps de doctrine qu'à la longue* », VOLTAIRE.

POPULARISATION, n. f. [pɔpylarizasjɔ̃] (*populariser*) Action de populariser. *La popularisation des sciences, d'une idée.*

POPULARISÉ, ÉE, p. p. de populariser. [pɔpylarize]

POPULARISER, v. tr. [pɔpylarize] (*populaire*) Propager parmi le peuple, rendre populaire ou vulgaire. *Populariser une opinion, une science.* ◆ Concilier la faveur publique. « *Rien ne popularise plus un roi que d'être d'un accès facile* », DICT. DE L'ACAD. ◆ *Se populariser,* v. pr. Devenir commun, se répandre parmi le peuple. ◆ Se concilier l'affection, la faveur du peuple.

POPULARITÉ, n. f. [pɔpylarite] (lat. *popularitas*) Caractère d'une personne qui se fait aimer du peuple par des manières douces et insinuantes, ou par des promesses excessives ; conduite propre à gagner la faveur du peuple. ◆ Faveur publique, crédit auprès du peuple. *Jouir de la popularité.*

POPULATION, n. f. [pɔpylasjɔ̃] (lat. *populatio*) Ensemble des individus habitant un territoire. « *La population a presque triplé depuis Charlemagne* », VOLTAIRE. ◆ *Population de chaque âge,* nombre des individus vivants à chaque âge. ◆ Réunion d'hommes de même pays, de même condition. *Les populations agricoles. Soulever les populations.* ◆ **Par extens.** Toute espèce animale ou même végétale habitant un pays. *Population de la mer. Population animale.* ■ **Spécialt** Ensemble déterminé d'individus, d'objets, soumis à des tests dans le cadre d'une étude statistique. ■ **Astron.** *Population stellaire,* ensemble des étoiles qui ont en commun des propriétés intrinsèques et cinématiques.

POPULATIONNISME, ■ n. m. [pɔpylasjɔnism] (*population*) Doctrine selon laquelle l'accroissement de la population constitue une source de richesse. *Populationnisme politique.*

POPULATIONNISTE, ■ adj. [pɔpylasjɔnist] (*population*) Qui est favorable au populationnisme, qui s'en inspire. *Doctrine populationniste.* ■ **N. m.** et n. f. Partisan du populationnisme.

POPULÉUM, n. m. [pɔpyleɔm] (lat. *populus,* peuplier) Onguent populéum, onguent composé de bourgeons de peupliers, d'axonge de porc, de feuilles récentes de pavot noir, de belladone, de jusquiame et de morelle noire.

POPULEUX, EUSE, adj. [pɔpylø, øz] (lat. impér. *populosus*) Très peuplé. *Pays populeux. Région populeuse.*

POPULISME, ■ n. m. [pɔpylism] (*populiste*) **Littér.** Mouvement littéraire fondé sur la description réaliste des milieux populaires (ouvriers, paysans). « *Marx et Engels ont toujours choisi les bons narrateurs bourgeois du xixᵉ siècle en dédaignant le populisme de pacotille d'un Eugène Sue* », VELASQUEZ MONTALBAN. ■ Attitude, mouvement politique prétendant incarner et défendre les aspirations, les préjugés du peuple considéré comme une entité. *Le populisme incarne une corruption idéologique de la démocratie, et en révèle les dysfonctionnements.*

POPULISTE, ■ adj. [pɔpylist] (lat. *populus*) Qui se rapporte au populisme. ■ **N. m.** et n. f. Partisan du populisme.

POPULO, n. m. [pɔpylo] (rad. de *populaire*) ▷ **Fam.** Un petit enfant gras et potelé. *Une bande de petits populos.* ◁ ◆ **Fam.** et péj. Peuple. *Exploiter l'argent du populo.* ■ **Fam.** Foule, nombre important de personnes. *Il y a plein de populo sur ce marché.*

POQUE, n. m. [pɔk] (*poquer*) Sorte de jeu de cartes qui a de l'analogie avec le hoc.

POQUER, ■ v. tr. [pɔke] (flam. *pokken,* frapper) **Vx** Au jeu de boules, pointer en jetant la boule assez haut de manière qu'une fois retombée au sol elle ne roule pas. ■ **Québec** Heurter. *Marche droit sinon tu vas poquer ton ami !*

POQUET, ■ n. m. [pɔkɛ] (*poque*) Petit trou à l'intérieur duquel on sème quelques graines ou tubercules. *Des semis en poquet.*

1 **POQUETTE**, n. f. [pɔkɛt] (*poque*) Jeu d'enfants, qui consiste à jeter un nombre pair de billes dans un trou en forme de poche. Le joueur gagne quand il y a un nombre pair de billes dedans et dehors, il perd si les nombres sont impairs.

2 **POQUETTE**, ■ n. f. [pɔkɛt] (altér. du dimin. de *poche*) **Normand.** Petite poche.

PORACÉ, ÉE, adj. [pɔrase] Voy. PORRACÉ.

PORC, n. m. [pɔr] (lat. *porcus*) Cochon, mammifère qu'on engraisse pour l'alimentation. ◆ *Soie de porc,* le grand poil qui vient aux porcs sur le haut du cou et sur le dos. ◆ **Fig.** *C'est un vrai porc,* se dit d'un homme sale et gourmand ou grossier. ◆ *La chair de porc.* Manger du porc. ◆ *Porc frais,* chair de cochon qui n'est pas salée. ◆ *Porc sauvage* ou simplement *porc,* le sanglier.

PORCELAINE, n. f. [pɔrsəlɛn] (ital. *porcellana,* du lat. *porcella,* truie, par anal. avec la vulve de la truie) Espèce de coquillage univalve, très poli. ◆ Dans le Moyen Âge, nacre qu'on tirait de la coquille de ce coquillage. ◆ Nom donné à la poterie que l'on commença à apporter de l'Orient vers le xviᵉ siècle. ◆ *Porcelaine dure,* poterie dont la pâte fine, compacte, très dure et un peu translucide, se ramollit en cuisant. ◆ *Porcelaine tendre* ou *vitreuse,* porcelaine composée d'une frite vitreuse, rendue opaque et moins fusible par l'addition d'une argile marneuse très calcaire. ◆ Vase fait avec cette poterie. *Casser quelque porcelaine.* ◆ *Demi-porcelaine,* sorte de faïence. ◆ **Adj.** Cheval *porcelaine,* celui dont la robe est grise, luisante et marquée de poils couleur d'ardoise. ■ Tout objet en porcelaine. *Elle a installé la porcelaine sur la table.* ■ *Noces de porcelaine,* vingtième anniversaire de mariage.

PORCELAINIER, IÈRE, ■ n. m. et n. f. [pɔrsəlenje, jɛr] (*porcelaine*) Personne qui fabrique la porcelaine. ◆ **Adj.** *Porcelainier, porcelainière,* qui est relatif à la porcelaine. *L'industrie porcelainière de Limoges.*

PORCELET, ■ n. m. [pɔrsəle] (anc. fr. *porcel,* pourceau) Jeune porc. *Porcelet rôti, en gelée.*

PORC-ÉPIC, n. m. [pɔrkepik] (anc. provenç. *porc espi,* du lat. vulg. *porcospinus,* avec altér. d'apr. *piquer*) Genre de mammifères de l'ordre des rongeurs, dont le corps est armé de piquants. ■ **Fam.** Personne insociable, bourrue. *Il n'y a que des porcs-épics dans cette famille !*

PORCHAISON, ■ n. f. [pɔrʃezɔ̃] (*porc*) Saison où le sanglier est bon à chasser. *Sanglier en porchaison.*

PORCHE, n. m. [pɔrʃ] (lat. *porticus*) Petit vestibule soutenu ou non de colonnes devant les palais et les temples. ■ Vestibule d'un immeuble. *Le porche couvert donne sur une cour.*

PORCHER, ÈRE, n. m. et n. f. [pɔrʃe, ɛr] (lat. *porcarius*) Celui, celle qui garde les pourceaux. ◆ **Fig.** *C'est un porcher,* se dit d'un homme grossier et malpropre.

PORCHERIE, n. f. [pɔrʃəri] (*porc*) Lieu où l'on tient des porcs. ◆ **Fig.** et fam. *Endroit extrêmement sale.*

PORCIN, INE, adj. [pɔʀsɛ̃, in] (lat. *porcinus*) *Bêtes porcines*, les porcs. *Races porcines*, les diverses races de porcs. ▪ Qui est propre au porc, qui se rapporte au porc. *Élevage porcin. Des yeux porcins.* ▪ N. m. Mammifère au corps massif, non ruminant, tels que le porc, l'hippopotame, le sanglier.

PORE, n. m. [pɔʀ] (lat. *porus*, du gr. *poros*, conduit) Nom donné à des orifices existant sur toutes les parties du corps vivant. ♦ Petits orifices dont les végétaux sont criblés. ▪ Petits interstices qui séparent les molécules intégrantes des corps. ▪ Orifice minuscule, situé à la surface de la peau, par lequel se produit l'écoulement des sécrétions des glandes sudoripares et sébacées. *Les pores de la peau se dilatent.* ▪ *Par tous les pores*, par toute sa personne. *Sa colère sort par tous les pores.*

POREUX, EUSE, adj. [pɔʀø, øz] (*pore*) Qui a des pores. *Les corps poreux.* ♦ Dont la surface est percée de trous. *Du bois poreux.* ♦ Dont les parties sont assez peu liées pour laisser entre elles de notables distances. *Terrain poreux.* ▪ Fig. Qui se laisse imprégner par quelque chose, qui permet des échanges, perméable. *Esprit poreux à une idéologie. Frontière poreuse.*

PORION, ▪ n. m. [pɔʀjɔ̃] (ital. *caporione*, de *capo*, chef, et *rione*, quartier) Contremaître de mine de houille dans le nord de la France.

PORNO, ▪ adj. [pɔʀno] (abrév. de *pornographique*) Fam. Pornographique. *Des films, des revues pornos.* ▪ N. m. Fam. Genre de la pornographie. *Faire du porno.* ▪ Fam. Film de pornographie. *Regarder un porno.*

PORNOGRAPHE, ▪ n. m. et n. f. [pɔʀnɔɡʀaf] (gr. *pornê*, prostituée, et *-graphe*) Artiste spécialiste de la pornographie, auteur qui écrit des sujets obscènes. *Œuvres de pornographes.* ▪ Adj. *Écrivain pornographe.*

PORNOGRAPHIE, ▪ n. f. [pɔʀnɔɡʀafi] (*pornographe*) Représentation de sujets obscènes, dans les textes, des photos, des dessins, des films, etc., dans le but d'exciter l'imaginaire sexuel. *Depuis plusieurs décennies, les médias ont fait entrer la pornographie dans la vie publique.* ▪ Abrév. Porno.

PORNOGRAPHIQUE, ▪ adj. [pɔʀnɔɡʀafik] (*pornographie*) Qui se rapporte à la pornographie, qui évoque l'obscénité et la luxure. *Revue pornographique.* ▪ Abrév. Porno.

POROSITÉ, n. f. [pɔʀozite] (*poreux*) Qualité d'un corps poreux. ▪ Géol. Rapport du volume des vides au volume intégral d'une roche, d'un matériau, d'un sol.

PORPHYRA, ▪ n. f. [pɔʀfiʀa] (gr. *porphureos*, de couleur pourpre) Algue comestible à thalle foliacé, de couleur rouge, qui se fixe aux rochers battus ou abrités de la Méditerranée et des côtes de l'Atlantique, et qu'on utilise notamment pour confectionner des rouleaux contenant du poisson ou du riz. *Porphyras séchées.*

PORPHYRE, n. m. [pɔʀfiʀ] (lat. *porphyrides*, du gr. *prophurités*) Chez les anciens, roche d'un rouge foncé, parsemé de taches blanches. ♦ Par extens. Toute espèce de pierre dure et polissable, présentant, au milieu d'une pâte d'une certaine couleur, des cristaux dont la teinte blanche tranche nettement sur celle du fond. *Du porphyre vert.* ♦ Minér. Nom d'une pierre basaltique très dure, rouge ou noire, composée de feldspath, de quartz et de mica.

PORPHYRÉ, ÉE, adj. [pɔʀfiʀe] (*porphyre*) Minér. Qui est taché de rouge, comme le porphyre.

PORPHYRIE, ▪ n. f. [pɔʀfiʀi] (*porphyrine*) Méd. Affection génétique due à une anomalie du métabolisme telle que le déficit d'une enzyme, provoquant une surproduction de porphyrines dans l'organisme, leur élimination dans les urines, et entraînant des problèmes cutanés. *Porphyrie aiguë intermittente.*

PORPHYRINE, ▪ n. f. [pɔʀfiʀin] (gr. *porphureos*, de couleur pourpre) Biol. Pigment précurseur de la chlorophylle et de l'hémoglobine, constitué de quatre cycles de pyrrol, et intervenant dans les phénomènes respiratoires.

PORPHYRIQUE, adj. [pɔʀfiʀik] (*porphyre*) Qui contient du porphyre, qui en a l'apparence.

PORPHYRISATION, n. f. [pɔʀfiʀizasjɔ̃] (*porphyriser*) Action de porphyriser ; état de ce qui est porphyrisé.

PORPHYRISÉ, ÉE, p. p. de porphyriser. [pɔʀfiʀize]

PORPHYRISER, v. tr. [pɔʀfiʀize] (*porphyre*) Réduire une substance quelconque en poudre très fine. ▪ PORPHYRISEUR, n. m. [pɔʀfiʀizœʀ]

PORPHYRITE, ▪ n. f. [pɔʀfiʀit] (lat. *porphyrites*) Vx Minér. Roche du genre de l'andésite composée de hornblende et de biotite, souvent de couleur bleue.

PORPHYRITIQUE, adj. [pɔʀfiʀitik] (*porphyrite*) Syn. de porphyrique. ▪ Qui contient de la porphyrite.

PORPHYROGÉNÈTE, adj. [pɔʀfiʀɔʒɛnɛt] (gr. *prophurogennêtos*) Antiq. Nom qu'on donnait aux enfants des empereurs d'Orient, nés pendant le

règne de leur père. ▪ Litt. Qui évoque la splendeur de l'empire. *Ville porphyrogénète.* ▪ N. m. et n. f. *Un, une porphyrogénète.*

PORPHYROÏDE, adj. [pɔʀfiʀɔid] (*porphyre* et *-oïde*) Minér. Qui a l'apparence du porphyre.

PORQUE, ▪ n. f. [pɔʀk] (lat. *porca*, truie, en comparaison avec l'animal couché) Mar. Membrure transversale située dans les fonds d'un navire en bois et destinée à renforcer la partie immergée de la coque.

PORRACÉ, ÉE, adj. [pɔʀase] (lat. *porraceus*) Hist. nat. Qui a la couleur vert pâle du poireau. ▪ Se dit des humeurs dont la couleur verdâtre tire sur celle du poireau. ▪ REM. On écrivait aussi *poracé* autrefois.

PORREAU, n. m. [pɔʀo] Voy. POIREAU.

PORRECTION, n. f. [pɔʀɛksjɔ̃] (lat. *porrectio*, de *porrigere*, étendre) Dans le rituel catholique, action de présenter en étendant le bras ; se dit en parlant des ordres mineurs, qui se confèrent en présentant les objets qui en désignent les fonctions.

PORRIDGE, ▪ n. m. [pɔʀidʒ] (mot angl., potage) Bouillie de flocons d'avoine, qui peut être additionnée de sucre, de lait ou de crème, de fruits frais ou secs.

1 PORT, ▪ n. m. [pɔʀ] (lat. *portus*) Lieu sur une côte où la mer s'enfonce dans les terres et offre un abri aux bâtiments. ♦ On dit souvent *port de mer* pour le distinguer des ports sur les rivières. ♦ *Port militaire*, celui où stationnent d'ordinaire des bâtiments de guerre d'un État. ♦ *Port marchand*, celui qui reçoit les bâtiments marchands. ♦ *Port fermé*, port garanti de la violence du vent et des lames, par opposition à *port ouvert*. ♦ *Port franc*, Voy. FRANC. ♦ *Prendre port*, entrer dans un port. Fig. Atteindre son but, réussir dans ce qu'on a entrepris. ♦ *Faire naufrage au port*, périr en arrivant au port. Fig. Manquer de réussir ou périr, au moment où l'on touchait au succès ou au salut. ♦ *Arriver à bon port*, atteindre heureusement le terme d'une navigation. Fig. Arriver heureusement et en bonne santé au lieu où l'on voulait aller ; et aussi achever, terminer, réussir. ♦ Endroit dans une rivière où l'on embarque et débarque les marchandises. ♦ Ville bâtie autour d'un port. *Brest est un beau port.* ♦ Fig. Lieu de refuge, le repos. « *Après un long orage il faut trouver un port ; Et je n'en vois que deux, le repos ou la mort* », P. CORNEILLE. ♦ *Il est arrivé à son port, il est dans le port*, se dit d'un homme de bien qui est mort et que l'on croit jouir du bonheur éternel. ♦ Fig. *Port de salut*, lieu où l'on se retire à l'abri d'une tempête ; et aussi tout lieu où l'on se retire des embarras du monde, où l'on se met à l'abri de quelque danger. ▪ *Port autonome*, port maritime qui est géré, non par un directeur ministériel, mais par un Conseil d'Administration regroupant des représentants municipaux, des syndicalistes, etc., et qui est chargé de l'organisation des activités portuaires. ♦ *Port aérien*, aéroport. ▪ *Port d'attache*, Voy. ATTACHE.

2 PORT, ▪ n. m. [pɔʀ] (1 *porter*) Action de porter, d'apporter. « *Pour le port de si bonnes nouvelles* », P. CORNEILLE.. ♦ *Port d'un navire*, ce que ce navire peut porter de charge. *Le port d'un navire s'exprime en tonneaux.* ♦ Le prix payé pour le transport des effets que voiturent les rouliers, les messagers, les chemins de fer, et pour celui des lettres qu'on reçoit par la voie de la poste. ♦ *Port payé*, se dit d'un paquet, d'un colis, d'une lettre dont celui qui l'envoie a payé le port. ♦ *Avoir ses ports francs*, expédier et recevoir ses lettres franches de port. ♦ *Port d'armes*, l'attitude du soldat qui porte les armes Voy. PORTER. ♦ *Port d'armes*, l'action de porter sur soi des armes. ♦ Permis qu'on obtient, moyennant le paiement d'un droit, de porter des armes de chasse et de chasser. ♦ Jeu Cartes que l'on réserve, après en avoir écarté quelques-unes, pour les joindre à celles qui doivent rentrer. *Mon port est de carreau.* ♦ La manière dont une personne se tient, marche et se présente. « *Le port majestueux et la démarche fière* », P. CORNEILLE. ♦ *Elle a le port d'une reine, un port de reine*, se dit d'une femme qui a la taille belle et l'air noble. ♦ *Cette personne a un beau port de tête*, elle porte bien sa tête. ♦ *Port de bras*, manière de tenir les bras. ♦ Position que le cheval donne à sa tête. ♦ Bot. Aspect de la plante, de l'arbre, ensemble des caractères apparents. *Cette plante a le port de la ciguë.* ▪ Mus. *Port de voix*, l'articulation de deux sons qui se font en unissant le premier au second par une liaison du gosier. ♦ Dans les Pyrénées, passage entre deux montagnes. *Le port de Venasque.* ▪ Fait de porter sur soi. *Le port du casque est obligatoire. Port de l'uniforme, de la cravate.* ♦ *Port en lourd*, masse totale de chargement qu'un navire peut transporter, mesurée en tonnes métriques. ▪ *Port dû*, paiement de l'envoi d'un colis, d'une lettre, etc., aux frais du destinataire.

PORTABILITÉ, ▪ n. f. [pɔʀtabilite] (*portable*) Caractère de ce qu'on peut porter. *La portabilité d'un ordinateur.* ▪ Inform. Qualité de ce qui est portable. *La portabilité d'un logiciel.* ▪ Télécomm. *Portabilité du numéro*, possibilité de changer d'opérateur téléphonique tout en conservant son numéro de téléphone portable initial.

PORTABLE, adj. [pɔʀtabl] (lat. *portabilis*, supportable) Qu'on peut porter, transporter. ♦ Jurispr. *Rente* ou *redevance portable*, celle qui doit être portée au créancier dans un lieu désigné, sans qu'il la demande. ♦ Qu'on peut porter, mettre sur soi. *Mon habit n'est plus portable.* ■ **Inform.** Qui peut être utilisé sur plusieurs types d'ordinateurs sans modification importante. *Logiciel portable.* ■ **N. m.** Ordinateur portable. ■ Téléphone mobile. *Appeler quelqu'un sur son portable. Laisse-moi ton numéro de portable.*

PORTAGE, n. m. [pɔʀtaʒ] (1 *porter*) Action de porter, de transporter. ♦ Masse de marchandises qui sont transportées d'un bâtiment à terre, ou d'un magasin à bord. ♦ *Droit de portage,* Droit qu'ont les officiers de marine et les matelots d'embarquer tant pesant d'effets ou de marchandises (expression maintenant peu usitée). ♦ Action de porter par terre le canot et tout ce qui est dedans, quand la navigation d'un fleuve est interrompue par quelque obstacle. ♦ Point où une vergue porte sur les haubans. ■ Distribution de journaux à domicile. ♦ *Transport effectué à dos d'homme ou de bête de somme. Faire une randonnée avec portage assuré.* ■ Chemin où s'effectue le portage. ■ **Écon.** Procédé par lequel une grande entreprise étrangère permet à une autre entreprise d'utiliser son réseau international de distribution. ■ *Société de portage,* société qui signe un contrat de services avec l'entreprise cliente tout en confiant la prestation à une personne qu'elle salarie le temps de la prestation.

PORTAIL, n. m. [pɔʀtaj] (1 *porte*) Façade d'une église où est la porte principale. *Le portail de Notre-Dame de Paris.* ♦ Au pl. *Des portails.* ■ Grande porte d'un bâtiment, d'un jardin. ■ **Inform.** Site Web qui permet d'accéder à un ensemble de services ou à d'autres sites. *Portail de la francophonie. Notre portail vous offre de nombreuses rubriques.*

PORTAL, ALE, ■ adj. [pɔʀtal] (2 *porte*) **Anat.** Qui concerne la veine porte. *Syndromes portaux.*

PORTANCE, ■ n. f. [pɔʀtɑ̃s] (1 *portant*) Force ascendante perpendiculaire à la direction de la vitesse d'un engin, lui permettant de s'élever et de se déplacer dans les airs. *La portance d'un hélicoptère.* ■ **Urban.** Capacité d'un terrain à supporter de lourdes charges.

1 **PORTANT,** n. m. [pɔʀtɑ̃] (1 *porter*) Fer courbé et attaché aux deux côtés des chaises à porteur, dans lequel on passe les bâtons pour porter. ♦ ▷ Fer en forme d'anse attaché aux côtés des coffres, des malles et des cassettes, pour les soulever et les porter. ◁ ♦ **Phys.** Morceau de fer que l'on met sous l'armure d'un aimant et auquel on suspend le poids que l'aimant doit soulever. ♦ Dans les décors de théâtre, nom donné aux montants en bois à poste fixe qui soutiennent les coulisses. ■ Dispositif muni d'une tringle où l'on suspend des vêtements.

2 **PORTANT, ANTE,** adj. [pɔʀtɑ̃, ɑ̃t] (1 *porter*) Qui porte, qui soutient. ♦ *Bien portant, mal portant,* en bonne, en mauvaise santé. ■ **Mar.** *Allure portante,* allure dans laquelle le vent souffle en poussant le bateau vers la direction souhaitée.

PORTATIF, IVE, adj. [pɔʀtatif, iv] (lat. *portatum,* supin de *portare*) Aisé à porter. *Cette lunette n'est pas portative.* ♦ ▷ *Portatif* s'ajoute au titre de quelques livres, pour exprimer qu'ils sont d'un petit volume. *Dictionnaire portatif de géographie.* ◁ ♦ *Armes portatives,* armes à feu dans lesquelles le recul produit par le tir est supporté, en tout ou en partie, par un homme. ♦ *Somme portative,* somme d'argent qu'on porte sur soi, ou du moins qu'on a sous la main. ♦ Qui va facilement d'un lieu à un autre, en parlant des personnes. « *On n'est point portatif, quand on est attaché inséparablement à deux ou trois personnes* », MME DE SÉVIGNÉ. ♦ **N. m.** *Un portatif,* registre que les employés de diverses administrations portent dans leurs visites chez les redevables, pour y faire leurs inscriptions.

1 **PORTE,** n. f. [pɔʀt] (lat. *porta*) Ouverture pratiquée dans les murs d'une ville, pour y entrer et en sortir. ♦ *Ouvrir ses portes,* capituler. ♦ *Fermer ses portes,* se décider à soutenir une attaque, un siège. ♦ *Fermer les portes d'une ville,* empêcher d'y entrer. ♦ *L'ennemi est aux portes,* l'ennemi est tout près de la ville. ♦ **Fig.** « *Tes plus grands ennemis ; Rome, sont à tes portes* », RACINE. ♦ *Porte de secours,* porte d'une citadelle donnant sur la campagne et par laquelle on peut introduire du secours. ♦ Ouverture faite pour entrer dans un lieu fermé et pour en sortir. *Porte d'une maison, d'une chambre. Mettre quelqu'un à la porte,* le chasser de chez soi. ♦ *Mettre un domestique à la porte,* le congédier avec mécontentement. ♦ **Fam.** *Prendre, gagner la porte,* se retirer, s'échapper. ♦ *Être à la porte,* être mis dehors. ♦ *À la porte,* en entrant. ♦ **Fam.** *Être logé à la porte de quelqu'un,* avoir une habitation voisine de la sienne. ♦ **Fig.** « *Cette mort qui est peut-être à la porte* », MASSILLON. ♦ On dit dans un sens analogue : *Il a une maison à la porte, aux portes de la ville,* fort près de la ville. ♦ *Être porte à porte,* se dit de personnes qui logent dans des maisons contiguës. ♦ **Fam.** *Être porte à porte de quelqu'un.* ♦ **Fig.** *Rentrer par une autre porte,* avoir recours à un autre moyen. ♦ **Fig.** *Par la porte et par les fenêtres,* de toutes parts. ♦ **Fig.** *Si on le chasse par la porte, il rentre par la fenêtre,* se dit d'un importun dont on ne peut se défaire. ♦ *Porte à Paris de quelques monuments en forme d'arc de triomphe. La porte Saint-Denis.* ♦ Assemblage de bois et quelquefois de métal qui sert à fermer l'entrée d'une maison, d'une ville, d'une chambre, etc. ♦ *Frapper à la porte,* y donner des coups avec le marteau pour se la

faire ouvrir. ♦ **Fig.** « *Quand ce divin esprit frappe à la porte du cœur* », BOSSUET. ♦ **Fig.** *Heurter, frapper à toutes les portes,* s'adresser à toutes sortes de personnes, chercher toutes sortes de moyens pour réussir. ♦ *Il a heurté à la bonne porte,* il s'est adressé à qui il fallait. ♦ **Fig.** *Heurter à la porte,* faire quelque demande. ♦ **Fig.** *Mettre la clé sous la porte,* Voy. CLÉ. ♦ *Fermer à quelqu'un la porte au nez, sur le nez,* fermer une porte avec vivacité pour empêcher quelqu'un d'entrer. ♦ *Écouter aux portes,* être aux aguets pour surprendre les secrets de quelqu'un. ♦ **Fig.** *Enfoncer une porte ouverte,* Voy. ENFONCER. ♦ *Un enfonceur de portes ouvertes,* Voy. ENFONCEUR. ♦ *Il est entré, il est sorti par la belle porte, par une bonne porte, par une mauvaise porte,* il a obtenu, il a quitté son emploi honorablement ou d'une manière peu honorable. ♦ **Fig.** et *par anal. porte* se dit des différentes issues, des différents partis que l'on prend. « *C'est la vraie porte pour en sortir honnêtement* », MME DE SÉVIGNÉ. ♦ *Porte feinte, fausse porte,* imitation de porte qui sert à faire symétrie avec une ou plusieurs portes véritables. ♦ *Fausse porte,* porte dissimulée par laquelle on peut se dérober. ♦ *Porte de derrière,* porte ouverte sur les derrières d'un bâtiment. Fig. Défaite, échappatoire. ♦ **Fig.** Demeure, logis. « *Veux-tu voir tous les grands à ta porte courir...* », BOILEAU. ♦ *Se présenter à la porte de quelqu'un,* se présenter à sa demeure pour lui rendre visite. ♦ *Trouver porte close,* ne trouver personne, ou n'être pas reçu dans la maison où l'on va. ♦ *Fermer sa porte à quelqu'un,* ne plus le recevoir. ♦ *Ouvrir, rouvrir sa porte,* commencer, recommencer à recevoir. ♦ *Faire défendre sa porte,* défendre de laisser entrer personne chez soi. ♦ *Forcer la porte de quelqu'un,* entrer chez lui bien que sa porte soit défendue. ♦ *Les portes du temple de Janus,* à Rome, que l'on ouvrait quand on déclarait la guerre, et qu'on fermait quand on faisait la paix. ♦ **Poétiq.** *Fermer les portes du temple de Janus,* faire la paix. ♦ Chez les anciens monarques de l'Asie, *la porte du roi,* le palais du roi. ♦ Aujourd'hui, *la Porte, la Porte ottomane, la Sublime Porte* (avec un P majuscule), la cour de l'empereur des Turcs. ♦ **Fig.** *Les portes de la mort,* état où la vie est près d'abandonner un homme. *Être aux portes de la mort.* ♦ On dit de même : *Les portes du tombeau.* ♦ *Les portes de l'éternité,* la mort. ♦ *Les portes de la Jérusalem céleste, les portes éternelles, la porte de la maison du Seigneur, la porte des cieux,* l'entrée du paradis. ♦ Une ouverture quelconque. ♦ Ce qui permet d'entrer dans un pays. *Cette place est la porte de tel pays.* ♦ *Fermer la porte, les portes d'un pays à une nation,* ne pas lui permettre d'y entrer. ♦ **Fig.** Ce qui sert de passage aux impressions intellectuelles ou morales. « *Toutes les portes de mon entendement sont fermées, ma pensée s'éteint* », VOLTAIRE. « *Tout entre dans l'esprit par la porte des sens* », DELILLE. ♦ Entrée, introduction. *La géométrie est la porte des sciences mathématiques.* ♦ Accès, moyen d'arriver. *La porte des honneurs, des grandeurs, etc.* ♦ *Les portes secrètes,* les moyens cachés de réussir. ♦ *Ouvrir la porte,* donner accès. « *C'était ouvrir une porte bien large à la calomnie* », MONTESQUIEU. ♦ *Fermer la porte à,* exclure, refuser, couper court à. « *Il faut fermer la porte à leurs prétentions* », P. CORNEILLE. ♦ **Fig.** *Une porte fermée,* une incapacité à comprendre, à sentir. « *On ne fait point entrer certains esprits durs et farouches dans le charme et dans la facilité des fables de la Fontaine ; cette porte leur est fermée* », MME DE SÉVIGNÉ. ♦ *Laisser une porte,* ne pas empêcher complètement. *Laisser une porte au repentir.* ♦ Ce qui ferme certains meubles, certaines constructions. *Les portes d'une armoire.* ♦ *Porte d'écluse,* grande clôture de bois qui arrête l'eau dans les écluses. ♦ *Porte d'agrafe,* petit fil de cuivre étamé, plié en forme de cercle qui sert à retenir l'agrafe. ♦ Au pl. Pas, gorge, défilé. *Les portes du Caucase.* ♦ DE PORTE EN PORTE, loc. adv. De maison en maison. ♦ *De porte à porte,* sans intermédiaire, en face. ♦ À PORTE CLOSE, loc. adv. En secret. ♦ On dit de même : *À porte fermée,* publiquement. ♦ *À portes ouvertes,* publiquement. ♦ *À porte ouvrante, à portes ouvrantes, à porte fermante, à portes fermantes,* à l'heure où, dans une place de guerre, les portes s'ouvrent ou se ferment. ◁ ♦ **Prov.** *Il faut qu'une porte soit ouverte ou fermée,* il faut se décider d'une manière ou d'une autre. ■ **Fig.** *Porte de sortie,* issue, échappatoire. ■ *Entrer par la grande porte, par la petite porte,* intégrer une filière directement pour un poste important, ou à l'inverse, commencer sa carrière par un petit emploi et être alors obligé de gravir les échelons. ■ *Balayer devant sa porte,* s'occuper de ses soucis personnels, corriger ses défauts ou ses fautes au lieu de critiquer les autres. *Tu ferais mieux de balayer devant ta porte au lieu d'être médisant !* ■ *Chacun voit midi à sa porte,* chacun vit sa vie comme il l'entend, chacun se réfère à ses propres opinions. ■ *Journée portes ouvertes,* opération qui permet au public de visiter, pendant un temps déterminé, les installations et les locaux d'une entreprise, d'une université, etc., et qui est organisée pour susciter l'intérêt des visiteurs et développer la notoriété de l'entreprise en question.

2 **PORTE,** adj. [pɔʀt] (1 *porte*) *Éminences portes,* nom de deux saillies de la face inférieure du foie. ♦ *Veine porte,* grosse veine qui reçoit le sang de l'estomac, de la rate, du pancréas et des intestins, et qui se distribue dans le foie.

PORTÉ, ÉE, p. p. de porter. [pɔʀte] *Tout porté,* se dit de quelqu'un qui n'a pas à se déplacer pour faire quelque chose, et des choses qui sont sous la main. ♦ *Porté à terre,* jeté par terre, en parlant des personnes. ♦ **Peint.**

Ombre portée, ombre qu'un corps projette sur une surface. ♦ Excité, animé, poussé. « *Ce doucet est un chat Qui... Contre toute ta parenté D'un mauvais vouloir est porté* », LA FONTAINE. ♦ *Être porté*, avoir de l'inclination, de la disposition à. *Porté à l'indulgence, à la malice, à faire le mal, etc.* ♦ ▷ *Être plus porté pour une personne que pour une autre*, avoir plus de goût pour une personne que pour une autre. ◁ ♦ Déclaré, exprimé. *Avant l'âge porté par les lois. Legs porté par un testament.* ♦ **N. m.** Effet que produit dans la mise, dans le costume, tel ou tel objet de toilette. *Écharpe d'un joli porté.* ■ **Danse** Mouvement ou pose qui consiste, pour un danseur, à porter sa partenaire. ■ **Adj.** *Être porté sur*, avoir un goût prononcé pour. *Il est porté sur la boisson.*

PORTE-AÉRONEF, ■ n. m. [pɔʀtaeʀɔnɛf] (*porter* et *aéronef*) Navire de guerre spécialement conçu pour accueillir et transporter tous types d'aéronefs. *Des porte-aéronefs.*

PORTE-À-FAUX, ■ n. m. inv. [pɔʀtafo] (*porter, à* et *faux*) Disposition d'une construction, d'un assemblage, d'un objet, etc., qui n'est pas d'aplomb, qui n'est pas stable. *Le porte-à-faux arrière d'un véhicule. Des porte-à-faux.* ■ *En porte-à-faux*, en étant disposé hors d'aplomb. *Planche en porte-à-faux.* ■ **Fig.** *En porte-à-faux*, dans une situation instable résultant généralement d'une opposition. *Il s'est trouvé en porte-à-faux avec son patron.*

PORTE-AFFICHE, n. m. [pɔʀtafiʃ] (*porter* et *affiche*) Grand cadre dans lequel on met les affiches. ■ Au pl. *Des porte-affiches.*

PORTE-AIGLE, n. m. [pɔʀtɛgl] (*porter* et *aigle*) Officier qui, dans les armées de l'empire français, portait l'aigle d'un régiment. ■ Au pl. *Des porte-aigles.*

PORTE-AIGUILLE, n. m. [pɔʀtegɥij] (*porter* et *aiguille*) Espèce de petit portefeuille en cuir ou autre substance qui renferme de petites lanières de cuir pour passer des paquets d'aiguilles, et de l'étoffe de laine pour attacher des aiguilles. ♦ Instrument dont les chirurgiens se servent pour tenir les aiguilles plus solidement et leur donner plus de longueur. ■ Au pl. *Des porte-aiguilles.*

PORTE-ALLUMETTE ou **PORTE-ALLUMETTES**, n. m. [pɔʀtalymɛt] (*porter* et *allumette*) Sorte de boîte où l'on met les allumettes. ♦ Au pl. *Des porte-allumettes.*

PORTE-AMARRE, n. m. [pɔʀtamaʀ] (*porter* et *amarre*) **Mar.** Cylindre en bois enveloppant un cordage roulé en bobine et qu'on lance à l'aide d'une bouche à feu, afin d'établir une communication de navire à navire ou de la terre à un navire. ■ Au pl. *Des porte-amarres.*

PORTE-À-PORTE, ■ n. m. inv. [pɔʀtapɔʀt] (1 *porte*) Méthode de vente, de démarchage, de collecte à domicile, pour laquelle sont systématiquement visités tous les logements d'un secteur donné. *Faire du porte-à-porte pour vendre des encyclopédies.*

PORTE-ARQUEBUSE, n. m. [pɔʀtaʀkəbyz] (*porter* et *arquebuse*) Officier qui portait le fusil du roi ou des princes de la famille royale, à la chasse. ■ Au pl. *Des porte-arquebuses.*

PORTE-ASSIETTE, n. m. [pɔʀtasjɛt] (*porter* et *assiette*) Cercle de métal, plateau de bois ou d'osier tressé qu'on met sous les plats. ■ Au pl. *Des porte-assiettes.*

PORTE-AUTO, ■ n. m. [pɔʀtoto] (*porter* et *auto*) Véhicule circulant sur une route ou sur un chemin de fer, et conçu pour transporter des automobiles. *Des porte-autos.* ■ **Adj.** *Des fourgons porte-autos.*

PORTE-AVION ou **PORTE-AVIONS**, ■ n. m. [pɔʀtavjɔ̃] (*porter* et *avion*) Navire de guerre comprenant une plateforme qui permet aux avions de décoller et de se poser. *Des porte-avions.*

PORTE-BAGAGE ou **PORTE-BAGAGES**, ■ n. m. [pɔʀt(ə)bagaʒ] (*porter* et *bagage*) Accessoire installé sur un véhicule pour transporter des bagages. *Le porte-bagage d'une motocyclette, d'un vélo.* ■ Galerie, casier, filet, etc., disposé dans un véhicule de transports en commun, et dans lequel on range les bagages. *Des porte-bagages.*

PORTE-BAGUETTE, n. m. [pɔʀt(ə)bagɛt] (*porter* et *baguette*) Rainure placée le long du fût d'une arme à feu, pour recevoir la baguette. ■ Au pl. *Des porte-baguettes.*

PORTE-BALAI, ■ n. m. [pɔʀt(ə)balɛ] (*porter* et *balai*) Support permettant de ranger ou d'accrocher un ou plusieurs balais. *Des porte-balais dans les toilettes publiques.* ■ **Électr.** Gaine servant à maintenir en place les balais contenus dans une machine électrique. *Des porte-balais.*

PORTEBALLE, n. m. [pɔʀtəbal] (*porter* et *balle*) ▷ Petit mercier qui court le pays, portant ses marchandises dans une balle sur son dos. ♦ Au pl. *Des porteballes.* ◁

PORTE-BANNIÈRE, ■ n. m. et n. f. [pɔʀt(ə)banjɛʀ] (*porter* et *bannière*) Personne portant une bannière. *Il y avait des porte-bannières dans ce cortège.*

PORTE-BARGE ou **PORTE-BARGES**, ■ n. m. [pɔʀtəbaʀʒ] (*porter* et *barge*) Navire de charge aménagé pour le transport de barges. *Des porte-barges.*

PORTE-BARRES, n. m. pl. [pɔʀtəbaʀ] (*porter* et *barre*) Anneaux de cordes passés dans l'anneau du licou, et qui supportent les barres des chevaux qu'on mène accouplés.

PORTE-BÉBÉ, ■ n. m. [pɔʀt(ə)bebe] (*porter* et *bébé*) Nacelle, couffin, siège, etc., qui permet de transporter un bébé. *Des porte-bébés de voiture.* ■ Sac solide composé d'un harnais, dans lequel on assoit le bébé, et qui permet de marcher en lui tout en le portant sur le dos ou sur le ventre.

PORTE-BILLET ou **PORTE-BILLETS**, ■ n. m. [pɔʀt(ə)bijɛ] (*porter* et *billet*) Petit portefeuille conçu spécialement pour ranger les billets de banque. *Des porte-billets en cuir.*

PORTE-BOIS, ■ n. m. [pɔʀtəbwa] (*porter* et *bois*) Larve aquatique de phrygane que les pêcheurs utilisent comme appât. *Les porte-bois font partie des esches animales, c'est-à-dire des appâts fixés aux hameçons.*

PORTE-BONHEUR, ■ n. m. [pɔʀt(ə)bɔnœʀ] (*porter* et *bonheur*) Objet censé porter chance. *Le trèfle à quatre feuilles est traditionnellement considéré comme un porte-bonheur. Des porte-bonheur ou des porte-bonheurs.*

PORTE-BOUGIE, ■ n. m. [pɔʀt(ə)buʒi] (*porter* et *bougie*) **Chir.** Instrument en forme de canule, à l'aide duquel on conduit des bougies dans l'urètre afin de le dilater. ■ Au pl. *Des porte-bougies.* ■ Bougeoir.

PORTE-BOUQUET, n. m. [pɔʀt(ə)bukɛ] (*porter* et *bouquet*) Sorte de parure qui sert à porter les bouquets. ♦ Petit vase à fleurs. ■ *Elle a accroché deux porte-bouquets dans son séjour.*

PORTE-BOURDON, n. m. [pɔʀt(ə)buʀdɔ̃] (*porter* et *bourdon*) Pèlerin. ■ Au pl. *Des porte-bourdons.*

PORTE-BOUTEILLE ou **PORTE-BOUTEILLES**, ■ n. m. [pɔʀt(ə)butɛj] (*porter* et *bouteille*) Casier à rayons, dans lequel on peut ranger des bouteilles à l'horizontale. *Des porte-bouteilles.* ■ Panier compartimenté qui permet de transporter des bouteilles en les maintenant debout.

PORTE-BRANCARD, ■ n. m. [pɔʀt(ə)bʀɑ̃kaʀ] (*porter* et *brancard*) Pièce, courroie fixée sur un harnais et destinée à supporter un brancard. *Des porte-brancards.*

PORTE-CARABINE, n. m. [pɔʀt(ə)kaʀabin] (*porter* et *carabine*) Voy. PORTE-MOUSQUETON. Au pl. *Des porte-carabines.*

PORTE-CARTE ou **PORTE-CARTES**, ■ n. m. [pɔʀtəkaʀt] (*porter* et *carte*) Protection transparente pour une carte de géographie. *Des porte-cartes.* ■ Pochette ou partie de portefeuille servant à ranger des documents comme la carte d'identité. ■ Étui, parfois en métal, destiné à conserver des cartes de visite.

PORTE-CHAÎNE ou **PORTE-CHAINE**, n. m. [pɔʀtəʃɛn] (*porter* et *chaîne*) T. d'arpenteur. Voy. CHAÎNEUR. ■ Au pl. *Des porte-chaînes.*

PORTECHAPE, n. m. [pɔʀtəʃap] (*porter* et *chape*) ▷ Celui qui ordinairement porte la chape dans une église. ♦ Au pl. *Des portechapes.* ◁

PORTE-CHAPEAU ou **PORTE-CHAPEAUX**, ■ n. m. [pɔʀt(ə)ʃapo] (*porter* et *chapeau*) Meuble muni de patères permettant d'accrocher des chapeaux. *Des porte-chapeaux.* ■ Tablette ou patère à laquelle on peut accrocher un chapeau.

PORTE-CHÉQUIER, ■ n. m. [pɔʀt(ə)ʃekje] (*porter* et *chéquier*) Étui servant à ranger et à protéger un carnet de chèques. *Des porte-chéquiers doublés.*

PORTECHOUX, n. m. [pɔʀtəʃu] (*porter* et *choux*) ▷ Petit cheval de jardinier. ◁

PORTE-CIGARE ou **PORTE-CIGARES**, n. m. [pɔʀt(ə)sigaʀ] (*porter* et *cigare*) ▷ Espèce de chalumet au bout duquel on adapte un cigare. ◁ ♦ Étui pour renfermer plusieurs cigares. ♦ Boîte dans laquelle les cigares sont rangés. ■ Au pl. *Des porte-cigares.*

PORTE-CIGARETTE ou **PORTE-CIGARETTES**, ■ n. m. [pɔʀt(ə)sigaʀɛt] (*porter* et *cigarette*) Étui à cigarettes. *Des porte-cigarettes en cuir.*

PORTE-CLÉ ou **PORTECLÉ**, ■ n. m. [pɔʀtəkle] (*porter* et *clé*) ▷ Valet de prison qui porte les clés. ◁ ■ Au pl. *Des porte-clés, des porteclés.* ♦ Anneau ou tout autre objet où l'on attache des clés. ■ **REM.** On écrit aussi : *un porte-clef, des porte-clefs.*

PORTECOLLET, n. m. [pɔʀt(ə)kɔlɛ] (*porter* et *collet*) ▷ Pièce de carton ou de baleine qui soutient le collet ou le rabat. *Des portecollets.* ◁

PORTE-CONTENEUR ou **PORTE-CONTENEURS**, ■ n. m. [pɔʀt(ə)kɔ̃t(ə)nœʀ] (*porter* et *conteneur*) Navire conçu pour le transport des conteneurs. *Des porte-conteneurs.*

PORTE-COPIE, ■ n. m. [pɔʀt(ə)kɔpi] (*porter* et *copie*) Support servant à maintenir un document devant une personne qui le copie, l'imprime, etc. *Des porte-copies.*

PORTE-COTON, ■ n. m. [pɔʀt(ə)kɔtɔ̃] (*porter* et *coton*) Tige dont l'extrémité est revêtue du coton que l'on veut utiliser. *Placer un porte-coton dans une cavité naturelle. Des porte-cotons.*

PORTE-COUTEAU, n. m. [pɔʀt(ə)kuto] (*porter* et *couteau*) Ustensile, dit aussi *chevalet*, servant à empêcher le couteau d'être en contact avec la nappe. ■ Au pl. *Des porte-couteaux.*

PORTE-CRAYON ou **PORTECRAYON**, n. m. [pɔʀt(ə)kʀɛjɔ̃] (*porter* et *crayon*) Instrument de métal dans lequel on met un crayon. ■ Au pl. *Des porte-crayons, des portecrayons.*

PORTE-CROIX, n. m. [pɔʀtəkʀwa] (*porter* et *croix*) Celui qui porte la croix devant le pape, devant un légat, devant un archevêque, etc. ◆ Celui qui porte la croix aux processions. ■ Au pl. *Des porte-croix.*

PORTE-CROSSE, n. m. [pɔʀtəkʀɔs] (*porter* et *crosse*) Celui qui porte la crosse devant un évêque. ◆ Petit fourreau de cuir qui est attaché par une courroie aux selles de cavalerie, vers le flanc droit du cheval, et dans lequel entre le bout de la carabine ou du mousqueton. ■ Au pl. *Des porte-crosses.*

PORTE-DAIS, n. m. [pɔʀtədɛ] (*porter* et *dais*) ▷ Celui qui porte un dais. ■ Au pl. *Des porte-dais.* ◁

PORTE-DIEU, n. m. inv. [pɔʀtədjø] (*porter* et *Dieu*) ▷ Prêtre qui porte le viatique aux malades. ■ Au pl. *Des porte-Dieu.* ◁

PORTE-DOCUMENT ou **PORTE-DOCUMENTS**, ■ n. m. [pɔʀt(ə)dɔkymɑ̃] (*porter* et *document*) Serviette plate destinée à porter des documents peu volumineux. *Des porte-documents sans soufflet.*

PORTE-DRAPEAU, n. m. [pɔʀt(ə)dʀapo] (*porter* et *drapeau*) Officier qui porte le drapeau. ■ Au pl. *Des porte-drapeaux.* ◆ Fig. Chef, représentant d'un mouvement.

PORTÉE, n. f. [pɔʀte] (1 *porter*) Totalité des petits que les animaux quadrupèdes portent et mettent bas en une fois. ◆ Durée de la gestation des animaux. ◆ **Arpenteur** Mesure qui est de la longueur de la chaîne que l'arpenteur porte d'un piquet à l'autre. ◆ *Portée d'eau*, le volume que débite un cours d'eau dans un temps donné. ◆ **Archit.** L'étendue laissée libre sous une pierre, sous une pièce de bois, etc. placée horizontalement, et soutenue en l'air par un ou plusieurs points d'appui. ◆ La partie d'une pierre ou d'une pièce de charpente ainsi placée qui porte sur le mur, un pilier, etc. ◆ Branches que le cerf a pliées ou rompues avec sa tête, et qui sont des traces de son passage. ◆ La distance à laquelle un canon, un fusil, un pistolet, un arc peut lancer un projectile. ◆ *Une portée de fusil*, une distance peu considérable. *La ville est à quelques portées de fusil.* ◆ **Par extens. À** *portée*, à la distance convenable pour faire quelque chose ; à la distance où l'on peut être atteint. ◆ *À portée*, à distance convenable. ◆ *Être à la portée de la main*, être assez près pour qu'on puisse atteindre avec la main. ◆ **Fig.** *À la portée de*, facilement accessible. « *Tous les vrais plaisirs de l'homme sont à sa portée* », J.-J. ROUSSEAU. ◆ **Fig.** *Être à portée de*, être dans une situation convenable pour faire quelque chose. ◆ *Être à portée de quelque chose*, pouvoir recevoir ou faire quelque chose. ◆ *Hors de la portée*, à une trop grande distance pour. ◆ *Être hors de portée*, ne pouvoir rien faire. ◆ Étendue de la voix, de la vue, de l'ouïe, etc. *Être à portée de la voix, de la vue.* ◆ *La portée d'un phare*, la distance à laquelle il peut être aperçu. ◆ **Mus.** La réunion des cinq lignes qui servent à écrire la musique. ◆ **Fig.** Ce que peut faire une personne par rapport à sa fortune, à sa position, etc. *Cette place est à sa portée. Il a fait une dépense au-dessus de sa portée.* ◆ **Fig.** L'étendue d'esprit, la capacité, l'aptitude à comprendre. ◆ *À portée de, à la portée de*, susceptible d'être compris. « *Mettre des matières philosophiques à la portée du commun des lecteurs* », CONDILLAC. ◆ *Hors de la portée*, qui n'est pas susceptible d'être compris. ◆ **Fig.** La force, l'importance d'un sentiment, d'une passion, etc. *La portée de sa haine.* ◆ Il se dit, dans un sens analogue, d'un raisonnement, d'une expression, etc. *La portée d'un argument.*

PORTE-ENSEIGNE, n. m. [pɔʀtɑ̃sɛɲ] ou [pɔʀtɑ̃sɛɲj] (*porter* et *enseigne*) Ancien nom du porte-drapeau. ■ Au pl. *Des porte-enseignes.*

PORTE-ÉPÉE, n. m. [pɔʀtepe] (*porter* et *épée*) Morceau de cuir ou d'étoffe qu'on attache à la ceinture pour porter l'épée. ◆ Xiphophore, poisson d'ornement. ■ Au pl. *Des porte-épées.*

PORTE-ÉTENDARD, n. m. [pɔʀtetɑ̃daʀ] (*porter* et *étendard*) Celui qui porte l'étendard dans un corps de cavalerie. ◆ Pièce de cuir attachée à la selle, pour appuyer la hampe de l'étendard. ■ Au pl. *Des porte-étendards.*

PORTE-ÉTRIER, n. m. [pɔʀtetʀije] (*porter* et *étrier*) Sangle attachée sur le derrière des panneaux de la selle, et qui sert, quand on a mis pied à terre, à relever les étriers. ■ Au pl. *Des porte-étriers.*

PORTE-ÉTRIVIÈRE, n. m. [pɔʀtetʀivjɛʀ] (*porter* et *étrivière*) Chacun des anneaux de fer carrés, placés aux deux extrémités de la selle, et dans lesquels passent les étrivières. ■ Au pl. *Des porte-étrivières.*

PORTEFAIX, n. m. [pɔʀtəfɛ] (*porter* et *faix*) Homme dont le métier est de porter des fardeaux. ◆ Fig. Homme grossier et brutal.

PORTE-FANION, ■ n. m. [pɔʀt(ə)fanjɔ̃] (*porter* et *fanion*) Personne portant un fanion. ■ **Milit.** Gradé chargé de porter le fanion d'un général. *Des porte-fanions.*

PORTE-FENÊTRE, ■ n. f. [pɔʀt(ə)fənɛtʀ] (*porte* et *fenêtre*) Porte vitrée, donnant généralement sur un jardin, une terrasse, et laissant entrer la lumière extérieure à la manière d'une fenêtre. *Des portes-fenêtres.*

PORTE-FER, n. m. [pɔʀtəfɛʀ] (*porter* et *fer*) Poche de cuir, contenant un fer à cheval et placée sous chaque quartier de la selle. ■ Au pl. *Des porte-fers.*

PORTEFEUILLE, ■ n. m. [pɔʀt(ə)fœj] (*porter* et *feuille*) ▷ Carton plié en deux, où l'on met des papiers, des dessins, etc. ◁ ◆ Livret couvert de peau ou de maroquin que l'on porte dans la poche, où l'on met les papiers, et où l'on inscrit les notes courantes. ◆ **Fig.** *Portefeuille*, les fonctions de ministre. *Le portefeuille des Affaires étrangères. Ministre à portefeuille*, celui qui a un département. *Ministre sans portefeuille*, celui qui n'a pas de département. ◆ Les compositions achevées ou inachevées qu'un auteur a par devers lui. ◆ *Avoir en portefeuille*, avoir en manuscrit. ◆ Collections de dessins ou d'estampes renfermées dans un ou plusieurs portefeuilles. ◆ Effets publics ou de commerce. *Le portefeuille de la banque.* ◆ Au pl. *Des portefeuilles.* ■ Étui que l'on porte sur soi et où l'on range ses papiers d'identité, son argent, etc. *Un portefeuille en cuir.*

PORTE-FORT, ■ n. m. inv. [pɔʀtəfɔʀ] (*porter* et *fort*) **Dr.** Engagement par lequel un contractant garantit à un autre qu'un tiers acceptera d'exécuter un acte juridique. ■ Personne qui prend un tel engagement. *Des porte-fort.*

PORTE-GLAIVE, ■ n. m. [pɔʀtəglɛv] (*porter* et *glaive*) Bande de cuir large s'attachant à un ceinturon et à laquelle était suspendu un glaive, un poignard, un sabre. *Des porte-glaives.* ■ Personne portant un glaive. ■ **Hist.** *Chevalier porte-glaive*, membre d'un ordre militaire religieux fondé en 1204. ■ Xiphophore.

PORTE-GREFFE, ■ n. m. [pɔʀtəgʀɛf] (*porter* et *greffe*) **Bot.** Sujet sur lequel peut être fixé le greffon. *Boutures de porte-greffe. Des porte-greffes.*

PORTE-HACHE, ■ n. m. [pɔʀtəaʃ] (*porter* et *hache*) Étui d'une hache de sapeur. ◆ *Porte-hache de campement*, étui en cuir porté par les cavaliers à l'arçon de gauche, et destiné à recevoir une petite hache. ■ Au pl. *Des porte-haches.*

PORTE-HAUBAN, ■ n. m. [pɔʀtəobɑ̃] (*porter* et *hauban*) **Mar.** Pièce de bois horizontale en saillie sur la muraille d'un bateau, servant à apporter aux haubans un épatement suffisant. *Des porte-haubans.*

PORTE-HÉLICOPTÈRE ou **PORTE-HÉLICOPTÈRES**, ■ n. m. [pɔʀtelikɔptɛʀ] (*porter* et *hélicoptère*) Navire de guerre spécialement aménagé pour recevoir et transporter des hélicoptères. *Des porte-hélicoptères.*

PORTE-JARRETELLE ou **PORTE-JARRETELLES**, ■ n. m. [pɔʀt(ə)ʒaʀ(ə)tɛl] (*porter* et *jarretelle*) Pièce étroite de lingerie féminine s'ajustant autour des hanches et à laquelle sont attachées les jarretelles. *Porter des porte-jarretelles et une guêpière.*

PORTE-JUPE, ■ n. m. [pɔʀt(ə)ʒyp] (*porter* et *jupe*) Support pourvu de pinces permettant de suspendre les jupes. *Des porte-jupes dans une armoire.*

PORTE-LAME, ■ n. m. [pɔʀtəlam] (*porter* et *lame*) Organe d'une machine servant de support fixe à la lame. *Les porte-lames d'une moissonneuse, d'une faucheuse.*

PORTE-LIQUEUR ou **PORTE-LIQUEURS**, ■ n. m. [pɔʀt(ə)likœʀ] (*porter* et *liqueur*) Petit ustensile à compartiments où l'on met les flacons de liqueurs de table. ■ Au pl. *Des porte-liqueurs.*

PORTELONE, ■ n. m. [pɔʀtəlɔn] (mot ital., de *porta*, porte) Sabord de charge de grande dimension pratiqué dans la coque d'un navire et permettant le chargement et le déchargement des marchandises en entrepont. *Un portelone de coque qui s'ouvre vers l'extérieur.*

PORTE-MALHEUR, ■ n. m. [pɔʀt(ə)malœʀ] (*porter* et *malheur*) Chose ou personne que par superstition on regarde comme attirant les accidents, les revers. ■ Au pl. *Des porte-malheur* ou *des porte-malheurs.*

PORTEMANTEAU, ■ n. m. [pɔʀt(ə)mɑ̃to] (*porter* et *manteau*) Officier qui portait le manteau du roi ou la queue du manteau de la reine. ◆ Bois attaché au mur pour suspendre les habits. ◆ Sorte de valise de cuir ou d'étoffe. ◆ Au pl. *Des portemanteaux.* ■ Dispositif sur pied destiné à suspendre des vêtements. *Accrocher son manteau au portemanteau.* ■ **Mar.** Dispositif qui sert à hisser un canot le long de la muraille d'un bateau.

PORTEMENT, ■ n. m. [pɔʀtəmɑ̃] (1 *porter*) Usité seulement en parlant des tableaux où Jésus-Christ est représenté portant sa croix. ■ *Portement de croix.*

PORTE-MENU, ■ n. m. [pɔʀt(ə)məny] (*porter* et *menu*) Accessoire qu'on dispose sur une table et qui sert à présenter le menu aux convives. *Des porte-menus.* ■ Cadre placé à la porte d'un restaurant, et dans lequel est affiché le menu.

PORTE-MINE ou **PORTEMINE**, ■ n. m. [pɔʀtəmin] (*porter* et *mine*) Instrument servant à écrire ou à dessiner, constitué d'un tube creux dans lequel se place une mine de graphite actionnée par un poussoir. *Des porte-mines, des portemines. Un portemine muni d'une gomme.*

PORTE-MONNAIE ou **PORTEMONNAIE**, n. m. [pɔʁt(ə)mɔnɛ] (*porter* et *monnaie*) Petite poche en cuir avec fermoir dans laquelle on met son argent. *Des porte-monnaie* ou *des porte-monnaies, des portemonnaies.* ■ *Portemonnaie électronique*, carte à puce non personnalisée, à montant prépayé, généralement rechargeable, permettant à son détenteur de régler ses achats comme avec de l'argent comptant.

PORTE-MONTRE, n. m. [pɔʁtəmɔ̃tʁ] (*porter* et *montre*) Coussinet plat contre lequel on suspend une montre. ♦ Petit meuble de bois ou de métal, où l'on peut placer une montre de manière que le cadran seul paraisse. ■ Au pl. *Des porte-montres.*

PORTE-MORS, n. m. [pɔʁtəmɔʁ] (*porter* et *mors*) Il se dit des cuirs de la bride qui soutiennent le mors. ■ Au pl. *Des porte-mors.*

PORTE-MOUCHETTE ou **PORTE-MOUCHETTES**, n. m. [pɔʁt(ə)muʃɛt] (*porter* et *mouchette*) Plaque de métal destinée à recevoir les mouchettes. ■ Au pl. *Des porte-mouchettes.*

PORTE-MOUSQUETON, ■ n. m. [pɔʁt(ə)muskətɔ̃] (*porter* et *mousqueton*) Crochet ou agrafe, au bas de la bandoulière d'un cavalier, qui lui sert à porter son mousqueton. ■ Petite agrafe aux chaînes et aux cordons de montre, et où sont suspendues la clé et les breloques. ■ Au pl. *Des porte-mousquetons.* ■ REM. On disait aussi *porte-carabine.*

PORTE-MUSIQUE, ■ n. m. [pɔʁt(ə)myzik] (*porter* et *musique*) Sacoche à soufflet pouvant se replier et servant à transporter des partitions de musique. *Des porte-musique* ou *des porte-musiques.* ■ Pupitre du piano sur lequel on pose les partitions que l'on veut jouer.

PORTE-OBJET, ■ n. m. [pɔʁtɔbʒɛ] (*porter* et *objet*) Lame sur laquelle on pose un objet que l'on souhaite analyser au microscope. *Des porte-objets.* ■ Dans un microscope, support sur lequel on pose cette lame.

PORTE-OUTIL, ■ n. m. [pɔʁtuti] (*porter* et *outil*) Organe d'une machine qui permet de supporter un outil particulier. ■ Pièce d'une machine-outil permettant de recevoir l'outil. *Les porte-outils des perceuses, des fraiseuses.*

PORTE-PAGE, n. m. [pɔʁtəpaʒ] (*porter* et *page*) Impr. Papier plié en plusieurs doubles sur lequel on met une page de composition, après l'avoir liée. ■ Au pl. *Des porte-pages.*

PORTE-PAPIER, ■ n. m. [pɔʁt(ə)papje] (*porter* et *papier*) Dispositif (boîte, dévidoir pour rouleau) conçu pour recevoir des feuilles de papier hygiénique. *Des porte-papier* ou *des porte-papiers.*

PORTE-PAQUET, ■ n. m. [pɔʁt(ə)pakɛ] (*porter* et *paquet*) **Belg.** Porte-bagages d'un véhicule. *Porte-paquet de bicyclette. Des porte-paquets.*

PORTE-PARAPLUIE ou **PORTE-PARAPLUIES**, ■ n. m. [pɔʁt(ə)paʁaplɥi] (*porter* et *parapluie*) Petit meuble ou récipient dans lequel on peut déposer les parapluies et les cannes. *Des porte-parapluies.*

PORTE-PAROLE, ■ n. m. et n. f. [pɔʁt(ə)paʁɔl] (*porter* et *parole*) Personne qui représente quelqu'un et parle en son nom. *Être le porte-parole du gouvernement. Des porte-parole* ou *des porte-paroles.* ■ N. m. Ce qui rend compte des idées d'une personne. *Ce journal est le porte-parole du parti.*

PORTE-PIERRE, n. m. [pɔʁtəpjɛʁ] (*porter* et *pierre*) ▷ **Chir.** Instrument semblable à un porte-crayon, destiné à tenir la pierre infernale. ■ Au pl. *Des porte-pierres.* ◁

PORTE-PLUME, n. m. [pɔʁtəplym] (*porter* et *plume*) Petit instrument ou manche destiné à maintenir les plumes métalliques. ■ Au pl. *Des porte-plumes.*

PORTE-QUEUE, n. m. [pɔʁtəkø] (*porter* et *queue*) Personne chargée de porter la queue de la robe d'un grand personnage ou d'une grande dame. ♦ Papillon. ■ Au pl. *Des porte-queues.*

1 PORTER, v. tr. [pɔʁte] (lat. *portare*, porter, transporter) Soutenir comme on soutient une charge, un faix. ♦ Fig. « *Lorsqu'une pensée est trop faible pour porter une expression simple, c'est la marque pour la rejeter* », VAUVENARGUES. ♦ *Porter la croix*, se dit de Jésus-Christ portant le bois de sa croix jusqu'au lieu du crucifiement. ♦ **Prov.** *Chacun porte sa croix en ce monde*, chacun a ses afflictions particulières. ♦ ▷ *Porter la robe, la queue de quelqu'un*, soutenir la queue de sa robe, afin qu'elle ne traîne pas par terre. ◁ ▷ *Être porté sur*, marcher involontairement sur. « *On marche, on est porté sur les corps des mourants* », VOLTAIRE. ◁ **Fig.** *Porter tout le poids des affaires*, en être chargé seul. ♦ ▷ **Fig.** *Porter le poids du jour et de la chaleur*, avoir seul toute la fatigue, tout le travail. ◁ ♦ **Fig.** *Porter le joug*, subir l'autorité de quelqu'un. ♦ **Fig.** *Porter des fers*, être captif, être esclave ; être épris. ♦ **Fig.** *Porter*, être chargé de. « *Me voilà seul, portant la haine universelle* », LEGOUVÉ. ♦ *Il en portera la peine*, il en sera puni. ♦ ▷ *Porter les iniquités d'autrui*, être puni pour autrui. ◁ ♦ **Fig.** et **fam.** *On le porte sur les épaules*, se dit de quelqu'un d'ennuyeux, de fatigant. ◁ ♦ **Fig.** *Porter dans son cœur*, chérir. ♦ **Manège** *Porter en avant*, faire aller son cheval devant soi à droite ou à sa gauche. ♦ Se dit des femmes et des femelles d'animaux.

« *Une mère peut-elle n'avoir point de compassion du fils qu'elle a porté dans ses entrailles ?* », SACI. ♦ Absol. *Les cavales portent onze mois.* ♦ Il se dit de la terre, des arbres qui produisent. « *Un peuple sauvage vivant de sa chasse et des fruits que les arbres portent d'eux-mêmes* », FÉNELON. ♦ Fig. « *Si le climat avait tant de puissance, la Grèce porterait encore des Platon et des Anacréon* », VOLTAIRE. ♦ *Cette somme porte intérêt*, elle produit un intérêt. ♦ Transporter d'un lieu en un autre. ♦ Fig. « *Vous portâtes soudain la guerre dans la Perse* », P. CORNEILLE. ♦ *Porter la mort, porter le carnage*, causer la mort de beaucoup. ♦ *Porter la vie*, vivifier, ranimer. ♦ ▷ Fig. et fam. *Il ne le portera pas loin, il ne le portera pas en paradis*, en l'autre monde, je me vengerai. ◁ ♦ *Porter quelqu'un en terre*, le porter pour l'enterrer. ♦ *Porter quelqu'un par terre*, le renverser. ◁ ♦ En parlant des animaux, soutenir, transporter quelque chose de pesant. ♦ Il se dit des nouvelles, des ordres qui sont transmis. ♦ *Porter la parole, porter parole*, Voy. PAROLE. ♦ ▷ *Porter témoignage*, témoigner qu'une chose est ou n'est pas. ◁ ♦ Avoir sur soi ou tenir à la main, sans égard à la pesanteur de l'objet. *Il ne porte jamais d'argent sur soi.* ♦ Fig. « *Porter en dot un bien considérable* », MOLIÈRE. « *Un jeune prince du sang qui portait la victoire dans ses yeux* », BOSSUET. ♦ Mettre sur soi pour servir à l'habillement, à la parure, à la défense. *Porter des habits brodés, une bague, une épée, etc.* ♦ *Cela est bien porté, cela est mal porté*, signifie qu'un vêtement est porté par les personnes de bon goût ou du grand monde, ou bien par les personnes de bas étage. ♦ Fig. *Bien porter, mal porter*, soutenir avec honneur, avec déshonneur. *Il porte mal une si haute dignité. Bien porter le nom de ses ancêtres.* ♦ *Porter les cheveux longs, les cheveux courts*, se coiffer en cheveux longs, en cheveux courts. ♦ *Porter la barbe*, la laisser croître. ♦ *Porter lunettes, porter des lunettes*, se servir de lunettes. ♦ *Porter l'épée*, être officier. ♦ *Porter la robe, la soutane, le petit collet, le froc*, être magistrat, ecclésiastique, abbé, moine. ♦ *Porter la couronne*, être roi. ♦ *Porter les armes*, faire la guerre, servir dans une armée. ♦ *Porter l'arme*, faire le mouvement de l'arme qui consistait autrefois à la placer perpendiculairement contre l'épaule gauche ; aujourd'hui, placer l'arme sous le bras droit, le pontet en avant. ♦ *Porter les armes à quelqu'un*, lui faire le salut militaire qui consiste à porter l'arme. ♦ ▷ *Il a porté les couleurs, les livrées, la livrée*, il a été laquais. ◁ ♦ *Elle porte le haut-de-chausse, elle porte les chausses, elle porte la culotte*, se dit d'une femme qui au logis est plus maîtresse que le mari. ♦ *Porter le deuil d'une personne*, être vêtu de vêtements de deuil à cause de la mort de cette personne. ♦ Il se dit du maintien, de la contenance, des attitudes, des différentes manières de tenir son corps, sa tête, ses bras. *Porter la tête haute, le pied en dehors, etc.* ♦ *Bien porter son âge, porter bien son âge*, avoir encore, malgré un grand âge, de la fraîcheur, de la vigueur, de l'agilité ; en un autre sens, présenter tous les signes d'un âge avancé. ♦ En parlant des animaux, particulièrement du cheval et du chien. *Ce chien porte bas l'oreille.* ♦ ▷ *Porter le nez au vent* ou Ellipt. *Porter au vent*, se dit d'un cheval qui tient le nez en l'air, au vent. ◁ ♦ ▷ Fig. *Porter le nez au vent.* Ellipt. *Porter au vent*, avoir l'air hautain, avantageux. ◁ ♦ *Porter haut, porter bas*, se dit d'un cheval qui tient la tête haute, basse. ♦ Fig. *Le porter haut*, se prétendre de grande qualité, et aussi se prévaloir de ses avantages, afficher de grandes prétentions. ♦ *Ce cheval porte beau*, il porte bien sa tête. ♦ ▷ Fig. *Le porter beau*, faire figure et parade. ◁ ♦ Aux jeux de cartes, *porter*, avoir telle ou telle carte. *Porter beau jeu, vilain jeu, avoir beau jeu, vilain jeu aux premières cartes. Porter une couleur*, se dit de la couleur dont on a le plus de cartes en main. ♦ Il se dit des choses qui soutiennent. *Des colonnes portent cette galerie.* ♦ Fig. *L'un portant l'autre, le fort portant le faible*, compensation faite du plus et du moins, c'est-à-dire le plus fort soutenant, compensant le plus faible. « *On ne vit à Paris, l'un portant l'autre, que vingt-deux à vingt-trois ans* », VOLTAIRE. ♦ En parlant d'un navire, *porter de la toile, de la voile*, avoir beaucoup de voiles dehors. ♦ *Porter bateau*, se dit d'une rivière dont l'eau est assez profonde pour qu'on y puisse naviguer. ♦ Faire aller, diriger, conduire. *Porter les aliments à la bouche, le pied en avant, etc.* ♦ ▷ *Porter la santé de quelqu'un, porter une santé*, boire à la santé de quelqu'un. ◁ ♦ *Porter la main à*, étendre la main jusqu'à. ♦ *Porter la main à l'épée, au chapeau*, étendre la main pour tirer l'épée ou pour ôter son chapeau. ♦ *Porter la main sur quelqu'un*, le frapper ou l'arrêter prisonnier. ♦ Fig. *Porter un coup, porter une botte à quelqu'un*, lui donner un coup. ♦ Fig. *Porter un coup, porter un coup mortel, porter le dernier coup*, ébranler, renverser. ♦ *Porter un coup*, se dit aussi de choses qui nuisent. *Cela porta un coup à sa santé.* ♦ Fig. *Porter coup*, se dit des choses qui font une grande impression ou de choses qui nuisent. *Toutes ses paroles portent coup.* ♦ *Porter bonheur, porter malheur, porter guignon*, se dit de choses ou des personnes que l'on croit influer sur la réussite. ♦ Fig. *Porter préjudice, porter un préjudice*, nuire. ♦ *Porter ses pas en quelque lieu*, s'y transporter. ♦ *Porter les yeux, la vue, les regards sur*, regarder. ♦ Fig. *Porter sa vue bien loin*, prévoir les choses de loin. ♦ ▷ Fig. *Porter ses vues bien haut*, former de grands desseins. ◁ ♦ Faire aller, diriger, conduire, en parlant de choses qui donnent le mouvement. *La tempête porta le vaisseau contre un écueil.* ♦ *Porter son ombre, porter ombre*, se dit d'un corps qui projette son ombre sur une surface. ◁ ■ **Mar.** *Porter le cap à*, Voy. CAP. ♦ Pousser, étendre. *Il faut porter plus loin ce mur.* ♦ Fig. « *À ce coupable excès porter sa hardiesse !* », VOLTAIRE. ♦ *Porter haut* *une chose*, la faire valoir, la relever et aussi élever à un haut degré de perfection. « *Je n'ai jamais vu porter si haut l'élégance de l'ajustement* », MOLIÈRE. ♦ Fig. *Porter aux nues, porter aux cieux*, louer extrêmement. ♦ Fig. Montrer, manifester. *On porte partout son caractère.* ♦ Témoigner, en parlant de sentiments. *Porter de l'amour, de la haine à quelqu'un.* ♦ *Porter amitié, porter affection à quelqu'un*, l'avoir en amitié. ♦ *Porter honneur*, honorer, respecter. ♦ *Porter envie*, envier. ♦ *Porter envie*, souhaiter pour soi sans malveillance un bonheur qu'on voit arriver à un autre. « *Hélas ! à notre sort ne portez point envie* », DELILLE. ♦ Il se dit simplement pour avoir. « *Je porte un cœur sensible, et vous l'avez percé* », P. CORNEILLE. ♦ *Porter un nom*, être nommé ou intitulé de telle ou telle façon. ♦ Il se dit aussi des objets qui ont en soi ou sur soi quelque chose. *Ce monument porte telle inscription.* ♦ Fig. *Porter quelqu'un à*, le faire parvenir à. « *Pour vous porter au trône où vous n'osiez prétendre* », RACINE. ♦ Aider de son crédit, favoriser. *Il y a des personnes puissantes qui le portent.* ♦ Se dit d'électeurs qui sont décidés à donner leurs voix à un candidat. ♦ Fig. Induire, exciter, pousser à, en parlant des personnes. « *Quel démon vous irrite et vous porte à médire* », BOILEAU. ♦ *Être porté d'amitié pour quelqu'un*, avoir de l'amitié pour lui. ♦ Il se dit des choses qui poussent, excitent. « *Les tentations qui le portent au péché* », PASCAL. ♦ Absol. « *Le spectacle de la nature porte à la rêverie* », MME DE STAËL. ♦ Fig. Supporter, souffrir. « *Nous nous aidions l'un l'autre à porter nos malheurs* », RACINE. ▷ Fig. *Porter bien le vin*, en boire beaucoup sans s'enivrer ; *porter mal le vin*, s'enivrer vite. ◁ ♦ ▷ *Ce vin porte bien l'eau*, il conserve une partie de sa force quoiqu'on y mette de l'eau. ◁ ♦ Soumettre à une juridiction. « *Les rois ne portaient point d'affaires au peuple qu'elles n'eussent été délibérées dans le sénat* », MONTESQUIEU. « *Je porte ma plainte aux pieds du trône* », J.-J. ROUSSEAU. ♦ Fig. *Porter une loi, un arrêt*, établir une loi, rendre un arrêt. ♦ *Porter un jugement, porter son jugement d'une chose, sur une chose*, la juger, l'apprécier. ♦ Fig. Inscrire. *Porter quelqu'un sur une liste.* ♦ Fig. Exprimer, déclarer. *L'ordonnance porte que...* ♦ Fig. Évaluer. *On porte ses dettes à un million.* ♦ Fig. Causer, amener, entraîner avec soi, avec un nom de chose pour sujet. « *Une pensée neuve, forte, juste, porte avec elle son expression* », D'ALEMBERT. ♦ Fig. Avoir telle dimension. *La tige de chêne portait vingt-cinq pieds sans branches.* ♦ Fig. Comporter. « *S'ils n'ont pas plus d'esprit que ne leur porte leur condition* », LA BRUYÈRE. ♦ **V. intr.** Être soutenu, être posé sur. *Tout l'édifice porte sur ces colonnes.* ♦ Fig. « *Sa confiance doit porter sur l'autorité de la raison* », J.-J. ROUSSEAU. ♦ *Porter à fond*, en parlant d'une construction, reposer sur son fondement. ♦ *Porter à cru*, Voy. CRU. ♦ *Porter à faux*, Voy. FAUX. ♦ N. m. *Un porte à faux*, un endroit d'une construction qui est hors de son aplomb. ♦ *Tirer à bout portant*, Voy. BOUT. ♦ Fig. *Dire quelque chose à bout portant*, dire en face quelque chose de fâcheux, de direct. ◁ ♦ Se dit de la glace qui est en état de soutenir les hommes, les voitures. ♦ **Hérald.** Avoir dans ses armes une certaine couleur. *Il porte de gueules.* ♦ ▷ Faire les commissions. *Cette femme porte pour une marchande de modes.* ◁ ♦ Atteindre, en parlant des armes de jet, des projectiles et de tout ce qu'on lance. ♦ Fig. « *Ton triomphe est parfait ; tous tes traits ont porté* », RACINE. ♦ Il se dit également des coups d'armes à feu ou autres. ♦ *Porter juste*, toucher au but, l'atteindre. ♦ Fig. Il se dit de ce qui fait impression, est décisif. « *Il n'y a pas un mot dans votre lettre qui ne porte* », MME DE SÉVIGNÉ. ♦ Fig. *Cette observation porte sur telle chose*, elle a telle chose pour objet. ♦ Parcourir une certaine étendue, en parlant du son, du regard, du vent, etc. *Sa vue porte loin. Le bruit du canon porte à plusieurs lieues.* ♦ Heurter, toucher. *La tête a porté contre une pierre.* ♦ **Mar.** Avancer vers. ♦ *Porter au sud, au nord*, etc. gouverner, faire route au sud, au nord. ♦ On dit de même : *Porter au large, à terre.* ♦ *Laisser porter*, laisser arriver. ♦ Fig. Il se dit de quelque mal ou dommage. *La perte porta sur nous.* ♦ *Porter à la tête*, se dit d'une liqueur, d'une odeur, d'une chaleur qui étourdit, qui entête. ♦ *Porter sur les nerfs*, les agacer. ♦ Se porter, **v. pr.** Être porté, soutenu comme un faix. ♦ Se dit des gens tellement serrés que leurs pieds ne touchent plus la terre. ♦ Se porter soi-même. « *Le sage, se portant partout avec lui, porte aussi son bonheur* », J.-J. ROUSSEAU. ♦ Aller, se transporter. *Le roi s'y porta de sa personne.* ♦ Il se dit de même des choses qui se meuvent. *Le sang s'est porté à la tête.* ♦ Fig. Se diriger sur, en parlant du regard, de la pensée, de l'attention, etc. ♦ Être porté comme vêtement. ♦ Fig. Agir de telle ou telle manière dans certaines occasions. *Il s'y est porté un peu mollement.* ♦ Fig. Avoir disposition à, inclinaison pour. « *On ne conclut rien, et l'on ne se porte à rien, parce qu'on n'y pense point* », BOURDALOUE. ♦ *Se porter*, se laisser emporter à, aller à. « *Comment, c'est vous qui vous portez à ces honteuses actions ?* », MOLIÈRE. ♦ *Se porter à la dernière extrémité, à des extrémités, à des excès contre quelqu'un*, exercer sur lui des actes de violence, d'emportement. ♦ Fig. *Se porter bien*, être en bonne santé ; *se porter mal*, être malade, indisposé. ♦ Fig. *Ses affaires se portent mal*, il est dans une situation fâcheuse, critique. ♦ Fig. Se présenter comme candidat à une élection. ♦ Fig. Prendre une qualité et agir en conséquence. « *Ces premiers poètes n'eurent qu'à se porter pour inspirés par les dieux, on les en crut* », FONTENELLE. ♦ *Se porter fort pour quelqu'un*, Voy. FORT. ♦ **Dr.** *Se porter partie contre quelqu'un*, intervenir contre lui dans un procès. ♦ *Se porter héritier*, ou *pour héritier*, prendre la qualité d'héritier

et agir en conséquence. ♦ N. m. *Ces gants sont d'un bon porter.* ■ *Porter ses fruits*, avoir un bon résultat. ■ *Porter à la scène, à l'écran*, adapter pour le théâtre, le cinéma. ■ *Il est porté sur la bouteille*, il boit beaucoup. ■ *Porter la vie*, être enceinte.

2 **PORTER**, n. m. [pɔʁtɛʁ] (le *r* final se prononce. Mot angl., bière des portefaix, de l'anc. fr. *portere, porteeur*, portefaix) Espèce de bière forte d'Angleterre.

PORTE-RESPECT, n. m. [pɔʁt(ə)ʁɛspɛ] (1 *porter* et *respect*) ▷ Arme, surtout canne ou bâton qu'on porte pour se défendre, et qui impose. ♦ Marque extérieure de dignité. ♦ Personne grave dont la présence oblige à une certaine retenue. ■ Au pl. *Des porte-respect.* ■ ON DIT AUSSI, au pl. aujourd'hui *des porte-respects.* ◁

PORTE-REVUE, ■ n. m. [pɔʁt(ə)ʁəvy] (1 *porter* et *revues*) Meuble de petite taille spécialement conçu pour le rangement des revues. *Des porte-revues.*

PORTERIE, ■ n. f. [pɔʁtəʁi] (*portier*) Loge du gardien dans un couvent, un monastère. ■ Par extens. Loge de gardien dans un immeuble.

PORTE-SAVON, ■ n. m. [pɔʁt(ə)savɔ̃] (1 *porter* et *savon*) Petit support destiné à recevoir un savon. *Des porte-savons.*

PORTE-SERVIETTE, ■ n. m. [pɔʁt(ə)sɛʁvjɛt] (1 *porter* et *serviette*) Pochette de rangement pour serviette de table. *Porte-serviette brodé.* ■ Support pour serviettes de toilette. *Des porte-serviettes.*

PORTE-TAPISSERIE, n. m. [pɔʁt(ə)tapis(ə)ʁi] (1 *porter* et *tapisserie*) ▷ Châssis de bois qu'on établit au haut d'une porte, et sur lequel on applique une tapisserie qui forme portière. ♦ Nom des bâtis ou châssis attachés sur les murs pour recevoir de l'étoffe ou du papier. ♦ Au pl. *Des porte-tapisserie* ou *tapisseries.* ◁

PORTE-TRAIT, n. m. [pɔʁtətʁɛ] (1 *porter* et *trait*) ▷ Courroie pliée en deux parties, qui sert à soutenir les traits des chevaux attelés. ■ Au pl. *Des porte-trait* ou *traits.* ◁

PORTEUR, EUSE, n. m. et n. f. [pɔʁtœʁ, øz] (1 *porter*) Celui, celle dont le métier est de porter quelque fardeau. ♦ Il se dit aussi de ceux qui distribuent les journaux, les imprimés, etc. à domicile. ♦ **Mar.** Navire destiné à charger les déblais enlevés par les dragues et à les déverser au large. Cheval sur lequel est monté le postillon. ♦ *Porteur de chaise* ou simplement *porteur*, un homme par qui on se fait porter dans une chaise. ♦ *Porteur d'eau, porteuse d'eau*, celui, celle qui porte l'eau dans les maisons. ♦ Celui, celle qui porte sur soi quelque papier, quelque instrument, quelque objet. ♦ Personne chargée de rendre une lettre. ♦ *Porteur d'une lettre de change, d'un billet*, celui en faveur de qui la lettre de change, le billet a été souscrit, ou à qui il a été passé. ♦ *Billet payable au porteur*, billet payable à celui qui en est porteur le dernier. *Des effets, des actions au porteur.* ♦ Celui qui apporte quelque chose. ♦ Fig. *Être porteur de bonnes, de mauvaises nouvelles*, être chargé d'annoncer de bonnes, de mauvaises nouvelles. ♦ *Porteur de paroles*, celui qui est chargé de faire une proposition de la part d'un autre. ■ Adj. *Mère porteuse*, femme qui, après insémination artificielle, porte un enfant à la place d'une autre. ■ Qui offre des possibilités de développement ; en plein développement. *Un sujet porteur. Un secteur porteur.*

PORTE-VENT, n. m. [pɔʁtəvɑ̃] (1 *porter* et *vent*) Tuyau qui porte le vent des soufflets dans le sommier de l'orgue. ♦ Tuyau recourbé qui dirige le vent sur la flamme d'une lampe d'émailleur. ♦ **Métall.** Tuyau qui sert à conduire le vent des machines soufflantes. ■ Au pl. *Des porte-vent.* ■ ON DIT AUSSI, au pl. aujourd'hui *des porte-vents.*

PORTE-VERGE, n. m. [pɔʁtəvɛʁʒ] (1 *porter* et *verge*) Bedeau qui porte une verge ou baguette devant le curé, devant les marguilliers. ■ Au pl. *Des porte-verges.*

PORTE-VIS, n. m. [pɔʁtəvis] (1 *porter* et *vis*) Contreplatine, pièce de la garniture d'une arme portative qui est opposée à la platine. ■ Au pl. *Des porte-vis.*

PORTE-VOIX ou **PORTEVOIX**, n. m. [pɔʁtəvwa] (1 *porter* et *voix*) Instrument composé d'une embouchure, d'un tube et d'un pavillon, ordinairement de cuivre ou de fer-blanc, qui sert à porter au loin la parole. ■ Au pl. *Des porte-voix.*

PORTFOLIO, ■ n. m. [pɔʁtfoljo] (on prononce le *t*. Mot angl., portefeuille) Pochette, boîte ou coffret renfermant un ensemble de dessins, de gravures ou de photos. *Un luxueux portfolio en édition limitée.* ■ Pochette contenant un ensemble de documents ayant trait au même sujet. *Des portfolios. Le portfolio d'un professionnel de la photographie*

PORTIER, IÈRE, n. m. et n. f. [pɔʁtje, jɛʁ] (lat. impér. *portarius*) Celui, celle qui garde la porte d'une maison. Voy. CONSIGNE. ■ Adj. Dans les couvents, *le frère portier*, la sœur, la mère portière, le frère convers, la religieuse qui a le soin d'ouvrir et de fermer la porte. ♦ *Portier de comédie*, portier qui n'ouvre qu'autant qu'on lui donne quelque gratification.

1 PORTIÈRE, n. f. [pɔʀtjɛʀ] (*porte*) Rideau placé devant une porte pour garantir du vent. ♦ Ouverture d'un carrosse par où l'on monte et l'on descend. ♦ L'espèce de porte qui sert à fermer cette ouverture.

2 PORTIÈRE, adj. f. [pɔʀtjɛʀ] (1 *porter*) N'est usité que dans ces locutions : *Vache, brebis, chèvre portière*, vache, brebis, chèvre qui est en âge de porter, ou qui a déjà porté.

PORTILLON, n. m. [pɔʀtijɔ̃] (dim. de *porte*) Petite porte, petite poterne. ♦ Dans les Pyrénées, nom des petits ports ou passages.

PORTION, n. f. [pɔʀsjɔ̃] (lat. *portio*, part, proportion) Partie isolée d'un tout et considérée isolément. *Portion de maison à louer. Portion de cercle.* ♦ **Dr.** *Portion disponible, portion virile*, Voy. DISPONIBLE, VIRIL. ♦ Part de chaque fidèle dans la grâce de Jésus-Christ. « *Ô Dieu de mon cœur et mon éternelle portion !* », FÉNELON. ♦ Dans les couvents, certaine quantité de nourriture assignée par la règle à chacun. ♦ Se dit au même sens dans des maisons où l'on va manger. *Servir à la portion.* ♦ *Portion congrue*, Voy. CONGRU. ■ Quantité de nourriture destinée à une personne.

PORTIONCULE, n. f. [pɔʀsjɔ̃kyl] (lat. *portiuncula*) ▷ Petite portion. ◁

PORTIQUE, n. m. [pɔʀtik] (lat. *porticus*) Décoration d'architecture, en colonnes et en balustrades, pour servir d'entrée couverte à quelque lieu, ou pour le simple ornement. ♦ Espace long ou circulaire, dont la couverture est soutenue par des colonnes. ♦ Nom d'un certain édifice à Athènes, où s'établit Zénon, chef des stoïciens. ♦ **Fig.** *Le Portique*, la philosophie de Zénon. ♦ Construction servant à beaucoup d'exercices de gymnastique.

PORTO, ■ n. m. [pɔʀto] (*Porto*, ville du Portugal) Vin liquoreux provenant des vignobles de la vallée du Douro, au Portugal. *Melon au porto.* ■ **Par méton.** Un verre de ce vin. *Boire un porto. Des portos.*

PORTOR, n. m. [pɔʀtɔʀ] (ital. *portoro*, de *portare*, porter, et *oro*, or) Sorte de marbre à veines jaunes sur fond noir.

PORTORICAIN, AINE, ■ n. m. et n. f. [pɔʀtɔʀikɛ̃, ɛn] (*Porto Rico*) Originaire ou habitant de Porto Rico. *Les Portoricains.* ■ **Adj.** *La salsa portoricaine.*

PORTRAIRE, v. tr. [pɔʀtʀɛʀ] (anc. fr. *pourtraire*, préf *pour-* [action menée à son terme] et *traire*, dessiner) **Vieilli** Faire la représentation, tirer la ressemblance, à l'aide de quelqu'un des arts du dessin. ♦ **Absol.** *L'art de portraire.* ♦ **Fig.** « *Souffre-moi toutefois de tâcher à portraire. D'un roi tout merveilleux l'incomparable frère* », P. CORNEILLE.

1 PORTRAIT, n. m. [pɔʀtʀɛ] (anc. fr. *portret* ; p. p. substantivé de *po[u]rtraire*) Image d'une personne faite à l'aide de quelqu'un des arts du dessin. ♦ *Portrait en pied*, portrait qui représente une personne entière. ▷ ♦ ▷ *Portrait parlant*, portrait si ressemblant qu'il semble parler. ◁ ♦ ▷ *Portrait flatté*, portrait qui atténue ce qu'il y a de mal dans le modèle. ◁ ♦ **Fig.** Ressemblance. « *Toi, son vivant portrait* », P. CORNEILLE. ♦ *C'est son portrait*, se dit d'un fils ou d'une fille qui ressemble à son père ou à sa mère, et de toute personne qui ressemble beaucoup à une autre. ♦ Image, idée. *Porter en son cœur le portrait de quelqu'un.* ♦ **Fig.** Description qu'on fait de l'extérieur, du caractère d'une personne. ♦ Imitation de la voix, des gestes, des manières d'une personne. ♦ **Fig.** Composition littéraire très en usage au XVIIᵉ siècle, dans laquelle on décrivait les personnes éminentes de la société. « *Il faut un grand fond de jugement pour bien faire un portrait* », CONDILLAC. ♦ Représentation exacte d'un objet quelconque. « *On n'a point fait de la vertu ce portrait qui lui ressemble* », PASCAL. ■ **Fig.** *Brosser le portrait*, décrire. *L'auteur brosse le portrait de la société bourgeoise.* ■ **Fam.** *Abîmer le portrait*, frapper. *Il s'est fait abîmer le portrait par son frère.*

2 PORTRAIT, AITE, p. p. de portraire. [pɔʀtʀɛ, ɛt]

PORTRAITISTE, n. m. et n. f. [pɔʀtʀɛtist] (*portrait*) Peintre de portraits.

PORTRAIT-ROBOT, ■ n. m. [pɔʀtʀɛʀobo] (*portrait* et *robot*) Portrait, photo-montage d'un individu recherché par la police, établi par la combinaison de différents types de physionomies, d'après les données recueillies auprès de témoins. *La police a diffusé le portrait-robot de l'assassin.* ■ **Par anal.** Ensemble des éléments caractérisant une catégorie de personnes, de choses. *Portrait-robot du couple idéal. Des portraits-robots.*

PORTRAITURE, n. f. [pɔʀtʀɛtyʀ] (*portrait*) **Vieilli** Portrait. ♦ **Peint.** *Livre de portraiture*, livre enseignant à dessiner toutes les parties du corps humain.

PORTRAITURER, ■ v. tr. [pɔʀtʀɛtyʀe] (*portraiture*) Faire le portrait de. *Portraiturer un monarque.*

PORT-SALUT, ■ n. m. inv. [pɔʀsaly] (*Port-Salut*, ville de Mayenne ; marque déposée) Fromage à pâte molle au lait de vache. *Des port-salut.*

PORTUAIRE, ■ adj. [pɔʀtɥɛʀ] (1 *port*) Qui concerne un port. *Activités, installations portuaires.* ■ Situé près d'un port. *Valparaiso est une ville portuaire.*

PORTUGAIS, AISE, ■ n. m. et n. f. [pɔʀtygɛ, ɛz] (port. *português*, du b. lat. *portucalensis, de Portucale* ; m. fr., a remplacé *Portugalois*) Habitant ou originaire du Portugal. ■ **N. m.** Langue parlée au Portugal et dans les pays lusophones. *Le portugais est par exemple également parlé au Brésil ou au Cap-Vert.* ■ **Adj.** *Le porto est une spécialité portugaise.*

PORTULAN, n. m. [pɔʀtylɑ̃] (XVIᵉ s. ; ital. *portolano*, lat. médiév. *portulanus*, du lat. *portus*, port) Livre qui contient la description de chaque port de mer, du fond qui s'y trouve, de ses marées, de la manière d'y entrer et d'en sortir, de ses inconvénients et de ses avantages.

POS, ■ n. m. [peɔɛs] (acronyme) Plan d'occupation des sols. *Le nouveau POS a été annulé par le tribunal administratif.*

POSAGE, n. m. [pozaʒ] ▷ Action de poser. *Le posage des sonnettes dans un appartement.* ♦ Le travail et la dépense qu'il faut faire pour mettre certains ouvrages en place. ◁

POSE, n. f. [poz] (*poser*) Action de poser, de mettre en place. *La pose d'un tapis, d'une sonnette, etc.* ♦ **Archit.** Action de poser une pierre dans une construction. ♦ *Pose de la première pierre d'un monument*, cérémonie qui a lieu quand on pose la première pierre. ♦ Un certain nombre de soldats qu'on va mettre en faction. *Caporal de pose*, caporal chargé de poser ou de relever les sentinelles. ♦ Action ou avantage de placer le premier dé au domino. *À vous la pose.* ♦ Il se dit des attitudes diverses données ou prises. ♦ **Fig.** Affectation quelconque, désir de produire de l'effet. ■ **Phot.** Exposition de la surface sensible à la lumière ; durée de cette exposition.

POSÉ, ÉE, p. p. de poser. [poze] **Hérald.** Se dit du lion arrêté sur ses quatre pieds. ◁ ♦ ▷ *Écrire à main posée*, écrire lentement pour mieux former ses lettres. ◁ ♦ **Fig.** Qui est en crédit dans la société, dans le monde. *Homme posé, bien posé.* ♦ Se dit des principes, des maximes, etc. qu'on établit. *Cela posé, il s'ensuit...* ♦ *Posé que cela fût, posé le cas que cela fût*, ou par ellipse *le cas posé*, c'est-à-dire si cela était. ♦ **Fig.** Rassis, retenu. « *Le plus posé homme du monde* », MOLIÈRE. « *Il a un esprit posé* », MME DE SÉVIGNÉ.

POSÉMENT, adv. [pozemã] (*posé*) D'une manière posée, doucement, modérément. ♦ Sans se presser, avec réflexion.

POSER, v. tr. [poze] (lat. vulg. *pausare*, cesser, s'arrêter, qui a absorbé le lat. *ponere*, poser) Placer, mettre sur. ♦ *Poser à terre*, mettre sur la terre. ♦ Dans les exercices militaires, *poser l'arme à terre*, mettre son arme à terre, devant soi, le bout du canon en avant. ♦ Il se dit, au piano, de la manière de placer la main. ♦ Mettre dans le lieu, dans la disposition convenable. *Poser des rideaux, une glace, des sonnettes, etc.* ♦ *Poser un modèle*, le mettre dans l'attitude la plus favorable pour l'imitation. ♦ *Poser des sentinelles*, les placer en quelque endroit. ♦ Fixer une pierre, une poutre, une colonne, une statue, etc. à la place qu'elle doit occuper. ♦ **Arithm.** *Poser des chiffres*, les mettre en colonne aux rangs d'unités, de dizaines, de centaines, etc. ♦ Jouer un dé ou un domino. **Absol.** *C'est à vous à poser.* ♦ Garnir, en parlant de quelque vêtement, de quelque chose que l'on porte sur soi. ♦ *Faire poser*, faire déposer. « *Faire poser le masque à cette âme hypocrite* », MOLIÈRE. ♦ **Fig.** *Poser l'épée*, renoncer à l'état militaire. ♦ *Poser les armes*, les mettre bas, se retirer. **Fig.** Faire la paix ou une trêve. ♦ **Fig.** Établir quelque chose, comme on fait un fondement. « *Il s'agit de bien poser la doctrine* », BOSSUET. ♦ *Poser une question*, la fixer, la préciser. ♦ **Fig.** Supposer. *Poser le cas que...* ♦ **Mus.** Attaquer un son avec fermeté et sûreté, et surtout le maintenir pendant toute la durée de la note. *Il pose mal sa voix.* ♦ ▷ **Fig. Néolog.** *Poser quelqu'un*, le poser, appuyé sur quelque chose. *Ce mur pose à faux.* ♦ **Fig.** « *Notre crainte ne pouvant poser sur rien de certain* », MASSILLON. ♦ Prendre une attitude pour se faire dessiner ou peindre. *Cet homme pose dans les ateliers de peinture.* ♦ **Fig. Néolog.** Étudier ses attitudes pour produire de l'effet, chercher à paraître ce qu'on n'est pas. ♦ *Faire poser*, mystifier. ♦ Se poser, **v. pr.** Se mettre, se placer. ♦ Être posé. *Son pied se posait sur le tapis.* ♦ Se créer un rôle original. *Se poser en réformateur des abus.* ■ **N. m.** L'instant où dans la marche le pied du cheval arrive sur le sol. ■ **V. pr.** Atterrir. *L'avion s'est posé avec du retard.* ■ Surgir, exister, en parlant d'un problème, d'une question. *La question se pose maintenant.*

POSEUR, EUSE, n. m. et n. f. [pozœʀ, øz] (*poser*) Celui qui pose ou qui dirige la pose de quelque chose que ce soit. ♦ *Poseur de sonnettes*, serrurier qui pose les sonnettes dans les appartements. ♦ **Fig. Néol.** *Poseur, poseuse*, personne qui étudie ses attitudes, ses gestes, ses regards, pour produire de l'effet.

POSIDONIE, ■ n. f. [pozidoni] (gr. *Poseidôn*, dieu de la mer) Espèce endémique de végétal marin qui produit de grandes quantités d'oxygène. *La posidonie constitue des grandes prairies que l'on appelle herbiers en mer Méditerranée.*

1 POSITIF, n. m. [pozitif] (b. lat. *positivus*, t. grammatical ; 3 positif) **Gramm.** Le premier degré de signification dans les adjectifs et dans les adverbes, par rapport aux degrés de comparaison. ♦ **Adj.** *La signification positive. L'emploi positif.*

2 POSITIF, n. m. [pozitif] (substantivation de 3 *positif*, avec infl. de *poser*) Nom d'un petit buffet d'orgue, qui est ordinairement derrière l'organiste ou à ses pieds.

3 **POSITIF, IVE**, adj. [pozitif, iv] (lat. impér. *positivus*, conventionnel, de *positum*, supin de *ponere*, poser) Sur quoi l'on peut compter ; qui est assuré, constant. « *Je ne pus tirer de ce prince des paroles positives* », BOSSUET. ♦ Qui s'appuie sur les faits, sur l'expérience. *Les sciences positives.* ♦ *Philosophie positive*, système philosophique émané de l'ensemble des sciences positives, dont Auguste Comte fut le fondateur. ♦ Se dit par opposition à ce qui émane de l'imagination, de l'idéal. *Des idées positives.* ♦ *Esprit positif*, esprit qui recherche en tout la réalité et l'utilité. ♦ *Un homme positif*, un homme dont les idées sont positives ; et aussi un homme qui considère en tout l'intérêt. ♦ Il se dit, par opposition à naturel, de ce qui est écrit, prescrit. *Droit positif.* ♦ *Le droit positif divin*, tout ce que Dieu a ordonné et qui ne fait pas partie du droit naturel. ♦ En matière de religion, *cela est de droit positif*, cela est fondé sur la discipline de l'Église. ♦ *Théologie positive* et n. f. *la positive*, Voy. THÉOLOGIE. ♦ Qui existe en fait, par opposition à négatif. « *Une chose très réelle et souverainement positive* », FÉNELON. ♦ N. m. « *Il n'y a de différence entre l'espérance et la crainte que celle du positif au négatif* », BUFFON. ♦ **Alg.** *Quantités positives*, celles qui sont ou qu'on suppose précédées du signe de l'addition. ♦ **Phys.** Se dit de l'électricité développée sur le verre. ♦ Dans la pile, on nomme *éléments positifs* les disques de zinc, et *pôle positif* l'extrémité terminée par un disque de zinc. ♦ **Chim.** Se dit d'une substance simple ou composée, jouant dans ses combinaisons le rôle positif ou de base, c'est-à-dire se rendant au pôle négatif de la pile. ♦ **Phot.** *Épreuve positive*, celle qui reproduit le modèle avec ses lumières et ses ombres. ♦ **N. m.** *Le positif*, ce qui est certain, ce sur quoi on peut compter. *Le positif est que...* ♦ Ce qui est réel, solide, par opposition à ce qui est chimérique, sans fondement. ♦ Ce qui est matériellement avantageux, profitable. ■ Qui exprime une affirmation. *Donner une réponse positive.* ■ **Méd.** Qui atteste la présence de la chose recherchée. *Un test de grossesse positif.* ■ Se dit d'une personne chez laquelle on a décelé la présence d'un microorganisme, d'une substance. *Un sportif contrôlé positif à un contrôle antidopage.*

POSITION, n. f. [pozisjɔ̃] (lat. *positio*, action de mettre en place, situation) Lieu où une personne ou une chose est placée. *Cette ville est dans une position agréable.* ♦ **Archit.** Situation d'un bâtiment relativement aux points de l'horizon. ♦ **Astron.** Place qu'occupent les corps célestes. ♦ Manière de tenir le corps. *La position du soldat sous les armes.* ♦ **Peint.** Posture des figures d'un tableau. ♦ Assiette du cavalier ; manière de se tenir à cheval. ♦ **Danse** Différentes manières de poser les pieds l'un par rapport à l'autre ; on en compte cinq. ♦ *Fausses positions*, positions qui sont en quelque sorte contre nature. ♦ **Mus.** Manière dont la main est posée sur les divers instruments. ♦ Lieu de la portée où est placée une note pour fixer le degré d'élévation du son qu'elle représente. ♦ Ordre dans lequel les sons d'un accord sont disposés au-dessus de la base. ♦ **Méd.** *Positions*, les différentes attitudes que prend un malade. ♦ Les différentes attitudes que, dans certaines affections, la médecine donne soit au corps entier, soit à un membre. ♦ Dans la métrique grecque ou latine, *syllabe longue par position*, celle qui, brève de sa nature, devient longue parce que sa dernière lettre, une consonne, se trouve placée devant une consonne commençant la syllabe suivante. ♦ Terrain choisi pour y placer un corps de troupes. ♦ **Fig.** Condition, état heureux ou malheureux. *Être à la recherche d'une position. La position de ce malade est alarmante.* « *Il est des positions où l'on n'a d'autre parti à prendre que celui de se préparer à combattre, à vaincre ou à périr* », VOLTAIRE. ♦ *Être en position de*, avoir les moyens, la faculté de. ♦ Maxime de doctrine contenue dans des thèses que l'on soutient. *Les positions d'une thèse.* ♦ *Position d'un texte*, le travail par lequel on fixe à l'aide des manuscrits et de la critique. ♦ **Arithm.** *Règle de fausse position*, Voy. RÈGLE. ♦ Ce que l'on pense de quelque chose, attitude face à une question. *Quelle est sa position sur le sujet ?*

POSITIONNEMENT, ■ n. m. [pozisjɔn(ə)mɑ̃] (*positionner*) Action de positionner. ■ **Marketing** Action de positionner un produit. *Le positionnement des flocons d'avoine sur le marché des céréales.* ■ **Financ.** Situation d'un compte. *Le positionnement d'un compte.* ■ **Techn.** Action d'installer une pièce dans une position précise dans le but de faire fonctionner un appareil.

POSITIONNER, ■ v. tr. [pozisjɔne] (*position*) Placer dans une position précise et déterminée. *Positionner des textes et des images sur une page de journal.* ■ Se positionner, v. pr. Joueur qui se positionne sur un terrain de football. ■ Fig. *Se positionner sur le marché du travail.* ■ Déterminer la position géographique d'un navire, d'un avion, etc. ■ **Écon.** Déterminer le solde d'un compte en banque. ■ **Marketing** Définir la clientèle précise susceptible d'acheter un produit. *Positionner les vins français sur les marchés d'exportation.*

POSITIONNEUR, ■ n. m. [pozisjɔnœr] (*positionner*) Techn. Appareil servant à positionner ou à maintenir des pièces mécaniques.

POSITIVEMENT, adv. [pozitiv(ə)mɑ̃] (*positif*) D'une manière sûre, certaine. *Je ne le sais pas positivement.* ♦ D'une manière précise. *Répondre po-*

sitivement. ♦ **Phys.** *Corps électrisé positivement*, corps chargé d'électricité positive.

POSITIVER, ■ v. tr. et v. intr. [pozitive] (*positif*) **Fam.** Faire preuve d'un esprit positif, optimiste. *Positiver les relations avec un malade. Malgré ses échecs, il positive.*

POSITIVETÉ ou **POSITIVITÉ**, n. f. [pozitiv(ə)te, pozitivite] (*positif*) **Phys.** État d'un corps qui manifeste les phénomènes de l'électricité positive.

POSITIVISME, n. m. [pozitivism] (*positif*) Système de la philosophie positive.

POSITIVISTE, adj. [pozitivist] (*positivisme*) Qui se rapporte au positivisme. ♦ N. m. et n. f. Partisan de cette philosophie.

POSITIVITÉ, n. f. [pozitivite] (*positif*) Caractère positif d'une spéculation ou d'un ensemble de spéculations. ■ **Méd.** Caractère positif. *Positivité à un test.*

POSITRON ou **POSITON**, ■ n. m. [pozitrɔ̃, pozitɔ̃] (*positif* et *électron*, d'après l'angl. *positron*, ou *positif* et suff. *-on*) **Phys.** Anti-électron, particule nucléaire élémentaire dont la masse est équivalente à celle de l'électron et dont la charge électrique positive est de la même valeur que la charge négative de l'électron. *Conçu théoriquement en 1930, le positron fut observé pour la première fois en 1932 dans le rayonnement cosmique.*

POSITRONIUM ou **POSITONIUM**, ■ n. m. [pozitrɔnjɔm, pozitonjɔm] (*positron* ou *positon*) **Phys.** Structure instable qui se compose d'un positron et d'un électron. *La demi-vie du positronium est d'environ 100 nanosecondes.*

POSOLOGIE, ■ n. f. [pozoloʒi] (gr. *posos*, en quelle quantité ?, et *-logie*) Indication sur les modalités d'utilisation et le dosage précis d'un médicament, évalués selon divers critères (âge, poids, etc.). *Il est impératif de respecter la posologie de ces comprimés.*

POSPOLITE, n. f. [pɔspolit] (pol. *pospolita*, assemblée du peuple) La noblesse de Pologne assemblée en corps d'armée.

POSSÉDANT, ANTE, ■ n. m. et n. f. [posedɑ̃, ɑ̃t] (*posséder*) Personne qui est propriétaire d'une fortune ou de biens. ■ **Adj.** Qui détient quelque chose. *La population possédante.*

POSSÉDÉ, ÉE, p. p. de posséder. [posede] **Fig.** Maîtrisé. « *L'âme de son dessein jusque-là possédée* », P. CORNEILLE. ♦ Dont le démon s'est emparé. ♦ N. m. et n. f. *Un possédé. Une possédée.* ♦ **Fig.** Celui qui paraît agité, insensé comme un possédé.

POSSÉDER, v. tr. [posede] (a. moy. fr. *possider*, du lat. *possidere*, refait d'après *possession, possesseur*) Avoir comme propriété, tenir en son pouvoir. « *Qui vit content de rien possède toute chose* », BOILEAU. ♦ Absol. « *En toute espèce de biens, posséder est peu de chose ; c'est jouir qui rend heureux* », BEAUMARCHAIS. ♦ Il se dit, en un sens analogue, des emplois, des charges, des dignités. ♦ Avec un nom de chose pour sujet, contenir, renfermer, avoir. *Ce pays possède des mines de fer.* ♦ **Dr.** Avoir en son pouvoir, exercer les faits qui, lorsque le droit s'y joint, constituent la propriété, mais sans impliquer la question de savoir si le droit s'y joint. *Posséder de bonne foi.* ♦ Être propriétaire. ♦ **Fig.** Il se dit des choses morales que l'on possède. « *Elle possédait l'affection de son époux* », BOSSUET. ♦ Dans le langage religieux, *les bienheureux possèdent la gloire éternelle*, possèdent Dieu, ils jouissent de la gloire éternelle, de la vue de Dieu. ♦ *Posséder Dieu*, avoir la connaissance de la vraie religion. ♦ *Posséder le secret de quelqu'un*, le connaître et pouvoir en user à son gré. ♦ *Posséder l'esprit de quelqu'un*, le gouverner à son gré. ♦ ▷ On dit de même : *Posséder l'oreille de quelqu'un*. ◁ ♦ *Posséder l'âme, le cœur d'une personne*, en être aimé. ♦ *Posséder les bonnes grâces de quelqu'un*, en être aimé, en être favorisé. ♦ *Posséder quelqu'un*, l'avoir chez soi, jouir de sa présence, de sa conversation. ♦ ▷ Être l'époux d'une femme. « *Si un autre devait posséder, je passerais le reste de mes jours avec tristesse et amertume* », FÉNELON. ◁ ♦ **Fig.** Connaître parfaitement, savoir bien. *Posséder sa langue, son sujet, un instrument, etc.* ♦ **Fig.** Maîtriser, dominer. « *Il faut tâcher de calmer et de posséder un peu son âme* », MME DE SÉVIGNÉ. ♦ *Posséder son âme en paix*, jouir d'une tranquillité d'esprit constante. ♦ Il se dit des objets qui nous dominent moralement. « *Toute la terre était possédée de la même erreur* », BOSSUET. « *Dieu permet que le monde nous possède un certain temps* », MASSILLON. ♦ Dans la liturgie catholique, s'emparer du corps d'un homme, en parlant du démon. ♦ *Être possédé*, être tourmenté par l'esprit malin. ♦ **Fig.** *Le diable le possède*, il est possédé du diable, c'est un homme emporté et qui n'écoute rien. ♦ Se posséder, v. pr. Être possédé, être tenu comme propriété. ♦ **Fig.** Être maître de soi, se contenir. ♦ *Il ne se possède pas de joie*, il est transporté de joie. ♦ *Posséder une femme*, avoir avec elle des rapports sexuels, en parlant d'un homme.

POSSESSEUR, n. m. [posesœr] (lat. *possessor*, propriétaire, de *possessum*, supin de *possidere*) Celui qui possède un bien, un héritage. ♦ Par extens. Celui qui possède un objet quelconque.

POSSESSIF, IVE, adj. [posesif, iv] (lat. impér. gramm. *possessivus*, qui marque la possession ; *possesseur*) **Gramm.** Qui sert à marquer la possession. *Pronom, adjectif possessif.* ♦ N. m. *Un possessif.* ▪ Qui éprouve le besoin de s'approprier quelqu'un. *Un mari possessif et jaloux.*

POSSESSION, n. f. [posesjɔ̃] (lat. *possessio*, propriété ; *possesseur*) État, action par laquelle on a la propriété de. *La possession d'une terre, de l'empire, etc.* « *L'usage seulement fait la possession* », LA FONTAINE. ♦ *Possession de famille*, possession qui vient par hérédité. ♦ *Prendre possession, prise de possession*, se dit de l'acte par lequel un État, un souverain s'assure la possession d'un territoire. ♦ **Dr.** Action ou droit de posséder à titre de propriétaire. *En fait de meubles la possession vaut titre.* ♦ *Possession de fait*, action de détenir une chose sans avoir l'intention de se l'approprier. ♦ *Possession d'état*, notoriété qui résulte d'une suite non interrompue d'actes faits par la même personne en une même qualité. ♦ **Par extens.** Des charges, des dignités dont on est revêtu, des biens moraux ou autres qu'on possède. ♦ *Être en possession de l'estime publique*, la posséder pleinement. ♦ ▷ *Être en possession du théâtre*, n'avoir point de rival dans la composition des pièces dramatiques. ◁ ♦ *Prendre possession*, entrer en charge. ♦ **Fig.** *Être en possession de*, avec un nom de personne pour sujet, avoir le droit, la coutume de. « *Le comte de Gramont, qui est en possession de dire toutes choses sans qu'on ose s'en fâcher* », MME DE SÉVIGNÉ. « *Les oiseaux ont toujours été en possession de fournir aux peuples policés, comme aux peuples sauvages, une partie de leur parure* », BUFFON. ♦ **Gramm.** La qualité des adjectifs ou pronoms possessifs. ♦ **Fig.** Empire qu'on a sur les affections de quelqu'un. « *Quelle possession vous avez prise de mon cœur !* », MME DE SÉVIGNÉ. ♦ Il se dit de la jouissance de la vue de Dieu. « *Dieu ne nous a point promis d'autre héritage que la possession de lui-même* », BOURDALOUE. ♦ La chose même qu'on possède. « *Venez voir vous-mêmes cette terre délicieuse que le Seigneur vous propose et qui doit être votre possession éternelle* », MASSILLON. ♦ **Au pl.** Terres possédées par un État, par un particulier. *Les possessions de la France aux Antilles.* ♦ Jouissance de certaines choses qu'on a recherchées avec ardeur. *La possession diminue le prix des choses qu'on a le plus désirées.* ♦ **Relig.** État d'une personne qui est actuellement sous le pouvoir du diable, et dans le corps de laquelle il habite réellement.

POSSESSIONNEL, ELLE, adj. [posesjɔnɛl] (*possession*) **Dr.** Qui marque la possession, par où l'on manifeste son droit de possession. *Acte possessionnel.*

POSSESSIVITÉ, ▪ n. f. [posesivite] (*possessif*) Caractère d'une personne possessive. ▪ **Psych.** Névrose correspondant à un besoin d'appropriation de l'autre. *Possessivité et jalousie.* « *Ce double courant de possessivité intense, exclusive et jalouse entre la mère et le fils, se heurte à la barrière des convenances morales* », MOUNIER.

POSSESSOIRE, adj. [poseswar] (b. lat. jurid. *possessorius* ; *possesseur*) **Dr.** Qui est relatif à la possession et spécialement aux procès de possession. *Action possessoire*, celle par laquelle on tend à être maintenu ou réintégré dans la possession. ♦ N. m. La possession d'un bien immobilier.

POSSESSOIREMENT, adv. [poseswar(ə)mɑ̃] (*possessoire*) ▷ **Dr.** D'une manière possessoirement. *Agir possessoirement.* ◁

POSSIBILITÉ, n. f. [posibilite] (lat. impér. *possibilitas*, de *possibilis*, possible) Qualité de ce qui est possible. *La possibilité d'un fait.* ▪ Chose possible. *Étudier toutes les possibilités.* ▪ Fait de pouvoir faire quelque chose, occasion. *Il a la possibilité de refuser.* ▪ **Au pl.** Moyens dont on dispose, capacités. *Développer ses possibilités.*

POSSIBLE, adj. [posibl] (lat. impér. *possibilis*, de *posse*, pouvoir) Qui peut être, qui peut se faire. *Il est possible que cela se fasse. Il est possible de faire cela.* « *Tous les êtres qui existent actuellement existaient comme possibles dans l'entendement divin avant la création* », BONNET. ♦ *Il est possible que*, avec le subjonctif. ▪ **Ellipt.** *Venez le plut tôt possible. Le moins d'erreurs possible.* ♦ Dans cet emploi, *possible* est toujours invariable. ♦ *Autant que possible*, autant qu'il est possible. ▪ N. m. *Tout ce qu'on peut. Je ferai mon possible.* ♦ *Au possible*, au dernier degré, extrêmement, beaucoup. ♦ Tout ce qui peut arriver, tout ce qui peut se faire. « *Le réel est étroit, le possible est immense* », LAMARTINE. « *Qui concentre les vœux dans l'étroite borne des possibles* », J.-J. ROUSSEAU. ♦ **Adv.** Peut-être (emploi qui a vieilli). « *Notre mort... Ne tardera possible guères* », LA FONTAINE. ♦ On dit dans le même sens : *Possible que, etc. ; possible que oui.*

POSSIBLEMENT, ▪ adv. [posibləmɑ̃] (*possible*) Éventuellement, d'une manière possible. *Elle est possiblement intéressée par cet appartement.*

POSTAGE, ▪ n. m. [postaʒ] (2 *poster*) Action de poster, de mettre au courrier.

POSTAL, ALE, adj. [postal] (1 *poste*) Qui a rapport aux postes. *Route postale.* ♦ *Convention postale*, accord avec une puissance étrangère concernant le transport des lettres d'un pays à un autre.

POSTCLASSIQUE, ▪ adj. [postklasik] (*post-* et *classique*) Qui suit une période classique. *La littérature postclassique.*

POSTCOMBUSTION, ▪ n. f. [postkɔ̃bystjɔ̃] (*post-* et *combustion*) Deuxième combustion. ▪ Période de détente suivant l'explosion lors de la combustion du carburant d'un moteur à explosion. *Une chambre de postcombustion.*

POSTCOMMUNION, n. f. [postkomynjɔ̃] (lat. *post* et *communion*) Oraison que dit le prêtre à la messe après la prière appelée *Communion*.

POSTCOMMUNISME, ▪ n. m. [postkomynism] (*post-* et *communisme*) Situation qui succède au communisme. *Le postcommunisme représente la fin d'une lutte commune pour beaucoup de pays de l'Est.*

POSTCOMMUNISTE, ▪ n. m. et n. f. [postkomynist] (*postcommunisme*) Partisan du postcommunisme. ▪ **Adj.** Relatif au postcommunisme. *La transition postcommuniste.*

POSTCURE, ▪ n. f. [postkyʀ] (*post-* et *cure*) **Méd.** Période qui suit une cure, de désintoxication par exemple. *Un centre de postcure.*

POSTDATE, n. f. [postdat] (lat. *post-* et *date*) Date postérieure à la vraie date d'un acte, d'une lettre.

POSTDATÉ, ÉE, p. p. de postdater. [postdate]

POSTDATER, v. tr. [postdate] (*post-* et *dater*) Dater une lettre, un acte, un temps postérieur à celui de son origine.

1 POSTE, n. f. [post] (ital. *posta*, de *porre*, placer, lat. *ponere*) Établissement de chevaux, placé de distance en distance pour le service des voyageurs. *Maître de poste. Chevaux, chaise de poste.* ♦ La manière de voyager avec des chevaux de poste. *Voyager en poste.* ♦ **Fig.** *En poste*, avec une extrême rapidité. ♦ ▷ *Courir la poste*, courir sur des chevaux de poste, ou en chaise avec des chevaux de poste. **Fig.** Aller un train de poste, marcher précipitamment, en général faire trop vite. *Faire tout en courant la poste.* ◁ ♦ ▷ *La maison où sont les chevaux de poste.* ◁ ♦ ▷ Mesure de chemin ordinairement de deux lieues. *Il y a six postes de telle ville à telle autre.* ◁ ♦ Administration publique pour le transport des lettres. ♦ *Malle-poste*, Voy. MALLE. ♦ *Petite poste*, poste pour la distribution des lettres dans la ville et la banlieue. ♦ *Poste restante*, suscription qui indique qu'une lettre doit rester au bureau jusqu'à ce qu'on la réclame. ♦ Le courrier qui porte les lettres. ♦ La maison, le bureau où l'on porte les lettres. ♦ *Train-poste*, Voy. TRAIN.

2 POSTE, n. f. [post] ▷ Petite balle de plomb, dont on emploie plusieurs à la fois pour charger un fusil, un pistolet. ◁

3 POSTE, n. f. [post] Voy. POSTES.

4 POSTE, n. m. [post] (ital. *posto*) Lieu assigné à quelqu'un pour un office quelconque. ♦ ▷ *Poste d'honneur*, celui qui est regardé comme le plus périlleux. ♦ *Être à son poste fixe dans un lieu*, y être attaché, y être sédentaire. ♦ *Être à son poste*, être où le devoir exige qu'on soit. ♦ **Fig.** « *Demeurons dans le poste où le ciel nous a mis* », L. RACINE. ♦ Tout lieu, fortifié ou non, où un corps de troupes peut tenir et être logé. ♦ *Guerre, affaire de postes*, guerre, affaire où l'on se dispute des postes. ♦ *Poste avancé*, poste placé le plus près dans l'ennemi. ♦ Un corps de poste. ♦ Les soldats placés dans un poste. ♦ Il se dit de toutes sortes d'emplois et de fonctions. « *Les postes éminents rendent les grands hommes encore plus grands, et les petits beaucoup plus petits* », LA BRUYÈRE. ♦ **Mar.** Emplacement destiné à être occupé par un bâtiment dans un port. ♦ Place assignée à un bâtiment dans une armée navale. ♦ *Poste de police* ou *poste*, local d'un commissariat de police. ▪ Emplacement où sont installés divers appareils destinés à un usage particulier. *Poste d'aiguillage.* ♦ *Poste de travail*, espace aménagé pour l'exécution d'un travail particulier. ▪ Appareil de radio, de télévision, de téléphone.

POSTÉ, ÉE, p. p. de poster. [poste] ▷ **Fig.** *Il est bien posté*, il est dans une situation avantageuse. ◁ ♦ ▷ **Fam.** et **ironiq.** *Nous voilà bien postés*, nous sommes dans l'embarras. ◁

1 POSTER, v. tr. [poste] (4 *poste*) Placer quelqu'un dans un endroit. ♦ Il se dit aussi des choses que l'on place comme dans un poste. *Poster des relais.* ♦ **Milit.** Placer un homme ou un corps dans un lieu, soit pour le garder, soit pour le défendre, soit pour observer de là ce qui se passe. ♦ *Se poster*, v. pr. Se mettre, se placer en un lieu.

2 POSTER, ▪ v. tr. [poste] (1 *poste*) Mettre à la Poste. *Poster une lettre.*

3 POSTER, ▪ n. m. [postɛʀ] (on prononce le *r*. Mot angl.) Affiche ou photographie de grande taille destinée à orner un mur. *Dominique a collé des posters de son groupe préféré sur tous les murs de sa chambre.*

POSTÉRIEUR, EURE, adj. [posteʀjœʀ] (lat. *posterior*) Qui vient après, qui suit dans l'ordre des temps. *Un droit postérieur à un autre. Époque postérieure.* ♦ Qui est derrière. *La partie postérieure de la tête.* ♦ **Plais.** *les parties postérieures*, le derrière. ♦ N. m. Le derrière.

POSTÉRIEUREMENT, adv. [posteʀjœʀ(ə)mɑ̃] (*postérieur*) Après, plus tard. *Cela s'est passé postérieurement à tel fait.*

POSTERIORI (A), adv. [posteʀjoʀi] (lat. scolast., de *a*, en partant de, et *posteriori* [pour *posteriore*], substantiv. de l'adj. *posterior*, ce qui vient après)

Termes latins de logique signifiant : *De ce qui suit, de ce qui est posté-rieur.* Raisonner *a posteriori,* argumenter d'après les conséquences néces-saires d'une proposition. *La méthode a posteriori,* la méthode expérimen-tale, par opposition à *la méthode a priori.* ◆ **N. m.** *L'a posteriori,* la méthode expérimentale. ■ **REM.** Graphie ancienne : *à postériori.*

POSTÉRIORITÉ, n. f. [pɔsteʁjɔʁite] (lat. *posterior*) État d'une chose pos-térieure à une autre. *Postériorité de date.*

POSTÉRITÉ, n. f. [pɔsteʁite] (lat. *posteritas,* le temps qui vient ensuite) Suite de ceux qui descendent d'une même origine. *Postérité d'Adam.* ◆ Les générations qui ont suivi ou qui suivront une époque.

POSTES, n. f. pl. [pɔst] (1 *poste*) **Archit.** Nom donné à certains ornements plats, en manière d'enroulements répétés, les uns simples, les autres fleu-ronnés avec des roses.

POSTFACE, n. f. [pɔstfas] (lat. *post-* et *face*) Avertissement placé à la fin d'un livre.

POSTGLACIAIRE, ■ adj. [pɔstglasjɛʁ] (*post-* et *glaciaire*) **Géol.** Qui est consécutif à une période glaciaire. *Le relief postglaciaire.* ■ **N. f.** Période qui succède à la période glaciaire.

POSTHITE, ■ n. f. [pɔstit] (gr. *posthê,* prépuce) **Méd.** Inflammation du pré-puce.

POSTHUME, adj. [pɔstym] (*postumus,* superlatif de *posterus,* dernier, faus-sement orthographié *posthumus,* par rapprochement de *postumus,* ultime enfant [né après la mort du père] avec *humus,* terre, et *humare,* ensevelir) Qui est né après la mort de son père. *Un enfant posthume.* ◆ **N. m.** et n. f. *Un posthume.* ◆ Qui ne se fait, n'advient qu'après la mort de la personne dont il s'agit. *Des honneurs posthumes.* « *Les grandes réputations sont presque toujours posthumes* », LA MOTTE. ◆ Il se dit d'un ouvrage publié après la mort de l'auteur, et d'un auteur dont on a publié les œuvres après sa mort.

POSTHYPOPHYSE, ■ n. f. [pɔstipɔfiz] (*post-* et *hypophyse*) **Biol.** Partie arrière de la glande hypophyse.

POSTICHE, adj. [pɔstiʃ] (ital. *posticcio,* artificiel, issu soit de *posto* [de *porre,* placer], soit du b. lat *appositicius,* posé à côté, feint) Fait et ajouté après coup. *Les ornements de ce portail sont postiches.* ◆ Qui ne convient pas au lieu où on l'a placé. « *Il faut au versificateur français deux ou trois vers pos-tiches pour en amener un dont il a besoin* », FÉNELON. ◆ Mis à la place de quelque chose qui n'y est pas et qui y devrait être naturellement. *Dents, che-veux postiches.* ◆ **Fam.** Se dit de quelque personnage qui n'a pas la qualité qu'il se donne. *Un comte postiche.*

POSTIER, IÈRE, ■ n. m. et n. f. [pɔstje, jɛʁ] (1 *poste*) Personne employée par la Poste. *La tournée de la postière.*

POSTILLON, n. m. [pɔstijɔ̃] (ital. *postiglione,* de *posta* ; 1 *poste*) Homme attaché au service de la poste, et qui conduit les voyageurs. ◆ *Postillon de carrosse* ou simplement *postillon,* second cocher qui mène les chevaux de devant, quand on marche à quatre ou à six chevaux. ◆ Au trictrac et au piquet à écrire, chacun des marqués au-delà de la moitié. ◆ Gouttelette de salive que l'on projette en parlant.

POSTILLONNER, ■ v. intr. [pɔstijɔne] (*postillon*) Projeter des postillons en parlant ; parler tout en envoyant des postillons. *Postillonner à la figure de quelqu'un.*

POSTIMPRESSIONNISME, ■ n. m. [pɔstɛ̃pʁesjɔnism] (*post-* et *impression-nisme*) Ensemble des courants artistiques qui a directement succédé à l'im-pressionnisme ou bien qui s'y est opposé. *Le postimpressionnisme a duré, environ, de 1885 à 1905.*

POSTIMPRESSIONNISTE, ■ n. m. et n. f. [pɔstɛ̃pʁesjɔnist] (*postimpression-nisme*) Partisan du postimpressionnisme. ■ **Adj.** *Une œuvre postimpression-niste.*

POSTINDUSTRIEL, ELLE, ■ adj. [pɔstɛ̃dystʁijɛl] (*post-* et *industriel*) Qui est consécutif à l'ère industrielle. *Le monde postindustriel suppose de tra-vailler sinon en groupes, du moins en coopérations.*

POST-IT, ■ n. m. inv. [pɔstit] (marque déposée ; mot angl., pose-le) Petite feuille munie au verso d'une partie autocollante permettant de la décoller très facilement pour la fixer à différents endroits. *Des post-it.*

POSTMARCHÉ ou **POST-MARCHÉ,** ■ n. m. [pɔstmaʁʃe] (*post-* et *marché*) Service d'un établissement financier ou bancaire qui traite l'ensemble des procédures administratives nécessaires à la bonne gestion des diverses tran-sactions réalisées pour son propre compte ou celui de sa clientèle, comme par exemple la vente ou l'achat des devises. *Les post-marchés.* ■ **REM.** *Post-marché* est recommandé pour traduire l'anglicisme *back-office.*

POSTMODERNE, ■ n. m. et n. f. [pɔstmɔdɛʁn] (*postmodernisme*) Partisan du postmodernisme. ■ **Adj.** *Une construction postmoderne.*

POSTMODERNISME, ■ n. m. [pɔstmɔdɛʁnism] (*post-* et *modernisme*) **Ar-chit.** Tendance qui a succédé au modernisme. *Le postmodernisme est un*

concept qui correspond à l'expression d'un individualisme où les critères esthé-tiques du modernisme cèdent la place à la subjectivité des goûts personnels.

POSTMODERNITÉ, ■ n. f. [pɔstmɔdɛʁnite] (*post-* et *modernité*) Période caractérisée par la perte de confiance dans le modernisme. *La ferveur idéa-liste et révolutionnaire des années 1960 va se retourner et se muer dans le conformisme des années 1990 qu'est la postmodernité.*

POST MORTEM ou **POST-MORTEM,** ■ loc. adj. et adv. [pɔstmɔʁtɛm] (loc. lat., de *post,* après, et *mortem,* accus. de *mors,* la mort) De manière posthume. *Prélèvement d'organes post mortem.*

POSTNATAL, ALE, ■ adj. [pɔstnatal] (*post-* et *natal*) Qui suit immédiate-ment une naissance. *Congé, suivi postnatal.*

POSTOPÉRATOIRE, ■ adj. [pɔstɔpeʁatwaʁ] (*post-* et *opératoire*) **Méd.** Qui suit une opération. *Traumatisme postopératoire. Effectuer une prise en charge postopératoire d'un malade.*

POST-PARTUM ou **POSTPARTUM,** ■ n. m. inv. [pɔstpaʁtɔm] (mot lat., de *post,* après, et *partum,* accus. de *partus,* accouchement) **Méd.** Période consécutive à l'accouchement. *Le syndrome post-partum. Des post-partum.*

POSTPOSER, ■ v. tr. [pɔstpoze] (*post-* et *poser*) **Ling.** Placer après un autre terme. *Postposer le sujet dans une interrogative. Adjectifs postposés.*

POSTPOSITION, ■ n. f. [pɔstpozisjɔ̃] (*post-* et *position*) **Ling.** Position d'un mot en fonction d'un autre. ■ Morphème grammatical qui se positionne après le mot qu'il régit. *En anglais dans* look after, after *est une postposition.*

POSTPRANDIAL, ALE, ■ adj. [pɔstpʁɑ̃djal] (*post-* et *prandium,* déjeuner, repas) Qui a lieu après le repas. *Sieste postprandiale.*

POSTPRODUCTION, ■ n. f. [pɔstpʁodyksjɔ̃] (*post-* et *production*) Étape de la production, généralement d'un film, qui succède à celle du tournage. *Le montage fait partie de la postproduction.*

POSTROMANTIQUE, ■ adj. [pɔstʁomɑ̃tik] (*post-* et *romantique*) Qui est consécutif à la période romantique. *La tradition postromantique allemande en musique.*

POSTROMANTISME, ■ n. m. [pɔstʁomɑ̃tism] (*post-* et *romantisme*) Pé-riode consécutive au romantisme. *Un style symphonique inspiré du postro-mantisme allemand.*

POSTSCÉNIUM, n. m. [pɔstsenjɔm] (lat. *postscænium,* le derrière de la scène, les coulisses, de *post,* derrière, et *scæna,* scène de théâtre) Chez les anciens, la partie du théâtre située derrière la scène.

POSTSCOLAIRE, ■ adj. [pɔstskɔlɛʁ] (*post-* et *scolaire*) Qui se passe après l'école. *Accueil postscolaire le soir dans les petites classes. Orientation postsco-laire envisagée dès la classe de Seconde.*

POST-SCRIPTUM, ■ n. m. inv. [pɔskʁiptɔm] (mot lat., p. p. neutre substan-tivé de *postscribere,* écrire après) Ce qu'on ajoute au bas d'une lettre ou d'un mémoire, après l'avoir fini ; ce qui se marque ordinairement par ces deux lettres initiales *P. S.* ◆ Au pl. *Des post-scriptum.* ■ **REM.** On disait aussi *postscript.*

POSTSYNCHRONISATION, ■ n. f. [pɔstsɛ̃kʁonizasjɔ̃] (*post-* et *synchroni-sation*) **Cin.** Enregistrement des dialogues d'un film après celui des images de telle sorte que les deux soient synchrones. *La postsynchronisation existe au cinéma depuis 1932 et s'est développée en raison des bruits parasites qui se produisent pendant le tournage.*

POSTSYNCHRONISER, ■ v. tr. [pɔstsɛ̃kʁonize] (*post-* et *synchroniser*) Pro-céder à la postsynchronisation. *On postsynchronisa le solo de la trompette.*

POSTULANCE, n. f. [pɔstylɑ̃s] (*postuler*) Action de postuler, de se mettre sur les rangs pour obtenir une place, une fonction.

POSTULANT, ANTE, n. m. et n. f. [pɔstylɑ̃, ɑ̃t] (*postuler*) Celui, celle qui postule. ◆ Personne qui demande à être reçue dans une maison religieuse. ◆ Autrefois, avocat, procureur qui pratiquait, par opposition à celui qui avait quitté l'exercice de ses fonctions ; et aussi procureur, avocat et même praticien sans titre, qui plaidait dans les justices inférieures. ◆ **Adj.** *Avocat postulant. Procureur postulant.*

POSTULAT, n. m. [pɔstyla] (lat. *postulatum,* demande, prétention, p. p. substantivé de *postulare,* demander ; par l'interm. de l'angl. log. et géom. *postulate*) **Log.** Ce que l'on demande à son adversaire, comme fait reconnu ou axiome. ◆ **Géom.** Demande d'un premier principe pour établir une démonstration. ◆ On disait aussi quel-quefois *postulatum.* ◆ Temps d'épreuve qui précède le noviciat.

POSTULATION, n. f. [pɔstylasjɔ̃] (lat. *postulatio,* requête, réclamation, de *postulatum,* supin de *postulare*) **Dr.** Action d'occuper pour une partie, de faire toutes les procédures dans une affaire. ◆ En droit ecclésiastique, de-mande par les électeurs d'un bénéfice ou d'une dignité de nommer une personne qui ne peut être élue selon les canons.

POSTULATUM, n. m. [pɔstylatɔm] Voy. POSTULAT.

POSTULÉ, ÉE, p. p. de postuler. [pɔstyle]

POSTULER, v. tr. [pɔstyle] (lat. *postulare*, demander, demander en justice) Demander avec instance, insister pour obtenir quelque chose. *Postuler une place.* ♦ V. intr. **Pratiq.** Faire toutes les procédures dans une affaire, en parlant de certains officiers ministériels dont c'est le droit exclusif. ▪ Poser comme postulat. ▪ Requérir, présupposer. ▪ *Postuler à*, pour un emploi, faire acte de candidature à. *L'emploi auquel il postule.*

POSTURE, n. f. [pɔstyʀ] (ital. *postura*, position, attitude, du lat. *positura*, disposition, de *ponere*, poser) Manière dont on pose, dont on tient le corps, la tête, les membres. *Ne savoir quelle posture tenir.* ♦ S'est dit de gravures qui représentent des personnages dans une suite d'attitudes différentes. *Les postures de Callot.* ♦ **Fig.** État où l'on est par rapport à sa fortune, à sa condition. *Être en bonne posture auprès de quelqu'un.* « *Un duel met les gens en mauvaise posture* », MOLIÈRE. ♦ *Être en posture de*, avec un infinitif, être en position favorable pour. ♦ Il se dit aussi des affaires. « *Mes affaires y sont en fort bonne posture* », MOLIÈRE.

POT, n. m. [po] (prob. pré-celtique *pott-*, pot, introduit en Gaule par les Francs ; cf. b. all. et néerl. *pot*) Vase de terre ou de métal. ♦ **Fig.** *Mettre les petits pots dans les grands,* arranger toute chose pour un déménagement. ♦ *Sourd comme un pot,* bête comme un pot, très sourd, très bête. ♦ *Il a une voix de pot cassé,* il parle comme un pot cassé, il a une voix enrouée. ♦ *Payer les pots cassés,* supporter les frais du dommage qu'on a causé. ♦ Suivi de la préposition *à*, il exprime la destination du vase. *Un pot à l'eau. Pot à beurre.* ♦ *Pot à fleurs,* pot où l'on met des fleurs. ♦ Suivi de la préposition *de*, il exprime l'état actuel, la contenance. *Un pot d'eau. Un pot de lait.* ♦ *Pot de fleurs,* pot où il y a des fleurs. ♦ *Pot au lait,* pot dans lequel on a l'habitude de mettre le lait. ♦ ▷ *Pot au noir,* pot dans lequel on met quelque substance noire, par exemple le cirage. ◁ ♦ **Fig.** *Le pot au noir,* quelque chose de désagréable, quelque mésaventure. ◁ ♦ *Le pot aux roses,* Voy. ROSE. ♦ *Pot à moineau,* pot de terre qu'on attache en dehors d'une fenêtre, afin que les moineaux y viennent faire leurs nids. ♦ *Pot de chambre,* vase de nuit. ♦ *Pot,* mesure qui contient deux pintes. ♦ ▷ *Vendre à pot,* vendre le vin, le cidre au détail. ◁ ♦ **Fig. Au pl.** Excès bachiques. « *On continua de vider les pots* », LA FONTAINE. ◁ ♦ *Être toujours parmi les pots et les plats,* être toujours dans les dîners. ◁ ♦ La marmite où l'on met bouillir la viande. ♦ *Mettre le pot,* préparer la marmite et la viande et la mettre au feu. ♦ ▷ *Mettre au pot,* mettre quelque viande dans la marmite pour l'y faire cuire. ◁ ♦ *Mettre la poule au pot,* y mettre une poule, ce qui est signe d'aisance. ♦ *Recevoir à la fortune du pot,* donner son dîner tel quel. ◁ ♦ *Courir la fortune du pot,* s'exposer à faire mauvaise chère, en allant demander à dîner dans une maison où l'on n'est pas attendu. ◁ ♦ *Être à pot et à rôt,* vivre ensemble très familièrement. ◁ ♦ **Fig.** *Cela fait bouillir le pot,* se dit de tout ce qui entretient, donne un revenu. ◁ ♦ *Faire petit pot,* vivre petitement. ♦ ♦ **Fig.** *Faire pot à part,* se mettre à part, agir séparément. ◁ ♦ *Tourner autour du pot,* tourner autour de la marmite dans l'espérance d'en avoir quelque lopin. Fig. Essayer d'obtenir quelque avantage. ♦ *Tourner autour du pot,* user de circonlocutions, ne pas oser aborder nettement un sujet. ♦ *Pot-au-feu,* la marmite pleine d'eau et de viande qu'on met sur le feu, pour faire du bouillon ; viande et bouillon dans la marmite ; la quantité de viande destinée à être mise dans le pot. ♦ Au pl. *Des pot-au-feu.* ♦ ▷ *Sœurs du pot,* filles qui vivent en communauté et qui soignent les malades. ◁ ♦ *Pot pourri,* différentes sortes de viandes assaisonnées et cuites ensemble avec différentes sortes de légumes. ◁ ♦ **Fig.** *Pot pourri,* diverses sortes de fleurs et d'herbes odoriférantes mêlées dans un vase ; morceau de musique composé de différents airs connus, reliés entre eux par une ritournelle commune, et aussi chanson dont les couplets sont sur différents airs ; morceau littéraire où l'on traite divers sujets en ramenant de temps en temps celui qui commençait ; tout ouvrage composé de morceaux assemblés sans ordre, sans liaison, sans choix. ♦ *Petit pot,* mode suivant lequel, au lieu d'allaitement, on nourrit les enfants avec de la panade. ♦ *Pot-de-vin,* ce qui se donne, comme présent, en sus du prix convenu pour un marché. *S'enrichir par des pots-de-vin.* ♦ *Pot à feu,* pièce d'artifice faite en forme de pot et remplie de fusées. ♦ **Artill.** *Pot à feu,* pot de fer rempli d'artifices, dont on se sert dans les sièges. ♦ *Pot à feu,* ornement d'architecture représentant un pot d'où sortent des flammes. ♦ Autrefois, *pot,* espèce de casque à l'usage de l'infanterie qui ne couvrait que la moitié de la tête. ♦ T. de jeu d'enfants. Petit creux fait dans la terre, dans lequel on pousse ou jette des billes, suivant certaines règles convenues. ♦ **Prov.** *C'est le pot de terre contre le pot de fer,* c'est un faible contre un fort. ♦ ▷ *Pot fêlé dure longtemps,* un homme, quoique infirme, maladif, ne laisse pas de pouvoir vivre longtemps. ◁ ▪ *Pot d'échappement,* tuyau qui sur un véhicule assure la détente des gaz brûlés à la sortie du moteur. ▪ **Fam.** Boisson, rafraîchissement. *Prendre un pot.* ▪ **Fam.** Réunion conviviale où l'on offre des boissons. *Organiser un pot pour son départ.* ▪ **Fam.** Chance. *Avoir du pot.*

POTABILITÉ, n. f. [pɔtabilite] (*potable*) ▷ Qualité de l'eau potable. ◁

POTABLE, adj. [pɔtabl] (lat. *potabilis*, du *potare*, boire) Qui peut être bu sans répugnance. *Vin, eau potable.* ♦ *Or potable,* Voy. OR. ▪ **Fam.** Qui est acceptable, passable. *Un temps potable.*

POTACHE, ▪ n. m. [pɔtaʃ] (p.-ê. de *pot-à-chien*, pour le bonnet porté par les internes, ou de *pot*, partagé par les internes) **Fam.** Collégien, lycéen. *C'est de l'humour de potache !* ▪ Adj. *Ambiance, culture potache.*

POTAGE, n. m. [pɔtaʒ] (*pot*) Bouillon gras ou maigre, dans lequel on a mis des tranches de pain, ou quelque pâte alimentaire, ou de la purée, ou des légumes. ♦ ▷ *Au potage,* au moment où l'on mange le potage. ◁ ♦ *Pour tout potage,* en ne servant que le dîner qu'un potage ou du moins une seule chose. ♦ **Fig.** *Pour tout potage,* pour toute chose. *Il n'a eu que cent francs pour tout potage.* « *Que vous n'êtes, pour tout potage, qu'un faquin de cuisinier* », MOLIÈRE. ♦ **Fig.** *Pour renfort de potage,* pour aggravation.

POTAGER, ÈRE, adj. [pɔtaʒe, ɛʀ] (*potage*) Qui concerne les légumes. *Jardin potager.* ♦ *Herbes, plantes potagères,* celles que l'on cultive dans un potager. ♦ N. m. *Potager,* jardin où l'on cultive des légumes et des fruits.

POTAMOCHÈRE, ▪ n. m. [pɔtamɔʃɛʀ] (gr. *potamos,* fleuve, et *khoiros,* petit cochon) Espèce de sanglier qui vit dans les marécages en Afrique. *Les potamochères sont la plupart du temps actifs la nuit, se reposant le jour dans les forêts denses pendant la journée.*

POTAMOLOGIE, ▪ n. f. [pɔtamɔlɔʒi] (gr. *potamos,* fleuve et *-logie*) Sciences dont l'objet est l'étude des cours d'eau. *La potamologie se constitue de l'étude de l'hydrologie fluviale et de celle de la dynamique fluviale.*

POTAMOT, ▪ n. m. [pɔtamo] (gr. *potamos,* fleuve ; autre nom du *potamogéton,* du *potamogeîton,* de *geîton,* voisin) Plante vivace, aquatique dont les feuilles sont en partie flottantes et en partie submergées. *Le potamot est aussi connu sous le nom d'épi d'eau.*

POTASSE, n. f. [pɔtas] (du néerl. *potas,* de *pot,* pot, et *as,* cendre) Substance composée d'oxygène et d'un métal appelé *potassium,* formant des sels avec les acides, des savons avec les huiles, et du verre avec la silice. ♦ *Potasse factice,* mélange de carbonate de soude et de sulfate de cuivre. ♦ **Chim.** Protoxyde de potassium, alcali solide, blanc, très caustique.

POTASSER, ▪ v. tr. [pɔtase] (arg. des élèves de Saint-Cyr ; orig. obsc.) **Fam.** Étudier avec ardeur. *Potasser ses cours, ses livres.* ▪ Préparer assidûment. *Il potasse son bac depuis des semaines.*

POTASSIQUE, adj. [pɔtasik] (*potasse*) **Chim.** Où du potassium est combiné. *Sel potassique.*

POTASSIUM, n. m. [pɔtasjɔm] (angl. *potash, potass,* potasse) **Chim.** Métal qui, combiné avec l'oxygène, donne la potasse même.

1 POTE, adj. [pɔt] (orig. obscure : p.-ê. anc. fr. *poe, pote,* patte [d'où main-patte], d'une orig. pré-celtique *pauta*) ▷ Usité seulement dans : *Main pote,* main grosse, enflée, dont on se sert difficilement. ◁

2 POTE, ▪ n. m. [pɔt] (apocope de *poteau,* camarade) **Fam.** Ami, copain. *Je te présente mon meilleur pote.*

POTEAU, n. m. [pɔto] (anc. fr. *post,* du lat. *postis,* jambage de porte) Pièce de bois de charpente, posée debout. *Les poteaux d'une cloison.* ♦ *Poteau cornier,* Voy. CORNIER. ♦ Grosse et longue pièce de bois posée droit en terre et servant à divers usages. ♦ *L'infâme poteau,* le poteau de la croix où Jésus-Christ fut attaché. ♦ *Poteaux indicateurs ;* ceux où les indications sur les routes et les localités sont inscrites. ♦ **Fig.** et **fam.** *Des poteaux,* de grosses et vilaines jambes. ▪ **Fam.** Ami. *Y'a tous mes poteaux qui sont là.*

POTÉE, n. f. [pɔte] (*pot*) Ce qui est contenu dans un pot. *Une potée d'eau.* ♦ **Fig.** et **fam.** Un grand nombre d'enfants. *Une potée d'enfants.* ♦ ▷ *Éveillé comme une potée de souris,* se dit d'un enfant vif, d'une personne très éveillée, très active. ◁ ♦ *Potée* se dit de diverses préparations dont se servent les chimistes, les fondeurs, les polisseurs de glaces, etc. *Potée d'émeri.* ♦ Oxyde d'étain réduit en poudre très fine, qui sert à polir. ▪ Plat de viande et de légumes bouillis.

POTELÉ, ÉE, adj. [pɔt(ə)le] (2 *pote*) Gras et plein. *Un enfant potelé. Des bras potelés.*

POTELET, n. m. [pɔt(ə)lɛ] (dim. de *poteau*) Petit poteau qu'on met quelquefois au-dessus des portes, des fenêtres, etc.

POTENCE, n. f. [pɔtɑ̃s] (lat. *potentia,* puissance, force, ; anc. fr. puissance, et béquille, à partir de l'idée de force d'appui ; le lat. médiév. offre déjà les deux sens) Béquille, bâton d'appui qui a la forme d'un T. *Marcher avec des potences.* ♦ *Table en potence,* longue table à l'un des bouts de laquelle une autre est placée en travers. ♦ ▷ Appareil qui sert à mesurer la taille des hommes et des animaux. *Avoir cinq pieds sous potence.* ◁ ♦ Gibet, instrument de supplice. ♦ Le supplice même. ♦ *Gibier de potence,* Voy. GIBIER. ♦ **Hérald.** Meuble de l'écu, qui indique le droit de haute justice. ♦ **Manège** Le morceau de bois où pend la bague. ♦ Pièce de bois ou de fer qui se met sous une poutre pour soutenir un plancher, et dont le sommet forme un triangle. ♦ Barre de fer tournée en volute à une de ses extrémités, servant de support à un balcon, à une enseigne, à une poulie de puits, etc.

POTENTAT, n. m. [pɔtɑ̃ta] (lat. médiév. *potentatus,* pouvoir seigneurial, prince souverain) Tout prince souverain, dont la puissance est redoutable par la grandeur de ses forces et par le poids de son autorité. *Tous les potentats de l'Europe.* ◆ *C'est un petit potentat, il se croit un potentat,* il affecte une importance qui ne lui appartient pas.

POTENTIALISATEUR, TRICE, ■ adj. [potãsjalizatœr, tris] (*potentialiser*) Qui potentialise. *L'effet potentialisateur de la vaccination.*

POTENTIALISATION, ■ n. f. [potãsjalizasjɔ̃] (angl. *potentialization,* de même sens) Action de potentialiser. *La potentialisation d'un risque.* ■ **Méd.** Augmentation de l'efficacité d'un médicament par la prise d'un second.

POTENTIALISER, ■ v. tr. [potãsjalize] (angl. *to potentialize,* de même sens) Augmenter. ■ **Par extens.** Accroître l'effet de. *Potentialiser les effets d'un médicament.*

POTENTIALITÉ, ■ n. f. [potãsjalite] (*potentiel*) Caractère de ce qui est potentiel. *La potentialité à long terme de l'hydrogène comme carburant pour les transports.* ■ Chose potentielle, aptitude non encore développée. *Bilan des potentialités et des faiblesses d'un élève.*

POTENTIEL, ELLE, adj. [potãsjɛl] (lat. *potentialis*) **Log.** Qui est en puissance, virtuel, par opposition à effectif. ◆ **Chir.** Il se dit des substances qui, bien qu'énergiques, n'agissent pas immédiatement après leur application, comme les alcalis caustiques, qu'on nomme *cautères potentiels* Voy. ACTUEL. ◆ **Gramm.** *Particule potentielle,* particule qui indique une condition, comme *si.* ◆ **N. m.** *Le potentiel,* le conditionnel. ■ **Électr.** *Potentiel électrique,* grandeur présente en tout point d'un circuit. ■ Ensemble des ressources, des moyens de production, d'action. *Ce pays a un fort potentiel économique.*

POTENTIELLEMENT, adv. [potãsjɛl(ə)mã] (*potentiel*) D'une manière potentielle.

POTENTILLE, n. f. [potãtij] (lat. sav. *potentilla,* de *potens,* génit. *potentis,* puissant, pour ses vertus médicinales) Genre de plantes rosacées, où l'on remarque : l'ansérine ou argentine, la quintefeuille, etc.

POTENTIOMÈTRE, ■ n. m. [potãsjomɛtr] (*potentiel* et *-mètre*) **Électr.** Appareil utilisé pour mesurer des forces électromotrices. ■ Appareil utilisé pour mesurer la différence de potentiel entre deux points d'un circuit ou la force électromotrice d'un courant dit continu.

POTERIE, n. f. [pot(ə)ri] (*pot*) Toute vaisselle de terre. ◆ Lieu où l'on fabrique de la vaisselle d'argile. ◆ Art de fabriquer cette vaisselle. ◆ Ustensiles de ménage en métal particulièrement en étain et en fonte. ◆ Tuyaux en terre cuite, ajustés bout à bout et employés dans les constructions.

POTERNE, n. f. [potɛrn] (anc. fr. *posterne,* altération de *posterle,* du b. lat. *posterula,* porte de derrière) Fausse porte, galerie souterraine placée ordinairement dans l'angle du flanc et de la courtine pour faire des sorties secrètes par le fossé.

POTESTATIF, IVE, adj. [potɛstatif, iv] (b. lat. *potestativus,* qui le pouvoir) **Dr.** Qui dépend de la volonté d'une des parties contractantes. *Condition potestative.*

POTICHE, n. f. [potiʃ] (*pot*) Grande bouteille de terre cuite dans laquelle on apporte le baume de Tolu. ◆ Espèce de petit pot. ◆ Vase en porcelaine de Chine ou du Japon. ■ **Fig.** Personne qui n'a qu'un rôle de représentation, sans pouvoir.

POTIER, IÈRE, n. m. et n. f. [potje, jɛr] (*pot*) Personne qui fait ou vend des pots, de la vaisselle de terre. ◆ *Potier d'étain,* celui qui fabrique et vend de la vaisselle d'étain.

POTIMARRON, ■ n. m. [potimarɔ̃] (*potiron* et *marron*) Variété de courge, à peau rouge brique, à chair jaune foncé dont le goût rappelle celui de la châtaigne, et qui est consommée en potages, en tartes, en flans. *Un velouté de potimarron au miel.*

1 POTIN, ■ n. m. [potɛ̃] (*pot*) Mélange de cuivre jaune et de quelques parties de cuivre rouge (*potin jaune*), ou sorte de cuivre formé des lavures que donne la fabrication du laiton, et auxquelles on mêle du plomb ou de l'étain (*potin gris*). *Des monnaies de potin.*

2 POTIN, ■ n. m. [potɛ̃] (prob. norm. *potin,* commérage, de *potiner,* bavarder, auprès de la chaufferette appelée *potine*) Surtout pl. Commérage. ■ **Fam.** Bruit, tapage.

POTINER, ■ v. intr. [potine] (*potin*) **Fam.** Faire des potins. *Elle passe son temps à potiner avec les voisines.*

POTINIÈRE, ■ n. f. [potinjɛr] (*potin*) Lieu où l'on potine. « *C'est là un salon original... aussi bien que dans les meilleures potinières du dernier siècle* », MAUPASSANT.

POTION, n. f. [posjɔ̃] (lat. *potio,* action de boire, breuvage) **Méd.** Médicament liquide qu'on n'administre en général que par cuillerées.

POTIQUET, ■ n. m. [potikɛ] (*pot*) **Belg.** Petit pot. *Laisse tremper les haricots secs dans le potiquet.*

POTIRON, ■ n. m. [potirɔ̃] (orig. obsc, p.-ê. sémit. [cf syriaq. *paturta,* hébr. *pitriya*], ou de *boterel,* un des noms anciens du crapaud [a. *bot*] qu'il rappelle par sa forme) Sorte de grosse citrouille.

POTLATCH, ■ n. m. [potlatʃ] (mot anglo-américain, lui-même emprunté à une langue amérindienne, p.-ê. le chinook, *potlash* ou *patlash,* don ou destruction faite par rivalité ou provocation) **Anthrop.** Institution socioculturelle à caractère rituel consistant en un don collectif d'un groupe social envers un autre groupe social, ce dernier devant en retour faire un don de même importance. *Des potlatchs.*

POTO - POTO, ■ n. m. inv. [potopoto] (nom d'un faubourg au nord-ouest. de Brazzaville) **Afriq.** Boue, vase. ■ Boue séchée utilisée pour la construction des murs. *Des poto-poto.*

POTOMANIE, ■ n. f. [potomani] (gr. *potos,* boisson et *-manie*) **Méd.** Affection qui se traduit par un besoin irrépressible de boire des grandes quantités de liquides, principalement de l'eau, même en l'absence de soif. *La potomanie est un comportement compulsif méconnu.*

POTOMÈTRE, ■ n. m. [potomɛtr] (gr. *potos,* boisson et *-mètre*) Appareil utilisé pour la mesure de la quantité d'eau absorbée par une plante. *Des expériences avec un potomètre mesurant des volumes d'eau transpirés.*

POTOROU, ■ n. m. [potoru] (angl. *poteroo,* d'une langue indigène d'Australie) Mammifère marsupial de petite taille. *Le potorou est aussi appelé kangourou-rat.*

POT-POURRI ou **POTPOURRI,** ■ n. m. [popuri] (*pot* et *pourri,* d'après l'esp. *olla podrida*) Vx Ragoût de diverses viandes et légumes. ■ Mélange de différents éléments musicaux. ■ Mélange de différents éléments littéraires. ■ Mélange de fleurs séchées parfumées. ■ **Par méton.** Le contenant dans lequel se trouvent ces fleurs. ■ Mélange d'éléments de tous ordres. « *Manquait plus qu'il me récite* [...] *le pot-pourri de leurs plaisanteries* », BLIER. ■ Au pl. *Des pots-pourris.*

POTRON-JAQUET ou **POTRON-MINET (DÈS LE),** loc. adv. [potrɔ̃ʒakɛ, potrɔ̃minɛ] (*potron,* du b. latin. *posterio,* cul, et *jaquet,* écureuil, ou *minet,* chat, dès que le cul de l'écureuil ou du chat se fait voir) De très grand matin. ◆ ▷ On a dit : *Dès le patron-jaquet* et *dès le poitron-jaquet.* Enfin quelques personnes disent : *Dès le paître au minet ou au jaquet,* ou bien *dès le paître jaquet,* qui est la vraie leçon : c'est-à-dire dès le moment où le chat, l'écureuil (le jaquet) va au paître. ◁ ◆ REM. On disait autrefois *patron-jaquet* ou *patron-minet.*

POTTO, ■ n. m. [poto] (mot d'une langue de Guinée ; cf. *poto,* désignation indigène du kinkajou de Jamaïque selon Buffon) Lémurien nocturne et arboricole, possédant de gros yeux globuleux et qui vit en Afrique. *Le potto est un animal solitaire et a un tempérament assez agressif.*

POTTOK ou **POTTOCK,** ■ n. m. [potjɔk] (mot basque) Espèce de poney d'origine basque, vivant en liberté dans les Pyrénées. *Sociable par nature, le pottok aime la campagne, il est apprécié dans les promenades équestres en montagne pour son pas sûr et sa grande résistance.*

POU, ■ n. m. [pu] (anc. fr. *pouil,* du lat. pop. *peduculus* pour *pediculus,* dimin. du lat. *pedis,* pou) Insecte qui s'attache au corps et aux cheveux de l'homme, au poil des animaux. ◆ ▷ *Se laisser manger aux poux,* se dit de personnes malpropres. ◁ ◆ ▷ *Laid comme un pou,* très laid. ◆ ▷ **Fig.** *Un pou affamé, un pou maigre,* un homme gueux et âpre au gain. ◁ ◆ **Fig.** *Chercher à quelqu'un des poux à la tête,* lui faire une mauvaise querelle. ◆ ▷ *Il écorcherait un pou pour en avoir la peau,* se dit de quelqu'un très âpre au gain. ◁ ◆ Nom donné à différents parasites. ◆ *Pou des chiens,* tique, ricin. ◆ *Pou des oiseaux,* le ricin. ◆ *Pou de bois,* nom donné aux larves et aux neutres des termites. ◆ *Pou de mer,* les cymothoés et autres crustacés.

POUACRE, adj. [pwakr] (a. fr., qui a la goutte aux pieds, du lat. *podager,* gr. *podagros*) Sale, vilain. ◆ **N. m.** *Un pouacre.*

POUAH !, interj. [pwa] (onomatopée) Marque le dégoût.

POUBELLE, ■ n. f. [pubɛl] (*Poubelle,* préfet de la Seine qui imposa l'usage de la boîte à ordures en 1884) Récipient muni d'un couvercle et de poignées, destiné à recevoir les ordures ménagères. *Descendre, sortir les poubelles. Faire les poubelles.* ■ *Sac-poubelle,* sac en plastique souple placé dans une poubelle ou qui la remplace. ■ Petite boîte à ordures placée dans les différentes pièces d'un logement. *Poubelle de salle de bains. Poubelle de table.* ■ **Par anal.** Lieu où s'entassent toutes sortes de déchets. « *Comment la Russie devient la poubelle nucléaire du monde* », LE MONDE DIPLOMATIQUE. ■ **Fig.** Ce qui sert de réceptacle à des choses méprisées, sans intérêt. *Les poubelles de l'histoire. La télé-poubelle.* ■ Emplacement installé sur le bureau de l'ordinateur où l'on envoie les fichiers que l'on veut jeter.

POUCE, n. m. [pus] (lat. *pollex,* génit. *pollicis*) Le plus gros, le plus fort et le plus court des doigts de la main et du pied. ◆ ▷ *Serrer les pouces,* sorte de question qui consistait à comprimer les pouces dans un engin avec une grande douleur. ◁ ◆ ▷ **Fig.** *Serrer les pouces à quelqu'un,* le tourmenter, le maltraiter pour lui faire avouer quelque chose. ◁ ◆ *Fig. Mettre les pouces*, se rendre, céder, après une résistance plus ou moins longue. ◆ ▷ *Fig. Se mordre les pouces de quelque chose*, s'en repentir. ◁ ▷ *Fig. Jouer du pouce*, compter de l'argent pour payer. ◁ ◆ *Fam. Manger sur le pouce*, manger à la hâte, sans prendre le temps de s'asseoir. ◆ ▷ *Il y met les quatre doigts et le pouce*, il prend avidement, il manie grossièrement. ◁ ◆ ▷ *Lire du pouce*, feuilleter un livre en tournant les feuillets avec le pouce et sans lire attentivement. ◁ ◆ *Compter sur le pouce*, faire un calcul sur ses doigts, à peu près, approximativement. ◆ ▷ *Fam. Donner un coup de pouce*, étrangler. ◁ ◆ *Fig. Tourner ses pouces*, ne rien faire ou se livrer à une vaine occupation. ◆ *Faire aller une montre au pouce*, mettre à l'heure de temps en temps une montre qui va mal. ◆ Mesure qui est la douzième partie du pied de roi, et qui se divise en douze lignes. ◆ *Fig. Un pouce de terre*, une très petite étendue de propriété. ◆ *Pouce d'eau, pouce de fontainier*, unité ancienne employée pour évaluer la dépense des orifices d'écoulement ; il est égal à environ 13 litres par minute. ◆ *Le nouveau pouce d'eau calculé par Prony* s'écoule par un orifice circulaire de 2 centimètres de diamètre. La quantité d'eau fournie en 24 heures par cet orifice est de 20 mètres cubes. ■ *Fam. Donner un coup de pouce à quelqu'un*, l'avantager, l'aider.

POUCETTES, n. f. pl. [pusɛt] (*pouce*) Corde ou chaînette dont on se sert pour attacher les pouces de certains prisonniers. *On lui a mis les poucettes.*

POUCIER, n. m. [pusje] (*pouce*) Doigtier de corne ou de métal qui sert à couvrir le pouce. ◆ Petit levier, qui dans le loquet d'une porte fait bascule, et sur lequel on appuie le pouce à l'extérieur pour que l'autre partie soulève la clenchette du loquet.

POU-DE-SOIE ou **POULT-DE-SOIE**, n. m. [put(ə)swa] (*pou(lt)* et *soie* ; orig. obsc. de *pou(lt)*, p.-ê du lat. *puls*, génit. *pultis*, bouillie, pour le gros grain du tissu) Étoffe de soie unie et sans lustre, dont le grain est gros comme celui du gros de Naples, et moins serré que celui de Tours. ◆ Quelques-uns écrivent *pout-de-soie*. ◆ Au pl. *Des poux-de-soie*. ■ On dit aussi aujourd'hui pl. *des poults-de-soie*.

POUDING ou **PUDDING**, n. m. [pudiŋ] (prononciation à l'anglaise ; mot angl.) Nom de plusieurs espèces d'un gâteau anglais dont le fond est toujours le raisin de Corinthe, la graisse de rognon de bœuf, la farine ou la mie de pain, les œufs, etc. ■ REM. On prononce encore parfois auj. [pudɛ̃g], comme *dingue*.

POUDINGUE, n. m. [pudɛ̃g] (*pouding*) Géol. Pierres formées de morceaux arrondis et liés par un ciment qui fait le fond de ces sortes de pierres.

POUDRAGE, ■ n. m. [pudraʒ] (*poudrer*) Action de poudrer. *Le poudrage d'une perruque.*

POUDRE, n. f. [pudr] (anc. fr. *puldre*, poussière ; substance finement broyée, du lat. *pulvis*, génit. *pulveris*) Légères particules de terre desséchée qui couvrent le sol ou s'élèvent en l'air. ◆ *Fig. et poétiq. Dans la poudre*, se dit des personnes qui cèdent et tombent devant une force supérieure. « *Il parle, et dans la poudre il les fait tous rentrer* », RACINE. ◆ *Mordre la poudre*, Voy. MORDRE. ◆ *Fig. Jeter de la poudre aux yeux*, par des discours, par des apparences. « *Mon trône est en poudre* », VOLTAIRE. ◆ *Mettre en poudre*, ruiner, détruire. ◆ *Fig. Mettre en poudre un raisonnement, un livre*, critiquer un raisonnement, un ouvrage de manière à n'en laisser rien subsister. ◆ *Réduire en poudre*, anéantir. ◆ ▷ **Fig.** *Faire de la poudre*, faire des embarras, faire la mouche du coche. ◁ ◆ Il se dit des particules de toute espèce qui se déposent dans les appartements et qui se soulèvent par la moindre agitation. ◆ *La poudre des bibliothèques*, la poudre qui s'accumule dans les bibliothèques. **Fig.** Oubli qui atteint un livre. ◆ Dans le langage biblique, la poussière, la terre qui compose le corps de l'homme. « *Vous êtes poudre, et vous retournerez en poudre* », SACI. ◆ Amidon pulvérisé et aromatisé dont on se sert pour les cheveux. ◆ Substance quelconque réduite en particules aussi petites qu'il est possible de le faire par les moyens mécaniques. *De la poudre d'iris. Café, tabac en poudre.* ◆ *Poudre d'or*, l'or qui est en petites parcelles. ◆ *Poudre de plomb*, cendrée. ◆ *Poudre de diamants*, poudre faite avec des diamants broyés et dont on se sert pour tailler les diamants. ◆ **Par extens.** Diamants si petits qu'à peine peut-on les mettre en œuvre. ◆ Préparation pharmaceutique résultant de la pulvérisation des substances médicinales solides. ◆ *Poudre de perlimpinpin*, Voy. PERLIMPINPIN. ◆ *Poudre à canon* ou simplement *poudre*, mélange de soufre, de salpêtre et de charbon. ◆ *Poudre à tirer* ou *poudre de chasse*, la poudre la plus fine qui sert à la chasse. ◆ *Il n'a pas inventé la poudre*, se dit d'un homme sans esprit. ◆ *Fig. Tirer sa poudre aux moineaux*, se donner de la peine inutilement. ◆ *Faire parler la poudre*, commencer la guerre. ◆ Fig. *Mettre le feu aux poudres*, commencer, faire éclater quelque grosse affaire. ◆ *Fig. Le feu prend aux poudres*, se dit de quelqu'un qui s'enflamme tout à coup, qui se livre à un soudain accès de colère. ◆ *Il est vif comme la poudre*, se dit de quelqu'un qui prend feu tout de suite. ◆ *Les poudres*, partie de l'administration militaire où l'on s'occupe de la fabrication et de la vente des

diverses poudres. ◆ *Poudre fulminante*, poudre qui détone fortement par le choc ou le frottement. ◆ *Poudre de coton* ou *poudre-coton*, Voy. PYROXYLE. ◆ *Thé poudre à canon*, Voy. THÉ. ■ *Fam.* Cocaïne. *Sniffer de la poudre.* ■ *Poudre de maquillage teinté*, qui s'applique au pinceau sur le visage, servant à fixer le fond de teint et à donner une bonne mine.

POUDRÉ, ÉE, p. p. de poudrer. [pudre] *Poudré à blanc*, extrêmement poudré. ◆ Bot. Qui paraît comme couvert de givre ou de gelée blanche. ◆ Zool. Qui est comme glacé de blanc. *Plumage, pelage, corps poudré.*

POUDRER, v. tr. [pudre] (*poudre*) Couvrir légèrement les cheveux de poudre. *Poudrer une perruque.* ◆ Se poudrer, v. pr. Se couvrir les cheveux de poudre. ■ Couvrir sa peau de poudre. *Se poudrer le visage.*

POUDRERIE, n. f. [pudrəri] (*poudre*) Établissement où l'on fabrique de la poudre à tirer.

POUDRETTE, n. f. [pudrɛt] (dim. de *poudre*) Nom donné aux excréments de l'homme desséchés et préparés pour la fumure des terres.

POUDREUSE, ■ n. f. [pudrøz] (*poudre*) Coiffeuse. ■ Sucrier pour le sucre en poudre. ■ **Agric.** Machine utilisée pour répandre des poudres. ■ Neige fraîche de bonne qualité. *Skier dans la poudreuse.*

POUDREUX, EUSE, adj. [pudrø, øz] (*poudre*) Couvert de poussière, en parlant des personnes et des animaux. ◆ Il se dit aussi des choses. *Des livres poudreux.* ◆ ▷ *Arriver les pieds poudreux*, arriver de loin, en chétif équipage. ◁ ◆ ▷ **Par extens.** *Un pied poudreux*, un vagabond, un homme de rien. ◁ ■ **Hist. nat.** Qui est couvert d'une poussière grisâtre.

POUDRIER, n. m. [pudrije] (*poudre*) Petite boîte où l'on met la poudre à sécher l'écriture. ◆ Horloge de sable qui dure une demi-heure. ◆ Ouvrier qui fabrique la poudre. ■ Petite boîte qui contient de la poudre servant au maquillage.

POUDRIÈRE, n. f. [pudrijɛr] (*poudre*) Boîte à poudre pour sécher l'écriture. ◆ Boîte, récipient dans lequel est contenu l'approvisionnement de poudre d'un tireur. ◆ Fabrique de poudre à canon. ◆ Magasin de poudre. ■ Fig. Endroit où règnent des tensions qui peuvent engendrer des conflits, des actes de violence.

POUDRIN, ■ n. m. [pudrɛ̃] (*poudre*) Mar. Embruns marins. *Le vent violent et le poudrin tant redouté des marins réduisaient la visibilité.*

POUDROIEMENT, ■ n. m. [pudrwamɑ̃] (*poudroyer*) Scintillement produit par une source lumineuse sur un élément de texture poudreuse. *Le poudroiement de la neige dans le soleil.*

POUDROYER, v. tr. [pudrwaje] (*poudre*) Remplir de poudre, de poussière. « *D'un cheval espagnol poudroyant tous les champs* », J.-B. ROUSSEAU. ◆ V. intr. S'élever en poussière. *Le sable poudroyait.* ◆ *Le soleil poudroie*, les poussières paraissent dans les rayons solaires. ◆ Se poudroyer, v. pr. Être réduit en poussière.

1 POUF, interj. [puf] (onomatopée) Exprime le bruit que fait un corps en tombant. ◆ Adj. inv. En termes de marbrier, se dit d'une pierre, ou d'un marbre, ou d'un grès qui s'égrène sous l'outil. ◆ ▷ *Fig. Faire pouf*, déloger. ◁ ◆ ▷ *Faire un pouf, faire pouf*, ne pas payer ce qu'on a acheté ou pris en consommation à crédit chez quelque marchand. ◁

2 POUF, n. m. [puf] (3 *pouf*) Réclame, annonce emphatique, cachée sous la forme d'une anecdote, d'une nouvelle. Voy. PUFF.

3 POUF, n. m. [puf] (onomat. exprimant le gonflement) Autrefois, sorte de coiffure de femme. ◆ Aujourd'hui, gros tabouret cylindrique, ayant quelquefois les dimensions d'un canapé rond avec siège en dehors.

4 POUF, ■ n. m. [puf] (1 *pouf*) Belg. Dette. ■ *Acheter à pouf*, acheter à crédit.

POUFFE, ■ n. f. [puf] (abrév. de *pouffiasse*) Femme vulgaire. Souvent proféré de manière injurieuse. *Elle s'habille comme une pouffe.*

POUFFER, v. intr. [pufe] (1 *pouf*) Fam. Pouffer de rire, éclater de rire involontairement.

POUFFIASSE ou **POUFIASSE**, ■ n. f. [pufjas] (1 *pouf* et suffixe péjoratif *-asse*) Vulg. et vieilli Prostituée. ■ Injure qui désigne une femme vulgaire. « *Je préfère mon corps de pioupiou aux kilos de la poufiasse* », CREVEL.

POUILLARD, ■ n. m. [pujar] (anc. fr. *pouil*, coq) Jeune faisan, perdreau.

1 POUILLÉ, n. m. [puje] (lat. médiév. *pulegium*, altération du b. lat. *polyptychum*, registre, gr. *poluptukhos*, aux plis nombreux, aux feuilles nombreuses) Dénombrement, état de tous les bénéfices d'un diocèse, d'une abbaye, etc.

2 POUILLÉ, ÉE, p. p. de pouiller. [puje]

1 POUILLER, v. tr. [puje] (*pouilles*) Dire des pouilles, faire des reproches. ◆ Se pouiller, v. pr. S'insulter réciproquement.

2 POUILLER, v. tr. [puje] (*pouil*, forme anc. de *pou*) Chercher des poux.

POUILLERIE, n. f. [puj(ə)ri] (*pouiller*) Extrême pauvreté. ◆ Lieu très malpropre.

POUILLES, n. f. pl. [puj] (1 *pouiller*) Reproches mêlés d'injures. *Chanter pouilles à quelqu'un.*

POUILLEUX, EUSE, adj. [pujø, øz] (*pouil*, forme anc. de *pou*) Qui a des poux. ♦ N. m. et n. f. *Un pouilleux. Une pouilleuse.* ♦ **Fig.** Un homme de la plus misérable condition. ♦ *La Champagne pouilleuse,* partie de la Champagne stérile et pauvre.

POUILLOT, ■ n. m. [pujo] (anc. fr. *poille*, poule, du lat. vulg. *pullius*) Espèce d'oiseau ressemblant à la fauvette. *Le pouillot est un oiseau remuant et assez peu farouche qui vole sans arrêt dans les branchages.*

POUILLY, ■ n. m. [puji] (*Pouilly*, communes de la Nièvre et de la Saône-et-Loire) Vin blanc sec. *Boire un verre de pouilly.* ■ *Pouilly-fuissé,* vin blanc sec de Saône-et-Loire.

POUJADISME, ■ n. m. [puʒadism] (Pierre *Poujade*, 1920-2003, dirigeant de l'Union de défense des commerçants et artisans) Parti politique de droite, apparu en France dans les années 1950 pour défendre les intérêts des commerçants et des artisans. ■ **Par extens.** et **péj.** Attitude revendicatrice marquée par une opposition à l'évolution socio-économique et par un corporatisme affirmé.

POUJADISTE, ■ n. m. et n. f. [puʒadist] (*poujadisme*) Partisan du poujadisme. ■ Adj. *Attitude poujadiste.*

POULAILLE, n. f. [pulaj] (*poule*) Totalité des poules, de la volaille, des oiseaux réunis dans la basse-cour.

POULAILLER, n. m. [pulaje] (*poulaille*) Lieu où juchent les poules. ♦ Petite voiture de marchand d'œufs ; mauvaise et vieille voiture. ♦ **Fig.** Bicoque, place mal fortifiée, maison chétive. ♦ La partie du théâtre élevée et la plus incommode. ♦ Celui qui vend de la volaille.

POULAIN, n. m. [pulɛ̃] (b. lat. et lat. médiév. *pullamen*, petit d'un animal, du lat. *pullus*) Nom du cheval avant l'âge adulte, avant trois ans.

1 **POULAINE**, n. f. [pulɛn] (fém. de *poulain*, polonais, cette mode passant pour venir de Pologne) Autrefois, *souliers à la poulaine,* souliers de mode, dont la pointe était longue d'un demi-pied pour les personnes du commun, d'un pied pour les riches et de deux pieds pour les princes. ♦ **Mar.** Assemblage de plusieurs pièces de bois formant une portion de cercle terminée en pointe, et faisant partie de l'avant d'un vaisseau.

2 **POULAINE**, ■ n. f. [pulɛn] Voy. POULICHE.

POULAMON, ■ n. m. [pulamɔ̃] (p.-ê. mot amérindien) Petit poisson qui vit en Amérique du Nord, ressemblant à la morue. Le poulamon est également appelé *poisson des chenaux.*

POULAN, ■ n. m. [pulɑ̃] (orig. inc.) ▷ Ce que celui qui donne les cartes met au jeu de plus que les autres, à l'hombre, au quadrille, au tri, etc. ♦ Se dit aussi des derniers tours, où l'on paye double. ◁

POULARDE, n. f. [pulaʀd] (augmentatif de *poule*) Jeune poule qu'on a engraissée.

POULBOT, ■ n. m. [pulbo] (*Poulbot*, dessinateur humoristique, 1879-1946) Gamin des rues de Paris.

POULE, n. f. [pul] (b. lat. *pulla*, poule, du fém. du lat. *pullus*, petit d'un animal ; a évincé *géline* à partir du m. fr. : ce mot) La femelle du coq. ♦ **Fig.** *Faire pondre la poule,* se procurer des profits. ♦ *La poule au pot,* Voy. POT. ♦ *La poule aux œufs d'or,* poule qui, suivant une fable, pondait des œufs d'or, et que l'avaricieux tua croyant y trouver un trésor. ♦ **Fig.** *Tuer la poule pour avoir l'œuf,* se priver de ressources à venir pour un moindre intérêt du moment. ♦ *Plumer la poule,* se dit de soldats qui vivent à discrétion chez le paysan. ♦ ▷ **Fig.** *Plumer la poule sans la faire crier,* être pillard, concussionnaire sans que s'élève des plaintes. ◁ ♦ **Fig.** *Une poule à plumer,* une dupe à faire. ♦ *Une poule mouillée,* une personne sans résolution et sans courage, et aussi une personne qui craint la moindre incommodité. ♦ *Un cœur de poule,* un homme sans courage. ♦ ▷ *N'avoir pas plus de vigueur qu'une poule,* être sans vigueur. ◁ ♦ Se dit familièrement et par amitié, en parlant à une femme, à une jeune fille. ♦ *Lait de poule,* Voy. LAIT. ♦ *Peau de poule,* peau qui n'est pas lisse, ayant de petites élevures semblables à celles de la peau d'une poule plumée. ♦ On dit plus souvent : *chair de poule. Cela fait venir la chair de poule,* cela fait frissonner. ♦ Se dit des femelles de plusieurs espèces d'oiseaux. *Poule faisane* ou *faisande. Poule d'Inde.* DINDE. ♦ Se dit de différentes espèces d'oiseaux. *Poule de Barbarie, d'Afrique* ou *de Numidie,* la pintade. *Poule d'eau. Poule sultane.* ♦ **Jeu** La mise de chacun des joueurs, qui appartient à celui qui gagne le coup. ♦ Au billard et à quelques autres jeux, *faire une poule,* faire une partie où tous les joueurs mettent une somme, formant une mise totale qui appartient au joueur qui a gagné successivement tous les coups. ♦ Sur le turf, la masse des mises des parieurs. ♦ La troisième des figures du quadrille, dite aussi *main-droite. Quand les poules auront des dents,* jamais. ■ *Mère poule,* qui entoure ses enfants de trop de soins, qui les protège trop. ■ **Fam.** et **péj.** Femme et, plus particulièrement, femme entretenue.

POULET, n. m. [pulɛ] (dim. de *poule*) Le petit d'une poule. ♦ *Poulet de grain,* petit poulet nourri avec du grain, sans être enfermé pour être engraissé. ♦ *Poulets sacrés,* Voy. SACRÉ. ♦ *Poulet d'Inde,* dindonneau. ♦ **Fig.** Terme de caresse qu'on emploie en parlant à un enfant, à un jeune homme, à une jeune femme. ♦ **Fig.** Billet de galanterie. ♦ Il se dit quelquefois par plaisanterie de toute autre missive. ♦ Papier doré propre à écrire des poulets. ■ **Fam.** Policier.

POULETTE, n. f. [pulɛt] (*poule*) Jeune poule. ♦ **Fig.** et **fam.** Jeune fille, jeune femme. ♦ *À la sauce poulette* ou simplement *à la poulette,* avec une sauce où il y a du beurre, un jaune d'œuf, du sel, du poivre et un filet de vinaigre.

POULEVRIN, n. m. [pul(ə)vʀɛ̃] (pulvérin) Poudre fine dont on se servait autrefois pour amorcer le canon. ♦ La poire qui contient cette poudre.

POULICHE, n. f. [puliʃ] (dial. pic. ou norm., qui a remplacé *pouline*) Jument qui n'est pas encore adulte, qui a moins de trois ans. ♦ Autrefois, on disait *poulaine* ou *pouline.*

POULIE, n. f. [puli] (lat. vulg. *polidia* ; cf. gr. *polos*, pivot) Rouet de bois dur ou de métal, creusé d'une gorge à sa circonférence pour recevoir une corde, et tournant sur un axe qui est supporté par une chape. ♦ **Mar.** L'ensemble de la poulie et de sa chape. ♦ **Anat.** Disposition analogue à celle d'une poulie avec sa corde.

POULIN, POULINE, [pulɛ̃, pulin] Voy. POULAIN et Voy. POULICHE.

POULINEMENT, n. m. [pulin(ə)mɑ̃] (*pouliner*) ▷ Action de pouliner. ◁

POULINER, v. intr. [puline] (*poulin*, var. de *poulain*) En parlant d'une cavale, d'une jument, mettre bas.

POULINIÈRE, adj. f. [pulinjɛʀ] (*poulin*, var. de *poulain*) *Jument poulinière,* jument destinée à la reproduction. ♦ N. f. *Une poulinière.*

1 **POULIOT**, n. m. [puljo] (lat. *puleium*) Plante aromatique du genre des menthes.

2 **POULIOT**, ■ n. m. [puljo] (*poulie*) Treuil de petite taille, situé à l'arrière d'une charrette ou d'un chariot et servant à l'enroulement de la corde maintenant le chargement.

POULOT, OTTE, n. m. et n. f. [pulo, ɔt] (*poule*) Terme de caresse dont on se sert familièrement en parlant à un enfant. ♦ Se dit ironiquement d'un grand jeune homme.

1 **POULPE**, n. f. [pulp] (lat. *pulpa*, chair, pulpe) On dit présentement *pulpe.*

2 **POULPE**, n. m. [pulp] (lat. *polypus*, gr. *polupous*, à plusieurs pieds, de *polus*, nombreux, et *pous*, pied) Animal marin de la classe des mollusques.

POULS, n. m. [pu] (lat. *pulsus*, ébranlement, choc, impression, du supin *pulsum* de *pellere*, mettre en mouvement) Battement des artères. *Pouls dur, souple, vite, lent, fréquent, petit.* ♦ On dit le *pouls plein,* quand l'artère, quel qu'en soit le diamètre, paraît bien remplie sous le doigt qui la touche. ♦ *Pendant que le pouls bat encore,* pendant que nous vivons. ♦ **Fig.** *Le pouls lui bat,* il a peur. ♦ *Sans pouls,* en syncope. ♦ *Demeurer sans pouls,* demeurer tout interdit. ♦ **Fig.** *Tâter le pouls à quelqu'un,* le sonder sur une affaire. ♦ **Fig.** *Se tâter le pouls,* consulter ses forces avant d'entreprendre quelque chose. ♦ **Fig.** Ce qui indique l'état d'un corps comparé à un corps vivant. « *J'insiste sur le prix des monnaies, c'est le pouls d'un État* », VOLTAIRE.

POUMON, n. m. [pumɔ̃] (anc. fr. *pulmun*, du lat. *pulmo*, génit. *pulmonis*) Organe renfermé dans la poitrine, et par lequel s'effectue la respiration. ♦ *Avoir de bons poumons,* avoir une voix forte. ♦ *La force des poumons,* la force de la voix. ■ **Fig.** Ce qui fournit de l'oxygène ; ce qui permet d'exister. *Cette forêt est le poumon de la région.*

POUMONIQUE, adj. [pumonik] Voy. PULMONIQUE.

POUPARD, n. m. [pupaʀ] (lat. pop. *puppa*, du lat. *pupa*, petite fille, poupée) Enfant au maillot. *Un gros poupard.* ♦ Grosse poupée qui représente un enfant. ♦ Adj. *Poupard, pouparde,* qui tient du poupard. *Une physionomie pouparde.*

POUPART, n. m. [pupaʀ] (orig. incertaine : p.-ê., par analogie de forme, *poupard*, ou *poupelin*, gâteau cuit au four [cf. *tourteau*]) Crabe tourteau, crustacé du genre des crabes, qui est alimentaire.

POUPE, n. f. [pup] (plus prob. le génois *popa*, du lat. *puppa*, altération de *puppis*, que l'anc. provenç. *popa*) L'arrière d'un vaisseau. ♦ *Avoir le vent en poupe,* avoir le vent soufflant de l'arrière. **Fig.** Être en faveur.

POUPÉE, n. f. [pupe] (lat. pop. *puppa*, du lat. *pupa*, petite fille, poupée) Petite figure humaine de carton, de bois, de cire, etc. qui sert de jouet aux petites filles. ♦ *Elle se tient comme une poupée,* se dit d'une femme qui craint, en remuant, de déranger sa toilette. ♦ *C'est un visage de poupée,* se dit d'une jeune personne dont le visage est mignon ou coloré, ou dont le visage n'a pas plus d'expression que la face d'une poupée. ♦ *Jouer à la poupée,* se dit au propre d'une enfant qui joue avec sa poupée. **Fig.** Jeune fille demeurée plus simple et plus naïve que ne comporte son âge. ♦ Une personne fort parée, homme ou femme ; une femme qui est sans animation et sans expression. ♦ Espèce de mannequin sur lequel on essaye des chapeaux, des vêtements. ♦ Petite figure en plâtre qui sert de but dans les tirs. ♦ Paquet d'étoupes dont on garnit le fuseau. ♦ Manière d'enter, ainsi dite parce qu'on entoure la greffe de linge. ♦ Doigt malade et entortillé d'un linge.

POUPIN, INE, adj. [pupɛ̃, in] (*poupée*, avec changement de suff.) Qui a une toilette affectée. ♦ N. m. et n. f. *Elle fait la poupine.* ♦ Il se dit aussi de l'air, des manières. *Un air poupin.*

POUPON, n.m. [pupɔ̃] (*poupard*, avec changement de suff.) Petit enfant au visage plein et potelé.

POUPONNE, n. f. [pupɔn] (*poupard*, avec changement de suff.) Petite fille qui a le visage plein et potelé. ♦ **Fam.** Il se dit par forme de caresse.

POUPONNER, ■ v. tr. et v. intr. [pupɔne] (*poupon*) S'occuper maternellement de bébés. *Pouponner son nouveau-né.*

POUPONNIÈRE, ■ n. f. [pupɔnjɛʀ] (*poupon*) Établissement spécialisé où sont gardés jour et nuit des enfants de moins de trois ans qui ne peuvent rester dans leur famille. *Fonder une pouponnière.*

POUR, prép. [puʀ] (anc. fr. *por, pur*, du b. lat. *por*, lat. *pro*) Sert à marquer le motif, la destination. *Faire de l'exercice pour sa santé.* ♦ Il se dit de ce qui est destiné comme part à quelqu'un. « *La misère est pour nous, et pour eux l'opulence* », DELILLE. ♦ Il se dit d'une destination toute fortuite. *Pour mon malheur, je ne pus garder le silence.* ♦ À cause de. *Punir pour une faute légère.* ♦ En raison de. « *Tout ce qui n'est pas formellement défendu par l'Église n'est pas pour cela permis* », BOURDALOUE. ♦ En considération de. « *Il faut aimer les gens, non pour soi, mais pour eux* », COLLIN D'HARLEVILLE. ♦ *Et pour cause*, signifie qu'on a des raisons, mais qu'on ne veut pas les exprimer. *Je me tais et pour cause.* ♦ *Pour Dieu*, se dit par manière de prière. ♦ *Pour l'amour de*, en raison de l'intérêt qu'on porte, à cause de. ♦ En vue de. « *Vivez, régnez pour vous* », RACINE. ♦ En faveur de, pour la défense de, pour l'intérêt de. *Ce que je dis est autant pour vous que pour moi.* ♦ Il exprime l'attachement, l'intérêt. *S'inquiéter pour quelqu'un.* ♦ Du parti de. « *Il a pour lui le peuple* », RACINE. ♦ Il se dit aussi des choses qu'on préfère. « *Je vous avoue que je suis furieusement pour les portraits* », MOLIÈRE. ♦ Absol. et sans régime. *Êtes-vous pour ou contre ? Je parlerai pour.* ♦ Envers, à l'égard de. *La tendresse d'une mère pour ses enfants. Son aversion pour la vie de campagne.* ♦ Il se dit pour exprimer ce qui sert contre quelque mal. *Un remède bon pour la fièvre.* ♦ Eu égard à, par rapport à. *Un habit chaud pour la saison.* « *Pour un pauvre animal, Grenouilles, à mon sens, ne raisonnaient pas mal* », LA FONTAINE. ♦ Quant à. *Pour ce qui me regarde.* ♦ Il se dit en ce sens devant de suivi de l'article défini. *Pour du blé, il n'y en avait point.* ♦ Il se dit quelquefois en ce sens devant un infinitif. « *Ah ! pour en être digne, il l'est et plus que tous* », P. CORNEILLE. ♦ Il sert à marquer le rapport entre une chose qui affecte et la personne affectée. *C'est une grande perte pour vous.* ♦ En échange de, moyennant un certain prix. *Il a donné son cheval pour mille francs.* ♦ *Pour*, devant un nom de nombre, indique une certaine proportion. *Toucher de commission tant pour mille.* ♦ *Pour cent*, Voy. CENT. ♦ En la place de, au lieu de. *Mon fils monte la garde pour moi. Il a pour lit un mauvais matelas.* ♦ *Pour*, employé au sens de *comme*. *Je vous donne pour certain que, etc.* ♦ En qualité de. *Laissez-le pour ce qu'il est.* « *Qui est-ce qui a lu les ouvrages de Richardson sans désirer de l'avoir pour frère ou pour ami ?* », DIDEROT. ♦ *Être pour beaucoup, pour peu en quelque chose*, n'y être pour rien, y avoir contribué beaucoup, peu, nullement. ♦ *Pour*, devant *tout*, exprime qu'il n'y a pas autre chose. *Pour toute récompense il eut des reproches.* ♦ *Ne... pour un..., ne... pas pour un...*, pas seulement un. « *Quel sujet auriez-vous de vous plaindre de moi ? - Je n'en ai pas pour un, je crois en avoir mille* », DANCOURT. ♦ Au nom de. *Il commande la province pour le roi.* ♦ Joint à un mot qui exprime le temps, il signifie *pendant*, avec le sens d'un futur. *Je n'en ai que pour un moment.* ♦ Il sert à indiquer l'époque où une chose s'est faite ou se fera, mais toujours avec le sens du futur. *Ce sera pour demain.* ♦ *Pour quand*, sans interrogation, pour le temps où. ♦ *Pour jamais, pour toujours*, pour un temps qui ne doit pas finir, pour une durée perpétuelle. ♦ *Pour quand*, avec interrogation, pour quel temps ? *Pour quand est la fête ?* ♦ Précédé et suivi du même mot, il marque la comparaison. « *Et mort pour mort, toujours mieux lui valait, Auparavant que sortir de la vie, Éprouver tout et tenter le hasard* », LA FONTAINE. ♦ Il exprime la réciprocité. « *Vous ferez rendre vie pour vie, œil pour œil, dent pour dent* », SACI. ♦ Il marque la relation, la correspondance exacte. *Traduire un passage mot pour mot. Il y a neuf mois, jour pour jour.* ♦ Il marque l'échange. *Faire troc pour troc.* ♦ Précédé d'*assez*, il s'emploie dans des phrases qui indiquent la suffisance. *Il a fait assez pour sa gloire.* ♦ Avec un verbe à l'infinitif. *Il est assez jeune pour s'instruire.* ♦ Avec *que* et le subjonctif. *Il est assez riche pour que nous lui demandions de contribuer à cette œuvre.* ♦ Précédé de *trop*, il s'emploie dans des phrases qui expriment l'excès. *Il a trop fait pour un ingrat.* ♦ Avec

un infinitif. « *La condition m'est trop avantageuse pour la refuser* », BOURDALOUE. ♦ Avec *que* et le subjonctif. *Il est assez de mes amis pour que je puisse compter sur lui.* ♦ *En être pour*, perdre. *Il en sera pour son argent.* ♦ *Être pour*, être capable de, être de nature à. « *Le sentiment d'autrui n'est jamais pour lui plaire* », MOLIÈRE. ♦ *N'être pas pour*, ne pas devoir. « *L'affaire n'est pas pour en demeurer là.* ♦ *Être pour*, être sur le point de. *Il était pour partir.* ♦ Précédant un adjectif et suivi de *que*, il a le sens de *quelque... que*. « *Pour grands que soient les rois, ils sont ce que nous sommes* », P. CORNEILLE. ♦ *Pour peu que*, si peu que. ♦ *Pour* avec un infinitif, à l'effet de. *Pour juger de la beauté d'un ouvrage.* ♦ Suivi de *que* et du subjonctif, même sens. *Je suis venu vous voir pour que nous parlions de nos affaires.* ♦ Avec le passé ou le présent de l'infinitif, à cause que. *Pour n'avoir pas fait cette remarque on perdit beaucoup de temps.* « *Je hais ces cœurs pusillanimes qui, pour trop prévoir les suites des choses, n'osent rien entreprendre* », MOLIÈRE. ♦ *Pour* devant un infinitif, au sens de *quoique, bien que*, mais toujours joint à une phrase négative ou restrictive. « *Pour aimer un mari, l'on ne hait pas ses frères* », P. CORNEILLE. ♦ *Pour* avec un infinitif, de quoi. *Il y a ici pour contenter tous les goûts.* ♦ *Pour lors*, alors. ♦ N. m. *Le pour*, ce qui est en faveur de. « *Le pour et le contre sont venus au monde avec le tien et le mien* », BALZAC.

POURBOIRE, n. m. [puʀbwaʀ] (*pour* et *boire*) Petite libéralité que l'on donne en sus du prix convenu et comme signe de satisfaction. ♦ Au pl. *Des pourboires.*

POURCEAU, n. m. [puʀso] (anc. fr. *purcel, pourcel*, du lat. *porcellus*) Porc, cochon. ♦ **Fig.** *Semer des perles devant les pourceaux*, Voy. PERLE. ♦ **Fig.** *C'est une vraie étable à pourceau*, se dit d'une maison malpropre. ♦ **Fig.** *C'est un vrai pourceau*, se dit d'un homme qui met son unique plaisir à manger. ♦ **Fig.** *Un pourceau d'Épicure, un pourceau du troupeau d'Épicure*, un homme plongé dans les jouissances des sens. ♦ *Pourceau de mer*, espèce de dauphin dit aussi *marsouin*.

POURCENT, n. m. [puʀsɑ̃] (*pour* et *cent*) Taux de l'intérêt, du rapport d'une somme d'argent placée. *Quel est le pourcent ?* ■ REM. Graphie ancienne : *pour-cent*.

POURCENTAGE, ■ n. m. [puʀsɑ̃taʒ] (*pour* et *cent*) Proportion d'une quantité pour cent unités. *Calculer un pourcentage.* ■ **Spécialt** Taux de participation à un bénéfice, à une commission, calculé sur la base de cent unités. *Toucher un pourcentage sur une vente.*

POURCHAS, n. m. [puʀʃa] (pourchasser) Vieilli Ce qu'on pourchasse, occupation.

POURCHASSÉ, ÉE, p. p. de pourchasser. [puʀʃase]

POURCHASSER, v. tr. [puʀʃase] (*pour-* et *chasser*) Poursuivre avec ardeur. *Pourchasser un cerf. Pourchasser un emploi, des plaisirs, etc.*

POURFENDEUR, EUSE, n. m. et n. f. [puʀfɑ̃dœʀ, øz] (*pourfendre*) Personne qui pourfend. ♦ *Ironiq. Un pourfendeur de géants*, un fanfaron, un faux brave.

POURFENDRE, v. tr. [puʀfɑ̃dʀ] (*pour-* et *fendre*) Fendre d'un coup de sabre de haut en bas. ■ Fig. et litt. Critiquer très vivement.

POURFENDU, UE, p. p. de pourfendre. [puʀfɑ̃dy]

POURIM, ■ n. m. [puʀim] (adaptation hébr. du mot perse *fourdi*, sorts) Fête juive mobile ayant lieu en février ou en mars, célébrant la libération des juifs par Esther, captifs de l'Empire perse. *Des pourims.*

POURIR, POURISSAGE, [puʀiʀ, puʀisaʒ] Voy. POURRIR, Voy. POURRISSAGE.

POURLÉCHER, v. tr. [puʀleʃe] (*pour*, marquant une action complète, et *lécher*) Lécher tout autour. *Se pourlécher les babines.* ♦ *Se pourlécher*, v. pr. Passer la langue sur les lèvres.

POURPARLER, n. m. [puʀpaʀle] (*pour-* et *lécher*) Conférence, abouchement entre deux ou plusieurs personnes. *Nous entrâmes en pourparlers.*

POURPIER, n. m. [puʀpje] (lat. pop. *pullipes*, génit. *pullipedis*, litt. pied de poulet, de *pullus* et *pes*) Genre de la famille des portulacées. ♦ Plante potagère à feuilles épaisses. ♦ *Pourpier doré*, pourpier naissant qui se mange en salade. ♦ *Pourpier sauvage*, sorte de pourpier dont les feuilles sont plus petites que celles du pourpier ordinaire. ♦ *Pourpier de mer*, nom vulgaire d'une espèce d'arroche.

POURPOINT, n. m. [puʀpwɛ̃] (anc. fr. *porpoint, parpoint*, piqué, brodé, adj. substantivé, du lat *perpunctum*, p. p. de *perpungere*, percer en piquant) Nom qu'on donnait à l'habit français qui a précédé les justaucorps, et qui couvrait le corps depuis le cou jusqu'à la ceinture. ♦ ▷ *Se mettre en pourpoint*, se disposer pour se battre. ◁ ♦ *Tirer un coup à brûle-pourpoint*, Voy. BRÛLE-POURPOINT. ♦ ▷ Fig. *Le moule du pourpoint*, le corps. *Sauver le moule du pourpoint*, sauver sa personne. ◁

1 POURPRE, n. f. [puʀpʀ] (anc. fr. *purpure*, riche vêtement d'un rouge éclatant, moy. fr. *pourpre*, matière colorante, du lat. *purpura*, pourprier, couleur rouge, vêtement rouge) Matière colorante d'un rouge foncé fournie autrefois par un mollusque gastéropode, et remplacée aujourd'hui par la cochenille. ♦ Par extens. Couleur rouge. « *Ses joues animées de la plus belle pourpre* », VOLTAIRE. ♦ Étoffe teinte en pourpre, en usage chez les anciens. « *Ce n'est qu'or et que pourpre dans votre armée* », VAUGELAS. ♦ Dignité des consuls à Rome et autres magistrats souverains. ♦ **Fig.** Dignité souveraine. *Être né dans le pourpre.* « *Respectez, disait-il aux princes, votre pourpre* », BOSSUET. ♦ **Fig.** Dignité des cardinaux. ♦ **N. m.** Couleur d'un beau rouge foncé qui tire sur le violet. ♦ **Hérald.** Cinquième couleur, qui n'est qu'un mélange des quatre couleurs reçues ; il se marque en gravure par des lignes diagonales de gauche à droite. ♦ **Chim.** *Le de Cassius*, couleur qui s'emploie dans la peinture sur porcelaine. ♦ **Adj.** Qui est de la couleur de la pourpre. *La couleur pourpre. Des manteaux pourpres.*

2 POURPRE, n. m. [puʀpʀ] (1 *pourpre*) **Méd.** Exanthème caractérisé par de petites taches pourprées, nettement circonscrites, et produites par une hémorragie cutanée sous-épidermique. ♦ Anciennement, rougeole, scarlatine maligne.

1 POURPRÉ, ÉE, adj. [puʀpʀe] (1 *pourpre*) Qui est de couleur pourpre.

2 POURPRÉ, ÉE, adj. [puʀpʀe] (2 *pourpre*) Fièvre pourprée. Syn. de pourpre.

POURPRIN, INE, adj. [puʀpʀɛ̃, in] (1 *pourpre*) ▷ Qui est de couleur de pourpre. ♦ **N. m.** *Pourprin*, couleur pourpre de certaines fleurs. ◁

POURPRIS, n. m. [puʀpʀi] (part. de l'anc. fr. *porprendre*, investir, entourer, occuper) ▷ Enceinte, habitation. ♦ **Poétiq.** *Les célestes pourpris*, les cieux. ◁

POURQUOI, conj. [puʀkwa] (*pour* et *quoi*) Pour quelle chose, pour quelle raison. « *Demander comment et pourquoi ce prodige, se serait le détruire* », BOURDALOUE. ♦ Il s'emploie à la place de : pour lequel, laquelle, etc., en parlant des choses. « *Est-ce un sujet pourquoi Vous fassiez sonner vos mérites?* », LA FONTAINE. ♦ *C'est pourquoi*, c'est pour cette raison. ♦ Il s'emploie pour interroger. *Pourquoi cela? Pourquoi le ferais-je? ♦ Pourquoi non? c'est-à-dire pourquoi ne le ferais-je pas? ♦ Avec pourquoi on peut sous-entendre le verbe. « *Pourquoi ce livre saint, ce glaive, ce bandeau* », RACINE. ♦ Il peut se construire avec le verbe à l'infinitif. « *Pourquoi vouloir sans fruit la mort de l'innocence?* », VOLTAIRE. ♦ **N. m.** *Le pourquoi*, la cause, la raison. « *Nous ne sommes pas faits pour rendre raison du pourquoi des choses* », BUFFON. ♦ Interrogation. *Vos pourquoi sont hors de saison.*

POURRI, IE, p. p. de pourrir. [puʀi] *Pot pourri*, Voy. POT. ♦ **Fig.** *C'est une planche pourrie*, se dit d'une personne sur qui on ne peut compter. ♦ *S'appuyer, se fixer sur une planche pourrie*, s'assurer sur une chose incertaine, sur des espérances mal fondées, sur une personne qui peut manquer. ♦ **N. m.** *Le pourri*, ce qui est pourri. *Le pourri d'une pomme.* ♦ Il se dit des parties du corps attaquées de gangrène ou d'ulcération. ♦ *Un homme pourri d'ulcères*, un homme rongé d'ulcères. ou absol. *un homme pourri*, un homme atteint profondément de maux scrofuleux ou autres. ♦ **Fig.** Se dit des choses morales. « *La sagesse des scribes sera corrompue et pourrie* », PASCAL. ♦ *C'est un membre pourri*, c'est un homme dangereux, ou qui est une cause de déshonneur. ♦ *Cœur pourri*, homme bas et corrompu. ◁ *Bourg pourri*, petit bourg d'Angleterre, qui, ayant le droit d'envoyer des membres au parlement, n'usait de ce droit que sous le bon plaisir de quelque grand seigneur, ou en trafiquant. ♦ *Un temps pourri*, un temps humide et malsain. ■ **N. m.** et n. f. **Fam.** *C'est un vrai pourri, ce type!* ■ REM. Graphie ancienne : *pouri.*

POURRIDIÉ, ■ n. m. [puʀidje] (provenç. *pourridié*, pourriture) Maladie qui touche les racines des arbres, des vignes et des arbustes, se caractérisant par des moisissures en feutrage et des filaments sur les racines. *Pourridié du noyer, de la vigne*, etc.

POURRIEL, ■ n. m. [puʀjɛl] (*poubelle* et *courriel*) **Québec** et **inform.** Courriel publicitaire indésirable.

POURRIR, v. intr. [puʀiʀ] (lat. vulg. *putrire*, du lat. *putrescere*, se gâter, se pourrir) S'altérer par le travail intestin qui attaque et détruit les corps organisés privés de vie. ♦ Par extens. Demeurer longtemps en quelque lieu. *Pourrir dans une prison.* ♦ **Fig.** *Il ne pourrira pas dans cet emploi*, il n'y restera pas longtemps, il montera plus haut. ♦ **Fig.** *Pourrir dans l'ordure, dans la misère*, croupir dans la saleté, dans une misère profonde et sale. ♦ *Pourrir dans le vice*, persister dans ses mauvaises habitudes. ♦ Il se dit des choses qui restent enfouies et oubliées. *Ces livres pourrissent dans les bibliothèques.* ♦ Arriver à maturation, en parlant d'abcès, de maladies. *Ce remède fait pourrir le rhume.* ♦ **V. tr.** Faire pourrir. *La pluie pourrit la charpente.* ♦ **Fig.** Donner de mauvaises qualités, gâter. ♦ Amener à maturation. *Ce remède pourrit le rhume.* ♦ Se pourrir, v. pr. Devenir pourri. ■ REM. Graphie ancienne : *pourir.*

POURRISSAGE, n. m. [puʀisaʒ] (*pourrir*) ▷ Opération qui consiste à faire macérer des chiffons dans l'eau pour la fabrication du papier. ◁ ■ REM. On écrivait aussi *pourissage* autrefois.

POURRISSANT, ANTE, ■ adj. [puʀisɑ̃, ɑ̃t] (*pourrir*) Qui pourrit. *Des souches d'arbres pourrissantes.*

POURRISSEMENT, ■ n. m. [puʀis(ə)mɑ̃] (radic. du p. prés. de *pourrir*) Putréfaction. *Le pourrissement d'un fruit. Le pourrissement des cadavres en décomposition.* ■ Fig. Détérioration. *Le pourrissement d'un conflit.*

POURRISSOIR, n. m. [puʀiswaʀ] (radic. du p. prés. de *pourrir*) Lieu où des objets pourrissent. ♦ **Papeterie** Lieu où l'on met pourrir les chiffons.

POURRITURE, n. f. [puʀityʀ] (*pourrir*) État de ce qui est pourri. ♦ Décomposition du bois qui le rend impropre au service. ♦ ▷ **Méd.** *Pourriture d'hôpital*, gangrène qui survient aux plaies ou aux ulcères des blessés dans les hôpitaux. ◁ ■ Fig. *La pourriture de l'esprit.* ■ Péj. Personne corrompue. *Quelle pourriture ce type !*

POURSUITE, n. f. [puʀsɥit] (*poursuivre*) Action de celui qui court après quelqu'un. *Échapper à la poursuite de l'ennemi.* ♦ Faire la poursuite de quelqu'un, le poursuivre. ♦ État de celui après qui l'on court. *La poursuite des brigands.* ♦ **Fig.** Soins, diligences pour obtenir quelque chose. *Je suis à la poursuite d'une affaire importante.* « *La poursuite des plus saintes entreprises* », BOURDALOUE. ♦ Il se dit des efforts qu'on fait pour s'emparer de la personne de quelqu'un. « *Démosthène, ne pouvant échapper aux poursuites d'Antipater, s'empoisonna* », CONDILLAC. ♦ Sollicitation auprès de quelqu'un, empressement pour obtenir ses bonnes grâces. ♦ Procédure pour obtenir un paiement, la réparation d'un grief, la punition d'un crime, etc. *Faire des poursuites. La poursuite d'un crime.* ♦ **Dr.** *Poursuites publiques*, celles dont l'objet est la réparation d'un délit ou d'un crime. ■ Projecteur utilisé pour suivre et entourer d'un puissant et étroit faisceau de lumière un artiste lorsqu'il est sur scène. *Pendant le ballet, le soliste était isolé et éclairé par la poursuite qui se déplaçait en fonction de ses mouvements.*

POURSUITEUR, EUSE, ■ n. m. et n. f. [puʀsɥitœʀ, øz] (*poursuite*) **Sp.** Personne qui prend part à des courses de poursuite cycliste. *Elle remporte en poursuiteuse la course.* ■ N. m. Technicien responsable de la poursuite pendant un spectacle. *Le poursuiteur suivait scrupuleusement les déplacements des acteurs.*

POURSUIVABLE, adj. [puʀsɥivabl] (*poursuivre*) ▷ Qui peut être poursuivi, qui mérite d'être poursuivi. *Un article poursuivable.* ◁

POURSUIVANT, ANTE, adj. [puʀsɥivɑ̃, ɑ̃t] (*poursuivre*) Qui poursuit. ♦ N. m. Celui qui brigue pour obtenir quelque chose. *Il y a beaucoup de poursuivants pour cette place.* ♦ *Poursuivants d'armes*, ceux qui s'attachaient aux hérauts d'armes et en faisaient quelquefois les fonctions. ♦ ▷ Celui qui recherche une femme en mariage. ◁ **Dr.** Celui qui exerce des poursuites en matière de saisie, d'expropriation forcée, de ventes judiciaires, de distributions et d'ordres. ♦ Adj. *La partie poursuivante. Avoué poursuivant.*

POURSUIVI, IE, p. p. de poursuivre. [puʀsɥivi]

POURSUIVRE, v. tr. [puʀsɥivʀ] (*pour-*, marquant une action complète, et *suivre*) Suivre quelqu'un avec vitesse pour l'atteindre. ♦ Il se dit aussi des animaux. *Le chien poursuit le gibier.* ♦ **Fig.** « *Je le poursuis partout comme un chien fait sa proie* », BOILEAU. ♦ Être après quelqu'un en l'importunant. ♦ **Fig.** Persécuter, tourmenter. « *Je ne sais de tout temps quelle injuste puissance Laisse le crime en paix et poursuit l'innocence* », RACINE. ♦ Agir contre. « *Cicéron avait passé sa vie à attaquer ou à défendre ; mais les trois hommes qu'il poursuivit avec le plus d'ardeur furent Verrès, Catilina et Marc Antoine* », MARMONTEL. ♦ Il se dit aussi des choses qui exercent une sorte de persécution. « *Je suis un malheureux que le destin poursuit* », RACINE. ♦ Rechercher, tâcher d'obtenir. *Poursuivre le consulat, l'empire, les plaisirs*, etc. ♦ Avoir en vue. « *Vous voyant ici à consulter, j'ai pensé que vous poursuiviez le même objet* », BEAUMARCHAIS. ♦ ▷ *Poursuivre une femme en mariage*, la rechercher en mariage. ◁ **Dr.** Agir contre quelqu'un par les voies de droit. *Poursuivre quelqu'un devant les tribunaux.* ♦ *Poursuivre un procès, une affaire, une expropriation*, etc. faire les procédures nécessaires pour obtenir le jugement d'un procès, la conclusion d'une affaire, la vente d'un immeuble, etc. ♦ Absol. *Voulez-vous poursuivre?* ♦ Continuer. *Poursuivre son discours, sa route*, etc. ♦ Absol. Continuer un propos ; continuer à agir comme on a commencé. ♦ Avec un infinitif et de ou à. « *Mais ne poursuivez point, vous, d'interrompre ainsi* » MOLIÈRE. « *Il ne faut que poursuivre à garder le silence* », MOLIÈRE. ♦ Se poursuivre, v. pr. Être continué, en parlant d'un procès, d'une affaire, etc. ♦ Dans le style des notaires, *tel qu'un immeuble se poursuit et comporte*, c'est-à-dire sans en faire une plus ample description.

POURTANT, conj. [puʀtɑ̃] (*pour* et *tant*) Néanmoins, malgré cela. « *Ajoutez-y la gloire de la vertu ; le monde la craint et la fuit, mais le monde pourtant la respecte* », MASSILLON.

POURTOUR, n. m. [puʀtuʀ] (*pour-* marquant une action complète, et *tour*) La mesure tout autour, le circuit. *Ce pavillon, cette colonne a tant de pourtour.* ♦ Dans une église, *le pourtour du chœur* est la prolongation des nefs latérales lorsqu'elles se rejoignent derrière le chœur. ♦ Dans les salles de spectacle, bas d'entresol ou de rez-de-chaussée, circulaire et non divisé en loges.

POURVOI, n. m. [puʀvwa] (*pourvoir*) Nom donné aux actions qu'on porte devant la Cour de cassation et devant le Conseil d'État, afin de faire casser, pour inobservation du droit, des jugements rendus par les tribunaux, par les conseils de préfecture, des arrêtés des magistrats administratifs, etc. ♦ *Pourvoi en grâce*, appel à la clémence du souverain pour obtenir la libération ou la commutation d'une peine. On dit mieux *recours en grâce*.

POURVOIR, v. intr. [puʀvwaʀ] (lat. *providere*, voir en avant, pourvoir) Donner ordre à, avoir soin de, fournir ce qui est nécessaire, suppléer à ce qui manque. « *Qui pourvoira à nous au dîner de demain ?* », La Fon-taine. ♦ ▷ *Pourvoir à sa conscience*, se dit d'un homme prêt à mourir qui demande et reçoit les derniers sacrements. ◁ ♦ *Pourvoir à un bénéfice, à un office, à un emploi*, le conférer, y nommer. ♦ **V. tr.** Nommer quelqu'un à un emploi, à un office, à un bénéfice. *Pourvoir quelqu'un d'une charge*. ♦ Éta-blir par un mariage, par un emploi, par une charge. « *Il me reste à pourvoir un arrière-neveu* », La Fontaine. ♦ Munir, garnir. *Pourvoir une armée, une place de munitions*. ♦ Orner, douer. *La nature a pourvu cette femme de toutes les grâces*. ♦ Se pourvoir, v. pr. Se garnir de, se munir de. « *Pourvoyez-vous de quelque autre compère* », La Fontaine. ♦ *Je songe à me pourvoir d'esquif et d'avirons* », Boileau. ♦ Se pourvoir, se marier, en parlant d'une femme. ♦ **Dr.** Recourir au pourvoi. *Se pourvoir en cassation*, en grâce. ♦ **Absol.** *Se pourvoir*, recourir à la Cour de cassation. ♦ *Se pourvoir en cour de Rome*, demander une papale quelque grâce, quelque bénéfice, quelque dispense.

POURVOIRIE, n. f. [puʀvwaʀi] (radic. de *pourvoyeur*) Lieu où se trouvent les provisions que les pourvoyeurs doivent fournir. *La pourvoirie du roi*. ■ **Québec** Entreprise de location, d'installation et de vente de services pour la chasse et la pêche sur le territoire qu'elle gère. *Cette pourvoirie, située en bordure de lac, est dédiée à la pêche récréative*. ■ **Par extens.** Le territoire lui-même. *La pourvoirie permet de pratiquer des activités de plein air*.

POURVOYANT, ANTE, adj. [puʀvwajɑ̃, ɑ̃t] (*pourvoir*) Qui pourvoit. « *L'existence de la divinité puissante, intelligente, bienfaisante, prévoyante et pourvoyante* », J.-J. Rousseau.

POURVOYEUR, EUSE, n. m. et n. f. [puʀvwajœʀ, øz] (*pourvoir*) Celui, celle qui fournit, procure. « *Un déjeuner dont j'étais le pourvoyeur* », J.-J. Rousseau. ♦ Celui qui est chargé de fournir à une maison, à un établis-sement toutes ses provisions, viande, poisson, gibier, etc. ♦ **Fig.** « *Tous naissent pour détruire ; et, par un triste accord, L'hyménée est partout pour-voyeur de la mort* », Delille. ♦ **N. f.** *Pourvoyeuse*, femme chargée de fournir des provisions aux habitants d'un château, d'une maison de campagne, etc. ■ **Québec** Personne qui gère une pourvoirie. *Ce pourvoyeur en chasse et pêche possède deux pourvoiries*.

POURVU, UE, p. p. de pourvoir. [puʀvy] Qui a obtenu place ou bénéfice. ♦ **N. m.** et n. f. *Les pourvus*. ♦ **Église** Celui qui possède une charge, un bé-néfice. ♦ Établi, marié.

POURVU QUE, loc. conj. [puʀvykə] (*p. p.* de *pourvoir* et *que*) qui gouverne le subjonctif. En cas que, à condition que. « *Quand une fois on a trouvé le moyen de prendre la multitude par l'appât de la liberté, elle suit en aveugle, pourvu qu'elle en entende seulement le nom* », Bossuet. ■ Exprime le souhait. *Pourvu qu'il vienne !*

POUSSAGE, ■ n. m. [pusaʒ] (*pousser*) **Mar.** Mode de transport consistant à pousser, le plus souvent au moyen d'un bateau à moteur, un ensemble de péniches ou de barges attachées entre elles. *Services de poussage et de remorquage*.

POUSSAH, n. m. [pusa] (mot chinois, image de Bouddha assis les jambes croisées) Jouet d'enfant qui consiste dans un buste de carton, représentant un magot, et porté par une demi-sphère de pierre, qui, ramenant toujours le centre de gravité en bas, la balance longtemps quand on le pousse. ♦ **Fig.** Un gros homme. ■ **Rem.** On écrivait aussi *poussa* autrefois.

1 **POUSSE**, n. f. [pus] (*pousser*) Petites branches que poussent les arbres au printemps et au mois d'août. ♦ *La première pousse*, les jets qui viennent aux mois de mars et avril ; *la seconde pousse*, ceux qui viennent au mois d'août et en automne. ♦ Se dit des plumes et des dents qui se forment chez les jeunes animaux. *La pousse des dents, des pennes*. ♦ Nouvelle éruption, en parlant d'une maladie éruptive. ♦ Maladie des chevaux, caractérisée par l'essoufflement, par le battement des flancs, et particulièrement par une interruption de l'inspiration, qui se fait en deux temps. ♦ *Pousse des vins*, maladie qui rend les vins troubles, et qui est caractérisée par la production d'un ferment organisé. ♦ **Collect.**, **vx** et **pop.** Terme désignant les recors, les archers. *La pousse l'arrêta*.

2 **POUSSE**, n. f. [pus] (anc. fr. *pous*, poussière, du lat. pop. *pulvus*, poudre) **Comm.** Poussière de certaines substances, déchet.

POUSSÉ, ÉE, p. p. de pousser. [puse] **Absol.** Porté à un très haut degré. « *Des ministres qu'un sentiment trop poussé de leur indignité rend inutiles à*

l'État », Massillon. « *Une plaisanterie trop poussée* », Voltaire. ♦ Réduit à. *La patience poussée à l'extrémité*. ♦ ▷ *Cheval poussé de nourriture*, cheval qui a trop mangé. ◁ ♦ *Vin poussé*, vin qui a la pousse. ♦ *Peinture poussée*, Peinture où l'huile, le vernis ressortent et ternissent les couleurs.

POUSSE-CAFÉ, ■ n. m. [pus(ə)kafe] (*pousser* et *café*) Alcool que l'on prend après le café. *Boire un marc de Bourgogne en guise de pousse-café*. *Des pousse-café* ou *des pousse-cafés*.

POUSSÉE, n. f. [puse] (*pousser*) Action de pousser. ♦ *Donner une poussée*, heurter violemment quelqu'un. ♦ ▷ **Pop.** *Donner la poussée à quelqu'un*, le poursuivre, lui faire peur. ◁ ♦ Effort que fait une voûte par sa pesanteur contre les murs qui la soutiennent. ♦ Il se dit aussi de ce qui tend à renver-ser par son poids une maçonnerie. ♦ Pression de bas en haut qu'éprouvent les corps plongés dans un liquide quelconque. ♦ **Fam.** Grande quantité, grande presse d'ouvrage qui survient tout à coup. ♦ Éruption qui se mani-feste à la peau, dans le cours ou à la suite de l'emploi de certaines eaux mi-nérales ou de certains médicaments. ■ Manifestation soudaine. *Une pous-sée de fièvre*. ■ **Fig.** Progression, développement soudain. *Poussée démogra-phique*.

POUSSE-PIEDS ou **POUSSE-PIED**, n. m. [pus(ə)pje] (*pousser* et *pied*) Nom vulgaire d'un annélide nommé autrement *anatife*. ♦ Au pl. *Des pousse-pieds*.

POUSSE-POUSSE ou **POUSSEPOUSSE**, ■ n. m. [pus(ə)pus] (redoub. ex-pressif de *pousser*) Voiture légère à deux roues tractée par un homme, qui est très utilisée en Asie. *Faire une promenade en pousse-pousse à Hanoï*. *Des pousse-pousse, des poussepousses*.

POUSSER, v. tr. [puse] (lat. *pulsare*, bousculer, pousser violemment, agi-ter) Ôter quelqu'un ou quelque chose de sa place, avec une idée d'effort ou de violence. *Pousser quelqu'un dans un précipice. Poussez-lui un fauteuil*. ♦ *Il va comme on le pousse*, se dit d'un homme qui obéit aux suggestions d'autrui. ♦ **Fig.** *Va comme je te pousse*, se dit d'une affaire qui va de soi et sans qu'on s'en mêle. ♦ ▷ **Fig.** *Pousser le temps*, s'en débarrasser, se hâter le plus qu'on peut. ◁ ♦ *Pousser quelqu'un du coude, du genou*, le toucher doucement avec le coude, le genou, pour l'avertir, lui faire prendre garde. ♦ On dit de même *pousser*, sans adjonction d'un mot. ♦ Faire reculer, quand celui qui pousse est en face. « *Mentor tailla les ennemis en pièces, et poussa les fuyards jusque dans les forêts* », Fénelon. ♦ Faire avancer, quand celui qui pousse est par derrière. *Pousser ses troupes*. ♦ Communiquer un mouvement à un corps, en le jetant ou en le frappant. *Pousser une balle avec la raquette. Les voiles qui poussent le vaisseau*. ♦ *Pousser un clou dans une muraille*, dans du bois, l'y faire entrer en frappant dessus. ♦ *Pousser la porte au nez de quelqu'un*, la fermer au moment où il va entrer. ♦ *Pousser la porte*, la mettre près du montant, sans la fermer tout à fait. ♦ *Pousser des moulures*, les former sur le bois, sur le plâtre. ♦ **Escrime** *Pousser une botte à quelqu'un*, lui porter un coup de pointe. ♦ **Absol.** *Pousser en tierce*. ♦ ▷ **Fig.** *Pousser une botte à quelqu'un*, l'attaquer de paroles, le presser vivement. ◁ ♦ **Par anal.** *pousser un argument*. ♦ Faire sortir de la poitrine ou de la bouche. *Pousser des soupirs, un cri, etc.* ♦ Manifester avec force, avec ardeur. *Pousser les beaux sentiments*. « *Par l'ardeur dont au ciel il poussait sa prière* », Mo-lière. ♦ Lancer, en parlant d'une lueur qui est projetée. ♦ Faire naître. « *Un moment pousse et rompt un transport violent* », P. Corneille. ♦ Faire aller. « *Va jusqu'en l'Orient pousser tes bataillons* », P. Corneille. ♦ Porter plus loin, étendre. *Pousser une allée, la tranchée, etc.* « *Alexandre entra dans les Indes où il poussa ses conquêtes plus loin que ce célèbre vainqueur [Bac-chus]* », Bossuet. ♦ Prolonger, faire durer. « *Je ne pousserai point ce séjour-ci plus loin que le beau temps* », Mme de Sévigné. ♦ Étendre plus loin, en parlant d'un récit, d'annales. *Pousser l'histoire de France jusqu'à la Révolu-tion*. ♦ **Fig.** Porter, étendre, en parlant de choses intellectuelles, morales, abstraites. *Il a bien poussé sa fortune. Pousser trop loin la bonté, la crainte, etc.* ♦ *Pousser un succès*, les continuer, les rendre plus décisifs. ♦ *Pousser son travail*, s'en occuper avec activité et continuité. ♦ *Pousser des travaux*, les faire avancer vers leur fin. ♦ **Fam.** et **absol.** *Poussez*, continuez. ♦ *Pousser les études*, y donner plus d'extension que d'habitude. ♦ *Pousser jusqu'au bout*, se dit d'une chose qu'on fait complètement. « *Pour pousser jusqu'au bout la ruse* », La Fontaine. ♦ *Pousser jusqu'au bout l'aventure*, suivre jusqu'à sa conclusion quelque tentative, quelque affaire où on est engagé. ♦ *Pousser sa pointe*, Voy. pointe. ♦ *Pousser sa chance, sa fortune*, tenter tout ce que la chance, la fortune offre actuellement. ♦ *Pousser les affaires*, aller en quelque chose jusqu'aux dernières extrémités. ♦ *Pousser les choses*, les amener à une extrémité. ♦ *Pousser les affaires d'honneur dans lesquelles on ne fait aucun compromis. Pousser la chose ou les choses*, les amener à une extrémité. ♦ *Pousser les choses plus loin*, renchérir sur ce qu'on avait fait ou dit jusqu'alors. ♦ Appuyer sur, exami-ner à fond. « *Mais, mon père, qui voudrait pousser cela, vous embarrasserait* », Pascal. ♦ Développer. « *Poussez le parallèle* », Massillon. ♦ Faire avan-cer quelqu'un, lui faciliter les moyens de faire fortune. ♦ *Pousser un élève*, lui faire faire des progrès. ♦ Presser, en parlant d'animaux qu'on excite à courir. ♦ **Fig.** Engager fortement, induire, exciter. « *Le roi sait quels motifs ont poussé l'un et l'autre* », P. Corneille. ♦ Faire agir. « *Je sais par quels* ressorts on le pousse, on l'arrête », RACINE. ◆ Presser quelqu'un, ne pas lui laisser de retraite, d'échappatoire. ◆ *Pousser à bout,* ne pas laisser d'échappatoire ; dans une discussion, réduire quelqu'un à ne pouvoir répondre. ◆ *Pousser à bout quelqu'un, pousser à bout la patience de quelqu'un,* l'irriter à force d'abuser de sa patience. ◆ *Pousser à bout une chose,* la porter à toute extrémité. ◆ ▷ *Pousser quelqu'un de questions, de plaisanteries,* l'interroger beaucoup, le plaisanter beaucoup. ◁ ◆ *Pousser quelqu'un,* entrer en lutte avec lui, l'offenser. ◆ *On pousse les vaches au lait,* lorsqu'on prolonge activement la lactation pendant un an environ, au lieu de six à sept mois. ◆ ▷ *Pousser quelqu'un de nourriture,* le faire trop manger. ◁ ◆ *Pousser le feu,* le rendre plus vif, activer la combustion. ◆ Faire monter le prix d'un objet par des enchères. ◆ Produire, en parlant d'êtres vivants ou de parties d'êtres vivants. *La vigne pousse beaucoup de bois. « Je vis ce polype pousser successivement douze têtes »,* BONNET. ◆ *Pousser les dents,* se dit du travail de la dentition. ◆ *Pousser ses dents,* se dit d'un cheval dont les dents qui succèdent aux dents de lait commencent à paraître. ◆ pousser, v. intr. Faire effort pour déplacer. *Vous poussez bien rudement.* ◆ Fig. *Pousser à la roue,* aider. ◆ Archit. Faire effort, par le poids, contre des constructions. *La voûte a poussé sur les murs. Les terres poussent contre ce mur.* ◆ *Le mur pousse en dehors,* il se jette en dehors et menace ruine. ◆ *Pousser,* se porter, s'avancer sur, contre. *« Il pousse dans nos rangs, il les perce »,* P. CORNEILLE. ◆ *Pousser aux ennemis,* aller aux ennemis pour les charger. ◆ *Pousser jusqu'à un lieu,* aller jusqu'à ce lieu. ◆ Mar. *Pousser au large,* s'écarter d'un quai, d'un bâtiment, etc. étant dans une embarcation. ◆ En parlant des chevaux poussifs, battre des flancs. ◆ Croître, se développer, en parlant de ce qui végète. *Ces fleurs poussent déjà.* ◆ Par anal. Il se dit de la barbe, des cheveux, des ongles. ◆ Il se dit aussi d'enfants qui grandissent. ◆ Paraître, être produit, en parlant des dents des enfants. ◆ Peint. Se dit des couleurs qui ternissent l'éclat et la fraîcheur de celles avec lesquelles elles sont rompues ou que l'on a couchées par-dessus. ◆ *Ce tableau pousse au noir,* les couleurs en noircissent. ◆ *Devenir malade de la pousse,* en parlant du vin. ◆ Se pousser, v. pr. Être poussé. *« Les années des mortels se poussent successivement comme des flots »,* BOSSUET. ◆ Avancer, en poussant les autres. ◆ Être continué avec activité. *Le siège se pousse vivement.* ◆ Être porté à un certain point, en parlant des choses. *« Cette discussion se pousse fort loin »,* MME DE SÉVIGNÉ. ◆ Avancer, faire fortune. *« L'ambitieux fait consister toute sa sagesse à ne pas manquer une occasion de se pousser aux honneurs du monde »,* BOURDALOUE. ◆ ▷ *Se pousser de nourriture,* manger beaucoup. ◁ ◆ Fam. Exagérer. *Il pousse un peu !* ◆ Très fam. *Faut pas pousser mémère dans les orties (et dire qu'elle est tombée toute seule),* il ne faut pas exagérer.

POUSSETTE, n. f. [pusɛt] (*pousser*) Jeu d'enfants qui consiste à mettre deux épingles en croix, en poussant l'une contre l'autre, celle qui se trouve dessus gagnant le coup. ▪ Petite voiture qui permet de transporter un enfant. ▪ Châssis métallique monté sur roulettes et muni d'un sac pour transporter des petites charges.

POUSSETTE-CANNE, ▪ n. f. [pusɛt(ə)kan] (*poussette* et *canne*) Poussette pliable pour enfants, dont les montants ont la forme de cannes. *La poussette-canne est facilement transportable.* ▪ Au pl. *Des poussettes-cannes.*

POUSSEUR, EUSE, n. m. et n. f. [pusœr, øz] (*pousser*) Celui, celle qui pousse. ◆ ▷ Fig. *Pousseur de beaux sentiments.* ◁ ▪ N. m. Mar. Embarcation motorisée utilisée pour le poussage. *Le pousseur sert de force motrice pour des embarcations non motorisées telles que des barges.* ▪ Recommandation officielle pour *booster.*

POUSSIER, n. m. [pusje] (2 *pousse*) Poussière qui reste au fond d'un sac de charbon. ◆ On dit de même : *Poussier de mottes à brûler.* ◆ Les parties des composants de la poudre à canon qui ne sont pas agglomérées en grains.

POUSSIÈRE, n. f. [pusjɛr] (2 *pousse,* de l'anc. fr. *pous,* même sens, du lat. *pulvus,* poudre) Terre réduite en poudre très fine. *Un nuage de poussière.* ◆ Fig. *Faire de la poussière, soulever de la poussière,* se pavaner, agir avec ostentation. ◆ Fig. *Jeter de la poussière aux yeux,* éblouir. ◆ ▷ *Laisser sur la poussière,* laisser mort sur un champ de bataille. ◁ ◆ Poétiq. *Il s'est couvert, il est couvert d'une noble poussière,* se dit d'un homme de guerre qui s'est trouvé dans plusieurs combats. ◁ ◆ Poétiq. *Mordre la poussière,* être tué. ◆ Fig. *Réduire en poussière,* anéantir. ◆ *N'être plus que poussière,* être anéanti. ◆ *La poussière humaine,* la poussière en laquelle les morts sont réduits. ◆ ▷ Fig. *La poussière des pieds,* la marque du triomphe. ◁ ◆ Fig. *Baiser la poussière des pieds,* adorer et se soumettre. ◆ Par extens. Nuage de particules très fines. *La poussière des ailes du papillon. « La poussière humide des cascades »,* DELILLE. ◆ Poétiq. La terre. ◆ Fig. Chose sans valeur. ◆ ▷ Fig. *La poussière du greffe, de l'école, du collège, etc.,* le greffe, l'école, le collège, considérés avec un certain mépris. ◁ ◆ *La poussière des siècles,* le temps qui fait oublier. ◆ ▷ Fig. État d'abaissement, de malheur. *« Réjouis-toi, Sion, et sors de la poussière »,* RACINE. ◆ Fig. *Tirer quelqu'un de la poussière,* le tirer d'une condition basse et misérable. ◆ *Dans la poussière,* dans la soumission. *« Ils peuvent murmurer, mais c'est dans la poussière »,* VOLTAIRE. ◆ Fig. Cendres des morts, dépouilles mortelles. ◆ Bot. *Poussière fécondante,* le pollen. ▪ Grain de poussière. *Avoir une poussière dans l'œil.* ▪ Fam. Quantité infime. *Payer cinq euros et des poussières.*

POUSSIÉREUX, EUSE, ▪ adj. [pusjerø, øz] (*poussière*) Couvert, chargé de poussière. *Chaussures, meubles poussiéreux.* ▪ Fig. Qui est vieillot, démodé. *Idées, théories poussiéreuses.*

POUSSIF, IVE, adj. [pusif, iv] (*pousser,* battre des flancs) Qui a la pousse. *Cheval poussif.* ◆ En parlant des personnes, qui a de la peine à respirer. ◆ N. m. et n. f. *Un gros poussif.*

POUSSIN, n. m. [pusɛ̃] (b. lat. *pullicenus*) Poulet nouvellement éclos. *Une poule et ses poussins.* ▪ Terme affectueux. *Comment ça va mon poussin ?* ▪ N. m. et n. f. Sp. Catégorie regroupant les plus jeunes dans une discipline sportive. *L'équipe des poussines du sporting club a remporté la finale.*

POUSSINE, ▪ n. f. [pusin] (*poussin*) Suisse Poule. *Des œufs de poussines.*

POUSSINIÈRE, ▪ n. f. [pusinjɛr] (*poussin*) Étuve qui sert à réchauffer les poussins dans les appareils d'incubation artificielle. ◆ Nom vulgaire de la constellation des Pléiades.

POUSSIVEMENT, ▪ adv. [pusiv(ə)mã] (*poussif*) De manière poussive. *« L'Arquebuse simula des troubles cardiaques. Elle se mit à suffoquer, siffler, souffler poussivement et haleter comme une vieille chaudière qui rend l'âme »,* JARDIN.

POUSSOIR, n. m. [puswar] (*pousser*) Cylindre terminé par un bouton qu'on pousse pour faire sonner une montre à répétition. ▪ Chir. Instrument pour chasser les corps étrangers arrêtés dans l'œsophage. ▪ Bouton que l'on presse pour faire fonctionner quelque chose. *Poussoir pour carillons. Stylo bille à poussoir.*

POUSSOLANE, n. f. [pusolan] Voy. POUZZOLANE.

POUTARGUE ou **BOUTARGUE**, ▪ n. f. [putarg, butarg] (ital. *bottarga,* provenç. *boutargo, poutargo,* de l'ar. butarih) Sorte de mets italien préparé avec des œufs de poisson salé, confits dans le vinaigre. ▪ Poche d'œufs de mulet séchée, salée et épicée. *La poutargue est une spécialité de Martigues.* ▪ REM. On disait aussi *botargue.*

POUT-DE-SOIE, n. m. [pud(ə)swa] Voy. POU-DE-SOIE.

POUTINE, ▪ n. f. [putin] (orig. inc.) Québec Frite molle recouverte de boulettes de fromage et nappée de sauce de couleur brune, le plus souvent servie dans un emballage cartonné. *Ce fast-food sert de la poutine au poulet et de la poutine italienne.*

POUTOU, ▪ n. m. [putu] (onomat.) Baiser, bisou dans le langage enfantin. *Viens faire des poutous à mamie !*

POUTRAGE n. m. ou **POUTRAISON**, ▪ n. f. [putraʒ, putrezõ] (*poutre*) Assemblage de poutres. *La poutraison apparente du salon donne du cachet à la maison. Poutrage sculpté.*

POUTRE, n. f. [putr] (dér. métaphorique de l'anc. fr. *poultre,* jeune jument, poulain, du b. lat. *pul(l)trella,* du lat. *pullus,* petit d'un animal) Grosse pièce de bois équarri qui sert à soutenir les solives d'un plancher, et qui entre dans toutes les grosses constructions. ◆ Prov. *Voir une paille dans l'œil de son prochain et ne pas voir une poutre dans le sien,* Voy. PAILLE. ▪ Longue pièce de construction. *Poutre en béton.* ▪ Sp. Barre de bois disposée au-dessus du sol et sur laquelle une gymnaste exécute des figures. *La poutre fait partie des quatre agrès de gymnastique pratiquée par les filles, les trois autres étant le sol, le saut de cheval et les barres asymétriques.*

POUTRELLE, n. f. [putrɛl] (*poutre*) Petite poutre.

POUTURE, n. f. [putyr] (lat. *puls,* génit. *pultis,* bouillie de farine) Nourriture des animaux engraissés à l'étable.

POUTZER ou **POUTSER**, ▪ v. tr. [putse] (all. *putzen,* nettoyer, astiquer) Suisse Faire le ménage, nettoyer. *Elle a passé la matinée à poutzer sa maison.*

1 **POUVOIR**, v. intr. [puvwar] (lat. pop. *potere,* du lat. *posse*) Avoir la faculté de, être en état de. *« On gouverne comme on peut »,* VOLTAIRE. ◆ Ellipt. après un verbe à l'impératif : *Qui peut, celui qui peut. Sauve qui peut ! Le fera qui pourra.* ◆ *Je ne puis qu'y faire,* je n'ai aucun moyen d'empêcher la chose dont il s'agit. ◆ *Ne pouvoir pas que... ne...,* ou *ne pouvoir que... ne...,* avec le subjonctif, être dans l'impossibilité de ne pas... *« Vous ne pouvez pas que vous n'ayez raison »,* MOLIÈRE. *« Je ne puis que je n'admire cette modestie »,* BOSSUET. ◆ *Ne pouvoir pas ne...,* avec un nom de chose pour sujet, *ne pouvoir point ne pas... « Ce reproche vraiment ne peut qu'il ne m'étonne »,* P. CORNEILLE. ◆ En parlant des choses, être capable de. *« L'honneur seul peut flatter un esprit généreux »,* RACINE. ◆ Avoir la permission, la liberté de. *« Cependant aujourd'hui puis-je vous demander Quels amis vous avez prêts à vous seconder ? »,* RACINE. ◆ Souvent il exprime le doute, la possibilité. *Cela peut être. « On pouvait le prévenir, mais on ne pouvait le corrompre »,* FLÉCHIER. ◆ Il se dit aussi impersonnellement en ce sens. *Il pourra venir un temps meilleur.* ◆ *Il peut être midi,* il est probable qu'il est midi. ◆ Se

résoudre à. « *Et qui peut immoler sa haine à sa patrie, Lui pourrait bien aussi sacrifier sa vie* », RACINE. ♦ ▷ *Cette salle est grande, il y peut cent personnes*, il y a place pour cent personnes. ◁ ♦ Au subjonctif, il sert à exprimer un vœu, un souhait. « *Puisse périr comme eux quiconque leur ressemble !* », RACINE. ♦ Le *se* peut se placer devant *pouvoir*, sans que *pouvoir* soit pour cela verbe réfléchi ; *se* appartient alors au verbe à l'infinitif qui suit : *Il se peut faire, pour il peut se faire.* ♦ Dans ce cas, *pouvoir* se conjugue avec *être*. « *Je m'imagine que tu ne t'es pu empêcher de rire* », D'ABLANCOURT. ♦ POUVOIR, v. tr. Avoir l'autorité, le crédit, le moyen, etc. « *Que peuvent contre Dieu tous les rois de la terre ?* », RACINE. « *Peut-être ne ferait-on pas tout ce qu'on peut, sans l'espérance de faire plus qu'on ne pourra* », FONTENELLE. ♦ Absol. « *Je n'ai pu davantage* », P. CORNEILLE. ♦ Il se dit des choses qui exercent une action. « *La violence et la vérité ne peuvent rien l'une sur l'autre* », PASCAL. « *On ne peut rien de plus habile, de plus plaisant, etc. que...*, on ne peut faire, on ne peut dire rien de plus... etc. ♦ Les mots *beaucoup, peu, plus, moins*, construits avec *pouvoir*, doivent être considérés comme les régimes directs de ce verbe, qui reste actif. « *Pouvant beaucoup sur l'esprit du roi comme vous pouvez* », BALZAC. ♦ *On ne peut plus, on ne peut mieux*, il n'est pas possible de faire plus, de faire mieux. ♦ *N'en pouvoir plus*, être fatigué, abattu, sans force. ♦ *N'en pouvoir mais*, Voy. MAIS. ♦ ▷ *Tel en pâtit qui n'en peut mais*, on porte la peine dont on n'est point cause. ◁ ♦ *Se pouvoir*, être possible. *Je ne sais pas si cela se peut.* « *Il ne se peut rien de plus beau* », MOLIÈRE. ♦ *Tout ce qui se peut*, autant qu'il est possible. « *Les sociniens étaient ignorants, tout ce qui se peut, dans la connaissance des Pères* », BAYLE. ♦ Prov. *Qui peut plus peut moins*, celui qui peut le plus peut par cela même le moins. ■ *Autant que faire se peut*, autant qu'il est possible.

2 **POUVOIR**, n. m. [puvwaʀ] (substantivation de l'infin. 1 *pouvoir*) Faculté par laquelle on peut ; ce que l'on peut. *Servir quelqu'un de tout son pouvoir. Autant qu'il est en notre pouvoir.* ♦ *En pouvoir*, à la disposition de. « *Nos biens, comme nos maux, sont en notre pouvoir* », RÉGNIER. ♦ *Au pouvoir de*, même sens. « *L'honneur d'un homme comme vous n'est point au pouvoir d'un autre* », J.-J. ROUSSEAU. ♦ *En pouvoir de*, avec la faculté de. « *Il n'est plus en pouvoir de me faire du mal* », MOLIÈRE. ♦ *Avoir une personne ou une chose en son pouvoir*, avoir la faculté d'en disposer à son gré. *Être, tomber au pouvoir de quelqu'un, en son pouvoir.* ♦ *Avoir une chose en son pouvoir*, la posséder. ♦ ▷ *Une femme en pouvoir de mari*, une femme mariée qui ne peut faire aucun acte sans l'autorisation de son mari. ◁ ♦ Il se dit des choses. *Le feu a le pouvoir de calciner.* ♦ Droit d'agir pour un autre. *Être fondé de pouvoir, de pouvoirs.* ♦ N. m. et n. f. *Un fondé de pouvoir* Voy. FONDÉ. ♦ Acte par lequel on donne pouvoir d'agir. ♦ pl. On dit *des pleins pouvoirs* ou *de pleins pouvoirs*, suivant que l'on considère *pleins pouvoirs* comme deux mots ou comme un seul mot. ♦ Autorité, empire. « *L'homme n'a pas même pouvoir sur sa propre vie* », PASCAL. ♦ *En pouvoir*, revêtu d'une autorité, d'une puissance. *Les hommes en pouvoir.* ♦ L'autorité qui gouverne l'État. ♦ *Pouvoir temporel*, autorité civile. *Pouvoir spirituel*, autorité ecclésiastique. ♦ *Les trois pouvoirs, le pouvoir législatif, le pouvoir exécutif et le pouvoir judiciaire* ; la réunion d'un souverain et de deux chambres. ♦ *Homme du pouvoir*, homme dévoué à la fortune politique de ceux qui exercent le pouvoir. ♦ Crédit, ascendant. « *Voilà notre pouvoir sur les esprits des hommes* », P. CORNEILLE. ♦ Il se dit aussi des choses. « *Et sur lui la raison a repris son pouvoir* », P. CORNEILLE. ♦ L'empire exercé par ce qui charme. « *Le pouvoir de la beauté* », RACINE. ♦ Dr. Capacité de faire une chose. *Un mineur n'a pas pouvoir de tester.* ♦ Au pl. Dr. canonique Faculté d'exercer certaines fonctions du ministère ecclésiastique, comme célébrer, prêcher, confesser, etc. ♦ Au pl. Titres d'éligibilité et pièces à l'appui de l'élection d'un député. *La vérification des pouvoirs.* ♦ Phys. *Pouvoir émissif*, rayonnant, réfléchissant, absorbant, faculté qu'a un corps d'émettre, de rayonner, de réfléchir, d'absorber la chaleur ou la lumière. ■ *Pouvoirs publics*, autorités d'un État.

POUZZOLANE, n. f. [pudzɔlan] (ital. *puzzolana*, tuf volcanique, de *Pozzuoli*, Pouzzoles, près de Naples) Nom donné à certains sables volcaniques qui servent à faire un mortier. *La pouzzolane des environs de Naples est la plus estimée.* ♦ Mélange artificiel consistant en sable très volcanique, chargé d'environ 20 pour 100 d'oxyde de fer avec une petite quantité de chaux ; ce mortier a la propriété de se durcir dans l'eau. ■ REM. On trouvait aussi *pozzolane* et *poussolane*.

PPCM, ■ n. m. [pepeseɛm] (sigle de *plus petit commun multiple*) Math. Le premier multiple qui soit commun à deux nombres. *12 est le* PPCM *de 4 et de 6.*

PQ, ■ n. m. [peky] (sigle de *papier cul*) Fam. Papier toilette. *Il n'y a plus de* PQ *aux toilettes. Un rouleau de* PQ.

PRÂCRIT, n. m. [prakʀi] Voy. PRAKRIT.

PRACTICE, ■ n. m. [praktis] (mot angl., pratique) Sp. Endroit réservé à l'entraînement. *Un practice de golf.*

PRÆSIDIUM, ■ n. m. [prezidjɔm] Voy. PRÉSIDIUM.

PRAGMATIQUE, adj. f. [praɡmatik] (lat. *pragmaticus*, relatif aux affaires politiques, habile en matière politique ou judiciaire, du gr. *pragmatikos*, de *pragma*, action) *Pragmatique sanction* et n. f. *la pragmatique*, règlement émanant du pouvoir civil en matière ecclésiastique. *La pragmatique de Saint Louis.* ♦ Absol. Ordonnance faite par Charles VII pour recevoir ou modifier quelques articles du concile de Bâle. ♦ Disposition d'un souverain concernant ses États et sa famille. *La pragmatique de l'empereur Charles VI.* ■ Adj. Qui concerne la réalité, qui s'adapte à la réalité. *Des idées pragmatiques.* ■ Qui privilégie l'action. *Un esprit pragmatique.* ■ N. f. Étude de la langue en situation de communication. *Syntaxe et pragmatique.*

PRAGMATISME, ■ n. m. [praɡmatism] (all. *Pragmatismus*, angl. *pragmatism*, du gr. *pragmatikos*) Philos. Doctrine qui repose sur l'idée que tout concept intellectuel se définit par l'ensemble de ses effets pratiques, perceptibles dans des conditions contrôlées. *Peirce est considéré comme le père du pragmatisme et de la sémiotique, au début du XXᵉ siècle.* ■ Par extens. Attitude qui privilégie la réalité des faits plutôt que la théorie. *Pour maintenir sa compétitivité, un groupe industriel doit faire preuve de pragmatisme.*

PRAGOIS, OISE ou **PRAGUOIS, OISE**, ■ n. m. et n. f. [praɡwa, waz] (*Prague*) Personne originaire ou habitant de Prague. *Les Pragois et les Pragoises.* ■ Adj. *Kafka était un écrivain pragois.*

PRAIRE, ■ n. f. [prɛʀ] (provenç. *prèire*, prêtre, du lat. pop. *prebiter*, prêtre) Mollusque bivalve comestible, vivant enfoui dans le sable du littoral. *Marinade de praires.*

PRAIRIAL, n. m. [preʀjal] (*prairie*) Neuvième mois du calendrier républicain (du 20 mai au 16 juin). ♦ Adj. Qui croît dans les prairies, qui a rapport aux prairies.

PRAIRIE, n. f. [preʀi] (b. lat. *prataria*, du lat. *pratum*) Terrain couvert de plantes herbacées, fourragères, consommées sur place par les bestiaux, ou coupées pour être mangées en vert ou desséchées. ♦ *Prairie naturelle*, étendue de terrain où l'herbe, une fois semée, se perpétue et se multiplie d'elle-même. ♦ *Prairie artificielle*, terre labourable où l'on sème, pour un certain temps, différentes herbes, comme du trèfle, du sainfoin, etc. ♦ Poétiq. *L'émail des prairies*, les diverses fleurs qui y croissent.

PRAKRIT ou **PRÂKRIT**, n. m. [prakʀi] (on ne prononce pas le *t* final. Sanskrit *prakriti*, sans apprêt, usuel) Dialecte vulgaire du sanskrit. ■ REM. Graphie ancienne : *prâcrit*.

PRALIN, ■ n. m. [pralɛ̃] (*praliner*) Mélange à base d'amandes grillées et de sucre cuit. *Gâteau recouvert de pralin.* ■ Agric. Mélange de boue et d'engrais organique, servant à enrober les racines, les graines, avant la mise en terre.

PRALINAGE, n. m. [pralinaʒ] (*praliner*) Méthode pour planter ; elle consiste à plonger les racines des arbres, des plantes, des boutures, dans une bouillie de terre seule, ou de terre mélangée d'engrais, avant de les mettre en place.

PRALINE, n. f. [pralin] (César du Plessis *Praslin*, 1598-1675, dont le cuisinier inventa ce bonbon) Amande rissolée dans le sucre. ■ Belg. Friandise au chocolat fourrée de praliné. *Boîte de pralines. La praline et le ballotin.* ■ Par extens. Chocolat fourré d'un autre type de garniture. *Des pralines au caramel.*

PRALINÉ, ÉE, p. p. de praliner. [praline] Additionné de morceaux de pralines. *Une crème pralinée.* ♦ N. m. Préparation à base d'amandes ou de noisettes cuites dans le caramel.

PRALINER, v. tr. [praline] (*praline*) Faire rissoler dans le sucre, comme les pralines. *Praliner des amandes.* ♦ Opérer le pralinage.

PRAME, n. f. [pram] (néerl. *praam*) Vaisseau à un seul pont, qui tire peu d'eau, et qui va à rames et à voiles.

PRANDIAL, ALE, ■ adj. [pʀɑ̃djal] (lat. *prandium*, repas de midi) Méd. Qui a rapport aux repas. *Les diabétiques doivent apprendre à évaluer leur ration de glucides prandiaux.*

PRAO, ■ n. m. [prao] (port. *parao, paro*, du malais *parahu*) Petit bateau à voile et à balancier qui peut naviguer dans les deux sens. *Praos malais.* ■ Bateau multicoque pourvu de deux flotteurs de volume inégal. *Des praos à moteur électrique.*

PRASÉODYME, ■ n. m. [prazeodim] (lat. sav. [1885] *praseodymium*, du gr. *prasios*, vert poireau, et *didumos*, double) Métal argenté très répandu dans la nature, dont le numéro atomique est 59 et le symbole Pr. *Le mélange du néodyme et du praséodyme était considéré comme un seul élément, le didyme, jusqu'en 1885, date à laquelle le chimiste allemand von Welsbach les sépara.*

PRATICABILITÉ, n. f. [pratikabilite] (*praticable*) État, qualité d'une chose praticable.

PRATICABLE, adj. [pratikabl] (*pratiquer*) Dont on peut se servir, qu'on peut faire ou employer. *Un plan, des idées praticables.* ♦ Qui permet que l'on passe, que l'on marche dessus. *Chemin, terrain praticable.* ♦ Théât. *Porte, fenêtre praticable*, porte, fenêtre qui n'est pas seulement figurée, et par laquelle on peut passer. *Objet praticable* et n. m. *un praticable*, objet qui n'est pas seulement peint. ◆ **Fig.** Avec qui on peut avoir commerce. *Cet homme n'est pas praticable. Son humeur n'est pas praticable.*

PRATICIEN, IENNE, n. m. et n. f. [pʀatisjɛ̃, jɛn] (*pratique*) Celui qui connaît la manière de procéder en justice. ◆ Il s'est dit de tous ceux qui s'occupaient d'affaires juridiques, procureurs, avocats, greffiers. ◆ Le Praticien français, titre d'un ouvrage de droit. ◆ **Sculpt.** Celui qui ébauche la statue que le maître achève. ◆ Celui qui s'est plus livré à la pratique de son art qu'à la théorie. ◆ **Adj.** *Il est plus praticien que théoricien.* ◆ **N. m. et n. f.** Médecin ou vétérinaire qui a acquis beaucoup d'expérience dans son art. ◆ Empirique. ▪ Médecin qui pratique la médecine auprès des malades.

PRATICITÉ, ▪ n. f. [pʀatisite] (*pratique*) Qualité de ce qui est pratique. *La praticité des sachets qu'on peut refermer. « Je percevais dans son œil droit, du rêve, et dans son œil gauche, du terre-à-terre et de la praticité »*, GONCOURT.

PRATIQUANT, ANTE, adj. et n. m. et n. f. [pʀatikɑ̃, ɑ̃t] (*pratiquer*) Se dit de ceux qui observent exactement les pratiques de la religion.

1 **PRATIQUE**, n. f. [pʀatik] (lat. chrét. *practice*, vie pratique, opposée à la vie contemplative, du gr. *praktikê* fém. de *praktikos*) L'application des règles, des principes, par opposition à la théorie, qui en est la connaissance raisonnée. ◆ *Réduire en pratique*, rendre possible l'application d'une règle, d'un principe. ◆ Exécution de ce que l'on a conçu, projeté. *« Une de ces visions dont la spéculation est belle et la pratique impossible »*, RETZ. ◆ Accomplissement, en parlant de devoirs, de vertus, de lois, de commandements. *« Lisez-vous l'Évangile dans un esprit de pratique? »*, FÉNELON. *« En vivant dans la pratique des bonnes œuvres »*, MASSILLON. ◆ *De pratique,* par la conduite. *« Sans être hérétiques de profession, nous le sommes de pratique et d'effet »*, BOURDALOUE. ◆ *De pratique,* servant à la conduite. *Des vérités de pratique.* ◆ *Mettre en pratique*, mettre à exécution. *Mettre en pratique une méthode.* ◆ Méthode, procédé pour faire quelque chose. *Pratique ingénieuse, utile, etc.* ◆ Usage, coutume, façon d'agir, reçue dans le pays ou dans une classe de personnes. *Suivre les pratiques de son pays.* ◆ Manière d'agir, conduite. ◆ Expérience, habitude des choses. *« En toute science où il s'agit de la pratique, ceux qui n'ont qu'une pure spéculation ne sauraient bien écrire »*, FÉNELON. *« Nulle pratique des affaires »*, MARMONTEL. ◆ L'expérience du métier de la mer. ◆ En un sens défavorable, routine. ◆ Beaux-arts, manière de faire, habitudes particulières à chaque artiste. ◆ En bonne part, *avoir une grande pratique, une belle pratique,* une bonne pratique du dessin, du pinceau, de la couleur. ◆ En mauvaise part, acte, opération manuelle, exercice machinal de l'art. ◆ Passes, mouvements, etc. qu'on exécute dans certains actes. *Les pratiques des magnétiseurs.* ◆ **Au pl.** Exercices de certains actes extérieurs relatifs au culte. *« Moins de pratiques et un peu plus de bonnes œuvres »*, BOURDALOUE. ◆ **Fig.** Menées, intelligences secrètes avec l'étranger, avec l'ennemi, avec un parti. ◆ **Mar.** Liberté de communiquer avec un port ou une ville, accordée aux navigateurs qui, venus d'un pays suspect de maladies contagieuses, ont fait une quarantaine. *Recevoir, obtenir pratique. Entrer en libre pratique.* ◆ La chalandise que les marchands, les artisans, les ouvriers ont pour leur commerce ou pour leur profession. *Ce marchand a bien de la pratique.* ◆ ▷ **Fig.** *Trouver pratique*, trouver à s'arranger. ◁ L'exercice, l'emploi que les avoués et les médecins ont dans leur profession. *Un avoué qui a plus de pratique que ses confrères. Une pratique très étendue.* ◆ Personne qui achète habituellement chez un marchand, qui emploie habituellement un ouvrier, un artisan, un avoué, un médecin. Aujourd'hui, les avoués, les médecins disent client. ◆ *C'est une bonne pratique,* c'est une personne qui achète beaucoup et qui paye bien. ◆ En un sens opposé, *c'est une mauvaise pratique.* ◆ Toute la clientèle de l'étude d'un avoué, de l'étude d'un notaire ; on dit aujourd'hui clientèle. ◆ La manière de procéder devant les tribunaux, et en général tout ce qui est relatif aux actes que font les officiers de justice, et notamment les avoués et les huissiers. *Style de pratique.* ◆ Acte d'étude d'avoué ou de notaire. *« Là sur des tas poudreux de sacs et de pratique »*, BOILEAU.

2 **PRATIQUE**, adj. [pʀatik] (lat. *practicus*, du gr. *praktikos*, actif, efficace, de *prassein*, agir) Qui agit, qui conduit à l'action, indépendamment de toute spéculation théorique. *Cours théorique et pratique.* ◆ *Un philosophe pratique,* un homme qui, sans s'occuper des spéculations philosophiques, conforme sa conduite à la morale et à la raison. ◆ Qui a l'expérience dans l'exécution. *Avoir des connaissances pratiques dans un art.* ◆ *Homme pratique,* homme qui a beaucoup d'expérience. ◆ ▷ **Mar.** *Pilote, marin pratique de quelque parage* ou simplement *un pratique,* celui qui connaît bien un parage. ◁ *Travaux pratiques,* exercices d'application d'un cours théorique. ▪ Qui s'adapte à la réalité. *Avoir un sens pratique.* ▪ Qui est bien adapté à l'usage que l'on en fait. *Un outil pratique.*

3 **PRATIQUE**, n. f. [pʀatik] (esp. *platica,* causerie) ▷ Instrument de métal dont les joueurs de marionnettes se servent pour changer leur voix, en parlant pour leurs marionnettes. ◆ **Fig.** *Il a avalé la pratique de Polichinelle, il a la voix enrouée.* ◁

PRATIQUÉ, ÉE, p. p. de pratiquer. [pʀatike]

PRATIQUEMENT, adv. [pʀatik(ə)mɑ̃] (2 *pratique*) Dans la pratique. ▪ Presque. *Il n'a pratiquement rien mangé.*

PRATIQUER, v. tr. [pʀatike] (1 *pratique*) Mettre en pratique. *Pratiquer un art. Je pratique ce que je vous conseille.* ◆ **Absol.** *Il faut longtemps pratiquer pour devenir habile.* ◆ Exercer, en parlant d'une profession ; il ne se dit guère que de la médecine et de l'art vétérinaire. ◆ **Absol.** *Ce médecin pratique depuis vingt ans.* ◆ Fréquenter, hanter. *« Pour connaître les hommes, il faut les pratiquer »*, DUCLOS. ◆ Il se dit aussi des lieux, des marchés que l'on fréquente. ◆ **Mar.** Avoir libre accès dans un pays ; établir des communications avec ce pays. ◆ Gagner par des pratiques. *« Mon père a été assassiné par ceux que les vôtres ont pratiqués avec des sommes immenses »*, VAUGELAS. ◆ En matière criminelle, *pratiquer des témoins,* les suborner. ◆ Chercher à obtenir par des pratiques. *« Ainsi les protestants de France pratiquaient dès lors le secours de ceux d'Allemagne »*, BOSSUET. ◆ *Pratiquer des intelligences,* s'en procurer dans le parti ennemi. ◆ Exécuter, en parlant de diverses opérations manuelles. *Pratiquer un trou, un séton, etc.* ◆ *Pratiquer un chemin, un sentier,* le frayer. ◆ **Archit.** Ménager certaines petites commodités dans une construction. *Pratiquer un escalier dans l'épaisseur du mur.* ◆ *Se pratiquer,* v. pr. Être mis en pratique. *« Comme entre grands il se pratique »*, LA FONTAINE. ◆ **Fam.** *Pratiquer quelqu'un,* connaître une personne, ses habitudes et ses réactions. *Ça fait longtemps que je le pratique, je sais que cela ne va pas lui plaire.*

PRAXIS, ▪ n. f. [pʀaksis] (gr. *praxis*, activité pratique, de *prassein*, traverser, accomplir) **Philos.** Action visant un résultat. *La praxis s'oppose à la théorie.*

1 **PRÉ...**, [pʀe] préfixe qui signifie *avant,* du latin *præ.*

2 **PRÉ**, n. m. [pʀe] (lat. *pratum*) Terre à foin ou à pâturage. ◆ *Vert comme pré,* très vert. ◆ *Prés salés,* prés situés au bord de la mer. ◆ Voy. PRÉ-SALÉ. ▷ **Fig.** *Faire son pré carré,* s'arrondir, en parlant d'un propriétaire qui accroît son domaine, d'un prince qui gagne des territoires. ◁ ◆ *Pré aux Clercs,* nom d'une plaine qui s'étendait dans une partie de l'enceinte actuelle de Paris, où se trouve maintenant le faubourg Saint-Germain : c'était le rendez-vous ordinaire des étudiants, et le lieu où se vidaient les querelles ; de là fig. *pré,* lieu assigné pour un duel. *Il est resté sur le pré.* ▪ *Pré carré,* domaine réservé de quelqu'un.

PRÉACCORD, ▪ n. m. [pʀeakɔʀ] (1 *pré*- et *accord*) **Dr.** Premier accord passé entre deux parties avant la rédaction de l'accord définitif. *Préaccord collégial des chefs d'établissements. Préaccord diocésain.*

PRÉADAMISME, ▪ n. m. [pʀeadamism] (*préadamite*) Doctrine selon laquelle Adam ne serait pas le premier homme. *Mythes, sectateur du préadamisme. En 1655, Isaac de La Peyrère a publié un livre en latin consacré au préadamisme dans lequel il soutient qu'Adam aurait seulement représenté l'ancêtre du peuple juif.*

PRÉADAMITE, n. m. et n. f. [pʀeadamit] (1 *pré*- et *Adam*) Se dit des hommes qui, selon quelques auteurs, auraient existé avant Adam. ◆ Sectaire partisan de cette opinion.

PRÉADOLESCENCE, ▪ n. f. [pʀeadolesɑ̃s] (1 *pré*- et *adolescence*) Période située entre l'enfance et l'adolescence. *La délinquance peut apparaître à la préadolescence.*

PRÉADOLESCENT, ENTE, ▪ n. m. et n. f. [pʀeadolesɑ̃, ɑ̃t] (1 *pré*- et *adolescent*) Jeune d'un âge intermédiaire entre l'enfance et l'adolescence, compris généralement entre 11 et 15 ans. *Une colonie de vacances réservée aux préadolescents.* ▪ Adj. *La culture préadolescente.* ▪ **Abrév.** Préado.

PRÉALABLE, adj. [pʀealabl] (anc. fr. *prealler,* aller devant, de 1 *pré*- et *aller*) Qui doit être dit, fait, examiné avant qu'on passe outre. *Condition préalable. « Les idées des objets sont préalables aux perceptions que nous en avons »*, MALEBRANCHE. ◆ *La question préalable,* dans les assemblées délibérantes, décision déterminant, avant toute discussion, qu'on ne délibérera pas sur une proposition qui vient d'être faite. *Demander la question préalable.* ◆ **N. m.** Ce qui doit être dit, fait préalablement. ◆ **AU PRÉALABLE,** loc. adv. Avant tout.

PRÉALABLEMENT, adv. [pʀealabləmɑ̃] (*préalable*) Avant toute autre chose. *Préalablement à toute discussion.*

PRÉALPIN, INE, ▪ adj. [pʀealpɛ̃, in] (*Préalpes*) **Géogr.** Relatif à la zone se situant entre les Alpes et les plaines qui les environnent. *Il est parti faire une randonnée préalpine.*

PRÉAMBULE, n. m. [pʀeɑ̃byl] (lat. médiév. *præambulum,* du b. lat. *præambulus,* qui marche devant, du lat. *ambulare,* aller et venir) Ce qui s'écrit ou ce qui se dit avant de commencer quelque chose, et qui en est comme l'introduction. ◆ *Préambule d'une loi, d'une ordonnance,* la partie préliminaire dans laquelle le législateur en expose l'objet. ◆ **Fig.** Toute espèce de préliminaire. ◆ Discours qui ne va point au fait.

PRÉAMPLIFICATEUR, ▪ n. m. [pʀeɑ̃plifikatœʀ] (1 *pré*- et *amplificateur*) Appareil placé entre une source et un amplificateur de puissance afin d'accroître la tension du signal de sortie. *Préamplificateur pour guitare.*

PRÉAPPRENTISSAGE, ■ n. m. [pʀeapʀɑ̃tisaʒ] (1 *pré-* et *apprentissage*) Période de formation en alternance qui sert d'intermédiaire entre la fin de la scolarité et le travail en entreprise. *Le préapprentissage permet aux jeunes de découvrir le monde de l'entreprise. Classe de préapprentissage.*

PRÉAU, n. m. [pʀeo] (dimin. de 2 *pré*) Espace découvert au milieu d'un cloître. ♦ Cour d'une prison. ♦ Salle où des élèves prennent leurs récréations. ■ Au pl. *Des préaux.*

PRÉAVIS, ■ n. m. [pʀeavi] (1 *pré-* et *avis*) Avertissement préalable et généralement règlementé avant une résiliation. *Recevoir un préavis de licenciement.* ■ Délai situé entre cet avertissement et sa prise d'effet. *Effectuer son préavis.* ■ Délai légal prévu avant d'entreprendre une grève. *Les syndicats ont déposé un préavis de grève.*

PRÉAVISER, ■ v. tr. [pʀeavize] (*préavis*) Donner un préavis à quelqu'un. *L'employeur a préavisé deux salariés.*

PRÉBENDE, n. f. [pʀebɑ̃d] (*en* se prononce *an* ; b. lat. *præbenda*, traitement alloué par l'état, lat. médiév., bénéfice ecclésiastique, de *præbendus* adj. verbal du lat. *præbere*, fournir) Revenu ecclésiastique attaché à un canonicat ; le canonicat même.

PRÉBENDÉ, ÉE, adj. [pʀebɑ̃de] (*prébende*) Qui jouit d'une prébende. ♦ N. m. *Un prébendé*, chanoine à prébende.

PRÉBENDIER, n. m. [pʀebɑ̃dje] (*prébende*) Ecclésiastique qui, en certaines fonctions, sert au chœur au-dessous des chanoines.

PRÉBIOTIQUE, ■ n. m. [pʀebjotik] (1 *pré-* et *biotique*) Stade hypothétique de l'évolution où on suppose que la combinaison d'ingrédients carbonés et d'eau liquide a conduit à l'apparition de la vie sur la terre. *L'atmosphère du prébiotique.* ♦ Composant alimentaire capable de stimuler de manière sélective l'activité métabolique d'une souche bactérienne située dans l'intestin. *Le prébiotique exerce un effet bénéfique sur l'organisme.* ■ Adj. *Étudier l'évolution prébiotique, c'est chercher à comprendre les processus qui conduisent de l'origine d'une planète à l'origine de la vie.*

PRÉCAIRE, adj. [pʀekɛʀ] (lat. jurid. *precarius*, obtenu par prière, de *precari*, prier) Qui ne s'exerce que par permission, que par tolérance, avec dépendance. *Possession, vie précaire.* ♦ **Par extens.** Qui a peu de solidité, de force, en parlant de principes, de conjectures. ♦ N. m. **Dr.** *Un précaire*, un prêt obtenu par prière, et de là sorte de contrat de bail que des personnages puissants consentaient à de plus humbles. ♦ *Par précaire, à titre de précaire*, se dit des choses dont on ne jouit que par une concession toujours révocable. ■ Qui n'est pas stable, pas durable. *Un travail, une situation précaire.*

PRÉCAIREMENT, adv. [pʀekɛʀ(ə)mɑ̃] (*précaire*) D'une manière précaire.

PRÉCAMBRIEN, ■ adj. [pʀekɑ̃bʀijɛ̃] (1 *pré-* et *cambrien*) **Géol.** Relatif à la période correspondant à celle de la formation de la croûte terrestre. *On estime que l'ère précambrienne a débuté il y a 4 milliards d'années jusqu'à l'apparition de la vie sur terre, c'est-à-dire il y a environ 600 millions d'années.* ■ N. m. Cette période. *Le précambrien ou l'antécambrien.*

PRÉCARISATION, ■ n. f. [pʀekaʀizasjɔ̃] (*précariser*) Action de précariser. *Précarisation des conditions de travail. Lutter contre la précarisation de nos vies.*

PRÉCARISER, ■ v. tr. [pʀekaʀize] (*précaire*) Rendre précaire. *Précariser les emplois, les salariés.*

PRÉCARITÉ, ■ n. f. [pʀekaʀite] (*précaire*) Caractère précaire de quelque chose. *Précarité d'un emploi, d'une victoire.* « *Aussi, comme compensation à la précarité de leur situation, leurs traitements ont-ils été de tous temps relativement élevés* », Baradat. ■ Situation de dénuement extrême. *Progression de la grande précarité en France.*

PRÉCAUTION, n. f. [pʀekosjɔ̃] (b. lat. *præcautio*, du lat. *præcavere*, se venir en garde) Ce qu'on fait par prévoyance pour éviter un mal. *Bien prendre ses précautions.* ♦ Circonspection, ménagement. *Se conduire avec précaution.* ♦ **Rhét.** Toute forme de style par laquelle on cherche à éviter ce qu'il y a de blessant dans ce qu'on va dire. ♦ Précautions oratoires, ménagements que prend l'orateur pour se concilier la bienveillance de ses auditeurs. ♦ **Prov.** *Trop de précaution nuit.* ■ **Dr.** *Principe de précaution*, ensemble des mesures qui peuvent être prises en cas d'incertitude scientifique quant aux conséquences des risques sur l'environnement. *La notion de principe de précaution est apparue pour la première fois en Allemagne à la fin des années 1960.*

PRÉCAUTIONNÉ, ÉE, p. p. de précautionner. [pʀekosjɔne] Prudent, avisé. « *Cette confiance le rend moins précautionné* », La Bruyère. ♦ Il se dit aussi des choses. « *Une bonne intention supplée à une expression trop simple et trop peu précautionnée* », Bossuet.

PRÉCAUTIONNER, v. tr. [pʀekosjɔne] (*précaution*) Prémunir contre. *Précautionner quelqu'un contre les filous, contre l'erreur, etc.* ♦ Se précautionner, v. pr. Se mettre en garde contre.

PRÉCAUTIONNEUX, EUSE, adj. [pʀekosjɔnø, øz] (*précaution*) Plein de précaution.

PRÉCÉDÉ, ÉE, p. p. de précéder. [pʀesede]

PRÉCÉDEMMENT, adv. [pʀesedamɑ̃] (*précédent*) Auparavant, ci-devant.

PRÉCÉDENT, ENTE, adj. [pʀesedɑ̃, ɑ̃t] (lat. *praecedens*, p. prés. de *præcedere*, marcher devant) Qui précède, qui est immédiatement avant, soit par rapport à l'ordre, soit par rapport au rang. *Le jour précédent. La page précédente.* ♦ N. m. Usage déjà établi ; *fait précédent. Consulter les précédents. Une tentative sans précédents.*

PRÉCÉDER, v. tr. [pʀesede] (lat. *præcedere*, marcher devant) Marcher devant, avoir le pas sur. ♦ Venir avant un autre. *Je le précède de quelques moments.* ♦ Être, avoir été auparavant. « *Sylla m'a précédé dans ce pouvoir suprême* », P. Corneille. « *Quelques crimes toujours précèdent les grands crimes* », Racine. ♦ L'emporter sur. « *S'il précéda Philiste en vaines dignités, Philiste le devance en rares qualités* », P. Corneille. ♦ ▷ V. intr. Avoir le premier rang. *Précéder en dignité.* ◁ ♦ Être auparavant. *Le chapitre qui précède.* ♦ Se précéder, v. pr. Être par rapport l'un à l'autre en une condition d'antériorité.

PRÉCEINTE, n. f. [pʀesɛ̃t] (lat. *præcinctus*, p. p. de *præcingere*, entourer, sur le modèle de *ceindre*) **Mar.** Série de bordages de bois de chêne, plus larges, plus épais et par cela plus forts que les autres, qui sert comme de ceinture au navire, dont elle entoure les côtes.

PRÉCEPTE, n. m. [pʀesɛpt] (lat. *præceptum*, de *præcipere*, recommander) Ce qui est recommandé comme règle et enseignement. « *Ses exemples n'affaiblissaient pas ses préceptes* », Fléchier. « *Les préceptes sont toujours venus après l'art* », Voltaire. ♦ Commandement. « *Les lois humaines doivent donner des préceptes et point de conseils* », Montesquieu. ♦ Les commandements de Dieu, de l'Église, et ce qui est ordonné par l'Évangile.

PRÉCEPTEUR, TRICE, n. m. et n. f. [pʀesɛptœʀ, tʀis] (lat. *præceptor*) Personne qui enseigne. « *Notre premier précepteur est notre nourrice* », J.-J. Rousseau. ♦ **Par extens.** *Les précepteurs du genre humain.* ♦ Personne qui est chargée de l'éducation d'un enfant. *Bossuet fut précepteur du Dauphin.* ♦ N. m. Un des grands dignitaires des templiers. ♦ Grand officier de l'ordre de Malte.

PRÉCEPTORAL, ALE, adj. [pʀesɛptɔʀal] (*précepteur*) Qui appartient, qui est propre au précepteur. *Ton préceptoral. Conseils préceptoraux.*

PRÉCEPTORAT, n. m. [pʀesɛptɔʀa] (*précepteur*) État, fonction de précepteur.

PRÉCÉRAMIQUE, ■ adj. [pʀeseʀamik] (1 *pré-* et *céramique*) **Préhist.** Relatif à la période du néolithique précédant l'invention de la céramique. *Un site néolithique précéramique. Outillage précéramique.*

PRÉCESSION, n. f. [pʀesesjɔ̃] (b. lat. *præcessio*, action de précéder ; sens astr. donné par Copernic, 1530) Précession des équinoxes, mouvement rétrograde des points équinoxiaux.

PRÉCHAUFFAGE, ■ n. m. [pʀeʃofaʒ] (*préchauffer*) Action de préchauffer un appareil avant de l'utiliser. *Le préchauffage d'un moteur, d'un four.*

PRÉCHAUFFER, ■ v. tr. [pʀeʃofe] (1 *pré-* et *chauffer*) Amener à la bonne température pour une utilisation dans les meilleures conditions. *Préchauffer un four, un moteur diesel.*

PRÊCHE, n. m. [pʀɛʃ] (*prêcher*) Sermon des ministres protestants. ♦ **Fig.** Le protestantisme. ♦ *Aller au prêche, quitter le prêche*, embrasser la religion protestante, la quitter. ♦ Lieu où s'assemblent les protestants pour l'exercice de leur religion. ♦ Par dérision, un sermon, un discours. « *Il lui fit ce beau petit prêche* », La Fontaine.

PRÊCHÉ, ÉE, p. p. de prêcher. [pʀeʃe]

PRÊCHER, v. tr. [pʀeʃe] (lat. *prædicare*, proclamer, publier ; bas lat. ecclés., annoncer l'Évangile) Annoncer en discours religieux et moraux la parole de Dieu. *Prêcher l'Évangile.* ♦ Il se dit des personnes auxquelles on annonce la parole de Dieu. *Saint Paul prêcha les gentils.* ♦ **Fig.** *Prêcher un converti*, Voy. converti. ♦ **Absol.** Annoncer la parole de Dieu. ♦ *Prêcher que*, avec le verbe à l'indicatif. « *Prêchons qu'on ne peut se sauver dans ce monde, nous désespérons nos auditeurs ; disons qu'on s'y peut sauver, ils prennent occasion de s'y embarquer trop avant* », Bossuet. ♦ ▷ **Fig.** *Prêcher d'exemple*, pratiquer le premier tout ce que l'on conseille aux autres de faire. ◁ ♦ **Fam.** *Prêcher dans le désert*, n'avoir pas d'auditeurs ou n'être point écouté. ♦ *Prêcher pour son saint, pour sa paroisse*, parler dans son intérêt. ♦ Publier, recommander, répandre soit de vive voix, soit par écrit. « *Je ne prêcherai point ici tous ces lieux communs sur le mépris de la gloire, si souvent et si peu sincèrement recommandé par les philosophes* », d'Alembert. ♦ **Fam.** *Ne faire que prêcher malheur, que prêcher misère, que prêcher famine*, ne parler que de malheur, que de famine. ♦ *Prêcher toujours la même chose*, répéter sans cesse les mêmes propos. ♦ Remontrer, faire des remontrances. « *Vous qui prêchez si bien les autres* », Mme de Sévigné. ♦ ▷ **Absol.** *Il ne fait que prêcher*, il fait des remontrances à tout propos. ◁ ♦ **Fam.** Louer, vanter. *Il* *prêche ses exploits à tout le monde.* ♦ Se prêcher, v. pr. Se faire à soi-même un sermon, une remontrance. ♦ Être prêché. *« La parole de Dieu se prêche parmi nous »*, BOSSUET. ▪ REM. *Ne faire que prêcher malheur, que prêcher misère, que prêcher famine*, n'est plus fam. mais litt.

PRÊCHEUR, EUSE, n. m. et n. f. [pʀeʃœʀ, øz] (lat. *prædicator*, crieur public ; b. lat. ecclés., prêcheur) Personne qui prêche, prédicateur, prédicatrice. ♦ En ce sens, il ne se dit aujourd'hui que par ironie. ♦ *Prêcheurs* ou adj. *frères prêcheurs*, nom donné aux religieux de l'ordre de Saint-Dominique. ♦ **Par extens.** Celui qui enseigne, publie, réprimande (avec une nuance d'ironie). *« Poisson, mon bel ami, qui faites le prêcheur, Vous irez dans la poêle »*, LA FONTAINE. *« Ce grand prêcheur de vertu n'était qu'un monstre chargé de crimes cachés »*, J.-J. ROUSSEAU. *« Un prêcheur éternel*, un faiseur de remontrances. ♦ **N. f.** *Prêcheuse*, celle qui fait les remontrances. ♦ Adj. *« À son visage, j'augure qu'elle sera grave et prêcheuse »*, J.-J. ROUSSEAU.

PRÊCHI-PRÊCHA ou **PRÊCHIPRÊCHA**, ▪ n. m. [pʀeʃipʀeʃa] (redoubl. expressif de *prêcher*) **Fam.** Discours pontifiant et moralisateur. *Des prêchiprêcha, des prêchiprêchas.*

PRÉCIEUSE, n. f. [pʀesjøz] (*précieux*) Anciennement en un sens favorable, femme qui se livrait aux plaisirs du bel esprit, et qui joignait la délicatesse du langage à la délicatesse des sentiments et des manières. *« Les véritables précieuses auraient tort de se piquer lorsqu'on joue les ridicules qui les imitent mal »*, MOLIÈRE. ♦ Aujourd'hui en un sens défavorable, femme affectée en ses manières, en son langage.

PRÉCIEUSEMENT, adv. [pʀesjøz(ə)mɑ̃] (*précieux*) Comme chose de prix. *Conserver précieusement un objet.* ♦ **Peint.** *Un tableau précieusement exécuté*, un tableau exécuté avec le plus grand soin. ♦ Avec le caractère de la préciosité.

PRÉCIEUX, EUSE, adj. [pʀesjø, øz] (lat. *pretiosus*, de *pretium*, valeur, prix) Qui est de grand prix. *Un meuble précieux.* ♦ *Pierres précieuses*, les diamants, les rubis, les émeraudes, les saphirs, les topazes, etc. ▪ REM. Contrairement à la définition contemporaine, Littré classait les topazes parmi les pierres précieuses. ♦ **Fig.** Qui est d'un grand prix moralement. *Une vie précieuse.* ♦ On dit *précieux à* et *précieux pour. C'est un avantage précieux pour moi ; un avantage qui m'est précieux.* ♦ Pour exprimer la qualité qui rend précieux, on dit par *de* ou pour : *Cet animal est précieux pour ou par sa frugalité.* ♦ *Les moments sont précieux*, il n'y a pas de temps à perdre. ♦ **Fig.** Cher, dont on fait un cas particulier. *« Le mérite pourtant m'est toujours précieux »*, BOILEAU. ♦ Il se dit par respect, en parlant du corps et du sang de Jésus-Christ et des reliques des saints. ♦ Il se dit, en fait d'ouvrages d'art, de ce qui porte la marque d'un soin curieux. *Un ouvrage d'un fini, d'un travail précieux.* ♦ En parlant des personnes, qui pousse la délicatesse à l'excès. *« Pour les filles, il ne faut pas qu'elles soient savantes, la curiosité les rend vaines et précieuses »*, FÉNELON. ♦ **N. m.** et n. f. *Un précieux.* ♦ Il se dit aussi des choses. *« L'air précieux n'a pas seulement infecté Paris, il s'est aussi répandu dans les provinces »*, MOLIÈRE. ♦ **N. m.** *Le précieux*, espèce de ridicule, qui consiste dans des manières et un langage affectés. ▪ N. f. Voy. PRÉCIEUSE. ▪ Adj. **Litt.** Qui est délicat et possède un style un peu affecté. *Vocabulaire, langage précieux.* ▪ Qui se rapporte à la préciosité, aux précieuses du XVIIᵉ siècle. *Salons précieux. Littérature précieuse.*

PRÉCIOSITÉ, n. f. [pʀesjozite] (lat. impér. *pretiositas*, grande valeur, prix élevé) Affectation dans les manières et le langage. ▪ Ensemble des traits qui appartiennent aux Précieuses et au mouvement précieux du XVIIᵉ siècle. *Le baroque et la préciosité. Le vocabulaire de la préciosité.*

PRÉCIPICE, n. m. [pʀesipis] (lat. *præcipitium*, chute d'un lieu élevé, abîme, de *præceps*, génit. *precipitis*, la tête en avant) Espace très profond et à bords escarpés. ♦ **Fig.** Grand malheur, disgrâce, danger. *« Nous courons sans souci dans le précipice, après que nous avons mis quelque chose devant nous pour nous empêcher de le voir »*, PASCAL. *« Cette haute élévation est un précipice affreux pour les chrétiens »*, BOSSUET.

PRÉCIPITAMMENT, adv. [pʀesipitamɑ̃] (moy. fr. *précipitant*, hâtif, impatient) Avec précipitation, à la hâte.

PRÉCIPITANT, n. m. [pʀesipitɑ̃] (*précipiter*) **Chim.** Ce qui opère la précipitation.

PRÉCIPITATION, n. f. [pʀesipitasjɔ̃] (lat. *præcipitatio*, chute) Extrême vitesse, grande hâte. *Fuir, écrire avec précipitation.* ♦ **Fig.** Vivacité dans les résolutions, dans les actions, qui pèche par excès. *« Les fautes qu'il avait faites par précipitation »*, FÉNELON. ♦ **Chim.** Phénomène qui a lieu quand un corps se sépare d'un liquide où il était dissous, et se dépose sous la forme de poudre, de flocons ou d'un autre corps. ♦ **Au pl.** Eau qui tombe de l'atmosphère sous forme liquide ou solide. *Les types de précipitations les plus communs sont la pluie, la neige, la grêle, le grésil et la bruine.* ▪ **Prov.** *Il ne faut pas confondre vitesse et précipitation*, il ne faut pas bâcler ce que l'on fait pour aller plus vite.

PRÉCIPITÉ, ÉE, p. p. de précipiter. [pʀesipite] Escarpé. *« Des ravines précipitées »*, BUFFON. ♦ Qui se fait précipitamment. *« Sa mort si précipitée et si effroyable pour nous »*, BOSSUET. ♦ Qui a une grande vitesse. *« Ruisseau, nous paraissons avoir un même sort : D'un cours précipité nous allons l'un et l'autre, Vous à la mer, nous à la mort »*, DESHOULIÈRES. ♦ Qui a de la précipitation, qui agit à la légère. *« Gens légers et précipités »*, LA BRUYÈRE. ♦ Il se dit aussi des choses. *« Cette humeur curieuse et précipitée fait que ce qu'on ne voit pas, on le devine »*, BOSSUET. ♦ **Chim.** Qui tombe au fond d'une dissolution. ♦ **N. m.** Matière dissoute qui a abandonné son dissolvant et est tombée au fond du vase.

PRÉCIPITER, v. tr. [pʀesipite] (lat. *præcipitare*, de *præceps*, génit. *præcipitis*, la tête en avant) Jeter en un lieu élevé dans un lieu fort bas, dans un lieu profond. *Précipiter dans l'abîme.* ♦ **Fig.** *« Je sais... Que du trône... Britannicus par moi s'est vu précipiter »*, RACINE. ♦ *Précipiter dans le tombeau*, causer la mort. ♦ **Fig.** Pousser violemment dans quelque sentiment. ♦ Faire tomber dans un grand malheur, dans un grand danger. *« Leur propre folie les a précipités dans la mort »*, SACI. ♦ Lancer avec la vitesse d'une chute dans un précipice. *« À travers les rochers, la peur les [des chevaux] précipite »*, RACINE. ♦ Hâter, accélérer. *« Valens précipite le combat »*, BOSSUET. *« Les plaisirs abrègent leurs jours, et les chagrins qui suivent toujours les plaisirs précipitent le reste de leurs années »*, MASSILLON. ♦ *Précipiter sa marche, ses pas*, aller très vite. ♦ *Précipiter le pas de quelqu'un*, le faire aller plus vite. ♦ Apporter de la précipitation. *« Précipiter les affaires, c'est le propre de la faiblesse »*, BOSSUET. ♦ *Précipiter les choses*, les pousser à toute extrémité. ♦ **Chim.** Séparer de son dissolvant une matière dissoute, et la faire tomber au fond du vase. ♦ Neutralement. *« La liqueur a précipité abondamment avec l'eau de chaux »*, BERTHOLLET. ♦ Se précipiter, v. pr. Se jeter de haut en bas. *Se précipiter dans la mer.* ♦ **Fig.** *« En précipitant trop les choses, on se précipite avec elles »*, BEAUMARCHAIS. ♦ Aller avec une grande vitesse. *« L'Égypte jusqu'au Delta est resserrée par deux chaînes de rochers, entre lesquels le Nil se précipite »*, VOLTAIRE. ♦ *Se précipiter sur quelqu'un*, s'élancer sur lui. ♦ *Ils se sont précipités dans les bras l'un de l'autre*, ils se sont embrassés avec empressement. ♦ On dit de même : *Se précipiter au cou de quelqu'un.* ♦ *Se précipiter aux pieds de quelqu'un*, se mettre avec vivacité à genoux devant lui. ♦ *Le peuple, la foule se précipitait au-devant de lui*, se portait à sa rencontre avec empressement. ♦ **Fig.** S'écouler rapidement, se perdre. *« Ses jours se précipitèrent trop vite »*, BOSSUET. ♦ **Fig.** Se jeter dans un mal comparé à un précipice. *« Se précipiter dans le désespoir »*, PASCAL. *« À peine ont-ils épuisé le présent, qu'ils se précipitent dans l'avenir »*, MONTESQUIEU. ♦ On dit aussi se précipiter à. *« Et lui-même à la mort il s'est précipité »*, RACINE. ♦ Se hâter, mettre trop de hâte. *Ne vous précipitez pas.* ♦ **Chim.** Tomber sous forme de précipité.

PRÉCIPUT, n. m. [pʀesipy(t)] (lat. impér. *præcipuum*, de *præcipere*, prendre avant) **Dr.** Avantage que le testateur ou la loi donne à un des cohéritiers. ♦ *Préciput conventionnel*, avantage que le contrat de mariage a stipulé en faveur du survivant. ♦ **Au pl.** *Des préciputs.*

PRÉCIPUTAIRE, ▪ adj. [pʀesipytɛʀ] (*préciput*) Relatif au préciput. *Donation, dividende préciputaire.*

1 PRÉCIS, n. m. [pʀesi] (substantivation de 2 *précis*) Sommaire de ce qu'il y a de principal dans une affaire, dans un livre. *Le précis d'une affaire. Précis d'histoire*, livre abrégé d'histoire.

2 PRÉCIS, ISE, adj. [pʀesi, iz] (lat. *præcisus*, p. p. de *præcidere*, trancher, abrégé) Exactement circonscrit, dont on a retranché tout ce qui est superflu. *Des ordres précis. Des idées précises.* ♦ *Prendre des mesures précises*, prendre des mesures justes et allant au but. ♦ *Dire quelque chose de précis*, dire quelque chose de formel. ♦ Qui ne dit rien de trop, où il n'y a rien de superflu, en parlant du discours et du style. ♦ Il se dit aussi des personnes. *Auteur précis. Homme précis*, celui qui met de la précision dans son langage, dans ses écrits. ♦ **N. m.** *Le précis*, ce qui est précis. ♦ Fixe, déterminé, arrêté. *Un temps, un jour précis.*

PRÉCISÉ, ÉE, p. p. de préciser. [pʀesize]

PRÉCISÉMENT, adv. [pʀesizemɑ̃] (2 *précis*) Avec précision, exactement, au juste. *Nous partirons à midi précisément.* *« Il n'y a presque personne qui ne pense plutôt à ce qu'il veut dire qu'à répondre précisément à ce qu'on lui dit »*, LA ROCHEFOUCAULD. *« Vouloir et agir, c'est précisément la même chose qu'être libre »*, VOLTAIRE. ♦ **Ellipt.** *Précisément, oui, c'est cela.*

PRÉCISER, v. tr. [pʀesize] (2 *précis*) Déterminer, présenter d'une manière précise. *Préciser les faits, les époques, les dates, etc.* ♦ **Absol.** *Précisez.* ▪ Se préciser, v. pr. Devenir plus clair, plus net, plus concret. *Le projet se précise.*

PRÉCISION, n. f. [pʀesizjɔ̃] (lat. *præcisio*, coupure) Exactitude rigoureuse dans les calculs et les sciences. *La précision de l'astronomie, des dates, etc.* ♦ Exactitude, régularité dans l'exécution. *La précision des mouvements avec précision.* ♦ Se dit, en fait de dessin, de la correction et de l'exactitude des proportions, d'une touche ferme et de contours arrêtés. ♦ Brièveté, avec justesse, dans le discours, dans le style. ♦ **Au pl.** *Détails précis, faits précis.*

« *Un homme qui parlait avec netteté et avec force, et qui poussait les difficultés aux dernières précisions* », Bossuet.

PRÉCISIONNISME, ■ n. m. [presizjɔnism] (*précision*) Tendance de la peinture figurative américaine se caractérisant par un style schématique. *Le précisionnisme a notamment été représenté par Charles Sheeler, Charles Demuth et Georgia O'Keeffe.*

PRÉCITÉ, ÉE, adj. [presite] (1 *pré-* et *cité*) Cité précédemment.

PRÉCLASSIQUE, ■ adj. [preklasik] (1 *pré-* et *classique*) Qui précède la période classique. *Le français préclassique. Art, langage préclassique.*

PRÉCOCE, adj. [prekɔs] (lat. *præcox* de *præcoquere*, hâter la maturité) Mûr avant la saison. *Des fruits précoces.* « *Mauvaise herbe est précoce et croît avant le temps* », Delavigne. ♦ Qui produit avant le temps. *Cerisier précoce.* ♦ Qui pousse de bonne heure. ♦ **Fig.** Il se dit des facultés qui se développent plus tôt que d'ordinaire. *Des talents précoces.* ♦ Il se dit aussi des personnes. *Enfant précoce*, enfant plus avancé au physique et au moral que d'ordinaire on ne l'est à son âge. ♦ On dit de même : *Un esprit précoce, etc.* ♦ **Fig.** Prématuré, qui arrive de bonne heure ou avant le temps. *Un automne précoce.* « *Un grand nom est un poids aussi redoutable qu'une célébrité précoce* », d'Alembert.

PRÉCOCEMENT, adv. [prekɔs(ə)mɑ̃] (*précoce*) D'une manière précoce.

PRÉCOCITÉ, n. f. [prekosite] (*précoce*) Qualité de ce qui est précoce. *La précocité des fruits.* ♦ **Fig.** *La précocité de l'esprit.*

PRÉCOLOMBIEN, IENNE, ■ adj. [prekɔlɔ̃bjɛ̃, jɛn] (1 *pré-* et *Colomb*) Relatif à l'Amérique du Sud, sa culture ou sa civilisation avant qu'elle ne soit découverte par Christophe Colomb. *Art précolombien.*

PRÉCOMBUSTION, ■ n. f. [prekɔ̃bystjɔ̃] (1 *pré-* et *combustion*) **Techn.** Phase qui dans le fonctionnement d'un moteur diesel précède la combustion du mélange. *Moteurs à précombustion. Chambre de précombustion.*

PRÉCOMPTÉ, ÉE, ■ p. p. de précompter. [prekɔ̃te]

PRÉCOMPTER, v. tr. [prekɔ̃te] (1 *pré-*et *compter*) Compter par avance les sommes à déduire.

PRÉCONÇU, UE, adj. [prekɔ̃sy] (1 *pré-* et *conçu*) Qui a été conçu, imaginé, pensé d'avance. *Opinion préconçue.*

PRÉCONISATION, n. f. [prekɔnizasjɔ̃] (*préconiser*) Action par laquelle un cardinal ou le pape déclare en plein consistoire qu'un tel, nommé par son souverain à tel évêché ou à tel bénéfice, a les qualités requises. ♦ Action de préconiser quelque chose. *La préconisation des solutions, des mesures préventives.*

PRÉCONISÉ, ÉE, ■ p. p. de préconiser. [prekonize]

PRÉCONISER, v. tr. [prekonize] (b. lat. *præconizare*, proclamer, du lat. *præco*, génit. *præconis*, crieur public) Déclarer en plein consistoire qu'un sujet nommé à un évêché ou à un bénéfice a les qualités requises. ♦ Louer excessivement. ♦ Se préconiser, v. pr. Se vanter beaucoup. ■ V. tr. Recommander, conseiller vivement. *Préconiser une méthode.*

PRÉCONISEUR, n. m. [prekonizœr] (*préconiser*) ▷ Louangeur outré. ◁

PRÉCONSCIENT, ■ n. m. [prekɔ̃sjɑ̃] (1 *pré-* et *conscient*) **Psych.** Ensemble des éléments qui ne sont pas saisis par la conscience, mais restent susceptible de l'être. *Le préconscient se situe entre le conscient et l'inconscient.*

PRÉCONTRAINT, AINTE, ■ adj. [prekɔ̃trɛ̃, ɛ̃t] (1 *pré-* et *contraint*) Qui a subi une précontrainte. *Ciment, béton précontraint.*

PRÉCONTRAINTE, ■ n. f. [prekɔ̃trɛ̃t] (1 *pré-* et *contrainte*) **Techn.** Compression du béton à l'aide de câbles afin d'augmenter sa résistance à la traction. *La précontrainte a été inventée en 1928 par Eugène Freyssinet.*

PRÉCORDIAL, ALE, adj. [prekɔrdjal] (lat. *præcordia*, diaphragme, de *præ*, devant, et *cor*, génit. *cordis*, cœur) **Anat.** Qui a rapport à l'épigastre. *La région précordiale.* ♦ Il se dit aussi quelquefois de ce qui est au-devant du cœur. ■ *Avoir des troubles précordiaux. Des douleurs précordiales.*

PRÉCORDIALGIE, ■ n. f. [prekɔrdjalʒi] (lat. *præcordia*, diaphragme, et -*algie*) **Méd.** Douleur dans la région thoracique. *La précordialgie est parfois appelée fausse angine de poitrine.*

PRÉCUIRE, ■ v. tr. [prekɥir] (1 *pré-* et *cuire*) Soumettre à une cuisson préalable. *Précuire du riz.*

PRÉCUISSON, ■ n. f. [prekɥisɔ̃] (1 *pré-* et *cuisson*) Cuisson inachevée d'un aliment avant son conditionnement. *Précuisson de la pâte à tarte.*

PRÉCUIT, ITE, ■ adj. [prekɥi, it] (p. p. de *précuire*) Se dit des aliments qui ont subi une précuisson. *Des courgettes précuites. Pain précuit.*

PRÉCURSEUR, n. m. [prekyrsœr] (lat. *præcursor*, éclaireur, émissaire, de *præcursum*, supin de *præcurrere*, courir devant, précéder) Celui qui vient avant quelqu'un pour en annoncer la venue. « *À la quinzième année de Tibère, saint Jean-Baptiste paraît ; Jésus-Christ se fait baptiser par ce divin précurseur* », Bossuet. ♦ **Fam.** Homme qui en précède un autre et l'annonce. « *Je crois que je serai votre précurseur dans l'autre monde, si cela continue* », d'Alembert. ♦ **Par extens.** Homme célèbre qui a immédiatement précédé ou un autre plus grand que lui, ou quelque conception éminente. *Le chancelier Bacon fut le précurseur de la nouvelle philosophie.* ♦ **Fig.** Certaines choses qui en précèdent ordinairement d'autres. « *L'impétueux autan, précurseur du naufrage* », Delille. ♦ Adj. m. **Méd.** *Les signes précurseurs*, ceux qui annoncent une maladie prochaine. ■ **Par extens.** *Les signes précurseurs de*, les signes avant-coureurs de.

PRÉDATEUR, TRICE, ■ n. m. et n. f. [predatœr, tris] (lat. *prædator*, pillard, voleur, de *prædari*, faire du butin, piller, voler ; proie) Animal qui se nourrit de proies vivantes. *L'aigle, le renard, la belette sont des prédateurs.* ■ **Fig.** Personne ou entité qui impose brutalement sa domination à plus faible qu'elle. *Le domaine des médias compte quelques grands prédateurs.* ■ Adj. *Un comportement prédateur.*

PRÉDATION, ■ n. f. [predasjɔ̃] (lat. *prædatio*, pillage, de *prædari*, faire du butin) Façon de se nourrir des animaux prédateurs. *La prédation inclut les carnivores, les herbivores et les parasites.*

PRÉDÉCÉDÉ, ÉE, p. p. de prédécéder. [predesede] N. m. et n. f. *Le prédécédé n'a pas laissé de fortune.*

PRÉDÉCÉDER, v. intr. [predesede] (1 *pré-* et *décéder*) **Dr.** Mourir avant un autre.

PRÉDÉCÈS, n. m. [predesɛ] (1 *pré-* et *décès*) **Dr.** Mort de quelqu'un avant celle d'un autre.

PRÉDÉCESSEUR, n. m. [predesesœr] (b. lat. *prædecessor*, de *præ*, devant, et lat. *decessor*, magistrat qui sort de charge, de *decedere*, s'en aller) Celui qui a précédé quelqu'un dans un emploi, dans une dignité. ♦ Au pl. Ceux qui ont vécu avant nous. *Nos prédécesseurs nous ont laissé cet exemple à imiter.* ♦ **Par extens.** « *Est-ce-là les prédécesseurs que se donne la réforme ?* », Bossuet.

PRÉDÉCOUPÉ, ÉE, ■ adj. [predekupe] (1 *pré-* et *découpé*) Découpé au préalable. *Étiquettes prédécoupées. Une tarte aux poires prédécoupée.* ■ Facile à détacher. *Film alimentaire prédécoupé. Rouleau prédécoupé.*

PRÉDÉLINQUANT, ANTE, ■ n. m. et n. f. [predelɛ̃kɑ̃, ɑ̃t] (1 *pré-* et *délinquant*) Mineur susceptible de tomber dans la délinquance en raison du manque de morale et de civisme du milieu dans lequel il évolue. *La police a arrêté un groupe de prédélinquants.* ■ Adj. *Personnalité prédélinquante. Des élèves prédélinquants.*

PRÉDESTINATION, n. f. [predɛstinasjɔ̃] (lat. chrét. *prædestinatio*, s. Jérôme, IVᵉ s.) **Théol.** Dessein que Dieu a formé de toute éternité de conduire par sa grâce certains hommes au salut éternel. ♦ En général, ordre qui regarde l'avenir et qui en règle les événements d'une façon nécessaire.

PRÉDESTINÉ, ÉE, p. p. de prédestiner. [predɛstine] ▷ N. m. et n. f. *Un prédestiné.* ◁ ♦ ▷ **Fam.** *Avoir un visage de prédestiné, une face de prédestiné,* avoir le visage plein et vermeil. ◁ ♦ Réservé par le ciel à certaines choses inévitables. « *Les noms prédestinés des rois que tu chéris* », Racine.

PRÉDESTINER, v. tr. [predɛstine] (lat. chrét. *prædestinare*) Destiner de toute éternité au salut. ♦ Il se dit aussi, chez les calvinistes, de ceux que Dieu destine à la damnation. ♦ Destiner de toute éternité à de grandes choses, en parlant du choix de Dieu. *Dieu avait prédestiné Moïse pour être le conducteur de son peuple.* « *Dieu qui l'avait prédestiné à être un exemple de justice* », Bossuet. ♦ **Par extens.** Réserver à quelque chose d'extraordinaire qui ne peut manquer d'arriver. *Son étoile le prédestinait à se noyer.*

PRÉDÉTERMINANT, ANTE, adj. [predetɛrminɑ̃, ɑ̃t] (p. prés. de prédéterminer) **Théol.** Qui prédétermine. *Décret prédéterminant.* ♦ N. m. *Les prédéterminants,* partisans de la prédétermination physique. ■ Déterminant grammatical du substantif d'un groupe nominal, que ce dernier soit constitué d'un adjectif suivi d'un substantif ou d'un substantif précédé d'un adjectif. *Les articles définis et indéfinis sont des prédéterminants.*

PRÉDÉTERMINATION, n. f. [predetɛrminasjɔ̃] (*prédéterminer*) Action par laquelle Dieu meut et détermine la volonté humaine. ♦ *Prédétermination physique,* doctrine qui enseigne que Dieu détermine toutes les actions des créatures spirituelles et libres, par une impulsion physique qui précède toute détermination de la cause seconde ou créature.

PRÉDÉTERMINÉ, ÉE, p. p. de prédéterminer. [predetɛrmine]

PRÉDÉTERMINER, v. tr. [predetɛrmine] (lat. ecclés. *prædeterminare*, fixer d'avance, de *præ*, avant, et lat. *determinare*, marquer des limites) **Théol.** En parlant de Dieu, déterminer la volonté humaine. ■ Déterminer à l'avance.

PRÉDÉTERMINISME, ■ n. m. [predetɛrminism] (all. *Praedeterminism*, Kant, 1793) Doctrine selon laquelle tout ce qui arrive à l'homme a été prévu par Dieu. *Le prédéterminisme est opposé au libre-arbitre. Le prédéterminisme territorial, social.*

PRÉDICABLE, adj. [pʀedikabl] (lat. *prædicabilis*, qui mérite d'être publié) **Log.** Qui peut être dit d'un sujet. *Le terme vivant est prédicable de la plante comme de l'animal.* ♦ **N. m.** Qualité qui fait ranger un objet dans telle ou telle catégorie.

PRÉDICAMENT, n. m. [pʀedikamɑ̃] (lat. *prædicamentum*, action d'énoncer, catégorie, saint Augustin, IVᵉ s.) **Log.** Attribut. *Dans la proposition :* Dieu est saint, *Dieu est le sujet, et* saint *le prédicament.* ♦ Syn. de catégorie. *L'être est le premier de tous les prédicaments.* ♦ **Fam.** *Être en bon, en mauvais prédicament*, être en bonne, en mauvaise réputation.

PRÉDICANT, n. m. [pʀedikɑ̃] (lat. *prædicans*, p. prés. de *prædicare* ; prêcher) Par dénigrement, ministre protestant.

PRÉDICAT, n. m. [pʀedika] (b. lat. *prædicatum*, attribut, p. p. du lat. *prædicare*) **Log.** Attribut ; ce qui peut être dit de plusieurs choses. ♦ **Gramm.** Attribut d'une proposition, d'un jugement.

PRÉDICATEUR, TRICE, n. m. et n. f. [pʀedikatœʀ, tʀis] (b. lat. ecclés. *prædicator* ; prêcheur) Personne qui prêche, qui annonce en chaire la parole de Dieu. ♦ **Par extens.** Personne qui prêche, répand une doctrine quelconque. *Un prédicateur de la foi. Un prédicateur d'athéisme.*

PRÉDICATIF, IVE, ■ adj. [pʀedikatif, iv] (*prédicat*) **Ling.** Relatif à un prédicat. *Dans les phrases à verbe support, ce n'est pas le verbe qui remplit la fonction de prédicat de la phrase, mais un nom prédicatif (*Luc monte une attaque contre le fort*), un adjectif prédicatif (*Luc est fidèle à ses idées*), etc.*

PRÉDICATION, n. f. [pʀedikasjɔ̃] (lat. *prædicatio*, action de crier en public, publication, apologie ; lat. ecclés., annonce de l'Évangile) Action de prêcher (au sens actif). « *En deux prédications de saint Pierre huit mille Juifs se convertissent* », BOSSUET. ♦ Au sens passif. *La prédication de l'Évangile, de la pénitence, etc.* ♦ Sermon. « *Parce que vous ne manquez pas peut-être une prédication, vous vous faites de cette assiduité un prétendu mérite* », BOURDALOUE.

PRÉDICTIBILITÉ, ■ n. f. [pʀediktibilite] (*prédictible*) Propriété de ce qui est prédictible. *Prédictibilité d'un événement, d'un accident, d'un résultat.*

PRÉDICTIBLE, ■ adj. [pʀediktibl] (radic. de *prédictif*) Qu'on peut prédire ou prévoir. *Un événement prédictible.*

PRÉDICTIF, IVE, ■ adj. [pʀediktif, iv] (angl. *predictive*, qui a le caractère d'une prédiction, du lat. *prædictum*, supin de *prædicere*, dire d'avance, prédire) Se dit de choses, d'éléments, qui peuvent être déduits à partir d'autres choses ou éléments donnés. *Récit prédictif. Analyse prédictive. Médecine prédictive.*

PRÉDICTION, n. f. [pʀediksjɔ̃] (lat. *prædictio*) Action de prédire (au sens actif). *Les prédictions de Jésus-Christ.* ♦ Au sens passif. « *Prédictions des choses particulières* », PASCAL. ♦ Chose prédite. « *Un imposteur qui avait fait une fausse prédiction* », FÉNELON. ♦ Annonce, par certaines règles, d'une chose qui doit arriver. *La prédiction des éclipses, du temps, etc.*

PRÉDIGÉRÉ, ÉE, ■ adj. [pʀediʒeʀe] et *digéré*) **Techn.** Qui a été digéré chimiquement au préalable. *Du lait prédigéré.*

PRÉDILECTION, n. f. [pʀedilɛksjɔ̃] (1 *pré-* et *dilection*) Préférence d'affection. *La prédilection pour un fils aîné. Son auteur de prédilection est Racine.* ♦ **Théol.** Se dit d'un amour de préférence en Dieu. « *Pour qui Dieu n'a pas eu la même prédilection que pour nous* », BOURDALOUE.

PRÉDIQUER, ■ v. tr. [pʀedike] (radic. de *prédicat*) **Ling.** Conférer une valeur prédicative à. « *La non-existence est prédiquée d'un sujet qui n'est pas vraiment pensé* », MARCEL.

PRÉDIRE, v. tr. [pʀediʀ] (lat. *prædicere*) Se conjugue comme *dire*, sauf à la 2ᵉ pers. du plur. du prés. de l'indicatif : *vous prédisez* ; et à la 2ᵉ pers. du plur. de l'impératif : *prédisez*. Annoncer qu'une chose qui est future adviendra. « *Ces imposteurs qui se vantent de prédire l'avenir* », BOSSUET. ♦ **Absol.** « *Point de raisons : fallut deviner et prédire* », LA FONTAINE. ♦ Dire ce qu'on prévoit devoir arriver par raisonnement ou par conjecture. *Je vous l'avais prédit.* ♦ Annoncer d'après des règles certaines qu'une chose doit arriver. *Prédire une éclipse.* ♦ Se prédire, v. pr. Être prédit. *Les éclipses se prédisent avec une exactitude complète.*

PRÉDISPOSANT, ANTE, adj. [pʀedispozɑ̃, ɑ̃t] (*prédisposer*) **Méd.** *Causes prédisposantes*, celles qui, modifiant peu à peu l'économie, la disposent à l'invasion de telle ou telle maladie. ♦ **Chim.** *Affinité prédisposante*, celle qui dispose les substances à entrer dans de nouvelles combinaisons.

PRÉDISPOSÉ, ÉE, p. p. de prédisposer. [pʀedispoze]

PRÉDISPOSER, v. tr. [pʀedispoze] (1 *pré-* et *disposer* ; *prædisponere*, disposer à l'avance, est attesté en lat. médiév.) Préparer à recevoir une impression quelconque. ♦ **Méd.** Disposer d'avance. *Prédisposer à une maladie.*

PRÉDISPOSITION, n. f. [pʀedispozisjɔ̃] (*prédisposer*) **Méd.** Disposition de l'économie à contracter certaine maladie. ♦ Il se dit aussi dans le langage général. *La prédisposition au vice.*

PRÉDIT, ITE, p. p. de prédire. [pʀedi, it]

PRÉDOMINANCE, n. f. [pʀedominɑ̃s] (*prédominant*) Action de ce qui prédomine. *La prédominance d'un vent. La prédominance du cerveau.*

PRÉDOMINANT, ANTE, adj. [pʀedominɑ̃, ɑ̃t] (*prédominer*) Qui prédomine. *Passion prédominante.* ♦ **Minér.** *Partie prédominante d'une roche*, l'un des minéraux constituants qui l'emporte sur les autres par sa quantité ou par l'influence que ses propriétés ont sur les caractères de la roche.

PRÉDOMINER, v. intr. [pʀedomine] (lat. médiév. *predominari*, du lat. *dominari*, commander, régner) Avoir le plus d'ascendant, en parlant des personnes. « *Dans les compagnies, ce ne sont pas toujours les plus vertueux et les plus sensés qui prédominent* », VOLTAIRE. ♦ Prévaloir, en parlant des choses. *L'intérêt prédomine en son âme. L'ambition prédomine sur les autres passions.*

PRÉÉLECTORAL, ALE, ■ adj. [pʀeelɛktɔʀal] (1 *pré-* et *électoral*) Qui précède des élections. *Des sondages préélectoraux.*

PRÉÉLÉMENTAIRE, ■ adj. [pʀeelemɑ̃tɛʀ] (1 *pré-* et *élémentaire*) Précédant l'école élémentaire, relatif à l'école maternelle.

PRÉEMBALLÉ, ÉE, ■ adj. [pʀeɑ̃bale] (1 *pré-* et *emballé*) Relatif à un produit, le plus souvent alimentaire, qui a été conditionné de telle sorte qu'il peut être acheté par un consommateur sans avoir été manipulé par le vendeur. *Je vais au supermarché pour acheter des andouillettes préemballées.*

PRÉÉMINENCE, n. f. [pʀeeminɑ̃s] (b. lat. *præeminentia*, de *præeminens*) Prérogative en ce qui regarde la dignité et le rang. « *Le gouvernement monarchique suppose des prééminences, des rangs* », MONTESQUIEU. ♦ **Fig.** « *La prééminence de l'esprit* », PASCAL.

PRÉÉMINENT, ENTE, adj. [pʀeeminɑ̃, ɑ̃t] (b. lat. *præeminens*, du lat. *præeminere*, être élevé au-dessus) Qui excelle, l'emporte, en parlant des choses. *Une dignité, une vertu prééminente.*

PRÉEMPTER, ■ v. tr. [pʀeɑ̃pte] (*préemption*) Devenir acquéreur d'un bien avant toute autre personne grâce au droit de préemption. *Être autorisé à préempter.*

PRÉEMPTION, n. f. [pʀeɑ̃psjɔ̃] (1 *pré-* et lat. *emptio*, achat, de *emptum*, supin de *emere*, acheter) Action d'acheter d'avance. ♦ *Droit de préemption*, droit qui consiste à pouvoir prendre ou revendiquer un objet avant toute autre personne. ♦ *Droit de préemption*, droit que la douane revendique, en certains cas, d'acheter sur-le-champ, au prix déclaré, une marchandise que l'on cherche à faire passer pour une valeur trop faible.

PRÉENCOLLÉ, ÉE, ■ adj. [pʀeɑ̃kole] (1 *pré-* et *encollé*) Se dit d'un produit dont un des côtés a été enduit préalablement de colle. *Du papier peint préencollé.*

PRÉENREGISTRÉ, ÉE, ■ adj. [pʀeɑ̃ʀəʒistʀe] (1 *pré-* et *enregistré*) Enregistré avant diffusion et diffusé en différé. *Une émission de radio préenregistrée.* ■ Qui contient un enregistrement. *Des cassettes vidéo préenregistrées.*

PRÉÉTABLI, IE, p. p. de préétablir. [pʀeetabli]

PRÉÉTABLIR, v. tr. [pʀeetabliʀ] (1 *pré-* et *établir*) **Didact.** Établir d'abord. *Vous n'avez pas préétabli la question.*

PRÉEXISTANT, ANTE, adj. [pʀeɛgzistɑ̃, ɑ̃t] (1 *pré-* et *existant*) Qui existe avant. « *Il n'y a point de germes préexistants* », BUFFON.

PRÉEXISTENCE, n. f. [pʀeɛgzistɑ̃s] (1 *pré-* et *existence*, d'après *existence*, ou b. lat. chrét. *preexistentia*) Existence antérieure.

PRÉEXISTER, v. intr. [pʀeɛgziste] (b. lat. chrét. *præexistere*) Exister avant.

PRÉFABRICATION, ■ n. f. [pʀefabʀikasjɔ̃] (1 *pré-* et *fabrication*) Système de construction procédant à l'assemblage d'éléments fabriqués au préalable. *Préfabrication des composants en béton.*

PRÉFABRIQUÉ, ÉE, ■ adj. [pʀefabʀike] (p. p. de *préfabriquer*) Fabriqué d'avance en usine, puis assemblé sur le chantier, en parlant d'un élément de construction. *Des pièces préfabriquées.* ■ Construit par l'assemblage d'éléments standardisés et rapides à monter. *Un bâtiment préfabriqué.* ■ **Fig.** Combiné à l'avance, factice. *Un geste préfabriqué.* ■ **N. m.** Construction effectuée par des éléments préfabriqués. *Vendre du préfabriqué.*

PRÉFABRIQUER, ■ v. tr. [pʀefabʀike] (1 *pré-* et *fabriquer*) Construire en utilisant le système de la préfabrication. *Préfabriquer des poutres en béton armé sur le chantier ou en atelier.* ■ **Fig.** Combiné à l'avance d'une façon un peu artificielle et factice. *Ses phrases, ses sourires sont préfabriqués.*

PRÉFACE, n. f. [pʀefas] (lat. *præfatio*, formule préliminaire, de *præfari*, dire avant, dire en commençant) Discours préliminaires mis à la tête d'un livre. ♦ ▷ **Fam.** Paroles dites pour en venir à quelque explication. *Point de préface*, au fait. ◁ ♦ Partie de la messe qui précède le canon.

PRÉFACER, ■ v. tr. [pʀefase] (*préface*) Écrire une préface dans une perspective d'introduction et de recommandation. *Préfacer un ouvrage pour un auteur.*

PRÉFACIER, IÈRE, ■ n. m. et n. f. [pʀefasje, jɛʀ] (*préface*) Auteur d'une préface. *Le préfacier d'un dictionnaire.*

PRÉFECTORAL, ALE, adj. [pʀefɛktɔʀal] (*préfet*, d'après *préfecture*) Qui appartient à une préfecture, à un préfet. *Des arrêtés préfectoraux.*

PRÉFECTURE, n. f. [pʀefɛktyʀ] (lat. *præfectura*, administration, gouvernement, de *præfectus* ; préfet) Nom de plusieurs charges dans l'empire romain. *La préfecture du prétoire, de la ville.* ◆ Grande subdivision de l'empire romain administrée par un préfet. *La préfecture des Gaules.* ◆ Division administrative dans plusieurs contrées. ◆ En France, fonction de l'administrateur appelé préfet. ◆ Bureau, hôtel du préfet. ◆ Durée des fonctions d'un préfet. ◆ L'étendue de territoire qu'administre un préfet. ◆ Ville où réside un préfet. ◆ *Conseil de préfecture*, Voy. CONSEIL. ◆ *Préfecture maritime*, chef-lieu d'un arrondissement maritime. ◆ Port où réside habituellement un préfet maritime. ◆ Hôtel qu'il habite et où se trouvent ses bureaux. ◆ Emploi de préfet maritime ou ensemble de son service. ◆ *Préfecture de police*, l'emploi du préfet de police. ◆ Hôtel où sont les bureaux du préfet de police.

PRÉFÉRABLE, adj. [pʀefeʀabl] (*préférer*) Digne d'être préféré.

PRÉFÉRABLEMENT, adv. [pʀefeʀabləmɑ̃] (*préférable*) Par préférence. ◆ Il ne se construit jamais absolument, et veut la préposition *à*.

PRÉFÉRÉ, ÉE, p. p. de préférer. [pʀefeʀe] N. m. et n. f. *Le préféré. La préférée.*

PRÉFÉRENCE, n. f. [pʀefeʀɑ̃s] (*préférer*) Acte par lequel on préfère une personne, une chose à une autre. « *On donna à l'enfant prodigue la préférence sur son aîné* », MASSILLON. ◆ DE PRÉFÉRENCE, PAR PRÉFÉRENCE, loc. adv. Par choix. « *Si l'on était réduit à ne conserver qu'un seul poète parmi tous ceux que l'Antiquité nous a laissés, il faudrait peut-être choisir Horace de préférence à tous les autres* », D'ALEMBERT. ◆ *Préférence* se dit du choix qu'on fait d'un marchand, d'un domestique, plutôt que d'un autre. *Je vous donne la préférence.* ◆ **Dr.** Avantage qu'on donne à une personne sur une autre. ◆ Au pl. Marques particulières d'affection ou d'honneur accordées à quelqu'un. *Il est l'objet de vos préférences.*

PRÉFÉRENTIEL, IELLE, ■ adj. [pʀefeʀɑ̃sjɛl] (*préférence*) Qui signale ou instaure une préférence. *Un tarif préférentiel.*

PRÉFÉRENTIELLEMENT, ■ adv. [pʀefeʀɑ̃sjɛl(ə)mɑ̃] (*préférentiel*) De façon préférentielle. « *Les relations entre le reste de la région urbaine et Paris sont assurées préférentiellement par les transports en commun* », BELLORGEY.

PRÉFÉRER, v. tr. [pʀefeʀe] (lat. *præferre*, porter en avant ou devant) Se déterminer en faveur d'une personne, d'une chose plutôt que d'une autre. « *Les amis doivent toujours être préférés aux rois* », VOLTAIRE. ◆ Absol. « *On ne préfère qu'après avoir comparé* », J.-J. ROUSSEAU. ◆ Préférer avec l'infinitif, sans préposition. *Il préfère mourir.* ◆ Préférer avec de et l'infinitif. « *J'ai préféré de payer mes dettes* », Mme DE SÉVIGNÉ. ◆ Préférer avec que et le subjonctif. *Je préfère qu'il parte.* ◆ Se préférer, v. pr. Se donner la préférence à soi-même. *L'égoïste se préfère à tout.* ◆ Il ne faut pas traiter *préférer* comme un comparatif, et dire : *Je préfère sortir que rester à la maison.* En ce cas, on remplace *préférer* par *aimer mieux.*

PRÉFET, n. m. [pʀefɛ] (lat. *præfectus*, p. p. de *præficere*, placer à la tête de) Celui qui, chez les Romains, occupait une préfecture. *Le préfet des Gaules.* ◆ *Préfet du prétoire*, le chef de la légion prétorienne. ◆ Dans l'organisation administrative actuelle de la France, le magistrat chargé de l'administration générale d'un département. ◆ *Préfet de police*, magistrat chargé de la police dans le département de la Seine. ◆ *Préfet maritime*, officier général de la marine militaire qui est investi du commandement dans un arrondissement maritime. ◆ Autrefois et encore aujourd'hui dans plusieurs collèges, le préfet des études ou simplement le préfet, surveillant de la discipline et des études. ◆ *Préfet apostolique*, ecclésiastique placé à la tête du clergé ainsi que du service religieux dans certaines colonies. ◆ *Préfet de Rome*, cardinal chargé de la police. ◆ *Préfet*, chef de certains monastères. ◆ *Préfet de police*, haut fonctionnaire chargé de la police dans certaines grandes villes de France.

PRÉFIGURATION, ■ n. f. [pʀefigyʀasjɔ̃] (lat. chrét. *præfiguratio*, figure prophétique) Ensemble des signes annonciateurs d'une personne ou d'une chose. *La préfiguration du futur musée.*

PRÉFIGURER, ■ v. tr. [pʀefigyʀe] (lat. chrét. *præfigurare*) Annoncer à l'avance, de manière plus ou moins précise, les caractéristiques d'une chose ou d'un fait futur. *Préfigurer une défaite.*

PRÉFINI, IE, p. p. de préfinir. [pʀefini]

PRÉFINIR, v. tr. [pʀefiniʀ] (lat. *præfinire*, fixer par avance) **Dr.** Fixer un terme dans lequel une chose doit être faite.

PRÉFIX, IXE, adj. [pʀefiks] (lat. *præfixus*, p. p. de *præfigere*, ficher au bout ou par-devant) Fixé d'avance, déterminé. *Au jour et au lieu préfix.* ◆ **Dr.** *Douaire préfix*, douaire consistant en une somme fixée par le contrat de mariage.

PRÉFIXAL, ALE, ■ adj. [pʀefiksal] (*préfixe*) **Ling.** Relatif aux préfixes. *La dérivation préfixale. Des éléments préfixaux.*

PRÉFIXATION, ■ n. f. [pʀefiksasjɔ̃] (*préfixer*) **Ling.** Formation de dérivés au moyen de préfixes. *Préfixation et suffixation. Préfixation avec sous-, hypo-, etc.*

PRÉFIXE, adj. [pʀefiks] (lat. *præfixus*, p. p. de *præfigere*, ficher par-devant) **Gramm.** Qui s'agglutine au-devant d'un mot pour en modifier le sens en formant un nouveau mot. *Particule préfixe.* ◆ N. m. *Pré-* dans *prédire* est un préfixe.

PRÉFIXER, v. tr. [pʀefikse] (*préfix* ou *préfixe*, selon le sens) **Dr.** Fixer par avance un terme, un délai. ◆ **Gramm.** Joindre comme préfixe. *Préfixer une particule au verbe.*

PRÉFIXION, n. f. [pʀefiksjɔ̃] (*préfix*) **Dr.** Détermination d'un temps, d'un délai.

PRÉFLORAISON, ■ n. f. [pʀeflɔʀezɔ̃] (1 *pré-* et *floraison*) **Bot.** Disposition des enveloppes dans le bouton floral. *Préfloraison imbriquée, tordue.* ■ **Bot.** Stade de l'évolution d'une plante précédant celui de l'épanouissement de la corolle et du calice. *Phases de préfloraison et de floraison.*

PRÉFOLIATION, ■ n. f. [pʀefɔljasjɔ̃] (1 *pré-* et *foliation*) **Bot.** Naissance et développement d'une feuille. *Préfoliation circinée.*

PRÉFORMAGE, ■ n. m. [pʀefɔʀmaʒ] (*préformer*) **Techn.** Opération consistant à donner une forme, non encore consolidée, à une matière, afin d'en figurer les contours finis. *Préformage de composants radiaux. Moule de préformage.*

PRÉFORMATION, ■ n. f. [pʀefɔʀmasjɔ̃] (*préformer*) Stage visant à préparer le futur candidat à une formation. *Suivre une préformation au journalisme, au rafting.*

PRÉFORME, ■ n. f. [pʀefɔʀm] (1 *pré-* et *forme*) **Opt.** Tube en verre à partir duquel on fabrique par étirage une fibre optique. *Étirage de la préforme.* ■ **Techn.** Première phase dans la fabrication de produits moulés au cours de laquelle sont superposées des couches formées mais pas encore consolidées, figurant les contours du produit fini. *Préforme de la pierre.* ■ Ensemble de pièces de tissus superposées et liées entre elles au moyen d'un fil. *La préforme d'un soutien-gorge.*

PRÉFORMER, ■ v. tr. [pʀefɔʀme] (1 *pré-* et *former*) Former d'avance dans ses traits essentiels. *Selon certains philosophes, tous les êtres humains ont été préformés par Dieu dès le commencement.* ■ Procéder à la préforme de. *Préformer des composants axiaux.*

PRÉFOURRIÈRE, ■ n. f. [pʀefuʀjɛʀ] (1 *pré-* et *fourrière*) Lieu où est déposé un véhicule provisoirement, avant qu'il ne soit emmené à la fourrière. *Les véhicules enlevés pour stationnement gênant sont conduits à la préfourrière. Le délai de garde en préfourrière est de 72 heures.*

PRÉFRONTAL, ALE, ■ adj. [pʀefʀɔ̃tal] (1 *pré-* et *frontal*) Relatif à la zone antérieure du front. *Lobes préfrontaux.*

PRÉGÉNITAL, ALE, ■ adj. [pʀeʒenital] (1 *pré-* et *génital*) **Psych.** Relatif au stade de développement psychologique infantile précédant le stade génital. *Érotisme prégénital.* ■ *Stade prégénital*, stade de développement psychologique de l'enfant, généralement de moins de 5 ans, avant l'apparition du complexe d'Œdipe et qui se caractérise par une absence de censure. ■ Au pl. *Prégénitaux, prégénitales.*

PRÉGLACIAIRE, ■ adj. [pʀeglasjɛʀ] (1 *pré-* et *glaciaire*) Qui précède la période glaciaire. *Période préglaciaire. Érosion, relief préglaciaire.*

PRÉGNANCE, ■ n. f. [pʀegnɑ̃s] (*prégnant*) État de ce qui est prégnant. *La prégnance d'une idéologie, des médias.* « *Et cette fleur, ces nourritures, ce visage rayonnaient d'une vie intense, brûlante, crevaient l'écran par leur présence et leur prégnance* », TOURNIER.

PRÉGNANT, ANTE, ■ adj. [pʀegnɑ̃, ɑ̃t] (anc. fr. *priembre*, du lat. *premere*, presser) Qui s'impose très fortement à l'esprit. *Une souffrance prégnante.* ■ **Psych.** Qui s'impose sans contrôle à la perception, en parlant d'une forme. *Structure prégnante.*

PRÉHELLÉNIQUE, ■ adj. [pʀeelenik] (1 *pré-* et *hellénique*) Relatif aux périodes antécédentes aux invasions doriennes en Grèce. *Civilisation, art préhellénique. Le monde égéen préhellénique.*

PRÉHENSEUR, ■ adj. m. [pʀeɑ̃sœʀ] (lat. *prehensum*, supin de *prehendere*, saisir) **Didact.** Se dit d'un dispositif, d'un organe servant à saisir. *L'organe préhenseur de l'éléphant est sa trompe.*

PRÉHENSILE, adj. [pʀeɑ̃sil] (dér. sav. [Buffon] de *prehensum*, supin de *prehendere*, saisir) **Zool.** Qui a la faculté de saisir, d'empoigner. « *Les guenons ont en Amérique une queue musclée et préhensile* », BUFFON. ◆ Buffon a dit ailleurs : *queue préhensible.*

PRÉHENSION, n. f. [pʀeɑ̃sjɔ̃] (b. lat. *prehensio*, saisie, arrestation) Action de prendre, de saisir un objet quelconque avec la main ou la bouche. *L'éléphant exerce la préhension avec sa trompe.*

PRÉHISTOIRE, ■ n. f. [pʁeistwaʁ] (1 *pré-* et *histoire*) Période de l'histoire qui se situe entre le début de l'existence humaine et l'apparition de l'écriture. *Des animaux de la préhistoire.* ■ Science qui analyse l'évolution du mode de vie et du comportement des hommes vivant à cette période.

PRÉHISTORIEN, IENNE, ■ n. m. et n. f. [pʁeistɔʁjɛ̃, jɛn] (*préhistoire*) Historien spécialisé dans la préhistoire. *Les recherches d'un préhistorien.*

PRÉHISTORIQUE, adj. [pʁeistɔʁik] (1 *pré-* et *historique*) Antérieur à l'histoire. *Les temps préhistoriques.*

PRÉHOMINIEN, ■ n. m. [pʁeominjɛ̃] (1 *pré-* et *hominien*) Ancêtre de l'être humain qui vivait sur Terre entre -100000 et -200000 ans av. J.-C. *Le préhominien s'est mis à se mouvoir sur ses membres inférieurs et a commencé à chasser en groupe.*

PRÉINDUSTRIEL, ELLE, ■ adj. [pʁeɛ̃dystʁijɛl] (1 *pré-* et *industriel*) Relatif à la période précédant la révolution industrielle. *L'ère préindustrielle. Niveau préindustriel.*

PRÉINSCRIPTION, ■ n. f. [pʁeɛ̃skʁipsjɔ̃] (1 *pré-* et *inscription*) Inscription temporaire effectuée avant de remplir toutes les conditions exigées pour s'inscrire définitivement. *Une préinscription dans une université.*

PRÉISLAMIQUE, ■ adj. [pʁeislamik] (1 *pré-* et *islam*) Relatif à la période précédant la naissance et le développement de l'islam. *Religion préislamique. Arabie préislamique.*

PRÉJUDICE, n. m. [pʁeʒydis] (lat. *præjudicium*, action de préjuger, préjudice) Tort, dommage. *Porter préjudice.* ◆ *Au préjudice de*, contre les intérêts de. « *Au préjudice d'Ésaü son frère aîné* », Bossuet. ◆ *Au préjudice de sa parole, de son honneur, de sa réputation, de la vérité, etc.* contre sa parole, contre son honneur, etc. ◆ *Sans préjudice de,* sans faire tort à, sans renoncer à. *Sans préjudice de mes droits.*

PRÉJUDICIABLE, adj. [pʁeʒydisjabl] (b. lat. *præjudiciabilis*) Qui préjudicie.

PRÉJUDICIAUX, adj. m. pl. [pʁeʒydisjo] (lat. *præjudicialis*, relatif à un premier jugement) Dr. *Frais préjudiciaux*, les frais de procédure qu'on est obligé de rembourser avant que d'être reçu à se pourvoir contre un jugement.

PRÉJUDICIEL, ELLE, adj. [pʁeʒydisjɛl] (lat. *præjudicialis*, préparatoire au jugement) Dr. *Question préjudicielle*, question qui doit être jugée avant la contestation principale. ◆ *Moyens préjudiciels*, moyens par lesquels on soutient cette question.

PRÉJUDICIER, v. intr. [pʁeʒydisje] (*préjudice*) Porter préjudice, faire du tort. *Cela préjudicie à mes intérêts.*

1 **PRÉJUGÉ**, n. m. [pʁeʒyʒe] (*préjuger*) Ce qui a été jugé auparavant dans un cas analogue. *Cette sentence est un préjugé pour notre cause.* ◆ Circonstance, apparence qui fait supposer ce qu'on doit craindre ou espérer. « *L'inutilité de la vie de quelques-uns ne doit se prendre un préjugé contre la régularité et l'utilité de la conduite des autres* », Fléchier. ◆ Opinion, croyance qu'on s'est faite sans examen. *Faux préjugé. C'est un homme à préjugés.*

2 **PRÉJUGÉ, ÉE**, p. p. de préjuger. [pʁeʒyʒe] *Question préjugée.*

PRÉJUGER, v. tr. [pʁeʒyʒe] (lat. *præjudicare*, juger en premier ressort, d'après *juger*) Rendre un jugement interlocutoire, qui tire à conséquence pour une question qu'on doit juger postérieurement. *Sans préjuger le fond.* ◆ Juger, décider, avant d'avoir pris connaissance de la chose dont il s'agit. *Préjuger une question.* ◆ Prévoir par conjecture. ■ *Préjuger de*, porter un jugement prématuré sur. *Il ne faut pas préjuger de la qualité de vos forces.*

PRÉLASSER (SE), v. pr. [pʁelase] (lat. *prélat*, avec infl. ironique de *lasser*) ▷ **Fam.** Affecter un air de dignité, de gravité fastueuse. ◁ ■ Se reposer en prenant ses aises.

PRÉLAT, n. m. [pʁela] (b. lat. *prælatus*, p. p. de *præferre*, porter en avant ; b. lat., noble ; lat. médiév., évêque) Titre particulier des principaux supérieurs ecclésiastiques, tels que les évêques et les abbés crossés et mitrés. ◆ À Rome, ecclésiastique de la cour du pape, qui a droit de porter le violet. Chez les protestants, ne se dit qu'en Angleterre, en Suède et en Danemark.

PRÉLATIN, INE, ■ adj. [pʁelatɛ̃, in] (1 *pré-* et *latin*) Qui précède la civilisation et la langue latines. *La toponymie prélatine de la France.*

PRÉLATION, n. f. [pʁelasjɔ̃] (b. lat. *prælatio*, action de préférer ; lat. médiév., droit de préférence, de *prelatum*, supin de *præferre*, porter en avant) *Prélation* ou *droit de prélation*, droit par lequel les enfants sont maintenus, par préférence, dans les charges que leurs pères ont possédées. ◆ Bail emphytéotique, droit qu'avait le bailleur d'être préféré à tout autre dans l'acquisition des constructions et améliorations que le preneur voulait aliéner.

PRÉLATURE, n. f. [pʁelatyʁ] (lat. médiév. *prælatura*,) Dignité de prélat. ◆ L'ensemble des prélats qui à la cour de Rome portent l'habit violet.

PRÉLAVAGE, ■ n. m. [pʁelavaʒ] (1 *pré-* et *lavage*) Premier lavage équivalant à un trempage effectué avant le lavage proprement dit. *Le prélavage d'un lave-vaisselle.*

PRÊLE ou **PRÈLE**, n. f. [pʁɛl] (anc. fr. *asprele*, lat. vulg. *asperella*) Plante cryptogame, type de la famille des équisétacées ; elle sert à plusieurs ouvriers pour polir leurs ouvrages.

PRÉLEGS, n. m. [pʁelɛ] (1 *pré-* et *legs*) Legs particulier à prendre sur la masse avant le partage.

PRÉLÉGUÉ, ÉE, p. p. de préléguer. [pʁelege]

PRÉLÉGUER, v. tr. [pʁelege] (1 *pré-* et *léguer*) Faire des legs payables avant le partage d'une succession.

PRÉLEVÉ, ÉE, p. p. de prélever. [pʁel(ə)ve]

PRÉLÈVEMENT, n. m. [pʁelɛv(ə)mɑ̃] (*prélever*) Action de prélever. *Le prélèvement d'une somme sur les bénéfices.* ■ *Prélèvements obligatoires*, impôts et cotisations sociales. ■ *Prélèvement sanguin*, prise de sang dans le but d'en analyser la composition. *Faire un prélèvement sanguin pour dépister le VIH, contrôler le dopage, la consommation de stupéfiants, etc.*

PRÉLEVER, v. tr. [pʁel(ə)ve] (1 *pré-* et *lever*) Lever préalablement une certaine portion sur le total. *Prélever une somme sur la succession.* ◆ Fig. « *La pitié préleva la part de l'indigent* », Delille. ◆ Se prélever, v. pr. Être prélevé. ■ V. tr. *Prélever du sang*, faire une prise de sang.

PRÉLIMINAIRE, adj. [pʁeliminɛʁ] (1 *pré-* et *liminaire*) Qui précède l'objet principal, et qui sert à l'éclaircir. *Les connaissances préliminaires à l'étude de la physique sont les mathématiques. Notions préliminaires.* ◆ *Articles préliminaires dans un traité, dans un contrat*, certaines conditions qu'on règle et dont on convient d'abord pour faciliter la conclusion. ◆ N. m. Ce qui précède l'objet principal. ◆ Commencement d'arrangement. *Les préliminaires de la paix.* ◆ *Le préliminaire de conciliation*, l'essai de conciliation que la loi prescrit de faire devant le juge de paix avant de commencer un procès. ◆ **Fam.** Préambule. ■ N. m. pl. Dans le domaine sexuel, ensemble des attouchements qui précèdent le coït. *Les préliminaires participent à la stimulation du désir.*

PRÉLIMINAIREMENT, adv. [pʁeliminɛʁ(ə)mɑ̃] (*préliminaire*) Avant d'entrer en matière.

PRÉLIRE, v. tr. [pʁeliʁ] (1 *pré-* et *lire*) Typogr. Lire la première épreuve avant de l'envoyer à l'auteur.

PRÉLOGIQUE, ■ adj. [pʁeloʒik] (1 *pré-* et *logique*) Intuitif. *La pensée prélogique.*

PRÉLU, UE, p. p. de prélire. [pʁely]

PRÉLUDE, n. m. [pʁelyd] (*prélude*) Mus. Ce qu'on chante pour se mettre dans le ton, pour essayer la portée de sa voix. ◆ Ce qu'on joue sur un instrument pour se préparer la main. ◆ Sorte d'improvisation dans le goût des préludes. ◆ Pièce d'introduction qui précède les figures. *Un prélude de Bach.* ◆ Fig. Ce qui précède une chose, ce qui la prépare. « *À l'heure de la mort s'élèveront des frayeurs mortelles et des grincements de dents, préludes de ceux de l'enfer* », Bossuet.

PRÉLUDER, v. intr. [pʁelyde] (lat. *præludere*) Essayer sa voix par une suite de tons différents avant de chanter. ◆ Jouer d'un instrument pour se préparer la main. ◆ Improviser sur un instrument dans le goût des préludes. ◆ Fig. S'essayer dans la poésie, dans les lettres. ◆ Fig. Faire une chose pour en venir à une autre plus importante. *Préluder à des victoires.* ◆ Absol. « *De la façon dont ce drôle-là prélude, il ne promet rien de bon* », Marivaux.

PRÉMATURÉ, ÉE, adj. [pʁematyʁe] (lat. *præmaturus*, de *præ*, avant, et *maturus*, mûr) Qui mûrit avant le temps. *Fruit prématuré.* ◆ Fig. En général, qui vient avant le temps. « *Ces éducations prématurées* », Voltaire. ◆ *Mort prématurée*, mort qui vient avant le temps ordinaire. ◆ *Vieillesse prématurée*, vieillesse qui devance l'époque où l'homme devient vieux naturellement. ◆ Il se dit aussi des personnes. « *Ce prince réellement prématuré* », Marmontel. ◆ Fig. Se dit des choses qu'il n'est pas encore temps d'entreprendre. *Entreprise prématurée.* ■ N. m. et n. f. Bébé né avant le terme. *Elle a accouché d'un prématuré.* ■ Abrév. **Préma.**

PRÉMATURÉMENT, adv. [pʁematyʁemɑ̃] (*prématuré*) Avant le temps convenable.

PRÉMATURITÉ, n. f. [pʁematyʁite] (*prématuré*) Maturité avant le temps ordinaire. *La prématurité des fruits.* ◆ Fig. Prématurité d'esprit, d'une affaire, etc. ■ État d'un nouveau-né prématuré. *La prématurité peut entraîner de graves séquelles chez le nouveau-né et provoquer son décès.*

PRÉMÉDITATION, n. f. [pʁemeditasjɔ̃] (lat. *præmeditatio*, prévision) Action de préméditer. *Agir avec préméditation.* ◆ Dr. Dessein réfléchi qui a précédé l'exécution d'un crime. *Tout meurtre commis avec préméditation est un assassinat.*

PRÉMÉDITÉ, ÉE, p. p. de préméditer. [pʁemedite] De dessein prémédité, avec intention expresse, formelle.

PRÉMÉDITER, v. tr. [premedite] (lat. *præmeditari*, se préparer par la réflexion) Méditer sur une chose avant de l'exécuter. *Préméditer un crime. Préméditer de faire un mauvais coup.*

PRÉMENSTRUEL, ELLE, ■ adj. [premãstʀyɛl] (1 *pré-* et *menstruel*) Qui a lieu avant les menstruations. *Douleurs prémenstruelles.*

PRÉMICES, n. f. pl. [premis] (lat. *primitiæ*, de *primus*, premier) Premiers fruits de la terre ou du bétail. ◆ **Fig.** Premières productions de l'esprit. ◆ Les premiers mouvements du cœur. *Les prémices d'une âme innocente et pure.* ◆ **Fig.** Commencements. « *Toujours la tyrannie a d'heureuses prémices* », RACINE. « *Déjà coulait le sang, prémices du carnage* », RACINE. ◆ Au sing. « *Cette tendre lueur, prémice de l'aurore* », DELILLE.

PREMIER, IÈRE, adj. [pʀəmje, jɛʀ] (lat. *primarius*, du premier rang, de *primus*, premier) Qui précède les autres par rapport au temps, au lieu, à l'ordre. ◆ *Une première représentation* et n. f. *une première*, représentation d'une pièce qui vient pour la première fois sur le théâtre. ◆ Au jeu, *être le premier*, jouer en premier. ◆ *Premiers juges*, ceux dont les sentences sont susceptibles d'appel. ◆ *Le premier du mois, le premier de l'an*, le premier jour du mois, de l'an. ◆ *Être le premier qui...*, avec le subjonctif. « *Êtes-vous le premier homme qui ait été créé?* », SACI. ◆ On met aussi l'indicatif. « *Notre mère Ève est la première qui a péché* », BOSSUET. ◆ *Être des premiers à*, être parmi ceux qui font quelque chose avant les autres. ◆ On dit de même : *Être le premier.* « *Votre science est bien incertaine et vous y êtes les premiers trompés* », HAUTEROCHE. ◆ ▷ *Tout le premier*, le tout premier, Voy. TOUT. ◁ ◆ *La cause première*, Dieu. ◆ *La matière en général, indépendamment de la forme.* ◆ *Matières premières*, toute matière sur laquelle s'exerce l'industrie. ◆ **Méd.** *Les premiers voies*, l'estomac et les intestins. ◆ *Le premier venu, la première venue, le beau premier* ou **Absol.** *premier*, celui, celle qui arrive le premier, la première, et par extens. une personne quelconque. ◆ *Au premier jour*, dans peu de jours. ◆ Devant, en avant. *Passer le premier. À la tête la première.* ◆ *Le premier étage* et n. m. *le premier*, l'étage qui est au-dessus du rez-de-chaussée, et, s'il y a un entresol, au-dessus de l'entresol. ◆ *Les premières loges* et n. f. pl. *les premières*, le premier rang de loges dans une salle de spectacle. ◆ On dit aussi au sing. *une première.* ◆ *Première*, place de première classe en chemin de fer. ◆ **Mar.** *Le premier pont d'un vaisseau*, celui de sa batterie basse. ◆ *Premier* marque le rang, l'excellence, en parlant des personnes. *Le premier homme de son siècle.* ◆ **N. m.** et n. f. « *Chacun dans son état veut être le premier* », DUVAL. ◆ Il se dit des choses dans un sens analogue. *L'agriculture est la première des industries.* ◆ Indispensable, nécessaire. *La première loi de l'État est le bonheur des peuples. Les premiers besoins de la vie.* ◆ Qui avait existé auparavant. *Rétablir les choses dans leur premier état.* ◆ Qui n'est qu'en ébauche, en commencement. *Ce n'est qu'une première idée.* ◆ *La première idée* l'idée qui se présente la première, et qui par cela même est une ébauche. ◆ *Idée première*, idée qui sert de fondement aux autres. ◆ Titre d'honneur attaché à certaines charges. *Le premier président*, le président en chef d'une cour souveraine. ◆ *En premier*, se dit du premier degré dans certains grades qui en ont plusieurs. *Capitaine en premier.* ◆ *Monsieur le premier*, se disait, dans l'ancienne cour, du premier écuyer de la petite écurie de la maison du roi. ◆ **Arithm.** *Nombre premier*, nombre qui ne peut être divisé que par l'unité ou par lui-même. ◆ *Nombres premiers entre eux*, nombres qui n'ont aucun diviseur commun. ◆ *Les premiers, les seconds*, se dit pour ceux-ci, ceux-là, les uns, les autres. ◆ **N. m.** Au théâtre, *jeune premier*, celui qui joue l'emploi des amoureux. ◆ Dans les charades, *le premier*, le premier mot simple qui entre dans le mot composé, sujet de la charade. ◆ Dans le journalisme, *premier-Paris*, article qui dans les journaux est en tête et qui est d'ordinaire consacré à la politique. *Des premiers-Paris.* ◆ **N. f. Typogr.** *La première*, la première épreuve d'un imprimé. *Une feuille en première.* ◆ *Premier que*, conj., Auparavant, avant que (locution vieillie). « *Premier que d'avoir mal ils trouvent le remède* », MALHERBE. ■ *En premier, d'abord ; avant les autres.* ■ **N. f.** Place de première classe en avion ou en bateau. *Voyager en première.* ■ Première représentation d'un film, d'une pièce de théâtre ou d'un concert. « *J'ouvrais calmement les soirs de première mille télégrammes de ce Tout-Paris qui nous fait si peur* », CH. AZNAVOUR.

PREMIÈREMENT, adv. [pʀəmjɛʀ(ə)mã] (*premier*) En premier lieu, d'abord.

PREMIER-NÉ, PREMIÈRE-NÉE, [pʀəmjene, pʀəmjɛʀ(ə)ne] (*premier* et *né*) Voy. NÉ.

PREMIER-PRIS, n. m. [pʀəmjepʀi] (*premier* et *pris*) Voy. PRIS.

PRÉMILITAIRE, ■ adj. [premilitɛʀ] (1 *pré-* et *militaire*) Qui précède la période du service militaire. *Suivre une préparation prémilitaire.*

PRÉMISSES, n. f. pl. [premis] (lat. scolast. *præmissa* [*sententia*]), proposition placée en avant, de *præmittere*, envoyer devant) La majeure et la mineure d'un syllogisme, qui précèdent ordinairement la conclusion. ◆ Au sing. *Une prémisse.* ◆ Ce singulier n'est pas admis par l'Académie. ■ Au sing. Fait qui entraîne quelque chose. *La prémisse d'une démocratie.*

PRÉMOLAIRE, ■ n. f. [premolɛʀ] (1 *pré-* et *molaire*) Chacune des huit dents situées entre la canine et les molaires. *Les prémolaires inférieures.*

PRÉMONITION, ■ n. f. [premonisjɔ̃] (lat. chrét. *præmonitio*, avertissement, de *præ* et le radic. de *monitum*, supin de *monere*, avertir) Pressentiment annonçant un événement à venir. « *Le sourire est prémonition de la jouissance* », DREVET.

PRÉMONITOIRE, adj. [premonitwaʀ] (lat. chrét. *prémonitoire* ; prémonition) **Méd.** Qui avertit d'avance. *Diarrhée prémonitoire*, la diarrhée qui, durant une épidémie de choléra asiatique, règne d'une manière générale sur la population. ■ Relatif à la prémonition. *Un rêve prémonitoire.*

PRÉMONTRÉS, n. m. pl. [premɔ̃tʀe] (*Prémontré*, commune de l'Aisne) Nom d'un ordre religieux de chanoines réguliers, dont la principale abbaye était à Prémontré, près de Laon. ◆ **N. f.** *Prémontrée*, religieuse d'un ordre fondé en même temps que celui des prémontrés.

PRÉMOTION, n. f. [premosjɔ̃] (1 *pré-* et *motion*) **Théol.** Action de Dieu déterminant la volonté de la créature à agir.

PRÉMOURANT, n. m. [premuʀã] (1 *pré-*et *mourant*) **Dr.** Celui qui meurt le premier.

PRÉMUNI, IE, p. p. de prémunir. [premyni]

PRÉMUNIR, v. tr. [premyniʀ] (lat. *præmunire*, fortifier d'avance, protéger) Précautionner contre. « *Il faut prémunir les jeunes filles contre la présomption* », FÉNELON. ◆ *Se prémunir*, v. pr. Se précautionner contre. *Se prémunir contre le froid, contre l'erreur, etc.*

PRENABLE, adj. [pʀənabl] (*prendre*) Qui peut être pris, en parlant d'une place forte. *Cette ville n'était prenable que par cet endroit.* ◆ **Fig.** Qui peut être gagné, séduit. ◆ ▷ *Cet homme n'est prenable ni par or ni par argent*, les plus belles offres ne peuvent le séduire. ◁ ◆ Qui peut être pris par la bouche, par le nez. *Ce café, ce tabac n'est pas prenable.*

PRENANT, ANTE, adj. [pʀənã, ãt] (*prendre*) Qui est susceptible de prendre, de saisir. ◆ **Hist. nat.** *Queue prenante*, queue à l'aide de laquelle certains animaux s'attachent et se suspendent. « *Les singes à queue prenante* », BUFFON. ■ **Financ.** *Partie prenante*, partie qui reçoit les deniers. ◆ **Admin.** et milit. *Partie prenante*, celle qui a droit à une fourniture. ◆ Qui prend, qui s'empare. ◆ *Carême-prenant.* Voy. CARÊME. ■ Qui captive. *Un roman très prenant.* ■ Qui demande beaucoup de temps. *Une activité prenante.*

PRÉNATAL, ALE, ■ adj. [pʀenatal] (1 *pré-* et *natal*) Qui précède la naissance. *Une visite prénatale. Des soins prénataux.*

PRENDRE, v. tr. [pʀãdʀ] (lat. *prendere*, forme syncopée de *prehendere*) Saisir, mettre en sa main. ◆ *Prendre les armes*, s'armer, soit pour combattre, soit pour rendre des honneurs. ◆ ▷ *Prendre aux cheveux*, Voy. CHEVEU. ◁ ◆ **Fig.** *On ne sait par où le prendre*, il est très susceptible ou insensible à tout. ◆ *Prendre la balle au bond*, Voy. BOND. ◆ *Prendre la clé*, mettre en sa poche la clé qui ouvre un appartement. ◆ **Fig.** *Prendre la clé des champs*, s'évader, s'échapper. ◆ **Fig.** *Prendre en main*, etc. Voy. MAIN. ◆ Saisir une chose avec quelque instrument ou de toute autre manière. *Prendre du feu sur une pelle.* ◆ Il se dit des animaux qui saisissent avec leur gueule, leurs pattes, leurs griffes, etc. ◆ *Prendre le mors aux dents*, Voy. MORS. ◆ En parlant de vêtements, mettre sur soi. *Prendre le deuil, l'habit, le voile, le froc*, Voy. DEUIL, HABIT, VOILES, FROC. ◆ ▷ *Prendre la livrée*, se faire laquais. ◁ ◆ *Prendre la perruque*, commencer à porter la perruque. ◁ ◆ Emporter avec soi certaines choses par besoin ou par précaution. *Prendre son parapluie, sa canne, son mouchoir, etc.* ◆ Emporter en cachette ou de force, ôter à quelqu'un ce qui est à lui. *On m'a pris ma bourse.* ◆ **Absol.** Faire des profits illicites. ◆ *Prendre un baiser*, embrasser quelqu'un sans qu'il le veuille. ◆ **Poétiq.** *Prendre les jours, la vie*, disposer de la vie de quelqu'un, le faire mourir. ◆ *Prendre* se dit aussi des animaux. *Le chat a pris le fromage.* ◆ Se saisir, s'emparer d'une personne. ◆ ▷ *Prendre au corps*, arrêter prisonnier. ◁ ◆ Il se dit aussi des choses que l'on saisit, dont on s'empare. *Il a pris le sabre de son ennemi.* ◆ *Prendre son bien où on le trouve*, mettre la main sur ce qui est à soi, en quelque endroit qu'on le rencontre. ◆ ▷ *Prendre* se dit de levées d'hommes qui se font. *Prendre tous les jeunes gens de chaque conscription.* ◁ ◆ *Prendre* se dit de Dieu qui fait disparaître un être humain par la mort. ◆ Arrêter pour emprisonner. ◆ En guerre, se rendre maître de. *Prendre une place.* ◆ Faire prisonnier. ◆ Attraper à la chasse, à la pêche, dans un piège, etc. ◆ **Fig.** Se laisser prendre au piège, à l'hameçon, se laisser tromper. *Ne vous laissez pas prendre à ses paroles, à sa feinte douceur.* ◆ *Prendre* se dit aussi des animaux qui chassent ou pêchent. *Le chat a pris une souris.* ◆ **Fig.** S'emparer de l'esprit, du cœur. « *Il n'est rien si facile à prendre que les hommes* », RÉGNIER. ◆ ▷ *Prendre quelqu'un par son faible*, flatter, toucher son inclination favorite. ◁ ◆ ▷ *Prendre quelqu'un par ses propres paroles*, le convaincre par ce qu'il a dit lui-même. ◁ ◆ Surprendre. *Je l'ai pris à voler des fruits. Prendre quelqu'un sur le fait*, Voy.

FAIT *Prendre quelqu'un en flagrant délit,* Voy. FLAGRANT *Prendre en faute,* surprendre pendant qu'une faute se commet. ♦ *Prendre quelqu'un au mot,* se hâter d'accepter une offre. ♦ **Escrime** *Prendre sur le temps,* porter une botte à son adversaire dans l'instant où il s'occupe de quelque mouvement. ♦ *Y prendre,* prendre quelqu'un dans une occupation, dans une circonstance, dans un état d'esprit indiqués par le contexte du discours. *Ah! je vous y prends.* ♦ Manger, boire, avaler. *Prendre du café, du thé, du chocolat, etc.* ♦ Faire usage d'une chose pour sa santé, pour son agrément, etc. *Prendre un bain, un lavement, etc.* ♦ *Prendre du tabac,* mettre de la poudre de tabac dans son nez. ♦ *Prendre l'air,* sortir d'un lieu où l'on était renfermé pour aller dans un endroit découvert, aéré; sortir de la ville pour aller passer quelque temps à la campagne; fam. s'évader, se retirer d'une situation où l'on court quelque péril. ♦ *Prendre le frais,* respirer la fraîcheur. ♦ *Prendre du repos, prendre du relâche,* interrompre le travail, l'action, par du repos, par du relâche. ♦ ▷ Être atteint par communication, en parlant de maladies contagieuses. *Il a pris le typhus dans l'hôpital.* ◁ ♦ ▷ **Fig.** *Prendre un mal, une passion,* contracter un mal moral, une passion, etc. ◁ ♦ Il se dit de certaines conditions corporelles. *Prendre de l'embonpoint, du corps,* devenir plus gras, plus gros. *Prendre du ventre,* devenir ventru. *Prendre des forces,* se fortifier. *Prendre de l'âge,* avancer en âge. *Prendre une posture, une attitude,* placer son corps d'une certaine manière. ♦ Il se dit de certains mouvements du corps. *Prendre son vol,* commencer à s'envoler. *Prendre son élan,* se donner une certaine impulsion en courant, afin de s'élancer plus loin. *Prendre la fuite,* s'enfuir. *Prendre le trot, le galop,* se dit d'un cheval qui se met à trotter, à galoper. ♦ Contracter, adopter, en parlant de certaines qualités ou manières. *Prendre de mauvaises habitudes. Prendre un ton sévère.* ♦ *Prendre des airs,* Voy. AIR. ♦ ▷ *Prendre le haut ton,* le prendre sur le haut ton, ou elliptiq. *le prendre haut,* parler avec fierté. *Le prendre sur un certain ton,* affecter telle ou telle manière. *Le prendre d'un air, d'une façon,* employer un air, une façon. ◁ ♦ *Prendre quelque chose, un nom, un titre,* se le donner, se l'appliquer. ♦ *Prendre un titre, une qualité,* se donner un titre, une qualité, l'employer en parlant de soi. ♦ *Prendre la liberté de faire une chose,* prendre sur soi de la faire. ♦ Par politesse. *J'ai pris la liberté de vous écrire.* ♦ *Prendre des libertés,* agir trop librement avec quelqu'un. ♦ Exiger un certain prix pour une chose. *Les fiacres prennent tant par heure.* ♦ Acheter. *Je prendrai cela pour six francs.* ♦ **Absol.** *C'est à prendre ou à laisser,* vous avez le choix, mais il faut vous décider pour le oui ou le non. ♦ Accepter, recevoir. *Prenez ce petit présent.* ♦ **Fig.** *Dans ce qu'il dit, il faut en prendre et en laisser,* ce qu'il dit ne mérite pas grande confiance. ♦ ▷ **Absol.** *Prendre à pleines mains, à toutes mains, de toutes mains, à deux mains,* se dit des gens avides qui ne laissent échapper aucune occasion de s'enrichir. ◁ ♦ *Prendre l'ordre de quelqu'un,* recevoir l'ordre de celui qui doit le donner. ♦ Par politesse, *prendre les ordres de quelqu'un,* lui demander ce qu'il a à commander. ♦ *Prendre congé de quelqu'un,* lui faire, avant de partir, les adieux qu'exige la politesse. ♦ *Prendre des leçons,* recevoir des leçons. ♦ *Prendre les choses comme elles viennent,* les recevoir avec indifférence, sans se mettre en peine des suites qu'elles peuvent avoir. *Prendre les hommes comme ils sont,* s'en accommoder, quel que soit leur caractère. *Prendre le temps comme il vient,* s'accommoder à tous les événements. ♦ *Prendre légèrement quelque chose,* le supporter, en user avec une sorte d'allégresse. ♦ **Fam.** *Prenez que,* supposez que. ♦ *Être partie prenante.* ♦ Au jeu de l'écarté, prendre des cartes, changer une ou plusieurs des cartes de son jeu pour autant de cartes du talon. ♦ Tirer de, emprunter. *Il a pris l'idée de cette tragédie dans un vieux roman.* ♦ **Fam.** *Où avez-vous pris cela?* qui vous a dit cette nouvelle? qui vous fait avoir cette pensée? ♦ **Peint.** *Prendre le trait,* calquer un tableau. ♦ Engager quelqu'un sous certaines conditions, ou s'engager avec lui sous certaines conditions. *Prendre un domestique, un associé, etc.* ♦ *Prendre femme,* se marier. ♦ Aller joindre quelqu'un en quelque endroit, pour de là se rendre ailleurs avec lui. *Venez me prendre à mon hôtel.* ♦ *Prendre quelqu'un,* l'emmener avec soi, le recueillir, lui donner l'hospitalité. *Prendre quelqu'un à part,* le séparer du reste de la compagnie et s'adresser à lui. ♦ Retrancher une partie d'un tout, ôter, tirer. *J'ai pris le quart de cette somme.* ♦ **Fam.** *Il a pris sa bonne part de la fête, du plaisir, etc.* il y a beaucoup participé. ♦ **Absol.** *Prendre sur sa nourriture, sur sa dépense,* retrancher de sa nourriture, de sa dépense ordinaire, pour subvenir à autre chose. *Prendre sur son sommeil pour travailler.* ♦ **Fig.** *Prendre sur,* retrancher à. « *Vous prenez sur vos plaisirs, quand il s'agit de votre devoir* », MASSILLON. ♦ Se charger de. *Prendre une somme en dépôt.* ♦ *Prendre une affaire à ses risques, périls et fortune,* s'en charger à tout hasard, profit ou perte. ♦ *Prendre un ouvrage à la tâche,* s'en charger à raison de tant pour telle ou telle mesure, telle ou telle quantité. ♦ *Prendre une somme à intérêt,* l'emprunter à condition d'en payer les intérêts. ♦ *Prendre un engagement,* contracter un engagement. ♦ *Prendre quelqu'un sous sa protection,* le protéger. ♦ *Prendre sur soi,* se charger de quelque obligation. ♦ *Prendre sur soi quelque chose,* consentir qu'une chose nous soit imputée; s'en porter responsable ou solidaire; se décider à faire quelque chose. ♦ *Prendre tout sur soi, trop sur soi,* se donner toute la peine, vouloir faire plus qu'on ne peut. ♦ **Absol.** *Prendre sur soi,* se contraindre. ♦ S'établir dans. *Prendre ses quartiers d'hiver.* ♦ Entrer en jouissance d'une chose à certaines conditions. *Prendre des terres à ferme. Prendre un logement, un appartement à loyer* ou simplement *prendre un logement, un appartement.* ♦ Choisir, préférer, se décider pour. *Il faut prendre le plus beau papier pour cette impression.* « *Prends-moi le bon parti* », BOILEAU. ♦ *Prendre des mesures, prendre ses mesures,* employer des moyens, des expédients pour faire réussir une chose. *Prendre ses précautions, ses sûretés,* prendre les moyens nécessaires pour éviter un danger, un dommage. ♦ *Prendre une résolution, une détermination, un dessein,* se résoudre à quelque chose. ♦ *Prendre les ordres sacrés,* entrer dans les ordres. ♦ S'engager dans une route, dans une voie de communication, etc. « *Prends ton chemin vers Suse* », RACINE. ♦ *Prendre le plus long, le plus court, son plus long, son plus court,* prendre le chemin le plus long, le plus court. ♦ **Absol.** *Prendre à droite, à gauche,* entrer dans un chemin situé à main droite ou à main gauche. ♦ *Prendre par,* suivre une direction par un certain endroit. ♦ *Prendre à travers champs,* aller directement, sans suivre le chemin frayé. ♦ ▷ *Prendre la voie de la messagerie, de la diligence,* aller par la messagerie, par la diligence. ◁ ♦ On dit de même: *Prendre la diligence, le chemin de fer, etc.* ♦ **Fig.** *Prendre la bonne voie, la mauvaise voie,* se porter au bien, au mal, se servir de bons ou de mauvais moyens pour réussir en quelque chose. ♦ ▷ **Fig.** *Prendre le chemin de se ruiner, de faire fortune,* faire ce qu'il faut pour se ruiner, pour s'enrichir. ◁ ♦ *Prendre les devants, le devant,* partir avant quelqu'un, et fig. le prévenir, le devancer dans une affaire. ♦ Il se dit de la façon dont on taille, emploie une étoffe. *Le tailleur a mal pris cette étoffe.* ♦ ▷ **Fig.** *Prendre bien, prendre mal une affaire,* la conduire bien ou mal. ◁ ♦ *Prendre une chose d'une certaine façon,* la considérer, la traiter d'une certaine façon. ♦ Comprendre, interpréter, considérer d'une certaine manière. « *Je lui fis excuse d'avoir mal pris son sentiment* », PASCAL. *Le bien prendre,* se faire une juste idée de la chose. *À le bien prendre,* en donnant une juste interprétation. *Prendre quelque chose en bonne part, en mauvaise part,* recevoir bien ou mal ce qu'on nous dit, ce qu'on nous fait. *Prendre mal,* se fâcher de. *Prendre pour soi,* s'attribuer, se faire l'application de. *Prendre une chose à la lettre, au pied de la lettre,* l'expliquer selon le sens littéral, dans la rigueur de l'expression. *Prendre les choses à la rigueur,* les interpréter trop selon le sens propre. Prendre sérieusement une chose. ♦ Soutenir, adopter. *Prendre les intérêts de quelqu'un.* ♦ **Dr.** *Prendre le fait et cause de quelqu'un,* Voy. FAIT. ♦ Il se dit des sentiments, des passions que l'on éprouve. « *Prenez des sentiments plus justes et plus doux* », P. CORNEILLE. « *Je pris du goût pour la littérature* », J.-J. ROUSSEAU. ♦ ▷ *Prendre l'épouvante,* avoir tout à coup une grande frayeur. ◁ ♦ Obtenir, se procurer. « *Vous savez quel empire il a pris sur mon âme* », DELAVIGNE. ♦ *Prendre des renseignements, des informations,* se renseigner, s'informer. ♦ *Prendre ses avantages, prendre avantage,* profiter des occasions qui se présentent. ♦ *Prendre le dessus,* se dit d'une personne dont la santé, les affaires, etc. se rétablissent. ♦ *Prendre l'avis,* consulter. ♦ *Prendre les avis, les voix,* les recueillir. ♦ ▷ *Prendre ses grades,* obtenir dans une université les titres de bachelier, de licencié, de docteur. ◁ ♦ *Prendre des inscriptions,* Voy. INSCRIPTION. ♦ Avec un nom de temps, remettre à une autre époque, à un autre moment. *Prendre du temps.* ♦ *Prendre jour,* fixer un jour. ♦ *Prendre son temps,* ne point se presser, faire une chose à loisir; choisir le moment favorable. ♦ *Prendre les choses de haut,* les traiter avec une grande étendue d'esprit. ♦ *Prendre la chose de plus haut,* faire le récit des choses qui ont précédé celles que l'on raconte. ♦ Il se dit de quelques opérations scientifiques. **Astron.** *Prendre des distances d'astres.* ♦ **Mar.** *Prendre la hauteur du soleil, de la lune ou d'un autre astre* ou **absol.** *prendre hauteur,* mesurer avec un instrument la hauteur d'un astre au-dessus de l'horizon pour en conclure la latitude. ♦ Au jeu, *prendre sa revanche,* jouer une seconde partie pour se racquitter de ce qu'on a perdu, et fig. regagner un avantage qu'on avait perdu, ou l'équivalent. ♦ **Chasse** *Prendre le change,* Voy. CHANGE. ♦ **Fig.** *Prendre le change sur un objet, sur une affaire,* s'y tromper. ♦ *Faire prendre le change à quelqu'un,* le tromper, l'induire en erreur. ♦ **Mar.** *Prendre large, prendre le large,* s'éloigner de terre pour gagner la haute mer, et fig. s'enfuir. *Prendre la mer,* s'embarquer. *Prendre terre, prendre port,* débarquer. *Prendre en chargement, prendre du monde, des troupes, des passagers, etc.* les mettre, les recevoir à bord. ♦ *Prendre une chose à cœur,* s'en affecter. ♦ ▷ *Prendre une chose à tâche,* chercher tous les moyens de la faire. ◁ ♦ *Prendre quelqu'un à témoin,* invoquer son témoignage. ♦ *Prendre à partie,* Voy. PARTIE. ♦ *Prendre dans,* puiser à. « *Cet amour du pouvoir que l'on prend dans les camps* », M.-J. CHÉNIER. ♦ *Prendre quelqu'un en,* le surprendre, l'attaquer d'une certaine façon. « *Va, tu l'as pris en traître* », P. CORNEILLE. ♦ Attaquer. *Prendre les ennemis en queue, en flanc,* les attaquer par la queue, par le flanc. ♦ **Fig.** *Prendre quelqu'un en,* ressentir un certain sentiment pour lui. *Prendre quelqu'un en amitié, en haine.* ♦ *Prendre quelqu'un en pitié,* avoir pour lui de la pitié ou du dédain. ♦ *Prendre les choses en patience,* les supporter patiemment. ♦ *Prendre une chose en considération,* la remarquer, en tenir compte. ♦ *Prendre pour,* regarder comme, supposer. « *Ils prennent pour affront la pitié qu'on a d'eux* », P. CORNEILLE. ♦ **Fam.** *Prendre quelqu'un pour un autre, prendre l'un pour l'autre;* en juger autrement qu'il ne faut. ♦ *Prendre un homme pour dupe,* le tromper. ♦ *Prendre avec un nom de chose pour sujet,* entourer, envelopper. *Cette draperie prend tout le corps.* ♦ **Fig.** Faire impression, s'emparer de l'esprit. « *Laissons-nous aller de bonne foi aux choses qui nous prennent par les entrailles* », MOLIÈRE. ◆ Il se dit des maladies qui saisissent. ◆ Il se dit, dans un sens analogue, des sentiments, des passions, etc. ◆ « *Le repentir m'a pris* », MOLIÈRE. ◆ Contracter certaines qualités bonnes ou mauvaises. « *Il semblait que tout prît un vice particulier et se corrompît en même temps* », MONTESQUIEU. « *Ce jaspe prend très bien le poli* », BUFFON. ◆ *Prendre son pli*, Voy. PLI. ◆ Absorber, détourner. *C'est ce qui prend tout l'argent.* ◆ *Prendre du temps*, exiger beaucoup de temps. ◆ Surprendre. *La pluie nous prit en chemin.* ◆ *Prendre sa source*, en parlant d'un cours d'eau, avoir son origine. ◆ *Prendre son cours*, Voy. COURS. ◆ S'imprégner. *Mes souliers prennent l'eau.* ◆ *Prendre* se construit avec plusieurs substantifs sans article, et forme locution. *Prendre foi, prendre créance*, se fier. *Prendre droit*, acquérir des droits. *Prendre patience*, supporter patiemment. *Prendre courage*, espoir, se remettre en courage, en espoir, etc. ◆ V. intr. S'enraciner. *Ces plantes prennent.* ◆ **Fig.** Réussir, avoir du succès. *Cette doctrine eut de la peine à prendre. Ce jeune homme a bien pris dans le monde.* ◆ Faire son effet, s'attacher à, avec un nom de chose pour sujet. *Cette couleur ne prend pas. Les vésicatoires ont bien pris.* ◆ Faire une impression trop forte. *La moutarde prend au nez.* ◆ Il se dit de ce qui s'allume ou fait explosion. « *La flamme commençait à prendre au bûcher* », FÉNELON. ◆ S'épaissir, se cailler, se glacer. ◆ Commencer en un point et s'étendre de là. ◆ Il se dit des maladies qui font invasion. *Le frisson lui prit.* ◆ **Impers.** *Il lui prit un frisson.* ◆ Il se dit, au même sens, des affections morales. *L'envie me prit de, etc. L'idée leur a pris d'aller à la campagne*, et non pas : *les a pris.* ◆ **Impers.** Avoir de bonnes ou de mauvaises suites. *Bien lui prend de n'être pas de verre* », MOLIÈRE. ◆ Il se dit au même sens avec *en* explétif. ◆ **Se prendre**, v. pr. Être saisi avec la main. ◆ *Se prendre par la main*, se saisir l'un l'autre par la main. ◆ ▷ *Se prendre aux cheveux*, se saisir l'un l'autre par les cheveux, et fig. avoir une vive querelle. ◁ ◆ S'attacher, s'accrocher. *Un homme qui se noie se prend à tout.* ◆ **Fig.** *L'esprit se rebute et s'abat aussitôt qu'il a fait quelque effort pour se prendre et pour s'arrêter à quelque vérité* », MALEBRANCHE. ◆ *Ne savoir où, à quoi se prendre*, ne savoir à quoi s'en tenir, à quoi recourir. ◆ Être saisi dans un piège, dans un filet. ◆ **Fig.** « *Ce piège ne sera jamais usé ; l'amour-propre des rois et des grands s'y prendra toujours* », D'ALEMBERT. ◆ **Fig.** Être captivé. « *C'est un mal terrible que cette disposition à se prendre par les yeux* », MME DE SÉVIGNÉ. « *Mon cœur se prit* », J.-J. ROUSSEAU. ◆ *Se prendre d'amitié, d'amour, de belle passion, d'aversion pour quelqu'un*, concevoir de l'amitié, de l'amour, de l'aversion pour lui. ◆ *Se prendre de vin*, s'enivrer. ◆ S'unir ensemble. *Ils se sont pris pour mari et femme.* ◆ *Se prendre à*, attaquer. « *Il fait mauvais se prendre aux poètes* », RÉGNIER. ◆ Il se dit aussi des choses qu'on attaque. ◆ ▷ *Se prendre de paroles avec quelqu'un*, avoir un démêlé. ◁ ◆ *Se prendre à quelqu'un de*, le quereller à cause de, le rendre responsable, lui imputer le tort. « *Mais, puisqu'il est vaincu, qu'il s'en prenne aux destins* », P. CORNEILLE. ◆ *Se prendre à*, employer de l'adresse, de l'habileté à. « *Elle se prend d'un air le plus charmant du monde aux choses qu'elle fait* », MOLIÈRE. « *On obtient tout de moi quand on s'y prend de la bonne façon* », MOLIÈRE. ◆ Suivi de *à* et d'un infinitif, commencer, se mettre à. *Il se prit à rire.* ◆ Être contracté, en parlant de maladies. « *Il y a des folies qui se prennent comme les maladies contagieuses* », LA ROCHEFOUCAULD. ◆ *Se figer. L'huile se prend dès que la température baisse.* ◆ *Se prendre pour*, prendre sa propre personne pour quelque autre. ◆ Être compris, entendu, interprété. *Le mot se prend au sens propre.* ◆ Être employé, en parlant de mots et de locutions. *Ce verbe se prend figurément.* ◆ À TOUT PRENDRE, loc. adv. Tout bien examiné. ■ AU FAIT ET AU PRENDRE, loc. adv. Au moment de l'exécution, quand il est question d'agir, de parler. ◆ **Prov.** *Chacun prend son plaisir où il le trouve.* ■ *Il n'y a qu'à se baisser et en prendre*, se dit d'une chose très abondante ou très facile. ■ *On ne m'y prendra plus*, je ne me laisserai plus tromper. ■ *Prendre la porte*, sortir, partir. ■ *Prendre langue avec quelqu'un*, prendre contact avec lui. ■ *Prendre froid*, s'enrhumer. *Il a pris froid en sortant sans son manteau.* ■ **Fam.** *Ça me prend la tête*, ça m'obsède, ça m'énerve. ■ **Fam.** *Ça ne prend pas*, je ne vous crois pas. *Arrête tes sornettes, ça ne prend pas avec moi !*

PRENEUR, EUSE, n. m. et n. f. [pʀənœʀ, øz] (*prendre*) Celui, celle qui prend. « *Louis... effroi de tant de princes, Preneur de murs* », LA FONTAINE. ◆ **Mar.** Capitaine ou navire qui prend un navire ennemi. ◆ Adj. *Vaisseau preneur*, vaisseau qui a fait une prise. ◆ Il se dit en parlant de quelques chasses. *Preneur de taupes, d'alouettes.* ◆ Celui qui use habituellement de certaines choses. *Un preneur de tabac, de café.* ◆ **Pratiq.** Celui, celle qui prend à bail. ■ Personne qui achète quelque chose. *Trouver preneur.* ■ *Preneur, preneuse de son*, personne chargée d'enregistrer le son.

PRÉNOM, n. m. [pʀenɔ̃] (lat. *prænomen*) Chez les Romains, nom qui précédait le nom de famille. *Le prénom de Cicéron était Marcus.* ◆ Aujourd'hui, nom de baptême, ou plus généralement, comme chez les Romains, nom qui précède le nom de famille, avec cette différence que nous pouvons en avoir plusieurs.

PRÉNOMMÉ, ÉE, ■ adj. [pʀenɔme] (*prénommer*) Qui porte comme prénom. ■ N. m. et n. f. Personne qui porte comme prénom. *Le prénommé Arnaud.* ■ **Dr.** Personne nommée précédemment. *Le prénommé va parler.*

PRÉNOMMER, v. tr. [pʀenɔme] (lat. *prænominare*) Donner pour prénom. *On l'a prénommé Pierre.* ◆ Nommer auparavant. *Le prénommé a déclaré, etc.*

PRÉNOTION, n. f. [pʀenosjɔ̃] (lat. *prænotio*) Connaissance anticipée. ◆ Connaissance imparfaite qu'on a d'une chose avant de la bien comprendre. ◆ **Philos.** Toute idée innée.

PRÉNUPTIAL, IALE, ■ adj. [pʀenypsjal] (le *t* se prononce *ss* ; 1 *pré-* et *nuptial*) Antérieur au mariage. *Un certificat prénuptial. Des actes prénuptiaux.*

PRÉOBJECTAL, ALE, ■ adj. [pʀeɔbʒɛktal] (1 *pré-* et *objectal*) Psych. Se dit de ce qui précède la distinction que l'on fait entre le moi et les autres (objets et personnes). *Un nourrisson au stade préobjectal. Liens préobjectaux.*

PRÉOCCUPANT, ANTE, ■ adj. [pʀeɔkypɑ̃, ɑ̃t] (*préoccuper*) Qui préoccupe. *Un problème, un cas préoccupant.*

PRÉOCCUPATION, n. f. [pʀeɔkypasjɔ̃] (lat. *præoccupatio*, occupation préalable d'un lieu) Dr. Action d'occuper antérieurement à un autre. ◆ État d'une personne dont l'esprit est tout entier occupé d'une opinion préconçue, favorable ou défavorable. *Quand il y a de la préoccupation, il est difficile de bien juger les choses.* ◆ État d'un esprit trop occupé d'un objet pour faire attention à un autre.

PRÉOCCUPÉ, ÉE, p. p. de préoccuper. [pʀeɔkype] Dont une opinion a occupé d'avance l'esprit. « *Les gens du monde ne sont déjà que trop préoccupés contre la piété* », FÉNELON. ◆ Dont l'esprit est tout entier occupé. « *D'espérances mensongères Nous vivons préoccupés* », VOLTAIRE. ◆ **Absol.** *Un air préoccupé.*

PRÉOCCUPER, v. tr. [pʀeɔkype] (lat. *præoccupare*, occuper le premier) Saisir d'avance (sens qui a vieilli). « *Besoin est-il d'aller au-devant des maux, préoccuper une douleur que nous sentirons assez tôt quand l'occasion en sera venue ?* », MALHERBE. ◆ S'emparer d'avance de l'esprit par une opinion. « *Je ne prétends pas préoccuper votre jugement* », BALZAC. « *Tout cela n'aboutit qu'à rendre une âme faible et timide, et qu'à la préoccuper contre les meilleurs choses* », FÉNELON. ◆ Occuper d'avance l'esprit. « *Peut-être un songe vain m'a trop préoccupée* », RACINE. ◆ **Se préoccuper**, v. pr. Avoir l'esprit saisi par une opinion préconçue. ■ S'intéresser à, s'inquiéter de. *Se préoccuper de son avenir.*

PRÉŒDIPIEN, IENNE, ■ adj. [pʀeedipjɛ̃, jɛn] (*œ* se prononce *é* ; 1 *pré-* et *œdipien*) Psych. Qui précède le développement du complexe d'Œdipe. *Cet enfant est au stade préœdipien.*

PRÉOLYMPIQUE, ■ adj. [pʀeɔlɛ̃pik] (1 *pré-* et *olympique*) Se dit de la période au cours de laquelle se préparent les jeux Olympiques. *Passer les sélections préolympiques.*

PRÉOPÉRATOIRE, ■ adj. [pʀeɔpeʀatwaʀ] (1 *pré-* et *opératoire*) Méd. Qui s'effectue avant une opération chirurgicale. *Passer des examens préopératoires.* ■ **Didact.** Qui précède la mise en place des structures opératoires de la pensée. *Pensée enfantine préopératoire.*

PRÉOPINANT, ANTE, n. m. et n. f. [pʀeɔpinɑ̃, ɑ̃t] (*préopiner*) Personne qui opine avant un autre. ◆ Style parlementaire, celui après lequel on parle.

PRÉOPINER, v. intr. [pʀeɔpine] (1 *pré-* et *opiner*) ▷ Opiner avant quelqu'un. ◁

PRÉORAL, ALE, ■ adj. [pʀeɔʀal] (1 *pré-* et *oral*) Qualifie ce qui est situé en avant de la bouche. *Des appendices préoraux.*

PRÉORDINATION, n. f. [pʀeɔʀdinasjɔ̃] (*préordonner*) Action de préordonner ; ordre établi à l'avance. « *Il y en a plusieurs qui, lorsqu'ils considèrent la préordination de Dieu, ne peuvent comprendre comment notre liberté peut subsister et s'accorder avec elle* », DESCARTES.

PRÉORDONNÉ, ÉE, p. p. de préordonner. [pʀeɔʀdɔne]

PRÉORDONNER, v. tr. [pʀeɔʀdɔne] (1 *pré-* et *ordonner*) Ordonner, disposer à l'avance. ◆ **Absol.** « *Que fallait-il donc dire, si ce n'est pas assez de dire que Dieu préordonne ?* », BOSSUET.

PRÉORDRE, ■ n. m. [pʀeɔʀdʀ] (1 *pré-* et *ordre*) Math. Relation binaire d'ordre strict. *Relation de préordre.*

PRÉPA, ■ n. f. [pʀepa] (abrév. de *école préparatoire*) Fam. Classe suivie après l'obtention du baccalauréat dans le but d'intégrer une grande école. *Faire une prépa HEC. Les prépas demandent beaucoup de travail.* ■ Adj. *Des classes prépas.*

PRÉPALATAL, ALE, ■ adj. [pʀepalatal] (1 *pré-* et *palatal*) Phonét. Se dit d'un phonème dont le point d'articulation se situe au niveau de la partie antérieure du palais que le dos ou le bout de la langue. *Phonèmes prépalataux, consonnes prépalatales.*

PRÉPARATEUR, TRICE, n. m. et n. f. [pʀepaʀatœʀ, tʀis] (*préparer*) ▷ Personne qui prépare quelque chose. ◁ ◆ Personne chargée dans un cours de faire les préparations destinées à la démonstration. ■ *Préparateur, préparatrice en pharmacie*, personne qui travaille dans une officine et qui est notamment chargée d'effectuer certaines préparations sous la direction du pharmacien.

PRÉPARATIF, n. m. [pʀepaʀatif] (*préparer*) Ce qui prépare. « *Voilà tous les préparatifs du printemps* », Mme DE SÉVIGNÉ. « *Au début, cet air de préparatif m'avait donné de l'inquiétude* », J.-J. ROUSSEAU. ◆ Au pl. Arrangements que l'on prend pour effectuer quelque chose. *Des préparatifs de guerre, de voyage, de fête, etc.*

PRÉPARATION, n. f. [pʀepaʀasjɔ̃] (lat. *præparatio*) Action de préparer, de se préparer. « *Devant Dieu la préparation du cœur, quand elle est sincère, est réputée pour l'effet même* », BOURDALOUE. « *Cette paix ne fut que la préparation de la Saint-Barthélemy* », VOLTAIRE. ◆ *Préparation à la messe, à la communion*, méditation, prières par lesquelles on se prépare à dire ou à entendre la messe ou à communier. ◆ *Préparation au baccalauréat, aux écoles*, études et exercices à l'effet de rendre un jeune homme capable de passer son examen de baccalauréat, d'être admis dans les écoles. ■ REM. La préparation concerne aujourd'hui aussi bien une jeune fille qu'un jeune homme. ◆ Action de méditer pour faire un discours, une leçon. *La préparation d'une leçon. Parler sans préparation.* ◆ Action d'amener quelque chose progressivement et par des ménagements. *On lui annonça la mort de sa mère sans préparation.* ◆ **Mus.** Art d'amener une dissonance ; obligation de faire entendre d'abord certaines notes des accords dissonants avant d'attaquer ces accords. ◆ Art, action, manière de préparer certaines choses pour les employer ou les conserver. *Préparation des aliments. Préparation des insectes pour une collection.* ◆ **Pharm.** Opération qui consiste à disposer toutes les substances qui doivent être employées. ◆ **Dess.** et **peint.** Disposition des ombres et des demi-teintes par plans. ◆ Chose préparée. ◆ *Préparation chimique*, mélange de plusieurs substances pour une expérience. ◆ Produit de diverses opérations pharmaceutiques. *Préparation mercurielle.* ◆ *Préparation anatomique* et absol. *préparation*, partie disséquée pour l'étude. ■ *Préparation au mariage*, ensemble des rendez-vous entre les futurs jeunes mariés et le prêtre qui va les marier, pour préparer la cérémonie et pour parler du sens de l'engagement chrétien. ■ *Préparation militaire*, instruction militaire donnée aux jeunes volontaires avant leur service. *Préparation militaire supérieure.*

PRÉPARATOIRE, adj. [pʀepaʀatwaʀ] (lat. tard. *præparatorius*) Qui prépare. *Scrutin préparatoire.* ◆ *Jugement préparatoire*, celui qui n'est qu'une préparation au jugement définitif. ◆ Anciennement, *question préparatoire*, torture qu'on infligeait à un accusé avant de le juger. ◆ **Géom.** *Proposition préparatoire*, syn. de lemme. ◆ **N. m.** Ce qui prépare. « *Le baptême de Jésus par saint Jean-Baptiste n'était qu'un préparatoire d'un meilleur baptême* », BOSSUET. ◆ *Cours préparatoire*, première année de l'enseignement primaire. ■ *Classe préparatoire*, période d'études préparant aux concours d'entrées dans les grandes écoles. *Classe préparatoire au concours de l'école de sciences politique.* ◆ **Abrév.** Prépa. *Faire une prépa* HEC.

PRÉPARC, ■ n. m. [pʀepaʀk] (1 *pré-* et *parc*) Espace situé en périphérie d'un parc national et qui peut être aménagé pour l'accueil du public. *Zone de préparc.*

PRÉPARÉ, ÉE, p. p. de préparer. [pʀepaʀe]

PRÉPARER, v. tr. [pʀepaʀe] (lat. *præparare*, apprêter d'avance) Disposer une chose pour l'usage auquel on la destine. *Préparer une chambre, un mets, etc.* ◆ Faire une préparation chimique, pharmaceutique. *Préparer du chlore, une médecine.* ◆ Faire une préparation anatomique. *Préparer les nerfs d'une partie.* ◆ *Préparer les terres*, leur donner les labours et façons nécessaires pour semer, planter etc. ◆ *Préparer un malade*, le mettre à un certain régime et lui administrer certains médicaments en vue d'une opération, d'une inoculation qu'on va lui faire subir. ◆ ▷ Disposer, arranger, en parlant de choses qui ne sont pas matérielles. *Préparer des maux, la victoire, etc.* ◁ ◆ *Se préparer*, préparer à soi. ◆ *Préparer un discours, une leçon, un plaidoyer*, méditer, disposer dans sa mémoire ce que l'on doit dire. ◆ Avec un nom de chose pour sujet. *Nos divisions nous préparent de grands malheurs.* ◆ Assurer l'effet d'une chose par quelques précautions. *Préparer un coup de théâtre.* ◆ **Mus.** *Préparer une dissonance*, Voy. PRÉPARATION. ◆ En parlant des personnes, mettre dans une disposition propre à atteindre le but qu'on se propose. *Préparer les esprits.* « *Grands dieux ! à son malheur dois-je la préparer ?* », RACINE. ◆ **Absol.** « *Préparez, quand vous voulez toucher* », VOLTAIRE. ◆ ▷ *Préparer le visage de quelqu'un*, faire que son visage exprime les impressions qui sont désirables dans la circonstance. ◁ ◆ *Préparer un élève à un examen, un enfant à sa première communion, etc.* ◆ *Se préparer*, v. pr. Se disposer à. « *Préparez-vous à voir vos pays désolés* », P. CORNEILLE. ◆ On dit aussi : *Se préparer pour.* « *Le roi se prépara pour marcher contre les Arachosiens* », VAUGELAS. ◆ *Se préparer*, méditer sur ce qu'on veut dire en discours. ◆ Étudier pour subir une épreuve, pour passer un examen. ◆ En parlant des choses qui sont en voie de se faire. *Un événement se prépare.* ◆ Être préparé. *Ce médicament se prépare à froid.*

PRÉPATENCE, ■ n. f. [pʀepatɑ̃s] (1 *pré-* et *patence*, de *patent*) **Méd.** Période qui débute à l'introduction d'un agent pathogène dans l'organisme

et qui s'achève lorsque ce dernier peut être identifié au moyen d'examens biologiques. *Phase de prépatence.*

PRÉPAYER, ■ v. tr. [pʀepeje] (1 *pré-* et *payer*) Payer par avance. *Prépayer sa location de véhicule.*

PRÉPENSION, ■ n. f. [pʀepɑ̃sjɔ̃] (1 *pré-* et *pension*) **Belg.** Préretraite. *Partir en prépension.*

PRÉPONDÉRANCE, n. f. [pʀepɔ̃deʀɑ̃s] (*prépondérant*) ▷ Supériorité de poids. ◁ **Fig.** Supériorité de considération, d'autorité.

PRÉPONDÉRANT, ANTE, adj. [pʀepɔ̃deʀɑ̃, ɑ̃t] (lat. *præponderare*, être plus pesant) Qui a plus de poids qu'un autre ; qui est supérieur par la considération. *Homme prépondérant.* « *Sans le voyage de Vasco de Gama, Venise devenait la puissance prépondérante de l'Europe* », VOLTAIRE. ◆ *Voix prépondérante*, celle qui, dans le cas d'égalité, détermine les suffrages pour ou contre, en se joignant à l'un ou à l'autre parti. ◆ Il se dit aussi des choses. *Rendre son intérêt prépondérant.* ◆ *Raison prépondérante*, raison qui entraîne la conviction.

PRÉPOSÉ, ÉE, p. p. de préposer. [pʀepoze] N. m. et n. f. *Les préposés de la douane.*

PRÉPOSER, v. tr. [pʀepoze] (1 *pré-* et *poser*) Mettre à la tête de. *On l'a préposé à la conduite des travaux, à la garde du temple. Pharaon préposa Joseph sur toute l'Égypte.*

PRÉPOSITIF, IVE, adj. [pʀepozitif, iv] (lat. *præpositivus*) **Gramm.** Qui se met au-devant. *Une lettre prépositive.* ◆ *Voyelle prépositive*, la première voyelle d'une diphtongue. ◆ Qui est de la nature de la préposition. *Locution prépositive.* ◆ *Particules prépositives*, certaines prépositions latines qui entrent dans la composition de beaucoup de mots tirés du latin, comme *per* dans *perforer.*

PRÉPOSITION, n. f. [pʀepozisjɔ̃] (lat. *præpositio*) **Gramm.** Mot invariable qui sert à marquer le rapport d'un mot avec un autre. « *Les prépositions suppléent au défaut des cas* », DUMARSAIS. ◆ *Préposition inséparable*, celle qui ne peut être employée que réunie à un radical, comme *ad, pre, per,* en français. ◆ *Préposition composée*, préposition composée de deux ou plusieurs autres mots, comme *jusqu'à, à l'égard de,* etc.

PRÉPOSITIONNEL, ELLE, ■ adj. [pʀepozisjɔnɛl] (*préposition*) **Ling.** Qui concerne ou contient une préposition. *Un syntagme prépositionnel. Une locution prépositionnelle.*

PRÉPOSITIVEMENT, ■ adv. [pʀepozitiv(ə)mɑ̃] (*prépositif*) **Ling.** Comme préposition, en fonction de préposition. *L'adjectif* fort *peut être employé prépositivement.*

PRÉPOTENCE, ■ n. f. [pʀepotɑ̃s] (lat. impér. *præpotentia*, toute puissance) **Litt.** Absolutisme, toute-puissance. « *Loin de voir dans ces marques d'adoration un danger de folie ou de prépotence pour l'homme qui les accepte, j'y découvrais un frein, l'obligation de se dessiner d'après quelque modèle éternel, d'associer à la puissance humaine une part de suprême sapience* », M. YOURCENAR.

PRÉPOTENT, ENTE, ■ adj. [pʀepotɑ̃, ɑ̃t] (lat. class. *præpotens*, très puissant) **Litt.** Relatif à un pouvoir absolu. *Chef prépotent.* ■ **Fig.** Prépondérant. *Elle a joué un rôle prépotent dans ma guérison.*

PRÉPSYCHOTIQUE, ■ adj. [pʀepsikotik] (1 *pré-* et *psychotique*) **Psych.** Se dit de l'ensemble des signes annonciateurs d'une psychose. *Symptômes prépsychotiques.* ■ **N. m.** et **n. f.** Personne dont l'état laisse supposer qu'elle peut développer une psychose. *Un prépsychotique. Une prépsychotique angoissée.*

PRÉPUBERTAIRE, ■ adj. [pʀepybɛʀtɛʀ] (*prépuberté*) **Méd.** Relatif à la période qui précède la puberté. *Hémorragies génitales prépubertaires.*

PRÉPUBERTÉ, ■ n. f. [pʀepybɛʀte] (1 *pré-* et *puberté*) **Méd.** Période au cours de laquelle se manifeste l'ensemble des signes annonciateurs du début de la puberté. *La prépuberté est souvent caractérisée par une forte évolution de la stature. Pulsions génitales de la prépuberté.*

PRÉPUBLICATION, ■ n. f. [pʀepyblikasjɔ̃] (1 *pré-* et *publication*) Publication d'un extrait ou plus rarement de la totalité d'un texte, dans un journal, dans un magazine, ou sous la forme d'un livret, et qui précède sa publication officielle. *Le magazine a donné des extraits du roman en prépublication dans le numéro de ce mois-ci.*

PRÉPUCE, ■ n. m. [pʀepys] (lat. impér. *præputium*, fait de ne pas être circoncis) Repli de peau situé autour du gland de la verge. *Excision du prépuce.*

PRÉPUTIAL, ALE, ■ adj. [pʀepysjal] (*prépuce*) Relatif au prépuce ; fixé au prépuce. *Nerfs préputiaux.*

PRÉRAPHAÉLIQUE, ■ adj. [pʀeʀafaelik] (*préraphaélite*) Relatif au préraphaélisme ou aux préraphaélites. *Mouvement, peinture préraphaélique.*

PRÉRAPHAÉLISME, ■ n. m. [pʀeʀafaelism] (angl. *pré-Raphaelism*, de 1 *pré-* et du nom du peintre *Raphaël*) Courant anglais de peinture apparu au milieu du XIXᵉ siècle prônant l'imitation des peintres italiens qui précédèrent Raphaël. *Le préraphaélisme a eu une influence importante sur le symbolisme.*

PRÉRAPHAÉLITE, ■ n. m. et n. f. [preʁafaelit] (angl. *pré-Raphaelite*, de 1 *pré-* et du nom du peintre *Raphaël*) Peintre qui prône le préraphaélisme. *Les préraphaélites privilégient le réalisme, le sens du détail et les couleurs vives.* ■ Adj. *Ruskin est un des peintres préraphaélites les plus connus. L'esthétique préraphaélite.*

PRÉRÉGLAGE, ■ n. m. [preʁeglaʒ] (1 *pré-* et *réglage*) Techn. Réglage préalable d'un appareil, d'un circuit, d'un récepteur. *Préréglage d'outils. Préréglage automatique des chaînes de télévision.*

PRÉRÉGLER, ■ v. tr. [preʁegle] (1 *pré-* et *régler*) Effectuer un préréglage. *Prérégler la température maximale souhaitée. Prérégler des stations de radio.* ■ Adj. *Récepteurs préréglés.*

PRÉRENTRÉE, ■ n. f. [preʁɑ̃tʁe] (1 *pré-* et *rentrée*) Période qui précède la rentrée des élèves et au cours de laquelle les personnels administratifs et enseignants l'organisent. *Jour de la prérentrée.* ◆ *Réunion de prérentrée*, réunion à l'université au cours de laquelle les étudiants peuvent choisir les options qu'ils désirent suivre et qui va déterminer leur emploi du temps.

PRÉREQUIS, ■ n. m. [preʁəki] (1 *pré-* et *requérir*) Préalable exigé pour une formation, un métier, une situation à venir. *Prérequis à un concours.* ■ Adj. *Profil prérequis.*

PRÉRETRAITE, ■ n. f. [preʁ(ə)tʁɛt] (1 *pré-* et *retraite*) Retraite anticipée. *Être en préretraite.* ■ Allocation sociale versée à un préretraité. *Déterminer le montant de la préretraite.* ■ Rem. Peuvent prétendre à la préretraite les personnes de moins de 60 ans qui ont capitalisé assez d'annuités.

PRÉRETRAITÉ, ÉE, ■ n. m. et n. f. [preʁ(ə)tʁete] (1 *pré-* et *retraité*) Personne en préretraite. *Les retraités et les préretraités.*

PRÉROGATIVE, adj. f. [preʁɔgativ] (lat. *prærogativa*, qui vote la première) À Rome, *la centurie prérogative* ou n. f. *la prérogative*, la centurie à laquelle on demandait d'abord son suffrage dans les comices. ◆ **N. f.** La prérogative attribuée à cette centurie. ◆ Fig. Tout pouvoir ou autorité qu'une personne ou un corps a de plus qu'un autre, et qui les distingue de ceux qui ne l'ont pas. *Les prérogatives de duc et pair, d'une charge, etc.* ◆ Dr. constit. La prérogative royale, les droits assurés au roi par la constitution. ◆ Fig. Avantage dont certains êtres jouissent exclusivement. *La raison est prérogative de l'homme.*

PRÉROMAN, ANE, ■ adj. [preʁɔmɑ̃, an] (1 *pré-* et *roman*) Qui annonce la période romane. *Les églises, les sculptures préromanes.*

PRÉROMANTIQUE, ■ n. m. et n. f. [preʁɔmɑ̃tik] (1 *pré-* et *romantique*) Artiste du préromantisme. *Goethe, Benjamin Constant et Jean-Jacques Rousseau font partie des préromantiques.* ■ Adj. *Littérature, sensibilité préromantique.*

PRÉROMANTISME, ■ n. m. [preʁɔmɑ̃tism] (1 *pré-* et *romantisme*) Courant artistique de la fin du siècle des Lumières, répandu en France, en Angleterre et en Allemagne, et qui est annonciateur du romantisme. *Le préromantisme s'appuie sur l'idée selon laquelle la sensibilité peut donner accès à la connaissance.*

PRÈS, adv. [pʁɛ] (lat. *presse*, de *pressus*, pressé, serré) Dans le voisinage de, en parlant de l'espace ou du temps. *Il demeure tout près. Le danger est près.* ◆ ▷ *Ici près*, dans cet endroit-ci, qui est voisin. ◁ ◆ *Près à près*, non loin l'un de l'autre. ◁ ◆ ▷ *Il s'en faut beaucoup*, il s'en faut beaucoup. ◆ *Peu de chose près*, presque, peu s'en faut. ◆ A PEU PRÈS, loc. adv. Presque. ◆ n. *Un à peu près. Des à peu près.* ◆ *A... près*, approximativement, en plus ou en moins. *À quelques siècles près.* ◆ *À cela près, à telle chose près*, excepté cela, excepté telle chose. « *À une grande vanité près, les héros sont faits comme les autres hommes* », LA ROCHEFOUCAULD. ◆ A CELA PRÈS, loc. adv. Sans s'arrêter à. *Il n'est pas à cela près, il n'en est pas à cela près*, se dit de considérations qui n'arrêtent pas un homme, de dépenses qui ne sont pas assez onéreuses pour qu'il n'y satisfasse pas. ◆ DE PRÈS, loc. adv. À très peu de distance, soit dans l'espace, soit dans le temps. *Poursuivre de près.* ◆ *Combattre de près.* « *Quelquefois la persécution suit de près la calomnie* », VOLTAIRE. ◆ *De près*, à ras. *Couper les cheveux de près. Moucher de près une chandelle.* ◆ On supprime quelquefois *de*. *Vous avez mouché la chandelle trop près.* ◆ *Serrer quelqu'un de près*, le poursuivre vivement. ◆ Fig. *Presser de près*, presser vivement. ◆ *De près, de fort près, de très près*, en communication très voisine. *Il approche de fort près le ministre.* ◆ *Voir de près*, considérer en s'approchant près, soit qu'il s'agisse du regard du corps ou de celui de l'esprit. « *Nous vîmes de près toutes les horreurs de la mort* », FÉNELON. ◆ On dit de même : *Observer de près, examiner de près, veiller de près, garder de près, etc.* ◆ *Tenir quelqu'un de près*, le surveiller avec soin, lui laisser peu de liberté. ◆ *Ne pas y regarder de si près*, ne pas être minutieux, sévère. *Il y regarde de près*, il fait attention aux moindres objets de dépense ou de profit. *Il est bien près regardant.* ◆ ▷ *Se voir de près*, se battre en duel. ◁ ◆ ▷ *Il se touchent de près*, ils sont parents. *Être parent assez près ou assez près parent.* ◁ ◆ Il se dit

d'un bien moral, d'un intérêt moral. « *Votre santé est un point qui me touche de bien près* », MME DE SÉVIGNÉ. ◆ Mar. *Au plus près*, dans la direction du vent. *Faire route au plus près.* ◆ PRÈS DE, prép. Exprime la proximité. *Près du temple.* « *Chaque mortel en partage A son bonheur près de soi* », VOLTAIRE. ◆ *Près* est susceptible de degrés de comparaison. « *L'éternité me frappe un peu plus que vous ; c'est que j'en suis plus près* », MME DE SÉVIGNÉ. ◆ Fig. *Toute perfection est près d'un défaut.* ◆ *Cet ouvrage est bien près de la perfection*, il s'en faut bien peu qu'il ne soit parfait. ◆ *Être près de ses pièces*, n'avoir guère d'argent. ◆ On dit quelquefois sans la préposition *de*, quand il s'agit d'un lieu : *Près l'église, près la maison.* ◆ *Près de*, suivi d'un infinitif, être sur le point de. « *Un vieillard près d'aller où la mort l'appelait* », LA FONTAINE. ◆ En comparaison de. « *Et près de vous ce sont des sots que tous les hommes* », MOLIÈRE. ◆ Presque. *Il y a près de deux heures que je l'attends.*

PRÉSAGE, ■ n. m. [pʁezaʒ] (lat. impér. *presagium*, prévision, pressentiment) Signe par lequel on juge de l'avenir. « *Le corbeau sert pour le présage* », LA FONTAINE. ◆ Conjecture qu'on tire du présage. « *De ma chute certaine [le peuple] en tirait le présage* », RACINE.

PRÉSAGÉ, ÉE, p. p. de présager. [pʁezaʒe]

PRÉSAGER, v. tr. [pʁezaʒe] (*présage*) Indiquer une chose future. « *Ils disent que les éclipses présagent malheur* », PASCAL. ◆ Annoncer. « *Je vois devant notre maison Certain homme dont l'encolure Ne me présage rien de bon* », MOLIÈRE. ◆ Conjecturer ce qui doit arriver, avec un nom de personne pour sujet. *Je ne présage rien de bon.* ◆ *Se présager une chose*, conjecturer que cette chose nous arrivera.

PRÉSALAIRE, ■ n. m. [pʁezalɛʁ] (1 *pré-* et *salaire*) Admin. Allocation qui serait versée aux étudiants au cours de leurs études en compensation du salaire qu'ils devraient toucher s'ils travaillaient. *Le présalaire est une des revendications étudiantes.* ■ Rem. L'allocation du présalaire demeure pour le moment une proposition qui est étudiée par les syndicats, le gouvernement et les économistes.

PRÉ-SALÉ, ■ n. m. [pʁesale] (1 *pré* et *salé*) Mouton qui a pâturé dans les prés arrosés par la mer. ◆ Viande de ces moutons. *Gigot de pré-salé.* ◆ Au pl. *Des prés-salés.*

PRÉSANCTIFIÉ, ÉE, ■ adj. [pʁesɑ̃ktifje] (1 *pré-* et *sanctifié*) Relig. Qui a été consacré quelques jours auparavant. *Des hosties présanctifiées.*

PRESBYOPHRÉNIE, ■ n. f. [pʁɛsbjɔfʁeni] (gr. *presbus*, âgé, vieux, et *phrenia*, esprit) Psych. Démence sénile dont le premier symptôme est la perte de mémoire. *La presbyophrénie se caractérise notamment par des hallucinations, des angoisses, des idées délirantes et une perte de l'attention. Presbyophrénie chez les personnes âgées.*

PRESBYTE, adj. [pʁɛsbit] (gr. *presbutês*, ancien, vieux) Qui ne voit que de loin, à cause de l'aplatissement du cristallin. ◆ N. m. et n. f. Celui, celle qui est presbyte. ■ Rem. On devient généralement presbyte aux environs de la cinquantaine.

PRESBYTÉRAL, ALE, adj. [pʁɛsbiteʁal] (lat. chrét. *presbyteralis*, de *presbyter*, prêtre) Qui tient à l'ordre de la prêtrise. *Bénéfices presbytéraux.* ◆ *Maison presbytérale*, maison du curé.

PRESBYTÉRANISME, n. m. [pʁɛsbiteʁanism] Voy. PRESBYTÉRIANISME.

PRESBYTÉRAT, ■ n. m. [pʁɛsbiteʁa] (lat. *presbyteratus*, prêtrise, de *presbyter*, prêtre) Ordre sacerdotal des prêtres. *Le presbytérat confère la prêtrise.*

PRESBYTÈRE, ■ n. m. [pʁɛsbiteʁ] (lat. chrét. *presbyterium*, assemblée des prêtres, du gr. *presbuterion*, conseil des anciens) Dr. ecclés. Conseil des prêtres dont l'évêque doit s'assister dans le gouvernement de son Église. ◆ Maison du curé.

PRESBYTÉRIANISME ou **PRESBYTÉRANISME**, n. m. [pʁɛsbiteʁjanism, pʁɛsbiteʁanism] (angl. *presbyterianism*, de *presbyterian*, presbytérien) Doctrine, secte des presbytériens, qui est la religion dominante en Écosse.

PRESBYTÉRIEN, IENNE, n. m. et n. f. [pʁɛsbiteʁjɛ̃, jɛn] (angl. *presbyterian*, du lat. *presbyter*, prêtre) Ceux qui, parmi les protestants, gouvernent leurs Églises par des ministres et des anciens, et n'ont point d'évêques. ◆ Adj. Qui concerne les presbytériens.

PRESBYTIE, ■ n. f. [pʁɛsbisi] (le *t* se prononce *ss*; *presbyte*) Perte de souplesse du cristallin provoquant une difficulté à voir les objets de près. *La presbytie concerne généralement les personnes qui ont atteint la cinquantaine.*

PRESBYTISME, n. m. [pʁɛsbitism] (*presbyte*) État du presbyte. ■ Rem. On dit aussi *presbytie*.

PRESCIENCE, n. f. [pʁesjɑ̃s] (lat. chrét. *præscientia*) Théol. Connaissance particulière que Dieu a des choses qui ne sont pas encore arrivées, et qui ne laissent pas de lui être déjà présentes.

PRESCIENT, ENTE, adj. [pʁesjɑ̃, ɑ̃t] (lat. class. *præsciens, de præscire*, savoir d'avance) Qui a la prescience d'une chose, des événements futurs.

PRÉSCOLAIRE, adj. [pʀɛskɔlɛʀ] (1 *pré-* et *scolaire*) Qui est antérieur à la période de scolarité obligatoire. *La période préscolaire s'achève lorsque l'enfant est dans sa septième année.* ▪ N. m. *Le préscolaire.*

PRESCRIPTEUR, TRICE, ▪ n. m. et n. f. [pʀɛskʀiptœʀ, tʀis] (*prescrire*) Personne qui prescrit ou conseille l'achat d'un produit, d'un médicament, etc. *Le prescripteur d'un somnifère.*

PRESCRIPTIBLE, adj. [pʀɛskʀiptibl] (*prescrire*) **Dr.** Qui peut être prescrit.

PRESCRIPTION, n. f. [pʀɛskʀipsjɔ̃] (lat. *præscriptio*) Ordonnance, précepte. *Les prescriptions de la morale.* ♦ Ordonnance d'un médecin. ♦ Un moyen médical, un médicament prescrit. ♦ **Dr.** Exception qu'on oppose à ceux par qui on est inquiété dans la jouissance d'une chose, lorsqu'il s'est écoulé un certain espace de temps, après quoi on ne peut plus être troublé dans sa possession. ♦ Libération d'une dette par suite de la non-réclamation du créancier dans un délai déterminé. ♦ **Fig.** « *À moins que les crimes n'opèrent une prescription contre l'équité* », Voltaire.

PRESCRIRE, v. tr. [pʀɛskʀiʀ] (lat. *præscribere*, écrire en tête, mettre en avant) Ordonner, commander. « *Dieu qui a prescrit certains devoirs aux femmes, aux enfants, aux esclaves, en a prescrit d'autres aux maîtres, aux pères, aux maris* », Bossuet. ♦ *Prescrire que.* « *Aristote prescrit que les mœurs doivent être convenables* », Catrou. ♦ *Prescrire de,* avec l'infinitif. « *Dieu nous prescrit à tous d'être justes, bienfaisants et miséricordieux* », J.-J. Rousseau. ♦ *Prescrire un jour,* fixer un jour. ♦ Il se dit des ordonnances des médecins. *Prescrire une saignée.* ♦ **Dr.** Acquérir par la prescription, ou se libérer par la prescription. *Prescrire un héritage, une dette.* ♦ **Fig.** Détruire, faire oublier comme par une prescription. « *Ce sont égarements que le temps doit prescrire* », Dancourt. ♦ **V. intr.** Gagner la prescription. *On ne prescrit pas contre les mineurs.* ♦ **Fig.** « *Quelque temps qu'ait duré un schisme, il ne prescrira jamais contre la vérité* », Bossuet. ♦ *Se prescrire,* v. pr. Être ordonné, en parlant d'un remède. ♦ *Se perdre par prescription. Toutes les actions civiles se prescrivent par trente ans.* ♦ En un sens contraire, être gagné par la prescription. « *La noblesse se prescrit par une possession immémoriale* », Richelet.

PRESCRIT, ITE, p. p. de prescrire. [pʀɛskʀi, it]

PRÉSÉANCE, n. f. [pʀeseɑ̃s] (1 *pré-* et *séance*) Droit de précéder, de prendre place au-dessus.

PRÉSÉLECTEUR, TRICE, ▪ adj. [pʀeselɛktœʀ, tʀis] (1 *pré-* et *sélecteur*) Qui présélectionne. *Un filtre présélecteur.* ▪ N. m. Dispositif électromagnétique au moyen duquel peut être effectuée une présélection. *Un présélecteur de stations de radio.*

PRÉSÉLECTION, ▪ n. f. [pʀeselɛksjɔ̃] (1 *pré-* et *sélection*) Premier tri qui précède la sélection définitive. *Concours de présélection.* ♦ **Techn.** Procédé par lequel on opère un tri préalable. *Touches de présélection d'un autoradio.*

PRÉSÉLECTIONNER, ▪ v. tr. [pʀeselɛksjɔne] (1 *pré-* et *sélectionner*) Choisir par présélection. *Présélectionner des candidats, des stations de radio. L'entraîneur a annoncé les vingt-deux joueurs présélectionnés pour le match.*

PRÉSENCE, n. f. [pʀezɑ̃s] (lat. *præsentia*) Existence, résidence d'une personne dans un lieu marqué. ♦ *Droit de présence, jetons de présence,* rétribution donnée aux membres de certaines associations, de certaines compagnies, quand ils assistent aux assemblées. ♦ Il se dit par opposition à absence. « *La présence désunit plus qu'elle n'unit ; un peu d'éloignement est bon à l'estime et à l'amitié* », Comte de Caylus. ♦ Vue, aspect. « *Je ne sentis point devant lui le désordre où nous jette ordinairement la présence des grands hommes* », Montesquieu. ♦ Il se dit aussi de la vue, de l'aspect des choses. « *Et depuis quand, seigneur, craignez-vous la présence De ces paisibles lieux si chers à votre enfance ?* », Racine. ♦ Il se dit en parlant de Dieu. « *Voyez comme elle est saisie de la présence de Dieu* », Bossuet. ♦ *Se tenir en la présence de Dieu,* considérer Dieu comme présent à ce que l'on va faire. ♦ *La présence réelle du corps et du sang de Notre-Seigneur dans l'eucharistie,* ou simplement *la présence réelle,* celle du corps et du sang de Jésus-Christ dans l'eucharistie. ♦ **Chim.** Existence d'une substance dans une autre. *Reconnaître la présence du poison dans des aliments.* ♦ *Présence d'esprit,* état, qualité d'un esprit qui reste présent, qui ne se trouble pas. *Conserver sa présence d'esprit.* ♦ **EN PRÉSENCE**, loc. adv. Face à face. ♦ *Être en présence,* se dit de deux troupes ennemies en face l'une de l'autre et prêtes à se combattre. ♦ **Fig.** *Les partis sont en présence,* ils s'observent et se préparent à se combattre. ♦ **EN PRÉSENCE DE**, loc. prép. En ayant devant soi. « *À la nuit qu'il fallut passer en présence des ennemis* », Bossuet.

1 PRÉSENT, n. m. [pʀezɑ̃] (*présenter*) Don. « *N'ayez point d'égard aux personnes ni aux présents ; car les présents aveuglent les yeux des sages, et changent les paroles des justes* », Bossuet. ♦ *Présents de noces,* présents que l'on fait à la mariée. ♦ Chose accordée par le ciel, par la nature. « *J'aime en lui sa beauté, sa grâce tant vantée, Présents dont la nature a voulu l'honorer* », Racine. « *Détestables flatteurs, présent le plus funeste Que puisse faire aux rois la colère céleste* », Racine. ♦ *Présent du ciel,* tout ce qui est très précieux,

personne ou chose. *L'amitié est un présent du ciel.* ♦ **Prov.** *Les petits présents entretiennent l'amitié.*

2 PRÉSENT, ENTE, adj. [pʀezɑ̃, ɑ̃t] (lat. *præsens,* de *præesse,* être en avant) Qui est dans le lieu où l'on est ou dont on parle. ♦ *Dieu est présent partout,* il existe dans tous les lieux en même temps. ♦ **Fig.** *Cet homme n'est jamais présent,* il est toujours distrait, inattentif. ♦ Il se dit de ce qui est actuellement sous les yeux, personne ou chose. *Les objets présents.* ♦ *Le présent acte,* l'acte que l'on rédige actuellement. ♦ *La présente lettre* ou n. f. *la présente,* la lettre qu'on écrit. ♦ *Le présent porteur,* l'homme qui porte la lettre qu'on écrit. ♦ *Présent à,* se dit des personnes qui regardent, qui ressentent. « *Voilà Dieu présent au pécheur pour l'observer et pour l'éclairer* », Bourdaloue. ♦ ▷ *Cet homme est présent à tout,* il voit, il surveille tout. ◁ ♦ **Fig.** Il se dit des choses et des personnes que l'on se rappelle, que l'on croit voir encore. *Ses bienfaits me sont présents.* « *Et son peuple [de Dieu] est toujours présent à sa mémoire* », Racine. ♦ *Avoir la mémoire présente,* se rappeler parfaitement les choses. ♦ ▷ *Avoir l'esprit présent,* l'avoir très prompt. ◁ ♦ Qui est dans le temps où nous sommes, par opposition à passé et à futur. « *Notre condition jamais ne nous contente ; La pire est toujours la présente* », La Fontaine. ♦ Qui opère sur-le-champ (sens vieilli). *Remède présent.* « *Il n'est point de poison plus présent* », Bossuet. ♦ **N. m. pl.** *Les présents,* les personnes présentes. ♦ Quelquefois au sing. « *Et sur l'absent qui le mérite, Le présent qui le sollicite Est toujours sûr de l'emporter* », J.-B. Rousseau. ♦ ▷ *À tous présents et à venir salut,* formule du style de chancellerie. ◁ ♦ **N. m.** Ce qui est actuel. « *Le présent est le seul temps qui est véritablement à nous* », Pascal. ♦ **Gramm.** Le premier temps de chaque mode d'un verbe, celui qui exprime une époque présente. *Le présent de l'indicatif, du subjonctif, etc.* ♦ **Adj.** *Le participe présent.* ♦ **À PRÉSENT**, loc. adv. Maintenant, dans le temps présent. ♦ **À PRÉSENT QUE**, loc. conj. *À présent que je suis en meilleure santé, j'irai vous voir.* ♦ *Dès à présent,* dès le moment présent. ♦ **POUR LE PRÉSENT**, loc. adv. Dans le temps présent. ♦ ▷ En style de pratique, *de présent,* maintenant. *De présent, résidant à Paris.* ◁

PRÉSENTABLE, adj. [pʀezɑ̃tabl] (*présenter*) Qu'on peut présenter, qui peut se présenter. *Cette raison n'est pas présentable. Ce vin n'est pas présentable. C'est un garçon fort présentable.*

PRÉSENTATEUR, TRICE, n. m. et n. f. [pʀezɑ̃tatœʀ, tʀis] (*présenter*) Celui, celle qui avait le droit de présenter à un bénéfice. ♦ Celui, celle qui a le droit de présenter à une place, qui présente dans une société. ▪ Personne qui présente un spectacle, une émission de radio ou de télévision. *Présentateur du journal télévisé.*

PRÉSENTATIF, ▪ n. m. [pʀezɑ̃tatif] (*présenter*) Mot ou expression qui permet d'introduire un constituant de la phrase de manière à le mettre en valeur. *Dans l'énoncé* Voici mon frère, voici *est un présentatif.*

PRÉSENTATION, n. f. [pʀezɑ̃tasjɔ̃] (*présenter*) Action de présenter. *La présentation d'une lettre de change.* ♦ *Billet payable à présentation,* billet payable à vue, au moment de la présentation. ♦ *La Présentation de la Vierge,* fête où l'Église célèbre le jour auquel la mère du Sauveur fut présentée au temple, dans sa troisième année. ♦ *Présentation à la cour,* cérémonie qui consiste à présenter au souverain et à sa famille ceux qui sont admis à la cour. ♦ Introduction d'une personne dans une société. ♦ Action ou droit de présenter à un poste, à une place. ▪ Action de présenter une personne à une autre. *Faire les présentations.*

PRÉSENTÉ, ÉE, p. p. de présenter. [pʀezɑ̃te]

PRÉSENTEMENT, adv. [pʀezɑ̃t(ə)mɑ̃] (2 *présent*) Dans le temps actuel. ♦ *Tout présentement,* au moment même. ♦ **PRÉSENTEMENT QUE**, loc. conj. Maintenant que. ▪ **Afriq.** Maintenant.

PRÉSENTER, v. tr. [pʀezɑ̃te] (lat. *præsentare*) Mettre devant une personne. *Présenter un fauteuil. Présenter à boire.* ♦ **Fig.** *La fortune nous présente des occasions.* ♦ *Présenter la main à quelqu'un,* lui tendre la main pour l'aider à marcher, ou pour serrer la sienne. ♦ *Présenter la main, le bras à une femme,* offrir de lui donner la main, le bras pour la mener. ♦ *Présenter des lettres de créance,* les remettre à la personne près de laquelle on est accrédité. ♦ *Présenter une lettre de change,* l'exhiber à celui qui doit la payer. ♦ *Présenter un placet, une requête, une pétition à quelqu'un,* supplier quelqu'un par un placet, etc. ♦ *Présenter les armes,* porter le fusil en avant, en signe d'honneur et de déférence. ♦ **Fig.** Il se dit des choses qui présentent, c'est-à-dire dans lesquelles on trouve, on discerne. *Cette affaire présente de grands avantages, des difficultés, des inconvénients, etc.* ♦ *Présenter une personne à une autre,* la lui faire connaître par son nom. ♦ *Présenter quelqu'un dans une maison,* l'y introduire, lui en procurer l'accès. ♦ Il se dit aussi de la cour où l'on introduit quelqu'un. ♦ *Présenter un enfant au baptême,* le porter à l'église où il doit être baptisé. ♦ *Présenter le corps à la paroisse,* porter un mort à la paroisse, avant de le conduire au cimetière. ♦ Mettre sous les yeux. *Présentez-lui le miroir pour qu'il se voie.* ♦ **Fig.** « *Quel horrible avenir m'ose-t-on présenter ?* », Voltaire. ♦ Par formule de politesse, *présenter à quelqu'un ses respects, ses* hommages, ses civilités, l'assurer de son respect, de ses hommages, de ses civilités. ◆ Tourner vers, diriger vers. *Présenter le bras pour être saigné.* ◆ **Mar.** Présenter le bout à la lame, au courant. ◆ Mettre en avant pour menacer. *Présenter la pointe de l'épée, les baïonnettes.* ◆ *Présenter la bataille,* faire les dispositions nécessaires pour engager la bataille. ◆ **Métier** Approcher une pièce de bois, de fer, etc. de l'endroit où elle doit être placée, afin de voir, avant de la poser, si elle va bien. ◆ *Présenter quelqu'un à un emploi* ou *pour un emploi, à un bénéfice,* désigner celui à qui un emploi, un bénéfice doit ou peut être donné. ◆ **Absol.** Pour cette espèce d'emploi, *le ministre présente.* ◆ Exposer. *Présenter ses idées avec clarté.* ◆ Se présenter, v. pr. Paraître devant quelqu'un. ◆ *Se présenter chez quelqu'un, à la porte de quelqu'un,* et absol. *se présenter,* aller chez quelqu'un pour lui faire une visite. ◆ Se diriger vers, se tourner vers. ◆ Il se dit du maintien que l'on a en entrant dans une société, dans un salon, etc. « *Sa manière de se présenter n'est ni modeste, ni vaine* », J.-J. ROUSSEAU. ◆ *Se présenter pour une place,* se mettre sur les rangs pour l'obtenir. ◆ *Se présenter aux électeurs,* solliciter leurs suffrages. ◆ Au palais, *se présenter pour une partie,* se dit d'un avoué qui déclare être chargé d'occuper pour telle ou telle partie, dans un procès. ◆ Apparaître, en parlant des choses. « *La vérité se présente d'elle-même* », PATRU. ◆ *Ce palais, ce jardin se présente bien,* on en juge avantageusement au premier aspect. ◆ **Fig.** *Une affaire qui se présente bien,* une affaire dont le succès est vraisemblable. ◆ *Cela se présente bien, se présente mal,* se dit en général de choses éventuelles, selon qu'elles ont l'air de réussir ou de mal tourner. ◆ Survenir. *Un embarras nouveau se présente.* ◆ **Impers.** Il se présente plusieurs occasions. ◆ **V. pr.** Dire qui l'on est, donner son nom. *Je me présente, je m'appelle Arnaud.*

PRÉSENTOIR, ▪ n. m. [prezɑ̃twar] (*présenter*) Étagère, support destiné à exposer des objets à vendre. *Ce cadre se trouve sur le présentoir.*

PRÉSÉRIE, ▪ n. f. [preseri] (1 *pré-* et *série*) Fabrication industrielle d'un produit en petite quantité avant sa fabrication en série. *Échantillons, essais de présérie. Des voitures de présérie.*

PRÉSERVATEUR, TRICE, adj. [prezervatœr, tris] (*préserver*) ▷ Qui préserve. *La vaccine est préservatrice de la petite vérole.* ◁ ▪ N. m. Agent chimique qui prolonge la durée de conservation du produit qu'il recouvre ou dans lequel il est ajouté. *Badigeonner le bois avec un préservateur pour éviter qu'il pourrisse.*

PRÉSERVATIF, IVE, adj. [prezervatif, iv] (*préserver*) Qui a la vertu de préserver. *Un remède préservatif.* ◆ ▷ N. m. Ce qui préserve. ◁ ▪ ▷ **Fig.** *Le travail est le meilleur préservatif contre l'ennui.* ◁ ▪ Gaine très souple, généralement en caoutchouc, que l'on adapte au pénis avant un rapport sexuel et qui sert de contraceptif ou de protection contre les maladies sexuellement transmissibles. *Mettre un préservatif.* ▪ *Préservatif féminin,* dispositif se présentant sous la forme d'un cylindre souple que l'on place à l'intérieur du vagin afin d'obstruer le col utérin.

PRÉSERVATION, n. f. [prezervasjɔ̃] (*préserver*) Action, moyen de préserver.

PRÉSERVÉ, ÉE, p. p. de préserver. [prezerve]

PRÉSERVER, v. tr. [prezerve] (b. lat. *præservare,* observer auparavant) Sauver d'un mal qui pourrait arriver. *Préserver d'un mal.* ◆ Pour exprimer un vœu. *Dieu me préserve d'un tel malheur !* ◆ Se préserver, v. pr. Se sauver de. *Se préserver du péril, de la mort, etc.* ◆ Être sauvé de. ▪ **Rem.** Auj. *se préserver* signifie plutôt *se protéger* de que *se sauver* de.

PRÉSIDE, n. m. [prezid] (esp. *presidio,* place forte, bagne, du lat. *præsidium,* garnison) ▷ Lieux sur la côte d'Afrique où le gouvernement espagnol envoie les condamnés aux travaux forcés [1]. ◁ ▪ **Par extens.** Comptoir colonial sous protectorat de l'armée. *Le Conseil des Présides.* ▪ **Rem.** Le mot est généralement utilisé au pluriel. ▪ **Rem.** 1 : Cette pratique a duré du XVIᵉ siècle au début du XXᵉ siècle.

PRÉSIDÉ, ÉE, p. p. de présider. [prezide]

PRÉSIDENCE, n. f. [prezidɑ̃s] (*président*) Action, droit de présider. ◆ Place de président d'une cour de judicature. ◆ Temps pendant lequel on exerce la présidence. ◆ Division administrative, dans quelques contrées, par exemple l'Inde anglaise. *La présidence de Madras.* ◆ Fonction du pouvoir exécutif aux États-Unis, du président de la république en France. *La présidence du général Washington. La présidence de la République française.* ◆ Il se dit de la fonction de président à un acte de faculté.

PRÉSIDENT, ENTE, n. m. et n. f. [prezidɑ̃, ɑ̃t] (lat. impér. *præsidens,* gouverneur, de *præsidere,* siéger devant) Personne qui préside une assemblée, une réunion, un tribunal, et dirige les discussions, les délibérations. *Le président de la cour d'assises, d'un collège électoral, de la chambre, de l'assemblée.* ◆ *Président à mortier* ou *au mortier,* président qui avait le droit de porter le mortier lorsqu'il était dans la fonction de sa charge. ◆ Premier magistrat d'une république. *Le président des États-Unis. Le président de la République française.* ◆ Personne qui préside à un acte, à une thèse de faculté, à un concours.

PRÉSIDENTE, n. f. [prezidɑ̃t] (*président*) Celle qui préside. *La présidente d'une association de charité.* ◆ ▷ Femme d'un président. ◁ ▪ Chef de l'État. *Madame la Présidente.*

PRÉSIDENTIABLE, ▪ adj. [prezidɑ̃sjabl] (*président*) Susceptible de se présenter à la fonction de président, à la présidence de la République. *Une femme présidentiable.* ▪ N. m. et n. f. Personne présidentiable. *Débats sur les présidentiables.*

PRÉSIDENTIALISME, ▪ n. m. [prezidɑ̃sjalism] (*présidentiel*) Système présidentiel dans lequel le chef de l'État est également le chef du gouvernement. *Présidentialisme populaire, autoritaire, démocratique. Présidentialisme à la française.*

PRÉSIDENTIEL, ELLE, adj. [prezidɑ̃sjɛl] (*président*) Qui a rapport à un président de république. *Fonctions présidentielles.*

PRÉSIDER, v. intr. [prezide] (lat. *præsidere,* avoir la préséance, commander) Occuper le premier rang dans une assemblée, avec droit d'y maintenir l'ordre et d'en régler la discussion. ◆ **Absol.** *Il préside bien.* ◆ Avoir la direction, veiller à. « *Un ouvrier sage et tout-puissant a présidé à notre formation* », MASSILLON. ◆ Il se dit aussi des choses qui règlent. *La raison préside dans les conseils de ce prince.* « *Ce fut un jugement auquel la passion seule présida* », BOURDALOUE. ◆ *Présider sur :* « *Aurions-nous bien le cœur et les mains assez pures Pour présider ici sur les honneurs divins ?* », LA FONTAINE. ◆ Il se dit des divinités du polythéisme. *Cérès présidait aux moissons.* ◆ Dans une faculté, diriger les actes qui s'y font. *Présider à un concours, à une thèse, etc.* ◆ *Présider à quelqu'un,* être président lors de sa thèse. ◆ **V. tr.** Exercer les fonctions de président. *Présider une assemblée, les assises, une séance, une thèse, etc.*

PRÉSIDIAL, n. m. [prezidjal] (b. lat. *præsidialis,* de *præsidere,* siéger devant) **Dr. anc.** Tribunal qui, en certains cas et pour certaines sommes, jugeait en dernier ressort. ◆ Au pl. *Les présidiaux.* ◆ Lieu où siégeait ce tribunal. ◆ Circonscription territoriale qui en formait le ressort. ◆ Adj. *Présidial, ale,* qui est de la compétence d'un présidial, qui en émane. *Cas présidiaux.* ◆ N. m. pl. *Présidiaux,* les juges d'un présidial.

PRÉSIDIALEMENT, adv. [prezidjal(ə)mɑ̃] (*présidial*) ▷ *Juger présidialement,* se disait quand un présidial jugeait en dernier ressort. ◁

PRÉSIDIALITÉ, ▪ n. f. [prezidjalite] (*présidial*) **Hist.** Juridiction d'un présidial. *Présidialité conférée.*

PRÉSIDIUM ou **PRÆSIDIUM**, ▪ n. m. [prezidjɔm] (mot russe empr. au lat. *præsidium,* protection, garnison, de *præses,* celui qui est à la tête) **Hist.** Plus haut organe du pouvoir exécutif en ex-URSS. *Le présidium du Soviet Suprême est composé de douze membres.*

PRESLE, n. f. [prɛl] Voy. **PRÊLE**.

PRÉSOCRATIQUE, ▪ n. m. [presokratik] (1 *pré-* et *socratique*) **Philos.** Philosophe grec qui précède Socrate. *Xénophane et Empédocle sont des présocratiques.* ▪ Adj. Propre aux philosophes qui ont précédé Socrate. *La pensée présocratique.*

PRÉSOMPTIF, IVE, adj. [prezɔ̃ptif, iv] (b. lat. *præsumptivus,* de *præsumere,* présumer) *Héritier présomptif,* celui qui doit naturellement hériter de quelqu'un, à moins que le testament ne s'y oppose. ◆ *Héritier présomptif,* le prince destiné à régner par l'ordre de la naissance. ◆ Dans les pays où les femmes héritent de la couronne, on dit : *Héritière présomptive.*

PRÉSOMPTION, n. f. [prezɔ̃psjɔ̃] (b. lat. *præsumptio,* de *præsumere,* présumer) Jugement fondé sur des indices ou des commencements de preuve. « *Il n'y a que de l'avantage pour celui qui parle peu : la présomption est qu'il a de l'esprit* », LA BRUYÈRE. ◆ **Dr.** Ce qui est supposé vrai jusqu'à preuve du contraire. ◆ Opinion trop avantageuse de soi-même. ▪ **Dr.** *Présomption d'innocence,* loi qui considère que toute personne est déclarée innocente tant qu'elle n'a pas été reconnue coupable par le tribunal qui la juge. *Le respect du principe de la présomption d'innocence.*

PRÉSOMPTIVEMENT, adv. [prezɔ̃ptiv(ə)mɑ̃] (*présomptif*) ▷ En présumant. ◁

PRÉSOMPTUEUSEMENT, adv. [prezɔ̃ptɥøz(ə)mɑ̃] (*présomptueux*) D'une manière présomptueuse.

PRÉSOMPTUEUX, EUSE, adj. [prezɔ̃ptɥø, øz] (lat. *præsumptuosus*) Qui a trop haute opinion de soi-même. ◆ N. m. et n. f. Personne présomptueuse. « *Jeune présomptueux !* », P. CORNEILLE. ◆ Qui annonce de la présomption. « *Cette prudence présomptueuse qui se croyait infaillible* », BOSSUET.

PRÉSONORISATION, ▪ n. f. [presonorizasjɔ̃] (1 *pré-* et *sonorisation*) **Techn.** Recommandation officielle du 18 janvier 1973 pour *play-back* Voy. PLAY-BACK *Une émission de télévision, un film musical en présonorisation.*

PRÉSONORISER, ▪ v. tr. [presonorize] (*présonorisation*) Effectuer la présonorisation de. *Présonoriser les musiques d'un spectacle, les chansons d'une émission de télévision.*

PRESQUE, adv. [prɛsk] (*près* et *que*) À peu près. *Presque tous. Il est presque nuit.* ◆ N. m. « *L'orateur doit avoir la diction presque des poètes : ce presque* *dit tout* », Fénelon. ♦ *Presque ne perd son e final que dans presqu'île ; mais on écrit : presque achevé, presque usé, etc.*

PRESQU'ÎLE ou **PRESQU'ILE**, n. f. [pʀɛskil] (*presque* et *île*) Terre que les eaux de la mer entourent de tous les côtés, hors un qui la lie à la terre ferme. ♦ Voy. péninsule. ■ **Au pl.** *Des presqu'îles, des presqu'iles.*

PRESSAGE, n. m. [pʀɛsaʒ] (*presser*) Action de presser ; emploi de la presse.

PRESSAMMENT, adv. [pʀɛsamɑ̃] (*pressant*) ▷ D'une manière pressante. ◁

PRESSANT, ANTE, adj. [pʀɛsɑ̃, ɑ̃t] (*presser*) Qui presse, qui serre. « *Et mouillant de ses pleurs le marbre de ses pieds [d'une statue] Que de ses bras pressants elle tenait liés* », Racine. ♦ **Fig.** Qui insiste sans relâche. ♦ Il se dit en parlant des choses. *Un embarras pressant. Demander en termes pressants.* ♦ *Une douleur pressante*, une douleur aiguë et violente. ♦ **Fig.** Qui presse, accable un adversaire dans la discussion. ♦ Il se dit aussi des choses. « *À ces discours pressants que saurait-on répondre ?* », Boileau. ♦ Urgent, qui ne permet pas de délai. « *L'occasion, Néarque, est-elle si pressante ?* », P. Corneille. ♦ Qui presse, resserre l'idée. « *Perse, en ses vers obscurs, mais serrés et pressants, Affecta d'enfermer moins de mots que de sens* », Boileau. ■ **Fam.** *Avoir un besoin pressant*, *une envie pressante*, avoir envie d'uriner.

PRESS-BOOK, ■ n. m. [pʀɛsbuk] (mot angl., de *press*, presse, journal, et *book*, livre) Dossier destiné à réunir les photos et les articles de presse consacrés à un artiste, un mannequin, un auteur, etc., en vue de le présenter lors d'un rendez-vous professionnel. *Des press-books.* ■ **Abrév.** Book. *Faire son book.*

1 **PRESSE**, n. f. [pʀɛs] (*presser*) Machine qui sert à serrer, à presser, à tenir extrêmement serré. *Mettre des étoffes en presse.* ♦ *Presse hydraulique*, Voy. hydraulique. ♦ Par analogie, *mettre en presse*, comprimer fortement. ♦ ▷ **Fig.** *Mettre quelqu'un, mettre à la presse*, mettre en gage. ◁ ♦ Machine au moyen de laquelle on imprime, soit les feuilles d'un livre, soit les estampes. *L'ouvrage est sous presse*, il s'imprime actuellement. *Mettre un ouvrage sous presse*, le livrer à l'impression, le faire imprimer. ♦ *Presse* se dit aussi des ouvriers qui font mouvoir la presse. *Embaucher une presse.* ♦ L'imprimerie en général, ses produits. *La liberté de la presse.* ♦ *La presse périodique*, les journaux. ♦ Multitude de personnes qui se pressent. *Au milieu de la presse.* « *La presse est dans les églises durant cette sainte quarantaine* », Bossuet. ♦ *Il n'y aura pas grande presse* ou *grand-presse* ▷ à faire telle chose, ◁ se dit d'une chose qu'on ne veut pas faire et dont on pense que peu de personnes voudront se charger. ♦ *Il n'y a pas de presse*, il n'y a pas de quoi s'empresser ; en un sens contraire, *il y a presse*. ♦ *La presse y est*, se dit de tout ce qui est à la mode et goûté, recherché du public. ♦ **Fig.** *Tirer de la presse*, tirer de la foule, du commun. ♦ *Presse*, Jeu d'écoliers qui se serrent les uns contre les autres dans un angle d'un bâtiment. ♦ En Angleterre, enrôlement forcé des matelots. ♦ **Fig.** Douleur, inquiétude, embarras. « *Mon cœur est soulagé d'une presse et d'un saisissement qui me donnait aucun repos* », Mme de Sévigné. ♦ ▷ **Fam.** *Il est en presse*, il est dans un état fâcheux, dans l'inquiétude, dans le chagrin. ◁ ♦ ▷ *Il s'est tiré de la presse, de presse*, il s'est retiré prudemment de quelque mauvaise société, de quelque parti dangereux où il était engagé. ◁ ♦ Sollicitations vives, insistance. « *Écoutez avec quelle presse il vous parle par son prophète* », Bossuet. ♦ Impatience, hâte. « *Et vous voilà, tant vous avez de presse, Découragé sans attendre un moment* », La Fontaine. ♦ Il se dit de travaux qu'il faut faire promptement et sans relâche. *Nous avons eu une grande presse.* ■ *Avoir bonne, mauvaise presse*, faire l'objet de bonnes, de mauvaises critiques dans la presse ; fig. avoir une bonne, une mauvaise réputation. *Il a mauvaise presse dans l'établissement.*

2 **PRESSE**, n. f. [pʀɛs] (lat. *persicum*) Sorte de pêche dont la chair adhère au noyau.

PRESSÉ, ÉE, p. p. de presser. [pʀɛse] Qui a hâte. *Vous êtes bien pressé.* ♦ *Cette lettre est pressée*, il faut qu'elle soit rendue promptement. ♦ *Cette affaire est pressée*, il est urgent de s'en occuper. ♦ Dont le style est serré. « *Soyez vif et pressé dans vos narrations* », Boileau. ♦ **N. m.** *Le plus pressé*, ce qu'il y a le plus de hâte de faire. ■ Urgent. *Travail pressé.* ♦ *Orange pressée, citron pressé*, jus d'orange, de citron frais, pressé à la demande.

PRESSE-AGRUME ou **PRESSE-AGRUMES**, ■ n. m. [pʀɛsagʀym] (1 *presse* et *agrume*) Appareil utilisé pour presser les agrumes et en extraire ainsi le jus. *Des presse-agrumes électriques.*

PRESSÉE, n. f. [pʀɛse] (*presser*) Action de presser, de serrer. ♦ Masse de fruits dont on exprime le suc à la fois ; suc exprimé de cette masse de fruits. ♦ Pile de volumes, de feuilles de carton établie sur le plateau de la presse.

PRESSEMENT, n. m. [pʀɛs(ə)mɑ̃] (*presser*) Action de presser. « *Le pressement continuel que cause la respiration* », Bossuet. ♦ **Fig.** « *Les pressements salutaires d'une main qui nous favorise jusqu'à vouloir nous guérir* », Bossuet.

PRESSENTI, IE, p. p. de pressentir. [pʀɛsɑ̃ti]

PRESSENTIMENT, n. m. [pʀɛsɑ̃timɑ̃] (*pressentir*) Sentiment vague qui fait prévoir, craindre ou espérer. *Un noir pressentiment.* ♦ *Pressentiment de goutte, de fièvre*, espèce d'émotion qui fait appréhender la goutte, la fièvre.

PRESSENTIR, v. tr. [pʀɛsɑ̃tiʀ] (lat. *præsentire*) Avoir un pressentiment de. *Pressentir un danger.* ♦ Deviner. *Je pressens l'objection.* ♦ Tâcher de connaître les dispositions d'une personne. « *J'ai voulu sur ce point pressentir sa pensée* », P. Corneille. ♦ Se pressentir, v. pr. Être pressenti.

PRESSE-PAPIER ou **PRESSE-PAPIERS**, ■ n. m. [pʀɛs(ə)papje] (1 *presse* et *papier*) Accessoire de bureau généralement assez lourd, que l'on pose sur des papiers ou des feuilles pour éviter qu'ils ne s'envolent ou ne se dispersent. *Des presse-papiers.* ■ **Inform.** Emplacement de la mémoire d'un ordinateur où sont conservés des éléments que l'on a copiés ou coupés et qui pourront être réutilisés. *Vous avez mis une grande quantité d'éléments dans votre presse-papier, souhaitez-vous les conserver pour une autre utilisation ?*

PRESSE-PURÉE, ■ n. f. [pʀɛs(ə)pyʀe] (1 *presse* et *purée*) Appareil utilisé en cuisine pour réduire les légumes en purée. *Des presse-purées électriques, mécaniques ou manuels.*

PRESSER, v. tr. [pʀɛse] (lat. *pressare*) Serrer avec plus ou moins de force. « *On presse l'orange, et on en jette l'écorce* », Voltaire. ♦ **Fig.** « *Pressez-les, tordez-les, ils dégouttent l'orgueil, l'arrogance, la présomption* », La Bruyère. ♦ ▷ **Fig.** *Il ne faut pas trop presser cette comparaison, ce bon mot, etc.* il ne faut pas en examiner de trop près la justesse. ◁ ♦ ▷ **Fig.** *Il ne faut pas trop presser cette maxime*, il ne faut pas la pousser à la dernière rigueur. ◁ ♦ Peser sur. « *Le sommeil du tombeau pressera ma paupière* », A. Chénier. ♦ Soumettre à l'action d'une presse. *Presser le marc d'huile, le raisin, etc.* ♦ Approcher une personne, une chose contre une autre. *Presser les rangs. Il ne faut pas être pressé à table.* ♦ **Fig.** Serrer, rapprocher, condenser. « *Je ne pense pas que dans la comédie le poète ait cette liberté de presser son action par la nécessité de la réduire dans l'unité de jour* », P. Corneille. ♦ ▷ *Presser ses raisonnements, ses idées, ses expressions*, leur donner une forme serrée. ◁ ♦ ▷ *Presser son style*, s'exprimer avec concision. ◁ ♦ Dans la marine anglaise, obliger les équipages des vaisseaux marchands et les bateliers de la Tamise à servir sur les vaisseaux de l'État. ♦ **Fig.** Poursuivre sans relâche, attaquer avec ardeur. ♦ **Fig.** Exercer une pression, une gêne. ♦ **Fig.** Exercer des réclamations d'argent. *Ses créanciers le pressent.* ♦ Insister auprès de quelqu'un pour. « *Pour savoir mon secret, tu me pressais toi-même* », Racine. ♦ *Presser quelqu'un de*, avec un substantif, l'engager instamment à. « *Vivez, c'est moi qui vous en presse* », Voltaire. ♦ *Presser de*, avec un infinitif. *Il me presse de partir.* ■ **Absol.** Faire de vives instances. ♦ *Presser quelqu'un de questions*, lui faire des interrogations vives et répétées. ♦ Il se dit des besoins physiques qui se font sentir impérieusement. *Être pressé de la soif et de la faim.* ♦ Il se dit, dans un sens analogue, des passions, des sentiments, etc. « *Toutes les pensées qui me pressent le cœur* », Mme de Sévigné. ♦ Il se dit des dangers, de la mort qui sont imminents. *Le danger le presse de toutes parts.* ♦ Obliger à se diligenter. « *Il n'y en a point qui pressent tant les autres que les paresseux, lorsqu'ils ont satisfait leur paresse, afin de paraître diligents* », La Rochefoucauld. ♦ *Presser le pas, presser la marche*, rendre le pas, la marche plus rapide. ♦ *Presser un cheval*, le faire aller très vite ; l'empêcher de ralentir son allure. ♦ S'efforcer de rendre prochain, hâter, accélérer. « *Nous pressions notre départ* », Fénelon. ♦ **Mus.** *Presser la mesure, presser le mouvement*, rendre le mouvement plus rapide ou trop rapide. ♦ *Presser la mesure*, suivre une affaire de près, la faire marcher. ◁ ♦ Pousser en avant. « *Les flots pressent les flots et l'onde pousse l'onde* », Delille. ♦ **V. intr.** Ne souffrir aucun délai, en parlant des choses. *Le temps presse.* ♦ *La douleur presse*, elle est aiguë et violente. ♦ **Impers.** *Il presse*, il est urgent. ♦ Se presser, v. pr. Se serrer les uns contre les autres. ♦ Être serré l'un contre l'autre, en parlant des choses. « *Les morceaux trop hâtés se pressent dans sa bouche* », Boileau. ♦ Se hâter. ♦ Avec ellipse du pronom personnel. « *Ce qui m'a fait presser de vous dire tout ceci* », Mme de Sévigné. ♦ **Fig.** Être serré par la douleur. « *Votre cœur se presse* », P. Corneille. ♦ Se combattre l'un à l'autre avec des arguments serrés. ■ **V. tr.** Appuyer sur. *Presser un bouton.* ■ **Rem.** Auj. l'emploi figuré de *presser la mesure*, signifie plutôt *se hâter* dans un langage familier.

PRESSEUR, EUSE, ■ n. m. et n. f. [pʀɛsœʀ, øz] (*presser*) **Techn.** Personne qui travaille sur une presse. *Presseur d'étoffes.* ■ **N. m.** Professionnel pressant des CD ou des DVD en quantité industrielle. ■ **N. f.** Machine qui presse industriellement. ■ **Adj.** Qui exerce une pression. *Un plateau presseur. Un galet presseur pour les vidéos.*

PRESSIER, n. m. [pʀɛsje] (1 *presse*) Ouvrier imprimeur qui travaille à la presse à bras.

PRESSING, ■ n. m. [pʀɛsiŋ] (mot angl., action de presser) Action de repasser à la vapeur. ■ **Par méton.** Établissement où l'on repasse le linge à la vapeur après l'avoir nettoyé. *Apporter son tailleur au pressing.* ■ **Fam. Sp.** Pression intense pratiquée sur un adversaire. *Faire du pressing pour récupérer le ballon.*

PRESSIOMÈTRE, ■ n. m. [pʀɛsjɔmɛtʀ] (*pression* et -*mètre*) **Techn.** Appareil qui mesure la variation de la pression à haute température. *Lire la pression atmosphérique sur un pressiomètre.*

PRESSION, n. f. [pʀɛsjɔ̃] (lat. *pressio*) Action de presser. ♦ **Phys.** *Pression atmosphérique*, effet de la pesanteur de l'atmosphère sur tous les corps.

♦ *Pression des liquides,* pression que ces corps contenus exercent, en état de repos, sur les parois des vases et de dedans en dehors. ♦ *Machine à haute pression,* machine à vapeur dans laquelle l'effort du piston fait équilibre à plusieurs atmosphères. On dit, par opposition, *basse pression.* ♦ **Fig.** Contrainte exercée sur quelqu'un. ■ *Pression artérielle,* pression exercée par le sang sur les parois des artères. ■ **Fig.** *Être sous pression,* tendu, énervé. ♦ *Bouton-pression* ou *pression,* bouton composé de deux parties métalliques qui s'emboîtent l'une dans l'autre. *Un gilet à pressions.* ■ **Fig.** et **fam.** *Mettre la pression à quelqu'un,* attendre beaucoup d'une personne. *Son entraîneur lui met la pression.*

PRESSIS, n. m. [pʀesi] (*presser*) Jus qu'on fait sortir de la viande en la pressant. ♦ Suc exprimé d'herbes.

PRESSOIR, n. m. [pʀeswaʀ] (b. lat. *pressorium*) Machine qui sert à presser du raisin, des pommes, des olives, pour en faire du vin, du cidre, de l'huile. ♦ Lieu où elle se trouve. ■ **REM.** Le pressoir est aussi utilisé pour d'autres fruits.

PRESSOSTAT, ■ n. m. [pʀesosta] (*pression* et gr. *statos,* stable) **Techn.** Appareil automatique qui permet que la pression d'un fluide comprimé dans un conduit ou une enceinte fermée ne varie pas. *Pressostat pour lave-linge, pour lave-vaisselle. Le pressostat d'un circuit de climatisation.*

PRESSPAHN, ■ n. m. [pʀɛspan] (mot all.) **Techn.** Isolant composé de papier ou de carton imbibé de vernis ou d'huile. *Des presspahns. On utilise du papier presspahn dans les transformateurs haute tension.*

PRESSURAGE, n. m. [pʀesyʀaʒ] (*pressurer*) Action de pressurer le raisin. ♦ Vin tiré du marc fortement pressuré. ♦ Dans les sucreries, action d'extraire le jus de betterave par le moyen d'une presse. ♦ Action de presser, de comprimer. ♦ Droit que l'on paye pour user d'un pressoir.

PRESSURÉ, ÉE, p. p. de pressurer. [pʀesyʀe]

PRESSURER, v. tr. [pʀesyʀe] (*pressoir,* avec altér. du suff.) Presser des raisins ou d'autres fruits, en tirer la liqueur qu'ils contiennent par le moyen du pressoir. ♦ Il se dit aussi de la fabrication des fromages. ♦ Serrer fortement avec la main un fruit pour en exprimer le jus. ♦ **Fig.** Épuiser par les impôts. *Pressurer les peuples.* ♦ **Fig.** Tirer d'une personne tout ce qu'on peut en tirer.

PRESSUREUR, EUSE, n. m. et n. f. [pʀesyʀœʀ, øz] (*pressurer*) Ouvrier, ouvrière, qui fait mouvoir un pressoir. ■ **Fig.** Personne qui exploite les autres.

PRESSURISATION, ■ n. f. [pʀesyʀizasjɔ̃] (*pressuriser*) **Techn.** Action de pressuriser. *Pressurisation des avions.*

PRESSURISER, ■ v. tr. [pʀesyʀize] (angl. *to pressurize,* de *pressure,* pression) **Techn.** Conserver en vol une pression atmosphérique normale, égale à celle au niveau du sol. *Pressuriser une cabine d'avion.*

PRESTANCE, n. f. [pʀestɑ̃s] (lat. *præstantia*) Bonne mine accompagnée de dignité et de gravité. *Avoir de la prestance.* ■ *Avoir de la prestance,* avoir du charisme, posséder une certaine élégance naturelle.

PRESTANT, n. m. [pʀestɑ̃] (lat. *præstans,* remarquable, éminent) ▷ Le jeu de l'orgue sur lequel s'accordent tous les autres. ◁

PRESTATAIRE, ■ n. m. et n. f. [pʀestatɛʀ] (*prestation*) Personne ou entreprise qui accorde une prestation. ■ Personne qui bénéficie d'une prestation. *Les prestataires des allocations familiales.* ■ **Écon.** *Prestataire de services,* entreprise ou personne qui fournit des services à ses clients. *Un prestataire de services informatiques.*

PRESTATION, n. f. [pʀestasjɔ̃] (lat. *præstatio,* acquittement, paiement) **Dr.** *Prestation de serment,* action de prêter serment. ♦ ▷ Féodalité, *prestation de foi et hommage,* l'action d'un vassal qui rendait foi et hommage à son seigneur. ◁ ♦ *Prestation en nature,* travail de trois journées auquel les habitants des communes peuvent être assujettis pour la réparation des chemins vicinaux. ♦ Fourniture due aux militaires. *Prestation en nature, en argent.* ■ Allocation attribuée à quelqu'un. *Prestations sociales.* ■ Fait de se produire en public pour un artiste ou un sportif. *Il a fait une bonne prestation hier soir.*

PRESTE, adj. [pʀest] (ital. *presto,* du lat. tard. *præstus,* prêt) Prompt, agile. *Avoir la main preste.* « *Ils sont très prestes dans leurs mouvements* », BUFFON. ♦ **Fig.** *Une réplique preste.* ♦ **Adv.** Vite, promptement.

PRESTEMENT, adv. [pʀestəmɑ̃] (*preste*) Vivement, promptement.

PRESTESSE, n. f. [pʀestɛs] (ital. *prestezza*) Extrême vitesse, agilité. *Grande prestesse de main.* ♦ **Fig.** *La prestesse de son esprit, de ses réponses.* ♦ **Peint.** Promptitude, habileté, vivacité dans le maniement du pinceau.

PRESTIDIGITATEUR, TRICE, n. m. et n. f. [pʀestidiʒitatœʀ, tʀis] (*preste* et lat. *digitus,* doigt) Personne qui fait des tours de gobelet, escamoteur. ■ Artiste qui crée des illusions, des tours de magie grâce à la rapidité et à la dextérité de ses mains. *L'habileté du prestidigitateur.*

PRESTIDIGITATION, n. f. [pʀestidiʒitasjɔ̃] (*prestidigitateur*) Art du prestidigitateur. ■ **Fig.** « *Ce ne serait que de la prestidigitation verbale, bien pauvre devant l'exploit du prestidigitateur qui fait sortir un réveille-matin d'un dé à coudre* », G. BACHELARD.

PRESTIGE, n. m. [pʀestiʒ] (lat. *præstigium,* artifice, illusion) Illusion attribuée aux sortilèges. « *D'un devin suborné les infâmes prestiges* », P. COR-NEILLE. ♦ **Fig.** « *Macbeth précipité dans le crime par les prestiges de l'ambition* », MME DE STAËL. ■ Illusions produites par des moyens naturels. *Les prestiges de la fantasmagorie.* ■ **Fig.** Illusion produite sur l'esprit par les productions des lettres et des arts. *Les prestiges du théâtre, de l'art, etc.* ♦ *Cet homme a du prestige,* il exerce une influence qui ressemble à un prestige.

PRESTIGIEUX, EUSE, adj. [pʀestiʒjø, øz] (lat. *præstigiosus,* qui fait illusion, trompeur) Qui opère des prestiges. *Un art prestigieux.* ♦ Qui tient du prestige. *Un ouvrage prestigieux.*

PRESTIMONIE, n. f. [pʀestimoni] (b. lat. *præstimonium,* du lat. *præstare*) **Dr. canonique** Fonds affecté à l'entretien d'un prêtre, sans titre de bénéfice.

PRESTO, PRESTISSIMO, adv. [pʀesto, pʀestisimo] (mots it.) **Mus.** Mots italiens signifiant vite, très vite, dont on se sert pour exprimer un mouvement rapide, très rapide. ♦ PRESTO, n. m. Le dernier morceau d'une sonate, d'un quatuor, etc.

PRESTOLET, ■ n. m. [pʀestolɛ] (provenç. *prestoulet,* dimin. de *prestre,* prêtre) ▷ Péj. Ecclésiastique sans considération. ◁

PRÉSUMABLE, adj. [pʀezymabl] (*présumer*) Qui peut être présumé, qu'on peut conjecturer. *Il est présumable que, etc.*

PRÉSUMÉ, ÉE, p. p. de présumer. [pʀezyme] **Adj.** *Le coupable présumé a été arrêté.*

PRÉSUMER, v. tr. [pʀezyme] (lat. *præsumere,* se représenter d'avance) Juger d'après certaines probabilités. *Présumer le bien de son prochain* ou *présumer bien de son prochain.* « *Ce que je sens en moi, je le présume en lui* », P. CORNEILLE. ♦ **Absol.** « *Lorsque le juge présume, les jugements deviennent arbitraires* », MONTESQUIEU. ♦ **V. intr.** Avoir trop bonne opinion de. « *Qui n'appréhende rien présume trop de soi* », P. CORNEILLE. « *Toute éclairée qu'elle était, elle n'a point présumé de ses connaissances* », BOSSUET. ♦ Il se dit avec de et l'infinitif. « *Afin que je ne sais quels Scythes... Présument de nous égaler* », MALHERBE. ♦ Se présumer, v. pr. Être présumé.

PRÉSUPPOSÉ, ÉE, p. p. de présupposer. [pʀesypoze] **Absol.** *Cela présupposé,* cela étant présupposé. ■ **N. m.** Ce qui est supposé, admis préalablement.

PRÉSUPPOSER, v. tr. [pʀesypoze] (1 *pré-* et *supposer*) Supposer préalablement. « *Ils présupposaient que les dieux du ciel ne s'abaissaient pas jusqu'à s'entretenir avec les hommes* », BOURDALOUE. ♦ Avec un nom de chose pour sujet, *faire présupposer.* « *Le remords présuppose le doute* », DESCARTES. ♦ Se présupposer, v. pr. Être présupposé.

PRÉSUPPOSITION, n. f. [pʀesypozisjɔ̃] (*présupposer*) Supposition préalable.

PRÉSURE, n. f. [pʀezyʀ] (lat. pop. *pre[n]sura,* du lat. *prehensum,* de *prehendere,* prendre) Matière qu'on trouve dans le quatrième estomac ou caillette du veau et des jeunes animaux ruminants, à l'âge où ils sont encore nourris de lait, et dont on se sert pour faire cailler le lait.

PRÉSURER, ■ v. tr. [pʀezyʀe] (*présure*) **Techn.** Faire cailler le lait avec de la présure. *Présurer le lait.*

PRÉSYSTOLE, ■ n. f. [pʀesistɔl] (1 *pré-* et *systole*) Période qui précède immédiatement la systole ventriculaire.

PRÉSYSTOLIQUE, ■ adj. [pʀesistolik] (*présystole*) Relatif à la présystole. *Le galop présystolique est un bruit d'origine articulaire.*

1 PRÊT, n. m. [pʀe] (*prêter*) Action de prêter de l'argent ou quelque autre objet. ♦ *Prêt gratuit,* se dit lorsque le prêteur se contente de la restitution de la chose prêtée. ♦ *Prêt à intérêt,* prêt à condition que le débiteur en servira les intérêts. ♦ *Prêt usuraire,* Voy. USURAIRE. ♦ *Prêt à la petite semaine,* prêt usuraire où les intérêts se comptent et sont dus par semaines. ♦ *Somme d'argent prêtée.* ♦ *Maison de prêt,* établissement autorisé dans lequel on prête de l'argent sur nantissement. ♦ Dans les bibliothèques, action de prêter un livre que l'emprunteur emporte chez lui. ♦ Somme donnée tous les cinq jours aux sous-officiers et aux soldats. ■ Contrat qui fixe les modalités d'un prêt.

2 PRÊT, ÊTE, adj. [pʀe, ɛt] (b. lat. *præstus*) Qui est disposé à, préparé à. *Tenez-vous prêt pour partir.* « *La mort ne surprend point le sage, Il est toujours prêt à partir* », LA FONTAINE. ♦ Se dit aussi des choses. « *Et que tous vos vaisseaux soient prêts pour notre fuite* », RACINE. *Mon livre est prêt à imprimer.* ♦ **Absol.** En parlant des personnes, tout disposé, tout préparé. « *Il faut partir, les matelots sont prêts* », BOILEAU. ♦ *Il n'est jamais prêt,* il n'a jamais fait ses préparatifs à temps. ♦ Il se dit aussi des choses. *Le dîner est prêt.* ♦ *Prêt sur,* qui a par-devant soi une préparation, une étude. « *Mon second était prêt sur* tout », PASCAL. ♦ *Prêt à*, sur le point de. « *L'oiseau, prêt à mourir, se plaint en son ramage* », LA FONTAINE. ♦ Il se dit aussi des choses. « *L'empire est prêt à choir et la France s'élève* », P. CORNEILLE. ♦ *Prêt de*, disposé à, préparé à, en parlant des personnes ou des choses. « *Qu'il vienne me parler, je suis prêt de l'entendre* », RACINE. ♦ Aujourd'hui, en ce sens, on ne dit plus que *prêt à*. ♦ *Prêt de*, sur le point de, en parlant des personnes et des choses. « *En rêvant à la visite qu'elle était prête de recevoir* », LA FONTAINE. « *On a fait contre vous dix entreprises vaines ; Peut-être que l'onzième est prête d'éclater* », P. CORNEILLE. ♦ Aujourd'hui, en ce sens, on ne dit plus que *près de*. ■ REM. *Prêt de* est littéraire aujourd'hui.

PRÊTABLE, adj. [pʀetabl] (*prêter*) ▷ Qui peut être prêté. ◁

PRÉTANTAINE ou **PRÉTENTAINE**, n. f. [pʀetɑ̃tɛn] (orig. inc.) **Fam.** Ne se dit que dans : *Courir la prétantaine*, courir çà et là, sans nécessité. ■ REM. Graphies anciennes : *pretantaine, pretentaine*.

PRÊT-À-PORTER, ■ n. m. [pʀɛtapɔʀte] (trad. de l'angl. *ready-to-wear*) Ensemble des vêtements conçus généralement par un styliste et créés en série selon des mesures soumises à une norme. *Une boutique de prêt-à-porter. Des prêts-à-porter.*

PRÊTÉ, ÉE, p. p. de prêter. [pʀete] N. m. *C'est un prêté rendu*, c'est une juste représaille. Ne dites pas : *C'est un prêté pour un rendu*. ■ REM. On dit auj. *C'est un prêté pour un rendu.*

PRÉTENDANT, ANTE, n. m. et n. f. [pʀetɑ̃dɑ̃, ɑ̃t] (*prétendre*) Celui, celle qui prétend, qui aspire à une chose. ♦ Prince qui prétend avoir des droits à un trône occupé par un autre. ♦ N. m. Celui qui aspire à la main d'une femme.

PRÉTENDRE, v. tr. [pʀetɑ̃dʀ] (lat. *prætendere*, tendre devant, prétexter) Réclamer, exiger comme un droit. « *Comme le plus vaillant, je prétends la troisième [part]* », LA FONTAINE. ♦ *Son frère Florien prétendit l'empire par droit de succession*, BOSSUET. ♦ Absol. « *Punir des insolents qui prétendent trop haut* », P. CORNEILLE. ♦ *Prétendre la main, prétendre une personne*, aspirer à l'épouser. « *Je n'ai point prétendu la main d'un empereur* », P. COR-NEILLE. « *C'est de ne plus souffrir qu'Alceste vous prétende* », MOLIÈRE. ♦ Soutenir, affirmer. « *Prétendre avec Descartes que les animaux sont de pures machines, c'est démentir l'expérience* », VOLTAIRE. ♦ En ce sens, il ne prend guère pour complément direct qu'un nom indéterminé. *Je prétends ceci. Ce que je prétends, c'est que...* ♦ Cependant on dit : *Prétendre une chose bonne, mauvaise*, soutenir qu'elle est bonne, mauvaise. ♦ *Prétendre* avec le verbe à l'infinitif sans préposition, avoir l'intention de. « *Je prétends vous traiter comme mon propre fils* », RACINE. ♦ Avoir la prétention, se flatter de. « *Il est arrivé à peu de personnes de prétendre connaître toutes choses* », PASCAL. ♦ On a dit : *Prétendre de*. « *Ne prétendez pas de faire accroire au monde que...* », PASCAL. ♦ *Prétendre que*, avec le subjonctif, vouloir, entendre. « *De lui seul il voulait qu'on reçoive la loi* », BOILEAU. ♦ On met aussi quelquefois le conditionnel après *prétendre* à l'imparfait, et le futur après le présent. ♦ V. intr. Aspirer à. *Prétendre à la main d'une femme, à une charge, etc.* « *Il ne faut point que je prétende à vivre agréablement sans vous* », MME DE SÉVIGNÉ.

PRÉTENDU, UE, p. p. de prétendre. [pʀetɑ̃dy] À quoi on s'attribue un droit. « *[Il] Se vit exclu d'un rang vainement prétendu* », RACINE. ♦ Supposé, faux. *Un prétendu dieu. Un sage prétendu.* « *La religion réformée*, nom qu'on donnait autrefois au protestantisme. ♦ *Un gendre prétendu*, celui qui va devenir gendre de quelqu'un. ♦ N. m. et n. f. Celui, celle qui doit se marier. ♦ Au masc. Celui qui recherche une femme en mariage.

PRÉTENDUMENT, ■ adv. [pʀetɑ̃dymɑ̃] (*prétendu*) D'une manière supposée, fausse. *Cet homme prétendument voyant est un charlatan.*

PRÊTE-NOM, n. m. [pʀɛt(ə)nɔ̃] (*prêter* et *nom*) Celui qui, sans entrer dans le fond d'une affaire, en paraît le principal acteur, et signe un acte où le véritable contractant ne veut pas paraître. *Les fermes générales du roi s'adjugeaient à des prête-noms.* ♦ Celui qui prête son nom à un écrit qu'il n'a pas fait, à un mot qu'il n'a pas dit, etc.

PRÉTENSIONNEUR, ■ n. m. [pʀetɑ̃sjɔnœʀ] (1 *pré-* et *tension*) **Techn.** Dispositif utilisé pour augmenter l'efficacité d'une ceinture de sécurité en tendant cette dernière en cas de choc.

PRÉTENTAINE, n. f. [pʀetɑ̃tɛn] Voy. PRÉTANTAINE.

PRÉTENTIEUSEMENT, ■ adv. [pʀetɑ̃sjøz(ə)mɑ̃] (*prétentieux*) D'une manière prétentieuse. *Annoncer prétentieusement sa promotion. C'est un film prétentieusement intellectuel.*

PRÉTENTIEUX, EUSE, adj. [pʀetɑ̃sjø, øz] (rad. de *prétention*) Qui a des prétentions. *Homme prétentieux.* ♦ N. m. et n. f. Celui, celle qui a des prétentions. *Vous n'êtes qu'un prétentieux.* ♦ Où il y a de la prétention. *Un style prétentieux.* ■ Qui a une opinion trop avantageuse de soi. *Elle est prétentieuse, arrogante et maniérée.*

PRÉTENTION, n. f. [pʀetɑ̃sjɔ̃] (lat. *prætentum*, de *prætendere*, prétendre) Droit qu'on croit avoir sur une chose. *Les prétentions d'un roi.* « *Catherine*

de Médicis avait des prétentions sur le Portugal* », VOLTAIRE. ♦ Exigence. *Cet homme est exagéré dans ses prétentions.* ♦ Visées à l'esprit, aux talents, aux honneurs, à la considération, etc. « *On est plus humilié d'être au-dessous de ses prétentions que de ses devoirs* », DUCLOS. « *La prétention à juger de tout fait qu'on ne jouit de rien* », MARMONTEL. ♦ *Homme à prétentions*, celui qui prétend à l'esprit, qui cherche à être l'objet d'une distinction particulière. ♦ *Homme sans prétentions*, homme de manières simples, qui ne cherche pas à se faire remarquer. ♦ *Cette femme a encore des prétentions*, elle se croit encore jolie et capable de plaire. ♦ Espérance, dessein fondé sur une confiance personnelle. *Je n'ai pas la prétention de vous convaincre.* ■ Estime trop grande que l'on a de soi. « *Quelles sont vos prétentions ?*, quel salaire souhaitez-vous pour ce travail ? (pendant un entretien d'embauche). *Préciser ses prétentions salariales.*

PRÊTER, v. tr. [pʀete] (lat. *præstare*) Fournir, mettre à la disposition. « *Petit poisson deviendra grand, Pourvu que Dieu lui prête vie* », LA FONTAINE. ♦ *Prêter secours, aide, faveur, etc.* secourir, aider, favoriser quelqu'un en quelque chose. ♦ *Prêter main-forte*, Voy. MAIN-FORTE. ♦ *Prêter la main* ou *les mains*, Voy. MAIN. ♦ *Prêter l'épaule*, Voy. ÉPAULE. ♦ *Prêter son bras*, fournir le secours de ses armes, de sa vaillance. ♦ *Prêter l'oreille*, Voy. OREILLE. ♦ *Prêter l'œil et l'oreille à*, regarder et écouter. ♦ *Prêter silence*, faire silence. ♦ *Prêter attention, prêter son attention*, écouter attentivement. ♦ *Prêter l'esprit à*, accorder de l'attention. ♦ *Prêter serment*, faire serment devant quelqu'un. ♦ *Prêter foi et hommage*, Voy. PRESTATION. ♦ ▷ *Prêter sa voix, son ministère à quelqu'un*, parler pour lui, s'employer pour lui. ◁ ♦ *Prêter son crédit, prêter ses amis à quelqu'un*, lui rendre service par son crédit ou par l'intervention de ses amis. ♦ Il se dit aussi des choses qui procurent, qui communiquent. « *Tes malheurs te prêtaient encor de nouveaux charmes* », RACINE. ♦ *Prêter un prétexte*, servir de prétexte. ♦ Donner une chose à condition qu'on la rendra. *Prêter son cheval, son argent.* ♦ Absol. et en parlant d'argent. « *Il donnait avec bien plus de plaisir qu'il ne prêtait ; car souvent l'expérience lui avait fait connaître qu'il donnait ce qu'il croyait prêter* », d'ALEMBERT. ♦ ▷ *Prêter à la petite semaine*, Voy. PRÊT. ◁ ♦ **Fig.** *Prêter sa main*, être seulement l'exécuteur de la volonté d'un autre. ◁ ♦ **Fig.** *Prêter sa plume*, écrire pour quelqu'un. ♦ **Fig.** *Prêter son nom*, laisser faire en son nom. ♦ *Prêter son nom*, autoriser un autre à se servir de notre nom en quelque occasion. ♦ ▷ *Prêter le collet à quelqu'un*, Voy. COLLET. ◁ ♦ *Prêter le flanc*, Voy. FLANC. ♦ **Fig.** Attribuer, imputer. *Prêter à quelqu'un des torts, un travers, des ridicules.* ♦ **Fig.** et **ellipt.** *Prêter à*, en sous-entendant matière, sujet, occasion. *Prêter à la plaisanterie, à la critique, à la censure, au ridicule.* ♦ Des grammairiens ont remarqué qu'il ne fallait pas dire *prêter à rire*, mais *apprêter à rire*. Cependant, si l'ellipse est telle qu'il a été dit, il est aussi loisible de dire *prêter à rire*, que *prêter au rire*. ◁ ♦ V. intr. En parlant des étoffes, du cuir, etc. s'étendre. ◁ ♦ **Fig.** *C'est un sujet qui prête*, qui est susceptible de beaucoup de développements. ♦ N. m. *Un prêter*, action de prêter. *Ami au prêter, ennemi au rendre*, on se fait souvent un ennemi de celui qu'on a obligé, quand on exige le remboursement de ce qu'on a prêté. ♦ Se prêter, v. pr. Être prêté. *L'argent se prête légalement à cinq pour cent.* ♦ **Fig.** Se laisser aller momentanément à quelque chose. « *Elle sut se prêter au monde avec toute la dignité que demandait sa grandeur* », BOSSUET. « *Au théâtre, on se prête toujours aux sentiments naturels des personnages* », VOLTAIRE. ♦ ▷ *Se prêter à soi-même*, se laisser aller à ses propres penchants. ◁ ♦ Consentir par complaisance. *Se prêter à un accommodement.* ♦ User de complaisance. « *Prêtons-nous sagement aux misères humaines* », BERNIS. ♦ Il faut se prêter aux circonstances, il faut savoir patienter selon les temps. ♦ Absol. *Savoir se prêter*, savoir user de complaisance à propos. ♦ S'accommoder. « *Le vague de la musique se prête à tous les mouvements de l'âme* », MME DE STAËL. ♦ **Prov.** *On ne prête qu'aux riches*, on n'oblige ceux dont on peut espérer des services, et fig. on attribue volontiers aux personnes, suivant la réputation qu'elles se sont faite, certaines actions, bonnes ou mauvaises, des traits d'esprit ou des sottises.

PRÉTÉRIT, n. m. [pʀeteʀit] (lat. *præteritum*, de *præterire*, laisser en arrière) **Gramm.** Temps passé. *Il y a quatre prétérits : prétérit imparfait, prétérit défini ou prétérit simple, prétérit indéfini, prétérit antérieur.* ♦ *Prétérit*, temps utilisé en anglais et en allemand pour parler d'une action passée et correspondant au passé simple et à l'imparfait du français. *Un verbe au prétérit. Apprendre par cœur les formes irrégulières du prétérit.*

PRÉTÉRITER, ■ v. tr. [pʀeteʀite] (lat. *præteritare*, de *præterire*, négliger, passer sous silence) **Suisse** Défavoriser, faire du tort à quelqu'un, nuire à quelque chose. *Son faux témoignage a prétérité l'enquête.*

PRÉTÉRITION, n. f. [pʀeteʀisjɔ̃] (b. lat. *præteritio*, de *præterire*, laisser en arrière) L'action de taire, de passer sous silence. ♦ Figure de rhétorique par laquelle on feint d'omettre des circonstances sur lesquelles on insiste avec beaucoup de force. ♦ **Pratiq.** Omission d'un héritier nécessaire dans un testament. ■ REM. On disait aussi *prétermission* et *paralipse* autrefois.

PRÉTERMISSION, n. f. [pʀetɛʀmisjɔ̃] (lat. *prætermissio*, omission) ▷ Syn. de prétérition. ◁

PRÉTEST, ■ n. m. [pʀɛtɛst] (1 *pré-* et *test*) Phase d'élaboration d'un test. *Faire un prétest auprès d'un échantillon de personnes pour concevoir un programme. Prétest médical.* ■ Test réalisé sur des matériaux publicitaires avant de les employer. *Le prétest permet d'identifier la valeur de persuasion d'une annonce publicitaire.*

PRÉTEUR, n. m. [pʀetœʀ] (lat. *prætor*) Nom donné originairement aux grands magistrats de l'ancienne Rome. ♦ Plus tard, magistrat chargé de rendre la justice. ♦ *Édit du préteur*, Voy. ÉDIT. ♦ Après leur sortie de fonction, les consuls, sous le nom de préteurs, étaient envoyés dans certaines provinces pour les gouverner.

PRÊTEUR, EUSE, adj. [pʀetœʀ, øz] (*prêter*) Qui prête. « *La fourmi n'est pas prêteuse* », LA FONTAINE. ♦ N. m. et n. f. Celui, celle qui prête de l'argent. *Un prêteur sur gages.*

1 **PRÉTEXTE**, adj. f. [pʀetɛkst] (lat. *prætexta*, s.-e. *toga*) Antiq. rom. *Robe prétexte* ou n. f. *la prétexte*, robe blanche bordée de pourpre, qui était à Rome une des marques de dignité. ♦ Longue robe blanche garnie d'une petite bande de pourpre, que les enfants de famille patricienne portaient jusqu'à l'âge de puberté.

2 **PRÉTEXTE**, n. m. [pʀetɛkst] (lat. *prætextus*, fait de mettre en avant) Cause supposée, raison apparente dont on se sert pour cacher le motif réel d'un dessein, d'une action. *Donner prétexte à quelqu'un.* « *Ils couvrent leur prudence humaine du prétexte d'une prudence divine* », PASCAL. ♦ On dit *prétexte à*, *prétexte pour*, *prétexte de*, avec un nom ou un infinitif. ♦ *Il n'y a pas de prétexte à cela*, ou absol. *il n'y a pas de prétexte*, il n'y a pas même de raison apparente pour... ♦ *Sur un prétexte*, en se fondant sur un prétexte. *Chercher querelle sur le moindre prétexte.* ♦ *Sous un prétexte*, en se couvrant d'un prétexte. ♦ SOUS PRÉTEXTE, loc. prép. *Sous prétexte de maladie.* ♦ SOUS PRÉTEXTE QUE, loc. conj. « *Sous prétexte qu'ils adoraient le Dieu d'Israël* », BOSSUET.

PRÉTEXTÉ, ÉE, p. p. de prétexter. [pʀetɛkste]

PRÉTEXTER, v. tr. [pʀetɛkste] (2 *prétexte*) Prendre pour prétexte. ♦ Cacher sous une apparence spécieuse. « *Ce magistrat prétexte ses violences de l'amour du bien public* », Dict. de l'Acad..

PRETINTAILLE, n. f. [pʀətɛ̃taj] (orig. inc., p.-ê. de *prétentieux* et *tinter*) Ornement de toilette en découpure qui se mettait sur les robes des femmes. *Porter des pretintailles.* ♦ **Fig.** Légers accessoires qui accompagnent une chose (sens vieilli). ♦ « *Il ne s'agit que d'ôter de la voix les éclats et toute la pretintaille française* », J.-J. ROUSSEAU.

PRETINTAILLÉ, ÉE, p. p. de pretintailler. [pʀətɛ̃taje] ▷ Fig. Se dit d'un style surchargé d'ornements de mauvais goût. ◁

PRETINTAILLER, v. tr. [pʀətɛ̃taje] (*pretintaille*) ▷ Mettre des pretintailles. *Pretintailler une jupe.* ◁

PRETIUM DOLORIS ou **PRÉTIUM-DOLORIS**, ■ n. m. inv. [pʀesjɔmdɔlɔʀis] (le *x* se prononce *ss* ; loc. lat., prix de la douleur) Dr. Dommages et intérêts qu'un tribunal décide d'allouer à une victime en réparation de préjudices physiques ou moraux subits. *Pretium doloris léger, important. Des pretium doloris* ou *des prétium-doloris.*

PRÉTOIRE, n. m. [pʀetwaʀ] (lat. *prætorium*) Chez les Romains, emplacement de cent pieds carrés qui entourait la tente du général. ♦ Maison et tribunal du préteur. ♦ Caserne ou camp stable des prétoriens. ♦ *Préfet du prétoire*, Voy. PRÉFET. ♦ Aujourd'hui, le petit tribunal où le juge de paix rend ses décisions. *Entrer dans le prétoire.*

PRÉTONIQUE, ■ adj. [pʀetɔnik] (1 *pré-* et *tonique*) Ling. Se dit d'une syllabe qui précède la syllabe accentuée d'un mot. *Voyelle prétonique.*

PRÉTORIAL, ALE, ■ adj. [pʀetɔʀjal] (*prétoire*) Antiq. Relatif au prétoire, au préteur. *Palais prétoriaux.*

PRÉTORIEN, IENNE, adj. [pʀetɔʀjɛ̃, jɛn] (lat. *prætorianus*) Qui appartient au préteur. *Dignité prétorienne.* ♦ *Provinces prétoriennes*, celles qui étaient gouvernées par des préteurs. ♦ *Droit prétorien*, droit qui résultait des édits des préteurs. ♦ Qui appartenait à la garde des empereurs, à Rome. *Garde prétorienne. Soldat prétorien.* ♦ N. m. Soldat de la garde prétorienne. ♦ Fig. Il se dit des corps militaires qui font et défont les gouvernements, et, par assimilation, de corps non armés, de compagnies qui s'arrogent un grand pouvoir.

PRÊTRAILLE, n. f. [pʀɛtʀaj] (*prêtre* et suff. péj. *-aille*) Fam. et péj. Le clergé, les ecclésiastiques.

PRÉTRAITEMENT, ■ n. m. [pʀetʀɛt(ə)mɑ̃] (1 *pré-* et *traitement*) Techn. Traitement préalable. *Prétraitement des eaux résiduaires.*

PRÊTRE, n. m. [pʀɛtʀ] (lat. chrét. *presbyter*, du gr. *presbuteros*, ancien du peuple) Celui qui préside aux cérémonies d'un culte religieux quel qu'il soit. ♦ Celui qui, dans l'ancienne loi, était consacré au service du tabernacle et du temple. ♦ Dans l'Église catholique, celui qui, en vertu de l'ordre du sacerdoce, a le pouvoir de dire la messe et d'administrer les sacrements. ♦ *Cardinal-prêtre*, cardinal qui a reçu l'ordre de la prêtrise. ♦ En parlant du culte réformé, on dit ordinairement ministre ou pasteur. ♦ ▷ *Bonnet de prêtre*, le fusain. ◁ ♦ ▷ *Bonnet de prêtre*, pièce de fortification dont la tête est formée de trois angles saillants. ◁ ♦ **Prov.** *Il faut que le prêtre vive de l'autel*, il faut que le prêtre trouve dans sa profession des moyens de vivre. ■ *Prêtre-ouvrier*, prêtre partageant la vie des travailleurs. *Prêtre-ouvrier dans une usine textile. Des prêtres-ouvriers.*

PRÊTRESSE, n. f. [pʀetʀɛs] (*prêtre*) Femme attachée au culte des anciennes divinités. ♦ Fig. « *C'était une prêtresse inspirée qui se consacrait avec joie au culte du génie* », MME DE STAËL. ■ *La grande prêtresse de*, la reine de, la référence en matière de. *C'est la grande prêtresse de la mode, de l'amour.*

PRÊTRISE, n. f. [pʀetʀiz] (*prêtre*) Chez les catholiques, ordre sacré par lequel un homme est fait prêtre. *Recevoir la prêtrise.* ♦ Il se dit quelquefois des autres religions. « *Et par là de Baal méritai la prêtrise* », RACINE. ♦ Le corps des prêtres.

PRÉTUBERCULEUX, EUSE, ■ adj. [pʀetybɛʀkylø, øz] (1 *pré-* et *tuberculeux*) Se dit de l'ensemble des symptômes qui annoncent une tuberculose. *Soins, enfants prétuberculeux.* ■ N. m. et n. f. *Un prétuberculeux, une prétuberculeuse.*

PRÉTURE, n. f. [pʀetyʀ] (lat. *prætura*) Charge de préteur. ♦ Temps de l'exercice de cette charge.

PREUVE, n. f. [pʀœv] (rad. anc. fr. de *prouver*) Ce qui montre la vérité d'une proposition, la réalité d'un fait. ♦ *Preuves testimoniales* ou *par témoins ; preuves littérales* ou *par écrit.* ♦ *Preuve morale*, preuve qui résulte de la croyance que nous accordons à autrui. ♦ *Preuve de sentiment*, croyance qui repose non sur la démonstration, mais sur la manière de sentir. ♦ Fam. et ellipt. *Preuve de cela*, ce qui prouve que cela est. ♦ *En venir à la preuve*, vérifier. ♦ *En venir aux preuves*, exécuter ce dont il s'agit. ♦ Dr. *Semi-preuve* ou *demi-preuve*, commencement de preuve qui, sans être suffisant pour établir le fait dont il s'agit, fournit des indices. ♦ Aujourd'hui, on dit *commencement de preuve.* ♦ *Titres qui établissent la noblesse. Faire preuve de noblesse*, ou absol. *faire ses preuves*, justifier par titres qu'on est noble. ♦ Fig. *Faire ses preuves*, faire connaître son savoir, son mérite, son courage. ♦ Fig. *Faire preuve de*, prouver qu'on a... *Faire preuve de goût.* ♦ *Titres, pièces que l'on met à la fin d'un ouvrage pour prouver les faits que l'on y avance.* ♦ Fig. Marque, témoignage. « *J'ai lu dans tous ses traits la preuve de son crime* », DUCIS. ♦ *Faire les preuves d'une chose*, la prouver. ♦ Arithm. Opération par laquelle on vérifie l'exactitude d'un calcul.

PREUX, adj. m. [pʀø] (lat. vulg. *prode*, utile, profitable) Vaillant, brave. ♦ N. m. *Un ancien preux. Les neuf preux.* ♦ *Les neuf preuses*, nom donné dans le Moyen Âge à neuf femmes guerrières.

PRÉVALENCE, ■ n. f. [pʀevalɑ̃s] (b. lat. *prævalentia*, valeur supérieure) Méd. Nombre de maladies ou de malades présents à un moment donné dans une population, quelle que soit la date à laquelle le diagnostic a été porté. *La prévalence se distingue de l'incidence qui comptabilise le nombre de nouveaux cas enregistrés pendant une période donnée.*

PRÉVALOIR, v. intr. [pʀevalwaʀ] (lat. *prævalere*, valoir plus) Se conjugue comme *valoir*, excepté au subjonctif : que je prévale, etc. Remporter l'avantage, en parlant des personnes. « *Il fut donné à Cromwell de prévaloir contre les rois* », BOSSUET. « *Pour empêcher la maison d'Autriche de trop prévaloir* », VOLTAIRE. ♦ Il se dit aussi des choses. « *Si l'amour du pays doit ici prévaloir* », P. CORNEILLE. « *L'Église contre qui l'enfer ne peut prévaloir* », BOSSUET. ♦ *Prévaloir à*, se trouve souvent dans le XVIIe siècle. « *Pourquoi son sentiment prévaudra-t-il au nôtre ?* », BOSSUET. ♦ *Se prévaloir de*, v. pr. Tirer avantage de. *Ils se sont prévalus de ces avantages.* ♦ Absol. *Je ne me prévaux point.*

PRÉVARICATEUR, TRICE, n. m. et n. f. [pʀevaʀikatœʀ, tʀis] (lat. *prævaricator*, faux accusateur) Personne qui prévarique. ♦ Fig. « *Jamais on ne me verra, prévaricateur de la vérité, plier mes maximes à ma conduite* », J.-J. ROUSSEAU. ♦ Adj. *Un juge prévaricateur.*

PRÉVARICATION, n. f. [pʀevaʀikasjɔ̃] (lat. *prævaricatio*) Action de prévariquer.

PRÉVARIQUER, v. intr. [pʀevaʀike] (lat. *prævaricari*, aller de travers) Trahir les intérêts qu'on est obligé de soutenir. ♦ Manquer à son devoir, à ses obligations. ♦ S'écarter de son sujet. « *Je vais, sans rien omettre et sans prévariquer...* », RACINE.

PRÉVENANCE, n. f. [pʀev(ə)nɑ̃s] (*prévenant*) Manière obligeante de prévenir les désirs de quelqu'un. *Combler quelqu'un de prévenances.*

PRÉVENANT, ANTE, adj. [pʀev(ə)nɑ̃, ɑ̃t] (*prévenir*) Qui arrive avant (sens propre qui vieillit). ♦ Fig. Théol. Qui prévient. *La grâce prévenante. Les secours prévenants de la grâce.* ♦ Fig. Qui va au-devant de tout ce qui peut faire plaisir. *Un homme, un cœur prévenant.* ♦ Agréable, qui dispose en faveur de. *Une figure agréable et prévenante.*

PRÉVENIR, v. tr. [pʀev(ə)niʀ] (lat. *prævenire*, devancer) Se conjugue comme *venir*, excepté aux temps composés, où il prend *avoir*. Venir le premier. *Le courrier de France a prévenu celui d'Espagne. Le goût prévient la réflexion.* ◆ Agir, faire, avant qu'un autre agisse, fasse. *Il faut prévenir l'ennemi.* ◆ ▷ *Prévenir quelqu'un par toutes sortes de bons offices*, lui rendre toutes sortes de services, avant qu'il nous en ait rendu aucun. ◁ ▷ On dit aussi *prévenir de*. « *Dieu le prévint de ses bénédictions spirituelles* », FLÉCHIER. ◆ **Absol.** Rendre le premier un bon office, faire le premier une politesse. « *Je la préviens sur tout, et la comble de présents* », BEAUMARCHAIS. ◆ **Dr.** Se saisir le premier d'une affaire. ◆ Anticiper, par rapport au temps, en parlant des personnes. *Prévenir le supplice par une mort volontaire.* ◆ Il se dit aussi des choses. *Dans certains hommes la sagesse prévient l'âge.* « *Madame, mes refus ont prévenu vos larmes* », RACINE. ◆ Aller au-devant de quelque chose pour le détourner. « *Il vaut mieux s'appliquer à prévenir les fautes qu'à les punir* », ROLLIN. ◆ Prévenir les objections, les difficultés, y répondre, les résoudre d'avance. ◆ **Fig.** Aller au-devant de ce que quelqu'un peut désirer, demander. *Prévenir tous les désirs de quelqu'un.* ◆ *Prévenir les ordres, les intentions de quelqu'un*, faire ce qu'il veut avant qu'il ait commandé. ◆ Faire naître d'avance dans l'esprit des sentiments favorables ou défavorables. « *Contre son innocence on veut me prévenir* », RACINE. « *On pouvait le prévenir, mais on ne pouvait le corrompre* », FLÉCHIER. ◆ Il se dit des choses qui agissent sur l'esprit en le prévenant. « *Si l'on considère son ouvrage incontinent après l'avoir fait, on en est encore tout prévenu* », PASCAL. « *Dès que nous voyons des gens dont la figure nous prévient, notre accueil a toujours quelque chose de plus obligeant pour eux que pour d'autres* », MARIVAUX. ◆ **Absol.** « *Monsieur prévient en sa faveur* », MARIVAUX. ◆ Informer, avertir par avance. *Il m'a fait prévenir de son retour.* ◆ Se prévenir, v. pr. Aller au-devant des désirs les uns des autres. ◆ Concevoir par avance des sentiments favorables ou défavorables. « *Tu as du penchant à te prévenir pour ou contre les gens* », J.-J. ROUSSEAU.

PRÉVENTIF, IVE, adj. [pʀevãtif, iv] (lat. *præventum*, de *prævenire*, prévenir) Qui prévient, qui cherche à prévenir, à empêcher. *Mesure préventive.* ◆ *Emprisonnement préventif, détention préventive*, emprisonnement, détention appliquée à un homme en qualité de prévenu. ■ **N. f. Par extens.** *Il a fait de la préventive.*

PRÉVENTION, n. f. [pʀevãsjɔ̃] (b. lat. *præventio*, action de devancer) **Dr.** Action de devancer l'exercice du droit d'un autre. ◆ Droit qu'a un juge de connaître d'une affaire dont il a été saisi le premier (vieux en ce sens). ◆ **Rhét.** Figure par laquelle l'orateur prévient ce qu'on pourrait lui opposer. ◆ Ce qui dispose le jugement ou la volonté à se déterminer, indépendamment des motifs de vérité et de justice. « *La prévention est une espèce de folie qui empêche de raisonner* », BOSSUET. « *La prévention pour la coutume a été de tout temps un obstacle aux progrès des arts* », CONDILLAC. ◆ **Dr. crimin.** État d'un prévenu. *Mise en prévention.*

PRÉVENTIVEMENT, adv. [pʀevãtiv(ə)mã] (*préventif*) D'une manière préventive. *Informé préventivement de ce qui allait arriver.* ◆ En qualité de prévenu. *Détenu préventivement.*

PRÉVENTORIUM, ■ n. m. [pʀevãtɔʀjɔm] (lat. *praeventus*, de *prævenire*, prévenir, d'apr. *sanatorium*) Établissement médical destiné à soigner principalement des malades atteints de tuberculose grâce à des conditions hygiéniques et diététiques préventives. *Faire une cure dans un préventorium. Des préventoriums.*

PRÉVENU, UE, p. p. de prévenir. [pʀev(ə)ny] Qui a des préventions bonnes ou mauvaises. *Prévenu pour, en faveur de, contre quelqu'un.* ◆ *Prévenu de*. « *Des grands prévenus d'un saint mépris pour toute la pompe qui les environne* », BOURDALOUE. ◆ **Absol.** « *L'homme prévenu ne vous écoute pas, il est sourd* », BOSSUET. ◆ **Dr.** *Prévenu d'un délit, d'un crime*, accusé d'un délit, d'un crime. ◆ **N. m.** et n. f. Un prévenu. Une prévenue.

PRÉVERBAL, ALE, ■ adj. [pʀevɛʀbal] (1 *pré*- et *verbal*) Relatif à un préverbe. *Re* et *de* sont des préfixes préverbaux de venir. ◆ Qui précède la phase langagière chez l'enfant. *L'intelligence préverbale de l'enfant.* ◆ Qui précède le moment où l'on va s'exprimer. *Le projet préverbal, puis la prise de parole.*

PRÉVERBE, ■ n. m. [pʀevɛʀb] (1 *pré*- et *verbe*) **Ling.** Préfixe qui se place avant une forme verbale. *Pré dans prévoir est un préverbe.*

PRÉVISIBILITÉ, ■ n. f. [pʀevizibilite] (*prévisible*) Caractère de ce qui est prévisible. *La prévisibilité des résultats, des lois, d'un conflit.*

PRÉVISIBLE, ■ adj. [pʀevizibl] (*prévoir*, d'apr. *visible*) Qui peut être prévu. *Un incident prévisible.* ■ **N. m.** Le prévisible. « *Chercher le prévisible en chacun, c'était nier l'irrationnel de tous, leur poésie, leur absurdité, leur libre arbitre* », BÉNACQUISTA.

PRÉVISION, n. f. [pʀevizjɔ̃] (lat. class. *prævisum*, de *prævidere*, prévoir) Action de prévoir. ◆ Vue des choses futures. *La prévision de Dieu.* ◆ Conjecture. *L'événement a justifié mes prévisions.*

PRÉVISIONNEL, ELLE, ■ adj. [pʀevizjɔnɛl] (*prévision*) Qui concerne ou constitue une étude permettant de prévoir quelque chose. *Une évaluation prévisionnelle.* ■ Qui s'établit selon des calculs de prévision. *Un budget prévisionnel.*

PRÉVISIONNISTE, ■ n. m. et n. f. [pʀevizjɔnist] (*prévision*) **Écon.** Spécialiste de la prévision. *Prévisionniste boursier.* ■ **Météorol.** Spécialiste de la prévision météorologique. *Le prévisionniste a annoncé la canicule.*

PRÉVOIR, v. tr. [pʀevwaʀ] (lat. *prævidere*, voir d'avance) Se conjugue comme *voir*, excepté au futur : *je prévoirai* ; et au conditionnel : *je prévoirais*. Voir par avance ce qui doit arriver. « *Il vaut mieux employer notre esprit à supporter les infortunes qui nous arrivent qu'à prévoir celles qui nous peuvent arriver* », LA ROCHEFOUCAULD. ◆ *Prévoir que*. ◆ « *Parce qu'elle prévoit que je saurai régner* », P. CORNEILLE. ◆ *Prévoir de*, avec l'infinitif. « *Je ne prévois pas de pouvoir faire cette revue avant l'hiver* », J.-J. ROUSSEAU. ◆ **Absol.** « *Ce n'est pas assez au prince de voir, il faut qu'il prévoie* », BOSSUET. ◆ Prendre les mesures, les précautions nécessaires. *On ne peut tout prévoir.* ◆ Se prévoir, v. pr. Être prévu. *Tout ce qui est arrivé pouvait facilement se prévoir.*

PRÉVÔT, n. m. [pʀevo] (lat. *præpositus*, préposé, officier) Nom qu'on donnait autrefois à certains magistrats ou officiers chargés d'une juridiction ou préposés à une haute surveillance. ◆ *Prévôt de l'hôtel*, dit aussi *grand prévôt de France* ou simplement *grand prévôt*, officier de la maison du roi, lequel connaissait des cas criminels qui arrivaient à la suite de la cour. ◆ *Prévôt de Paris*, officier principal qui était chef de la juridiction du Châtelet. ◆ *Prévôt des marchands*, celui qui était le chef de l'Hôtel de ville. ◆ *Prévôt de l'armée, du régiment*, officier chargé de l'inspection sur les délits qui se commettaient dans l'armée, dans le régiment par les soldats. ◆ Juge d'une cour prévôtale. ◆ ▷ *Prévôt de salle*, sous-maître d'escrime, qui montre à faire des armes sous le principal maître. ◁ ▷ On dit de même : *Prévôt d'un maître de danse.*

PRÉVÔTAL, ALE, adj. [pʀevotal] (*prévôt*) Qui concerne la juridiction, qui est de la compétence du prévôt. *Sentence prévôtale. Juges prévôtaux.* ◆ Qui a le caractère de la justice prévôtale, c'est-à-dire d'une justice sommaire et sans appel. ◆ *Cour prévôtale*, tribunal criminel établi temporairement et jugeant sans appel.

PRÉVÔTALEMENT, adv. [pʀevotal(ə)mã] (*prévôtal*) D'une manière prévôtale, sans appel.

PRÉVÔTÉ, n. f. [pʀevote] (*prévôt*) Dignité, fonction, juridiction du prévôt. ◆ Territoire où s'exerçait cette juridiction. ◆ Lieu où le prévôt rendait la justice.

PRÉVOYANCE, n. f. [pʀevwajãs] (*prévoir*) Action de prévoir, faculté de prévoir. « *Une sage prévoyance de l'avenir doit faire préparer pendant la paix ce qui peut servir en temps de guerre* », ROLLIN. ◆ Soin par lequel on prend des mesures pour l'avenir. « *Cromwell ne laissait rien à la fortune de ce qu'il pouvait lui ôter par conseil et par prévoyance* », BOSSUET. ◆ ▷ **Au pl.** « *Espérons en Dieu, et ne nous fatiguons pas par des prévoyances indiscrètes et téméraires* », PASCAL. ◁

PRÉVOYANT, ANTE, adj. [pʀevwajã, ãt] (*prévoir*) Qui prévoit ce qui doit arriver et prend de sages mesures. ◆ Qui marque de la prévoyance. *Conduite prévoyante. Des soins prévoyants.*

PRÉVU, UE, p. p. de prévoir. [pʀevy]

PRIANT, ANTE, adj. [pʀijã, ãt] (*prier*) Qui prie.

PRIAPE, ■ n. m. [pʀijap] (gr. *Priapos*, Priape, dieu des jardins et de la génération qui serait venu au monde avec un phallus d'une taille disproportionnée) Personne dont le comportement indécent fait penser au dieu Priape. *Cet homme est obscène, c'est un vrai priape !* ■ **Par méton.** Représentation du dieu Priape. ■ Phallus en érection.

PRIAPÉE, ■ n. f. [pʀijape] (lat. *priapeia*, ensemble de poèmes sur Priape) Chant en l'honneur de Priape, le plus souvent à caractère licencieux. *Priapées obscènes.* ■ **N. f. pl.** Fêtes données en l'honneur de Priape. ■ **Par extens.** Orgies. *Des scènes de priapées.*

PRIAPÉEN, ENNE, ■ adj. [pʀijapeẽ, ɛn] (*priapée*) Se dit des vers employés dans les priapées. ■ **N. m.** *Écrire des priapéens.*

PRIAPIQUE, ■ adj. [pʀijapik] (*Priape*) Relatif à Priape, à ses représentations ou à son culte. *Cortège, symbole, poésie priapique.* ■ **N. m. Méd.** Homme atteint de priapisme.

PRIAPISME, ■ n. m. [pʀijapism] (b. lat. *priapismus*, de *Priape*) **Méd.** Pathologie caractérisée par une érection prolongée, occasionnée sans désir érotique et provoquant des douleurs et des affections.

PRIAPULIEN, ■ n. m. [pʀijapyljɛ̃] (*Priape*, dieu doté d'un phallus d'une taille disproportionnée, en raison de l'analogie de forme de cet animal avec un sexe masculin) **Biol.** Ver ne dépassant pas les 8 cm et qui vit dans les mers arctiques et tempérées. *L'embranchement du priapulien existe depuis le cambrien.*

PRIÉ, ÉE, p. p. de prier. [pRije] Invité, convié. *Prié d'assister à la fête.* ♦ **N. m.**
et n. f. Celui qu'on a convié. ♦ ▷ *Repas prié*, repas auquel on est invité avec
quelque cérémonie. ◁

PRIE-DIEU, n. m. inv. [pRidjø] (*prie* et *Dieu*) Sorte de pupitre qui a pour
base un marchepied, où l'on s'agenouille pour prier Dieu. ♦ **Au pl.** *Des*
prie-Dieu.

PRIER, v. tr. [pRije] (lat. class. *precari*, prier, supplier) Adresser des demandes aux puissances célestes. ♦ En particulier, s'adresser à Dieu. ♦ *Prier*
la Vierge, prier les saints, s'adresser à la Vierge, aux saints, afin qu'ils inter-
cèdent pour nous auprès de Dieu. ♦ *Je prie Dieu que...*, se dit par forme
de souhait. *Je prie Dieu qu'il vous ramène en bonne santé.* ♦ **Absol.** *Priez.* ♦
Demander par grâce. *Je vous prie de le protéger.* ♦ *Prier quelqu'un de quelque*
chose, le lui demander avec prière. ♦ *Prier que*, avec le subjonctif. ♦ *Se*
faire prier, différer d'accorder une chose demandée et qui n'est pas difficile.
« *Elle se fait prier pour se donner un nouveau prix* », MME DE SÉVIGNÉ. ♦
On dit de même : *Il veut être prié.* ♦ *Je vous prie, je vous en prie*, se dit
absolument comme formule de politesse et quelquefois par forme de menace. ♦ **Absol.** *Prier pour quelqu'un*, intercéder pour quelqu'un. ♦ Inviter,
convier. ♦ *Prier à*, inviter avec quelque cérémonie. *Prier à souper, à un bal,*
etc. ♦ *Prier de*, même sens, mais moins usité. « *S'il est prié d'un repas* », LA
BRUYÈRE. « *Touchez là : c'est me prier d'une partie de plaisir* », BOISSY. ♦ *Se*
prier, s'adresser une demande, une prière. « *Je me prie, en pleurant, d'oser*
rompre ma chaîne », A. CHÉNIER. ♦ S'inviter soi-même.

PRIÈRE, n. f. [pRijɛR] (b. lat. *precaria*, supplique, du lat. *precari*, supplier,
de *prex*, génit. *precis*, prière ; du lat. *prior*, le premier) Acte de religion par lequel on s'adresse à Dieu.
Être en prière. Faire la prière. ♦ Demande faite avec une sorte de soumis-
sion et à titre de grâce. *Il a fait cela à ma prière.* ♦ *Les Prières*, personnifiées
par Homère, et représentées comme boiteuses et marchant après l'Injure
pour réparer les maux qu'elle a faits. ♦ **Prov.** *Courte prière pénètre les cieux.*
■ *Prière de*, il vous est demandé de. *Prière de ne pas toucher.*

PRIEUR, n. m. [pRijœR] (b. lat. eccés. *prior*, abbé, du lat. *prior*, le premier
de deux) *Prieur conventuel régulier* ou simplement *prieur*, celui qui régit
des religieux en communauté ; il ne diffère de l'abbé que de nom. ♦ Dans
certaines abbayes, *grand prieur*, religieux qui avait la première dignité après
l'abbé. ♦ *Grand prieur*, titre qui se donnait à un chevalier de Malte revêtu
d'un bénéfice de l'ordre de Saint-Jean de Jérusalem, appelé grand prieuré.
Grand prieur de France. ♦ Titre de magistrats suprêmes dans quelques républiques italiennes.

PRIEURE, n. f. [pRijœR] (*prieur*) Supérieure d'un couvent. ♦ Dans quelques
monastères de filles, *grande prieure*, la religieuse qui est immédiatement
après l'abbesse.

PRIEURÉ, n. m. [pRijøRe] (lat. médiév. *prioratus*, charge de prieur) Dignité
du prieur, de la prieure. ♦ Couvent sous la conduite d'un prieur, d'une
prieure. ♦ Maison, église du couvent. ♦ Maison du prieur. ♦ *Grand prieuré*,
résidence d'un grand prieur.

PRIMA DONNA, n. f. [pRimadɔna] (mots it., première dame) Titre de la
première et principale chanteuse d'un opéra. ♦ **Au pl.** *Des prima donna* ou
des prime donne (pluriel italien).

PRIMAGE, n. m. [pRimaʒ] (mot angl., du lat. médiév. *primagium*) Bonification de tant pour cent que l'on accorde quelquefois au capitaine sur le
fret du navire qu'il commande.

PRIMAIRE, adj. [pRimɛR] (lat. *primarius*, le premier en rang, du premier
rang) Du premier degré en commençant. *Un enseignement primaire.* ♦
École primaire, celle où les enfants reçoivent une instruction élémentaire.
♦ *Assemblée primaire*, assemblée qui forme un premier degré d'élection et
où les citoyens choisissent les électeurs définitifs. ♦ **Géol.** Syn. de primitif.
Terrains primaires. ♦ **Méd.** *Maladies primaires, symptômes primaires*, se dit
pour exprimer la priorité, ce qui suit, et ce qui vient en second ou en secondaire. ♦ Qui a un esprit simpliste. *Il est un peu primaire.* ■ **N. m.** *Enseigne-*
ment, école primaire. ■ **N. f. pl.** *Élections primaires* ou *les primaires*, premier
scrutin qui désigne les candidats d'un parti aux élections proprement dites.
■ **Adj.** *Ère primaire* ou *le Primaire*, ère géologique la plus ancienne. ■ **Écon.**
Secteur primaire ou *le primaire*, ensemble des activités économiques qui
produisent des matières premières. ♦ *Couleurs primaires*, le jaune, le rouge
et le bleu. *Les couleurs primaires et les couleurs secondaires.* ■ **Écol.** Se dit
d'une végétation qu'aucune action humaine n'a modifiée. *Forêt primaire.* ■
Psych. Se dit d'un individu dont les réactions sont immédiates.

PRIMAL, ALE, ■ adj. [pRimal] (angl. *primal*, du lat. médiév. *primalis*)
Psych. Qui tente de soigner un malade en lui faisant revivre, notamment
par des cris, la souffrance qui a provoqué son état névrotique. *Une thérapie*
primale.

PRIMARITÉ, ■ n. f. [pRimaRite] (*primaire*) **Psych.** État d'un individu primaire. *L'émotivité d'un individu favorise l'état boulimique et peut être accen-*
tuée par la primarité et la non-activité.

1 PRIMAT, n. m. [pRima] (lat. impér. *primas*, gén. *primatis*, qui est au
premier rang, lat. eccés. doyen des évêques d'une région) Nom donné
à quelques archevêques qui avaient une sorte de supériorité sur tous les
évêques et archevêques de toute une région. *Il y avait trois primats en*
France : l'archevêque de Lyon, primat des Gaules ; celui de Bourges, primat
d'Aquitaine ; et celui de Rouen, primat de Normandie. ♦ **Adj.** *Archevêque pri-*
mat. ♦ En parlant de la Grèce moderne, *les primats*, les principaux d'une
ville, d'un lieu.

2 PRIMAT, ■ n. m. [pRima] (lat. impér. *primatus*, premier rang) **Philos.** Caractère de ce qui prime. *Une philosophie politique fondée sur le primat de*
l'individu reconnu comme une personne ayant des droits fondamentaux comme
la liberté de conscience.

PRIMATE, ■ n. m. [pRimat] (lat. sav. [Linné] plur. *primates*, du lat. *primas*,
qui est au premier rang) **Zool.** Mammifère dont les mains sont préhensiles.
Les primates constituent un ordre qui comprend les lémuriens, les singes et les
hommes. ■ **Fam.** Homme aux manières grossières. « *Le v'là primate ! homi-*
nien furibard ! capable de tout ! congestionné par la colère antique ! », BLIER.

PRIMATIAL, ALE, adj. [pRimasjal] (lat. médiév. *primatialis*, de *primas*, -
atis, primat) Qui appartient au primat. *Juridiction primatiale. Sièges prima-*
tiaux.

PRIMATIE, n. f. [pRimasi] (lat. médiév. *primatia*) Dignité de primat. ♦
Étendue et siège de la juridiction du primat. ♦ Siège de la juridiction du
primat. ♦ Maison, palais du primat. ♦ Prééminence d'un siège épiscopal
sur un autre.

PRIMATOLOGIE, ■ n. f. [pRimatɔlɔʒi] (*primate* et *-logie*) Science qui a pour
objet l'étude des primates. *La primatologie peut apporter un éclairage nou-*
veau sur les conduites humaines et contribuer à leur compréhension. ■ **PRIMA-**
TOLOGUE, n. m. et n. f. [pRimatɔlɔg] *Un primatologue environnementaliste.*

PRIMAUTÉ, n. f. [pRimote] (lat. *primus*, premier, sur le modèle de *royauté*)
Prééminence, premier rang. « *Dieu traite les rois avec les mêmes rigueurs ; la*
primauté de leur état leur attire une primauté dans les supplices », BOSSUET.
« *La tribu de Juda n'a plus de primauté* », ROLLIN. ♦ Puissance qu'a le pape,
de droit divin, de faire exécuter les canons de l'Église et de les faire recevoir
et observer. ♦ **Par extens.** Autorité spirituelle attribuée à quelques princes
protestants. ♦ ▷ Au jeu, droit et avantage de jouer le premier. ◁ ▷ **Fig.**
Gagner quelqu'un de primauté, le devancer, le prévenir. ◁

1 PRIME, adj. [pRim] (anc. fr. *prim, prin*, du lat. *primus*, premier) Mot ancien qui signifiait *premier*, et qui n'est plus usité que dans les locutions
suivantes. *De prime abord*, en premier lieu. ▷ *De prime face*, ◁ à la première vue. « *De prime face elle crut qu'on riait* », LA FONTAINE. ♦ *De prime*
saut, subitement, tout d'un coup. ♦ En algèbre, petit signe qui désigne le
premier degré d'une lettre prise à plusieurs degrés : a' (a prime).

2 PRIME, n. f. [pRim] (substantivation de 1 *prime*) Dans la liturgie catholique, la première des heures canoniales ; elle commence à six heures du
matin. *Chanter prime.*

3 PRIME, n. f. [pRim] (substantivation de 1 *prime*) **Escrime** La première
garde ou position, celle où le corps se rencontre après qu'on a tiré ou est
censé avoir tiré l'épée du fourreau.

4 PRIME, n. f. [pRim] (substantivation de 1 *prime*) La laine la plus fine.

5 PRIME, n. f. [pRim] (angl. *premium*, récompense, prime d'assurance, du
lat. *premium*, faveur, récompense) Somme donnée pour prix d'une assurance. ♦ ▷ Somme accordée à titre d'encouragement à l'agriculture et à
l'industrie. ◁ ♦ Ouvrages ou objets que les journaux donnent pour encourager aux abonnements. ♦ **Bourse** On cote les actions et les obligations
d'après le pair ; quand le prix est supérieur au pair, l'excédent prend le nom
de *prime*. *Ces actions font prime.* ♦ L'indemnité donnée au vendeur par
l'acheteur quand ce dernier annule le marché. ♦ ▷ Somme d'argent qu'un
directeur de théâtre qui demande une pièce à un auteur en renom, donne
à cet auteur indépendamment des droits d'auteur. ◁ ■ Somme accordée
à titre d'encouragement, de récompense, d'aide ou de compensation. *Une*
prime de vacances, d'installation, etc. ■ *En prime*, en plus. *En prime, elle nous*
a offert un joli vase. ■ Cadeau ou rabais accordé à un acheteur. *Pour tout*
achat supérieur à 50 €, un collier est offert en prime.

6 PRIME, n. f. [pRim] (substantivation de 1 *prime*) ▷ Jeu où l'on ne donne
que quatre cartes ; celui dont les quatre cartes sont des quatre couleurs
gagne la prime. ♦ *Avoir prime*, avoir ses quatre cartes de couleur différente. ◁

7 PRIME, n. f. [pRim] (anc. fr. *prisme*, du lat. impér. *prasius*, variété de
quartz agate, du gr. *prasinos*, d'un vert tendre) Cristal de roche coloré qui
prend le nom de la pierre fine dont il se rapproche le plus par sa nuance.
Prime d'émeraude, de topaze, etc.

1 PRIMÉ, ÉE, p. p. de primer. [pRime] ▷ Sur qui on a l'avantage. ◁

2 PRIMÉ, ÉE, p. p. de primer. [pRime] Qui a reçu une prime, un prix. *Un*
chien primé à un concours.

PRIME ABORD (DE), PRIME FACE (DE), loc. adv. [pʀimabɔʀ, pʀim(ə)fas] (1 *prime* et *abord*, face) Voy. PRIME.

1 PRIMER, v. intr. [pʀime] (1 *prime*) ▷ Au jeu de paume, tenir la première place. ◁ ◆ Fig. Avoir l'avantage sur les autres. « *L'envie de primer* », VAUVENARGUES. « *Quiconque prime en quelque chose est toujours sûr d'être recherché* », J.-J. ROUSSEAU. ◆ Il se dit aussi des choses qui l'emportent. « *J'entendais quelquefois sa voix primer sur celle des autres* », MARIVAUX. ◆ V. tr. L'emporter sur. *Primer ses rivaux.* ◆ ▷ **Jurispr.** *Primer quelqu'un en hypothèque*, avoir une hypothèque antérieure à la sienne. ◁ ◆ On dit de même : *Cette créance en prime une autre.* ◁

2 PRIMER, v. tr. [pʀime] (5 *prime*) Doter d'une prime. ◆ Attribuer une récompense, un prix à. *Le jury doit primer trois courts métrages.*

PRIMEROSE, ■ n. f. [pʀim(ə)ʀoz] (1 *prime* et *rose*) Rose trémière. *Originaire d'Orient, spontanée dans certaines forêts et montagnes de Provence, la primerose est souvent cultivée dans les jardins pour ses fleurs décoratives.*

PRIME SAUT (DE), loc. adv. [pʀim(ə)so] (anc. fr. *de prin saut* refait d'après *de prime face*) Voy. PRIME.

PRIMESAUTIER, IÈRE, adj. [pʀim(ə)sotje, jɛʀ] (anc. fr. *prinsautier* refait d'après *prime-saut*) Qui prend sa résolution du premier mouvement, sans délibération. *Il est primesautier. Des esprits primesautiers.* ■ REM. Graphie ancienne : *prime-sautier.*

PRIME TIME, ■ n. m. [pʀajmtajm] (mots angl., première tranche horaire) Plage horaire de début de soirée qui rassemble le plus grand nombre de téléspectateurs et attire particulièrement les annonceurs publicitaires. *Une émission en prime time. Des prime times.*

PRIMEUR, n. f. [pʀimœʀ] (1 *prime*) Première saison, saison des fruits, des légumes. *Des asperges dans leur primeur.* ◆ Fig. *Avoir la primeur d'une chose*, en jouir le premier. ◆ Plante légumière ou fruit obtenu par une culture forcée ou par la culture dans un climat plus hâtif, avant l'époque ordinaire. *Cultiver les primeurs.* ◆ Nouveauté, en parlant du vin. *Certains vins sont bons dans la primeur.* ◆ *Marchand de primeurs*, qui vend essentiellement des fruits et des légumes. ◆ Fig. Fait nouveau, chose nouvelle. *Cette technique est une primeur dans l'industrie.*

PRIMEURISTE, ■ n. m. et n. f. [pʀimøʀist] (*primeur*) Personne qui produit ou qui vend des primeurs. *La récolte d'un primeuriste.*

PRIMEVÈRE, n. f. [pʀim(ə)vɛʀ] (prob. lat. pop. *prima vera*, début du printemps, du lat. *primum ver*) Genre de la famille des primulacées, dont une espèce fleurit dès les premiers jours du printemps.

PRIMICÉRIAT, n. m. [pʀimiseʀja] (*primicier*) ▷ Dignité, office de primicier. ◁

PRIMICIER, n. m. [pʀimisje] (réfection étymol. de l'anc. fr. *princier*, du b. lat. *primicerius*, de *primus* et *cera*, cire, le premier inscrit sur une tablette de cire) ▷ Celui qui a la première dignité dans certains chapitres. ◁

PRIMIDI, n. m. [pʀimidi] (lat. *primus*, premier, et *dies*, jour, d'après lundi, etc.) Premier jour de la décade dans le calendrier républicain.

PRIMIPARE, ■ adj. [pʀimipaʀ] (lat. impér. *primipara*, de *primus*, premier, et *parere*, mettre au monde) Qui enfante pour la première fois. *Une femme primipare.* ◆ Qui met bas pour la première fois. *Animal femelle primipare.*

PRIMIPILE, n. m. [pʀimipil] (lat. *primipilus*, de *primus*, premier, et *pilus*, compagnie des pilaires, de *pilum*, javelot) Le premier centurion chez les Romains, c'est-à-dire celui qui commandait la première compagnie de chaque cohorte. ■ REM. On disait aussi *primipilaire* autrefois.

PRIMITIF, IVE, adj. [pʀimitif, iv] (lat. impér. *primitivus*, premier-né) Qui est en premier lieu, qui précède. *Valeur primitive d'une monnaie. L'état primitif d'une chose.* ◆ Fig. et fam. Cela est bien primitif, cela dénote une trop grande simplicité. ◆ *La primitive Église*, l'Église considérée dans sa naissance et comme au berceau. ◆ *L'innocence primitive*, l'état de l'âme avant le péché. ◆ *L'homme primitif*, Adam. ◆ Hist. nat. Il se dit de ce qui a une existence supposée première. *Terrains primitifs*, ceux qui ne contiennent pas de vestiges de corps organisés. *Le monde primitif*, le monde tel qu'il était dans les temps les plus anciens. ◆ Gramm. *Langue primitive*, la langue dont l'on suppose que toutes les autres sont dérivées ; langue qui est à l'état le plus simple et dont une ou plusieurs autres sont dérivées. ◆ *Temps primitifs*, ceux dont les autres se forment par le changement des désinences. ◆ *Mots primitifs* et n. m. *primitifs*, mots radicaux d'où dérivent d'autres mots. ◆ Phys. *Couleurs primitives*, les sept couleurs principales dans lesquelles la lumière se décompose. ◆ Chez les peintres, *couleurs primitives*, le rouge, le jaune, le bleu, le blanc et le noir. ◆ Bot. *Plantes primitives*, celles qui ne proviennent pas du croisement d'espèces voisines, et qui conservent le type de leur race. ◆ N. m. Peintre de la période qui précède la Renaissance. *Les primitifs italiens.* ■ Adj. Méd. Se dit d'un phénomène qui est à l'origine d'une affection. *Cancer primitif des bronches.* ■ Se dit des peuples dont l'organisation sociale et le développement technologique sont éloignés du modèle

occidental considéré comme évolué. *Populations primitives.* ■ Propre à ces peuples. *Art primitif.* ■ N. m. et n. f. Membre d'une population primitive. ■ Adj. Qui est grossier ou peu évolué. *Un individu primitif. Une attitude primitive. Une technique primitive.*

PRIMITIVEMENT, adv. [pʀimitiv(ə)mɑ̃] (*primitif*) En condition primitive. ■ À l'origine. *Primitivement, les hommes devaient chasser pour se nourrir.*

PRIMITIVISME, ■ n. m. [pʀimitivism] (*primitif*) Caractère primitif d'une population. *Le primitivisme de quelques tribus d'Afrique.* ■ Peint. Caractère de l'art primitif ou de ce qui imite cette forme d'art. *Le primitivisme donnera naissance à l'art moderne.*

PRIMO, adv. [pʀimo] (lat. *primo [loco]*, ablat. de *primus*, premier, et *locus*, lieu, rang) Premièrement.

PRIMOGÉNITURE, n. f. [pʀimoʒenityʀ] (lat. médiév. *primogenitura*, aînesse, du lat. impér. *primogenitus*, premier-né) Jurispr. Aînesse. *Le droit de primogéniture.*

PRIMO-INFECTION, ■ n. f. [pʀimoɛ̃fɛksjɔ̃] (*primo-* et *infection*) Méd. Première infection d'un organisme par un microbe. *Des primo-infections. Une primo-infection tuberculeuse.* ■ REM. On peut aussi écrire *primoïnfection.*

PRIMORDIAL, ALE, adj. [pʀimɔʀdjal] (lat. chrét. *primordialis*, du lat. *primordium*, commencement) Qui est à l'origine, qui sert d'origine au reste. *Des principes primordiaux.* « *Le titre primordial de la monarchie est le maintien de l'ordre et le soin du bien public* », ROLLIN. ◆ Géogr. *Terrains primordiaux*, formation composée de roches plutoniques. ◆ Bot. *Feuilles primordiales*, les premières feuilles de la plante. ■ Très important, essentiel. *Une information primordiale.*

PRIMORDIALEMENT, adv. [pʀimɔʀdjal(ə)mɑ̃] (*primordial*) D'une façon primordiale.

PRIMORDIALITÉ, n. f. [pʀimɔʀdjalite] (*primordial*) ▷ Qualité, état de ce qui est primordial. ◁

PRIMULACÉES, n. f. pl. [pʀimylase] (lat. sav. *primula*, primevère, du lat. *primulus*, tout premier) Famille de plantes dont le type est la primevère.

PRINCE, n. m. [pʀɛ̃s] (lat. *princeps*, qui occupe la première place, de *primus*, premier, et *capere*, prendre, occuper) Celui qui possède une souveraineté, ou qui est d'une maison souveraine. ◆ *Princes du sang*, ceux qui sont sortis de la maison royale ou impériale par la branche masculine. ◆ *Princes étrangers*, ceux qui viennent d'une maison souveraine étrangère, ou qui en ont le rang. ◆ Absol. *Les princes*, les enfants, les frères ou les oncles du souverain. ◆ *Vivre en prince, tenir un état de prince, avoir un équipage de prince, être vêtu en prince*, vivre splendidement, avoir un grand équipage, être magnifiquement vêtu. ◆ Fam. *Comme un prince*, très bien. « *L'on me servit comme un prince* », LESAGE. ◆ *Un bon prince*, un prince qui gouverne bien. ◆ Fig. et fam. *Il est bon prince*, se dit d'un homme d'un caractère facile, qui ne se fâche pas. ◆ Absol. avec l'article défini, *le prince*, le souverain du pays dont on parle. ◆ En droit, *le prince*, le gouvernement quel qu'il soit. *Fait du prince*, un acte de gouvernement qui fait fonction de force majeure, et auquel on ne peut résister. ◆ *Les princes de la terre*, les hommes du rang le plus élevé. ◆ *Le prince des ténèbres*, le démon. ◆ Celui qui, sans être de maison souveraine, possède des terres ayant le titre de principauté, ou celui à qui un souverain a donné ce titre. *Un prince d'Allemagne.* ◆ *Princes de l'Église*, les cardinaux, les évêques. ◆ *Le prince des apôtres*, saint Pierre. ◆ *Les princes des apôtres*, saint Pierre et saint Paul. ◆ Il se dit de ceux qui ont une domination, un empire. « *Les Phéniciens étaient devenus les princes de la mer* », ROLLIN. ◆ Fig. Le premier en mérite, en talent. *Cicéron, ce prince des orateurs.* ◆ Par antiphrase, *le prince des fous, des sots*, l'homme le plus fou, le plus sot. ◆ Hist. rom. *Le prince du sénat*, le sénateur que le censeur nommait le premier en lisant la liste des sénateurs. ◆ *Prince*, titre que prit Auguste. ◆ Chez les Hébreux, *les princes du peuple*, ceux qui étaient à la tête des tribus. ◆ Dans le Moyen Âge, titre du chef de différentes confréries joyeuses. *Le prince des sots.* ◆ Prov. *Ce sont jeux de prince*, qui ne plaisent qu'à ceux qui les font, ou absol. *ce sont jeux de prince*, amusements ou jeux dans lesquels on se met peu en peine du mal qui peut en résulter pour les autres. ◆ Titre de noblesse le plus élevé. ◆ *Prince charmant*, personnage de conte de fées qui prend les traits d'un jeune homme très séduisant. Par anal. Homme possédant toutes les qualités attendues et représentant le compagnon idéal. *Elle a enfin trouvé son prince charmant.* ■ REM. Aujourd'hui, on dit *vivre comme un prince, être vêtu comme un prince.*

PRINCE-DE-GALLES, ■ n. m. inv. [pʀɛ̃s(ə)dəgal] (*Prince de Galles*, fils aîné du souverain d'Angl.) Tissu dont le quadrillage est composé de lignes de différentes couleurs. *Une veste en prince-de-galles.* ■ Adj. inv. *Des tailleurs prince-de-galles.*

PRINCEPS, adj. [pʀɛ̃sɛps] (mot lat., qui occupe la première place) *Édition princeps*, la première édition d'un auteur ancien.

PRINCERIE, n. f. [pʀɛ̃s(ə)ʀi] (*prince*) Dignité de princier ou primicier.

PRINCESSE, n. f. [pʀɛ̃sɛs] (*prince*) Fille ou femme de prince. ◆ *Princesse royale*, femme de l'héritier présomptif de la couronne, et, dans quelques pays, héritière présomptive de la couronne. ◆ **Fam.** *Faire la princesse, prendre des airs de princesse*, affecter de grands airs, être fière et exigeante. ◆ *Être traitée en princesse*, être très bien traitée. ◆ **Fig. et fam.** *Bonne princesse*, femme bonne et commode à vivre. ◆ ◁ Femme souveraine d'un État. *Élisabeth, reine d'Angleterre, fut une grande princesse.* ◆ ▷ Terme de mépris employé avec des femmes d'une classe inférieure. ◁ ◆ Espèce de haricot dont la cosse est fort allongée. ◆ **Adj.** *Haricots princesses.* ◆ *Amandes princesses*, les amandes dont le bois est tendre et facile à briser. ◆ *Robe princesse*, robe longue qui souligne la poitrine. ◆ *Aux frais de la princesse*, aux frais de l'État, sans participer soi-même aux frais. *Voyager, être logé aux frais de la princesse.*

1 PRINCIER, n. m. [pʀɛ̃sje] (b. lat. *primicerius* : voy. *primicier*) ▷ Syn. de primicier. ◁

2 PRINCIER, IÈRE, adj. [pʀɛ̃sje, jɛʀ] (*prince*) De prince ou de princesse, qui y a rapport. *Titre princier. Terre princière.* ◆ *Famille princière*, famille dont le chef a le titre de prince. ◆ *Habitation princière*, habitation magnifique, digne d'un prince. ◆ *Droits princiers*, droits appartenant à un prince.

PRINCILLON, n. m. [pʀɛ̃sijɔ̃] (dimin. de *prince*) **Plais.** Petit prince dont les États sont peu étendus, ou qui est fort pauvre.

1 PRINCIPAL, n. m. [pʀɛ̃sipal] (substantivation de 2 *principal*) ▷ Autrefois, celui qui avait la direction d'un collège. *Le principal de Navarre.* ◁ ◆ Aujourd'hui, chef d'un collège communal. ◆ ▷ Le médecin en chef d'un hôpital militaire. ◁ ◆ Au pl. *Des principaux.*

2 PRINCIPAL, ALE, adj. [pʀɛ̃sipal] (lat. *principalis*, originaire, principal, de *princeps*) Qui est le plus considérable, en parlant de personnes. *Les principaux magistrats.* ◆ *Principal locataire*, celui qui loue une maison pour la sous-louer. ◆ *Le principal débiteur*, se dit pour le distinguer de la caution. ◆ **N. m. pl.** *Les principaux*, les personnes principales. ◆ Le plus considérable, le plus remarquable en son genre, en parlant de choses. *Ma principale occupation.* ◆ **Jurispr.** *Conclusions principales*, se dit par opposition à une demande accessoire ou reconventionnelle. ◆ *Somme principale*, le capital, par opposition aux intérêts. ◆ **Gramm.** *Proposition principale*, celle qui n'en détermine aucune autre ; elle est opposée à *proposition secondaire* ou *subordonnée.* ◆ **Peint.** *Figure, action principale*, celle qui fait le sujet d'un tableau. ◆ **Géom.** *Axe principal d'une ellipse, d'une hyperbole*, axe qui passe par les foyers de ces courbes. ◆ **Mus.** Se dit de la partie récitante d'une symphonie. *Violon principal.* ◆ **N. m.** *Le principal*, la chose principale. ◆ **Dr.** Ce qui forme le fond d'une affaire. ◆ Le capital d'une dette. *Intérêt et principal.* ◆ *Résidence principale*, habitation où l'on réside la plus grande partie de l'année, par opposition à *résidence secondaire.* ◆ *Clerc principal* ou *principal*, premier clerc qui travaille dans une étude notariale.

PRINCIPALAT, n. m. [pʀɛ̃sipala] (1 *principal*) Fonctions de principal, dans l'administration universitaire.

PRINCIPALEMENT, adv. [pʀɛ̃sipal(ə)mɑ̃] (2 *principal*) D'une façon principale, par-dessus tout.

PRINCIPALITÉ, n. f. [pʀɛ̃sipalite] (1 *principal*) Autrefois, office de principal dans un collège.

PRINCIPAT, n. m. [pʀɛ̃sipa] (lat. *principatus*, premier rang, de *princeps*, génit. *principis*) Dignité de prince. ◆ Dans la Rome ancienne, dignité du prince du sénat. ◆ Dignité impériale. *Le principat d'Auguste.*

PRINCIPAUTÉ, n. f. [pʀɛ̃sipote] (*prince*, d'après l'anc. fr. *principalité*, domination, puissance) Dignité de prince. ◆ Terre qui donne le titre de prince. ◆ Petit État indépendant dont le chef a la qualité de prince. ◆ Au pl. *Les Principautés*, le troisième chœur des anges.

PRINCIPE, n. m. [pʀɛ̃sip] (lat. *principium*, commencement, fondement, de *princeps*) Origine, cause première. *Dieu est le principe de toutes choses.* ◆ *Dès le principe*, dès le commencement. ◆ *Dans le principe*, dans le commencement. ◆ Ce qui produit, opère comme un principe. *Un principe d'erreur.* « *Il jetait dans les esprits le principe de cette licence* », BOSSUET. ◆ *Les deux principes*, les deux causes suprêmes du bien et du mal, suivant la religion des Perses et suivant les manichéens. ◆ **Phys.** Ce qui constitue, compose les choses matérielles. *Selon quelques philosophes, les atomes sont les principes de tous les corps.* ◆ **Chim.** Syn. d'élément. ◆ *Principes nutritifs* ou absol. *principes*, les substances alimentaires sert à la nutrition. ◆ Se dit de toutes les causes naturelles ; de toutes celles par lesquelles les corps se meuvent, agissent, vivent. *Le principe de la chaleur, de la vie, etc.* ◆ *Principe vital*, la cause, quelle qu'elle soit, des phénomènes que manifestent les êtres organisés. ◆ ▷ Ce qui fait la vie d'un État. « *Le gouvernement est frappé dans son principe* », MONTESQUIEU. ◆ ▷ Au pl. Titre de plusieurs ouvrages didactiques élémentaires. *Principes de calcul, de chimie, etc.* ◁ ◆ ▷ *Principes de dessin, d'architecture, d'écriture, de musique, etc.* recueils d'exemples à l'usage de l'enseignement

primaire. ◁ ◆ **Philos.** Opinion, proposition que l'esprit admet comme point de départ. « *L'omission d'un principe mène à l'erreur* », PASCAL. « *Ceux qui sont accoutumés à raisonner par principes ne comprennent rien aux choses de sentiment* », PASCAL. ◆ *Principe d'Archimède*, principe d'hydrostatique d'après lequel tout corps plongé dans un liquide perd de son poids une partie égale au poids du volume de liquide qu'il déplace. ◆ *Premiers principes*, vérités ou propositions primitives. ◆ Maxime, règle de conduite, précepte de morale. *De bons, de mauvais principes.* ◆ et Au pl. Absol. *Bons principes* de morale, de religion. *Avoir des principes. Un homme sans principes.* ■ *En principe*, en théorie. ◆ *Par principe*, a priori. *Il refuse toute invitation par principe.* ■ *Accord de principe*, accord général qui ne prévoit pas les modalités d'application. *Un accord de principe entre deux gouvernements.* ■ **Pharm.** *Principe actif*, substance qui, dans un médicament, a une action thérapeutique. *Le principe actif d'un médicament générique est de la même qualité que celui de l'original.*

PRINCIPICULE, n. m. [pʀɛ̃sipikyl] (*prince*, d'après le lat. *princeps*, génit. *principis*) Néolog. Prince peu puissant. ■ **Rem.** Il n'est plus considéré comme un néologisme aujourd'hui.

PRINCIPION, n. m. [pʀɛ̃sipjɔ̃] (*prince*, d'après le lat. *princeps*, génit. *principis*) Péj. Le prince d'un petit État.

PRINTANIER, IÈRE, adj. [pʀɛ̃tanje, jɛʀ] (anc. fr. *printans*, saison) Qui est du printemps, qui naît au printemps. *Un soleil printanier.* « *Des zéphirs l'haleine printanière* », DELILLE. « *L'incarnat des roses printanières* », MILLEVOYE. ◆ *Potage printanier*, potage fait avec tous les légumes nouveaux du printemps. ◆ *Étoffe printanière* et n. f. *une printanière*, étoffe légère qu'on porte au printemps et en été.

PRINTANISATION, n. f. [pʀɛ̃tanizasjɔ̃] (*printemps*, d'après *printanier*) **Agron.** Action de soumettre une semence à l'action du froid afin de contrôler sa germination. *La printanisation ou la vernalisation. On procède à la printanisation des arbres fruitiers pour stimuler leur floraison.*

PRINTEMPS, n. m. [pʀɛ̃tɑ̃] (anc. fr. *prins*, du lat. *primus*, premier, et *temps*, saison) Au sens astronomique, la première des saisons de l'année, qui commence du 19 au 21 mars. ◆ Au sens vulgaire et météorologique, saison qui commence vers février, et qui consiste dans l'adoucissement de la température. « *Comme au printemps naissent les roses, Dans la paix naissent les plaisirs* », MALHERBE. ◆ **Poétiq.** Année, mais seulement en parlant des années de la jeunesse. *Elle compte quinze printemps.* ◆ **Fig.** La jeunesse. *Au printemps de la vie.* « *Le printemps dans sa fleur sur son visage est peint* », BOILEAU. ◆ *Printemps d'hôtellerie*, mauvais tableau représentant les quatre saisons.

PRION, ■ n. m. [pʀijɔ̃] (angl. *pr[otein] i[nfectious particle]*, et suff. *-on*, particule) Particule infectieuse sans doute formée d'une seule protéine et probablement responsable de certaines maladies telles que la maladie d'Alzheimer ou la maladie de la vache folle. *En laboratoire, lorsqu'on injecte un prion d'une espèce donnée à un animal d'une autre espèce, on constate une efficacité de transmission beaucoup plus faible que s'il s'agissait de la même espèce.*

PRIORAT, ■ n. m. [pʀijɔʀa] (*prieur*, d'après le lat. *prior*) **Relig.** Fonction de prieur.

PRIORI (A), loc. adv. [pʀijɔʀi] (mots lat., prép. *a*, à partir de, et altération graphique de l'ablat. *priore* du neutre *prius*, ce qui est premier) **Log.** D'après un principe antérieur admis comme évident. *Démontrer une vérité a priori.* ◆ Avec un sens défavorable, d'après un raisonnement non suffisamment appuyés sur les faits. *Un système imaginé a priori.* ◆ **N. m.** *Un a priori*, ou *apriori* un raisonnement a priori. ◆ **Au pl.** *Des a priori, des apriori.* ■ À première vue. *A priori, c'est parfait.* ■ **Rem.** Graphie ancienne : *à priori.*

PRIORITAIRE, ■ adj. [pʀijɔʀitɛʀ] (*priorité*) Qui dispose d'une priorité. *Une caisse prioritaire.* ■ **PRIORITAIREMENT**, adv. [pʀijɔʀitɛʀ(ə)mɑ̃] *Des problèmes à traiter prioritairement.*

PRIORITÉ, n. f. [pʀijɔʀite] (lat. médiév. *prioritas*, préséance, du lat. *prior*, premier de deux) État d'une chose qui est la première de plusieurs autres, ou qui est avant une autre. *Priorité d'hypothèque, de nature, d'origine.* ■ Droit de passer avant les autres. *Avoir la priorité à un carrefour.* ■ Ce qui passe avant toute chose, ce qui est prioritaire. *Les priorités d'un ministère.* ■ *En priorité*, avant toute chose. *Les anorexiques doivent en priorité retrouver le plaisir de manger.*

PRIS, ISE, p. p. de prendre. [pʀi, iz] ◆ **Mar.** *Pris de calme, de mauvais temps, par les glaces*, se dit d'un navire qui se trouve en mer sous l'influence du calme, d'un mauvais temps, ou qui est enfermé par les glaces. ◆ *Parti pris*, Voy. PARTI. ◆ Affecté ou en parlant de quelque maladie. *Pris de la fièvre.* ▷ *Pris de vin*, ivre. ◁ ◆ *Une personne bien prise dans sa taille*, une personne bien faite, bien proportionnée. ◆ On dit de même : *Avoir la taille bien prise.* ◆ Au lansquenet, *premier pris*, le coupeur, lorsque sa carte est amenée la première par celui qui tient la main. ◆ ▷ **Fig.** *Un premier pris*, un homme d'une contenance triste et embarrassée. ◁ ♦ **Prov.** *C'est autant de pris sur l'ennemi,* c'est obtenir un avantage là où l'on n'en espérait plus, c'est tirer quelque parti d'une mauvaise affaire. ♦ ▷ *Aussitôt pris, aussitôt pendu,* se dit des personnes ou des choses sur lesquelles on prend une prompte décision, qu'on emploie aussitôt qu'elles se présentent. ◁ ■ *Qui est occupé. La place est prise. Il est très pris en ce moment.*

PRISABLE, adj. [pʀizabl] (1 *priser*) Estimable, digne d'être prisé.

PRISE, n. f. [pʀiz] (p. p. fém. substantivé de *prendre*) Action de prendre, de s'emparer. *La prise d'une ville, du roi, etc.* ♦ *Lâcher prise,* lâcher, abandonner ce qu'on tenait, et fig. cesser une poursuite, une dispute, un combat, etc. ; rendre malgré soi ce qu'on a pris. ♦ On dit de même : *Quitter prise.* ♦ Action de prendre un navire ; navire capturé. *Le code des prises. Amener une prise dans le port.* ♦ ▷ *De bonne prise,* se dit des navires appartenant à l'ennemi ou chargés de contrebande. ◁ ♦ ▷ **Par extens.** *Une chose de bonne prise,* chose qui peut être ou qui est prise avec justice. ◁ ♦ ▷ **Fig.** *Il a tiré cette scène d'un auteur oublié, cela était de bonne prise.* ◁ ♦ ▷ *Part de prise,* la somme d'argent qui revient à chaque marin d'un navire qui en a pris un autre. ◁ ♦ *Facilité de prendre, de saisir. Avoir prise.* « *Le moins qu'on peut laisser de prise aux dents d'autrui, C'est le mieux* », **La Fontaine.** ♦ **Fig.** *Il ne donne presque point de prise sur lui.* ♦ *Cette chose est en prise,* elle est exposée à être prise. ♦ *Cette chose est hors de prise,* on ne saurait y toucher, y atteindre. ♦ Au jeu d'échecs, il se dit d'une pièce qu'une autre pièce peut prendre. *Mettre une pièce en prise.* ♦ **Fig.** Possibilité d'exercer une action intellectuelle ou morale. « *Ni les honneurs perdus, ni la richesse acquise N'auront sur leur esprit ni puissance ni prise* », **Régnier.** ♦ Possibilité d'attaquer, de nuire. « *Ainsi j'échappe à toutes vos prises* », **Pascal.** ♦ ▷ *Avoir de la prise sur,* modifier les sentiments. « *La douleur n'a de prise sur moi que lorsqu'elle est absolument intolérable* », **Mme de Genlis.** ◁ ♦ ▷ *Avoir prise, trouver prise sur quelqu'un,* avoir sujet de le reprendre, etc. « *Il n'y a point de prise à cette accusation* », **Mme de Sévigné.** ◁ ♦ ▷ *Avoir prise sur quelqu'un,* lui faire sentir de la peine ou du plaisir. ◁ ♦ *Donner prise sur soi* ou simplement *donner prise,* s'exposer à être repris. *Donner prise à la critique.* ♦ Dispute, querelle. *Avoir prise avec quelqu'un.* ♦ **Fam.** *Prise de bec,* querelle en paroles. ♦ *En venir, en être aux prises,* se saisir, se combattre. ♦ **Fig.** *Être aux prises, en être aux prises,* se dit de personnes qui disputent les unes contre les autres, et aussi de personnes qui jouent les unes contre les autres. *Je les ai mis aux prises.* ♦ **Fig.** *Être aux prises avec soi-même,* être dans un déchirement intérieur. ♦ **Fig.** *Être aux prises avec la mort,* être à l'agonie. ♦ **Fig.** *Être aux prises avec la mauvaise fortune,* être dans l'adversité. ♦ **Jurispr.** *Prise de corps,* action d'arrêter un homme en vertu d'un acte du juge. ◁ ♦ ▷ *La sentence elle-même qui ordonne la prise de corps.* ◁ ♦ *Prise à partie,* Voy. **partie.** ♦ **Dr.** *Prise de possession,* acte solennel par lequel on se met en possession d'une charge, d'un emploi, d'une contrée. ♦ *Prise d'habit,* syn. de *vêture.* ♦ *Prise d'eau,* action de détourner une rivière, un étang, une certaine quantité d'eau pour un certain usage. ♦ Concession qui donne ce droit. ♦ L'eau elle-même qui est détournée. ♦ *Prise d'armes,* action de prendre les armes, et de se réunir pour un service, et fig. soulèvement, insurrection. ♦ Dose d'un médicament pour prendre une fois. ♦ *Prise de tabac* **Absol.** *prise,* pincée de tabac. *Donnez-moi une prise.* ♦ Action d'une substance qui se solidifie, qui se coagule. *La prise des ciments.* ♦ *Faire prise,* se dit d'une substance coagulable qui commence à se coaguler. ♦ On dit aussi : *Prise de consistance.* ■ *Ce qui permet de prendre, de saisir. Ne pas avoir de prise.* ■ *Prise de courant* ou *prise,* dispositif de branchement relié au réseau électrique. ■ *Prise de vues,* tournage d'une scène d'un film. *Faire plusieurs prises de vue pour la même scène.* ■ *Prise de son,* enregistrement des sons. *Il était chargé de la prise de son lors du reportage télévisuel.* ■ *Prise de sang,* prélèvement de sang. *Faire une prise de sang pour contrôler son cholestérol.* ■ *Action de se mettre à avoir. Prise de conscience.* ■ *Ce qui a été pris. Ils nous ont montré leur prise.* ■ **Sp.** Manière de prendre, de saisir un adversaire, dans certains sports de combat. *Une prise de judo.* ■ **Méc.** *Prise directe* ou *prise,* position de la boîte de vitesses où les arbres de sortie et d'entrée tournent à la même vitesse. ■ **Fig.** *Être en prise directe,* être étroitement lié à quelque chose. *Une émission de radio en prise directe sur l'actualité. Cette discipline est en prise directe avec les problèmes environnementaux.* ■ *Prise en charge,* action de se charger de quelque chose, de quelqu'un, de s'en occuper ou d'en prendre la responsabilité. *Prise en charge des malades par un organisme.*

PRISÉ, ÉE, p. p. de priser. [pʀize] Estimé, apprécié. *Une destination très prisée.* « *L'une ou l'autre revenait parfois, m'apportant des présents d'autant plus prisés qu'ils venaient de l'étranger* », **Ollivier.**

PRISÉE, n. f. [pʀize] (p. p. fém. substantivé de 1 *priser*) Action de priser, de mettre un prix aux choses qui doivent être vendues à l'enchère.

1 PRISER, v. tr. [pʀize] (b. lat. *pretiare,* estimer, du lat. *pretium,* prix, valeur) Mettre le prix à une chose qui doit être vendue, en faire l'estimation. ♦ **Fig.** *Priser trop sa marchandise,* faire trop valoir ce qu'on a ou ce qu'on est. ♦ Estimer, apprécier. « *On ne peut assez priser un tel avantage* », **Pascal.** ♦ Louer. « *Tandis que mon faquin qui se voyait priser* », **Boileau.** ♦ Se priser,

v. pr. S'estimer. « *Nous ne nous prisons pas, tout petits que nous sommes, D'un grain moins que les éléphants* », **La Fontaine.**

2 PRISER, v. intr. [pʀize] (*prise*) Aspirer par le nez de la poudre de tabac. *Avoir l'habitude de priser.*

1 PRISEUR, n. m. [pʀizœʀ] (1 *priser*) ▷ Celui qui fait la prisée, l'estimation. ◁ ♦ *Huissier-priseur* et aujourd'hui *commissaire-priseur,* commissaire qui, aidé d'un expert pour mettre le prix aux objets, reçoit les enchères et adjuge. ♦ Au f. *Priseuse* (qui n'est pas dans le *Dict. de l'Académie*). ■ **Rem.** Aujourd'hui, le féminin est inusité.

2 PRISEUR, EUSE, n. m. et n. f. [pʀizœʀ, øz] (2 *priser*) Se dit d'une personne qui prend du tabac.

PRISMATIQUE, adj. [pʀismatik] (*prisme,* d'après le gr. *prisma,* génit. *prismatos*) Qui a la forme d'un prisme. ♦ *Couleurs prismatiques,* couleurs qu'on aperçoit en regardant à travers un prisme. ♦ Qui offre des angles longitudinaux séparés par autant de facettes. ♦ Muni d'un prisme. *Instrument optique prismatique.*

PRISME, n. m. [pʀism] (gr. *prisma,* génit. *prismatos*) **Géom.** Polyèdre ayant pour bases deux polygones égaux et parallèles, dont les côtés homologues sont unis par des parallélogrammes. ♦ *Prisme triangulaire, quadrangulaire, pentagonal, etc.* prisme dont les bases sont deux triangles, deux quadrilatères, deux pentagones, etc. ♦ **Phys.** Prisme triangulaire de cristal, de verre ou de toute autre substance transparente. ♦ En ce sens, on l'emploie souvent absol. *Le prisme décompose la lumière blanche.* ♦ **Fig.** *Voir dans un prisme, regarder à travers un prisme,* considérer les choses suivant ses passions, ses désirs. ♦ On dit de même : *Le prisme de l'amour-propre, de l'espérance, etc.*

PRISON, n. f. [pʀizɔ̃] (lat. *pre[he]nsio,* prise de corps, de *pre[he]ndere,* saisir) Logis où l'on enferme ceux qu'on veut détenir. ♦ **Fig.** « *Ma cour fut ta prison, mes faveurs tes liens* », P. **Corneille.** ♦ **Fig.** *Cette maison est une vraie prison,* elle est sombre et triste. ♦ *Aimable, gracieux comme une porte de prison,* se dit de quelqu'un dur et brutal. ♦ ▷ **Fig.** *La prison de saint Crépin,* soulier étroit qui blesse le pied (saint Crépin est le patron des cordonniers). ◁ ♦ Emprisonnement. *Être condamné à deux ans de prison.* ♦ ▷ Captivité. *Une longue prison.* ◁ ♦ Ce qui renferme, enclôt. *Le corps est la prison de l'âme.* ♦ Borne, limite. « *Franchissant l'étroite prison de l'intérêt personnel et des petites passions terrestres* », J.-J. **Rousseau.** ♦ *Prison dorée,* se dit d'une situation où l'on ne manque de rien matériellement mais où l'on est privé de liberté. *Beaucoup de personnes l'envient mais elle est dans une prison dorée.*

PRISONNIER, IÈRE, n. m. et n. f. [pʀizɔnje, jɛʀ] (*prison*) Celui, celle qui est privée de sa liberté. ♦ Celui, celle qui est arrêtée pour être mise en prison, ou qui est détenue. ♦ ▷ *Pain des prisonniers,* le pain que l'État fournit tous les jours aux prisonniers. ◁ ♦ *Prisonnier d'État,* celui qui est arrêté ou enfermé pour un acte qui pouvait mettre en péril la sûreté de l'État. ♦ *Prisonnier de guerre* ou simplement *prisonnier,* celui qui a été pris à la guerre. ♦ *Faire prisonnier,* prendre à la guerre. ♦ *Prisonnier sur parole,* prisonnier qu'on laisse libre, sur l'assurance qu'il donne de ne pas sortir du lieu qui lui est désigné. ♦ **Adj.** *Soldat prisonnier.* ♦ **Fig.** « *L'impétueuse ardeur de ces transports nouveaux À son sang prisonnier ouvre tous les canaux* », P. **Corneille.**

PRIVANCE, n. f. [pʀivɑ̃s] (*privé*) Familiarité particulière (terme vieilli). *Voir quelqu'un en privance.*

PRIVAT-DOCENT, ■ n. m. [pʀivatdosɛnt] (all., Privat-dozent, de *privat,* privé, libre, et Dozent, professeur, du lat. *docens,* p. prés. de *docere,* enseigner) En Allemagne, en Autriche ou en Suisse, professeur d'université qui donne des cours libres. *Des privat-docents.*

PRIVATIF, IVE, adj. [pʀivatif, iv] (lat. Impér. gramm. *privativus*) Qui indique privation. *Une expression privative.* ♦ **Gramm.** Se dit des particules qui marquent privation. *In* est une particule privative au commencement de certains mots français, comme *infidèle, incorrigible,* etc. ♦ **N. m.** Particule privative. *Un traité des privatifs.* ♦ **Dr.** Qui exclut entièrement, qui accorde une chose exclusivement à telle personne. *Disposition privative.*

PRIVATION, n. f. [pʀivasjɔ̃] (lat. *privatio,* suppression, absence d'une chose) Action de priver d'un avantage, d'un bien qu'on avait ou qu'on devait avoir. *La privation de la vue, des droits civils, etc.* ♦ Action de se priver volontairement de quelque chose dont on pourrait jouir. ♦ Au pl. se dit de la privation soit volontaire, soit infligée par les circonstances. « *Les petites privations s'endurent sans peine, quand le cœur est mieux traité que le corps* », J.-J. **Rousseau.** ♦ *Vivre de privations,* manquer des choses nécessaires. ♦ Absence de quelque chose qui manque. « *La privation des peines vaut bien l'usage des plaisirs* », **Buffon.**

PRIVATISATION, ■ n. f. [pʀivatizasjɔ̃] (*privatiser*) Fait de transformer une entreprise du secteur public en une entreprise privée. *La privatisation d'une société.*

PRIVATISER, ■ v. tr. [pʀivatize] (*privé*, sur le modèle de *étatiser*) Transférer du secteur public au secteur privé. *Privatiser des dépenses.* ■ PRIVATISABLE, adj. [pʀivatizabl] *Entreprise privatisable.*

PRIVATIVEMENT, adv. [pʀivativ(ə)mɑ̃] (*privatif*) Exclusivement, préférablement. *Privativement à tout autre.*

PRIVAUTÉ, n. f. [pʀivote] (*privé*, d'après *royauté*) Grande familiarité. *Être dans la privauté de quelqu'un.* « *Jeannot et Colin avaient ensemble de petites privautés dont on se ressouvient avec agrément* », VOLTAIRE. ◆ *Prendre, se permettre des privautés*, prendre de grandes libertés dans ses manières.

1 PRIVÉ, n. m. [pʀive] (substantivation de 2 *privé*) ▷ Lieux d'aisances. ◁

2 PRIVÉ, ÉE, adj. [pʀive] (lat. *privatus*, particulier, propre, individuel) Qui vit sans rang et sans emploi qui l'engage dans les affaires publiques. « *Ceux qui gouvernent font plus de fautes que les hommes privés* », VAUVENARGUES. ◆ Il se dit des choses, par opposition à *public*. « *Rien n'est privé dans la vie des grands, tout appartient au public* », MASSILLON. ◆ *La vie privée doit être murée*, il n'est pas permis de chercher et de faire connaître ce qui se passe dans la maison d'un particulier. ◆ *Vie privée*, titre de certains ouvrages où l'on raconte les actions privées d'un personnage public. ◆ *En son propre et privé nom*, pour soi-même, de son chef. *Parler, agir en son propre et privé nom.* ◆ *Autorité privée*, se dit par opposition à *autorité publique* ou à *autorité légitime.* ◆ *Conseil d'État privé* ou *conseil privé*, le conseil où présidait le chancelier, et où se jugeaient les affaires des particuliers dans lesquelles le roi n'avait point d'intérêt. ◆ Sous l'Empire, *conseil privé*, conseil particulier qui ne s'assemblait que d'après une convocation expresse du souverain. ◆ *Acte sous seing privé*, acte fait sans l'intervention de l'officier public. ◆ N. m. Intimité. *En mon privé.* ◆ Qui n'est pas accessible à tous. *Propriété privée.* ◆ Qui ne dépend pas de l'État, par opposition à *public. Entreprise privée. Secteur privé.* ◆ Qui n'appartient qu'à certaines personnes ou qui ne concerne que certaines personnes. *Un cours privé.* ■ N. m. Fam. *Secteur privé. Travailler dans le privé.* ■ *Détective privé* ou *privé*, détective qui travaille à son compte. *Elle a fait appel à un détective privé pour retrouver sa sœur disparue.* ■ EN PRIVÉ, loc. adv. à part, en particulier. *Je souhaiterais vous parler en privé.*

3 PRIVÉ, ÉE, p. p. de priver. [pʀive] À qui on a ôté, qui ne possède pas. *Privé de la connaissance de Dieu.*

4 PRIVÉ, ÉE, p. p. de priver et adj. [pʀive] ▷ Qui est apprivoisé. *Un oiseau privé.* ◆ Familier (sens vieilli). *Ce domestique se rend un peu trop privé avec ses maîtres.* ◁

1 PRIVÉMENT, adv. [pʀivemɑ̃] (2 *privé*) ▷ En personne privée. *Vivre privément.* ◁

2 PRIVÉMENT, adv. [pʀivemɑ̃] (4 *privé*) ▷ En familiarité. *Ils ont toujours vécu fort privément ensemble.* ◁ ◆ Il a vieilli. ◆ En particulier, à part. *S'entretenir privément avec quelqu'un.*

1 PRIVER, v. tr. [pʀive] (lat. *privare*, mettre à part, écarter, dépouiller) Ôter à quelqu'un ce qu'il a, l'empêcher de jouir de quelque chose. « *Je te prive, pendard, de ma succession* », MOLIÈRE. ◆ « *D'un spectacle si doux ne privez point mes yeux* », RACINE. ◆ Se priver, v. pr. S'ôter à soi-même un avantage, un bien. « *Il y a des hommes qui se privent eux-mêmes de la société des hommes* », LA BRUYÈRE. ◆ Renoncer à l'usage de quelque jouissance. *Se priver de vin, du nécessaire, etc.*

2 PRIVER, v. tr. [pʀive] (1 *privé*) ▷ Rendre privé, en parlant d'un animal. ◆ Se priver, v. pr. Devenir privé. « *Le loup pris jeune se prive, mais ne s'attache point* », BUFFON. ◁

PRIVILÈGE, n. m. [pʀivilɛʒ] (lat. *privilegium*, loi concernant un particulier, faveur) Avantage accordé à un seul ou à plusieurs, et dont on jouit à l'exclusion des autres, contre le droit commun. ◆ *Privilège du roi*, autorisation d'imprimer que le gouvernement donnait, après que l'ouvrage avait passé à la censure, et qui était accompagnée de la défense à tous autres d'imprimer ledit ouvrage. ◆ Acte qui contient la concession d'un privilège. ◆ Droit, avantage attaché à certaines conditions ou emplois. *Les privilèges de la naissance, des maîtrises, etc.* ◆ Jurispr. Droit d'un créancier, établi par la loi, de se faire payer sur certains objets préférablement à tous autres créanciers. ◆ **Fig.** Droit, prérogative, distinction quelconque. « *La vertu a le privilège de diminuer nos douleurs* », MASSILLON. « *Je sais mieux que personne quels privilèges d'attention méritent les infortunés* », J.-J. ROUSSEAU. ◆ En mauvaise part. *Il a le privilège de me déplaire.* ◆ Se dit aussi des dons naturels soit du corps, soit de l'esprit. *La beauté est un heureux privilège.* ◆ Certaine liberté dans les relations. *La vieillesse donne des privilèges.* ■ REM. Graphie ancienne : *privilége.*

PRIVILÉGIÉ, ÉE, p. p. de privilégier et adj. [pʀivileʒje] *Des marchands privilégiés.* ◆ N. m. et n. f. Celui, celle qui jouit d'un privilège. *La classe des privilégiés.* ◆ Jurispr. *Créancier privilégié*, celui qui a droit d'être payé préférablement aux autres. ◆ On dit de même : *Créance privilégiée.* ◆ *Cas privilégiés* ou *cas royaux*, crimes dont les juges royaux pouvaient seuls connaître, quelle que fût la condition de l'accusé. ◆ *Autel privilégié*, Voy. AUTEL. ◆

▷ *Lieu privilégié*, lieu qui n'était pas soumis à la police générale. ◁ ◆ ▷ *Jour privilégié*, celui où l'on ne peut arrêter pour dette. *Le dimanche est un jour privilégié.* ◁ ◆ **Fig.** Qui a reçu de la nature quelque don particulier. *L'homme est une créature privilégiée.* ◆ **Fam.** Qui s'attribue ou à qui l'on accorde certains privilèges dans la société. *Il peut tout dire, il est privilégié.*

PRIVILÉGIER, v. tr. [pʀivileʒje] (*privilège*, d'après le lat. *privilegium*) Accorder un privilège. « *Ainsi a-t-il plu au Seigneur, qui d'ailleurs, dans l'ordre de la grâce, avait assez privilégié le pauvre au-dessus du riche* », BOURDALOUE. « *De nouvelles manufactures méritent d'être privilégiées* », CONDILLAC.

PRIX, n. m. [pʀi] (lat. *pretium*, prix, valeur) Estimation, valeur d'une chose ; ce qu'on la vend, ce qu'on l'achète. ◆ *À prix d'or*, très cher. ◆ *Juste prix*, prix modéré, prix convenable. ◆ *Bas prix, vil prix*, prix au-dessous de la valeur. ◆ *À haut prix, à grand prix*, très cher. ◆ **Fig.** « *Vous mettez à trop haut prix les petits services que je vous ai rendus* », MME DE SÉVIGNÉ. ◆ *Une chose hors de prix*, une chose excessivement chère. ◆ *Une chose qui n'a point de prix, qui est sans prix*, une chose de très grande valeur et dont le prix n'est point réglé. ◆ **Fig.** *Cet homme est sans prix*, il est d'un rare mérite. ◆ *De prix*, qui vaut beaucoup. *Un meuble de prix.* ◆ *Mettre un prix à quelque chose*, en donner un certain prix. ◆ *Mettre la tête d'un homme à prix*, promettre une certaine somme à qui le tuera. ◆ *Mettre à prix*, vendre pour un certain prix, et par extens. accorder quelque chose moyennant une certaine concession. ◆ ▷ *Être à prix*, être l'objet d'un trafic. « *La louange est à prix* », RÉGNIER. ◁ ◆ *Cela vaut toujours son prix*, se dit d'une chose qui conserve sa valeur, dont le prix ne baisse pas. ◆ *Prix fixe*, prix fixé d'avance par le marchand et duquel il n'y a rien à rabattre. *Vendre à prix fixe. Magasin, boutique à prix fixe.* ◆ ▷ *Un prix-fixe* (avec un trait d'union), une maison de commerce où l'on vend les marchandises à un prix déterminé et écrit sur les objets à vendre. *Les prix-fixes.* ◁ ◆ *Prix fait*, le prix commun ou le prix convenu d'une chose. ◆ *Marché à prix fait* ou simplement *prix fait*, marché à forfait. *Un édifice construit à prix fait.* ◆ *Prix courant*, le prix qui a cours sur le marché à un moment donné. ◆ ▷ *Prix-courant*, feuille publique qui donne les prix courants. ◁ ◆ **Fig.** Valeur morale d'une personne ou d'une chose. « *Que l'homme s'estime son prix !* », PASCAL. ◆ « *Je trouve que le prix de la plupart des choses dépend de l'état où nous sommes quand nous les recevons* », MME DE SÉVIGNÉ. ◆ *Chacun vaut son prix*, il ne faut pas déprécier celui-ci pour exalter celui-là, et aussi il n'est personne qui n'ait quelque bonne qualité. ◆ *Valoir son prix, avoir son prix*, en parlant des choses, n'être pas sans importance, sans intérêt. ◆ **Fig.** Ce qu'il en coûte pour obtenir quelque avantage. « *Dieu met la vie éternelle à ce prix* », BOSSUET. ◆ **Fig.** Mérite d'une personne. « *Décider du mérite et du prix des auteurs* », BOILEAU. ◆ L'excellence d'une chose. *La chose perd la moitié de son prix.* « *Dieu aime qu'on sente tout le prix des grâces qu'il nous fait* », MASSILLON. ◆ **Fig.** Récompense. *Les prix de la victoire.* ◆ *Pour prix de*, en récompense de. ◆ Salaire. « *Ceux qui tuent sans en recevoir aucun prix* », PASCAL. ◁ ◆ Par antiphrase, punition, expiation. « *Photin a reçu le prix de son audace* », P. CORNEILLE. ◆ Récompense promise à celui qui réussira le mieux dans quelque exercice de corps ou d'esprit. *Le prix de la course. Un prix de poésie.* ◆ *Partager le prix*, donner le prix à deux concurrents dont le mérite a été jugé égal. *Partager le prix*, se dit aussi de deux concurrents qui obtiennent le prix et entre lesquels on le partage. ◆ **Fig.** *Remporter le prix*, surpasser les autres en quelque chose. ◆ Dans les écoles, collèges et lycées, récompense en livres aux élèves qui ont fait les meilleures compositions. ◆ Encouragements offerts aux propriétaires ou possesseurs d'animaux qui dans un concours ou une épreuve ont atteint un but déterminé. ◆ À TOUT PRIX, loc. adv. À un prix quelconque. « *Barbin vend aux passants des auteurs à tout prix* », BOILEAU. ◆ *Vendre à tout prix*, vendre une chose à quelque prix que ce soit. ◆ **Fig.** *À tout prix*, malgré tout. ◆ ▷ PRIX POUR PRIX, loc. adv. Toute compensation faite. ◆ **Fig.** En parlant des personnes. *Ces deux hommes-là se valent, prix pour prix.* ◁ ◆ AU PRIX DE, loc. prép. En comparaison de. « *Que l'homme, revenu à soi, considère ce qu'il est au prix de ce qui est* », PASCAL. ◆ ▷ Absol. « *Philomèle est, au prix, novice dans cet art* », LA FONTAINE. ◁ ■ Compétition, épreuve où un prix est décerné. *Le Grand Prix de formule 1.* ■ Personne, œuvre qui a remporté un prix. *Le prix Nobel de physique était présent.* ■ Indication d'un prix sur une marchandise. *Le prix est effacé.* ■ *À aucun prix*, en aucun cas, jamais. *Je ne céderai à aucun prix.*

PRO, ■ n. m. et n. f. [pʀo] (apocope de *professionnel*) Fam. Professionnel. *Ce matériel est réservé aux pros.* ■ **Fam.** Personne expérimentée, compétente. *C'est une pro dans son domaine.* ■ Adj. Fam. *Ils sont pros.*

PROBABILISME, n. m. [pʀobabilism] En casuistique, doctrine qui enseigne qu'en matière de morale on peut, en sûreté de conscience, suivre une opinion, pourvu qu'elle soit probable, quoiqu'il y en ait d'autres qui soient plus probables. ■ PROBABILISTE, adj. et n. m. et n. f. [pʀobabilist] *Un modèle probabiliste d'évolution biologique.*

PROBABILITÉ, n. f. [pʀobabilite] (lat. *probabilitas*) Apparence de vérité. « *Presque toute la vie humaine roule sur des probabilités* », VOLTAIRE. ◆ **Math.** *Doctrine, théorie, analyse, calcul des probabilités*, l'ensemble des règles par lesquelles on peut calculer le nombre de chances qu'a un événement de se produire. ♦ *Probabilités de la vie,* durée probable de la vie qu'a un individu à chaque âge. ♦ En casuistique, doctrine des opinions probables. ♦ Caractère probable d'un événement ; chance qu'il a de se produire. *La probabilité d'une défaite est grande.*

PROBABLE, adj. [pʀobabl] (lat. *probabilis,* vraisemblable, digne d'approbation, de *probare,* approuver) Qui a une apparence de vérité. *Cela n'est pas probable.* ♦ Qu'il est raisonnable de supposer. *Cela est bien peu probable.* ♦ ▷ En casuistique, *opinion probable,* celle qui est fondée sur des raisons de quelque considération, soutenues par un auteur grave. ◁ ♦ **N. m.** *Le probable,* ce qui est probable.

PROBABLEMENT, adv. [pʀobabləmɑ̃] (*probable*) D'une façon probable.

PROBANT, ANTE, adj. [pʀobɑ̃, ɑ̃t] (lat. *probans,* p. prés. de *probare,* faire approuver) **Dr.** Qui prouve. *Pièce probante. Raison probante.* ♦ *En forme probante,* en forme authentique. ♦ Qui prouve, convainc. *Des tests probants.*

PROBATION, n. f. [pʀobasjɔ̃] (lat. *probatio,* épreuve, examen, de *probare,* faire l'essai) Dans quelques ordres religieux, le noviciat. ♦ Il se dit aussi du temps d'épreuve qui précède le noviciat. ♦ **Dr.** Ajournement provisoire des poursuites, assorti d'une mise à l'épreuve du délinquant. *Un service de probation et d'insertion.*

PROBATIQUE, adj. [pʀobatik] (lat. *probaticus,* gr. *probatikos,* qui concerne les moutons, de *probaton,* bétail) À Jérusalem, *piscine probatique,* piscine du bétail, réservoir d'eau, près du temple de Salomon, où étaient lavés les animaux qui devaient servir aux sacrifices.

PROBATOIRE, adj. [pʀobatwaʀ] (radic. de *probation*) Se dit d'un acte constatant la capacité d'un étudiant. *Acte probatoire.*

PROBE, adj. [pʀob] (lat. *probus,* de bon aloi, honnête) Qui a de la probité.

PROBITÉ, n. f. [pʀobite] (lat. *probitas*) Exacte régularité à remplir tous les devoirs de la vie civile. ♦ *C'est la probité même,* c'est un homme plein de probité.

PROBLÉMATIQUE, adj. [pʀoblematik] (gr. *problêmatikos*) Qui a le caractère du problème. *Opinion problématique.* ♦ Dont on peut douter. *Nouvelle problématique.* ♦ Équivoque. *Conduite problématique.* ♦ Qui pose un problème. *Un cas problématique.* ■ **N. f.** Ensemble des problèmes liés à un sujet. *La problématique d'un concept philosophique.*

PROBLÉMATIQUEMENT, adv. [pʀoblematik(ə)mɑ̃] (*problématique*) D'une manière problématique.

PROBLÈME, n. m. [pʀoblɛm] (gr. *problêma,* question proposée, de *proballein,* jeter devant) **Math.** Toute question où l'on indique le résultat qu'on veut obtenir, et où l'on demande les moyens d'y parvenir ; ou bien l'on indique les moyens et l'on demande le résultat. *Problème d'algèbre, d'astronomie, de physique, etc.* ♦ **Fig.** *« La mort est un problème »,* VOLTAIRE. ♦ Proposition douteuse qui peut recevoir plusieurs solutions. *Problème de métaphysique, de morale.* ♦ En général, tout ce qui est difficile à expliquer, à concevoir. *« L'homme est dans ses écarts un étrange problème »,* ANDRIEUX. *Cet homme est un problème,* sa conduite est un vrai problème, il est difficile de définir son caractère, d'expliquer sa conduite. ♦ *Faire problème, poser problème* ou *poser des problèmes,* entraîner, présenter des difficultés. *Son âge fait problème.* ■ **Rem.** *Ce changement pose des problèmes* est de loin plus élégant que *ce changement pose problème.* ■ **Fam.** *C'est ton problème,* cela te regarde, te concerne.

PROBOSCIDE, n. f. [pʀobosid] (gr. *proboskis,* gén. *-kidos,* de *pro,* devant, et *boskein,* nourrir) La trompe d'un éléphant (peu usité excepté dans le blason). ♦ Organe oral ou trompe des insectes diptères.

PROBOSCIDIEN, IENNE, adj. [pʀoboʃidjɛ̃, jɛn] (*proboscide*) **Zool.** Qui a le nez prolongé en une trompe. ♦ N. m. pl. *Les proboscidiens,* famille de mammifères pachydermes à trompe. ♦ Au sing. *L'éléphant est un proboscidien.*

PROCAÏNE, ■ n. f. [pʀokain] (*pro-* et *[co]caïne*) **Pharm.** Anésthésique local. *Un traitement oto-rhino-laryongologique à la procaïne.*

PROCARYOTE, ■ adj. [pʀokaʀjɔt] (*pro-,* avant et gr. *karuon,* noyau) **Biol.** Qui possède une cellule dépourvue de noyau. *Les cellules procaryotes possèdent une paroi et un chromosome circulaire.* ■ N. m. *Les procaryotes opposés aux eucaryotes.*

1 PROCÉDÉ, n. m. [pʀosede] (p. p. substantivé de *procéder*) Manière d'agir d'une personne envers une autre. *Un procédé honnête. De mauvais procédés. « Cela n'est pas le procédé d'un sot »,* MME DE SÉVIGNÉ. ♦ **Absol.** Au pl. Il se dit des bons procédés. *C'est un homme de procédés. Manquer de procédés.* ♦ Manière de faire une opération, soit chimique, soit pharmaceutique, soit chirurgicale. *« Un procédé pour convertir le mercure en or »,* BUFFON. ♦ ▷ Anciennement, préliminaire de duel entre gens d'épée. ◁ ♦ **Fig.** *« On ne*

demande qu'à tourner tout en plaintes et en procédés contre moi »,* BOSSUET. ♦ Petit rond de cuir que l'on applique au bout d'une queue de billard. ♦ Manière de se servir de la queue à procédé.

2 PROCÉDÉ, ÉE, p. p. de procéder. [pʀosede] ▷ **Dr.** *Bien jugé, mal procédé,* c'est-à-dire l'affaire a été bien jugée au fond, mais on n'y a pas gardé toutes les formalités requises. ♦ Dans le langage général, *tant a été procédé, tant fut procédé,* c'est-à-dire on fit si bien que, etc. ◁

PROCÉDER, v. intr. [pʀosede] (lat. *procedere,* aller en avant, s'avancer) Se mettre à une besogne. *Procédons par ordre. « Voulez-vous que nous procédions au testament? »,* MOLIÈRE. ♦ ▷ *Cet ouvrage procède bien,* il est bien conduit. ◁ ♦ ▷ *Cet orateur procède par périodes,* il ne fait que des phrases périodiques. ◁ ♦ Agir, en quelque affaire que ce soit, de telle ou telle manière. *« On ne peut procéder avec trop de mesure »,* MAIRET. ♦ Agir en justice. *« On n'avait point procédé contre Jean sans Peur quand il assassina le duc d'Orléans »,* VOLTAIRE. ♦ ▷ *Procéder militairement,* procéder sans observer les formes de la justice. ◁ ♦ **Théol.** Provenir de. *Le Saint-Esprit procède du Père et du Fils.* ♦ Tirer origine. *« Celui qui sauve, qui vivifie, et d'où procède toute grâce »,* BOURDALOUE. *« Vous voyez donc, monsieur, d'où procède son mal »,* REGNARD. ♦ Faire, effectuer. *Il faut procéder à des tests avant de prendre toute décision.*

PROCÉDURAL, ALE, ■ adj. [pʀosedyʀal] (*procédure*) **Dr.** Qui se rapporte à la procédure judiciaire. *Une méthode procédurale.* ■ Relatif à une procédure. *Des documents procéduraux.*

PROCÉDURE, n. f. [pʀosedyʀ] (*procéder*) Manière de procéder en justice. *Procédure commerciale, civile, criminelle.* ♦ *Code de procédure civile,* titre d'un de nos codes. ♦ Instruction judiciaire d'un procès. ♦ Les actes mêmes qui ont été faits dans une instance civile ou criminelle. ♦ Manière de procéder, méthode utilisée. *Quelle est la procédure à suivre?*

PROCÉDURIER, IÈRE, adj. [pʀosedyʀje, jɛʀ] (*procédure*) ▷ **Dr.** Qui entend la procédure. ◁ ♦ ▷ Se dit aussi de ce qui allonge les procédures. *Formalités procédurières.* ◁ ♦ **N. m. et f.** Celui, celle qui aime la procédure, la chicane.

PROCÈS, n. m. [pʀosɛ] (lat. *processus,* action de s'avancer, progrès) Instance devant un juge, sur un différend entre deux ou plusieurs parties. *Avoir, gagner, perdre un procès.* ♦ **Fig.** *Gagner, perdre son procès,* obtenir, manquer ce qu'on voulait, bien, mal réussir dans telle affaire. ♦ ▷ *Faire le procès à quelqu'un,* le poursuivre en justice comme criminel. ◁ ♦ ▷ *Faire le procès à la mémoire de quelqu'un,* agir en justice afin de le faire condamner après sa mort. ◁ ♦ **Fig.** *Faire le procès,* critiquer. *Le misanthrope fait le procès au genre humain.* ◁ ♦ ▷ *Faire le procès,* s'élever comme juge. *« C'est ici que ces innocents font le procès à leurs propres juges »,* BOSSUET. ◁ ♦ ▷ *Faire le procès à une chose,* la condamner, soutenir qu'elle est mauvaise. ◁ ♦ *Sans forme de procès, sans autre forme de procès,* sans procédure, sans formalités. ♦ **Fig.** *Sans autre forme de procès,* sans autre façon. ♦ Toutes les pièces produites. *Le procès est sur le bureau.* ♦ *Distribuer un procès,* commettre un juge pour examiner les pièces. ♦ *Procès-verbal,* Voy. VERBAL. ■ **Didact.** Processus. ■ **Ling.** Ce qui est exprimé par le verbe à propos du sujet. ■ **Méd.** Saillie à la surface d'un os, d'un organe. *Les procès ciliaires.*

PROCESSEUR, ■ n. m. [pʀosœʀ] (angl. *processor*) **Inform.** Élément d'une unité centrale d'un ordinateur servant à assurer et contrôler le traitement de l'information. *Un processeur perfectionné.*

PROCESSIF, IVE, adj. [pʀosesif, iv] (*procès*) Qui aime à intenter, à prolonger des procès. *Un homme processif.* ♦ ▷ Se dit aussi des choses qui ont rapport au procès. *Forme processive.* ◁

PROCESSION, n. f. [pʀosesjɔ̃] (lat. *processio,* action d'aller en avant) Marche solennelle du clergé et du peuple, qui se fait dans l'intérieur de l'église ou au dehors, en chantant des hymnes, des psaumes ou des litanies. ♦ Il se dit aussi de cérémonies païennes analogues. ♦ **Fam.** Une longue suite de personnes qui marchent comme à la file l'une de l'autre. ♦ ▷ *Faire comme la procession,* aller par un chemin et revenir par un autre. ◁ ♦ **Théol.** *La procession du Saint-Esprit,* la production éternelle du Saint-Esprit, qui procède du Père et du Fils. ♦ **Prov.** *On ne peut pas sonner et aller à la procession,* c'est-à-dire on ne peut pas faire deux choses qui s'empêchent ou se contredisent réciproquement, occuper deux places incompatibles.

PROCESSIONNAIRE, ■ adj. [pʀosesjɔnɛʀ] (*procession*) Qui se déplace en file l'une derrière l'autre, en parlant de chenilles nocives et urticantes. *De nombreuses chenilles processionnaires.*

PROCESSIONNAL, n. m. [pʀosesjɔnal] (lat. médiév. *processionalis,* de procession) Livre d'église où sont écrites et notées les prières qu'on chante aux processions. *Des processionnaux.* ■ **Rem.** On disait aussi *processionnel* autrefois.

PROCESSIONNEL, ELLE, ■ adj. [pʀosesjɔnɛl] (*procession*) Propre à une procession. *Un char processionnel.*

PROCESSIONNELLEMENT, adv. [pʀɔsesjɔnɛl(ə)mɑ̃] (*processionnel*) En procession.

PROCESSUS, ■ n. m. [pʀɔsesys] (mot lat., action de s'avancer, progression) Succession ordonnée de faits, de phénomènes constituant un ensemble plus ou moins régulier dans leur déroulement. *Un processus de développement industriel.* ■ Série continue d'opérations constituée en vue d'aboutir à un résultat préétabli, notamment pour fabriquer quelque chose. *Suivre le processus de fabrication.*

PROCÈS-VERBAL, n. m. [pʀɔsɛvɛʀbal] (*procès* et *verbal*) Voy. VERBAL. **Abrév.** P.-V.

PROCHAIN, AINE, adj. [pʀɔʃɛ̃, ɛn] (lat. vulg. *propeanus*, de l'adv. lat. *prope*, près) Qui est dans le voisinage. « *L'ours s'en va dans la forêt prochaine* », LA FONTAINE. ◆ Il se dit du temps et des choses qui sont près d'arriver. « *Reçois le consulat pour la prochaine année* », P. CORNEILLE. « *J'ai lu dans ses regards sa prochaine vengeance* », RACINE. ◆ **Philos.** *Cause prochaine*, celle qui est immédiate. ◆ **Théol.** *Occasion prochaine*, occasion de pécher qui est présente, ou occasion qui peut porter facilement au péché. ◆ **Théol.** *Pouvoir prochain*, pouvoir d'agir conformément à la volonté de Dieu, moyennant la grâce nécessaire pour lui obéir. ◆ **N. m.** Chaque homme en particulier, ou tous les hommes ensemble. *Aimer son prochain. Rire du prochain.* ◆ On dit abusivement : *C'est mon plus prochain voisin* ; il faut dire : *Mon plus proche voisin.* ◆ Qui suit. *Le prochain train est à 20 heures 15. Son prochain livre sera autobiographique.* ◆ *La prochaine fois* ou *la fois prochaine*, quand la chose se reproduira. *La prochaine fois, tu feras attention.* ◆ *À la prochaine fois* ou *fam. à la prochaine*, au revoir. ■ **Rem.** Il est vieilli ou littéraire dans son premier sens.

PROCHAINEMENT, adv. [pʀɔʃɛn(ə)mɑ̃] (*prochain*) Bientôt, dans peu de temps.

PROCHE, prép. [pʀɔʃ] Dans le voisinage de. « *Carthage, colonie des Phéniciens, fut bâtie sur les côtes d'Afrique, proche l'endroit où se trouve à présent la ville de Tunis* », VERTOT. ◆ *Proche de*, même sens. ◆ *Proche de*, se dit du voisinage dans le temps. « *Quand ils sont proche de mourir* », PASCAL. « *L'empire d'Honorius semblait proche de sa ruine* », BOSSUET. ◆ **Adv.** Dans le voisinage. *Il demeure ici proche.* ◆ DE PROCHE EN PROCHE, loc. adv. En allant d'un lieu à un lieu voisin ; d'un terme à un autre. « *La terre se peuple de proche en proche* », BOSSUET. ◆ **Fig.** Peu à peu et par degrés. ◆ **Adj.** Qui est près. *Son plus proche voisin* ou *son voisin le plus proche.* « *Le renard étant proche.* », LA FONTAINE. ◆ **Fig.** « *Traduire selon le sens plus proche de la diction grecque* », LA BRUYÈRE. ◆ En parlant du temps, qui est près d'arriver. « *C'est donc trop peu pour moi que des malheurs si proches* », P. CORNEILLE. « *Dans les temps proches de sa naissance* », PASCAL. « *Le jour fatal est proche* », BOILEAU. ◆ Il se dit aussi des personnes qui sont près de. « *Courbé et proche du tombeau* », FÉNELON. « *Rendre l'homme raisonnable et plus proche de devenir chrétien* », LA BRUYÈRE. ◆ Lié par la parenté. ◆ **N. m. pl.** Parents. « *Hélas ! on n'est jamais trahi que par ses proches* », REGNARD. ■ **Rem.** Il est vieux aujourd'hui dans ses emplois prépositionnel et adverbial.

PROCHRONISME, n. m. [pʀɔkʀɔnism] (gr. *pro*, devant, avant, et *khronos*, époque, moment précis) Erreur de date, qui consiste à placer un événement dans un temps antérieur à celui où il est arrivé.

PROCIDENCE, ■ n. f. [pʀɔsidɑ̃s] (lat. impér. *procidentia*, chute d'un organe, de *procidere*, tomber en avant) **Méd.** Descente ou avancée anormale d'un organe. *Procidence rectale.* ■ **Méd.** Descente anormale du cordon ombilical, en avant de la partie du fœtus qui se présente lors d'un accouchement. *La procidence du cordon peut être, en fonction du degré de la descente, soit intra-cervicale, soit intra-vaginale, soit vulvaire.*

PROCLAMATEUR, TRICE, n. m. et n. f. [pʀɔklamatœʀ, tʀis] (*proclamer*) Personne qui proclame.

PROCLAMATION, n. f. [pʀɔklamasjɔ̃] (lat. *proclamatio*, cris violents, b. lat. cris de réclamation, lat. médiév. plainte en justice) Action de proclamer. *La proclamation d'un empereur.* ◆ Publication solennelle. *La proclamation d'une loi.* ◆ Écrit qui contient ce que l'on veut publier, proclamer. *Une proclamation au peuple, à l'armée.*

PROCLAMÉ, ÉE, p. p. de proclamer. [pʀɔklame]

PROCLAMER, v. tr. [pʀɔklame] (lat. *proclamare*, crier fortement, protester) Publier à haute voix et avec solennité. *Proclamer une loi. Proclamer un roi.* ◆ Divulguer, publier. *Proclamer les hauts faits, les belles actions, etc.* « *Je proclame Que je suis bon chrétien* », DELAVIGNE. ◆ *Se proclamer*, v. pr. Se dire hautement. « *En vain des animaux se proclamant le roi* », DELILLE.

PROCLITIQUE, adj. [pʀɔklitik] (gr. sav. [XIXᵉ s.] *proklitikos*, du gr. *proklinein*, pencher en avant) **Gramm.** Les mots proclitiques et n. m. les proclitiques, mots qui donnent leur accent au mot suivant.

PROCLIVE, ■ adj. [pʀɔkliv] (lat. *proclivis*, qui penche, incliné) **Méd.** *Position proclive*, position dans laquelle les membres inférieurs sont plus bas que la tête. *En cas de saignements forts du nez, il est nécessaire de rester en position proclive.*

PROCONSUL, n. m. [pʀɔkɔ̃syl] (mot lat.) Sous la république romaine, ancien consul qui, en sortant de charge, recevait le commandement d'une province ou d'une armée. ◆ Sous l'empire romain, gouverneur d'une province du sénat ou du peuple. ◆ **Fig.** Gouverneur de province qui agit avec arbitraire et violence.

PROCONSULAIRE, adj. [pʀɔkɔ̃syle] (lat. *proconsularis*) Qui a rapport au proconsul. *Pouvoir proconsulaire.* ◆ *Province proconsulaire*, province gouvernée par un proconsul.

PROCONSULAT, n. m. [pʀɔkɔ̃syla] (lat. impér. *proconsulatus*) Dignité de proconsul. ◆ Durée des fonctions d'un proconsul.

PROCORDÉS, ■ n. m. pl. [pʀɔkɔʀde] (*pro-* et *corde*) **Zool.** Embranchement d'animaux marins qui possèdent une corde dorsale. *Les procordés se nourrissent de plancton en filtrant l'eau à travers leurs branchies.* ■ Au sing. *Un procordé.*

PROCRÉATEUR, TRICE, ■ adj. [pʀɔkʀeatœʀ, tʀis] (lat. *procreator*) **Litt.** Qui procrée. « *Les publicitaires se prennent pour des procréateurs. Ils ne sont que des accoucheurs* », SÉGUÉLA. ■ **N. m.** Père, géniteur.

PROCRÉATION, n. f. [pʀɔkʀeasjɔ̃] (lat. *procreatio*) Génération. ◆ **Méd.** *Procréation médicalement assistée*, ensemble des techniques de fécondation artificielle. *La fécondation in vitro, l'insémination artificielle sont des méthodes de procréation médicalement assistée.*

PROCRÉATIQUE, ■ n. f. [pʀɔkʀeatik] (*procréat[ion]* et *-ique*, sur le modèle de informatique) **Méd.** Ensemble des techniques de procréation artificielle. *Les centres de soins se consacrant à la procréatique sont limités en nombre et doivent remplir des conditions d'équipement et de compétence du personnel pour être accrédités.*

PROCRÉÉ, ÉE, p. p. de procréer. [pʀɔkʀee]

PROCRÉER, v. tr. [pʀɔkʀee] (lat. *procreare*, engendrer, créer) Engendrer.

PROCTALGIE, ■ n. f. [pʀɔktalʒi] (*proct[o]-* et *-algie*) **Méd.** Douleur anale ou rectale. *Proctalgie fugace.*

PROCTITE, ■ n. f. [pʀɔktit] (*proct[o]-* et *-ite*) **Méd.** Inflammation du rectum. *Les symptômes les plus courants de la proctite sont des douleurs anorectales intenses, des saignements rectaux, un impérieux besoin d'aller à la selle et le passage de mucus.*

PROCTOLOGIE, ■ n. f. [pʀɔktɔlɔʒi] (*proct[o]-* et *-logie*) Spécialité médicale qui traite des pathologies de l'anus et du rectum. ■ PROCTOLOGUE, n. m. et n. f. [pʀɔktɔlɔg]

PROCURATEUR, n. m. [pʀɔkyʀatœʀ] (lat. *procurator*, celui qui a soin pour un autre) Dans l'empire romain, titre de certains magistrats envoyés par l'empereur, pour le représenter dans les provinces. ◆ ▷ Titre d'un des principaux magistrats dans quelques républiques d'Italie, telles que Venise et Gênes. ◁

PROCURATION, n. f. [pʀɔkyʀasjɔ̃] (lat. *procuratio*, administration, gestion) Pouvoir donné par quelqu'un par un autre d'agir en son nom. ◆ L'acte qui fait foi de cette délégation. ◆ **Fig.** *Par procuration*, par l'intermédiaire d'une autre personne. *Vivre par procuration.*

PROCURATRICE, n. f. [pʀɔkyʀatʀis] Voy. PROCUREUR.

PROCURE, ■ n. f. [pʀɔkyʀ] (*procurer*) Office de procureur dans un ordre religieux. *S'adresser à la procure.* ■ Bureau ou appartement du procureur.

PROCURÉ, ÉE, p. p. de procurer. [pʀɔkyʀe]

PROCURER, v. tr. [pʀɔkyʀe] (lat. *procurare*, donner ses soins à) ▷ Obtenir par des soins, par des efforts. « *La loi qui nous oblige à procurer autant qu'il est en nous le bien général de tous les hommes* », DESCARTES. ◁ ◆ ▷ *Procurer que...*, avec le verbe au subjonctif. « *Le prince doit procurer que le peuple soit instruit de la loi de Dieu* », BOSSUET. ◁ ◆ Faire obtenir quelque avantage. « *Elle employait son crédit à procurer un peu de repos aux catholiques accablés* », BOSSUET. ■ En mauvaise part. « *Pour ceux qui m'ont causé quelques désavantages, Procuré quelque perte* », P. CORNEILLE. ◆ Faire en sorte qu'une personne ait une chose. *On me procura des chevaux.* ◆ *Se procurer*, procurer à soi. ◆ En mauvaise part. « *Je me procure un mal pour en éviter mille* », P. CORNEILLE. ◆ Être la cause de, en parlant de choses. *Cette potion lui a procuré du sommeil.*

PROCUREUR, n. m. [pʀɔkyʀœʀ] (*procurer*) Celui, celle qui a pouvoir d'agir pour un autre. En ce sens, le féminin est procuratrice. ◆ ▷ *Procureur*, nom qu'on donnait autrefois à l'officier public nommé aujourd'hui avoué. En ce sens, le féminin est procureuse. ◁ ◆ *Procureur général*, magistrat qui exerce en chef des fonctions du ministère public près d'une cour supérieure. ◆ Sous la royauté, *procureur du roi*, sous l'empire, *procureur impérial*, sous la république, *procureur de la république*, magistrat qui remplit les mêmes fonctions auprès d'un tribunal de première instance. En ce sens, le féminin est procureuse. ◆ Dans les ordres religieux, *procureur général*, le religieux chargé des intérêts de tout l'ordre. ✦ Dans chaque maison religieuse, *procureur*, le religieux chargé des intérêts temporels de la maison. ▪ *Procureur de la République*, magistrat, chef du parquet auprès du tribunal de grande instance. *Le procureur de la République intervient d'un bout à l'autre de la chaîne pénale ainsi que dans le domaine de la justice civile.* ▪ *Procureur général*, en France, magistrat qui exerce les fonctions du ministère public près la Cour des comptes, la Cour de cassation et les cours d'appel. *Le procureur général a, dans l'exercice de ses fonctions, le droit de requérir directement la force publique.* ▪ *Procureur général*, au Canada, ministre qui représente le gouvernement devant les tribunaux. ▪ Rᴇᴍ. Au féminin, on trouve aujourd'hui *la procureur* ou *la procureure*.

PROCUREUSE, n. f. [pʀɔkyʀøz] Voy. PROCUREUR.

PRODIGALITÉ, n. f. [pʀɔdigalite] (b. lat. *prodigalitas*) Caractère du prodigue. ✦ Action de prodiguer. « *J'aime cette prodigalité des richesses terrestres pour une autre vie* », Mᴍᴇ ᴅᴇ Sᴛᴀ̈ᴇʟ. ✦ Fig. *La prodigalité de la nature.* ✦ Au pl. Profusions. *Se ruiner en prodigalités.*

PRODIGE, n. m. [pʀɔdiʒ] (lat. *prodigium*) Ce qui frappe comme quelque chose de merveilleux, d'étonnant. *Des prodiges de valeur.* « *Les Romains firent des prodiges pour leur liberté* », Bᴏssuᴇᴛ. ✦ Ce qui arrive contre le cours régulier des choses. « *Il n'y eut plus de prodiges, dès que la nature fut mieux connue* », Vᴏʟᴛᴀɪʀᴇ. ✦ Par exagération, personne qui excelle. *Cet homme est un prodige d'esprit.* « *Ces petits prodiges de l'enfance, qui souvent dans l'âge mûr sont à peine des hommes ordinaires* », ᴅ'Aʟᴇᴍʙᴇʀᴛ. ✦ ▷ *Le prodige de quelqu'un*, personne que quelqu'un regarde comme un prodige. « *Vous êtes toujours son prodige* », Mᴍᴇ ᴅᴇ Sᴇ́ᴠɪɢɴᴇ́. ◁ ✦ Il se dit quelquefois en mauvaise part. *Néron fut un prodige de cruauté.* ✦ Il se dit aussi des choses. *Cette machine est un prodige de l'art.*

PRODIGIEUSEMENT, adv. [pʀɔdiʒjøz(ə)mɑ̃] (*prodigieux*) D'une manière prodigieuse. ✦ En très grande quantité. ✦ En ce sens, on peut l'employer avec *de* et un substantif. « *Paris est fort bon pour ceux qui ont prodigieusement d'argent* », Vᴏʟᴛᴀɪʀᴇ.

PRODIGIEUX, EUSE, adj. [pʀɔdiʒjø, øz] (lat. *prodigiosus*) Qui tient du prodige, qui paraît surnaturel. *Accident prodigieux.* ✦ Qui étonne, qui surprend. « *L'homme est à lui-même le plus prodigieux objet de la nature* », Pᴀsᴄᴀʟ. ✦ Dont la taille est énorme. ✦ Dont le génie est extraordinaire.

PRODIGUE, adj. [pʀɔdig] (lat. *prodigus*, de *prodigere*, pousser devant soi, dépenser avec profusion) Qui fait plus de dépenses qu'il ne faudrait. *Un homme, une femme prodigue.* ✦ Il se dit des choses. *Des mains prodigues.* « *Sa prodigue amitié ne se réserve rien* », Rᴀᴄɪɴᴇ. ✦ *Enfant prodigue*, personnage d'une parabole de l'Évangile, qui demande sa part, la dissipe, puis misérable, revient dans la maison paternelle, où il est bien reçu. ✦ Fig. *Enfant prodigue*, jeune homme de famille qui, après des absences et de l'inconduite, regagne la maison paternelle. ✦ N. m. et n. f. *Le prodigue*, l'enfant prodigue. ✦ Fig. *Prodigue de..*, se dit des paroles et de ce qui consiste en paroles. *Prodigue de louanges, de compliments.* ✦ Fig. En bonne part, qui répand avec libéralité. *Prodigue des biens, de sa vie.* « *Le ciel fut pour toi si prodigue en miracles ;* », Bᴏɪʟᴇᴀᴜ. ✦ *Être prodigue de son sang*, ne pas le ménager. ✦ En mauvaise part. « *Et prodigue surtout du sang des misérables* », Rᴀᴄɪɴᴇ. ✦ *Être prodigue de soi-même*, faire de grands sacrifices pour... ✦ N. m. et n. f. *Un prodigue*, une personne prodigue. ✦ Au sens juridique, celui qui dissipe son patrimoine en dépenses inutiles et folles.

PRODIGUÉ, ÉE, p. p. de prodiguer. [pʀɔdige]

PRODIGUER, v. tr. [pʀɔdige] (*prodigue*) Donner avec profusion. *Prodiguer l'argent.* ✦ Fig. *Prodiguer les serments.* « *Vous lui pourrez bientôt prodiguer vos bontés* », Rᴀᴄɪɴᴇ. ✦ Perdre comme fait le prodigue. *Un général qui prodigue ses troupes.* ✦ Exposer au péril. *Je ne prodigue point ma santé.* « *Il prodigua son sang pour assurer au roi cette province* », Fʟᴇ́ᴄʜɪᴇʀ. ✦ Fig. Faire connaître, montrer avec un empressement excessif. *Prodiguer ses secrets, ses talents, etc.* ✦ Se prodiguer, v. pr. Être prodigué. ✦ Fig. Se montrer avec quelque excès dans le monde.

PRODITOIREMENT, adv. [pʀɔditwaʀ(ə)mɑ̃] (*proditoire*, du b. lat. *proditorius*, traître, de *prodere*, livrer) ▷ Dr. anc. En trahison. *Tuer proditoirement.* ◁

PRO DOMO, ▪ loc. adv. [pʀɔdomo] (mots lat., prép. *pro*, pour la défense de, et *domus*, maison) Pour son propre compte, pour sa propre cause. *Parler pro domo.* ▪ Adj. inv. *Des plaidoyers pro domo.*

PRODROME, n. m. [pʀɔdʀom] (gr. *prodromos*, qui précède en courant, de *pro*, devant, et *dramein*, courir) ▷ Sorte de préface, d'introduction à quelque étude, surtout à certains traités d'histoire naturelle. ◁ ✦ Méd. État d'indisposition, malaise, qui est l'avant-coureur d'une maladie. ✦ Litt. Fait qui annonce quelque chose, qui en est le début. *Le prodrome d'une dissertation.* « *Cette révolution - pour soudaine, et littéralement explosive qu'elle fût - avait été annoncée et peut-être anticipée par quelques prodromes* », Tᴏᴜʀɴɪᴇʀ.

PRODROMIQUE, adj. [pʀɔdʀomik] (*prodrome*) Qui a rapport aux prodromes d'une maladie.

PRODUCTEUR, TRICE, adj. [pʀɔdyktœʀ, tʀis] (produire, d'après le lat. *productum*, supin de *producere*) Qui produit, qui engendre. « *Une intelligence suprême, productrice de tous ces mondes* », Vᴏʟᴛᴀɪʀᴇ. ✦ N. m. En économie politique, celui qui crée les produits agricoles ou industriels, par opposition au consommateur. ▪ Personne ou société qui produit une émission de radio ou de télévision. *Le producteur gère la fabrication d'un film ou d'un spectacle du début à la fin et dirige les différents partenaires tant artistiques que techniques.*

PRODUCTIBLE, ▪ adj. [pʀɔdyktibl] (produire, d'après le lat. *productum*, supin de *producere*) Qui peut être produit, fabriqué. *Des biens productibles.* ▪ PRODUCTIBILITÉ, n. f. [pʀɔdyktibilite] *La productibilité de gaz naturel dans un bassin sédimentaire.*

PRODUCTIF, IVE, adj. [pʀɔdyktif, iv] (produire, d'après le lat. *productum*, supin de *producere*) Voy. PRODUCTION. Qui est capable de produire. « *Les terres, productives de tout, valent bien les métaux qu'elles produisent* », Mɪʀᴀʙᴇᴀᴜ. ✦ D'un bon rapport. *Une terre productive. Commerce productif.*

PRODUCTION, n. f. [pʀɔdyksjɔ̃] (produire, d'après le lat. *productum*, supin de *producere* ; sens jur. ; sens méd./cinémat. : anglais *production*) Action de produire, de mettre en avant, de faire voir. « *Jésus-Christ, sans bien et sans aucune production au dehors de science, est dans son ordre de sainteté* », Pᴀsᴄᴀʟ. ✦ En termes de procédure, action de produire des titres et des écritures dans un procès. ▪ Les titres et écritures mêmes qu'on produit. ✦ Action de produire, de donner naissance. « *La production des perles paraît être accidentelle* », Bᴜғғᴏɴ. ✦ Physiol. Apparition d'un produit morbide, d'un blastème. ✦ Ce qui est produit par la nature, l'art ou l'esprit. *Les productions de la nature, du sol, de tous les pays, de l'esprit, etc. Les productions d'un auteur.* ✦ Absol. et au sing. en économie politique, ce que l'industrie produisent. ▪ Anat. Prolongement. *Le mésentère est une production du péritoine.* ✦ Action de produire des biens ou des services. *La production et la consommation. Les coûts de production.* ✦ *Moyens de production*, ce qui sert à la production de biens ou de services. *Les machines, les installations font partie des moyens de production.* ▪ Action de produire un film, une émission de télévision, de radio. *Société de production.* ▪ Par extens. Film, émission. *Une production franco-belge.*

PRODUCTIQUE, ▪ n. f. [pʀɔdyktik] (radic. de *production*, et *-ique*) Ensemble des techniques qui permettent une automatisation de la production dans le but d'accroître la productivité. *La productique mécanique.*

PRODUCTIVISME, ▪ n. m. [pʀɔdyktivism] (*productif*) Organisation d'un système économique qui accorde une valeur excessive et primordiale à la production et tente systématiquement d'accroître la productivité. *Le productivisme de cette entreprise s'applique au détriment des consignes de sécurité.* ▪ PRODUCTIVISTE, adj. [pʀɔdyktivist]

PRODUCTIVITÉ, ▪ n. f. [pʀɔdyktivite] (*productif*) Capacité à produire, caractère de ce qui est productif. *La productivité d'une terre.* ▪ Écon. Rapport entre une production et l'ensemble des facteurs, des moyens mis en œuvre pour l'obtenir. *Augmenter la productivité.*

PRODUIRE, v. tr. [pʀɔdɥiʀ] (lat. *producere*, mener en avant, présenter, étendre, faire grandir) ▷ Pousser en avant. « *C'est l'amour du monde qui nous produit, nous dissipe* », Mᴀssɪʟʟᴏɴ. ◁ ✦ Faire voir, mettre sous les yeux. *Produire ses pensées.* « *D'aujourd'hui seulement je produis mon visage* », P. Cᴏʀɴᴇɪʟʟᴇ. ✦ ▷ Introduire, faire connaître. *Produire quelqu'un.* ◁ ✦ Livrer à l'examen, soumettre à la connaissance. *Produire des titres, des pièces. Produire des témoins*, les faire entendre en justice. ✦ Fig. *Produire des autorités, des raisons*, les alléguer. ✦ Absol. Procéd. Donner par écrit les moyens qu'on a de soutenir sa cause. *Le délai pour produire.* ✦ Engendrer, donner naissance, en parlant des êtres vivants qui se perpétuent. *Chaque animal produit son semblable.* « *À un an la brebis peut produire* », Bᴜғғᴏɴ. ✦ Il se dit, en un sens analogue, de la terre, d'un pays, d'un arbre, etc. *Ce champ produit du blé. Ce pays produit de l'or.* ✦ Absol. *Cet arbre commence à produire.* ✦ Fig. *Ce pays, ce siècle a produit beaucoup de grands hommes.* ✦ Il se dit en parlant de l'agriculture et de l'industrie. *Cette manufacture produit des objets d'une grande utilité.* ✦ Absol. *Les moyens de produire.* ✦ En parlant des ouvrages de l'esprit et de l'art, faire, créer. « *Je tiens cette comédie une des plus plaisantes que l'auteur ait produites* », Mᴏʟɪᴇ̀ʀᴇ. ✦ Absol. « *Qu'il y a loin des paroles à la chose, et que ce n'est pas tout un de produire que de concevoir* », Bᴀʟᴢᴀᴄ. ✦ Il se dit de Dieu. « *Dieu produit une infinité d'ouvrages admirables* », Mᴀʟᴇʙʀᴀɴᴄʜᴇ. ✦ Donner du profit. *Sa charge lui produit tant par an.* ✦ Causer, procurer, avec un nom de chose pour sujet. « *Et la sévérité produit l'obéissance* », Vᴏʟᴛᴀɪʀᴇ. ✦ Avec un nom de personne pour sujet. « *Vous seriez capables de produire par là beaucoup de maux* », Pᴀsᴄᴀʟ. ✦ Se produire, v. pr. Se faire voir. ✦ Se faire connaître. « *Quelques modernes* *qui commençaient à se produire »*, P. CORNEILLE. ♦ En parlant des choses, être produit. *Une opinion se produit.* ♦ Se faire connaître, être à soi-même son introducteur dans le monde, dans la société. ♦ Arriver, se réaliser. *Un incident s'est produit. Une erreur s'est produite.* ▪ V. tr. Financer la réalisation d'un film, d'une émission de télévision ou de radio. *Produire un film.*

1 PRODUIT, n. m. [pRodцi] (p. p. substantivé de *produire*) **Dr.** *Acte de produit,* acte signifié pour déclarer qu'on a mis sa production au greffe. ♦ Ce que rapporte une terre, une maison, une charge, etc. ♦ Production de l'agriculture, de l'industrie (en ce sens, il s'emploie souvent au pluriel). *Les produits agricoles, manufacturiers.* ♦ L'être qui résulte de l'accouplement des animaux. ♦ **Chim.** Résultat d'une opération artificielle ou naturelle. *Le produit d'une cristallisation.* ♦ *Produits chimiques,* corps simples ou composés, inorganiques ou organiques, à l'état de pureté, qui sont préparés dans les laboratoires par des procédés chimiques, et livrés ensuite au commerce. ♦ En physiologie, parties qui dans l'organisme sont accessoires quant à la masse, et qui, quant à l'action, ne font que favoriser et perfectionner les actes des autres parties qui sont dites constituantes. *La bile, la salive sont des produits.* ♦ En arith. et algèbre, résultat d'une multiplication. ▪ **Fig.** *C'est un produit de son imagination.* ▪ **Écon.** *Produit intérieur brut,* Voy. PIB. ▪ **Écon.** *Produit national brut,* Voy. PNB.

2 PRODUIT, ITE, p. p. de produire. [pRodцi, it]

PROÉMINENCE, n. f. [pRoeminãs] (*proéminent*) État de ce qui est proéminent. *La proéminence du globe de l'œil.* ♦ Partie proéminente. « *Les brebis ont les proéminences osseuses aux mêmes endroits où naissent les cornes des béliers* », BUFFON.

PROÉMINENT, ENTE, adj. [pRoeminã, ãt] (lat. *proeminens,* p. prés. du b. lat. *proeminere,* du *prominere,* être saillant) Qui est plus en relief que ce qui l'entoure.

PROF, ▪ n. m. et n. f. [pRof] (apocope de *professeur*) **Fam.** Professeur. *Une prof de maths.*

PROFANATEUR, TRICE, n. m. et n. f. [pRofanatœR, tRis] (lat. chrét. *profanator*) Celui, celle qui profane les choses saintes. *Jésus chassa du temple les profanateurs.* ♦ **Adj.** *Un peuple profanateur.*

PROFANATION, n. f. [pRofanasjõ] (lat. chrét. *profanatio*) Action de profaner les choses saintes. *La profanation des églises, des vases sacrés.* ♦ **Fig.** Abus des choses rares et précieuses. *Ces œuvres sont des profanations de l'art.*

PROFANE, adj. [pRofan] (lat. *profanus,* qui n'est pas consacré, sacrilège, de *pro,* devant, et *fanum,* lieu consacré, temple) Qui n'appartient pas à la religion. *Les auteurs profanes. Les histoires profanes.* ♦ **N. m.** *Le profane,* les choses profanes. *Mêler le sacré au profane.* ♦ Qui est contre le respect qu'on doit aux choses sacrées. *Une conduite, une vie profane.* ♦ **N. m. et n. f.** Celui qui n'appartient pas à l'ordre religieux. ♦ Chez les anciens, celui qui n'était pas initié à des mystères. *Éloignez les profanes.* ♦ **Fig.** Celui qui n'est pas initié aux mystères de quelque science, des lettres, des arts. *C'est un profane en peinture.* ♦ ▷ **Fam.** Personne qu'on ne veut point admettre dans une société. ◁ ♦ Celui qui manque de respect pour les choses de la religion.

PROFANÉ, ÉE, p. p. de profaner. [pRofane]

PROFANER, v. tr. [pRofane] (lat. *profanare,* rendre à l'usage profane, souiller) Traiter avec irrévérence les choses de la religion. « *Profaner ton autel* », RACINE. « *Va profaner des dieux la majesté sacrée* », RACINE. ♦ *Cette église a été profanée,* il s'y est commis un meurtre, un assassinat, une action criminelle. ♦ **Par extens.** « *La royauté a été profanée* », BOSSUET. ♦ Rendre un objet sacré à un usage profane. *Pour réparer les vases sacrés, il faut d'abord les profaner.* ♦ **Fig.** Dégrader, avilir une chose rare et précieuse. *Profaner l'amitié, la poésie, etc.* ♦ **Fig.** et dans le discours ordinaire, faire un mauvais usage.

PROFECTIF, IVE, adj. [pRofektif, iv] (*profectus,* p. p. de *proficisci,* venir de) **Jurispr.** *Biens profectifs,* biens qui viennent à quelqu'un des successions de ses père, mère ou autres ascendants.

PROFÉRÉ, ÉE, p. p. de proférer. [pRofeRe]

PROFÉRER, v. tr. [pRofeRe] (lat. *proferre,* porter en avant, exposer publiquement) Prononcer à haute et intelligible voix. *Sans proférer un mot. Proférer des menaces.* ♦ Se proférer, v. pr. Être proféré.

PROFÈS, ESSE, adj. [pRofɛ, ɛs] (lat. ecclés. *professus,* qui a prononcé les vœux monastiques, du lat. *profiteri,* déclarer ouvertement) Qui a fait les vœux qui engagent on s'engage dans un ordre religieux, après le noviciat expiré. *Religieux profès. Religieuse professe.* ♦ *Maison professe,* maison dans laquelle résident les profès. ♦ **N. m. et n. f.** *Un profès. Une professe.* ♦ **Fig.** « *Ce ne sont là que des coups d'essai de vos novices, et non pas les coups d'importance de vos grands profès* », PASCAL.

PROFESSÉ, ÉE, p. p. de professer. [pRofese]

PROFESSER, v. tr. [pRofese] (selon le sens, radic. de *profession* ou de *professeur*) Avouer publiquement, reconnaître hautement. *Professer une religion.*

Professer un grand respect pour quelqu'un. ♦ ▷ *Professer de.* « *Ils professent de connaître Dieu, et ils le ruinent par leurs œuvres* », BOSSUET. ◁ ♦ Exercer. *Professer un art, un métier.* ♦ Enseigner publiquement. *Professer la grammaire, la rhétorique, etc.* ♦ **Fig.** « *Vous ne professerez jamais que la vérité et le noble mépris des impostures et des imposteurs* », VOLTAIRE. ♦ **Absol.** *Il professe dans l'université.* ♦ Se professer, v. pr. Être enseigné publiquement. ▪ **Rem.** Il est vieux aujourd'hui au sens de *exercer.*

PROFESSEUR, n. m. et n. f. [pRofesœR] (lat. impér. *professor,* celui qui s'adonne à, qui enseigne) Personne qui enseigne la grammaire, les lettres, une science, un art, etc. *Professeur de droit. Professeur de chant.* ♦ **Fig.** Il se dit d'une personne, en parlant des doctrines qu'il affecte. « *Le monde n'a jamais manqué de charlatans : Cette science, de tout temps, Fut en professeurs très fertile* », LA FONTAINE. ♦ **Fig.** Celui qui exerce un art et en fait profession, par opposition à l'amateur.

PROFESSION, n. f. [pRofesjõ] (lat. *professio,* déclaration publique, officielle) Déclaration publique d'un sentiment habituel, d'une manière d'être habituelle. « *Faire profession d'une sagesse austère* », MOLIÈRE. « *L'Église ne peut subsister sans la profession de la vérité* », BOSSUET. ♦ *Faire profession d'une religion,* l'exercer ouvertement. ♦ On dit de même : *Faire profession d'une doctrine.* ♦ **Fam.** *Faire profession d'une chose,* s'en piquer particulièrement. « *Il faut finir avec le même honneur et la même probité dont on a fait profession toute sa vie* », MME DE SÉVIGNÉ. ♦ *Profession de foi,* formule qui contient les principes de religion auxquels on est attaché, et par extens. écrit qui renferme les opinions politiques et sociales d'un candidat à la députation ou de tout autre. ♦ État, emploi, condition. *La profession d'avocat, de médecin.* ♦ *De profession,* par la profession qu'on exerce. *Tailleur de profession. Érudit de profession.* ♦ **Fig.** *De profession,* qui a l'habitude invétérée de. *Un joueur de profession.* ♦ Acte qui consiste à faire solennellement les trois vœux de religion, qui sont pauvreté, obéissance et chasteté ; il suit le noviciat, et alors on est profès. ▪ Ensemble des personnes qui exercent une même profession. *La profession n'est pas d'accord avec cette réforme.*

PROFESSIONNALISER, ▪ v. tr. [pRofesjɔnalize] (*professionnel*) Attribuer à une discipline, un caractère, un statut professionnel. *Professionnaliser une activité artistique.* ▪ Rendre professionnel. *Professionnaliser un footballeur.* ▪ Se professionnaliser, v. pr. Devenir professionnel. *Ce comédien se professionnalise.* ▪ PROFESSIONNALISATION, n. f. [pRofesjɔnalizasjõ] *Un contrat de professionnalisation.*

PROFESSIONNALISME, ▪ n. m. [pRofesjɔnalism] (*professionnel*) Statut d'une personne qui pratique une activité professionnellement. *Le professionnalisme d'un sportif.* ▪ Qualité de quelqu'un qui exerce sa profession avec beaucoup de sérieux, d'application, de compétence. *Ce serveur fait preuve de professionnalisme.*

PROFESSIONNEL, ELLE, adj. [pRofesjɔnɛl] (*profession*) Qui concerne une profession, qui tient à une profession. *Des préjugés professionnels.* ♦ *Enseignement professionnel,* cours, établissements où l'on prépare aux différents métiers. ▪ Qui exerce une activité considérée comme une profession. *C'est un sportif professionnel.* ▪ **N. m. et n. f.** Personne qui exerce un métier. *Les professionnels de la restauration.* ▪ **Adj. Fig.** et **fam.** *C'est une menteuse professionnelle.*

PROFESSIONNELLEMENT, ▪ adv. [pRofesjɔnɛl(ə)mã] (*professionnel*) En ce qui concerne la profession *Elle a réussi professionnellement.* ▪ De manière professionnelle. *Exercez-vous cette activité professionnellement ?*

PROFESSO (EX), loc. adv. [pRofeso] (mots lat., prép. *ex,* selon, et ablat. de *professum,* ce qui est déclaré ouvertement ; infl. sém. de *professeur*) En homme qui connaît son sujet ; qui professe la chose. *Il en parle ex professo. Traiter une matière ex professo.*

PROFESSORAL, ALE, adj. [pRofesoRal] (radic. du lat. *professor*) Qui appartient à un professeur. *Un ton professoral. Les devoirs professoraux.*

PROFESSORAT, n. m. [pRofesoRa] (radic. du lat. *professor*) Emploi de professeur. ♦ Durée des fonctions de professeur.

PROFIL, n. m. [pRofil] (ital. *profilo,* de *profilare,* profiler) **Peint.** Trait, délinéation du visage d'une personne vu par un de ses côtés. *Tête de profil.* ♦ *Profil perdu,* celui qui est légèrement tourné en arrière, de manière à montrer un peu plus du derrière de la tête et un peu moins de la face. ♦ **Fig.** « *J'ai caché le côté difforme en me peignant de profil* », J.-J. ROUSSEAU. ♦ Linéaments d'un visage vu de côté. *Un profil sévère.* ♦ Il se dit d'un animal comme d'une personne. *Le profil d'un lion.* ♦ Aspect, représentation d'un objet vu d'un des côtés seulement, par opposition à plan. *Le profil de l'hôtel de ville de Paris.* ♦ **Archit.** Le plan d'un édifice, dessin qui le fait paraître tel qu'il serait coupé perpendiculairement du sommet jusqu'au fondement. ♦ Contour d'un membre d'architecture. *Les cinq ordres diffèrent beaucoup dans leurs profils.* ♦ En menuiserie, se dit d'une ou de plusieurs moulures dont on orne les diverses parties de l'ouvrage. ▪ Ensemble des traits psychologiques d'un individu, par rapport à une profession. *Il a un* profil d'entrepreneur. ■ **Psych.** Graphique qui représente les résultats des différents tests psychologiques que l'on a fait passer à une personne. ■ **Géol.** Coupe du sol. ■ **Techn.** Contour d'un objet. *Profil d'une carrosserie de voiture.* ■ **Fig.** État, caractéristiques d'une chose, d'une situation à un moment donné. *Le profil d'une entreprise.*

1 **PROFILAGE**, ■ n.m. [pʀɔfilaʒ] (*profiler*) **Techn.** Procédé par lequel on donne un certain profil, une certaine forme à une pièce. *Du profilage de précision.* ◆ Carrosserie d'un véhicule étudiée en fonction de son aérodynamisme. *Cette voiture de course bénéficie d'un profilage exceptionnel.*

2 **PROFILAGE**, ■ n.m. [pʀɔfilaʒ] (angl. *profiling*) Constitution, à partir d'indices, du profil psychologique d'un individu recherché par la police. *Le profilage criminologique.*

PROFILÉ, ÉE, p.p. de profiler. [pʀɔfile] **Adj. Techn.** D'un profil, d'une forme particulière. *Pièce profilée. Carrosserie profilée.* ◆ **N.m. Techn.** Pièce métallique qui a été conçue selon un profil particulier.

PROFILER, v. tr. [pʀɔfile] (*profil*) **Dess.** Représenter en profil (peu usité en ce sens). ◆ **Archit.** *Profiler une corniche*, un entablement, etc. en dessiner la coupe. ◆ Donner aux contours d'un ouvrage d'architecture le caractère qui leur convient. ◆ **Menuis.** Tracer des profils ou les exécuter. ◆ **V. intr.** Se dit en menuiserie de deux membres de moulures ou de profils qui se rencontrent parfaitement à l'endroit de leur joint. ◆ *Se profiler*, v. pr. Présenter ses contours. « *Des collines qui se profilent avec majesté sur la voûte des cieux* », BERNARDIN DE SAINT-PIERRE.

1 **PROFILEUR**, ■ n.m. [pʀɔfilœʀ] (*profiler*) Appareil destiné à représenter sur un plan les profils d'une route, d'une voie de communication. *Concevoir une voie de chemin de fer avec un profileur.* ■ Ouvrier qui dirige une machine à profiler.

2 **PROFILEUR, EUSE**, ■ n.m. et n.f. [pʀɔfilœʀ, øz] (angl. *profiler*) Criminologue chargé d'établir le profil psychologique d'un tueur. *Ils ont retrouvé cet assassin grâce au portrait effectué par le profileur.*

PROFIT, n.m. [pʀɔfi] (lat. *profectus*, avancement, progrès) Bénéfice, gain qu'on retire de quelque chose. *Faire de beaux profits.* ◆ **Comm.** *Profits et pertes*, sommes que l'on gagne ou que l'on perd par des circonstances éventuelles. ◆ Au propre et au fig. *C'est un profit tout clair, c'est tout profit*, se dit d'un profit évident. ◆ *Au profit de*, pour le bénéfice de. ◆ *À profit, à profit de ménage*, utilement, de manière à être utile au ménage. ◆ *Usé à profit*, extrêmement usé. ◆ *Faire du profit*, se dit, dans le ménage, des choses qui ne se consomment pas vite, qui ne s'usent pas vite, ou qui, relativement à leur prix, produisent une grande utilité. ◆ *Mettre à profit*, employer de manière à gagner. *Mettre son argent, son temps à profit.* ◆ **Fig.** Employer utilement. *Mettre à profit ses loisirs.* ◆ *Faire profit*, retirer un bénéfice. ◆ *Faites-en votre profit*, se dit d'une chose qu'on abandonne à quelqu'un, ou d'un avis qu'on donne. ◆ ▷ Absol. et au pluriel. Petites gratifications que reçoivent les domestiques. ◁ ◆ **Jurispr.** *Profit du défaut*, le gain de cause accordé par le juge à la partie qui comparaît contre celle qui ne comparaît pas. ◆ **Fig.** Utilité intellectuelle ou morale. *Lire avec profit.* « *C'est le propre d'une personne avisée de tirer profit de ses fautes passées* », LA MOTHE LE VAYER. ◆ ▷ Progrès qu'on fait dans les études (peu usité en ce sens). *Il a fait beaucoup de profit sous ce maître.* ◁ ■ *Tirer profit de quelque chose*, en retirer un avantage. *Il a tiré profit de son licenciement en le négociant.* ■ **Rem.** L'expression *faire du profit* est familière aujourd'hui.

PROFITABLE, adj. [pʀɔfitabl] (*profiter*) Dont on peut tirer profit. ■ **PROFITABILITÉ**, n.f. [pʀɔfitabilite] *La profitabilité du capital productif d'un pays.*

PROFITABLEMENT, adv. [pʀɔfitabl(ə)mɑ̃] (*profitable*) D'une manière profitable.

PROFITANT, ANTE, adj. [pʀɔfitɑ̃, ɑ̃t] (*profiter*) Qui profite, qui est de bon usage. *Ce drap est profitant.*

PROFITER, v. intr. [pʀɔfite] (*profit*) Tirer un gain. *Il profite à ce marché.* ◆ Tirer de l'avantage de quelque chose que ce soit. « *Profitez des avis qu'on vous donne* », P. CORNEILLE. ◆ En parlant des choses, rapporter du profit, procurer du gain. *Faire profiter son argent. Ce commerce lui a bien profité.* ◆ Servir, être utile, avec un nom de chose pour sujet. « *De quoi m'ont profité mes inutiles soins?* », RACINE. ◆ Il prend aussi en ce sens un nom de personne pour sujet. « *Ainsi devons-nous profiter aux impies qui vivent avec nous* », BOURDALOUE. ◆ Faire des progrès. « *Je ne laissais pas de profiter en la connaissance de la vérité* », DESCARTES. « *Il y a bien à profiter auprès de M. le docteur* », PASCAL. « *C'est avoir profité que de savoir s'y plaire [dans les écrits d'Homère]* », BOILEAU. ◆ Il se dit de la nourriture dont le corps tire avantage. « *Ils ne sauraient manger morceau qui leur profite* », LA FONTAINE. ◆ Il se dit des personnes et des animaux dont le corps prend de l'accroissement, de l'embonpoint. ◆ Il se dit aussi des arbres et des plantes qui viennent bien. ◆ Se servir d'une occasion pour faire quelque chose. *Il a profité de l'absence de ses parents pour organiser une fête.* ■ **Rem.** La construction avec la préposition *à* et le sens *faire des progrès* sont vieillis aujourd'hui.

PROFITEROLE, ■ n.f. [pʀɔfit(ə)ʀɔl] (*profit*) Petit chou fourré de garniture salée ou sucrée. *Une profiterole de fruits de mer.* ■ Petit chou garni de glace à la vanille ou de crème pâtissière et nappé de chocolat chaud. *Des profiteroles au chocolat.*

PROFITEUR, EUSE, ■ n.m. et n.f. [pʀɔfitœʀ, øz] (*profiter*) Personne qui tire profit d'une situation de manière malhonnête ou peu scrupuleuse. *Un profiteur de guerre.* « *D'ailleurs vous êtes un petit salaud, un profiteur, un qui a non seulement un poil dans la main mais la main, la main, la main chapardeuse* », DELAY.

PROFOND, ONDE, adj. [pʀɔfɔ̃, ɔ̃d] (lat. *profundus*) Dont le fond est très éloigné de l'ouverture, du bord. *Puits profond.* ◆ **Fig.** « *C'est dans cet abîme profond [l'incrédulité] que la princesse palatine allait se perdre* », BOSSUET. ◆ Qui pénètre fort avant. *Blessure profonde. Racines profondes.* ◆ Il se dit d'une eau qui coule dans un lieu profond. *Rivière profonde.* ◆ ▷ **Méd.** *Pouls profond*, pouls dont les battements se font sentir comme si l'artère était très enfoncée sous la peau. ◁ ◆ Il se dit de ce qui présente une grande longueur perpendiculairement à la façade. *Cette maison est profonde.* ◆ ▷ *L'ordre profond*, par opposition à *l'ordre mince*, disposition d'une troupe sur une grande profondeur. ◁ ◆ **Fig.** Difficile à pénétrer, à connaître. *Sciences profondes. De profonds mystères.* ◆ **Fig.** Qui pénètre fort avant dans la connaissance des choses. *Une profonde érudition.* « *Un homme d'un esprit profond* », FÉNELON. ◆ En parlant des personnes. *Un profond politique.* « *Profond dans la jurisprudence* », VOLTAIRE. ◆ *Un profond scélérat*, un scélérat consommé. ◆ Dont l'âme ressent fort avant. « *Profonde dans vos sentiments et légère dans vos goûts* », MME DE STAËL. ◆ Il se dit des sentiments en un sens analogue. « *Il me semble que la retraite rend les passions plus vives et plus profondes* », VOLTAIRE. ◆ Grand, extrême dans son genre. *Un profond ennui. Une paix profonde.* ◆ *Profonde révérence*, révérence faite en se courbant extrêmement bas. ◆ *Solitude, retraite profonde*, solitude, retraite éloignée de la société des hommes. ◆ Il se dit de la couleur noire dont la nuance est foncée. « *La couleur des nègres de Gorée est d'un noir d'ébène profond et éclatant* », BUFFON. ◆ **N.m.** Le fond, la profondeur. « *Du profond des enfers* », BOILEAU. *Il est tombé au plus profond du gouffre.* ■ **Adv.** En profondeur. *Creuser profond.*

PROFONDÉMENT, adv. [pʀɔfɔ̃demɑ̃] (*profond*) Bien avant. *Un arbre profondément enraciné.* ◆ **Fig.** D'une manière profonde. *Dormir profondément. Profondément instruit.* « *Le nom de Dieu est gravé profondément dans nos cœurs* », BOSSUET. ◆ En rendant plus foncée la couleur noire. « *On peut faire de l'encre avec cette pierre ; car elle noircit profondément la décoction de noix de galle* », BUFFON. ◆ De façon intense, extrême. *Nous sommes profondément attachés à cette région.*

PROFONDEUR, n.f. [pʀɔfɔ̃dœʀ] (*profond*) L'étendue d'une chose considérée depuis la superficie ou l'entrée jusqu'au fond. *La profondeur d'un puits, de la mer, etc.* ◆ **Fig.** « *Ils n'ont pas, si j'ose le dire, deux pouces de profondeur ; si vous les enfoncez, vous rencontrez le tuf* », LA BRUYÈRE. ◆ *Profondeur* se dit pour longueur, en considérant l'entrée et l'autre bout. *Cette cour a tant de profondeur.* ◆ La partie d'un pays qui est loin des côtes. *S'enfoncer dans les profondeurs de l'Inde.* ◆ **Géom.** La dimension d'un corps considéré de haut en bas. ◆ ▷ **Milit.** Manière de ranger les hommes sur plusieurs files, dite aussi *épaisseur* ou *hauteur*. ◁ ◆ **Fig.** Il se dit des choses difficiles à pénétrer, à comprendre. *Les profondeurs de la science.* « *Les profondeurs des conseils de Dieu* », BOSSUET. ◆ Qualité de l'esprit qui pousse les pensées, les calculs, les connaissances jusqu'aux dernières conséquences. *La profondeur de son savoir, de ses écrits, etc.* ◆ Il se dit aussi des sentiments. ◆ En mauvaise part. « *Quelle profondeur de scélératesse !* », VOLTAIRE.

PRO FORMA, ■ loc. adj. inv. [pʀɔfɔʀma] (mots lat., prép. *pro*, pour, et *forma*, forme) *Facture pro forma*, facture provisoire établie avant une vente définitive permettant à l'acheteur concerné de faciliter ses demandes administratives et d'obtenir une licence d'importation, l'accord d'un crédit, etc. *Sa facture pro forma favorise ses démarches.*

PROFUS, USE, ■ adj. [pʀɔfy, yz] (lat. *profusus*, p. p. de *profundere*, répandre, verser) **Litt.** Abondant. *Une transpiration profuse.*

PROFUSÉMENT, adv. [pʀɔfyzemɑ̃] (*profus*) Avec profusion. ■ **Rem.** Il est littéraire aujourd'hui.

PROFUSION, n.f. [pʀɔfyzjɔ̃] (lat. *profusio*, épanchement, écoulement) Action de répandre sans modération les libéralités, les dépenses. « *Je suis tombé pour toi dans la profusion* », P. CORNEILLE. « *L'immense profusion de ses aumônes* », BOSSUET. ◆ **Fig.** *La profusion de la nature.* « *À quoi bon une si grande profusion de belles paroles?* », BALZAC. ◆ **Fig.** *Donner des louanges à profusion, avec profusion*, les prodiguer. ◆ Grande quantité, grande abondance de choses. *Une profusion de jouets le jour de Noël.* ■ *À PROFUSION*, loc. adv. En abondance, généreusement. *Il lui a offert des cadeaux à profusion.*

PROGÉNITURE, n.f. [pʀɔʒenityʀ] (lat. *progenies*, race, lignée, sur le modèle du lat. impér. *genitura*, génération, créature) **Fam.** Il se dit des enfants et des petits des animaux. ♦ Il se dit, en plaisantant, des enfants d'une famille. *Un tel et sa progéniture.*

PROGESTÉRONE, ■ n. f. [pʀɔʒɛstɛʀɔn] (all. *Progesterone,* de l'angl. *progestin,* et de [*andro*]*sterone*) Hormone sexuelle secrétée par le corps jaune de l'ovaire après la période d'ovulation du cycle menstruel et durant la grossesse, destinée à préparer l'utérus à une éventuelle fécondation. *Le rôle de la progestérone est de préparer l'utérus à la nidation, puis de préparer la glande mammaire à la lactation.*

PROGICIEL, ■ n. m. [pʀɔʒisjɛl] (*pro*[*duit*] et [*lo*]*giciel*) **Inform.** Ensemble de programmes logiques et documentés, conçu pour être exploité par plusieurs utilisateurs en vue de réaliser des traitements de l'information. *Un progiciel de gestion.*

PROGLOTTIS, ■ n. m. [pʀɔgloti] (gr. *pro,* devant, et *glôttis,* languette) **Zool.** Chacun des anneaux qui forment le corps des vers cestodes. *Les proglottis sont essentiellement des structures de reproduction.*

PROGNATHE, ■ adj. [pʀɔgnat] (angl. *prognathous,* du gr. *pro,* en avant, et *gnathos,* mâchoire) **Méd.** Se dit d'un individu qui présente un prognathisme. *Une dentition prognathe.*

PROGNATHISME n. m. ou **PROGNATHIE,** ■ n. f. [pʀɔgnatism, pʀɔgnati] (*prognathe*) **Méd.** Avancée de l'une ou des deux mâchoires. *Un acte chirurgical peut permettre de minimiser la prognathie.*

PROGNOSTIC, n. m. [pʀɔgnɔstik] Voy. PRONOSTIC, seul usité aujourd'hui.

PROGNOSTIQUE, adj. [pʀɔgnɔstik] Voy. PRONOSTIQUE.

PROGRAMMABLE, ■ adj. [pʀɔgʀamabl] (*programmer*) Que l'on peut programmer, prévoir. *Un magnétoscope programmable.*

PROGRAMMATEUR, TRICE, ■ n. m. et f. [pʀɔgʀamatœʀ, tʀis] (*programmer*) Personne qui gère la programmation de films, de spectacles, d'émissions. *Un programmateur de cinéma.* ♦ Toute personne qui établit un programme (informatique, politique, économique, etc.). ■ **N. m. Inform.** Appareil muni de signaux de sortie destinés à commander l'application de diverses opérations correspondant à un programme. *Le programmateur d'un ordinateur.* ■ Dispositif mécanique installé sur certains appareils ménagers, servant à commander automatiquement une série d'opérations à réaliser. *Le programmateur d'un lave-vaisselle.*

PROGRAMMATION, ■ n. f. [pʀɔgʀamasjɔ̃] (*programmer*) Organisation des programmes. *La programmation d'une émission de radio.* ■ Action de programmer. *La programmation d'un magnétoscope. La programmation d'un ordinateur.*

PROGRAMME, n. m. [pʀɔgʀam] (b. lat. jurid. *programma,* publication par écrit, affiche, du gr. *programma,* ordre du jour, inscription) Écrit qu'on affiche et qu'on distribue pour exposer le détail d'une fête publique, les conditions d'un concours, etc. ♦ Annonce qui contient le sommaire d'un cours. ♦ **Fig.** *Tenir, remplir son programme,* tenir exactement ce qu'on a promis. ♦ Indication générale d'une politique, d'une doctrine. ■ Ensemble des sujets enseignés dans un cours ou des connaissances sur lesquelles portent un examen, un concours. *Les professeurs doivent respecter le programme prévu par le ministère de l'Éducation nationale.* ■ Ensemble des activités prévues, emploi du temps. *Quel est ton programme aujourd'hui?* ♦ Suite d'opérations que l'on peut commander et qui sont exécutées par un appareil. *Le programme d'un lave-linge, d'un lave-vaisselle.* ■ **Inform.** Suite d'instructions rédigées dans un langage particulier et qui permettent d'effectuer une tâche, de traiter un problème. *Lancer un programme d'analyse.*

PROGRAMMER, ■ v. tr. [pʀɔgʀame] (programme; infl. de l'angl. *to program*[*me*], inscrire à un programme) Intégrer, prévoir dans un programme. *Programmer une première partie de concert.* ■ Régler à l'avance une série d'opérations, le déroulement d'un projet, etc. *Programmer une manifestation. Programmer ses vacances.* ■ **Inform.** Équiper un ordinateur des données permettant la conception, la réalisation, la maintenance de programmes. *Programmer un ordinateur.* ■ **PROGRAMMÉ, ÉE,** adj. [pʀɔgʀame]

PROGRAMMEUR, EUSE, ■ n. m. et n. f. [pʀɔgʀamœʀ, øz] (angl. *programmer*) Spécialiste employé à concevoir et mettre au point des programmes informatiques. *Un programmeur informaticien.*

PROGRÈS, n. m. [pʀɔgʀɛ] (lat. *progressus,* marche en avant) Mouvement en avant. *Le progrès du soleil dans l'écliptique. Les progrès d'un incendie.* ♦ Il se dit de ce qui avance dans le temps, de ce qui se développe. « *Tout ce qui se perfectionne par progrès périt aussi par progrès* », PASCAL. « *Dans le progrès de l'âge* », BOSSUET. ♦ Suite de succès militaires et autres. « *Lui seul peut arrêter les progrès d'Alexandre* », RACINE. ♦ Toute sorte d'augmentation, d'avancement en bien. *Il fait des progrès dans ses études. Il est en progrès. Les progrès de l'esprit humain, des sciences, etc.* ♦ En mauvaise part, ce qui s'aggrave, ce qui empire. *Les progrès de la maladie, de l'erreur, etc.* « *Un si grand mal faisait des progrès étranges* », BOSSUET. ♦ **Absol.** Mouvement progressif de la civilisation, des institutions politiques. ♦ ▷ Avancement dans la faveur,

dans l'affection. *Les progrès d'un favori dans les bonnes grâces du prince.* ◁ ♦ **Mus.** *Progrès de la fugue,* la suite de la fugue, à partir du point où toutes les parties ont fait chacune leur entrée. ■ **REM.** Il est vieux aujourd'hui dans le sens de *mouvement en avant.*

PROGRESSER, v. intr. [pʀɔgʀese] (*progrès*) Néolog. Faire des progrès. ♦ Avancer. *Les explorateurs progressaient difficilement dans la forêt.* ♦ Se développer. *L'épidémie progresse. Les ventes de microordinateurs ont fortement progressé.* ■ **REM.** Il n'est plus considéré comme un néologisme aujourd'hui.

PROGRESSIF, IVE, adj. [pʀɔgʀesif, iv] (lat. *progressum,* supin de *progredi,* aller en avant) Qui change de place en avant. *Le mouvement progressif de la lune. Le mouvement progressif du corps.* ♦ Qui s'opère peu à peu. « *Décrire avec un effrayant détail le travail progressif du tombeau* », VILLEMAIN. ♦ **Méd.** *Paralysie progressive,* paralysie qui envahit successivement les différentes parties du corps. ♦ **Fig.** Qui avance, qui fait des progrès. *La marche progressive de la civilisation.* ♦ Qui suit une progression. *Impôt progressif.* ♦ *Frais progressifs,* frais qui vont en augmentant, dans une exploitation. ■ **PROGRESSIVITÉ,** n. f. [pʀɔgʀesivite] *La progressivité de l'impôt.*

PROGRESSION, n. f. [pʀɔgʀesjɔ̃] (lat. *progressio,* progrès, accroissement) Action de marcher; faculté que la plupart des animaux possèdent de se déplacer et de se transporter d'un lieu dans un autre, à l'aide d'organes particuliers. *Mouvement de progression.* ♦ **Fig.** Suite non interrompue, marche. *Il y a dans cet ouvrage une progression d'intérêt. Progression de revenus.* ♦ **Math.** Suite de nombres ou de quantités dérivant successivement les unes des autres, selon une même loi. ♦ **Mus.** « *Mouvements réguliers d'harmonie dans une forme déterminée et prolongée* », FÉTIS. ■ Fait de progresser, de se développer. *Progression de la maladie.*

PROGRESSISME, ■ n. m. [pʀɔgʀesism] (*progrès*) Doctrine, position fondée sur l'idée de progrès social et politique. *Le progressisme économique.*

PROGRESSISTE, adj. [pʀɔgʀesist] (*progrès*) Néolog. Qui partage les idées de progrès; qui est consacré au progrès politique et social. ♦ **N. m. et n. f.** *Les progressistes ont été écartés du pouvoir.* ■ **REM.** Il n'est plus considéré comme un néologisme aujourd'hui.

PROGRESSIVEMENT, adv. [pʀɔgʀesiv(ə)mɑ̃] (*progressif*) D'une manière progressive. ♦ Avec le mouvement de progression. « *Les animaux qui ont la faculté de se mouvoir progressivement* », BUFFON.

PROHIBÉ, ÉE, p. p. de prohiber. [pʀɔibe] *Commerce prohibé.* ♦ *Degré prohibé,* degré de parenté où la loi défend de se marier. ♦ *Armes prohibées,* armes dont la police interdit le port et l'usage. ♦ *Temps prohibé,* temps où il est interdit de faire quelque chose. *Chasser en temps prohibé.*

PROHIBER, v. tr. [pʀɔibe] (lat. *prohibere,* tenir éloigné, empêcher) **Dr.** Défendre, interdire. *Prohiber la vente d'une denrée, d'un livre, l'exportation de telle marchandise, le mariage entre parents en ligne directe, etc.*

PROHIBITIF, IVE, adj. [pʀɔibitif, iv] (*prohibere,* d'après le lat. *prohibitum,* supin de *prohibere*) Qui interdit, qui restreint, qui empêche. *Des lois prohibitives.* ♦ Qui a rapport à la prohibition. *Régime prohibitif. Système prohibitif.* ♦ **Gramm.** *La particule prohibitive,* la négation *ne.* ■ Trop élevé. *Un prix prohibitif.*

PROHIBITION, n. f. [pʀɔibisjɔ̃] (lat. *prohibitio,* interdiction, défense) Défense, interdiction. *Prohibition du port d'armes.* ♦ Défense de faire entrer dans un pays une marchandise étrangère. ♦ **Partic.** Interdiction de fabriquer, de vendre et de consommer de l'alcool instaurée aux États-Unis, entre 1919 et 1933. *Grâce au 21e amendement de la constitution des États-Unis, la prohibition est abolie le 5 décembre 1933.*

PROHIBITIONNISME, ■ n. m. [pʀɔibisjɔnism] (*prohibition*) Système qui repose sur la prohibition. *Le prohibitionnisme relatif à la prostitution dans certains pays.*

PROHIBITIONNISTE, ■ adj. [pʀɔibisjɔnist] (*prohibition*) Qui est favorable à la prohibition d'un produit, qui en est partisan. *Une politique prohibitionniste. Un État prohibitionniste.* ■ **N. m. et n. f.** *Les prohibitionnistes font pression sur le gouvernement.*

PROHIBITIVEMENT, adv. [pʀɔibitiv(ə)mɑ̃] (*prohibitif*) Par prohibition, d'une manière prohibitive.

PROIE, n. f. [pʀwa] (lat. *præda,* proie de guerre ou de chasse) Ce que les animaux carnassiers ravissent pour leur nourriture. « *Comme un lion qui tient sa proie dans ses ongles, tout prêt à la mettre en pièces* », BOSSUET. ♦ *Oiseau de proie,* oiseau qui donne la chasse au gibier et qui s'en nourrit, et fig. homme qui vit, qui s'enrichit de rapines et de fraudes. ♦ *Être âpre à la proie,* se dit en parlant d'un oiseau qui se sert courageusement de son bec et de ses ongles. ♦ Butin fait à la guerre. ♦ **Par extens.** Tout ce qu'on prend par la guerre. « *Je tiens la mer sous mes lois, et les nations sont ma proie* », BOSSUET. ♦ *En proie à,* devenu la conquête. « *Nos ennemis communs attendent avec joie Qu'un des partis défait leur donne l'autre en proie* », P. CORNEILLE. ♦ **Fig.** *En proie à,* exposé à, tourmenté par. « *Aux conseils des méchants ton* *roi n'est plus en proie* », RACINE. ◆ ▷ **Absol.** *En proie*, exposé, livré comme une proie. « *Tout ce que la religion a de plus saint a été en proie* », BOSSUET. « *Tout nage dans le sang ; tout est en proie* », BOSSUET. ◁ ◆ Toute chose dont on s'empare avec violence, avec une sorte de rapacité. *Sa fortune devint la proie d'avides héritiers.* ◆ **Fig.** Il se dit des personnes dont on s'empare. ◆ Celui qui est persécuté par un autre, qui en devient la victime. « *Je ne sais si ce tigre a reconnu sa proie* », RACINE. ◆ *Être la proie de*, être exposé à. « *Pour sortir des tourments dont mon âme est la proie* », RACINE. ◆ Il se dit des choses qui ravagent, détruisent. *Cette maison a été la proie des flammes.*

PROJECTEUR, ▪ n. m. [pRɔʒɛktœR] (radic. du lat. *projectum*, supin de *projicere*, jeter en avant) Appareil d'optique qui projette de la lumière en un faisceau parallèle d'une grande intensité. *Les projecteurs d'un plateau de télévision.* ▪ Appareil qui permet de projeter sur un écran des images fixes ou mobiles. *Un projecteur de cinéma.* ▪ **Fig.** Sujet, événement mis en avant. *Être sous les projecteurs des médias.*

PROJECTIF, IVE, adj. [pRɔʒɛktif, iv] (radic. de *projection*) Voy. PROJECTION. ▷ Qui a la force de projeter, de lancer. *La force projective.* ◁ ◆ Qui est relatif à la projection en perspective. *Les propriétés projectives des sections coniques.* ◆ **Psych.** *Test projectif*, test de personnalité fondé sur le mécanisme de la projection. *Le test projectif le plus connu est celui de l'interprétation de différentes taches d'encre.*

PROJECTILE, adj. [pRɔʒɛktil] (radic. du lat. *projectum*, supin de *projicere*, jeter en avant) Qui lance, qui produit la projection. *Mouvement, force projectile.* ◆ N. m. En mécanique, tout corps solide et pesant susceptible d'être lancé par une force quelconque, et de continuer sa course seul et abandonné à lui-même. ◆ *Mouvement de projectile*, mouvement d'un corps lancé. ◆ **Artill.** Corps de nature quelconque lancé par une arme de jet, et spécialement corps lancé par une bouche à feu. *Projectile plein, creux, sphérique, etc.*

PROJECTION, n. f. [pRɔʒɛksjɔ̃] (lat. *projectio*, action d'avancer, d'étendre, jet en avant ; infl. de l'all. *Projektion* sur le sens psychan.) Action de jeter, de lancer un corps pesant. « *La projection primitive des planètes* », LAPLACE. ◆ **Chim.** Action de jeter par cuillerées dans un creuset posé sur des charbons ardents une matière en poudre qu'on veut calciner. ◆ *Poudre de projection*, poudre à laquelle les alchimistes attribuaient la vertu de changer les métaux inférieurs en or ou en argent. ◆ En fonderie, jet de métal en sable ou autrement. ◆ Représentation ou apparence d'un objet sur un plan. « *Les premiers astronomes s'aperçurent, par la projection de l'ombre de la terre dans les éclipses de lune, que la terre est ronde* », VOLTAIRE. ◆ Nom donné aux divers modes de représentation, à plat sur le papier, de notre globe ou de quelqu'une de ses parties. ◆ **Géom.** *Projection d'un point sur un plan*, le pied de la perpendiculaire abaissée de ce point sur ce plan. ▪ Action de projeter une image sur une surface ; image qui est projetée. *La projection d'un film.* ▪ Prévision économique. ▪ **Psych.** Fait pour un individu de projeter dans le monde extérieur ses états affectifs.

PROJECTIONNISTE, ▪ n. m. et n. f. [pRɔʒɛksjɔnist] (*projection*) Technicien chargé d'assurer la projection des films dans un cinéma.

PROJECTURE, n. f. [pRɔʒɛktyR] (lat. impér. *projectura*, avance, saillie) **Archit.** Saillie ou avance horizontale des divers membres d'architecture. ◆ **Bot.** Nom donné à de petites côtes saillantes qui, partant de l'origine d'une feuille, se prolongent de haut en bas sur la tige.

PROJET, n. m. [pRɔʒɛ] (*projeter*) Ce que l'on a l'intention de faire dans un avenir plus ou moins éloigné. « *On n'exécute pas tout ce qui se propose ; Et le chemin est long du projet à la chose* », MOLIÈRE. ◆ *Homme à projets*, homme qui s'occupe incessamment d'inventions, d'entreprises. ◆ *Projet sur*, projet d'obtenir la main d'une femme. *Avoir des projets sur une femme.* ◆ La première pensée, la première rédaction de quelque acte, de quelque écrit. *Projet d'acte*, la rédaction préparatoire d'un acte sur papier libre ◆ On dit de même : *Projet de loi.* ◆ Ébauche du plan d'un édifice à construire, avec ses coupes et ses élévations ; études qu'on fait pour la construction d'un chemin de fer, d'un canal.

PROJETANT, ANTE, adj. [pRɔʒ(ə)tɑ̃, ɑ̃t] (*projeter*) ▷ **Fam.** Qui forme des projets. *Un homme toujours projetant et toujours agissant.* ◁

PROJETÉ, ÉE, p. p. de projeter. [pRɔʒ(ə)te]

PROJETER, v. tr. [pRɔʒ(ə)te] (anc. fr. *porjeter*, jeter en avant) Jeter, diriger en avant. « *On voit quelquefois les satellites passer sur le disque de Jupiter et y projeter leur ombre* », LAPLACE. ◆ Lancer, jeter. *Ce volcan a projeté des cendres.* ◆ Tracer, figurer sur un plan, sur une surface, un corps quelconque suivant certaines règles géométriques. ◆ **Géom.** *Projeter un point, une ligne sur un plan*, en déterminer la projection sur ce plan. ◆ Entretenir l'intention de faire quelque chose dans un avenir plus ou moins prochain. *Nous projetons de nous revoir.* ◆ **Absol.** *On projette.* ◆ *Se projeter*, v. pr. Paraître en avant. *Cette figure se projette dans le tableau. L'ombre des arbres se projetait au loin.* ◆ V. tr. Envoyer des images sur une surface, sur un écran. *Projeter des diapositives, un film.* ◆ Placer hors de soi, le plus souvent sur une autre personne, des sentiments, des émotions qui nous sont propres. *Cette mère a projeté tous ses désirs sur ses enfants. Il projetait ses angoisses dans ses œuvres.* ◆ V. pr. *Les filles reprochent parfois à leur mère de s'être projetée dans leur propre vie.*

PROJETEUR, n. m. et n. f. [pRɔʒ(ə)tœR] (*projeter*) ▷ Celui, celle qui fait des projets. ◁ ◆ **Techn.** Personne qui est chargée d'établir des projets de construction. *Il est dessinateur projeteur dans un cabinet d'architectes.*

PROLACTINE, ▪ n. f. [pRɔlaktin] (*pro-* et lat. *lactus*, lait) **Physiol.** Hormone produite par l'hypophyse et qui provoque, chez la femme ou la femelle d'un mammifère, la sécrétion du lait après l'accouchement. *Hyperproduction de prolactine.*

PROLAPSUS, ▪ n. m. [pRɔlapsys] (mot lat., de *prolabi*, glisser en avant, tomber) **Méd.** Abaissement d'un organe ou d'une partie d'organe provoqué par le relâchement de ses moyens de soutien. *Prolapsus rectal. Prolapsus de l'utérus.*

PROLÉGOMÈNES, n. m. pl. [pRɔlegɔmɛn] (gr. *prolegomena*) Longue et ample préface, avant-propos. ◆ Éléments introductifs et explicatifs à l'étude d'une question, d'une science particulière. *Prolégomènes à une théorie philosophique.* « *J'ai passé sur les prolégomènes plein de majuscules, Paix, Harmonie, Force, Énergie vitale, pour arriver au résumé des états d'être où Nicole m'avait reconnue* », MOHRT.

PROLEPSE, n. f. [pRɔlɛps] (gr. *prolêpsis*, opinion faite d'avance, préjugé) Figure de rhétorique, dite aussi anticipation, qui consiste à prévenir les objections en se les faisant et en les détruisant d'avance.

PROLEPTIQUE, adj. [pRɔlɛptik] (gr. *prolêptikos*, qui anticipe) **Méd.** Se dit des fièvres dont chaque accès anticipe sur le précédent. ◆ Qui est daté selon une méthode et un calendrier qui n'existaient pas au moment où le fait s'est produit. *Les événements de l'Antiquité biblique sont datés en années juliennes proleptiques.* ▪ **Rem.** Ce sens médical est vieilli aujourd'hui.

PROLÉTAIRE, ▪ n. m. et n. f. [pRɔletɛR] (lat. *proletarius*, citoyen de la dernière classe de la société, de *proles*, enfants, postérité) Chez les anciens Romains, citoyen pauvre, appartenant à la sixième et dernière classe du peuple, et ne pouvant être utile à l'État que par sa famille. ◆ Chez les modernes, membre de la classe la plus indigente. ◆ **Adj.** *La classe prolétaire.* ◆ N. m. et n. f. Personne qui tire ses moyens de subsistance du travail manuel et dont le niveau de vie est faible. *Les bourgeois et les prolétaires.* ◆ **Adj.** Relatif aux prolétaires. *Les classes prolétaires. Les luttes prolétaires.*

PROLÉTARIAT, n. m. [pRɔletaRja] (*prolétaire*) Classe des prolétaires ; état de prolétaire.

PROLÉTARIEN, IENNE, ▪ adj. [pRɔletaRjɛ̃, jɛn] (*prolétaire*) Propre ou relatif au prolétariat. *Les revendications prolétariennes.*

PROLÉTARISER, ▪ v. tr. [pRɔletaRize] (*prolétaire*) Amener les salariés à la condition de prolétaire. ▪ *Se prolétariser*, v. pr. Évoluer vers une condition prolétarienne. *Des intellectuels qui se sont prolétarisés.* ▪ PROLÉTARISATION, n. f. [pRɔletaRizasjɔ̃]

PROLIFÈRE, adj. [pRɔlifɛR] (lat. *proles*, enfants, postérité, et *-fère*) **Bot.** Se dit de tout organe qui donne naissance à un autre organe qu'il n'a pas coutume de porter, ou qui en produit un semblable à lui-même.

PROLIFÉRER, ▪ v. intr. [pRɔlifeRe] (*prolifère*) Augmenter de façon rapide et sensible dans un espace géographique ou un écosystème donné, en parlant de la population d'une espèce végétale ou animale. *À force de proliférer, les insectes vont finir par pulluler.* ▪ **Fig.** Se propager ou se multiplier, et abonder. *Des rumeurs prolifèrent concernant sa future nomination.* ▪ PROLIFÉRATION, n. f. [pRɔlifeRasjɔ̃]

PROLIFIQUE, adj. [pRɔlifik] (lat. *proles*, enfants, descendance) Qui a la faculté d'engendrer. ◆ **Bot.** *Poussière prolifique*, le pollen. ◆ Qui se reproduit, se multiplie rapidement. « *Cette Maria-Barbara est si prolifique [...] que je la soupçonne de ne pas savoir exactement le nombre de ses enfants* », TOURNIER. *Des animaux prolifiques.* ◆ **Fig.** Dont la production artistique est abondante. « *L'abbé s'est exclamé "Je suis le compositeur le plus prolifique du siècle"* », BIANCIOTTI. *Un poète prolifique.*

PROLIXE, adj. [pRɔliks] (lat. *prolixus*, long, étendu) Trop long, en parlant ou en écrivant. *Un auteur prolixe.* ◆ N. m. et n. f. *Le prolixe.* ◆ Il se dit aussi des choses. *Discours prolixe.*

PROLIXEMENT, adv. [pRɔliksəmɑ̃] (*prolixe*) D'une manière prolixe.

PROLIXITÉ, n. f. [pRɔliksite] (b. lat. *prolixitas*, longueur, étendue) Défaut de celui qui est prolixe.

PROLO, ▪ n. m. et n. f. [pRɔlo] (abrév. de *prolétaire*) **Fam.** Prolétaire. *C'est un fils de prolo. Les prolos.* ▪ Adj. *Un quartier prolo.* « *Lui posant à l'intello et moi en rajoutant côté illettrée prolo bornée* », HANSKA.

PROLOG, ■ n.m. [pʀɔlɔg] (acronyme de *programmation logique*) **Inform.** Langage de programmation informatique utilisé en intelligence artificielle. *Le prolog est notamment utilisé pour l'interrogation de bases de données.*

PROLOGUE, n.m. [pʀɔlɔg] (lat. *prologus*, du gr. *prologos*, préambule) Dans le théâtre grec, la première partie de l'action, avant le premier chant du chœur. ♦ Chez les modernes, partie d'ouvrage qui sert de prélude à une pièce dramatique. ♦ Avant-propos. *Le prologue de la loi salique.* ♦ Première partie d'une œuvre théâtrale ou cinématographique qui présente des faits qui ont eu lieu avant l'action même de la pièce ou du film. ♦ **Mus.** Partie qui suit l'ouverture, dans un opéra. *Un opéra en un prologue, deux actes et un épilogue.* ♦ **Fig.** Ce qui constitue le début de quelque chose. *Ces événements furent le prologue d'un conflit qui dura près de dix ans.* ♦ **Sp.** Première partie d'une course cycliste. *Remporter le prologue du Tour de France.*

1 PROLONGATEUR, ■ n.m. [pʀɔlɔgatœʀ] (rad. de *prolongation*) Cordon conducteur indépendant reliant une prise de courant à un outil électrique. *Grâce au prolongateur, il a pu utiliser sa perceuse électrique dans le jardin.*

2 PROLONGATEUR, TRICE, ■ adj. [pʀɔlɔgatœʀ, tʀis] (rad. de *prolongation*) Qui prolonge dans le temps ou dans l'espace. *Une fiche prolongatrice femelle. Une crème prolongatrice de bronzage.*

PROLONGATION, n.f. [pʀɔlɔgasjɔ] (lat. chrét. *prolongatio*, prolongement) Voy. **PROLONGER.** Action de prolonger, d'accorder un surcroît de temps, de durée ; le résultat de cette action. *Une prolongation de trêve, de congé, etc.* « *Tout le royaume faisait des vœux pour la prolongation de ses jours* », Bossuet. ♦ **Mus.** Position d'une note qui, faisant partie d'un accord, se continue sur un ou plusieurs des accords suivants. ♦ **Sp.** Chacune des deux mi-temps supplémentaires qui se jouent à la fin d'un match de football ou de rugby pour départager les équipes qui sont à égalité. ♦ **Fig.** et fam. *Jouer les prolongations,* dépasser les limites imparties dans le temps. *Le gouvernement n'en finit pas de jouer les prolongations dans ce conflit.*

PROLONGE, n.f. [pʀɔlɔ̃ʒ] (*prolonger*) Cordage à l'aide duquel on peut dans le tir réunir une bouche à feu à son avant-train. *Tir à la prolonge.* ♦ Chariot à munitions.

PROLONGÉ, ÉE, p.p. de *prolonger.* [pʀɔlɔ̃ʒe] **Adj.** Qui a été prolongé, qui dure dans le temps. *Des vacances prolongées. Évitez les expositions prolongées au soleil.* ♦ Qui a été prolongé dans l'espace. *Une rue prolongée.*

PROLONGEMENT, n.m. [pʀɔlɔ̃ʒ(ə)mã] (*prolonger*) Continuation d'une portion d'étendue. *Le prolongement d'un mur, d'une rue.* ♦ **Bot.** *Prolongements médullaires,* les rayons médullaires. ♦ **Anat.** *Prolongement rachidien,* la moelle épinière. ■ Ce qui prolonge quelque chose. *Le prolongement d'une rue.* ■ *Dans le prolongement de,* dans la direction qui prolonge quelque chose. *Faire une tranchée dans le prolongement du mur.* ♦ Au pl. Suites, répercussions. *Les prolongements d'une affaire.*

PROLONGER, v. tr. [pʀɔlɔ̃ʒe] (lat. chrét. *prolongare*, faire durer, allonger) Faire durer plus longtemps. « *C'est prolonger la vie des grands hommes, que de poursuivre dignement leurs entreprises* », Fontenelle. ♦ Différer, ajourner. ♦ Rendre plus long en étendue. *Prolonger un mur, une galerie, etc.* **Mar.** *Prolonger une côte,* aller le long d'une côte. *Prolonger un navire,* se ranger le long d'un navire pour l'aborder. ♦ Se prolonger, v. pr. Recevoir plus de durée. « *Plus les affaires se prolongent, et plus elles donnent le temps au public de revenir à la raison* », Voltaire. ♦ Avec ellipse de *se.* « *C'est à regret que je vois prolonger le temps qui doit nous rapprocher* », J.-J. Rousseau. ♦ Recevoir plus d'espace, plus d'étendue. « *Le chemin des Thermopyles se prolonge entre des marais et des rochers presque inaccessibles* », Barthélemy. ♦ ▷ **Milit.** *Se prolonger,* étendre ses troupes. ◁ ♦ **Fig.** Continuer quelque chose. *Il aurait voulu prolonger l'œuvre de son père.*

PROMENADE, n.f. [pʀɔm(ə)nad] (*promener*) Action de se promener. *Faire une promenade.* ♦ **Fam.** *Ce n'est qu'une promenade,* il n'y a pas loin. ♦ *Promenade militaire,* marche de quelques heures qu'on fait faire à un régiment, autour du lieu de sa résidence, afin d'exercer les soldats. ♦ Lieu où l'on se promène. ♦ Sortie quotidienne que font les prisonniers dans la cour de la prison. *Deux détenus se sont échappés pendant la promenade.*

PROMENÉ, ÉE, p.p. de *promener.* [pʀɔm(ə)ne]

PROMENER, v. tr. [pʀɔm(ə)ne] (anc. fr. *pourmener*, de *mener*) Mener, faire aller en différents lieux. « *Ne promenez point l'enfant dans les cercles, dans les brillantes assemblées* », J.-J. Rousseau. ♦ Faire aller quelqu'un d'un endroit à un autre, amusement ou comme exercice. *Promener un enfant.* ♦ *Promener des étrangers par la ville, dans la ville,* la leur faire parcourir pour la satisfaction de leur curiosité. ♦ *Promener un cheval,* le faire marcher doucement, soit en le tenant par la bride, soit en le montant. ♦ On dit de même : *Promener un chien.* ♦ **Fig.** Faire aller çà et là. *Promener ses pas, son regard, sa pensée, etc.* ♦ Faire aller çà et là l'idée d'un autre. *Ce romancier promène ses lecteurs dans toutes les parties du monde.* ♦ Être cause d'une promenade, en parlant d'une chose. *Cela vous promènera.* ♦ Il se dit des choses qui font aller çà et là d'autres choses. « *L'Eurotas promenait son cours tortueux dans*

cette riante solitude », Chateaubriand. ♦ **Fig.** « *Chacun suit dans le monde une route incertaine, Selon que son erreur le joue et le promène* », Boileau. ♦ **Fam.** et fig. *Promener quelqu'un,* l'abuser, le lasser par des promesses vaines. ♦ Se promener, v. pr. Marcher, aller à pied ou à cheval, etc. pour faire de l'exercice ou pour se distraire. Dans ce sens, *promener* est un verbe réfléchi, et l'on doit dire : *Allons nous promener* et non pas : *Allons promener.* ♦ Avec le verbe *laisser* et ellipse du pronom personnel. « *Qu'on me laisse ici promener toute seule* », Molière. ♦ *Allez vous promener,* se dit à une personne dont on est mécontent, dont on veut se débarrasser. ♦ *Envoyer promener,* phrase peu polie par laquelle on dit qu'on s'est débarrassé de quelqu'un. « *Si j'avais été à votre place, je l'aurais envoyé promener* », Molière. ♦ **Fig.** Il se dit des choses qui errent, cheminent. « *Un ruisseau qui... lentement se promène* », Boileau. « *Notre raison se promène par tous les ouvrages de Dieu* », Bossuet. ♦ **Fam.** *Envoyer promener quelque chose,* repousser, jeter violemment. *Dans un accès stupide de colère, il a envoyé promener toutes ses affaires.* ■ Rem. *Envoyer promener quelqu'un* est également familier aujourd'hui.

PROMENEUR, EUSE, n. m. et n. f. [pʀɔm(ə)nœʀ, øz] (*promener*) Celui, celle qui promène quelqu'un. ♦ Celui, celle qui se promène, qui aime à se promener. ♦ ▷ **Fig.** et fam. Celui, celle qui abuse, qui lasse quelqu'un par des délais, par des promesses vaines. ◁

PROMENOIR, n. m. [pʀɔm(ə)nwaʀ] (*promener*) Partie d'un édifice libre et couverte ou d'un jardin, destinée à la promenade. ♦ Endroit dans une salle de théâtre où les spectateurs se tiennent debout, derrière les fauteuils.

PROMESSE, n. f. [pʀɔmɛs] (b. lat. *promissa,* du lat. *promittere,* promettre) Action de promettre. *Tenir ses promesses.* ♦ ▷ *Avoir promesse,* se dit de celui à qui une promesse a été faite. ◁ ♦ *Donner promesse que,* promettre que. ♦ *Promesses du baptême,* celles que l'Église exige des catéchumènes avant de leur conférer le baptême, et que font les parrains et les marraines. ♦ **Fig.** *Se ruiner en promesses,* promettre beaucoup et ne rien tenir. ♦ *Promesse de mariage,* écrit par lequel on s'engage à épouser une personne. ♦ Billet sous seing privé par lequel on s'engage à payer une somme d'argent. ♦ *Les enfants de la promesse,* les élus. ♦ **Dr.** Acte officiel par lequel on s'engage à faire quelque chose. *En signant la promesse de vente avec l'acheteur, le propriétaire s'engage à lui vendre son bien immobilier.* ♦ **Fig.** Ce que l'on peut espérer de quelque chose. *Un printemps doux est la promesse d'une belle récolte.* ♦ *Plein de promesses,* qui promet d'être tel qu'on l'espère, encourageant. *Un avenir plein de promesses.*

PROMÉTHÉEN, ENNE, ■ adj. [pʀɔmeteɛ̃, ɛn] (*Prométhée*) Relatif à Prométhée, à ce qu'il symbolise, en tant que Titan ayant dérobé aux dieux le feu sacré pour le transmettre aux hommes. ♦ *Faut-il même aller plus loin et avouer que tout idéalisme est prométhéen et recèle un secret refus de la condition humaine* », Ricœur.

PROMÉTHIUM ou **PROMÉTHÉUM**, ■ n. m. [pʀɔmetjɔm, pʀɔmeteɔm] (*Prométhée*) **Chim.** Élément chimique radioactif qui appartient au groupe des terres rares. *Le prométhéum n'existe pas à l'état naturel, on le trouve dans les produits de fission.*

PROMETTEUR, EUSE, n. m. et n. f. [pʀɔmetœʀ, øz] (*promettre*) Personne qui promet légèrement, ou sans intention de tenir. ♦ **Adj.** Qui promet d'être bon, qui est encourageant. *Une actrice prometteuse. Un début prometteur.* « *Olivier crut bon de lui glisser dans un chuchotement les cinq lettres prometteuses de succès* », Sabatier.

PROMETTRE, v. tr. [pʀɔmɛtʀ] (lat. *promittere,* assurer, garantir) S'engager verbalement ou par écrit à quelque chose. *Une homme qui promet tout et qui ne tient rien. Promettre sa fille en mariage.* ♦ **Absol.** « *Le plus lent à promettre est toujours le plus fidèle à tenir* », J.-J. Rousseau. ♦ *Promettre monts et merveilles,* faire toutes sortes de promesses avantageuses. ♦ *Promettre plus de beurre que de pain,* Voy. BEURRE. ♦ *Promettre quelqu'un,* promettre sa visite, sa société. ♦ **Fam.** Assurer qu'une chose sera. *Je vous promets qu'il sera puni.* ♦ Annoncer, prédire, avec un nom de personne pour sujet. *Je vous promets du beau temps.* ♦ Annoncer, avec un nom de chose pour sujet. « *C'est une physionomie qui promet une longue vie* », Mme de Sévigné. « *Le vent nous promettait une heureuse navigation* », Fénelon. ♦ *Se promettre,* promettre à soi, espérer. « *La jeunesse se promet tout d'elle-même* », Fénelon. ♦ *Se mettre,* prendre une ferme résolution. *Il se promet de profiter de vos sages avis.* ♦ **V. intr.** Faire espérer, donner des espérances, en parlant des personnes et des choses. *Cet enfant promet beaucoup. Les vignes promettent.* ♦ ▷ *Se promettre,* v. pr. Promettre sa propre personne. ◁ ♦ **Prov.** *Promettre et tenir sont deux.* ce n'est pas tout de promettre, il faut tenir

PROMINENCE, n. f. [pʀɔminãs] (*prominer*) Voy. PROMINER. Vieilli État de ce qui est prominent.

PROMINENT, ENTE, adj. [pʀɔminã, ãt] (lat. *prominens,* de *prominere,* être proéminent) Vieilli Qui s'élève au-dessus de ce qui l'environne. *Rocher prominent.*

PROMINER, v. intr. [pʀɔmine] (lat. *prominere,* être proéminent) Vieilli S'élever au-dessus. *Ce rocher promine sur les autres.*

PROMIS, ISE, p. p. de promettre. [pʀɔmi, iz] N. m. et f. Fiancé, fiancée. ♦ *Terre promise*, la terre de Chanaan que Dieu avait promise aux Hébreux, et fig. un pays fertile, délicieux. ♦ Prov. *Chose promise, chose due*, on est obligé de remplir exactement ses promesses. ♦ *Promis à*, voué à tel destin. *Ce projet est promis à l'échec.*

PROMISCUITÉ, n. f. [pʀomiskɥite] (lat. *promiscuus*, indistinct, confondu, de *promiscere*, mêler) Mélange confus et désordonné, en parlant des personnes. ♦ Situation où des personnes sont réunies dans un espace trop réduit ou dans des conditions désagréables. *Les détenus se plaignent de la promiscuité.*

PROMISSION, n. f. [pʀomisjɔ̃] (lat. *promissio*, de *promittere*, promettre) Usité seulement en cette locution : *Terre de promission*, la terre promise. ♦ **Fig.** *Une terre de promission*, un pays fertile.

PROMO, ▪ n. f. [pʀomo] (abrév. de *promotion*) Fam. Baisse momentanée du prix de vente d'un produit. *Une machine à laver en promo.* ▪ **Fam.** Publicité. *Son attachée de presse assure toute sa promo.* ▪ **Fam.** Promotion d'une grande école. *Ils étaient de la même promo. Des promos.*

PROMONTOIRE, n. m. [pʀomɔ̃twaʀ] (lat. class. *promuntorium*, de *prominere*, être proéminent) Dans la géographie ancienne, syn. de cap. ♦ En un sens plus étroit, masse de terre élevée ou montagne formant saillie au-dessus des eaux, par opposition à cap, qui désigne tout ce qui s'avance dans la mer, élevé ou non. ♦ **Méd.** Bord supérieur de la première vertèbre du sacrum.

PROMOTEUR, TRICE, n. m. et n. f. [pʀomotœʀ, tʀis] (lat. médiév. *promotor*, du lat. *promovere*, promouvoir) Personne qui prend le soin principal d'une affaire. *Le promoteur d'un établissement.* ♦ Personne qui est cause principale, qui donne la principale impulsion. « *Le cardinal de Guise, le plus hardi promoteur de la Ligue* », VOLTAIRE. « *Un promoteur de bouleversements et de troubles* », J.-J. ROUSSEAU. ♦ Homme d'Église qui dans la juridiction ecclésiastique fait ce que le procureur fait dans la juridiction laïque. ♦ **Adj.** *Promoteur, promotrice*, qui excite. *Cause promotrice.* ♦ Cet adjectif n'est pas dans le *Dictionnaire de l'Académie.* ▪ N. m. et n. f. *Promoteur immobilier* ou *un promoteur*, homme d'affaires qui fait construire des immeubles en vue de les vendre ou de les louer. ▪ N. m. **Chim.** Corps qui, ajouté à un catalyseur, en améliore l'activité. ▪ **Biol.** Courte séquence d'ADN sur laquelle se fixe l'enzyme qui effectue la transcription génétique ▪ *Promoteur des ventes*, personne qui aide les distributeurs à développer les ventes des produits ou des services d'une entreprise. ▪ REM. Le féminin *promotrice* est rare.

PROMOTION, n. f. [pʀomosjɔ̃] (lat. *promotio*, de *promovere*, promouvoir) Acte par lequel on élève plusieurs personnes à un même grade, à une même dignité. *Une promotion de cardinaux, de généraux, etc.* ♦ En parlant des écoles du gouvernement, l'ensemble des élèves d'une même année. ♦ Nomination d'une ou de plusieurs personnes à un grade, à un emploi supérieur. *Obtenir une promotion de classe.* ♦ *Promotion sociale*, fait d'accéder à un niveau de vie meilleur. ♦ **Comm.** *Promotion des ventes*, ensemble des stratégies commerciales et publicitaires mises en place pour augmenter les ventes d'un produit ou d'un service. *L'édition de brochures publicitaires, les remises, le conditionnement des produits contribuent à la promotion des ventes.* ▪ *En promotion*, en réclame. *Un article en promotion.*

PROMOTIONNEL, ELLE, ▪ adj. [pʀomosjɔnɛl] (*promotion*) Qui fait la promotion de quelque chose ou de quelqu'un. *Une soirée promotionnelle.* ▪ Qui est relatif à la promotion d'un produit. *Une offre promotionnelle.*

PROMOUVOIR, v. tr. [pʀomuvwaʀ] (lat. *promovere*, pousser en avant, faire avancer) Élever à une dignité. *Promouvoir quelqu'un à un poste, à une dignité, etc.* ♦ ▷ Procurer. « *Promouvoir la victoire* », BOSSUET. ◁ ♦ Contribuer au développement de quelque chose, participer à son succès. *Promouvoir la lecture. Cette commune promeut le recyclage des déchets. Les organisations internationales promeuvent la paix dans le pays.* ♦ **Comm.** Faire la promotion d'un produit ou d'un service.

PROMPT, OMPTE, adj. [pʀɔ̃, ɔ̃pt] (lat. *promptus*, prêt, disposé à) Qui ne tarde pas, soudain. « *Leur abord fut bien prompt, leur fuite encor plus prompte* », P. CORNEILLE. ♦ Qui va vite. *Cet homme est prompt à la course. Un coursier aussi prompt que le vent. Une course prompte.* ♦ **Fig.** En parlant des choses. « *Et le fer est moins prompt pour trancher une vie* », RACINE. ♦ Qui se passe vite, en un moment. « *Mais, plus prompt que l'éclair, le passé nous échappe* », RACINE. ♦ *Vin prompt à boire*, vin qui demande à être bu promptement. ♦ *Prompt à*, en parlant des personnes qui agissent vite. « *Ne soyez point prompt à parler, et en même temps lâche et négligent dans vos œuvres* », SACI. ♦ Qui éprouve, ressent vite. « *Un jeune homme... Est prompt à recevoir l'impression des vices* », BOILEAU. ♦ Il se dit des choses dans un sens analogue. « *Ma jeunesse revit en cette ardeur si prompte* », P. CORNEILLE. « *Une main prompte à me soulager* », RACINE. ♦ **Absol.** Actif, diligent. ♦ *Avoir l'esprit prompt*, la conception vive et prompte, concevoir aisément. ♦ ▷ Qui s'emporte aisément. « *Achille déplaisait, moins bouillant*

et moins prompt », BOILEAU. ◁ ♦ *Avoir la main prompte*, être vif, emporté, au point de frapper pour le moindre sujet.

PROMPTEMENT, adv. [pʀɔ̃ptəmɑ̃] ou [pʀɔ̃tmɑ̃] (*prompt*) Avec promptitude.

PROMPTEUR, ▪ n. m. [pʀɔ̃ptœʀ] (angl. *prompter*, souffleur [au théâtre]) Écran sur lequel défile, au rythme prévu pour la lecture, le texte lu par un présentateur de télévision.

PROMPTITUDE, n. f. [pʀɔ̃ptityd] ou [pʀɔ̃tityd] (b. lat. *promptitudo*, empressement, du lat. *promptus*, prompt) Qualité qui fait qu'on ne met aucun délai à commencer ou à exécuter. « *La promptitude de son action ne donnait point le loisir de la traverser ; c'est là le caractère des conquérants* », BOSSUET. ♦ *La promptitude de l'esprit*, la facilité à concevoir. ♦ *La promptitude à croire une chose*, la facilité avec laquelle on la croit. ♦ Trop grande vivacité d'humeur, disposition à se mettre en colère. ♦ Mouvement de passion ou de colère subit et passager. ▪ REM. Il est vieilli ou rare dans ces deux derniers sens. ♦ Caractère de ce qui est fait ou se fait rapidement. *Ils furent surpris par la promptitude de l'événement. La promptitude d'une réponse.*

PROMPTUAIRE, n. m. [pʀɔ̃ptɥeʀ] (lat. *promptuarium*, armoire, de *promere*, retirer, faire sortir) Sorte de manuel. *Un promptuaire de droit.*

PROMU, UE, p. p. de promouvoir. [pʀomy] N. m. et n. f. Personne promue. *Les promus.*

PROMULGATION, n. f. [pʀomylgasjɔ̃] (lat. *promulgatio*, publication) Publication solennelle des lois, suivant les formes requises. ♦ Litt. Action d'annoncer publiquement. *La promulgation d'une politique.*

PROMULGUÉ, ÉE, p. p. de promulguer. [pʀomylge]

PROMULGUER, v. tr. [pʀomylge] (lat. *promulgare*, publier, afficher) Publier une loi avec les formalités requises. ♦ Litt. Faire connaître publiquement, publier. *Promulguer une doctrine, une loi.*

PRONAOS, n. m. [pʀonaos] (gr. *pronaos*) Archit. Partie antérieure des temples anciens.

PRONATEUR, adj. m. [pʀonatœʀ] (b. lat. *pronator*, de *pronare*, faire pencher en avant) Anat. Qui fait exécuter le mouvement de pronation. *Les muscles pronateurs* et n. m. *les pronateurs.*

PRONATION, n. f. [pʀonasjɔ̃] (b. lat. *pronatio*, de *pronare*, faire pencher en avant) Voy. PRONATEUR. Physiol. Mouvement par lequel on tourne la main, de manière que la paume regarde la terre, l'extrémité inférieure du radius se portant au-devant du cubitus. ♦ État de la main dans cette situation. ♦ ▷ La position d'un malade couché sur le ventre, par opposition à *supination.* ◁

PRÔNE, n. m. [pʀon] (lat. vulg. *protinum*, du gr. *prothuron*, vestibule) Instruction chrétienne faite chaque dimanche à la messe paroissiale. ♦ *Recommander quelqu'un au prône*, le recommander aux fidèles lorsqu'on fait le prône, et fig. se plaindre de lui à ses supérieurs, pour lui attirer quelque châtiment. ♦ **Fig.** et **fam.** Remontrances, observations.

PRÔNÉ, ÉE, p. p. de prôner. [pʀone]

PRÔNER, v. tr. [pʀone] (*prône*) Faire le prône. *Le vicaire nous a prônés en l'absence du curé.* ♦ **Absol.** *Après avoir prôné.* ♦ **Fig.** « *Cependant cet oiseau [la Renommée] qui prône les merveilles* », BOILEAU. ♦ Vanter, louer avec excès. *Prôner ses amis.* ♦ ▷ Présenter sous forme de remontrances, d'observations. *Que nous prônez-vous là ?* ◁ ♦ ▷ Neutralement. *Il ne fait que prôner.* ◁ ♦ Se prôner, v. pr. Faire son propre éloge. ♦ Se louer mutuellement. ♦ V. tr. Louer, préconiser. *Prôner la transparence.* ▪ REM. Il est rare aujourd'hui dans son sens religieux.

PRÔNEUR, EUSE, n. m. et n. f. [pʀonœʀ, øz] (*prôner*) Personne qui fait un prône (peu usité en ce sens). *Notre curé est un excellent prôneur.* ♦ **Fig.** Prôneur, prôneuse, celui, celle qui loue avec excès. ♦ Grand parleur qui aime à faire des remontrances.

PRONOM, n. m. [pʀonɔ̃] (lat. *pronomen*, de *pro*, à la place de, et *nomen*, nom) Gramm. Dans le sens ancien et encore aujourd'hui très commun, mot qui tient la place d'un nom. *Pronom relatif.* ♦ Dans le sens grammatical précis, mot qui désigne les êtres par l'idée d'une relation à l'acte de la parole. Dans ce dernier sens, il n'y a de vrais pronoms que les pronoms personnels, *je, tu, il, se,* et les pronoms démonstratifs, *celui, celle.* ♦ Abusivement, *pronom démonstratif, pronom possessif*, nom donné aux adjectifs démonstratifs et aux adjectifs possessifs, comme *ce, cet,* etc. *mon, ton,* etc. ▪ REM. Aujourd'hui, les pronoms démonstratifs et les pronoms possessifs se distinguent des adjectifs démonstratifs et des adjectifs possessifs. ♦ Gramm. Mot qui remplace un nom ou un groupe de mots présent dans la phrase ou bien qui désigne une réalité de la situation d'énonciation. *Le pronom peut avoir les mêmes fonctions syntaxiques que le nom. Pronoms personnels. Pronoms indéfinis. Pronoms relatifs. Pronoms possessifs. Pronoms démonstratifs. Pronoms interrogatifs.*

PRONOMINAL, ALE, adj. [pʀonominal] (b. lat. *pronominalis*) Qui appartient au pronom, qui est de la nature du pronom. ♦ *Verbe pronominal* ou *verbe réfléchi*, verbe qui se conjugue avec le pronom personnel de la même personne que le sujet, par exemple : *Je me loue.* ♦ ▷ *Adjectifs pronominaux*, ceux qui se forment des pronoms ou qui s'y rapportent par leur signification, comme *mon, ma, ton, notre, votre, son, leur, mien, tien, sien.* ◁

PRONOMINALEMENT, adv. [pʀonominal(ə)mã] (*pronominal*) À la façon du pronom. ♦ Comme verbe pronominal. *Un verbe employé pronominalement.*

PRONONÇABLE, ▪ adj. [pʀonõsabl] (*prononcer*) Que l'on peut prononcer. *Un nom de famille difficilement prononçable.*

PRONONCÉ, ÉE, p. p. de prononcer. [pʀonõse] ♦ N. m. *Le prononcé du jugement, de l'arrêt*, la décision prononcée par le tribunal. ♦ **Peint.** On dit que les parties d'un tableau sont bien prononcées, pour dire qu'elles sont distinguées avec beaucoup de force et de netteté. *Muscles trop prononcés.* ♦ Qui a une expression forte et très marquée. *Des traits prononcés. Opinions prononcées.* ♦ Qui est fort, intense. *Cette plante a une odeur prononcée de citron.*

PRONONCEMENT, n. m. [pʀonõs(ə)mã] (*prononcer*) Action de prononcer. ▪ Rem. Il est rare aujourd'hui.

PRONONCER, v. tr. [pʀonõse] (lat. *pronuntiare*, annoncer publiquement, proclamer) Déclarer avec autorité, en vertu de son autorité. *Prononcer une sentence, un arrêt.* ♦ *Fig. Le destin, le sort a prononcé l'arrêt.* ♦ Déclarer, en parlant de celui qui préside une juridiction, une assemblée, ce qui a été décidé à la pluralité des voix. ♦ *Fig. Prononcer sa propre condamnation, prononcer sa sentence*, se condamner par ses propres aveux, par ses propres paroles. ♦ Réciter, débiter. *Prononcer un éloge.* « *Quel supplice que celui d'entendre prononcer de médiocres vers avec toute l'emphase d'un mauvais poète !* », La Bruyère. ♦ *Absol. Prononcez lentement, distinctement.* ♦ Articuler les lettres, les syllabes, les mots, en exprimer les sons. « *Il passait des heures entières sans prononcer aucune parole* », Fénelon. ♦ *Absol.* « *La première règle est d'écrire comme on prononce* », d'Alembert. ♦ Il se dit des articulations d'une langue. *Il ne prononce pas bien l'anglais.* ♦ ▷ **Peint.** Bien indiquer les parties d'une figure. *Prononcer un bras, les muscles.* ◁ ♦ V. intr. Déclarer ce qui a été décidé, jugé. *L'Église a prononcé. Le ciel prononcera.* ♦ ▷ Dans le langage ordinaire, déclarer son sentiment, décider. « *Hé bien donc, prononcez ; que voulez-vous qu'on fasse ?* », Racine. ◁ ♦ Se prononcer, v. pr. Être prononcé. ♦ Manifester son intention, sa pensée. ♦ Donner un avis médical. *Les médecins ne se sont pas encore prononcés.*

PRONONCIATION, n. f. [pʀonõsjasjõ] (lat. *pronuntiatio*, publication, déclaration) Action de prononcer un jugement, un discours. ♦ Manière de prononcer, de faire entendre les lettres, les syllabes, les mots. *L'écriture ne représente pas toujours la prononciation.* ♦ La manière de prononcer par rapport à l'accentuation, à la prosodie. *Une prononciation vicieuse. La bonne prononciation.* ♦ Manière de dire, de débiter.

PRONOSTIC, n. m. [pʀonɔstik] (b. lat. *prognosticus*, du gr. *prognostika*, de *progignôskein*, connaître à l'avance) Conjecture sur ce qui doit arriver. *Les politiques se trompent souvent dans leurs pronostics.* ♦ En parlant des choses, ce qui sert de pronostic. *Ce revers fut le pronostic de sa chute.* ♦ Jugement que le médecin fait de l'issue d'une maladie (on a dit en ce sens prognostic). ♦ **Astrol.** Jugement tiré de l'inspection des astres. ▪ Rem. On disait aussi *prognostic* autrefois.

PRONOSTIQUE, adj. [pʀonɔstik] (*pronostic*) Qui a rapport au pronostic. ♦ **Méd.** Qui fournit le pronostic. *Signes pronostiques.* ▪ Rem. On disait aussi *prognostique* autrefois.

PRONOSTIQUÉ, ÉE, p. p. de pronostiquer. [pʀonɔstike]

PRONOSTIQUER, v. tr. [pʀonɔstike] (*pronostic*) Faire un pronostic. ♦ Il se dit aussi de ce qui sert de présage. « *La mort prochaine que mon âge me pronostique* », Bossuet.

PRONOSTIQUEUR, EUSE, n. m. et n. f. [pʀonɔstikœr, øz] (*pronostiquer*) **Fam.** Personne qui pronostique. ♦ **Partic.** Personne qui fait des pronostics sportifs.

PRONUNCIAMIENTO, ▪ n. m. [pʀonunsjamjɛnto] (mot esp., déclaration, du lat. *pronuntiare*, prononcer) Prise militaire du pouvoir politique, putsch. *Le pronunciamiento de Franco en 1936. La tradition des pronunciamientos en Amérique latine.*

PRO-OCCIDENTAL, ALE, ▪ adj. [pʀooksidãtal] (*pro-* et *occidental*) Qui est partisan des positions adoptées par les pays occidentaux, l'Europe de l'Ouest et les États-Unis, ou plus particulièrement par les pays membres de l'otan. *Un candidat pro-occidental. L'orientation pro-occidentale d'une politique extérieure.* ▪ N. m. et n. f. *Les pro-occidentaux ont été éliminés du pouvoir.*

PROPADIÈNE, ▪ n. m. [pʀopadjɛn] (*propane*) **Chim.** Hydrocarbure qui contient une double liaison dans sa molécule. *Le propadiène est un gaz incolore.* ▪ Rem. On lui donne aussi le nom de *allène*.

PROPAGANDE, n. f. [pʀopagãd] (lat. mod. *propagnada*, du *propagare*, propager, perpétuer) Congrégation établie à Rome pour propager la foi. ♦ En général, toute institution qui a pour but la propagation d'une croyance religieuse. ♦ **Par extens.** Toute association dont le but est de propager certaines opinions. ♦ *Faire de la propagande*, tenter de propager une opinion, un système politique, social, religieux.

PROPAGANDISTE, ▪ n. m. et n. f. [pʀopagãdist] (*propagande*) Personne qui fait de la propagande. *Les propagandistes de la colonisation.* ▪ Adj. *Des militants propagandistes.* ▪ Qui a rapport à la propagande, qui en relève. *Un discours propagandiste.*

PROPAGATEUR, TRICE, adj. [pʀopagatœr, tris] (lat. *porpagator*, de *propagare*, propager) ▷ Qui propage la race, la lignée. ◁ ♦ N. m. et n. f. *Fig.* Personne qui propage quelque opinion. ♦ Adj. *Zèle propagateur.*

PROPAGATION, n. f. [pʀopagasjõ] (lat. *propagatio*, extension, de *propagare*, propager) Action de propager, de multiplier par reproduction, par génération. *La propagation d'une espèce.* ♦ *Fig.* Extension, progrès. *La propagation de la vaccine, du choléra, des vérités, etc.* ♦ *Œuvre de la propagation de la foi*, œuvre qui a pour objet de secourir les Églises catholiques dans les pays protestants ou schismatiques, et d'aider les missionnaires par la prière et les aumônes. ♦ **Phys.** Manière dont la lumière, la chaleur, le son se propagent.

PROPAGÉ, ÉE, p. p. de propager. [pʀopaʒe]

PROPAGER, v. tr. [pʀopaʒe] (lat. *propagare*, perpétuer, faire durer) Multiplier par voie de reproduction. *On est parvenu à propager cette espèce dans nos climats.* ♦ *Fig.* Répandre, étendre, faire croître. *Propager la vérité, les lumières.* ♦ Se propager, v. pr. Se multiplier par voie de reproduction. ♦ *Fig.* Être répandu, disséminé. *Les erreurs se propagent.* ♦ Cheminer de proche en proche. *La lumière se propage infiniment plus vite que le son.*

PROPAGULE, ▪ n. f. [pʀopagyl] (lat. *propago*, bouture, de *propagare*, propager) **Bot.** Organe d'une plante qui assure la multiplication ou la reproduction de celle-ci. *Les spores, les graines, les fruits sont des propagules.*

PROPANE, ▪ n. m. [pʀopan] (*proto-* et gr. *piôn*, gras) Gaz hydrocarboné présent à l'état naturel et utilisé comme combustible, notamment pour un usage domestique. *Le butane et le propane. Chauffage au propane.*

PROPANIER, ▪ n. m. [pʀopanje] (*propane*) Bateau qui transporte du propane.

PROPAROXYTON, ▪ n. m. [pʀopaʀɔksitõ] (gr. *proparoxutonos*, de *pro*, avant, et *paroxutonos*, paroxyton) **Gramm. grecq.** Mot qui a l'accent sur l'antépénultième syllabe, comme le gr. *anthrôpos*.

PROPÉDEUTIQUE, ▪ n. f. [pʀopedøtik] (gr. *propaideuein*, enseigner auparavant) Avant 1966, année d'étude préparatoire à l'université. *Passer sa propédeutique.*

PROPÈNE, ▪ n. m. [pʀopɛn] (*propane*) **Chim.** Hydrocarbure gazeux incolore, dérivé du propane. *Le propène est notamment utilisé dans la fabrication de produits solvants et de matières plastiques.* ▪ Rem. On dit aussi *propylène*.

PROPENSION, n. f. [pʀopãsjõ] (lat. *propensio*, penchant) Tendance naturelle d'un corps vers un autre. *Tous les corps pesants ont une propension naturelle à descendre.* ♦ *Fig.* Penchant, inclination. *Propension au bien, au mal.*

PROPERGOL, ▪ n. m. [pʀopɛʀgɔl] (*propulsion* et gr. *ergon*, énergie) Substance utilisée comme source d'énergie pour les moteurs des fusées. *Moteur, propulsion à propergol.*

PROPÉRISPOMÈNE, n. m. [pʀopeʀispomɛn] (gr. *properispômenos*) **Gramm. grecq.** Mot qui a l'accent circonflexe sur la pénultième, comme le gr. *sôma*.

PROPET, ETTE, adj. [pʀopɛ, ɛt] Voy. PROPRET.

PROPHARMACIEN, IENNE, ▪ n. m. et n. f. [pʀofaʀmasjɛ̃, jɛn] (*pro-* et *pharmacien*) Médecin qui, exerçant dans une agglomération dépourvue de pharmacie, est autorisé à vendre des médicaments à ses patients. ▪ En appos. *Médecin propharmacien.*

PROPHASE, ▪ n. f. [pʀofaz] (*pro-* et *phase*) **Biol.** Phase initiale de la division cellulaire au cours de laquelle les chromosomes se scindent en deux.

PROPHÈTE, n. m. [pʀofɛt] (lat. chrét. *propheta*, du gr. *prophêtês*, interprète des dieux) Celui qui, chez les Hébreux, inspiré de Dieu, prédisait l'avenir. ♦ *Le prophète-roi, le roi-prophète*, David. ♦ *Les quatre grands prophètes*, Isaïe, Jérémie, Ézéchiel et Daniel, ainsi dits parce qu'ils ont laissé un plus grand nombre d'écrits. ♦ *Les douze petits prophètes*, les autres douze prophètes dont on a des prophéties dans l'Ancien Testament. ♦ *Fig. Voici la loi et les prophètes*, se dit d'une autorité qui décide sans réplique. ♦ ▷ Chez les gentils, certain personnage inspiré des dieux. *Les prophètes de Baal.* ◁ ♦ Titre donné à Mahomet par les musulmans. ♦ **Fig.** Celui qui agit comme un des prophètes de l'ancien temps. *Faire le prophète.* ♦ **Fig. et fam.** Celui qui annonce ce qui doit arriver, qui devine. « *J'ai été prophète sans le savoir* »,

VOLTAIRE. ♦ **Fam.** *Un prophète de malheur*, un homme qui n'annonce que de mauvaises choses. ♦ *Faux prophète*, homme qui se trompe dans ses prédictions. ♦ **Prov.** *Nul n'est prophète en son pays*, on a moins d'influence, de crédit en son pays qu'ailleurs.

PROPHÉTESSE, n. f. [pʀofetɛs] (lat. chrét. *prophetissa*) Celle qui prédit par inspiration. « *L'Église a vu, dès son origine, des femmes qui se disaient prophétesses* », BOSSUET.

PROPHÉTIE, n. f. [pʀofesi] (lat. chrét. *prophetia*) Prédiction faite par inspiration de Dieu. ♦ *Prophétie d'Isaïe, d'Ézéchiel, etc.* le recueil des prophéties faites par Isaïe, par Ézéchiel, etc. ♦ Il se dit aussi des oracles chez les païens. « *Une compilation informe de prophéties* », VOLTAIRE. ♦ **Par extens.** Prédiction faite par des gens qui prétendent lire dans l'avenir. *Les prophéties de Nostradamus.* ♦ **Fig.** Annonce d'un événement futur faite par conjecture. « *Ne se rit-on pas des prophéties des sages?* », BOSSUET.

PROPHÉTIQUE, adj. [pʀofetik] (lat. chrét. *propheticus*) Qui tient du prophète. *L'inspiration prophétique.* « *Les Écritures de l'Ancien et du Nouveau Testament sont un livre prophétique, en ce qui regarde la venue actuelle du Christ* », BOSSUET. ♦ Qui lit dans l'avenir. « *La prêtresse d'Apollon est saisie de l'esprit prophétique* », BARTHÉLEMY. ♦ Qui est de la nature de la prophétie. *Un rêve prophétique.*

PROPHÉTIQUEMENT, adv. [pʀofetik(ə)mã] (*prophétique*) En prophète.

PROPHÉTISÉ, ÉE, p. p. de prophétiser. [pʀofetize]

PROPHÉTISER, v. tr. [pʀofetize] (lat. chrét. *prophetizare*) Prédire l'avenir par inspiration divine. *Les patriarches ont prophétisé la venue de Jésus-Christ.* ♦ **Absol.** *Il commença à prophétiser.* ♦ Parler comme faisaient les anciens prophètes. ♦ **Fig.** Prévoir par conjecture et dire d'avance ce qui doit arriver. « *Il prophétisait vrai* », LA FONTAINE.

PROPHÉTISME, ▪ n. m. [pʀofetism] (*prophète*) Ensemble des faits liés aux prophètes, à leur vie, à leurs prédictions. *Le prophétisme biblique.* ▪ Fait de prononcer des paroles se voulant prémonitoires, telles celles des prophètes. *Le prophétisme poétique de Nostradamus. Prophétisme et astrologie.*

PROPHYLACTIQUE, adj. [pʀofilaktik] (gr. *prophulaktikos*) **Méd.** Syn. de préservatif, de préventif. ♦ ▷ N. f. *La prophylactique*, syn. de prophylaxie. ◁

PROPHYLAXIE, n. f. [pʀofilaksi] (*prophylactique*) Voy. PROPHYLACTIQUE. **Méd.** La partie de la médecine qui a pour objet les précautions propres à préserver de telle ou telle maladie.

PROPICE, adj. [pʀopis] (lat. *propitius*, favorable, bienveillant) Qui donne faveur, en parlant de la Divinité ou de toute puissance de qui notre sort dépend. « *Si les dieux voudront être à nos vœux plus propices* », P. CORNEILLE. « *S'il est des dieux cruels, il est des dieux propices* », VOLTAIRE. ♦ En parlant des choses, favorable. *Un vent propice.* « *Le destin aux grands cœurs si souvent mal propice* », P. CORNEILLE. ♦ Qui est approprié, qui convient bien. *Un lieu calme, propice à la réflexion. Guetter l'instant propice.*

PROPITHÈQUE, ▪ n. m. [pʀopitɛk] (*pro-* et *-pithèque*) **Zool.** Lémurien qui vit à Madagascar. *Plusieurs espèces de propithèques, dont le propithèque de Verreaux et le propithèque soyeux, sont en voie d'extinction.*

PROPITIATEUR, n. m. [pʀopisjatœʀ] (lat. *propitiator*, intercesseur) ▷ Celui qui rend propice. « *Vous ai-je offensé [Seigneur] ? Voilà votre Fils, mon grand propitiateur* », BOSSUET. ◁

PROPITIATION, n. f. [pʀopisjasjɔ̃] (lat. *propitiatio*, sacrifice expiatoire) ▷ Action de rendre propice. « *Vous ne ferez aucune œuvre servile dans tout ce jour, parce que c'est un jour de propitiation* », SACI. ◁ ♦ *Sacrifice, victime de propitiation*, sacrifice, victime offerte à Dieu pour le rendre propice.

PROPITIATOIRE, adj. [pʀopisjatwaʀ] (lat. chrét. *propitiatorium*, lieu de propitiation) Qui a la vertu de rendre propice. « *Un sacrifice propitiatoire pour les vivants et les morts* », BOSSUET. ♦ N. III. Table d'or très pur qui était posée au-dessus de l'arche. ▪ REM. Son emploi adjctival est littéraire aujourd'hui.

PROPOLIS, n. f. [pʀopolis] (gr. *propolis*, de *pro*, devant, et *polis*, cité) Matière résineuse, rougeâtre et odorante, dont les abeilles se servent pour clore leurs ruches.

PROPORTION, n. f. [pʀopoʀsjɔ̃] (lat. *proportio*, rapport, analogie) Rapport des parties entre elles et avec leur tout. « *Un monstre dont la tête est d'une grosseur énorme, et dont tout le corps exténué et privé de nourriture n'a aucune proportion avec cette tête* », FÉNELON. ♦ Convenance et rapport des parties du corps entre elles. *C'est la tête qui dans l'homme sert d'unité de proportion, les peintres et les statuaires comptant sept têtes ou sept têtes et demie pour la hauteur de l'homme.* ♦ **Au pl.** Dimensions. *Cela sort des proportions ordinaires.* ♦ Il se dit aussi en ce sens au singulier. « *Tout ce qui est au-delà d'une certaine proportion cause à l'homme un invincible effroi* », MME DE STAËL. ♦ **Fig.** Convenance que les choses ont entre elles. « *La proportion qui doit être entre les fautes et les peines* », MONTESQUIEU. ♦ **Math.** Rapport de quantités

entre elles. *La proportion de l'or à l'argent a fort varié.* ♦ *Proportion géométrique*, égalité de deux rapports par quotient. ♦ **Règle de proportion** ou **règle de trois**, règle par laquelle on cherche un nombre qui fasse une proportion géométrique avec trois autres nombres donnés. ♦ **Chim.** *Loi des proportions multiples*, loi suivant laquelle, quand un corps forme avec un autre plusieurs combinaisons, le poids de l'un étant considéré comme constant, les poids de l'autre varient suivant des rapports numériques très simples.

♦ À PROPORTION, EN PROPORTION, PAR PROPORTION, loc. prép. Par rapport, eu égard à. « *Il n'étend ses désirs qu'à proportion de ses besoins* », FLÉCHIER. « *Je me suis toujours attaché aux gens moins en proportion du bien qu'ils m'ont fait que de celui qu'ils m'ont voulu* », J.-J. ROUSSEAU. ♦ **Absol.** « *Une salle était soutenue de six-vingts colonnes de six brassées de grosseur, grandes à proportion* », BOSSUET. ♦ *À proportion que*, avec l'indicatif, selon que. « *L'avarice et l'ambition s'accrurent à proportion que la puissance de Rome prit de nombreux accroissements* », ROLLIN. ♦ ▷ *Proportion gardée*, ◁ *toute proportion gardée*, en tenant compte de la différence relative des personnes, des choses. « *Proportion gardée, il y a peut-être dix fois plus d'oiseaux dans ces climats chauds que dans les nôtres* », BUFFON. ▪ REM. On écrit aussi *toutes proportions gardées*. ▪ *Hors de proportion*, ou *sans proportion*, non proportionné à, démesuré, incomparable. *Les risques sont hors de proportion avec les gains escomptés.*

PROPORTIONNALITÉ, n. f. [pʀopoʀsjɔnalite] (b. lat. *proportionalitas*) Condition des quantités proportionnelles entre elles. ♦ Fait d'établir une juste proportion, un juste rapport entre des choses. *La proportionnalité des sanctions et des délits.* ♦ *Proportionnalité de l'impôt*, système où le taux d'imposition est fixe, quel que soit le montant imposable.

PROPORTIONNÉ, ÉE, p. p. de proportionner. [pʀopoʀsjone] *Un corps, une figure bien proportionnée*, un corps, une figure dont toutes les parties ont entre elles le rapport convenable. *Un cheval bien proportionné.*

PROPORTIONNEL, ELLE, adj. [pʀopoʀsjonɛl] (b. lat. *proportionalis*) **Math.** Qui a rapport à une proportion, qui est en proportion avec des quantités de même genre. *Quantités, lignes proportionnelles.* « *La force des éléphants est proportionnelle à leur grandeur* », BUFFON. ♦ **N. f.** *Une proportionnelle.* ♦ *Moyenne proportionnelle*, nom donné au second et au troisième termes d'une proportion quand ils sont égaux, par exemple 3 : 6 : : 6 : 12. ♦ **Chim.** *Nombres proportionnels*, ceux qui indiquent les rapports dans lesquels les substances peuvent se combiner. ▪ *Représentation proportionnelle* ou n. f. *la proportionnelle*, système électoral qui donne à chaque parti un nombre de représentants proportionnel au nombre de voix obtenues. ▪ Qui varie selon un même proportion, un même rapport. *Une punition proportionnelle à la faute commise.* ▪ *Impôt proportionnel*, dont le taux est fixe quel que soit le montant imposable.

PROPORTIONNELLEMENT, adv. [pʀopoʀsjonɛl(ə)mã] (*proportionnel*) Avec proportion, d'une façon proportionnelle. ♦ Par comparaison. *Le niveau de vie est proportionnellement plus élevé que dans les autres pays européens.*

PROPORTIONNÉMENT, adv. [pʀopoʀsjonemã] (*proportionner*) En proportion, à proportion, d'une manière proportionnée. ▪ REM. Il est rare aujourd'hui.

PROPORTIONNER, v. tr. [pʀopoʀsjone] (b. lat. *proportionare*) Garder la proportion convenable, établir un juste rapport entre une chose et une autre. *Proportionner les peines aux délits, les délits et les peines.* « *Proportionnez vos vœux à vos mérites* », ROTROU. « *Dieu, dans toute la terre, a proportionné les organes et les facultés des animaux, depuis l'homme jusqu'au limaçon* », VOLTAIRE. ♦ Être mis en rapport avec, v. pr. *La population se proportionne aux moyens de subsistance.* ♦ **Fig.** Se mettre à la portée. *Se proportionner à l'intelligence de ses auditeurs.* ♦ *Se proportionner à son sujet*, donner à son style la forme qui convient au sujet.

PROPOS, n. m. [pʀopo] (*proposer*) Résolution. *J'ai fait un ferme propos de, etc.* ♦ Sujet, but, motif. « *Laissant à part les autres débats qui ne font rien à notre propos* », BOSSUET. ♦ Discours qu'on tient dans la conversation. « *De propos en propos on a parlé de vers* », BOILEAU. ♦ *Propos de table*, traits de gaieté et de familiarité qui échappent dans un repas. ♦ Vain discours, médisances. *On a tenu des propos sur son compte.* ♦ *Propos interrompus*, amusement dans lequel, tous les joueurs étant rangés en cercle, chacun fait une réponse à son voisin de droite et adresse une question à celui de gauche : puis répète la question faite et la réponse qu'il a reçue, comme si elles se correspondaient ; ce qui produit une incohérence qui fait rire. ♦ ▷ **Fig.** *Jouer aux propos interrompus*, se dit quand plusieurs interlocuteurs ne se comprenant pas parlent de choses différentes. ◁ ♦ ▷ **Fig.** *Propos interrompu*, discours, conversation sans suite et sans liaison. ◁ ♦ Pourparler, proposition. *Des propos d'accommodement.* ♦ À PROPOS, loc. adv. Convenablement au lieu, au sujet, etc. « *Un bon génie à propos nous l'envoie* », P. CORNEILLE. « *Elle ne s'embarrasse jamais, parce qu'elle fait chaque chose à propos* », FÉNELON. ♦ *Tout à propos*, même sens. ♦ *À propos* s'emploie aussi adjectivement au sens de convenable. *Il est plus à propos que, etc.* ♦ L'A-PROPOS, n. m. Ce qui est à propos. « *Mon expérience à la cour m'a appris que rien n'y était plus rare que l'à-propos* », MAINTENON. ♦ À PROPOS DE, **loc. prép.** Au sujet de. « *On plaint ce pauvre genre humain qui s'égorge dans notre continent à propos de quelques arpents de glace en Canada* », VOLTAIRE. ♦ *À propos de,* se dit lorsque, à l'occasion de quelque chose dont il a été parlé, on vient à dire quelque chose qui y a rapport. « *À propos de goût et de génie, l'Éloge de M. de Montesquieu par M. d'Alembert est un ouvrage admirable* », VOLTAIRE. ♦ Absol. *À propos, vous parliez de nouvelles, il vient d'en arriver d'importantes.* ♦ *À propos* s'emploie absolument aussi, lorsque à l'occasion d'une chose on se souvient subitement de quelque autre chose qui s'y rapporte ou non. ♦ *À propos de rien,* sans aucun rapport à ce qui a précédé, sans sujet. ♦ *À ce propos,* au sujet de ce dont il s'agit. ♦ *À quel propos ? à propos de quoi ?* pour quel sujet ? pour quelle cause ? ♦ À TOUT PROPOS, **loc. adv.** À chaque instant. ♦ MAL À PROPOS, **loc. adv.** Hors de ce qui est convenable ; sans raison, sans sujet. ♦ HORS DE PROPOS, **loc. adv.** Sans raison, sans sujet. ♦ DE PROPOS DÉLIBÉRÉ, **loc. adv.** Avec dessein.

PROPOSABLE, adj. [pʀɔpozabl] (*proposer*) Qu'on peut proposer. « *Cet expédient n'est pas proposable* », J.-J. ROUSSEAU.

PROPOSANT, n. m. [pʀɔpozɑ̃] (*proposer*) ▷ Celui qui propose. ◁ ♦ Jeune théologien protestant qui étudie pour être pasteur. ♦ ▷ Adj. *Cardinal proposant,* cardinal établi à Rome pour recevoir la profession de foi de ceux qui sont nommés à des évêchés en pays d'obédience et pour les proposer aux autres cardinaux. ◁

PROPOSÉ, ÉE, p. p. de proposer. [pʀɔpoze] ♦ N. f. En algèbre, *la proposée,* l'équation qu'il s'agit de résoudre.

PROPOSER, v. tr. [pʀɔpoze] (lat. *proponere,* présenter, mettre sous les yeux, d'apr. *poser*) Voy. PROPOSITION. Mettre une chose en avant pour qu'on l'examine, pour qu'on en délibère. « *Ô ciel ! qu'osez-vous proposer !* », RACINE. « *Qu'il est difficile de proposer une chose au jugement d'un autre, sans corrompre son jugement par la manière de la lui proposer* », BOSSUET. ♦ Il régit de et l'infinitif. « *Vauban proposa à la cour de France d'envoyer Philippe V régner en Amérique* », VOLTAIRE. ♦ Il régit aussi *que* et le subjonctif. ▷ Mettre devant les yeux. *Proposer un exemple.* ◁ ♦ ▷ Il se dit aussi des choses qui mettent devant les yeux. « *Un tel abrégé vous propose un grand spectacle* », BOSSUET. ◁ ♦ *Proposer quelqu'un pour exemple, pour modèle,* le citer en exemple, comme un modèle. ♦ *Proposer un sujet,* donner une matière à traiter. ♦ *Proposer un prix, une récompense,* proposer un sujet pour lequel on promet un prix, une récompense. ♦ *Se proposer,* proposer à soi, avoir en vue une fin à laquelle on tend. *Se proposer un but.* « *Ce livre fait tous les effets que je m'en étais proposés* », BOSSUET. ♦ En ce sens, avec un infinitif, on met *à.* « *Ces grands hommes que nous nous proposons à imiter* », BOILEAU. ♦ *Se proposer de,* avoir dessein de. « *Il ne se propose d'aller à la gloire que par la vertu* », MASSILLON. ♦ Offrir. *On lui a proposé vingt mille francs de sa maison. Proposer sa fille en mariage.* ♦ *Proposer quelqu'un pour un emploi,* l'indiquer comme capable de le remplir, et demander qu'on le choisisse. ♦ V. intr. Former un dessein. « *Pourvu qu'elle propose bien de ne plus pécher* », PASCAL. ♦ **Prov.** *L'homme propose et Dieu dispose.* ♦ ▷ Se proposer, v. pr. Être mis en discussion. *Ces questions se proposent souvent.* ◁ ♦ Se présenter pour. *Se proposer comme domestique.* ■ Avoir comme but, comme projet de. *Il se propose d'étudier la question. Ils ont atteint le but qu'ils s'étaient proposé.* ■ REM. L'emploi intransitif est vieilli aujourd'hui.

PROPOSITION, n. f. [pʀɔpozisjɔ̃] (lat. *propositio,* exposition, présentation) Action de proposer, de soumettre à un examen, à une délibération. *Proposition de loi.* ♦ Chose proposée en vue d'arriver à une conclusion, à un arrangement, à une entente. *Faites vos propositions.* ♦ Offre. ♦ **Absol.** Faire des propositions, proposer à un homme quelque affaire secrète ou peu honorable. ♦ Discours qui affirme ou nie. « *Il ne faudrait pas d'autre raison pour justifier ma première proposition* », MASSILLON. ♦ **Théol.** *Proposition mal sonnante,* proposition qui paraît contraire à la bonne doctrine. ♦ **Gramm.** et **log.** L'expression d'un jugement. *Une proposition se compose d'un sujet, d'un verbe et d'un attribut. Proposition principale, incidente, etc.* ♦ **Rhét.** Partie d'un discours où l'on propose ce que l'on veut prouver ou établir. ♦ **Géom.** Vérité qu'on prouve par démonstration. ♦ **Mus.** Première phrase d'une fugue, contenant le sujet et tous les contre-sujets. ♦ Chez les protestants, explication que fait d'un texte de l'Écriture un jeune homme qui aspire à la fonction de ministre. ♦ Dans la Bible, *pains de proposition,* Voy. PAIN. ♦ **Gramm.** Unité linguistique généralement organisée autour d'un verbe et qui forme une phrase ou un élément de phrase. *Proposition indépendante. Proposition principale, proposition subordonnée. Proposition affirmative, proposition négative. Proposition interrogative, proposition exclamative.* ♦ **Math.** Énoncé qui peut être vrai ou faux.

PROPOSITIONNEL, ELLE, ■ adj. [pʀɔpozisjɔnɛl] (*proposition*) **Log.** Relatif à la proposition. *Raisonnement propositionnel.* ■ **Log.** *Calcul propositionnel,* partie de la logique qui détermine les lois de déduction entre propositions.

PROPRE, adj. [pʀɔpʀ] (lat. *proprius,* qui appartient en propre) Qui appartient exclusivement à une personne, à une chose (en ce sens, il se met d'ordinaire avant son substantif). « *Je prétends vous traiter comme mon propre fils* », RACINE. « *Quand on a bien cherché le bonheur, on ne le trouve jamais que dans sa propre maison* », VOLTAIRE. ♦ Il se met quelquefois après son substantif. *J'en fais mon affaire propre. Remettre une lettre en main propre. Le caractère propre, les qualités propres, etc. d'une chose.* ♦ ▷ *Se rendre propre,* s'approprier une chose. ◁ ♦ *Amour-propre,* Voy. AMOUR. ♦ *Nom propre,* nom qui sert à désigner les personnes. ♦ *Le sens propre d'un mot,* le sens naturel et primitif d'un mot, par opposition à sens figuré. ♦ **Astron.** *Le mouvement propre d'un astre,* le mouvement réel d'un astre, par opposition à son mouvement apparent. ♦ **Géogr. anc.** *La Grèce propre,* la partie de la Grèce dite par les Romains Achaïe. ♦ Exactement semblable, même ; en ce sens, il s'emploie par énergie, et se met avant le substantif. *Vous demeurez dans la propre maison où il logeait.* « *Ce sont ses propres mots* », MOLIÈRE. ♦ Particulier. *La poésie et la prose ont chacune une harmonie qui leur est propre.* ♦ Convenable à quelqu'un ou à quelque chose. *Les qualités propres au commandement.* « *Les hommes par leurs soins et par de bonnes lois ont rendu la terre plus propre à être leur demeure* », MONTESQUIEU. ♦ Seul convenable à, réservé à. *Le midi est l'exposition propre de cet arbuste.* ♦ En parlant des personnes, qui a l'aptitude, les qualités nécessaires pour quelque chose. « *Un homme de votre âge, de votre humeur, si propre à la société* », MME DE SÉVIGNÉ. « *Un enfant est peu propre à trahir sa pensée* », RACINE. ♦ **Prov.** *Qui est propre à tout n'est propre à rien,* ou simplement **Prov.** *propre à tout, propre à rien.* ♦ N. m. **Pop.** *Un propre à rien,* un homme qui n'a d'aptitude ni de goût pour aucune sorte de travail. ♦ *Propre,* qui peut servir à. *Ce bois est propre à bâtir. Ce remède est propre à telle maladie.* ♦ Il se dit aussi, en mauvaise part, de ce qui peut produire un effet fâcheux. *Ce remède est propre à augmenter la maladie.* ♦ *Mal propre,* qui n'est pas propre à, qui ne convient pas (locution tombée en désuétude). « *Monsieur, je suis mal propre à décider la chose* », MOLIÈRE. ♦ *Le mot propre, l'expression propre,* le mot, l'expression qui seule convient et rend précisément la pensée. ♦ Bien soigné, bienséant, bien arrangé. ♦ **Pop.** et ironiq. *Il est propre,* il est dans de mauvaises affaires. ♦ Il se dit aussi des choses. *Ses habits sont toujours fort propres.* ♦ Net. *Cet escalier n'est pas propre.* ♦ *Propre sur soi,* dont la personne est très nette ainsi que le vêtement. ♦ N. m. Qualité distinctive. « *Le propre des os est de tenir le corps en état, et de lui servir d'appui* », BOSSUET. « *C'est le propre des grands hommes d'avoir de méprisables ennemis* », VOLTAIRE. ♦ Ce qui appartient particulièrement à. *Le propre des jeunes gens est d'être légers.* ♦ *Le propre,* le sens primitif, naturel d'un mot. *Prendre un mot au propre.* ♦ **Jurispr.** Immeuble qui appartient à une personne par succession. *Ce bien était un propre.* ♦ Il se dit aussi des biens du mari ou de la femme qui n'entrent pas en communauté. ♦ Dans le langage général, ce qui appartient à quelqu'un. « *Ils ne possèdent point de biens en propre* », BOSSUET. ♦ **Fig.** *Cette louange leur appartient en propre.* ♦ ▷ **Fig.** *De son propre, de son propre fond,* de sa propre intelligence, connaissance, etc. ◁ ♦ Dans la liturgie catholique, *le propre du temps* et *le propre des saints* forment la division des fêtes de l'année. Le propre du temps se divise en cinq grandes époques appelées : le temps de l'Avent, le temps de Noël et de l'Épiphanie, le temps de la Septuagésime et du Carême, le temps Pascal et les dimanches après la Pentecôte. Le propre des saints se divise en trois classes de fêtes : les fêtes de la sainte Vierge, les fêtes des anges, les fêtes des saints. ■ *Nom propre,* qui désigne une personne ou un objet unique. *Noms propres et noms communs. Les noms propres s'écrivent avec une majuscule à l'initiale. Claude, Louis XIV, Marseille, Belgique, Panthéon sont des noms propres.* ■ Qui contrôle ses fonctions naturelles, en parlant d'un enfant. *Il est propre le jour, mais pas encore la nuit.* ■ Qui ne pollue pas. *Une voiture propre.* ■ Qui est honnête, moral. *Des agissements pas très propres. C'est un homme propre.* ■ *C'est du propre !* se dit pour condamner quelque chose.

PROPREMENT, adv. [pʀɔpʀəmɑ̃] (*propre*) Précisément, exactement. *C'est proprement ce que cela veut dire.* « *Sparte était proprement un camp* », ROLLIN. ♦ **Gramm.** Dans le sens propre, par opposition à figurément. *Ce mot s'emploie proprement.* ♦ On dit plus souvent : *Au propre.* ♦ *Parler proprement,* parler avec correction, avec pureté, en bons termes. ♦ *Proprement dit,* se dit de certains termes pris dans leur signification expresse et particulière. *Le genre de la comédie proprement dite.* ♦ *L'Asie proprement dite, l'Afrique proprement dite,* les deux provinces d'Asie et d'Afrique sous la domination des Romains, par opposition au reste de l'Asie et de l'Afrique. ♦ À PROPREMENT PARLER, PROPREMENT PARLANT, **loc. adv.** Pour parler en termes précis, exacts. ♦ D'une manière bienséante, convenable. *S'habiller proprement.* ♦ Avec régularité et netteté, avec grâce et adresse. *Travailler proprement. Danser le menuet proprement.* ♦ En termes d'arts, *cela est fait proprement,* cela est exécuté avec justesse et élégance. *Chanter, jouer proprement.* ♦ Avec propreté. *Maison tenue proprement.* ♦ D'une manière honnête. *Il a agi proprement envers ses collaborateurs dans cette affaire difficile.*

PROPRET, ETTE, adj. [pʀɔpʀɛ, ɛt] (dimin. de *propre*) Propre jusqu'à la recherche. ♦ N. m. et n. f. *Un propret, une proprette.* ♦ Simple et propre, bien entretenu. *Un intérieur propret.* ■ Rem. On disait aussi *propet* autrefois.

PROPRETÉ, n. f. [pʀɔpʀəte] (*propre*) Manière convenable de s'habiller, d'être meublé, de préparer certaines choses. « *Je voudrais qu'on ne fît mention de la délicatesse, de la propreté et de la somptuosité des généraux, qu'après n'avoir plus rien à dire sur leur sujet* », La Bruyère. ◆ *Cette personne est d'une grande propreté,* elle a grand soin que tout ce qui lui appartient soit propre. ◆ Dans les beaux-arts, netteté des contours et surtout de la touche. ◆ Absence de saleté, d'ordure. « *Un repas simple, mais exquis pour le goût et pour la propreté* », Fénelon. « *Elles font et lavent tous les habits de la famille, tiennent les maisons dans un ordre et une propreté admirable* », Fénelon. ◆ Fait pour un jeune enfant d'être propre, de contrôler ses fonctions naturelles. *L'acquisition de la propreté.* ■ Rem. Il est vieux aujourd'hui dans son premier sens.

PROPRÉTEUR, n. m. [pʀɔpʀetœʀ] (lat. *proprætor,* suppléant du préteur) Nom donné par les Romains à ceux qui avaient exercé la charge de préteur, ou qui commandaient dans les provinces avec l'autorité de préteur.

PROPRÉTURE, n. f. [pʀɔpʀetyʀ] (*propréteur*) Dignité, fonction de propréteur.

PROPRIÉTAIRE, n. m. et n. f. [pʀɔpʀijetɛʀ] (b. lat. *proprietarius*) Celui, celle qui a une propriété. ◆ *Grand propriétaire,* celui qui possède des biens-fonds très étendus. ◆ *Nu-propriétaire,* celui qui a la nue propriété. ◆ Les *nus-propriétaires.* ◆ Celui qui possède une maison et qui la loue. ◆ Se dit aussi des propriétés autres que les immeubles. *Le propriétaire de ces meubles, de cette bibliothèque.* ■ Pour nu-propriétaire, Voy. NU.

PROPRIÉTÉ, n. f. [pʀɔpʀijete] (lat. *proprietas,* de *proprius,* propre, qui n'est qu'à soi) Ce qui est le propre d'une chose. *L'égalité des rayons est une propriété du cercle.* ◆ Ce qui est le propre des substances. *L'impénétrabilité est la propriété de la matière.* ◆ *Propriétés générales,* celles qui appartiennent à tous les corps. ◆ Mode d'activité qui appartient en propre à chaque corps, qui lui est inhérent, qui lui permet d'agir d'une manière déterminée sur nous et sur les autres corps. *Les propriétés physiques, chimiques, vitales, etc.* ◆ Vertu particulière de chaque plante et des autres choses naturelles. *Cet homme connaît la propriété de tous les simples.* ◆ Fig. « *La plupart des hommes ont, comme les plantes, des propriétés cachées que le hasard fait découvrir* », La Rochefoucauld. ◆ Ce qui distingue particulièrement une chose d'avec une autre chose du même genre. *La propriété de cette machine est de faire le travail plus économiquement que les autres du même genre.* ◆ Parfaite convenance du mot, du langage, du style, pour ce qui est à exprimer. *La propriété des mots.* ◆ Le droit par lequel une chose appartient en propre à quelqu'un. *La propriété d'un bien.* « *L'esprit de propriété double la force de l'homme* », Voltaire. ◆ *Nue propriété,* Voy. NU. ◆ La chose qui appartient en propre à quelqu'un. *Ce champ est ma propriété.* ◆ Biens-fonds, terres, maisons. *Il a vendu sa propriété, ses propriétés.* ◆ *La grande propriété,* l'ensemble des grandes propriétés. ◆ On dit de même : *La petite, la moyenne propriété.* ◆ *Propriété littéraire,* droit que l'auteur d'un livre conserve sur son œuvre, quand il ne l'a point aliéné définitivement, et qu'il transmet à ses héritiers pour un temps limité par la loi. ◆ *Propriété intellectuelle,* droit que conserve l'auteur d'une création littéraire, artistique ou industrielle sur celle-ci. *Code de la propriété intellectuelle. La propriété intellectuelle recouvre le droit d'auteur et la propriété industrielle.* ◆ *Propriété industrielle,* droit exclusif d'exploiter un brevet d'invention, un dessin, un modèle industriel, une marque, un nom commercial, une enseigne ou une appellation d'origine. ◆ Grande maison entourée d'un jardin. *Il possède une propriété à la campagne.*

PROPRIO, ■ n. m. et n. f. [pʀɔpʀijo] (abrév. de *propriétaire*) Fam. Personne propriétaire d'un bien et, plus spécifiquement, bailleur d'un appartement. *Il faut qu'il paye son loyer à son proprio. Des proprios.*

PROPRIOCEPTIF, IVE, ■ adj. [pʀɔpʀijɔsɛptif, iv] (lat. *proprius,* propre, à soi, et suff. *-ceptif,* d'apr. *réceptif*) Physiol. *Sensibilité proprioceptive,* sensibilité du système nerveux aux divers mouvements qui affectent les muscles, les tendons, les os ou les articulations.

PROPRIO MOTU ou **PROPRIO-MOTU**, loc. adv. [pʀɔpʀijomoty] (loc. lat., de son propre mouvement) qui s'emploie dans les bulles et signifie : de son propre mouvement. ◆ ▷ Fam. *Il a fait cela proprio motu.* ◁ ■ Rem. On dit aujourd'hui *motu proprio.*

PROPULSER, ■ v. tr. [pʀɔpylse] (lat. *propulsare,* repousser, de *pro,* en avant, et *pulsum,* de *pellere,* pousser) Lancer avec force, fournir l'énergie nécessaire à un déplacement. *Le moteur propulse la voiture.* ◆ Fig. Promouvoir rapidement. *Il a été propulsé vice-président.*

PROPULSEUR, adj. [pʀɔpylsœʀ] (rad. de *propulsion*) Qui donne un mouvement de propulsion. *Cylindre propulseur.* ◆ N. m. *Un propulseur.* ■ N. m. Dispositif qui fait avancer un bateau, un véhicule spatial. ■ Préhist. Baguette munie d'un crochet à son extrémité, utilisée pour lancer une sagaie ou une lance.

PROPULSIF, IVE, ■ adj. [pʀɔpylsif, iv] (rad. de *propulsion*) Qui provoque la propulsion. *Système propulsif d'un lanceur.* ■ *Poudre propulsive,* poudre qui s'enflamme quand elle explose et qui est utilisée pour le lancement d'un projectile dans une arme à feu.

PROPULSION, n. f. [pʀɔpylsjɔ̃] (lat. *propulsus,* de *propellere,* pousser devant soi, d'apr. *impulsion*) Voy. PROPULSEUR. Mouvement qui porte en avant. *La propulsion du sang par le cœur.*

PROPYLÉE, n. m. [pʀɔpile] (gr. *propulaia,* de *pro,* devant, et *pulê,* porte) Antiq. Vestibule d'un temple, péristyle à colonnes, parvis. ◆ N. m. pl. Édifice à plusieurs portes, et qui formait la principale entrée d'un temple. *Les Propylées du Parthénon.*

PROPYLÈNE, ■ n. m. [pʀɔpilɛn] Voy. PROPÈNE.

PRORATA (AU), loc. adv. [pʀɔʀata] (loc. lat. *pro rata parte*) Suivant la part déterminée. *Recevoir au prorata de sa mise de fonds.* ◆ N. m. *Le prorata,* la quote-part. *Recevoir, payer son prorata.* ■ Au pl. *Des proratas* ou *des prorata.*

PROROGATIF, IVE, adj. [pʀɔʀɔgatif, iv] (lat. *prorogativus*) Qui proroge. *Acte prorogatif.*

PROROGATION, n. f. [pʀɔʀɔgasjɔ̃] (lat. *prorogatio,* ajournement) Délai, remise. *Une prorogation d'un mois.* ◆ Jurispr. *Prorogation d'enquête,* autorisation donnée par le juge de continuer une enquête au-delà du terme prescrit par la loi. ◆ Acte du pouvoir exécutif qui suspend les séances des chambres, d'un parlement, et en remet la continuation à un certain jour.

PROROGÉ, ÉE, p. p. de proroger. [pʀɔʀɔʒe]

PROROGER, v. tr. [pʀɔʀɔʒe] (lat. *prorogare,* prolonger) Prolonger le temps pris ou donné pour une chose. *Proroger un terme.* ◆ Prononcer la prorogation d'une assemblée. ◆ Remettre à un autre jour. *Proroger la séance.* ◆ Se proroger, v. pr. Prononcer sa propre prorogation.

PROSAÏQUE, adj. [pʀozaik] (lat. tard. *prosaicus,* écrit en prose) Qui tient trop de la prose. *Des vers prosaïques.* ◆ Fig. Néolog. Vulgaire, sans éclat, en parlant des personnes et des choses. *Une tête prosaïque.* « *Tout est prosaïque dans l'extérieur de la plupart de nos villes européennes* », Mme de Staël. ■ Rem. Il n'est plus considéré comme un néologisme aujourd'hui.

PROSAÏQUEMENT, adv. [pʀozaik(ə)mɑ̃] (*prosaïque*) D'une manière prosaïque.

PROSAÏSER, v. intr. [pʀozaize] (rad. de *prosaïque,* d'apr. *poétiser*) ▷ Écrire en prose (il est peu usité). ◆ V. tr. Fig. Rendre prosaïque. *Prosaïser l'existence.* ◆ Fig. Se prosaïser, v. pr. Devenir prosaïque. ◁

PROSAÏSME, n. m. [pʀozaism] (rad. de *prosaïque*) Défaut d'écrire en vers comme on écrit en prose. ◆ Fig. Monotonie, vulgarité.

PROSATEUR, n. m. [pʀozatœʀ] (ital. *prosator,* du lat. *prosa,* prose) Celui qui écrit principalement en prose.

PROSCÉNIUM ou **PROSCENIUM**, n. m. [pʀosenjɔm] (mot lat., du gr. *prokênion,* de *pro,* devant, et *skênê,* scène) Antiq. Partie du théâtre ancien qui comprend ce que nous appelons la scène, aussi bien que l'avant-scène, c'est-à-dire toute la partie du théâtre où les acteurs jouaient et où l'on plaçait les décorations. ◆ Au pl. *Des proscéniums.*

PROSCRIPTEUR, n. m. [pʀɔskʀiptœʀ] (lat. *prosciptor,* de *proscribere,* proscrire) Celui qui proscrit. ■ Rem. Quoique possible, le féminin *proscriptrice* n'est pas employé.

PROSCRIPTION, n. f. [pʀɔskʀipsjɔ̃] (lat. *prosciptio,* de *proscribere,* proscrire) Hist. rom. Condamnation à mort sans formes judiciaires et qui pouvait être exécutée par le premier venu. *Les proscriptions de Sylla et de Marius.* ◆ Par extens. Mesures violentes prises contre les personnes, dans les temps de troubles civils. ◆ Fig. Abolition, destruction. *La proscription d'un usage, de certains mots, etc.*

PROSCRIRE, v. tr. [pʀɔskʀiʀ] (lat. *proscribere,* publier par affichage, de *scribere,* écrire) Hist. rom. Condamner à mort sans forme judiciaire et en écrivant simplement le nom sur une affiche. ◆ Absol. « *Il savait pardonner, et vous savez proscrire* », Voltaire. ◆ Par extens. Prendre des mesures violentes contre les personnes, dans les temps de troubles civils. ◆ En général, faire périr. « *J'ai bien voulu proscrire une tête si chère* », P. Corneille. ◆ Éloigner, chasser. ◆ Fig. Rejeter, détruire. « *Les rois des Visigoths proscrivirent le droit romain* », Montesquieu. ◆ Par extens. *Proscrire la liberté, l'ennui, etc.* ◆ Se proscrire, v. pr. S'infliger les uns aux autres la proscription.

PROSCRIT, ITE, p. p. de proscrire. [pʀɔskʀi, it] N. m. et n. f. Personne qui a été frappée de proscription. ◆ Personne qui ne peut retourner dans son pays à cause de condamnations politiques ou autres.

PROSE, n. f. [pʀoz] (lat. impér. *prosa*) Discours non assujetti à une certaine mesure, à un certain nombre de pieds et de syllabes. ◆ *Prose poétique,* prose qui a les caractères de la poésie, sauf la mesure. ◆ Fig. *Faire de la prose sans le savoir,* réussir par hasard et sans dessein (locution tirée d'une scène du

Bourgeois gentilhomme de Molière). ◆ ▷ *En vers et en prose*, de toute façon. « *Écrivez-le-moi en vers et en prose* », MME DE SÉVIGNÉ. ◁ ◆ **Fam.** *De la prose de quelqu'un*, un écrit, une lettre de lui. « *Mais, monsieur, n'avez-vous jamais vu de ma prose* », RÉGNIER. ◆ Hymne latine rimée que l'on chante à la messe immédiatement avant l'Évangile dans les grandes solennités. *La prose des morts. La plus belle prose de l'Église est le Dies iræ.*

PROSECTEUR, n. m. [prosɛktœr] (lat. *prosectum*, de *prosectare*, couper) Celui qui est chargé de préparer les pièces d'anatomie nécessaires pour les leçons d'un professeur.

PROSÉLYTE, n. m. et n. f. [prozelit] (lat. *proselytus*, du gr. *prolélutos*, nouveau converti) Païen qui a embrassé la religion judaïque. ◆ Nouveau converti à une foi religieuse. ◆ **Par extens.** Un converti, un homme gagné à une doctrine.

PROSÉLYTISME, n. m. [prozelitism] (*prosélyte*) Zèle de faire des prosélytes. ◆ Il se dit le plus souvent en mauvaise part.

PROSENCÉPHALE, ▪ n. m. [prozɑ̃sefal] (*pro-* et *encéphale*) **Anat.** Partie de l'encéphale qui comprend les deux hémisphères cérébraux et la zone qui se trouve entre ceux-ci.

PROSIMIENS, ▪ n. m. pl. [prosimjɛ̃] (*pro-* et *simien*) **Zool.** Sous-ordre de l'ordre des primates, comprenant notamment les lémuriformes. *Les primates se divisent en deux groupes : les prosimiens et les simiens.*

PROSOBRANCHES, ▪ n. m. pl. [prozobrɑ̃ʃ] (gr. *prosó*, en avant, et *branchie*) **Zool.** Mollusques gastéropodes dont les branchies sont situées à l'avant du corps. *Les prosobranches forment une sous-classe.*

PROSODIE, n. f. [prozodi] (gr. *prosôdia*, chant accompagné de musique) ▷ **Gramm.** Prononciation régulière des mots conformément à l'accent. ◁ ◆ La longueur ou la brièveté des syllabes. ◆ Dans les collèges, connaissance des règles de la quantité en grec et en latin. ◆ Livre qui traite de cette science. *Traité de prosodie. Une prosodie.* ◆ **Ling.** Étude du timbre, de l'intensité, de la hauteur et de la durée des sons du langage. *La prosodie utilise des appareils de mesure tels que l'oscilloscope.* ◆ **Mus.** Dans le chant, ensemble des règles qui font coïncider la musique et les paroles.

PROSODIQUE, adj. [prozodik] (*prosodie*) Qui appartient à la prosodie ; qui tient à la quantité des syllabes. *L'accent prosodique.* ◆ *Langue prosodique*, celle où l'accent et la quantité sont bien déterminés.

PROSODIQUEMENT, adv. [prozodik(ə)mɑ̃] (*prosodique*) Eu égard à la prosodie.

PROSOPAGNOSIE, ▪ n. f. [prozopaɲozi] (gr. *prosôpon*, personne, et *agnosie*) **Psych.** Impossibilité de reconnaître, d'identifier un visage que l'on voit.

PROSOPOPÉE, n. f. [prozopope] (gr. *prosôpopoiia*, personnification) Figure de rhétorique qui prête de l'action et du mouvement aux choses insensibles, qui fait parler des personnes soit absentes, soit présentes, les choses inanimées, les morts. ◆ **Fig. et fam.** Discours véhément, emphatique.

PROSPECT, ▪ n. m. [prospɛkt] (mot anglo-amér., lieu d'où la vue est prometteuse, puis client potentiel) **Comm.** Personne qui montre de l'intérêt pour un produit ou un service et qui pourrait devenir un acheteur ou un client. *Il aimait parler de ses prospects pour jouer les importants.* ▪ **Vx** Paysage que l'on peut apercevoir à partir d'un lieu.

PROSPECTER, ▪ v. tr. [prospɛkte] (anglo-amér. *to prospect*, regarder au loin) Rechercher de façon systématique une chose précise dans un espace géographique donné. *Ils prospectent la rivière dans l'espoir d'y trouver de l'or.* ▪ **Comm.** Rechercher d'éventuels clients par différentes méthodes de prospection.

PROSPECTEUR, TRICE, ▪ n. m. et n. f. [prospɛktœr, tris] (anglo-amér. *prospector*) Personne qui prospecte, qui cherche quelque chose. *Un prospecteur de diamants.* ▪ **Comm.** Personne qui est chargée de trouver des clients. *Un prospecteur immobilier.*

PROSPECTEUR-PLACIER, ▪ n. m. et n. f. [prospɛktœrplasje] (*prospecteur* et *placier*) Personne qui recherche des offres d'emploi et qui les propose aux personnes sans emploi. *Elle est devenue prospecteur-placier à l'ANPE. Des prospecteurs-placiers.*

PROSPECTIF, IVE, ▪ adj. [prospɛktif, iv] (lat. *prospectivus*, qui permet de voir loin) Relatif à la prospection. *Attitude, démarches, études, recherches prospectives.* ◆ **N. f.** Recherche scientifique concernant l'évolution future de la société. « *Ce nouveau, frais émoulu d'une grande école, féru d'informatique et de prospective* », PEREC.

PROSPECTION, ▪ n. f. [prospɛksjɔ̃] (*prospecter*) Recherche par exploration du sol ou du sous-sol. *Prospection minière, pétrolière.* ▪ Recherche de clients. *Prospection par démarchage téléphonique.*

PROSPECTIVE, ▪ n. f. [prospɛktiv] (*prospectif*) Discipline qui tente de prévoir et de définir des situations futures. *Les entrepreneurs ont souvent recours*

à la prospective pour prendre des décisions. ▪ **PROSPECTIVISTE**, n. m. et n. f. [prospɛktivist]

PROSPECTUS, n. m. [prospɛktys] (mot lat., de *prospicere*, regarder en avant) Vue anticipée qu'on donne d'un ouvrage qui n'est point encore publié. ◆ Il se dit aussi à propos d'un établissement destiné au public, et en général de l'annonce de tous les commerces. *Prospectus d'une pension, d'une maison de santé, etc.* ◆ Document imprimé qui présente l'activité d'un établissement public ou commercial, les services et les produits qu'il propose. *Prospectus publicitaire. Prospectus d'un club de sport. Distribuer des prospectus.*

PROSPÈRE, adj. [prospɛr] (lat. *prosperus*, favorable, propice) Qui secourt, favorise. *Une fortune prospère.* ◆ Il se dit avec à. « *S'il révère les dieux, ils lui seront prospères* », DESMARETS. « *Que ce jour m'est prospère !* », VOLTAIRE. ◆ Il se dit simplement au sens d'heureux. *Il est dans un état prospère.* ◆ Qui réussit, dont le succès est visible. *Une affaire prospère.*

PROSPÉRER, v. intr. [prospere] (lat. *prosperare*) Avoir la fortune favorable, en parlant des personnes. « *Prospérez, cher espoir d'une nation sainte* », RACINE. ◆ Il se dit des animaux, des plantes auxquels un climat, un temps est favorable. ◆ Réussir, avoir un heureux succès, en parlant des choses. *Nos affaires prospèrent.* « *Dieu fait que tout prospère aux âmes innocentes* », RACINE. ◆ Il se dit ironiquement de quelque chose de mauvais. *Mon mal prospère.*

PROSPÉRITÉ, n. f. [prosperite] (lat. *prosperitas*) État de ce qui prospère. « *Celui qui est dans la prospérité doit craindre d'en abuser, et secourir les malheureux* », FÉNELON. ◆ Il se dit aussi au pluriel. « *Les grandes prospérités nous aveuglent* », BOSSUET. ◆ Je suis heureux de vos prospérités. ▪ **Fam.** *Avoir un visage de prospérité*, avoir l'air gai et content, le teint frais et fleuri. ▪ **Rem.** Il est vieilli ou littéraire aujourd'hui au pluriel.

PROSTAGLANDINE, ▪ n. f. [prostaglɑ̃din] (*prostate* et *glande*) **Physiol.** Substance organique présente dans de nombreux tissus et qui possède diverses fonctions biologiques. *La prostaglandine est notamment utilisée pour favoriser le déclenchement de l'accouchement ou dans les cas d'avortements thérapeutiques.*

PROSTATE, n. f. [prostat] (gr. *prostatês*, qui se tient devant) **Anat.** Glande située à la jonction de la vessie et de l'urètre.

PROSTATECTOMIE, ▪ n. f. [prostatɛktomi] (*prostate* et *-ectomie*) **Méd.** Intervention chirurgicale qui consiste à enlever une partie ou la totalité de la prostate.

PROSTATIQUE, ▪ adj. [prostatik] (*prostate*) Relatif à la prostate. *Tissu prostatique. Tumeur ou adénome prostatique. Hypertrophie prostatique.* ▪ **N. m.** Homme atteint d'une affection de la prostate. *Un grand prostatique.*

PROSTATITE, ▪ n. f. [prostatit] (*prostate*) **Méd.** Inflammation de la prostate. *Prostatite aiguë, prostatite chronique.*

PROSTERNATION, n. f. [prosternasjɔ̃] (*prosterner*) Action de se prosterner. « *Un souverain est-il payé de ses peines par toutes les prosternations des courtisans ?* », LA BRUYÈRE. ◆ **Fig.** Fait de se prosterner, de s'abaisser devant quelqu'un.

PROSTERNÉ, ÉE, p. p. de prosterner. [prostɛrne]

PROSTERNEMENT, n. m. [prostɛrnəmɑ̃] (*prosterner*) Action de se prosterner ; état de celui qui est prosterné. « *Les soumissions et les prosternements des gens de cour* », ROLLIN. ◆ **Fig.** Fait de se prosterner devant quelqu'un, de se soumettre à lui. *Les prosternations des courtisans devant l'empereur de Chine.*

PROSTERNER, v. tr. [prostɛrne] (lat. *prosternere*, de *pro*, en avant, et *sternere*, étandre au sol) Coucher à terre en signe d'adoration ou de respect. « *Jusqu'aux pieds de César prosterner sa couronne* », P. CORNEILLE. ◆ **Fig.** « *Une vraie science prosterne l'homme devant la Divinité* », VOLTAIRE. ◆ Représenter prosterné. « *L'artiste a prosterné les deux sœurs aux pieds du Christ* », DIDEROT. ◆ Renverser, jeter bas. « *Grégoire de Tours dit que Dieu prosternait tous les jours les ennemis de Clovis* », MONTESQUIEU. ◆ Se prosterner, v. pr. S'abaisser jusqu'à terre en posture de suppliant ou d'adorant. ◆ Avec l'ellipse du pronom personnel. « *On fit prosterner le prince à la porte de l'église* », VOLTAIRE. ◆ **Fig.** « *On se moque de temps en temps de l'idole de boue devant laquelle on se prosterne ; mais on se prosterne* », DIDEROT. ◆ **Fam. et fig.** *Se prosterner devant quelqu'un*, reconnaître, avouer sa supériorité. ◆ L'Académie ne donne *prosterner* que comme verbe réfléchi. ▪ **Rem.** Il est littéraire aujourd'hui dans ses emplois transitifs.

PROSTHÈSE, n. f. [prostɛz] (gr. *prosthesis*) **Gramm.** Espèce de métaplasme qui consiste dans l'addition d'une lettre ou d'une syllabe au commencement d'un mot, sans en changer la valeur. *C'est par une prosthèse que la langue française a fait* espérer *du latin* sperare. ◆ ▷ **Chir.** Remplacement d'une partie perdue par des pièces artificielles. ◁ ◆ On dit plutôt *prothèse*.

PROSTHÉTIQUE, ■ adj. [pʀɔstetik] (*prosthèse*) **Ling.** Relatif à la prosthèse. ■ **Biol.** *Groupement prosthétique,* partie de la protéine qui n'est pas de nature protéique.

PROSTITUÉ, ÉE, p. p. de prostituer. [pʀɔstitɥe] **N. f.** *Une prostituée,* une femme de mauvaises mœurs. ◆ **Fig.** Livré à quelque déshonneur. « *Ces âmes prostituées à l'ambition* », Bossuet. ◆ *Une plume prostituée,* auteur vendu aux intérêts de ceux qui le font écrire. ◆ Il se dit des choses dans un sens analogue. « *Une estime prostituée* », Molière. ■ **N. m.** et n.f. Personne qui se prostitue. *Un prostitué, une prostituée.*

PROSTITUER, v. tr. [pʀɔstitɥe] (lat. *prostituere,* exposer aux yeux, déshonorer, de *pro,* devant, et *statuere,* placer) Livrer à l'impudicité. ◆ **Fig.** Déshonorer par un indigne usage. *Un juge accessible à la corruption prostitue sa dignité. Prostituer sa plume.* ◆ *Se prostituer,* v. pr. Se livrer à l'impudicité. ◆ **Fig.** Se mettre dans un avilissement comparé à la prostitution. *Cet homme se prostitue à la faveur, à la fortune. Cet écrivain se prostitue.* ■ Avoir des rapports sexuels avec une personne en échange d'une somme d'argent. *Elle s'est prostituée alors qu'elle n'avait pas encore quinze ans.* ■ **V. tr.** Exiger de quelqu'un qu'il se prostitue. *Prostituer des adolescents.*

PROSTITUTION, n. f. [pʀɔstitysjɔ̃] (lat. chrét. *prostitutio,* profanation, prostitution) Abandonnement à l'impudicité. ◆ **Fig.** Vil abandon qu'on fait des choses morales. *La prostitution de la justice, des lois, etc.* ◆ **T.** de l'Écriture. Abandonnement à l'idolâtrie. ■ Fait de se prostituer, de prostituer. *Un pédophile accusé de prostitution d'enfants.*

PROSTRATION, n. f. [pʀɔstʀasjɔ̃] (lat. chrét. *prostatio,* de *prosternere,* prosterner) Syn. de prosternation. ◆ **Méd.** Anéantissement des forces musculaires qui accompagne certaines maladies aiguës. ■ Abattement physique et moral. *Être frappé de prostration. Sortir de sa prostration.*

PROSTRÉ, ÉE, ■ adj. [pʀɔstʀe] (lat. chrét. *prostatus,* de *prosternere,* prosterner) **Méd.** Qui se trouve dans un état de prostration. *Un malade prostré.* ◆ **Fig.** Qui est sans réaction du fait d'un abattement physique et moral. *Elle est demeurée prostrée pendant des jours.* ■ **Bot.** Qui se développe à ras de terre ou très près du sol. *Feuilles prostrées. Plante prostrée.*

PROSTYLE, n. m. [pʀɔstil] (gr. *prostulos,* de *pro,* devant, et *stulos,* colonne) **Archit.** Sorte de portique soutenu par des colonnes. ◆ **Adj.** *Temple prostyle.*

PROTACTINIUM, n. m. [pʀɔtaktinjɔm] (*proto-* et gr. *aktinos,* rayon) **Chim.** Élément radioactif du groupe des actinides, qui existe à l'état naturel. *Le protactinium n'est actuellement pas utilisé en-dehors de la recherche scientifique de base.*

PROTAGONISTE, n. m. [pʀɔtagonist] (gr. *prôtagônistês,* de *proto-* et *agônistês,* acteur) Celui qui joue dans une pièce le principal rôle. ■ Personne qui joue un rôle de premier plan dans une affaire. *Les protagonistes d'un mouvement révolutionnaire.*

PROTAMINE, ■ n. f. [pʀɔtamin] (*protéine* et *amine*) **Biol.** Substance composée d'acides aminés qui a la propriété de neutraliser l'action anticoagulante de l'héparine. *La protamine peut être injectée par voie intraveineuse.*

PROTANDRIE ou **PROTÉRANDRIE,** ■ n. f. [pʀɔtɑ̃dʀi] (*proto-* et gr. *andros,* homme) **Bot.** État d'une fleur dont les étamines sont mûres avant le pistil, ce qui exclut l'autofécondation. *La protandrie des géraniums.* ■ **Zool.** Caractère hermaphrodite d'un animal qui, d'état de mâle, passe à celui de femelle. *Protandrie de certains vers et mollusques. Protandrie et protérogynie.*

PROTASE, n. f. [pʀɔtaz] (gr. *protasis*) La première partie d'un poème dramatique. ◆ **Gramm.** La première partie d'une phrase ; la seconde s'appelle apodose.

PROTATIQUE, adj. [pʀɔtatik] (*protase*) ▷ Qui a rapport à l'exposition d'une pièce dramatique. ◁ ◆ *Personnage protatique,* personnage qui ne paraît qu'au commencement d'une pièce pour en faire l'exposition.

PROTE, n. m. [pʀɔt] (ital. *proto,* du gr. *prôtos,* premier) Celui qui dans une imprimerie est chargé de diriger tous les travaux et de payer les ouvriers. ◆ Abusivement, il se dit de ceux qui lisent et corrigent les épreuves.

PROTÉAGINEUX, EUSE, ■ adj. [pʀɔteaʒinø, øz] (*protéine*) Se dit d'une plante dont les graines sont riches en protéines. *Pois protéagineux.* ■ **N. m.** *Le soja est un protéagineux.*

PROTÉASE, ■ n. f. [pʀɔteaz] (*protéine*) **Biol.** Enzyme qui décompose les protides en acides aminés. *Un inhibiteur de protéase.*

PROTECTEUR, TRICE, n. m. et n. f. [pʀɔtɛktœʀ, tʀis] (b. lat. *protector*) Celui, celle qui protège, soutient le faible, le pauvre, l'opprimé. ◆ Celui, celle qui protège une chose, la soutient, la favorise. *Un ministre protecteur des lettres, des sciences.* ◆ Celui qui prend soin des intérêts d'une personne. ◆ *Protecteur du genre humain,* celui qui promet banalement sa protection à tout le monde. ◆ Il se dit d'un titre, d'une dignité, d'une fonction. « *Le chancelier Séguier fut le protecteur de l'Académie française* », Voltaire. ◆ *Protecteur de la république d'Angleterre, d'Écosse et d'Irlande* ou

simplement *Protecteur,* titre sous lequel Olivier Cromwell gouverna l'Angleterre. ◆ *Protecteur de la confédération du Rhin,* titre sous lequel Napoléon Ier domina une partie de l'Allemagne. ◆ Cardinal chargé à Rome du soin des affaires consistoriales de certains royaumes ou des intérêts de certains ordres religieux. ◆ **Adj.** Qui sert de protection, de défense. *Divinités protectrices.* « *La main de Dieu, protectrice de cette monarchie* », Massillon. ◆ **Bot.** *Feuilles protectrices,* celles qui pendant la nuit s'abaissent de manière à former un abri aux fleurs situées au-dessous. ◆ **Écon.** et **polit.** *Système, régime protecteur,* système par lequel on grève de droits de douane élevés les produits étrangers qui feraient concurrence aux produits nationaux. ◆ Qui appartient aux protecteurs. *Un ton, un air protecteur.*

PROTECTION, n. f. [pʀɔtɛksjɔ̃] (b. lat. *protectio*) Action de protéger, de préserver du mal. « *La protection éclatante que Mécène accorda aux gens de lettres a rendu son nom immortel* », Rollin. ◆ *Prendre en sa protection, prendre sous sa protection,* protéger. ◆ *Prendre la protection de quelqu'un,* prendre sa défense. ◆ Action de prendre soin de la fortune, des intérêts, de l'avancement de quelqu'un. ◆ *Un air, un ton de protection,* l'air, le ton qu'a celui qui protège à l'égard de celui qu'il protège. ◆ Action de favoriser le maintien, l'avancement de quelque chose. *La protection des arts.* « *Une protection mal entendue est une véritable guerre qu'on fait aux talents* », d'Alembert. ◆ **Écon.** et **polit.** *Système de protection,* système relatif à l'admission des marchandises étrangères dans un pays, d'après lequel on impose plus ou moins les marchandises à l'entrée, pour protéger le commerce intérieur contre une concurrence qu'il ne pourrait soutenir sans cela. ◆ Il se dit des personnes qui servent de protecteur, d'appui à quelqu'un. *Cet homme a de puissantes protections.* ◆ Emploi de protecteur à Rome. ■ Ce qui protège. *Une protection solaire. Au football, le gardien de but porte des protections aux genoux.*

PROTECTIONNISME, n. m. [pʀɔtɛksjɔnism] (*protection*) **Écon.** et **polit.** Système de protection commerciale.

PROTECTIONNISTE, n. m. et n. f. [pʀɔtɛksjɔnist] (*protectionnisme*) **Écon.** et **polit.** Partisan du protectionnisme. ◆ **Adj.** Qui relève du protectionnisme. *Une politique protectionniste.*

PROTECTORAT, n. m. [pʀɔtɛktɔʀa] (*protecteur*) Dignité de protecteur. *Le protectorat de Cromwell.* ◆ Situation d'un gouvernement à l'égard d'un autre gouvernement moins puissant auquel il prête son appui. ◆ Pays soumis à un protectorat. *Le Maroc et la Tunisie furent des protectorats français.*

PROTÉE, n. m. [pʀɔte] (*Protée,* dieu marin dans la mythologie grecque) Divinité de la mer qui, lorsqu'on la saisissait endormie pour lui faire prédire l'avenir, se changeait en toute sorte de formes effrayantes. ◆ **Fig.** avec un *p* minuscule, homme qui joue toutes sortes de personnages. « *Le ministre ou le plénipotentiaire est un caméléon, est un protée* », La Bruyère. ◆ **Fig.** Il se dit des choses qui se présentent sous des formes diverses. ◆ **Zool.** Amphibien à branchies, de couleur blanc rosé, qui mesure de 20 à 30 cm de long, qui ne subit pas de métamorphose et qui vit dans les rivières souterraines de la Croatie, de la Slovénie et de la Dalmatie.

PROTÉGÉ, ÉE, p. p. de protéger. [pʀɔteʒe] **N. m.** et n. f. *Un protégé. Une protégée.*

PROTÈGE-CAHIER, ■ n. m. [pʀɔtɛʒ(ə)kaje] (*protéger* et *cahier*) Couverture, souvent souple et en matière plastique, que l'on superpose à la couverture d'un cahier pour le protéger. *Des protège-cahiers de différentes couleurs.*

PROTÈGE-DENT ou **PROTÈGE-DENTS,** ■ n. m. [pʀɔtɛʒ(ə)dɑ̃] (*protéger* et *dent*) Protection en caoutchouc pour les dents que l'on place dans la bouche, utilisée dans la pratique de certains sports violents. *Les boxeurs portent des protège-dents.*

PROTÉGER, v. tr. [pʀɔteʒe] (lat. *protegere,* de *pro,* devant, et *tegere,* couvrir, abriter) Prendre la défense de quelqu'un, de quelque chose ; prêter secours et appui. « *Dieu qui de l'orphelin protège l'innocence* », Racine. ◆ Prendre soin des intérêts, de la fortune d'une personne. ◆ **Absol.** « *Je fais fort peu de cas et de qui protège et de qui se laisse protéger* », Mirabeau. ◆ Veiller au maintien, au progrès d'une chose. *Protéger la religion, les arts, etc.* ◆ Mettre à l'abri d'une incommodité, d'un danger. *Ce mur nous protège contre le froid. Ces arbres nous protégeront de leur ombre.* ◆ *Se protéger,* v. pr. Être protégé.

PROTÈGE-SLIP, ■ n. m. [pʀɔtɛʒ(ə)slip] (*protéger* et *slip*) Mince bande adhésive faite d'une matière absorbante et qui se fixe à l'intérieur d'un slip de femme. *Une boîte de trente protège-slips.*

PROTÈGE-TIBIA, ■ n. m. [pʀɔtɛʒ(ə)tibja] (*protéger* et *tibia*) Protection qui couvre le dessus de la jambe ou qui entoure la jambe, au-dessous du genou. *Certains sportifs portent des protège-tibias.*

PROTÉIFORME, ■ adj. [pʀɔteifɔʀm] (*protée* et *-forme*) Aux formes multiples ou changeantes. *Une réalité protéiforme.*

PROTÉINE, ▪ n. f. [pʀɔtein] (gr. *proteios,* qui est au premier rang) **Biol.** Molécule complexe essentiellement formée d'acides aminés. *L'apport en protéines est indispensable pour une croissance harmonieuse de l'enfant.*

PROTÉINÉ, ÉE, ▪ adj. [pʀɔteine] (*protéine*) Riche en protéines, que l'on a enrichi en protéines. *Un aliment protéiné. Un régime protéiné.*

PROTÉINIQUE, ▪ adj. [pʀɔteinik] (*protéine*) Composé de protéines. *Substance protéinique. Apport protéinique d'un repas, d'un aliment.* ▪ **Biol.** Relatif aux protéines.

PROTÉINURIE, ▪ n. f. [pʀɔteinyʀi] (*protéine* et *-urie*) **Méd.** Présence de protéines plasmatiques dans l'urine.

PROTÉIQUE, ▪ adj. [pʀɔteik] (*protéine*) **Biol.** Relatif aux protéines. *Carence protéique.*

PROTÈLE, ▪ n. m. [pʀɔtɛl] (gr. *pro-,* devant, et *-tèle,* fini, complet, cet animal comptant cinq doigts à ses membres antérieurs) Mammifère carnivore aux mœurs nocturnes, ressemblant à l'hyène, vivant en Afrique et se nourrissant presque exclusivement de termites. ▪ Rem. Le protèle est aussi appelé *loup fouisseur.*

PROTÉOLYSE, ▪ n. f. [pʀɔteoliz] (*protéine* et *-lyse*) **Biol.** Décomposition chimique des protéines par des enzymes. *La protéolyse permet d'éliminer les protéines malformées.*

PROTÉOLYTIQUE, ▪ adj. [pʀɔteolitik] (*protéolyse*) **Biol.** Qui décompose les protéines. *Enzymes protéolytiques.*

PROTÉRANDRIE, ▪ n. f. [pʀɔteʀɑ̃dʀi] Voy. PROTANDRIE.

PROTÉROGYNIE, ▪ n. f. [pʀɔteʀoʒini] Voy. PROTOGYNIE.

PROTESTABLE, ▪ adj. [pʀɔtɛstabl] (*protester*) **Dr.** Que l'on peut protester, contre quoi on peut dresser un protêt. *Effet de commerce protestable.*

PROTESTANT, ANTE, n. m. et n. f. [pʀɔtɛstɑ̃, ɑ̃t] (*protester*) Nom donné d'abord aux luthériens, puis aux calvinistes et aux anglicans. Ce nom vient de ce que les partisans de Luther protestèrent, en 1529, contre un édit de Charles-Quint. ♦ Adj. *La religion protestante. Les pays protestants.*

PROTESTANTISME, n. m. [pʀɔtɛstɑ̃tism] (*protestant*) Croyance des Églises protestantes. ♦ Ensemble des nations protestantes.

PROTESTATAIRE, ▪ adj. [pʀɔtɛstatɛʀ] (*protester*) Qui conteste les choses établies. *Le vote blanc est souvent un vote protestataire.* ▪ N. m. et n. f. *Un, une protestataire.*

PROTESTATION, n. f. [pʀɔtɛstasjɔ̃] (b. lat. *protestatio*) Déclaration publique que l'on fait de sa volonté. *Faire une protestation de sa fidélité aux lois.* ♦ Promesse, assurance positive. « *Tous ces grands faiseurs de protestations* », MOLIÈRE. ♦ Acte en forme par lequel on proteste contre quelque chose. ♦ **Fig.** « *La raison fait sa protestation que les choses devraient aller autrement qu'elles ne vont* », FONTENELLE. ♦ Écrit qui contient la protestation.

PROTESTÉ, ÉE, p. p. de protester. [pʀɔtɛste]

PROTESTER, v. tr. [pʀɔtɛste] (lat. impér. *protestari,* déclarer publiquement, témoigner, de *pro,* devant, et *testis,* témoin) Promettre fortement, assurer positivement, publiquement. *Je vous le proteste.* « *Quand Abner veut protester à Athalie son ignorance* », L. RACINE. ♦ Absol. « *J'aurai beau protester ; mon dire et mes raisons Iront aux Petites-Maisons* », LA FONTAINE. ♦ ▷ Il se construit avec de et l'infinitif. « *Moi que vous protestez d'aimer plus que vous-même* », P. CORNEILLE. ◁ ♦ Il se construit aussi avec que. ♦ Faire un protêt. *Protester une lettre de change.* ♦ ▷ Il se dit aussi des personnes. *Ce négociant a été protesté plusieurs fois.* ◁ ♦ V. intr. Déclarer solennellement. « *Je crois pouvoir protester contre toute maligne interprétation* », LA BRUYÈRE. ♦ Déclarer en forme qu'on tient une chose pour illégale, qu'on ne l'accepte pas. *Protester contre une résolution, contre une élection.* ▪ Rem. Il est vieilli ou littéraire aujourd'hui dans son premier sens.

PROTÊT, n. m. [pʀɔtɛ] (*protester*) Acte par lequel, faute d'acceptation ou de paiement d'une lettre de change, d'un billet à ordre ou de tout autre effet de commerce, on déclare que celui qui devait payer sera responsable de tous frais et préjudices.

PROTHALLE, ▪ n. m. [pʀɔtal] (all. *Prothallium*) **Bot.** Organisme végétal issu de la germination des spores et qui porte les cellules sexuelles mâles et femelles. *Les prothalles des fougères.*

PROTHÈSE, n. f. [pʀɔtɛz] (gr. *prothêsis,* ajout d'une lettre ou d'une syllabe initiale) Partie de la thérapeutique chirurgicale qui a pour objet de remplacer par une préparation artificielle un organe qui a été enlevé en totalité ou en partie, ou de cacher une difformité. *Appareil qui remplace un membre, un organe. Prothèse de la main. Prothèse oculaire, auditive.* ▪ Rem. Dans le premier sens, on disait aussi *prosthèse* autrefois.

PROTHÉSISTE, ▪ n. m. et n. f. [pʀɔtezist] (*prothèse*) Personne spécialisée dans la fabrication et la pose de prothèses permettant de pallier des déficiences physiques. *Un prothésiste dentaire.*

PROTHÉTIQUE, ▪ adj. [pʀɔtetik] (*prothèse*) Qui se rapporte à la prothèse. *Chirurgie prothétique.*

PROTHORAX, ▪ n. m. [pʀɔtoʀaks] (*pro-* et *thorax*) **Zool.** Premier segment du thorax des insectes.

PROTHROMBINE, ▪ n. f. [pʀɔtʀɔ̃bin] (*pro-* et *thrombine*) **Biol.** Substance qui fait coaguler le sang. *On mesure la prothrombine chez les sujets traités par anticoagulants.*

PROTIDE, ▪ n. m. [pʀɔtid] (rad. de *protéine*) **Chim.** Substance comprenant un ou plusieurs acides aminés, et notamment les protéines. *Les protides contenus dans le lait.*

PROTIDIQUE, ▪ adj. [pʀɔtidik] (*protide*) Relatif aux protides. *Ration protidique.*

PROTISTE, ▪ n. m. [pʀɔtist] (all. *Protist,* du gr. *prôtos,* premier, primitif) **Biol.** Organisme unicellulaire. *Des espèces animales (les protozoaires) et des espèces végétales (certaines algues) font partie des protistes.*

PROTO..., [pʀɔto] Mot dérivé du gr. *prôtos,* et qui s'emploie en composition pour signifier premier. ♦ **Chim.** Mot qu'on place devant les noms de composés binaires inorganiques, pour en indiquer le rang relativement aux composés de même nature, comme protochlorure, etc.

PROTOCANONIQUE, adj. [pʀɔtokanonik] (*proto-* et *canonique*) Il se dit des livres de l'Écriture sainte qui étaient reconnus pour canoniques avant même qu'on eût fait les canons.

PROTOCOCCUS, ▪ n. m. [pʀɔtokokys] (*proto-* et gr. *kokkos,* grain) **Bot.** Algue verte microscopique.

PROTOCOLAIRE, ▪ adj. [pʀɔtokolɛʀ] (*protocole*) Qui se conforme à un protocole, qui appartient à celui-ci. *Exécuter une mesure protocolaire.*

PROTOCOLE, n. m. [pʀɔtokɔl] (gr. *prôtokollon,* de *prôtos,* premier, et *kolla,* colle) Formulaire pour dresser des actes publics. *Le protocole des huissiers, des notaires.* ♦ **Jurispr.** *Protocole des actes,* style communément adopté pour l'intitulé et la clôture des actes et procès-verbaux. ♦ Formulaire contenant la manière dont les rois, les grands princes et les chefs d'administration traitent dans leurs lettres ceux à qui ils écrivent. ♦ Formulaire indiquant la manière d'écrire à différentes personnes suivant leur rang. ♦ Registre où l'on inscrit les délibérations d'un congrès, d'une diète. ♦ Procès-verbal d'une conférence diplomatique. ♦ La résolution elle-même prise dans la conférence. ♦ **Fam.** Préambule. *Passons le protocole et expliquons l'affaire.* ♦ Ensemble des règles de conduite à respecter dans les cérémonies officielles et les relations diplomatiques. ▪ **Méd.** Document qui décrit les différentes étapes et les méthodes utilisées lors d'une expérience, d'un essai clinique. ▪ **Inform.** Description des règles d'échange de données entre deux ordinateurs.

PROTOÉTOILE, ▪ n. f. [pʀɔtoetwal] (*proto-* et *étoile*) **Astron.** Étoile en cours de formation.

PROTOGYNIE ou **PROTÉROGYNIE**, ▪ n. f. [pʀɔtoʒini, pʀɔteʀoʒini] (*proto-* et gr. *gunê,* femelle) **Biol.** Caractère hermaphrodite d'un animal ou d'une plante qui est d'abord femelle puis mâle. *Protogynie et protandrie.*

PROTOHISTOIRE, ▪ n. f. [pʀɔtoistwaʀ] (*proto-* et *histoire*) Époque qui se situe entre la préhistoire et l'histoire. *La protohistoire correspond à la période antérieure aux premiers écrits.*

PROTOMÉ, ▪ n. m. [pʀɔtome] (gr. *protomê,* de *pro,* devant, et *temnein,* couper) **Archéol.** Sculpture représentant le buste d'un homme ou la partie supérieure du corps d'un animal.

PROTON, ▪ n. m. [pʀɔtɔ̃] (gr. *prôton,* de *prôtos,* premier, primitif) **Phys.** Particule élémentaire aux propriétés électromagnétiques positives, inverses de celles de l'électron. *Les quarks d'un proton.*

PROTONÉMA, ▪ n. m. [pʀɔtonema] (*proto-* et gr. *nêma,* fil) **Bot.** Chez les mousses, structure filamenteuse issue de la germination d'une spore et qui donne naissance à une tige.

PROTONIQUE, ▪ adj. [pʀɔtonik] (*proton*) **Phys.** Relatif au proton. *Conductivité protonique.*

PROTONOTAIRE, n. m. [pʀɔtonotɛʀ] (lat. chrét. *protonotarius,* premier notaire, du gr. *prôtos,* premier) Officier de la cour de Rome qui expédie, dans les grandes causes, les actes que les simples notaires apostoliques expédient dans les petites. ♦ **Région.** Au Canada, fonctionnaire d'une juridiction.

PROTOPHYTE, ▪ n. m. [pʀɔtofit] (*proto-* et gr. *phuton,* plante) **Bot.** Organisme végétal formé d'une seule cellule. *Les protophytes peuvent vivre en colonies.*

PROTOPLANÈTE, ▪ n. f. [pʀɔtoplanɛt] (*proto-* et *planète*) **Astron.** Planète en cours de formation.

PROTOPLASME, ▪ n. m. [pʀɔtoplasm] (*proto-* et *-plasme*) **Biol.** Matière dont sont constituées les cellules vivantes. *Le protoplasme est essentiellement* composé de protéines. ■ PROTOPLASMIQUE, adj. [pʀɔtoplasmik] *Masse proto-plasmique.*

PROTOPTÈRE, ■ n. m. [pʀɔtɔptɛʀ] (*proto-* et gr. *pteron*, aile) **Zool.** Poisson d'Afrique tropicale, pourvu de poumons et de branchies. *Pendant la saison sèche, le protoptère s'enfonce dans la vase où il séjourne dans un cocon.*

PROTOSYNCELLE, n. m. [pʀɔtosɛsɛl] (*proto-* et *syncelle*) Nom des vicaires près du patriarche et des évêques de l'Église grecque.

PROTOTYPAGE, ■ n. m. [pʀɔtotipaʒ] (*prototype*) **Techn.** Fabrication de prototypes.

PROTOTYPE, n. m. [pʀɔtotip] (gr. *prôtotupos*, qui est le premier type) Premier type, modèle. « *Il y a dans la nature un prototype général dans chaque espèce, sur lequel chaque individu est modelé* », BUFFON. ♦ **Fig.** *Un prototype de sagesse.* ♦ Outil de fondeur pour régler la force de corps d'un caractère. ■ Premier exemplaire d'un produit, généralement destiné à être fabriqué en série. *Présenter le prototype d'une voiture.*

PROTOXYDE, n. m. [pʀɔtɔksid] (*proto-* et *oxyde*) **Chim.** L'oxyde le moins oxygéné, ou le premier degré d'oxydation d'un corps simple.

PROTOZOAIRE, ■ n. m. [pʀɔtozɔɛʀ] (*proto-* et *-zoaire*) Organisme vivant élémentaire composé d'une cellule unique. *Protozoaires et protophytes.*

PROTRACTILE, ■ adj. [pʀɔtʀaktil] (lat. *protractus*, de *protrahere*, tirer en avant) **Physiol.** Qui peut être étiré vers l'avant. *La langue protractile de certains animaux tels que le caméléon, le fourmilier.*

PROTUBÉRANCE, n. f. [pʀɔtybeʀɑ̃s] (*protubérant*) Éminence, saillie. « *La protubérance de la terre à l'équateur* », VOLTAIRE. ♦ **Anat.** *Les protubérances du crâne*, saillies que l'on observe à la surface des os du crâne. ♦ Dans le système de la phrénologie, protubérances du crâne qui indiquent des développements du cerveau, et qui sont en rapport avec des facultés spéciales. ♦ **Astron.** *Protubérance solaire*, vaste élévation gazeuse et enflammée qui apparaît en certains points du globe du Soleil.

PROTUBÉRANT, ANTE, adj. [pʀɔtybeʀɑ̃, ɑ̃t] (b. lat. *protuberans*, de *protuberare*, de *pro-* et *tuberare*, se gonfler) Qui fait saillie. *Il a le front, l'œil protubérant.*

PROTUTEUR, TRICE, n. m. et n. f. [pʀɔtytœʀ, tʀis] (b. lat. *protutor*) Personne qui, sans avoir été nommée tuteur, est néanmoins fondée à gérer les affaires d'un mineur. *Celui qui épouse une tutrice devient protuteur.* ♦ ▷ Personne qui est nommée pour gérer les affaires d'un mineur domicilié en France et ayant des biens dans les colonies. ◁

PROU, adv. [pʀu] (lat. tard. *prode*, profit) **Fam.** Assez, beaucoup. « *Il faut nécessairement que je reçoive de votre écriture peu ou prou, comme on dit* », MME DE SÉVIGNÉ. ♦ *Ni peu ni prou*, ni peu ni beaucoup, en aucune façon. ■ **Litt.** *Peu ou prou*, plus ou moins. « *Monsieur Grandet jouissait à Saumur d'une réputation dont les causes et les effets ne seront pas entièrement compris par les personnes qui n'ont point, peu ou prou, vécu en province* », BALZAC. ■ REM. *Prou* employé seul est vieux aujourd'hui.

PROUDHONIEN, IENNE, adj. [pʀudɔnjɛ̃, jɛn] (*Proudhon*, philosophe français) Qui concerne Proudhon, son œuvre ou ses idées. *L'anarchisme proudhonien.* ♦ N. m. et n. f. *Les proudhoniens refusaient la révolution prolétarienne et s'opposaient ainsi aux marxistes.*

PROUE, n. f. [pʀu] (orig. incert., p.-ê. du lat. *prora*) L'avant d'un vaisseau.

PROUESSE, n. f. [pʀuɛs] (*preux*) Action de preux, vaillance. « *Le lion, terreur des forêts, Chargé d'ans et pleurant son antique prouesse* », LA FONTAINE. « *Et déjà dans le port Tout retentit de nos prouesses* », MOLIÈRE. ♦ **Fam.** Il se dit de choses comparées à des prouesses. « *Le comédien Destin fit des prouesses à coups de poing* », SCARRON. ♦ *Conter ses prouesses*, raconter ce qu'on a fait de vaillant soit à la guerre, soit ailleurs. ♦ **Ironiq.** *Voilà une belle prouesse*, se dit de quelque action blâmable ou ridicule. ♦ **Fig. et plais.** *Excès de débauches.* ■ REM. Il n'est plus familier aujourd'hui.

PROUSTIEN, IENNE, ■ adj. [pʀustjɛ̃, jɛn] (*Proust*, auteur français) Qui concerne Proust ou son œuvre. *La madeleine proustienne*, celle qui fait ressurgir les souvenirs.

PROUVABLE, adj. [pʀuvabl] (*prouver*) Qui peut être prouvé.

PROUVÉ, ÉE, p. p. de prouver. [pʀuve]

PROUVER, v. tr. [pʀuve] (lat. *probare*, démontrer) Établir la vérité d'une chose par des raisonnements convaincants, par des témoignages incontestables ou par des pièces justificatives. *Prouver l'existence de Dieu.* ♦ *Être prouvé ceci ou cela*, se dit d'une personne que l'on prouve être ceci ou cela. « *Le cardinal de Bouillon fut prouvé l'inventeur* », SAINT-SIMON. ♦ **Absol.** « *Nous avons une impuissance de prouver invincible à tout le dogmatisme* », PASCAL. ♦ Par extens. Montrer, marquer, donner lieu de connaître, avec un nom de chose pour sujet. *Cette action prouve beaucoup de bonté.* ♦ Se prouver, v. pr. Être prouvé. ♦ **Prov.** *Qui prouve trop ne prouve rien*, souvent à force de vouloir persuader une chose, on la rend moins croyable.

PROVÉDITEUR, n. m. [pʀɔveditœʀ] (ital. *provveditore*) Nom de certains officiers publics dans l'ancienne république de Venise, qui avaient quelque commandement, ou qui étaient chargés d'une inspection particulière.

PROVENANCE, n. f. [pʀɔv(ə)nɑ̃s] (*provenant*, de *provenir*) **Comm.** et **douanes** Tout ce qui, provenant d'un pays, est transporté de ce pays dans un autre. *Les provenances du Midi. Des marchandises de provenance étrangère.* ♦ **Fig.** Source, origine. *Un mot dont on ignore la provenance.* ♦ Lieu d'où vient quelque chose. *La provenance d'un vol, d'un train. Le train en provenance de Lyon entre en gare.*

PROVENANT, ANTE, adj. [pʀɔv(ə)nɑ̃, ɑ̃t] (*provenir*) ▷ Qui provient. *Les biens provenants de la succession.* ◁

PROVENÇAL, ALE, adj. [pʀɔvɑ̃sal] (*Provence*) *Langue provençale* ou n. m. le *provençal*, syn. de langue d'oc, l'ancienne langue qui se parlait au-delà de la Loire, dont se sont servis les troubadours. ♦ Aujourd'hui, parler populaire de la Provence, qui est un dérivé de l'ancien provençal. ♦ *À la provençale*, se dit d'une espèce de sauce piquante, à base d'ail, de tomate et de basilic. *Des tomates à la provençale.* ♦ De Provence. *Produits provençaux.*

PROVENDE, n. f. [pʀɔvɑ̃d] (b. lat. *provenda*, prob. de *præbenda*, prébende) **Fam.** Provision de vivres. *Aller à la provende.* ♦ Mélange de divers aliments très nutritifs, pour engraisser des bestiaux. ■ REM. Il n'est plus familier aujourd'hui ni vieux ni littéraire.

PROVENIR, v. intr. [pʀɔv(ə)niʀ] (lat. *provenire*) Se conjugue avec être. Venir de, naître de. *D'où provient ce bruit? Les enfants qui proviendront de ce mariage. Le prix qui proviendra de la vente.*

PROVENU, UE, p. p. de provenir. [pʀɔv(ə)ny]

PROVERBE, n. m. [pʀɔvɛʀb] (lat. *proverbium*) Sentence, maxime exprimée en peu de mots, et devenue commune et vulgaire. ♦ **Fig.** « *Il faut se défier de ces proverbes de physique que tant de gens ont mal à propos employés comme principes* », BUFFON. ♦ *Faire proverbe*, se dit d'un vers, d'une phrase, d'un ouvrage qui devient proverbe. ♦ **Fig.** *Passer en proverbe*, se dit de quelque chose que l'on cite communément comme un modèle, comme un type. ♦ ▷ *Jouer aux proverbes*, se dit d'un jeu de société où l'on s'amuse à des applications de proverbes. ◁ ♦ Petite comédie qui est le développement d'un proverbe. ■ REM. Il est vieilli aujourd'hui dans ce sens.

PROVERBIAL, ALE, adj. [pʀɔvɛʀbjal] (b. lat. *proverbialis*) Qui tient du proverbe. *Des dictons proverbiaux.* ♦ Qui a passé en proverbe. *Sa sagesse est proverbiale.*

PROVERBIALEMENT, adv. [pʀɔvɛʀbjal(ə)mɑ̃] (*proverbial*) D'une manière proverbiale. *On dit proverbialement, etc.*

PROVIDENCE, n. f. [pʀɔvidɑ̃s] (lat. *providentia*, prévision, prévoyance) Suprême sagesse par laquelle Dieu conduit tout. *La providence de Dieu.* ♦ **Fig.** *Être la providence de quelqu'un*, pourvoir à tous ses besoins, veiller à son bonheur, à ses intérêts. *Une ressource, en parlant des choses.* ♦ **Absol.** Dieu lui-même considéré dans sa providence (avec un P majuscule). « *Concluons que la Providence Sait ce qu'il nous faut mieux que nous* », LA FONTAINE. ♦ ▷ Prévoyance. « *N'avons-nous pas pour nos intérêts une certaine providence de politique?* », FÉNELON. ◁ ♦ ▷ *Société de la Providence, maison de la Providence, etc.*, divers établissements de bienfaisance, d'assurances contre l'incendie. ◁ ♦ *Filles de la Providence*, religieuses établies dans plusieurs villes de France.

PROVIDENTIEL, ELLE, adj. [pʀɔvidɑ̃sjɛl] (*providence*, d'apr. l'angl. *providential*) **Néolog.** De la Providence. *Coup, hasard providentiel. Homme providentiel.* ■ REM. Il n'est plus considéré comme un néologisme aujourd'hui.

PROVIDENTIELLEMENT, adv. [pʀɔvidɑ̃sjɛl(ə)mɑ̃] (*providentiel*) **Néolog.** D'une façon providentielle. ■ REM. Il n'est plus considéré comme un néologisme aujourd'hui.

PROVIGNAGE, n. m. [pʀɔviɲaʒ] ou [pʀɔvinjaʒ] (*provigner*) Marcottage par le moyen de provins.

PROVIGNÉ, ÉE, p. p. de provigner. [pʀɔviɲe] ou [pʀɔvinje]

PROVIGNEMENT, n. m. [pʀɔviɲəmɑ̃] ou [pʀɔvinjəmɑ̃] (*provigner*) Action de provigner.

PROVIGNER, v. tr. [pʀɔviɲe] ou [pʀɔvinje] (*provin*) Multiplier par provin. *Provigner une vigne.* ♦ **Absol.** *L'usage de provigner.* ♦ V. intr. Se multiplier par marcotte. *Ce plant a beaucoup provigné.* ♦ **Fig.** *Faire provigner la vigne du Seigneur*, Voy. VIGNE. ♦ Par extens. Se propager, multiplier. ♦ **Fig.** *L'hérésie a provigné en ce pays.*

PROVIN, n. m. [pʀɔvɛ̃] (lat. *propaginem*, bouture) Rejeton d'un cep de vigne destiné au provignement.

PROVINCE, n. f. [pʀɔvɛ̃s] (lat. *provincia*) **Hist. rom.** Pays conquis hors de l'Italie, assujetti aux lois romaines et administré par un gouverneur romain. ♦ Certaine étendue de pays qui fait partie d'un État. ♦ Les habitants mêmes d'une province. ♦ Anciennement, en France, une certaine étendue de pays qui était gouverné au nom du souverain par un gouverneur particulier. ✦ Les habitants d'une province. ✦ **Par extens.** Contrée. ✦ Petit État. ✦ *Les sept Provinces-Unies,* la république que formèrent en 1579 les sept provinces septentrionales des Pays-Bas, et qui fut reconnue par le traité de Westphalie. ✦ Au singulier, tout ce qui, en France, est hors de la capitale. *Vivre en province.* ✦ Il se disait souvent avec l'idée de ce qui est arriéré en fait de modes, de manières, de goût. *Il a encore un air de province,* se dit d'un homme qui, venu depuis peu de sa province, n'a pas encore le ton, le langage, les manières de la capitale. On dit de même : *Accent de province, manières de province ; cela sent la province.* ✦ Il s'est dit quelquefois au pluriel dans le même sens. ✦ Les habitants de la province. *Toute la province en parle.* ✦ Dans l'ancienne circonscription ecclésiastique de la France, *province ecclésiastique,* toute l'étendue de la juridiction d'un métropolitain. *La province de Lyon.*

PROVINCIAL, ALE, adj. [pʀovɛ̃sjal] (lat. *provincialis*) Qui appartient à une province. *Assemblée provinciale. États provinciaux.* ✦ Par moquerie, qui est de la province et qui ignore les choses de la capitale ou de la cour. ✦ Il se dit de l'air, des manières, du langage, etc. par opposition à l'air, aux manières, au langage de la capitale. ✦ **N. m. et n. f.** Personne de province. *Un provincial. Une provinciale.* ✦ Il se dit souvent par dénigrement et en vue de l'ignorance où les gens de province sont des manières de la capitale ou de la cour. « *Me prenez-vous pour une provinciale ?* », Molière. ✦ **N. m.** Supérieur qui a le gouvernement de toutes les maisons de son ordre dans une province.

PROVINCIALAT, n. m. [pʀovɛ̃sjala] (*provincial*) Dignité de provincial d'un ordre religieux. ✦ Durée de cette charge.

PROVINCIALISME, n. m. [pʀovɛ̃sjalism] (*provincial*) Accent, idiotisme particuliers à une province. ▪ Péj. Caractère provincial.

PROVISEUR, n. m. [pʀovizœʀ] (lat. *provisor,* de *providere,* prévoir, pourvoir) Anciennement, celui qui prenait un collège sous sa protection, et qui en réglait les affaires les plus importantes. ✦ Aujourd'hui, chef d'un lycée, ou, sous la Restauration et le règne de Louis-Philippe, d'un collège royal.

PROVISION, n. f. [pʀovizjɔ̃] (lat. *provisio,* de *providere,* prévoir, pourvoir) **Dr.** Ce qui est adjugé préalablement à une partie en attendant le jugement définitif. ✦ *Provision alimentaire,* somme allouée par la justice aux veuves ou aux femmes séparées sur les biens de leurs époux, aux pères ou aux mères sur les revenus de leurs enfants, etc. ✦ Fonds destinés, par celui sur qui une lettre de change est tirée, à payer cette traite. ✦ Rétribution due à un courtier, à un facteur ou à un commissionnaire du commerce, qui a été chargé d'une vente ou d'un achat. ✦ **Relig.** Droit de pourvoir à un bénéfice. ✦ L'acte du supérieur pour pourvoir au titre. ✦ **Au pl.** Lettres par lesquelles un bénéfice ou un office est conféré à quelqu'un. « *Le cardinal de Richelieu n'eut les provisions de premier ministre qu'en 1629* », Voltaire. ◁ ✦ Amas, fait avec prévoyance, de différentes choses nécessaires. *Provision de farine, de vin, de poudre, de guerre, de bouche, etc.* ✦ *Avoir en provision,* se dit de certaines denrées, beurre, café, etc. quand on ne les achète pas au fur et à mesure du besoin. ✦ **Au pl.** *Provisions* se dit surtout d'objets de consommation pour le ménage. ✦ **Fig.** Nombre, quantité amassée avec prévoyance ou considérée comme une réserve. « *Vous savez que, pour l'esprit, il n'en a pas, grâce à Dieu, grande provision* », Molière. « *Faites provision de forces pour un si long trajet* », Mme de Sévigné. ✦ *En avoir sa provision,* avoir de quelque chose tout ce qu'il en faut, tout ce qu'on en peut avoir. ✦ *En avoir assez pour sa provision,* être suffisamment pourvu, muni de quelque chose. ✦ *Faire des provisions,* amasser les connaissances qui serviront un jour. ✦ **PAR** PROVISION, loc. adv. Provisoirement, préalablement. « *Hé ! par provision, mon père, couchez-vous* », Racine. ✦ *Jugement par provision,* jugement exécutoire provisoirement, nonobstant le recours dirigé contre lui. ✦ En attendant et par précaution. « *Je me formai une morale par provision qui ne consistait qu'en trois ou quatre maximes* », Descartes. ✦ ▷ On a dit, dans un sens analogue. *De provision.* « *J'écris de provision* », Mme de Sévigné. ◁ ▪ Rem. La locution *par provision* est vieille aujourd'hui.

PROVISIONNEL, ELLE, adj. [pʀovizjɔnɛl] (*provision*) **Jurispr.** Qui se fait par provision. *Partage provisionnel.* ✦ Dans le langage général, il s'est dit pour provisoire. « *Je pris un parti provisionnel* », J.-J. Rousseau. « *Gouvernement provisionnel* », J.-J. Rousseau. « *Des règlements provisionnels* », Condillac. ▪ *Acompte provisionnel,* partie de l'impôt à payer définie selon l'imposition de l'année précédente.

PROVISIONNELLEMENT, adv. [pʀovizjɔnɛl(ə)mɑ̃] (*provisionnel*) ▷ Par provision. ✦ Il s'est dit pour *provisoirement.* « *S'informer du mérite du candidat provisionnellement nommé* », J.-J. Rousseau. ◁

PROVISIONNER, v. tr. [pʀovizjɔne] (*provision*) **Financ.** Verser de l'argent pour s'acquitter d'une dette, d'une somme à payer. *Provisionner des créances.*

PROVISOIRE, adj. [pʀovizwaʀ] (lat. *provisus,* de *providere,* prévoir, pourvoir) **Dr.** Qui est rendu par provision. *Jugement provisoire.* ✦ *Exécution provisoire,* celle qui a lieu nonobstant appel. ✦ Dans le langage général, qui

se fait en attendant une autre chose. *Arrangement provisoire.* ✦ *Gouvernement provisoire,* celui qui s'installe pendant une révolution, en attendant la constitution d'un gouvernement définitif. ✦ **N. m.** Ce qui est fait par provision. *Introduire un provisoire.* ✦ Ce qui est provisoire, fait en attendant. « *Il est certain que dans toute société le provisoire subsiste tant que le définitif n'est pas déterminé* », Mirabeau.

PROVISOIREMENT, adv. [pʀovizwaʀ(ə)mɑ̃] (*provisoire*) **Dr.** Par provision. *Cela a été jugé provisoirement.* ✦ Dans le langage général, en attendant. *Je loge provisoirement dans ce cabinet.*

PROVISORAT, n. m. [pʀovizoʀa] (rad. de *proviseur*) Dignité, qualité de proviseur. ✦ Durée des fonctions d'un proviseur.

PROVISORERIE, n. f. [pʀovizoʀ(ə)ʀi] (rad. de *proviseur*) ▷ Anciennement, office, emploi de proviseur. *La provisorerie de Sorbonne.* ◁

PROVITAMINE, ▪ n. f. [pʀovitamin] (*pro-* et *vitamine*) **Biol.** Substance qui a la propriété d'être transformée en vitamine par l'organisme. *Le bêta-carotène est une provitamine A.*

PROVOCANT, ANTE, adj. [pʀovokɑ̃, ɑ̃t] (*provoquer*) Qui excite, agace, irrite. *Paroles provocantes. Regards provocants.*

PROVOCATEUR, TRICE, adj. [pʀovokatœʀ, tʀis] (lat. *provocator,* de *provocare,* provoquer) Qui provoque. *Paroles provocatrices. Un agent provocateur.* ✦ **N. m. et n. f.** Celui, celle qui provoque.

PROVOCATION, n. f. [pʀovokasjɔ̃] (lat. *provocatio,* de *provocare,* provoquer) Action de provoquer. *Provocation à la révolte.* ✦ Appel à un combat singulier, à un duel. ✦ Ce qui provoque. *Ce langage est une provocation.* ✦ Il se dit aussi des choses qui excitent à. *Provocation au sommeil.*

PROVOLONE, n. m. [pʀovolone] ou [pʀovolɔn] (mot it., de *provola*) Fromage italien à base de lait de vache, à pâte pressée non cuite, qui peut avoir différentes formes, le plus souvent coniques ou cylindriques. *Du provolone fort.*

PROVOQUÉ, ÉE, p. p. de provoquer. [pʀovoke]

PROVOQUER, v. tr. [pʀovoke] (lat. *provocare,* appeler dehors, défier) Appeler à, exciter, inciter. *Provoquer à boire. Provoquer au combat.* ✦ **Absol.** en ce sens, avec un nom de chose pour sujet. *Cela provoque au sommeil.* ✦ Faire éprouver ce qui excite, irrite. *Il a frappé ; mais il avait été provoqué.* ✦ En ce sens, avec un nom de chose pour sujet. *Ce langage le provoqua.* ✦ Causer, avec un nom de chose pour sujet. *L'eau tiède provoque le vomissement.* ✦ **Jurispr.** *Provoquer une action, une procédure,* prendre l'initiative devant le juge, se porter demandeur pour quelque chose. ✦ Se provoquer, v. pr. S'adresser l'un à l'autre des provocations. ▪ **V. tr.** Chercher à exciter le désir de quelqu'un. *Provoquer un homme.*

PROXÉMIE ou **PROXÉMIQUE,** ▪ n. f. [pʀoksemi, pʀoksemik] (anglo-amér. *proxemics,* de *proximity,* proximité) **Ling.** Discipline qui étudie le rôle que joue l'espace dans la communication. *Les fondements de la proxémique ont été posés par Edward T. Hall.* ▪ **PROXÉMIQUE,** adj. [pʀoksemik] *Les distances proxémiques.*

PROXÈNE, ▪ n. m. [pʀoksɛn] (gr. *proxenos,* de *xenos,* étranger) **Hist.** Citoyen d'une cité grecque antique qui était chargé d'accueillir et de défendre les intérêts des étrangers de passage.

PROXÉNÈTE, ▪ n. m. et n. f. [pʀoksenɛt] (gr. *proxenêtês*) Personne percevant de l'argent sur les actes de prostitution qu'elle force ou qu'elle encourage.

PROXÉNÉTISME, ▪ n. m. [pʀoksenetism] (*proxénète*) Fait d'inciter ou de pousser une ou plusieurs personnes à se prostituer et de retirer un bénéfice financier de cette activité. *La lutte contre le proxénétisme.*

PROXIMAL, ALE, ▪ adj. [pʀoksimal] (lat. *proximus,* le plus proche) **Physiol.** Se dit de la partie d'un membre ou d'un organe qui est la plus proche de son point d'attache ou du centre du corps. *Muscles proximaux et muscles distaux.*

PROXIMITÉ, n. f. [pʀoksimite] (lat. *proximitas,* voisinage, de *proximus,* le plus proche) Voisinage d'une chose à l'égard d'une autre. *Proximité d'une chose à une autre. Avoir une chose à sa proximité, à proximité.* ✦ Parenté. *La proximité du sang.* ✦ **À** PROXIMITÉ DE, loc. prép. Près de. *Le garage se trouve à proximité de la gare.*

PROYER, ▪ n. m. [pʀwaje] (*pré*) **Zool.** Oiseau brun-gris rayé de noir qui est le plus grand des bruants vivant en Europe. ▪ **Rem.** L'appellation *bruant proyer* est plus fréquente.

PRUCHE, ▪ n. f. [pʀyʃ] (altér. de *Prusse*) **Canada** Conifère qui pousse en Amérique du Nord et en Asie. *Pruche du Canada.*

PRUDE, adj. f. [pʀyd] (altér. de l'anc. fr. *preudhomme* et *prodefemme,* d'apr. *prudent*) Se dit d'une femme dont la vertu est difficile et hautaine, ou même d'une femme qui n'en a que les apparences affectées. ✦ **N. f.** *Une prude,* une femme prude. ◆ Adj. f. et m. **Par extens.** Qui a une manière d'être comparée à celle de la femme prude. *Un air prude. Des oreilles prudes.* « *Ce marquis sage et prude* », BOILEAU.

PRUDEMMENT, adv. [pʁydamã] (*prudent*) Avec prudence. « *Que prudemment les dieux savent tout ordonner!* », P. CORNEILLE.

PRUDENCE, n. f. [pʁydãs] (lat. *prudentia*, prévoyance, sagesse) Vertu qui fait connaître et pratiquer ce qui convient dans la conduite de la vie. « *La prudence est le fruit de la longue vie* », SACI. ◆ **Jurispr.** *S'en rapporter à la prudence*, abandonner une décision à une autorité sans rien lui demander expressément. ◆ Dans le style de l'Écriture, *prudence mondaine, prudence de la chair, prudence du siècle,* l'habileté dans les affaires du monde. *Prudence chrétienne,* celle qui apprend à discerner ce qui conduit à Dieu. ◆ *Avoir la prudence du serpent,* être très prudent (locution qui provient de la subtilité attribuée par la Bible au serpent). ◆ **Prov.** *Prudence est mère de sûreté.* ◆ Attitude qui consiste à envisager les conséquences d'un acte, à prendre en considération les risques qu'il comporte de manière à les éviter ou à les empêcher. *Faire preuve de prudence.*

PRUDENT, ENTE, adj. [pʁydã, ãt] (lat. *prudens*, de *providens*, de *providere*, prévoir) Qui a de la prudence. ◆ N. m. et n. f. « *Ce sont de tels sages et de tels prudents à qui Jésus-Christ déclare que les secrets de son royaume sont cachés* », BOSSUET. ◆ Conforme à la prudence, en parlant des choses. *Conduite prudente.*

PRUDERIE, n. f. [pʁyd(ə)ʁi] (*prude*) Affectation de réserve et de bienséance ; ne se dit que des femmes. ◆ ▷ **Fam.** *La pruderie,* toutes les femmes prudes. ◁ ◆ **Au pl.** Actes de prude. ◆ **Fig.** Toute réserve excessive ou affective. *La pruderie du langage. La science n'a point de pruderie.*

PRUDHOMMAL, ALE ou **PRUD'HOMAL, ALE**, ■ adj. [pʁydomal] (*prud'homme*) Relatif au conseil des prudhommes. *Contentieux prudhommal. Les conseillers prudhommaux.*

PRUDHOMME ou **PRUD'HOMME**, n. m. [pʁydɔm] (*preux, de et homme*) Homme probe et sage. ◆ Homme sage et vaillant. ◆ Homme expert et versé dans la connaissance de certaines choses. ◆ *Conseil de prudhommes,* conseil mi-parti de patrons et d'ouvriers élus par leurs pairs, qui juge les différends en matière d'arts et de métiers, entre les ouvriers et les maîtres. ◆ *Les prudhommes,* les membres de ce conseil. ■ **Rem.** Il est vieilli aujourd'hui dans son premier sens.

PRUDHOMMIE ou **PRUD'HOMIE**, n. f. [pʁydomi] (*prud'homme*) Probité et sagesse. ■ **Rem.** Il est vieilli dans ce sens aujourd'hui. ◆ **Dr.** Juridiction des prudhommes.

PRUINE, ■ n. f. [pʁɥin] (lat. *pruina*, frimas, gelée blanche) Pellicule poudreuse, blanchâtre qui recouvre la surface de certains végétaux. *La pruine des grains de raisin, des prunes. Il suffit de frotter la peau des fruits pour que la pruine disparaisse.*

PRUNE, n. f. [pʁyn] (lat. *prunum*) Fruit à noyaux, à peau lisse et fleurie. *Prune de damas. Prune de mirabelle.* ◆ **Pop.** *Pour des prunes,* pour peu de choses, locution qui se construit presque toujours avec la négation ou avec une interrogation valant la négative. « *Si je suis affligé, ce n'est pas pour des prunes* », MOLIÈRE. ◆ *Ce ne sont pas des prunes,* se dit de quelque horion. ◆ **Pop.** Une balle de fusil. *Il a reçu une prune.* ◆ **Par méton.** Eau-de-vie de prune. *Servir une prune après le dîner.* ■ **Fam.** Contravention. *Il s'est pris une prune.*

PRUNEAU, n. m. [pʁyno] (dimin. de *prune*) Prune séchée au four. ◆ **Fig.** et fam. *C'est un petit pruneau, c'est un pruneau relavé,* se dit d'une jeune fille ou d'une femme qui a le teint extrêmement brun. ◆ **Fig.** et pop. Œil. ◆ **Par anal.** et fam. Balle d'une arme à feu. « *Tu vises bien, dis donc! Il s'est ramassé un sacré pruneau, l'enfoiré!* », QUEFFELEC.

PRUNELAIE, n. f. [pʁyn(ə)lɛ] (altér. de *pruneraie*, de *prunier*) Plant de pruniers. ◆ Lieu où sont plantés des pruniers.

1 PRUNELLE, n. f. [pʁynɛl] (dimin. de *prune*) Prune sauvage, d'une extrême âpreté, fruit de l'épine noire ou prunellier. ◆ ▷ **Fig.** et fam. *Du jus de prunelle,* vin fort mauvais et fort âpre. ◁ ◆ Genre de plantes labiées. ◆ **Par méton.** Liqueur ou eau-de-vie de prunelle. ■ **Rem.** Dans l'avant-dernier sens, on disait aussi *brunelle* autrefois.

2 PRUNELLE, n. f. [pʁynɛl] (1 *prunelle*, par anal. de forme et de couleur) Pupille de l'œil. « *Le feu sort à travers ses humides prunelles* », BOILEAU. ◆ Il se dit pour regard. « *Il baissait la prunelle* », LA FONTAINE. ◆ *Jouer de la prunelle,* jeter des œillades, faire quelque signe des yeux. ◆ **Fig.** *La prunelle de l'œil,* chose très précieuse. « *Elle a une mère qui vous chérira comme la prunelle de ses yeux* », LESAGE. ◆ *Conserver une chose comme la prunelle de l'œil, comme la prunelle de ses yeux,* la conserver soigneusement, précieusement.

3 PRUNELLE, n. f. [pʁynɛl] (1 *prunelle*, par anal. de couleur, cette étoffe étant souvent noire) Espèce d'étoffe de laine ou de soie.

PRUNELLIER ou **PRUNELIER**, n. m. [pʁynəlje] (1 *prunelle*) Nom vulgaire du prunier épineux.

PRUNIER, n. m. [pʁynje] (*prune*) Arbre de la famille des rosacées, qui porte des prunes.

PRUNUS, ■ n. m. [pʁynys] (mot lat., prunier) Variété de prunier de petite taille cultivé en horticulture pour ses qualités ornementales. *Prunus qui bordent les rues d'une ville.*

PRURIGINEUX, EUSE, adj. [pʁyʁiʒinø, øz] (lat. *pruriginosus*) **Méd.** Qui cause la démangeaison. *Affection prurigineuse.*

PRURIGO, ■ n. m. [pʁyʁigo] (lat. impér. *prurigo*, démangeaison) **Méd.** Éruption cutanée caractérisée par des papules peu saillantes, et à peu près de la même couleur que la peau, produisant une démangeaison très vive et quelquefois intolérable.

PRURIT, n. m. [pʁyʁit] (lat. *pruritus*, de prurire, éprouver une démangeaison) Démangeaison vive. ◆ *Prurit de dentition,* sensation qui porte les enfants à se frotter constamment les mâchoires avec les doigts. ■ **Fig.** Désir très fort tournant à l'obsession. *Son prurit de reconnaissance s'exacerbe. Prurit de gagner.*

PRUSSE, ■ n. m. [pʁys] (sapin de *Prusse*) **Acadie** Épicéa.

PRUSSIATE, n. m. [pʁysjat] (lat. *prussia*, Prusse) **Chim.** Genre de sels produits par l'acide prussique.

PRUSSIEN, IENNE, ■ adj. [pʁysjɛ̃, jɛn] (*Prusse*) Qui a trait à la Prusse, qui en provient. *Une manufacture prussienne. L'armée prussienne s'opposa à l'armée française durant la guerre franco-allemande de 1870 à 1871.* ■ N. m. ou n. f. Personne qui habite la Prusse ou qui en est originaire. *Un Prussien, une Prussienne.* ■ *Cheminée prussienne,* poêle que l'on insère dans le foyer d'une cheminée et qui s'ouvre sur le devant.

PRUSSIENNE, n. f. [pʁysjɛn] (*Prusse*) *Cheminée à la prussienne,* espèce de poêle simulant une cheminée, et ouvert de manière à laisser voir le feu.

PRUSSIK, ■ n. m. [pʁysik] (Dr. *Prussik,* qui a présenté ce nœud en 1931) **Alpin.** Nœud autobloquant réalisé avec une cordelette enroulée sur la corde de rappel. *Le prussik glisse sur la corde de rappel mais se bloque lorsqu'on tire sur la cordelette. Les prussiks sont utilisés pour descendre en rappel.* ■ **Rem.** On dit également *nœud de Prussik.*

PRUSSIQUE, adj. [pʁysik] (ainsi dit parce qu'il fut extrait du bleu de *Prusse*) **Chim.** *Acide prussique,* acide dit actuellement acide cyanhydrique.

PRYTANE, n. m. [pʁitan] (gr. *prutanis*) Un des premiers magistrats dans certaines républiques grecques. ◆ À Athènes, chacun des cinquante sénateurs qui avaient alternativement la préséance dans le sénat.

PRYTANÉE, n. m. [pʁitane] (gr. *prutaneion*) Édifice où s'assemblaient les prytanes, et qui servait à différents usages civils et religieux. ◆ À Athènes, tribunal auquel on déférait les cas où des objets inanimés avaient causé mort d'homme. ◆ En France, établissement d'éducation fondé sous la République pour instruire, nourrir et entretenir gratuitement les fils de ceux qui avaient rendu des services à l'État, surtout des militaires. Le Prytanée fut d'abord établi au collège Louis-le-Grand, puis transféré en 1803 à Saint-Cyr, et plus tard à la Flèche (Sarthe).

P.-S., ■ [pees] (abrév. de *post-scriptum*) Voy. POST-SCRIPTUM.

PSALLETTE, n. f. [psalɛt] (lat. *psallere,* jouer de la cithare, lat. ecclés., chanter des psaumes) ▷ Lieu où l'on exerce des enfants de chœur. ◆ Réunion des enfants de chœur d'une psallette. ◆ On dit aujourd'hui *maîtrise.* ◁

PSALLIOTE, n. f. [psaljɔt] (gr. *psalis,* voûte) **Bot.** Champignon comestible à chapeau plus ou moins blanc, dont les lamelles sont rosées ou violacées, et dont le pied est entouré d'un anneau. *La psalliote est un champignon très apprécié pour son goût raffiné. Le champignon de couche ou champignon de Paris est une psalliote.*

PSALMIQUE, adj. [psalmik] (lat. médiév. *psalmicus,* en forme de psaume, gr. ecclés. *psalmikos*) Qui appartient aux psaumes. *Le style psalmique.*

PSALMISTE, n. m. [psalmist] (b. lat. ecclés. *psalmista,* du gr. *psalmitès*) Auteur de psaumes. ◆ **Absol.** *Le Psalmiste* (avec un grand P), le roi David.

PSALMODIE, n. f. [psalmodi] (lat. *psalmodia,* du gr. *psalmôidia*) Manière de chanter, de réciter des psaumes. ◆ **Fig.** Manière monotone de déclamer, de réciter. ◆ Se dit du style même quand il est trop uniforme.

PSALMODIÉ, ÉE, p. p. de psalmodier. [psalmodje]

PSALMODIER, v. intr. [psalmodje] (lat. ecclés. *psalmodiare*) Réciter des psaumes dans l'église sans inflexion de voix et toujours sur la même note. ◆ **V. tr.** « *Pour tout plaisir Genève psalmodie Du bon David les antiques concerts* », VOLTAIRE. ◆ **Fig.** Réciter, chanter d'une manière ennuyeuse. « *On lit peu ces auteurs nés pour nous ennuyer, Qui toujours sur un ton semblent psalmodier* », BOILEAU. ◆ **V. tr.** *Psalmodier des vers.*

PSALMODIQUE, adj. [psalmodik] (*psalmodie,* p.-ê. d'après l'angl. *psalmodic*) Qui concerne la psalmodie ; qui appartient à la psalmodie.

PSALTÉRION, n. m. [psalterjɔ̃] (lat. *psalterium*, du gr. *psaltêrion*) Chez les anciens, instrument de musique à plusieurs cordes que l'on pinçait ou que l'on touchait avec le plectre. ♦ Chez les modernes, instrument triangulaire à treize rangs de cordes, les unes d'acier et les autres de laiton, qu'on touche avec une petite verge de fer, ou un bâton recourbé. ♦ Dans un sens plus général, tout instrument à cordes pincées ou frappées.

PSAUME, n. m. [psom] (b. lat. ecclés. *psalmus*, du gr. *psalmos*, de *psallein*, tirer par secousses, faire vibrer) Se dit des cantiques composés par David, ou qui lui sont attribués. ♦ Avec un P majuscule, les Psaumes de la pénitence ou les Psaumes pénitentiaux, et vulgairement les sept Psaumes, psaumes que l'Église a choisis pour servir de prière à ceux qui demandent pardon à Dieu de leurs péchés.

PSAUTIER, n. m. [psotje] (b. lat. ecclés. *psalterium*) Recueil des psaumes. ♦ ▷ Espèce de voile dont quelques religieuses se couvrent la tête et les épaules. ◁ ♦ ▷ Grand chapelet monastique. ◁

PSCHENT, ▪ n. m. [pskɛnt] (égyptien démotique *p-skhent*, les deux puissances) **Antiq.** Coiffure assez haute portée par les pharaons, formée d'une couronne rouge surmontant une autre couronne blanche et qui symbolisait leur souveraineté sur les royaumes de la Haute et de la Basse Égypte. *Les dieux égyptiens sont parfois représentés avec des pschents.*

PSEUDARTHROSE, ▪ n. f. [psødartroz] (*pseud*[o]- et *arthrose*) **Méd.** Formation d'une fausse articulation pathologique à l'endroit où un os a été cassé, rendant toute consolidation impossible. *Il existe deux grands types de pseudarthrose : la pseudarthrose septique, dite infectée et la pseudarthrose aseptique, dite non infectée.*

PSEUDO, ▪ n. m. [psødo] (*pseudonyme*) **Fam.** Pseudonyme. ▪ **Spécialt** Nom que l'on doit se donner pour pouvoir accéder à certains sites Internet, certains forums. *Choisir un mot de passe et un pseudo. Icônes placées à côté des pseudos.*

PSEUDO..., [psødo] Mot tiré du gr. *pseudos*, mensonge, et qui se met devant certains mots pour signifier que la qualité qu'ils expriment est fausse ou ne convient pas à la chose, à la personne. Il s'écrit avec un trait d'union toutes les fois que le second mot existe isolé dans la langue française, par exemple : *pseudo-agate, pseudo-croup, etc.* Il s'écrit sans trait d'union dans le cas contraire.

PSEUDOHERMAPHRODISME, ▪ n. m. [psødɛrmafrodism] (*pseudo*- et *hermaphrodisme*) **Méd.** État caractérisé par la présence chez un même individu de glandes sexuelles mâles ou femelles et de caractères sexuels secondaires propres au sexe opposé. *Le pseudohermaphrodisme féminin et masculin.*

PSEUDOMEMBRANE, ▪ n. f. [psødomãbran] (*pseudo*- et *membrane*) **Méd.** Liquide pâteux constitué de fibrine se déposant à la surface d'une muqueuse ou d'une séreuse enflammée. *La formation d'une pseudomembrane dans l'arbre trachéobronchique.* ▪ PSEUDOMEMBRANEUX, EUSE, adj. [psødomãbranø, øz] *Angines pseudomembraneuses.*

PSEUDONYME, adj. [psødonim] (gr. *pseudônumos*, de *pseudês*, faux, et *onoma*, nom) *Auteur pseudonyme, auteur qui publie ses ouvrages sous un faux nom.* ♦ N. m. *Un pseudonyme,* un auteur pseudonyme. ♦ *Écrit pseudonyme,* écrit publié sous un nom supposé. ▪ Nom d'emprunt d'une personne qui veut cacher son identité. ▪ **Abrév.** Un pseudo.

PSEUDONYMIE, n. f. [psødonimi] (*pseudonyme*) Qualité d'un ouvrage pseudonyme. ▪ Substitution d'un pseudonyme au véritable nom. *De nombreux écrivains ont recouru à la pseudonymie.*

PSEUDOPODE, ▪ n. m. [psødopod] (*pseudo*- et *-pode*) **Biol.** Excroissance cytoplasmique d'une cellule servant à la locomotion, à la phagocytose, chez certains organismes vivants. *Les amibes possèdent un pseudopode.*

PSEUDOSCIENCE, ▪ n. f. [psødosjãs] (*pseudo*- et *science*) Savoir se réclamant de la science mais ne possédant aucune des caractéristiques qui lui permettraient d'être considéré comme tel. *L'astrologie est souvent considérée comme une pseudoscience.*

PSEUDOTUMEUR, ▪ n. f. [psødotymœr] (*pseudo*- et *tumeur*) **Méd.** Masse présentant des caractéristiques communes avec une tumeur mais qui n'en est pas une. *Pseudotumeur inflammatoire de l'orbite.* ▪ *Pseudotumeur cérébrale,* élévation de la tension à l'intérieur du crâne, causant des maux de tête et des troubles de la vision. *La pseudotumeur cérébrale est une forme d'hypertension bénigne. Certains antibiotiques peuvent entraîner une pseudotumeur cérébrale.*

PSI, ▪ n. m. [psi] Lettre de l'alphabet grec Ψ, ψ se traduisant par *ps* en français.

PSILOCYBE, ▪ n. m. [psilosib] (gr. *psilos*, dénudé et *kubos*, cube) **Bot.** Champignon aux propriétés hallucinogènes pouvant pousser dans tous les climats mais que l'on trouve le plus fréquemment en Amérique centrale. *Les psilocybes sont très répandus au Mexique méridional et oriental.*

PSILOCYBINE, ▪ n. f. [psilosibin] (*psilocybe*) **Pharm.** Alcaloïde et principe actif d'une des variétés du psilocybe. *La psilocybine est une substance hallucinogène contenue dans trois variétés de champignons, le psilocyba, le panelous et le concybe.*

PSILOPHYTE, ▪ n. m. [psilofit] (*psilo*- et *-phyte*) **Bot.** Plante vasculaire et herbacée dont l'embranchement ne comprend plus que deux genres.

PSILOTUM, ▪ n. m. [psilotɔm] (gr. *psilos*, dégarni, nu) **Bot.** Plante primitive et vasculaire qui est dépourvue de feuilles et de racines. *Le psilotum appartient à l'embranchement des psilophytes.*

PSITT ou **PST**, ▪ [psit, pst] (onomat.) Interjection utilisée pour attirer l'intention ou pour appeler une personne. *Psitt ! je suis là !* ▪ N. m. *Je feignais de ne pas entendre le psitt qu'elle m'adressait depuis que j'étais arrivé.*

PSITTACIDÉS, ▪ n. m. pl. [psitaside] (lat. *psittacus*, perroquet) **Zool.** Famille animale comprenant le perroquet, la perruche et le cacatoès. *Les psittacidés vivent presque tous dans les régions tropicales chaudes.*

PSITTACISME, ▪ n. m. [psitasism] (lat. sav. mod. *psittacismus*, du lat. *psittacus*) **Psych.** Fait de répéter ce que l'on a entendu ou lu sans même en comprendre le sens. *Le psittacisme est fréquent chez l'enfant qui apprend à parler.*

PSITTACOSE, ▪ n. f. [psitakoz] (lat. *psittacus* et *-ose*) **Méd.** Maladie infectieuse et contagieuse qui peut être contractée par les perruches et les perroquets et qui est transmissible à l'homme. *La psittacose peut se manifester chez les personnes qui sont exposées aux excréments ou aux tissus d'oiseaux infectés.*

PSITTAQUE, n. m. [psitak] (lat. *psittacus*, du gr. *psittakos*) Nom moderne du genre perroquet.

PSOAS, ▪ n. m. [psoas] (gr. *psoa*, reins) **Anat.** Ensemble formé par deux muscles s'étendant de la colonne vertébrale lombaire au fémur et qui sont unis par un tendon commun. *Le psoas iliaque. Le grand psoas et le petit psoas.*

PSOQUE, ▪ n. m. [psɔk] (gr. *psôkhein*, broyer, émietter) **Entomol.** Famille de petits insectes, à appareil buccal broyeur, aux ailes membraneuses et dont certaines espèces sont vulgairement appelées *poux* (pou de bois, pou de livres, pou des poussières). *Contrairement aux véritables poux, les psoques ne piquent pas les humains.*

PSORA n. m. ou **PSORE**, n. f. [psɔra, psɔr] (gr. *psôra*, gale) ▷ **Méd.** Nom générique de différentes maladies de la peau caractérisées par des vésicules ou des pustules. ♦ Il se dit aussi de la gale. ♦ L'Académie fait ce mot masculin contrairement à l'étymologie et à l'usage des médecins. ◁

PSORALÈNE, ▪ n. m. [psoralɛn] (*psôra*, gale) **Méd.** Substance servant à sensibiliser la peau aux rayons ultraviolets, utilisée dans le traitement de certaines dermatoses. *Le psoralène est utilisé pour traiter le psoriasis.*

PSORIASIS, ▪ n. m. [psɔrjazis] (gr. *psôriasis*, éruption galeuse, de *psôrian*, avoir la gale) Maladie de peau caractérisée par des taches rouges localisées principalement sur le cuir chevelu, les coudes et les genoux et recouvertes de squames sèches et friables.

PSORIQUE, adj. [psɔrik] (lat. *psoricus*, gr. *psôrikos*, utile contre la gale) Qui est de la nature de la psore.

PST, ▪ interj. [pst] Voy. PSITT.

PSY, ▪ n. m. [psi] (abrév. de *psychiatre, psychologue*, etc.) **Fam.** Professionnel en psychiatrie, psychologie, psychanalyse, psychothérapie, etc. *Aller chez son psy. Des psy ou des psys.* ▪ **Adj.** (abrév. de *psychologique*) **Fam.** Relatif au psychisme. *Équilibre, interprétation psy.*

PSYCHANALYSE, ▪ n. f. [psikanaliz] (all. *Psychoanalyse*, de *psych*[o]- et *analyse*) Méthode de psychologie clinique inventée par Freud et fondée sur l'investigation des processus psychiques inconscients. ▪ Ensemble des théories de Freud et de ses successeurs. ▪ Traitement des troubles psychiques et psychosomatiques par cette méthode. ▪ Étude psychanalytique en sc. hum. Psychanalyse des textes littéraires. ▪ PSYCHANALYSTE, n. m. et n. f. [psikanalist] ▪ PSYCHANALYTIQUE, adj. [psikanalitik] ▪ PSYCHANALYSER, v. tr. [psikanalize] *Se faire psychanalyser.*

PSYCHASTHÉNIE, ▪ n. f. [psikasteni] (*psych*[o]- et *asthénie*) **Vieilli Méd.** Névrose caractérisée par une baisse de la tension psychologique débouchant sur de multiples angoisses ainsi que sur un état de doute permanent. *La psychasthénie se manifeste par le doute, le scrupule, l'inhibition, l'indécision ; tout acte devient interminable et abstrait.*

1 **PSYCHÉ**, ▪ n. f. [psiʃe] (*Psyché*, personnage de la Fable) Grande glace mobile, établie sur pivots dans un châssis, et où la femme qui fait sa toilette peut se voir de la tête aux pieds.

2 **PSYCHÉ**, ▪ n. f. [psiʃe] (mot gr., âme) **Psych.** Ensemble des phénomènes et des processus psychiques (conscients et inconscients) qui constituent l'individualité d'un être. *Pour le psychiatre Jung, le rêve joue un rôle de régulation de la psyché.*

PSYCHÉDÉLIQUE, ■ adj. [psikedelik] (angl. *psychedelic*, du gr. *psukhê*, âme, *dêloun*, rendre visible) Se dit des effets résultant de l'absorption de drogues hallucinogènes. *Le LSD est une drogue psychédélique.* ■ Qui évoque les sensations de l'état psychédélique. *Musique psychédélique.*

PSYCHIATRIE, ■ n. f. [psikjatʀi] (*psychiatre*) **Méd.** Partie de la médecine qui étudie les maladies mentales et les troubles psychiques. ■ PSYCHIATRE, n. m. et n. f. [psikjatʀ] ■ PSYCHIATRIQUE, adj. [psikjatʀik]

PSYCHIATRISATION, ■ n. f. [psikjatʀizasjɔ̃] (*psychiatriser*) Action de psychiatriser. *La psychiatrisation de la société.*

PSYCHIATRISER, ■ v. tr. [psikjatʀize] (*psychiatrie*) Soumettre quelqu'un ou quelque chose à un traitement, à un examen ou à une interprétation psychiatrique. *Faut-il psychiatriser ou socialiser les individus?*

PSYCHISME, ■ n. m. [psiʃism] (*psychique*) Ensemble des phénomènes concernant l'esprit, l'intelligence et l'affectivité et constituant la vie psychique. *Le psychisme et le physique. Psychisme animal, inconscient.* ■ PSYCHIQUE, adj. [psiʃik] *Équilibre psychique.*

PSYCHOACTIF, IVE, ■ adj. [psikoaktif, iv] (*psycho-* et *actif*) Qui influe sur le psychisme. *Les drogues sont des agents psychoactifs.*

PSYCHOAFFECTIF, IVE, ■ adj. [psikoafɛktif, iv] (*psycho-* et *affectif*) **Psych.** Se dit de toute opération psychique résultant de l'expression de l'affectivité. *Les différents stades du développement psychoaffectif de l'enfant.*

PSYCHOANALEPTIQUE, ■ adj. [psikoanalɛptik] (*psycho-* et *analeptique*) **Pharm.** Qui influe sur l'activité cérébrale en la stimulant. *Substances psychoanaleptiques.* ■ N. m. *Les psychoanaleptiques sont des psychotropes.*

PSYCHOBIOLOGIE, ■ n. f. [psikobjoloʒi] (*psycho-* et *biologie*) Étude biologique s'intéressant aux influences du milieu ambiant sur le psychisme de l'individu. *Dans les pays de grand froid, une grande importance est accordée à la psychobiologie.*

PSYCHOCHIRURGIE, ■ n. f. [psikoʃiʀyʀʒi] (*psycho-* et *chirurgie*) **Méd.** Thérapeutique consistant à traiter les maladies et les troubles mentaux en intervenant chirurgicalement sur l'encéphale. *Basée sur la stimulation électrique, la psychochirurgie permettrait de soigner des problèmes tels que les troubles obsessionnels compulsifs.*

PSYCHOCRITIQUE, ■ n. f. [psikokʀitik] (*psycho-* et *critique*) Analyse d'une œuvre artistique cherchant à dégager l'expression de l'inconscient de son auteur. *La psychocritique s'inspire de la psychanalyse.* ■ Adj. Qui a trait à la psychocritique. *L'étude psychocritique d'une œuvre.*

PSYCHODRAME, ■ n. m. [psikodʀam] (*psycho-* et *drame*) **Méd.** Psychothérapie de groupe consistant à faire revivre certaines situations conflictuelles proches de son expérience par l'improvisation de scènes dramatiques. ■ **Fig.** Ambiance ressemblant à cette psychothérapie. *Quel psychodrame !*

PSYCHODYSLEPTIQUE, ■ n. m. [psikodislɛptik] (*psycho-* et *dysleptique*) **Pharm.** Substance qui, en perturbant le fonctionnement du système nerveux central, modifie l'état de conscience, l'humeur et l'activité intellectuelle et qui peut provoquer des hallucinations. ■ Adj. *Le cannabis a des propriétés psychodysleptiques.*

PSYCHOGÈNE, ■ adj. [psikoʒɛn] (*psycho-* et *-gène*) **Méd.** Dont l'origine ou la cause est exclusivement psychique. *Un trouble psychogène.*

PSYCHOGENÈSE, ■ n. f. [psikoʒənɛz] (*psycho-* et *genèse*) **Méd.** Branche de la psychologie qui étudie l'apparition et l'évolution des fonctions mentales. *La psychogenèse de l'enfant.*

PSYCHOGÉNÉTIQUE, ■ n. f. [psikoʒenetik] (*psycho-* et *génétique*) **Méd.** Étude des différents processus mis en œuvre par l'enfant dans l'acquisition de la pensée. ■ Adj. Relatif à la psychogénétique. *La dimension psychogénétique de l'acte pédagogique.* ■ Qui a une origine psychique. *Troubles psychogénétiques.*

PSYCHOKINÉSIE, ■ n. f. [psikokinezi] (*psycho-* et *-kinésie*) Influence exercée par la seule force de la pensée sur des objets matériels et qui permettrait d'avoir sur ces derniers une action physique. *Des tests de psychokinésie.*

PSYCHOLEPTIQUE, ■ n. m. [psikolɛptik] (*psycho-* et *-leptique*) **Méd.** Médicament ou substance réduisant l'activité psychique. *Les psycholeptiques sont généralement utilisés comme calmants.* ■ Adj. *L'action psycholeptique des drogues.*

PSYCHOLINGUISTE, ■ n. m. et n. f. [psikolɛ̃gɥist] (*psycho-* et *linguiste*) Personne spécialisée en psycholinguistique.

PSYCHOLINGUISTIQUE, ■ n. f. [psikolɛ̃gɥistik] (*psycho-* et *linguistique*) Science qui étudie les processus psychiques amenant à la production et à la compréhension d'énoncés. ■ Adj. *Les théories psycholinguistiques.*

PSYCHOLOGIE, n. f. [psikoloʒi] (*psycho-* et *-logie*) Étude que l'on fait du moral et de l'intelligence, sans prendre en considération les parties qui en sont les organes. « *La psychologie est la science de l'âme* », BONNET. ■ Connaissance des sentiments, des comportements humains. *Manquer de psychologie.* ■ Manière de penser, d'agir propre à une personne, mentalité. *Je n'apprécie pas sa psychologie.*

PSYCHOLOGIQUE, adj. [psikoloʒik] (*psychologie*) Qui appartient à la psychologie. *Étude psychologique.* ■ Qui agit sur le mental, sur le comportement de quelqu'un. *Action psychologique.* ■ *Moment psychologique*, moment où il apparaît le plus judicieux d'intervenir. ■ *Guerre psychologique*, lutte livrée sur un terrain psychologique et dans laquelle la résistance nerveuse et morale des adversaires est mise à l'épreuve. ■ PSYCHOLOGIQUEMENT, adv. [psikoloʒik(ə)mɑ̃] *Être psychologiquement très affaibli.*

PSYCHOLOGISME, ■ n. m. [psikoloʒism] (*psychologie*) Tendance qui voue une place trop importante à la psychologie.

PSYCHOLOGUE, n. m. et n. f. [psikolɔg] (*psychologie*) Personne qui s'occupe de psychologie. ■ Adj. Qui connaît et comprend les comportements et les sentiments humains. *Cet homme est très psychologue.* ■ **Rem.** On disait aussi *psychologiste* autrefois.

PSYCHOMOTEUR, TRICE, ■ adj. [psikomotœr, tris] (*psycho-* et *moteur*) Relatif aux fonctions motrices et psychiques. *Rééducation psychomotrice.*

PSYCHOMOTRICIEN, IENNE, ■ n. m. et n. f. [psikomotrisjɛ̃, jɛn] (*psychomoteur*) Personne spécialiste de la psychomotricité.

PSYCHOMOTRICITÉ, ■ n. f. [psikomotrisite] (*psycho-* et *motricité*) Synergie entre les fonctions motrices et le psychisme qui permet à l'individu de s'adapter harmonieusement à son environnement. *La psychomotricité, en utilisant le corps, l'espace et le temps, propose des techniques permettant à la personne de connaître son corps et son environnement immédiat et d'y agir de façon adaptée.*

PSYCHOPATHE, ■ n. m. et n. f. [psikopat] (*psycho* et *-pathe*) Personne atteinte de troubles mentaux se caractérisant par de l'agressivité, de l'impulsivité et de l'instabilité. ■ Malade mental. ■ PSYCHOPATHIE, n. f. [psikopati] *Traiter une psychopathie.*

PSYCHOPATHOLOGIE, ■ n. f. [psikopatoloʒi] (*psycho-* et *pathologie*) Partie de la psychologie qui étudie les troubles psychiques. *La psychopathologie des addictions.*

PSYCHOPÉDAGOGIE, ■ n. f. [psikopedagoʒi] (*psycho-* et *pédagogie*) Pédagogie qui se fonde sur la psychologie. *Certaines méthodes d'apprentissage ont recours à la psychopédagogie.*

PSYCHOPÉDAGOGUE, ■ n. m. ou n. f. [psikopedagɔg] (*psychopédagie*) Personne spécialiste de la psychopédagogie.

PSYCHOPHARMACOLOGIE, ■ n. f. [psikofarmakoloʒi] (*psycho-* et *pharmacologie*) Étude de l'action de produits pharmaceutiques sur les fonctions psychiques. *La psychopharmacologie de la toxicomanie.*

PSYCHOPHYSIOLOGIE, ■ n. f. [psikofizjoloʒi] (*psycho-* et *physiologie*) Science qui étudie les rapports existant entre le fonctionnement de l'organisme et l'activité psychique. *La psychophysiologie est née au XIXᵉ siècle.*

PSYCHOPHYSIQUE, ■ n. f. [psikofizik] (*psycho-* et *physique*) Branche de la psychologie expérimentale qui étudie les relations entre les sensations de l'individu et les stimuli auxquels il est soumis. *Le physicien allemand G. T. Fechner est l'inventeur de la psychophysique dont il expose les principes en 1860.*

PSYCHOPLASTICITÉ, ■ n. f. [psikoplastisite] (*psycho-* et *plasticité*) **Psych.** Sensibilité accrue d'une personne aux influences psychiques exercées sur elle. *La psychoplasticité est une caractéristique de la personnalité hystérique.*

PSYCHOPOMPE, ■ adj. [psikopɔ̃p] (gr. *psukhopompos*, de *pukhê*, âme, et *pempein*, accompagner) **Mythol.** Qui mène les âmes des morts vers l'autre monde. *Charon, ce voyageur psychopompe. Une déesse psychopompe.*

PSYCHOPROPHYLACTIQUE, ■ adj. [psikopʀofilaktik] (*psycho-* et *prophylactique*) Se dit d'une méthode d'accouchement qui vise à diminuer la douleur chez la femme au moment de l'accouchement par une préparation psychologique et des exercices de relaxation et de respiration. *La préparation psychoprophylactique à l'accouchement. La méthode de l'accouchement psychoprophylactique a été introduite en France dans les années cinquante.*

PSYCHORIGIDE, ■ adj. [psikoriʒid] (de *psychorigidité*) **Psych.** Qui fait preuve de psychorigidité. *Un individu paranoïaque et psychorigide.* ■ N. m. et n. f. *Un, une psychorigide.*

PSYCHORIGIDITÉ, ■ n. f. [psikoriʒidite] (*psycho-* et *rigide*) **Psych.** Attitude caractérisée par une obéissance aveugle à des principes, une incapacité à comprendre le point de vue d'autrui et à s'adapter à des situations nouvelles. *La psychorigidité fait partie des mécanismes de défense des personnalités obsessionnelles.*

PSYCHOSE, ■ n. f. [psikoz] (*psycho-* et *-ose* sur le modèle de *névrose*) Maladie mentale grave caractérisée par une déstructuration de la personnalité et dont le malade n'a pas conscience. *Psychose hallucinatoire.* ■ Obsession, crainte excessive. *Psychose collective.*

PSYCHOSENSORIEL, ELLE, ■ adj. [psikosɑ̃sɔʀjɛl] (*psycho-* et *sensoriel*) Qui se rapporte à la fois aux fonctions psychiques et aux perceptions sensorielles. *Le jonglage est considéré comme une activité psychosensorielle. Les hallucinations visuelle et auditive sont des troubles psychosensoriels.*

PSYCHOSOCIAL, ALE, ■ adj. [psikosɔsjal] (*psycho-* et *social*) Qui a trait aux interactions existant entre les faits sociaux et la psychologie des individus. *Les changements psychosociaux engendrés par la sédentarisation.*

PSYCHOSOCIOLOGIE, ■ n.f. [psikosɔsjɔlɔʒi] (*psycho-* et *sociologie*) Science qui met en relation les comportements humains et le groupe social. ■ PSYCHOSOCIOLOGIQUE, adj. [psikosɔsjɔlɔʒik] *Proposer une approche psychosociologique d'un phénomène.* ■ PSYCHOSOCIOLOGUE, n.m. et n.f. [psikosɔsjɔlɔɡ]

PSYCHOSOMATIQUE, ■ adj. [psikosɔmatik] (*psycho-* et *somatique*) **Méd.** Se dit d'un trouble de l'organisme qui naît et se développe sous l'effet d'une influence psychique. *Une maladie psychosomatique.* ■ *Médecine psychosomatique,* partie de la médecine qui s'intéresse aux troubles naissant d'interactions organiques et psychiques. ■ N.f. *Effectuer des recherches en psychosomatique.*

PSYCHOSTIMULANT, ANTE, ■ adj. [psikostimylɑ̃, ɑ̃t] (*psycho-* et *stimulant*) Se dit d'une substance qui a la propriété de stimuler l'activité cérébrale et d'augmenter la vigilance. *La caféine est psychostimulante.* ■ N.m. *Un psychostimulant.*

PSYCHOTECHNICIEN, IENNE, ■ n.m. et n.f. [psikotɛknisjɛ̃, jɛn] (*psychotechnique*) Personne dont la spécialité est la psychotechnique. *Le psychotechnicien qui travaille dans le service du personnel d'une entreprise est chargé de la sélection des candidats à un poste de travail.*

PSYCHOTECHNIQUE, ■ n.f. [psikotɛknik] (*psycho-* et *technique*) **Psych.** Ensemble des méthodes d'analyse utilisées afin d'évaluer les capacités mentales, sensorielles et psychomotrices d'un individu donné. ■ Adj. *Les tests psychotechniques sont de plus en plus utilisés lors des recrutements professionnels.*

PSYCHOTHÉRAPEUTE, ■ n.m. et n.f. [psikoteʀapøt] (*psycho-* et *thérapeute*) Médecin dont la spécialité est la psychothérapie. *Consulter un psychothérapeute.*

PSYCHOTHÉRAPIE, ■ n.f. [psikoteʀapi] (*psycho-* et *thérapie*) Thérapeutique des maladies psychiques telles que les troubles caractériels, les névroses, les psychoses, etc. *Psychothérapie familiale.* ■ PSYCHOTHÉRAPIQUE ou PSYCHOTHÉRAPEUTIQUE, adj. [psikoteʀapik, psikoteʀapøtik] *Consultation psychothérapique. La prise en charge psychothérapeutique.*

PSYCHOTIQUE, ■ adj. [psikotik] (*psychose*) Qui a trait à la psychose. *Une violence psychotique.* ■ Adj. Qui souffre d'une psychose. *Traiter un patient psychotique.* ■ N.m. et n.f. Malade atteint d'une psychose. *Les psychotiques et les névrotiques.*

PSYCHOTONIQUE, ■ n.m. [psikotonik] (*psycho-* et *tonique*) **Méd.** Médicament, substance qui stimule l'activité cérébrale et augmente la vigilance. *La caféine est un psychotonique.* ■ Adj. *Une substance aux propriétés psychotoniques.*

PSYCHOTROPE, ■ n.m. [psikotʀɔp] (*psycho-* et *trope*) **Méd.** Médicament tranquillisant ou stimulant qui agit sur le psychisme. *Classification des psychotropes.* ■ Adj. *Les médicaments psychotropes.*

PSYCHROMÈTRE, ■ n.m. [psikʀɔmɛtʀ] (gr. *psychros*, froid et *-mètre*) **Techn.** Instrument composé de deux thermomètres, dont l'un mesure la température de l'air ambiant et l'autre la température de l'air humide, et qui permet de calculer l'humidité atmosphérique à un moment donné. *Le psychromètre est utilisé en météorologie.*

PSYCHROMÉTRIE, ■ n.f. [psikʀɔmetʀi] (*psychromètre*) Détermination de l'humidité relative de l'air grâce à un psychromètre. *Les techniques de conditionnement de l'air utilisent la psychrométrie.*

1 **PSYLLE**, n.m. [psil] (*ylle se prononce il*, comme dans *ville* ; lat. *Psylli*, du gr. *Psulloi*, peuple de Libye) Charlatan qui apprivoise les serpents et joue avec eux. ♦ Il ne se dit guère qu'en parlant des anciens ou des pays étrangers.

2 **PSYLLE**, ■ n.m. ou n.f. [psil] (*ylle se prononce il*, comme dans *ville* ; gr. *psulla*, puce) **Entomol.** Insecte de petite taille possédant des pattes lui permettant de sauter et dont certaines espèces sont nuisibles aux arbres. *Nombre d'agriculteurs se plaignent du psylle du poirier dont le miellat souille le fruit et le rend impropre à la consommation.*

PSYLLIUM, n.m. [psiljɔm] (lat. impér. *psyllion*, plantain ou herbe aux puces) **Bot.** Plante du sud de l'Europe et de l'Algérie, aux petites graines allongées et luisantes, employées en médecine pour leurs propriétés laxatives. *La graine de psyllium est la source la plus concentrée de fibres solubles parmi toutes les céréales. Des psylliums.*

PTARMIQUE, n.f. [ptaʀmik] (gr. *ptarmikê*, litt. qui fait éternuer, de *ptairein*, éternuer) Plante dont les feuilles et les fleurs ont été employées comme sternutatoires.

PTÉRANODON, ■ n.m. [pteʀanodɔ̃] (gr. *ptêron*, aile et *anodous*, sans dents) Gros reptile volant au crâne allongé, possédant un long bec et dépourvu de dents, qui vivait au crétacé supérieur et que l'on pouvait trouver en Amérique du Nord et en Russie. *Le ptéranodon était un inoffensif mangeur de poissons qui emportait ses proies dans la poche membraneuse de son bec.*

PTÉRIDOPHYTE, ■ n.m. [pteʀidofit] (gr. *pteris*, *-idos*, fougère et *-phyte*) **Bot.** Embranchement de plantes vasculaires dépourvues de fleurs et de graines et dont le cycle de développement est constitué de deux étapes : l'une asexuée et l'autre sexuée. *Les ptéridophytes constituent un groupe de végétaux qui a connu son apogée au carbonifère (-300 millions d'années).*

PTÉRIDOSPERMÉE, ■ n.f. [pteʀidospɛʀme] (gr. *pteris*, *-idos*, fougère et *sperma*, graine) Plante fossile à feuilles semblables à celles des fougères et possédant des sortes de graines. *Une ptéridospermée datant du carbonifère.*

PTÉROBRANCHE, ■ n.m. [pteʀobʀɑ̃ʃ] (*ptéro* et *-branche*) **Zool.** Animal marin vivant en colonies sur les fonds océaniques profonds et respirant essentiellement par des bras tentaculaires qui jouent le rôle de branchies.

PTÉRODACTYLE, adj. [pteʀodaktil] (*ptéro-* et *-dactyle*) **Zool.** Qui a les doigts lobés ou réunis par une membrane. ♦ N.m. Genre de reptiles sauriens dont on ne connaît que des débris fossiles.

PTÉROPODE, ■ n.m. [pteʀopɔd] (*ptéro-* et *-pode*) Gastéropode marin nageur ayant une fine coquille calcaire conique et vivant en haute mer.

PTÉROSAURIEN, ■ n.m. [pteʀozɔʀjɛ̃] (*ptéro-* et de *saurien*) Groupe de reptiles fossiles de l'ère secondaire qui pouvaient voler. *Les ptérosauriens étaient ovipares.*

PTÉRYGION, n.m. [pteʀiʒjɔ̃] (gr. *pterugion*) L'aile du nez, chez les mammifères. ♦ **Chir.** Épaississement partiel de la conjonctive oculaire se présentant sous l'apparence d'un repli de forme triangulaire, dit aussi onglet.

PTÉRYGOÏDE, ■ adj. [pteʀigoid] (gr. *pterugoeidês*, qui ressemble à une aile, de *pterux*, *-ugos*, aile, et *eidos*, aspect) **Anat.** *Apophyse ptérygoïde*, apophyse osseuse de la face inférieure de l'os sphénoïde situé en arrière des fosses nasales. ■ N.f. *La ptérygoïde.*

PTÉRYGOTE, ■ n.m. [pteʀigɔt] (gr. *pterugôtos*, muni d'ailes, de *pterugoun*, donner des ailes) Sous-classe d'insectes caractérisés par deux paires d'ailes sur le deuxième et le troisième segment thoracique. *Les ptérygotes se répartissent en trente-six ordres dont huit sont fossiles. Les ptérygotes et les aptérygotes constituent les deux sous-classes de la classe des insectes.*

PTOLÉMAÏQUE, ■ adj. [ptolemaik] (lat. *ptolemaicus*, de *Ptolemæus*, Ptolémée) **Hist.** Qui a trait à la dynastie des Ptolémées qui régna sur l'Égypte du IVᵉ au Iᵉʳ siècle avant J.-C. *Des temples ptolémaïques.*

PTOMAÏNE, ■ n.f. [ptomain] (ital. *ptomaina*, du gr. *ptôma*, cadavre) **Biol.** Nom générique de toute substance toxique se formant à partir d'acides aminés lors de la décomposition de molécules organiques déterminées. *Une intoxication alimentaire à la ptomaïne.*

PTÔSE, ■ n.f. [ptoz] (gr. *ptôsis*, chute, de *piptein*, tomber) **Méd.** Relâchement, abaissement d'un tissu, d'un organe. *Ptôse mammaire.*

PTOSIS ou **PTÔSIS**, ■ n.m. [ptozis] (gr. *ptôsis*, chute) Abaissement de la paupière supérieure qui est la conséquence d'un trouble musculaire ou neurologique d'origine congénitale. *Des ptosis.*

PTYALISME, n.m. [ptjalism] (gr. *ptualismos*, de *ptualon*, salive) **Méd.** Sécrétion surabondante de la salive et du fluide muqueux buccal.

1 **PU, UE**, p.p. de paître. [py]

2 **PU, UE**, p.p. de pouvoir. [py]

PUAMMENT, adv. [pɥamɑ̃] ou [pyamɑ̃] (*puant*) ▷ D'une manière puante. ♦ Fig. *Mentir puamment*, mentir avec impudence. ◁

PUANT, ANTE, adj. [pɥɑ̃, ɑ̃t] ou [pyɑ̃, ɑ̃t] (*puer*) Qui pue. ♦ *Le gaz puant*, le gaz hydrogène sulfuré. ♦ *Bêtes puantes*, les renards, les blaireaux, etc. ♦ Fig. *Mensonge puant, menteur puant*, mensonge, menteur impudent. ♦ N.m. et n.f. Pop. Personne vaniteuse. ♦ Nom de certains animaux : le puant d'Amérique, la mouffette, la huppe et le martin-pêcheur.

PUANTEUR, n.f. [pɥɑ̃tœʀ] ou [pyɑ̃tœʀ] (*puant*) Mauvaise odeur. « *Le sang corrompu répandait une puanteur capable de suffoquer* », FÉNELON.

PUANTISE, n.f. [pɥɑ̃tiz] ou [pyɑ̃tiz] (*puant*) ▷ Chose puante. ◁

1 **PUB**, ■ n.f. [pyb] (abrév. de *publicité*) **Fam.** Publicité. *Faire de la pub.* « *La pub nous traque, nous matraque, nous a à l'usure* », LE DEVOIR.

2 **PUB**, ■ n.m. [pœb] (mot angl., abrév. de *public house*, établissement public) Lieu public dans les pays anglo-saxons où l'on sert des boissons alcoolisées, principalement de la bière. ■ En France, bar au décor britannique.

PUBALGIE, ■ n. f. [pybalʒi] (*pubis* et -*algie*) **Méd.** Affection dont le principal symptôme est une forte douleur dans la région pubienne et qui est due à des lésions osseuses, tendineuses et musculaires. *La pubalgie est très fréquente chez les sportifs, elle est provoquée par des traumatismes répétés.*

PUBÈRE, adj. [pybɛʁ] (lat. *puber*, adulte) Qui a atteint l'âge de puberté. ♦ **Dr.** Qui a atteint l'âge où la loi permet qu'on se marie.

PUBERTAIRE, ■ adj. [pybɛʁtɛʁ] (*puberté*) Qui a trait à la puberté. *L'évolution pubertaire.*

PUBERTÉ, n. f. [pybɛʁte] (lat. *pubertas*) Âge où les individus sont nubiles. ♦ *Âge de puberté*, l'âge auquel la loi permet qu'on se marie.

PUBESCENCE, ■ n. f. [pybesɑ̃s] **Bot.** État pubescent d'un organe végétal. *Pubescence des feuilles d'une fleur.* ■ **Par anal.** Pilosité du corps. *La pubescence est un des caractères sexuels qui apparaît à la puberté.*

PUBESCENT, ENTE, adj. [pybesɑ̃, ɑ̃t] (lat. *pubescens*, de *pubescere*, se couvrir de poil follet, devenir pubère) **Bot.** Garni de poils fins et courts. *Bractée pubescente.* ■ Qui en en pleine période pubertaire, en parlant d'un adolescent.

PUBIEN, IENNE, adj. [pybjɛ̃, jɛn] (*pubis*) **Anat.** Qui appartient ou a rapport au pubis.

PUBIS, n. m. [pybis] (on prononce le *s* final ; b. lat. *pubis*, de *pubes*, signe de la virilité, poil, aine, pubis) **Anat.** Os situé à la partie antérieure et supérieure du bassin. ♦ On dit aussi adjectivement : *Os pubis.*

PUBLIABLE, ■ adj. [pyblijabl] (*publier*) Qui convient aux objectifs fixés et qui par conséquent peut être publié. *Un article publiable.*

PUBLIC, IQUE, adj. [pyblik] (lat. *publicus*) Qui appartient à tout un peuple, qui concerne tout un peuple. *Le bien public. L'ordre public.* ♦ *Morale publique*, l'ensemble des préceptes que doivent observer les hommes à l'égard de leurs semblables. ♦ *Puissance publique*, la puissance du peuple, de la nation. ♦ *Autorité publique*, l'ensemble des fonctionnaires et des magistrats chargés de l'administration publique. ♦ *La chose publique*, l'État. ♦ *Personne publique*, personne revêtue de l'autorité publique. ♦ On dit dans un sens analogue : *Fonctions publiques.* ♦ *Vie publique*, actions d'un homme revêtu de quelque autorité publique. ♦ *Charges publiques*, impositions que tout le monde doit payer pour subvenir aux dépenses de l'État. ♦ *Services publics*, les diverses branches de l'administration des affaires de l'État. ♦ *Ministère public*, magistrature établie près de chaque tribunal, pour y requérir l'exécution et l'application des lois. ♦ Commun, à l'usage de tous. *La voie publique.* ♦ *Édifices publics*, édifices employés aux différents services publics. ♦ **Pratiq.** *Marchande publique*, femme qui tient boutique ouverte, et qui, à cause de son commerce, peut s'obliger sans l'autorisation de son mari. ♦ Qui est manifeste, connu de tout le monde, répandu de toutes parts. *Un bruit public. Il est public que, etc.* ♦ Qui a lieu en présence de tout le monde. *Cours public. Débats publics.* ♦ **N. m.** Le peuple pris en général. « *Je rends au public ce qu'il m'a prêté : j'ai emprunté de lui la matière de cet ouvrage, il est juste que je lui en fasse la restitution* », La Bruyère. ♦ Nombre plus ou moins considérable de personnes réunies pour assister à un spectacle, à une cérémonie, à une réunion, etc. ♦ **EN PUBLIC, loc. adv.** En présence de tout le monde, à la vue de tout le monde. ♦ *En demi-public*, en ne se montrant et ne se cachant qu'à moitié. ■ *École publique, enseignement public*, école, enseignement gratuit, pris en charge par l'État et obligatoire en France jusqu'à l'âge de seize ans. ♦ **Fam.** *Être bon public*, ne pas être très critique, apprécier facilement une prestation, une histoire drôle, un spectacle, etc. *Les enfants ont beaucoup ri, ils sont bon public.* ♦ *Grand public*, qui s'adresse au plus grand nombre. *Une production cinématographique grand public.*

PUBLICAIN, n. m. [pyblikɛ̃] (lat. *publicanus*) Chez les anciens Romains, fermier des deniers publics. ♦ **Par dénigrement** Traitant, financier, homme d'affaires.

PUBLICATION, n. f. [pyblikasjɔ̃] (lat. *publicatio*, confiscation, vente à l'encan, de *publicare*, adjuger à l'état) Action de publier. *La publication d'une ordonnance. Publication de mariage.* ♦ Ordonnance publiée. ♦ Action de faire paraître un livre, un journal, etc. ♦ L'ouvrage même qui a paru. *Une publication intéressante.*

PUBLICISTE, n. m. et n. f. [pyblisist] (*public*) Personne qui écrit sur le droit public, qui est versé dans cette science. ♦ ▷ Écrivain politique. ◁ ■ Professionnel de la publicité. ■ **Rem.** Ce dernier emploi est critiqué.

PUBLICITAIRE, ■ adj. [pyblisitɛʁ] (*publicité*) Qui contribue à la publicité. *Panneaux, spots publicitaires.* ■ Relatif à la publicité. *Budget, vente publicitaire.* ■ Qui se consacre à la publicité. *Agence, rédacteur publicitaire.* ■ **N. m.** et n. f. Professionnel de la publicité.

PUBLICITÉ, n. f. [pyblisite] (*public*) Notoriété publique. *La publicité d'un crime.* ♦ Qualité de ce qui est rendu public. *La publicité des débats parlementaires, d'une audience.* ♦ État de ce qui appartient au public, de ce qui est d'un usage public. ■ Action de faire connaître au public un produit et d'inciter à son achat ; ensemble des moyens employés à cet effet. ■ Affiche, film, annonce qui fait la publicité d'un produit. ■ *Agence de publicité* ou fam. *agence de pub*, entreprise dont le but est de trouver et de mettre en œuvre les moyens les plus pertinents pour faire connaître un produit. ■ *Publicité collective*, annonce qui ne mentionne pas de marque précise et qui est payée par plusieurs fabricants pour vanter les mérites d'un produit. *Les produits laitiers font l'objet de publicité collective.* ■ *Publicité institutionnelle*, publicité visant à développer la notoriété d'une entreprise ou visant à lui conférer une image positive. ■ **Dr.** *Publicité foncière*, opération ayant pour but de porter à la connaissance des tiers certains actes juridiques portant sur des biens immobiliers.

PUBLIÉ, ÉE, p. p. de publier. [pyblije]

PUBLIER, v. tr. [pyblije] (lat. *publicare*, adjuger à l'état, mettre à la disposition du public, montrer au public) Rendre public et notoire. *Publier une loi, un manifeste, une nouvelle.* ♦ Dire partout. « *Que ne publieront point l'envie et l'imposture ?* », P. Corneille. ♦ **Fam.** *Publier quelque chose sur les toits*, le divulguer avec éclat. ♦ Déclarer hautement. « *Un enfant courageux publie Que Dieu lui seul est éternel* », Racine. ♦ Vanter. « *J'entends de tous côtés publier vos vertus* », Racine. ♦ Éditer, faire paraître. *Publier des écrits.* ♦ ▷ Se publier, v. pr. Se vanter en qualité de. « *Le vaudois se publie le seul saint, le seul ministre des sacrements* », Bossuet. ◁ ♦ Être publié. *Cette ordonnance se publiera demain.* ♦ Être édité.

PUBLI-INFORMATION, ■ n. f. et n. m. [pybliɛ̃fɔʁmasjɔ̃] (*publi-* et *information*) Publicité qui ressemble par la forme et par le style à un article de journal. *Des publi-informations.* ■ **Rem.** Ce terme est un synonyme de publireportage.

PUBLIPHONE, ■ n. m. [pyblifɔn] (nom déposé, de *public* et *téléphone*) Poste téléphonique installé dans un lieu public et utilisable en introduisant dans l'appareil une carte téléphonique ou une carte bancaire.

PUBLIPOSTAGE, ■ n. m. [pyblipɔstaʒ] (*publi-* et *postage*) Prospection ou vente par voie postale.

PUBLIQUEMENT, adv. [pyblik(ə)mɑ̃] (*public*) D'une manière publique, avec publicité, au su et au vu de tout le monde.

PUBLIREPORTAGE, ■ n. m. [pybliʁəpɔʁtaʒ] (*publi-* et *reportage*) Publicité proposée sous la forme d'un reportage.

PUCCINIE n. f. ou **PUCCINIA**, ■ n. m. [pyksini, pyksinja] (*Puccini*, anatomiste it.) Champignon parasite qui cause l'apparition de pustules sur les feuilles des végétaux qu'il attaque.

PUCE, n. f. [pys] (lat. *pulicem*, accus. de *pulex*) Genre d'insectes de l'ordre des aphaniptères. ♦ Insecte qui se nourrit du sang de l'homme et de quelques animaux. ♦ **Fig.** *Avoir la puce à l'oreille*, être inquiet, agité. ♦ *Mettre à quelqu'un la puce à l'oreille*, lui inspirer des inquiétudes. ♦ *Puce de mer*, petit insecte aquatique. ♦ **Adj. inv.** Qui est d'un brun semblable à celui de la puce. *Des habits puce.* ♦ Petite plaque d'un matériau semi-conducteur où se situe un circuit intégré. *Une carte à puce.* ■ *Marché aux puces*, ou *les puces*, marché où l'on vend des produits d'occasion généralement à bas prix. *Il a acheté ce meuble aux puces.* ■ **Fam.** *Secouer les puces à quelqu'un*, lui faire des remontrances, généralement pour le pousser à agir. *Elle a eu une discussion avec son père, il lui a secoué les puces.*

PUCEAU, PUCELLE, ■ n. m. et n. f. [pyso, pysɛl] (*pucelle* : lat. vulg. *pullicella*, jeune vierge, p.-ê. de *pulla*, sans tache, du lat. *purus*, pur ; *puceau*, de *pucelle*) **Fam.** Personne qui n'a jamais eu de relations sexuelles. ■ **Adj.** *Être puceau.* ■ *La pucelle d'Orléans*, Jeanne d'Arc.

PUCELAGE, ■ n. m. [pys(ə)laʒ] (*pucelle*) **Fam.** Virginité. ■ **Fam.** *Perdre son pucelage*, avoir des relations sexuelles pour la première fois.

PUCERON, n. m. [pys(ə)ʁɔ̃] (dim. de *puce*) Genre d'insectes hémiptères qui s'attachent aux plantes.

PUCHE, ■ n. f. [pyʃ] (mot norm., de *pucher*, puiser) **Normand.** Filet à manche, en forme de demi-cercle, utilisé pour pêcher à même le sable les crevettes grises et les petits poissons.

PUCHEUX, ■ n. m. [pyʃø] (mot norm., de *pucher*, puiser) **Normand.** Ustensile servant à puiser les liquides.

PUCIER, ■ n. m. [pysje] (*puce*) **Arg. Lit.** *Je refuse de dormir sur ce pucier.*

PUDDING, ■ n. m. [pudiŋg] Voy. POUDING.

PUDDLAGE, ■ n. m. [pydlaʒ] (*puddler*) Action de puddler.

PUDDLER, v. tr. [pydle] (angl. *to puddle*, malaxer) Affiner la fonte à la houille par un traitement spécial qui consiste à placer la fonte dans un four à réverbère, et à la porter à une haute température.

PUDDLEUR, n. m. [pydlœʁ] (*puddler*) Ouvrier employé au puddlage.

PUDEUR, n. f. [pydœʁ] (lat. *pudor*) Honte honnête causée par l'appréhension de ce qui peut blesser la décence. ♦ **Fig.** « *Tous mes écrits, enfants d'une chaste candeur, N'ont jamais fait rougir le front de la pudeur* », Gilbert.

« *Quelle aimable pudeur sur leur visage est peinte !* », Racine. ◆ Honte honnête causée par l'appréhension de ce qui peut blesser la modestie, l'honnêteté. « *La femme sainte et pleine de pudeur est une grâce qui passe toute grâce* », Saci. ◆ *Homme sans pudeur*, homme qui ne rougit de rien. ◆ Sorte de discrétion, de retenue, de modestie qui empêche de dire, d'entendre ou de faire certaines choses sans embarras. « *Il [l'ami] cherche vos besoins au fond de votre cœur ; Il vous épargne la pudeur De les lui découvrir vous-même* », La Fontaine. ■ **Dr.** *Attentat, outrage à la pudeur*, délit consistant en un acte propre à offenser la pudeur d'une personne. *Être condamné pour attentat à la pudeur.* ◆ *Avoir la pudeur de*, avoir la discrétion, la délicatesse de faire une chose. *Il a eu la pudeur de ne pas s'en vanter.*

PUDIBOND, ONDE, adj. [pydibɔ̃, ɔ̃d] (lat. *pudibundus*, qui éprouve de la honte) Ne se dit guère que par plaisanterie. Qui est plein de pudeur. *Air pudibond. Jeune homme pudibond.* ◆ *Rougeur pudibonde*, rougeur du visage produite par la timidité, par la pudeur.

PUDIBONDERIE, ■ n. f. [pydibɔ̃d(ə)ʀi] (*pudibond*) Pudicité excessive et souvent déplacée.

PUDICITÉ, n. f. [pydisite] (lat. *pudicus*) Pureté du corps et de l'âme.

PUDIQUE, adj. [pydik] (lat. *pudicus*) Qui a de la pudicité. « *Vous aviez reçu en naissant une âme si pudique* », Massillon. ◆ Il se dit des choses. « *Les grâces pudiques de la reine Esther* », Bossuet. ■ **Bot.** Se dit de plantes qui, au moindre choc, abaissent leurs feuilles et leurs branches. ■ Qui ne montre pas facilement ses sentiments, ni l'intimité de son corps. *C'est une fille très pudique.*

PUDIQUEMENT, adv. [pydik(ə)mã] (*pudique*) D'une manière pudique.

PUER, v. intr. [pɥe] ou [pye] (lat. *putere*, être pourri, puer) Exhaler une odeur fétide. *Viande qui commence à puer.* ◆ **Fig.** et **pop.** *Cela lui pue, lui pue au nez*, il en est dégoûté, rebuté. ◆ **Fig.** et **fam.** *Il fait tellement parade de son savoir qu'il en pue.* ◆ V. tr. *Puer l'ail, le vin*, exhaler une odeur d'ail, de vin. ◆ **Fig.** « *Ah ! sollicitude à mon oreille est rude ; Il pue étrangement son ancienneté* », Molière. ◆ **Prov.** *Paroles ne puent point*, ou *parole ne pue point*, se dit par excuse quand on est obligé de nommer quelque chose de sale.

PUÉRICULTURE, ■ n. f. [pɥeʀikyltyʀ] (lat. *puer*, enfant et *-culture*) Science relative au développement physique et psychique des jeunes enfants. *Méthodes de puériculture.* ■ PUÉRICULTEUR, TRICE, n. m. et n. f. [pɥeʀikyltœʀ, tʀis]

PUÉRIL, ILE, adj. [pɥeʀil] (lat. *puerilis*) ▷ Qui appartient à l'enfance. *Âge puéril. L'instruction puérile.* ◁ ◆ *La Civilité puérile*, titre d'un livre fait pour apprendre la civilité aux enfants. ◁ ◆ **Fig.** et **fam.** *Il n'a pas lu* La Civilité puérile, il manque aux devoirs de la civilité. ◆ **Par extens.** Frivole, qui rappelle l'enfance. *Discours puérils.* « *Parmi les vices puérils, il n'y a personne qui ne voie que le plus puéril de tous, c'est l'honneur que nous mettons dans les choses vaines* », Bossuet. ■ **Vx Méd.** *Respiration puérile*, respiration plus bruyante qu'à l'accoutumée.

PUÉRILEMENT, adv. [pɥeʀil(ə)mã] (*puéril*) D'une manière puérile.

PUÉRILISME, ■ n. m. [pɥeʀilism] (*puéril*) **Psych.** Trouble caractérisé par une régression des dispositions mentales vers celles de l'enfant et trouvant ses manifestations dans l'expression d'un langage, de mimiques et de préoccupations propres à l'enfance. *On peut observer le puérilisme dans certaines formes d'hystérie.*

PUÉRILITÉ, n. f. [pɥeʀilite] (lat. *puerilitas*, enfance, puérilité) Ce qui tient de l'enfant, dans la raisonnement ou dans l'action. *Il y a de la puérilité dans ce raisonnement.* ◆ Discours, action d'enfant. « *Dire que la couronne de France est si noble qu'elle ne peut admettre de femmes, c'est une grande puérilité* », Voltaire. « *Un diseur de puérilités sonores* », Diderot. ■ **Péj.** Caractère d'une personne ou d'une action qui manque de maturité. *Ces chamailleries sont d'une puérilité !*

PUERPÉRAL, ALE, adj. [pɥɛʀpeʀal] (lat. *puerpera*, femme en couches, de *puer* et *parere*, enfanter) **Méd.** Qui tient à l'accouchement. *Accidents puerpéraux.* ◆ *Fièvre puerpérale*, fièvre qui attaque les femmes en couche.

PUFF, n. m. [puf] (*u* se prononce *ou*. Mot angl., souffle, chose ou discours vain) Tromperie de charlatan, annonce pour leurrer Voy. pouf.

PUFFIN, ■ n. m. [pyfɛ̃] (mot angl., p.-ê. de *puff* pour son aspect gonflé) Espèce d'oiseau palmipède au bec long, puissant et crochu et au plumage généralement brun. *Le puffin majeur, le puffin véloce, le puffin cendré. Des puffins.*

PUGILAT, n. m. [pyʒila] (lat. *pugilatus*, de *pugnus*, poing) Combat à coups de poing en usage dans les anciens gymnases. ◆ Chez nous, tout combat à coups de poing. ◆ **Fig.** *Pugilat littéraire.*

PUGILISTE, ■ n. m. [pyʒilist] (lat. *pugil*, génit. *pugilis*) **Antiq.** Personne pratiquant le pugilat. *Statuette d'un pugiliste datant de 400 avant J.-C.* ■ **Litt.** Boxeur, lutteur.

PUGILISTIQUE, ■ adj. [pyʒilistik] (*pugiliste*) **Litt.** Qui a trait au pugilat antique ou à la boxe. *Un club pugilistique.*

PUGNACE, ■ adj. [pygnas] (lat. *pugnax*, belliqueux) **Litt.** Qui recherche l'affrontement, le combat. *Devoir faire face à un adversaire pugnace.*

PUGNACITÉ, ■ n. f. [pygnasite] (le *g* se prononce séparément du *n* ; lat. impér. *pugnacitas*, ardeur au combat, de *pugnax*, belliqueux) **Litt.** Attitude, caractère consistant à rechercher l'affrontement, le combat. ■ **Fig.** Ardeur, détermination dans une lutte idéologique ou dans la défense d'intérêts. *Lorsqu'il s'agit de défendre ses idées, il ne manque pas de pugnacité.*

PUINE, n. m. [pɥin] (orig. inc.) **Gruerie** Se dit des arbrisseaux qui sont censés mort-bois.

PUÎNÉ, ÉE ou **PUINÉ, ÉE,** adj. [pɥine] (*puis* et *né*) Qui est né après un frère, après une sœur. *Frère puîné. Sœur puînée.* ◆ N. m. et n. f. *Un puîné. Une puînée.*

PUIS, adv. [pɥi] (lat. pop. *postius*, réfection de *post* d'après *melius*, mieux) Ensuite. « *Il s'agit premièrement de pourvoir au nécessaire, et puis au superflu ; ensuite viennent les édifices, et puis les immenses richesses* », J.-J. Rousseau. ◆ Il est quelquefois adverbe de lieu. *Derrière lui était assis un tel, puis un tel.* ◆ *Et puis*, d'ailleurs, au reste. « *Et puis comment percer cette foule effrayante ?* », Boileau. ◆ Ellipt. et par forme d'interrogation. *Il vous a donné de belles paroles ; et puis ?*

PUISAGE, n. m. [pɥizaʒ] (*puiser*) Action de puiser.

PUISARD, n. m. [pɥizaʀ] (*puits*) Espèce de puits, bâti ordinairement à pierre sèche, pour recevoir et faire écouler des eaux inutiles. ◆ Ouverture par où l'on pénètre dans un aqueduc pour le nettoyer ou le réparer. ■ **Mar.** Espace compris entre deux varangues et où s'accumulent les eaux de cales.

PUISATIER, n. m. [pɥizatje] (*puits*) Ouvrier qui creuse les puits.

PUISÉ, ÉE, p. p. de puiser. [pɥize]

PUISEMENT, n. m. [pɥiz(ə)mã] (*puiser*) ▷ Action de puiser. ◁

PUISER, v. tr. [pɥize] (*puits*) Plonger un vase dans un liquide pour avoir de ce liquide. *Puiser de l'eau à une fontaine, du vin dans la cuve.* ◆ **Fig.** « *Nous puisâmes tous deux, dans ce sang dont je sors, L'excès des passions qui dévorent une âme* », Voltaire. ◆ **Absol.** Puiser à la rivière. ◆ **Fig.** *Puiser dans la bourse de quelqu'un*, lui emprunter librement de l'argent. ◆ **Fig.** Se dit des choses intellectuelles et morales. « *Pour paraître ne devoir rien aux autres, mais puiser tout de votre fonds* », La Bruyère. « *Eschyle puisa dans les poèmes épiques d'Homère la véritable idée de la tragédie* », Rollin. ◆ **Absol.** *C'est un auteur qui puise partout.* ◆ *Puiser dans la source, dans les sources, aux sources*, lire les auteurs originaux. ◆ *Se puiser*, v. pr. Être puisé.

PUISETTE, ■ n. f. [pɥizɛt] (*puiser*) Vase, généralement en métal ou en bois, dont on se servait pour puiser de l'eau. *Prendre de l'eau au puits avec une puisette.*

PUISQUE, conj. [pɥisk] (*puis* et *que*) qui marque la cause, le motif. « *Puisqu'on plaide et qu'on meurt et qu'on devient malade, Il faut des médecins, il faut des avocats* », La Fontaine. ◆ Quelquefois on sépare *puis* de *que*. *Puis donc que vous le voulez.* ◆ Le *e* de *puisque* s'élide lorsqu'il est suivi de *il, ils, elle, elles, on, un, une*, ou d'un mot avec lequel cette conjonction est étroitement liée : *Puisqu'il le veut, puisqu'ainsi est.*

PUISSAMMENT, adv. [pɥisamã] (*puissant*) Avec puissance. « *Il sait... que le Grand Seigneur arme puissamment* », La Bruyère. ◆ Avec force. « *Cela confirme puissamment ce que vous dites si bien* », Mme de Sévigné. ◆ Extrêmement. « *Je sentirais mon mal puissamment soulagé* », P. Corneille. ◆ *Puissamment riche*, très riche. ◆ *C'est puissamment raisonner*, se dit par ironie d'un raisonnement ridicule.

PUISSANCE, n. f. [pɥisãs] (*puissant*) Droit ou acte par lequel on commande aux autres, autorité. *La puissance des rois. Puissance paternelle.* « *Toute puissance est faible à moins que d'être unie* », La Fontaine. ◆ *De notre pleine puissance*, formule dont le roi se servait en certaines lettres patentes. ◆ *De puissance absolue*, en vertu de la puissance absolue. ◆ *Avoir, tenir une personne, une chose en sa puissance*, en être le maître, le possesseur, en pouvoir disposer à son gré. ◆ *Ce jeune homme est en puissance de père et de mère*, il ne peut disposer de rien sans le consentement de son père et de sa mère. ◆ *Cette femme est en puissance de mari*, elle ne peut contracter ni disposer de rien sans être autorisée de son mari. ◆ *Toute-puissance*, Voy. toute-puissance. ◆ *La puissance législative*, la partie des pouvoirs publics qui a le droit de faire les lois. *La puissance exécutive*, celle qui applique les lois et administre. ◆ *Les deux puissances*, le pouvoir spirituel et le pouvoir temporel, ou la puissance ecclésiastique et la puissance séculière. ◆ *Puissance du glaive*, autorité qu'a le souverain de condamner à mort. ◆ *Puissance des clés*, pouvoir de remettre ou de retenir les péchés. ◆ Domination, empire. *Alexandre soumit l'Asie à sa puissance.* ◆ État souverain. *Les grandes puissances.* ◆ *Traiter de puissance à puissance*, d'égal à égal. ◆ **Au pl.** *Les puissances, les puissances supérieures ou les puissances suprêmes*, les rois, les princes, les grands. ♦ *Les puissances de la terre,* les hommes puissants. ♦ **Fam. et absol.** *Les puissances,* ceux qui possèdent les premières dignités de l'État. ♦ *Flatter les puissances,* flatter les gens en crédit. ♦ *Se croire une puissance,* se croire un personnage important. ♦ Force militaire ou navale. ♦ Il se dit de la Divinité et des êtres divins. *La puissance divine. Les puissances célestes. Les puissances du ciel,* les anges. *Les puissances des ténèbres, de l'enfer,* les démons. ♦ **Théol.** Nom d'une des hiérarchies des anges (qu'on écrit avec une majuscule et qu'on ne dit qu'au pluriel). ♦ Pouvoir de faire quelque chose. « *Il n'est pas en ma puissance de dissimuler ma joie* », BALZAC. « *L'homme n'a connu que tard l'étendue de sa puissance, et même il ne la connaît pas encore assez* », BUFFON. ♦ **Fig.** Empire exercé sur l'âme, sur l'esprit. *La puissance de la parole, des larmes, etc.* ♦ Efficacité, vertu. *La puissance d'un remède.* ♦ Faculté. *La mémoire est une des puissances de l'entendement.* ♦ Il se dit aussi des facultés corporelles. « *Un malade frappé dans toutes ses puissances* », MASSILLON. ♦ **Philos.** Possibilité de devenir acte, par opposition à l'acte. *Passer de la puissance à l'acte. Le gland est un chêne en puissance.* ♦ **Écon. rurale** L'aptitude de la terre à produire. ♦ **Minér.** Épaisseur d'une couche ou d'un filon. ♦ **Méc.** Toute force dont on dispose pour équilibrer ou vaincre une autre force. *Puissance motrice.* ♦ **Phys.** Portée d'un instrument d'optique. ♦ **Chim.** Énergie d'un alcali ou d'un acide. ♦ **Math.** Chaque degré auquel on élève une quantité, en la multipliant par elle-même : *4 = 2 × 2, c'est la seconde ou deuxième puissance ; 8 = 2 × 2 × 2, c'est la troisième puissance. La deuxième puissance et la troisième puissance ont reçu les noms particuliers de carré et de cube.* ♦ Au trictrac, *prendre son coin par puissance,* prendre son coin en diminuant un à un point sur chacun des dés amenés.

PUISSANT, ANTE, adj. [pɥisɑ̃, ɑ̃t] (adj. à forme de p. prés. dér. des formes en *puis-* de *pouvoir*) Qui a beaucoup de puissance. *Roi puissant. Nation puissante.* ♦ Tout-puissant, Voy. TOUT-PUISSANT. ♦ *Haut et puissant seigneur, haute et puissante dame, très haut et très puissant prince, etc.,* titres donnés dans les actes et monuments publics aux grands seigneurs, aux grandes dames, aux princes. ♦ Qui est capable de produire un effet considérable. *Remèdes, raisonnements puissants.* ♦ *Puissant sur.* « *La prière d'un homme de bien est puissante sur les miséricordes de Dieu* », FLÉCHIER. ♦ Qui exerce une grande action, en parlant des personnes. *Puissant en crédit.* « *Demandez à Dieu qu'il suscite un son peuple des ouvriers puissants en paroles* », MASSILLON. ♦ *Puissant sur quelqu'un,* qui exerce une grande action sur quelqu'un. *Puissant calculateur, puissant logicien,* c'est-à-dire habile, profond. ♦ Très riche. *Être puissant en fonds de terre. Un puissant capitaliste.* ♦ Considérable par les forces et le nombre. *Une puissante armée.* ♦ Qui est gros. « *Un bœuf est plus puissant que toi* », LA FONTAINE. ▷ Qui a beaucoup d'embonpoint (en ce sens, il est familier). *Un homme puissant et robuste.* ◁ ♦ **N. m. pl.** *Les puissants,* ceux qui ont le pouvoir, la richesse. ♦ On le dit quelquefois au sing. « *Le puissant foule aux pieds le faible qui menace* », VOLTAIRE. ♦ Dans le style de la chaire, *les puissants de la terre,* les grands.

PUITS, n.m. [pɥi] (lat. *puteus,* trou, puits d'eau, de mine) Trou profond creusé dans la terre, pour en tirer de l'eau. ♦ **Fig.** *Un puits de science,* un homme très savant. ♦ *C'est un puits d'or,* c'est un homme extrêmement riche. ♦ **Fig.** *Ce qu'on lui dit tombe dans un puits* ou bien *c'est un puits,* se dit d'un homme fort secret. ♦ **Fig.** *Cela ne tombera pas dans le puits,* on s'en souviendra en temps et lieu. ♦ *Puits commun,* celui qui sert à plusieurs personnes. ♦ **T. apocalyptique.** *Le puits de l'abîme,* l'enfer. ♦ *Puits artésien,* Voy. ARTÉSIEN. ♦ Ouverture pour descendre dans une mine, dans une carrière. ♦ **Milit.** Trous creusés au-devant d'un retranchement et recouverts ordinairement de branchages et de terre pour y faire tomber la cavalerie. **Prov.** *La vérité est au fond d'un puits,* c'est-à-dire en toute chose on a beaucoup de peine à découvrir la vérité. ♦ *Puits de pétrole,* trou circulaire servant à l'exploitation d'un gisement de pétrole ▪ **Par méton.** Ensemble des installations servant au forage et à l'extraction du pétrole. ▪ **Cuis.** Trou creusé dans la farine. *Faire un puits, y mettre le jaune d'œuf et mélanger.* ▪ **Mar.** *Puits aux chaînes,* compartiment de la coque servant à ranger les chaînes des ancres. *Veiller à ce que l'eau ne pénètre pas par le puits aux chaînes.*

PUJA, ▪ n.f. [pyʒa] (mot sanskrit, hommage) **Relig.** Pratique de la religion hindouiste qui consiste en une succession d'obligations quotidiennes marquées par des invocations et des offrandes. *Lors du puja, des fleurs et des fruits sont habituellement offerts à la divinité consacrée.*

PULICAIRE, ▪ n.f. [pylikɛʀ] (b. lat. *pulicaria,* herbe aux puces, de *pulex,* puce) **Bot.** Genre de plantes herbacées à fleurs jaunes qui regroupe plusieurs espèces. *La pulicaire dysentérique, la pulicaire de Somalie.*

PULL, ▪ n.m. [pyl] Voy. PULL-OVER.

PULLMAN, ▪ n.m. [pulman] (*u* se prononce *ou* ; George *Pullman,* 1831-1897, qui inventa ce type de voiture) **Vieilli** Voiture luxueusement aménagée dans certains trains. ▪ Autocar de standing dont les aménagements permettent aux passagers de voyager confortablement. *Le transport en pullmans est très fréquent dans les pays touristiques.*

PULLOROSE, ▪ n.f. [pyloʀoz] (lat. sav. *[bacterium] pullor[um]* et *-ose,* du lat. *pullus,* poulet ; cf. angl. *pullorum disease,* de *disease,* maladie) **Vétér.**

Maladie bactérienne et contagieuse des volailles, entraînant très souvent la mort chez les poussins. *La pullorose est également appelée diarrhée blanche.*

PULL-OVER, ▪ n.m. [pylovɛʀ] (mot angl., de *to pull,* tirer, et *over,* pardessus) Vêtement généralement en laine, à manches longues, descendant jusqu'à la taille, fermé sur le devant et que l'on passe par la tête. *Des pullovers.* ▪ **Abrév.** Pull. *Enfiler un pull. Pulls en laine lavables en machine.*

PULLULANT, ANTE, adj. [pylylɑ̃, ɑ̃t] (*pulluler*) Qui pullule.

PULLULATION, n.f. [pylylasjɔ̃] (lat. *pullulatio*) Action de pulluler ; multiplication rapide et abondante. « *La pullulation des mulots* », BUFFON. ▪ Caractère de certaines productions morbides qui consiste en ce qu'un tissu outrepasse les limites normales et se manifeste sous des formes diverses. ▪ **Biol.** Augmentation très importante du nombre des représentants d'une même espèce lorsque les conditions sont exceptionnellement optimales. *Une pullulation microbienne.*

PULLULEMENT, ▪ n.m. [pylyl(ə)mɑ̃] (*pulluler*) **Biol.** Pullulation. ▪ Multiplication rapide et importante. ▪ Abondance, profusion excessive. *Un pullulement de nouveaux ouvrages.*

PULLULER, v. intr. [pylyle] (lat. *pullulare,* avoir des rejetons, se multiplier, de *pullulus,* petit animal, jeune pousse) Multiplier en abondance et en peu de temps. *Le chiendent pullule.* « *Le rat pullule beaucoup, le mulot encore davantage* », BUFFON. ♦ **Fig.** Se dit des opinions, des hérésies, des écrits dangereux qui se répandent facilement et avec rapidité. ▪ *Pulluler de,* comporter un grand nombre de. *Cette cité pullule de talents.*

PULMONAIRE, adj. [pylmonɛʀ] (b. lat. *pulmonarius*) Qui appartient aux poumons. ♦ *Artère pulmonaire,* artère qui naît de la partie supérieure et gauche du ventricule droit du cœur, et se rend aux poumons. ♦ *Plèvre pulmonaire,* la portion de la plèvre qui revêt immédiatement le poumon. ♦ **Méd.** Qui affecte le poumon. *Les inflammations pulmonaires.* ♦ *Catarrhe pulmonaire,* bronchite. ♦ *Phtisie pulmonaire,* affection tuberculeuse des poumons. ♦ **Zool.** Qui est pourvu d'un poumon. ♦ **N.f.** *Pulmonaire du chêne,* espèce de lichen. ▪ *Pulmonaire officinale,* plante de la famille des borraginées.

PULMONÉ, ▪ n.m. [pylmone] (lat. *pulmoneus,* de poumon) **Zool.** Mollusque gastéropode terrestre qui respire par un poumon. *Les pulmonés forment une sous-classe. Les pulmonés n'ont pas d'opercule pour fermer l'ouverture de leur coquille.* ▪ **Adj. Zool.** Qui appartient à cette sous-classe. *Un gastéropode pulmoné.*

PULMONIE, n.f. [pylmoni] (lat. *pulmo,* génit. *pulmonis,* poumon) ▷ **Méd.** Mot employé tantôt pour pneumonie, tantôt pour phtisie pulmonaire. ◁

PULMONIQUE, adj. [pylmonik] (lat. méd. [XVIᵉ s.] *pulmonicus,* du lat. *pulmo*) ▷ Qui a les poumons affectés. ♦ On dit aussi *poumonique.* ♦ **N.m.** et n.f. *Un pulmonique. Une pulmonique.* ◁

PULPAIRE, ▪ adj. [pylpɛʀ] (*pulpe*) Qui se rapporte à la pulpe dentaire. *Traitement pulpaire des incisives.*

PULPATION, n.f. [pylpasjɔ̃] (*pulper*) **Pharm.** Opération qui a pour objet de réduire en pulpe certaines substances végétales.

PULPE, n.f. [pylp] (lat. *pulpa,* chair, viande, puis pulpe des fruits) **Bot.** Substance charnue et molle des fruits, des légumes. ♦ **Pharm.** La partie molle et charnue des végétaux, que l'on a réduite à une espèce de pâte, de la consistance d'une bouillie, en la séparant des parties dures. ♦ **Anat.** *Pulpe cérébrale,* la substance blanche du cerveau. ▪ **Anat.** Coussinet charnu de l'extrémité des doigts considéré comme un élément essentiel à la préhension. ▪ Tissu conjonctif de la cavité dentaire qui renferme des vaisseaux et des nerfs. ▪ REM. On disait aussi *poulpe* autrefois.

PULPÉ, ÉE, p.p. de pulper. [pylpe]

PULPECTOMIE, ▪ n.f. [pylpɛktɔmi] (*pulpe* et *-ectomie*) **Méd.** Opération consistant à extirper la pulpe dentaire puis à obstruer les canaux. *La pulpectomie est une dévitalisation de la dent qui est pratiquée avant de poser une couronne par exemple.* ▪ **Méd.** Évidement chirurgical du contenu testiculaire qui préserve la position initiale de l'enveloppe du testicule.

PULPER, v. tr. [pylpe] (*pulpe*) ▷ **Pharm.** Réduire en pulpe. ◁

PULPEUX, EUSE, adj. [pylpø, øz] (lat. impér. *pulposus,* charnu) **Bot.** Qui est formé d'une pulpe. ♦ Qui a la consistance de la pulpe. ▪ Se dit d'une femme aux formes sensuelles.

PULPITE, ▪ n.f. [pylpit] (*pulpe*) **Méd.** Inflammation douloureuse de la pulpe dentaire d'origine infectieuse ou traumatique et qui le plus souvent est secondaire à la carie. ♦ Affection de la pulpe des doigts se traduisant par des fissures et des squames. *La pulpite est favorisée par les lavages de mains répétés avec des savons contenant des antiseptiques et également par la manipulation de désinfectants.*

PULQUE ou **PULQUÉ**, ▪ n.m. [pulke] (*u* se prononce *ou*. Mot mexicain) Boisson alcoolisée mexicaine, de couleur blanchâtre et au goût douceâtre, obtenue par fermentation du suc de l'agave. *Les Aztèques considéraient le pulque comme une boisson divine. Des pulques, des pulqués.*

PULSAR, ■ n. m. [pylsaʀ] (mot angl. de *pulsating star*, étoile vibrante) **Astron.** Étoile en rotation, émettant périodiquement des ondes radio dont l'intervalle est très court. *Des pulsars.*

PULSATIF, IVE, adj. [pylsatif, iv] (lat. *pulsatum,* supin de *pulsare,* pousser violemment, secouer) **Méd.** Qui cause des pulsations. ♦ *Douleur pulsative,* battement douloureux que l'on éprouve dans les parties enflammées, et qui répond aux pulsations artérielles.

PULSATION, n. f. [pylsasjɔ̃] (lat. *pulsatio,* choc, heurt) **Physiol.** Battement des artères qui constitue le pouls. ♦ **Méd.** *Pulsations,* battements qui se font sentir dans une partie malade. ♦ **Phys.** Mouvement de vibration des fluides élastiques. ■ **Astron.** Variation périodique de l'éclat d'une étoile due aux changements de température et de dimension. *Plus la période de pulsation de l'étoile est grande, plus sa luminosité moyenne est importante.*

PULSER, ■ v. tr. [pylse] (angl. *to pulse*) Rejeter par pression ou au moyen d'une soufflerie un gaz plus particulièrement de l'air. *Air pulsé.*

PULSION, ■ n. f. [pylsjɔ̃] (b. lat. *pulsio,* action de repousser, de *pellere,* remuer, repousser) **Psych.** Excitation interne et inconsciente qui pousse un individu vers un objet et qui exige satisfaction pour faire tomber la tension. *Pulsion destructive, refoulée. Pulsions sexuelles.* ■ **PULSIONNEL, ELLE**, adj. [pylsjɔnɛl]

PULSORÉACTEUR, ■ n. f. [pylsoreaktœʀ] (*pulso-,* pousser, et *réacteur*) **Aéronaut.** Réacteur sans compresseurs comportant une tuyère dans laquelle la combustion se fait de façon intermittente. *Des avions à réaction radiocommandés et équipés de pulsoréacteur.*

PULTACÉ, ÉE, ■ adj. [pyltase] (lat. *puls,* génit. *pultis,* bouillie) **Méd.** Se dit d'un liquide mou suintant sur une surface enflammée. *Un enduit pultacé.*

PULTRUSION, ■ n. f. [pyltryzjɔ̃] (angl. *to pull,* pousser, et *extrusion*) **Techn.** Technique qui permet de donner une forme particulière à des matériaux plastiques préalablement chauffés. *La pultrusion est utilisée pour la fabrication de profilés cylindriques.*

PULVÉRIN, n. m. [pylverɛ̃] (ital. *polverino,* de *polvere,* poudre) ▷ Anciennement, fourniment qui contenait de la poudre. ◁ ♦ Aujourd'hui, poudre pulvérisée employée pour la confection des artifices. ♦ Espèce de poudre d'eau, c'est-à-dire d'une multitude de petites gouttes presque imperceptibles, qui se font sentir près des chutes d'eau. ■ Rem. On disait aussi *poulvérin* autrefois.

PULVÉRISABLE, adj. [pylverizabl] (*pulvériser*) Qui peut être réduit en poudre.

PULVÉRISATEUR, n. m. [pylverizatœʀ] (*pulvériser*) Nom de divers instruments servant à réduire en poudre les drogues simples. ♦ Instrument à l'aide duquel on force un jet très fin d'eau minérale, chassé par compression, à se briser sur une lentille métallique. ■ Instrument qui sert à projeter une poudre, un liquide en fines gouttelettes.

PULVÉRISATION, n. f. [pylverizasjɔ̃] (*pulvériser*) Action de réduire un corps en poudre ; résultat de cette action. ♦ **Pharm.** Opération qui consiste à réduire les substances médicamenteuses en poudres plus ou moins ténues. ♦ Action de faire passer une eau minérale par le pulvérisateur. ■ Action de pulvériser une poudre, un liquide.

PULVÉRISÉ, ÉE, p. p. de pulvériser. [pylverize] *Eau pulvérisée,* eau minérale qui a passé par le pulvérisateur.

PULVÉRISER, v. tr. [pylverize] (lat. tardif *pulverizare,* de *pulvis,* poussière, poudre) Réduire en poudre. ♦ Fig. Mettre à néant. *Pulvériser ses adversaires, un livre, etc.* ♦ *Se pulvériser,* v. pr. Être pulvérisé. ■ V. tr. Projeter un liquide en fines gouttelettes. ♦ *Pulvériser un record,* le battre très largement. ■ Fig. Détruire intégralement. *Cet accident a littéralement pulvérisé sa voiture.*

PULVÉRISEUR, ■ n. m. [pylverizœʀ] (*pulvériser*) **Agric.** Machine agricole utilisée pour briser les mottes, déchaumer ou ameublir le sol. *Un pulvériseur à disques.*

PULVÉRULENCE, ■ n. f. [pylverylɑ̃s] (*pulvérulent*) État de ce qui est réduit en poudre. *Pulvérulence de la chaux, du sable.* ■ N. f. pl. Fines particules. ■ **Méd.** *Pulvérulence nasale,* sécheresse des narines et accumulation de poussières sur les poils.

PULVÉRULENT, ENTE, adj. [pylverylɑ̃, ɑ̃t] (lat. *pulverulentus,* de *pulvis,* poussière) Chargé de poussière. ♦ **Bot.** Couvert d'une couche farineuse produite par le végétal. ♦ Qui a forme de poudre. « *Un précipité pulvérulent et opaque* », Fourcroy.

PUMA, ■ n. m. [pyma] (mot quichua) Mammifère carnassier d'Amérique, au pelage uni fauve et sans crinière, couguar. *Des pumas.*

PUMICIN, n. m. [pymisɛ̃] (orig. inc.) ▷ Huile de palme. ◁

PUMICITE ou **PUMITE**, n. f. [pymisit, pymit] (lat. *pumex,* génit. *pumicis,* pierre ponce) Nom scientifique de l'espèce de lave dite pierre ponce.

PUNA, ■ n. f. [pyna] (esp. *puna,* haut plateau, du quechua *púna,* dépeuplé) **Géogr.** Haut plateau des Andes, au climat semi-aride et froid, culminant à une altitude d'environ 4 200 mètres. *La puna de Atacama est un haut plateau andin qui occupe une partie du Nord-Ouest argentin et s'étend jusqu'au Chili.* ■ Par méton. Malaise lié à l'altitude dans les Andes. *Des punas.*

PUNAIS, AISE, adj. [pynɛ, ɛz] (lat. pop. *putinasius,* du lat. *putere,* puer, et *nasus,* nez) ▷ Qui sent mauvais. ◁ ♦ Qui rend par le nez une odeur infecte. ♦ N. m. *C'est un punais.*

PUNAISE, n. f. [pynɛz] (fém. substantivé de *punais*) Genre de l'ordre des hémiptères, dont l'espèce la plus connue est la punaise des lits ; l'odeur en est fétide. ♦ **Pop.** *Avoir le ventre plat comme une punaise,* se dit d'une personne qui est restée longtemps sans manger. ♦ **Fig.** *Plat comme une punaise,* se dit d'un homme à caractère bas, rampant. ♦ *Punaise des bois,* insecte qui a des ailes et des élytres. ♦ Petit clou court à tête large et plate, armé d'une pointe, dont se servent les ingénieurs pour tenir leur plan sur la table, ou les dessinateurs pour fixer un dessin modèle. ■ **Fam.** et **pop.** *Punaise !,* exclamation utilisée pour marquer sa surprise ou son dépit. *Punaise ! Ils auraient pu nous avertir.*

PUNAISER, ■ v. tr. [pyneze] (*punaise*) Accrocher avec des punaises.

PUNAISIE, n. f. [pynezi] (*punais*) Mauvaise odeur. ♦ Maladie du punais.

1 PUNCH, ■ n. m. [pɔ̃ʃ] (*un* se prononce *on.* Mot angl., p.-ê. de l'hindi *panch,* cinq : boisson composée de cinq ingrédients) Mélange de thé et d'eau-de-vie ou de rhum, avec du jus de citron, de la cannelle et du sucre ; on le fait brûler. ♦ Se dit aussi de boissons composées de vin blanc ou rouge. ■ Au pl. *Des punchs.*

2 PUNCH, ■ n. m. [pœnʃ] (*un* se prononce *eune.* Mot angl., coup de poing puissant, vigueur) Capacité d'un boxeur à avoir de la détente et à porter des coups décisifs. *Des punchs.* ■ *Avoir du punch,* être dynamique.

PUNCHEUR, ■ n. m. [pœnʃœʀ] (2 *punch*) Boxeur ayant du punch, qui allie puissance et rapidité.

PUNCHING-BALL, ■ n. m. [pœnʃiŋbol] (mot angl., de *to punch,* frapper du poing, et *ball,* ballon) **Sp.** Ballon fixé au plafond par des attaches élastiques très résistantes ou au bout d'une tige flexible elle-même maintenue à un lourd socle posé par terre et dans lequel les boxeurs frappent pour s'entraîner. *Des punching-balls.*

PUNCTUM, ■ n. m. [pɔ̃ktɔm] (mot lat., piqûre, point) **Méd.** *Punctum proximum,* le plus rapproché de l'œil que ce dernier arrive à percevoir de façon nette. ■ **Méd.** *Punctum remotum,* point le plus éloigné de l'œil que ce dernier arrive encore à percevoir de façon nette. *Des punctums.*

PUNCTURE, ■ n. f. [pɔ̃ktyʀ] (*un* se prononce *on.* B. lat *punctura,* piqûre) Piqûre de la peau à l'aide d'aiguilles, utilisée à des fins thérapeutiques en acupuncture et en mésothérapie. *Une désinfection cutanée avant puncture.*

PUNI, IE, p. p. de punir. [pyni] Fig. *Être puni par où l'on a péché,* éprouver du dommage, de la peine, par suite des choses mêmes où l'on a cherché avantage ou plaisir.

PUNIQUE, adj. [pynik] (lat. *punicus*) Qui est des Carthaginois. *Médailles puniques.* ♦ *Guerres puniques,* les trois guerres qui eurent lieu entre les Romains et les Carthaginois. ♦ *Langue punique,* langue que parlaient les Carthaginois. ♦ Fig. *Foi punique,* mauvaise foi.

PUNIR, v. tr. [pyniʀ] (lat. *punire*) Faire subir à quelqu'un le châtiment de son crime, de sa faute. *Punir un criminel. Punir de mort.* ♦ **Absol.** *Je saurai punir.* ♦ Il se dit aussi des choses qui sont cause qu'une punition est infligée. « *Ne songeant qu'à restreindre et à punir une liberté qui n'avait pas su demeurer dans ses bornes* », Bossuet. ♦ Il se dit de Dieu qui inflige des châtiments durant ou après cette vie. « *Dieu ne nous punit que pour nous convertir* », Bourdaloue. ♦ **Par extens.** Faire éprouver quelque châtiment. « *Ah ! que, pour la punir de cette comédie [feindre d'être malade], Ne lui vois-je une vraie et triste maladie ?* » Boileau. ♦ Mal reconnaître, rendre le mal pour le bien. *Vous êtes un ingrat ; vous me punissez bien de ce que j'ai fait pour vous.* ♦ Se punir, v. pr. S'imposer un châtiment. ♦ S'infliger l'un à l'autre une punition. ■ **Fam.** *C'est le bon Dieu qui t'a puni,* se dit à une personne et le plus souvent à un enfant qui a fait quelque chose de mal et qui subit une sanction sans l'intervention directe de quiconque.

PUNISSABLE, adj. [pynisabl] (radic. du p. prés. de *punir*) Qui mérite d'être puni. « *Une hypocrisie qui cache sous le masque de la piété le punissable dessein de tromper la religion publique* », Mirabeau. ♦ Il se dit aussi des personnes.

PUNISSANT, ANTE, adj. [pynisɑ̃, ɑ̃t] (*punir*) Qui punit. « *La justice vengeresse et punissante de Dieu* », Saint-François de Sales.

PUNISSEUR, adj. m. [pynisœʀ] (radic. du p. prés. de *punir*) Qui punit. « *Un Dieu rémunérateur des bonnes actions, punisseur des méchantes* », Voltaire. ♦ N. m. « *Les dieux, justes punisseurs des infidèles* », d'Urfé.

PUNITIF, IVE, ■ adj. [pynitif, iv] (*punition*) Qui a pour but de punir. *Force punitive.* ■ *Expédition punitive*, opération violente et armée d'un groupe dans le but de représailles.

PUNITION, n. f. [pynisjɔ̃] (lat. impér. *punitio*) Acte par lequel quelqu'un punit. « *Des crimes qualifiés qui méritent la censure, la punition des magistrats* », FURETIÈRE. ♦ *Ce malheur, cet accident lui est arrivé par punition de Dieu*, Dieu lui a envoyé cette disgrâce pour le châtier. ♦ On dit absol. dans le même sens : *C'est une punition de Dieu, une punition du ciel.* ♦ Acte par lequel quelque méfait est puni. *La punition des crimes et des délits.* ♦ Il se dit aussi des personnes. « *Je vous réponds déjà de sa punition* », P. CORNEILLE. ♦ Peine infligée pour une faute. « *Cette indigne mollesse et ces lâches défenses Sont des punitions qu'attirent mes offenses* », P. CORNEILLE. ♦ Nom donné aux diverses peines qu'on inflige aux enfants dans les écoles et les collèges. *Les pensums, la retenue sont des punitions.* ♦ Il se dit, aux petits jeux de société, de ce qui est infligé comme peine pour avoir manqué en quelque chose. ■ *Punition exemplaire*, punition extrêmement sévère. *Infliger une punition exemplaire.* ■ **Sp.** Lourde défaite infligée à un adversaire. *Cette équipe a reçu une véritable punition.*

PUNK, ■ n. m. [pœŋk] (mot anglo-amér., vaurien) Mouvement contestataire de jeunes caractérisé par son code vestimentaire provocant. *Des punks.* ■ N. m. et n. f. *Un, une punk.* ■ Adj. *Musique punk des années quatre-vingt.*

PUPE, ■ n. f. [pyp] (lat. *pupa*, petite-fille, poupée) **Entomol.** Nymphe de certains insectes entourée d'un film chitineux qui constitue la dernière enveloppe larvaire. *La pupe est protégée de l'intérieur par un cocon de soie.*

1 PUPILLAIRE, adj. [pypilɛʀ] (lat. impér. *pupillaris*) **Dr.** Qui appartient au pupille. *Les intérêts pupillaires.*

2 PUPILLAIRE, adj. [pypilɛʀ] (lat. *pupilla*) **Anat.** Qui appartient à la pupille de l'œil.

PUPILLARITÉ, n. f. [pypilaʀite] (1 *pupille*) ▷ **Dr.** Temps qu'un enfant est pupille. ◁ ♦ La qualité de pupille.

1 PUPILLE, n. m. et n. f. [pypij] (lat. *pupillus*, de *pupus*, petit garçon) **Dr.** Mineur et orphelin de père et de mère ou de l'un des deux seulement, qui est sous la conduite d'un tuteur. ♦ Il se dit quelquefois d'un enfant par rapport à son gouverneur. ♦ **Hist.** *Pupilles de la garde*, corps d'enfants ou de jeunes gens qui était attaché à la garde de Napoléon Iᵉʳ. ■ **Dr.** *Pupille de la Nation*, orphelin de guerre auquel l'État garantit une protection et un soutien matériel. ■ **Dr.** *Pupille de l'État*, enfant orphelin, abandonné ou maltraité qui est placé sous la tutelle de l'État. ■ **REM.** On peut également trouver *pupille de l'Assistance publique* qui a le même sens mais qui est vieilli.

2 PUPILLE, n. f. [pypij] (lat. *pupilla*, petite fille, pupille de l'œil, parallèle au gr. *korê*, deux mêmes sens) **Anat.** Ouverture que la membrane iris présente dans son milieu, et par laquelle passent les rayons lumineux pour arriver au cristallin.

PUPINISATION, ■ n. f. [pypinizasjɔ̃] (M. I. Pupin, 1858-1935, physicien amér.) **Télécomm.** Procédé qui consiste à introduire des bobines d'induction, à intervalles réguliers, dans les conducteurs d'une ligne de télécommunication afin d'accroître les distances de transmission. *La pupinisation des lignes téléphoniques.*

PUPIPARE, ■ adj. [pypipaʀ] (*pupe* et -*pare*) **Entomol.** Qui est au stade, a la forme d'une pupe. *Les insectes pupipares.*

PUPITRE, n. m. [pypitʀ] (lat. *pulpitum*, tréteau, estrade) Meuble sur lequel on pose un livre, des cahiers de musique, pour lire, pour chanter plus commodément. ♦ Meuble qui sert à mettre du papier, des livres, etc. ■ **Techn.** Tableau de commande et de contrôle d'une machine ou d'un dispositif électronique. *Le pupitre de contrôle d'un train, d'un navire.*

PUPITREUR, EUSE, ■ n. m. et n. f. [pypitʀœʀ, øz] (*pupitre*) **Électr.** et **inform.** Informaticien chargé de la conduite, de la coordination et de la surveillance de l'exploitation d'un ordinateur. *Le rôle principal et habituel du pupitreur consiste à assumer la responsabilité de l'exécution des travaux informatiques et du fonctionnement adéquat des serveurs centraux.*

PUR, URE, adj. [pyʀ] (lat. *purus*, sans tache) Qui est sans mélange. *Du vin pur. L'eau pure.* ♦ *Fleur pure*, fleur qui est toute d'une couleur. ♦ **Fig.** *La démocratie pure.* ♦ Il se dit de la race, du sang. « *C'est le pur sang du dieu qui lance le tonnerre* », RACINE. ♦ **Fig.** *Le plus pur du sang*, ce qu'on a de plus cher. ♦ **Hippol.** *Pur-sang*, Voy. SANG. ♦ Que rien ne vicie, n'altère, ne corrompt. *Un air pur. Une onde pure. Un jour pur.* ♦ *Un ciel pur*, un ciel sans nuage, et fig. une vie, une condition heureuse et calme. ♦ Il se dit des choses qui ne font pas contracter des souillures selon les préceptes de certaines religions. *Des victimes pures.* ♦ Au sens moral, qui est sans mélange. *Aimer Dieu d'un amour pur. Une félicité pure.* ♦ **Fig.** Qui est sans tache, sans souillure, sans corruption. *Une amitié pure. Une âme pure.* ♦ Il se dit aussi des personnes. *C'est un homme pur.* ♦ Chaste. *Vierge très pure.* ♦

Théol. *L'état de pure nature*, l'état où était Adam avant le péché. ♦ **Philos.** *L'état de pure nature*, l'état de l'homme tel qu'on le suppose antérieurement à toute civilisation. ♦ **Fam.** et **plais.** *Être en état de pure nature*, être sans vêtement. ♦ **Métaphys.** *Esprit pur*, l'esprit considéré sans égard à son union avec la matière. ♦ *Raison pure*, l'intelligence qui perçoit les vérités nécessaires. ♦ *Mathématiques pures*, celles qui considèrent la grandeur sans aucune application astronomique ou physique. ♦ **Dr.** *Obligation pure et simple, promesse pure et simple, mainlevée pure et simple, démission pure et simple*, obligation, promesse, mainlevée, démission sans aucune condition, sans aucune restriction. ♦ En parlant du style, du langage, correct, exact, régulier. *Style pur. Une latinité pure.* ♦ Il se dit aussi des écrivains. *Il est peu de poètes aussi purs que Racine.* ♦ En termes de dessin, correct, exact, élégant. *Un dessin pur. Des formes pures.* ♦ **Mus.** D'une exécution exacte, parfaite. *Voix pure et suave. Exécution pure et brillante.* ♦ **Hérald.** Qui n'a que l'émail du champ de l'écu, sans aucune pièce héraldique. *Il porte d'argent pur.* ♦ On dit aussi plein dans le même sens. ♦ *Pur de*, dépourvu de ce qui gâterait, souillerait. *Une liqueur pure de tout mélange.* ♦ **Fig.** « *Une âme pure de l'iniquité de son siècle* », BOSSUET. ♦ *Pur* placé devant le substantif a le sens de uniquement, exclusivement, ne... que. *C'est un pur caprice.* « *Par un pur effet de générosité* », P. CORNEILLE. *C'est le pur hasard qui, etc.* ♦ En cet emploi, quand *pur* est accompagné de *tout*, il se met après son substantif. « *Nous suivons seulement la raison toute pure* », QUINAULT. ♦ **N. m.** *Les purs*, les vrais fidèles, nom qu'ont pris divers sectaires. ♦ *À pur et à plein*, entièrement, sans réserve. *Un compte soldé à pur et à plein. Être absous à pur et à plein.* ♦ *En pur don*, se dit d'un don fait sans condition. ♦ *En pure perte*, se dit d'une perte qui n'est compensée par aucun avantage. ♦ **Fig.** *En pure perte*, inutilement, vainement. *Vous vous tourmentez en pure perte.* ■ **Chim.** *Corps pur*, corps ne présentant aucune matière étrangère décelable par un réactif. ■ *Pur et dur*, qui est inflexible, sans concession. *Un défenseur pur et dur de la démocratie. Le gardien d'une doctrine pure et dure.* ■ *Pur et simple*, absolu, sans condition. *Ils demandent le retrait pur et simple du projet de loi.*

PUREAU, n. m. [pyʀo] (anc. fr. *purer*, nettoyer) La partie d'une tuile ou d'une ardoise sur un toit, qui n'est pas recouverte par la tuile ou l'ardoise voisine. ♦ **Techn.** Distance du dessus d'une latte au-dessus de l'autre.

PURÉE, n. f. [pyʀe] (anc. fr. *purer*, curer, nettoyer, du lat. *purus* ; infl. sémant. de l'angl. *pea-soup*, soupe aux pois) Sorte de bouillie faite avec les pois, les fèves ou autres légumes. *Potage à la purée ou simplement purée.* ♦ On fait aussi des purées de marrons, d'oignons, de navets. ♦ *Purée de gibier*, gibier pilé et cuit de manière à être réduit en bouillie. ■ Il y a aussi des purées de volaille, de homard. ♦ **Fam.** *Purée de septembre*, le vin. ♦ **Fam.** *Purée !* Interjection qui exprime la surprise, l'admiration ou la déception. *Purée ! Il m'a volé mon portefeuille.* ■ **Fam.** *Purée de pois*, brouillard très épais qui rend la visibilité quasiment nulle. *Avec cette purée de pois, les automobilistes roulaient au pas.*

PUREMENT, adv. [pyʀ(ə)mɑ̃] (*pur*) D'une manière pure, innocente. *Vivre purement.* ♦ Avec correction et élégance. *Écrire purement.* ♦ *Dessiner purement*, d'une manière exacte, correcte. ♦ Uniquement, essentiellement, simplement. « *La grande question est de savoir si un pays purement agricole est plus riche qu'un pays purement commerçant* », VOLTAIRE. ♦ *Purement et simplement*, sans réserve. *Résigner sa charge purement et simplement.* ♦ *Purement et simplement*, se dit aussi dans le sens de simplement employé tout seul.

PURETÉ, n. f. [pyʀ(ə)te] (lat. tardif *puritas*) Qualité d'une chose pure, sans mélange. *La pureté de l'air, de l'or, etc.* ♦ **Fig.** *La pureté de la religion.* ♦ **Peint.** *Pureté des couleurs*, se dit lorsque les couleurs conservent toute la force qu'elles ont naturellement. ♦ Il se dit de la race, du sang. *Une espèce dans sa plus grande pureté.* ♦ **Fig.** Exemption d'altération, de souillure, de corruption. *La pureté des mœurs. La pureté de sa vie.* ♦ Chasteté. *Ne rien souffrir qui blesse la pureté.* ♦ Exactitude dans l'emploi, la construction des mots. *La pureté de Malherbe. La pureté du langage.* ♦ Dans les beaux-arts, correction, dessin fini. ♦ *Pureté du goût*, délicatesse du goût, faculté de discerner les qualités et les défauts des ouvrages d'esprit. ■ **Chim.** Limite supérieure de la teneur en impuretés d'un corps étranger décelable par un réactif.

PURGATIF, IVE, adj. [pyʀgatif, iv] (b. lat. *purgativus*) Qui a la propriété de nettoyer. « *Les jaspes qui ont été produits par le feu purgatif, lesquels sont d'une substance uniforme* », BUFFON. ♦ Qui a la propriété de purger, de procurer des évacuations alvines. *Médicament, remède purgatif.* ♦ **N. m.** Nom générique des médicaments qui déterminent des évacuations alvines. *Un purgatif violent.*

PURGATION, n. f. [pyʀgasjɔ̃] (lat. *purgatio*) Action de purger, de nettoyer. ♦ **Dr. canonique** *Purgation canonique*, action par laquelle un accusé se justifiait devant le juge ecclésiastique, selon la forme prescrite par les canons, à la différence de la purgation vulgaire qui se faisait par les épreuves du combat, de l'eau, du feu, etc. ♦ **Méd.** Action des remèdes purgatifs. ♦ Le purgatif lui-même.

PURGATOIRE, n. m. [pyʀgatwaʀ] (b. lat. *purgatorius*, purgatif, qui purifie, lat. ecclés. XIIᵉ s. *pugatorium*, purgatoire) Lieu ou état dans lequel les âmes des justes, sorties de ce monde sans avoir suffisamment satisfait à la justice divine pour leurs fautes, achèvent de les expier avant d'être admises à jouir du bonheur éternel. ◆ *Faire son purgatoire en ce monde, de son vivant*, souffrir beaucoup. ■ **Fig.** Moment difficile, souffrance qui constitue une épreuve transitoire. *Il voudrait sortir de ce purgatoire.*

PURGE, n. f. [pyʀ3] (*purger*) ▷ Action de nettoyer. ◁ ◆ Action de purger le fil grège. ◆ ▷ Action de désinfecter des marchandises qui pouvaient porter le germe de la peste. ◁ ◆ Médicament purgatif. ◆ *Purge d'hypothèques*, moyen accordé au tiers détenteur pour affranchir l'immeuble des hypothèques qui le grèvent du fait des précédents propriétaires. ◆ *Les papiers, les actes qui établissent la purge.* ◆ Action d'évacuer un liquide d'une canalisation. *Faire la purge d'un radiateur.* ■ Exclusion de personnes jugées gênantes ou dangereuses dans un parti politique ou au sein du pouvoir en place. *Être victime d'une purge politique.*

PURGÉ, ÉE, p. p. de purger. [pyʀ3e]

PURGEOIR, ■ n. m. [pyʀ3waʀ] (*purger*) Bassin servant à filtrer les eaux de source avant qu'elles pénètrent dans des canalisations ou dans un aqueduc.

PURGER, v. tr. [pyʀ3e] (lat. *purgare*, nettoyer, disculper) Nettoyer, purifier. ◆ *Le plomb purge l'or et l'argent de toute matière métallique étrangère* », BUFFON. ◁ ◆ **Fig.** « *Cette manière de purger la métropole en infectant la colonie* », RAYNAL. ◆ *Purger les métaux*, les dégager de tout mélange. ◆ *Purger le fil grège*, le débarrasser de tout ce qui l'altère, nœuds, bourre, etc. ◆ **Par extens.** Débarrasser de. « *Mais purgez-moi l'esprit de ce petit souci* », P. CORNEILLE. ◆ Il se dit des lieux délivrés de ce qui nuit. *Purger les mers des pirates.* « *Reste impur des brigands dont j'ai purgé la terre !* », RACINE. ◆ Il se dit aussi de celui qui est chassé. « *De ton horrible aspect purge tous mes États* », RACINE. ◆ Rendre pur, en parlant des choses morales. *Le baptême purge notre âme. Purger nos passions.* ◆ *Purger de péché une action*, la rendre pure de péché. ◆ *Purger une offense*, la laver ; purger ses péchés, les expier. ◆ *Purger un défaut*, une faute, s'en délivrer. ◆ *Purger sa conscience*, ne rien souffrir sur sa conscience ; et aussi se confesser. ◆ *Purger une langue*, en retrancher les expressions incorrectes, triviales. ◆ ▷ *Purger un livre*, en retrancher ce qui peut blesser la religion, la morale, la pudeur. On dit plutôt *expurger*. ◁ ◆ Justifier. « *Après avoir purgé la doctrine de saint Thomas des excès dont on la chargeait* », BOSSUET. ◆ *Purger un bien de dettes*, acquitter toutes les dettes qui le grèvent. ◆ **Dr.** *Purger les hypothèques*, remplir les formalités nécessaires pour ôter les hypothèques. ◆ En matière criminelle, *purger la contumace*, se présenter pour se faire juger contradictoirement, après avoir été condamné par contumace. ◆ **Dr. civ.** *Purger le défaut*, se libérer, par une opposition, d'un jugement par défaut. ◆ *Purger une quarantaine*, la compléter. ◆ **Méd.** Faire sortir les impuretés du corps au moyen d'eaux, de médicaments, de régime. ◆ Procurer des évacuations alvines. *Le séné l'a purgé abondamment.* ◆ *Purger le cerveau*, le dégager, le rendre plus libre. ◆ *Son médecin l'a purgé*, il lui a fait prendre une purgation. *Cette drogue purge la bile*, elle fait sortir la bile. ◆ **Absol.** Donner un purgatif. ◆ En parlant des choses. « *Ce remède terrible purge beaucoup plus doucement qu'un verre d'eau de fontaine* », MME DE SÉVIGNÉ. ◆ *Se purger*, v. pr. Devenir plus pur. « *Le vin nouveau chasse tout ce qui lui est étranger, et se purge lui-même par sa propre force* », BOSSUET. ◆ **Fig.** *La langue s'est purgée d'un reste de barbarie.* ◆ *Se purger d'un crime, d'une accusation*, s'en justifier. ◆ *Se purger par serment*, se justifier devant les juges en jurant qu'on est innocent. ◆ Se justifier. ◆ Prendre une purgation. ◆ Être débarrassé d'humeurs. ■ V. tr. *Effectuer la purge*, la vidange d'une canalisation, d'un appareil. *Purger un radiateur.*

PURGEUR, ■ n. m. [pyʀ3œʀ] (*purger*) Dispositif utilisé pour purger un conduit, une machine. *Un purgeur automatique de canalisation.*

PURIFIANT, ANTE, adj. [pyʀifjɑ̃, ɑ̃t] (*purifier*) Qui purifie.

PURIFICATEUR, TRICE, ■ n. m. et n. f. [pyʀifikatœʀ, tʀis] (*purifier*) **Relig.** Personne dont la charge est de purifier. ■ N. m. Appareil utilisé pour purifier. *Un purificateur d'air, d'eau.* ■ **Adj.** Qui sert à purifier. *Des rites purificateurs. Une eau purificatrice.*

PURIFICATION, n. f. [pyʀifikasjɔ̃] (lat. impér. *purificatio*) Action de séparer des corps naturels leurs impuretés. *La purification des métaux.* ◆ Action de débarrasser une substance quelconque de toutes les matières qui lui sont étrangères. *La purification du sang.* ◆ *Purifications légales*, les cérémonies par lesquelles on se purifiait dans la loi de Moïse. ◆ Chez les chrétiens, fête en l'honneur de la Sainte Vierge. *La fête de la Purification.* ◆ Se dit de pratiques religieuses de propreté usitées dans diverses religions. ◆ Action du prêtre à la messe qui, après avoir pris le sang de Notre-Seigneur, prend le vin dans le calice.

PURIFICATOIRE, n. m. [pyʀifikatwaʀ] (lat. chrét. *purificatorius*) Linge avec lequel le prêtre essuie le calice après la communion. ■ **Adj.** Qui purifie, qui sert à purifier. *Des pratiques purificatoires.*

PURIFIÉ, ÉE, p. p. de purifier. [pyʀifje]

PURIFIER, v. tr. [pyʀifje] (lat. impér. *purificare*, nettoyer) Rendre pur. *Purifier l'eau, l'air, le sang, etc.* ◆ Ôter par des cérémonies religieuses les souillures. « *Samuel purifia Isaï et ses fils* », SACI. ◆ **Fig.** Rendre pur moralement. *Purifier le cœur, les intentions, les sentiments, etc.* ◆ *Purifier les mœurs*, les rendre plus honnêtes. ◆ *Purifier les lèvres*, rendre les discours purs et salutaires. ◆ Se purifier, v. pr. *Les eaux se purifient par le filtrage.* ◆ **Fig.** « *Afin que l'âme s'affermisse et se purifie par la pénitence* », BOSSUET. ◆ Chez les Juifs, faire les purifications légales.

PURIFORME, adj. [pyʀifɔʀm] (lat. *pus*, génit. *puris* et *-forme*) **Méd.** Qui ressemble au pus. *Crachats puriformes.*

PURIN, n. m. [pyʀɛ̃] (anc. fr. *purer*, nettoyer, s'écouler) La partie liquide du fumier.

PURINE, ■ n. f. [pyʀin] (all. *Purin*, du lat. sav. *purum* et *uricum*, urique) **Biol.** et **chim.** Substance azotée et hétérocyclique (de formule $C_5H_4N_4$) comprenant un noyau et qui entre dans la composition des acides nucléiques comme la caféine, la guanine. *Une alimentation trop riche en purine peut provoquer des crises de gouttes.*

PURINER, v. tr. [pyʀine] (*purin*) ▷ Arroser avec le purin. ◁

PURIQUE, ■ adj. [pyʀik] (*purine*) **Biol.** et **chim.** Qui est dérivé de la purine, qui entre dans la composition des acides nucléiques et des nucléotides. *L'acide urique est une base purique.*

PURISME, n. m. [pyʀism] (*pur*) Caractère des écrivains qui ne s'attachent qu'à la pureté du langage, et qui croient avoir atteint à la perfection du style lorsqu'il ne leur est point échappé de faute contre la langue. ■ Attachement scrupuleux aux règles d'un art, à une doctrine.

PURISTE, n. m. [pyʀist] (*pur*) Celui qui affecte une grande pureté. « *Les calvinistes se piquent d'être les plus purs de tous les puristes* », BOSSUET. ◆ Celui qui affecte une pureté de style exagérée.

PURITAIN, AINE, n. m. et n. f. [pyʀitɛ̃, ɛn] (angl. *puritan*) Membre d'une secte protestante, ainsi appelée parce qu'elle prétend être plus purement attachée que les autres presbytériens à la lettre de l'Écriture. ◆ **Adj.** *Un ministre puritain.* ◆ **Par extens.** Celui qui affecte une grande rigidité de principes moraux ou politiques.

PURITANISME, n. m. [pyʀitanism] (angl. *puritanism*, de *puritan*) Doctrine des puritains. ◆ L'ensemble des puritains. ◆ **Fig.** Rigorisme politique ou moral.

PUROT, ■ n. m. [pyʀo] (*purin*) Fosse où est stocké le purin. *Le purot retient le liquide produit par le fumier solide.*

PUROTIN, ■ n. m. [pyʀotɛ̃] (*purot*, avec infl. de *purée*, au sens de misère) **Fam.** et **vieilli** Personne vivant dans la misère.

PURPURA, ■ n. m. [pyʀpyʀa] (mot lat., pourpre) **Méd.** Syndrome caractérisé par une éruption cutanée de taches rouges ou bleues provoquées par de petites hémorragies. *Le purpura est un symptôme apparaissant dans de nombreuses maladies. Des purpuras.*

PURPURIN, INE, adj. [pyʀpyʀɛ̃, in] (réfection, d'après le lat. *purpura*, de l'anc. fr. *pourprin*, de pourpre) Qui approche de la couleur de pourpre. *Des joues purpurines.* « *Elle cueille la grappe ou blanche ou purpurine* », A. CHÉNIER.

PURPURINE, n. f. [pyʀpyʀin] (lat. *purpura*) Le bronze moulu qui s'applique à l'huile et au vernis. ◆ **Chim.** Principe colorant pourpre de la racine de garance.

PUR-SANG, ■ n. m. [pyʀsɑ̃] (*pur* et de *sang*) Voy. SANG.

PURULENCE, n. f. [pyʀylɑ̃s] (lat. *purulentia*) **Méd.** Qualité de ce qui est purulent. *La purulence des crachats.*

PURULENT, ENTE, adj. [pyʀylɑ̃, ɑ̃t] (b. lat. *purulentus*, de *pus*, *puris*) **Méd.** Qui tient de la nature du pus ; qui a l'aspect du pus. *Urine purulente.* ◆ *Foyer purulent*, syn. d'abcès.

PUS, n. m. [py] (lat. *pus*) **Méd.** Humeur morbide caractérisée par des globules spéciaux, et se produisant d'ordinaire par l'effet d'une inflammation.

PUSEYISME, ■ n. m. [pyzeism] ou [pjuzeism] (E. B. *Pusey*) **Hist.** et **relig.** Doctrine du théologien anglican Pusey (1800-1882) qui cherchait à se rapprocher de la religion catholique en rétablissant certains cultes et rites propres à la liturgie romaine.

PUSILLANIME, adj. [pyzilanim] (b. lat. *pusillanimis*, de *pusillus*, tout petit, et *animus*, âme) Qui a l'âme faible et timide. *Des cœurs pusillanimes.* ◆ Qui annonce de la pusillanimité. « *N'éprouvez point, mon fils, d'effroi pusillanime* », M.-J. CHÉNIER.

PUSILLANIMITÉ, n. f. [pyzilanimite] (*ill* se prononce *ville* ; b. lat. *pusillanimitas*) Faiblesse d'esprit, manque de cœur, de courage.

PUSTULE, n. f. [pystyl] (lat. impér. *pustula*) **Méd.** Petite tumeur cutanée qui suppure au sommet. ◆ *Pustule maligne*, affection virulente et gangréneuse. ◆ **Bot.** Sorte de petite élevure sur la tige ou sur les feuilles des plantes. ■ **Zool.** Petite saillie recouvrant la peau de certains animaux. *Les caméléons et les crapauds sont couverts de pustules.*

PUSTULEUX, EUSE, adj. [pystylø, øz] (lat. impér. méd. *pustulosus*) Qui a la forme d'une pustule, qui est accompagné de pustules.

PUTAIN, ■ n. f. [pytɛ̃] (cas régime de anc. fr. *pute*, de *put*, puant, du lat. *putere*, puer) **Vulg.** et **péj.** Prostituée. ■ **Vulg.** et **péj.** Femme facile. *Enfant de putain.* ■ **Adj.** Qui veut plaire à tout le monde. *Un homme putain.* ■ *Putain de,* marque le mépris, l'irritation. « *Putain c'est trop con, ce putain d'camion, mais qu'est-ce qu'y foutait là* », RENAUD. ■ **Interj.** *Putain !* marque la surprise, la colère, l'admiration ou l'indignation.

PUTASSIER, IÈRE, ■ adj. [pytasje, jɛʀ] (*putasser*) ▷ Qui concerne la prostitution. ◁ ■ **Péj.** Qui fait tout pour plaire, de façon racoleuse. « *Ce tape-à-l'œil putassier qu'ont les navets accrochés dans les grands magasins* », GIRAUD.

PUTATIF, IVE, adj. [pytatif, iv] (lat. médiév. jurid. *putativus*, du lat. *putare*, supputer, estimer) Réputé pour être ce qu'il n'est pas. *Père putatif.* ◆ **Dr.** *Mariage putatif*, mariage que les parties ont contracté à tort, mais de bonne foi, dans l'ignorance où elles sont des empêchements qui s'opposaient à leur union.

PUTE, ■ n. f. [pyt] (abrév. de *putain*) **Vulg.** et **péj.** Prostituée.

PUTOIS, n. m. [pytwa] (anc. fr. *put*, puant, du lat. *putere*, puer) Petit quadrupède carnivore de la famille des martres. ◆ Sa fourrure. *Un manchon de putois.* ■ **Fam.** *Crier comme un putois,* pousser des cris perçants, crier très fort.

PUTRÉFACTION, n. f. [pytʀefaksjɔ̃] (lat. chrét. *putrefactio*) Décomposition que, sous l'influence de certaines conditions de chaleur et d'humidité, subissent les corps organisés, quand la vie est éteinte en eux. ◆ État de ce qui est putréfié.

PUTRÉFAIT, AITE, adj. [pytʀefɛ, ɛt] (lat. *putrefactus*) Tombé en putréfaction. ◆ On dit plus ordinairement *putréfié*.

PUTRÉFIABLE, ■ adj. [pytʀefjabl] (*putréfier*) Qui est susceptible d'être putréfié. *Des matières putréfiables.*

PUTRÉFIÉ, ÉE, p. p. de putréfier. [pytʀefje]

PUTRÉFIER, v. tr. [pytʀefje] (lat. impér. *putrefacere*, de *puter*, pourri, et *facere*) Faire tomber en putréfaction. ◆ Se putréfier, v. pr. Tomber en putréfaction.

PUTRESCENCE, ■ n. f. [pytʀesɑ̃s] (*putrescent*, p. prés. du lat. *putrescere*, se gâter, se pourrir) **Litt.** État de ce qui connaît une putréfaction. *La putrescence de la chair décomposée.* ■ **PUTRESCENT, ENTE**, adj. [pytʀesɑ̃, ɑ̃t] *Des corps putrescents.*

PUTRESCIBILITÉ, n. f. [pytʀesibilite] (*putrescible*) Qualité de ce qui est putrescible.

PUTRESCIBLE, adj. [pytʀesibl] (b. lat. *putrescibilis*) Qui peut se pourrir.

PUTRIDE, adj. [pytʀid] (lat. *putridus*, de *puter*, pourri) Qui a le caractère de la putréfaction. *Décomposition putride.* ◆ **Chim.** *Fermentation putride*, décomposition avec putréfaction. ◆ **Méd.** Qui a la putridité. *Émanations putrides.* ◆ ▷ *Fièvre putride*, nom que les humoristes donnaient à un ordre de fièvres qu'ils attribuaient à la corruption des humeurs. ◁

PUTRIDITÉ, n. f. [pytʀidite] (*putride*) État de ce qui est putride, pourri. ◆ **Méd.** État dans lequel les substances du corps vivant offrent des altérations comparables, jusqu'à un certain point, à celles de la putréfaction.

PUTSCH, ■ n. m. [putʃ] (mot all., coup, action de pousser, d'orig. onomat.) Coup d'État armé en vue de prendre le pouvoir par la force. *Préparer un putsch. Des putschs.* ■ **PUTSCHISTE**, n. ou adj. [putʃist] *Les putschistes n'ont pas réussi à s'emparer du pouvoir. Des militaires putschistes.*

PUTT, ■ n. m. [pœt] (mot angl., de *to put*, placer) **Sp.** Au golf, coup joué sur le green, à l'aide d'un putter, qui consiste à faire rouler la balle en direction du trou. *Des putts.*

1 **PUTTER**, ■ n. m. [pœtœʀ] (mot angl.) **Sp.** Club de golf à manche court, à tête plate et droite, utilisé pour faire rouler la balle sur les greens. *Des putters.*

2 **PUTTER**, ■ v. tr. [pœte] (*putt*) **Sp.** Effectuer un putt, le jouer. *Il s'apprête à putter, silence !*

PUTTO, ■ n. m. [puto] (*u* se prononce *ou*. Mot it.) **Bx-arts** Représentation d'un petit enfant nu et souvent potelé, d'un angelot qui évoque l'amour. *Cupidon peint sous les traits d'un putto ailé. Des puttos* ou *des putti* (pluriel italien).

PUVATHÉRAPIE, ■ n. f. [pyvateʀapi] (abrév. de *p[soralène]-u[ltra]v[iolet] A* et *thérapie*) **Méd.** Traitement de certaines dermatoses qui consiste à prendre un psoralène et à s'exposer à des rayonnements ultraviolets A. *La puvathérapie est également une méthode moderne de préparation au bronzage.*

PUY, n. m. [pɥi] (b. lat. *podium*, petite éminence ; podium) Tertre, éminence, montagne. *Le puy de Dôme.*

PUZZLE, ■ n. m. [pœzœl] ou [pœzl] (mot angl.) Jeu qui consiste à assembler des pièces découpées de différentes formes pour reconstituer un dessin, une photographie, une carte. *Des puzzles.* ■ **Fig.** Éléments qu'il faut agencer à nouveau pour reconstituer l'histoire.

P.-V., ■ [peve] (sigle de *procès-verbal*) Voy. PROCÈS-VERBAL.

PVC, ■ n. m. [pevese] (sigle de l'angl. *polyvinylchloride*) Matière plastique opaque, très malléable. *Le PVC est matériau peu cher, très utilisé. Des tubes en PVC.*

PVD, ■ n. m. [pevede] (sigle de *pays en voie de développement*) Pays dont l'économie se développe mais dont le niveau est encore inférieur à celui des pays industrialisés. *Des partenariats de recherche avec les PVD.*

PYCNOGONIDE, ■ n. m. [piknogonid] (lat. sav. *pycnogonum*, du gr. *puknos*, épais et *gonu*, genou, nœud) **Zool.** Classe d'arthropodes marins de petite taille, qui ont de longues pattes griffues, et dont le long corps est divisé en trois parties et ne comporte pas d'abdomen. *Les pycnogonides vivent depuis la zone de balancement des marées jusqu'aux grands fonds, à plusieurs milliers de mètres de profondeur.*

PYCNOMÈTRE, ■ n. m. [piknomɛtʀ] (gr. *puknos*, dense et -*mètre*) **Chim.** Flacon muni d'un thermomètre de précision permettant de déterminer la masse volumique d'un solide à une température donnée. *Un pycnomètre automatique à gaz.*

PYCNOSE, ■ n. f. [piknoz] (gr. *puknôsis*, condensation) **Biol.** Altération du noyau d'une cellule en dégénérescence qui se traduit par une rétraction et une condensation de la chromatine. *La pycnose est une variété de lésion nucléaire irréversible témoignant de la mort cellulaire.*

PYÉLONÉPHRITE, ■ n. f. [pjelonefʀit] (gr. *puelos*, cavité, bassin et *néphrite*) **Méd.** Affection inflammatoire touchant le bassinet et le rein. *La gravité potentielle de la pyélonéphrite aiguë du nourrisson.*

PYGARGUE, n. m. [pigaʀg] (gr. *pugargos*, de *pugé*, fesse, et *argos*, blanc) Un des noms vulgaires de l'aigle pygargue ou de la haliète ossifrage. ◆ Nom spécifique de l'antilope pygargue (ruminants).

PYGMÉE, ■ n. m. [pigme] (lat. impér. *Pygmæus*, du gr. *Pugmê*, haut d'une coudée, de *pugmê*, poing) Homme appartenant à une nation fabuleuse qui n'avait que la hauteur d'une coudée, et qui guerroyait contre les grues. En ce sens, il s'écrit avec un grand P. ◆ **Par extens.** Nom donné à quelques races d'hommes très petits [1]. ◆ Personne de très petite taille (avec un *p* minuscule). ◆ **Fig.** Homme sans mérite ou sans crédit, qui attaque quelqu'un d'illustre ou de puissant. *Les pygmées de la littérature.* ■ **Rem. 1** : La notion de race ne repose sur aucun fondement scientifique et a une connotation raciste.

PYJAMA, ■ n. m. [piʒama] (mot angl., du pers. *pâê jâmah*, de *pâê*, pied, jambe, et *jâmah*, vêtement) Pantalon large et flottant porté par les hommes et les femmes dans certaines régions de l'Inde. ■ Vêtement de nuit composé d'une veste et d'un pantalon ou d'un short. *Mettre son pyjama. Des pyjamas.*

PYLÔNE, ■ n. m. [pilon] (gr. *pulôn*, porche, vestibule) **Archit.** Grand portail des temples égyptiens. ■ Construction verticale en métal, en béton qui supporte un pont suspendu, des câbles, etc. ■ **Archit.** Pilier de forme quadrangulaire construit à l'entrée d'une avenue, d'un pont.

PYLORE, n. m. [pilɔʀ] (b. lat. *pylorus*, du gr. *pulôros*, gardien des portes, pylore, de *pulê*, porte) **Anat.** Orifice droit ou inférieur de l'estomac, par où les aliments passent dans le duodénum.

PYLORIQUE, adj. [pilɔʀik] (*pylore*) **Anat.** Qui a rapport au pylore.

PYOCYANIQUE, ■ adj. [pjosjanik] (*pyo-*, et *kuanos*, bleu sombre) **Méd.** *Bacille, microbe pyocyanique*, microbe qui peut être à l'origine d'une infection et qui colore le pus d'une teinte bleuâtre. *Le bacille pyocyanique peut être à l'origine d'infections urinaires ou pulmonaires.* ■ **N. m.** *Le pyocyanique.*

PYODERMITE, ■ n. f. [pjodɛʀmit] (*pyo-* et *derme*) **Méd.** Infection épidermique purulente. *La contagiosité de la pyodermite.*

PYOGÈNE, ■ adj. [pjoʒɛn] (*pyo-* et -*gène*) **Méd.** Qui provoque une production et un écoulement de pus. *Des bactéries pyogènes.* ■ **N. m.** *Un pyogène.*

PYORRHÉE, ■ n. f. [pjoʀe] (*pyo-* et -*rrhée*) **Méd.** Écoulement de pus.

PYRACANTHA, n. m. [piʀakɑ̃ta] (gr. *purakantha*, de *pur*, feu, et *akantha*, épine) Nom spécifique du *cratægus pyracantha*, dit vulgairement *buisson ardent*. ■ **Rem.** On disait *une pyracanthe* autrefois.

PYRALE, n. f. [piʀal] (lat. impér. *pyralis*, du gr. *pural[l]is*, de *pur*, feu) Insecte nuisible de l'ordre des lépidoptères. *La pyrale de la vigne.*

PYRALÈNE, ■ n. m. [piʀalɛn] (*pyr[o]*- et -*ène* sur le modèle de *naphtalène*) **Chim.** Huile synthétique chlorée employée comme isolant et refroidisseur de certains transformateurs électriques. *Le pyralène dégage des produits toxiques tels que la dioxine lorsqu'il est soumis à la chaleur.*

PYRAMIDAL, ALE, adj. [piʀamidal] (b. lat. *pyramidalis*) Qui a la forme d'une pyramide. « *Les peupliers pyramidaux* », BERNARDIN DE SAINT-PIERRE. ◆ **Minér.** Système pyramidal, assemblage de formes cristallines provenant d'une même forme pyramidale fondamentale. ◆ *Plantes pyramidales,* celles dont les branches diminuent de longueur à mesure qu'elles se rapprochent du sommet. ◆ *Coquilles pyramidales,* coquilles dont la forme est celle d'une pyramide et même d'un cône. ◆ **Anat.** *Os pyramidal,* troisième os de la première rangée du carpe. ◆ ▷ **Fig.** Se dit d'une chose colossale, étonnante par sa grandeur. *Œuvre pyramidale. Succès pyramidal.* ◁

PYRAMIDALE, n. f. [piʀamidal] (*pyramide*) ▷ Espèce de campanule qui s'élève en pyramide. ◁

PYRAMIDE, n. f. [piʀamid] (lat. *pyramis*, du gr. *puramis*, d'orig. incert.) Nom donné à de grands monuments à base rectangulaire, et à quatre faces triangulaires qui se réunissent au sommet. *Les pyramides d'Égypte.* ◆ Construction qui a la forme pyramidale. ◆ **Par extens.** Colline ou montagne affectant la forme pyramidale. ◆ **Hortic.** Pyramide ou cône, forme donnée aux arbres. ◆ **Fig.** Amas qui s'élève en forme de pyramide. *Des pyramides de fruits.* ◆ Solide formé par plusieurs triangles qui ont un polygone pour base et un sommet commun. *Pyramide triangulaire, quadrangulaire, etc.,* celle dont la base est un triangle, un quadrilatère, etc. ◆ **Fig.** *Mettre la pyramide sur sa pointe,* établir quelque chose dans la position la moins solide. ◆ **Anat.** Petite éminence osseuse, située dans le fond de la caisse du tympan de l'oreille. ◆ **Chir.** *Pyramides du trépan,* pointes triangulaires d'acier qui se fixent dans l'os pour assurer l'action de la scie circulaire. ■ *En pyramide,* en forme de pyramide ou à peu près. ■ *Pyramide des âges,* représentation graphique faisant état, à une date déterminée et en fonction des deux sexes, de la répartition des individus d'une population dans une tranche d'âge donnée. ■ *Pyramide humaine,* pyramide que forment des acrobates qui se tiennent debout en équilibre les uns sur les autres. *Les équilibristes du cirque ont exécuté une pyramide humaine très impressionnante.*

PYRAMIDÉ, ÉE, ■ adj. [piʀamide] (*pyramide*) Qui revêt la forme d'une pyramide. *Une structure pyramidée.*

PYRAMIDER, v. intr. [piʀamide] (*pyramide*) **Art** Être disposé en pyramide. *Ce groupe pyramide bien.* ◆ S'élever en pyramide.

PYRAMIDION, n. m. [piʀamidjɔ̃] (dim. de *pyramide*) La petite pyramide quadrangulaire qui termine les obélisques.

PYRANNE, ■ n. m. [piʀan] **Chim.** Composé hétéroclite et hexagonal de formule C_5H_6O. *Le pyranne possède de nombreux dérivés.*

PYRÈNE, ■ n. m. [piʀɛn] (*pyr[o]*- et suff. -*ène*) **Chim.** Hydrocarbure de formule $C_{16}H_{10}$ présent dans le goudron de houille. *Le tabac contient du pyrène.*

PYRÉNÉEN, ENNE, ■ adj. [piʀeneɛ̃, ɛn] (*Pyrénées*, du lat. *Pyrenæi montes*) Des Pyrénées, qui en vient. *Les chaînes de montagnes pyrénéennes.* ■ N. m. et n. f. Habitant des Pyrénées ou personne en étant originaire. *Les Pyrénéens.*

PYRÉNOMYCÈTE, ■ n. m. [piʀenomisɛt] (gr. *purên*, noyau, et *mukês*, champignon) **Bot.** Champignon vivant habituellement sur les débris végétaux, dont les organes reproducteurs ont la forme de bouteilles microscopiques qui s'ouvrent par un mince orifice et dont les spores se forment dans les asques. *Le pyrénomycète, fréquent tout au long de l'année, se développe sur le bois de hêtre mort.*

PYRÈTHRE, n. m. [piʀɛtʀ] (lat. *pyrethrum*, gr. *purethron*, de pur, feu, à cause de son goût) Genre de plantes synanthérées corymbifères. ◆ *Camomille pyrèthre,* pyrèthre proprement dit ou racine salivaire.

PYRÉTHRINE, ■ n. f. [piʀetʀin] (*pyrèthre*) Produit naturel produit par le pyrèthre qui est utilisé comme pesticide et vermicide. *Des shampoings pour animaux à base de pyréthrine.*

PYREX, ■ n. m. [piʀɛks] (mot angl., marque déposée, du gr. *pur*, feu) Verre épais résistant aux chocs et à une température très élevée, utilisé notamment pour les ustensiles de cuisine. *Plat, tube en pyrex.*

PYREXIE, n. f. [piʀɛksi] (gr. *puressein*, avoir la fièvre, de *puretos*, fièvre) **Méd.** État fébrile. ◆ ▷ Fièvre en général. ◁

PYRIDINE, ■ n. f. [piʀidin] (mot formé sur la base *pyro*- par le chimiste Anderson) **Chim.** Base organique de formule C5H5O que l'on trouve dans le goudron de houille ou de tourbe et qui est utilisée comme solvant. *La pyridine est miscible à l'eau.*

PYRIDOXINE, ■ n. f. [piʀidɔksin] (*pyrid-*, [*acide*] *ox*[*alique*] et -*ine*) **Biol.** Vitamine B 6 fabriquée à partir de levures, de céréales ou de tissus animaux, agissant comme coenzyme pour plusieurs acides aminés. *La pyridoxine est synthétisée par l'organisme, mais le plus souvent en quantités insuffisantes.*

PYRIMIDINE, ■ n. f. [piʀimidin] (*pyridine, amide* et -*ine*) **Biol.** Substance azotée entrant dans la composition des nucléotides, des acides nucléiques et de nombreuses enzymes. *La synthèse des pyrimidines dans l'organisme.*

PYRIMIDIQUE, ■ adj. [piʀimidik] (*pyrimidine*) **Biol.** Qui appartient à la pyrimidine. *Noyau pyrimidique. La cytosine, présente dans l'ADN, est une base pyrimidique.*

PYRIQUE, adj. [piʀik] (gr. *pur,* feu) ▷ Qui concerne le feu. *Expériences pyriques.* ◆ *Feux pyriques,* feux d'artifice. ◆ *Spectacle pyrique* ou *feu pyrique,* imitation de feu d'artifice, produite à l'aide de transparents. ◁

PYRITE, n. f. [piʀit] (lat. *pyrites,* du gr. *puritès*) Nom donné à quelques sulfures métalliques natifs qui jouissent de la propriété de s'enflammer dans des circonstances particulières. ◆ *Pyrite de fer,* pyrite cuivreuse, *pyrite d'étain,* sulfure de fer, de cuivre, d'étain.

PYRITEUX, EUSE, adj. [piʀitø, øz] (*pyrite*) De la nature de la pyrite.

PYRO..., [piʀo] Préfixe qui en composition signifie feu, du gr. *pur.*

PYROCLASTIQUE, ■ adj. [piʀoklastik] (*pyr[o]*- et *klastos,* brisé) **Géol.** Se dit des débris de roches magmatiques éjectés par les volcans lors d'une éruption. *Une roche pyroclastique.*

PYROCORISE, ■ n. m. [piʀokoriz] (gr. *purrhos,* rouge et *koris,* punaise) Voy. PYRRHOCORIS.

PYROÉLECTRICITÉ, ■ n. f. [piʀoelɛktʀisite] (*pyr[o]*- et *électricité*) **Phys.** Propriété que possèdent certains cristaux de développer une charge électrique lorsqu'ils sont soumis à la chaleur. *La pyroélectricité du quartz.*

PYROGALLIQUE, adj. [piʀogalik] (*pyro*- et *gallique*) *Acide pyrogallique,* acide produit par la sublimation de l'acide gallique ; on s'en sert pour la teinture des cheveux et pour la photographie.

PYROGALLOL, ■ n. m. [piʀogalɔl] (*pyrogallique*) **Chim.** Acide pyrogallique, dérivé du benzène. *Le pyrogallol était utilisé pour le développement des photographies.*

PYROGÉNATION, ■ n. f. [piʀoʒenasjɔ̃] (*pyrogéné* sur le modèle d'*oxygénation*) **Chim.** Réaction chimique obtenue en soumettant un corps ou une substance à une température élevée. *La pyrogénation du bois produit des gaz combustibles qui pourront s'enflammer.*

PYROGÈNE, ■ adj. [piʀoʒɛn] (*pyr[o]*- et -*gène*) **Méd.** Qui entraîne une poussée de fièvre. *Une substance pyrogène.*

PYROGRAVEUR ou **PYROGRAPHE**, ■ n. m. [piʀogʀavœʀ, piʀogʀaf] (*pyr[o]*- et *graveur* ou -*graphe*) Appareil à pyrograver.

PYROGRAVURE, ■ n. f. [piʀogʀavyʀ] (*pyr[o]*- et *gravure*) Procédé de décoration d'un objet par la gravure d'un dessin grâce à une pointe métallique chauffée au rouge. *Pyrogravure sur bois, sur cuir, sur os.* ■ PYROGRAVER, v. tr. [piʀogʀave] *Pyrograver une boîte en bois.*

PYROLE, ■ n. f. [piʀɔl] (*pyrus,* poirier) Voy. PIROLE.

PYROLIGNEUX, EUSE, adj. [piʀoliɲø, øz] ou [piʀolinjø, øz] (*pyr[o]*- et *ligneux*) **Chim.** *Acide pyroligneux,* acide acétique impur tiré du bois par distillation.

PYROLUSITE, ■ n. f. [piʀolyzit] (*pyr[o]*- et gr. *luein,* décomposer) **Chim.** Bioxyde de manganèse de formule MnO2, qui est principalement utilisé pour décolorer les verres et lors de la fabrication de l'eau de Javel.

PYROLYSE, ■ n. f. [piʀoliz] (*pyr[o]*- et -*lyse*) **Chim.** Décomposition chimique irréversible obtenue sous l'action de la chaleur, sans réaction avec l'oxygène. ■ *Four à pyrolyse,* four électrique autonettoyant, détruisant les salissures de cuisson par élévation de la température. ■ PYROLYSER, v. tr. [piʀolize] *Pyrolyser des déchets.* ■ PYROLYTIQUE, adj. [piʀolitik] *Destruction pyrolytique de matériaux.*

PYROMANE, ■ n. m. et n. f. [piʀoman] (*pyr[o]*- et -*mane*) Personne qu'une impulsion obsédante pousse à allumer volontairement des feux. *Le pyromane peut agir par vanité ou par attirance pour les flammes.* ■ PYROMANIE, n. f. [piʀomani] *La pyromanie est considérée comme une pathologie.*

PYROMÉCANISME, ■ n. m. [piʀomekanism] (*pyr[o]*- et *mécanisme*) **Techn.** Dispositif destiné à réaliser au moins une action mécanique en utilisant l'énergie libérée par la combustion d'une substance pyrotechnique. *Un pyromécanisme génère des gaz et provoque une surpression dans les endroits clos.*

PYROMÈTRE, n. m. [piʀomɛtʀ] (*pyr[o]*- et -*mètre*) **Phys.** Instrument qui sert à évaluer les hautes températures.

PYROMÉTRIE, n. f. [piʀometʀi] (*pyr[o]*- et -*métrie*) **Art** d'évaluer les hautes températures.

PYROMÉTRIQUE, adj. [piʀometʀik] (*pyr[o]*- et -*métrie*) Qui a rapport à la pyrométrie.

PYROPHORE, n. m. [piʀofɔʀ] (gr. *purophoros,* de pur, feu, et *pherein,* apporter) **Chim.** Composition chimique qui a la propriété de s'enflammer à l'air.

PYROPHOSPHORIQUE, ▪ adj. [piʁofɔsfoʁik] (*pyr[o]*- et *phosphorique*) **Chim.** *Acide pyrophosphorique,* acide de formule $H_4P_2O_7$ qui est obtenu par décomposition oxygénée de l'acide phosphorique.

PYROPHYTE, ▪ adj. [piʁofit] (*pyr[o]*- et *phyte*) **Bot.** Se dit d'une espèce végétale qui supporte le passage du feu, qui peut y survivre. ▪ **N. m.** *Un pyrophyte.*

PYROSCAPHE, n. m. [piʁoskaf] (*pyr[o]*- et gr. *skaphê,* barque) Bateau à vapeur.

PYROSIS, ▪ n. m. [piʁozis] (gr. *purôsis,* inflammation de *puroun,* brûler) **Méd.** Sensation d'irritation et de brûlure au niveau de l'estomac ou le long de l'œsophage, qui s'accompagne d'éructations et de régurgitations acides. *Le pyrosis est fréquent pendant la grossesse.*

PYROSULFURIQUE, ▪ adj. [piʁosylfyʁik] (*pyr[o]*- et *sulfurique*) **Chim.** *Acide pyrosulfurique,* acide de formule $H_2S_2O_7$ qui est obtenu par la pyrolyse de l'acide sulfurique.

PYROTECHNICIEN, IENNE, ▪ n. m. et n. f. [piʁotɛknisjɛ̃, jɛn] (*pyrotechnique*) Personne spécialiste de la pyrotechnie.

PYROTECHNIE, n. f. [piʁotɛkni] (*pyr[o]*- et *-technie*) ▷ Art d'employer le feu. ◁ ♦ *Pyrotechnie chirurgicale,* l'art d'employer le feu ou le cautère actuel en chirurgie. ♦ Ensemble des connaissances et des travaux qui concernent les artifices. ♦ *École de pyrotechnie,* établissement de l'artillerie où se font les travaux et les instructions relatifs aux munitions et artifices de guerre.

PYROTECHNIQUE, adj. [piʁotɛknik] (*pyrotechnie*) Qui appartient à la pyrotechnie. ♦ ▷ **N. f.** L'art d'employer le feu. ◁

PYROXÈNE, ▪ n. m. [piʁoksɛn] (*pyr[o]*- et gr. *xenos,* étranger) **Géol.** Groupe de minéraux comprenant des silicates (silicate de fer, de calcium, d'aluminium, de magnésium) qui ont comme caractéristique commune une cristallisation prismatique. *Les roches éruptives contiennent des pyroxènes.*

PYROXYLE, n. m. [piʁoksil] (*pyr[o]*- et gr. *xulon,* bois) Syn. de fulmicoton.

1 PYRRHIQUE, n. f. [piʁik] (gr. *purrhikhê,* de *Purrhikhos,* son inventeur) **Antiq.** Sorte de danse qui se faisait les armes à la main.

2 PYRRHIQUE, n. m. [piʁik] (gr. *purrhikhios,* de *purrhikhê,* danse guerrière) Dans la métrique ancienne, pied composé de deux brèves, ou vers dont la plupart des pieds sont des pyrrhiques.

PYRRHOCORIS ou **PYROCORISE**, ▪ n. m. [piʁokoʁis, piʁokoʁiz] (gr. *purrhos,* rouge et de *koris,* punaise) **Entomol.** Punaise rouge à points noirs vivant dans les milieux tempérés et se nourrissant de sève de feuilles, d'eau, d'insectes morts, etc. *Le pyrrhocoris est communément appelé gendarme.*

PYRRHONIEN, IENNE, adj. [piʁonjɛ̃, jɛn] (gr. *Purrhôn,* Pyrrhon, v. −365-v. −275) **Philos.** Qui appartient au pyrrhonisme. « *Montaigne affectait de passer pour pyrrhonien* », MALEBRANCHE. ♦ ▷ **Par extens.** Qui doute ou affecte de douter de tout. ◁ ♦ **N. m. et n. f.** *Un pyrrhonien.*

PYRRHONISME, n. m. [piʁonism] (*Pyrrhon*) Doctrine de Pyrrhon, qui, entre les dogmatiques qui prétendaient qu'il y a une vérité absolue, et les

sophistes qui le niaient, voulait que le philosophe s'abstînt. ♦ **Par extens.** Habitude ou affectation de douter de tout. ♦ *Pyrrhonisme historique,* abus de la critique qui attaque la certitude des faits bien établis.

PYRRHOTITE, ▪ n. f. [piʁotit] (gr. *purrhotês,* couleur rousse) **Minér.** Sulfure de fer naturel. *La pyrrhotite est magnétique et elle conduit l'électricité.*

PYRROL ou **PYRROLE**, ▪ n. m. [piʁɔl] (gr. *purrhos,* rouge et suff. *-ol*) **Chim.** Composé hétérocyclique azoté de couleur jaunâtre, de formule C_4H_5N, ayant une odeur de chloroforme et que l'on extrait de la houille de goudron. *La chlorophylle contient du pyrrol.*

PYRROLIQUE, ▪ adj. [piʁolik] (*pyrrol*) **Chim.** Qui se rapporte au pyrrol. *Un cycle pyrrolique.*

PYTHAGORICIEN, IENNE, adj. [pitagoʁisjɛ̃, jɛn] (*pythagorique*) **Philos.** Qui appartient à la philosophie de Pythagore. *La secte pythagoricienne. Les dogmes pythagoriciens.* ♦ **N. m. Philos.** Sectateur de Pythagore.

PYTHAGORIQUE, adj. [pitagoʁik] (gr. *Puthagorikos,* de *Puthagoras,* Pythagore, VIᵉ s. avant J.-C., philosophe grec) ▷ Qui appartient à Pythagore, à son école ou à ses doctrines. *Le silence pythagorique.* ◁

PYTHAGORISME, n. m. [pitagoʁism] (*pythagorique* ; cf. gr. *puthagorismos,* précepte comme ceux de Pythagore) Doctrine de Pythagore.

PYTHIE, n. f. [piti] (gr. *Puthia,* de *Puthô,* région de la Phocide) **Antiq. grecq.** Prêtresse de l'oracle d'Apollon à Delphes.

PYTHIEN, IENNE, adj. [pitjɛ̃, jɛn] (gr. *Puthô,* région de la Phocide) *Apollon pythien,* Apollon honoré à Pytho, dans la région pythienne en Phocide, au pied du Parnasse. ♦ *Jeux pythiens,* Voy. PYTHIQUES. ♦ Qui appartient, qui est relatif à la pythie.

PYTHIQUES, adj. m. pl. [pitik] (gr. *puthikos,* de *Puthô*) *Jeux pythiques,* jeux qui se célébraient tous les quatre ans à Delphes en l'honneur d'Apollon.

PYTHON, n. m. [pitɔ̃] (lat. *Python,* du gr. *Puthôn*) **Mythol.** Serpent monstrueux qui désolait les environs de Delphes et qu'Apollon tua à coups de flèches. ♦ Nom d'un genre d'ophidiens propres à l'ancien monde (en ce sens, avec un *p* minuscule). ▪ Très grand serpent non venimeux d'Asie et d'Afrique qui s'enroule autour de sa proie de façon à l'étouffer.

PYTHONISSE, n. f. [pitonis] (lat. tardif *pythonissa*) **Antiq.** Devineresse. *La pythonisse d'Endor.* ♦ **Par extens.** Toute femme qui se mêle de prédire l'avenir.

PYURIE, ▪ n. f. [pjyʁi] (*pyo*- et de *-urie*) **Méd.** Présence de pus dans les urines qui y forme un sédiment blanchâtre. *L'infection urinaire représente de loin la cause la plus fréquente de pyurie.*

PYXIDE, ▪ n. f. [piksid] (lat. *pyxis,* génit. *pyxidis,* gr. *puxis,* boîte en buis) **Antiq.** Petit coffret en bois, en ivoire ou en métal précieux où l'on rangeait des bijoux. ▪ **Relig.** Petite boîte cylindrique à fond plat et à couvercle conique où l'on conservait l'Eucharistie. *Les pyxides ont été remplacées par les ciboires à la fin du Moyen Âge.* ▪ **Relig.** Boîte de petite taille dans laquelle le prêtre transporte l'hostie pour aller donner la communion aux malades.

q

Q, n. m. [ky] (lat. *q*) La dix-septième lettre de l'alphabet, et la treizième des consonnes. *Un grand Q. Un petit q.* ◆ Q valait 500 dans la numération romaine. ▪ Ensemble des nombres rationnels. ◆ (Minuscule) Symbole du quintal.

QADDICH, ▪ n. m. [kadiʃ] Voy. KADDISH.

QANUN, ▪ n. m. [kanun] (ar. *qanun*) **Mus.** Cithare orientale à quatre-vingt-une cordes qui a une forme de trapèze. *Le qanun date du XXe siècle.*

QARAÏTE, ▪ adj. ou n. m. et n. f. [karait] Voy. CARAÏTE.

QAT ou **KHAT**, ▪ n. m. [kat] (ar. *qât*, arbuste) Arbuste présent notamment en Éthiopie et au Yémen et dont les feuilles ont des effets hallucinogènes. *Des qats, des khats. Mâcher des feuilles de qat.* ▪ Les feuilles de cet arbre. ▪ Substance hallucinogène dont les principaux effets sont de dissiper la faim et la fatigue et de produire l'exaltation chez les personnes qui en ont consommé. *Le qat fait de véritables ravages au sein de la population éthiopienne.*

QCM, ▪ n. m. [kyseɛm] (sigle de *question à choix multiples*) Questionnaire dans lequel en vis-à-vis de chaque question posée sont présentées plusieurs réponses parmi lesquelles la personne interrogée doit choisir. *L'examen du code de la route est sous forme de QCM.*

QG, ▪ n. m. [kyʒe] (sigle de *quartier général*) **Milit.** Poste où sont réunis le général et son état-major. ▪ **Fam.** Lieu qu'une personne ou des personnes fréquentent souvent. *Ce bar est devenu son QG, il y retrouve régulièrement ses amis.*

QHS ou **QSR**, ▪ n. m. [kyaʃɛs, kyesɛr] (sigle de *quartier de haute sécurité, quartier de sécurité renforcé*) Quartier d'une prison accueillant des criminels jugés très dangereux et où la sécurité est renforcée. *Le QHS a été supprimé en France au début des années quatre-vingt.*

QI, ▪ n. m. [kyi] (sigle de *quotient intellectuel*) Quotient qui représente les capacités intellectuelles d'un individu. *Faire passer des tests de QI à quelqu'un. Calculer son QI.* Voy. QUOTIENT.

1 QUAD, ▪ n. m. [kwad] (mot angl., apocope de *quadruple*) **Sp.** Patin à roulettes à quatre roues placées symétriquement deux à deux à l'avant et à l'arrière de la chaussure. *Des quads ou des rollers.*

2 QUAD, ▪ n. m. [kwad] (mot angl., apocope de *quadruple*) Moto tout-terrain à quatre roues motrices, généralement utilisée pour faire du cross. *Faire du quad sur terrain sablonneux. Des quads.*

QUADRA, ▪ n. m. [kwadra] (*qua* se prononce *coua* ; apocope de *quadragénaire*) **Fam.** Quadragénaire. *Des quadras.*

QUADRAGÉNAIRE, adj. [kwadraʒenɛr] (*qua* se prononce *coua* ; lat. *quadragenarius*) Qui contient quarante unités. ◆ Qui est âgé de quarante ans. ◆ N. m. et n. f. *Un, une quadragénaire.* ▪ N. m. et n. f. Personne dont l'âge est compris entre quarante et quarante-neuf ans. ▪ **Abrév. fam.** Un, une quadra.

QUADRAGÉSIMAL, ALE, adj. [kwadraʒezimal] (*qua* se prononce *coua* ; lat. chrét. *quadragesimalis*) Qui appartient au carême. *Jeûnes quadragésimaux. Féries quadragésimales.* ◆ *Vie quadragésimale,* vie dans laquelle on fait constamment carême.

QUADRAGÉSIME, n. f. [kwadraʒezim] (*qua* se prononce *coua* ; lat. *quadragesima dies,* quarantième jour) Mot qui signifie carême, et qui n'est usité que dans : *Le dimanche de la Quadragésime* ou le premier dimanche de carême. ◆ **Absol.** *La Quadragésime.*

QUADRAGESIMO, adv. [kwadraʒezimo] (*qua* se prononce *coua* ; lat. *quadragesimo loco*) ▷ En quarantième lieu. ◁

QUADRANGLE, n. m. [kwadrãgl] (*qua* se prononce *coua* ; lat. *quadr*[i]*angulus*) Figure qui a quatre angles, quatre côtés. ◆ Bâtiment dont la base est un parallélogramme rectangle.

QUADRANGULAIRE, adj. [kwadrãgylɛr] (*qua* se prononce *coua* ; b. lat. *quadrangularis*) **Géom.** Qui a quatre angles. *Un bâtiment quadrangulaire.*

QUADRANT, ▪ n. m. [kadrã] (*qua* se prononce *ka* ; lat. impér. *quadrans,* quart [de la journée, de l'as]) **Math.** Angle de 90 degrés. ▪ Quart d'une circonférence de cercle.

1 QUADRAT, n. m. [kadra] (*qua* se prononce *ka* ; *quadratum*) Voy. CADRAT.

2 QUADRAT, ATE, adj. [kwadra, at] (*qua* se prononce *coua* ; lat. *quadratus,* carré) **Astrol.** N'est usité que dans : *Quadrat aspect,* la position de deux planètes éloignées l'une de l'autre d'un quart de cercle, c'est-à-dire de 90 degrés.

QUADRATIN, n. m. [kadratɛ̃] (*qua* se prononce *ka* ; 1 *quadrat*) Voy. CADRATIN.

QUADRATIQUE, ▪ adj. [kwadratik] ou [kadratik] (lat. *quadratus,* carré) **Math.** Qui est élevé au carré, qui est du second degré. *Une équation quadratique.* ▪ **Minér.** Système quadratique, système dont les cristaux sont caractérisés par les éléments de symétrie du prisme droit à base carrée.

QUADRATRICE, ▪ n. f. [kwadratris] (*qua* se prononce *coua* ; lat. sav. *quadratrix,* du b. lat. *quadrator,* celui qui équarrit, tailleur de pierre) **Géom.** Courbe employée pour arriver à la quadrature approchée du cercle.

1 QUADRATURE, n. f. [kwadratyr] ou [kadratyr] (b. lat. *quadratura*) **Géom.** Réduction géométrique d'une figure curviligne à un carré équivalent en surface. ◆ **Fig.** *C'est la quadrature du cercle,* se dit d'une chose impossible à trouver. ◆ **Astron.** Aspect de deux astres éloignés l'un de l'autre de 90 degrés. ▪ **Phys.** *En quadrature,* état de deux grandeurs périodiques dont la différence de phase est de 90 degrés.

2 QUADRATURE, n. f. [kadratyr] Voy. CADRATURE.

QUADRETTE, ▪ n. f. [kadrɛt] (*qua* se prononce *ka* ; provenç. *quatreto, quadreto*) Au jeu de boules, équipe formée de quatre joueurs ayant chacun deux boules. *Jouer en quadrette.*

QUADRI..., [kwadri] ou [kadri] Préfixe qui signifie quatre, du latin *quadri,* qui n'est plus usité qu'en composition.

QUADRICEPS, ▪ n. m. [kwadrisɛps] (*qua* se prononce *coua* ; lat. *quadriceps,* à quatre têtes, de *caput*) Muscle de la cuisse formé de quatre faisceaux musculaires.

QUADRICHROMIE, ▪ n. f. [kwadrikromi] (*qua* se prononce *coua* ; *quadri-* et *-chromie*) **Impr.** Ensemble des quatre couleurs : noir, magenta, cyan (bleu-vert) et jaune.

QUADRIENNAL, adj. [kadrijenal] (*qua* se prononce *ka* ; lat. *quadriennium*) Voy. QUATRIENNAL.

QUADRIFIDE, adj. [kwadrifid] (*qua* se prononce *coua* ; lat. *quadrifidus,* de *findere,* fendre) **Bot.** Qui a quatre divisions étendues à peu près jusqu'au milieu de la longueur. *Calice quadrifide.*

QUADRIGE, n. m. [kwadriʒ] (*qua* se prononce *coua* ; lat. *quadrigae,* de *quadrijugæ,* attelage à quatre) **Antiq.** Char monté sur deux roues et attelé de quatre chevaux de front.

QUADRILATÉRAL, ALE, adj. [kwadrilateral] (*qua* se prononce *coua* ; *quadrilatère*) Qui offre quatre côtés.

QUADRILATÈRE, n. m. [kwadrilatɛr] (*qua* se prononce *coua* ; lat. *quadrilaterus,* de *latus,* côté) **Géom.** Figure qui a quatre côtés. ▪ **Milit.** Espace quadrangulaire défendu par quatre places fortes.

QUADRILLAGE, n. m. [kadrijaʒ] (*quadriller*) Assemblage de carreaux. *Un corridor dallé en quadrillage blanc et noir.* ▪ Division d'une surface en carrés. ◆ Opération militaire ou policière consistant à assurer le contrôle d'un terrain en le divisant en compartiments pour optimiser les recherches.

1 QUADRILLE, n. f. [kadrij] (*qua* se prononce *coua* ; esp. *cuadrilla,* de *cuadro,* espace carré) L'usage tend à le faire masculin. ▪ Troupe de cavaliers pour un carrousel ou pour un tournoi, qui, appartenant au même parti, avaient un arrangement déterminé et une parure uniforme. ◆ **Danse** Nombre pair de couples qui exécutent des contredanses dans un bal ; en ce sens, l'usage actuel fait constamment quadrille masculin. ◆ Réunion de figures qui doivent être dansées sans interruption ; elles sont au nombre de cinq : le pantalon, l'été, la poule, la pastourelle et la finale. ◆ **Mus.** Ensemble des morceaux de musique qui correspondent aux figures qu'on exécute dans un quadrille.

2 QUADRILLE, n. m. [kadrij] (*qua* se prononce *ka* ; esp. *cuartillo,* de *cuarto,* quatrième ; confusion avec *cuadrilla*) Espèce de jeu d'hombre qui se joue à quatre.

3 QUADRILLE, n. m. [kadrij] (*qua* se prononce *ka* ; esp. *cuadrillo,* flèche en forme de losange, carreau) ▷ Jour en losange formé par les fils d'une frange, que l'on noue ou que l'on passe dans un coulant. ◁

QUADRILLÉ, ÉE, adj. [kadrije] (3 *quadrille*) Se dit des étoffes à carreaux. ◆ **Constr.** *Systèmes quadrillés,* systèmes composés de pièces parallèles entre elles reliées transversalement par d'autres pièces également parallèles entre elles. ♦ *Papier quadrillé,* papier réglé en petits carrés.

QUADRILLER, ▪ v. tr. [kadʀije] (*quadrillé*) Morceler une surface en carrés grâce à des lignes entrecroisées. Quadriller du papier. ▪ **Milit.** Procéder au quadrillage d'un territoire. *Les policiers quadrillent la rue.* ▪ Créer dans un lieu géographique un entrecroisement de voies de communication. *Paris est quadrillé de lignes de métro.*

QUADRILLION, n. m. [kwadʀiljɔ̃] (*quadri* sur le modèle de *million*) Voy. QUATRILLION.

QUADRILOBE, ▪ n. m. [kwadʀilɔb] (*qua* se prononce *coua; quadri-* et *lobe*) **Archit.** Motif du courant gothique qui est composé d'une suite de quatre lobes ou d'arcs de cercles et qui orne les balcons, les balustrades et les fenêtres. *Un double quadrilobe.*

QUADRIMOTEUR, ▪ adj. [kwadʀimotœʀ] (*qua* se prononce *coua; quadri-* et *moteur*) En parlant d'un avion, équipé de quatre moteurs. ▪ N. m. Avion équipé de quatre moteurs.

QUADRINÔME, n. m. [kwadʀinom] (*qua* se prononce *coua; quadri-* sur le modèle de *binôme*) Expression algébrique composée de quatre termes.

QUADRIPARTITE, ▪ adj. [kwadʀipaʀtit] (*qua* se prononce *coua;* lat. *quadripertitus,* partagé en quatre) Qui compte quatre parties ou éléments. *Une réunion quadripartite.*

QUADRIPHONIE, ▪ n. f. [kwadʀifoni] (*qua* se prononce *coua; quadri-* et *-phonie*) Technique d'enregistrement et de reproduction du son utilisant quatre canaux pour traiter l'information. *Un disque en quadriphonie.*

QUADRIPLÉGIE, ▪ n. f. [kwadʀipleʒi] (*qua* se prononce *coua; quadri-* et *-plégie*) **Méd.** Paralysie touchant chacun des quatre membres. ▪ REM. On dit aussi *tétraplégie.*

QUADRIPOLAIRE, ▪ adj. [kwadʀipolɛʀ] (*qua* se prononce *coua; quadri*-pôle) Qui est composé de quatre pôles. *Approche quadripolaire d'un phénomène.* ▪ **Électr.** Relatif au quadripôle. *Un couplage quadripolaire électrique.*

QUADRIPÔLE, ▪ n. m. [kwadʀipol] (*qua* se prononce *coua; quadri-* et *pôle*) **Électr.** Réseau électrique comprenant quatre bornes dont deux dites d'entrée et deux dites de sortie. *Un quadripôle électrostatique.*

QUADRIQUE, ▪ n. f. [kwadʀik] (*qua* se prononce *coua;* lat. *quadrus,* carré) **Géom.** Surface algébrique associée à une équation du second degré et la représentant. *La quadrique est décomposée en réunion de deux plans.*

QUADRIRÉACTEUR, ▪ adj. m. [kwadʀiʀeaktœʀ] (*qua* se prononce *coua; quadri-* et *réacteur*) **Aéronaut.** Dont la propulsion est rendue possible par quatre moteurs à réaction. *Un avion quadriréacteur.* ▪ N. m. **Aéronaut.** Avion qui bénéficie d'un tel système de propulsion.

QUADRISYLLABE, ▪ n. m. [kwadʀisilab] (*qua* se prononce *coua;* lat. *quadrisyllabus*) Mot ou vers qui comprend quatre syllabes. ▪ Adj. *Des vers poétiques quadrisyllabes.*

QUADRISYLLABIQUE, ▪ adj. [kwadʀisilabik] (*qua* se prononce *coua; quadrisyllabe*) Qui comprend quatre syllabes. *Un vers, un mot quadrisyllabique.*

QUADRIVALENT, ENTE, ▪ adj. [kwadʀivalɑ̃, ɑ̃t] (*qua* se prononce *coua; quadri-* et *-valent*) **Chim.** Se dit des caractères ou des éléments dont la valence est 4. *Un vaccin quadrivalent.* ▪ QUADRIVALENCE, n. f. [kwadʀivalɑ̃s] *La quadrivalence du carbone.*

QUADRIVIUM, n. m. [kwadʀivjɔm] (*qua* se prononce *coua;* mot lat., carrefour, lat. médiév. ensemble de quatre disciplines : *trivium*) La division supérieure des sept arts dans l'université du Moyen Âge, qui comprenait l'arithmétique, la géométrie, la musique et l'astronomie.

QUADRUMANE, adj. [kwadʀyman] (*qua* se prononce *coua;* b. lat. *quadrumanus*) Qui a quatre mains. *Le singe est quadrumane.* ♦ N. m. *Les quadrumanes,* second ordre des mammifères, caractérisé par la disposition en forme de main des quatre extrémités.

QUADRUPÈDE, adj. [kwadʀypɛd] (*qua* se prononce *coua;* lat. *quadrupes*) Qui a quatre pieds. *Les animaux quadrupèdes.* ♦ Qui marche à quatre pieds. « *Il y a divers exemples d'hommes quadrupèdes* », J.-J. ROUSSEAU. ♦ N. m. Un animal à quatre pieds. ♦ *Le quadrupède ailé,* Pégase.

QUADRUPLE, ▪ adj. [kwadʀypl] (*qua* se prononce *coua;* lat. *quadruplus*) Qui vaut quatre fois autant. *Une somme quadruple.* ♦ *Quadruple alliance,* traité entre quatre puissances. ♦ **Mus.** *Quadruple croche,* figure de valeur moderne qui vaut la huitième partie d'une croche. ♦ **Chim.** *Sel quadruple,* sel formé de deux autres sels. ♦ N. m. Quatre fois autant. « *Le mal se rend chez vous au quadruple du bien* », LA FONTAINE. ♦ ▷ Double pistole d'Espagne. ◁

QUADRUPLÉ, ÉE, p. p. de quadrupler. [kwadʀyple] N. m. ou n. f. Les quatre enfants issus d'une même grossesse.

QUADRUPLEMENT, adv. [kwadʀypləmɑ̃] (*qua* se prononce *coua; quadrupler*) D'une manière quadruple.

QUADRUPLER, v. tr. [kwadʀyple] (*qua* se prononce *coua;* b. lat. *quadruplare*) Multiplier par quatre, prendre quatre fois la même quantité. ♦ V. intr. Être augmenté au quadruple.

QUADRUPLET, ▪ n. m. [kwadʀyplɛ] (*qua* se prononce *coua;* mot angl.) Ensemble formé par le regroupement de quatre objets distincts ou non. *Un quadruplet d'octets.*

QUADRUPLEX, ▪ n. m. [kwadʀypleks] (*qua* se prononce *coua;* mot angl., du lat. *quadruplex,* quadruple) **Télécomm.** Système de transmission télégraphique qui permet la délivrance simultanée de quatre messages distincts. *Un colloque en quadruplex. Des quadruplex.*

QUAI, n. m. [kɛ] (mot normanno-pic., prob. du gaul. *caio-*) Levée ordinairement revêtue de pierres de taille, et faite le long d'une rivière. ♦ Rivage d'un port où l'on décharge les marchandises. ♦ Se dit des berges dans un embarcadère de chemin de fer.

QUAIAGE, n. m. [kejaʒ] (*quai*) Voy. QUAYAGE.

QUAICHE, n. f. [kɛʃ] (angl. *ketch*) ▷ **Mar.** Petite embarcation des mers du Nord. ◁

QUAKER, n. m. [kwekœʀ] (mot angl., de *to quake,* trembler) Secte chrétienne qui compte des prosélytes aux États-Unis et en Hollande. ♦ Au f. *Quakeresse.* ▪ REM. On disait aussi *quakre* autrefois. ▪ REM. On prononçait autrefois [kwakʀ].

QUAKERISME, n. m. [kwekœʀism] (angl. *quakerism*) **Relig.** Doctrine des quakers. « *Guillaume Penn, chef du quakerisme* », VOLTAIRE. ▪ REM. On prononçait autrefois [kwak] ou [əʀism].

QUALIFIABLE, adj. [kalifjabl] (*qualifier*) Qui peut être qualifié. ▪ **Sp.** Qui peut être qualifié pour participer à une épreuve, à une compétition. *Une équipe qualifiable.*

QUALIFIANT, ANTE, ▪ adj. [kalifjɑ̃, ɑ̃t] (*qualifier*) Qui confère une qualification, un savoir-faire. *Un cursus qualifiant. Une formation qualifiante.*

QUALIFICATEUR, n. m. [kalifikatœʀ] (*qualifier*) Théologien appartenant au tribunal de l'inquisition, qui est consulté au sujet des propositions déférées.

QUALIFICATIF, IVE, adj. [kalifikatif, iv] (*qualifier,* p.-ê. d'après l'angl. *qualificative*) **Gramm.** Qui exprime la qualité, la manière d'être. *Bon, grand, sont des adjectifs qualificatifs.* ♦ N. m. Mot qui qualifie. ♦ **Chim.** *Analyse qualificative,* Voy. QUALITATIVE. ▪ **Sp.** Qui permet de se qualifier pour une épreuve sportive.

QUALIFICATION, n. f. [kalifikasjɔ̃] (lat. médiév. *qualificatio,* condition ; infl. de l'angl. *qualification,* capacité) Attribution d'une qualité, d'un titre. *La qualification de comte. La qualification des délits, des crimes.* ▪ **Sp.** Fait, pour un athlète, un concurrent ou une équipe sportive, de se qualifier pour l'épreuve finale d'une compétition.

QUALIFIÉ, ÉE, p. p. de qualifier. [kalifje] ▷ Qui a un caractère déterminé. « *Je travaille à une censure qualifiée* », BOSSUET. ◁ ♦ Sur le turf, *cheval qualifié,* cheval qui a satisfait à toutes les conditions du règlement pour la course. ♦ Autrefois, *crime qualifié* se disait pour grand crime. ♦ Qui a des titres de noblesse. *Une personne qualifiée.* ♦ ▷ *Il est qualifié,* il est de qualité. ◁ ♦ ▷ *Les personnes les plus qualifiées d'une ville,* les personnes les plus considérables. ◁ ▪ **Sp.** Qui est admis pour l'épreuve finale d'une compétition sportive. ♦ Qui a la capacité, l'expérience. *Un ouvrier qualifié.* ♦ *Être qualifié pour quelque chose,* avoir les compétences requises pour remplir une tâche. *Elle est tout à fait qualifiée pour ce type de travail.*

QUALIFIER, v. tr. [kalifje] (lat. médiév. *qualificare,* qualifier, apporter des modifications ; infl. de l'angl. *to qualify,* rendre apte ; du lat. *qualis,* de quelle nature) Marquer de quelle qualité est une chose. « *Qualifiant les choses comme il nous plaît* », BOURDALOUE,. *L'homicide commis volontairement est qualifié meurtre,* Code pénal. ♦ Il se dit des personnes dans le même sens. *Qualifier quelqu'un de fourbe.* ♦ **Gramm.** Exprimer la qualité. *L'adjectif qualifie le nom.* ♦ ▷ Attribuer un titre, une qualité à une personne. *L'arrêt le qualifie prince, duc, etc.* ◁ ♦ On le dit aussi avec *de,* dans la conversation. *On le qualifie de duc.* ♦ ▷ *Se qualifier,* v. pr. S'attribuer une qualité, un titre. *Il se qualifie docteur. Il se qualifie de marquis.* ◁ ▪ **Sp.** Permettre à un athlète, un concurrent ou une équipe sportive d'accéder à l'épreuve finale d'une compétition. ▪ *Se qualifier,* v. pr. Obtenir une qualification pour une épreuve sportive ultérieure. *L'équipe française s'est qualifiée.*

QUALITATIF, IVE, ▪ adj. [kalitatif, iv] (b. lat. *qualitativus*) Qui concerne la qualité. *Développement qualitatif.* ♦ *Analyse qualitative,* qui détermine la nature chimique des éléments appartenant à un corps.

QUALITATIVEMENT, ▪ adv. [kalitativ(ə)mɑ̃] (*qualitatif*) En considérant une chose sous un angle qualitatif. *Deux produits qualitativement identiques.*

QUALITÉ, n. f. [kalite] (lat. *qualitas*, manière d'être, de *qualis*, de quelle nature) Ce qui fait qu'une chose est telle. Bonté, blancheur sont des qualités. ◆ Manière d'être des corps en vertu de laquelle ils font sur nos sens une impression particulière qui nous donne les idées de figure, de couleur, de grandeur, etc. ◆ **Philos.** *Qualités premières des corps*, celles sans lesquelles ils ne pourraient exister ni être conçus, par opposition à qualités secondes. ◆ *Qualité occulte*, propriété des corps dont la cause est inconnue. ◆ Disposition morale bonne ou mauvaise. « *L'art de savoir bien mettre en œuvre de médiocres qualités donne souvent plus de réputation que le véritable mérite* », LA ROCHEFOUCAULD. ◆ **Absol.** Bonne qualité. Il a des qualités. Il se dit aussi des choses. *J'aime mieux la qualité que la quantité. Ce vin est de la qualité.* ◆ **Mar.** *Qualités* se dit d'un bâtiment qui marche bien, porte bien la voile, évolue avec facilité, etc. ◆ Noblesse distinguée. *Un ancien gentilhomme d'une maison illustrée se nomme un homme de qualité. Les gens de qualité.* ◆ Titre que l'on porte en raison de sa naissance, de sa charge, de sa profession, de sa position, etc. La qualité de citoyen, d'électeur, d'avoué, etc. ◆ **Dr.** Titre qui rend habile à exercer quelque droit. *La qualité de légataire.* ◆ Avoir qualité pour faire un acte, avoir capacité pour le faire. ◆ **Fig.** et **fam.** *Avoir qualité pour faire une chose*, être autorisé à la faire. ◆ **Pratiq.** *Les qualités d'un arrêt, d'un jugement*, la partie qui contient les noms, professions, demeures, etc. des parties, ainsi que leurs demandes et conclusions. ◆ EN QUALITÉ DE, loc. prép. Comme, à titre de. « *Il apprit l'art de la guerre en qualité de simple soldat* », FLÉCHIER. ■ *Qualité de la vie*, ensemble des conditions permettant une vie plus agréable et harmonieuse.

QUALITICIEN, IENNE, ■ n. m. et n. f. [kalitisjɛ̃, jɛn] (*qualitique*, science de la qualité) Professionnel chargé de la gestion et du contrôle de la qualité des biens produits ou des prestations fournies par une entreprise. *Un qualiticien de l'environnement, de formation.*

QUAND, conj. [kɑ̃] (lat. *quando*, quand, puisque) Dans le temps où. *J'irai vous trouver, mais je ne puis dire quand.* ◆ Il marque quelquefois une simple corrélation entre deux membres de phrase. « *On ne se trompe pas quand on attribue tout à la prière* », BOSSUET. ◆ Il se construit avec *jusqu'à.* « *Dieu détermine jusqu'à quand doit durer l'assoupissement, et quand aussi doit se réveiller le monde* », BOSSUET. ◆ **Interrogativ.** *Dans quel temps? Quand viendrez-vous?* ◆ Il se construit avec les propositions, *à, de, depuis, pour, jusque. À quand la partie est-elle remise? De quand, depuis quand est-il ici?* ◆ *Quand, quand même, quand bien même*, dans le sens de bien que, encore que; il se construit avec le conditionnel. « *Quand le malheur ne serait bon Qu'à mettre un sot à la raison, Toujours serait-ce à juste cause Qu'on le dit bon à quelque chose* », LA FONTAINE. ◆ *Quand même* se dit aussi avec l'indicatif. « *Quand même votre cœur n'est pas de la partie* », MME DE SÉVIGNÉ. ◆ QUAND ET QUAND, loc. adv. Avec, en même temps (locution vieillie). « *Nos prières partirent l'une quand et quand l'autre* », MARIVAUX. ◆ *Quand et*, avec (locution vieillie). « *Comme ils s'en revenaient menant leur butin quand et eux* », MALHERBE. ■ *Quand même*, exprime l'impatience. *Ah! quand même! te voilà!*

QUANQUAM, n. m. [kwɑ̃kwam] (lat. *quamquam*, quoique) Harangue latine que prononçait un écolier à l'ouverture de certaines thèses de philosophie.

QUANQUAN, n. m. [kɑ̃kɑ̃] Voy. CANCAN.

1 **QUANT**, adv. [kɑ̃] (lat. *quantum*, autant que) Il est toujours suivi de *à* et signifie alors pour ce qui est de. *Quant à moi. Quant à l'avenir. Quant à présent.* ◆ **N. m.** *Le quant-à-moi, le quant-à-soi*, l'indépendance, la fierté qu'on se réserve. ◆ *Tenir, garder son quant-à-soi ou son quant-à-moi, se tenir sur son quant-à-soi ou son quant-à-moi*, tenir sa gravité et sa fierté, faire le renchéri. « *Voyez comme en silence il tient son quant-à-moi* », TH. CORNEILLE. ◆ *Se mettre sur son quant-à-moi, sur son quant-à-soi*, faire le suffisant, le hautain.

2 **QUANT, ANTE**, adj. [kɑ̃, ɑ̃t] (lat. *quantus*, de quelle grandeur) ▷ Combien grand. De cet adjectif il ne reste plus que *quantes*, qui lui-même a vieilli. *Quantes fois, combien de fois.* ◆ *Toutes fois et quantes fois que*, ou *toutes fois et quantes que*, autant de fois que. ◁

QUANT-À-SOI, ■ n. m. [kɑ̃taswa] (1 *quant* et *soi*) Voy. QUANT.

QUANTIÈME, adj. [kɑ̃tjɛm] (2 *quant*) Il désigne le rang, l'ordre numérique dans un grand nombre (vieux en ce sens). *Le quantième êtes-vous dans votre compagnie?* ◆ **N. m.** *Le quantième jour du mois. Quel est le quantième? Quel quantième tenons-nous?* ◆ *Montre à quantièmes*, montre qui marque le quantième du mois.

QUANTIFIER, ■ v. tr. [kɑ̃tifje] (angl. *to quantify*, du lat. médiév. *quantificare*, du lat. *quantus*, de quelle grandeur)) Attribuer une quantité à, mesurer, chiffrer. ■ QUANTIFIABLE, adj. [kɑ̃tifjabl] ■ QUANTIFICATION, n. f. [kɑ̃tifikasjɔ̃]

QUANTIQUE, ■ adj. [kwɑ̃tik] ou [kɑ̃tik] (*quantum*) **Phys.** Relatif à la théorie des quanta. *Physique quantique.* ■ **N. f.** Spécialité de la physique qui traite des objets quantiques.

QUANTITATIF, IVE, adj. [kɑ̃titatif, iv] (*quantité*, ou lat. médiév. *quantitativus*) **Gramm.** Qui a rapport à la quantité ou aux quantités. *Termes quantitatifs*, comme peu, beaucoup. ◆ **Chim.** *Analyse quantitative*, celle qui détermine exactement la quantité de chaque élément.

QUANTITÉ, n. f. [kɑ̃tite] (lat. impér. *quantitas*) Il se dit de tout ce qui peut être mesuré ou nombré, de tout ce qui est susceptible d'accroissement ou de diminution. ◆ **Math.** *Quantité continue, négative,* Voy. ces mots. ◆ **Méc.** *Quantité de mouvement*, le produit de la masse par la vitesse. ◆ Un grand nombre de personnes, de choses. *Une grande quantité de blé, de vin, d'oiseaux, etc.* ◆ Le verbe s'accorde en nombre et en genre avec le substantif qui détermine quantité. *Quantité de soldats sont arrivés.* ◆ *En quantité*, en grand nombre. ◆ **Prosod.** La valeur des syllabes longues et des brèves. ◆ **Mus.** La durée relative que les syllabes doivent avoir.

QUANTON, ■ n. m. [kwɑ̃tɔ̃] ou [kɑ̃tɔ̃] (*quantum*, d'après *photon*) **Phys.** Objet d'étude de la physique quantique et qui manifeste un comportement corpusculaire ou ondulatoire. *Le quanton est décrit par son état mathématique.*

QUANTUM, ■ n. m. [kwɑ̃tɔm] ou [kɑ̃tɔm] (lat. *quantum*, quelle quantité) **Phys.** Plus petite particule d'énergie dont le comportement est observable au-delà des limites de l'atome. *Des quantums ou des quanta* (pluriel latin). ◆ **Phys.** *Théorie des quanta*, se fondant sur l'existence des quanta pour expliquer certains phénomènes liés à la matière et au rayonnement. ■ Quantité déterminée et fixée.

1 **QUARANTAINE**, n. f. [karɑ̃tɛn] (*quarante*) Nombre de quarante ou environ. *Une quarantaine d'hommes, de francs, etc.* ◆ **N. f.** *La quarantaine*, l'espace du carême. ◆ **Absol.** L'âge de quarante ans. ◆ Séjour que les voyageurs, ainsi que les effets et marchandises qui arrivent d'un pays où règne une maladie contagieuse, sont obligés de faire dans un lazaret ou à bord des vaisseaux, avant de communiquer avec les habitants du pays ou du port où ils veulent entrer. ◆ *Quarantaine d'observation*, celle qui n'entraîne pas le déchargement. ◆ **Fig.** Toute espèce de réclusion, de séquestration temporaire. *Mettre quelqu'un en quarantaine.*

2 **QUARANTAINE**, n. f. [karɑ̃tɛn] (1 *quarantaine*) La navette d'été. ◆ **Adj.** *Giroflée quarantaine* ou subst. *la quarantaine*, sorte de giroflée; c'est la matthiole annuelle, dite aussi *giroflée d'été.*

QUARANTE, adj. num. [karɑ̃t] (lat. pop. *quaranta*, du lat. *quadraginta*) Quatre fois dix. *Quarante et un* ou *quarante-un. Quarante-deux, quarante-trois, etc.* ◆ Dans la liturgie catholique, les prières de ou des quarante heures, ou les quarante heures, prières faites dans les grandes calamités et pendant le jubilé. ◆ *Les quarante de l'Académie française* ou simplement *les Quarante* (avec une majuscule), les membres de l'Académie française. ◆ *Le tribunal des quarante*, Voy. QUARANTIE. ◆ *Le trente-et-quarante*, jeu de hasard qui se joue avec des cartes. ◆ Au piquet, *quarante au point* ou simplement *quarante*, se dit quand les cartes qui composent le point valent quarante. ◆ **N. m.** Le chiffre, le numéro quarante. ◆ On dit de même : le nombre, le numéro quarante. ■ *Quarantième. La page quarante.*

QUARANTE-HUITARD, ARDE, ■ adj. [karɑ̃tɥitar, ard] (*mille huit cent quarante-huit*, 1848) **Hist.** Qui a trait à la révolution de février 1848, qui a débouché sur la chute du roi Louis-Philippe et l'avènement de la République. *Les valeurs quarante-huitardes.* ■ **N. m.** et n. f. **Hist.** Personne ayant fait figure de révolutionnaire lors des événements de février 1848. *Des quarante-huitards.*

QUARANTENAIRE, ■ adj. [karɑ̃t(ə)nɛr] (*quarante*, d'après *centenaire*) Qui existe ou dure depuis quarante ans. *Un arbre quarantenaire.* ■ Qui a trait à une quarantaine sanitaire. ■ **N. m.** et n. f. Personne âgée d'une quarantaine d'années. *Un quarantenaire épanoui.*

QUARANTIE, n. f. [karɑ̃ti] (*quarante*) Dans l'ancienne république de Venise, tribunal composé de quarante membres.

QUARANTIÈME, adj. [karɑ̃tjɛm] (*quarante*) Nombre ordinal de quarante. ◆ *La quarantième partie d'un tout*, chaque partie d'un tout qui en a quarante. ◆ **N. m.** *Le quarantième*, la quarantième partie d'un tout. ■ **Mar.** *Les quarantièmes rugissants*, les vents compris entre le 40ᵉ et le 50ᵉ parallèle de latitude sud et dont la violence est réputée pour causer énormément de difficultés aux marins les affrontant.

QUARDERONNÉ, ÉE, p. p. de quarderonner. [kardərɔne]

QUARDERONNER, v. tr. [kardərɔne] (*quart de rond*) **Archit.** Faire un quart de rond sur l'angle d'une pierre, d'une pièce de bois. *Quarderonner les marches d'un perron.*

QUARK, ■ n. m. [kwark] (*qua* se prononce *coua* ; mot angl. empr. par le physicien M. Gell-Mann au *Finnegans Wake* de James Joyce) **Phys.** Particule fondamentale chargée, confinée dans les hadrons et caractérisée par sa couleur et sa saveur. *Il y a six quarks, mais les physiciens évoquent généralement trois paires de quarks (up/down, charm/strange, bottom/top).*

QUARRE, QUARRÉ, QUARRÉMENT, QUARRER, QUARRURE, [kaʀ, kaʀe, kaʀemɑ̃, kaʀe, kaʀyʀ] Voy. CARRE, Voy. CARRÉ, etc.

1 **QUART**, n. m. [kaʀ] (substantivation de 2 *quart*) Une partie d'un tout divisé en quatre. *Un quart de lieue. Le quart de la succession.* ♦ Se disait pour la quatrième partie d'une aune. *Cette étoffe a trois quarts.* ♦ Se disait pour la quatrième partie d'un boisseau. *Un quart de blé.* ♦ *Les trois quarts,* la plus grande partie. « *Ce que je sais, c'est qu'aux grosses paroles On en vient, sur un rien, plus des trois quarts du temps* », LA FONTAINE. « *Les trois quarts du genre humain périssent avant l'âge de cinquante ans* », BUFFON. ♦ *Un quart d'agent de change,* propriétaire du quart de la valeur d'une charge d'agent de change. ♦ *Un quart d'heure,* la quatrième partie d'une heure, ou, d'une façon indéterminée, un moment. ♦ **Fig.** *Un mauvais, un méchant quart d'heure,* quelque chose de fâcheux. ♦ *Avoir de bons et de mauvais quarts d'heure,* être d'une humeur inégale. ♦ *Le quart d'heure de Rabelais,* le moment où il faut payer son écot, et par extens. tout moment désagréable (ainsi dit du mauvais moment où se trouva Rabelais, quand il fallut compter dans les hôtelleries, sans avoir de quoi payer sa dépense). ♦ Absol. *Un quart, un quart d'heure. Il est le quart.* ♦ *Quart de réserve,* le quart des bois des communes, des hospices et autres établissements publics, qui doit être distrait pour croître en futaie. ♦ *Portrait de trois quarts,* portrait où un des côtés de la figure est vu de face et l'autre côté en raccourci. ♦ *Levraut de trois quarts,* un levraut qui est parvenu presque à la grosseur d'un lièvre. ♦ *Demi-quart,* la moitié d'un quart, la huitième partie. ♦ *Le tiers et le quart,* Voy. TIERS. ♦ *Quart de cercle,* instrument de mathématiques qui est la quatrième partie d'un cercle, et qui sert à prendre les angles et les élévations sur terre et sur mer. ♦ *Quart de vent* ou simplement *quart,* syn. de rumb. **Archit.** *Quart de rond,* moulure qui est la quatrième partie de la circonférence d'un cercle. ♦ **Mus.** *Quart de soupir,* figure moderne de silence, dont la durée équivaut à celle d'une double croche, et qui est le quart du soupir. ♦ *Le demi-quart de soupir,* le silence d'une triple croche. ♦ *Quart de ton,* rigoureusement le quart de la seconde majeure ou la moitié de la seconde mineure. ♦ Tout intervalle plus petit que la seconde mineure ou demi-ton. ♦ **Équit.** *Quart en quart,* sorte de volte. ♦ **Mar.** Garde du bâtiment pendant un espace de temps que l'usage a rendu variable ; autrefois ce temps était de six heures, quart de la journée. *Officier de quart. Homme de quart. Faire le quart.* ♦ **Par extens.** Une partie de l'équipage qui alterne avec une autre dans le service. ♦ *Quart de conversion,* mouvement en forme de quart de cercle, qu'on fait faire aux soldats pour changer la face d'un bataillon. ♦ Petit vase en fer-blanc pour mesurer les rations de vin. ♦ ▷ Petit tonneau contenant non pas le quart, mais environ la moitié d'un poinçon. ◁ ♦ En basse Bourgogne, le quart est le quart du muid. ■ *Au quart de tour,* immédiatement, sur-le-champ. ♦ **Sp.** *Quart de finale,* épreuve sportive éliminatoire opposant deux à deux, huit athlètes, concurrents ou équipes. ■ **Fam.** *Passer un mauvais, un sale quart d'heure,* être victime pendant un court laps de temps d'un traitement pénible infligé par une chose ou une personne. *Son bulletin scolaire vient d'arriver à ses parents, il va passer un mauvais quart d'heure.*

2 **QUART, ARTE**, adj. [kaʀ, aʀt] (lat. *quartus,* quatrième) ▷ Quatrième. « *Un quart voleur survient, qui les accorde net. En se saisissant du baudet* », LA FONTAINE. ◁ ♦ ▷ *En quart,* en quatrième dans une partie, dans un dîner. « *Gramont soupait continuellement en tiers ou en quart avec eux* », SAINT-SIMON. ◁ ♦ **Vén.** *Le quart an* ou *le quartan d'un sanglier,* sa quatrième année. ♦ ▷ **Méd.** *Fièvre quarte,* fièvre intermittente, qui, laissant aux malades deux jours d'intervalle, revient tous les quatre jours. ♦ *Fièvre double-quarte,* celle où, sur les quatre jours, le troisième seulement est exempt de fièvre, et où les accès de chaque quatrième jour se ressemblent. ◁ ♦ Anciennement, *le quart denier,* droit qui se payait aux parties casuelles pour la résignation des offices.

QUARTAGE, ■ n. m. [kaʀtaʒ] (1 *quart*) **Minér.** Opération consistant à réduire le volume d'un fragment de minerai tout en conservant sa teneur moyenne. *Une poudre de roche obtenue par quartage.*

QUARTAINE, adj. f. [kaʀtɛn] (lat. *quartana,* du quatrième jour) ▷ Usité seulement dans *fièvre quartaine,* fièvre quarte, qui ne se dit guère que par imprécation. « *Que la fièvre quartaine puisse serrer bien fort le bourreau de tailleur !* », MOLIÈRE. ◁

QUARTAN, n. m. [kaʀtɑ̃] (2 *quart*) Voy. QUART.

QUARTANIER, n. m. [kaʀtanje] (*quartan*) Sanglier de quatre ans.

QUARTATION, n. f. [kaʀtasjɔ̃] (1 *quart,* parce que l'or ne fait qu'un quart de la masse) Opération chimique qui se pratique sur une masse d'or et d'argent alliés, quand on veut faire le départ de l'or au moyen de l'acide azotique. ■ REM. On disait aussi *inquart* ou *inquartation* autrefois.

QUARTAUT, n. m. [kaʀto] (anc. provenç. *cartal*) ▷ Vaisseau tenant la quatrième partie d'un muid. ♦ Petit tonneau de dimension inférieure à celle du quart de muid. ◁

QUART-BOUILLON, ■ n. m. sing. [kaʀbujɔ̃] (1 *quart* et *bouillon*) **Hist.** *Pays de quart-bouillon,* pays où le paiement de la gabelle correspondait au quart de la production du sel, qui était obtenue par ébullition du sable marin. *Les pays de quart-bouillon se limitaient à la Basse-Normandie.*

QUART-DE-ROND, ■ n. m. [kaʀdəʀɔ̃] (1 *quart,* et *rond*) Moulure convexe dont la tranche revêt une forme proche de celle d'un quart de cercle. *Des quarts-de-rond.*

QUARTE, n. f. [kaʀt] (selon le sens, fém. de 2 *quart,* ou [musique] ital. *quarta*) ▷ Ancienne mesure contenant deux pintes. ◁ ♦ **Math.** et **astron.** La soixantième partie de la tierce. ♦ **Mus.** L'intervalle qui suit la tierce et qui précède la quinte. ♦ *Quarte juste,* intervalle formé de cinq demi-tons, c'est le renversement de la quinte juste. ♦ *Quarte augmentée* ou *superflue,* intervalle formé de six demi-tons ; c'est le renversement de la quinte diminuée. ♦ *Quarte diminuée* ou *fausse quarte,* intervalle formé de quatre demi-tons ; c'est le renversement de la quinte augmentée. ♦ **Escrime** La manière de parer un coup d'épée en tenant le poignet en dehors. ■ Série de quatre cartes à jouer se suivant dans une même couleur.

QUARTÉ, ■ n. m. [kaʀte] (2 *quart,* d'après *tiercé*) Pari consistant à désigner les quatre chevaux qui arriveront en tête à l'issue d'une course hippique. ■ En appos. *pari quarté.*

QUARTENAIRE, adj. [kaʀtənɛʀ] (2 *quart*) ▷ S'est dit pour *quaternaire.* ◁

QUARTENIER, n. m. [kaʀtənje] (anc. fr. *quarterier,* de *quartier*) Officier préposé dans une ville à la surveillance et au soin d'un quartier. ♦ On dit aussi *quartinier.* ■ REM. Le quartenier exerçait sous l'Ancien Régime.

QUARTER, ■ v. tr. [kaʀte] (*quartage*) **Minér.** Réduire par une succession de quartages.

1 **QUARTERON**, n. m. [kaʀtəʀɔ̃] (*quartier*) ▷ Poids qui est la quatrième partie d'une livre. ◁ ♦ ▷ La quatrième partie d'une livre dans les choses qui se vendent au poids. *Un quarteron de beurre.* ◁ ♦ ▷ La quatrième partie d'un cent dans les choses qui se vendent par compte. ◁ ♦ *Demi-quarteron,* la moitié du quarteron au poids ou au compte. ◁ ♦ **Péj.** Un petit nombre de. *Un quarteron de manifestants.* ■ REM. On écrivait aussi *carteron* autrefois.

2 **QUARTERON, ONNE**, n. m. et n. f. [kaʀtəʀɔ̃, ɔn] (esp. *cuarteron,* de *quarto*) Homme ou femme provenant de l'union d'un Blanc avec une mulâtresse, ou d'un mulâtre avec une Blanche.

QUARTETTE ou **QUARTET**, n. m. [kaʀtɛt] ou [kwaʀtɛt] (ital. *quartetto,* petit quatuor) **Mus.** Groupe de quatre musiciens de jazz.

QUARTETTO, n. m. [kwaʀteto] (*qua* se prononce *coua* ; mot it.) **Mus.** Mot italien qui signifie petit quatuor. ■ Au pl. *Des quartettos* ou *des quartetti* (pluriel italien).

QUARTIDI, n. m. [kwaʀtidi] (*qua* se prononce *coua* ; lat. *quartus et dies,* sur le modèle de *lundi,* etc.) Le quatrième jour de la décade républicaine.

QUARTIER, n. m. [kaʀtje] (lat. *quartarius,* 1 *quart*) La quatrième partie de certains objets. *Un quartier de mouton, de pomme,* etc. ♦ *Son corps a été mis en quartiers, en quatre quartiers,* se dit d'un supplicié dont on expose les membres en différents endroits. ♦ **Fig.** *Je me mettrais en quatre quartiers pour lui,* ou par ellipse *Je me mettrais en quatre pour lui,* il n'y a rien que je ne fisse pour lui. ♦ ▷ Ce qu'on paye de trois mois en trois mois pour loyers, rentes, pensions. ◁ ♦ La quatrième partie du cours de la Lune. ♦ Portion d'un tout qui n'est pas divisé exactement en quatre parties. *Un quartier de gâteau, d'orange,* etc. ♦ ▷ *Un quartier de terre,* un champ d'une certaine étendue. ◁ ♦ *Bois de quartier,* bois à brûler fendu en quatre. ♦ *Quartier de lard,* grande pièce de lard. ♦ *Quartiers de pierre,* de marbre, gros morceaux de pierre, de marbre. ♦ *Quartier de soulier,* la pièce ou les deux pièces de cuir qui environnent le talon. ♦ *Quartier d'un habit,* les morceaux principaux qui, quand ils sont assemblés, forment le corps et les basques. ♦ Partie latérale tant interne qu'externe du sabot du cheval. ♦ Certaine partie d'une ville. *Chaque arrondissement de Paris est divisé en quatre quartiers.* ♦ Une certaine étendue de voisinage. *Un quartier solitaire.* ♦ *Faire des visites de quartier,* faire visite aux personnes qu'on veut voir parmi celles qui demeurent dans le quartier où l'on vient s'établir. *Nouvelles, bruit de quartier,* certaines nouvelles, certains bruits qui n'ont guère cours hors du quartier où on les débite. *Médecin de quartier,* médecin dont la clientèle est circonscrite dans son quartier. ♦ Tous ceux qui demeurent dans un quartier. *Le quartier était en émoi.* ♦ Ville non fermée, où il y a de la troupe en garnison. ♦ Dans une ville, le bâtiment où une troupe est casernée. *Quartier de cavalerie.* ♦ Le campement ou le cantonnement d'un corps de troupes. *Prendre des quartiers en Allemagne.* ♦ Le corps de troupes lui-même, qui est campé ou cantonné. ♦ *Quartier des vivres,* le lieu où est logé l'équipage des munitions de bouche. ♦ *Quartier du roi,* quartier impérial, quartier du général, et plus communément quartier général, lieu choisi au centre du camp ou de la position, et où est établi le logement du général qui commande en chef. ♦ *Le quartier général,* la réunion des officiers qui composent l'état-major général. ◆ *Mettre l'alarme au quartier,* avertir les troupes qui composent le quartier de se tenir sur leurs gardes, et fig. débiter quelque nouvelle qui donne de l'inquiétude à ceux qui y ont intérêt. ◆ *Quartier d'hiver,* l'intervalle de temps entre deux campagnes. ◆ Le lieu où on loge les troupes pendant l'hiver. ◆ Endroit désigné pour quelque chose, comme logement des veneurs, des chiens et de l'équipage de chasse. ◆ *Résidence. Rentrer au quartier,* rentrer chez soi, se retirer. ◆ En termes de chasse, le lieu où est la bête. ◆ Dans les collèges, les salles d'étude des écoliers. *Les élèves d'un quartier.* ◆ Espace de trois mois, quart d'année, servant à désigner des fonctions où l'on se relève de trois en trois mois. *Cet officier est de quartier ou en quartier. Entrer en quartier. Sortir de quartier.* ◆ *Médecin par quartier,* médecin qui sert auprès d'un souverain par quart d'année. ◆ En généalogie, chaque degré de descendance dans une famille noble, tant du côté paternel que du côté maternel. ◆ La quatrième partie d'un écusson écartelé. ◆ Parties d'un grand écusson qui contient des armoiries différentes, bien qu'il y en ait plus de quatre. ◆ *Franc-quartier,* premier quartier d'un écusson, à droite du chef. ◆ Vie sauve ou traitement favorable fait aux vaincus. *Faire quartier.* ◆ Fig. et fam. *Demander quartier,* demander grâce. ◆ Fig. *Point de quartier, sans quartier,* d'une façon inexorable. ◆ Fig. *Ne point faire de quartier,* ne pas épargner. ◆ *À quartier,* loc. adv. À part. *Se tenir à quartier.* « *Écoute quatre mots à quartier* », P. Corneille. ◆ *Tirer à quartier,* prendre à part. ◆ *Mettre à quartier,* mettre de côté, écarter. « *Mettons à quartier les généalogies de tous ces dieux* », Voltaire. ■ *Avoir quartier libre,* être autorisé à quitter momentanément une caserne ; par extens. être libre de disposer de son temps comme on le souhaite pendant une période donnée. *Tu as quartier libre cet après-midi.*

QUARTIER-MAÎTRE ou **QUARTIER-MAITRE,** n. m. [kaʀtjemɛtʀ] (*quartier* et *maître,* d'après *quartier-mestre*) Officier du rang de lieutenant ou de capitaine, qui est chargé du logement, du campement, des subsistances, des distributions, de la caisse et de la comptabilité d'un corps de troupes. ◆ Sous-officier qui dans les équipages de ligne a le rang de caporal des troupes de terre. ■ Au pl. *Des quartiers-maîtres.*

QUARTIER-MESTRE, n. m. [kaʀtjemɛstʀ] (all. *Quartiermeister,* ou plus prob. néerl. *kwartiermeester,* de *kwarteer,* cantonnement, et *meister,* maître) ▷ Nom que l'on donnait autrefois au maréchal des logis d'un régiment de cavalerie étrangère. ■ Au pl. *Des quartiers-mestres.* ◁

QUARTILE, adj. [kwaʀtil] (*qua* se prononce *coua* ; lat. médiév. *quartilis* [*aspectus*] ; sens stat. angl. *quartile*) **Astrol.** *Quartile aspect,* aspect de deux planètes éloignées l'une de l'autre de la quatrième partie du zodiaque ou de 90 degrés. ■ **Stat.** Chacune des trois valeurs qui divisent une série statistique ordonnée en quatre parties d'effectifs égaux.

QUARTINIER, n. m. [kaʀtinje] Voy. QUARTENIER.

QUART-MONDE, ■ n. m. [kaʀmɔ̃d] (2 *quart* et *monde,* sur le modèle de *tiers-monde*) Ensemble des pays en développement les plus défavorisés. ■ Partie de la population la plus défavorisée dans les pays riches. *Des quarts-mondes.*

1 **QUARTO,** adv. [kwaʀto] (*qua* se prononce *coua* ; lat. *quarto* [*loco*], ablat. de *quartus,* quatrième) Quatrièmement.

2 **QUARTO (IN),** n. m. [kwaʀto] (mot lat.) Voy. IN-QUARTO.

QUARTZ, n. m. [kwaʀts] (*qua* se prononce *coua* ; all. *Quarz*) Nom de l'acide silicique, ou silice, ou matière des cailloux plus ou moins pure et cristallisée. ◆ *Quartz hyalin,* celui qui a un aspect vitreux ; quartz hyalin limpide, le cristal de roche. ◆ *Quartz hyalin violet,* l'améthyste des lapidaires. ■ *Montre à quartz,* montre donnant l'heure grâce à un système d'affichage numérique.

QUARTZEUX, EUSE, adj. [kwaʀtsø, øz] (*quartz*) Qui est de la nature du quartz. *Terre quartzeuse.*

QUARTZIFÈRE, ■ adj. [kwaʀtsifeʀ] (*quartz* et *-fère*) **Minér.** Qui est composé de quartz. *Du sable quartzifère.*

QUARTZITE, ■ n. m. [kwaʀtsit] (*quartz*) **Minér.** Roche siliceuse très dure, généralement de couleur claire, qui est principalement composée de grains de quartz soudés. *Les quartzites peuvent résulter de la recristallisation d'un grès ou de roches siliceuses initialement constituées de silice et de calcédoine.*

QUASAR, ■ n. m. [kazaʀ] (mot angl., de *quas*[*i-stell*]*ar* [*radio source*], source d'émission radio quasi-stellaire) **Astron.** Astre d'apparence stellaire dont le spectre affiche un fort décalage vers le rouge. *Des quasars.*

1 **QUASI,** adv. [kazi] (lat. *quasi,* de *quam* et *si,* comme si, en quelque sorte) Presque, à peu près. « *C'est une ville en vérité Aussi grande quasi que Thèbe* », Molière. « *Les choses n'arrivent quasi jamais comme on se les imagine* », Mme de Sévigné. ◆ Mot qui se joint à un grand nombre d'autres pour indiquer que la qualité exprimée par ceux-ci n'est qu'approximative, ou est soumise à certaines conditions : *quasi-liberté, quasi-républicain,* etc.

2 **QUASI,** n. m. [kazi] (orig. inc., p.-ê. lat. *quasi,* comme si [ce morceau était du gîte]) **Bouch.** *Un quasi de veau,* un morceau entre la queue et le rognon.

QUASI-CONTRAT, n. m. [kazikɔ̃tʀa] (*quasi* et *contrat*) **Dr.** Fait purement volontaire dont il résulte un engagement envers un tiers, sans convention ni consentement préalable. ◆ Au pl. *Des quasi-contrats.*

QUASI-CRISTAL, ■ n. m. [kazikʀistal] (*quasi* et *cristal*) **Phys.** Corps caractérisé par une structure pentagonale et dont les motifs, à la différence de ceux du cristal, se répètent de façon non pas périodique mais quasi périodique. *Des quasi-cristaux.*

QUASI-DÉLIT, n. m. [kazideli] (*quasi* et *délit*) **Dr.** Dommage causé involontairement ou par négligence. ◆ Au pl. *Des quasi-délits.*

QUASIMENT, adv. [kazimɑ̃] (*quasi*) **Pop.** Syn. de presque, de quasi. « *Ils m'ont quasiment écrasé* », Favart.

QUASIMODO, n. f. [kazimodo] (lat. *quasi* et *modo,* premiers mots de l'introït de la messe du dimanche après Pâques, *quasi modo* [*geniti infantes*], comme [des enfants nouveau-nés]) Le dimanche qui suit Pâques. *Le dimanche de la Quasimodo.* ◆ *Renvoyer les gens à la Quasimodo,* demander un long terme.

QUASI-MONNAIE, ■ n. f. [kazimɔnɛ] (*quasi* et *monnaie*) **Financ.** Actifs financiers présentant la possibilité d'être transformés en monnaie dans un court espace de temps. *Des quasi-monnaies.*

QUASSIA, n. m. [kwasja] (*qua* se prononce *coua* ; mot lat. sav. [Linné], de Graman *Quassi,* sorcier de Surinam, qui découvrit cette plante médicinale) Voy. QUASSIER.

QUASSIER, n. m. [kwasje] (*qua* se prononce *coua* ; *quassia*) Genre de la famille des simaroubées, où l'on distingue le *Quassia amara,* qui fournit une écorce très amère dite aussi *quassia.*

QUATER, adv. [kwatɛʀ] (*qua* se prononce *coua* ; lat. *quater*) Quatre fois. ■ Quatrièmement.

QUATERNAIRE, adj. [kwatɛʀnɛʀ] (*qua* se prononce *coua* ; lat. impér. *quaternarius*) Qui vaut quatre ou qui est divisible par quatre. *Le nombre quaternaire.* ◆ N. m. *Le quaternaire.* ◆ **Chim.** Se dit des composés qui renferment quatre corps simples. ◆ **Géol.** *Terrain quaternaire,* ensemble de roches qui comprend toutes les formations supérieures au calcaire d'eau douce jusqu'aux cailloux roulés et aux blocs erratiques. ◆ *L'homme quaternaire,* l'homme contemporain du terrain quaternaire ; il habitait des cavernes.

QUATERNE, n. m. [kwatɛʀn] (*qua* se prononce *coua* ; lat. *quaternus,* du distrib. *quaterni,* chaque fois quatre) Combinaison de quatre numéros pris ensemble à la loterie, et sortis au même tirage. *Gagner un quaterne.* ◆ Au loto, quatre numéros marqués sur une même ligne horizontale. ■ Rem. On prononçait autrefois [katɛʀn].

QUATERNION, ■ n. m. [kwatɛʀnjɔ̃] (*qua* se prononce *coua* ; lat. tard. *quaternio,* nombre quatre, groupe de quatre, de *quaterni,* chaque fois quatre) **Math.** Nombre constitué par quatre nombres réels. *L'algèbre des quaternions est le sous-espace vectoriel H de l'ensemble des matrices carrées d'ordre 4.*

QUATORZAINE, n. f. [katɔʀzɛn] (*quatorze*) **Anc. pratiq.** Espace de quatorze jours, qui s'observait de l'une à l'autre des quatre criées des biens saisis réellement.

QUATORZE, adj. num. [katɔʀz] (lat. *quatuordecim,* de *quat*[*t*]*uor* et *decem*) Dix et quatre. ◆ *Chercher midi à quatorze heures,* chercher des difficultés où il n'y en a pas. ◆ Quatorzième. *Louis quatorze* (on écrit ordinairement *Louis XIV*). *Livre, chapitre quatorze.* ◆ N. m. *Quatorze multiplié par deux donne vingt-huit.* ◆ On dit de même : *Le nombre quatorze, le numéro quatorze.* ◆ Le quatorzième jour d'une période. *Le quatorze du mois.* ◆ Au jeu de piquet, quatre cartes égales, quatre as, quatre rois, quatre dames, quatre valets, quatre dix, ainsi appelées parce que le joueur qui les a compte quatorze. ◆ ▷ Fig. et fam. *Avoir quinte et quatorze,* avoir dans une affaire tous les avantages. ◁ ■ Fam. *La guerre de quatorze,* la Première Guerre mondiale.

QUATORZIÈME, adj. [katɔʀzjɛm] (*quatorze*) Nombre ordinal de quatorze. *Le quatorzième siècle.* ◆ *La quatorzième partie,* chaque partie d'un tout qui en a quatorze. ◆ N. m. *Le quatorzième jour. Le quatorzième de la Lune.* ◆ La quatorzième partie d'un tout. *Les dix quatorzièmes.* ◆ Personne ou chose qui occupe le quatorzième rang. ◆ N. f. **Mus.** Réplique ou octave de la septième.

QUATORZIÈMEMENT, adv. [katɔʀzjɛm(ə)mɑ̃] (*quatorzième*) En quatorzième lieu.

QUATRAIN, n. m. [katʀɛ̃] (*quatre*) Petite pièce de poésie de quatre vers. ◆ Quatre vers faisant partie d'un sonnet, d'une stance.

QUATRE, adj. num. card. [katʀ] (lat. *quat[t]uor*) Deux fois deux. ♦ *Quatre au cent*, les quatre unités que la coutume est d'ajouter à un cent que l'on vend. ♦ *Cela est clair comme deux et deux font quatre*, cela est évident. ♦ *En avant quatre*, se dit à la danse de quatre danseurs, deux cavaliers et deux dames, qui s'avancent au-devant les uns des autres. ♦ **Mus.** *Morceau à quatre mains*, morceau composé pour être exécuté par deux personnes sur un même piano. ♦ *Tirer un criminel à quatre chevaux*, écarteler un criminel. ♦ *Être tiré à quatre épingles*, Voy. ÉPINGLE. ♦ **Fig.** *Fendre un cheveu en quatre*, être trop subtil. ♦ **Fig.** *N'y pas aller par quatre chemins*, Voy. CHEMIN. ♦ *Les quatre épices*, Voy. ÉPICES. ♦ *Quatre-fleurs*, Voy. FLEUR. ♦ *Vinaigre des quatre voleurs*, Voy. VINAIGRE. ♦ *Les quatre fruits*, Voy. FRUIT. ♦ Il s'emploie quelquefois pour un petit nombre indéterminé. « À *quatre pas d'ici je te le fais savoir* », P. CORNEILLE. ♦ *À quatre*, quatre ensemble. « *Sur le pauvre arbre ils se mettent à quatre* », LA FONTAINE. ♦ *Il faut le tenir à quatre*, se dit d'un fou, d'un furieux qui ne peut être contenu que par les efforts de plusieurs personnes ; et aussi d'un homme qui se débat, qui fait une grande résistance. ♦ **Fig.** *Il faut le tenir à quatre*, on a de la peine à le contenir, à l'arrêter. ♦ **Fig.** *Se tenir à quatre*, faire un grand effort sur soi-même. ♦ *Descendre, monter un escalier quatre à quatre* (c.-à-d. quatre marches par quatre marches), avec une grande vitesse. ♦ *Quatre à quatre et le reste en gros*, se dit d'une chose faite à la hâte, sans grand examen. ♦ **Fig.** et **fam.** *Comme quatre*, beaucoup, excessivement. « *Elle a de l'esprit comme quatre* », MOLIÈRE. ♦ *En quatre*, de façon qu'il y ait quatre parties. *Feuille pliée en quatre. Fil en quatre.* ♦ **Fig.** *Se mettre en quatre*, Voy. QUARTIER. ♦ **Fig.** *Avoir la tête en quatre*, l'avoir extrêmement fatiguée. ♦ *Faire le diable à quatre*, faire beaucoup de bruit, causer beaucoup de désordre (locution qui provient d'une représentation scénique du Moyen Âge qu'on appelait la Grande Diablerie à quatre personnages). ♦ *Courir les quatre coins et le milieu de la ville*, faire bien du chemin pour quelque affaire. ♦ *Marcher à quatre pattes*, marcher sur les mains et les pieds. ♦ *Entre quatre yeux* (prononcez : entre quatre-z-yeux), en tête à tête. ♦ *Quatre pour quatrième. Henri quatre* (on écrit ordinairement Henri IV). *La page quatre.* ♦ **N. m.** Il ne prend point le *s* au pluriel. *Quatre multiplié par deux donne huit.* ♦ On dit de même : *Le nombre quatre* ou *de quatre.* ♦ *Le quatre du mois*, le quatrième jour du mois. ♦ *Caractère qui marque en chiffre le nombre quatre. Le chiffre quatre. Deux quatre.* ♦ **Jeu** *Le quatre*, carte marquée de quatre cœurs, de quatre trèfles, etc. ♦ *Face de dé marquée de quatre points.* **Généal.** *Être du cinq au quatre*, Voy. ÊTRE. ♦ **Fam.** *Un de ces quatre (matins)*, un de ces jours.

QUATRE-CENT-VINGT-ET-UN ou **QUATRE-VINGT-ET-UN**, ▪ n. m. inv. [kat(ʀə)sãvɛ̃teœ̃] ou [kat(ʀə)sãvɛ̃teœ̃] (*quatre [cents]*, *vingt* et *un*) Jeu de dés, pratiqué entre plusieurs joueurs, dont le but est d'effectuer des combinaisons précises de chiffres lors du jet des trois dés, et dont la combinaison qui a la valeur la plus forte est quatre, deux, un. *Des quatre-cent-vingt-et-un, des vingt-et-un.*

QUATRE-DE-CHIFFRE, ▪ n. m. inv. [kat(ʀə)dəʃifʀ] (*quatre* et *chiffre*) **Vén.** Dispositif proche de celui du piège à souris et qui est constitué d'une pierre plate élevée qui retombe sur l'animal dès qu'il y imprime le moindre mouvement en cherchant à s'emparer de l'appât. *Des quatre-de-chiffre.*

QUATRE-ÉPICES, ▪ n. m. inv. [katʀepis] (*quatre* et *épice*) **Bot.** Plante des Antilles qui produit des baies dont le goût est à la fois proche de celui du clou de girofle, de la muscade, du poivre et de la cannelle. *Des quatre-épices.*

QUATRE-FEUILLES, ▪ n. m. inv. [kat(ʀə)fœj] (*quatre* et *feuille*) **Archit.** Syn. de quadrilobe. *Des quatre-feuilles.*

QUATRE-MÂTS, ▪ n. m. inv. [kat(ʀə)mã] (*quatre* et *mât*) Voilier possédant quatre mâts. *Des quatre-mâts.*

QUATRE-QUARTS, ▪ n. m. inv. [kat(ʀə)kaʀ] (*quatre* et *quart*) Gâteau dont les ingrédients, farine, œufs, sucre et beurre, sont à poids égal. *Des quatre-quarts.*

1 **QUATRE-QUATRE**, ▪ n. m. inv. [kat(ʀə)katʀ] (*quatre*) Véhicule automobile dont les quatre roues sont motrices et qui de ce fait est adapté à la conduite sur des terrains difficiles. *Des quatre-quatre.* ▪ REM. On écrit aussi 4 x 4.

2 **QUATRE-QUATRE**, ▪ n. m. inv. [kat(ʀə)katʀ] (*quatre*) **Mus.** Formule rythmique où chacune des mesures comprend quatre temps. *Des quatre-quatre.*

QUATRE-SAISONS, ▪ n. f. inv. [kat(ʀə)sezõ] (*quatre* et *saison*) *Marchande des quatre-saisons*, dont l'activité commerçante est liée aux saisons (vente de fruits et de légumes, vente de fleurs). ▪ Variété de fraise mûrissant tout au long de l'année. *Des quatre-saisons.*

QUATRE-TEMPS, n. m. pl. [kat(ʀə)tã] (*quatre* et *temps*) Les trois jours où l'Église ordonne de jeûner en chacune des quatre saisons de l'année ; c'est toujours le mercredi, le vendredi et le samedi. *Jeûner les Quatre-Temps* (il prend deux majuscules).

QUATRE-VINGT, adj. num. [katʀəvɛ̃] Voy. QUATRE-VINGTS.

QUATRE-VINGT-DIX, ▪ adj. num. card. [katʀəvɛ̃dis] (*quatre-vingts* et *dix*) Neuf fois dix. *Quatre-vingt-dix minutes.*

QUATRE-VINGT-DIXIÈME, ▪ adj. num. ord. et n. [katʀəvɛ̃dizjɛm] (*quatre-vingt-dix*) Qui, dans un classement, occupe la place correspondant au nombre quatre-vingt-dix. *Il est arrivé quatre-vingt-dixième à ce marathon.*

QUATRE-VINGTIÈME, adj. [katʀəvɛ̃tjɛm] (*quatre-vingts*) Nombre ordinal de quatre-vingts. *Quatre-vingt-unième. Quatre-vingt-deuxième.* ♦ *La quatre-vingtième partie d'un tout*, chaque partie d'un tout qui en a quatre-vingts. ♦ **N. m. et n. f.** Personne, chose qui occupe le quatre-vingtième rang.

QUATRE-VINGTS, adj. num. [katʀəvɛ̃] (*quatre* et *vingt*) Quatre fois vingt. ♦ On disait autrefois *octante.* ♦ *Quatre-vingts* s'écrit avec un *s* toutes les fois qu'il précède le substantif ou qu'il est censé suivi d'un substantif. *Quatre-vingts hommes. Quatre-vingts ans. Nous étions quatre-vingts.* ♦ *Quatre-vingt* s'écrit sans *s* quand il s'agit de la date des années, quand il précède un autre nom de nombre auquel il est joint, et dans les locutions où quatre-vingt peut être remplacé par quatre-vingtième. *L'an mil sept cent quatre-vingt. Quatre-vingt mille. La page quatre-vingt.* ♦ *Quatre-vingt-dix, quatre-vingt-onze, etc.*, quatre fois vingt et dix et onze, etc. de plus. ♦ Autrefois on disait : *Nonante, nonante et un, nonante-deux, etc.*

QUATRIÈME, adj. [katʀijɛm] (*quatre*) Nombre ordinal de quatre. ♦ *La quatrième partie d'un tout* ; chaque partie d'un tout qui en a quatre. ♦ **Vén.** *Quatrième tête*, celle d'un cerf ou d'un daim de cinq ans. ♦ Personne ou chose qui occupe le quatrième rang. ♦ **N. m.** *Le quatrième du mois*, le quatrième jour du mois. ♦ On dit plus ordinairement : *Le quatre du mois.* ♦ *Être dans une affaire pour un quatrième*, y être d'un quatrième, y être intéressé pour un quart. ♦ *Le quatrième étage.* ♦ En parlant du jeu, un quatrième, c'est-à-dire un quatrième joueur. ♦ **N. f. Collège** *La quatrième*, la quatrième classe, ainsi dite parce que c'est la quatrième des classes en comptant de la rhétorique. ♦ *Un quatrième*, un élève qui fait sa quatrième. ♦ Au jeu de piquet, quatre cartes de même couleur qui se suivent. *Une quatrième majeure. Une quatrième au valet.*

QUATRIÈMEMENT, adv. [katʀijɛm(ə)mã] (*quatrième*) En quatrième lieu.

QUATRIENNAL, ALE, adj. [katʀijenal] (lat. médiév. *quadriennalis*, d'après le b. lat. *triennalis*) ▷ Il se dit d'un office, d'une charge qui s'exerce de quatre années l'une. *Des offices quatriennaux.* ♦ Il se dit de l'officier qui exerce cette fonction. *Trésorier quatriennal.* ♦ **N. m.** L'office qui s'exerce de quatre années l'une ; l'officier qui l'exerce. *On a supprimé les quatriennaux.* ♦ Qui dure quatre ans. *Assolement quatriennal.* ♦ On dit aussi *quadriennal.* ◁

QUATRILLION, n. m. [kwatʀiljõ] ou [katʀiljõ] (*quadri-*, d'après *million*) ▷ Nom des unités de la sixième tranche d'un nombre. *Le quadrillion vaut mille trillions.* ◁ ▪ Un million de trillons, c'est à dire 10^{24} ▪ REM. On disait autrefois *quadrillion.*

QUATTROCENTO, ▪ n. m. [kwatʀotʃento] (mot it., quatre cents) Mouvement artistique et littéraire du XVe siècle italien.

QUATUOR, n. m. [kwatyɔʀ] (*qua* se prononce *coua* ; lat. *quat[t]uor*) **Mus.** Morceau de musique écrit pour quatre voix ou pour quatre instruments. ♦ Dans un orchestre, l'ensemble des premiers violons, deuxièmes violons, altos, violoncelles et contrebasses. ▪ Au pl. *Des quatuors.* ♦ *Quatuor vocal*, ensemble vocal constitué simultanément de voix de soprano, alto, ténor et basse. ♦ **Fam.** et souvent péj. Groupe de quatre personnes. ▪ REM. Pluriel ancien : *des quatuor* (pluriel latin).

QUAT'ZARTS, ▪ n. m. pl. [katzaʀ] (*quatres arts*, altération pop. de quatre) **Arg. scol.** Les élèves appartenant à l'école des Beaux-Arts. *Le bal des quat'zarts.*

QUAYAGE, n. m. [kejaʒ] (*quai*) Droit que payent les marchands pour étaler sur un quai, sur un port. ▪ REM. On écrivait aussi *quaiage.*

1 **QUE**, pron. rel. ou mieux conj. [kə] (lat. *quem*, accus. masc. sing. du pr. relatif, avec extension de genre et de nombre ; *quid*, pr. interrogatif) **Pron. rel.** des deux genres et des deux nombres. Lequel, laquelle, lesquels, lesquelles. Il ne s'emploie que comme régime. Le *e* s'élide devant une voyelle ou un *h* muette. *Les choses qu'on vous a dites.* ♦ *Que* se dit archaïquement pour *ce que*, surtout avec les verbes *avoir, savoir, pouvoir* (joints à *ne*). « *Mon esprit satisfait n'aura que désirer* », RACAN. « *S'il faut agir, je ne sais que faire ; s'il faut parler, je ne sais que dire* », J.-J. ROUSSEAU. ♦ *Je n'ai que faire*, je n'ai rien à faire. ♦ *Je n'ai que faire de*, je n'ai aucun besoin de. ♦ *Je n'ai que faire à cela*, je n'ai aucun intérêt à cela. ♦ *Je n'ai que faire là*, je ne suis pas nécessaire là. ♦ *Faire que fou, que sage* (c'est-à-dire faire ce que ferait un fou), agir en fou, en sage. ♦ *Que*, construit avec un adjectif et le verbe *être*, fait une sorte de locution qui signifie étant (*que* est ici adjectif conjonctif). « *La cruelle qu'elle est [la Mort] se bouche les oreilles, Et nous laisse crier* », MALHERBE. ♦ Il s'emploie en ce sens avec un autre verbe

que *être*, pourvu que ce verbe suppose le verbe *être*. *Habile qu'il se jugeait. Innocent qu'il se savait.* ✦ *Que je crois*, locution familière et elliptique pour : à ce que je crois. « *Vous n'êtes pas d'ici, que je crois* », MOLIÈRE. ✦ On dit de même : *Que je sache, à ce que je sache.* ✦ *Ce que c'est*, quelle chose c'est. « *Il ne sait que par ouï-dire Ce que c'est que la cour* », LA FONTAINE. ✦ **Fam.** *Ce que c'est que de nous !* Voyez quelle est la condition des humains ! ✦ Ancienne construction de *que*, dans laquelle le membre où est *que* est rattaché par *qui* à un membre suivant et dépendant. « *Voici cette épître qu'on prétend qui lui attira tant d'ennemis* », VOLTAIRE. ✦ *Que*, pris interrogativement, quelle chose ? *Que sais-je ?* ✦ Il se construit avec l'infinitif. *Que devenir ?* ✦ *Que* interrogatif employé par redondance avec le verbe *savoir*. *Que sait-on ce qui arrivera ?* ✦ *Qu'est-ce ?* quelle chose est-ce ? *Qu'est-ce de moi ? Qu'est-ce là ? Qu'est-ce que...* ? même sens. « *Qu'est-ce que tout cela, qu'un avertissement ?* », LA FONTAINE. « *Dieux ! qu'est-ce que j'entends ?* », RACINE. ✦ *Que* dans les phrases interrogatives, suivi de *que*, et signifiant quelle chose... si ce n'est... « *Que peut-on donc avoir que de l'estime pour une religion qui connaît si bien les défauts de l'homme ?* », PASCAL. ✦ *Que, pourquoi, à quoi ?* « *Que parlez-vous ici d'Albe et de sa victoire ?* », P. CORNEILLE. ✦ ▷ *Que sert de se flatter, de dissimuler, etc.*, à quoi sert-il de se flatter, de dissimuler, etc. ◁ ✦ En ce sens, il se construit souvent avec *ne*. « *Si le choix est si beau, que ne le prenez-vous ?* », MOLIÈRE. ✦ *Que*, en quoi ? « *Que te peut nuire enfin une telle tempête ?* », P. CORNEILLE. ✦ *Que* exclamatif et dans le sens de combien. « *Mon Dieu... Que ta magnificence étonne tout le monde !* », MAL-HERBE. « *Que nous nous pardonnons aisément nos fautes, quand la fortune nous les pardonne !* », BOSSUET. ✦ *Que*, avec un nom de temps, signifie durant lequel, laquelle, lesquels, lesquelles. « *Du temps que les bêtes parlaient* », LA FONTAINE. ✦ Par assimilation a fait *maintenant que, à présent que*, sorte de conjonctions composées qui signifient en ce temps où. ✦ De la même façon on a fait, avec toutes sortes de substantifs et *que*, des composés où *que* signifie : selon lequel, laquelle, lesquels, lesquelles. « *De la façon enfin qu'avec toi j'ai vécu, Les vainqueurs sont jaloux du bonheur du vaincu* », P. CORNEILLE. ✦ On dit : *Faites ce que bon vous semblera*, c'est-à-dire faites ce que bon vous semblera de faire, et non ce qui bon vous semblera.

2 QUE, conj. [kə] (lat. *quia*, évoluant dès le b. lat. vers *qua*, parce que, avec extension d'emploi ; *quam*, derrière un comparatif) Sert à unir deux membres de phrase. *Vous dites qu'il viendra.* ✦ Après certains verbes et certaines constructions qui impliquent possibilité, doute, négation, interrogation, commandement, on met le subjonctif. *Je ne crois pas qu'il vienne. Il faut qu'il parte.* ✦ *Et que*, continuant une pensée commencée par un infinitif. « *Mais voyant à leurs pieds tomber tous leurs soldats, Et que seuls désormais en vain ils se défendent* », P. CORNEILLE. ✦ *Que* retranché, nom que l'on donne, dans certaines grammaires latines, à la tournure latine qui exprime par le verbe à l'infinitif et le nom à l'accusatif ce que nous exprimons par *que* entre deux verbes. ✦ En tête d'un chapitre ou d'une section d'un livre, on met *que* pour indiquer de quelle matière il est traité. « *Que Dieu s'est voulu cacher* », PASCAL. ✦ Par inversion, la proposition où est *que* peut se mettre avant l'autre. *Que cela soit, j'y consens.* ✦ Ainsi placé, *que* équivaut encore à : s'il arrive, s'il arrivait, s'il fût arrivé. *Qu'il fasse le moindre excès, il est malade.* ✦ *Que* s'emploie de même pour : il faut que. « *Que je vous retrouve à mon retour modeste, douce, timide, docile* », MAINTENON. ✦ Dans une phrase exclamative il équivaut à : faut-il ? *Qu'il soit oublié à ce point !* ✦ Il exprime le souhait, l'imprécation, le commandement. *Que je meure si !... Qu'il parte aussitôt !* ✦ *Que* s'emploie seul et représente différentes locutions conjonctives : afin que, pour que, de peur que, avant que, pendant que, de telle façon que. *Approchez, que je vous parle.* « *Qu'est-ce que l'homme, ô grand Dieu, que vous en faites état ?* », BOSSUET. ✦ *Que* signifie : de ce que, à ce que, lorsque, puisque, depuis que, autant que. « *Vous perdez un peu que je ne suis plus à Paris* », MME DE SÉVIGNÉ. ✦ *Que... ne*, signifiant : sans que. « *Je vous donne avis qu'il n'avouera jamais qu'il est médecin, que vous ne preniez chacun un bâton* », MOLIÈRE. ✦ Il est corrélatif de *tel, quel, même, autre*. « *Montre-toi digne fils d'un père tel que moi* », P. CORNEILLE. ✦ Il est corrélatif aussi des adverbes de comparaison et des comparatifs. *Il est plus heureux que sage.* ✦ *Que bien que mal*, en partie bien, en partie mal ; on dit aujourd'hui plutôt : *Tant bien que mal.* ✦ *Que* signifiant si ce n'est, autre que, autrement que. « *Rien ne donne l'assurance que la vérité* », PAS-CAL. « *D'où lui peut venir cette force que de Dieu ?* », BOURDALOUE. ✦ *Que* précédé de *pas* ou de *point*, et signifiant : si ce n'est. « *Nous n'avons point de roi que César* », BOSSUET. ✦ *Ne pouvoir pas... que... ne*, c'est-à-dire il est impossible que... ne. « *Vous ne pouvez pas que vous n'ayez raison* », MOLIÈRE. ✦ On dit de même : Il n'est pas que... ne... « *Il n'est pas que vous ne sachiez quelques nouvelles de cette affaire* », MOLIÈRE. ✦ *Non que...*, c'est-à-dire il ne faut pas dire que... ✦ *Que* signifiant seulement : je ne veux que le voir. *Je n'ai de volonté que la tienne.* ✦ *Ne... que*, avec un comparatif ou avec *trop*, sert à affirmer plus fortement. « *Il n'y a que trop longtemps que vous trompez le monde* », PASCAL. ✦ *Ils ne font que sortir*, ils sortent à chaque instant. ✦ *Ils ne font que de sortir*, ils viennent de sortir. ✦ *Ne que...* s'explique par

une ellipse : *Il n'y a que lui*, il n'y a [autre] que lui. ✦ *Que* sert à former un grand nombre de locutions conjonctives : *avant que, après que, afin que, dès que, loin que, sans que, soit que, etc.* ✦ Il remplace *comme, quand, si*, lorsqu'à des propositions qui commencent par ces mots, on en joint d'autres de même nature. « *Comme nous avons déjà dit, et que nous le verrons plus clairement ailleurs* », BOSSUET. ✦ *Que* précède élégamment la conjonction *si* au commencement d'une phrase. « *Que si la mort n'était convaincu d'aucune faute, on l'ensevelissait honorablement* », BOSSUET. ✦ *Que* corrélatif de *ce*. « *C'est de vous que mes vers attendent tout leur prix* », LA FONTAINE. ✦ En cette construction, *que* ou *que sans* de se met souvent devant un infinitif. « *C'est donner que de faire un marché de cette sorte* », MME DE SÉVIGNÉ. ✦ **Fam.** *Si j'étais que de vous*, ou *si j'étais de vous*, Voy. ÊTRE. ✦ *Oh que non, que non, que non pas*, se dit dans le langage familier pour : non. ✦ *Que si, que non*, querelle, dispute. « *Sur le que si, que non tous deux étant ainsi* », LA FONTAINE.

QUÉBÉCISME, ▪ n.m. [kebesism] (*Québec*) Fait de langue propre à la langue française parlée au Québec.

QUÉBÉCOIS, OISE, ▪ n.m. et n.f. [kebekwa, waz] (*Québec*) Personne qui habite ou est originaire de la province de Québec, de la ville de Québec. *Les Québécois.* ▪ N.m. Le français parlé et écrit au Québec. *Le québécois est reconnaissable par son accent unique.* ▪ Adj. Qui a trait à la province ou à la ville de Québec. *La culture québécoise.*

QUÉBRACHO ou **QUEBRACHO**, ▪ n.m. [kebratʃo] (mot esp., de *quebrar*, casser, et *hacha*, hache, d'orig. tapiete, tupi-gurani de Bolivie) **Bot.** Arbre d'Amérique du Sud dont le bois et l'écorce sont très riches en tanin et qui fournit une essence employée principalement dans l'industrie pour diluer les fluides de forage et en réduire la viscosité. *Le bois du quebracho est un bois tropical très recherché.*

QUECHUA ou **QUÉCHUA**, ▪ n.m. [ketʃwa] (*ch* se prononce *tch* ; mot indien d'Amérique du Sud) Langue d'Amérique latine, parlée notamment au Pérou, en Bolivie et dans l'ancien Empire inca. ▪ REM. On dit aussi *quichua*.

QUE DALLE ou **QUE DAL**, ▪ loc.adv. [kədal] ([*ne*] *que* et *dal[le]*, d'origine obsc., difficilement rattachable à *dalle*) **Fam.** Rien du tout. *N'y comprendre que dalle.*

QUEL, QUELLE, adj. [kɛl] (lat. *qualis*, de quelle nature) ▷ S'emploie pour exprimer la qualité. « *Voilà quelle je suis et quelle je veux être* », P. COR-NEILLE. ◁ ✦ Il s'emploie interrogativement. « *Quelle réponse t'a-t-on faite ?* », MOLIÈRE. ✦ Il s'emploie exclamativement. *Quel homme !* ✦ Il se dit aussi pour exprimer la nature de la personne ou de la chose. « *Je ne sais quel Grec donna en mourant sa fille à marier à je ne sais quel autre Grec* », VOLTAIRE. ✦ Il s'emploie interrogativement en ce sens. *Quel est donc ce vieillard ?* ✦ *Quel de*, pour *lequel*. « *Quel des deux voulez-vous, ou mon cœur ou ma cendre ?* », ROTROU. ✦ Il se dit pour *combien grand*. *Avec quel succès il parla.* ✦ Il s'emploie en ce sens interrogativement et exclamativement. ✦ Il s'emploie pour indiquer l'ordre, le rang, *En quel siècle sommes-nous ? Quelle heure est-il ? Tel quel*, Voy. TEL. ✦ *Quel que, quelle que*, Voy. QUEL QUE.

QUELCONQUE, adj. [kɛlkɔ̃k] (lat. *qualiscumque*, de quelque nature que, n'importe quel) Quel que ce soit, qu'il soit, quelle qu'elle soit. *Il n'y a homme quelconque qui ne sache cela. Des prétextes quelconques.* ✦ **Dr.** Non-obstant opposition ou appellation quelconque. ✦ Il se met toujours après son substantif. ▪ **Fam.** Médiocre, sans intérêt, sans valeur. ▪ **Géom.** Qui n'est défini par aucune caractéristique notable. *Soit ABC, un triangle quelconque.*

QUÉLÉA, ▪ n.m. [kelea] (lat. sav. [Linné]) Petit passereau des savanes claires d'Afrique muni d'un imposant bec rouge, qui se nourrit de graines sauvages et vit en colonies très denses tout au long de sa vie. *Des quéléas.* ▪ REM. Le quéléa est également appelé *travailleur à bec rouge*.

QUELLEMENT, adv. [kɛl(ə)mɑ̃] (*quel*) Ne se dit que dans cette locution : *Tellement quellement*, ni bien ni mal, mais plus mal que bien. *Faire son devoir tellement quellement.* ▪ REM. Aujourd'hui *tellement quellement* est vieilli.

QUELQUE, adj. indéf. [kɛlk] (*quel* et *2 que*) Un ou plusieurs, entre un et plus grand nombre. « *Quelques crimes toujours précèdent les grands crimes* », RA-CINE. ✦ *Et quelques*, s'ajoute après un nom de nombre pour indiquer que ce nombre est un peu dépassé. *Nous étions quarante et quelques.* ✦ Un petit nombre, une petite quantité de. *Il en coûtera quelques écus. À quelque temps de là.* ✦ *Quelque chose*, Voy. CHOSE. ▪ **Fam.** *Cela dit quelque chose*, cela parle à l'esprit, au cœur. ✦ On met devant un adjectif. *Quelque chose de bon.* ✦ *Quelque peu*, un peu. « *Un loup, quelque peu clerc* », LA FONTAINE. ✦ Adv. Environ, à peu près. « *Et quel âge avez-vous ? - Hé ! quelque soixante ans* », RACINE. « *Il y a quelque cent ans et plus* », VOLTAIRE. ✦ Le *e* final de *quelque* ne s'élide que devant *un, une* : *quelqu'un, quelqu'une.*

QUEL QUE, QUELLE QUE, adj. [kɛl(ə)kə] (*quel* et *que*) Avec le subjonctif, se dit quand on doute de quelle manière, de quelle espèce est la personne ou la chose dont il s'agit ; il ne s'emploie jamais que séparé de son substantif. « *Les mortels, quels qu'ils soient, sont égaux devant elle [la loi]* », VOLTAIRE. ♦ *Quels que soient les humains, il faut vivre avec eux* », GRESSET. ■ REM. Dans cette construction, *quel* s'accorde toujours avec son substantif. ♦ *Quel... que,* au lieu de *quelque... que.* « *En quel lieu que ce soit je veux suivre tes pas* », MOLIÈRE.

QUELQUE CHOSE, ■ pron. indéf. [kɛlkəʃoz] (*quelque* et *chose*) Voy. CHOSE.

QUELQUEFOIS, adv. [kɛlkəfwa] (*quelque* et *fois*) De fois à autre, parfois. « *Quelquefois il vous plaît, souvent même il vous vante* », RACINE.

QUELQUE PART, ■ adv. [kɛlkəpaʀ] (*quelque* et *part*) Voy. PART.

QUELQUE... QUE, adj. [kɛlk(ə)kə] (*quelque* et 1 *que*) S'emploie avec le subjonctif pour indiquer que l'on doute de quelle manière, de quelle espèce est la personne ou la chose dont on parle. « *Quelques grands avantages que la nature donne, ce n'est pas elle seule, mais la fortune avec elle qui fait les héros* », LA ROCHEFOUCAULD. « *Quelque effort que fassent les hommes, leur néant paraît partout* », BOSSUET. ♦ *Quelque... qui* sert de sujet. « *Quelque industrie qui paraisse dans ce que font les animaux* », BOSSUET. ♦ *Quelque que...,* pris adverbialement devant un adjectif ou un adverbe, signifie : à quelque point que, à quelque degré que. « *Justes, ne craignez point le vain pouvoir des hommes ; Quelque élevés qu'ils soient, ils sont ce que nous sommes* », J.-B. ROUSSEAU. « *Quelque fort qu'on s'en défende, Il y faut venir un jour* », MOLIÈRE. ■ REM. Cette construction est rare ou littéraire.

QUELQU'UN, UNE au plur. **QUELQUES-UNS, QUELQUES-UNES,** pron. indéf. [kɛlkœ̃, yn, kɛlkəzœ̃, yn] ou [kɛlkɛ̃, yn, kɛlkəzɛ̃, yn] (*quelque* et *un*) Un, une entre plusieurs. *Quelqu'une de vos compagnes.* ♦ *Quelques-uns, quelques-unes,* plusieurs dans un grand nombre. *Quelques-uns vous diront.* ♦ Hé *quelqu'un ! holà quelqu'un !* se dit pour appeler des gens qui sont à portée de la voix, et particulièrement des serviteurs. ♦ **Absol.** Quelqu'un s'emploie pour les deux genres et signifie une personne. « *Quand ce grand Dieu a choisi quelqu'un pour être l'instrument de ses desseins* », BOSSUET. ♦ Il se construit quelquefois avec l'adjectif démonstratif. « *Quelqu'un, vous le savez, est en date avant vous ; ce quelqu'un me presse* », J.-J. ROUSSEAU. ♦ Quelqu'un se dit pour désigner, sans le nommer, une personne déterminée. *Quelqu'un que je sais.* ♦ **Fam.** *Quelqu'un,* un personnage de quelque importance. *On me prend pour quelqu'un. Il a l'air de quelqu'un.*

QUÉMANDER, v. intr. [kemɑ̃de] (anc. fr. *caïmant,* mendiant, d'orig. inc.) ▷ Mendier, solliciter clandestinement, aller importuner les gens dans leurs maisons. ◁ ■ Demander humblement par des prières pressantes. *Il quémande l'aide de ses amis.* ■ REM. On écrivait aussi *caimander* autrefois.

QUÉMANDERIE, n. f. [kemɑ̃d(ə)ʀi] (*quémander*) ▷ Habitude de quémander. ◁

QUÉMANDEUR, EUSE, n. m. et n. f. [kemɑ̃dœʀ, øz] (*quémander*) Personne qui quémande. ■ REM. On écrivait aussi *caimandeur* autrefois.

QU'EN-DIRA-T-ON, n. m. inv. [kɑ̃diʀatɔ̃] (substantivation de la phrase *qu'en dira-t-on ?*) Ce qui peut se dire dans le public au sujet de ceci ou de cela. *Se moquer du qu'en-dira-t-on, des qu'en dira-t-on.*

QUENELLE, n. f. [kənɛl] (all. *Knödel*) **Cuis.** Boulettes dont on garnit un pâté chaud. *Quenelles de volaille, d'esturgeon, etc.* Ce qui se met dans les quenelles est toujours passé au tamis.

QUENOTTE, n. f. [kənɔt] (a. norm. *cane,* mâchoire, dent, a. pic. *kenne,* joue, de l'anc. b. frq. *kinni,* joue, dim. de l'anc. fr. *quenne,* dent, de l'isl. *kenna,* mâchoire) **Fam.** Dent des petits enfants. ♦ Il se dit quelquefois des dents des animaux.

QUENOUILLE, n. f. [kənuj] (b. lat. *cŏnucula,* du lat. *colus*) Sorte de petite canne faite le plus souvent avec la tige d'un roseau, et dont une extrémité est entourée de soie, de chanvre, de lin, de laine, etc. pour filer. ♦ ▷ **Fig.** *Cette maison est tombée en quenouille,* une fille en est devenue héritière. ◁ ♦ ▷ *Le royaume de France ne tombe pas en quenouille,* les femmes ne succèdent point au trône de France. ◁ ♦ *Tout l'esprit de cette famille est tombé en quenouille,* les filles de cette famille ont plus d'esprit que les garçons. ◁ ♦ Soie, chanvre, lin, laine, dont une quenouille est chargée. *Filer une quenouille.* ♦ ▷ **Fig.** *Allez filer votre quenouille,* se dit à une femme qui veut se mêler des affaires qui regardent les hommes. ◁ ♦ *Quenouilles de lit,* les colonnes qui sont aux quatre coins de certains lits. ♦ Arbre fruitier taillé en forme de quenouille, de manière que le plus grand diamètre est situé vers le milieu de sa hauteur. ■ **Mod.** *Tomber en quenouille,* être abandonné.

QUENOUILLÉE, n. f. [kənuje] (*quenouille*) Quantité de laine, de chanvre, etc. nécessaire pour garnir une quenouille.

QUÉRABLE, adj. [keʀabl] (*quérir*) **Dr.** *Rente ou redevance quérable,* celle que le créancier doit aller chercher.

QUERCINOIS, OISE, ■ n. m. et n. f. [kɛʀsinwa, waz] (*Quercy,* région du Bassin aquitain) Personne qui habite le Quercy ou qui en est originaire. *Les Quercinois.* ■ Adj. Qui a trait au Quercy. *La préhistoire quercinoise.*

QUERCITRON, n. m. [kɛʀsitʀɔ̃] (mot angl., abrév. de *querci-citron,* du lat. *quercus,* chêne et de *citron*) **Bot.** Grand chêne, dit aussi chêne jaune, qui croît dans les forêts de la Pennsylvanie.

QUERELLANT, ANTE, adj. ou n. m. et n. f. [kəʀelɑ̃, ɑ̃t] (*quereller*) Qui se querelle.

QUERELLE, n. f. [kəʀɛl] (lat. *querela,* lamentation, réclamation, de *queri,* se plaindre) Dispute animée où il y a combat soit de corps ou de parole, soit de plume. ♦ *Chercher querelle,* faire querelle à quelqu'un, le provoquer. ♦ ▷ *Prendre querelle,* avoir un démêlé avec quelqu'un. ◁ ♦ *Entrer dans une querelle,* y prendre parti. ♦ *Querelle d'Allemand,* querelle faite sans sujet. ♦ Il se dit de la querelle considérée en un seul côté, et comme le parti d'un des querellants. « *Voilà donc quels vengeurs s'arment pour ta querelle !* », RACINE. ♦ ▷ *Embrasser, épouser la querelle de quelqu'un,* prendre parti pour lui contre ceux avec qui il a querelle. ◁ ♦ ▷ Débats entre les peuples, entre les souverains ; guerres. « *La bataille de Platée termina la grande querelle de la Grèce et de la Perse.* », BARTHÉLEMY. ◁

QUERELLÉ, ÉE, p. p. de quereller. [kəʀele]

QUERELLER, v. tr. [kəʀele] (*querelle*) ▷ Faire querelle à quelqu'un. *Quereller quelqu'un.* ◁ ♦ ▷ S'emporter contre. « *Querellez ciel et terre, et maudissez le sort* », P. CORNEILLE. ♦ Provoquer, entamer une querelle. ◁ ♦ ▷ Gronder, réprimander. ◁ ♦ Il se dit absolument, soit dans le sens de faire querelle, soit dans le sens de gronder. « *Je ne querelle point* », MOLIÈRE. ♦ Se quereller, v. pr. Disputer l'un contre l'autre avec des paroles aigres. ♦ Fig. avec ellipse du pronom personnel. « *Faire quereller les sens et la raison* », BOILEAU.

QUERELLEUR, EUSE, adj. [kəʀelœʀ, øz] (*quereller*) Qui fait, qui cherche souvent querelle aux gens. *Homme querelleur. Humeur querelleuse.* ♦ Se dit d'un chien courant qui est hargneux et pillard. ♦ N. m. et n. f. *Un querelleur. Une querelleuse.* ♦ ▷ Il se dit aussi de celui qui est enclin au duel. ◁

QUÉRIMONIE, n. f. [keʀimoni] (lat. *querimonia,* plainte, réclamation, de *queri,* se plaindre) Requête présentée au juge d'Église, pour obtenir la permission d'adresser un monitoire. ♦ ▷ Fam. Il s'est dit pour *plainte* en général. ◁

QUÉRIR, v. tr. [keʀiʀ] (anc. fr. *querre,* du lat. *quaerere,* chercher, demander) N'est plus usité qu'à l'infinitif et avec les verbes *aller, envoyer, venir.* Chercher avec mission d'amener, d'apporter. « *Va quérir un peu d'eau, mais il faut te hâter* », P. CORNEILLE. « *Il envoie quérir trois médecins dans les villes voisines* », PASCAL. ♦ Prov. *Il serait bon à aller quérir la mort,* se dit d'une personne lente. ■ REM. Graphie ancienne.

QUÉRULENCE, ■ n. f. [keʀylɑ̃s] (lat. *querulus,* plaintif, maussade, de *queri,* se plaindre) Psych. Tendance pathologique à la revendication et à la recherche obsessionnelle d'une justification ou d'une réparation de dommages imaginaires, observée chez des sujets de type paranoïaque ou hypocondriaque. *La quérulence ne doit pas être confondue avec le délire de revendication même si sa tendance à réclamer la réparation de manière abusive peut devenir délirante.*

QUÉRULENT, ENTE, ■ n. m. [keʀylɑ̃, ɑ̃t] (*quérulence*) Psych. Qui agit ou se comporte avec quérulence. *Chaque échec est pris par le quérulent comme une confirmation de la légitimité de sa requête.*

QUÈSACO, ■ loc. interr. [kezako] (loc. provenç. *qu'es aco,* qu'est ceci) Fam. et plais. Qu'est-ce que c'est ? « *Il faut réduire leur hyperpotassiémie. - Quèsaco ? fit Malaret. - Trop de potasse dans le sang, mon ami* », BAZIN.

QUESSI-QUEMI, loc. adv. [kɛsikəmi] Voy. QUEUSSI-QUEUMI.

QUESTEUR, n. m. [kɛstœʀ] (lat. *quaestor,* de *quærere,* chercher à savoir, enquêter) Antiq. rom. Magistrat chargé de l'administration des finances. ♦ Dr. Aujourd'hui, dans certains corps, membre chargé de surveiller les dépenses. ■ REM. On prononçait autrefois [kɥɛstœʀ] en faisant entendre le *u* qui suit le *q.*

QUESTION, n. f. [kɛstjɔ̃] (lat. *quaestio,* recherche, question, enquête, de *quærere*) Demande à effet de s'informer de quelque chose. « *Il m'a fait à l'abord cent questions frivoles* », MOLIÈRE. ♦ Interrogation que l'on adresse à un élève pour s'assurer s'il sait les matières qu'il a étudiées. ♦ Proposition à examiner, à discuter. *Une question de fait, de droit.* ♦ **Prov.** *Une question bien posée est à moitié résolue.* ♦ *Être en question,* être l'objet d'une discussion. ♦ **Fig.** *Mettre en question,* compromettre, ébranler. ♦ *Venir en question,* être soumis au doute. ♦ *Il est question de,* il s'agit de. ♦ *Il n'est point question que,* avec le subjonctif. ♦ On dit de même : *La chose, la personne dont il est question, dont est question ; l'affaire en question ; l'homme en question.* ♦ *Il est question de,* on parle de. ♦ *Qu'il n'en soit plus question,* qu'on n'en parle plus, que ce soit chose mise de côté. ♦ Dans les assemblées délibérantes, *la* *question préalable*, Voy. PRÉALABLE. ◆ *Question de cabinet*, proposition faite par les ministres aux chambres, en déclarant qu'elle est à leurs yeux d'une importance assez grande pour leur faire quitter le portefeuille, si elle est rejetée. ◆ La torture infligée aux accusés et aux condamnés pour leur arracher les aveux. *La question ordinaire ou extraordinaire*, c'est-à-dire plus ou moins violente. *Appliquer, mettre à la question.* ◆ **Fig.** Il se dit, par exagération, de quelque souffrance. ◆ *Il ne faut pas lui donner la question pour lui faire dire tout ce qu'il sait*, il parle légèrement et dit ses secrets. ▪ **Dr.** *Question de confiance*, procédure engagée par un chef d'État pour qu'une assemblée législative adopte un projet de loi ou un ordre du jour favorable à la politique gouvernementale. ▪ **Dr.** *Questions orales, questions écrites*, interrogations écrites ou orales adressées par un député à un ministre au cours d'une séance du Parlement. ▪ *C'est une question de principe*, se dit d'une décision influencée et émanant directement des règles de bonne conduite que se fixe à soi-même une personne. *Il paie toujours ses titres de transport, c'est une question de principe*. ▪ *Question ouverte*, question laissant à la personne interrogée une très grande liberté dans sa réponse. ▪ *Question fermée*, question dont la réponse ne pourra être que l'une de celles proposées à la personne interrogée.

1 **QUESTIONNAIRE**, n. m. [kɛstjɔnɛʁ] (lat. *quaestionarius*, de *quaestio*, recherche) Ouvrage ou partie d'ouvrage dans lequel se trouvent formulées les questions que l'on peut adresser à des élèves sur les objets de leurs études. ◆ Série de questions que l'on pose pour servir de guide à une enquête. ▪ *Questionnaire à choix multiples* (abrév. QCM), questionnaire d'examen proposant, pour chaque question, plusieurs réponses parmi lesquelles il faut choisir la bonne.

2 **QUESTIONNAIRE**, n. m. [kɛstjɔnɛʁ] (lat. *quaestionarius*, bourreau, de *quaestio*, torture) ▷ Celui qui donnait la question aux accusés et aux condamnés. ◁

QUESTIONNANT, ANTE, adj. [kɛstjɔnɑ̃, ɑ̃t] (*questionner*) ▷ Qui questionne. « *Vous êtes aujourd'hui d'humeur questionnante* », HAUTEROCHE. ◁

QUESTIONNÉ, ÉE, p. p. de questionner. [kɛstjɔne]

QUESTIONNEMENT, ▪ n. m. [kɛstjɔn(ə)mɑ̃] (*question*) Le fait de s'interroger. « *Un cerveau ... repoussant à plus tard tout questionnement (c'est-à-dire débattre du bien et du mal, examiner, peser les pourquoi et les comment...)* », SIMON.

QUESTIONNER, v. tr. [kɛstjɔne] (*question*) Adresser des questions. *Questionner quelqu'un.* ◆ **V. intr.** Faire des questions. « *Le bon ton de l'inférieur est de ne questionner jamais* », MARMONTEL. ◆ En mauvaise part. Faire des questions importunes. *Il ne fait que questionner.* ◆ Se questionner, v. pr. Se faire réciproquement des questions.

QUESTIONNEUR, EUSE, n. m. et n. f. ou adj. [kɛstjɔnœʁ, øz] (*questionner*) Personne qui fait sans cesse des questions.

QUESTURE, n. f. [kɛstyʁ] (lat. *quaestura*, de *quaestor*, questeur) **Hist. rom.** Dignité, charge de questeur. ◆ Durée des fonctions de questeur. ◆ Aujourd'hui, dans les assemblées délibérantes, bureau des questeurs. ▪ **Dr.** Fonction de questeur au sein des assemblées parlementaires. *Le secrétaire général de la questure*. ▪ **Rem.** On prononçait autrefois [kɥɛstyʁ] en faisant entendre le *u* après le *q*.

QUÉTAINE, ▪ adj. [ketɛn] (mot québéc., mendiant, prob. de *quêter*, mendier) **Fam. Québec** Qui d'un point de vue esthétique est de mauvais goût, qui a peu de valeur. *Une musique quétaine*.

QUÉTAINERIE, ▪ n. f. [ketɛn(ə)ʁi] (*quétaine*) **Fam. Québec** Objet, chose qui d'un point de vue esthétique est de mauvais goût ou qui n'a que peu de valeur. *C'est de la quétainerie en chanson*.

1 **QUÊTE**, n. f. [kɛt] (p. p. fém. substantivé de l'anc. fr. *querre*, du lat. *quaesita*, p. p. de *quaerere*) Action par laquelle on cherche. « *Ils conviennent de prix et se mettent en quête [de l'ours, pour en avoir la peau]* », LA FONTAINE. « *Si bien qu'à votre quête ayant perdu mes peines* », MOLIÈRE. ◆ Action d'un valet de limier qui va détourner une bête pour la lancer. ◆ L'action du chien qui démêle la voie d'un cerf, d'un sanglier, etc. ou qui cherche les perdrix. ◆ Il se dit aussi du loup qui chasse. « *Le loup retourne au fond des bois, se met en quête* », BUFFON. ◆ Tons que l'on sonne pour faire quêter les chiens. ◆ Il se dit de même en parlant de la chasse du gibier à plume. ◆ L'action de demander et de recueillir des aumônes pour les pauvres ou pour des œuvres pieuses. ◆ Le produit de la quête. ▪ *En quête de*, à la recherche de quelque chose. *Se mettre en quête d'une maison à vendre.*

2 **QUÊTE**, n. f. [kɛt] (mot norm., de l'anc. fr. *choite, chete*, chute) Quantité dont s'écarte de l'extrémité postérieure de la quille d'un vaisseau une perpendiculaire abaissée du sommet de l'étambot sur le prolongement de la face inférieure de la quille.

QUÊTÉ, ÉE, p. p. de quêter. [kete]

QUÊTER, v. tr. [kete] (*quête*) ▷ Chercher (peu usité en ce sens propre). *Quêter quelqu'un.* « *Ils se laissent mourir d'inanition plutôt que de quêter leur subsistance* », BUFFON. ◁ ◆ Chercher. *Quêter un sanglier, des perdrix, etc.* ◆ **Absol.** *Nous avons quêté tout le matin sans rien trouver.* ◆ Demander et recueillir des aumônes. « *Elle... Va pour les malheureux quêter dans les maisons* », BOILEAU. ◆ *Se faire quêter*, faire faire une quête pour soi. ◆ **Fig.** *Quêter des louanges, des suffrages, etc.*, chercher à se faire donner les louanges, des suffrages, etc. ◆ On dit de même : *Quêter des voix, des suffrages pour quelqu'un.*

QUÊTEUR, EUSE, n. m. et n. f. [ketœʁ, øz] (*quête*) Personne qui quête, qui recueille des aumônes. ◆ Dans les ordres mendiants, *frère quêteur* ou n. m. *quêteur*, celui qui quête pour le couvent. ◆ **Adj.** *Chien quêteur*, celui qui quête. ▪ Personne qui a pour habitude ou pour pratique de demander ou de solliciter quelque chose.

QUETSCHE, ▪ n. f. [kwɛtʃ] (mot alsacien, de l'all. *Zwetschge*, grosse prune ; *Quetschenwasser*, var. de *Zwetschgenwasser*, eau-de-vie de prune) Grosse prune violette de forme oblongue. *Des quetsches.* ▪ Eau de vie fabriquée avec cette prune.

1 **QUETZAL**, ▪ n. m. [kɛtzal] (mot nahuatl) **Zool.** Oiseau au plumage vert mordoré, vivant en haute altitude au Mexique et en Amérique centrale, et dont l'espèce mâle est pourvue de longues plumes caudales qui peuvent atteindre un mètre de long et d'une huppe. *Le quetzal représente l'oiseau national du Guatemala. Des quetzals.*

2 **QUETZAL**, ▪ n. m. [kɛtzal] (1 *quetzal*) Unité monétaire du Guatemala. *Des quetzals* ou *des quetzales* (pluriel espagnol). *1 quetzal vaut 0,10 euro.*

1 **QUEUE**, n. f. [kø] (lat. *cauda*) Partie qui termine par derrière le corps de la plupart des animaux. ◆ **Fig.** *Cela n'a ni queue ni tête*, cela est en dépit du bon sens. ◆ *Tirer le diable par la queue*, Voy. DIABLE. ◆ Chez les quadrupèdes, prolongement plus ou moins étendu qui termine postérieurement le tronc d'un grand nombre d'animaux. *La queue d'un renard, d'un lion, etc.* ◆ *Queue prenante*, Voy. PRENANT. ◆ *Coup de queue*, coup donné avec la queue. ◆ **Fig.** *Il n'en reste pas la queue d'un, d'une*, il n'en reste aucun, aucune. ◆ **Fig.** *S'en retourner la queue entre les jambes*, se dit de ceux qui sont confus de ce que quelque chose ne leur a pas réussi (locution prise du chien). ◆ **Hérald.** Se dit particulièrement de la queue d'un cerf quand l'animal n'est pas nommé. ◆ *Queue de cheval*, insigne que l'on porte devant les pachas à une, deux ou trois queues, et qui appartient non au cheval mais au bœuf grognant. ◆ En parlant des chevaux, *queue à l'anglaise*, queue que l'on a écourtée et dont on a coupé les muscles abaisseurs, pour qu'elle se tienne relevée. ◆ *Queue en balai*, queue dont les crins forment balai. ◆ *Queue de rat*, queue dégarnie de crins. ◆ **Fig.** *Brider son cheval, son âne par la queue*, s'y prendre maladroitement dans une affaire. ◆ Chez les oiseaux, grandes plumes qui terminent leur corps. ◆ Chez les poissons, les serpents, les sauriens et quelques insectes, partie qui s'étend du ventre jusqu'à l'extrémité opposée à la tête. ◆ **Fig.** *Écorcher l'anguille par la queue*, commencer par l'endroit le plus difficile. ◆ Dans les plantes, tout appendice terminal quelconque lorsqu'il est long, mou, flexible. *La queue d'un melon, d'une cerise.* ◆ *Queue d'une feuille*, son pétiole ; queue d'un fruit, son pédoncule. ◆ *Queue de mouton*, morceau du quartier du derrière auquel la queue tient. ◆ *Queue de martre*, la peau et le poil de la queue d'une martre, dont on a fait une fourrure. ◆ *Queue de la Petite Ourse*, étoile polaire. ◆ Ce qui excède le corps de différentes lettres. *La queue d'un g, d'un p, d'un q, etc.* ◆ **Mus.** Trait vertical attaché à toutes les figures modernes de valeur, hormis à la ronde et à la maxime. ◆ *Queue d'une comète*, traînée lumineuse qui suit le corps de la comète. ◆ *Queue d'une poêle*, long manche qui sert à tenir une poêle, une casserole. ◆ *Piano à queue*, piano qui a un prolongement de la forme des anciens claviers, et dont les cordes sont perpendiculaires au clavier. ◆ *Boutons à queue*, boutons qui ont un appendice métallique ou autre, au moyen duquel on les coud. ◆ **Pêche** Sorte de filet à manche. ◆ Touffe de cheveux de derrière, qu'on attache avec un cordon, et autour de laquelle on roule un ruban. *Se faire faire la queue.* ◆ **Pop.** et fig. *Faire la queue à quelqu'un*, le tromper, lui soutirer de l'argent. ◆ *Ruban de queue*, ruban qui s'enroule autour de la queue pour la former, et fig. et fam. longue route qui se déroule à perte de vue devant le voyageur. ◆ Extrémité d'un manteau, d'une robe traînante. *Porter la queue d'un cardinal, d'une princesse.* ◆ En charpenterie et menuiserie, *queue d'aronde*, Voy. ARONDE. ◆ *Pièce à queue*, toute partie assemblée à queue, ou rapportée à la queue dans le corps de l'ouvrage. ◆ Le dernier bout d'une étoffe. ◆ On dit qu'une *étoffe a cap et queue*, pour dire que, n'ayant point encore été entamée, elle a deux chefs par les deux bouts. ◆ **Impr.** Partie d'une page qui ne doit pas être remplie. ◆ **Mar.** *Queue d'un pavillon*, l'extrémité de la partie flottante de cet étendard. ◆ *Queue de billard* ou **absol.** *queue*, l'instrument dont on se sert pour pousser les billes. ◆ *Faire fausse queue*, toucher la bille à faux avec la queue. ◆ *Queue à procédé*, queue dont le petit bout est garni d'un morceau de cuir. ◆ L'extrémité d'une chose. *La queue d'un bois, d'un étang, etc.* ◆ **Par anal.** *La queue d'un muscle*, son insertion inférieure. ◆ **Fig.** Le bout, la fin. *La queue*

de l'hiver. ♦ *Avoir une queue,* avoir des suites. ♦ *La queue d'une affaire,* les dernier soins qu'elle exige, quoiqu'elle semble terminée. ♦ *On a pris cette affaire par la tête et par la queue,* on l'a examinée à tous les points de vue. ♦ *Commencer le roman par la queue,* commencer une histoire par où on devrait la finir. ♦ **Mus.** Syn. de coda. ♦ **Mar.** *Queue d'un grain,* l'averse finale d'une pluie abondante qui est tombée par avalanches interrompues. ♦ *Queue,* à certains jeux, somme indépendante de l'enjeu principal. ♦ Au whist, se dit quelquefois pour fiche de consolation. ♦ Les débris d'une faction, d'un parti, ou ceux qui sont compromettants dans les derniers rangs d'un parti. ♦ La dernière partie, les derniers rangs d'un parti. ♦ La dernière partie, les derniers rangs d'un corps, d'une compagnie. La queue d'un cortège, d'une procession, d'un régiment, etc. *Prendre la queue, se mettre aux derniers rangs.* ♦ *Attaquer en queue une armée, un régiment,* l'attaquer par ses derniers corps, ses dernières compagnies. ♦ *Prendre en queue,* même sens. ♦ **Fam.** *Prendre quelqu'un en queue,* l'attaquer par derrière. ♦ *Queue d'armée, de camp, de troupe,* partie d'une armée, d'un camp, d'une troupe, occupant le terrain à l'opposite du front de bandière. ♦ **Mar.** *Queue d'une ligne,* le dernier vaisseau d'un ligne. ♦ *À la queue, en queue,* à la suite, immédiatement après. ♦ *À la queue, en queue,* à la poursuite, aux trousses. *Les gendarmes sont à la queue de ce voleur.* ♦ File de gens qui attendent à la porte d'un spectacle, d'un bureau pour entrer leur tour. *Se mettre à la queue. Faire queue.* ♦ *Queue à queue,* à la file, successivement. ♦ *À la queue leu leu* (*leu* en picard signifie loup), à la suite les uns des autres. Sorte de jeu d'enfant. *Jouer à la queue leu leu.* ♦ *Queue-du-chat,* figure de contre-danse. ♦ *Queue-de-cochon,* tarière terminé en vrille. *Des queues-de-cochon.* ♦ *Queue-de-renard,* Voy. RENARD. ♦ *Queue-de-rat,* espèce de lime ronde. ♦ *Queue-de-rat,* la prêle des champs et la fléole des prés. ♦ **Prov.** *Il n'y en a point de plus empêché que celui qui tient la queue de la poêle,* il est plus difficile de conduire une affaire que d'en parler ou de la contrôler. ♦ *Quand on parle du loup, on en voit la queue,* on parlait d'une personne et au moment même elle est arrivée. ■ *Finir en queue de poisson,* se terminer brusquement, sans avertissement préalable. ■ *Faire une queue de poisson,* se rabattre brutalement devant un véhicule après l'avoir dépassé rapidement. ■ *Sans queue ni tête* se dit d'une chose incohérente et dont le sens n'est pas intelligible. *Cette histoire est sans queue ni tête.* ■ **Pop.** *Pas la queue d'un,* en parlant d'une chose, pas une. *Son livre de poèmes, il n'en a pas vendu la queue d'un !* ■ *En queue,* à l'arrière d'une chose animée ou non. *Être en queue de cortège, de wagon.* ■ Position d'une personne occupant la ou l'une des dernières places d'un classement. *Être à la queue d'un classement sportif.*

2 QUEUE, n. f. [kø] (p.-ê. 1 *queue*) ▷ Futaille qui contient environ un muid et demi. *Demi-queue,* espèce de tonneau. *Demi-queue bordelaise,* contenant 209 litres. *Demi-queue de Mâcon,* contenant 220 litres. ◁

3 QUEUE, n. f. [kø] Voy. QUEUX, pierre à aiguiser, qui est la véritable orthographe.

QUEUE-DE-CHEVAL, ■ n. f. [kød(ə)ʃəval] (1 *queue* et *cheval*) Coiffure qui retient les cheveux longs à l'arrière de la tête à l'aide d'un ruban ou d'un élastique en les laissant retomber dans le cou et qui évoque la forme de la queue d'un cheval. *C'était la mode des queues-de-cheval.*

QUEUE-DE-COCHON, ■ n. f. [kød(ə)koʃɔ̃] Voy. QUEUE.

QUEUE-DE-MORUE, ■ n. f. [kød(ə)mɔry] (1 *queue* et *morue*) **Peint.** Pinceau large et plat. *Des queues-de-morue.*

QUEUE-DE-PIE, ■ n. f. [kod(ə)pi] (1 *queue* et *pie*) Veste masculine de cérémonie à longues basques en pointe sur l'arrière. *Des queues-de-pie.*

QUEUE-DE-RENARD, ■ n. f. [kød(ə)ʀənaʀ] Voy. RENARD.

QUEUSOT, ■ n. m. [køzo] (1 *queue* et *-ot*) **Techn.** Conduit tubulaire servant à faire le vide dans une ampoule électrique ou à remplir de gaz un tube à néon. *Un queusot de pompage.*

QUEUSSI-QUEUMI, ■ loc. adv. [køøimi] (loc. pic., *quel sot quel moi,* pour lui comme pour moi) Signifiant tout à fait de même. *Ce remède ne lui fera pas plus de bien que les autres ; ce sera queussi-queumi.* ♦ On écrit aussi *quessi-quemi.*

QUEUTER, v. intr. [køte] (1 *queue*) Au jeu de billard, pousser d'un seul coup les deux billes avec sa queue.

1 QUEUX ou **QUEUE,** n. f. [kø] (lat. *cos*) ▷ Sorte de pierre à aiguiser. ◁

2 QUEUX, n. m. [kø] (lat. *coquus, cocus,* de *coquere,* faire cuire) ▷ Cuisinier. *Le maître queux.* ◁ ♦ *Grand queux de France,* nom d'un officier de la maison du roi qui commandait à tous les officiers de la cuisine et de la bouche.

QUI, pron. rel. [ki] (lat. pr. relat. *qui,* avec extension de genre, de nombre et de fonction, et absorption de l'interrog. *quis*) Pron. des deux genres et des deux nombres. Il unit un substantif à une proposition subordonnée. *Les femmes qui vous parleront. Vos sœurs avec qui j'ai fait connaissance.* ♦ *Qui,* précédé d'une préposition, ne s'emploie pas en parlant des choses. Ne dites

pas : *La chose de qui vous parlez,* mais *dont vous parlez.* ♦ Cela ne s'applique pas aux animaux et aux cas où l'on personnifie un objet inanimé. « *Rocher à qui je me plains, bois à qui je compte mes peines* », MARMONTEL. ♦ Cependant en poésie, on s'affranchit souvent de cette règle. « *Soutiendrez-vous un faix sous qui Rome succombe ?* », P. CORNEILLE. ♦ *Qui,* correspondant à *nul, aucun, premier, second, dernier,* etc. ou à *personne, guère, rien,* etc., veut au subjonctif le verbe de la proposition subordonnée. « *Il y a peu de rois qui sachent chercher la véritable gloire* », FÉNELON. ♦ Cependant on peut aussi mettre l'indicatif ; c'est l'intention qui en décide. *Ce livre est le dernier qu'il a fait contre ses adversaires.* ♦ *Qui* veut le verbe de la proposition subordonnée à la même personne que le nom ou le pronom auquel il se rapporte. « *N'accuse point mon sort, c'est toi seul qui l'as fait* », P. CORNEILLE. ♦ Mais *qui* pouvant être considéré comme étant de la troisième personne, on a accordé, pour la personne, le verbe non avec le substantif, mais avec *qui* ainsi considéré. « *Je vous demande si ce n'est pas vous qui se nomme Sganarelle* », MOLIÈRE. ♦ Quand *qui* est précédé d'un substantif et d'un adjectif tenant lieu d'un substantif, on peut mettre le verbe de la proposition subordonnée ou à la personne du sujet ou à la troisième personne. *Je suis le premier qui ait fait cela* ou *qui aie fait cela.* ♦ *Qui* se rapportant à un pronom qui ne le précède pas immédiatement. *Le voici qui vient.* ♦ **Absol.** En parlant des personnes, *qui* se dit pour celui qui, celle qui, ceux qui, celles qui. « *Qui se laisse outrager mérite qu'on l'outrage* », P. CORNEILLE. ♦ *N'avoir qui...,* n'avoir personne à. « *Je n'aurai qui tromper, non plus que qui me trompe.* », P. CORNEILLE. ♦ *Qui* se dit absolument aussi en parlant des choses. *Voilà qui me convient. Qui plus est.* ♦ *Qui,* précédé d'une préposition, pris elliptiquement pour *celui qui, ceux qui, celle qui.* « *Le bonheur appartient à qui fait des heureux* », DELILLE. ♦ *À qui* exprime aussi la compétition, la rivalité. *C'était à qui parlerait.* ♦ **N. m.** *Un qui, les qui.* ♦ Emploi archaïque de *qui* pour *ce qui.* « *Elle fut admonestée, qui est une très légère peine* », MME DE SÉVIGNÉ. ♦ *Qui* pour *ce que* dans une phrase dubitative. « *Je ne sais qui je dois admirer davantage, Ou de ce grand amour ou de ce grand courage* », P. CORNEILLE. ♦ *Qui que ce soit,* qui que ce puisse être, etc. c'est-à-dire quiconque, quelque personne que ce soit. ♦ *Qui que ce soit,* avec la négation, nulle personne. *Je n'y ai trouvé qui que ce soit.* ♦ *Qui qu'il soit,* quel qu'il soit. « *Toi donc, qui que tu sois, ô père de famille... T'attendre aux yeux d'autrui quand tu dors, c'est erreur* », LA FONTAINE. ♦ **Interrogativ.** Quelle personne. *Qui a fait cela ? Qui demandez-vous ?* ♦ On dit aussi : *Qui est-ce qui, qui est-ce que ?* ♦ *Qui* interrogatif est toujours du masculin et du singulier. Cependant il s'emploie quelquefois au pluriel dans des phrases analogues à celles-ci : « *Entre tant d'animaux qui sont ceux qu'on estime ?* », BOILEAU. ♦ *Qui* se dit pour *quel, quelle,* sans interrogation. « *Si vous observez avec soin qui sont les gens qui ne peuvent louer, qui blâment toujours...* », LA BRUYÈRE. ♦ **Fam.** *Un je ne sais qui,* un homme de néant. ♦ *Qui* répété et employé distributivement signifie les uns, les autres, ceux-ci, ceux-là. « *Ils cherchèrent la source du mal, qui d'un côté, qui d'un autre, et pas un ne la trouva* », BALZAC.

QUIA (À), loc. adv. [kɥija] (mot lat., parce que) Celui à qui dans la controverse on pose une question en lat. *cur ou quare,* pourquoi, et qui répond *quia,* parce que, sans pouvoir aller plus loin, il n'a rien à répondre. ♦ Mot usité dans ces phrases proverbiales : *Être à quia, mettre à quia,* être réduit, réduire quelqu'un à ne pouvoir répondre. ♦ **Fig.** *Mettre à quia,* faire taire, ôter toute force.

QUIBUS, n. m. [kɥibys] (*qui* se prononce *cui* ; lat. *quibus,* ablat. plur. du relat. *qui,* au moyen desquelles choses ; cf. *avoir de quoi*) ▷ **Pop.** Agent monnayé. *Il y a du quibus.* ◁ ♦ **Par extens.** *Avoir du quibus,* être riche.

QUICAGEON, ■ n. m. [kikaʒɔ̃] (hébr. *kikajon,* Jonas, chap. 4) **Suisse** Pavillon, petit kiosque dans un jardin.

QUICHE, ■ n. f. [kiʃ] (p.-ê. all. *Kuchen,* gâteau) Tarte salée servie chaude, à base d'œufs, de crème et de lardons. *Quiche lorraine.*

QUICHENOTTE, ■ n. f. [kiʃ(ə)nɔt] (dial de l'Ouest, orig. incert. : angl. *kiss not,* n'embrassez pas, ou dér. dial. du lat. *capsa,* boîte) Coiffe paysanne, dont le sommet est plat et l'arrière ondulé, qui recouvre les côtés du visage et la nuque. *Lors des marchés de pays traditionnels, l'âne culotte et la quichenotte rappellent le pittoresque d'antan.*

QUICHUA, ■ n. m. [kitʃwa] Voy. QUECHUA.

QUICK, ■ n. m. [kwik] (mot angl., rapide) Matière synthétique, rigide et granuleuse. *Disputer un match de tennis sur un terrain en quick. Des quicks.*

QUICONQUE, pron. indéf. [kikɔ̃k] (lat. *quicumque, quel... que,* n'importe quel) sans pluriel. Qui que ce soit qui, toute personne qui. « *Quiconque est capable de mentir est indigne d'être compté au nombre des hommes* », FÉNELON. ♦ *Quiconque* a été employé absol. « *Il y en a qui se laissent tellement aller à une envie de railler de toutes choses et de quiconque, qu'ils le font sans ménagement et sans égard* », BOURDALOUE.

QUID, ■ pron. interr. [kwid] (*qui* se prononce *coui* ; mot lat., interrog. neutre, quoi ?) Employé comme raccourci de *qu'en est-il de ...,* que penser de ... *Quid de ce sondage ?*

QUIDAM, n. m. [kᴜidam] ou [kidam] (lat. *quidam*, certain, un certain, qu'on pourrait désigner plus précisément) ▷ **Dr.** Il sert à désigner dans les monitoires, dans les procès-verbaux, etc. les personnes dont on ignore ou dont on n'exprime point le nom. *Certaines quidanes lui auraient dit...* ◁ ▪ Rᴇᴍ. La forme *quidane* ne se trouve que chez Littré. ♦ **Fam.** et **par dénigrement** Un homme dont on ignore le nom ou qu'on ne veut pas nommer ; en ce sens, le féminin n'est pas usité. « *Un quidam les rencontre* », Lᴀ Fᴏɴᴛᴀɪɴᴇ. « *Certains quidams indiscrets* », Dᴀɴᴄᴏᴜʀᴛ. ▪ Rᴇᴍ. On disait autrefois *une quidane* au féminin. ▪ Rᴇᴍ. On prononçait autrefois [kidɑ̃] avec *an*, et non *am*.

QUIDDITÉ, n. f. [kᴜidite] ou [kidite] (lat. scolastique *quidditas*, essence, nature, du lat. *quid*, ce que) En philosophie scolastique, ce qu'une chose est en soi.

QUIESCENCE, ▪ n. f. [kjesɑ̃s] (b. lat. *quiescentia*, vie calme, de *quiescere*) **Zool.** Arrêt ou ralentissement de la vie chez les animaux dépourvus de régulation thermique corporelle, induit par des conditions écologiques défavorables. *La quiescence est susceptible d'être immédiatement levée dès que des conditions écologiques favorables réapparaissent.*

1 **QUIESCENT, ENTE**, adj. [kjesɑ̃, ɑ̃t] (lat. *quiescens*, p. prés. de *quiescere*, se reposer, dormir) **Gramm. hébr.** *Lettres quiescentes*, celles qui ne se prononcent pas, si elles n'ont avec elles certains points représentant la voyelle qu'elles doivent faire entendre. ♦ Il se dit aussi quelquefois en français des lettres qui ne se prononcent pas devant les consonnes, et qui sonnent sur la voyelle suivante. ▪ Rᴇᴍ. On prononçait autrefois [kᴜijesɑ̃, ɑ̃t].

2 **QUIESCENT, ENTE**, ▪ adj. [kjesɑ̃, ɑ̃t] (lat. *quiescens*) **Zool.** Qui se trouve en état de quiescence.

QUIET, ÈTE, adj. [kjɛ, ɛt] (lat. *quietus*, qui est en repos, tranquille) Qui tombe en désuétude. Tranquille, paisible. *C'est une âme quiète.* ▪ Rᴇᴍ. On prononçait autrefois [kᴜijɛ, ɛt] en faisant entendre le *u* après le *q*.

QUIÉTISME, n. m. [kjetism] (*quies*, génit. *quietis*, repos, paix) Doctrine de quelques théologiens mystiques dont le principe est qu'il faut s'anéantir soi-même pour s'unir à Dieu, se tenir dans un état de contemplation passive, et regarder comme indifférent tout ce qui peut nous arriver dans cet état. ♦ Il s'est dit de philosophies orientales analogues. ▪ Rᴇᴍ. On prononçait autrefois [kᴜijetism] en faisant entendre le *u* après le *q*.

QUIÉTISTE, adj. [kjetist] (*quiétisme*) Qui professe le quiétisme. *Un directeur quiétiste.* ♦ **N. m.** et n. f. Les quiétistes. ♦ Il se dit aussi des partisans de doctrines analogues durant le Moyen Âge et dans l'Orient. ▪ Rᴇᴍ. On prononçait autrefois [kᴜijetist] en faisant entendre le *u* après le *q*.

QUIÉTUDE, n. f. [kjetyd] (b. lat. *quietudo*, repos) Tranquillité mêlée de douceur. « *Vos bontés ajoutent infiniment à la quiétude de ma douce retraite* », Vᴏʟᴛᴀɪʀᴇ. ♦ En mauvaise part. « *On arrive à cet état d'indifférence, à cette quiétude indolente dont on aurait rougi quelques années auparavant* », Bᴜꜰꜰᴏɴ. ♦ Dans le langage mystique, tranquillité, repos. *Oraison de quiétude.* ▪ En toute quiétude, en toute tranquillité, sans que l'on ait à s'inquiéter de quoi que ce soit. *Je te laisse garder les enfants, je pars en toute quiétude.* ▪ Rᴇᴍ. On prononçait autrefois [kᴜijetyd] en faisant entendre le *u* après le *q*.

QUIGNON, n. m. [kiɲɔ̃] ou [kiɲɔ̃] (*coin*) Gros morceau de pain.

QUILLAGE, n. m. [kijaʒ] (*quille*) ▷ *Droit de quillage*, droit que paye un navire marchand, la première fois qu'il entre dans les ports de France. ▪ Rᴇᴍ. On dit aujourd'hui *droit d'ancrage*. ◁

1 **QUILLE**, n. f. [kij] (a. nord *kilir*, plur. de *kjolr*) **Mar.** Forte et longue pièce de bois ou réunion de pièces ajustées, sur laquelle on fixe les varangues, l'étambot et l'étrave, et qui, étant la base de la construction du navire, est la première qu'on place sur le chantier. ♦ **Mar.** *Quille de roulis*, plan en tôle fixé perpendiculairement à la coque d'un navire, qui entraîne l'eau lors des mouvements de roulis pour les amortir plus rapidement.

2 **QUILLE**, n. f. [kij] (m. h. all. *kegel*, de l'a. h. all. *kegil*, pieu, piquet) Morceau de bois long et rond, plus mince par le haut que par le bas, servant à un jeu où il y a neuf de ces morceaux de bois qu'on plante debout par leur grosse extrémité, et qu'on abat avec une boule. ♦ *Il est planté là comme une quille*, se dit d'un homme tout droit sur ses pieds et qui ne bouge pas. ♦ **Fig.** *Recevoir quelqu'un comme un chien dans un jeu de quilles*, le recevoir fort mal. ♦ ▷ **Fig.** *Trousser ses quilles, s'en aller*, décamper. ◁ ♦ *Ne laisser aux autres que le sac et les quilles*, Voy. sᴀᴄ. ♦ ▷ **Fig.** *Abatteur de quilles*, homme qui fait beaucoup d'embarras. ◁ ♦ **Pop.** et **fig.** *Les quilles*, les jambes. ♦ **Pop.** *La quille*, la fin du service militaire. ▪ **Fam.** *En avoir plein les quilles*, ressentir fortement la fatigue du fait d'une marche jugée trop longue.

QUILLER, v. intr. [kije] (*quille*) ▷ Jeter une quille en visant à la placer près de la boule, pour savoir qui jouera le premier, ou quels sont ceux qui seront ensemble. ♦ Replacer les quilles abattues. ◁

QUILLETTE, n. f. [kijɛt] (*quille*) **Agric.** Brin d'osier qu'on enfonce en terre pour qu'il prenne racine. *Planter des osiers en quillettes.*

QUILLEUR, EUSE, ▪ n. m. et n. f. [kijœr, øz] (*quille*) **Québec** Personne qui joue à la quille.

QUILLIER, n. m. [kije] (*quille*) L'espace carré dans lequel on range les neuf quilles. ♦ Collectivement, toutes les quilles. *Abattre tout le quillier.*

QUIMBOISEUR, ▪ n. m. [kɛ̃bwazœr] (créole des Antilles, sorcier, rebouteux) **Antilles** Sorcier à l'esprit maléfique qui jette des sorts. *Aux Antilles, on distingue le guérisseur, homme honnête et droit, du quimboiseur, personnage cruel.*

QUINA, n. m. [kina] Voy. ǫᴜɪɴǫᴜɪɴᴀ.

1 **QUINAIRE**, adj. [kinɛr] (lat. *quinarius*, de cinq) **Math.** Divisible par cinq, en parlant d'un nombre. ♦ *Arithmétique quinaire*, celle dans laquelle on n'emploierait que les cinq caractères 1, 2, 3, 4 et 0. ♦ **Bot.** Il indique que l'organe est répété cinq fois. ▪ Rᴇᴍ. On prononçait aussi [kᴜinɛr] autrefois en faisant entendre le *u* après le *q*.

2 **QUINAIRE**, n. m. [kinɛr] (substantivation de *quinarius*) **Antiq.** Pièce de monnaie d'or ou d'argent de la troisième grandeur. *Le quinaire appartient à la monnaie romaine, il est plus petit que la médaille, qui est plus petite que le médaillon.* ♦ ▷ Mesure de cinq pouces pour l'écoulement des liquides. ◁

QUINAUD, AUDE, adj. [kino, od] (*quin*, singe, d'orig. inc.) ▷ Confus, honteux d'avoir eu le dessous. ◁

QUINCAILLE, n. f. [kɛ̃kaj] (même radic. onomat. que *clinquaille, clinquant*) ▷ Toute sorte d'ustensiles, d'instruments de fer ou de cuivre. *Marchandise de quincaille.* ♦ Par mépris, la monnaie de cuivre. ▪ Rᴇᴍ. On disait aussi *clincaille* autrefois. ◁

QUINCAILLERIE, n. f. [kɛ̃kaj(ə)ʀi] (*quincaille*) Marchandise de toute sorte de quincaille. ♦ T. de serrurerie. Tout ouvrage servant aux ferrures et fermetures des portes et croisées et provenant de diverses fabriques. ▪ **Fam.** Bijou clinquant de pacotille ou d'un luxe ostentatoire. ▪ Commerce ou industrie spécialisé dans la quincaille. ▪ Magasin où sont vendues des quincailles. ▪ Rᴇᴍ. On disait aussi *clincaillerie* autrefois.

QUINCAILLIER, IÈRE ou **QUINCAILLER, ÈRE**, n. m. et n. f. [kɛ̃kaje, jɛʀ] (*quincaille*) Marchand de quincaille. ▪ Fabricant de quincaillerie. ▪ Rᴇᴍ. On disait aussi *clincaillier* autrefois.

QUINCONCE, n. m. [kɛ̃kɔ̃s] (lat. *quincunx*, cinq douzièmes, cinq onces, quinconce) Plantation d'arbres disposés en échiquier. ♦ Lieu dont les plantations sont dessinées en quinconce. ♦ Il se dit aussi d'arrangements en échiquier autres que d'arbres. ▪ ᴇɴ ǫᴜɪɴᴄᴏɴᴄᴇ, loc. adv. En parlant d'éléments disposés selon une figure à cinq points : quatre se trouvant aux quatre angles quadrilatère régulier et le cinquième au centre. *Planter des arbres en quinconce.*

QUINDÉCAGONE, n. m. [kɛ̃dekagon] ou [kᴜɛ̃dekagon] (lat. *quindecim*, quinze, et *-gone*) **Géom.** Figure qui a quinze angles et quinze côtés.

QUINDÉCEMVIRS ou mieux **QUINDÉCIMVIRS**, n. m. pl. [kɛ̃desɛmviʀ, kɛ̃desimviʀ] (lat. *quindecimviri*, de *quindecim*, quinze, et *vir*, homme) **Antiq. rom.** Officiers préposés à la garde des livres sibyllins, et chargés de la célébration des jeux séculaires. ▪ Rᴇᴍ. On prononçait autrefois [kᴜɛ̃desēviʀ] en faisant entendre le *u* après le *q* et *in* pour *em*.

QUINE, n. m. [kin] (distrib. lat. *quini*, cinq à chaque fois) Au jeu de trictrac, coup de dés qui amène deux cinq. ♦ Cinq numéros pris et sortis ensemble à la loterie. *Gagner un quine.* ♦ **Fig.** et **fam.** *C'est un quine à la loterie*, c'est un avantage, un bonheur inespéré. ♦ Au loto, cinq numéros marqués sur la même ligne horizontale.

QUINÉ, ÉE, ▪ adj. [kine] (lat. *quini*) **Bot.** Qui sont disposés cinq par cinq. *Des feuilles quinées.*

QUININE, n. f. [kinin] (*quina*) **Chim.** Alcaloïde végétal qu'on extrait du quinquina. ♦ **Chim.** *Sulfate de quinine*, sel formé avec l'acide sulfurique et cet alcali. ▪ Rᴇᴍ. On écrivait aussi *kinine* autrefois.

QUINOA, ▪ n. m. [kinoa] (lat. sav. [xᴠɪɪɪᵉ s.] *chenopodium quinoa*, du quechua *kenua, kinoa*) **Bot.** Plante originaire du Pérou et du Chili, qui est cultivée pour ses graines alimentaires, et pour ses feuilles dont le goût rappelle celui de l'épinard. *Des quinoas. Le quinoa convient aux personnes allergiques au gluten puisqu'il n'en contient pas.*

QUINOLA, n. m. [kinola] (orig. inc.) ▷ Nom du valet de cœur, au jeu du reversi, et principale carte de ce jeu. ◁

QUINOLÉINE, ▪ n. f. [kinolein] (*quina* et *oléine*) **Chim.** Composé organique de formule C_9H_7N qui est extrait du goudron de houille et qui sert à la préparation de médicaments et de colorants. *Du jaune de quinoléine.*

QUINONE, ▪ n. f. [kinɔn] (*quina*) **Chim.** Composé aromatique cristallin jaune dans lequel deux atomes d'hydrogène du noyau sont substitués à deux atomes d'oxygène.

QUINQUA, ■ n. m. et n. f. [kɛ̃ka] (apocope de *quinquagénaire*) Abrév. fam. de *quinquagénaire*.

QUINQUAGÉNAIRE, adj. [kɛ̃kaʒenɛʀ] (lat. *quinquagenarius*, de cinquante, du distrib. *quiquageni*, cinquante chacun) Âgé de cinquante ans. ♦ N. m. et n. f. *Un, une quinquagénaire*. ■ N. m. et n. f. Personne dont l'âge est compris entre cinquante et cinquante-neuf ans. ■ Abrév. *Un, une quinqua*. ■ Rem. On prononçait autrefois [kɥɛ̃kwaʒenɛʀ] en faisant entendre le *u* après le *q*.

QUINQUAGÉSIME, n. f. [kɛ̃kaʒezim] (lat. *quinquagesima* [*dies*], cinquantième jour) Dimanche qui précède le premier dimanche de carême. *Le dimanche de la Quinquagésime*. ■ Rem. On prononçait autrefois [kɥɛ̃kwaʒezim] en faisant entendre le *u* après le *q*.

QUINQUE, n. m. [kɥɛkjø] (lat. *quinque*, cinq) ▷ Mot qu'on a employé jusqu'en 1820 pour désigner un morceau de musique à cinq parties ; aujourd'hui, on dit *quintette*. ◁

QUINQUENNAL, ALE, adj. [kɛ̃kenal] (lat. *quinquennalis*, de *quinque*, cinq, et *annus*, année) Qui dure cinq ans. *Magistrat quinquennal*. ♦ Agric. *Assolement quinquennal*. ♦ Qui se fait tous les cinq ans. *Jeux quinquennaux*. ♦ Antiq. *Les fêtes quinquennales* ou n. f. pl. *les quinquennales*, les fêtes qui se célébraient sous les empereurs romains au bout des cinq premières années de leur règne et puis tous les cinq ans. ■ Rem. On prononçait autrefois [kɥɛ̃kɥenal] en faisant entendre les deux *u* après les deux *q*.

QUINQUENNALITÉ, n. f. [kɛ̃kenalite] (*quinquennal*) Espace de cinq ans, durée de cinq ans. ■ Rem. On prononçait autrefois [kɥɛ̃kɥenalite] en faisant entendre les deux *u* après les deux *q*.

QUINQUENNAT, ■ n. m. [kɛ̃kena] (*quinquennal*) Durée de cinq ans. ■ Durée du mandat présidentiel français.

QUINQUENNIUM, n. m. [kɛ̃kenjɔm] (lat. *quinquennium*, de *quinquennis*, âgé de cinq ans) Antiq. rom. Espace de cinq ans qui s'écoulait entre la célébration des jeux quinquennaux, ou pendant l'exercice d'une magistrature. ♦ ▷ Nom anciennement donné à un cours d'études de cinq ans, dont deux en philosophie et trois en théologie. ◁ ■ Rem. On prononçait autrefois [kɥɛ̃kɥenjɔm] en faisant entendre les deux *u* après les deux *q*.

QUINQUENOVE, n. m. [kɛ̃k(ə)nɔv] (lat. *quinque*, cinq, et *novem*, neuf) ▷ Jeu qui se jouait avec deux dés, et qui a pris son nom du nombre de cinq et de neuf. ◁

QUINQUERCE, n. m. [kɥɛ̃kɥɛʀs] (lat. *quinquertium*, de *quinque*, cinq, et *ars, artis*, art [du combat]) Antiq. rom. L'équivalent du pentathle des Grecs, ou réunion de cinq espèces de combats où un athlète devait être vainqueur pour remporter le prix.

QUINQUÉRÈME, n. f. [kɥɛ̃kɥeʀɛm] (lat. *quinqueremis*, de *quinque*, cinq, et *remus*, rame) Antiq. Galère à cinq rangs de rames.

QUINQUET, n. m. [kɛ̃kɛ] (Antoine *Quinquet*, 1745-1803) Sorte de lampe inventée vers 1800 par le physicien Argant, et à laquelle le fabricant Quinquet a donné son nom. ■ Fam. Œil. *Ferme tes quinquets !*

QUINQUINA, n. m. [kɛ̃kina] (esp. *quinaquina*, du quechua *kinakina*, écorce par excellence) Nom collectif d'un grand nombre d'écorces médicinales, fébrifuges. ♦ Les arbres qui fournissent ces écorces. ♦ *Quinquina d'Europe*, la gentiane. ♦ Boisson apéritive au quinquina. ■ Rem. On disait aussi *quina* ou *kina* autrefois.

QUINT, n. m. [kɛ̃] (lat. *quintus*, cinquième) ▷ La cinquième partie d'un revenu, d'une succession ; aujourd'hui, on dit le cinquième. ◁ ♦ Dr. féod. Droit de la cinquième partie du prix d'un fief qu'on payait au seigneur dont le fief était mouvant. ♦ Adj. Cinquième ; usité seulement en ces noms-ci : *Charles-Quint, Sixte-Quint*.

QUINTAINE, n. f. [kɛ̃tɛn] (lat. *quintana via*, rue du cinquième manipule dans le camp romain, affectée au marché et aux exercices d'entraînement) Au Moyen Âge, sorte de jeu et d'exercice militaire qui consistait à frapper d'une lance une figure d'homme armé, assez adroitement pour éviter le coup qu'on en recevait quand on ne la frappait pas comme il faut. ♦ Manège Poteau fiché en terre, contre lequel on s'exerce à courir avec la lance ou à jeter des dards. ♦ *Faquin de quintaine*, figure fixée au poteau de la quintaine. ♦ Action de courir le quintan.

QUINTAL, n. m. [kɛ̃tal] (lat. médiév. *quintale*, de l'ar. *quintâr*, poids de cent) ▷ Poids de cent livres. ◁ ♦ *Quintal métrique*, poids de cent kilogrammes. ♦ Grosse cruche de grès. ♦ Au pl. *Des quintaux*.

QUINTAN, n. m. [kɛ̃tã] (syn. masc. de *quintaine*) Manège Mannequin monté sur un pivot et armé d'un fouet ou d'un bâton ; quand, le frappant maladroitement, on le fait tourner, on reçoit sur le dos un coup. *Courir le quintan*. ♦ On dit aussi *faquin*.

QUINTANE, adj. f. [kɛ̃tan] (lat. *quintana febris*, fièvre qui revient de cinq en cinq jours) Méd. *Fièvre quintane*, fièvre intermittente, qui revient tous les cinq jours, et dans laquelle il y a par conséquent trois jours d'apyrexie.

1 QUINTE, n. f. [kɛ̃t] (fém. substantivé de *quint*, du lat. *quintus*, cinquième) Mus. L'intervalle qui suit la quarte et qui précède la sixte, dans l'ordre d'acuité ; la quinte est le renversement de la quarte. ♦ Mus. *Quinte juste ou quinte naturelle*, intervalle formé de sept demi-tons ; c'est le renversement de la quarte juste. ♦ *Quinte augmentée*, intervalle formé de huit demi-tons ; c'est le renversement de la quarte diminuée. ♦ *Quinte diminuée*, intervalle formé de six demi-tons ; c'est le renversement de la quarte augmentée. ♦ *Quinte couverte*, un des jeux de l'orgue. ♦ Espèce de violon, plus grand que le violon ordinaire, monté de quatre cordes comme le violon, mais à une quinte au-dessous. On le nomme aussi *viole, viola, alto*. ♦ Au piquet, suite de cinq cartes de la même couleur ; elles comptent quinze. *Quinte majeure*, quinte commençant par l'as. ♦ Escrime La cinquième garde. ♦ Adj. Méd. *Fièvre quinte* ; on dit maintenant *fièvre quintane*.

2 QUINTE, n. f. [kɛ̃t] (fém. substantivé de *quint*, p.-ê. parce que l'accès revenait toutes les cinq heures) Accès de toux violent et prolongé.

3 QUINTE, n. f. [kɛ̃t] (prob. 2 *quinte*) Caprice, mauvaise humeur qui prend tout à coup. ♦ Manège Mouvement désordonné que fait le cheval sous le cavalier.

QUINTÉ, ■ n. m. [kɛ̃te] (lat. *quintus*, cinquième) Pari qui pronostique l'ordre d'arrivée des cinq premiers dans les courses de chevaux. ■ En appos. *Pari quinté*.

QUINTEFEUILLE, n. f. [kɛ̃t(ə)fœj] (lat. impér. *quinquefolium*, de *quinque*, cinq, et *folium*, feuille) Plante rosacée, dont les feuilles digitées à cinq folioles ont l'apparence de cinq feuilles sur un même pétiole. ♦ Hérald. Fleur de pervenche à cinq pétales. ■ Archit. Rosace décorative médiévale à cinq lobes.

QUINTESSENCE, n. f. [kɛ̃tesɑ̃s] (lat. *quinta essentia*, cinquième élément) Dans la philosophie scolastique, la substance éthérée. ♦ ▷ Dans l'ancienne chimie, la partie la plus subtile extraite de quelques corps. ◁ ♦ On donnait autrefois ce nom à l'alcool chargé des principes de quelques substances médicamenteuses. ♦ Dans l'alchimie toute substance jouant un rôle important dans la transmutation des métaux. ♦ Fig. Ce qu'il y a de plus raffiné en quelque chose. « *C'est la quintessence de jalousie, c'est la jalousie même* », Mme de Sévigné. ♦ *C'est un homme qui tire la quintessence de tout*, c'est un homme habile qui fait d'une chose tout ce qu'on en peut faire, qui pénètre jusqu'au fond d'une affaire. ♦ Ce qu'il y a de plus précieux dans un ouvrage. *Tirer la quintessence d'un livre*. ■ Ce qu'il y a, d'un point de vue qualitatif, de meilleur dans une chose. *La quintessence de l'insularité permet de mieux préserver toute la magnificence de l'île*.

QUINTESSENCIÉ, ÉE, p. p. de quintessencier. [kɛ̃tesɑ̃sje] Fig. *Pensées quintessenciées*. « *Le sentiment quintessencié par tout ce que la métaphysique a de plus subtil* », J.-J. Rousseau.

QUINTESSENCIER, v. tr. [kɛ̃tesɑ̃sje] (*quintessence*) ▷ Tirer la quintessence de quelque chose. ♦ Fig. Raffiner, subtiliser. *Quintessencier les choses, les sentiments, etc.* ◁

QUINTET ou **QUINTETTE**, ■ n. m. [kɛ̃tɛt] ou [kɥɛ̃tɛt] (mot angl.) Mus. Groupe de cinq musiciens de jazz.

QUINTETTE, n. m. [kɥɛ̃tɛt] ou [kɛ̃tɛt] (ital. *quintetto*) Mus. Morceau de musique écrit pour cinq voix ou pour cinq instruments. *Les quintettes de Mozart*. ■ Ensemble de cinq instruments ou de cinq chanteurs. ■ Rem. On disait aussi *quinque* autrefois.

QUINTETTO, n. m. [kɥɛ̃teto] (ital. *quintetto*) Mus. D'après le Dictionnaire de l'Académie, morceau de musique à cinq parties, moins étendu que le quinque, synonyme de quintette, qui est plus usité. ■ Au pl. *Des quintettos* ou *des quintetti* (pluriel italien).

1 QUINTEUX, EUSE, adj. [kɛ̃tø, øz] (3 *quinte*) ▷ Sujet à des quintes d'humeur, à des caprices. ♦ Se dit du cheval qui se défend contre son cavalier, refuse d'avancer et d'obéir. ♦ En fauconnerie, se dit d'un oiseau qui s'écarte trop. ♦ Se dit aussi d'un chien capricieux. ◁

2 QUINTEUX, EUSE, adj. [kɛ̃tø, øz] (2 *quinte*) Méd. Qui prend par accès, par quintes. *La toux est quinteuse dans la coqueluche*.

QUINTIDI, n. m. [kɛ̃tidi] (lat. *quintus* et *dies*, jour, sur le modèle de *lundi*, etc.) Le cinquième jour de la décade républicaine. ■ Rem. On prononçait autrefois [kɥɛ̃tidi] en faisant entendre le *u* après le *q*.

QUINTIL, ILE, adj. [kɥɛ̃til] (sens astron., angl. *quintile*, du lat. *quintus* ; sens poét., *quintus*) Astrol. *Quintil aspect*, position de deux planètes éloignées l'une de l'autre de 72 degrés, c'est-à-dire de la cinquième partie du zodiaque. ♦ N. m. Stance de cinq vers.

QUINTILLION, ■ n. m. [kɛ̃tiljɔ̃] (radic. du lat. *quintus* sur le modèle de *million*) Un million de quatrillions soit 10^{30}.

QUINTO, adv. [kɛ̃to] ou [kwinto] (lat. *quinto loco*, ablat. de *quintus*, cinquième et *locus*, place) Cinquièmement. ■ REM. On prononçait autrefois [kɥɛ̃to] en faisant entendre le *u* après le *q*.

QUINTOLET, ■ n. f. [kɛ̃tolɛ] (radic. de *quintus*, d'après *triolet*) Mus. Groupe de cinq notes jouées dans l'espace d'un seul temps. *Le quintolet est plus rapide que la double-croche mais moins rapide que le sextolet.*

QUINTUPLE, adj. [kɛ̃typl] (lat. *quintuplex*) Qui vaut cinq fois autant. ♦ N. m. *Rendre le quintuple.* ■ REM. On prononçait autrefois [kɥɛ̃typl] en faisant entendre le *u* après le *q*.

QUINTUPLÉ, ÉE, p. p. de quintupler. [kɛ̃typle] N. m. et n. f. Les cinq enfants issus d'une même grossesse. ■ REM. On prononçait autrefois [kɥɛ̃typle] en faisant entendre le *u* après le *q*.

QUINTUPLER, v. tr. [kɛ̃typle] (*quintuple*) Ajouter quatre fois autant à un premier nombre, le multiplier par cinq. ■ V. intr. Être multiplié par cinq. *Les résultats de l'entreprise ont quintuplé en deux ans.* ■ REM. On prononçait autrefois [kɥɛ̃typle] en faisant entendre le *u* après le *q*.

QUINZAIN, adj. inv. [kɛ̃zɛ̃] (*quinze*) T. du jeu de paume. *Nous sommes quinzain*, nous avons chacun quinze.

QUINZAINE, n. f. [kɛ̃zɛn] (*quinze*) Nombre de quinze ou environ. ♦ Absol. Espace de quinze jours. *Servir par quinzaine.* ♦ *La quinzaine de Pâques*, les quinze jours depuis le dimanche des Rameaux jusqu'à celui de Quasimodo inclusivement. ♦ *Quinzaine de Pâques*, ouvrage qui contient l'office de cette quinzaine.

QUINZE, adj. num. [kɛ̃z] (lat. *quindecim*, de *quinque*, cinq, et *decem*, dix) Trois fois cinq. ♦ Fig. *Des jambes de quinze ans*, l'agilité de la jeunesse. ♦ Quinzième. *Chapitre quinze. Le roi Louis quinze.* On écrit ordinairement : Louis XV. ♦ N. m. *Quinze*, le nombre quinze. ♦ On dit de même : *Le numéro, le nombre quinze.* ♦ Le quinzième jour. *Le quinze du mois.* ♦ Au jeu de paume, le premier des quatre coups dont un jeu est composé. *Gagner le premier quinze.* ■ Sp. Premier point marqué dans un jeu, au tennis. ■ Sp. Équipe de rugby à quinze joueurs (généralement écrit en chiffres romains). *Le XV de France.* ■ *Quinze jours*, deux semaines.

QUINZE-VINGTS, n. m. pl. [kɛ̃z(ə)vɛ̃] (*quinze* et *vingt*) Hist. *Les Quinze-Vingts* ou *l'hôpital des Quinze-Vingts*, hôpital fondé à Paris par Saint Louis pour trois cents aveugles. ♦ *Les Quinze-Vingts*, les aveugles de cet hôpital. ♦ *Un Quinze-Vingt* (l'Académie ne met pas de *s*), un des aveugles reçus dans cet hôpital. ♦ ▷ Un aveugle, en général. ◁

QUINZIÈME, adj. [kɛ̃zjɛm] (*quinze*) Qui suit le quatorzième. ♦ *La quinzième partie*, la partie d'un tout qui est divisé en quinze parties égales. ♦ Personne ou chose qui occupe le quinzième rang. ♦ N. m. *Le quinzième*, le quinzième jour. ♦ *Une quinzième part. Il a un quinzième dans la succession.* ♦ N. f. Mus. *La quinzième*, la double octave ; un registre de l'orgue.

QUINZIÈMEMENT, adv. [kɛ̃zjɛm(ə)mɑ̃] (*quinzième*) En quinzième lieu.

QUINZISTE, ■ n. m. et n. f. [kɛ̃zist] (*quinze*) Sp. Personne qui pratique le rugby à quinze. ■ Adj. *La fédération quinziste galloise.*

QUIPOU ou **QUIPU**, n. m. pl. [kipu] (mot quichua) Nom donné aux cordelettes nouées des Péruviens, au temps de la monarchie des Incas, qui ne constituaient pas une écriture, mais formaient une méthode mnémonique, fondée sur les couleurs des cordelettes, leur ordre, le changement du nombre et de la disposition des nœuds. ♦ Au pl. *Des quipous, des quipus.* ■ REM. On écrivait autrefois *quipo*.

QUIPROQUO, n. m. [kipʀoko] (lat. médiév. *quid pro quo*, quelque chose à la place de quelque chose) Méprise consistant à prendre une personne, une chose pour une autre. ♦ Au pl. *Des quiproquos.*

QUIPU, ■ n. m. [kipu] Voy. QUIPOU.

QUIRAT, ■ n. m. [kiʀa] (abrév. de la formule jur. *qui ratem tenet*, celui qui possède le bateau) Mar. Part d'une copropriété maritime et plus particulièrement part dans la propriété d'un navire de commerce. *Des pertes d'exploitation dans le pourcentage d'un quirat.*

QUIRATAIRE, ■ n. m. et n. f. [kiʀatɛʀ] (*quirat*) Mar. Personne possédant un quirat. ■ Adj. *Un placement quirataire.*

QUISCALE, ■ n. m. [kɥiskal] (*qui* se prononce *cui* ; lat. sav. *quiscalus*, d'orig. inc.) Zool. Passereau d'Amérique au plumage sombre, proche du merle par son apparence. *Il arrive au quiscale de manger des œufs et des oisillons d'autres espèces.*

QUITTANCE, n. f. [kitɑ̃s] (*quitter*, libérer d'une dette) Écrit constatant que quelqu'un a payé une somme d'argent. ♦ Fig. *Donner quittance*, pardonner.

QUITTANCÉ, ÉE, p. p. de quittancer. [kitɑ̃se]

QUITTANCER, v. tr. [kitɑ̃se] (*quittance*) Reconnaître qu'un débiteur a payé tout ou partie de la somme qu'il devait. *Quittancer un contrat, un mémoire d'ouvrages faits.*

QUITTE, adj. [kit] (lat. jurid. *quietus*, prononcé *quitus* au Moyen-Âge, du lat. *quietus*, tranquille) Qui ne doit plus rien, qui s'est libéré de sa dette, en parlant des personnes *Des débiteurs quittes de leurs dettes.* ♦ *Quitte* se dit aussi des immeubles. *Un domaine franc et quitte de toutes dettes et hypothèques.* ♦ Fig. *Être quitte envers quelqu'un ou envers quelque obligation morale*, s'être acquitté de ce qu'exigeait le devoir, la reconnaissance. *Quitte envers l'honneur.* ♦ Il s'est dit aussi des obligations accomplies, satisfaites. « *Ta gloire est dégagée, et ton devoir est quitte* », P. CORNEILLE. ♦ Fig. *Tenir quitte*, dispenser. ♦ Ironiq *Je l'en tiens quitte*, se dit de quelqu'un dont les services ou les politesses sont à charge ou suspects. ♦ Délivré, débarrassé. « *Te voilà donc bientôt quitte d'un grand souci* », P. CORNEILLE. ♦ *Être quitte pour*, en être quitte pour, n'avoir à souffrir, à supporter que... pour. *En être quitte pour cent francs, pour la peur, etc.* ♦ Fam. et absol. *Quitte pour, quitte à*, à charge de. *Quitte pour être grondé. Quitte à être grondé.* ♦ Adv. *Jouer à quitte ou à double, jouer quitte ou double*, ou absol. *quitte ou double*, jouer une dernière partie par laquelle celui qui a déjà perdu sera acquitté ou payera double, et fig. risquer tout. ♦ ▷ *Être quitte à quitte*, ne se devoir plus rien de part et d'autre, au jeu, dans les affaires, dans les comptes. ◁ ♦ ▷ Fig. *Faire quitte à quitte, être quitte à quitte*, ou absol. *quitte à quitte*, se rendre la pareille, la pareille. ◁ ■ Fam. *Quitte à*, au risque de, tant qu'à. *Quitte à se faire gronder, autant le faire.*

QUITTÉ, ÉE, p. p. de quitter. [kite]

QUITTEMENT, adv. [kit(ə)mɑ̃] (*quitte*) Ancien terme de palais employé dans cette locution : *Franchement et quittement*, c'est-à-dire sans charge ni hypothèque.

QUITTER, v. tr. [kite] (*quitte*) Tenir quitte, exempter, affranchir. *Quitter quelqu'un d'une amende, d'une peine.* ♦ On dit de même : *Quitter une dette.* ♦ Fig. Dispenser. « *Je vous quitte de la peine de me répondre* », MME DE SÉVIGNÉ. ♦ *Je le quitte*, je cède, je m'avoue vaincu. ♦ Céder, abandonner. « *Si quelqu'un veut plaider contre vous pour vous prendre votre robe, quittez-lui encore votre manteau* », SACI. ♦ *N'en pas quitter sa part à un autre* ou absol. *n'en pas quitter sa part*, ne vouloir pas renoncer à quelque chose. ♦ *Quitter la place à quelqu'un*, se retirer pour le laisser seul. ♦ Fig. *Je vous quitte la place*, je vous cède mes prétentions, je ne veux pas contester. ♦ Absol. *J'aime mieux quitter que de disputer.* ♦ Renoncer à. « *J'aurais bientôt quitté les plaisirs, disent-ils, si j'avais la foi ; et moi je vous dis : vous auriez quitté la foi, si vous aviez quitté les plaisirs* », PASCAL. ♦ *Quitter le monde*, embrasser la vie religieuse, vivre dans la retraite. ♦ *Quitter la partie*, convenir que celui contre qui on joue a gagné, et fig. se désister de quelque chose, y renoncer, se retirer. ♦ *Se défaire de. Quitter ses mauvaises habitudes.* ♦ Se séparer de ce à quoi on est attaché. *Quitter l'empire, son pays, etc.* ♦ *Quitter la vie*, mourir. ♦ Laisser quelqu'un en quelque endroit, se séparer de lui. *Il quitta ses compagnons en route.* « *Il est souvent plus utile de quitter les grands que de s'en plaindre* », LA BRUYÈRE. ♦ *Cet homme a quitté sa femme*, il l'a abandonnée. *Cette femme quitta son mari.* ♦ *Quitter, quitter de la vue*, cesser d'avoir les yeux fixés sur. ♦ Fig. *Ne quitter jamais un auteur*, le lire constamment. ♦ Fig. Il se dit des choses qui nous laissent. *La vie le quitta.* « *Peut-être la fortune est prête à vous quitter* », RACINE. ♦ S'éloigner d'un lieu, s'en retirer. *Quitter la maison paternelle, son poste, etc.* ♦ *Quitter la terre*, mourir. ♦ *Quitter le lit*, se lever. ♦ *Quitter la chambre*, sortir. ♦ *Quitter le barreau, le théâtre*, cesser de plaider, de jouer. ♦ S'écarter de. *Quitter les rangs, le bon chemin, etc.* ♦ Fig. *Quitter le droit chemin*, s'écarter de son devoir. *Quitter le sentier de la vertu.* ♦ Lâcher ce qu'on tient. *Quitter sa proie.* ♦ *Quitter prise*, lâcher ce qu'on a pris, et fig. abandonner un dessein. ♦ Absol. *C'est un homme qui ne quitte pas aisément*, il suit obstinément ce qu'il a commencé. ♦ Ôter de dessus soi, se dépouiller de, se débarrasser de. *Quitter son habit.* ♦ Cesser l'usage de, cesser de porter. *Quitter le deuil.* ♦ Fig. *Quitter l'épée, la robe, la soutane, le froc*, renoncer à la profession des armes, à la robe, à l'état ecclésiastique, à la vie religieuse. ♦ *Quitter sa peau*, se dit d'un serpent qui fait peau nouvelle, fig. et fam. renoncer à ses vieilles habitudes, à son ancien caractère. ♦ V. intr. S'en aller, s'éloigner. *Ne quitte point.* ♦ Il se dit des choses qui se séparent. « *Prêt à choir où le vent le pousse, Le fruit menaçait de quitter* », LA MOTTE. ♦ Se retirer de quelque travail, de quelque engagement. « *Il faut que tous ceux qui ont travaillé avec vous à l'Encyclopédie quittent avec vous* », VOLTAIRE. ♦ Au jeu, abandonner sa vade et ne pas tenir un renvi. ♦ Se quitter, v. pr. Myst. *Se quitter soi-même*, laisser faire Dieu. ♦ Se séparer l'un de l'autre, les uns des autres. *Ils se sont quittés bons amis.* « *Ils font mille serments de ne se point quitter* », RACINE. ♦ Être quitté. *La flanelle sur la peau ne se quitte jamais.* ♦ Prov. *Qui quitte la partie la perd*, Voy. PARTIE. ♦ Qui quitte sa place la perd, on ne retrouve plus sa place une fois qu'on l'a quittée. ■ Raccrocher, au téléphone. *Ne quittez pas, restez en ligne.*

QUITUS, n. m. [kitys] (lat. médiév. *quitus*, libéré de toute charge, du lat. *quietus*, tranquille) Financ. Arrêté ou jugement définitif d'un compte. *Avoir le quitus d'un compte.* ■ REM. On prononçait autrefois [kɥitys] en faisant entendre le *u* après le *q*.

QUI-VA-LÀ, interj. [kivala] (*qui, va* et *là*) Cri d'une personne qui entend quelque chose et craint d'être surprise. ♦ **Fig.** *C'est un homme qui a toujours réponse à qui-va-là*, il a réponse à tout, rien ne l'arrête. ♦ On écrit aussi : *Qui va là ?* sans trait d'union et avec un point d'interrogation.

QUI-VIVE, interj. et n. m. inv. [kiviv] (prob. interj. *vive* et interrog. *qui, vive qui ?*, pour s'informer du parti du survenant) Cri d'une sentinelle, d'une patrouille, etc. qui entend du bruit, qui aperçoit une personne ou une troupe. *La sentinelle a crié qui-vive. Les qui-vive des gardes.* ♦ **Fig.** *Être sur le qui-vive*, être très attentif à ce qui se passe ; et aussi être inquiet et craintif, ou encore être facile à s'offenser. ♦ On écrit aussi : *Qui vive ?* sans trait d'union, avec un point d'interrogation.

QUIZ, ■ n. m. [kwiz] (*qui* se prononce *coui* ; mot anglo-amér., de *to quiz*, interroger) Jeu composé de questions et réponses.

QUOAILLER, v. intr. [kwaje] (*coaille*, de l'anc. fr. *coe*, queue) ▷ Se dit d'un cheval qui remue continuellement la queue. ◁

QUÔC-NGU ou **QUOC-NGU**, ■ n. m. inv. [kɔkŋgu] (mot vietnamien) Système d'écriture permettant la transcription de la langue vietnamienne en caractères latins. *Le quôc-ngu est un alphabet latin augmenté de nombreux diacritiques servant à noter tant la valeur phonétique de certaines lettres que les tons de la langue.*

QUOI, pron. rel. [kwa] (lat. *quid*, neutre du pron. interrog. *quis*, quelle chose) signifiant quelle chose ou laquelle chose, servant pour les deux genres et les deux nombres, mais employé seulement comme complément : on ne s'en sert pas en parlant des personnes ; il ne prend l'emploi de sujet que dans la locution composée *quoi que, quoi qui.* ♦ Il s'emploie avec les noms indéterminés. *Ce à quoi nous pensons.* ♦ Il s'emploie d'une manière indéterminée aussi pour représenter toute une proposition. *Vous avez cité Cicéron, en quoi vous vous êtes trompé.* ♦ En termes de palais, *quoi faisant, en quoi faisant*, en faisant laquelle chose. ♦ *Quoi* s'emploie quelquefois pour le pronom relatif *lequel, laquelle*, tant au singulier qu'au pluriel, tant au masculin qu'au féminin. ♦ On s'en sert avec les mots *chose, point.* « *L'éducation des enfants est une chose à quoi il faut s'attacher fortement* », MOLIÈRE. « *Deux points à quoi je m'attache* », BOURDALOUE. ♦ On s'en sert aussi quand on peut assimiler la chose ou l'idée dont il s'agit à quelque chose d'indéterminé. « *C'est la pensée qui fait l'être de l'homme, et sans quoi on ne le peut concevoir* », PASCAL. ♦ *Quoi*, non précédé d'un substantif, s'emploie pour joindre deux propositions. *Dites-moi en quoi je puis vous servir.* ♦ *Ne connaître qui ni quoi* (proprement, ni quelle personne, ni quelle chose), ne faire attention à rien. ♦ *Ni quoi ni qu'est-ce*, aucune chose. ♦ *De quoi,...* ce qui est nécessaire pour..., capable de... *Gagner de quoi vivre.* ♦ *J'ai de quoi me défendre et de quoi vous répondre*, ROTROU. ♦ *Avoir de quoi*, avoir le pouvoir de, avec un nom de chose pour sujet. « *Une telle imposture a de quoi me surprendre* », VOLTAIRE. ♦ **Absol.** *Ne vous inquiétez pas ; en vérité, il n'y a pas de quoi.* ♦ *Il n'y a pas de quoi*, se dit, dans le langage familier, pour se défendre d'un remerciement qu'on trouve trop grand. ♦ *De quoi*, ce qui suffit. « *Ils trouvaient aux champs trop de quoi* », LA FONTAINE. ♦ **Pop.** *Avoir de quoi*, être dans l'aisance. ♦ *Voilà bien de quoi !* ce n'est pas la peine de tant se récrier. *Est-ce là tant de quoi ?* est-ce une chose si grave ? Est-ce là de quoi faire tant de bruit ? ♦ *Comme quoi*, Voy. COMME. ♦ *Je ne sais quoi*, Voy. SAVOIR. ♦ *Quoi que*, quelque chose, toutes les choses que. *Quoi qu'il arrive. Quoi qu'il en soit.* ♦ *Quoi que*, avec *de* et un substantif. « *Quoi qu'on ait pour soi-même ou d'amour ou d'estime* », P. CORNEILLE. ♦ *Quoi que ce soit*, avec une négation, rien. Il n'a pu réussir à quoi que ce soit. ♦ *Quoi qu'il en affige, soyez toujours constant.* ♦ *Quoi* interrogatif, quelle chose ? *En quoi différons-nous d'avis ? Quoi... que ?* quelle chose... si ce n'est...? « *À quoi se réduit l'Évangile tout entier qu'à cette vérité ?* », MASSILLON. ♦ *Quoi*, ellipt. considéré comme sujet. *Quoi ?* que dit-il ? *Quoi de plus heureux que ce qui vous arrive ?* ♦ QUOI !, interj. Marque l'étonnement, l'indignation, etc. « *Quoi ! mes plus chers amis ! quoi ! Cinna ! quoi ! Maxime !* », P. CORNEILLE. ♦ On y ajoute quelquefois l'interjection *eh*. *Eh quoi ! vous n'êtes pas encore parti !* ■ *Sans quoi*, sinon. ♦ **Fam.** *Ou quoi ?*, ou non ? *Tu viens ou quoi ?*

QUOIQUE, conj. [kwak(ə)] (*quoi* et 2 *que*) Exprime une opposition et gouverne toujours le subjonctif. « *Quoique Dieu et la nature aient fait tous les hommes égaux, en les formant d'une même boue, la vanité humaine ne peut souffrir cette égalité* », BOSSUET. ♦ On peut dire *quoique* en faisant ellipse du verbe *être*. « *Quoique invisibles, il est toujours deux témoins qui nous regardent : Dieu et la conscience* », FÉNELON. ♦ *Quoique*, au lieu de se répéter, peut être remplacé par *que.* « *Quoiqu'il ne soit que lundi et que cette lettre ne parte que mercredi, je commence à causer avec vous* », MME DE SÉVIGNÉ. ♦ **Pop.** *Quoique ça*, néanmoins. ■ Le *e* de *quoique* ne s'élide que lorsqu'il est suivi de *il, ils, elle, elles, on, un, une.*

QUOLIBET, n. m. [kɔlibɛ] (lat. scolast. *disputationes de quolibet*, disputes au sujet de ce que l'on veut, de l'ablat. neutre du relatif *quilibet*, celui qu'on voudra, n'importe lequel) Dans les anciennes écoles, questions de philosophie ou de théologie sur diverses matières qui n'étaient proposées que pour exercer l'esprit des étudiants. ♦ Aujourd'hui, propos trivial, mauvaise plaisanterie. *Un faiseur de quolibets.*

QUORUM, ■ n. m. [kɔrɔm] (mot angl. du lat. *quorum*, génit. plur. du pr. relatif, *dont, desquels*, à partir de formules du lat. médiév. comme *quorum maxima pars*, dont la plus grande partie) **Polit.** Nombre de membres minimum et nécessaire pour que la délibération d'une assemblée soit prise en compte. *Une réunion de cellule d'un comité sera considérée comme ayant quorum si 50 % plus un des membres sont présents.*

QUOTA, ■ n. m. [kɔta] ou [kwɔta] (mot angl., du lat. *quota pars*, quelle part ; cf. *quote-part*) Pourcentage déterminé. *Des quotas à respecter.* ■ Chiffre d'affaires minimum imposé. *Réaliser son quota.* ■ Échantillon représentatif d'une population dans un sondage.

QUOTE, adj. f. [kɔt] (angl. *quota*, du lat. *quota pars*, quelle part) Usité seulement dans *quote-part*, la part que chacun doit payer ou recevoir dans la répartition d'une somme. ♦ **N. f.** *Quote*, Voy. COTE. ■ **N. f.** Une *quote-part* ou *quotepart, des quotes-parts, des quoteparts.*

QUOTIDIEN, IENNE, adj. [kɔtidjɛ̃, jɛn] (lat. *quotidianus*) De chaque jour. ♦ *Journal quotidien*, journal qui paraît tous les jours. ♦ *Pain quotidien*, la nourriture de chaque jour, ou ce qui suffit aux besoins de la vie. ♦ **Fig.** *C'est son pain quotidien*, c'est le travail qui fournit à ses besoins de chaque jour ; c'est une chose dont on use tous les jours. ♦ *Fièvre quotidienne*, fièvre qui revient tous les jours. ■ **N. m.** Journal qui est édité chaque jour. *Lire les quotidiens.* ■ Ce qui constitue la vie de tous les jours. *Déroger à la routine du quotidien.*

QUOTIDIENNEMENT, adv. [kɔtidjɛn(ə)mã] (*quotidien*) Tous les jours.

QUOTIDIENNETÉ, n. f. [kɔtidjɛn(ə)te] (*quotidien*) État de ce qui se fait chaque jour. *La quotidienneté d'un journal.*

QUOTIENT, n. m. [kɔsjã] (lat. *quotiens*, combien de fois) **Arithm.** et **alg.** Résultat d'une division. *Le quotient de 12 divisé par 3 est 4. Le quotient de ab divisé par b est a.* ■ *Quotient familial*, rapport établi entre les revenus et le nombre de personnes à charge dans un foyer. *Les tarifs de l'inscription à l'école de musique de la ville dépendent de votre quotient familial.* ■ *Quotient électoral*, rapport entre le nombre de suffrages exprimés et le nombre de sièges à fournir dans une circonscription pour chacune des listes de candidats représentées. ■ *Quotient intellectuel*, évaluation des capacités intellectuelles d'un individu en fonction de son âge. ■ **Abrév.** QI. ♦ *Quotient respiratoire*, rapport établi entre la quantité d'oxygène consommée et la quantité de gaz carbonique rejetée dans le même temps.

QUOTITÉ, n. f. [kɔtite] (lat. *quotus*, en quel nombre) Somme fixe à laquelle monte chaque quote-part. ♦ **Dr.** *Légataire d'une quotité*, celui auquel un défunt a légué une partie aliquote de sa succession. ♦ *Impôt de quotité*, celui dont le produit, n'étant pas fixé d'avance par la législature, dépend de la quantité des objets ou des personnes qu'il doit frapper. *La contribution des patentes est un impôt de quotité.* ♦ En matière électorale, *la quotité du cens*, la somme d'impôts qu'il fallait payer en France et qu'il faut payer en certains pays pour être électeur.

QWERTY, ■ adj. inv. [kwɛrti] (succession des six premières lettres du clavier angl.) Dont les touches sont disposées comme celles d'un clavier anglais. *Des claviers qwerty.*

r

R, n. f. [ɛʀ] (lat. *r*) Dans la nouvelle épellation, *r* se prononce *re* et est masculin. La dix-huitième lettre de l'alphabet et la quatorzième des consonnes. ♦ *R* dans la numération romaine valait 80 ; avec un trait au-dessus, 80 000.

RAB ou **RABE**, ■ n. m. [ʀab] (apocope de *rabiot*) **Fam.** Ce qui reste ou est en supplément. *Du rab de frites à la cantine.* « *Il était passé si près de la mort... qu'à dix-huit ans, il considérait la vie qu'il continuait comme du rab* », GENET. ■ *En rab*, en supplément. « *C'est une boule de pain en rab, elle est moisie* », SARTRE. ■ *Faire du rab*, travailler plus que prévu ou plus longtemps que prévu. *Au moment du bouclage, il faudra faire du rab.*

RABAB, ■ n. m. [ʀabab] Voy. REBAB.

RABÂCHAGE, n. m. [ʀabaʃaʒ] (*rabâcher*) Discours de celui qui rabâche. ♦ Défaut de celui qui rabâche.

RABÂCHÉ, ÉE, p. p. de rabâcher. [ʀabaʃe]

RABÂCHEMENT, n. m. [ʀabaʃ(ə)mɑ̃] (*rabâcher*) ▷ Action de rabâcher. ◁

RABÂCHER, v. intr. [ʀabaʃe] (radic. prérom. ou germ. *rabb-*, faire du bruit) **Fam.** Répéter souvent et inutilement la même chose. « *Vous me rabâchez de seigneurs les plus titrés ; qu'est-ce que cela veut dire?* », VOLTAIRE. ♦ V. tr. *Rabâcher toujours la même chose.*

RABÂCHERIE, n. f. [ʀabaʃ(ə)ʀi] (*rabâcher*) ▷ **Fam.** Discours, écrits ennuyeux et qui se répètent. ◁

RABÂCHEUR, EUSE, n. m. et n. f. [ʀabaʃœʀ, øz] (*rabâcher*) **Fam.** Celui, celle qui rabâche. ■ **Adj.** Qui a tendance à rabâcher. *Un vieillard rabâcheur.*

RABAIS, n. m. [ʀabɛ] (*rabaisser*) Diminution de valeur. *Ces marchandises ont subi un grand rabais.* ♦ Remise dont on convient pour payer une somme avant l'échéance. ♦ *Rabais des monnaies*, réduction dont le gouvernement frappe une monnaie. ♦ Diminution sur le prix des denrées, des marchandises. *Acheter des livres au rabais.* ♦ *Au rabais*, se dit d'un mode d'adjudication, suivant lequel on adjuge des travaux ou des fournitures à celui qui s'en charge au plus bas prix. ♦ **Fig.** Action de rabaisser, de déprécier. ■ *Mettre quelqu'un, quelque chose au rabais*, en parler désavantageusement. ■ *Travail au rabais*, travail mal rémunéré.

RABAISSÉ, ÉE, p. p. de rabaisser. [ʀabese]

RABAISSEMENT, n. m. [ʀabes(ə)mɑ̃] (*rabaisser*) Action de rabaisser. *Le rabaissement d'une corniche trop haute.* ♦ Action de diminuer la valeur des monnaies, le montant des impôts. ♦ **Fig.** Action de rabaisser, de diminuer, de ravaler.

RABAISSER, v. tr. [ʀabese] (préf. *re-* et *abaisser*) Mettre plus bas, placer au-dessous. *Ce tableau est trop haut, il faut un peu le rabaisser.* ♦ **Fig.** « *La seule présomption suffit pour les rabaisser devant Dieu aux derniers rangs* », BOURDALOUE. ♦ Diriger vers le bas. ♦ **Fig.** *Cet homme a rabaissé son vol*, il a réduit ses dépenses, ses prétentions. ♦ **Jard.** Diminuer la longueur d'un arbre, d'une branche. ♦ *Rabaisser la voix*, l'élever moins. ♦ Diminuer, en parlant de prix, de valeur. *Rabaisser le taux des denrées, les monnaies, etc.* ♦ **Fig.** Réduire à un degré plus bas. « *Cette douleur nous rabaisse la joie de notre petite victoire* », MME DE SÉVIGNÉ. ♦ *Rabaisser le caquet à quelqu'un*, faire qu'une personne disposée à élever la voix, à parler beaucoup, parle moins, et fig. confondre par des raisons ou faire taire par autorité celui qui parle avec présomption ou insolence. — On dit dans le même sens : *Rabaisser le ton*, ou *faire rabaisser le ton à quelqu'un*. ♦ *Rabaisser le caquet*, signifie aussi dissiper les idées, les espérances qu'on s'était faites. ♦ Déprécier, estimer au-dessous de sa valeur. *Rabaisser une victoire, des présents, une science, etc.* ♦ Humilier, avilir. « *Vous rabaissez la puissance royale* », FÉNELON. ♦ Se rabaisser, v. pr. Se mettre plus bas. ♦ **Fig.** « *L'orgueil ne pouvait pas se rabaisser jusqu'aux humiliations* », BOSSUET. ♦ Se déprécier les uns les autres. « *Ce n'est pas toujours par jalousie que réciproquement on se rabaisse* », VAUVENARGUES.

RABAISSEUR, EUSE, n. m. et n. f. [ʀabesœʀ, øz] (*rabaisser*) **Fig.** Personne qui rabaisse.

RABAN, ■ n. m. [ʀabɑ̃] (néerl. *raband*, de *ra*, vergue, et *band*, lien) **Mar.** Sangle tressée utilisée pour amarrer des objets de taille importante sur un bateau. *Fixer le point d'écoute par un raban.*

RABANE, ■ n. f. [ʀaban] (p.-ê. malg. *rebana*) Fibre de raphia tissée. *Un tapis de plage en rabane.*

RABAT, n. m. [ʀaba] (*rabattre*) Primitivement, col garni de dentelles ou sans garniture, qui laissait le cou des hommes tout à fait à découvert. ♦ Plus tard, pièce d'une toile fine et empesée, quelquefois garnie de dentelles, qui tombait sur le devant de la poitrine. ♦ Partie de l'habillement des ecclésiastiques consistant en un morceau de toile noire qui descend sur la poitrine et qui est divisé en deux portions oblongues et bordées de blanc. ♦ *Le rabat blanc* est porté par la magistrature, le barreau, le parquet et les professeurs de l'université en robe. ♦ ▷ *Les rabats*, les gens qui portent le rabat. ◁ ♦ Chasse qui se fait la nuit, en rabattant les filets sur le gibier qu'on a poussé ; ou le jour, en faisant battre la campagne et pousser le gibier à la rencontre des chasseurs. ♦ ▷ Au jeu de quilles, second coup, joué de l'endroit où la boule s'est arrêtée. ◁ ♦ ▷ Toit d'un jeu de paume qui sert à rejeter la balle ; coup qui vient du rabat. ◁ ♦ Diminution. *Rabat de prix.* ♦ ▷ Liqueur noire employée aux Gobelins pour brunir les couleurs. ◁ ♦ Partie d'un objet ou d'un vêtement que l'on peut replier. *Un chapeau à rabats.*

RABAT-JOIE, n. m. [ʀabaʒwa] (*rabattre* et *joie*) Ce qui vient troubler la joie, la satisfaction où l'on était. « *Voici bien, monsieur, du rabat-joie* », LA FONTAINE. ♦ **Fam.** *C'est un rabat-joie*, se dit d'une personne triste et ennemie de la joie des autres. ♦ Au f. *C'est une rabat-joie.* ■ Au pl. *Des rabat-joie* ou *des rabat-joies.* ■ **Adj. inv.** *Il est très rabat-joie et c'est parfois difficile à supporter.*

RABATTABLE, ■ adj. [ʀabatabl] (*rabattre*) Que l'on peut rabattre. *Une chaise rabattable.*

RABATTAGE, n. m. [ʀabataʒ] (*rabattre*) Action de dégager la laine qu'on peigne des nœuds qu'elle peut avoir. ♦ **Jard.** Suppression d'une ou de plusieurs branches, à l'effet de provoquer l'émission de jeunes pousses. ■ Action de battre la campagne pour rabattre le gibier.

RABATTANT, ANTE, ■ adj. [ʀabatɑ̃, ɑ̃t] (*rabattre*) Qui peut être rabattu ou se rabattre. *Un vent rabattant. Un col rabattant. Les bords rabattants de la remorque.* ■ **N. m.** Partie d'un meuble qui se rabat. *Le rabattant d'un secrétaire.*

RABATTEMENT, ■ n. m. [ʀabat(ə)mɑ̃] (*rabattre*) Déplacement de l'objet que l'on rabat. ■ **Géom.** Rotation qu'on fait subir à un plan pour l'amener sur un des plans de projection. *Rabattement de plan.* ■ **Dr.** Action d'annuler une décision provisoire de défaut. *Rabattement de défaut.* ■ Abaissement par pompage d'une nappe d'eau souterraine. ■ Modification de la direction. *Un rabattement sur la gauche.*

RABATTEUR, EUSE, n. m. et n. f. [ʀabatœʀ, øz] (*rabattre*) Personne qui rabat le gibier.

RABATTRE, v. tr. [ʀabatʀ] (préf. *re-* et *abattre*) Mettre plus bas, faire descendre. *Le vent rabat la fumée. Rabattre le collet de son habit.* ♦ **Escrime** *Rabattre un coup*, le parer en rabaissant le fer de son ennemi. ♦ **Fig.** *Rabattre les coups*, adoucir, apaiser des gens qui se querellent ; et aussi préserver de périls, de mauvaises affaires, etc. ♦ Aplatir. *Rabattre les plis.* ♦ *Rabattre une couture*, faire un léger rempli à un des côtés de l'étoffe et l'assujettir par un point d'ourlet. ♦ **Pop.** et fig. *Rabattre les coutures à quelqu'un*, le frapper sur le dos ou sur les épaules. ♦ *Rabattre les ornières, les sillons*, y rejeter la terre qui est sur le bord et les remplir. ♦ **Jard.** *Rabattre un arbre*, le couper jusqu'à la naissance des branches. *Rabattre une branche*, la raccourcir. ♦ *Rabattre le gibier*, battre la campagne pour forcer le gibier à aller à l'endroit où sont les chasseurs. ♦ **Absol.** *Ils ont bien rabattu.* ♦ Au jeu de quilles, abattre des quilles du lieu où s'est arrêtée la boule qui, lancée du but, a déjà abattu des quilles. ♦ **Fig.** Mettre au-dessous. « *Quelques philosophes ont voulu rabattre la puissance animale au-dessous de la végétale* », BERNARDIN DE SAINT-PIERRE. ♦ Réprimer, humilier, rabaisser. *Rabattre l'orgueil de quelqu'un.* ♦ **Fam.** *Rabattre le caquet*, Voy. RABAISSER. ♦ Faire quelque réduction sur le prix d'une chose qu'on veut vendre. *Il n'en rabattait pas un sou.* ♦ Faire quelque réduction sur le prix d'une chose qu'on veut acheter ou qu'on paye. ♦ **Absol.** *Ceux qui voudront rabattre.* ♦ ▷ Offrir moins que le marchand ne veut vendre. ◁ ♦ Diminuer un impôt, une charge. ♦ Il se dit aussi d'une retenue qu'on fait. « *S'il se passe quelque chose... je le rabattrai sur vos gages* », MOLIÈRE. ♦ **Fig.** *Rabattre une chose à sa juste valeur*, la réduire à ce qu'elle vaut effectivement. ♦ *Ne rien rabattre*, ne rien diminuer ou amoindrir. ♦ *Il n'y a rien à rabattre*, il faut prendre la chose telle qu'elle est. ♦ *N'en vouloir rien rabattre*, ne vouloir rien diminuer de ses prétentions. ♦ Retrancher, ôter un nombre quelconque. « *Pour n'avoir rien voulu rabattre de nos profusions* », MASSILLON. ♦ **Fig.** « *De ces sortes de louanges-là on en rabat quelque chose, pour les réduire à une mesure un peu plus raisonnable* », FONTENELLE. ♦ **Teint.** Corriger une couleur trop vive. ♦ V. intr. *Rabattre de*, ne pas conserver à un même degré. *Rabattre de* *sa fierté, de ses espérances,* etc. ♦ *Il en faut rabattre,* on ne peut plus conserver les mêmes prétentions. ♦ Se détourner tout d'un coup de son chemin pour en prendre un autre. *Vous rabattrez à main droite.* ♦ Se rabattre, v. pr. Être rabattu. *Les nuages chargés de pluie se rabattent. Le col de cet habit se rabat sur les épaules.* ♦ *Se rabattre sur,* se détourner tout d'un coup d'un chemin pour passer dans un autre. ♦ Fig. « *Nous nous rabattons sur ce qu'il y a de réel* », FONTENELLE. ♦ Fig. Changer tout à coup de propos dans la conversation. *Se rabattre sur les nouvelles du jour.* ♦ Se borner, se restreindre. « *On se rabat à un genre de vie plus à portée des sens* », MASSILLON. ♦ **Chasse** *Un limier se rabat* lorsqu'il donne quelque connaissance à celui qui le mène. ♦ Il ne faut pas confondre *rabattre* et *rebattre. Rebattre, c'est répéter souvent.* ■ V. pr. *Se rabattre sur quelque chose, quelqu'un,* se contenter de quelque chose, quelqu'un, faute de mieux. ■ *Se rabattre après un dépassement,* reprendre sa trajectoire initiale. *N'oubliez pas de mettre votre clignotant lorsque vous vous rabattez.* ■ V. tr. *Rabattre des mailles sur un tricot,* les stopper en les faisant glisser les unes sur les autres.

RABATTU, UE, p. p. de rabattre. [ʀabaty] *Chapeau rabattu,* chapeau dont les bords retombent. ♦ **Bot.** *Rameaux rabattus,* rameaux qui pendent vers la terre. ♦ *Couleurs rabattues,* couleurs brunies par le rabat. ■ ▷ *Tout compté, tout rabattu,* tout ayant été bien calculé et compensé. ◁

RABBANISTE, n. m. [ʀabanist] (var. de *rabbiniste*) Voy. RABBINISTE.

RABBI, n. m. [ʀabi] (mot hébr., maître, de *rav,* chef) Voy. RABBIN.

RABBIN, n. m. [ʀabɛ̃] (aram. *rabbin,* plur. de *rabb,* maître, ou adaptation de l'hébr. *rabbi,* maître ; cf. lat. médiév. *rabbinus,* ital. *rabbino*) ▷ Docteur juif. ◁ ♦ Aujourd'hui, on appelle *rabbins* les docteurs du culte judaïque placés à la tête des communautés. ♦ *Grand rabbin,* le chef d'une synagogue ou d'un consistoire israélite. ♦ On dit *rabbi,* et l'on emploie ce mot sans article avant un nom propre, et quand on s'en sert en parlant à un docteur juif.

RABBINAGE, n. m. [ʀabinaʒ] (*rabbin*) Par dénigrement, l'étude qu'on fait des livres des rabbins.

RABBINAT, n. m. [ʀabina] (*rabbin*) Dignité de rabbin.

RABBINIQUE, adj. [ʀabinik] (*rabbin*) Qui est particulier aux rabbins. *École rabbinique,* école dont l'objet est de former les rabbins pour le culte juif. ♦ *Caractères rabbiniques,* les caractères ronds des Hébreux. ♦ *Langue rabbinique,* la langue hébraïque moderne.

RABBINISER, v. tr. [ʀabinize] (*rabbin*) Se livrer aux études rabbiniques.

RABBINISME, n. m. [ʀabinism] (*rabbin*) La doctrine des rabbins.

RABBINISTE, n. m. [ʀabinist] (*rabbin*) Celui qui suit la doctrine ou qui étudie les livres des rabbins. ■ REM. On disait aussi *rabbaniste.*

RABDOLOGIE, RABDOMANCE, RABDOMANCIE, [ʀabdoloʒi, ʀabdomɑ̃s, ʀabdomɑ̃si] Voy. RHABDOLOGIE, RHABDOMANCE, RHABDOMANCIE.

RABE, ■ n. m. [ʀab] Voy. RAB.

RABELAISIEN, IENNE, ■ adj. [ʀab(ə)lezjɛ̃, jɛn] (*Rabelais,* 1494-1553) Propre à Rabelais. *Le style rabelaisien. La critique rabelaisienne.* ♦ Qui s'apparente ou se rapporte à certaines caractéristiques de l'univers littéraire de Rabelais telles que l'exubérance, l'abondance, le burlesque, etc. *Un orateur à la verve rabelaisienne.* ■ N. m. et n. f. Personne se réclamant de la pensée ou de l'esthétique de Rabelais.

RABÊTI, IE, p. p. de rabêtir. [ʀabeti]

RABÊTIR, v. tr. [ʀabetiʀ] (préf. *re-* et *abêtir*) ▷ Rendre bête, stupide. « *S'il daignait m'encourager, au lieu de me rabêtir, comme il fait toujours* », VOLTAIRE. ♦ V. intr. Se conjugue avec *être* ou *avoir,* suivant le sens. Redevenir bête ; devenir bête par la suite. *Il a rabêti, il est rabêti.* ◁

RABIBOCHAGE, ■ n. m. [ʀabiboʃaʒ] (*rabibocher*) Fam. Réparation de fortune réalisée tant bien que mal. *Ce rabibochage ne tiendra pas longtemps.* ■ Fam. Réconciliation mutuelle. *Rabibochage entre deux partenaires.* « *Je regrettais déjà ce rabibochage hypocrite* », BOUDARD.

RABIBOCHER, v. tr. [ʀabiboʃe] (prob. métathèse du dial. *rabobicher,* var. de *rabobiner,* remettre en état, raccommoder) Fam. Réparer sommairement. *J'ai rabiboché tant bien que mal mon vélo.* ♦ Fam. et fig. Réconcilier des personnes en désaccord. *Rien ne pourra rabibocher ces deux anciens amis.* ■ Se rabibocher, v. pr. Fam. et fig. *Après leur dispute, ils se sont rabibochés au bout d'un mois.*

RABIOLE, n. f. [ʀabjɔl] (mot occit., de l'a. provenç. *raba,* rave) Grosse rave. ♦ Chourave ; variété de chou-navet.

RABIOT, ■ n. m. [ʀabjo] (gasc. *rabiot,* petits poissons, rebut de la pêche, de *rave,* œufs de morue) Fam. Supplément considéré comme avantage. *Demander, obtenir un rabiot.* ■ **Abrév.** Rabe ou rab. *Avoir quelque chose en rab.*

RABIOTER, ■ v. tr. [ʀabjote] (*rabiot*) Fam. Acquérir ou s'attribuer un supplément. *Un avare qui cherche toujours à rabioter un centime par-ci par-là.* ■ V. intr. Fam. Réaliser de petits profits. *Le patron rabiote sur nos congés.*

RABIQUE adj. ou **RABIEN, IENNE,** adj. [ʀabik, ʀabjɛ̃, jɛn] (lat. *rabies,* rage) **Méd.** Qui appartient à la rage. *Le virus rabique.* ■ REM. On disait aussi *rabiéique.*

1 RÂBLE, n. m. [ʀɑbl] (lat. *rutabulum,* râteau de boulanger) **Chim.** Barre de fer en crochet, employée à remuer des substances que l'on calcine. ♦ Les teinturiers ont aussi un râble. ♦ Instrument de fer, muni d'un long manche de bois, pour remuer la braise, les tisons dans un four de boulanger.

2 RÂBLE, n. m. [ʀɑbl] (prob. de 1 *râble* par comparaison des vertèbres avec les dents du râteau) La partie de certains quadrupèdes, et particulièrement du lièvre et du lapin, qui s'étend depuis les côtes jusqu'à la queue. ♦ **Fam.** Il se dit, chez les personnes, de reins forts et robustes. « *Les coups sur votre râble assénés avec joie* », MOLIÈRE.

RÂBLÉ, ÉE, adj. [ʀɑble] (2 *râble*) Qui a le râble épais. *Un lièvre bien râblé.* ♦ Qui a les reins vigoureux. *Un garçon bien râblé.* ■ Petit et trapu, en parlant d'une personne. *Un déménageur râblé.* ■ REM. On disait aussi *râblu* autrefois.

RÂBLU, UE, adj. [ʀɑbly] (2 *râble*) ▷ Syn. de râblé. ◁

RABONNI, IE, p. p. de rabonnir. [ʀaboni] ▷ *Du vin rabonni.* ◁

RABONNIR, v. tr. [ʀaboniʀ] (préf. *re-* et *abonnir*) ▷ Rendre meilleur. *La culture rabonnit les fruits.* ♦ V. intr. Devenir meilleur. *Le vin rabonnit en bouteille.* ◁

RABOT, n. m. [ʀabo] (*rabotte,* lapin, par analogie de forme) Outil composé d'une gouge d'acier engagée au moyen de coins dans un parallélépipède de bois, et servant à dresser, à aplanir, à unir la surface du bois. ♦ **Fig.** Le travail par lequel on perfectionne une composition littéraire. « *L'autre, en vain se lassant à polir une rime, Et reprenant vingt fois le rabot et la lime* », BOILEAU. ♦ **Fig.** *Passer le rabot sur un ouvrage,* le corriger, le polir. ♦ On dit dans le même sens : *Donner un coup de rabot.* ♦ Outil qui sert à unir différents métaux, ou à y faire des filets et des moulures. ■ Nom de divers outils utilisés pour aplanir, polir ou égaliser. *Un rabot électrique.*

RABOTAGE, n. m. [ʀabotaʒ] (*raboter*) Action de raboter ; résultat de cette action. *Le rabotage d'une planche.*

RABOTÉ, ÉE, p. p. de raboter. [ʀabote]

RABOTEMENT, n. m. [ʀabot(ə)mɑ̃] (*raboter*) ▷ Action de raboter. ◁

RABOTER, v. tr. [ʀabote] (*rabot*) Dresser, aplanir avec le rabot. *Raboter une planche.* ♦ Absol. « *Que pensez-vous de celui qui veut scier avec un rabot, et qui prend sa scie pour raboter ?* », LA BRUYÈRE. ♦ Passer la râpe sur le sabot d'un cheval, pour le polir et le rendre uni. ♦ **Fig.** Corriger, polir un ouvrage d'esprit. ♦ Se raboter, v. pr. Se polir, se façonner. ■ Fam. Racler. *Elle s'est raboté le gros orteil dans l'escalier.*

RABOTEUR, n. m. [ʀabotœʀ] (*raboter*) Ouvrier uniquement employé à raboter.

RABOTEUSE, ■ n. f. [ʀabotøz] (*raboter*) **Techn.** Machine utilisée pour raboter des pièces importantes de bois ou de métal.

RABOTEUX, EUSE, adj. [ʀabotø, øz] (*rabot*) Qui présente des nœuds, des inégalités, en parlant du bois. *Une planche raboteuse.* ♦ Se dit d'une superficie inégale, et particulièrement du terrain, des chemins. ♦ **Fig.** « *Redressons tous les sentiers tortus, aplanissons ce qu'il y a de raboteux* », BOURDALOUE. ♦ **Fig.** Rude, en parlant du style. « *Le style de Corneille, devenu encore plus incorrect et plus raboteux dans ses dernières pièces* », VOLTAIRE.

RABOUGRI, IE, p. p. de rabougrir. [ʀabugʀi] En parlant des végétaux, mal venu et chétif. ♦ En parlant des personnes, mal conformé, débile, de petite taille. ■ **Fig.** Qui est sans espérance, sans projet. *Une existence rabougrie.*

RABOUGRIR, v. tr. [ʀabugʀiʀ] (préf. *re-* et *abougrir,* de *bougre,* chétif) En parlant des arbres et des plantes, les empêcher de profiter. ♦ On le dit aussi des personnes. *Les quartiers malsains rabougrissent les hommes.* ♦ ▷ V. intr. Ne pas profiter, mal venir. ◁ ♦ Se rabougrir, v. pr. Même sens.

RABOUGRISSEMENT, n. m. [ʀabugʀis(ə)mɑ̃] (radic. du p. prés. de *rabougrir*) État d'une chose rabougrie. *Le rabougrissement des arbres,* etc.

RABOUILLÈRE, n. f. [ʀabujɛʀ] (*rabotte,* lapin, du moy. néerl. *robbe*) Terrier que les lapines creusent à l'écart pour y faire leurs petits. ♦ Se dit des trous que font les lapins dans les garennes, même quand ils n'ont pas de petits, pour se dérober à la voracité des oiseaux de proie.

RABOUILLEUR, EUSE, ■ n. m. et n. f. [ʀabujœʀ, øz] (dial. rabouiller, du lat. *bullare,* bouillonner) Personne qui pêche les écrevisses en troublant l'eau à l'aide d'un bâton, pour les effrayer et les attraper avec plus de facilité.

RABOUTAGE, ■ n. m. [ʀabutaʒ] (*rabouter*) Ajustement réalisé en joignant bout à bout deux éléments métalliques. *Le raboutage de deux rails. Raboutage au laser.*

RABOUTER, v. tr. [ʁabute] (préf. *re-* et *abouter*) Terme de serrurier. Joindre deux bouts de fer par un ajustement.

RABOUTI, IE, p. p. de raboutir. [ʁabuti]

RABOUTIR, v. tr. [ʁabutiʁ] (var. de *rabouter*) ▷ En parlant de morceaux d'étoffe, mettre, coudre bout à bout. ◁

RABROUÉ, ÉE, p. p. de rabrouer. [ʁabʁue]

RABROUEMENT, n. m. [ʁabʁumɑ̃] (*rabrouer*) Action de rabrouer.

RABROUER, v. tr. [ʁabʁue] (prob. préf. *ra-*, var. de *re-*, et moy. fr. *brouer*, gronder) Repousser avec rudesse quelqu'un qui nous parle, qui nous fait des propositions, etc.

RACAGE, ▪ n. m. [ʁakaʒ] (*raque*, de l'a. nord., *rakki*, anneau de cordage) Mar. Cercle constitué de boules de bois qui relie un espar à un mât assez lâchement pour laisser la possibilité de le manœuvrer pour l'orienter. *Un racage à plusieurs rangs de pommes.*

RACAHOUT, n. m. [ʁakau] (orig. obsc.) Fécule nourrissante, à laquelle on attribue des propriétés analeptiques.

RACAILLE, n. f. [ʁakaj] (dial. anglo-norm., de *rasquer*, racler, du lat. *radere*) La partie la plus vile de la populace. ◆ Fig. Il se dit de toutes les choses de rebut. ▪ Ensemble d'individus peu recommandables. *La racaille du quartier.*

RACCARD ou **RASCART**, ▪ n. m. [ʁakaʁ] (orig. incert.) **Suisse** Grenier à grain.

RACCOMMODABLE, ▪ adj. [ʁakɔmɔdabl] (*raccommoder*) Que l'on peut raccommoder. *Un accroc difficilement raccommodable.*

RACCOMMODAGE, n. m. [ʁakɔmɔdaʒ] (*raccommoder*) Réparation d'un meuble, d'un vêtement, de souliers, etc.

RACCOMMODÉ, ÉE, p. p. de raccommoder. [ʁakɔmɔde]

RACCOMMODEMENT, n. m. [ʁakɔmɔd(ə)mɑ̃] (*raccommoder*) Réconciliation après une querelle. ▪ Rᴇᴍ. Il est auj. fam.

RACCOMMODER, v. tr. [ʁakɔmɔde] (préf. *re-* et *accommoder*) Réparer, remettre en bon état. *Raccommoder les chemins, des chemises, du linge, etc.* ◆ Absol. *Elle sait bien raccommoder.* ◆ Fig. *Raccommoder ses flûtes*, réparer une gaucherie. ◆ ▷ Remettre en bonne santé. *Le bon air vous raccommodera.* ◁ ◆ ▷ Remettre dans un état plus convenable, plus selon la bienséance. *Raccommoder ses cheveux, sa coiffure.* ◁ ◆ Réformer, dans un ouvrage d'esprit, ce qu'il peut y avoir de mauvais. ◆ Remettre en bon état dans les affaires, dans les relations. ◆ En ce sens, *raccommoder* peut avoir un nom de chose pour sujet. *Cet événement raccommodera nos affaires.* ◆ *Raccommoder une sottise*, la réparer. ◆ ▷ *Raccommoder quelqu'un dans l'esprit d'un autre*, l'y remettre en bonne opinion. ◁ ◆ Remettre d'accord des personnes brouillées. ◆ ▷ *Raccommoder quelqu'un avec lui-même*, lui procurer le calme de la conscience. ◁ ◆ ▷ *Raccommoder avec quelqu'un*, faire accepter, excuser sa conduite. ◁ ◆ Se raccommoder, v. pr. S'arranger, se rétablir. ◆ Se réconcilier. ◆ Fig. *Se raccommoder avec quelque chose*, en prendre meilleure opinion.

RACCOMMODEUR, EUSE, n. m. et n. f. [ʁakɔmɔdœʁ, øz] (*raccommoder*) Celui, celle dont le métier est de raccommoder. *Raccommodeur de faïence. Une raccommodeuse de dentelle.*

RACCOMPAGNATEUR, TRICE, ▪ n. m. et n. f. [ʁakɔ̃paɲatœʁ, tʁis] ou [ʁakɔ̃pajatœʁ, tʁis] (*raccompagner*) **Québec** Personne chargée d'escorter quelqu'un jusqu'à son domicile par souci de sécurité. *Demander les services d'un raccompagnateur.*

RACCOMPAGNEMENT, ▪ n. m. [ʁakɔ̃paɲəmɑ̃] ou [ʁakɔ̃panjəmɑ̃] (*raccompagner*) **Québec** Fait d'accompagner quelqu'un jusqu'à son domicile par souci de sécurité. *Un agent de raccompagnement.*

RACCOMPAGNER, ▪ v. tr. [ʁakɔ̃paɲe] ou [ʁakɔ̃panje] (préf. *re-* et *accompagner*) Accompagner quelqu'un qui s'en va. *Raccompagner jusqu'à la porte.*

RACCORD, n. m. [ʁakɔʁ] (*raccorder*) Art Liaison établie entre deux parties contiguës d'un ouvrage, lesquelles n'étaient pas en harmonie. *Le raccord fait dans cette façade ne se voit pas.* ◆ Travail par lequel le peintre en bâtiment associe des peintures neuves à de vieilles. ◆ Fig. Il se dit des ouvrages d'esprit. *Il a fait dans sa pièce des raccords heureux.* ▪ Techn. Pièce servant à assembler deux éléments de tuyauterie. *Il y a une fuite au raccord.* ▪ Cin. Enchaînement de deux plans ou de deux séquences consécutifs. *S'occuper des raccords au moment du montage.*

RACCORDÉ, ÉE, p. p. de raccorder. [ʁakɔʁde]

RACCORDEMENT, n. m. [ʁakɔʁdəmɑ̃] (*raccorder*) Art Action de faire des raccords. *Le raccordement d'une maison délabrée.* ◆ Archit. Réunion de deux bâtiments de styles différents ou d'âges différents, à l'aide de quelque accessoire qui sert de transition. ◆ Jonction de deux terrains inégaux, dans un jardin, par une pente ou un perron. ◆ Jonction de deux chemins de fer. ◆ Jonction de deux tuyaux inégaux, au moyen d'un tambour de plomb, d'un collet.

RACCORDER, v. tr. [ʁakɔʁde] (préf. *re-* et *accorder*) Art Faire un raccord, des raccords. *Raccorder une maison délabrée.* ◆ Peint. en bât. Refaire du même ton de couleur une partie sur un fond anciennement peint. ◆ Fig. Il se dit aussi des ouvrages d'esprit. *Il a fait des coupures dans sa pièce; il faut raccorder le tout.* ◆ Peint. Réparer un tableau gâté, adoucir les tons, etc. ◆ Se raccorder, v. pr. Être raccordé. ◆ V. tr. Établir une jonction entre deux éléments. *Le tunnel qui raccorde les deux voies sur berges.*

RACCOURCI, IE, p. p. de raccourcir. [ʁakuʁsi] *À bras raccourci*, en pliant et déployant successivement le bras pour frapper plus fort. ◆ ▷ Fig. *Son bras n'est pas raccourci*, il est toujours aussi puissant. ◁ ◆ Trop court. *Une taille raccourcie.* « *L'habitude et la faiblesse des coupures de l'esprit fini qui veut embrasser l'infini à sa mode étroite et raccourcie* », Fᴇɴᴇʟᴏɴ. ◆ Abrégé. *Un tableau raccourci des événements.* ◆ N. m. *Le raccourci*, la qualité de ce qui est devenu plus court. « *Ce raccourci d'atome* [un ciron] », », Pᴀꜱᴄᴀʟ. ◆ ▷ Peint. Effet de perspective qui consiste à présenter les objets plus courts qu'ils ne sont en effet. *Figure vue de raccourci.* ◁ ◆ Fig. Abrégé. « *Croit-on qu'un ministre d'État, qui semble avoir dans sa tête les affaires de tout un royaume, ait l'esprit fort étendu? tout cela se réduit à d'étranges abrégés et à des raccourcis terribles* », Nɪᴄᴏʟᴇ. ◆ ᴇɴ ʀᴀᴄᴄᴏᴜʀᴄɪ, loc. adv. En abrégé. « *Représenter en raccourci la suite des siècles* », Bᴏꜱꜱᴜᴇᴛ. « *L'homme est un monde en raccourci* », Bᴜꜰꜰᴏɴ. ▪ Chemin le plus court pour se rendre quelque part. *Prendre un raccourci.* ◆ *Raccourci clavier*, combinaison de touches qui, sur un clavier d'ordinateur, permet de commander une opération sans passer par le bouton sur l'écran ni par la souris. *Vous pouvez personnaliser votre logiciel en créant vos propres raccourcis clavier.*

RACCOURCIR, v. tr. [ʁakuʁsiʁ] (préf. *re-* et *accourcir*) Rendre plus court. *Raccourcir ses promenades, une robe, etc.* ◆ ▷ *Raccourcir le bras*, le plier en dedans, le retirer. ◁ ◆ Jard. *Raccourcir la taille*, laisser moins d'yeux sur la branche de l'année qu'il n'en est laissé ordinairement. ◆ V. intr. Se conjugue avec être ou avoir, suivant le sens. Devenir plus court. *Les jours ont raccourci, sont raccourcis.* ◆ Se raccourcir, v. pr. Devenir plus court. *Les jours se raccourcissent.* ◆ Fig. « *L'esprit de chaque homme s'étend ou se raccourcit, suivant l'application ou l'inapplication où il vit* », Fᴇɴᴇʟᴏɴ. ◆ En parlant de lutteurs, se replier, se ramasser sur soi-même.

RACCOURCISSEMENT, n. m. [ʁakuʁsis(ə)mɑ̃] (radic. du p. prés. de *raccourcir*) L'action de raccourcir ; le résultat de cette action.

RACCOURIR, v. intr. [ʁakuʁiʁ] (préf. *re-* et *accourir*) ▷ Revenir en courant. ◁

RACCOUTRÉ, ÉE, p. p. de raccoutrer. [ʁakutʁe]

RACCOUTREMENT, n. m. [ʁakutʁəmɑ̃] (*raccoutrer*) ▷ L'action de raccoutrer ; le résultat de cette action. ◁

RACCOUTRER, v. tr. [ʁakutʁe] (préf. *re-* et *accoutrer*) ▷ Raccommoder, recoudre. ◆ Fig. Se raccoutrer, v. pr. Se remettre. ◁

RACCOUTUMER (SE), v. pr. [ʁakutyme] Voy. ʀᴇ́ᴀᴄᴄᴏᴜᴛᴜᴍᴇʀ.

RACCROC, n. m. [ʁakʁo] (on ne prononce pas le *c* final. *Raccrocher*) Jeu *Coup de raccroc* ou simplement *raccroc*, un coup non visé, où il y a plus de bonheur que d'adresse. *Il a fait cette bille par un raccroc, de raccroc, par raccroc.* ▪ *Par raccroc*, sans que cela soit prévu, par hasard. *Il est arrivé là par raccroc.*

RACCROCHAGE ou **RACCROCHEMENT**, ▪ n. m. [ʁakʁoʃaʒ, ʁakʁoʃ(ə)mɑ̃] (*raccrocher*) Fait de raccrocher ce qui a été décroché. *Le raccrochage d'un tableau. Modem qui effectue le raccrochage automatique.* ▪ Fait d'attirer les clients en les abordant, en les incitant à s'arrêter. *Une prostituée qui fait du raccrochage.*

RACCROCHÉ, ÉE, p. p. de raccrocher. [ʁakʁoʃe]

RACCROCHER, v. tr. [ʁakʁoʃe] (préf. *re-* et *accrocher*) Accrocher de nouveau. *Raccrochez cette tapisserie.* ◆ Rattraper, reprendre. « *Enfin, je vous raccroche ; Mon argent bien aimé, rentrez dedans ma poche* », Mᴏʟɪᴇ̀ʀᴇ. ◆ V. intr. Au jeu, faire un ou plusieurs raccrocs. ◆ Se raccrocher, v. pr. Se retenir à quelque chose en s'y accrochant. ◆ Fig. *Se raccrocher à une chose*, s'y attacher pour regagner d'un côté ce qu'on avait perdu de l'autre. ◆ Absol. *Se raccrocher*, regagner en tout ou en partie les avantages qui avaient été perdus. ◆ *Se raccrocher à*, se remettre avec. *Se raccrocher à un ancien ami. Se raccrocher au service, après l'avoir quitté.* ▪ V. intr. Reposer le combiné du téléphone sur son support pour interrompre la communication. *Après l'enregistrement de votre message, vous pouvez raccrocher.* ▪ *Raccrocher au nez de quelqu'un*, couper court à une conversation téléphonique en raccrochant. ▪ Abandonner définitivement la compétition sportive. *Il avait à peine vingt-cinq ans quand il a raccroché.*

RACCROCHEUR, EUSE, n. m. et n. f. [rakroʃœr, øz] (*raccrocher*) Au jeu, Personne qui fait des raccrocs ; se dit surtout au billard. ■ Adj. Qui cherche à retenir l'attention. *Une affiche raccrocheuse.*

RACCUSER, ■ v. intr. [rakyze] (préf. *re-* et *accuser*) **Fam. Belg.** Créer et faire circuler des ragots. ■ **Fam.** Dénoncer, rapporter. *Méfie-toi de lui, il raccuse toujours.*

RACE, n. f. [ras] (ital. *razza*, espèce, du lat. *ratio*, calcul, idée, modèle, ou aphérèse de [*gene*]*ratio*, reproduction, ou croisement des deux mots) Tous ceux qui viennent d'une même famille. *La race de David.* ♦ *Noblesse de race*, se disait de celui à qui cette qualité avait été transmise, par opposition à celui qui s'était fait anoblir. ♦ Il se dit, dans l'histoire de France, *des trois races royales qui ont successivement occupé le trône : Mérovingiens, Carolingiens, Capétiens.* ♦ *La race mortelle, la race humaine*, les hommes en général. Extraction. « *Une profonde nuit enveloppe sa race* », RACINE. ♦ ▷ Rejetons dans une famille. « *Comme nos citoyens de race désireux* », RÉGNIER. ◁ ♦ Il se dit aussi des animaux. *Faire race.* ♦ Générations. « *Ce culte passera de race en race parmi les enfants d'Israël* », SACI. ♦ **Poétiq.** *La race future, les races futures*, les hommes à naître. ♦ Il se prend quelquefois dans le sens de fils ou fille. « *Race de mille rois, adorable princesse* », MALHERBE. ♦ Classe d'hommes se ressemblant ou par la profession, ou par les habitudes, ou par les inclinations ; en ce sens, il a quelque chose d'ironique ou même d'injurieux. *La race des poètes. Les philosophes, race crédule.* ♦ ▷ **Fam.** *Méchante race, méchante petite race*, se dit à de petits enfants qu'on réprimande. ◁ ♦ On dit de même au pluriel : *Ce sont de méchantes races.* ♦ *Race de vipères*, expression qui dans l'Écriture s'adresse aux pharisiens, et que dans le langage ordinaire on applique à de méchantes gens[1]. ♦ **Zool.** Réunion d'individus appartenant à la même espèce, ayant une origine commune et des caractères semblables, transmissibles par voie de génération. ♦ ▷ En ce sens, il se dit des hommes. *La race caucasienne. La race des nègres[2].* ◁ ♦ Il se dit aussi des animaux. *La meilleure race de chèvres.* ♦ *Un sujet de pure race* est celui qui descend directement, sans croisement, de la souche de la race elle-même. ♦ **Absol.** *Race* veut dire race bonne et non altérée par des croisements. *Chien de race. Cheval de race.* ♦ *Ce cheval a de la race*, on voit à sa structure qu'il provient d'une bonne race. ♦ *Race* se dit des végétaux aussi, bien que plus rarement. ♦ **Prov.** *Les bons chiens chassent de race*, ou *bon chien chasse de race*, c'est-à-dire les enfants tiennent des mœurs et des inclinations de leurs pères par le fait de leur race, comme on dit aussi appris. ♦ **Fam.** et **péj.** *Fin de race*, décadent. *Des snobinards fin de race.* ♦ Classification de l'espèce humaine selon des critères physiques ne reposant sur aucun fondement biologique, et sur laquelle s'appuie la théorie du racisme. *L'extermination de la race juive par les nazis.* ■ REM. La notion de race ne repose sur aucun fondement scientifique et a une connotation raciste. On utilise de préférence le terme *peuple* : *le peuple de David, le peuple noir, le peuple caucasien, etc.* ■ REM. 1 : *Race de vipères* est injurieux. ■ REM. 2 : À l'époque de Littré, le terme *nègre* n'était pas raciste, contrairement à aujourd'hui.

RACÉ, ÉE, adj. [rase] (*race*) Qui présente les caractéristiques de la race en parlant d'un animal. *Un chien à l'allure bien racée.* ■ Qui affiche une distinction, une élégance naturelle. *Le prototype de la femme racée.* ■ Élégante, en parlant d'une chose. *Une voiture racée.*

RACÈME, ■ n. m. [rasɛm] (lat. *racemus*) **Bot.** Inflorescence en forme de grappe. *Les fleurs du navet sont disposées en racèmes.*

RACÉMEUX, EUSE, ■ adj. [rasemø, øz] (*racème*) **Bot.** Disposé en grappes. *Une inflorescence racémeuse.*

RACÉMIQUE, ■ adj. m. [rasemik] (lat. *racemus*, grappe de raisin) **Chim.** Composé de deux isomères optiques. *Un mélange racémique ne fait pas dévier la polarisation de la lumière.*

RACER, ■ n. m. [rɛsœr] (mot angl., de *to race*, courir) Yacht de course à moteur ou à voile. *Piloter un racer.*

RACHALANDER, v. tr. [raʃalɑ̃de] (préf. *re-* et *achalander*) ▷ Faire revenir les chalands. ◁

RACHAT, ■ n. m. [raʃa] (*racheter*) Action de racheter. ♦ **Jurispr.** *Faculté* ou *pacte de rachat*, faculté stipulée par le vendeur, de recouvrer la chose vendue, en remboursant, dans un certain délai, à l'acquéreur le prix ainsi que les frais et loyaux coûts que celui-ci a payés. On dit aussi *faculté de réméré*. ♦ *Le rachat d'une rente, d'une pension*, le paiement d'une certaine somme pour amortir, pour éteindre une rente, une pension. ♦ *Le rachat d'une servitude.* ♦ Délivrance, rédemption. *Le rachat des prisonniers.* ♦ *Le rachat du genre humain*, la rédemption opérée par Jésus-Christ.

RACHETABLE, adj. [raʃ(ə)tabl] (*racheter*) Qu'on peut racheter. *Une rente rachetable.*

RACHETÉ, ÉE, p.p. de racheter. [raʃ(ə)te]

RACHETER, v. tr. [raʃ(ə)te] (préf. *re-* et *acheter*) Acheter ce qu'on a vendu, ou ce qui a été vendu. ♦ Acheter une chose pareille, de même espèce. *On m'avait pris ce livre, j'en ai racheté un autre exemplaire.* ♦ Racheter une rente, se libérer d'une rente moyennant une somme une fois payée. ♦ Payer rançon pour un prisonnier. ♦ **Par extens.** *Racheter quelqu'un des flammes de l'enfer.* ♦ Il se dit en parlant de la rédemption par Jésus-Christ. *Jésus-Christ racheta les hommes.* ♦ ▷ *Racheter un jeune homme*, payer une somme pour qu'il soit exempté du service militaire. ◁ ♦ **Fig.** Obtenir quelque chose au prix d'un certain sacrifice. « *Mais ces mêmes héros, prodigues de leur vie, Ne la rachetaient point par une perfidie* », RACINE. ♦ *Racheter ses péchés par l'aumône*, obtenir, en faisant l'aumône, la rémission de ses péchés. ♦ *Je voudrais l'avoir racheté de mon sang*, se dit d'une personne morte que l'on regrette beaucoup. ♦ **Fig.** Compenser, faire pardonner, faire oublier. « *Mais il a des vertus qui rachètent ses vices* », VOLTAIRE. ♦ **Archit.** Corriger, rendre moins sensible un vice, un défaut de construction ou de décoration, une irrégularité. ♦ Compenser une différence de niveau. ♦ *Se racheter*, v. pr. Payer rançon. ♦ **Fig.** « *Nul ne peut se racheter lui-même, ni rendre à Dieu le prix de son âme* », BOSSUET. ♦ *Se racheter*, payer une somme pour s'exempter du service militaire. ◁ ♦ ▷ On dit de même : *Se racheter d'un service foncier, d'une peine.* ◁ ♦ Au jeu, *se racheter*, payer une certaine somme convenue pour ravoir un jeton, lorsqu'on a perdu les jetons donnés au commencement de la partie. ♦ Être compensé. *Anciennement en France, tous les crimes, excepté celui d'État, se rachetaient à prix d'argent.* ■ V. tr. Dans un concours, un examen, déclarer un candidat reçu du fait de ses notes proches du seuil d'admission. *Il avait un bon dossier scolaire, ce qui lui a permis d'être racheté à l'examen.*

RACHETEUR, EUSE, n. m. et n. f. [raʃ(ə)tœr, øz] (*racheter*) Personne qui rachète.

RACHIALGIE, ■ n. f. [raʃjalʒi] (*rachis* et -*algie*) **Méd.** Douleur localisée au niveau de la colonne vertébrale. *La rachialgie peut irradier du bas du dos aux omoplates.* ■ RACHIALGIQUE, adj. [raʃjalʒik]

RACHIANESTHÉSIE, ■ n. f. [raʃianɛstezi] (*ch* se prononce *ch* et non *k*. *Rachis* et *anesthésie*) **Méd.** Anesthésie locale pratiquée au niveau du canal rachidien et agissant sur la partie inférieure du corps. *La rachianesthésie peut provoquer des maux de tête pendant quelques jours.* ■ REM. On dit aussi *rachianalgésie.*

RACHIDIEN, IENNE, adj. [raʃidjɛ̃, jɛn] (*rachis*) **Anat.** Qui appartient à la colonne vertébrale. ♦ *Nerfs rachidiens*, ceux qui proviennent de la moelle vertébrale.

RACHIS, n. m. [raʃis] (on prononce le *s* final ; gr. *rhakhis*, épine dorsale) **Anat.** La colonne vertébrale. ■ **Zool.** Partie centrale et effilée d'une plume d'oiseau sur lesquels sont implantées les barbes. ■ **Bot.** Tige centrale sur laquelle se développent des feuilles, des inflorescences ou des graines. *Le rachis d'un épi de blé.*

RACHITIQUE, adj. [raʃitik] (radic. du gr. *rhakhitês*, de l'épine dorsale) **Méd.** Affecté de rachitisme. ♦ N. m. et n. f. *Un rachitique.* ♦ Adj. Qui a le caractère du rachitisme. *Affection rachitique.* ♦ Il se dit des plantes qui se développent mal. *Des arbres rachitiques.* ■ **Abrév. fam.** Racho.

RACHITIS, n. m. [raʃitis] (var. de *rachitisme*) Syn. peu usité de rachitisme.

RACHITISME, n. m. [raʃitism] (*rachitique*) **Méd.** Maladie consistant en une perturbation de la nutrition de tous les tissus, qui, survenant dans l'enfance, en arrête ou en trouble le développement, et se manifeste à l'extérieur par la déformation du rachis ou du reste du système osseux. ♦ **Bot.** Maladie qui rend la tige du blé courte et noueuse.

RACIAL, IALE, ■ adj. [rasjal] (*race*) Relatif à la race. *Des critères raciaux. Ségrégation raciale.*

RACINAGE, n. m. [rasinaʒ] (*racine* ; sens typo., *raciner*) ▷ Terme collectif par lequel on désigne les racines alimentaires, raves, carottes, salsifis, navets, betteraves. ◁ ♦ **Teint.** Nom qu'on donne à la décoction de la racine, de l'écorce et des feuilles du noyer, et de la coque des noix. ♦ Dessin imitant des racines, qu'on forme sur les couvertures des livres.

RACINAIRE, ■ adj. [rasinɛr] (*racine*) **Bot.** Relatif aux racines. *Le système racinaire des bulbes.*

RACINAL, n. m. [rasinal] (*racine*) **Constr.** Grosse pièce de bois qui en soutient, qui en affermit d'autres. ■ Au pl. *Des racinaux.*

RACINE, n. f. [rasin] (b. lat. *radicina*, du lat. *radix*, génit. *radicis*) Partie inférieure d'un végétal plongée le plus ordinairement dans la terre, qui croît toujours en sens contraire de la tige, et sert tant à fixer la plante au sol qu'à pomper sa nourriture. *Racine pivotante, adventive, aérienne, etc.* ♦ **Dr.** *Fruits pendants par racines*, Voy. PENDANT. ♦ **Fig.** *Prendre racine, jeter racine*, se fixer, s'arrêter. « *Vous voyez le fleuriste planté et qui a pris racine au milieu de ses tulipes* », LA BRUYÈRE. ♦ **Fam.** *Prendre racine en un lieu*, s'y établir, et aussi faire des visites trop longues et importunes. ♦ *Prendre racine*, se dit aussi de ce qui se fixe, de ce qui devient invétéré. « *La tige du péché prendra racine en eux* », SACI. ♦ **Fig.** *Jeter des racines*, s'attacher fortement. « *Plus vous différez, plus vous jetez de profondes racines dans le crime* », MASSILLON. ♦ *Racine de certains arbres dont on fait des ouvrages d'ébénisterie* et de tour. *Une boîte en racine de buis.* ◆ Certaines plantes dans lesquelles ce qu'il y a de bon à manger est ce qui vient en terre. *Les carottes, les navets, les betteraves sont des racines.* ◆ Nom donné en pharmacie à certaines racines qui ont des propriétés médicinales. *Racine de chicorée, de chiendent, etc.* ◆ Teint. Syn. de racinage. ◆ Couleur fauve, qui se fait avec le racinage. ◆ Dans la reliure, marbrure qui imite les veines des racines d'arbres débitées en planches et polies. ◆ Portion d'un organe servant à son implantation dans un autre organe. *La racine des dents, des cheveux, des ongles, etc.* ◆ Anat. *Racine d'un membre,* la partie de ce membre la plus voisine du tronc. ◆ *Racine d'un polype, d'un cancer, d'un cor, d'une verrue,* prolongements par lesquels ces productions morbides s'enfoncent dans les tissus. ◆ *Racine d'un nerf,* point par lequel un nerf se détache d'un centre nerveux. ◆ Pied d'une montagne. « *Les Cordillères, dont les racines bordent, pour ainsi dire, la mer du Sud* », BUFFON. ◆ Fig. Principe, origine de certaines choses. « *Le fond du cœur où l'ennui a des racines naturelles* », PASCAL. « *L'homme qui coupait la racine à tant d'abus ne pouvait manquer d'être haï* », MARMONTEL. ◆ Gramm. Mot primitif. *Front est la racine de frontal, de frontispice.* ◆ Le monosyllabe irréductible auquel on parvient en dépouillant les mots de leurs préfixes, suffixes et flexions. ◆ Math. Nombre qui, multiplié par lui-même une ou plusieurs fois, en produit un autre. *5 est une racine de 625.* ◆ *Au lieu de racine deuxième, racine troisième, on dit racine carrée, racine cubique.* ■ *Les racines de quelqu'un,* ses attaches profondes à un lieu, à un groupe qui déterminent son identité. *Être à la recherche de ses racines. On ne peut renier ses racines.* ■ *Prendre, attraper le mal à la racine,* s'attaquer aux causes profondes du mal.

RACINER, v. intr. [ʀasinə] (*racine*) Se dit de boutures qui commencent à produire des racines. ◆ V. tr. Teindre en couleur fauve. ◆ Faire un racinage sur la couverture d'un livre.

RACINIEN, IENNE, adj. [ʀasinjɛ̃, jɛn] (Jean *Racine,* 1639-1699) Qui ressemble au style de Racine. « *Une pièce toute racinienne* », VOLTAIRE. ■ Propre aux œuvres de Racine. *Les héros raciniens.*

RACISME, ■ n. m. [ʀasism] (*race*) Théorie qui établit la supériorité d'une race sur une autre. ■ Hostilité forte envers une catégorie de personnes. *Racisme envers les homosexuels.*

RACISTE, ■ adj. [ʀasist] (*race*) Qui fait preuve d'hostilité envers un groupe de personnes. *Un homme raciste* ■ Qui traduit une profonde hostilité vis-à-vis d'un groupe de personnes. *Un acte raciste.* ■ N. m. et n. f. *Un raciste, une raciste.*

1 RACK, n. m. [ʀak] (var. de *arack*) Voy. ARACK.

2 RACK, ■ n. m. [ʀak] (mot angl., râtelier, étagère) Structure de rangement pour équipements électroniques, aux dimensions standardisées. *Des racks.*

RACKET, ■ n. m. [ʀakɛt] (mot anglo-amér.) Extorsion d'argent, d'objets ou de renseignements par chantage, violence ou intimidation. *Lutte contre le racket à la sortie des collèges.*

RACKETTER, ■ v. tr. [ʀakete] (*racket*) Extorquer de l'argent, un objet ou un renseignement sous forme de racket. *Il n'osait pas dire que des jeunes le rackettaient. Se faire racketter.*

RACKETTEUR, EUSE, ■ n. m. et n. f. [ʀaketœʀ, øz] (*racket*) Personne qui obtient quelque chose en exerçant une pression sur autrui. *Des racketteurs lui ont pris son téléphone portable.*

RACLAGE, ■ n. m. [ʀaklaʒ] (*racler*) Action de racler. *Le raclage des allées, des peaux, etc.* ◆ Éclaircissement des bois taillis.

RACLE, ■ n. f. [ʀakl] (*racler*) Impr. Outil métallique ou de plastique qui permet d'ôter l'encre des cylindres d'impression.

RACLÉ, ÉE, ■ p. p. de racler. [ʀakle]

RACLÉE, ■ n. f. [ʀakle] (p. p. fém. substantivé de *racler*) Binage qui ne consiste qu'à racler le sol avec la houe. ◆ Pop. Une volée de coups. ■ Fam. Défaite écrasante. *L'équipe a pris une sacrée raclée.*

RACLEMENT, ■ n. m. [ʀakləmɑ̃] (*racler*) Action de racler quelque chose. ■ Bruit qui en résulte. *Un raclement de gorge.*

RACLER, v. tr. [ʀakle] (provenç. *rasclar,* du lat. pop. *rasiculare,* du lat. *radere,* raser) Enlever avec un instrument quelques parties de la superficie d'un corps. *Racler un parchemin, une allée, etc.* ◆ Fig. et fam. *Ce vin racle le gosier,* il est dur et âpre. ◆ Fig. *Cela racle les boyaux,* se dit d'un breuvage qui donne des tranchées. ◆ *Racler une mesure de grain,* passer la racloire sur une mesure, pour faire tomber ce qui s'élève au-dessus du bord. ◆ Fig. et fam. *Racler un instrument à cordes et à archet,* en mal jouer. ◆ Absol. « *Mes symphonistes raclaient à percer le tympan* », J.-J. ROUSSEAU. ◆ On dit de même : *Racler un air.* ■ *Racler les bois,* éclaircir les bois taillis qu'on ne veut couper qu'à onze ou quinze ans. ■ Frotter en grattant pour nettoyer, égaliser. *Racler le fond d'une casserole.* ■ *Racler les fonds de tiroirs,* prendre le peu d'argent encore disponible. ■ Se racler, v. pr. *Se racler la gorge,* s'éclaircir la voix.

RACLETTE, ■ n. f. [ʀaklɛt] (*racle*) Petit racloir. *Retirer le givre sur un pare-brise avec une raclette.* ■ Plat à base de fromage que l'on fait fondre et dont on racle la pâte. *Un service à raclette. Faire une raclette entre amis.* ■ Fromage suisse dont on fait la raclette. ■ Suisse *À la raclette,* à l'arrachée.

RACLEUR, EUSE, n. m. et n. f. [ʀaklœʀ, øz] Personne qui racle. ◆ *Racleur de boyau* ou simplement *racleur,* mauvais joueur de violon ou autre instrument à cordes.

RACLOIR, n. m. [ʀaklwaʀ] (*racler*) Instrument qui sert à gratter ou à ratisser. ■ Outil préhistorique réalisé dans un éclat de pierre.

RACLOIRE, n. f. [ʀaklwaʀ] (*racler*) Planchette qui sert à racler le dessus d'une mesure de grain. ◆ ▷ Instrument fait en baleine, et avec lequel on racle la langue pour la nettoyer le matin. ◁

RACLURE, n. f. [ʀaklyʀ] (*racler*) Petites parties qu'on a enlevées de la superficie d'un corps en le raclant. ◆ Action de racler. ■ Pop. et fig. Personne méprisable. *J'en veux à mort à cette raclure de nous avoir dénoncés.*

RACOLAGE, n. m. [ʀakɔlaʒ] (*racoler*) Action de racoler. ◆ Métier de racoleur.

RACOLÉ, ÉE, p. p. de racoler. [ʀakɔle]

RACOLER, v. tr. [ʀakɔle] (préf. *re-* et *accoler* ; cf. anc. fr. *racoler,* embrasser) Engager soit de gré, soit par astuce dans le service militaire. ◆ Fig. et fam. *Il a racolé quelques partisans.* ■ Attirer par des moyens publicitaires. *L'affiche racolait tous les passants.* ■ Solliciter un client, en parlant d'une personne qui se prostitue.

RACOLEUR, EUSE, n. m. et n. f. [ʀakɔlœʀ, øz] (*racoler*) Personne qui racole. ◆ Adj. *Une publicité racoleuse.*

RACONTABLE, adj. [ʀakɔ̃tabl] (*raconter*) Qui peut être raconté.

RACONTAGE, n. m. [ʀakɔ̃taʒ] (*raconter*) Néolog. Bavardage ; petits contes faits à plaisir ; petites médisances.

RACONTAR, ■ n. m. [ʀakɔ̃taʀ] (*raconter*) Fam. Propos ou ragot sans fondement. « *Du commérage, du racontar, une façon de tout noircir* », NOURRISSIER.

RACONTÉ, ÉE, p. p. de raconter. [ʀakɔ̃te]

RACONTER, v. tr. [ʀakɔ̃te] (préf. *re-* et anc. fr. *aconter,* décrire, raconter) Faire le récit de. *Raconter une histoire.* ◆ Fam. *En raconter,* faire de longs récits ou des récits exagérés. ◆ Absol. « *Qui raconte, exagère* », DORAT. ◆ Fig. « *Les cieux racontent la gloire de leur créateur* », FONTENELLE. ◆ Se raconter, v. pr. Faire le récit de ses sentiments, de ses actions, etc. « *Il se raconte lui-même si naïvement qu'on lui pardonne sans aucune peine ses folles singularités* », VAUVENARGUES. ■ Dire à la légère des choses exagérées ou mensongères. *Il raconte n'importe quoi pour trouver une excuse.* ■ *Se raconter des histoires,* se faire des illusions.

RACONTEUR, EUSE, n. m. et n. f. [ʀakɔ̃tœʀ, øz] (*raconter*) Celui qui a la manie de raconter. « *Les raconteurs d'anecdotes* », VOLTAIRE. ◆ Adj. *C'était un homme d'un esprit raconteur.* ■ REM. Adjectif rare auj.

RACORNI, IE, p. p. de racornir. [ʀakɔʀni]

RACORNIR, v. tr. [ʀakɔʀniʀ] (préf. *re-* et *a-,* et *corne*) Donner à une chose la consistance de la corne. ◆ Rendre dur et coriace. *Le feu a racorni cette viande.* ◆ Se racornir, v. pr. Devenir dur et coriace. ◆ Fig. *Les idées, les sentiments se racornissent.* ◆ Devenir sec, maigre en vieillissant.

RACORNISSEMENT, n. m. [ʀakɔʀnis(ə)mɑ̃] (radic. du p. prés. de *racornir*) État de ce qui est racorni.

RACQUETBALL ou **RACQUET-BALL,** ■ n. m. [ʀaketbol] (mot angl.) Sport de salle très proche du squash pratiqué avec des raquettes au manche court. *Des racquetballs, des racquet-balls.*

RACQUITTÉ, ÉE, p. p. de racquitter. [ʀakite]

RACQUITTER, v. tr. [ʀakite] (préf. *re-* et *acquitter*) ▷ Faire regagner ce qui avait été perdu. *Cette partie, si je la gagne, me racquittera.* ◆ Dédommager. *Une seconde affaire l'a racquitté de ce qu'il avait perdu dans la première.* ◆ Absol. « *Cela racquitte-t-il d'une perte aussi dure ?* », REGNARD. ◆ Se racquitter, v. pr. Regagner ce qu'on avait perdu au jeu. ◆ Se dédommager de quelque perte. ◁

RAD, ■ abrév. [ʀad] (*radiation*) Abréviation de radian. Voy. RADIAN.

RADAR, ■ n. m. [ʀadaʀ] (mot anglo-amér., sigle de *radio detection and ranging*) Appareil de détection qui fonctionne par émission d'ondes magnétiques dont l'écho permet de positionner un objet. *Des radars.* ■ Spécialt Radar utilisé pour le contrôle de la vitesse sur route. *Il y a plusieurs radars automatiques sur le périphérique. Se faire prendre au radar.* ■ Adj. *Un écran radar.*

RADARASTRONOMIE, ■ n. f. [ʀadaʀastʀɔnɔmi] (*radar* et *astronomie*) Utilisation du radar en astronomie. *Des observations en radarastronomie ont* *montré qu'il pourrait exister de la glace au niveau des calottes polaires de Mercure.*

RADARISTE, ■ n. m. et n. f. [ʀadaʀist] (*radar*) Personne spécialisée dans la maintenance et le fonctionnement de radars. *Les radaristes de l'armée de l'air.*

1 RADE, n. f. [ʀad] (m. angl. *rade*, du v. *rad*, voyage, passage) Étendue de mer enfermée en partie par des terres plus ou moins élevées, et qui présente aux vaisseaux des mouillages à l'abri des vents et des lames qui ont une certaine direction. *Le navire est en rade.* ♦ *Bonne rade du sud, bonne rade du nord*, etc., rade où l'on est à l'abri de ces vents. ■ **Fam.** *En rade*, en panne. *Le réservoir est vide, on va tomber en rade.* ■ **Fam.** *Laisser en rade*, abandonner. *Il m'a laissé en rade alors que le boulot n'était pas fini.*

2 RADE, ■ n. m. [ʀad] (arg. *radeau*, comptoir) **Arg.** Bar, bistrot.

1 RADÉ, ÉE, p. p. de 1 rader. [ʀade] *Navire radé.*

2 RADÉ, ÉE, p. p. de 2 rader. [ʀade] *Mesure bien radée.*

RADEAU, n. m. [ʀado] (a. provenç. *radel*, du lat. *ratis*) Assemblage de pièces de bois formant une espèce de plancher sur l'eau. ♦ *Radeau de fortune*, celui que l'on construit dans un sinistre de mer. ♦ *Dans l'artillerie, pont de radeaux*, pont militaire fait à l'aide de radeaux. ♦ *Train de bois que l'on fait descendre à flot sur une rivière.*

1 RADER, v. tr. [ʀade] (1 *rade*) **Mar.** Mettre en rade un bâtiment.

2 RADER, v. tr. [ʀade] (lat. *radere*, raser) Passer une règle sur la surface d'une mesure de grain, de sel, pour l'unir, la rendre égale. *Rader du blé.* ■ Entailler un bloc de pierre de part et d'autre pour le fendre. *En tenant le bloc de marbre debout, il le rada d'un coup de ciseau.*

RADEUR, n. m. [ʀadœʀ] (2 *rader*) ▷ Officier des gabelles, dont la fonction consistait à mesurer le sel, en le rasant sur le minot. ◁

RADEUSE, ■ n. f. [ʀadøz] (arg. *rade*, trottoir, d'orig. incert.) **Fam.** Prostituée qui racole sur le trottoir. *Il connaît toutes les radeuses de la rue.*

RADIAIRE, adj. [ʀadjɛʀ] (lat. *radius*, rayon) **Zool.** Qui est disposé en rayons. ♦ **N. m. pl.** *Les radiaires*, quatrième embranchement du règne animal, renfermant des animaux sans vertèbres, de forme rayonnée.

1 RADIAL, ALE, adj. [ʀadjal] (radic. de *radius*) **Anat.** Qui a rapport au radius. *Les muscles radiaux. L'artère radiale.* ♦ **N. m.** Nom de certains muscles qui occupent la région radiale.

2 RADIAL, ALE, adj. [ʀadjal] (lat. *radius*, rayon) **Phys.** Qui a rapport au rayon, qui rayonne. ♦ **Hérald.** *Couronne radiale*, couronne surmontée de pointes ou rayons. ■ **N. f.** *Une radiale*, rue qui relie le centre-ville au périphérique.

RADIAN, ■ n. m. [ʀadjɑ̃] (mot angl., du lat. *radius*, rayon) Unité de mesure d'un angle plan. ■ **Abrév.** Rad.

RADIANT, ANTE, adj. [ʀadjɑ̃, ɑ̃t] (lat. *radians*, p. prés. de *radiare*, rayonner) Qui s'étend en rayonnant. *Chaleur radiante.* ♦ *Point radiant*, point d'où certaines choses émanent en forme de rayons. ♦ **Bot.** Épithète donnée à la couronne des synanthérées, quand les fleurs dépassent en longueur celles du disque. ■ **N. m. Astron.** Point du ciel d'où semblent émaner les météorites.

RADIATEUR, ■ n. m. [ʀadjatœʀ] (lat. *radiare*, rayonner) Appareil permettant de chauffer une pièce, alimenté par une chaudière ou électrique. *Les anciens radiateurs en fonte.* ■ Dans une voiture, organe de refroidissement d'un moteur à explosion.

RADIATIF, IVE, ■ adj. [ʀadjatif, iv] (radic. de *radiation*) **Phys.** Relatif aux radiations. *La désintégration radiative.*

1 RADIATION, n. f. [ʀadjasjɔ̃] (lat. *radiatio*, rayonnement) Émission de rayons lumineux, caloriques. *La radiation solaire.* ■ **Phys.** Énergie émise et propagée sous forme d'ondes à travers un milieu matériel ou dans le vide. *Les radiations nucléaires sont dangereuses pour les tissus vivants.* ■ **Biol.** *Radiation évolutive* ou *adaptative*, colonisation de territoires inoccupés par une espèce animale ou végétale, entraînant une adaptation des formes les plus résistantes à leur nouvel habitat.

2 RADIATION, n. f. [ʀadjasjɔ̃] (lat. tardif *radiare*, fausse étymologie de *rayer*) Action de rayer, de biffer un article d'un compte, un nom d'une liste, une partie d'un écrit. *Article sujet à radiation.* ♦ Raie que l'on passe sur un article de compte. ♦ Suppression, anéantissement d'une inscription hypothécaire.

RADICAL, ALE, adj. [ʀadikal] (lat. chrét. *radicalis*, du lat. *radix*, racine) **Bot.** Qui appartient à la racine, qui part de la racine. *Pédoncules radicaux.* ♦ *Feuilles radicales*, celles qui naissent si près de la racine, qu'elles semblent en sortir. ♦ *Guérison, cure radicale*, celle qui a détruit le mal dans sa racine. ♦ *Vice radical*, vice qui en produit d'autres. ♦ **Jurispr.** *Nullité radicale*, nullité qui vicie un acte de manière qu'il ne puisse jamais être valide. ♦ **Gramm.**

Qui appartient à la racine d'un mot. *Les mots radicaux de la langue.* ♦ **N. m.** *Un radical. Les radicaux.* ♦ *Lettres radicales*, lettres du mot primitif et qui passent dans les dérivés. ♦ *Le radical d'un mot*, la partie invariable d'un mot, par opposition aux terminaisons ou désinences. ♦ **Alg.** *Signe radical*, signe qui se met devant les quantités dont on veut extraire la racine. *Quantité radicale*, quantité précédée du signe radical, et **N. m.** *un radical, des radicaux.* ♦ **Chim.** *Vinaigre radical*, l'acide acétique. ♦ **N. m.** Nom donné aux corps simples qui, dans les acides ou les bases, sont combinés avec un autre corps qu'on regarde comme principe acidifiant ou basifiant. ♦ En politique, qui travaille à la réformation complète de l'ordre politique dans le sens démocratique. *Le parti radical.* ♦ **N. m.** *Un radical. Les radicaux.* ■ **Adj.** Qui modifie profondément quelque chose ou atteint son essence. *Une mesure, une décision radicale.* ■ **N. m. Chim.** Groupe d'atomes présent dans une molécule stable et restant intact au cours de réactions chimiques qui transforment d'autres groupes d'atomes de la même molécule. ■ **N. m. pl. Polit.** Républicains situés aujourd'hui au centre gauche des partis politiques en France.

RADICALAIRE, ■ adj. [ʀadikalɛʀ] (*radical*) **Chim.** Qui est lié à un radical chimique. *Une réaction radicalaire en trois étapes.*

RADICALEMENT, adv. [ʀadikal(ə)mɑ̃] (*radical*) Dans sa racine, dans sa source.

RADICALISATION, ■ n. f. [ʀadikalizasjɔ̃] (*radicaliser*) Action de rendre quelque chose plus rigide, plus intransigeant. *La radicalisation d'un mouvement de grève.* ■ Ce qui en résulte. ■ RADICALISANT, ANTE, adj. [ʀadikalizɑ̃, ɑ̃t]

RADICALISER, ■ v. tr. [ʀadikalize] (*radical*) Rendre plus intransigeant. *Radicaliser ses opinions, sa position, un mouvement de grève.*

RADICALISME, n. m. [ʀadikalism] (*radical*) Système des radicaux, des partisans de la réforme complète de la société politique. ■ Doctrine des radicaux de centre gauche.

RADICALITÉ, ■ n. f. [ʀadikalite] (*radical*) Caractère intransigeant de quelque chose. *La radicalité de sa décision a surpris tout le monde.*

RADICAL-SOCIALISME, ■ n. m. sing. [ʀadikalsosjalism] (*radical-socialiste*) Courant politique issu du parti républicain radical et apparu en France au début de la Troisième République.

RADICAL-SOCIALISTE, RADICALE-SOCIALISTE, ■ n. m. et n. f. [ʀadikalsosjalist] (*radical* et *socialiste*) Celui qui adhère aux doctrines des positions radicales et réformistes des membres du parti républicain radical. *Des radicaux-socialistes.* ■ **Adj.** *Parti radical-socialiste.*

RADICANT, ANTE, adj. [ʀadikɑ̃, ɑ̃t] (lat. *radicans*, p. prés. de *radicari*, prendre racine) **Bot.** Qui produit des racines distinctes de la racine principale. ♦ *Plantes radicantes*, plantes dont les branches jettent des racines sur la terre, ou s'accrochent aux arbres, aux murs, par des racines ou fibres adventives qu'elles y implantent : lierre, jasmin de Virginie, etc.

RADICELLE, n. f. [ʀadisɛl] (radic. du lat. *radix, radicis*) **Bot.** Petite racine ; dernière division du radicule.

RADICIVORE, ■ adj. [ʀadisivɔʀ] (radic. du lat. *radix* et -*vore*) **Zool.** Qui se nourrit de racines. *Un coléoptère radicivore.*

RADICOTOMIE, ■ n. f. [ʀadikotomi] (radic. du lat. *radix* et -*tomie*) **Chir.** Intervention chirurgicale qui consiste à sectionner une ou plusieurs racines nerveuses pour enrayer une douleur. *Ablation d'un disque intervertébral avec radicotomie.*

RADICULAIRE, ■ adj. [ʀadikylɛʀ] (*radicule*) **Bot.** Relatif à la radicule. *Bulbe radiculaire.* ■ **Méd.** Relatif à la racine des nerfs rachidiens ou à celle d'une dent. *Douleur radiculaire.*

RADICULALGIE, ■ n. f. [ʀadikylalʒi] (*radicule* et -*algie*) **Méd.** Douleur provoquée par l'inflammation d'une racine nerveuse et qui s'étend tout autour de cette racine.

RADICULE, n. f. [ʀadikyl] (lat. *radicula*, dim. de *radix*) Petite racine. ♦ **Bot.** Partie de l'embryon qui la première perce l'enveloppe de la graine pour s'enfoncer en terre.

RADICULITE, ■ n. f. [ʀadikylit] (*radicule*) **Méd.** Inflammation des racines des nerfs spinaux.

RADIÉ, ÉE, adj. [ʀadje] (lat. *radiatus*, p. p. de *radiare*) Qui est disposé en rayons partant d'un centre commun. ♦ *Couronne radiée*, Voy. RADIAL. ♦ **Bot.** Qui est disposé en rayons partant d'un centre commun. *Fleur radiée* et n. f. *une radiée.* ♦ **N. m. pl. Zool.** *Les radiés*, syn. de radiaires.

1 RADIER, n. m. [ʀadje] (prob. radic. de *radeau*) Grille de charpente sur laquelle on établit les fondations des écluses, des batardeaux. ♦ Sol artificiel, ordinairement construit en maçonnerie, pour asseoir une construction hydraulique. ♦ Plancher en pierre ou en bois compris entre les piles d'un pont ou entre les côtés d'une écluse. ♦ **Par extens.** Partie du biez qui donne l'eau immédiatement à la roue d'une usine hydraulique.

2 **RADIER**, v. tr. [ʀadje] (2 *radiation*) Néolog. Rayer une inscription hypothécaire ; effacer un nom d'une liste. ■ REM. N'est plus considéré comme néologisme aujourd'hui.

RADIESTHÉSIE, ■ n. f. [ʀadjɛstezi] (1 *radiation* et *esthésie*) Faculté particulière de percevoir des radiations émises par certains corps. ■ Procédé de détection fondé sur cette faculté. *La radiesthésie divinatoire.* ■ RADIESTHÉSIQUE, adj. [ʀadjɛstezik]

RADIESTHÉSISTE, ■ n. m. et n. f. [ʀadjɛstezist] (*radiesthésie*) Personne dotée de facultés radiesthésiques et qui les utilise. *Il est radiesthésiste et magnétiseur.*

RADIEUSEMENT, ■ adv. [ʀadjøz(ə)mɑ̃] (*radieux*) D'une façon radieuse. *Elle était radieusement belle.*

RADIEUX, EUSE, adj. [ʀadjø, øz] (lat. *radiosus*, rayonnant) Qui a des rayons de lumière. *Corps radieux. Un soleil radieux.* ♦ **Phys.** Point radieux, celui d'où émanent les rayons lumineux. ♦ Il se dit surtout en poésie et dans le style élevé. « Elle... *Trace en arc radieux sa route étincelante* », DELILLE. « *Des jardins délicieux s'étendent autour de la radieuse Jérusalem* », CHATEAUBRIAND. ♦ **Fig.** Animé par le contentement. *Il est tout radieux. Avoir le visage radieux.* ■ Très ensoleillé. *Une journée radieuse.*

RADIFÈRE, ■ adj. [ʀadifɛʀ] (*radium* et *-fère*) Chim. Contenant du radium. *Du sulfate de plomb radifère.*

RADIN, INE, ■ adj. [ʀadɛ̃, in] (orig. incert. : *radin*, gousset, tiroir à argent, ou fr. pop. *radin*, gratin) Fam. Qui n'aime pas dépenser son argent. *Il est trop radin pour laisser un pourboire.* ■ REM. On emploie aussi *radin* au féminin. *Elle est radin.* ■ N. m. et n. f. *Un radin, une radine.*

RADINER (SE), ■ v. pr. [ʀadine] (orig. obsc. : *radin*, gousset, ou fr. pop. *radin*, gratin) Fam. Arriver rapidement. *Radine-toi dès que tu peux.*

RADINERIE, ■ n. f. [ʀadin(ə)ʀi] (*radin*) Attitude de radin.

1 **RADIO**, ■ n. f. [ʀadjo] (abrév. de *radioscopie, radiographie, radiodiffusion* ou *radiotéléphonie.*) Station qui émet des émissions radiodiffusées. *Écouter la radio locale.* ■ Poste récepteur des émissions hertziennes. *Elle a gagné une petite radio au jeu-concours.* ■ Système de communication qui utilise les ondes radioélectriques. *Les routiers peuvent communiquer par radio.* ■ Appareil de communication par ondes radioélectriques. ■ Examen radiologique. *Faire une radio du poumon.*

2 **RADIO**, ■ n. m. [ʀadjo] (abrév. de *radiogramme* et *radiotélégraphie*) Appareil de communication sans fil qui fonctionne par émission d'ondes. ■ Message émis par cet appareil.

3 **RADIO...**, ■ [ʀadjo] Préfixe qui veut dire *rayon, rayonnement.*

4 **RADIO...**, ■ [ʀadjo] Préfixe servant à former des mots en rapport avec les transmissions électromagnétiques.

RADIOACTIF, IVE, ■ adj. [ʀadjoaktif, iv] (3 *radio-* et *actif*) Chargé de radioactivité. *Le traitement des déchets radioactifs.*

RADIOACTIVATION, ■ n. f. [ʀadjoaktivasjɔ̃] (3 *radio-* et *activation*) Contamination radioactive d'un corps sain par irradiation. *La radioactivation avec des neutrons rapides.*

RADIOACTIVITÉ, ■ n. f. [ʀadjoaktivite] (*radioactif*) Propriété que possèdent certains corps de se transformer par désintégration avec émission de rayonnements. ■ *Radioactivité naturelle*, propre à certains corps se trouvant à l'état naturel, comme l'uranium ou le thorium. ■ *Radioactivité artificielle*, obtenue en bombardant des particules.

RADIOALIGNEMENT, ■ n. m. [ʀadjoaliɲmɑ̃] ou [ʀadjoalinjəmɑ̃] (4 *radio-* et *alignement*) Techn. Balisage d'un couloir de navigation aérien ou maritime à l'aide de signaux transmis par ondes hertziennes.

RADIOALTIMÈTRE, ■ n. m. [ʀadjoaltimɛtʀ] (4 *radio-* et *altimètre*) Techn. Appareil de navigation aérienne qui mesure l'altitude de l'appareil. ■ RADIOALTIMÉTRIQUE, adj. [ʀadjoaltimetʀik]

RADIOAMATEUR, ■ n. m. [ʀadjoamatœʀ] (1 *radio* et *amateur*) Personne titulaire d'une licence lui permettant de communiquer par radio avec d'autres licenciés. ■ Adj. *Les réseaux radioamateurs.*

RADIOASTRONOMIE, ■ n. f. [ʀadjoastʀonomi] (3 *radio-* et *astronomie*) Astron. Étude astronomique fondée sur le rayonnement radioélectrique des astres et des planètes. ■ RADIOASTRONOME, n. m. et n. f. [ʀadjoastʀonom] ■ RADIOASTRONOMIQUE, adj. [ʀadjoastʀonomik]

RADIOBALISE, ■ n. m. [ʀadjobaliz] (4 *radio-* et *balise*) Techn. Émetteur qui émet des ondes courtes et qui est utilisé pour baliser les couloirs maritimes et aériens. ■ RADIOBALISER, v. tr. [ʀadjobalize] ■ RADIOBALISAGE, n. m. [ʀadjobalizaʒ]

RADIOBIOLOGIE, ■ n. f. [ʀadjobjoloʒi] (3 *radio-* et *biologie*) Biol. Domaine de la biologie qui s'intéresse à l'étude des conséquences des radiations sur les êtres vivants. ■ RADIOBIOLOGIQUE, adj. [ʀadjobjoloʒik]

RADIOCARBONE, ■ n. m. [ʀadjokaʀbɔn] (3 *radio-* et *carbone*) Phys. Carbone qui contient de la radioactivité. *Le radiocarbone, aussi appelé carbone 14, est utilisé pour dater les vestiges historiques.*

RADIOCASSETTE, ■ n. f. [ʀadjokasɛt] (1 *radio* et *cassette*) Appareil associant un récepteur de radio et un ou deux lecteurs enregistreurs de cassettes.

RADIOCHIMIE, ■ n. f. [ʀadjoʃimi] (3 *radio-* et *chimie*) Chim. Domaine de la chimie qui étudie les phénomènes relatifs à la radioactivité. ■ RADIOCHIMIQUE, adj. [ʀadjoʃimik]

RADIOCHRONOLOGIE, ■ n. f. [ʀadjokʀonoloʒi] (3 *radio-* et *chronologie*) Géol. Étude de la radioactivité des éléments rocheux du sol et du sous-sol permettant de les dater. ■ RADIOCHRONOLOGIQUE, adj. [ʀadjokʀonoloʒik]

RADIOCOBALT, ■ n. m. [ʀadjokobalt] (3 *radio-* et *cobalt*) Phys. Cobalt radioactif. *Les rejets de radiocobalt des centrales nucléaires ont des conséquences nuisibles sur l'environnement.*

RADIOCOMMANDE, ■ n. f. [ʀadjokomɑ̃d] (4 *radio-* et *commande*) Appareil de commande à distance fonctionnant grâce aux ondes radioélectriques. *Une radiocommande de modèle réduit d'avion.* ■ RADIOCOMMANDÉ, ÉE, adj. [ʀadjokomɑ̃de] *Voiture radiocommandée.*

RADIOCOMMUNICATION, ■ n. f. [ʀadjokomynikasjɔ̃] (4 *radio-* et *communication*) Technique de communication utilisant les ondes radioélectriques. *La radiocommunication marine.*

RADIOCOMPAS, ■ n. m. [ʀadjokɔ̃pa] (4 *radio-* et *compas*) Techn. Appareil de navigation qui permet à un bateau ou un avion de tenir une direction définie grâce à la réception et à l'analyse de signaux émis par des radiophares.

RADIOCONCENTRIQUE, ■ adj. [ʀadjokɔ̃sɑ̃tʀik] (lat. *radius*, rayon et *concentrique*) Dont les axes de circulation forment des cercles concentriques autour du centre-ville reliant ainsi les artères principales issues de ce même centre-ville. *Le plan radioconcentrique de Cabourg.*

RADIOCONDUCTEUR, ■ n. m. [ʀadjokɔ̃dyktœʀ] (4 *radio-* et *conducteur*) Vx Télécomm. Conducteur dont la tension et la résistance peuvent varier en fonction des ondes auxquelles il est soumis. *Le radioconducteur de Branly est à l'origine de la télégraphie sans fil.*

RADIOCRISTALLOGRAPHIE, ■ n. f. [ʀadjokʀistalogʀafi] (3 *radio-* et *cristallographie*) Étude de la structure des cristaux fondée sur la diffraction de rayons X, de neutrons ou d'électrons. *Grâce à la radiocristallographie, les savants ont pu établir la structure complexe de la protéine.*

RADIODERMITE, ■ n. f. [ʀadjodɛʀmit] (3 *radio-* et *dermite*) Méd. Lésion cutanée provoquée par la radioactivité.

RADIODIAGNOSTIC, ■ n. m. [ʀadjodjagnɔstik] (*radiographie* et *diagnostic*) Méd. Type d'exploration clinique qui recourt à l'utilisation des rayons X.

RADIODIFFUSER, ■ v. tr. [ʀadjodifyze] (4 *radio-* et *diffuser*) Diffuser sur les ondes hertziennes. *Le concert sera radiodiffusé sur nos ondes.*

RADIODIFFUSION, ■ n. f. [ʀadjodifyzjɔ̃] (*radiodiffuser*) Transmission radiophonique de programmes audio à l'intention du public. *Les stations de radiodiffusion.* ■ *Radiodiffusion numérique*, pour laquelle les ondes sonores sont traitées au système informatique. ■ **Abrév.** Radio. ■ RADIODIFFUSEUR, n. m. [ʀadjodifyzœʀ]

RADIODISTRIBUTION, ■ n. f. [ʀadjodistʀibysjɔ̃] (4 *radio-* et *distribution*) Transmission d'émissions radiodiffusées par le câble.

RADIOÉCOLOGIE, ■ n. f. [ʀadjoekoloʒi] (3 *radio-* et *écologie*) Domaine de l'écologie qui s'intéresse aux conséquences des rayonnements ionisants sur la nature. ■ RADIOÉCOLOGIQUE, adj. [ʀadjoekoloʒik] *Bilan radioécologique de la région.*

RADIOÉLECTRICIEN, IENNE, ■ n. m. et n. f. [ʀadjoelɛktʀisjɛ̃, jɛn] (*radioélectrique*) Technicien spécialisé en radioélectricité.

RADIOÉLECTRICITÉ, ■ n. f. [ʀadjoelɛktʀisite] (4 *radio-* et *électricité*) Ensemble des phénomènes produits par les ondes électromagnétiques. ■ Branche de la physique qui étudie les ondes hertziennes. *Application de la radioélectricité à la transmission des signaux à distance.*

RADIOÉLECTRIQUE, ■ adj. [ʀadjoelɛktʀik] (4 *radio-* et *électrique*) Qui a trait à la radioélectricité. *La communication par satellite et par propagation radioélectrique.*

RADIOÉLÉMENT, ■ n. m. [ʀadjoelemɑ̃] (3 *radio-* et *élément*) Phys. Élément doté d'une radioactivité. *Les radioéléments naturels et les radioéléments artificiels.*

RADIOFRÉQUENCE, ■ n. f. [ʀadjofʀekɑ̃s] (4 *radio-* et *fréquence*) Phys. Oscillation de fréquence radioélectrique. *Utilisation de la radiofréquence en médecine pour la destruction de tissus.*

RADIOGALAXIE, ■ n. f. [ʀadjogalaksi] (4 *radio-* et *galaxie*) Astron. Galaxie découverte et identifiée grâce à son rayonnement radioélectrique.

RADIOGONIOMÉTRIE, ■ n. f. [ʀadjogonjometʀi] (4 *radio-* et *goniométrie*) Techn. Technique de navigation maritime et aérienne utilisant les ondes radioélectriques. *La radiogoniométrie fut utilisée pour la première fois en 1929.* ■ RADIOGONIOMÉTRIQUE, adj. [ʀadjogonjometʀik] ■ RADIOGONIOMÈTRE, n. m. [ʀadjogonjometʀ]

RADIOGRAMME, ■ n. m. [ʀadjogram] (*radiotélégramme*) Techn. Message véhiculé au moyen des ondes radioélectriques, par radiotélégraphie. *Le radiogramme de la Victoire.*

RADIOGRAPHIE, ■ n. f. [ʀadjografi] (*radiophotographie*) Procédé permettant d'enregistrer sur un cliché l'image de l'intérieur d'un corps exposé à une source de rayons X. *Utilisation de la radiographie en médecine.* ■ Le cliché ainsi obtenu. *Une radiographie pulmonaire.* ■ Abrév. Radio. ■ Fig. Examen minutieux à un moment donné. *Une radiographie de la situation économique du pays.* ■ RADIOGRAPHIER, v. tr. [ʀadjografje] ■ RADIOGRAPHIQUE, adj. [ʀadjografik]

RADIOGUIDAGE, ■ n. m. [ʀadjogidaʒ] (4 *radio-* et *guidage*) Technique de guidage qui utilise les ondes radioélectriques. *Le radioguidage d'un satellite mis en orbite.* ■ Système d'information des automobilistes par radio sur les conditions du trafic routier. *Un nouveau système de radioguidage automobile par GPS qui fonctionne à la voix.*

RADIOGUIDER, ■ v. tr. [ʀadjogide] (*radioguidage*) Conduire à distance un appareil mobile en utilisant les ondes radioélectriques. ■ Transmettre par radio des informations sur la circulation afin d'aider les usagers de la route dans le choix de leur trajet.

RADIO-IMMUNOLOGIE, ■ n. f. [ʀadjoimynoloʒi] (3 *radio-* et *immunologie*) Méd. Ensemble des méthodes de dosage utilisant des isotopes radioactifs. *L'importance de la radio-immunologie dans le domaine de l'endocrinologie.* ■ REM. On peut aussi écrire *radioïmmunologie*.

RADIO-ISOTOPE, ■ n. m. [ʀadjoizotɔp] (3 *radio-* et *isotope*) Isotope instable d'un élément chimique. *En médecine, les radio-isotopes sont largement utilisés à des fins de diagnostic.* ■ REM. On peut aussi écrire *radioïsotope*. ■ RADIO-ISOTOPIQUE, adj. [ʀadjoizotopik] REM. On peut aussi écrire *radioïsotopique*.

RADIOLAIRE, ■ n. m. [ʀadjolɛʀ] (lat. *radiolus*, petit rayon) Zool. Protozoaire du plancton doté d'un squelette siliceux à symétrie axiale.

RADIOLARITE, ■ n. f. [ʀadjolaʀit] (*radiolaire*) Géol. Roche sédimentaire à radiolaire, de couleur rouge du fait de la présence importante d'oxyde de fer, et que l'on trouve parfois en très quantité dans les fonds sous-marins. *Des galets de radiolarite.*

RADIOLÉSION, ■ n. f. [ʀadjolezjɔ̃] (3 *radio-* et *lésion*) Méd. Lésion ou trouble dû à l'action d'un rayonnement ionisant. *Radiolésion consécutive à une radiothérapie.*

RADIOLOCALISATION, ■ n. f. [ʀadjolokalizasjɔ̃] (4 *radio-* et *localisation*) Technique de localisation utilisant les ondes radioélectriques. *La radiolocalisation permet à l'exploitant d'une flotte de connaître la position et l'état de chacun de ses véhicules et de transmettre des consignes.*

RADIOLOGIE, ■ n. f. [ʀadjoloʒi] (3 *radio-* et *-logie*) Branche de la médecine spécialisée dans la visualisation des parties internes du corps au moyen de rayons X ou autres rayonnements. *Un cabinet de radiologie.* ■ RADIOLOGIQUE, adj. [ʀadjoloʒik] ■ RADIOLOGUE ou RADIOLOGISTE, n. m. et n. f. [ʀadjolɔg, ʀadjoloʒist]

RADIOLYSE, ■ n. f. [ʀadjoliz] (3 *radio-* et *-lyse*) Chim. Dissociation des différents éléments constituant une substance organique à l'aide de rayonnements ionisants. *Le rôle de la radiolyse dans les procédés de retraitement du combustible nucléaire.*

RADIOMESSAGERIE, ■ n. f. [ʀadjomesaʒ(ə)ʀi] (4 *radio-* et *messagerie*) Service de transmission de messages à destination de téléphones mobiles.

RADIOMÈTRE, ■ n. m. [ʀadjomɛtʀ] (angl. *radiometer*) Instrument qui servait à prendre des hauteurs en mer. ■ Phys. Appareil de mesure de l'intensité des rayonnements lumineux. ■ RADIOMÉTRIE, n. f. [ʀadjometʀi] ■ RADIOMÉTRIQUE, adj. [ʀadjometʀik]

RADIONAVIGANT, ANTE ou **RADIONAVIGATEUR, TRICE**, ■ n. m. et n. f. [ʀadjonavigɑ̃, ɑ̃t, ʀadjonavigatœʀ, tʀis] (*radionavigation*) Membre d'équipage chargé de la gestion et la transmission des informations par radio.

RADIONAVIGATION, ■ n. f. [ʀadjonavigasjɔ̃] (4 *radio-* et *navigation*) Technique de navigation qui repose sur l'utilisation des ondes radioélectriques. *Radionavigation par satellites.*

RADIONÉCROSE, ■ n. f. [ʀadjonekʀoz] (3 *radio-* et *nécrose*) Méd. Mortification d'un tissu organique sous l'action de rayons X.

RADIONUCLÉIDE ou **RADIONUCLIDE**, ■ n. m. [ʀadjonykleid, ʀadjonyklid] (3 *radio-* et *nucléide*) Phys. Isotope radioactif. *La période radioactive d'un radionucléide.*

RADIOPHARE, ■ n. m. [ʀadjofaʀ] (4 *radio-* et *phare*) Télécomm. Émetteur d'ondes radioélectriques courtes, utilisé dans le radiobalisage et le radioguidage.

RADIOPHARMACEUTIQUE, ■ adj. [ʀadjofaʀmasøtik] (3 *radio-* et *pharmaceutique*) Méd. Qui contient des radionucléides, en parlant d'une substance pharmaceutique.

RADIOPHONIE, ■ n. f. [ʀadjofoni] (4 *radio-* et *-phonie*) Télécomm. Transmission du son par ondes hertziennes. *Le fulgurant essor de la radiophonie au XXᵉ siècle.*

RADIOPHONIQUE, ■ n. f. [ʀadjofonik] (*radiophonie*) Qui utilise la transmission du son par ondes hertziennes. ■ Retransmis par radiodiffusion. *Un débat radiophonique.*

RADIOPHOTOGRAPHIE, ■ n. f. [ʀadjofotografi] (*radioscopie* et *photographie*) Méd. Cliché obtenu à partir de l'image radioscopique produite sur un écran par un faisceau de rayonnements ionisants. *La radiophotographie exige un niveau plus élevé d'exposition que la radiographie ordinaire.*

RADIOPROTECTION, ■ n. f. [ʀadjopʀotɛksjɔ̃] (3 *radio-* et *protection*) Ensemble des techniques de protection contre l'effet des ondes ionisantes. *L'IRSN est l'Institut de radioprotection et de sûreté nucléaire. Les normes de radioprotection.*

RADIORÉCEPTEUR, ■ n. m. [ʀadjoʀesɛptœʀ] (4 *radio-* et *récepteur*) Récepteur capable de recevoir les ondes hertziennes et de les convertir en sons. *Appareil auditif équipé d'un radiorécepteur.*

RADIOREPÉRAGE, ■ n. m. [ʀadjoʀəpeʀaʒ] (4 *radio-* et *repérage*) Technique de repérage utilisant les ondes radioélectriques et permettant de localiser un objet en mouvement. *Système de radiorepérage par satellite.*

RADIOREPORTAGE, ■ n. m. [ʀadjoʀəpɔʀtaʒ] (1 *radio* et *reportage*) Reportage journalistique diffusé sur les ondes hertziennes. *Le radioreportage sportif.* ■ RADIOREPORTER ou RADIOREPORTEUR, EUSE, n. m. et n. f. [ʀadjoʀəpɔʀtœʀ, øz]

RADIORÉSISTANCE, ■ n. f. [ʀadjoʀezistɑ̃s] (3 *radio-* et *résistance*) Méd. Capacité de résistance d'un tissu organique à l'action des rayons ionisants. *Augmentation de la radiorésistance cellulaire.*

RADIORÉVEIL ou **RADIO-RÉVEIL**, ■ n. m. [ʀadjoʀevɛj] (1 *radio* et *réveil*) Appareil combinant un récepteur de radio et un réveil permettant ainsi de programmer le réveil sur une station de son choix. *Des radioréveils, des radios-réveils.*

RADIOSCOPIE, ■ n. f. [ʀadjoskopi] (3 *radio-* et *scopie*) Méd. Examen de l'image formée sur un écran par un corps ou un organe exposé à une source de rayons X. ■ RADIOSCOPIQUE, adj. [ʀadjoskopik]

RADIOSENSIBILITÉ, ■ n. f. [ʀadjosɑ̃sibilite] (3 *radio-* et *sensibilité*) Méd. Sensibilité plus ou moins prononcée d'un tissu aux rayons ionisants. *La radiosensibilité est à la base du traitement des cancers par radiothérapie.* ■ RADIOSENSIBLE, adj. [ʀadjosɑ̃sibl]

RADIOSONDAGE, ■ n. m. [ʀadjosɔ̃daʒ] (*radiosonde*) Météorol. Information relative aux conditions météorologiques ou atmosphériques déterminée grâce aux mesures effectuées par une radiosonde. *Une station de radiosondage.*

RADIOSONDE, ■ n. f. [ʀadjosɔ̃d] (4 *radio-* et *sonde*) Météorol. Appareil de mesure météorologique placé dans un ballon-sonde. *Les radiosondes sont envoyées jusqu'à une altitude de 30 km.*

RADIOSOURCE, ■ n. f. [ʀadjosuʀs] (4 *radio-* et *source*) Astron. Astre identifié grâce aux ondes radioélectriques qu'il émet en continu. *Une radiosource extragalactique.*

RADIO-TAXI ou **RADIOTAXI**, ■ n. m. [ʀadjotaksi] (1 *radio* et *taxi*) Taxi équipé d'un poste émetteur-récepteur lui permettant d'être relié en réseau à d'autres taxis et à un standard qui transmet les appels des clients. *Des radios-taxis, des radiotaxis.*

RADIOTECHNIQUE, ■ n. f. [ʀadjotɛknik] (4 *radio-* et *technique*) Toute technique utilisant les ondes radioélectriques. *La radiotechnique et l'électrotechnique.*

RADIOTÉLÉGRAPHIE, ■ n. f. [ʀadjotelegrafi] (4 *radio-* et *télégraphie*) Transmission de messages en alphabet morse au moyen d'ondes radioélectriques. *Utilisation de la radiotélégraphie dans la marine.* ■ RADIOTÉLÉGRAPHIER, v. tr. [ʀadjotelegrafje] ■ RADIOTÉLÉGRAPHIQUE, adj. [ʀadjotelegrafik] ■ RADIOTÉLÉGRAPHISTE, n. m. et n. f. [ʀadjotelegrafist]

RADIOTÉLÉPHONE, ■ n. m. [ʀadjotelefɔn] (4 *radio-* et *téléphone*) Appareil de téléphonie mobile fonctionnant grâce aux ondes radioélectriques. *Les abonnés au radiotéléphone.*

RADIOTÉLÉPHONIE, ■ n. f. [ʀadjotelefoni] (4 *radio-* et *téléphonie*) Technique de communication téléphonique utilisant les ondes radioélectriques. *La radiotéléphonie permet de s'affranchir des liaisons physiques.* ■ RADIOTÉLÉPHONIQUE, adj. [ʀadjotelefonik] ■ RADIOTÉLÉPHONISTE, n. m. et n. f. [ʀadjotelefonist]

RADIOTÉLESCOPE, ■ n. m. [ʀadjotelɛskɔp] (4 *radio-* et *télescope*) **Astron.** Appareil pouvant percevoir et enregistrer les ondes radioélectriques émises par les astres. *Utilisation du radiotélescope en radioastronomie.*

RADIOTÉLÉVISÉ, ÉE, ■ adj. [ʀadjotelevize] (1 *radio* et *télévisé*) Retransmis à la fois à la radio et à la télévision. *Un concert radiotélévisé.*

RADIOTÉLÉVISION, ■ n. f. [ʀadjotelevizjɔ̃] (1 *radio* et *télévision*) **Audiov.** Technique de diffusion sonore et vidéo par ondes radioélectriques. *La radiotélévision par câble.*

RADIOTHÉRAPIE, ■ n. f. [ʀadjoteʀapi] (3 *radio-* et *thérapie*) **Méd.** Emploi thérapeutique des rayonnements ionisants, tels que les rayons X, le radium, etc. ■ **Spécialt** Traitement d'un cancer par rayon X. *Suivre une radiothérapie.* ■ RADIOTHÉRAPEUTE, n. m. et n. f. [ʀadjoteʀapøt]

RADIOTROTTOIR ou **RADIO-TROTTOIR**, ■ n. f. [ʀadjotʀɔtwaʀ] (1 *radio* et *trottoir*) **Fam.** et **ironiq.** Information publique circulant par la seule rumeur publique. *Des radiotrottoirs, des radios-trottoirs.* ■ **N. m.** Bref entretien avec des personnes dans la rue sur un sujet, retransmis à la télévision ou à la radio. ■ **Afriq.** Rumeur.

RADIS, ■ n. m. [ʀadi] (ital. *radice*, racine, du lat. *radix*) Variété arrondie de la racine du *raphanus sativus*, qui se mange crue ; il y en a deux variétés : *le petit radis rose* et *le gros radis noir*. ■ **Fam.** *Ne pas avoir un radis*, ne pas avoir d'argent.

RADIUM, ■ n. m. [ʀadjɔm] (*radio*[*actif*] et *-ium*, suff. des métaux) Élément radioactif de la famille de l'uranium. *Le radium fut découvert par Pierre et Marie Curie.*

RADIUMTHÉRAPIE, ■ n. f. [ʀadjɔmteʀapi] (*radium* et *thérapie*) **Méd.** Cure thérapeutique utilisant le radium comme source radioactive et utilisée en cancérologie.

RADIUS, ■ n. m. [ʀadjys] (lat. *radius*, baguette, radius) **Anat.** Os long qui occupe le côté externe de l'avant-bras.

RADJAH, ■ n. m. [ʀadʒa] Voy. RAJAH.

RADOIRE, n. f. [ʀadwaʀ] (*rader*) ▷ Instrument qui sert à rader. ◁

RADÔME, ■ n. m. [ʀadom] (*radar* et *dôme*) **Télécomm.** Large capot transparent renfermant une antenne radar et destiné à la protéger des variations atmosphériques. *Le radôme de Pleumeur.*

RADON, ■ n. m. [ʀadɔ̃] (all. *Radon*, de *rad*[*ium*] et suff. *-on* des gaz rares) Gaz radioactif très lourd obtenu à partir du radium.

RADOTAGE, ■ n. m. [ʀadotaʒ] (*radoter*) Discours sans suite et sans raison. ♦ État de celui qui radote. ■ Propos de quelqu'un qui radote. *Je ne prête même plus attention à ses radotages.*

RADOTEMENT, n. m. [ʀadot(ə)mɑ̃] (*radoter*) ▷ Action de radoter. ◁

RADOTER, v. intr. [ʀadote] (anc. fr. *redoter*, du moy. néerl. *doten*, être fou) Tenir des discours qui manquent de sens et annoncent un affaiblissement d'esprit. ♦ **Fig.** et **fam.** Dire des choses sans raison, sans fondement. « *Je crois qu'à mon avis tout le monde radote* », RÉGNIER. ■ **V. intr.** Répéter continuellement la même chose. *Il radote avec l'âge.*

RADOTERIE, n. f. [ʀadot(ə)ʀi] (*radoter*) ▷ Habitude de radoter. ♦ Discours, paroles de celui qui radote. ◁

RADOTEUR, EUSE, n. m. et n. f. [ʀadotœʀ, øz] (*radoter*) Celui, celle qui radote.

RADOUB, ■ n. m. [ʀadu] (on ne prononce pas le *b* final ; *radouber*) **Mar.** Réparation pratiquée au corps d'un bâtiment qui a subi des avaries, ou que le temps a endommagé. *Donner un radoub à un navire.* ♦ ▷ Opération de radouber la poudre. ◁

RADOUBÉ, ÉE, p. p. de radouber. [ʀadube]

RADOUBER, v. tr. [ʀadube] (préf. *re-* et *adouber*) **Mar.** Faire des réparations au corps d'un bâtiment. ♦ ▷ **Artill.** *Radouber une poudre avariée par l'humidité*, la faire sécher, ou, s'il est nécessaire, en rétablir le dosage, et la remettre en fabrication. ◁ ♦ ▷ Se radouber, v. pr. Être radoubé. ◁ ▷ **Fig.** Réparer une perte, reprendre de la santé. ◁ ■ Remmailler un filet de pêche. ◁

RADOUBEUR, n. m. [ʀadubœʀ] (*radouber*) **Mar.** Celui qui radoube.

RADOUCI, IE, p. p. de radoucir. [ʀadusi] **Fig.** Rendu plus doux, en parlant des personnes et des choses.

RADOUCIR, v. tr. [ʀadusiʀ] (préf. *re-* et *adoucir*) Rendre plus doux, en parlant de la température. *La pluie a radouci le temps.* ♦ Rendre moins aigre,

en parlant des métaux. *On radoucit les métaux par une fonte réitérée.* ♦ **Fig.** Rendre plus doux, moins rude. *Radoucir quelqu'un, le caractère de quelqu'un, son ton, etc.* ♦ Se radoucir, v. pr. Devenir moins froid, moins âpre. *Le temps commence à se radoucir.* ♦ **Fig.** « *Comme il se radoucit !* », MOLIÈRE.

RADOUCISSEMENT, n. m. [ʀadusis(ə)mɑ̃] (radic. du p. prés. de *radoucir*) Action de radoucir ; état de ce qui est radouci. *Le radoucissement de la saison.* ♦ **Par extens.** *Le radoucissement de la voix, de la fièvre, etc.* ♦ **Fig.** *Le radoucissement de la colère.*

RADSOC, ■ n. m. et n. f. [ʀadsɔk] (abrév. de *radical-socialiste*) Adhérent ou sympathisant du parti politique radical socialiste (en France, sous la Troisième République).

RADULA, ■ n. f. [ʀadyla] (mot lat. imp., racloir) **Zool.** Partie râpeuse de la langue des mollusques. *La radula des escargots leur sert à attraper leur nourriture.*

RAFALE, n. f. [ʀafal] (p.-ê. croisement de l'ital. *raffica*, rafale, avec [*s'*]*affaler*, être porté sur la côte par le vent) **Mar.** Coup de vent de terre, à l'approche des montagnes, des côtes élevées. ♦ Sur terre, coups de vent violents, imprévus et de peu de durée. ♦ **Fig.** Dans l'argot maritime, pénurie. ♦ Suite de coups tirés sans interruption par une arme automatique. *Tirer une rafale.* ■ **Fig.** Succession bruyante et soudaine. *Une rafale d'applaudissements.*

RAFALÉ, ÉE, adj. [ʀafale] (*rafale*) ▷ **Mar.** Qui a subi des rafales. *Un navire rafalé.* ♦ **Fig.** et **fam.** Se dit d'un homme qui manque d'argent ou de choses indispensables, qui a subi des revers de fortune. ◁

RAFFE, n. f. [ʀaf] Voy. RAFLE.

RAFFERMER, v. tr. [ʀafɛʀme] (préf. *re-* et *affermer*) ▷ Affermer de nouveau. ◁

RAFFERMI, IE, p. p. de raffermir. [ʀafɛʀmi]

RAFFERMIR, v. tr. [ʀafɛʀmiʀ] (préf. *re-* et *affermir*) Rendre plus ferme, plus solide. *Raffermir les dents. Le froid a raffermi le sol.* ♦ **Fig.** Remettre dans un état plus assuré, plus ferme. *Raffermir la santé, les courages, les troupes qui plient, etc.* ♦ Se raffermir, v. pr. Devenir plus ferme, plus solide. ♦ **Fig.** *Si votre santé se raffermissait.*

RAFFERMISSEMENT, n. m. [ʀafɛʀmis(ə)mɑ̃] (radic. du part prés. de *raffermir*) Action de raffermir ; état de ce qui est raffermi. *Le raffermissement du sol.* ♦ **Fig.** *Le raffermissement du crédit public, du courage, etc.*

RAFFINAGE, n. m. [ʀafinaʒ] (*raffiner*) Opération qui consiste à séparer d'une substance les matières étrangères qui en altèrent la pureté. ♦ *Le raffinage du sucre, du salpêtre.* ♦ On ne dit plus *le raffinage des métaux ;* on dit *l'affinage.* ■ Processus qui rend le pétrole brut utilisable dans ses applications domestiques. *Le naphte est obtenu après raffinage et distillation du pétrole.*

RAFFINAT, ■ n. m. [ʀafina] (*raffiner*) Ce qui résulte du raffinage. *Les raffinats pétroliers.*

RAFFINÉ, ÉE, p. p. de raffiner. [ʀafine] ▷ *Fromage raffiné*, fromage qui a subi une fermentation, par opposition au fromage blanc ou frais. ◁ ♦ **Fig.** Qui pousse loin la subtilité, la finesse. *Un esprit raffiné.* « *Cromwell, hypocrite raffiné autant qu'habile politique* », BOSSUET. ■ **N. m.** *Un raffiné,* un homme qui raffine sur les choses. ♦ Qui porte le caractère de la subtilité, de la finesse, en parlant des choses. *Politique raffinée.* « *La plus raffinée perfection a toujours quelque trait d'imperfection* », LA MOTHE LE VAYER. ♦ Qui porte le caractère d'une extrême recherche. « *La corruption d'une vie impure et du libertinage raffiné* », BOURDALOUE. ■ **REM.** On dit auj. *affiné,* en parlant du fromage. ■ Qui a été soumis à un raffinage. *Du pétrole raffiné.*

RAFFINEMENT, n. m. [ʀafin(ə)mɑ̃] (*raffiner*) Extrême subtilité, extrême finesse. *Les raffinements de la politique.* « *Faut-il tant de raffinement pour savoir que le monde est un guide trompeur ?* », MASSILLON. ♦ Excès de recherche en certaines actions, en certaines habitudes. « *Tous les raffinements dont nous nous servons pour couvrir nos tables, suffisent à peine à nous déguiser les cadavres qu'il nous faut manger pour nous assouvir* », BOSSUET. « *La fausse modestie est le dernier raffinement de la vanité* », LA BRUYÈRE.

RAFFINER, v. tr. [ʀafine] (préf. *re-* et *affiner*) Rendre plus fin, plus pur. *Raffiner le sucre, le salpêtre.* ♦ *Raffiner* ou *affiner le fromage,* lui donner un goût plus fin. ♦ **Fig.** Rendre plus délicat, plus subtil, plus fin. *Raffiner le goût.* « *On dit que l'usage raffine l'oreille* », BOSSUET. ♦ **V. intr.** Porter un excès de subtilité dans. « *Le langage de la loi est simple ; sans vouloir briller ni raffiner, elle ne veut être que nette et précise* », BOSSUET. « *Raffiner sur le point d'honneur* », MONTESQUIEU. ♦ Porter un excès de recherche dans. « *Philippe déjà vieux raffine sur la propreté et sur la mollesse* », LA BRUYÈRE. ♦ Aller plus loin que les autres en quelque chose. « *C'était en menterie un auteur très célèbre, Qui sut y raffiner de si digne façon Qu'aux maîtres du métier il en eût fait leçon* », P. CORNEILLE. ♦ Se raffiner, v. pr. Devenir plus fin, moins simple, plus habile. « *C'est par l'expérience que les esprits se raffinent* », BOSSUET. « *Les nations d'Europe se raffinent tous les jours* », MONTESQUIEU. ♦ Il se dit aussi des choses. « *La politique s'étant raffinée plus que perfectionnée en Europe* », V<small>OLTAIRE</small>.

RAFFINERIE, n. f. [ʀafin(ə)ʀi] (*raffiner*) Lieu où l'on raffine. ♦ Particulièrement, usine où l'on raffine le sucre.

RAFFINEUR, EUSE, n. m. et n. f. [ʀafinœʀ, øz] (*raffiner*) Personne qui raffine. *Raffineur de sucre.* ♦ N. f. *Raffineuse*, femme qui exploite, qui possède une raffinerie de sucre. ♦ Fig. Personne qui porte loin la subtilité, la recherche. ■ Personne qui exploite une raffinerie.

RAFFLE, ■ n. f. [ʀafl] Voy. RAFLE.

RAFFLÉSIE n. f. ou **RAFFLÉSIA**, ■ n. m. [ʀaflezi, ʀaflezja] (Sir *Raffles*, 1781-1826, gouverneur de Sumatra) **Bot**. Plante parasitaire tropicale, non chlorophyllienne, qui se développe sur les racines et les lianes et est caractérisée par des fleurs aux larges corolles. *Les rafflésies de Malaisie.* ■ R<small>EM</small>. On écrit aussi *rafflesia*.

RAFFOLER, v. intr. [ʀafole] (préf. *re-* et *affoler*) Se conjugue avec *être* ou *avoir*, suivant le sens. Se passionner follement pour quelqu'un, pour quelque chose. *Raffoler de musique.*

RAFFOLIR, v. intr. [ʀafoliʀ] (préf. *re-* et *affolir*, devenir fou) ▷ Peu usité. Devenir fou. ◁

RAFFUT, ■ n. m. [ʀafy] (anc. fr. *raffuter*, rosser, par antiphrase, du préf. *re-* et *affuter*, remettre en état) **Fam**. Grand bruit. *C'est fini ce raffut? Sa bécane fait un drôle de raffut.* ■ Fig. Scandale. *Cette histoire va faire du raffut.*

RAFIOT, ■ n. m. [ʀafjo] (orig. inc.) Petit navire à voile, également pourvu de rames, utilisé en mer Méditerranée. *Un rafiot de pêche.* ■ **Fam**. Embarcation en mauvais état.

RAFISTOLAGE, n. m. [ʀafistolaʒ] (préf. *re-* et *af[f]istoler*, ajuster tant bien que mal, prob. de l'ital. *fistola*, flûte) **Pop**. Action de rafistoler.

RAFISTOLER, v. tr. [ʀafistole] (lat. *fistula*) **Pop**. Raccommoder, réparer. *Rafistoler des chaussures, un habit, etc.*

1 RAFLE, n. f. [ʀafl] (2 *rafle*) Grappe de raisin qui n'a plus de grains. ♦ Quelques-uns disent *raffe*, et d'autres *râpe*. ■ **Bot**. Ensemble des pédoncules d'une grappe de fruits. ■ Partie centrale d'un épi de maïs. ■ R<small>EM</small>. On écrivait aussi *raffle*.

2 RAFLE, n. f. [ʀafl] (m. h. all. *raffel*, râcloir) Action de rafler, d'enlever. *Faire une rafle en pays ennemi.* ♦ *Faire rafle*, enlever tout sans rien laisser. ♦ ▷ Espèce de filet pour prendre les petits oiseaux. ◁ ♦ ▷ Filet de pêche garni d'ailes, et ayant plusieurs ouvertures à chaque extrémité. ◁ ♦ Au jeu, coup où les dés amènent le même point, ainsi dit parce qu'il rafle, gagne. *Faire rafle.* ■ Intervention rapide et en masse de la police, accompagnée de nombreuses arrestations. *Les rafles de la Gestapo. Il s'est fait arrêter au cours d'une rafle.*

RAFLÉ, ÉE, p. p. de rafler. [ʀafle]

RAFLER, v. tr. [ʀafle] (2 *rafle*) Emporter tout très promptement. *Les voleurs ont tout raflé. Il a raflé tout l'argent des autres joueurs.* ■ S'emparer de quelque chose de rare, sans rien laisser aux autres. *La sportive a raflé toutes les médailles.* ■ Prendre dans une rafle.

RAFRAÎCHI, IE ou **RAFRAICHI, IE**, p. p. de rafraîchir. [ʀafʀeʃi]

RAFRAÎCHIR ou **RAFRAICHIR**, v. tr. [ʀafʀeʃiʀ] (préf. *ra-*, var. de *re-*, et *fraîchir*, anc. fr. *rafraîchir*, restaurer) Rendre plus frais. *Une pluie rafraîchira les campagnes desséchées.* ♦ Il se dit aussi de ce qui donne une sorte de fraîcheur à l'intérieur du corps. « *Pour humecter et rafraîchir les entrailles* », M<small>OLIÈRE</small>. ♦ Absol. *Cette boisson rafraîchit.* ♦ ▷ *Rafraîchir le sang*, le rendre plus calme par les remèdes, par le régime. ◁ ♦ Fig. *Rafraîchir le sang*, se dit des choses qui font plaisir, qui donnent de la tranquillité. « *Il n'y a rien qui rafraîchisse le sang comme d'avoir su éviter de faire une sottise* », L<small>A</small> B<small>RUYÈRE</small>. ◁ ♦ Fig. *Se rafraîchir la tête*, se calmer l'esprit. ♦ Réparer, mettre en meilleur état. *Rafraîchir un mur.* ♦ *Rafraîchir un tableau, une tapisserie*, rendre la vivacité aux couleurs en nettoyant et vernissant un tableau ; refaire une tapisserie aux endroits elle sont gâtée. ♦ Dans la peinture en bâtiment, faire revivre des couleurs ou des vernis en les lavant. ♦ *Rafraîchir la terre*, la remuer, la bêcher de nouveau. ♦ Rogner, couper l'extrémité. *Rafraîchir les cheveux, le bord d'un manteau, etc.* ♦ *Rafraîchir les racines d'une plante*, en rogner tant soit peu le chevelu. ♦ **Fig**. Rendre frais, jeune. *Rafraîchir l'imagination, la pensée, etc.* ♦ **Fam**. *Rafraîchir à quelqu'un la mémoire de quelque chose*, lui en rappeler le souvenir. ♦ Rétablir par le repos et la nourriture. *Rafraîchir des troupes.* ♦ *Rafraîchir une place d'hommes et de munitions*, ou simplement *la rafraîchir*, la ravitailler. ♦ V. intr. Devenir plus frais. *La rivière rafraîchit plus d'un jour. Mettez le vin rafraîchir à la cave.* ♦ *Se rafraîchir*, v. pr. Devenir plus frais. *Le temps se rafraîchit.* ♦ Avec ellipse du pronom personnel. *Faire rafraîchir de l'eau.* ♦ Prendre le frais. *Vous vous rafraîchirez à l'ombre.* ♦ Se rétablir par le repos et la nourriture. *Ces troupes se sont rafraîchies dans de bons quartiers.* ♦ Boire un coup, manger un peu,

se reposer. ♦ Avec suppression du pronom personnel. *Faire rafraîchir les chevaux.* ■ Faire une toilette rapide et se recoiffer en cours de journée. *Se rafraîchir avant de sortir.*

RAFRAÎCHISSANT, ANTE ou **RAFRAICHISSANT, ANTE**, adj. [ʀafʀeʃisã, ãt] (*rafraîchir*) Qui est propre à diminuer la chaleur atmosphérique, à donner de la fraîcheur. *Des zéphyrs rafraîchissants.* ♦ Méd. Se dit de toute substance propre à calmer la soif et à diminuer la température du corps. ■ N. m. *Des rafraîchissants.* ◁ ♦ Il se dit par euphémisme de ce qui relâche le ventre. ■ Adj. Dont la fraîcheur et la légèreté enthousiasment. *Une comédie rafraîchissante.*

RAFRAÎCHISSEMENT ou **RAFRAICHISSEMENT**, n. m. [ʀafʀeʃis(ə)mã] (radic. du p. prés. de *rafraîchir*) Action de rendre plus frais. *Le rafraîchissement du vin, de l'atmosphère, etc.* ♦ Ce qui rafraîchit, tempère le corps. *Avoir besoin de rafraîchissement.* ♦ *Rafraîchissements intérieurs*, moyens employés pour rafraîchir le corps, comme clystères, doux purgatifs, etc. ♦ L'effet de ce qui rafraîchit. *Cela vous causera trop de rafraîchissement.* ♦ Action de réparer, de remettre à neuf. *Le rafraîchissement d'un tableau.* ♦ *Rafraîchissement de mémoire*, souvenir renouvelé. ♦ Fig. Soulagement. « *Ce saint sacrifice, rafraîchissement de nos peines* », B<small>OSSUET</small>. ♦ Recouvrement de forces par le repos, la nourriture. ♦ N. m. pl. Vivres dont on rafraîchit une place, une armée. ♦ **Mar**. Vivres frais que reçoit un bâtiment au départ ou dans les relâches. ♦ Mets, boissons, fruits servis dans une fête à une compagnie. *Servir des rafraîchissements.*

RAFT, ■ n. m. [ʀaft] (mot angl.) Embarcation gonflable que l'on manœuvre à la pagaie et utilisée dans la descente de torrents. *Une descente en raft. Des rafts.* ■ Sport ainsi pratiqué. *Faire du raft.*

RAFTING, ■ n. m. [ʀaftiŋ] (mot angl.) Descente sur eaux vives faite à bord d'un raft. *Rafting sur le Verdon.* ■ RAFTEUR, EUSE, n. m. et n. f. [ʀaftœʀ, øz]

RAGAILLARDI, IE, p. p. de ragaillardir. [ʀagajaʀdi]

RAGAILLARDIR, v. tr. [ʀagajaʀdiʀ] (préf. *ra-*, var. de *re-* et 1 *gaillard*) Rendre gaillard. *Cette nouvelle l'a tout ragaillardi.* ♦ Il se dit aussi des choses qu'on rend plus gaillardes. « *Cinq ou six coups de bâton, entre gens qui s'aiment, ne font que ragaillardir l'affection* », M<small>OLIÈRE</small>. ♦ Absol. « *Je ne vois que des gens heureux : cela ragaillardit* », V<small>OLTAIRE</small>.

RAGE, n. f. [ʀaʒ] (lat. pop. *rabia*, du lat. *rabies*) **Méd**. Maladie particulière au genre chien, qui se caractérise par le désir de mordre, des accès de fureur et une salive propre à inoculer la maladie. ♦ Par exagération, douleur violente. *La rage de la faim. Une rage de dent.* ♦ Violent transport de colère, de dépit, de cruauté. « *Patience et longueur de temps Font plus que force ni que rage* », L<small>A</small> F<small>ONTAINE</small>. « *Il distilla sa rage en ces tristes adieux* », B<small>OILEAU</small>. *De rage, par rage.* ♦ Fig. et fam. *Faire rage*, faire un grand désordre. ♦ *Faire rage contre*, assaillir violemment. « *Le vent, la pluie et l'orage Contre l'enfant faisaient rage* », L<small>A</small> F<small>ONTAINE</small>. ♦ En un autre sens, *faire rage*, se signaler, faire des prouesses, en bien comme en mal. ♦ ▷ *Dire rage* et aussi *dire des rages de quelqu'un*, en dire tout le mal possible. ◁ ♦ Au pl. « *Déployez toutes vos rages, Princes, vents, peuples, frimas* », B<small>OILEAU</small>. ♦ Fig. Goût excessif, penchant outré. *La rage de parler.* ♦ Fig. et fam. *Aimer à la rage, jusqu'à la rage*, aimer avec excès. ♦ *À la rage*, se dit aussi d'autres sentiments violents. « *Sa femme qui était jalouse à la rage* », V<small>OLTAIRE</small>. ♦ Prov. *Quand on veut noyer son chien, on dit qu'il a la rage*, Voy. CHIEN.

RAGEANT, ANTE, ■ adj. [ʀaʒã, ãt] (*rager*) **Fam**. Qui provoque la colère, le dépit. *Une défaite rageante.*

RAGER, v. intr. [ʀaʒe] (*rage*) **Fam**. Être en proie à la colère, à la contrariété.

RAGEUR, EUSE, n. m. et n. f. [ʀaʒœʀ, øz] (*rager*) **Fam**. Celui, celle qui se fâche, qui s'irrite aisément. ■ Adj. *Une moue rageuse.*

RAGEUSEMENT, ■ adv. [ʀaʒøz(ə)mã] (*rageur*) Avec une violence empreinte de colère. *Il a jeté rageusement la lettre compromettante au feu.*

RAGLAN, ■ n. m. [ʀaglã] (Lord *Raglan*, 1788-1855, général anglais) **Vx** Long manteau sans manches. ■ Manteau ample dont les manches sont fixées par des coutures remontant en biais de part et d'autre de l'épaule et jusqu'au col. ■ Adj. inv. *Des manches raglan.*

RAGONDIN, ■ n. m. [ʀagõdɛ̃] (orig. inc.) Mammifère rongeur originaire d'Amérique du Sud, introduit en Europe pour sa fourrure. *Le ragondin est également appelé myocastor.*

1 RAGOT, OTE, adj. [ʀago, ɔt] (radic. onomat. *rag-*) Court et gros. *Un homme ragot. Un cheval ragot.* ♦ N. m. et n. f. « *La duchesse de Boukingham était une petite ragote* », H<small>AMILTON</small>. ♦ *Un ragot*, cheval qui a la taille ramassée, la croupe large et les jambes courtes. ♦ *Un ragot*, sanglier qui a quitté les compagnies et qui n'a pas encore trois ans.

2 RAGOT, ■ n. m. [ʀago] (*ragoter*) **Fam**. Bavardage médisant, malveillant. *Tous ces ragots ont nui à sa réputation.*

RAGOTER, ■ v. intr. [ʀagote] (radic. onomat. *rag-* ; cf. lat. tardif *ragere*, crier) **Fam**. Tenir des propos malveillants, médisants. *Ragoter sur quelqu'un.*

RAGOUGNASSE, ■ n. f. [ʀaguɲas] ou [ʀagunjas] (*ragoût*) **Fam.** Ragoût de mauvaise qualité. ■ **Fam.** Nourriture peu appétissante et mal apprêtée. *Ils nous servent de la ragougnasse à la cantine.*

RAGOÛT ou **RAGOUT**, n. m. [ʀagu] (*ragoûter*) Mets qui plaît et qui excite l'appétit. ◆ En général, mets avec sauce et différents ingrédients. « *Une langue en ragoût, de persil couronnée* », BOILEAU. ◆ **Fig.** « *Leur ragoût était la faim* », ROLLIN. ◆ **Fig.** Ce qui excite le désir, ce qui flatte. ◆ *Quel ragoût trouvez-vous à cela ?* Quel plaisir y trouvez-vous ? ◆ **Peint.** Ragoût de couleur, couleur animée.

RAGOÛTANT, ANTE ou **RAGOUTANT, ANTE**, adj. [ʀagutɑ̃, ɑ̃t] (*ragoûter*) Qui ragoûte, qui excite l'appétit. « *Des monceaux de viandes les plus exquises et tout ce qu'on pourrait s'imaginer de plus ragoûtant et de plus délicieux* », BOILEAU. ◆ ▷ **Fig.** *Cela est peu ragoûtant*, se dit d'une chose de laquelle on craint du désagrément. ◁ ◆ **Fig.** Qui flatte les yeux, qui est agréable, en parlant de l'apparence des personnes. *Un visage ragoûtant.*

RAGOÛTÉ, ÉE ou **RAGOUTÉ, ÉE**, p. p. de ragoûter. [ʀagute]

RAGOÛTER ou **RAGOUTER**, v. tr. [ʀagute] (préf. *re-* et *a-*, et *goût*) Remettre en goût, en appétit. *Ragoûter un malade.* ◆ **Fig.** Réveiller le désir. *Il est difficile de ragoûter des gens blasés.* ◆ **Absol.** « *Rien ne coûte, quand il s'agit de satisfaire une passion : les difficultés mêmes ragoûtent, piquent, réveillent* », MASSILLON. ◆ ▷ Se ragoûter, v. pr. Se mettre en goût. « *Ils essayent de nouveaux mets pour se ragoûter* », FÉNELON. ◁

RAGRAFÉ, ÉE, p. p. de ragrafer. [ʀagʀafe]

RAGRAFER, v. tr. [ʀagʀafe] (préf. *re-* et *agrafer*) ▷ Agrafer de nouveau. *Ragrafer sa robe.* ◁

RAGRANDI, IE, p. p. de ragrandir. [ʀagʀɑ̃di]

RAGRANDIR, v. tr. [ʀagʀɑ̃diʀ] (préf. *re-* et *agrandir*) ▷ Rendre plus grand ce qui l'était déjà. *Ragrandir un salon, un parterre, etc.* ◆ Se ragrandir, v. pr. Devenir plus grand. ◁

RAGRÉÉ, ÉE, p. p. de ragréer. [ʀagʀee]

RAGRÉER, v. tr. [ʀagʀee] (préf. *re-* et *agréer*) **Archit.** Mettre la dernière main à une construction, en repassant le marteau et la râpe aux parements des murs, et en terminant les corniches et moulures. ◆ *Ragréer une maison, une façade*, les remettre à neuf. ◆ Faire disparaître les inégalités d'un ouvrage de menuiserie ou de serrurerie, le polir. ◆ *Ragréer une branche d'arbre*, unir avec la serpette l'extrémité d'une partie qu'on a sciée. ◆ **Mar.** Gréer de nouveau. ◆ Se ragréer, v. pr. Signifie, dans la marine, se pourvoir de ce qui manque. *Se ragréer d'une vergue.* ◆ **Absol.** *Le navire se ragrée.*

RAGRÉMENT, n. m. [ʀagʀemɑ̃] (*ragréer*) ▷ Action de ragréer un ouvrage ; résultat de cette action. *Faire un ragrément.* ◁

RAGTIME, ■ n. m. [ʀagtajm] (mot anglo-amér., de *rag*, type de danse, et *time*, tempo) Style de musique rapide et syncopée, principalement pianistique, apparue aux États-Unis à la fin du XIXe siècle et qui associe les mélodies et des danses des cultures afro-américaine et européenne. *Scott Joplin est l'une des grandes figures du ragtime.*

RAGUÉ, ÉE, p. p. de raguer. [ʀage] *Câble ragué.*

RAGUER, v. tr. [ʀage] (angl. *to rag*, saccager) **Mar.** Déchirer par le frottement. *Raguer un câble.* ◆ **V. intr.** *Notre câble rague contre le fond de la mer.* ◆ Se raguer, v. pr. Se déchirer, s'user par le frottement.

RAHAT-LOUKOUM ou **RAHAT-LOKOUM**, ■ n. m. [ʀaatlukum, ʀaatlokum] Voy. LOUKOUM.

RAI, n. m. [ʀɛ] (lat. *radius*, baguette, rayon) Rayon. « *Le soleil laisse échapper de longs rais d'une lumière pâle qui nous annoncent la tempête* », BERNARDIN DE SAINT-PIERRE. ◆ Pièces qui entrent par un bout dans le moyeu d'une roue, et par l'autre dans les jantes. *Remettre un rai à une roue.* ◆ **Archit.** Rai-de-cœur, ornement en forme de cœur. ◆ **Héral.** Les pointes qui sortent d'une étoile comme des rayons. ■ **REM.** Graphie ancienne : *rais*.

RAÏ, ■ n. m. [ʀaj] (mot ar., avis, opinion) Mouvement musical né au XXe s. dans le nord-ouest algérien et répandu en Europe occidentale. *Des raïs.*

RAÏA ou **RAYA**, n. m. [ʀaja] (mot turc, sujet non musulman, de l'ar. *ra'iya*, troupeau, peuple) Nom des sujets de l'empire turc soumis à la capitation, comme les chrétiens, les Juifs.

RAID, ■ n. m. [ʀɛd] (mot angl., expédition, incursion, du v. angl. *rad*, voyage, chemin) **Milit.** Incursion brève d'un petit groupe armé en territoire ennemi ayant une mission spéciale à accomplir. ■ *Raid aérien*, mission de bombardement par avion sur un lieu éloigné. ■ Épreuve sportive d'endurance sur une longue distance. *Un raid automobile, à cheval.* ■ **Financ.** Opération consistant à acheter massivement les actions d'une société cotée en bourse afin d'en prendre le contrôle.

RAIDE, adj. [ʀɛd] (roide, du lat. *rigida*, fém. de *rigidus*) Qui ne plie pas quand on veut le fléchir. *Raide comme une barre de fer.* ◆ *Ce linge est tout*

raide d'empois, il est trop empesé. ◆ **Hist. nat.** Se dit d'une partie qui, bien que grêle ou mince, oppose de la résistance à la flexion. ◆ *Être tué raide, tomber raide mort*, être tué, mourir tout d'un coup. ◆ Qui est fort tendu. *Cette corde est raide.* ◆ Qui manque de souplesse, de grâce. *Attitude, mouvements raides.* ◆ *Se tenir raide*, tenir le corps droit sans fléchir d'aucun côté, et fig. tenir bon dans une résolution, et encore montrer une rigidité excessive. ◆ Dans le langage des arts d'imitation. *Des contours raides. Des draperies raides.* ◆ **Fig.** Qui ne se relâche pas de ses idées, de ses prétentions, de ses principes. « *Ces âmes vigoureuses et raides de l'antiquité* », FONTENELLE. ◆ Il se dit des choses en un sens analogue. « *Les principes les plus raides de la secte stoïcienne* », DIDEROT. ◆ Difficile à monter, escarpé. *Une côte raide.* ◆ Qui a un mouvement rapide et fort. *Le cours de cette rivière est raide.* ◆ **Par extens.** *Cela est raide*, se dit de quelque chose, parole ou acte, qu'il est difficile d'accepter. ◆ **Adv.** Vite, vivement, avec force. ◆ ▷ *Raide comme balle*, très rapidement, sans hésiter. ◁ ◆ **Fig.** et **fam.** *Mener une affaire raide*, la pousser vivement. ◆ ▷ Dans le même sens. « *Je le mène un peu raide* », REGNARD. ◁ ■ **Fam.** Sous l'emprise de l'alcool et d'une drogue. ■ **Adv.** En pente raide. *Un chemin qui grimpe raide.* ■ **Fam.** Complètement. *Elle est raide dingue de lui.* ■ **REM.** On disait *roide* autrefois.

RAI-DE-CŒUR, ■ n. m. [ʀɛd(ə)kœʀ] (*rai, de, et cœur*) Voy. RAI.

RAIDEMENT, adv. [ʀɛd(ə)mɑ̃] (*raide*) D'une manière raide. ■ **REM.** On disait *roidement* autrefois.

RAIDER, ■ n. m. [ʀɛdœʀ] (on prononce à l'anglaise : *rai-deur* ; mot angl., pillard) Agent de change qui cherche à se rendre acquéreur d'une société dans le but de tirer profit de sa revente prochaine. *Fusionner pour éviter de tomber entre les mains d'un raider.*

RAIDEUR, n. f. [ʀɛdœʀ] (*raide*) Propriété par laquelle les corps résistent efficacement aux puissances qui tendent à altérer ou à rompre la cohésion de leurs parties en en changeant la direction par la flexion. *La raideur d'une corde tendue, d'une articulation, etc.* ◆ Il se dit de ce qui n'est pas souple, aisé. *La raideur des mouvements, des contours, etc.* ◆ Il s'applique aussi au style. « *Un style plein sans raideur* », MARMONTEL. ◆ **Fig.** Fermeté qui ne cède pas, sévérité qui ne se laisse pas fléchir. « *Cette grande raideur des vertus des vieux âges* », MOLIÈRE. ◆ Rapidité de mouvement. *Une balle lancée avec raideur.* ◆ Pente rapide. *La raideur d'un escalier, d'une côte, etc.* ■ **REM.** On disait *roideur* autrefois.

RAIDI, IE, p. p. de raidir. [ʀɛdi] **REM.** On disait *roidi* autrefois.

RAIDILLON, n. m. [ʀɛdijɔ̃] (*raide*) Petite élévation qui se trouve dans un chemin. ◆ Sentier raide et raccourci que prennent les piétons, pour éviter les circuits des grandes routes dans les côtes. ◆ ▷ **Fig.** et **pop.** Un homme raide, difficile à manier. ◁ ■ **REM.** On disait *roidillon* autrefois.

RAIDIR, v. tr. [ʀɛdiʀ] (*raide*) Tendre ou étendre avec force. *Raidissez le bras.* ◆ Rendre raide, incapable de mouvement. « *Lorsque la vieillesse me raidira les jarrets* », MARMONTEL. ◆ **Fig.** Rendre ferme, raide. « *Colomb avait, comme tous ceux qui forment des projets extraordinaires, cet enthousiasme qui le raidit contre les jugements de l'ignorance* », RAYNAL. ◆ **V. intr.** Devenir raide. ◆ Se raidir, v. pr. Devenir raide. ◆ **Fig.** Tenir ferme, ne vouloir point se relâcher. *Se raidir contre les difficultés.* ◆ Avec ellipse du pronom personnel. « *Quel bourru transport Contre vos propres vœux vous fait raidir si fort ?* », MOLIÈRE. ■ **REM.** On disait *roidir* autrefois.

RAIDISSEMENT, n. m. [ʀɛdis(ə)mɑ̃] (radic. du p. prés. de *raidir*) Action de raidir ou de se raidir. ■ **REM.** On disait *roidissement* autrefois.

RAIDISSEUR, ■ n. m. [ʀɛdisœʀ] (radic. du p. prés. de *raidir*) **Techn.** Dispositif permettant de tendre et de raidir un câble métallique. *Raidisseur pour câble d'étendoir à linge.* ■ **Techn.** Dispositif qui soutient une structure souple.

1 RAIE, n. f. [ʀɛ] (gaul. *rica*, sillon) Ligne tirée avec une pointe, une plume, un crayon, etc. ◆ *Passer une raie sur une phrase*, la raturer. ◆ Toutes sortes de lignes sur la peau, sur les étoffes, etc. *Le zèbre a de grandes raies sur le dos. Étoffe à petites raies.* ◆ Séparation des cheveux sur le haut de la tête. *Faire sa raie.* ◆ Rainure ou ligne médiane qui sépare en arrière les deux portions latérales du corps humain. *La raie du dos.* ◆ **Phys.** *Raies du spectre*, lignes plus ou moins noires, quelquefois plus ou moins brillantes, qu'on observe dans le spectre solaire quand on le regarde au microscope.

2 RAIE, n. f. [ʀɛ] (1 *raie*) Syn. de sillon.

3 RAIE, n. f. [ʀɛ] (lat. *raia*) Poisson de mer plat et cartilagineux. *Raie commune. Raie bouclée.*

RAIFORT, n. m. [ʀɛfɔʀ] (anc. fr. *raiz*, racine, et *fort*) Espèce de rave. ◆ *Raifort cultivé*, espèce dont la racine est connue sous le nom de radis noir. ◆ *Raifort sauvage*, Voy. CRAN. ◆ *Raifort d'eau*, plante dont on mange les feuilles en guise de cresson.

RAIL, n. m. [ʀaj] (mot angl., barre, chemin de fer, de l'anc. fr. *reille*, barre de porte) Bande de fer sur laquelle roulent les wagons dans les railways ou chemins de fer. ■ Transport ferroviaire. *Le rail.* ■ *Rail de sécurité,* bordure métallique le long d'une route. ■ **Fig.** *Remettre sur les rails,* remettre sur la bonne voie, dans la bonne direction. ■ Rᴇᴍ. On prononçait aussi [ʀɛl] autrefois.

RAILLÉ, ÉE, p. p. de railler. [ʀaje]

RAILLER, v. tr. [ʀaje] (lat. pop. *ragulare,* crier, grogner, du b. lat. *ragere,* braire) Tourner en ridicule avec quelque acerbité. ♦ **Absol.** « *Il y a une manière de railler délicate et flatteuse qui touche seulement les défauts que les personnes dont on parle veulent bien avouer* », Lᴀ Rᴏᴄʜᴇғᴏᴜᴄᴀᴜʟᴅ. ♦ **V. intr.** Il se dit des personnes qu'on raille. « *Ne raillons point ici de la magistrature* », Rᴀᴄɪɴᴇ. ♦ Il se dit aussi des choses. « *Pourquoi railler de la conversion de cet homme? ce qu'il fait, c'est ce qu'il faudra que vous fassiez vous-même un jour* », Bᴏᴜʀᴅᴀʟᴏᴜᴇ. ♦ Ne pas parler sérieusement, badiner. ♦ Se railler, **v. pr.** Se moquer. « *Se railler de quelque sentiment reçu dans l'Église, pour acquérir la rare qualité d'esprit fort parmi le commun des hommes* », Mᴀʟᴇʙʀᴀɴᴄʜᴇ. ♦ Se moquer l'un de l'autre. ♦ Badiner, ne pas parler sérieusement. « *Cet homme se raillait assez hors de saison, badiner.* », Lᴀ Fᴏɴᴛᴀɪɴᴇ.

RAILLERIE, n. f. [ʀaj(ə)ʀi] (railler) Action de railler. « *Ils vous reprocheraient de tourner les choses de la religion en raillerie* », Pᴀsᴄᴀʟ. « *Ne sont-ce pas les railleries qui font les plaies les plus vives, les plus cruelles et les plus sanglantes?* », Bᴏᴜʀᴅᴀʟᴏᴜᴇ. ♦ *Cela passe la raillerie,* se dit d'une raillerie trop forte, d'une chose qui pourrait avoir des suites fâcheuses. ♦ *Raillerie à part, sans raillerie,* sérieusement, tout de bon. ♦ *Entendre la raillerie, entendre bien la raillerie,* avoir le talent de railler avec esprit. ♦ *Entendre raillerie,* ne point s'offenser des railleries dont on est l'objet. ♦ *Il n'entend pas raillerie,* se dit d'un homme sévère, exigeant, difficile. ♦ *Il n'entend pas raillerie là-dessus,* se dit d'un homme sensible, sévère sur une certaine chose. ♦ **Fam.** *C'est une raillerie,* se dit d'une chose qui ne paraît pas vraisemblable. ♦ *Il n'y a point de raillerie à cela,* ce n'est point une raillerie, la chose est sérieuse, ce n'est pas un conte fait à plaisir. ♦ **Prov.** *Cette raillerie passe le jeu, passe jeu,* ou bien *le jeu passe la raillerie,* c'est-à-dire elle va trop loin.

RAILLEUR, EUSE, adj. [ʀajœʀ, øz] (railler) Porté à la raillerie. *Un homme railleur.* ♦ Qui a le caractère de la raillerie. *Un ton railleur.* ♦ **N. m. et n. f.** Celui, celle qui aime à railler. ♦ **Fam.** *Vous êtes un railleur,* se dit à un homme qu'on suppose ne pas parler sérieusement. ♦ **Prov.** *Souvent les railleurs sont raillés,* on se moque souvent de ceux qui voulaient se moquer des autres. ■ Rᴇᴍ. S'emploie aussi au fém., *une railleuse.*

RAIL-ROUTE ou **RAILROUTE,** ■ adj. inv. [ʀajʀut] (rail et route) Qui associe transport ferroviaire et transport routier. *Le transport rail-route est aussi appelé ferroutage.*

RAILWAY, n. m. [ʀɛlwɛ] (mot angl., de *rail,* rail, et *way,* chemin) Route à rails, chemin de fer. *Des railways.*

RAIMER, v. tr. [ʀeme] (préf. *re-* et *aimer*) ▷ Aimer de nouveau. ■ Rᴇᴍ. On écrivait aussi *r'aimer* autrefois. ◁

RAINCEAU, n. m. [ʀɛ̃so] Voy. ʀɪɴᴄᴇᴀᴜ.

RAINE, n. f. [ʀɛn] (lat. *rana*) **Vieilli** Grenouille. ♦ Il se dit aussi pour *rainette.*

RAINER, v. tr. [ʀene] (radic. de rainure) Faire des rainures.

1 **RAINETTE,** n. f. [ʀenɛt] (dim. de *raine*) Sorte de grenouille qui habite les buissons.

2 **RAINETTE,** n. f. [ʀenɛt] (var. de reinette) Sorte de pomme. Voy. ʀᴇɪɴᴇᴛᴛᴇ.

RAINURAGE, ■ n. m. [ʀenyʀaʒ] (rainurer) **Techn.** Ensemble de rainures parallèles pratiquées dans le revêtement d'une autoroute pour optimiser l'adhérence des véhicules et favoriser l'écoulement des eaux pluviales.

RAINURE, n. f. [ʀenyʀ] (anc. fr. *roisnier, rouanner,* de *rouanne*) **Menuis.** Entaille qui se fait en longueur, sur l'épaisseur d'une planche, pour recevoir une languette ou pour servir de coulisse. ♦ **Anat.** Cavités allongées qui se remarquent à la surface des os. ■ **Par extens.** Entaillure pratiquée sur la longueur d'un objet.

RAINURER, ■ v. tr. [ʀenyʀe] (rainure) Creuser une surface de rainures. *Machine à rainurer. Rainurer une façade de tiroir.*

RAIPONCE, n. f. [ʀepɔ̃s] (croisement de l'ital. *rapunzo,* du lat. *rapa,* rave, avec l'a. et moy. fr. *raïs,* racine, rave) Espèce de campanule dont les racines se mangent en salade. ♦ Racine qui se mange du *phyteuma spicatum.*

RAIRE ou **RÉER,** v. intr. [ʀɛʀ, ʀee] (lat. *ragere*) **Vén.** Le premier se conjugue comme *traire.* Il se dit du cri du cerf. *Les cerfs ont rait* ou *réé toute la nuit.*

RAIS, n. m. [ʀɛ] Voy. ʀᴀɪ.

RAÏS, ■ n. m. [ʀais] (mot ar., chef) Chef de l'État dans les pays arabes.

RAISIN, n. m. [ʀezɛ̃] (lat. pop. *racimus,* du lat. *racemus,* grappe de raisin) Le fruit de la vigne. *Grappe de raisin. Fouler le raisin.* ♦ La locution : *Cueillir,*

manger un raisin n'est autorisée par aucun grammairien, ni aucun dictionnaire, *un raisin* ne se disant qu'en parlant de toute une espèce, par exemple : *Le muscat est un bon raisin ;* il faut dire. *Cueillir une grappe de raisin* ou *cueillir du raisin.* Néanmoins, *raisins* se dit au pluriel pour *des grappes de raisin.* ♦ *Moitié figue, moitié raisin,* Voy. ғɪɢᴜᴇ. ♦ *Raisin de Corinthe,* raisins secs très petits, presque noirs, en grains détachés des rafles. ♦ *Raisins de Damas,* raisins secs qui viennent de Syrie ; ils sont très gros, aplatis, rougeâtres, demi-transparents. ♦ *Raisin des bois,* nom vulgaire de l'airelle myrtille. ♦ *Raisin d'ours,* Voy. ᴀʀʙᴏᴜsɪᴇʀ. ♦ *Raisin du tropique,* Voy. sᴀʀɢᴀssᴇ. ♦ *Grand raisin,* nom d'une sorte de papier qui s'emploie surtout dans les éditions de luxe, ainsi dit à cause d'une grappe de raisin qui servait de marque diaphane à ce papier. ♦ *Grand raisin,* le plus grand format de papier dont on se serve pour faire des tentures. ■ *Raisin de mer,* grappe d'œufs de seiche, de poulpe.

RAISINÉ, n. m. [ʀezine] (raisin) Confiture faite avec du jus de raisin et des fruits, surtout des poires. ■ **Arg.** Sang.

RAISINET, ■ n. m. [ʀezine] (raisin) **Suisse** Groseille rouge.

RAISON, n. f. [ʀezɔ̃] (lat. *ratio,* calcul, compte, jugement, raisonnement, doctrine) Faculté par laquelle l'homme connaît, juge et se conduit. *La raison est le partage de l'homme.* ♦ *Avoir sa raison, toute sa raison,* jouir de la plénitude de ses facultés intellectuelles. ♦ *Âge de raison,* âge où les enfants commencent à jouir de la raison. ♦ *Un être de raison,* Voy. ᴇᴛʀᴇ. ♦ *Perdre la raison,* devenir fou ; faire quelque chose de contraire à la raison, au bon sens. ♦ *Raison pure* ou *intuitive,* se dit par opposition à *raison empirique* ou connaissance expérimentale. ♦ La somme de vérités que les hommes admettent uniformément ; *cette raison* est souvent nommée *raison impersonnelle.* ♦ **Absol.** *Raison,* le Verbe. ♦ Le bon usage de la faculté de raison, bon sens, justesse d'esprit, sagesse. « *La parfaite raison fuit toute extrémité, Et veut que l'on soit sage avec sobriété* », Mᴏʟɪᴇ̀ʀᴇ. ♦ *Raison écrite,* se dit du droit romain dans les pays où on le consulte. ♦ *Parler raison,* parler raisonnablement, devenir raisonnable, traitable. ♦ *Mariage de raison,* mariage où l'on consulte plus la convenance que l'inclination. ♦ *Il n'y a ni rime ni raison,* Voy. ʀɪᴍᴇ. ♦ **Absol.** *Raison,* la somme d'idées bonnes et justes qui est dans une société. « *Il a été plus facile aux Hérules, aux Vandales, aux Goths et aux Francs, d'empêcher la raison de naître, qu'il ne le serait aujourd'hui de lui ôter sa force quand elle est née* », Vᴏʟᴛᴀɪʀᴇ. ♦ Ce qui est de devoir, de droit, d'équité, de justice. On dit avec *raison que,* etc. « *Mais qui voulez-vous donc qui pour vous sollicite ? - Qui je veux ? La raison, mon bon droit, l'équité* », Mᴏʟɪᴇ̀ʀᴇ. ♦ *Avoir raison,* être fondé dans ce qu'on dit ou fait. ♦ *Donner raison à quelqu'un,* prononcer en sa faveur. ♦ *Donner toute raison,* donner complètement raison. ♦ *Entendre raison,* acquiescer à ce qui est juste et raisonnable. ♦ *Il n'entend pas raison là-dessus,* se dit d'un homme qui se montre sévère, opiniâtre sur quelque point. ♦ *Se faire une raison,* se soumettre à ce qui ne peut être changé. ♦ *Mettre quelqu'un à la raison,* l'y soumettre. ♦ *Se mettre à la raison,* s'y soumettre. ♦ *Mettre à la raison,* triompher de quelqu'un, le réduire par la force, par l'autorité. ♦ ▷ *C'est raison, ce n'est pas raison,* il est raisonnable, il n'est pas raisonnable. ◁ ♦ *C'est bien la raison que,* il est raisonnable, il est bien juste que. ♦ ▷ **Fig.** *Contre toute raison,* d'une façon excessive. « *Il fait un froid et une pluie contre toute raison* », Mᴍᴇ ᴅᴇ Sᴇ́ᴠɪɢɴᴇ́. ◁ ♦ **Fig.** *Il n'y a point de raison,* la chose est excessive, déraisonnable. *Comme de raison,* comme il est juste. *Plus que de raison,* plus qu'il n'est raisonnable. ♦ **Dr.** *Pour valoir ce que de raison,* pour valoir ce qui sera équitable. ♦ Compte, explication. *Entrer en raison avec quelqu'un. Rendre raison de son choix.* ♦ *Faire raison,* expliquer. *Demander à quelqu'un raison de quelque chose,* lui demander qu'il explique une chose qu'il a dite ou faite. ♦ *Rendre raison de quelque chose,* en expliquer les motifs. ♦ *Point de raison,* point d'explication. ♦ *Se rendre raison d'une chose,* se l'expliquer. ♦ Satisfaction, contentement sur quelque chose qu'on demande. *Je vous ferai avoir raison de vos prétentions.* ♦ Réparation d'un outrage, d'un affront. *Tirer raison d'une offense. Faire raison.* ♦ *Avoir raison, faire raison de quelqu'un,* triompher de lui, en venir à bout. ♦ **Fig.** *L'adversité n'aura pas raison de lui.* ♦ *Demander raison à quelqu'un,* l'appeler en duel. ♦ *Rendre raison à quelqu'un,* se battre en duel avec lui. ♦ *Se faire raison soi-même,* à soi-même, se faire justice par force, de sa propre autorité. ♦ *Faire raison,* rendre justice. ♦ *Se faire raison,* se rendre justice. ♦ ▷ *Faire raison à quelqu'un d'une santé qu'il a portée,* boire avec lui à la santé de la personne qu'il a désignée. ◁ ♦ Preuve par discours, par argument. « *La raison du plus fort est toujours la meilleure* », Lᴀ Fᴏɴᴛᴀɪɴᴇ. ♦ Cause, sujet, motif. « *S'il a manqué à la parole qu'il m'avait donnée, il a ses raisons pour cela* », Mᴏʟɪᴇ̀ʀᴇ. « *Sans raison il* [l'homme] *est gai, sans raison il s'afflige* », Bᴏɪʟᴇᴀᴜ. ♦ **Philos.** *Raison suffisante,* la cause sans laquelle nous jugeons qu'un fait ne peut avoir lieu, et dans le langage général, ce qui suffit à opérer, à expliquer. « *Il n'y a rien sans une raison suffisante* », Cᴏɴᴅɪʟʟᴀᴄ. *À plus forte raison,* pour un motif d'autant plus fort. ♦ *Pour raison à moi connue,* pour un motif que je ne veux pas faire connaître. ♦ *Pour raison à vous connue,* pour un motif qu'il n'est pas nécessaire que je vous explique, que vous connaissez comme moi. ♦ **Fam.** *Conter ses raisons à quelqu'un,* l'entretenir de ses affaires, de ses motifs d'agir. ♦ ▷ **Pop.** *Avoir des raisons avec quelqu'un*, contester avec lui. ◁ ♦ *Raison d'État*, considérations d'intérêt public par lesquelles on se conduit dans le gouvernement d'un État. ♦ ▷ *Raison de famille*, considérations d'intérêt qui déterminent la conduite dans une famille. ♦ **Math.** Rapport d'une quantité à une autre quantité. *Progression qui marche par raison arithmétique, par raison géométrique.* ♦ ▷ **Comm.** Noms des associés rangés et énoncés de la manière déterminée par la société. *Cette maison est sous la raison Hachette et compagnie.* ◁ ♦ *Raison sociale*, nom sous lequel une société est connue à la bourse et dans le commerce. ♦ Part d'un associé dans le fonds d'une société de commerce ; on dit maintenant son intérêt, sa mise de fonds. *Sa raison est d'un tiers.* ♦ ▷ *Livre de raison*, livre de compte. ◁ ♦ **Pratiq.** *Raisons*, au pluriel, se dit des titres et prétentions qu'une personne peut avoir. *Céder ses droits, noms et raisons.* ♦ À TELLE FIN QUE DE RAISON, loc. adv. Signifiant, en style d'affaires, par précaution, dans la pensée que la chose pourra servir, et dans le langage familier, à tout événement. *Il fit faire un état des lieux à telle fin que de raison, pour telle fin qu'il sera de raison, qu'il sera utile.* ♦ À RAISON DE, loc. prép. Au taux de, sur le pied de. *On paya cet ouvrier à raison de l'ouvrage qu'il avait fait.* ♦ **Fig.** A cause de. *Il put circuler librement, à raison de son passeport.* ♦ EN RAISON DE, loc. prép. En proportion de. *En raison directe*, en augmentant ou diminuant dans le rapport qu'une autre quantité augmente ou diminue. *La vitesse d'un corps qui tombe est en raison directe du temps. En raison inverse*, en augmentant ou diminuant dans le rapport qu'une autre quantité diminue ou augmente. *Les corps s'attirent en raison inverse du carré des distances. En raison composée*, suivant un rapport dont les termes se multiplient l'un par l'autre. « *Mon inquiétude est en raison composée des intervalles du temps et du lieu* », J.-J. ROUSSEAU. ♦ **Fig.** *En raison de*, vu, en considération de. *L'ambition s'accroît en raison des succès que l'on obtient.*

RAISONNABLE, adj. [rɛzɔnabl] (*raison*) Qui est doué de raison. *Âme raisonnable.* ♦ Qui agit selon la raison, le droit, l'équité. « *Il n'y a que deux sortes de personnes qu'on puisse appeler raisonnables : ou ceux qui servent Dieu de tout leur cœur, ou ceux qui le cherchent de tout leur cœur* », PASCAL. ♦ **Fam.** *Cet enfant se conduit, parle comme une personne raisonnable*, ses actions, ses paroles sont celles d'une personne d'un âge mûr. ♦ N. m. et n. f. *Faire le raisonnable.* ♦ Qui supporte avec résignation. *Votre malheur est grand, mais soyez raisonnable.* ♦ En parlant des choses, conforme à la raison, à l'équité. *Langage raisonnable.* ♦ Qui est suffisant, convenable. *Un prix raisonnable.* « *Si nous ne sommes pas assez riches pour acheter une terre magnifique, nous pourrons en avoir du moins une raisonnable* », LESAGE. ♦ Qui est au-dessus du médiocre. *Une fortune raisonnable.*

RAISONNABLEMENT, adv. [rɛzɔnabləmã] (*raisonnable*) D'une manière raisonnable. *Parler raisonnablement.* ♦ Suffisamment, convenablement. *Manger raisonnablement.* « *J'espère qu'elle se trouvera assez raisonnablement logée* », MME DE SÉVIGNÉ. ♦ Passablement ou d'une manière au-dessus du médiocre. *Une maison raisonnablement grande.*

RAISONNANT, ANTE, adj. [rɛzɔnã, ãt] (*raisonner*) ▷ Qui réplique. « *Je vous trouve aujourd'hui bien raisonnante* », MOLIÈRE. ◁

RAISONNÉ, ÉE, p. p. de raisonner. [rɛzɔne] Conforme aux règles du raisonnement. *Cela est mal raisonné. Bien raisonné !* ♦ Qui est le résultat d'un raisonnement. *Un choix raisonné.* ♦ Appuyé de raisons. *Requête raisonnée.* ♦ Il se dit de toute méthode ou traité qui rend raison des règles. *Grammaire raisonnée.*

RAISONNEMENT, n. m. [rɛzɔn(ə)mã] (*raison*) La faculté ou l'action de raisonner. *Un homme d'un raisonnement juste. Les choses de raisonnement.* ♦ **Philos.** Opération de l'esprit par laquelle, un jugement ou plusieurs jugements étant donnés, on en fait sortir un autre jugement. ♦ Enchaînement de divers arguments. « *En beaux raisonnements vous abondez toujours* », MOLIÈRE. ♦ **Fam.** *Des raisonnements à perte de vue, des raisonnements vagues, et qui ne concluent rien.* ♦ Paroles, discours. « *L'ingrat est-il touché de mes empressements ? L'amour même entre-t-il dans ses raisonnements ?* », RACINE. ♦ Observation, excuse plus ou moins motivée. « *Tant de raisonnements offensent ma colère* », RACINE. ♦ **Fam.** *Point tant de raisonnements*, façon d'exprimer qu'on veut être obéi sans réplique.

RAISONNER, v. intr. [rɛzɔne] (lat. *rationare*) Faire usage de la raison. « *Pourquoi ne nous fâchons-nous pas si on dit que nous avons mal à la tête, et que nous nous fâchons de ce qu'on dit que nous raisonnons mal ?* », PASCAL. ♦ **Fam.** *Raisonner comme une pantoufle*, Voy. PANTOUFLE. ♦ N. m. Manie de raisonner. « *Le raisonner tristement s'accrédite* », VOLTAIRE. ♦ V. intr. Parvenir, au moyen de rapports connus, à des rapports qu'on ne connaissait pas. ♦ Chercher et alléguer des raisons touchant une affaire, une question, etc., discourir sur quelque chose. ♦ Répliquer, alléguer des excuses, au lieu de recevoir docilement des ordres ou des réprimandes. ♦ V. tr. Appliquer le raisonnement à quelque chose. *Il raisonne tout ce qu'il fait.* ♦ *Raisonner quelqu'un*, chercher à l'amener à une sage résolution. ♦ *Raisonner métaphysique, politique*, etc., converser sur la métaphysique, la politique, etc. ♦ Se raisonner, v. pr. Soumettre son esprit à la raison. ♦ Être raisonné, être

soumis au raisonnement. « *Ce grand art n'a point de règles, et ne saurait se raisonner* », MARMONTEL.

RAISONNEUR, EUSE, n. m. et n. f. [rɛzɔnœr, øz] (*raisonner*) Celui, celle qui raisonne, enchaîne les arguments. « *Les raisonneurs les plus pressants et les plus forts ne sont pas les plus sûrs de produire de grands effets* », MARMONTEL. ♦ En mauvaise part, celui, celle qui importune par de longs, par de mauvais raisonnements. « *Il y a bien de la différence entre un raisonneur et un homme raisonnable : l'homme raisonnable se tait souvent, le raisonneur ne déparle pas* », DIDEROT. ♦ Adj. *La jeunesse raisonneuse. Un siècle raisonneur.* ♦ Celui, celle qui allègue beaucoup d'excuses pour se défendre, qui réplique incessamment. ♦ Adj. *Un valet raisonneur.* ♦ **Théât.** Personnage grave de la comédie, dont le langage est celui du raisonnement, de la morale. *Cet acteur joue les raisonneurs.*

RAJAH ou **RADJAH**, n. m. [raʒa, radʒa] (mot hindi, *roi*) Prince hindou. ■ Au pl. *Des rajahs, des radjahs.* ■ REM. On écrivait aussi *raja* autrefois.

RAJEUNI, IE, p. p. de rajeunir. [raʒøni]

RAJEUNIR, v. tr. [raʒønir] (*re-* et *jeune*) Refaire jeune. *Selon la Fable, Médée rajeunit Éson.* ♦ Absol. « *Je sens un soleil capable de rajeunir par sa douce chaleur* », MME DE SÉVIGNÉ. ♦ Dire plus jeune. *On me rajeunit ; j'ai soixante ans.* ♦ Rendre quelque chose de la jeunesse. « *Je crois vivre de sa vie, et sa vivacité me rajeunit* », J.-J. ROUSSEAU. ♦ **Fig.** et **fam.** Faire la barbe. ♦ Par extens. *Rajeunir les arbres*, couper les branches qui commencent à dépérir. ♦ Tondre, couper, receper. ♦ *Rajeunir une vigne*, la renouveler. ♦ **Fig.** Donner à ce qui est vieux un air de nouveauté. *Rajeunir des mots anciens, un opéra, un édifice*, etc. ♦ **Fig.** Donner une nouvelle jeunesse. ♦ V. intr. Redevenir jeune. ♦ Reprendre l'air, la force de la jeunesse. ♦ **Fig.** Reprendre une nouvelle force. « *Leur passion pour le jeu semble rajeunir* », MONTESQUIEU. ♦ **Fig.** *Au printemps, la nature rajeunit.* ♦ Se rajeunir, v. pr. Se faire jeune de nouveau. ♦ Se donner l'air jeune. ♦ Se dire plus jeune qu'on ne l'est réellement. ♦ **Fig.** Reprendre une nouvelle force. ■ Abaisser l'âge moyen d'un groupe en y introduisant des personnes plus jeunes. *Rajeunir l'équipe ministérielle.*

RAJEUNISSANT, ANTE, ■ adj. [raʒønisã, ãt] (*rajeunir*) Qui contribue à donner une apparence plus jeune. *Une crème de soin antirides à l'effet rajeunissant.*

RAJEUNISSEMENT, n. m. [raʒønis(ə)mã] (*rajeunir*) Action de rajeunir ; état de celui ou de ce qui est ou paraît rajeuni. *Le rajeunissement d'Éson par Médée. Le rajeunissement du monde.* ♦ Action de couper les tiges ou les branches qui commencent à dépérir ; tonte, recépage, coupe. ♦ Action de donner une apparence neuve, moderne. *Rajeunissement d'un texte, d'un monument*, etc.

RAJEUNISSEUR, EUSE, n. m. et n. f. [raʒønisœr, øz] (*rajeunir*) Personne qui rajeunit, renouvelle. ♦ Personne qui rajeunit un texte ancien, et le rapproche du langage parlé de son temps.

RAJOUT, ■ n. m. [raʒu] (*rajouter*) Action d'ajouter quelque chose. *Faire des rajouts dans un texte.* ♦ Ce qui a été rajouté. *Elle s'est fait faire des rajouts de cheveux chez le coiffeur.*

RAJOUTER, v. tr. [raʒute] (*re-* et *ajouter*) Ajouter de nouveau. *Rajouter du sel.* ■ **Fam.** *En rajouter*, exagérer. *Il faut toujours que tu en rajoutes !*

RAJUSTÉ, ÉE, p. p. de rajuster. [raʒyste]

RAJUSTEMENT ou **RÉAJUSTEMENT**, n. m. [raʒystəmã, reaʒystəmã] (*rajuster*) Action de rajuster ; résultat de cette action.

RAJUSTER ou **RÉAJUSTER**, v. tr. [raʒyste, reaʒyste] (*re-* et *ajuster*) Ajuster de nouveau, remettre en bon état. *Rajuster ses cheveux, un châle*, etc. ♦ *Rajuster des poids, des mesures*, les rendre justes de nouveau. ♦ **Fig.** Apporter remède à. *Cela rajuste nos affaires.* ♦ Il se dit particulièrement d'un mécontentement qu'on fait cesser, d'une brouillerie qu'on apaise. ♦ Réconcilier. ♦ Se rajuster, v. pr. Raccommoder son habillement qui avait été dérangé. ♦ **Fig.** Se réconcilier. ♦ Être rajusté. ♦ Être redressé, amendé. ■ Remettre à son juste niveau en parlant d'argent. *Rajuster les salaires.*

RAJUSTEUR, EUSE ou **RÉAJUSTEUR, EUSE**, n. m. et n. f. [raʒystœr, reaʒystœr, øz] (*rajuster*) Celui qui rajuste des poids, des instruments de pesage et de mesurage, etc.

RAKI, ■ n. m. [raki] (mot turc) Eau-de-vie à base de dattes au Moyen-Orient. *Boire des rakis purs.*

RÂLANT, ANTE, adj. [rɑlã, ãt] (*râler*) Qui râle. *Respiration râlante.* ■ **Fam.** Qui fait râler. *C'est râlant, cette histoire !*

1 RÂLE, n. m. [rɑl] (lat. *rasclare*, racler, du fait du cri de l'oiseau) Nom d'un genre d'échassiers, dont une espèce est appelée *râle d'eau* ou *râle aquatique*. ♦ *Râle de genêt*, nom vulgaire de la gallinule de genêt.

2 RÂLE, n. m. [rɑl] (*râler*) Bruit qui, chez les moribonds, est produit par le passage de l'air à travers les mucosités accumulées dans le larynx, la trachée-artère ou les grosses divisions des bronches. ♦ **Méd.** Bruits anormaux dans les voies aériennes.

RÂLEMENT, n. m. [ʀɑl(ə)mɑ̃] (*râler*) Action de râler.

1 **RALENTI, IE**, p. p. de ralentir. [ʀalɑ̃ti]

2 **RALENTI**, ■ n. m. [ʀalɑ̃ti] (1 *ralenti*) Vitesse la plus lente à laquelle un moteur peut tourner. *Moteur qui tourne au ralenti.* ◆ *Au ralenti*, avec lenteur. *Travailler au ralenti. Fonctionner au ralenti.* ■ **Cin.** Technique de prise de vue réalisée à une vitesse plus élevée que celle de la projection et qui produit un ralentissement des mouvements des personnages. *Passer le ralenti d'une scène.*

RALENTIR, v. tr. [ʀalɑ̃tiʀ] (*re-* et *alentir*) Rendre plus lent. *Ralentir un mouvement, les heures, etc.* ◆ *Ralentir un cheval*, modérer son mouvement. ◆ **Fig.** Rendre moins vif, moins actif, moins intense. « *Le sang qu'il a perdu ralentit sa vigueur* », P. Corneille. « *L'absence ralentit les liaisons les plus vives* », Massillon. ◆ **V. intr.** Devenir plus lent, moins vif. « *J'ai un peu ralenti de mon ardeur pour ces belles-lettres, qui m'ont souvent consolé dans mes afflictions* », Voltaire. ◆ **Se ralentir, v. pr.** Devenir plus lent. *Le combat s'était ralenti.* « *La vitesse du cheval se ralentit* », Buffon. ◆ **Fig.** Devenir moins vif, moins vigilant, en parlant des personnes. « *On se ralentit, on se dérange à l'égard de tous les autres exercices* », Bourdaloue. « *Il s'était tellement ralenti sur cette poursuite, que...* », Hamilton. ◆ Il se dit des choses en un sens analogue. « *La rigueur de la persécution se ralentit* », Bossuet. ◆ Avec ellipse du pronom personnel. « *Il ne songea qu'à profiter de cette première ardeur de la faction, qu'il ne fallait pas laisser ralentir* », Voltaire.

RALENTISSEMENT, n. m. [ʀalɑ̃tis(ə)mɑ̃] (*ralentir*) Action de ralentir; état de ce qui est ralenti. ◆ **Fig.** *Le ralentissement du zèle.*

RALENTISSEUR, ■ n. m. [ʀalɑ̃tisœʀ] (*ralentir*) Surélévation transversale de la chaussée faite dans le but d'obliger les automobilistes à ralentir la vitesse de leur véhicule. *Ralentisseur à l'entrée d'une ville.*

RÂLER, v. intr. [ʀɑle] (altér. de *racler*) Faire entendre en respirant un bruit qui est produit par le passage de l'air à travers les mucosités accumulées dans les voies respiratoires. ■ **Fam.** Exprimer son mécontentement, sa mauvaise humeur. *Arrête de râler pour un rien. Fais-le au lieu de râler!*

RÂLEUR, EUSE, ■ n. m. et n. f. [ʀɑlœʀ, øz] (*râler*) **Fam.** Personne perpétuellement mécontente et qui le fait savoir. *Tu es un râleur né, tu bougonnes tout le temps.* ■ **Adj.** *Un élève râleur.*

RALINGUE, n. f. [ʀalɛ̃g] (prob. de l'anc. nord. *rar-lik*, de *rar*, vergue, et *lik*, cordage) **Mar.** Cordes qui sont cousues en ourlet autour des voiles pour en renforcer les bords. ◆ *Mettre une voile en ralingue*, Voy. RALINGUER.

RALINGUÉ, ÉE, p. p. de ralinguer. [ʀalɛ̃ge]

RALINGUER, v. tr. [ʀalɛ̃ge] (*ralingue*) Garnir une voile de ses ralingues. ◆ **V. intr.** Orienter une voile de telle façon que la ralingue latérale soit dans le lit du vent.

RALLER, v. intr. [ʀale] (*re-* et *aller*) ▷ Usité seulement aux temps et aux personnes où *aller* prend les formes de *vais : je revais, tu revas, ils revont; reva*, à l'impératif. Aller de nouveau. ◁

RALLIDÉ, ■ n. m. [ʀalide] (1 *râle*) **Zool.** Famille d'oiseaux échassiers, caractérisés par leurs ailes courtes, leur petite tête et leur bec pointu. *Le râle et la poule d'eau appartiennent à la famille des rallidés.*

RALLIÉ, ÉE, p. p. de rallier. [ʀalje] **Fig.** Rattaché à une cause, à un parti. *C'est un homme rallié au gouvernement.* ◆ **N. m. et n. f.** *Il est parmi les ralliés.*

RALLIEMENT, n. m. [ʀalimɑ̃] (*rallier*) **Milit.** Action de rallier ou de se rallier. *Le lieu de ralliement.* ◆ *Mot de ralliement*, mot qu'un chef donne à ses troupes pour qu'elles se rallient, en cas de déroute ou de séparation. ◆ Mot qu'on donne après avoir reçu le mot d'ordre. ◆ **Mar.** Action de bâtiments qui, après avoir été séparés, se réunissent. ◆ À l'armée, *signe de ralliement*, certains signes convenus pour se reconnaître. ◆ *Point de ralliement*, lieu où l'on doit se rallier, se réunir. ◆ **Par extens.** Mot, *signe de ralliement*, le mot, le signe caractéristique auquel une secte, un parti se reconnaissent, ou par lequel on les désigne. « *Le nom de Crébillon était le mot de ralliement des ennemis de Voltaire* », Marmontel. ◆ *Point de ralliement*, le lieu où les personnes d'une même société, d'une même parti se rassemblent, et fig. opinion sur laquelle des personnes en dissentiment sont d'accord.

RALLIER, v. tr. [ʀalje] (*re-* et *allier*) Rassembler, réunir ceux qui s'étaient dispersés. Rallier des vaisseaux, des troupes en désordre. ◆ **Vén.** Arrêter les chiens et les ramener avec ceux qui chassent leur cerf, quand les premiers chassent du change. ◆ **Mar.** *Rallier un vaisseau*, le rejoindre. ◆ *Rallier son poste*, manœuvrer pour le reprendre, après l'avoir quitté. ◆ *Rallier le vent*, gouverner le plus près possible de la direction du vent. ◆ On dit de même : *Rallier au vent.* ◆ **Se rapprocher de.** *Rallier un port, une terre.* ◆ **Attirer à une opinion, à un sentiment.** *Rallier quelqu'un à sa cause.* « *Il se hâta de rallier tous les gens de bien pour s'opposer à Astarbé* », Fénelon. ◆ **Faire concorder.** *Cette proposition rallia tout le monde dans l'assemblée.* ◆ **Se rallier, v. pr.** Se réunir, se remettre ensemble. « *Les armées romaines, quoique défaites*

et rompues, combattaient et se ralliaient jusqu'à la dernière extrémité », Bossuet. ◆ **Mar.** Se réunir ou se rapprocher les uns des autres, quand on est en escadre ou en armée. ◆ *Se rallier à la terre*, s'en approcher. ◆ **Fig.** *Se rallier à*, embrasser une opinion, un sentiment.

RALLIFORME, ■ n. m. [ʀalifɔʀm] (lat. *rallus*, râle, et *-forme*) **Vx Zool.** Ordre des oiseaux échassiers aussi appelé *gruiforme*. *La grue et le râle sont des ralliformes.*

RALLONGE, n. f. [ʀalɔ̃ʒ] (*rallonger*) Ce qui sert à rallonger une chose. *Rallonge de table. Table à rallonges.* ■ Câble électrique permettant de raccorder un appareil à une prise de courant éloignée. *Dérouler la rallonge. Brancher la prise sur la rallonge.* ■ **Fam.** Supplément d'argent ou de temps. *Demander une rallonge.* ■ **Fam.** *Nom à rallonge(s)*, nom de famille à particule.

RALLONGÉ, ÉE, p. p. de rallonger. [ʀalɔ̃ʒe]

RALLONGEMENT, n. m. [ʀalɔ̃ʒ(ə)mɑ̃] (*rallonger*) Action de rallonger; état de ce qui est rallongé.

RALLONGER, v. tr. [ʀalɔ̃ʒe] (*re-* et *allonger*) Rendre une chose plus longue. *Rallonger un rideau.* ◆ Il se dit quelquefois simplement pour allonger. *Rallongez ces étriers.* ◆ **Se rallonger, v. pr.** Devenir plus long. ■ **V. intr.** Devenir plus long. *Les jours rallongent jusqu'au solstice de juin.*

RALLUMÉ, ÉE, p. p. de rallumer. [ʀalyme]

RALLUMER, v. tr. [ʀalyme] (*re-* et *allumer*) Allumer de nouveau. *Rallumer le feu.* ◆ **Fig.** Donner une nouvelle ardeur, une nouvelle vivacité. *Rallumer les passions, l'espérance, etc.* ◆ **Se rallumer, v. pr.** S'allumer de nouveau. *Le feu se rallume.* ◆ **Fig.** « *La guerre sans lui ne se peut rallumer* », P. Corneille. « *À la vue d'Idoménée, les alliés sentirent que leur courroux se rallumait* », Fénelon.

RALLYE, ■ n. m. [ʀali] (angl. *to rally*, rassembler) Jeu au cours duquel les participants en équipe doivent rallier un point qu'une série d'épreuves leur permettra de localiser. *Des rallyes équestres.* ■ Course automobile; généralement pratiquée sur route, imposant une moyenne horaire. *Le rallye de Monte-Carlo.* ■ Soirée organisée par des familles nobles ou aisées pour que leurs enfants en âge de se marier puissent se rencontrer. *Être invité à un rallye.*

RAM, ■ n. f. [ʀam] (acronyme angl. de *Random Access Memory*, mémoire à accès aléatoire) **Inform.** Mémoire d'un ordinateur servant à stocker temporairement les fichiers et programmes en cours d'exécution. *Ajouter une barrette de* RAM *à son ordinateur.*

RAMADAN, n. m. [ʀamadɑ̃] (ar. *ramadân*, mois de la grande chaleur) Neuvième mois de l'année arabe, que les musulmans consacrent au jeûne. ■ Ensemble des préceptes religieux de ce mois. *Faire le ramadan.* ■ **Rem.** On disait aussi *ramazan* autrefois.

RAMAGE, n. m. [ʀamaʒ] (anc. fr. *rame*, branche, du lat. *ramus*) Rameau, branchage (vieilli en ce sens). ◆ Aujourd'hui, représentation de feuillages, de fleurs, etc., disposés en long sur une étoffe. *Velours à ramages.* ◆ Le chant des petits oiseaux qui se tiennent dans les rameaux. ◆ **Par extens.** Chant de tout oiseau. ◆ **Fig. et fam.** Babil des enfants. ◆ **Fig.** Se dit du chant d'un chanteur qui ne plaît pas. ◆ **Fig.** Discours dénué de sens. « *Le ramage barbare des grammairiens* », Diderot.

RAMAGER, v. intr. [ʀamaʒe] (*ramage*) Il se dit des oiseaux qui font entendre leur ramage.

RAMAIGRI, IE, p. p. de ramaigrir. [ʀamegʀi]

RAMAIGRIR, v. tr. [ʀamegʀiʀ] (*re-* et *amaigrir*) ▷ Rendre maigre de nouveau. ◆ **V. intr.** Redevenir maigre. ◁

RAMAIGRISSEMENT, n. m. [ʀamegʀis(ə)mɑ̃] (*ramaigrir*) ▷ Action de ramaigrir, état de celui qui est ramaigri. ◁

RAMAS, n. m. [ʀamɑ] (*ramasser*) Action de ramasser, de recueillir. « *Le choix et le ramas qu'il faisait des bonnes pensées de ceux qui avaient philosophé devant lui* », La Mothe Le Vayer. ◆ ▷ Assemblage d'objets divers, mais en général sans grande valeur. *Un ramas de vieux livres.* ◁ ◆ **Fig.** *Ce livre n'est qu'un ramas de sottises.* « *Les langues ne sont pas un ramas d'expressions prises au hasard.* », Condillac. ◆ Se dit de troupes, d'hommes, en un sens péjoratif. « *Il était difficile de régler sous de mêmes lois ce ramas de tant de peuples différents* », Fléchier.

RAMASSAGE, n. m. [ʀamasaʒ] (*ramasser*) Action de ramasser. *Le ramassage du bois, des feuilles, etc.* ■ *Ramassage scolaire*, transport par autocar des élèves entre leur domicile et leur école.

RAMASSE, n. f. [ʀamas] (dialectal, du lat. *ramus*) ▷ Traîneau dans lequel un homme dirige les voyageurs qui descendent des montagnes couvertes de neige. ◁

1 **RAMASSÉ, ÉE**, p. p. de 1 ramasser. [ʀamase] Dont les formes sont épaisses, trapues. « *Ces hommes petits de taille, mais forts et ramassés* », Fléchier. « *Elle était ramassée un peu dans sa taille.* », J.-J. Rousseau. ◆ On dit

de même : *Avoir la taille ramassée, les épaules ramassées.* ■ De forme dense et succincte. *Une formule ramassée.*

2 RAMASSÉ, ÉE, p. p. de 2 ramasser. [ʀamase] Traîné dans une ramasse.

RAMASSE-MIETTE ou **RAMASSE-MIETTES**, ■ n. m. [ʀamas(ə)mjɛt] (*ramasser* et *miette*) Dispositif qui permet de balayer et de ramasser les miettes sur une nappe sans l'ôter de la table. *Des ramasse-miettes. Un ramasse-miettes en métal, en plastique.*

RAMASSE-POUSSIÈRE, ■ n. m. [ʀamas(ə)pusjɛʀ] (*ramasser* et *poussière*) Bibelot inutile, pénible à épousseter. *Il n'a que des ramasse-poussière dans son salon.* ■ **Nord**, **Belg.** et **Québec** Pelle à manche court dans laquelle on pousse la poussière à l'aide d'un balai ou d'une balayette, pour la ramasser. *Des ramasse-poussière* ou *des ramasse-poussières.*

1 RAMASSER, v. tr. [ʀamase] (*re-* et *amasser*) Amasser en y mettant soin et peine. *Ramasser du bois, les épis, etc.* ◆ Au jeu, *ramasser les cartes*, les rassembler. ◆ Prendre, relever ce qui est à terre. *Ramasser son gant.* ◆ *Cette chose ne vaut pas la ramasser*, elle ne mérite pas qu'on y songe (ramasser est pris ici substantivement). ◆ *Ramasser une personne*, relever une personne qui est à terre. ◆ **Fam.** *Ramasser son paquet, ses hardes, etc.*, s'enfuir. ◆ Mettre ensemble ce qui est épars. *Ramasser les débris d'une armée.* ◆ Rechercher pour mettre ensemble. « *On ne peut trop ramasser, trop comparer de journaux de pilotes et de routiers* », FONTENELLE. ◆ *Ramasser de l'argent*, gagner de l'argent et le mettre en réserve. ◆ Recueillir des idées, des passages, des citations. ◆ En mauvaise part, faire un ramas de ce qui se dit. *Ramasser une méchanceté qui traîne dans les rues.* ◆ Réduire le volume. *Le hérisson ramasse son corps en boule.* ◆ **Fig.** Concentrer, résumer. « *Que contre moi votre haine ramasse Tous les traits les plus furieux* », MOLIÈRE. « *Il ne faut pas s'étonner si la passion des richesses est si violente, puisqu'elle ramasse en elle toutes les autres* », BOSSUET. ◆ **Fig.** Réunir, rassembler pour quelque effort ou action. « *Jésus ramasse ses forces épuisées* », BOSSUET. ◆ Se charger d'une personne qu'on a trouvée dans l'embarras, dans la misère. ◆ **Fig.** et **pop.** *Ramasser quelqu'un*, le maltraiter de coups ou de paroles. ■ Se ramasser, v. pr. Former groupe, réunion, rassemblement. « *Ces lieux où se ramassent toutes les infirmités de la vie humaine* », FLÉCHIER. ◆ Se replier sur soi-même, se pelotonner. ◆ **Pop.** Se relever après une chute. ◆ Être réuni en un point central. ◆ **Fig.** Se concentrer, en parlant des personnes. « *C'est alors que, se ramassant en soi-même, on apprend à se soumettre à Dieu tout entier et à pleurer ses égarements* », BOSSUET. ◆ Il se dit aussi des choses. « *Toutes les vertus que la princesse palatine a pratiquées se ramassent dans cette dernière parole et dans le dernier acte de sa vie* », BOSSUET. ■ Se ramasser, v. pr. **Fam.** Tomber. *Il s'est ramassé dans l'escalier.* ■ **Fig.** et **fam.** Échouer. *Se ramasser au permis de conduire. Leur équipe s'est ramassée au championnat.*

2 RAMASSER, v. tr. [ʀamase] (*ramasse*) Traîner dans une ramasse. *Se faire ramasser.*

RAMASSETTE, ■ n. f. [ʀamasɛt] (*ramasser*) **Belg.** Petite pelle dans laquelle on met la poussière, les débris rassemblés. *Ramasser des morceaux de verre avec une brosse et une ramassette.*

1 RAMASSEUR, EUSE, n. m. et n. f. [ʀamasœʀ, øz] (1 *ramasser*) Celui, celle qui ramasse. *Un ramasseur de cailloux.* ◆ **Par extens.** Celui, celle qui fait un ramas de choses quelconques. ◆ **Fig.** *Un ramasseur de petits papiers*, un indiscret qui aime à faire scandale par ses révélations.

2 RAMASSEUR, n. m. [ʀamasœʀ] (2 *ramasser*) Celui qui conduit une ramasse.

RAMASSEUSE-PRESSE, ■ n. f. [ʀamasøz(ə)pʀɛs] (1 *ramasseur* et *presse*) Machine agricole qui ramasse le foin ou la paille et les lie en bottes, après les avoir pressés. *Passer la ramasseuse-presse dans un champ de fourrage. Des ramasseuses-presses.*

RAMASSIS, n. m. [ʀamasi] (1 *ramasser*) Assemblage de choses ramassées sans choix. *Un ramassis de bouquins.* ◆ Menues branches ou ramilles qui ne peuvent servir qu'à faire des bourrées. ◆ Il se dit aussi des personnes, en mauvaise part. « *Ce ramassis de canaille* », J.-J. ROUSSEAU.

RAMASSOIRE, ■ n. f. [ʀamaswaʀ] (1 *ramasser*) **Suisse** Petite pelle dans laquelle on met la poussière, les débris que l'on a rassemblés. *Nettoyer avec une balayette et une ramassoire.*

RAMAZAN, n. m. [ʀamazɑ̃] Voy. RAMADAN.

RAMBARDE, ■ n. f. [ʀɑ̃baʀd] (ital. *rembata*, garde-fou à bord d'un navire) Barrière à hauteur d'appui placée à un endroit où il y a risque de chute. *Rambardes d'un navire.* ■ Rampe d'escalier. *Tenir la rambarde.*

RAMBOUR, n. m. [ʀɑ̃buʀ] (altér. de *Rambures*, village près d'Amiens) Belle espèce de pommes vertes d'un côté et fouettées de rouge de l'autre, qui se mangent au mois d'août.

RAMBOUTAN, ■ n. m. [ʀɑ̃butɑ̃] (mot malais) Fruit exotique de forme ovoïdale, recouvert d'une coque rouge munie de nombreuses pointes, et

dont la chair est proche de celle du litchi. *Le ramboutan est aussi appelé litchi chevelu. Des ramboutans.*

RAMDAM, ■ n. m. [ʀamdam] (ar. *ramadan*) **Fam.** Grand bruit, vacarme. *Il a fait un sacré ramdam en dévalant les escaliers. Les voisins ont fait un de ces ramdams hier soir.* ■ **Fig.** et **fam.** Scandale. *Son arrestation a fait un sacré ramdam dans le quartier.*

1 RAME, n. f. [ʀam] (anc. fr. *raim*, du lat. *ramus*) Petit branchage que l'on plante en terre pour soutenir des plantes grimpantes, et en particulier les pois, les haricots.

2 RAME, n. f. [ʀam] (*ramer*) Longue pièce de bois avec laquelle on fait marcher une embarcation. ◆ Chez les anciens, *navire à deux rangs de rames, à trois rangs de rames, à quatre rangs de rames, à cinq rangs de rames*, dit *birème, trirème, quadrirème, quinquérème.* ◆ Dans le Moyen Âge on se servait de galères qui allaient à la rame, et dont l'usage a subsisté jusqu'au XVIIIᵉ siècle ; les rames y étaient mues par des forçats. *Tirer la rame, tirer à la rame*, ramer. ◆ ▷ *Mettre à la rame*, condamner aux galères. ◁ ◆ **Fig.** *Être à la rame, tirer à la rame*, travailler beaucoup, être dans un emploi très pénible. ◁ ■ **Fam.** *Ne pas en ficher une rame*, ne rien faire du tout.

3 RAME, n. f. [ʀam] (ar. *rizma*, ballot) Mesure usitée en papeterie et qui est de vingt mains de papier. ◆ **Techn.** Vingt rouleaux de papier de tenture. ■ File de wagons attelés ensemble. *Une rame de métro.*

4 RAME, ■ n. f. [ʀam] (néerl. *raem*, rame, ou m. all. *rame*, rame) Châssis utilisé pour le séchage d'un tissu.

1 RAMÉ, ÉE, p. p. de ramer. [ʀame] *Balles ramées*, balles de plomb jointes ensemble par un fil d'archal. ◆ *Boulets ramés*, boulets réunis par une barre ou une chaîne, etc.

2 RAMÉ, ÉE, adj. [ʀame] (1 *rame*) Se dit d'un jeune cerf dont le bois pousse. ◆ **Hérald.** Se dit du cerf dont le bois est d'un autre émail que le corps.

RAMEAU, n. m. [ʀamo] (lat. vulg. *ramellus*, dimin. de *ramus*, branche) Petite branche d'arbre. *Les branches et les rameaux.* ◆ **Fig.** *Rameaux de laurier*, gloire, succès militaires. ◆ *Le dimanche des Rameaux, le jour des Rameaux*, dit aussi *Pâques fleuries*, le dimanche d'avant Pâques, jour où l'on porte des rameaux en mémoire de l'entrée de Jésus-Christ à Jérusalem. ◆ *Rameau d'olivier*, rameau qui, chez les anciens, était le symbole de la paix, de la supplication. ◆ **Fig.** *Présenter le rameau d'olivier*, offrir la paix, la proposer. ◆ *Rameau d'olive*, Voy. OLIVE. ◆ *Rameau d'or*, variété de la giroflée de muraille. ◆ **Au pl.** *Rameaux*, le bois d'un cerf. ◆ **Anat.** Subdivision des vaisseaux, des nerfs. ◆ **Géol.** Nom qu'on donne aux massifs qui se détachent d'une chaîne de montagne en suivant des directions diverses. *Différentes branches d'une mine.* ◆ Embranchement de voies souterraines. ◆ **Milit.** Chemins sous terre, qui communiquent d'un puits à l'autre dans les mines et les contremines. ◆ **Généal.** Division d'une branche de la même famille. ◆ Subdivision. *Les différents rameaux d'une science.* ◆ Il se dit aussi des subdivisions d'une secte.

RAMÉE, n. f. [ʀame] (1 *rame*) Assemblage de branches entrelacées soit naturellement, soit de main d'homme. *Allons sous la ramée.* ◆ Branches coupées avec leurs touffes vertes. *Joncher le chemin de ramée.* « *Un pauvre bûcheron tout couvert de ramée* », LA FONTAINE. ◆ Branches d'arbres garnies de feuilles qui sont desséchées pour servir à la nourriture des bestiaux et principalement des bêtes à laine.

RAMENDÉ, ÉE, p. p. de ramender. [ʀamɑ̃de]

RAMENDER, v. tr. [ʀamɑ̃de] (*re-* et *amender*) Amender, fumer une seconde fois les terres. ◆ Remettre une étoffe à la teinture. ◆ **V. intr.** Se conjugue avec *être* ou *avoir*, suivant le sens. Devenir à meilleur marché. *Le pain est ramendé ; le pain a ramendé hier.* ■ Raccommoder les mailles d'un filet. *Ramender un filet de pêche déchiré.* ■ Redorer un objet à la feuille.

RAMENDEUR, EUSE, ■ n. m. et n. f. [ʀamɑ̃dœʀ, øz] (*ramender*) Personne qui remaille et répare les filets de pêche sur les bateaux. *Ramendeur sur navire de pêche.*

RAMENÉ, ÉE, p. p. de ramener. [ʀam(ə)ne]

RAMENER, v. tr. [ʀam(ə)ne] (*re-* et *amener*) Amener de nouveau. *Ramener un malade au médecin.* ◆ À certains jeux. *Il vient d'amener un sept ; s'il le ramène, il a gagné.* ◆ Être cause qu'on revient. « *Sitôt que mon malheur me ramène à sa vue* », RACINE. ◆ Faire venir des gens qui ne venaient plus. *Cet acteur a ramené la foule au théâtre.* ◆ Remettre une personne dans le lieu d'où elle était partie, la faire revenir avec soi. *Je vous ramènerai dans ma voiture.* « *Je t'ai ramenée des extrémités de la terre* », BOSSUET. « *Il ramena lui-même trois fois ses troupes à la charge* », VOLTAIRE. ◆ Il se dit également en parlant des animaux et même des choses. *Ramener les troupeaux du pâturage, un cheval à l'écurie. Vous me ramènerez ma voiture.* ◆ *Ramener en arrière*, forcer à revenir au lieu qu'on avait quitté. ◆ ▷ *Ramener sa main*, avancer la main qu'on avait d'abord retirée. ◁ ◆ *Ramener ses regards*, les reporter vers le point d'où ils s'étaient écartés. ◆ Se dit d'une troupe de cavalerie qui, ayant fait une charge qui a échoué, retourne, poursuivie, à la place d'où elle est partie. ♦ ▷ **Chir.** Rendre à une partie la direction, la place qui lui convient. ◁ ♦ Amener avec soi, en s'en retournant. *Le charretier vous apporte du bois ; il me ramènera du vin.* ♦ Ramasser ce qui s'écarte ; faire venir devant, dessus, ce qui est en arrière, dessous. *Il ramenait sur le devant de la tête ses rares cheveux. Ramener le pan de son manteau sur l'épaule droite.* ♦ Tirer à soi. *En ramenant la serpe, il se coupa.* ♦ **Manège** *Ramener un cheval,* lui faire baisser le nez, quand il porte au vent. ♦ **Fig.** Faire revenir à des lois, à des règles dont on s'était écarté. *Ramener à la raison.* « *J'ai su le ramener aux termes du devoir* », P. CORNEILLE. ♦ *Ramener quelqu'un,* le faire quitter. « *Il éclaire les humbles, il les ramène de leurs égarements* », BOURDALOUE. ♦ *Ramener une personne à quelqu'un,* faire reprendre à cette personne de bons sentiments pour quelqu'un. ♦ **Absol.** « *C'est le propre des malheurs de ramener à la philosophie* », d'ALEMBERT. ♦ *Ramener quelqu'un,* changer les sentiments de quelqu'un et lui en faire prendre de meilleurs, le radoucir, le calmer. *Ramener un ennemi par des bienfaits. Ramener des rebelles.* ♦ **Fig.** *Ramener quelqu'un à la vie,* le sauver de ce qui menace de lui ôter la vie. ♦ *Ce médecin a parfaitement ramené son malade,* il a rétabli sa santé qui semblait désespérée. ♦ *Ramener une affaire de bien loin,* remettre en bon état une affaire qui paraissait désespérée. ♦ *Au jeu, ramener une partie,* la rétablir. ♦ Faire repasser par un état par où on avait passé. *La vieillesse ramène l'homme à l'enfance.* ♦ Il se dit de la pensée que l'on fait passer sur ce qu'elle a déjà parcouru. *Ramener sa pensée en arrière.* ♦ Réduire. *Ramener tout au plaisir.* ♦ *Ramener à soi,* donner aux choses un but égoïste. ♦ ▷ **Fig.** Faire renaître, rétablir. *Ramener la fièvre, le calme, etc.* ◁ ♦ *Ramener une vieille mode,* la remettre en vigueur. ◁ ♦ ▷ **Chim.** *Un réactif ramène une couleur végétale à une autre couleur,* quand il fait passer la première à la seconde. ◁ ♦ *Se ramener,* v. pr. Se concentrer. *Se ramener en soi.* ♦ Reprendre le fil d'un discours. « *N'ayant pas voulu rompre le fil des affaires d'Angleterre, je me ramène à ce qui se passait dans le continent* », VOLTAIRE. ♦ Être ramené à, réduit à. *Cette proposition se ramène à cette autre.* ■ **Fam.** *Se ramener,* venir. *Il s'est ramené avec six copains. Elles se sont ramenées à 23 h !* ■ **Fam.** *Ramener sa fraise* ou *la ramener,* faire son intéressant, intervenir pour protester, râler. *Ce n'est pas le moment de la ramener !*

RAMENTEVOIR, v. tr. [ʀamɑ̃t(ə)vwaʀ] (re- et anc. fr. *amentevoir,* rappeler, du lat. *mens,* esprit) ▷ **Vx** Remettre en l'esprit, rappeler. « *Ne ramentevons rien, et réparons l'offense* », MOLIÈRE. « *Comme les vieillards aiment à conter et même à répéter, je vous ramentevrai qu'un jour, etc.* », VOLTAIRE. ♦ *Se ramentevoir une chose,* la ramentevoir à soi. ♦ *Se ramentevoir,* v. pr. Être rappelé à l'esprit. « *La terreur des choses passées À leurs yeux se ramentevant* », MALHERBE. ◁

RAMEQUIN, n. m. [ʀam(ə)kɛ̃] (néerl. *rammeken*) Espèce de pâtisserie faite avec du fromage. ■ Petit récipient en terre cuite utilisé pour la cuisson au four. *Repartissez la préparation de la crème aux œufs dans les ramequins.*

1 RAMER, v. intr. [ʀame] (anc. fr. *raim,* rame, du lat. *ramus,* branche) Faire effort sur une rame pour mettre en mouvement une embarcation, un navire. ♦ **Fig. et fam.** Prendre bien de la peine, avoir beaucoup de fatigue.

2 RAMER, v. tr. [ʀame] (1 *rame*) Soutenir avec des rames des plantes grimpantes, et particulièrement des pois, des haricots. ♦ **Fig. et fam.** *Il s'y entend comme à ramer des choux,* se dit de celui qui veut faire une besogne insensée, puisqu'on ne rame pas les choux. ♦ *Se ramer,* v. pr. Être ramé. *Les choux ne se rament pas.*

RAMEREAU, n. m. [ʀam(ə)ʀo] (dimin. de *ramier*) Jeune ramier.

1 RAMETTE, n. f. [ʀamɛt] (dimin. de 4 *rame*) **Impr.** Châssis de fer qui n'a point de barre au milieu, et qui sert à imposer les ouvrages d'une seule page, les affiches, etc.

2 RAMETTE, n. f. [ʀamɛt] (dimin. de 3 *rame*) Rame de petit papier. *Une ramette de papier à lettres.* ■ Ensemble de feuilles de papier. *Une ramette de cinq cents feuilles.*

RAMEUR, EUSE, n. m. et n. f. [ʀamœʀ, øz] (1 *ramer*) Personne qui rame. ♦ N. m. pl. Tribu d'hémiptères comprenant les espèces aquatiques nageant à la surface de l'eau. ♦ **Adj. Zool.** *Oiseaux rameurs,* oiseaux dont les ailes sont minces, peu convexes, fortement tendues dans l'état de déploiement. ■ N. m. Appareil d'entraînement physique qui permet de reproduire les mouvements des bras et des jambes caractéristiques de l'aviron. *Faire du rameur.*

RAMEUTER, ■ v. tr. [ʀamøte] (re- et *ameuter*) Rassembler en vue d'une action pour laquelle le nombre de participants est important. *Rameuter le plus de monde possible pour une manifestation. Il a rameuté tout le quartier !* ■ **Vén.** Rassembler les chiens d'une meute en les appelant.

RAMEUX, EUSE, adj. [ʀamø, øz] (1 *rame*) **Bot.** Qui est partagé en branches, en un plus ou moins grand nombre de subdivisions secondaires. *Tige rameuse.* ♦ Il se dit du bois des cerfs. « *Comme un vieux cerf dans une forêt porte son bois rameux au-dessus des têtes des jeunes faons dont il est suivi* », FÉNELON. ♦ Il se dit enfin de toute espèce de ramification.

RAMI, ■ n. m. [ʀami] (anglo-amér. *rummy,* même famille que *rhum*) Jeu de cartes dont le but est de se débarrasser de toutes les cartes que l'on a en main en faisant des combinaisons. *Ils se réunissent régulièrement pour faire des ramis.*

RAMIE, ■ n. f. [ʀami] (mot malais) **Bot.** Plante asiatique dont les feuilles sont semblables à celles de l'ortie, et dont les tiges sont utilisées dans l'industrie textile. *Les fibres de ramie peuvent être employées en papeterie.*

RAMIER, n. m. [ʀamje] (1 *rame*) Gros pigeon sauvage qui niche sur les arbres. ♦ **Adj. m.** *Pigeon ramier.*

RAMIFICATION, n. f. [ʀamifikasjɔ̃] (*ramifier*) **Bot.** Division d'une tige en plusieurs rameaux. ♦ Se dit aussi des divisions elles-mêmes. ♦ Disposition des branches. *La ramification du chêne.* ♦ **Anat.** Mode suivant lequel se divisent les artères, les veines, les nerfs ; ces divisions elles-mêmes. ♦ On s'en sert en parlant des mines. *Ramification des filons.* ♦ **Fig.** Subdivision d'une science, d'un sujet, d'une matière. ♦ **Fig.** Se dit d'une secte, d'un complot. *Les ramifications de ce complot s'étendaient très loin.*

RAMIFIÉ, ÉE, p. p. de ramifier. [ʀamifje]

RAMIFIER (SE), v. pr. [ʀamifje] (lat. médiév. *ramificare*) Être divisé en plusieurs rameaux. *Le bois du cerf, les filons d'une mine, les canaux, etc., se ramifient.* ♦ **Fig.** Il se dit des notions, des sciences. « *Ces vérités se divisent, se subdivisent et se ramifient presque à l'infini* », FONTENELLE. ♦ Il se dit aussi d'une secte, d'un complot.

RAMILLE, n. f. [ʀamij] (dimin. de 1 *rame*) Menues branches d'arbres. ♦ Au sing. **Bot.** Nom donné aux plus petites et dernières subdivisions des rameaux. ♦ Bourgeons, produits de la dernière sève, qui ont cessé de croître en longueur.

RAMINGUE, adj. [ʀamɛ̃g] (ital. *ramingo,* faucon branchier) ▷ Se dit d'un cheval qui se défend contre l'éperon, ne voulant pas avancer dès qu'il le sent. ◁

RAMOITI, IE, p. p. de ramoitir. [ʀamwati]

RAMOITIR, v. tr. [ʀamwatiʀ] (re- et *moite*) ▷ Rendre moite de nouveau. ♦ **Impr.** *Ramoitir les balles, les tympans,* les humecter avec une éponge imbibée d'eau. ♦ Se ramoitir, v. pr. Devenir plus moite. ◁

RAMOITISSEMENT, n. m. [ʀamwatis(ə)mɑ̃] (*ramoitir*) ▷ Action de ramoitir ; résultat de cette action. ◁

RAMOLLI, IE, p. p. de ramollir. [ʀamoli] Néolog. et fig. Devenu hébété, par allusion au ramollissement du cerveau. ♦ N. m. et n. f. *Un ramolli. Une ramollie.*

RAMOLLIR, v. tr. [ʀamoliʀ] (re- et *amollir*) Rendre mou. *Ramollir de la cire.* ♦ **Fig.** Rendre mou, énerver soit le corps, soit l'âme. *L'oisiveté ramollit les courages.* ♦ Se ramollir, v. pr. Devenir mou. *Les neiges se sont ramollies.* ♦ **Fig.** « *Que son cœur ne se ramollisse pas en écrivant des choses si tendres* », BOSSUET. ♦ *Son cœur s'est ramolli,* se dit d'un homme qui s'est relâché de sa première sévérité. ♦ **Fig. et fam.** Devenir imbécile, par allusion au ramollissement du cerveau.

RAMOLLISSANT, ANTE, adj. [ʀamolisɑ̃, ɑ̃t] (*ramollir*) **Méd.** Se dit des remèdes qui relâchent. ♦ N. m. *Un ramollissant.*

RAMOLLISSEMENT, n. m. [ʀamolis(ə)mɑ̃] (*ramollir*) État de ce qui est ramolli. *Le ramollissement de la cire.* ♦ **Méd.** Mode particulier de lésion organique, ou plutôt altération particulière de la nutrition, caractérisée par une diminution de la cohésion naturelle à chaque tissu. ♦ *Le ramollissement du cerveau,* lésion grave du cerveau, accompagnée d'une altération profonde des facultés intellectuelles.

RAMOLLO, ■ adj. [ʀamolo] (*ramolli*) **Fam.** Sans vitalité, sans forme. « *Casquette ramollo, envareusé frileux, les poings rouges posés sur ses poches, il a l'air emmerdé* », VAUTRIN. ■ N. m. et n. f. *Un vieux ramollo.*

RAMON, n. m. [ʀamɔ̃] (anc. fr. *raim,* rameau) **Vieilli** Balai.

RAMONAGE, n. m. [ʀamonaʒ] (*ramoner*) Action de ramoner.

RAMONÉ, ÉE, p. p. de ramoner. [ʀamone]

RAMONER, v. tr. [ʀamone] (*ramon*) Nettoyer le tuyau d'une cheminée, en ôter la suie. ♦ **Fig. et pop.** *Ramoner quelqu'un,* le gronder, lui faire une vive réprimande. ♦ Se ramoner, v. pr. Être ramoné. ■ V. intr. **Sp.** Escalader en prenant appui sur des parois très rapprochées.

RAMONEUR, n. m. [ʀamonœʀ] (*ramoner*) Celui dont le métier est de ramoner les cheminées.

RAMPANT, ANTE, adj. [ʀɑ̃pɑ̃, ɑ̃t] (*ramper*) Qui rampe, en parlant des animaux. ♦ **Hérald.** Se dit des animaux qui sont représentés debout et s'élevant comme le long d'une rampe. ♦ N. m. pl. *Les rampants,* ordre de mammifères. ♦ Il se dit aussi des végétaux étalés sur le sol. *Plante rampante. Racine rampante,* celle qui court horizontalement entre deux terres. ♦ **Fig.** Qui est dans une situation humble, basse. « *Je n'ai pas eu ce dédain qui empêche de jeter les yeux sur les mortels trop rampants, et qui fait dire à l'âme* *arrogante : Il n'y a que moi sur la terre »*, Bossuet. ◆ **Fig.** Qui s'abaisse, qui ne garde pas sa dignité devant la puissance, la richesse. *« On les voit aussi rampants qu'ils ont été hautains »*, Fénelon. ◆ Il se dit aussi des choses. *Un ton rampant.* ◆ *Style rampant*, style bas et plat. ◆ **Archit.** Incliné, en parlant d'une surface. *Voûte rampante.* ■ **N. m.** *Le rampant d'un fronton, d'une voûte.* ◆ Limon rampant, limon d'un escalier tournant qui n'est interrompu par aucun palier. ◆ **Chir.** *Bandage rampant*, bandage dont les circonvolutions entourent une partie en manière de spirale. ■ **Fam.** *Personnel rampant*, personnel d'une compagnie aérienne qui travaille au sol. ■ **N. m.** *Il a quitté le personnel navigant pour devenir rampant.*

RAMPE, n. f. [ʀɑ̃p] (*ramper*) Partie d'un escalier qui conduit d'un palier à l'autre (les architectes disent aujourd'hui volée). ◆ Balustrade qui règne le long des marches d'un escalier. ◆ Rangée de lumière placée au bord de la scène sur un théâtre. *Baisser, lever la rampe.* ◆ Terrain en pente servant de voie de communication. *On arrive par une rampe douce au haut du tertre.* ◆ Pente douce qui se fait le long du talus d'un rempart. ◆ La pente d'une colline, d'une montagne. ■ **Anat.** *Rampes du limaçon*, les deux cavités du limaçon, dans l'oreille. ■ *Rampe de lancement*, plan incliné servant au lancement de fusées, d'avions catapultés. ■ *Tenir bon la rampe*, garder sa vitalité, sa santé. *Il tient encore bon la rampe grâce à son footing quotidien.* ■ **Fam.** *Lâcher la rampe*, mourir. ◆ **Fam.** *Lâcher la rampe*, renoncer à un projet, abandonner. *Il a lâché la rampe à la première difficulté.* ◆ Dispositif regroupant des lampes et des projecteurs et utilisé pour éclairer une devanture de magasin, un monument ou une scène de spectacle. *Allumer la rampe.* ■ **Fig.** Être sous les feux de la rampe, être en vue. *Ce chanteur est sous les feux de la rampe.*

RAMPEMENT, n. m. [ʀɑ̃p(ə)mɑ̃] (*ramper*) Action de ramper. *« Le rampement tortueux du serpent »*, Bossuet.

RAMPER, v. intr. [ʀɑ̃pe] (anc. b. frq. *rampa*, crochet) Se traîner sur le ventre, en parlant des serpents, des vers et autres animaux semblables. ◆ **Fig.** *Ramper sur la terre*, y vivre dans un état comparé à celui des animaux rampants. ◆ En parlant des plantes, s'étendre sur la terre, s'attacher aux branches des arbres, etc. *« Son palais est enrichi de colonnes dorées où rampe tout du long une vigne d'or »*, Vaugelas. ◆ **Anat.** Se montrer, se dessiner avec un cours sinueux. ◆ Il se dit des animaux, de l'homme, qui se traînent sur le ventre. *« C'était un beau sujet de guerre Qu'un logis où lui-même il n'entrait qu'en rampant ! »*, La Fontaine. *« Le chien vient en rampant mettre aux pieds de son maître son courage, sa force »*, Buffon. ◆ Cheminer lentement. ◆ **Archit.** Pencher suivant une pente donnée. ◆ **Fig.** Être dans un état humble, bas. *« Ils rampaient à mes pieds, ils sont ici mes maîtres »*, Voltaire. ◆ **Fig.** S'humilier. *« Les premiers chrétiens ne connaissaient rien de plus grand que de ramper dans la boue »*, Massillon. ◆ **Fig.** S'abaisser d'une façon abjecte devant la puissance, la richesse. *« Du même fond d'orgueil dont on s'élève fièrement au-dessus de ses inférieurs, l'on rampe vilement devant ceux qui sont au-dessus de soi »*, La Bruyère. ◆ En parlant d'un écrivain, du style, être bas, sans élévation. *« L'autre a peur de ramper et se perd dans la nue »*, Boileau.

RAMPIN, adj. m. [ʀɑ̃pɛ̃] (p.-ê. de *ramper*) *Cheval rampin*, cheval qui présente une défectuosité des pieds, dans laquelle la paroi se trouve redressée au-delà de la perpendiculaire, de sorte que le point supérieur de la pince est plus avancé que l'inférieur. ◆ On dit de même : *Pied rampin.*

RAMPON, ■ n. m. [ʀɑ̃pɔ̃] (lat. *rapum*, rave) **Suisse** Variété de mâche. *Salade de rampons.*

RAMPONNEAU, ■ n. m. [ʀɑ̃pɔno] (*Ramponneau*, cabaretier du XVIIIᵉ siècle) **Pop.** Coup porté avec violence dans les côtes de quelqu'un. *Donner des ramponneaux.* *« Qu'est-ce qu'on s'mettait comme ramponneaux Pour ces mômes à l'eau d'Cologne Et qu'est-ce qu'on vidait comme godets Après la cogne »*, Jonasz.

RAMULE, ■ n. m. [ʀamyl] (lat. *ramulus*, dimin. de *ramus*, branche) **Bot.** Dernière division du rameau d'une plante. ■ **Rem.** On dit aussi *ramille.*

RAMURE, n. f. [ʀamyʀ] (1 *rame*) Ensemble des branches d'un arbre. ◆ Bois d'un cerf, d'un daim.

RANATRE, ■ n. f. [ʀanatʀ] (lat. *rana*, grenouille) **Zool.** Punaise carnassière de grande taille et vivant dans les marais. *La ranatre suce ses proies en perforant leur tégument.*

RANCARD ou **RENCARD,** ■ n. m. [ʀɑ̃kaʀ] (orig. inc., p.-ê. de *rancart*) **Fam.** Rendez-vous. *Avoir rancard avec quelqu'un.* ■ Lieu de rendez-vous. *Le rancard de tous les fans de jazz.* ■ **Arg.** Renseignement. *Donner un rencard.*

RANCARDER ou **RENCARDER,** ■ v. tr. [ʀɑ̃kaʀde] (*rancard*) **Fam.** Donner rendez-vous à quelqu'un. ■ **Arg.** Renseigner. *Je l'ai rencardé discrètement.* ■ Se rancarder, v. pr. Se renseigner. *Faut que je me rancarde sur les prix.*

RANCART, n. m. [ʀɑ̃kaʀ] (norm. *récarter*, éparpiller) **Pop.** Mettre au rancart, mettre de côté, au rebut, dans un coin. ■ **Rem.** On écrivait aussi *rencart* autrefois.

RANCE, adj. [ʀɑ̃s] (lat. *rancidus*) Se dit d'un corps gras qui, sous l'influence de l'air, dont il a absorbé l'oxygène, a pris une odeur forte et une saveur désagréable. ◆ **N. m.** *Sentir le rance.* ◆ Il se dit aussi des confitures devenues trop vieilles. ◆ *Le rance* ou *rancio*, qualité douce et moelleuse que l'eau-de-vie acquiert en vieillissant.

RANCH, ■ n. m. [ʀɑ̃ʃ] (mot anglo-amér., de l'hispano-amér., *maison de berger*) Exploitation agricole aux États-Unis comprenant de vastes prairies d'élevage et un grand troupeau. *Des ranchs* ou *des ranches* (pluriel anglais).

RANCHE, n. f. [ʀɑ̃ʃ] (anc. b. frq. *runka*) Nom qu'on donne aux chevilles de bois ou de fer qui servent d'échelons pour monter au haut d'un engin.

RANCHER, n. m. [ʀɑ̃ʃe] (*ranche*) Pièce de bois garnie de chevilles servant d'échelons.

RANCI, IE, p. p. de rancir. [ʀɑ̃si] N. m. Odeur de rance.

RANCIDITÉ, n. f. [ʀɑ̃sidite] (lat. *rancidus*, rance) Qualité d'une graisse ou d'un corps contenant soit de l'huile, soit de la graisse, devenues rances.

RANCIO, adj. m. [ʀɑ̃sjo] (mot esp.) *Vin rancio* ou n. m. *rancio*, vin d'Espagne, qui de rouge est devenu jaunâtre en vieillissant. ◆ **N. m.** *Rancio*, Voy. RANCE.

RANCIR, v. intr. [ʀɑ̃siʀ] (*rance*) Se conjugue avec *être* ou *avoir* suivant le sens. Devenir rance. ◆ Se rancir, v. pr. Devenir rance.

RANCISSEMENT, ■ n. m. [ʀɑ̃sis(ə)mɑ̃] (*rancir*) Fait de devenir rance. *Rancissement de l'huile, des graisses. Le rancissement est dû au contact avec l'air.*

RANCISSURE, n. f. [ʀɑ̃sisyʀ] (*rancir*) ▷ État de ce qui est rance. ◁

RANCŒUR, ■ n. f. [ʀɑ̃kœʀ] (b. lat. *rancor*, rancidité, avec influ. de *cœur*) Sentiment de dégoût mêlé de colère que l'on éprouve à la suite d'une déception, d'une injustice. *Garder, tenir rancœur à quelqu'un. Avoir de la rancœur contre, envers quelqu'un.* *« Je ne pus m'empêcher de lui dire la rancœur que je lui gardais qu'il ait eu si peu de confiance en moi »*, Leroux.

RANÇON, n. f. [ʀɑ̃sɔ̃] (lat. *redemptio*) Prix qu'on donne pour la délivrance d'un captif. ■ *Mettre à rançon*, rançonner, piller. ◆ *C'est la rançon d'un roi*, se dit d'une somme qui paraît excessive. ◆ Composition en argent au prix de laquelle un corsaire relâche un bâtiment de commerce qu'il a capturé. ■ Désagrément qui accompagne un plaisir, un avantage. *La rançon de la gloire, du succès.*

RANÇONNÉ, ÉE, p. p. de rançonner. [ʀɑ̃sɔne]

RANÇONNEMENT, n. m. [ʀɑ̃sɔn(ə)mɑ̃] (*rançonner*) Action de rançonner. ◆ Action par laquelle on exige d'une chose un prix exorbitant.

RANÇONNER, v. tr. [ʀɑ̃sɔne] (*rançon*) Mettre à rançon. *Le Prince Noir rançonna Du Guesclin.* ◆ **Mar.** Relâcher, moyennant composition, un bâtiment marchand capturé. ◆ Exiger de force ce qui n'est point dû. ◆ Exiger de quelqu'un plus qu'il ne faut pour une chose. *« Sur la route d'Italie, on rançonne assez durement les passagers »*, J.-J. Rousseau.

RANÇONNEUR, EUSE, n. m. et n. f. [ʀɑ̃sɔnœʀ, øz] (*rançonner*) Celui, celle qui rançonne, qui exige plus que ne vaut une chose.

RANCUNE, n. f. [ʀɑ̃kyn] (lat. vulg. *rancura*, de *rancor*, rancœur) Ressentiment tenace et qu'on n'oublie pas. *Avoir de la rancune, garder rancune contre quelqu'un.* ◆ *Sans rancune*, ou *point de rancune*, c'est-à-dire oublions le passé.

RANCUNEUX, EUSE, adj. [ʀɑ̃kynø, øz] (*rancune*) ▷ Qui est plein de rancune. *« Je ne suis pas rancuneuse »*, Marivaux. *« Une pensée rancuneuse »*, Ch. de Bernard. ◁

RANCUNIER, IÈRE, adj. [ʀɑ̃kynje, jɛʀ] (*rancune*) Qui a de la rancune, qui garde rancune. *« Dites-lui que je ne suis pas rancunier avec les génies »*, Voltaire. *« Cette humeur rancunière qui fermente dans un cœur vindicatif »*, J.-J. Rousseau. ◆ N. m. et n. f. *Un rancunier. Une rancunière.*

RAND, ■ n. m. [ʀɑ̃d] (mot angl.) Monnaie en cours en Afrique du Sud et en Namibie. *Des rands.*

RANDOMISER, ■ v. tr. [ʀɑ̃domize] (angl. *random*, hasard) Sélectionner aléatoirement une valeur parmi d'autres. *Étude contrôlée randomisée.* ■ RANDOMISATION, n. f. [ʀɑ̃domizasjɔ̃]

RANDONNÉE, n. f. [ʀɑ̃dɔne] (*randonner*) **Vén.** Tour, circuit fait sur un même lieu par une bête qu'on a lancée. ■ Promenade longue et ininterrompue. *Une randonnée pédestre.* ■ *Chemin de grande randonnée*, chemin balisé permettant de suivre à pied de longs itinéraires. ■ **Rem.** On écrivait aussi *rendonnée* autrefois.

RANDONNER, ■ v. intr. [ʀɑ̃dɔne] (anc. fr. *randon*, course impétueuse, violence) Faire une randonnée. *Randonner en montagne.*

RANDONNEUR, EUSE, ■ n. m. et n. f. [ʀɑ̃dɔnœʀ, øz] (*randonner*) Personne qui pratique la marche à pieds sur de longues distances et à une allure soutenue en milieu naturel. *Un sentier pour randonneurs.*

RANG, n. m. [Rɑ̃] (anc. b. frq. *hring*, cercle) Disposition de choses ou de personne sur une même ligne. *Rang d'arbres, de dents, de perles, etc.* ◆ Au théâtre, loges de premier rang, de deuxième rang, premières loges, deuxièmes loges. ◆ Suite de soldats placés les uns à côté des autres. *Mettre en rang. Serrez les rangs.* ◆ *Entrer dans les rangs d'une armée,* être admis, être incorporé dans une armée. ◆ On dit de même : *Servir dans les rangs de l'armée, être chassé des rangs de l'armée, etc.* ◆ Terme de tournoi. *Se mettre sur les rangs, paraître sur les rangs,* se présenter au combat, montrer qu'on est prêt à entrer en lice. ◆ **Fig.** *Être sur les rangs, se mettre sur les rangs,* être, se mettre parmi les prétendants à un emploi, à une charge, etc. ◆ Place qui appartient, qui convient à une personne ou à une chose parmi plusieurs autres. *Rang d'ancienneté, de taille, etc. Tenir un bon rang dans sa classe. Remettre un livre à son rang.* ◆ *Opiner, parler à son rang,* opiner, parler selon la place qu'on occupe. ◆ En termes d'étiquette, *avoir rang avant, après,* marcher devant, après. ◆ **Fig.** Il se dit des différentes classes de la société. *La distinction des rangs.* ◆ Haute position dans la société. *Des personnes d'un haut rang.* ◆ **Fig.** Importance d'une personne. *Tenir le premier rang.* ◆ Il se dit aussi des choses. ◆ **Fig.** Place qu'une personne tient dans l'estime des hommes. « *Lui qui d'un honnête homme à la cour tient le rang* », Molière. ◆ Il se dit aussi des choses. *Cette affaire est au premier rang.* ◆ *Perdre son rang,* déchoir de la place qu'on occupait dans l'estime publique. ◆ *Mettre au même rang, en même rang,* accorder la même estime. ◆ *Mettre au rang de,* mettre au nombre de. ◆ *Au rang,* parmi. « *Mais j'aimerais mieux être au rang des ignorants, Que de me voir savant comme certaines gens* », Molière. ◆ **Mar.** Degré de force des grands bâtiments. *Vaisseau du premier rang,* vaisseau à trois ponts. *Vaisseau du second rang,* vaisseau qui n'a que deux ponts, et qui porte de 80 à 100 canons. *Vaisseau du 3ᵉ rang,* vaisseau à deux ponts ne portant que 72 canons. ◆ On distingue aussi *des frégates du 1ᵉʳ, du 2ᵉ, du 3ᵉ rang.* ◆ *En rang d'oignon,* Voy. oignon. ■ **Cout.** Ensemble de mailles situées les unes à côté des autres sur une même ligne, dans un ouvrage de tricot ou de crochet. *Faire un rang à l'endroit, puis un rang à l'envers.*

RANGÉ, ÉE, p. p. de 1 ranger. [Rɑ̃ʒe] *Bataille rangée,* combat entre deux armées rangées en bataille. ◆ **Mar.** *Vent rangé à,* vent qui a pris la direction de. *Le vent étant rangé à l'est.* ◆ *Un homme rangé,* homme qui a de l'ordre, de la conduite. *Mener une vie rangée.*

RANGÉE, n. f. [Rɑ̃ʒe] (1 *ranger*) Suite de choses sur une même ligne. *Une rangée de maisons, d'arbres, de jardins, etc.*

RANGEMENT, n. m. [Rɑ̃ʒ(ə)mɑ̃] (1 *ranger*) **Fam.** Action de ranger. *Les rangements dans la maison.* ■ **Rem.** N'est plus familier aujourd'hui.

1 **RANGER**, v. tr. [Rɑ̃ʒe] (*rang*) Mettre en rang, disposer suivant un certain ordre. *Ranger des livres, des soldats, etc.* ◆ **Mar.** Disposer. *Ranger une escadre en ordre de bataille.* ◆ Disposer avec un certain soin, pour un certain objet. « *Elle tombe, et tombant range ses vêtements, Dernier trait de pudeur même aux derniers moments* », La Fontaine. ◆ Mettre en place, serrer. *Ranger des effets.* ◆ *Ranger une chambre, un appartement, un cabinet,* y mettre chaque chose à sa place. ◆ Mettre de côté pour rendre le passage libre. *Rangez cette chaise. Faire ranger le peuple.* ◆ **Mar.** Passer auprès, raser. *L'escadre rangea les côtes du Brésil.* ◆ *Ranger le vent,* se rapprocher de la direction du vent. ◆ Mettre au nombre de, au rang de. « *Les Romains voulurent ranger Jésus-Christ parmi leurs divinités* », Bossuet. ◆ **Fig.** Faire passer du côté de. *Je le rangeai de mon parti.* ◆ Dire de quelqu'un qu'il s'est mis du côté de. « *Un bruit injurieux Le rangeait du parti d'un camp séditieux* », Racine. ◆ **Fig.** *Ranger à,* soumettre, réduire à. « *Moi qui rangeais au joug la terre universelle* », Régnier. ◆ *Ranger sous,* même sens. « *Et sous ton divin joug range nos volontés* », Racine. ◆ *Ranger un pays sous ses lois, sous sa domination, sous sa puissance,* le soumettre à son pouvoir. ◆ *Ranger quelqu'un à la raison, au devoir,* l'obliger à faire ce qu'il doit. ◆ **Fam.** et **absol.** *Ranger quelqu'un,* le soumettre, le réduire à faire ce qu'on exige de lui. « *Il faut avec vigueur ranger les jeunes gens* », Molière. ◆ Rendre rangé, régulier dans sa conduite. « *Le mariage va me ranger* », Picard. ◆ *Se ranger,* v. pr. Se mettre dans un certain ordre. *Les deux flottes s'étant rangées en bataille.* « *La reine nous appelle ; Allons, rangeons-nous auprès d'elle* », Racine. ◆ *Se ranger autour du feu, d'une table,* se dit de personnes qui se placent autour du feu, autour d'une table. ◆ **Fig.** *Se ranger sous les étendards, sous les enseignes, sous les drapeaux d'un prince,* embrasser le parti de ce prince, servir dans ses troupes. ◆ **Fig.** *Se ranger du parti, du côté de quelqu'un,* embrasser son parti. ◆ *Se ranger avec,* se mettre du parti de. « *Je me range toujours avec la vérité* », P. Corneille. ◆ On dit dans un sens analogue : *Se ranger à.* « *Il faut que chacun se range nécessairement ou au dogmatisme ou au pyrrhonisme* », Pascal. ◆ *Se ranger à l'avis de quelqu'un,* déclarer qu'on est de son avis. ◆ Se mettre de côté, laisser la voie libre. *Se ranger devant quelqu'un.* ◆ **Mar.** *Se ranger à bord, se ranger à quai,* se dit d'un bâtiment qui se range côte à côte d'un autre bâtiment ou vient à un quai. ◆ Se fixer dans une région déterminée, en parlant du vent. *Le vent se range à l'est.* ◆ S'installer, s'organiser. « *Je m'en vais m'établir et me ranger dans mon petit logis* », Mme de Sévigné. ◆ Se soumettre. « *Le tout est de se ranger doucement à l'ordre de la volonté de Dieu* », Bossuet. ◆ **Fam.** Adopter un genre de vie plus régulier.

2 **RANGER**, ■ n. m. [Rɑ̃dʒœr] ou [Rɑ̃dʒɛr] (mot amér. *to range,* errer) Militaire d'élite dans l'armée de terre américaine. *Des rangers.* ■ Chaussure en cuir épais montant haut sur la jambe et porté principalement par les rangers américains. *Une paire de rangers.*

RANGEUR, EUSE, n. m. et n. f. [Rɑ̃ʒœr, øz] (*ranger*) Celui, celle qui range, qui aime à ranger.

RANI, ■ n. f. [Rani] (mot hindi) Épouse d'un rajah. *Des ranis.*

RANIDÉ, ■ n. m. [Ranide] (lat. *rana,* grenouille) **Zool.** Famille des amphibiens anoures, caractérisés par une tête pointue, de grands yeux et de longs membres postérieurs *La grenouille est un ranidé.*

RANIMATION, ■ n. f. [Ranimasjɔ̃] Voy. réanimation.

RANIMÉ, ÉE, p. p. de ranimer. [Ranime]

RANIMER, v. tr. [Ranime] (*re-* et *animer*) Rendre à la vie. « *La voix du Dieu vivant a ranimé ta cendre* », Racine. ◆ **Par extens.** Redonner de la vigueur, du mouvement. « *Par tes conseils flatteurs tu m'as su ranimer* », Racine. ◆ Réveiller les sens, tirer de la langueur. « *Sa vue a ranimé mes esprits abattus* », Racine. ◆ Redonner du courage. *Ce discours ranima les troupes.* ◆ Donner d'activité, en parlant de choses intellectuelles et morales. *Cela ranime ma douleur. Ranimer la conversation, le zèle, etc.* ◆ Donner plus de force, plus d'éclat, en parlant d'objets physiques. *Ranimer le feu qui s'éteignait. Ranimer les couleurs d'un tableau. L'arrivée de troupes fraîches ranima le combat.* ◆ *Se ranimer,* v. pr. Revenir à la vie. « *Les morts se ranimant à la voix d'Élisée* », Racine. ◆ **Fig.** Reprendre de nouvelles forces, une nouvelle activité.

RANTANPLAN ou **RATAPLAN**, ■ interj. [Rɑ̃tɑ̃plɑ̃, rataplɑ̃] (onomat.) Utilisé pour imiter le bruit du tambour. ■ N. m. *Rataplan énergique. Des rantanplans ou des rantanplan, des rataplans ou des rataplan.*

RANULE, n. f. [Ranyl] (lat. *ranula,* dimin. de *rana,* grenouille) **Chir.** Syn. de grenouillette.

RANZ, n. m. [Rɑ̃ts] (mot de Suisse romande) *Ranz des vaches,* nom donné à certains airs suisses que les bergers et les bouviers jouent sur leur cornemuse en gardant leurs troupeaux dans les montagnes. ■ **Rem.** On prononçait autrefois [Rɑ̃s].

RAOUT, n. m. [raut] (angl. *rout,* de l'anc. fr. *route,* troupe) Assemblée nombreuse de personnes du grand monde. ■ **Rem.** Graphie ancienne : *rout.*

RAP, ■ n. m. [Rap] (angl. *to rap,* bavarder) Genre musical originaire des États-Unis caractérisé par un rythme répétitif et très scandé et des textes, souvent engagés, plus proches de la diction que du chant. *Faire du rap.* « *Si le rap excelle, le Jazz en est l'étincelle* », Mc Solaar.

RAPACE, adj. [Rapas] (lat. *rapax,* de *rapere,* saisir) Avide et ardent à la proie. *Le vautour est rapace.* ■ N. m. pl. *Les rapaces,* premier ordre des oiseaux, renfermant tous ceux que l'on désigne vulgairement sous le nom d'*oiseaux de proie.* ◆ **Fig.** Disposé à la rapine. *Homme rapace. Mains rapaces.* ■ Adj. Cupide. *Quel rapace, il a tout pris !*

RAPACITÉ, n. f. [Rapasite] (lat. *rapacitas*) Avidité avec laquelle l'animal se jette sur sa proie. *La rapacité des oiseaux de proie.* ◆ **Fig.** Avidité de s'emparer du bien d'autrui.

RÂPAGE, n. m. [Rɑpaʒ] (*râper*) Action de râper.

RAPAILLER, ■ v. tr. [Rapaje] (*raper,* grappiller, de 2 *râpe*) **Fam. Québec** Réunir des choses éparses. *Rapailler des photos après les avoir triées.*

RAPAISER, v. tr. [Rapeze] (*re-* et *apaiser*) ▷ Apaiser, calmer de nouveau. ◆ *Se rapaiser,* v. pr. Se calmer. *La mer se rapaise après la tourmente.*

RAPATELLE, n. f. [Rapatɛl] (orig. inc.) Grosse toile qui se fabrique avec du poil de la queue des chevaux, et qui sert à faire des sacs, des enveloppes, des tamis.

RAPATRIABLE, ■ adj. [Rapatrijabl] (1 *rapatrier*) Que l'on peut rapatrier. *Blessés rapatriables.*

RAPATRIAGE, n. m. [Rapatrijaʒ] (2 *rapatrier*) ▷ Action de rapatrier, de réconcilier. ◁

1 **RAPATRIÉ, ÉE**, p. p. de 1 rapatrier. [Rapatrije] Ramené dans la patrie. ◆ N. m. et n. f. *Les rapatriés.*

2 **RAPATRIÉ, ÉE**, p. p. de 2 rapatrier. [Rapatrije] ▷ Réconcilié. ◁

1 **RAPATRIEMENT**, n. m. [Rapatrimɑ̃] (1 *rapatrier*) Renvoi, dans sa patrie, d'un marin naufragé ou resté en pays étranger, par les soins des agents consulaires. ◆ Rentrée des troupes employées dans une expédition lointaine.

2 **RAPATRIEMENT**, n. m. [Rapatrimɑ̃] (2 *rapatrier*) ▷ Syn. de rapatriage. ◁

1 **RAPATRIER**, v. tr. [Rapatrije] (voir 2 *rapatrier*) Ramener dans la patrie. *Ces matelots ont été rapatriés par les soins du consul français.* ◆ Faire rentrer

des troupes employées dans une expédition lointaine. ◆ Se rapatrier, v. pr. Revenir en sa patrie. ■ REM. On disait aussi *repatrier* autrefois.

2 RAPATRIER, v. tr. [ʀapatʀije] (lat. médiév. *repatriare*, de *patria*, patrie) ▷ Réconcilier, raccommoder des personnes qui étaient brouillées. ◆ Se rapatrier, v. pr. Se réconcilier. ◁

1 RÂPE, n. f. [ʀɑp] (*râper*) Ustensile de ménage, fait d'une plaque de métal hérissée d'aspérités, qui sert à mettre en poudre du sucre, de la croûte de pain, etc. ◆ Fig. *Donner de la râpe douce*, flatter un peu. ◆ *Râpe à tabac*, râpe plate dont on se sert pour râper le tabac. ◆ Lime dont se servent les sculpteurs et certains ouvriers.

2 RÂPE, n. f. [ʀɑp] (1 *râpe*) Grappe de raisin dont tous les grains sont ôtés. ◆ Partie de la tige des épis et des grappes qui soutient les graines. ◆ On dit aussi *rafle*.

1 RÂPÉ, n. m. [ʀɑpe] (2 *râpe*) Boisson obtenue avec de l'eau jetée sur le marc, sur la râpe. ◆ Raisin nouveau qu'on met dans un tonneau pour raccommoder le vin quand il se gâte. ◆ *Râpé de raisin, râpé-raisin*, vin ainsi raccommodé. ◆ *Râpé de copeaux*, certaine quantité de copeaux que l'on met dans un tonneau pour éclaircir le vin. ◆ *Râpé*, dans les cabarets, mélange des restes de toutes sortes de vins, qu'on rassemble dans un tonneau. ■ *Gruyère râpé. Mettre du râpé dans ses pâtes.*

2 RÂPÉ, ÉE, p. p. de râper. [ʀɑpe] Usé par la râpe. ◆ Fig. *Vêtements râpés*, vêtements usés jusqu'à la corde. ◆ Se dit populairement d'une personne qui porte des habits vieux et usés, qui a l'air fort misérable. *Il est bien râpé.* ■ Fam. *C'est râpé*, c'est fichu. ■ Réduit en fins copeaux à l'aide d'une râpe. *Des carottes râpées.*

RÂPER, v. tr. [ʀɑpe] (b. lat. *raspare*, de l'a. all. *raspôn*) Mettre en poudre avec la râpe. ◆ *Râper du sucre.* ◆ User la surface d'un corps avec une râpe. *Râper un morceau d'ivoire.* ◆ Fig. Se râper, v. pr. *Mon habit se râpe.* ■ Fig. Gratter. *Cet alcool râpe la gorge.*

RAPERCHER ou **RAPPERCHER**, ■ v. tr. [ʀapɛʀʃe] (p.-ê. de *percher*) Fam. Suisse Courir après quelqu'un ou un animal pour le rattraper et le ramener. *Rapercher le chien.* ■ Chercher à récupérer quelque chose. *Rapercher son argent.*

RAPES, n. f. pl. [ʀap] (a. all. *Rappe*, grappe) ▷ Crevasses transversales qui se forment au pli du genou d'un cheval. ◁

RAPETASSAGE, n. m. [ʀap(ə)tasaʒ] (*rapetasser*) Action de rapetasser ; chose rapetassée. ◆ Fig. Ouvrage qui a été corrigé plusieurs fois, qui paraît fait de pièces de côté et d'autre.

RAPETASSÉ, ÉE, p. p. de rapetasser. [ʀap(ə)tase]

RAPETASSER, v. tr. [ʀap(ə)tase] (lat. *pittacium*, emplâtre) Fam. Raccommoder grossièrement de vieilles hardes, de vieux meubles, en y mettant des pièces prises de côté et d'autre. ◆ Fig. et absol. « *Nous n'avons rien inventé ; nous n'avons fait que rapetasser* », VOLTAIRE. ◆ Fig. Corriger, remanier en y ajoutant des morceaux pris de tous côtés. « *Je vous avoue que je ne suis guère en train de rapetasser une tragédie* », VOLTAIRE.

RAPETASSEUR, EUSE, n. m. et n. f. [ʀap(ə)tasœʀ, øz] (*rapetasser*) Celui, celle qui rapetasse. ◆ *Rapetasseur de vieux souliers*, savetier. ■ Fig. Compilateur, arrangeur.

RAPETISSANT, ANTE, adj. [ʀap(ə)tisɑ̃, ɑ̃t] (*rapetisser*) Qui rapetisse, rabaisse.

RAPETISSÉ, ÉE, p. p. de rapetisser. [ʀap(ə)tise]

RAPETISSEMENT, n. m. [ʀap(ə)tis(ə)mɑ̃] (*rapetisser*) Action de rapetisser ; état de ce qui est rapetissé.

RAPETISSER, v. tr. [ʀap(ə)tise] (re- et anc. fr. *apetiser*) Rendre plus petit. *Rapetisser un habit.* « *L'homme s'est vu rapetisser en même raison que l'univers s'agrandissait* », BUFFON. ◆ Fig. « *Vile et basse flatterie, qui à la longue rapetisse l'âme et corrompt le cœur* », J.-J. ROUSSEAU. ◆ Faire paraître plus petit. ◆ V. intr. Devenir plus petit. *Les jours rapetissent.* ◆ Se rapetisser, v. pr. Devenir plus petit. ◆ Fig. « *La vraie grandeur sait se rapetisser sans s'avilir* », DICT. DE L'ACAD.

RÂPEUX, EUSE, ■ adj. [ʀɑpø, øz] (*râper*) Dont la rugosité au toucher rappelle la surface de la râpe. *Langue râpeuse.* ■ Fig. Désagréable du fait de son âpreté. *Tanins râpeux d'un vin. Une voix râpeuse.*

RAPHAÉLIQUE ou **RAPHAÉLESQUE**, ■ adj. [ʀafaelik, ʀafaelɛsk] (*Raphaël*) Propre au peintre Raphaël. *L'œuvre raphaélesque.* ■ Dans le style du peintre Raphaël. *Des tableaux raphaéliques.*

RAPHIA, ■ n. m. [ʀafja] (mot malgache) Fibre tirée d'un palmier utilisée comme lien ou dans les travaux de tressage. *Sets de table en raphia.*

RAPHIDE, ■ n. f. [ʀafid] (gr. *raphis*, aiguille) Biol. Ensemble d'aiguilles cristallines présentes dans certaines cellules animales et végétales. *Raphides de l'oxalate de calcium.*

RAPIAT, ATE, ■ adj. [ʀapja, at] (*râper*) Fam. Qui manque de générosité, qui rechigne à la dépense. *Son ami ne paie jamais l'addition ; c'est un vrai rapiat !* ■ N. m. et n. f. Fam. Personne réticente à la moindre dépense. *Cette rapiate ne participera pas à la cagnotte.*

RAPICOLER, ■ v. tr. [ʀapikole] (re- et *apicoler*) Suisse Redonner de la vigueur à quelque chose, revigorer. *Cette promenade en mer m'a rapicolé !*

RAPIDE, adj. [ʀapid] (lat. *rapidus*) Qui parcourt beaucoup d'espace en peu de temps. *Un mouvement rapide. De rapides coursiers.* ◆ Il se dit du temps comparé à un mouvement rapide. « *Ces rapides moments d'où dépendent les victoires* », BOSSUET. ◆ Qui va en pente. *Un coteau rapide.* ◆ Fig. Qui agit avec rapidité. « *Rapide conquérant* », BOSSUET. « *Il est prompt et rapide dans l'exécution* », FÉNELON. ◆ Qui est fait avec rapidité. *Des progrès rapides. Une lecture rapide.* ◆ Littér. Qui a du mouvement. *Style rapide*, style où les idées se succèdent sans interruption. *Narration rapide*, narration dans laquelle les faits se pressent. ◆ Il se dit des facultés intellectuelles qui s'exercent promptement. *Imagination, conception rapide.* ◆ N. m. *Un rapide*, courant dans un fleuve causé par une pente si grande que l'eau forme de gros bouillons. ■ N. m. Train rapide qui ne s'arrête que dans les grandes agglomérations.

RAPIDEMENT, adv. [ʀapid(ə)mɑ̃] (*rapide*) Avec rapidité, d'une manière rapide. *Nos jours s'écoulent rapidement.*

RAPIDITÉ, n. f. [ʀapidite] (lat. *rapiditas*) Qualité de ce qui parcourt beaucoup d'espace en peu de temps. *La rapidité d'un torrent, de la course, etc.* ◆ Il se dit du temps. *La rapidité des années.* ◆ Il se dit des pentes. *La rapidité de la pente les entraîna.* ◆ Fig. Promptitude avec laquelle quelque chose agit, se fait. *Ce poison agit avec une extrême rapidité.* ◆ Littér. Mouvement rapide des idées, des expressions. *La rapidité du style, d'une narration.*

RAPIÉCÉ, ÉE, p. p. de rapiécer. [ʀapjese]

RAPIÈCEMENT ou **RAPIÉÇAGE**, n. m. [ʀapjɛs(ə)mɑ̃, ʀapjesaʒ] (*rapiécer*) Action de rapiécer ; résultat de cette action. ■ REM. Graphie ancienne : *rapiécement.*

RAPIÉCER, v. tr. [ʀapjese] (re- et *pièce*) Mettre des pièces à. *Rapiécer du linge, un habit, etc.*

RAPIÈCETAGE, n. m. [ʀapjɛs(ə)taʒ] (*rapiéceter*) ▷ Action de rapiéceter. ◆ Chose rapiécetée. *Ce n'est que du rapiècetage.* ■ REM. Graphie ancienne : *rapiécetage.*

RAPIÈCETER, v. tr. [ʀapjɛs(ə)te] (*rapiécer*) ▷ Mettre de petites pièces à quelque chose, pour le raccommoder. *Rapiéceter des meubles, des habits.* ◆ Fig. « *J'ai besoin d'une inspiration de quinze jours pour rapiécer ou rapiéceter mon drame* », VOLTAIRE. ■ REM. Graphie ancienne : *rapiéceter.* ◁

RAPIÈRE, n. f. [ʀapjɛʀ] (1 *râper*) Épée longue et affilée ; elle porte comme garde une coquille hémisphérique percée de trous dans lesquels peut s'engager la pointe de l'épée de l'adversaire. ◆ Ne se dit plus que pour jeter le ridicule sur celui qui la porte. *Un traîneur de rapière.*

RAPIN, n. m. [ʀapɛ̃] (p.-ê. de *rapine*) ▷ Fam. Se dit, dans les ateliers de peinture, d'un jeune élève que l'on charge des travaux les plus grossiers et des commissions. ◆ Par extens. Peintre dépourvu de talent et d'études. ◁

RAPINE, n. f. [ʀapin] (lat. *rapina*, de *rapere*, prendre, ravir) Action de ravir quelque chose par violence. ◆ Ce qui est ravi. *Vivre de rapines.* ◆ Volerie, larcin, concussion.

RAPINÉ, ÉE, p. p. de rapiner. [ʀapine]

RAPINER, v. intr. [ʀapine] (*rapine*) Prendre injustement, en abusant des fonctions dont on est chargé. *Ce fournisseur rapine sur tout ce qu'il achète.* ◆ V. tr. *Rapiner quelque chose.*

RAPINERIE, ■ n. f. [ʀapin(ə)ʀi] (*rapine*) Acte par lequel on rapine. *Condamner les rapineries des forces occupantes.*

RAPINEUR, EUSE, n. m. et n. f. [ʀapinœʀ, øz] (*rapiner*) Celui, celle qui rapine.

RAPLAPLA, ■ adj. [ʀaplapla] (répétition de *à plat*, p.-ê. d'apr. *raplatir*) Fam. Sans vitalité et très fatigué. *Les élèves ont besoin de vacances, ils sont raplaplas.* ■ Fam. Qui a été aplati ou qui manque de ressort. *Ses cheveux sont tout raplaplas.*

RAPLATIR, ■ v. tr. [ʀaplatiʀ] (re- et *aplatir*) Faire devenir quelque chose plat ou plus plat. *Les chapeaux raplatissent les cheveux.*

RAPOINTIR ou **RAPPOINTIR**, v. tr. [ʀapwɛ̃tiʀ] (re- et *pointe*) Refaire une pointe émoussée ou cassée.

RAPPAREILLÉ, ÉE, p. p. de rappareiller. [ʀapaʀeje]

RAPPAREILLER, v. tr. [ʀapaʀeje] (re- et *appareiller*) Rejoindre à une chose une ou plusieurs choses pareilles. *Rappareiller des vases, des chevaux, etc.*

RAPPARIÉE, ÉE, p. p. de rapparier. [ʀapaʀje] *Gants rappariés.*

RAPPARIEMENT, ■ n. m. [ʀapaʀimɑ̃] (*rapparier*) Action de rassembler deux choses pour reconstituer une paire. *Rappariement de gants.*

RAPPARIER, v. tr. [ʀapaʀje] (*re*- et *apparier*) Rejoindre à une chose une autre chose qui refasse la paire. *Rapparier des bas.* ◆ Il se dit des animaux domestiques qu'on a par couples. *Rapparier un bœuf, pour refaire l'attelage.*

RAPPEL, n. m. [ʀapɛl] (*rappeler*) Action de rappeler, de faire revenir. *Le rappel d'un ambassadeur.* ◆ Il se dit particulièrement de ceux qui ont été exilés ou disgraciés. *Le rappel de l'exil. Son rappel à la cour.* ◆ *Lettre de rappel*, ordre souverain qui rappelle un banni, un disgracié. ◆ *Rappel de ban*, lettres du prince par lesquelles il rappelait quelqu'un du bannissement. ◆ Dans les assemblées politiques, *rappel à l'ordre*, Voy. ORDRE *Rappel à la question*, action de rappeler à la question dont il s'agit l'orateur qui s'en écarte. ◆ *Rappel au règlement*, action de réclamer contre une violation du règlement. ◆ *Rappel à succession*, disposition testamentaire qui appelle à une succession des personnes qui en seraient exclues de droit. ◆ **Peint.** *Rappel de lumière*, distribution de la lumière, telle qu'elle frappe les objets les plus importants d'un tableau. ◆ Manière de battre le tambour pour rassembler une troupe et faire revenir les soldats au drapeau. ◆ *Battre le rappel*, exécuter sur le tambour cette batterie, et fig. réunir tous ses moyens, ses forces, ses ressources. ◆ **Admin.** Paiement d'une portion d'appointements qui était restée en suspens ; et aussi paiement en sus, après qu'un paiement effectué a été reconnu incomplet. *Rappel de compte.* ■ Applaudissements à la fin d'une représentation, destinés à faire revenir sur scène un artiste pour l'acclamer. *La troupe a eu trois rappels.* ■ *Vaccination de rappel* ou ellipt. *rappel*, nouvelle administration d'un vaccin destinée à prolonger l'immunité d'une injection antérieure. ■ **Sp.** *Descente en rappel*, descente d'une paroi abrupte au moyen d'une corde double qui peut être récupérée.

RAPPELÉ, ÉE, p. p. de rappeler. [ʀap(ə)le]

RAPPELER, v. tr. [ʀap(ə)le] (*re*- et *appeler*) Appeler de nouveau. *Je l'ai appelé et rappelé sans qu'il m'ait répondu.* ◆ Appeler fréquemment. ◆ Faire revenir en appelant. ◆ Faire revenir de quelque lieu. « *Du tombeau, quand tu veux, tu sais nous rappeler* », RACINE. ◆ Rappeler vers soi, faire revenir vers soi. ◆ En style religieux, *Dieu l'a rappelé à lui ou à soi*, il est mort. ◆ Faire revenir quelqu'un d'un lieu où il exerçait une fonction. *Rappeler un ambassadeur.* ◆ Faire revenir ceux qui ont été disgraciés, exilés, chassés. ◆ Être cause qu'on revient, avec un nom de chose pour sujet. « *Madame, enfin le ciel près de vous me rappelle* », RACINE. ◆ Redemander. « *Le peuple vous rappelle au rang de vos aïeux* », VOLTAIRE. ◆ *Rappeler quelqu'un à la vie*, le faire revenir à la vie, l'empêcher de mourir. ◆ *Rappeler à*, faire rentrer sous une certaine règle. *Rappeler au devoir, à la raison, etc.* ◆ Dans les assemblées politiques, *rappeler à l'ordre*, Voy. ORDRE *Rappeler à la question*, inviter un orateur à rentrer dans la question, à ne pas s'en écarter. *Rappeler au règlement*, réclamer contre une violation du règlement, et rappeler ce qu'il prescrit. ◆ **Fig.** Faire revenir, en parlant de choses morales qu'on suppose obéir à un rappel. « *Mais enfin rappelant son audace première* », BOILEAU. ◆ *Rappeler ses sens, ses esprits, son courage*, reprendre ses sens, etc. ◆ **Fig.** Faire revenir dans la mémoire. « *Quand je rappelle en ma mémoire les occupations de ma plus tendre jeunesse* », PATRU. « *Un cœur vertueux s'afflige en rappelant le souvenir de ses passions déréglées* », FÉNELON. ◆ Avec l'infinitif. *Rappelez-lui d'aller à la campagne.* ◆ *Rappeler la mémoire, le souvenir de quelque chose*, en faire souvenir. ◆ *Rappeler sa mémoire*, faire des efforts pour se ressouvenir. ◆ *Rappelez-moi à son souvenir*, formule de politesse dont on se sert soit en parlant, soit en chargeant quelqu'un de transmettre ce témoignage. ◆ *Se rappeler quelque chose dans la mémoire* ou simplement *se rappeler quelque chose*, s'en ressouvenir. *Je me rappelle qu'il m'a conté cette histoire.* « *Rappelez-vous vos belles années* », VOLTAIRE. ◆ Il se dit avec *de* et l'infinitif, et mieux sans *de. Je me rappelle d'avoir vu, d'avoir dit telle chose. Je me rappelle avoir vu.* ◆ Les grammairiens condamnent *se rappeler de* avec un infinitif ; mais il est donné par l'usage, par les auteurs et par l'Académie. ◆ On ne dit pas : *Je me rappelle d'une chose*, ni *je m'en rappelle* ; mais : *Je me rappelle une chose ; je me le rappelle.* La construction est : *je rappelle à moi une chose, cela.* ◆ **Dr.** *Le testeur a rappelé un de ses parents à sa succession*, c'est-à-dire par son testament il a ordonné que ce parent aurait part à la succession, bien qu'exclu par la loi ou la coutume. ◆ **Fig.** Avoir une certaine ressemblance avec. « *Il me rappelle Égisthe, Égisthe est de son âge* », VOLTAIRE. ◆ **V. intr.** Battre le rappel. ◆ *Se rappeler à*, v. pr. Faire souvenir de soi. « *Les injures même dites à une nation ne sont quelquefois qu'un moyen plus piquant de se rappeler à son souvenir* », D'ALEMBERT. ◆ Être ramené, réduit à. « *Toutes les lois de la syntaxe peuvent se rappeler à deux : le rapport d'identité et le rapport de détermination* », DUCLOS. ◆ On dit *appeler* et non *rappeler* pour signifier : recourir à un tribunal supérieur, afin de faire réformer un jugement. ■ V. tr. Appeler de nouveau au téléphone. *Je dois le rappeler cet après-midi.*

RAPPER, ■ v. intr. [ʀape] (*rap*) Mettre un texte en musique dans le style du rap. *Il manifeste sa révolte en rappant.*

RAPPERCHER, ■ v. tr. [ʀapɛʀʃe] Voy. RAPERCHER.

RAPPEUR, EUSE, ■ n. m. et n. f. [ʀapœʀ, øz] (*rap*) Chanteur ou auteur de rap. *Un groupe de rappeurs américains.*

RAPPLIQUER, ■ v. intr. [ʀaplike] (*re*- et *appliquer*) **Fam.** Arriver, et spécialement arriver rapidement. *Préviens-moi s'il rapplique. Le voilà qui rapplique.*

RAPPOINTIR, ■ v. tr. [ʀapwɛtiʀ] Voy. RAPOINTIR.

RAPPOINTIS, ■ n. m. [ʀapwɛti] (*re*- et *pointe*) **Constr.** Tige métallique à tête aplatie et large, fichée dans un support en bois pour faire tenir l'enduit qui le recouvre. *Enfoncer des rappointis dans des plinthes.*

RAPPORT, n. m. [ʀapɔʀ] (*rapporter*) Action de rapporter en un lieu. ◆ *Terres de rapport*, terres prises dans un lieu et apportées dans un autre. ◆ *De rapport*, avec des pièces, avec des morceaux rapprochés, Voy. PIÈCE. ◆ **Jurispr.** L'action par laquelle on rapporte à l'hérédité ce qu'on avait reçu par avance, et qui doit faire compte au partage. ◆ On dit de même : *Rapport à succession, rapport à la masse.* ◆ Action par laquelle un comptable restitue une somme qu'il avait indûment portée en dépense. ◆ ▷ Vapeur désagréable qui monte de l'estomac à la bouche. *Cet aliment cause des rapports.* ◁ ◆ Revenu, produit. *Le rapport de mes terres. Sol d'un excellent rapport.* ◆ *Être en rapport, en plein rapport*, se dit de terres, d'arbres qui produisent pleinement tout ce qu'ils peuvent produire. ◆ *Cette place, cet emploi est de grand rapport, d'un bon rapport*, elle produit des émoluments, des profits considérables. ◆ Action de rapporter, de citer. *Le rapport des paroles d'autrui.* ◆ Récit, témoignage. *Je ne le sais que sur le rapport d'autrui.* « *On nous faisait, Arbate, un fidèle rapport* », RACINE. ◆ *Au rapport d'un tel*, comme le rapporte un tel. ◆ **Fig.** « *Et la philosophie Dit vrai quand elle dit que les sens tromperont, Tant que sur leur rapport les hommes jugeront* », LA FONTAINE. ◆ Relation indiscrète ou maligne de ce qu'on a entendu ; dénonciation secrète. « *On noircit par d'infâmes rapports et on écarte de lui tout ce qui pourrait lui ouvrir les yeux* », FÉNELON. ◆ Compte que l'on rend de quelque chose dont on est chargé. ◆ En termes militaires, *le rapport*, la relation qu'un chef de poste envoie à la place sur ce qui s'est passé pendant sa garde. ◆ Exposition d'un procès faite par un juge devant ses collègues. ◆ Exposé dans lequel on rend compte d'un travail particulier fait par une commission, par un comité. *Faire un rapport sur les pétitions, sur un projet de loi.* ◆ Témoignage que rendent, par ordre de justice ou autrement, des experts. *Le rapport des médecins. Rapport d'estimation.* ◆ **Méd. lég.** Acte authentique fait par des médecins ou des chirurgiens experts, pour constater l'état d'une personne, la nature d'une maladie, une mort spontanée ou violente, etc. ◆ Conformité, analogie, ressemblance. *Un rapport d'humeurs.* « *Quel rapport y a-t-il de cette doctrine à celle de l'Évangile ?* », PASCAL. ◆ Accord, correspondance entre les diverses parties d'un tout, d'un ouvrage. *Il y a un rapport parfait entre la masse et les détails de cet édifice.* ■ **Par extens.** *En rapport avec*, en proportion avec. *Sa dépense n'est pas en rapport avec sa fortune.* ◆ Relations, connexions des objets entre eux. « *L'homme a rapport à tout ce qu'il connaît* », PASCAL. « *Il faut savoir le rapport que chaque histoire peut avoir avec les autres* », BOSSUET. ◆ *Rapport* se dit en vue de la fin, du but des choses. « *Les actions humaines sont bonnes ou mauvaises, selon le rapport qu'elles ont à une bonne ou à une mauvaise fin* », DICT. DE L'ACAD. ◆ Commerce qu'ont entre eux les hommes. *Avoir des rapports avec quelqu'un.* ◆ *Mettre une personne en rapport avec une autre*, donner à une personne les moyens de conférer, de s'entendre avec une autre. ◆ **Gramm.** Relation que les mots ont entre eux. *Le rapport du verbe avec le sujet.* ◆ Résultat de la comparaison de deux quantités. *Le rapport de 2 à 4 est le même que celui de 12 à 24.* ◆ *Rapport géométrique de deux quantités*, leur quotient ; *rapport arithmétique*, leur différence. ◆ **Chim.** Disposition d'un corps à s'unir avec un autre par préférence. ◆ PAR RAPPORT À, loc. prép. Pour ce qui est de, quant à ce qui regarde. *Il est ordinaire par comparaison naturel de juger du travail d'autrui seulement par rapport à celui qui nous occupe*, LA BRUYÈRE. ◆ Par comparaison. *La terre est très petite par rapport au soleil.* ◆ En vue de. « *Nous ne pouvons rien aimer que par rapport à nous* », LA ROCHEFOUCAULD. ◆ Il a fait cela par rapport à vous, par rapport à telle chose, dans la vue de vous obliger, pour obtenir telle chose. ◆ La locution *sous le rapport* de est à éviter, et peut être remplacée par *quant à, à l'égard de, de ce côté.* ■ Relation sexuelle. *Avoir des rapports avec quelqu'un. Des rapports sexuels.* ■ *Sous tous (les) rapports*, À tous égards. *Femme bien sous tous rapports.*

RAPPORTABLE, adj. [ʀapɔʀtabl] (*rapporter*) **Jurispr.** Il se dit des choses que l'on doit rapporter à une succession. ◆ Qui doit être attribué à.

RAPPORTÉ, ÉE, p. p. de rapporter. [ʀapɔʀte] *Pièce rapportée*, syn. de pièce de rapport. ◆ En termes de classes, *un rapporté*, corrigé d'un devoir que rapporte l'élève.

RAPPORTER, v. tr. [ʀapɔʀte] (*re*- et *apporter*) Apporter de nouveau. ◆ **Fig.** « *Il vous rapporte un cœur qu'il n'a pu vous ôter* », RACINE. ◆ Apporter une chose du lieu où elle est au lieu où elle était auparavant. ◆ Il se dit en parlant des choses qu'à son retour on rapporte d'un lieu, sans les y avoir portées. « *Tournefort rapporta treize cent trente-six nouvelles espèces de plantes* », VOLTAIRE. ◆ **Fig.** *Rapporter une vaine espérance.* ◆ **Fam.** *Il n'en a rapporté que des coups*, se dit d'un homme qui a été blessé en quelque occasion. ◆ **Fig.** *Il a rapporté beaucoup de gloire de cette action*, il y a acquis beaucoup de gloire. ◆ Enlever une chose, et l'apporter dans un lieu où elle n'était pas, à quelqu'un à qui elle n'appartenait pas. ◆ Il se dit d'un chien qui rapporte au chasseur ce que celui-ci a tué, ou de tout autre chien qu'on a habitué à rapporter ce qu'on lui jette. ◆ **Absol.** *Ce chien rapporte bien.* ◆ **Dr.** Remettre dans la masse de la succession ce qu'on a reçu d'avance. ◆ Il se dit de même en parlant des biens qui appartiennent en commun à une société de négociants, ou à d'autres gens intéressés dans une affaire. ◆ Ajouter quelque chose à ce qui ne paraît pas complet. *Rapporter une bordure à une tapisserie.* ◆ *Rapporter des terres,* suppléer, par des terres prises ailleurs, à celles qui manquent en un lieu. ◆ **Techn.** Tracer sur le papier des mesures réduites de celles qu'on a prises sur le terrain. ◆ Donner un produit, un rapport. *L'argent que rapportent les mines. Bien-fonds qui rapporte beaucoup.* ◆ **Fig.** *Cette mauvaise action ne lui rapportera rien.* ◆ **Absol.** *Ce figuier rapporte trois fois l'an.* ◆ Faire le récit de ce qu'on a vu, entendu ou appris. « *Jamais la renommée ne rapporte les choses au vrai* », VAUGELAS. ◆ Rendre compte de ce qu'on a entendu dire contre quelqu'un. ◆ Redire par indiscrétion ou par malice. ◆ **Absol.** *Il fut accusé de rapporter.* ◆ Alléguer, citer. ◆ **Dr.** Exposer l'état d'un procès par écrit. ◆ **Absol.** *Ce juge rapporte bien.* ◆ Faire l'exposition d'un projet de loi, d'une affaire au nom d'un comité, d'une commission. ◆ ▷ Diriger vers un but, vers une fin. « *Les anciens rapportaient tous leurs exercices à la guerre* », ROLLIN. ◁ ◆ Attribuer, faire remonter. *On rapporte la fondation de Marseille aux Phocéens.* ◁ ◆ *Rapporter l'effet à la cause,* attribuer un certain effet à une certaine cause. ◆ Comparer, conférer. *Rapporter des mesures à une mesure commune.* ◆ **Dr.** et **admin.** Révoquer, annuler. *La loi fut rapportée.* ◆ **V. intr. Mar.** S'élever beaucoup, en parlant de la mer qui monte. *Les marées rapportent.* ◆ *Se rapporter,* v. pr. Se joindre. *Ces deux pièces se rapportent exactement.* ◆ Avoir de la conformité, de la ressemblance. *Leurs caractères se rapportent en toutes choses.* « *Sans mentir, si votre ramage Se rapporte à votre plumage* », LA FONTAINE. ◆ Avoir rapport, relation à. *Cet article de ma lettre se rapporte à ce que vous avez ici écrit précédemment.* ◆ **Gramm.** Se dit de la relation des mots entre eux. On ne doit point séparer le pronom relatif du nom auquel il se rapporte. ◆ *Se rapporter à quelqu'un de quelque chose,* s'en remettre à sa décision sur quelque chose. ◆ **Absol.** *S'en rapporter à quelqu'un.* ◆ On dit aussi : *se rapporter,* sans *en.* « *Las de combattre, ils convinrent de se rapporter au jugement du peuple romain* », BOSSUET. ◆ *S'en rapporter à quelqu'un, à quelque chose,* y avoir confiance, y ajouter foi. ◆ On dit aussi : *Se rapporter,* sans *en.* « *Je me rapporte de cela À quiconque a passé par là* », LA FONTAINE. ◆ *S'en rapporter au serment de quelqu'un,* s'en remettre à son serment en justice pour la décision d'une affaire.

RAPPORTEUR, EUSE, n. m. et n. f. [ʀapɔʀtœʀ, øz] (*rapporter*) Celui, celle qui, par indiscrétion ou par malice, rapporte ce qu'il a vu ou entendu. ◆ Celui qui fait le rapport d'un procès. ◆ **Adj.** *Un juge rapporteur.* ◆ *Officier rapporteur* ou simplement *rapporteur,* officier qui fait les fonctions de juge d'instruction et d'accusateur public dans un conseil de guerre ou de discipline. *Le capitaine rapporteur.* ◆ Celui qu'une commission, un comité a chargé d'exposer une affaire. ◆ **N. m.** Demi-cercle gradué qui sert à rapporter sur le papier les angles mesurés sur le terrain.

RAPPRENDRE, v. tr. [ʀapʀɑ̃dʀ] Voy. RÉAPPRENDRE.

RAPPRIS, ISE, p. p. de rapprendre. [ʀapʀi]

RAPPRIVOISER, v. tr. [ʀapʀivwaze] (*re-* et *apprivoiser*) ▷ Apprivoiser de nouveau un animal qui quelque circonstance a fait redevenir sauvage. ◆ **Fig.** « *Le duc de Noailles a cherché longtemps encore à me rapprivoiser* », SAINT-SIMON. ◆ *Se rapprivoiser,* v. pr. Reprendre des habitudes. ◁

RAPPROCHÉ, ÉE, p. p. de rapprocher. [ʀapʀɔʃe] Voisin. *L'objet le plus rapproché. Temps plus rapproché de nous.*

RAPPROCHEMENT, n. m. [ʀapʀɔʃ(ə)mɑ̃] (*rapprocher*) Action de rapprocher ; le résultat de cette action. *Le rapprochement des lèvres d'une plaie.* ◆ **Chim.** Action de condenser. *Le rapprochement des molécules d'un liquide qu'on évapore.* ◆ **Fig.** Réconciliation. *Le rapprochement de deux familles.* ◆ Action de mettre en regard des idées ou des faits, de manière qu'on puisse les comparer plus aisément.

RAPPROCHER, v. tr. [ʀapʀɔʃe] (*re-* et *approcher*) Approcher de nouveau. *Éloignez les lumières ; vous les rapprocherez dans un moment.* ◆ Faire qu'un objet soit plus près. *Rapprocher sa chaise.* « *Madame, quel bonheur me rapproche de vous ?* », RACINE. ◆ **Chir.** *Rapprocher les lèvres d'une plaie,* les mettre assez près pour que la cicatrisation puisse procéder. ◆ *Rapprocher les distances,* faire que moins de temps soit employé à parcourir un même espace, et fig. faire disparaître les inégalités de condition. ◆ Faire paraître plus proche. *Cette lunette rapproche les objets.* ◆ **Absol.** *Cette lunette rapproche beaucoup.* ◆ **Chim.** et **pharm.** Réduire sous un moindre volume, au moyen de l'évaporation par la chaleur ou par le vide, les liquides tenant en dissolution des substances fixes, salines ou autres. ◆ **Jard.** Tailler un arbre sur le bois des années antérieures et non sur le bois de l'année. ◆ **Fig.** Rendre voisin. *Notre âge nous rapproche.* ◆ **Fig.** Disposer à la bienveillance, à la conciliation. *Rapprocher une personne d'une autre. Rapprocher les partis.*

◆ Établir une certaine conformité. « *Inflexible sur les moyens qu'on proposait pour rapprocher la doctrine des protestants de celle des catholiques* », D'ALEMBERT. ◆ **Fig.** Mettre en regard des idées ou des faits pour en faire sentir la ressemblance ou la dissemblance. ◆ **V. intr. Mar.** *Rapprocher du vent,* se dit d'un bâtiment qui diminue l'angle qu'il faisait avec la direction du vent. ◆ *Se rapprocher,* v. pr. Venir plus près, devenir plus voisin. *Les nuages se rapprochent l'un de l'autre. Le bruit du tonnerre s'est beaucoup rapproché.* ◆ **Fig.** *Se rapprocher de la vérité.* ◆ **Mar.** *Se rapprocher du vent,* même sens que rapprocher du vent. ◆ *Se rapprocher de quelqu'un,* venir auprès de lui. ◆ **Fig.** Se réconcilier. ◆ **Fig.** Avoir de la conformité avec. *Votre âge se rapproche du sien.* « *Il faut toujours que les grands hommes se rapprochent des autres par quelque faiblesse* », D'ALEMBERT. ◆ Cesser d'être éloignés l'un de l'autre sur quelque objet ou opinion.

RAPSODE, RAPSODER, RAPSODIE, RAPSODISTE, [ʀapsɔd, ʀapsode, ʀapsɔdi, ʀapsɔdist] Voy. RHAPSODE, RHAPSODER, RHAPSODIE, RHAPSODISTE.

RAPT, n. m. [ʀapt] (lat. *raptus,* de *rapere,* enlever, ravir) Enlèvement d'une personne par violence ou par séduction.

RAPTUS, ■ n. m. [ʀaptys] (mot lat., de *rapere,* enlever, ravir) **Psych.** Impulsion irrésistible pouvant mener un individu malade à commettre un acte d'une grande violence. *Le suicide est considéré comme un raptus anxieux. Des raptus.*

RÂPURE, n. f. [ʀɑpyʀ] (1 *râpe*) Ce qu'on enlève avec la râpe.

RAQUER, ■ v. tr. [ʀake] (rad. onomat. *rakk*) **Fam.** Débourser, le plus souvent contre son gré. *Il a fallu raquer cent euros.* ■ **Absol.** *C'est toujours les mêmes qui raquent.*

RAQUETTE, n. f. [ʀakɛt] (p.-ê. de l'ar. *raha,* paume, ou du lat. *radere,* racler) Instrument dont on se sert pour jouer à la paume ou au volant. ◆ **Fig.** *Venir sur la raquette,* se dit d'une chose avantageuse qui vient de soi-même. ◆ Machine en forme de raquette à jouer, qu'on s'attache aux pieds, pour marcher sur la neige. ◆ Figuier d'Inde. ■ Instrument muni d'un manche et formé d'un cadre ovale tissé de fils tendus, utilisé pour jouer au tennis, au tennis de table, au badminton. *Les cordes d'une raquette de tennis.*

RAQUETTEUR, EUSE, ■ n. m. et n. f. [ʀakɛtœʀ, øz] (*raquette*) **Canada** Personne qui pratique la promenade en raquettes, en montagne. *Raquetteur de haute montagne.*

RAQUETTIER, n. m. [ʀakɛtje] (*raquette*) Ouvrier qui fait des raquettes.

RARE, adj. [ʀaʀ] (lat. *rarus*) Qui n'est pas commun ou fréquent, qui se trouve difficilement. *Un livre rare.* ◆ *Cas rares,* se dit en médecine des cas qui se présentent très peu souvent. ◆ *Il est rare de...,* avec un infinitif, *il est rare que...,* avec le subjonctif. « *Il est rare qu'on juge sainement de la vraie gloire* », ROLLIN. ◆ Il se dit des personnes pour en exprimer l'excellence. *Un génie rare.* ◆ **Fam.** *C'est un homme rare.* ◆ **Ironiq.** *En vérité, vous êtes un homme rare.* ◆ Il se dit des choses excellentes et non communes. « *Votre rare valeur a bien rempli ma place* », P. CORNEILLE. ◆ Singulier, bizarre, en parlant des choses. « *Ce procédé est rare* », VOLTAIRE. « *Il a fait imprimer un ouvrage moral qui est rare par le ridicule* », LA BRUYÈRE. ◆ **Fam.** Devenir rare, être rare, aller moins souvent dans les sociétés qu'on avait l'habitude de fréquenter. ◆ Clairsemé. *Une chevelure rare. Une herbe rare.* ◆ **Phys.** Il se dit des corps dont les parties sont très peu serrées. *Un air rare.* ◆ **Méd.** Se dit du pouls et de la respiration dont les mouvements sont moins nombreux dans un état donné, qu'ils ne doivent l'être naturellement. ◆ **N. m.** Ce qui est rare. « *Il a ouï dire que le beau est rare ; mais il devrait savoir que tout rare n'est point beau* », VOLTAIRE. ◆ Ce qu'il y a de singulier. *Le rare est que, etc.* ■ **Rem.** On dit auj. *se faire rare* pour *devenir rare.*

RARÉFACTIF, IVE, adj. [ʀaʀefaktif, iv] (rad. de *raréfaction*) Qui a la propriété de raréfier. ◆ On ne dit plus guère que *raréfiant.*

RARÉFACTION, n. f. [ʀaʀefaksjɔ̃] (lat. médiév. *rarefactio*) **Phys.** Action de raréfier ; état de ce qui est raréfié. *La raréfaction de l'air.*

RARÉFIABLE, adj. [ʀaʀefjabl] (*raréfier*) Qui est susceptible de se raréfier.

RARÉFIANT, ANTE, adj. [ʀaʀefjɑ̃, ɑ̃t] (*raréfier*) Qui raréfie, qui dilate.

RARÉFIÉ, ÉE, p. p. de raréfier. [ʀaʀefje]

RARÉFIER, v. tr. [ʀaʀefje] (lat. *rarefacere*) Augmenter considérablement le volume d'un corps sans en augmenter la matière propre ni le poids ; il est opposé à condenser. *La chaleur raréfie l'air.* ◆ **Fig.** « *L'épanouissement de la joie qui semble raréfier tout notre être* », J.-J. ROUSSEAU. ◆ *Se raréfier,* v. pr. Devenir plus rare, moins dense ; augmenter de volume. *Tout fluide se raréfie par la chaleur.*

RAREMENT, adv. [ʀaʀ(ə)mɑ̃] (*rare*) Peu souvent.

RARETÉ, n. f. [ʀaʀ(ə)te] (lat. *raritas*) Petit nombre, petite quantité, par opposition à abondance. *La rareté de l'argent, des hommes, de la pluie, etc.* ◆ Qualité d'un objet qui ne se trouve pas souvent, qui n'est pas commun.

« *La rareté d'une chose sans aucune espèce d'utilité ne peut mériter d'estime* », Duclos. ♦ Chose rare. *Montrer une rareté.* ♦ Il se dit aussi de ce qui n'arrive pas souvent. *C'est une rareté de vous voir.* ♦ **Par extens.** et **fam.** *Vous êtes, vous devenez d'une grande rareté, on ne vous voit plus que très rarement.* ♦ *Pour la rareté du fait*, pour la singularité de la chose. ♦ *Par rareté*, comme une rareté. « *On l'allait voir par rareté* », La Fontaine. ♦ **Au pl.** Objets rares et curieux. *Un cabinet de raretés.* ♦ **Phys.** État rare, opposé à densité. *La rareté de l'air.*

RARISSIME, adj. [ʀaʀisim] (ital. *rarissimo*, superl. de *raro*, rare) **Fam.** Très rare. *Vous êtes devenu rarissime. Médaille rarissime.*

1 **RAS**, n. m. [ʀɑ] ▷ *Ras-de-marée*, Voy. raz. ◁

2 **RAS, ASE**, adj. [ʀɑ, ɑz] (lat. *rasus*, de *radere*, raser) Tondu de près, coupé jusqu'à la peau. *Barbe rase. Tête rase.* ♦ **Adv.** *Tondre ras.* ♦ Qui a le poil fort court. *Les chevaux des pays chauds ont le poil plus ras que les autres.* ♦ Il se dit de la peau, du cuir qui est sans poil. « *La peau de l'éléphant est tout à fait rase* », Buffon. ♦ **Par extens.** *Rase campagne*, campagne fort unie, où il n'y a ni éminences, ni vallées, ni bois, ni rivières. ♦ *Table rase*, Voy. table. ♦ *Mesure rase*, mesure remplie de manière que le contenu n'excède pas les bords. ♦ *Verser du vin à ras de bord*, emplir le verre jusqu'au bord. ♦ *Bâtiment ras*, Bâtiment moins élevé au-dessus de l'eau que ceux de son espèce. *Bâtiment ras comme un ponton*, Bâtiment qui a perdu tous ses mâts. ♦ **au ras, à ras**, loc. adv. Au niveau de. *Au ras de l'eau* ou *au ras l'eau.* ♦ **ras**, n. m. Étoffe croisée et unie, dont le poil ne paraît pas. ♦ **à ras**, loc. adv. Très court. *Les ongles coupés à ras.* ♦ **Fam.** *En avoir ras le bol*, qui manque de finesse, d'intelligence. *Une remarque au ras des pâquerettes.* ■ **Fam.** *En avoir ras le bol, ras la casquette*, (vulg.) *ras le cul*, en avoir assez, en avoir marre. *J'en ai ras le bol de ses mesquineries.* ■ *Ras du cou* ou *ras de cou*, se dit d'un vêtement dont l'encolure s'arrête à la base du cou. *Un pull ras du cou* ou ellipt. *un ras-du-cou.* ■ *Ras-de-cou*, collier qui enserre le cou. *Porter un ras-de-cou en argent. Des ras-de-cou.*

3 **RAS**, ■ n. m. [ʀas] (on prononce le *s* final ; mot ar.) Chef de tribu en Éthiopie. *Ras éthiopien.*

4 **RAS**, ■ interj. [ɛʀaɛs] (sigle de *rien à signaler*) **Fam.** Pour signaler qu'il n'y a rien de nouveau. *Tout va bien*, RAS.

RASADE, n. f. [ʀazad] (2 *ras*) Vase rempli jusqu'aux bords. *Boire des rasades. Remplir son verre d'une rasade.*

RASAGE, ■ n. m. [ʀazaʒ] (*raser*) Action de raser ou de se raser. *Préférer l'épilation au rasage.* ■ **Spécialt** Action de se faire la barbe. *Gel de rasage.* ■ *Un rasage de près*, qui rase le poil au plus près de la peau.

RASANT, ANTE, adj. [ʀazɑ̃, ɑ̃t] (*raser*) **Fortif.** *Flanc rasant, ligne rasante*, endroit de la courtine ou du flanc, d'où les coups que l'on tire rasent la face du bastion opposé, et vont le long de cette face. ♦ *Feu rasant*, coups de canon tirés dans la direction d'une ligne de défense rasante. ♦ Il se dit aussi des défenses qui s'élèvent peu au-dessus du sol. ♦ *Tir rasant*, tir horizontal. ♦ *Vue rasante*, vue qui s'étend à proximité sur un pays uni. ♦ Qui rase la terre. *Un vol rasant.* ♦ **Fam.** Ennuyeux. *Ce bouquin est rasant.*

RASCART, ■ n. m. [ʀaskaʀ] Voy. raccard.

RASCASSE, ■ n. f. [ʀaskas] (provenç. *rascassa*, sorte de poisson) Poisson des mers chaudes, à grosse tête et dont la nageoire dorsale est hérissée d'épines. *Rascasse rouge. Ajouter des morceaux de rascasse dans la bouillabaisse.*

RAS-DE-COU ou **RAS-DU-COU**, ■ n. m. [ʀad(ə)ku, ʀadyku] Voy. ras.

RASÉ, ÉE, p. p. de raser. [ʀaze]

RASEMENT, n. f. [ʀaz(ə)mɑ̃] (*raser*) ▷ Action de raser, de couper la barbe, les cheveux. ♦ Action de raser une fortification, une place, un édifice ; résultat de cette action. ♦ **Vétér.** Usure progressive des incisives du cheval, qui fait disparaître la cavité de ces dents ; ce qui fait qu'on ne peut plus reconnaître l'âge. ♦ Se dit aussi du bœuf. ◁

RASE-MOTTE ou **RASE-MOTTES**, ■ n. m. [ʀaz(ə)mɔt] (*raser* et *motte*) **Fam.** Vol très près du sol. *Il prend de gros risques à faire ainsi du rase-motte avec son ULM. Des rase-mottes.*

RASER, v. tr. [ʀaze] (2 *ras*) Couper le poil tout près de la peau. *Raser la tête.* ♦ **Absol.** *Raser la tête*, en parlant des personnages politiques qu'au Moyen Âge on enfermait dans les couvents. *Childéric fut rasé et mis dans un monastère.* ♦ **Fam.** Ruiner, anéantir. ♦ Il se dit particulièrement de la barbe, et alors il se dit sans le mot barbe. *Se faire raser.* ♦ **Absol.** *Ce perruquier rase bien. Ce rasoir rase mal.* ♦ Abattre, démolir une construction rez terre. *Raser une maison.* ♦ Il se dit du canon qui démolit les parties supérieures d'une fortification. ♦ **Mar.** *Raser un navire*, lui enlever une certaine partie de ses œuvres mortes pour l'alléger ; le rendre plus ras dans un combat. ♦ Passer tout auprès. *Raser la muraille. L'hirondelle rase la terre en volant. Raser la côte*, naviguer le long de la côte. ♦ Passer tout auprès avec rapidité. *Ce cocher a rasé la borne.* ♦ **Manège** *Ce cheval rase le tapis*, il ne relève pas assez les pieds. ♦ **Pop.** Contraindre quelqu'un à vous écouter en lui tenant

des discours ennuyeux (la métaphore est prise du barbier). ♦ ▷ **V. intr.** *Un cheval rase* ou *a rasé*, lorsque la cavité de ses incisives s'efface ou est déjà effacée ; alors on ne peut plus connaître son âge à ses dents. ◁ ♦ *Se raser*, **v. pr.** Se faire la barbe. ♦ Se dit du gibier qui s'étend à ras le sol pour n'être pas vu. ♦ **Prov.** *Un barbier rase l'autre*, se dit des gens qui se soutiennent et se louent réciproquement. ■ *Se raser*, **v. pr.** S'ennuyer.

RASEUR, EUSE, ■ n. m. et n. f. [ʀazœʀ, øz] (*raser*) **Fam.** Personne qui tient de longs discours dénués d'intérêt. *Un vrai raseur ce prof !*

RASH, ■ n. m. [ʀaʃ] (mot angl., *éruption*) Éruption cutanée apparaissant dans certains états de fébrilité ou en réaction à un médicament. *Rash cutané. Des rashs* ou *des rashes* (pluriel anglais).

RASIBUS, adv. [ʀazibys] (on prononce le *s* final ; 2 *ras*) **Pop.** Tout contre, tout près. *La balle me passa rasibus de l'oreille.* ■ **Rem.** On prononçait autrefois [ʀaziby] sans faire entendre le *s* final.

RAS-LE-BOL, ■ n. m. inv. [ʀal(ə)bɔl] (2 *ras*, *le* et emploi arg. de *bol*, cul) Fait d'en avoir assez. *Il a un ras-le-bol de tout.* ■ *En avoir ras le bol*, Voy. ras. ■ **Interj.** Exprime la lassitude, l'exaspération. *Ras-le-bol ! je m'en vais.*

RASOIR, ■ n. m. [ʀazwaʀ] (*raser*) Instrument d'acier qui a le tranchant très fin, et avec lequel on rase la barbe, les cheveux. ♦ *Couper comme un rasoir*, couper très bien. ♦ *Pierre à rasoir*, espèce de pierre sur laquelle on repasse les rasoirs. ♦ *Cuir à rasoir*, cuir préparé sur lequel on passe les rasoirs pour en refaire le fil. ♦ **Fig.** *Marcher sur des rasoirs*, faire quelque chose de très difficile. ■ **Adj. inv.** **Fam.** Ennuyeux. *Qu'est-ce qu'elle est rasoir !*

RASPOUTITSA, ■ n. f. [ʀasputitsa] (mot russe) **Géogr.** Transformation de la couche supérieure en boue durant la période de dégel. *Le printemps est la saison de la raspoutitsa. Des raspoutitsas.*

RASSADE, n. f. [ʀasad] (orig. incert., p.-ê. de l'ital. *rassada*, raclure) Espèce de petites perles de verre ou d'émail dont on fait divers ornements, et dont se parent les nègres d'Afrique. ■ **Rem.** À l'époque de Littré, le mot *nègre* n'était pas raciste.

RASSASIANT, ANTE, adj. [ʀasazjɑ̃, ɑ̃t] (*rassasier*) Qui rassasie. *Viandes rassasiantes.*

RASSASIÉ, ÉE, p. p. de rassasier. [ʀasazje]

RASSASIEMENT, n. m. [ʀasazimɑ̃] (*rassasier*) État d'une personne rassasiée pour avoir mangé pleinement. ♦ **Fig.** Se dit de l'âme qui éprouve ce qu'éprouve le corps rassasié. ♦ Dans le langage de la dévotion, état de l'âme qui se rassasie de l'amour divin, de la contemplation divine. « *Le bienheureux rassasiement d'une âme affamée de la vue de Dieu* », Bossuet.

RASSASIER, v. tr. [ʀasazje] (*re-* et anc. fr. *assasier*, du lat. *ad* et *satiare*, de *satis*, assez) Satisfaire pleinement le besoin de manger. ♦ **Fig.** Satisfaire les désirs, les passions. « *Ces hommes charnels ne pouvaient être contents qu'ils ne fussent rassasiés* », Bourdaloue. ♦ *Rassasier ses yeux*, se satisfaire à regarder, à contempler. « *Je ne pouvais rassasier mes yeux du spectacle magnifique de cette grande ville* », Fénelon. ♦ Satisfaire jusqu'à la satiété, jusqu'au dégoût. *On le rassasia de bonne chère.* ♦ **Fig.** *On le rassasia de fêtes, de musique.* ♦ *Rassasier quelqu'un de dégoûts, d'opprobres*, l'en accabler. ♦ *Se rassasier*, **v. pr.** Contenter sa faim. ♦ **Fig.** Se donner pleine satisfaction en quelque désir ou passion. « *Venez, rassasiez-vous, grands de la terre ; saisissez-vous, si vous pouvez, de ce fantôme de gloire* », Bossuet. ♦ Se satisfaire en quelque chose jusqu'à la satiété.

RASSEMBLÉ, ÉE, p. p. de rassembler. [ʀasɑ̃ble]

RASSEMBLEMENT, n. m. [ʀasɑ̃bləmɑ̃] (*rassembler*) Action de rassembler ce qui est épars. *Le rassemblement des pièces pour l'instruction d'une affaire.* ♦ Il se dit particulièrement de la réunion de troupes en un lieu déterminé. ♦ Grand concours de personnes, attroupement. *Dissiper les rassemblements* ■ Union de personnes qui œuvrent pour un but commun. *Un rassemblement anti-chasse.* ■ Parti politique regroupant différentes tendances. *Un rassemblement pour la République.* ■ **Milit.** *Sonner le rassemblement*, ordonner la réunion des troupes militaires au moyen d'une sonnerie de trompette, de clairon ou de roulements de tambour.

RASSEMBLER, v. tr. [ʀasɑ̃ble] (*re-* et *assembler*) Assembler de nouveau. ♦ Mettre ensemble, réunir ce qui était épars. *Rassembler les débris d'un parti.* ♦ *Rassembler des troupes*, les mettre en corps d'armée. ♦ Il se dit aussi des choses. *Rassembler ses livres, ses hardes, etc.* ♦ **Menuis.** et **charpent.** Remettre dans leur état des pièces qui étaient démontées. ♦ **Fig.** Mettre ensemble, en parlant de choses intellectuelles ou morales. « *Le cœur humain rassemble souvent la politique, l'ambition, les faiblesses de l'amour, les sentiments de la religion* », Voltaire. ♦ *Rassembler ses idées*, réunir toutes les idées qu'on a d'un objet. ♦ *Rassembler ses forces*, mettre en action tout ce qu'on a de force morale. ♦ *Rassembler un cheval*, agir simultanément des mains et des jambes, de manière que le cheval, s'asseyant sur les hanches, ait le devant plus libre pour l'exécution des mouvements. ♦ *Se rassembler*, **v. pr.** Se mettre ensemble. « *Pensant à la contrariété des esprits, des goûts et des sentiments, je* *suis étonné de voir sept ou huit personnes se rassembler sous un même toit »*, LA BRUYÈRE. ■ **Sp.** Se replier d'abord sur soi pour mieux pouvoir prendre son élan. *Avant de sauter l'obstacle, le champion se rassemble.* ■ **V. tr.** Unir des personnes qui œuvrent pour une action commune. *Rassembler l'opposition.*

RASSEMBLEUR, EUSE, ■ n. m. et n. f. [ʀasɑ̃blœʀ, øz] (*rassembler*) Personne qui rassemble des choses ou des personnes. *Être un rassembleur est l'ambition de beaucoup de chefs politiques et religieux.* ■ **Adj.** *Une action rassembleuse.*

RASSEOIR ou **RASSOIR,** v. tr. [ʀaswaʀ] (*re-* et *asseoir*) Asseoir de nouveau, replacer. *Rasseoir un enfant.* ♦ **Fig.** Reposer, calmer. *« C'est ce qui doit rasseoir votre âme effarouchée »*, MOLIÈRE. ♦ Se rasseoir, v. pr. Se remettre assis. ♦ Avec ellipse du pronom personnel. *On le fit rasseoir.* ♦ **Fig.** Se reposer, se calmer, revenir à une situation tranquille. ♦ Avec ellipse du pronom personnel. *Je suis trop ému, laissez rasseoir mon esprit.* ♦ S'épurer en se reposant. *Le vin se rassied par le repos.* ♦ Avec ellipse du pronom personnel. *« L'eau de pluie, lorsqu'on la laisse rasseoir en quelque vase »*, DESCARTES.

RASSÉRÉNÉ, ÉE, p. p. de rasséréner. [ʀaseʀene]

RASSÉRÉNEMENT, n. m. [ʀaseʀɛn(ə)mɑ̃] (*rasséréner*) ▷ Action de rendre ou de devenir serein. ◁

RASSÉRÉNER, v. tr. [ʀaseʀene] (*re-* et *serein*) Rendre serein. *« Monarque souverain dont la force inconnue Rassérène les cieux ou fait grossir la nue »*, BRÉBEUF. ♦ **Fig.** Rendre la sérénité morale. *« Rassérénant son âme »*, LA FONTAINE. ♦ *Rasséréner le visage,* mettre la sérénité sur le visage. ♦ Se rasséréner, v. pr. Devenir serein. *Le temps se rassérène.* ♦ **Fig.** *« Le duc de Beauvillier se rasséréna »*, SAINT-SIMON.

RASSIE, ■ adj. f. [ʀasi] Voy. RASSIS.

RASSIR, ■ v. intr. [ʀasiʀ] (*rassis,* p. p. de *rasseoir*) Devenir dur. *Du pain rassis.* ♦ Se rassir, v. pr. *Ce pain commence à se rassir.*

RASSIS, ISE ou mieux **RASSIS, IE,** p. p. de rasseoir. [ʀasi, iz] ou [ʀasi] *Pain rassis,* pain qui n'est plus tendre, ainsi dit parce qu'il est pour ainsi dire rassis, cessant d'être chaud et soulevé. ♦ **Fig.** Rendu au calme moral. *« D'un esprit plus rassis... »*, P. CORNEILLE. ♦ *Un homme rassis,* un homme dont l'esprit est calme, mûri par la réflexion. ♦ *Projets rassis,* projets suggérés par un esprit calme. ♦ *De sens rassis,* sans être ému ou troublé. ♦ ▷ N. m. *Prendre son rassis,* se dit des eaux-de-vie qu'on laisse se reposer après qu'elles viennent d'être faites. ◁ ♦ Fer de cheval qu'on rattache avec des clous neufs. ♦ **Adj.** *Viande rassise,* viande d'un animal qui a été tué il y a plusieurs jours. ■ **REM.** Aujourd'hui, à l'usage, au féminin, on dit davantage *rassie* que *rassise.*

RASSORTIMENT, n. m. [ʀasɔʀtimɑ̃] (*rassortir*) ▷ Action de rassortir. ♦ Nouvel assortiment de marchandises. ■ On dit auj. *réassortiment.* ◁

RASSORTIR, v. tr. [ʀasɔʀtiʀ] Voy. RÉASSORTIR.

RASSOTÉ, ÉE, p. p. de rassoter. [ʀasote]

RASSOTER, v. tr. [ʀasote] (*re-* et *assoter*) ▷ **Fam.** Faire devenir sot, rendre fou de... ♦ Se rassoter, v. pr. Devenir rassoté. *Se rassoter d'une nouvelle passion.* ◁

RASSURANT, ANTE, adj. [ʀasyʀɑ̃, ɑ̃t] (*rassurer*) Qui rassure, qui donne de la sécurité. *Le médecin est rassurant. Nouvelle rassurante.*

RASSURÉ, ÉE, p. p. de rassurer. [ʀasyʀe] **Adj.** *Ne pas être rassuré,* avoir peur. *Elle n'était pas rassurée dans l'avion.*

RASSURER, v. tr. [ʀasyʀe] (*re-* et *assurer*) Redonner sécurité, assurance. ♦ Absol. *Cela rassure.* ♦ *Rassurer de,* redonner assurance contre. *« Pour rassurer le pêcheur de cette crainte »*, BOSSUET. ♦ *Rassurer les capitaux,* rendre confiance aux gens qui possèdent des capitaux. ♦ Rendre plus ferme. *Cet événement rassura son pouvoir. Rassurer un homme dans sa foi.* ♦ Rendre solide. *Rassurer un pont ébranlé.* ♦ Se rassurer, v. pr. Se remettre d'une crainte, d'un trouble. ♦ *Le temps se rassure,* il se remet au beau. ■ *Rassure-toi, rassurez-vous,* n'aie crainte, n'ayez crainte. *Rassurez-vous, vous n'avez rien de grave au cœur.*

1 **RASTA** ou **RASTAFARI,** ■ n. m. [ʀasta, ʀastafaʀi] (ar. *ras,* chef, et *Tafari* (Makonnen), 1892-1975, empereur d'Éthiopie sous le nom de Haïlé Sélassié Iᵉʳ) Mouvement fondé en Jamaïque, en 1914, visant à renouer les liens entre l'Afrique noire et les Noirs de la Jamaïque et des Antilles anglophones, afin d'affirmer leur identité. ■ **N. m. et n. f.** Partisan de ce mouvement. *Une rasta. Les dreadlocks des rastas.* ■ Adepte de la musique reggae qui est une des manifestations de ce mouvement. *Des rastas à un concert de reggae.* ■ **Adj.** Relatif au mouvement rasta. *Couleurs rastas. De la musique rasta.*

2 **RASTA,** ■ n. m. [ʀasta] (abrév. de *rastaquouère*) **Fam.** et **péj.** Rastaquouère. ■ **Adj.** *Des vêtements rastas.*

RASTAQUOUÈRE, ■ n. m. [ʀastakwɛʀ] (hisp.-amér. *[ar]rastracuerros,* tanneur, de *arrastrar,* ratisser, et *cueros,* cuirs, peaux) **Fam.** et **péj.** Étranger,

généralement d'origine méditerranéenne, aux allures très voyantes et souvent de mauvais goût, et dont la richesse est suspecte. ■ **Adj.** Relatif aux rastaquouères. *Une allure rastaquouère.* ■ **Abrév.** Rasta.

RASTEL, ■ n. m. [ʀastɛl] (mot gascon, festin, banquet) **Midi** Rassemblement de personnes invitées pour boire un verre ; le lieu où se fait ce rassemblement. *Des rastels.*

RAT, n. m. [ʀa] (radic. express. *ratt-,* bruit de grignotement) Petit quadrupède de l'ordre des rongeurs, à petites pattes, à queue longue, à museau pointu, qui mange les grains, la paille, etc. ♦ *Gueux comme un rat d'église* ou simplement *comme un rat,* très pauvre. ♦ *Être comme un rat en paille,* être fort à son aise, n'avoir faute de rien. ♦ *Mort aux rats* (on prononce mor-tô-ra), composition où il entre de l'arsenic, et dont on se sert pour détruire les rats. ♦ *Nid à rats,* Voy. NID. ♦ **Fig.** et **fam.** Caprice, fantaisie. *Il lui passe quelque rat par la tête. Il lui prend un rat.* ♦ *Prendre un rat,* se dit d'une arme à feu quand le coup ne part pas. ♦ *Par extens.* Prendre un rat, manquer son coup, ne pas réussir. ♦ **Fam.** et **injur.** *rats de cave,* les commis des contributions indirectes. ♦ *Rat de cave,* espèce de bougie mince, longue et roulée sur elle-même ♦ *Queue de rat,* Voy. QUEUE. ♦ *Rat des Alpes,* marmotte. ♦ *Rat des champs,* campagnol et mulot. ♦ *Rat d'eau,* sorte de rat nageur, qui habite sur le bord des rivières. ♦ *Rat d'Égypte,* rat de Pharaon, ichneumon ou mangouste. ♦ *Prov.* À *bon chat bon rat,* se dit en parlant de celui qui sait se bien défendre, quand on l'attaque. ■ Jeune élève de l'école de danse à l'Opéra. *Les petits rats de l'Opéra de Paris.* ■ **N. m.** et **adj.** **Fig.** et **fam.** Personne pingre. *Elle est rat, cette fille.* ■ **Fam.** *Rat de bibliothèque,* personne qui fréquente assidûment les bibliothèques. ■ **Fam.** *Rat d'hôtel,* personne qui s'introduit dans les hôtels pour dévaliser les clients. ■ **Fam.** *Être fait comme un rat,* être pris au piège. ■ **Fam.** *S'ennuyer comme un rat mort,* s'ennuyer énormément. ■ *Les rats quittent le navire,* quitter un lieu quand un danger menace de se faire ressentir ; partir lâchement d'un endroit pour ne pas avoir à participer à une prise de décision. ■ **Péj.** *Face de rat,* injure utilisée pour se moquer du physique d'une personne dont les traits ne sont pas harmonieux.

RATA, ■ n. m. [ʀata] (abrév. de *ratatouille* avec chang. de genre) **Fam.** Dans l'argot militaire, mauvais ragoût, peu cuisiné. *Ils ont tous refusé de manger ce rata.* ■ **Par extens.** Nourriture de mauvaise qualité ou dont le goût n'est pas appréciée. *Je ne mangerai pas ce rata.*

RATAFIA, ■ n. m. [ʀatafja] (mot créole, p.-ê. de la formule *rata fiat,* que qui a été convenu se fasse) Liqueur spiritueuse, composée d'eau-de-vie, de sucre, et du jus de certains fruits ou de l'arome de quelque fleur.

RATAGE, ■ n. m. [ʀataʒ] (*rater*) Fait de rater quelque chose ; échec. *Le ratage d'une réforme. Le ratage de photos.*

RATAPLAN, ■ interj. [ʀataplɑ̃] Voy. RANTANPLAN.

RATATINÉ, ÉE, p. p. de ratatiner. [ʀatatine] ♦ *Pomme ratatinée,* pomme ridée, flétrie. ♦ *Personne ratatinée,* personne rapetissée par l'âge ou par quelque maladie. ♦ **Fig.** et **fam.** Démoli, détruit. *Il a eu un accident et sa moto est complètement ratatinée.*

1 **RATATINER,** ■ v. tr. [ʀatatine] (*ra-,* var. de *re-,* et radic. express. *tat-,* diminution, amoindrissement) **Fam.** Rabougrir. *« L'âge, au lieu de la ratatiner, comme il arrive, la rendait meurir »*, GREEN. ■ **Fig.** et **fam.** *Se faire ratatiner,* se faire battre à plates coutures dans un jeu, dans une compétition. ■ **Pop.** *Se faire ratatiner,* se faire tuer. ■ **Fam.** Démolir, détruire, casser quelque chose. *Il a ratatiné la voiture de son voisin.*

2 **RATATINER (SE),** ■ v. pr. [ʀatatine] (1 *ratatiner*) Être raccourci, resserré. *Le parchemin se ratatine au feu. Ce vieillard se ratatine.* ■ Se tasser tout en se déformant. *Une pomme qui se ratatine. Son grand-père se ratatine de plus en plus.*

RATATOUILLE, n. f. [ʀatatuj] (croisement de *tatouiller,* manier, et *ratouiller,* secouer, tous deux dér. de *touiller*) **Pop.** Ragoût grossier composé ordinairement de viandes et de légumes. ♦ *Un mauvais plat.* ■ Plat composé de tomates, de poivrons, de courgettes et d'aubergines revenus à l'huile d'olive avec de l'ail et des oignons. *Une ratatouille niçoise.* ■ **Fig.** et **fam.** Coups. *Il s'est pris une belle ratatouille !* ■ **REM.** Le premier sens est familier aujourd'hui.

1 **RATE,** n. f. [ʀat] (p.-ê. néerl. *rate,* rayon de miel, pour la ressemblance de structure) Viscère situé dans l'hypocondre gauche, sous les fausses côtes. ♦ **Pop.** *Ne pas se fouler la rate,* Voy. FOULER. ♦ Dans l'ancienne physiologie, la rate était regardée comme le siège de la bile noire ou atrabile ; de là le rôle que l'opinion vulgaire lui faisait jouer dans la bonne ou la mauvaise humeur. *« Qu'est-il donc arrivé de funeste à Mélanthe ? rien au dehors, tout au dedans ; ses affaires vont à souhait ; quoi donc ? c'est que sa rate fume »*, FÉNELON. ♦ **Fam.** *Épanouir la rate, désopiler la rate, dilater la rate,* divertir, faire rire. *Il aime à s'épanouir la rate.* ♦ ▷ *Décharger sa rate,* dire ce qu'on a sur le cœur. ◁ ■ **REM.** Le rôle principal de la rate est de fabriquer

les globules rouges, les globules blancs et les plaquettes et d'assurer le bon fonctionnement du système immunitaire.

2 RATE, n. f. [ʀat] (*rat*) Femelle du rat.

1 RATÉ, ÉE, adj. [ʀate] (*rat*) ▷ Qui a été attaqué par les rats. ◁

2 RATÉ, ÉE, p. p. de rater. [ʀate] Manqué. *Pièce de gibier ratée.* ♦ N. m. *Un raté,* coup de feu qui n'a pas pris. ■ N. m. Bruit anormal indiquant le mauvais fonctionnement d'un moteur. ■ N. m. Ce qui n'a pas bien fonctionné. *Il y a eu un raté dans cette affaire.* ■ N. m. et n. f. et adj. Fam. Personne qui n'a pas réussi sa vie, sa carrière professionnelle. *Ce type est un raté.*

RÂTEAU, n. m. [ʀɑto] (lat. *rastellus*, dimin. de *raster*, hoyau, bêche, rateau) Instrument d'agriculture et de jardinage, à dents de fer ou de bois. ♦ Instrument en forme de râteau sans dents, avec lequel on ramasse l'argent sur les tables de jeux publics. ♦ Nom vulgaire du Baudrier d'Orion. ■ **Techn.** Tout instrument muni de dents. *Un râteau de rasoir mécanique.* ■ Fam. *Se coiffer avec un râteau,* se coiffer n'importe comment. ■ Fam. *Se prendre un râteau,* être éconduit. *Il s'est pris un rateau par la fille qu'il convoitait.*

RATEL, ■ n. m. [ʀatɛl] (*rat*) Mammifère carnassier d'Afrique et d'Asie, voisin du blaireau, au dos blanc, à la fourrure très résistante, très téméraire et grand amateur de miel. *En cas de menace, le ratel hurle, reste gueule ouverte et hérisse ses poils.*

RÂTELAGE, n. m. [ʀɑt(ə)laʒ] (*râteler*) Action de râteler ; résultat de cette action. *Le râtelage des allées.*

RÂTELÉ, ÉE, p. p. de râteler. [ʀɑt(ə)le] *Allées bien râtelées.*

1 RÂTELÉE, n. f. [ʀɑt(ə)le] (*râteler*) Ce qu'on peut ramasser en un coup de râteau.

2 RÂTELÉE, n. f. [ʀɑt(ə)le] (anc. fr. *ratele*, rate) ▷ Usité seulement dans cette locution : *Dire sa râtelée,* se décharger la rate. ◁

RÂTELER, v. tr. [ʀɑt(ə)le] (anc. fr. *rastel*, râteau) Amasser avec le râteau. *Râteler du foin.* ♦ Passer le râteau dans les allées, pour les nettoyer et les rendre plus unies. ■ **Fig.** Piétiner. *Les pieds des promeneurs râtellent les graviers du parc.*

RÂTELEUR, EUSE, n. m. et n. f. [ʀɑt(ə)lœʀ, øz] (*râteler*) Homme, femme de journée qu'on paye pour râteler des foins, etc. ■ N. f. Machine destinée à râteler du foin, des herbes, etc. *Une ancienne râteleuse hippomobile.*

RÂTELIER, n. m. [ʀɑtəlje] (anc. fr. *rastel*, râteau, par analogie de forme) Espèce d'échelle à bâtons arrondis, plus ou moins rapprochés, destinée à recevoir le foin, la paille distribués aux bestiaux, et placée horizontalement dans l'écurie. ♦ **Fig.** *Manger à plus d'un râtelier, manger à deux râteliers,* tirer du profit de plusieurs endroits différents. ♦ ▷ **Fig.** *Mettre le râtelier bien haut à quelqu'un,* lui rendre une chose si difficile qu'il ait beaucoup de peine à y réussir. ◁ ♦ Bâti sur lequel on place les armes portatives. ♦ **Fig.** *Remettre les armes au râtelier,* quitter les armes. ♦ **Fig.** Les deux rangées de dents. *Un beau râtelier. Un râtelier de fausses dents.* ◁ ♦ *Un râtelier de perles,* collier de perles fait en forme de râtelier. ■ On dit auj. *manger à tous les râteliers.* ■ Fam. et vieilli Dentier. *Porter un râtelier.* ■ Fam. *Quand il n'y a plus de foin dans le râtelier...,* quand il n'y a plus d'argent. ■ Barre en forme de râteau sur laquelle on peut ranger les outils à manche.

RATER, v. intr. [ʀate] (expr. *[prendre un] rat,* ne pas lâcher son coup, à propos d'une arme à feu) Se dit d'une arme à feu qui manque à tirer. *Le fusil a raté.* ♦ V. tr. Se dit de celui dont l'arme rate au moment où il veut tirer. *Il rata le lièvre.* ♦ **Fig.** et fam. Manquer son coup, ne pas réussir. *Rater une place. Rater son sujet.* ■ Ne pas profiter de. *Rater une occasion.* ■ Manquer. *Rater le bus. Il a encore raté son rendez-vous.* ■ **Fig.** et fam. *Ne pas rater quelqu'un,* le remettre à sa place dès que l'occasion se présente. *S'il me fait la moindre réflexion, je ne le raterais pas.* ■ Fam. *Ne pas en rater une,* commettre toutes les maladresses possibles. *Il a l'habitude de faire des gaffes et il n'en rate jamais une !* ■ Fam. Se rater, v. pr. Ne pas réussir à se suicider.

RATIBOISER, ■ v. tr. [ʀatibwaze] (croisement de *ratisser* et anc. fr. *emboiser,* séduire en trompant, du frq. *bausjan,* dire des bêtises) Fam. Ruiner quelqu'un, lui prendre tout son argent. *À la fin de la partie de poker, ils l'avaient ratiboisé.* ■ Fam. Ruiner la carrière, la santé, etc., de quelqu'un. *Ils ont trop exigé de lui, aujourd'hui, il est ratiboisé.* ■ Fam. Couper ras les cheveux de quelqu'un. *Son coiffeur l'a ratiboisé.*

RATICHE, ■ n. f. [ʀatiʃ] (p.-ê. *ratisser*) Arg. Dent. « *Faut dire que Louisette, personne savait au juste pourquoi, elle avait plus une ratiche sur le devant* », Seguin.

RATICHON, ■ n. m. [ʀatiʃɔ̃] (*rat*) Vx, pop. et péj. Prêtre. *Un ratichon était un aumônier des prisons au XVIIe siècle.*

RATICIDE, ■ n. m. [ʀatisid] (*rat* et *-cide*) Produit destiné à tuer massivement les rats. *Un raticide prêt à l'emploi.* ♦ Adj. *Un produit raticide.*

RATIER, IÈRE, adj. [ʀatje, jɛʀ] (*rat*) Adj. m. *Un chien ratier* et n. m. *un ratier,* un chien qui chasse au rat. ♦ ▷ **Fig.** et pop. Qui a des rats, des caprices. « *Entre nous, je la crois plus ratière que malicieuse* », Marivaux. ◁ ♦ ▷ Subst. *C'est un ratier.* ◁

RATIÈRE, n. f. [ʀatjɛʀ] (*rat*) Piège pour prendre les rats. ■ On emploie aujourd'hui *souricière.*

RATIFICATIF, IVE, adj. [ʀatifikatif, iv] (*ratification*) ▷ Qui ratifie. *Acte ratificatif.* ◁

RATIFICATION, n. f. [ʀatifikasjɔ̃] (lat. médiév. *ratificatio*) Confirmation authentique de ce qui a été fait ou promis. *La ratification d'un traité.* ■ Écrit qui contient la ratification. ■ **Polit.** Acte par lequel un État exprime son consentement définitif à être lié par un traité, une loi, etc. *La ratification du traité de Maastricht.*

RATIFIÉ, ÉE, p. p. de ratifier. [ʀatifje]

RATIFIER, v. tr. [ʀatifje] (lat. médiév. *ratificare,* du lat. *ratus,* qui compte, fixé, p. p. de *reri,* compter) Confirmer authentiquement ce qui a été fait ou promis. *Ratifier un traité, une sentence, etc.* ♦ **Absol.** « *Traitez toujours, sauf à ratifier si bon vous semble* », Delavigne. ◁ ♦ Donner une confirmation comparée aux ratifications authentiques. « *Les divers emplois n'ont fait que ratifier la bonne opinion qu'on avait de vous* », Balzac.

RATINAGE, n. m. [ʀatinaʒ] (*ratiner*) Opération qui a pour effet de rouler ou onduler les filaments qui constituent le duvet de la surface d'une étoffe de laine.

RATINE, n. f. [ʀatin] (prob. ac. vb *raster,* râcler, ratisser) Étoffe de laine croisée dont le poil est tiré en dehors et fixé de manière à former comme de petits grains.

RATINÉ, ÉE, p. p. de ratiner. [ʀatine] *Drap ratiné.*

RATINER, v. tr. [ʀatine] (*ratine*) Faire le ratinage.

RATINEUSE, ■ n. f. [ʀatinøz] Machine utilisée pour les opérations de ratinage. *Tissu de laine présentant sur toute la surface des bouclettes obtenues par passage dans une ratineuse.*

RATING, ■ n. m. [ʀetiŋ] (mot angl., de *to rate,* déterminer la valeur) **Financ.** Appréciation accordée par des organismes spécialisés sur la capacité d'un emprunteur à honorer ses engagements financiers. *Un financement partiel proposé par un service de rating.* ■ Rem. On recommande officiellement l'emploi de *notation.* ■ **Sp.** Indice calculé à partir des caractéristiques techniques d'un voilier, que l'on applique au temps réel de parcours pour déterminer le temps corrigé et qui permet de répartir les voiliers en plusieurs classes. ■ Rem. On recommande officiellement l'emploi de *coefficient de jauge* ou *coefficient.*

RATIO, ■ n. m. [ʀasjo] (mot angl., du lat. *ratio,* calcul, compte) Pourcentage du rapport entre deux données ou deux ensembles de données chiffrées. *Comparer les ratios d'endettement.*

RATIOCINATION, ■ n. f. [ʀasjosinasjɔ̃] (lat. *ratiocinatio,* raisonnement) Litt. Action de ratiociner ; raisonnement qui se perd en subtilité et n'aboutit à rien. *En psychanalyse, la ratiocination a plus de poids que le raisonnement.* « *Le samedi, après six jours de ratiocinations, il partait pour la Rouéchotte gonflé d'espoir* », Vincenot.

RATIOCINER, ■ v. intr. [ʀasjosine] (lat. *ratiocinari,* calaculer, raisonner) ▷ Faire usage de sa raison, réfléchir. *Ratiociner sans tergiverser.* ◁ ♦ Ergoter inlassablement sur des points de détails ou sur des subtilités. *Ratiociner dans une séance de psychanalyse.* ■ RATIOCINANT, ANTE, adj. [ʀasjosinɑ̃, ɑ̃t] *Une forme ratiocinante de pensée.* ■ RATIOCINEUR, EUSE, n. m. et n. f. [ʀasjosinœʀ, øz]

RATION, n. f. [ʀasjɔ̃] (lat. *ratio,* calcul, compte) Portion journalière de vivres ou de fourrages distribuée aux troupes. ♦ Sur mer, quantité de pain ou de biscuits, de viande ou de boisson, etc., qui se distribue chaque jour à chaque homme d'équipage. ♦ Par extens. *Mettre à la ration,* ne donner qu'une quantité limitée, et non autant que l'on veut de choses nécessaires. ♦ On dit de même : *Être à la ration.* ■ **Fig.** Une certaine quantité de choses désagréables. *Avoir sa ration de coups, d'épreuves.* ■ **Absol.** Portion de nourriture journalière pour un homme ou un animal. *Ration alimentaire,* quantité d'aliments nécessaire et suffisante à un organisme vivant pour une période de vingt-quatre heures.

RATIONAL, n. m. [ʀasjonal] (b. lat. ecclés. *rationale,* neutre de *rationalis,* raisonnable, parce qu'il porte des devises pleines de sens) Morceau d'étoffe carré, de la grandeur de la main, que le grand prêtre, chez les Juifs, portait sur la poitrine. ■ **Relig.** Nom de certains traités liturgiques. *Des rationaux.*

RATIONALISATION, ■ n. f. [ʀasjonalizasjɔ̃] (*rationaliser*) Action de rationaliser ; son résultat. ■ **Écon.** Fait d'organiser et de planifier par la réflexion scientifique, des moyens d'action pour atteindre au mieux les objectifs et pour obtenir un meilleur rendement. *La rationalisation des activités sociales.*

■ **Financ.** *Rationalisation des choix budgétaires,* méthode mise en place dans les années 1970 par les responsables des finances publiques pour résoudre certains problèmes difficiles en matière de finances et impliquant le choix d'objectifs et de moyens ainsi que le contrôle des résultats. ■ **Psych.** Fait d'expliquer un comportement qui relève de motivations généralement inconscientes.

RATIONALISER, ■ v. tr. [ʀasjɔnalize] (lat. impér. *rationalis,* où l'on emploie le raisonnement) Rendre rationnel. *Rationaliser la production.* ■ **Fig.** Essayer d'expliquer quelque chose de manière logique. *Rationaliser un problème de maths.* ■ **Psych.** Expliquer un comportement relevant de motivations généralement inconscientes, par des faits rationnels. *Rationaliser son comportement.*

RATIONALISME, n. m. [ʀasjɔnalism] (lat. impér. *rationalis*) **Philos.** Manière d'envisager les objets par les données de la raison, et indépendamment de toute autorité. ♦ Système qui prétend fonder les croyances religieuses sur des principes fournis par la raison. ■ **Philos.** Doctrine selon laquelle la connaissance vient de la raison, indépendamment de l'expérience. *L'empirisme opposé au rationalisme.* ■ Fait de n'accorder de valeur qu'à la raison. *Son rationalisme poussé à l'extrême fait d'elle une personne trop rigide.*

RATIONALISTE, adj. [ʀasjɔnalist] (lat. impér. *rationalis*) Qui appartient au rationalisme. *La philosophie rationaliste.* ♦ Qui professe le rationalisme. *Un philosophe rationaliste.* ♦ N. m. et n. f. *Un rationaliste.*

RATIONALITÉ, ■ n. f. [ʀasjɔnalite] (lat. impér. *rationalis*) Ce qui n'accorde de valeur qu'à la raison. *La rationalité d'un comportement.* ■ Ce qui est raisonnable, pondéré. *La rationalité d'un argument, d'une décision.*

RATIONNEL, ELLE, adj. [ʀasjɔnɛl] (lat. impér. *rationalis*) Que l'on conçoit par l'entendement. ♦ **Astron.** *Horizon rationnel,* Voy. HORIZON. ♦ **Math.** *Quantité rationnelle,* celle dont le rapport avec l'unité peut être exprimé par des nombres, soit entiers, soit fractionnaires. ♦ Fondé sur le raisonnement. *Philosophie rationnelle.* ♦ **Méd.** *Traitement rationnel,* système de traitement d'une maladie qui est fondé sur des indications suggérées par la physiologie et par l'anatomie, etc. ♦ **Néolog.** Raisonnable. *Il est plus rationnel de penser que, etc.* ■ REM. Dans ce sens, n'est plus un néologisme aujourd'hui. ■ Qui vient du raisonnement et non de l'empirisme. *Mécanique rationnelle,* Mécanique étudiée de manière mathématique et logique. ■ Qui est logique. *Un esprit rationnel.* ■ **Math.** *Entier rationnel,* nombre entier. ♦ **Math.** *Nombre rationnel,* nombre qui est le rapport de deux nombres entiers.

RATIONNELLEMENT, adv. [ʀasjɔnɛl(ə)mã] (*rationnel*) D'une manière rationnelle. ■ D'une manière raisonnable, pondérée. *Réajuster rationnellement les rapports entre l'investissement et la consommation d'un pays.*

RATIONNER, v. tr. [ʀasjɔne] (*ration*) Faire la part, donner la ration. *Rationner les passagers sur un navire.* ♦ Il se dit aussi de la chose mise en ration. *Rationner le pain, l'eau.* ♦ Ne fournir qu'une quantité limitée de quelque chose à quelqu'un. *Rationner la population en eau.* ■ Se rationner, v. pr. Diminuer son apport alimentaire. *Les pays en état de guerre sont obligés de se rationner.* ■ RATIONNEMENT, n. m. [ʀasjɔn(ə)mã] *Des tickets de rationnement.*

RATISSAGE, n. m. [ʀatisaʒ] (*ratisser*) Action de ratisser ; travail de celui qui ratisse. ■ Action d'enlever les plantes adventices avec le ratissoire. ♦ Se dit aussi pour *râtelage.* ■ Fouille méthodique et exhaustive d'un terrain afin de rechercher une personne disparue, des preuves, etc. *Une opération de ratissage en forêt à la recherche d'un enfant qui s'est perdu.*

RATISSÉ, ÉE, p. p. de ratisser. [ʀatise]

RATISSER, v. tr. [ʀatise] (anc. fr. *raster,* raturer, racler, prob. du lat. *rasitare,* raser souvent) Ôter en raclant la superficie d'une chose. *Ratisser du bois, une betterave, etc.* ♦ Râteler. *Ratisser les allées d'un jardin.* ■ Explorer et fouiller minutieusement une zone de terrain à la recherche d'éléments. *Les gendarmes ont ratissé le quartier.* ■ **Fam.** *Ratisser large,* rassembler le plus de choses ou de personnes possible, sans procéder à une sélection. *Un journal qui ratisse large.* ■ **Fig.** et **fam.** Ruiner quelqu'un en lui prenant tout son argent. *Il l'a ratissé jusqu'au dernier centime.* ■ **Sp.** S'emparer du ballon avec les pieds. *Il a ratissé le ballon avant de marquer un but.*

RATISSETTE, ■ n. f. [ʀatisɛt] (*ratisser*) Outil du briquetier utilisé pour racler le ciment ; racloir.

RATISSOIRE, n. f. [ʀatiswaʀ] (*ratisser*) Instrument de fer pour ratisser.

RATISSURE, n. f. [ʀatisyʀ] (*ratisser*) ▷ Ce qu'on ôte en ratissant. ◁

RATITE, ■ n. m. [ʀatit] (lat. sav. [XIXᵉ s.] *[aves] ratitæ,* de *ratis,* radeau) **Zool.** Oiseau coureur dont le sternum en forme de cuirasse est sans bréchet, ne sachant pas voler et dont l'autruche, l'émeu, le casoar et le kiwi sont le type. *Les ratites forment une sous-classe.*

1 **RATON,** n. m. [ʀatõ] (anc. fr. *raster,* racler, parce qu'il faut racler la pâte) Petite pièce de pâtisserie, garnie de fromage ou de crème.

2 **RATON,** n. m. [ʀatõ] (*rat*) Petit rat. ♦ ▷ **Fig.** et **fam.** Petit enfant. ◁ Petit quadrupède de la grosseur et de la forme d'un blaireau. ■ **Fam.** et **péj.** Maghrébin. ■ REM. *Raton,* dans le sens de *maghrébin,* est une injure raciste.

RATONNADE, ■ n. f. [ʀatɔnad] (2 *raton*) **Fam.** Violences racistes perpétrées contre une communauté maghrébine en représailles à des actes attribués à certains de ses représentants. *En 1958, les ratonnades qui eurent lieu à Paris et en banlieue émurent l'opinion scandalisée.* ■ **Par extens.** Agressions organisées contre un groupe quelconque. *Une ratonnade meurtrière.*

RATONNER, ■ v. intr. [ʀatɔne] (2 *raton*) Participer à des ratonnades. *Ces voyous qui ont ratonné dans la soirée viennent d'être arrêtés.* ♦ V. tr. Infliger à quelqu'un des violences telles qu'on les pratique au cours d'une ratonnade. *Ils l'ont ratonné pendant la manifestation.* ■ RATONNEUR, EUSE, n. m. et n. f. [ʀatɔnœʀ, øz]

RATTACHÉ, ÉE, p. p. de rattacher. [ʀataʃe]

RATTACHEMENT, ■ n. m. [ʀataʃ(ə)mã] (*rattacher*) Action de rattacher. ■ **Financ.** Principe selon lequel sont pris en compte, dans un calcul, les coûts de produits et de charges qui résultent des mêmes transactions ou événements. *Rattachement au foyer fiscal, d'un enfant.*

RATTACHER, v. tr. [ʀataʃe] (*re-* et *attacher*) Attacher ce qui est détaché. *Rattachez ce chien.* ♦ Il se dit quelquefois simplement pour *attacher. Des agrafes de diamant rattachaient son manteau.* ♦ **Fig.** Renouer ou simplement nouer un lien moral. « *Un genre d'intérêt qui pourrait le rattacher à la vie* », Mme DE STAËL. ♦ **Fig.** *Rattacher les fers,* remettre dans les chaînes de l'amour. ♦ *Se rattacher quelqu'un,* le rattacher à soi. ♦ **Fig.** Établir une connexion entre des choses. *Des faits qu'on ne peut rattacher à rien.* ■ Se rattacher, v. pr. Être attaché. *Un vêtement qui se rattache sur l'épaule.* ♦ **Fig.** S'attacher de nouveau à... ♦ Avoir de la liaison, de la connexion avec, être en relation avec.

RATTACHISTE, ■ n. m. et n. f. [ʀataʃist] (*rattacher*) **Belg.** Partisan du rattachement des régions francophones de la Belgique à la France. ■ Adj. *Un Belge rattachiste.*

RAT-TAUPE, ■ n. m. [ʀatop] (*rat* et *taupe*) **Zool.** Petit rongeur d'Europe centrale et d'Europe du Sud, aux oreilles atrophiées, sans queue, qui se reproduit de façon coopérative et vivant en colonies dans un réseau de galeries souterraines. *Des rats-taupes. Le rat-taupe est également appelé* spalax.

RATTE, ■ n. f. [ʀat] (2 *rate*) Petite pomme de terre allongée, très appréciée pour sa chair fine. *La ratte du Touquet.*

RATTEINDRE, v. tr. [ʀatɛ̃dʀ] (*re-* et *atteindre*) ▷ Atteindre ce qui s'était échappé. *On est parvenu à ratteindre le prisonnier.* ♦ Rejoindre une personne qui a pris les devants. ◁

RATTEINT, EINTE, p. p. de ratteindre. [ʀatɛ̃, ɛ̃t]

RATTELER, v. tr. [ʀat(ə)le] (*re-* et *atteler*) ▷ Atteler de nouveau. ◁

RATTRAPABLE, ■ adj. [ʀatʀapabl] (*rattraper*) Que l'on peut rattraper. *Une situation rattrapable.*

RATTRAPAGE, ■ n. m. [ʀatʀapaʒ] (*rattraper*) Action de rattraper. *Rattrapage du salaire des femmes par rapport à celui des hommes. Plan de rattrapage.* ■ Examen qu'un étudiant repasse lorsqu'il n'a pas eu la moyenne ou a été absent à l'examen régulier. *J'ai raté mon rattrapage. Cours de rattrapage.* ■ **Typogr.** Fin d'un alinéa, reportée en tête du feuillet suivant de la copie, et dont le compositeur a besoin pour achever sa composition. *Demander, faire son rattrapage.*

RATTRAPÉ, ÉE, p. p. de rattraper. [ʀatʀape]

RATTRAPER, v. tr. [ʀatʀape] (*re-* et *attraper*) Attraper une seconde fois. ♦ **Fam.** et **fig.** *On ne m'y rattrapera plus,* on ne me trompera plus en pareil cas, et aussi on ne me reverra plus dans cet endroit, dans cette société. ♦ **Par extens.** Ressaisir, reprendre. *Rattraper un prisonnier.* ♦ **Fig.** et par menace. *Si je le rattrape !* c'est-à-dire s'il tombe sous ma main, je le punirai. ♦ Il se dit aussi des choses qu'on ressaisit. « *Nous étions contraints de disputer contre les flots, pour rattraper le dessus de ce mât* », FÉNELON. ♦ Recouvrer ce qu'on avait perdu. « *Il ne s'agit plus que de rattraper mon repos* », VOLTAIRE. « *Ah ! si je puis rattraper ce que j'ai perdu, je jure bien que j'abandonnerai le jeu à jamais* », Mme DE GENLIS. ♦ **Fam.** Rejoindre quelqu'un qui a pris les devants. ♦ Se rattraper, v. pr. Se soutenir, se retenir. *En tombant, il s'est rattrapé à une branche d'arbre.* ♦ **Fig.** *Cet homme se rattrape aux branches,* se rattrape toujours, il se tire toujours d'affaire. ♦ Regagner. *Il avait perdu, mais il s'est rattrapé.* ■ Attraper quelque chose qui est en train de tomber. *Il a gentiment rattrapé ton écharpe qui tombait.* ■ Chercher à combler un retard, un déficit, etc. *Rattraper le temps perdu.* ■ **Fam.** *Rattraper quelqu'un au tournant,* se venger dès qu'une occasion se présente. ♦ Reprendre pour faire mieux, pour corriger. *Rattraper une mayonnaise, une bêtise.* ■ *Être rattrapé par son passé,* ne pas pouvoir échapper aux conséquences d'un acte passé.

RATURAGE, ■ n. m. [ʀatyʀaʒ] (*raturer*) Fait de raturer. *Le raturage d'une copie.* ■ **Techn.** Fait de rendre un parchemin plus blanc, plus fin. *Le raturage consiste à raboter le parchemin pour en diminuer délicatement l'épaisseur.*

RATURE, n. f. [ʀatyʀ] (lat. médiév. *rasitoria*, instrument à raser) Syn. de râclure. ♦ ▷ Ce qu'on enlève des peaux en les raturant. ◁ ♦ ▷ Petite bande qu'on enlève en tournant l'étain sur la roue. ◁ ♦ **Par extens**. Trait de plume passé sur ce qu'on a écrit. ♦ **Fig.** *Faire des ratures sur sa vie.*

RATURÉ, ÉE, p. p. de raturer. [ʀatyʀe]

RATURER, v. tr. [ʀatyʀe] (*rature*) ▷ Racler le dessus des peaux dont on veut faire du parchemin. ◁ ♦ **Par extens**. Effacer au moyen de quelques traits de plume ce qui est écrit. ♦ **Absol.** « *Voilà mon jeune homme qui se met à raturer* », VOLTAIRE. ■ **Fig.** *Toutes ces pensées, raturées, niées, disparues !*

RAUCHAGE, ■ n. m. [ʀoʃaʒ] (orig. inc.) Techn. Entretien ou agrandissement d'une galerie souterraine. ■ RAUCHEUR, n. m. [ʀoʃœʀ] Mineur chargé de cette opération.

RAUCITÉ, n. f. [ʀosite] (lat. impér. *raucitas*, enrouement, son rauque) État de la voix rauque. ■ REM. Est littéraire aujourd'hui.

RAUQUE, adj. [ʀok] (lat. *raucus*, enroué, au cri ou au son rauque) Se dit de la voix devenue rude et comme enrouée. *Une voix, un cri rauque.* ♦ **Fig.** « *À mon âge, on a la voix un peu rauque* », VOLTAIRE.

RAUQUEMENT, ■ n. m. [ʀok(ə)mɑ̃] (*rauque*) Rare Cri d'un animal qui rauque. *Le rauquement des chameaux.*

RAUQUER, ■ v. intr. [ʀoke] (*rauque*) Rare Crier, feuler, en parlant du tigre. ■ **Fig.** Imiter le cri du tigre.

RAUWOLFIA, ■ n. m. [ʀovɔlfja] (L. *Rauwolf*, 1540-1596, botaniste all.) Bot. Arbrisseau d'Asie du Sud-Est et d'Inde, très vert, à grandes racines aux propriétés sédatives, fébrifuges et hypotensives. *Un des mythes associés au rauwolfia dit que la mangouste consomme ses feuilles avant d'affronter un cobra pour se protéger du venin de ce dernier.*

RAVAGE, n. m. [ʀavaʒ] (*ravir*) Dégât fait avec violence et rapidité. « *Le ravage des champs, le pillage des villes* », P. CORNEILLE. ♦ **Fam.** *Faire ravage dans une maison*, y faire beaucoup de désordre, beaucoup de fracas. ♦ Dégât violent causé par les tempêtes, les orages, les pluies, les vents, etc. ♦ Il se dit de l'action funeste des épidémies, des épizooties. ♦ **Fig.** Désordre causé par les choses morales. « *L'intérêt est un monstre qui fait bien du ravage* », PATRU. ■ Détérioration physique. *Les ravages du temps, de la drogue.* ■ **Fam.** *Faire des ravages*, susciter de nombreuses passions amoureuses. *Depuis qu'elle a changé son style, elle fait des ravages.*

RAVAGÉ, ÉE, p. p. de ravager. [ʀavaʒe] **Fam.** Adj. Fou. *Ce type est complètement ravagé.*

RAVAGEANT, ANTE, adj. [ʀavaʒɑ̃, ɑ̃t] (*ravager*) Qui ravage. « *Ces armes ravageantes et détruisantes* », BOSSUET.

RAVAGER, v. tr. [ʀavaʒe] (*ravage*) Porter le ravage. *Ravager un pays ennemi.* ♦ Il se dit des fléaux atmosphériques. « *Il aura passé comme un torrent pour ravager la terre* », MASSILLON. ♦ Il se dit aussi des maladies. *La peste ravageait l'Italie.* ♦ En général, faire beaucoup de mal. « *On traitait rigoureusement les rois qui, au lieu d'être bons et vigilants pasteurs des peuples, n'avaient songé qu'à ravager le troupeau comme des loups dévorants* », FÉNELON.

RAVAGEUR, n. m. [ʀavaʒœʀ] (*ravager*) Celui qui ravage. « *Ces ravageurs de provinces que nous appelons conquérants* », BOSSUET. ♦ ▷ Ravageurs, ceux qui lavent le sable et la vase des bords de la Seine pour en séparer la vieille ferraille. ◁ ■ Adj. Qui ravage, qui détruit. *Des insectes ravageurs.* ■ Qui fait beaucoup de mal. *Des amours ravageuses.* ■ **Fig.** *Un sourire ravageur*, qui fait des ravages, qui suscite des passions amoureuses.

RAVAL, ■ n. m. [ʀaval] (*ravaler*) Techn. Action d'approfondir un puit de mine existant. *Des ravals.*

RAVALÉ, ÉE, p. p. de ravaler. [ʀavale] *Des bas ravalés*, des bas tombant sur les talons. ♦ **Fig.** Bas, abject. « *Va, porte cette crainte à des cœurs ravalés* », P. CORNEILLE. ♦ Il se dit du sort, de la condition. « *Dans mon sort ravalé je sais vivre en princesse* », P. CORNEILLE. ♦ *Des termes ravalés*, des termes bas.

RAVALEMENT, n. m. [ʀaval(ə)mɑ̃] (*ravaler*) Action de ravaler, d'abaisser. *Le ravalement d'un capuchon sur les yeux* (vieux en ce sens). ♦ T. de forestier. Opération qui se pratique en recepant le vieux bois d'un arbre, ou des souches qui ont été coupées trop haut. ♦ Travail qu'on fait à un mur, à une façade, quand, après les avoir élevés, on les crépit de haut en bas. ♦ **Archit.** Petit enfoncement simple ou bordé d'une baguette dans un pilastre, dans un corps de maçonnerie ou de menuiserie. ♦ **Fig.** Action de déprimer, de ravaler quelqu'un. *Le ravalement du mérite d'autrui.* ♦ Abaissement dans lequel une personne est tombée. ♦ ▷ Action de s'humilier chrétiennement. ◁ ♦ **Au pl.** Les actions par lesquelles on s'humilie, on se ravale chrétiennement. ◁ ■ Remise en état, rénovation d'une façade, des murs extérieurs. *Le ravalement est l'occasion de rénover tout l'immeuble.*

RAVALER, v. tr. [ʀavale] (*re* et *avaler*) Faire descendre de nouveau ; sens vieilli. *Ravaler un capuchon sur ses épaules.* ♦ Avaler de nouveau. *Ravaler sa*

salive. ♦ **Fig.** et **fam.** Retenir ce qu'on allait dire. ♦ *Ravaler ses paroles*, s'arrêter sur le point de les dire, et aussi se dédire des discours injurieux que l'on a tenus contre quelqu'un. ♦ **Jard.** Couper les branches d'un arbre jusque sur leur empatement ou talon, en ménageant les yeux adventifs de ce même talon. ♦ Aplanir la terre après le labourage. ♦ Crépir une construction de haut en bas. ♦ **Fig.** Déprimer, rabaisser. « *La dignité de la matière est si haute, que l'impuissance de l'artisan ne la peut ravaler* », P. CORNEILLE. « *Vouloir ravaler la dignité de médecin à des emplois de cette nature !* », MOLIÈRE. ♦ **Absol.** « *Plus dans leur folle estime il se trouve compris, Plus il ravale de son prix* », P. CORNEILLE. ♦ **V. intr.** *Le blé ravale*, il diminue de prix. ◁ ♦ Se ravaler, v. pr. S'abaisser, s'avilir. « *Qu'à des pensers si bas mon âme se ravale !* », P. CORNEILLE. ■ Remettre en état une façade, des murs, etc. ■ **Fam.** *Se ravaler la façade*, retoucher son maquillage, le rafraîchir. ■ **Fig.** Retenir l'expression d'un sentiment (de tristesse, de colère, de haine, etc.) *Ravaler ses larmes.*

RAVALEUR, ■ n. m. [ʀavalœʀ] (*ravaleur*) Ouvrier spécialisé dans le ravalement de façades, des murs, des constructions. *Un peintre-ravaleur.*

RAVAUDAGE, n. m. [ʀavodaʒ] (*ravauder*) Raccommodage de méchantes hardes, de bas. ♦ **Fig.** Besogne faite grossièrement. ♦ Il se dit des ouvrages d'esprit qu'on trouve de peu de valeur.

RAVAUDÉ, ÉE, p. p. de ravauder. [ʀavode]

RAVAUDER, v. tr. [ʀavode] (moy. fr. *ravaut, raval*, sottise, dépréciation, de *ravaler*, diminuer un prix) Raccommoder à l'aiguille. *Ravauder un caleçon, des bas, etc.* ♦ **Absol.** *Elle gagne sa vie à ravauder.* ♦ ▷ **Fig.** Maltraiter de paroles. ◁ ♦ ▷ Tenir des discours impertinents et hors de propos. *Il lui a ravaudé mille impertinences.* ◁ ♦ **V. intr.** Tracasser dans une maison, ranger, nettoyer. « *Nous ravaudions l'autre jour dans des paperasses* », MME DE SÉVIGNÉ. ◁ ♦ ▷ Dire, écrire des bavardages. ◁ ■ REM. On ravaude en général de vieux vêtements usés.

RAVAUDERIE, n. f. [ʀavod(ə)ʀi] (*ravauder*) ▷ **Fam.** Discours, ouvrage futile, considéré surtout comme faits ou ravaudés de morceaux de toute sorte. « *Ce sont des gens qui recueillent toutes ces ravauderies pour me les mander* », MME DE SÉVIGNÉ. ◁

RAVAUDEUR, EUSE, n. m. et n. f. [ʀavodœʀ, øz] (*ravauder*) Celui, celle qui raccommode des bas, de vieux habits. ♦ ▷ **Fig.** et **fam.** Celui, celle qui ne dit que des balivernes. ◁

1 RAVE, n. f. [ʀav] (lat. *rapa*) Racine violette et allongée provenant d'une variété du *raphanus sativus*, dont une autre racine arrondie appelée *radis*. ♦ *Petites raves*, se dit quelquefois pour radis. ■ Cette plante, cultivée pour ses racines comestibles. *Un chou-rave. Du céleri-rave.*

2 RAVE ou **RAVE-PARTY**, ■ n. f. [ʀɛv, ʀɛvpaʀti] (mot angl. de *to rave*, délirer, divaguer) Fête gigantesque et gratuite, pouvant durer plusieurs jours sans interruption, qui se déroule généralement dans des endroits désaffectés, ou à la campagne, au cours de laquelle des disc-jockeys mixent de la musique électronique. *Organiser une rave-party en se conformant aux normes de sécurité.* ■ RAVEUR, EUSE, n. m. et n. f. [ʀɛvœʀ, øz] Personne qui fréquente des raves.

RAVELIN, n. m. [ʀav(ə)lɛ̃] (ital. *rivellino*, *ravellino*, de *riva*, rive) Syn. de demi-lune.

RAVENALA ou **RAVÉNALA**, ■ n. m. [ʀavenala] (malg. *ravinale*) Arbre originaire de Madagascar, voisin du bananier, dont la base des feuilles creuses disposées en éventail conserve l'eau de pluie. *Le ravenala est communément appelé* arbre du voyageur.

RAVENELLE, ■ n. f. [ʀav(ə)nɛl] (anc. fr. *rafne, ravene*, radis, du lat. *raphanus*, raifort, du gr. *rhaphanos*, chou, raifort) Plante crucifère très commune dans les cultures et les terrains vagues, voisine du radis et aux petites fleurs jaunes ou blanchâtres. *Les graines de la ravenelle ont des propriétés médicinales stimulantes et antirhumatismales.* ■ Espèce de giroflée.

RAVI, IE, p. p. de ravir. [ʀavi] ▷ *Ravi au ciel*, enlevé, transporté jusque dans le ciel. ◁ ♦ ▷ Dans le langage mystique, *être ravi en extase*, être transporté hors de soi par l'effet d'une forte contemplation et d'une grâce particulière ; dans le langage général, être transporté d'admiration. ◁ ♦ ▷ *Ravi hors de soi-même*, saisi d'un transport qui absorbe toutes les facultés de l'âme. ◁ ♦ Enchanté, charmé, transporté. *Ravi de joie, d'étonnement, etc.* ♦ **Fam.** *Être ravi de quelque chose*, en éprouver un vif plaisir. ♦ *Être ravi que*, avec le subjonctif. *Vous m'en voyez ravi*, j'en suis enchanté. ■ N. m. **Proven.** Personne crédule et un peu simple.

RAVIER, n. m. [ʀavje] (*rave*) Petit vase en forme de bateau dans lequel on sert des radis et autres hors-d'œuvre.

RAVIÈRE, n. f. [ʀavjɛʀ] (*rave*) Terrain semé de raves.

RAVIGOTE, n. f. [ʀavigɔt] (de *ravigoter*, Voy. RAVIGOTER.) Sauce piquante. ♦ *À la ravigote*, sauce avec un roux blanc mouillé de bouillon et de vinaigre, dans lequel on jette, quand le liquide bout, du cerfeuil, de la civette, de la pimprenelle, de l'estragon, le tout haché, et un peu de beurre fin. ■ **Cuis.**

Vinaigrette additionnée de fines herbes, d'œufs durs pilés, de moutarde, d'ail et parfois de câpres. ▪ REM. En apposition, *sauce ravigote*.

RAVIGOTÉ, ÉE, p. p. de ravigoter. [ʀavigɔte]

RAVIGOTER, v. tr. [ʀavigɔte] (altération de *ravigorer*, de *re-*, *a-* et *vigueur*) **Fam.** Remettre en vigueur celui qui est faible. *Le bon vin nous ravigote.* ♦ Se ravigoter, v. pr. Se remettre en vigueur. ▪ RAVIGOTANT, ANTE, adj. [ʀavigɔtɑ̃, ɑ̃t] *Un remède ravigotant. Un petit vin ravigotant.*

RAVILI, IE, p. p. de ravilir. [ʀavili]

RAVILIR, v. tr. [ʀaviliʀ] (*re-* et *avilir*) Rendre vil et méprisable. ♦ Se ravilir, v. pr. Devenir vil et méprisable. « *Celui qui se ravilit par ses vices au-dessous des derniers esclaves* », BOSSUET.

RAVIN, n. m. [ʀavɛ̃] (*ravine* ou *raviner*) Voy. RAVINE. Passage creusé par une ravine. ♦ Tout chemin creux. ♦ Vallée étroite aux versants abrupts.

RAVINE, n. f. [ʀavin] (anc. fr. *raviner*, couler avec force, du lat. *rapina*, vol, pillage, de *rapire*, entraîner avec soi) Espèce de torrent d'eau pluviale qui se précipite d'un lieu élevé. ♦ Lieu creusé par un torrent. ▪ Petit ravin.

RAVINEMENT, n. m. [ʀavin(ə)mɑ̃] (*raviner*) Action de raviner ; résultat de cette action. ▪ Érosion du sol par les eaux de ruissellement.

RAVINER, v. tr. [ʀavine] (*ravine*) Ravager par une ravine. *Des champs ravinés par un orage.* ♦ Creuser des ravins. ▪ **Fig.** Marquer fortement la peau de rides. *Des marins aux mains ravinées. Les années lui ont raviné le visage.*

RAVIOLE, ▪ n. f. [ʀavjɔl] (p.-ê. lat. *napa*, rave) Petit carré de pâte fine renfermant une farce, généralement composée de fromage, d'œufs, et de persil. *Ravioles du Dauphiné.*

RAVIOLI, ▪ n. m. [ʀavjɔli] (mot it. du Nord, d'origine incertaine, p.-ê. du lat. *rapa*, rave) Petit carré de pâte fine, rempli de farce, généralement de viande hachée à la sauce tomate. *Des raviolis frais.*

RAVIR, v. tr. [ʀaviʀ] (lat. *rapere*, entraîner avec soi, enlever de force, se saisir vivement de) Enlever de force, par violence. *Ravir le bien d'autrui.* ♦ **Fig.** « *Et ces ailes de feu qui ravissent une âme Au céleste séjour* », J.-B. ROUSSEAU. ♦ **Fig.** Ôter, priver de. ♦ Se ravir, ravir à soi-même. « *Ô mon fils, cher espoir que je me suis ravi !* », RACINE. ♦ Il se dit de la destinée, de la volonté divine qui prive de la vie. « *Ô dieux ! pourquoi me le ravir avant que j'aie pu le forcer de m'aimer ?* », FÉNELON. ♦ **Fig.** Charmer, faire éprouver un transport d'admiration, de joie. *Toutes vos actions me ravissent. Ravir l'admiration, les cœurs, etc.* ♦ **Absol.** « *Tantôt l'imagination amuse par des propos riants, d'autres fois elle ravit par la hardiesse de ses saillies* », CONDILLAC. ♦ À RAVIR, loc. adv. Admirablement bien. *Chanter à ravir.* « *Vous êtes à ravir* », MOLIÈRE.

RAVISEMENT, n. m. [ʀaviz(ə)mɑ̃] (*[se] raviser*) ▷ Action de se raviser. ◁

RAVISER (SE), v. pr. [ʀavize] (de *re-* et *aviser*) Changer d'avis.

RAVISSANT, ANTE, adj. [ʀavisɑ̃, ɑ̃t] (*ravir*) ▷ Qui enlève de force. « *Un loup ravissant qui vient ravager le troupeau* », BOSSUET. « *Un oiseau ravissant* », BOSSUET. ◁ ♦ **Hérald.** Se dit d'un loup dressé sur ses pattes de derrière. ♦ **Fig.** Qui charme l'esprit et les sens. *Physionomie ravissante. Ville dans une situation ravissante.* ♦ *C'est un homme ravissant,* il se rend très agréable dans la société. ♦ *Une femme ravissante,* une femme pleine d'agréments et très aimable.

RAVISSEMENT, n. m. [ʀavis(ə)mɑ̃] (radic. du p. prés. de *ravir*) Action d'enlever, de ravir. *Le ravissement d'Hélène. Le ravissement du bien d'autrui.* ♦ État de l'esprit transporté de joie, d'admiration. *Être dans le ravissement.* ♦ *Le ravissement de saint Paul,* l'état de saint Paul enlevé au troisième ciel. ♦ Sorte d'extase, transport de l'âme hors d'elle-même.

RAVISSEUR, EUSE, n. m. et n. f. [ʀavisœʀ, øz] (radic. du p. prés. de *ravir*) Personne qui ravit. *Un ravisseur du bien d'autrui.* ♦ **Adj. Fig.** « *Les feux de cet œil ravisseur* », VOLTAIRE. ♦ **N. m.** Celui qui ravit une femme, une fille. « *Voilà donc le succès qu'aura votre ambassade ! Oreste ravisseur !* », RACINE. ♦ **N. m. pl. Zool.** Famille d'insectes hémiptères. ♦ Les oiseaux de proie. ♦ N. m. et n. f. Personne qui enlève une autre personne ou plusieurs de force. *Un ravisseur d'enfants.*

RAVITAILLÉ, ÉE, p. p. de ravitailler. [ʀavitaje]

RAVITAILLEMENT, n. m. [ʀavitaj(ə)mɑ̃] (*ravitailler*) Action de ravitailler. ▪ **Par extens.** Approvisionnement de denrées. *Le ravitaillement d'une armée.* ▪ Opération d'approvisionnement d'un aéronef couvrant l'ensemble des besoins du service en vol. ▪ **Fam.** *Aller au ravitaillement,* se procurer les denrées alimentaires nécessaires, généralement en temps de guerre ou en cas de pénurie.

RAVITAILLER, v. tr. [ʀavitaje] (*re-* et *avitailler*) Remettre des vivres, des munitions dans une place. *Ravitailler une armée, une place, etc.* ♦ Se ravitailler, v. pr. Dans la marine, réparer ou renouveler toutes les parties hors de service. ▪ Obtenir ce qui est nécessaire à sa consommation. *Se ravitailler*

en eau douce. ♦ **V. tr.** Fournir les denrées nécessaires à une personne ou un groupe de personnes. *Ravitailler en carburant.*

RAVITAILLEUR, ▪ n. m. [ʀavitajœʀ] (*ravitailler*) **Milit.** Véhicule chargé du ravitaillement de la population ou d'une armée en denrées alimentaires, en carburant, en munitions, etc. *Un aéronef-ravitailleur.* ▪ **Sp.** Dans une épreuve sportive, personne chargée du ravitaillement des participants. *Un ravitailleur sur le Tour de France.* ▪ Adj. *Un navire ravitailleur.*

RAVIVÉ, ÉE, p. p. de raviver. [ʀavive] *Ravivé par l'air frais.*

RAVIVER, v. tr. [ʀavive] (*re-* et *aviver*) Rendre plus vif. *Raviver le feu.* ♦ *Cet élixir ravive les esprits,* il les ranime. ♦ *Raviver un tableau,* rendre à ses couleurs l'éclat qu'elles ont perdu. ♦ **Chir.** *Raviver une plaie,* la rendre vermeille. ♦ **Fig.** Rendre plus actif. *Raviver des ressentiments, une douleur, etc.* ♦ Remettre en usage. *Raviver certains mots.* ♦ Se raviver, v. pr. Devenir plus vif. *Le feu se ravive. Les espérances se ravivaient.* ▪ **V. tr. Techn.** Nettoyer un métal pour le dorer. *Raviver un bijou.*

RAVOIR, v. tr. [ʀavwaʀ] (*re-* et *avoir*) Il n'est usité qu'à l'infinitif, selon le *Dictionnaire de l'Académie.* Avoir de nouveau. « *Une parole échappe... il est impossible de la ravoir* », LA BRUYÈRE. ♦ Recouvrer. « *La peine qu'il souffre lui fait trouver cent moyens ridicules pour ravoir son fils* », MOLIÈRE. « *Il eût donné toute chose pour ravoir cette lettre* », HAMILTON. ♦ Se ravoir, v. pr. Reprendre des forces. ▪ REM. Le dernier sens n'est utilisé qu'en Belgique aujourd'hui. ▪ **Fam.** Parvenir à nettoyer parfaitement quelque chose. *Je n'arrive pas à ravoir cette casserole.*

RAY, ▪ n. m. [ʀɛ] (mot annamite) Culture faite sur un sol défriché par le feu en Asie. *Des rays.*

RAYA, ▪ n. m. [ʀaja] Voy. RAÏA.

RAYAGE, ▪ n. m. [ʀɛjaʒ] (*rayer*) Fait de rayer quelque chose ; état qui en résulte. *Le rayage d'un cédérom.* ▪ **Techn.** Technique utilisée pour créer une rayure en spirale à l'intérieur du canon d'une arme à feu permettant d'en accroître la portée et d'en améliorer la précision. *Un marquage par rayage.*

RAYÉ, ÉE, p. p. de rayer. [ʀeje] *Canon rayé, fusil rayé, carabine rayée, pistolet rayé,* armes dans lesquelles on a fait des rayures ; ces rayures, anciennement droites, sont aujourd'hui en spirale. ♦ Qui a des raies. *Étoffe rayée. Le tigre rayé.* ♦ *Âne rayé,* un des noms du zèbre. ▪ Qui est éraflé. *Des verres de lunettes rayés.* ▪ Que l'on a barré d'un trait. *Un nom rayé de la liste.*

RAYEMENT, n. m. [ʀɛj(ə)mɑ̃] (*rayer*) Action de rayer.

RAYER, v. tr. [ʀeje] (1 *raie*) Faire des raies. *Rayer de la vaisselle en la nettoyant. Rayer du papier avec un crayon.* ♦ Faire des rayures dans un canon, dans un fusil. ♦ Effacer à l'aide d'une raie qu'on passe sur l'écriture. ♦ **Fig.** *Rayer quelqu'un du nombre des vivants.* ♦ **Fig.** *Rayez un tel, rayez cela de vos papiers,* ne comptez pas sur un tel, sur cela. ♦ *On lui a rayé sa pension,* on l'a supprimée. ♦ Compter comme nul. « *Il faut rayer ce grand exemple* », BOSSUET. « *Ils sont obligés de rayer du nombre de leurs jours tous ceux qu'ils ont passés dans cet état duquel il ne leur reste aucune idée* », BUFFON. ▪ Supprimer d'un ensemble. *Rayer quelqu'un d'une liste.* ♦ *Rayer de la carte,* détruire totalement, en parlant d'un lieu. *Les missiles ont rayé cette ville de la carte.*

RAYÈRE, n. f. [ʀejɛʀ] (anc. fr. *raier,* émettre des rayons de lumière, du lat. *radiare,* briller, rayonner) **Archit.** Ouverture longue et étroite, semblable à une meurtrière, pratiquée dans une muraille au Moyen Âge, pour permettre au jour de pénétrer à l'intérieur.

RAY-GRASS, n. m. [ʀegʀas] (angl. *ray,* ivraie, et *grass,* herbe) *Ray-grass d'Angleterre,* l'ivraie vivace. *Ray-grass de France,* l'avoine élevée. ▪ Plante graminée utilisée pour l'ensilage et le pâturage. *Des ray-grass.*

1 RAYON, n. m. [ʀejɔ̃] (*rai*) Jet isolé de lumière. *Un rayon de soleil.* ♦ *Rayon visuel,* rayon réfléchi par l'objet et parvenant à l'œil. ♦ *Rayons chimiques,* rayons qui, invisibles à l'œil, se manifestent par leur action chimique. ♦ ▷ Par analogie, il se dit du mouvement de la chaleur. *Des rayons de calorique.* ◁ ♦ **Fig.** Émanation, lueur, apparence. *Un rayon d'espérance.* « *Le premier rayon de la liberté a fondu toutes les statues qui avaient été érigées aux mauvais princes* », BALZAC. ♦ Par analogie, certaines choses qui partent du centre commun et vont en divergeant. *Une étoile à cinq rayons.* ♦ *Rayons d'une roue,* bâtons qui vont du moyeu aux jantes. ♦ **Bot.** *Rayons,* les pédicules dont l'ensemble constitue une ombelle. ♦ **Géom.** Demi-diamètre. Par extens. *À dix lieues de rayon* ou *dans un rayon de dix lieues,* à dix lieues à la ronde. ♦ **Anat.** *L'os du rayon* ou simplement *le rayon,* le radius. ♦ Par métaph. *Un rayon de soleil,* personne ou chose qui remplit de joie. ▪ N. m. pl. Nom de certains rayonnements. *Les rayons X.* ▪ Dans un rayon de 10 km, à 10 km à la ronde. ▪ Figuration de la lumière dans les arts décoratifs ou en blason. ▪ **Opt.** Matérialisation des ondes lumineuses. ▪ **Opt.** *Rayon visuel,* ligne théorique et virtuelle joignant l'objet à l'œil de l'observateur. ♦ **Opt.** *Rayon vert,* phénomène dû à la dispersion et à l'absorption de l'atmosphère au moment du coucher ou du lever du soleil, visible dans les circonstances qui doivent être très favorables lorsque le soleil vient de se coucher ou va se lever, la couleur verte étant la dernière partie visible du spectre vertical du soleil. ■ **Phys.** *Rayons cosmiques,* ensemble de particules chargées, très énergétiques, qui voyagent à des vitesses plus rapides que la lumière. ■ **Zool.** Petites parties du squelette des poissons qui soutiennent leurs nageoires. ■ *Rayon d'action,* distance maximale qu'un navire ou qu'un avion peut parcourir, selon une vitesse donnée, sans être ravitaillé en carburant ; champ d'action.

2 **RAYON,** n. m. [ʀɛjɔ̃] (anc. fr., *ree,* rayon de miel, de l'anc. b. frq. *hrâta*) *Rayon de miel,* morceau de gâteau de cire dont les cellules contiennent du miel. ◆ Planches posées dans les armoires, dans les boutiques, dans les magasins, à l'effet de recevoir différents objets qu'on y range. ◆ Tablettes où l'on place les livres dans une bibliothèque. ■ **Fam.** *En connaître un rayon,* être compétent dans un domaine. *Il en connaît un rayon sur la littérature médiévale.* ■ **Fam.** *C'est mon rayon,* c'est mon domaine. *Les dictionnaires, c'est notre rayon.* ■ **Fam.** *C'est mon rayon,* ça me regarde. *Ne t'occupe pas de ça, c'est mon rayon.*

3 **RAYON,** n. m. [ʀɛjɔ̃] (*raie*) **Jard.** Léger sillon tracé sur une planche, ou au bord d'une allée, pour disposer des plantes en ligne, ou pour y semer des graines menues.

1 **RAYONNAGE,** ■ n. m. [ʀɛjɔnaʒ] (2 *rayon*) Étagère ; ensemble des rayons d'une bibliothèque, d'une étagère.

2 **RAYONNAGE,** ■ n. m. [ʀɛjɔnaʒ] (3 *rayon*) Action de tracer des rayons dans un champ.

RAYONNANT, ANTE, adj. [ʀɛjɔnɑ̃, ɑ̃t] (1 *rayonner*) Qui rayonne. *Le soleil est rayonnant.* ◆ **Fig.** *Il est rayonnant de joie* ou simplement *il est rayonnant,* la joie est peinte sur son visage. ◆ On dit de même : *Un visage rayonnant.* ◆ *Être rayonnant de gloire,* être illustre, glorieux. ◆ ▷ *Calorique rayonnant,* celui qui part d'un point central et qui marche en ligne droite. ◁ ◆ *Pouvoir rayonnant,* faculté qu'ont les corps d'émettre de la chaleur dans tous les sens. ◆ **Hist. nat.** Se dit des parties qui sont disposées à la manière des rayons d'une roue. ◆ **Hérald.** *Couronne rayonnante,* celle qui est ornée de rayons. ■ Qui est disposé en rayons autour d'un centre. *Des motifs rayonnants.* ■ **Archit.** *Chapelle rayonnante,* abside secondaire greffée sur l'abside principale. ■ *Le gothique rayonnant,* l'art gothique de la deuxième moitié du XIIIᵉ siècle caractérisé par des motifs en forme de rayons. ■ Qui émet des rayons lumineux. *Une source de lumière rayonnante.*

RAYONNE, n. f. [ʀɛjɔn] (anglo-amér. *rayon,* du fr. rayon, ou de l'angl. *ray,* rayon, empr. au *rai*) Fibre textile constituée de cellulose obtenue à partir de la pâte de cellulose des arbres ; cette matière en fils continus. ■ Tissu de rayonne. *Des vêtements de rayonne.*

RAYONNÉ, ÉE, adj. [ʀɛjɔne] (1 *rayon*) Disposé en rayons. ◆ Orné de rayons. ◆ En numismatique, se dit des têtes couronnées de rayons. ◆ ▷ **Zool.** Se dit de coquilles dont la surface est parsemée de stries rayonnantes. ◁ ◆ N. m. pl. *Les rayonnés,* animaux sans vertèbres dont les organes sont disposés en rayons autour d'un centre ou d'un grand axe. ◁ ◆ Adj. Qui est émis par rayonnement. *Des ondes GSM rayonnées.*

RAYONNEMENT, n. m. [ʀɛjɔn(ə)mɑ̃] (1 *rayonner*) Action de rayonner. *Le rayonnement du soleil.* ◆ **Fig.** *Le rayonnement de la vérité.* ◆ **Phys.** Mode de propagation du son, de la lumière et du calorique, consistant en des mouvements qui suivent des lignes droites divergentes. ◆ **Astron.** *Rayonnement des étoiles,* effet de diffraction produit soit par la vue indistincte, soit par l'aberration de sphéricité de l'œil. ◆ **Fig.** Éclat qui se manifeste dans les traits, sous l'impression d'un sentiment heureux et vif. ■ Propagation d'énergie sous forme de particules ou d'ondes. *Le rayonnement thermique.* ■ **Fig.** Influence durable. *Le rayonnement d'un artiste.* ■ **Litt.** Grande clarté. *Le rayonnement d'un prisme irisé.*

1 **RAYONNER,** v. intr. [ʀɛjɔne] (1 *rayon*) Jeter des rayons. *La planète Vénus rayonne.* ◆ **Fig.** *Son visage rayonne de joie, il rayonne de joie,* sa figure exprime une vive satisfaction. ◆ Il se dit du mode de propagation du calorique. *Les corps rayonnent ou lancent du calorique, à toute espèce de température.* ■ Être disposé en forme de rayons. ◆ **Fig.** *Un petit nombre de faits autour desquels les autres viennent rayonner.* ◆ **Fig.** Faire sentir son action dans un certain rayon, dans une certaine étendue. *L'armée rayonnait.* ■ **Litt.** Répandre une grande clarté. *Ce diamant rayonne.* ■ Se déplacer autour d'un lieu dans un certain rayon. *Ils ont rayonné en Provence pendant leurs vacances.*

2 **RAYONNER,** ■ v. tr. [ʀɛjɔne] (2 *rayon*) Rayonner une chambre, une salle, y faire mettre tout autour des rayons de bibliothèque.

3 **RAYONNER,** ■ v. tr. [ʀɛjɔne] (3 *rayon*) Tracer des rayons dans un champ pour disposer les graines.

RAYURE, n. f. [ʀɛjyʀ] (*rayer*) Manière dont une étoffe est rayée. ◆ Trace que fait sur un minéral un corps plus dur avec lequel on le raye fortement. ◆ Rainure creusée à l'intérieur d'un canon. ◆ Action de rayer, de biffer.

RAZ, n. m. [ʀa] *Le bec du Raz, la pointe du Raz,* ou elliptiquement *le Raz,* cap à l'ouest du département du Finistère. ◆ **Par extens.** Courant rapide qui se fait sentir dans un canal, entre deux terres rapprochées. ◆ N. m. *Raz-de-marée* ou *raz de marée,* soulèvement extraordinaire de la mer, dont la cause est encore inexpliquée, mais qu'on attribue à des volcans sous-marins. ■ **Rem.** On dit aussi *tsunami.* ■ **Fig.** Bouleversement moral brutal qui vient perturber une situation donnée. *Le raz de marée du virus VIH.* ■ **Rem.** On écrivait aussi *ras* autrefois.

RAZZIA, n. f. [ʀazja] ou [ʀadzja] (ar. *gaziya,* incursion, attaque) Néolog. Invasions faites par des soldats sur un territoire étranger ou ennemi, à l'effet d'enlever des troupeaux, du grain, etc. ◆ Il se dit, dans le langage général, de tout enlèvement. *Faire une razzia sur un marché.* ■ **Vx** Rafle de police. ■ **Fam.** *Faire une razzia sur quelque chose,* l'emporter rapidement et par surprise, sans rien laisser. *Faire une razzia sur les soldes.* ■ **Rem.** Dans le premier sens, n'est plus un néologisme aujourd'hui.

RAZZIER, ■ v. tr. [ʀazje] ou [ʀadzje] (*razzia*) Piller. *Razzier une boutique.* ■ S'emparer de quelque chose, rafler. *Les fourmis passent leur vie à errer et à razzier tout ce qu'elles trouvent sur leur route.*

RE ou **RÉ,** [ʀə, ʀe] (lat. *re-, red-* devant voyelle) Particule qui se met au commencement des mots et marque tantôt répétition, comme : *redire, revoir ;* tantôt retour ou action rétroactive, comme : *réagir, repousser ;* tantôt enfin ne fait que reproduire l'idée du verbe simple, en l'augmentant ou même quelquefois dans sa valeur sensible, comme : *reluire, rétrécir.*

RÉ, n. m. inv. [ʀe] (première syllabe de *re[sonare]* dans l'*Hymne de St Jean Baptiste,* de Paul Diacre) Seconde note de la gamme d'ut ou gamme naturelle. ◆ La troisième corde du violon ; la seconde de l'alto, du violoncelle et de la contrebasse. ■ Le ton correspondant à cette note. *Un concerto en ré mineur. Des ré.* ■ La note représentée.

1 **RÉA,** ■ n. m. [ʀea] (prob. altération dial. de *rouet*) **Techn.** Petite roue d'un système de poulie sur laquelle passe le cordage ou le câble. *Une réa de marine.*

2 **RÉA,** ■ n. f. [ʀea] Voy. **réanimation.**

RÉABONNEMENT, ■ n. m. [ʀeabɔn(ə)mɑ̃] (*réabonner*) Nouvel abonnement ; reconduction d'un abonnement. *Un service de réabonnement dans un magazine.*

RÉABONNER, ■ v. tr. [ʀeabɔne] (re- et *abonner*) Abonner de nouveau. ■ Se réabonner, v. pr. Reprendre un abonnement. *Se réabonner à son quotidien préféré.*

RÉABSORBER, ■ v. tr. [ʀeapsɔʀbe] (re- et *absorber*) Absorber de nouveau. *Un rein en convalecence doit apprendre à réabsorber l'eau.* ■ **RÉABSORPTION,** n. f. [ʀeapsɔʀpsjɔ̃]

RÉAC, ■ adj. ou n. m. et n. f. [ʀeak] Voy. **réactionnaire.**

RÉACCOUTUMÉ, ÉE, p. p. de réaccoutumer. [ʀeakutyme]

RÉACCOUTUMER, ■ v. tr. [ʀeakutyme] (re- et *accoutumer*) Accoutumer à nouveau. « *Nous allons faire une cure de naturel, redevenir vrais n'est-ce pas, taratata, nous réaccoutumer les uns aux autres* », NOURISSIER. ■ Se réaccoutumer, v. pr. *Se réaccoutumer à l'alcool.* ■ **RÉACCOUTUMANCE,** n. f. [ʀeakutymɑ̃s]

RÉACCOUTUMER (SE), v. pr. [ʀeakutyme] (préf. re- et *accoutumer*) ▷ Reprendre une habitude. « *Vous commenciez à vous réaccoutumer à moi* », MME DE SÉVIGNÉ. « *Votre sœur commence à se réaccoutumer avec nous* », RACINE. ■ **Rem.** On disait autrefois *se raccoutumer.* ◁

RÉACTANCE, ■ n. f. [ʀeaktɑ̃s] (angl. *reactance,* de *to react,* réagir) **Électr.** Forme d'opposition que les composants électroniques montrent au passage du courant alternatif en raison de la capacité ou de l'inductance. *Des bobines de réactance.*

RÉACTANT, ■ n. m. [ʀeaktɑ̃] (radic. de *réaction*) **Chim.** Molécule subissant une réaction chimique. *Un réactant caractéristique de l'ozone.*

1 **RÉACTEUR, TRICE,** adj. [ʀeaktœʀ, tʀis] (*réaction*) Voy. **réaction.** ▷ Qui fait une réaction contre l'action de la révolution précédente. *Le parti réacteur.* ◆ N. m. *Les réacteurs.* ◁

2 **RÉACTEUR,** ■ n. m. [ʀeaktœʀ] (*réaction*) Moteur à réaction. *Le réacteur d'une fusée.* ◆ *Réacteur nucléaire,* dispositif dans lequel est maintenue et dirigée une réaction de fission nucléaire. ■ **Chim.** Installation ou récipient dans lequel on effectue des réactions chimiques suivant un processus unique.

RÉACTIF, IVE, adj. [ʀeaktif, iv] (*réaction*) Voy. **réagir.** Qui réagit, qui a de la réaction. *Force réactive.* ◆ N. m. **Chim.** Nom donné aux corps qui par divers phénomènes décèlent en peu de temps l'existence de quelques autres corps inaperçus. *La potasse est un réactif.* ◆ Adj. *Papier réactif.* ■ **Électr.** *Circuit, courant réactif,* qui réagit en fonction de la tension. ■ **Psych.** Qui réagit. *Une agressivité réactive.* ■ **Physiol.** Qui réagit à l'environnement. *Une peau réactive au froid.* ■ N. m. **Fig.** Caractère révélateur de quelque chose ou de quelqu'un. *Les sentiments amoureux seraient-il des réactifs ?*

RÉACTION, n. f. [ʁeaksjɔ̃] (re- et action) **Phys.** Action opposée à une autre ; résistance active à un effort quelconque. *C'est par réaction que le corps élastique comprimé rebondit à la hauteur d'où il est tombé.* ◆ Effort qui est suscité, en retour, par une action. *L'action est toujours suivie d'une réaction.* ◆ **Chim.** Manifestation des caractères distinctifs d'un corps, provoquée par l'action d'un autre corps. *Phénomènes entre des corps agissant les uns sur les autres.* ◆ **Physiol.** et **pathol.** L'action organique qui tend à contrebalancer l'influence de l'agent morbifique par lequel elle a été occasionnée. ◆ En science sociale, action contraire suscitée par une action antécédente. « *Il y a entre les puissances européennes une action et une réaction qui, sans se déplacer tout à fait, les tient dans une agitation continuelle* », J.-J. ROUSSEAU. ◆ Ensemble des actes d'un parti opprimé qui devient le plus fort. ◆ Le parti conservateur considéré comme s'opposant à l'action de la révolution. ▪ REM. On dit aujourd'hui *réactionnaire.* ▪ *À* ou *par réaction*, propulsé par l'éjection de gaz résultant de la combustion du carburant et de l'air élevé à haute température par compression. *Un avion à réaction. Une propulsion par réaction.* ▪ **Physiol.** *Temps de réaction*, laps de temps écoulé entre le stimulus signal et la réponse. ▪ Manière dont réagit une personne face à un événement extérieur. *Devant pareille nouvelle, il est resté sans réaction. Les réactions de la population face aux décisions prises par le gouvernement.* ▪ *Par anal.* Fait de réagir efficacement aux commandes données, en parlant d'un véhicule. *Les constructeurs automobiles cherchent à améliorer la performance et la vitesse de réaction des véhicules.*

RÉACTIONNAIRE, adj. [ʁeaksjɔnɛʁ] (*réaction*) Néolog. Qui coopère à la réaction contre l'action de la révolution. *Parti réactionnaire.* ◆ N. m. et n. f. *Les réactionnaires.* ▪ Adj. Opposé au progrès social et à l'évolution des mœurs. ▪ Abrév. Réac. *Des réacs.* ▪ REM. Le premier sens n'est plus un néologisme aujourd'hui.

RÉACTIONNEL, ELLE, ▪ adj. [ʁeaksjɔnɛl] (*réaction*) Méd. Qui est relatif à une réaction physiologique, chimique. *Un centre réactionnel.* ▪ Psych. Se dit d'un trouble qui représente une réaction face à une situation traumatisante, à une pulsion refoulée, un événement inhabituel, etc. *Une dépression réactionnelle.*

RÉACTIONNER, v. tr. [ʁeaksjɔne] (re- et *actionner*) ▷ Actionner de nouveau. ◆ V. intr. **Bourse** Réagir contre la hausse. *Les cours ont réactionné.* ◁

RÉACTIVATION, ▪ n. f. [ʁeaktivasjɔ̃] (*réactiver*) Fait de réactiver quelque chose. *La réactivation de l'économie sociale.* ▪ Méd. Nouvelle manifestation de ce qui n'était plus actif. *La réactivation du virus.*

RÉACTIVER, ▪ v. tr. [ʁeaktive] (re- et *activer*) Activer de nouveau. *Réactiver un logiciel en veille. Réactiver un feu.* ▪ Relancer une activité. *Réactiver un parti politique.* ▪ Biol. Régénérer. *Réactiver des spermatozoïdes congelés.*

RÉACTIVITÉ, ▪ n. f. [ʁeaktivite] (*réactif*) Chim. Capacité de réaction d'un être vivant, d'une molécule, d'une espèce chimique. *La réactivité des métaux nobles et de leurs substituts.* ▪ Phys. Mesure des capacités de réaction d'un réacteur nucléaire. ▪ Psych. Processus correspondant au délai de réaction entre la survenue d'un stimulus et le déclenchement de la réponse comportementale adaptée. *L'étude de la réactivité des personnes en cas d'explosion.* ▪ Méd. Réaction face à un stimulus extérieur. *La réactivité à un vaccin.* ▪ Écon. Capacité de réaction d'une entreprise face à la demande. *La réactivité d'un département informatique.*

RÉACTOGÈNE, ▪ n. m. [ʁeaktɔʒɛn] (*réact[ion]* et -*gène*) Méd. Allergène susceptible de déclencher des réactions allergiques. ▪ Adj. *Des substances réactogènes. Un médicament réactogène.*

RÉACTUALISATION, ▪ n. f. [ʁeaktɥalizasjɔ̃] (*réactualiser*) Fait de remettre à jour. *La réactualisation des salaires.* ▪ Fait d'être réactualisé, d'être à nouveau présent. *La réactualisation d'un vieux souvenir d'enfance.*

RÉACTUALISER, ▪ v. tr. [ʁeaktɥalize] (re et *actualiser*) Remettre à jour. *Réactualiser un fichier. Réactualiser son cv.* ▪ Raviver, rendre présent de nouveau. *Réactualiser une vieille pique.*

RÉADAPTATION, ▪ n. f. [ʁeadaptasjɔ̃] (re- et *adaptation*) Fait de réadapter ou de se réadapter. *La réadaptation d'un prisonnier à la vie active.* ▪ Ensemble des moyens médicaux et sociaux mis en place pour réadapter les personnes, généralement handicapées, à la vie sociale et professionnelle normale.

RÉADAPTER, ▪ v. tr. [ʁeadapte] (re- et *adapter*) Adapter de nouveau, adapter ce qui ne l'était plus. *Réadapter un prisonnier à la vie sociale.*

RÉADMETTRE, ▪ v. tr. [ʁeadmɛtʁ] (re- et *admettre*) Admettre de nouveau. *Réadmettre l'autorité de quelqu'un.* ▪ Permettre, autoriser de nouveau la venue de. *Réadmettre l'immigration après un processus de fermeture des frontières. Un professeur qui réadmet un élève dans son cours après lui avoir demandé de sortir.*

RÉADMISSION, ▪ n. f. [ʁeadmisjɔ̃] (re- et *admission*) Fait de réadmettre, nouvelle admission. *La réadmission de ressortissants de pays étrangers.*

READY-MADE, ▪ n. m. [ʁedimɛd] (mot angl. de *ready*, prêt, et *made*, fait) Art Objet usuel érigé en œuvre d'art par le seul vouloir de l'artiste. *Les ready-mades* ou *les ready-made de Marcel Duchamp (1912).*

RÉAFFIRMER, ▪ v. tr. [ʁeafiʁme] (re- et *affirmer*) Affirmer une nouvelle fois ce qui a été affirmé préalablement. *Il a réaffirmé son opinion fermement.*

RÉAGGRAVE, n. m. [ʁeagʁav] (*réaggraver*) ▷ Dernier monitoire publié après trois monitions et l'aggrave. ◁

RÉAGGRAVÉ, ÉE, p. p. de réaggraver. [ʁeagʁave]

RÉAGGRAVER, v. tr. [ʁeagʁave] (re- et *aggraver*) ▷ Déclarer que quelqu'un a encouru les censures portées par un réaggrave. ◁

RÉAGINE, ▪ n. f. [ʁeaʒin] (*réagir* et -*ine*) Biol. Anticorps dont le rôle est important dans le mécanisme allergique. *La réagine syphilitique.*

RÉAGIR, v. intr. [ʁeaʒiʁ] (b. lat. *reagere*, pousser de nouveau, sur le modèle de *agir*) Exercer la réaction, opposer à une action une action contraire sur un autre corps dont l'action a été reçue. « *Tout agit, et tout réagit dans la nature* », VOLTAIRE. ◆ Fig. *Réagir contre*, lutter contre. *Réagir contre le chagrin.* ◆ Absol. *Ne vous laissez pas accabler ; réagissez.* ◆ Agir en retour, avec la préposition *sur.* « *Les idées philosophiques, venues d'abord d'Angleterre en France, réagissaient alors de la France sur l'Angleterre* », VILLEMAIN. ◆ Chim. Se dit de la réaction que les corps en se combinant exercent les uns sur les autres. ◆ *Réagir acide, réagir alcalin*, se dit d'une substance qui, en présence des réactifs, réagit acide, alcaline. ▪ V. tr. Fig. *Réagir à*, agir en réponse à. *Réagir à des insultes.* ▪ Absol. *Elle n'a pas réagi.* ▪ Répondre à une stimulation extérieure. *La fièvre est une façon de réagir contre les infections.* ▪ En parlant des choses, des machines notamment, bien s'adapter à une situation. *Cette voiture réagit bien par temps de pluie.*

RÉAGISSANT, ANTE, adj. [ʁeaʒisɑ̃, ɑ̃t] (*réagir*) Qui a la propriété de réagir.

RÉAJOURNÉ, ÉE, p. p. de réajourner. [ʁeaʒuʁne]

RÉAJOURNEMENT, n. m. [ʁeaʒuʁnəmɑ̃] (*réajourner*) ▷ Nouvel ajournement. ◁

RÉAJOURNER, v. tr. [ʁeaʒuʁne] (re- et *ajourner*) ▷ Procéd. Ajourner de nouveau. ◁

RÉAJUSTEMENT ou **RAJUSTEMENT**, ▪ n. m. [ʁeaʒystəmɑ̃, ʁaʒystəmɑ̃] Action de réajuster ; résultat de cette action. *Un réajustement budgétaire.*

RÉAJUSTER ou **RAJUSTER**, ▪ v. tr. [ʁeaʒyste, ʁaʒyste] Ajuster de nouveau, remettre en bon état. *Réajuster ses cheveux, un châle.* ◆ *Réajuster des poids, des mesures*, les rendre justes de nouveau. ◆ Fig. Apporter remède à. *Cela réajuste nos affaires.* ◆ ▷ Il se dit particulièrement d'un mécontentement qu'on fait cesser, d'une brouillerie qu'on apaise. ◁ ◆ ▷ Réconcilier. ◁ ◆ Se réajuster v. pr. Raccommoder son habillement qui avait été dérangé. ◆ Fig. Se réconcilier. ◁ ◆ ▷ Être réajusté. ◁ ◆ ▷ Être redressé, amendé. ◁ ◆ Remettre à son juste niveau en parlant d'argent. *Réajuster les salaires.*

1 RÉAL, ALE, adj. [ʁeal] (esp. *real*, qui appartient au roi, du lat. *regalis*, de *rex*, génit. *regis*, roi) Usité seulement dans ces anciennes locutions : *Galère réale*, la principale des galères du roi ; *le pavillon réal*, le pavillon de la galère réale ; *le médecin réal*, etc. ◆ N. f. *La réale*, la galère destinée à porter le roi, les princes, l'amiral de France ou, en leur absence, le général des galères.

2 RÉAL, n. m. [ʁeal] (esp. *real*, royal, du lat. *regalis*) ▷ Monnaie d'argent d'Espagne qui vaut 23 centimes. ◁ ◆ Au pl. *Des réaux* ou *des réales (pluriel espagnol).* ▪ Unité monétaire du Brésil. *1 000 réaux.*

RÉALÉSER, ▪ v. tr. [ʁealeze] (re- et *aléser*) Méc. Effectuer la finition de la paroi d'un trou préexistant en calibrant de nouveau les dimensions. *Réaléser un carburateur.* ▪ **RÉALÉSAGE**, n. m. [ʁealezaʒ] *Le réalésage d'un piston.*

RÉALGAR, n. m. [ʁealgaʁ] (esp. *rejalgar* ou catal. *realgar*, de l'ar. *rahg algar*, poussière de caverne) Nom vulgaire du sulfure rouge d'arsenic.

RÉALIGNEMENT, ▪ n. m. [ʁealiɲəmɑ̃] ou [ʁealinjəmɑ̃] (re- et *alignement*) Fait de réaligner quelque chose. *Le réalignement des partis politiques.* ▪ Écon. Modification du cours d'une monnaie par rapport à d'autres monnaies. *Le réalignement du yuan chinois.* ▪ **RÉALIGNER**, v. tr. [ʁealiɲe]

RÉALISABLE, adj. [ʁealizabl] (*réaliser*) Qui est susceptible d'être réalisé. ▪ Écon. Que l'on peut vendre. *Des valeurs réalisables.*

RÉALISATEUR, TRICE, ▪ n. m. et n. f. [ʁealizatœʁ, tʁis] (*réaliser*) Personne qui a la responsabilité de la fabrication d'une émission radiophonique ou télévisuelle, d'un film pour la télévision ou pour le cinéma. *Ce réalisateur est un génie.* ▪ Personne qui réalise ce qu'elle a préalablement inventé, ce qu'elle a conçu. *Il est le réalisateur de ce prototype.*

RÉALISATION, n. f. [ʁealizasjɔ̃] (*réaliser*) Action de réaliser. *La réalisation de promesses.* ◆ *La réalisation de sa fortune*, l'action de vendre son bien et de le convertir en argent. ◆ Ce qui est réalisé, construit. *Ce bâtiment est une belle réalisation.* ▪ Fait d'avoir la responsabilité de la fabrication d'une émission, d'un film. *Stage pratique de réalisation pour le cinéma.* ▪ Mus. Fait de transcrire les notes et les accords.

RÉALISÉ, ÉE, p. p. de réaliser. [realize]

RÉALISER, v. tr. [realize] (*réel*, d'après le lat. médiév. *realis*, du lat. *res*, chose) Rendre réel. *Réaliser des promesses*. « On a réalisé sur le marbre toutes les formes du corps humain », BUFFON. ♦ **Philos.** Considérer comme réels les êtres abstraits. « *Les philosophes ont été de tout temps sujets à réaliser leurs abstractions* », CONDILLAC. ♦ *Réaliser sa fortune* **Absol.** réaliser, convertir sa fortune en argent comptant. ♦ *Réaliser des offres*, les faire à deniers découverts. ♦ **Se réaliser**, v. pr. Devenir réel. *Puisse ma prédiction ne pas se réaliser !* ■ **V. tr.** Se représenter clairement quelque chose. *Je viens de réaliser que j'avais oublié mes clés.* ■ Être le réalisateur d'un film, d'une émission de télévision ou de radio. ■ **Mus.** Transcrire les notes et les accords. ■ S'épanouir, s'accomplir. *Il s'est réalisé pleinement dans sa nouvelle vie.*

RÉALISME, n. m. [realism] (*réel*, d'après le lat. médiév. *realis*) Dans la philosophie scolastique, système, secte des réalistes. ♦ **Néolog.** En termes d'art et de littérature, attachement à la reproduction de la nature sans idéal. *L'école du réalisme.* ■ **REM.** N'est plus un néologisme aujourd'hui. ■ Disposition à tenir compte de la réalité avant d'agir. ■ **Peint.** Approche de l'art dans laquelle les sujets sont dépeints d'une façon la plus réelle possible, dans une vision objective, sans les idéaliser et sans application de règles formelles. *Le réalisme est une réaction contre l'idéalisme romantique.* ■ **Philos.** Théorie qui affirme que les objets dans le monde externe existent indépendamment de ce qui est pensé. ■ *Réalisme socialiste*, ensemble des pratiques et des doctrines qui, dès le début du xxᵉ siècle, ont interrogé les liens existants ou possibles entre les champs politique, idéologique et littéraire en visant à établir ce que doit être l'art d'un régime communiste.

RÉALISTE, n. m. et n. f. [realist] (*réel*, d'après le lat. médiév. *realis*) Philosophe qui regarde les idées abstraites comme des êtres réels. ♦ **Adj.** *La doctrine réaliste.* ♦ En littérature et beaux-arts, partisan du réalisme. ♦ **Adj.** *École réaliste. Peintre réaliste.* ■ Qui fait preuve de réalisme. *Un discours réaliste.*

RÉALISTEMENT, ■ adv. [realistəmã] (*réaliste*) **Rare** Qui tient compte du réel, d'une manière réaliste. *Estimez-vous réalistement aboutir à un résultat ?*

RÉALITÉ, n. f. [realite] (lat. scolast. *realitas*, caractère de ce qui est réel) Existence réelle, caractère réel, chose réelle. « *Nous avons beau enfler nos conceptions au-delà des espaces imaginables, nous n'enfantons que des atomes au prix de la réalité des choses* », PASCAL. ♦ *La réalité du corps de Jésus-Christ dans l'eucharistie*, la présence réelle. ♦ **Au pl.** « *Quand même les douces erreurs et les songes sur lesquels votre esprit s'endort deviendraient un jour des réalités* », MASSILLON. ♦ **Absol. au sing.** Les choses telles qu'elles sont, sans illusion ni poésie. ♦ **EN RÉALITÉ**, loc. adv. Réellement. ■ **Philos.** Caractère de ce qui est réel, matériel. ■ *La réalité dépasse la fiction*, ce qui arrive réellement dépasse ce qu'on a pu imaginer. ■ *Prendre ses désirs pour des réalités*, penser que ce que l'on a imaginé va se produire dans tous les cas. *Il veut de l'argent de poche tous les jours, il prend ses désirs pour des réalités !*

REALITY-SHOW ou **RÉALITY-SHOW**, ■ n. m. [realitʃo] (mot angl., de *reality*, monde réel, et *show*, spectacle) Spectacle de télévision visant à filmer les réactions et attitudes de personnes dans leur quotidien, ou dans une situation déterminée. *Des reality-shows, des réality-shows.* ■ **REM.** On dit aussi *télévérité*.

REALPOLITIK ou **RÉALPOLITIK**, ■ n. f. [realpolitik] (mot all., de *real*, réaliste, et *Politik*, politique) **Polit.** Politique internationale fondée sur l'efficacité, sans influence idéologique ni doctrinale. *Sous-estimée par la realpolitik, l'histoire culturelle s'avère indispensable pour comprendre les véritables logiques de la pensée et de l'action d'une société et de son économie.*

RÉAMÉNAGEMENT, ■ n. m. [reamenaʒ(ə)mã] (*réaménager*) Fait de réaménager, de réorganiser ; son résultat. *Le réaménagement d'un projet. Le réaménagement d'un appartement.*

RÉAMÉNAGER, ■ v. tr. [reamenaʒe] (*re-* et *aménager*) Réorganiser quelque chose ; aménager de façon différente. *Réaménager une équipe. Réaménager son salon.*

RÉAMORCER, ■ v. tr. [reamɔrse] (*re-* et *amorcer*) Amorcer de nouveau. *Réamorcer une pompe.* ■ **Inform.** Provoquer de nouveau l'exécution d'une amorce. *Réamorcer son ordinateur.* ■ **REM.** Recommandation officielle de *rebooter*.

RÉANIMATEUR, TRICE, ■ n. m. et n. f. [reanimatœr, tris] (*réanimer*) **Méd.** Personne spécialisée dans la réanimation médicale. ■ **REM.** En appos. *Un médecin réanimateur.* ■ **N. m. Méd.** Dispositif utilisé pour la respiration artificielle. ■ **REM.** On dit aussi *respirateur*.

RÉANIMATION, n. f. [reanimasjɔ̃] (*réanimer*) Action de réanimer, de ramener à la vie un malade ou un blessé. *Réanimation d'un patient.* ■ Par méton. Lieu où la réanimation est effectuée. *Il est en réanimation. Service de réanimation.* ■ **Abrév.** Réa. ■ **REM.** On dit aussi, mais moins fréquemment, *ranimation*.

RÉANIMER, ■ v. tr. [reanime] (*re-* et *animer*) Ramener à la vie un malade ou un blessé, en s'assurant du bon fonctionnement de ses fonctions vitales. ■ **Fig.** Faire revivre quelque chose. *Réanimer une usine en déclin.*

RÉAPPARAÎTRE, ■ v. intr. [reaparɛtr] (*re-* et *apparaître*) Apparaître de nouveau. *La voiture réapparaît dans le virage.* ■ Récidiver, en parlant d'une maladie, d'une infection, etc. *Son urticaire est réapparue cet été.*

RÉAPPARITION, n. f. [reaparisjɔ̃] (*re-* et *apparition*) Action d'apparaître de nouveau. *La réapparition de symptômes.* ♦ **Astron.** Vue d'un astre qui commence à reparaître. ■ **REM.** On disait aussi *rapparition* autrefois.

RÉAPPEL, n. m. [reapɛl] (*ré-* et *appel*) ▷ Second appel. Voy. RAPPEL. ◁

RÉAPPELÉ, ÉE, p. p. de réappeler. [reap(ə)le]

RÉAPPELER, v. tr. [reap(ə)le] Voy. RAPPELER.

RÉAPPOSÉ, ÉE, p. p. de réapposer. [reapoze]

RÉAPPOSER, v. tr. [reapoze] (*re-* et *apposer*) ▷ Apposer de nouveau. ◁

RÉAPPOSITION, n. f. [reapozisjɔ̃] (*réapposer*) ▷ Action de réapposer. ◁

RÉAPPRENDRE, v. tr. [reaprãdr] (*re-* et *apprendre*) Apprendre de nouveau. *Ils ont réappris leur leçon d'histoire qui n'était pas sue. Réapprendre à marcher après un accident.* ■ **REM.** On dit aussi *rapprendre*, vieilli et moins bon.

RÉAPPROVISIONNEMENT, ■ n. m. [reaprovizjɔn(ə)mã] (*réapprovisionner*) Fait de réapprovisionner ou de se réapprovisionner. *Le réapprovisionnement d'un stock de marchandises.*

RÉAPPROVISIONNER, ■ v. tr. [reaprovizjɔne] (*re-* et *approvisionner*) Approvisionner ou s'approvisionner de nouveau. *Réapprovisionner un stock.* ■ Se réapprovisionner, v. pr. *Se réapprovisionner en munitions.*

RÉARGENTER, ■ v. tr. [rearʒãte] (*re-* et *argenter*) Argenter de nouveau ce qui est désargenté. *Réargenter un service d'argenterie.*

RÉARMEMENT, ■ n. m. [rearməmã] (*réarmer*) **Milit.** Fait de réarmer, de fournir de nouveau des armes. *Réarmement d'un pays. Une politique de réarmement.* ■ **Fig.** *Réarmement moral*, mouvement de spiritualité, fondé par le pasteur Franck Buchman en 1938 en Pennsylvanie dont les objectifs principaux sont de convertir les hommes pour renouveler la société, de rechercher la volonté divine, les valeurs morales, la guérison des préjugés et des haines, en étant présent auprès des responsables de la société et de réunir les hommes de toutes croyances dans un combat pour la justice et la paix.

RÉARMER, ■ v. tr. [rearme] (*re-* et *armer*) Armer de nouveau. *Réarmer une troupe, un pays.* ■ Remettre un appareil en état de fonctionner après l'avoir déjà utilisé. *Réarmer un fusil. Réarmer un appareil photo.* ■ **V. intr.** ou **v. pr.** Équiper un État en armes, en forces armées. *La Russie réarme, se réarme.*

RÉARRANGEMENT, ■ n. m. [rearãʒ(ə)mã] (*réarranger*) Fait de procéder à un nouvel arrangement, d'arranger une nouvelle fois. *Le réarrangement du salon.* ■ **Chim.** *Réarrangement moléculaire*, fait de migrer à l'intérieur d'une molécule en parlant d'atomes ou de radicaux.

RÉARRANGER, ■ v. tr. [rearãʒe] (*re-* et *arranger*) Arranger de nouveau. *Réarranger son bureau. Réarranger une coiffure.*

RÉASSIGNATION, n. f. [reasinasjɔ̃] ou [reasinjasjɔ̃] (*réassigner*) Seconde assignation devant un juge. ♦ Nouvelle assignation sur un autre fonds que celui qui avait été d'abord affecté au paiement d'une somme.

RÉASSIGNÉ, ÉE, p. p. de réassigner. [reasiɲe] ou [reasinje]

RÉASSIGNER, v. tr. [reasiɲe] ou [reasinje] (*re-* et *assigner*) Assigner de nouveau. ♦ Assigner sur un autre fonds. ♦ Allouer de nouveau. *Réassigner la fonction d'une touche d'un clavier d'ordinateur.*

RÉASSORT, ■ n. m. [reasɔr] (apocope de *réassortiment*) **Comm.** Réassortiment, réapprovisionnement de quelque chose. *Une demande de réassort de fournitures de bureau.*

RÉASSORTIMENT, ■ n. m. [reasɔrtimã] (*réassortir*) Fait de fournir de nouveau des marchandises pour réassortir un stock. ■ **REM.** On dit aussi *rassortiment*, vieilli et moins bon.

RÉASSORTIR, ■ v. tr. [reasɔrtir] (*re-* et *assortir*) Assortir de nouveau. ■ Reconstituer un ensemble en ajoutant ce qui manque, réappareiller. *Réassortir une ménagère.* ♦ **Comm.** Se réassortir, v. pr. Refaire son assortiment. ■ **REM.** On dit aussi *rassortir*, vieilli et moins bon.

RÉASSURANCE, n. f. [reasyrãs] (*réassurer*) **Dr.** Processus selon lequel un assureur cède une partie d'un risque à un autre assureur, qui en accepte la charge moyennant un pourcentage de la prime payée par l'assuré. *Une prime de réassurance.*

RÉASSURER, ■ v. tr. [reasyre] (*re-* et *assurer*) **Dr.** Couvrir par un contrat de réassurance. ■ Se réassurer, v. pr. *Se réassurer auprès d'un organisme mutualiste.* ■ **RÉASSUREUR**, n. m. [reasyrœr] Personne ou organisme qui réassure.

RÉATTELÉ, ÉE, p. p. de réatteler. [reat(ə)le]

RÉATTELER, v. tr. [ʀeat(ə)le] (*re-* et *atteler*) ▷ Atteler de nouveau. ◁

REATU (IN), loc. adv. [ʀeaty] (mots lat. prép. *in*, dans, et *reatus*, état d'accusé, de *reus*, accusé) ▷ Être in reatu, être en état de prévention, d'accusation. ◁

RÉAUX, n. m. pl. [ʀeo] (lat. *real*, qui est effectivement, du lat. médiév. *realis*) ▷ Philos. Syn. de réalistes. ◁

REBAB ou **RABAB**, ◼ n. m. [ʀəbab, ʀabab] (ar. *rabab*) Mus. Instrument emblématique de la musique arabo-andalouse ou indienne, à cordes frottées, finement décoré de trois rosaces et recouvert d'une peau de chèvre ou de mouton. *On utilise un archet pour jouer du rabab.*

REBAISSÉ, ÉE, p. p. de rebaisser. [ʀəbese]

REBAISSER, v. tr. [ʀəbese] (*re-* et *baisser*) Baisser de nouveau.

REBANDÉ, ÉE, p. p. de rebander. [ʀəbɑ̃de]

REBANDER, v. tr. [ʀəbɑ̃de] (*re-* et *bander*) Mettre de nouveau un bandage. *Rebander une plaie.* ◆ Mar. Mettre un navire à l'autre bande lorsqu'il est sous voiles au plus près, ou le faire virer de bord. ◆ Tendre de nouveau, en parlant d'un arc, d'un ressort.

REBAPTISANTS, n. m. pl. [ʀəbatizɑ̃] Hérétiques des premiers siècles qui rebaptisaient.

REBAPTISATEUR, n. m. [ʀəbatizatœʀ] (*rebaptiser*) ▷ Syn. de rebaptisants. ◆ Il se dit aussi de sectes chrétiennes modernes qui rebaptisent. ◁

REBAPTISATION, n. f. [ʀəbatizasjɔ̃] (*rebaptiser*) Action de rebaptiser.

REBAPTISÉ, ÉE, p. p. de rebaptiser. [ʀəbatize]

REBAPTISER, v. tr. [ʀəbatize] (*re-* et *baptiser*) Baptiser de nouveau. ◼ Donner un nouveau nom à. *La place a été rebaptisée.*

RÉBARBATIF, IVE, adj. [ʀebaʀbatif, iv] (anc. fr. *rebarber*, faire face à l'ennemi, résister, de *re-* et *barbe*) Rude, repoussant comme un visage à barbe hérissée. *Un homme rébarbatif. Mine rébarbative.* ◆ Fig. « *Voilà des mots qui sont trop rébarbatifs* », MOLIÈRE. ◆ *Rébarbatif* est un barbarisme, bien qu'on le trouve dans La Fontaine. ◆ REM. N'est plus considéré comme un barbarisme aujourd'hui. ◆ Qui est très ennuyeux. *Un texte rébarbatif.*

REBÂTI, IE, p. p. de rebâtir. [ʀəbɑti]

REBÂTIR, v. tr. [ʀəbɑtiʀ] (*re-* et *bâtir*) Bâtir de nouveau. « *On ne veut point abattre une ville immense et irrégulière pour la rebâtir au cordeau* », VOLTAIRE. ◆ Se rebâtir, v. pr. Être rebâti. ◆ Fig. Se refaire, changer ce qu'on est. « *Je ne puis pas me rebâtir* », BOILEAU. ◆ V. tr. Fig. Refaire. *Ils ont rebâti le monde toute la soirée.*

REBATTEMENT, ◼ n. m. [ʀəbat(ə)mɑ̃] (*rebattre*) Hérald. Répétition des mêmes pièces ou des mêmes partitions dans un écu. *Le barré est un rebattement du taillé, le bandé est un rebattement du tranché.*

REBATTRE, v. tr. [ʀəbatʀ] (*re-* et *battre*) Battre de nouveau. ◆ ▷ *Rebattre un tonneau*, en resserrer les douves. ◁ ◆ *Rebattre les cartes*, les mêler une seconde fois. ◆ Parcourir de nouveau. *La cavalerie rebattit la plaine.* ◆ Chasse *Rebattre ses voies*, en parlant du chien et d'une bête chassée, revenir sur ses pas. ◆ Fig. et fam. *Rebattre les oreilles*, répéter inutilement et d'une manière ennuyeuse. *Il m'en a souvent rebattu les oreilles.* ◆ On dit dans le même sens : *Rebattre quelque chose.* « *Faut-il vous le rebattre Aux oreilles cent fois ?* », MOLIÈRE. ◆ Se rebattre, v. pr. Se battre de nouveau.

REBATTU, UE, p. p. de rebattre. [ʀəbaty] Il se dit d'un chemin par où l'on passe beaucoup. « *Il faut suivre un sentier qui soit moins rebattu* », RÉGNIER. ◆ *Avoir les oreilles rebattues d'une chose*, être las de l'entendre répéter. ◆ On dit de même : *Être rebattu d'une chose, avoir l'esprit rebattu d'une chose.* ◆ Répété à satiété. « *Un conte usé, commun et rebattu* », LA FONTAINE.

REBAUDI, IE, p. p. de rebaudir. [ʀəbodi]

REBAUDIR, v. tr. [ʀəbodiʀ] (*re-* et moy. fr. *baudir*, exciter [les chiens], de *baud*, hardi) ▷ Chasse Exciter les chiens par des caresses. ◆ V. intr. On dit que les chiens rebaudissent, lorsqu'ils lèvent la queue ; ce qui fait juger qu'ils rencontrent. ◁

REBEC, n. m. [ʀəbɛk] (anc. fr. *rebebe*, de l'ar. *rabab*, sorte de vielle) Instrument de musique de la famille du violon, tombé en désuétude ; il était monté de trois cordes seulement. ◆ REM. Cet instrument était en usage au Moyen Âge. ◼ Sorte de petit violon tel que le rebab.

REBELLE, adj. [ʀəbɛl] (lat. impér. *rebellis*, qui reprend les armes, de *re-* et *bellum*, guerre) Qui se soulève contre une autorité légitime. *Un peuple rebelle. Rebelle aux ordres du prince.* ◆ *Les esprits rebelles*, les démons. ◆ Par analogie, il se dit d'un soulèvement moral ou comparé à une autorité. « *Ne trouvant que des cœurs rebelles aux vérités qu'il leur annonçait* », MASSILLON. ◆ *Rebelle à*, avec un infinitif. « *Ne soyez pas rebelle à seconder mes vœux* », P. CORNEILLE. ◆ En style de dévotion, *la chair est rebelle à l'esprit*, les sens se révoltent contre l'âme. ◆ Qui ne cède pas, qui ne répond

pas à l'amour. « *Vos yeux ont su dompter ce rebelle courage* », RACINE. ◆ Fig. Il se dit des choses qui n'obéissent pas, ne se laissent pas manier. « *Mais lorsqu'on la néglige, elle [la rime] devient rebelle* », BOILEAU. ◆ Difficile à guérir. *Un ulcère rebelle.* ◆ Difficile à traiter. *Un sujet rebelle à la poésie.* ◆ *Métaux rebelles*, métaux qui résistent à l'action du feu. ◆ N. m. et n. f. *Un rebelle, une rebelle*, celui, celle qui se révolte. ◼ Adj. *Une mèche rebelle*, mèche indisciplinée, que l'on a du mal à coiffer.

REBELLÉ, ÉE, p. p. de se rebeller. [ʀəbele] Qui s'est révolté.

REBELLER (SE), v. pr. [ʀəbele] (lat. *rebellare*, reprendre les hostilités, se révolter) Devenir rebelle. « *En sa faveur déjà la ville se rebelle* », P. CORNEILLE. ◆ Fig. « *Si contre cet arrêt le siècle se rebelle, À la postérité d'abord il en appelle* », BOILEAU. ◼ Protester, s'insurger. *Il se rebelle à chaque fois que je lui demande un service.*

RÉBELLION, n. f. [ʀebeljɔ̃] (lat. *rebellio*, reprise des hostilités, révolte, de *rebellis*) Acte de rebelle. ◆ Fig. *La rébellion des sens contre la raison*, se dit des sens qui refusent d'obéir à la raison. ◆ Opposition par voie de fait à l'exécution d'un acte juridique. ◼ Ensemble des personnes qui se rebellent.

REBELOTE, ◼ interj. [ʀəbəlɔt] (*re-* et *belote*) Belote et rebelote, expression utilisée au jeu de la belote pour annoncer la pose de la deuxième carte de la figure formée par le roi et la dame d'atout. ◼ Interjection qui signale la répétition d'un fait, le recommencement d'une action. *Il essaie d'arrêter de fumer mais à chaque fois, rebelote, il recommence.*

REBÉNI, IE ou **REBÉNIT, ITE**, p. p. de rebénir. [ʀəbeni, ʀəbeni, it] Voy. BÉNIT pour la différence de ces deux participes.

REBÉNIR, v. tr. [ʀəbeniʀ] (*re-* et *bénir*) ▷ Bénir de nouveau. ◁

REBÉQUÉ, ÉE, p. p. de se rebéquer. [ʀəbeke]

REBÉQUER (SE), v. pr. [ʀəbeke] (*re-* et *bec*) ▷ Fam. Répondre et tenir tête à un supérieur. ◆ Il se prend neutralement. « *Chacun rebèque* », VOLTAIRE. ◁

RÉBÉTIKO, ◼ n. m. [ʀebetiko] Genre musical né au XIXᵉ siècle dans les prisons, les fumeries et les faubourgs des villes de Grèce et qui exprime le désenchantement. *Le rebetiko est la chanson populaire grecque par excellence.*

REBIBE, ◼ n. f. [ʀəbib] (radic. onomat. *bib-*, instabilité, inconsistance) Suisse Copeau de bois ou de fromage.

REBIFFER (SE), ◼ v. pr. [ʀ(ə)bife] (orig. obsc., p.-ê. radic. *baff-*, moquerie) Fam. Se révolter avec vivacité et brusquerie. *Elle s'est rebiffée contre son patron.*

REBIQUER, ◼ v. intr. [ʀ(ə)bike] (orig. dial., *re-* et *bique*, corne) Fam. Se dresser tout en formant un angle. *Des cheveux qui rebiquent.*

REBLANCHI, IE, p. p. de reblanchir. [ʀəblɑ̃ʃi]

REBLANCHIR, v. tr. [ʀəblɑ̃ʃiʀ] (*re-* et *blanchir*) Blanchir de nouveau.

REBLOCHON, ◼ n. m. [ʀəblɔʃɔ̃] (mot savoy., de *reblocher*, traire une seconde fois) Fromage de Savoie à pâte molle à la croûte safranée, fabriqué avec du lait de vache. *Le reblochon est un fromage très utilisé dans la cuisine savoyarde, notamment dans la tartiflette.*

REBOIRE, v. tr. [ʀəbwaʀ] (*re-* et *boire*) Boire une seconde fois. « *Il en but avec eux : il leur en fit reboire encore* », VOLTAIRE. ◆ Absol. Reprendre des habitudes d'ivrognerie.

REBOISEMENT, n. m. [ʀəbwaz(ə)mɑ̃] (*reboiser*) Action de reboiser. ◼ Plantation d'arbres sur un terrain nu pour y aménager une forêt. *Une campagne gouvernementale de reboisement après le ravage des incendies de forêts.*

REBOISER, v. tr. [ʀəbwaze] (*re-* et *boiser*) Planter ou semer des arbres sur des terrains où ont déjà existé des forêts. *Reboiser des terrains est une action écologique indispensable.*

REBOND, n. m. [ʀəbɔ̃] (*rebondir*) Saut que fait la balle quand elle a touché la terre, un mur. ◆ ▷ Bond en arrière. ◁ ◼ Fait de rebondir. *Le ballon de football a rebondi sur les poteaux du but.*

REBONDI, IE, adj. [ʀəbɔ̃di] (*rebondir*) Fam. Arrondi par embonpoint, en parlant des parties charnues du corps. *Ventre rebondi.* ◆ Il se dit aussi des personnes. « *La voilà... Grasse, mafflue et rebondie* », LA FONTAINE. ◆ Par analogie, il se dit de choses renflées. *Un sac d'argent rebondi.*

REBONDIR, v. intr. [ʀəbɔ̃diʀ] (*re-* et *bondir*) Faire un ou plusieurs bonds. ◆ Se rebondir, v. pr. Devenir rebondi. ◆ Fig. V. intr. Connaître un ou plusieurs rebondissements. ◼ Rétablir une situation après une période de difficultés. *Elle a toujours rebondi professionnellement.*

REBONDISSANT, ANTE, adj. [ʀəbɔ̃disɑ̃, ɑ̃t] (*rebondir*) Qui rebondit.

REBONDISSEMENT, n. m. [ʀəbɔ̃dis(ə)mɑ̃] (radic. du p. prés. de *rebondir*) Action d'un corps qui rebondit. ◼ Reprise d'un développement après un temps d'arrêt. *Les rebondissements d'une affaire.*

REBORD, n. m. [ʀəbɔʀ] (*re-* et *bord*) Bord élevé et ordinairement rapporté. *Le rebord d'une table.* ◆ Bord replié, renversé. *Les rebords d'un manteau. L'oreille externe présente un rebord.* ◆ Bord en saillie. *Le rebord d'une cheminée.*

REBORDÉ, ÉE, p. p. de reborder. [ʀəbɔʀde] *Oreilles rebordées*, se dit d'une forme particulière de l'oreille externe, où le rebord est très marqué.

REBORDER, v. tr. [ʀəbɔʀde] (*re-* et *border*) Mettre un nouveau bord. *Reborder une jupe, un habit, etc.* ■ Border de nouveau. *Reborder les draps.*

REBOT, ■ n. m. [ʀəbo] (anc. fr. *reboter*, repousser, écarter) **Région.** Pelote basque. *Le rebot se joue en treize jeux.*

REBOTTÉ, ÉE, p. p. de se rebotter. [ʀəbɔte]

REBOTTER (SE), v. pr. [ʀəbɔte] (*re-* et *botter*) ▷ Remettre ses bottes. ◁

REBOUCHAGE, n. m. [ʀəbuʃaʒ] (*reboucher*) Dans la peinture en bâtiments, action de boucher les trous des bois, des murs, à l'aide du mastic, après l'impression, pour appliquer la peinture.

REBOUCHÉ, ÉE, p. p. de 1 reboucher. [ʀəbuʃe]

1 REBOUCHER, v. tr. [ʀəbuʃe] (*re-* et 1 *boucher*) Boucher de nouveau. *Reboucher un trou, une bouteille, etc.* ♦ **Fig.** *Reboucher un trou,* payer une dette. ♦ Se reboucher, v. pr. Devenir bouché de nouveau. ■ V. tr. Combler un trou avec du mastic.

2 REBOUCHER, v. tr. [ʀəbuʃe] (norm. *rebouquer,* refuser par satiété, de *re-* et lat. *bucca,* bouche) ▷ **Vieilli** Fausser, émousser. « *Son corps sera la cuirasse qui rebouchera tous les traits* », J.-J. ROUSSEAU. ♦ Se reboucher, v. pr. Se fausser. *L'épée s'est rebouchée.* ◁

REBOUILLI, IE, p. p. de rebouillir. [ʀəbuji]

REBOUILLIR, v. intr. [ʀəbujiʀ] (*re-* et *bouillir*) Se conjugue avec *être* ou *avoir,* suivant le sens. Bouillir de nouveau.

REBOUISAGE, n. m. [ʀəbwizaʒ] (*rebouiser*) ▷ Action de rebouiser. ◁

REBOUISÉ, ÉE, p. p. de rebouiser. [ʀəbwize]

REBOUISER, v. tr. [ʀəbwize] (*re-* et *bouis,* lissoir en buis, du lat. *buxus,* buis) ▷ **Chapell.** Nettoyer et lustrer un chapeau à l'eau simple. ◁

1 REBOURS, n. m. [ʀəbuʀ] (substantivation de 2 *rebours*) Le contrepoil des étoffes. ♦ **Fig.** Le contrepied, le contraire de ce qu'il faut. « *Le P. Castel a peu de méthode dans l'esprit ; c'est le rebours de l'esprit de ce siècle* », VOLTAIRE. ♦ **À REBOURS**, **loc. adv.** À contrepoil. *Vergeter du drap à rebours.* En sens contraire. *Lire à rebours.* ♦ **Fig.** « *Les esprits à rebours ne veulent jamais ce qu'on veut et veulent toujours ce qu'on ne veut pas* », BRUEYS. « *Vous prenez toujours les conseils à rebours* », LECLERCQ. ♦ **AU REBOURS**, **loc. adv.** Au contraire, au contrepied. *La chose arriva tout au rebours.* ♦ **À REBOURS DE, AU REBOURS DE**, **loc. prép.** Contrairement à. « *Je sortirai d'une maison où tout va au rebours du sens commun* », DIDEROT. ♦ *Compte à rebours,* chronologie des opérations pour le lancement d'une fusée, précédant la mise à feu. **Fig.** Décompte opéré à partir d'un moment donné jusqu'à un événement marquant. *Le compte a rebours a commencé pour ton concours, il ne reste plus que vingt jours.*

2 REBOURS, OURSE, adj. [ʀəbuʀ] (b. lat. *reburrus,* qui a les cheveux rejetés en arrière) ▷ **Fam.** Qui est à contrepoil, revêche, peu traitable. *Humeur rebourse.* « *Maître Isaac Gripon, d'une âme fort rebourse* », VOLTAIRE. ♦ *Cheval rebours,* cheval qui s'arrête, recule ou rue, en dépit des corrections. ♦ *Bois rebours* ou *de rebours,* bois qui est rempli de nœuds, et dont les fibres ne sont pas droites. ◁

REBOUTEMENT, n. m. [ʀəbut(ə)mɑ̃] (*rebouter*) ▷ Action de rebouter. ◁

REBOUTER, v. tr. [ʀəbute] (*re-* et *bouter* ; cf. anc. fr. *reboter,* remettre une épée dans le fourreau) ▷ Faire le métier de rebouteur. ◁

REBOUTEUR, EUSE, n. m. et n. f. [ʀəbutœʀ, øz] (*rebouter*) ▷ de renoueur. ■ Syn. de rebouteux.

REBOUTEUX, EUSE, ■ n. m. et n. f. [ʀəbutø, øz] (*rebouter*) Personne qui soigne de manière empirique, au moyen essentiellement de plantes et de manipulations diverses. *Aller voir un rebouteux pour soigner une allergie.*

REBOUTONNÉ, ÉE, p. p. de reboutonner. [ʀəbutɔne]

REBOUTONNER, v. tr. [ʀəbutɔne] (*re-* et *boutonner*) Boutonner de nouveau. ♦ Se reboutonner, v. pr. Reboutonner son vêtement.

REBRAGUETTER, ■ v. tr. [ʀəbʀagete] (*re-* et *braguette*) **Fam.** Refermer la braguette d'un pantalon, d'une jupe, etc. ■ Se rebraguetter, v. pr.

REBRAS, ■ n. m. [ʀəbʀa] (anc. fr. *rebracier,* retrousser) Doublure ou revers d'un vêtement, d'une manche. ■ *Reliure à rebras,* reliure où les plats se continuent par un bord retroussé qui protège la tranche opposée au dos (XVIᵉ siècle).

REBRASSÉ, ÉE, p. p. de rebrasser. [ʀəbʀase]

REBRASSER, v. tr. [ʀəbʀase] (anc. fr. *rebracier,* relever, retrousser [un vêtement]) ▷ **Vieilli** Retrousser. *Rebrasser ses manches.* ◁

REBRIDÉ, ÉE, p. p. de rebrider. [ʀəbʀide]

REBRIDER, v. tr. [ʀəbʀide] (*re-* et *brider*) ▷ Brider de nouveau. ◁

REBROCHÉ, ÉE, p. p. de rebrocher. [ʀəbʀɔʃe]

REBROCHER, v. tr. [ʀəbʀɔʃe] (*re-* et *brocher*) Brocher de nouveau. *Faire rebrocher un volume.* ◁

REBRODÉ, ÉE, p. p. de rebroder. [ʀəbʀode]

REBRODER, v. tr. [ʀəbʀode] (*re-* et *broder*) Broder sur ce qui est déjà brodé. *Rebroder du point de Venise.* ♦ Refaire une broderie. *Rebroder le collet d'un habit.*

REBROUSSÉ, ÉE, p. p. de rebrousser. [ʀəbʀuse]

REBROUSSEMENT, n. m. [ʀəbʀus(ə)mɑ̃] (*rebrousser*) Action de rebrousser ; état de ce qui est rebroussé. *Rebroussement des poils.* ♦ **Géom.** Inflexion d'une courbe qui revient sur elle-même. ■ **Géol.** Changement brusque de direction d'un pli de terrain formant une torsion. *Le rebroussement de strates au contact d'une faille.*

REBROUSSE-POIL (À), **loc. adv.** [ʀəbʀus(ə)pwal] À contrepoil. *Brosser un chapeau à rebrousse-poil.* ♦ **Fig.** À contresens. *Prendre une affaire à rebrousse-poil.* ■ **Fig.** et **fam.** *Prendre quelqu'un à rebrousse-poil,* se comporter maladroitement avec lui de sorte qu'il se fâche.

REBROUSSER, v. tr. [ʀəbʀuse] (altération de l'anc. fr. *rebourser,* revenir en arrière, de *rebours*) Relever en sens contraire les cheveux, le poil. ♦ **Fig.** et **fam.** *Rebrousser quelqu'un,* le prendre à rebours. ♦ *Rebrousser chemin,* retourner subitement en arrière. ♦ *Rebrousser son cours,* en parlant d'un fleuve. ♦ **Fig.** « *Le souvenir au temps fait rebrousser son cours* », DELILLE. ♦ *Rebrousser le cours d'une rivière,* naviguer en remontant le courant. ♦ V. intr. Retourner en arrière. ♦ Ne pas faire impression, en parlant d'un instrument tranchant. « *Le bois de cet arbre fait rebrousser les meilleures haches* », BERNARDIN DE SAINT-PIERRE. ♦ « *Il y a des âmes dont la dureté est invincible et contre lesquelles rebrousseraient les plus pathétiques périodes* », BALZAC. ♦ Se rebrousser, ne pas faire impression, en parlant d'un instrument tranchant. ■ V. tr. **Techn.** Passer un instrument tranchant sur le cuir pour l'adoucir et lui rendre son grain naturel.

REBRÛLER ou **REBRULER**, ■ v. tr. [ʀəbʀyle] (*re-* et *brûler*) **Techn.** Ramollir des objets en verre par l'action du feu. *Avant de rebrûler le verre, il est nécessaire de le laver à l'eau déminéralisée et de le sécher pour éviter de retrouver des dépôts séchés.*

REBU, UE, p. p. de reboire. [ʀəby]

REBUFFADE, n. f. [ʀəbyfad] (moy. fr. *rebuffe,* injure, reproche, de l'ital. *ribuffo* ; cf. *buffe,* soufflet [Furetière]) Refus accompagné de paroles dures.

RÉBUS, n. m. [ʀebys] (lat. *rebus,* ablat. de *res,* [représentation] par des choses, ou anc. fr. *rebous,* rebours, le mot ayant d'abord désigné des mots pris à contrepied de leur sens ; l'expression *rébus de Picardie* est postérieure à l'apparition du mot) Jeu d'esprit qui consiste à exprimer, au moyen d'objets figurés ou d'arrangements, les sons d'un mot ou d'une phrase entière, qui reste à deviner. ♦ ▷ Équivoque, mot pris en un autre sens que celui qui est naturel. *Ne parler que par rébus.* ◁ ♦ ▷ Mauvais jeu de mots, mauvaise plaisanterie. ◁

REBUSE, ■ n. f. [ʀəbyz] (anc. provenç. *rebusar,* marcher en arrière, empirer, du b. lat. *refusare,* refuser) **Suisse** Retour du froid.

REBUT, ■ n. m. [ʀəby] (*rebuter*) Essuyer beaucoup de rebuts. ♦ Ce qui est rebuté, ce qu'il y a de plus mauvais. « *Les ouvrages qui ont été les délices et l'admiration de la vieille cour sont le rebut des provinces et du peuple* », BOUHOURS. ♦ *C'est le rebut du genre humain, de la nature,* se dit d'un homme vil et méprisable. ♦ *Marchandises de rebut,* marchandises qui ont été rebutées ou qui méritent de l'être. ♦ On dit de même : *Être au rebut, mettre au rebut.* ♦ Administration des postes. *Mettre une lettre au rebut,* la mettre à l'écart, parce qu'on n'a pas trouvé le destinataire. ♦ **DE REBUT**, **loc. adj.** De mauvaise qualité. *De papier de rebut.*

REBUTANT, ANTE, adj. [ʀəbytɑ̃, ɑ̃t] (*rebuter*) Qui rebute, qui décourage. *Des occupations rebutantes.* ♦ Choquant, déplaisant. *Homme rebutant. Une laideur rebutante.*

REBUTÉ, ÉE, p. p. de rebuter. [ʀəbyte]

REBUTER, v. tr. [ʀəbyte] (*re-* et *buter* : écarter du but) Rejeter avec dureté. « *Les prétextes dont vous vous servez tous les jours pour rebuter ces pauvres errants* », MASSILLON. ◁ ▷ Il se dit des choses qu'on repousse. « *Vous rebutez mes vœux et me poussez à bout* », MOLIÈRE. ◁ ♦ ▷ Écarter. « *On rebute ceux qui ne sont bons que pour eux* », J.-J. ROUSSEAU. ◁ ♦ ▷ Il signifie quelquefois simplement *refuser. Rebuter une pièce de monnaie qui est de mauvais aloi.* ◁ ♦ ▷ Ne pas vouloir d'une chose. « *L'oiseau royal rebute le riz qui n'est pas de bonne qualité* », BUFFON. ◁ ♦ Décourager, dégoûter de la difficulté, par les obstacles. « *Le péril ne vous rebute point* », REGNARD. ♦ Il se dit avec *de* et un infinitif. « *On la rebute de venir voir son nourrisson* », J.-J. ROUSSEAU. ♦ ▷ Il se dit de soldats qui refusent de continuer le combat.

« Nos troupes semblent rebutées autant par la résistance des ennemis que par l'effroyable disposition des lieux », Bossuet. ◁ ♦ ▷ *Rebuter un cheval,* exiger de lui plus qu'il ne peut faire, et finir par le rendre insensible aux aides et au châtiment. ◁ ♦ Choquer, déplaire, dégoûter par la répugnance. ♦ **Absol.** *« Les vers les mieux pensés et les plus exacts rebutent quelquefois ; on en ignore la raison ; elle vient du défaut d'harmonie »*, Voltaire. ♦ Se rebuter, v. pr. Se décourager. ♦ *Se rebuter de,* avec un infinitif, se décourager, se lasser de quelque chose. ▪ **Rem.** Le premier sens est littéraire aujourd'hui.

RECACHETÉ, ÉE, p. p. de recacheter. [ʀəkaʃ(ə)te]

RECACHETER, v. tr. [ʀəkaʃ(ə)te] (*re-* et *cacheter*) Cacheter de nouveau.

RECADRER, ▪ v. tr. [ʀəkadʀe] (*re-* et *cadrer*) Cadrer à nouveau. *Recadrer une photo.* ♦ **Fig.** Redéfinir. *Recadrer un projet.* ▪ **RECADRAGE,** n. m. [ʀəkadʀaʒ]

RECALAGE, ▪ n. m. [ʀəkalaʒ] (*recaler*) Fait de recaler ou d'être recalé à un examen, un concours, etc. *Son recalage au bac l'a attristé.* ▪ **Techn.** Opération qui consiste à trouver des points de repère dans une image. *Un logiciel de recalage d'images.*

RECALCIFICATION, ▪ n. f. [ʀəkalsifikasjɔ̃] (*recalcifier*) **Chim.** Fait d'administrer du calcium pour le fixer et en augmenter sa quantité et sa concentration dans les tissus. *Une recalcification des lésions ostéolytiques.* ▪ **RECALCIFIER,** v. tr. [ʀəkalsifje]

RÉCALCITRANT, ANTE, adj. [ʀekalsitʀɑ̃, ɑ̃t] (*récalcitrer*) Qui résiste avec humeur, opiniâtreté. *Humeur récalcitrante. Il est récalcitrant aux leçons. « Il se montra récalcitrant contre ce spécifique »,* Lesage. ♦ **N. m.** et n. f. *Faire le récalcitrant.*

RÉCALCITRER, v. pr. [ʀekalsitʀe] (lat. *recalcitrare,* regimber, de *re-* et *calcitrare,* ruer, de *calx,* talon) ▷ Regimber. *Ce cheval récalcitre.* ♦ **Fig.** Résister avec opiniâtreté. ◁

RECALCULER, ▪ v. tr. [ʀəkalkyle] (*re-* et *calculer*) Effectuer un calcul une nouvelle fois, généralement pour le vérifier. *Recalculer les bénéfices d'une entreprise.*

RECALÉ, ÉE, ▪ adj. [ʀ(ə)kale] Qui est refusé à un examen. *Il est encore recalé cette année.* ▪ **N. m.** et n. f. *Les recalés du baccalauréat.*

RECALER, ▪ v. tr. [ʀ(ə)kale] (*re-* et *caler*) Caler de nouveau. ♦ **Fig.** Échouer à un examen. *Se faire recaler en maths.*

RECAPITALISER, ▪ v. tr. [ʀəkapitalize] (*re-* et *capitaliser*) Reconstituer le capital d'une entreprise. *Faire appel à des partenaires privés pour recapitaliser l'entreprise.*

RÉCAPITULATIF, IVE, ▪ adj. [ʀekapitylatif, iv] (*récapituler*) Qui récapitule ce qui a été dit ou écrit. *Une note récapitulative.*

RÉCAPITULATION, n. f. [ʀekapitylasjɔ̃] (b. lat. *recapitulatio*) Répétition sommaire de ce qui a déjà été dit. *Faire une récapitulation.* ♦ **Rhét.** Partie de la péroraison qui consiste dans une énumération courte et précise des points sur lesquels on a le plus insisté dans le discours. ♦ Opération par laquelle l'esprit revient sur plusieurs idées ou sur plusieurs actes passés. *Fais la récapitulation de ta vie.*

RÉCAPITULÉ, ÉE, p. p. de récapituler. [ʀekapityle]

RÉCAPITULER, v. tr. [ʀekapityle] (lat. chrét. *recapitulare,* reconsidérer entièrement, depuis le début [*caput,* tête, commencement]) Résumer, redire sommairement. ♦ **Absol.** *« La vraie douleur ne raisonne point tant, ne récapitule point »,* Voltaire. ▪ Rappeler des faits, des événements. *Récapituler son voyage.*

RECARBURATION, ▪ n. f. [ʀəkaʀbyʀasjɔ̃] (*re-* et *carburation*) **Métall.** Traitement thermique du métal permettant la restitution du carbone. *Tranformation de la fonte par recarburation.*

RECARDÉ, ÉE, p. p. de recarder. [ʀəkaʀde]

RECARDER, v. tr. [ʀəkaʀde] (*re-* et *carder*) ▷ Carder de nouveau. *Recarder des matelas.* ◁

RECARRELER, ▪ v. tr. [ʀəkaʀ(ə)le] (*re-* et *carreler*) Carreler une surface de nouveau. *Recarreler une cuisine.*

RECASER, ▪ v. tr. [ʀəkaze] (*re-* et *caser*) **Fam.** Caser quelqu'un de nouveau ; caser de nouveau quelque chose qui a été déplacé. *Il a été recasé dans un nouveau bureau. J'ai recasé tes livres dans le placard.* ▪ Se recaser, v. pr. **Fam.** *Il s'est recasé dans une nouvelle entreprise.*

RECASSÉ, ÉE, p. p. de recasser. [ʀəkase]

RECASSER, v. tr. [ʀəkase] (*re-* et *casser*) Casser de nouveau.

RECAUSER, ▪ v. intr. [ʀəkoze] (*re-* et *causer*) Parler de nouveau à quelqu'un (de quelque chose). *On en recausera ensemble.*

RECÉDÉ, ÉE, p. p. de recéder. [ʀəsede]

RECÉDER, v. tr. [ʀəsede] (*re-* et *céder*) Céder à quelqu'un ce qu'il avait cédé auparavant. *Je lui ai recédé la maison qu'il m'avait vendue.* ♦ Céder à quelqu'un, à prix d'argent, une chose qu'on vient d'acheter.

RECEINTES, ▪ n. f. pl. [ʀəsɛ̃t] Voy. ceintes.

RECEL, n. m. [ʀəsɛl] (*receler*) Voy. recéler. **Jurispr.** Action de celui qui reçoit sciemment des objets enlevés, volés. ▪ Ce que l'on conserve illégalement pour soi. *Recel d'abus de biens sociaux.* ▪ **Rem.** On disait aussi *recèlement* autrefois.

1 RECELÉ ou **RECÉLÉ,** n. m. [ʀəs(ə)le, ʀəsele] ▷ **Pratiq.** Recel des effets d'une société, d'une succession. ◁

2 RECELÉ, ÉE ou **RECÉLÉ, ÉE,** p. p. de recéler. [ʀəs(ə)le, ʀəsele]

RECÈLEMENT, n. m. [ʀəsɛl(ə)mã] (*recéler*) ▷ Action de recéler. *Le recèlement d'objets volés. Le recèlement d'un meurtrier.* ▪ On dit auj. *recel.* ◁

RECÉLER ou **RECELER,** v. tr. [ʀəsele, ʀəs(ə)le] (*re-* et *celer*) Cacher, enfermer. *La terre recèle des trésors dans son sein.* ♦ **Jurispr.** Garder et cacher une chose volée par un autre. ♦ Détourner les effets d'une société, d'une succession. ♦ Donner retraite à des gens qui se cachent. ♦ **V. intr. Vén.** *Le cerf recèle,* il reste plusieurs jours sans sortir de son enceinte. ♦ Se recéler, v. pr. Se tenir caché.

RECÉLEUR, EUSE n. m. et n. f. ou **RECELEUR, EUSE,** n. m. et n. f. [ʀəseloer, øz, ʀəs(ə)loer, øz] (*recéler* ou *receler*) Celui, celle qui recèle un objet volé. ♦ Celui, celle qui cache des personnes auxquelles il est défendu de donner retraite. ♦ Ce qui cache, enveloppe.

RÉCEMMENT, adv. [ʀesamã] (*récent*) Depuis peu.

RÉCENCE, ▪ n. f. [ʀesɑ̃s] **Rare** Caractère de ce qui est récent. *La récence d'un concept. « Une explication par le simple, par la simplicité des éléments et des lois (récence, fréquence, frayage, association, etc.) »,* Ricœur.

RECENSÉ, ÉE, p. p. de recenser. [ʀəsɑ̃se]

RECENSEMENT, n. m. [ʀəsɑ̃s(ə)mã] (*recenser*) Mesure qui a pour but de constater le nombre des habitants d'une contrée, ou des individus d'une certaine catégorie, ou les suffrages obtenus par un candidat, ou la fortune de chacun, ou des têtes de bestiaux, de chevaux, etc. ♦ *Conseil de recensement,* conseil chargé de vérifier les tableaux, dressés par les maires, des jeunes gens appelés sous les drapeaux. ♦ Nouvelle vérification de comptes, de poids. ▪ Inventaire détaillé. *Le recensement des petites et moyennes entreprises.*

RECENSER, v. tr. [ʀəsɑ̃se] (lat. *recensere,* passer en revue, compter) Faire un recensement. *Recenser la population.* ♦ Dresser un inventaire détaillé. *Recenser les formations universitaires en France.*

RECENSEUR, EUSE, n. m. et n. f. [ʀəsɑ̃soer, øz] (*recenser*) Personne qui est employée aux opérations du recensement. ♦ **Adj.** *Un questionnaire recenseur.*

RECENSION, n. f. [ʀəsɑ̃sjɔ̃] (lat. *recensio,* dénombrement, recensement) Comparaison d'une édition d'un auteur ancien avec les manuscrits. ♦ Texte revu et édité par un critique. *Une recension d'Homère.*

RÉCENT, ENTE, adj. [ʀesɑ̃, ɑ̃t] (lat. *recens,* génit. *recentis,*) Nouvellement fait ou arrivé. *Des faits récents.* ♦ *Blessure toujours récente,* injure qui ne l'oublie pas. ♦ *Avoir la mémoire récente d'une chose,* s'en souvenir comme si elle venait d'arriver. ♦ *La mémoire en est encore toute récente,* se dit de choses arrivées il n'y a pas longtemps. ♦ Il se dit des personnes, pour exprimer qu'elles ont encore la mémoire fraîche de quelque chose. *« Je ne suis pas assez récent de mon latin pour me vanter d'entendre tous les mots choisis dont vous avez semé cet ouvrage »,* P. Corneille.

RECENTRAGE, ▪ n. m. [ʀəsɑ̃tʀaʒ] (*recentrer*) Action de recentrer, de ramener vers le centre. *Le recentrage d'une métropole.* ▪ Fait d'être recentré. *Le recentrage d'un parti politique.*

RECENTRER, ▪ v. tr. [ʀəsɑ̃tʀe] (*re-* et *centrer*) Replacer au centre. ▪ **Fig.** *Recentrer le débat.*

RECEPAGE ou **RECÉPAGE,** n. m. [ʀəsəpaʒ, ʀəsepaʒ] (*receper*) Action de receper ; effet de cette action. *Le recepage de la vigne.*

RECEPÉ, ÉE ou **RECÉPÉ, ÉE,** p. p. de receper.. [ʀəsəpe, ʀəsepe] *Vigne recepée.*

RECEPÉE ou **RECÉPÉE,** n. f. [ʀəsəpe, ʀəsepe] (p. p. fém. substantivé de *receper*) Partie d'un bois qu'on a recepée.

RECEPER ou **RECÉPER,** v. tr. [ʀəsəpe, ʀəsepe] (*re-* et *cep*) Couper un plant près de terre, pour lui faire pousser des jets plus forts que ceux qu'on a retranchés. ♦ Couper un arbre jusqu'au collet, afin de reconstituer une nouvelle charpente. ▪ **Techn.** Couper un pieu ou un pilot à hauteur égale.

RÉCÉPISSÉ, n. m. [ʀesepise] (lat. *[cognosco me] recepisse,* [je reconnais] avoir reçu, infin. parfait de *recipere,* recevoir) Écrit par lequel on reconnaît avoir reçu en communication ou en dépôt des papiers, des pièces, etc. ♦ Reçu par lequel les employés des caisses publiques reconnaissent que des sommes ou objets leur ont été versés. ♦ **Au pl.** *Des récépissés.*

RÉCEPTACLE, n. m. [ʀesɛptakl] (lat. *receptaculum*, magasin, réservoir, asile, de *receptare*, retirer, recevoir) Lieu où se rassemblent plusieurs choses de divers endroits. « *La mer, qui est le réceptacle de toutes les eaux* », Descartes. ♦ **Archit.** Bassin recevant les eaux de divers conduits. ♦ Dans les machines à vapeur, *réceptacle de la vapeur*, chambre qui renferme la vapeur. ♦ **Bot.** Sommet évasé ou renflé du pédoncule, et portant la fleur ou les fleurs chez les composées. ♦ **Fig.** Il se dit de ce qui reçoit des personnes. *Cette maison est le réceptacle de tout ce qu'il y a de joueurs dans la ville.*

1 **RÉCEPTEUR**, n. m. [ʀesɛptœʀ] (radic. du lat. *receptum*, supin de *recipere*, recevoir ; cf. *receptor*, receleur) ▷ Machine, vase destiné à recevoir des eaux surabondantes. ◁ ♦ ▷ Appareil de télégraphie électrique qui reçoit l'avis envoyé par le manipulateur. ◁ ■ **Techn.** Appareil électronique destiné à recevoir des signaux transmis par ondes radioélectriques. *Un récepteur de radio.* ■ Appareil qui reçoit de l'énergie électrique et la transforme en une autre forme d'énergie. *Les moteurs sont des récepteurs.* ■ **Ling.** Personne qui reçoit le message. *Le récepteur et l'émetteur.* ■ **Biol.** Organe, cellule ou molécule dont le développement et l'activité sont influencés par diverses substances, notamment les hormones. *Les œstrogènes et leur récepteur dans la cellule tumorale.*

2 **RÉCEPTEUR, TRICE**, ■ adj. [ʀesɛptœʀ, tʀis] (1 *récepteur*) Qui reçoit des ondes, des fréquences, etc. *Une antenne réceptrice. Un poste récepteur.* ■ **Physiol.** *Centre récepteur*, Centre nerveux recevant des influx et qui réagit à certaines substances.

RÉCEPTIF, IVE, ■ adj. [ʀesɛptif, iv] (radic. du lat. *receptum*, supin de *recipere*, recevoir) Qui ressent des impressions. ■ À l'écoute, qui comprend. *Être réceptive aux problèmes des autres.* ■ Qui caractérise l'exposition d'un organisme vivant à contracter une infection. ■ Qui est spécialisé dans l'accueil des touristes dans son pays ou dans sa ville. *Tourisme réceptif. Agence de voyage réceptive.*

RÉCEPTION, n. f. [ʀesɛpsjɔ̃] (lat. *receptio*, action de recevoir, de *recipere*) Action par laquelle on reçoit. *La réception d'une lettre, d'un paquet.* ♦ L'action de recevoir en son corps. « *La réception des deux symboles [le pain et le vin de l'eucharistie]* », Bossuet. ♦ **Dr.** *Réception de caution*, acte par lequel on est accepté comme caution. ■ Manière de recevoir une personne, accueil. *On l'attend, tout est prêt pour sa réception. Faire joyeuse réception à quelqu'un.* ♦ Il se dit aussi de l'accueil fait aux choses. ♦ Action de recevoir des visites avec un certain cérémonial, à un jour déterminé. *C'est mon jour de réception.* ♦ Cérémonie par laquelle une personne est installée dans une charge ou reçue dans une compagnie. *La réception d'un officier, d'un académicien.* ♦ *Discours de réception*, discours que chaque nouvel élu à l'Académie française prononce en séance solennelle. ♦ Mode d'admission d'un candidat dans le grade pour lequel il se présente ou satisfait à un examen public. ♦ Action de recevoir une pièce de théâtre, pour qu'elle soit apprise et jouée. ♦ Introduction, acceptation d'une doctrine. ♦ Action d'approuver, après examen, des constructions, des chemins de fer, etc. *La réception des travaux.* ■ **Sp.** Manière de retomber au sol après un saut. *La mauvaise réception du parachutiste.* ■ Action de recevoir un ballon, une balle. ■ Service, bureau où l'on accueille les visiteurs. *La réception d'un hôtel.*

RÉCEPTIONNAIRE, adj. [ʀesɛpsjɔnɛʀ] (*réception*) *Agent réceptionnaire*, homme choisi pour recevoir livraison des objets fournis par une usine. ♦ N. m. et n. f. Celui, celle qui reçoit une marchandise. ■ Chef de la réception dans un hôtel.

RÉCEPTIONNER, ■ v. tr. [ʀesɛpsjɔne] (*réception*) Accueillir. *Réceptionner de la famille à l'aéroport.* ■ **Fig.** Recevoir. *Réceptionner un colis.* ■ **Sp.** Recevoir le ballon. ■ Se réceptionner, v. pr. Sport. *Sauter sur le trampoline puis se réceptionner en équilibre sur le tapis.*

RÉCEPTIONNISTE, ■ n. m. et n. f. [ʀesɛpsjɔnist] (*réception*) Personne chargée d'accueillir la clientèle dans un hôtel, une entreprise, etc.

RÉCEPTIVITÉ, ■ n, f, [ʀesɛptivite] (*réceptif*) Aptitude à ressentir, recevoir des impressions. ■ Fait d'être réceptif à certaines infections. *Réceptivité aux maladies.*

RECERCLAGE, n. m. [ʀəsɛʀklaʒ] (*recercler*) Action de recercler un tonneau.

RECERCLÉ, ÉE, p. p. de recercler. [ʀəsɛʀkle] **Adj.** **Hérald.** *Croix recerclée*, croix cantonnée et entourée de points. ■ **Rem.** Dans ce sens, on dit aussi *une croix recercelée.*

RECERCLER, v. tr. [ʀəsɛʀkle] (*re-* et *cercler*) Mettre de nouveaux cercles. ■ *Recercler un tonneau.*

RECÈS, n. m. [ʀəsɛ] Voy. recez.

RÉCESSIF, IVE, ■ adj. [ʀesesif, iv] (radic. du lat. *recessum*, supin de *recedere*, s'éloigner, rétrograder) **Méd.** Se dit d'un caractère héréditaire ou d'un gène qui doit être transmis par la mère et le père et se trouver chez l'enfant sur chacun des deux chromosomes d'une paire pour se manifester. *Gène récessif de la mucoviscidose.* ■ Relatif à une période de récession. *Politique récessive.*

RÉCESSION, ■ n. f. [ʀesesjɔ̃] (lat. impér. *recessio*, action de s'éloigner, de se retirer ; infl. de l'angl. *recession*) Situation de recul financier. *Période de récession.* Les économistes parlent de récession dès que l'évolution du produit intérieur brut (PIB) est négative pendant deux trimestres consécutifs. ■ Dans le processus d'expansion de l'Univers, éloignement d'une galaxie par rapport à une autre. *La vitesse de récession.*

RÉCESSIVITÉ, ■ n. f. [ʀesesivite] (*récessif*) **Biol.** Propriété que possède un gène de ne pouvoir s'exprimer en présence d'un autre gène dominant mais de pouvoir s'exprimer en présence d'un gène identique. *Les relations de dominance et de récessivité entre les allèles.*

RECETTE, n. f. [ʀ(ə)sɛt] (lat. *recepta*, les choses reçues, plur. neutre de *receptus*, p. p. de *recipere*, recevoir) Ce qui est reçu en argent, en billets, ou autrement. *Porter en recette une somme. Le produit des recettes annuelles.* ♦ Action de recevoir de l'argent, des valeurs pour le compte de quelqu'un. ♦ Emploi de celui qui reçoit les contributions pour le compte de l'État. *Recette générale d'un département. Recette particulière d'un arrondissement.* ♦ La maison, les bureaux du receveur. ♦ Débit des eaux d'un fleuve, par rapport au réceptacle. ♦ Composition de certains médicaments ou remèdes. ♦ Écrit où est formulée cette composition. ♦ Certains procédés dont on se sert dans les arts, dans l'économie domestique. *La recette pour faire des conserves.* ◁ ♦ ▷ Il se dit aussi des procédés magiques ou mystérieux. ◁ ♦ **Fig.** et fam. Manière de se conduire dans les affaires, dans le monde. « *Sachons perdre dans l'occasion, la recette est infaillible* », La Bruyère. ■ **Fig.** *Faire recette*, remporter un franc succès.

RECEVABLE, adj. [ʀəsəvabl] (*recevoir*) Qui peut, qui doit être reçu ou admis, en parlant des choses. *Des marchandises bonnes et recevables. Une excuse recevable.* ♦ Qui peut être admis à, en parlant des personnes. « *Que si l'on n'est pas recevable à faire voir...* », Bossuet. « *On est d'autant moins recevable ici d'alléguer l'exemple commun* », Massillon. ♦ **Dr.** Il a été déclaré non recevable dans sa demande, sa demande a été repoussée par des fins de non-recevoir. ■ **RECEVABILITÉ**, n. f. [ʀəsəvabilite] *Les critères de recevabilité d'un dossier.*

RECEVEUR, EUSE, n. m. et n. f. [ʀəsəvœʀ, øz] (*recevoir*) ▷ Celui, celle qui a charge de faire une recette quelconque, soit en deniers, soit en denrées, soit pour l'État, soit pour un particulier. *Receveur des contributions. Receveur de l'enregistrement et des domaines. Receveur général, particulier.* ◁ ♦ ▷ *Receveuse*, femme qui reçoit les billets dans un spectacle. ◁ ♦ ▷ Femme d'un receveur. *Madame la receveuse.* ◁ ■ *Receveur public*, comptable public chargé du recouvrement des impôts perçus et de certaines dépenses. ■ Personne qui fait l'objet d'un don de sang, de tissu ou d'organe dans une transfusion sanguine, une greffe ou une transplantation. ■ *Receveur universel*, personne du groupe sanguin AB qui peut recevoir du sang de donneurs de tous les autres groupes sanguins.

RECEVOIR, v. tr. [ʀəsəvwaʀ] (lat. *recipere*, prendre en retour, recevoir, accueillir, de *re-* et *capere*, prendre) Prendre ce qui est donné, présenté, offert. *Recevoir un don, des étrennes, l'aumône, etc.* ♦ Absol. « *Que chacun reçoive selon le bien qu'il aura pratiqué ou selon le mal qu'il aura commis* », Bourdaloue. ♦ En termes juridiques, être l'objet d'une libéralité. ♦ Prendre ce qui est dû, en être payé. *Recevoir de l'argent, une indemnité, une rente, etc.* ♦ Prendre ce qui est délivré, fourni, procuré. *L'armée a reçu des renforts, des vivres.* ♦ Prendre ce qui est envoyé, adressé. *Recevoir des lettres, des renseignements, etc.* ♦ On dit de même : *Recevoir un courrier, un message, un parlementaire.* ♦ Il se dit aussi de communications faites de vive voix. *Il a reçu de l'oracle cette réponse.* ♦ Il se dit des biens qui arrivent, des grâces qui sont faites. *Les avantages qu'il a reçus de la nature. Recevoir le prix de ses services.* ♦ Il se dit de même de ce qui arrive de fâcheux. *Recevoir une tuile sur la tête, un mauvais accueil, etc.* ♦ *Recevoir la mort*, être tué. ♦ Être investi de. « *Recevez par cette lettre un pouvoir absolu sur tout le palais* », Montesquieu. ♦ *Recevoir le bâton de maréchal de France, le chapeau de cardinal, la croix d'honneur, etc.* être nommé maréchal de France, cardinal, membre de la Légion d'honneur, etc. ♦ *Recevoir*, en parlant de ce qui est transmis, communiqué. *Recevoir les leçons d'un bon maître. Recevoir une mauvaise éducation.* ♦ Il se dit des sacrements administrés. *Recevoir le baptême, les ordres, etc.* ♦ *Recevoir*, en parlant des choses qui éprouvent quelque action au sens physique. *Le miroir reçoit les images des objets. La terre reçoit les influences du ciel.* ♦ Il se dit de même au sens figuré. *Ma maison recevra quelques embellissements.* ♦ *Recevoir un nom, une dénomination*, être nommé, dénommé. ♦ Faire venir de, tirer, emprunter. *La lune reçoit sa lumière du soleil.* ♦ Il se dit des choses qui recueillent, contiennent ce qui coule, ce qui vient aboutir, se rendre. *Un égout central reçoit toutes les immondices de la ville. Ce port reçoit beaucoup de bâtiments.* ♦ Il se dit des personnes qui prennent dans leurs mains, recueillent, reçoivent. *Recevoir la balle.* ♦ *Recevoir un enfant à sa naissance*, le prendre au moment où il vient au monde. ♦ **Fig.** *Recevoir les derniers soupirs de quelqu'un*, l'assister à sa mort. ♦ Il se dit de ce qui est confié. *Recevoir un dépôt.* ♦ **Milit.** *Recevoir le mot d'ordre*, prendre le mot d'ordre, ou, en sens inverse, se faire dire le mot d'ordre par ceux de qui on est en droit de l'exiger. ♦ Agréer, accepter. *Ses offres, ses excuses ont été reçues.* ♦ Il se dit de garanties, de paroles, d'écrits qui sont donnés pour servir d'assurance, de gage. *Il a reçu parole de lui. Il a reçu ma foi.* ♦ Faire accueil aux choses. *Bien recevoir, mal recevoir,* approuver, désapprouver. ♦ Prendre un sens ou en l'autre. « *Tout ce qui viendra de vous sera reçu comme une guerre, ou feinte ou déclarée* », FÉNELON. ♦ Reconnaître comme vrai, comme valable. *Recevoir une opinion, une doctrine, etc.* ♦ Il se dit des ordres, des missions, etc. *Recevoir l'ordre de partir.* ♦ *Recevoir la loi,* obéir. ♦ *Recevoir les ordres de quelqu'un,* être soumis à ses volontés, et aussi s'informer auprès de lui de ce qu'on peut faire qui lui soit agréable. ♦ Donner accès chez soi. *Ne recevez pas cet homme.* ♦ *Recevoir visite,* recevoir la visite de quelqu'un, être visité par lui. ♦ *Recevoir des visites,* être visité par différentes personnes ; et aussi admettre chez soi les personnes par qui l'on est visité. ♦ **Absol.** *Le ministre reçoit le jeudi.* ♦ *Recevoir quelqu'un à sa table,* lui donner à dîner. ♦ ▷ *Recevoir à la cène,* admettre à la communion. ♦ Accueillir bien ou mal. « *Recevant une foule d'amis comme si chacun eût été le seul* », FLÉCHIER. ♦ Il se dit de la manière dont on soutient une attaque. *Recevoir vigoureusement les ennemis.* ♦ *Recevoir la bataille,* se dit d'une armée, d'un général qui attend l'ennemi et s'en laisse attaquer. ♦ Donner retraite chez soi. *Recevoir un proscrit.* ♦ Donner entrée. *Recevoir l'ennemi dans la place.* ♦ Admettre, en parlant de ceux qu'on soumet à quelque épreuve, à quelque condition. *Recevoir à l'École polytechnique. Recevoir quelqu'un en grâce.* ♦ Être reçu à, être autorisé à. « *Reprenez-vous vous-mêmes, et puis vous serez reçus à reprendre les autres* », BOURDALOUE. ♦ **Procéd.** *Recevoir quelqu'un à serment. On l'a reçu partie intervenante.* ♦ *Fin de non-recevoir,* Voy. FIN. ♦ Installer avec le cérémonial ordinaire. *Il a été reçu docteur. Il a été reçu à l'Académie.* ♦ Se dit en parlant des ouvrages de charpente, de menuiserie, de maçonnerie, etc., dans le sens de reconnaître, après examen et mesurage ou pesage, l'espèce, la qualité et la quantité de ces ouvrages. ♦ Se recevoir, **v. pr.** Être accepté. ♦ **V. pr.** S'inviter mutuellement. *Les Untel se reçoivent beaucoup.* ■ **V. pr.** Retomber sur le sol après un saut. *La gymnaste se reçoit bien sur la poutre.*

RECEZ, n. m. [ʀəse] (lat. *recessus,* action de se retirer, de *recedere*) Cahier contenant les délibérations d'une diète de l'Empire, et rédigé avant qu'elle ne se sépare. ♦ *Recez* ou *recès,* dans la diplomatie moderne, procès-verbal résumant des conventions.

1 **RÉCHAMPI** ou **RECHAMPI,** ■ n.m. [ʀeʃɑ̃pi, ʀəʃɑ̃pi] (p. p. substantivé de *réchampir* ou *rechampir*) **Techn.** Ornement qui ressort du fond sur lequel on peint. *Le fond carmin et le réchampi tournesol sont traités en finition provençale.*

2 **RÉCHAMPI, IE** ou **RECHAMPI, IE,** p. p. de réchampir. [ʀeʃɑ̃pi, ʀəʃɑ̃pi]

RÉCHAMPIR ou **RECHAMPIR,** v. tr. [ʀeʃɑ̃piʀ, ʀəʃɑ̃piʀ] (*re-* et *échampir,* faire sortir du champ, imiter le relief) Dans la peinture en bâtiment, détacher les objets du fond que l'on peint, soit en marquant les contours, soit par l'opposition des couleurs. ♦ ▷ On dit aussi *échampir.* ◁ ♦ T. de doreur. Couvrir avec du blanc de céruse les couleurs qui se répandent sur les fonds d'un ouvrage, pour le rendre net.

RÉCHAMPISSAGE ou **RECHAMPISSAGE,** n.m. [ʀeʃɑ̃pisaʒ, ʀəʃɑ̃pisaʒ] (radic. du p. prés. de *réchampir*) Action de réchampir.

RECHANGE, n.m. [ʀ(ə)ʃɑ̃ʒ] (*re-* et *change*) Il se dit des objets qu'on tient en réserve pour remplacer d'autres objets semblables. *Une roue de rechange.* ♦ **Mar.** Nom donné à tous les objets embarqués pour remplacer au besoin pareils objets sont employés. *Mât de rechange.* ♦ *Corps de rechange,* parties de certains instruments à vent que l'on change selon les tons dans lesquels on veut jouer. ♦ Second droit de change qu'on doit payer, après le protêt d'une lettre, pour celle que le porteur est obligé de prendre sur d'autres ou dans d'autres lieux. ■ **Fig.** *De rechange,* de remplacement. *Trouver une solution de rechange.*

RECHANGER, v. tr. [ʀəʃɑ̃ʒe] (*re-* et *changer*) Changer de nouveau.

RECHANTER, ■ v. tr. [ʀəʃɑ̃te] (*re-* et *chanter*) Chanter de nouveau. *Tu peux nous rechanter un air?*

RECHAPER, ■ v. tr. [ʀəʃape] (*re-* et *chape*) Remettre une couche de caoutchouc sur un pneu usé. *Rechaper un pneu.* ■ **RECHAPAGE,** n.m. [ʀəʃapaʒ]

RÉCHAPPÉ, ÉE, ■ n. m. et n. f. [ʀeʃape] **Litt.** Rescapé.

RÉCHAPPER, v. intr. [ʀeʃape] (*re-* et *échapper*) Se conjugue avec *être* ou *avoir,* suivant les sens. Échapper à quelque chose qui menace. *Il a réchappé du naufrage.* ♦ Échapper à un massacre. « *Pas un janissaire ne réchappa* », VOLTAIRE. ♦ Échapper à une maladie, à une blessure dangereuse. *Il a réchappé de sa pleurésie.* « *L'on a toujours cru qu'il en réchapperait* », VOLTAIRE. ♦ ▷ V. tr. Tirer d'un péril. *Maître fou, je t'ai réchappé des galères* », VOLTAIRE. ◁

RECHARGE, ■ n. f. [ʀəʃaʀʒ] (*recharger*) Action de recharger. *Recharge de batterie.* ■ Objet destiné à en remplacer un autre qui est vide, ou usé. *Recharge de parfum, de stylo.* ■ Seconde charge d'une arme.

RECHARGÉ, ÉE, p. p. de recharger. [ʀəʃaʀʒe]

RECHARGEABLE, ■ adj. [ʀəʃaʀʒabl] (*recharger*) Qui peut être chargé plusieurs fois. *Une batterie rechargeable.*

RECHARGEMENT, n. m. [ʀəʃaʀʒəmɑ̃] (*recharger*) Action de recharger des marchandises. ♦ Action de mettre de nouveau du caillou sur une route, sur une chaussée qui s'abaisse.

RECHARGER, v. tr. [ʀəʃaʀʒe] (*re-* et *charger*) Charger de nouveau d'une charge le porteur. *Recharger des chevaux.* ♦ Charger de nouveau une charge sur le porteur. « *C'est, dit-il, afin de m'aider À recharger ce bois* », LA FONTAINE. ♦ Charger de nouveau une arme à feu. ♦ **Absol.** *Rechargez.* ♦ Attaquer de nouveau l'ennemi. ♦ ▷ Donner un nouvel ordre pressant. *Je vous ai chargé et rechargé de lui expliquer ce fait.* ◁ ♦ *Recharger une voie de chemin de fer, une route,* y faire le rechargement. ♦ Ajouter à un outil de la matière propre à réparer les parties usées. *Recharger un essieu.* ♦ *Recharger un plancher,* remettre à neuf les parties détériorées. ♦ Apporter de la terre sur un champ qui n'en a pas assez. ♦ Se recharger, **v. pr.** Reprendre une charge. ■ Remettre dans un appareil ce qui est nécessaire à son fonctionnement. *Recharger un appareil photo.* ■ Remettre en charge. *Recharger une pile.*

RECHASSÉ, ÉE, p. p. de rechasser. [ʀəʃase]

RECHASSER, v. tr. [ʀəʃase] (*re-* et *chasser*) Expulser une seconde fois, de nouveau. ♦ Repousser d'un lieu dans un autre. *Rechassez ces bêtes dans l'étable. Rechasser les ennemis.* ♦ Pousser une seconde fois un objet mobile. *La balle est chassée et rechassée.* ♦ **V. intr.** Chasser de nouveau dans un endroit où on avait déjà chassé.

RÉCHAUD, n.m. [ʀeʃo] (*réchauffer,* prob. par réfection d'après *chaud* du moy. fr. *réchauf*) ▷ Ustensile de ménage dans lequel on met du feu pour se tenir les mains, les pieds chauds. ◁ ■ Ustensile en plaqué ou en argent dont le couvercle a la forme d'un plat ; dans l'intérieur on place une grosse bougie qui chauffe ce couvercle, sur lequel les plats sont tenus chauds pendant le repas. ■ Appareil portatif utilisé pour chauffer ou faire cuire les aliments. *Un réchaud électrique, à gaz.* ■ **Hortic.** Fumier chaud utilisé pour réchauffer la terre à laquelle il est mêlé. *Mouiller le réchaud.*

RÉCHAUFFAGE, n. m. [ʀeʃofaʒ] (*réchauffer*) Fait de réchauffer quelque chose. *Le réchauffage par induction lors de la transformation des métaux.*

RÉCHAUFFÉ, ÉE, p. p. de réchauffer. [ʀeʃofe] N. m. Une chose réchauffée. *Ce dîner n'est que du réchauffé.* ♦ **Fig.** et **fam.** « *Le mahométisme n'est qu'un réchauffé du judaïsme* », VOLTAIRE. ♦ *C'est du réchauffé,* se dit communément d'une allégation, accusation, épigramme, etc., qu'on ressuscite après oubli. ■ **Adj.** Qui a été réchauffé. *Un plat réchauffé.* ♦ **Fig.** Qui est ranimé inutilement. *Une dispute réchauffée.*

RÉCHAUFFEMENT, n. m. [ʀeʃof(ə)mɑ̃] (*réchauffer*) Action d'échauffer de nouveau. ♦ En jardinage, fumier neuf qu'on met dans les couches refroidies pour les réchauffer. ■ Fait de se réchauffer. *Le réchauffement de la planète.*

RÉCHAUFFER, v. tr. [ʀeʃofe] (*re-* et *échauffer*) Chauffer ce qui était refroidi. *Faites réchauffer ce potage.* ♦ **Fig.** *C'est un serpent que j'ai réchauffé dans mon sein,* c'est un ingrat qui tourne contre moi mes propres bienfaits. ♦ Il se dit quelquefois simplement pour *échauffer.* ♦ **Fig.** Exciter la chaleur de cœur. « *Réchauffez un cœur glacé* », MME DE SÉVIGNÉ. ♦ Exciter le zèle. ♦ Ranimer, en parlant de sentiments. *Cela réchauffe la foi. Réchauffer une ancienne amitié.* ♦ Donner une plus grande chaleur. **Jard.** *Réchauffer une couche,* mettre du fumier neuf. ♦ Se réchauffer, **v. pr.** Échauffer son corps, qui s'était refroidi. ♦ **Fig.** Reprendre une nouvelle vivacité. « *L'amitié se réchauffe quand on est dans les mêmes intérêts* », MME DE SÉVIGNÉ. ■ Devenir plus chaud. *Les mers se réchauffent.* ■ *Certains aliments ne se réchauffent pas.*

RÉCHAUFFEUR, ■ n.m. [ʀeʃofœʀ] (*réchauffer*) **Techn.** Dispositif intégré à une chaudière, utilisé pour élever la température d'un liquide et récupérer la chaleur du foyer.

RÉCHAUFFOIR, n.m. [ʀeʃofwaʀ] (*réchauffer*) ▷ Fourneau qui sert à réchauffer les plats. ◁

RECHAUSSÉ, ÉE, p. p. de rechausser. [ʀəʃose]

RECHAUSSEMENT, n.m. [ʀəʃos(ə)mɑ̃] (*rechausser*) Action de rechausser un arbre.

RECHAUSSER, v. tr. [ʀəʃose] (*re-* et *chausser*) Chausser de nouveau. *Rechausser un enfant.* ♦ **Jard.** Amasser de la terre au pied d'une plante, d'un arbre, pour protéger et couvrir ses racines. ♦ **Archit.** Refaire le pied d'une vieille construction. *Rechausser un mur.* ♦ *Rechausser une roue* ou *une machine dentée,* y remettre des dents. ♦ Se rechausser, **v. pr.** Se chausser de nouveau. ■ **V. tr.** Ferrer un cheval qui n'a plus de fers. ■ **Autom.** Remettre des pneus neufs à un véhicule.

RÊCHE, ■ adj. [ʀɛʃ] (anc. fr. *resque,* de l'anc. b. frq. *rubisk,* rude, âpre) Âpre, rude au goût. *Pomme, poire rêche.* ♦ Rude au toucher. *Cette étoffe est rêche.* ♦ **Fig.** et **fam.** Rétif, difficile à vivre. *Esprit rêche.* ■ **Rem.** Le premier sens est rare.

RECHERCHE, n. f. [RəʃɛRʃ] (*rechercher*) Voy. RECHERCHER. Action de rechercher pour trouver quelqu'un ou quelque chose. *Il ordonna la recherche des déserteurs. La recherche des sources du Nil.* ◆ **Fig.** Action de rechercher pour se procurer des choses morales, intellectuelles. *La recherche de la vérité.* « *L'âme s'appauvrit dans cette recherche des plaisirs* », BOSSUET. ◆ ▷ *Recherche de pavé, recherche de couverture,* la réparation qui s'y fait en mettant de nouvelles pierres ou de nouvelles ardoises à la place de celles qui manquent. ◁ ◆ ▷ Eaux et forêts. Opération par laquelle on s'assure des arbres qui manquent et qui doivent être remplacés. ◁ ◆ Enquête judiciaire. ◆ Examen de la vie et des actions de quelqu'un. ◆ **Au pl.** Études sur quelques points de la science ou de l'érudition. *Des recherches historiques, philosophiques, etc.* ◆ ▷ Poursuite qu'un homme fait en vue d'épouser une femme. ◁ ◆ Il se dit, dans un sens analogue, de l'empressement à se lier avec quelqu'un. ◆ Raffinement (ordinairement avec une idée de blâme). *Vêtu avec une extrême recherche. Des recherches de cruauté. Recherche des expressions.* ■ **Psych.** *Recherche-action,* démarche méthodologique relative au positionnement du chercheur à l'égard de son objet d'étude et de son terrain d'investigation, à la possibilité pour les sciences sociales de participer consciemment à un processus de changement social sans renoncer à leur caractère scientifique à leur objectivité, et à la possibilité de participer à l'élaboration d'une théorie de leurs pratiques. *Des recherches-actions.* ■ **Écon.** *Recherche-développement,* ensemble des travaux de recherche relatifs à la conception, à la mise au point et à la fabrication de nouveaux produits. *Des recherches-développements.*

RECHERCHÉ, ÉE, p. p. de rechercher. [RəʃɛRʃe] **Peint. et sculpt.** *Figure bien recherchée,* figure bien travaillée jusque dans les moindres détails. ◆ Qui a du raffinement. « *Une mort des plus recherchées et des plus affreuses qu'on puisse imaginer* », VOLTAIRE. ◆ Il se dit des choses où le soin, l'art, le travail vont jusqu'à l'affectation. *Des expressions recherchées.* ◆ On le dit aussi en parlant des personnes. *Écrivain recherché.* ◆ ▷ **N. m.** Ce qui est empreint de recherche, d'affectation. *Évitez le recherché.* ◁

RECHERCHER, v. tr. [RəʃɛRʃe] (*re-* et *chercher*) Chercher de nouveau. ◆ Revisiter, revoir. *Je venais rechercher le passé qui n'était plus* », J.-J. ROUSSEAU. ◆ Chercher avec soin. « *À rechercher le vrai j'ai consumé ma vie* », VOLTAIRE. ◆ Faire enquête des actions ou de la vie de quelqu'un. « *On recherca sa conduite* », VOLTAIRE. ◆ Faire enquête pour exercer des poursuites criminelles. ◆ **Fig.** « *Dieu ne recherche point, aveugle en sa colère, Sur le fils qui le craint, l'impiété du père* », RACINE. ◆ Il se disait des poursuites exercées contre les traitants pour les contraindre à faire des restitutions. ◆ Tâcher de procurer, d'obtenir, d'effectuer. *Rechercher la gloire.* « *Les rois qui recherchaient l'alliance de Rome* », BOSSUET. ◆ ▷ Rechercher avec *de* et un infinitif. « *Tous les hommes recherchent d'être heureux* », PASCAL. ◁ ◆ Désirer de voir ou de connaître quelqu'un, de l'entendre, de le lier avec lui. *Rechercher en mariage* ou simplement *rechercher une femme,* faire les poursuites nécessaires pour l'épouser. ◆ ▷ **Art** Réparer avec soin les moindres défauts d'un ouvrage. ◁ ◆ **Se rechercher**, v. pr. Avoir le désir de se connaître l'un l'autre. ◆ ▷ Vouloir se marier l'un avec l'autre. ◁ ◆ Apporter de la recherche à sa parure, à son langage, à sa manière de vivre. « *Les femmes se composent, se recherchent* », LA BRUYÈRE. « *On prétend que les Persanes se recherchent encore plus sur la propreté que les Turques* », BUFFON.

RECHIGNÉ, ÉE, p. p. de rechigner. [R(ə)ʃiɲe] ou [R(ə)ʃiɲje] Qui a l'air maussade. ◆ **N. m. et n. f.** *Un rechigné.* ◆ On dit de même : *Un visage rechigné, une mine rechignée.*

RECHIGNER, v. intr. [R(ə)ʃiɲe] ou [R(ə)ʃiɲje] (*re-* et anc. b. frq. *kinan,* tordre la bouche) **Fam.** Donner des marques de refus, de dégoût, d'aversion, par une grimace qui porte principalement sur la lèvre. « *Le malheureux... Mange [un ail] et rechigne ainsi que fait un chat Dont les morceaux sont frottés de moutarde* », LA FONTAINE. ◆ Rechigner à. *Il rechignait à faire cela. Rechigner à une proposition.* ◆ On dit aussi ; *Rechigner de,* avec un infinitif. ■ Montrer de la mauvaise volonté à faire quelque chose. *Rechigner à faire quelques concessions.*

RECHOIR, v. intr. [RəʃwaR] (*re-* et *choir*) ▷ T. vieilli qui n'est guère usité qu'à l'infinitif et au participe passé *rechu.* Tomber de nouveau. ◆ **Fig.** Retomber dans une même maladie ou dans une même faute. ◁

RECHRISTIANISER, ■ v. tr. [RəkRistjanize] (*re-* et *christianiser*) Ramener un pays, une population déchristianisés à la foi chrétienne et inciter à la pratique de cette foi. *Rechristianiser la société.*

RECHU, UE, p. p. de rechoir. [Rəʃy]

RECHUTE, n. f. [Rəʃyt] (*re-* et *choir,* d'apr. *chute*) Seconde ou nouvelle chute. ◆ Réapparition d'une maladie pendant ou peu après la convalescence. « *Il y a des rechutes dans les maladies de l'âme comme dans celles du corps* », LA ROCHEFOUCAULD. « *La rechute ordinaire et habituelle dans le péché rend la pénitence passée infiniment suspecte* », BOURDALOUE. ◆ Retour à une ancienne habitude, à un ancien sentiment.

RECHUTER, ■ v. intr. [Rəʃyte] (*rechute*) Faire une rechute, retomber dans une maladie ou un mal. *Il était presque guéri lorsqu'il a rechuté.* ■ Retourner à une ancienne habitude, généralement mauvaise. *Un toxicomane qui rechute.*

RÉCIDIVANT, ANTE, ■ adj. [residivã, ãt] (*récidiver*) **Méd.** Se dit d'une maladie qui paraissait guérie et qui récidive pendant ou peu après la convalescence. *Un herpès cutané récidivant.*

RÉCIDIVE, n. f. [residiv] (lat. médiév. *recidiva,* du lat. class. *recidere,* retomber) **Méd.** Réapparition d'une maladie après le rétablissement complet de la santé, au bout d'un laps de temps indéfini. ◆ Action de retomber en la même faute, le même délit, le même crime. ◆ Faute d'action ou de langage où l'on retombe.

RÉCIDIVÉ, ÉE, p. p. de récidiver. [residive] *Les criminels récidivés.* **N. m. et n. f.** *Les récidivés.*

RÉCIDIVER, v. intr. [residive] (lat. médiév. *recidivare,* de *recidiva,* récidive) Se conjugue avec *être* ou *avoir,* suivant le sens. **Méd.** Avoir une récidive, reparaître. *Cette tumeur récidivera.* ◆ **Jurispr.** Faire une récidive, commettre de nouveau le même délit, le même crime. ■ Refaire les mêmes fautes, les mêmes erreurs. *Les commerciaux ont mal ciblé le public l'an dernier, ils ne récidiveront pas cette année.*

RÉCIDIVISTE, n. m. et n. f. [residivist] (*récidive*) Personne qui, après avoir été condamnée pour un délit ou crime, commet le même délit, le même crime. ■ Personne qui retombe dans les mêmes erreurs.

RÉCIDIVITÉ, n. f. [residivite] (*récidive*) **Méd.** Néolog. Tendance qu'ont certaines tumeurs à récidiver, à repulluler. ◆ Tendance à tomber en récidive, en parlant des criminels. ■ REM. N'est plus un néologisme aujourd'hui.

RÉCIF, n. m. [resif] (esp. *ar recife,* récif, de l'ar. *ar-rasif*) Chaîne de rochers à fleur d'eau. ■ *Récif corallien,* récif formé par l'ensemble des coraux dans les mers tropicales et permettant d'abriter un très grand nombre d'espèces appartenant à des groupes zoologiques variés. *Le blanchiment des coraux constitue une menace pour les récifs coralliens.* ■ REM. On écrivait aussi *rescif* et *ressif* autrefois.

RÉCIFAL, ALE, ■ adj. [resifal] (*récif*) Relatif aux récifs. *Les écosystèmes récifaux.*

RÉCIPÉ, n. m. [resipe] (lat. *recipe,* prenez, de *recipere*) ▷ Mot latin qui signifie *prenez,* et par lequel le médecin commence une formule. Ce mot s'écrit ordinairement en abrégé par un R dont la seconde jambe est barrée, ℞. ◆ Ordonnance ou formule médicale indiquant le remède que doit prendre un malade. ◆ **Par extens.** Toute sorte de recettes et de formules de remèdes. ◆ **Au pl.** *Des récipés.* ◁

RÉCIPIENDAIRE, n. m. [resipjãdɛR] Celui que l'on reçoit dans quelque compagnie avec une certaine solennité. ■ Personne qui reçoit un diplôme universitaire, une récompense, une médaille, etc. *Elle est récipiendaire de plusieurs prix littéraires.*

RÉCIPIENT, n. m. [resipjã] (lat. *recipiens,* qui reçoit, de *recipere*) Vase adapté à la cornue ou à l'alambic, pour recevoir les gaz qui s'échappent, ou les liquides qu'on distille. ◆ Cloche de verre qu'on place sur le plateau d'une machine pneumatique, pour recevoir les corps qu'on veut mettre dans le vide. ■ Ustensile creux pouvant contenir des substances liquides, solides ou gazeuses. *Un saladier est un récipient.*

RÉCIPROCITÉ, n. f. [resiprosite] (lat. tard. *reciprocitas*) Qualité, caractère de ce qui est réciproque. *Réciprocité de services.*

RÉCIPROQUE, adj. [resipRɔk] (lat. *reciprocus,* qui revient à son point de départ) Alternatif, qui va en sens inverse. ◆ *Vers réciproques,* vers latins qu'on peut lire en commençant par le dernier mot, sans que la mesure et le sens soient détruits. ◆ **Log.** *Propositions réciproques,* deux propositions telles que le sujet de l'une peut devenir l'attribut de l'autre, et l'attribut de l'une le sujet de l'autre. ◆ **N. f.** *La réciproque,* l'inverse d'une proposition démontrée. ◆ *Termes réciproques,* termes qui ont la même signification, et qui peuvent prendre l'un pour l'autre. ◆ **Math.** *Figures réciproques,* celles dont les côtés se peuvent comparer, de manière que l'antécédent d'une raison et le conséquent de l'autre se trouvent dans la même figure. ◆ Qui se communique de l'un à l'autre, mutuel. *Un choc réciproque.* « *Le roi, le sénat et le peuple étaient, pour ainsi dire, dans une dépendance réciproque* », VERTOT. ◆ **N. m. Fam.** *Le réciproque,* la pareille. *Recevoir le réciproque.* ◆ **Gramm.** *Verbes réciproques,* verbes qui expriment l'action mutuelle de plusieurs sujets les uns sur les autres, par exemple : Ils se frappent. ■ **Adj.** Qui implique des échanges équivalents entre deux entités. *Se promettre une confiance réciproque.* ■ **N. f. Math.** *La réciproque,* caractère réciproque d'une fonction mathématique. ■ **Log.** *La réciproque,* caractère réciproque d'une proposition logique. ■ Action inverse ; affirmation inverse. *Tu es toujours gentille avec lui, mais la réciproque n'est pas vraie.*

RÉCIPROQUEMENT, adv. [ʀesipʀɔk(ə)mɑ̃] (*réciproque*) D'une manière inverse, en retour. « *Les enfants peut-être seraient plus chers à leurs pères, et réciproquement les pères à leurs enfants, sans le titre d'héritiers* », La Bruyère. ♦ *Et réciproquement*, se dit d'une manière elliptique pour représenter la proposition réciproque. ♦ Mutuellement. *Se nuire réciproquement.*

RÉCIPROQUER, ▪ v. intr. [ʀesipʀoke] (lat. *reciprocare*, ramener de nouveau en arrière) **Belg.** Rendre la pareille. *Aider des personnes qui ne demandent qu'à réciproquer.* ▪ V. tr. Adresser ses vœux en retour.

RÉCIT, n. m. [ʀesi] (*réciter*) Voy. **RÉCITER**. Action de raconter une chose. « *L'éloquence de la chaire n'est pas propre au récit des combats et des batailles* », Fléchier. ♦ Dans l'art dramatique, la narration détaillée d'un événement qui vient de se passer. « *Ce qu'on ne doit point voir, qu'un récit nous l'expose* », Boileau. ♦ **Fam.** Langage avantageux que l'on tient sur quelqu'un. *Faire un grand récit, de grands récits de quelqu'un ou de quelque chose.* ♦ **Mus.** Ce qui est chanté par une voix seule ou joué par un instrument seul. ♦ Partie qui dans une symphonie exécute le sujet principal. ♦ Syn. ancien de récitatif. ▪ **Mus.** L'un des claviers de l'orgue.

RÉCITAL, ▪ n. m. [ʀesital] (angl. *recital*, de *to recite*, réciter) Concert, tour de chant. *Des récitals de musique classique.* ▪ *Un récital poétique*, séance pendant laquelle un artiste dit des poèmes.

RÉCITANT, ANTE, adj. [ʀesitɑ̃, ɑ̃t] (*réciter*) **Mus.** Se dit des voix et des instruments qui exécutent seuls. ♦ *Partie récitante*, celle qui est chantée par une seule voix ou exécutée par un seul instrument, ou celle qui exécute le sujet principal. ▪ **N. m. et n. f.** Personne qui dit un texte permettant la compréhension de l'action dans un film, une pièce de théâtre, une émission radiophonique. ♦ Personne qui chante un récit. *Le récitant de la* Passion selon saint Jean *de Bach.*

RÉCITATEUR, n. m. [ʀesitatœʀ] (lat. *recitator*) Celui qui récite.

RÉCITATIF, n. m. [ʀesitatif] (ital. *recitativo*, de *recitare*, réciter) Musique dramatique. Chant qui n'est mesuré que par à peu près ; il représente la parole ordinaire. ♦ *Récitatif libre*, le récitatif accompagné seulement par la basse et le piano. ♦ *Récitatif obligé*, récitatif entremêlé de ritournelles et de traits de symphonie.

RÉCITATION, n. f. [ʀesitasjɔ̃] (lat. *recitatio*) Action de réciter. *La récitation des leçons.* ♦ Action de réciter en musique. ▪ Texte littéraire, généralement un poème, que les élèves doivent apprendre par cœur pour le réciter à voix haute. *Apprendre sa récitation.*

RÉCITÉ, ÉE, p. p. de réciter. [ʀesite]

RÉCITER, v. tr. [ʀesite] (lat. *recitare*, lire en public) Faire à haute voix lecture de quelque ouvrage. *Réciter des vers.* ♦ Prononcer quelque chose que l'on sait par cœur, à haute voix, d'une manière soutenue. ♦ *Réciter sa leçon*, se dit de l'exercice scolaire qui consiste à redire à haute voix une chose apprise par cœur. ♦ Raconter, faire un récit. *Réciter une histoire.* ♦ Rapporter, citer. « *Voilà le passage entier du saint prophète Isaïe, dont je n'avais récité que les premières paroles* », Bossuet. ♦ **Mus.** Chanter ou exécuter un récit. ♦ Se réciter, v. pr. Être récité, raconté. ▪ Dire quelque chose qui n'est ni vrai ni sincère. *Ils récitèrent exactement les mêmes excuses.*

RÉCITEUR, n. m. [ʀesitœʀ] (*réciter*) ▷ Syn. familier de récitateur. *Des réciteurs de méchants vers.* ◁

RÉCLAMANT, ANTE, n. m. et n. f. [ʀeklamɑ̃, ɑ̃t] (*réclamer*) **Jurispr.** Celui, celle qui présente une réclamation.

RÉCLAMATEUR, n. m. [ʀeklamatœʀ] (*réclamer*) Celui qui réclame, redemande. « *Les réclamateurs des droits de Dieu et des rois* », Mirabeau.

RÉCLAMATION, n. f. [ʀeklamasjɔ̃] (lat. *reclamatio*) Action de réclamer, de revendiquer, de revenir contre quelque chose. *Faire une réclamation. La réclamation d'une créance.* ♦ *Être en réclamation*, avoir réclamé et attendre le résultat de sa réclamation. ♦ *Réclamation d'état*, action judiciaire ayant pour objet de faire statuer sur l'état civil d'une personne à laquelle cet état est contesté. ▪ **Sp.** Plainte contre un adversaire.

1 **RÉCLAME**, n. f. [ʀeklam] (fém. de l'anc. fr. *reclain*, rappel, de *réclamer*) Voy. **RÉCLAMER**. **Impr.** Mot ou quelques syllabes d'un mot qu'on imprime au bas d'une page, et qu'on réitère au commencement de la page suivante, pour faire connaître l'ordre exact des pages et des feuilles. ♦ Note manuscrite qui rappelle au correcteur le dernier mot et le dernier folio d'une épreuve. ♦ Se dit aussi des mots qui, dans une pièce de théâtre, terminent chaque couplet et avertissent l'interlocuteur que c'est à lui de parler. ♦ ▷ Néolog. Petit article inséré à part dans les annonces, dans le corps d'un journal, et contenant l'éloge d'un livre, d'un objet d'art, de commerce, etc. ◁ ♦ **Par extens.** L'art de chauffer un succès. ▪ **Vieilli** *La réclame*, la publicité. ▪ *En réclame*, vendu à prix réduit.

2 **RÉCLAME**, n. m. [ʀeklam] (anc. fr. *reclain*, appât, de *réclamer*) Voy. **RÉCLAMER**. **Fauconn.** Cri, signe pour faire revenir un oiseau au leurre ou sur le poing. *Oiseau qui revient au réclame.* ♦ Sorte de pipeau pour attirer des oiseaux dans les pièges.

RÉCLAMÉ, ÉE, p. p. de réclamer. [ʀeklame]

RÉCLAMER, v. intr. [ʀeklame] (lat. *reclamare*, protester) S'opposer de paroles, contredire. *Il réclame contre la proposition.* ♦ Faire une réclamation. ♦ Protester, revenir contre quelque acte. « *Tout acte qui est extorqué par la force ouverte est nul de tout droit, et réclame contre lui-même* », Bossuet. ▪ V. tr. Implorer, demander avec instance. *Je réclame votre indulgence.* ♦ Réclamer *les saints*, invoquer leur secours. ♦ Demander une chose due ou juste. *Réclamer le prix d'un travail.* ♦ Déclarer sien. « *Il n'y a pas une belle institution dans les siècles modernes que le christianisme ne réclame* », Chateaubriand. ♦ Demander en justice. ♦ Exiger, avec un nom de chose pour objet. *Les soins que réclame la vigne.* ♦ S'interposer en faveur de quelqu'un. ♦ Demander que quelqu'un soit remis à telle juridiction. ♦ **Fauconn.** Appeler un oiseau pour le faire revenir sur le poing ou au leurre. ♦ *Réclamer les chiens*, leur sonner la retraite et les appeler à soi. ♦ Se réclamer, v. pr. Dans l'ancienne jurisprudence, faire un appel. *Se réclamer de cour inférieure en cour suzeraine.* ♦ Aujourd'hui et dans le langage général, *se réclamer de quelqu'un*, déclarer qu'on est connu de lui, qu'on est à son service, qu'on est son parent. ♦ *Se réclamer de quelque chose*, invoquer cette chose en sa faveur. ♦ *Se réclamer*, s'appeler l'un l'autre, en parlant de certains oiseaux. ▪ V. tr. *Réclamer quelqu'un*, réclamer sa présence. *Ce petit enfant réclame sa mère.*

RECLASSER, ▪ v. tr. [ʀəklase] (*re-* et *classer*) Effectuer un nouveau classement. *Reclasser un dossier.* ▪ Attribuer un nouveau poste, un nouvel emploi à quelqu'un qui a été contraint de renoncer à sa précédente activité. *Reclasser des chômeurs.* ▪ Revaloriser la situation, les salaires d'une catégorie professionnelle en se rapportant à d'autres catégories. *Reclasser les traitements des vacataires.* ▪ RECLASSEMENT, n. m. [ʀəklas(ə)mɑ̃]

RECLOUÉ, ÉE, p. p. de reclouer. [ʀəklue]

RECLOUER, v. tr. [ʀəklue] (*re-* et *clouer*) Clouer de nouveau.

RECLURE, v. tr. [ʀəklyʀ] (b. lat. *recludere*, enfermer, du lat. class. *recludere*, ouvrir) Usité seulement à l'infinitif et aux temps composés : *j'ai reclus, j'avais reclus, etc.* Renfermer dans une clôture rigoureuse, priver de toute communication avec le reste des hommes. ♦ Se reclure, v. pr. S'enfermer et ne voir personne.

RECLUS, USE, p. p. de reclure. [ʀəkly, yz] Qui vit dans la retraite. *Il est demeuré reclus tout l'hiver. Il est reclus dans sa chambre.* ♦ **N. m. et n. f.** *Un reclus, une recluse*, celui, celle qui vit dans la clôture. ▪ Personne qui vit enfermée, cloîtrée. *Un moine reclus.*

RÉCLUSION, n. f. [ʀeklyzjɔ̃] (lat. médiév. *reclusio*, de *recludere*, reclure) État d'une personne renfermée. *Il vit dans une véritable réclusion.* ♦ Peine infligée aux personnes qu'on enferme dans une maison de force. *Condamné à la réclusion.* ♦ L'Académie dit que quelques-uns écrivent et prononcent *réclusion.* ▪ Rem. On disait autrefois *reclusion.*

RÉCLUSIONNAIRE, n. m. et n. f. [ʀeklyzjɔnɛʀ] (*réclusion*) Se dit des condamnés à la réclusion. ▪ Rem. On disait autrefois *reclusionnaire.*

RECOGNÉ, ÉE, p. p. de recogner. [ʀəkɔɲe] ou [ʀəkɔnje]

RECOGNER, v. tr. [ʀəkɔɲe] ou [ʀəkɔnje] (*re-* et *cogner*) Cogner de nouveau. ♦ ▷ Fig. Renforcer, faire rentrer. *Recogner ses larmes.* ◁ ♦ ▷ Repousser. *Nos troupes recognèrent l'ennemi.* ◁ ♦ En ce sens, il a vieilli. ♦ ▷ **Pop.** Repousser durement, battre. ◁

RÉCOGNITIF, IVE, adj. [ʀekɔɲitif] (rad. du lat. *recognitum*, de *recognoscere*, reconnaître) Qui sert à reconnaître. *Les signes récognitifs.* ♦ **Jurispr.** *Acte récognitif*, acte par lequel on reconnaît une obligation, en rappelant le titre qui l'a créée.

RÉCOGNITION, n. f. [ʀekɔɲisjɔ̃] (lat. *recognitio*, inspection, reconnaissance, de *recognoscere*, reconnaître) Action de reconnaître. ♦ Acte de la mémoire qui reconnaît une idée perdue pendant quelque temps, au moment même où la perception reproduit cette idée.

RECOIFFÉ, ÉE, p. p. de recoiffer. [ʀəkwafe]

RECOIFFER, v. tr. [ʀəkwafe] (*re-* et *coiffer*) Coiffer une seconde fois, réparer le désordre d'une coiffure. ♦ Se recoiffer, v. pr. Raccommoder sa coiffure. ▪ Remettre son chapeau. *Après avoir salué l'assemblée, il se recoiffa.*

RECOIN, n. m. [ʀ(ə)kwɛ̃] (*re-* et *coin*) Coin plus caché, moins en vue. *Visiter tous les coins et recoins.* ♦ **Fig.** « *Ces notions privilégiées qui sont placées dans un recoin de sa cervelle* », Diderot. ▪ **Par extens.** Lieu retiré. « *L'homme, sans lumière, abandonné à lui-même et comme égaré dans ce recoin de l'univers* », Pascal. ♦ **Fig.** Ce qu'il y a de plus caché. ♦ *Les recoins du cœur, de la conscience*, ce qu'il y a de plus caché dans le cœur, dans la conscience.

RÉCOLÉ, ÉE, p. p. de récoler. [ʀekɔle]

RÉCOLEMENT, n. m. [ʀekɔl(ə)mɑ̃] (*récoler*) **Jurispr.** Action de récoler des témoins. ♦ **Procéd.** Vérification. *Faire le récolement d'un inventaire.* ♦ Procès-verbal des agents forestiers constatant si une coupe de bois a été faite conformément à l'ordonnance. ▪ **Dr.** Vérification des objets et meubles saisis. *Un procès-verbal de récolement.* ▪ **Jurispr.** La déclaration qui résulte du récolement de témoins.

RÉCOLER, v. tr. [ʀekɔle] (lat. class. *recolere*, passer en revue) **Jurispr.** Faire lecture à des témoins de leurs propres dépositions, pour savoir d'eux s'ils confirment ce qu'ils ont déclaré. ▪ **Dr.** Procéder au récolement. *Huissier qui récole du mobilier.*

RECOLLAGE, ▪ n. m. [ʀəkɔlaʒ] (*recoller*) Action de coller de nouveau. *Le recollage d'une reliure.* ▪ **REM.** On dit aussi *recollement*, plus rare et vieilli.

RECOLLÉ, ÉE, p. p. de recoller. [ʀekɔle]

RÉCOLLECTION, n. f. [ʀekɔlɛksjɔ̃] (lat. médiév. *recollectio*, rassemblement, recueillement) **Spiritualité.** Sorte de méditation par laquelle on se recueille. ▪ **Philos.** Effort que fait la mémoire pour retrouver une idée qu'elle a perdue, en l'absence de la perception qui pourrait reproduire cette idée. ▪ Retraite spirituelle.

RECOLLEMENT, n. m. [ʀəkɔl(ə)mɑ̃] Voy. **RECOLLAGE**.

RECOLLER, v. tr. [ʀəkɔle] (*re-* et *coller*) Coller de nouveau. ♦ **Se recoller**, v. pr. Être recollé. ▪ **V. tr. Sp.** Rejoindre après s'être laissé distancé. *Recoller au peloton.* ▪ Réparer quelque chose en le recollant. *Recoller les morceaux d'un vase brisé.*

RÉCOLLET, n. m. [ʀekɔlɛ] (lat. médiév. *recollectus*, du lat. class. *recolligere*, recueillir) Nom de religieux réformés de l'ordre de Saint-François.

RÉCOLLETTE, n. f. [ʀekɔlɛt] (*récollet*) ▷ Membre de certaines communautés de femmes, de l'ordre de Saint-François. ◁

RÉCOLLIGÉ, ÉE, p. p. de récolliger. [ʀekɔliʒe] ♦ « *Une âme silencieuse et parfaitement récolligée* », **Bossuet**. ◁

RÉCOLLIGER (SE), v. pr. [ʀekɔliʒe] (lat. class. *recolligere*, recueillir) ▷ **Spiritualité.** Se recueillir en soi-même. ◁

RÉCOLTABLE, ▪ adj. [ʀekɔltabl] (*récolter*) Que l'on peut récolter. *Des arbres fruitiers récoltables pendant l'été.*

RÉCOLTANT, ANTE, adj. [ʀekɔltɑ̃, ɑ̃t] (*récolter*) Se dit de celui, de celle qui récolte. *Fermier récoltant.* ▪ N. m. et f. *Acheter son vin directement chez le récoltant.*

RÉCOLTE, n. f. [ʀekɔlt] (ital. *ricolta*, du lat. *recolligere*, recueillir) Action de couper, d'arracher les produits du sol et de les transporter dans le lieu où ils doivent être conservés jusqu'au moment de leur utilisation. ♦ **Fig.** Il se dit de certaines choses qu'on reçoit ou qu'on rassemble. *Cette quêteuse a fait une bonne récolte. Il a fait une bonne récolte d'observations.* ♦ Biens de la terre récoltés. *Vendre une récolte sur pied.* ▪ **Par anal.** Ce que l'on recueille, récolte. *La récolte du miel.*

RÉCOLTÉ, ÉE, p. p. de récolter. [ʀekɔlte]

RÉCOLTER, v. tr. [ʀekɔlte] (*récolte*) Faire une récolte. ♦ **Fig.** *Je me suis mêlé de cette affaire ; je n'y ai récolté que des injures. Récolter des faits, des anecdotes, etc.* ♦ **Se récolter**, v. pr. Être récolté. ▪ **Prov.** *Qui sème le vent récolte la tempête*, on subit les conséquences de ce que l'on a provoqué.

RÉCOLTEUR, EUSE, ▪ n. m. et n. f. [ʀekɔltœʀ, øz] (*récolter*) Personne chargée de faire la récolte.

RECOMBINAISON, ▪ n. f. [ʀəkɔ̃binɛzɔ̃] (*recombiner*) **Biol.** *Recombinaison génétique*, processus au cours duquel s'effectue un réagencement de l'ordre des gènes le long de la molécule d'ADN, pouvant entraîner des mutations dans la descendance par rapport aux parents. *Évolution par recombinaison génétique.* ▪ **Chim.** Formation d'une nouvelle entité chimique à partir d'éléments dissociés.

RECOMBINANT, ANTE, ▪ adj. [ʀəkɔ̃binɑ̃, ɑ̃t] (*recombiner*) **Biol.** Se dit d'une molécule ou d'une cellule obtenue par recombinaison génétique. *ADN recombinant.*

RECOMBINER, ▪ v. tr. [ʀəkɔ̃bine] (*re-* et *combinaison*) Présenter des éléments dans une nouvelle combinaison, dans un nouvel ordre. *Recombiner des informations.* **Chim.** et **biol.** Effectuer une recombinaison. *Une enzyme ayant la capacité de recombiner l'ADN.*

RECOMMANDABLE, adj. [ʀəkɔmɑ̃dabl] (*recommander*) Qui est digne de recommandation, estimable. *Un homme recommandable.* ♦ Il se dit aussi des choses. *Une vertu recommandable.*

RECOMMANDATION, n. f. [ʀəkɔmɑ̃dasjɔ̃] (*recommander*) Voy. **RECOMMANDER**. Action de recommander quelqu'un. *Une lettre de recommandation.* ♦ *Prière de la recommandation de l'âme*, la prière que l'Église catholique fait à Dieu pour les agonisants. ♦ Avis que les curés donnent dans leurs prônes de faire quelque aumône ou quelques prières pour des personnes qu'ils désignent. ♦ Il se dit aussi des choses qui servent de recommandation. « *Quelle horrible peine à un homme qui est seul et qui n'a que beaucoup de mérite pour toute recommandation, de se faire jour à travers l'obscurité où il se trouve !* », **La Bruyère**. ♦ ▷ *En recommandation*, digne d'être estimé, en parlant des choses. « *J'ai l'honneur en recommandation* », **Molière**. ◁ Conseils pressants, injonctions. *Il a suivi vos recommandations.* ▪ Garantie par laquelle un expéditeur s'assure, moyennant une taxe, qu'un pli postal sera remis en main propre au destinataire.

RECOMMANDÉ, ÉE, p. p. de recommander. [ʀəkɔmɑ̃de] **N. m.** Pli auquel s'applique la recommandation postale. *Un envoi en recommandé. Un recommandé avec accusé de réception.* ▪ **Adj.** *Une lettre recommandée.*

RECOMMANDER, v. tr. [ʀəkɔmɑ̃de] (*re-* et *commander*) Prier d'être favorable à, en parlant des personnes pour qui on s'intéresse. *Recommander un candidat.* ♦ **Absol.** *Il aime à recommander.* ♦ *Recommander son âme à Dieu*, prier Dieu d'avoir pitié de l'âme. ♦ *Recommander quelqu'un aux prières, aux aumônes des fidèles*, exhorter à prier pour lui, à lui faire quelque charité. ♦ ▷ *Recommander quelqu'un au prône*, le recommander aux prières ou aux charités des paroissiens, en faisant le prône. ◁ ♦ ▷ **Fig.** et **fam.** *Il a été bien recommandé au prône*, on a dit beaucoup de choses contre lui à quelqu'un qui peut lui nuire. ◁ ♦ **Pop.** Nuire à quelqu'un par ses paroles. ♦ ▷ Il se dit des choses auxquelles on prie de faire attention, de donner des soins. *Il vous a recommandé son affaire.* ▪ Rendre recommandable. *Rien ne le recommande.* ♦ Ordonner à quelqu'un, charger quelqu'un de faire quelque chose. *On m'a recommandé de veiller sur lui.* ♦ Exhorter à, conseiller fortement. *On lui a recommandé d'être sage.* ♦ *Recommander le secret à quelqu'un*, lui ordonner ou le prier de garder le secret. ♦ *Recommander un prisonnier*, retenir un prisonnier par un nouvel écrou. ♦ **Se recommander**, v. pr. Réclamer le secours, la protection, les bons offices de quelqu'un. ♦ *Se recommander à Dieu*, réclamer le secours de Dieu. ▪ **Fig.** *Se recommander à tous les saints et saintes du paradis*, implorer la protection de tout le monde. ♦ *Se recommander de quelqu'un*, invoquer en sa faveur le témoignage de quelqu'un. ♦ *Se recommander*, être recommandable. *Le vrai mérite se recommande de lui-même.* ▪ **V. tr.** Désigner quelque chose en en vantant les mérites. *Recommander un livre. Recommander un bon restaurant.* ▪ Expédier un pli avec la garantie que l'envoi sera livré en mains propres au destinataire. *Recommander une lettre, un colis.*

RECOMMANDEUR, n. m. [ʀəkɔmɑ̃dœʀ] (*recommander*) ▷ Celui qui recommande. ◁

RECOMMENCE, n. f. [ʀ(ə)kɔmɑ̃s] (*recommencer*) ▷ Se dit au jeu du nombre de points qu'on a au-delà de cent. *J'ai vingt de recommence.* ◁

RECOMMENCÉ, ÉE, p. p. de recommencer. [ʀ(ə)kɔmɑ̃se]

RECOMMENCEMENT, n. m. [ʀəkɔmɑ̃s(ə)mɑ̃] (*recommencer*) Action de recommencer. « *Ces recommencements de querelle* », **Mme de Sévigné**. ♦ Redite.

RECOMMENCER, v. tr. [ʀ(ə)kɔmɑ̃se] (*re-* et *commencer*) Commencer de nouveau à faire ce qui a été fait. « *Ainsi, recommençant un ouvrage vingt fois, Si j'écris quatre mots, j'en effacerai trois* », **Boileau**. ♦ **Fam.** *Recommencer de plus belle*, faire de nouveau quelque chose avec plus d'ardeur que la première fois. ♦ ▷ *Recommencer sur nouveaux frais*, recommencer de nouveau un travail, comme si rien n'en eût été fait. ◁ ♦ ♦ *Recommencer un élève*, faire reprendre les éléments à un élève qui a été mal commencé. ◁ ♦ **V. intr.** Faire de nouveau. « *Finissons ; mais demain, Muse, à recommencer* », **Boileau**. ♦ Dire de nouveau. ♦ **Fam.** *C'est toujours à recommencer*, on perd son temps, on n'achève pas, on n'obtient rien. ♦ Avoir un nouveau commencement. *Le jour recommence.* ♦ On dit *recommencer à* et *recommencer de* avec un infinitif. ▪ **V. intr. Fam.** *Ça recommence*, ça se produit de nouveau. *Et ça recommence : il s'était calmé, mais il devient à nouveau très pénible.* ▪ **V. tr. Fam.** et **ironiq.** *On prend les mêmes et on recommence*, rien ne va s'améliorer. ▪ Reprendre une activité où elle s'était arrêtée. *Reprendre le travail à 13 h.*

RECOMMENCEUR, EUSE, n. m. et n. f. [ʀ(ə)kɔmɑ̃sœʀ, øz] (*recommencer*) ▷ Celui, celle qui recommence. ♦ Celui, celle qui redit, qui se répète. ◁

RÉCOMPENSE, n. f. [ʀekɔ̃pɑ̃s] (*récompenser*) Voy. **RÉCOMPENSER**. Ce qu'on donne à quelqu'un qui a bien fait, ou en reconnaissance d'un service. ♦ En un sens contraire, châtiment. *Recevoir la récompense de son crime.* ♦ Dédommagement, compensation. *Pour récompense de ses sacrifices, on lui accorda une pension.* ♦ **Jurispr.** Compensation pécuniaire due soit à la communauté par un des époux, soit à l'un des époux par la communauté, lorsqu'on liquide cette communauté après la dissolution. ♦ *En récompense*, loc. adv. En revanche, par une sorte de compensation. « *L'on mange peu, l'on boit en récompense* », **La Fontaine**. ▪ Bénéfice, satisfaction morale que l'on tire d'une peine que l'on s'est donnée. *Le succès de son ouvrage est la récompense de ses efforts.*

RÉCOMPENSÉ, ÉE, p. p. de récompenser. [ʀekɔ̃pɑ̃se]

RÉCOMPENSER, v. tr. [ʀekɔ̃pɑ̃se] (b. lat. *recompensare*, donner en retour) Donner une récompense à une personne. ♦ **Absol.** *« Punissant au-dessous du mérite et récompensant au-dessus »*, BOSSUET. ♦ Payer quelque chose par une récompense. *Récompenser le travail, la peine, le mérite.* ♦ **Fig.** *« Les fruits dorés dont l'automne récompense les travaux des laboureurs »*, FÉNELON. ♦ Par antiphrase, châtier. *Il a été récompensé de sa perfidie.* ♦ Dédommager, compenser. *« Il faisait un frais délicieux qui nous récompensait d'une journée fort chaude »*, FONTENELLE. ♦ **Absol.** *« La vertu récompense toujours des sacrifices qu'on fait pour elle »*, MME DE GENLIS. ♦ ▷ *Récompenser le temps perdu*, réparer une perte de temps. ◁ ♦ ▷ Se récompenser, v. pr. *« Trouvant abondance de toutes choses, ils se récompensèrent des misères qu'ils avaient souffertes »*, VAUGELAS. ◁

RECOMPOSABLE, ■ adj. [ʀəkɔ̃pozabl] (*recomposer*) Que l'on peut recomposer ou qui peut être recomposé. *Un corps chimique recomposable.*

RECOMPOSÉ, ÉE, p. p. de recomposer. [ʀəkɔ̃poze] *Une famille recomposée*, famille dans laquelle les enfants sont issus d'une union antérieure.

RECOMPOSER, v. tr. [ʀəkɔ̃poze] (re- et *composer*) Composer de nouveau. *« La nature... décompose, construit, fond, désordonne, arrange... Et dans ce grand chaos recompose les mondes »*, DELILLE. ♦ **Impr.** Composer de nouveau des lignes, une page entière en pâte, ou un ouvrage dont on n'a pas conservé les feuilles. ♦ Composer de nouveau, refaire un ouvrage d'esprit. ♦ **Chim.** Réunir les éléments dissociés. *Recomposer l'eau avec l'oxygène et l'hydrogène.* ♦ **Fig.** et absol. *« Nos sciences décomposent et recomposent »*, CHATEAUBRIAND.

RECOMPOSITION, n. f. [ʀəkɔ̃pozisjɔ̃] (*recomposer*) Action de recomposer une page ou une feuille d'impression. ♦ **Chim.** Action de recomposer une substance ; résultat de cette action. ■ Fait de reconstruire sur de nouvelles bases. *La recomposition du gouvernement.*

RECOMPTÉ, ÉE, p. p. de recompter. [ʀəkɔ̃te]

RECOMPTER, v. tr. [ʀəkɔ̃te] (re- et *compter*) Compter de nouveau.

RÉCONCILIABLE, adj. [ʀekɔ̃siljabl] (*réconcilier*) Qui peut être réconcilié.

RÉCONCILIATEUR, TRICE, n. m. et n. f. [ʀekɔ̃siljatœʀ, tʀis] (lat. *reconciliator*) Celui, celle qui réconcilie.

RÉCONCILIATION, n. f. [ʀekɔ̃siljasjɔ̃] (lat. *reconciliatio*) Rétablissement de l'amitié entre personnes brouillées. ♦ ▷ *Réconciliation normande*, fausse réconciliation. ◁ ♦ Dans les législations barbares, acte par lequel les personnes, des familles se réconcilient, abolissent le souvenir des injures, des meurtres, etc. ♦ **Relig.** Acte par lequel Jésus-Christ a réconcilié les hommes avec Dieu. ♦ Acte solennel par lequel un hérétique est reçu dans le sein de l'Église. ♦ Nouvelle bénédiction d'une église profanée.

RÉCONCILIÉ, ÉE, p. p. de réconcilier. [ʀekɔ̃silje]

RÉCONCILIER, v. tr. [ʀekɔ̃silje] (lat. *reconciliare*, rétablir, remettre en état) Rétablir l'amitié entre des personnes brouillées, la paix entre des ennemis. ♦ *Réconcilier avec*, faire disparaître des sentiments peu favorables qu'on avait sur quelque chose ou quelqu'un. *« S'il y avait au monde dix hommes comme lui, en vérité, je crois qu'ils me réconcilieraient avec l'humanité »*, FÉNELON. ♦ Faire la paix de l'homme avec Dieu. *« Nous réconcilions les pécheurs dans le tribunal de la pénitence »*, BOURDALOUE. ♦ Chez les catholiques, *réconcilier un hérétique, un pécheur*, lui donner l'absolution après qu'il a abjuré ou fait pénitence. ♦ *Réconcilier une église*, la rebénir quand elle a été profanée. ♦ Mettre d'accord, concilier, en parlant de choses. *J.-J. Rousseau prétend qu'on ne peut réconcilier le théâtre avec la morale.* ♦ *Se réconcilier quelqu'un*, se concilier de nouveau, gagner de nouveau sa faveur. ♦ Se réconcilier, v. pr. Se remettre bien avec quelqu'un. *Se réconcilier avec soi-même*, se mettre bien avec soi-même, en apaisant les reproches de sa conscience. ♦ *Se réconcilier avec Dieu*. Absol. *se réconcilier*, demander à Dieu pardon des péchés, et recevoir l'absolution des fautes commises. ■ *Se réconcilier avec quelqu'un*, se concilier de nouveau, se remettre bien avec quelqu'un.

RECONDUCTIBLE, ■ adj. [ʀəkɔ̃dyktibl] (rad. de *reconduction*) Qui peut être renouvelé plusieurs fois. *Un contrat reconductible.*

RECONDUCTION, n. f. [ʀəkɔ̃dyksjɔ̃] (*reconduire*, d'apr. *conduction*) Jurispr. Renouvellement d'un louage ou d'un bail à ferme. ■ *Tacite reconduction*, continuation d'un bail aux mêmes conditions, sans qu'il ait été renouvelé. ■ *Reconduction du budget*, fait de reconduire le budget précédent. ■ **Fig.** Continuation. *La reconduction de la politique nationale.* ■ REM. On disait autrefois *réconduction*.

RECONDUIRE, v. tr. [ʀəkɔ̃dɥiʀ] (re- et *conduire*) Accompagner une personne qui s'en retourne. ♦ *Reconduire un étranger à la frontière*, l'expulser du territoire. ♦ Accompagner par civilité jusqu'à la porte une personne qui se retire après une visite. ♦ **Absol.** *« Les malades ne reconduisent pas »*, MOLIÈRE. ♦ **Ironiq.** Repousser, expulser en maltraitant. *Les ennemis furent*

reconduits à coups de canon. ■ Renouveler par reconduction. *Reconduire un contrat de travail.* ■ Renouveler, prolonger une action. *Reconduire la grève.*

RECONDUIT, ITE, p. p. de reconduire. [ʀəkɔ̃dɥi, it]

RECONDUITE, n. f. [ʀəkɔ̃dɥit] (*reconduire*, d'apr. *conduite*) Action de reconduire. ♦ **Ironiq.** *On lui fit la reconduite à coups de bâton.* ■ *Reconduite à la frontière*, fait d'expulser du territoire des étrangers en situation irrégulière.

RÉCONFORT, n. m. [ʀekɔ̃fɔʀ] (*réconforter*) Consolation, secours.

RÉCONFORTANT, ANTE, ■ adj. [ʀekɔ̃fɔʀtɑ̃, ɑ̃t] (*réconforter*) Qui rassure, console. *Une attitude réconfortante.*

RÉCONFORTATION, n. f. [ʀekɔ̃fɔʀtasjɔ̃] (*réconforter*) ▷ Action de réconforter. ◁

RÉCONFORTÉ, ÉE, p. p. de réconforter. [ʀekɔ̃fɔʀte]

RÉCONFORTER, v. tr. [ʀekɔ̃fɔʀte] (re- et *conforter*) Donner de la force. *Un peu de vin l'a réconforté.* ♦ Donner de la force morale. *« En ce fâcheux état qui nous réconforte, C'est que la bonne cause est toujours la plus forte »*, MALHERBE. ♦ Se réconforter, v. pr. Reprendre de la force. *Se réconforter d'une longue abstinence.* ♦ Se consoler.

RECONNAISSABLE, adj. [ʀəkɔnɛsabl] (*reconnaître*) Facile à reconnaître, en parlant des personnes ou des choses. *Personnage reconnaissable. Son écriture n'est pas reconnaissable.*

RECONNAISSANCE, n. f. [ʀəkɔnɛsɑ̃s] (*reconnaître*) Action de reconnaître, de se remettre en l'esprit l'idée, l'image d'une personne ou d'une chose. *La reconnaissance d'Ulysse par Télémaque. La reconnaissance des meubles qui lui avaient été volés.* ♦ Se dit de certaines péripéties des ouvrages épiques ou dramatiques. *La reconnaissance de Mérope et de son fils.* ♦ Examen, vérification de certains objets pour en constater le nombre, l'espèce, etc. *Faire la reconnaissance des lieux.* ♦ **Milit.** Action d'examiner un terrain, la position de l'ennemi. *Pousser une reconnaissance.* ♦ Action d'explorer une contrée. ♦ **Mar.** Action de reconnaître en naviguant des côtes, des rades, etc., qui n'étaient pas connues. ♦ *Signaux de reconnaissance*, signaux à l'aide desquels se reconnaissent des vaisseaux qui se rencontrent en mer. ♦ Écrit par lequel on déclare ou l'on reconnaît avoir reçu telle valeur en espèces ou en marchandises. ♦ *Reconnaissance du mont-de-piété*, écrit par lequel un mont-de-piété déclare avoir reçu un gage et avoir prêté une certaine somme sur ce gage. ♦ *Reconnaissance d'enfant*, acte par lequel on reconnaît être le père ou la mère d'un enfant naturel. ♦ Action de reconnaître un gouvernement, un culte. ♦ Action d'avouer, de reconnaître un fait. ♦ Confession d'une faute. *« Faire une sincère reconnaissance de ses fautes »*, BOSSUET. ♦ Souvenir affectueux d'un bienfait reçu, avec le désir de s'acquitter en rendant la pareille. ♦ Il se dit quelquefois au pluriel. *« Je vous charge volontiers de mes reconnaissances envers sainte Ébrigisille »*, BOSSUET. ♦ Récompense accordée pour un bon office. ■ **Inform.** *Reconnaissance de caractères*, procédé permettant à un système informatique de déchiffrer et de stocker un texte non enregistré sans avoir à le retaper. ■ *Reconnaissance vocale*, procédé permettant à un ordinateur de reconnaître les mots prononcés par une voix humaine en vue de les traiter ultérieurement. ■ *Avoir la reconnaissance du ventre*, témoigner de la gratitude à l'égard de la personne qui vous a nourri ou aidé. ■ *Signe de reconnaissance*, signe par lequel des personnes peuvent se reconnaître. ■ *Reconnaissance de dette*, acte par lequel on reconnaît être débiteur. ■ *Aller en reconnaissance*, aller à la recherche de quelqu'un. ■ Syn. en philos. de récognition.

RECONNAISSANT, ANTE, adj. [ʀəkɔnɛsɑ̃, ɑ̃t] (*reconnaître*) Qui a de la reconnaissance. *Reconnaissant des services qu'on lui a rendus. Reconnaissant envers ses bienfaiteurs.* ■ *Je vous serais reconnaissant de bien vouloir...*, formule de politesse pour demander quelque chose. *Je vous serais reconnaissant de bien vouloir signer ce document.*

RECONNAÎTRE ou **RECONNAITRE**, v. tr. [ʀəkɔnɛtʀ] (re- et *connaître*) Se remettre dans l'esprit l'idée de quelqu'un ou de quelque chose que l'on connaît. *Je reconnais le cachet. Reconnaître des gens à leur voix.* ♦ **Fig.** *« De mes feux mal éteints je reconnus la trace »*, RACINE. ♦ *On ne le reconnaît plus*, il est tout à fait changé. ♦ Connaître à quelque signe, à quelque marque, à quelque indication une personne ou une chose qu'on n'a jamais vue. *Je l'ai reconnu à sa voix. Reconnaître une plante d'après la description.* ♦ *Se faire reconnaître*, prouver qui l'on est par des indications certaines. ♦ Il se dit des marques morales, intellectuelles, qui font connaître quelqu'un ou quelque chose. *« Reconnaissez ici le monde »*, BOSSUET. *« On reconnaît Joad à cette violence »*, RACINE. ♦ Parvenir à connaître, à apercevoir, à découvrir la vérité de quelque chose. *On a reconnu son innocence. On reconnaît à ces indices la salubrité de l'eau.* ♦ *Reconnaître* avec la négation signifie quelquefois ne plus avoir égard à, ne plus écouter. *Il ne reconnaît d'autre loi que sa volonté.* ♦ Considérer, observer. *Reconnaître les lieux.* ♦ **Fig.** *Reconnaître les dispositions de quelqu'un.* ♦ **Milit.** Examiner, s'instruire de ce qui concerne la situation, la nature, la force d'un lieu ou d'une troupe ennemie. ◆ *Reconnaître une patrouille, une ronde, etc.,* s'assurer qu'elle n'est pas ennemie. ◆ Faire l'exploration de contrées, d'eaux inconnues. ◆ **Mar.** S'approcher d'une terre, en examiner la forme, en étudier les abords. *Reconnaître un écueil, un danger,* s'en approcher, les relever, les dessiner. *Reconnaître un vaisseau,* s'approcher de lui pour juger de sa force, connaître sa nationalité, etc. ◆ Admettre, accepter comme vrai, comme incontestable. ◆ Se soumettre à l'autorité d'une personne. « *Tous reconnaissaient Charles Martel* », Bossuet. ◆ On dit dans un sens analogue : *Reconnaître un Dieu.* ◆ *Reconnaître un gouvernement,* reconnaître qu'il est légitimement établi et qu'il prend place à côté des anciens gouvernements. ◆ *Reconnaître pour,* reconnaître en telle qualité. « *Énée, que les Romains reconnaissent pour leur fondateur* », Bossuet. ◆ **Milit.** *Faire reconnaître un officier,* le proclamer en présence de la troupe qu'il doit commander. ◆ *Reconnaître un enfant,* s'avouer authentiquement pour père ou mère d'un enfant naturel. ◆ *Reconnaître sa signature, une lettre, etc.,* reconnaître qu'on a signé l'écrit, qu'on a écrit la lettre dont il s'agit, etc. ◆ *Reconnaître une rente, une redevance,* en passer un aveu. ◆ Avouer, confesser. *Reconnaître ses fautes.* ◆ On dit : *Reconnaître de,* avec un infinitif. « *Reconnaissant de l'avoir ruiné* », Mme de Sévigné. ◆ On supprime quelquefois la préposition *de. Je reconnais avoir reçu...* ◆ Avoir de la reconnaissance pour. « *Mais puisqu'on reconnaît si mal mes bons offices* », Molière. ◆ Récompenser. « *Va, je reconnaîtrai ce service en son lieu* », P. Corneille. ◆ Se reconnaître, v. pr. Trouver sa ressemblance, son image dans un portrait, dans un miroir, etc. ◆ Fig. Retrouver ses opinions, ses sentiments dans un autre. ◆ Se remettre dans l'idée un lieu qu'on a connu et où l'on se retrouve. ◆ *Se reconnaître,* constater qu'on se connaît les uns les autres. ◆ Être reconnaissable ou reconnu. « *L'opération de la grâce se reconnaît dans ses fruits* », Bossuet. ◆ Avouer quelque chose de soi. « *Quoiqu'il se reconnaisse pécheur* », Bourdaloue. ◆ Reprendre ses sens, examiner ce qu'on doit faire. ■ *Reconnaître un corps,* identifier le corps d'un mort.

RECONNU, UE, p. p. de reconnaître. [ʀəkɔny]

RECONQUÉRIR, v. tr. [ʀəkɔ̃keʀiʀ] (re- et *conquérir*) Conquérir de nouveau, reprendre par voie de conquête. ◆ **Fig.** *Reconquérir l'amitié, l'estime,* recouvrer l'amitié, l'estime. ■ *Reconquérir quelqu'un,* chercher à séduire de nouveau quelqu'un qui n'avait plus de sentiments amoureux pour vous.

RECONQUÊTE, n. f. [ʀəkɔ̃kɛt] (*reconquérir,* d'apr. *conquête*) Fait de conquérir de nouveau. *Isabelle la Catholique mène à bonne fin la reconquête de l'Espagne en reprenant la ville de Grenade en 1492.* ■ Fait de chercher à séduire de nouveau quelqu'un qui n'avait plus de sentiments amoureux pour vous ; fait de chercher à séduire de nouveau une clientèle. « *Il imaginait déjà ses futures relations avec celle qui l'avait trahi, qu'il jugeait infidèle, élaborant les prémices d'une stratégie de reconquête faite d'indifférence froide, de politesse froide, de dignité impertinente* », Sabatier. *Un grand magasin à la reconquête des clients en proposant de nouveaux produits.* ■ Fait de chercher à bénéficier de nouveau d'un droit. *Lutter pour la reconquête de l'indépendance.*

RECONQUIS, ISE, p. p. de reconquérir. [ʀəkɔ̃ki, iz]

RECONSIDÉRER, ■ v. tr. [ʀəkɔ̃sideʀe] (re- et *considérer*) Examiner une question de nouveau. *Reconsidérer son point de vue. Reconsidérer le statut de la femme dans le monde de l'entreprise.*

RECONSOLIDER, ■ v. tr. [ʀəkɔ̃sɔlide] (re- et *consolider*) Consolider de nouveau. *Reconsolider les objets du mobilier funéraire de la tombe de Toutankhamon. Reconsolider une relation fragile.*

RECONSTITUANT, ANTE, ■ adj. [ʀəkɔ̃stitɥɑ̃, ɑ̃t] (*reconstituer*) Qui reconstitue, fortifie, qui redonne de la vigueur. *Un masque reconstituant pour le visage.* ■ N. m. *La levure de bière est un reconstituant pour la flore intestinale.*

RECONSTITUER, v. tr. [ʀəkɔ̃stitɥe] (re- et *constituer*) Constituer de nouveau. ◆ Rétablir quelque chose afin de retrouver sa forme originelle. *Reconstituer ses points en repassant le permis de conduire. Reconstituer un document déchiré.* ■ Procéder à la reconstitution d'un crime, d'un accident. *Reconstituer des faits.*

RECONSTITUTION, n. f. [ʀəkɔ̃stitysjɔ̃] (*reconstituer,* d'apr. *constitution*) Action de reconstituer. ◆ **Jurispr.** Constitution d'une rente dont le prix est affecté par l'emprunteur au remboursement d'une autre rente qu'il lui devait. ■ *Reconstitution d'un crime, d'un accident,* répétition des faits et gestes de l'accusé sur les lieux mêmes de l'infraction, en présence de la police. ■ **Admin.** *Reconstitution de carrière,* dossier administratif constitué pour recenser l'ensemble des activités professionnelles d'un fonctionnaire en fin de carrière en vue de l'organisation de sa retraite.

RECONSTRUCTEUR, TRICE, ■ adj. [ʀəkɔ̃stʀyktœʀ, tʀis] (*reconstruire*) Qui répare, qui reconstruit. *La chirurgie plastique, esthétique et reconstructrice.* ■ N. m. et n. f. Personne qui participe à la reconstruction d'un édifice. *Viollet-le-Duc, le vrai reconstructeur de Notre-Dame de Paris, qui a donné à l'édifice religieux sa splendeur du passé en 1864.*

RECONSTRUCTION, n. f. [ʀəkɔ̃stʀyksjɔ̃] (*reconstruire,* d'apr. *construction*) Action de reconstruire. *La reconstruction d'une maison.*

RECONSTRUIRE, v. tr. [ʀəkɔ̃stʀɥiʀ] (re- et *construire*) Rebâtir un édifice. ◆ **Fig.** et **absol.** « *Les hommes modérés ne croient pas que la sagesse soit dans les extrêmes, ni que le courage de démolir ne doive jamais faire place à celui de reconstruire* », Mirabeau. ◆ **Par extens.** Rétablir, refaire quelque chose afin de retrouver sa forme originelle. *Reconstruire un pays dévasté par la guerre.*

RECONSTRUIT, ITE, p. p. de reconstruire. [ʀəkɔ̃stʀɥi, it]

RECONVENTION, n. f. [ʀəkɔ̃vɑ̃sjɔ̃] (lat. médiév. *reconventio*) **Dr.** Demande formée par le défendeur devant le tribunal où il est assigné, et tendant à anéantir ou restreindre l'effet de l'action intentée contre lui.

RECONVENTIONNEL, ELLE, adj. [ʀəkɔ̃vɑ̃sjɔnɛl] (*reconvention*) Qui est de la nature d'une reconvention. *Demande reconventionnelle.*

RECONVENTIONNELLEMENT, adv. [ʀəkɔ̃vɑ̃sjɔnɛl(ə)mɑ̃] (*reconventionnel*) D'une manière reconventionnelle.

RECONVERSION, ■ n. f. [ʀəkɔ̃vɛʀsjɔ̃] (*reconvertir,* d'apr. *conversion*) Retour à une activité antérieure. *Reconversion civile des militaires.* ■ **Par extens.** Adaptation à de nouvelles conditions économiques, techniques. *Reconversion professionnelle. Congé de reconversion.*

RECONVERTIR, ■ v. tr. [ʀəkɔ̃vɛʀtiʀ] (re- et *convertir*) Faire revenir à une activité antérieure. *Reconvertir l'industrie d'armement.* ■ Transformer pour un nouvel usage, adapter à une nouvelle situation. *Reconvertir ses salariés.* ■ Se reconvertir, v. pr. *Se reconvertir dans la chanson.*

RECOPIÉ, ÉE, p. p. de recopier. [ʀəkɔpje]

RECOPIER, v. tr. [ʀəkɔpje] (re- et *copier*) Transcrire de nouveau. ■ Mettre au propre des notes prises promptement, un brouillon. *Les étudiants recopient leurs notes prises en cours magistral.* ■ RECOPIAGE, n. m. [ʀəkɔpjaʒ]

RECOQUILLÉ, ÉE, p. p. de recoquiller. [ʀəkɔkije]

RECOQUILLEMENT, n. m. [ʀəkɔkij(ə)mɑ̃] (*recoquiller*) ▷ État de ce qui est recoquillé. *Le recoquillement des feuilles.* ◁

RECOQUILLER, v. tr. [ʀəkɔkije] (re- et *coquille*) Retrousser en forme de coquille. *Certaines chenilles recoquillent les feuilles des arbres.* ◆ Se recoquiller, v. pr. Devenir recoquillé.

RECORD, ■ n. m. [ʀəkɔʀ] (angl. *to record,* enregistrer) Enregistrement de la meilleure performance, du meilleur score jamais réalisé. *Le record du monde de vitesse.* ■ Adj. inv. *Vitesse record.*

RECORDAGE, ■ n. m. [ʀəkɔʀdaʒ] (*recorder*) Fait de corder de nouveau ou de garnir de nouvelles cordes. *Le recordage d'une raquette de badminton.*

RECORDÉ, ÉE, p. p. de recorder. [ʀəkɔʀde]

RECORDER, v. tr. [ʀəkɔʀde] (b. lat. *recordare,* se rappeler, se souvenir) ▷ Répéter une chose qu'on a apprise par cœur pour mieux se la rappeler. ◁ ◆ ▷ **Fig.** et **fam.** *Recorder sa leçon,* tâcher de se bien remettre en l'esprit ce qu'on doit dire ou faire. ◁ ◆ ▷ *Recorder quelqu'un,* lui remettre en l'esprit. ◁ ◆ Se recorder, v. pr. Se remettre en l'esprit ce qui est à dire ou à faire. ◁ ▷ *Se recorder avec quelqu'un,* se concerter avec lui. ◁ ■ Lier de nouveau avec une corde. ■ Garnir de nouveau de cordes. *Faire recorder une raquette de tennis.*

RECORDMAN n. m. ou **RECORDWOMAN,** ■ n. f. [ʀəkɔʀdman, ʀəkɔʀdwuman] (*record,* et angl. *man,* homme, ou *woman,* femme) Personne qui détient un record. *Des recordmans* ou *des recordmen* (pluriel anglais). *Des recordwomans* ou *des recordwomen* (pluriel anglais).

RECORRIGÉ, ÉE, p. p. de recorriger. [ʀəkɔʀiʒe]

RECORRIGER, v. tr. [ʀəkɔʀiʒe] (re- et *corriger*) Corriger de nouveau. ◆ **Absol.** *Il corrige et recorrige sans fin.*

RECORS, n. m. [ʀəkɔʀ] (*recorder*) ▷ Officier subalterne de la justice, qui accompagne les huissiers pour leur servir de témoin ou pour leur prêter main-forte dans l'exercice de leurs fonctions. ◆ En général, agent armé qui exécute les ordres de la justice.

RECOUCHÉ, ÉE, p. p. de recoucher. [ʀ(ə)kuʃe]

RECOUCHER, v. tr. [ʀ(ə)kuʃe] (re- et *coucher*) Coucher de nouveau. *Recoucher un enfant.* ◆ ▷ V. intr. Passer de nouveau la nuit dans un lit. ◁ ◆ Se recoucher, v. pr. Se remettre au lit.

RECOUDRE, v. intr. [ʀəkudʀ] (re- et *coudre*) Coudre une chose décousue, déchirée. ◆ **Fig.** Joindre ensemble des morceaux, en fait d'ouvrages d'esprit. ■ *Recoudre une plaie ouverte, une incision chirurgicale.*

RECOUPE, n. f. [ʀəkup] (*recouper*) Morceaux d'étoffe qui restent quand on taille des vêtements. ◆ Partie des pierres qu'on abat en les taillant pour les mettre en œuvre. ◆ Il se dit aussi des métaux. ◆ Seconde coupe de trèfle, de foin, etc. ; on dit plus souvent *regain.* ◆ Deuxième farine tirée du son séparé du gruau. ◆ Eau-de-vie préparée par mixtion d'alcool à un degré élevé avec de l'eau simple. ◆ Au pl. Dernière goutte tirée du raisin.

RECOUPÉ, ÉE, p. p. de recouper. [ʀ(ə)kupe]

RECOUPEMENT, n. m. [ʀ(ə)kup(ə)mɑ̃] (*recouper*) Diminution d'épaisseur que l'on fait subir à un mur de face, à partir de chaque plinthe, pour tenir lieu de fruit, lorsque chaque partie du mur, comprise entre deux plinthes, est à plomb. ■ **Fig.** Vérification d'un fait par confrontation avec d'autres sources de renseignements. *Le recoupement de deux témoignages.* ■ Fait de recouper ou de se recouper. *Le recoupement des rails.*

RECOUPER, v. tr. [ʀ(ə)kupe] (*re-* et *couper*) Couper de nouveau. *Il faut recouper du pain à cet enfant.* ♦ Se dit du mélange qu'on fait des vins de diverses qualités ou des vieux avec les nouveaux. ♦ V. intr. Couper de nouveau, aux jeux de cartes. ■ V. tr. Confirmer un témoignage, une histoire par recoupement. *Cela recoupe ce que je viens de dire.* ■ Se recouper, v. pr. *Les indications se recoupent.* ■ **RECOUPAGE**, n. m. [ʀ(ə)kupaʒ]

RECOUPETTE, n. f. [ʀ(ə)kupɛt] (*recoupe*) Troisième farine tirée du son séparé du gruau.

RECOURBÉ, ÉE, p. p. de recourber. [ʀəkuʀbe]

RECOURBEMENT, ■ n. m. [ʀəkuʀbəmɑ̃] (*recourber*) Fait de recourber quelque chose ou de se recourber. *Un mascara qui augmente le recourbement des cils.*

RECOURBER, v. tr. [ʀəkuʀbe] (*re-* et *courber*) Courber de nouveau. ♦ Courber, ployer en rond par le bout. ♦ **Fig.** Rabaisser vers. ♦ Se recourber, v. pr. Être courbé en rond.

RECOURBURE, ■ n. f. [ʀəkuʀbyʀ] (*recourber*) État de ce qui est recourbé. *La recourbure de l'extrémité de l'aile d'un avion.*

RECOURIR, v. pr. [ʀ(ə)kuʀiʀ] (*re-* et *courir*) Courir de nouveau, retourner en courant. ♦ **Fig.** Avoir recours à quelqu'un ou à quelque chose. *Recourir aux armes.* « *Petits princes, videz vos débats entre vous ; De recourir aux rois vous seriez de grands fous* », LA FONTAINE. ♦ *Recourir en cassation*, se pourvoir en cassation. ♦ V. tr. En termes de chasse, le verbe fait *recourre* à l'infinitif. Poursuivre une seconde fois une bête ou poursuivre une nouvelle bête. ◁ ■ **Dr.** Faire appel, après un procès.

RECOURS, n. m. [ʀ(ə)kuʀ] (lat. jurid. *recursus*) Action par laquelle on recherche le secours de quelqu'un ou de quelque chose. *Avoir recours au roi, à la ruse, aux remèdes, etc.* ♦ Refuge, ressource. « *La retraite est mon seul recours* », VOLTAIRE. ♦ **Dr.** Action en garantie. *Recours contre les endosseurs.* ♦ *Recours en cassation*, pourvoi en cassation. *Recours en grâce*, demande adressée au souverain pour obtenir la remise ou la commutation d'une peine. ♦ Quand *recours* signifie l'action par laquelle on recherche de l'assistance, il se met toujours sans prépositif : *J'ai recours à Dieu.* Dans le sens de refuge, d'action en garantie, on l'accompagne de prépositifs : *Mon recours est en Dieu ; j'aurai mon recours contre vous.*

RECOUSSE, n. f. [ʀəkus] Voy. RESCOUSSE.

RECOUSU, UE, p. p. de recoudre. [ʀ(ə)kuzy]

RECOUVERT, ERTE, p. p. de recouvrir. [ʀ(ə)kuvɛʀ, ɛʀt]

RECOUVRABLE, adj. [ʀəkuvʀabl] (*recouvrer*) **Financ.** Qui peut être recouvré. *Deniers non recouvrables.*

RECOUVRAGE, ■ n. m. [ʀəkuvʀaʒ] (*recouvrir*) Fait de recouvrir quelque chose d'un nouveau tissu, d'un nouveau papier, etc. *Le recouvrage d'un fauteuil de style.*

RECOUVRANCE, n. f. [ʀəkuvʀɑ̃s] (*recouvrer*) Action de recouvrer, secours ; il est usité seulement dans : *Notre-Dame de Recouvrance.*

RECOUVRÉ, ÉE, p. p. de recouvrer. [ʀ(ə)kuvʀe] **Prov.** *Pour un perdu, deux recouvrés*, Voy. PERDU.

1 RECOUVREMENT, n. m. [ʀəkuvʀəmɑ̃] (*recouvrir*) Action de recouvrir ; résultat de cette action. « *Le recouvrement des terrains cultivables de l'Égypte par les sables stériles de la Libye* », CUVIER. ♦ Partie d'une pierre, d'une tuile, etc., qui couvre un joint, une entaille. ♦ Enduit de plâtre sous lequel on a latté et sur lequel a été couvrir les faces visibles d'une pièce de charpente. *Faire en plomb le recouvrement d'une partie de toit.* ■ **Géol.** Lambeaux de recouvrement, ensemble de résidus de nappes de charriage qui recouvrent les terrains de formation. ■ **Alg.** *Recouvrement d'un ensemble*, Réunion d'ensembles qui inclut cet ensemble.

2 RECOUVREMENT, n. m. [ʀəkuvʀəmɑ̃] (*recouvrer*) Action de recouvrer ce qui pouvait être perdu. *Recouvrement de titres, de pièces, de la santé, des forces, etc.* ♦ Perception, recette de deniers dus. *Le recouvrement des impôts.* ♦ Au pl. Créances d'une étude ou d'une maison de commerce.

RECOUVRER, v. tr. [ʀ(ə)kuvʀe] (lat. *recuperare*, reprendre, regagner) Rentrer en possession de ce qu'on a perdu. *Recouvrer la vue, la jeunesse, l'estime publique, etc.* ♦ Il se dit quelquefois de ce qui vient entre les mains. « *Il n'avait pas vu les actes qu'on a recouvrés depuis* », BOSSUET. ♦ Toucher une

somme due ; faire la levée des impôts. ♦ **Mar.** *Recouvrer une manœuvre*, la tirer dans le vaisseau.

RECOUVRIR, v. tr. [ʀ(ə)kuvʀiʀ] (*re-* et *couvrir*) Couvrir de nouveau. *Recouvrir de terre les semences. Recouvrir un toit.* ♦ Il se dit quelquefois simplement pour couvrir. « *Ces béliers détournent la neige qui recouvre l'herbe* », BUFFON. ♦ **Fig.** Cacher sous des apparences. *Recouvrir de beaux prétextes une mauvaise action.* ♦ Se recouvrir, v. pr. Se couvrir de nouveau. *Le temps se recouvre.* ■ Rhabiller un siège de tissu ou de cuir. *Faire recouvrir un canapé de velours.* ■ **Fig.** S'appliquer à. *Cette théorie recouvre ces deux aspects.*

RECRACHÉ, ÉE, p. p. de recracher. [ʀ(ə)kʀaʃe]

RECRACHER, v. intr. [ʀ(ə)kʀaʃe] (*re-* et *cracher*) Cracher de nouveau. ♦ V. tr. Rejeter ce qu'on avait dans la bouche.

RÉCRÉ, ■ n. f. [ʀekʀe] Voy. RÉCRÉATION.

RÉCRÉANCE, n. f. [ʀekʀeɑ̃s] (anc. fr. *recroire*, remettre, délivrer) ▷ Droit canon, jouissance provisionnelle des revenus d'un bénéfice en litige. ◁ ♦ *Lettres de récréance*, lettres remises à un ambassadeur pour les présenter au souverain d'auprès duquel on le rappelle ; et aussi lettres qu'un prince donne à l'ambassadeur ou ministre rappelé d'auprès de lui pour les remettre au prince qui le rappelle.

RÉCRÉATIF, IVE, adj. [ʀekʀeatif, iv] (*récréer*) Qui récrée, divertit. *Lecture récréative. Homme récréatif.*

RÉCRÉATION, ■ n. f. [ʀekʀeasjɔ̃] (*récréer*) Fait de créer une nouvelle fois. *Une récréation de postes en entreprise.*

RÉCRÉATION, n. f. [ʀekʀeasjɔ̃] (lat. *recreatio*, rétablissement, de *recreare*, récréer) Ce qui, interrompant le travail, en délasse. ♦ *L'heure de la récréation, de la récréation* ou simplement *la récréation*, temps accordé aux élèves d'un pensionnat, aux pensionnaires d'une communauté, et en général à un enfant, pour jouer, se reposer. ♦ Au pl. Nom donné à quelques ouvrages où l'on tire des sciences certaines opérations récréatives. ■ **Abrév.** *Récré. C'est l'heure de la récré. Jouer dans la cour de récré.*

RÉCRÉÉ, ÉE, p. p. de récréer. [ʀəkʀee]

RÉCRÉÉ, ÉE, p. p. de récréer. [ʀekʀee]

RÉCRÉER, v. tr. [ʀəkʀee] (*re-* et *créer*) Créer de nouveau ; donner une nouvelle existence. « *Dieu ne devant plus détruire le monde non plus que le recréer* », PASCAL. ♦ Reconstruire ce qui a été détruit. *Recréer un bâtiment détruit pendant la guerre.* ■ Créer de nouveau ce qui a été supprimé ou ce qui a disparu. *Supprimer puis recréer un compte sur un site Internet. Recréer le lien social.*

RÉCRÉER, v. tr. [ʀekʀee] (lat. *recreare*, faire revivre, rétablir) ▷ Ranimer comme par une seconde existence. *Le vin récrée les esprits.* ◁ ♦ ▷ *Le vert récrée la vue*, il fait plaisir à la vue. ◁ ♦ **Par extens.** Délasser du travail par quelque amusement. *Il faut des jeux qui récréent, et qui ne fatiguent pas l'esprit.* ♦ Se récréer, v. pr. Prendre de la récréation, se distraire.

RÉCRÉMENT, n. m. [ʀekʀemɑ̃] (lat. *recrementum*, ordures) ▷ Impureté mêlée à diverses substances. *Tirer de l'alun des récréments d'une mine de charbon brûlée.* ♦ **Physiol.** Humeur qui, après avoir été séparée du sang par un organe sécréteur, est reportée dans le sang par l'absorption. ◁

RÉCRÉMENTEUX, EUSE, adj. [ʀekʀemɑ̃tø, øz] (*récrément*) ▷ Syn. de récrémentitiel. ◁

RÉCRÉMENTITIEL, ELLE, adj. [ʀekʀemɑ̃tisjɛl] (*récrément*) ▷ **Physiol.** De récrément. *Humeurs récrémentitielles.* ◁

RECRÉPI, IE, p. p. de recrépir. [ʀəkʀepi]

RECRÉPIMENT, n. m. [ʀəkʀepimɑ̃] Voy. RECRÉPISSAGE.

RECRÉPIR, v. tr. [ʀəkʀepiʀ] (*re-* et *crépir*) Crépir de nouveau. *Recrépir une muraille.* ♦ ▷ **Par extens.** *Recrépir un visage*, en cacher les rides à l'aide du fard. ◁ ♦ **Fig.** Donner à un ouvrage de littérature un remaniement qui en masque quelques défauts. ◁ ♦ ▷ *Recrépir une vieille histoire, un conte*, les rajeunir, leur donner une forme nouvelle. ◁ ♦ **Fig.** Masquer, cacher. « *La dissimulation recrépit les vieilles haines* », DUFRESNY. ◁

RECRÉPISSAGE, n. m. [ʀəkʀepisaʒ] (*recrépir*) Action de recrépir. ■ **Rem.** On disait aussi *recrépiment* autrefois.

RECREUSER, v. tr. [ʀəkʀøze] (*re-* et *creuser*) Creuser de nouveau. ♦ Creuser plus avant. *Recreuser un puits.* ■ **Fig.** Creuser de nouveau une question, un sujet pour l'approfondir.

RÉCRIER (SE), v. pr. [ʀekʀije] (*re-* et *crier*) Faire une exclamation sur quelque chose qui surprend, qui frappe, qui plaît. « *J'enrage de voir de ces gens... qui dans une comédie se récrieront aux méchants endroits, et ne branleront pas à ceux qui sont bons* », MOLIÈRE. ♦ **Absol.** *Il n'y a pas de quoi se récrier.* ♦ Avec ellipse du pronom personnel. « *Ce palais, ces meubles... vous enchantent, et vous font récrier d'une première vue sur une maison si délicieuse* », LA BRUYÈRE. ♦ Réclamer, protester contre quelque chose. *Se récrier contre un scandale.* ♦ **Chasse** Redoubler de voix, en parlant des chiens relançant l'animal qui les avait mis en faute.

RÉCRIMINATEUR, TRICE, adj. [ʀekʀiminatœʀ, tʀis] (*récriminer*) Qui récrimine. ▪ S'emploie auj. aussi en substantif.

RÉCRIMINATION, n. f. [ʀekʀiminasjɔ̃] (lat. médiév. *recriminatio*) Reproche qu'on oppose à un autre reproche. ♦ **Rhét.** Figure par laquelle on rétorque une accusation. ▪ Fait de se plaindre, de protester. *La récrimination des locataires vivant dans des immeubles délabrés.* « *Il n'y avait dans leurs paroles ni récrimination, ni amertume, ni appel sournois à la révolte* », Mohrt.

RÉCRIMINATOIRE, adj. [ʀekʀiminatwaʀ] (*récriminer*) Qui contient une récrimination. *Plainte récriminatoire.*

RÉCRIMINER, v. intr. [ʀekʀimine] (lat. médiév. *recriminari*, répondre à des accusations, de *crimen*, accusation) Répondre à des accusations par d'autres accusations. *Récriminer contre quelqu'un. Récriminer n'est pas se justifier.* ▪ Se plaindre, protester amèrement. *L'ensemble de la population récrimine contre la nouvelle réforme du gouvernement.*

RÉCRIRE ou **RÉÉCRIRE**, v. tr. [ʀekʀiʀ, ʀeekʀiʀ] (*re-* et *écrire*) Écrire de nouveau ce qui est déjà écrit. ♦ Rédiger de nouveau. ♦ **V. intr.** Écrire une nouvelle lettre. ♦ Faire réponse par lettre.

RECRISTALLISATION, ▪ n. f. [ʀəkʀistalizasjɔ̃] (*re-* et *cristallisation*) Minér. Formation de nouveaux cristaux dans une roche, sans fusion. ▪ **Métall.** Méthode de formation par germination et croissance de nouveaux grains dans un métal porté à une température appropriée.

RECRISTALLISER, ▪ v. intr. [ʀəkʀistalize] (*re-* et *cristalliser*) Minér. Former de nouveaux cristaux dans une roche, sans fusion. ▪ **Métall.** Procéder à la transformation de métaux par germination et croissance de nouveaux grains au cours d'un chauffage de recuit.

RÉCRIT, ITE ou **RÉÉCRIT, ITE**, p. p. de récrire.. [ʀekʀi, it, ʀeekʀi, it]

RECROÎTRE ou **RECROITRE**, v. intr. [ʀəkʀwatʀ] (*re-* et *croître*) Se conjugue avec *être* ou *avoir*, suivant le sens. Croître, pousser de nouveau. *L'herbe coupée recroît plus drue.* ♦ Devenir plus grand de nouveau.

RECROQUEVILLÉ, ÉE, p. p. de recroqueviller. [ʀəkʀɔk(ə)vije]

RECROQUEVILLER (SE), v. pr. [ʀəkʀɔk(ə)vije] (altér. de *recoquiller*, prob. d'apr. *croc* et *vrille*) Se dit du parchemin, du cuir ou substances analogues qui se retirent quand on les approche du feu, ou des feuilles qui se dessèchent par l'effet du soleil. ▪ Se replier sur soi. *Se recroqueviller dans un coin.*

RECRU, UE, adj. [ʀəkʀy] (anc. fr. *recroire*, renoncer, s'avouer vaincu) Excédé de fatigue. « *Des troupes recrues et harassées* », d'Ablancourt. « *Un animal déjà épuisé et recru* », Bossuet. « *Elle se plaint qu'elle est lasse et recrue de fatigue* », La Bruyère. ▪ *Litt. Être recru de*, être plein de, submergé par. *Le pauvre homme était recru d'épreuves.*

1 **RECRÛ**, n. m. [ʀəkʀy] (*recroître*) **Eaux et forêts** Ce qui a poussé de nouveau dans une forêt après la coupe sombre. ▪ **Rem.** Graphie ancienne : *recru.*

2 **RECRÛ, UE**, p. p. de recroître. [ʀəkʀy]

RECRUDESCENCE, n. f. [ʀ(ə)kʀydesɑ̃s] (lat. *recrudescere*, se raviver, de *crudus*, cru, saignant) **Méd.** Retour des symptômes d'une maladie, avec une nouvelle intensité, après une rémission momentanée. ♦ *Par extens. Recrudescence du froid.* ♦ *Fig. La recrudescence des troubles civils.*

RECRUDESCENT, ENTE, ▪ adj. [ʀ(ə)kʀydesɑ̃, ɑ̃t] Qui s'intensifie de façon significative et souvent violente. *La violence recrudescente dans certaines banlieues. Une épidémie recrudescente.*

RECRUE, n. f. [ʀ(ə)kʀy] (*recroître*) Nouvelle levée de soldats pour remplacer ceux qui manquent. ♦ Il se dit des soldats de nouvelle levée. *Armée de recrues.* ♦ *Fig.* « *Voilà une bonne recrue pour la philosophie* », Voltaire. ▪ Au sing. *La recrue*, les soldats de recrue. ♦ Action de lever des hommes pour des recrues. *On a cessé la recrue.* ♦ **Fig.** « *Cette recrue continuelle du genre humain, je veux dire les enfants qui naissent, à mesure qu'ils croissent et qu'ils s'avancent, semblent nous pousser de l'épaule et nous dire : retirez-vous* », Bossuet. ♦ *Fig.* Gens qui arrivent dans une compagnie sans y être attendus. *Faire la recrue de quelqu'un*, l'adjoindre, l'introduire.

RECRUTÉ, ÉE, p. p. de recruter. [ʀ(ə)kʀyte]

RECRUTEMENT, n. m. [ʀ(ə)kʀyt(ə)mɑ̃] (*recruter*) Action de recruter. ▪ Fait de recruter du personnel, dans une entreprise. *Le recrutement d'un nouveau chef de projet. Un cabinet de recrutement.* ▪ Ensemble des personnes faisant partie d'un même groupe, d'une même association. *Le recrutement d'un club mondain.*

RECRUTER, v. tr. [ʀ(ə)kʀyte] (*recrue*) Lever des gens de guerre. ♦ *Fig.* et **fam.** Attirer dans une compagnie, dans une partie. *Il recrutait avec ardeur des associés.* ♦ **Absol.** Recruter. ♦ Se recruter, v. pr. Recevoir des recrues. ♦ *Fig. Le sénat romain se recrutait parmi les chevaliers.*

RECRUTEUR, EUSE, n. m. et n. f. [ʀ(ə)kʀytœʀ, øz] (*recruter*) Personne qui fait des recrues. ♦ **Adj.** *Officier recruteur.* ▪ **N. m.** et n. f. Personne qui recrute pour le compte d'une société, d'un parti, d'une association. *Une recruteuse.*

RECTA, adv. [ʀɛkta] (mot lat., tout droit) Exactement, ponctuellement. *Il a payé recta à l'échéance.* ▪ **Rem.** Il est vieilli aujourd'hui.

RECTAL, ALE, ▪ adj. [ʀɛktal] (*rectum*) Relatif au rectum. *Température rectale. Des cancers rectaux.*

RECTANGLE, adj. [ʀɛktɑ̃gl] (b. lat. *rectiangulus*, de *rectus*, droit, et *angulus*, angle) Qui a les angles droits. *Une figure rectangle.* ▪ **N. m.** *Un rectangle*, un parallélogramme rectangle. ▪ Figure qui a quatre angles droits, ses côtés étant égaux deux à deux. *Un imprimé formé de losanges et de rectangles.*

RECTANGULAIRE, adj. [ʀɛktɑ̃gylɛʀ] (*rectangle*) **Géom.** Qui a la forme d'un rectangle. *Une figure rectangulaire.* ▪ Qui possède un angle droit. *Des lignes rectangulaires.*

1 **RECTEUR, TRICE**, n. m. et n. f. [ʀɛktœʀ, tʀis] (lat. *rector*, de *regere*, diriger) Personne qui dirige, régit. « *Le pape peut être appelé le recteur de l'Église universelle* », Dumarsais. ♦ ▷ Autrefois, chef d'une université. ◁ ♦ Aujourd'hui, chef d'une des académies qui composent l'Université de France. ♦ Dans quelques provinces, le curé d'une paroisse. ♦ ▷ Titre que les jésuites donnent aux supérieurs de leurs collèges. ◁ ♦ *Rectrice*, femme d'un recteur. ◁ ▪ **Relig.** Nom donné au supérieur de certains ordres religieux. ▪ **Relig.** Prêtre responsable d'une basilique, église non paroissiale, et mandaté par un évêque. *Le recteur de la basilique Notre-Dame de Paris.* ▪ **Rem.** On trouve également ce titre dans les confessions orthodoxes. Dans la religion musulmane, est appelé recteur le représentant administratif légal d'un institut théologique islamique. ▪ **Rem.** On emploie davantage *recteur* pour une femme qui dirige une université. *Rectrice* est employé au Québec.

2 **RECTEUR, TRICE**, adj. [ʀɛktœʀ, tʀis] (1 *recteur*) ▷ Dans l'ancienne chimie, *esprits recteurs*, les corps que l'on considérait comme le primitif de l'odeur dans toutes les substances odorantes. ◁ ▪ *Plumes rectrices*, l'ensemble des grandes plumes sur la queue d'un oiseau, lui permettant de diriger son vol.

RECT(I)..., ▪ [ʀɛkti] Préfixe, du latin lat. *rectus*, droit.

RECTIFIABLE, adj. [ʀɛktifjabl] (*rectifier*) Qui peut être rectifié. *Erreur rectifiable.* ♦ **Géom.** Qui peut être rendu équivalent à une ligne droite. *Des courbes rectifiables.*

RECTIFICATEUR, TRICE, n. m. [ʀɛktifikatœʀ, tʀis] (*rectifier*) Personne qui rectifie. ♦ **N. m.** Appareil qui sert à rectifier des liqueurs, des liquides. ▪ **Rem.** Le premier sens est littéraire aujourd'hui.

RECTIFICATIF, IVE, adj. [ʀɛktifikatif, iv] (*rectifier*) Qui rectifie. *Article rectificatif.* ▪ **N. m.** Texte servant à rectifier une erreur. *Publier un rectificatif.*

RECTIFICATION, n. f. [ʀɛktifikasjɔ̃] (b. lat. *rectificatio*, redressement) Action de rectifier, de rendre droit. *La rectification d'une route.* ♦ Action de corriger ce qui est fautif. *La rectification d'une erreur, d'un compte.* ♦ **Géom.** *Rectification d'une courbe*, opération par laquelle on trouve une ligne droite égale en longueur à la courbe donnée. ♦ **Chim.** Espèce de distillation par laquelle on purifie les liquides. ▪ **Techn.** Fait de travailler la finition d'une pièce à la meule.

RECTIFIÉ, ÉE, p. p. de rectifier. [ʀɛktifje] **Chim.** Épuré. *Des eaux-de-vie rectifiées.*

RECTIFIER, v. tr. [ʀɛktifje] (b. lat. *rectificare*, redresser) Rendre droit. *Rectifier le tracé d'une route.* ♦ **Milit.** *Rectifier un alignement*, rendre droit le front d'une troupe dont l'ordre s'est dérangé. ♦ **Fig.** Redresser, corriger. *Rectifier des erreurs, des fautes, etc. Rectifier le goût.* ♦ **Géom.** *Rectifier une courbe*, trouver une ligne droite qui lui soit égale en longueur. ♦ **Chim.** *Rectifier une liqueur*, la rendre plus pure en la distillant de nouveau. ♦ Se rectifier, v. pr. Être redressé, corrigé. *Le goût se rectifie.* ▪ **V. tr. Arg.** Tuer. ▪ **Techn.** Travailler la finition d'une pièce à la meule. ▪ **Milit.** *Rectifier le tir*, changer sa position de tir. *Fig.* Changer sa stratégie pour atteindre son but. *Le gouvernement a rectifié le tir après les mouvements de grève générale.*

RECTIFIEUR, EUSE, ▪ n. m. et n. f. [ʀɛktifjœʀ, øz] (*rectifier*) Techn. Ouvrier chargé de rectifier des pièces à la meule. ▪ N. f. Machine-outil destinée à rectifier.

RECTILIGNE, adj. [ʀɛktiliɲ] ou [ʀɛktilinj] (b. lat. *rectilineus*, en ligne droite) **Géom.** Qui est en ligne droite. *Mouvement rectiligne.* ♦ *Triangle rectiligne*, triangle terminé par des lignes droites. ♦ **Bot.** Qui est allongé en ligne droite et n'offre ni courbures ni sinuosités. ♦ **Fig.** Qui suit une logique exagérée, qui ne tient compte ni des faits ni des ménagements. *Esprit rectiligne.* ♦ Qui ne dévie pas des principes. *Conduite rectiligne.* ▪ Qui est en ligne droite. *Une route rectiligne.*

RECTILINÉAIRE, ▪ adj. [ʀɛktilineaʀ] (*rectiligne*, d'apr. *linéaire*) Phot. Qui ne déforme pas l'image sur les bords. *Des objectifs rectilinéaires.*

RECTION, ■ n. f. [ʀɛksjɔ̃] (lat. *rectio,* action de diriger) **Ling.** Propriété d'un verbe qui est accompagné d'un complément d'objet direct ou introduit par une préposition. *Dépendre de est un verbe à rection prépositionnelle.*

RECTITE, ■ n. f. [ʀɛktit] (*rectum*) **Méd.** Inflammation de la muqueuse rectale. *Le diagnostic positif de rectite est apporté par l'examen endoscopique qui constate une atteinte inflammatoire de tout ou partie de la muqueuse rectale.*

RECTITUDE, n. f. [ʀɛktityd] (b. lat. *rectitudo*) Qualité d'être droit et non courbe. *La rectitude des lignes.* ◆ **Fig.** Conformité à la raison, à la règle, au devoir. *Rectitude de jugement, d'intention, de conduite, etc.*

RECTO, n. m. [ʀɛkto] (mot lat. *recto,* s. e. *folio recto,* sur le feuillet qui est à l'endroit) La première page d'un feuillet ; il est opposé à *verso.* ◆ **Au pl.** *Des rectos.* ■ *Recto verso,* des deux côtés. *Faire une impression recto verso.*

RECTOCOLITE, ■ n. f. [ʀɛktokolit] (*rectum* et gr. *kôlon,* gros intestin) **Méd.** Inflammation du rectum et du côlon. *Une rectocolite hémorragique.*

RECTORAL, ALE, adj. [ʀɛktoʀal] (1 *recteur,* d'apr. lat. *rector*) Qui appartient au recteur. *Autorité rectorale. Les privilèges rectoraux.*

RECTORAT, ■ n. m. [ʀɛktoʀa] (1 *recteur,* d'apr. lat. *rector*) Charge, dignité de recteur. ◆ Temps pendant lequel on exerce cette charge. ◆ Étendue de pays soumis à la juridiction d'un recteur. ■ Lieu où le recteur d'une académie exerce ses fonctions.

RECTOSCOPE, ■ n. m. [ʀɛktoskɔp] (*rectum* et *-scope*) **Méd.** Instrument en forme de tube, muni d'un système d'éclairage et d'une petite caméra, et que l'on introduit dans le rectum pour l'examiner.

RECTOSCOPIE, ■ n. f. [ʀɛktoskopi] (*rectum* et *-scopie*) **Méd.** Examen optique du rectum et du côlon pratiqué au moyen d'un rectoscope. *Diagnostiquer un cancer par une rectoscopie.* ■ **RECTOSCOPIQUE,** adj. [ʀɛktoskopik]

RECTRICE, n. f. et adj. f. [ʀɛktʀis] Voy. **RECTEUR.**

RECTUM, n. m. [ʀɛktɔm] (lat. médiév. *rectum,* s. e. *rectum intestinum,* intestin droit) **Anat.** Le dernier des intestins, celui qui aboutit à l'anus.

1 REÇU, n. m. [ʀ(ə)sy] (*recevoir*) Quittance sous seing privé d'une somme payée. ◆ Écrit par lequel on reconnaît qu'on a reçu quelque chose.

2 REÇU, UE, p. p. de recevoir. [ʀ(ə)sy] *Reçu cent francs à valoir.* Dans cette tournure *reçu* est invariable. Mais on dirait : *Cent francs reçus à valoir.* ◆ Établi, consacré, admis. *Les opinions reçues.* ◁ ◆ *Il est reçu, c'est une opinion admise sans contestation.* ◁ ◆ *Il est reçu de faire cela, il est reçu qu'on fasse cela,* l'usage autorise à faire cela. ◁ ■ Admis à un examen. *Il ne sait pas encore s'il est reçu à son concours.*

RECUEIL, n. m. [ʀəkœj] (*recueillir*) Réunion d'actes, d'écrits, de morceaux, d'estampes, de pièces de musique, etc. ◆ **Fig.** Action de réunir des choses, ou réunion de choses qui n'ont pas une forme matérielle. « *En un temps où... l'on fait le recueil des bonnes et des mauvaises qualités de ceux qui meurent* », FLÉCHIER.

RECUEILLEMENT, n. m. [ʀəkœj(ə)mɑ̃] (*recueillir*) ▷ Action de recueillir, de réunir, de ramasser. *Le recueillement des suffrages.* ◁ ◆ **Fig.** Action de se recueillir ; état d'une personne qui se recueille. « *Se préparer à ses prières par le recueillement* », FLÉCHIER. « *La campagne est plus propre pour le recueillement d'esprit que le tumulte de Paris* », VOLTAIRE. ◆ **Fam.** Marque de respect presque religieux. *Quel recueillement quand il entra !*

RECUEILLI, IE, p. p. de recueillir. [ʀəkœji] **Fig.** Qui se recueille. *L'air recueilli. Un esprit recueilli.*

RECUEILLIR, v. tr. [ʀəkœjiʀ] (lat. *recolligere,* rassembler, réunir) Réunir les fruits, les produits, faire récolte. ◆ **Absol.** « *On pouvait recueillir et compter sur les terres de ce pays-là* », MME DE SÉVIGNÉ. ◆ **Fig.** « *Et, comme il n'a semé qu'épouvante et qu'horreur, Il n'en recueille enfin que trouble et que terreur* », P. CORNEILLE. ◆ Recevoir par héritage. ◆ Recevoir ce qui coule, ce qui découle. *Recueillir les eaux du toit dans une citerne, le suc d'une plante, etc.* ◆ Rassembler, réunir des choses dispersées. *Recueillir les restes de sa fortune, les débris d'une armée, etc.* ◆ ▷ *Recueillir les bruits de ville,* se dit d'un homme curieux de tous les propos de la ville. ◁ ◆ *Recueillir les voix, les suffrages, les avis,* faire le recensement des voix, des suffrages, des avis. *Recueillir ses esprits, ses idées,* concentrer son attention. ◆ *Recueillir ses forces,* les réunir pour tenter un effort. ◆ Saisir ce qui tombe. ◆ **Fig.** Saisir ce qui s'échappe des lèvres d'un autre. *Recueillir un propos.* « *Le pasteur qui recueillit ses derniers soupirs* », BOSSUET. ◆ Faire un recueil. *Recueillir des sentences.* ◆ Résumer. « *Il est bon de recueillir ce qui vient d'être expliqué* », BOSSUET. ◆ Inférer. « *Recueillons de ces notions que la gravitation est le principe du cours des planètes* », VOLTAIRE. ◆ Retirer pour donner refuge. « *Ce furent des corsaires qui nous recueillirent ma mère et moi sur un débris de notre vaisseau* », MOLIÈRE. ◆ *Être recueilli,* pris, amassé. « *La sagesse ne se recueille pas sur la terre comme la succession d'un père faible et mortel* », MASSILLON. ◆ Rassembler toute son attention pour ne s'occuper que d'une seule chose. ◆ Détacher son esprit des choses de la terre, se livrer à la méditation religieuse. ◆ Rassembler toutes ses forces. « *Dans les maux violents,*

la nature se recueille tout entière », FLÉCHIER. ◆ Se résumer. ◆ ▷ Être inféré, conclu. *Cela se recueille manifestement de ce que, etc.* ◁

RECUIRE, v. tr. [ʀəkɥiʀ] (*re-* et *cuire*) Cuire de nouveau. *Recuire des confitures.* ◆ Dans plusieurs arts, remettre l'ouvrage au feu, puis le laisser refroidir lentement. ◆ **V. intr.** Être soumis à une nouvelle cuisson. ◆ Se recuire, v. pr. Être soumis à la chaleur, puis au refroidissement graduel.

1 RECUIT, n. m. [ʀəkɥi] (*recuire*) Action de remettre au feu différents ouvrages. *Le fer forgé est converti en acier par un recuit.*

2 RECUIT, ITE, p. p. de recuire. [ʀəkɥi, it] Cuit de nouveau. ◆ Extrêmement cuit. *Croûtes recuites.* ◆ Anc. t. de méd. Il se dit des matières échauffées. *Des humeurs recuites.* ■ **Par extens.** *Une peau recuite,* une peau desséchée.

RECUITE, n. f. [ʀəkɥit] (*recuire*) ▷ Syn. de recuit. *La recuite de la porcelaine, du verre, des métaux.* ◁

RECUL, n. m. [ʀ(ə)kyl] (*reculer*) Mouvement en arrière que fait un corps. ◆ Mouvement en arrière que prennent les armes à feu pendant le tir. ◆ **Fig.** Régression. *Le recul du choléra.* ■ Éloignement dans l'espace ou dans le temps permettant une vision, un jugement plus objectifs. *Le recul nécessaire au journaliste. Prendre du recul.* ■ **Sp.** Espace libre sur un court de tennis offrant au joueur suffisamment d'espace pour reculer et prendre la balle. *Un court qui donne assez de recul.*

RECULADE, n. f. [ʀəkylad] (*reculer*) Action de reculer. ◆ Action d'une voiture ou de toute autre chose qui recule. ◆ **Fig.** Action de ceux qui sont obligés de reculer, de céder, pour s'être trop avancés. *Une honteuse reculade.*

RECULÉ, ÉE, p. p. de reculer. [ʀ(ə)kyle] Écarté, éloigné, lointain. « *Quel pays reculé le cache à mes bienfaits ?* », RACINE. ◆ ▷ Arriéré, peu avancé. *Cet écolier est bien reculé.* ◁ ■ Lointain dans le temps. *Dans des temps reculés, il était une fois, …*

RECULÉE, n. f. [ʀəkyle] (*reculer*) ▷ Espace qui permet de se reculer. *Il n'y a pas assez de reculée pour voir ce tableau.* ◁ ◆ ▷ *Feu de reculée,* feu qui oblige à se reculer. ◁ ■ **Géogr.** Vallée ou canyon de courte dimension, fermé en amont par un abrupt rocher à la tête d'un cours d'eau.

RECULEMENT, n. m. [ʀəkyl(ə)mɑ̃] (*reculer*) ▷ Action de reculer. *Le reculement d'une voiture.* ◁ ◆ ▷ **Fig.** Action de mettre dans une position mauvaise, d'écarter. « *Il n'est inquiété que du reculement de ses affaires* », BALZAC. ◁ ◆ **Fig.** Action d'étendre. « *Le reculement des frontières par la conquête de nouvelles provinces* », LA BRUYÈRE. ◆ ▷ Pièce du harnais qui soutient la voiture quand le cheval recule. ◁

RECULER, v. tr. [ʀ(ə)kyle] (*re-* et *cul*) Porter en arrière. *Reculez la table.* ◆ Reporter plus loin. *Il faut reculer cette muraille.* ◆ Reculer les bornes, les frontières d'un État, l'agrandir. ◆ Écarter, éloigner. « *Mais il est des objets que l'art judicieux Doit offrir à l'oreille et reculer des yeux* », BOILEAU. ◆ ▷ Éloigner quelqu'un du but, une affaire de son issue. *La disgrâce de son protecteur l'a bien reculé, a reculé ses affaires.* ◁ ◆ Ajourner, retarder. « *C'est un accident qui a fait reculer son mariage* », MOLIÈRE. ◆ Porter au loin dans le temps. « *Les Japonais ont eu aussi la manie de reculer leur origine* », DIDEROT. ◆ **V. intr.** Aller en arrière. *La voiture recula. Reculez un peu.* ◆ **Fig.** *Nous voudrions reculer vers la jeunesse.* ◆ **N. m.** *Le reculer,* action par laquelle le cheval se déplace dans un ordre inverse à celui des mouvements progressifs. ◆ Il se dit des armes à feu qui reculent après la détente. *Un canon recule.* ◆ Se retirer en arrière. « *Pourrait-on reculer en combattant sous vous ?* », P. CORNEILLE. ◆ *Il ne recule jamais,* se dit d'un homme très brave. ◆ **Fig.** Renoncer, céder, en parlant des personnes. « *C'est une faiblesse de n'oser reculer, quand on sent qu'on nous a fait faire une mauvaise démarche* », MASSILLON. ◆ *Reculer pour mieux sauter,* temporiser pour mieux prendre ses avantages ; ou bien sacrifier un petit avantage présent pour en obtenir plus tard un beaucoup plus grand. ◆ ▷ Cela se dit aussi quand, après un mauvais succès, on en obtient un signalé ; et, en sens inverse, quand on évite un petit inconvénient pour tomber dans un plus grand. ◁ ◆ Il se dit des choses qui ne réussissent pas. *Ses affaires reculent.* ◆ Être ajourné. ◆ Perdre l'avance qu'on avait. *La civilisation recule dans ce pays.* ◆ Aller plus loin, s'écarter. « *L'homme a fait reculer peu à peu les bêtes féroces* », BUFFON. ◆ Différer, éviter de faire. ◆ ▷ *Reculer à,* ne pas se soumettre à, craindre de. *Il ne recule à rien,* il n'est aucun travail qu'il n'accepte. ◆ *Il n'y a plus moyen de reculer,* on ne peut plus différer. ◆ *Reculer trop loin à,* trop différer. ◆ Se reculer, v. pr. Aller en arrière, s'écarter. ◆ Être différé. ■ **V. intr.** Régresser. *La criminalité a reculé.* ■ **Rem.** On ne dit plus aujourd'hui, *il ne recule à rien,* mais *il ne recule devant rien.*

RECULONS (À), loc. adv. [ʀ(ə)kylɔ̃] (*reculer*) En allant en arrière. *Les cordiers filent à reculons.* « *Les sages quelquefois, ainsi que l'écrevisse, Marchant à reculons, tournent le dos au port* », LA FONTAINE. ◆ **Fig. et fam.** *Cette affaire marche à reculons,* c'est-à-dire au lieu d'avancer vers une solution, elle s'en éloigne. ◆ Dans une posture où l'on tourne le dos à la route que l'on suit. *Une allure à reculons.* ■ Aller quelque part sans en avoir envie et en ne montrant aucune motivation. *J'y vais à reculons, à cette soirée !*

RECULOTTER, ▪ v. tr. [ʀəkylote] (*re-* et *culotter*) Remettre le pantalon, la culotte de quelqu'un. *Reculotter un enfant.* ▪ Se reculotter, v. pr. Remettre son pantalon, sa culotte.

RÉCUPÉRABLE, ▪ adj. [ʀekyperabl] (*récupérer*) Qui peut être récupéré. *Énergie éolienne récupérable.* ▪ **Dr.** Qui doit être récupéré. *Jour de congé récupérable.*

RÉCUPÉRATEUR, TRICE, ▪ n. m. et n. f. [ʀekyperatœʀ, tʀis] (*récupérer*) Qui récupère. *Récupérateur de chaleur.* ▪ **Adj.** *Un sommeil récupérateur,* qui permet d'être à nouveau en bonne forme. ▪ **N. m.** Appareil utilisé pour récupérer de la chaleur ou de l'énergie dans le but d'augmenter la température d'un fluide.

RÉCUPÉRATION, ▪ n. f. [ʀekyperasjɔ̃] (lat. *recuperatio*) Action de récupérer quelque chose. *Récupération de fichiers informatiques endommagés.* ▪ Fait de récupérer. *Récupération des heures au travail.* ▪ **Astronaut.** Fait de parvenir à récupérer un engin spatial en bon état lors de son atterrissage. *La récupération d'un satellite.* ▪ Fait de récupérer ou d'être récupéré en parlant d'un fait politique. *La récupération d'un scandale par les différents partis politiques.*

RÉCUPÉRÉ, ÉE, ▪ p. p. de récupérer. [ʀekypeʀe]

RÉCUPÉRER, v. tr. [ʀekypeʀe] (lat. *recuperare,* reprendre, regagner) Recouvrer. *Récupérer ses avances.* ♦ Se récupérer, v. pr. Se dédommager. *Se récupérer de ses pertes.* ▪ **Absol.** *Il se récupère.* ▪ **V. tr.** Recueillir pour réutiliser. *Récupérer des vieux journaux pour les recycler.* ▪ Reprendre ; retrouver. *Récupérer son manteau. Récupérer quelqu'un le soir après le travail.* ▪ **Polit.** Détourner un mouvement, une idéologie subversifs à son profit. *La manifestation a été récupérée par le gouvernement.* ▪ **V. intr.** Recouvrer ses forces, sa santé. *Il a bien récupéré après son opération.*

RÉCURAGE, n. m. [ʀekyʀaʒ] (*récurer*) Action de récurer.

RÉCURÉ, ÉE, p. p. de récurer. [ʀekyʀe] *Casseroles récurées.*

RÉCURER, v. tr. [ʀekyʀe] (*re-* et *écurer*) Nettoyer. ▪ Nettoyer en profondeur avec des produits spéciaux ou des éponges abrasives. *Récurer ses casseroles. Une poudre à récurer.*

RÉCURRENCE, n. f. [ʀekyʀɑ̃s] (*récurrent*) **Anat.** État de ce qui est récurrent. *La récurrence des nerfs laryngés inférieurs.* ▪ Caractère récidiviste d'une maladie infectieuse. ▪ **Litt.** Caractère de ce qui se répète.

RÉCURRENT, ENTE, adj. [ʀekyʀɑ̃, ɑ̃t] (lat. *recurrens,* de *recurrere,* courir en arrière) **Anat.** Qui remonte vers son origine. *Artères récurrentes,* nom donné à plusieurs artères de l'avant-bras et à une artère de la jambe. ♦ *Nerfs récurrents,* nerfs inférieurs du larynx. En algèbre, *série récurrente,* toute série dans laquelle chaque terme est formé d'un certain nombre de termes qui le précèdent combinés d'après une même loi. ♦ *Vers récurrent,* Voy. RÉTROGRADE. ▪ Qui se répète. *Un terme récurrent. Il est toujours en retard, c'est récurrent chez lui.* ▪ Qui récidive, en parlant d'une maladie. *Une infection récurrente.*

RÉCURSIF, IVE, ▪ adj. [ʀekyʀsif, iv] (rad. du lat. *recursus,* de *recurrere,* courir en arrière) Qui peut se répéter un nombre infini de fois. *Calcul récursif.* ▪ **Inform.** Qui est capable de s'autoexécuter, en parlant d'un programme informatique. *Un programme récursif.*

RÉCURSIVITÉ, ▪ n. f. [ʀekyʀsivite] (*récursif*) Propriété de ce qui est récursif. *La récursivité d'une procédure.*

RÉCURSOIRE, ▪ adj. [ʀekyʀswaʀ] (rad. du lat. *recursus,* recours) **Dr.** *Action récursoire,* action par laquelle une personne, contre laquelle est introduite une instance, y fait intervenir un tiers pour qu'il réponde des condamnations qui pourront être prononcées contre elle.

RÉCUSABLE, adj. [ʀekyzabl] (*récuser*) Qui peut être récusé. *Témoin récusable.* ♦ Qui on est dispensé d'ajouter foi. « *Il est vrai que je suis un peu récusable* », VOLTAIRE. ♦ Il se dit aussi des choses. *Autorité récusable.*

RÉCUSANT, ANTE, n. m. et n. f. [ʀekyzɑ̃, ɑ̃t] (*récuser*) ▷ Celui, celle qui récuse un juge, un juré, un témoin, un arbitre, etc. ◁

RÉCUSATION, n. f. [ʀekyzasjɔ̃] (lat. *recusatio,* refus) Action de récuser. ▪ **Dr.** Refus d'un justiciable de voir une affaire le concernant jugée par la juridiction normalement compétente. *La récusation d'un juge.* ▪ **Litt.** Fait de ne pas admettre quelque chose. *La récusation d'un fait.*

RÉCUSÉ, ÉE, p. p. de récuser. [ʀekyze]

RÉCUSER, v. tr. [ʀekyze] (lat. *recusare,* repousser, refuser) Refuser un juge, un juré, qu'on soupçonne de partialité. ♦ Il se dit aussi d'un témoin, d'un expert contre lequel on allègue quelque reproche, et de toute personne dont on rejette l'autorité, le témoignage. ♦ Il se dit de même, en parlant d'un témoignage, d'une autorité. *Récuser le témoignage de ses yeux.* ♦ Se récuser, v. pr. Déclarer que l'on n'est pas compétent pour juger une cause, pour trancher une question.

RECYCLABILITÉ, ▪ n. f. [ʀəsiklabilite] (*recyclable*) Capacité d'une matière à être recyclée. *La recyclabilité d'un emballage.*

RECYCLABLE, ▪ adj. [ʀ(ə)siklabl] (*recycler*) Qui peut être recyclé. *Énergie recyclable.*

RECYCLAGE, ▪ n. m. [ʀ(ə)siklaʒ] (*re-* et *cycle*) Réorientation scolaire. *Recyclage des élèves en échec scolaire.* ▪ Formation supplémentaire ou complémentaire dispensée à des adultes dans le but de parfaire, moderniser leur connaissance dans un domaine donné. *Un stage de recyclage pour les techniciens d'une entreprise.* ▪ Récupération en vue d'une nouvelle utilisation. *Recyclage des déchets plastiques, des emballages.* ▪ **Écon.** Fait de placer des capitaux sur le marché financier mondial.

RECYCLER, ▪ v. tr. [ʀ(ə)sikle] (*re-* et *cycle*) Réorienter un élève. *Recycler un élève en échec scolaire.* ▪ Dispenser une formation à des adultes afin de réviser leurs connaissances. ▪ Effectuer le recyclage de quelque chose. *Papier recyclé. Recycler les eaux domestiques.* ▪ Se recycler, v. pr. *Se recycler dans l'informatique.*

RÉDACTEUR, TRICE, n. m. et n. f. [ʀedaktœʀ, tʀis] (rad. du lat. *redactum,* de *redigere,* rédiger) Personne qui rédige. *Le rédacteur d'un procès-verbal, d'un journal.* ♦ Au f. *Rédactrice* (qui n'est pas donné par l'Académie). ♦ Dans certaines administrations, employé particulièrement chargé de la rédaction des rapports, des réponses. ▪ *Rédacteur, rédactrice en chef,* personne qui dirige la rédaction d'un journal.

RÉDACTION, n. f. [ʀedaksjɔ̃] (rad. du lat. *redactum,* de *redigere,* rédiger) Compilation de plusieurs choses dans un ordre qu'on leur donne entre elles. *La rédaction de la Coutume de Paris.* ♦ Action de rédiger. *La rédaction d'une loi.* ♦ Chose rédigée. *Une rédaction d'histoire.* ♦ Ensemble des rédacteurs d'un journal. ♦ Salle où s'assemblent les rédacteurs.

RÉDACTIONNEL, ELLE, ▪ adj. [ʀedaksjɔnɛl] (*rédaction*) Qui concerne la rédaction. *Protocole rédactionnel.* ▪ **Spécialt** *Publicité rédactionnelle,* texte écrit, article à visée publicitaire. ▪ **N. m.** Ce qui est rédigé, par opposition à ce qui est visuel. *Il ne faut pas confondre le rédactionnel de reportage et le rédactionnel de publicité.*

REDAN ou **REDENT,** n. m. [ʀədɑ̃] (*re-* et *dent*) Retranchement simple composé de deux faces qui se coupent en formant un angle saillant. ♦ *Ligne à redans,* retranchement à intervalles ou continu, composé de redans ou de redans et de lignes droites. ♦ *Batterie à redans,* batterie dont la crête intérieure est brisée de manière à former des angles saillants et des angles rentrants. ♦ Ressauts que l'on fait de distance en distance, en construisant un mur sur un terrain en pente, pour conserver le niveau. ♦ Par analogie, il se dit de la disposition d'un terrain, de montagnes en redans. ▪ **Archit.** Découpe en forme de dents, dans l'architecture médiévale, qui orne également aujourd'hui certaines toitures.

RÉDARGUÉ, ÉE, p. p. de rédarguer. [ʀedaʀge]

RÉDARGUER, v. tr. [ʀedaʀge] (lat. *redarguere,* réfuter, dénoncer en retour) ▷ **Vieilli** Blâmer, reprendre. ◁

REDDITION, n. f. [ʀedisjɔ̃] (b. lat. *redditio,* du lat. *reddere,* rendre) Action de rendre. ♦ Action de rendre une place à ceux qui l'assiègent. ♦ *Reddition de compte,* action de présenter un compte pour qu'il soit examiné, et aussi de rendre compte, d'exposer.

REDÉCOUVRIR, ▪ v. tr. [ʀədekuvʀiʀ] (*re-* et *découvrir*) Découvrir de nouveau quelque chose ou découvrir de nouveau ce qui a déjà été découvert. *Les nutritionnistes ont redécouvert les mérites de certaines plantes aromatiques.* ▪ Découvrir quelque chose sous un nouveau jour. *J'ai redécouvert cette région cet été.*

REDÉFAIRE, v. tr. [ʀədefɛʀ] (*re-* et *défaire*) Défaire de nouveau. *Refaire et redéfaire un ouvrage.*

REDÉFAIT, AITE, p. p. de redéfaire. [ʀədefɛ, ɛt]

REDÉFINIR, ▪ v. tr. [ʀ(ə)definiʀ] (*re-* et *définir*) Définir à nouveau, reprendre différemment. *Redéfinir les grandes lignes d'un projet.* ▪ **REDÉFINITION,** n. f. [ʀədefinisjɔ̃] *La redéfinition des objectifs d'un projet.*

REDEMANDÉ, ÉE, p. p. de redemander. [ʀ(ə)d(ə)mɑ̃de]

REDEMANDER, v. tr. [ʀ(ə)d(ə)mɑ̃de] (*re-* et *demander*) Demander de nouveau. ♦ Demander la restitution d'une chose. ♦ Il se dit aussi en parlant des personnes qu'on redemande.

REDÉMARRAGE, ▪ n. m. [ʀ(ə)demaʀaʒ] (*redémarrer*) Fait de démarrer de nouveau. *Le redémarrage de l'investissement financier.*

REDÉMARRER, ▪ v. tr. [ʀ(ə)demaʀe] (*re-* et *démarrer*) Faire démarrer de nouveau quelque chose qui s'était arrêté. *Redémarrer son ordinateur.* ▪ **V. intr.** Faire repartir un véhicule après s'être arrêté. *On redémarre, il n'y a plus personne sur la route.* ▪ **Fig.** Connaître un nouvel élan. *Les ventes redémarrent depuis quelques semaines.*

RÉDEMPTEUR, n. m. [ʁedɑ̃ptœʁ] (lat. *redemptor*, celui qui rachète, de *redimere*, racheter, affranchir) **Théol.** Celui qui a racheté le genre humain, Jésus-Christ. ◆ Se dit des religieux de la Merci qui vont racheter les captifs. ◆ Rédempteur, trice, adj. Qui opère la rédemption. *Le signe rédempteur.* ■ N. m. Ce qui rachète une personne, d'un point de vue moral. *Certains saints sont les rédempteurs des malfrats repentis.*

RÉDEMPTION, n. f. [ʁedɑ̃psjɔ̃] (lat. *redemptio*, rachat, de *redimere*, racheter, affranchir) **Théol.** Rachat du genre humain par Jésus-Christ. ◆ *La rédemption des captifs*, le rachat des chrétiens au pouvoir des infidèles. *Les ordres de la Rédemption.* ◆ Action de rédimer, ou son résultat. *Rédemption d'un droit.* ■ Fait de se racheter ou d'être racheté, d'un point de vue moral. *La rédemption des péchés.*

RÉDEMPTORISTE, ■ n. m. [ʁedɑ̃ptɔʁist] (*rédempteur*) **Relig.** Religieux de l'institut fondé en 1732 par saint Alphonse de Liguori, dont la mission consiste à porter la Bonne Nouvelle aux pauvres et aux plus abandonnés. *Les rédemptoristes ont entrepris cette œuvre en se mêlant aux bergers pauvres et aux abandonnés qui vivaient dans la région montagneuse située aux alentours de Naples, dans l'Italie méridionale.*

REDENT, ■ n. m. [ʁədɑ̃] Voy. REDAN.

REDENTÉ, ÉE, ■ adj. [ʁədɑ̃te] (*redent*) **Archit.** Qui est formé de redans, en parlant d'un ornement. *Une frise redentée.*

REDÉPLOIEMENT, ■ n. m. [ʁədeplwamɑ̃] (*re-* et *déploiement*) Fait de réorganiser un projet, une politique, un dispositif militaire. *Le redéploiement stratégique des forces armées. Le redéploiement du personnel d'une entreprise. Le redéploiement industriel.*

REDÉPLOYER, ■ v. tr. [ʁədeplwaje] (*re-* et *deployer*) Organiser quelque chose différemment. *Redéployer des compétences. Redéployer une armée.*

REDESCENDRE, v. intr. [ʁ(ə)desɑ̃dʁ] (*re-* et *descendre*) Descendre de nouveau. ◆ Descendre après s'être élevé. *Le baromètre redescend.* ◆ Fig. « *Il en coûte quelquefois plus à l'esprit pour redescendre que pour monter* », FONTENELLE. **Mar.** Les vents redescendent lorsqu'ils changent dans la direction du Nord vers le Sud. ◆ V. tr. Mettre de nouveau plus bas. *Redescendez ce tableau.* ◆ Parcourir en descendant. *Redescendre une montagne, un escalier, une rivière, etc.*

REDESCENDU, UE, p. p. de redescendre. [ʁ(ə)desɑ̃dy]

REDEVABLE, adj. [ʁ(ə)dəvabl] (*redevoir*) Qui doit encore après un paiement fait. *Il m'est redevable de peu de chose.* ◆ Par extens. Il se dit d'un débiteur quelconque. *Il m'est redevable de six cents francs.* ◆ Fig. Qui a obligation à quelqu'un. « *Jamais à son sujet un roi n'est redevable* », P. CORNEILLE. ◆ Qui est tenu à certaines obligations. « *Quoique saint Louis se crût redevable à tous, il pensa qu'il était encore plus obligé d'avoir soin des pauvres* », FLÉCHIER. ◆ N. m. et n. f. Celui, celle qui redoit une certaine somme. ◆ Fig. Celui, celle qui a une obligation à quelqu'un.

REDEVANCE, n. f. [ʁ(ə)dəvɑ̃s] (*redevoir*) Rente, somme payable à termes fixes. *Redevance en argent, en nature.* ■ Somme due en contrepartie de l'utilisation d'un service, d'une concession. *La redevance télévisuelle.*

REDEVANCIER, IÈRE, n. m. et n. f. [ʁ(ə)dəvɑ̃sje, jɛʁ] (*redevance*) Celui, celle qui est obligé à des redevances.

REDEVENIR, v. intr. [ʁədəv(ə)niʁ] (*re-* et *devenir*) Se conjugue avec être. Devenir de nouveau. ◆ Devenir, même pour la première fois, tel qu'on était en germe. « *Cet enfant qui pleurait redevint un héros* », DELAVIGNE.

REDEVENU, UE, p. p. de redevenir. [ʁədəv(ə)ny]

REDEVOIR, v. tr. [ʁ(ə)dəvwaʁ] (*re-* et 1 *devoir*) Être en reste, devoir après un compte fait. ◆ Fig. « *Ce prix acquittera tout ce que mon cœur redoit au vôtre* », J.-J. ROUSSEAU.

RÉDHIBITION, n. f. [ʁedibisjɔ̃] (b. lat. jurid. *redhibitio*, de *redhibere*, reprendre une chose vendue) **Jurispr.** Action par laquelle l'acheteur peut faire annuler la vente d'une chose défectueuse.

RÉDHIBITOIRE, adj. [ʁedibitwaʁ] (b. lat. jurid. *redhibitorius*, de *redhibere*, reprendre une chose vendue) Qui concerne la rédhibition. *Des vices rédhibitoires.* ◆ *Cas rédhibitoires*, maladies ou défauts dont l'existence est une cause de nullité pour la vente d'un animal domestique. ◆ Fig. Il se dit dans le langage général comme excuse que l'on donne de ne pas faire quelque chose. ■ Fig. Qui constitue un obstacle insurmontable. *D'une laideur rédhibitoire.*

RÉDIE, ■ n. f. [ʁedi] (*Redi*, naturaliste italien) **Zool.** Larve de vers parasites qui se développent chez certains mollusques dulcicoles. *En se développant, les rédies se transforment en cercaires.*

REDIFFUSER, ■ v. tr. [ʁədifyze] (*re-* et *diffuser*) Diffuser une nouvelle fois une émission, un film, une séquence de façon différée, à la télévision ou à la radio. *Notre programme sera rediffusé demain après-midi.*

REDIFFUSION, ■ n. f. [ʁədifyzjɔ̃] (*rediffuser*, d'apr. *diffusion*) Nouvelle diffusion à la télévision, que ce soit le deuxième ou le énième passage, d'un film, d'une émission déjà diffusés.

RÉDIGÉ, ÉE, p. p. de rédiger. [ʁediʒe]

RÉDIGER, v. tr. [ʁediʒe] (lat. class. *redigere*, ramener, réduire) ▷ Compiler et mettre en ordre. *Rédiger les ordonnances des rois.* ◁ ◆ ▷ Réduire un écrit, un discours à ce qu'ils ont d'essentiel, les mettre en moins de paroles. ◁ Mettre par écrit avec ordre et suite. *Rédiger ce qui a été dit dans une séance, une leçon, etc.* ◆ *Rédiger un journal*, y faire les principaux articles, et aussi diriger le reste de la rédaction.

RÉDIMÉ, ÉE, p. p. de rédimer. [ʁedime] *Villes rédimées*, en matière de contributions indirectes, villes où l'exercice est supprimé, grâce à la conversion des droits de détail et d'entrée sur les boissons en une taxe unique aux entrées, et, en matière de contributions directes, villes où le montant de la contribution personnelle et mobilière est acquitté par un prélèvement sur le produit des octrois. ◆ *Débitants rédimés.* ■ REM. Ces sens relèvent de la France lors de l'Ancien Régime.

REDIMENSIONNER, ■ v. tr. [ʁədimɑ̃sjɔne] (*re-* et *dimension*) **Suisse** Restructurer une entreprise, ses employés, etc. *Ils ont dû redimensionner leur personnel.*

RÉDIMER (SE), ■ v. pr. [ʁedime] (lat. *redimere*, racheter) Se racheter de. *Se rédimer de la peine du péché originel.* ◆ ▷ Il se dit de poursuites judiciaires, de vexations. *Se rédimer du pillage par une contribution.* ◁ ◆ *Se rédimer*, en matière de contributions indirectes ou directes. Voy. RÉDIMÉ. ■ V. tr. Racheter. *Rédimer les pécheurs.*

REDINGOTE, n. f. [ʁədɛ̃gɔt] (angl. *riding coat*, de *riding*, de *to ride*, monter à cheval, et *coat*, vêtement) Vêtement différent de l'habit parce que les pans de la jupe y sont entiers, tandis que ceux de l'habit sont coupés sur le devant. ◆ ▷ *Redingote à la propriétaire*, sorte de redingote longue qui se boutonne depuis le haut jusqu'en bas. ◁ ■ Manteau de femme, cintré.

REDIRE, v. tr. [ʁ(ə)diʁ] (*re-* et *dire*) Dire de nouveau, dire une même chose plusieurs fois. ◆ *Ne pas se le faire redire*, obéir aussitôt à un avis, à une injonction. ◆ Répéter ce qu'un autre a dit. « *Les pères raconteront à leurs enfants le bonheur qu'ils eurent de vivre sous un si bon maître ; ceux-ci le rediront à leurs neveux* », MASSILLON. ◆ Raconter. « *Ce prince, dont mon cœur se faisait autrefois Avec tant de plaisir redire les exploits* », RACINE. ◆ Fig. « *Et toujours mes soupirs vous rediront ma peine* », RACINE. ◆ Révéler par indiscrétion. ◆ Blâmer, censurer ; il ne s'emploie en ce sens qu'à l'infinitif et avec à. *Redire à tout.* ◆ *Aimer à redire*, aimer à reprendre, à blâmer. ◆ *À redire*, s'emploie aussi en parlant d'un compte, d'une appréciation qui ne sont pas fidèles, d'une espérance qui est trop grande. *Il y avait à redire aux comptes qu'il a remis.* ◆ Se redire, v. pr. Être redit.

REDISCUTER, ■ v. tr. [ʁədiskyte] (*re-* et *discuter*) Remettre à la discussion, à la négociation. *Rediscuter un planning, un projet. Nous rediscuterons de tes résultats plus tard.*

REDISEUR, EUSE, n. m. et n. f. [ʁədizœʁ, øz] (*redire*) ▷ Celui, celle qui répète les mêmes choses. *Une vieille rediseuse.* ◆ Celui, celle qui répète par indiscrétion ou par malignité. « *Rediseurs, espions, gens à l'air gracieux* », LA FONTAINE. ◁

REDISTRIBUER, ■ v. tr. [ʁədistʁibɥe] (*re-* et *distribuer*) Distribuer une nouvelle fois. *Redistribuer des cartes à jouer.* ■ Répartir quelque chose. *Redistribuer les gains d'une entreprise aux actionnaires. Redistribuer les richesses nationales.*

REDISTRIBUTION, ■ n. f. [ʁədistʁibysjɔ̃] (*redistribuer*, d'apr. *distribution*) Fait de répartir une nouvelle fois. *La redistribution des missions aux employés d'une société.* ■ **Écon.** Système de répartition des revenus en prélevant certains pour donner à d'autres. *Les impôts relèvent d'un système de redistribution.* ■ **Polit.** Ajustement périodique des limites des circonscriptions électorales en vue d'arriver à un certain équilibre entre elles à la suite de changements de population ou du nombre de sièges à une législature.

REDIT, ITE, p. p. de redire. [ʁədi, it] ▷ N. m. *Redits*, rapports, commérages. ◆ On le joint d'ordinaire à *dits*. ◁

REDITE, n. f. [ʁ(ə)dit] (*redire*) Répétition fréquente. « *Tout ce qu'il disait était court, précis, nerveux ; jamais il ne faisait aucune redite* », FÉNELON. ◆ Ce qui est répété inutilement. *Une rédaction pleine de redites.*

REDONDANCE, n. f. [ʁ(ə)dɔ̃dɑ̃s] (lat. *redundantia*, abondance) Excès dans l'abondance des ornements du style. ■ **Ling.** Fait de réitérer une information sous des formes différentes dans un même énoncé. ■ **Inform.** Fait de répéter des informations pour garantir la qualité des sauvegardes. *La redondance permet d'effectuer des contrôles de transmission en cas de mauvaise diffusion.* ■ REM. On disait aussi *rédondance* autrefois.

REDONDANT, ANTE, adj. [ʁ(ə)dɔ̃dɑ̃, ɑ̃t] (lat. *redundans*, débordant, abondant) Qui surabonde, qui est de trop, en parlant des paroles. ◆ Style redondant, style qui pèche par la redondance. ■ **Ling.** Qui réitère une information sous des formes différentes dans un même énoncé. *Des conjonctions de coordination redondantes.* ■ **Inform.** Qui est volontairement constitué de trop d'informations pour garantir la qualité des sauvegardes. ■ Rem. On disait aussi *rédondant* autrefois.

REDONDER, v. intr. [ʀədɔ̃de] (lat. *redundare*, abonder, déborder, de *re-* et *unda*, onde, flot) ▷ Être de trop dans le discours. ◆ Avoir en trop, en parlant du style. *Le style de cet auteur redonde d'épithètes.* ■ Rem. On disait aussi *rédonder* autrefois. ◁

REDONNÉ, ÉE, p. p. de redonner. [ʀədɔne]

REDONNER, v. tr. [ʀədɔne] (re- et *donner*) Donner de nouveau la même chose. ◆ ▷ *Se redonner,* donner de nouveau à soi-même, causer à soi-même. *Il s'est redonné son mal de côté.* ◁ ◆ Rendre, donner, même pour la première fois, une chose, quand celui à qui on la donne l'a déjà eue. *Redonnez-lui sa liberté.* ◆ Il se dit des personnes en un sens analogue. « *On m'a assuré que le chevalier se portait un peu mieux ; je prie Dieu de tout mon cœur qu'il nous le redonne* », Mme DE SÉVIGNÉ. ◆ Transmettre. « *Les nouvelles de mes amis que je vous redonne* », Mme DE SÉVIGNÉ. ◆ Répéter, redire. « *C'est ainsi qu'on nous redonne tous les jours d'anciennes erreurs avec des titres nouveaux* », VOLTAIRE. ◆ Rappeler, faire reparaître. ■ V. intr. Se laisser aller de nouveau, se livrer de nouveau. *Redonner dans les folles dépenses, dans les mêmes pièges, etc.* ◆ *La pluie redonne de plus belle,* elle redouble. ◆ En termes militaires, revenir à la charge. ◆ Se redonner, v. pr. ▷ Se donner de nouveau à quelqu'un. ◁ ◆ Se donner de nouveau l'un à l'autre. ◁ ◆ ▷ Se livrer de nouveau à quelque chose. *Se redonner aux affaires.* ◁ ■ **Spécialt** Rediffuser un film ou repasser un opéra, une pièce de théâtre. *Ils redonnent* Tartuffe *de Molière au théâtre.*

REDORÉ, ÉE, p. p. de redorer. [ʀədɔʀe]

REDORER, v. tr. [ʀədɔʀe] (re- et *dorer*) Dorer de nouveau. *Redorer un cadre.* ◆ **Par extens.** *Le soleil redore les coteaux.* ◆ **Fig.** Enrichir, orner. *Redorer sa gloire.* ■ **Fig.** *Redorer son blason,* augmenter sa fortune de telle sorte qu'elle soit digne de son rang social ; retrouver la gloire que l'on avait perdue. *Ce succès littéraire va lui permettre de redorer son blason.*

REDORMIR, v. intr. [ʀədɔʀmiʀ] (re- et *dormir*) Dormir de nouveau.

REDOUBLANT, ANTE, ■ n. m. et n. f. [ʀ(ə)dublɑ̃, ɑ̃t] (*redoubler*) Élève qui double sa classe, qui y passe une seconde année. *C'est un redoublant.*

REDOUBLÉ, ÉE, p. p. de redoubler. [ʀ(ə)duble] En termes militaires, *pas redoublé,* pas qui se fait une fois plus vite que le pas ordinaire. ◆ **Mus.** *Pas redoublé,* marche sur le rhythme du pas redoublé. ◆ **Fig.** « *Votre pouls inégal marche à pas redoublés* », BOILEAU. ◆ *Rimes redoublées,* rimes qui reviennent sans autre condition que l'alternance régulière des masculines et des féminines. ■ À COUPS REDOUBLÉS, Coups rapides et violents. *Ils l'ont frappé à coups redoublés.* ■ Que l'on a augmenté de façon considérable. *Il a fait des efforts redoublés pour être reçu à son concours.*

REDOUBLEMENT, n. m. [ʀ(ə)dubləmɑ̃] (*redoubler*) Action de redoubler ; augmentation considérable. *Un redoublement de douleur, d'amour, de larmes, etc.* ◆ **Méd.** Augmentation périodique ou irrégulière d'une maladie. ◆ **Fig.** « *Il est dans un état d'admiration continue avec des redoublements* », BONNET. ◆ **Gramm. grecq. et lat.** Réduplication de la syllabe radicale du verbe, qui sert à caractériser surtout des parfaits. ◆ **Mus.** Note qui dans un accord est doublée, répétée à une ou plusieurs octaves. ■ **Ling.** Fait de dupliquer un mot, une partie d'un mot pour l'accentuer. Il est vraiment foufou, c'est ça *cracra* ici, c'est pas *joli joli* sont des exemples de redoublements. ■ Fait de redoubler une classe. *L'instituteur a demandé son redoublement.*

REDOUBLER, v. tr. [ʀ(ə)duble] (re- et *doubler*) Réitérer, renouveler avec une sorte d'augmentation. « *Tu trahis mes bienfaits, je les veux redoubler* », P. CORNEILLE. ◆ Augmenter du double. ◆ Augmenter beaucoup. *Redoubler la dose d'un remède, son attention, etc.* ■ **Escrime** Se dit de l'action de celui qui tire plusieurs coups de suite sans se relever. ◆ Remettre une partie doublure. *Redoubler une redingote.* ■ V. intr. Recevoir beaucoup d'augmentation. *Votre gloire redouble. Les cris ont redoublé.* ◆ **Méd.** Avoir un redoublement, en parlant d'une maladie. *La fièvre redouble.* ◆ Apporter un effort considérable, avec un nom de personne pour sujet. *Redoubler d'attention, de politesse, de soins, etc.* ◆ *Redoubler de jambes,* marcher plus vite. ◁ ▷ Se redoubler, v. pr. Recevoir beaucoup d'augmentation. « *Mes soupirs redoublent sans cesse* », SACI. ◁ ◆ Se replier en replis venant les uns sur les autres. *Le serpent se redoublait pour s'élancer.* ■ Recommencer une nouvelle année scolaire dans la même classe. *Il a redoublé sa quatrième.*

REDOUL, n. m. [ʀədul] Voy. ROUDOU.

REDOUTABLE, adj. [ʀədutabl] (*redouter*) Qui est à redouter. *Un capitaine redoutable. Homme redoutable à l'État.*

REDOUTE, n. f. [ʀədut] (ital. *ridotto*, refuge, du lat. *reductus locus*, lieu à l'écart, de *reducere*, ramener) Ouvrage de fortification, complètement fermé et ne présentant pas d'angles rentrants. *Redoute carrée.* ◆ Il se dit dans quelques villes d'un endroit public où l'on danse, où l'on joue. ■ **Par extens.** Ces danses, ces jeux.

REDOUTÉ, ÉE, p. p. de redouter. [ʀədute] *Très redouté seigneur,* se disait, dans le Moyen Âge, des rois, des ducs et seigneurs souverains, en parlant d'eux ou en leur parlant.

REDOUTER, v. tr. [ʀədute] (re- et *douter,* craindre) Craindre fort. *Je redoute qu'il apprenne cette nouvelle.* « *Je te donne à combattre un homme à redouter* », P. CORNEILLE. ◆ Redouter avec de et un infinitif. *Redoutez d'être ingrat.* ◆ ▷ Se redouter, v. pr. Avoir la crainte de soi-même. ◁ ■ V. tr. *Redouter* avec *que* et un subjonctif. *Je redoute qu'il aille là-bas.*

REDOUX, ■ n. m. [ʀədu] (re- et *doux*) Retour de douceur des conditions climatiques, après une période froide. *Enfin le redoux arrive, après plusieurs semaines de neige et de froid.*

REDOWA ou **RÉDOWA**, n. f. [ʀedova] (all. *Redowa,* du tchèque, *rejdovak,* de *rej,* danse) Espèce de valse ou danse à trois temps qui a beaucoup d'analogie avec la mazurka. ◆ Air sur lequel elle s'exécute. ◆ Au pl. *Des redowas, des rédowas.*

REDOX ou **RÉDOX**, ■ adj. [ʀedɔks] (mot angl., de *reduction,* réduction, et *oxydation,* oxydation) **Chim.** Se dit de l'état ou du potentiel d'oxydoréduction d'un milieu, d'une molécule. *Centre redox,* groupement moléculaire participant aux transferts d'électrons par échange d'électrons entre ses molécules.

REDRESSAGE, n. m. [ʀədʀesaʒ] (*redresser*) Fait de redresser quelque chose. *Le redressage du cadre d'une moto.* ■ Rem. L'emploi de *redressage* est rare.

REDRESSE (À LA), loc. adj. [ʀ(ə)dʀɛs] (*redresser*) **Pop.** Qu'on ne peut tromper ; dont le respect est impliqué par la violence. *C'est un type à la redresse, un vrai renard !*

REDRESSÉ, ÉE, p. p. de redresser. [ʀ(ə)dʀese]

REDRESSEMENT, n. m. [ʀədʀɛs(ə)mɑ̃] (*redresser*) Action de redresser ; effet de cette action. *Le redressement d'une règle faussée, d'une tige, etc.* ◆ **Fig.** Action de corriger. *Le redressement d'une erreur.* ◆ Réparation. *Le redressement d'un grief.* ■ **Électr.** Fait de transformer un courant alternatif en courant continu. ■ **Dr.** *Redressement fiscal,* Procédure par laquelle l'administration fiscale rectifie la base d'imposition d'un contribuable. **Par méton.** Somme à payer à la suite de cette procédure. ■ **Dr.** *Redressement judiciaire,* Procédure utilisée pour régler la situation d'une entreprise qui est dans l'impossibilité de régler une ou plusieurs dettes à leur échéance et qui a cessé ses paiements, mais dont la situation n'est pas définitivement compromise. ■ **Dr.** *Maison de redressement,* lieu fermé dans lequel les jeunes délinquants étaient détenus et rééduqués.

REDRESSER, v. tr. [ʀ(ə)dʀese] (re- et *dresser*) Rendre droit ce qui est courbé, penché, abaissé. *Redresser un poteau, un arbre, la taille d'un enfant, etc.* ◆ Relever ce qui était renversé. *Redresser des statues, les autels, etc.* ◆ Remettre dans le droit chemin (sens qui vieillit). ◆ **Fig.** Remettre dans la bonne voie, en parlant des personnes que l'on corrige, éclaire. ◆ **Fig.** Corriger, rectifier, avec un nom de chose pour régime. « *Dieu redresse quand il lui plaît le sens égaré* », BOSSUET. ◆ **Fig.** Réparer, faire justice. « *L'édit de Clotaire redressa tous les griefs* », MONTESQUIEU. ◆ Dans le langage des romans de chevalerie, *redresser les torts,* secourir les opprimés et réparer les torts qui leur sont faits ; aujourd'hui, il ne se dit plus que familièrement ou ironiquement. ◆ **Ironiq.** Châtier, mortifier. *Il faisait l'impertinent, mais on l'a bien redressé.* ◆ **Fam.** Tromper, attraper. *Ce fripon l'a redressé au jeu.* ◆ Se redresser, v. pr. Redevenir droit après avoir été courbé, penché, baissé. « *Les corps durs qui font ressort se redressent lorsqu'on les a courbés* », MALEBRANCHE. ◆ Fig. Prendre un ton, un air de supériorité ; paraître enorgueilli de quelque nouvel avantage. ◆ Se remettre debout. ◆ **Fig.** Se corriger. ■ V. tr. Relever une partie du corps. *Redresser le buste.* ■ Remettre une partie du corps dans une position correcte. *Se faire redresser la colonne vertébrale, les dents.* ■ Remettre les roues d'un véhicule parallèles à la route, après un virage, une manœuvre. ■ **Fig.** *Redresser la barre,* rétablir une situation bancale. *Il faut redresser la barre rapidement pour que l'entreprise puisse faire des bénéfices.* ■ **Électr.** *Redresser un courant,* le changer en courant continu, dans un même sens. ■ Faire reprendre de la hauteur à un avion ou le ramener à la verticale. ■ *Redresser un particulier, une entreprise,* lui faire subir un redressement fiscal ou judiciaire. *On l'a redressé l'année dernière.* ■ **Fig.** Se redresser, v. pr. Être de nouveau prospère. *La situation économique se redresse.*

REDRESSEUR, n. m. [ʀədʀesœʀ] (*redresser*) *Redresseur de torts,* chevalier qui se faisait le vengeur des injustices ou de la violence, et le défenseur des opprimés. ◆ **Fam. et ironiq.** Celui qui veut réformer ou corriger les autres, qui se mêle d'empêcher ou de punir les méfaits, les injustices du monde. ■ Rem. Aujourd'hui on dit ironiquement d'un homme qu'il est un redresseur de torts lorsqu'il agit pour défendre les personnes opprimées. ■

Ouvrier chargé de redresser ce qui a été déformé, tordu. *Un redresseur de tôle.* ■ Adj. m. **Anat.** Qui provoque le redressement des poils. *Les muscles redresseurs.* ■ **Opt.** Qui permet de redresser les images renversées, en parlant d'un dispositif optique. *Un prisme redresseur.* ■ **Électr.** Qui permet de redresser un courant alternatif en courant continu, dans un seul sens.

REDÛ, UE ou **REDU, UE**, p. p. de redevoir. [ʀədy] ▷ N. m. Ce qui reste dû après compte fait. *Le redû monte à tant.* ◁

RÉDUC, ■ n. f. [ʀedyk] Voy. RÉDUCTION.

RÉDUCTEUR, n. m. [ʀedyktœʀ] (lat. impér. *reductor*) ▷ **Chir.** Celui qui réduit. ◁ ■ Adj. **Chim.** *Réducteur, réductrice*, qui a la propriété de désoxyder. *Les agents réducteurs.* ■ **Méc.** Qui réduit la vitesse de rotation d'un mécanisme. ■ Adj. Qui simplifie abusivement. *Une analyse de la situation trop réductrice.*

RÉDUCTIBILITÉ, n. f. [ʀedyktibilite] (*réductible*) Qualité, état de ce qui est réductible. ■ **Chir.** État de ce qu'on peut réduire. *La réductibilité d'une fracture.*

RÉDUCTIBLE, adj. [ʀedyktibl] (rad. du lat. *reductum*, de *reducere*, réduire) Qui peut être réduit, diminué. *Une donation réductible.* ♦ Qui peut être ramené à, mis sous la forme de. *Un trapèze est réductible à un parallélogramme.* ♦ **Math.** Qui peut être abaissé de degré. *Des équations réductibles du troisième et du quatrième degré.* ♦ **Chir.** Qui peut être réduit, ramené à sa place. *Fracture réductible.* ♦ **Chim.** Se dit d'un oxyde qui peut être désoxygéné.

RÉDUCTIF, IVE, adj. [ʀedyktif, iv] (rad. du lat. *reductum*, de *reducere*, réduire) Qui a la faculté de réduire. *Procédés réductifs. La chimie a des sels réductifs.*

RÉDUCTION, n. f. [ʀedyksjɔ̃] (lat. class. *reductio*, de *reducere*, réduire) Proprement, action de réduire. ♦ **Chir.** Opération chirurgicale qui a pour but de ramener, de remettre à leur place les os luxés ou fracturés, ou les parties molles quelconques qui ont formé hernie. ♦ **Chim.** Opération qui a pour but de ramener à l'état métallique les composés où le métal est combiné soit avec l'oxygène, soit avec le soufre, etc. ♦ **Géom.** Action de ramener une figure à une autre semblable, mais plus petite. ♦ Opération par laquelle on divise une figure plane en plusieurs parties. *Réduction d'un polygone en triangles.* ♦ Opération par laquelle on change une figure ou un polyèdre en un autre équivalent. ♦ **Peint.** Copie d'un objet dans une grandeur moindre que l'original. ♦ **Mus.** *Réduction d'une partition*, action de mettre les parties des divers instruments en une seule pour piano ou piano et chant, ou pour chant et quatuor, etc. ♦ Opération par laquelle on trouve le rapport entre les différents nombres, les différentes mesures, les différentes monnaies, etc. *Faire la réduction des sous en livres, des fractions en entiers, etc.* ♦ **Arithm.** et **alg.** Conversion d'une quantité en une autre équivalente, mais plus simple. *La réduction de fractions au même dénominateur.* ♦ **Astron.** Action de corriger une observation des effets de la réfraction, de la parallaxe, de la précession, etc. ♦ **Log.** *Réduction à l'impossible, à l'absurde*, démonstration qui consiste à faire voir que le contraire d'une proposition serait impossible ou absurde. ♦ Action de diminuer. *Réduction des dépenses. Réduction d'un liquide par l'évaporation.* ♦ **Jurispr.** *La réduction d'une donation, d'un legs*, la diminution d'une donation, d'un legs plus fort que la loi ne permet de le faire. ♦ *Réduction de la rente*, opération financière par laquelle l'État offre à ses créanciers un intérêt moindre ou le remboursement. ♦ Action de subjuguer, d'un pays, des villes. « *La réduction du royaume de Macédoine en province de l'Empire romain* », ROLLIN. ■ Diminution d'un prix. *Le commerçant lui a accordé une réduction.* ■ Abrév. **Réduc.** *Il y a plein de réducs dans ce magasin cette semaine.* ■ Fait d'abréger quelque chose. *La réduction d'un texte.* ■ **Cuis.** Fait de faire épaissir par une longue cuisson. *La réduction d'une sauce.*

RÉDUCTIONNISME, ■ n. m. [ʀedyksjɔnism] (*réduction*) **Didact.** Fait de réduire un ensemble de connaissances à un sous-domaine plus spécifique. *Vous expliquez la logique par la seule logique mathématique, c'est du réductionnisme.* ■ **RÉDUCTIONNISTE**, adj. ou n. m. et n. f. [ʀedyksjɔnist]

RÉDUIRE, v. tr. [ʀedɥiʀ] (lat. *reducere*, ramener, réduire, de *re-* et *ducere*, conduire) **Chir.** Ramener à leur place les os luxés ou fracturés, faire rentrer les intestins déplacés. ♦ **Chim.** Séparer d'une terre, d'un oxyde, le métal qu'ils renferment. ♦ **Géom.** *Réduire une figure*, la changer en une autre semblable, mais plus petite. ♦ *Réduire en petit un plan, une carte, un dessin, un tableau*, ou simplement *réduire, etc.*, les copier, les mettre en petit avec les mêmes proportions. ♦ **Géom.** *Réduire une figure en différentes parties*, la diviser en différentes parties. *Réduire une figure en une autre équivalente.* ♦ **Arithm.** *Réduire une fraction à sa plus simple expression*, trouver une fraction équivalente à la première, mais dont les termes soient aussi simples que possible. ♦ *Réduire les francs en centimes, les degrés en lieues, etc.*, évaluer ces monnaies ou ces mesures les unes par rapport aux autres. ♦ **Log.** *Réduire une proposition à sa plus simple expression*, l'exprimer en des termes qui la dégagent de tout ce qui est accessoire ou indifférent ♦ **Mus.** Arranger une

composition à un ou plusieurs instruments, pour un ou plusieurs instruments de nature différente. ♦ Se dit particulièrement de la réduction d'une partition pour le piano. ♦ Copier en petit un dessin, un tableau, une statue. ♦ Changer la figure ou l'état d'un corps. *Réduire un corps en poudre.* ♦ Par extens. *Réduire en poudre*, détruire entièrement. ♦ **Fig.** *Réduire quelqu'un en poudre*, remporter sur lui un très grand avantage, le réfuter victorieusement. ♦ *Réduire en poudre un écrit, un raisonnement*, les réfuter complètement. ♦ *Réduire en cendres*, consumer entièrement. ♦ Renfermer dans, borner à... « *Je sais réduire ma tendresse pour vous à la droite raison, quoi qu'il m'en coûte* », Mme DE SÉVIGNÉ. « *Elle réduisit toute sa perfection au seul point de l'obéissance* », FLÉCHIER. ♦ *Réduire une personne à sa plus simple valeur*, dire au juste ce qu'elle vaut. ♦ *Réduire son avis, réduire en peu de mots son opinion*, mettre en peu de paroles ce qu'on pense, ce qu'on a à dire. ♦ Arranger d'une certaine manière, dans un certain ordre. *Réduire en art, en méthode, en pratique, etc.* ♦ Organiser, régler d'une autre manière. *Réduire un État en provinces.* ♦ Diminuer, faire diminuer. *Réduire les dimensions d'un objet. Réduire sa fortune. Réduire du sirop.* ♦ ▷ *Réduire dans*, amener à un certain état, à une certaine situation. « *La ville était réduite dans une grande misère à cause de la disette des vivres* », FÉNELON. ◁ ♦ Amener à, induire à. « *Il ne voulait pas assujettir le monde à ses opinions, mais le réduire à la vérité qu'il connaissait* », FLÉCHIER. ♦ Contraindre. « *En êtes-vous réduit à cette extrémité?* », RACINE. ♦ *Cette maladie l'a réduit à ne vivre que de lait, de bouillons*, ou simplement *il est réduit au lait, aux bouillons.* ♦ *Réduire quelqu'un à une certaine extrémité*, l'obliger, le forcer à se taire. ♦ *Réduire quelqu'un à la plus triste extrémité, à la dernière extrémité*, être cause qu'il tombe dans l'état le plus fâcheux. *Réduire quelqu'un à la mendicité, à l'aumône, à la besace, à l'hôpital, au désespoir, etc.* ♦ ▷ On a dit *réduire de* avec un infinitif, au lieu de *réduire à*, qui est plus usité. ◁ ♦ Subjuguer, soumettre. *Réduire en servitude, dans une véritable servitude, à l'obéissance, sous l'obéissance, sous les lois, etc.* ♦ On dit simplement de même : *Réduire une place, des rebelles, etc.* ♦ *Réduire à son devoir, réduire à la raison* ou simplement *réduire*, ramener par force ou par autorité à la raison, à l'obéissance, au devoir. ♦ *Réduire un cheval*, le dompter. ♦ Se ramener soi-même. « *Sylla se réduisit de lui-même à la vie privée* », BOSSUET. ♦ Se borner à. « *Qu'il est difficile de se réduire à la solitude, lorsqu'on a vécu longtemps dans la cour des rois !* », FLÉCHIER. ♦ Se soumettre à. « *À la commune voix veut-on qu'il se réduise?* », MOLIÈRE. ♦ **Chim.** Changer d'état, de figure, en parlant d'un corps. *L'eau se réduit en oxygène et hydrogène.* ♦ **Fig.** « *Toutes les objections se réduisent en poussière devant vos vérités sublimes* », VOLTAIRE. ♦ Aboutir, arriver à. « *C'est à quoi se réduit tout ce raisonnement* », P. CORNEILLE. ♦ ▷ *Se réduire en acte*, aboutir à un acte. ◁ ♦ Être réduit, diminué. *Ce sirop se réduira à moitié.* ♦ Être dompté, subjugué. *L'orgueil ne se réduit pas facilement.* ■ V. tr. **Cuis.** Faire épaissir par une longue cuisson. *Réduire une sauce.* ■ Absol. *Laissez réduire à feu doux.* ■ **Rem.** On dit aujourd'hui *réduire à* avec un infinitif, au lieu de *réduire de*, qui n'est plus usité.

RÉDUISANT, ANTE, adj. [ʀedɥizɑ̃, ɑ̃t] (*réduire*) **Chim.** Qui réduit. *Débarrasser un précipité des matières réduisantes.*

1 **RÉDUIT**, n. m. [ʀedɥi] (lat. pop. *reductum*, qui est à l'écart, de *reducere*, ramener, réduire) Petit logement où l'on est retiré. *Un réduit obscur.* ♦ Petite pièce dans une plus grande, enfoncement. ♦ ▷ **Fortif.** Ouvrage construit dans l'intérieur d'un autre pour en prolonger la défense. ◁ ■ Lieu permettant à des personnes de se réfugier.

2 **RÉDUIT, ITE**, p. p. de réduire. [ʀedɥi, it] Absol. Qui est dans une position gênée. ■ Qui a été diminué volontairement. *Un prix réduit.* ■ Qui a été réduit, en parlant de la taille. *Des modèles réduits d'avions.* ■ Que l'on restreint ou qui est restreint. *Une vitesse réduite. Une faculté d'analyse réduite.*

RÉDUPLICATIF, IVE, adj. [ʀedyplikatif, iv] (lat. médiév. *reduplicativus*, répété) **Gramm.** Se dit des mots qui expriment la réitération des actions. *Particule réduplicative.* ■ N. m. *Retomber* est le réduplicatif de *tomber*.

RÉDUPLICATION, n. f. [ʀedyplikasjɔ̃] (b. lat. rhét. *reduplicatio*, du lat. *duplicare*, doubler, accroître) **Gramm.** Répétition d'une syllabe ou d'une lettre. ♦ Figure de style qui consiste à redoubler ou à répéter consécutivement, dans le même membre de phrase, certains mots.

RÉDUVE, ■ n. m. [ʀedyv] (lat. sav. *reduvius*, du lat. *reduvia*, envie aux doigts, vétille) **Zool.** Petite punaise ailée qui se nourrit de petits insectes et d'araignées qu'elle pique avec son rostre, que l'on trouve principalement dans les endroits humides et dont la larve se camoufle dans la poussière. *Les réduves sont presque tous des prédateurs, généralement nocturnes.*

RÉÉCHELONNEMENT, ■ n. m. [ʀeeʃ(ə)lɔn(ə)mɑ̃] (*rééchelonner*) **Écon.** *Rééchelonnement de dettes*, fait de prolonger et d'adapter les échéances d'un remboursement. *Un accord de rééchelonnement de la dette publique.*

RÉÉCHELONNER, ■ v. tr. [ʀeeʃ(ə)lɔne] (*re-* et *échelonner*) **Écon.** Prolonger et adapter les échéances d'un remboursement de dettes. *Rééchelonner une dette obligataire.*

RÉÉCRIRE, ■ v. tr. [ʀeekʀiʀ] Voy. RÉCRIRE.

RÉÉCRITURE, ■ n. f. [ʁeekʁityʁ] (*réécrire,* d'après *écriture*) Fait d'écrire une nouvelle fois. *La réécriture de notes prises rapidement en cours.* ■ Fait de réécrire un texte dans le but de l'améliorer. *Faire de la réécriture pour différentes maisons d'édition.* ■ REM. On dit aussi *rewriting.* ■ **Ling.** Règle de réécriture, instruction permettant de convertir un élément ou un ensemble d'éléments en un autre élément ou ensemble d'éléments équivalent. *Les règles de réécriture de la grammaire générative.*

RÉÉDIFICATION, n. f. [ʁeedifikasjɔ̃] (*rédifier*) Action de rédifier.

RÉÉDIFIÉ, ÉE, p. p. de rédifier. [ʁeedifje]

RÉÉDIFIER, v. tr. [ʁeedifje] (*re-* et *édifier*) Rétablir un édifice ou rebâtir ce qui a été détruit et renversé.

RÉÉDITÉ, ÉE, p. p. de rééditer. [ʁeedite]

RÉÉDITER, v. tr. [ʁeedite] (*re-* et *éditer*) Donner une édition nouvelle, éditer de nouveau. ■ **Fig.** et **fam.** Répéter. *Rééditer un exploit.*

RÉÉDITION, n. f. [ʁeedisjɔ̃] (*re-* et *édition*) Édition nouvelle, faite sur l'ancienne, sans rien ajouter ni corriger. ■ Fait d'éditer une nouvelle fois un ouvrage en y apportant des modifications. *La réédition augmentée d'un dictionnaire.* ■ **Fig.** et **fam.** Répétition. *Il aimerait mieux éviter une réédition du drame qu'il vient de vivre.*

RÉÉDUCATION, ■ n. f. [ʁeedykasjɔ̃] (*re-* et *éducation*) Réapprentissage physique après un accident ou une maladie. *Médecine de rééducation. Centres de rééducation fonctionnelle. Une rééducation orthophonique.* ■ Nouvelle éducation idéologique. *Camps de rééducation.* ■ *Institut de rééducation,* établissement spécialisé accueillant des enfants et des adolescents qui ont des troubles du comportement.

RÉÉDUQUER, ■ v. tr. [ʁeedyke] (*rééduquer* d'après *éduquer*) Procéder à une rééducation physique après un accident ou une maladie. *Rééduquer une personne paralysée. Rééduquer un membre cassé.* ■ Redonner des bases d'éducation morale et sociale à des délinquants dans le but de les réadapter à la société. *Rééduquer des jeunes délinquants par la pratique d'épreuves sportives.*

RÉEL, ELLE, adj. [ʁeɛl] (b. lat. *realis,* réel, effectif, lat. scolast. qui existe par soi-même, lat. jur. qui concerne les biens, de *res,* chose, réalité, possession) Qui est effectivement. « *Reconnaissez ici le monde, reconnaissez ses maux toujours plus réels que ses biens* », BOSSUET. ♦ Il se dit par opposition à idéal. *Le monde réel.* ♦ **Math.** *Nombre réel, grandeur réelle,* par opposition à nombre, grandeur imaginaire. ♦ **Jurispr.** Qui a rapport aux biens, par opposition à ce qui a rapport aux personnes. *Droits réels, actions réelles,* droits, actions qui s'exercent sur des immeubles. *Offres réelles,* offres qui se font en argent comptant. ♦ **N. m.** *Le réel,* ce qui est réel. ♦ L'opposé de l'idéal. « *C'est le réel de la vie qui vient flétrir et repousser les vœux des âmes généreuses* », MME DE STAËL. ♦ **DANS LE RÉEL,** loc. adv. Effectivement. ■ **Adj.** *En temps réel,* en temps effectif. *Suivre le lancement d'une fusée en temps réel.* ■ Qui existe dans la réalité. *Ce film est tiré de faits réels.* ■ **Financ.** Qui est effectivement payé ou perçu. *Taux réel et taux nominal.* ■ Que l'on ressent de façon sensible. *Un réel bien-être.* ■ **Opt.** Se dit d'une image formée par un système optique et qui a comme particularité de pouvoir être projetée sur un écran, ne pouvant être visualisée que par projection. *L'image réelle opposée à l'image virtuelle.*

RÉÉLECTION, n. f. [ʁeelɛksjɔ̃] (*réélire* d'après *élection*) Action de réélire.

RÉÉLIGIBILITÉ, ■ n. f. [ʁeeliʒibilite] (*rééligible*) Fait de pouvoir être réélu légalement. *Rééligibilité parlementaire. Un mandat de cinq ans, avec rééligibilité immédiate pour un second mandat.*

RÉÉLIGIBLE, adj. [ʁeeliʒibl] (*re-* et *éligible*) Qui peut être réélu légalement.

RÉÉLIRE, v. tr. [ʁeeliʁ] (*re-* et *élire*) Élire de nouveau.

RÉELLEMENT, adv. [ʁeɛl(ə)mɑ̃] (*réel*) Effectivement, véritablement. *Les choses qui existent réellement.* ♦ Il s'emploie quelquefois pour donner plus de force à l'expression. *Ce conte est réellement plaisant.* ♦ **Jurispr.** *Saisir réellement,* saisir un immeuble par autorité de justice.

RÉÉLU, UE, p. p. de réélire. [ʁeely]

RÉEMBAUCHER ou **REMBAUCHER,** ■ v. tr. [ʁeɑ̃boʃe, ʁɑ̃boʃe] (*re-* et *embaucher*) Embaucher quelqu'un de nouveau. *Possibilité de réembaucher un employé licencié.* ■ **Absol.** Mener une nouvelle politique d'embauche après avoir licencié une partie de son personnel. *Un secteur qui réembauche.*

RÉÉMETTEUR, ■ n. m. [ʁeemetœʁ] (*re-* et *émetteur*) **Télécomm.** Émetteur, analogique ou numérique, de faible puissance, reprenant le signal reçu d'un autre émetteur et destiné à recevoir les émissions de radiodiffusion sonore ou de télévision pour émettre simultanément le même programme. *Un réémetteur télé pour satisfaire les besoins en couverture télévisuelle.*

RÉEMPLOI ou **REMPLOI,** ■ n. m. [ʁeɑ̃plwa, ʁɑ̃plwa] (*réemployer*) Fait d'employer de nouveau quelque chose. *Le réemploi d'une pièce automobile sur un autre véhicule.* ■ Fait d'employer de nouveau quelqu'un. *Le réemploi d'une personne qui vient d'être licenciée.*

RÉEMPLOYABLE ou **REMPLOYABLE,** ■ adj. [ʁeɑ̃plwajabl, ʁɑ̃plwajabl] (*réemployer*) Que l'on peut utiliser une nouvelle fois. *Un emballage réemployable.* ■ Que l'on peut employer, embaucher une nouvelle fois. *Du personnel réemployable.*

RÉEMPLOYER ou **REMPLOYER,** ■ v. tr. [ʁeɑ̃plwaje, ʁɑ̃plwaje] (*re-* et *employer*) Employer, utiliser de nouveau quelque chose. *Réemployer un vocabulaire ancien.* ■ Employer, embaucher de nouveau quelqu'un. *Réemployer du personnel qui a été licencié.* ■ Acheter un bien avec l'argent provenant de la vente d'un autre bien. *Réemployer l'argent pour une nouvelle acquisition.*

RÉEMPRUNTER, ■ v. tr. [ʁeɑ̃pʁœ̃te] ou [ʁeɑ̃pʁɛ̃te] Voy. REMPRUNTER.

RÉENFOURCHER, ■ v. tr. [ʁeɑ̃fuʁʃe] Voy. RENFOURCHER.

RÉENGAGÉ, ÉE, p. p. de réengager. [ʁeɑ̃ɡaʒe] N. m. et n. f. *Un réengagé.*

RÉENGAGEMENT, n. m. [ʁeɑ̃ɡaʒ(ə)mɑ̃] (*réengager*) Second engagement. ■ Voy. RENGAGEMENT.

RÉENGAGER ou **RENGAGER,** v. tr. [ʁeɑ̃ɡaʒe] (*re-* et *engager*) Faire contracter un second engagement. *Des militaires réengagés.* ♦ Se réengager, v. pr. Contracter un second engagement.

RÉENREGISTREMENT, ■ n. m. [ʁeɑ̃ʁ(ə)ʒistʁəmɑ̃] (*réenregistrer*) Fait de réenregistrer quelque chose. *Les procédures d'un réenregistrement annuel.* ■ Nouvel enregistrement musical. *Réenregistrement des premiers succès d'un chanteur.*

RÉENREGISTRER, ■ v. tr. [ʁeɑ̃ʁ(ə)ʒistʁe] (*re-* et *enregistrer*) Enregistrer de nouveau un programme télévisuel ou de radio, des sons, etc. *Réenregistrer une piste audio. Quelques années plus tard, il réenregistre ses premiers succès.* ■ Noter une nouvelle fois dans un registre, dans une base de données. *Réenregistrer son nom à la mairie. Réenregistrer une annonce.*

RÉENSEMENCEMENT, n. m. [ʁeɑ̃səmɑ̃s(ə)mɑ̃] (*réensemencer*) Action de réensemencer.

RÉENSEMENCER, v. tr. [ʁeɑ̃səmɑ̃se] (*re-* et *ensemencer*) Ensemencer de nouveau. *Une terre réensemencée.*

RÉENTENDRE, ■ v. tr. [ʁeɑ̃tɑ̃dʁ] (*re-* et *entendre*) Entendre de nouveau quelque chose. *Réentendre un témoignage à la cour de justice. Réentendre des sons étranges.*

RÉÉQUILIBRER, ■ v. tr. [ʁeekilibʁe] (*re-* et *équilibrer*) Remettre en équilibre, équilibrer de nouveau. *Rééquilibrer les votes.* ■ Se rééquilibrer, v. pr. *L'économie actuelle se rééquilibre.* ■ **RÉÉQUILIBRAGE,** n. m. [ʁeekilibʁaʒ] ■ **RÉÉQUILIBRE,** n. m. [ʁeekilibʁ]

RÉER, v. intr. [ʁee] (réfection de *raire*) Voy. RAIRE.

RÉESCOMPTE, ■ n. m. [ʁeeskɔ̃t] (*re-* et *escompte*) **Financ.** Opération par laquelle une banque centrale escompte les effets présentés par une banque et déjà escomptés par celle-ci. *Le réescompte est utilisé par les banques pour se fournir en liquidités auprès de la banque centrale et pourvoir ainsi à leur refinancement.*

RÉESCOMPTER, ■ v. tr. [ʁeeskɔ̃te] (*réescompte*) **Financ.** Opérer un réescompte. *Réescompter auprès de la Banque nationale les effets de change.*

RÉESSAYAGE, ■ n. m. [ʁeesɛjaʒ] (*re-* et *essayage*) Fait de réessayer quelque chose. *Le réessayage d'une robe de mariée après retouches.*

RÉESSAYER, v. tr. [ʁeeseje] (*re-* et *essayer*) Essayer de nouveau. ■ REM. Graphie ancienne : *ressayer.*

RÉÉTUDIER, ■ v. tr. [ʁeetydje] (*re-* et *étudier*) Étudier quelque chose de nouveau, reconsidérer quelque chose. *Il a réétudié la proposition de son banquier.*

RÉÉVALUER, ■ v. tr. [ʁeevalɥe] (*re-* et *évaluer*) Faire une nouvelle évaluation, en considérant des données autres. *Réévaluer un loyer. Réévaluer des paramètres, une situation.* ■ **RÉÉVALUATION,** n. f. [ʁeevalɥasjɔ̃]

RÉEXAMEN, ■ n. m. [ʁeɛɡzamɛ̃] (*re-* et *examen*) Nouvel examen. *Le réexamen d'une loi.*

RÉEXAMINER, ■ v. tr. [ʁeɛɡzamine] (*re-* et *examiner*) Effectuer un nouvel examen. *Réexaminer un dossier dans le détail. Réexaminer un patient.*

RÉEXPÉDIER, ■ v. tr. [ʁeɛkspedje] (*ré-* et *expédier*) Expédier de nouveau. ■ Renvoyer à son destinataire une lettre, un colis que l'on a reçu. *Je vous réexpédie cette lettre dans les plus brefs délais.* ■ Faire suivre. *Je te réexpédierai ton courrier que je recevrai à la maison.*

RÉEXPÉDITION, n. f. [ʁeɛkspedisjɔ̃] (*réexpédier*) Action de réexpédier.

RÉEXPORTATION, n. f. [ʁeɛkspɔʁtasjɔ̃] (*réexporter*) Action de réexporter.

RÉEXPORTÉ, ÉE, p. p. de réexporter. [ʁeɛkspɔʁte]

RÉEXPORTER, ■ v. tr. [ʁeɛkspɔʁte] Transporter hors d'un État des marchandises qui y avaient été importées.

REFAÇONNER, ■ v. tr. [ʁəfasɔne] (*re-* et *façonner*) Façonner de nouveau quelque chose. *Refaçonner une pièce d'usinage, le système éducatif, etc.*

RÉFACTION, n. f. [ʀefaksjɔ̃] (var. de *réfection*) ▷ Action de refaire, de réparer. *Des réfactions auxquelles je suis obligé par mon bail.* ◁ ♦ Diminution du prix qu'un acheteur est en droit d'exiger d'un vendeur, lorsque les marchandises ne se trouvent pas de la qualité, ou les pièces de la longueur ou de la largeur, sur quoi on en a réglé le prix. ♦ ▷ Remise par la douane faite aux marchands de l'excédant de poids que certaines marchandises ont lorsqu'elles ont été mouillées. ◁ ■ On dit auj. *réfection* pour le premier sens.

REFAIRE, v. tr. [ʀəfɛʀ] (*re-* et *faire*) Faire ce qui a déjà été fait. *Refaire un travail, un voyage, etc.* ♦ Faire, même pour la première fois, une chose analogue à une chose qui a déjà été faite. ◁ ♦ ▷ *Refaire un ami,* remplacer un ami perdu par un nouvel ami. ◁ ♦ Réparer, raccommoder une chose gâtée, ruinée. *Refaire un habit, un mur, etc.* ♦ Reproduire, en parlant des dents, des plumes. *Refaire ses premières dents.* ♦ *Refaire sa tête,* se dit du cerf, du daim ou du chevreuil, quand ces animaux se retirent pour reproduire tranquillement leur bois. ♦ Redonner de la vigueur, remettre en bon état. *L'exercice, la bonne nourriture le refont.* ♦ *Refaire des troupes,* les délasser, les rafraîchir. ♦ **Pop.** Tromper, duper. *On l'a refait.* ♦ **V. intr.** Recommencer. « *Je serais bien fâché que ce fût à refaire* », RACINE. ♦ **Fam.** *Avec cet homme-là on n'a jamais fini, c'est toujours à refaire.* ♦ Aux jeux de cartes, *redonner des cartes.* ♦ Se refaire, v. pr. Être refait, reproduit. ♦ Réparer ses forces, reprendre sa vigueur. *Se refaire de ses fatigues.* ♦ **Fig.** *Se refaire,* rétablir sa fortune, regagner ce qu'on a perdu. ♦ Se donner un nouveau caractère. *On ne peut se refaire.* ■ **V. tr.** *Refaire le monde,* l'imaginer meilleur qu'il ne l'est. ■ Faire de nouveau quelque chose en l'améliorant. *Il a refait sa vie avec quelqu'un d'autre.*

1 **REFAIT**, n. m. [ʀəfɛ] (p. p. substantivé de *refaire*) Au jeu, coup ou partie qu'il faut recommencer. ♦ **Vén.** Le nouveau bois du cerf, du daim et du chevreuil.

2 **REFAIT, AITE**, p. p. de refaire. [ʀəfɛ, ɛt]

REFAUCHÉ, ÉE, p. p. de refaucher. [ʀəfoʃe]

REFAUCHER, v. tr. [ʀəfoʃe] (*re-* et *faucher*) Faucher de nouveau.

RÉFECTION, n. f. [ʀefɛksjɔ̃] (lat. impér. *refectio*, réparation, réconfort) Action de refaire, de remettre à neuf. *Dans un chemin de fer, les dépenses de réfection.* ♦ Réparation d'un bâtiment (terme vieilli). ♦ Dans les couvents, repas. « *Il ne songe à prendre sa réfection que lorsqu'il sent que la nuit approche* », BOSSUET. ♦ ▷ **Fam.** Ce qui suffit pour le boire, le manger, le dormir. *Manger sa réfection.* « *Lorsqu'on ne dort pas sa réfection* », MOLIÈRE. ◁ ♦ Rétablissement des forces non seulement par le repos, mais aussi par la nourriture. ◁ ■ **Méd.** Fait de remettre en état par chirurgie. *Réfection du périnée.* ■ **Ling.** Fait de modifier la forme d'un signifiant en fonction de son étymologie. *Infirmier est la réfection de l'ancien français enfermier sur infirme.* ■ **Rem.** *La réfection,* dans le sens de réparer un bâtiment, est toujours en usage aujourd'hui.

RÉFECTOIRE, n. m. [ʀefɛktwaʀ] (b. lat. *refectorium*, de *reficere*, refaire, redonner des forces) Lieu où l'on prend les repas dans les communautés, les collèges, etc.

REFÉER, v. tr. [ʀəfee] (*re-* et *féer*) ▷ Féer de nouveau. Les vieux contes reproduisent souvent cette formule : *Je vous fée et refée.* ◁

REFEND, n. m. [ʀəfɑ̃] (*refendre*) Action de fendre, de partager. ♦ *Mur de refend* ou simplement *un refend,* mur qui sépare les pièces de dedans d'un bâtiment. ♦ *Pierre de refend,* pierre angulaire. ♦ *Bois de refend,* bois scié de long. ♦ Lignes plus ou moins creuses qui sur les bâtiments marquent les assises des pierres et les joints verticaux. *Murs à refends.*

REFENDRE, v. tr. [ʀəfɑ̃dʀ] (*re-* et *fendre*) Fendre de nouveau. ♦ Scier en long, fendre en long. ♦ Diviser en plusieurs épaisseurs une peau corroyée.

REFENDU, UE, p. p. de refendre. [ʀəfɑ̃dy] *Du bois refendu.*

REFENTE, n. f. [ʀəfɑ̃t] (*refendre*) **Constr.** Action de refendre ou simplement de fendre.

RÉFÉRÉ, ÉE, p. p. de référer. [ʀefere] ♦ **N. m.** Recours au juge, qui, dans les cas d'urgence, a le droit de statuer provisoirement. *Plaider un référé. Plaider en référé.*

RÉFÉRENCE, n. f. [ʀefeʀɑ̃s] (*référer* ; infl. de l'angl. *reference*) Action de se référer ou de renvoyer à un article, à un passage, à une chose ayant quelque rapport. ♦ *Ouvrages de référence,* ouvrages que l'on consulte, tels que dictionnaires, recueils, etc. ♦ Renseignements sur une maison d'affaires. ■ **Ling.** Fonction par laquelle un signe renvoie à ce qu'il désigne. ■ Indication placée en tête d'une lettre, d'un dossier, d'une offre d'emploi, à rappeler dans la réponse. *Référence à rappeler dans toute correspondance.* ■ Chiffre ou dénomination permettant d'identifier un produit. *Quelle est la référence de ce modèle ?* ■ **N. f. pl.** Témoignages de personnes servant de recommandation pour une embauche. *Sérieuses références exigées.*

RÉFÉRENCER, ■ v. tr. [ʀefeʀɑ̃se] (*référence*) Indiquer une référence. *Référencer un exemple, une citation.* ■ Inclure un article dans la base de données d'achat d'une entreprise, d'un magasin, afin de permettre le suivi

des commandes et de la vente de ce produit. ■ **RÉFÉRENCEMENT**, n. m. [ʀefeʀɑ̃s(ə)mɑ̃] ■ **RÉFÉRENÇABLE**, adj. [ʀefeʀɑ̃sabl]

RÉFÉRENDAIRE, n. m. [ʀefeʀɑ̃dɛʀ] (b. lat. *referendarius*, de *referre*, faire un rapport) Pendant la première race de nos rois, le grand référendaire était un officier de l'État qui avait la garde du sceau royal, et qui faisait rapport au roi des requêtes et des placets qui lui étaient présentés. ♦ Sous les Capétiens, le chancelier de France se nommait *grand référendaire.* ♦ Dans la monarchie parlementaire, *grand référendaire de la chambre des pairs,* celui des pairs de France qui apposait le sceau de la chambre à tous les actes émanés d'elle. ♦ Sous l'empire, sénateur chargé de tout ce qui concerne l'administration, la comptabilité, la sûreté et le service intérieur du sénat. ♦ **Adj.** *Conseillers référendaires à la cour des comptes,* conseillers chargés de faire des rapports sur des pièces de comptabilité. ■ **Adj.** Relatif à un référendum. *La campagne référendaire de la nouvelle constitution européenne.*

RÉFÉRENDUM, ■ n. m. [ʀefeʀɑ̃dɔm] ou [ʀefeʀɛ̃dɔm] (mot lat., adj. verbal neutre de *referre,* ce qui doit être rapporté) Procédure par laquelle les citoyens votent par bulletin en répondant oui ou non à une question posée par les pouvoirs publics, et dont dépendra tel ou tel aspect d'une mesure politique ou économique. *Référendum pour ou contre le traité de Maastricht. Des référendums.* ■ **Par extens.** Fait de consulter un ensemble de personnes. *Faire un référendum auprès des lecteurs d'un journal.* ■ **Polit.** En parlant d'un diplomate, fait de questionner son gouvernement, lorsque à propos d'un sujet ou pour une situation donnée, il ne bénéficie pas d'instructions suffisantes.

RÉFÉRENT, ■ n. m. [ʀefeʀɑ̃] (p. prés. de *référer,* d'après l'angl. *referent,* mot se référant à un autre) **Ling.** Objet ou être auquel renvoie un signe linguistique.

RÉFÉRENTIEL, ELLE, ■ adj. [ʀefeʀɑ̃sjɛl] (*référence*) **Ling.** Qui concerne la référence. *La fonction référentielle du langage.* ■ **N. m.** **Math.** Ensemble qui forme un système de référence ; cet ensemble considéré en vue d'un traitement particulier. ■ *Référentiel d'entreprise,* base de données centrale qui stocke et gère les informations d'une entreprise et de ses systèmes dans le but de servir de système de référence dans des phases ultérieures de traitement. ■ **Phys.** Système de coordonnées utilisé pour situer un événement dans l'espace et le temps.

RÉFÉRER, v. tr. [ʀefeʀe] (lat. *referre,* rapporter, porter ailleurs, faire un rapport) Rapporter une chose à une autre. *Référer une citation à l'original.* ♦ Attribuer. *Je vous en réfère tout l'honneur.* ♦ **Jurispr.** *Référer le serment à quelqu'un,* s'en rapporter au serment de quelqu'un qui voulait s'en rapporter au nôtre. ♦ *Référer à quelqu'un le choix d'une chose,* lui laisser le choix de la même chose dont il nous donnait le choix. ♦ **V. intr.** **Dr.** Faire rapport. ♦ Au passif et impers. *Il en sera référé.* ♦ Se référer à, v. pr. Avoir trait à. S'en rapporter à. *Se référer à quelqu'un, à l'avis de quelqu'un.* ■ **V. tr.** **Ling.** Avoir pour référent.

REFERMÉ, ÉE, p. p. de refermer. [ʀəfɛʀme]

REFERMER, v. tr. [ʀəfɛʀme] (*re-* et *fermer*) Fermer de nouveau. « *Il ouvre un œil mourant qu'il referme soudain* », RACINE. ♦ **Chir.** *Refermer une plaie,* en rejoindre les chairs de telle sorte qu'il n'y ait plus d'ouverture. ♦ Se refermer, v. pr. Être refermé. *La plaie s'est refermée.*

REFERRÉ, ÉE, p. p. de referrer. [ʀəfeʀe]

REFERRER, v. tr. [ʀəfeʀe] (*re-* et *ferrer*) Ferrer de nouveau, appliquer un autre fer sur le pied du cheval.

REFILER, ■ v. tr. [ʀəfile] (*re-* et *filer*) **Fam.** Passer, transmettre. *Ne t'approche pas, tu vas me refiler ton rhume ! Quand tu l'auras lu, tu pourras me refiler ce bouquin ?*

REFINANCEMENT, ■ n. m. [ʀəfinɑ̃s(ə)mɑ̃] (*re-* et *financement*) **Financ.** Nouvelle émission de titres d'une société ou d'un gouvernement dont le produit sert à rembourser des emprunts existants. *Le refinancement d'un prêt.*

RÉFLÉCHI, IE, p. p. de réfléchir. [ʀefleʃi] **Bot.** Se dit des organes dont la partie inférieure est verticale et la supérieure déjetée en dehors. *Étamines réfléchies.* ♦ **Gramm.** *Verbe réfléchi,* celui dans lequel l'action faite par le sujet a pour objet ce même sujet. ♦ *Pronom réfléchi de la 3ᵉ personne,* le pronom *se, soi.* ♦ Qui a le caractère de la réflexion. *Des crimes réfléchis.* ♦ Qui a l'habitude de la réflexion. *Esprit réfléchi.* ■ **Adj.** Qui est renvoyé. *Une lumière réfléchie.* ■ *Tout bien réfléchi,* tout bien considéré. *Tout bien réfléchi, je n'irai pas à cette soirée.* ■ *C'est tout réfléchi,* c'est décidé. *C'est tout réfléchi, j'accepte sa proposition.*

RÉFLÉCHIR, v. tr. [ʀefleʃiʀ] (lat. *reflectere,* courber en arrière, retourner, ramener) Renvoyer en arrière, en retour, par un choc. *La montagne réfléchissant le bruit du canon.* « *La lumière s'affaiblit quand elle a été réfléchie par quelques corps* », FONTENELLE. ♦ **Fig.** « *La gloire des grands hommes réfléchit son éclat sur leurs descendants* », DICT. DE L'ACAD. ♦ **V. intr.** Rejaillir, être renvoyé, répercuté. *La chaleur du feu réfléchit de la plaque dans la chambre.* ♦ **Fig.** *La honte d'une action réfléchit sur tous ceux qui y ont participé.* ♦ **Fig.** Penser mûrement et plus d'une fois à quelque chose. *Réfléchissez sur ces propositions.* ♦ **Se réfléchir**, v. pr. Être réfléchi, renvoyé en arrière, en retour. « *Comment la lumière se réfléchissait des planètes et des comètes vers la terre* », Descartes. « *Les étoiles étincelaient au ciel et se réfléchissaient au sein de la mer* », Bernardin de Saint-Pierre. ♦ **Fig.** « *Le sentiment des animaux se réfléchit vers nous en se marquant par les signes de la douleur* », Buffon. ♦ **Gramm.** L'action du verbe se réfléchit sur son sujet ; alors le verbe est dit *réfléchi.* ♦ **Bot.** Être réfléchi, recourbé en arrière, en dehors.

RÉFLÉCHISSANT, ANTE, adj. [ʀefleʃisɑ̃, ɑ̃t] (*réfléchir*) **Phys.** Qui occasionne la réflexion de la lumière ou du son. *Surface réfléchissante.* ♦ *Pouvoir réfléchissant*, faculté plus ou moins grande que les corps possèdent de réfléchir la lumière, le calorique. ♦ Qui réfléchit, médite sur les choses, qui pense. « *Une nation peu réfléchissante* », Voltaire.

RÉFLÉCHISSEMENT, n. m. [ʀefleʃis(ə)mɑ̃] (radic. du p. prés. de *réfléchir*) Répercussion, rejaillissement. *Le réfléchissement du son par l'écho.*

RÉFLECTEUR, adj. m. [ʀeflɛktœʀ] (radic. du lat. *reflectere*) **Phys.** Qui réfléchit la lumière. *Miroir réflecteur.* ♦ **N. m.** *Un réflecteur.*

RÉFLECTIF, IVE, ◾ adj. [ʀeflɛktif, iv] (*réflexion* ou *réflexe*, d'après le lat. *reflectere*) **Philos.** Qui provient d'une réflexion. *Une pensée réflective.* ◾ **Physiol.** Relatif aux réflexes. *Les mouvements réflectifs du genou.*

1 RÉFLECTIVITÉ, ◾ n. f. [ʀeflɛktivite] (*réflectif*, de *réflexion*) **Phys.** Aptitude d'un milieu à réfléchir l'énergie d'un rayonnement incident suivant les lois de la réflexion spéculaire. *La réflectivité de neutrons magnétiques.*

2 RÉFLECTIVITÉ, ◾ n. f. [ʀeflɛktivite] (*réflectif*, de *réflexe*) **Physiol.** Capacité de certaines parties du corps à réagir lors d'une stimulation. *La réflectivité des genoux.*

REFLET, n. m. [ʀəflɛ] (ital. *riflesso*, du b. lat. *reflexus*, retour en arrière) Réflexion de la lumière ou de la couleur d'un corps sur un autre. *Les reflets des nuages, d'une étoffe sur une autre, etc.* ♦ **Fig.** « *La littérature n'est que le reflet des mœurs* », La Harpe. ◾ Image réfléchie. *Le reflet de la lune dans l'eau.*

REFLÉTÉ, ÉE, p. p. de refléter. [ʀəflete]

REFLÉTER, v. tr. [ʀəflete] (*reflet*) Renvoyer la lumière ou la couleur sur un autre corps. *La lumière que reflètent les objets éclairés.* ♦ **Absol.** *Ces étoffes reflètent agréablement sur le teint.* ♦ **Fig.** « *La gloire de ses belles actions reflète sur toute la famille* », Dict. de l'Acad. ♦ **Se refléter**, v. pr. Être reflété. *La lumière se reflète dans la glace.* ♦ **Fig.** « *La grandeur de l'âme de Trajan ne se reflète pas dans ses traits assez vulgaires* », Ampère.

REFLEURI, IE, p. p. de refleurir. [ʀəfløʀi]

REFLEURIR, v. intr. [ʀəfløʀiʀ] (*re-* et *fleurir*) Se conjugue avec être ou avoir, suivant le sens. Se couvrir de nouveau de fleurs. *L'oranger a refleuri.* ♦ **Fig.** Reprendre de l'éclat, redevenir en faveur. *Le commerce, les arts refleurissent.* ◾ Garnir de nouveau de fleurs. *Refleurir son balcon.* ◾ **REFLEURISSANT, ANTE**, adj. [ʀəfløʀisɑ̃, ɑ̃t] ◾ **REFLEURISSEMENT**, n. m. [ʀəfløʀis(ə)mɑ̃]

RÉFLEX ou **REFLEX**, ◾ adj. [ʀeflɛks] (mot angl., reflet, image réfléchie, d'après le lat. *reflexum*, supin de *reflectere*) **Phot.** Se dit d'un appareil photographique dont l'objectif est directement relié au viseur par un jeu de miroirs, rendant le système plus performant et la visée plus fiable. *Un appareil reflex.* ◾ **N. m.** *Des reflex numériques.*

RÉFLEXE, adj. [ʀeflɛks] (lat. médiév. *reflexus*, mouvement réflexe, de p. p. de *reflectere*, retourner) **Phys.** Qui se fait par réflexion. *Vision réflexe.* ♦ **Physiol.** Se dit de certains mouvements qui succèdent, indépendamment de l'intervention de la volonté, soit à des sensations, soit à des phénomènes de sensibilité sans conscience. ◾ **N. m. Physiol.** Réaction immédiate et involontaire d'un organe, d'une partie du corps à une stimulation. *Les réflexes du genou.* ◾ Réaction automatique et rapide à une situation. *Avoir de bons réflexes.*

RÉFLEXIBILITÉ, n. f. [ʀeflɛksibilite] (*réflexible*) **Phys.** Faculté de se réfléchir ; propriété d'un corps susceptible de réflexion.

RÉFLEXIBLE, adj. [ʀeflɛksibl] (angl. *reflexible*, du radic. du lat. *reflexum*, supin de *reflectere*) **Phys.** Qui est susceptible d'être réfléchi. « *Tout rayon est plus réflexible, à mesure qu'il est plus réfrangible* », Voltaire.

RÉFLEXIF, IVE, ◾ adj. [ʀeflɛksif, iv] (scolast. *reflexivus*, relatif à la réflexion, au retour sur soi, du radic. du lat. *reflexum*, supin de *reflectere*) **Philos.** Qui se prend soi-même pour objet. *Conscience réflexive.* ◾ **Math.** Relation réflexive, relation binaire sur un ensemble, telle que tout élément de cet ensemble est en relation avec lui-même. ◾ **RÉFLEXIVITÉ**, [ʀeflɛksivite] **Math.** Caractère réflexif d'une relation.

RÉFLEXION, n. f. [ʀeflɛksjɔ̃] (b. lat. *reflexion*, action de tourner en arrière, lat. médiév. *méditation*) Phénomène qui a lieu lorsqu'un corps doué d'une certaine vitesse en rencontre un autre qui lui fait obstacle, et qui le force

de suivre une autre direction. *La lumière de la lune n'est que la réflexion de celle du soleil.* ♦ **Mar.** *Instruments de réflexion*, instruments dont on se sert pour prendre la hauteur des astres au-dessus de l'horizon. ♦ **Fig.** Acte de l'esprit qui réfléchit ; suite de pensées et de jugements qui découlent les uns des autres. « *Il est véritable qu'il ôte à l'esprit la réflexion, lui ôte toute sa force* », Bossuet. ♦ ▷ *Faire réflexion*, considérer attentivement. ◁ ♦ *À la réflexion*, en y réfléchissant. ♦ *Toute réflexion faite*, ayant bien examiné la chose dont il s'agit. ♦ ▷ *Faire ses réflexions*, réfléchir mûrement. ◁ ♦ *Un homme de réflexion*, homme qui ne fait rien sans y avoir bien songé. ♦ Ce qui résulte de l'action de l'esprit réfléchissant, pensée. « *Chaque âge écrit et lit à sa manière : la jeunesse aime les événements ; la vieillesse, les réflexions* », Diderot. ◾ Remarque désobligeante adressée à quelqu'un. *Il était tellement désagréable que je me suis permis de lui faire une réflexion.*

RÉFLEXIVEMENT, ◾ adv. [ʀeflɛksiv(ə)mɑ̃] (*réflexif*) De manière réflexive. *Un individu réflexivement conscient de ses activités mentales.*

RÉFLEXOGÈNE, ◾ adj. [ʀeflɛksoʒɛn] (*réflexe* et *-gène*) **Méd.** Qui provoque une réaction réflexe. *Un massage réflexogène plantaire.*

RÉFLEXOGRAMME, ◾ n. m. [ʀeflɛksoɡʀam] (*réflexe* et *-gramme*) **Méd.** Enregistrement graphique des réflexes. *Un réflexogramme achilléen.*

RÉFLEXOLOGIE, ◾ n. f. [ʀeflɛksoloʒi] (*réflexe* et *-logie*) **Méd.** Théorie qui considère l'ensemble du fonctionnement psychologique comme étant fondé sur les réflexes conditionnés et sur les lois qui les régissent, et qui tente d'expliquer le psychisme à partir de cette hypothèse. *Réflexologie plantaire*, thérapie qui suppose que des points réflexes reliés aux organes du corps se trouvent au niveau de la plante des pieds et qui consiste à régulariser les fonctions organiques du corps à travers des massages plantaires. *La réflexologie plantaire permet de remettre en circulation l'énergie vitale coincée.*

RÉFLEXOTHÉRAPIE, ◾ n. f. [ʀeflɛksoteʀapi] (*réflexe* et *thérapie*) **Méd.** Méthode thérapeutique fondée sur la supposition que l'on peut agir à distance sur les viscères en provoquant un réflexe au niveau d'une partie du corps. *La réflexothérapie podale.*

REFLUER, v. intr. [ʀəflye] (lat. *refluere*, couler en sens contraire, se retirer) En parlant des fluides, retourner vers le lieu d'où ils ont coulé. *Quand la mer monte, elle fait refluer les rivières. Les barbares qui inondèrent l'Italie refluèrent dans les Gaules.* ♦ **Mar.** *La mer reflue*, elle descend. ♦ **Méd.** *La bile a reflué dans le sang*, la bile s'est mêlée avec le sang. ◾ **Fig.** Revenir en arrière. *Le service de sécurité a fait refluer la foule.*

REFLUX, n. m. [ʀəfly] (*re-* et *flux*) Mouvement de la mer qui se retire après le flux. ♦ **Fig.** *Un flux et reflux continuel de gens qui entrent et qui sortent.* ♦ *Le reflux de la foule*, le mouvement de la foule qui revient en arrière. ♦ Vicissitude. *Le flux et le reflux des choses humaines.* ◾ **Méd.** Écoulement d'un liquide dans le sens opposé au sens physiologique normal. *Un reflux gastro-œsophagien.*

REFONDATEUR, TRICE, ◾ n. m. et n. f. [ʀəfɔ̃datœʀ, tʀis] (*re-* et *fondateur*) Partisan d'une refondation politique, sociale, syndicale, etc. ◾ **Adj.** *Le texte refondateur d'une loi.*

REFONDATION, ◾ n. f. [ʀəfɔ̃dasjɔ̃] (*re-* et *fondation*) **Polit.** Fait de refonder un parti politique, une organisation sociale, un syndicat, etc. *Une refondation sociale.*

REFONDÉ, ÉE, p. p. de 1 refonder. [ʀəfɔ̃de] *Les dépens refondés.*

1 REFONDER, v. tr. [ʀəfɔ̃de] (*refundere*, restituer) ▷ **Pratiq.** Se disait des frais ou dépens au remboursement desquels les parties qui avaient fait quelque défaut ou contumace étaient obligées, avant qu'on les admît à poursuivre. ◁

2 REFONDER, v. tr. [ʀəfɔ̃de] (*re-* et *fonder*) Fonder de nouveau. *Carthage détruite, puis refondée par les Romains.* ♦ **Polit.** Fonder sur de nouvelles bases. *Refonder un parti.*

REFONDRE, v. tr. [ʀəfɔ̃dʀ] (*re-* et *fondre*) Fondre de nouveau. *Refondre les canons.* ♦ *Refondre les monnaies*, les fondre pour les mettre sous forme de lingot. ♦ **Fig.** Refaire, donner une meilleure forme, en parlant des choses. *Refondre des lois, un ouvrage, etc.* ♦ ▷ Changer le caractère, les mœurs, les habitudes. *Refondre une nation.* « *Ce qui coûte, c'est de refondre un naturel trop vif pour le plaisir* », Massillon. ◁ ♦ ▷ *Il faudrait le refondre*, se dit d'un homme qui ne pourrait se corriger que s'il changeait de naturel. ◁ ♦ **Se refondre**, v. pr. Être remanié. ♦ ▷ Changer son caractère. « *On ne se refond pas* », Mme de Sévigné. ◁

REFONDU, UE, p. p. de refondre. [ʀəfɔ̃dy]

REFONTE, ◾ n. f. [ʀəfɔ̃t] (*refondre*, d'après *fonte*) Action de refondre. *La refonte des canons.* ♦ Action de refondre les monnaies. ♦ **Fig.** Action de changer, de remanier, de donner une nouvelle forme. *Refonte d'un gouvernement, des lois, etc.*

REFORESTATION, ◾ n. f. [ʀəfoʀɛstasjɔ̃] (antonyme de *déforestation*, par changement de préf.) Reboisement, reconstitution de forêt. *Sensibiliser le public au sujet de la reforestation.*

RÉFORMABLE, adj. [ʀefɔʀmabl] (réformer) Qui peut ou doit être réformé.

REFORMAGE, ■ n. m. [ʀəfɔʀmaʒ] (reformer) Techn. Dissociation moléculaire du pétrole ou du gaz naturel en vue d'obtenir des produits plus lourds. *Le reformage catalytique des hydrocarbures.*

RÉFORMATEUR, TRICE, n. m. et n. f. [ʀefɔʀmatœʀ, tʀis] (lat. impér. *reformator*) Celui, celle qui réforme. *Réformateur des mœurs, de la philosophie, etc.* ◆ *S'ériger en réformateur, faire le réformateur,* avoir la prétention de réformer les autres. ◆ **Absol.** *Les prétendus réformateurs* ou simplement *les réformateurs,* les chefs de la religion réformée. ◆ **Adj.** Qui opère une réforme. *Main réformatrice.* ■ **N. m.** et **n. f. Psych.** Personne souffrant de paranoïa et qui cherche à imposer une nouvelle organisation à la société selon ses propres idées.

RÉFORMATION, n. f. [ʀefɔʀmasjɔ̃] (lat. impér. *reformatio*, métamorphose, réforme) Action de corriger, de rétablir dans l'ancienne forme ou dans une forme meilleure. « *Vaquer à la réformation de soi-même* », BOURDALOUE. « *On ne vous charge pas de la réformation de l'univers* », MASSILLON. ◆ *La réformation des abus, des désordres.* ◆ *La réformation des monnaies,* action de refrapper les monnaies pour en changer l'empreinte ou la valeur, sans les refondre. ◆ **Absol.** Changements apportés par les protestants dans la doctrine et à la discipline catholiques. À l'origine, *réformation* était le terme général pour désigner la révolution religieuse du XVIᵉ siècle ; et *réforme* s'appliquait plus particulièrement à l'œuvre de Zwingle et de Calvin. De nos jours, on emploie indifféremment ces deux termes l'un pour l'autre. ◆ On dit *réforme* en parlant des monastères, et non *réformation.* ■ **Dr.** *La réformation d'un acte,* fait de faire modifier un acte par une instance supérieure. *Faire appel est une réformation d'acte.*

RÉFORMÉ, ÉE, p. p. de reformer. [ʀəfɔʀme]

RÉFORME, n. f. [ʀefɔʀm] (réformer) Voy. RÉFORMER. Changement en bien, par rapport aux mœurs, et particulièrement par rapport à la piété. « *S'il y a quelque réforme à tenter dans les mœurs publiques, c'est par les mœurs domestiques qu'elle doit commencer* », J.-J. ROUSSEAU. ◆ Action de ramener à l'ancienne forme ou de donner une forme meilleure. *La réforme d'un empire.* ◆ *La réforme des abus,* le retranchement des abus. ◆ *La Réforme,* les changements que Zwingle et Calvin ont introduits au XVIᵉ siècle dans la doctrine et dans la discipline catholiques. Voy. RÉFORMATION. ◆ Corps de doctrine adopté par les protestants. ◆ Communion des Églises protestantes. ◆ Les catholiques disent : *la prétendue réforme.* ◆ Rétablissement de l'ancienne discipline dans un ordre religieux. *La réforme de la Trappe.* ◆ Anciennement, mesure par laquelle on ôtait leur emploi à des officiers, en leur conservant néanmoins une partie de leur traitement. ◆ Éloignement, de l'armée, d'un militaire reconnu impropre au service. ◆ *Congé de réforme,* congé accordé à un soldat reconnu impropre au service. ◆ Remplacement des chevaux de cavalerie, d'artillerie, etc. qui ne sont plus en état de servir. ◆ On le dit aussi des chevaux réformés. ◆ Il se dit aussi d'armes détériorées qu'on met au rebut. ◆ ▷ Réduction à un moindre nombre des employés d'une administration. ◁ ◆ ▷ Diminution dans la dépense, dans le train d'une maison. ◁

RÉFORMÉ, ÉE, p. p. de réformer. [ʀefɔʀme] Il se dit des religieux qui suivent la réforme établie dans leur ordre. ◆ **N. m.** et **n. f.** *Un réformé.* ◆ *La religion réformée, l'Église réformée, le culte réformé,* le protestantisme, et plus particulièrement le calvinisme. ◆ **Subst.** *Les réformés,* ceux qui suivent la religion réformée. ◆ *Les catholiques disent : la religion prétendue réformée.* ◆ Anciennement, *officier réformé,* officier à qui on retirait son emploi, mais en lui conservant une partie de ses appointements ; aujourd'hui, officier auquel le grade a été enlevé, par suite d'infirmités physiques ou morales.

REFORMER, v. tr. [ʀəfɔʀme] (re- et *former*) Former de nouveau. ◆ Rendre à une troupe militaire son ordre de formation. ◆ *Se reformer,* v. pr. Être reformé. ◆ **Milit.** Se rallier après avoir été dispensé.

RÉFORMER, v. tr. [ʀefɔʀme] (lat. impér. *reformare,* rendre à sa première forme, rétablir, corriger) Rectifier, c'est-à-dire rétablir dans l'ancienne forme ou dans une forme meilleure. *Réformer un État, les écoles, les lois, etc.* ◆ ▷ Procurer une amélioration morale, intellectuelle. *Réformer les mœurs, les défauts, etc.* ◁ ◆ Rétablir dans un ordre religieux la discipline qui s'était relâchée. ◆ Corriger, modifier la rédaction, la forme d'une pièce, d'un écrit. *Réformer un édit.* ◆ *Réformer un arrêt, un jugement,* se dit d'un tribunal qui modifie un arrêt, un jugement rendu. ◆ ▷ Retrancher ce qui est nuisible ou superflu. *Réformer le luxe.* ◁ ◆ *Réformer son train, sa dépense, sa maison,* les diminuer, les réduire. ◁ ◆ *Réformer les troupes,* les réduire à un moindre nombre. ◆ *Réformer un officier,* lui retirer son emploi, en raison d'infirmités physiques ou morales. ◆ *Réformer un soldat,* lui donner son congé de réforme. ◆ *Réformer des chevaux,* les retirer du service auquel ils ne sont plus propres. ◆ *Réformer les monnaies,* en changer l'empreinte ou la valeur sans les refondre. ◆ *Se réformer,* v. pr. Se faire à soi-même quelque correction. ◆ ▷ Renoncer à ses anciennes habitudes. ◁ ◆ S'infliger les uns aux autres des réformations religieuses. ◆ Subir un retranchement.

RÉFORMETTE, ■ n. f. [ʀefɔʀmɛt] (réforme) Petite réforme, de peu d'importance, ayant un impact limité, voire nul. *Des réformettes concernant les risques industriels sur l'environnement.*

REFORMEUR, ■ n. m. [ʀəfɔʀmœʀ] (reformer) Techn. Réacteur permettant de transformer un combustible en un mélange gazeux riche en hydrogène et monoxyde de carbone. *Un reformeur à vapeur.*

RÉFORMISME, ■ n. m. [ʀefɔʀmism] (réformiste) Comportement politique prônant une évolution par les réformes et non par des changements radicaux. *Le réformisme de Gorbatchev.*

RÉFORMISTE, n. m. et n. f. [ʀefɔʀmist] (réforme) Néolog. Partisan d'une réforme politique. ◆ **Adj.** *L'agitation réformiste.* ■ **REM.** N'est plus un néologisme aujourd'hui.

REFORMULER, ■ v. tr. [ʀəfɔʀmyle] (re- et *formuler*) Formuler à nouveau, mais différemment. *Reformule ta question.* ■ **V. intr.** *Vous n'avez pas saisi ? Je reformule.* ■ REFORMULATION, n. f. [ʀəfɔʀmylasjɔ̃]

REFOUILLEMENT, ■ n. m. [ʀəfuj(ə)mã] (refouiller) Techn. Évidement pratiqué dans une pierre ou une sculpture pour dégager les formes et les reliefs. *Le refouillement des moulures. Taille polie avec refouillement.*

REFOUILLER, ■ v. tr. [ʀəfuje] (re- et *fouiller*) Fouiller à nouveau. *J'ai beau fouiller et refouiller mes poches, je ne retrouve pas mes clefs.* ■ **Techn.** Évider une pierre ou une sculpture pour en dégager les formes et les reliefs. *Refouiller une pierre de taille.*

REFOULÉ, ÉE, p. p. de refouler. [ʀəfule] **Psych.** Qui subit un refoulement. *Des pulsions refoulées.* ■ **N. m.** et **n. f. Psych.** Se dit d'une personne qui refoule ses pulsions sexuelles.

REFOULEMENT, n. m. [ʀəful(ə)mã] (refouler) Action de refouler, ou l'effet de cette action. *Refoulement des eaux, de la foule, etc.* ■ **Fig.** Refus d'extérioriser un sentiment, une réaction. *Le refoulement d'un désir.* ■ **Psych.** Mécanisme de défense psychique empêchant les pulsions d'accéder à la conscience. *Le refoulement met en jeu plusieurs instances du psychisme.*

REFOULER, v. tr. [ʀəfule] (re- et *fouler*) Fouler de nouveau. *Refouler une étoffe.* ◆ Enfoncer et presser la charge dans le fond du canon. ◆ *Refouler un métal,* le battre à chaud pour en resserrer les parties. ◆ Résister à l'effort du courant d'un fleuve ou de la marée. ◆ Faire refluer en arrière. *Cet obstacle refoula le torrent. La masse des fuyards fut refoulée par la cavalerie.* ■ **V. intr.** Refluer, revenir en arrière. *Les eaux refoulent.* « *Les passages de l'Asie étant mieux gardés, tout refoulait vers l'Europe* », MONTESQUIEU. ◆ *La mer, la marée refoule,* elle descend. ■ **Fig.** Contenir. *Refouler ses larmes.* ■ **Psych.** Censurer. *Refouler ses pulsions sexuelles.*

REFOULOIR, n. m. [ʀəfulwaʀ] (refouler) ▷ Cylindre en bois, monté sur une hampe, qui sert, dans les canons se chargeant par la bouche, à conduire au fond de l'âme la charge et le projectile, et à presser la charge. ◁

REFOURGUER, ■ v. tr. [ʀəfuʀge] (re- et *fourguer*) Fam. Redonner ou revendre quelque chose que l'on a obtenu de manière plus ou moins frauduleuse à quelqu'un. *Il lui a refourgué une voiture en bien mauvais état. Refourguer de la camelote.*

REFOURRER, v. tr. [ʀəfuʀe] (re- et *fourrer*) Fam. Fourrer de nouveau. *Refourrer ses mains dans ses poches.* ◆ *Se refourrer,* v. pr. Se remettre dans. *Se refourrer dans son lit.*

REFOUTRE, ■ v. tr. [ʀəfutʀ] (re- et *foutre*) Très fam. Remettre. *Il m'a tout refoutu sur le dos, comme si c'était de ma faute !* ■ **Très fam.** *Refoutre les pieds quelque part,* revenir. *Tu n'as pas intérêt à refoutre les pieds ici !*

RÉFRACTAIRE, adj. [ʀefʀaktɛʀ] (lat. impér. *refractarius,* casseur d'assiettes, querelleur, de *refringere,* briser, enfoncer) Qui résiste à l'autorité, à une autorité. ◆ *Conscrit réfractaire* et n. m. *réfractaire,* celui qui se soustrait à la loi du recrutement et se cache pour n'être pas mené sous les drapeaux. ◆ *Prêtre réfractaire,* celui qui a rompu ses vœux. ◆ Qui résiste à diverses actions physiques ou chimiques. *Substance réfractaire au feu. Le coton est très réfractaire à la teinture.* ◆ **Fig.** *Cet oiseau est d'un genre fort singulier, et très réfractaire à la nomenclature.* ■ **Absol.** Qui résiste au feu, qui ne fond pas, ou ne fond que difficilement. *Des briques réfractaires.* ■ **Physiol.** Qui n'a pas de réaction aux stimuli. *Des muscles réfractaires.* ■ **Méd.** Qui n'a pas de réaction aux traitements médicamenteux. *Des maladies réfractaires.* ■ **N. m.** et **n. f. Hist.** Personne qui refusait de se soumettre aux travaux forcés sous l'occupation allemande (1941-1944). *Les réfractaires encouraient la déportation.*

RÉFRACTÉ, ÉE, p. p. de réfracter. [ʀefʀakte] **Méd.** *Dose réfractée,* dose divisée par petites proportions.

RÉFRACTER, v. tr. [ʀefʀakte] (angl. *to refract,* du lat. *refractum,* supin de *refringere,* briser, rompre) Produire la réfraction. « *L'eau réduite en vapeur réfracte les rayons du soleil* », BERNARDIN DE SAINT-PIERRE. ■ **Absol.** *La vapeur d'eau réfracte à fort peu près comme l'air atmosphérique.* ◆ *Se réfracter,* v. pr. Éprouver la réfraction.

RÉFRACTEUR, TRICE, ■ adj. [ʀefʀaktœʀ, tʀis] (*réfracter*) **Opt.** Qui réfracte la lumière. *Un téléscope réfracteur.*

RÉFRACTIF, IVE, adj. [ʀefʀaktif, iv] (radic. de *réfraction*) Qui produit la réfraction. ◆ *Puissance réfractive*, force que les corps diaphanes exercent sur les rayons lumineux pour les détourner de leur direction primitive.

RÉFRACTION, n. f. [ʀefʀaksjɔ̃] (b. lat. *refractio*, opposition, retournement, de *refringere*) **Phys.** Action d'un corps qui brise l'impulsion d'un autre corps et le dévie. « *La balle souffre réfraction, quand elle entre obliquement dans l'eau* », DESCARTES. ◆ Phénomène qui consiste en ce que les rayons lumineux obliques, traversant certains corps diaphanes, éprouvent, de la part de ces corps, une action particulière, en vertu de laquelle ils subissent un changement de direction et se trouvent brisés à l'endroit où ils pénètrent. *Un minéral a la réfraction simple, lorsque les objets qu'on regarde à travers paraissent simples ; double, lorsqu'ils paraissent doubles.* ■ **Méd.** *Réfraction oculaire*, déviations des indices de réfraction de l'œil par son appareil dioptrique ou réfringent. ■ **Phys.** *La réfraction du son obéit aux mêmes lois que celle de la lumière.*

RÉFRACTIONNISTE, ■ n. m. et n. f. [ʀefʀaksjɔnist] (*réfraction*) **Méd.** Personne spécialiste de la réfraction oculaire. *Un orthoptiste-réfractionniste.*

RÉFRACTOMÈTRE, ■ n. m. [ʀefʀaktomɛtʀ] (radic. de *réfraction* et *-mètre*) **Phys.** Dispositif permettant de mesurer les indices de réfraction d'un milieu. *Le phénomène de réflexion totale est la base du principe de fonctionnement du réfractomètre.*

REFRAIN, n. m. [ʀəfʀɛ̃] (réfection de l'anc. fr. *refrait*, p. p. substantivé de *refraindre*, moduler chanter un refrain) Un ou plusieurs mots répétés à chaque couplet d'une chanson, d'un rondeau. ◆ ▷ **Fig.** *C'est le refrain de la ballade* ou simplement *c'est le refrain*, c'est là qu'il en veut venir. ◁ ◆ **Fig.** et fam. Ce qu'on ramène incessamment dans ses discours. *C'est son refrain.*

RÉFRANGIBILITÉ, n. f. [ʀefʀɑ̃ʒibilite] (*réfrangible*) **Phys.** Propriété dont jouissent les rayons lumineux de s'éloigner ou de s'écarter de la perpendiculaire au point d'immersion, quand ils tombent obliquement d'un milieu diaphane dans un autre de densité différente. ■ **Rem.** Est vieilli aujourd'hui.

RÉFRANGIBLE, adj. [ʀefʀɑ̃ʒibl] (angl. *refrangible*, du pop. *refrangere*, du lat. *refringere*, briser) **Phys.** Qui est susceptible de réfraction.

REFRAPPÉ, ÉE, p. p. de refrapper. [ʀəfʀape]

REFRAPPER, v. tr. [ʀəfʀape] (*re-* et *frapper*) Frapper de nouveau. *Refrapper des monnaies.* ◆ Absol. Donner de nouveaux coups.

RÉFRÉNÉ, ÉE ou **REFRÉNÉ, ÉE**, p. p. de refréner. [ʀefʀene, ʀəfʀene]

RÉFRÈNEMENT ou **REFRÈNEMENT**, n. m. [ʀefʀɛn(ə)mɑ̃, ʀəfʀɛn(ə)mɑ̃] (*refréner*) Néolog. État de ce qui est refréné. *Le refrènement de la politique de conquête.*

RÉFRÉNER ou **REFRÉNER**, v. tr. [ʀefʀene, ʀəfʀene] (lat. *refrenare*, arrêter par le frein, maîtriser, de *frenum*, frein, mors) Mettre un frein, réprimer. « *Le principal but de Lycurgue dans l'établissement de ses lois était de réprimer et de refréner l'ambition de ses citoyens* », ROLLIN. ◆ Se *réfréner*, v. pr. Se modérer, se contraindre. *Se réfréner dans ses achats.*

REFRICASSER, v. tr. [ʀəfʀikase] (*re-* et *fricasser*) ▷ Fricasser de nouveau. ◁

RÉFRIGÉRANT, ANTE, adj. [ʀefʀiʒeʀɑ̃, ɑ̃t] (*réfrigérer*) **Phys.** Qui a la propriété de déterminer le refroidissement. *La force réfrigérante de l'évaporation.* ◆ *Mélange réfrigérant*, mélange de glace et de certaines substances, par exemple de deux parties de glace pilée et d'une partie de sel marin, lequel produit un grand froid. ◆ **Méd.** Qui rafraîchit. *Remède réfrigérant.* ■ N. m. *L'orgeat est un bon réfrigérant.* ■ N. m. Vaisseau qui entourait autrefois le chapeau d'un alambic et qu'on remplissait d'eau froide pour favoriser la condensation des vapeurs qui s'élèvent des matières soumises à l'action du feu. ■ **Fig. Adj.** Qui refroidit. *Un accueil réfrigérant.*

RÉFRIGÉRATEUR, ■ n. m. [ʀefʀiʒeʀatœʀ] (*réfrigérer*, d'après le lat. impér. *refrigeratorius*, rafraîchissant) Appareil électrique permettant, grâce au froid qu'il produit, de conserver à basse température des aliments périssables. *Un réfrigérateur américain. Mettre une bouteille de champagne au réfrigérateur.*

RÉFRIGÉRATIF, IVE, adj. [ʀefʀiʒeʀatif, iv] (lat. *refrigeratum*, supin de *frigerare*, refroidir) ▷ **Méd.** Propre à rafraîchir. ◆ N. m. *Un réfrigératif.* ◁

RÉFRIGÉRATION, n. f. [ʀefʀiʒeʀasjɔ̃] (lat. *refrigeratio*, rafraîchissement, fraîcheur) **Phys.** Action d'abaisser la température ; résultat de cette action.

RÉFRIGÉRER, v. tr. [ʀefʀiʒeʀe] (lat. *refrigerare*, de *frigus*, génit. *frigoris*, froid, froidure) Produire la réfrigération. ■ **Fam.** Refroidir. *Elle était complètement réfrigérée.* ■ **Fig.** Embarrasser par un comportement froid. *Son accueil nous a littéralement réfrigérés.*

RÉFRINGENCE, n. f. [ʀefʀɛ̃ʒɑ̃s] (*réfringent*) **Phys.** Propriété de déterminer une réfraction de la lumière.

RÉFRINGENT, ENTE, adj. [ʀefʀɛ̃ʒɑ̃, ɑ̃t] (lat. *refringens*, p. prés. de *refringere*, briser) **Phys.** Qui cause une réfraction. *Les forces réfringentes des corps sont à peu près en proportion de leur densité.* ◆ *Milieu réfringent*, celui qui a fait changer de route aux rayons lumineux, à l'instant où ils y entrent pour le traverser. ◆ *Pouvoir réfringent d'un corps*, le quotient de sa puissance réfractive par sa densité. ◆ N. m. *Les réfringents.*

REFROGNÉ, ÉE, p. p. [ʀəfʀɔɲe] ou [ʀəfʀɔ̃ɲe] Voy. RENFROGNÉ.

REFROGNEMENT, n. m. [ʀəfʀɔɲəmɑ̃] ou [ʀəfʀɔ̃ɲəmɑ̃] Voy. RENFROGNEMENT.

REFROGNER, v. tr. [ʀəfʀɔɲe] ou [ʀəfʀɔ̃ɲe] Voy. RENFROGNER.

REFROIDI, IE, p. p. de refroidir. [ʀəfʀwadi]

REFROIDIR, v. tr. [ʀəfʀwadiʀ] (*re-* et *froid*) Rendre froid. ◆ **Fig.** Diminuer l'ardeur, l'activité. *Refroidir une âme, le zèle, une scène, etc.* ◆ **Absol.** « *Quand l'amour n'émeut pas, il refroidit* », VOLTAIRE. ◆ V. intr. Se conjugue avec *être* ou *avoir*, suivant les sens. Devenir froid. *Les extrémités de son corps commencèrent à refroidir.* ◆ **Fig.** « *Les siècles qui ont vu refroidir le zèle des chrétiens* », MASSILLON. ◆ **Fam.** *Laisser refroidir une chose*, ne pas la faire sur-le-champ. ◆ Se refroidir, v. pr. Devenir froid. *Le dîner se refroidit. Ce corps se refroidit vite.* ◆ **Fig.** N'avoir plus la même ardeur. *L'amitié se refroidit.* ■ V. tr. **Arg.** Tuer.

REFROIDISSEMENT, n. m. [ʀəfʀwadis(ə)mɑ̃] (radic. du p. prés. de *refroidir*) Abaissement de la température d'un corps. *Le refroidissement de la terre.* ◆ **Fig.** Diminution d'affection, de zèle, etc. *Le refroidissement des amis.* ◆ Indisposition causée par le froid qui saisit au moment où l'on a chaud.

REFROIDISSEUR, ■ n. m. [ʀəfʀwadisœʀ] (radic. du p. prés. de *refroidir*) **Techn.** Dispositif intégré à un appareil et permettant de le refroidir. *Un refroidisseur pour le disque dur d'un ordinateur.*

REFUGE, n. m. [ʀəfyʒ] (lat. *refugium*, de *refugere*, fuir en arrière, chercher un refuge) Lieu où l'on s'enfuit, où l'on se retire pour être en sûreté. ◆ Lieu où se rendent des gens qui ne sont guère reçus ailleurs. « *Votre maison est le refuge ordinaire de tous les fainéants de la cour* », MOLIÈRE. ◆ **Fig.** Appui, soutien, en parlant des personnes qui servent de refuge. « *Dieu est notre refuge* », SACI. ◆ Il se dit aussi des choses. « *La reine voulait que les rebelles trouvassent leur refuge dans sa parole* », BOSSUET. ◆ **Fig.** Prétexte pour s'excuser, raison apparente dont on cherche à se couvrir. *La dénégation est son refuge.* ◆ ▷ *Maison de refuge* ou simplement *refuge*, maison d'asile pour les indigents, ou de correction pour des femmes qu'on veut retirer du désordre. ◁ ◆ Chez les Hébreux, *refuges* ou *villes de refuge*, villes où se retiraient ceux qui avaient commis un meurtre involontaire. ■ Abri de haute montagne destiné aux alpinistes, aux skieurs et aux randonneurs. ■ Endroit situé entre deux routes permettant aux piétons de traverser la chaussée en deux temps.

RÉFUGIÉ, ÉE, p. p. de réfugier. [ʀefyʒje] N. m. et f. Celui, celle qui s'est retirée dans un autre pays pour échapper à la persécution. ◆ Il se dit des calvinistes chassés de France par la révocation de l'édit de Nantes. ◆ Adj. *Style réfugié*, style des auteurs protestants qui, résidant en pays étranger, depuis la révocation de l'édit de Nantes, n'avaient pas suivi les changements de la langue.

RÉFUGIER (SE), v. pr. [ʀefyʒje] (lat. *refugere*, chercher un refuge) Se retirer en lieu de sûreté. *Se réfugier en France.* ◆ **Fig.** « *La pudeur s'est enfuie des cœurs, et s'est réfugiée sur les lèvres* », VOLTAIRE. ◆ **Fig.** Avoir recours. *Il se réfugie dans des mensonges, etc.* ◆ V. tr. Mener en refuge. « *Je vins réfugier mes dieux pénates sur cette côte déserte* », FÉNELON. ◆ Donner asile (en ce sens il n'est usité qu'en langage historique). « *Ceux qui dans ce cas se réfugiaient un esclave pour le sauver étaient punis comme meurtriers* », MONTESQUIEU.

REFUIR, v. intr. [ʀəfyiʀ] ▷ Chasse Il se dit du cerf et des animaux qui reviennent sur leurs pas pour donner le change. ◆ Se dit aussi du gibier qui fuit simplement devant les chasseurs. ◆ V. tr. Éviter, se détourner de. « *Vois arriver sans trouble et supporte sans bruit Tout ce qu'obstinément ta volonté refuit* », P. CORNEILLE. ◁

REFUITE, n. f. [ʀəfyit] (lat. pop. *refugire*, du lat. *refugere*, chercher un refuge) ▷ Chasse Trajet que fait une bête chassée. ◆ Endroit où une bête a coutume de passer quand on la chasse. ◆ Ruses d'une bête qu'on chasse. ◆ **Fig.** Retardements, détours d'une personne qui veut échapper à quelque chose. « *Mais cessez de chercher ces refuites frivoles* », P. CORNEILLE. ◁

REFUS, n. m. [ʀəfy] (*refuser*) Action de refuser. *Faire un refus. Essuyer un refus.* ◆ *Au refus de telle personne*, telle personne refusant, quand telle personne refuse. ◆ ▷ *Avoir une chose au refus d'un autre*, ne l'avoir qu'après qu'un autre l'a refusée. ◁ ◆ *Faire une chose au refus de quelqu'un*, la faire après qu'un autre a refusé de s'en charger. ◆ *Cela n'est pas de refus*, cela n'est pas à refuser. ◆ Ce qu'un autre a refusé. *Je ne veux point du refus d'un autre.* ◆ *Un cerf de refus*, un cerf de trois ans. ■ **Psych.** Refoulement, reniement de quelque chose. *Le refus de sa sexualité.*

REFUSABLE, adj. [ʀəfyzabl] (*refuser*) Qui peut être refusé.

REFUSÉ, ÉE, p. p. de refuser. [ʀəfyze]

REFUSER, v. tr. [ʀəfyze] (lat. vulg. *refusare*, du croisement de *recusare*, repousser, et *refutare*, refouler) Ne pas accepter ce qui est offert, présenté. *Refuser une offre.* ◆ Avec un infinitif, *refuser* prend ordinairement la préposition *de* : *Il a refusé de marcher.* Quand il s'agit de choses pour lesquelles, si on les accordait, on pourrait dire *donner à*, *refuser* prend la préposition *à* : *Il lui a refusé à dîner.* ◆ Il se dit des pièces de théâtre que les auteurs présentent, et que les comédiens ne veulent pas jouer. ◆ Ne pas consentir à ce qui est demandé, ordonné. *Refuser son consentement. Refuser obéissance.* ◆ Absol. « *Il s'est trouvé des hommes qui refusaient plus honnêtement que d'autres ne savaient donner* », La Bruyère. ◁ ▷ *Refuser la porte à quelqu'un*, ne pas lui permettre l'entrée de quelque lieu. ◁ ▷ *Refuser quelqu'un*, ne pas l'accepter. ◆ ▷ *Refuser une fille en mariage*, veut dire qu'on la refuse à l'homme qui la demande, ou que l'homme à qui on la propose la refuse. ◁ ◆ En parlant des personnes, ne pas leur accorder ce qu'elles demandent. ◆ ▷ *Refuser quelqu'un de quelque chose*, ne pas lui accorder cette chose. « *Quelle plus grande honte y a-t-il d'être refusé d'un poste que l'on mérite, ou d'y être placé sans le mériter ?* », La Bruyère. ◁ ◆ Ne pas accorder, sans idée que rien soit demandé. « *Qui eût pu lui refuser son admiration ?* », Bossuet. ◆ Fig. Il se dit des choses auxquelles on attribue en quelque sorte un refus. *La nature a refusé la vigne aux contrées équatoriales.* ◆ Se priver de. « *Ne rien refuser à sa sensualité et à ses désirs* », Bourdaloue. ◆ *Se refuser une chose*, s'en priver, ne pas se l'accorder. ◆ Fam. *Il ne se refuse rien*, il se donne tout ce qui lui est agréable. ◆ ▷ Milit. *L'ennemi refusa sa droite*, il évita de l'engager. ◁ ◆ V. intr. *Il ne refuse à rien*, il se charge de toutes les besognes. ◆ Manège *Ce cheval refuse*, il ne peut pas ou ne veut pas obéir. ◆ En termes de métier, on dit d'un outil, mouton, couteau, charrue, etc. qu'il refuse, quand il ne peut enfoncer, pénétrer, couper. ◆ Mar. En parlant du vent, changer de direction, de manière à rendre impossible la continuation d'une route commencée au plus près. ◆ Se refuser, v. pr. Être refusé, n'être pas accepté. ◆ N'être pas donné. ◆ *Se refuser à une chose*, ne pas vouloir la faire. ◆ ▷ *Il ne se refuse à rien*, il est prêt à tout faire. ◁ ◆ *Se refuser à une chose*, ne pas s'y livrer, ne pas s'y rendre. « *Un cœur qui se refusait aux excès* », Massillon. ◆ Fig. *Se refuser*, se dit de choses qui n'accomplissent pas leur office. *La plume se refuse à décrire de pareilles horreurs.* ◆ *Le temps se refuse à cela, les circonstances s'y refusent*, le temps, les circonstances ne le permettent pas. ◆ Se dit d'une femme qui refuse d'avoir des relations sexuelles. *Elle se refuse tant qu'elle n'a pas trouvé l'homme qui lui convient.* ▪ V. tr. Ne pas accepter quelqu'un à un examen, un concours. *Il a été refusé dans cette école.* ▪ Rem. On ne dit plus aujourd'hui *refuser à*.

REFUSION, ▪ n. f. [ʀəfyzjɔ̃] (*re-* et *fusion*) Techn. Fait de fondre des pièces une nouvelle fois. *La refusion de l'étain. Un brasage par refusion.*

RÉFUSION, n. f. [ʀefyzjɔ̃] (b. lat. *refusio*, épanchement, restitution, de *refundere*, répandre) ▷ Action de répandre sur, de reporter sur. « *Nous en [de l'amour que nous avions pour mon père] devons faire une réfusion sur nous-mêmes* », Pascal. ◆ Anc. pratiq. *Réfusion de dépens*, action de rembourser les frais d'un défaut faute de comparoir, afin d'y être reçu opposant. ◁

RÉFUTABILITÉ, ▪ n. f. [ʀefytabilite] (*réfutable*) Caractère réfutable d'une chose. *La réfutabilité d'une expérience scientifique.*

RÉFUTABLE, adj. [ʀefytabl] (b. lat. *refutabilis*) Qui peut être réfuté. *Des arguments réfutables.*

RÉFUTATEUR, n. m. [ʀefytatœʀ] (b. lat. *refutator*) ▷ Celui qui réfute. ◁

RÉFUTATION, n. f. [ʀefytasjɔ̃] (lat. *refutatio*) Discours écrit par lequel on réfute. *La réfutation d'un système.* ◆ Fig. *Ses actions sont la réfutation de ses paroles.* ◆ Rhét. Partie du discours qui répond aux objections.

RÉFUTÉ, ÉE, p. p. de réfuter. [ʀefyte]

RÉFUTER, v. tr. [ʀefyte] (lat. *refutare*, refouler, réfuter) Prouver qu'une proposition, un argument, etc. n'est pas fondé. *Réfuter une opinion, des erreurs, etc.* ◆ Il se dit dans le même sens des personnes. *Réfuter un sophiste.* ◆ *Réfuter un livre, un auteur*, démontrer la fausseté des principes, des opinions que le livre contient, que l'auteur soutient. ◆ Se réfuter, v. pr. Être réfuté. *Cela se réfute aisément.*

REFUZNIK, ▪ n. m. et n. f. [ʀəfyznik] (mot russe) Hist. Juif soviétique à qui l'on refuse le droit d'émigrer. *Des refuzniks condamnés à la prison ferme.*

REG, ▪ n. m. [ʀɛg] (ar. *ruqq*) Désert caillouteux. *Les regs du Sahara.*

REGAGNÉ, ÉE, p. p. de regagner. [ʀəgaɲe] ou [ʀəganje]

REGAGNER, v. tr. [ʀəgaɲe] ou [ʀəganje] (*re-* et *gagner*) Gagner ce qu'on avait perdu. *Regagner son argent.* ◆ Réparer une perte faite. « *On peut tâcher de regagner cela sur autre chose* », Molière. ◆ Fig. *Regagner le temps perdu*, faire plus tard les progrès qu'on n'avait pas faits auparavant. ◆ Reprendre. *Regagner des drapeaux, le pays perdu, etc.* ◆ Fig. Se concilier de nouveau. *Regagner l'amitié, la confiance, etc.* ◆ *Regagner quelqu'un*, se remettre bien avec quelqu'un. ◆ Milit. *Regagner un ouvrage de fortification*, le reprendre sur l'ennemi qui s'en était emparé. ◆ *Regagner du terrain*, faire reculer l'ennemi devant qui on avait d'abord reculé. ◆ Fig. *L'opposition a regagné du terrain.* ◆ On dit de même : *regagner le dessus, regagner l'avantage.* ◆ Mar. *Regagner le dessus du vent* ou *regagner le vent sur un vaisseau, sur l'ennemi*, reprendre l'avantage du vent. ◆ Fig. et fam. *Regagner le dessus du vent*, reprendre l'avantage, rétablir ses affaires. ◆ Rejoindre, ratteindre ; retourner, rentrer dans un lieu. *Regagner son lit, le bord, etc.* ◆ Se regagner, v. pr. Être regagné, être concilié de nouveau. « *Des cœurs comme le sien, vous le savez assez, Ne se regagnent plus quand ils sont offensés* », Racine.

REGAILLARDIR, v. tr. [ʀəgajaʀdiʀ] (*re-* et *gaillard*) ▷ Rendre plus gaillard, plus vif. « *Cinq ou six coups de bâton, entre gens qui s'aiment, ne font que regaillardir l'affection* », Molière. ◆ Se regaillardir, v. pr. Reprendre sa bonne humeur. ◆ On dit plus souvent *ragaillardir*. ◁

REGAIN, n. m. [ʀəgɛ̃] (*re-* et a.fr. gain, pâturage, du frq. *waida*, prairie) Nom donné à la seconde coupe des prairies naturelles et aux dernières coupes des prairies artificielles. ◆ Se dit aussi de cette herbe quand elle a été séchée comme le foin. ◆ Seconde fructification du figuier. ◆ Fig. et fam. Le retour de fraîcheur, d'embonpoint, de vigueur qui se manifeste quelquefois chez les femmes ou chez les hommes qui ont déjà vieilli. *Un regain de vie pour vingt ans. Un regain de jeunesse.*

RÉGAL, n. m. [ʀegal] (a. norm. *rigale*, du croisement de *rig[oler]*, se réjouir, et *gale*, réjouissance, de *galer*, s'amuser) Voy. **RÉGALER**. Anciennement, fête, divertissement, collation, partie de plaisir offerte aux dames ou à quelque personne de distinction. « *On nous donne un régal de musique* », Buffet. ◆ *C'est un régal pour moi de le voir*, c'est un grand plaisir. *Cette lecture est pour moi un régal.* ◆ ▷ Gratification. ◁ ◆ Grand repas, festin. « *Le régal fut fort honnête ; Rien ne manquait au festin* », La Fontaine. ◁ ◆ Par extens. *C'est un régal pour moi*, c'est un mets qui me plaît beaucoup. ◆ Au pl. *régals.*

RÉGALADE, n. f. [ʀegalad] (selon le sens, *régaler*, ou croisement de *régal* et dial. [Nord et Centre] *galée*, flambée, de l'anc. fr. *gale*, réjouissance) Fam. Action de régaler. ◆ *Boire à la régalade*, boire en versant dans la bouche sans que le vase touche les lèvres. ◆ Feu clair et vif qu'on fait pour réchauffer ceux qui arrivent.

RÉGALAGE, ▪ n. m. [ʀegalaʒ] Voy. **RÉGALEMENT**.

RÉGALANT, ANTE, adj. [ʀegalɑ̃, ɑ̃t] (1 *régaler*) ▷ Fam. Qui divertit, qui régale. ◆ Il se dit souvent ironiquement, pour marquer un désappointement, et avec la négation ou l'interrogation. *Diable ! cela n'est pas régalant.* ◁

1 RÉGALE, n. m. [ʀegal] (prob. lat. *regalis*, royal) Mus. Un des jeux de l'orgue, qui est dit aussi *voix humaine*.

2 RÉGALE, n. f. [ʀegal] (lat. médiév. *regalia*, droits du souverain, plr. neutre du lat. *regalis*, royal) Droit considéré comme inhérent à la royauté, tel que celui de battre monnaie, etc. *La régale monétaire.* ◆ Droit qu'avaient les rois de France de pourvoir à tous les bénéfices simples d'un diocèse pendant la vacance du siège, et d'en économiser à leur gré les revenus. *Bénéfice vacant en régale.*

3 RÉGALE, adj. [ʀegal] (lat. *regalis*, royal) *Eau régale*, mélange d'acide chlorhydrique et d'acide azotique, dont on se sert pour dissoudre l'or et le platine.

RÉGALÉ, ÉE, p. p. [ʀegale] du verbe régaler.

RÉGALEMENT, n. m. [ʀegal(ə)mɑ̃] (2 *régaler*, répartir également une taxe entre plusieurs personnes) Travail que l'on fait pour mettre un terrain de niveau. *Régalement d'une aire, d'une superficie.* ◆ Répartition ou distribution proportionnée d'une taxe, d'une somme entre contribuables. ▪ Rem. On dit aussi *régalage*.

1 RÉGALER, v. tr. [ʀegale] (*régal*) ▷ Donner un divertissement. « *Je la régalai d'une sérénade* », Lesage. ◁ ◆ ▷ Se disait autrefois des présents qu'on faisait en certaines occasions. « *Notre héroïne lui demanda s'il trouverait bon qu'elle le régalât de quelques présents* », La Fontaine. ◁ ◆ ▷ Fig. Indemniser. « *Mais pour vous régaler Du souci qui pour elle ici vous inquiète, Elle vous fait présent de cette cassolette* », Molière. ◁ ◆ Il se dit des choses qu'on fait pour réjouir ses amis, pour leur être agréable. *Il nous régala d'un concert.* ◆ Ironiq. et par antiphrase « *Nous allons régaler, mon père, votre abord D'un incident tout frais qui vous surprendra fort* », Molière. ◁ ◆ ▷ Fig. Donner un plaisir comparé à un divertissement. « *Je vous recommande surtout de régaler d'un bon visage cette personne-là* », Molière. ◁ ◆ Donner un régal, un festin. *Régaler ses amis.* ◆ Fig. « *Voilà du fruit nouveau dont son fils le régale* », Regnard. ◆ Absol. *Je régale pour mon compte.* ◆ Payer de quoi régaler. *C'est son tour de régaler.* ◆ ▷ Fig. Il se dit quelquefois pour toute espèce de plaisir qu'on procure. ◁ ◆ Ironiq. Maltraiter. *On le régala de coups de bâton.* ◆ Se régaler, v. pr. Manger des choses qui plaisent, faire un bon repas. ◆ Se donner des repas les uns aux autres. ▪ Fig. Se procurer beaucoup de plaisir. *Je me régale à faire de la sculpture.*

2 **RÉGALER**, v. tr. [Regale] (re- et *égaler*) Dresser, aplanir un terrain après avoir enlevé ou rapporté des terres. ◆ Répandre également le ballast sur les voies ferrées. ◆ T. de forestier. *Régaler une coupe*, receper tous les bois exploités. ◆ ▷ Anciennement, faire entre contribuables la répartition d'une taxe, d'une somme imposée. ◁

RÉGALIEN, IENNE, adj. [Regaljɛ̃, jɛn] (*régale*) Qui appartient à la royauté. ◆ *Droits régaliens*, droits qui sont propres aux rois et aux souverains, tels que faire des lois, accorder des grâces, battre monnaie, etc.

RÉGALISTE, n. m. [Regalist] (*régale*) ▷ Celui qui était pourvu par le roi d'un bénéfice vacant en régale. ◁

REGARD, n. m. [Rəɡaʀ] (*regarder*) Voy. REGARDER. Attention qu'on a pour. « *Ceux qui se donnent tellement à Dieu, qu'ils ont toujours un regard au monde* », BOSSUET. ◆ Au pl. même sens. *Ce livre est indigne de vos regards.* ◆ *Aux regards de*, au jugement de. ◆ Il se dit de Dieu qui exerce sur l'homme une action de grâce ou de colère. « *Que Dieu jette sur vous des regards pacifiques !* », RACINE. ◆ Action de la vue fixée ou dirigée exprès sur l'objet. « *Ses yeux éteints roulaient dans sa tête et jetaient des regards farouches* », FÉNELON. ◆ Fig. *Jeter un regard favorable sur*, favoriser. ◆ ▷ Fig. *Tourner ses regards vers le ciel*, l'implorer. ◁ ◆ Fig. *Tourner de tristes regards vers*, regretter. ◆ *Manière de regarder. Un modeste regard.* ◆ *Mauvais regard*, influence funeste qu'on attribuait aux regards de certaines personnes surnaturellement puissantes. ◁ ◆ **Peint.** Deux portraits peints de telle manière que les deux figures se regardent l'une l'autre. *Un regard d'un christ et d'une vierge.* ◆ *Se faire peindre en regard*, se dit de deux personnes qui sont peintes dans le même tableau, et qui se regardent. ◆ **Orientation.** « *Selon le regard des quatre vents, c'est-à-dire à l'orient, à l'occident, au septentrion et au midi* », SACI. ◆ En astrologie, aspect, situation de deux astres qui se regardent. *Regard sextile.* ◆ Ouverture qu'on fait de distance en distance dans un aqueduc, pour observer les défauts et faciliter les réparations de la conduite. ◆ EN REGARD, loc. adv. Vis-à-vis. *Une traduction avec le texte en regard.* ◆ AU REGARD DE, loc. prép. En ce qui concerne, par rapport à. « *Après cela oserons-nous nous plaindre de notre condition, et en alléguer les soins, pour justifier nos dissipations criminelles au regard du salut ?* », BOURDALOUE. ◆ En comparaison, au prix de. ◆ *Pour mon regard*, à mes yeux ; *pour son regard*, à ses yeux. « *Le jugement de Rome est pur pour mon regard* », P. CORNEILLE. ◆ *Droit de regard*, Droit de contrôler ou de surveiller. *Avoir droit de regard sur les affaires de quelqu'un.* ■ Ouverture permettant d'accéder à un conduit. *Le regard d'un four.*

REGARDABLE, ■ adj. [Rəɡaʀdabl] (*regarder*) Que l'on peut regarder. *Un film regardable pour les enfants.*

REGARDANT, ANTE, adj. [Rəɡaʀdɑ̃, ɑ̃t] (*regarder*) ▷ Qui regarde. ◁ ◆ **Hérald.** Se dit d'un animal dont on ne voit que la tête et le cou, et aussi des animaux qui ont la tête tournée comme s'ils regardaient leur queue. ◆ ▷ N. m. et n. f. Celui, celle qui regarde. ◁ ◆ **Prov.** *Il n'y a pas tant de marchands à la foire que de regardants.* ◆ Fig. Qui regarde de trop près à quelque chose, qui ménage avec excès. *Ils sont près regardants.* ■ Qui fait attention à ses finances. *Il n'achète pas à n'importe quel prix, il est très regardant.* ■ Qui est minutieux. *Il n'est pas très regardant sur l'hygiène !*

REGARDÉ, ÉE, p. p. de regarder. [Rəɡaʀde]

REGARDER, v. tr. [Rəɡaʀde] (re- et anc. fr. *garder*, prendre garde, regarder, du frq. *wardon*, veiller) Avoir égard à, faire acception. « *Ne regardez point les personnes, dit le Seigneur* », BOSSUET. ◆ ▷ Avoir en considération, en estime. « *Il partit pour Versailles et n'y fut regardé de personne* », D'ALEMBERT. ◁ ◆ ▷ *Regarder quelqu'un*, s'intéresser à lui. « *Les dieux, après six mois, m'ont enfin regardé* », RACINE. ◁ ◆ Attacher de l'importance à, en parlant de choses. « *Pour moi, je ne regarde rien quand il faut servir un ami* », MOLIÈRE. ◆ Porter, attacher la vue sur. ◆ ▷ *Se regarder la main, le pied, etc.*, regarder sa main, son pied, etc. ◁ ◆ *Il n'oserait le regarder en face, le regarder entre deux yeux*, se dit d'un homme qui en craint un autre. ◆ ▷ *Regarder quelqu'un sous le nez*, aller le regarder de très près pour le reconnaître ou le braver. ◆ *Regarder de haut en bas*, diriger, étant sur un lieu élevé, l'œil en bas, et fig. regarder d'un air d'orgueil et de dédain. ◆ Fig. *Regarder quelqu'un de travers, de côté, de mauvais œil*, lui témoigner du mépris, de la malveillance. ◆ ▷ *Regarder en dessous*, regarder d'un air mécontent et dissimulé. ◁ ◆ *Regarder du coin de l'œil*, regarder avec une convoitise mal dissimulée. ◆ *Regarder quelqu'un favorablement, de bon œil*, lui marquer de la bienvenue. ◆ *Regarder quelqu'un en pitié*, le regarder avec un sentiment de compassion, et aussi de dédain. ◆ *Se faire regarder*, se donner en spectacle. ◆ *Être regardé*, attirer les regards publics. ◆ Fig. Examiner, considérer. « *Tout est vain dans l'homme si nous regardons le cours de sa vie mortelle*, si nous regardons... ◆ *Ne regardez que le bien public* », BOSSUET. ◆ *Regarder comme*, tenir pour, réputer. « *Il regardera l'univers comme sa patrie, et tous les hommes comme ses frères* », DIDEROT. ◆ *Regarder pour*, même sens. « *Vous ne me regardez plus pour votre fils* », J.-J. ROUSSEAU. ◆ *Regarder en*, même sens. « *Celui que déjà je regarde en époux* », MOLIÈRE.

◆ Être tourné vers. *L'aiguille aimantée regarde toujours le nord.* ◆ Il se dit aussi du point du ciel qui est en face d'un lieu. « *Qu'Ismaël en sa garde Prenne tout le côté que l'orient regarde* », RACINE. ◆ Avoir rapport à, intéresser. « *Pourquoi vous mêler de ce qui ne vous regarde pas ?* », PICARD. ◆ V. intr. Faire attention, prendre garde, avoir soin de. « *Vous devriez un peu mieux regarder aux choses que vous dites* », MOLIÈRE. ◆ *Il faut toujours regarder à l'intention* », MME DE SÉVIGNÉ. ◆ *Ne pas regarder à la dépense*, faire ce qu'il convient de faire, sans être arrêté par la considération d'argent. ◆ Fam. *Y regarder à deux fois*, prendre garde à ce qu'on va faire. ◆ *Regarder que*, faire attention que. « *Ceux-ci [...] allaient toujours, sans regarder qu'ils allaient à la servitude* », BOSSUET. ◆ *Personne, comme lui, n'a le talent de regarder et de ne rien voir* », DIDEROT. ◆ *S'enfuir sans regarder derrière soi*, s'enfuir en toute hâte. ◆ *Regarder de près*, être myope, et fig. être exact, faire attention même aux plus petites choses. ◆ *Il n'y regarde pas de si près*, il ne fait pas les choses avec beaucoup d'attention ni d'exactitude. ◆ *C'est un homme avec qui il ne faut pas regarder de si près*, c'est un homme sujet à caution et pour qui il faut avoir de l'indulgence. ◆ Être tourné vers. *Cette fenêtre regarde sur la rivière.* ◆ Se regarder, v. pr. Porter la vue sur soi-même. *Se regarder pour s'ajuster comme il faut.* ◆ Porter la vue l'un sur l'autre. ◆ Fig. « *Ils se regardaient d'un œil jaloux* », BOSSUET. ◆ Fig. S'examiner soi-même. « *Je ne puis sans horreur me regarder moi-même* », RACINE. ◆ Fig. *Se regarder comme*, se considérer comme. « *Ne vous regardez plus comme un homme ordinaire* », VOLTAIRE. ◆ Être considéré comme. « *Notre affaire se regardait comme déplorée* », SAINT-SIMON. ◆ En parlant des choses, se faire face. *Ces maisons se regardent.* ■ V. tr. Constater. *Fais attention, regarde ce que tu viens de faire ! Mais regardez-moi ça !*

REGARDEUR, EUSE, ■ n. m. et n. f. [Rəɡaʀdœʀ, øz] Vx Personne qui regarde. ■ Spécialt Personne qui regarde une œuvre d'art. *Les rapports complexes entre l'artiste, le regardeur et l'œuvre d'art.*

REGARNI, IE, p. p. de regarnir. [Rəɡaʀni]

REGARNIR, v. tr. [Rəɡaʀniʀ] (re- et *garnir*) Garnir de nouveau.

RÉGATE, n. f. [Reɡat] (vénit. *regata*, course de gondoles, de *regattar*, lutter de vitesse, p.-ê. de *gatto*, chat) ▷ Courses de gondoles, qui se font à certains jours de fête sur le grand canal de Venise. ◁ ◆ Par extens. Course d'embarcations, qui, à la voile ou à l'aviron, se disputent le prix de la vitesse. ■ Cravate à nœud simple dont les pans se superposent. *La régate est apparue à la fin du second Empire.*

RÉGATER, ■ v. intr. [Reɡate] (*régate*) Participer à une régate. *Dès l'arrivée des beaux jours, ils régatent le dimanche.* ■ Suisse Être à la hauteur. *Il a vraiment régaté lors de son audition.*

RÉGATIER, IÈRE, ■ n. m. et n. f. [Reɡatje, jɛʀ] (*régate*) Personne qui participe à une régate. *Les régatiers viennent de se lancer dans la course.*

REGAZONNEMENT, n. m. [Rəɡazon(ə)mɑ̃] (*regazonner*) ▷ Action de regazonner. ◁

REGAZONNER, v. tr. [Rəɡazone] (re- et *gazon*) ▷ Revêtir de gazon un terrain qui en avait été couvert précédemment. ◁

REGEL, n. m. [Rəʒɛl] (*regeler*) Nouvelle gelée survenant après un dégel. *Un regel nocturne.*

REGELER, v. intr. [Rəʒ(ə)le] (re- et *geler*) Geler de nouveau. ◆ V. tr. Faire de nouveau prendre en glace. *Le froid a regelé la rivière.* ◆ Se regeler, v. pr. Être de nouveau pris en glace.

RÉGENCE, n. f. [Reʒɑ̃s] (*régent*) Dignité de la personne qui gouverne un État pendant l'absence ou la minorité d'un souverain. ◆ Fonction de régent ou de régente. ◆ Temps que dure une régence. ◆ *La Régence* se dit particulièrement de l'époque pendant laquelle Philippe d'Orléans gouverna la France (1715-1723). ◆ Fig. Type ou symbole d'une grande liberté de mœurs et de folles dépenses. ◆ Adj. inv. Fam. Corrompu. *Des mœurs régence.* ◆ Se dit des administrations municipales d'Allemagne, de Hollande et de Belgique. *La régence d'Amsterdam.* ◆ ▷ Gouvernement de certains petits États musulmans. *Les régences barbaresques.* ◆ ▷ Territoire de certains États. ◁ ◆ ▷ Autrefois, fonctions de régent dans un collège. ◁ ■ Adj. inv. Relatif à la Régence, au style de la Régence. *Des meubles Régence.*

REGENCY, ■ adj. inv. [Reʒɑ̃si] (angl. *Regency*, régence [de George IV]) Relatif à l'époque de la régence de George IV en Angleterre (1810-1820). *Un style Regency.*

RÉGÉNÉRATEUR, TRICE, adj. [Reʒeneʀatœʀ, tʀis] (*régénérer*) Qui régénère. *Principe régénérateur.* ◆ N. m. et n. f. Régénérateur, régénératrice, celui, celle qui régénère. ■ N. m. Techn. Appareil utilisé dans un corps qui est soumis à un processus chimique. *Un régénérateur d'huiles usées* ■ Techn. Appareil utilisé pour récupérer de la chaleur. *Le régénérateur d'un four.* ■ Adj. *Eau régénératrice*, l'eau du baptême.

RÉGÉNÉRATION, n. f. [Reʒeneʀasjɔ̃] Reproduction d'une partie détruite. « *Les blessures qu'on voit se fermer et en même temps les chairs revenir par* *une assez prompte régénération »*, BOSSUET. ♦ Reproduction. *La régénération de certaines humeurs.* ♦ Reproduction d'un objet sous sa première forme. *Régénération des métaux.* ♦ **Fig.** Réformation, renouvellement moral. *La régénération d'un pays.* ♦ Renaissance, en parlant du baptême.

RÉGÉNÉRÉ, ÉE, p. p. de régénérer. [ʀeʒenere]

RÉGÉNÉRER, v. tr. [ʀeʒenere] (lat. impér. *regenerare*, faire revivre en soi, reproduire) Produire par une nouvelle génération. *Le procédé vital qui régénère les chairs.* ♦ **Myst.** Donner une nouvelle naissance. *Régénéré par le baptême.* ♦ **Fig.** Réformer, améliorer. *Régénérer le monde.* ♦ **Se régénérer**, v. pr. Être régénéré. ♦ Être renouvelé en devenant meilleur.

RÉGENT, ENTE, adj. [ʀeʒɑ̃, ɑ̃t] (lat. *regens*, p. prés. de *regere*, diriger, gouverner) Qui exerce la régence. *Le prince régent. La reine régente.* ♦ N. m. et n. f. *Le régent, la régente du royaume.* ♦ **Absol.** Se dit de Philippe d'Orléans, régent de France pendant la minorité de Louis XV. ♦ Nom d'un diamant de la couronne de France qui fut acheté par Philippe d'Orléans. ♦ ▷ *Tabac du régent*, tabac à priser préparé avec des aromates. ◁ ♦ N. m. *Régent de la banque de France*, membre du conseil général de la Banque. ♦ Autrefois, celui qui enseignait dans un collège communal. ♦ **Fig.** « *Écoutons les régents du monde sur ce sujet* », PASCAL. ■ Personne qui dirige, qui régit. *Le régent d'un hospice.*

RÉGENTÉ, ÉE, p. p. de régenter. [ʀeʒɑ̃te]

RÉGENTER, v. intr. [ʀeʒɑ̃te] (*régent*) ▷ Être régent dans un collège. *Il régente dans tel collège.* ◁ ♦ **Fig.** Dominer, gouverner, faire la leçon. ♦ V. tr. Faire une classe en qualité de régent (vieilli en cet emploi). *Régenter la troisième.* ◁ ♦ **Fig.** Enseigner comme un régent. « *La grammaire, qui sait régenter jusqu'aux rois* », MOLIÈRE. ■ Diriger d'une façon très autoritaire. *Nous n'avons pas eu notre mot à dire puisqu'il régente tout le monde !*

REGGAE, ■ n. m. [ʀege] (mot de la Jamaïque, p.-ê. de l'angl. *raggamuffin*, va-nu-pieds) Musique populaire jamaïcaine, répétitive, syncopée, avec un décalage du temps fort. *Bob Marley est considéré comme le roi du reggae.* ■ Adj. inv. *Des chanteurs reggae.*

RÉGI, IE, p. p. de régir. [ʀeʒi]

RÉGICIDE, n. m. [ʀeʒisid] (lat. médiév. *regicida*, du lat. *rex*, génit. *regis*, roi, et *cædere*, tuer) Assassin d'un roi. ♦ Nom donné, lors de la restauration des Stuarts et de celle des Bourbons, aux hommes qui avaient condamné à mort Charles Ier et Louis XVI. ♦ Adj. *Doctrine régicide,* doctrine qui excite à l'assassinat d'un souverain. ♦ N. m. Assassinat d'un roi ou mise à mort d'un roi. *Préparer un régicide. Ravaillac fut condamné pour régicide.*

RÉGIE, n. f. [ʀeʒi] (p. p. fém. substantivé de *régir*) Administration de biens, à la charge de rendre compte. *Mettre des biens en régie.* ♦ *Mettre des travaux publics en régie,* les faire exécuter au compte de l'État, et sous la surveillance d'un de ses agents. ♦ Mode de lever les impôts, dans lequel l'État les perçoit directement pour son compte par ses agents. ♦ ▷ Administration chargée de la perception des impôts. *La régie des contributions indirectes.* ◁ ♦ *Les bureaux de la régie.* ♦ *Les employés de la régie.* ■ Coordination du personnel et du matériel lors d'un spectacle, d'une émission, etc. *Assurer la régie d'un tournage.* ■ Salle de laquelle les techniciens contrôlent et dirigent les prises de vue, de son ou les éclairages.

REGIMBEMENT, n. m. [ʀəʒɛ̃b(ə)mɑ̃] (*regimber*) Action de regimber.

REGIMBER, v. intr. [ʀəʒɛ̃be] (*re-* et anc. fr. *giber*, s'agiter, ruer, prob. du radic. expr. *gib-*) Ruer au lieu d'avancer, en parlant des bêtes de monture, quand on les touche de l'éperon, de la houssine, de l'aiguillon. ♦ **Fig.** *Regimber contre l'éperon,* résister inutilement. ♦ **Fig.** Se montrer récalcitrant, résister. « *Non que tu sois pourtant de ces rudes esprits Qui regimbent toujours, quelque main qui les flatte* », BOILEAU. ■ Se regimber, v. pr. Se rebiffer, se révolter. *Personne n'osait se regimber.*

REGIMBEUR, EUSE, n. m. et n. f. [ʀəʒɛ̃bœʀ, øz] (*regimber*) Celui, celle qui regimbe. ■ Adj. *Un cheval regimbeur.*

RÉGIME, n. m. [ʀeʒim] (lat. impér. *regimen*, direction, gouvernement, administration, de *regere*, diriger ; sens bot. prob. esp. *racimo*, grappe de raisin, régime de dattes, de *racemus*, grappe, avec infl. de régime) Action de régir, de gouverner, de diriger. « *La chair a pris le régime, et l'âme est devenue toute corporelle* », BOSSUET. ♦ Manière de gouverner, d'administrer un État. *Le régime féodal. Régime despotique, représentatif, etc.* ♦ Dans l'histoire de France, *Ancien Régime,* le temps avant la révolution de 1789. ♦ Administration de certains établissements publics et des maisons religieuses. *Le régime des prisons, des hôpitaux.* ♦ **Jurispr.** *Régime dotal, régime de la communauté,* voy. ces mots. ♦ Usage raisonné et méthodique des aliments et de toutes les choses essentielles à la vie, tant dans l'état de santé que dans celui de maladie. *Suivre un régime.* ♦ **Par extens.** « *Mon principal régime est la patience et la résignation aux ordres immuables de la nature* », VOLTAIRE. ♦ **Absol.** Manière de vivre qui consiste dans l'atténuation quant à la nourriture, et dans les précautions quant aux autres influences. ♦ ▷ *Vivre*

de régime, s'observer sur toute chose, dans la vue de ne pas déranger sa santé. ◁ ♦ *Être au régime,* n'user que d'une alimentation réduite, et fig. éprouver des privations. ♦ **Gramm.** Dépendance d'un nom ou d'un pronom par rapport à un autre mot de la même phrase. *Régime direct, indirect,* voy. ces mots. ♦ Manière dont se fait l'écoulement d'une eau courante. *Les cours d'eau à régime uniforme.* ♦ **Bot.** Assemblage de fruits à l'extrémité d'une branche de palmier, de bananier, etc. ♦ Il se dit des fleurs dans le même sens. ■ Ensemble des dispositions légales qui régissent certaines institutions. *Le régime de la Sécurité sociale. Le régime matrimonial.*

RÉGIMENT, n. m. [ʀeʒimɑ̃] (all. *Regiment*, du b. lat. *regimentum*, direction) Corps de gens de guerre, composé de plusieurs bataillons ou escadrons, subdivisés eux-mêmes en compagnies, et dont le chef se nomme colonel. *Régiment d'infanterie, de cavalerie, d'artillerie, du génie.* ♦ **Fig.** et **fam.** Grand nombre, multitude. *Cette femme a un régiment d'enfants.* ■ **Fam.** Service militaire. *Faire son régiment.*

RÉGIMENTAIRE, adj. [ʀeʒimɑ̃tɛʀ] (*régiment*) Qui est relatif aux régiments. ♦ *École régimentaire,* École formée pour développer ou commencer l'instruction des soldats.

REGINGLARD, ■ n. m. [ʀəʒɛ̃glaʀ] (*re-* et *ginglard,* mauvais vin, de *ginguet,* suret) **Région.** Vin aigre et acide. *Un reginglard qui se laisse boire.*

REGINGLETTE, n. f. [ʀəʒɛ̃glɛt] (mot norm. du moy. fr. *gi[n]guer,* gambader, sauter) ▷ Piège pour les petits oiseaux. « *Reginglettes et réseaux* », LA FONTAINE. ◁

RÉGION, n. f. [ʀeʒjɔ̃] (lat. *regio,* direction, frontière, région) Grande étendue de pays. ♦ *Région botanique,* étendue de terrains caractérisés par une végétation particulière ou par la présence d'espèces végétales prédominantes. ♦ *Région des bois, région des neiges,* se dit dans les montagnes des zones occupées par les bois, par les neiges. ♦ Espace que présente le ciel. *Les régions célestes.* ♦ **Phys. anc.** Hauteurs, couches différentes de l'atmosphère : *la basse région,* celle qui touche la terre immédiatement ; *la moyenne région,* celle qu'on suppose commencer au-dessus des plus hautes montagnes ; *la haute région,* ou *région supérieure,* celle qui s'étend par-delà la moyenne. ♦ ▷ Suivant les philosophes anciens, *la région* ou *sphère du feu,* région au-dessus de celle de l'air ; *la région éthérée* ou *l'éther,* la région supérieure à celle du feu et où se mouvaient les astres. ◁ ♦ En parlant de la philosophie, des sciences, etc. degré, point où l'on s'élève. *Se perdre dans la région des hypothèses.* « *Les hautes régions de la philosophie* », MOLIÈRE. ♦ *Régions élevées, région des hauts rangs, rois, princes, etc.,* les régions inférieures, les classes qui sont situées au-dessous des grands. ♦ Se dit des différentes parties de la surface visible de la Lune. ♦ **Anat.** Nom donné à des étendues circonscrites de la masse du corps ou de la surface des organes. *La région ombilicale.* ■ Collectivité territoriale regroupant plusieurs départements français. *La région Languedoc-Roussillon. Les régions européennes.*

RÉGIONAL, ALE, adj. [ʀeʒjɔnal] (*région*) Qui appartient à une région. *Maladies régionales.* ♦ *Concours régionaux,* concours d'agriculture ou d'industrie entre plusieurs départements formant une région. ◁ ■ Relatif à une région. *Les parlers régionaux.* ■ Relatif à un groupement de nations, opposé à *mondial. Des conventions régionales en Europe.* ■ **Méd.** Relatif à une région du corps. *Une ponction régionale.*

RÉGIONALEMENT, ■ adv. [ʀeʒjɔnal(ə)mɑ̃] (*régional*) De façon régionale. *Développer régionalement des agences pour l'emploi.*

RÉGIONALISATION, ■ n. f. [ʀeʒjɔnalizasjɔ̃] (*régionaliser*) Fait de décentraliser une administration, un service, etc. vers les régions. *La régionalisation ferroviaire. Des processus de régionalisation politique.*

RÉGIONALISER, ■ v. tr. [ʀeʒjɔnalize] (*régional*) Décentraliser vers les régions en leur donnant une autonomie administrative. *Régionaliser la politique nationale.*

RÉGIONALISME, ■ n. m. [ʀeʒjɔnalism] Doctrine défendant la réalité politique autonome d'une région et de ses valeurs culturelles. *Le régionalisme breton.* ■ Tendance à mettre en avant une région à travers une œuvre d'art. *Le régionalisme architectural, littéraire.* ■ Mot propre à une région. *Être coufle* au sens d'être rassasié *est un régionalisme du biterrois.* ■ RÉGIONALISTE, n. m. et n. f. ou adj. [ʀeʒjɔnalist]

RÉGIR, v. tr. [ʀeʒiʀ] (lat. *regere,* diriger, conduire, gouverner) Diriger le gouvernement, la conduite. *Cet évêque a bien régi son diocèse. Les lois qui régissent ce pays.* ♦ **Absol.** « *Le grand art de régir* », P. CORNEILLE. ♦ Servir de règle. « *L'innocence, la bonne foi, la candeur régissaient toute sa famille* », BOSSUET. ♦ Administrer, gérer. *Régir une succession, les finances de l'État, etc.* ♦ **Gramm.** Avoir, exiger pour complément, en parlant d'un verbe ou d'une préposition ; exiger tel cas d'un nom, tel mode d'un verbe. *Cette conjonction régit le subjonctif.* ♦ **Se régir**, v. pr. Être régi.

RÉGISSANT, ANTE, adj. [ʀeʒisɑ̃, ɑ̃t] (*régir*) **Gramm.** Qui régit. « *On distingue les mots en régissants et en régimes* », CONDILLAC.

RÉGISSEUR, EUSE, n. m. et n. f. [ʀeʒisœʀ, øz] (*radic.* du p. prés. de *régir*) Celui, celle qui régit, qui est chargé de régir, à la charge de rendre compte. *Régisseur d'un domaine, d'un château, d'un théâtre, etc.* ■ Personne responsable de la régie d'un spectacle, d'une émission. *Régisseur audio, régisseur son.* ■ **Dr.** Agent administratif désigné par un ordonnateur et agréé par un comptable pour exécuter des encaissements ou des décaissements sous l'autorité du premier, mais sous le contrôle et pour le compte du second. *Versement à effectuer auprès du régisseur.*

REGISTRAIRE, ■ n. m. et n. f. [ʀeʒistʀɛʀ] (*registre*) **Canada** Personne chargée des inscriptions dans une école ou une université. ■ **Canada** Fonctionnaire de l'État chargé de mettre à jour l'ensemble des registres.

RÉGISTRATEUR, n. m. [ʀeʒistʀatœʀ] (lat. ecclés. *registrator*) ▷ Titre d'office de la cour de Rome. *Les régistrateurs des bulles et des suppliques.* ◁

REGISTRATION, ■ n. f. [ʀeʒistʀasjɔ̃] (*registres* [d'orgue]) **Mus.** Fait de combiner les timbres sur un orgue. *Depuis le XXᵉ siècle, il existe des orgues électroniques possédant des caractéristiques analogues aux orgues traditionnels en terme de clavier et de registration.*

REGISTRE, n. m. [ʀeʒistʀ] (lat. tard. *regesta*, plur. neutre du lat. impér. *regestus*, p. p. de *regerere*, reporter, transcrire, sur le modèle de *épistre*, épître) Livre où l'on inscrit les actes, les affaires de chaque jour. *Les registres du greffe, de l'état civil.* ♦ **Fig.** *Les registres du temps*, les annales. ♦ *Tenir registre de quelque chose*, écrire quelque chose sur un registre. ♦ **Fig.** *Tenir registre de tout*, remarquer tout ce qui se passe et s'en souvenir. ♦ ▷ *Cet homme est sur mes registres*, je me souviendrai du déplaisir qu'il m'a fait. ◁ ♦ *Registres d'orgue*, règles de bois que l'organiste tire pour se servir des différents jeux. ♦ **Mus.** Changement dans l'étendue de la voix d'un chanteur. ♦ Plaque, ordinairement de tôle, qu'on pousse, tire ou tourne en différents sens pour activer ou diminuer le tirage d'un fourneau, d'un poêle, d'une cheminée. **Impr.** Correspondance exacte des lignes d'un recto avec celles du verso d'un feuillet. ■ *Registre du commerce et des sociétés*, livre répertoriant toutes les activités de commerce. ■ Tonalité particulière d'un discours, d'une œuvre artistique. *Un registre familier. Changer de registre.* ■ **Inform.** Zone de mémoire permettant de stocker temporairement un certain nombre de données. ■ REM. On disait aussi *regître* autrefois.

REGISTRÉ, ÉE, p. p. de registrer. [ʀeʒistʀe]

REGISTRER, v. tr. [ʀeʒistʀe] (*registre*) Terme de formule qui se dit quelquefois pour enregistrer. ■ **Mus.** Faire une registration. ■ REM. On disait aussi *regîtrer* autrefois.

REGÎTRE, n. m. ou **REGÎTRER**, v. tr. [ʀeʒitʀ, ʀeʒitʀe] (var. vieilles de *registre, registrer*) ▷ anciennes formes pour Voy. REGISTRE Voy. REGISTRER. ◁

RÉGLABLE, ■ adj. [ʀeglabl] (*régler*) Que l'on peut régler. *Un tabouret réglable en hauteur. Un thermostat réglable.* ■ Que l'on peut payer. *Un achat réglable en trois fois sans frais.*

RÉGLAGE, n. m. [ʀeglaʒ] (*régler*) Action de régler, de faire marcher régulièrement. *Le réglage des chronomètres et des montres.* ♦ Action de régler le papier.

RÉGLANT, ANTE, adj. [ʀeglɑ̃, ɑ̃t] (*régler*) ▷ Qui règle. « *Ces puissances ont besoin d'une puissance réglante pour les tempérer* », MONTESQUIEU. ◁

RÉGLÉ, ÉE, p. p. de régler. [ʀegle] *Il est réglé comme un papier de musique*, se dit de celui qui observe avec une ponctualité scrupuleuse un certain genre de vie. ♦ Qui est, en parlant des personnes, assujetti à une discipline morale ou intellectuelle. *Un jeune homme réglé dans ses mœurs. Esprit réglé.* ♦ Qui est assujetti à un mode uniforme. *Les astres suivent une marche réglée.* ♦ ▷ *Un pouls réglé, bien réglé*, pouls dont les battements sont réguliers. ◁ ♦ *Un ordinaire réglé*, un ordinaire qui est tous les jours le même. ♦ *Des bois en coupe réglée*, des bois dont on coupe tous les ans une certaine étendue. ♦ ▷ *Visites réglées*, visites qui se font à certains jours et à certaines heures. ◁ ♦ ▷ *Être en commerce réglé, en correspondance réglée avec quelqu'un*, avoir par lettres une correspondance régulière avec lui. ◁ ♦ *Fièvre réglée*, fièvre intermittente qui, d'abord irrégulière, a pris des accès réguliers. ◁ ♦ *Troupes réglées*, troupes permanentes. ◁ ♦ Qui se fait dans les formes. ♦ ▷ *Dispute réglée*, discussion suivie et méthodique. ◁ ♦ Modéré. *Un jeu réglé.* ■ Adj. f. Qui a ses règles. *Une jeune fille réglée.* ♦ Qui est résolu, décidé. *C'est une affaire réglée.* ♦ Qui est mis au point. *Une montre bien réglée.* ■ **Géom.** *Surface réglée*, surface définie par une droite, appelée *génératrice*, soumise à certaines conditions et qui engendre toute la surface. *Le cône, le cylindre, la surface de Möbius sont des surfaces réglées.*

RÈGLE, n. f. [ʀɛgl] (lat. *regula*, règle servant à mettre droit, règle servant à juger) Instrument long et droit qui sert à tirer des lignes droites. ♦ *Règle à calcul*, règle à coulisse marquée de divisions et de chiffres, à l'aide de laquelle on fait très rapidement les calculs. ♦ **Fig.** Ce qui sert à diriger, à conduire, à régir. « *Votre avis est ma règle* », P. CORNEILLE. ♦ Régularité. « *La règle de sa vie* », MME DE SÉVIGNÉ. ♦ Bon ordre. *Il n'y a point de règle dans cette maison.* ♦ Exemple, modèle. « *Il faut que la vie d'un grand roi puisse être*

proposée comme règle à ses successeurs », MASSILLON. ♦ Prescription, ordonnance en vertu de la loi, de la coutume, de l'usage. *Les règles de la civilité. Les règles de la procédure.* ♦ **Fam.** *C'est la règle*, c'est comme cela que l'on se conduit habituellement. ♦ *De règle*, régulièrement, habituellement. *Cela est de règle.* ♦ *Il est de règle que...* avec le subjonctif, il est conforme à l'usage, à la bienséance que... ♦ *Ce procédé est dans les règles*, il est conforme à tel précepte de morale ou bienséance. ♦ *Être en règle, se mettre en règle*, être, se mettre au point, dans l'état que la loi, la coutume, l'usage prescrit. *Je suis en règle avec lui. Des papiers en règle.* ♦ *Un procès en règle*, un procès suivi par-devant les juges. ♦ ▷ *Une affaire en règle*, un combat suivant les règles de la guerre ; un duel. ♦ *Dans la règle, en bonne règle*, suivant la loi, l'usage ou la bienséance. ♦ **Ellipt.** *Règle générale*, généralement, dans tous les cas. ♦ Principes et méthodes qui servent à la pratique ou à l'enseignement des arts, des sciences, de la politique, des jeux, etc. *Les règles du goût, de l'éloquence, du jeu, etc.* ♦ *Cette tragédie, cette comédie est dans les règles, selon les règles*, elle est conforme à toutes les règles du théâtre. ♦ ▷ **Fam.** *Une sottise, une friponnerie dans toutes les règles*, une sottise, une friponnerie complète. ◁ ♦ Opération d'arithmétique. ♦ Constitutions selon lesquelles les religieux d'un certain ordre doivent vivre. *La règle de Saint-Augustin.* ♦ **Prov.** *Il n'y a point de règle sans exception*, aucune règle n'est assez générale pour s'appliquer à tous les cas particuliers. ♦ **Prov.** *L'exception confirme la règle*, malgré l'exception qu'on est contraint de faire, la règle n'en subsiste pas moins. ■ N. f. pl. Écoulement menstruel. *Avoir ses règles.* ■ *Dans les règles de l'art*, comme il se doit. *Il a reçu ses amis chez lui dans les règles de l'art.*

RÉGLÉMENT, adv. [ʀeglemɑ̃] (*réglé*) ▷ Avec règle, d'une manière réglée. *Vivre réglément.* ♦ Précisément, de la même manière, dans le même temps. « *Quelle tristesse de ne pouvoir plus recevoir réglément de vos nouvelles !* », MME DE SÉVIGNÉ. ◁

RÈGLEMENT, n. m. [ʀɛglemɑ̃] (*régler*) Action de régler, de déterminer. *Le règlement des limites.* ♦ Action de donner une règle morale, intellectuelle. *Le règlement de la pensée, des mœurs, etc. Se prescrire un règlement de vie.* ♦ Statut qui règle ce qu'on doit faire. *Règlement de police, d'administration publique.* ♦ Statuts d'une assemblée délibérante. ♦ Ordre des exercices et des travaux d'un collège, d'une communauté, d'une manufacture, etc. **Procéd.** *Règlement de juges*, arrêt qui détermine devant quels juges un procès sera porté. ♦ *Règlement de compte*, approbation définitive d'une dépense par l'autorité compétente. ♦ Action de régler et de réduire des mémoires de travaux. ♦ Solde d'une facture en billets. ■ Ensemble des règles à observer ; le texte qui contient l'ensemble de ces règles. *Le règlement de ce collège est strict. Respecter le règlement interne d'une administration. Bien lire le règlement de l'internat.* ■ **Fig.** *Règlement de compte*, fait de faire justice soi-même, généralement par la violence. *Un règlement de compte entre bandes de malfaiteurs.*

RÈGLEMENTAIRE ou **RÉGLEMENTAIRE**, adj. [ʀɛglemɑ̃tɛʀ] (*règlement*) Qui concerne le règlement. *Lois règlementaires.* ♦ Qui est conforme au règlement. *Quantité, qualité règlementaire d'une fourniture.* ♦ En mauvaise part, qui multiplie les règlements. *Administration règlementaire.*

RÈGLEMENTAIREMENT ou **RÉGLEMENTAIREMENT**, adv. [ʀɛglemɑ̃tɛʀ(ə)mɑ̃] (*règlementaire* ou *réglementaire*) D'une manière règlementaire.

RÈGLEMENTARISME ou **RÉGLEMENTARISME**, n. m. [ʀɛglemɑ̃taʀism] (*règlementaire* ou *réglementaire*) Abus de la règlementation.

RÈGLEMENTATION ou **RÉGLEMENTATION**, n. f. [ʀɛglemɑ̃tasjɔ̃] (*règlementer* ou *réglementer*) Action de règlementer. ■ Ensemble des dispositions qui régissent un domaine particulier. *La règlementation nationale. La règlementation en matière de sécurité sanitaire.*

RÈGLEMENTER ou **RÉGLEMENTER**, v. intr. [ʀɛglemɑ̃te] (*règlement*) Faire beaucoup de règlements ; les multiplier à l'excès. ♦ V. tr. Faire des règlements sur une matière quelconque.

RÉGLER, v. tr. [ʀegle] (*règle*) Tirer avec la règle des lignes sur du papier. *Régler un cahier.* ♦ **Fig.** Diriger suivant certaines règles, soumettre à la règle. « *Heureux qui vit chez soi, De régler ses désirs faisant tout son emploi !* », LA FONTAINE. ♦ *Régler sur*, conformer à. « *Le ciel règle souvent les effets sur les causes* », P. CORNEILLE. ♦ On a dit quelquefois dans le même sens : *régler à.* « *Vous savez mieux que moi qu'aux volontés des dieux, Seigneur, il faut régler les nôtres* », MOLIÈRE. ♦ Servir de règle, avec un nom de chose pour sujet. « *Mais la raison n'est pas ce qui règle l'amour* », MOLIÈRE. ♦ Mettre ordre à. *Régler sa conscience, ses affaires, sa dépense, etc.* ♦ ▷ *Régler sa table, son équipage*, mettre un certain ordre dans les dépenses de table, d'équipage, et aussi retrancher de la dépense de la table. ◁ ♦ Mettre d'accord avec un mouvement, un cours régulier. *Régler l'année.* ◁ ♦ *Régler une pendule, une montre*, faire en sorte qu'elle n'avance ni ne retarde ; et aussi la mettre à l'heure. ♦ Déterminer, décider d'une certaine façon définitive. *On régla la préséance.* ♦ *Régler un choix sur*, le fixer en considération de. ♦ *Régler un différend*, le terminer. ♦ *Régler un compte*, arrêter. ♦ ▷ *Régler le mémoire* *d'un entrepreneur*, en réduire les différents articles à leur juste valeur. ◁ ♦ Il se dit aussi des choses qui sont causes de décision : « *L'amour ne règle pas le sort d'une princesse* », RACINE. ♦ Fixer une somme. ♦ **Pratiq.** *Régler de juges*, décider devant quels juges une affaire sera portée. ♦ *Se régler*, v. pr. Être réglé, déterminé. « *Ses conseils se réglaient plus que jamais par la justice* », BOSSUET. ♦ ▷ *La fièvre se règle*, se dit d'une fièvre irrégulière qui prend le caractère d'une fièvre intermittente à accès réguliers. ◁ ♦ Se modérer, être sage. ♦ *Se régler sur quelqu'un*, le prendre pour modèle. ♦ *Se régler sur quelque chose*, se conformer à ce qui a déjà été fait en pareil cas. ♦ ▷ Être réduit à sa juste valeur, en parlant d'un mémoire. ◁ ♦ Se dit d'un paiement dont on fixe le mode et les termes. ▪ Payer la somme qu'on doit. *Vous pouvez régler vos achats par carte, par chèque ou en espèces. Régler l'addition au restaurant.* ▪ *Régler son compte à quelqu'un*, se venger, généralement par la violence ; le tuer. *Il ne m'a pas rendu mon argent en temps et en heure, je vais lui régler son compte !*

RÉGLET, n. m. [ʀeglɛ] (*règle*) Impr. Anc. syn. de filet. ♦ **Archit.** Petite moulure plate et étroite qui sépare les parties des panneaux et des compartiments. ▪ Petite règle graduée, généralement métallique, utilisée pour mesurer des longueurs. *Un réglet de menuisier.*

RÉGLETTE, n. f. [ʀeglɛt] (*règle*) Impr. Petite règle de bois ou de fonte dont on se sert pour les garnitures.

RÉGLEUR, EUSE, n. m. et n. f. [ʀeglœʀ, øz] (*régler*) Personne qui règle le papier de musique, les registres, etc. ▪ Personne spécialisée dans le réglage de certains mécanismes ou appareils. ▪ N. f. Machine utilisée autrefois pour tracer un ensemble de lignes parallèles sur le papier pour écrire par la suite en suivant ces lignes.

RÉGLISSE, n. f. ou n. m. [ʀeglis] (altération par métathèse du b. lat. *liquiritia*, du gr. *glukurrhiza*, de *glukus* doux, et *rhiza* racine ; infl. de *règle*, bâton) Plante légumineuse dont la racine, d'un beau jaune à l'intérieur, est employée en médecine. ♦ La racine même de cette plante. *Un bâton de réglisse.* ♦ *Jus de réglisse*, suc noir de cette plante. ♦ Le bâton de réglisse est aussi une petite masse de suc noir, préparée en forme de bâton. ▪ REM. On dit aussi elliptiquement *du réglisse.*

RÉGLO, ▪ adj. [ʀeglo] (abrév. de *régulier* d'après *règle*, suff. -o) Fam. Régulier, honnête. *Tu peux leur faire confiance, elles sont réglos.*

RÉGLOIR, ▪ n. m. [ʀeglwaʀ] (*régler*) Instrument utilisé pour tracer un ensemble de lignes parallèles sur le papier.

RÉGLURE, n. f. [ʀeglyʀ] (*régler*) Action de régler, de tracer des lignes avec la règle. ♦ Manière dont le papier est réglé.

RÉGNANT, ANTE, adj. [ʀeɲɑ̃, ɑ̃t] ou [ʀɛɲɑ̃, ɑ̃t] (*régner*) Qui règne. *La reine régnante.* ♦ Il se dit aussi d'un souverain qui n'a pas le titre de roi. *L'empereur, le grand-duc régnant.* ♦ *Maison, famille régnante*, la maison, la famille dont le chef règne. ♦ ▷ *Ville régnante*, la capitale d'un État. ◁ ♦ Fig. En parlant des choses, qui domine. *Le goût régnant. L'opinion régnante.* ♦ *Maladie régnante*, maladie qui sévit actuellement sur beaucoup de gens. ♦ Mar. Se dit des vents qui soufflent le plus habituellement dans tel ou tel parage, ou du vent qui souffle au moment où l'on parle.

RÈGNE, n. m. [ʀɛɲ] ou [ʀɛɲ] (lat. *regnum*, autorité royale, souveraineté, royaume, de *rex*, génit. *regis*, roi) Gouvernement d'un prince souverain, roi, reine, empereur, duc, etc. « *Un mauvais règne fait quelquefois la calamité de plusieurs siècles* », FÉNELON. ♦ Par extens. Il se dit de la domination d'un ministre, d'un favori, d'une compagnie, etc. *Le règne de Mazarin.* « *Les méchants et les impies qui ont leur règne sur la terre* », BOSSUET. ♦ *Le règne de Dieu*, le triomphe de la foi. ♦ **Théol.** *Le règne de la grâce*, le pouvoir de la grâce. *Le règne du péché*, l'empire du péché sur les hommes. ♦ Il se dit de ce que l'on compare à une autorité régnante. *Le règne des lois, de la raison, etc.* ♦ Hist. nat. Les grandes divisions qui comprennent tous les corps de la nature. *Le règne minéral, le règne végétal, le règne animal* ; ou *le règne inorganique* (minéraux) et *le règne organique* (animaux, végétaux). ♦ La triple couronne du pape, dite aussi *trirègne.* ♦ Couronne qui est suspendue sur le maître-autel des églises. ▪ Fig. Toute domination, influence exercée par une personne ou un groupe de personnes sur d'autres. *Le règne des économistes.*

RÉGNER, v. intr. [ʀeɲe] ou [ʀɛɲe] (lat. *regnare*, être roi, dominer à la façon d'un roi) Gouverner un État à titre de souverain, de roi, de reine, d'empereur, de prince. ♦ Dans les gouvernements parlementaires, remplir les fonctions de roi, mais sans prétendre diriger le gouvernement, qui appartient aux ministres. ♦ Il se dit de ceux qui tiennent le pouvoir souverain à un titre quelconque. ♦ Il se dit de Dieu. « *Celui qui règne dans les cieux* », BOSSUET. ♦ Fig. *Régner sur*, commander à. « *Madame, je suis reine, et dois régner sur moi* », P. CORNEILLE. « *Ces mots où vivante amitié règne sur le courroux* », P. CORNEILLE. ♦ Il se dit de la domination exercée par une personne puissante ou par un État. *Ce favori règne à la cour.* ♦ Par extens. *Le cygne règne sur les eaux.* ♦ *Régner dans le cœur*, posséder l'affection. ♦ Il se dit de l'empire de l'amour. « *Vos yeux assez longtemps ont régné sur son âme* »,

RACINE. ♦ Il se dit des choses dont on compare l'autorité, la domination à un règne. « *Notre vie n'est qu'un jeu où règne le hasard* », BOSSUET. « *Durant tout le temps que la philosophie d'Aristote a régné* », D'ALEMBERT. ♦ Exister, se faire remarquer, durer plus ou moins longtemps. *L'hiver règne dans ce pays neuf mois de l'année.* « *L'inimitié qui règne entre nos deux partis* », P. CORNEILLE. ♦ Impers. « *Il règne ici un bon goût et beaucoup d'intelligence* », LA BRUYÈRE. ♦ Il se dit des maladies qui s'étendent sur beaucoup de personnes. *La grippe règne.* ♦ En parlant du vent, être fixé à un certain point. *Le vent d'est règne.* ♦ S'étendre en longueur. « *Ici s'offre un perron, là règne un corridor* », BOILEAU. « *Une chaîne de montagnes qui règne du midi au nord* », VOLTAIRE.

RÉGNICOLE, n. m. [ʀeɲikɔl] (lat. *regnum*, royaume, et -*cole*) ▷ Jurispr. Se dit des habitants naturels d'un royaume, d'un pays, considérés par rapport aux droits dont ils peuvent jouir. ♦ Par extens. Se dit des étrangers naturalisés à qui ces mêmes droits sont accordés. ♦ Adj. *Un habitant régnicole.* ◁

RÉGOLITE, ▪ n. m. [ʀegolit] (*reg* et -*lit*[*h*]*e*) Géol. Débris résultant de la fragmentation de roches extraterrestres. *La Lune est recouverte d'une couche de régolites, produits du bombardement météoritique.*

REGONFLAGE, ▪ n. m. [ʀəgɔ̃flaʒ] (*regonfler*) Action de regonfler quelque chose. *Le regonflage d'un matelas pneumatique.* ▪ REM. On dit aussi *regonflement.*

REGONFLÉ, ÉE, p. p. de regonfler. [ʀəgɔ̃fle]

REGONFLEMENT, n. m. [ʀəgɔ̃fləmɑ̃] (*regonfler*) Action de regonfler. *Le regonflement d'un ballon.* ♦ Gonflement d'une eau dont le cours est arrêté par quelque obstacle. ▪ REM. On dit aussi *regonflage.*

REGONFLER, v. tr. [ʀəgɔ̃fle] (*re-* et *gonfler*) Gonfler de nouveau. *Regonfler un ballon.* ♦ Il se dit aussi en parlant des parties qui se tuméfient. ♦ V. intr. Devenir de nouveau tuméfié. ♦ S'élever, s'enfler, en parlant des eaux dont le cours est arrêté par quelque obstacle. *La rivière regonfla.* ♦ *Se regonfler*, v. pr. Redevenir tuméfié. ▪ V. tr. Fig. et fam. Redonner du courage à. *Regonfler le moral de quelqu'un. Être regonflé à bloc.*

REGORGEANT, ANTE, adj. [ʀəgɔʀʒɑ̃, ɑ̃t] (*regorger*) Qui regorge. « *Gouffres profonds regorgeants de victimes* », VOLTAIRE.

REGORGEMENT, n. m. [ʀəgɔʀʒəmɑ̃] (*regorger*) Action d'un liquide qui regorge. *Le regorgement d'une rivière, des humeurs, etc.* ▪ Méd. *Incontinence par regorgement*, forme d'incontinence caractérisée par une incapacité temporaire à vider la vessie, suivie d'une fuite d'urine incontrôlable. *L'incontinence par regorgement est également appelée* incontinence paradoxale.

REGORGER, v. intr. [ʀəgɔʀʒe] (*re-* et *gorge*) ▷ Rendre par la gorge. « *Je suis si plein que je regorge* », RÉGNIER. ◁ ♦ ▷ Fig. *Faire regorger*, obliger de rendre ce qui a été mal acquis. ◁ ♦ ▷ Absol. *Il faudra que ce fripon regorge.* ◁ ♦ En parlant d'un liquide, s'épancher hors de ses limites. *La rivière barrée regorgeait.* ♦ Par extens. Refluer. « *On verra... Le sang de vos sujets regorger jusqu'à vous* », RACINE. ♦ Poétiq. Il se dit d'une rivière sur les bords de laquelle il s'est fait un grand carnage. « *Et le Tibre effrayé regorgeant de carnage* », DELILLE. ♦ Inversement, il se dit des espaces où les eaux regorgent. « *Toutes les villes et Jérusalem même regorgeaient de sang innocent* », BOSSUET. ♦ Fig. Avoir une grande abondance de quelque chose, en parlant des personnes. « *D'éloges on regorge, à la tête on les jette* », MOLIÈRE. « *Regorger de bien* », LA BRUYÈRE. ♦ Absol. *Tandis que vous regorgez, il est dans la misère.* ♦ Il se dit, dans le même sens, des choses qui sont pleines. « *Leurs celliers regorgent de fruits* », J.-J. ROUSSEAU. ♦ Absol. *Les magasins regorgent.* ♦ *Regorger de santé*, jouir d'une forte santé. ♦ ▷ V. tr. Rendre, restituer par force. *Faire regorger son bien à ceux qui l'ont injustement usurpé.* ◁

REGOULÉ, ÉE, p. p. de regouler. [ʀəgule]

REGOULER, v. tr. [ʀəgule] (*re-* et anc. fr. *goule*, gorge) ▷ Pop. Repousser quelqu'un avec des paroles dures. ♦ Rassasier jusqu'au dégoût. *On le regoula de pâté d'anguille.* ◁

REGRAT, n. m. [ʀəgʀa] (*regratter*) Vente, en détail et de seconde main, de menues denrées, particulièrement du sel, des grains, du charbon. ♦ Lieu où l'on vendait le sel à petite mesure. ♦ Vente de desserte.

REGRATTAGE, n. m. [ʀəgʀataʒ] (1 *regratter*) Action de regratter un édifice.

REGRATTÉ, ÉE, p. p. de regratter. [ʀəgʀate]

1 **REGRATTER,** v. tr. [ʀəgʀate] (*re-* et *gratter*) Gratter de nouveau. *Il gratte et regratte sa tête.* ♦ Racler les pierres noircies d'un édifice. ♦ Grav. Retoucher avec le burin. ♦ *Se regratter*, v. pr. Se gratter de nouveau.

2 **REGRATTER,** v. intr. [ʀəgʀate] (*re-* et *gratter*, faire de petits profits) Voy. REGRATTIER. Avoir du profit sur quelque chose que l'on vend en détail. ♦ Fig. Faire des réductions sur les petits articles d'un compte de dépenses. ♦ Prendre garde à une bagatelle sur un compte. *Il aime à regratter sur les moindres choses.* ♦ Fig. « *Voilà vos craintes bien dissipées... je vous défie avec toute votre industrie de trouver à regratter là-dessus* », MME DE SÉVIGNÉ.

REGRATTERIE, n. f. [ʁəgʁat(ə)ʁi] (*regrattier*) ▷ Commerce des regrattiers ; marchandises de regrat. ◁

REGRATTIER, IÈRE, n. m. et n. f. [ʁəgʁatje, jɛʁ] (2 *regratter*) Celui, celle qui vend en détail, et de seconde main, des marchandises de médiocre valeur. ♦ Fig. et fam. Celui, celle qui a l'habitude de faire des réductions sur les petits articles d'un compte. ♦ Fig. Écrivassier, compilateur. « *Les regrattiers de nouvelles littéraires* », VOLTAIRE. ■ Fam. et vx Personne pingre.

REGRÉER, ■ v. tr. [ʁəgʁee] (*re-* et *gréer*) Mar. Gréer de nouveau un navire, remplacer par un nouveau gréement. *Plusieurs équipages ont du regréer leurs bateaux.*

REGREFFER, ■ v. tr. [ʁəgʁefe] (*re-* et *greffer*) Greffer de nouveau après avoir tenté une première greffe. *Regreffer un bourgeon. Regreffer de la peau.*

REGRÈS, n. m. [ʁəgʁɛ] (lat. *regressus*, marche rétrograde, bas latin juridique, recours) ▷ En jurisprudence bénéficiale, droit de rentrer dans un bénéfice résigné ou permuté, lorsque le signataire n'observe pas les conditions stipulées. ♦ Anciennement, faculté de revenir sur la vente de charges, d'offices de judicature, en signifiant dans les vingt-quatre heures la révocation de la résignation qu'on en avait faite. ◁

RÉGRESSER, ■ v. intr. [ʁegʁese] (radic. de *régression* d'après *progresser*) Reculer dans son évolution. *Enfant qui régresse.* ■ *Une maladie qui régresse.*

RÉGRESSIF, IVE, ■ adj. [ʁegʁesif, iv] (radic. de *régression*) Qui atteste d'une régression. *Attitude régressive. Une évolution environnementale régressive. Une marche régressive.*

RÉGRESSION, ■ n. f. [ʁegʁesjɔ̃] (lat. impér. *regressio*, retour, de *regredi*, rétrograder, revenir) Fait de reculer dans l'évolution. *Une production économique en voie de régression.* ■ Géol. Baisse du niveau de la mer généralement due à des modifications géologiques. *Des dépôts continentaux, qui surmontent des dépôts marins, caractérisent une régression marine.* ■ Biol. Perte d'un tissu ou d'un organe existant chez les individus de générations antérieures, au cours du processus d'évolution. *La régression de la queue de certains reptiles, comme la vipère péliade, montre une adaptation au milieu.* ■ Psych. Retour pathologique, provisoire ou durable, à un stade antérieur de l'évolution libidinale et du développement psychologique et psychique. *Faire une régression. Une régression du langage, du comportement, de sa sexualité.* ■ Math. *Régression linéaire*, l'équation d'une droite. *Régression*, fait de simplifier un phénomène mathématique en réduisant les données.

REGRET, n. m. [ʁəgʁɛ] (*regretter*) Déplaisir d'avoir perdu, ou de n'avoir pu obtenir quelque chose. ♦ Chagrin que cause la mort, la perte, l'absence d'une personne. ♦ Déplaisir causé par le souvenir de ce qu'on a fait ou omis de faire. « *Un regret immense de ses péchés* », BOSSUET. ♦ ▷ Fam. *En être aux regrets*, se repentir trop tard d'avoir fait ou dit quelque chose. ◁ ♦ Toute espèce de déplaisir. « *J'ai tous les regrets du monde d'être obligé d'en user ainsi* », MOLIÈRE. ♦ *Avoir regret que*, avec le subjonctif, être fâché que. ◁ ♦ ▷ Fam. *Avoir regret à quelque chose*, donner, faire cette chose avec peine, faire avec peine la dépense de quelque chose. ◁ ♦ Au pl. Plaintes, lamentations. ♦ Coups de cloche intermittents, pendant des funérailles. ♦ À REGRET, loc. adv. Avec répugnance.

REGRETTABLE, adj. [ʁəgʁetabl] (*regretter*) Qui mérite d'être regretté, en parlant des personnes. ♦ Pour quoi on doit avoir du regret, en parlant des choses. *Cette mesure est regrettable.* ■ REGRETTABLEMENT, adv. [ʁəgʁetabləmɑ̃]

REGRETTÉ, ÉE, p. p. de regretter. [ʁəgʁete]

REGRETTER, v. tr. [ʁəgʁete] (anc. scand. *grâta*, pleurer, ou anc. b. frq. *greotan*, pleurer) Être fâché de ne plus avoir ce qu'on a eu. « *Ce qu'on donne aux méchants, toujours on le regrette* », LA FONTAINE. ♦ Être affligé de la mort, de la perte, de l'absence de quelqu'un. « *Regretter ce que l'on aime est un bien en comparaison de vivre avec ce que l'on hait* », LA BRUYÈRE. ♦ Être fâché d'avoir fait ou de faire quelque chose. *Je regrette de m'être mis en colère.* ♦ Éprouver un déplaisir quelconque. « *Regrettant un hymen tout prêt à s'achever* », RACINE. ♦ *Regretter son argent*, être fâché d'avoir fait une dépense. ♦ *Regretter son lit*, être fâché de s'être levé, ou de ne s'être pas couché. ♦ ▷ *Se regretter*, v. pr. Éprouver du regret au sujet de soi-même, au sujet de ce qu'on a perdu. ◁ ♦ *Regretter* se dit avec *de* et l'infinitif ou avec *que* et le subjonctif.

REGRIMPER, ■ v. intr. [ʁəgʁɛ̃pe] (*re-* et *grimper*) Grimper de nouveau. *Allez, regrimpe sur ton vélo !* ■ Fig. et fam. *Sa cote de popularité a regrimpé.* ■ V. tr. *Regrimper un escalier.*

REGROSSIR, ■ v. intr. [ʁəgʁosiʁ] (*re-* et *grossir*) Grossir de nouveau après avoir perdu du poids préalablement. *Mes efforts sont vains, je regrossis !*

REGROUPER, ■ v. tr. [ʁəgʁupe] (*re-* et *grouper*) Mettre en groupe ou rassembler. ■ *Se regrouper*, v. pr. Se mettre en groupe. *Regroupez-vous pour que je puisse vous compter.* ■ REGROUPEMENT, n. m. [ʁəgʁup(ə)mɑ̃]

RÉGULARISATION, n. f. [ʁegylaʁizasjɔ̃] (*régulariser*) Action de régulariser ; effet de cette action. *La régularisation d'un compte.* ■ Spécialt Fait de régulariser sa situation en se mariant. ■ Fait de régulariser quelque chose ou d'être régularisé. *La régularisation du régime d'un cours d'eau.*

RÉGULARISÉ, ÉE, p. p. de régulariser. [ʁegylaʁize]

RÉGULARISER, v. tr. [ʁegylaʁize] (lat. impér. *regularis*, qui a la forme d'une barre, bas latin régulier, canonique) Rendre régulier ce qui n'était pas conforme aux règles. *Régulariser une dépense.* ♦ *Se régulariser*, v. pr. Devenir régulier. ■ V. tr. Rendre normal et régulier quelque chose. *Régulariser le régime d'un cours d'eau. Régulariser la circulation.*

RÉGULARITÉ, n. f. [ʁegylaʁite] (b. lat. *regularis*, régulier) Qualité de ce qui est régulier. *La régularité du cours du soleil.* ♦ Géom. *Régularité dans une figure*, égalité de tous ses côtés et de tous ses angles. ♦ Proportion, harmonie. *La symétrie et la régularité plaisent à tous les yeux. La régularité des traits du visage.* ♦ Exacte observation des devoirs. *La régularité de sa vie.* ♦ Conformité aux règles. *La régularité d'une procédure, d'un édifice, d'une tragédie, etc.* ♦ Exacte soumission aux règles d'un ordre religieux. ♦ L'état monastique, par opposition à *sécularité.* ■ Ce qui se produit de manière régulière. *La régularité de ses visites fait plaisir à sa grand-mère.*

RÉGULATEUR, TRICE, adj. [ʁegylatœʁ, tʁis] (b. lat. *regulatum*, supin de *regulare*, régler) Qui règle, qui régularise. *Marché régulateur du prix des grains. Force régulatrice.* ■ N. m. et f. Celui, celle qui sert de règle, qui règle. *Dieu, le souverain régulateur.* ♦ Toute pièce, tout appareil qui s'applique à une machine pour en régler les mouvements. ♦ N. m. Pendule d'une belle exécution et d'une marche parfaitement uniforme ; elle est mue par un poids et n'a pas de sonnerie. ■ N. m. Dispositif capable de maintenir constant ou de faire varier selon des limites, un élément de fonctionnement. *Un véhicule équipé d'un régulateur de vitesse.* ■ Bot. *Régulateur de croissance*, substance susceptible de modifier le développement des plantes en favorisant ou inhibant les processus de multiplication cellulaire. ■ Personne chargée de régler et de contrôler le transport de marchandises. *Régulateur de transport aérien.*

RÉGULATION, n. f. [ʁegylasjɔ̃] (b. lat. *regulatum*, supin de *regulare*, régler) Didact. Action régulatrice. ■ Maintien de l'équilibre d'un système pour assurer son bon fonctionnement. *La régulation de la circulation à l'entrée des grandes villes.* ■ Physiol. Fonction qui permet de réguler le milieu intérieur d'un individu. *La régulation thermique du corps.*

1 RÉGULE, n. m. [ʁegyl] (lat. *regulus*, roi enfant, jeune roi, de *rex, regis*, roi) ▷ Par dénigrement, petit roi. ◁

2 RÉGULE, n. m. [ʁegyl] (lat. *regulus*, roi enfant) Nom que les anciens chimistes donnaient aux substances métalliques non ductiles extraites des minéraux. ♦ *Régule d'antimoine*, antimoine pur. ♦ *Régule d'arsenic*, arsenic métallique, arsenic noir, dit dans le commerce *mort-aux-mouches*.

RÉGULER, ■ v. tr. [ʁegyle] (lat. *regulare*, régler) Faire en sorte qu'un état ou un processus ait un développement normal. *Réguler un débit. Réguler un système hormonal. Réguler son poids. Réguler les dépenses de santé.* ■ *Se réguler*, v. pr. *Marché qui se régule par l'offre et la demande.*

RÉGULIER, IÈRE, adj. [ʁegylje, jɛʁ] (b. lat. *regularis*, régulier, canonique, de *regula*, règle) Conforme aux règles naturelles. *Le flux et le reflux de la mer ont leurs périodes régulières.* ♦ Conforme aux règles conventionnelles. *Un édifice, un poème régulier.* ♦ Mus. Se dit de tout ce qui est renfermé dans les règles et dans de justes limites ou qui suit une progression uniforme. *Cadence, marche régulière.* ♦ Gramm. *Verbes réguliers*, ceux qui suivent, dans la formation de leurs temps, les règles générales des conjugaisons. *Noms réguliers*, noms grecs, latins, etc. qui suivent une des déclinaisons ordinaires. ♦ Géom. *Figure régulière*, celle dont tous les côtés, tous les angles sont égaux. ♦ Bot. *Corolle régulière*, corolle dont toutes les parties sont symétriques par rapport à un axe. ♦ Se dit du pouls, lorsqu'il présente, entre ses pulsations, des intervalles bien égaux. ♦ Être proportionné. *Un visage régulier.* ♦ Qui se conforme aux devoirs de la morale, en parlant des personnes. ♦ Il se dit des choses. *Vie régulière.* ♦ N. m. *Le régulier*, ce qui est régulier. ♦ Exact, ponctuel. « *Je suis fort peu régulier en visites, ou plutôt je suis assez régulier à n'en pas faire* », BOSSUET. ♦ Il se dit, par opposition à *séculier*, en parlant des ordres religieux. *Clergé régulier.* ♦ Qui appartient aux ordres religieux. *Habit régulier.* ♦ N. m. *Un régulier*, par opposition à *un ecclésiastique séculier.* ♦ ▷ Au pl. *Les réguliers*, troupes réglées au service de puissances qui n'ont d'ordinaire que des milices. ◁ ■ Adj. Qui est conforme aux lois, aux règles. *Une situation régulière.* ■ Fam. Qui est loyal. *C'est une vengeance régulière.* ■ Se dit d'un mouvement, lorsqu'il présente, par son rythme, des intervalles bien égaux. *Une respiration régulière. Une course régulière.* ■ Qui est constant. *Un cours d'eau régulier.*

RÉGULIÈRE, n. f. [ʁegyljɛʁ] (substantivation du fém. de *régulier*) Fam. Épouse ; maîtresse constante. *Il va souvent dîner dans ce restaurant avec sa régulière.*

RÉGULIÈREMENT, adv. [ʀegyljɛʀ(ə)mɑ̃] (*régulier*) D'une manière régulière. *Vivre régulièrement.* ♦ Exactement, ponctuellement, uniformément. *Dîner, travailler, se lever régulièrement.* ▪ Normalement. *Régulièrement, il passe la prendre à la sortie de l'école.* ▪

RÉGURGITER, v. tr. [ʀegyʀʒite] (*re-* et lat. *gurges*, génit. *gurgitis*, tourbillon, gouffre ; cf. b. lat. *gurgitare*, gorger) Méd. Faire ressortir le trop-plein par l'ouverture d'un conduit, d'un réservoir. *Le malade régurgita des aliments mal digérés.* ▪ Fig. Débiter ce qui a été appris préalablement. *Sans grande motivation, il régurgita son cours pour ne pas être puni.* ▪ RÉGURGITATION, n. f. [ʀegyʀʒitasjɔ̃]

RÉHABILITABLE, ▪ adj. [ʀeabilitabl] (*réhabiliter*) Qui peut être réhabilité. *Un site urbain réhabilitable.*

RÉHABILITATION, n. f. [ʀeabilitasjɔ̃] Jurispr. Action de réhabiliter ; rétablissement dans le premier état. ▪ Fait de redonner de l'estime à quelqu'un, une certaine considération. *La réhabilitation d'un ancien ministre, d'un écrivain, etc.* ▪ Fait de rénover, de restaurer un bien immobilier et par extension, un quartier, une rue. *La réhabilitation d'un immeuble.*

RÉHABILITÉ, ÉE, p. p. de réhabiliter. [ʀeabilite] N. m. En termes de commerce, se dit d'un négociant qui, ayant failli, a obtenu plus tard sa réhabilitation.

RÉHABILITER, v. tr. [ʀeabilite] (*re-* et *habiliter*; sens urb. angl. *to rehabilitate*, remettre qqch. dans son état antérieur) Jurispr. Rétablir quelqu'un dans un état, dans des droits, dans des prérogatives dont il était déchu. *Réhabiliter un prêtre qui a encouru quelque censure ecclésiastique. Réhabiliter un failli.* ♦ On dit de même : *réhabiliter la mémoire d'un condamné.* ♦ Fig. Faire recouvrer l'estime, la considération. *Cette action l'a réhabilité dans l'opinion publique.* ♦ Se réhabiliter, v. pr. Obtenir sa réhabilitation. ♦ Fig. *Se réhabiliter dans l'esprit des honnêtes gens.* ▪ RÉNOVER, v. tr. *Réhabiliter un quartier, un immeuble.*

RÉHABITUÉ, ÉE, p. p. de réhabituer [ʀeabitɥe] (*re-* et *habituer*)

RÉHABITUER, v. tr. [ʀeabitɥe] (*re-* et *habituer*) Habituer de nouveau. ♦ Se réhabituer, v. pr. S'habituer de nouveau. ▪ Rem. On disait autrefois *rhabituer.*

REHASARDER, v. tr. [ʀəazaʀde] (*re-* et *hasarder*) ▷ Hasarder de nouveau. ◁

REHAUSSAGE, n. m. [ʀəosaʒ] (*rehausser*, exécuter des rehauts) En peinture et en gravure, action de faire des rehauts.

REHAUSSÉ, ÉE, p. p. de rehausser. [ʀəose]

REHAUSSEMENT, n. m. [ʀəos(ə)mɑ̃] (*rehausser*) Action de rehausser. *Le rehaussement d'une muraille.* ♦ *Le rehaussement des monnaies*, l'augmentation nominale de leur valeur.

REHAUSSER, v. tr. [ʀəose] (*re-* et *hausser*) Hausser davantage. *Rehausser un plancher.* ♦ Augmenter. *Rehausser le prix d'une marchandise.* ♦ Fig. *Rehausser le prix de la reconnaissance.* ♦ *Rehausser les monnaies*, en augmenter la valeur nominale. ♦ Rendre plus haut, en parlant d'un son, de la voix. ♦ Fig. Donner plus de force. « *Il rehaussait par la sagesse de sa conduite l'opinion que l'on avait de son esprit* », d'OLIVET. ♦ Fig. Faire paraître davantage. *Les ombres dans un tableau rehaussent l'éclat des couleurs.* ♦ *Rehausser d'or et de soie des ouvrages de tapisserie*, en relever la beauté en y mêlant de l'or, de la soie. ♦ Fig. Faire valoir davantage, mettre en plus grande estime. *Les difficultés rehaussent la gloire du succès.* ♦ Vanter avec excès. ♦ Se rehausser, v. pr. Se rendre plus haut. *Une personne très petite cherche toujours à se rehausser.*

REHAUSSEUR, ▪ n. m. [ʀəosœʀ] (*rehausser*) Sorte de siège amovible placé à l'arrière d'une voiture et qui permet de rehausser un enfant afin qu'il puisse attacher sa ceinture de sécurité.

REHAUT, n. m. [ʀəo] (*rehausser*, d'après *haut*) Peint. Retouche servant à faire ressortir des figures, des ornements, des moulures. *Des rehauts blancs sur un fond bleu.* ♦ *Rehauts d'un tableau*, les teintes les plus claires et les plus vives. ♦ Blanc ou hachure blanche dans la gravure.

RÉHOBOAM, ▪ n. m. [ʀeoboam] (angl. *Rehoboam*, Roboam, fils aîné de Salomon) Bouteille de champagne dont la contenance équivaut à six bouteilles de champagne ordinaires. *Des magnums et des réhoboams.*

RÉHYDRATER, ▪ v. tr. [ʀeidʀate] (*re-* et *hydrater*) Réintroduire de l'eau dans un organisme qui en manque. *Réhydrater la peau. Réhydrater un nourrisson après une gastro-entérite. Réhydrater des champignons séchés.* ▪ RÉHYDRATATION, n. f. [ʀeidʀatasjɔ̃]

REICHSMARK, ▪ n. m. [ʀajʃsmark] (mot allemand, de *Reich*, empire, et *Mark*, mark) Unité monétaire allemande entre 1924 et 1948. *Le reichsmark a été remplacé par le deutsche mark.*

RÉIFIER, ▪ v. tr. [ʀeifje] (lat. *res*, génit. *rei*, chose, et *-fier*) Philos. Transformer en chose ce qui tient de la représentation mentale. *Réifier un concept.* ▪ RÉIFICATION, n. f. [ʀeifikasjɔ̃]

RÉIMPERMÉABILISER, ▪ v. tr. [ʀeɛ̃pɛʀmeabilize] (*re-* et *imperméabiliser*) Rendre imperméable une nouvelle fois. *Réimperméabiliser des chaussures, un manteau de pluie, etc.* ▪ RÉIMPERMÉABILISATION, n. f. [ʀeɛ̃pɛʀmeabilizasjɔ̃]

RÉIMPLANTATION, ▪ n. f. [ʀeɛ̃plɑ̃tasjɔ̃] (*re-* et *implantation*) Fait d'implanter une nouvelle fois un établissement, un commerce, une activité, etc. *La réimplantation d'un centre commercial en centre-ville.* ♦ Chir. Fait de remettre en place un organe sectionné. *La réimplantation d'un doigt sectionné accidentellement.* ▪ RÉIMPLANTER, v. tr. [ʀeɛ̃plɑ̃te]

RÉIMPORTATION, n. f. [ʀeɛ̃pɔʀtasjɔ̃] (*réimporter*) Action de réimporter.

RÉIMPORTÉ, ÉE, p. p. de réimporter. [ʀeɛ̃pɔʀte]

RÉIMPORTER, v. tr. [ʀeɛ̃pɔʀte] (*re-* et *importer*) Importer de nouveau.

RÉIMPOSÉ, ÉE, p. p. de réimposer. [ʀeɛ̃poze]

RÉIMPOSER, v. tr. [ʀeɛ̃poze] (*re-* et *imposer*) Faire une nouvelle imposition, imposer une nouvelle taxe. ♦ Impr. Imposer une feuille de nouveau pour donner aux pages une disposition nouvelle.

RÉIMPOSITION, n. f. [ʀeɛ̃pozisjɔ̃] (*re-* et *imposition*) Nouvelle imposition, nouvelle demande d'argent aux contribuables. ♦ Impr. Action de réimposer une feuille, une forme.

RÉIMPRESSION, n. f. [ʀeɛ̃pʀesjɔ̃] (*re-* et *impression*) Action de réimprimer ; le résultat de cette action.

RÉIMPRIMÉ, ÉE, p. p. de réimprimer. [ʀeɛ̃pʀime]

RÉIMPRIMER, v. tr. [ʀeɛ̃pʀime] (*re-* et *imprimer*) Faire une nouvelle empreinte. ♦ Imprimer de nouveau. *Réimprimer un livre.* ♦ Se réimprimer, v. pr. Être réimprimé.

REIN, n. m. [ʀɛ̃] (latin pluriel *renes*, reins, lombes [sing. *ren*, génit. *renis*, inusité]) Anat. Viscère double qui est l'organe sécréteur de l'urine. ♦ Au pl. *Les reins*, la partie inférieure du dos. ♦ *Avoir mal aux reins*, être affecté de lumbago. ♦ ▷ *Poursuivre l'épée dans les reins*, poursuivre de près, et fig. presser vivement quelqu'un de conclure une affaire, le presser dans une dispute par de fortes raisons. ◁ ♦ Au pl. L'épine du dos considérée quant à la force, à la souplesse. *Il a les reins forts.* ♦ *Un tour de reins*, sorte d'entorse que l'on se donne dans la colonne vertébrale. ♦ ▷ Fig. *Donner un tour de reins à quelqu'un*, lui rendre un mauvais office. ◁ ♦ Fig. En termes de l'Écriture, *sonder, éprouver les reins*, éprouver la force. ♦ *Se ceindre les reins*, se préparer à quelque effort. ♦ ▷ Fig. *Avoir les reins forts*, être riche, être puissant. ◁ ♦ Chez les animaux, *les reins*, la région qui est entre le dos et la croupe. ♦ Archit. *Les reins d'une voûte*, les parties d'une voûte comprises entre la portée et le sommet. ▪ On dit aujourd'hui *avoir les reins solides* pour dire être robuste et être de taille à. ▪ Rem. On dit aujourd'hui *mettre l'épée dans les reins.*

RÉINCARNATION, ▪ n. f. [ʀeɛ̃kaʀnasjɔ̃] (*re-* et *incarnation*) Fait de se réincarner. *Dans la religion hindouiste, un bon karma donne accès à une réincarnation en être supérieur.* ▪ Fig. *Cet alcoolique est la réincarnation d'une éponge de mer.*

RÉINCARNER (SE), ▪ v. pr. [ʀeɛ̃kaʀne] (*re-* et *incarner*) Revivre sous une autre forme, dans un autre corps. *Âme qui se réincarne. Se réincarner dans l'un de ses ancêtres. Se réincarner en animal.*

RÉINCORPORÉ, ÉE, p. p. de réincorporer. [ʀeɛ̃kɔʀpore]

RÉINCORPORER, v. tr. [ʀeɛ̃kɔʀpore] (*re-* et *incorporer*) Incorporer de nouveau.

REINE, n. f. [ʀɛn] (lat. *regina*) Femme de roi. ♦ *La reine mère*, la reine qui est mère du roi. ♦ Fam. *Cette femme a un port de reine*, elle a une taille, un maintien noble. ♦ *Comme une reine*, d'une façon éclatante. ♦ Princesse qui gouverne un royaume. *La reine Élisabeth.* ♦ *La reine du ciel*, la reine des anges, la Sainte Vierge. ♦ *Reine se dit des personnifications.* ♦ *La reine des flots.* « *Reine des longs procès [la Chicane]* », BOILEAU. ♦ Fig. Celle qui domine par quelques qualités éminentes. « *Reine de tous les cœurs* », RACINE. ♦ Autrefois, *la reine du bal*, celle qui commençait le bal ; aujourd'hui, celle pour qui on le donne, et aussi la plus élégante. ♦ On dit de même : *la reine de la fête.* ♦ *La reine de la fève*, celle qui, le jour des Rois, a eu une part de gâteau où se trouve la fève, ou celle que le roi de la fève choisit pour reine. ♦ Fam. *C'est la reine des femmes*, se dit d'une femme pleine de vertus et de qualités. ♦ Fam. et fig. Celle qui règle, gouverne quelque chose. ♦ Fig. Il se dit de ce qui exerce un empire comparé à l'empire des reines. « *Cette grande ville [Tyr] semble nager au-dessus des eaux, et être la reine de la mer* », FÉNELON. ♦ « *L'opinion est la reine du monde* », VOLTAIRE. ♦ La plus excellente en son genre, en parlant de choses. *La rose est la reine des fleurs.* « *La justice est la reine des vertus morales* », BOSSUET. ♦ Au jeu d'échecs, la principale pièce après le roi. ♦ La femelle, ordinairement unique, qui se trouve dans les ruches des abeilles. ◆ *Reine des prés,* nom vulgaire du *spiræa ulmaria.* ◆ Carte dont la valeur se situe en dessous de celle du roi. *La reine de trèfle.* ◆ **Fam.** et **péj.** *D'avoir accepté cela, je suis la reine des imbéciles.* ▪ *La petite reine,* la bicyclette.

REINE-CLAUDE, n. f. [ʀɛn(ə)klod] (*reine Claude,* 1499-1524, épouse de François Iᵉʳ) Espèce de prune très estimée. ◆ Au pl. Des reines-claudes. ▪ REM. On écrivait autrefois au pluriel : *des reines-Claude.* ▪ REM. Graphie ancienne : *reine-Claude.*

REINE-DES-PRÉS, ▪ n. f. [ʀɛn(ə)depʀe] (*reine* et *pré*) Haute plante herbacée vivace au port élégant, à rhizome rampant noueux et aux racines fibreuses, dont les petites fleurs blanches très nombreuses forment des grappes. *Les reines-des-prés ont des vertus diurétiques.*

REINE-MARGUERITE, n. f. [ʀɛn(ə)maʀɡəʀit] (*reine* et *marguerite*) Plante du genre des asters, que la culture a rendue très double, très grande et de couleurs diversifiées. ◆ Au pl. Des reines-marguerites.

REINETTE, n. f. [ʀɛnɛt] (*reine*) Nom générique d'un grand nombre de variétés de pommes à couteau, caractérisées en général par la peau tachetée, plus ou moins grise ou jaune au fond, et par l'absence des côtes saillantes ; les principales reinettes sont la reinette franche, de Canada, blanche, grise, etc. ▪ REM. On écrivait également *rainette* autrefois.

RÉINFECTER (SE), ▪ v. pr. [ʀeɛ̃fɛkte] (*re-* et *infecter*) S'infecter à nouveau. *Sa cicatrice, sa plaie, s'est réinfectée.*

RÉINFECTION, ▪ n. f. [ʀeɛ̃fɛksjɔ̃] (*réinfecter*) Infection qui succède à une infection précédente. *Réinfection chronique.*

RÉINSCRIPTIBLE, ▪ adj. [ʀeɛ̃skʀiptibl] (*re-* et *inscriptible*) Sur lequel on peut inscrire de nouvelles données informatiques. *Un CD réinscriptible.*

RÉINSCRIRE (SE), ▪ v. pr. [ʀeɛ̃skʀiʀ] (*re-* et *inscrire*) S'inscrire une nouvelle fois. *Se réinscrire à un concours.* ▪ RÉINSCRIPTION, n. f. [ʀeɛ̃skʀipsjɔ̃] *Elle a effectué sa réinscription à l'université.*

RÉINSÉRER, ▪ v. tr. [ʀeɛ̃seʀe] (*re-* et *insérer*) Insérer à nouveau. *Ils ont réinséré dans ce film des plans initialement coupés au montage.* ▪ Remettre dans la norme sociale. *Réinsérer des jeunes délinquants.* ▪ V. pr. *Des chômeurs qui finissent par se réinsérer dans le monde du travail.*

RÉINSERTION, ▪ n. f. [ʀeɛ̃sɛʀsjɔ̃] (*re-* et *insertion*) Action de réinsérer ; résultat de cette action. *La réinsertion des chômeurs de longue durée. Sa réinsertion a été une grande réussite.*

RÉINSTALLATION, n. f. [ʀeɛ̃stalasjɔ̃] (*réinstaller*) Action de réinstaller.

RÉINSTALLÉ, ÉE, p. p. de réinstaller. [ʀeɛ̃stale]

RÉINSTALLER, v. tr. [ʀeɛ̃stale] (*re-* et *installer*) Installer de nouveau.

REINTÉ, ÉE, adj. [ʀɛ̃te] (*rein*) Il se dit d'un chien dont les reins sont élevés en arc et larges ; signe de force.

RÉINTÉGRANDE, n. f. [ʀeɛ̃tegʀɑ̃d] (lat. *redintegrandus,* qui doit être rétabli, adj. verbal de *redintegrare*) Jurispr. Action possessoire par laquelle une personne est remise en jouissance d'une chose dont elle avait perdu la possession.

RÉINTÉGRATION, n. f. [ʀeɛ̃tegʀasjɔ̃] (lat. *redintegratio,* rétablissement) ▷ Action de rendre de nouveau entier. ◁ **Jurispr.** Action de réintégrer ; résultat de cette action. ◆ Fait d'intégrer à nouveau. *Sa réintégration au sein de l'équipe.*

RÉINTÉGRÉ, ÉE, p. p. de réintégrer. [ʀeɛ̃tegʀe]

RÉINTÉGRER, v. tr. [ʀeɛ̃tegʀe] (lat. *redintegrare,* recommencer, rétablir, restaurer) ▷ Rendre entier de nouveau. « *Je vais tâcher de réintégrer les choses dans la plus exacte vérité* », BUFFON. ◁ **Jurispr.** Rétablir quelqu'un dans la possession d'une chose dont on l'avait dépouillé. *Réintégrer quelqu'un dans ses droits.* ◆ Faire réintégrer les meubles, les faire remettre dans le lieu d'où ils avaient été enlevés. ◆ On dit qu'un homme a été réintégré en prison, pour dire qu'il a été remis en prison, après en être sorti à caution par un arrêt surpris. ◆ Dans le langage général, rendre un emploi à quelqu'un qui en avait été privé. ◆ **Math.** Intégrer de nouveau. ◆ Se réintégrer, v. pr. Être réintégré, réparé. ◆ Retourner à. *Il doit réintégrer la caserne dimanche soir.*

RÉINTRODUIRE, ▪ v. tr. [ʀeɛ̃tʀodɥiʀ] (*re-* et *introduire*) Introduire de nouveau. *Réintroduire dans un fichier des données effacées. On a réintroduit des ours dans les Pyrénées.* ▪ RÉINTRODUCTION, n. f. [ʀeɛ̃tʀodyksjɔ̃] *La réintroduction des ours bruns dans les Pyrénées.*

RÉINVENTER, ▪ v. tr. [ʀeɛ̃vɑ̃te] (*re-* et *inventer*) Proposer une nouvelle approche de quelque chose. *Réinventer la pédagogie.*

RÉINVENTION, n. f. [ʀeɛ̃vɑ̃sjɔ̃] (*réinventer*) Fait de réinventer quelque chose. *La réinvention de la famille dans les sociétés occidentales.*

RÉINVESTIR, ▪ v. tr. [ʀeɛ̃vɛstiʀ] (*re-* et *investir*) Investir de nouveau des capitaux. *Réinvestir des capitaux en Bourse.* ▪ Absol. *Inciter les entreprises*

à réinvestir. ▪ V. tr. Utiliser ce que l'on a acquis. *Apprendre à réinvestir ses connaissances.* ▪ Occuper à nouveau un lieu. *Les troupes ont réinvesti la ville.*

RÉINVESTISSEMENT, ▪ n. m. [ʀeɛ̃vɛstis(ə)mɑ̃] (radic. du p. prés. de *réinvestir*) Action de réinvestir des capitaux. *Réinvestissement dans l'acquisition d'actions ou d'obligations.* ▪ Action de réinvestir les connaissances, des acquis. *Des exercices de réinvestissement de la notion étudiée.*

RÉINVITER, v. tr. [ʀeɛ̃vite] (*re-* et *inviter*) Inviter de nouveau.

REIS, n. m. [ʀɛis] (mot turc, chef, capitaine, de l'ar. *raïs*) Titre de plusieurs officiers ou dignitaires de l'empire turc. ◆ *Reis-effendi,* le ministre des affaires étrangères. ◆ Patron d'une barque turque.

RÉITÉRATIF, IVE, ▪ adj. [ʀeiteʀatif, iv] (*réitérer*) Qui recommence. *Un processus cyclique réitératif.* ▪ **Ling.** Préfixe réitératif, qui sert à marquer la répétition d'une action. *En français, re-* est un *préfixe réitératif.*

RÉITÉRATION, n. f. [ʀeiteʀasjɔ̃] (*réitérer*) Action de réitérer. *La réitération d'une promesse.* ◆ Action d'administrer plusieurs fois le même sacrement.

RÉITÉRÉ, ÉE, p. p. de réitérer. [ʀeiteʀe]

RÉITÉRER, v. tr. [ʀeiteʀe] (lat. impér. *reiterare,* de re- et *iterum,* pour la seconde fois) Faire de nouveau une chose qui a déjà été faite. *Réitérer une médecine, un ordre, une promesse, etc.* ◆ **Absol.** *Il faut réitérer.* ◆ Se réitérer, v. pr. Être réitéré.

REÎTRE ou **REITRE,** n. m. [ʀɛtʀ] (all. *Reiter,* cavalier) Anciennement, cavalier allemand. ◆ Fig., fam., en mauvaise part ou par plaisanterie, un homme que l'on compare à un soudard. ◆ *Un vieux reître,* un homme qui a vu beaucoup de pays, qui a de l'expérience, de l'astuce. ▪ REM. On écrivait aussi *rêtre* autrefois.

REJAILLIR, v. intr. [ʀəʒajiʀ] (*re-* et *jaillir*) Jaillir en sens inverse, rebondir. ◆ Il se dit de la lumière. ◆ En parlant des liquides, il ne signifie souvent rien de plus que jaillir. « *Leur sang a rejailli sur ma robe* », SACI. ◆ Fig. Il se dit du bien, du mal, de l'honneur, du déshonneur qui s'étend de quelque chose à quelque autre. « *Le siècle fut plus grand que Louis XIV ; mais la gloire en rejaillit sur lui* », VOLTAIRE. « *Nos fautes rejailliront sur nos fils* », CHATEAUBRIAND. ◆ Fig. Résulter. « *Considérez l'honneur qui doit en rejaillir* », RACINE.

REJAILLISSANT, ANTE, adj. [ʀəʒajisɑ̃, ɑ̃t] (*rejaillir*) Qui rejaillit.

REJAILLISSEMENT, n. m. [ʀəʒajis(ə)mɑ̃] (radic. du part. prés. de *rejaillir*) Action, mouvement de ce qui rejaillit. *Le rejaillissement de l'eau.* ◆ Fig. « *L'excellence de la beauté appartient à l'homme, et c'est comme un admirable rejaillissement de l'image de Dieu sur sa face* », BOSSUET.

REJET, n. m. [ʀəʒɛ] (*rejeter*) Action de rejeter ; état de ce qui est rejeté. ◆ La terre rejetée de côté quand on creuse un fossé. ◆ Essaim d'abeilles. ◆ **Versif.** Mots que l'on rejette au vers suivant. *Un rejet heureux.* ◆ **Financ.** Renvoi d'une partie d'un compte sur un autre chapitre. ◆ Fig. Action de rebuter, de ne pas admettre. *Le rejet de propositions, d'une loi, d'un pourvoi, etc.* ◆ Nouvelle pousse d'une plante, d'un arbre. Rejeton. *Les rejets d'un arbre.* ▪ **Méd.** Mécanisme de défense de l'organisme visant à détruire et à éliminer un tissu ou un organe greffés. *Rejet de greffe. Les corticoïdes sont utilisés pour la prévention du rejet.*

REJETABLE, adj. [ʀəʒ(ə)tabl] Qui doit être rejeté.

REJETÉ, ÉE, p. p. de rejeter. [ʀəʒ(ə)te]

REJETER, v. tr. [ʀəʒ(ə)te] Jeter de nouveau. ◆ ▷ *Rejeter les yeux sur,* porter de nouveau les regards sur. ◁ ◆ Repousser, renvoyer. *Rejeter une balle.* ◆ Jeter un objet dans l'endroit d'où on l'avait tiré. *Rejeter le poisson dans l'eau.* ◆ Jeter dehors, faire sortir hors de soi. « *La mer rejette sur les rivages une infinité de choses qu'elle apporte de loin* », BUFFON. ◆ *Rejeter du pus* ou **absol.** *rejeter,* se dit d'une plaie qui suppure de nouveau. ◆ Il se dit aussi de ce que la bouche, l'estomac jette hors de soi. *Ce malade rejette tout ce qu'il prend.* ◆ Fig. « *Tout ce qu'on dit de trop est fade et rebutant ; L'esprit rassasié le rejette à l'instant* », BOILEAU. ◆ En parlant des arbres, produire des pousses, repousser. ◆ **Absol.** *Cet arbre rejette par le pied.* ◆ Reporter ailleurs une chose qu'on a ôtée d'un endroit. *Les ouvriers rejetèrent la terre du fossé dans le champ voisin. Rejeter un mot d'un vers sur l'autre.* ◆ Fig. Faire que ce qu'on éprouvait soit éprouvé par d'autres. « *La victoire [...] Sur nos fiers ennemis rejeta nos alarmes* », P. CORNEILLE. ◆ Rendre responsable de, attribuer. ◆ *Rejeter une faute, un crime sur quelqu'un,* l'en accuser pour se disculper. ◆ Ne pas admettre, repousser. *Rejeter une proposition, une prière, un fait, un présent, etc.* ◆ Il se dit aussi des personnes que l'on repousse et condamne. « *Le Seigneur vous a rejeté* », SACI. ◆ Écarter, éloigner. *Cela nous rejette bien loin de notre sujet.* ◆ Remettre à un temps éloigné. ◆ Se rejeter, v. pr. Se porter en arrière. *Se rejeter au fond d'une loge.* ◆ Fig. « *D'où vient que l'homme épouvanté À l'aspect du néant se rejette en arrière ?* », DELILLE. ◆ Fig. Parler de nouveau d'une chose déjà traitée ; s'éloigner du sujet principal de la discussion, pour s'étendre sur des accessoires. ◆ ▷ S'excuser. *Se rejeter sur les circonstances.* ◁ ◆ **Méd.** Détruire et éliminer un tissu ou un organe greffés. *Après une transplantation, il y a un risque que* *l'organisme rejette l'organe greffé.* ■ **Dr.** Refuser d'examiner. *Le président de la juridiction a rejeté la requête.*

REJETON, n. m. [ʀəʒ(ə)tɔ̃] (*rejeter* d'après l'anc. fr. *jeton*, pousse d'un arbre) Nouveau jet que pousse une plante. ◆ Jeune pousse reproduite par une racine loin de la tige. ◆ **Fig.** Enfant, descendant. « Princes et princesses, nobles rejetons de tant de rois », BOSSUET. ■ REM. Est considéré comme familier et péjoratif aujourd'hui dans ce dernier sens.

REJOINDRE, v. tr. [ʀəʒwɛ̃dʀ] (*re-* et *joindre*) Joindre de nouveau, réunir les parties qui avaient été séparées. *Rejoindre des chairs, des fragments de porcelaine.* ◆ Aller retrouver des gens dont on est séparé. ◆ **Absol.** En termes militaires, se rendre à son corps. ◆ Mettre de nouveau des personnes ensemble. « *La mort a rejoint ce qu'elle avait séparé ; l'époux et l'épouse ne sont plus qu'une même cendre* », FLÉCHIER. ◆ **Fig.** Joindre de nouveau par des liens moraux. « *La plus tendre amitié va me rejoindre à vous* », VOLTAIRE. ◆ *Se rejoindre*, v. pr. Être joint de nouveau. *Les chairs se rejoignirent.* ◆ Se retrouver l'un à l'autre. ◆ **Fig.** Être d'accord avec quelqu'un. *Je vous rejoins sur ce point.* ◆ Déboucher sur. *Cette route rejoint l'autoroute.*

REJOINT, OINTE, p. p. de rejoindre. [ʀəʒwɛ̃, wɛ̃t]

REJOINTOIEMENT, n. m. [ʀəʒwɛ̃twamɑ̃] (*rejointoyer*) Action de rejointoyer ; effet de cette action. ■ REM. Graphie ancienne : *rejointoyement.*

REJOINTOYÉ, ÉE, p. p. de rejointoyer. [ʀəʒwɛ̃twaje]

REJOINTOYER, v. tr. [ʀəʒwɛ̃twaje] (*re-* et *jointoyer*) **Constr.** Remplir et ragréer, avec du mortier de chaux et de ciment, les joints des pierres d'un vieux bâtiment.

REJOUÉ, ÉE, p. p. de rejouer. [ʀəʒwe]

REJOUER, v. intr. [ʀəʒwe] (*re-* et *jouer*) Jouer de nouveau. ◆ V. tr. *Rejouons la partie.* ◆ ▷ **Fig.** *Rejouer ses vieilles pièces*, se répéter. ◁ ◆ Exécuter de nouveau un morceau de musique. ◆ Se dit également des pièces de théâtre.

RÉJOUI, IE, p. p. de réjouir. [ʀeʒwi] Gai. *Des gens réjouis.* ◆ ▷ N. m. et n. f. *Personne qui a de l'embonpoint et de la gaieté. Une grosse réjouie.* ◁

RÉJOUIR, v. tr. [ʀeʒwiʀ] (*re-* et anc. fr. *esjoïr*, réjouir, avoir de la joie) Donner de la joie. *Il ne faut pas priver la jeunesse de ce qui peut la réjouir.* ◆ Donner du divertissement. ◆ *Réjouir la compagnie aux dépens de quelqu'un*, amuser une compagnie par des plaisanteries sur quelqu'un présent ou absent. ◆ Causer une sensation agréable. *Le vin réjouit le cœur. Le vert de ces prés réjouissait la vue.* ◆ *Se réjouir*, v. pr. Éprouver de la joie. ◆ Éprouver une vive satisfaction. *Se réjouir des fautes de son ennemie.* ◆ Il se dit par compliment, dans le même sens. *Je me réjouis du succès que vous venez d'obtenir.* ◆ *Se réjouir de quelque chose*, s'en faire un plaisir. ◆ Passer le temps agréablement, se divertir. *Cette société sait se réjouir sans dissipation.* ◆ Avec ellipse du pronom personnel. « *Laissons, laissons réjouir le monde, et ne lui envions pas sa prospérité* », BOSSUET. ◆ ▷ Se moquer de. *Se réjouir des défauts d'autrui.* ◁

RÉJOUISSANCE, n. f. [ʀeʒwisɑ̃s] (radic. du p. prés. de *réjouir*) Manifestation de joie. ◆ Au pl. Fêtes publiques. ◆ Au jeu de lansquenet, la carte sur laquelle tous les coupeurs et les autres peuvent mettre de l'argent. ◆ **Bouch.** Certaine portion de basse viande que l'acheteur est forcé de prendre, ou plus souvent os que les bouchers mettent dans la viande pesée à leurs pratiques.

RÉJOUISSANT, ANTE, adj. [ʀeʒwisɑ̃, ɑ̃t] (*réjouir*) Qui réjouit.

REJUGER, ■ v. tr. [ʀəʒyʒe] (*re-* et *juger*) Juger une nouvelle fois. *Rejuger en appel un condamné.*

RELÂCHANT, ANTE, adj. [ʀəlɑʃɑ̃, ɑ̃t] (*relâcher*) Qui relâche, qui donne du relâchement. *Des distractions relâchantes.* ◆ ▷ **Méd.** Propre à déterminer le relâchement des organes qui sont dans un état de tension. ◁ ◆ ▷ N. m. *Un relâchant.* ◁

1 RELÂCHE, n. m. et n. f. [ʀəlɑʃ] (*relâcher*) Voy. RELÂCHER. Interruption d'une étude, d'un travail, d'un exercice. « *L'esprit veut du relâche* », MOLIÈRE. ◆ Intervalle dans un état pénible, douloureux. « *Les moments de relâche que me donne ma mauvaise santé* », VOLTAIRE. ◆ *Il ne donne point de relâche*, se dit d'un créancier qui presse continuellement son débiteur. ◆ Suspension dans le cours des représentations théâtrales. *Il y a relâche aux Français.* ◆ SANS RELÂCHE, loc. adv. Sans discontinuer.

2 RELÂCHE, n. f. [ʀəlɑʃ] (*relâcher*) **Mar.** Séjour momentané qu'on fait dans un port où l'on entre forcé par la tempête, par des avaries, ou par le besoin qu'a l'équipage de prendre du repos, de renouveler ses vivres ou de s'approvisionner d'eau. *Faire relâche.* ◆ Lieu propre à relâcher.

RELÂCHÉ, ÉE, p. p. de relâcher. [ʀəlɑʃe] **Méd.** *Ventre relâché*, état où l'on va à la selle plus souvent que d'habitude. ◆ Qui est moins sévère dans ses mœurs, dans sa doctrine, moins exact dans l'accomplissement de ses devoirs religieux. *Docteur relâché. Une morale relâchée.*

RELÂCHEMENT, n. m. [ʀəlɑʃ(ə)mɑ̃] (*relâcher*) Diminution dans l'état de tension d'une chose. *Le relâchement des cordes d'un violon.* ◆ État des muscles opposé à celui de contraction. ◆ **Méd.** État d'abaissement, de laxité excessive de certaines parties. *Relâchement de la luette.* ◆ *Le relâchement du ventre* ou **absol.** *le relâchement*, état dans lequel on va à la selle plus souvent que d'habitude. ◆ Par extens. Il se dit de la température. *Il y a du relâchement dans le froid.* ◆ Diminution dans l'exactitude, dans le zèle, dans l'accomplissement d'obligations. *Relâchement de la discipline, du travail, de la morale, etc.* ◆ Délassement, repos après un long travail.

RELÂCHER, v. tr. [ʀəlɑʃe] (*re-* et *lâcher*) Faire qu'une chose soit moins tendue, moins serrée. ◆ **Fig.** *Relâcher les ressorts du gouvernement.* ◆ *Relâcher l'esprit*, le reposer du délassement à l'esprit. ◆ *Se relâcher l'esprit, relâcher à soi l'esprit*, se reposer. ◆ ▷ Rendre plus doux, en parlant de la température. *Le vent du sud relâcha le temps.* ◁ ◆ Rendre plus lâche, plus mou, moins sévère. ◆ *Relâcher la discipline.* ◆ Diminuer, ôter. « *Lorsque je relâche quelque chose de mon attention* », DESCARTES. ◆ **En appos.** Renoncer en partie à..., remettre quelque chose de ses droits, de ses prétentions. *Ne rien relâcher de son autorité.* ◆ Laisser aller, remettre en liberté. ◆ **Fig.** « *Et la mort en grondant a relâché sa proie* », DELILLE. ◆ ▷ V. intr. Rabattre de sa première exactitude, ardeur, sévérité, etc. *Relâcher de ses droits, de sa sévérité, etc.* ◁ ◆ **Mar.** Faire relâche. Voy. RELÂCHE N. f. ◆ *Se relâcher*, v. pr. Être détendu. *Les cordes se relâchent.* ◆ ▷ *Le temps se relâche*, il s'adoucit. ◁ ◆ Il se dit des choses qui perdent de leur force, de leur activité. *La fièvre, la haine, la discipline, etc. s'est relâchée.* ◆ Avec ellipse du pronom réfléchi. « *Je sentis relâcher mon attachement* », J.-J. ROUSSEAU. ◆ Rabattre de sa première ardeur, exactitude, sévérité, etc. ◆ ▷ Céder de ses droits, de ses prétentions. « *Relâchez-vous un peu des droits de la naissance* », MOLIÈRE. ◁ ◆ ▷ Avec ellipse du pronom réfléchi. « *Sa bonté l'a fait relâcher de ses droits aux dépens de sa justice* », BOURDALOUE. ◁ ◆ Se livrer à un délassement.

RELAIS ou **RELAI**, n. m. [ʀəlɛ] (*relayer*, avec infl. de l'anc. fr. *relais*, ce qui est laissé [cf. sens techn. tapisserie]) Chevaux frais et préparés de distance en distance pour remplacer ceux qui sont fatigués. *Placer des relais sur une route.* ◆ Par extens. « *Des relais d'hommes établis de demi-lieue en demi-lieue portaient les ordres* », VOLTAIRE. ◆ *Avoir des chevaux, des équipages de relais*, avoir des chevaux, des équipages en assez grand nombre pour pouvoir se servir tantôt des uns, tantôt des autres. ◆ **Fig.** *Avoir des habits, des meubles de relais*, avoir des habits, des meubles de rechange. ◆ **Fig.** *Être de relais*, n'avoir point d'occupation présente. ◁ ◆ **Vén.** Chiens qu'on poste à la chasse du cerf ou du sanglier. ◆ *Donner le relais*, lâcher après la bête les chiens postés en relais. ◆ Lieu où est le relais de voyage ou de chasse. ◆ Station de poste. *Il y a tant de relais d'ici à tel endroit.* ◆ **Fortif.** Anc. syn. de berme. ◆ Le terrain que laisse à découvrir une eau courante qui quitte une rive pour se porter à l'autre. ◆ Il se dit des terrains que la mer abandonne entièrement. *Les lais et relais de mer.* ◆ **Techn.** Les ouvertures que l'ouvrier laisse dans une tapisserie, quand il change de couleur et de figure. ◆ Restaurant, hôtel, le plus souvent situé sur un grand axe routier. *On s'est arrêté dans un relais à 11h30 pour éviter la foule.* ◆ **En appos.** Qui sert d'étape. *Un gîte relais. Une ville relais.* ■ **Sp.** *Course de relais* ou ellipt. *relais*, course pendant laquelle les concurrents de chaque équipe se remplacent sur le parcours. *Relais 4 fois 100 m. La France a été championne olympique du 4 fois 400 m dames.* ■ *Prendre le relais de quelqu'un*, succéder à quelqu'un. *C'est sa fille qui prendra le relais quand il partira à la retraite.* ■ Personne, chose qui sert d'intermédiaire. *Votre correspondant sera votre relais auprès de notre organisme. Il a su utiliser les relais médiatiques pour faire parler de lui.* ■ **Techn.** Station qui reçoit un signal d'un émetteur et qui l'achemine, après amplification, vers un autre émetteur. *Un relais hertzien.*

RELAISSÉ, ÉE, p. p. de relaisser. [ʀəlese]

1 RELAISSER (SE), v. pr. [ʀəlese] (anc. fr. *relaissier*, laisser, cesser, s'arrêter de fatigue, du lat. *relaxare*, desserrer, relâcher) ▷ S'arrêter, prendre séjour. ◁ ◆ **Vén.** Se dit d'une bête qui, après avoir été longtemps courue, s'arrête de lassitude.

2 RELAISSER, ■ v. tr. [ʀəlese] (*re-* et *laisser*) Laisser à nouveau. *Il ne m'a pas rappelé, je lui ai donc relaissé un message. Relaisser sa place à quelqu'un.*

RELANCE, ■ n. f. [ʀəlɑ̃s] (*relancer*) Fait de donner ou de montrer un nouvel élan. *Relance de l'économie.* ■ Fait de relancer une sollicitation. *Relance d'un client qui doit payer. Une lettre de relance.*

RELANCÉ, ÉE, p. p. de relancer. [ʀəlɑ̃se]

RELANCER, v. tr. [ʀəlɑ̃se] (*re-* et *lancer*) Lancer de nouveau. *Relancer une balle.* ◆ **Chasse** Faire repartir la bête qui, après avoir été lancée, se repose. ◆ **Fig. et fam.** Aller trouver quelqu'un dans le lieu où il est, pour l'en chasser, et aussi pour obtenir de lui quelque chose dont il ne se soucie guère. ◆ ▷ **Fig.** Gourmander, traiter mal en parole ou en action. ◁ ◆ Au jeu, proposer plus que l'adversaire ; syn. de renvier. ■ Donner un nouvel élan à. *Relancer l'économie.* ■ Arrêter pour remettre en fonctionnement. *Relancer un moteur, une application.*

RELAPS, APSE, adj. [ʀəlaps] (lat. médiév. *relapsus*, retombé dans l'hérésie, du lat. *relabi*, refluer, retomber dans) Qui retombe dans l'hérésie, après en avoir fait l'abjuration publique. ◆ **N. m. et n. f.** *Un relaps. Une relapse.* ◆ Dans l'Église, celui, celle qui retombe dans le péché pour lequel pénitence a déjà été faite. ◆ **Fig.** Personne qui commet à nouveau un crime, une erreur.

RÉLARGI, IE, p. p. de rélargir. [ʀelaʀʒi]

RÉLARGIR, v. tr. [ʀelaʀʒiʀ] (re- et *élargir*) Rendre plus large.

RÉLARGISSEMENT, n. m. [ʀelaʀʒis(ə)mã] (radic. du p. prés. de *rélargir*) Action de rélargir.

RELATÉ, ÉE, p. p. de relater. [ʀəlate]

RELATER, v. tr. [ʀəlate] (radic. du lat. *relatus*, rapport officiel, narration) Raconter. ◆ Mentionner. *Relater une pièce dans un procès-verbal.*

RELATEUR, n. m. [ʀəlatœʀ] (*relater*) Celui qui relate. ◆ Celui qui fait la relation d'un voyage, d'une aventure. ■ **REM.** Quoique possible, le féminin *relatrice* est rare.

RELATIF, IVE, adj. [ʀəlatif, iv] (b. lat. *relativus*, qui se rapporte à) Qui se rapporte à. *Clause relative à une succession.* ◆ **Absol.** « *Le plaisir relatif est celui qui naît de la comparaison que l'âme fait entre ses idées ou entre ses situations* », BONNET. ◆ Il se dit de certains noms dont l'idée en emporte une autre. *Cause et effet sont des termes relatifs.* ◆ Contingent, accidentel, variable, par opposition à absolu. *Les idées relatives. La position relative de l'homme dans l'univers.* ◆ **N. m. Philos.** *Le relatif,* opposé à l'absolu. ◆ **Gramm.** *Pronom relatif* ou n. m. *relatif,* pronom qui a rapport à un nom ou à un pronom qui précède, et qu'on appelle antécédent. *Qui, lequel sont des pronoms relatifs.* ◆ *Proposition relative,* celle qui est jointe à une autre, et qui forme avec elle une proposition composée. ◆ **Mus.** Un ton majeur est dit *relatif* par rapport à un autre ton mineur, et vice versa, quand ils ont le même nombre de dièses ou de bémols à la clé. ◆ **Adj.** Insuffisant, incomplet. *La région connut un certain temps une paix toute relative.* ◆ **Math.** *Nombre, entier relatif* ou n. m. *relatif,* nombre entier positif ou négatif. *L'ensemble des nombres positifs et négatifs constitue les nombres entiers relatifs.*

RELATION, n. f. [ʀəlasjõ] (lat. *relatio*, rapport, narration, de *referre*, reporter, rapporter) État d'une chose qui tient à une autre. *Une étroite relation lie ces deux questions.* ◆ **Philos.** Rapport entre deux personnes, entre deux choses, considérées respectivement l'une à l'autre. *La relation du père au fils et du fils au père.* ◆ Liaison, commerce, correspondance. *Nous sommes en relation d'amitié avec lui. Relations commerciales, politiques.* ◆ Les personnes mêmes avec lesquelles on est lié. *Avoir de belles relations.* ◆ **Mus.** Rapport des sons, intervalle. ◆ **Anat.** Position respective des parties l'une par rapport à l'autre. *Les relations d'une artère avec un nerf.* ◆ Récit, narration d'un fait, d'un événement. *Avoir des relations,* connaître des personnes influentes. ◆ Lien entre différents groupes, organisations, pays. *Les relations internationales.* ■ **Spécialt** Relation amoureuse, sexuelle. *Tout le monde est au courant de sa relation avec sa secrétaire. Ils entretiennent une relation depuis maintenant près de six mois.* ■ *Relations publiques,* ensemble des activités que mène une entreprise, un organisme pour se faire connaître auprès du public. *Une agence de communication et de relations publiques.* ■ **Math.** Lien établi entre deux éléments d'un ou de plusieurs ensembles. *Une relation transitive, binaire.* ■ **Gramm.** *Adjectif de relation,* adjectif qui exprime non une qualité mais une relation et que l'on peut le plus souvent traduire par un complément du nom. *Dans élection présidentielle, présidentielle est un adjectif de relation qui équivaut à du président.*

RELATIONNEL, ELLE, adj. [ʀəlasjɔnɛl] (*relation*) Qui concerne les relations entre les individus. *Il a des problèmes relationnels avec sa mère.* ■ **N. m.** *Travailler dans le relationnel.* ■ **Inform.** Dont le classement, le tri est fait au moyen de relations. *Une base de données relationnelles est une base de données dont la structuration se fait selon les principes de l'algèbre relationnelle.*

RELATIVEMENT, adv. [ʀəlativ(ə)mã] (*relatif*) Par rapport à. « *Plus les pierres d'aimant sont grosses, moins elles ont de force attractive, relativement à leur volume* », BUFFON. ◆ D'une manière relative. *Cela n'est vrai que relativement.* ◆ Assez. *Il est relativement mal payé.*

RELATIVISER, ■ v. tr. [ʀəlativize] (*relatif*) Prendre du recul, replacer dans un contexte sans penser dans l'absolu. *Il faut relativiser certains problèmes, certaines inquiétudes.* ■ **RELATIVISATION**, n. f. [ʀəlativizasjõ] *Relativisation de soi, temporelle, de l'espace, etc.*

RELATIVISME, ■ n. m. [ʀəlativism] (*relatif*) Attitude philosophique prônant la dimension relative d'une situation, par rapport au contexte social, culturel ou autre. *Contrairement au dogmatisme, le relativisme nie la possibilité d'atteindre une vérité absolue.* ■ **RELATIVISTE**, adj. ou n. m. et n. f. [ʀəlativist] *La physique, une économie relativiste.*

RELATIVITÉ, n. f. [ʀəlativite] (*relatif*) **Philos.** Qualité de ce qui est relatif. ■ **Phys.** *Théorie de la relativité,* théorie développée par Einstein selon laquelle la durée d'un phénomène n'est pas fixe, mais varie selon l'endroit où se placent les différents observateurs et selon la vitesse à laquelle ils se déplacent.

RELAVÉ, ÉE, p. p. de relaver. [ʀəlave]

RELAVER, v. tr. [ʀəlave] (re- et *laver*) Laver de nouveau. ◆ **Suisse** Laver la vaisselle, faire la vaisselle. *Un produit à relaver.*

RELAX ou **RELAXE**, ■ adj. [ʀəlaks] (*[se] relaxer*) **Fam.** Tranquille, détendu. « *J'ai r'péré, l'endroit est classe/T'entendrais voler un fax/Détends-toi, cool, sois relax* », MITCHELL. ◆ *Des vacances relax* ou *relaxes.* ■ *Fauteuil relax,* ou n. m. *relax,* fauteuil inclinable et confortable, sur lequel on peut s'allonger. *Il s'est endormi sur son relax.*

RELAXANT, ANTE, ■ adj. [ʀəlaksã, ãt] (*relaxer*) Qui relaxe, détend. *Un massage relaxant.* ■ **N. m.** Médicament qui permet de procurer une sensation de détente physique ou mentale. *Prescrire un relaxant.*

RELAXATION, n. f. [ʀəlaksasjõ] **Méd.** Syn. actuellement inusité de relâchement. ◆ **Jurispr.** Mise en liberté d'un prisonnier. ◆ En droit canon, *relaxation des peines,* diminution ou entière rémission des peines. ■ Fait de se relaxer. *C'est de la musique idéale pour une bonne relaxation.* ■ Ensemble d'exercices et de postures visant à la détente du corps et de l'esprit. *Faire de la relaxation.*

1 RELAXE, ■ n. f. [ʀəlaks] (*relaxer*) **Dr.** Décision judiciaire de mettre fin aux poursuites engagées contre un prévenu. *La défense demande la relaxe de son client.*

2 RELAXE, ■ adj. [ʀəlaks] Voy. RELAX.

RELAXÉ, ÉE, p. p. de relaxer. [ʀəlakse]

RELAXER, v. tr. [ʀəlakse] (lat. *relaxare*, desserrer, relâcher) **Méd.** Syn. aujourd'hui inusité de relâcher. ◆ **Jurid.** Remettre en liberté. ■ Se relaxer, v. pr. Se détendre physiquement et mentalement. *Une bonne maîtrise de la respiration vous aidera à vous relaxer.* ◆ V. tr. Détendre. *Ce massage m'a relaxé.*

RELAYÉ, ÉE, p. p. de relayer. [ʀəleje]

RELAYER, v. tr. [ʀəleje] (re- et anc. fr. *laier*, laisser, quitter, d'orig. obsc.) Il se dit des personnes qui les unes après les autres prennent un travail. *Des pionniers relayaient de deux heures en deux heures ceux qui creusaient le fossé.* ◆ Occuper l'un après l'autre. « *Relayant ainsi l'esprit et le corps l'un par l'autre, j'en tirais le meilleur parti qu'il m'était possible* », J.-J. ROUSSEAU. ◆ V. intr. Prendre des relais de chevaux frais. ◆ Se relayer, v. pr. Travailler alternativement. ◆ **Fig.** « *Il croit que les hommes se relayent pour le contempler* », LA BRUYÈRE. ■ V. tr. **Sp.** Remplacer un équipier dans une course de relais. ◆ Se relayer, v. pr. *Les cyclistes se relaient.* ■ V. tr. Retransmettre par le biais d'un émetteur. *Relayer une émission de télévision.*

RELAYEUR, EUSE, n. m. et n. f. [ʀəlejœʀ, øz] (*relayer*) Personne qui entretient des relais de chevaux. ◆ **Sp.** Athlète qui participe à une course de relais. *Le dernier relayeur a mené la course en tête.*

RELECTURE, ■ n. f. [ʀəlɛktyʀ] (re- et *lecture*) Fait de lire une nouvelle fois. « *Rien de plus efficace que la relecture d'un écrit polémique, au bout de quelques années, pour déceler le changement à vue accéléré qui décime et repeuple sans arrêt, à défaut de la littérature, la scène littéraire* », GRACQ. ■ Lecture faite pour corriger. *Ne négligez pas la relecture de votre article avant de le remettre.* ■ Nouvelle interprétation d'une œuvre vue sous un autre angle. *Ces nouvelles approches théoriques nous ont permis une relecture des œuvres de l'auteur.*

RELÉGATION, n. f. [ʀəlegasjõ] (lat. *relegatio*, de *relegare*, bannir) Confinement en un lieu déterminé, avec conservation des droits politiques et civils. ■ **Sp.** Descente d'une équipe, d'un sportif à un niveau de classement inférieur.

RELÉGUÉ, ÉE, p. p. de reléguer. [ʀəlege]

RELÉGUER, v. tr. [ʀəlege] (lat. *relegare*, éloigner, écarter, bannir) Confiner en un endroit déterminé, avec conservation des droits civils et politiques. ◆ Dans le langage général, infliger le confinement en un lieu déterminé. ◆ **Par extens.** « *Il faudrait reléguer les Turcs pour jamais en Asie* », VOLTAIRE. ◆ Mettre, tenir à l'écart. *Il relégua son fils à la campagne.* ◆ **Fig.** Il se dit des choses qu'on met à l'écart. *Il faut reléguer ces vieilleries au grenier, ces histoires au rang des fables, etc.* ◆ Se reléguer, v. pr. *Se tenir à l'écart.* ■ **Sp.** Faire subir une relégation. *La relégation en ligue 2 de leur équipe de football a plongé tous les supporters dans un profond désarroi.*

RELENT, n. m. [ʀəlã] (anc. fr. *relent,* qui a mauvaise odeur, du lat. *lentus,* visqueux, tenace) Mauvais goût que contracte une viande dans un lieu humide. *Goût de relent. Odeur de relent.* ■ **Fig.** Reste. *Des relents d'éducation stricte.*

RELEVABLE, ■ adj. [ʀəl(ə)vabl] (*relever*) Qui peut être relevé. *Volant, sommier relevable.*

RELEVAILLES, n. f. pl. [ʀəl(ə)vaj] (*relever*) Cérémonie qui se fait à l'église, lorsqu'une accouchée y revient pour la première fois et se fait bénir par le prêtre. ◆ Repas qui se fait au retour de l'église, à cette occasion.

RELEVANT, ANTE, adj. [ʀə(ə)vɑ̃, ɑ̃t] (*relever*) ▷ Qui est dans la mouvance d'une seigneurie. *Des terres relevantes de la couronne.* ◆ **Fig.** Qui dépend de, qui se rapporte à. ◁

RELEVÉ, ÉE, p. p. de relever. [ʀəl(ə)ve] **Équit.** *Les airs relevés*, la pesade, le mésair, la courbette, la croupade, la ballottade, la cabriole, le pas et le saut. ◆ Dans un sens analogue. « *Il marchait d'un pas relevé, Et faisait sonner sa sonnette* », La Fontaine. ◆ **Chorégr.** *Pas relevé* ou *neuf*, celui qu'on fait lorsque, après avoir plié au milieu du pas, on se relève en le finissant. ◆ En sculpture et broderie, *ouvrages relevés en bosse*, ouvrages de relief qui sont attachés à un fond. « *Une tapisserie relevée d'or* », La Fontaine. ◆ *Sauce relevée*, sauce d'un haut goût. ◆ **Fig.** Noble, fier. « *Sa mine relevée le faisait aimer* », Bossuet. ◆ **Fig.** Qui est rehaussé, rendu plus remarquable. « *La science relevée par l'éclat de l'autorité* », Pascal. ◆ Qui a de l'élévation morale ou intellectuelle. *Des sentiments relevés. Style relevé. Les connaissances les plus relevées.* ◆ ▷ *Être d'une condition relevée*, être de grande qualité, être noble. ◁ ◆ **N. m.** Action de relever. *Le relevé de la paupière.* ◆ Ouvrage que fait un maréchal en levant le fer d'un cheval et en le rattachant. ◆ **Cuis.** Un nouveau service ou un nouveau plat qui en remplace un autre. *Un relevé de potage.* ◆ **Vén.** Temps où la bête sort de son gîte. ◆ Tableau, état. *Relevé de la dépense. Les relevés officiels.* ◆ Extrait des articles d'un registre, d'un compte, etc. ◆ *Faire le relevé de toutes les fautes d'un ouvrage*, en faire une liste.

RELÈVE, ■ n. f. [ʀəlɛv] (*relever*) Remplacement de quelqu'un dans une fonction. *La relève de la garde. La relève est assurée.* ■ **Ellipt.** *La relève*, la personne qui assure ce remplacement. *Je te présente Alexandre, la relève de Paul.* ■ *Relève du courrier*, action d'emporter le courrier qui doit partir.

RELEVÉE, n. f. [ʀəl(ə)ve] (p. p. fém. substantivé de *relever*) **Dr.** Le temps de l'après-midi. *À deux heures de relevée.*

RELÈVEMENT, n. m. [ʀəlɛv(ə)mɑ̃] (*relever*) Action de relever une chose. *Le relèvement d'un mur.* ◆ **Fig.** *Le relèvement de quelque honnête famille ruinée.* ◆ **Mar.** Parties d'un bâtiment plus exhaussées que les autres. ◆ État, tableau, énumération. *Le relèvement de toutes les pièces.* ◆ En topographie et hydrographie, action de déterminer la position d'un objet. *Prendre des relèvements.*

RELEVER, v. tr. [ʀəl(ə)ve] (lat. *relevare*, soulever, redresser, soulager) Remettre debout, sur ses pieds, dans sa position naturelle. *Relever quelqu'un, une colonne, etc.* ◆ **Mar.** *Relever un navire*, remettre à flot un navire que le vent ou la mer a fait échouer. ◆ **Jeu** *Relever les cartes*, les remettre dans l'état où il faut qu'elles soient pour jouer un nouveau coup. ◆ Trousser, retrousser. *Relever sa robe, son voile.* ◆ Hausser, rendre plus haut. *Relever un plancher.* ◆ *Relever la tête, sa tête*, la hausser lorsqu'elle était baissée, et fig. reprendre courage. ◆ *Relever la moustache avec le fer*, la passer au fer chaud, afin qu'elle ne retombe pas et se dresse. ◆ **Équit.** *Relever un cheval*, le soutenir de la main et de l'éperon pour lui faire porter la tête plus haute et l'asseoir sur les hanches. ◆ *Relever en broderie*, rehausser de broderie le fond de quelque étoffe. ◆ *Relever une maille à un bas*, la reprendre, la refaire. ◆ **Constr.** Exhausser une maison ou un mur. ◆ Déplacer un parquet pour le rétablir en remettre des lambourdes. ◆ En peinture de décor, donner plus de saillie à certains objets, ou en raviver les teintes. ◆ *Relever un fer*, ôter un fer de cheval qui branlait et le rattacher solidement. ◆ Augmenter la grandeur d'une pièce de chaudronnerie en étendant le cuivre à coups de marteau. ◆ Rétablir ce qui était tombé en ruine, ou qui était renversé. *Relever des remparts.* ◆ **Fig.** *Relever une maison, une famille*, lui rendre sa première opulence, son premier éclat. ◆ On dit de même : *relever un parti*. ◆ **Fig.** *Relever quelqu'un*, le retirer de l'état malheureux où il était. ◆ Il se dit des choses qu'on relève. « *Pour abaisser notre orgueil et relever notre abjection* », Pascal. ◆ *Relever sa condition, son état, sa fortune*, augmenter sa dignité, ses richesses. ◆ *Relever le courage, les espérances*, ranimer le courage, faire revivre les espérances. ◆ Donner de l'élévation morale. « *Je ne négligeais aucune occasion de la relever à ses propres yeux* », Mme de Genlis. ◆ *Relever une race*, l'améliorer[1]. ◆ **Fig.** Rendre plus éminent. « *Philippe et Alexandre son fils relevèrent extrêmement la gloire de la Macédoine* », Rollin. ◆ *Relever la conversation*, lui rendre de la vivacité alors qu'elle languissait. ◆ Donner un haut goût, un goût plus piquant. *Relever une sauce.* ◆ **Fig.** En parlant des ouvrages d'esprit. *Semer son style de toute sorte d'agréments qui le relèvent.* ◆ **Fig.** Donner plus de relief, plus d'éclat. *L'esprit relève la beauté.* ◆ *Relever sa condition, sa dignité, sa charge*, donner du lustre à sa condition, à la dignité dont on est revêtu, aux fonctions qu'on remplit. **Fig.** Faire valoir, louer, exalter. « *Homère relève dans ses héros la force, l'adresse ou l'agilité* », Montesquieu. ◆ Faire remarquer en bien ou en mal. « *Il y a une grande différence entre lire un livre tout seul, ou avec des gens qui relèvent les beaux endroits* », Bossuet. ◆ **Fam.** *Relever un mot piquant*, répondre vivement à celui qui l'a dit. ◆ *Relever quelqu'un de quelque chose*, le reprendre de quelque chose. ◆ ▷ **Absol.** *Relever quelqu'un*, le reprendre avec aigreur ou sévérité. ◁ ◆ *Relever quelqu'un du péché de paresse*, lui reprocher de manquer à ses devoirs et

le contraindre à les remplir. ◆ **Vén.** *Relever le défaut* ou simplement *relever*, retrouver la voie qu'on avait perdue. ◆ Noter, consigner, enregistrer. *Relever des inscriptions.* ◆ En hydrographie, déterminer la position d'un objet que l'on aperçoit. ◆ **Mar.** *Relever une côte*, en dessiner la vue ou l'aspect. ◆ **Arpenteur** Déterminer avec la planchette, avec la boussole, des positions sur le terrain. ◆ **Milit.** Remplacer une autre personne dans une occupation. ◆ Mettre un homme, une troupe en place d'un homme, d'une troupe pour un service déterminé. *Relever la garde.* ou absol. *Relever une compagnie.* ◆ On dit de même : *relever les tranchées, les postes.* ◆ *Relever une sentinelle*, ▷ et *relever de sentinelle*, ◁ ôter un soldat mis en sentinelle, et en mettre un autre à sa place. ◆ Il se dit aussi du soldat, du corps, de la troupe même qui succède à un autre dans un poste. ◆ ▷ **Fig.** *On le relèvera bien de sentinelle*, on ne le laissera pas faillir impunément. ◁ ◆ **Mar.** *Relever le quart, le timonier, les postes*, les changer. ◆ **Cuis.** Remplacer un service ou un plat par un autre. *Relever un plant*, le tirer de terre pour le repiquer. ◆ **Jurispr.** Libérer d'un engagement. *Relever d'un serment. Se faire relever de ses vœux. Relever quelqu'un d'une interdiction*, lever l'interdiction portée contre lui. ◆ **Féod.** *Relever le fief*, donner au seigneur féodal ce que la coutume a réglé pour avoir l'investiture d'un fief vacant et comme tombé par la mort du vassal. ◆ **V. intr. Équit.** Lever les pieds très haut en galopant. ◆ **Féod.** Être dans la mouvance d'une seigneurie. *Ce fief relevait du comté de Champagne.* ◆ **Par extens.** Dépendre. *Vous relevez de mon autorité.* ◆ *Relever de maladie*, commencer à se porter mieux, n'être plus alité. ◆ ▷ *On ne croit pas qu'il en relève*, il est bien malade et l'on croit qu'il n'en réchappera pas. (C'est une faute de dire : *qu'il s'en relève*.) ◆ Sortir de la maison après ses couches, aller entendre la messe et recevoir la bénédiction du prêtre. ◁ ◆ *Cette femme relève de couches* ou *est relevée*, elle est rétablie de ses couches. ◁ ◆ Se dit de la bête qui sort le soir pour aller viander, pâturer. ◆ **Se relever**, v. pr. Se lever après avoir été à terre. ◆ **Absol.** Sortir du lit où l'on était couché. ◆ Sortir de son lit après une maladie. ◆ Être mis droit, être redressé. ◆ Être remis dans sa position naturelle. *Le navire qui penchait se relève.* ◆ Sortir de ses ruines. « *Son temple se releva* », Delille. ◆ Reprendre des forces, de la puissance, du crédit. « *La France, tant de fois prête de succomber, se releva toujours* », Voltaire. ◆ *Se relever* se dit de l'espérance, du courage. *Cette pièce qui avait été froidement accueillie, s'est relevée aux représentations suivantes.* ◆ *Se relever de quelque perte, de quelque échec, etc.*, se remettre de quelque perte, etc. ◆ *Se relever d'un état d'abaissement, de décadence, etc.* ou **absol.** *se relever*, sortir d'un état d'abaissement, de décadence, etc. ◆ **Fig.** Reprendre de l'élévation morale, l'innocence morale. « *On se relève aisément d'une première chute* », Massillon. ◆ *Se relever d'un ridicule*, échapper au ridicule encouru. ◆ Se rétablir de ses couches. ◆ Se remplacer, se relayer. ◆ Être rehaussé, recevoir plus de relief. ■ **V. tr.** Ramasser. *Dépêchez-vous, je relève les copies dans 5 minutes.* ■ *Relever le défi*, répondre à un défi. *Il a eu beau tenté de l'en dissuader, elle a relevé le défi avec tous les dangers que cela comporte.* ■ **Fig.** Augmenter. *Relever les salaires.* ◆ *Relever quelqu'un de ses fonctions*, l'en démettre, le révoquer. *Le Premier ministre a relevé de ses fonctions son secrétaire d'État au commerce extérieur.* ■ **Rem.** 1 : Appliquée aux humains, la notion de race ne repose sur aucun fondement scientifique et a une connotation raciste.

RELEVEUR, adj. m. [ʀəl(ə)vœʀ] (*relever*) **Anat.** Se dit des différents muscles dont l'action est de relever les parties auxquelles ils sont attachés. *Le muscle releveur de l'aile du nez.* ◆ **N. m.** *Le releveur de l'aile du nez.* ◆ **N. m.** Ouvrier qui ne fait que relever des ornements sur le fer. ■ **N. m. et f.** Personne qui prend note, qui fait des relevés. *Le releveur des compteurs d'eau.*

RELIAGE, n. m. [ʀəljaʒ] (*relier*) Action de relier des tonneaux. ◆ Action de relier deux éléments. *Des jeux de reliage de points.*

RELIÉ, ÉE, p. p. de relier. [ʀəlje]

RELIEF, n. m. [ʀəljɛf] (*relever*, avec infl. de l'ital. *relievo*, saillant) Ce qui est relevé, partie saillante d'un objet. *On fait lire les aveugles avec des caractères en relief.* ◆ **Fig.** Ce qui est comme en saillie dans les choses intellectuelles ou morales. « *Il y eut dans les caractères assez de naturel et de relief pour donner prise à la comédie* », Marmontel. ◆ *Plan en relief* ou simplement *relief*, plan sur lequel on place la représentation en bois ou en plâtre de chaque objet. ◆ Ouvrage de sculpture relevé en bosse. ◆ *Haut relief* ou *relief entier*, celui qui est de toute l'épaisseur de l'objet sculpté. ◆ *Demi-relief*, celui qui n'en a que la demi-épaisseur. ◆ *Bas-relief*, celui qui a moins de demi-épaisseur. *Une frise ornée de bas-reliefs.* ◆ Dans la gravure sur métaux ou pierres fines, saillie. *On grave en creux et en relief.* ◆ **Constr.** Tout ouvrage saillant sur une surface unie. ◆ **Fortif.** La hauteur d'un ouvrage au-dessus du terrain sur lequel il est construit. ◆ **Mar.** La hauteur d'un bâtiment au-dessus de l'eau. ◆ **Peint.** La saillie apparente des objets. *Ces figures ont beaucoup de relief.* ◆ **Fig.** Apparence plus vive que certaines choses reçoivent de l'opposition et du voisinage de quelques autres. « *La modestie est au mérite ce que les ombres sont aux figures dans un tableau : elle lui donne de la force et du relief* », La Bruyère. ◆ **Fig.** Considération qui résulte de quelque avantage. « *Ce qui peut donner du relief à une nation aux yeux de ses voisins ou de ses ennemis* », Fontenelle. ◆ ▷ Anciennement, *lettres de relief*, lettres de réhabilitation de noblesse. ◁ ◆ En jurispr. féodale, droit que le vassal payait à son seigneur, lorsqu'il héritait du fief paternel. ◆ Ce qu'on enlève, ce qu'on relève de dessus une table. « *Des reliefs d'ortolans* », La Fontaine. ◆ Forme de la surface terrestre, avec ses inégalités. *Un relief montagneux.* ■ Par anal. *Relief sonore*, perception des sons dans l'espace. *Une installation hi-fi performante est capable de restituer de la musique à bas niveau sonore avec un grand relief sonore.* ■ *Mettre en relief*, mettre en évidence, mettre en valeur. *Mettre un mot en relief en l'écrivant en gras. Nous nous attacherons à mettre en relief ce qui oppose les deux auteurs.*

RELIER, v. tr. [ʀəlje] (*re-* et *lier*) Lier de nouveau. ◆ Fig. « *Relier tant de fois ce qu'un brouillon dénoue. C'est trop de patience* », Molière. ◆ Coudre ensemble les feuillets d'un livre et y mettre une couverture. ◆ Absol. *Cet ouvrier relie bien.* ◆ Mettre des cercles à un tonneau. ◆ Unir par des voies de communication. *De larges rues couvertes relient les pavillons des halles de Paris.* ◆ Fig. *Relier le présent au passé.* ◆ Se relier, v. pr. Être rattaché, appartenir. *Cela se relie à notre affaire.* ◆ Joindre par un trait, par un tracé. *Reliez chaque mot à son contraire.*

RELIEUR, EUSE, n. m. et n. f. [ʀəljœʀ, øz] (*relier*) Ouvrier, ouvrière qui relie des livres. ◆ Personne qui tient un atelier de reliure. *La plupart des imprimeurs sont aussi relieurs.*

RELIEUSE, ■ n. f. [ʀəljøz] (*relier*) Dispositif, machine servant à faire la reliure de dossiers, d'ouvrages. *Une relieuse à spirales.*

RELIFTER, ■ v. tr. [ʀəlifte] (*re-* et *lifter*) Fam. Donner un nouvel aspect, un nouveau style à quelque chose. *Chercher à relifter son image de marque. Relifter un site Internet. Utiliser de l'enduit pour relifter une route.* ■ RELIFTAGE, n. m. [ʀəliftaʒ] *Il aurait bien besoin d'un reliftage ! Le reliftage complet d'un véhicule.*

RELIGIEUSEMENT, adv. [ʀəliʒjøz(ə)mɑ̃] (*religieux*) Avec religion. *Vivre religieusement.* ◆ Exactement, scrupuleusement et avec respect. *Se taire religieusement.*

RELIGIEUX, EUSE, adj. [ʀəliʒjø, øz] (lat. *religiosus*, scrupuleux, pieux) Qui appartient à la religion. *Chant religieux. Les cérémonies religieuses.* ◆ Conforme à la religion. *Mener une vie très religieuse.* ◆ Qui vit selon les règles de la religion. « *La sage et religieuse princesse* », Bossuet. ◆ Exact, ponctuel, scrupuleux, au point de s'en faire une sorte de religion. « *Religieux à se taire* ». « *Les Romains étaient le peuple du monde le plus religieux sur le serment* », Montesquieu. ◁ ◆ Qui appartient à un ordre monastique. *La vie religieuse.* ◆ N. m. et f. Personne engagée par des vœux monastiques. ◆ *Religieuse*, nom d'une espèce de sarcelle. ■ N. f. Pâtisserie composée d'une petite et d'une grosse boule de pâte à chou superposées et fourrées de crème pâtissière. *Une religieuse au chocolat.*

RELIGION, n. f. [ʀəliʒjɔ̃] (lat. *religio*, scrupule, sentiment religieux, religion) Ensemble de doctrines et de pratiques qui constitue le rapport de l'homme avec la puissance divine. *La religion juive. La religion chrétienne. La religion païenne.* ◆ *Religion d'État*, celle que l'État déclare être la sienne, exclusivement à toutes les autres qu'il ne fait que tolérer. ◆ *Religion naturelle*, religion qu'on suppose indépendante de toute révélation et qui est une forme du déisme. ◆ *La religion prétendue réformée, la religion réformée* ou absol. *la religion*, la croyance des calvinistes. ◆ Foi, pitié, croyance. *Il a beaucoup de religion.* ◆ Sentiment de respect, de scrupule, comparé au sentiment religieux. *La religion du serment.* « *Chacun sait la religion de ce peuple pour toutes ses cérémonies* », Bossuet. ◆ *Se faire une religion d'une chose*, s'en faire une obligation indispensable. ◆ ▷ *Surprendre la religion du prince, des juges, d'un tribunal*, les tromper. ◁ ◆ L'état des personnes engagées par des vœux à une certaine règle autorisée par l'Église. *Être en religion.* « *Un religieux avec son habit de religion* », Pascal. ◆ *Entrer en religion*, se faire religieux ou religieuse. ◆ *Mettre une fille en religion*, la faire religieuse. ◆ ▷ Couvent. « *Les parents jettent leurs enfants dans les religions sans vocation, et les empêchent d'y entrer contre leur vocation* », Bossuet. ◁ ◆ *Nom de religion*, nom que des religieux, des religieuses prennent en entrant au couvent. ◆ Ironiq. *Ma religion me l'interdit*, se dit par ironie pour expliquer pourquoi on refuse de faire quelque chose. *Boire de l'eau avec du fromage ? Non merci, ma religion me l'interdit.*

RELIGIONNAIRE, n. m. et n. f. [ʀəliʒjɔnɛʀ] (*religion* [réformée]) Nom qu'on donnait à celui, celle qui faisait profession de la religion réformée.

RELIGIOSITÉ, n. f. [ʀəliʒjozite] (lat. impér. *religiositas*, piété) Sentiment de scrupule religieux. « *Avec quelle exactitude, disons mieux, avec quelle religiosité ne s'y comporterait-on pas ?* », Bourdaloue. ◆ Néolog. Disposition religieuse, sentiments religieux. ◆ Rem. Ce dernier sens n'est plus considéré comme un néologisme aujourd'hui. *Le recul de la religiosité dans les sociétés occidentales.*

RELIQUAIRE, n. m. [ʀəlikɛʀ] (*relique*) Sorte de boîte, de coffret, etc. où l'on enchâsse les reliques.

RELIQUAT, n. m. [ʀəlika] (altération de *reliqua*, plur. neutre du lat. *reliquus*, qui reste, sous l'infl. du b. lat. *reliquatum*, reliquat de compte) Ce qui reste dû après un arrêté de compte. ◁ ◆ Au pl. *Les reliquats d'un repas*, ce qui en reste. ◁ ◆ Vieux en ce dernier sens. ◆ Par extens. Ce qui reste de quelque chose qui peut être compté, dénombré. *Un reliquat de peine inférieur à six mois.*

RELIQUATAIRE, n. m. et n. f. [ʀəlikatɛʀ] (*reliquat*) Jurispr. Celui ou celle qui, après un compte rendu, est redevable d'une certaine somme.

RELIQUE, n. f. [ʀəlik] (lat. *reliquiæ*, ce qui reste, de *relinquere*, laisser de reste) Ce qui reste de Jésus-Christ, des saints et des martyrs, soit parties du corps, soit objets à leur usage, soit instruments de leurs supplice. ◆ *Garder une chose comme une relique*, la garder soigneusement. ◆ *Il en fait une relique, des reliques*, se dit d'un homme qui fait grand état de quelque chose. ◆ ▷ Fam. *Je n'en veux pas faire des reliques*, se dit d'une chose dont on veut se servir, dont on permet de se servir. ◁ ◆ Fig. et fam. *Je n'ai pas grande foi à ses reliques*, il ne m'inspire aucune confiance. ◆ Au pl. Débris, restes de quelque chose de grand. « *Ces tombeaux antiques, Où des rois ses aïeux sont les froides reliques* », Racine. ■ Biol. Espèce vivante constituant le dernier représentant d'un groupe autrefois important. *Une relique génomique.*

RELIRE, v. tr. [ʀəliʀ] (*re-* et *lire*) Lire de nouveau. ◆ Absol. « *À mon âge, je ne lis plus, je relis* », Royer-Collard. ◆ Se relire, v. pr. Lire ce qu'on vient d'écrire.

RELISH, ■ n. f. [ʀəliʃ] (mot anglais, assaisonnement, condiment) Québec Concombre finement hachés et conservés dans du vinaigre. *Un hot-dog à la moutarde et à la relish.*

RELIURE, n. f. [ʀəljyʀ] (*relier*) L'ouvrage d'un relieur ; la manière dont un livre est relié. ◆ *Demi-reliure*, se dit quand il n'y a que le dos du livre qui soit couvert de peau. ◆ Action d'assembler plusieurs pages ; résultat de cette action. *Après avoir photocopié sa thèse, il l'enverra à la reliure.* ◆ Ce qui sert à assembler des pages. *Une reliure à spirales.*

RELOCATION, n. f. [ʀəlɔkasjɔ̃] (*re-* et *location*) Acte par lequel on loue de nouveau ou on sous-loue une chose. ◆ Quand il s'agit de sous-louer, on dit plutôt *sous-location*.

RELOGER, ■ v. tr. [ʀəlɔʒe] (*re-* et *loger*) Trouver un nouveau logement à une personne qui n'a plus le sien. *Reloger des expropriés.* ■ RELOGEMENT, n. m. [ʀəlɔʒmɑ̃]

RELOOKER, ■ v. tr. [ʀəluke] (*re-* et *look*) Fam. Actualiser en donnant une allure plus moderne. *Relooker un site Internet, une collection de produits.* Donner un nouveau look, un nouvel aspect à. *J'ai relooké mon père, je ne supportais plus de le voir porter ses pantalons à grosses côtes en velours !* ■ Se faire relooker, faire appel à une personne afin qu'elle vous conseille sur la meilleure façon de se coiffer, de se maquiller et de s'habiller pour se mettre en valeur. *Depuis qu'elle s'est faite relooker, plus personne ne la reconnaît !*

RELOOKING, ■ n. m. [ʀəlukiŋg] (*relooker*) Ensemble des techniques mises en œuvre pour valoriser le physique d'une personne, notamment son visage et sa coiffure. *C'est une spécialiste du relooking, elle fait des merveilles.*

RELOU ou **RELOU, OUE**, ■ adj. [ʀəlu] (verlan, *lourd*) Très fam. Lourd, difficile à supporter. *Elle est relou avec ses histoires de gamine. C'est trop relou son cours !*

RELOUÉ, ÉE, p. p. de relouer. [ʀəlwe]

RELOUER, v. tr. [ʀəlwe] (*re-* et *louer*) Prendre ou donner de nouveau en location. ◆ Sous-louer. *Relouer une partie de son appartement.*

RELU, UE, p. p. de relire. [ʀəly]

RÉLUCTANCE, ■ n. f. [ʀelyktɑ̃s] (mot anglais, lutte, résistance, du lat. *reluctari*, lutter contre) Électr. Rapport de la force magnétomotrice appliquée à un circuit magnétique sur le flux d'induction qui le traverse. *Moteur à réluctance variable.*

RELUIRE, v. intr. [ʀəlɥiʀ] (lat. *relucere*, renvoyer de la lumière) Luire en réfléchissant la lumière. *Le fer reluit.* « *Tout y reluisait d'or et de pierreries* », Bossuet. ◆ Fig. Se manifester avec éclat. « *À voir reluire un éclat si vif reluisait dur ce front auguste* », Bossuet. « *L'espérance commença à reluire au fond de mon cœur* », Fénelon. ◆ Prov. *Tout ce qui reluit n'est pas or*, il ne faut pas se fier à l'éclat de l'apparence.

RELUISANT, ANTE, adj. [ʀəlɥizɑ̃, ɑ̃t] (*reluire*) Qui reluit. *Des armes reluisantes. Un visage tout reluisant de rouge.* ◆ Fig. (Surtout en contexte négatif.) *Une partie de l'histoire de notre pays est peu reluisante. Pas très reluisantes ses notes, ce trimestre !*

RELUQUÉ, ÉE, p. p. de reluquer. [ʀəlyke]

RELUQUER, v. tr. [ʀəlyke] (*re-* et anc. fr. *luquier*, *luquer*, regarder du moy. néerl. *loeken*, regarder en cachette, examiner) Fam. Lorgner curieusement du coin de l'œil. ◆ Fig. Désirer la possession d'une chose. *Reluquer un terrain.* ◆ Se reluquer, v. pr. Se lorgner l'un l'autre.

REM, ■ n. m. [ʀɛm] (acronyme de *Rad Equivalent Man*, le *rad* étant l'ancienne unité de mesure de la radioactivité) **Phys.** Unité de mesure de radioactivité équivalant à 10^{-2} sieverts. *Le rem n'appartient pas au système international d'unités de mesure.*

REMÂCHÉ, ÉE, p. p. de remâcher. [ʀəmɑʃe]

REMÂCHER, v. tr. [ʀəmɑʃe] (*re-* et *mâcher*) Mâcher une seconde fois. ◆ **Fig.** et **fam.** Repasser plusieurs fois dans son esprit. *Remâcher sa besogne.*

1 REMAILLAGE ou **REMMAILLAGE**, n. m. [ʀəmajaʒ, ʀɑmajaʒ] Action de remailler. *Procéder au remaillage d'un pull-over.* ■ **Rem.** On disait aussi *remmaillement* autrefois.

2 REMAILLAGE, ■ n. m. [ʀəmajaʒ] (*remailler*) Technique de médecine esthétique consistant à fabriquer dans la peau un maillage à base de différents types de fils résorbables ou non afin de corriger le relâchement du visage. *Le remaillage représente une alternative au lifting classique.*

REMAILLER ou **REMMAILLER**, v. tr. [ʀəmaje, ʀɑmaje] (*re-* et *mailler*) Relever des mailles. ◆ Rajouter des pièces dans un tricot, en rejoignant les mailles par un point semblable. *Remmailler des bas.*

REMAKE, ■ n. m. [ʀimɛk] (mot anglais, de *to remake*, refaire) Nouvelle version d'un film. *Remake américain du film français noir et blanc* La Féline. ■ **Par extens.** Nouvelle version de quelque chose. *Le remake des régionales. Le mauvais remake du précédent match.*

RÉMANENCE, ■ n. f. [ʀemanɑ̃s] (*rémanent*) **Phys.** Propriété d'un phénomène qui persiste malgré la disparition du stimulus qui l'a déclenché. *La rémanence de la lumière sur la rétine. Rémanence d'un écran fluorescent.* ■ Effet demeurant présent longtemps après la cause qui l'a déclenché. *Rémanence d'un pesticide.* ■ **Fig.** *La rémanence du passé dans le présent.*

RÉMANENT, ENTE, ■ adj. [ʀemanɑ̃, ɑ̃t] (lat. *remanens*, p. prés. de *remanere*, demeurer, subsister, durer) Qui présente un état de rémanence. *Ondes magnétiques rémanentes. Image, lumière rémanente.* ■ **Fig.** *Le souvenir rémanent d'une douleur.*

REMANGER, ■ v. tr. [ʀəmɑ̃ʒe] (*re-* et *manger*) Manger de nouveau. *Elle remange de la viande depuis peu.* ■ **Absol.** *Une anorexique qui enfin remange.*

REMANIÉ, ÉE, p. p. de remanier. [ʀəmanje]

REMANIEMENT, n. m. [ʀəmanimɑ̃] (*remanier*) Action de remanier ; résultat de cette action. *Le remaniement du pavé, d'un ouvrage, etc.* ◆ **Impr.** Travail qu'on fait quand on change le format de pages composées, de petit en grand, de grand en petit, et aussi quand il faut ou reformer plusieurs lignes de suite, ou transporter des lignes d'une page à l'autre, d'une colonne à l'autre. ■ *Remaniement ministériel*, remplacement de certains ministres du gouvernement. *Le dernier remaniement ministériel a fait couler beaucoup d'encre.* ■ **Rem.** On écrivait aussi *remaniment* autrefois.

REMANIER, v. tr. [ʀəmanje] Manier de nouveau. ◆ Changer, refaire certains ouvrages. ◆ Relever un pavé, un carreau. ◆ **Impr.** Faire un remaniement. ◆ **Fig.** En parlant des ouvrages d'esprit, modifier, composer de nouveau. *Remanier ses écrits.* ◆ **Peint.** Se dit aussi des couleurs. *Remanier sa couleur.* ■ **REMANIABLE**, adj. [ʀəmanjabl] *Un enseignement, un fichier, un projet remaniable.*

REMANIEUR, n. m. [ʀəmanjœʀ] (*re-* et *manier*) Celui qui remanie. *Les remanieurs de la carte d'Europe.* ■ **Rem.** Quoique possible, le féminin *remanieuse* ne se rencontre pas. Le masculin *remanieur* est rare par ailleurs.

REMAQUILLER, ■ v. tr. [ʀəmakije] (*re-* et *maquiller*) Maquiller de nouveau. *Remaquiller un acteur.* ■ **Se remaquiller**, v. pr. Se maquiller de nouveau. *Elle se remaquille sans cesse.*

REMARCHER, ■ v. intr. [ʀəmaʀʃe] (*re-* et *marcher*) **Fam.** Fonctionner à nouveau. *Il suffisait de changer les piles pour faire remarcher ma montre !*

REMARIAGE, n. m. [ʀəmaʀjaʒ] (*remarier*) Action de se remarier ; second mariage.

REMARIÉ, ÉE, p. p. de remarier. [ʀəmaʀje]

REMARIER, v. tr. [ʀəmaʀje] (*re-* et *marier*) Faire contracter un nouveau mariage. ◆ **Se remarier**, v. pr. Former une nouvelle union. *Se remarier en secondes noces.*

REMARQUABLE, adj. [ʀəmaʀkabl] (*remarquer*) Qui est digne d'être remarqué en bien ou en mal.

REMARQUABLEMENT, adv. [ʀəmaʀkabləmɑ̃] (*remarquable*) D'une manière remarquable.

REMARQUE, n. f. [ʀəmaʀk] (*remarquer*) Action de remarquer ; observation, note. *Faire une remarque. Cela est digne de remarque.* ◆ **Mar.** Points remarquables que l'on relève pour se diriger. ◆ N. f. pl. Titre de plusieurs ouvrages didactiques. *Les Remarques de Vaugelas.* ◆ Paroles critiques. *Je n'ai pas apprécié le ton de sa remarque.*

REMARQUÉ, ÉE, p. p. de remarquer. [ʀəmaʀke]

REMARQUER, v. tr. [ʀəmaʀke] (*re-* et *marquer*) Marquer de nouveau. *Remarquer de l'argenterie.* ◆ Faire attention à quelque chose, noter quelque chose. ◆ *Je vous remarquerai que...* est un barbarisme. Dites : *Je vous ferai remarquer que...* ◆ En un sens défavorable, noter avec quelque malignité. ◆ Distinguer parmi plusieurs personnes ou plusieurs choses. *Parmi ces tableaux j'en ai remarqué un de Raphaël.* « *Une grande fortune annonce le mérite, et le fait plus tôt remarquer* », La Bruyère. ◆ **Se remarquer**, v. pr. Être remarqué. ■ V. tr. **Péj.** *Se faire remarquer*, se distinguer. *Il cherche toujours à se faire remarquer.*

REMASTÉRISER ou **REMASTERISER**, ■ v. tr. [ʀəmasterize] (angl. *to remaster*, refaire un original) Repartir de la bande mère d'un enregistrement pour effectuer une copie de l'original en améliorant le contexte sonore, les fréquences, sans toucher au son original de fond. *Version remasterisée.* ■ **REMASTÉRISATION** ou **REMASTERISATION**, n. f. [ʀəmasterizasjɔ̃] *La remastérisation de ce film permet de le voir sous un nouvel angle.*

REMBALLAGE, n. m. [ʀɑ̃balaʒ] (*remballer*) Action de remballer.

REMBALLÉ, ÉE, p. p. de remballer. [ʀɑ̃bale]

REMBALLER, v. tr. [ʀɑ̃bale] (*re-* et *emballer*) Emballer de nouveau. ◆ **Fam.** Éconduire quelqu'un de façon peu courtoise. *Elle s'est fait remballer alors qu'elle avait à peine ouvert la bouche ! Il l'a remballé vite fait.*

REMBARQUÉ, ÉE, p. p. de rembarquer. [ʀɑ̃baʀke]

REMBARQUEMENT, n. m. [ʀɑ̃baʀkəmɑ̃] Action de rembarquer. ◆ Action de se rembarquer.

REMBARQUER, v. tr. [ʀɑ̃baʀke] (*re-* et *embarquer*) Embarquer de nouveau. *Rembarquer des marchandises.* ◆ V. intr. Les marins disent *rembarquer* pour *se rembarquer*. ◆ **Se rembarquer**, v. pr. Se remettre de nouveau en mer. ◆ **Fig.** et **fam.** Se mettre de nouveau dans une affaire, qui offre ou quelque embarras, ou quelque inconvénient.

REMBARRÉ, ÉE, p. p. de rembarrer. [ʀɑ̃baʀe]

REMBARRER, v. tr. [ʀɑ̃baʀe] (*re-* et a. et moy. fr. *embarrer*, planter comme une barre, enfermer comme entre des barres) Repousser vigoureusement. « *Il voulait absolument vous voir, et je le rembarrai* », Voltaire. ◆ **Fig.** et **fam.** *Rembarrer quelqu'un*, rejeter avec fermeté, avec indignation ce qu'il veut dire ou faire. ◆ Se dit aussi des choses qu'on repousse. « *Je voudrais bien qu'il y eût ici quelqu'un de ces messieurs pour rembarrer vos raisonnements* », Molière.

REMBAUCHER, ■ v. tr. [ʀɑ̃boʃe] Voy. **réembaucher**.

REMBLAI, n. m. [ʀɑ̃blɛ] (*remblayer*) Voy. **remblayer**. Terres rapportées et battues, gravois rapportés, soit pour faire des levées, soit pour aplanir quelque terrain, soit pour combler une cavité. ◆ Action de remblayer. ■ **Rem.** Dans ce dernier sens, on dit aussi aujourd'hui *remblayage* ou *remblaiement*.

REMBLAIEMENT, ■ n. m. [ʀɑ̃blɛmɑ̃] (*remblayer*) Action de remblayer. *Terrassement, remblaiement et évacuation des terres d'une piscine.* ■ **Géol.** Dépôt d'alluvions. *Remblaiement par des matériaux fluvioglaciaires.*

REMBLAVER, v. tr. [ʀɑ̃blɑve] (*re-* et *emblaver*) Semer de nouveau quand la première semence a manqué.

REMBLAYAGE, ■ n. m. [ʀɑ̃blɛjaʒ] Voy. **remblai**.

REMBLAYÉ, ÉE, p. p. de remblayer. [ʀɑ̃blɛje]

REMBLAYER, v. tr. [ʀɑ̃blɛje] (*re-* et anc. fr. *emblaer*, embarrasser) Apporter des terres pour hausser un terrain, pour combler une cavité. *Remblayer le pied d'une muraille.* ■ Effectuer un remblai, en haussant un sol ou en comblant un trou par l'apport de divers matériaux comme du sable, de la terre ou des gravas. *Je viens de remblayer cette portion du mur.*

REMBLAYEUSE, ■ n. f. [ʀɑ̃blɛjøz] (*remblayer*) **Trav. publ.** Engin de terrassement servant aux travaux de remblayage.

REMBOBINER, ■ v. tr. [ʀɑ̃bobine] (*re-* et *embobiner*) Enrouler à nouveau autour d'une bobine. *Rembobiner un film.* ■ **REMBOBINAGE**, n. m. [ʀɑ̃bobinaʒ] *La fonction rembobinage de ce magnétoscope ne fonctionne plus.*

REMBOÎTAGE ou **REMBOITAGE**, ■ n. m. [ʀɑ̃bwataʒ] Voy. **remboîtement**.

REMBOÎTÉ, ÉE ou **REMBOITÉ, ÉE**, p. p. de remboîter. [ʀɑ̃bwate]

REMBOÎTEMENT ou **REMBOITEMENT**, n. m. [ʀɑ̃bwat(ə)mɑ̃] (*remboîter*) Action de remboîter ; résultat de cette action. *Le remboîtement de l'articulation.* ■ **Rem.** On dit aussi *remboîtage*.

REMBOÎTER ou **REMBOITER**, v. tr. [ʀɑ̃bwate] (*re-* et *emboîter*) Remettre en sa place ce qui était déboîté. *Remboîter un os.* ◆ **Se remboîter**, v. pr. Être remis en place. *L'os s'est remboîté.*

REMBOURRAGE, n. m. [ʀɑ̃buʀaʒ] (*rembourrer*) Action de rembourrer. ◆ Matière dont on rembourre.

REMBOURRÉ, ÉE, p. p. de rembourrer. [ʀɑ̃buʀe] ◆ **Fig.** et **fam.** *Un siège, un matelas rembourré avec des noyaux de pêche*, un siège, un matelas très dur.

REMBOURREMENT, n. m. [ʀɑ̃buʀ(ə)mɑ̃] (*rembourrer*) Action de rembourrer ; résultat de cette action.

REMBOURRER, v. tr. [ʀɑ̃buʀe] (*re-* et *embourrer*) Garnir de bourre, de laine, de crin, etc. *Rembourrer des fauteuils, une selle, etc.* ♦ ▷ Fig. *Il a bien rembourré son pourpoint*, il a bien mangé. ◁ ♦ ▷ Fig. et pop. Se rembourrer, v. pr. Manger beaucoup à un repas. ◁

REMBOURSABILITÉ, n. f. [ʀɑ̃buʀsabilite] (*remboursable*) Qualité de ce qui est remboursable. *La remboursabilité des billets à vue.*

REMBOURSABLE, adj. [ʀɑ̃buʀsabl] Qui doit, qui peut être remboursé. *Rente remboursable.*

REMBOURSÉ, ÉE, p. p. de rembourser. [ʀɑ̃buʀse]

REMBOURSEMENT, n. m. [ʀɑ̃buʀsəmɑ̃] (*rembourser*) Paiement en restitution d'une somme déboursée. ♦ *Remboursement forcé*, acte par lequel l'État rend à ses créanciers, qu'ils le veuillent ou non, l'argent qu'il leur doit. ♦ *Remboursement de la dette sociale (RDS)*, en France, contribution sur l'ensemble des revenus reversée à l'État et qui vise à combler le déficit de la Sécurité sociale. ♦ CONTRE-REMBOURSEMENT, loc. adj. Que l'on paie à la livraison. *Un envoi, une commande contre-remboursement.* ♦ N. m. *Le contre remboursement est un service proposé par la Poste. Les frais de contre remboursement.*

REMBOURSER, v. tr. [ʀɑ̃buʀse] Rendre de l'argent déboursé. *Rembourser un billet, une somme, etc.* ♦ *Rembourser une rente*, en acquitter le principal. ♦ Il se dit des personnes à qui on rend l'argent qu'elles ont déboursé. ♦ Dédommager. « *Cet avantage l'a déjà remboursé de cette avance* », J.-J. ROUSSEAU. ♦ ▷ Fig. et fam. Recevoir, en parlant de choses mauvaises, désagréables. *Rembourser un coup d'épée.* « *J'aime mieux rembourser une brusquerie qui me profite, que de garder une erreur qui me nuirait* », DIDEROT. ◁ ♦ ▷ En ce sens, il se dit pour *embourser*. ◁ ♦ Se rembourser, v. pr. Rentrer dans les sommes qu'on avait déboursées. *Il s'est remboursé de ses avances.*

REMBRANESQUE, ▪ adj. [ʀɑ̃bʀanɛsk] (*Rembrandt*, 1606-1669, peintre hollandais) Qui se rapporte à Rembrandt, à son œuvre, à son style. « *Van Gogh [...] n'essaya pas d'ajouter des pigments au clair-obscur rembranesque qui l'avait jusqu'alors sollicité* », LHOTE. ▪ Qui évoque le style de Rembrandt. *Un visage, agréable bien que sérieux, traité d'une manière presque rembranesque.*

REMBRUNI, IE, p. p. de rembrunir. [ʀɑ̃bʀyni] Devenu brun, plus brun. ♦ *Air rembruni*, air sombre et triste.

REMBRUNIR, v. tr. [ʀɑ̃bʀyniʀ] Rendre brun, plus brun. ♦ Fig. Attrister, rendre sombre. ♦ Se rembrunir, v. pr. Devenir plus brun. *Le temps se rembrunit.* ♦ Fig. *Son front se rembrunit.*

REMBRUNISSEMENT, n. m. [ʀɑ̃bʀynis(ə)mɑ̃] (radic. du p. prés. de *rembrunir*) État de ce qui est rembruni, de ce qui s'est rembruni. *Le rembrunissement d'un tableau, des couleurs, etc.*

REMBUCHÉ, ÉE, p. p. de rembucher. [ʀɑ̃byʃe]

REMBUCHEMENT, n. m. [ʀɑ̃byʃ(ə)mɑ̃] (*rembucher*) Vén. Rentrée de la bête sauvage dans son fort.

REMBUCHER, v. tr. [ʀɑ̃byʃe] (*re-* et anc. fr. *embuschier*, rentrer dans le bois) Vén. *Rembucher un cerf*, suivre la voie jusqu'à la coulée par laquelle il est rentré dans le bois. ♦ Se rembucher, v. pr. En parlant des bêtes sauvages, rentrer dans le bois.

REMÈDE, n. m. [ʀəmɛd] (lat. *remedium*, de *mederi*, soigner) Tout ce qui peut déterminer un changement salutaire dans l'économie, le corps humain en général et dans un organe en particulier. ♦ *Être dans les remèdes, se mettre dans les remèdes, faire des remèdes,* se soumettre à un traitement. ♦ Fam. *Remède de bonne femme*, remède simple et populaire, et qui ne produit aucun effet. ♦ *C'est un remède à tous maux*, se dit d'un remède auquel on ne croit aucune efficacité. ♦ Nom donné à certains médicaments dont les auteurs avaient d'abord gardé le secret. *Le remède de Pradier (contre la goutte).* ♦ Par euphémisme, lavement. ♦ Fig. Ce qui sert à guérir les vices de l'âme, à calmer les souffrances morales. « *C'est en vain, ô hommes, que vous cherchez dans vous-mêmes le remède à vos misères* », PASCAL. ♦ Fig. Tout ce qui sert à prévenir, à faire cesser un malheur, une disgrâce. « *Contre ces dissensions domestiques le sénat ne trouvait point de meilleur remède que de faire naître des occasions de guerres étrangères* », BOSSUET. ♦ Prov. *Le remède est pire que le mal*, se dit d'un remède dangereux, d'une résolution très hasardeuse. ♦ Prov. *Aux grands maux les grands remèdes.* ▪ Médicament. *L'aspirine est un remède efficace contre les maux de tête.*

REMÉDIABLE, adj. [ʀəmedjabl] (*remédier*) Se dit des choses, des maux auxquels on peut porter remède.

REMÉDIER, v. intr. [ʀəmedje] (b. lat. *remediare*, guérir) Apporter remède. *Remédier à un mal, à une maladie, etc.* ♦ Fig. « *En attrapant du temps, à tout on remédie* », MOLIÈRE. ♦ Mar. *Remédier à des voies d'eau,* les boucher. ♦ Par extens. *Peut-on remédier à l'injustice par la violence ?*

REMÊLÉ, ÉE, p. p. de remêler. [ʀəmele]

REMÊLER, v. tr. [ʀəmele] (*re-* et *mêler*) Mêler de nouveau. *Remêler les cartes.*

REMEMBRANCE, n. f. [ʀəmɑ̃bʀɑ̃s] (anc. fr. *remembrer*, remettre en mémoire, se souvenir, du b. lat. *rememorari*, se remémorer) Vieilli Souvenir. *J'en ai quelque remembrance.*

REMEMBREMENT, ▪ n. m. [ʀəmɑ̃bʀəmɑ̃] (antonyme de *démembrer*, par changement de préf.) Regroupement de parcelles selon une procédure officielle légale, de terrains dispersés, en un seul, à dessein de rationaliser et de rentabiliser les sols, en fonction des cultures, de l'environnement et des infrastructures liées à la vie quotidienne. *Opération de remembrement.* ▪ REMEMBRER, v. tr. [ʀəmɑ̃bʀe] *Remembrer le territoire est la priorité de ce gouvernement.*

REMÉMORATIF, IVE, adj. [ʀəmemoʀatif, iv] (*remémorer*) Qui sert à rappeler la mémoire. *Médailles remémoratives d'un événement.*

REMÉMORATION, ▪ n. f. [ʀəmemoʀasjɔ̃] (lat. chrét. *rememoratio*, commémoration) Litt. Fait de rappeler à la mémoire. *Chercher à expliquer l'oubli et la remémoration de souvenirs.*

REMÉMORÉ, ÉE, p. p. de remémorer. [ʀəmemoʀe]

REMÉMORER, v. tr. [ʀəmemoʀe] (b. lat. *rememorari*, se ressouvenir) Remettre en mémoire une chose. ♦ *Se remémorer*, remémorer à soi. *Elle s'est remémoré vos paroles.* ♦ Remettre quelqu'un en mémoire. *Je l'ai remémoré de son rendez-vous.*

REMENÉ, ÉE, p. p. de remener. [ʀəməne]

REMENER, v. tr. [ʀəməne] (*re-* et *mener*) Mener de nouveau, une seconde fois. ♦ Mener, conduire une personne, un animal au lieu d'où on l'avait amené. *Remenez ces bêtes à l'étable.* ♦ En parlant des choses, les transporter là où elles étaient auparavant.

REMERCIÉ, ÉE, p. p. de remercier. [ʀəmɛʀsje]

REMERCIEMENT, n. m. [ʀəmɛʀsimɑ̃] (*remercier*) Action de grâces, discours par lequel on remercie. ♦ *Avec tous mes remerciements*, formule de politesse par laquelle on conclut une requête. ♦ Spécialt Discours que prononce un Académicien nouvellement élu. ▪ REM. On écrivait aussi *remercîment* autrefois.

REMERCIER, v. tr. [ʀəmɛʀsje] (*re-* et anc. fr. *mercier*, dire merci) Rendre grâce. « *Venez remercier un père qui vous aime* », RACINE. ♦ Fig. *Remercier une chose,* attribuer à une chose quelque effet. « *Il peut remercier l'avantage qu'il a de vous appartenir* », MOLIÈRE. ♦ ▷ Fam. *Un je vous remercie*, un remerciement. ◁ ♦ Fam. *En vous remerciant,* c'est-à-dire je vous remercie. ♦ Refuser honnêtement. « *Si le roi m'en disait autant, je le remercierais de son amitié* », VOLTAIRE. ♦ Ironiq. *Je vous remercie de vos conseils*, se dit pour exprimer qu'on n'est pas disposé à les suivre. ♦ Fig. Congédier, destituer honnêtement. *Remercier un surnuméraire, un médecin, etc.* ♦ Se remercier, v. pr. Se féliciter. « *Se remercier soi-même de ses bonnes œuvres.* », BOSSUET. ♦ Se congédier réciproquement.

REMERCÎMENT, n. m. [ʀəmɛʀsimɑ̃] Voy. REMERCIEMENT.

RÉMÉRÉ, n. m. [ʀemeʀe] (lat. médiév. *reemere*, du lat. *redimere*, racheter) Jurispr. Convention par laquelle le vendeur d'un fonds se réserve le droit de reprendre la chose vendue en remboursant à l'acheteur le prix et les frais de son acquisition dans un délai convenu. ♦ *Faculté de réméré*, droit, faculté d'user de la convention dite *de réméré*. ♦ *Action de réméré*, l'action qui tend à exercer le droit, la faculté de réméré. ♦ *Vente à réméré*, vente avec faculté de réméré, vente sous la condition d'user de la faculté de réméré.

REMESURER, v. tr. [ʀəm(ə)zyʀe] (*re-* et *mesurer*) Mesurer de nouveau.

REMÉTRER, v. tr. [ʀəmetʀe] (*re-* et *métrer*) Métrer de nouveau.

REMETTANT, ANTE, ▪ adj. [ʀəmetɑ̃, ɑ̃t] (*remettre*) Dr. Qui remet un titre de paiement sous un en-tête le bénéficiaire. *Banque remettante et banque réceptrice.* ▪ N. m. et n. f. Personne qui en tant que tireur, . bénéficiaire ou porteur, transmet un effet de commerce à sa banque. *Le remettant d'une lettre de change, d'un billet à ordre.*

REMETTRE, v. tr. [ʀəmɛtʀ] (lat. *remittere*, renvoyer, relâcher, abandonner, concéder) Mettre une chose ou une personne à l'endroit où elle était auparavant. ♦ *Remettre son chapeau.* ♦ Fig. et fam. *Remettre quelqu'un à sa place,* lui faire sentir sans ménagement qu'il oublie sa position. ♦ Reporter, ramener, reconduire. « *Don Sanche, remettez Chimène en sa maison* », P. CORNEILLE. ♦ Mettre de nouveau. *Remettre dans le bon chemin.* ♦ ▷ *Remettre sur le théâtre*, remettre une pièce au répertoire, au théâtre, la jouer de nouveau. ◁ ♦ *Remettre une chose à quelqu'un devant les yeux, sous les yeux,* la lui représenter, la lui faire considérer de nouveau. ◁ ♦ *Se remettre devant les yeux,* remettre à soi, se représenter une chose. ◁ ♦ ▷ *Remettre dans son esprit, se remettre dans l'esprit,* rappeler à son esprit, à son souvenir. ♦ *Se remettre quelque chose, se remettre quelqu'un,* s'en rappeler l'idée, le souvenir. ♦ Par ellipse du pronom réfléchi. « *Il me remit dans le moment, quoique j'eusse changé d'habit* », Lesage. ♦ Mettre de nouveau en sa place un os cassé ou luxé. *Remettre un bras.* ♦ Rendre une chose à celui à qui elle est destinée. *Remettre un paquet, une lettre, etc.* ♦ Rendre une chose à celui auquel elle appartient. ♦ Livrer. « *Cet enfant, ce trésor qu'il faut qu'on me remette, Où sont-ils ?* », Racine. ♦ *Remettre un criminel entre les mains de la justice,* le livrer à ceux qui sont préposés pour rendre la justice. ♦ ▷ **Comm.** Remettre *de l'argent dans une ville,* y faire tenir de l'argent par lettre de change ou autrement. ◁ ♦ Mettre de nouveau quelqu'un à quelque chose, faire recommencer. *On l'a remis aux premiers éléments.* ♦ Se démettre, se dessaisir de. *Remettre une charge.* ♦ Mettre comme en dépôt, confier au soin, à la prudence. « *C'est une lâcheté que de remettre à d'autres. Les intérêts publics qui s'attachent aux nôtres* », P. Corneille. ♦ *Remettre une affaire à quelqu'un,* lui en confier l'inspection, la disposition. ♦ *Remettre une affaire au jugement,* à la décision de quelqu'un, consentir qu'elle soit réglée suivant qu'il en jugera, qu'il en décidera. ♦ À divers jeux, *la partie est remise* ou simplement *partie remise,* se dit quand, à la fin de la partie, un joueur n'a pas d'avantage sur l'autre. ♦ **Fig.** *La partie est remise, c'est partie remise,* il n'y a rien de fait, c'est à recommencer. ♦ Renvoyer à un autre temps soit une personne, soit une chose. *Remettre un jugement, une affaire.* ♦ **Absol.** *Remettre toujours au lendemain.* ♦ **Fig.** Mettre dans l'ancien état. *Remettre une chose en crédit, en usage.* ♦ Rarranger, raccommoder. « *Une lettre, monsieur, remet bien une affaire* », Regnard. ♦ *Remettre une pension,* rétablir une pension qui avait été supprimée. ♦ Rétablir la santé, les forces. *Les eaux m'ont remis. Remettre des fatigues du voyage.* ♦ **Par extens.** *Remettre un vin,* le guérir de quelque maladie. ♦ Faire revenir d'un trouble moral quelconque. *Vos paroles me remettent. Es-tu remis de la terreur ?* ♦ Remettre les esprits, remettre l'esprit, calmer, rassurer. ♦ Faire grâce d'une chose qu'on était en droit d'exiger. *Remettre une amende.* ♦ **Théol.** Décharger de. « *Si l'aumône remet le péché, ce n'est qu'en disposant Dieu à écouter vos prières* », Bourdaloue. ♦ Pardonner. *Remettre les injures, les offenses, les fautes, etc.* ♦ ▷ *Remettre bien* ou simplement *remettre,* réconcilier. ◁ ♦ **V. intr. Mar.** *Remettre à la route,* reprendre la direction de la route que l'on tenait avant de s'en être détourné pour une raison quelconque. ♦ *Remettre à la voile,* faire voile, partir de nouveau. ♦ Se remettre, v. pr. Se replacer où l'on était. *Se remettre à table, au lit, etc.* ♦ *Se remettre en prison,* se constituer prisonnier. ♦ **Escrime** Se mettre en garde, après avoir allongé un coup, comme on était avant de l'avoir porté. *Remettez-vous.* ♦ **Fig.** Revenir à, se replacer sous, dans. « *C'est par la pratique de ces devoirs qu'il se remet dans la règle* », Bourdaloue. ♦ Se replacer par le souvenir, se ressouvenir de. *Se reconnaître l'un de l'autre.* ♦ *Se remettre sur,* revenir à un objet, s'en occuper de nouveau. ♦ S'appliquer de nouveau à. *Se remettre à la poésie.* ♦ Recommencer. « *Il faut donc me remettre à juger chaque chose* », P. Corneille. ♦ *Se remettre en mer,* s'embarquer de nouveau. ♦ *Se remettre en route, en chemin,* continuer son voyage, sa marche. ♦ Être différé, retardé. *Ce que j'ai à faire ne peut se remettre.* ♦ *Se remettre à quelqu'un de quelque chose,* se rapporter à lui, à ce qu'il dira ou fera touchant cette chose. ♦ *Se remettre à quelqu'un à,* avec un verbe à l'infinitif. « *Je me remets à lui à vous en instruire* », Bossuet. ♦ *S'en remettre à quelqu'un, même sens. S'en remettre à quelqu'un, au jugement, à la décision de, etc.* ♦ *Se remettre entre les mains de quelqu'un,* avoir recours à lui en se mettant à sa disposition. ♦ *Se remettre entre les mains de Dieu,* se résigner aux volontés du ciel. ♦ Recouvrer la santé, les forces, etc. *Il ne peut se remettre. Il se remit avec peine de sa maladie.* ♦ Rétablir ses affaires après une perte. *Il s'est remis de ses pertes d'argent.* ♦ Le temps se remet, il revient au beau. ♦ Revenir d'un trouble moral. « *Remettez-vous, monsieur, d'une alarme si chaude* », Molière. ♦ **Absol.** *Remettez-vous.* ♦ ▷ Se réconcilier. ◁ ♦ ▷ Être pardonné. « *Si ce crime autrement ne saurait se remettre* », P. Corneille. ◁ ♦ Être remis, rétabli. « *Et la règle déjà se remet dans Clairvaux* », Boileau. ♦ **Prov.** *Il ne faut pas remettre au lendemain ce que l'on peut faire aujourd'hui,* il vaut mieux régler tout de suite ce que l'on a à faire.

REMEUBLÉ, ÉE, p. p. de remeubler. [ʁəmøble]

REMEUBLER, ■ v. tr. [ʁəmøble] (*re-* et *meubler*) Regarnir de meubles. *Remeubler un appartement.* ♦ **Fig.** *Remeubler d'argent,* remettre en fonds. ♦ Se remeubler, v. pr. Se meubler de nouveau.

RÉMIGE, ■ n. f. [ʁemiʒ] (lat. *remex,* génit. *remigis,* rameur) Grande plume sur les ailes d'un oiseau. *Des rémiges scapulaires,* qui se rattachent à l'épaule.

REMILITARISER, ■ v. tr. [ʁəmilitaʁize] (*re-* et *militariser*) Militariser de nouveau un pays, une région. *Hitler a remilitarisé l'Allemagne.* ■ V. pr. *Pays qui se remilitarise.* – REMILITARISATION, n. f. [ʁəmilitaʁizasjɔ̃] *La remilitarisation d'une nation.*

RÉMINISCENCE, n. f. [ʁeminisɑ̃s] (b. lat. *reminiscentia,* de *reminisci,* rappeler à son souvenir, se rappeler) **Philos.** Ressouvenir. « *Il semblait que, selon le système de Platon, ce ne fût qu'une réminiscence de ce que son âme avait su autrefois* », Fontenelle. ♦ Dans la langue commune, rappel d'un souvenir à peu près effacé ; acte par lequel nous cherchons à ressaisir un souvenir

incomplet. ♦ Pensée, expression, motif qui provient d'autrui, et qui, logé dans la mémoire, est employé par nous comme s'il était nôtre. *Cet ouvrage est plein de réminiscences.*

REMIS, ISE, p. p. de remettre. [ʁəmi, iz]

REMISAGE, n. m. [ʁəmizaʒ] (*remiser*) Action de remiser.

REMISE, n. f. [ʁəmiz] (p. p. fém. substantivé de *remettre* ; infl. sur certains sens du lat. chrét. *remissa,* rémission, et de l'angl. *remise,* voiture de remise) ▷ Action de mettre de nouveau sur le théâtre. « *J'appris qu'on préparait à l'Opéra une nouvelle remise du Devin de village* », J.-J. Rousseau. ◁ ♦ Action de remettre, de livrer. *La remise d'un paquet, d'un prisonnier, etc.* ♦ **Jurispr.** et **admin.** *La remise d'un gage, d'un cautionnement, des pièces d'un procès, etc.* ♦ Argent, valeurs qu'un négociant envoie ou fait remettre à ses correspondants. ♦ Somme que l'on donne au banquier, tant pour son salaire que pour la taxe de l'argent. ♦ Abandon que l'on fait à un débiteur d'une partie de ce qu'il doit. ♦ Grâce ou réduction d'une peine. ♦ Somme abandonnée à celui qui est chargé de faire un recouvrement. ♦ Rabais accordé par les libraires sur les prix du catalogue. ♦ Retardement, renvoi à une autre époque. *Partir sans aucune remise.* ♦ Au reversi, au boston, l'amende que l'on nomme *bête* à divers autres jeux. ♦ Emplacement dans une maison pour mettre les voitures à couvert. ♦ ▷ **Fig.** et **fam.** *Il est sous la remise,* se dit d'un homme qui a perdu sa place, et aussi d'un homme que son âge ou ses infirmités empêchent de faire aucun service. ◁ ♦ ▷ *Voiture de remise,* voiture de louage qui, au lieu de stationner sur les places, se tient sous les remises. ◁ ♦ Au m. *Un remise,* une voiture de remise. ◁ ♦ *Voitures de grande remise,* voitures qu'à Paris on loue à l'année, au mois ou à la journée. ◁ ♦ **Chasse** Lieu où le gibier s'arrête après qu'on l'a fait lever. ♦ Fait de remettre dans un état antérieur. *Remise en ordre, en place, en état.* ■ Réduction accordée sur un prix. *Une remise de 15 %.* ♦ Bénéficier d'une remise de 50 euros. ♦ *Remise de peine,* réduction du temps de la peine à accomplir. *Il a obtenu une remise de peine pour bonne conduite.* ■ Local, généralement attenant à une maison, où l'on range divers objets. *J'ai rangé le râteau et la tondeuse dans la remise.*

REMISÉ, ÉE, p. p. de remiser. [ʁəmize]

REMISER, v. tr. [ʁəmize] (*remise*) Placer sous une remise. ♦ **Absol.** Faire entrer une voiture sous une remise. ♦ Se remiser, v. pr. Se dit des perdrix qui, chassées, vont se réfugier dans un champ, dans un taillis. ♦ Ranger quelque chose dont on ne se sert plus. *Remiser la tondeuse pendant l'hiver.* ♦ **Fig.** *J'ai appris à remiser mes espoirs.*

REMISEUR, n. m. [ʁəmizœʁ] (*remiser*) Celui qui loue des remises. ♦ Personne chargée de ranger les bus, les voitures des trains dans un entrepôt. *Son mari est remiseur, il travaille de 18 heures à 1 h 30, heure à laquelle rentrent les derniers bus.* ♦ **Sp.** Celui qui remet la balle à un de ses coéquipiers.

RÉMISSIBLE, adj. [ʁemisibl] (lat. chrét. *remissibilis,* pardonnable) Digne d'être remis, pardonné. *Une faute, une offense rémissible.*

RÉMISSION, n. f. [ʁemisjɔ̃] (lat. *remissio,* action de détendre, latin impérial, remise de peine, latin chrétien, pardon) Indulgence, miséricorde d'une personne envers une autre. *Traiter quelqu'un sans rémission.* ♦ Un homme *sans rémission,* un homme qui ne pardonne pas, qui exige à la rigueur tout ce qui lui est dû. ♦ Grâce faite à un coupable de la peine qui a été prononcée contre lui. ♦ On dit aujourd'hui de préférence : *grâce.* ♦ **Hist.** *Lettres de rémission* ou *rémission,* lettres patentes expédiées et adressées aux juges, par lesquelles le roi accordait à un criminel la rémission de son crime, en cas que ce qu'il avait exposé à sa décharge se trouvât vrai. ♦ **Théol.** Pardon. *La rémission des péchés.* ♦ **Méd.** Diminution temporaire des symptômes d'une maladie. ♦ On dit aussi : *Il y a de la rémission dans le pouls.* ♦ ▷ **Phys.** Affaiblissement, diminution d'intensité. ◁ ♦ *Rémission complète,* disparition de tout signe clinique de cancer. *Toute la famille est soulagée, notre père a été déclaré en rémission complète.*

RÉMISSIONNAIRE, n. m. et n. f. [ʁemisjɔnɛʁ] (*rémission*) **Jurispr.** Personne qui avait obtenu des lettres de rémission.

RÉMITTENCE, n. f. [ʁemitɑ̃s] (*rémittent*) **Méd.** Caractère des affections qui sont rémittentes.

RÉMITTENT, ENTE, adj. [ʁemitɑ̃, ɑ̃t] (lat. *remittens,* p. prés. de *remittere,* se relâcher, s'adoucir) **Méd.** Il se dit des maladies qui ont des rémissions, et principalement des fièvres qui, sans cesser d'être continues, ont des relâches comparables, jusqu'à un certain point, aux relâches d'une fièvre intermittente.

REMIX, ■ n. m. [ʁemiks] (angl. *to remix,* refaire le mixage sonore) Nouvel arrangement d'anciennes chansons. *La mode des remix des chansons des années 1980.*

REMIXER, ■ v. tr. [ʁəmikse] (angl. *to remix*) Retravailler, en particulier par des moyens informatiques, la version originale d'un enregistrement pour en proposer une nouvelle version. *Remixer un tube des années 1960.*

RÉMIZ, ▪ n. m. [ʀemiz] (prob. pol. *remiz*, du russe *remez*) Petit passereau, proche de la mésange, qui construit son nid en forme d'outre en le suspendant à une branche. *Le rémiz penduline.*

REMMAILLAGE ou **REMMAILLEMENT**, n. m. [ʀɑ̃majaʒ, ʀɑ̃maj(ə)mɑ̃] Voy. I REMAILLAGE.

REMMAILLER, v. tr. [ʀɑ̃maje] Voy. REMAILLER.

REMMANCHER, v. tr. [ʀɑ̃mɑ̃ʃe] (*re-* et *emmancher*) Munir d'un nouveau manche ; remettre dans le manche.

REMMENÉ, ÉE, p. p. de remmener. [ʀɑ̃m(ə)ne]

REMMENER, v. tr. [ʀɑ̃m(ə)ne] (*re-* et *emmener*) Emmener après avoir amené. *Remmenez cet homme, ce cheval, etc.*

REMNOGRAPHIE, ▪ n. f. [ʀɛmnoɡʀafi] (*R. M. N.* [Résonance magnétique nucléaire] et *-graphie*) Méd. Image obtenue par résonance magnétique. *Remnographie de l'appareil respiratoire.* ▪ REM. On dit aussi *IRM.*

REMODELER, ▪ v. tr. [ʀəmɔd(ə)le] (*re-* et *modeler*) Transformer l'aspect, la structure de quelque chose en vue d'une amélioration, d'une restructuration. *Remodeler son corps avant l'été.* ▪ REMODELAGE, n. m. [ʀəmɔd(ə)laʒ] *Un chirurgien-esthétique de grand renom a effectué le remodelage de son nez.*

RÉMOLADE, n. f. [ʀemolad] Voy. RÉMOULADE.

REMOLE, n. f. [ʀəmɔl] (forme anc. de *remous*, attestée par Furetière, de *remoudre* : cf. esp. *remolina*) Voy. REMOUS. T. de marine très peu usité. Tournant d'eau qui peut être dangereux.

REMONTAGE, n. m. [ʀəmɔ̃taʒ] (*remonter*) Action de remonter une rivière. *Le remontage des bateaux.* ♦ Action de remonter une horloge. ♦ **Milit.** Ajustement des pièces d'une arme à feu, séparées par le démontage. ♦ **Cordonn.** Action de remonter des bottes ; l'ouvrage qui en résulte. *Un bon remontage.* ♦ *Remontage des eaux-de-vie*, opération par laquelle on augmente le degré d'une eau-de-vie trop faible, en la coupant avec de l'eau-de-vie plus rectifiée et plus forte.

1 **REMONTANT, ANTE**, adj. [ʀəmɔ̃tɑ̃, ɑ̃t] (*remonter*) Hortic. Qui repousse à l'arrière-saison, qui redonne des fleurs, des fruits. *Rosiers, framboisiers remontants.*

2 **REMONTANT**, ▪ n. m. [ʀəmɔ̃tɑ̃] (p. prés. substantivé de *remonter*) Boisson, médicament qui redonne de la vigueur. *Après cette dure journée, il doit avoir besoin d'un petit remontant.*

REMONTE, n. f. [ʀəmɔ̃t] (*remonter*) Voy. REMONTER. Action de remonter un cours d'eau. ♦ Action de remonter la cavalerie, de lui fournir des chevaux pour remplacer ceux qui manquent ou qui sont hors d'état de servir. ♦ Achat de chevaux pour le service de l'armée, ou d'étalons pour le service des haras ; sujets achetés par les remontes. *Dépôt de remontes. Cheval de remonte.*

REMONTÉ, ÉE, p. p. de remonter. [ʀəmɔ̃te]

REMONTE-PENTE, ▪ n. m. [ʀəmɔ̃t(ə)pɑ̃t] (*remonter* et *pente*) Système mécanique composé de perches actionnées par un câble, qui permet de tracter les skieurs en haut d'une piste. *Se laisser tirer par le remonte-pente. Les remonte-pentes de la station.*

REMONTER, v. intr. [ʀəmɔ̃te] (*re-* et *monter*) Se conjugue avec *être* ou *avoir*, suivant le sens. Monter de nouveau ; retourner où l'on était avant de descendre. ♦ *Remonter à sa chambre, à cheval, en voiture, etc.* ♦ *Remonter sur l'eau*, revenir à fleur d'eau après avoir été submergé, et fig. reprendre crédit, faveur, fortune. ♦ **Fig.** *Remonter sur sa bête.* Voy. BÊTE. ♦ Aller vers la source d'un cours d'eau. « *Nous remontâmes le long du Nil* », FÉNELON. **Fig.** « *L'homme n'a rien qui ne doive remonter vers Dieu, comme à sa source* », BOURDALOUE. ♦ Il se dit en un sens analogue quand on s'élève de régions basses à des régions plus hautes. ♦ Aller en haut vers le point d'où la descente s'était faite, en parlant de choses. *Le baromètre remonte.* ♦ ▷ *Le soleil remonte*, quand les jours commencent à croître. ◁ **Fig.** *La vente remonte, le prix moyennant lequel on en acquiert les titres, qui était descendu, redevient plus élevé.* ♦ **Fig. et fam.** *Ses actions remontent*, se dit d'un homme qui regagne en crédit et que la fortune commence à favoriser. ♦ **Mar.** *Le vent remonte*, lorsqu'il change en passant du sud vers le nord. ♦ **Hortic.** Fleurir de nouveau après un arrêt. *Les rosiers qui fleurissent de nouveau après la saison des roses remontent.* ♦ S'élever, faire un mouvement de bas en haut. ♦ Il se dit d'un musicien qui passe à un ton plus élevé. ♦ La goutte est dite *remonter*, quand elle quitte les articulations pour se jeter sur un organe intérieur. ♦ ▷ **Jurispr.** *Les propres ne remontent point*, c'est-à-dire les ascendants ne succèdent pas aux propres. ◁ **Fig.** Revenir à un poste, à un rang d'où l'on était déchu. *Remonter sur le trône.* « *Un roi victorieux, Qui vous fait remonter au rang de vos aïeux* », RACINE. ♦ Se relever moralement. ♦ **Fig.** Tirer son origine de, s'étendre jusqu'à. « *Un roi longtemps victorieux, Qui voit jusqu'à Cyrus remonter ses aïeux* », RACINE. ♦ **Fig.** Aller vers les origines, vers les choses anciennes, vers les hommes anciens. « *Quelque haut qu'on puisse remonter pour rechercher dans les histoires*

les exemples des grandes mutations », BOSSUET. ♦ *Remonter à la source, au principe*, considérer une chose dans son origine, dans son commencement. ♦ **Fig.** Reprendre les choses de plus loin, de plus haut. ♦ **Fam.** *Remonter au déluge*, à la création, reprendre les choses de trop loin dans un récit. ♦ Se dit d'une couleur qui prend une teinte plus forte. *Remonter au rouge.* ♦ **V. tr.** Monter de nouveau, gravir de nouveau. *Remonter un escalier, une côte, le cours d'un fleuve, etc.* ♦ *Remonter un fleuve, une rivière*, côtoyer un fleuve, une rivière, en allant vers leur source. ♦ **Mar.** *Remonter la côte* ou simplement *remonter*, naviguer vers la partie de la côte d'où viennent les vents et les courants. ♦ Reporter à l'endroit d'où la personne, la chose était descendue. ♦ Élever en l'air avec des machines. ♦ Élever un mur, un plancher plus haut qu'ils n'étaient. ♦ ▷ *Remonter un cavalier*, lui donner une nouvelle monture. ◁ *Remonter une écurie*, acheter de nouveaux chevaux. ♦ Équiper, pourvoir, munir de nouveau des choses nécessaires. *Remonter une ferme, une imprimerie, etc.* ♦ *Remonter un magasin de marchandises, une maison de meubles, une bibliothèque de bons livres*, les en regarnir. ♦ *Remonter la garde-robe de quelqu'un*, le pourvoir des effets d'habillement. ♦ **Fam.** *Remonter les finances de quelqu'un*, le mettre dans un meilleur état de fortune. ♦ Raccommoder, remettre à neuf. *Remonter des bottes.* ♦ *Remonter un violon, une basse*, le garnir de cordes neuves. ♦ Replacer dans l'état où elles étaient auparavant les parties d'une machine, d'une pièce de menuiserie, de charpente qu'on a démontées. ♦ *Remonter une montre, une pendule, un tournebroche, un ressort*, les remettre en état d'aller. ♦ *Remonter une pièce*, se dit d'un directeur de théâtre qui remet une pièce en état d'être jouée. ♦ Remettre une parure dans sa monture. ♦ Ranimer, raviver. *Cette liqueur les a remontés. Remonter le courage, l'imagination de quelqu'un.* ♦ ▷ *Remonter un vin*, le couper soit avec un vin plus alcoolique, soit avec de l'eau-de-vie. ◁ *Se remonter*, v. pr. Se donner une nouvelle monture. ♦ Se fournir de nouveau de choses nécessaires. ♦ **Fig.** Reprendre des forces. ♦ Se ranimer, se raviver. ▪ **Sp.** Regagner le terrain perdu sur un concurrent. *Remonter le peloton.* ▪ **Fam.** *Remonter le moral à quelqu'un*, le réconforter. *Merci pour tes conseils, ça m'a remonté le moral.* ▪ **Fam.** *Être remonté contre quelqu'un*, lui en vouloir.

REMONTOIR, n. m. [ʀəmɔ̃twaʀ] (*remonter*) Carré qui, à l'aide d'une clé, sert à remonter une pièce d'horlogerie.

REMONTRANCE, n. f. [ʀəmɔ̃tʀɑ̃s] (*remontrer*) Représentations que l'on fait à quelqu'un sur une action en particulier ou sur ses actions en général. ♦ Avertissement qu'un père donne à son enfant, un supérieur à son inférieur, pour l'engager à se corriger. ♦ Au pl. Anciennement, discours adressés au roi par les parlements, dans lesquels ils protestaient contre un édit, une loi, etc. ▪ REM. S'emploie le plus souvent au pluriel. *Faire des remontrances à quelqu'un.*

REMONTRANT, n. m. [ʀəmɔ̃tʀɑ̃] (*remontrer*) ▷ Celui qui fait des remontrances. ◁

REMONTRÉ, ÉE, p. p. de remontrer. [ʀəmɔ̃tʀe]

REMONTRER, v. tr. [ʀəmɔ̃tʀe] (*re-* et *montrer*) Montrer de nouveau. ♦ Enseigner de nouveau. ♦ ▷ Montrer à quelqu'un en quoi il pèche. *Remontrer à quelqu'un les conséquences de sa conduite.* ◁ ♦ *Remontrer à quelqu'un le tort qu'il a, lui remontrer sa faute, lui remontrer son devoir*, faire connaître à quelqu'un le tort qu'il a, la faute qu'il a commise, le devoir qu'il a à remplir. ♦ ▷ **V. intr.** Faire une remontrance. ◁ ♦ En parlant du parlement, faire des remontrances. ♦ ▷ Se montrer plus instruit sur, faire leçon. ◁ ♦ **Prov.** *C'est Gros-Jean qui remontre à son curé*, se dit de celui qui veut enseigner un plus savant que lui. ♦ **Vén.** *Un limier en remontre*, quand il fait connaître qu'il trouve une voie. ♦ Se remontrer, v. pr. Se faire voir de nouveau. ♦ Reparaître, être vu de nouveau.

REMONTREUR, n. m. [ʀəmɔ̃tʀœʀ] (*remontrer*) Celui qui fait des remontrances.

RÉMORA, n. m. [ʀemɔʀa] (mot bas latin) Petit poisson auquel les Anciens attribuaient le pouvoir d'arrêter les vaisseaux. ♦ ▷ **Fig. et fam.** Obstacle, retardement. « *[L'or et le plaisir] Sont deux grands rémoras pour la philosophie* », REGNARD. ◁

REMORDRE, v. tr. [ʀəmɔʀdʀ] (*re-* et *mordre*) Mordre de nouveau. ♦ ▷ **Fig.** Causer des remords. « *Sa faute me remord* », MALHERBE. ◁ ♦ **V. intr.** Mordre de nouveau. *Remordre à un fruit.* ♦ **Fig.** *Remordre à l'hameçon*, se laisser reprendre au piège dont on s'était échappé. ♦ Attaquer de nouveau, en parlant des chiens. ♦ ▷ *Ne vouloir plus remordre*, se dit aussi de troupes qui ne veulent plus retourner à une attaque, après avoir été repoussées. ◁ ♦ **Fig. et fam.** *Il n'y veut plus remordre*, se dit d'un homme rebuté d'une entreprise, d'une étude, et qui y renonce.

REMORDS, n. m. [ʀəmɔʀ] (réfection graphique d'après *mordre* de l'anc. p. p. substantivé *remors* de *remordre*) Reproche que le coupable reçoit de sa conscience. *Avoir des remords.* ♦ En vers, on peut au singulier supprimer l's.

REMORDU, UE, p. p. de remordre. [ʀəmɔʀdy]

RÉMORE, n. f. [Remɔr] (b. lat. *remora*) Le même que *rémora* (voy. ce mot), qui est plus usité. « *[La paresse] C'est la rémore qui force d'arrêter les plus grands vaisseaux* », La Rochefoucauld.

REMORQUAGE, n. m. [Remɔrkaʒ] (*remorquer*) Opération de traîner à la remorque.

REMORQUE, n. f. [Remɔrk] (*remorquer*) Mar. Action de remorquer. ◆ *Se mettre à la remorque*, se faire remorquer, et fig. se laisser diriger, céder aux directions d'un chef, d'un parti. ◆ *Câble de remorque* ou simplement *remorque*, corde tendue d'un navire à un autre, à l'aide de laquelle ce dernier est traîné par celui qui le remorque. ■ Véhicule sans moteur tiré par un autre, utilisé pour le transport de marchandises. *La remorque d'un camion.* ■ Fam. *Être à la remorque*, être à la traîne, rester en arrière. ■ Fam. *Être à la remorque de quelqu'un*, se laisser mener aveuglément.

REMORQUÉ, ÉE, p. p. de remorquer. [Remɔrke]

REMORQUER, v. tr. [Remɔrke] (ital. *rimorchiare*, du lat. vulg. *remulculare*, du lat. *remulcum*, corde de hâlage) Mar. Se dit d'un bâtiment qui en traîne un autre derrière soi. ◆ Tirer des wagons sur un chemin de fer. ■ Rem. Se dit aujourd'hui aussi pour les véhicules sur route. *Un tracteur qui remorque une benne.*

REMORQUEUR, EUSE, n. m. et n. f. [Remɔrkœr, øz] (*remorquer*) N. m. Mar. Bâtiment qui remorque. ◆ Adj. *Bateau remorqueur. Frégate remorqueuse.* ◆ Marin qui monte les bateaux remorqueurs. ◆ *Remorqueur de bateaux et de trains de bois*, manœuvre qui remorque les bateaux, les trains de bois. ◆ N. f. Sur les chemins de fer, *remorqueuse*, voiture chargée d'une machine à vapeur, pour traîner après elle un convoi de voyageurs ou de marchandises.

RÉMOTIS (À), loc. adv. [remotis] (mot latin, prép. *a*, du côté de, et ablat. plur. neutre de *remotus*, p. p. de *removere*, éloigner) ▷ À l'écart. « *Sans mettre à rémotis une somme importante* », Boursault. ◁

REMOUCHER, v. tr. [Remuʃe] (*re-* et *moucher*) Moucher de nouveau. ◆ Fig. et pop. Remettre à sa place quelqu'un qui se méconnaît. ◆ *Se remoucher*, v. pr. Se moucher de nouveau.

REMOUDRE, v. tr. [Remudr] (*re-* et *moudre*) Moudre de nouveau.

RÉMOUDRE, v. tr. [Remudr] (*re-* et *émoudre*) Émoudre de nouveau.

REMOUILLER, ■ v. tr. [Remuje] (*re-* et *mouiller*) Mouiller à nouveau. *Remouiller un enduit qui a séché.* ■ *Remouiller l'ancre*, ou absol. *remouiller*, jeter l'ancre une nouvelle fois.

RÉMOULADE, n. f. [Remulad] (p.-ê. ital. *ramolaccio*, raifort, du lat. impér. *armoracea*, radis sauvage) Sorte de sauce piquante, composée de moutarde battue avec du sel, du poivre, de l'huile et du vinaigre. *Céleri rémoulade*, céleri râpé cru servi avec une sauce rémoulade. *J'ai fait des carottes râpées et du céleri rémoulade en entrée.* ■ Rem. On disait aussi *rémolade* autrefois.

RÉMOULEUR, n. m. et n. f. [Remulœr, øz] (radic. de *rémoulu*, p. p. de *rémoudre*) Ouvrier ambulant dit aussi *gagne-petit*, qui va dans les rues, dans les villages, aiguiser les couteaux, les ciseaux, etc. ■ Rem. On disait aussi *émouleur* autrefois.

REMOULU, UE, p. p. de remoudre. [Remuly]

RÉMOULU, UE, p. p. de rémoudre. [Remuly]

REMOUS, n. m. [Remu] (*remoudre*, par comparaison du mouvement circulaire de la meule avec le tourbillon de l'eau) Mar. Retour sur elle-même que fait l'eau, déplacée par le navire pendant sa marche, fait en arrière du gouvernail. ◆ Refoulement de l'eau qui se brise contre un obstacle. ◆ Contre-courant formé à chaque bord d'une rivière par des portions du liquide qui se dirigent vers la source. ◆ Mouvement analogue, en parlant des fluides aériformes. *Les remous des vents.* ■ Par anal. *Les remous de la foule.* ■ Fig. Trouble passager. *Les remous qui agitent la presse.*

REMPAILLAGE, n. m. [Rɑ̃pajaʒ] (*rempailler*) Travail du rempailleur.

REMPAILLÉ, ÉE, p. p. de rempailler. [Rɑ̃paje]

REMPAILLER, v. tr. [Rɑ̃paje] (*re-* et *empailler*) Empailler de nouveau. ◆ Garnir d'une nouvelle paille.

REMPAILLEUR, EUSE, n. m. et n. f. [Rɑ̃pajœr, øz] (*rempailler*) Celui, celle qui regarnit de paille les chaises, les fauteuils. ■ Rem. On disait aussi *pailleur* autrefois.

REMPARÉ, ÉE, p. p. de remparer. [Rɑ̃pare] « *Les murs de cette cité remparés de boulevards inexpugnables* », Chateaubriand.

REMPARER (SE), v. pr. [Rɑ̃pare] (*re-* et anc. fr. *emparer*, fortifier) S'emparer de nouveau. ◆ Établir un rempart, une défense pour se garantir de quelque attaque. ◆ V. tr. Couvrir d'un rempart. « *Remparer les brèches* », Malherbe.

REMPART, n. m. [Rɑ̃par] (*remparer*, avec infl. de l'ancienne graphie de *boulevart*) Ancienn., muraille en maçonnerie pleine, servant à entourer et

à protéger une ville ou un château. ◆ De nos jours, enceinte rasante garnie de bastions et de courtines, couronnée d'un parapet, garnie d'artillerie, entourée d'un fossé et percée de portes et de poternes. ◆ Il se dit de quartiers d'une ville qui sont situés près des remparts ou qui en occupent la place. ◆ Poétiq. *Les remparts*, la ville, la cité. « *Il est par un décret chassé de nos remparts* », Voltaire. ◆ Fig. Ce qui sert de défense. « *Contre la médisance il n'est point de rempart* », Molière.

REMPILER, ■ v. tr. [Rɑ̃pile] (*re-* et *empiler*) Empiler de nouveau. *Rempiler des chaises.* ■ V. intr. Fam. Se réengager à l'issue de la durée légale d'une obligation ou d'un engagement militaire. *Une grande partie de ceux qui servent sous les drapeaux refusent de rempiler.* ■ Par extens. Prolonger un contrat, un engagement. *Footballeur qui rempile dans une équipe.*

REMPLAÇANT, ANTE, n. m. et n. f. [Rɑ̃plasɑ̃, ɑ̃t] (*remplacer*) Personne qui en remplace une autre dans une fonction, dans une occupation. ◆ Celui qui remplace un jeune homme dans le service militaire.

REMPLACÉ, ÉE, p. p. de remplacer. [Rɑ̃plase] ◆ N. m. Celui qui a un remplaçant dans un des corps de l'armée.

REMPLACEMENT, n. m. [Rɑ̃plas(ə)mɑ̃] (*remplacer*) Action de remplacer une chose par une autre. ◆ En parlant des personnes, substitution dans un emploi, dans un service. *Le remplacement d'un employé. Remplacement militaire.* ◆ ▷ Emploi utile des deniers provenant d'un immeuble, d'une rente qu'on a vendue et qu'on est obligé de remplacer. ◁ ◆ *Faire des remplacements*, remplacer momentanément une personne dans ses fonctions. *Ce médecin n'a pas de cabinet, il fait des remplacements.*

REMPLACER, v. tr. [Rɑ̃plase] (*re-* et anc. fr. *emplacier*, mettre en place) Tenir la place de. « *Les anciens amis sont les seuls qui tiennent au fond de notre être ; les autres ne les remplacent qu'à moitié* », Voltaire. ◆ Tenir lieu de. *Rien ne remplace la santé.* ◆ Succéder à quelqu'un dans une place, une fonction, un service. ◆ Occuper momentanément la place d'un autre. ◆ Faire à la place d'un autre le temps de service militaire prescrit par la loi. ◆ Mettre à la place d'une personne, d'un objet. *Remplacer un domestique, un arbre mort, etc.* ◆ Servir de compensation. ◆ ▷ Faire un emploi obligé des fonds provenant de la vente d'un immeuble, en les appliquant à une acquisition équivalente. ◁ ◆ *Se remplacer*, v. pr. Prendre la place l'un de l'autre alternativement. ◆ Être remplacé. ◆ Absol. Comm. Se rassortir des marchandises qu'on a vendues. ■ REMPLAÇABLE, adj. [Rɑ̃plasabl] *Tout le monde est remplaçable.*

REMPLAGE, n. m. [Rɑ̃plaʒ] (*remplir*) Action de remplir un tonneau où il y a quelque déchet. ◆ Blocage à l'aide duquel on remplit l'espace vide entre les deux parements d'un mur en pierre ; et aussi cailloux qu'on jette entre un mur de revêtement et les terres. ◆ Petits bois qui garnissent un pan de bois, une cloison.

1 **REMPLI**, n. m. [Rɑ̃pli] (*remplier*) Pli que l'on fait à une étoffe pour en diminuer la longueur. ◆ Ce qui est laissé d'étoffe dans un vêtement pour faire les coutures.

2 **REMPLI, IE**, p. p. de remplir. [Rɑ̃pli] ◆ Qui a l'apparence de la plénitude, de l'embonpoint. « *Vaugelas avait le visage bien rempli et bien coloré* », Pellisson. ◆ Qui abonde en quoi que ce soit. *Un homme rempli de probité. Des rues remplies de monde.* ◆ Qui ne songe qu'à, qui est tout entier occupé par. *Rempli de cette idée.* ◆ *Un homme rempli de lui-même*, homme qui a une trop haute opinion de son mérite. ◆ Accompli. « *Hé bien ! je meurs content, et mon sort est rempli* », Racine.

REMPLIÉ, ÉE, p. p. de remplier. [Rɑ̃plije]

REMPLIER, v. tr. [Rɑ̃plije] (*re*, 1 *en-* et pli) Faire un rempli. ◆ *Se remplier*, v. pr. Être plié en forme de rempli.

REMPLIR, v. tr. [Rɑ̃plir] (*re-* et *emplir*) Emplir de nouveau. *Remplir un tonneau.* ◆ Il se dit simplement pour *emplir*. ◆ *Remplir un vide*, le combler. ◆ *Se remplir le ventre*, manger beaucoup. ◆ *Remplir un canevas, une toile, un dessin*, couvrir par des points à l'aiguille ce canevas, cette toile, ce dessin. ◆ *Remplir une quittance*, y écrire ce qui y avait été laissé en blanc. ◆ *Remplir un blanc-seing*, écrire les stipulations d'un acte sur un papier signé d'avance. ◆ *Remplir des bouts-rimés*, faire des vers sur des rimes données. ◆ *Remplir une place*, s'y asseoir, l'occuper. ◆ Fig. Occuper. *Remplir un poste.* ◆ *Remplir la place de quelqu'un*, le remplacer. ◆ *Remplir sa place*, s'acquitter des devoirs qu'elle impose. ◆ Fig. *Ces vers remplissent bien l'oreille*, ils sont bien cadencés. ◆ Il se dit de Dieu occupant l'immensité. « *L'univers entier est un temple que Dieu remplit de sa gloire et de sa présence* », Massillon. ◆ Il se dit de ce qui abonde dans un lieu, en occupe une grande partie, s'y étend beaucoup. *Les étrangers remplissent la ville. Remplir toute la terre de son nom.* ◆ Il se dit, en un sens analogue, des compagnies, des troupes. « *Il remplit ses armées de Juifs* », Bossuet. ◆ *Remplir un corps, une compagnie, une société de personnes capables, d'ignorants, etc.*, y admettre, y faire entrer beaucoup de personnes capables, d'ignorants, etc. ◆ Rendre complet. *Remplir le nombre de ceux qui doivent former un corps, une compagnie*, en rendre le nombre complet. ♦ Il se dit des écrits où abondent certaines choses. « *Je me plais à remplir mes sermons de portraits* », BOILEAU. ♦ **Fig.** Rendre plein de certaines choses intellectuelles, morales, abstraites. « *La médisance remplit tous les lieux où elle entre de désordre et de confusion* », MASSILLON. ♦ **Fig.** Occuper, satisfaire pleinement. « *Apprenons avant toutes choses à n'être pas éblouis du bonheur qui ne remplit pas le cœur de l'homme* », BOSSUET. ♦ *Remplir quelqu'un de soi,* l'entretenir dans la plénitude de l'amour-propre. « *Les louanges corrompent les hommes, les remplissent d'eux-mêmes* », FÉNELON. ♦ **Fig.** Ne laisser aucun vide dans un contexte. « *Le seul courroux d'Achille avec art ménagé Remplit abondamment une Iliade entière* », BOILEAU. ♦ Employer, occuper, en parlant du temps, de la durée. « *Il n'est rien de plus dangereux qu'une longue vie, quand elle n'est remplie que de vaines entreprises ou même d'actions criminelles* », BOSSUET. ♦ Exécuter, accomplir, effectuer, réaliser. *Remplir un dessein, sa tâche, son serment, etc.* ♦ *Remplir les espérances du public,* y répondre par ses actions, par sa conduite. ♦ *Cet homme a rempli son sort, sa destinée,* il a accompli, éprouvé ce à quoi il paraissait destiné. ♦ *Remplir l'idée qu'on doit avoir ou qu'on s'est faite de quelque chose, de quelqu'un,* offrir l'accomplissement de tout ce que cette idée promet. ♦ *Remplir,* en parlant de nom, de naissance, de talents, de mérite, répondre à l'illustration du nom, de la naissance, à l'étendue des talents, du mérite. « *Remplissez mieux un nom sous qui nous tremblons tous* », P. CORNEILLE. ♦ ▷ **Jurispr.** Rembourser. *Remplir une veuve de son douaire.* ◁ ♦ **Absol.** Donner le sentiment de la plénitude. *Cette nourriture remplit beaucoup.* ♦ Se remplir, v. pr. Devenir plein. *Le réservoir s'est rempli d'eau.* ♦ ▷ *Se remplir de viandes, de vin,* et absol. *se remplir,* manger, boire avec excès. ◁ ♦ Il se dit de l'âme, du cœur, de l'esprit. *Se remplir de visions, de chimères, d'espérances vaines, etc.* ♦ *Se remplir de quelqu'un, de quelque chose,* en faire tout son objet. « *Le visage du prince fait toute la félicité du courtisan, il s'occupe et se remplit pendant toute sa vie de le voir et d'en être vu* », LA BRUYÈRE. ♦ Se pénétrer de. « *Vous faites le poète, vous, et vous devez vous remplir de ce personnage* », MOLIÈRE. ♦ ▷ **Jurispr.** Être remboursé. *Se remplir de ses frais.* ◁

REMPLISSAGE, n. m. [ʀɑ̃plisaʒ] (radic. du p. prés. de *remplir*) Action de remplir. *Le remplissage d'une écluse.* ♦ Syn. de remplage. ♦ Ouvrage que fait une ouvrière en remplissant du point, des dentelles. ♦ En parlant des ouvrages d'esprit, tout ce qui est étranger, inutile au sujet, et ne sert qu'à remplir le papier ou le temps. *Il y a dans cet ouvrage bien du remplissage.* **Peint.** *Figures de remplissage,* figures étrangères au sujet du tableau ou qui n'y jouent qu'un rôle accessoire. ♦ **Mus.** Il se dit des parties qu'on ajoute aux parties essentielles pour rendre l'harmonie plus agréable, en remplissant des intervalles trop étendus.

REMPLISSEUSE, n. f. [ʀɑ̃plisøz] (radic. du p. prés. de *remplir*) Ouvrière qui remplit du point, des dentelles.

REMPLOI, n. m. [ʀɑ̃plwa] Voy. RÉEMPLOI.

REMPLOYABLE, adj. [ʀɑ̃plwajabl] Voy. RÉEMPLOYABLE.

REMPLOYÉ, ÉE, p. p. de remployer. [ʀɑ̃plwaje]

REMPLOYER, v. tr. [ʀɑ̃plwaje] Voy. RÉEMPLOYER.

REMPLUMÉ, ÉE, p. p. de remplumer. [ʀɑ̃plyme]

REMPLUMER, v. tr. [ʀɑ̃plyme] (re- et *emplumer*) Regarnir de plumes. *Remplumer un clavecin.* ♦ Se remplumer, v. pr. Se dit des oiseaux à qui les plumes reviennent. ♦ **Fig.** Se rétablir dans ses affaires, regagner ce qu'on avait perdu. ♦ Reprendre de l'embonpoint après une maladie.

REMPOCHÉ, ÉE, p. p. de rempocher. [ʀɑ̃pɔʃe]

REMPOCHER, v. tr. [ʀɑ̃pɔʃe] (re- et *empocher*) Remettre en poche.

REMPOISSONNÉ, ÉE, p. p. de rempoissonner. [ʀɑ̃pwasɔne]

REMPOISSONNEMENT, n. m. [ʀɑ̃pwasɔn(ə)mɑ̃] (rempoissonner) Action de rempoissonner un étang ; résultat de cette action.

REMPOISSONNER, v. tr. [ʀɑ̃pwasɔne] (re- et *empoissonner*) Repeupler de poissons un vivier, un étang, une eau quelconque.

REMPORTÉ, ÉE, p. p. de remporter. [ʀɑ̃pɔʀte]

REMPORTER, v. tr. [ʀɑ̃pɔʀte] (re- et *emporter*) Emporter de nouveau. ♦ Reprendre et rapporter d'un lieu ce qu'on y avait apporté. « *Le flux des apporta, le reflux les remporte* », P. CORNEILLE. ♦ Enlever d'un lieu. ♦ Gagner, obtenir. *Remporter le prix, quelque avantage, etc.* ♦ Par antiphrase. *Il n'en a remporté que des mécomptes.* ♦ **Fig.** *Remporter la palme,* obtenir le triomphe. ♦ Avec un nom de chose pour sujet, l'emporter. « *Toujours la patrie et la gloire Ont parmi les Romains remporté la victoire* », RACINE.

REMPOTAGE, n. m. [ʀɑ̃pɔtaʒ] (rempoter) Action de rempoter une plante.

REMPOTÉ, EE, p. p. de rempoter. [ʀɑ̃pɔte]

REMPOTER, v. tr. [ʀɑ̃pɔte] (re- et *empoter*) Remettre une plante dans un pot, la changer de pot.

REMPRUNTER ou **RÉEMPRUNTER,** ■ v. tr. [ʀɑ̃prœ̃te, ʀɑ̃prɛ̃te] ou [ʀeɑ̃prœ̃te, ʀeɑ̃prɛ̃te] Emprunter de nouveau. *Remprunter auprès d'une autre banque.*

REMUAGE, n. m. [ʀəmɥaʒ] (remuer) Action de remuer du vin, du blé.

REMUANT, ANTE, adj. [ʀəmɥɑ̃, ɑ̃t] (remuer) Qui remue, qui s'agite sans cesse. *Un homme remuant.* ♦ **Fig.** Propre à exciter des troubles, des guerres, des changements. « *Un de ces esprits remuants et audacieux qui semblent être nés pour changer le monde* », BOSSUET. ♦ ▷ Qui est de nature à émouvoir. ◁

REMUÉ, ÉE, p. p. de remuer. [ʀəmɥe] ♦ ▷ **Fig.** et pop. *Cousin remué de germain,* cousin issu de germain. ◁

REMUE-MÉNAGE, n. m. [ʀəmymenaʒ] (remuer et *ménage*) Fam. Dérangement de meubles, de choses que l'on déplace. ♦ **Fig.** Changement, trouble, désordre. ■ Au pl. *Des remue-ménage* ou *des remue-ménages.*

REMUE-MÉNINGE, ■ n. m. [ʀəmymenɛ̃ʒ] (remuer et *méninges*) Fam. Réunion dont l'objectif est de favoriser la synergie entre les participants, afin de faire naître un maximum d'idées qui seront analysées par la suite. *Le grand remue-méninge des états généraux de la recherche. Animer des remue-méninges.*

REMUEMENT, n. m. [ʀəmymɑ̃] (remuer) Action de remuer. *Le remuement de la foule. Un remuement des lèvres.* ♦ *Remuement des terres,* transport de terres dans un autre lieu. ♦ **Fig.** Mouvement, agitation, changement. « *C'est le tracas qui nous détourne de penser à nos peines et nous divertit ; de là vient que les hommes aiment tant le bruit et le remuement* », PASCAL. ♦ Troubles dans un État, dans une famille. ♦ **Fig.** Émotion morale. ■ REM. Graphie ancienne : *remûment.*

REMUER, v. tr. [ʀəmɥe] (re- et *muer*) ▷ Changer une chose de place, la mouvoir. *Remuer un buffet.* ◁ ♦ ▷ **Fam.** *Remuer ses os,* changer de résidence, voyager. ◁ ♦ ▷ *Il ne peut remuer ni pied ni patte,* se dit d'un homme très faible ou très fatigué et qui ne peut marcher. ◁ ♦ ▷ **Fig.** et fam. *Remuer beaucoup d'argent,* faire beaucoup d'affaires d'argent. ◁ ♦ ▷ *Remuer un enfant,* le nettoyer et le changer de langes. ◁ ♦ *Remuer de la terre,* la transporter d'un lieu dans un autre. ♦ **Milit.** *Remuer la terre,* fouir et porter la terre pour faire des retranchements, des mines, etc. ♦ *Remuer un champ,* le bêcher, le fouir, etc. ♦ **Fig.** et fam. *Remuer ciel et terre,* faire beaucoup de démarches, employer toutes sortes de moyens pour réussir. ♦ On dit dans le même sens : remuer toutes choses. ◁ ♦ Donner le branle. *Remuer les masses, les intérêts, les passions, etc.* ♦ Apporter troubles, innovation. « *La licence où se jettent les esprits quand on ébranle les fondements de la religion et qu'on remue les bornes une fois posées* », BOSSUET. ♦ S'occuper de, mettre sur le tapis. *Remuer une question.* ♦ Émouvoir. *Remuer le cœur.* ♦ **Absol.** « *Corneille, élève, étonne, maîtrise, instruit ; Racine plaît, remue, touche, pénètre* », LA BRUYÈRE. ♦ ▷ **Fam.** *Remuer la bile,* exciter la colère, l'indignation. ◁ ♦ *Remuer quelqu'un,* le déplacer. ♦ **V. intr.** Faire quelque mouvement, changer de place. ♦ Tenter, agir. « *Les jésuites remuent beaucoup à Rome* », BOSSUET. ♦ Exciter trouble, sédition. « *Rien ne remuait en Judée contre Athalie* », BOSSUET. ♦ Se remuer, v. pr. Se mouvoir. ♦ Se donner du mouvement pour réussir. « *Hercule veut qu'on se remue, Puis il aide les gens* », LA FONTAINE. ♦ Avec ellipse du pronom personnel. « *Ces ressorts secrets qui font remuer le cœur humain* », BOSSUET. ♦ Exciter trouble ou guerre. ♦ Il se dit des mouvements de l'âme, des agitations morales ou politiques. « *Quelque chose de plus violent se remuait dans le fond des cœurs* », BOSSUET. ■ Se remuer, v. pr. Fam. Se donner de la peine pour parvenir à un résultat. *Remue-toi si tu veux gagner !* ♦ **Fig.** et fam. *Cette nouvelle m'a remuée,* cette nouvelle m'a troublée.

REMUEUR, EUSE, ■ n. m. et n. f. [ʀəmɥœʀ, øz] (remuer) Litt. Personne qui remue quelque chose. *Remueur d'argent.* ■ Ouvrier chargé de remuer le blé pour l'aérer. *Le remueur évite que le blé ne s'échauffe.* ■ Personne dont le métier est d'effectuer le remuage, c'est-à-dire secouer légèrement et tourner régulièrement les bouteilles de champagne d'un quart de tour afin d'éviter qu'un dépôt ne se forme au cours de la fermentation. ■ Adj. Qui remue, qui s'agite. *Un enfant remueur.*

REMUEUSE, n. f. [ʀəmɥøz] (remuer) ▷ Femme qu'on donne en aide à la nourrice de l'enfant d'un prince, d'un grand seigneur, et qui a soin de le changer de langes et de le nettoyer. ◁

REMUGLE, n. m. [ʀəmygl] (re- et anc. nord. *mygla,* moisissure) ▷ ou Litt. Odeur de ce qui a été longtemps enfermé ou exposé à un mauvais air. *Cela sent le remugle.* ◁ ■ REM. On écrivait aussi *remeugle* autrefois.

RÉMUNÉRANT, ANTE, adj. [ʀemyneʀɑ̃, ɑ̃t] (rémunérer) Qui rémunère, qui sert de rémunération. *Un travail rémunérant.* ■ REM. On dit plutôt auj. *un travail rémunérateur.*

RÉMUNÉRATEUR, TRICE, n. m. et n. f. et adj. [ʀemyneʀatœʀ, tʀis] (lat. chrét. *remunerator*) Qui récompense. « *Dieu rémunérateur de la vertu et vengeur des crimes* », BOURDALOUE. « *Nous adorons depuis le commencement des choses la Divinité unique, éternelle, rémunératrice de la vertu et vengeresse* *du crime* », VOLTAIRE. ♦ **Industr. et comm.** Qui fait rentrer dans les avances et procure du profit. *Prix rémunérateur.*

RÉMUNÉRATION, n. f. [remynerasjɔ̃] (lat. *remuneratio*) Récompense. *La rémunération d'un travail.* ▪ Paiement d'un travail, d'un service. *Percevoir une rémunération.* ▪ Salaire. *Rémunération mensuelle, évolutive.*

RÉMUNÉRATOIRE, adj. [remyneratwar] (*rémunérer*) **Dr.** Qui tient lieu de récompense. *Legs rémunératoire.*

RÉMUNÉRÉ, ÉE, p. p. de rémunérer. [remynere]

RÉMUNÉRER, v. tr. [remynere] (lat. *remunerare*) Récompenser. *Rémunérer un service. Rémunérer la vertu.* ▪ Payer. *Rémunérer un travail. Elle est rémunérée.*

RENÂCLER, v. intr. [renakle] (prob. de *re-* et du lat. vulg. *nasicare*) ▷ Faire certain bruit en retirant son haleine par le nez, lorsqu'on est en colère. ◁ ♦ **Fig. et fam.** Témoigner de la répugnance pour quelque chose. *Il renâcle à cette besogne.*

RENÂCLEUR, EUSE, ▪ n. m. et n. f. [renaklœr, øz] (*renâcler*) **Rare** Personne qui renâcle. ▪ **Adj.** Qui renâcle, qui proteste. *Il n'aime pas monter ce cheval renâcleur.*

RENAISSANCE, n. f. [renesɑ̃s] (*renaître*, d'apr. *naissance*) Seconde, nouvelle naissance. *La renaissance du phénix.* ♦ *La renaissance des hommes en Jésus-Christ,* leur régénération spirituelle. ♦ Renouvellement. *La renaissance du printemps, de la verdure.* ♦ **Fig.** Il se dit de la réapparition de choses morales ou intellectuelles. *La renaissance des désirs.* « *On ne peut douter que les coutumes n'aient beaucoup servi à la renaissance de notre droit français* », MONTESQUIEU. ♦ **Absol.** Époque où les lettres grecques font leur entrée en Occident, après la prise de Constantinople, en 1453. *Architecture de la Renaissance.* ♦ **Adj.** *Style Renaissance.*

RENAISSANT, ANTE, adj. [renesɑ̃, ɑ̃t] (*renaître*) Qui renaît. « *Je peindrai les plaisirs en foule renaissants* », BOILEAU. « *Des gazons toujours renaissants et fleuris* », FÉNELON.

RENAÎTRE ou **RENAITRE**, v. intr. [renɛtr] (*re-* et *naître*) Se conjugue avec *être*. Naître de nouveau, revenir à la vie. *Les pères semblent renaître dans leurs enfants.* ♦ **Fig.** *Renaître par le baptême, par la pénitence,* rentrer en état de grâce. ♦ Par exagération, *renaître à la vie,* recouvrer la santé, après avoir été fort malade. ♦ **Fig.** *Renaître au bonheur,* redevenir heureux, après beaucoup d'afflictions, de malheurs. ♦ Il se dit d'êtres animés qui prennent la place d'êtres semblables morts ou détruits. ♦ Être reproduit semblable, en parlant de personnages. « *Renaîtra-t-il jamais un autre ami de la vérité que mon sort n'effraye pas ?* », J.-J. ROUSSEAU. ♦ En parlant des végétaux, repousser, croître de nouveau. ♦ ▷ Il se dit, par analogie, de tout ce qui repousse. *Ses cheveux commencent à renaître.* ◁ ♦ Reparaître, se remontrer. *Le Rhône se perd sous la terre, puis renaît un peu plus loin.* ♦ **Fig.** Il se dit de tout ce que l'on compare à une renaissance. « *Les conjurations au commencement du règne d'Auguste renaissaient toujours* », MONTESQUIEU. ♦ **Absol.** Reprendre des forces, des qualités morales. « *Avec la liberté Rome s'en va renaître* », P. CORNEILLE.

RÉNAL, ALE, adj. [renal] (b. lat. *renalis*) **Anat.** Qui a rapport aux reins. *Nerf rénal. Calculs rénaux.*

RÉNANTHÉRA, ▪ n. m. ou n. f. [renɑ̃tera] (lat. *ren*, rein, et gr. *anthêros*, fleuri) Orchidée aux fleurs le plus souvent blanches, jaunes, roses ou rouges. *La rénanthéra est originaire des Philippines. Des rénanthéras.*

RENARD, n. m. [rənar] (personnage du *Roman de Renart*, du frq. *Reginhart*, bon au conseil) Quadrupède carnassier à longue queue, du genre chien. ♦ ▷ *Faire la guerre en renard, agir en renard,* faire la guerre avec ruse, agir finement. ◁ ♦ **Fig.** *Vendre la poule au renard,* trahir les intérêts qui nous sont confiés. ◁ ♦ ▷ *Prendre martre pour renard,* prendre une chose pour une autre, étant trompé par la ressemblance. ◁ ♦ ▷ *Rendre martre pour renard,* duper qui nous a dupés. ◁ ♦ **Fig.** Un homme rusé. *C'est un renard, un fin renard.* ♦ *Une peau de renard. Un manteau garni de renard.* ♦ *Renard marin,* gros mammifère de l'ordre des cétacés. ♦ Fente, trou, en parlant de canaux, de bassins, par où l'eau se perd et qu'il est difficile de découvrir. ♦ *Queue-de-renard,* nom vulgaire du mélampyre des champs et de l'amarante à queue. ♦ *Queue-de-renard,* outil à trois biseaux par le bout, dont on se sert pour percer. ♦ **Au pl.** *Des queues-de-renard.* ▪ **Arg.** Vomissement.

RENARDE, n. f. [rənard] (*renard*) Femelle du renard.

RENARDEAU, n. m. [rənardo] (dimin. de *renard*) Petit renard.

RENARDIER, n. m. [rənardje] (*renard*) ▷ Celui qui dans une terre a le soin de prendre les renards. ◁

RENARDIÈRE, n. f. [rənardjer] (*renard*) Tanière du renard. ♦ **Métall.** Nom donné au fourneau d'affinage. ▪ **Québec** Élevage de renards. *Tenir une renardière pour vendre la fourrure des renards.*

RENCAISSAGE, n. m. [rɑ̃kesaʒ] (*rencaisser*) Action de rencaisser.

RENCAISSÉ, ÉE, p. p. de rencaisser. [rɑ̃kese]

RENCAISSEMENT, n. m. [rɑ̃kes(ə)mɑ̃] (*rencaisser*) Syn. de rencaissage.

RENCAISSER, v. tr. [rɑ̃kese] (*re-* et *encaisser*) **Jard.** Remettre dans une caisse. *Rencaisser des grenadiers.* ♦ **Financ.** Remettre en caisse. *Rencaisser une somme.*

RENCARD, ▪ n. m. [rɑ̃kar] Voy. RANCARD.

RENCARDER, ▪ v. tr. [rɑ̃karde] Voy. RANCARDER.

RENCART (AU), loc. adv. [rɑ̃kar] Voy. RANCART.

RENCHÉRI, IE, p. p. de renchérir. [rɑ̃ʃeri] **Fig. et fam.** Difficile, dédaigneux. ♦ ▷ **N. m. et n. f.** Faire le renchéri. ◁

RENCHÉRIR, v. tr. [rɑ̃ʃerir] (*re-* et *enchérir*) Rendre plus cher, d'un prix plus élevé. *Renchérir le pain.* ♦ **V. intr.** Devenir plus cher. *Tout renchérit.* ♦ **Fig.** Dire, faire plus qu'un autre. « *Mon sentiment n'est pas qu'on prenne la méthode De ceux qu'on voit toujours renchérir sur la mode* », MOLIÈRE. ♦ *Renchérir sur quelqu'un,* dire des choses plus extraordinaires que celles qu'il dit. ▪ Faire une nouvelle enchère. *Il a dû renchérir pour acquérir ce tableau.*

RENCHÉRISSEMENT, n. m. [rɑ̃ʃeris(ə)mɑ̃] (*renchérir*) Augmentation de prix. *Le renchérissement des denrées.*

RENCHÉRISSEUR, EUSE, n. m. et n. f. [rɑ̃ʃerisœr, øz] (*renchérir*) Personne qui renchérit.

RENCOGNÉ, ÉE, p. p. de rencogner. [rɑ̃koɲe] ou [rɑ̃konje]

RENCOGNER, v. tr. [rɑ̃koɲe] ou [rɑ̃konje] (*re-* et anc. fr. *encoigner*, placer dans un coin) ▷ **Fam.** Pousser, serrer quelqu'un dans un coin. ♦ **Fig.** *Rencogner ses larmes,* faire effort pour ne pas pleurer. ♦ *Se rencogner,* v. pr. S'enfermer. *Se rencogner dans son logis.* ◁

RENCONTRE, n. f. [rɑ̃kɔ̃tr] (*rencontrer*) Action d'aller vers quelqu'un qui vient. *Aller à la rencontre de quelqu'un.* ♦ Occasion qui fait trouver fortuitement une personne, une chose. « *Je ne pouvais avoir rencontre plus heureuse* », P. CORNEILLE. ♦ *Faire une mauvaise rencontre,* trouver sur son chemin des malfaiteurs. ♦ *Marchandise de rencontre,* ce qu'on achète d'occasion. ♦ ▷ *J'ai eu cela de rencontre, c'est une rencontre,* se dit d'une chose achetée d'occasion et à bon marché. ◁ ♦ *À la rencontre,* quand on se rencontre. ♦ *Combat imprévu de deux corps ennemis qui se rencontrent.* Toute espèce d'engagement, prévu ou imprévu. ♦ *Combat singulier non prémédité.* « *Comme si, les duels étant défendus, les rencontres étaient permises* », MME DE SÉVIGNÉ. ♦ Il se dit aujourd'hui pour duel, combat prémédité. ♦ *Concours, conjonction ou opposition des corps. La rencontre des atomes, des planètes, des astres, etc.* ♦ **Gramm. et versif.** *Rencontre des voyelles,* choc de deux voyelles qui ne s'élident pas, hiatus. ♦ **Horlog.** *Roue de rencontre,* roue dont les dents engrènent sur le pivot qui fait mouvoir le balancier. ♦ Conjoncture. *En toutes rencontres.* ♦ Rapprochement de mots plaisants. « *Ceux qui trouvent ces belles rencontres n'ont-ils pas lieu de s'en glorifier ?* », MOLIÈRE. ♦ **Hérald.** *Rencontre* est masculin, et se dit de la tête d'un animal qui la présente de front. *De sable au rencontre du bélier d'or.* ▪ *À la rencontre de,* au-devant de. *Aller à la rencontre de ses invités.* ▪ *De rencontre,* de hasard. *Des amis de rencontre.* ▪ Épreuve sportive au cours de laquelle s'affrontent deux équipes. *Disputer une rencontre. Une rencontre amicale.*

RENCONTRÉ, ÉE, p. p. de rencontrer. [rɑ̃kɔ̃tre] Heureux, bien trouvé. « *Il y a un terme dans votre ouvrage qui est rencontré, et qui peint la chose au naturel* », LA BRUYÈRE.

RENCONTRER, v. tr. [rɑ̃kɔ̃tre] (*re-* et anc. fr. *encontrer,* venir au-devant) Avoir la rencontre de, trouver sans s'attendre à. *Rencontrer quelqu'un.* « *On rencontre sa destinée Souvent par des chemins qu'on prend pour l'éviter* », LA FONTAINE. ♦ On le dit quelquefois des choses. *Le torrent entraîne tout ce qu'il rencontre sur son passage.* ♦ *Rencontrer les yeux de quelqu'un,* le regarder au moment où il vous regarde. ♦ **Mar.** Trouver un navire ou une escadre dans le parage où l'on navigue soi-même. ♦ Heurter contre, présenter la bataille. *Rencontrer l'ennemi.* ♦ Atteindre à trouver quelque chose. « *Les vieillards déclarèrent que j'avais rencontré le vrai sens de Minos* », FÉNELON. *Il a rencontré son fait.* ♦ **Absol.** *Rencontrer du premier coup.* ♦ ▷ **V. intr. Vén.** *Le limier rencontre,* il commence à trouver la piste du gibier. ◁ ♦ Dire, écrire, trouver quelque chose d'heureux, d'à propos. « *Pour badiner avec grâce, et rencontrer heureusement sur les plus petits sujets, il faut trop de manières* », LA BRUYÈRE. « *Quelquefois, en devinant au hasard, on rencontre* », VOLTAIRE. ♦ *Se rencontrer,* v. pr. Faire rencontre l'un de l'autre. ♦ Il se dit des yeux, des regards de personnes se regardant l'une l'autre. ♦ Avoir la même pensée, le même sentiment qu'un autre. ♦ Se battre en duel. ♦ Être trouvé, paraître, exister. « *Quel prodige pareil s'est jamais rencontré ?* », P. CORNEILLE. ♦ Il se dit des personnes en un sens analogue. *M'étant rencontré là par hasard.* ◁ ♦ **Impers.** « *Il s'est rencontré, dans tous les temps et dans toutes les conditions, des femmes qui par un mérite solide se sont élevées au-dessus de leur sexe* », ROLLIN. ♦ Concorder. *Nos avis se rencontrent.* ▪

Prov. *Les beaux esprits se rencontrent.* ■ **Se rencontrer,** v. pr. Faire connaissance. *Nous nous sommes rencontrés dans le train.* ■ **Ironiq.** *Les grands esprits se rencontrent,* les personnes intelligentes pensent la même chose au même moment.

RENCORSÉ, ÉE, p. p. de rencorser. [ʀɑ̃kɔʀse]

RENCORSER, v. tr. [ʀɑ̃kɔʀse] (*re-* et anc. fr. *encorser,* de *en* et *corps*) ▷ Mettre un corsage neuf à une robe. ◁

RENDANT, ANTE, adj. [ʀɑ̃dɑ̃, ɑ̃t] (*rendre*) Qui rend. ◆ N. m. et n. f. **Dr.** *Un rendant compte,* celui, celle qui rend un compte.

RENDEMENT, n. m. [ʀɑ̃d(ə)mɑ̃] (*rendre*) Ce que rend, ce que produit une chose, une exploitation quelconque. *Le rendement du raisin, d'une terre en grains.* ◆ Produit de l'affinage du sucre. ■ Profit provenant d'un placement, d'un investissement, d'une opération. *Cette rente est de faible rendement.* ■ Productivité et efficacité au travail. *Le bon rendement d'un technicien.*

RENDETTER (SE), v. pr. [ʀɑ̃dete] (*re-* et *endetter*) S'endetter de nouveau.

RENDEZ-VOUS, n. m. inv. [ʀɑ̃devu] (impér. de *se rendre*) Parole qu'on se donne, à deux ou à plusieurs, de se trouver en un lieu déterminé et à une heure déterminée. ◆ Il se dit d'une assignation de duel. ◆ Le lieu où l'on doit se rendre. ◆ *Rendez-vous de chasse,* lieu dans un bois, ordinairement un pavillon, destiné à servir de lieu de réunion aux chasseurs. ◆ **Mar.** Lieu où les bâtiments d'une escadre ou d'un convoi se doivent retrouver, en cas de séparation à la mer ou au moment du départ. ◆ Tout lieu où l'on a l'habitude de se réunir. « *Paris, rendez-vous général de presque tous les grands talents répandus dans les provinces* », FONTENELLE. ◆ Il se dit par extens. en parlant des animaux et même des plantes. *Cette forêt est le rendez-vous des oiseaux de proie.* ◆ **Fig.** « *On dirait que son âme est un rendez-vous de toutes les passions* », BOILEAU. ◆ *Être au rendez-vous,* venir à propos. *Le beau temps est au rendez-vous.* ■ **Fam.** Personne à laquelle on a fixé rendez-vous. *Votre rendez-vous de 14 heures s'est décommandé. Des rendez-vous.*

RENDONNÉE, n. f. [ʀɑ̃dɔne] Voy. RANDONNÉE.

RENDORMI, IE, p. p. de rendormir. [ʀɑ̃dɔʀmi]

RENDORMIR, v. tr. [ʀɑ̃dɔʀmiʀ] (*re-* et *endormir*) Faire dormir de nouveau. ◆ **Se rendormir,** v. pr. Recommencer à dormir. ◆ **Fig.** « *Le vent s'est rendormi* », LAMARTINE.

RENDOSSER, v. tr. [ʀɑ̃dose] (*re-* et *endosser*) Remettre sur son dos, sur soi.

RENDOUBLÉ, ÉE, p. p. de rendoubler. [ʀɑ̃duble]

RENDOUBLER, v. tr. [ʀɑ̃duble] (*re-,* en et *doubler*) Remplier un vêtement pour le raccourcir.

RENDRE, v. tr. [ʀɑ̃dʀ] (lat. *reddere,* de *dare,* donner) Remettre une chose, une personne à celui à qui elle appartient, redonner. ◆ *Rendre le pain bénit.* Voy. PAIN. ◆ *Rendre à quelqu'un sa parole,* le dégager de l'engagement qu'il avait pris. ◆ **Fig.** *Je lui ai rendu mon estime, ma confiance, mon cœur, etc.* ◆ *Rendre un dépôt,* remettre ce qui a été confié. ◆ Remettre à son adresse. *Rendre un paquet, une lettre.* ◆ *Rendre réponse,* faire par écrit une réponse ou transmettre par un messager une réponse. ◆ Voiturer, porter, conduire. *Rendre des marchandises en un lieu. Montez dans ma voiture et je vous rendrai chez vous.* ◁ ◆ *Rendre de l'ouvrage,* le remettre à celui à qui il est destiné. ◆ **Fig.** S'acquitter, en parlant de certains devoirs, de certaines obligations, de marques de respect, de civilité. *Rendre hommage. Rendre des devoirs, des respects à quelqu'un.* ◆ *Rendre des honneurs,* accorder, décerner des honneurs. ◆ **Féod.** *Rendre foi et hommage,* reconnaître en qualité de suzerain. ◆ *Rendre visite,* aller visiter. ◆ *Rendre ses visites,* faire les visites que l'usage prescrit dans certaines circonstances. ◆ *Rendre à quelqu'un sa visite,* faire une visite à une personne qui est venue vous visiter. ◆ *Rendre le salut,* saluer quelqu'un par qui on a été salué. ◆ *Rendre service à quelqu'un,* l'obliger. ◆ *Rendre de bons offices, de mauvais offices à quelqu'un,* servir ou desservir quelqu'un de parole ou d'action. ◆ Payer de retour soit en bien, soit en mal. *Rendre la pareille. Rendre le bien pour le mal.* ◆ Faire recouvrer ce qui a été perdu. *Rendre la santé, la vue, la parole, la liberté, etc.* ◆ Par exagération, *rendre la vie,* tirer d'une grande peine. ◆ Remettre en un certain état, avec un nom de personne pour régime. *Ce médecin le rendit à la santé. Un arrêt de non-lieu l'a rendu à la liberté.* ◆ *Cela le rendit à lui-même,* cela le remit en son état ordinaire, fit cesser ses illusions, ses préventions. ◆ Faire devenir, être cause qu'une personne ou une chose devient ce qu'elle n'était pas auparavant. « *Non, non, mon intérêt ne me rend point injuste* », RACINE. ◆ ▷ Produire, rapporter. *Sa ferme lui rend dix mille francs par an.* ◁ ◆ ▷ **Absol.** « *L'État ne peut subsister qu'autant que le travail des hommes rend au-delà de leurs besoins* », J.-J. ROUSSEAU. ◁ ◆ ▷ *Ce fermier rend tant de sa ferme,* il en paie tant. ◁ ◆ Il se dit du suc qui sort de certaines choses. *Cette orange, cette viande rend beaucoup de jus.* ◆ Exhaler. *Cette fleur rend une odeur agréable.* ◆ **Fig.** *Rendre l'âme, l'esprit,* ▷ *le dernier soupir,* ◁ mourir. ◆ Faire entendre. *Cet instrument rend un son harmonieux.* ◆ Rejeter par les voies naturelles ou autrement. *Rendre de la bile.* ◆ *Cette plaie, ce vésicatoire*

rend beaucoup, il en sort beaucoup d'humeur. ◆ *Rendre gorge.* Voy. GORGE. ◆ **Absol.** *Rendre,* vomir. ◆ Livrer, céder. « *Elle trahit mon père, et rendit aux Romains La place et les trésors confiés en ses mains* », RACINE. ◆ **Fig.** *Rendre les armes,* s'avouer vaincu dans une contestation, dans une discussion, et aussi s'avouer charmé. ◆ *Rendre la main,* céder le tour, céder la place. ◆ **Manège** *Rendre la bride à son cheval,* la tenir moins haute, moins ferme. ◆ *Rendre la main,* lâcher un peu la bride. ◆ À certains jeux, *rendre des points.* Voy. POINT N. m. ◆ Représenter, exprimer. « *Penser et bien rendre ce qu'on pense sont deux choses bien différentes* », CONDILLAC. ◆ **Absol.** « *Bien écrire, c'est tout à la fois bien penser, bien sentir et bien rendre* », BUFFON. ◆ Traduire. *Rendre un passage mot à mot.* ◆ Répéter. *L'écho rend les sons.* ◆ *Rendre témoignage,* certifier, témoigner. ◆ *Rendre un arrêt, une sentence,* prononcer un arrêt, une sentence. ◆ *Rendre la justice,* administrer la justice. ◆ *Rendre justice à quelqu'un,* reconnaître son mérite, ses droits. ◆ *Rendre ses comptes,* ▷ *rendre compte.* ◁ Voy. COMPTE. ◆ *Rendre raison.* Voy. RAISON. ◆ **Se rendre,** v. intr. Être rendu, donné en retour. « *Le mal se rend chez vous au centuple du bien* », LA FONTAINE. ◆ ▷ *Se rendre à son devoir,* se réformer. ◁ ◆ Aller, se transporter. « *Dans deux heures Pompée en ce lieu doit se rendre* », P. CORNEILLE. ◆ ▷ *Se rendre à son devoir,* se rendre au lieu où le devoir appelle. ◁ ◆ Aboutir. *Le sang se rend au cœur. Où se rend ce chemin ?* ◆ Devenir, se faire tel. « *Plusieurs, dans la crainte d'être trop faciles, se rendent inflexibles à la raison* », BOSSUET. ◆ **Dr.** *Se rendre partie contre quelqu'un,* se déclarer partie contre lui. ◆ Céder, se soumettre. *Se rendre à des preuves, à de bonnes raisons, etc.* ◆ *Se rendre sur une chose,* céder sur une chose. ◆ **Absol.** *Je me rends.* ◆ Il se dit des villes qui se soumettent, des troupes, des individus qui capitulent ou deviennent prisonniers. ◆ *Se rendre,* cesser de combattre. ◁ Voy. point N. m. pluss. ◆ Être prononcé. « *Les sentences criminelles se rendent dans la place publique* », D'ALEMBERT. ◆ Être traduit. *Cela se rend en latin ainsi.* ◆ **Prov.** *Ce qui est bon à prendre est bon à rendre.* ◆ *Amis au prêter, ennemis au rendre.* ◆ *Il faut rendre à César ce qui appartient à César,* c'est-à-dire il faut rendre à chacun ce qui lui est dû. ■ *Ce qui ne tue pas rend plus fort,* l'épreuve renforce l'homme.

RENDU, UE, p. p. de rendre. [ʀɑ̃dy] N. m. *C'est un rendu, un prêté rendu,* se dit d'un tour que l'on joue à quelqu'un pour lui rendre la pareille. ◆ **Peint.** *Exécution rendue,* exécution travaillée qui exprime tout ce qui est à exprimer. ◆ N. m. *Un beau rendu.* ◆ *Compte rendu.* Voy. COMPTE. ◆ N. m. Soldat qui déserte pour se venir rendre dans le parti contraire (terme vieilli). Las, outré. « *L'équipage suait, soufflait, était rendu* », LA FONTAINE. ■ **Adj.** Arrivé à destination. *Vous voilà rendus.*

RENDUIRE, v. tr. [ʀɑ̃dɥiʀ] (*re-* et *enduire*) ▷ Enduire de nouveau. ◆ Appliquer un enduit en général. ◁

RENDURCI, IE, p. p. de rendurcir. [ʀɑ̃dyʀsi]

RENDURCIR, v. tr. [ʀɑ̃dyʀsiʀ] (*re-* et *endurcir*) Rendre plus dur. ◆ **Se rendurcir,** v. pr. Devenir plus dur.

RENDZINE, n. f. [ʀɛ̃dzin] (mot polonais) **Géol.** Sol fertile composé de calcium, de carbonate, d'argile et d'humus, fréquent sur les pentes calcaires. *Sol de rendzine calcaire. Rendzine brune, blanche. Des rendzines.*

RÊNE, n. f. [ʀɛn] (lat. pop. *retina,* du lat. *retinere,* retenir) Courroie de la bride d'un cheval. ◆ **Fig.** Gouvernement, direction. « *Cette main souveraine qui tient du plus haut des cieux les rênes de tous les empires* », BOSSUET. ■ **REM.** Auj. employé surtout au pluriel. ■ **Fig.** *Les rênes du pouvoir,* le pouvoir exécutif.

RENÉGAT, ATE, n. m. et n. f. [ʀənega, at] (ital. *rinnegato,* de *rinegare,* renier) Celui, celle qui a renié la religion chrétienne pour embrasser une autre religion. ◆ **Fig.** Celui qui, par des motifs intéressés, abjure ses opinions et trahit son parti.

RENÉGOCIATION, ■ n. f. [ʀenegosjasjɔ̃] (*re-* et *négociation*) Nouvelle tractation sur les termes d'un accord. *Ils ont engagé une renégociation pour modifier certaines clauses du traité.*

RENÉGOCIER, ■ v. tr. [ʀenegosje] (*re-* et *négocier*) Négocier à nouveau. *Je vais renégocier mon salaire avant de signer le contrat.*

RENEIGER, ■ v. impers. [ʀəneʒe] (*re-* et *neiger*) Neiger de nouveau. *Il a reneigé en fin d'après-midi.*

RÉNETTE ou **RAINETTE,** n. f. [ʀɛnɛt] (*rouannette,* dimin. de *rouanne,* du gallo-lat. *rucina,* tarière) Instrument que les vétérinaires emploient pour entamer la corne du cheval. ◆ Outils du fondeur de caractères. ◆ Instrument dont le charpentier se sert pour tracer des lignes et donner de la voie aux scies.

RÉNETTÉ, ÉE, p. p. de rénetter. [ʀenete]

RÉNETTER, v. tr. [ʀenete] (*rénette*) ▷ Couper le sabot du cheval avec la rénette. ◁

RENFAÎTAGE ou **RENFAITAGE,** n. m. [ʀɑ̃fetaʒ] (*renfaîter*) Action de renfaîter ; ouvrage qui en résulte.

RENFAÎTÉ, ÉE ou **RENFAITÉ, ÉE,** p. p. de renfaîter. [ʀɑ̃fete] *Toit renfaîté.*

RENFAÎTER ou **RENFAITER**, v. tr. [ʀɑ̃fete] (*re-, en* et *faîte*) Raccommoder le faîte d'un toit.

RENFERMÉ, ÉE, p. p. de renfermer. [ʀɑ̃fɛʀme] N. m. *Cela sent le renfermé*, se dit des choses qui sentent mauvais pour avoir été longtemps renfermées. ♦ *Odeur de renfermé*, odeur d'une chambre qui n'a pas été ouverte depuis longtemps. ♦ *Un homme renfermé*, un homme qui ne communique pas ses impressions, ses sentiments. ■ REM. dans l'expression *un homme renfermé*, *renfermé* est employé comme adj.

RENFERMER, v. tr. [ʀɑ̃fɛʀme] (*re-* et *enfermer*) Enfermer de nouveau. ♦ Enfermer. « *Il m'avait fait renfermer dans cette tour* », FÉNELON. ♦ ▷ *Renfermer quelqu'un*, le mettre en prison. ◁ ♦ *Renfermer un prisonnier*, le resserrer plus étroitement qu'auparavant. ♦ ▷ Fig. Il se dit des passions, des sentiments que l'on enferme dans son cœur. ◁ ♦ Avec un nom de personne pour sujet, comprendre, faire tenir dans. *Il renferma le village dans l'enceinte de la ville.* ♦ Avec un nom de chose pour sujet, contenir. *Ce livre renferme plusieurs vérités.* ♦ Fig. « *Le capitaine n'est pas accompli s'il ne renferme en soi l'homme de bien et l'homme sage* », FLÉCHIER. ♦ Fig. Restreindre, réduire dans de certaines bornes. « *Maudit soit le premier dont la verve insensée Dans les bornes d'un vers renferma sa pensée!* », BOILEAU. ♦ Se renfermer, v. pr. Se tenir enfermé. ♦ Par extens. « *Les empereurs romains se renferment dans l'Orient et abandonnent le reste* », BOSSUET. ♦ Fig. « *Il y a une fausse sagesse qui, se renfermant dans l'enceinte des choses mortelles, s'ensevelit avec elles dans le néant* », BOSSUET. ♦ Se renfermer en soi-même, se recueillir. ♦ Être renfermé. *Une haine qui se renferme en dedans.* ♦ Se restreindre, se réduire, se borner à. « *Je me renferme dans les paroles de mon texte* », FLÉCHIER. ♦ Se renfermer, v. pr. Fig. Ne pas dévoiler ses sentiments, se replier sur soi-même. *Se renfermer dans le silence.*

RENFILER, ▪ v. tr. [ʀɑ̃file] (*re-* et *enfiler*) Enfiler de nouveau. *Renfiler ses chaussures, son pull, du fil.*

RENFLAMMER, ▪ v. tr. [ʀɑ̃flame] (*re-* et *enflammer*) Enflammer de nouveau. *Renflammer des bûches.* ■ Fig. *Renflammer la piste de danse. Mon cœur se renflamme.*

RENFLÉ, ÉE, p. p. de renfler. [ʀɑ̃fle] *Colonne, tige renflée*, colonne, tige qui va en grossissant dans quelque partie de sa longueur. ♦ *Navire renflé*, navire dont les couples sont plus proéminents qu'il n'est d'usage.

RENFLEMENT, n. m. [ʀɑ̃fləmɑ̃] (*renfler*) État de ce qui est renflé. ♦ Portion renflée. *Le renflement de la terre sous l'équateur.* ♦ *Renflement de colonne*, petite augmentation qui se fait au tiers du fût de la colonne vers le bout d'en bas, et qui diminue insensiblement vers les deux extrémités. ♦ Mar. Forme arrondie des couples d'un navire vers l'extérieur, quand elle est plus prononcée qu'il n'est d'usage. ♦ Bot. Endroit où une tige est dilatée.

RENFLER, v. intr. [ʀɑ̃fle] (*re-* et *enfler*) Se conjugue avec *être* ou *avoir*, suivant le sens. Augmenter de grosseur en cuisant ou en fermentant. ♦ V. tr. Donner plus de volume. ♦ Fig. « *On se nourrit des anciens et des habiles modernes ; on en renfle ses ouvrages* », LA BRUYÈRE. ♦ *Renfler l'avoine*, Pratique frauduleuse des marchands qui consiste à humecter l'avoine. ♦ Se renfler, v. pr. Devenir renflé.

RENFLOUAGE, n. m. [ʀɑ̃flua3] (*renflouer*) Action de renflouer un navire.

RENFLOUEMENT, n. m. [ʀɑ̃flumɑ̃] (*renflouer*) Résultat du renflouage.

RENFLOUER, v. tr. [ʀɑ̃flue] (*re-, en* et norm. *flouée*, marée) Mar. Remettre à flot un bâtiment échoué. ■ Fig. Procurer des fonds à quelqu'un, à une entreprise, pour éviter la débâcle financière. *Renflouer un compte. Son père l'a renfloué.*

RENFLOUEUR, EUSE, ▪ n. m. et n. f. [ʀɑ̃fluœʀ, øz] (*renflouer*) Personne ou entreprise qui en renfloue une autre. *Renfloueur d'une affaire.*

RENFONCÉ, ÉE, p. p. de renfoncer. [ʀɑ̃fɔ̃se] *Des yeux renfoncés*, des yeux situés profondément dans l'orbite.

RENFONCEMENT, n. m. [ʀɑ̃fɔ̃s(ə)mɑ̃] (*renfoncer*) Action de renfoncer ; effet de cette action. ♦ Pop. Se dit d'un coup de poing donné dans un chapeau et qui le renfonce. ♦ Creux que forment certaines parties d'un ouvrage, particulièrement dans les ouvrages d'architecture. ♦ Effet de perspective qui fait paraître une chose enfoncée et éloignée. ♦ Impr. Action de renfoncer une ligne.

RENFONCER, v. tr. [ʀɑ̃fɔ̃se] (*re-* et *enfoncer*) Enfoncer de nouveau ou plus avant. *Renfoncer son chapeau.* « *Dieu n'a qu'à retirer sa main qui nous porte, pour nous renfoncer dans l'abîme de notre néant* », FÉNELON. ♦ Impr. *Renfoncer une ligne*, la faire commencer en arrière de celles qui suivent ou précèdent. ♦ Se renfoncer, v. pr. Être renfoncé.

RENFORÇAGE, n. m. [ʀɑ̃fɔʀsa3] (*renforcer*) Action de donner plus de force. ♦ Phot. Action de donner plus d'intensité aux noirs.

RENFORÇATEUR, TRICE, ■ n. m. et n. f. [ʀɑ̃fɔʀsatœʀ, tʀis] (*renforcer*) Phot. Solution utilisée pour augmenter les contrastes d'une photographie.

Utiliser un renforçateur sur un cliché trop clair. ■ Psych. Événement qui, suivant une réaction, peut en modifier la force lors d'un conditionnement. *Renforçateur positif.* ■ Substance ajoutée à un produit alimentaire pour en renforcer le goût. ■ Adj. *Agent renforçateur.*

RENFORCÉ, ÉE, p. p. de renforcer. [ʀɑ̃fɔʀse] *Une étoffe renforcée*, une étoffe plus forte et plus épaisse que d'ordinaire. ♦ *Bidet renforcé*, bidet plus grand que les bidets ordinaires. ♦ Fig. et fam. *Paysan, bourgeois renforcé*, paysan, bourgeois qui a de l'aisance et qui fait un peu l'important. ◁ ♦ ▷ *Un fat, un sot renforcé*, un homme extrêmement fat, extrêmement sot. « *Un âne renforcé* », LA FONTAINE. ◁ ♦ Il se dit, dans le même sens, des choses. « *L'opéra comique n'est autre chose que la foire renforcée* », VOLTAIRE. ◁

RENFORCEMENT, n. m. [ʀɑ̃fɔʀsəmɑ̃] (*renforcer*) Action de renforcer ; effet de cette action. *Le renforcement d'un canon sur la culasse.*

RENFORCER, v. tr. [ʀɑ̃fɔʀse] (*re-* et anc. fr. *enforcier*, rendre plus fort) Rendre plus fort. *Renforcer une armée.* « *Pour renforcer le tempérament et la santé* », J.-J. ROUSSEAU. ♦ ▷ *Renforcer la dépense*, l'ordinaire d'une maison, en augmenter la dépense, l'ordinaire. ◁ ♦ *Renforcer la voix, le son*, lui donner plus d'éclat et de force. ♦ ▷ Se renforcer, v. pr. Devenir plus fort, plus habile. *L'armée se renforce. Son esprit s'est renforcé par l'étude. Se renforcer sur le latin.* ◁ ♦ Être renforcé. ◁

RENFORCIR, v. tr. [ʀɑ̃fɔʀsiʀ] (*re-* et *enforcir*) Rendre plus fort. ♦ V. intr. Pop. Devenir plus fort, plus gros.

RENFORMI, IE, p. p. de renformir. [ʀɑ̃fɔʀmi]

RENFORMIR, v. tr. [ʀɑ̃fɔʀmiʀ] (*renformis*) Maçon. Revêtir un vieux mur d'un crépi épais pour le consolider, y mettre des moellons là où il en manque.

RENFORMIS, n. m. [ʀɑ̃fɔʀmi] (anc. fr. *renformer*, de *re-, en* et *forme*) Réparation d'un vieux mur sans démolition.

RENFORT, n. m. [ʀɑ̃fɔʀ] (*renforcer*) Augmentation de force. *Un renfort d'hommes.* ♦ Pièce de fer qu'on soude à une autre trop faible. ♦ Dans les bouches à feu, les parties voisines de la culasse, où l'épaisseur du métal est augmentée. ♦ Fig. et fam. Il se dit de ce qui augmente, rend plus fort. *Renfort de joie. À grand renfort de bésicles.* ♦ ▷ *Renfort de potage*, s'est dit des plats dont on renforçait, escortait les potages. ◁ ♦ ▷ Fig. *Pour renfort de potage*, pour augmenter la chose, pour comble de folie. ◁

RENFOURCHER ou **RÉENFOURCHER**, ■ v. tr. [ʀɑ̃fuʀʃe, ʀeɑ̃fuʀʃe] (*re-* et *enfourcher*) Enfourcher de nouveau. *Renfourcher son vélo, son cheval.*

RENFOURNER, ▪ v. tr. [ʀɑ̃fuʀne] (*re-* et *enfourner*) Enfourner de nouveau. *Le gratin n'est pas tout à fait cuit, il faut le renfourner.*

RENFROGNÉ, ÉE, p. p. de renfrogné. [ʀɑ̃fʀɔɲe] ou [ʀɑ̃fʀɔnje] *Un visage renfrogné.* ■ REM. On disait autrefois *refrogné*.

RENFROGNEMENT, n. m. [ʀɑ̃fʀɔɲəmɑ̃] ou [ʀɑ̃fʀɔnjəmɑ̃] (*renfrogner*) Action de renfrogner. *Le renfrognement de son visage.* ■ REM. On disait autrefois *refrognement*.

RENFROGNER, v. tr. [ʀɑ̃fʀɔɲe] ou [ʀɑ̃fʀɔnje] (*re-* et anc. fr. *frognier*, froncer le front) Contracter et plisser le visage en signe de mécontentement ou de douleur. *Il se renfrogna le visage.* ♦ Se renfrogner, v. pr. Devenir renfrogné. ■ REM. On disait autrefois *refrogner*.

RENGAGÉ, ÉE, p. p. de rengager. [ʀɑ̃ga3e]

RENGAGEMENT, n. m. [ʀɑ̃ga3(ə)mɑ̃] (*rengager*) Action de se rengager.

RENGAGER, v. tr. [ʀɑ̃ga3e] (*re-* et *engager*) Mettre de nouveau en gage. ♦ Fig. Faire entrer de nouveau dans, en parlant de sentiments, de passions, de positions. *Cela nous rengage dans le monde.* ♦ Entamer, commencer de nouveau. *Rengager un procès, le combat, etc.* ♦ Se rengager, v. pr. S'engager de nouveau. « *Il fallait ou tout à fait rompre, ou se rengager tout à fait avec le monde* », BOSSUET. « *Ne vous rengagez plus sous le joug de la servitude* », MASSILLON. ♦ Être commencé, entamé de nouveau. ■ Se rengager, v. pr. S'engager de nouveau dans l'armée. Voy. RÉENGAGER.

RENGAINE, ■ n. f. [ʀɑ̃gɛn] (*rengainer*) Chanson populaire souvent fredonnée, et dont l'écoute finit par lasser. « *Une rengaine, c'est un air qui commence par vous entrer par une oreille et qui finit par vous sortir par... les yeux* », DEVOS. ■ Fam. Propos ressassé. *C'est toujours la même rengaine !*

RENGAINÉ, ÉE, p. p. de rengainer. [ʀɑ̃gene]

RENGAINER, v. tr. [ʀɑ̃gene] (*re-* et *engainer*) Remettre dans la gaine, dans le fourreau. ♦ Absol. Remettre l'épée dans le fourreau. ♦ ▷ Fig. Supprimer ou ne pas achever ce qu'on avait commencé. « *Puisque cela vous incommode, je rengaine ma nouvelle* », MOLIÈRE. ◁ ♦ ▷ *Rengainer un compliment*, supprimer les politesses qu'on avait envie de dire, ou ironiquement et en général supprimer ce qu'on allait dire. ◁

RENGORGÉ, ÉE, p. p. de rengorger. [ʀɑ̃gɔʀ3e]

RENGORGEMENT, n. m. [ʀɑ̃gɔʀ3əmɑ̃] (*rengorger*) Action de se rengorger ; attitude de celui qui se rengorge.

RENGORGER (SE), v. pr. [ʁɑ̃gɔʁʒe] (*re-* et *engorger*) Avancer la gorge et retirer un peu la tête en arrière, pour se donner meilleure grâce, en parlant des femmes [1]. ♦ Il se dit aussi des hommes qui, par une attitude semblable, affectent un air de fierté. ♦ Il se dit aussi de certains animaux. *Le paon se rengorge.* ♦ **Fig.** et **fam.** Faire le fier, l'important. ■ **Rem.** 1 : Ce sens est vieilli.

RENGRAISSÉ, ÉE, p. p. de rengraisser. [ʁɑ̃gʁese]

RENGRAISSER, v. tr. [ʁɑ̃gʁese] (*re-* et *engraisser*) Faire redevenir gras. ♦ V. intr. Redevenir gras. ♦ Se rengraisser, v. pr. Se redonner de l'embonpoint.

RENGRÉGÉ, ÉE, p. p. de rengréger. [ʁɑ̃gʁeʒe]

RENGRÈGEMENT, n. m. [ʁɑ̃gʁeʒ(ə)mɑ̃] (*rengréger*) **Vieilli** Augmentation. « *Rengrègement de mal, surcroît de désespoir* », **Molière**. ■ **Rem.** Graphie ancienne : *rengrénement*.

RENGRÉGER, v. tr. [ʁɑ̃gʁeʒe] (*re-* et anc. fr. *engregier*, aggraver) **Vieilli** Augmenter, en parlant du mal, des maladies. ♦ Se rengréger, v. pr. Être rengrégé.

RENGRÉNÉ, ÉE, p. p. de rengréner. [ʁɑ̃gʁene]

1 **RENGRÈNEMENT**, n. m. [ʁɑ̃gʁɛn(ə)mɑ̃] (1 *rengréner*) Action de rengréner. ■ **Techn.** Action de garnir de nouveau de grain. *Rengrènement de la machine à battre.* ■ **Rem.** Graphie ancienne : *rengrénement*.

2 **RENGRÈNEMENT**, ■ n. m. [ʁɑ̃gʁɛn(ə)mɑ̃] (2 *rengréner*) **Techn.** Action de rengréner. *Rengrènement d'une médaille.*

1 **RENGRÉNER**, v. intr. [ʁɑ̃gʁene] (*re-* et 1 *engrener*) Remoudre le gruau. ■ **Techn.** Regarnir de grain. *Rengréner la trémie d'un moulin.*

2 **RENGRÉNER**, v. tr. [ʁɑ̃gʁene] (1 *rengréner*) Remettre sous le balancier ou faire rentrer juste dans la matrice les monnaies qui n'ont pas bien reçu l'empreinte.

3 **RENGRÉNER** ou **RENGRENER**, v. intr. [ʁɑ̃gʁene] (*re-* et 2 *engrener*) Engrener dans une seconde roue.

RENHARDIR, v. intr. [ʁɑ̃aʁdiʁ] (*re-* et *enhardir*) Rendre de la hardiesse, du courage. ♦ Se renhardir, v. pr. Redevenir hardi.

RENI, ■ n. m. [ʁəni] (*renier*) **Litt.** Action de renier. *Le reni de la civilisation. Le reni de son père.*

RENIABLE, adj. [ʁənjabl] (*renier*) De nature à être renié. ♦ **Prov.** *Tous vilains cas sont reniables.* ♦ On dit plus souvent aujourd'hui : *Tout mauvais cas est niable.*

RENIÉ, ÉE, p. p. de renier. [ʁənje] *Il est renié de Dieu et des hommes*, se dit d'un très méchant homme. ♦ *Un chrétien renié*, celui qui a abandonné sa foi. ♦ *Un moine renié*, un moine qui a renoncé à ses vœux.

RENIEMENT, n. m. [ʁənimɑ̃] (*renier*) Action de renier. *Le reniement de saint Pierre.* ♦ Jurement, imprécation. ■ **Rem.** On écrivait aussi *renîment* autrefois.

RENIER, v. tr. [ʁənje] (lat. pop. *renegare*, récuser) Déclarer qu'on ne connaît point une personne, une chose que l'on connaît effectivement. *Pierre renia trois fois Jésus.* ♦ ▷ *Renier quelqu'un pour son parent, pour son ami*, refuser de le reconnaître pour tel. ♦ On dit dans le même sens : *renier ses parents, ses amis.* ♦ Désavouer, méconnaître une chose de fait. *Renier sa patrie, sa famille.* ♦ Abandonner entièrement. *Renier sa foi, son Dieu.* ♦ **Absol.** Apostasier. ♦ *Renier Dieu* **Absol.** *Renier*, jurer le nom de Dieu.

RENIEUR, n. m. [ʁənjœʁ] (*renier*) ▷ Celui qui blasphème, qui renie. ◁

RENIFLAGE, n. m. [ʁəniflaʒ] (*renifler*) Action de renifler. ■ **Rem.** On disait *une reniflade* autrefois.

RENIFLARD, ■ n. m. [ʁəniflaʁ] (*renifler*) Dispositif installé sur le carter d'un moteur et destiné à assurer l'évacuation des vapeurs d'huile de graissage. *Le reniflard assure la ventilation du carter.* ■ Soupape qui s'ouvre automatiquement pour laisser échapper ou rentrer un peu d'air en vue de régulariser l'atmosphère d'un établissement soumis à une dépression. ■ Appareil permettant d'évacuer les eaux de condensation dans certains conduits. *Placer un reniflard au bout d'un tuyau.*

RENIFLEMENT, n. m. [ʁənifləmɑ̃] (*renifler*) Action de renifler.

RENIFLER, v. intr. [ʁənifle] (*re-* et anc. fr. *nifler*, prob. du rad. onomat. *niff*) Retirer, en aspirant un peu fort, l'humeur ou l'air qui est dans les narines. ♦ **Fig.** et **fam.** Marquer de la répugnance pour quelque chose. ♦ *Ce cheval renifle sur l'avoine*, il refuse d'en manger. ♦ **V. tr.** Faire entrer dans le nez en reniflant. *Renifler une odeur.* ♦ **Fam.** Soupçonner. *Renifler quelque chose de louche.*

RENIFLERIE, n. f. [ʁənifləʁi] (*renifler*) **Pop.** Action de renifler. ■ **Rem.** Auj. est litt.

RENIFLEUR, EUSE, n. m. et n. f. [ʁəniflœʁ, øz] (*renifler*) Celui, celle qui renifle. ■ **N. m. Techn.** Appareil destiné à détecter l'émission éventuelle d'un gaz, d'une fumée. *Le renifleur est utilisé pour lutter contre la pollution.* ■ **Adj.** *Cheval, gamin renifleur.*

RÉNIFORME, ■ adj. [ʁenifɔʁm] (lat. *ren*, rein, et *-forme*) Qui a la forme d'un rein. *La graine des haricots est réniforme. Noyau réniforme.*

RÉNINE, ■ n. f. [ʁenin] (lat. *ren*, rein, et suff. sc. *-ine*) **Méd.** Enzyme qui est sécrétée par le rein. *La rénine est une protéine plasmatique.*

RÉNITENT, ENTE, ■ adj. [ʁenitɑ̃, ɑ̃t] (lat. *renitens*, de *reniti*, résister) **Méd.** Se dit de ce qui est ferme et élastique lorsqu'on le palpe. *Masse, tuméfaction rénitente.*

RENNE, n. m. [ʁɛn] (suéd. *ren*) Quadrupède du Nord, du même genre que le cerf.

RENOM, ■ n. m. [ʁənɔ̃] (*renommer*) Opinion que le public a d'une personne, d'une chose. *Avoir un mauvais renom.* ♦ **Absol.** Célébrité. *Un homme de renom.*

RENOMMÉ, ÉE, p. p. de renommer. [ʁənɔme] Qui a du renom. *Un prince renommé.* ♦ On dit *renommé pour* ou *par* ; mais en cet emploi *par* est moins bon. « *Tyr, la ville du monde la plus renommée pour le commerce* », **Rollin**.

RENOMMÉE, n. f. [ʁənɔme] (*renommer*) Connaissance d'un nom parmi un public plus ou moins étendu. *Bonne renommée. Mauvaise renommée.* ♦ **Dr.** *Rétablir quelqu'un en sa bonne âme et renommée.* ♦ La voix publique. *Nous avons appris l'événement par la renommée.* ♦ **Dr.** *Enquête de commune renommée*, sorte d'enquête de voix publique pour constater certains faits. ♦ Être mythologique et allégorique représenté sous la figure d'une femme embouchant la trompette (en ce sens il s'écrit avec un *r* majuscule). ♦ En cette acception, on s'en sert dans plusieurs phrases de style oratoire et poétique, mais sans y mettre l'*r* majuscule. *La renommée publie ses victoires. Le vol de la renommée.* ♦ **Prov.** *Bonne renommée vaut mieux que ceinture dorée.* Voy. **ceinture**.

RENOMMER, v. tr. [ʁənɔme] (*re-* et *nommer*) Nommer, élire de nouveau. ♦ Nommer avec éloge. « *Ce chanteur que tant on renomme* », **La Fontaine**. ♦ Se renommer, v. pr. Acquérir du renom. « *Ils se renommaient trop par la grandeur de leur race* », **Massillon**. ♦ ▷ *Se renommer de quelqu'un*, se réclamer de lui. ◁

RENON, ■ n. m. [ʁənɔ̃] (anc. fr. *renonc*, de *renoncer*) **Belg.** Résiliation d'un bail. *Donner son renon.*

RENONÇANT, ANTE, adj. [ʁənɔ̃sɑ̃, ɑ̃t] (*renoncer*) Qui renonce. ♦ **Dr.** Qui fait une renonciation.

RENONCE, n. f. [ʁənɔ̃s] (*renoncer*) Aux jeux de cartes, absence d'une couleur. *J'ai renonce à pique.* ♦ Action de ne pas jeter une couleur quand on peut en fournir.

RENONCÉ, ÉE, p. p. de renoncer. [ʁənɔ̃se]

RENONCEMENT, n. m. [ʁənɔ̃s(ə)mɑ̃] (*renoncer*) Action de renoncer à quelque chose. ♦ *Renoncement de soi-même, à soi-même*, acte de l'âme qui se désintéresse de ses propres intérêts. ♦ Dans la morale chrétienne, action de renoncer aux choses du monde. *Un entier renoncement au monde, à ses plaisirs.* ♦ **Absol.** « *Une vie de renoncement et de sacrifice* », **Massillon**.

RENONCER, v. intr. [ʁənɔ̃se] (lat. *renuntiare*, annoncer en retour, renoncer) Se désister, se déporter de quelque chose, soit par acte exprès, soit autrement. *Renoncer à la couronne, à son droit, etc.* ♦ ▷ **Absol.** *Sa veuve a renoncé à cause des dettes*, c'est-à-dire a renoncé à la communauté. ◁ Quitter, abandonner la possession, le désir de quelque chose, la prétention à quelque chose. *Renoncer aux grandeurs, aux affaires, à la vie, etc.* ♦ **Absol.** *Vous n'avez pas de constance, il ne faut pas renoncer sitôt.* ♦ *Renoncer au monde*, se consacrer à la vie religieuse. ♦ *Renoncer à soi-même*, se dépouiller de tout amour-propre. ♦ Abjurer, renier. *Renoncer à ses dieux, à sa religion, etc.* ♦ Aux jeux de cartes, couvrir une carte d'une autre couleur qui ne soit pas atout. ♦ **V. tr.** Renier, désavouer. « *Je vous dis en vérité que cette même nuit, avant que le coq chante, vous me renoncerez trois fois* », **Saci**. « *Je vous renonce pour mon neveu* », **La Motte**. ♦ On dit aussi *renoncer*, en parlant de choses qu'on désavoue, que l'on abandonne. *Renoncer à sa patrie, sa foi, etc. Certains oiseaux renoncent à leurs nids.* ♦ Se renoncer, v. pr. Faire une abnégation complète de soi-même.

RENONCIATAIRE, n. m. et n. f. [ʁənɔ̃sjatɛʁ] (*renoncer*) **Dr.** Celui, celle en faveur de qui on renonce.

RENONCIATEUR, TRICE, n. m. et n. f. [ʁənɔ̃sjatœʁ, tʁis] (*renoncer*) **Dr.** Celui, celle qui renonce.

RENONCIATION, n. f. [ʁənɔ̃sjasjɔ̃] (lat. *renuntiatio*, annonce, renonciation) Action de renoncer à quelque chose. ♦ Action d'abandonner des droits, une possession. ♦ Acte par lequel on renonce à une chose. ♦ Au sens spirituel, abandon de soi-même.

RENONCULACÉES, n. f. pl. [ʁənɔ̃kylase] (*renoncule*) Famille de plantes dicotylédones, dont le genre renoncule est le type. ■ **Rem.** S'emploie également au sing. pour désigner une plante de cette famille.

RENONCULE, n. f. [Rənɔ̄kyl] (lat. *ranuncula*, petite grenouille) Nom d'un genre de plantes, type de la famille des renonculacées, dont la plupart des espèces contiennent un principe âcre qui les rend irritantes et dangereuses. ♦ *Renoncule âcre* ou *bouton d'or*. ♦ *Renoncule des bois*, anémone des bois.

RÉNOUÉ, ÉE, p. p. de renouer. [Rənwe]

RENOUÉE, n. f. [Rənwe] (*renoué*, à cause des nœuds de la plante) Nom d'un genre de plantes auquel appartiennent la bistorte, la renouée vivipare, la renouée persicaire, etc.

RENOUEMENT, n. m. [Rənumɑ̄] (*renouer*) Action de renouer, de renouveler. *Renouement d'une alliance, d'un mariage, d'amitié, etc.* ■ REM. On écrivait aussi *renoûment* autrefois.

RENOUER, v. tr. [Rənwe] (*re-* et *nouer*) Nouer une chose dénouée. *Renouer un ruban.* ♦ ▷ Simplement nouer pour l'ornement. *Ses cheveux étaient renoués de rubans, de fleurs.* ◁ ♦ Nouer ensemble deux fils, après qu'ils ont été coupés ou rompus. ♦ ▷ **Fig.** « *M. de Tournefort eut quelque peine à renouer le fil de ce qu'il avait quitté* », FONTENELLE. ◁ **Fig.** Reprendre là où il y avait eu interruption. *Renouer correspondance.* ♦ *Renouer une alliance*, renouveler un traité, une alliance dont le terme est expiré. ♦ *Renouer des négociations*, reprendre des négociations interrompues. ♦ *Renouer la conversation*, la reprendre après une interruption. ♦ ▷ *Renouer amitié* ou **absol.** *renouer*, renouveler une liaison rompue ou interrompue. ◁ ♦ **Fam.** *Renouer une partie*, reprendre le projet d'une partie. ♦ *Se renouer*, v. pr. Être renoué. ♦ Être rattaché. ■ En parlant de négociations, être repris. ■ V. tr. **Fig.** Retrouver. *Renouer avec le succès.*

RENOUEUR, EUSE, n. m. et n. f. [Rənwœr, øz] (*renouer*) Celui, celle qui, sans autre instruction que l'empirisme, remet les luxations, les fractures et les entorses. ♦ On dit aussi rebouteur. ■ REM. On dit auj. *rebouteux, euse ; rebouteur.*

RENOUVEAU, n. m. [Rənuvo] (*renouveler*, d'apr. *nouveau*) Terme encore usité, mais qui vieillit. Le printemps. « *Lorsque du renouveau l'haleine caressante Rafraîchit l'univers de jeunesse paré* », M.-J. CHÉNIER. ■ **Fig.** Nouvel essor, reprise. *Le renouveau d'une mode. Un renouveau de succès.*

RENOUVELABLE, adj. [Rənuv(ə)labl] (*renouveler*) Susceptible d'être renouvelé. ■ *Énergie renouvelable*, énergie dont la consommation n'entraîne pas une diminution des ressources, car provenant de sources naturelles inépuisables. *L'énergie solaire est une énergie renouvelable.*

RENOUVELANT, ANTE, n. m. et n. f. [Rənuv(ə)lɑ̄, ɑ̄t] (*renouveler*) **Église** Jeune catholique qui refait sa communion solennelle un an après la cérémonie. *Ces communiants se seront pas tous renouvelants.* ■ Adj. Qui apporte du neuf, de la nouveauté. *Œuvre, réflexion renouvelante.*

RENOUVELÉ, ÉE, p. p. de renouveler. [Rənuv(ə)le] *Un système renouvelé, un système qui n'a rien de nouveau.* ♦ ▷ **Fam.** *Cela est renouvelé des Grecs*, cela est connu depuis très longtemps. ◁ ♦ Régénéré spirituellement. « *Chrétien renouvelé par la grâce* », BOSSUET.

RENOUVELER, v. tr. [Rənuv(ə)le] (*re-* et anc. fr. *novel*, nouveau) Rendre nouveau, en substituant une chose nouvelle à une autre de même espèce. *Renouveler le meuble d'un appartement, sa garde-robe, une assemblée, etc.* ♦ *Renouveler ses gens, son service*, changer tous ses domestiques. ♦ *Renouveler un texte*, accommoder un vieux texte au langage de son temps. ♦ Il se dit aussi des personnes que l'on remplace par d'autres dans leurs fonctions. *Renouveler les préfets.* ♦ **Fig.** Corriger, changer en mieux. « *L'homme, maître du domaine de la terre, en a changé, renouvelé la surface entière* », BUFFON. ♦ Donner une nouvelle force. « *Votre absence a renouvelé la tendresse de tous vos amis* », MME DE SÉVIGNÉ. ♦ *Le retour du soleil, du printemps renouvelle la nature*, il donne une vie nouvelle à tous les êtres. ♦ *Renouveler le mal, la douleur de quelqu'un*, lui faire sentir de nouveau son mal, sa douleur. ♦ *Renouveler son attention*, avoir une nouvelle attention, une plus grande attention. ♦ *Renouveler le souvenir d'une chose*, en rappeler le souvenir. ♦ *Renouveler un édit*, le publier de nouveau, le remettre en vigueur. ♦ *Renouveler un traité, un bail*, remettre en vigueur l'ancien pour un nouveau laps de temps. ♦ *Renouveler un usage, une mode*, les faire revivre. ♦ *Régénérer spirituellement.* « *Il est impossible qu'une telle âme soit renouvelée par la pénitence* », BOSSUET. ♦ Faire de nouveau, recommencer. *Renouveler un procès, une querelle.* ♦ *Renouveler connaissance*, rentrer en liaison avec une personne qu'on avait perdue de vue. ♦ *Renouveler un billet*, faire, à une date plus éloignée, un billet en remplacement d'un autre. ♦ V. intr. S'augmenter, avec un nom de chose pour sujet. « *La fièvre de Philis tous les jours renouvelle* », RACAN. ♦ Être plus vif, plus actif en... avec un nom de personne pour sujet. *Renouveler de zèle.* ♦ *Renouveler d'appétit*, reprendre bon appétit. ♦ ▷ *Renouveler de jambes*, recommencer à marcher avec de nouvelles forces. ◁ ♦ *Se renouveler*, v. pr. Devenir nouveau. « *Les âges se renouvellent [...] les morts et les vivants se remplacent et se succèdent continuellement* », MASSILLON. ♦ Avec ellipse du pronom personnel. *Il a vu renouveler la plus grande partie du*

tribunal, de l'Académie, il y a vu entrer la plupart des hommes qui y sont. ♦ *Prendre des sentiments nouveaux.* ♦ Être régénéré. ♦ ▷ *Se renouveler dans le souvenir de quelqu'un*, se rappeler à sa mémoire. ◁ ♦ Apparaître, se montrer de nouveau. « *Les grands événements des choses humaines ne font, pour ainsi parler, que se renouveler tous les jours sur le grand théâtre du monde* », BOSSUET. ♦ Avec ellipse du pronom personnel. « *Ils étaient bien aises de voir renouveler la sédition* », D'ABLANCOURT.

RENOUVELEUR, n. m. [Rənuv(ə)lœr] (*renouveler*) ▷ Celui qui renouvelle. ♦ Celui qui renouvelle un texte, l'accommode au parler de son temps. ◁

RENOUVELLEMENT ou **RENOUVÈLEMENT**, n. m. [Rənuvɛl(ə)mɑ̄] (*renouveler*) Rétablissement d'une chose dans un état nouveau ou dans un état meilleur. *Le renouvellement de la saison, de l'année, de la société, etc.* ♦ Action de faire un nouveau traité, un nouvel acte, un nouveau bail, etc. ♦ **Dévot.** Régénération spirituelle. ♦ *Le renouvellement de l'âme.* ♦ Accroissement, augmentation. *Un renouvellement de pleurs, de tendresse, etc.* ♦ Réitération. *Renouvellement des vœux du baptême, d'assurances de service, etc.*

RÉNOVATEUR, TRICE, n. m. [Renovatœr, tris] (b. lat. *renovator*) Celui, celle qui renouvelle, rajeunit. *Les rénovateurs de l'esprit humain.* ■ N. m. Produit d'entretien destiné à redonner l'aspect du neuf. *Un rénovateur de brillance.*

RÉNOVATION, n. f. [Renovasjɔ̄] (lat. *renovatio*) Action de renouveler. *La rénovation d'un titre, des vœux, etc.* ♦ **Fig.** *La rénovation de l'homme par la grâce.* ♦ Transformation en mieux par la nouveauté, par l'innovation. *Une rénovation de l'esprit humain.* ■ Action de rénover. *La rénovation d'une maison, d'une route.*

RÉNOVER, ■ v. tr. [Renove] (lat. *renovare*) Transformer en améliorant. *Rénover la mise en place, les institutions politiques.* ♦ Remettre en état. *J'ai fait entièrement rénover mon appartement.*

RENQUILLER, ■ v. tr. [Rɑ̄kije] (*re-*, et arg. *enquiller*, entrer) **Arg.** Rempocher, rentrer. *Renquille ton argent, c'est la maison qui régale !*

RENSEIGNÉ, ÉE, p. p. de renseigner. [Rɑ̄seɲe] ou [Rɑ̄senje]

RENSEIGNEMENT, n. m. [Rɑ̄seɲəmɑ̄] ou [Rɑ̄senjəmɑ̄] (*renseigner*) Indices, instructions qui servent à faire connaître quelqu'un ou quelque chose. *Prendre des renseignements. Aller aux renseignements.* ♦ **Dr.** *À titre de renseignement*, se dit d'une déposition reçue en vertu du pouvoir discrétionnaire du président, sans que le témoin soit astreint au serment. ■ Information d'intérêt national utile aux pouvoirs publics et à l'armée. ■ REM. Le plus souvent au pluriel. ■ *Les renseignements généraux*, ou *les RG*, service qui remplit une fonction régalienne d'information de l'État et du gouvernement en assurant la surveillance des mouvements d'opinions, le recensement des rumeurs ainsi que la détection des propos séditieux. *Les renseignements généraux sont apparus en tant qu'institution dépendant de la Sûreté générale en France en 1907 sous la IIIᵉ République bien que son concept soit déjà en application sous l'Ancien Régime.* ■ Au pl. Service téléphonique auquel on fait appel pour obtenir les coordonnées d'une personne. *Appeler les renseignements. Le numéro des renseignements est le 12.*

RENSEIGNER, v. tr. [Rɑ̄seɲe] ou [Rɑ̄senje] (*re-* et *enseigner*) Enseigner de nouveau. *Renseigner le chemin.* ♦ Donner des renseignements (sens qui n'est pas dans le *Dictionnaire de l'Académie*). *Faites-vous mieux renseigner sur cet objet.* ♦ *Se renseigner*, v. pr. Prendre des renseignements.

RENTABILISABLE, ■ adj. [Rɑ̄tabilizabl] (*rentabiliser*) **Écon.** Que l'on peut rentabiliser. *Un investissement rentabilisable.*

RENTABILISATION, ■ n. f. [Rɑ̄tabilizasjɔ̄] (*rentabiliser*) **Écon.** Action de rentabiliser. *La rentabilisation d'un bien immobilier.*

RENTABILISER, ■ v. tr. [Rɑ̄tabilize] (*rentable*) Rendre financièrement rentable. *Rentabiliser un investissement, une entreprise.*

RENTABILITÉ, ■ n. f. [Rɑ̄tabilite] (*rentable*) **Écon.** Qualité de ce qui est rentable. *La rentabilité d'une société, d'un placement.*

RENTABLE, adj. [Rɑ̄tabl] (*rente*) Susceptible de rapporter un revenu, un bénéfice, par rapport au capital investi. *Placement financier rentable plus vite que prévu.* ■ Qui procure un résultat satisfaisant, eu égard à l'investissement consenti. *Les cours particuliers qu'il a suivis se sont avérés très rentables pour sa réussite au concours.*

RENTAMER, ■ v. tr. [Rɑ̄tame] (*re-* et *entamer*) Recommencer. *Rentamer une cure, des négociations.*

RENTE, n. f. [Rɑ̄t] (lat. pop. *rendita*, du lat. *reddere*, rendre) Revenu annuel. « *J'ai en France soixante mille livres de rente* », VOLTAIRE. ♦ Ce qui est dû annuellement pour un fonds aliéné, cédé ou prêté. *Rente en grains, en vin, en espèces, etc.* ♦ **Écon.** et **polit.** *Rente de la terre* ou simplement *rente*, la part des produits afférente au propriétaire, déduction faite des frais et des profits du travail et du capital appliqué. ♦ *Bêtes de rente*, bêtes qu'on entretient pour tirer un revenu de leurs produits, viande, laine, croît, lait, etc. ♦ Ce qui est dû annuellement pour une somme d'argent aliénée par contrat de constitution. *Une rente viagère.* ♦ **Absol.** *La rente constituée par l'État.* ♦ **Par extens.** Certaines choses qu'on s'impose à soi-même, et qui sont presque périodiques. *Il donne beaucoup, c'est une rente pour les pauvres de son quartier.* ♦ En sens inverse, certains produits qui sont presque périodiques. ■ **Par extens.** Se dit d'un produit onéreux qui doit être employé de façon régulière et qui par là même devient un poste fixe du budget. *C'est une vraie rente ses crèmes antirides !*

RENTÉ, ÉE, p. p. de renter. [Rɑ̃te] ▷ Qui a des rentes. *Renté du roi.* ♦ **Fam.** *Cet homme est bien renté,* il est riche. ◁

1 RENTER, v. tr. [Rɑ̃te] (*rente*) Assigner un revenu à. *Renter des hôpitaux, une communauté.*

2 RENTER, v. tr. [Rɑ̃te] (*re-* et *enter*) ▷ Remettre un pied à un vieux bas dont on garde la jambe. ◁

RENTIER, IÈRE, n. m. et n. f. [Rɑ̃tje, jɛR] (*rente*) Celui, celle qui a des rentes constituées sur l'État ou sur quelque communauté. ♦ Bourgeois qui vit de son revenu, sans négoce, ni industrie.

RENTOILAGE, n. m. [Rɑ̃twalaʒ] (*rentoiler*) Action de rentoiler.

RENTOILÉ, ÉE, p. p. de rentoiler. [Rɑ̃twale] *Tableau rentoilé.*

RENTOILER, v. tr. [Rɑ̃twale] (*re-* et *entoiler*) Remettre de la toile neuve à un objet garni de dentelle ou d'ornements de fil. *Rentoiler des manchettes.* ♦ **Peint.** Coller un vieux tableau sur une toile neuve, ou transporter une peinture d'une vieille toile sur une neuve.

RENTOILEUR, EUSE, ■ n. m. et n. f. [Rɑ̃twalœR, øz] (*rentoiler*) Spécialiste du rentoilage des tableaux.

RENTORTILLER, v. tr. [Rɑ̃tɔRtije] (*re-* et *entortiller*) ▷ Entortiller de nouveau. ◁

RENTRAGE, n. m. [Rɑ̃tRaʒ] (*rentrer*) Action de rentrer ; résultat de cette action. *Le rentrage du bois scié.*

RENTRAÎNER ou **RENTRAINER**, v. tr. [Rɑ̃tRene] (*re-* et *entraîner*) Entraîner de nouveau.

RENTRAIRE ou **RENTRAYER**, v. tr. [Rɑ̃tRɛR] (*re-* et anc. fr. *entraire*, du lat. *intrahere*, traîner, tirer) Coudre, rejoindre deux morceaux d'étoffe, de sorte que la couture ne paraisse pas. ♦ **Absol.** *Ce tailleur sait bien rentraire.* ♦ Recoudre les relais d'une tapisserie.

RENTRAIT, AITE, p. p. de rentraire. [Rɑ̃tRɛ, ɛt]

RENTRAITURE, n. f. [Rɑ̃tRɛtyR] (*rentraire*) Couture de ce qui est rentrait.

1 RENTRANT, n. m. [Rɑ̃tRɑ̃] (*rentrer*) Joueur qui prend la place de celui qui a perdu.

2 RENTRANT, ANTE, adj. [Rɑ̃tRɑ̃, ɑ̃t] (*rentrer*) **Géom.** *Angle rentrant,* angle dont l'ouverture est en dehors et la pointe en dedans. ♦ *Courbe rentrante,* courbe qui revient sur elle-même et se ferme. ♦ **Hist. nat.** Replié en dedans.

RENTRAYEUR, EUSE, n. m. et n. f. [Rɑ̃tRejœR, øz] (*rentrayer,* voy. *rentraire*) Celui, celle qui sait rentraire. ♦ Ouvrier, ouvrière qui, dans les manufactures de drap, répare les pièces d'étoffe qui ont reçu pendant les apprêts quelques déchirures.

RENTRÉ, ÉE, p. p. de rentrer. [Rɑ̃tRe] ♦ Qui a été repoussé en dedans, répercuté, en parlant d'un mal. *Sueur rentrée.* ♦ **Fig.** et **fam.** *Colère, ambition rentrée.* ■ Creux. *Des yeux rentrés.* ■ N. m. Repli du tissu sur l'envers et maintenu par une couture. *Le rentré d'un ourlet.*

RENTRE-DEDANS, ■ n. m. inv. [Rɑ̃t(ə)dədɑ̃] (*rentre* et *dedans*) **Fam.** *Faire du rentre-dedans à quelqu'un,* faire des avances très pressantes à quelqu'un pour le séduire ou en obtenir quelque chose. *Il lui a fait du rentre-dedans pour obtenir ce poste.*

RENTRÉE, n. f. [Rɑ̃tRe] (*rentrer*) Action de rentrer. ♦ Enlèvement des récoltes. ♦ **Chasse** Le temps que le gibier rentre dans le bois le matin, et auquel on se met à l'affût pour le tirer. ♦ Action de rentrer en fonctions après vacation, de reprendre ses travaux après les vacances. *La rentrée des tribunaux, des classes.* ♦ *Rentrée d'un acteur,* son retour sur la scène après une absence prolongée. ♦ Recouvrement d'une somme, perception d'un revenu. *La rentrée des impôts. J'attends des rentrées.* ♦ Au jeu, ce que l'on prend de cartes dans le talon, après avoir écarté. ♦ **Mus.** Effet d'une partie, d'un instrument, qui, après un silence, reprend un chant bien prononcé. ♦ Retour du sujet dans une fugue, une imitation, etc. ♦ Action de mettre à l'abri ce qui était dehors. *La rentrée de la récolte.* ■ Période récurrente de reprise d'une activité après une pause. *La rentrée littéraire. La rentrée du Parlement.*

RENTRER, v. intr. [Rɑ̃tRe] (*re-* et *entrer*) Se conjugue avec *être* ou *avoir* ; cependant la conjugaison avec *avoir* est peu usitée. Entrer de nouveau, entrer après être sorti. *Rentrer dans sa maison, chez soi, etc.* « *Et j'ai pour vous trouver rentré par l'autre porte* », MOLIÈRE. ♦ ▷ **Poétiq.** *Faire rentrer dans la poudre,* se dit de Dieu qui renverse les orgueilleux. ◁ ♦ ▷ Par exagération, *faire rentrer quelqu'un dans la poussière, dans la poudre,* le terrifier par des menaces. ◁ ♦ ▷ **Fig.** et **fam.** *Faire rentrer quelqu'un cent pieds sous terre,* le couvrir de confusion, le remplir de terreur. ◁ ♦ ▷ **Fig.** *Rentrer dans le néant,* cesser d'avoir crédit, puissance. ◁ ♦ ▷ *Rentrer dans l'alignement,* se remettre sur l'alignement en reculant. ◁ ♦ **Vén.** *Rentrer au fort,* se rembucher, en parlant d'une bête. ♦ Se dit des choses qui s'emboîtent les unes dans les autres. *Ces tuyaux rentrent les uns dans les autres.* ◁ ▷ **Fig.** *Les jambes me rentrent dans le corps,* je suis excessivement fatigué. ◁ ♦ **Fig.** Revenir à, revenir dans. *Rentrer dans l'armée, dans la vie privée, etc.* ♦ ▷ *Rentrer dans son sujet,* revenir, après une digression, au sujet que l'on traite. ◁ ♦ *Rentrer dans les bonnes grâces de quelqu'un,* obtenir de nouveau son amitié, sa bienveillance. ♦ *Rentrer en grâce,* obtenir son pardon. ♦ *Rentrer dans ses droits, dans son bien,* les recouvrer. ♦ ▷ *Rentrer dans son bon sens,* revenir à son bon sens. ◁ ♦ *Rentrer dans l'ordre,* se remettre, se rétablir dans l'ordre. ♦ **Rare** *Rentrer dans le devoir,* se ranger à son devoir. ♦ *Rentrer en soi-même,* faire réflexion sur soi-même, revenir à résipiscence. ♦ ▷ On dit en un sens analogue : *rentrer en son âme, en son cœur.* ◁ ♦ Retomber dans, en parlant de perplexités, de difficultés. ♦ ▷ *Rentrer dans l'âme,* reprendre possession de l'âme, en parlant de sentiments. « *Jamais soupçon, ombrage et jalousie Ne rentreront dans mon maudit esprit* », LA FONTAINE. ◁ ♦ Être compris, renfermé. *Le second article rentre dans le premier.* ♦ Recommencer certaines choses, s'y remettre. *Rentrer en fonctions, en correspondance, etc.* ♦ ▷ *Rentrer en fureur,* redevenir furieux. ◁ ♦ **Absol.** En parlant des travaux que reprennent des tribunaux, et des collèges, etc. *Les tribunaux, les collèges rentrent à telle époque.* ♦ **Théâtre.** reprendre son service après une absence, en parlant d'un acteur. ♦ En parlant de sommes d'argent, être perçu ; recouvré, touché. ♦ Être répercuté, en parlant d'humeurs, d'éruptions, etc. *Prenez garde de laisser rentrer cette humeur.* ◁ ♦ Au jeu, il se dit des cartes que l'on prend au talon. *Il m'est rentré un vilain jeu. Rentrer dans une couleur,* reprendre la main et rejouer d'une couleur. ♦ **Mus.** Faire une rentrée. ■ V. tr. Porter dedans ce qui était dehors. *Rentrer des marchandises dans le magasin.* ♦ **Impr.** *Rentrer* ou *faire rentrer une ligne,* la renforcer. ■ V. intr. S'encastrer. *Des boîtes qui rentrent les unes dans les autres.* ■ Heurter. *Le camion est rentré dans le mur.* ■ **Fam.** *Rentrer dans quelqu'un, lui rentrer dedans, dans le chou, dans le lard,* s'en prendre physiquement ou verbalement à quelqu'un. ■ V. tr. Faire entrer dans. *Rentrer son tee-shirt dans son pantalon.* ■ **Fig.** Réprimer. *Rentrer sa haine, ses larmes.*

RENTROUVRIR, v. tr. [Rɑ̃tRuvRiR] (*re-* et *entrouvrir*) ▷ Entrouvrir de nouveau. ■ **REM.** Graphie ancienne : *rentr'ouvrir.* ◁

RENTRURE, n. f. [Rɑ̃tRyR] (*rentrer*) ▷ Endroit où doivent se rencontrer les parties d'un dessin à porter sur la toile ou le papier. ◁

RENVENIMER, v. tr. [Rɑ̃v(ə)nime] (*re-* et *envenimer*) ▷ Envenimer de nouveau. ♦ Se renvenimer, v. pr. Devenir plus envenimé. ◁

RENVERS, ■ n. m. [Rɑ̃vɛR] (*renverser*) **Techn.** Ligne d'un versant incliné avec un pan vertical sur les toits en ardoise. *Une lucarne en ardoises avec renvers.*

RENVERSABLE, ■ adj. [Rɑ̃vɛRsabl] (*renverser*) Qui peut être renversé. « *On avait le choix, en arrivant, entre un fauteuil défoncé et un fauteuil renversable !* », A. BRETON.

RENVERSANT, ANTE, adj. [Rɑ̃vɛRsɑ̃, ɑ̃t] (*renverser*) **Fam.** Qui cause stupéfaction, découragement. *Cela est renversant.*

RENVERSE (À LA), loc. adv. [Rɑ̃vɛRs] (*renverser*) Sur le dos. *Tomber à la renverse. Être couché à la renverse.*

RENVERSÉ, ÉE, p. p. de renverser. [Rɑ̃vɛRse] Qui est à l'envers. *Les armes renversées en signe de deuil.* ♦ **Fig.** *C'est le monde renversé,* se dit quand on voit quelque chose qui est contre l'ordre naturel et la raison. ♦ **Opt.** Se dit d'objets qui présentent une figure opposée à leur figure habituelle. *Le miroir concave donne des images renversées. Un cône renversé.* ♦ **Math.** *Raison renversée,* raison inverse. ♦ **Hist. nat.** Se dit d'une partie qui est infléchie ou qui est disposée en sens inverse du sens qui lui est habituel. ♦ **Hérald.** Se dit des pièces qui sont disposées autrement que de coutume. *Chevron renversé,* celui dont la pointe est en bas. ♦ **Mar.** L'ordre d'une armée navale en ligne de bataille est *renversé,* lorsque, toute la ligne virant de bord, le vaisseau qui était à la queue se trouve à la tête. ♦ **Mus.** En fait d'intervalle, *renversé* est l'opposé de *direct* ; et en fait d'accord, l'opposé de *fondamental.* ♦ ▷ *Un esprit renversé, une cervelle renversée, une tête renversée,* un esprit, une cervelle, une tête troublées, jetée hors du sens. ◁

RENVERSEMENT, n. m. [Rɑ̃vɛRsəmɑ̃] (*renverser*) Action de mettre à l'envers, de mettre en bas ce qui était en haut, de mettre dans une direction contraire. ♦ **Chir.** Dérangement dans la situation ou dans la conformation naturelle d'un organe, par suite duquel la partie supérieure devient inférieure, ou la partie postérieure devient antérieure, ou l'interne devient externe. ♦ **Mar.** Changement de direction de la marée, des brises, etc. ; époque où il a lieu. *Le renversement de la mousson.* ♦ **Mus.** Disposition des notes dans un ordre contraire de celui de l'accord fondamental. ♦ **Math.** *Le renversement d'une fraction,* transposition du numérateur à la place du dénominateur, et réciproquement. *Le renversement des termes d'une proportion.* ♦ **Log.** *Renversement des termes d'une proposition,* transposition des termes d'une proposition. ♦ Déplacement des mots dans une phrase, dans une construction. ♦ Dérangement. *Le renversement de mes papiers, de ma bibliothèque.* ♦ **Fig.** « *Quel renversement d'idées* », J.-J. Rousseau. ♦ *Le renversement de sa tête, de son esprit,* le désordre de ses idées. ♦ ▷ *Renversement d'esprit, renversement du bon sens,* folie. ◁ ♦ Action de renverser, de jeter à terre ; état d'une chose renversée. *Le renversement d'une table, des murailles d'une ville, etc.* ♦ **Fig.** Ruine, destruction complète. « *Le renversement du droit divin et humain* », Voltaire.

RENVERSER, v. tr. [ʀɑ̃vɛʀse] (*re-* et anc. fr. *enverser,* du lat. *inversus,* de *invertere,* retourner) Mettre à l'envers, mettre en bas ce qui était en haut. ♦ *Renverser sens dessus dessous* ou simplement *renverser,* retourner quelque chose de manière que ce qui était en haut soit en bas, et réciproquement. ♦ Transposer. *Renverser un accord,* les termes d'un rapport, une fraction, etc. ♦ Déranger, confondre l'arrangement des choses. « *Tout cela renverse également les idées de l'honneur, celles de la morale et celles de la religion* », Montesquieu. ♦ ▷ *Renverser l'esprit de quelqu'un, à quelqu'un,* lui troubler l'esprit, lui inspirer des idées fausses ou mauvaises. ◁ ♦ ▷ On dit dans un sens analogue : *renverser la tête, la cervelle.* ◁ ♦ Faire tomber une personne ou une chose. *Une tempête renversa les blés. Renverser les temples.* ♦ ▷ *Renverser les travaux des ennemis,* les abattre, les combler, etc. ◁ ♦ ▷ *Renverser un corps de troupes,* le mettre en déroute. ◁ ♦ ▷ *Renverser un corps de troupes sur un autre,* le faire reculer de manière que, tombant sur un autre corps, il l'entraîne dans sa déroute. ◁ ♦ **Fig.** Faire tomber ce que l'on compare à des choses debout. *Renverser les lois de la nature, la religion, la puissance, etc.* ♦ **Fig.** *Renverser un homme,* lui faire perdre la position, le rang qu'il occupe. ♦ **Fig.** Causer stupéfaction, trouble, découragement. *Cette nouvelle me renversa.* ♦ **V. intr.** Être renversé, tomber. « *C'est une machine à quoi il ne faut pas toucher, de peur que tout ne renverse* », Mme DE Sévigné. ♦ **Se renverser,** v. pr. Tomber ou se jeter à la renverse. ♦ Mettre son corps à la renverse. *Se renverser dans un fauteuil.* ♦ ▷ *Se renverser sur le dos, se renverser en arrière* ou simplement *se renverser,* se mettre, se coucher sur le dos. ◁ ♦ **Chir.** *Se renverser,* se dit d'un organe qui éprouve le renversement. ♦ Être transposé. *Les termes de cette proposition, les accords de cette gamme peuvent se renverser.* ♦ Se jeter réciproquement par terre. ♦ En parlant de corps de troupes, reculer en désordre l'un sur l'autre. ♦ Être jeté bas. ♦ Être troublé, bouleversé.

RENVERSEUR, EUSE, ■ n. m. et n. f. [ʀɑ̃vɛʀsœʀ, øz] (*renverser*) Personne qui renverse. *Renverseur de quilles. Renverseur d'un ministère. Renverseur d'espérances.*

RENVI, n. m. [ʀɑ̃vi] (*renvier*) ▷ Aux jeux de cartes, ce qu'on met par-dessus la vade ou l'enjeu. *Faire un renvi de cent francs.* ♦ *Jeux de renvi,* ceux où l'on fait des renvis. ◁

RENVIDAGE, ■ n. m. [ʀɑ̃vidaʒ] (*renvider*) Action de renvider. *Le renvidage d'un fil.*

RENVIDER, ■ v. tr. [ʀɑ̃vide] (*re-* et *envider*) **Techn.** Enrouler le fil sur une bobine de manière à en faciliter le dévidage. *Renvider un cordon, un fil.*

RENVIDEUR, EUSE, ■ n. m. et n. f. [ʀɑ̃vidœʀ, øz] (*renvider*) **Techn.** Personne qui procède au renvidage. *Le renvideur file le coton et la laine.* ■ N. m. Métier à renvider. ■ Adj. *Dans la filature, le métier renvideur ou self acting mule fut inventé et appliqué à Manchester, à cause des fileurs qui se refusaient à continuer de travailler aussi longtemps.*

RENVIER, v. intr. [ʀɑ̃vje] (*re-* et anc. fr. *envier,* défier au jeu, du lat. *invitare*) Au brelan, mettre une certaine somme par-dessus la vade ou l'enjeu. ♦ **Fig.** Renchérir, faire davantage. « *C'est dans les grandes fortunes que la convoitise va tous les jours se subtilisant et renviant sur soi-même* », Bossuet.

RENVOI, n. m. [ʀɑ̃vwa] (*renvoyer*) Envoi d'une chose à la personne qui l'avait envoyée. ♦ ▷ *Chevaux, voitures de renvoi,* chevaux, voitures qui s'en retournent ou qui devaient s'en retourner à vide. ◁ ♦ *Renvoi du son par l'écho,* sa répercussion. ♦ Action de congédier. *Le renvoi des troupes, d'un ministre, etc.* ♦ Syn. de répudiation. ♦ Action de renvoyer une proposition, une demande à ceux qui doivent l'examiner. ♦ **Dr.** Action de renvoyer une partie, une affaire devant tel ou tel juge. ♦ Ajournement, remise. *On a demandé le renvoi de la discussion au lendemain.* ♦ Marque qui dans un livre adresse le lecteur à une marque pareille placée hors du texte. ♦ Avertissement qui indique qu'on trouvera à une autre page du même livre la suite de ce qui est interrompu, ou qui dans un dictionnaire indique les rapports de

différents articles. ♦ La marque qui, dans un acte, dans un écrit, indique qu'une addition est écrite en marge ou au bas de la page, et qu'il faut joindre au texte. ♦ L'addition même. ♦ **Mus.** Signe qui, correspondant à un signe semblable, indique qu'il faut revenir à l'endroit où ce dernier est placé. ♦ Syn. d'éructation.

RENVOYÉ, ÉE, p. p. de *renvoyer.* [ʀɑ̃vwaje]

RENVOYER, v. tr. [ʀɑ̃vwaje] (*re-* et *envoyer*) Envoyer de nouveau. ♦ Faire reporter à quelqu'un une chose qu'il avait envoyée, oubliée, prêtée, etc. ♦ *Renvoyer des lettres,* envoyer à une personne les lettres écrites par elle. ♦ Ne pas accepter. *Renvoyer un présent.* ♦ Faire retourner quelqu'un, ou quelque chose, au lieu d'où il était envoyé, d'où il était parti. *Renvoyer un courrier, une escorte, etc.* ♦ Repousser, répercuter, réfléchir. *Une plaque de cheminée qui renvoie la chaleur dans la chambre.* « *Les cris que les rochers renvoyaient plus affreux* », Racine. ♦ **Fig.** et **fam.** *Se renvoyer la balle.* Voy. BALLE. ♦ **Fig.** Reporter à, faire honneur à. « *M. de Turenne renvoyait toute la gloire à celui à qui seul elle appartient légitimement* », Fléchier. ♦ Se renvoyer, v. pr. renvoyer l'un à l'autre. ♦ Congédier. ♦ Donner à quelqu'un son congé. ♦ **Fig.** et **fam.** *Renvoyer quelqu'un bien loin,* le refuser sèchement. ♦ Adresser une personne à quelqu'un, en quelque lieu ou à quelque chose, pour qu'elle s'éclaire, apprenne, se règle. ♦ ▷ **Fig.** *Renvoyer de Caïphe à Pilate,* se dit des personnes qui, ayant à leur disposition une affaire, une grâce, se renvoient l'un à l'autre celui qui sollicite. ◁ ♦ Faire entrer dans la classe de. « *Ce sont ceux que les grands et le vulgaire confondent avec les savants, et que les sages renvoient au pédantisme* », La Bruyère. ♦ Remettre à un autre temps. « *Vous êtes imprudent de renvoyer l'affaire de votre salut à un temps que Dieu ne vous a point promis* », Massillon. ♦ Absol. « *Ne renvoyez pas à un autre temps* », Massillon. ♦ Reconnaître comme étant du domaine de, de la compétence de. « *Le naturaliste, en traitant des minéraux, doit se borner aux objets que lui présente la nature, et renvoyer aux artistes tout ce que l'art a produit* », Buffon. ♦ *Renvoyer une pétition, une proposition, etc.,* l'adresser à ceux qui doivent l'examiner, y faire droit, ou en rendre compte. ♦ **Dr.** Ordonner qu'une partie se pourvoira ou qu'un accusé sera traduit devant tel ou tel juge. *La chambre d'accusation l'a renvoyé devant les assises.* ♦ *Renvoyer un accusé, le renvoyer absous, le renvoyer d'accusation,* le décharger de l'accusation portée contre lui. ♦ On dit de même : *Il a été renvoyé de la plainte.* ♦ *Renvoyer un plaideur de sa demande,* la lui refuser par jugement.

RÉOCCUPATION, n. f. [ʀeɔkypasjɔ̃] (*réoccuper*) Action de réoccuper.

RÉOCCUPER, v. tr. [ʀeɔkype] (*ré-* et *occuper*) Occuper de nouveau.

RÉOPÉRER, ■ v. tr. [ʀeɔpeʀe] (*ré-* et *opérer*) Opérer de nouveau. *Il va falloir le réopérer pour enlever les broches. Se faire réopérer du nez. Son effet a réopéré.*

RÉORCHESTRATION, ■ n. f. [ʀeɔʀkɛstʀasjɔ̃] (*réorchestrer*) Action d'orchestrer de nouveau. *Cette réorchestration à la mode salsa de l'*Hymne à la joie *est pour le moins surprenante !*

RÉORCHESTRER, v. tr. [ʀeɔʀkɛstʀe] (*ré-* et *orchestrer*) Orchestrer de nouveau.

RÉORDINATION, n. f. [ʀeɔʀdinasjɔ̃] (*ré-* et *ordination*) **Relig.** Action de réordonner.

RÉORDONNÉ, ÉE, p. p. de *réordonner.* [ʀeɔʀdɔne]

RÉORDONNER, v. tr. [ʀeɔʀdɔne] (*ré-* et *ordonner*) Conférer une seconde fois les ordres sacrés à celui dont la première ordination est jugée nulle, pour quelque défaut essentiel. ♦ Ordonner de nouveau ; répéter un ordre.

RÉORGANISATEUR, TRICE, ■ n. m. et n. f. [ʀeɔʀganizatœʀ, tʀis] (*réorganiser*) Personne qui organise de nouveau. *Le réorganisateur d'un parti politique.* ■ Adj. *Esprit, mouvement réorganisateur.*

RÉORGANISATION, n. f. [ʀeɔʀganizasjɔ̃] (*réorganiser*) Action d'organiser de nouveau ; résultat de cette action. *Réorganisation de l'armée.*

RÉORGANISÉ, ÉE, p. p. de *réorganiser.* [ʀeɔʀganize]

RÉORGANISER, v. tr. [ʀeɔʀganize] (*ré-* et *organiser*) Organiser de nouveau. *Réorganiser l'armée.* ♦ Se réorganiser, v. pr. Être rétabli dans un ordre régulier.

RÉORIENTATION, ■ n. f. [ʀeɔʀjɑ̃tasjɔ̃] (*réorienter*) Action de donner une nouvelle orientation à ses études ou à sa carrière professionnelle. *La réorientation d'un élève. Réorientation professionnelle.*

RÉORIENTER, ■ v. tr. [ʀeɔʀjɑ̃te] (*ré-* et *orienter*) Orienter dans une nouvelle direction. *Réorienter l'économie d'un pays. Réorienter un élève vers une autre filière.* ■ Se réorienter, v. pr. *Peut-on se réorienter en cours d'études ?*

RÉOUVERTURE, n. f. [ʀeuvɛʀtyʀ] (*ré-* et *ouverture*) Action d'ouvrir de nouveau un théâtre, un établissement qui est resté quelque temps fermé.

1 **REPAIRE,** n. m. [ʀəpɛʀ] (*repairer*) Lieu où se retirent les brigands, les voleurs, les gens malfaisants. ♦ **Par extens.** Lieu où se retirent les bêtes féroces, malfaisantes. « *Sion, repaire affreux de reptiles impurs* », Racine. ♦ On dit aussi : *un repaire de hiboux, d'orfraies.* ■ Lieu où l'on se cache, où l'on se sent en sécurité. *Cet appartement lui servait de repaire pendant sa cavale.*

2 **REPAIRE**, n. m. [ʀəpɛʀ] (1 *repaire*) **Chasse** Fiente des loups, crottes des lièvres, des lapins ; ainsi dites parce qu'elles servent à retrouver la bête.

REPAIRER, ▪ v. intr. [ʀəpere] (b. lat. *repatriare*, retourner dans sa patrie) Être dans son repaire, son gîte pour un animal sauvage. *En ce moment, le serpent repaire.*

REPAÎTRE ou **REPAITRE**, v. intr. [ʀəpɛtʀ] (re- et *paître*) Manger, prendre sa réfection ; il se dit des animaux et des hommes, surtout en voyage. « *Chacun repaît, le soir étant venu* », LA FONTAINE. ◆ **V. tr.** Nourrir, donner à manger. *Il faut repaître ses animaux.* ◆ **Fig.** « *J'ai plaint le faux espoir dont on vous repaissait* », MOLIÈRE. ◆ *Repaître ses yeux d'un spectacle,* le regarder avec avidité. ◆ *Se repaître l'esprit,* repaître son esprit. ◆ *Se repaître,* v. pr. Prendre sa réfection. *Ces animaux se repaissent de chair.* ◆ **Par exagération.** *Il ne se repaît que de sang et de carnage,* se dit d'un homme cruel et sanguinaire. ◆ **Fig.** « *D'abord je me repus d'espérances frivoles* », LA FONTAINE.

RÉPANDAGE, ▪ n. m. [ʀepɑ̃daʒ] (*répandre*) **Agric.** Action de répandre une substance sur le sol. *Le répandage du sel sur les sols enneigés.*

RÉPANDEUR, EUSE, ▪ n. m. et n. f. [ʀepɑ̃dœʀ, øz] (*répandre*) **Techn.** Dispositif utilisé pour répandre une substance sur le sol. *Une répandeuse de sel.*

RÉPANDRE, v. tr. [ʀepɑ̃dʀ] (re- et *épandre*) Épancher, laisser tomber un liquide. *Répandre de l'eau sur la table.* ◆ ▷ **Absol.** *Prenez garde de répandre.* ◁ ◆ *Répandre des larmes,* pleurer. ◆ *Répandre du sang,* blesser ou tuer. ◆ *Répandre son sang,* être blessé ou mourir pour une cause qu'on regarde comme honorable et sacrée. ◆ **Par extens.** *Répandre* se dit de choses solides. *Répandre du sel, du poivre, etc.* ◆ Il se dit des effusions morales. « *J'irai répandre à ses pieds toute l'amertume de mon âme* », MASSILLON. ◆ Disperser, étendre au loin. *Le soleil répand la lumière. Ce fleuve a répandu ses eaux dans la campagne.* ◆ ▷ **Fig.** Donner de la dissipation, rendre dissipé. « *Les commerces nous répandent trop au-dehors* », MASSILLON. ◁ ◆ Départir, distribuer à plusieurs personnes. *Répandre des bienfaits.* ◆ **Absol.** « *[Un roi qui] N'ouvre ses mains que pour répandre* [...] *ne reçoit que pour donner* », J.-B. ROUSSEAU. ◆ Faire paraître. « *La douleur répandant de nouvelles grâces sur son visage* », FÉNELON. ◆ On dit dans un sens analogue : *Cet auteur a répandu beaucoup d'agrément, beaucoup de jour sur cette matière.* ◆ Proférer. « *Plus la raison manque, plus un homme violent répand d'injures* », BOSSUET. ◆ **Fig.** Faire entrer dans l'esprit, dans l'âme. *Répandre le trouble, la terreur, etc.* ◆ Propager. *Répandre l'Évangile, un usage, les soupçons, etc.* ◆ Faire connaître, en parlant de bruits, de nouvelles. *Répandre que,* faire courir le bruit que. ◆ *Se répandre,* v. pr. Être répandu, être versé. ◆ Avec ellipse du pronom personnel, faire répandre le verre, se dit au propre des gouttes de liquide qu'un verre répand, et fig. de la dernière chose qui produit une explosion de chagrin, de mécontentement, etc. ◆ Être étendu, dispersé. *Une odeur qui se répand au loin.* ◆ Être départi, distribué. *Ses aumônes se sont répandues sur les malheureux.* ◆ **Fig.** Être épanché. « *Son génie se répandit sur toutes les parties de l'empire* », MONTESQUIEU. ◆ **Fig.** Passer dans l'esprit, dans le cœur. « *La terreur se répandit parmi les peuples* », FLÉCHIER. ◆ Se faire sentir. « *Cette privation se répand et s'étend sur toute la vie* », MME DE SÉVIGNÉ. ◆ Être propagé. « *L'idolâtrie se répandait par tout l'univers* », BOSSUET. ◆ Être communiqué. « *Quelqu'un de mes malheurs se répandrait sur eux* », RACINE. ◆ Il se dit des bruits, des nouvelles. « *Le bruit s'en répandit aux environs* », BOSSUET. ◆ **Impers.** *Il s'est répandu que, etc.* ◆ Être ébruité. « *Télémaque avait souvent remarqué que les résolutions du conseil se répandaient un peu trop dans le camp* », FÉNELON. ◆ Se disperser sur la surface d'un pays. « *Les Goths, qui conquirent l'Espagne, se répandirent dans le pays* », MONTESQUIEU. ◆ *Se répandre au-dehors,* chercher à paraître, à se montrer. ◆ *Se répandre dans le monde* ou absol. *se répandre,* voir la société. ◆ *Se répandre en,* donner cours à ce qui s'exprime par le langage. *Se répandre en paroles, en plaintes, en injures, etc.* ◆ Se livrer à une effusion de cœur. « *Si j'écris quelques lignes où mon âme se répande* », MME DE STAËL. ◆ Paraître, se manifester au-dehors. « *Souvent une pâleur mortelle se répandait sur son visage* », FÉNELON.

RÉPANDU, UE, p. p. de répandre. [ʀepɑ̃dy] *Du sang répandu,* des hommes tués ou blessés. ◆ Admis, commun. *Une opinion très répandue.* ◆ ▷ **Fig.** Qui voit du monde, qui va souvent dans la société. *Un homme très répandu dans le monde. Un homme peu répandu.* ◁

RÉPARABLE, adj. [ʀepaʀabl] (*réparer*) Qui peut être réparé. *Une perte réparable. Des sottises réparables.*

REPARAÎTRE ou **REPARAITRE**, v. intr. [ʀəpaʀɛtʀ] (re- et *paraître*) Paraître de nouveau ; se montrer, se présenter de nouveau.

RÉPARATEUR, TRICE, n. m. et n. f. [ʀepaʀatœʀ, tʀis] (lat. *reparator*) Celui, celle qui répare. « *Puissant réparateur des misères humaines* », P. CORNEILLE. « *Marie médiatrice et réparatrice des hommes* », BOURDALOUE. ◆ **Fam.** et **ironiq.** *Réparateur de torts,* celui qui se mêle de venger des injures

ou de corriger des abus qui ne le regardent point. ◆ **Adj.** *Un gouvernement réparateur.* ▪ Personne qui répare un matériel endommagé, cassé. *Un réparateur de téléviseur.*

RÉPARATION, n. f. [ʀepaʀasjɔ̃] (lat. *reparatio*) Ouvrage qu'on fait ou qu'il faut faire pour réparer. *La réparation d'un pont, d'une voiture, etc.* ◆ Travaux d'entretien que l'on fait aux maisons. *Grosses réparations,* celles qui se font aux murs, aux planchers, aux toits, etc. *Menues réparations,* celles qui regardent les locataires, comme l'entretien des vitres, des serrures, du carrelage, etc. ◆ **Fig.** Satisfaction pour une offense, pour un tort. ◆ ▷ **Fam.** *Faire réparation d'honneur* ou simplement *faire réparation à quelqu'un,* cesser de lui imputer ce qu'on lui imputait, avouer qu'on a blâmé à tort. ◁ ◆ **Fig.** *Faire réparation à l'esprit de quelqu'un,* reconnaître qu'il a eu plus d'esprit qu'on ne pensait. ◆ **Théol.** Pénitence. ◆ **Dr.** *Réparations civiles,* somme adjugée par un tribunal à la partie civile pour la dédommager du tort qui lui a été causé par un délit ou par un crime. ◆ Dommages-intérêts accordés à un accusé contre la personne qui l'a injustement dénoncé. ▪ **Biol.** Régénération d'un tissu, d'un organe. ▪ **Sp.** *Surface de réparation,* au football, zone délimitée devant le but à l'intérieur de laquelle toute faute donne lieu à un penalty.

RÉPARATOIRE, ▪ adj. [ʀepaʀatwaʀ] (*réparer*) *Droit réparatoire,* droit que possédait le fermiers à se faire rembourser par les propriétaires les réparations sur les édifices et les superficies. ▪ Destiné à réparer. *Il exigea de son offenseur un écrit réparatoire.*

RÉPARÉ, ÉE, p. p. de réparer. [ʀepaʀe]

RÉPARER, v. tr. [ʀepaʀe] (lat. *reparare*, préparer à nouveau) Remettre en bon état, refaire, raccommoder. *Réparer un mur, un chemin, un fossé, un canal, des armes, etc.* ◆ **Absol.** « *Conserver et réparer est presque aussi beau que faire* », VOLTAIRE. ◆ ▷ Régénérer. « *L'amour du Père par lequel il a voulu réparer les hommes* », BOSSUET. ◁ ◆ **Fig.** Rétablir. « *De la liberté réparer les ruines* », VOLTAIRE. ◆ *Réparer ses affaires,* rétablir sa fortune. ◆ ▷ *Réparer ses forces,* les rétablir. ◆ *Réparer son honneur,* effacer par quelque bonne action la honte d'une mauvaise action précédente. ◆ *Réparer l'honneur, la réputation de quelqu'un,* donner satisfaction à quelqu'un dont on a offensé l'honneur ; et aussi le venger. ◆ Effacer, faire disparaître. *Réparer ses fautes, ses torts, etc.* ◆ On dit dans un sens analogue : *réparer un oubli.* ◆ *Réparer une offense, une injure,* donner des satisfactions proportionnées à cette offense, à cette injure. ◆ *Réparer le passé,* faire oublier par des actions meilleures les actions passées. ◆ Compenser. « *Est-il quelque défaut que les biens ne réparent?* », P. CORNEILLE. ◆ *Réparer le temps perdu,* réparer la perte du temps, profiter mieux du temps qu'on n'a fait par le passé. ◆ *Réparer un dommage,* dédommager d'une perte. ◆ *Réparer une perte,* s'en dédommager. ◆ Dans le langage de la chevalerie, *réparer les torts,* rétablir dans leurs droits ceux qui en avaient été dépouillés. ◆ *Se réparer,* v. pr. Être réparé. ◆ Être effacé. « *Les affronts à l'honneur ne se réparent point* », P. CORNEILLE. ◆ Être remplacé. « *La mort de ces hommes uniques et qui ne se réparent pas* », LA BRUYÈRE. ◆ Être reproduit. « *Tout s'altère et tout se répare dans l'univers* », VOLTAIRE. ◆ Être régénéré spirituellement.

RÉPARITION, n. f. [ʀepaʀisjɔ̃] Voy. RÉAPPARITION.

REPARLER, v. intr. [ʀəpaʀle] (re- et *parler*) Parler de nouveau. ◆ *Se reparler,* renouer amitié. ◆ **V. tr.** *Reparler une langue,* la parler de nouveau.

REPART, n. m. [ʀəpaʀ] (1 *répartir*) Syn. peu usité aujourd'hui de repartie. « *Il a le repart brusque* », MOLIÈRE.

REPARTAGER, v. tr. [ʀəpaʀtaʒe] (re- et *partager*) Faire un nouveau partage.

RÉPARTI, IE, p. p. de répartir. [ʀepaʀti]

REPARTI, IE, p. p. des verbes répartir. [ʀəpaʀti]

REPARTIE ou **REPARTIE**, n. f. [ʀəpaʀti] (1 *répartir*) Réplique, réponse, *Avoir la repartie prompte.* ◆ *Sans repartie,* sans qu'il soit possible de répondre, sans conteste.

REPARTIR, v. intr. [ʀəpaʀtiʀ] (re- et 2 *partir*) Se conjugue avec *être* ou *avoir* suivant le sens. Partir de nouveau, repartir. ◆ **Fam.** Recommencer. *Repartir de zéro, de rien. Repartir sur de bonnes bases. Repartir dans les explications.* ▪ **Fig.** et **fam.** *C'est reparti pour un tour,* on recommence. ▪ Reprendre son développement, redémarrer. *Une entreprise qui repart.*

1 **RÉPARTIR** ou **REPARTIR**, v. tr. [ʀepaʀtiʀ] (re- et 2 *partir*) Répliquer, répondre promptement. ◆ **V. intr.** Même sens.

2 **RÉPARTIR**, v. tr. [ʀepaʀtiʀ] (ré- et 1 *partir*, partager) Partager, distribuer. Répartir une somme, les contributions, les richesses, etc. ◆ *Se répartir,* v. pr. Être réparti.

RÉPARTITEUR, TRICE, n. m. et n. f. [ʀepaʀtitœʀ, tʀis] (2 *répartir*) Personne qui fait une répartition. ◆ **Adj.** *Commissaire répartiteur,* commissaire chargé de répartir les contributions entre les différents imposés.

RÉPARTITION, n. f. [ʀepaʀtisjɔ̃] (2 *répartir*) Partage, distribution. *Répartition des impôts, de la propriété, etc.* ◆ **Hérald.** Division de l'écu en plusieurs parties. ■ Manière dont une chose est répartie. *La répartition des richesses.* ■ Distribution dans un espace, une zone. *La répartition géographique d'une espèce végétale.* ■ Classification. *Répartition par âge.*

REPARUTION, ■ n. f. [ʀəpaʀysjɔ̃] (*reparaître*, d'apr. *parution*) Fait de reparaître. *La reparution d'un journal.*

REPAS, n. m. [ʀəpa] (*re-* et anc. fr. *past*, du lat. *pastus*, pâture, nourriture) Nourriture que l'on prend à des heures réglées. ♦ *Faire ses quatre repas,* déjeuner, dîner, goûter et souper. ♦ *Ne faire qu'un repas,* dîner seulement. ♦ *Son repas est le dîner,* c'est le seul qu'il fasse, ou c'est celui où il mange le plus. ♦ ▷ *Repas publics, repas en commun,* repas que les citoyens de certaines républiques grecques prenaient ensemble. ◁ ♦ ▷ *Repas de brebis,* manger sans boire. ◁ ♦ Banquet, festin. *Donner un repas.* ♦ ▷ *Repas prié,* un repas qui se donne à des personnes invitées. ◁

REPASSAGE, n. m. [ʀəpasaʒ] (*repasser*) Action de repasser, au sens actif, de faire traverser de nouveau. *Il a payé au batelier tant pour le passage et tant pour le repassage.* ♦ Action de repasser, d'aiguiser, d'affiler. *Le repassage d'un couteau, d'un rasoir.* ♦ Action de repasser le linge qui a été lavé. ♦ Linge à repasser. ♦ Râtelage des allées d'un jardin.

REPASSE, ■ n. f. [ʀəpas] (*repasser*) Grosse farine dont on n'a pas encore extrait le son au tamis. ■ Opération de distillation des eaux-de-vie. ■ *Boisson de repasse,* liquide qui a été deux fois infusé. ■ Par extens. et fam. Mauvais café.

REPASSÉ, ÉE, p. p. de repasser. [ʀəpase]

REPASSER, v. intr. [ʀəpase] (*re-* et *passer*) Se conjugue avec *être* ou *avoir,* suivant le sens. Passer de nouveau. ♦ Fig. « *Au milieu de tant d'objets différents, qui tour à tour passent sans cesse et repassent* », BOURDALOUE. ♦ Après être allé d'un lieu à un autre, revenir de celui-ci au premier. ♦ Revenir. ♦ Fig. *Ce bien a repassé dans notre famille, après en être sorti.* ♦ Fig. Aller d'un sentiment à un autre, d'une idée à une autre. ♦ Revenir à l'esprit. « *Je ne sais pas ce qui vous repasse dans la tête* », MME DE SÉVIGNÉ. ♦ Revenir sur quelque chose par l'examen, en idée. « *Quand les malheurs nous ouvrent les yeux, nous repassons avec amertume sur tous nos faux pas* », BOSSUET. ♦ V. tr. Traverser de nouveau. *Repasser les monts, un fleuve, etc.* ♦ Transporter de nouveau. *Le même batelier nous repassera.* ♦ Fig. « *Repassant mon esprit sur tous les objets qui s'étaient jamais présentés à mes sens* », DESCARTES. ♦ Mouvoir en allant et venant. *Repasser la lime sur un ouvrage,* polir de nouveau avec la lime, et fig. polir un ouvrage de prose ou de vers par un nouveau travail. ♦ *Repasser des couteaux, des rasoirs, des ciseaux, etc. sur la meule, sur la pierre,* leur donner de nouveau le fil. ♦ *Repasser des étoffes pour la teinture,* les remettre à la teinture. ♦ *Repasser une allée,* passer le râteau sur une allée pour la nettoyer. ♦ **Bx-arts** *Repasser,* retoucher un ouvrage, travailler de nouveau aux endroits négligés, ou qui n'ont pas la perfection requise. ◁ ♦ ▷ *Repasser un chapeau neuf au fer,* en aplatir le poil avec un instrument de fer chaud. ◁ ♦ *Repasser du linge, des étoffes,* passer un fer chaud sur du linge, sur des étoffes, pour les rendre plus unis. ♦ **Absol.** *La blanchisseuse repasse aujourd'hui.* ♦ Fig. Examiner une seconde fois. *Repasser un compte.* ♦ Fig. Se remettre dans l'esprit, en mémoire. « *Si je n'eusse sans cesse repassé dans mon esprit ma triste aventure* », FÉNELON. ♦ ▷ *Repasser un souvenir,* le rappeler. ◁ ♦ Fig. Étudier à plusieurs reprises. *Repasser ses auteurs.* ♦ Redire, répéter ce qu'on a appris par cœur, afin d'être plus sûr de sa mémoire. *Repasser sa leçon.* ♦ Se repasser, v. pr. Se dit en parlant d'une étoffe qui peut supporter sans s'altérer le contact du fer chaud.

REPASSEUR, EUSE, n. m. et n. f. [ʀəpasœʀ, øz] (*repasser*) Personne qui repasse ou aiguise les lames. ♦ Horloger qui raccommode les montres.

REPASSEUSE, n. f. [ʀəpasøz] (*repasser*) Celle dont le métier est de repasser le linge. ♦ Cylindre cannelé dont on se sert pour hâter et régulariser les plis dans l'opération du pressage. ■ Machine qui repasse le linge entre deux cylindres chauffés.

REPATRIER, v. tr. [ʀəpatʀije] Voy. RAPATRIER.

REPAVAGE, n. m. [ʀəpavaʒ] (*repaver*) Nouveau pavement. ■ REM. On disait autrefois *repavement.*

REPAVÉ, ÉE, p. p. de repaver. [ʀəpave]

REPAVEMENT, n. m. [ʀəpav(ə)mɑ̃] Voy. REPAVAGE.

REPAVER, v. tr. [ʀəpave] (*re-* et *paver*) Paver de nouveau.

REPÊCHAGE, ■ n. m. [ʀəpeʃaʒ] (*repêcher*) Action de ressortir de l'eau. *Repêchage d'un noyé.* ■ Fait de donner à quelqu'un une seconde chance de réussir un examen, une épreuve sportive, etc. *Question de repêchage. Équipe participant à la poule de repêchage.*

REPÊCHÉ, ÉE, p. p. de repêcher. [ʀəpeʃe]

REPÊCHER, v. tr. [ʀəpeʃe] (*re-* et *pêcher*) Pêcher de nouveau. ♦ Retirer de l'eau ce qui y était tombé. ■ Fig. et fam. Recevoir un candidat qui aurait dû être éliminé. *Repêcher un élève à un examen.*

REPEINDRE, v. tr. [ʀəpɛ̃dʀ] (*re-* et *peindre*) Peindre de nouveau. ♦ **Absol.** « *Peignez, repeignez* », DIDEROT. ♦ Appliquer de nouvelles couleurs sur les endroits défectueux d'un tableau. ♦ Remettre en couleur. ♦ Fig. Retracer. ♦ ▷ Fig. *Se repeindre,* figurer à soi de nouveau. « *Je ne songeais qu'à me repeindre l'image de ce héros* », FÉNELON. ◁

REPEINT, EINTE, p. p. de repeindre, n. m. [ʀəpɛ̃, ɛ̃t] Endroit d'un tableau sur lequel on a appliqué de nouvelles couleurs. ♦ Restauration d'un tableau en peignant les parties effacées. *Des repeints grossiers.*

REPENDRE, v. tr. [ʀəpɑ̃dʀ] (*re-* et *pendre*) Pendre de nouveau ce qui était tombé ou détaché. ♦ Se rependre, v. pr. Se pendre de nouveau.

REPENSER, v. intr. [ʀəpɑ̃se] (*re-* et *penser*) Penser de nouveau, réfléchir plus profondément sur une chose. « *Qui me promit beaucoup de choses, et qui sûrement n'a jamais repensé à moi* », J.-J. ROUSSEAU. ■ V. tr. Revoir la conception, reconsidérer. *Repenser un plan d'action.*

REPENTANCE, n. f. [ʀəpɑ̃tɑ̃s] (*se repentir*) Douleur qu'on a de ses péchés, de ses fautes. « *Un pécheur ému d'une humble repentance* », BOILEAU. ♦ Changement de résolution. *Les dons et la vocation de Dieu sont sans repentance* », BOSSUET.

REPENTANT, ANTE, adj. [ʀəpɑ̃tɑ̃, ɑ̃t] (*se repentir*) Qui se repent d'avoir péché. *Repentant de ses fautes. Des pécheurs repentants.*

REPENTI, IE, p. p. et adj. [ʀəpɑ̃ti] Qui s'est repenti. *Des pécheurs repentis.* ♦ N. f. *Les Filles repenties* ou simplement *les Repenties,* nom donné à des monastères de femmes, où des filles qui ont vécu dans le désordre se retirent ou sont renfermées pour faire pénitence [1]. ■ N. m. Ancien membre d'une organisation terroriste ou mafieuse qui accepte de collaborer avec la police, en échange d'une remise de peine. *Les repentis italiens.* ■ REM. 1 : Les appellations *Filles repenties* et *Repenties* sont vieillies. Autrefois répandus, notamment au XVIIᵉ siècle, ces monastères de femmes n'existent plus aujourd'hui.

1 REPENTIR, n. m. [ʀəpɑ̃tiʀ] (*se repentir*) Tristesse particulière que nous causent nos fautes. ♦ Au pl. « *N'attendez point de moi d'infâmes repentirs* », P. CORNEILLE. ♦ **Fam.** En être au repentir, regretter d'avoir fait quelque chose. ♦ Changement de résolution. « *Les fléaux, comme les dons de Dieu, sont sans repentir* », MASSILLON. ♦ **Peint.** Tracé d'un premier trait qu'on a corrigé. *Il y a des repentirs dans ce tableau.* ♦ ▷ Au pl. Cheveux roulés en tire-bouchons que quelques femmes laissent pendre des deux côtés du visage. ◁

2 REPENTIR (SE), v. pr. [ʀəpɑ̃tiʀ] (lat. médiév. *pænitere,* avoir du regret, avec influ. de *pœne,* peine) Éprouver un chagrin qui est de la nature du regret, à propos de fautes, de manquements. « *Trop tard, dans le naufrage, Confus on se repent d'avoir bravé l'orage* », BOILEAU. ♦ Avec ellipse du pronom personnel. « *Dans ce hardi métier [la satire] La peur plus d'une fois fit repentir Régnier* », BOILEAU. ♦ Par menace : *Il s'en repentira ; je t'en ferai repentir.*

REPÉRABLE, ■ adj. [ʀəpeʀabl] (*repérer*) Que l'on peut repérer par la vue ou par l'intellect. *Constellation repérable à l'œil nu. Facteurs de risques repérables chez un individu.* ■ **Phys.** Grandeur repérable, grandeur que l'on peut évaluer à l'aide d'une comparaison mais non soumettre à une opération. *La température est une grandeur repérable.*

REPÉRAGE, ■ n. m. [ʀəpeʀaʒ] (*repérer*) Action de repérer, de situer un élément précisément dans l'espace, le temps. *Repérage d'un site sur un plan, d'un mot dans un texte.* ■ **Techn.** Ensemble des procédés qui permettent d'assembler des pièces, de situer et de placer correctement les éléments d'un ensemble. ■ **Cin.** Action de déterminer les lieux du tournage d'un film, d'une émission télévisée. *Partir en repérage pour une séquence de film.*

REPERCÉ, ÉE, p. p. de repercer. [ʀəpɛʀse]

REPERCER, v. tr. [ʀəpɛʀse] (*re-* et *percer*) Percer de nouveau. ♦ **Orfèvr.** Repercer un ouvrage, découper un ouvrage tracé pour être à jour.

RÉPERCUSSIF, IVE, adj. [ʀepɛʀkysif, iv] (lat. médiév. *repercussivus*) Qui donne un choc en retour. ♦ **Méd.** Qui a la propriété de répercuter. *Médicaments répercussifs,* médicaments topiques qui, appliqués sur une partie malade, font refluer à l'intérieur les liquides tendant à l'engorger, ou arrêtent le développement d'un exanthème ou de toute autre altération morbide. ♦ N. m. Des répercussifs.

RÉPERCUSSION, n. f. [ʀepɛʀkysjɔ̃] (lat. *repercussio*) Renvoi, réflexion. *La répercussion de la chaleur, du son, de la lumière.* ♦ **Méd.** Action des répercussifs. ♦ Disparition brusque d'une tumeur ou d'un exanthème ou de toute autre affection qui est susceptible de répercussion. ♦ Fig. Événement qui arrive conséquemment à un autre. *Les répercussions de sa démission.*

RÉPERCUTÉ, ÉE, p. p. de répercuter. [ʀepɛʀkyte]

RÉPERCUTER, v. tr. [ʀepɛʀkyte] (lat. *repercutere,* repousser par un choc) Réfléchir, renvoyer. *Répercuter la chaleur, la lumière, le son.* ♦ ▷ **Méd.** Faire rentrer les humeurs. ◁ ♦ Se répercuter, v. pr. Être répercuté. *Le son se répercute.* ♦ V. tr. **Écon.** Transférer une charge financière sur. *Répercuter des coûts* sur les entreprises. ■ **V. pr. Fig.** Avoir des conséquences directes ou indirectes sur. *Ses problèmes d'insomnie se répercutent sur son travail.*

REPERDRE, v. tr. [ʀəpɛʀdʀ] (re- et *perdre*) Perdre de nouveau. ♦ Perdre ce qu'on avait gagné. ♦ **Absol.** *Il avait regagné, il a reperdu.* ♦ Perdre de vue ce qui s'était montré. « *Cette réflexion, plus prompte qu'un éclair, jeta dans mon âme un instant de lueur que je reperdis bientôt* », J.-J. ROUSSEAU. ♦ Égarer de nouveau. *Le pauvre bûcheron reperdit le petit Poucet et ses frères qui étaient revenus à la maison.* ♦ Se reperdre, v. pr. S'égarer de nouveau.

REPERDU, UE, p. p. de reperdre. [ʀəpɛʀdy]

REPÈRE, n. m. [ʀəpɛʀ] (altér. de 1 *repaire* d'apr. lat. *reperire,* retrouver) **Arts et métiers** Marque faite à différentes pièces d'assemblage pour les ajuster plus facilement. ♦ On dit de même : *point de repère.* ♦ **Fig.** *Point de repère,* point qui sert à se retrouver. ♦ Marque sur un mur, sur un jalon, sur un terrain, etc. qui indique et sert à retrouver un alignement, un niveau, etc. ♦ **Maçon.** Témoin indiquant un alignement quelconque. ♦ **Fig.** Élément qui sert de référence. *Ne plus avoir de repères. Repère familial.*

REPÉRER, v. tr. [ʀəpeʀe] (*repère*) Marquer des repères. ♦ Se repérer, v. pr. Se donner des points de repère. ■ **V. tr.** Déterminer la position exacte de. *Repérer un véhicule volé.* ■ **Fam.** Trouver, apercevoir. *Repérer un bar sympa. Il a repéré une jolie fille.* ■ *Se faire repérer,* attirer involontairement l'attention sur soi. *Ne crie pas, on va se faire repérer !*

RÉPERTOIRE, n. m. [ʀepɛʀtwaʀ] (lat. *repertorium*) Inventaire, table, recueil où les matières sont rangées dans un ordre qui les rend faciles à trouver. ♦ ▷ **Fig.** et **fam.** Personne qui se souvient de beaucoup de choses, et qui est toujours prête à instruire les autres. *Cet homme est un répertoire d'anecdotes.* ◁ ♦ Registre timbré sur lequel certains fonctionnaires sont tenus d'inscrire sommairement et dans l'ordre chronologique tous les actes qu'ils reçoivent ou rédigent. *Répertoire de jurisprudence.* ♦ Liste des pièces restées en cours de représentation à un théâtre. ♦ Liste des pièces qu'on doit jouer dans la semaine. ■ **Inform.** Élément de classification permettant de regrouper des fichiers sur un support de stockage. *Copier un répertoire.* ■ Cahier généralement composé de 26 onglets, un pour chaque lettre de l'alphabet, et lequel on peut classer alphabétiquement les informations que l'on consigne à l'intérieur, comme par exemple les coordonnées des personnes. *Répertoire téléphonique.* ■ Ensemble des titres qu'un artiste a interprété ou qu'il est capable d'interpréter. *Ce chanteur a un répertoire de 300 chansons.*

RÉPERTORIER, ■ v. tr. [ʀepɛʀtɔʀje] (*répertoire*) Établir une liste dans un répertoire ; dresser la liste de. *Répertorier les membres d'une association.*

RÉPÉTAILLÉ, ÉE, p. p. de répétailler. [ʀepetaje]

RÉPÉTAILLER, v. tr. [ʀepetaje] (*répéter*) ▷ Répéter la même chose jusqu'à satiété. ♦ **Absol.** *Il ne fait que répétailler.* ◁

RÉPÉTÉ, ÉE, p. p. de répéter. [ʀepete]

RÉPÉTER, v. tr. [ʀepete] (lat. *repetere*) Dire ce qu'on a déjà dit soi-même. ♦ *Ne pas se faire répéter,* exécuter sur-le-champ ce qui est commandé. ♦ **Absol.** « *Il fait répéter celui qui l'entretient, et ne goûte que médiocrement tout ce qu'il lui dit* », LA BRUYÈRE. ♦ Redire ce qu'un autre a dit. *Cet écho répète les mots.* ♦ ▷ *Cette montre, cette pendule répète les heures, les quarts,* on lui fait sonner l'heure et les quarts. ◁ ♦ **Mar.** *Répéter les signaux,* faire les mêmes signaux que le commandant. ♦ Recommencer. *Répéter des expériences.* ♦ En mauvaise part, rapporter ce qu'on a entendu. ♦ **Absol.** *Les enfants sont sujets à répéter.* ♦ Représenter, reproduire, réfléchir. *L'eau répète les nuages.* ♦ Présenter symétriquement d'un côté l'équivalent de ce qu'on voit de l'autre. *On a répété cet ornement à droite et à gauche.* ♦ S'exercer à dire ou à faire en particulier quelque chose qu'on devra dire ou faire en public. *Répéter une tragédie, un rôle, etc.* ♦ **Absol.** « *Songeons à répéter, s'il vous plaît* », MOLIÈRE. ♦ Exercer, en particulier des élèves sur ce qui fait l'objet de l'enseignement du professeur qu'ils suivent ♦ Il se dit aussi de la chose sur laquelle on exerce l'élève. *Il répète la rhétorique.* ♦ **Dr.** Redemander, réclamer. *Répéter des prisonniers, une dette, des dommages et intérêts, etc.* ♦ Se répéter, v. pr. Recommencer les mêmes histoires. ♦ Se servir souvent des mêmes tours, des mêmes moyens. ♦ *Être répété,* redit. ♦ Être renouvelé, avoir lieu souvent. *Cela se répète tous les jours.* ♦ Être reproduit, réfléchi. *Les flammes se répétaient au loin dans la mer.* ♦ Être reproduit symétriquement.

RÉPÉTITEUR, TRICE, n. m. et n. f. [ʀepetitœʀ, tʀis] (lat. *repetitor*) Personne qui répète des élèves, qui donne des répétitions. ♦ **Adj.** *Maître répétiteur,* syn. dans les lycées de maître de répétition. ♦ Dans les hautes écoles de sciences, professeur qui interroge les élèves sur ce qui leur a été enseigné dans le cours principal. ♦ **Mar.** Vaisseau qui répète les signaux. ♦ **Adj. m.** *Cercle répétiteur,* instrument d'astronomie.

RÉPÉTITIF, IVE, ■ adj. [ʀepetitif, iv] (rad. de *répétition*) Dont les constituants se répètent continuellement. *Musique contemporaine répétitive. Les astreintes du travail répétitif.*

RÉPÉTITION, n. f. [ʀepetisjɔ̃] (lat. *repetitio*) Redite, retour de la même expression, de la même idée. ♦ Action de répéter ce qu'un autre a dit. ♦ *Montre, pendule à répétition,* montre, pendule qui répète les heures et les quarts. ♦ ▷ **Ellipt.** *Une répétition,* une montre à répétition. ◁ ♦ Figure de rhétorique qui consiste à employer plusieurs fois le même mot, le même tour. ♦ Réitération. « *Une vie sans attrait, qui n'est que la répétition fastidieuse des mêmes actes et des mêmes besoins* », BARTHÉLEMY. ♦ Reproduction. « *La gorge-bleue semble n'être qu'une répétition du rouge-gorge* », BUFFON. ♦ Copie d'une statue, d'un tableau, exécutée par l'auteur lui-même. ♦ Leçon donnée en particulier à un élève ou à des élèves d'une même classe. ♦ Action d'essayer ce qu'on doit exécuter en public. *La répétition d'un opéra.* ♦ *Cette pièce est en répétition,* les acteurs sont occupés à la répéter pour la jouer bientôt. ♦ **Dr.** Action de redemander en justice ce qu'on croit avoir le droit de réclamer. *Répétition de frais.* ■ **Ellipt.** *Une répétition,* répétition le plus souvent d'une pièce de théâtre. ■ **Abrév.** Répète. *J'ai une répète de danse.*

RÉPÉTITIVITÉ, ■ n. f. [ʀepetitivite] (*répétitif*) Caractère de ce qui est répétitif. *La répétitivité du travail à la chaîne.*

REPEUPLÉ, ÉE, p. p. de repeupler. [ʀəpøple]

REPEUPLEMENT, n. m. [ʀəpøpləmɑ̃] (*repeupler*) Action de repeupler. *Le repeuplement d'une colonie, d'un étang.* ♦ Opération qui a pour but de regarnir d'arbres les endroits d'une forêt qui en sont dépouillés. ♦ Il se dit des arbres dont on repeuple une forêt. « *La conservation et le repeuplement de cette belle espèce de chêne* », BUFFON.

REPEUPLER, v. tr. [ʀəpøple] (re- et *peupler*) Peupler de nouveau un pays dépeuplé. ♦ **Par extens.** « *De nouvelles troupes de solitaires allèrent repeupler les déserts* », MASSILLON. ♦ Repeupler un étang, y remettre du poisson. ♦ On dit de même : *repeupler une terre de gibier.* ♦ *Repeupler un bois,* le garnir d'arbres. ♦ Se repeupler, v. pr. Se regarnir d'habitants. *Les villes se repeuplent.*

REPIC, n. m. [ʀəpik] (re- et *pic*) Au jeu de piquet, se dit lorsqu'un des joueurs compte quatre-vingt-dix, parce qu'il est arrivé à trente en main avant de jouer, et avant que son adversaire ait pu rien compter. ♦ ▷ **Fig.** et **fam.** *Faire quelqu'un repic, le faire repic et capot,* le réduire à ne pouvoir rien répondre, et aussi l'emporter sur lui. ◁

REPIQUAGE, n. m. [ʀəpikaʒ] (*repiquer*) Action d'enlever les pavés enfoncés ou cassés d'une chaussée, pour les remplacer par d'autres pavés. ♦ Transport d'un jeune plant, du lieu où il a crû spontanément, ou du lieu dans lequel il a été semé, dans celui où il doit rester définitivement. ■ Copie d'un enregistrement. *Repiquage de Sardou.* ■ **Rem.** On disait aussi *repiquement* autrefois.

REPIQUE, ■ n. f. [ʀəpik] (*repiquer*) Suppression des points noirs ou blancs sur une photographie au moyen d'un pinceau ou d'un crayon. *Repique des tirages comportant des défauts techniques.*

REPIQUEMENT, n. m. [ʀəpik(ə)mɑ̃] (*repiquer*) ▷ Syn. de repiquage. ◁

REPIQUER, v. tr. [ʀəpike] (re- et *piquer*) Piquer de nouveau. ♦ Piocher la superficie d'une route, pour remplir les cavités, niveler ou bomber. ♦ Faire un repiquage. *Repiquer un plant.* ■ Copier un enregistrement sur un nouveau support. *Repiquer un CD.* ■ **Fam.** Redoubler une classe. *Elle a repiqué sa terminale.* ■ **Fam.** *Repiquer au truc,* revenir à quelque chose que l'on avait cessé.

REPIQUEUR, EUSE, ■ n. m. et n. f. [ʀəpikœʀ, øz] (*repiquer*) Personne chargée de repiquer les jeunes plants. *Les repiqueurs de riz.* ■ **N. f.** Machine agricole utilisée pour repiquer les plants. *Une repiqueuse à pinces.*

RÉPIT, n. m. [ʀepi] (lat. *respectus*) Relâche, délai, surséance. *Ce créancier ne donne aucun répit à son débiteur. Mes douleurs ne me laissent pas de répit.*

REPLACÉ, ÉE, p. p. de replacer. [ʀəplase]

REPLACEMENT, ■ n. m. [ʀəplas(ə)mɑ̃] (*replacer*) Action de replacer quelqu'un ou quelque chose, ou de se replacer. *Replacement des embryons lors d'une fécondation in vitro. Replacement des employés.*

REPLACER, v. tr. [ʀəplase] (re- et *placer*) Remettre en place. *Replacez ce livre.* ♦ Se replacer, v. pr. Se remettre en place. *Ce domestique s'est replacé.* ■ **V. tr. Fig.** *Replacer un événement dans son contexte.*

REPLANTATION, n. f. [ʀəplɑ̃tasjɔ̃] (*replanter*) Action de replanter ; résultat de cette action.

REPLANTÉ, ÉE, p. p. de replanter. [ʀəplɑ̃te]

REPLANTER, v. tr. [ʀəplɑ̃te] (re- et *planter*) Planter une seconde fois le même végétal ou le même terrain. *Replanter un bois, une forêt, un poirier, un champ, etc.*

REPLAT, ■ n. m. [ʀəpla] (terme région., Bourgogne, Lyonnais, Suisse romande) **Géogr.** Partie d'un versant où la pente est peu prononcée. « *Le chemin montait, redescendait, hésitait sur un replat ou dans un bas-fond pour descendre et remonter encore* », CLAVEL.

REPLÂTRAGE, n. m. [ʀəplɑtʀaʒ] (*replâtrer*) Réparation superficielle faite avec du plâtre. ✦ **Fig. et fam.** Mauvais moyen qu'on emploie pour réparer quelque chose. ✦ Réconciliation peu sincère, peu durable.

REPLÂTRÉ, ÉE, p. p. de replâtrer. [ʀəplɑtʀe]

REPLÂTRER, v. tr. [ʀəplɑtʀe] (*re-* et *plâtrer*) Renduire de plâtre. ✦ **Fig.** « *Je ne me contente pas d'un changement léger et superficiel [de l'âme] ; il n'est pas ici question de replâtrer seulement cet édifice, je veux qu'on retouche jusqu'aux fondements* », BOSSUET. ✦ **Fig. et fam.** Chercher à couvrir une faute. « *Replâtrant par des injustices Nos sottises et nos revers* », VOLTAIRE.

REPLET, ÈTE, adj. [ʀəplɛ, ɛt] (lat. *repletus*, rempli) Qui a trop d'embonpoint. *Homme replet. Visage replet.*

RÉPLÉTION, n. f. [ʀeplesjɔ̃] (b. lat. *repletio*) Surcharge d'aliments. *On est plus souvent malade de réplétion que d'inanition.* ✦ ▷ Abondance de sang et d'humeur. ◁

REPLEUVOIR, ▪ v. impers. [ʀəplœvwaʀ] (*re-* et *pleuvoir*) Pleuvoir à nouveau. *Il a plu et replu tout l'après-midi !*

REPLI, n. m. [ʀəpli] (*replier*) Pli doublé. *Faire un repli à une étoffe.* ✦ Sinuosités que font les reptiles quand ils se meuvent. ✦ Il se dit de certains objets qui ont un mouvement comparé à celui des reptiles. *Les replis d'une écharpe, d'un drapeau, etc.* ✦ *Repli du front*, ride. ✦ Se dit aussi des sinuosités d'un sentier, d'un fleuve. ✦ **Fig.** Ce qu'il y a de plus caché en quelque chose. « *[Un savant] Vous dévoilera les replis De la nature ténébreuse* », VOLTAIRE. ✦ Ce qu'il y a de plus secret dans l'âme. *Pénétrer dans tous les replis du cœur.* ▪ Recul volontaire d'une troupe armée. *Une position de repli.* ▪ **Fig.** Baisse. *Le repli des valeurs boursières.*

REPLIABLE, ▪ adj. [ʀəpliabl] (*replier*) Qui peut être replié. *Une table de camping repliable.*

RÉPLICATION, ▪ n. f. [ʀeplikasjɔ̃] (mot anglais, du lat. *replicatio*, répétition) **Biol.** Duplication génétique d'une cellule avant sa division. *Réplication d'une molécule ADN.*

REPLIÉ, ÉE, p. p. de replier. [ʀəplije]

REPLIEMENT, n. m. [ʀəplimɑ̃] (*replier*) Action de replier. ▪ Action de se reployer. *Repliement d'une troupe.* ▪ **REM.** On disait aussi *reploiement* autrefois.

REPLIER, v. tr. [ʀəplije] (*re-* et *plier*) Plier ce qui avait été déplié. *Replier une étoffe.* ✦ Remettre sous le pli ce qui était déployé, exposé à la vue. ✦ *Replier un détachement, un corps, un poste*, l'obliger à se retirer. ✦ Rapprocher de l'armée. *Le général replia son avant-garde.* ✦ Courber, plier une ou plusieurs fois. ▪ Se replier, v. pr. Se plier une ou plusieurs fois. « *Ils se rejoignent, ils se saisissent, ils se replient comme des serpents* », VOLTAIRE. ✦ En parlant d'un corps de troupes, faire un mouvement en arrière et en bon ordre. ✦ Se dit des sinuosités d'un chemin, d'un chemin. ✦ **Fig.** Prendre de nouveaux biais pour réussir. « *Il faut qu'en cent façons pour plaire il se replie* », BOILEAU. ◁ ✦ *Se replier sur*, se rabattre sur. ✦ *Se replier sur soi-même*, se recueillir, réfléchir en soi-même.

RÉPLIQUE, n. f. [ʀeplik] (*répliquer*) **Dr.** Réponse sur ce qui a été répondu ; réponse à la réponse de la partie adverse. ✦ Il signifie simplement aussi réponse à *ce qui a été dit ou écrit*. « *Une décision qui ne souffre aucune réplique* », ◁ ✦ **Théât.** Le dernier mot que dit un acteur avant que son interlocuteur prenne la parole. ✦ ▷ L'Académie dit qu'en ce sens on prononce souvent *replique*. ◁ ✦ C'est aussi la réponse que fait un acteur à ce qui vient d'être dit par un autre. ✦ **Mus.** Répétition des octaves. ✦ **Archéol.** Répétition, double d'un monument figuré. *La réplique d'un camée.* ▪ Personne ou chose qui semble être l'image d'une autre. « *[La concierge torturait] un mari aux cheveux roux, aux cuisses courtes qui paraissait être sa réplique en plus petit* », SABATIER. ▪ *Donner la réplique (à qqn)*, jouer le rôle du partenaire d'un comédien pour lui permettre de dire son texte ; par ext., dialoguer avec qqn. « *J'invitais Mahmoud à me donner la réplique, il se contentait de faire l'une voix morne* », M. DE GRÈCE. ▪ **Géol.** Secousse sismique secondaire qui succède à un séisme principal.

RÉPLIQUÉ, ÉE, p. p. de répliquer. [ʀeplike]

RÉPLIQUER, v. tr. [ʀeplike] (b. lat. *replicare*, répéter une réponse) Répondre sur ce qui a été répondu par celui à qui l'on parle. ✦ **Absol.** *Mon avocat répliquera.* ✦ Il signifie quelquefois simplement *répondre*. ✦ Répondre en s'obstinant, parler quand on devrait obéir et se taire. **Absol.** « *Je l'ai dit, je le veux, ne me répliquez pas* », MOLIÈRE. ▪ Se répliquer, v. pr. **Biol.** Se reproduire génétiquement. *L'ADN viral utilise les enzymes de l'hôte pour se répliquer.*

REPLOIEMENT, n. m. [ʀəplwamɑ̃] (*reployer*) Voy. REPLIEMENT.

REPLONGÉ, ÉE, p. p. de replonger. [ʀəplɔ̃ʒe]

REPLONGER, v. tr. [ʀəplɔ̃ʒe] (*re-* et *plonger*) Plonger de nouveau. ✦ **Fig.** « *Une réponse courte de Mentor la replongeait dans ses incertitudes* », FÉNELON. ✦ **V. intr.** S'enfoncer de nouveau dans l'eau. ✦ Se replonger, v. pr. Se

mettre de nouveau dans l'eau. ✦ **Fig.** *Se replonger dans tous les excès, dans la mélancolie, etc.* ▪ **V. intr. Fam.** Récidiver. *Dès sa sortie de prison, il a replongé.*

REPLOYER, v. tr. [ʀəplwaje] (*re-* et *ployer*) ▷ Le même que *replier*. ◁ ✦ Se reployer, v. pr. Faire un repli, présenter un repli. ✦ Se retirer, en parlant d'un corps de troupes.

REPOLI, IE, p. p. de repolir. [ʀəpoli]

REPOLIR, v. tr. [ʀəpoliʀ] (*re-* et *polir*) Polir de nouveau. ✦ **Fig.** Corriger de nouveau. « *Vingt fois sur le métier remettez votre ouvrage, Polissez-le sans cesse et le repolissez* », BOILEAU.

REPOLISSAGE, n. m. [ʀəpolisaʒ] (*repolir*) Action de repolir.

REPOLON, n. m. [ʀəpolɔ̃] (orig. inc.) ▷ **Équit.** Volte que le cheval forme en cinq temps. ◁

REPOMPEMENT, n. m. [ʀəpɔ̃p(ə)mɑ̃] (*repomper*) Action de repomper.

REPOMPER, v. tr. [ʀəpɔ̃pe] (*re-* et *pomper*) Pomper de nouveau.

RÉPONDANT, n. m. [ʀepɔ̃dɑ̃] (*répondre*) ▷ Celui qui subit un examen, qui soutient une thèse. ◁ ✦ Celui qui répond la messe. ✦ Celui qui se rend caution pour quelqu'un. ✦ **Ironiq.** *Voilà un bon répondant.* ▪ *Avoir du répondant*, offrir de bonnes garanties financières ; avoir le sens de la repartie.

RÉPONDEUR, EUSE, ▪ adj. [ʀepɔ̃dœʀ, øz] (*répondre*) Qui riposte avec impertinence aux remontrances. *Une fillette répondeuse.* ▪ **N. m.** Dispositif relié à un téléphone et qui permet de répondre, au moyen d'une bande enregistrée, aux appels reçus en l'absence du destinataire. *Activer son répondeur avant de partir. Laisser un message sur le répondeur.* ▪ *Répondeur-enregistreur*, répondeur qui permet d'enregistrer les messages des correspondants.

RÉPONDRE, v. tr. [ʀepɔ̃dʀ] (lat. *respondere*) Faire une réponse à ce qui a été dit, écrit ou demandé. ✦ ▷ *Répondre un mémoire, une lettre*, y faire réponse. ◁ ✦ Imp. au passif. *Il a été répondu que, etc.* ✦ ▷ *Répondre une pétition, un placet*, écrire ou faire mettre au bas sa résolution, sa décision, sur l'objet dont il s'agit. ◁ ✦ *Répondre la messe*, prononcer à haute voix les paroles contenues au missel, et que doit dire celui qui sert la messe. ✦ **V. intr.** Faire une réponse. *Répondre à propos, sur-le-champ.* ✦ **Fig.** « *L'état où vous me voyez, lui dis-je, répond pour moi* », MME DE TENCIN. ✦ ▷ **Fam.** *Répondre ad rem* (à la chose), répondre précisément à la question proposée. ◁ ✦ **Mar.** Un bâtiment répond aux signaux qu'on lui adresse, par d'autres signaux de convention, qui indiquent qu'il les a aperçus. ✦ Parler à ceux qui appellent, à ceux qui frappent à la porte, à ceux qui se présentent. ✦ Il se dit de voix, de sons qui répondent l'un à l'autre. ✦ *Des chœurs de musique qui se répondent*, des chœurs qui chantent alternativement. ✦ **Fig.** *Nos cœurs se répondent*, ils se comprennent. ✦ Renvoyer le son. *L'écho seul lui répond.* ✦ Raisonner au lieu d'obéir, alléguer des prétextes, des excuses, des récriminations, au lieu de convenir de son tort. ✦ Subir un examen. *Ce candidat a bien répondu.* ✦ Écrire à une personne de qui l'on a reçu une lettre. ✦ Parler ou écrire pour réfuter. *Répondre à des objections, à un argument, etc.* ✦ Réaliser les espérances qu'on a fait naître. *Répondre à l'attente publique.* ✦ Payer de retour, faire de son côté ce qu'on doit. *C'est mal répondre à tout ce qu'on a fait pour vous.* ✦ On dit dans un sens analogue : *répondre aux politesses, aux caresses, à l'affection de quelqu'un.* ✦ *Répondre au salut de quelqu'un*, le lui rendre. ✦ Opposer quelque chose comme défense, résistance. « *Je me résolus de répondre par l'art à l'artifice* », RETZ. ✦ Être caution, être garant en justice, être garant pour quelqu'un. *Il a répondu pour moi. Répondre de la bonne foi de quelqu'un.* ✦ Être responsable, en parlant de personnes ou d'objets. « *Vous en répondrez sur votre tête* », FÉNELON. ✦ *Mettre quelqu'un dans un lieu où l'on répondra de lui*, le mettre en prison. ✦ Simplement, être garant de quelqu'un, de quelque chose. « *Je réponds de son obéissance* », RACINE. ✦ *Répondre de soi*, avoir confiance qu'on ne faillira pas. ✦ Il se dit, dans un sens analogue, des choses qui servent de garant. « *L'intérêt que je dois prendre à cette affaire ne nous répond que trop de la vérité de mon rapport* », LESAGE. ✦ *Répondre que*, affirmer que, avec une idée de responsabilité. *Je vous réponds qu'il partira.* ✦ *Je ne réponds pas que*, je n'assure pas que. ✦ Par menace, *je ne réponds pas de*, tant pis pour ce qui arrivera de. « *Je ne réponds pas de ce que je puis faire* », MOLIÈRE. ✦ *Je vous en réponds*, se dit familièrement pour affirmer davantage une chose. ✦ Aboutir en quelque endroit. *Le nerf qui répond au pied et à la jambe. La sonnette répond dans cette pièce.* « *Par la petite rue où ma chambre répond* », MOLIÈRE. ✦ Se faire sentir par une communication. *Il s'est blessé au pied, et la douleur lui répond au genou.* ✦ *Se répondre*, être en symétrie, en conformité. ✦ *Répondre* se dit d'objets qui sont placés vis-à-vis les uns des autres. « *Dans les mesures astronomiques prises sur la terre, deux lignes répondent à des espaces immenses dans le ciel* », VOLTAIRE. ✦ Être le représentant, l'équivalent d'une chose. « *L'âge où Racine produisit Athalie répond précisément à l'âge où Corneille produisit Œdipe* », d'OLIVET. ✦ Être égal, s'accorder avec. *Le succès répondit à son attente.*

RÉPONDU, UE, p. p. de répondre. [ʀepɔ̃dy]

RÉPONS, n. m. [ʀepɔ̃] (on ne prononce pas le *s* final ; lat. *responsum*) Paroles, ordinairement tirées de l'Écriture, qui se disent ou se chantent, dans l'office de l'Église, après les leçons ou après les chapitres. ◆ ▷ **Impr.** Signe qui sert à marquer les répons, et qui a la figure d'un *R* barré (℞). ◁

RÉPONSE, n. f. [ʀepɔ̃s] (*répons*) Ce qu'on dit à celui qui fait une demande ou une question. ◆ *Avoir réponse à tout*, ne rester court à rien, et par extens. trouver toute sorte d'expédients. ◆ **Fam.** *Une réponse de Normand*, une réponse équivoque. ◆ *Réfutation. Cela est sans réponse*, il n'y a pas moyen de réfuter cela. ◆ **Dr.** Il se dit des écritures qu'une partie fait signifier pour répondre aux moyens que l'autre a présentés. *Fournir sa réponse, ses réponses.* ◆ Lettre par laquelle on répond à une autre lettre. *Faire réponse à une lettre.* ◆ Résolution, décision écrite au bas d'une pétition. ◆ Nom d'un jeu en dialogue. *Jouer à la réponse, ou mieux aux demandes et aux réponses.* ◆ **Mus.** La rentrée du sujet dans une fugue par une autre partie. ◆ **Bourse** *Réponse des primes*, résolution que prend l'acheteur à l'échéance. Voy. PRIME. ▪ **Biol.** Réaction à une stimulation physiologique ou psychologique. *La réponse du système nerveux.* ▪ **Biol.** *Réponse immunitaire*, ensemble des mécanismes de défense de l'organisme pour lutter contre une agression. ▪ Réaction d'un appareil, d'un mécanisme. ▪ *Droit de réponse*, possibilité qu'a une personne, mise en cause dans un journal, une émission de radio ou de télévision, de répondre gratuitement par le biais du même support écrit ou oral. *Exiger un droit de réponse à la suite de propos diffamatoires.*

REPOPULATION, ▪ n. f. [ʀəpɔpylasjɔ̃] (*re-* et *population*) Accroissement du nombre d'habitants d'une région donnée, après une période de dépeuplement. *La repopulation a suivi l'amélioration de l'habitat dans certains quartiers.*

REPORT, n. m. [ʀəpɔʀ] (1 *reporter*) **Comptab.** Action de reporter une somme, un total. ◆ Le total reporté lui-même. ◆ *Report de faillite*, fixation de l'ouverture d'une faillite à une époque antérieure à la date assignée par le jugement qui l'avait déclarée. ◆ **Bourse** Prêt, pour un temps déterminé, d'un capital, contre remise d'un titre de fonds publics, d'actions ou d'obligations, sous la forme d'un achat au comptant et d'une vente à terme, par l'intermédiaire d'agents de change. La différence entre le prix de l'achat et celui de la vente représente l'intérêt du capital prêté ; cet intérêt s'appelle aussi *report.* ◆ Continuation d'une opération faite pour une certaine époque, à une date plus reculée. *Report d'un rendez-vous.* ◆ **Polit.** *Report des voix*, transfert des voix d'un candidat sur un autre plus à même de remporter une élection. ▪ Action de reporter un texte, un dessin, sur un autre document, un autre support. *Encre, papier à report.*

REPORTAGE, ▪ n. m. [ʀəpɔʀtaʒ] (2 *reporter*) Ensemble des informations enregistrées ou filmées recueillies sur le vif par un reporter, un journaliste, et mises en forme pour être présentées au public. *Grand reportage. Reportage d'actualités, publicitaire.* ▪ Activité, fonction de reporter. *Faire du reportage.*

REPORTÉ, ÉE, p. p. de 1 reporter. [ʀəpɔʀte]

1 REPORTER, v. tr. [ʀəpɔʀte] (*re-* et *porter*) Porter une chose au lieu où elle était auparavant. ◆ Porter une chose dans un lieu où l'on retourne. ◆ Transporter dans un autre lieu. *Reportez ce paragraphe à tel chapitre.* ◆ *Reporter un total au haut de la page suivante*, l'y répéter. ◆ **Bourse** Faire un report. Voy. REPORT. ◆ Remettre à plus tard. *Reporter une question au prochain ordre du jour.* ▪ **Polit.** Procéder à un report de voix. ▪ *Reporter sur*, transférer sur. *Reporter tout son amour sur un animal.* ▪ Se reporter, v. pr. Se transporter par la pensée à un temps antérieur. ▪ Se référer à. *Reportez-vous à la page suivante.*

2 REPORTER ou **REPORTEUR**, n. m. et n. f. [ʀəpɔʀtœʀ] (angl. *to report*, relater) Mot anglais que les journaux employaient aujourd'hui pour dire : *celui qui rend compte. Le reporter des tribunaux.* ▪ Journaliste de terrain chargé de faire des reportages. *Un grand reporter. Un reporter-caméraman. Une reporter-photographe.*

REPORTEUR, TRICE, ▪ n. m. et n. f. [ʀəpɔʀtœʀ, tʀis] (1 *reporter*) **Techn.** Personne chargée de reporter les formes d'impression en lithographie ou en offset. *Reporteur copiste.* ▪ **Financ.** Personne qui pratique des opérations de report à la Bourse.

REPOS, n. m. [ʀəpo] (1 *reposer*) Cessation de travail, d'occupation, et de ce genre de mouvement que donnent le travail, l'occupation. *Le jour du repos.* ◆ Ellipt. *Repos, reposez-vous*, en termes de commandement militaire. ◆ Lieu propre à prendre du repos. *On a distribué dans ce jardin des repos.* ◆ **Archit.** Palier d'escalier qui interrompt la suite des marches. ◆ *Repos de la terre*, jachère. ◆ Sommeil. *Prendre son repos.* ◆ *Lit de repos*, espèce de lit où l'on se repose, où l'on dort le jour. ◆ Dans le style soutenu, *champ du repos*, cimetière. ◆ **Fig.** L'état des morts dans le tombeau. *Troubler le repos des morts*, violer leur sépulcre, et fig. insulter leur mémoire. ◆ *Le repos éternel*, l'état des âmes des bienheureux. ◆ Quiétude d'esprit, calme de l'âme. « *Le repos d'esprit que donne à ceux qui sont innocents le témoignage de la conscience* », MALHERBE. ◆ *Mettre en repos sa conscience*, en dissiper les scrupules. ◆ *Mettre son âme en repos*, se décharger de ses péchés par la confession. ◆ *Être en repos*, n'avoir point d'inquiétude. ◆ *Être en repos de*

quelque objet, ne pas avoir d'inquiétude sur cet objet. ◆ **Fig.** *Dormir en repos sur une affaire*, n'en avoir aucune inquiétude. ◆ *Se mettre en repos, se mettre l'esprit en repos, se tenir en repos*, écarter toute inquiétude. ◆ *Laissez-moi en repos*, cessez de me fatiguer de vos importunités. ◆ *N'avoir point de repos que...*, n'être pas tranquille jusqu'à ce que. ◆ Absence de troubles, de séditions, de guerres, de persécutions. ◆ État d'un corps qui n'est pas en mouvement. ◆ Immobilité, tranquillité. *Se tenir en repos.* ◆ Inaction. « *En attendant, tenez-vous en repos dans Jérusalem* », BOSSUET. ◆ **Poétiq.** « *Un effroyable cri, sorti du fond des flots, Des airs en ce moment a troublé le repos* », RACINE. ◆ ▷ État d'une arme à feu, lorsque le chien n'est ni abattu ni bandé. *Ce fusil est au repos.* ◁ ◆ Césure placée dans les vers décasyllabes après la quatrième syllabe, et dans les vers alexandrins après la sixième. ◆ **Mus.** Endroit où la phrase se termine. ◆ Pause que l'on fait en prononçant un discours, en déclamant, en lisant à haute voix. ◆ **Peint.** Endroit du tableau où les détails sont plus rares, les lumières moins vives. ◆ Attitudes des figures représentées sans mouvement ou avec peu de mouvement. *Il y a beaucoup de repos dans cette figure.* ◆ **Archit.** Se dit des masses que l'on ne charge pas d'ornements, des parties qui restent unies. ◆ **Mar.** État d'un navire droit dans son assiette, qui n'est incliné ni par le vent ni par les lames.
▪ DE TOUT REPOS, loc. adj. Qui présente toute la tranquillité, toute la sécurité requises. *Un placement boursier de tout repos. Ce voyage n'a pas été de tout repos !*

REPOSÉ, ÉE, p. p. de reposer. [ʀəpoze] *Teint reposé*, teint frais. ◆ *À tête reposée*, loc. adv. Mûrement, avec réflexion.

REPOSÉE, n. f. [ʀəpoze] (1 *reposer*) Lieu où les bêtes fauves se reposent pendant le jour. ◆ À REPOSÉES, loc. adv. ▷ En se reposant de temps en temps. ◁

REPOSE-PIED, ▪ n. m. [ʀəpoz(ə)pje] (1 *reposer* et *pied*) Appui fixé sur le cadre d'une motocyclette ou d'un vélo afin d'y poser le pied. *Des repose-pieds.* ▪ Appui situé sur un fauteuil ou sous un bureau sur lequel on peut poser les pieds.

1 REPOSER, v. tr. [ʀəpoze] (lat. tard. *repausare*, de *pausare*, cesser) Mettre dans un état de repos. *Reposer sa tête sur un oreiller.* ◆ **Fig.** *N'avoir pas où reposer sa tête*, être sans asile. ◆ *Reposer sa vue, ses yeux sur un objet*, les y arrêter avec plaisir. ◆ Procurer du repos, du calme, avec un nom de chose pour sujet. « *Un jour égal et pur y repose les yeux* », LAMARTINE. ◆ *Cela repose la vue*, se dit des parties d'un tableau ou d'un ensemble d'objets qui n'attirent pas l'attention et permettent à l'œil de se reposer. ◆ *Le sommeil repose le teint*, le rend frais. ◆ ▷ *Cela repose les humeurs*, les calme. ◁ *Reposer la tête, l'esprit, l'âme*, leur procurer du calme. ◆ *Se reposer l'esprit*, se donner du calme. ◆ **V. intr.** Dormir. ◆ Il se dit d'un état de repos, de tranquillité. *Il ne dort pas, il repose.* ◆ **Équit.** *Reposer* ou *se reposer sur la main*, se dit d'un cheval qui, ayant la bouche dure, pèse trop sur la main. ◆ Être placé, déposé pieusement en quelque endroit. *C'est sous cette pierre que son corps repose.* ◆ **Fig.** Résider. « *Lieu terrible où de Dieu la majesté repose* », RACINE. ◆ Être établi, fondé sur. *Cet édifice repose sur le roc.* ◆ **Fig.** *Ce raisonnement ne repose sur rien.* ◆ En parlant de liqueurs, se rasseoir, de manière que les parties grossières tombent au fond. ◆ **Fig.** *Laisser reposer ses esprits*, se calmer. ◆ Se reposer, v. pr. Être dans le repos. ◆ Se délasser. ◆ **Fig.** et **fam.** *Se reposer sur ses lauriers*, demeurer inactif après un succès. ◆ Avec *faire* et *laisser*, on fait ellipse du pronom personnel. *Faites reposer vos chevaux. Laissez reposer ces hommes.* ◆ Se reposer, être en jachère, en parlant d'une terre. ◆ **Fig.** « *La nature se repose après de grands efforts, comme les terres après une moisson abondante* », VOLTAIRE. ◆ Avec ellipse du pronom personnel. *Laisser reposer une terre.* ◆ **Fig.** *Laisser reposer un ouvrage*, cesser de travailler à un ouvrage, pour le reprendre et le revoir à loisir. ◆ S'arrêter pendant quelque temps, en parlant de la vue, de l'esprit, etc. Se poser, résider. « *La puissance du Seigneur se reposera sur cette montagne* », SACI. ◆ Être posé sur. « *Le fondement sur lequel se reposait la foi des peuples* », BOSSUET. ◆ **Fig.** *Se reposer sur*, avoir confiance en. « *Chacun se dit ami ; mais fou qui s'y repose* », LA FONTAINE. ◆ *Se reposer de... sur...*, s'en remettre à... pour la chose dont il s'agit. « *Reposez-vous sur moi, seigneur, de tout son sort* », P. CORNEILLE.

2 REPOSER, ▪ v. tr. [ʀəpoze] (*re-* et *poser*) Poser de nouveau ce qui a été soulevé. *Reposer une tasse sur la table.* ▪ Poser de nouveau ce qui a été enlevé. *Reposer un verrou.* ▪ Poser de nouveau une question.

REPOSITIONNABLE, ▪ adj. [ʀəpozisjɔnabl] (*repositionner*) Qui est susceptible d'être décollé et recollé plusieurs fois sans dommages. *Colle, frise adhésive repositionnable.*

REPOSITIONNER, ▪ v. tr. [ʀəpozisjɔne] (*re-* et *positionner*) Positionner de nouveau, remettre dans la position requise. *Repositionner un bibelot.* ▪ **Fig.** Rétablir un produit, une entreprise, dans une situation commerciale plus favorable. *Repositionner une marque.*

REPOSOIR, n. m. [ʀəpozwaʀ] (1 *reposer*) Endroit où l'on peut se reposer. ◆ ▷ **Fig.** Endroit où dans un écrit l'esprit peut se reposer. ◁ « *Si l'on suit les titres de la marge, ils serviront de reposoirs et de guides* », BOSSUET. ◆ Autel qu'on fait dans les rues durant la procession de la Fête-Dieu, pour y faire reposer le saint sacrement.

REPOUSSAGE, ■ n. m. [ʀəpusaʒ] (*repousser*) **Techn.** Façonnage à froid d'une peau, d'une feuille de métal, pour y imprimer des motifs en relief. *Repoussage sur métaux.*

REPOUSSANT, ANTE, adj. [ʀəpusɑ̃, ɑ̃t] (*repousser*) ▷ Qui repousse, qui fait reculer, qui éloigne. « *En tout pays les gens chargés de beaucoup d'affaires sont toujours repoussants et sans commisération* », J.-J. ROUSSEAU. ◁ ♦ **Fig.** Qui inspire de l'aversion, du dégoût. *Une laideur repoussante.*

REPOUSSE, ■ n. f. [ʀəpus] (*repousser*) Action de croître à nouveau. *La repousse des cheveux, du gazon.*

REPOUSSÉ, ÉE, p. p. de repousser. [ʀəpuse] Repoussé, *n. m. Travail de repoussé*, œuvre en relief, exécutée à coups de marteau dans une plaque de métal posée sur un mastic élastique.

REPOUSSEMENT, n. m. [ʀəpus(ə)mɑ̃] (*repousser*) ▷ Action de repousser, de pousser en arrière. ♦ En parlant d'une arme à feu, le coup en recul que le tireur en reçoit. ♦ **Fig.** Action d'écarter de soi avec brusquerie, mauvaise humeur. ◁

REPOUSSER, v. tr. [ʀəpuse] (*re*- et *pousser*) Pousser de nouveau, rejeter, renvoyer. ♦ Éloigner. ♦ **Impr.** Marquer, imprimer à la main une lettre, un signe qui manque dans une feuille tirée. ♦ Faire reculer quelqu'un, l'écarter de soi. ♦ Pousser en arrière, pousser au loin. « *Le castor est repoussé dans le fond des déserts* », BUFFON. ♦ Écarter de. ♦ Il se dit d'attaquants que l'on force à reculer. ♦ On dit de même : *repousser une attaque, un assaut, etc.* ♦ ▷ *Repousser la force par la force*, employer la force pour se défendre. ◁ ♦ ▷ *Repousser quelqu'un avec perte*, lui faire subir un grand échec. ◁ ♦ **Fig.** Infliger un refus, un mauvais accueil. ♦ *Repousser une demande*, la rejeter, l'écarter. ♦ Écarter de soi quelque chose qui blesse. *Repousser un coup.* ♦ *Repousser une injure*, s'en défendre avec force, avec vivacité. ♦ *Repousser la calomnie*, la réfuter hautement. ♦ Écarter de soi quelque chose dont on ne veut pas. « *Il repoussait les louanges comme des offenses* », BOSSUET. ♦ *Repousser une tentation, une mauvaise pensée*, la rejeter de son esprit. ♦ Produire la répulsion, le dégoût. « *Son air, son ton, ses manières me repoussèrent à tel point qu'il ne fut pas en moi de le bien recevoir* », J.-J. ROUSSEAU. ♦ Produire de nouveaux jets, de nouvelles parties, en parlant de plantes et d'animaux. **V. intr.** Pousser en écartant. *Ce ressort repousse trop, il a trop de force.* ♦ *Pousser en arrière*, en parlant d'un fusil dont la crosse frappe rudement l'épaule quand on le tire. ♦ **Peint.** *Le bleu a repoussé dans ce tableau*, avec le temps il a fini par dominer et faire disparaître les couleurs auxquelles il était mêlé. **Fig.** Produire la répugnance, l'antipathie. *Sa figure, ses manières repoussent.* ♦ Produire de nouveaux jets. *L'herbe repousse.* ♦ Il se dit dans un sens analogue des ongles, des cheveux. ♦ **Se repousser**, v. pr. Exercer l'un sur l'autre une action qui écarte. *Les pôles de même nom d'un aimant se repoussent.* ♦ Remettre à plus tard. *Repousser un rendez-vous.*

REPOUSSOIR, n. m. [ʀəpuswaʀ] (*repousser*) Cheville de fer qui sert à faire sortir une autre cheville. ♦ Petit morceau d'acier, rond ou carré, dont les graveurs en cuivre se servent pour repousser les planches en les mettant dessous, lorsqu'ils veulent frapper dessus avec le marteau. ♦ Outil en forme de long ciseau, dont se servent les sculpteurs, les tailleurs de pierre, pour pousser des moulures. ♦ **Peint.** Objet vigoureux de couleur ou d'ombre, qu'on place sur le devant d'un tableau, pour faire paraître les autres objets plus éloignés. ♦ **Fig.** Chose ou personne qui en fait valoir une autre par le contraste.

RÉPRÉHENSIBLE, adj. [ʀepʀeɑ̃sibl] (lat. *reprehensibilis*) Digne de blâme, en parlant des personnes. ♦ Il se dit aussi des choses. *Conduite répréhensible.*

RÉPRÉHENSION, n. f. [ʀepʀeɑ̃sjɔ̃] (lat. *reprehensio*) Action de reprendre, de blâmer. « *On souffre aisément des répréhensions, mais on ne souffre pas la raillerie* », MOLIÈRE.

REPRENDRE, v. tr. [ʀəpʀɑ̃dʀ] (lat. *reprehendere*) Prendre de nouveau. *Reprendre sa place, son nom. Reprendre une ville.* ♦ *Reprendre un navire*, enlever à l'ennemi un bâtiment dont il s'était emparé. ♦ *Reprendre un chemin*, y entrer après l'avoir quitté. ♦ *Reprendre le chemin de*, retourner à. ♦ **Fig.** *Reprendre le dessus*, regagner l'avantage perdu, et aussi se rétablir d'une longue maladie. ♦ ▷ *Reprendre terre*, mettre le pied sur la terre, en parlant d'un nageur qui arrive à l'endroit où l'eau n'est plus profonde. ◁ ♦ **Fam.** *On ne m'y reprendra plus*, je ne m'exposerai plus au même danger, au même ennui. ♦ On dit par forme de menace : *Que je ne vous y reprenne plus.* ♦ *Prendre de nouveau*, en parlant de boissons, de potions, d'aliments. *Reprendre médecine.* ♦ **Fig.** Être saisi de nouveau par des sentiments, des passions. *Il a repris toute sa colère.* ♦ *Reprendre courage*, redevenir courageux, et aussi sortir de son abattement, se ranimer. ♦ **Fig.** Il se dit des maladies, des maux, qui s'emparent de nouveau d'un patient. *La goutte l'a repris.* ♦ Rentrer en possession. *Avoir beaucoup à reprendre sur une succession.* ♦ Prendre ce qu'on avait donné. ♦ *Reprendre sa parole*, retirer la promesse qu'on avait

donnée. ♦ *Reprendre quelque chose à quelqu'un* ou simplement *reprendre quelque chose*, rétracter quelque chose, ce qu'on a dit de quelque chose. *Reprendre des louanges qu'on a données.* ♦ Rejoindre quelqu'un pour l'emmener. ♦ *Ramener chez soi*, faire rentrer au logis, auprès de soi. ♦ Continuer ce qui avait été interrompu. *Reprendre une lecture, une histoire commencée.* ♦ *Reprendre une instance*, continuer un procès qui avait été interrompu. ♦ Récapituler, résumer. ♦ *Reprendre une chose, une histoire de plus haut*, la raconter en commençant d'un temps plus éloigné. ♦ *Reprendre les choses de plus haut*, remonter à des principes généraux, à des vérités antérieures. ♦ *Reprendre la parole*, se remettre à parler. ♦ *Reprendre une tragédie, une comédie, etc.*, la remettre, la rejouer au théâtre. ♦ *Reprendre un mur sous œuvre, en sous-œuvre*, en rétablir les parties inférieures, en soutenant le reste par des étançons. ♦ ▷ **Fig.** *Reprendre sous œuvre un projet, un ouvrage*, y travailler sur le même plan, mais avec certaines modifications. ◁ ♦ *Reprendre une étoffe, une toile, un bas*, en rejoindre les parties rompues. ♦ *Reprendre une maille*, refaire à l'aiguille celle qui a manqué. ♦ Se dit aussi, au tricot, d'une maille tombée que l'on rattrape en la remontant jusqu'au tour où elle manque. ♦ Recouvrer, avec un nom de personne pour sujet. « *Quand une fois on a perdu le goût des plaisirs de l'âme, qu'il est difficile de le reprendre !* », J.-J. ROUSSEAU. ♦ *Reprendre ses esprits, reprendre ses sens*, revenir à soi. ♦ *Reprendre son haleine*, recommencer à respirer après une interruption. ♦ **Fig.** *Reprendre haleine*, se reposer afin d'être en état de se remettre à une action, à un travail quelconque. ♦ *Reprendre* se dit des animaux qui reviennent à leur ancien état. « *Les loups, quoique adoucis par l'éducation, reprennent avec l'âge leur férocité naturelle* », BUFFON. ♦ Il se dit des choses. « *L'empire reprit bientôt sous lui sa première splendeur* », VOLTAIRE. ♦ Censurer quelqu'un parce qu'on juge qu'il a fait ou dit quelque chose mal à propos. ♦ Il se dit aussi des choses que l'on censure. ♦ **Absol.** « *Elle reprend avec bonté* », FÉNELON. ♦ *Être repris de justice*, avoir subi une condamnation en justice. ♦ **Fig.** Avec un nom de chose pour sujet, corriger, servir d'instruction. « *Rien ne reprend mieux la plupart des hommes que la peinture de leurs défauts* », MOLIÈRE. ♦ **V. intr.** Se conjugue avec *être* ou *avoir*, suivant le sens. Se dit d'un cheval qui repart après un demi-arrêt. ♦ *Reprit-il, il reprit*, expressions qui dans un dialogue indiquent qu'on fait parler de nouveau l'un des interlocuteurs. ♦ Attaquer de nouveau, en parlant des maladies. *La fièvre lui a repris.* ♦ Il se dit aussi de sentiments, de passions. *Sa timidité lui reprend.* ♦ En parlant des végétaux, prendre de nouveau racine, après avoir été transplanté. ♦ En parlant des chairs, des plaies, se rejoindre, se refermer. ♦ Se rétablir d'une maladie. ♦ Regagner de l'activité, de la prospérité, en parlant de choses. *Le commerce reprend.* ♦ Recommencer, revenir. *Le froid reprend. Cette mode a repris.* ♦ Se glacer de nouveau. ♦ **Se reprendre**, v. pr. Être pris de nouveau. ♦ En parlant des chairs, des plaies, se rejoindre, se refermer. ♦ Lier de nouveau amitié. ♦ Concevoir de nouveau de l'attachement pour. *Se reprendre à la vie.* ♦ Se corriger, se rétracter de quelque chose qu'on a mal dit. ■ Se ressaisir. *Il s'est repris après une période d'abattement.* ■ *S'y reprendre à plusieurs fois*, recommencer plusieurs fois quelque chose. *Je m'y suis repris à deux fois pour réussir mon permis.*

REPRENEUR, ■ n. m. [ʀəpʀənœʀ] (*reprendre*) Personne qui rachète une entreprise en difficulté. *Cette société cherche un repreneur.*

REPRÉSAILLE, n. f. [ʀəpʀezaj] (lat. médiév. *represalia*, du lat. *reprendere*, reprendre) Tout ce qui se fait contre l'ennemi, pour tirer satisfaction de quelque injure, de quelque violence, de quelque dommage. ♦ Il s'emploie plus souvent au pluriel. ♦ ▷ *Droit de représailles*, droit concédé à un particulier par l'autorité souveraine dont il est le sujet, de reprendre en temps de paix, même par la force, son bien ou l'équivalent de son bien, sur un étranger ou les concitoyens de cet étranger, lorsqu'il n'a pu obtenir justice par les voies judiciaires du pays de son adversaire. ◁ ♦ **Fig.** Tout ce qui se fait pour repousser une injure, une raillerie, un mauvais procédé, etc. *User de représailles.* ■ **REM.** S'emploie auj. au pluriel uniquement.

REPRÉSENTABLE, ■ adj. [ʀəpʀezɑ̃tabl] (*représenter*) Qui peut être représenté, notamment en mathématiques. *Le résultat d'un calcul flottant n'est pas toujours représentable exactement.*

REPRÉSENTANT, ANTE, adj. [ʀəpʀezɑ̃tɑ̃, ɑ̃t] (*représenter*) ▷ Qui représente. *Signes représentants.* ◁ ♦ **N. m.** Celui qui représente une autre personne, qui a des pouvoirs pour agir en son nom. ♦ Celui qui fait des affaires pour une maison de commerce. ♦ **Dr.** Celui qui est appelé à une succession, comme exerçant les droits d'une personne prédécédée. ♦ Celui qui est subrogé aux droits d'un héritier par suite de vente, d'échange, etc. ♦ Membre élu d'une assemblée législative. ♦ **Sc.** Il se dit des espèces qui sont analogues à d'autres.

REPRÉSENTATIF, IVE, adj. [ʀəpʀezɑ̃tatif, iv] (*représenter*) Qui a la vertu de représenter. *Les ambassadeurs ont le caractère représentatif.* « *L'argent est devenu le signe représentatif de toutes choses* », VOLTAIRE. ♦ **Métaphys.** Espèces ou *images représentatives*, sorte d'émanations subtiles que l'on supposait sortir des corps et les représenter dans les organes des sens, par exemple dans la vision. ♦ Se dit de la forme de gouvernement où la nation nomme des représentants chargés de concourir à la formation des lois et de voter l'impôt. *Gouvernement représentatif.* ♦ ▷ **N. m.** *Le représentatif,* le gouvernement représentatif. ◁ ♦ *Assemblée représentative,* assemblée composée de représentants.

REPRÉSENTATION, n. f. [ʀəpʀezɑ̃tasjɔ̃] (lat. *ræpræsentatio*) ▷ Action de représenter, de mettre devant les yeux. *On exigea la représentation de son passeport.* ◁ ♦ Qualité de signe représentatif. « *Le papier public est à l'argent ce que l'argent est aux denrées, une représentation* », VOLTAIRE. ♦ Qualité d'une personne qui tient la place d'une autre. ♦ Objet exprimé par la peinture, le dessin, ou par quelque opération de la nature. *La représentation d'une bataille.* « *On trouve ces représentations de plantes et d'arbres dans les pierres calcaires* », BUFFON. ♦ Espèce de cercueil vide sur lequel on étend un drap mortuaire, pour une cérémonie religieuse. ♦ Au Moyen Âge, figure moulée et peinte qui dans les obsèques représentait le défunt. ♦ Image fournie par la sensation. « *Le cerveau conserve avec ordre des représentations naïves de tant d'objets* », FÉNELON. ♦ Action de jouer des pièces de théâtre. ♦ Manière de vivre appartenant à une personne distinguée par son rang, sa dignité, sa fortune, et aussi manière de vivre où l'on se tient, comme dans une représentation théâtrale, soumis aux regards du public. *Être en représentation toute la journée.* ♦ ▷ Figure noble, belle prestance. ◁ ♦ **Dr.** Droit que l'on a de recueillir une succession comme représentant d'une personne prédécédée. ♦ Corps de représentants d'un peuple et les pouvoirs parlementaires qui leur appartiennent. *La représentation nationale.* ♦ ▷ Objection, remontrance faite avec mesure, avec égards. ◁

REPRÉSENTATIVITÉ, ■ n. m. [ʀəpʀezɑ̃tativite] (*représentatif*) Aptitude, pour un syndicat, une organisation, un parti, à s'exprimer et à agir au nom du groupe qu'il représente. *La représentativité syndicale est établie en fonction de critères juridiques précis.* ♦ Capacité, pour un échantillon de personnes, à représenter l'ensemble d'une population. *Représentativité de l'échantillon.*

REPRÉSENTÉ, ÉE, p. p. de représenter. [ʀəpʀezɑ̃te]

REPRÉSENTER, v. tr. [ʀəpʀezɑ̃te] (lat. *repræsentare,* rendre présent) Présenter de nouveau. ♦ ▷ Exhiber, exposer devant les yeux. *Représenter son passeport.* ◁ ♦ ▷ *Représenter quelqu'un,* le faire comparaître personnellement, le remettre entre les mains de ceux qui l'avaient confié à notre garde. ◁ ♦ ▷ Il se dit aussi en parlant des choses. *Représenter des objets mis en dépôt.* ♦ Réfléchir l'image d'un objet. ♦ Figurer par la peinture, la gravure, la sculpture, etc. *Cette estampe représente la Sainte Famille.* ♦ Exprimer, peindre par le discours. ♦ Jouer en public une pièce de théâtre, y faire un personnage. ♦ Mettre dans l'esprit, rappeler le souvenir. *Ce jeune homme représente son père.* ♦ Remplir l'idée, jouer le rôle de. « *Pourvu que votre force réponde à votre courage, et qu'étant faible, vous ne vouliez pas représenter une personne forte* », MME DE SÉVIGNÉ. ♦ Se représenter, présenter à soi, se rappeler le souvenir de, se figurer. ♦ Être l'image de. « *Chacun de nous peut remarquer qu'il ne connaît les objets sensibles que par les sensations qui nous les représentent* », CONDILLAC. ♦ Être le signe de. « *De même que l'argent est un signe d'une chose et la représente, chaque chose est un signe de l'argent et le représente* », MONTESQUIEU. ♦ **Théol.** Être le type, la figure de quelque chose. « *Salomon était destiné à représenter la personne du Messie* », BOSSUET. ♦ Être mandataire, exercer les pouvoirs, en qualité de député, d'envoyé d'un souverain, de successeur, de successeur. *Notre nation est représentée dans cette ville par un consul.* « *La nation est représentée par la chambre des communes* », VOLTAIRE. ♦ Il se dit également de celui qui est chargé d'une procuration spéciale pour faire quelque chose au nom d'un autre. ♦ Il se dit encore des héritiers reçus à recueillir ou à partager une succession étant à la place de parents morts. ♦ Il se dit enfin de ceux qui, dans les cérémonies publiques, tiennent la place de personnes qui y figureraient si elles étaient présentes. ♦ Faire observer, faire envisager. « *Le duc de Beauvillier représentait avec force la misère des peuples* », VOLTAIRE. ♦ V. intr. Avoir une belle figure, un maintien imposant. ♦ Bien remplir les honneurs de la place qu'on occupe. ♦ Il se dit d'une personne considérable qui reçoit beaucoup de monde et qui fait noblement les honneurs de son rang, de sa fortune. ♦ Être en représentation, être dans le monde comme un acteur sur la scène. « *Toujours en spectacle, les grands représentent ; ils ne se montrent pas tels qu'ils sont* », MASSILLON. ♦ Se représenter, v. pr. Se présenter de nouveau. ♦ Comparaître personnellement en justice. ♦ Revenir à l'esprit. ♦ Être figuré, représenté. ♦ Être joué sur le théâtre.

RÉPRESSEUR, ■ n. m. [ʀepʀesœʀ] (lat. *repressus,* de *reprimere,* arrêter) En biochimie, protéine établie dans les cellules vivantes pour inhiber la production des enzymes qui ne sont pas indispensables. *Répresseur bactérien.*

RÉPRESSIF, IVE, adj. [ʀepʀesif, iv] (lat. médiév. *repressivus,* de *reprimere*) Qui a la vertu de réprimer. *Lois répressives.*

RÉPRESSION, n. f. [ʀepʀesjɔ̃] (lat. *repressus,* de *reprimere*) Action de réprimer. *La répression des abus, des crimes, etc.*

RÉPRIMABLE, adj. [ʀepʀimabl] (*réprimer*) ▷ Qui doit ou peut être réprimé. ◁

RÉPRIMANDE, n. f. [ʀepʀimɑ̃d] (lat. *reprimenda,* qui doit être réprimée) Reproche fait du ton de l'autorité. ♦ Peine disciplinaire que portent les lois ou les règlements pour des manquements légers.

RÉPRIMANDÉ, ÉE, p. p. de réprimander. [ʀepʀimɑ̃de]

RÉPRIMANDER, v. tr. [ʀepʀimɑ̃de] (*réprimande*) Reprendre quelqu'un avec autorité. *Son père l'a réprimandé sur sa conduite.*

RÉPRIMANT, ANTE, adj. [ʀepʀimɑ̃, ɑ̃t] (*réprimer*) Qui réprime, qui peut réprimer. « *Dans une république il n'y a pas une force si réprimante que dans les autres gouvernements* », MONTESQUIEU.

RÉPRIMÉ, ÉE, p. p. de réprimer. [ʀepʀime]

RÉPRIMER, v. tr. [ʀepʀime] (lat. *reprimere*) ▷ Arrêter l'effet, le progrès d'une chose. ◁ ♦ Il se dit des choses qui exercent une pareille action. « *L'oisiveté, qui nourrit les passions, fit place au travail qui les réprime* », J.-J. ROUSSEAU. ♦ Contenir, ne pas laisser paraître au-dehors. « *Jusque-là réprimez ces transports violents* », P. CORNEILLE. ♦ Empêcher de mal faire par la menace ou le châtiment. *Réprimer les séditieux.* ♦ Il se dit en un sens analogue des choses qu'on réprime. *Réprimer des excès, des crimes, etc.* ♦ Se réprimer, v. pr. Se contenir soi-même. *Être réprimé.* ♦ Empêcher par des moyens coercitifs que soit réalisée une action jugée dangereuse, nuisible. *Nouveau plan pour réprimer la violence routière.*

REPRINT, ■ n. m. [ʀəpʀint] (mot anglais, de *re-* et *to print,* imprimer) Réédition sous forme de fac-similé d'un ouvrage épuisé.

REPRIS, ISE, p. p. de reprendre. [ʀəpʀi, iz] *Un homme repris de justice,* homme qui a déjà subi une condamnation pénale. ♦ **N. m.** Un repris de justice.

REPRISAGE, ■ n. m. [ʀəpʀizaʒ] (3 *repriser*) Action de repriser. *Le reprisage d'une chaussette trouée.*

REPRISE, n. f. [ʀəpʀiz] (*repris,* de *reprendre*) Action de prendre de nouveau. *La reprise d'une ville.* ♦ ▷ **Mar.** Vaisseau repris à l'ennemi. ◁ ♦ ▷ Action de rentrer dans des fonds, dans des valeurs dont on a fait l'avance. ◁ ♦ ▷ Ce qu'un comptable a droit de porter en dépense à la fin de son compte, parce qu'il l'avait porté en recette bien qu'il ne l'eût pas reçu. ◁ ♦ Au pl. **Dr.** Ce que chacun des époux, par lui ou par ses représentants, a droit de reprendre, par forme de prélèvement, avant partage, sur les biens de la communauté. ♦ ▷ *Reprise de fief,* prise de possession d'un fief par l'héritier du vassal qui meurt sans cet fief. ◁ ♦ Continuation de ce qui avait été interrompu. « *Travailler à petites reprises* », BUFFON. ♦ *La reprise d'un procès,* le renouvellement et la continuation d'un procès interrompu, lorsqu'il y a eu changement de parties ou d'avoué. ♦ Chaque partie d'une leçon d'équitation. ♦ Remise à la scène d'une pièce de théâtre. ♦ Recommencement après une interruption. *Reprise de la guerre, de la fièvre, etc.* ♦ ▷ *Reprise de froid,* se dit du temps qui redevient rigoureux après s'être adouci. ◁ ♦ Vers d'un rondeau, d'une ballade, d'un couplet de chanson qu'on répète et qui sert de refrain. ♦ **Mus.** Deuxième exécution d'une partie de morceau. ♦ Partie d'un air, d'un morceau suivie de deux barres. ♦ Signe qui marque qu'on doit répéter la partie de l'air qu'il affecte. ♦ Réparation faite à un mur. *Reprise en sous-œuvre.* Voy. ŒUVRE. ♦ Action de raccommoder une étoffe déchirée ou coupée. ♦ Au jeu, partie dont le nombre de coups est limité. ♦ Se dit des nouvelles racines que les plantes poussent après leur transplantation. ■ Passage d'un bas régime de moteur à un régime supérieur. *Cette voiture manque de reprise.* ■ **Comm.** Rachat d'un bien ancien et usagé pour l'achat d'un produit neuf. ■ Rachat d'une entreprise pour en poursuivre l'activité. ■ **Sp.** Chacune des parties d'un combat de boxe, d'un assaut d'escrime. ■ Fait, pour le propriétaire d'un logement loué, de récupérer son bien pour s'y loger ou pour loger sa famille. ■ Somme demandée au nouvel occupant d'un logement par son prédécesseur, en échange des aménagements et du mobilier qu'il laisse. ■ **Écon.** Retour de la croissance après une période de stagnation ou de récession. *Le secteur du bâtiment enregistre une reprise d'activité.* ■ *À plusieurs reprises, à de nombreuses reprises,* en s'y reprenant à plusieurs fois. *J'ai essayé de te téléphoner à de nombreuses reprises, en vain.*

REPRISÉ, ÉE, p. p. des verbes repriser. [ʀəpʀize]

1 REPRISER, v. intr. [ʀəpʀize] (*re-* et *priser*) ▷ Reprendre du tabac. ◁

2 REPRISER, v. tr. [ʀəpʀize] (*re-* et *priser*) ▷ Priser une seconde fois, faire une seconde estimation. ◁

3 REPRISER, v. tr. [ʀəpʀize] (*reprise*) Raccommoder en faisant des reprises. *Repriser une déchirure, une chemise.*

REPRISEUSE, n. f. [ʀəpʀizøz] (3 *repriser*) Couturière qui fait des reprises.

RÉPROBATEUR, TRICE, adj. [ʀepʀobatœʀ, tʀis] (rad. de *réprobation*) Qui exprime la réprobation. *Un langage réprobateur.*

RÉPROBATION, n. f. [ʀepʀobasjɔ̃] (lat. ecclés. *reprobatio,* de *reprobare,* réprouver) Action de réprouver, de rejeter. « *Réprobation des Juifs* », PASCAL. ♦ Jugement que Dieu a rendu de toute éternité contre les pécheurs qui mourront impénitents. ◆ *Blâme sévère. Encourir la réprobation des gens de bien.*

REPROCHABLE, adj. [rəprɔʃabl] (*reprocher*) ▷ Qui mérite des reproches. *Une conduite reprochable.* ◁ ◆ **Dr.** Récusable, en parlant soit des témoins, soit des témoignages.

REPROCHE, n. m. [rəprɔʃ] (*reprocher*) Ce qu'on dit à une personne pour la blâmer, pour la critiquer, pour lui faire honte ou regret. ◆ *Les reproches de la conscience,* le sentiment que l'on a d'avoir mal agi. ◆ *Homme sans reproche,* homme à qui on ne peut rien reprocher. ◆ **Au pl.** Raisons que l'on produit pour récuser des témoins. *Alléguer les moyens de reproches qu'on a contre des témoins.* ◆ **SANS REPROCHE, SOIT DIT SANS REPROCHE,** loc. adv. Sans prétendre faire de reproches.

REPROCHÉ, ÉE, p. p. de reprocher. [rəprɔʃe] « *Un bienfait reproché tint toujours lieu d'offense* », RACINE.

REPROCHER, v. tr. [rəprɔʃe] (lat. pop. *repropiare,* mettre sous les yeux, du lat. *prope,* près de) Objecter à quelqu'un une chose ou blâmable ou fâcheuse. *Ma conscience ne me reproche rien.* ◆ ▷ *Reprocher à quelqu'un une personne,* lui reprocher de favoriser, d'employer une personne. ◁ ◆ *Reprocher un service, un bienfait à quelqu'un,* les lui rappeler pour l'accuser de les avoir oubliés. ◆ **Fam.** *Reprocher les morceaux à quelqu'un,* lui faire sentir à quelqu'un qu'il mange trop et paraître y avoir regret. ◆ *Reprocher que,* avec le verbe à l'indicatif. ◆ *Se reprocher,* reprocher à soi-même, se faire des reproches. « *Toute l'indulgence de l'amour-propre n'empêche point qu'on ne se reproche du moins une partie de ce qu'on a à se reprocher* », FONTENELLE. ◆ ▷ *Se refuser. L'avare se reproche le nécessaire.* ◁ ◆ **Dr.** *Reprocher des témoins,* alléguer des raisons pour les récuser.

REPRODUCTEUR, TRICE, adj. [rəprɔdyktœr, tris] (*reproduire,* d'apr. *producteur*) Qui reproduit, qui sert à reproduire. *Les moyens reproducteurs des polypes.* ◆ **N. m.** Dans l'élevage des animaux, *reproducteur,* l'animal destiné à reproduire son espèce. ■ **Techn.** Appareil, dispositif servant à reproduire une pièce, un document original.

REPRODUCTIBILITÉ, n. f. [rəprɔdyktibilite] (*reproductible*) Faculté d'être reproduit.

REPRODUCTIBLE, adj. [rəprɔdyktibl] (*reproduire,* d'apr. *productible*) Qui peut être reproduit.

REPRODUCTIF, IVE, adj. [rəprɔdyktif, iv] (*reproduire,* d'apr. *productif*) Qui produit de nouveau. ■ Relatif à la reproduction. *Clonage reproductif. Santé reproductive.*

REPRODUCTION, n. f. [rəprɔdyksjɔ̃] (*reproduire,* d'apr. *production*) Action de reproduire. « *Il est dans l'ordre de la mort serve à la vie, que la reproduction naisse de la destruction* », BUFFON. ◆ Action par laquelle les corps organisés, animaux et végétaux, produisent des êtres semblables à eux. ◆ Il se dit aussi dans les végétaux des moyens artificiels par lesquels on les multiplie. *Les greffes, les boutures sont des moyens de reproduction.* ◆ Parties qui succèdent à celles qui ont été mutilées ou arrachées. ◆ Action de reproduire, de publier une seconde fois, par contrefaçon ou autrement, un livre, une œuvre d'art. ■ Technique permettant de reproduire et d'obtenir plusieurs exemplaires d'un document, d'une œuvre, à partir de l'original. *Ce tableau est une reproduction.* ■ Cette image. ■ *Droits de reproduction,* droits versés à l'auteur ou au propriétaire d'une œuvre pour chaque copie de celle-ci. *Les droits de reproduction et de diffusion d'un ouvrage sont strictement règlementés.*

REPRODUCTIVITÉ, n. f. [rəprɔdyktivite] (*reproductif*) Qualité de ce qui est reproductif.

REPRODUIRE, v. tr. [rəprɔdɥir] (*re-* et *produire*) Produire de nouveau. « *Les simples vers de terre reproduisent leurs queues* », VOLTAIRE. ◆ Présenter de nouveau, montrer de nouveau. *Reproduire les mêmes opinions.* ◆ Insérer dans un journal, une revue, tout ou partie d'un travail appartenant à un autre recueil. ◆ Imprimer un ouvrage en contrefaçon. ◆ *Se reproduire,* v. pr. Se perpétuer par la génération. « *Puisqu'il faut que l'homme meure, il faut qu'il se reproduise, afin que l'espèce dure* », J.-J. ROUSSEAU. ◆ Être produit, créé de nouveau. *L'animal ne cesse de se reproduire.* ◆ Être produit, montré de nouveau. *Les mêmes événements se reproduisent dans l'histoire.* ◆ ▷ Se remontrer dans le monde, fréquenter de nouveau la société, après s'en être retiré. ◁ ■ Réaliser une copie, une représentation. *Reproduire un paysage, un son. Reproduire un document par duplication.*

REPRODUIT, ITE, p. p. de reproduire. [rəprɔdɥi, it]

REPROGRAMMER, ■ v. tr. [rəprɔgrame] (*re-* et *programmer*) Programmer à une autre date. *Reprogrammer un ordinateur. Reprogrammer un concert à une autre date.* ■ **Biol.** Modifier tout ou partie d'un organisme par manipulation génétique. *Reprogrammer un embryon.*

REPROGRAPHIE, ■ n. f. [rəprɔgrafi] (*reproduction* et -*graphie*) Procédé permettant de reproduire un document sur support permettant la lecture directe. *Copies de reprographie.* ■ **Abrév.** Repro.

REPROGRAPHIER, ■ v. tr. [rəprɔgrafje] (*reprographie*) Dupliquer un document par reprographie. *Reprographier une œuvre, des images. Exemplaires de thèse reprographiés.*

REPROUVÉ, ÉE, p. p. de reprouver. [rəpruve]

RÉPROUVÉ, ÉE, p. p. de réprouver. [repruve] ▷ *Abandonner quelqu'un au sens réprouvé, à son sens réprouvé,* le laisser dans l'erreur, à cause de son obstination. ◁ ◆ **N. m. et n. f.** Celui, celle qui est rejetée par la société, comme les parias. ◆ Rejeté de Dieu. ◆ **N. m.** Celui qui est destiné aux peines éternelles. ◆ *Visage, face, figure de réprouvé,* figure sinistre, qui annonce une âme perverse. ◆ ▷ *C'est un réprouvé,* se dit d'un méchant homme. ◁

REPROUVER, v. tr. [rəpruve] (*re-* et *prouver*) ▷ Prouver de nouveau, prouver surabondamment. ◁

RÉPROUVER, v. tr. [repruve] (lat. ecclés. *reprobare*) Rejeter, condamner. « *Dieu réprouverait un culte où le cœur n'aurait point de part* », BOURDALOUE. « *L'équité réprouve ces calomnies* », VOLTAIRE. ◆ **Théol.** Destiner aux peines éternelles.

REPS, n. m. [rɛps] (angl. *rib,* raie, côte) Étoffe de soie très forte et façonnée. *Il y a des reps en laine, en laine et coton.*

REPTATION, ■ n. f. [rɛptasjɔ̃] (lat. *reptatio*) Mode de déplacement de certains animaux, notamment les reptiles, qui rampent sur le sol grâce aux ondulations et aux contractions de leur corps. *Les écailles ventrales d'un serpent sont lisses pour favoriser sa reptation.* ◆ Par anal. Déplacement évoquant un animal qui rampe. *La reptation d'un bébé.*

REPTILE, adj. [rɛptil] (lat. *reptilis,* rampant) ▷ Qui rampe. « *La gent reptile* », LA FONTAINE. ◁ ◆ ▷ **N. m.** Tout animal dépourvu de pieds et qui rampe, et aussi tout animal qui a les pieds si courts qu'il semble se traîner sur le ventre. ◁ ◆ **Fig.** et **fam.** *C'est un reptile,* c'est un homme qui se sert de moyens bas et vils pour s'avancer ou pour nuire aux autres. ◆ **Zool.** Animaux vertébrés, ovipares, à sang froid, divisés en quatre ordres, les chéloniens, les sauriens, les ophidiens, les batraciens. ■ **Spécialt** Serpent.

REPTILIEN, IENNE, ■ adj. [rɛptiljɛ̃, jɛn] (*reptile*) Qui se rapporte aux reptiles. *Faune reptilienne.* ■ Qui évoque un reptile. *Regard reptilien.* ■ *Cerveau reptilien,* partie du cerveau humain qui dirige l'instinct.

REPU, UE, p. p. de repaître. [rəpy]

RÉPUBLICAIN, AINE, adj. [repyblikɛ̃, ɛn] (*république*) Qui appartient à la république. « *Le gouvernement républicain est celui où le peuple en corps, ou seulement une partie du peuple, a la souveraine puissance* », MONTESQUIEU. ◆ *L'ère républicaine,* la manière de compter les années à partir du 22 septembre 1792, et de diviser l'année en mois égaux avec jours complémentaires. ◆ Qui affectionne le gouvernement républicain. *Une âme républicaine. L'esprit républicain.* ◆ **N. m., ou N. f.** Celui, celle qui habite une République. ◆ Celui qui est passionné pour le gouvernement républicain. ■ *Le parti républicain,* l'un des deux grands partis politiques, de tendance conservatrice, aux États-Unis. *Les représentants du parti républicain affrontent ceux du parti démocrate lors des élections primaires.*

RÉPUBLICAINEMENT, adv. [repyblikɛn(ə)mɑ̃] (*républicain*) D'une manière républicaine.

RÉPUBLICANISER, v. tr. [repyblikanize] (*républicain*) Rendre républicain ; ériger en république ; donner le caractère républicain.

RÉPUBLICANISME, n. m. [repyblikanism] (*républicain*) Qualité, sentiment de républicain. ◆ Affectation d'opinion républicaine.

REPUBLIER, v. tr. [rəpyblije] (*re-* et *publier*) Publier de nouveau. ■ **REM.** On disait autrefois *républier.*

RÉPUBLIQUE, n. f. [repyblik] (lat. *res publica*) Chose publique, et en général toute espèce de gouvernement. ◆ État gouverné par plusieurs. « *Lorsque dans la république le peuple en corps a la souveraine puissance, c'est une démocratie ; lorsque la souveraine puissance est entre les mains d'une partie du peuple, cela s'appelle une aristocratie* », MONTESQUIEU. ◆ « *République* » *de Platon,* ouvrage dans lequel est contenue sa politique. ◆ *La république chrétienne,* l'ensemble des États chrétiens ; *la république européenne,* l'ensemble des États européens. ◆ *République universelle,* fédération républicaine des peuples. ◆ *La république des lettres,* les gens de lettres en général considérés comme s'ils faisaient une nation. ◆ *La république des lettres,* ensemble des œuvres littéraires. ◆ ▷ *C'est une république, c'est une petite république,* se dit d'une famille, d'une communauté nombreuse, ou d'une maison où il y a beaucoup d'habitants. ◁ ■ **Fam.** *On est en république !,* on est libre de ses mouvements, on fait ce qu'on veut.

RÉPUDIATION, n. f. [repydjasjɔ̃] (lat. class. *repudiatio*) Action de répudier. *Répudiation de succession.* ◆ Action de renvoyer légalement une épouse. « *Il y a cette différence entre le divorce et la répudiation, que le divorce se fait par un consentement mutuel au lieu que la répudiation se fait par la volonté et pour l'avantage d'une des deux parties* », MONTESQUIEU.

RÉPUDIÉ, ÉE, p. p. de répudier. [repydje] **N. f.** Une répudiée.

RÉPUDIER, v. tr. [ʀepydje] (lat. class. *repudiare*) Rejeter, repousser, ne vouloir pas de. « *La nation chérie a violé sa foi ; Elle a répudié son époux et son père* », RACINE. ◆ **Dr.** *Répudier une succession, un legs,* renoncer à une succession, à un legs. ◆ Renvoyer sa femme suivant les formes légales [1]. ◆ **Absol.** *La faculté de répudier.* ◼ **REM.** 1 : Ce sens ne se vérifie que dans certaines civilisations et dans certaines législations anciennes.

RÉPUDIEUR, n. m. [ʀepydjœʀ] (lat. *repudiator*) ▷ Celui qui répudie. ◁

RÉPUGNANCE, n. f. [ʀepyɲɑ̃s] ou [ʀepynjɑ̃s] (lat. class. *repugnantia*, opposition) Sorte d'aversion pour quelqu'un, pour quelque chose, pour faire quelque chose. « *Je n'ai pour Aristie aucune répugnance* », P. CORNEILLE. « *Que j'ai de répugnance à cette lâcheté !* », ROTROU. ◆ ▷ Contradiction logique, impossibilité. ◁

RÉPUGNANT, ANTE, adj. [ʀepyɲɑ̃, ɑ̃t] ou [ʀepynjɑ̃, ɑ̃t] (*répugner*) ▷ Contraire, opposé. « *Choses qui sont répugnantes à la raison* », DESCARTES. ◁ ◆ ▷ Mal disposé. « *S'ils se trouvent répugnants à aimer Dieu* », PASCAL. ◁ ◆ ▷ Qui implique contradiction. « *Il y a un grand nombre de vérités et de foi et de morale qui semblent répugnantes* », PASCAL. ◁ ◆ Qui blesse, repousse les sens. *Odeur répugnante. Cette viande est répugnante au goût.* ◼ Qui inspire une aversion morale, intellectuelle. *Tenir des propos répugnants.*

RÉPUGNER, v. intr. [ʀepyɲe] ou [ʀepynje] (lat. class. *repugnare*, lutter contre) ▷ Être plus ou moins opposé, contraire, avec un nom de chose pour sujet. « *Les uns ont prétendu que cette éternité de supplice pour un péché répugnait à la bonté de Dieu* », BOURDALOUE. ◁ ◆ ▷ **Absol.** *Cela répugne,* cela se contredit. ◁ ◆ Avoir de la répugnance, avec un nom de personne pour sujet. « *Mais combien mon esprit répugne à ce devoir !* », ROTROU. ◆ Inspirer de la répugnance. *Cet homme, cet aliment me répugne.* ◆ ▷ **Absol.** *Cela répugne.* ◁ ◆ **Impers.** *Il me répugne de,* etc.

REPULLULATION, n. f. [ʀəpylylasjɔ̃] (*repulluler*) ▷ État de ce qui repullule. ◼ **REM.** On disait autrefois *répullulation*. ◁

REPULLULER, v. intr. [ʀəpylyle] (lat. *repullulare*) ▷ Renaître en grande quantité. *Les mauvaises herbes, les erreurs repullulent.* ◼ **REM.** On disait autrefois *répulluler*. ◁

RÉPULSIF, IVE, adj. [ʀepylsif, iv] (lat. *repulsus*, de *repellere*, repousser) **Phys.** Qui repousse. ◆ *Force répulsive,* force moléculaire, antagoniste de la cohésion, qui empêche le contact immédiat des molécules des corps. ◆ **Fig.** *Des manières répulsives. Une figure répulsive.* ◼ **N. m.** Produit, dispositif utilisé pour repousser des animaux indésirables. *Un répulsif à mouches.*

RÉPULSION, n. f. [ʀepylsjɔ̃] (b. lat. *repulsio*) Force en vertu de laquelle les corps ou les molécules de certains corps se repoussent mutuellement ; effet qui résulte de la mise en activité de cette force. *L'attraction et la répulsion.* ◆ **Fig.** Sentiment qui fait qu'on repousse quelqu'un. ◼ Répugnance à l'égard de quelque chose. *Répulsion physique. Les tripes lui provoquent une répulsion.*

RÉPUTATION, n. f. [ʀepytasjɔ̃] (lat. impér. *reputatio*, réflexion, considération) Opinion que le public a d'une personne. « *La bonne réputation vaut mieux que les grandes richesses* », SACI. ◆ ▷ **Fig.** Il se prend toujours en bonne part. *Avoir de la réputation.* ◆ « *Il faut du temps pour que les réputations mûrissent* », VOLTAIRE. ◆ Il se dit des choses qui sont renommées pour excellentes. *Les vins de Bourgogne sont en réputation.* ◼ Opinion favorable ou défavorable attachée à qqch. *Cette automobile a la réputation de consommer beaucoup d'essence.* « *Pour les gens de passage qui ne profitent pas toujours d'une éclaircie, la réputation du pays est vite établie : nuages et pluies* », ROUAUD.

RÉPUTÉ, ÉE, p. p. de *réputer*. [ʀepyte] Qui jouit d'une grande renommée. *Un restaurant réputé.*

RÉPUTER, v. tr. [ʀepyte] (lat. class. *reputare*, compter, évaluer) Estimer, présumer, croire, tenir pour. « *Un artiste, quelque parfait qu'il soit dans son genre, s'il n'a point d'invention, n'est point réputé génie* », VOLTAIRE. ◆ ▷ Se réputer, v. pr. Croire de soi que... « *Pour moi, bien que vaincu, je me répute heureux* », P. CORNEILLE. ◁

REQUALIFICATION, ◼ n. f. [ʀəkɥalifikasjɔ̃] (*requalifier*) Action de requalifier une personne, une chose. *Requalification du personnel d'une usine. Travaux de requalification d'un site industriel.*

REQUALIFIER, ◼ v. tr. [ʀəkalifje] (re- et *qualifier*) Qualifier de nouveau, attribuer une nouvelle qualification. *Requalifier un sportif. Requalifier un espace urbain.*

REQUÉRABLE, adj. [ʀəkeʀabl] (*requérir*) ▷ **Dr. anc.** Qui doit être requis par le créancier en personne, par opposition à *portable,* qui se disait de ce qui doit lui être porté en un lieu désigné sans qu'il le demande. ◁

REQUÉRANT, ANTE, adj. [ʀəkeʀɑ̃, ɑ̃t] (*requérir*) **Dr.** Qui requiert, qui demande en justice. *Les parties requérantes.* ◆ **N. m.**, n. f. *Le requérant. La requérante.*

REQUÉRIR, v. tr. [ʀəkeʀiʀ] (lat. pop. *requærere*) ▷ Quérir une seconde fois. En ce sens, il n'est usité qu'à l'infinitif. ◁ ◆ ▷ Il se dit simplement pour quérir. « *Va, va vite requérir mon fils* », MOLIÈRE. ◁ ◆ Prier de quelque chose. « *Le duc pour récompense a requis cette grâce* », ROTROU. ◆ Plus souvent, sommer. *Je vous prie, et au besoin je vous requiers de faire telle chose.* ◆ Réclamer. *Requérir la force publique.* ◆ **Dr.** Demander en justice. *Requérir l'application de la loi.* ◆ ▷ **Absol.** *Ouï sur ce et requérant le procureur général.* ◁ ◆ **Fig.** Demander, exiger, avec un nom de chose pour sujet. « *Selon que le requiert ou l'âge ou la santé* », RÉGNIER. ◆ L'ancien infinitif était requerre.

REQUÊTE, n. f. [ʀəkɛt] (*requérir,* d'apr. *quête*) **Dr.** Demande par écrit présentée à qui de droit, et suivant certaines formes établies. « *L'université de Paris présenta sa requête contre Jeanne d'Arc* », VOLTAIRE. ◆ Dans les exploits, *à la requête de telle personne,* à la demande de telle personne. ◆ *Mettre néant au bas d'une requête,* la refuser, y répondre négativement. ◁ ◆ ▷ **Fam.** et fig. *Néant à la requête,* se dit pour exprimer un refus. ◁ ◆ Se dit d'écritures signifiées respectivement par les parties, dans les instances ordinaires, pour développer leurs moyens et conclusions. ◆ *Maître des requêtes,* magistrat chargé de rapporter les requêtes au conseil d'État ; c'est un grade entre auditeur et conseiller. ◆ Dans le langage familier, demande verbale, simple prière. *Ayez égard à ma requête.*

1 REQUÊTÉ, n. m. [ʀəkete] (*requêter*) ▷ Ton de chasse pour rappeler les chiens. ◁

2 REQUÊTÉ, ÉE, p. p. de requêter. [ʀəkete] ▷ *Un cerf requêté.* ◁

REQUÊTER, v. tr. [ʀəkete] (*requête*) ▷ **Vén.** Quêter de nouveau. ◁

REQUIEM ou **RÉQUIEM**, n. m. [ʀekɥijɛm] (lat. *requies,* repos) Prière de l'Église pour les morts. ◆ Une des parties de la messe des morts mise en musique. ◆ Se dit aussi pour messe de requiem. *Le « Requiem » de Mozart.* ◆ *Messe de requiem,* messe pour le repos de l'âme d'un mort. ◼ Au pl. *Des requiems* ou *des requiem, des réquiems.*

REQUIN, n. m. [ʀəkɛ̃] (orig. incert., p.-ê. de *requiem*) Gros poisson de mer très vorace, du genre des squales. ◼ **Fig.** Personne impitoyable en affaires. *Les requins de la finance.*

REQUINQUÉ, ÉE, p. p. de requinquer. [ʀəkɛ̃ke]

REQUINQUER (SE), v. pr. [ʀəkɛ̃ke] (p.-ê. de re- et *clinquer,* voir *clinquant*) ▷ **Fam.** Se parer plus qu'il ne convient, en parlant d'une vieille. ◁ ◆ ▷ En général, se parer d'une manière affectée. ◁ ◆ ▷ **V. tr. Fig.** « *Mais je ne suis pas requinqué par un succès si désirable.* », VOLTAIRE. ◁ ◆ **V. tr. Fam.** Redonner de la vigueur, de l'entrain. *Cette liqueur m'a requinqué.* ◆ **V. pr. Fam.** Se rétablir.

REQUINT, n. m. [ʀəkɛ̃] (re- et anc. fr. *quint,* cinquième) ▷ **Dr.** et féod. La cinquième partie du quint, que l'on payait à certains seigneurs, outre le quint, quand on vendait un fief dans leur mouvance. ◁

REQUIS, ISE, p. p. de requérir. [ʀəki, iz] *Il a l'âge requis, les qualités requises pour occuper cet emploi, pour être admis,* l'âge convenable, les qualités nécessaires. ◆ **N. m.** Ce qui est dans l'ordre prescrit par les lois. ◼ Travailleur réquisitionné par les autorités en temps de guerre. *Les requis civils.*

RÉQUISIT, n. m. [ʀekwizit] (*qui se prononce coui* et le *t* final se fait entendre ; lat. *requisitum,* de *requérir*) **Philos.** Ce qui est nécessairement requis pour parvenir à un résultat donné. *La laïcité de l'État est un réquisit indispensable à l'établissement d'un système démocratique. Des réquisits.*

RÉQUISITION, n. f. [ʀekizisjɔ̃] (lat. impér. *requisitio,* recherche) Action de requérir. *À la réquisition de,* etc. ◆ **Dr.** Demande incidente formée à l'audience. ◆ Conclusions du ministère public sur la réquisition du procureur. ◆ Demande faite par l'autorité, pour avoir à sa disposition des hommes ou des choses. *La réquisition des jeunes gens de 18 ans à 25. Une réquisition de bœufs.*

RÉQUISITIONNER, ◼ v. tr. [ʀekizisjɔne] (*réquisition*) Se procurer un bien, un service, au moyen d'une réquisition. *Réquisitionner les militaires réservistes.* ◼ Par anal., plais. et fam. Réclamer un service à quelqu'un. *Réquisitionner des amis pour déménager.*

RÉQUISITOIRE, n. m. [ʀekizitwaʀ] (lat. *requisitus,* de *requirere,* requérir) **Dr.** Acte de réquisition fait par celui qui remplit dans un tribunal les fonctions du ministère public. ◼ Discours accusateur qui énumère les fautes, les torts. *Un réquisitoire contre le gouvernement.*

RÉQUISITORIAL, ALE, adj. [ʀekizitɔʀjal] (*réquisitoire*) Qui tient du réquisitoire.

RER, ◼ n. m. [ɛʀəʀ] (sigle de réseau express régional) Métro régional desservant Paris et sa banlieue. *Prendre le RER tous les matins pour aller travailler.*

RESALER, ◼ v. tr. [ʀəsale] (re- et *saler*) Saler de nouveau. *Resaler sa viande.*

RESALIR, ◼ v. tr. [ʀəsaliʀ] (re- et *salir*) Salir de nouveau. *Il a resali les vêtements que je venais de laver.*

RESALUER, ◼ v. tr. [ʀəsalɥe] (re- et *saluer*) Saluer de nouveau. ◆ Rendre le salut.

RESCAPÉ, ÉE, ■ adj. [ʀɛskape] (wall. *rescaper,* forme dial. de réchapper) Qui est sorti vivant d'un drame, d'un accident. *Un déporté rescapé d'une rafle.* ■ N. m. et n. f. *Les rescapés du « Titanic ».*

RESCIF, n. m. [ʀesif] Voy. RÉCIF.

RESCINDABLE, adj. [ʀəsɛ̃dabl] (*rescinder*) ▷ Sujet à rescision. ◁

RESCINDANT, n. m. [ʀəsɛ̃dɑ̃] (*rescinder*) **Dr.** Demande tendant à faire annuler un acte, un jugement.

RESCINDÉ, ÉE, p. p. de rescinder. [ʀəsɛ̃de]

RESCINDER, v. tr. [ʀəsɛ̃de] (lat. *rescindere*) **Dr.** Casser, annuler un acte, un jugement.

RESCISION, n. f. [ʀesizjɔ̃] (*e* se prononce *é*; b. lat. *rescissio,* abolition) **Dr.** Action de rescinder. *Une action en nullité ou en rescision.* ◆ ▷ **Chir.** Ablation, retranchement. *Rescision des amygdales.* ◁

RESCISOIRE, adj. [ʀesizwaʀ] (*e* se prononce *é*; b. lat. *rescissorius*) **Dr.** Qui donne lieu à rescision. ◆ **N. m.** L'objet principal pour lequel on s'est pourvu contre un acte, un jugement, et qui reste à juger, quand l'acte ou le jugement a été annulé.

RESCOUSSE, n. f. [ʀɛskus] (p. p. de l'anc. fr. *rescourre,* délivrer, du lat. *excutere,* faire sortir) ▷ **Vieilli** Reprise d'une personne ou d'une chose enlevée par force. *Courir à la rescousse.* ◁ ◆ *À la rescousse !* à l'aide, à un nouvel effort ! ■ En renfort. *Nous avons dû appeler des voisins à la rescousse.* ■ **REM.** On disait autrefois *recousse.*

RESCRIPTION, n. f. [ʀɛskʀipsjɔ̃] (lat. impér. *rescriptio,* du lat. *rescribere*) Syn. de l'effet de commerce nommé mandat. *Porteur d'une rescription sur le receveur des impositions.* ◆ Sorte d'actions ou obligations financières.

RESCRIT, n. m. [ʀɛskʀi] (lat. impér. *rescriptum,* du lat. *rescribere,* répondre par écrit) **Dr. rom.** Lettre par laquelle l'empereur, sans décider le fond d'une affaire, indiquait aux magistrats ou aux juges le parti qu'ils devraient prendre dans une hypothèse qu'ils étaient chargés d'examiner et de vérifier. ◆ Lettres du pape, dites aussi bulle ou monitoire, lorsqu'elles portent décision de quelque point de droit, ou de quelque autre difficulté. ◆ Expéditions pour les bénéfices. ◆ Loi, ordonnance dans certains pays.

RÉSEAU, n. m. [ʀezo] (anc. fr. *reiz,* filet) Petit rets. ◆ Tissu de fil, de soie, de fil d'or ou d'argent, en forme de rets. ◆ Espèce de petit filet rond, sur lequel sont montés les cheveux des perruques. ◆ *Réseau rond,* le fond de certaines dentelles telles que le point d'Alençon, la malines, etc. ; *réseau carré,* le fond de la valenciennes. ◆ **Hérald.** Ornement divisé par des lignes diagonales. ◆ **Anat.** Entrelacement de vaisseaux sanguins, de fibres, de nerfs. ◆ Ensemble de chemins ou de voies ferrées qui mettent en communication diverses localités d'une contrée. ■ Ensemble de voies de communication, de canalisations, de conducteurs électriques qui desservent une zone géographique. *Le réseau aérien, téléphonique, d'irrigation.* ■ Système de mise en relation d'individus, d'entreprises, d'organismes dans un but professionnel ou de coopération. *Un réseau de distribution.* ■ **Inform.** Ensemble d'ordinateurs reliés les uns aux autres pour permettre le partage et l'échange de données. *Travailler en réseau.*

RÉSECTION, n. f. [ʀesɛksjɔ̃] (b. lat. *resectio*) **Chir.** Action de couper, de retrancher. *La résection de l'os.*

RÉSÉDA, n. m. [ʀezeda] (lat. *reseda,* de *resedare,* calmer, à cause des vertus supposées de la plante) Genre de la famille des résédacées. ◆ *Réséda gaude,* bisannuel, cultivé pour la teinture en jaune. ◆ *Le réséda odorant,* annuel.

RÉSÉQUER, v. tr. [ʀeseke] (lat. *resecare,* tailler) **Chir.** Pratiquer l'opération de la résection.

RÉSERPINE, ■ n. f. [ʀezɛʀpin] (lat. *rauwolfia serpentina,* nom d'une plante médicinale) **Pharm.** Alcaloïde tiré du rauwolfia et utilisé comme antihypertenseur et neuroleptique. *La réserpine fait baisser la pression artérielle.*

RÉSERVATAIRE, ■ adj. [ʀezɛʀvatɛʀ] (rad. de *réservation*) **Dr.** *Héritier réservataire,* héritier auquel il échoit la part de succession appelée réserve. ■ N. m. et n. f. *Un, une réservataire.*

RÉSERVATION, n. f. [ʀezɛʀvasjɔ̃] (lat. chrét. *reservatio*) Action par laquelle on réserve. ◆ Droits qu'on s'est réservés dans un acte. ◆ Droit que le pape se réserve de conférer certains bénéfices dans les pays d'obédience, lorsqu'ils viennent à vaquer. ■ Fait de retenir à l'avance une place dans un moyen de transport, un hôtel, un restaurant. *Des frais de réservation.*

RÉSERVE, n. f. [ʀezɛʀv] (*réserver*) Action de réserver. *Dans ce contrat il a fait plusieurs réserves.* ◆ Au pl. Choses réservées. ◆ **Dr.** *Réserve légale,* portion de biens que la loi déclare non disponible, en la réservant à certains héritiers. ◆ Application qu'on fait de cas réservés. ◆ Saintes espèces conservées pour la communion des malades et des fidèles communiant aux messes où l'on n'a point consacré de petites hosties. ◆ **N. f. pl. Dr.** Protestations faites par une partie contre les inductions que l'on pourrait tirer d'un acte émané

d'elle. *Faire ses réserves.* ◆ *Fig. Faire ses réserves,* garder un dissentiment qu'on exprimera plus tard. ◆ *Armée de réserve* ou simplement *réserve,* partie de l'armée qu'on n'appelle sous les drapeaux que quand les circonstances l'exigent. ◆ *Corps de réserve* ou simplement *réserve,* troupes qu'on tient, un jour de bataille, à distance de l'action, pour les diriger sur les points faibles ou menacés. ◆ *Cadre de réserve,* cadre sur lequel sont portés les officiers généraux arrivés à un certain âge. ◆ **Chasse** *Canton de réserve* ou simplement *réserve,* canton qui est réservé pour celui à qui la chasse appartient. ◆ *Bois de réserve* ou simplement *réserve,* partie de bois qu'on laisse croître en futaie. ◆ Dans la gravure aux acides, dissolution de gomme laque ou de toute autre matière résineuse qui protège, réserve une portion de la planche. ◆ **N. f. pl.** Substances qu'on applique sur certaines parties des toiles, pour les empêcher de prendre la couleur bleue de la cuve d'indigo. ◆ *Fig.* Sorte de prudence qui nous retient de dire ou de faire. *Avoir de la réserve.* ◆ *N'avoir aucune réserve pour quelqu'un,* lui tout dire, ne lui cacher aucun secret. ◆ À LA RÉSERVE DE, loc. prép. À l'exception. « *A la réserve de quelques frontières inquiétées quelquefois par les voisins, tout le reste de l'univers jouissait d'une paix profonde* », BOSSUET. ◆ SANS RÉSERVE, loc. adv. Sans faire exception ou restriction. « *J'obéis sans réserve à tous vos sentiments* », P. CORNEILLE. ◆ EN RÉSERVE, loc. adv. De côté. *Avoir en réserve de l'argent, des arguments, etc.* ■ Quantité gardée en cas de nécessité. *Des réserves de nourriture. Des réserves financières, monétaires.* ■ Quantité exploitable de matières premières minérales ou énergétiques. *Les réserves de pétrole.* ■ **Biol.** Ensemble des substances stockées dans les tissus animaux et végétaux pour une utilisation ultérieure. *Les réserves de globules rouges de la rate.* ■ Local utilisé pour entreposer des marchandises. *La réserve d'un magasin.* ■ Territoire réservé aux Amérindiens. *Une réserve indienne.* ■ *Réserve naturelle,* territoire où les espèces animales et végétales sont protégées par des mesures spéciales. ■ SOUS (TOUTE) RÉSERVE, loc. adj. Sous condition. *Donner son accord sous toute réserve.* ■ SOUS RÉSERVE DE, loc. conj. À l'exception de. *Prix indicatif et sous réserve de modifications.* ■ SOUS RÉSERVE QUE, loc. prép. À la condition que. *Vous irez au cinéma sous réserve que vos devoirs soient terminés.*

RÉSERVÉ, ÉE, p. p. de réserver. [ʀezɛʀve] *Biens réservés,* biens dont un testateur ne peut disposer au préjudice de ses héritiers. ◆ *Cas réservés,* péchés dont on ne peut recevoir l'absolution que du pape ou de l'évêque, ou de prêtres qui ont reçu d'eux un pouvoir spécial. ◆ ▷ *Fig. C'est un cas réservé,* se dit d'une chose dont on fait mystère, qu'on ne veut faire valoir par ce moyen. ◁ ◆ *Fig.* Qui réserve sa conduite, ses paroles, qui se retient de dire ou de faire. « *Les prédicateurs doivent être réservés sur les louanges* », BOSSUET. « *Soyez réservés dans vos liaisons de jeunesse* », MARMONTEL. ◆ ▷ *Réservé à,* avec un infinitif. « *Il était réservé à parler des fautes et des travers d'autrui* », D'ALEMBERT. ■ N. m. et n. f. *Faire le réservé.* ◁ ◆ Il se dit aussi des choses. *Un air, un maintien réservé.* ■ **Adj.** Retenu à l'avance. *Avoir une place réservée dans un wagon.* ■ Destiné exclusivement à. *Une place réservée aux personnes handicapées.*

RÉSERVER, v. tr. [ʀezɛʀve] (lat. *reservare*) Retenir quelque chose d'un tout, ou un objet entre plusieurs. *Réserver une part du butin.* ◆ Garder pour un autre temps, pour un autre usage, pour une autre occasion, etc. *Réserver de l'argent pour les besoins imprévus.* « *Vous pouviez réserver cet avis à un autre temps* », PASCAL. ◆ ▷ Il se construit avec *à* et un infinitif. *Réservons à dire le reste plus tard.* ◁ ◆ Au passif et impers. « *Socrate vit et déplora les malheurs de sa patrie ; c'est à Thrasybule qu'il était réservé de les finir* », J.-J. ROUSSEAU. ◆ ▷ *Se réserver la réplique,* déclarer qu'on veut répliquer. ◁ ◆ Destiner à. « *Les dieux nous réservaient d'autres dangers* », FÉNELON. ◆ *Se réserver,* réserver pour soi, garder pour soi. ◆ ▷ *Se réserver à faire quelque chose,* ou *de faire quelque chose,* attendre, remettre à faire cette chose pour un temps, une occasion, un lieu qu'on jugera favorable. ◁ ◆ Se réserver, v. pr. Se ménager pour un autre temps, pour une autre occasion. ■ V. tr. Retenir à l'avance. *Réserver une chambre.* ■ Destiner exclusivement. *Réserver une place à un ami.*

RÉSERVISTE, ■ n. m. [ʀezɛʀvist] (*réserve*) Homme qui appartient à l'armée de réserve. *Appeler les réservistes.*

RÉSERVOIR, n. m. [ʀezɛʀvwaʀ] (*réserver*) Lieu fait exprès pour y tenir certaines choses en réserve. ◆ *Fig.* « *C'est dans ce petit réservoir [le cerveau] qu'on trouve toutes les images dont on a besoin* », FÉNELON. ◆ Lieu où l'on amasse les eaux. ◆ *Par extens.* « *Ces montagnes sont les immenses réservoirs des neiges éternelles* », VOLTAIRE. ◆ Bassin où l'on conserve le poisson. ◆ **Anat.** Toute cavité du corps humain dans laquelle s'amasse un fluide. *Le réservoir de la bile.* ◆ **Phys.** Lieu, corps où résident les forces cosmiques. *La terre est le réservoir de l'électricité.* ■ Récipient renfermant des produits liquides ou gazeux. *Un réservoir d'essence.*

RÉSIDANT, ANTE, adj. [ʀezidɑ̃, ɑ̃t] (*résider*) Qui réside. *Le lieu où il est résidant.* ◆ *Membre résidant,* se dit, dans les sociétés savantes, par opposition à *membre correspondant.* ■ N. m. et n. f. *Un résidant, une résidante. Les résidants de l'immeuble.*

RÉSIDENCE, n. f. [ʀezidɑ̃s] (lat. *residentia*, de *residere*, résider) Demeure ordinaire en quelque lieu. *Il a établi sa résidence en cet endroit.* ♦ ▷ **Par extens.** Action de garder la chambre, de demeurer chez soi. « *Sans enfants il n'y a point de résidence dans les familles* », J.-J. ROUSSEAU. ◁ ♦ Séjour actuel et obligé dans le lieu où l'on exerce quelque fonction. *Les évêques, les magistrats sont obligés à la résidence.* ♦ Lieu où réside un prince, un seigneur. ♦ *Résidence royale*, château qui dépend de la Couronne. ♦ ▷ Emploi, dignité de résident auprès d'un prince. ◁ ♦ ■ Il se dit des propriétés qui sont attachées à certains corps. « *La résidence de la force magnétique dans le fer et l'aimant*, BUFFON. ◁ ■ Immeuble d'habitation d'un certain confort. *Habiter une somptueuse résidence.* ■ *Résidence secondaire*, maison dans laquelle on séjourne pendant les vacances, les week-ends. ■ *Résidence surveillée*, fait d'être astreint par la justice à rester dans un lieu déterminé et contrôlé.

RÉSIDENT, ENTE, n. m. et n. f. [ʀezidɑ̃, ɑ̃t] (lat. *residens*, de *residere*, résider) Envoyé qui réside auprès d'un souverain étranger, et qui est moins qu'un ambassadeur et plus qu'un agent. ♦ On dit aussi : *Ministre résident.* ♦ La femme du résident s'appelle *Madame la résidente.* ■ Personne établie ailleurs que dans son pays d'origine. *Carte de résident.*

RÉSIDENTIEL, ELLE, ■ adj. [ʀezidɑ̃sjɛl] (*résidence*) Qui est conçu pour la résidence, l'habitation. *Quartier, secteur résidentiel.* ■ Qui offre un standing d'habitation élevé. *Immeuble résidentiel.*

RÉSIDER, v. intr. [ʀezide] (lat. *residere*, rester, demeurer) Faire sa demeure ordinaire en quelque endroit. *Il réside à Paris, sur son domaine, dans son domaine, etc.* ♦ **Absol.** Demeurer dans le lieu où l'on exerce une fonction. *Les évêques doivent résider.* ◁ ♦ **Fig.** Exister dans. « *La souveraine puissance résidait en la personne du roi* », VAUGELAS. ♦ Consister en. « *La justice réside dans les lois naturelles* », PASCAL.

RÉSIDU, n. m. [ʀezidy] (lat. *residuum*, de *residere*, rester) Anc. syn. de reliquat. *Résidu de compte.* ♦ **Arithm.** Nombre qui reste d'une division. ♦ On dit plus ordinairement *reste.* ♦ **Algèbre**, *les résidus des puissances*, ce qui reste après que les racines ont été extraites. ♦ Matière qui reste après une opération chimique, et qui souvent peut être encore utilisée. ■ Déchet, détritus. *Les résidus d'un repas.* ■ **Log.** *Méthode des résidus*, méthode qui consiste à repérer les causes des éléments inconnus d'un phénomène en retranchant la partie dont on connaît déjà les causes.

RÉSIDUEL, ELLE, ■ adj. [ʀezidɥɛl] (*résidu*) Qui forme un résidu. *Volume résiduel dans un réservoir.* ♦ Qui persiste, qui ne peut être éliminé. *Chômage résiduel. Fatigue résiduelle.*

RÉSIGNANT, n. m. [ʀeziɲɑ̃] ou [ʀeziɲjɑ̃] (*résigner*) ▷ Celui qui résigne à quelqu'un un bénéfice, un office. ◁

RÉSIGNATAIRE, n. m. et n. f. [ʀeziɲatɛʀ] ou [ʀeziɲjatɛʀ] (*résigner*) Personne à qui on a résigné un bénéfice, un office.

RÉSIGNATION, n. f. [ʀeziɲasjɔ̃] ou [ʀeziɲjasjɔ̃] (lat. médiév. *resignatio*, fait de renoncer à qqch) ▷ **Dr.** Abandon en faveur de quelqu'un. ◁ ♦ Action de se démettre d'une charge, d'un office. ♦ ▷ Démission d'un bénéfice dans les mains du collateur ou du patron. ◁ ♦ **Fig.** Soumission à la volonté de Dieu. ♦ **Fig.** Soumission à son sort.

RÉSIGNÉ, ÉE, p. p. de résigner. [ʀeziɲe] ou [ʀeziɲje]

RÉSIGNER, v. tr. [ʀeziɲe] ou [ʀeziɲje] (lat. *resignare*, renoncer à, céder) ▷ Abandonner quelque chose en faveur de quelqu'un. « *Possesseur d'un trésor dont je n'étais pas digne, Souffrez avant ma mort que je vous le résigne* », P. CORNEILLE. ◁ ♦ Se démettre d'un bénéfice, d'un office, etc. ♦ ▷ *Résigner son âme à Dieu*, la remettre entre les mains de Dieu. ◁ ♦ *Se résigner*, v. pr. Se soumettre à la volonté de Dieu, à son sort, à une décision. ■ Accepter sans protester. *Se résigner à son triste sort.*

RÉSILIABLE, ■ adj. [ʀeziljabl] (*résilier*) Qui peut être résilié. *Un contrat résiliable à tout moment.*

RÉSILIATION, n. f. [ʀeziljasjɔ̃] (*résilier*) Résolution, annulation d'un acte. *Résiliation d'un bail, d'un contrat. Résiliation de vente.*

RÉSILIÉ, ÉE, p. p. de résilier. [ʀezilje]

RÉSILIEMENT, n. m. [ʀezilimɑ̃] (*résilier*) ▷ Syn. de résiliation. ■ **Rem.** On écrivait aussi *résilîment* autrefois. ◁

RÉSILIENCE, ■ n. m. [ʀeziljɑ̃s] (mot angl., de *résilient*) **Phys.** Aptitude d'un corps à résister aux pressions et à reprendre sa structure initiale. *Résilience du bois. Résilience d'un matériau utilisé en carrosserie.* ■ **Psych.** Aptitude d'un individu, d'un groupe, à vaincre l'adversité ou une situation de risque. *Le concept de résilience a été popularisé par le neuropsychiatre Boris Cyrulnik.*

RÉSILIENT, ENTE, ■ adj. [ʀeziljɑ̃, ɑ̃t] (mot angl. *resilient*, rebondissant) **Phys.** Qui peut résister aux pressions, aux chocs. *Bois résilient.* ■ **Psych.** Qui est capable de surmonter l'adversité, les traumatismes. *Veuve résiliente.*

RÉSILIER, v. tr. [ʀezilje] (lat. *resilire*, sauter en arrière, se retirer) Annuler, casser. *Résilier un contrat, un bail, une vente.*

RÉSILLE, n. f. [ʀezij] (esp. *redecilla*, filet) Espèce de filet qui enveloppe les cheveux. ■ *Bas résille*, bas de femme dont les mailles forment un filet. *Porter des bas résille noirs.* ■ **Techn.** Réseau des tiges de plomb d'un vitrail, qui sert à maintenir les parties de verre. *Résilles de plomb.*

RÉSINAGE, n. m. [ʀezinaʒ] (*résiner*) Exploitation de la résine.

RÉSINATE, n. m. [ʀezinat] (*résine*) **Chim.** Combinaison d'une résine avec une base salifiable.

RÉSINE, n. f. [ʀezin] (lat. *resina*) Nom donné à des produits qui découlent naturellement, ou par suite d'incisions faites à l'écorce ou aux fruits, de beaucoup de végétaux. ♦ Particulièrement, la substance qui découle des entailles faites aux pins. *Un pain de résine.* ♦ *Résine élastique*, gomme élastique ou caoutchouc.

RÉSINER, v. tr. [ʀezine] (*résine*) Tirer la résine d'un pin. ♦ **Mar.** Enduire de résine.

RÉSINEUX, EUSE, adj. [ʀezinø, øz] (lat. *resinosus*) Qui produit la résine. *Les arbres résineux.* ♦ Qui est de la nature de la résine. *Goût résineux. Odeur résineuse.* ♦ ▷ *Électricité résineuse ou négative*, électricité produite par la résine, par opposition à *électricité vitrée* ou *positive*. ◁ ■ **N. m.** Arbre qui produit la résine. *Les conifères sont des résineux.*

RÉSINIER, IÈRE, ■ adj. [ʀezinje, jɛʀ] (*résine*) Qui concerne la résine. *Production résinière.* ■ **N. m. et n. f.** Ouvrier, ouvrière qui récolte la résine de pin.

RÉSINIFÈRE, ■ adj. [ʀezinifɛʀ] (*résine* et *-fère*) **Bot.** Qui produit la résine. *Arbre, plante résinifère.*

RÉSIPISCENCE, n. f. [ʀesipisɑ̃s] (lat. ecclés. *resipiscentia*) Reconnaissance de sa faute avec amendement. *Venir à résipiscence.*

RÉSISTANCE, n. f. [ʀezistɑ̃s] (b. lat. *resistentia*) Qualité par laquelle un corps résiste à l'action d'un autre corps. ♦ ▷ *Chose de résistance*, chose qui dure longtemps. ◁ ♦ *Pièce de résistance*, pièce de viande où il y a beaucoup à manger. ♦ **Phys.** *Résistance des solides*, force par laquelle ils résistent au choc, à l'impression d'un corps en mouvement. ♦ Force avec laquelle les bois supportent sans se rompre le poids dont on les charge. ♦ *Résistance des milieux, des fluides*, difficulté qu'un corps en mouvement a à les traverser. ■ **Méc.** Nom donné à toute force qui agit en sens contraire d'une autre, dite puissance, dont elle détruit ou diminue les effets. ♦ Obstacle, difficulté, au propre et au figuré. *Je voulus pousser la porte, mais je sentis quelque résistance.* ♦ Défense de l'homme et des animaux contre ceux qui les attaquent. ♦ **Fig.** Défense contre ce qui est comparé à un assaillant. « *Puisque après tant d'efforts ma résistance est vaine, Je me livre en aveugle au transport qui m'entraîne* », RACINE. ♦ Opposition aux desseins, aux volontés d'un autre. ♦ Rébellion contre les agents de l'autorité. ♦ Désobéissance du cheval à la volonté du cavalier. ♦ ▷ *Parti de la résistance*, se dit des hommes d'État qui opposent une force d'inertie aux tentatives de réforme. ◁ ♦ Force avec laquelle on se défend contre la fatigue, la faim. *Les jeunes soldats ont moins de résistance que les vieux.* ■ Mouvement d'opposition et d'action clandestine du peuple français pour lutter contre l'occupation allemande pendant la Seconde Guerre mondiale. *Entrer dans la Résistance. Compagnon de la Résistance.* ■ Conducteur métallique résistant aux altérations chimiques et prévu pour chauffer. *La résistance d'un four électrique.*

RÉSISTANT, ANTE, adj. [ʀezistɑ̃, ɑ̃t] (*résister*) Qui ne cède pas à l'impression d'un autre corps. *Un corps résistant.* ♦ **Phys.** Qui s'oppose au mouvement. « *Un corps abandonné librement à la force de la gravitation dans un espace non résistant* », VOLTAIRE. ♦ Qui supporte facilement la peine, le travail. ■ Qui s'oppose aux ordres, aux volontés d'autrui. *Un esprit résistant et rebelle.* ■ **N. m. et n. f.** Membre de la Résistance pendant la Seconde Guerre mondiale. *Des résistants ont été torturés par la Gestapo.*

RÉSISTER, v. intr. [ʀeziste] (lat. *resistere*, tenir tête, de *sistere*, se placer) Ne pas céder au choc, à l'impression d'un autre corps. *Une pierre qui résiste au ciseau. Une poutre qui résiste à une forte charge.* ♦ Ne pas se laisser pénétrer. *Un chapeau qui résiste à la pluie.* ♦ Opposer la force à la force, se défendre. *La ville a résisté. Résister aux agents de la force publique.* ♦ *Ce cheval résiste au cavalier*, le cavalier a de la peine à s'en faire obéir. ♦ **Fig.** S'opposer aux desseins, aux volontés ; tenir ferme contre quelque chose de puissant, de fort. « *Il [Dieu] résiste au superbe* », RACINE. « *L'âme résiste bien plus aisément aux vives douleurs qu'à la tristesse prolongée* », J.-J. ROUSSEAU. ♦ Se refuser à. « *La fortune t'appelle une seconde fois, Narcisse ; voudrais-tu résister à sa voix ?* », RACINE. ♦ Ne pas permettre, ne pas laisser, avec un nom de chose pour sujet. « *La coutume y résiste ; si vous étiez en pays de droit écrit, cela pourrait faire* », MOLIÈRE. ♦ Supporter la peine, le travail, en parlant des hommes et des animaux. ♦ Supporter la douleur, la fatigue, etc. ♦ **Fam.** *On n'y peut plus résister*, se dit de quelque incommodité qu'on a peine à supporter. ◁ ■ Il se dit des choses qui durent malgré quelque obstacle ou difficulté. *Ce ciment résiste aux gelées. Votre amitié résiste à l'absence.*

RÉSISTIBLE, ■ adj. [ʀezistibl] (*résister*) Ce à qui, à quoi on peut résister. « La Résistible ascension d'Arturo Ui » *est une pièce de Bertolt Brecht. Résistible pression.*

RÉSISTIF, IVE, ■ adj. [ʀezistif, iv] (*résistivité*) **Phys.** Qui offre une résistance plus ou moins grande au passage des électrons. *Effet résistif d'un matériau.*

RÉSISTIVITÉ, ■ n. f. [ʀezistivite] (angl. *resistivity*) **Phys.** Capacité mesurée d'un matériau à laisser passer le courant. *La résistivité varie en fonction de la température.*

RESITUER, ■ v. tr. [ʀəsitɥe] (*re-* et *situer*) Replacer un fait, un propos, dans une période, un environnement donnés. *Resituer une œuvre dans le contexte artistique de son époque.*

RESOCIALISATION, ■ n. f. [ʀəsɔsjalizasjɔ̃] (*re-* et *socialisation*) Action de resocialiser. *Réinsertion et resocialisation de marginaux.*

RESOCIALISER, ■ v. tr. [ʀəsɔsjalize] (*re-* et *socialiser*) Réintégrer dans un fonctionnement social normal. *Un foyer conçu pour resocialiser des jeunes délinquants.*

RÉSOLU, UE, p. p. de résoudre. [ʀezɔly] Qui s'est fermement arrêté à un dessein. ♦ Il se dit avec *à* ou *de*. « *Résolu de périr pour vous sauver la vie* », P. CORNEILLE. « *Contente et résolue à l'hymen de mon père* », RACINE. ♦ Qui est ferme dans ses desseins. *Homme résolu.* ♦ Déterminé ; hardi. *Les plus résolus. Ton résolu.* ♦ N. m. et n. f. *Il fait le résolu.* ♦ ▷ Beaux-arts. *Contours résolus*, contours hardis, francs. ◁

RÉSOLUBLE, adj. [ʀezɔlybl] (b. lat. *resolubilis*, qui peut être désagrégé) Qui peut être résolu, d'un point, d'un problème, d'une difficulté. ♦ Qui peut être annulé, cassé, en parlant d'un contrat, d'une obligation.

RÉSOLUMENT, adv. [ʀezɔlymɑ̃] (*résolu*) Avec une ferme résolution, absolument. *Je persistai résolument dans mes refus.* ♦ Hardiment, avec courage. *Marcher résolument à l'ennemi.* ■ REM. Graphie ancienne : *résolûment.*

RÉSOLUTIF, IVE, adj. [ʀezɔlytif, iv] (lat. *resolutum*, de *resolvere*, résoudre) **Anc. chim.** Qui résout, dissout. ♦ **Méd.** Se dit des médicaments qui ont la propriété de faire disparaître les engorgements. *Un cataplasme résolutif.* ♦ N. m. Un résolutif. ♦ Qui prend une résolution, qui décide. « *La véritable prudence n'est pas seulement considérée, mais encore tranchante et résolutive* », BOSSUET.

RÉSOLUTION, n. f. [ʀezɔlysjɔ̃] (lat. *resolutio*) Réduction d'un corps en ses premiers principes. *La résolution des corps en leurs éléments.* ♦ Cessation totale de consistance ; dissolution. ♦ ▷ **Méd.** *Résolution des forces*, abattement prononcé de l'incitation motrice, ou affaiblissement accidentel de l'usage des facultés intellectuelles. ◁ ■ Mode de terminaison des phlegmasies, consistant dans le retour de la partie affectée à son état naturel. ■ Résorption du blastème épanché entre les éléments anatomiques d'un tissu. ♦ Décision d'une question, d'une difficulté. ♦ **Math.** Solution, en parlant des problèmes. ♦ *Résolution d'une équation*, détermination de ses racines. ♦ **Mus.** On dit qu'un accord ou qu'une note fait sa résolution sur tel autre accord ou telle autre note, quand il doit être suivi immédiatement de cet autre accord ou de cette autre note. ♦ **Dr.** Cassation d'un bail, d'un contrat, etc. ♦ *Projet qu'on arrête, dessein que l'on prend.* « *Mon cœur se portera jusqu'aux extrêmes résolutions* », MOLIÈRE. « *Il n'est personne qui pendant sa vie ne fasse mille fois la résolution de changer* », MASSILLON. ♦ ▷ Fam. *Prendre sa résolution à deux mains*, faire effort sur soi-même pour se décider à quelque chose. ◁ ♦ Proposition adoptée ; projet de loi qui a reçu l'assentiment du pouvoir législatif. ♦ Fermeté, courage, décision. ♦ *Un homme de résolution*, homme qui exécute avec fermeté ce qu'il a entrepris. ■ Décision prononcée par une assemblée, un comité, un congrès, concernant une question spécifique. *Résolutions d'un congrès syndical. Adopter, voter une résolution.*

RÉSOLUTOIRE, adj. [ʀezɔlytwaʀ] (b. lat. *resolutorius*) **Dr.** Qui entraîne la résolution d'un acte. *Condition résolutoire.* ♦ N. m. *Un résolutoire.*

RÉSOLVANT, ANTE, adj. [ʀezɔlvɑ̃, ɑ̃t] (lat. *resolvens*, de *resolvere*, résoudre) **Méd.** Qui opère la résolution. *Un remède résolvant.* ♦ N. m. *Un résolvant.*

RÉSONANCE, n. f. [ʀezonɑ̃s] (*résonner*) Propriété de résonner que possèdent certains instruments, certains objets, certains locaux. *La résonance de l'air, des corps sonores, etc.* ♦ Caisse d'un instrument à cordes. ♦ Prolongation de la durée du son. ♦ Son. « *De sa douce voix la tendre résonance* », LAMARTINE. ♦ Renforcement de sons par suite de leur réflexion dans une enceinte trop restreinte pour donner naissance à un écho. ♦ **Méd.** Bruit plus ou moins éclatant que l'on distingue en auscultant le larynx, le cou et le thorax d'un individu qui parle. ■ Fig. Retentissement dans l'esprit, le cœur. *Résonance affective, politique.* ■ **Phys.** Accroissement de l'amplitude d'une vibration sous l'influence d'impulsions périodiques de fréquence voisine. *Effet de résonance. Résonance mécanique.* ■ **Phys.** *Imagerie à résonance magnétique*, principe de réalisation d'images du corps humain, par l'utilisation d'un champ magnétique et d'ondes radio. ■ REM. Graphie ancienne : *résonnance.*

RÉSONANT, ANTE, adj. [ʀezonɑ̃, ɑ̃t] (*résonner*) Qui résonne, qui renvoie le son. *Cette voûte est résonante.* ♦ Qui a beaucoup de son. *Une voix résonante.* ♦ Simplement, qui rend des sons. ■ **Phys.** Qui est l'objet d'un phénomène de résonance. *Cavité résonante. Circuit résonant.* ■ REM. Graphie ancienne : *résonnant.*

RÉSONATEUR, n. f. [ʀezonatœʀ] (*résonner*) **Sc.** Appareil, dispositif qui a la capacité de produire un phénomène de résonance. *Résonateur magnétique. Résonateur haute fréquence.*

RESONGER, v. tr. [ʀəsɔ̃ʒe] (*re-* et *songer*) Songer de nouveau. ♦ Faire un nouveau songe.

RÉSONNANCE, n. f. [ʀezonɑ̃s] Voy. RÉSONANCE.

RÉSONNANT, ANTE, adj. [ʀezonɑ̃, ɑ̃t] Voy. RÉSONANT, ANTE.

RÉSONNEMENT, n. m. [ʀezon(ə)mɑ̃] (*résonner*) Renvoi de son, retentissement.

RÉSONNER, v. intr. [ʀezone] (lat. *resonare*) Renvoyer le son, retentir. « *L'air résonne des cris qu'au ciel chacun envoie* », P. CORNEILLE. ♦ Fig. *Tout résonne du bruit de ses exploits*, on en parle partout. ♦ Se dit aussi quand le son se prolonge. *Sa voix résonne encore à mon oreille.* ♦ Rendre un grand son, beaucoup de son. *Une voix, une cloche, une guitare qui résonne bien.* ♦ ▷ V. tr. Poétiq. « *Mes vers... ne résonnent que plaintes* », RÉGNIER. ◁

RÉSORBABLE, ■ adj. [ʀezɔʀbabl] (*résorber*) Qui a la capacité de se résorber, notamment en ce qui concerne le matériel chirurgical. *Implant, ligature résorbable.*

RÉSORBER, v. tr. [ʀezɔʀbe] (lat. *resorbere*, avaler, absorber) **Méd.** Opérer l'absorption d'une humeur produite par l'animal chez lequel se passe le phénomène. ♦ Se résorber, v. pr. Être résorbé. ■ V. tr. Fig. Faire disparaître progressivement. *Résorber une dette.* ■ Se résorber, v. pr. Disparaître progressivement. *Le chômage n'est pas près de se résorber.*

RÉSORCINE n. f. ou **RÉSORCINOL**, ■ n. m. [ʀezɔʀsin, ʀezɔʀsinɔl] (*résine* et *orcine*, du lat. scient. *orcina*) **Chim.** Phénol utilisé dans l'industrie du caoutchouc, du bois, des produits colorants et pharmaceutiques. *Bleu de résorcine. Lotion antiseptique à base de résorcinol.*

RÉSORPTION, n. f. [ʀezɔʀpsjɔ̃] (*résorber*, d'apr. *absorption*) Action d'absorber de nouveau. ♦ **Méd.** Action de résorber. *La résorption d'un épanchement. Résorption purulente.* ♦ Il se dit abusivement de l'atrophie, jusqu'à disparition complète, d'un élément ou d'un organe. ■ Fig. Action de faire disparaître progressivement. *Résorption de la précarité.*

RÉSOUDRE, v. tr. [ʀezudʀ] (lat. *resolvere*, dissoudre, délier, expliquer) Diviser en parties constituantes. *Résoudre un corps en ses éléments.* ♦ Transformer en. *Le froid résout la vapeur en eau.* ♦ **Méd.** Faire disparaître peu à peu sans suppuration. *Résoudre une tumeur.* ♦ **Mus.** Opérer une résolution. *Résoudre un accord à la sous-dominante.* ♦ **Dr.** Casser, annuler un acte. ♦ Décider une question, une chose douteuse. ♦ Décider, déterminer une chose. « *Les chrétiens n'ont qu'un Dieu, maître absolu de tout, De qui le seul vouloir fait tout ce qu'il résout* », P. CORNEILLE. ♦ Au passif et impers. *Il a été résolu que nous partirions.* ♦ ▷ Décider quelqu'un à consentir, le déterminer à quelque chose. « *A me désobéir l'auriez-vous résolue ?* », P. CORNEILLE. ◁ ♦ ▷ Il se dit aussi avec *de*. « *Résous-la-de t'aimer si tu veux qu'elle vive* », P. CORNEILLE. ◁ ♦ V. intr. Former le dessein de, s'arrêter à l'intention de. *Il a résolu de partir.* ♦ Être résolu de, être résolu à, même sens. ♦ ▷ Décider quelque chose de douteux. « *Résolvez avec moi des moyens de sa perte* », P. CORNEILLE. ◁ ♦ Se résoudre, v. pr. Être divisé en parties constituantes. « *La destruction des êtres qui, se résolvant en d'autres, nous démontrent que rien ne se réduit à rien* », RAYNAL. ♦ Se résoudre en, se transformer en. « *L'air sur les fleurs en perles se résout* », MOLIÈRE. ♦ Se résoudre en eau, pleuvoir à verse. ♦ Fig. *Tout ce que vous dites là se résout à rien.* ■ **Mus.** Faire sa résolution. ♦ **Méd.** Disparaître peu à peu sans suppuration. ♦ Être résolu, décidé, en parlant d'un cas, d'un point. *La difficulté se résout.* ♦ Prendre un parti, s'arrêter à une intention. ♦ Avec ellipse du pronom personnel. « *Le sentiment de tendresse qui vous fait résoudre de venir tout à l'heure ici* », Mme DE SÉVIGNÉ. ♦ ▷ Il se dit avec *de* et l'infinitif. « *Plus tu me conseilles de vivre, Plus je me résous de mourir* », MALHERBE. « *Il faut partir, seigneur ; sortons de ce palais, Ou bien résolvons-nous de n'en sortir jamais* », RACINE. ◁ ♦ Se résoudre de a été condamné par l'Académie ; néanmoins cette construction est appuyée par trop d'autorités pour qu'il y ait scrupule à s'en servir. ■ Se résoudre, v. pr. Se décider à. *Se résoudre à partir.* ■ *Résoudre une énigme*, trouver la solution d'une énigme.

RESOUPER, v. intr. [ʀəsupe] (*re-* et *souper*) ▷ Souper de nouveau. ◁

RÉSOUS, p. p. de résoudre, différent de résolu. [ʀezu] Il se dit des choses qui se changent en d'autres. *Brouillard résous en pluie.* ♦ L'Académie dit qu'il ne s'emploie qu'au masculin. Il n'y a aucune raison pour ne pas employer le féminin *résoute. Vapeur résoute en gouttes d'eau.*

RESPECT, n. m. [ʀɛspɛ] (lat. *respectus,* action de regarder en arrière, considération) Considération, motif (sens vieilli). « *Plusieurs respects me rendent chère votre personne* », BALZAC. ◆ ▷ Égard, relation, rapport. *Cette proposition est fausse sous divers respects.* ◁ ◆ Déférence que l'on a pour quelqu'un ou pour quelque chose, au sens actif. « *Manquer de respect pour les vérités révélées* », PASCAL. « *Rien ne servit mieux Rome que le respect qu'elle imprima à la terre* », MONTESQUIEU. ◆ Au sens passif, c'est-à-dire exprimant le respect ressenti pour. « *Pour imprimer aux peuples le respect de celui qui doit soutenir les lois* », FÉNELON. ◆ *Perdre le respect,* ne pas observer le respect que l'on doit. ◆ ▷ *Se faire porter respect,* se faire craindre. ◁ ◆ *Parlant par respect* ▷ , *sauf le respect que je vous dois,* ◁ ou simplement *sauf le respect, sauf votre respect,* se dit quand on veut s'excuser de quelque parole qui pourrait choquer ou paraître trop libre. ◆ ▷ *De respect,* avec un substantif qui précède, qu'il faut respecter. « *Nous savons bien nous contraindre devant les personnes de respect* », BOSSUET. ◁ ◆ *Assurer quelqu'un de son respect, de ses respects,* formules de compliment. ◆ *Rendre, présenter son respect, ses respects à quelqu'un,* lui rendre visite pour l'assurer de son respect. ◆ *Sans respect,* sans avoir égard à. *Sans aucun respect des traités. Sans respect de l'oreille.* ◆ *Tenir en respect, dans le respect,* contenir, imposer. ◆ *Respect humain,* crainte qu'on a du jugement et des discours des hommes, mauvaise honte.

RESPECTABILISER, ■ v. tr. [ʀɛspɛktabilize] (*respectable*) Rendre respectable. *Respectabiliser un parti politique dissident. Respectabiliser des idées.*

RESPECTABILITÉ, ■ n. f. [ʀɛspɛktabilite] (angl. *respectability*) Caractère respectable ou apparemment respectable d'une personne, d'une chose. *Blanchir de l'argent pour lui donner une apparence de respectabilité.*

RESPECTABLE, adj. [ʀɛspɛktabl] (*respecter*) Digne de respect. « *Un homme de bien est respectable par lui-même et indépendamment de tous les dehors* », LA BRUYÈRE.

RESPECTÉ, ÉE, p. p. de respecter. [ʀɛspɛkte]

RESPECTER, v. tr. [ʀɛspɛkte] (lat. *respectare,* regarder en arrière, se soucier de) Porter respect, honneur. ◆ Fig. Ne point toucher à, ménager, ne point interrompre. *La mort le respecta.* « *Et respectant de loin leur secret entretien* », RACINE. ◆ Il se dit aussi des personnes en un sens analogue. « *Jadis Priam soumis fut respecté d'Achille* », RACINE. ◆ *Se respecter,* v. pr. Agir de manière à conserver l'estime de soi-même.

RESPECTIF, IVE, adj. [ʀɛspɛktif, iv] (b. lat. *respectivus*) Qui concerne réciproquement les personnes intéressées, les choses correspondantes. *Droits respectifs. Demande respective.*

RESPECTIVEMENT, adv. [ʀɛspɛktiv(ə)mã] (*respectif*) D'une manière respective. *Ils seront respectivement maintenus dans leurs droits.* ◆ Réciproquement. *Ils se sont respectivement obligés.*

RESPECTUEUSEMENT, adv. [ʀɛspɛktɥøz(ə)mã] (*respectueux*) Avec respect.

RESPECTUEUX, EUSE, adj. [ʀɛspɛktɥø, øz] (*respect*) Qui témoigne du respect. *Un fils respectueux.* ◆ En parlant des choses, qui a le caractère du respect. *Des regards respectueux.* ◆ ▷ *Acte respectueux,* sommation qu'on fait à des ascendants. ◁

RESPIRABLE, adj. [ʀɛspiʀabl] (*respirer*) Qu'on peut respirer, qui peut servir à la respiration. *Air respirable.* ◆ *Gaz respirable,* nom ancien de l'oxygène.

RESPIRANT, ANTE, adj. [ʀɛspiʀã, ãt] (*respirer*) ▷ Qui respire, qui vit. ◁

RESPIRATEUR, ■ n. m. [ʀɛspiʀatœʀ] (rad. de *respiration*) Masque servant à filtrer l'air. ■ Méd. Appareil d'assistance respiratoire, assurant une ventilation artificielle des poumons. *Malade placé sous respirateur artificiel.*

RESPIRATION, n. f. [ʀɛspiʀasjɔ̃] (lat. *respiratio*) Action de respirer. ◆ Fig. « *La multitude des soins qui viennent de toutes parts aux rois ne leur laisseratt pas la respiration libre* », BALZAC. ■ Physiol. Fonction caractérisée par l'absorption et l'expulsion simultanées des gaz venus du dehors et des gaz produits dans l'organisme. ◆ *Respiration des plantes,* fonction par laquelle toutes les parties vertes des plantes exposées à la lumière solaire absorbent de l'acide carbonique et exhalent une quantité égale d'oxygène ; à l'ombre et dans l'obscurité, elles absorbent de l'oxygène et dégagent de l'acide carbonique, mais en quantité moindre.

RESPIRATOIRE, adj. [ʀɛspiʀatwaʀ] (lat. *respiratum,* de *respirare*) Qui sert, qui a rapport à la respiration. *Mouvements respiratoires.* ◆ ▷ *Appareil respiratoire,* appareil au moyen duquel on peut pénétrer impunément dans les lieux remplis de gaz méphitique. ◁ ■ *Appareil respiratoire,* ensemble des organes permettant de respirer.

RESPIRÉ, ÉE, p. p. de respirer. [ʀɛspiʀe]

RESPIRER, v. intr. [ʀɛspiʀe] (lat. *respirare*) Attirer l'air dans sa poitrine, et le repousser dehors. ◆ *Il ne respire plus,* il est mort. *Il respire encore,* il n'est pas encore mort. ◆ Vivre. « *Tant qu'il respirera, je ne vis qu'à demi* », RACINE. ◆ ▷ *Respirer en quelqu'un,* se dit de celui en qui une personne semble revivre. ◁ ◆ **Fig.** Se manifester. *La vertu respire dans ses écrits.* ◆ Avoir quelque relâche au travail, une épreuve pénible. ◆ ▷ *Respirer après quelque chose,* souhaiter quelque chose ardemment, avec passion. ◁ ◆ *Respirer de,* avec ne... que et un infinitif, se dit dans le même sens. « *Il ne respire plus que d'être uni à Dieu* », MME DE SÉVIGNÉ. ◁ ◆ ▷ On a dit aussi *respirer à.* « *Votre Majesté ne respire qu'à soulager les maux de ses peuples* », BOSSUET. ◁ ◆ V. tr. Attirer par la respiration. *L'air que nous respirons.* Par extens. « *Respirant la fraîcheur et de l'ombre et des eaux* », DELILLE. ◆ **Fig.** « *Arrachez-vous d'un lieu funeste et profané Où la vertu respire un air empoisonné* », RACINE. ◆ *Aller respirer l'air natal,* retourner dans le pays où l'on est né. ◆ ▷ **Poétiq.** *Respirer le jour,* avoir la vie. ◁ ◆ Avoir la vive apparence de, annoncer. *Tout respire la joie.* « *Tout respire en Esther l'innocence et la paix* », RACINE. ◆ ▷ Souhaiter avec ardeur. *Respirer la vengeance, la guerre, etc.* ◁ ◆ *Se respirer,* v. pr. Être respiré. « *Le bonheur se respire autour de vous* », MME DE STAËL.

RESPLENDIR, v. intr. [ʀɛsplãdiʀ] (lat. *resplendere*) Briller d'un vif éclat. ◆ **Fig.** « *Le visage d'Antoine, à ce discours, parut resplendir d'une joie douce et sereine* », VOLTAIRE.

RESPLENDISSANT, ANTE, adj. [ʀɛsplãdisã, ãt] (*resplendir*) Qui resplendit. « *Une femme resplendissante de jeunesse et de beauté* », MME DE STAËL.

RESPLENDISSEMENT, n. m. [ʀɛsplãdis(ə)mã] (*resplendir*) Grand éclat formé par l'expansion, par la réflexion de la lumière. *Le resplendissement d'un phare dans l'obscurité.*

RESPONSABILISATION, ■ n. f. [ʀɛspɔ̃sabilizasjɔ̃] (*responsabiliser*) Action de responsabiliser ou de rendre responsable. *Lancer un appel à la responsabilisation en matière de civisme. Responsabilisation d'un employé.*

RESPONSABILISER, ■ v. tr. [ʀɛspɔ̃sabilize] (*responsable*) Faire prendre conscience (à quelqu'un) de ses responsabilités. *Responsabiliser les parents à l'absentéisme scolaire.*

RESPONSABILITÉ, n. f. [ʀɛspɔ̃sabilite] (*responsable*) Obligation de répondre de certains actes, d'être garant. *La responsabilité des ministres. Le prisonnier est sous ma responsabilité.* ■ Dr. Obligation de réparer une faute, un dommage. *Responsabilité civile, pénale.* ■ Obligation morale de réparer un dommage, de tenir ses engagements. *Assumer une responsabilité.* ■ Capacité de prendre des décisions importantes. *Un poste à responsabilité.*

RESPONSABLE, adj. [ʀɛspɔ̃sabl] (lat. *responsum,* supin de *respondere*) Qui répond, qui est garant de quelque chose ou de quelqu'un. *Être responsable envers quelqu'un.* « *Vous deviendrez responsable de vos égarements* », BOURDALOUE. ■ Adj. Qui est la cause, l'auteur de. *Le tabac est responsable de nombreuses pathologies.* ■ N. m. et n. f. *Qui est le responsable de cette bévue?* ■ Adj. Qui réfléchit aux conséquences de ses actes. *Un homme responsable.* ■ Adj. Qui exerce un pouvoir de décision. ■ N. m., n. f. *Le responsable du magasin.*

RESPONSIF, IVE, adj. [ʀɛspɔ̃sif, iv] (lat. *responsivus*) ▷ Dr. Qui contient une réponse. *Écritures responsives.* ◆ Gramm. Se dit de ce qui répond à une interrogation. « *Le responsif doit être au même cas que l'interrogatif* », DUMARSAIS. ◁

RESQUILLAGE, ■ n. m. [ʀɛskijaʒ] (*resquiller*) Action de resquiller. *Le resquillage dans les transports en commun. Resquillage d'une place de cinéma.* « *Je sais depuis longtemps que ce resquillage où l'on risquait fort bien de se casser les os était pour rien, pour des choses qui n'en valaient même pas la peine* », GUILLOUX.

RESQUILLER, ■ v. intr. [ʀɛskije] (provenç. *resquilla,* faire un faux pas) Fam. Se glisser dans une salle de spectacle, un moyen de transport, etc. sans payer ou sans faire la queue. *Resquiller au cinéma.* ■ V. tr. Fam. Obtenir par fraude un avantage quelconque. *Resquiller une permission de sortie.*

RESSAC, n. m. [ʀəsak] (esp. *resacar,* tirer de nouveau) Retour tumultueux des vagues sur elles-mêmes, quand, s'avançant de la grande mer dans un ordre régulier, elles viennent à rencontrer une chaîne de rochers.

RESSAIGNÉ, ÉE, p. p. de ressaigner. [ʀəseɲe] ou [ʀəsɛɲe]

RESSAIGNER, v. tr. [ʀəseɲe] ou [ʀəsɛɲe] (re- et *saigner*) ▷ Pratiquer une nouvelle saignée. ◁ ◆ V. intr. Se dit du sang qui recommence à couler. *La plaie ressaigna.*

RESSAISI, IE, p. p. de ressaisir. [ʀəsezi]

RESSAISIR, ■ v. tr. [ʀəseziʀ] (re- et *saisir*) Saisir de nouveau, reprendre. *Ressaisir sa proie.* ◆ **Fig.** « *La crainte de mourir et le désir de vivre Ressaisissent une âme avec tant de pouvoir!* », P. CORNEILLE. ◆ Rentrer en possession d'une chose. *Ressaisir une place, la vie, des provinces perdues, etc.* ◆ *Être ressaisi de,* être remis en possession de. ◆ *Se ressaisir,* v. pr. Se saisir de nouveau, reprendre. ♦ ▷ Se rendre de nouveau maître. *Se ressaisir d'un droit.* ◁ ▪ Se ressaisir, v. pr. Redevenir maître de soi. *Il faut que tu te ressaisisses !*

RESSAISISSEMENT, ▪ n. m. [ʀəsezis(ə)mã] (*ressaisir*) Action de se ressaisir, résultat de cette action. *Appeler au ressaisissement national.*

RESSASSÉ, ÉE, p. p. de ressasser. [ʀəsase]

RESSASSER, v. tr. [ʀəsase] (*re-* et *sasser,* de *sas,* tamis) ▷ Sasser de nouveau. *Ressasser de la farine.* ◁ ♦ ▪ Mêler de nouveau. ◁ ♦ ♦ **Fig. et fam.** Examiner à plusieurs reprises. *Ressasser un compte.* ◁ ♦ ▷ *Ressasser un ouvrage,* l'examiner avec soin pour en découvrir jusqu'aux moindres défauts. ◁ ♦ ▷ *Ressasser quelqu'un, ressasser la conduite de quelqu'un,* examiner sa conduite avec soin, pour voir si l'on n'a rien à lui reprocher. ◁ ♦ **Fam.** Répéter sans cesse.

RESSASSEUR, n. m. [ʀəsasœʀ] (*ressasser*) Celui qui revient sans cesse sur les mêmes idées. « *Des ressasseurs d'anecdotes* », VOLTAIRE.

RESSAUT, n. m. [ʀəso] (ital. *risalto,* de *saltare,* sauter) **Archit.** Saillie formée par quelque partie en dehors d'une ligne ou d'une surface. ♦ Par analogie. *Les ressauts d'un rocher.* ♦ Passage brusque d'un plan horizontal à un autre. ♦ **Fig.** Décousu des propos. « *Je profitais du peu de suite et des ressauts ordinaires à sa conversation* », SAINT-SIMON. ◁

RESSAUTÉ, ÉE, p. p. de ressauter. [ʀəsote]

RESSAUTER, v. tr. [ʀəsote] (*ressaut*) Sauter de nouveau. *Ressauter un fossé.* ♦ **V. intr.** *Il sautait et ressautait par-dessus la corde.* ♦ **Archit.** Faire des ressauts.

RESSEMBLANCE, n. f. [ʀəsãblãs] (*ressembler*) Degré plus ou moins parfait de conformité entre les personnes ou les choses. « *Dieu a fait l'homme à sa ressemblance* », BOSSUET. *Une ressemblance de goût.* ♦ On dit *ressemblance avec* ou *ressemblance à.* ◁ « *Les pétales de l'asphodèle ont quelque ressemblance à des fers de piques* », J.-J. ROUSSEAU. ♦ ▷ *Ce fils est la vraie ressemblance de son père,* il y a beaucoup de ressemblance entre eux. ◁ ♦ ▪ *Se tromper à la ressemblance,* prendre pour la même chose ou pour la même personne deux choses, deux personnes qui se ressemblent. ◁ ♦ **Peint. et sculpt.** Conformité entre l'imitation de l'objet et l'objet imité. ◁ ▷ Apparence. « *L'homme de Dieu était à pied, portant dans la simplicité de son maintien la ressemblance d'un prophète* », MASSILLON. ◁

RESSEMBLANT, ANTE, adj. [ʀəsãblã, ãt] (*ressembler*) Qui ressemble. « *Je ne puis comprendre qu'un infini réel hors de moi ait pu imprimer en moi, qui suis borné, une image ressemblante à la nature infinie* », FÉNELON. ♦ *Voilà deux hommes bien ressemblants,* ils se ressemblent beaucoup. ♦ *Portrait ressemblant,* portrait représentant exactement le modèle.

RESSEMBLER, v. intr. [ʀəsãble] (*re-* et *sembler*) Avoir de la ressemblance avec quelqu'un ou quelque chose. « *Les indiscrets ressemblent, dit le Sage, à une ville sans murailles, qui est ouverte de toutes parts* », BOSSUET. ♦ Il se dit de la ressemblance morale ou intellectuelle. « *Quand sur une personne on prétend se régler, C'est par les beaux côtés qu'il lui faut ressembler* », MOLIÈRE. ♦ *Cela ne vous ressemble pas,* cela n'est pas conforme à tout ce que l'on connaît de vous. ♦ En un sens opposé, *cela lui ressemble.* ♦ **Fam.** *Cela ne ressemble à rien,* se dit en mauvaise part de quelque chose de mauvais goût ; et rarement en bonne part, de quelque chose d'un goût original. ♦ ▷ *Cela ressemble à tout,* se dit d'une chose commune, banale, sans caractère. ♦ **Art** Offrir l'imitation exacte d'un objet. *Ce portrait vous ressemble beaucoup.* ♦ L'usage ne veut qu'on dise : *Ce portrait ressemble ;* mais : *Ce portrait est ressemblant.* ♦ *Se ressembler,* avoir de la ressemblance l'un avec l'autre. *Ces deux sœurs se sont ressemblé dans leur enfance.* ♦ *Ces deux personnes se ressemblent comme deux gouttes d'eau,* leur ressemblance est parfaite. ♦ Il se dit de la ressemblance morale ou intellectuelle. « *Tous les hommes se ressemblent si fort, qu'il n'y a point de peuple dont les sottises ne nous doivent faire trembler* », FONTENELLE. ♦ *Cela ne se ressemble pas,* se dit de deux choses fort différentes. ♦ ▷ *Ressembler à soi-même,* conserver les mêmes qualités ou défauts. ◁ ♦ ▷ *Ce peintre, ce musicien se ressemble,* il se répète, ses ouvrages manquent de variété. ◁ *Cela se dit aussi des ouvrages eux-mêmes.* ♦ **Prov.** *Les jours se suivent et ne se ressemblent pas,* le bonheur ni le malheur ne durent pas toujours. ♦ En mauvaise part, *qui se ressemble s'assemble,* les personnes de même caractère se recherchent mutuellement. ♦ *Ressembler quelqu'un,* qui est resté populaire, est aujourd'hui complètement hors d'usage. On le trouve dans Malherbe, dans Régnier, dans Bossuet. ▪ **Péj. et plais.** *Ça ne ressemble à rien de connu,* ou, plus souvent, *ça ne ressemble à rien,* c'est une chose, une attitude incompréhensible, déraisonnable.

RESSEMÉ, ÉE, p. p. de ressemer. [ʀəs(ə)me]

RESSEMELAGE, n. m. [ʀəsəm(ə)laʒ] (*ressemeler*) Action de ressemeler ; résultat de cette action.

RESSEMELÉ, ÉE, p. p. de ressemeler. [ʀəsəm(ə)le]

RESSEMELER, v. tr. [ʀəsəm(ə)le] (*re-* et *semelle*) Mettre de nouvelles semelles à une vieille chaussure. ♦ Se ressemeler, v. pr. Être ressemelé. *Ces bottes sont ressemelées.*

RESSEMER, v. tr. [ʀəs(ə)me] (*re-* et *semer*) Semer de nouveau. *Ressemer un champ, des orges, etc.* ♦ Se ressemer, v. pr. Être ressemé.

RESSENTI, IE, p. p. de ressentir. [ʀəsãti] **Art** Il se dit des formes, des traits que l'artiste a rendus avec force et caractère. *Des formes très ressenties.*

RESSENTIMENT, n. m. [ʀəsãtimã] (*ressentir*) Action de ressentir. « *Les hommes ont un instinct secret qui les porte à chercher le divertissement et l'occupation au-dehors, qui vient du ressentiment de leurs misères continuelles* », PASCAL. ♦ Faible renouvellement d'un mal, d'une douleur. *Un ressentiment de néphrétique.* ♦ Il se dit, dans un sens analogue, de souffrances morales. « *Solon fut touché d'un ressentiment si vif et si cuisant qu'il commença à déchirer ses habits* », FÉNELON. ♦ Sentiment de reconnaissance, souvenir reconnaissant (ce sens a vieilli). « *Je viens vous témoigner le ressentiment où je suis des bontés surprenantes...* », MOLIÈRE. ♦ Souvenir d'une injure avec désir de s'en venger. *Montrer du ressentiment.*

RESSENTIR, v. tr. [ʀəsãtiʀ] (*re-* et *sentir*) Sentir, éprouver. *Ressentir des douleurs, du bien-être, du malaise, etc.* ♦ **Fig.** Avec un nom de chose pour sujet. « *Tout ressent de ses yeux les charmes innocents* », RACINE. ♦ Il s'emploie d'une manière analogue au sens moral. « *Je ressens tous les maux que je puis ressentir* », RACINE. ♦ Il se dit de l'âme saisie par un sentiment. *Ressentir de l'amitié pour quelqu'un.* ♦ Témoigner ressentiment, sympathie. « *Il ressent mes douleurs beaucoup plus que moi-même* », RACINE. ♦ Témoigner ressentiment, désir de vengeance. « *Plus l'offenseur m'est cher, plus je ressens l'injure* », RACINE. ♦ Témoigner ressentiment, reconnaissance. « *Ressentez donc aussi cette félicité* », RACINE. ♦ Reconnaître, apercevoir. « *On ressentait dans ses paroles un regret sincère d'avoir été poussé si loin par ses malheurs* », BOSSUET. ♦ ▷ Porter le caractère de. « *Ce style ressent l'antiquité* », BOSSUET. ◁ Se ressentir, v. pr. Sentir un reste d'un mal qu'on a eu. *Se ressentir de sa goutte.* ♦ Porter le caractère de. « *Tout s'y ressent de cette tristesse majestueuse qui fait tout le plaisir de la tragédie* », RACINE. ♦ Éprouver une influence fâcheuse. *Cet ouvrage se ressent de la précipitation avec laquelle il a été composé. Se ressentir de la corruption.* ♦ *Il m'a fait un tour, mais il s'en ressentira, il en portera la peine.* ◁ ♦ ▷ En un sens contraire, éprouver une influence favorable. *Si je fais une grande fortune, mes amis s'en ressentiront.* ◁ ♦ Se souvenir, avec amertume et avec désir de se venger, d'un tort, d'une offense, etc. « *Ils se sont ressentis du traitement que leur avez fait* », MOLIÈRE. ♦ Être senti, aperçu. « *Cette vivacité qui animait ses actions se ressent encore dans ses paroles* », BOSSUET. ▪ **Rem.** Se ressentir de qqch. se dit auj. dans un contexte négatif, jamais positif.

RESSERRE, ▪ n. f. [ʀəsɛʀ] (*resserrer*) Endroit où l'on met à l'abri, où l'on stocke diverses choses. *Ranger ses outils dans la resserre du jardin.*

RESSERRÉ, ÉE, p. p. de resserrer. [ʀəsere] Qui a peu d'étendue. *Logement resserré.* ♦ **Fig.** Qui n'a pas d'étendue intellectuelle ou morale. « *Cœurs étroits, entrailles resserrées* », BOSSUET. ♦ ▷ *Ventre resserré,* se dit quand les selles ne sont pas libres. ◁ ♦ **Absol.** *Être resserré,* être constipé. ◁

RESSERREMENT, n. m. [ʀəsɛʀ(ə)mã] (*resserrer*) Action par laquelle une chose est resserrée. *Le resserrement de la terre en hiver.* « *Dans tous nos sentiments un peu violents, on éprouve, vers la région du cœur, une dilatation ou un resserrement* », VOLTAIRE. ♦ Se dit de l'argent, à moins grande circulation. ♦ **Fig.** Il se dit de l'âme, de l'esprit. « *Quel resserrement d'esprit !* », VOLTAIRE. ♦ ▷ Empêchement à l'expansion morale. ◁ ♦ ▷ Constipation. ◁

RESSERRER, v. tr. [ʀəsere] (*re-* et *serrer*) ▷ Replacer, remettre une chose en son lieu. *Resserrez cette vaisselle dans l'armoire.* ◁ ♦ Serrer davantage ce qui s'est lâché. *Resserrez ce cordon, ce nœud.* ♦ **Fig.** « *Vous avez brisé mes liens, Seigneur, on ne me verra plus en resserrer les funestes nœuds* », MASSILLON. ♦ Rendre étroit, plus étroit. *Le froid resserre les pores. Ce pays est resserré par la mer.* ♦ ▷ *Resserrer un prisonnier,* le garder très étroitement. ◁ ♦ ▷ *Cette place est resserrée de très près,* les assiégeants l'entourent de si près qu'il est bien difficile d'y faire rien entrer et d'en faire rien sortir. ◁ ♦ *Resserrer son argent,* le retirer de la circulation, le garder par devers soi. ◁ ♦ Rendre le ventre moins libre ou moins relâché. *Les coins resserrent le ventre* ou **absol.** *resserrent.* ♦ **Fig.** Renfermer dans des bornes plus étroites. « *Resserrer les temps et les lieux* », P. CORNEILLE. ♦ En parlant d'un ouvrage d'esprit, resserrer, abréger. ♦ Dans le même sens, deux auteurs. « *On ne lit jamais l'un sans être tenté de l'étendre ; l'autre, sans être tenté de le resserrer* », DIDEROT. ◁ ♦ **Fig.** Empêcher l'expansion morale. « *Il y a des passions qui resserrent l'âme* », PASCAL. ♦ **Fig.** Rendre plus étroite l'union. *Resserrer les liens de deux nations, des nœuds d'amitié, etc.* ♦ Se resserrer, v. pr. Se rétrécir, devenir plus étendu. ♦ *Les pores se resserrent,* ils deviennent moins ouverts. ♦ Devenir plus dense. ♦ *Le ventre se resserre,* il devient moins libre ou moins relâché. ♦ ▷ *Le temps se resserre,* il devient plus froid. ◁ ♦ **Fig.** Se mettre en des limites plus étroites. « *Pourquoi nous resserrer dans le cercle étroit d'une petite société isolée, quand notre société doit* *être celle de l'univers?* », VOLTAIRE. ◆ Il se dit de l'âme qui éprouve un sentiment comparé à un resserrement. « *Mon cœur de crainte et d'horreur se resserre* », RACINE. ◆ Retrancher de sa dépense. ◆ *Dans un temps de discrédit, l'argent, les bourses se resserrent,* on fait moins de dépense, on prête moins. ◆ Se restreindre à, se borner à.

RESSERVIR, v. intr. [ʀəsɛʀviʀ] (*re-* et *servir*) Être de nouveau utile, employé. ◆ Reprendre de l'emploi, une fonction. ◆ Se resservir de, v. pr. Employer de nouveau. ◾ **V. tr.** Servir de nouveau. *Resservir un plat.* ◾ Se resservir, v. pr. *Resservez-vous de la tarte !*

RESSIF, n. m. [ʀesif] Voy. RÉCIF.

1 RESSORT, n. m. [ʀəsɔʀ] (1 *ressortir*) Propriété naturelle qu'ont certains corps de se remettre en l'état d'où on les a tirés par quelque effort. ◆ *Faire ressort,* se dit d'un corps qui, cessant d'être comprimé ou tiré, se remet dans le premier état où il était. ◆ *Faire ressort,* rebondir. ◆ Morceau de métal fait de telle façon qu'il se rétablit dans sa première situation dès qu'il cesse d'être comprimé. *Ce ressort joue bien.* ◆ *Ressort de voiture,* mécanisme destiné à affaiblir les secousses qu'éprouve la caisse des voitures. ◆ **Horlog.** Ressort appliqué au balancier, et qui est dans ses oscillations un principe de régularité. ◆ Mécanisme qui meut les êtres vivants, un empire, le monde, etc. « *Un gouvernement modéré peut, sans périr, relâcher ses ressorts* », MONTESQUIEU. ◆ **Fam.** *Cette personne ne se remue que par ressort,* tous ses mouvements sont étudiés et contraints. ◆ ▷ *Cette personne n'agit que par ressort,* elle n'agit que par le conseil, l'impulsion d'autrui. ◁ ◆ **Fig.** Force comparée à la force matérielle d'un ressort. *Donner du ressort à l'estomac.* « *Son âme n'entre encore tout son ressort* », J.-J. ROUSSEAU. ◆ **Fig.** Ce qui fait agir. *Les ressorts du cœur humain.* « *L'intérêt, ce puissant ressort* », BOSSUET. ◆ Moyen dont on se sert pour faire réussir quelque dessein, quelque affaire. « *Les grands événements ne sont pas toujours produits par les grandes causes ; les ressorts sont cachés, et les machines paraissent ; et quand on vient à découvrir ces ressorts, on s'étonne de les voir si faibles et si petits* », BALZAC. ◆ *Faire jouer tous les ressorts,* employer tous les moyens dont on dispose.

2 RESSORT, n. m. [ʀəsɔʀ] (2 *ressortir*) Étendue de juridiction. *Le ressort d'un parlement, d'une cour d'appel.* ◆ On dit aussi *l'étendue du ressort.* ◆ Se dit, en un sens analogue, de la nature des affaires qui ressortissent à un tribunal. *Cette affaire est du ressort civil.* ◆ *Juger en dernier ressort,* juger souverainement et sans appel. ◆ **Par extens.** « *Voici ce qui décide en dernier ressort la difficulté* », BOSSUET. ◆ **Fig.** *Être du ressort,* appartenir à, relever de, être de la compétence de. *Cela est de mon ressort. Cela est du ressort de la physique, de la jurisprudence, etc.*

RESSORTI, IE, p. p. de ressortir. [ʀəsɔʀti]

1 RESSORTIR, v. intr. [ʀəsɔʀtiʀ] (*re-* et *sortir*) Se conjugue avec être. Sortir de nouveau. ◆ Sortir après être entré. *Il est entré dans sa chambre, et il en est ressorti un moment après.* ◆ **Fig.** Paraître avec plus de relief, en parlant de choses que leur opposition avec d'autres rend plus saillantes. ◆ *Les ombres font ressortir les lumières,* c'est-à-dire de légers défauts semblent donner un certain relief à d'heureuses qualités. ◆ **Fig.** Découler de, résulter. ◾ **V. tr.** Sortir de nouveau. *Ressortir la voiture du garage.*

2 RESSORTIR, v. intr. [ʀəsɔʀtiʀ] (1 *ressortir*) Être du ressort de quelque juridiction. *Ces affaires ressortissent au juge de paix. L'affaire a ressorti à tel tribunal.*

RESSORTISSANT, ANTE, adj. [ʀəsɔʀtisɑ̃, ɑ̃t] (2 *ressortir*) Qui ressortit à une juridiction. ◾ **N. m. et n. f.** Personne qui ressortit à la législation d'un pays. *Les modalités d'accueil des ressortissants étrangers.*

RESSOUDÉ, ÉE, p. p. de ressouder. [ʀəsude]

RESSOUDER, v. tr. [ʀəsude] (*re-* et *souder*) Souder de nouveau, refaire une soudure. ◆ Se ressouder, v. pr. Se réunir, être soudé ensemble.

RESSOURCE, n. f. [ʀəsuʀs] (p. p. fém. substantivé de l'anc. fr., *ressourdre,* ressusciter, du lat. *resurgere,* se relever, se rétablir) Ce qu'on emploie pour se tirer d'un embarras, pour vaincre des difficultés. ◆ *Il y a de la ressource avec les gens d'esprit,* on peut se tirer d'affaire avec eux. ◆ *Une ville de ressources,* ville où l'on trouve aisément tout ce dont a besoin. ◆ Il se dit des forces de l'esprit, du caractère, auxquelles on a recours au besoin. « *La vanité a bien des ressources* », FONTENELLE. ◆ *Un homme de ressource,* plein de ressources dans l'esprit, homme fertile en expédients. ◆ *Ressource ou ressources en soi, dans l'esprit,* faculté qu'on a de se soutenir moralement par soi-même. « *L'homme a bien peu de ressource dans soi-même* », LA BRUYÈRE. ◆ *Les ressources d'une langue,* les moyens qu'elle offre à l'écrivain pour rendre sa pensée. ◆ Moyens pécuniaires. *Il est sans ressource.* ◆ *Faire ressource,* se procurer un moyen de réparer ses affaires ; et aussi se procurer de l'argent en vendant. ◆ *Faire ressource de tout,* vendre tout ce qu'on possède. ◾ **N. f. pl.** Moyens matériels, richesses naturelles dont dispose un pays. *Les ressources minières.* ◾ *Ressources humaines,* ensemble des personnes employées dans une entreprise. *La direction des ressources humaines.*

RESSOURCEMENT, ◾ n. m. [ʀəsuʀsəmɑ̃] (*ressource*) Fait de se ressourcer. *Ressourcements à la montagne, à la mer, dans un couvent.* « *Rien n'est aussi anxieusement beau que le spectacle d'un peuple qui se relève d'un mouvement intérieur, par un ressourcement profond de son antique orgueil* », PÉGUY.

RESSOURCER (SE), ◾ v. pr. [ʀəsuʀse] (*ressource*) Revenir à la source, c'est-à-dire se remettre dans un contexte physique et mental apte à nous aider à faire un point, avancer, prendre une décision, etc., le plus souvent loin du bruit, en changeant de rythme et de lieu. *Se ressourcer en faisant une retraite spirituelle. Se ressourcer en partant entre amies.*

1 RESSOUVENIR, v. intr. [ʀəsuv(ə)niʀ] (*re-* et *souvenir*) ▷ Se dit de ce qui revient à la mémoire. *À présent il m'en ressouvient.* ◆ Se ressouvenir, v. pr. Se rappeler une chose, soit qu'on l'eût oubliée, soit qu'on en eût conservé le souvenir. *Se ressouvenir de quelqu'un.* « *Vous ne vous ressouvenez pas que j'ai eu le bonheur de boire je ne sais combien de fois avec vous?* », MOLIÈRE. ◆ Par manière de menace. *Je m'en ressouviendrai quelque jour,* je m'en vengerai. ◆ *Faire ressouvenir quelqu'un d'une chose,* la lui rappeler. ◆ Considérer, faire réflexion. ◁

2 RESSOUVENIR, n. m. [ʀəsuv(ə)niʀ] (substantivation de *se ressouvenir*) ▷ Idée que l'on conserve ou que l'on se rappelle d'une chose passée. « *Le ressouvenir de mes maux* », FÉNELON. ◆ Sentiment d'une douleur physique qui se renouvelle. *Avoir quelque ressouvenir d'une maladie.* ◁

RESSUAGE, n. m. [ʀəsɥaʒ] (*ressuage*) Action, état d'un corps qui ressue. Opération qui consiste à dégager du cuivre argentifère, après la liquation, les dernières portions de plomb et autres métaux qu'il peut contenir.

RESSUER, v. intr. [ʀəsɥe] (*re-* et *suer*) Suer de nouveau. ◆ Rendre son humidité intérieure. *Quand il dégèle, les murailles ressuent.* ◆ **Métall.** *Faire ressuer,* séparer à l'aide du plomb l'argent contenu dans le cuivre, ou par la chaleur le plomb du cuivre. ◆ Dégager le fer des corps étrangers qui sont dans la gueuse.

RESSUI, n. m. [ʀəsɥi] (*ressuyer*) **Vén.** Lieu où les bêtes fauves et le gibier vont se sécher après la pluie ou la rosée du matin. ◆ Se dit aussi lorsque le gibier se repose et laisse sécher sa sueur. ◆ Défaut d'une poterie humide qui, en séchant, fait couler l'or appliqué.

RESSUIEMENT, n. m. [ʀəsɥimɑ̃] (*ressuyer*) Perte d'une partie de l'humidité naturelle des grains ou d'une terre.

RESSURGIR, ◾ v. intr. [ʀəsyʀʒiʀ] (*re-* et *surgir*) Voy. RESURGIR.

RESSURGISSEMENT, ◾ n. m. [ʀəsyʀʒis(ə)mɑ̃] (*resurgir*) Voy. RESURGISSEMENT.

RESSUSCITÉ, ÉE, p. p. de ressusciter. [ʀesysite] N. m. et n. f. « *Puis contrefit le mort, puis le ressuscité* », LA FONTAINE.

RESSUSCITEMENT, n. m. [ʀesysit(ə)mɑ̃] (*ressusciter*) Action de ressusciter ; résultat de cette action. ◾ **REM.** Le mot est rarement utilisé.

RESSUSCITER, v. tr. [ʀesysite] (lat. chrét. *resuscitare,* ramener à la vie, lat. réveiller, de *re-* et *suscitare,* lever, exciter) ▷ Réveiller, faire sortir de sa torpeur. ◁ ◆ **Fig.** Ranimer, rendre force. *Ressusciter une doctrine, un commerce d'amitié, une maison, etc.* ◆ **Fig.** *Ressusciter quelqu'un,* lui rendre l'espérance, le courage, la vie. ◆ Ramener de la mort à la vie. *Jésus-Christ ressuscita Lazare.* ◆ **Absol.** « *Tu frappes et guéris, tu perds et ressuscites* », RACINE. ◆ *Cette liqueur serait capable de ressusciter un mort,* elle a beaucoup de chaleur et de qualité. ◆ ▷ *Ressusciter un mort,* se dit aussi de ce qui fait rire. ◁ ◆ **Par extens.** *Ce remède l'a ressuscité,* l'a guéri d'une maladie qui paraissait mortelle. ◆ **Fig.** *Cette bonne nouvelle l'a ressuscité,* l'a tiré d'une douleur mortelle. ◆ Faire renaître par la poésie, par les lettres. *Ressusciter les héros des vieux âges.* ◆ Renouveler, faire revivre. « *Ce discours... Ressuscite l'honneur déjà mort en leur âme* », BOILEAU. ◆ **V. intr.** Se conjugue avec être ou avoir, suivant le sens. Revenir de la mort à la vie. « *Le corps et l'âme doivent souffrir, mourir, ressusciter* », PASCAL. ◆ Revenir d'une maladie jugée mortelle. ◆ ▷ À la tontine, rentrer au jeu, au moyen du gain de plusieurs jetons reçus du joueur placé à droite, quand celui-ci amène un as. ◁ ◆ Se ressusciter, v. pr. Revenir à la vie.

RESSUYÉ, ÉE, p. p. de ressuyer. [ʀesɥije]

RESSUYER, v. tr. [ʀesɥije] (*re-* et *essuyer*) Sécher. ◆ Chauffer la pierre à chaux ou toute autre substance, pour lui enlever l'humidité. ◆ Se ressuyer, v. pr. Se sécher. *Se ressuyer au soleil. Le chemin se ressuie.* ◆ Avec ellipse du pronom personnel. *Il faut laisser ressuyer ce mur.*

RESTANT, ANTE, adj. [ʀɛstɑ̃, ɑ̃t] (*rester*) Qui reste. *Le nombre restant. Il est le seul restant de quatre frères.* ◆ *Poste restante,* Voy. POSTE. ◆ *Les cent livres restantes* ou plus ordinairement *restant.* ◾ **N. m.** Ce qui reste d'une somme, d'une quantité. ◆ On dit plus ordinairement *le reste.*

RESTAU, ◾ n. m. [ʀɛsto] (apocope de *restaurant*) Voy. RESTO.

RESTAUR, n. m. [ʀɛstoʀ] (*restaurer*) ▷ Anc. terme de commerce maritime. Recours que les assureurs ont les uns contre les autres, suivant la date de leur assurance, ou contre le maître, si l'avarie est de son fait Voy. RISTOURNE. ◁

RESTAURANT, ANTE, adj. [ʀɛstoʀɑ̃, ɑ̃t] (*restaurer*) ▷ Qui restaure, qui répare les forces. *Aliment restaurant. Potion restaurante.* ◁ ♦ ▷ **N. m.** C'est un bon restaurant que le vin. ◁ ♦ ▷ Consommé fort succulent. ◁ ♦ Établissement d'un restaurateur. ■ *Restaurant universitaire,* endroit se trouvant le plus souvent à proximité de logements universitaires, et réservé aux étudiants, qui peuvent y prendre leur repas. ■ **Abrév.** Resto ou restau.

RESTAURATEUR, TRICE, n. m. et n. f. [ʀɛstoʀatœʀ, tʀis] (b. lat. *restaurator,* restaurateur de constriction, lat. médiév. chirurgien) Celui, celle qui restaure, répare. ♦ *Restaurateur de tableaux,* artiste, ouvrier dont la profession est de réparer de vieux tableaux. ♦ Celui, celle qui rétablit, refait, en parlant de villes, de monuments. « *Gênes regardait Charlemagne comme son restaurateur* », VOLTAIRE. ♦ Se dit des compagnies, des établissements qu'on remet sur pied. ♦ « *Fléchier fut le restaurateur et presque le second fondateur de l'Académie qui subsiste encore à Nîmes* », D'ALEMBERT. ♦ **Fig.** Celui, celle qui rétablit, remet en vigueur. « *La vénérable mère Françoise que nous pouvons appeler la restauratrice de la règle de saint Benoît* », BOSSUET. ♦ **N. m.** Celui qui donne chez lui des repas pour des prix convenus.

RESTAURATION, n. f. [ʀɛstoʀasjɔ̃] (b. lat. *restauratio,* renouvellement, lat. médiév. réparation ; infl. de *restaurer* sur le dernier sens) Rétablissement, en parlant d'une ville, d'un monument public. ♦ Réparation. *La restauration d'une statue.* ♦ **Archit.** Travail fait d'après les restes d'un édifice antique, pour en rétablir les parties que le temps a détruites. ♦ **Fig.** Nouvelle existence donnée à certaines choses morales. *La restauration des lois, de la discipline, etc.* ♦ Rétablissement d'une dynastie sur le trône qu'elle avait perdu. ♦ Il se dit particulièrement de la restauration des Stuarts au XVIIᵉ siècle et des Bourbons au XIXᵉ. ■ Domaine général concernant les restaurants de toutes catégories. *Travailler dans la restauration.* ■ *Restauration rapide,* système de restauration proposant des mets que l'on peut manger rapidement tels que sandwichs, parts de pizza, salades, etc., à consommer sur place ou à emporter. *Une chaîne de restauration rapide.* ■ REM. Recommandation officielle pour *fast-food.*

RESTAURÉ, ÉE, p. p. de restaurer. [ʀɛstoʀe]

RESTAURER, v. tr. [ʀɛstoʀe] (lat. impér. *restaurare,* rebâtir, réparer, b. lat. renouveler) Réparer, rétablir, en parlant des ouvrages d'architecture, de sculpture, de peinture. *Restaurer une église, une statue, un tableau, etc.* ♦ Remettre en bon état, en vigueur. *Restaurer les forces, la santé, etc.* ♦ **Fig.** Il se dit des lettres, des lois, de la discipline, du commerce et choses analogues auxquelles on rend leur première vigueur. ♦ Remettre sur le trône une dynastie qui en est tombée. *En Angleterre, Monk restaura les Stuarts.* ♦ Se restaurer, v. pr. *Rétablir ses forces par une bonne nourriture.* ■ **V. tr.** Faire manger. *Restaurer ses convives.*

RESTAUROUTE, ■ n. m. [ʀɛstoʀut] Voy. RESTOROUTE.

RESTE, n. m. [ʀɛst] (*rester*) Ce qui demeure d'un tout, d'une quantité quelconque. *Le reste de la journée, d'une tâche, etc. Le reste des naufragés a péri ou ont péri.* ♦ *Laisser de reste,* laisser disponible. ♦ ▷ *Devoir du reste,* demeurer redevable. ◁ ♦ **Fig.** *Il ne demande pas son reste, il n'a pas attendu son reste,* il se retire promptement, sans mot dire, après avoir reçu ou craignant de recevoir quelque mauvais compliment ou traitement. ♦ *Être en reste,* devoir encore quelque chose sur une somme. ♦ **Fig.** *Il ne demeure point en reste de politesse avec moi.* ♦ Absol. Au pl. Ce qui reste d'un repas. *Manger les restes.* ♦ **Arithm.** Résultat d'une soustraction, dit aussi excès ou différence. ♦ **Fig.** Il se dit des choses que l'on compare à une quantité. *Les restes de sa vie, de son autorité, etc.* ♦ Il se dit de ce qu'une personne conserve de sa première apparence. « *On veut ménager des restes de beauté* », MME DE SÉVIGNÉ. ♦ *Ce n'est plus qu'un reste, un beau reste,* se dit d'un homme ou d'une femme qui a eu de la beauté, mais qui a vieilli. ♦ ▷ *Des restes d'homme,* des hommes vieillis ou mutilés. ◁ ♦ *Un reste de lui-même,* se dit d'une personne qui a perdu ce qu'elle avait de bien au physique ou au moral. ◁ ♦ Ce qui reste d'une nation, d'une troupe, d'une famille. *Sauver les restes de l'armée.* ♦ Ce qui était encore à faire, à dire. ♦ *Et le reste,* formule qui annonce qu'on abrège une énumération, un récit, une citation. ♦ **N. m. pl.** Dépouille mortelle de l'homme. *Ce tombeau contient ses restes.* ♦ Il se dit aussi au singulier, en poésie. ♦ Il signifie les autres, par rapport aux objets dont on parle. « *Dieu épargne si peu les princes, qu'il ne craint pas de les sacrifier à l'instruction du reste des hommes* », BOSSUET. ♦ Ce que quelqu'un a refusé ou abandonné. *Il n'a que vos restes, que votre reste.* ♦ Au jeu son reste, mettre au jeu tout l'argent qu'on a encore devant soi. ♦ **Fig.** *Jouer de son reste,* employer ses dernières ressources, hasarder tout. ♦ ▷ Au jeu de paume, de volant, *donner le reste à quelqu'un,* lui pousser la balle, le volant, de telle sorte qu'il ne puisse le renvoyer. ◁ ♦ ▷ **Fig.** *Donner son reste à quelqu'un,* le battre, le corriger. ◁ ♦ DE RESTE, loc. adv. Plus qu'il n'est nécessaire pour ce dont il s'agit. *Avoir de l'esprit de reste.* ♦ AU RESTE, DU RESTE, loc. adv. Au surplus, d'ailleurs, cependant.

RESTÉ, ÉE, p. p. de rester. [ʀɛste]

RESTER, v. intr. [ʀɛste] (lat. *restare,* s'arrêter, résister, être de reste) Demeurer, par opposition à s'en aller. *Restez à votre place.* ♦ ▷ Ce verbe, qui se

conjugue d'ordinaire avec *être,* prend *avoir* quand on veut exprimer que le sujet n'est plus au lieu dont on parle. « *J'ai resté sept mois à Colmar sans sortir de ma chambre* », VOLTAIRE. ◁ ♦ *Il est resté sur la place* ou absol. *il y est resté,* il a été tué sur le champ de bataille. ♦ Être de reste. *Voilà vingt francs qui restent de votre argent.* « *Les vertus guerrières restèrent après qu'on eut perdu toutes les autres* », MONTESQUIEU. ♦ **Impers.** *Il ne reste plus à l'homme que le néant et le péché* », BOSSUET. ♦ Il reste... à, et un infinitif. « *Avant de se jeter dans le péril, il faut le prévoir et le craindre ; mais quand on y est, il ne reste plus qu'à le mépriser* », FÉNELON. ♦ Il reste... de, et un infinitif. « *Bourreau de votre fille, il ne vous reste enfin Que d'en faire à sa mère un horrible festin* », RACINE. ♦ Il reste que, et un subjonctif. « *Il reste que nous expliquions l'article de la suprématie* », BOSSUET. ♦ Avec ellipse de il. « *Restait cette redoutable infanterie de l'armée d'Espagne* », BOSSUET. ♦ *Reste tel article à examiner, reste à faire attention, reste à savoir, etc.,* il reste à examiner tel article, à faire attention, à savoir, etc. ♦ *Reste,* ainsi employé, se construit aussi avec de. « *Reste donc de conclure que, etc.* », BOURDALOUE. ♦ Dans une soustraction, *de sept ôtez cinq, il reste deux* ou *reste deux* (non *à deux,* comme on le dit quelquefois fautivement). ♦ ▷ *Se rester à soi-même,* conserver une juste estime de soi-même, une juste confiance en soi-même. ◁ ♦ Persévérer dans telle ou telle situation. *Il est resté stupéfait.* « *Je resterai dans mon opinion* », DIDEROT. ◁ ♦ **Fig.** et **fam.** *Rester sur la bonne bouche,* s'abstenir de tout après avoir pris quelque chose qui flatte le goût, et fig. s'arrêter après quelque chose d'agréable. ◁ ♦ Il se dit aussi des choses qui demeurent. *La victoire resta indécise. Cela m'est resté dans la mémoire.* ♦ *Rester à quelqu'un,* en parlant d'un bien, d'un ami que l'on conserve. ♦ Il se dit aussi des choses que l'on garde. *Le nom lui en est resté.* ♦ Demeurer dans le souvenir des hommes, garder sa renommée. *Ces noms resteront.* ♦ *En rester à,* se borner à. ♦ S'arrêter, ne pas poursuivre. *Reprenons où nous étions restés.* ♦ **Mus.** Faire une tenue. *Rester sur une note,* sur une syllabe. ♦ **Mar.** Être situé. ♦ C'est une faute de se servir de *rester* au lieu de *loger* ou *demeurer.* On dit : *Il demeure dans telle rue,* et non : *Il reste dans telle rue.* ■ *Rester sur sa faim,* n'avoir pas suffisamment mangé. ■ **Fig.** Ne pas être totalement satisfait. *Cette analyse n'est pas suffisamment approfondie et sa lecture nous laisse sur notre faim.* ■ *En rester là,* ne pas poursuivre une action, une relation. *Puisque tout le monde est d'accord, restons-en là.* ■ *Cela doit rester entre nous,* il ne faut en parler à quiconque.

RESTITUABLE, adj. [ʀɛstityabl] (*restituer*) Que l'on doit rendre. *Somme restituable aux héritiers.* ♦ **Dr.** Qui peut être remis en son premier état.

RESTITUÉ, ÉE, p. p. de restituer. [ʀɛstitye] *Médaille restituée* ou *médaille de restitution,* Voy. RESTITUTION.

RESTITUER, v. tr. [ʀɛstitye] (lat. *restituere,* remettre à sa place, en son état, rendre, de *re-* et *statuere,* placer, dresser) Rétablir, remettre dans son premier état ; il se dit surtout de textes. *Restituer un passage.* ♦ *Restituer un ouvrage perdu,* le refaire d'après les indications qui en restent. ◁ ♦ **Archit.** *Restituer un édifice,* faire le plan, la représentation d'un édifice tel qu'il était dans son premier état. ♦ **Dr.** Remettre une personne dans l'état où elle était avant un jugement, avant un acte qui est annulé. ♦ Rendre ce qui a été pris ou ce qui est possédé indûment. « *Je te restituai d'abord ton patrimoine* », P. CORNEILLE. ♦ Absol. *Restituez.* ♦ *Restituer l'honneur à quelqu'un,* lui rendre l'honneur. ♦ Se restituer, v. pr. Être remis en son premier état. ♦ Revenir auprès de. « *Je suis pressé de me restituer à ceux qui me sont chers* », DIDEROT. ■ Reproduire fidèlement. *Restituer un son, une image.*

RESTITUTEUR, n. m. [ʀɛstitytœʀ] (lat. *restitutor,* sauveur, restaurateur) ▷ Celui qui a retrouvé ou rétabli quelque passage d'un auteur ancien. ◁

RESTITUTION, n. f. [ʀɛstitysjɔ̃] (lat. *restitutio,* rétablissement) Action de rétablir, de remettre une chose en son premier état. *La restitution d'un texte.* ♦ **Archit.** Représentation d'un monument tel qu'il était dans son premier état. ♦ *Médailles de restitution* ou simplement *restitutions,* celles qui reproduisent des médailles précédemment frappées, et qui portent le nom de celui qui les a renouvelées ; ou médailles qui rappellent le souvenir d'une ancienne famille ou de quelque empereur. *Une restitution de Gallien.* ♦ **Dr.** Jugement qui relève quelqu'un d'un engagement qu'il avait contracté. ♦ Action de restituer, de rendre ce qui est possédé indûment. ♦ **Astron.** Retour d'une planète à son apside. ♦ **Phys.** *Mouvement de restitution,* action par laquelle un corps élastique se rétablit dans son premier état. ■ Reproduction fidèle d'une image, d'un son.

RESTO ou **RESTAU,** ■ n. m. [ʀɛsto] (apocope de *restaurant*) Restaurant. *Aller au resto. Des restos, des restaus.* « *Est-ce de ma faute à moi Si j'aime le café et l'odeur du tabac Me coucher tard la nuit, me lever tôt l'après-midi, Aller au resto et boire des apéros À notre santé !* », BÉNABAR. ■ *Les Restos du cœur,* structure bénévole mise en place par Coluche en 1985 et visant à fournir régulièrement des repas pendant l'hiver à la population démunie. ■ *Resto u* ou *resto U,* restaurant universitaire.

RESTOROUTE ou **RESTAUROUTE,** ■ n. m. [ʀɛstoʀut] (*resto* ou *restau* et *route*) Restaurant situé au bord d'une autoroute ou d'une grande route. *Faire une halte au restoroute.*

RESTREINDRE, v. tr. [ʀɛstʀɛ̃dʀ] (lat. *restringere*) ▷ Resserrer (sens propre peu usité). *Restreindre un lien.* ◁ ◆ **Absol.** Médicament qui restreint. ◆ **Fig.** Réduire à des limites plus étroites. « *Je restreins les crimes contre la tranquillité aux choses qui contiennent une simple lésion de police* », MONTESQUIEU. « *L'autorité cherche toujours à renverser les barrières qui la restreignent* », VOLTAIRE. ◆ Se restreindre, v. pr. Être serré davantage (sens peu usité). ◆ **Fig.** « *Ce désir se restreint à ceux qui nous plaisent* », BOSSUET. ◆ Se réduire, se borner à. « *Au présent seul l'homme doit se restreindre* », J.-B. ROUSSEAU. ◆ **Absol.** Réduire sa dépense.

RESTREINT, EINTE, p. p. de restreindre. [ʀɛstʀɛ̃, ɛ̃t]

RESTRICTIF, IVE, adj. [ʀɛstʀiktif, iv] (lat. *restrictum*, supin de *restringere*) Qui restreint, qui limite. *Une clause restrictive. Mesures restrictives de la liberté de la presse.*

RESTRICTION, n. f. [ʀɛstʀiksjɔ̃] (lat. chrét. *restrictio*, modération, restriction) Condition qui restreint. *Mettre des restrictions aux louanges. Se soumettre sans restriction.* ◆ Restriction mentale, Voy. MENTAL. ■ **N. f. pl.** Mesures ayant pour but de limiter la consommation en période de pénurie économique. *Les restrictions budgétaires proposées par le gouvernement.*

RESTRINGENT, ENTE, adj. [ʀɛstʀɛ̃ʒɑ̃, ɑ̃t] (lat. *restringens*, p. prés. de *restringere*, resserrer) ▷ **Méd.** Qui a la propriété de resserrer une partie relâchée. *Une eau restringente.* ◆ **N. m.** *Un bon restringent.* ◁

RESTRUCTURATION, ■ n. f. [ʀəstʀyktyʀasjɔ̃] (*restructurer*) Nouvelle organisation au sein d'une structure. *La restructuration d'un site internet.* ■ **Spécialt** Nouvelle organisation au sein d'une entreprise en cas de rachat, de fusion. *Les licenciements consécutifs à la restructuration.*

RESTRUCTURER, ■ v. tr. [ʀəstʀyktyʀe] (*re-* et *structurer*) Réorganiser une entreprise, une administration, une collectivité, selon de nouveaux principes, de nouvelles bases. *Restructurer une usine.* ■ Réaménager un espace. *Restructurer un des quartiers d'une ville.*

RESUCÉE, ■ n. f. [ʀəsyse] (p. p. fém. de *resucer*) **Fam.** Nouvelle quantité d'une boisson déjà consommée. *Réclamer une resucée de café.* ■ **Péj.** Reprise, répétition de quelque chose. *Cette chanson est une pâle resucée d'un vieux succès des années 1960.*

RÉSULTANT, ANTE, adj. [ʀezyltɑ̃, ɑ̃t] (*résulter*) Qui résulte. *Le bien résultant du mal.* ◆ **Dr.** Les cas résultants du procès. ◆ **Méc.** Force résultante, force qui provient de la composition de plusieurs forces. ■ **N. f.** *Résultante*, force unique qu'on admet comme représentant plusieurs forces appliquées à un point donné. ■ **Alg.** Équation qui représente une fonction quelconque des racines d'une équation proposée. ■ **N. f.** Résultat de l'association de plusieurs facteurs. *L'insécurité grandissante dans cette cité est la résultante de la dégradation du climat social.*

RÉSULTAT, n. m. [ʀezylta] (lat. scolast. *resultatum*, résultat) Ce qui résulte d'une action, d'un fait, d'un principe, etc. *Les résultats de cet événement sont incalculables. Le résultat d'une délibération.* ■ Réussite ou échec à un concours, à un examen. *Les résultats sont affichés dans la cour.*

RÉSULTER, v. intr. [ʀezylte] (lat. *resultare*, sauter en arrière, rebondir, lat. scolast. s'ensuivre) Se conjugue avec *être* ou *avoir*, suivant le sens ; il n'est usité qu'à l'infinitif et à la 3ᵉ pers. des autres temps. S'ensuivre, en parlant d'induction, de conséquences. *Les faits qui résultent des informations. Il résulte de la discussion que...* ◆ Se dit des suites de certains événements, des effets de certaines causes. *Du mal en a résulté. Il en est résulté du mal.*

RÉSUMÉ, ÉE, p. p. de résumer. [ʀezyme] **N. m.** Ce qui est resserré en peu de paroles. *Le résumé de la cause.* ◆ Précis, abrégé. *Un résumé d'histoire de France.* ◆ **AU RÉSUMÉ, EN RÉSUMÉ**, loc. adv. En résumant, en récapitulant. ■ **Rem.** Aujourd'hui *au résumé* est moins fréquent que *en résumé.*

RÉSUMER, v. tr. [ʀezyme] (lat. *resumere*, reprendre, recommencer) Resserrer en peu de paroles ce qui a été dit ou écrit plus longuement. *Résumer une discussion.* ◆ Se résumer, v. pr. Reprendre brièvement ce qu'on a dit. ■ *Se résumer à*, se limiter à. *Leur débat se résumait à un échange de commentaires dénués de tout intérêt.*

RÉSUMPTE, n. f. [ʀezɔ̃pt] (*um* se prononce *on* ; lat. scolast. [*thesis*] *resumpta*, p. p. de *resumere*, résumer) ▷ Ancien terme d'école. Acte qui se faisait par le nouveau docteur en théologie pour avoir suffrage aux assemblées de la faculté et jouir des droits de docteur. ◁

RÉSUMPTÉ, adj. m. [ʀezɔ̃pte] (*um* se prononce *on* ; *résumpte*) ▷ Docteur *résumpté*, docteur qui a fait sa résumpte. ◁

RÉSUMPTION, n. f. [ʀezɔ̃psjɔ̃] (*um* se prononce *on* ; lat. scolast. *resumptio*, résumé) ▷ Terme didactique peu usité. Action de résumer. ◁

RESURCHAUFFE, ■ n. f. [ʀəsyʀʃof] (*re-* et *surchauffer*) Nouvelle surchauffe, en particulier dans certaines turbines. *Les resurchauffes permettent surtout de diminuer l'humidité de la vapeur en fin de détente de la surchauffe.*

RÉSURGENCE, ■ n. f. [ʀezyʀʒɑ̃s] (*résurgent*) Réapparition à l'air libre d'une rivière souterraine ou d'eaux d'infiltration ; ce cours d'eau lui-même. *La Loue est une résurgence du Doubs.* ■ **Fig.** Réapparition. *Résurgence scandaleuse de l'antisémitisme.*

RÉSURGENT, ENTE, ■ adj. [ʀezyʀʒɑ̃, ɑ̃t] (lat. *resurgens*, p. prés. de *resurgere*, se relever) Qui resurgit. *Problèmes résurgents.*

RESURGIR ou **RESSURGIR**, ■ v. intr. [ʀəsyʀʒiʀ] (lat. *resurgere*, se relever) Surgir de nouveau, le plus souvent au fig. *Des questions qui ressurgissent dans le débat politique.* « *Chaque jour, de nouveaux souvenirs resurgissent, des pans de vie que je croyais à jamais oubliés* », SALVAYRE.

RESURGISSEMENT ou **RESSURGISSEMENT**, ■ n. m. [ʀəsyʀʒis(ə)mɑ̃] (radic. du p. prés. de *resurgir*) Fait de resurgir, de ressurgir, le plus souvent au fig. *Ressurgissement des fanatismes archaïques.* « *Les imprévisibles resurgissements spontanés de la nature humaine* », MARITAIN.

RÉSURRECTION, n. f. [ʀezyʀɛksjɔ̃] (lat. chrét. *resurrectio*, du supin *surrectum*, de *resurgere*, se relever) Retour de la mort à la vie. *La résurrection des morts.* ◆ Fête que l'Église célèbre en mémoire de Jésus-Christ ressuscité. ◆ Tableau ou estampe qui représente la résurrection de Jésus-Christ. *Une belle Résurrection* (avec une R majuscule). ◆ Par exagération, guérison surprenante et inattendue. ◆ **Fig.** Il se dit d'un ouvrage qui, mis de côté, reparaît dans la publicité. ◆ *La résurrection des lettres et des arts*, se dit des lettres et des arts qui ont repris une nouvelle vie.

RETABLE, n. m. [ʀətabl] (réfection de l'a. provenç. *retaule*, de *retro*, derrière, et *tabula*, table, lat. médiév. *autel*) **Archit.** Lambris contre lequel est appuyé l'autel, et qui renferme ordinairement un tableau.

RÉTABLI, IE, p. p. de rétablir. [ʀetabli]

RÉTABLIR, v. tr. [ʀetabliʀ] (*r[e]-* et *établir*) Établir de nouveau. *Rétablir des tributs.* ◆ Remettre une personne ou une chose en son premier ou dans un meilleur état. *Rétablir sur le trône. Rétablir quelqu'un dans les bonnes grâces du roi. Rétablir la réputation, l'autorité de quelqu'un, le trône, l'empire, etc.* ◆ **Dr. anc.** *Rétablir un homme dans sa bonne fâme et renommée*, le réhabiliter. ◆ *Rétablir une terre*, la remettre en valeur. ◆ *Rétablir la bataille, le combat*, redonner l'avantage à des troupes qui l'avaient perdu. ◆ *Rétablir un passage d'un auteur*, le restituer. ◆ Remettre en santé. *Le lait l'a rétabli.* ◆ Se rétablir, v. pr. Revenir à son premier état. *Le crédit commence à se rétablir.* ◆ Reprendre le crédit, la faveur dont on jouissait. ◆ Recouvrer la santé. ◆ Il se dit de même de la santé. *Ma santé se rétablit.*

RÉTABLISSEMENT, n. m. [ʀetablis(ə)mɑ̃] (radic. du p. prés. de *rétablir*) Action de rétablir ; état d'une personne ou d'une chose rétablie. *Le rétablissement de la santé. Le rétablissement du ministre.* ◆ **Absol.** Retour à la santé. *Son rétablissement est lent.* ■ **Sp.** Mouvement qui consiste pour une personne suspendue par les mains à se hisser après traction sur les bras tendus. *La gymnaste a opéré un rétablissement.*

RETAILLE, n. f. [ʀətaj] (*retailler*) Ce qu'on retranche d'une chose en la façonnant. ■ Action de retailler une pierre précieuse. *La retaille des diamants.*

RETAILLÉ, ÉE, p. p. de retailler. [ʀətaje]

RETAILLER, v. tr. [ʀətaje] (*re-* et *tailler*) Tailler de nouveau. *Retailler des arbres.* ◆ **Menuis.** Démonter et refaire un ouvrage. ◆ **Vitr.** Couper des carreaux pour les mettre à une autre mesure.

RÉTAMAGE, n. m. [ʀetamaʒ] (*rétamer*) Action de rétamer.

RÉTAMER, v. tr. [ʀetame] (*r(e)-* et *étamer*) Pratiquer sur les casseroles qui en ont besoin l'opération de l'étamage. ■ **V. tr. Fam.** Épuiser. *Ce boulot m'a complètement rétamé. Elle est rétamée !* ■ Se rétamer, v. pr. **Fam.** Tomber. *Il s'est rétamé dans l'escalier.* ■ **Fam.** Échouer. *Ils se sont tous rétamés à l'examen.*

RÉTAMEUR, n. m. [ʀetamœʀ] (*rétamer*) ▷ Ouvrier ambulant qui rétame. ◁

RETAPAGE, ■ n. m. [ʀətapaʒ] (*retaper*) **Fam.** Action de retaper, réparer, arranger. *Retapage d'une ferme. Bricolages et retapages d'engins en tous genres.* « *Malgré tous les retapages qu'il avait endurés, l'intérieur avait conservé le charme familier de ses vieux ans* », HUYSMANS.

RETAPE, ■ n. f. [ʀ(ə)tap] (*retaper*) **Fam.** Racolage sexuel, spécialement dans l'expression *faire de la retape.* ■ **Par extens.** Dans d'autres domaines. *Faire de la retape commerciale, électorale.*

RETAPÉ, ÉE, p. p. de retaper. [ʀətape] ▷ **N. m.** *Un retapé*, une coiffure en cheveux retapés. ◁

RETAPER, v. tr. [ʀətape] (*re* et *taper*) ▷ Repousser en tapant. « *M. le duc d'Orléans fit ce qu'il put pour arrêter ses larmes et pour bien retaper ses yeux* », SAINT-SIMON. ◆ Remettre un chapeau à neuf. ◁ ◆ **Fig. et fam.** *Il a été bien retapé*, il a été fort maltraité. ◁ ◆ *Retaper une perruque*, la friser et la poudrer. ◁ ◆ *Retaper des cheveux*, les peigner à rebours et les faire renfler. ◁ ■ **Fam.** Réparer grossièrement. *Retaper une vieille bicoque.*

■ Taper de nouveau à la machine. *Retaper un texte, une lettre.* ■ **Fam.** Redonner des forces, remettre en forme. *La sieste l'a retapé.* ■ Se retaper, v. pr. **Fam.** Retrouver la forme, la santé. *Les vacances lui ont fait du bien, elle s'est vraiment retapée.*

RETAPISSER, ■ v. tr. [rǝtapise] (*re-* et *tapisser*) Tapisser de nouveau, couvrir d'une tapisserie neuve. *Retapisser un appartement avant d'emménager.* ■ **Arg.** Reconnaître. *Ce gars, je ne l'avais pas retapissé !*

RETARD, n. m. [r(ǝ)tar] (*retarder*) Il se dit de ce qui est ou se fait trop tard. *Un débiteur qui est en retard de payer. Vous êtes en retard.* ◆ *Le retard d'une montre, d'une pendule*, partie du mouvement qui sert à la retarder ou à l'avancer. ◆ En harmonie, délai momentané que l'on met à frapper l'une des notes d'un accord, en prolongeant quelques instants la note de l'accord précédent, note dont celle qui est retardée forme la résolution. ■ *Retard mental*, défaut de développement induisant une insuffisance intellectuelle. ■ Développement moins avancé qu'il ne devrait l'être. *Le retard d'une civilisation.* ■ Substance médicamenteuse à action prolongée. *Une forme retard d'insuline. Un médicament à effet retard.*

RETARDATAIRE, adj. et n. m. [rǝtardatɛr] (*retarder*) Il se dit des contribuables en retard de payer, des conscrits qui ne se rendent pas à temps sous les drapeaux. ◆ **Fam.** Il se dit de ceux qui arrivent trop tard à quelque chose.

RETARDATEUR, TRICE, adj. [rǝtardatœr, tris] (*retarder*) L'Académie ne donne que le féminin. Phys. Qui rend plus lent le mouvement des corps. *Force retardatrice.*

RETARDATION, n. f. [rǝtardasjɔ̃] (lat. *retardatio*, retard, délai) **Phys.** Ralentissement du mouvement d'un corps.

RETARDEMENT, n. m. [rǝtardǝmɑ̃] (*retarder*) Action de rendre tardif. « *Ce que j'ai à vous dire ne veut point du tout de retardement* », MOLIÈRE. ◆ État de ce qui est en retard, de ce qui tarde. « *Les retardements de la poste* », MME DE SÉVIGNÉ. « *Cette accélération et ce retardement du mouvement de la Lune* », CONDILLAC. ■ *À retardement*, se dit d'un engin muni d'un dispositif qui en retarde l'explosion. *Une bombe à retardement.* ■ Après coup. *Réagir à retardement.*

RETARDER, v. tr. [r(ǝ)tarde] (lat. *retardare*, retarder, arrêter, de *re-* et *tardus*, lent) Remettre à un autre temps. *Retarder son départ.* ◆ Être cause qu'une chose soit remise à un autre temps. *Retarder la ruine de l'empire.* ◆ Rendre plus lent, empêcher d'agir immédiatement, en parlant des personnes. « *Mais quels soins désormais peuvent me retarder ?* », RACINE. ◆ Il se dit des choses. « *La raison n'est jamais retardée dans ses progrès que par les vices du gouvernement* », CONDILLAC. ◆ *Retarder une horloge, une montre*, faire qu'elle marque une heure moins avancée ; et aussi faire qu'elle aille moins vite. ◆ **Mus.** On retarde dans un accord une note consonante par une note prise dans l'accord précédent. ◆ V. intr. Remettre à un autre temps. « *Le roi dit qu'il y avait cinq ans qu'il retardait de venir à Chantilly* », MME DE SÉVIGNÉ. ◆ Aller trop lentement, en parlant d'une horloge, d'une montre. ◆ On dit de même : *Je retarde de cinq minutes.* ◆ *La lune retarde tous les jours de trois quarts d'heure*, elle paraît tous les jours trois quarts d'heure plus tard. ◆ On dit dans le même sens : *La marée retarde.* ◆ ▷ *La fièvre retarde*, se dit d'une fièvre intermittente dont l'accès vient plus tard qu'il n'était venu le jour précédent. ◁ ◆ Se retarder, v. pr. Être retardé, être remis. ◆ V. intr. **Fam.** Avoir des attitudes, des idées dépassées. *Retarder sur son temps, sur son siècle.* ◆ **Fam.** Ne pas être au courant des dernières nouvelles.

RETASSURE, ■ n. f. [rǝtasyr] (*re-* et *tasser*) **Techn.** Trou dans une pièce métallique. *Une retassure peut provenir d'un manque de soudure.*

RETÂTER, v. tr. [rǝtate] (*re-* et *tâter*) Tâter de nouveau. ◆ Remanier, corriger. ◆ **Fig.** S'enquérir avec mystère. *Retâter quelqu'un pour une affaire.* ◆ V. intr. Goûter une seconde fois. *Retâter d'un livre, d'une médecine, etc.*

RETEINDRE, v. tr. [rǝtɛ̃dr] (*re-* et *teindre*) Teindre de nouveau.

RETEINT, EINTE, p. p. de reteindre. [rǝtɛ̃, ɛ̃t]

RETENDRE, v. tr. [rǝtɑ̃dr] (*re-* et *tendre*) Tendre de nouveau.

RETENDU, UE, p. p. de retendre. [rǝtɑ̃dy]

RETENIR, v. tr. [rǝt(ǝ)nir] (lat. *retinere*, retenir, arrêter) ▷ Tenir encore une fois, ravoir. *Je voudrais bien retenir l'argent que je lui ai prêté. Il voudrait bien retenir ce qu'il a dit*, il voudrait ne l'avoir pas dit. ◁ ◆ Garder par devers soi ce qui est à un autre. *Retenir le bien d'autrui.* ◆ Ne point se dessaisir d'une chose, la garder toujours. *Retenir l'empire.* ◆ ▷ En parlant des habitudes, des qualités bonnes ou mauvaises, des observances, ne point perdre. *Retenir l'accent de son pays.* ◆ Prélever, déduire d'une somme. *En me payant il a retenu la somme qu'il m'avait prêtée. Il a donné le bien, mais il en a retenu l'usufruit.* ◆ **Dr.** *Retenir une cause*, se dit des juges qui décident qu'une cause est de leur compétence. ◆ Il signifie aussi la conserver au rôle pour qu'elle soit jugée à son rang et sans délai. ◆ **Arith.**

Retenir un ou plusieurs chiffres, les réserver pour les rejoindre aux chiffres de la colonne qu'on doit calculer après. ◆ S'assurer par précaution de ce qu'un autre aurait pu prendre. *Retenir un appartement, un domestique, une place, etc.* ◆ *Retenir date*, indiquer à quelqu'un un jour, une époque où l'on exigera de lui telle chose. ◆ Ne pas laisser aller, en parlant des choses qu'on arrête, qui sont arrêtées. *Des citernes qui ne peuvent retenir l'eau.* « *C'est une chaussée qui suit les bords de la Loire et retient cette rivière dans son lit* », LA FONTAINE. ◆ Garder dans son corps. *Retenir son urine.* ◆ ▷ *Retenir son haleine*, ne pas la laisser sortir. ◁ ◆ On dit de même : *Retenir ses soupirs, ses larmes.* ◆ *Retenir le rire* [auj. *son rire*], s'empêcher de rire. ◆ *Retenir sa langue*, ne pas se laisser aller à parler, à trop parler. ◆ Arrêter, ne pas laisser aller, en parlant des personnes. « *Il ne m'a retenu que pour parler de vous* », RACINE. *Retenir en prison.* ◆ *Retenir à dîner, à coucher*, garder quelqu'un pour qu'il dîne, qu'il couche dans la maison. ◆ Il se dit aussi des choses qui font séjourner, qui arrêtent. *Ce rhume l'a retenu dans sa chambre. La goutte le retient au lit.* ◆ Empêcher de sortir. **Fig.** « *Ils retiennent la vérité dans l'injustice* », MASSILLON. ◆ Empêcher d'avancer, de cheminer. « *J'ai beau vouloir retenir le temps, c'est lui qui m'entraîne* », MME DE SÉVIGNÉ. ◆ Fixer, empêcher de tomber. *Soulever et retenir un rideau. Retenir une poutre avec un lien de fer.* ◆ S'opposer à l'effet prochain d'une action. *Il serait tombé dans le précipice, si je ne l'eusse retenu.* **Fig.** « *Le bruit de son trépas D'un vainqueur trop crédule a retenu le bras* », RACINE. ◆ Réprimer, modérer, empêcher, en parlant des personnes. *La crainte des peines les retient. Retenir les hommes dans le devoir.* ◆ Il se dit des sentiments que l'on contient. *Retenir sa colère.* ◆ Retenir avec de et un infinitif. « *Cette considération ne m'a jamais retenu de faire ce que j'ai cru bon et utile* », J.-J. ROUSSEAU. ◆ Retenir dans, imposer, prescrire. « *La crainte de renouveler vos peines m'a retenue dans un silence que je crois que vous avez entendu* », MME DE SÉVIGNÉ. ◆ Absol. *Retenir quelqu'un*, lui faire observer la discrétion, des ménagements. ◆ Mettre, garder dans sa mémoire. « *Le véritable éloge d'un poète, c'est qu'on retienne ses vers* », VOLTAIRE. ◆ Retenir que. « *Retenons bien que les objets extérieurs ne renferment rien d'agréable ni de fâcheux* », MALEBRANCHE. ◆ Absol. Il se dit des chevaux qui sont au timon ou dans les timons, et qui empêchent la voiture d'aller trop vite à une descente. ◆ Se retenir, v. pr. S'empêcher de tomber. *Il se retint aux crins du cheval.* ◆ S'arrêter avec effort. *Il se retint au bord du précipice.* ◆ **Fig.** Se modérer. « *Cela me parut si horrible que j'eus peine à me retenir* », PASCAL. ◆ Se dit des sentiments dans le même sens. « *Croyez-moi, les épanchements de l'amitié se retiennent devant un témoin quel qu'il soit* », J.-J. ROUSSEAU. ◆ Différer de satisfaire aux besoins, aux mouvements naturels. *Retenez-vous, vous ne pouvez pleurer ici.* ◆ Être gardé dans la mémoire. ■ Différer de satisfaire à un besoin naturel. *Retiens-toi, on est presque arrivé !* ◆ Accueillir favorablement. *Retenir une candidature.* ■ **REM.** Auj. on dit *garder*, *conserver* et non *retenir l'accent de son pays* ; *réserver* et non *retenir un appartement* ; *contenir* et non *retenir sa colère*.

RETENTER, ■ v. tr. [r(ǝ)tɑ̃te] (*re-* et *tenter*) Tenter à nouveau. *Retenter sa chance.*

RÉTENTEUR, TRICE, ■ n. m. et n. f. [retɑ̃tœr, tris] (supin *retentum* du lat. *retinere* ; cf. b. lat. *retentor*, celui qui étreint) **Dr.** Personne exerçant un droit de rétention. *Les prérogatives du rétenteur.* « *Dès lors que le rétenteur a déclaré au passif sa créance, le liquidateur judiciaire ne peut retirer la chose retenue qu'en payant cette créance, avec l'autorisation du juge commissaire* », CODE CIVIL. ■ N. m. Produit qui permet de capter et de retenir un fluide. *Un rétenteur d'eau.*

RÉTENTION, n. f. [retɑ̃sjɔ̃] (lat. *retentio*, action de retenir, de *retinere*) *Droit de rétention*, faculté accordée à certains créanciers de retenir la chose qui est entre leurs mains, jusqu'à parfait paiement de ce qui leur est dû. ◆ Réservation. *Rétention d'une pension sur un bénéfice.* ◆ *Rétention d'une cause*, action des juges qui, décidant que la connaissance d'une cause leur appartient, la retiennent ; et aussi décision par laquelle une cause est conservée au rôle et en son rang. ◆ **Méd.** *Rétention d'urine* ou simplement *rétention*, accumulation de l'urine dans la vessie.

RÉTENTIONNAIRE, n. m. [retɑ̃sjɔnɛr] (*rétention*) **Dr.** Celui qui retient entre les mains ce qui appartient à d'autres.

RETENTIR, v. intr. [r(ǝ)tɑ̃tir] (*re-* et anc. fr. *tentir*, du part. lat. *tinnitus* de *tinnire*, tinter, faire entendre un son) Rendre, renvoyer un son éclatant. « *De nos cris douloureux la plaine retentit* », RACINE. ◆ **Fig.** *Tout retentit du bruit de ses exploits.* ◆ Faire ou produire un bruit éclatant. *Le tonnerre, la trompette a retenti.* ◆ **Fig.** *Ses louanges retentissent partout.* « *Je voudrais que le récit de toutes les injustices retentît sans cesse à toutes les oreilles* », VOLTAIRE. ◆ **Fig.** *Retentir dans l'âme, dans le cœur*, se dit de paroles, de cris qui font une forte impression sur l'âme.

RETENTISSANT, ANTE, adj. [r(ǝ)tɑ̃tisɑ̃, ɑ̃t] (*retentir*) Qui retentit. *Voûte retentissante. Des mots retentissants.*

RETENTISSEMENT, n. m. [r(ǝ)tɑ̃tis(ǝ)mɑ̃] (radic. du p. prés. de *retentir*) Son renvoyé avec éclat. *Le retentissement des pas. Les retentissements du canon.* ◆ **Fig.** *Cet événement a eu un grand retentissement.*

RETENTUM, n. m. [Rətɛ̃tɔm] (*en* se prononce *in* ; lat. *retentum*, p. p. neutre de *retinere*, ce qui est retenu, gardé pour soi) ▷ Dans l'ancienne procédure criminelle, article que les juges n'exprimaient pas dans un arrêt, mais qui ne laissait pas d'en faire partie et d'avoir son exécution. « *L'arrêt portait qu'il serait rompu vif ; mais il y avait un retentum qu'il serait étranglé auparavant* », Dict. de l'Acad. ♦ **Fam.** Ce que l'on réserve en soi-même par duplicité, lorsqu'on traite avec quelqu'un. ♦ **Au pl.** *Des retentum.* ◁

RETENU, UE, p. p. de retenir. [Rət(ə)ny] **Fig.** Modéré, sage, circonspect. « *Non, non, dans leurs discours ils sont plus retenus* », Racine. ♦ Retenu à, avec un infinitif. « *Il faut être extrêmement circonspect et très retenu à prononcer sur les ouvrages de ces grands hommes* », Racine. ♦ Il se dit aussi des sentiments, des manières. « *Échauffez mes transports trop lents, trop retenus* », Racine.

RETENUE, n. f. [Rət(ə)ny] (p. p. fém. substantivé de *retenir*) **Mar.** Cordage employé à maintenir dans sa position un bâtiment abattu en carène, un objet qui pourrait se renverser. ♦ *Câble de retenue*, câble employé à retenir à l'ancre un navire. ♦ Espace entre deux écluses où l'eau est retenue. ♦ Réservoir où l'on retient de l'eau. ♦ **Collège** Punition qui consiste à priver l'élève de récréation ou de sortie. ♦ **Financ.** Ce qu'on retient en vertu de la loi ou d'une stipulation sur un traitement, sur une rente, sur un salaire. ♦ **Fig.** Acte moral par lequel on se retient, on se contient. « *C'est trop de retenue, il est temps que j'éclate* », P. Corneille. « *Je mange bien, mais avec retenue* », Mme de Sévigné. ♦ Embouteillage. *Actuellement, on comptabilise quarante kilomètres de retenue à la sortie de la capitale.*

RETERÇAGE ou **RETERSAGE**, n. m. [Rətɛrsaʒ] (*retercer* ou *reterser*) **Agric.** Action de retercer ; résultat de cette action.

RETERCÉ ou **RETERSÉ, ÉE**, p. p. de retercer ou reterser. [Rətɛrse] *Vigne retercée.*

RETERCER ou **RETERSER**, v. tr. [Rətɛrse] (*re-* et *tiercer*) **Agric.** Tercer de nouveau. *Retercer une vigne.*

RÉTIAIRE, n. m. [Retjɛr] ou [Resjɛr] (lat. *retiarius*, de *rete*, filet) **Antiq.** Gladiateur qui combattait armé d'un filet, avec lequel il tâchait d'envelopper la tête de son adversaire.

RÉTICENCE, n. f. [Retisɑ̃s] (lat. *reticentia*) Suppression ou omission volontaire d'une chose qu'on devait dire ; la chose même qu'on n'a pas dite. « *La réticence sur des faits si intéressants n'est point pardonnable* », Voltaire. ♦ **Rhét.** Sorte de prétérition où, commençant l'expression de sa pensée, on s'arrête avant de l'avoir achevée. ■ Attitude de réserve, d'hésitation. *Accepter avec réticence.*

RÉTICENT, ENTE, ■ adj. [Retisɑ̃, ɑ̃t] (lat. *reticens*, de *reticere*, garder par devers soi, de *re-* et *tacere*, se taire) Qui manifeste, qui dénote de la réticence. *La compagnie s'est montrée réticente à cette idée. La communauté internationale est réticente à une action militaire.*

RÉTICULAIRE, adj. [Retikylɛr] (lat. *reticulum*, filet à petites mailles, résille) Qui est en forme de réseau. *Membrane réticulaire.*

RÉTICULATION, ■ n. f. [Retikylasjɔ̃] (*réticulé*) **Chim.** Formation d'un liant entre certaines composantes chimiques polymères, un peu comme les mailles d'un filet. *Le degré de réticulation d'une silicone.*

RÉTICULE, n. m. [Retikyl] (lat. *reticulum*, filet à petites mailles, résille) **Antiq.** Petit réseau dans lequel les femmes romaines serraient leurs cheveux. ♦ Nom donné, sous le Directoire, aux petits sacs que les femmes portaient avec elles, et qui par corruption de prononciation ont été dits *ridicules*. ♦ En astron. et arpentage, assemblage de fils croisés servant à mesurer les diamètres des astres, les angles, etc. ■ **Auj.**, rare et plais. Petit sac féminin à structure maillée. « *Elle prit seulement le petit réticule en fines mailles d'or et d'argent qui ne la quittait jamais* », J. d'Ormesson. ■ Rem. Le mot est parfois dit par plaisanterie, non en fonction de l'explication faite supra, mais sans doute parce qu'il est obsolète et de consonance non ridicule, mais peut-être même amusante.

RÉTICULÉ, ÉE, adj. [Retikyle] (lat. impér. *reticulatus*, fait en forme de réseau) **Archit.** *Maçonnerie réticulée*, maçonnerie en forme de réseau. ♦ **Hist. nat.** Marqué de lignes entrecroisées en manière de réseau. ♦ **Minér.** Qui imite un réseau par l'arrangement de ses fibres. ■ **Astron.** *Oculaire réticulé*, élément d'une lunette ou d'un télescope comportant deux fils en croix ou une grille de fil, et qui sert à effectuer des mesures d'angles.

RÉTICULER, ■ v. tr. [Retikyle] (d'après *réticulation*) **Chim.** Former un réseau en reliant entre elles des chaînes de polymères. *Réticuler des résines par lumières UV.*

RÉTIF, IVE, adj. [Retif, iv] (anc. fr. *restif*, du lat. *restare*, résister) Se dit d'un cheval ou autre bête de monture qui refuse d'obéir à celui qui la monte ou qui la conduit. ♦ **Fig.** Difficile à conduire, à persuader. « *Il y a des naturels rétifs que la vérité fait cabrer* », Molière. « *Un jeune homme... Est... Rétif à*

la censure », Boileau. ♦ **N. m.** et n. f. *Faire le rétif.* ♦ **Fig.** Il se dit des choses qui n'obéissent pas. « *Une mémoire paresseuse et rétive* », Rollin.

RÉTINE, n. f. [Retin] (lat. médiév. *retina*, du lat. *rete*, réseau, en l'occurrence, de vaisseaux sanguins) **Anat.** La plus intérieure des tuniques de l'œil ; c'est à elle que l'œil doit la faculté de recueillir les images, et d'en transmettre la perception au centre commun, par l'intermédiaire du nerf optique. « *Les tableaux que la lumière trace sur la rétine* », Voltaire.

RÉTINIEN, IENNE, ■ adj. [Retinjɛ̃, jɛn] (*rétine*) Qui concerne la rétine. *Veines rétiniennes. Essais d'implants rétiniens sur certains aveugles.*

RÉTINITE, n. f. [Retinit] (*rétine* et -*ite*) **Méd.** Inflammation de la rétine.

RÉTINOÏDE, ■ n. m. [Retinoid] (*rétinol* et -*oïde*) **Chim.** Substance provenant du rétinol et utilisée en particulier dans les crèmes dermatologiques antiacnéiques. ■ **Adj.** *Acide rétinoïde.*

RÉTINOL, ■ n. m. [Retinɔl] (*rétine* et -*ol*) **Chim.** Vitamine A. *Le rétinol intervient dans le métabolisme essentiellement au niveau de la vision et de la peau.*

RÉTIQUE, ■ adj. [Retik] Voy. RHÉTIQUE.

RETIRADE, n. f. [Rətirad] (*retirer*) ▷ Ancien terme de fortification. Espèce de retranchement qui se fait dans le corps d'un ouvrage, pour disputer le terrain, lorsque les premières défenses ont été rompues. ◁

RETIRAGE, ■ n. f. [Rətiraʒ] (*retirer*) Action de réaliser un nouveau tirage d'un livre, d'une photo. *Retirage et agrandissement d'un cliché.*

RETIRATION, n. m. [Rətirasjɔ̃] (*retirer*) **Impr.** Action d'imprimer le verso d'une feuille de papier.

RETIRÉ, ÉE, p. p. de retirer. [R(ə)tire] *Être retiré, vivre retiré, mener une vie fort retirée*, vivre loin du commerce des hommes. ♦ En un sens analogue. « *La vie retirée et domestique* », J.-J. Rousseau. ♦ Qui se plaît à la retraite. « *Quelques âmes retirées* », Massillon. ♦ ▷ *Il est toujours retiré en lui-même*, il est taciturne et peu communicatif. ◁ ♦ Qui a cessé d'exercer une profession. *Un médecin retiré.* ♦ Solitaire, peu fréquenté. *Un quartier retiré.*

RETIREMENT, n. m. [Rətir(ə)mɑ̃] (*retirer*) Action de retirer, de reprendre une chose. ♦ **Chir.** Syn. peu usité de contracture.

RETIRER, v. tr. [R(ə)tire] (*re-* et *tirer*) Tirer de nouveau. *Retirer une loterie.* ♦ Tirer à soi, tirer en arrière ce qui avait été poussé dehors, porté en avant. *Retirer sa main.* ♦ *Retirer une clé*, l'ôter de la serrure. ♦ **Par extens.** « *Retirons nos regards de cet objet funeste* », P. Corneille. ◁ ♦ *Retirer son haleine*, faire rentrer de l'air dans sa poitrine. ◁ ♦ Avec un nom de chose pour sujet. Faire aller en arrière, faire reculer. ♦ ▷ Causer un retirement, une contracture. *Les convulsions lui ont retiré la jambe.* ◁ ♦ Faire sortir une chose, une personne de l'endroit où elle était. *Retirer un homme de prison, de l'argent de chez un banquier, etc.* ♦ **Fig.** *Retirer du tombeau*, sauver la vie. ♦ *Dieu l'a retiré de ce monde*, il est mort. ♦ **Fig.** *Retirer son épingle du jeu*, Voy. ÉPINGLE. ♦ *Retirer son enjeu*, reprendre ce qu'on avait mis au jeu, et fig. se retirer sans perte d'une affaire où l'on courait des risques. ♦ *Retirer une pièce de théâtre*, l'ôter de l'affiche, du répertoire. ♦ ▷ Donner asile, retraite, refuge. « *Ils s'assirent en la place de la ville, sans qu'il y eût personne qui voulût les retirer et les loger chez lui* », Saci. ◁ ♦ Mettre à l'abri. « *Ils retirèrent dans la ville les biens de la campagne* », d'Ablancourt. ♦ Percevoir, recueillir, en parlant de revenus. *Il a retiré une grosse somme de sa charge.* ♦ Ôter. « *La lune... Retire en leur faveur sa paisible lumière* », Boileau. ♦ **Fig.** *Retirer son amitié, sa confiance, sa protection, etc.* ♦ Dans le langage de la dévotion. *Dieu retire ses grâces.* ♦ **Fig.** Rétracter. *Retirer son compliment.* ♦ *Retirer sa parole*, se dégager d'une promesse. ♦ **Fig.** Faire quitter, éloigner de. *Retirer quelqu'un du vice, de la misère, etc.* ♦ **Fig.** Recueillir, obtenir, en bonne et en mauvaise part. *Retirer de la gloire de quelque chose. Il n'a retiré que de la honte de sa conduite.* ♦ **Dr.** Racheter. *Retirer une terre.* ♦ **V. intr.** Tirer de nouveau. *Retirer au sort, à la loterie.* ♦ ▷ *La mer retire*, elle est dans le reflux. ◁ ♦ *Se retirer*, v. pr. S'en aller, s'éloigner, s'écarter. ♦ Avec ellipse du pronom personnel. « *Retirez-vous d'ici, vous dis-je, ou je vous en ferai retirer d'une autre manière* », Molière. ♦ Au jeu, *se joueur se retire*, il quitte le jeu. ♦ *Se retirer sur sa perte, sur son gain*, quitter le jeu après avoir perdu, après avoir gagné. ♦ **Fig.** et fam. *Se retirer sur la bonne bouche*, quitter la conversation, le jeu, etc. après avoir obtenu un petit succès, et sans attendre un changement, un retour. ♦ Rentrer chez soi ; entrer dans sa chambre, dans son cabinet. ♦ **Absol.** Rentrer le soir dans son appartement pour n'en plus sortir que le lendemain. *Se retirer de bonne heure.* ♦ Ne pas paraître à quelque concours, exposition, etc. ♦ *Se retirer de quelqu'un*, s'en éloigner, rompre la liaison avec lui. ♦ *Dieu se retire*, il n'accorde plus sa grâce. ♦ *Se retirer de quelque chose*, y renoncer. *Se retirer d'une entreprise.* Quitter un état, une profession, un genre de vie, une situation. *Se retirer du service, du barreau, du désordre, de la débauche, du monde, etc.* ♦ Avec ellipse du pronom personnel. « *Les mauvais traitements qu'il me faut endurer, Pour jamais de la cour me feraient retirer* », Molière. ♦ **Absol.** *Il s'est* *retiré,* il a quitté le commerce du monde, ou bien il mène une vie moins dissipée. ✦ *Cet officier se retire,* il quitte le service. ✦ Se mettre en retraite religieuse. ✦ Aller dans un lieu pour s'y établir, après avoir quitté un autre lieu. *Se retirer en province, dans son pays, etc.* ✦ Fig. *Se retirer en soi-même,* n'avoir plus de commerce qu'avec soi-même [se renfermer]. ✦ Se réfugier, se mettre en lieu de sûreté. *L'ennemi se retira dans ses retranchements.* ✦ Faire retraite, en parlant d'une troupe armée. ✦ Fig. Être reporté en arrière, se concentrer, en parlant de choses. « *Le voici ; vers mon cœur tout mon sang se retire* », Racine. ✦ ▷ Se raccourcir. *Le parchemin se retire au feu.* ◁ ✦ ▷ Avec suppression du pronom personnel. *Le feu fait retirer le parchemin.* ◁ ✦ Rentrer dans le lit, en parlant d'eaux débordées. « *La mer s'est retirée de Rosette, de Ravenne, d'Aigues-Mortes* », Voltaire. ✦ *La mer se retire,* la marée descend. ✦ Être retiré. *Une parole donnée ne doit point se retirer.* ■ V. tr. Enlever un vêtement. *Retirer son blouson.* ■ Renoncer à quelque chose qu'on a dit ou formulé. *Retirer ses accusations, une plainte.* ■ Rem. Auj. on dit plutôt *faire sortir* que *retirer un homme de prison* ou *quelqu'un du vice ;* et *terminer* plutôt que *se retirer sur la bonne bouche.*

RETISSER, ■ v. tr. [ʀətise] (*re-* et *tisser*) Tisser de nouveau. *Dans le travail de la soie, on retisse après certaines opérations le fil déjà produit dans le cocon.* ■ Fig. *Retisser le lien social.*

RÉTIVETÉ ou, rare, **RÉTIVITÉ,** n. f. [ʀetiv(e)te, ʀetivite] (*rétif*) ▷ Défaut consistant à être rétif, en parlant d'un cheval. ✦ Fig. Humeur rétive. ◁

RETOMBÉ, ÉE, p. p. de retomber. [ʀətɔ̃be]

RETOMBÉE, n. f. [ʀətɔ̃be] (p. p. fém. substantivé de *retomber*) Archit. Portion d'une voûte ou d'une arcade qu'on peut poser sans cintre. ■ N. f. pl. Conséquences à plus ou moins long terme. *Les formidables retombées d'une campagne de publicité.*

RETOMBER, v. intr. [ʀətɔ̃be] (*re-* et *tomber*) Se conjugue avec être ou avoir, suivant le sens. Tomber de nouveau. ✦ Tomber après s'être élevé. *La balle est retombée.* ✦ Fig. *Retomber dans l'oubli,* être oublié de nouveau. ✦ Tomber en parlant d'un mouvement pour se dresser, de draperies, de cheveux qui pendent. *Ses longs cheveux retombaient sur son visage.* ✦ Être attaqué de nouveau d'une maladie dont on se croyait guéri. *Retomber dans son rhumatisme.* ✦ On dit de même : *Retomber malade.* ✦ ▷ Absol. « *On dit que le président Hénault est fort malade ; il semble qu'il retombe bien souvent* », Voltaire. ◁ ✦ Tomber de nouveau un de mauvaises situations. *Retomber dans la misère.* ✦ Éprouver une seconde chute, en des choses morales. « *Mentor vit bien que Télémaque allait retomber dans toutes ses faiblesses* », Fénelon. ✦ On dit : Retomber de. « *Retomber de l'Église dans le monde* », Pascal. ✦ ▷ Retomber à, avec un infinitif, commettre de nouveau la faute de. « *Vous retombez toujours à confondre...* », Fénelon. ◁ ✦ Absol. « *L'état de l'homme qui retombe devient pire que le premier* », Bossuet. ✦ Se rejeter sur pour attaquer. « *Bajazet, laissant derrière lui Constantinople, comme une proie sur laquelle il devait retomber, s'avance au milieu de la Hongrie* », Voltaire. ✦ *Retomber sur quelqu'un,* recourir de nouveau à lui. ✦ S'en prendre à, attribuer. *Retomber sur soi-même, sur sa conscience,* être mis en présence de ce qu'on ressent, de ce qu'on éprouve. ✦ *Retomber sur le cœur,* se dit de quelque chose de douloureux qui revient nous affliger. « *L'affreuse vérité retombait sur son cœur* », Delille. ✦ *Retomber dans,* se confondre avec. « *Par quelle fatalité le système de Malebranche paraît-il retomber dans celui de Spinoza ?* », Voltaire. ✦ Tomber de nouveau sous l'autorité d'autrui. ✦ Il se dit de quelque mal, de quelque dommage, de quelque charge, de quelque blâme, etc. « *Le mal que l'homme fait retombe sur lui* », J.-J. Rousseau. ✦ *Le sang qu'il a versé retombera sur sa tête,* il sera puni du meurtre qu'il a commis. ✦ Il se dit aussi de choses favorables. *Cet honneur retombe sur nous.* ■ Rem. Même si on comprend, on ne dirait plus auj. *retomber dans son rhumatisme.*

RETONDRE, v. tr. [ʀətɔ̃dʀ] (*re-* et *tondre*) Tondre de nouveau. ✦ Archit. Retrancher les ornements de mauvais goût ; rendre les arêtes plus vives.

RETONDU, UE, p. p. de retondre. [ʀətɔ̃dy]

RETOQUER, ■ v. tr. [ʀətɔke] (*re-* et *toquer*) Fam. Rejeter, repousser. *Se faire retoquer à un examen.*

RETORDAGE, n. m. [ʀətɔʀdaʒ] (*retordre*) Action de retordre ; résultat de cette action ; il se dit surtout en parlant des soies. ■ Rem. On employait plus couramment *retordement* autrefois.

RETORDEMENT, n. m. [ʀətɔʀdəmɑ̃] (*retordre*) Voy. RETORDAGE.

RETORDRE, v. tr. [ʀətɔʀdʀ] (lat. pop. *retorcere,* du lat. *retorquere,* tourner en arrière) Tordre de nouveau. ✦ En parlant du fil ou de la ficelle, tordre deux ou trois brins ensemble.

RETORDU, UE, p. p. de retordre. [ʀətɔʀdy]

RÉTORQUÉ, ÉE, p. p. de rétorquer. [ʀetɔʀke]

RÉTORQUER, v. tr. [ʀetɔʀke] (lat. *retorquere*) Tourner contre son adversaire les raisons, les arguments dont il s'est servi. ✦ Se rétorquer, v. pr. Être rétorqué.

RETORS, ORSE, adj. [ʀətɔʀ, ɔʀs] (a. p. p. de *retordre*) Qui a été retordu. *Du fil retors.* ✦ Fig. *Sens retors,* signification alambiquée, recherchée. ✦ N. m. *Le retors,* le second tors donné au fil. ✦ Qui est tordu en forme de crochet. *Bec retors.* ✦ Fig. *Un homme retors,* un homme fin, artificieux. ✦ N. m. et n. f. *Un vieux retors.*

RÉTORSION, n. f. [ʀetɔʀsjɔ̃] (*rétorquer,* d'après *torsion*) Action de rétorquer. ✦ Sorte de représaille qui consiste à établir, à l'égard des étrangers résidant chez nous ou ayant des rapports avec nous, la même législation que le gouvernement de ces mêmes étrangers établit dans son pays à l'égard de nos nationaux.

RETORTE, n. f. [ʀətɔʀt] (lat. *retorta,* recourbée, fém. substantivé du p. p. de *retorquere*) ▷ Syn. vieilli de cornue. ◁

RETORTILLER, v. tr. [ʀətɔʀtije] Tortiller de nouveau. ■ Rem. Le terme n'est auj. plus attesté, bien que virtuellement utilisable.

RETOUCHE, n. f. [ʀ(ə)tuʃ] (*retoucher*) Partie repeinte d'un tableau. ✦ Grav. Reprise au burin des tailles à demi usées. ■ Rectification apportée à un vêtement aux mesures du client. *Faire des retouches. Retouches gratuites.*

RETOUCHÉ, ÉE, p. p. de retoucher. [ʀətuʃe]

RETOUCHER, v. intr. [ʀətuʃe] (*re-* et *toucher*) Toucher de nouveau. ✦ V. tr. « *Retoucher la même corde* », J.-J. Rousseau. ✦ Corriger par de nouvelles touches. *Retoucher à un livre.* « *L'Église n'a jamais retouché à ses décisions* », Bossuet. ✦ V. tr. Peint. Revenir sur un tableau, le corriger, y faire des changements. ✦ *Retoucher une planche,* repasser le burin sur une planche gravée qui commence à être usée. ✦ Il se dit des œuvres littéraires ou autres. « *Retouchant un endroit* », Boileau. ✦ Absol. « *Il faut avec un soin extrême Corriger, expier sa facilité même, Retoucher en un mot* », Collin d'Harleville. ✦ Revenir sur. « *Des choses rebattues qu'il ne faudrait plus retoucher* », Bossuet. ■ Rectifier un vêtement de confection. *Faire retoucher un pantalon neuf.*

RETOUCHEUR, EUSE, ■ n. m. et n. f. [ʀətuʃœʀ, øz] (*retoucher*) Personne expérimentée dans la retouche, essentiellement dans le domaine de la couture.

RETOUR, n. m. [ʀ(ə)tuʀ] (*retourner*) Tour contraire, tour multiplié ; en ce sens, il ne se dit qu'au pluriel et joint au mot *tour. Les tours et retours d'un labyrinthe.* ✦ Fig. « *Après maint entretien, maints tours et maints retours* », Régnier. ✦ Milit. *Retours de la tranchée,* coudes et obliquités que forment les lignes de la tranchée. ✦ Vén. Action du cerf qui revient sur les mêmes voies, pour dérouter les chiens. ✦ Fig. Ruse, artifice. « *L'amour-propre abonde en retours* », Dict. de l'Acad. ✦ Action de revenir, de retourner. ✦ *Esprit de retour,* Voy. esprit. ✦ *Être sur son retour,* être près de partir pour retourner. ✦ Milit. *Retour offensif,* se dit d'un corps de troupes qui, battant en retraite, s'arrête et attaque à son tour. ✦ *Retour de la marée,* mouvement de la mer qui, après avoir été entraînée par le reflux, est ramenée au rivage par le flux. ✦ Arrivée au lieu d'où l'on était parti. *Le retour d'un courrier.* ✦ Ellipt. *De retour chez moi.* ✦ *Faire son retour,* se dit d'un navire qui revient au lieu de son départ. ✦ *Retour de noces,* repas offert aux mariés dans les jours qui suivent les noces. ✦ Il se dit d'exilés, de bannis qui rentrent dans leur patrie. ✦ Douanes Réimportation de marchandises invendues. ✦ *Les retours d'un navire,* les marchandises qu'il a rapportées, en échange de celles qu'il avait portées, et les bénéfices qui en résultent. ✦ Banque *Retour sans frais,* indication qui se place au bas d'un effet de commerce, pour éviter les poursuites en cas de non-paiement. ✦ Au trictrac, jan de retour, Voy. jan. ✦ Archit. Encoignure d'un bâtiment, angle formé par une partie de construction qui fait saillie en avant d'une autre. ✦ Profil d'un entablement, d'une corniche qui ressaute. ✦ *Retour d'équerre,* retour à angle droit. ✦ *En retour,* se dit dans le langage général de ce qui est disposé comme un retour d'équerre. ✦ Phys. *Choc en retour,* se dit de l'effet de la foudre, qui part non du nuage électrique, mais de la terre. ✦ Dr. Droit en vertu duquel les ascendants succèdent aux immeubles qu'ils ont donnés à leurs descendants, lorsque ceux-ci viennent à mourir sans enfants. ✦ *Faire retour,* revenir par droit de retour. ✦ Répétition. *Le retour des mêmes sons.* ✦ Fig. Action de repasser d'une chose à une autre. *Le retour de la colère au calme.* ✦ Action de revenir à. *Je te dois mon retour à la vie.* ✦ Il se dit des choses qui reviennent. *Le retour du printemps, de la fièvre, etc.* ✦ *Retour de jeunesse,* ce qui ragaillardit une personne âgée, lui rappelle ses jeunes années. ✦ *Un retour de conscience,* un remords de la conscience. ✦ Rentrée dans les emplois. *Son retour aux affaires.* ✦ *Retour d'une âme à Dieu,* action d'un pécheur qui se convertit. *Faire un retour à Dieu, vers Dieu.* ✦ *Retour sur soi-même,* sérieuse réflexion sur sa conduite ; et aussi satisfaction intérieure de soi. ✦ Réflexions, vue rétrospective. « *Que le moindre retour vers nos belles années Jette alors d'amertume en nos âmes gênées !* », P. Corneille. ✦ Regret. « *Ces retours vers la vie qui font la peine de ceux qui meurent* », La Fontaine. ✦ Changement, vicissitude des affaires. « *Les plus grandes prospérités ont toujours ici-bas des retours à craindre* », Massillon. ✦ Il se dit des maladies qui tendent à guérison. *La pneumonie est sur son retour.* ✦

Changement moral, changement de dispositions. « *J'attends, sans m'ébranler, les retours du vulgaire* », Voltaire. ♦ *Retour de l'opinion,* changement dans l'opinion qui devient plus favorable à une personne ou à une chose. ♦ **Fam.** *Avoir de fâcheux retours,* être bizarre, quinteux. ♦ ▷ *L'âge de retour,* période de la vie humaine où la vigueur commence à décroître et la vieillesse à approcher. ◁ ▷ On dit de même : *Le retour de l'âge.* ◁ ♦ *Être sur le retour, sur son retour,* commencer à vieillir. ♦ Ce qu'on ajoute pour rendre un troc égal. *Que me donnerez-vous de retour, en retour ?* ♦ **Fig.** Réciprocité de sentiments, de services, etc. « *N'aimer personne sincèrement, et par un retour qui est infaillible, n'être aimé sincèrement de personne* », Bourdaloue. ♦ Actes par lesquels on manifeste son désir de réconciliation. « *J'attendais en secret le retour d'un parjure* », Racine. ♦ sans retour, loc. adv. À jamais, pour toujours. « *Un exil sans retour* », Voltaire. ♦ *Sans retour,* se dit aussi de passions violentes dont on ne se dépouille jamais. « *Jaloux sans retour* », Racine. ♦ **Techn.** Touche d'un clavier d'ordinateur permettant de revenir à la ligne. ■ Auj., *retour d'âge,* ménopause ♦ *Retour de couches,* période à laquelle une femme est à nouveau fécondable après un accouchement.

RETOURNE, n. f. [ʀɔtuʀn] (*retourner*) Carte qu'on retourne à certains jeux. *La retourne est de pique.* ■ **Fig.** et **fam.** *Avoir les mains, les bras à la retourne,* être paresseux.

1 **RETOURNÉ, ÉE,** p. p. de retourner. [ʀ(ə)tuʀne]

2 **RETOURNÉ,** ■ n. m. [ʀ(ə)tuʀne] (p. p. substantivé de *retourner*) **Sp.** Au football, coup de pied en arrière que donne le joueur au ballon, en le faisant passer par-dessus sa tête. *Le coup est rarissime, le but a été marqué grâce à un retourné.*

RETOURNEMENT, n. m. [ʀɔtuʀnəmɑ̃] (*retourner*) Action de retourner, de tourner en un autre sens, et résultat de cette action. ■ **Fig.** Revirement. *Un retournement de situation.*

RETOURNER, v. tr. [ʀ(ə)tuʀne] (*re-* et *tourner*) Tourner dans un autre sens. *Retourner une rôtie, une carte, etc.* ♦ *Retourner un habit,* le refaire en mettant en dehors l'envers du drap. ♦ *Retourner cœur, pique, etc.* se dit, à certains jeux, de la carte qu'on retourne, après que tous les joueurs ont eu les cartes qu'ils devaient avoir. ♦ Impers. Neutralement. *Il retourne cœur. De quoi retourne-t-il ?* ♦ **Fig.** et **fam.** *Vous ne savez pas de quoi il retourne,* vous ne savez ce qui se passe. ♦ Taille de pierres. *Retourner une pierre,* lui faire un second parement opposé au premier, de sorte qu'ils soient parallèles entre eux. ♦ *Retourner la salade,* la remuer dans le saladier, jusqu'à ce qu'elle ait bien pris tout l'assaisonnement. ♦ *Retourner le sol,* le bêcher profondément. ♦ *Retourner de la luzerne, du gazon,* bêcher un terrain semé de luzerne, de gazon. ♦ Tourner en arrière. *Retourner la tête.* ♦ **Fig.** et **fam.** *Retourner quelqu'un,* le faire changer d'avis, de parti. ♦ On dit de même : *il s'est laissé retourner.* ♦ *Tourner et retourner quelqu'un de tous sens,* prendre différents biais pour le faire parler. ♦ *Retourner quelqu'un,* lui causer une vive émotion. ♦ *Tourner et retourner quelque chose,* l'examiner à différents points de vue. ♦ Rétorquer. « *Celui qui se sert d'un dilemme doit prendre garde qu'on ne le puisse retourner contre lui-même* », Log. de Port-Royal. ♦ *Retourner des effets de commerce, des marchandises,* les renvoyer à un correspondant. ♦ V. intr. Se conjugue avec *être,* rarement avec *avoir ;* cependant il y en a des exemples. « *Et voulus depuis à Versailles* », Mme de Sévigné. ♦ Aller de nouveau dans un lieu. *Retourner en arrière.* Aller là d'où on était venu. « *Il lui fallut à jeun retourner au logis* », La Fontaine. ♦ Retourner, avec un infinitif. « *Retournez dès ce jour apprendre à Corbulon Comme on reçoit ici les ordres de Néron* », Crébillon. ♦ Il se dit de ce qui est comparé à un retour. « *Rome... Au temps de ses consuls croit être retournée* », Racine. ♦ *Retourner en arrière,* renoncer à une entreprise dont on est rebuté. ♦ *Retourner à Dieu,* se convertir. ♦ *Retourner à,* recommencer à. *Retourner au travail, au combat, etc.* ♦ Par manière de réprimande. *N'y retournez plus,* ne retombez plus dans la même faute. ♦ S'occuper de nouveau de, penser à, parler de. *Retourner sur le passé.* ♦ *Retourner sur, retomber sur.* « *Et souvent la perfidie Retourne sur son auteur* », La Fontaine. ♦ Dans un sens opposé. « *Toutes les louanges que je lui donne retournent à Dieu, qui en est la source* », Fléchier. ♦ Être renvoyé, être répété, être mentionné dans une réponse. « *Voilà bien des folies que je ne voudrais dire qu'à vous... je vous prie que cela ne retourne jamais* », Mme de Sévigné. ♦ Être restitué, faire retour à. *Terres qui doivent retourner au propriétaire qui en a disposé.* ♦ Se retourner, v. pr. Se tourner dans un autre sens. ♦ Regarder derrière soi. *Se retourner dans son lit.* ♦ **Fig.** « *Dégoûtés du monde et de nous-mêmes, nous nous sommes souvent retournés vers le Seigneur* », Massillon. ♦ **Fig.** et **fam.** Prendre d'autres mesures. « *Et je voulus après cette aventure Me retourner vers le magistrature* », Voltaire. ♦ **Absol.** *Il saura bien se retourner.* ♦ S'en retourner, s'en aller. ♦ Ne dites pas : *Je me suis en retourné ;* mais : *Je m'en suis retourné.* ■ **V. pr.** Se retourner contre, être défavorable à. *La situation s'est retournée contre nous.* ■ **Rem.** Auj., plutôt que *retourner en arrière,* on dit *revenir en arrière.*

RETRACÉ, ÉE, p. p. de retracer. [ʀɔtʀase]

RETRACEMENT, n. m. [ʀɔtʀas(ə)mɑ̃] (*retracer*) Action de retracer.

RETRACER, v. tr. [ʀɔtʀase] (*re-* et *tracer*) Tracer de nouveau ou d'une manière nouvelle. *Retracer une allée.* ♦ **Fig.** Rappeler le souvenir, renouveler la mémoire. ♦ *Se retracer, retracer à soi,* rappeler dans sa mémoire. ♦ Se retracer, v. pr. Être rappelé dans la mémoire.

RÉTRACTABILITÉ, ■ n. f. [ʀetʀaktabilite] (*rétractable*) Fait pour un bois de se rétracter en fonction de son degré d'humidité. *Coefficient de rétractabilité. La rétractabilité est directement proportionnelle à la teneur en cellulose.* ■ Par extens. Fait de se rétracter, dans d'autres domaines ou contextes. *Rétractabilités de différents supports.* « *Il est beau comme la rétractabilité des serres des oiseaux rapaces* », Lautréamont.

RÉTRACTABLE, ■ adj. [ʀetʀaktabl] (2 *se rétracter*) Susceptible de se rétracter. *Couteau à lame rétractable.*

RÉTRACTATION, n. f. [ʀetʀaktasjɔ̃] (lat. *retractatio*) Désaveu formel de ce qu'on a fait, dit ou écrit.

RÉTRACTÉ, ÉE, p. p. des verbes rétracter. [ʀetʀakte]

1 **RÉTRACTER,** v. tr. [ʀetʀakte] (lat. *retractare,* remanier, réviser, revenir sur un sujet, de *re-* et *tractare,* manier, traiter) Déclarer qu'on n'a plus l'opinion qu'on avait avancée ; désavouer, se dédire. *Rétracter ses erreurs, ses promesses, etc.* ♦ *Rétracter un don,* annuler un don qu'on avait fait. ♦ Se rétracter, v. pr. Se dédire, faire une rétractation.

2 **RÉTRACTER (SE),** v. pr. [ʀetʀakte] (lat. *retractum,* de *retrahere,* tirer en arrière, de *re-* et *trahere,* tirer) **Méd.** Devenir raccourci par une lésion persistante des muscles, des tendons. ♦ Se contracter. *Le bois se rétracte sous l'effet de la chaleur.* ■ V. tr. Contracter. *Rétracter ses griffes.*

RÉTRACTILE, adj. [ʀetʀaktil] (2 *se rétracter*) **Hist. nat.** Qui a la faculté de se retirer, de rentrer en dedans. *Les ongles des animaux du genre chat sont rétractiles.* ♦ On dit dans un sens analogue : *Force, mouvement rétractile.*

RÉTRACTILITÉ, n. f. [ʀetʀaktilite] (*rétractile*) Qualité de ce qui est rétractile.

RÉTRACTION, n. f. [ʀetʀaksjɔ̃] (lat. *retractio,* de *retrahere,* tirer en arrière) **Hist. nat.** État d'une partie rétractile, d'une partie retirée. ♦ **Méd.** État d'une partie qui est revenue sur elle-même, et qui a perdu une partie de ses dimensions normales.

RETRADUIRE, v. tr. [ʀɔtʀadɥiʀ] (*re-* et *traduire*) Traduire de nouveau.

RETRAIRE, v. tr. [ʀɔtʀɛʀ] (lat. *retrahere,* tirer en arrière) ▷ **Dr.** Exercer un retrait. ♦ On dit plus souvent *retirer.* ◁

1 **RETRAIT,** n. m. [ʀ(ə)tʀɛ] (p. p. substantivé de *retraire*) Tendance graduelle qu'a la mer, dans certains parages, à abandonner les côtes.

2 **RETRAIT,** n. m. [ʀ(ə)tʀɛ] (p. p. substantivé de *retraire*) ▷ Syn. peu usité de lieu d'aisances. ♦ Dans le Moyen Âge, appartement retiré, réservé, cabinet privé où on faisait sa toilette. ◁

3 **RETRAIT,** n. m. [ʀ(ə)tʀɛ] (p. p. substantivé de *retraire*) **Dr.** Action de retirer un héritage qui avait été vendu. ♦ Action de retirer un projet présenté à une assemblée. ♦ Action de retirer une somme placée à la caisse d'épargne. ♦ *Retrait d'emploi,* suspension d'emploi, à l'égard d'un officier. ■ Action de retirer quelque chose placé en un certain endroit. *Le retrait des marchandises. Retrait d'argent ■ En retrait,* en arrière d'un alignement. *Créer un paragraphe en retrait.* ■ *Rester en retrait,* ne pas se mettre en avant.

4 **RETRAIT,** n. m. [ʀ(ə)tʀɛ] (p. p. substantivé de *retraire*) Rapprochement des molécules d'un corps, diminution de son volume par l'action de la chaleur.

5 **RETRAIT, AITE,** p. p. de retraire. [ʀ(ə)tʀɛ, ɛt] *Héritage retrait.*

6 **RETRAIT, AITE,** adj. [ʀ(ə)tʀɛ, ɛt] (*retraire*) Qui s'est retiré, contracté. Il ne se dit que dans les locutions suivantes : *Bois retrait,* ▷ bois dont les fibres se retirent par le dessèchement. ◁ *Blé retrait,* blé qui, non encore mûr et surpris par une température trop chaude et trop sèche, se resserre et demeure imparfait. ♦ **Héral.** Se dit des pièces qui n'avancent pas jusqu'au bord de l'écu.

RETRAITANT, ANTE, ■ n. m. et n. f. [ʀɔtʀetɑ̃, ɑ̃t] (*retraite*) Personne se mettant à l'écart, en retraite, dans un but spirituel, en demeurant quelques temps dans une structure religieuse. *Des retraitants et retraitantes dans une abbaye.*

1 **RETRAITE,** n. f. [ʀ(ə)tʀɛt] (p. p. fém. substantivé de *retraire*) Action de se retirer. « *Monsieur, il faut faire retraite* », Molière. « *Le peuple fit cette retraite fameuse au mont Aventin* », Bossuet. ♦ **Escrime** Mouvement en arrière, par lequel on se met hors de l'atteinte des bottes que porte l'adversaire. ♦ Marche rétrograde d'un corps de troupes qui se retire devant l'ennemi. ♦ *Battre en retraite,* se retirer, et fig. céder. ♦ Obligation où sont les gens de guerre de rentrer à une certaine heure ; signal qu'on leur donne en conséquence. *Le tambour a battu la retraite. Sonner la retraite.* ♦ **Fig.** *Sonner la retraite,* donner le signal de se retirer. ♦ **Vén.** Fanfare composée pour la retraite. *Sonner la retraite,* rappeler les chiens. ♦ Il se dit des eaux qui rentrent dans leur lit. ♦ Action de se retirer du monde, de la cour,

des affaires, des emplois, du théâtre, etc. ♦ L'état d'une personne retirée des affaires, éloignée du monde, vivant à la campagne. Aimer la retraite. ♦ Éloignement momentané du monde, pour se livrer à des exercices de piété. Être en retraite. *Faire une retraite.* ♦ Le lieu où l'on se retire. ♦ Lieu de refuge. « *La racaille dans les trous Trouva sa retraite prête* », La Fontaine. ♦ Fig. « *La guerre, les périls sont vos seules retraites* », Racine. ♦ Lieu où l'on se cache, se dérobe. « *Le monde ne serait plus qu'une retraite de voleurs* », Bourdaloue. « *Cette caverne était la retraite des bêtes farouches* », Fénelon. ♦ Emploi tranquille, ou pension, ou récompense qu'on accorde à quelqu'un qui se retire d'un service ; il se dit surtout en parlant des militaires et des employés d'administration. ♦ On dit de même : *Pension de retraite.* ♦ **Archit.** Quantité dont on diminue l'épaisseur d'un mur dont la face extérieure peut être verticale. ♦ Diminution de volume d'un corps qui se sèche. « *Au feu, l'argile pure prend la retraite* », Buffon. ■ Période succédant à la période de vie professionnelle, une fois obtenues les annuités nécessaires pour toucher une somme correspondant à ses droits. *Profiter de sa retraite pour voyager, lire et faire de nouvelles rencontres.*

2 **RETRAITE**, n. f. [ʀ(ə)tʀɛt] (*re-* et *traite*) **Comm.** Traite faite après le protêt d'une lettre de change sur le dernier endosseur. ♦ Lettre de change qu'un négociant tire sur un autre négociant qui vient d'en tirer une sur lui.

RETRAITÉ, ÉE, adj. [ʀ(ə)tʀete] (*retraite*) Qui est à la retraite, qui a une pension de retraite. ♦ N. m. et f. *Un retraité.*

RETRAITEMENT, ■ n. m. [ʀətʀɛt(ə)mã] (*re-* et *traitement*) Traitement chimique destiné à rendre réutilisables des éléments contenus dans un produit usagé. « *Comme le cadre usagé, le déchet se recycle ; le premier en séminaire, le second dans des centres de retraitement* », Mailhot. ■ Traitement du combustible nucléaire en état d'irradiation pratiqué pour extraire les produits de fission radioactifs et recueillir notamment les éléments fissiles. *Une usine de retraitement.*

RETRAITER, v. tr. [ʀətʀete] (*retraite*) Mettre à la retraite.

RETRANCHÉ, ÉE, p. p. de retrancher. [ʀətʀãʃe] Défendu par des fortifications. *Camp retranché.*

RETRANCHEMENT, n. m. [ʀətʀãʃ(ə)mã] (*retrancher*) Suppression de quelque partie d'un tout. *Le retranchement de quelques jours sur notre vie, du bois superflu, d'une scène, etc.* ♦ Il se dit quelquefois pour suppression totale. *Le retranchement d'une pension, des abus, etc.* ♦ **Gramm.** Suppression de lettres ou de syllabes dans un mot, de mots dans une phrase. ♦ **Écon.** Réduction de dépense. ♦ Réduction dans les rentes que l'État payait. ♦ Suppression de certaines avances ou saillies dans les rues et sur les chemins publics. ♦ Espace retranché d'un plus grand. *Son domestique couche dans un retranchement.* ♦ **Milit.** Disposition employée pour couvrir les défenseurs d'une position et arrêter les assaillants. ♦ Obstacle naturel, comme un ravin, un bois, un cours d'eau, etc., servant à se retrancher. ♦ **Fig.** Les défenses, les arguments dont on use. « *Il ne lui resta aucun retranchement à son erreur* », Bossuet. ♦ *Forcer quelqu'un dans ses retranchements, dans ses derniers retranchements, dans son dernier retranchement,* détruire ses plus fortes raisons.

RETRANCHER, v. tr. [ʀətʀãʃe] (*re-* et *trancher*) Ôter quelque chose d'un tout. *Retrancher des branches.* ♦ Il se construit avec la préposition *de* ou *à. Retrancher des rameaux à un arbre. Je ne puis rien retrancher de ce que j'ai dit.* ♦ On se sert que de *à* quand le régime indirect est une personne. « *Celui à qui on ne peut rien retrancher n'a rien dit que de parfait* », Fénelon. ♦ Ôter entièrement. *Retrancher une pension.* « *Je ne sais s'il n'est pas mieux de travailler à rectifier et adoucir les passions des hommes, que de vouloir les retrancher entièrement* », Molière. ♦ **Absol.** « *Plus on retranche en prose, en vers, moins on fait de sottises* », Voltaire. ♦ *Les médecins lui ont retranché le vin,* ils lui ont interdit l'usage du vin. ♦ Il se dit quelquefois des amputations chirurgicales. *Retrancher un doigt surnuméraire.* ♦ Faire des réductions, des économies. *Retrancher une dépense.* ♦ **Absol.** *Retrancher sur ce que l'on donne.* ♦ *Se retrancher quelque chose,* retrancher, ôter quelque chose à soi-même. ♦ *Retrancher quelqu'un,* le supprimer, le faire disparaître. « *Dieu rejeta sa race [de Cambyse], Le retrancha lui-même et vous mit en sa place* », Racine. ♦ *Retrancher de la communion des fidèles,* excommunier. ♦ Réduire à, borner à. « *Je retranche mon chagrin aux appréhensions du blâme qu'on pourra me donner* », Molière. ♦ **Milit.** Fortifier par des retranchements. ♦ Se retrancher, v. pr. Se réduire à, se restreindre à. *Il s'est retranché à ne plus voir que peu de monde.* ♦ **Absol.** Se retrancher, faire des économies. ♦ **Milit.** Se fortifier par des retranchements. ♦ On dit de même : *Se retrancher derrière une haie, derrière un mur, etc.* ♦ Il se dit aussi d'une position que l'on prend comme une espèce de fortification. *Il se retrancha dans le fond de l'appartement.* ♦ **Fig.** Borner sa défense, son attitude à... « *Il se retranche dans la dignité du silence* », Marmontel. « *C'est en vain que vous vous retranchez sur une fausse modestie* », Molière.

RETRANSCRIPTION, ■ n. f. [ʀətʀãskʀipsjɔ̃] (*re-* et *transcription*) Action de retranscrire, résultat de cette action. *Retranscription d'une conférence, d'un discours.*

RETRANSCRIRE, v. tr. [ʀətʀãskʀiʀ] (*re-* et *transcrire*) Transcrire de nouveau.

RETRANSMETTRE, ■ v. tr. [ʀətʀãsmɛtʀ] (*re-* et *transmettre*) Transmettre à d'autres un signal, un message qui a été reçu. *Je vous retransmets en pièce jointe son rapport.* ■ Diffuser une émission de radio ou de télévision. *Retransmettre un match sur un écran géant.*

RETRANSMISSION, ■ n. f. [ʀətʀãsmisjɔ̃] (*retransmettre*) Diffusion d'une émission de radio ou de télévision. *Retransmission en direct du décollage d'une navette spatiale.*

RETRAVAILLÉ, ÉE, p. p. de retravailler. [ʀətʀavaje]

RETRAVAILLER, v. intr. [ʀətʀavaje] (*re-* et *travailler*) Travailler de nouveau. « *Racine va retravailler à une autre tragédie* », Mme de Sévigné. ♦ V. tr. Corriger, refaire par un nouveau travail.

RETRAYANT, ANTE, n. m. et n. f. [ʀətʀejã, ãt] (p. prés. de retraire) Pratiq. Celui, celle qui exerce un retrait. ■ Adj. *Le retrait de l'associé implique une opération de réduction du capital par annulation des parts de l'associé retrayant.*

RÊTRE, n. m. [ʀɛtʀ] Voy. REÎTRE.

RÉTRÉCI, IE, p. p. de rétrécir. [ʀetʀesi] Fig. Qui a peu de portée, d'étendue. *Esprit rétréci.*

RÉTRÉCIR, v. tr. [ʀetʀesiʀ] (*r[e]-* et *étrécir*) Rendre plus étroit. *Rétrécir une rue, un habit, etc.* ♦ Donner moins de portée, moins d'étendue. « *Cette occupation de nous-mêmes rétrécit notre cœur* », Fénelon. ♦ V. intr. Devenir plus étroit. *Cette toile a rétréci au blanchissage.* ♦ Se rétrécir, v. pr. Devenir plus étroit. ♦ Fig. Avoir moins de portée, d'étendue.

RÉTRÉCISSEMENT, n. m. [ʀetʀesis(ə)mã] (radic. du p. prés. de *rétrécir*) Action par laquelle une chose est rétrécie ; état d'une chose rétrécie. ♦ **Méd.** Resserrement, diminution d'une cavité ou d'un conduit. ♦ Absol. *Rétrécissement du canal de l'urètre.*

RÉTREINDRE, ■ v. tr. [ʀetʀɛ̃dʀ] (*r[e]-* et *étreindre*) Techn. Diminuer, amoindrir. *Rétreindre une pièce métallique par martelage. Pince à rétreindre.*

RÉTREINT n. m. ou **RÉTREINTE**, ■ n. f. [ʀetʀɛ̃, ʀetʀɛ̃t] (*rétreindre*) Action de rétreindre. *Machines permettant le rétreint de tubes.*

RETREMPE, ■ n. f. [ʀətʀãp] (*retremper*) Techn. Action de tremper à nouveau pour durcir. *Retrempes de plaques métalliques.*

RETREMPÉ, ÉE, p. p. de retremper. [ʀətʀãpe]

RETREMPER, v. tr. [ʀətʀãpe] (*re-* et *tremper*) Tremper de nouveau. *Retremper du linge dans l'eau, de l'acier, etc.* ♦ Fig. Donner une nouvelle trempe, une nouvelle vigueur. *L'adversité a retrempé son âme.* ♦ Se retremper, v. pr. Reprendre de la force, de l'énergie.

RÉTRIBUÉ, ÉE, p. p. de rétribuer. [ʀetʀibɥe]

RÉTRIBUER, v. tr. [ʀetʀibɥe] (lat. *retribuere*, donner en échange, payer de retour, de *re-* et *tribuere*, répartir, accorder) Donner à quelqu'un le salaire, la récompense qu'il mérite.

RÉTRIBUTEUR, n. m. [ʀetʀibytœʀ] (lat. chrét. *retributor*, rémunérateur) Celui qui rétribue.

RÉTRIBUTION, n. f. [ʀetʀibysjɔ̃] (lat. chrét. *retributio*, récompense, action de rendre la pareille) Salaire, récompense d'un travail, d'une peine, d'un service.

RETRIEVER, ■ n. m. [ʀetʀivœʀ] (mot angl., de *to retrieve*, rapporter) Zool. Chien de chasse rapporteur de gibier. *Le golden, le labrador sont des retrievers.* ■ Spécialt Chien musclé à poil long, de couleur différente selon les races, claire par exemple pour les goldens, sombre pour les labradors.

RÉTRO, ■ adj. [ʀetʀo] Qui imite ou évoque les caractéristiques d'époques passées. *Mode rétro. Des modes rétro ou rétros.* ■ N. m. *Ce film donne dans la nostalgie et le rétro.*

RÉTRO..., ■ [ʀetʀo] Préfixe tiré du latin, et qui signifie *en arrière.*

RÉTROACTIF, IVE, adj. [ʀetʀoaktif, iv] (lat. impér. *retroactus*, p. p. de *retroagere*, ramener en arrière, annuler) Qui agit sur le passé. *La loi n'a point d'effet rétroactif.*

RÉTROACTION, n. f. [ʀetʀoaksjɔ̃] (lat. *retroactus*, d'après *action*) L'action d'une chose dont le pouvoir ou l'influence remonte au passé.

RÉTROACTIVEMENT, adv. [ʀetʀoaktiv(ə)mã] (*rétroactif*) D'une manière rétroactive.

RÉTROACTIVITÉ, n. f. [ʀetʀoaktivite] (*rétroactif*) Qualité de ce qui est rétroactif. *La rétroactivité d'une loi.*

RÉTROAGIR, v. intr. [ʀetʀoaʒiʀ] (lat. impér. *retroagere*, ramener en arrière) Opérer rétroactivement ; avoir une force rétroactive.

RÉTROCÉDÉ, ÉE, p. p. de rétrocéder. [ʀetʀosede]

RÉTROCÉDER, v. tr. [retʀosede] (lat. *retrocedere*, reculer, rebrousser chemin) **Dr.** Céder quelque droit qu'on avait acquis par transport, et qu'on rend à celui de qui on l'avait reçu.

RÉTROCESSION, n. f. [retʀosesjɔ̃] (b. lat. *retrocessio*, retrait, lat. médiév. rétrocession) **Dr.** Acte par lequel on rétrocède. ◆ **Méd.** Action de se tourner en dedans, en parlant d'une maladie dont le transport se fait sur un organe intérieur. *La rétrocession d'un exanthème.*

RÉTROCONTRÔLE, ▪ n. m. [retʀokɔ̃tʀol] (*rétro-* et *contrôle*) **Physiol.** Processus physiologique qui évite les excès d'un système stimulé, en le régulant. *Rétrocontrôle exercé par l'insuline en cas d'apport massif de glucides.*

RÉTROFLEXE, ▪ adj. [retʀofleks] (lat. impér. *retroflexus*, p. p. de *retroflectere*, plier en arrière) Qui se courbe vers l'arrière, en parlant de la langue quand la personne qui parle émet certains sons. *Sons rétroflexes.*

RÉTROFUSÉE, ▪ n. f. [retʀofyze] (*rétro-* et *fusée*) Fusée qui permet de freiner un véhicule spatial. *Utiliser les rétrofusées pour atterrir sur un astre.*

RÉTROGRADATION, n. f. [retʀogradasjɔ̃] (b. lat. *retrogradatio*) Mouvement en rétrograde, mouvement en arrière. ◆ **Astron.** Action de rétrograder, c'est-à-dire d'aller contre l'ordre des signes du zodiaque. *La rétrogradation de Jupiter.* ◆ Il se dit aussi du mouvement des équinoxes. ◆ **Fig.** Mesure, tendance politique par laquelle on cherche à rétablir un passé incompatible avec le présent. ▪ Sanction consistant à faire descendre quelqu'un à un grade inférieur de la hiérarchie. *La rétrogradation d'un officier, d'un fonctionnaire.*

RÉTROGRADE, adj. [retʀograd] (lat. impér. *retrogradus*, de *retro*, en arrière, et *gradi*, marcher) Qui va en arrière. *Marche rétrograde.* ◆ **Méc.** Se dit d'une action par laquelle un corps se meut en sens contraire de sa direction primitive. ◆ *Phrases* ou *vers rétrogrades*, phrases, vers qui présentent les mêmes mots quand on les lit à rebours. ◆ En parlant des corps célestes et du mouvement des équinoxes, qui va ou paraît aller contre l'ordre des signes du zodiaque, c'est-à-dire d'orient en occident. ◆ **Fig.** Qui veut rétablir le passé. *Une politique, un homme rétrograde.* ◆ N. m. et n. f. *Un rétrograde.*

RÉTROGRADER, v. intr. [retʀograde] (b. lat. *retrogradare*) Retourner, marcher en arrière. ◆ Suivre un ordre rétrograde. ◆ **Astron.** Se mouvoir contre le mouvement des signes du zodiaque, c'est-à-dire d'orient en occident. ◆ **Fig.** Perdre ce qu'on avait acquis, appris. *Cet écolier rétrograde.* ◆ **Autom.** Passer à une vitesse inférieure. *Il a rétrogradé avant de prendre le virage.* ◆ V. tr. Faire descendre à un grade inférieur. *Rétrograder un fonctionnaire.*

RÉTROGRESSION, ▪ n. f. [retʀogresjɔ̃] (*rétro-* et radic. du lat. *gressum*, supin de *gradi*, marcher, d'après *progression*) Mouvement en arrière, évolution en sens inverse. *La rétrogression d'une machine.* ▪ **Psych.** Fait pour un individu de reproduire un comportement qui caractérise une époque personnelle révolue.

RÉTROPÉDALAGE, ▪ n. m. [retʀopedalaʒ] (*rétro-* et *pédalage*) Pédalage en arrière. *Au cours de l'histoire de la bicyclette, le rétropédalage a servi à freiner, mais aussi à changer de vitesse.*

RÉTROPROJECTEUR, ▪ n. m. [retʀopʀoʒɛktœʀ, øz] (*rétro-* et *projecteur*) Appareil permettant à l'utilisateur de projeter des documents sur un écran situé derrière lui. *L'usage du rétroprojecteur permet de regarder son public et il est possible de projeter des documents rédigés ou photocopiés sur transparents dans une salle qui n'est pas obscure.*

RÉTROSPECTIF, IVE, adj. [retʀospɛktif, iv] (*rétro-* et radic. lat. *spect-*, regarder) **Néolog.** Qui regarde en arrière. ◆ Qui décrit des événements passés, en parlant du présent. *Méthode rétrospective.*

RÉTROSPECTIVEMENT, adv. [retʀospɛktiv(ə)mɑ̃] (*rétrospectif*) D'une manière rétrospective.

RETROUSSÉ, ÉE, p. p. de retrousser. [ʀətʀuse] *Avoir le bras retroussé jusqu'au coude*, avoir ses manches retroussées, de manière que le bras soit nu jusqu'au coude. ◆ *Nez retroussé*, nez dont le bout est un peu relevé. ◆ *Ce cheval a les flancs retroussés*, il a les flancs creux.

RETROUSSEMENT, n. m. [ʀətʀus(ə)mɑ̃] (*retrousser*) Action de retrousser ; résultat de cette action. *Le retroussement de la moustache, d'une robe, etc.* ◆ Absol. Action de retrousser la robe.

RETROUSSER, v. tr. [ʀətʀuse] (*re-* et *trousser*) Relever en haut ce qui est détroussé. *Retroussez votre manteau.* ◆ Simplement relever. *Retrousser ses cheveux, sa moustache.* ◆ ▷ Se retrousser, v. pr. Retrousser ses vêtements. ◁

RETROUSSIS, n. m. [ʀətʀusi] (*retrousser*) Partie retroussée du bord d'un chapeau à l'ancienne mode, à la Henri IV. ◆ Partie retroussée des pans ou basques d'un uniforme. ◆ Pièce de cuir jaune rabattue sur le haut des bottes. *Bottes à retroussis ;* on dit plus souvent *bottes à revers.*

RETROUVAILLES, ▪ n. f. pl. [ʀətʀuvaj] (*retrouver*) Fait de retrouver une personne, une famille, un groupe après un long moment d'absence. *Les retrouvailles ont été émouvantes.*

RETROUVÉ, ÉE, p. p. de retrouver. [ʀ(ə)tʀuve]

RETROUVER, v. tr. [ʀ(ə)tʀuve] (*re-* et *trouver*) Trouver de nouveau. ◆ Trouver une personne, une chose qui avait été perdue. ◆ Trouver ce qu'on a oublié, perdu de vue. *Retrouver son chemin.* ◆ Trouver une personne dont on a été longtemps séparé. ◆ Reprendre, regagner. *J'ai retrouvé toute ma vigueur.* ◆ Trouver une personne ou une chose qui dédommage, qui tient lieu de celle qu'on a perdue. *L'orphelin retrouve en lui un père.* ◆ Avec *aller,* il signifie retourner vers quelqu'un. « *Allons retrouver Calypso* », FÉNELON. ◆ **Fig.** Reconnaître. *On ne retrouve plus Corneille dans ses derniers ouvrages.* ◆ Se retrouver, v. pr. Être retrouvé. ◆ Être de nouveau dans un certain état. *Se retrouver dans l'embarras.* ◆ Revenir, reparaître en un lieu. ◆ Se trouver avec une personne dont on avait été séparé. *Retrouver son chemin après s'être égaré.* ◆ **Fig.** Revenir de son trouble. ◆ Se reconnaître.

RÉTROVERSÉ, ÉE, ▪ adj. [retʀoverse] (d'après *rétroversion*) **Méd.** Qui est incliné en arrière sans flexion. *Position rétroversée du bassin. Utérus rétroversé.*

RÉTROVERSION, ▪ n. f. [retʀoversjɔ̃] (lat. impér. *retrovertere*, retourner) **Méd.** Position d'un organe incliné en arrière sans flexion. *La rétroversion de l'utérus.*

RÉTROVIRAL, ALE, ▪ adj. [retʀoviʀal] (*rétrovirus*) **Méd.** Qui concerne un rétrovirus. *Sérologie rétrovirale.*

RÉTROVIRUS, ▪ n. m. [retʀoviʀys] (mot angl., de re[verse] tr[anscriptase], *-o-* et *virus*) **Méd.** Virus ayant la particularité de posséder une enzyme particulière, qui permet la transmission de l'information génétique de l'ARN viral vers l'ADN cellulaire, et favorisant le développement des tumeurs responsables des leucémies et des cancers des animaux et, peut-être, de cancers de l'homme. *Le HIV, responsable du sida est une forme de rétrovirus.*

RÉTROVISEUR, ▪ n. m. [retʀovizœʀ] (*rétro-* et radic. lat. *vis-*, voir) Petit miroir placé à l'extérieur ou à l'intérieur d'un véhicule permettant de voir la route derrière soi sans avoir à se retourner. *Rétroviseur droit d'une moto. Regarder dans son rétroviseur avant de changer de file.*

RETS, n. m. [ʀɛ] (lat. *retis*, var. de *rete*, filet) Filet pour prendre du poisson, du gibier. ◆ **Fig.** Tout ce qui sert à saisir, à prendre l'esprit, le cœur, comme fait un rets. « *La parole est le rets qui prend les âmes* », BOSSUET. **Fig.** Prendre quelqu'un dans ses rets, le faire tomber dans un piège.

RETSINA, ▪ n. m. [retsina] (mot gr., vin résiné, de *retsini*, résine) Vin blanc sec résiné fabriqué en Grèce, dont le goût caractéristique provient de l'adjonction de quelques morceaux de résine de pin pendant sa fermentation.

RÉUNI, IE, p. p. de réunir. [reyni] *Droits réunis*, nom donné, sous le Premier Empire, à ce qui se nomme aujourd'hui contributions indirectes. ◆ Gramm. Substantifs réunis ou juxtaposés, Voy. JUXTAPOSÉ.

RÉUNIFICATEUR, TRICE, ▪ n. m. et n. f. [reynifikatœʀ, tʀis] (*réunifier*) Personne ou entité œuvrant pour restituer l'unité d'un pays, d'une structure ayant des intérêts communs. *Le président argentin Rosas fut le réunificateur du pays.* ▪ Adj. *Rôles réunificateurs. Étapes réunificatrices.*

RÉUNIFICATION, ▪ n. f. [reynifikasjɔ̃] (*réunifier*) Action de réunifier ; résultat de cette action. *Réunification de l'Allemagne de l'Est et de l'Allemagne de l'Ouest après la chute du mur de Berlin. La question de la réunification administrative de la Bretagne. Le référendum pour la réunification de Chypre.*

RÉUNIFIER, ▪ v. tr. [reynifje] (*ré-* et *unifier*) Restituer l'unité. *L'Allemagne est aujourd'hui réunifiée. Réunifier une famille.*

RÉUNION, n. f. [reynjɔ̃] (*réunir*, d'après *union*) Action de réunir des parties divisées ; effet de cette action. *La réunion de deux fragments.* ◆ **Chir.** Action par laquelle on tient en contact et rapprochée les parties qui ont éprouvé une solution de continuité. ◆ En matière de domaines, d'héritages, action de rejoindre une partie démembrée au tout ; ou action de joindre pour la première fois une chose à une autre. ◆ Action de rassembler ce qui était épars ; résultat de cette action. *La réunion de corps d'armée.* ◆ Il se dit aussi au moral. *Réunion de preuves.* ◆ **Fig.** Réconciliation par le rapprochement des volontés et des esprits. ◆ Assemblée de personnes. *Réunion nombreuse.* ◆ *Réunion publique*, réunion où l'on discute quelque objet.

RÉUNIONNAIS, AISE, ▪ n. m. et n. f. [reynjɔnɛ, ɛz] (*Réunion*) Personne originaire de l'île de la Réunion ou y habitant. *Les Réunionnaises et les Réunionnais.* ▪ Adj. *La cuisine réunionnaise.*

RÉUNIONNITE ou **RÉUNIONITE**, ▪ n. f. [reynjɔnit] (*réunion*) **Fam.** et iro-niq. Tendance à vouloir effectuer des réunions professionnelles trop fréquemment. *Réunionnite aiguë.*

RÉUNIR, v. tr. [reyniʀ] (*ré-* et *unir*) Rapprocher, rejoindre ce qui était séparé, désuni. ◆ Établir une communication d'une chose avec une autre. *Réunir deux mers par un canal.* ◆ **Fig.** Rapprocher, réconcilier. ◆ En matière de domaines, rejoindre une partie au tout dont elle avait été séparée. ◆ Joindre pour la première fois une chose à une autre. ◆ Rassembler ce qui était séparé. « *Réunissons trois cœurs qui n'ont pu s'accorder* », RACINE.

◆ Il se dit au moral. « *Presque tous les grands hommes ont réuni la force du corps à celle de l'âme* », J.-J. ROUSSEAU. ◆ **Se réunir**, v. pr. Être réuni. ◆ Se rapprocher, se rejoindre. ◆ Cesser d'être en schisme. ◆ **Fig.** Se concerter. *Se réunir contre l'ennemi commun.* ◆ En parlant des choses, concourir. *Tous les arts se réunissaient pour donner de l'éclat à cette fête.*

RÉUSSI, IE, p. p. de réussir. [ʀeysi] Qui a eu un heureux succès. ◆ **Bx-arts** Se dit d'une composition dont l'exécution répond bien à l'idée première.

RÉUSSIR, v. intr. [ʀeysiʀ] (ital. *riuscire*, sortir de nouveau, avoir une issue, aboutir, de *uscire*, sortir, du lat. *exire*) Être produit par, sortir de. « *De tous les corps ensemble on ne saurait en faire réussir une petite pensée* », PASCAL. « *Il en réussira cette utilité* », BOSSUET. ◆ ▷ Advenir. « *Il faut savoir ce qui réussira de cette conspiration* », P. CORNEILLE. ◁ ◆ Avoir un succès bon ou mauvais. *Il faut voir comment ce projet réussira.* ◆ Il a mal réussi, il n'a point eu de succès. ◆ On dit de même : *Cela lui a mal réussi.* ◆ **Absol.** Avoir un succès heureux. « *On est assez sûr de réussir quand on parle aux passions des gens plus qu'à leur raison* », VOLTAIRE. ◆ **Absol.** Avoir du succès dans le monde, dans un salon. ◆ En parlant des choses, avoir une heureuse issue. « *Tout vous a réussi* », RACINE. ◆ Venir bien, en parlant des arbres, des plantes. *Les pommiers réussissent dans ce terrain.* ◆ Les blés, les vignes ont bien réussi cette année, la récolte a été bonne. ◆ **V. tr. Peint.** Exécuter heureusement. *Réussir un tableau, une figure.*

RÉUSSITE, n. f. [ʀeysit] (ital. *riuscita*, p. p. substantivé de *riuscire*, réussir) Issue ; bon ou mauvais succès. *Il faut voir quelle sera la réussite de cette affaire.* ◆ **Absol.** Bon succès. « *Il néglige les menus détails, dont dépend cependant la réussite de presque toutes les grandes affaires* », MONTESQUIEU. ■ Combinaison de cartes que des personnes superstitieuses essayent pour augurer du succès d'une entreprise, d'un vœu, etc. ■ Jeu de cartes se jouant en solitaire au cours duquel le joueur doit placer toutes ses cartes selon certaines règles. *Faire une réussite.*

RÉUTILISABLE, ■ adj. [ʀeytilizabl] (*réutiliser*) Qui peut encore être utilisé. *Emballages réutilisables. Poussette pour bébé encore aux normes de sécurité et donc réutilisable.*

RÉUTILISATION, ■ n. f. [ʀeytilizasjɔ̃] (*réutiliser*) Nouvelle utilisation *Réutilisation des eaux usées après traitement. Réutilisations de fichiers informatiques soumises à certaines lois.*

RÉUTILISER, ◆ v. tr. [ʀeytilize] (*ré- et utiliser*) Utiliser de nouveau. *Réutiliser des objets, des matériaux pour d'autres utilisations : des boîtes à chaussures pour y ranger des photographies, par exemple.*

REVACCINATION, n. f. [ʀəvaksinasjɔ̃] (*revacciner*) Action de revacciner.

REVACCINER, v. tr. [ʀəvaksine] (*re- et vacciner*) Vacciner une seconde fois.

REVALOIR, v. tr. [ʀ(ə)valwaʀ] (*re- et valoir*) Compenser. ◆ Rendre la pareille en bien. ◆ Rendre la pareille en mal. « *Si vous me trahissez, je vous le revaudrai* », DANCOURT.

REVALORISATION, ■ n. f. [ʀəvaloʀizasjɔ̃] (*revaloriser*) Action de redonner de la valeur, marchande ou non. *Revalorisation d'une terre, d'un patrimoine.*

REVALORISER, ■ v. tr. [ʀəvaloʀize] (*re- et valoriser*) Augmenter la valeur marchande de. *Revaloriser les salaires.* ■ **Fig.** Redonner une plus grande valeur à. *Revaloriser une profession.*

REVALU, UE, p. p. de revaloir. [ʀəvaly]

REVANCHARD, ARDE, ■ adj. [ʀəvɑ̃ʃaʀ, aʀd] **Péj.** Qui a toujours tendance à vouloir prendre sa revanche. *Une équipe revancharde.*

REVANCHE, n. f. [ʀəvɑ̃ʃ] (*revancher*) Action de rendre la pareille pour un mal qu'on a reçu. *Avoir, prendre sa revanche.* ◆ Quelquefois en bonne part, reconnaissance, retour. *Il m'a rendu un bon office, j'aurai ma revanche.* ◆ Seconde partie entre deux joueurs, que le perdant joue pour se racquitter. ◆ **Fig.** *Prendre sa revanche*, réussir après avoir éprouvé un insuccès. ◆ Toute reprise de jeu que demande un joueur qui a perdu. ◆ **EN REVANCHE**, loc. adv. En compensation, en récompense. « *Qui rit d'autrui Doit craindre qu'en revanche on rie aussi de lui* », MOLIÈRE.

REVANCHÉ, ÉE, p. p. de revancher. [ʀəvɑ̃ʃe]

REVANCHER, v. tr. [ʀəvɑ̃ʃe] (*re- et anc. fr. vengier, venchier*) **Fam.** Venger, en le secourant et le défendant, quelqu'un qui est attaqué. ◆ **Se revancher**, v. pr. Se défendre. ◆ Rendre la pareille en mal. « *Je veux d'un si bon tour Me revancher* », LA FONTAINE. ◆ Rendre la pareille en bien.

REVANCHEUR, n. m. [ʀəvɑ̃ʃœʀ] (*revancher*) Celui qui revanche quelqu'un. ■ **REM.** Le mot est rare.

REVASCULARISATION, ■ n. f. [ʀəvaskylaʀizasjɔ̃] (*re- et vascularisation*) **Méd.** Opération visant à améliorer ou recréer un système vasculaire dans un organe pour que l'irrigation sanguine se fasse dans de bonnes conditions. *Revascularisation coronarienne.*

RÊVASSER, v. intr. [ʀɛvase] (*rêver*) Avoir des rêveries fréquentes et diverses dans un sommeil agité. ◆ **Fam.** Penser vaguement à quelque chose.

RÊVASSERIE, n. f. [ʀɛvas(ə)ʀi] (*rêvasser*) Action de rêvasser ; état d'une personne qui rêvasse. ◆ **Fig.** et **fam.** Il se dit d'idées comparées à des rêvasseries.

RÊVASSEUR, EUSE, n. m. et n. f. [ʀɛvasœʀ, øz] (*rêvasser*) **Fam.** Personne qui rêvasse, qui est livrée à des idées comparées à des rêvasseries.

RÊVE, n. m. [ʀɛv] (*rêver*) Combinaison involontaire d'images ou d'idées, souvent confuses, parfois très nettes et très suivies, qui se présentent à l'esprit pendant le sommeil. ◆ **Fig.** et **fam.** *Il a fait un beau rêve*, se dit d'un homme qui a joui d'un bonheur très court, qui s'est bercé d'un espoir trompeur ; se dit aussi d'un succès, d'un bonheur que rien ne pouvait faire attendre. ◆ **Fig.** et **fam.** *C'est un rêve que de vous voir ici*, on s'y attendait si peu qu'il semble qu'on rêve. ◆ **Fig.** *Le rêve de quelqu'un*, ce à quoi il songe toujours. ◆ **Fig.** Il se dit de tout ce qui est comparé à un rêve. « *Vous m'avez délaissé, doux rêves de la vie* », M.-J. CHÉNIER.

RÊVÉ, ÉE, p. p. de rêver. [ʀeve]

REVÊCHE, adj. [ʀəvɛʃ] (prob. anc. b. frq. *hreubisck*, rude, âpre) Qui est comme à rebours. ◆ *Diamant revêche*, diamant auquel on ne peut faire prendre le poli dans toutes ses parties. ◆ On dit dans un sens analogue : *Marbre revêche.* ◆ Âpre au goût. Du vin revêche. ◆ **Fig.** Peu traitable, rébarbatif. « *Revêche à mes raisons* », RÉGNIER. « *Un esprit revêche* », VAUGELAS. ◆ N. m. et n. f. « *Il faut y joindre encore la revêche bizarre* », BOILEAU.

RÉVEIL, n. m. [ʀevɛj] (*réveiller*) Passage du sommeil à l'état de veille. ◆ **Fig.** « *Dans un sommeil profond ils ont passé leur vie, Et la mort a fait leur réveil* », J.-B. ROUSSEAU. ◆ Batterie de tambour ou sonnerie de trompette qui annonce l'heure du lever. ◆ **Fig.** *Il a eu un fâcheux réveil*, se dit d'un homme qui a été détrompé d'une illusion flatteuse. ◆ **Poétiq.** *Le réveil de l'aurore*, le point du jour. ◆ *Le réveil de la nature*, le printemps. ◆ Il se dit de la sortie hors du sommeil de la tombe. ◆ **Fig.** Mouvement moral comparé à un réveil. *Le réveil d'un peuple.* ◆ Machine d'horlogerie pour éveiller, dite aussi réveille-matin.

RÉVEILLÉ, ÉE, p. p. de réveiller. [ʀeveje]

RÉVEILLE-MATIN, n. m. [ʀevɛj(ə)matɛ̃] (*réveiller et matin*) Petite pièce sur laquelle on fait du bruit pour réveiller les religieux, afin d'aller à matines. ◆ Horloge dont la sonnerie réveille à l'heure sur laquelle on a mis l'aiguille en se couchant. ◆ **Fam.** *C'est un fâcheux réveille-matin*, se dit du bruit que fait le matin dans le voisinage un serrurier, un maréchal, etc. ◆ **Fig.** *Un agréable, un fâcheux réveille-matin*, une bonne, une mauvaise nouvelle apprise en s'éveillant. ◆ Se dit du coq, qui chante de grand matin. ◆ Au pl. *Des réveille-matin* ou *des réveille-matins.* ■ **REM.** Auj., on dirait plutôt *réveil.* ◆ Espèce d'euphorbe. *Un bouquet de réveille-matins.*

RÉVEILLER, v. tr. [ʀeveje] (*re- et éveiller*) Faire cesser le sommeil. ◆ *Réveiller quelqu'un d'un assoupissement, de sa léthargie*, l'en tirer. ◆ **Fig.** *Il ne faut pas réveiller le chat qui dort*, Voy. CHAT. ◆ **Absol.** Tenir éveillé. ◆ **Fig.** Exciter, animer, appeler l'attention, avec un nom de personne pour régime. « *Quand, pour réveiller les peuples et les pasteurs, Dieu permet à l'esprit de séduction de tromper les âmes hautaines* », BOSSUET. ◆ **Fig.** Éveiller de nouveau, renouveler, ranimer, avec un nom de chose pour régime. *Réveiller l'attention, l'audace, le courage, la foi, etc.* ◆ Susciter de nouveau. *Réveiller des prétentions.* ◆ *Réveiller un procès*, le recommencer. ◆ Faire naître. *Son nom réveille l'idée de la probité même.* ◆ **Se réveiller**, v. pr. Cesser de dormir. ◆ Par extens. « *Pécheurs, disparaissez ; le Seigneur se réveille* », RACINE. ◆ Se réveiller d'un assoupissement, de sa léthargie, sortir d'être assoupi, d'être en léthargie, et fig. sortir de son inaction, de son indolence, de son erreur. ◆ **Fig.** Se ranimer, en parlant des personnes. « *Ô âme, réveille-toi, reviens à Dieu* », BOSSUET. ◆ **Fig.** Être renouvelé, ranimé, avec un nom de chose pour sujet. « *La jalousie s'était réveillée entre les patriciens et le peuple* », BOSSUET.

RÉVEILLON, n. m. [ʀevejɔ̃] (*réveiller*) Repas extraordinaire que l'on fait dans le milieu de la nuit. ◆ Particulièrement, le repas qu'on fait la nuit de Noël. ■ Ensemble des festivités de la nuit de Noël et du premier janvier. *Passer le réveillon de Noël en famille.*

RÉVEILLONNER, ■ v. intr. [ʀevejɔne] (*réveillon*) **Fam.** Faire la fête, autour d'un bon repas, la nuit de Noël (le 24 décembre) et la nuit de la nouvelle année (le 31 décembre). *Réveillonner entre amis.*

RÉVÉLATEUR, TRICE, n. m. et n. f. [ʀevelatœʀ, tʀis] (lat. ecclés. *revelator*) Celui, celle qui fait une révélation. ◆ Adj. *Indice révélateur. Circonstances révélatrices.* ■ N. m. Substance chimique utilisée pour le développement photographique. *Plonger une photo dans le révélateur.*

RÉVÉLATION, n. f. [ʀevelasjɔ̃] (lat. ecclés. *revelatio*) Action de révéler. *La révélation d'un complot, d'un secret.* ◆ **Fig.** *C'est toute une révélation* d'un fait qui, connu d'un, en inspire une infinité d'autres. ◆ L'inspiration par laquelle Dieu fait connaître surnaturellement certaines choses. ◆ Il se dit aussi des communications supposées avec les dieux, dans le paganisme. ◆ **Fig.** *Savoir une chose par révélation*, la savoir sans l'avoir apprise. ◆ *Révélation intérieure*, suggestion intime qu'on rapporte à une origine divine. ▶

Absol. La révélation divine ou la religion révélée. ◆ Chose révélée. *Les révélations de saint Jean.* ■ **Phot.** Fait de révéler une image cachée, latente, par une substance chimique. ■ Personne ou chose dont le talent, les dons se révèlent soudainement, brusquement au public. *Cette chanteuse est la révélation de l'année 2005.*

RÉVÉLÉ, ÉE, p. p. de révéler. [ʀevele] ◆ **Absol.** *La religion révélée*, le christianisme.

RÉVÉLER, v. tr. [ʀevele] (lat. *revelare*, découvrir, de *velare*, voiler) Tirer comme d'un voile, faire savoir ce qui était inconnu et secret. « *La mort révèle les secrets des cœurs* », Bossuet. ◆ *Révéler* se dit aussi en parlant des personnes. *Révéler ses complices.* ◆ Il se dit de l'inspiration par laquelle Dieu fait connaître. « *Dieu nous a révélé que lui seul il fait les conquérants* », Bossuet. ◆ *Se révéler*, v. pr. Être manifesté. ◆ Faire connaître ce qu'on est intimement. ■ V. tr. **Phot.** Rendre visible une image cachée, latente.

1 **REVENANT**, n. m. [ʀəv(ə)nɑ̃] (p. prés. de *revenir*) Esprit qu'on supposait revenir de l'autre monde. ◆ **Fig.** Faire savoir peur des revenants, craindre que ce qui paraît détruit, éteint, ne reparaisse, ne réapparaisse. ■ N. m. **Fam.** et f. **Fam.** Personne que l'on n'a pas vue depuis longtemps et qui revient. *Tiens, voilà une revenante !*

2 **REVENANT, ANTE**, adj. [ʀəv(ə)nɑ̃, ɑ̃t] (p. prés. de *revenir*) Qui revient, qui est reproduit. ◆ **Fig.** Qui plaît, qui revient. *Une figure revenante.*

REVENANT-BON, n. m. [ʀəv(ə)nɑ̃bɔ̃] (*revenant* et *bon*) ▷ Profit casuel et éventuel provenant d'un marché, d'une charge, d'une affaire. ◆ Les deniers qui restent à un comptable après qu'il a rendu ses comptes. ◆ On dit aujourd'hui de préférence *boni*. ◆ **Fig.** Tout avantage, tout profit accidentel. ◆ *C'est le revenant-bon du métier*, se dit des profits attachés à telle profession, à telle situation. ◆ Il s'emploie aussi en un sens ironique. ◆ **Au pl.** *Des revenants-bons.* ◁

REVENDAGE, n. m. [ʀəvɑ̃daʒ] (*revendre*) ▷ Profession, métier de revendeur. ◆ Action de revendre. ◁

REVENDEUR, EUSE, n. m. et n. f. [ʀəvɑ̃dœʀ, øz] (*revendre*) Celui, celle qui revend, qui achète pour revendre. ◆ *Revendeuse*, femme qui achète de vieilles hardes pour les revendre. ◆ *Revendeuse à la toilette*, femme qui porte dans les maisons des hardes, des bijoux à vendre [1]. ■ REM. 1 : Le dernier sens est vieilli.

REVENDICATEUR, TRICE, ■ n. m. et n. f. [ʀəvɑ̃dikatœʀ, tʀis] (rad. de *revendication*) Personne qui revendique, qui exprime des revendications. *Le revendicateur réclame haut et fort ce qui lui est dû.* ■ **Adj.** Qui revendique. *Un discours, un film revendicateur. Une chanson revendicatrice.* ■ REM. On peut aussi employer auj. *revendicatif* et *revendicative*.

REVENDICATIF, IVE, ■ adj. [ʀəvɑ̃dikatif, iv] (rad. de *revendication*) Qui manifeste ou comporte une revendication. « *S'il est important de bien conduire un mouvement revendicatif, il faut aussi savoir le terminer* », THOREZ. ■ REM. On peut aussi employer auj. *revendicateur* et *revendicatrice*.

REVENDICATION, n. f. [ʀəvɑ̃dikasjɔ̃] (lat. jurid. *rei vindicatio*, fait de réclamer une chose, de *vindicare*, réclamer en justice) **Jurispr.** Action de revendiquer. *Revendication d'un terrain.* ◆ *Saisie-revendication*, Voy. SAISIE. ◆ En général, action de réclamer ce que l'on regarde comme un droit. ■ **Psych.** *Délire de revendication*, délire paranoïaque d'un individu à la suite d'un préjudice supposé ou minime. *À cause de délires de revendication, ce paranoïaque est connu pour engager des procédures judiciaires.* ■ REM. On disait aussi *vendication* autrefois.

REVENDIQUÉ, ÉE, p. p. de revendiquer. [ʀəvɑ̃dike]

REVENDIQUER, v. tr. [ʀəvɑ̃dike] (*revendication*) Réclamer une chose qui nous appartient et qui est entre les mains d'un autre. ◆ *Saisir-revendiquer*, Voy. SAISIR. ◆ Il se dit d'un magistrat qui réclame pour soi le jugement d'une affaire ou d'une personne. ◆ **Par extens.** Réclamer comme sien ce qui est attribué à d'autres. *Revendiquer ses droits.* ◆ **Fig.** « *La poésie vous revendique* », VOLTAIRE. ■ Assumer un acte et plus particulièrement un acte criminel. *Cette explosion a été revendiquée par un groupe terroriste. Revendiquer une responsabilité.* ■ REM. On disait aussi *vendiquer* autrefois.

REVENDRE, v. tr. [ʀəvɑ̃dʀ] (re- et *vendre*) Vendre ce qu'on achète, ce qu'on a acheté. ◆ **Absol.** « *Je revends à la toilette* », LESAGE. ◆ **Procéd.** *Revendre à la folle enchère*, vendre de nouveau une chose, aux risques et périls d'un premier adjudicataire qui n'en a pas payé le prix. ◆ *Avoir d'une chose à revendre*, en avoir abondamment et de manière à pouvoir en trafiquer. ◆ *Avoir de la santé à revendre, de l'esprit à revendre*, se porter fort bien, être fort spirituel. ◆ **Fig.** et **fam.** *Il vous en revendrait*, il est plus fin que vous. ■ *Avoir quelque chose à revendre*, en avoir trop. *Cette jeune femme a de l'énergie à revendre.*

REVENDU, UE, p. p. de revendre. [ʀəvɑ̃dy]

REVENEZ-Y, n. m. inv. [ʀəv(ə)nezi] (*revenez*, de *revenir*, et *y*) **Fam.** Mets auquel on aime à revenir. ◆ Action de recommencer. *Je l'attends au revenez-y.* ◆ *Un revenez-y de tendresse*, un retour de tendresse.

REVENIR, v. intr. [ʀəv(ə)niʀ] (re- et *venir*) Se conjugue avec *être*. Venir une autre fois, de nouveau. ◆ *Revenir à la charge*, Voy. CHARGE. ◆ Se rendre au lieu d'où l'on était parti. ◆ *Revenir de*, avec un verbe à l'infinitif, revenir après avoir fait. ◆ *La maison d'où l'on ne revient pas*, le tombeau. ◆ *Revenir du pays où tout le monde va*, échapper à une grave maladie. ◆ *Revenir sur ses pas*, revenir après s'être éloigné, et fig. abandonner un sentiment ; en un autre sens, récapituler, résumer. ◆ *Revenir sur l'eau*, reparaître à la surface de l'eau, et fig. rétablir sa fortune, reprendre faveur. ◆ **Fig.** *Il revient de l'autre monde*, se dit d'un homme qui ne sait pas les nouvelles, les événements que tout le monde connaît. ◆ *S'en revenir*, retourner au lieu d'où l'on était parti. ◆ *Revenir sur soi-même*, se dit des choses sinueuses qui se replient. ◆ Avoir lieu, ou se faire sentir de nouveau, se présenter de nouveau. *Ma santé revient. C'est un besoin qui revient tous les jours.* ◆ *La parole lui est revenue*, se dit d'un malade qui avait perdu la parole, et qui recommence à parler. ◆ Croître de nouveau, repousser. *Ses cheveux, ses ongles reviennent.* ◆ En parlant des esprits, des morts, des âmes, sortir de la tombe et apparaître. ◆ **Impers.** *Il revient des lutins.* ◆ En parlant des aliments, causer des rapports. *L'ail revient.* ◆ S'offrir de nouveau à l'esprit. « *Ces coups de bâton me reviennent au cœur* », MOLIÈRE. ◆ *Cela me revient dans l'esprit, à l'esprit, cela me revient en mémoire, dans la mémoire, à la mémoire,* je m'en ressouviens à l'instant même. ◆ **Absol.** *Ce nom ne me revient point*, je ne m'en ressouviens plus. ◆ Faire retour, revenir en la possession. *Cet argent me reviendra.* ◆ Recommencer à dire, à faire. « *Et toujours Xipharès revient vous traverser* », RACINE. ◆ *Y revenir*, faire quelque chose qui excite plainte ou blâme. « *Qu'il y revienne de sa vie, Disait l'autre, il aura son tour* », LA FONTAINE. ◆ *Revenir sur*, s'occuper de. *Revenir sur son travail.* ◆ *Revenir sur une affaire*, en reparler, la traiter de nouveau. ◆ *Revenir sur soi*, faire des réflexions sur ce qu'on est, sur ce qu'on a fait. ◆ *Revenir sur*, changer de langage, de sentiment. *Il revient sur ce qu'il a dit.* ◆ *Revenir sur ses engagements*, les rompre. ◆ *Revenir sur le compte de quelqu'un*, quitter l'opinion qu'on avait de quelqu'un pour en prendre une autre. ◆ **Dr.** *Revenir sur quelqu'un*, exercer contre lui une action en garantie. ◆ **Procéd.** *Revenir par opposition contre un jugement, par requête civile contre un arrêt*, se pourvoir en justice contre un jugement, contre un arrêt. ◆ *Revenir à*, reprendre à. *Je reviens à ma première idée.* ◆ *Revenir à son sujet*, le reprendre après une digression. ◆ *Revenir à ses moutons*, Voy. MOUTON. ◆ *Revenir à l'avis de quelqu'un*, quitter l'avis qu'on a, pour se ranger à l'avis de quelqu'un. ◆ *Revenir à*, reprendre ce que l'on avait quitté. « *Quand on a une fois détruit l'autorité, on n'y peut plus revenir* », BOSSUET. ◆ *Revenir à la vie*, recommencer à vivre, après une grave maladie, de violents chagrins, etc. ◆ *Revenir à soi* ou simplement *revenir*, reprendre ses esprits. ◆ **Fam.** *Le vin, les liqueurs, etc. font revenir le cœur*, c'est-à-dire réparent, rétablissent les forces. ◆ *Revenir à soi*, prendre de meilleurs sentiments ; et aussi se calmer. ◆ *Revenir*, se rétablir, être rétabli dans l'état où l'on était auparavant. *Revenir en état de grâce, en faveur, etc.* ◆ *Revenir d'une maladie*, en guérir, s'en rétablir. ◆ **Absol.** *Il revient à vue d'œil.* ◆ *En revenir*, même sens. ◆ *En revenir*, échapper à quelque danger. ◆ *Il en est revenu d'une belle*, il a été dans un grand danger et il en est échappé. ◆ *Revenir de loin*, échapper à quelque grand mal. ◆ *Revenir d'un état moral quelconque*, sortir de cet état et reprendre ses esprits. *Revenir de son trouble, de son étonnement, etc.* ◆ **Absol.** *Je n'en reviens pas*, je suis fort surpris. ◆ *Revenir de*, changer ses mœurs, ses opinions, sa conduite, ses sentiments. *Revenir de son erreur, de sa colère, etc.* ◆ Se dégoûter de, se désabuser de. *Je suis revenu des choses de ce monde.* ◆ *Revenir à quelqu'un*, lui redevenir favorable, reprendre pour lui des sentiments d'amitié, d'amour, de confiance. ◆ *Revenir à Dieu*, se convertir, reprendre des sentiments de piété. ◆ **Absol.** *Revenir*, renoncer à une opinion qu'on avait. ◆ S'apaiser, se réconcilier. ◆ Il se dit du public qui renonce à un sentiment défavorable contre quelqu'un ou quelque chose. ◆ Être mentionné fréquemment. *Ces noms reviennent souvent.* ◆ S'ajuster avec. Convenir à. « *Ayez toujours avec vous un homme saint dont l'âme revienne à la vôtre* », BOSSUET. *Cela revient au même.* ◆ *Cela ne revient à rien*, cela n'a pas le sens commun. ◆ Il se dit des sommes d'argent qu'on retire de quelque chose. *Il ne me revient rien.* ◆ Résulter à l'avantage, au désavantage de quelqu'un. « *Il ne revient au genre humain de cent batailles données* », VOLTAIRE. ◆ Être dit, être rapporté. *Cela nous revient par divers endroits.* ◆ **Impers.** *Il nous revient que, etc.* ◆ Plaire. « *Cette logique-là ne me revient point* », MOLIÈRE. ◆ **Absol.** *Il y a des gens qui ne me reviennent point.* ◆ Coûter. *Cet habit me revient à tant.* ◆ *Faire revenir de la viande*, lui faire prendre de la couleur en la mettant dans un vase, dans une poêle sur le feu avec du beurre. ◆ **Fam.** Rendre quelque chose plus propre. *Avec un bon produit détergent, cette table de jardin est bien revenue.*

REVENTE, n. f. [ʀəvɑ̃t] (*revendre*, d'apr. *vente*) Seconde vente, nouvelle vente.

1 **REVENU**, n. m. [ʀəv(ə)ny] (p. p. de *revenir*) Ce qu'on retire annuelle-

ment d'un bien, d'une pension, d'une rente. « *Jean s'en alla comme il était venu, Mangeant son fonds avec son revenu* », LA FONTAINE. ♦ Revenus publics ou revenus de l'État, tout ce que l'État retire des contributions et de ses propriétés. ■ Ce que reçoit une personne en rémunération d'un travail. *Source de revenus. Revenu imposable.* ■ *Impôt sur le revenu*, impôt annuel calculé d'après l'ensemble des ressources des contribuables.

2 **REVENU, UE,** p. p. de revenir. [ʀəv(ə)ny] ♦ **Vén.** Cerf revenu de tête, cerf chez qui le bois a repoussé.

REVENUE, n. f. [ʀəv(ə)ny] (p. p. de *revenir*) Chemin qu'on fait en revenant. *L'allée et la revenue.* ♦ **Vén.** Heure où les bêtes sortent du bois pour pâturer. ♦ **Eaux et forêts** Le jeune bois qui revient sur une coupe de taillis.

RÊVER, v. intr. [ʀeve] (orig. incert.) Faire des rêves en dormant. ♦ **Fam.** *Cet homme rêve tout éveillé, rêve les yeux ouverts,* son imagination enfante des chimères. ♦ *Il me semble que je rêve, je crois rêver,* se dit pour exprimer qu'on croit être dans un rêve, non dans la réalité. ♦ ▷ *Avoir le délire,* dans un accès de fièvre ou dans quelque autre maladie. ◁ ♦ *Dire des choses déraisonnables.* ♦ ▷ *Rêver noir,* ◁ avoir des idées tristes. ♦ *Penser d'une manière vague.* ♦ Être distrait. ♦ *Penser, méditer profondément.* ♦ *Rêver* est suivi de la préposition *de* quand il s'agit de rêve : *J'ai rêvé de vous ;* de la préposition *à* ou *sur* quand il s'agit de méditation : « *Je vous laisse rêver sur ce grand événement* », MME DE SÉVIGNÉ. ♦ « *Il se mit à rêver à son projet* », HAMILTON. ♦ **V. tr.** Voir, imaginer en rêve. *Rêver des trésors.* ♦ On dit sans article : *Rêver mariage, mort, etc.* ♦ *Vous avez rêvé cela,* se dit à quelqu'un qui raconte des choses que l'on ne croit pas. ♦ Voir par la pensée comme dans un rêve. « *Par la pensée encor je jouirai des cieux, Je rêverai les bois, les monts, la terre et l'onde* », DELILLE. ♦ Méditer sur, songer à. « *Il faudrait rêver quelque incident* », MOLIÈRE. ♦ **Poétiq.** Désirer quelque chose ardemment, avec passion. « *Le soldat aujourd'hui ne rêve que la guerre* », RÉGNIER. ■ *En rêver la nuit,* penser à quelque chose en tête. ■ **Loc. interj. Fam.** *Je rêve !,* phrase que l'on prononce lorsque l'on est stupéfait ou indigné. ■ **Loc. interj. Fam.** *Faut pas rêver !,* il ne faut pas se faire de fausses idées, il ne faut pas prendre ses désirs pour des réalités. « *Faut pas rêver. Personne est immortel.* », SEGUIN.

RÉVERBÉRANT, ANTE, adj. [ʀeveʀbeʀɑ̃, ɑ̃t] (*réverbérer*) Qui a la propriété de réverbérer ; qui produit la réverbération.

RÉVERBÉRATION, n. f. [ʀeveʀbeʀasjɔ̃] (*réverbérer*) Réflexion de la lumière et de la chaleur par un corps qui ne les absorbe pas. *La réverbération du soleil.* ♦ **Fig.** Reflet. ■ **Phys.** Réflexion du son. *Effet de réverbération. Chercher à réduire la réverbération du bruit.*

RÉVERBÉRÉ, ÉE, p. p. de réverbérer. [ʀeveʀbeʀe]

RÉVERBÈRE, n. m. [ʀeveʀbɛʀ] (*réverbérer*) Voy. RÉVERBÉRER. Miroir destiné à réfléchir dans une direction déterminée la lumière ou la chaleur. ♦ **Par extens.** Lanterne munie d'une lampe et d'un ou de plusieurs réflecteurs, et qui sert à éclairer une rue, une place, etc. ♦ *Chasse au réverbère,* chasse aux canards sauvages, faite la nuit au moyen d'une lanterne placée en avant du bateau. ♦ Nom qu'on donne aux parois d'un fourneau destinées à réfléchir la chaleur. ♦ *Feu de réverbère,* feu dont on fait rabattre la flamme sur les matières que l'on expose à son action.

RÉVERBÉRER, v. tr. [ʀeveʀbeʀe] (lat. *reverberare,* de *re-* et *verberare,* battre) Renvoyer, en parlant de la lumière et de la chaleur. ♦ **V. intr.** *Être réverbéré. Les rayons du soleil réverbèrent contre ce mur.* ♦ **Fig.** « *L'amitié qu'il a pour vous réverbère sur moi* », MME DE SÉVIGNÉ. ♦ **V. tr.** Renvoyer un son.

REVERDI, IE, p. p. de reverdir. [ʀəveʀdi] ▷ ♦ **Fig.** Qui semble rajeuni, en parlant d'un vieillard. ◁

REVERDIR, v. tr. [ʀəveʀdiʀ] (*re-* et *verdir*) Repeindre en vert. ♦ **V. intr.** Redevenir vert. *Les arbres reverdissent.* ♦ **Fig. et pop.** *Planter là, laisser là quelqu'un pour reverdir,* le laisser en quelque endroit et ne pas aller le retrouver. ♦ **Fig.** Se ranimer. ♦ **V. tr.** Rendre à nouveau vert.

REVERDISSEMENT, n. m. [ʀəveʀdis(ə)mɑ̃] (*reverdir*) Action de reverdir ; état de ce qui reverdit.

REVERDOIR, ■ n. m. [ʀəveʀdwaʀ] (*reverdir*) Récipient utilisé pour la fabrication de la bière qui permet de recueillir le moût sucré chaud qui est ensuite pompé vers des chaudières à houblonner. *Des reverdoirs en cuivre. Des reverdoirs en acier inoxydable.*

RÉVÉRÉ, ÉE, p. p. de révérer. [ʀeveʀe]

RÉVÉREMMENT, adv. [ʀeveʀamɑ̃] (*révérend*) ▷ D'une manière révérente. ◁

RÉVÉRENCE, n. f. [ʀeveʀɑ̃s] (lat. *reverentia*) Grand respect mêlé d'une sorte de crainte. *Porter révérence à quelqu'un.* ♦ **Pop.** *Révérence parler, parlant par révérence, sauf votre révérence,* excuse dont on se sert quand on dit quelque chose qui pourrait déplaire ou blesser. ♦ Titre d'honneur qu'on donnait à certains religieux. *Votre Révérence.* ♦ Mouvement du corps pour saluer, qu'on fait soit en s'inclinant, soit en pliant les genoux. ♦ **Fam.** *Tirer*

sa révérence à quelqu'un, le saluer ; et aussi saluer en s'en allant, s'en aller. ♦ **Fig.** *Tirer sa révérence,* refuser, ne pas se prêter à. *Ne comptez pas sur moi, je vous tire ma révérence.* ♦ *Faire la révérence, sa révérence à quelqu'un,* lui présenter ses hommages, et le saluer pour la première fois ou quand on a été quelque temps sans le voir. ♦ **Fig.** *Faire sa révérence,* s'esquiver, déserter. ♦ *Faire la révérence,* se dit d'un cheval qui fait un faux pas. ♦ Sorte d'hommage rendu à un souverain, en certaines occasions. *Le roi a reçu les révérences.* ■ **REM.** *Révérence parler* est auj. vieilli ou littéraire. *Parlant par révérence* est auj. vieilli.

RÉVÉRENCIELLE, adj. f. [ʀeveʀɑ̃sjɛl] (*révérence*) N'est usité que dans cette locution : *Crainte révérencielle,* la crainte respectueuse que les enfants doivent avoir pour leurs pères et mères.

RÉVÉRENCIEUSEMENT, adv. [ʀeveʀɑ̃sjøz(ə)mɑ̃] (*révérencieux*) D'une manière révérencieuse. *Saluer très révérencieusement.*

RÉVÉRENCIEUX, EUSE, adj. [ʀeveʀɑ̃sjø, øz] (*révérence*) Humble et cérémonieux. *Personnage, discours révérencieux.* ♦ Par moquerie, qui affecte de faire quantité de révérences.

RÉVÉREND, ENDE, adj. [ʀeveʀɑ̃, ɑ̃d] (lat. *reverendus,* vénérable, de *revereri*) Digne d'être révéré (vieilli en cet emploi). ♦ Titre d'honneur qu'on donne aux religieux et religieuses. *Le révérend père un tel. La révérende mère.* ♦ **N. m.** *Mon Révérend.* ♦ Titre donné aux pasteurs dans la religion anglicane.

RÉVÉRENDISSIME, adj. [ʀeveʀɑ̃disim] (lat. ecclés. *reverendissimus,* superl. de *reverendus,* révérend) Titre d'honneur supérieur à celui de *très révérend,* et que l'on donne aux archevêques, aux évêques et aux généraux d'ordres, etc.

RÉVÉRER, v. tr. [ʀeveʀe] (lat. *revereri,* craindre avec respect) Honorer avec un sentiment de crainte respectueuse. « *Les cieux instruisent la terre À révérer leur auteur* », J.-B. ROUSSEAU. ♦ Il se dit des choses en un sens analogue. « *Alexandre révérait la vertu et la véritable gloire* », VAUGELAS.

RÊVERIE, n. f. [ʀɛv(ə)ʀi] (*rêver*) Idée chimérique semblable à un rêve. *Faire une rêverie,* concevoir une idée étrange, avoir une distraction. ♦ ▷ Délire causé par une maladie, par la fièvre. ◁ ♦ État de l'esprit occupé d'idées vagues. *Le charme de la rêverie.* ♦ Titre de certains morceaux de poésie ou de musique. ♦ Pensées riantes ou tristes auxquelles se laisse aller l'imagination. ♦ Produit de l'action de rêver, de méditer. « *J'occupe ma raison d'utiles rêveries* », BOILEAU.

REVERNIR, ■ v. tr. [ʀəveʀniʀ] (*re-* et *vernir*) Enduire à nouveau d'une couche de vernis.

REVERNISSAGE, ■ n. m. [ʀəveʀnisaʒ] (*revernir*) Action de revernir. *Le revernissage d'un plancher de bois. Un revernissage antiparasite. Vernissage, dévernissage et revernissage.*

REVERQUIER, ■ n. m. [ʀəveʀkje] Voyez Voy. REVERTIER.

REVERS, n. m. [ʀəveʀ] (lat. *reversus,* de *revertere,* retourner) La partie, le côté opposé à celui qui est convenu de considérer comme le côté principal, le mieux fait, le plus naturel ou celui que l'on regarde le plus habituellement. *Le revers d'une tapisserie, d'un coteau, etc.* ♦ **Fig.** *Considérer le revers des choses.* ♦ *Le revers de la main,* le côté opposé à la paume. ♦ *Un coup de revers* ou simplement *un revers,* coup porté avec le revers de la main ; et aussi coup donné de gauche à droite avec un instrument, avec une arme quelconque tenue de la main droite. ♦ *Frapper de revers,* frapper de gauche à droite avec une arme, un bâton, etc. que l'on tient de la main droite. ♦ **Fig.** *Donner des coups de revers, donner des revers,* faire manquer quelque chose, châtier quelqu'un. ♦ *Revers de fortune* ou simplement *revers,* événement malheureux qui change une bonne situation en une mauvaise. ♦ *Les revers d'un habit,* les deux parties d'un habit qui se croisent sur la poitrine, et dont le haut est renversé. ♦ *Revers de botte,* le haut de la tige d'une botte, lorsqu'il paraît se rabattre et montrer le côté du cuir qui n'est pas noirci. *Bottes à revers.* ♦ Dans les monnaies et les médailles, le côté opposé à celui où est la tête. ♦ **Fig. et fam.** *Le revers de la médaille,* le mauvais côté d'une chose, d'une personne. ♦ *Toute médaille a son revers,* toute chose a un mauvais côté. ♦ *Revers de pavé,* partie inclinée du pavé, depuis les maisons jusqu'au ruisseau. ♦ **Fortif.** *Revers de la tranchée,* côté opposé à celui qui regarde la place. ♦ *Revers du fossé,* bord extérieur opposé à celui de l'enceinte. ♦ *On prend, on bat à revers une troupe, un ouvrage de fortification,* quand on est passé en arrière du prolongement du front ou de la face de cette troupe, de cet ouvrage. ♦ *Prendre de revers,* occuper une position d'où l'on dirige obliquement son feu contre le dos de l'ennemi. **Mar.** *Manœuvres de revers,* celles qui sont placées sous le vent. ■ **Sp.** Coup de raquette donné à gauche par une droitier, à droite par un gaucher, au tennis et au tennis de table. *Le revers et le coup droit.*

RÉVERSAL, ALE, adj. [ʀeveʀsal] (rad. du lat. *reversum,* de *revertere,* revenir) Il s'est dit d'un acte d'assurance donné à l'appui d'un engagement précédent. *Diplôme réversal.* ♦ *Lettres réversales* ou n. f. *réversales,* lettres par lesquelles on fait une concession en échange d'une autre. ♦ **Au pl.** *réversaux.*

REVERSE, ▪ adj. inv. [ʀivœʀs] ou [ʀəvɛʀs] Voy. AUTOREVERSE.

REVERSÉ, ÉE, p. p. de reverser. [ʀəvɛʀse]

RÉVERSÉ, ▪ n. m. [ʀevɛʀse] (rad. de *réversion*) **Biol**. Organisme résultant d'une réversion. ▪ REM. L'emploi du terme *réversé* est plus rigoureux que celui de *révertant*, qui, lui, est utilisé sous l'influence de l'anglais.

REVERSEMENT, n. m. [ʀəvɛʀsəmɑ̃] (*reverser*) ▷ **Mar**. Action de reverser. ◁ ◆ On dit aujourd'hui *transbordement*. ▪ Nouveau versement d'une somme d'argent. *Le reversement de la TVA.*

REVERSER, v. tr. [ʀəvɛʀse] (re- et *verser*) Verser de nouveau. *Reverser à boire.* ◆ Verser une liqueur dans un vase d'où on l'avait tirée. ◆ **Mar. anc**. Transborder. ◆ Transporter par un versement une somme d'argent. ◆ Reporter d'un compte sur un autre. ◆ ▷ **Fig**. Faire retomber sur. ◁

REVERSI ou **REVERSIS**, n. m. [ʀəvɛʀsi] (altér. de l'ital. *rovescio*, à rebours, d'apr. *revers*) Jeu de cartes dans lequel gagne celui qui fait le moins de levées, et où le valet de cœur, appelé le quinola, est la carte principale ; il se joue à quatre. ◆ À ce jeu, coup qui consiste à faire toutes les levées, et qui, contrairement à la règle ordinaire, procure le gain d'une partie.

RÉVERSIBILITÉ, n. f. [ʀevɛʀsibilite] (*réversible*) **Jurispr**. Qualité de ce qui est réversible. *La réversibilité d'une pension.* ◆ **Féod**. *Réversibilité des fiefs*, retour des fiefs au seigneur, à la mort des vassaux qui ne laissaient aucun parent mâle. ◆ **Théol**. *La réversibilité des peines ou des récompenses*, les mérites des saints imputables pour diminuer les peines et augmenter les récompenses. ▪ REM. Auj. le terme *réversibilité* est utilisé pour tous les domaines.

RÉVERSIBLE, adj. [ʀevɛʀsibl] (lat. médiév. *reversibilis*) Voy. RÉVERSION. **Jurispr**. En parlant d'un bien, d'une terre, qui peut retourner au propriétaire qui en a disposé. ◆ Se dit des rentes constituées sur plusieurs têtes, ou qui passent à d'autres personnes après la mort du titulaire. ◆ On dit *réversible à ou sur*. ◆ *Envers réversible*, envers d'une étoffe tel qu'il peut être retourné. *Drap à envers réversible.* ◆ Qui peut se reproduire en sens inverse. *Un mouvement réversible. Une erreur réversible. Réversible et irréversible.*

RÉVERSION, n. f. [ʀevɛʀsjɔ̃] (lat. *reversio*, de *reversus*, de *revertere*, retourner) **Dr**. Droit en vertu duquel les biens dont une personne a disposé en faveur d'une autre, lui reviennent quand celle-ci meurt sans enfants. ▪ *Pension de réversion*, somme d'argent attribuée au conjoint survivant et qui correspond à une partie de la retraite de base de la personne décédée. ◆ **Biol**. Mutation qui en annule une autre. *La réversion vraie est due à un changement dans l'ADN inversant le résultat d'une mutation. Une réversion équivalente.*

REVERSIS, n. m. [ʀəvɛʀsi] Voy. REVERSI.

REVERSOIR, ▪ n. m. [ʀəvɛʀswaʀ] (*reverser*) **Techn**. Barrage construit sur un cours d'eau et au-dessus duquel le trop-plein d'eau s'écoule en nappe.

RÉVERTANT, ▪ n. m. [ʀevɛʀtɑ̃] (angl. *revertant*, contraction de *reverse mutant*, organisme résultant d'une mutation) **Biol**. Organisme résultant d'une réversion. ▪ REM. Le terme *révertant* est utilisé sous l'influence de l'anglais, il est plus rigoureux d'utiliser *réversé*, qui montre que l'élément en cause est bien le résultat d'une réversion.

REVERTIER, n. m. [ʀəvɛʀtje] (re- et néerl. *verkeerspel*) Sorte de jeu qui se joue sur le trictrac. ◆ On disait autrefois *reverquier*.

REVESTIAIRE, n. m. [ʀəvɛstjɛʀ] (anc. fr. *revestir*, revêtir) **Vieilli** Lieu séparé dans l'église, où les prêtres se revêtent des habits sacerdotaux pour l'office divin.

REVÊTEMENT, n. m. [ʀəvɛt(ə)mɑ̃] (*revêtir*) Ce qui revêt. « *Le revêtement de la peau par du poil, de la plume, des écailles* », BUFFON. « *Le site de la Grande Chartreuse et son magnifique revêtement de forêts* », CHATEAUBRIAND. ◆ **Archit**. Espèce de placage qu'on fait à une construction pour lui donner plus de solidité ou d'aspect. ◆ *Dalles de revêtement*, celles qui se rapportent au droit de la retraite d'un mur. ◆ *Revêtement ou lambris de revêtement*, lambris qui couvre un mur. ◆ Ouvrage de pierre, de briques, etc. servant à retenir les terres d'un fossé, d'une terrasse. ▪ Partie d'une voie que l'on a recouverte de bitume, de goudron ou encore de pavés afin de la rendre plus carrossable. *Le revêtement de la chaussée.*

REVÊTIR, v. tr. [ʀəvɛtir] (re- et *vêtir*) Donner des vêtements à quelqu'un qui en manque. *Revêtir les pauvres.* ◆ **Peint. et sculpt**. *Revêtir les figures*, les habiller. ◆ Mettre sur soi ou sur quelqu'un un vêtement. *Revêtir un habit.* ◆ Particulièrement, il s'emploie quand il est question d'habits de cérémonie. *Deux aumôniers revêtirent ce prélat de ses habits pontificaux.* ◆ **Fig**. Il se dit des emplois, des charges, des dignités qu'on reçoit, dont on est décoré. ◆ **Jurispr**. Mettre à un acte tout ce qui est nécessaire pour qu'il soit valide. *Cet acte est revêtu de toutes les formes requises.* ◆ **Fig**. Couvrir comme d'un vêtement. *Revêtir ses pensées d'un style poétique. Revêtir le mensonge des apparences de la vérité.* ◆ **Fig**. Prendre, recevoir telle ou telle apparence, telle ou telle qualité. « *Revêts la forme humaine et deviens l'Homme-Dieu* », DELILLE.

◆ On dit de même : *Revêtir un personnage.* ◆ Couvrir, recouvrir, enduire. Faire un revêtement. *Revêtir un fossé, une terrasse de gazon.* ◆ Se revêtir, v. pr. Mettre un vêtement. ◆ **Fig**. « *Revêtez-vous de ces sentiments* », BOSSUET. ◆ Prendre une charge, une dignité. *Se revêtir de l'autorité suprême.* ◆ Prendre telle ou telle apparence, telle ou telle qualité. ◆ En parlant des choses. *Les formes dont la pensée se revêt.*

REVÊTU, UE, p. p. de revêtir. [ʀəvety] ◆ **Fam**. *Un gueux revêtu*, un homme de néant qui de pauvre est devenu riche et arrogant. ◆ On dit de même : *Un sot revêtu.* ◆ *Une voie, une route revêtue*, sur laquelle a été posée un revêtement.

RÊVEUR, EUSE, adj. [ʀɛvœʀ, øz] (*rêver*) Qui rêve, qui s'entretient de ses imaginations. *Les âmes rêveuses.* « *Philosophes rêveurs, qui pensez tout savoir* », BOILEAU. ◆ Qui exprime ou qui a le caractère de la rêverie, en parlant des choses. *Des regards rêveurs. Une imagination rêveuse.* ◆ Il se dit quelquefois de celui ou celle qui médite. « *Tous les sauvages ont l'air rêveur, quoiqu'ils ne pensent à rien* », BUFFON. ◆ N. m. et n. f. Celui, celle qui rêve. ◆ Celui ou celle qui poursuit des idées chimériques. ◆ Se dit d'un homme ou d'une femme qui fait ou qui dit des choses extravagantes ; et dans les sciences, de celui ou celle qui fait des systèmes sans fondement. ◆ ▷ Celui ou celle qui médite. « *Malebranche fut un rêveur des plus profonds et des plus sublimes* », DIDEROT. ◁ ◆ Un distrait, une distraite. ◆ *Cela me laisse rêveur*, cela me laisse perplexe ; cela donne envie. *Tous ces chiffres me laissent rêveuse.*

RÊVEUSEMENT, ▪ adv. [ʀɛvøz(ə)mɑ̃] (*rêveur*) D'une manière rêveuse. « *Il s'arrêtait au milieu d'un arpège, demeurait au sentiment d'inachevé, rêveusement, les mains à plat sur les genoux* », ROUAUD.

REVIDAGE, n. m. [ʀəvidaʒ] (*revider*) ▷ Action de revider. ◁

REVIDER, v. tr. [ʀəvide] (re- et *vider*) Terme dont les brocanteurs se servent pour exprimer la coutume où ils sont de se compenser les uns aux autres le surplus du prix que l'un d'eux a payé pour enlever un objet à un bourgeois dans une vente aux enchères.

REVIENT, n. m. [ʀəvjɛ̃] (*revenir*) Prix de revient ou simplement *le revient*, prix auquel un objet fabriqué revient, ce qu'il coûte au fabricant.

REVIF, ▪ n. m. [ʀəvif] (re- et *vif*) **Mar**. Période qui dure une huitaine de jours, qui est comprise entre une morte-eau (la marée basse) et une vive-eau (la marée haute) au cours de laquelle les coefficients de marée augmentent progressivement.

REVIGORANT, ANTE, ▪ adj. [ʀəvigoʀɑ̃, ɑ̃t] (*revigorer*) Qui revigore. *L'air de la montagne est pur et revigorant. Un vin chaud revigorant.*

REVIGORER, ▪ v. tr. [ʀəvigoʀe] (re- et *vigor*, anc. forme de *vigueur*) Redonner de la vigueur à, stimuler, ragaillardir. *Revigorer un arbre en le taillant. Revigorer l'économie d'un pays, la croissance d'un secteur.* ▪ Redonner des forces morales, réconforter. ▪ Se revigorer, v. pr. Retrouver sa vivacité, se raffermir, se vivifier. *Se revigorer par une douche tonique.*

REVIRADE, n. f. [ʀəviʀad] (*revirer*) Action de revirer, de se retourner. ◆ Au jeu de trictrac, emploi des dames d'une case déjà faite pour une case avancée.

REVIREMENT, n. m. [ʀəviʀ(ə)mɑ̃] (*revirer*) **Mar**. Action de revirer. On dit plutôt *virement*. ◆ Retour ou renversement, en parlant des marées. ◆ **Financ**. *Revirement de parties, de fonds, de deniers* ou simplement *revirement*, manière de s'acquitter au moyen du transport d'une créance équivalente à la somme due. ◆ **Fig**. Changement du tout au tout. *Un revirement de l'opinion.*

REVIRER, v. intr. [ʀəviʀe] (re- et *virer*) **Mar. anc**. Virer de bord. ◆ Aujourd'hui, virer de nouveau. ◆ **Fig. et fam**. *Revirer de bord*, changer d'opinion, de manière d'agir. ◆ *Revirer*, au jeu de trictrac, faire une revirade. ◆ Se revirer, v. pr. Faire un tour sur soi-même.

RÉVISABLE, ▪ adj. [ʀevizabl] (*réviser*) Qui peut être révisé. *Un traité constitutionnel non révisable. Taux fixe ou taux révisable.*

RÉVISÉ, ÉE, p. p. de reviser. [ʀevize] REM. On disait autrefois *revisé*.

RÉVISER, v. tr. [ʀevize] (lat. *revisere*, voir à nouveau) Examiner de nouveau. *Réviser un règlement, une affaire, un compte, etc.* ◆ S'assurer du bon fonctionnement et réparer en cas de nécessité. *Faire réviser son moteur.* ▪ Revoir ce qu'on a appris. *Réviser ses cours avant un examen.* ▪ REM. On disait autrefois *reviser*.

RÉVISEUR, EUSE, n. m. et n. f. [ʀevizœʀ, øz] (*réviser*) Celui ou celle qui revoit après un autre. ◆ **Impr**. Personne chargée de réviser, de vérifier les épreuves typographiques.

RÉVISION, n. f. [ʀevizjɔ̃] (lat. tard. *revisio*) Action par laquelle on revise, on examine de nouveau. « *Aristarque fit une révision des poésies d'Homère* », ROLLIN. ◆ **Impr**. *Faire la révision d'une feuille*, s'assurer par collation si les corrections ont été exécutées. ◆ Il se dit des pouvoirs publics qui sont soumis à l'examen d'une autorité. ◆ Action de soumettre un jugement à une nouvelle autorité. ◆ Particulièrement, action de soumettre à un tribunal supérieur une affaire après condamnation prononcée et exécutée. ◆ *Conseil* *de révision*, tribunal militaire qui revise les jugements rendus par les conseils de guerre ; et aussi conseil chargé, lors du recrutement de l'armée, de statuer sur l'aptitude des sujets présentés. ■ Examen par lequel on s'assure du bon fonctionnement de quelque chose. *La voiture est en révision.* ■ N. f. pl. *Les révisions*, période précédant un examen consacrée à revoir ce qu'on a déjà appris et la préparation de l'examen. *Être en révisions.*

RÉVISIONNEL, ELLE, ■ adj. [ʀevizjɔnɛl] (*révision*) Dr. Relatif à une révision. *Un examen, un processus révisionnel. Une instance révisionnnelle.*

RÉVISIONNISME, ■ n.m. [ʀevizjɔnism] (*révision*) Attitude de ceux qui préconisent la révision d'une doctrine, d'une Constitution, d'une loi. ■ Attitude de ceux qui minimisent, qui remettent en question le génocide des Juifs par les nazis, et notamment l'existence des chambres à gaz dans les camps d'extermination.

RÉVISIONNISTE, ■ n.m. et n.f. [ʀevizjɔnist] (*révision*) Partisan, partisane d'une révision. ■ Partisan, partisane qui préconise la révision d'une doctrine, d'une Constitution, d'une loi. ■ REM. En ce sens, *révisionniste* s'abrège en *réviso*. ■ Personne qui minimise ou qui remet en question le génocide des Juifs par les nazis, et notamment l'existence des chambres à gaz dans les camps d'extermination. ■ Lors de la révolution culturelle chinoise, dirigeants communistes qui ne respectaient pas l'orthodoxie révolutionnaire. ■ Adj. *Une vision révisionniste. Un site révisionniste.*

REVISITER, v. tr. [ʀəvizite] (*re-* et *visiter*) Visiter de nouveau. ■ Fig. Interpréter autrement, d'une façon nouvelle. *Revisiter une œuvre littéraire, artistique. Revisiter un auteur, un peintre, un architecte.*

RÉVISO, ■ n.m. et n.f. [ʀevizo] Voy. RÉVISIONNISTE.

REVISSER, ■ v. tr. [ʀəvise] (*re-* et *visser*) Visser ce qui auparavant était dévissé. *Visser, dévisser et revisser.*

REVITALISANT, ANTE, ■ adj. [ʀəvitalizɑ̃, ɑ̃t] (*revitaliser*) Qui redonne de la vitalité. *Des crèmes ou lotions revitalisantes. Un shampoing revitalisant. Un traitement revitalisant.* ■ N.m. *Un revitalisant*, soin de la peau ou des cheveux qui redonne de la vitalité.

REVITALISATION, ■ n.f. [ʀəvitalizasjɔ̃] (*revitaliser*) Action de revitaliser. *Une revitalisation commerciale. La revitalisation des quartiers. La revitalisation rurale.* ■ Résultat de cette action.

REVITALISER, ■ v. tr. [ʀəvitalize] (*re-* et *vital*) Redonner de la vitalité à. *Revitaliser sa peau.* ■ Faire revivre. *Revitaliser une école.*

REVIVAL, ■ n.m. [ʀəvival] ou [ʀivajvɔl] (mot angl., renaissance, de *to revive*, revivre) Relig. Mouvement protestant fondé sur le réveil de la foi. *Des revivals.* ■ Résurgence d'un mouvement, d'une tradition, d'un état d'esprit. En appos. *Punk revival. Jazz revival.*

REVIVIFICATION, n.f. [ʀəvivifikasjɔ̃] (*revivifier*) Action de faire renaître la vie. ◆ Chim. Syn. de réduction. ■ REM. On disait autrefois *révivification.*

REVIVIFIÉ, ÉE, p. p. de revivifier. [ʀəvivifje] REM. On disait autrefois *révivifié.*

REVIVIFIER, ■ v. tr. [ʀəvivifje] (*re-* et *vivifier*) Vivifier de nouveau. ◆ Fig. « *En révivifiant ses États, en y faisant régner le commerce, l'agriculture...* », J.-J. ROUSSEAU. ◆ Théol. *La grâce revivifie le pécheur*, elle lui donne une nouvelle vie spirituelle. ◆ Chim. *Revivifier le mercure*, le remettre en son état métallique. ■ REM. On disait autrefois *révivifier.*

REVIVISCENCE, ■ n.f. [ʀəvivisɑ̃s] (lat. chrét. *reviviscentia*, du lat. *reviviscere*, revivre) Litt. Fait de reprendre vie. *La reviviscence du passé.* « *J'estime que cette mémoire, tout intellectuel et volontaire fait plus d'honneur à l'espèce humaine que la reviviscence d'un passé par la gustation d'une madeleine trempée dans du thé* », BENDA. *La reviviscence de la nature.* ■ Biol. Propriété que possèdent certains animaux ou végétaux de faire ralentir leur métabolisme lorsque les conditions ne sont pas favorables à leur développement (notamment à cause d'une dessiccation) pour reprendre vie lorsque les conditions redeviennent viables. *La reviviscence bactérienne. La reviviscence des lichens.*

REVIVISCENT, ENTE, ■ adj. [ʀəvivisɑ̃, ɑ̃t] (lat. *reviviscens*, de *reviviscere*, revivre) Biol. Capable de se déshydrater et de retrouver son hydratation initiale. *Un champignon reviviscent.*

REVIVRE, v. intr. [ʀəvivʀ] (lat. *revivere*, revivre, revenir à la vie) Revenir à la vie. ◆ En langage de la dévotion. *Pour revivre à la grâce, il faut mourir au péché.* ◆ *Faire revivre une personne*, prétendre que, crue morte, elle est encore vivante. ◆ Se ranimer. ◆ *Faire revivre une personne*, lui rendre des forces, de la vigueur ; la rendre à l'espérance, à la joie. ◆ Fig. Vivre pour ainsi dire de nouveau. « *On vit revivre Néron en la personne de Domitien* », BOSSUET. ◆ *Revivez dans nos chants quand vous mourez pour nous* », VOLTAIRE. ◆ Reparaître, revenir au souvenir, à l'imagination. « *Ton illustre audace Fait bien revivre en toi les héros de ma race* », P. CORNEILLE. ◆ En parlant des choses, renaître, se renouveler. « *Il sent toute son ancienne amitié revivre dans son cœur* », FÉNELON. ◆ *Faire revivre*, renouveler, faire renaître.

◆ *Faire revivre des droits, des prétentions*, les faire valoir de nouveau. ◆ Il se dit d'une charge qui, éteinte ou supprimée, est rétablie. ◆ **Peint.** Se dit en parlant de l'effet du nettoyage d'un tableau, du lavage d'une peinture. ■ V. tr. Vivre de nouveau. *Revivre une expérience, un combat. Revivre son passé.* ■ Ressentir à nouveau. *Revivre une passion.*

RÉVOCABILITÉ, n. f. [ʀevɔkabilite] (*révocable*) Néolog. Qualité, état de ce qui est révocable. ■ REM. N'est plus considéré comme néologisme aujourd'hui. *La révocabilité des élus.*

RÉVOCABLE, adj. [ʀevɔkabl] (lat. *revocabilis*, de *revocare*, révoquer) Qui peut être révoqué. *Une procuration est révocable.* ◆ Qui peut être destitué. *Un préfet est révocable.*

RÉVOCATION, n. f. [ʀevɔkasjɔ̃] (lat. *revocation*, rappel) Action de révoquer. *La révocation d'un édit, d'une disposition, d'un employé, etc.* ◆ Acte écrit par lequel on révoque.

RÉVOCATOIRE, adj. [ʀevɔkatwaʀ] (lat. *revocatorius*) Jurispr. Qui révoque. *Acte, disposition révocatoire.*

REVOICI, REVOILÀ, loc. adv. [ʀəvwasi, ʀəvwala] (*re-* et *voici* ou *voilà*) Adverbes qui expriment réduplication. Voici, voilà de nouveau. ◆ Ils s'emploient souvent avec les pronoms *me, te, le, la, les, nous, vous* et *en.*

REVOIR, v. tr. [ʀ(ə)vwaʀ] (*re-* et *voir*) Voir de nouveau. ■ N.m. *Adieu jusqu'au revoir* ou simplement *au revoir*, formule d'adieu exprimant l'espoir qu'on se reverra bientôt. ◆ *Revoir un lieu*, y retourner après en avoir été absent ou exilé. ◆ *Revoir une pièce de théâtre*, retourner au théâtre pour la voir. ◆ Examiner de nouveau. « *Revois tes actions, tes discours, tes pensées* », P. CORNEILLE. ◆ Absol. *On doit commencer par voir beaucoup et revoir souvent* », BUFFON. ◆ Ellipt. *À revoir*, pour dire qu'un nouvel examen d'un compte, d'un écrit, etc. est nécessaire. ◆ Il ne faut pas confondre *à revoir* et *au revoir.* ◆ Il se dit des procès, des affaires soumises à une nouvelle juridiction. « *Solon voulut que l'Aréopage revît l'affaire* », MONTESQUIEU. ◆ V. intr. Vén. *Revoir d'un cerf*, avoir des indices du cerf par le pied, les fumées, les abattures, etc. ◆ N.m. Empreinte laissée par le pied d'un animal que l'on chasse. ◆ Se revoir, v. pr. Se voir de nouveau. ◆ Se trouver de nouveau, être de nouveau en un certain lieu. ■ Réviser ce qu'on a déjà appris. *Revoir ses cours de mathématiques.*

1 REVOLER, ■ v. intr. [ʀəvole] (*re-* et **1** *voler*) Voler de nouveau, retourner quelque part en volant. ◆ **Par extens.** Revenir avec rapidité d'un lieu à l'autre.

2 REVOLER, ■ v. tr. [ʀəvole] (*re-* et **2** *voler*) Dérober de nouveau. *On lui a revolé sa voiture.*

REVOLIN, n.m. [ʀəvolɛ̃] (*re-* et lat. pop. *volimen*, du lat. class. *volumen*, de *volvere*, rouler) Mar. Effet du vent renvoyé par un objet quelconque. ◆ *Cette voile fait revolin*, elle est enflée par le revolin d'une autre voile.

RÉVOLTANT, ANTE, adj. [ʀevɔltɑ̃, ɑ̃t] (*révolter*) Qui révolte, qui choque, qui indigne. *Un abus, un luxe révoltant.*

RÉVOLTE, n. f. [ʀevɔlt] (*révolter*) Soulèvement contre l'autorité établie. ◆ Fig. Il se dit d'un trouble moral comparé à une révolte. *Les révoltes des sens, du cœur.*

RÉVOLTÉ, ÉE, p. p. de révolter. [ʀevɔlte] ◆ Qui est en révolte. *Une province révoltée.* ◆ N.m. et n.f. *Les révoltés.* ◆ Qui s'oppose ou qui s'est opposé à l'ordre établi. *La jeunesse révoltée.* ◆ Qui est scandalisé. *Je suis révolté d'entendre ça.*

RÉVOLTER, v. tr. [ʀevɔlte] (ital. *rivoltare*, du lat. *volvere*, tourner) ▷ Porter à la révolte, mettre en révolte. ◁ ◆ Fig. Soulever contre. « *Contre un si juste choix qui peut vous révolter ?* », RACINE. ◆ Choquer excessivement, indigner, irriter. ◆ Absol. *Cela révolte.* ◆ Il se dit aussi de choses que l'on choque. *Cela révolte le bon sens.* ◆ Se révolter, v. pr. Se soulever contre l'autorité établie. Se révolter contre son supérieur. ◆ Fig. « *Du sang qui se révolte est-ce quelque murmure ?* », RACINE. ◆ Avec suppression du pronom personnel. *C'est lui qui a fait révolter la province.* ◆ En langage de dévotion. *Le péché a fait révolter la chair contre l'esprit.* ◆ S'indigner, s'irriter. « *Elle se révolte contre les moindres choses* », MME DE SÉVIGNÉ.

RÉVOLU, UE, adj. [ʀevɔly] (lat. *revolutus*, de *revolvere*, dérouler) Il se dit du cours des astres lorsqu'ils sont revenus au point dont ils étaient partis. *Avant que le cours de Saturne soit révolu.* ◆ Achevé, complet, en parlant des périodes de temps. *Il a quatre-vingts ans révolus.*

RÉVOLUTÉ, ÉE, adj. [ʀevɔlyte] (lat. *revolutus*, de *revolvere*, rouler en arrière) ▷ Bot. Qui est roulé en dehors et en dessous. *Feuille révolutée.* ◁

RÉVOLUTIF, IVE, adj. [ʀevɔlytif, iv] (rad. de *révoluté*) ▷ Bot. Qui produit la disposition révolutée. ◁

RÉVOLUTION, n. f. [ʀevɔlysjɔ̃] (b. lat. *revolutio*, retour en arrière, du lat. *revolvere*, ramener) Retour d'un astre au point d'où il est parti. *Les révolutions des planètes.* ◆ Temps qu'un astre emploie à décrire son orbite, à tourner sur son axe. ◆ État d'une chose qui s'enroule. ◆ **Géom.** Mouvement de rotation qu'une ligne ou un plan déterminé décrit autour d'un axe immobile. ◆ Action des roues les unes sur les autres par le moyen des engrenages. ◆ Il se dit des périodes du temps. *La révolution des siècles, des saisons.* ◆ **Anc. méd.** *Révolution d'humeurs,* mouvement extraordinaire dans les humeurs. ◆ **Absol.** Trouble passager à l'occasion d'une impression quelconque. *Sa présence excita en moi une révolution.* ◆ **Fig.** Changement dans les choses du monde, les opinions, etc. « *Il se forme une grande révolution dans l'esprit humain* », Voltaire. ◆ Changement brusque et violent dans la politique et le gouvernement d'un État. « *L'histoire de la Grèce est un abrégé de toutes les révolutions possibles* », Condillac. ◆ *Révolution de palais,* celle qui se passe dans l'intérieur d'une cour, d'un palais, sans aucune participation du peuple. ◆ **Absol.** La révolution la plus mémorable d'un pays : en Angleterre, celle de 1688 ; en France, celle de 1789. ◆ D'une façon abstraite, *la révolution,* système d'opinions composées d'hostilité au passé et de recherche d'un nouvel avenir. ◆ Il se dit des événements naturels qui ont bouleversé et changé la face du globe. *Les révolutions du globe.* ■ *La Révolution culturelle,* mouvement populaire, politique, idéologique et armé lancé en Chine par Mao Zedong en 1966 et qui s'achève à sa mort en 1976. *La Révolution culturelle chinoise s'est attaquée aux dirigeants du parti, aux valeurs de la société chinoise traditionnelle ainsi qu'aux inégalités sociales.*

RÉVOLUTIONNAIRE, adj. [revolysjɔnɛr] (*révolution*) Qui a rapport, qui est favorable aux révolutions politiques. *Gouvernement révolutionnaire.* ◆ *Mesures révolutionnaires,* mesures prises en temps de révolution, avec un caractère violent, extralégal. ◆ **N. m. et n. f.** Partisan des révolutions. ■ **Adj.** Qui est partisan de bouleversements subits et radicaux. *Une organisation révolutionnaire.* ■ Qui est innovant, novateur. *Une avancée technologique révolutionnaire. Un prototype révolutionnaire.*

RÉVOLUTIONNAIREMENT, adv. [revolysjɔnɛr(ə)mɑ̃] (*révolutionnaire*) D'une manière révolutionnaire ; comme dans les temps de révolution.

RÉVOLUTIONNARISME, ■ n. m. [revolysjɔnarism] (*révolutionnaire*) Doctrine qui préconise l'action révolutionnaire comme le seul moyen de transformation de la société.

RÉVOLUTIONNARISTE, ■ n. m. et n. f. [revolysjɔnarist] (rad. de *révolutionnarisme*) Partisan, partisane du révolutionnarisme. ■ **Adj.** *Un discours révolutionnariste.*

RÉVOLUTIONNÉ, ÉE, p. p. de révolutionner. [revolysjɔne]

RÉVOLUTIONNER, v. tr. [revolysjɔne] (*révolution*) Néolog. Mettre en révolution, agiter par des idées révolutionnaires. *Révolutionner un pays.* ◆ **Fig.** Révolutionner la langue. ◆ **Fig. et fam.** Causer une vive émotion. *Cela m'a révolutionné.* ■ Transformer radicalement, bouleverser. *L'Internet a révolutionné la vie des entreprises partout dans le monde.*

RÉVOLVER ou **REVOLVER**, n. m. [revɔlvɛr] (mot angl., de *to revolve,* tourner, rouler, du lat. *revolvere,* tourner, par allus. au mouvement du barillet) Pistolet à un seul canon et plusieurs culasses, dont chacune vient à son tour coïncider avec le canon. ◆ Il y a aussi des révolvers à plusieurs canons.

RÉVOLVÉRISER, ■ v. tr. [revɔlverize] (*révolver*) Fam. Tuer, blesser au moyen d'un révolver. « *La peur que suscite le terrorisme lui paraît disproportionnée, vu les autres risques menaçant les Américains moyens : se faire révolvériser par un fou ou tuer sur la route, par exemple* », La Gazette, 2004.

REVOLVING ou **RÉVOLVING**, ■ adj. [revɔlviŋ] (mot angl., de *to revolve,* tourner, rouler) *Crédit revolving,* crédit d'un montant prédéfini qui se reconstitue au fur et à mesure des remboursements.

REVOMI, IE, p. p. de revomir. [rəvɔmi]

REVOMIR, v. tr. [rəvɔmir] (*re-* et *vomir*) Vomir ce qu'on avait déjà vomi. ◆ Vomir ce qu'on avait avalé. *Il a revomi son dîner.* ◆ Vomir de nouveau. ◆ Rejeter ce qui a été reçu, englouti. ◆ **Fig.** Rendre gorge, restituer par force.

RÉVOQUÉ, ÉE, p. p. de révoquer, [revoke]

RÉVOQUER, v. tr. [revoke] (lat. *revocare,* rappeler, rétracter, de *vocare,* appeler) Rappeler, destituer d'une fonction. *Révoquer un préfet.* ◆ En parlant des choses, annuler, déclarer nul. *Révoquer une loi, un édit, un don, etc.* ◆ *Révoquer en doute,* contester, mettre en doute. ◆ *Se révoquer,* v. pr. Être révoqué.

REVOTER, ■ v. tr. [rəvote] (*re-* et *voter*) Soumettre une nouvelle fois au vote. *Le Parlement a la possibilité de revoter ce texte de loi.* ■ **V. intr.** Être amené à voter une nouvelle fois. *Il faut revoter !*

REVOULOIR, v. tr. [rəvulwar] (*re-* et *vouloir*) Vouloir de nouveau.

REVOYURE (À LA), ■ loc. adv. [r(ə)vwajyr] (*revoir*) Fam. Au revoir, à bientôt. *Merci pour tout et à la revoyure !*

REVU, UE, p. p. de revoir. [rəvy]

REVUE, n. f. [rəvy] (p. p. de *revoir*) Action de revoir, usité seulement dans cette locution familière : *Nous sommes gens de revue,* nous avons souvent occasion de nous revoir. ◆ Recherche, inspection exacte. *Passer ses péchés*

en revue. Faire la revue de ses livres. ◆ Inspection d'hommes, de troupes, que l'on fait ranger pour les examiner et les faire défiler. *Passer en revue les soldats.* ◆ *La revue du général,* celle que fait le général. ◆ Titre de certains écrits périodiques. ◆ Quand on cite une revue en particulier, on met une majuscule. *La Revue des Deux Mondes.* ■ *Passer en revue,* examiner successivement plusieurs éléments. ◆ Spectacle de music-hall présenté par des danseuses aux tenues légères. *Une meneuse de revue.* ◆ Spectacle comique qui reprend les principaux sujets de l'actualité. *Une revue de chansonniers.*

REVUISTE, ■ n. m. et n. f. [rəvyist] (*revue*) Auteur de revue, de spectacle.

RÉVULSÉ, ÉE, ■ adj. [revylse] (*révulser*) Retourné, crispé. *Des yeux révulsés.*

RÉVULSER, ■ v. tr. [revylse] (lat. *revulsus,* de *revellere,* arracher de force) Vieilli Faire affluer le sang pour décongestionner un organe. ■ Bouleverser. ■ Inspirer un profond dégoût, répugner (au propre et au fig). *Cette odeur la révulsait. Une telle attitude de lâcheté me révulse.* ■ **P. p. adj.** *Visage révulsé,* dont les traits sont tendus. *Yeux révulsés,* retournés de façon à ce que la pupille ne soit plus visible.

RÉVULSIF, IVE, adj. [revylsif, iv] (rad. de *révulsion*) Voy. révulsion. **Méd.** Se dit de divers moyens que l'art emploie pour détourner le principe d'une maladie, une humeur, vers une partie plus ou moins éloignée. ◆ **N. m.** *Un révulsif.*

RÉVULSION, n. f. [revylsjɔ̃] (lat. impér. *revulsio,* action d'arracher) **Méd.** Action des remèdes révulsifs. ◆ « *Il faut se servir d'adresse, et cela fera révulsion* », Malebranche. ◆ Dégoût, répulsion. *La révulsion de la violence.* ◆ **Méd.** Procédé thérapeutique qui consistait à faire affluer le sang (notamment par l'application de ventouses) dans une région déterminée afin de décongestionner un organe malade. ◆ Résultat de cette action.

REWRITER ou **REWRITEUR, EUSE**, ■ n. m. et n. f. [rərajtœr, øz] (angl. *to rewrite,* réécrire) Rédacteur d'une maison d'édition chargé de réécrire ou de remanier un texte avant sa publication. ■ REWRITER, v. tr. [rərajte]

REWRITING, ■ n. m. [rərajtiŋ] (angl. *to rewrite,* réécrire) Action de réécrire un texte avant sa publication. *Faire du rewriting pour une maison d'édition.*

REXISME, ■ n. m. [rɛksism] (lat. *rex,* roi) Mouvement fasciste belge fondé par Léon Degrelle en 1935. ■ REXISTE, n. m. et n. f. [rɛksist]

REZ, prép. [rɛ] (lat. *rasus,* de *radere,* raser, effleurer) ▷ Tout contre, en rasant. *Voler rez terre.* ◆ *Rez pied, rez terre,* à fleur de terre, au niveau du sol. ◆ *À rez de,* même sens. *À rez de terre.* ◁

REZ-DE-CHAUSSÉE, n. m. [red(ə)ʃose] (*rez, de* et *chaussée*) Surface d'un terrain de niveau avec une chaussée ou une rue. ◆ Niveau du sol. ◆ La partie d'une maison qui est au niveau du terrain. *Être logé au rez-de-chaussée.* ◆ Au pl. *Des rez-de-chaussée.*

REZ-DE-JARDIN, ■ n. m. [red(ə)ʒardɛ̃] (*rez, de* et *jardin,* d'apr. *rez-de-chaussée*) Partie d'un bâtiment de plain-pied avec le jardin. *Appartement en rez-de-jardin.*

RH, ■ n. m. inv. [ɛraʃ] Symbole de *facteur rhésus* ou *rhésus. Rh⁺. Rh⁻.* **Chim.** Symbole du rhodium.

RHABDOLOGIE, n. f. [rabdolɔʒi] (gr. *rhabdos,* baguette, et *-logie*) Manière de calculer avec des baguettes sur lesquelles sont écrits les nombres simples. ■ Rem. On écrivait aussi *rabdologie* autrefois.

RHABDOMANCIE, n. f. [rabdomɑ̃si] (gr. *rhabdos,* baguette, et *-mancie*) Divination à l'aide de baguettes, et en particulier divination qui consiste à découvrir au moyen d'une baguette de coudrier les sources, les mines, les trésors cachés ; la baguette tourne entre les mains quand celui qui la porte passe au-dessus d'une eau souterraine, etc. ■ Rem. On écrivait aussi rabdomancie, et on disait également *rhabdomance* (écrit aussi *rabdomance* autrefois). ■ RHABDOMANCIEN, IENNE, n. m. et f. [rabdomɑ̃sjɛ̃, jɛn]

RHABILLAGE, n. m. [rabijaʒ] (*rhabiller*) Fam. Raccommodage. ◆ Réparation qu'on fait aux armes portatives détériorées, pour les remettre en état de service. ◆ **Fig.** Il se dit d'une affaire qu'on a essayé de raccommoder, de changer en mieux, sans y avoir réussi. ◆ Action de rhabiller, de se rhabiller. *Aider les enfants au rhabillage à la sortie de la piscine.*

RHABILLÉ, ÉE, p. p. de rhabiller. [rabije]

RHABILLEMENT, n. m. [rabij(ə)mɑ̃] (*rhabiller*) ▷ Raccommodage. ◆ **Fig.** Raccommodement. ◁

RHABILLER, v. tr. [rabije] (*re-* et *habiller*) Raccommoder, remettre en état. ◆ **Fig. et fam.** Rectifier ce qu'il y avait de défectueux dans une affaire ; tâcher de pallier une faute. *Savoir rhabiller ses fautes.* ◆ Habiller une seconde fois. ◆ Fournir de nouveaux habits. *Rhabiller ses domestiques.* ◆ *Se rhabiller,* v. pr. Remettre ses habits. ◆ Se pourvoir de nouveaux habits.

RHABILLEUR, EUSE, n. m. et n. f. [rabijœr, øz] (*rhabiller*) Ouvrier, ouvrière qui rhabille, qui raccommode. ◆ ▷ **Fig.** Celui ou celle qui tâche de pallier, de justifier. ◁ ◆ ▷ Syn. de renoueur. ◁

RHABITUER, v. tr. [rabitɥe] Voy. réhabituer.

RHAGADE, n. f. [ʀagad] (lat. class. *rhagades*, du gr. *rhagas*, fissure) Gerçure ou petit ulcère long et étroit qui se forme à l'origine des membranes muqueuses. *Avoir des rhagades aux lèvres.*

RHAMNACÉES ou **RHAMNÉES**, n. f. pl. [ʀamnase, ʀamne] (*rhamnus*) Famille de plantes dont le rhamnus est le type.

RHAMNUS, n. m. [ʀamnys] (gr. *rhamnos*) Nom latin du genre nerprun, type de la famille des rhamnacées.

RHAPONTIC, n. m. [ʀapɔ̃tik] (gr. *rha*, rhubarbe, et lat. *ponticus*, du Pont-Euxin) Genre de plantes qui se rapprochent de la centaurée.

RHAPSODE ou **RAPSODE**, n. m. [ʀapsɔd] (gr. *rhapsôdos*) Nom donné chez les Grecs à ceux qui allaient de ville en ville chanter des poésies et surtout des morceaux de *l'Iliade* et de *l'Odyssée.*

RHAPSODER ou **RAPSODER**, v. tr. [ʀapsode] (*rhapsodie*) Vieilli Mal raccommoder, mal arranger.

RHAPSODIE ou **RAPSODIE**, n. f. [ʀapsodi] (gr. *rhapsôdia*) Chez les Anciens, morceaux détachés des poésies d'Homère que les rhapsodes chantaient. ◆ **Fig.** et **fam.** Ramas de mauvais vers, de mauvaise prose. ■ Composition instrumentale de forme libre et d'inspiration populaire. Les « Trois Rhapsodies slaves » d'*Antonín Dvořák.*

RHAPSODIQUE ou **RAPSODIQUE**, ■ adj. [ʀapsodik] (*rhapsodie*) Qui concerne les rhapsodes.

RHAPSODISTE ou **RAPSODISTE**, n. m. [ʀapsodist] (*rhapsodie*) ▷ Celui qui ne fait que des rhapsodies, de mauvais ramas de vers ou de prose. ◁

RHÈME, ■ n. m. [ʀɛm] (gr. *rhêma*, mot, parole) Ling. Information nouvelle par rapport au point de départ qui sert à désigner ce qu'on dit du thème. *Le thème et le rhème.*

RHÉNAN, ANE, ■ adj. [ʀenɑ̃, an] (lat. *rhenanus*, de *Rhenus*, Rhin) Qui concerne la Rhénanie ou le Rhin. *Le bassin rhénan.* ■ N. m. et n. f. Habitant, habitante de la Rhénanie, région d'Allemagne.

RHÉNIUM, ■ n. m. [ʀenjɔm] (all. *Rhenium* du lat. *Rhenus*, Rhin) Métal blanc argenté, dense, rare et coûteux qui fut découvert par trois Allemands (Walter Noddack, Ida Tacke et Otto Berg) en 1925 et dont la température de fusion est très élevée. *Le rhénium possède une grande résistance aux températures élevées et à la corrosion.* ■ Élément chimique de numéro atomique 75 et de symbole Re.

RHÉO..., ■ [ʀeo] Préfixe provenant du gr. *rheô, rhein* signifiant couler.

RHÉOBASE, ■ n. f. [ʀeobaz] (*rhéo-* et *base*) Physiol. Intensité minimale de courant électrique nécessaire pour la stimulation d'un structure organique à l'aide d'une longue durée d'impulsion. *La rhéobase contracte artificiellement un muscle, un nerf. Chronaxie et rhéobase.*

RHÉOLOGIE, ■ n. f. [ʀeoloʒi] (*rhéo-* et *-logie*) Phys. Branche de la physique qui étudie l'écoulement et la déformation de la matière sous l'effet de contraintes. *L'élasticité, la plasticité et la viscosité sont les trois déformations de la matière étudiées par la rhéologie.*

RHÉOLOGIQUE, ■ adj. [ʀeoloʒik] (*rhéologie*) Qui concerne la rhéologie. *Les caractéristiques, les propriétés rhéologiques d'un matériau.*

RHÉOMÈTRE, ■ n. m. [ʀeomɛtʀ] (*rhéo-* et *-mètre*) Appareil qui mesure l'écoulement des fluides. *Rhéomètre rotatif à contrainte imposée.*

RHÉOPHILE, ■ adj. [ʀeofil] (*rhéo-* et *-phile*) Qui est adapté à vivre dans les eaux à fort courant, notamment dans les eaux torrentielles. *Insecte rhéophile. Poisson rhéophile. Plante rhéophile.*

RHÉOSTAT, ■ n. m. [ʀeosta] (*rhéo-* et gr. *statos*, stable) Résistance permettant de modifier l'intensité du courant électrique dans un circuit.

RHÉOSTATIQUE, ■ adj. [ʀeostatik] (*rhéostat*) Qui concerne le rhéostat. *Réglage effectué à l'aide d'un bouton rhéostatique.*

RHÉOTAXIE, ■ n. f. [ʀeotaksi] (*rhéo-* et gr. *taxis*, arrangement) Biol. Réaction de locomotion consistant pour un organisme à se mouvoir dans un courant d'eau. *La rhéotaxie des alevins au moment du frai. La rhéotaxie positive ou négative, dans le sens du courant ou en sens contraire.*

RHÉOTROPISME, ■ n. m. [ʀeotʀopism] (*rhéo-* et *tropisme*) Biol. Réaction d'une plante à croître en fonction d'un courant d'eau. *Rhéotropisme positif ou négatif,* dans le sens du courant ou en sens contraire.

RHÉSUS, ■ n. m. [ʀezys] (lat. *Rhesus*, roi légendaire de Thrace) Macaque du nord de l'Inde utilisé dans les expériences scientifiques sur le sang humain. ■ Antigène dont la présence (rhésus positif, symbole Rh⁺) ou l'absence (rhésus négatif, symbole Rh⁻) dans les globules rouges du sang détermine le système des groupes sanguins. *Le rhésus fut découvert en 1940 en injectant dans l'oreille d'un lapin le sang d'un singe rhésus.*

RHÉTEUR, n. m. [ʀetœʀ] (lat. *rhetor*, du gr. *rhêtôr*) En parlant des Anciens ou de ceux qui sont morts, celui qui enseigne l'art de bien dire, et qui donne des règles et des préceptes d'éloquence. ◆ Par dénigrement, l'homme qui ne cherche que la forme du discours, qui ne s'attache pas du tout au fond des choses. ◆ Celui qui dissimule de mauvaises ou insuffisantes raisons sous une forme passionnée.

RHÉTIQUE ou **RÉTIQUE**, ■ adj. [ʀetik] (lat. *rhæticus*, de la Rhétie) Qui concerne la Rhétie, ancienne région des Alpes centrales. ■ N. m. Ling. Ancienne langue romane parlée notamment dans les Alpes avant l'arrivée des Romains.

RHÉTORICIEN, IENNE, n. m. [ʀetoʀisjɛ̃, jɛn] (*rhétorique*) Celui qui sait la rhétorique. ◆ Adj. « *Grégoire de Tours ne laisse pas que d'être fleuri et rhétoricien dans son style* », CHATEAUBRIAND. ◆ Écolier qui étudie en rhétorique.

RHÉTORIQUE, n. f. [ʀetoʀik] (lat. *rhetorica*, du gr. *rhêtôrikê*) L'art de bien dire ou l'art de parler de manière à persuader. ◆ *Figures de rhétorique,* formes particulières de langage qui donnent de la force ou de la grâce au discours. ◆ *La classe de rhétorique* ou *la rhétorique,* la classe où l'on enseigne la rhétorique. ◆ Ouvrage écrit sur la rhétorique. ◆ Titre de certains traités de rhétorique. *La « Rhétorique » d'Aristote.* ◆ **Fig.** et **fam.** Tout ce qu'on emploie dans le discours pour persuader quelqu'un, ou pour exposer, décrire quelque chose. *Épuiser toute sa rhétorique.* ◆ Par dénigrement, discours vain et pompeux. ◆ **Adj.** Qui concerne la rhétorique. *Des traités rhétoriques. Des relations rhétoriques.*

RHÉTORIQUEUR, ■ n. m. [ʀetoʀikœʀ] (*rhétorique*) *Les grands rhétoriqueurs,* groupe de poètes à la cour de Bourgogne (de la fin du XVᵉ et du début du XVIᵉ siècle) célèbres pour les subtilités de leur versification et le raffinement de leur style.

RHÉTO-ROMAN, ■ n. m. [ʀetoʀomɑ̃] (*rhétique* et 2 *roman*) Ling. Ensemble de langues ou de dialectes romans parlés en Suisse (canton des Grisons) et dans le nord de l'Italie, c'est-à-dire dans l'ancienne province romaine de Rhétie. *Le frioulan, le ladin et le romanche font partie du rhéto-roman.* ■ Adj. *La littérature rhéto-romane.*

RHEXISTASIE, ■ n. f. [ʀɛksistazi] (gr. *rhexein*, rompre, et *statos*, arrêt) Géol. Période au cours de laquelle l'érosion des sols est intense à cause de l'absence ou de la rareté de la végétation. *La rhexistasie et la biostasie.*

RHINANTHE, ■ n. m. [ʀinɑ̃t] (lat. scient. *rhinantus*, du gr. *rhinos*, nez) Bot. Plante herbacée annuelle à fleurs généralement jaunes qui pousse dans les prairies, plutôt sur un sol calcaire, dont les graines sont toxiques et dont une variété s'appelle la crête-de-coq. *Le rhinanthe doit son nom scientifique au fait que la fleur a l'apparence d'un nez ou d'un bec.*

RHINENCÉPHALE, ■ n. m. [ʀinɑ̃sefal] (*rhino-* et *encéphale*) Anat. Zone de l'encéphale, la plus ancienne du cortex cérébral, qui est constituée d'une large bande de substance grise située sur la face interne des hémisphères cérébraux, recevant des influx olfactifs chez les mammifères primitifs mais également des influx tactiles, visuels et auditifs chez les mammifères supérieurs. *Le rhinencéphale est le cerveau de l'olfaction, mais il est aussi considéré comme étant le siège des émotions, de l'affectivité et de la mémoire.* ■ REM. Le rhinencéphale est aussi appelé le *système limbique.*

1 RHINGRAVE, n. m. [ʀɛ̃gʀav] (all. *Rheingraf*, de *Rhein*, Rhin, et *Graf*, comte) Comte du Rhin ; il se disait des juges, des gouverneurs des villes situées le long du Rhin, et de quelques princes d'Allemagne. ◆ *Madame la rhingrave,* la femme d'un rhingrave. ■ REM. On écrivait aussi *ringrave* autrefois.

2 RHINGRAVE, n. f. [ʀɛ̃gʀav] (all. *Rheingraf*, nom propre) Espèce de haut-de-chausses fort ample, attaché par le bas avec plusieurs rubans.

RHINGRAVIAT, n. m. [ʀɛ̃gʀavja] (*rhingrave*) Fonction, dignité de rhingrave.

RHINITE, ■ n. f. [ʀinit] (gr. *rhinos*, nez) Inflammation importante de la muqueuse nasale. ■ REM. On dit aussi plus couramment *rhume.*

RHIN(O)..., ■ [ʀino] Préfixe provenant du gr. *rhis, rhinos,* signifiant *nez.*

RHINOCÉROS, n. m. [ʀinoseʀɔs] (gr. *rhinokerôs*, de *rhinos*, nez, et *keras*, corne) Grand quadrupède sauvage portant une ou deux cornes sur le nez, genre de l'ordre des pachydermes. ■ REM. Le rhinocéros est un grand mammifère ongulé herbivore d'Asie ou d'Afrique. *Le rhinocéros barète. Le rhinocéros barrit.*

RHINOLARYNGITE, ■ n. f. [ʀinolaʀɛ̃ʒit] (*rhino-* et *laryngite*) Méd. Rhinite accompagnée d'une laryngite.

RHINOLOGIE, ■ n. f. [ʀinoloʒi] (*rhino-* et *-logie*) Méd. Partie de la médecine qui soigne les maladies du nez.

RHINOLOPHE, ■ n. m. [ʀinolɔf] (*rhino-* et gr. *lophos*, aigrette) Zool. Chauve-souris des régions tempérées et tropicales d'Europe et d'Asie, caractérisée par des fosses nasales ayant la forme d'un arc de cercle et qui est également appelée pour cette raison *fer-à-cheval.*

RHINOPHARYNGÉ, ÉE, ■ adj. [ʀinofaʀɛ̃ʒe] (rhino- et pharyngé) Méd. Qui concerne le rhinopharynx. *Un écoulement rhinopharyngé. La muqueuse rhinopharyngée. Une obstruction rhinopharyngée.* ■ Rem. On emploie également l'adjectif *rhinopharyngien, rhinopharyngienne.*

RHINOPHARYNGIEN, IENNE, ■ adj. [ʀinofaʀɛ̃ʒjɛ̃, jɛn] (rhino- et pharyngien) Méd. Qui concerne le rhinopharynx. *Le conduit rhinopharyngien. Un virus rhinopharyngien. La paroi rhinopharyngienne.* ■ Rem. On emploie également l'adjectif *rhinopharyngé, rhinopharyngée.*

RHINOPHARYNGITE, ■ n. f. [ʀinofaʀɛ̃ʒit] (rhino- et pharyngite) Maladie affectant la muqueuse nasale et le pharynx. *Rhinopharyngite aiguë, chronique.*

RHINOPHARYNX, ■ n. m. [ʀinofaʀɛ̃ks] (rhino- et pharynx) Méd. Partie supérieure du pharynx située derrière les fosses nasales et au-dessus du voile du palais. *Une tumeur du rhinopharynx.*

RHINOPLASTIE, n. f. [ʀinoplasti] (rhino- et -plastie) Chir. Opération ayant pour but de refaire un nez, lorsque cette partie du visage a été retranchée ou détruite par une cause quelconque. ■ Rem. La rhinoplastie est auj. une opération de chirurgie esthétique ou de chirurgie réparatrice visant respectivement à corriger le volume, la taille ou la forme du nez ou à le remodeler fonctionnellement.

RHINOSCOPE, ■ n. m. [ʀinoskɔp] (rhino- et -scope) Méd. Instrument servant à examiner les fosses nasales par le pharynx ou par une des deux narines.

RHINOSCOPIE, ■ n. f. [ʀinoskɔpi] (rhino- et -scopie) Méd. Examen des fosses nasales par le pharynx ou par une des deux narines.

RHINOVIRUS, ■ n. m. [ʀinoviʀys] (rhino- et virus) Virus du rhume.

RHIZO..., ...RHIZE, ■ [ʀizo, ʀiz] Préfixe et suffixe tirés du gr. *rhiza* et signifiant *racine.*

RHIZOBIUM, ■ n. m. [ʀizɔbjɔm] (rhizo- et gr. *bios*, vie) Biol. Bactérie hétérotrophe appartenant au genre rhizobium qui fixe l'azote des plantes de la famille des légumineuses grâce à une enzyme qui ne fonctionne qu'en l'absence d'oxygène. *Le rhizobium envahit les cellules des nodules de la racine d'une légumineuse et y prélève les glucides nécessaires à sa nutrition carbonée tandis que la plante profite des substances azotées produites par la bactérie.*

RHIZOCTONE, ■ n. m. [ʀizɔktɔn] (rhizo- et gr. *kteinein*, tuer) Bot. Champignon microscopique et parasite qui détruit les racines de certaines plantes en y formant des croûtes brunâtres. *Le rhizoctone de la carotte, de la pomme de terre. Le rhizoctone ocellé.*

RHIZOFLAGELLÉ, ■ n. m. [ʀizɔflaʒele] (concentration de *rhizopode* et *flagellé*) Zool. Protozoaire qui rassemble les rhizopodes et les flagellés. ■ Rem. Le rhizoflagellé est un sous-embranchement.

RHIZOÏDE, ■ n. m. [ʀizɔid] (rhizo- et -oïde) Bot. Filament des algues, des fougères ou des lichens qui a un rôle fixateur et absorbant.

RHIZOMATEUX, EUSE, ■ adj. [ʀizɔmatø, øz] (rhizome) Se dit d'une plante qui possède des rhizomes. *Des bégonias rhizomateux. Des iris bulbeux et des iris rhizomateux. Une orchidée rhizomateuse.*

RHIZOME, n. m. [ʀizɔm] (gr. *rhizôma*, ce qui a des racines) Bot. Tige souterraine, ordinairement horizontale, qui s'allonge en poussant soit des rameaux, soit des feuilles à l'une de ses extrémités, tandis qu'elle se détruit par l'autre.

RHIZOPHAGE, ■ adj. [ʀizɔfaʒ] (rhizo- et -phage) Qui se nourrit de racines. ■ N. m. Papillon ressemblant à une guêpe et qui se nourrit des racines du framboisier. *La larve du rhizophage attaque l'intérieur des racines et des tiges du framboisier.*

RHIZOPHORE, ■ n. m. [ʀizɔfɔʀ] (rhizo- et -phore) Bot. Variété de palétuvier qui a des racines latérales.

RHIZOPODES, ■ n. m. pl. [ʀizɔpɔd] (rhizo- et -pode) Zool. Classe de protozoaires capables d'émettre des pseudopodes servant à la locomotion et à la préhension. *Les amibes, les foraminifères et les radiolaires sont des rhizopodes.*

RHIZOSPHÈRE, ■ n. f. [ʀizɔsfɛʀ] (rhizo- et -sphère) Géogr. Région du sol qui, sous influence des racines végétales, est très riche en microorganismes.

RHIZOSTOME, ■ n. m. [ʀizɔstɔm] (rhizo- et -stome) Zool. Méduse de grande taille vivant en Méditerranée, au corps assez ferme, peu urticant et qui possède huit bras buccaux dentelés permettant l'ingestion de plancton. ■ Rem. Le rhizostome est aussi appelé *poumon de mer.*

RHIZOTOME, ■ n. m. [ʀizɔtɔm] (rhizo- et gr. *temnein*, couper) Instrument servant à couper les racines.

RHIZOTOMIE, ■ n. f. [ʀizɔtɔmi] (rhizo- et -tomie) Section d'une racine nerveuse de la moelle épinière lors d'une opération chirurgicale. *Une rhizotomie dorsale.*

RHO, ■ n. m. inv. [ʀo] Dix-septième lettre de l'alphabet grec (Ρ, ρ), correspondant au *r* dans l'alphabet français.

RHODAMINE, ■ n. f. [ʀodamin] (gr. *rhodon*, rose, et *amine*) Matière colorante rouge fluorescente. *La rhodamine B et la rhodamine 123.*

RHODANIEN, IENNE, ■ adj. [ʀodanjɛ̃, jɛn] (lat. *Rhodanus*, Rhône) Relatif au Rhône. *Au sud de Lyon et en suivant le Rhône commence le couloir rhodanien entre les Alpes et le Massif central.* ■ N. m. et f. Habitant, habitante du département du Rhône.

RHODIAGE, ■ n. m. [ʀodjaʒ] (rhodium) Revêtement d'une pellicule de rhodium sur des surfaces métalliques afin de les protéger. *Le rhodiage des bijoux. Bains de rhodiage.*

RHODIÉ, ÉE, ■ adj. [ʀodje] (rhodium) Qui est recouvert de rhodium. *Un collier en métal rhodié. Une boîte rhodiée.* ■ Qui contient du rhodium.

RHODINOL, ■ n. m. [ʀodinɔl] (gr. *rhodinos*, de rose) Chim. Huile du géranium rosat dont l'essence rappelle celle de la rose. ■ Essence de rose et de géranium.

RHODITE, ■ n. f. [ʀodit] (rhodium) Alliage naturel de rhodium et d'or. ■ Zool. Insecte hyménoptère parasite. ■ Rem. En ce dernier sens, on dit aussi *cynips.*

RHODIUM, ■ n. m. [ʀodjɔm] (gr. *rhodon*, rose) Chim. Métal peu fusible trouvé dans le platine du commerce.

RHODODENDRON, n. m. [ʀododɛ̃dʀɔ̃] (gr. *rhodon*, rose, et *dendron*, arbre) Nom d'un genre de plantes qui sert de type à la famille des rhododrées. ■ Rem. Le rhododendron est un arbuste à feuilles persistantes cultivé pour ses fleurs ornementales.

RHODOÏD, ■ n. m. [ʀodoid] (nom déposé par Rhône-Poulenc, du lat. *Rhodanus*, Rhône, d'apr. *celluloïd*) Matière plastique transparente ininflammable à base d'acétate de cellulose. ■ Feuille plastique d'acétate de cellulose.

RHODOPHYCÉE, ■ n. f. [ʀodofise] (gr. *rhodon*, rose, et *phukos*, algue) Bot. Algue marine que l'on appelle également *algue rouge* à cause du pigment rouge vif dont elle est constituée.

RHODOPSINE, ■ n. f. [ʀodɔpsin] (gr. *rhodon*, rose, et *opsis*, vue) Biol. Molécule photosensible qui confère la coloration pourpre orangé à la rétine périphérique. *La rhodopsine est contenue dans les cellules visuelles qui transforment la lumière en influx nerveux destiné à donner une image au niveau du cerveau. La rhodopsine permet la vision, et plus particulièrement la vision crépusculaire.* ■ Rem. On appelle également la rhodopsine le *pourpre rétinien.*

RHOMBE, n. m. [ʀɔ̃b] (gr. *rhombos*, toupie, losange) Quadrilatère, plus souvent dit losange, dont les côtés sont tous égaux sans que les angles soient droits. ♦ Adj. *Minéral à bases rhombes.* ♦ Nom d'un genre de poissons acanthoptérygiens. ♦ Nom d'un genre de poissons malacoptérygiens.

RHOMBENCÉPHALE, ■ n. m. [ʀɔ̃bãsefal] (gr. *rhombos*, losange, et *encéphale*) Anat. Partie postérieure de l'encéphale qui comprend le métencéphale (la protubérance annulaire et le cervelet) et le myélencéphale (le bulbe rachidien) et qui se termine par la moelle épinière. *Le prosencéphale, le mésencéphale et le rhombencéphale.* ■ Rem. On appelle également le rhombencéphale l'*arrière-cerveau* ou le *cerveau postérieur.*

RHOMBIFORME, ■ adj. [ʀɔ̃bifɔʀm] (gr. *rhombos*, losange, et *-forme*) Géom. Qui a la forme du rhombe. ■ Rem. On dit également *rhombique.*

RHOMBIQUE, adj. [ʀɔ̃bik] (rhombe) Géom. Qui a la forme du rhombe. ■ Rem. On dit également *rhombiforme.*

RHOMBOÈDRE, ■ n. m. [ʀɔ̃bɔedʀ] (gr. *rhombos*, losange, et *hedra*, base) Géom. Corps solide dont les six faces sont des rhombes. ♦ Cristal dont les six faces ressemblent à des rhombes.

RHOMBOÉDRIQUE, ■ adj. [ʀɔ̃boedʀik] (rhomboèdre) Qui tient du rhomboèdre, qui en a la forme.

RHOMBOÏDAL, ALE, ■ adj. [ʀɔ̃boidal] (rhomboïde) Géom. Qui a la figure du rhomboïde.

RHOMBOÏDE, ■ n. m. [ʀɔ̃boid] (gr. *rhombos*, losange, et -oïde) Figure plane dont la forme approche de celle du rhombe. ♦ On dit aujourd'hui *parallélogramme.* ♦ Anat. Muscle du dos. ♦ Adj. *Le muscle rhomboïde.*

RHÔNALPIN, INE, ■ adj. [ʀonalpɛ̃, in] (Rhône-Alpes) Qui concerne la région Rhône-Alpes, relatif à la région Rhônes-Alpes. *Un village rhônalpin.* ■ N. m. et n. f. Habitant, habitante de la région Rhônes-Alpes.

RHOPALOCÈRE, adj. [ʀopalosɛʀ] (gr. *rhopalon*, massue, et *keras*, corne) Hist. nat. Qui a les antennes terminées en massue. *Les papillons rhopalocères sont les papillons dits de jour.*

RHOTACISME, ■ n. m. [ʀotasism] (rho, d'apr. *iotacisme*) Méd. Défaut de prononciation qui se caractérise par une grande difficulté, voire une impossibilité à prononcer les *r.* ■ Phonét. Modification phonétique complexe qui consiste à transformer une consonne (par exemple, le *s* ou le *l*) en *r.* Le *rhotacisme est surtout fréquent en latin mais aussi dans quelques autres langues indo-européennes.*

RHOVYL, ■ n. m. [ʀɔvil] (nom déposé) Fibre synthétique à base de PVC ayant pour principales caractéristiques l'isolation thermique, le transfert d'humidité et l'ininflammabilité.

RHUBARBE, n. f. [ʀybaʀb] (b. lat. *rheubarbarum,* de *rheu,* racine, et *barbarum,* barbare) Nom collectif de plusieurs racines employées en médecine. ◆ ▷ *Rhubarbe des moines,* la patience. ◆ ◆ ▷ *Fig. Passez-moi la rhubarbe et je vous passerai le séné,* Voy. SÉNÉ. ◁ ■ Plante à larges feuilles, dont les pétioles sont comestibles après cuisson. *Une tarte à la rhubarbe.* ■ REM. La *rhubarbe des moines* ou *rumex des Alpes* est une variété de rhubarbe cultivée notamment dans les alpages du Valais, canton de Suisse. ■ REM. On écrivait aussi *rubarbe* autrefois.

RHUM, n. m. [ʀɔm] (mot angl. d'orig. incert.) Alcool retiré de la mélasse. ■ REM. Le rhum est aussi obtenu après distillation de la canne à sucre. ■ REM. On écrivait aussi *rum* autrefois.

RHUMATIQUE, adj. [ʀymatik] (rad. de *rhumatisme*) Syn. de rhumatismal.

RHUMATISANT, ANTE, adj. [ʀymatizɑ̃, ɑ̃t] (b. lat. *rheumatizans,* de *rheumatizare,* être atteint de fluxion) Qui est affecté de rhumatismes. ◆ N. m. et n. f. *Un rhumatisant.*

RHUMATISÉ, ÉE, adj. [ʀymatize] (rad. de *rhumatisme*) Qui est affecté de rhumatisme. ■ REM. On préfère aujourd'hui *rhumatisant.*

RHUMATISMAL, ALE, adj. [ʀymatismal] (*rhumatisme*) Qui appartient au rhumatisme. *Des accidents rhumatismaux.* ◆ *Fièvre rhumatismale,* fièvre qui accompagne le rhumatisme aigu.

RHUMATISME, n. m. [ʀymatism] (lat. *rheumatismus,* du gr. *rheumatismos,* catarrhe, flux) Méd. Douleurs qui siègent particulièrement dans les muscles ou les articulations, et qui ne sont accompagnées ni de fièvre ni d'aucun caractère d'inflammation. ◆ *Rhumatisme articulaire,* inflammation du système fibro-séreux des articulations. ■ REM. On sait auj. que le rhumatisme peut être accompagné de fièvre et d'affections inflammatoires, dégénératives, métaboliques ou infectieuses.

1 RHUMATO, ■ n. m. et n. f. [ʀymato] **Fam.** Rhumatologue. *Elle a pris rendez-vous chez son rhumato.*

2 RHUMATO, ■ n. f. [ʀymato] (abrév. de *rhumatologie*) **Fam.** Rhumatologie. *Le service de rhumato de l'hôpital.*

RHUMATOÏDE, ■ adj. [ʀymatoid] (rad. de *rhumatisme* et -*oïde*) **Méd.** Qui a des caractéristiques communes avec les rhumatismes. *Une polyarthrite rhumatoïde.*

RHUMATOLOGIE, ■ n. f. [ʀymatoloʒi] (rad. de *rhumatisme* et -*logie*) **Méd.** Spécialité qui traite les rhumatismes. ■ **Abrév. fam.** Rhumato. ■ **RHUMATOLOGIQUE**, adj. [ʀymatoloʒik] ■ **RHUMATOLOGUE**, n. m. et f. [ʀymatolɔg] **Abrév. fam.** Rhumato.

RHUMB, ■ n. m. [ʀɔb] Voy. RUMB.

RHUME, n. m. [ʀym] (lat. *rheuma,* du gr. *rheuma,* écoulement) Syn. vulgaire de bronchite. ◆ On dit aussi *rhume de poitrine* ou *de gorge.* ◆ *Rhume négligé,* commencement de diverses espèces de phtisies. ◆ *Rhume de cerveau* ou *absol. rhume,* syn. de coryza. ■ Inflammation de la muqueuse des fosses nasales. ■ *Rhume des foins,* rhinite saisonnière due à une allergie au pollen.

RHUMER, ■ v. tr. [ʀɔme] (*rhum*) Ajouter du rhum à. *Une crème pâtissière rhumée.*

RHUMERIE, ■ n. f. [ʀɔm(ə)ʀi] (*rhum*) Lieu où l'on fabrique le rhum. ■ Lieu public spécialisé dans les boissons à base de rhum.

RHUS, n. m. [ʀys] (lat. *rhus,* du gr. *rhous*) ▷ Le sumac. ◁

RHYNCH(O)..., ■ [ʀɛ̃ko] Préfixe provenant du gr. *rhugkhos* et signifiant groin, bec.

RHYNCHOCÉPHALE, ■ n. m. [ʀɛ̃kosefal] (*rhyncho-* et -*céphale*) Ordre de reptiles comptant essentiellement des fossiles de l'ère secondaire et dont le seul représentant actuel est le hattéria (appelé aussi le *sphénodon*), animal ressemblant à un gros lézard vivant sur les côtes néo-zélandaises et dont la mâchoire supérieure revient sur la mâchoire inférieure en se prolongeant par un petit bec.

RHYNCHONELLES, ■ n. f. pl. [ʀɛ̃konɛl] (lat. *rynchonella,* du gr. *rhugkhos,* groin, bec) **Zool.** Ensemble des fossiles de coquillages de la famille des brachiopodes dont il existait de nombreuses espèces aux ères primaire et secondaire.

RHYNCHOTES, ■ n. m. pl. [ʀɛ̃kɔt] (gr. *rhugkhos,* groin, bec) **Zool.** Hémiptères. *Les rhynchotes forment un ordre.*

RHYOLITE, ■ n. f. [ʀjolit] (gr. *rhein,* couler, et *lithos,* pierre) **Géol.** Roche volcanique vitreuse composée de feldspath, de quartz et d'amphibole (les trois composants du granit) que l'on trouve principalement dans la lave. *Utilisation de la rhyolite en bijouterie.* En appos. *Un pendentif rhyolite.*

RHYTHM AND BLUES ou **RHYTHM-AND-BLUES**, ■ n. m. [ʀitmɛnbluz] (expr. anglo-amér.) Genre musical populaire inventé dans les années 1940 par les Noirs américains qui s'apparente au blues mais auquel on a ajouté beaucoup de rythme, ce qui rend cette musique très enjouée. *L'un des premiers chanteurs du rhythm and blues fut Ray Charles.* ■ REM. Le rhythm and blues devient dans les années 1990 le R & B, qui englobe entre autres la soul, le funk, le hip-hop et ses variantes.

RHYTHME, n. m. [ʀitm] Voy. RYTHME.

RHYTHMÉ, adj. [ʀitme] Voy. RYTHMÉ.

RHYTHMIQUE, adj. [ʀitmik] Voy. RYTHMIQUE.

RHYTIDOME, ■ n. m. [ʀitidom] (gr. *rhutidos,* ride) **Bot.** Partie de l'écorce d'un arbre, à la périphérie de la tige, qui est constituée de cellules mortes et que l'on appelle couramment, à tort, l'*écorce. Rhytidome annulaire ou rhytidome écailleux. Avec un rhytidome annulaire, l'écorce d'un arbre aura tendance à se desquamer par lambeaux ou par fibres. Chez certains arbres, comme le chêne-liège ou le hêtre, le rhytidome est inexistant.*

RHYTON, n. m. [ʀitɔ̃] (gr. *rhuton*) Nom d'un ancien vase grec, servant à boire, large par le haut, étroit par le bas.

RIA, ■ n. f. [ʀja] (mot port., baie) Vallée étroite et allongée, creusée par un petit fleuve et envahie profondément par la mer. *Côtes à rias.*

RIAL, ■ n. m. [ʀjal] (mot ar.) Unité monétaire de l'Arabie Saoudite, de l'Iran, du sultanat d'Oman, du Qatar et de la république du Yémen. *Des rials. Le rial saoudien, le rial iranien, le rial omanais, le rial du Qatar et le rial du Yémen.*

RIANT, ANTE, adj. [ʀjɑ̃, ɑ̃t] (1 *rire*) Qui rit. *Une jeunesse riante.* ◆ Par extens. Qui annonce de la gaieté, de la joie. *Mine riante.* ◆ Agréable à la vue. « *Les maisons y sont propres, commodes, riantes* », FÉNELON. ◆ Gracieux, agréable à l'esprit. « *Le monde a des dehors plus riants que la vertu* », MASSILLON.

RIB, ■ n. m. [ʀib] (sigle de *relevé d'identité bancaire*) Document officiel remis par la banque au titulaire d'un compte comprenant les coordonnées du titulaire du compte, le nom de la banque et le numéro de compte. *Joindre un RIB à un titre interbancaire de paiement.*

RIBAMBELLE, n. f. [ʀibɑ̃bɛl] (prob. de *riban,* anc. forme de *ruban*) Fam. et en mauvaise part, longue suite. *Ribambelle d'injures, d'enfants, etc.*

RIBAT, ■ n. m. [ʀiba] (mot ar.) Ancien monastère servant de forteresse au Maghreb. *Le ribat de Monastir en Tunisie.*

RIBAUD, AUDE, adj. [ʀibo, od] (anc. fr. *riber,* se livrer à la débauche, de l'a. h. all. *riban,* être en chaleur) **Pop.** et **grossier** Impudique, luxurieux. ◆ N. m. et n. f. *Un ribaud. Une ribaude.* ◆ *Roi des ribauds,* officier de la suite du roi dont l'emploi était de s'enquérir des crimes qui se commettaient dans cette suite et d'en faire justice.

RIBAUDEQUIN, ■ n. m. [ʀibod(ə)kɛ̃] (néerl. *ribaudekijn*) **Vx** Engin de guerre médiéval constitué de pièces d'artillerie de petit calibre montées sur un chariot.

RIBAUDERIE, n. f. [ʀibod(ə)ʀi] (*ribaud*) Action de ribaud.

RIBLEUR, n. m. [ʀiblœʀ] (anc. fr. *ribler,* courir la nuit, se livrer à la débauche, voler, de l'a. h. all. *riban,* être en chaleur) **Pop.** et **vieilli** Celui qui court les rues la nuit comme les filous.

RIBLON, ■ n. m. [ʀiblɔ̃] (prob. de *ribler,* voir *ribleur*) **Métall.** Déchet de fonte ou d'acier, vieille ferraille. *Recycler les riblons.*

RIBOFLAVINE, ■ n. f. [ʀiboflavin] (*ribose* et *flavine*) **Chim.** Vitamine B2, hydrosoluble, c'est-à-dire qu'elle ne peut être stockée par l'organisme, que l'on trouve dans les légumes à feuilles vertes, les légumineuses, les céréales complètes, les fruits oléagineux mais surtout dans les algues. *La riboflavine, joue un rôle important dans la respiration des cellules et dans l'absorption intestinale des glucides.*

RIBONUCLÉASE, ■ n. f. [ʀibonykleaz] (*ribose* et *nucléase*) **Chim.** Enzyme sécrétée par le pancréas qui décompose les molécules de l'acide ribonucléique.

RIBONUCLÉIQUE, ■ adj. [ʀibonykleik] (*ribose* et *nucléique*) **Chim.** *Acide ribonucléique,* Voy. ARN.

RIBORDAGE, n. m. [ʀibɔʀdaʒ] (*ribord,* altér. de *rebord*) **Mar.** Dommage que le choc d'un bâtiment cause à un autre. ◆ Indemnité que l'on paye dans ce cas.

RIBOSE, ■ n. m. [ʀiboz] (rad. de *ribonique,* s. e. *acide ribonique,* altér. de *acide arabonique,* de *arabine,* élément de la gomme arabique) **Chim.** Glucide à cinq atomes de carbone, qui ne peut pas être décomposé par hydrolyse et qui est présent dans l'acide ribonucléique. *Le ribose est un pentose.*

RIBOSOME, ■ n. m. [ʀibozom] (*ribose* et gr. *sôma,* petit corps) Biol. Parti-cule cytoplasmique présente dans les cellules vivantes, qui traduit en pro-téines l'information contenue dans l'ADN et assemble les acides aminés pour former les protéines. ■ RIBOSOMAL, ALE, adj. [ʀibozomal] ■ RIBOSOMIQUE, adj. [ʀibozomik]

RIBOTE, n. f. [ʀibɔt] (*riboter*) Pop. Débauche de table ; excès de boisson. *Faire ribote. Être en ribote.*

RIBOTER, v. intr. [ʀibote] (prob. de *ribaud*) Pop. Faire une débauche de table, et surtout boire avec excès.

RIBOTEUR, EUSE, n. m. et n. f. [ʀibotœʀ, øz] (*riboter*) Celui, celle qui aime à riboter.

RIBOULANT, ANTE, ■ adj. [ʀibulɑ̃, ɑ̃t] (*ribouler*) Fam. et vx *Yeux ribou-lants,* yeux ronds qui expriment l'étonnement, la stupéfaction. ■ REM. On dit aussi *ribouler des yeux.*

RIBOULDINGUE, ■ n. f. [ʀibuldɛ̃g] (*ribouldinguer,* p.-ê. de *ribouler* et *din-guer,* voir *dingue*) Fam. Fête, partie de plaisir. « *Tout son flouze s'était liquéfié en amendes ou en ribouldingues* », GUÉRIN. ■ Fam. et vx *Faire la ribould-ingue,* faire la fête.

RIBOULER, ■ v. intr. [ʀibule] (forme dial. de *rebouler,* de *re-* et *boule*) Fam. et vx *Ribouler des yeux,* rouler les yeux en signe d'étonnement, de stupéfac-tion. ■ REM. On dit aussi *des yeux riboulants.*

RIBOZYME, ■ n. m. [ʀibozim] (*ribose*) Chim. Molécule d'ARN qui a pour propriété d'accélérer une réaction biochimique.

RICAIN, AINE, ■ n. m. et f. [ʀikɛ̃, ɛn] (aphérèse de *américain*) Pop. Améri-cain des États-Unis. *Elle parlait avec émotion des Ricains qu'elle avait connus lors de la Libération.* ■ Adj. Qui est américain.

RICANANT, ANTE, ■ adj. [ʀikanɑ̃, ɑ̃t] (*ricaner*) Qui ricane. *Une vieille sorcière ricanante.*

RICANEMENT, n. m. [ʀikan(ə)mɑ̃] (*ricaner*) Action de ricaner. ♦ Péj. Rire idiot.

RICANER, v. intr. [ʀikane] (altér. de l'anc. fr. *recaner,* braire, d'apr. *rire,* de l'anc. b. frq. *kinni,* joue) Rire à demi. ♦ Rire en se moquant, rire avec mé-pris.

RICANERIE, n. f. [ʀikan(ə)ʀi] (*ricaner*) Ris, rire de celui qui ricane.

RICANEUR, EUSE, n. m. et n. f. [ʀikanœʀ, øz] (*ricaner*) Celui, celle qui ricane.

RIC-À-RIC, loc. adv. [ʀikaʀik] (onomat.) Fam. Avec une exactitude rigide. « *On ne compte guère ric-à-ric avec la fortune ; et, quand elle veut bien réparer ses torts, on les oublie* », Mme DE GRIGNAN. ♦ Avec lésinerie, en donnant, en payant le moins qu'on peut. *Payer ric-à-ric.* ■ REM. On dit aujourd'hui *ric-rac.*

RICERCARE, ■ n. m. [ʀitʃɛʀkaʀe] (mot it., de *ricercare,* rechercher) Mus. Pièce instrumentale inaugurée au XVIᵉ siècle ressemblant à la fugue. Au pl. *Des ricercares* ou *des ricercari* (pluriel italien). *Les ricercares de Domenico Gabrielli.*

RICHARD, ARDE, n. m. et n. f. [ʀiʃaʀ, aʀd] (*riche*) Fam. Celui ou celle qui a beaucoup de bien, qui a fait une grande fortune. *Une grosse richarde.* ■ REM. Le terme *richard, richarde* est auj. péjoratif.

RICHE, adj. [ʀiʃ] (anc. b. frq. *riki,* puissant) Qui possède de grands biens. ♦ *Riche de tant,* dont la fortune monte à tant. ♦ *Être riche comme Crésus, comme un Crésus,* être extrêmement riche. On dit de même familièrement : *Riche comme un Juif[1],* riche à millions. ♦ *Faire un riche mariage,* épouser une personne qui a une grande fortune. ♦ Fig. Il se dit des qualités person-nelles considérées comme un bien de grande valeur. « *Il est riche en vertus* », MOLIÈRE. « *Un homme content des témoignages de sa conscience et riche de sa modération* », FLÉCHIER. ♦ Il se dit aussi de certaines qualités corporelles. *Un jeune homme riche de mine.* ♦ *Une riche taille,* une taille au-dessus de la moyenne, et de belles proportions. ♦ Abondant, fertile, productif. *Pays riche en blés. La moisson a été riche.* ♦ Absol. *Pays riche,* pays qui possède un grand commerce, une agriculture florissante. ♦ Qui contient, renferme en grande quantité. *Bibliothèque riche en manuscrits.* ♦ Fig. En parlant des ou-vrages d'esprit, fécond en idées. *Un sujet fort riche.* ♦ On dit dans un sens analogue : *Une riche imagination.* ♦ *Une langue riche,* une langue abon-dante en mots et en tours. ♦ *Style riche,* celui dans lequel on réunit en grande quantité les ornements et les figures brillantes ou agréables. ♦ Pré-cieux, magnifique, de grand prix. *Un riche diadème.* ♦ Peint., archit. et **sculpt.** Accompagné d'ornements précieux par la matière ou par le travail. ♦ *Composition riche,* composition remarquable par le nombre et l'heureuse harmonie des figures. ♦ *Rimes riches,* celles où le son consonnant est pré-cédé de la même articulation. « *Oreille* » et « *pareille* » sont des rimes riches. ♦ Se dit des substances qui en contiennent d'autres. *Minerai riche en argent.* ♦ N. m. *Un riche,* une personne riche. ♦ *Le mauvais riche,* celui dont parle

l'Évangile, et par extens. tout homme très riche qui n'est point charitable. ■ N. m. et rare f. *Un nouveau riche,* personne récemment enrichie qui fait étalage de sa fortune. ■ REM. 1 : Cette expression est raciste.

RICHELIEU, ■ n. m. [ʀiʃəljø] (*Richelieu,* cardinal français) Chaussure de ville, basse et à lacets. *Une paire de richelieus.*

RICHEMENT, adv. [ʀiʃ(ə)mɑ̃] (*riche*) D'une manière riche. ♦ *Pourvoir ri-chement ses enfants,* leur donner des établissements considérables. ♦ Ma-gnifiquement. *Richement vêtu.* ♦ Par plaisanterie. *Richement laid,* aussi laid que possible. ♦ *Rimer richement,* employer des rimes riches.

RICHESSE, n. f. [ʀiʃɛs] (*riche*) Abondance de biens, d'argent, de valeurs de toute espèce. ♦ Au pl. De grands biens. ♦ Écon. et polit. *La richesse pu-blique,* le produit du sol, de l'industrie et du commerce d'un État. ♦ Il se dit des choses avec lesquelles on gagne de l'argent. *Son talent fait toute sa richesse.* ♦ Abondance de productions naturelles. *La richesse du sol, d'une mine, etc.* ♦ *La richesse du minerai,* se dit d'un minerai qui contient beau-coup de métal. ♦ Magnificence, en parlant de choses dont la matière ou les ornements sont de grand prix. *La richesse d'une parure.* ♦ *La richesse,* les gens riches. ♦ Choses de prix. ♦ Fig. *La richesse d'une langue,* l'abondance d'une langue en expressions et en tours. ♦ *Richesse des rimes,* qualité des rimes riches. ♦ Peint. *La richesse d'une composition,* le nombre et la belle ordonnance des figures, jointe à la beauté de leurs formes et de leurs at-titudes. ♦ Il se dit d'une taille riche. ♦ Il se dit de ce qui est considéré comme une richesse, de ce qui tient lieu de richesse. *La richesse du sage est la modération.* ♦ Prov. *Contentement passe richesse,* mieux vaut être pauvre et content que riche et tourmenté par les inquiétudes.

RICHISSIME, adj. [ʀiʃisim] (*riche* et suff. du superl. *-issime*) Fam. Extrême-ment riche.

RICIN, n. m. [ʀisɛ̃] (lat. *ricinus*) Plante exotique de la famille des euphor-biacées, dite aussi palma-Christi. ♦ *Huile de ricin,* huile purgative extraite des graines du ricin. ♦ Insecte dit aussi *pou des chiens, tique.*

RICINÉ, ÉE, ■ adj. [ʀisine] (*ricin*) Qui contient de l'huile de ricin. *Une huile ricinée.*

RICKETTSIE, ■ n. f. [ʀikɛtsi] (*Ricketts,* biologiste américain) Biol. Petite bactérie qui se transmet à l'homme et à l'animal par la morsure de tiques ou de poux et qui est à l'origine de rickettsioses. *Le typhus est une maladie infectieuse qui est provoquée par une rickettsie.*

RICKETTSIOSE, ■ n. f. [ʀikɛtsjoz] (*rickettsie*) Méd. Ensemble des maladies infectieuses causées par des rickettsies et inoculées par des tiques, des poux ou des puces. *La fièvre Q, la fièvre pourprée, la fièvre boutonneuse, le typhus ou encore le typhus des broussailles sont des rickettsioses.*

RICKSHAW, ■ n. m. [ʀikʃo] (mot hindi) Véhicule tricycle très répandu en Asie, à propulsion humaine ou mécanique (l'autorickshaw) et qui est des-tiné au transport de personnes ou de marchandises. *Des rickshaws.* ■ REM. Alors qu'on se nomme plutôt *rickshaw* en Inde, ce moyen de transport est plutôt appelé *trishaw* en Malaisie et dans les pays voisins.

RICOCHER, v. intr. [ʀikoʃe] (*ricochet*) Artill. Faire des ricochets. *Le boulet, la balle ricocha.*

RICOCHET, n. m. [ʀikoʃɛ] (orig. incert., p.-ê. de *cochet,* petit coq) Selon l'Académie, espèce de petit oiseau répétant continuellement son ramage ; de là cette ancienne locution : *C'est la chanson du ricochet,* c'est toujours le même discours. ♦ Bond que fait une pierre plate et légère, jetée obli-quement à la surface de l'eau. ♦ Artill. Bonds faits par le projectile d'une bouche à feu, quand il vient à toucher le sol. ♦ *Tir à ricochets,* tir dans lequel on utilise les ricochets. *Battre, tirer à ricochets.* ♦ Fig. Suite d'événe-ments amenés les uns par les autres. « *Dans cette vie tout s'enchaîne, et tout marche par ricochets* », PICARD. *Cette nouvelle m'est venue par ricochet,* elle est arrivée d'une manière indirecte, on ne la tient pas de première main.

RICOTTA, ■ n. f. [ʀikota] (mot it., du lat. *recocta,* de *recoquere,* faire recuire) Fromage frais italien cuit deux fois et fabriqué à partir du lactosérum, gé-néralement de vache, de brebis ou de chèvre. *La ricotta peut être consommée en y ajoutant du sel ou du sucre : elle s'utilise ainsi pour la préparation de plats salés ou sucrés. Les cannellonis à la ricotta.*

RIC-RAC, ■ adj. inv. [ʀikʀak] (onomat.) Fam. Avec une exactitude impa-rable. *Il paiera ric-rac.* ■ Tout juste. *On a gagné ric-rac.* « *C'est vrai qu'ils sont parfois ric-rac mes parents à la fin du mois* », ERNAUX. ■ REM. On disait autrefois *ric-à-ric.*

RICTUS, n. m. [ʀiktys] (mot lat., de *ringor,* grogner en montrant les dents) Mot latin qu'on emploie quelquefois aujourd'hui, et qui signifie fente de la bouche. ♦ Sourire forcé et grimaçant trahissant une émotion négative. *Le rictus du vaincu. Le rictus du dégoût.*

RIDAGE, ■ n. m. [ʀidaʒ] (*rider*) Mar. Action de rider un cordage, de le tendre. *Un dispositif de ridage. Le ridage des mâts.*

RIDE, n. f. [ʀid] (*rider*) Voy. RIDER. Pli du front, du visage et des mains, qui est ordinairement l'effet de l'âge. ♦ Se dit des sillons ou plis d'une membrane ou d'une expansion quelconque. ♦ **Bot.** Nom donné à des enfoncements plus ou moins allongés, irréguliers et peu profonds. ♦ **Fig.** et **poétiq.** Froncement que le vent fait naître sur la surface de l'eau. ♦ **Géol.** Grand pli qu'offrent les terrains.

RIDÉ, ÉE, p. p. de rider. [ʀide] *Front ridé.* ♦ Flétri, ratatiné. *Une pomme ridée.*

RIDEAU, n. m. [ʀido] (*rider*) **Milit.** Petite élévation de terre derrière laquelle on peut se cacher. ♦ Morceau d'étoffe auquel sont attachés des anneaux coulant sur une tringle, et qu'on tire pour couvrir, cacher ou conserver quelque chose. *Rideaux de lit, de fenêtre, de carrosse, etc.* ♦ *Tirer le rideau, le fermer,* cacher quelque chose avec un rideau. ♦ **Fig.** *Tirer le rideau sur,* passer sous silence, ne plus s'occuper l'esprit de. « *Je tire le rideau sur vos torts* », MME DE SÉVIGNÉ. ♦ *Tirer le rideau,* en un sens contraire, l'ouvrir de devant quelque chose, et fig. écarter de devant les regards de l'esprit ce qui les intercepte. ♦ **Fig.** *Se tenir derrière le rideau,* conduire une affaire sans se mettre en avant, sans se faire connaître. *Il y a quelqu'un derrière le rideau.* ♦ **Fig.** *Tirez le rideau, la farce est jouée,* tout est fini. ♦ **Fig.** *Passer derrière le rideau,* cesser d'être en évidence, ne plus s'occuper de. ♦ Toile d'un théâtre, qu'on lève pour montrer le spectacle aux spectateurs, et qu'on baisse pour leur cacher la scène. ♦ Haie ou palissade d'arbres ou d'arbrisseaux, produisant de l'ombre, ou rompant la violence du vent ou de l'eau. ♦ Il se dit aussi de ce qui borne la vue. *Un rideau de peupliers. Un rideau de nuages.* ♦ Assemblage de trois ou quatre lames de tôle qui ouvrent ou ferment à volonté le devant d'une cheminée. ■ *En rideau,* en panne. *Être, tomber en rideau.* ■ *Rideau de fer,* fermeture métallique de la devanture d'un magasin. ■ *Rideau de fer,* rideau métallique séparant la scène de la salle en cas d'incendie dans un théâtre. ■ **Hist.** *Le Rideau de fer,* ligne qui séparait en Europe les États communistes des États non communistes. ■ **Fam.** *Grimper aux rideaux,* éprouver du plaisir sexuel, avoir un orgasme. ■ **Interj.** *Rideau !,* ça suffit !

RIDÉE, n. f. [ʀide] (*rider*) **Chasse** Filet qui sert à attraper les alouettes. ■ Ronde de six ou huit temps dansée en Bretagne.

RIDELLE, n. f. [ʀidɛl] (m. h. all. *reidel,* rondin) Chacun des deux côtés d'une charrette qui sont faits en forme de râtelier.

RIDEMENT, n. m. [ʀid(ə)mɑ̃] (*rider*) Action de rider, de se rider. *Le ridement de la peau chez le chien.*

RIDER, v. tr. [ʀide] (a. h. all. *rîdan,* tordre, tourner) Causer des rides. « *La vieillesse languissante et ennemie des plaisirs viendra rider ton visage* », FÉNELON. ♦ **Fig.** et **poétiq.** *Le vent ride la surface de l'eau,* y produit de légères ondulations. ♦ *Se rider,* v. pr. Prendre, se donner un air ridé. ♦ Devenir ridé. « *Ces joues-là se rideront un jour* », VOLTAIRE. ♦ **Fig.** et **poétiq.** Se froncer sous l'impulsion du vent. ♦ Avec suppression du pronom personnel. « *Le moindre vent qui d'aventure Fait rider la face de l'eau* », LA FONTAINE. ♦ **Mar.** Tendre, raidir au moyen de ridoirs. *Rider un cordage. Rider un hauban.*

1 RIDICULE, adj. [ʀidikyl] (lat. *ridiculus,* plaisant, drôle) Digne de risée, en parlant des personnes et des choses. *Un homme ridicule. Des discours ridicules.* ♦ **N. m.** et f. *Un ridicule, une ridicule,* une personne ridicule. ♦ **N. m.** Ce qu'il y a de ridicule dans une personne ou dans une chose. *Avoir des ridicules.* ♦ *En ridicule,* d'une manière qui excite la moquerie. ♦ *Tourner, traduire en ridicule,* se moquer. ♦ *Donner, prêter un ridicule,* rendre ridicule. ♦ *Se donner un ridicule, des ridicules,* se rendre un objet de moquerie. ■ Discours ou acte par lequel on se moque d'une personne. « *Le ridicule est l'arme favorite des Français* », RAYNAL. ■ **Théât.** Ce qui prête au comique. *Des caractères susceptibles de ridicule.* ■ **Adj.** Qui est insensé, absurde. *C'est ridicule de penser cela !* ■ Qui est dérisoire, insignifiant. *Un prix ridicule.*

2 RIDICULE, n. m. [ʀidikyl] Voy. RÉTICULE.

RIDICULEMENT, adv. [ʀidikyl(ə)mɑ̃] (1 *ridicule*) D'une manière ridicule.

RIDICULISATION, n. f. [ʀidikylizasjɔ̃] (*ridiculiser*) Fait de rendre quelqu'un ou quelque chose ridicule. *Je n'apprécie pas la ridiculisation dont j'ai fait l'objet.*

RIDICULISÉ, ÉE, p. p. de ridiculiser. [ʀidikylize]

RIDICULISER, v. tr. [ʀidikylize] (1 *ridicule*) Tourner en ridicule.

RIDICULITÉ, n. f. [ʀidikylite] (1 *ridicule*) Qualité de ce qui est ridicule. « *La ridiculité de ses manières* », MME DE SÉVIGNÉ. ♦ Action, parole ridicule.

RIDOIR, n. m. [ʀidwaʀ] (*rider*) **Mar.** Appareil à vis qui permet le ridage d'un hauban. *Montage sur ridoirs. Ridoirs à chape fixe.*

RIDULE, n. f. [ʀidyl] (*ride*) Petite ride.

RIÈBLE, n. m. [ʀjɛbl] (orig. incert., p.-ê. du b. lat. *rebulus*) **Région. Bot.** Le gaillet accrochant.

RIEL, ■ n. m. [ʀjɛl] (mot cambodgien) Unité monétaire du Cambodge. *Des riels.*

RIEMANNIEN, IENNE, ■ adj. [ʀimanjɛ̃, jɛn] (*Riemann,* mathématicien allemand) Qui concerne les théories mathématiques de Bernhard Riemann. ■ *La géométrie riemannienne,* géométrie non euclidiennne. ■ **REM.** On l'appelle aussi la *géométrie sphérique.*

RIEN, n. m. [ʀjɛ̃] (lat. *res, rem,* chose) Quelque chose. « *Tu n'as pas sujet de rien appréhender* », MOLIÈRE. « *La coutume de France ne veut pas qu'un gentilhomme sache rien faire* », MOLIÈRE. ♦ C'est en vertu de cette signification que l'on construit quelquefois *ne... pas,* avec *rien.* « *On ne veut pas rien faire ici qui vous déplaise* », RACINE. ♦ Avec la particule négative *ne, rien* signifie nulle chose. « *La mesure de bonheur qui nous a été donnée est assez petite, il n'en faut rien perdre* », FONTENELLE. ♦ **Fig.** *On ne fait rien de rien,* on ne saurait réussir en quoi que ce soit, si on n'a quelques moyens, quelques ressources pour y parvenir. ♦ *N'être rien,* n'occuper aucun emploi, aucune position. ♦ *N'être rien,* n'être d'aucun prix, d'aucune valeur, d'aucun intérêt, n'être compté pour rien. *Je ne suis pas de ceux qui disent : Ce n'est rien, C'est une femme qui se noie* », LA FONTAINE. ♦ ▷ *N'être de rien à quelqu'un,* ne l'intéresser en aucune façon. ◁ ♦ *De rien avec ne,* nullement. « *Il ne sera pas dit que je ne serve de rien dans cette affaire-là* », MOLIÈRE. ♦ *De rien,* se dit absol. et pop. pour : Ce n'en vaut pas la peine. ♦ *Ne rien faire,* demeurer dans l'oisiveté, le repos. ♦ Avec ellipse de *ne. « Passer... La nuit à bien dormir et le jour à rien faire* », BOILEAU. ♦ *Ne rien faire,* n'avoir aucun emploi. ♦ *N'avoir rien,* être sans fortune. ♦ *Ne rien dire,* garder le silence, ou bien dire des choses qui ne sont que du bavardage. ♦ *Ne parler de rien,* garder le silence sur un objet qu'on a sur le cœur, ou qui préoccupe, ou qui importe. ♦ **Fig.** *Ne rien dire,* avec un nom de chose pour sujet, ne pas agréer, ne pas intéresser. *Cela ne me dit rien.* ■ **Fam.** *Cela ne fait rien,* est de peu d'importance. ♦ *Ne faire semblant de rien,* se comporter comme si on ignorait, comme si on ne s'intéressait pas à. ♦ *Ne compter pour rien,* n'avoir aucun égard à, ne faire aucun cas de. ♦ On dit aussi : *Ne compter à rien, ne compter rien.* ♦ *Il n'en est rien,* la chose dont il s'agit n'existe pas. ♦ **Fam.** *Ne savoir rien de rien,* ne savoir absolument rien. ♦ *Rien* se dit quelquefois des personnes. « *C'est s'estimer rien qu'estimer tout le monde* », MOLIÈRE. ♦ **Ellipt.** *Rien que de,* en ne faisant que, en ne comptant que. *Rien que d'y penser, etc.* ♦ *Ne... rien moins que,* en aucune façon, nullement. *Il n'est rien moins que sage* veut dire proprement : Il n'est aucune chose moins que sage ; et d'autres termes : De toutes les choses qu'il est, celle qu'il est le moins, c'est sage. ♦ *Ne... rien moins,* se dit quelquefois pour *rien moindre, rien de moins,* et prend alors un sens affirmatif. « *Ces riches vêtements dont le baptême les a revêtus, vêtements qui ne sont rien moins que Jésus-Christ même* », BOSSUET. ♦ Quand rien est suivi d'un adjectif, on le sépare par la préposition *de. Rien de fâcheux n'est arrivé.* ♦ On supprime quelquefois *de* dans le style poétique. « *Et n'ayant rien si cher que ton obéissance* », MALHERBE. ♦ Par abus, *rien,* sans la négative *ne,* se dit pour nulle chose. *Tout ou rien.* ♦ *Si peu que rien, pas plus gros que rien, moins que rien,* extrêmement peu, très petit. ♦ Dans une réponse, *rien* pour nulle chose. *Que vous a-t-il donné ? Rien.* ♦ *Pour rien,* gratuitement, sans payer. ♦ **Fig.** *Pour rien,* sans s'en ressentir. « *Ce roi a aussi ses préjugés qu'il faut lui pardonner ; on n'est pas roi pour rien* », VOLTAIRE. ♦ *Réduire à rien,* anéantir. ♦ *Cela s'est réduit à rien,* il n'en est presque rien resté ; se dit aussi d'une affaire dont on se promettait un grand succès et qui n'en a eu aucun. ♦ On dit aussi : *Venir, devenir, aller à rien.* ♦ *De rien,* après un substantif, marque la petitesse, le peu de valeur, le peu d'importance, etc. « *Une déité de rien* », MOLIÈRE. « *Un précipice caché derrière une petite haie de rien* », MME DE SÉVIGNÉ. ♦ *Cet homme est venu de rien,* il est venu d'une basse condition. ♦ On dit de même : *Un homme de rien.* ♦ *Rien,* par exagération, peu de chose. *Il a eu cette maison pour rien.* ♦ **N. m.** Néant, nullité. « *Tout ce qui n'est pas corps leur paraît un rien* », BOSSUET. ♦ Peu de chose. « *Un songe, un rien, tout lui fait peur* », LA FONTAINE. ♦ *En un rien,* en un instant. ♦ **N. m. pl.** Bagatelles, choses de peu d'importance. *Dire des riens.* ■ EN RIEN, loc. adv. En quelque chose. ♦ Avec une négation. « *Ce qui glace mes sens ne vous émeut en rien* », LEMERCIER. ■ EN MOINS DE RIEN, loc. adv. Très promptement. ♦ *Comme si de rien n'était,* comme si la chose n'était pas arrivée. ♦ *On ne fait rien pour rien,* l'intérêt personnel se mêle toujours dans les services rendus. ■ *Qui ne risque rien n'a rien.* ■ **N. m.** *Un rien de,* un tout petit peu de. *Cette soupe manque d'un rien de sel.* ■ *En un rien de temps,* très rapidement. ■ *Comme un rien,* très facilement. ■ *Un rien du tout, un moins que rien,* personne qui n'a pas grande valeur (morale ou sociale), personne méprisable. ■ **Pron. indéf.** Aucune chose, nulle chose. *Je ne veux rien. Je ne sais rien.* ■ *On n'a rien sans rien,* on n'obtient rien sans effort. ■ *De rien,* il n'y a pas de quoi, je vous en prie. *Je vous en remercie. - De rien.* ■ *N'être rien pour quelqu'un,* ne pas compter pour quelqu'un. *Cette femme n'est absolument rien pour moi.* ■ *Rien que,* seulement. *Rien que toi et moi.* ■ *Ce n'est rien,* ce n'est pas grave, c'est sans importance. ■ *Cela ne me dit rien,* cela ne m'évoque rien, cela ne me tente pas.

RIESLING, ■ n. m. [ʀisliŋg] (mot all.) Cépage blanc cultivé dans la région du Rhin, d'Alsace et de la Moselle. ■ Vin blanc sec, très estimé, issu de ce cépage. *Des rieslings. Choisirez-vous un riesling ou un sylvaner?*

RIEUR, EUSE, n. m. et n. f. [ʀijœʀ, øz] (1 *rire*) Celui, celle qui rit. ◆ *Avoir les rieurs de son côté,* faire rire aux dépens de son adversaire, et fig. avoir pour soi l'approbation du plus grand nombre. ◆ Celui, celle qui aime à rire. ◆ Adj. *Des jeunes filles rieuses.* ◆ Celui ou celle qui raille.

RIF ou **RIFFE**, ■ n. m. [ʀif] (lat. *rufus,* rougeâtre, roux) **Arg.** Feu. *Mettre le rif.* ■ Premières lignes, ligne de front. *Monter au rif.* ■ Arme à feu. ■ Bagarre. *Chercher du rif,* chercher la bagarre. ■ *De rif,* rapidement.

RIFAIN, AINE, ■ adj. [ʀifɛ̃, ɛn] (*Rif,* région du Maroc) Qui concerne le Rif, le massif du nord du Maroc. *Les artistes rifains. Le bassin rifain.* ■ N. m. et n. f. Habitant, habitante du Rif. ■ N. m. Parler du nord et du nord-est du Maroc.

RIFF, ■ n. m. [ʀif] (mot anglo-amér.) **Mus.** Phrase musicale très mélodique et rythmée, mais aussi répétitive à intervalles réguliers et produisant un effet sur les auditeurs grâce à son rythme accrocheur. *Le riff était initialement utilisé par les musiciens de jazz, puis s'est répandu dans le blues, le swing, le rock et le funk.*

RIFIFI, ■ n. m. [ʀififi] (*rif*) **Fam.** Bagarre. « *Quand dans ma bande y'a du rififi, j'me téléphone* », RENAUD.

1 RIFLARD, n. m. [ʀiflaʀ] (*rifler*) Rabot à deux poignées, qui sert à dresser le bois de charpente. ◆ Large ciseau dont les maçons se servent pour ébarber les ouvrages de plâtre. ◆ **Techn.** Outil muni d'une lame légèrement convexe, utilisé pour dégrossir. *Riflard de maçon, de menuisier.*

2 RIFLARD, n. m. [ʀiflaʀ] (*Riflard,* nom d'un personnage de comédie portant un parapluie) **Fam.** Vieux parapluie.

RIFLE, ■ n. m. [ʀifl] (mot angl., de *to rifle,* former des rainures) Carabine caractérisée par un long canon rayé. *Tirer avec un rifle.* ■ *Carabine (de) vingt-deux long rifle,* carabine de précision, d'un calibre de vingt-deux centièmes de pouce, utilisée pour la chasse et le sport. *Chasser un gibier avec un rifle.*

RIFLER, ■ v. tr. [ʀifle] (anc. h. all. *rifflôn,* déchirer en frottant) **Techn.** Dresser le bois de charpente ; aplanir une surface avec un riflard ou un rifloir. *Rifler un métal.*

RIFLETTE, ■ n. f. [ʀiflɛt] (dimin. de *rifle,* var. de *rif*) **Arg.** Guerre. ■ **Arg.** *Aller à la riflette,* aller au combat.

RIFLOIR, ■ n. m. [ʀiflwaʀ] (*rifler*) **Techn.** Lime ou râpe, aux bouts recourbés, utilisée par les ébénistes et les sculpteurs pour travailler le bois, la pierre ou le marbre. *Le rifloir permet de travailler avec précision sur des parties de pièces concaves ou difficiles d'accès. Le rifloir à bois du charpentier. Un jeu de rifloirs.*

RIFT, ■ n. m. [ʀift] (mot angl., fente, crevasse) **Géol.** Fossé d'effondrement d'une longueur variable (de quelques centaines à plusieurs milliers de kilomètres) situé sur une zone de fracture de l'écorce terrestre. *Il existe des rifts continentaux et des rifts océaniques. Beaucoup de rifts sous-marins se trouvent à la jointure des plaques tectoniques.*

RIGAUDON ou **RIGODON**, n. m. [ʀiɡodɔ̃] (orig. inc.) Ancienne danse d'un mouvement vif sur un air à deux temps ; elle se dansait à deux personnes. ◆ Air à deux temps, très animé, sur lequel on dansait le rigaudon, et par extens. tout air propre à une danse vive.

RIGIDE, adj. [ʀiʒid] (lat. *rigidus*) **Hist. nat.** Qui ne plie pas, dur, raide. ◆ **Fig.** Dont la sévérité ne fléchit jamais. *Un juge rigide.* « *Vous étiez si rigide dans vos arrêts* », BOURDALOUE. ◆ Il se dit aussi des choses. *Mœurs, maximes rigides* ◆ Se dit de ceux qui, étant d'une religion, d'une secte ou d'une école, font profession de soutenir tous les dogmes, tous les sentiments. *Un stoïcien rigide.*

RIGIDEMENT, adv. [ʀiʒid(ə)mɑ̃] (*rigide*) D'une manière rigide.

RIGIDIFIER, ■ v. tr. [ʀiʒidifje] (*rigide*) Rendre rigide ou plus rigide. *Rigidifier un livre. Rigidifier son visage.*

RIGIDITÉ, n. f. [ʀiʒidite] (lat. *rigiditas*) **Hist. nat.** État de ce qui ne cède ni à la flexion, ni à la pression. *Rigidité cadavérique.* ◆ Défaut de souplesse, raideur. ◆ **Fig.** Sévérité qui ne fléchit jamais. ◆ Au pl. *Actes de rigidité.*

RIGODON, n. m. [ʀiɡodɔ̃] Voy. RIGAUDON.

RIGOLADE, ■ n. f. [ʀiɡolad] (1 *rigoler*) **Fam.** Moment où l'on rigole, où l'on s'amuse. *Partie de rigolade.* ■ *Ce travail, c'est de la rigolade,* chose très simple, bagatelle. ■ Chose plaisante, peu sérieuse, insignifiante. *Son travail passe pour une rigolade.*

RIGOLAGE, ■ n. m. [ʀiɡolaʒ] (2 *rigoler*) **Hortic.** Action de creuser des rigoles soit pour irriguer, soit pour semer. *Une bêche de rigolage.*

RIGOLARD, ARDE, ■ adj. [ʀiɡolaʀ, aʀd] (1 *rigoler*) **Fam.** Qui rigole, gai, enjoué. *Un discours rigolard.* « *La voix est vulgaire, grasseyante, mais juvénile et éclaircie d'une note rigolarde* », TOURNIER. ■ N. m. et n. f. *T'es un p'tit rigolard,* tu es un petit plaisantin, un petit drôle.

RIGOLE, n. f. [ʀiɡol] (néerl. *regel,* rangée, ligne droite) Petit fossé creusé dans la terre, ou petit canal creusé dans des pierres de taille, pour amener l'eau dans un terrain. ◆ **Ponts et chaussées** Lit artificiel, creusé pour amener les eaux d'un ruisseau, d'un réservoir, d'une rivière sur un point où elles n'arrivent pas naturellement. ◆ Il se dit du cours d'eau lui-même. « *Au fond du vallon coule une rigole* », J.-J. ROUSSEAU. ◆ Petite tranchée faite pour planter des bordures de buis, de thym, etc. ◆ Petite tranchée pour faire écouler l'eau.

1 RIGOLER, ■ v. intr. [ʀiɡole] (croisement de l'anc. fr. *riole,* bavardage, d'orig. incert., et de *gale,* réjouissance, voir *galant*) **Fam.** S'amuser, se divertir. *On a bien rigolé en vacances.* ◆ Rire bruyamment et parfois vulgairement. *Arrête de rigoler comme ça!* ■ Plaisanter, blaguer, se moquer de. *Il vaut mieux en rigoler.*

2 RIGOLER, ■ v. tr. [ʀiɡole] (*rigole*) **Techn.** Installer des rigoles d'irrigation, de drainage ou d'écoulement. *Rigoler un fossé, un pré, une rivière.*

RIGOLEUR, EUSE, ■ adj. [ʀiɡolœʀ, øz] (1 *rigoler*) **Fam.** et vx Rigolard.

RIGOLO, OTE, ■ adj. [ʀiɡolo, ɔt] (1 *rigoler*) **Fam.** Drôle, amusant. *Une blague rigolote.* ■ Étrange, curieux. *C'est rigolo, de ne pas savoir faire du vélo aujourd'hui.* ■ N. m. et f. Personne amusante, comique. ■ Personne que l'on ne peut pas prendre au sérieux, plaisantin. *C'est un petit rigolo, votre cousin.* ■ N. m. **Arg.** Révolver.

RIGORISME, n. m. [ʀiɡoʀism] (*rigueur*) Attachement aux règles morales ou religieuses poussé jusqu'à la rigueur.

RIGORISTE, n. m. et n. f. [ʀiɡoʀist] (*rigueur*) Celui ou celle qui pousse jusqu'à la rigueur la sévérité des principes. ◆ Adj. *Secte rigoriste.*

RIGOTTE, ■ n. f. [ʀiɡɔt] (*ricotta*) *La rigotte de Condrieu,* petit fromage au lait cru et entier de chèvre, à pâte molle, à croûte fleurie bleue, de forme cylindrique et moulé à la louche. *La rigotte de Condrieu est fabriquée dans le Lyonnais.* ■ **Rem.** Il existe d'autres rigottes, qui sont toujours des petits fromages à pâte molle, mais qui sont fabriquées à partir du lait de vache, comme la *rigotte d'Échalas* (fabriquée dans le Lyonnais), la *rigotte de Sainte-Colombe* (fabriquée en Savoie) et la *rigotte des Alpes* (fabriquée dans le Dauphiné).

RIGOUREUSEMENT, adv. [ʀiɡuʀøz(ə)mɑ̃] (*rigoureux*) ▷ Avec rigueur. *Punir rigoureusement.* ◁ ■ *À la rigueur,* avec une exactitude parfaite. *Cela est rigoureusement vrai.* ■ Scrupuleusement. *Suivre rigoureusement le mode d'emploi.*

RIGOUREUX, EUSE, adj. [ʀiɡuʀø, øz] (lat. tard. *rigorosus*) Qui a beaucoup de sévérité dans ses maximes et dans sa conduite. « *Être doux pour tout autre et rigoureux pour soi* », BOILEAU. ■ En parlant des choses, rude, âpre, difficile à supporter. *Sentence rigoureuse. Ordre rigoureux.* ■ Il se dit d'une température dure, âpre, d'un climat soumis à une température de cette espèce. ◆ **Fig.** *Ciel rigoureux,* la divinité qui punit. ◆ En parlant des choses, qui demande ou qui prouve une exactitude sévère. *Maxime rigoureuse. Un rigoureux devoir.* ◆ Diète rigoureuse, une abstinence presque complète. ◆ Incontestable, évident. *Démonstration rigoureuse.*

RIGUEUR, n. f. [ʀiɡœʀ] (lat. *rigor,* dureté, sévérité) Dureté qui agit avec une sévérité inflexible. *La rigueur des lois.* « *On se met en état d'être craint, sans user souvent de rigueur* », FÉNELON. ◆ *Tenir rigueur,* ne pas accéder, ne pas accorder, ne pas pardonner. ◆ Ce qui est rude, âpre, difficile à supporter. « *La mort a des rigueurs à nulle autre pareilles* », MALHERBE. ◆ Dureté, âpreté de la température. *La rigueur de l'hiver.* ◆ Grande exactitude, grande sévérité dans l'application des règles. « *Il ne faut pas prendre cela dans un sens de rigueur* », BOSSUET. « *Contemplez mon devoir dans toute sa rigueur* », RACINE. ◆ On dit en littérature, dans un sens analogue : *La rigueur des règles, de la rime.* ◆ *Juges de rigueur,* les juges qui doivent prononcer selon la rigueur de la loi, et non d'après l'équité naturelle. ◆ *La loi de rigueur,* la loi de Moïse, par opposition à la loi nouvelle ou loi de grâce. ◆ *Cette clause, cette règle est de rigueur,* elle est indispensable. ◆ *Jouer de rigueur,* jouer suivant la règle. ◆ Insensibilité, indifférence de la part d'une femme. ◆ Caractère d'un raisonnement auquel l'esprit ne peut résister. *La rigueur d'une démonstration.* ■ *À la rigueur, dans la dernière rigueur, à la dernière rigueur, à toute rigueur, en toute rigueur,* dans la dernière exactitude, dans la dernière sévérité. « *Nous jugeons les autres à la rigueur, et souvent plus qu'à la rigueur* », BOURDALOUE. ◆ *À la rigueur,* à la lettre, sans modification ni adoucissement. « *Vous avez bien fait de ne point prendre cette mode à la rigueur* », MME DE SÉVIGNÉ. ■ *De rigueur,* imposé par les usages, les règlements. *Une tenue de rigueur.* ■ *À la rigueur,* en cas de nécessité absolue. *À la rigueur, je peux venir à 6 heures, mais pas avant.*

RIKIKI, ■ adj. [ʀikiki] Voy. RIQUIQUI.

RILLETTES, n. f. pl. [ʀijɛt] (dimin. de l'anc. fr. *rille*, bande de lard, du lat. *regula*, règle) Viande de porc hachée très menu et mêlée de graisse.

RILLONS, n. m. pl. [ʀijɔ̃] (anc. fr. *rille*, bande de lard, du lat. *regula*, règle) Menus résidus de porc ou d'oie qu'on a fait fondre pour en avoir la graisse. ♦ Charcuterie fabriquée à partir de gros morceaux de poitrine ou d'épaule de porc maigre, épicés, confits dans la graisse et servis froid. *Des rillons de porc.*

RIMAILLE, n. f. [ʀimaj] (*rimailler*) Par dénigrement Poésie, vers de peu de valeur. « *Voilà de la rimaille qui m'a échappé ; venons à la raison* », VOLTAIRE.

RIMAILLER, v. intr. [ʀimaje] (*rimer*) Fam. Faire de mauvais vers.

RIMAILLEUR, EUSE, n. m. et n. f. [ʀimajœʀ, øz] (*rimailler*) Celui ou celle qui rimaille, qui fait de mauvais vers.

RIMANT, ANTE, adj. [ʀimɑ̃, ɑ̃t] (*rimer*) Propre à rimer. *Syllabes rimantes.*

RIMAYE, ■ n. f. [ʀimaj] (lat. *rimata*, de *rimari*, fendre, ouvrir) Géogr. Crevasse plus ou moins profonde qui peut séparer la roche du glacier. *Une rimaye dans un col des Hautes-Alpes. Les rimayes sont parfois très difficiles à franchir.*

RIME, n. f. [ʀim] (orig. incert., p.-ê. de l'a. h. all. *rim*, série, nombre, ou du lat. *rhythmus*, rythme) Uniformité de son dans la terminaison de deux ou de plusieurs mots. ♦ Fam. *Mettre en rimes ou en rime*, mettre en vers. ♦ *Rime pleine* ou plus ordinairement *rime riche*, celle où non seulement le son, mais l'articulation est la même, comme *étude* et *solitude*. ♦ *Rime pauvre*, celle qui n'est que dans le son, et non dans l'articulation, comme *vertu* et *vaincu*. ♦ *Rime féminine*, rime qui se termine par un *e* muet. ♦ *Rime masculine*, celle qui ne se termine pas par un *e* muet. ♦ *Rimes croisées*, rimes masculines et féminines qui se succèdent alternativement. ♦ *Rimes plates*, rimes qui se suivent deux à deux, comme dans *Le Lutrin* de Boileau. ♦ *Rimes mêlées*, celles qui se succèdent sans aucun ordre, en observant seulement de faire alterner les masculines et les féminines. ♦ Fig. *Il n'y a ni rime ni raison dans…*, il n'y a pas de bon sens dans. ♦ On dit de même : *Cet homme, cette chose n'a ni rime, ni raison.* ♦ Au pl. Vers. *Les rimes légères et spirituelles de Voltaire.*

RIMÉ, ÉE, p. p. de rimer. [ʀime] ♦ *C'est de la prose rimée*, se dit de vers plats.

RIMER, v. intr. [ʀime] (*rime*) Avoir le même son, en parlant des finales des mots. ♦ *Rimer à l'oreille, aux oreilles*, se dit de deux finales dont le son est le même. *Rimer aux yeux*, se dit de deux finales qui ont même orthographe et non même son, comme *monsieur* et *seigneur*. ♦ Fig. et fam. *Ces deux choses ne riment pas ensemble*, elles n'ont aucun rapport. ♦ *Cela ne rime à rien*, cela est dépourvu de sens. ♦ *Rimer* se dit en parlant du poète occupé à faire rimer les mots. *Ce poète rime bien.* ♦ Faire des vers. ♦ V. tr. Faire rimer. « *Un esprit de travers, Qui, pour rimer des mots, pense faire des vers* », BOILEAU. ♦ Mettre en vers.

RIMEUR, EUSE, n. m. et n. f. [ʀimœʀ, øz] (*rimer*) Poète et le plus souvent mauvais poète. ♦ Adj. *Le peuple rimeur.* ♦ Celui ou celle qui n'emploie que des rimes riches dans ses vers. *Un excellent rimeur.*

RIMMEL, n. m. [ʀimɛl] (nom déposé) Fard utilisé pour les cils, mascara. *Tu as pleuré ? Le rimmel a coulé.*

RINÇAGE, n. m. [ʀɛ̃saʒ] (*rincer*) Action de rincer. ♦ Lavage à l'eau pure des objets qu'on vient de savonner.

RINCÉ, ÉE, p. p. de rincer. [ʀɛ̃se]

RINCEAU, n. m. [ʀɛ̃so] (lat. pop. *ramuscellus*, dimin. du lat. *ramus*, rameau) Archit. Ornement composé de branches et de fruits, ou de feuilles d'acanthe disposées par enroulement. ♦ Hérald. Branches chargées de feuilles. ■ Rem. On écrivait aussi *rainceau* autrefois.

RINCE-BOUCHE, n. m. [ʀɛ̃s(ə)buʃ] (*rincer* et *bouche*) Sorte de verre ou de bol, dans lequel on offre aux convives de l'eau chaude pour se rincer la bouche. ♦ Au pl. *Des rince-bouches.*

RINCE-BOUTEILLE, ■ n. m. [ʀɛ̃s(ə)butɛj] (*rincer* et *bouteille*) Appareil servant à rincer, à nettoyer les bouteilles. *Des rince-bouteilles.* ■ Hortic. Arbuste originaire d'Australie, aux feuilles persistantes, ovales et allongées et dont les inflorescences, le plus souvent rouges, sont groupées en épis cylindriques tel un goupillon de bouteille. *Le rince-bouteille (ou plante-goupillon) porte le nom scientifique de callistémon.*

RINCE-DOIGT, ■ n. m. [ʀɛ̃s(ə)dwa] (*rincer* et *doigt*) Petite serviette en papier imprégnée d'eau citronnée pour se rincer les doigts après un plat, notamment de fruits de mer, ou pour se nettoyer les mains. *Des rince-doigts jetables.* ■ Petit récipient rempli d'eau tiède, généralement parfumée au citron et destiné à se rincer les doigts à table.

RINCÉE, n. f. [ʀɛ̃se] (*rincer*) Pop. Volée de coups, correction manuelle. ■ Fam. Grosse averse. *Se prendre une rincée sur le coin du nez.*

RINCEMENT, n. m. [ʀɛ̃s(ə)mɑ̃] (*rincer*) ▷ Action de rincer. ◁

RINCER, v. tr. [ʀɛ̃se] (lat. pop. *recentiare*, rafraîchir) Nettoyer en lavant et en frottant. *Rincer les verres.* ♦ *Se rincer la bouche*, se laver la bouche. ♦ *Rincer du linge*, le passer dans une eau claire pour en ôter le savon qui a servi à le nettoyer. ♦ *Se rincer les mains*, passer de l'eau claire sur ses mains, après se les être savonnées. ♦ Fig. et pop. Réprimander, battre. ♦ *Il a été bien rincé*, il a été fort mouillé, et fig. il a été fortement réprimandé ou battu. ♦ Se rincer, v. pr. Fam. *Se rincer l'œil*, regarder avec plaisir et convoitise une belle chose et plus particulièrement une belle femme. ■ Fam. *Il s'est fait rincer au black-jack*, il a perdu beaucoup d'argent au black-jack. ■ Fam. *Il est rincé !*, il a tout perdu.

RINCETTE, ■ n. f. [ʀɛ̃sɛt] (*rincer*) Pop. Eau-de-vie versée dans sa tasse, après le café. *Le café, le pousse-café et la rincette.* ■ Petite quantité de vin versée dans un verre sous prétexte de le rincer.

RINCEUR, EUSE, n. m. et n. f. [ʀɛ̃sœʀ, øz] (*rincer*) Celui, celle qui rince.

RINÇURE, n. f. [ʀɛ̃syʀ] (*rincer*) Eau qui a servi à rincer un verre, une bouteille, etc. ♦ Par exagération. *De la rinçure de verre* ou absol. *de la rinçure*, du vin dans lequel on a mis trop d'eau. ♦ Boisson faite avec l'eau qui a servi à rincer les tonneaux, quand on soutire le vin.

RINFORZANDO, ■ adv. [ʀinfɔʀdzɑ̃do] (mot it., de *rinforzare*, renforcer) Mus. En renforçant, en augmentant subitement la sonorité. ■ Rem. *Rinforzando* s'abrège en *rf, rfz* ou *rinf*. ■ N. m. *Les cordes, les bois et les cuivres entament leur rinforzando.*

RING, ■ n. m. [ʀiŋg] (mot angl., bague, cercle) Vx Turf Enceinte où se tenaient les parieurs. ■ Arène du cirque. ■ Estrade carrée entourée de cordage où on tient lieu les combats de boxe, de lutte ou de catcheurs. *Monter sur le ring.* ■ La boxe. *Les rois du ring.*

1 RINGARD, n. m. [ʀɛ̃gaʀ] (all. dial. *Rengel*, bûche, rondin) Barreau que l'on soude à un morceau de fer pour le manier plus commodément. ♦ Métall. Tisonnier, tige de fer servant à remuer un métal, un alliage en fusion.

2 RINGARD, ARDE, ■ n. m. et n. f. [ʀɛ̃gaʀ, aʀd] (orig. inc.) Fam. Artiste médiocre et passé de mode. ■ Personne qui n'est pas à la page. ■ Adj. Qui est démodé et médiocre. *Une boîte de nuit ringarde.* ♦ **RINGARDISE**, n. f. [ʀɛ̃gaʀdiz] ■ **RINGARDISER**, v. tr. [ʀɛ̃gaʀdize] ■ **RINGARDISATION**, n. f. [ʀɛ̃gaʀdizasjɔ̃]

RINGARDAGE, ■ n. m. [ʀɛ̃gaʀdaʒ] (*ringarder*) Action de ringarder.

RINGARDER, ■ v. tr. [ʀɛ̃gaʀde] (1 *ringard*) Techn. Remuer un combustible en fusion (métal ou alliage) avec un ringard.

RINGGIT, ■ n. m. [ʀiŋgit] (mot malais) Unité monétaire de la Malaisie. *Des ringgits.* ■ Rem. Le *ringgit* est souvent appelé le *dollar malaisien.*

RINGRAVE, n. f. [ʀɛ̃gʀav] Voy. RHINGRAVE.

RINGUETTE, ■ n. f. [ʀɛ̃gɛt] (angl. *ring*, bague, cercle) Sport canadien collectif pratiqué majoritairement par des femmes, qui s'apparente au hockey sur glace et se joue avec un bâton sans lame et un anneau pneumatique. *Un tournoi de ringuette.*

RINK-HOCKEY, ■ n. m. [ʀiŋkɔkɛ] (mot angl., de *rink*, var. de *ring*, et *hockey*) Sport issu du hockey sur glace que l'on pratique avec des patins à roulettes ou avec des rollers. *Des rink-hockeys.*

RIOJA, ■ n. m. [ʀijɔxa] (*La Rioja*, région d'Espagne) Vin, le plus souvent rouge, provenant de la communauté autonome de la Rioja en Espagne. *Des riojas.*

RIOTER, v. intr. [ʀijɔte] (prob. de 1 *rire*) ▷ Pop. Rire un peu, rire dédaigneusement. ◁

RIOTEUR, EUSE, n. m. et n. f. [ʀijɔtœʀ, øz] (*rioter*) ▷ Pop. Celui ou celle qui ne fait que rioter. ◁

RIOTTE, n. f. [ʀjɔt] (*rioter*) ▷ Vieilli Querelle, dispute. ◁

RIP, ■ n. m. [ʀip] (sigle de *relevé d'identité postale*) Document officiel remis par la Poste au titulaire d'un compte comprenant les coordonnées du titulaire du compte, le nom et le numéro de l'établissement, le numéro du guichet, le numéro de compte et la clé RIP. *Les RIB et les RIP.*

RIPAGE, ■ n. m. [ʀipaʒ] (*riper*) Action de riper, de glisser. *Effectuer un ripage à l'aide de glissières.* ■ Ch. de fer. Déplacement d'une partie endommagée de voie ferrée sans la démonter. *Ripage du nouveau pont ferroviaire.*

RIPAILLE, n. f. [ʀipaj] (*riper*) Grande chère, débauche de table. *Faire ripaille.*

RIPAILLER, ■ v. intr. [ʀipaje] (*ripaille*) Fam. Manger et boire avec excès au cours de ripailles.

RIPAILLEUR, EUSE, n. m. et n. f. [ʀipajœʀ, øz] (*ripaille*) Celui ou celle qui fait ripaille.

RIPATON, ■ n. m. [ʀipatɔ̃] (*patte*) Pop. Pied d'une personne. *Des grands ripatons.*

RIPE, n. f. [ʀip] (*riper*) Voy. RIPER. Outil de maçon ou de sculpteur pour gratter un enduit, de la pierre, etc.

RIPÉ, ÉE, p. p. de riper. [ʀipe]

RIPER, v. tr. [ʀipe] (néerl. *rippen*, gratter, du frq. *riban*, frotter) Ratisser avec la ripe. ◆ V. intr. **Mar.** Glisser, se déplacer. *La cargaison ripa.* ■ V. intr. **Fam.** Déraper. *Le couteau a ripé et il s'est coupé.* ■ **Fam.** Partir. *Après le film, on ripe !* ■ **Ch. de fer.** *Riper une voie*, déplacer un partie endomagée de voie ferrée sans la démonter.

RIPIÉNO ou **RIPIENO**, ■ n. m. [ʀipjeno] (mot it., rempli) **Mus.** Dans un concerto grosso, ensemble de la masse orchestrale qui dialogue avec les solistes (le concertino). *Le ripiéno du grand-orgue. Concerto ripiéno en sol majeur. Des ripiénos* ou *des ripieno* (pluriel italien). *Ripiénos et concertinos.*

RIPOLIN, ■ n. m. [ʀipolɛ̃] (nom déposé, *Riep*, inventeur néerl. de cette peinture) Peinture laquée utilisée pour l'intérieur comme pour l'extérieur.

RIPOLINER, ■ v. tr. [ʀipoline] (*ripolin*) Appliquer une peinture laquée. *Ripoliner une façade.*

RIPOPÉE, n. f. [ʀipope] (p.-ê. d'orig. onomat.) ▷ Mélange que les cabaretiers font des différents restes de vin. ◆ Mélange de différentes sauces ou liqueurs. ◆ Fig. et fam. Ouvrage, écrit composé d'idées communes, incohérentes, etc. ◁

RIPOSTE, n. f. [ʀipɔst] (ital. *riposta*, réponse) Réponse vive et prompte pour repousser quelque raillerie ou quelque attaque. « *Il est homme qui a toujours la riposte en main* », MOLIÈRE. ◆ Ce qui se fait sur le champ pour repousser quelque injure. « *Coups de fouet de son cocher et riposte de celui de mon père* », SAINT-SIMON. ◆ **Escrime** Botte portée en parant.

RIPOSTER, v. intr. [ʀipɔste] (*riposte*) Répondre vivement pour repousser une raillerie, une attaque. ◆ En ce sens, il s'emploie quelquefois activement. *Si vous le fâchez, il vous ripostera quelque chose de désagréable.* ◆ Répondre par quelque chose de pareil. « *Ripostons par deux révérences* », MARIVAUX. ◆ Repousser vigoureusement une attaque, rendre un coup, etc. ◆ Parer et porter la botte du même mouvement.

RIPOU, ■ n. m. [ʀipu] (*pourri* en verlan) **Fam.** Personnage corrompu. *Des ripoux* ou *des ripous* ■ Adj. Corrompu. *Un policier ripou.*

RIPPER ou **RIPPEUR**, ■ n. m. [ʀipœʀ] (angl., *to rip*, déchirer) **Trav. publ.** Défonceuse.

RIPPLE-MARK, ■ n. f. [ʀipœlmaʀk] (mot angl., de *ripple*, ride [sur l'eau], et *mark*, trace) **Géogr.** Petite ride formée par le clapotement de la mer sur le sable ou par le vent sur les dunes désertiques. *Des ripple-marks.*

RIPUAIRE, adj. [ʀipɥɛʀ] (lat. médiév. *Ripuarii*, du lat. *ripa*, rive) Anciens peuples germaniques fixés sur les bords du Rhin et de la Meuse. *Les Francs ripuaires* ou n. m. pl. *les Ripuaires.* ◆ *La loi ripuaire*, la loi qui régissait ces peuples.

RIQUIQUI ou **RIKIKI**, ■ n. m. [ʀikiki] (onomat.) **Pop.** Eau-de-vie de qualité médiocre. *Un coup de riquiqui.* ■ Adj. **Fam.** Mesquin, petit. *Il est riquiqui ce cadeau !*

1 RIRE, v. intr. [ʀiʀ] (lat. *ridere*) Faire un certain mouvement de la bouche causé par l'impression qu'excite en nous quelque chose de gai, de plaisant. « *L'homme est le seul animal qui pleure et qui rie* », VOLTAIRE. ◆ *Rire de*, avec un infinitif. « *Je riais de le voir avec sa mine étique...* », BOILEAU. ◆ *Rire aux larmes*, rire si fort que les larmes coulent des yeux. ◆ *Rire à gorge déployée, rire comme un fou*, rire extrêmement. ◆ *Avoir le mot pour rire*, dire habituellement des choses plaisantes. ◆ *Il n'y a pas le mot pour rire dans cet ouvrage*, se dit d'un ouvrage qui a été fait pour amuser, et où il n'y a rien d'amusant. ◆ *Mourir de rire*, être saisi d'un rire tel qu'on se pâme. ◆ *Crever de rire*, même sens. ◆ *Être à mourir de rire*, exciter la risée, être très ridicule. ◆ *Se chatouiller pour se faire rire*, tâcher de rire sans en avoir sujet. ◆ **Fig.** *Rire du bout des dents, du bout des lèvres, ne rire que du bout des dents, du bout des lèvres, rire jaune*, se dit d'une personne qui ne rit pas de bon cœur. ◆ **Fig.** *Rire sous cape, rire dans sa barbe*, éprouver une satisfaction maligne qu'on dissimule. ◆ *Rire aux anges*, être transporté de joie, et aussi *rire niaisement*, sans sujet. ◆ Se dit de l'aspect que prend la physionomie d'une personne qui rit, *Sa bouche et ses yeux rient.* ◆ **Fig.** Avoir un aspect gracieux, qui plaît. « *La terre ne rit plus à l'homme comme auparavant* », BOSSUET. « *Quand tout rit de bonheur, d'espérance et d'amour* », DELILLE. ◆ Être favorable. « *L'occasion vous rit* », P. CORNEILLE. « *Les heureux du monde à qui tout rit* », MASSILLON. ◆ *Rire à quelqu'un*, lui sourire avec bienveillance, lui faire un accueil flatteur. ◆ Plaire, être agréable. *Cela rit à l'imagination.* ◆ Se moquer de, plaisanter de. *Rire des sottises des hommes. Rire de quelqu'un.* ◆ *Rire au nez de quelqu'un*, se moquer de quelqu'un en face. ◆ *Apprêter, offrir à rire*, se dit de quelqu'un qui donne sujet qu'on se moque de lui. ◆ *Faire rire*, exciter les moqueries. ◆ **Absol.** *Rire*, se divertir, se réjouir. ◆ Badiner, ne pas parler ou ne pas agir sérieusement. *Est-ce que vous riez, ou si c'est tout de bon ?* ◆ *C'est pour rire*, ce n'est pas sérieusement dit ou fait. ◆ *Pour rire*, non effectivement. *Un roi pour rire.* ◆ Ne point se soucier de quelque chose, n'en tenir compte. « *Riez de ma faiblesse* », P. CORNEILLE. ◆ Se dit,

par plaisanterie, d'une chose qui se fend, qui s'entrouvre. *Cet habit, cette muraille rit.* ◆ Se rire, v. pr. Se divertir, se jouer. « *Si quelqu'un en se riant avait dit quelque chose de naïf* », MALHERBE. ◆ ▷ Se moquer de, ne tenir aucun compte de, mépriser. *Ils se sont ri de tous ces projets.* « *L'esprit d'impiété se rit de ce qu'il y a de plus sacré* », PASCAL. ◁ **Prov.** *Plus on est des fous, plus on rit.* ◆ **Prov.** *Rira bien qui rira le dernier*, se dit en parlant de quelqu'un qui se flatte du succès en une affaire où l'on compte l'emporter sur lui. ◆ V. pr. Se rire de, ne pas se soucier de. *Ce jeune homme se rit de la peur.*

2 RIRE, n. m. [ʀiʀ] (1 *rire*) Action de rire. ◆ *Fou rire* ou *rire fou*, rire dont on n'est pas le maître. ◆ *Un gros rire*, un rire bruyant et prolongé. ◆ Il se dit aussi des contractions semblables au rire qu'excitent le désespoir, la douleur. *Le rire du désespoir.* ◆ *Rire sardonique*, Voy. SARDONIQUE. ◆ **Prov.** *Le rire est le propre de l'homme. Le rire du singe.* ◆ Cri d'animal rappelant le rire de l'homme.

1 RIS, n. m. [ʀi] (lat. *risus*, de *ridere*, rire) ▷ Syn. de rire. ◆ *Un ris qui ne passe pas le nœud de la gorge*, ris contraint. ◆ *Ris sardonique*, Voy. SARDONIQUE. ◆ N. m. pl. Divinités qui, chez les Anciens, présidaient à la gaieté ; en cet emploi, il prend une majuscule. ◁

2 RIS, n. m. [ʀi] (anc. nord. *rif*) **Mar.** Partie de la voile en dessous de la vergue, comprise entre deux bandes de ris. ◆ *Prendre un ris*, diminuer la voile en ramassant par plis le ris ou la partie qui touche la vergue sur cette vergue, et l'attachant avec les garcettes qui sont fixées dans les œillets de la bande du ris. ◆ *Prendre le premier ris, le deuxième ris, etc.* diminuer la voile de une, deux parties, suivant la force du vent. *Prendre le bas ris*, réduire la voile à sa plus petite dimension. ◆ *Bande de ris*, petite bande de toile cousue sur la voile de chaque côté et dans laquelle sont percés les œillets où sont fixées les garcettes du ris.

3 RIS, n. m. [ʀi] (orig. inc.) Corps glanduleux placé à la gorge du veau ; c'est un manger délicat.

RISBAN, n. m. [ʀisbɑ̃] (néerl. *rijsbank*, de *rijs*, branchages, et *bank*, banc) ▷ Fortif. Terre-plein garni de canons, pour la défense d'un port. ◁

RISBERME, ■ n. f. [ʀisbɛʀm] (néerl. *rijsberme*, digue de branchages) Plateforme profilée dans la pente qui permet d'aménager les talus trop raides aux abords des mares, des fleuves. *Une risberme d'enrochement. Plantée de végétaux aquatiques, la risberme peut jouer le rôle de filtre végétal.* ■ Partie horizontale d'un talus, construite en terre, en pierre, en béton, etc., à la base d'un ouvrage hydraulique (jetée, pile d'un pont). *La risberme protège les fondations des ouvrages de l'action de l'eau.*

RISC, ■ n. m. inv. [ʀisk] (sigle de l'angl. *reduced instruction set computer*, ordinateur à jeu d'instructions réduit) **Inform.** Système d'architecture interne d'un processeur. *Depuis l'apparition du pentium, les microprocesseurs utilisent des technologies empruntées à la famille RISC.*

RISDALE, n. f. [ʀisdal] Voy. RIXDALE.

RISÉE, n. f. [ʀize] (1 *ris*) Éclat de rire. ◆ ▷ Éclat de rire de plusieurs personnes qui se moquent. ◁ Moquerie. « *C'est une grande atteinte aux vices, que de les exposer à la risée de tout le monde* », MOLIÈRE. ◆ Objet de la moquerie. « *Ils demeurent la risée des peuples* », BOSSUET. ◆ **Mar.** Augmentation subite et peu durable de la force du vent.

RISETTE, n. f. [ʀizɛt] (1 *ris*) Petit éclat de rire d'un enfant.

RISIBILITÉ, n. f. [ʀizibilite] (*risible*) **Didact.** Faculté de rire. ◆ Qualité, état de ce qui est risible.

RISIBLE, adj. [ʀizibl] (b. lat. *risibilis*, du lat. *ridere*, rire) Qui a la faculté de rire. « *L'homme est un animal risible* », VOLTAIRE. ◆ Propre à faire rire. ◆ Qui est digne de moquerie. *Un homme risible.*

RISIBLEMENT, adv. [ʀiziblǝmɑ̃] (*risible*) D'une manière risible.

RISORIUS, ■ n. m. [ʀizɔʀjys] (b. lat. *risorius*, souriant, du lat. *ridere*, rire) **Anat.** Muscle peaucier, triangulaire et très mince de la commissure des lèvres. *La fonction du risorius est d'attirer la commissure des lèvres vers l'arrière et de permettre l'expression du rire et du sourire.*

RISOTTO, ■ n. m. [ʀizoto] (mot it., de *riso*, riz) Riz cuisiné à l'italienne, coloré au safran ou à la tomate, généralement agrémenté de parmesan. *Des risottos. Un risotto à la milanaise.*

RISQUABLE, adj. [ʀiskabl] (*risquer*) ▷ Où il y a des risques à courir. *Un projet risquable.* ◆ Qu'on peut risquer avec quelque chance de succès. *Cette affaire est risquable.*

RISQUE, ■ n. m. [ʀisk] (a. ital. *risco*, risque, prob. du lat. *resecum*, objet coupant, écueil, d'où risque encouru par les navires, de *resecare*, couper) Péril dans lequel entre l'idée de hasard. « *Encore même qu'on ne coure nul risque de la vie* », PASCAL. ◆ *Au risque de*, en s'exposant à. ◆ *Faire une chose à ses risques et périls, à ses risques, périls et fortunes*, au hasard de tout ce qui peut en arriver. ◆ *À tout risque,* à tout hasard. ◆ Se dit, dans les sociétés d'assurance, de chaque édifice, mobilier, navire ou cargaison, que l'on assure. ■ *À risque(s),* qui présente un danger, un inconvénient. *Une grossesse à risque.*

RISQUÉ, ÉE, p. p. de risquer. [ʀiske]

RISQUER, v. tr. [ʀiske] (*risque*) Exposer au hasard d'un péril. *Risquer sa vie, son honneur.* ◆ *Risquer le tout pour le tout,* tout hasarder dans un cas désespéré. ◆ **Absol.** *Vous ne sauriez faire cela sans risquer.* ◆ Courir la chance de. *Risquer le combat.* ◆ Tenter, avec une idée de péril, d'insuccès. ■ **Fig. et fam.** *Risquer le paquet,* Voy. PAQUET. ◆ Se risquer, v. pr. Se hasarder, s'exposer. *Se risquer dans une affaire.* ◆ **Prov.** *Qui ne risque rien n'a rien.*

RISQUE-TOUT ou **RISQUETOUT,** n. m. [ʀiskətu] (*risquer* et *tout*) Homme téméraire qui ne doute de rien. ◆ **Au pl.** *Des risque-tout* ou *des risquetouts.* ■ **Adj.** *Des gamins risque-tout.*

RISSE, n. f. [ʀis] (*ris*) Cordage dont on se sert pour attacher sur le pont la chaloupe ou une autre embarcation.

1 RISSOLE, n. f. [ʀisɔl] (lat. pop. *russeola,* de *russus,* roux) Viande hachée, enveloppée dans de la pâte, et frite. ◆ On fait aussi des *rissoles* avec de la chair de poisson, des œufs, des légumes, des crèmes, des fruits, des confitures.

2 RISSOLE, ■ n. f. [ʀisɔl] (provenç. *risolo,* du lat. *retiolum,* petit filet) Filet à petites mailles utilisé en Méditerranée pour pêcher les anchois et les sardines.

RISSOLÉ, ÉE, p. p. de rissoler. [ʀisole] N. m. *Du rissolé,* de la viande rôtie assez pour être croquante sous la dent. ◆ **Fig.** *Visage rissolé,* visage hâlé, brûlé par le soleil.

RISSOLER, v. tr. [ʀisole] (1 *rissole*) Cuire, rôtir de manière à faire prendre une couleur dorée à ce que l'on prépare. ◆ Se rissoler, v. pr. Prendre une couleur dorée. ◆ Avec ellipse du pronom : *Faire rissoler de la viande.*

RISTOURNE, n. f. [ʀistuʀn] (ital. *ristorno*) **Mar.** Nom donné à un droit de demi pour cent, payable par un assuré qui veut faire annuler son contrat. ■ Réduction accordée sur un prix. *Faire une ristourne à un client.* ■ Part de bénéfices qui revient aux membres d'une société coopérative en fin d'année. ■ Commission attribuée à un revendeur et définie proportionnellement au chiffre d'affaire réalisé. *Verser une ristourne à un libraire.* ■ REM. On disait aussi *ristorne* autrefois.

RISTOURNER, ■ v. tr. [ʀistuʀne] (*ristourne*) **Dr.** et **mar.** Annuler une police d'assurance. ■ Attribuer une ristourne à.

RISTRETTE, ■ n. f. [ʀistʀɛt] (ital. *ristretto,* serré) **Suisse** Café expresso.

RIT, ■ n. m. [ʀit] Voy. RITE.

RITAL, ALE, ■ n. m. et n. f. [ʀital] (apocope de *Italien, lezItal* prononcé *lé-Rital*) **Fam.** et péj. Italien. *Les Ritals.*

RITARDANDO, ■ adv. [ʀitaʀdãndo] (mot it., de *ritardare,* retarder) **Mus.** En ralentissant. ■ **Abrév.** Rit ou Ritard. ■ N. m. *Le thème musical s'achevait sur un long ritardando.*

RITE, n. m. [ʀit] (lat. *ritus*) Ordre prescrit des cérémonies qui se pratiquent dans une religion. ◆ Il se dit surtout de ce qui regarde la religion chrétienne. *Le rite de l'Église romaine. Le rite grec.* ◆ On écrit toujours *rites* au pluriel. ◆ Il se dit quelquefois des cérémonies mêmes d'un culte. *Les rites du paganisme.* ■ **Fig.** Ensemble de règles et de pratiques prescrites par un cérémonial. *Les rites funèbres.* ■ **Coutume** *Le rite immuable du thé en Grande-Bretagne.* ■ REM. Graphie ancienne : *rit.*

RITOURNELLE, n. f. [ʀituʀnɛl] (ital. *ritornello,* dimin. de *ritorno,* retour) Court motif instrumental mis en tête d'un air dont il annonce le chant, ou mis à la fin pour imiter ou assurer la fin du même chant. ■ **Fig.** et **fam.** Répétition fréquente des mêmes choses, des mêmes idées. *C'est la ritournelle.*

RITUALISATION, ■ n. f. [ʀitɥalizasjɔ̃] (*ritualiser*) Action de codifier quelque chose par des rites. *La ritualisation de la mort.* « *Les historiens et les ethnographes ont décrit quelques cas où une ritualisation assez poussée des mécanismes les rendait facilement observables* », GURVITCH.

RITUALISER, ■ v. tr. [ʀitɥalize] (*rituel*) Accomplir des rites ; codifier par des rites. *Ritualiser la mort.* ■ Régler la vie sociale comme dans les rites. *Ritualiser la lecture chez le jeune lecteur.*

RITUALISME, ■ n. m. [ʀitɥalism] (*rituel*) Respect et attachement profond aux rites.

RITUALISTE, n. m. [ʀitɥalist] (*rituel*) Auteur qui traite des différents rites. ■ N. m. et n. f. et adj. Partisan du ritualisme.

RITUEL, n. m. [ʀitɥɛl] (lat. *ritualis,* de *ritus,* rite) Livre qui contient les rites ou cérémonies qu'on doit observer dans l'administration des sacrements et la célébration du service divin. *Le rituel romain. Le rituel de Paris.* ■ Ensemble de règles, de coutumes. *Le rituel du petit déjeuner au lit le dimanche.*

■ **Adj.** Relatif et conforme à un rite. ■ **Fig.** Qui obéit à une coutume, une tradition.

RITUELLEMENT, ■ adv. [ʀitɥɛl(ə)mã] (*rituel*) Selon les rites établis. ■ Par habitude. *Il vient rituellement tous les vendredis.*

RIVAGE, n. f. [ʀivaʒ] (*rive*) Partie de la terre attenant à celle qui sert de limite à une masse d'eau quelconque, mer, lac, fleuve, rivière. ◆ **Fig.** « *Vous voilà sur le rivage avec nous ; vous n'êtes plus dans l'agitation de l'incertitude* », MME DE SÉVIGNÉ. ◆ *Le noir rivage,* le rivage des fleuves des Enfers. ◆ **Par extens.** Contrée, pays. « *Il est sur ce rivage une race flétrie* », DELAVIGNE.

RIVAL, ALE, n. m. et n. f. [ʀival] (lat. *rivalis*) Celui qui aspire, qui prétend aux mêmes avantages qu'un autre. ◆ **Adj.** *Deux puissances rivales.* ◆ Celui qui dispute le cœur d'une femme, celle qui dispute le cœur d'un homme. ◆ Celui, celle qui est égale en œuvres, en mérite, en renom ; émule. « *C'est le fils et le rival d'Achille* », RACINE. ◆ *Sans rival,* sans chose ou personne qui égale.

RIVALISER, v. intr. [ʀivalize] (*rival*) Disputer de talent, de mérite, etc. avec quelqu'un. ◆ **Fig.** « *La nature, la poésie et l'histoire rivalisent ici de grandeur* », MME DE STAËL.

RIVALITÉ, n. f. [ʀivalite] (lat. *rivalitas*) Concurrence de personnes, de peuples qui prétendent à la même chose. ◆ **Par extens.** *La rivalité des armes, des talents, etc.*

RIVE, n. f. [ʀiv] (lat. *ripa*) Le bord d'un fleuve, d'une rivière, d'un lac, d'un étang. ◆ **Fig.** « *Son esprit ne pouvait se contenir dans ses rives* », FONTENELLE. ◆ ▷ **Fig.** *C'est une affaire, une question qui n'a ni fond ni rive,* c'est une affaire, une question fort embrouillée. ◁ ◆ *Rive droite, rive gauche d'un cours d'eau,* la droite, la gauche d'une personne qui est censée marcher dans le fleuve, dans la rivière, etc. en tournant le dos à la source. ◆ En poésie, il se dit aussi des bords de la mer. ◆ **Poétiq.** Contrée. « *Le ciel porta vos pas aux rives de la France* », VOLTAIRE. ◆ Chemin de halage d'une rivière ou d'un canal. ◆ **Par extens.** *La rive d'un bois,* la lisière d'un bois. ■ *Rive droite, rive gauche,* partie d'une ville située sur la rive droite ou gauche d'un cours d'eau. *Les quartiers de la rive gauche à Paris.* ■ Élément de terre cuite qui couronne un toit de tuiles. *Tuile, bande de rive.* ■ *Poutre de rive,* poutre qui soutient un pont sur son côté.

RIVÉ, ÉE, p. p. de river. [ʀive]

RIVELAINE, ■ n. f. [ʀiv(ə)lɛn] (néerl. *riven,* râper) Pic en fer à deux pointes et muni d'un long manche, utilisé par les mineurs pour couper la roche. *Entailler la houille avec une rivelaine.*

RIVEMENT, n. m. [ʀiv(ə)mã] (*river*) ▷ Action de river. ◁

RIVER, v. tr. [ʀive] (*rive*) Abattre la pointe d'un clou sur l'autre côté de l'objet qu'il perce, et l'aplanir pour le fixer. ◆ **Fig.** *River à quelqu'un son clou,* faire qu'il ne puisse résister, répliquer. ◆ **Fig.** Fixer, comme on fixe un clou. ◆ *River les fers, les chaînes de quelqu'un,* rendre son esclavage plus assuré. ■ Fixer au moyen de rivets. *River des tôles les unes sur les autres.* ■ **Fig.** Immobiliser. *La fièvre l'a rivé au lit.* ■ **Fig.** *Être rivé à quelque chose,* ne pas pouvoir s'en détacher. *Il est rivé à son ordinateur.* ■ *River ses yeux, son regard sur quelque chose,* le fixer.

RIVERAIN, AINE, n. m. et n. f. [ʀiv(ə)ʀɛ̃, ɛn] (anc. fr. *rivière,* terre de rive) Celui qui habite le long d'une rivière, d'un fleuve, d'un lac. ◆ Celui qui a une propriété le long d'une forêt, d'un chemin. ◆ Se dit de ceux qui occupent les maisons bordant les rues de chaque côté. ◆ **Adj.** *Les propriétaires riverains. Les propriétés riveraines.* ■ **Hist. nat.** Que l'on rencontre sur le bord des rivières. *Les plantes riveraines.*

RIVERAINETÉ, ■ n. f. [ʀiv(ə)ʀɛn(ə)te] (*riverain*) **Dr.** Ensemble des droits de propriétaires dont les immeubles sont situés le long d'une voie ou d'un cours d'eau. *Conflits occasionnés par le droit de riveraineté.*

RIVESALTES, ■ n. m. [ʀiv(ə)zalt] (*Rivesaltes,* ville des Pyrénées-Orientales) Vin doux rouge, blanc ou rosé à base de raisin grenache ou malvoisie. *Le rivesaltes se sert en apéritif, au fromage ou au dessert.* ■ *Muscat de Rivesaltes,* vin blanc à base de raisin muscat.

RIVET, n. m. [ʀivɛ] (*river*) Clou dont la pointe ou l'extrémité est refoulée sur elle-même, de manière à former un clou à deux têtes. ◆ Pointe du clou broché sur le pied du cheval, rivée sur la paroi.

RIVETAGE, ■ n. m. [ʀiv(ə)taʒ] (*riveter*) Action de fixer au moyen de rivets. *Rivetage de tôles ondulées. Un assemblage par rivetage.*

RIVETER, ■ v. tr. [ʀiv(ə)te] (*rivet*) Assembler grâce à des rivets. *Riveter une plaque d'immatriculation à l'avant et à l'arrière de son véhicule.*

RIVETEUSE, ■ n. f. [ʀiv(ə)tøz] (*riveter*) **Techn.** Machine permettant de fixer au moyen de rivets.

RIVIÈRE, n. f. [ʀivjɛʀ] (lat. *riparia,* de *ripa*) Cours d'eau, navigable ou non. ◆ En général, tout cours d'eau plus grand qu'un ruisseau. ◆ *Cette ville est* *sur telle rivière, elle est située sur les bords de telle rivière.* ◆ **Fig.** *Porter de l'eau à la rivière,* porter une chose en un lieu où elle abonde. ◆ *Oiseaux de rivière,* les canards sauvages et autres oiseaux qui fréquentent les rivières. ◆ Il se dit de ce qui coule comme une rivière. « *La rivière de feu qui tombait du Vésuve* », M**me** D**e** S**taël.** ◆ **Fig.** Grande abondance. « *Et fit de sang chrétien couler tant de rivières* », B**oileau.** ◆ **Hérald.** Fasce ou pièce ondée du bas de l'écu. ◆ *Rivière de diamants,* collier de diamants enchâssés dans des chatons. ◆ **Prov.** *Les petits ruisseaux font les grandes rivières,* en amassant peu à peu on devient riche. ■ **Sp.** Étendue d'eau constituant un obstacle sur un parcours de steeple.

RIVOIR, ■ n. m. [ʀivwaʀ] (*river*) **Techn.** Marteau utilisé pour refouler la pointe d'un rivet et ainsi le fixer. ■ **Techn.** Machine-outil qui permet de maintenir deux éléments en les fixant à l'aide de rivets.

RIVULAIRE, ■ n. f. [ʀivylɛʀ] (lat. *rivulus,* petite rivière) **Bot.** Algue gélatineuse et filamenteuse, de couleur vert sombre, qui se développe sur les rochers en bordure de mer. ■ **Adj.** Qui se développe ou vit en bordure de rivière. *Végétation rivulaire.* ■ Relatif aux bordures de rivière. *Gestion des espaces rivulaires.*

RIVURE, n. f. [ʀivyʀ] (*river*) Broche de fer qui entre dans les charnières des fiches pour en joindre les deux ailes. ■ Action de riveter. ■ R**em.** Dans ce sens, on emploie plus fréquemment *rivetage.*

RIXDALE, n. f. [ʀiksdal] (néerl. *rijksdaaler,* de *rijk,* royaume) Monnaie d'argent de quelques États du Nord. ■ R**em.** On disait aussi *risdale* autrefois.

RIXE, n. f. [ʀiks] (lat. *rixa*) Querelle accompagnée d'injures, de menaces, et quelquefois de coups. ◆ Vive discussion orageuse. *Les rixes des joueurs.*

RIYAL, ■ n. m. [ʀijal] (empr. à l'esp. *real*) Monnaie en cours en Arabie Saoudite et au Qatar. *Des riyals.*

RIZ, n. m. [ʀi] (ital. *riso,* du lat. *oryza,* du gr. *oruza*) Plante céréale, cultivée dans les pays chauds. ◆ Le grain de cette plante. *Gâteau de riz.*

RIZE, n. m. [ʀiz] (orig. incert.) ▷ Monnaie de compte dans les États du Grand Seigneur, de quinze mille ducats. ◁

RIZERIE, n. f. [ʀiz(ə)ʀi] (*riz*) Usine où l'on pèle le riz.

RIZICOLE, adj. [ʀizikɔl] (*riz* et -*cole*) Qui a rapport à la culture du riz. *L'industrie rizicole.*

RIZICULTEUR, TRICE, ■ n. m. et n. f. [ʀizikyltœr, tʀis] (*riziculture*) Personne qui exploite une rizière.

RIZICULTURE, ■ n. f. [ʀizikyltyʀ] (*riz* et *culture*) Culture du riz, notamment en Asie, en Indochine et en Inde.

RIZIÈRE, n. f. [ʀizjɛʀ] (*riz*) Terrain où l'on cultive le riz.

RIZ-PAIN-SEL, ■ n. m. inv. [ʀipɛsɛl] (*riz, pain* et *sel*) **Arg. milit.** Intendant dans l'armée. *Les riz-pain-sel.*

RMI, ■ n. m. [ɛʀɛmi] (sigle de *revenu minimum d'insertion*) Revenu alloué aux personnes sans ressources, permettant d'accéder à certains droits sociaux et comportant un volet d'insertion professionnelle.

RMISTE ou **RMISTE,** ■ n. m. et n. f. [ɛʀɛmist] Voy. **éʀémiste.**

ROADSTER, ■ n. m. [ʀɔtstœʀ] (mot angl., de *road,* route) **Vx** Véhicule automobile à capote dont l'habitacle peut contenir deux personnes et qui est pourvu d'un coffre à l'arrière pouvant accueillir un passager. *Le roadster se caractérisait entre autres par le coffre, le spider, destiné aux bagages ou aménagé pour un passager.*

ROAST-BEEF, n. m. [ʀɔsbif] Voy. **ʀosbif.**

1 **ROB,** n. m. [ʀɔb] (ar. *rubb*) **Pharm.** Suc de fruit quelconque épaissi en consistance de miel par l'évaporation, avant qu'il ait fermenté.

2 **ROB** ou **ROBRE,** n. m. [ʀɔb, ʀɔbʀ] (angl. *rubber*) Au jeu de whist, deux parties liées. *Gagner le robre.* ■ R**em.** On écrivait aussi *robe.*

ROBAGE, ■ n. m. [ʀɔbaʒ] (*rober*) Action d'envelopper un cigare de sa robe.

1 **ROBE,** n. f. [ʀɔb] (a. all. *rauba,* butin, dépouille) Sorte de vêtement long, non fendu, qui était propre aux peuples de l'antiquité, aux Occidentaux dans le Moyen Âge, et qui l'est encore à beaucoup d'Asiatiques. ◆ **Fig.** *Tourner sa robe,* changer de parti. ◆ *Robe virile,* robe que les jeunes gens prenaient à Rome quand ils devenaient hommes. ◆ **Fig.** *Dieu donne la robe selon le froid.* ◆ *Selon le corps on doit tailler la robe,* il faut régler ses dépenses sur ses besoins. ◆ Long vêtement à manches, que portent les femmes et les enfants. ◆ **Fig.** *La terre prend sa robe de fête.* ◆ *Robe de chambre,* espèce de robe ou de longue redingote que les hommes mettent dans l'appartement. ◆ Les femmes ont aussi des *robes de chambre* pour le matin ou pour l'appartement. ◆ *Des pommes de terre en robe de chambre,* des pommes de terre cuites dans leur peau. ◆ Ample vêtement que portent les juges, les avocats,

les professeurs, dans l'exercice de leurs fonctions. ◆ *Les gens de robe,* se disait de tous ceux qui portaient la robe, ecclésiastiques, officiers de justice, etc. ◆ La profession des gens de judicature. « *À la fin, j'ai quitté la robe pour l'épée* », P. C**orneille.** ◆ **Fam.** L'état des ecclésiastiques, des religieux. ◆ **Par extens.** Ce qui revêt quelques animaux. *Deux chevaux de même robe.* « *La robe des fauvettes est terne et obscure* », B**uffon.** ◆ Enveloppe de certains légumes ou fruits. *La robe d'une fève, d'un oignon.* ◆ ▷ **Prov.** *Ventre de son et robe de velours,* se dit d'une femme qui se prive du nécessaire pour être bien parée. ◁ ◆ ▷ *Robe de Nessus* ou *de Déjanire,* présent funeste à celui qui le reçoit, par allusion à la robe du centaure Nessus qui causa la mort d'Hercule. ◁ ■ Vêtement féminin formé d'une partie couvrant le buste et d'une jupe, le tout d'un seul tenant. *Une robe à manches longues, à fleurs.* ■ Pelage de certains animaux, en particulier du cheval. *Une robe aubère.* ■ Couleur d'un vin. *La belle robe d'un bourgogne.* ■ Feuille de tabac dont on enveloppe un cigare.

2 **ROBE,** n. m. [ʀɔb] Voy. **ʀob.**

ROBER, ■ v. tr. [ʀɔbe] (1 *robe*) Recouvrir un cigare d'une feuille de tabac qui lui sert d'enveloppe.

ROBERT, ■ n. m. [ʀɔbɛʀ] (*Robert,* nom d'une marque de biberons) **Fam.** Sein.

1 **ROBIN,** n. m. [ʀɔbɛ̃] (*robe*) **Par dénigrement** Homme de robe.

2 **ROBIN,** n. m. [ʀɔbɛ̃] (dimin. de *Robert,* personnage de la litt. médiév.) Un bouffon, un sot, un facétieux. *Un plaisant Robin.* ◆ Un mouton. « *Robin mouton* », L**a** F**ontaine.** ◆ **Adj.** *Robin, robine,* qui a de l'entregent.

ROBINET, n. m. [ʀɔbinɛ] (dimin. de 2 *robin,* mouton, les premiers robinets étant en forme de tête de mouton) Pièce d'un tuyau de fontaine qui sert à retenir et à faire couler l'eau à volonté. ◆ ▷ *Robinet de deux pouces d'eau,* robinet par où passent deux pouces d'eau. ◁ ◆ **Fig.** *Fermer le robinet,* cesser de donner, de fournir de l'argent. ◆ ▷ **Fig.** *Tenir le robinet,* user d'une chose à sa volonté. ◁ ◆ ▷ **Fig.** *Un robinet d'eau tiède,* un homme qui parle longuement et ne dit que des choses communes. ◁ ◆ Tout tuyau qui sert à donner et à retenir la liqueur contenue dans un vase. ◆ Clé du robinet. *Tourner le robinet.* ◆ **Fig.** et **fam.** *Quand une fois le robinet est lâché, il a de la peine à finir,* se dit d'un grand parleur.

ROBINETIER, n. m. [ʀɔbin(ə)tje] (*robinet*) Fabricant, marchand de robinets.

ROBINETTERIE, ■ n. f. [ʀɔbinɛt(ə)ʀi] (*robinet*) Fabrication, industrie et commerce des robinets. *Le rayon robinetterie d'un magasin de bricolage.* ■ Ensemble des robinets d'une installation. *Changer la robinetterie de sa salle de bain.*

ROBINIER, n. m. [ʀɔbinje] (*Robin,* jardinier d'Henri IV) Genre de la famille des légumineuses, composé d'arbres quelquefois très grands et très beaux, la plupart originaires du Nouveau Monde, parmi lesquels on connaît l'acacia.

ROBORATIF, IVE, adj. [ʀɔbɔʀatif, iv] (lat. *roborare,* fortifier) **Méd.** Qui fortifie. ◆ L'on dit aujourd'hui *fortifiant.*

ROBOT, ■ n. m. [ʀɔbo] (tchèque *robota,* travail forcé) Dans les œuvres de science-fiction, machine d'aspect humain capable de se déplacer automatiquement, d'agir et éventuellement de parler. ■ **Fig.** Personne se comportant comme un automate, sans volonté propre. « *La termitière future m'épouvante et je hais leur vertu de robots* », S**aint-**E**xupéry.** ■ Machine ou mécanisme automatique commandé, exécutant des opérations précises de manipulation, d'assemblage, etc. *Les différents robots servant au montage des pièces en usine.* ■ Appareil de cuisine électroménager. *Un robot mixeur.*

ROBOTICIEN, IENNE, ■ n. m. et n. f. [ʀɔbotisjɛ̃, jɛn] (*robotique*) **Techn.** Personne spécialisée en robotique.

ROBOTIQUE, ■ n. f. [ʀɔbotik] (*robot*) Science et technique de conception et de construction de robots et machines robotisées. ■ **Adj.** *Des applications robotiques.*

ROBOTISATION, ■ n. f. [ʀɔbotizasjɔ̃] (*robotiser*) Action de pourvoir une usine en robots pour mécaniser les opérations de fabrication et ainsi supprimer l'intervention humaine. *La robotisation d'une chaîne de production.* ■ Action de rendre mécanique un processus, une tâche. *La robotisation des tâches ménagères.*

ROBOTISER, ■ v. tr. [ʀɔbotize] (*robot*) Équiper de robots. *Robotiser une usine.* ■ Rendre mécanique et automatique un travail, un processus, un objet et, par métaphore, les actions d'un individu ou d'une collectivité. *Une société qui robotise les gens.*

ROBRE, ■ n. m. [ʀɔbʀ] Voy. **ʀob.**

ROBUSTA, ■ n. m. [ʀɔbysta] (lat. *robusta,* robuste) Type de caféier cultivé au Gabon. ■ Le café produit par cet arbre. *Un mélange de robusta et d'arabica.*

ROBUSTE, adj. [ʀɔbyst] (lat. *robustus*, solide, résistant) Capable de supporter l'effort, la fatigue, le mal. *Un homme robuste de corps et d'esprit.* ♦ Il se dit aussi de la constitution, de la santé. *Complexion robuste.* ♦ Fig. *Avoir une foi robuste,* avoir une foi ferme, inébranlable, et ironiq. avoir trop de crédulité. ♦ Il se dit des animaux et même des végétaux. *Un cheval robuste. Une plante robuste.* ∎ Doté d'une grande solidité. *Une voiture robuste.*

ROBUSTEMENT, adv. [ʀɔbystəmɑ̃] (*robuste*) D'une manière robuste.

ROBUSTESSE, ∎ n. f. [ʀɔbystɛs] (*robuste*) Caractéristique de ce qui est robuste. *La robustesse d'une construction.*

1 ROC, n. m. [ʀɔk] (1*roche*) Masse de pierre très dure qui tient à la terre. ♦ *Le roc vif,* Voy. VIF. ♦ Fig. *Un roc,* une personne que rien ne peut faire céder. ♦ *Un cœur de roc* (on dit plutôt *de roche*), un cœur dur. ♦ Fig. *Bâtir sur le roc,* faire quelque chose de solide, de durable.

2 ROC, n. m. [ʀɔk] (pers. *ruh*) Anciennement, la tour au jeu d'échecs.

ROCADE, ∎ n. f. [ʀɔkad] (*roquer*) Route longeant ou contournant une agglomération afin d'alléger le trafic urbain. *Prendre la rocade pour éviter les embouteillages du centre-ville.*

ROCAILLAGE, ∎ n. m. [ʀɔkajaʒ] (*rocaille*) Archit. Revêtement ou décor réalisé à l'aide de rocaille.

ROCAILLE, n. f. [ʀɔkaj] (1 *roc*) Amas de petites pierres. ♦ Ouvrage fait avec des coquillages et des cailloux incrustés dans des pierres brutes. *Des grottes en rocaille.* ♦ Adj. *Genre rocaille.* ♦ Fondant pour l'émail.

ROCAILLEUR, n. m. [ʀɔkajœʀ] (*rocaille*) Celui qui travaille en rocaille.

ROCAILLEUX, EUSE, adj. [ʀɔkajø, øz] (*rocaille*) Plein de petits cailloux. *Une chaussée rocailleuse.* ♦ Fig. *Style rocailleux,* style dur. ∎ Rauque. *Une voix rocailleuse.*

ROCAMADOUR, ∎ n. m. [ʀɔkamaduʀ] (*Rocamadour,* ville où l'on fabrique ce fromage) Petit fromage rond au lait de chèvre des Causses du Quercy.

ROCAMBOLE, n. f. [ʀɔkɑ̃bɔl] (all. *Rockenbolle,* région. *Rocken,* seigle, et *Bolle,* oignon) Nom vulgaire de l'ail d'Espagne. ♦ Fig. et fam. Ce qu'il y a de plus piquant dans quelque chose. « *Le souvenir des peines passées est la rocambole des plaisirs présents* », LEGRAND. ♦ ▷ Pop. *Et toute la rocambole,* et tout le reste. ◁

ROCAMBOLESQUE, ∎ adj. [ʀɔkɑ̃bɔlɛsk] (*Rocambole,* personnage des romans-feuilletons de Ponson du Terrail) Plein de péripéties extraordinaires, extravagant. *Des aventures rocambolesques.*

ROCHAGE, ∎ n. m. [ʀɔʃaʒ] (2 *rocher*) Techn. Dégagement gazeux émanant d'un métal en cours de refroidissement et pouvant produire une formation spongieuse à la surface de celui-ci. *Apparition de rochage lors d'une soudure.*

1 ROCHE, n. f. [ʀɔʃ] (lat. pop. *rocca*) Bloc considérable de pierre très dure, en masse ou isolée. ♦ *Eau de roche,* eau qui sourd d'une roche et qui est très limpide. ♦ Fig. *Il y a anguille sous roche,* Voy. ANGUILLE. ♦ Fig. *Cœur de roche,* cœur dur, insensible. ♦ En minéralogie, se dit des substances minérales considérées en masse. *Roches volcaniques.* ♦ Géol. Masses minérales de la croûte terrestre. ♦ *Pierre de roche* ou simplement *roche,* pierre la plus dure d'une carrière. ♦ *Roche d'émeraudes, de topazes, etc.,* roche contenant des émeraudes, des topazes, etc. ♦ *Turquoises de la vieille roche,* turquoises qu'on retire de l'ancienne mine, par opposition à turquoises de la nouvelle roche, lesquelles proviennent de mines plus récemment découvertes et sont moins belles. ♦ Fig. *Un homme de la vieille roche,* un homme d'une probité antique, d'une vertu éprouvée. ♦ *Noblesse de la vieille roche, de vieille roche,* noblesse ancienne. ♦ *Amis de la vieille roche,* amis sûrs, éprouvés. ♦ *Cristal de roche,* pierre transparente, qui est une cristallisation du quartz, ou de la silice pure. ♦ *Gravier que l'on trouve dans une pierre précieuse.* ∎ *Clair comme de l'eau de roche,* facile à comprendre.

2 ROCHE, n. f. [ʀɔʃ] (1 *roche*) Un des noms du borax impur.

1 ROCHER, n. m. [ʀɔʃe] (1 *roche*) Masse de pierre ordinairement élevée et escarpée. ♦ Fig. *Parler aux rochers,* parler à des gens qui ne sont point touchés de ce qu'on dit. ♦ Fig. *Cœur de rocher,* personne dure, insensible. ♦ Fig. *Un rocher,* une âme insensible. ♦ Fig. et fam. *Faire fendre les rochers,* être très pathétique. ♦ *Rocher artificiel,* amas de pierres qui imite un rocher naturel. ∎ Mar. *Petit îlot.* ♦ *Rocher d'eau,* fontaine qui figure un rocher. ∎ Anat. Une des trois portions de l'os temporal. ♦ *Rocher de confitures,* assemblage de plusieurs filets confits d'écorce de citron et d'orange. ∎ Gâteau ou confiserie ayant la forme d'un caillou et d'aspect rugueux. *Un rocher au chocolat.*

2 ROCHER, v. tr. [ʀɔʃe] (2 *roche*) Environner de borax les parties qu'on veut souder. ♦ V. intr. *L'argent roche,* se dit lorsque, laissant refroidir à l'air l'argent qui a absorbé de l'oxygène, au moment de la solidification du métal, le gaz, en se dégageant, détermine une projection d'argent qui se solidifie en formant une sorte de végétation. ∎ Se mettre à mousser en cours de fermentation, en parlant de la bière.

1 ROCHET, n. m. [ʀɔʃɛ] (anc. b. frq. *hrokk,* robe, tunique) ▷ Surplis à manches étroites que portent les évêques et plusieurs autres ecclésiastiques. ◁ ♦ *Les rochets,* les évêques. ♦ Mantelet de cérémonie des pairs d'Angleterre.

2 ROCHET, n. m. [ʀɔʃɛ] (frq. *rokko,* quenouille) *Roue à rochet,* roue garnie de dents recourbées. ♦ Bobine sur laquelle on dévide la soie, le fil d'or, etc. ♦ Horlog. Roue dont les dents ressemblent à celles d'une crémaillère.

ROCHEUX, EUSE, adj. [ʀɔʃø, øz] (1 *roche*) Géol. Qui est couvert de rochers, de roches.

ROCHIER, ∎ n. m. [ʀɔʃje] (1 *roche*) Zool. Type de poisson vivant dans les rochers.

1 ROCK, n. m. [ʀɔk] (ar. *ruh*) Oiseau gigantesque et fabuleux dont parlent les *Mille et Une Nuits.* ∎ REM. On disait aussi *rouc* autrefois.

2 ROCK ou **ROCK-AND-ROLL** ou **ROCK 'N' ROLL**, ∎ n. m. [ʀɔk, ʀɔkɛnʀɔl] (mot angl., de *to rock,* balancer, et *roll,* rouler) Musique populaire née du blues et du jazz et rendue célèbre au début des années 1950 aux États-Unis, caractérisée par une rythmique dynamique à deux ou quatre temps et par l'omniprésence de la guitare électrique et de la batterie. ∎ Morceau de rock chanté et joué. *Le hard-rock, la pop-rock.* ∎ Danse en couple, au rythme soutenu, guidée par le cavalier qui tient par la main sa partenaire et lui fait exécuter de nombreuses figures, dont certaines peuvent être acrobatiques. ∎ Adj. inv. *Un concert rock.*

ROCKEUR, EUSE ou **ROCKER**, ∎ n. m. et n. f. [ʀɔkœʀ, øz] (2 *rock*) Chanteur, chanteuse de rock. ∎ Personne amateur de rock, dont l'allure et l'attitude reflètent l'esprit du rock.

ROCKING-CHAIR, ∎ n. m. [ʀɔkiŋʃɛʀ] (mot angl., de *to rock,* balancer, et *chair,* chaise) Fauteuil à bascule pouvant se balancer d'avant en arrière par un simple mouvement du corps. *Des rocking-chairs.*

ROCOCO, adj. inv. [ʀɔkoko] (formé de *rocaille*) *Le genre rococo* ou *le rococo,* style d'architecture, d'ornementation, d'ameublement, qui régna en France dans le XVIIIe siècle, caractérisé par les façades hérissées, courbes, et frontons recourbés et brisés, par la profusion des ornements, des rocailles, guirlandes de fleurs enlacées d'une manière affectée. ♦ Fig. Il se dit de ce qui tient aux vieilles traditions, aux vieilleries. *Rien n'est plus rococo.*

ROCOU, ∎ n. m. [ʀɔku] (tupi-guarani *urucu*) Pâte sèche et dure, préparée avec les semences du rocouyer, et employée pour teindre en jaune ou en jaune orangé la soie et quelques produits. ∎ REM. On disait aussi *roucou* autrefois.

ROCOUÉ, ÉE, p. p. de rocouer [ʀɔkwe] REM. On disait aussi *roucoué* autrefois.

ROCOUER, v. tr. [ʀɔkwe] (*rocou*) Teindre en jaune avec du rocou. ♦ Se rocouer, v. pr. Se teindre, se colorer avec du rocou. ∎ REM. On disait aussi *roucouer* autrefois.

ROCOUYER, ∎ n. m. [ʀɔkuje] (*rocou*) Arbre qui produit le rocou. ∎ REM. Graphie ancienne : *rocouier.* On disait aussi *roucouyer.*

RODAGE, n. m. [ʀɔdaʒ] (*roder*) *Rodage à l'émeri,* polissage d'une pièce de verre qui se fait à l'émeri. ∎ Opération consistant à faire fonctionner une machine, un véhicule au-dessous de ses capacités pour permettre aux différentes pièces de s'ajuster et de se stabiliser. *Une voiture en rodage.* ∎ Fig. Période d'adaptation progressive. *Le rodage d'une équipe.*

RÔDAILLER, ∎ v. intr. [ʀɔdaje] (*rôder*) Fam. et vieilli Errer en rôdant, tourner autour. *Il rôdaillait autour de la maison.*

RODÉO, ∎ n. m. [ʀɔdeo] (esp. *rodeo,* encercler) En Amérique latine, rassemblement du troupeau pour le marquer. ∎ Aux États-Unis, jeu, compétition consistant à monter une bête à l'état sauvage, généralement un taureau ou un cheval, à tenir dessus le plus longtemps possible et à la maîtriser. *Des rodéos.* ∎ Par extens. Course de motos et d'autos très bruyante.

RODER, v. tr. [ʀɔde] (lat. *rodere,* ronger) Frotter deux pièces de métal ou de cristal l'une sur l'autre, pour qu'elles s'adaptent exactement. ∎ Procéder au rodage mécanique. *Roder une voiture, un moteur.* ∎ Fig. Mettre progressivement au point par des essais répétés. *Un spectacle bien rodé.*

RÔDER, v. intr. [ʀɔde] (lat. *rotare,* faire tourner) Aller, courir çà et là. *Rôder par toute la ville.* ♦ V. tr. *Rôder les rues.* ♦ Aller çà et là, avec l'intention d'épier, de chercher.

RÔDEUR, EUSE, n. m. et n. f. [ʀɔdœʀ, øz] (*rôder*) Celui qui rôde. *Un rôdeur de nuit.* ♦ Adj. *De petits insectes rôdeurs.*

RODOIR, ∎ n. m. [ʀɔdwaʀ] (*roder*) Techn. Outil dont la surface abrasive permet de roder des pièces métalliques.

RODOMONT, n. m. [ʀɔdomɔ̃] (ital. *Rodomonte,* personnage de l'Arioste) Fam. Fanfaron qui vante sa bravoure, pour se faire valoir et se faire craindre. ♦ Celui qui parle, agit avec hauteur comme s'il était au-dessus des autres. *Faire le rodomont.*

RODOMONTADE, n. f. [ʀɔdɔmɔ̃tad] (*rodomont*) Parole, langage de rodomont.

RŒNTGEN, ■ n. m. [ʀøntgœn] Voy. RÖNTGEN.

RŒSTI ou **RÖSTI**, ■ n. m. [ʀøsti] (mot suisse) **Suisse** Plat à base de pommes de terre émincées et poêlées. *Des rœstis, des röstis.*

ROFFRIR, v. tr. [ʀɔfʀiʀ] (*re-* et *offrir*) ▷ Offrir de nouveau. ◆ Se roffrir, v. pr. Se présenter de nouveau. ◆ « *Oserai-je jamais me roffrir à sa vue* », LA FONTAINE. ◁

ROGATION, n. f. [ʀɔgasjɔ̃] (lat. *rogatio*, demande) **Antiq. rom.** Projet de la loi présenté au peuple. ◆ Au pl. **Liturg. cathol.** Prières publiques et processions pour les biens de la terre, pendant les trois jours qui précèdent l'Ascension (en ce sens, il s'écrit avec une majuscule).

ROGATOIRE, adj. [ʀɔgatwaʀ] (lat. *rogare*, demander) **Dr.** *Commission rogatoire*, commission qu'un juge adresse à un autre juge, pour l'inviter à faire quelque acte de procédure dans l'étendue de son ressort.

ROGATON, n. m. [ʀɔgatɔ̃] (lat. *rogatum*, de *rogare*, demander) S'est dit par plaisanterie pour *requête, supplication. Scarron a fait quelques rogatons en vers.* ◆ **Par extens.** Petit ouvrage de rebut. ◆ Bruits de ville, nouvelle du jour, de peu d'importance. ◆ Petites choses bonnes à manger. ◆ Restes de viandes. ◆ Plat composé de choses qui ont déjà été servies.

ROGNAGE, n. m. [ʀɔɲaʒ] ou [ʀɔnjaʒ] (1 *rogner*) Action de rogner.

1 ROGNE, n. f. [ʀɔɲ] ou [ʀɔnj] (b. lat. *ronca*, de *aranea*, araignée, avec influ. de *rodere*, ronger) Gale invétérée. ◆ Mousse qui vient sur le bois et qui le gâte.

2 ROGNE, ■ n. f. [ʀɔɲ] ou [ʀɔnj] (2 *rogner*) **Fam.** Colère. *Se mettre en rogne.*

ROGNÉ, ÉE, p. p. de rogner. [ʀɔɲe] ou [ʀɔnje]

ROGNEMENT, n. m. [ʀɔɲəmɑ̃] ou [ʀɔnjəmɑ̃] (1 *rogner*) ▷ Action de rogner. ◁

ROGNE-PIED, n. m. [ʀɔɲ(ə)pje] ou [ʀɔnj(ə)pje] (1 *rogner* et *pied*) Instrument avec lequel le maréchal enlève une partie de corne inutile sur la face inférieure du sabot. ◆ Au pl. *Des rogne-pieds.*

1 ROGNER, v. tr. [ʀɔɲe] ou [ʀɔnje] (b. lat. *retondiare*, couper en rond, du lat. *rotundus*) Retrancher sur la longueur, sur la largeur, sur les extrémités. *Rogner du papier, des écus, etc. Rogner la marge d'un livre* ou *rogner un livre. Se rogner les ongles.* ◆ ▷ **Fig.** *Rogner les ongles à quelqu'un*, lui diminuer, lui retrancher son pouvoir, son profit, sa fortune. ◁ ◆ **Fig.** *Rogner les ailes*, empêcher d'agir, de s'élever. ◆ **Fig.** et **absol.** *Taillez et rognez comme il vous plaira.* ◆ **Hortic.** Couper des branches, des racines. ◆ *Rogner le pied d'un cheval*, abattre la mauvaise corne. ◆ **Fig.** Ôter, retrancher à quelqu'un une partie de ce qui lui est dévolu. *Rogner la part de quelqu'un, un mémoire, etc.* ◆ Dépenser, entamer. *Rogner sa fortune.* ■ *Rogner sur*, se restreindre financièrement. *Rogner sur les dépenses de santé.*

2 ROGNER, ■ v. intr. [ʀɔɲe] ou [ʀɔnje] (rad. onomat. *ron-*) **Fam.** et **vx** Manifester de la colère. *Le patron du troquet rognait.*

ROGNEUR, EUSE, n. m. et f. [ʀɔɲœʀ, øz] ou [ʀɔnjœʀ, øz] (1 *rogner*) Celui, celle qui rogne. ◆ Celui qui rogne le papier. ◆ En mauvaise part, celui, celle qui rogne les pièces de monnaie.

ROGNEUX, EUSE, adj. [ʀɔɲø, øz] ou [ʀɔnjø, øz] (1 *rogne*) Qui a la rogne. *Un âne rogneux.* ◆ N. m. et n. f. *Un rogneux.*

ROGNON, n. m. [ʀɔɲɔ̃] ou [ʀɔnjɔ̃] (lat. pop. *renionem*, du lat. *ren*, rein) Le rein d'un animal, surtout en parlant de ceux dont les reins sont bons à manger. *Des rognons de mouton.* ◆ *Rognon de veau*, toute la partie de la longe où se trouve le rognon. ◆ En minéralogie, se dit des petites portions de roche irrégulièrement arrondies, englobées dans des couches de terre ou dans d'autres masses minérales. ◆ *Rognon des arbres*, espèce de champignon.

ROGNONNADE, ■ n. f. [ʀɔɲɔnad] ou [ʀɔnjɔnad] (*rognon*) **Cuis.** Longe de veau cuite avec son rognon.

ROGNONNER, v. intr. [ʀɔɲɔne] ou [ʀɔnjɔne] (1 *rogner*) **Pop.** Gronder, grommeler entre ses dents.

ROGNURE, n. f. [ʀɔɲyʀ] ou [ʀɔnjyʀ] (1 *rogner*) Ce qu'on enlève quand on rogne quelque chose. *Rognure d'ongle.* ◆ Se dit particulièrement des débris de peaux qui servent à faire de la colle. ◆ Au pl. **Fig.** et **fam.** Matériaux qui ne sont point entrés dans un grand ouvrage, ou ce qu'on a retranché.

ROGOMME, n. m. [ʀɔgɔm] (orig. inc.) **Pop.** Eau-de-vie ou autre liqueur forte. ◆ *Voix de rogomme*, voix rauque de celui qui abuse des liqueurs fortes.

1 ROGUE, adj. [ʀɔg] (anc. nord. *hrôkr*, insolent) **Fam.** Arrogant avec une nuance de rudesse en plus. ◆ Il se dit du ton, des manières. *Une mine rogue.*

2 ROGUE, ■ n. f. [ʀɔg] (anc. nord. *hrogn*) Préparation d'œufs de poisson utilisée comme appât pour la pêche à la sardine et au maquereau.

ROGUÉ, ÉE, ■ adj. [ʀɔge] (2 *rogue*) Qui porte des œufs, en parlant d'un poisson femelle. *Pêche au hareng rogué.*

ROHART, ■ n. m. [ʀɔaʀ] (anc. nord. *hrosshvalr*, morse) Ivoire présent dans les défenses des morses et les dents d'hippopotame. *Un service avec des couteaux à manche de rohart.*

1 ROI, n. m. [ʀwa] (lat. *rex*) Chef souverain de certains États. ◆ *Faire le roi*, exercer une autorité comparée à l'autorité royale. ◆ **Fig.** *Vivre en roi, faire une dépense de roi*, vivre, dépenser magnifiquement. ◆ *Il a un cœur de roi*, c'est un homme généreux, libéral. ◆ *Être heureux comme un roi*, être extrêmement heureux dans sa condition. ◆ *Parler en roi, faire le roi*, trancher du roi, être impérieux et hautain. ◆ *Se croire le roi du monde*, être au comble du bonheur. ◆ *C'est un plaisir de roi*, c'est un grand plaisir. ◆ *Un manger de roi, un morceau de roi, un morceau digne de la bouche d'un roi*, se dit d'un mets exquis, délicieux. ◆ **Fig.** « *Je sais que la vengeance Est un morceau de roi* », LA FONTAINE. ◆ ▷ *Jouer au roi détrôné*, jeu d'enfants. ◁ ◆ **Fig.** En parlant de deux ou plusieurs personnes qui s'enlèvent successivement ou réciproquement une position regardée comme avantageuse, on dit : *Ils jouent au roi détrôné.* ◁ ◆ ▷ *C'est un roi en peinture, un roi de cartes, un roi de carreau*, se dit d'un prince faible qui ne sait pas user de son autorité. ◁ ◆ ▷ *Le roi Catholique*, le roi d'Espagne. ◁ ◆ ▷ *Le roi Très Chrétien*, le roi de France. ◁ ◆ *Roi des rois*, se dit d'un roi qui, par prééminence, commande à d'autres rois. ◆ *Le roi du ciel*, Dieu. ◆ **Absol.** Le roi qui règne dans le pays où l'on est. ◆ *Servir le roi*, se disait pour être militaire. ◆ *Être noble comme le roi*, être de noblesse ancienne. ◆ *Pied de roi*, Voy. PIED. ◆ *Le livre des Rois*, les quatre livres de l'Ancien Testament contenant l'histoire des Hébreux depuis Samuel jusqu'à la captivité de Babylone. ◆ Celui qui commande aux choses comme fait un roi à ses sujets. « *L'homme de la nature est le chef et le roi* », BOILEAU. ◆ **Fig.** et **fam.** Le premier, le principal, le meilleur en son genre. « *J'ai le roi des maris* », LA FONTAINE. ◆ *C'est le roi des hommes*, se dit d'un homme excellent, qui aime à obliger, à faire plaisir. ◆ *Le roi des fous*, l'homme le plus fou qu'il y ait. ◆ ▷ *Roi d'armes*, le chef des hérauts d'armes. ◁ ◆ *Le roi du bal*, celui qui donne le bal, ou en l'honneur de qui on donne le bal et qui ouvre la danse. ◆ Chez les Anciens, *le roi du festin*, celui qui présidait à un festin. ◆ Titre qui se donnait à tous les chefs de corporation jouissant de quelque privilège public. *Roi des barbiers, des merciers, etc.* ◆ ▷ *Roi de théâtre*, l'acteur qui fait les rois. ◁ ◆ ▷ **Fig.** *Un roi de théâtre*, syn. de roi en peinture ; et aussi prince qui veut toujours se montrer, se produire en public. ◆ *Le jour des Rois* (avec une R majuscule), l'Épiphanie. ◆ *Faire* ou *tirer les Rois*, dîner ou souper en société ou en famille le jour des Rois, et partager entre les convives un gâteau où il y a une fève. *Gâteau des Rois. Le roi de la fève.* ◆ *Roi* se dit de certains animaux qu'on regarde comme les plus nobles de tous. *Le roi des animaux*, le lion. *Le roi des oiseaux*, l'aigle. ◆ **Par extens.** *Le roi des forêts*, le chêne. ◆ *Roi des cailles*, le râle des genêts. ◆ Au jeu de cartes, la carte figurant un roi dans chaque couleur. ◆ Aux échecs, la principale pièce du jeu. ◆ Dans d'ancienne minéralogie, *le roi des métaux*, l'or. ◆ **Prov.** *Au royaume des aveugles, les borgnes sont rois*, Voy. AVEUGLE. ◆ *C'est la cour du roi Pétaud*, Voy. PÉTAUD. ■ *Travailler pour le roi de Prusse*, travailler inutilement ou à perte. ■ REM. On dit plutôt auj. *galette des Rois.*

2 ROI, n. m. [ʀwa] (anc. fr. *roie*, raie, marque) ▷ Au piquet à écrire, nom d'une division de la partie qui comprend deux ides. *Une partie complète est de douze rois.* ◁

ROIDE, adj. [ʀɛd] Voy. RAIDE.

ROIDEMENT, adv. [ʀɛd(ə)mɑ̃] Voy. RAIDEMENT.

ROIDEUR, n. f. [ʀedœʀ] Voy. RAIDEUR.

ROIDI, IE, p. p. de roidir. [ʀedi] Voy. RAIDI.

ROIDILLON, n. m. [ʀedijɔ̃] Voy. RAIDILLON.

ROIDIR, v. tr. [ʀediʀ] Voy. RAIDIR.

ROIDISSEMENT, n. m. [ʀedis(ə)mɑ̃] Voy. RAIDISSEMENT.

ROITELET, n. m. [ʀwat(ə)lɛ] (dimin. de l'anc. fr. *roitel*, petit roi) **Par dénigrement** Le roi d'un très petit État. « *Clovis tua un roitelet de Cambrai qui lui montrait ses trésors* », VOLTAIRE. ◆ Un roi de petite taille. ◆ Fort petit oiseau ; c'est le nom vulgaire du régule ou du troglodyte.

RÔLE, n. m. [ʀol] (lat. médiév. *rollus*, rouleau, du lat. *rotulus*, petite roue) Rouleau, sens propre qui n'est conservé que dans quelques termes de métier. ◆ Anciennement, une ou plusieurs feuilles de parchemin, de papier, etc. collées bout à bout, sur lesquelles on écrivait les actes, les titres. ◆ ▷ En Angleterre, *rôles du Parlement*, les registres manuscrits des actes de cette assemblée. ◁ ◆ ▷ Aujourd'hui, en termes de pratique, un feuillet ou deux pages d'écriture. ◁ ◆ Liste et catalogue. *Les capitaines ont un rôle de leurs soldats. Les rôles des impôts.* ◁ ◆ **Dr.** Liste sur laquelle on inscrit les causes dans l'ordre où elles doivent se plaider. ◁ ◆ **Fig.** *À tour de rôle*, chacun à son tour, à son rang. ◆ Ce que doit réciter un acteur dans une pièce de théâtre. ◆ Le personnage représenté par l'acteur. ◆ *Le rôle du Misanthrope.*

◆ *Prendre un rôle,* se charger de jouer un rôle dans une pièce, et fig. se couvrir d'un masque. ◆ **Fig.** Part prise dans quelque affaire. ◆ Le personnage qu'on fait dans le monde, le caractère qu'on y montre. « *Le monde, à mon avis, est comme un grand théâtre Où chacun en public, l'un par l'autre abusé, Souvent à ce qu'il est joue un rôle opposé* », Boileau. ◆ **Fig.** « *L'électricité me paraît jouer un très grand rôle dans les tremblements de terre* », Buffon. ■ **Fig. et fam.** *Avoir le beau rôle,* être présenté à son avantage. *Dans l'ouvrage de cette féministe, les hommes n'ont pas vraiment le beau rôle.* ■ Être dans une situation où l'on peut accomplir une tâche sans effort, sans peine. *Il a le beau rôle, lui : il décide et moi j'exécute !*

RÔLER, v. intr. [ʁole] (*rôle*) ▷ Terme familier qui ne se dit guère qu'en mauvaise part. *Faire des rôles d'écriture.* ◁

RÔLET, n. m. [ʁolɛ] (dimin. de *rôle*) ▷ **Fam.** Petit rôle ; ne se dit que figurément pour signifier la vie, le rôle de chacun. « *Selon, ou plus ou moins, que dure le rôlet* », Régnier. ◆ *Jouer bien son rôlet,* bien jouer son personnage. ◆ *Être au bout de son rôlet,* ne savoir plus que dire ni que faire. ◁

RÔLE-TITRE, ■ n. m. [ʁol(ə)titʁ] (*rôle* et *titre*) Rôle qui donne son nom à la pièce de théâtre ou au film dans lequel il est joué. *Des rôles-titres. La mezzo s'est vue attribuer le rôle-titre de Carmen.*

1 ROLLER, ■ n. m. [ʁolœʁ] (mot angl., de *roller skate,* patin à roulettes) Patin à roulettes fixées généralement en ligne sur une chaussure haute et rigide.

2 ROLLER ou **ROLLER-BALL,** ■ n. m. [ʁolœʁ, ʁolœʁbol] (nom déposé) Stylo-feutre à bille muni d'un réservoir d'encre qui peut être remplacé. *Des roller-balls.*

ROLLEUR, EUSE, ■ n. m. et n. f. [ʁolœʁ, øz] (1 *roller*) Personne adepte du roller.

ROLLIER, ■ n. m. [ʁolje] (all. *Roller*) **Zool.** Oiseau migrateur insectivore à plumage bleu-vert. *Les rolliers d'Europe migrent en hiver vers l'Afrique.*

ROLLMOPS, ■ n. m. [ʁolmɔps] (mot all., de *rollen,* enrouler, et *mops,* carlin) Filet de hareng mariné au vinaigre ou au vin blanc, enroulé autour d'un cornichon. *Servir des rollmops en hors-d'œuvre. Aspics de rollmops.*

ROLL ON-ROLL OFF ou **ROLL-ON-ROLL-OFF,** ■ n. m. inv. [ʁolɔnʁolɔf] (mot angl., de *to roll,* rouler, et *on* ou *off*) Navire dont la manutention est effectuée par roulage.

ROLLOT, ■ n. m. [ʁolo] (*Rollot,* village de la Somme) Fromage picard à pâte molle, à base de lait de vache.

1 ROM, ■ adj. [ʁɔm] (mot tzigane, homme, mari) Du peuple des Roms. *Des chants roms.* ■ N. m. et n. f. *Un Rom. Des Rom.* « *Dès que nous fûmes seuls, elle se mit à danser et à rire comme une folle en chantant : - tu es mon rom, je suis ta romi* », Mérimée.

2 ROM, ■ n. f. [ʁɔm] (acronyme de *read only memory*) **Inform.** Mémoire informatique qui permet uniquement de lire les informations. *Les ROM sont beaucoup plus lentes que les mémoires de types RAM.*

1 ROMAIN, n. m. [ʁomɛ̃] (2 *romain*) **Impr.** *Le gros romain,* le caractère qui a seize points. ◆ *Petit romain,* caractère très usité, dont le corps porte neuf points. ◆ Dans chaque corps de caractères, celui dont les traits sont perpendiculaires. ◆ **Adj.** *Caractère romain.*

2 ROMAIN, AINE, adj. [ʁomɛ̃, ɛn] (lat. *romanus*) Qui appartient à l'ancienne Rome ou aux Romains. *La grandeur romaine.* ◆ *Beauté romaine,* femme qui a de grands traits bien marqués et un air majestueux. ◆ *Chiffres romains,* lettres numérales, C, D, I, L, M, V, X, etc. ◆ **Fig.** Qui rappelle le courage, l'austérité et les autres qualités des anciens Romains. « *Un cœur vraiment romain* », P. Corneille. ◆ *À la romaine,* à la manière romaine. « *Ils vivent à la romaine* », La Bruyère. ◆ Se dit aussi des personnes et des choses qui appartiennent à la Rome moderne. *L'Église romaine.* ◆ *Laitue romaine,* Voy. romaine. ◆ **N. m.,** n. f. Homme, femme de l'ancienne Rome ou de la Rome moderne. *De Romain,* en homme de grand cœur, de haut courage. *Une action de Romain.* ◆ **Fig.** *C'est un Romain,* se dit d'un homme connu par de grands sentiments de probité et par son patriotisme. ◆ Dans l'argot des théâtres, claqueur.

1 ROMAINE, n. f. [ʁomɛn] (ar. *rummâna,* poids et balance) Balance qui consiste en un fléau divisé en deux bras inégaux. ◆ **Adj.** *Balance romaine.* ◆ Nom donné quelquefois, mais improprement, au dynamomètre et au peson dont on se sert pour évaluer les poids des corps par le degré de flexion que ces poids font éprouver à un ressort.

2 ROMAINE, n. f. [ʁomɛn] (2 *romain*) Variété alimentaire de la laitue cultivée. ◆ **Adj.** *Laitue romaine.*

ROMAÏQUE, adj. [ʁomaik] (gr. *rômaikos,* relatif à Rome) Qui appartient aux Grecs modernes. ◆ **N. m.** Le langage grec moderne.

1 ROMAN, n. m. [ʁomɑ̃] (lat. médiév. *romanice,* en langue vulgaire, par opposition au latin) Narration vraie ou feinte, écrite en vieux langage ou langage roman, soit en vers, soit en prose. *Le « Roman de la Rosedénigre ».* ◆ Aujourd'hui, histoire feinte, écrite en prose, où l'auteur cherche à exciter l'intérêt par la peinture des passions, des mœurs, ou par la singularité des aventures. ◆ *Héros de roman,* le personnage principal d'un roman, et fig. homme qui affecte d'agir et de parler comme les héros de roman. ◆ *Faire un roman,* raconter les choses tout autrement qu'elles ne se sont passées. ◆ **Fig.** *Abréger le roman,* arriver promptement au dénouement d'une affaire, et surtout d'un mariage. ◆ *Roman d'éducation,* roman qui représente l'éducation d'un personnage fictif comme type d'éducation à donner. ◆ *Roman historique,* roman qui peint une époque historique. ◆ *Roman d'intrigue,* roman où se déroule une intrigue plus ou moins compliquée. ◆ *Roman de mœurs,* roman où l'on fait la peinture des mœurs. ◆ **Fig.** *De roman,* se dit de ce qui a le charme, le merveilleux des romans. « *Paris semble à mes yeux un pays de romans* », P. Corneille. ◆ Aventures extraordinaires, récits ou peintures sans vraisemblance. *Sa vie est un roman.* ◆ Il se dit des idées qui n'ont pas plus de réalité que n'en ont les romans. « *Il exagère, il passe le vrai dans la nature, il en fait le roman* », La Bruyère. ◆ *Ça se lit comme un roman,* ça se lit très facilement. *Une thèse qui se lit comme un roman.*

2 ROMAN, ANE, adj. [ʁomɑ̃, an] (1 *roman*) Se dit des langues qui se sont formées à partir du latin, et dont les quatre principales sont l'espagnol, le français, l'italien et le provençal. ◆ **N. m.** *Le roman,* l'ensemble des langues romanes. ◆ *Roman provençal,* la langue d'oc. ◆ *Le roman rustique,* Voy. rustique. ◆ Se dit du style qui régna dans la construction des édifices du Vᵉ au XIIᵉ siècle, et dont les voûtes à plein cintre forment le principal caractère.

1 ROMANCE, adj. f. [ʁomɑ̃s] (lat. médiév. *romanice,* du lat. *romanus,* latin) N'est usité que dans cette locution : *La langue romance,* la langue qu'on a supposée avoir été intermédiaire entre le latin et les langues modernes, et qui n'a pas existé.

2 ROMANCE, n. f. [ʁomɑ̃s] (lat. médiév. *romanice*) Ancienne histoire, écrite en vers simples et naïfs, dont le fond est touchant et la forme appropriée au chant. ◆ Toute pièce de vers moderne en couplets, roulant sur un sujet tendre ou même plaintif, et mise en musique. ◆ Air sur lequel se chante une romance. ◆ *Romance sans paroles,* morceau de piano ou de quelque instrument assez court et présentant un motif gracieux et chantant.

ROMANCER, ■ v. tr. [ʁomɑ̃se] (*romanz,* anc. forme de 1 *roman*) Présenter, raconter à la manière d'un roman, en introduisant des éléments venant agrémenter la narration. « *C'est là que l'idée me saisit de romancer ces données en les déguisant, dans un récit qui aurait eu pour cadre ces allées* », Bourget. *Romancer une enquête de police.*

ROMANCÉRO ou **ROMANCERO,** ■ n. m. [ʁomɑ̃seʁo] (mot esp.) Collection de romances espagnoles épiques de la période préclassique, réunies en un recueil.

ROMANCHE, ■ adj. [ʁomɑ̃ʃ] (lat. médiév. *romanice*) Des Romanches. *Confrontation des cultures romanche et italienne.* ■ N. m. Langue parlée par les Romanches en Suisse. ■ N. m. et n. f. *Un Romanche, une Romanche.*

ROMANCIER, IÈRE, n. m. et n. f. [ʁomɑ̃sje, jɛʁ] (*romanz,* anc. forme de 1 *roman*) Nom donné aux auteurs des anciens romans en vieux langage. ◆ Auteur de romans modernes. ◆ *Romancière,* femme qui compose des romans. ◆ **Fig.** Celui dont les idées, les théories sont chimériques. « *Ces physiciens romanciers, qui érigent leurs visions en découvertes et leurs songes en systèmes suivis* », Marmontel.

ROMAND, ANDE, adj. [ʁomɑ̃, ɑ̃d] (var. graph. de 2 *roman*) Se dit des parties de la Suisse où l'on parle le français et autres dialectes romans. ■ N. m. et n. f. *Un Romand, une Romande.*

ROMANESQUE, adj. [ʁomanɛsk] (1 *roman*) Qui a le caractère du roman, d'un roman. *Se faire des hommes et de la société des idées romanesques et fausses.* ◆ Qui tient du roman, merveilleux, fabuleux. *Histoire romanesque.* ◆ **N. m.** *Le romanesque d'une aventure.* ◆ Exalté, chimérique. *Une femme romanesque. Des idées romanesques.*

ROMANESQUEMENT, adv. [ʁomanɛskəmɑ̃] (*romanesque*) D'une manière romanesque.

ROMAN-FEUILLETON, ■ n. m. [ʁomɑ̃fœj(ə)tɔ̃] (1 *roman* et *feuilleton*) Roman populaire, publié par épisodes dans un magazine. ■ **Fig.** Histoire longue et rocambolesque. *C'est un vrai roman-feuilleton ! Des romans-feuilletons.*

ROMAN-FLEUVE, ■ n. m. [ʁomɑ̃flœv] (1 *roman* et *fleuve*) Roman comportant plusieurs volumes présentant la vie de plusieurs générations de personnages. *Des romans-fleuves.* ■ **Fam.** Récit interminable et ennuyeux.

ROMANI, ■ n. m. [ʁomani] (*rom*) Langue parlée par les Roms.

ROMANICHEL, ELLE, ■ n. m. et n. f. [ʁomaniʃɛl] (mot tzigane *romamichel,* de *romani* et *tsel,* peuple) **Péj.** Gitan. ■ **Par extens.** Personne sans domicile fixe.

ROMANISATION, ■ n. f. [ʀɔmanizasjɔ̃] (*romaniser*) **Hist.** Intégration de la langue et des cultures romaines par les peuples conquis. ■ **Hist.** Remplacement progressif des dialectes par le latin. ■ Transcription d'un texte en caractères romains.

ROMANISER, ■ v. tr. [ʀɔmanize] (*romain*) Dans l'Antiquité, imposer la civilisation, la langue et la culture romaines à un peuple vaincu. *Les Romains romanisèrent la Gaule.* ■ Convertir à la religion catholique. ■ Transcrire un texte en caractères romains. *Romaniser un texte arabe.* ■ **V. intr.** Suivre les dogmes de l'Église catholique, en être fidèle.

ROMANISME, ■ n. m. [ʀɔmanism] (*romain*) **Relig.** Ensemble des dogmes et des rites de l'Église catholique romaine. ■ Branche de la linguistique correspondant à l'étude des langues romanes. *Raynouard, Gaston Paris, Wartburg ont illustré de manière prestigieuse le romanisme.*

ROMANISTE, ■ n. m. et n. f. [ʀɔmanist] (*romain*) **Cathol.** Partisan de l'Église romaine et de ses rites. ■ **Dr.** Juriste spécialiste du droit romain. ■ **Peint.** Peintre flamand du XVIᵉ siècle, qui imitait le style et l'art des peintres italiens de la Renaissance. ■ **Ling.** Linguiste spécialiste des langues romanes.

ROMANITÉ, ■ n. f. [ʀɔmanite] (lat. impér. *romanitas*) **Antiq.** Civilisation romaine. ■ Ensemble des pays appartenant au monde romain.

ROMANO, ■ n. m. et n. f. [ʀɔmano] (*rom*) **Fam.** et **péj.** Romanichel. *Des romanos.*

ROMAN-PHOTO, ■ n. m. [ʀɔmãfoto] (1 *roman* et *photo*) Histoire présentée sous la forme d'une succession de photos commentées. *Des romans-photos.*

ROMANTIQUE, adj. [ʀɔmãtik] (angl. *romantic*) Syn. de romanesque. « *Une imagination romantique* », MARMONTEL. ♦ Il se dit des lieux, des paysages qui rappellent à l'imagination les descriptions des poèmes et des romans. *Site romantique.* ♦ **N. m.** *Cela ajoutait un charme au romantique de la scène.* ♦ Il se dit des écrivains qui s'affranchissent des règles de composition et de style établies par les auteurs classiques. *Un poète romantique.* ♦ **N. m.** *Le romantique*, le genre romantique. ♦ *Les classiques et les romantiques*, les écrivains, les partisans du genre classique et ceux du genre romantique.

ROMANTIQUEMENT, adv. [ʀɔmãtik(ə)mã] (*romantique*) D'une manière romantique.

ROMANTISME, n. m. [ʀɔmãtism] (*romantique*) Système littéraire des écrivains romantiques. ■ Sensibilité, caractère romanesque d'une personne. *Le romantisme d'Emma Bovary.*

ROMARIN, n. m. [ʀɔmaʀɛ̃] (lat. *rosmarinus*, rosée de mer) Genre de la famille des labiées, qui ne se compose que d'une seule espèce, le romarin officinal. ♦ *Romarin sauvage.*

ROMBIÈRE, ■ n. f. [ʀɔ̃bjɛʀ] (orig. inc.) **Fam.** Femme d'âge mûr prétentieuse, acerbe et un peu ridicule. *Une vieille rombière.*

ROMPEMENT, n. m. [ʀɔ̃p(ə)mã] (*rompre*) ▷ Action de rompre. ♦ *Rompement de tête*, fatigue causée par un grand bruit ou par une forte application. ◁

ROMPRE, v. tr. [ʀɔ̃pʀ] (lat. *rumpere*) Mettre en fragments, enfoncer, démolir. *Rompre les dents, les os, etc.* ♦ *Se rompre un bras, une jambe*, se les fracturer. ♦ ▷ *Se rompre une veine*, éprouver la déchirure d'une veine. ◁ ♦ *Se rompre le cou*, faire une chute dans laquelle on se tue ou se blesse grièvement. ♦ **Fig. et fam.** *Rompre le cou à quelqu'un*, lui faire perdre ses espérances de fortune, d'avancement. ♦ ▷ Déchirer. « *Trois fois elle a rompu sa lettre commencée* », RACINE. ◁ ♦ **Impr.** *Rompre une forme*, séparer les lettres qui la composent, et les remettre dans leurs cassetins. ♦ *Rompre le pain*, faire la cène, la communion. ♦ ▷ **Fig.** *Rompre le pain de la parole de Dieu*, faire aux fidèles, prêcher la parole de Dieu. ◁ ♦ ▷ Dans les tournois et les anciens combats, *rompre une lance, rompre la lance*, briser une lance en courant ou en combattant contre quelqu'un. ◁ ♦ **Fig.** *Rompre une lance avec quelqu'un, contre quelqu'un*, disputer en règle avec lui sur quelque sujet. ◁ ♦ **Fig.** *Rompre une lance pour quelqu'un*, prendre son parti dans une conversation, dans une dispute. ◁ ♦ *Rompre en visière*, briser une lance dans la visière. ◁ ♦ **Fig.** *Rompre en visière à quelqu'un*, lui dire en face et brusquement quelque chose de désobligeant. ◁ ♦ ▷ *Rompre un condamné*, rompre avec une barre de fer les os des bras et des jambes à un condamné. ◁ ♦ **Absol.** « *On ne fait ici que pendre et rompre* », GUI PATIN. ◁ ♦ Gâter la disposition de. *Rompre les routes, les ponts.* ♦ **Fig.** *Rompre ses fers, ses chaînes*, s'échapper de prison ; et aussi se dégager d'une passion, d'un attachement. ♦ *Rompre la glace*, la casser, et fig. affronter, surmonter les premières difficultés que présente une affaire ; et aussi faire trêve à la froideur, aux compliments, et commencer à s'entretenir familièrement, confidentiellement. ♦ **Fig.** *Rompre la paille*, Voy. PAILLE. ♦ **Fig.** *Rompre la tête, les oreilles à quelqu'un*, le fatiguer par trop de bruit, ou l'importuner par des discours hors de saison. ♦ *Se rompre la tête à quelque chose*, s'y appliquer trop fortement et inutilement. ♦ *Rompre la tête*, se dit aussi

des choses qui fatiguent la tête. ♦ **Milit.** *Rompre une troupe*, l'enfoncer, la mettre en désordre. ♦ ▷ **Mar.** *Rompre une ligne de vaisseaux*, en détruire la disposition, y mettre le désordre. ◁ ♦ **Milit.** *Rompre les divisions, les pelotons*, partager les divisions en pelotons et les pelotons en sections dans une colonne qui est en marche. *Rompre le carré*, reformer en colonne une troupe qui formait le carré. *Rompre les rangs*, ne plus garder les rangs. ♦ Congédier, renvoyer. *Rompre une assemblée, une diète, une armée, une partie de jeu, etc.* ♦ Arrêter, détourner le mouvement droit d'une chose. *Rompre le cours de l'eau.* ♦ *Rompre un coup*, en amortir l'effet. ♦ Au jeu de dés, *rompre le coup*, arrêter, détourner une chance des dés en les empêchant de rouler librement. ♦ On dit de même : *Rompre le dé.* ♦ **Fig.** *Rompre le dé*, interrompre. ♦ **Fig.** *Rompre un coup, le coup*, empêcher d'avoir lieu, prévenir. ♦ **Escrime** *Rompre la mesure à son adversaire*, le mettre hors d'état de porter le coup qu'il voulait. *Rompre la mesure*, reculer en parant. *Rompre la semelle*, reculer de la longueur du pied. ♦ **Chasse** *Rompre les chiens*, les rappeler et leur faire quitter ce qu'ils chassent, et fig. et fam. interrompre un discours qui pourrait avoir quelque inconvénient. ♦ **Phys.** Syn. de réfracter. ♦ **Peint.** *Rompre les couleurs*, les mêler pour en adoucir l'éclat. ♦ *Rompre une terre*, la labourer pour la première fois après un long chômage. ♦ Interrompre. *Rompre un discours, un entretien, un tête-à-tête.* ♦ *Rompre le sommeil de quelqu'un*, éveiller quelqu'un, troubler son sommeil. ♦ *Rompre le fil de son discours*, passer tout d'un coup d'un sujet à un autre. ♦ *Rompre le silence*, mettre fin au silence, et aussi cesser de se taire. ♦ *Rompre la monotonie*, empêcher que quelque chose ne soit monotone. ♦ **Comm.** *Rompre charge*, transborder une marchandise d'un wagon, d'un bateau, d'un navire sur un autre. *Sans rompre charge.* ♦ *Rompre la mesure*, faire qu'un vers n'ait pas sa mesure. ♦ Empêcher d'avoir lieu. *Rompre une entreprise.* « *Ce qu'on diffère est à demi rompu* », P. CORNEILLE. ♦ *Rompre les desseins, les mesures de quelqu'un*, empêcher qu'il ne les mette à exécution. ♦ *Rompre un enchantement*, en détruire l'effet. ♦ ▷ *Rompre un voyage, un départ, une promenade, une partie, etc.*, les empêcher. ◁ ♦ Faire cesser. « *La douceur rompt la colère* », FLÉCHIER. « *Pour revenir, il faut rompre des inclinations que le temps a fortifiées* », MASSILLON. ♦ Rendre nul, en parlant d'amitié, de relations, de paix, de traité, etc. ♦ *Rompre un mariage*, rompre un projet de mariage. ♦ Manquer à une obligation, à un engagement. « *Rompez, rompez tout pacte avec l'impiété* », RACINE. ♦ *Rompre le jeûne*, enfreindre la loi du jeûne, en mangeant avant l'heure prescrite, ou en mangeant quelque chose de défendu. ♦ *Rompre le jeûne*, cesser de jeûner, manger après le jeûne. ♦ *Rompre sa prison*, s'évader. ♦ *Rompre son ban*, sortir des lieux où l'on était relégué. ♦ Fatiguer extrêmement. « *J'ai fait quelques efforts pour me relever ; efforts inutiles qui m'ont rompu et ne m'ont pas soulagé* », BOSSUET. ♦ Dresser, accoutumer. *Rompre quelqu'un au travail, aux affaires, etc.* ♦ ▷ *Rompre l'humeur, le caractère d'un enfant*, le rendre doux et docile. ◁ ♦ *Rompre un cheval*, l'assouplir. ♦ **V. intr.** Se casser, se briser. « *Je plie et ne romps pas* », LA FONTAINE. « *Les poiriers rompent de fruits cette année* », LA BRUYÈRE. ♦ *Les greniers rompent*, ils sont pleins au point de s'enfoncer sous le poids. ♦ **Milit.** Passer de l'ordre en bataille à l'ordre en colonne. *Rompre par divisions, par pelotons.* ♦ **Escrime** Reculer. ♦ Renoncer aux relations d'amitié avec quelqu'un. *Rompre avec un ami, avec le monde.* ♦ *Rompre à tout*, briser toutes relations. ♦ *Rompre le vin*, qui va, change de couleur. ♦ Se rompre, v. pr. Être rompu. « *L'essieu crie et se rompt* », RACINE. ♦ Être réfracté. *Les rayons se rompent en passant de l'air dans l'eau.* ♦ Être brisé, se briser, en parlant des eaux, des flots. « *N'entendez-vous pas la vague qui se rompt contre ces rochers ?* », FÉNELON. ♦ Perdre son ordre, son arrangement. « *Les bataillons rompant l'ennemi se rompront eux-mêmes* », PELLISSON. ♦ Être défait, changé, rendu nul. *Un marché, un mariage, une société se rompt.* ♦ S'accoutumer à. *Se rompre à la fatigue, aux affaires, au travail.* ♦ À TOUT ROMPRE, loc. adv. Tout au plus (sens vieilli). *À tout rompre, on ne lui doit pas mille écus.* ♦ Avec éclat, avec transport. *Applaudir à tout rompre.* ■ **V. intr.** Renoncer à une relation sentimentale. *Rompre avec son amant.*

ROMPU, UE, p. p. de rompre. [ʀɔ̃py] **Hérald.** Se dit des armes ou des pièces brisées. ♦ **Peint.** *Ton rompu*, celui qui s'élève ou se dégrade, pour figurer l'ombre avec plus ou moins d'intensité. *Couleur rompue*, celle qui participe d'une autre couleur, en vertu d'un reflet. ♦ **Littér.** Saccadé, en parlant de l'harmonie du style. ♦ **Arithm.** Anciennement, *nombre rompu*, fraction. ♦ *Bâtons rompus*, pièces de compartiment dans les vitres et dans d'autres ouvrages. Sorte de tapisserie représentant plusieurs bâtons rompus et entremêlés. ♦ À BÂTONS ROMPUS, loc. adv. Voy. BÂTON. ♦ *Être rompu de fatigue*, être extrêmement fatigué. ♦ **Fig.** Exercé. « *Quand les écoliers seront un peu rompus par l'habitude dans les premiers éléments* », ROLLIN. ♦ *Être rompu aux affaires*, y être fort exercé. *Être rompu à faire une chose.*

ROMSTECK ou **RUMSTECK**, ■ n. m. [ʀɔmstɛk] (mot angl., de *rump*, croupe, et *steak*, tranche) Tranche de viande tendre taillée dans l'aloyau. *Un pavé de romsteck servi avec une sauce poivrade.*

RONCE, n. f. [ʀɔ̃s] (lat. *rumex*, *-icis*) Genre de la famille des rosacées. ♦ Arbuste épineux et rampant dont le fruit est nommé muron ou mûre sauvage. ♦ **Fig.** Ce qui pique, nuit comme la ronce. « *Chacun trouve ses voies* *semées de ronces et d'épines* », Massillon. ♦ *Ronce framboise*, le framboisier. ♦ Espèce de raie. ♦ Veines orbiculaires qu'on voit sur les lames de Damas et sur les bois noueux.

RONCERAIE, n. f. [Rɔ̃s(ə)Rɛ] (*ronce*) Lieu rempli de ronces.

RONCEUX, EUSE, adj. [Rɔ̃sø, øz] (*ronce*) Plein de ronces. ♦ Se dit de l'acajou, lorsqu'il présente certaines dispositions veinées.

RONCHON, ONNE, ■ n. m. et n. f. [Rɔ̃ʃɔ̃, ɔn] (*ronchonner*) Personne qui bougonne, maugrée. ■ Adj. Être d'humeur ronchonne. « *Un veilleur alcoolique et ronchon nous a à peine regardés en nous donnant une clé et des fiches à remplir* », Manchette.

RONCHONNEMENT, ■ n. m. [Rɔ̃ʃɔn(ə)mɑ̃] (*ronchonner*) Fam. Bougonnement, bruit émis en ronchonnant. « *Ils échangeaient leurs fureurs... [...] ils bourdonnaient devant la porte... À quatre, cinq cents mètres de distance, j'entendais le ronchonnement... Je pipais pas!* », Céline.

RONCHONNER, ■ v. intr. [Rɔ̃ʃɔne] (prob. du lat. *roncare*) Exprimer par des murmures bougons sa mauvaise humeur. *Il ronchonne constamment!*

RONCIER n. m. ou **RONCIÈRE**, ■ n. f. [Rɔ̃sje, Rɔ̃sjɛR] (*ronce*) Buisson de ronces.

RONCIN, n. m. [Rɔ̃sɛ̃] (orig. incert.) Se disait, au Moyen Âge, du cheval de charge, par opposition au *coursier*.

1 ROND, n. m. [Rɔ̃] (lat. class. *rotundus*) Figure circulaire. « *Il compte des plafonds les ronds et les ovales* », Boileau. ♦ Périmètre circulaire. *Tout le rond de la Terre.* ♦ *Rond d'eau*, grand bassin rond rempli d'eau. ♦ *Rond de serviette*, anneau de diverse matière, dans lequel on passe sa serviette repliée, après avoir mangé. ♦ **Danse** *Rond de jambe*, mouvement de la jambe décrivant un demi-cercle. ■ **EN ROND**, **loc. adv.** Circulairement. *Couper ses cheveux en rond. S'asseoir, danser en rond.* ♦ *Voler en rond*, se dit du faucon quand il tourne autour de sa proie. ■ **Fam.** Argent. *Je n'ai plus un rond.* ■ *Faire des ronds de jambe*, être obséquieux. ■ **Fam.** *Tourner en rond*, s'ennuyer. *Je tourne en rond dans cette chambre d'hôpital.* ■ Ne pas évoluer dans une situation complexe. *Tant qu'on ne s'attaquera pas au mal par la racine, on tournera en rond.*

2 ROND, ONDE, adj. [Rɔ̃, ɔ̃d] (*1 rond*) Qui est de telle figure que toutes les lignes droites tirées du centre à la circonférence sont égales. *Un cercle est rond. Table ronde.* ♦ *La machine ronde*, le globe terrestre. ♦ Cylindrique. *Un bras rond. Une barre de fer ronde.* ♦ *Fil rond*, fil un peu retordu. ♦ *Toile ronde*, toile faite avec du fil retordu. ♦ *Une bourse bien remplie. La pièce ronde*, une pièce de monnaie d'argent. ♦ **Fig.** *Une fortune ronde*, une fortune assez considérable. ♦ *Figures de ronde-bosse*, Voy. bosse. ♦ *Lettre ronde* ou n. f. *la ronde*, sorte d'écriture à la main dont les jambages sont presque perpendiculaires ; ainsi dit à cause de la rondeur affectée aux caractères. ♦ Par exagération. *Il est tout rond, il est rond comme une boule*, il est gros et court. ♦ **Pop.** *Il est rond, bien rond*, il a bu ou mangé avec excès. ♦ **Fig.** et **fam.** *Rond, tout rond*, sans façon, plein de sincérité. « *Et [je] suis homme fort rond de toutes les manières* », Molière. ♦ *Rond en affaires*, qui traite les affaires largement, sans chicanes ni petites difficultés. ♦ Il se dit aussi du parler, de la mine. *Un discours, un ton rond.* ♦ **Mus.** *Voix ronde*, voix pleine et égale. ♦ *Période ronde*, période nombreuse et d'une agréable cadence. ♦ **Fig.** *Compte rond*, compte sans fraction. ♦ On dit de même : *Nombre rond.* ♦ **Mar.** *Vent rond*, vent de force uniforme et assez vif. ♦ *Le ballon rond*, le football. ■ **Fam.** Ivre. *Après le dîner, il était plus rond que jamais.* ■ **Fam.** *Rond comme une queue de pelle*, complètement ivre. ■ *Tourner rond*, fonctionner sans à-coups. *Un moteur qui tourne rond.* ■ *Ça ne tourne pas rond*, ça va mal. ■ *Avaler tout rond*, avaler sans mâcher.

RONDACHE, n. f. [Rɔ̃daʃ] (*1 rond*) Ancien bouclier circulaire, employé par les hommes à pied.

ROND-DE-CUIR, ■ n. m. [Rɔ̃d(ə)kɥiR] (*rond, de* et *cuir*, par réf. au coussin de cuir du siège) **Péj.** et **fam.** Employé de bureau. *Les ronds-de-cuir.*

1 RONDE, n. f. [Rɔ̃d] (*1 rond*) Visite de nuit autour d'une place de guerre, dans un camp, etc. *L'officier de ronde.* ♦ ▷ *Ronde-major*, celle que fait le major de la place ou un officier supérieur. ◁ ♦ *Chemin de ronde*, chemin ménagé à la partie supérieure de l'escarpe, au pied du talus extérieur du parapet. ♦ Visite nocturne des employés des douanes et des octrois. ♦ La troupe elle-même qui fait la ronde. ♦ **Fig.** *Faire la ronde*, tourner autour de quelque lieu pour observer si tout est en ordre ; visiter l'intérieur d'une habitation. ♦ *Faire sa ronde*, se dit pour exprimer un examen habituel. Se dit aussi des animaux. « *Le chien veille, il fait la ronde* », Buffon. ♦ *Faire la ronde*, passer de main en main, en parlant d'une chose. ♦ Au jeu, impôt que chaque joueur paye pour les cartes, avant de se mettre au jeu. ♦ Chanson qu'une personne chante seule, dont le refrain est répété par tous en dansant en rond. ♦ *Ronde de table* ou simplement *ronde*, chanson à refrain, où chacun chante à son tour. ♦ **Par extens.** Troupe de personnes qui dansent en rond. ♦ **À LA RONDE**, **loc. adv.** Alentour. *Une lieue à la ronde.* ♦ *Boire à la ronde*, boire tour à tour, les uns après les autres.

2 RONDE, n. f. [Rɔ̃d] (*1 ronde*) **Mus.** Figure moderne de durée qui vaut la moitié d'une maxime, deux blanches, quatre noires, huit croches ; elle a la figure d'un O incliné.

3 RONDE, n. f. [Rɔ̃d] (*1 ronde*) Sorte d'écriture, Voy. ROND adj.

1 RONDEAU, n. m. [Rɔ̃do] (*1 rond*) Petit poème nommé aussi triolet, où le premier ou les premiers vers reviennent au milieu et à la fin de la pièce. ♦ Autre petit poème particulier à la poésie française, composé de treize vers coupés par une pause au cinquième et une au huitième, dont huit sont sur une rime et cinq sur une autre ; le premier mot ou les premiers mots se répètent après le huitième vers et après le dernier sans faire partie des vers. ♦ Improprement, petite pièce de poésie qu'on met ordinairement en musique, et dont le premier vers ou les premiers vers sont répétés à la fin. ♦ **Mus.** *Rondeau* ou *rondo*, air dont le thème principal se reprend plusieurs fois. ♦ Une des parties de la sonate.

2 RONDEAU, n. m. [Rɔ̃do] (*1 rond*) Planche ronde sur laquelle les pâtissiers dressent les pains bénits.

RONDE-BOSSE, ■ n. f. [Rɔ̃d(ə)bɔs] (*1 rond* et *bosse*) Type de sculpture qui représente les sujets en trois dimensions. *Sculpture en ronde-bosse.* au pl. *Des rondes-bosses.*

RONDELET, ETTE, adj. [Rɔ̃d(ə)lɛ, ɛt] (dimin. de l'anc. fr. *rondel*, de *1 rond*) **Fam.** Qui est rond, arrondi par embonpoint. *Une main rondelette et potelée. Un ventre rondelet.* ♦ **Fig.** *Bourse rondelette*, bourse passablement pleine. ♦ *Soies rondelettes*, les soies les plus communes. ■ Assez important, en parlant d'une somme d'argent. *Nous avons réuni la rondelette somme de 500 euros.*

RONDELETTES, n. f. pl. [Rɔ̃d(ə)lɛt] (*rondelet*) Toiles à voiles.

RONDELLE, n. f. [Rɔ̃dɛl] (*1 rond*) Syn. de rondache. ♦ Certaines pièces rondes de métal ou de cuir, etc., percées dans le milieu, et qui entrent dans la construction de plusieurs machines. ♦ Ciseau arrondi de sculpteur. ■ Tranche débitée dans une denrée. *Des rondelles de saucisson, de carotte.* ■ **Canada** Palet de caoutchouc utilisé pour le hockey sur glace.

RONDEMENT, adv. [Rɔ̃d(ə)mɑ̃] (*1 rond*) Uniment, également. *Travailler rondement.* ♦ Promptement, vivement. *Marcher rondement.* ♦ *Mener rondement une affaire*, la conduire avec suite et activité. ♦ **Fig.** Sans façon, sans ambiguïté. « *J'ai dit assez rondement la vérité* », Voltaire.

RONDEUR, n. f. [Rɔ̃dœR] (*1 rond*) Qualité de ce qui est rond, sphérique, circulaire, cylindrique. *La rondeur de la terre, d'une assiette, d'un bras, etc.* ♦ Circonférence. « *Si l'univers dans sa rondeur N'a rien digne de vos mérites* », Racan. ♦ **Fig.** En parlant du style, nombre, harmonie. ♦ **Fig.** Franchise, sans-façon, naturel. ♦ *Ce comédien a de la rondeur*, il joue avec franchise et naturel.

1 RONDIER, ■ n. m. [Rɔ̃dje] Voy. borassus.

2 RONDIER, ■ n. m. [Rɔ̃dje] (*ronde*) Personne préposée aux rondes de surveillance. *Assurer la protection des rondiers.*

RONDIN, n. m. [Rɔ̃dɛ̃] (*1 rond*) Morceau de bois de chauffage qui est rond, c'est-à-dire qui n'est pas fendu. *Des rondins de hêtre.* ♦ ▷ Gros bâton. *Il a reçu des coups de rondin.* ◁ ■ Bille de bois non travaillée. ■ *Une cabane en rondins*, en troncs d'arbres.

RONDINÉ, ÉE, p. p. de rondiner. [Rɔ̃dine]

RONDINER, v. tr. [Rɔ̃dine] (*rondin*) ▷ **Pop.** Battre à coups de rondin. ◁

RONDO, n. m. [Rɔ̃do] (ital. *rondo*) Voy. RONDEAU, en musique.

RONDON, n. m. [Rɔ̃dɔ̃] (anc. fr. *randon*, mouvement impétueux) **Fauconn.** Il n'est usité que dans cette locution : *fondre en rondon*, s'élancer avec impétuosité.

RONDOUILLARD, ARDE, ■ adj. [Rɔ̃dujaR, aRd] (*1 rond*) Qui a de l'embonpoint, des formes rondes, grassouillettes. *Un jeune homme rondouillard.* ■ N. m., n. f. *Un rondouillard, une rondouillarde.*

ROND-POINT, n. m. [Rɔ̃pwɛ̃] (*1 rond* et *1 point*) **Archit.** Partie demi-circulaire qui fait l'extrémité opposée au grand portail. ♦ Grande place circulaire, à laquelle aboutissent plusieurs avenues ou allées. ♦ **Au pl.** *Des ronds-points.*

RONÉO, ■ n. f. [Roneo] (nom déposé) Machine reproduisant les documents tapés sur un stencil. *Tirer des tracts à la ronéo.*

RONÉOTER ou **RONÉOTYPER**, ■ v. tr. [Roneote, Roneotipe] (*ronéo*) Reproduire un texte à la ronéo. *Un document ronéotypé, une lettre ronéotée.*

RÔNERAIE, ■ n. f. [Ron(ə)Rɛ] (*rônier*) **Afriq.** Plantation de rôniers.

RONFLANT, ANTE, adj. [Rɔ̃flɑ̃, ɑ̃t] (*ronfler*) Qui fait un bruit comparé pour la force au ronflement. *Un instrument ronflant. Une voix ronflante.* ♦ **Méd.** *Râle ronflant*, râle bronchique, caractérisé par un bruit musical grave, ressemblant au ronflement d'un homme endormi. ♦ **Par extens.** Qui emplit l'oreille, en parlant de mots, de phrases. ♦ **Fig.** *Promesses ronflantes*, grandes et vaines promesses.

RONFLEMENT, n. m. [ʀɔ̃fləmɑ̃] (*ronfler*) Bruit que produit quelquefois pendant le sommeil la vibration du voile du palais lorsque l'air traverse l'arrière-bouche, particulièrement pendant l'inspiration. ♦ *Fig.* Tout bruit qui a une sorte de rapport avec celui d'un homme qui ronfle. *Le ronflement d'une toupie, de l'orgue, etc.*

RONFLER, v. intr. [ʀɔ̃fle] (anc. fr. *ronchier*, du rad. onomat. *ron-*) Faire le bruit nommé ronflement. ♦ Il se dit d'un cheval à qui la peur, la colère, etc., fait faire un certain bruit des narines. ♦ *Fig. et fam.* Faire un bruit prolongé, en parlant de certaines choses bruyantes. *Le canon ronflait de ce côté. Une toupie qui ronfle.* « Il faut entendre aussi ronfler les violons », Re-gnard. ♦ *Fig.* Faire ronfler des vers, les déclamer avec emphase. ♦ Il se dit de ce qui est ronflant. *Ce vers ronfle bien dans la bouche d'un acteur.*

RONFLEUR, EUSE, n. m. et n. f. et adj. [ʀɔ̃flœʀ, øz] (*ronfler*) Celui, celle qui ronfle, qui a l'habitude de ronfler.

RONGE, n. m. [ʀɔ̃ʒ] (*ronger*) *Vén.* Il n'est usité que dans cette locution : *Le cerf fait le ronge*, il rumine.

RONGÉ, ÉE, p. p. de ronger. [ʀɔ̃ʒe]

RONGEANT, ANTE, adj. [ʀɔ̃ʒɑ̃, ɑ̃t] (*ronger*) ▷ Susceptible de ronger, de miner. *Chancre, ulcère rongeant.* ♦ *Fig.* « Les soucis rongeants », J.-J. Rous-seau. ♦ N. m. *Un rongeant*, syn. de rongeur. ◁

RONGEMENT, n. m. [ʀɔ̃ʒ(ə)mɑ̃] (*ronger*) Action de ronger ; état de ce qui est rongé. ♦ *Fig. Un rongement d'esprit.*

RONGER, v. tr. [ʀɔ̃ʒe] (lat. *rumigare*, ruminer, et *rodicare*, ronger) Couper avec les dents ou avec le bec à plusieurs reprises. *Un chien qui ronge un os. Les vers rongent le bois.* ♦ *Ronger ses ongles*, se dit du geste que l'on fait, pendant que l'on médite, que l'on réfléchit. ♦ *Fig. Se ronger les poings de quelque chose*, en concevoir une vive irritation, un vif regret. ♦ *Donner un os à ronger à quelqu'un*, Voy. os. ♦ *Ronger son frein*, Voy. frein. ♦ Par extens. Consumer, corroder, entamer. *L'eau-forte ronge les métaux. L'ulcère lui a rongé le nez. L'océan ronge les terres.* ♦ *Fig.* Consumer le bien d'autrui. *Cet avoué ronge ses clients.* ♦ *Fig.* Exercer sur l'âme une action comparée à un rongement. « *Les noirs soucis rongeaient son cœur* », Féne-lon. ♦ *Se ronger le cœur*, se laisser aller à des inquiétudes, à des chagrins qui tourmentent. ♦ V. intr. Détruire les couleurs. ♦ *Vén. On dit que le cerf ronge*, quand il rumine. ♦ Se ronger, v. pr. Exercer sur soi un rongement. « *Une âme mélancolique se ronge dans la solitude* », Voltaire. ♦ Être rongé.

RONGEUR, EUSE, adj. [ʀɔ̃ʒœʀ, øz] (*ronger*) Qui ronge. *Les vers rongeurs.* ♦ *Fig.* Qui inquiète, tourmente. *Les soucis rongeurs. Le ver rongeur*, le remords du coupable, et aussi une peine qui assiège constamment l'esprit. ♦ N. m. pl. *Les rongeurs*, ordre de la classe des mammifères renfermant ceux dont les incisives, au nombre de deux à chaque mâchoire, sont longues et fortes. ♦ N. m. Corps qui a la propriété de détruire les couleurs organiques.

RÔNIER ou **RONDIER**, ▪ n. m. [ʀɔnje, ʀɔ̃dje] (1 *rond*) Voy. borassus.

RÔNIN ou **RONIN**, ▪ n. m. [ʀɔnɛ̃] ou [ʀɔnin] (mot jap., guerrier sans maître) *Hist.* Samouraï affranchi de tout maître.

RONRON, n. m. [ʀɔ̃ʀɔ̃] (rad. onomat. *ron-*) Sorte de petit grognement continu produit par le chat, et qui marque le contentement. *Minette fait son ronron.* ♦ Par extens. Bruit monotone comparé au ronron du chat. ♦ *Fig.* Routine.

RONRONNEMENT, ▪ n. m. [ʀɔ̃ʀɔn(ə)mɑ̃] (*ronronner*) Grognement des fé-lins. *Le ronronnement du chat.* ▪ Bruit sourd et répétitif évoquant le ronron du chat. *Le ronronnement d'un moteur.* ▪ *Fig.* Routine. *Le ronronnement de la vie au quotidien.*

RONRONNER, v. intr. [ʀɔ̃ʀɔne] (*ronron*) Faire le ronron. ▪ Produire un bruit sourd et régulier. *Le moteur ronronne.* ▪ *Fig.* Se complaire dans la routine. *Ceux qui ronronnent dans leurs confortables habitudes.*

RÖNTGEN ou **RŒNTGEN**, ▪ n. m. [ʀœntgœn] (W. C. *Röntgen*, 1845-1923, physicien allemand) Unité de quantité de rayonnement X ou gamma, de symbole R, produisant dans l'air des ions porteurs d'une charge électrique. *600 röntgens peuvent tuer un homme.*

RÖNTGENTHÉRAPIE ou **RŒNTGENTHÉRAPIE**, ▪ n. f. [ʀœntgœnterapi] (*Röntgen*, physicien allemand, et *thérapie*) *Méd.* Traitement curatif utilisant les propriétés du röntgen.

ROOF, ▪ n. m. [ʀuf] Voy. rouf.

ROOKERIE, ▪ n. f. [ʀuk(ə)ʀi] Voy. roquerie.

ROQUE ou **ROQUAGE**, ▪ n. m. [ʀɔk, ʀɔkaʒ] (*roquer*) Aux échecs, la ma-nœuvre qui permet de roquer. *Grand roque, petit roque.*

ROQUEFORT, n. m. [ʀɔk(ə)fɔʀ] (*Roquefort*, nom de commune) Fromage très estimé, qui tire son nom de Roquefort, village du département de l'Aveyron, où il se fabrique ; il est fait de lait de brebis.

ROQUENTIN, n. m. [ʀɔkɑ̃tɛ̃] (dial. *roquer*, heurter) ▷ Nom donné à de vieux militaires en retraite qui jouissaient d'une demi-paye dans les châ-teaux, les citadelles. ♦ Chanteur de chansons nommées aussi roquentins et qui étaient des espèces de vaudevilles satiriques, la plupart du temps en quatre vers. ♦ *Fam.* Vieillard ridicule et qui veut faire le jeune homme. ◁

ROQUER, v. intr. [ʀɔke] (2 *roc*) Au jeu des échecs, mettre le roc ou la tour auprès du roi, et faire passer le roi de l'autre côté de la tour, lorsqu'il n'y a aucune pièce entre eux.

ROQUERIE ou **ROOKERIE**, ▪ n. f. [ʀɔk(ə)ʀi, ʀuk(ə)ʀi] (angl. *rookery*, de *rook*, corneille) Rassemblement d'animaux marins en vue de la couvaison et de l'éducation des petits. *Une rookerie de manchots empereurs.*

ROQUET, n. m. [ʀɔkɛ] (dial. *roquer*, croquer, heurter) Sorte de petit chien à oreilles droites. ♦ *Fig. et fam.* Homme comparé à un petit chien. ♦ *C'est un roquet qui aboie*, se dit d'un homme sans valeur qui profère des paroles insultantes. ▪ Petit chien hargneux.

ROQUETIN, ▪ n. m. [ʀɔk(ə)tɛ̃] (germ. *rukka*, quenouille) Bobine de petite taille sur laquelle on enroule le fil de soie pendant son moulinage. ▪ Fil d'ornement d'un galon.

1 ROQUETTE ou **ROUQUETTE**, n. f. [ʀɔkɛt, ʀukɛt] (ital. *rucchetta*, du lat. *eruca*) Nom d'un genre de crucifère.

2 ROQUETTE, ▪ n. f. [ʀɔkɛt] (germ. *rukka*, quenouille) Projectile propulsé par ses propres moyens, utilisé comme arme. *Tir à la roquette.*

ROQUILLE, n. f. [ʀɔkij] (orig. inc.) Ancienne mesure de vin, valant le quart du setier.

RORIFÈRE, adj. [ʀɔʀifɛʀ] (lat. *ros, roris*, rosée, et *-fère*) *Hist. nat.* Qui en-voie, qui apporte, qui retient la rosée.

RORQUAL, ▪ n. m. [ʀɔʀkal] ou [ʀɔʀkwal] (norv. *raudh*, rouge, et *hvalr*, baleine) *Zool.* Grande baleine des mers froides caractérisée par une na-geoire dorsale et la présence de nombreux sillons sur le ventre. *Les rorquals représentent un type de balénoptère.*

ROSACE, n. f. [ʀozas] (1 *rose*) Figure symétrique terminée à une circonfé-rence et présentant plus ou moins d'analogie avec une rose. ♦ Ornement d'architecture qu'on place dans le renfoncement des caissons d'une voûte ou d'un plafond. ♦ Vitraux disposés en rosace dans les églises.

ROSACÉ, ÉE, adj. [ʀozase] (1 *rose*) *Bot.* Qui est disposé à la manière des pétales d'une rose. ▪ N. f. pl. *Les rosacées*, famille de plantes dont la rose est le type. ▪ *Méd. Acné rosacée* ou n. f. *rosacée*, maladie infectieuse de la peau du visage caractérisée par des rougeurs sur le nez et les pommettes. *L'acné rosacée atteint surtout les femmes entre 40 et 50 ans.*

1 ROSAGE, n. m. [ʀozaʒ] (1 *rose*) Un des noms du *rhododendron*.

2 ROSAGE, ▪ n. m. [ʀozaʒ] (*roser*) *Techn.* Processus qui permet de raviver une étoffe teintée à la garance.

ROSAIRE, n. m. [ʀozɛʀ] (lat. eccl. *rosarius*, couronne de roses) Grand chapelet que l'on dit à l'honneur de la Vierge. ♦ Coquille du genre vo-lute.

ROSALBIN, ▪ n. m. [ʀozalbɛ̃] (lat. *rosa*, rose, et *albus*, blanc) *Zool.* Caca-toès d'origine australienne au corps gris et à la tête rose et blanc.

ROSANILINE, ▪ n. f. [ʀozanilin] (2 *rose* et *aniline*) *Chim.* Cristal à base d'azote. *La rosaniline produit les couleurs fuchsia, bleu et violet.*

ROSAT, adj. inv. [ʀoza] (lat. *rosatum*) Il se dit de quelques compositions où il entre des roses rouges. *Onguent rosat. Huile rosat.*

ROSÂTRE, ▪ adj. [ʀozɑtʀ] (2 *rose*) Qui est de couleur rose sale. *Un lino rosâtre.*

ROSBIF, n. m. [ʀɔsbif] (angl. *roast-beef*, rôti de bœuf) Morceau de bœuf rôti, qui est en général le faux-filet. ♦ Les cuisiniers donnent aussi ce nom à la partie de derrière d'un mouton, d'un agneau, d'un chevreuil, etc. ▪ Rem. On écrivait aussi *roast-beef* autrefois.

1 ROSE, n. f. [ʀoz] (lat. *rosa*) Fleur odoriférante, ordinairement d'un rouge un peu pâle, et qui croît sur un arbuste épineux. *Rose simple* ou *rose sauvage, rose du Bengale, rose pompon, etc.* ♦ *Fig. C'est la plus belle rose de son chapeau*, c'est le plus grand honneur, le plus grand avantage qu'il ait obtenu. ♦ *Le pot aux roses*, le pot dans lequel on met l'essence de rose. ♦ *Fig. Découvrir le pot aux roses*, découvrir le fin, le mystère de quelque affaire secrète. ♦ La rose est dite la reine des fleurs ; de là l'expression : *Mériter la rose*, en parlant de celui qui, entre plusieurs rivaux, l'emporte sur les autres. ♦ *Eau de rose* ou plus communément *eau rose*, eau qu'on tire des roses par la distillation. ♦ *Fig.* « *Voilà ma façon de penser ; vous ne me trouverez pas à l'eau de rose* », Voltaire. ♦ *Lit de roses*, couche de feuilles de roses où l'on étend pour en tirer l'essence. ♦ *Roses pâles*, nom donné en pharmacie aux feuilles de diverses espèces qu'on emploie, particulièrement celle de la rose des quatre saisons. ♦ *Fig.* Il se dit de ce qui est aussi agréable que l'est la rose. « *Les* *plus cruels tourments n'auront été que roses* », Rotrou. « *Tout chemin qui conduit à un précipice est effroyable, fût-il couvert de roses* », Fénelon. ♦ *Être sur des roses, être couché sur des roses, sur un lit de roses,* vivre dans la mollesse, jouir d'une félicité parfaite. ♦ **Fig.** Il se dit d'un mélange de blanc et d'incarnat que présente le teint du visage. *Les roses de son teint.* ♦ *Des lèvres de rose,* des lèvres vermeilles. ♦ **Poétiq.** *L'Aurore aux doigts de rose.* ♦ Nom de diverses fleurs ressemblant plus ou moins à la rose. *Rose des Alpes,* le rhododendron ferruginé. *Rose d'Inde,* œillet d'Inde. *Rose du Japon,* camellia. *Rose de Noël* ou *d'hiver,* ellébore noir. *Rose pivoine. Rose trémière.* ♦ *Bois de rose,* bois à odeur de rose et d'une couleur rouge, dont on se sert pour faire des meubles. ♦ *Rose de diamants, de rubis,* diamants, rubis montés en forme de rose. ♦ *Diamant en rose* ou simplement *rose,* diamant taillé par-dessus en facettes, et plat en dessous. ♦ **Archit.** Petit ornement à feuilles et circulaire, qu'on place dans les plafonds des corniches ou dans le milieu de l'abaque du chapiteau corinthien. ♦ Grands vitraux circulaires et à compartiments, placés dans les églises gothiques. ♦ *Rose de compartiment,* ornement formé au milieu d'un pavé de marbre ou d'un parquet de menuiserie, et entouré d'une figure circulaire. ♦ *Rose de luth, rose de guitare,* l'ouverture qui est au milieu de la table d'un luth, d'une guitare. ♦ **Mar.** *Rose de compas, rose des vents,* partie d'une circonférence partagée en trente-deux divisions égales, avec des lignes ou rayons qui vont du centre à chacune de ces divisions. ♦ **Prov.** *Il n'est point de roses sans épines, de plaisir sans peine.* ■ *Être frais, fraîche comme une rose,* avoir un teint resplendissant, l'air reposé. ■ **Fam.** *Ne pas sentir la rose,* sentir mauvais. ■ **Fig.** *À l'eau de rose,* sentimental et mièvre. *Un roman à l'eau de rose.* ♦ *Rose des sables,* concrétion de gypse en forme de rose, typique des régions désertiques ; confiserie à base de pétales de céréales que l'on a fait tremper dans du chocolat et de la végétaline fondus. ♦ *Envoyer quelqu'un sur les roses,* l'envoyer promener avec rudesse.

2 ROSE, adj. [roz] (1 *rose*) Qui est de la couleur de la rose. *Des rubans roses.* ■ Relatif au commerce du sexe. *Le téléphone rose.* ■ **N. m.** Couleur rose. *Cette robe est d'un joli rose.* ■ **Fig.** et **fam.** *Voir tout couleur de rose, voir tout en rose,* voir tout en beau. ■ On dit dans le même sens : *tout lui paraît couleur de rose.*

ROSÉ, ÉE, adj. [roze] (2 *rose*) Qui est d'un rouge faible, approchant de la couleur de la rose. *Teint rosé. Couleur rosée.* ♦ Il se dit de la couleur de certains vins. *Champagne rosé.* ■ **N. m.** Vin rosé. *Boire du rosé.*

ROSEAU, n. m. [rozo] (anc. fr. *ros,* du frq. *rausa*) Plante dont la tige, lisse et droite, est creuse et remplie de moelle. ♦ **Fig.** Il se dit de l'être humain comparé pour sa faiblesse au roseau. « *L'homme n'est qu'un roseau, le plus faible de la nature, mais c'est un roseau pensant* », Pascal. ♦ *C'est un roseau qui plie à tous les vents,* se dit d'un homme qui cède à toutes les impulsions. ♦ *S'appuyer sur un roseau,* mettre sa confiance en quelqu'un qui n'a ni force ni crédit, etc. ♦ *Roseau peint en fer,* esprit qu'on croit ferme et qui est faible.

ROSE-CROIX, n. f. [roz(ə)krwa] (*Rosenkreuz,* fondateur de cette secte.) Confrérie de la rose-croix, secte illuminée du commencement xviiᵉ siècle, qui prétendait posséder la sagesse et la piété au suprême degré, forcer à son service les esprits et les démons, etc. ■ **N. m.** *Un rose-croix,* un individu appartenant à la confrérie de la rose-croix. ■ **N. m.** Titre d'un grade de la franc-maçonnerie, qui est au-dessus de celui de maître. ♦ Au pl. *Des rose-croix.*

ROSÉE, n. f. [roze] (lat. pop. *rosata,* du lat. *ros*) Couche d'humidité qui, sous forme de gouttelettes liquides, se dépose à la surface des corps pendant la nuit, quand le ciel est serein. ♦ **Fig.** « *Ma générosité, qui répand la rosée de ses faveurs sur les grands comme sur les petits* », Voltaire. ♦ **Fig.** et **fam.** *Tendre comme la rosée,* se dit d'une substance alimentaire fort tendre. ♦ Ellipt. dans le même sens. *C'est de la rosée.* ♦ Il se dit d'autres gouttelettes que la rosée. « *Ses yeux se couvrirent d'une légère rosée* », Voltaire. ♦ **Vétér.** Gouttelettes de sang qui sortent de la sole du cheval, lorsqu'on pare le pied trop près du vif.

ROSELET, ■ n. m. [roz(ə)lɛ] (2 *rose*) Pelage estival de l'hermine. ■ Par méton. Hermine portant son pelage d'été.

ROSELIER, IÈRE, ■ adj. [rozəlje, jɛr] (*rosel,* anc. forme de *roseau*) Planté de roseaux. ■ Produisant des roseaux. *Un marais roselier.* ■ **N. f.** *Une roselière,* lieu dans lequel croissent des roseaux.

ROSÉOLE, ■ n. f. [rozeɔl] (2 *rose,* d'apr. *rougeole*) **Méd.** Infection virale touchant principalement les enfants, se caractérisant par l'éruption cutanée de petites taches rose pâle.

ROSER, ■ v. tr. [roze] (2 *rose*) Colorer de rose. ■ Procéder au rosage d'un tissu.

ROSERAIE, n. f. [roz(ə)rɛ] (*rosier*) Terrain planté de rosiers.

1 ROSETTE, n. f. [rozɛt] (dimin. de 1 *rose*) Petite rose (inusité en ce sens). ♦ Ornement fait en forme de rose, qui s'emploie dans la broderie et dans la sculpture. ♦ Nœud de rubans en forme de rose. ♦ Insigne que les officiers

de la Légion d'honneur portent au-dessus de la croix ou à leur boutonnière. ♦ Petits fleurons de métal que les couteliers emploient pour monter les rasoirs, les lancettes, etc. ♦ *Un diamant à rosette,* diamant en rose. ♦ Petit cadran pour avancer ou retarder le mouvement d'une montre. ♦ Syn. de rose, en parlant d'un luth, d'une guitare. ■ *Saucisson sec de Lyon.*

2 ROSETTE, n. f. [rozɛt] (dimin. de 2 *rose*) Sorte d'encre rouge faite avec du bois de Brésil. ♦ Sorte de craie teinte en rouge, qui sert à peindre. ♦ *Cuivre de rosette* ou simplement *rosette,* cuivre rouge pur.

ROSEUR, ■ n. f. [rozœr] (2 *rose*) Caractéristique de ce qui est teinté de rose. *La roseur d'un visage enfantin.*

ROSEVAL, ■ n. f. [roz(ə)val] (orig. inc.) Variété de pomme de terre caractérisée par une chair jaune et tendre et une peau rose ; plant qui produit cette pomme de terre. *Planter des rosevals.*

ROSH HA-SHANA, ■ n. m. inv. [rɔʃaʃana] (mot hébreu) Nouvel an dans la religion juive.

ROSICRUCIEN, IENNE, ■ adj. [rozikrysjɛ̃, jɛn] (*Rose-Croix*) Qui a trait à la Rose-Croix. *L'emblème rosicrucien.* ■ **N. m.** et n. f. Personne adepte de la Rose-Croix.

ROSIER, n. m. [rozje] (1 *rose*) Genre de la famille des rosacées dont le rosier est le type. ♦ Arbuste qui porte des roses. ♦ *Rosier du Japon,* le camélia.

ROSIÈRE, n. f. [rozjɛr] (1 *rose*) Jeune fille qui dans un village obtient la rose destinée à être le prix de la sagesse.

ROSIÉRISTE, ■ n. m. et n. f. [rozjerist] (*rosier*) **Hortic.** Personne qui s'adonne à la culture des rosiers.

ROSIR, ■ v. intr. [rozir] (2 *rose*) Prendre une teinte rose. *Ses joues rosirent.* ■ V. tr. Rendre rose. *Le peintre rosit les pétales de fleurs.*

ROSISSEMENT, ■ n. m. [rozis(ə)mɑ̃] (*rosir*) Légère coloration en rose. *Le rosissement de la peau sous l'action du froid.* « *Le rosissement de mes joues me trahit, je le crains* », Bory.

ROSON, n. m. [rozɔ̃] (1 *rose*) Syn. de rosace.

ROSSARD, ARDE, ■ adj. [rosar, ard] (*rosse*) Qui fait preuve de malveillance. *Faire une proposition rossarde.* ■ **N. m.** et n. f. *Un rossard, une rossarde.*

ROSSE, n. f. [rɔs] (m. h. all. *Ross,* cheval) Cheval sans force, sans vigueur. ♦ **Fig.** et pop. Il se dit par injure des personnes. ♦ **Prov.** *Il n'est si bon cheval qui ne devienne rosse,* il n'est point d'homme, si vigoureux de corps ou d'esprit, qui ne s'affaiblisse par l'âge.

ROSSÉ, ÉE, p. p. de rosser. [rose]

ROSSÉE, n. f. [rose] (*rosser*) **Pop.** Grêle de coups.

ROSSER, v. tr. [rose] (b. lat. *rustiare,* battre) **Fam.** Battre quelqu'un violemment. « *Si je prends un bâton, je vous rosserai d'importance* », Molière. ♦ **Fam.** Battre en bataille. « *Quoi ! votre âme occupée à rosser le grave Moustapha* », Voltaire.

ROSSERIE, n. f. [rɔs(ə)ri] (*rosse*) **Fam.** Caractère, comportement d'une personne rosse. *Sa rosserie est exaspérante.* ■ Propos ou acte rosse, méchant, malveillant. *Faire des rosseries.*

ROSSIGNOL, n. m. [rosiɲɔl] ou [rosinjɔl] (lat. class. *lusciniola*) Petit oiseau à bec fin et à plumage grisâtre, dont le chant est fort agréable. ♦ **Fam.** *Cette femme a un gosier, une voix de rossignol,* cette femme a la voix pure et très flexible. ♦ On dit dans le même sens : *C'est un rossignol.* ♦ En un autre sens, personne qui charme et sait se faire écouter. ♦ **Ironiq.** *Un rossignol d'Arcadie,* un âne. ♦ *Rossignol de muraille,* le sylvie rouge-queue. ♦ Sorte de petite flûte à piston, qui se fait ordinairement avec un tuyau d'écorce détaché d'une branche de bois vert dans le temps de la sève. ♦ Au pl. *Les rossignols,* un des jeux de l'orgue. ♦ Nom donné par les libraires aux ouvrages qui ne se vendent pas, et par les marchands de nouveautés aux étoffes passées de mode. ♦ Crochet dont on se sert pour ouvrir toutes sortes de serrures.

ROSSIGNOLER, v. intr. [rosiɲole] ou [rosinjole] (*rossignol*) ▷ Imiter le chant du rossignol. ◁

ROSSIGNOLET, n. m. [rosiɲolɛ] ou [rosinjolɛ] (*rossignol*) Jeune rossignol.

ROSSINANTE, n. m. [rosinɑ̃t] (esp. *Rocinante,* nom du cheval de don Quichotte, de *rocin,* mauvais cheval) Nom donné par Cervantès au cheval de don Quichotte. ■ **N. f.** Mauvais cheval maigre et efflanqué.

ROSSOLIS, n. m. [rosoli] (lat. *ros solis,* rosée du soleil) Liqueur composée d'eau-de-vie brûlée, de sucre et de jus de quelque fruit doux, tel que celui de cerises, de mûres, etc. ♦ Genre de plantes habitant les prairies tourbeuses et les lieux humides, de la famille des droséracées.

RÖSTI, ■ n. m. [røsti] Voy. rœsti.

ROSTRAL, ALE, adj. [rɔstral] (*rostre*) **Antiq. rom.** *Couronne rostrale,* couronne donnée à celui qui avait gagné une victoire navale, ou qui s'était élancé le premier dans une galère ennemie. ✦ *Colonne rostrale,* colonne ornée de rostres de galères. ✦ **Zool.** Qui s'insère sur un rostre ; qui a la forme d'un bec. ■ Au pl. *Les crochets rostraux des ténias.*

ROSTRE, n. m. [ʀɔstʀ] (lat. *rostrum,* bec, éperon) **Hist. nat.** Bouche prolongée en forme de bec. ✦ **Antiq.** Le bec ou éperon qui armait l'avant des navires de guerre. ✦ Au pl. À Rome, *les rostres,* la tribune aux harangues, dont la base était ornée de becs ou éperons de navires. ✦ **Archit. et sculpt.** Ornements qui ont la forme des becs ou éperons de navires antiques.

ROSTRÉ, ÉE, adj. [ʀɔstʀe] (lat. *rostratus*) **Biol.** Qui a la forme d'un bec.

1 ROT, n. m. [ʀo] (lat. *ructus*) Vent qui sort de l'estomac avec bruit. ✦ Le terme médical est *éructation* ; rot est bas, et l'on évite de s'en servir.

2 ROT, ■ n. m. [ʀɔt] (on prononce le *t* final. Mot angl., pourriture) Maladie de la vigne, provoquée par un parasite et qui entraîne la putréfaction des grains de raisin.

RÔT, n. m. [ʀo] (*rôtir*) Viande rôtie à la broche. ✦ *Gros rôt,* grosse pièce de viande rôtie. ✦ *Petit rôt, menu rôt,* les poulets, bécasses, etc. ✦ **Fig.** *Manger son pain à la fumée du rôt,* Voy. FUMÉE. ✦ Service qui suit immédiatement celui des potages et des entrées.

ROTACÉ, ÉE, ■ adj. [ʀɔtase] (lat. *rota,* roue) **Bot.** Dont la forme évoque celle d'une roue. *Une corolle rotacée.*

ROTANG, n. m. [ʀɔtɑ̃g] (on prononce le *g* final ; malais *rotan*) Syn. de rotin.

ROTARY, ■ n. m. [ʀɔtaʀi] (mot angl., du lat. *rotarius,* de *rota,* roue) Outil de forage dont le trépan est actionné par un mouvement rotatif. *Creuser avec des rotarys.*

ROTATEUR, TRICE, adj. [ʀɔtatœʀ, tʀis] (lat. *rotator*) Qui fait tourner, qui meut en rond. *Force rotatrice.* ✦ *Muscle rotateur* ou n. m. *rotateur,* nom donné à certains muscles dont l'action est de faire tourner sur leur axe les parties auxquelles ils sont attachés. ✦ **N. m. pl.** Classe d'animaux microscopiques.

ROTATIF, IVE, ■ adj. [ʀɔtatif, iv] (rad. de *rotation*) Qui tourne, qui est animé par un mouvement de rotation. *Un moteur rotatif.* ■ **N. f.** Presse imprimant à très grande vitesse grâce au mouvement rotatif de cylindres.

ROTATION, n. f. [ʀɔtasjɔ̃] (lat. *rotatio*) **Méc.** Mouvement d'un corps autour d'une ligne droite qui prend le nom d'axe de rotation. *La rotation de la Terre, du Soleil, etc.* ✦ **Anat.** Action par laquelle un organe tourne sur son axe. ✦ **Agric.** Syn. d'assolement. ■ Roulement. *La rotation du personnel d'une entreprise.*

ROTATIVISTE, ■ n. m. et n. f. [ʀɔtativist] (*rotative*) **Impr.** Personne chargée de conduire une rotative.

ROTATOIRE, adj. [ʀɔtatwaʀ] (rad. de *rotation*) **Méc.** Qui est en forme de rotation. *Mouvement rotatoire.* ✦ **Phys.** *Pouvoir rotatoire,* la propriété dont est doué un corps de modifier le plan primitif de polarisation de la lumière polarisée qui le traverse. ✦ **N. m. pl.** Famille d'infusoires.

ROTE, n. f. [ʀɔt] (lat. *rota,* roue, les juges siégeant sur un banc circulaire) Juridiction de la cour de Rome, composée de douze docteurs nommés auditeurs de rote, et pris dans les quatre nations d'Italie, de France, d'Espagne et d'Allemagne.

ROTENGLE, ■ n. m. [ʀɔtɑ̃gl] (all. *Roteugel, œil rouge*) Poisson caractérisé par des yeux et des nageoires rouges et vivant dans les lacs d'Europe occidentale. *Le rotengle est aussi appelé gardon rouge.*

ROTÉNONE, ■ n. f. [ʀɔtenɔn] (du jap. *rotenon*) Substance toxique pour les insectes, extraite de la racine de légumineuses cultivées en Asie tropicale et qui se présente sous la forme de cristaux blancs. *La roténone, employée dans l'agriculture biologique, n'est peut-être pas sans présenter de dangers pour l'homme.*

ROTER, v. intr. [ʀɔte] (1 *rot*) Terme bas et dont on évite de se servir. *Faire un rot, des rots.*

ROTEUR, EUSE, n. m. et n. f. [ʀɔtœʀ, øz] (*roter*) Personne qui rote.

ROTEUSE, ■ n. f. [ʀɔtøz] (*roter*) **Arg.** Bouteille de champagne ou de vin mousseux.

1 RÔTI, n. m. [ʀoti] (*rôtir*) Viande rôtie. ✦ **Fig.** *La fumée du rôti,* Voy. FUMÉE. ✦ **Fig.** *On a accommodé cet homme tout de rôti,* on l'a fort maltraité. ✦ **Fig. et fam.** *S'endormir sur le rôti,* négliger ce qu'on a à faire. ✦ Service du rôt. *On est au rôti.*

2 RÔTI, IE, p. p. de rôtir. [ʀoti]

RÔTIE, n. f. [ʀoti] (*rôtir*) Tranche de pain qu'on fait rôtir devant le feu. ✦ Par extens. Tranche de pain sur laquelle on a étendu des confitures, du beurre, etc.

ROTIFÈRE, adj. [ʀɔtifɛʀ] (lat. *rota,* roue, et -*fère*) **Zool.** Qui porte un organe de rotation semblable à une roue. ✦ **N. m. pl. Zool.** Genre de rotateurs.

1 ROTIN ou **ROTANG,** n. m. [ʀɔtɛ̃, ʀɔtɑ̃g] (on prononce le *t* final ; malais *ratan*) Genre de la famille des palmiers. ✦ Partie de la tige du rotang qui sert le plus ordinairement de canne.

2 ROTIN, ■ n. m. [ʀɔtɛ̃] (orig. incert.) **Fam.** Argent. *Il n'aura pas un rotin.*

RÔTIR, v. tr. [ʀotiʀ] (a. all. *raustjan*) Faire cuire de la viande à la broche. ✦ **Fig.** *Il n'est bon ni à rôtir, ni à bouillir,* il n'est propre à rien. ✦ *Un feu à rôtir un bœuf,* un très grand feu. ✦ **Fig.** *Rôtir le balai,* Voy. BALAI. ✦ *Rôtir au four,* faire cuire de la viande dans le four. ✦ Griller, faire cuire sur le gril ou autrement. ✦ Il se dit aussi de certaines choses qu'on fait cuire dans la braise ou dans les cendres. *Rôtir des marrons.* ✦ Par exagération, chauffer trop fortement. *Se rôtir les jambes.* ✦ Causer un effet comparé à la brûlure, en parlant de la chaleur du soleil. *Souvent le soleil rôtit les jeunes bourgeons.* ✦ Il se dit, avec un sens d'ironie, du supplice du feu. ✦ **V. intr.** Être cuit à la broche, ou sur le gril, ou dans la braise. ✦ Recevoir une trop vive chaleur. ✦ **Se rôtir,** v. pr. Être rôti. ✦ **Fam.** Se chauffer de trop près. ✦ Éprouver l'action d'un soleil ardent. *Il se rôtit au soleil.*

RÔTISSAGE, n. m. [ʀotisaʒ] (*rôtir*) Action de faire rôtir ou de rôtir quelque chose.

RÔTISSERIE, n. f. [ʀotis(ə)ʀi] (*rôtir*) Le lieu où les rôtisseurs vendent leurs viandes.

RÔTISSEUR, EUSE, n. m. et n. f. [ʀotisœʀ, øz] (*rôtir*) Celui, celle qui vend des viandes rôties.

RÔTISSOIRE, n. f. [ʀotiswaʀ] (*rôtir*) Ustensile de cuisine qui sert à rôtir la viande.

ROTONDE, n. f. [ʀɔtɔ̃d] (ital. *rotonda,* du lat. *rotundus,* rond) **Archit.** Édifice de forme ronde par-dedans et par-dehors, et surmonté d'une coupole. ✦ Abri formé d'une petite coupole, porté par des colonnes et ordinairement placé dans un jardin. ◁ ▷ Partie d'un manteau. ◁ ▷ Caisse située sur le derrière de certaines diligences. ◁ ▷ Entrepôt circulaire réservé au rangement des locomotives.

ROTONDITÉ, n. f. [ʀɔtɔ̃dite] (lat. *rotunditas*) **Fam.** La rondeur d'une personne fort grosse. ■ Caractère de ce qui est sphérique. *La rotondité du globe terrestre.*

ROTOPLOT, ■ n. m. [ʀɔtoplo] (p.-ê. de *rotond,* arrondi) **Fam.** Sein féminin. « *Germaine sautait à son cou, se collait à lui, rotoplots bandés, susurrait à propos de cassoulet entre deux sanglots rentrés* », CHABROL.

ROTOR, ■ n. m. [ʀɔtɔʀ] (b. lat. *rotator,* qui fait tourner) Pièce tournante d'une machine, constituée généralement de pales montées sur un moyeu. *Le rotor d'une turbine. Les rotors d'un hélicoptère.*

ROTTWEILER ou **ROTTWEILLER,** ■ n. m. [ʀɔtvajlœʀ] (mot all., de *Rottweil,* ville d'Allemagne) Chien de garde et de défense d'origine allemande, aux allures de molosse, dont le poil est court et dense, et la robe de couleur noir et feu. *Un rottweiler menaçant. La législation concernant les rottweilers.*

ROTULE, n. f. [ʀɔtyl] (lat. *rotula,* de *rota,* roue) **Anat.** Petit os plat, court, épais, triangulaire, à angles arrondis, situé à la partie antérieure du genou. ✦ Pièce du corselet des insectes. ✦ Genre d'oursins. ✦ Genre de champignons.

ROTULIEN, IENNE, ■ adj. [ʀɔtyljɛ̃, jɛn] (*rotule*) Qui a trait à la rotule. *Les tendons rotuliens.*

ROTURE, n. f. [ʀɔtyʀ] (lat. *ruptura,* action de briser la terre) État d'une personne ou d'un héritage qui n'est pas noble. *Terre en roture.* ✦ Collectivement, les roturiers.

ROTURIER, IÈRE, adj. [ʀɔtyʀje, jɛʀ] (*roture*) Qui n'est pas noble. *Homme roturier. Biens roturiers.* ✦ **Fig.** « *Qu'on ne méprise plus la pauvreté et qu'on ne la traite plus de roturière* », BOSSUET. ✦ Qui appartient à la roture. « *Les vrais gentilshommes ce sont les honnêtes gens, il n'y a que le vice de roturier* », BOISSY. ✦ Qui est grossier (emploi vieilli). *Cet homme a l'air roturier. Des façons roturières.* ✦ **N. m.,** n. f. *Un roturier, une roturière.*

ROTURIÈREMENT, adv. [ʀɔtyʀjɛʀ(ə)mɑ̃] (*roturier*) À la manière des roturiers, selon les lois qui concernent la roture. *Posséder une terre roturièrement.* ✦ D'une manière basse et ignoble (sens vieilli). *Cet homme-là pense roturièrement.*

ROUABLE, ■ n. m. [ʀwabl] (lat. *rutabulum*) Perche munie d'une crochet en l'une de ses extrémités pour remuer la braise dans un four à pain. ■ Râteau muni d'un long manche utilisé pour cueillir le sel dans les salines.

ROUAGE, n. m. [ʀwaʒ] (*roue*) Bois de rouage, celui qu'on emploie à faire des roues. ✦ La réunion, l'ensemble des roues d'une machine. ✦ Les roues mêmes. ✦ **Fig.** Moyens, ressorts. *Les rouages d'une administration.*

ROUAN, ANNE, adj. [ʀwɑ̃, an] (prob. du lat. vulg. *ravidanus,* grisâtre) Se dit d'un cheval dont le poil est mêlé de blanc, de gris et de bai. *Cheval rouan. Jument rouanne.* ✦ *Robe rouanne,* mélange, en proportions diverses, de poils noirs, rouges et blancs. ◆ **N. m.** *Rouan vineux*, cheval rouan sur la robe duquel le bai domine. ◆ *Rouan cap de maure*, Voy. CAP.

ROUANNE, n. f. [ʀwan] (lat. pop. *rucina*, du gr. *rhukanê*, tarière) ▷ Instrument dont les employés des contributions indirectes se servent pour marquer les pièces de vin. ◁ ◆ Instrument pour marquer les bois de charpente. ◆ ▷ Compas du formier. ◁

ROUANNÉ, ÉE, p. p. de rouanner. [ʀwane]

ROUANNER, v. tr. [ʀwane] (*rouanne*) Marquer avec la rouanne.

ROUANNETTE, n. f. [ʀwanɛt] (dimin. de *rouanne*) ▷ Petite rouanne. ◁

ROUBLARD, ARDE, ■ adj. [ʀublaʀ, aʀd] (p.-ê. de *roubler*, forme dial. de *râbler*, ramasser avec un râble) **Fam.** Rusé, plein d'astuces. *Un vieil homme roublard*. ■ **N. m.** et **n. f.** *Un roublard, une roublarde*. ■ ROUBLARDISE, n. f. [ʀublaʀdiz]

ROUBLE, n. m. [ʀubl] (mot russe) Monnaie d'argent de Russie, qui vaut environ quatre francs de France. ■ **Rem.** En 2005, le rouble valait environ 0,030 euro.

ROUC, n. m. [ʀuk] Voy. ROCK.

ROUCHE, n. f. [ʀuʃ] (p.-ê. de *ruche*) **Mar.** Carcasse d'un navire sur le chantier.

ROUCOU, ROUCOUER, [ʀuku, ʀukwe] Voy. ROCOU, Voy. ROCOUER.

ROUCOULADE, ■ n. f. [ʀukulad] Voy. ROUCOULEMENT.

ROUCOULANT, ANTE, adj. [ʀukulɑ̃, ɑ̃t] (*roucouler*) Qui roucoule.

ROUCOULÉ, ÉE, p. p. de roucouler. [ʀukule]

ROUCOULEMENT n. m. ou **ROUCOULADE**, n. f. [ʀukul(ə)mɑ̃, ʀukulad] (*roucouler*) Bruit que font les pigeons et les tourterelles en roucoulant. ■ Propos tendres et langoureux.

ROUCOULER, v. intr. [ʀukule] (onomat.) Il se dit du murmure doux et tendre que font entendre les pigeons et les tourterelles. ◆ **Fig.** et **fam.** Tenir des propos tendres et langoureux. ◆ **V. tr.** *Roucouler une romance*.

ROUCOUYER, n. m. [ʀukuje] Voy. ROCOUYER.

ROUDOU ou **REDOUL**, n. m. [ʀudu, ʀədul] (provenç. *rodor*) Arbrisseau du midi de l'Europe, dont les feuilles réduites en poudre servent à la teinture des étoffes et au tannage des cuirs.

ROUDOUDOU, ■ n. m. [ʀududu] (mot enfantin, p.-ê. de 1 *rond*) **Fam.** Confiserie faite de caramel coloré coulé dans un coquillage ou dans une petite boîte en bois. *Les roudoudous de mon enfance*.

ROUE, n. f. [ʀu] (lat. *rota*) Machine de forme circulaire qui, en tournant sur son essieu, sert à mouvoir quelque chose. ◆ *Pousser à la roue*, pousser une roue pour aider les chevaux à tirer la voiture, et fig. aider quelqu'un à réussir dans une affaire. ◆ **Fig.** *Mettre des bâtons dans les roues*, Voy. BÂTON. ◆ *Cela sert comme une cinquième roue à un carrosse*, cela est tout à fait inutile. ◆ **Mar.** *Roue de gouvernail*, roue que les timoniers font tourner pour agir sur la barre du gouvernail. ◆ *Faire la roue*, se dit des sauteurs qui font le moulinet avec leur corps, posant les mains en terre et levant les jambes en l'air, puis retombant sur les jambes et levant les mains en l'air, et ainsi de suite. ◆ En parlant du paon, du dindon, déployer sa queue en rond. ◆ **Fig.** et **fam.** *Cet homme fait la roue*, il se pavane. ◆ **Méc.** Pièce en forme de roue qui entre dans la composition d'une machine et qui sert à la mouvoir. *Les roues d'une horloge, d'une montre, etc.* ◆ *Roue à eau* ou *hydraulique*, roue mue par l'eau. ◆ *Roue à sabots*, roue destinée à l'irrigation. ◆ *La maîtresse roue*, la roue principale d'une machine. ◆ **Mar.** *Roue de cordage*, cordage plié plusieurs fois sur lui-même en rond. ◆ Loterie. *Roue de fortune*, tambour en forme de roue, où l'on enferme les numéros pour les tirer au sort. ◆ **Fig.** *La roue de la Fortune* ou simplement *la roue*, les vicissitudes dans les événements humains. ◆ *Être au haut, au plus haut de la roue*, être dans une grande, dans la plus grande élévation. ◆ *Être au bas, au plus bas de la roue*, être dans un grand, dans le plus grand abaissement. ◆ Anciennement, genre de supplice dans lequel, après avoir rompu un condamné, on l'attachait sur une roue. ◆ **Fig.** *Être sur la roue*, souffrir de grandes douleurs physiques ou morales. ◆ **Cout.** *Roue*, faux ourlet en étoffe rapporté au bas d'une jupe.

ROUÉ, ÉE, p. p. de rouer. [ʀwe] Qui est en forme de roue. ◆ Qui a subi le supplice de la roue. ◆ **N. m.** et **n. f.** *Les pendus et les roués*. ◆ Nom donné, sous la régence du duc d'Orléans, à des hommes sans mœurs, ainsi dits parce qu'ils étaient dignes de figurer sur la roue. ◆ En général, un homme sans principes et sans mœurs.

ROUELLE, n. f. [ʀwɛl] (lat. tard. *rotella*, petite roue) ▷ Tranche de certaines choses coupées en rond. *Des rouelles de pommes.* ◁ ◆ *Rouelle de veau*, partie de la cuisse du veau, au-dessus du jarret jusqu'un peu avant le dessous de la queue.

ROUENNERIE, n. f. [ʀwan(ə)ʀi] (*Rouen*, nom de ville) Toiles de coton peintes fabriquées à Rouen ou, par imitation, dans d'autres villes. *Vendre de la rouennerie, des rouenneries.*

ROUENNIER, n. m. [ʀwanje] (*Rouennerie*) Fabricant, marchand de rouenneries.

ROUE-PELLE, ■ n. f. [ʀupɛl] (*roue* et *pelle*) **Techn.** Engin de travaux publics doté d'une roue à godets pouvant recueillir les matériaux extraits des travaux de terrassement ou d'excavation. *Des roues-pelles.*

1 **ROUER**, v. tr. [ʀwe] (lat. *rotare*, faire tourner) **Mar.** Plier un cordage plusieurs fois sur lui-même en rond.

2 **ROUER**, v. tr. [ʀwe] (*roue*) Infliger le supplice de la roue. ◆ **Absol.** *On ne roue plus.* ◆ Écraser entre les roues ou sous les roues d'une charrette, d'un carrosse. ◆ **Fig.** et **fam.** *Rouer de coups*, battre excessivement. ◆ **Fig.** et **fam.** Fatiguer extrêmement. *Je suis roué de fatigue* ou simplement *je suis roué*.

ROUERGAT, ATE, ■ adj. [ʀwɛʀga, at] (*Rouergue*) De la région du Rouergue. *La gastronomie rouergate.* ■ **N. m.** et **n. f.** *Un Rouergat, une Rouergate.*

ROUERIE, n. f. [ʀuʀi] (2 *rouer*) Action, tour de roué.

ROUET, n. m. [ʀwe] (dimin. de *roue*) Machine à roue qui sert à filer. ◆ *Platine à rouet*, ancienne platine d'arme à feu portative. *Arquebuse, mousquet, pistolet à rouet.*

ROUETTE, n. f. [ʀwɛt] (b. lat. *retorta*, torsade d'osier) **Sylvic.** Brin de taillis dont on fait des liens.

ROUF ou **ROOF**, ■ n. m. [ʀuf] (néerl. *ruef*, toit) **Mar.** Structure pouvant servir d'abri et située sur le pont d'un navire. Au pl. *Des roufs, des roofs.*

ROUFLAQUETTE, ■ n. f. [ʀuflakɛt] (orig. inc.) Chez les hommes, patte de cheveux qui descend le long de la joue.

ROUGAIL n. m. ou **ROUGAILLE**, ■ n. f. [ʀugaj] (mot malgache) Préparation culinaire servie froide à base de légumes, de fruits et de piments, utilisée comme accompagnement du poisson et de la viande. *Un rougail de tomates, de mangues vertes.* ■ Sorte de ragoût épicé ressemblant au cari. *Un rougail d'agneau aux aubergines.*

1 **ROUGE**, adj. [ʀuʒ] (lat. *rubeus*) Qui est d'une couleur semblable à celle du feu, du sang, etc. *Des yeux rouges. Rouge sanguin, rouge pourpre, rouge incarnat, rouge de feu, rouge de chair, etc.* ◆ *Perdrix rouge*, espèce de perdrix qui a les pieds et le bec rouges. ◆ *Drapeau rouge*, emblème de la révolution. ◆ *Chapeau rouge*, chapeau de cardinal. ◆ *Les enfants rouges*, les mousquetaires. ◆ Anciennement, *livre rouge*, livre sur lequel on enregistrait les défauts prononcés à l'audience. ◆ **Fig.** *Il est écrit sur le livre rouge, il est écrit en lettres rouges*, il est en danger d'être recherché pour quelque faute qu'il a faite. ◆ Se dit, au trente-et-un, à la roulette, etc., de la couleur opposée à la noire. On dit substantivement : *La rouge et la noire.* ◆ *Fer rouge*, fer chauffé au point de devenir rouge. ◆ *Boulet rouge*, Voy. BOULET. ◆ *Un rouge bord*, un verre de vin plein jusqu'aux bords (locution vieillie). ◆ *Race rouge*, se dit des Indiens de l'Amérique du Nord[1]. On dit souvent : *Peaux-Rouges.* ◆ Extrêmement roux. *Cheveux rouges.* ◆ **Fam.** *Il est méchant comme un âne rouge*, il est très méchant. ◆ **Adv.** *Se fâcher tout rouge*, se fâcher sérieusement. ■ **N. m.** Couleur rouge. *Drap teint en rouge. Des rubans rouge foncé.* ◆ Certaines substances de couleur rouge. ◆ *Rouge à polir*, dit aussi *rouge indien, rouge de Prusse*, substance dont on se sert pour polir les métaux, les pierres dures, les glaces, etc. ◆ Maladie du pêcher, des vers à soie, des chiens et des oiseaux. ◆ **Fig.** Le sang, la colère, la honte qui montent au visage. « *Au visage sur l'heure un rouge m'est monté* », MOLIÈRE. ◆ Fard rouge à l'usage des femmes. *Mettre du rouge. Cette femme a un pied de rouge.* ◆ Républicain avancé acceptant le drapeau rouge pour symbole. ■ **Adj.** En faveur de l'extrême gauche ou du communisme. *Un maire rouge.* ■ *Voir rouge*, se mettre très en colère. ■ **N. m. Fam.** Vin rouge. *Boire un coup de rouge.* ◆ *Être dans le rouge*, être dans une situation difficile ; être à découvert à la banque. *Mes comptes sont dans le rouge.* ◆ *Sortir du rouge*, retrouver un solde bancaire créditeur. ■ **Rem.** 1 : La notion de race ne repose sur aucun fondement scientifique et a une connotation raciste. *Race rouge* est une expression injurieuse. On dit *Indiens d'Amérique* ou *Amérindiens.*

2 **ROUGE**, n. m. [ʀuʒ] (1 *rouge*) ▷ Oiseau de rivière qui ressemble à un canard et qui a les pieds rouges : c'est le *canard souchet.* ◁

ROUGEÂTRE, adj. [ʀuʒɑtʀ] (1 *rouge*) Qui tire sur le rouge. *Une lumière rougeâtre. Des rochers rougeâtres.*

ROUGEAUD, AUDE, adj. [ʀuʒo, od] (1 *rouge*) **Fam.** Qui a le visage rouge, haut en couleur. *Teint rougeaud.* ◆ **N. m.** et **n. f.** *Un gros rougeaud, une grosse rougeaude.*

ROUGE-GORGE, n. m. [ʀuʒ(ə)gɔʀʒ] (1 *rouge* et *gorge*) Petit oiseau à bec fin, qui a la gorge et la poitrine rouges. ◆ Au pl. *Des rouges-gorges.*

ROUGEOIEMENT, ■ n. m. [ʀuʒwamɑ̃] (*rougeoyer*) **Litt.** Reflet d'un rouge lumineux. *Le rougeoiement des braises.*

ROUGEOLE, n. f. [ʀuʒɔl] (lat. pop. *rubeola*, de *rubeus*, rouge) Maladie fébrile, contagieuse, caractérisée surtout par une phlegmasie cutanée, légère, précédée et accompagnée de fièvre, de coryza, d'angine, de larmoiement et de toux. ◆ ▷ **Agric.** Maladie du seigle. ◁ ◆ ▷ Nom d'une plante. ◁

ROUGEOLEUX, EUSE, ■ adj. [ʀuʒɔlø, øz] (*rougeole*) Qui a trait à la rougeole. *Une éruption rougeoleuse.* ■ Contaminé par la rougeole. ■ N. m. et n. f. Personne atteinte de rougeole. *Un antibiotique prescrit en général aux rougeoleux.*

ROUGEOYANT, ANTE, ■ adj. [ʀuʒwajɑ̃, ɑ̃t] (*rougeoyer*) Qui prend une teinte rougeâtre, ou produit un reflet rougeâtre. *Les rayons rougeoyants du soleil.*

ROUGEOYER, ■ v. intr. [ʀuʒwaje] (*rouge*) Se teinter d'une couleur rouge très vive et lumineuse. *Le fer rougeoie sous l'effet de la chaleur.*

ROUGE-QUEUE, n. m. [ʀuʒ(ə)kø] (*rouge* et *queue*) Espèce de pie-grièche. ◆ *Grand rouge-queue*, le merle de roche. ◆ Au pl. *Des rouges-queues.*

ROUGET, n. m. [ʀuʒɛ] (dimin. de *rouge*) Nom vulgaire d'un poisson de mer, dit aussi *barbeau de mer.* ◆ Nom donné, dans plusieurs localités, à la *trigle grondin* ou *rouget grondin.* ■ **Méd.** Maladie infectieuse du porc transmissible à l'homme et caractérisée par l'apparition de plaques rouges cutanées. *Le rouget du porc peut être suspecté devant une plaie érythémateuse.* ■ Août at. *Les larves de rouget s'attaquent aux vertébrés.*

ROUGETTE, n. f. [ʀuʒɛt] (*rouge*) ▷ **Zool.** Espèce de chauve-souris. ◁

ROUGEUR, n. f. [ʀuʒœʀ] (*rouge*) Couleur rouge. *La rougeur des lèvres. La rougeur du ciel.* ◆ La coloration qui peut apparaître sur le visage divers sentiments. « *La rougeur au front* », Th. Corneille. « *Ces mots ont fait monter la rougeur sur son front* », Racine. ◆ Il se dit des taches rouges qui viennent sur la peau, au visage. ◆ **Méd.** Coloration qui est un des phénomènes constants de l'inflammation.

ROUGH, ■ n. m. [ʀœf] (mot angl., rude, rugueux) **Sp.** Espace non entretenu qui borde le green et les obstacles naturels d'un golf. *Sa balle s'est perdue dans le rough.* Au pl. *Des roughs.* ■ Ébauche d'un projet artistique ou de campagne publicitaire, présenté sous la forme d'un dessin sommaire. *Corriger des roughs.* ■ **Rem.** Recommandation officielle : *crayonné, esquisse.*

ROUGI, IE, p. p. de rougir. [ʀuʒi]

ROUGIR, v. tr. [ʀuʒiʀ] (*rouge*) Rendre rouge, peindre ou teindre en rouge. ◆ *Ne faire que rougir son eau*, mêler à beaucoup d'eau peu de vin. ◆ Fig. *Rougir ses mains de sang*, tuer quelqu'un, et par ext. exercer des proscriptions sanglantes. ◆ V. intr. Devenir rouge. *Faire rougir un fer au feu.* « *À peine son sang coule et fait rougir la terre...* », Racine. ◆ *Les yeux rougissent*, ils deviennent rouges pour avoir pleuré. ◆ Il se dit des personnes. *Vous rougissez.* ◆ Fig. Avoir honte, confusion. « *Si l'homme savait rougir de soi, quels crimes, non seulement cachés mais publics et connus, ne s'épargnerait-il pas?* », La Bruyère. ◆ Fig. « *Ses instructions ne rougissent pas de sa conduite* », Massillon. ◆ Absol. « *N'osez-vous sans rougir être père un moment?* », Racine. ◆ *Faire rougir*, couvrir de confusion.

ROUGISSANT, ANTE, adj. [ʀuʒisɑ̃, ɑ̃t] (*rougir*) Qui devient rouge.

ROUGISSEMENT, ■ n. m. [ʀuʒis(ə)mɑ̃] (*rougir*) Coloration en rouge du visage sous l'effet d'une émotion. *Son soudain rougissement témoignait de sa timidité.*

ROUI, IE, p. p. de rouir. [ʀwi] ◆ N. m. Action de rouir.

ROUILLE, n. f. [ʀuj] (lat. vulg. *robicula*, dimin. du lat. class. *rubigo*, rouille) Oxyde qui se forme par l'action de l'humidité atmosphérique à la surface du fer. ◆ Fig. « *Le péché, cette rouille invétérée de notre nature* », Bossuet. ◆ Il se dit aussi de ce qui se forme sur le cuivre et sur quelques autres métaux et les altère. ◆ Il se dit des parties d'une glace dont le tain est altéré. ◆ Fig. Traces d'ignorance et de grossièreté qu'on remarque dans certains siècles et dans certains écrits. « *La rouille de la barbarie* », Voltaire. ◆ Maladie consistant dans la présence de petits champignons à la surface des tiges et des feuilles de beaucoup de plantes et principalement des céréales. ◆ N. m. *Le rouille*, nom dans la teinture en noir d'un mordant qui est un sel ferrique. ■ Adj. inv. D'un brun roux. *Des vêtements rouille.* ■ N. f. Mayonnaise relevée d'ail, d'huile d'olive et de piment rouge, accompagnant la soupe de poissons et la bouillabaisse. *Acheter un pot de rouille à la poissonnerie.*

ROUILLÉ, ÉE, p. p. de rouiller. [ʀuje] Couleur de rouille. ◆ ▷ *Crachats rouillés*, crachats expectorés au début, à la fin de la pneumonie. ◁ ◆ Attaqué par la maladie de la rouille. ■ Adj. Qui a perdu de sa souplesse, de sa forme par manque d'entraînement. *Se sentir rouillé.*

ROUILLER, v. tr. [ʀuje] (*rouille*) Produire de la rouille sur un corps. *L'humidité rouille le fer.* ◆ Produire sur les végétaux la maladie dite *rouille.* ◆ Fig. En parlant des facultés de l'esprit, altérer, émousser, faute d'exercice. *L'oisiveté rouille l'esprit.* ◆ Se rouiller, v. pr. Contracter de la rouille. *Le fer se rouille.* ◆ Avec ellipse du pronom personnel. *Laisser rouiller ses armes.* ◆ Fig. Perdre son activité, sa force, oublier ce qu'on sait.

ROUILLURE, n. f. [ʀujyʀ] (*rouiller*) Effet de la rouille sur les métaux ou sur les végétaux.

ROUIR, v. tr. [ʀwiʀ] (anc. b. frq. *rotjan*) Faire tremper pendant un certain temps dans l'eau les plantes textiles, afin de séparer la partie filamenteuse de la matière gommo-résineuse qui en unit les diverses fibres. ◆ V. intr. *Le chanvre ne rouit pas bien dans l'eau courante.*

ROUISSAGE, n. m. [ʀwisaʒ] (*rouir*) Action de faire rouir les plantes textiles.

ROUISSOIR, n. m. [ʀwiswaʀ] (*rouir*) Lieu où l'on fait rouir.

ROULADE, n. f. [ʀulad] (*rouler*) **Fam.** Action de rouler du haut en bas. *Nous avons fait une belle roulade.* ◆ **Mus.** Ornement de chant composé de plusieurs notes faites rapidement et légèrement sur une seule syllabe. ■ Tranche de viande roulée et farcie. *Une roulade de veau.* ■ Figure de gymnastique qui consiste à se mettre en boule pour rouler sur soi-même. *Une roulade arrière.*

ROULAGE, n. m. [ʀulaʒ] (*rouler*) Action de rouler. ◆ Facilité de rouler. *Aplanir les chemins pour le roulage des voitures.* ◆ Transport des marchandises sur des voitures à roues. ◆ Établissement où l'on se charge de ce transport. ◆ Transport du minerai extrait d'une mine, depuis le lieu d'extraction jusqu'à la sortie du chantier. *Des wagonnets utilisés pour le roulage du charbon. Une ancienne galerie de roulage.* ◆ **Agric.** Opération qui consiste à casser et écraser les mottes des labours à l'aide d'un rouleau. *Le fauchage, le décolletage et le roulage sont des méthodes mécaniques populaires auprès de nombreux agriculteurs biologiques.* ◆ Opération qui consiste à charger et décharger les marchandises d'un bateau au moyen d'engins roulants motorisés ou non et de rampes d'accès. *Manutention par roulage.* ◆ **Techn.** Procédé de pressage des métaux utilisant deux cylindres mobiles. *Un roulage à froid.*

ROULANT, ANTE, adj. [ʀulɑ̃, ɑ̃t] (*rouler*) Qui roule. ◆ ▷ **Ch. de fer.** *Matériel roulant*, les wagons et les locomotives. ◁ ◆ ▷ Qui roule aisément. *Un carrosse bien roulant.* ◁ ◆ ▷ *Chemin roulant*, chemin commode pour les voitures. ◁ ◆ ▷ *Chaise roulante*, voiture à deux roues, traînée par un cheval de brancard et à un ou deux chevaux de côté. ◁ ◆ **Chir.** *Veine roulante, vaisseau roulant*, veine, vaisseau qui change de place quand on met le doigt dessus. ◆ Qui se meut en rond. *Des yeux roulants.* ◆ **Milit.** *Feu roulant*, feu continu. ◆ **Fig.** *Feu roulant de saillies, d'épigrammes*, saillies et épigrammes qui étincellent et frappent comme fait un feu roulant de mousqueterie. ◆ **Impr.** *Presse roulante*, presse qui est en activité. ◆ **Comm.** *Fonds roulant*, fonds destiné à faire face aux besoins courants. ◆ Qui fait entendre un roulement. *Tonnerre, tambours roulants.* ■ *Chaise roulante*, chaise à deux roues pour handicapé moteur. ■ *Personnel roulant*, ou *roulant* N. m. personnel employé à bord d'un train ou d'un véhicule de transport en commun. ■ *Tapis roulant*, long tapis de caoutchouc doté d'un dispositif électrique lui permettant de se mouvoir et de faire avancer ce qui est placé dessus. *Les bagages ont été volés sur le tapis roulant dans l'aéroport.* ■ **Fam.** et **vx** Propre à faire rire. *Une plaisanterie roulante.* ■ **Belg.** *C'est roulant*, il y a peu de circulation.

ROULÉ, ÉE, p. p. de rouler. [ʀule] ◆ **Minér.** Se dit de roches, de cailloux qui ont été ballottés et arrondis par l'action des eaux. ◆ **Bot.** Se dit des organes qui sont tournés sur eux-mêmes, et quelquefois des feuilles qui se roulent par l'effet de la dessication. ■ *Un col roulé* ou *un pull à col roulé*, pull dont le col très long est replié plusieurs fois sur lui-même pour recouvrir totalement le cou. ■ *Un r roulé*, dont la prononciation est accentuée et rendue plus douce du fait de battements de la pointe de la langue contre les alvéoles du palais. ■ **Fam.** *Bien roulé*, bien proportionné en parlant du corps d'une personne et en particulier d'une femme. *Une fille bien roulée.* ■ N. m. Gâteau dont la pâte forme un rouleau. *Un roulé à la confiture.*

ROULEAU, n. m. [ʀulo] (dimin. de *rôle*, avec influ. de *rouler*) Cylindre dont l'axe est beaucoup plus long que le diamètre, et considéré comme pouvant rouler. *Un rouleau de papier, de louis, etc.* ◆ Fig. *Être au bout du rouleau*, avoir épuisé tous ses arguments ; être à bout de ressources. ◆ Se dit d'une longueur de huit mètres de papier de tenture roulé sur lui-même. ◆ **Archit.** Enroulement, volute des modillons et des consoles. ◆ ▷ *Un rouleau d'orgeat, de sirop de guimauve, etc.*, une fiole cylindrique contenant du sirop d'orgeat, de guimauve, etc. ◁ ◆ Cylindre de bois, de pierre, etc., servant à divers usages. ■ **Impr.** Cylindre qui sert à étendre l'encre sur les formes. ◆ Instrument agricole composé d'un cylindre en bois, en pierre ou en fonte, qui sert tantôt à briser les mottes, tantôt à tasser la terre. ◆ Pièce de bois cylindrique sur laquelle on place sous un corps pesant pour aider son déplacement. ■ On dit auj. *Être au bout du rouleau.* ■ **Cuis.** *Un rouleau à pâtisserie*, long cylindre utilisé pour étaler une pâte à tarte. ■ **Peint.** Cylindre de fibre textile fixé sur un axe, ce qui lui permet de rouler sur lui-même, et utilisé pour étendre de la peinture sur de larges surfaces. *Les murs ont été peints au rouleau et les boiseries au pinceau.* ■ Bigoudi de large diamètre. *Poser des rouleaux pour faire une mise en plis.* ■ Cylindre constitué d'une longue bande de papier ou de tissu enroulée sur elle-même. *Un rouleau de pellicule photographique.* ■ Longue vague déferlante. *Surfer sur les rouleaux.* ■ **Sp.**

Technique de saut en hauteur consistant à enrouler le corps au-dessus de la barre. *Un rouleau ventral, dorsal.* ■ *Rouleau compresseur,* engin de travaux publics utilisé pour aplanir un revêtement. ■ *Rouleau de printemps,* préparation culinaire asiatique composée de crudités enveloppées dans une galette de riz et qui se mange froid.

ROULEAUTÉ, ÉE, ■ adj. [ʀulote] Voy. ROULOTTÉ.

ROULÉ-BOULÉ, ■ n. m. [ʀulebule] (*rouler* et *bouler*) Position qui consiste à rouler son corps en boule lors d'une chute pour amortir le choc. *Ces parachutistes ont fait des roulés-boulés.*

ROULÉE, n. f. [ʀule] (p. p. de *rouler*) **Pop.** Vigoureuse correction manuelle.

ROULEMENT, n. m. [ʀul(ə)mɑ̃] (*rouler*) Mouvement de ce qui roule. *Le roulement d'une voiture.* ♦ *Roulement d'yeux,* mouvement par lequel on tourne les yeux de côté et d'autre ; et aussi mouvement d'yeux où se voit de l'affectation. ♦ **Mus.** Tons différents poussés d'une même haleine, soit en montant, soit en descendant. ♦ Bruit d'un ou plusieurs tambours que l'on bat à coups égaux et pressés, de sorte que le son semble continu. ♦ Bruit continu du tonnerre, ou bruit comparé à celui du tonnerre. ♦ **Fig. Comm.** Circulation ordinaire des espèces. *Roulement de fonds,* circulation rapide d'une certaine quantité d'argent. *Fonds de roulement,* fonds destiné à pourvoir aux dépenses courantes. ♦ **Fig.** Action de se remplacer alternativement dans certaines fonctions, etc. ■ **Techn.** Dispositif visant à réduire les frottements entre deux pièces qui glissent ou roulent l'une contre l'autre. *Un roulement à billes, un roulement à aiguilles.*

ROULER, v. tr. [ʀule] (anc. fr. *roele,* petite roue, du lat. *rotalia,* avec influ. de *rôle*) Faire avancer une chose en la faisant tourner sur elle-même. *Rouler une boule. Les rivières roulent leurs flots vers la mer.* ♦ **Pop.** *Rouler carrosse,* avoir un carrosse à soi. ♦ *Rouler un tour, deux tours,* faire, en tombant, un, deux tours sur soi-même. ♦ *Rouler un étage,* tomber du haut d'un étage en roulant de degré en degré. ♦ **Fig.** *Rouler doucement sa vie,* passer sa vie dans une fortune médiocre. ♦ *Rouler les yeux,* les tourner de côté et d'autre avec violence ou affectation. ♦ *Rouler sa voix,* faire des roulades, des roulements de voix. ♦ **Fig.** Agiter en diverses manières quelque chose en son esprit. *Rouler mille projets.* ♦ Plier en rouleau. *Rouler un tableau, une pièce d'étoffe, etc.* ♦ **Chir.** *Rouler une bande,* la plier en rond sur elle-même. ♦ **Fig.** et **pop.** Duper, mystifier, battre. ♦ **V. intr.** Avancer en tournant sur soi-même ; se dit au propre et au figuré. « *Les larmes lui roulaient dans les yeux* », J.-J. ROUSSEAU. « *Mais quand le char funèbre a roulé dans la ville* », M.-J. CHÉNIER. ♦ *Nous roulâmes toute la nuit,* nous fîmes route en voiture durant toute la nuit. ♦ **Impr.** Une presse *roule* lorsqu'elle est en pleine activité. **Fig.** *Faire rouler la presse,* faire imprimer des ouvrages. ♦ Il se dit du mouvement circulaire apparent du ciel et des astres. « *Le soleil roule dans les cieux d'un mouvement éternel* », BOSSUET. ♦ Il se dit de portes qui tournent. ♦ Il se dit du mouvement violent et égaré des yeux. *Les yeux lui roulaient dans la tête.* ♦ **Mar.** En parlant d'un navire, se mouvoir de droite à gauche et de gauche à droite, autour de sa quille. ♦ Errer sans s'arrêter. *Rouler dans le monde.* ♦ Passer, en parlant du temps, de la vie. « *Un philosophe vous dira en vain que vous vous êtes assez vus rouler vous-mêmes et passer avec le monde* », BOSSUET. ♦ Il se dit des choses qui se prolongent. *Le tonnerre, les tambours roulent.* ♦ En parlant des choses, des événements, aller. « *À voir comme tout roule* », MOLIÈRE. ♦ **Fig.** *Rouler sur l'or et sur l'argent,* être fort riche. ♦ *L'argent roule dans cette maison,* l'argent y est en abondance. ♦ **Fig.** Être agité par l'esprit. « *Cent sortes de chagrins me roulent par la tête* », MOLIÈRE. ♦ **Fig.** Avoir pour sujet, pour objet, pour base. *La conversation roula sur, etc.* « *La religion et le gouvernement politique sont les deux points sur lesquels roulent les choses humaines* », BOSSUET. ♦ *L'affaire roule sur lui,* il en est principalement chargé, ou il y a la principale influence. ♦ *Tout roule sur lui dans cette maison,* il y est chargé de toutes les affaires. ♦ **Fig.** Avoir alternativement un service à faire, une fonction à remplir, en parlant de personnes qui se remplacent. ♦ **Fig.** et **fam.** Subvenir à ses dépenses. « *Mon père [...] En mourant me laissa, pour rouler et pour vivre Un revenu léger et son exemple à suivre* », BOILEAU. ♦ *Son revenu roule, bon ou mal an, entre telle et telle somme,* il monte à une somme moyenne entre telle et telle somme. ♦ Circuler, être répandu. ♦ **Se rouler,** v. pr. Se tourner de côté et d'autre, étant couché. *Se rouler dans la poussière, sur son lit, etc.* ♦ **Prov.** *Pierre qui roule n'amasse pas de mousse,* Voy. PIERRE. ♦ **V. tr.** Faire se mouvoir un engin muni de roues en le poussant. *Rouler un vélo, un chariot, une brouette.* ♦ Envelopper quelque chose en l'enroulant dans un objet fin et malléable, dans le but de le recouvrir. *Rouler un cadavre dans un tapis. Rouler un cigare dans sa robe.* ♦ *Rouler dans,* passer quelque chose dans une substance pour l'en recouvrir. *Rouler des truffes dans du chocolat en poudre.* ♦ Donner l'impulsion d'un mouvement de rotation à une partie du corps. *Rouler les hanches.* ♦ *Rouler une cigarette,* la constituer en enroulant du tabac en vrac dans une fine feuille de papier. ♦ *Rouler les r,* accentuer et adoucir leur prononciation en effectuant des battements de la pointe de la langue sur les alvéoles du palais. ■ *Rouler les mécaniques,* évoluer en balançant légèrement les épaules. **Fig.** Se donner plus d'importance qu'il ne faut. ■ **Agric.** Réduire les mottes de terre

d'un terrain labouré ou stimuler sa végétation en y passant un rouleau. ■ **Fam.** *Rouler sa bosse,* voyager sans cesse. ■ **Fig.** *Rouler carrosse,* vivre dans une certaine aisance. ■ **Fam.** *Rouler quelqu'un dans la farine,* le duper. ■ **V. intr.** *Rouler sur,* porter sur un sujet de conversation en particulier. ■ **Fam.** *Rouler pour,* agir pour le compte de. *Il roule pour l'équipe adverse.* ■ **Fam.** *Ça roule, ça va.* ■ **Se rouler,** v. pr. *Se rouler dans,* s'envelopper dans. *Se rouler dans un plaid.* ■ *Se rouler en boule,* se mettre en boule, se recroqueviller sur soi-même. *Lorsqu'il se sent en danger le hérisson se roule en boule.* ■ **Fam.** *Se rouler les pouces,* ou *se rouler* ne rien faire. ■ *Se rouler par terre,* être pris d'un violent fou rire. ■ **Rem.** On dit auj. *Rouler sur l'or.*

1 **ROULETTE,** n. f. [ʀulɛt] (dimin. de l'anc. fr. *roele,* petite roue, du lat. *rotella*) Petite roue ou petite boule de bois, de fer, etc., fixée au pied d'un lit, d'un fauteuil, d'une machine quelconque, et servant à les faire rouler. ♦ **Fig.** et **fam.** *Cela va comme sur des roulettes,* cela marche facilement, sans obstacle. ♦ ▷ *Roulette d'enfant,* machine roulante qui est une planche percée à son milieu et portée sur quatre pieds et quatre roulettes. ◁ ♦ **Syn.** de vinaigrette, chaise à porteurs. ♦ Petite roue de fer dentelée, à l'usage du cirier et du pâtissier. ♦ **Reliure** Tout fer qui a la figure d'une roulette, et qui sert à pousser de simples filets ou des dessins. ♦ **Géom.** *Roulette* ou *cycloïde,* chemin que fait en l'air le clou d'une roue quand elle roule de son mouvement ordinaire. ♦ *Roulette de dentiste,* outil rotatif utilisé pour évider la partie cariée d'une dent. *La roulette est aussi appelée fraise.*

2 **ROULETTE,** n. f. [ʀulɛt] (1 *roulette*) Jeu de hasard qui se joue sur une table, avec une petite boule. *Jouer à la roulette.* ♦ *Roulette russe,* jeu suicidaire qui consiste à ne laisser qu'une balle dans le barillet d'une arme à feu puis à le faire tourner sur lui-même et à tirer sans savoir si le coup partira.

1 **ROULEUR,** n. m. [ʀulœʀ] (*rouler*) Celui qui roule les tonneaux. *Déchargeurs, rouleurs et chargeurs de tonneaux.* ♦ Ouvrier employé au transport du minerai. ♦ **Mar.** Vaisseau qui a du roulis plus qu'un autre. ♦ *Grand rouleur, grand marcheur,* un navire qui, avec beaucoup de roulis, a une marche rapide. ♦ **Adj.** *Ouvrier rouleur,* ouvrier qui travaille tantôt dans un atelier, tantôt dans un autre. ■ **N. m. pl.** Famille de lépidoptères nocturnes. ■ **N. m. Sp.** Cycliste au rythme régulier et rapide sur terrain plat.

2 **ROULEUR,** ■ adj. m. [ʀulœʀ] (*rouler*) *Un cric rouleur,* cric muni de roues et permettant de déplacer la voiture qu'il soutient. *Placer un véhicule sur un cric rouleur.*

ROULEUSE, n. f. [ʀuløz] (*rouler*) Nom d'une chenille qui fait prendre aux feuilles la forme d'un tuyau cylindrique ou conique ; c'est là qu'elle file sa coque.

ROULIER, n. m. [ʀulje] (*rouler*) Voiturier par terre, qui transporte les marchandises sur des chariots. ♦ Navire sur lequel les marchandises sont chargées et déchargées par roulage. *Un roulier, un cargo roulier.*

ROULIS, n. m. [ʀuli] (*rouler*) Agitation d'un vaisseau qui penche alternativement à gauche et à droite.

ROULOIR, n. m. [ʀulwaʀ] (*rouler*) Outil de cirier qui sert à rouler sur une table les bougies et les cierges. ♦ Cylindre pour effacer les plis de la toile.

ROULOTTE, n. f. [ʀulɔt] (anc. fr. *roele,* petite roue, du lat. *rotella*) **Arg.** Voleurs à la roulotte, nom donné aux voleurs qui dévalisent les voitures de roulage, celles qui sont chargées de colis, etc. ■ Voiture aménagée pour l'habitation des forains, des nomades et tirée par des chevaux. *Aujourd'hui, la plupart des roulottes sont remplacées par des caravanes.*

ROULOTTÉ, ÉE ou **ROULEAUTÉ, ÉE,** ■ adj. [ʀulote] (*roulotter,* de *rouler*) Dont les bords sont légèrement enroulés sur eux-mêmes. *Un parchemin roulotté.* ■ **Cout.** Dont le bord est roulé légèrement et maintenu par des points espacés. *Un mouchoir roulotté.*

ROULOTTIER, IÈRE, ■ n. m. et n. f. [ʀulotje, jɛʀ] (*roulotte*) Personne qui pratique le vol à la roulotte. *Arrestation d'un gang de roulottiers.*

ROULURE, n. f. [ʀulyʀ] (*rouler*) État de ce qui est enroulé sur soi-même. *La roulure des feuilles.* ■ **Vulg.** Prostituée. ■ **Par extens.** et **fam.** Personne abjecte, méprisable. *Cet homme n'est qu'une roulure !* ■ Anomalie sur le bois d'un arbre qui consiste en une séparation des couches superficielles due au gel. *Limiter les risques de roulure en paillant les arbustes.*

ROUMAIN, AINE, adj. [ʀumɛ̃, ɛn] (*Roumanie,* d'apr. *romain*) Qui appartient aux Principautés danubiennes. ♦ **N. m.** *Le roumain,* langue de ces principautés ; c'est un idiome néo-latin. ■ **Adj.** De la Roumanie. ■ **N. m. etf.** *Les Roumains.* ■ **N. m.** Langue parlée en Roumanie.

ROUMI, ■ n. m. [ʀumi] (ar. *rumi,* romain) Nom employé par les musulmans pour désigner un chrétien et, par extension, un Européen. ■ *Les roumis d'Algérie,* les colons français.

ROUND, ■ n. m. [ʀawnd] (mot angl., rond, tour) Séquence de combat minutée, en boxe et dans d'autres sports de combat. Au pl. *Des rounds.* ■ **Fig.** Épisode d'un échange de points de vue divergents, d'une négociation. *Ils attaquent le deuxième round du débat politique.*

1 ROUPIE, n. f. [ʀupi] (orig. inc.) Humeur qui découle des fosses nasales, et qui pend au nez par gouttes.

2 ROUPIE, n. f. [ʀupi] (hindoust. *rupiya,* argent) ▷ Monnaie des Indes orientales. *La roupie d'or des Indes vaut environ 38,70 F ; celle de Perse, 36,75 F. Les roupies d'argent varient de 2,36 F à 2,75 F.* ◁ ◆ Monnaie en cours en Inde, en Indonésie et au Pakistan.

ROUPIEUX, EUSE, adj. [ʀupjø, øz] (1 *roupie*) Qui a souvent la roupie au nez.

ROUPILLE, n. f. [ʀupij] (esp. *ropilla,* de *ropa,* robe) ▷ Sorte de manteau dont les Espagnols s'enveloppaient pour dormir. ◁

ROUPILLER, v. intr. [ʀupije] (prob. d'orig. onomat. ou de *roupille*) Sommeiller à demi.

ROUPILLEUR, EUSE, n. m. et n. f. [ʀupijœʀ, øz] (*roupiller*) Celui, celle qui a l'habitude de roupiller.

ROUPILLON, ■ n. m. [ʀupijɔ̃] (*roupiller*) **Fam.** Action de dormir. *Il rêvait d'un bon roupillon.* ■ *Piquer un roupillon,* faire une petite sieste.

ROUQUETTE, ■ n. f. [ʀukɛt] Voy. ROQUETTE.

ROUQUIN, INE, ■ n. m. et f. [ʀukɛ̃, in] (dimin. de *roux*) Personne aux cheveux roux. *Une adorable rouquine avec toutes ses taches de rousseur.* ■ **Adj.** *Une chevelure rouquine.* ■ **N. m. Fam.** Vin rouge.

ROURE, n. m. [ʀuʀ] Voy. ROUVRE.

ROUSCAILLER, ■ v. intr. [ʀuskaje] (p.-ê. de *rousser,* gronder, d'orig. onomat., et de *cailler,* bavarder, de *caille,* femme légère) **Fam.** Exprimer du mécontentement. *Il rouscaille encore ?*

ROUSPÉTANCE, ■ n. f. [ʀuspetɑ̃s] (*rouspéter*) **Fam.** Action d'exprimer son mécontentement.

ROUSPÉTER, ■ v. intr. [ʀuspete] (prob. de *rousser,* d'apr. *rouscailler,* et *péter*) **Fam.** Râler, maugréer. *Il n'arrête pas de rouspéter.* ■ **ROUSPÉTEUR, EUSE,** n. m. et f. ou adj. [ʀuspetœʀ, øz].

ROUSSÂTRE, adj. [ʀusɑtʀ] (*roux*) Tirant sur le roux. *Un poil roussâtre.*

ROUSSE, ■ n. f. [ʀus] (prob. de 2 *roussin*) **Arg.** *La Rousse,* la police. *Être de la Rousse.*

ROUSSEAU, n. m. [ʀuso] (*roux*) ▷ Homme qui a les cheveux roux. ◁ ◆ **Adj.** *Cet homme est rousseau.* ◁ ◆ **N. m.** Dorade dont les écailles montrent des reflets rosés. *Pêcher le rousseau.*

ROUSSELET, n. m. [ʀus(ə)lɛ] (dimin. de *roussel,* de *roux*) Variété de poire qui a la peau rougeâtre. ◆ Cépage des Bouches-du-Rhône.

ROUSSEROLLE ou **ROUSSEROLE,** ■ n. f. [ʀus(ə)ʀɔl] (dimin. de *roux*) Petit oiseau au plumage brun roux, qui ressemble à la fauvette et vit dans les marais. *La rousserolle effarvatte et la rousserolle verderolle se distinguent plus par leur chant que par leur apparence.*

ROUSSETTE, ■ n. f. [ʀusɛt] (dimin. de *roux*) Variété de poire, dite aussi *roussette d'Anjou.* ◆ Nom d'un genre de sélaciens. ◆ Nom d'un genre de grandes chauves-souris. ◆ Grenouille de petite taille très prisée pour ses cuisses que l'on cuisine.

ROUSSEUR, n. f. [ʀusœʀ] (*roux*) Qualité de ce qui est roux. *Rousseur du poil.* ◆ Taches rouges qui viennent sur le visage et sur les mains. *Avoir des rousseurs, des taches de rousseur.* ◆ Tache d'humidité qui se forme sur certains matériaux. *Des rousseurs sur la couverture d'un livre.*

1 ROUSSI, n. m. [ʀusi] (*roussir*) Cuir teint en rouge ou en brun, qui a une odeur particulière, et qui vient de Russie. ◆ On dit aujourd'hui cuir de Russie.

2 ROUSSI, IE, p. p. de roussir. [ʀusi] ◆ **N. m.** Exhalaison d'une chose près de brûler. *Odeur de roussi.* ■ **Fig.** *Sentir le roussi,* prendre une mauvaise tournure. *Son affaire sent le roussi.*

ROUSSILLONNAIS, AISE, ■ adj. [ʀusijɔnɛ, ɛz] (*Roussillon*) De la région du Roussillon. *Les fruits roussillonnais arrivent tôt en saison sur les marchés.* ■ **N. m. et n. f.** *Un Roussillonnais, une Roussillonnaise.*

1 ROUSSIN, n. m. [ʀusɛ̃] (lat. *ruccinus,* var. de *runcinus,* roncin, d'orig. incert.) Cheval un peu épais et entre deux tailles. ◆ **Fam.** *Un roussin d'Arcadie,* un âne.

2 ROUSSIN, ■ n. m. [ʀusɛ̃] (*roux,* du fait de la valeur péj. de cette couleur) **Arg.** Policier. « *Il avait tout d'un roussin, d'un détective* », CENDRARS.

ROUSSIR, v. tr. [ʀusiʀ] (*roux*) Rendre roux. *Roussir du linge en passant dessus un fer trop chaud.* ◆ **V. intr.** Devenir roux. *Les perruques roussissent avec le temps.* ◆ Se roussir, v. pr. Devenir roux. ◆ Se brûler légèrement.

ROUSSISSEMENT, ■ n. m. [ʀusis(ə)mɑ̃] (*roussir*) Fait de devenir ou de rendre roux. *Le roussissement des feuilles en automne.*

ROUSTE, ■ n. f. [ʀust] (b. lat. *rustiare,* battre, rosser, du lat. *rustum,* ronce) **Fam.** Correction, volée de gifles. *Il s'est pris une belle rouste !*

ROUT, n. m. [ʀaut] Voy. RAOUT.

ROUTAGE, ■ n. m. [ʀutaʒ] (*router*) **Techn.** Procédé qui consiste à former des liasses avec le courrier en fonction de sa destination, avant de le poster, pour ainsi réduire les frais de port des expéditeurs. *Envoi par routage.* ■ **Mar.** Établissement de l'itinéraire d'un navire. *Le routage d'un navire brise-glace en Antarctique.*

ROUTAILLÉ, ÉE, p. p. de routailler. [ʀutaje]

ROUTAILLER, v. tr. [ʀutaje] (*route*) ▷ Suivre une bête avec le limier, pour la faire tirer par les chasseurs. ◁

ROUTARD, ARDE, ■ n. m. et f. [ʀutaʀ, aʀd] (*route*) **Fam.** Personne qui voyage généralement seule, à pied et le plus souvent à peu de frais. *Carnet de voyages d'un routard.*

ROUTE, n. f. [ʀut] (lat. *rupta,* s. e. *via rupta,* de *viam rumpere,* pratiquer un passage, de *via,* voie, et *rumpere,* rompre) Grande allée percée dans une forêt. ◆ Voie pratiquée d'un lieu à un autre. ◆ *Route royale, impériale, nationale,* route entreprise et exécutée aux frais de l'État, par opposition à *route départementale.* ◆ *La grande route* ou *la grand-route,* la route principale. ◆ **Fig.** *La grande route,* les errements connus, vulgaires. ◆ *Route militaire* ou *stratégique,* chemin qui a été percé pour faciliter les opérations des troupes. ◆ Direction qu'on suit pour aller en un lieu. *La route de Paris à Bordeaux.* ◆ *Mettre en route,* faire partir. ◆ **Fig.** *Être sur la route de quelqu'un,* lui faire obstacle. ◆ **Mar.** Chemin que fait ou doit faire un navire dans une direction donnée. ◆ *Faire fausse route,* s'écarter à dessein de la route qu'on avait prise, ou s'écarter de son droit chemin sans le vouloir, et fig. se fourvoyer, employer des moyens contraires au but qu'on se propose. ◆ Chemin et logement qu'on marque aux gens de guerre en voyage. *Donner une route à des troupes.* ◆ *Feuille de route* ou *route,* écrit déterminant le chemin que doit suivre et les logements que doit occuper une troupe ou un militaire qui voyage isolément. ◆ **Fig.** Espace que parcourent les astres, les eaux, etc. *La route du soleil, d'un fleuve, etc.* ◆ **Fig.** Ce que l'on suit pour arriver à quelque résultat. « *Chacun suit dans le monde une route incertaine, Selon que son erreur le joue et le promène* », BOILEAU. ◆ ▷ *À vau-de-route,* Voy. VAU-DE-ROUTE. ◁ ■ Moyen de communication qui utilise ce type de voie. *Privilégier le rail à la route pour limiter le nombre de camions en circulation.* ■ *Code de la route,* réglementation relative à la circulation routière. ■ *Faire route avec quelqu'un,* voyager avec quelqu'un. ■ *Faire route vers,* être en chemin pour une destination.

ROUTER, ■ v. tr. [ʀute] (*route*) Grouper et trier des imprimés, des journaux, etc., en liasses, en fonction de leur destination. *Une entreprise qui route son courrier.* ■ Déterminer l'itinéraire d'un navire. *Router un voilier en cas d'intempéries.* ■ **Inform.** Acheminer des informations par le biais d'un réseau, en particulier par le biais d'Internet. *Router des messages.*

ROUTEUR, EUSE, ■ n. m. et f. [ʀutœʀ, øz] (*router*) Personne qui effectue des opérations de routage. ■ **N. m.** Interface (logiciel ou matériel) de communication entre réseaux utilisant des protocoles différents. *Un routeur possède plusieurs interfaces réseau.*

1 ROUTIER, n. m. [ʀutje] (*route*) Livre qui enseigne les chemins, les routes. ◆ **Adj.** *Carte routière,* carte où les routes sont marquées. ◆ **Mar.** Livre contenant, avec des cartes marines, des instructions utiles aux pilotes et aux capitaines pour la navigation dans certains parages. ■ **N. m.** Chauffeur de camions qui parcourt de longs trajets. *Les routiers d'une compagnie de transports.* ■ Restaurant pour les chauffeurs de camions situé en bordure de route. *Faire halte dans un routier.* ■ Cycliste spécialiste des épreuves sur route. ■ **N. f.** *Une routière,* moto ou voiture de tourisme confortable, adaptée pour les longs trajets. *Cette routière est idéale pour partir en vacances.*

2 ROUTIER, IÈRE, n. m. et n. f. [ʀutje, jɛʀ] (*route*) Personne qui sait bien les routes. ◆ **Fig.** Personne qui a de l'expérience, qui connaît les finesses. « *C'était un vieux routier ; il savait plus d'un tour* », LA FONTAINE.

3 ROUTIER, n. m. [ʀutje] (anc. fr. *route,* bande, troupe) Nom donné dans le Moyen Âge, tantôt à des bandes de pillards, tantôt à des troupes légères.

4 ROUTIER, IÈRE, ■ adj. [ʀutje, jɛʀ] (*route*) Qui concerne la route en tant que moyen de communication. *La circulation routière.*

ROUTINE, n. f. [ʀutin] (*route*) Faculté de faire ou de connaître, acquise par l'usage plus que par l'étude et les règles. *Avoir la routine d'un art. Chanter par routine.* ◆ Procédé en quelque sorte mécanique pour faire ou apprendre quelque chose. ◆ Usage, consacré depuis longtemps, de faire une chose toujours de la même manière, sans s'éclairer par la théorie. ■ **Fig.** Il se dit d'usages, d'habitudes comparées à une routine. « *Quelle folie de se contraindre pour des routines de devoirs et d'affaires !* », MME DE SÉVIGNÉ. ■ *De routine,* habituel. *Faire une enquête de routine.* ■ **Inform.**

Sous-programme qui répète fréquemment une même opération. *Programmer une routine pour effectuer automatiquement certaines tâches de maintenance d'une base de données.*

ROUTINÉ, ÉE, p. p. de routiner. [ʀutine]

ROUTINER, v. tr. [ʀutine] (*routine*) ▷ Apprendre à quelqu'un à faire quelque chose par routine. *On l'a routiné à calculer.* ✦ Se routiner, v. pr. Se rompre à une certaine chose. ◁

ROUTINIER, IÈRE, n. m. et n. f. [ʀutinje, jɛʀ] (*routine*) ▷ Celui, celle qui agit par routine. *Ce médecin est un routinier.* ✦ Mus. Celui qui joue ou chante de routine, sans avoir appris la musique. ✦ Adj. « *La sottise routinière* », J.-J. ROUSSEAU. ◁

ROUTINIÈREMENT, adv. [ʀutinjɛʀ(ə)mã] (*routinier*) ▷ Par routine. ◁

ROUTOIR, n. m. [ʀutwaʀ] (*rouir*) Lieu où l'on opère le rouissage du chanvre, à l'aide de l'eau. ■ REM. On disait aussi *rutoir* autrefois.

ROUVERIN ou **ROUVERAIN,** adj. m. [ʀuv(ə)ʀɛ̃] (prob. de l'anc. fr. *rouvel*, rouge) Terme de métallurgie usité seulement dans cette locution : *Fer rouverin*, fer qui se casse à chaud sous le marteau.

ROUVERT, ERTE, p. p. de rouvrir. [ʀuvɛʀ, ɛʀt]

ROUVIEUX ou **ROUX-VIEUX,** n. m. [ʀuvjø] (lat. vulg. *rubeolus*, rougeâtre) Gale qui a son siège sur la partie supérieure de l'encolure du cheval, à la naissance des crins. ✦ Gale que l'on observe à la région du dos du chien. ✦ Adj. *Un cheval rouvieux.*

ROUVRAIE, n. f. [ʀuvʀɛ] (*rouvre*) Lieu planté en rouvres.

ROUVRE, n. m. [ʀuvʀ] (lat. *robur*) Espèce de chêne moins haut que le chêne commun. ■ REM. On disait aussi *roure* autrefois.

ROUVRIR, v. tr. [ʀuvʀiʀ] (*re-* et *ouvrir*) Ouvrir de nouveau. ✦ Fig. *Rouvrir une plaie, une blessure,* renouveler un chagrin. ✦ Se rouvrir, v. pr. S'ouvrir de nouveau. ✦ Fig. Relancer une nouvelle fois quelque chose. *Rouvrir un débat, une question.* ✦ V. intr. Accueillir de nouveau du public après une période de fermeture. *L'opéra rouvrira l'année prochaine.*

ROUX, OUSSE, adj. [ʀu, us] (lat. *russus*) Qui est d'un rouge un peu teinté de noir. *Une vache rousse.* ✦ *Un homme roux, une femme rousse,* une homme, une femme qui a les cheveux roux. ✦ N. m. et n. f. *Un roux. Une rousse. Beurre roux,* beurre fondu. ✦ *Lune rousse,* lunaison qui commence en avril. ✦ N. m. Couleur rousse. *Il est d'un roux ardent.* ✦ Sauce faite avec du beurre ou de la graisse qu'on a fait roussir. *Faire un roux.*

ROUX-VIEUX, n. m. [ʀuvjø] Voy. ROUVIEUX.

ROYAL, ALE, adj. [ʀwajal] (lat. *regalis*) Qui appartient, qui a rapport à un roi. *L'autorité royale.* ✦ *Famille royale,* les enfants et les petits-enfants du roi régnant ou du roi défunt. ✦ *Prince royal,* titre de l'héritier de la couronne, dans quelques États. ✦ *Altesse royale,* titre qui se donne à certains princes et à certaines princesses. Par abréviation on écrit *S. A. R.* ✦ *Festin royal, banquet royal,* festin qu'un monarque fait en certaines occasions solennelles, et où tous les grands officiers remplissent les fonctions de leurs charges. ✦ Chancell. *Lettres royaux, ordonnances royaux,* lettres, ordonnances émanées de l'autorité royale (*royaux* n'est point ici au masculin ; suivant la règle de l'ancienne langue, les adjectifs dérivés des adjectifs latins en *is*, dont le masculin était semblable au féminin, faisaient aussi les deux genres semblables). ✦ *Cas royaux,* certains crimes dont connaissaient les juges royaux. ✦ Il se dit de certains établissements qui sont sous la protection du roi. *La Société royale de Londres.* ✦ Digne d'un roi. *Une magnificence royale.* ✦ *Cour royale* se disait, quand la France était en royauté, pour *cour d'appel. Route royale,* se disait, quand la France était en royaume, des grandes routes dont l'entretien est à la charge de l'État. ✦ *Collège royal,* nom des collèges entretenus par l'État sous la Restauration et sous Louis-Philippe. ✦ *Collège royal* a été le nom du *Collège de France.* ✦ Fig. *Tigre royal, aigle royal,* tigre, aigle de la plus grande espèce. ✦ N. m. pl. *Les royaux,* les troupes royales. ✦ N. f. Variété de pêche, de prune, de laitue et de rose, de qualité supérieure. ✦ *À la royale,* à la manière royale. « *Le roi d'Israël et le roi de Juda étaient vêtus à la royale* », VOLTAIRE. ✦ *À la royale,* se dit d'une manière d'apprêter certains mets. *Bœuf à la royale.* ■ Fig. *La voie royale,* la voie, le chemin le plus sûr, le plus direct et le plus glorieux pour atteindre un objectif. ■ Fam. Total. *Avoir une paix royale.*

ROYALE, n. f. [ʀwajal] (*royal*) Bouquet de barbe laissé sous la lèvre inférieure.

ROYALEMENT, adv. [ʀwajal(ə)mã] (*royal*) D'une manière royale, noblement, magnifiquement. ✦ Fam. et ironiq. *Il est royalement stupide.*

ROYALISER, v. tr. [ʀwajalize] (*royal*) Néolog. Rendre royaliste.

ROYALISME, n. m. [ʀwajalism] (*royal*) Parti du roi, esprit monarchique.

ROYALISTE, adj. [ʀwajalist] (*royal*) Qui est partisan de la royauté ; qui est attaché au parti du roi. *Le parti, les opinions royalistes.* ✦ Fig. *Être plus royaliste que le roi,* prendre les intérêts d'un autre plus que cet autre ne les prend lui-même ou ne veut qu'on les prenne. ✦ N. m. et n. f. *Un royaliste.*

ROYALTIES, ■ n. f., pl. [ʀwajalti] (mot angl. *royalty, -ties,* royauté) Redevance payée en échange d'un droit d'exploitation à un propriétaire, un inventeur, un auteur, etc. *Toucher des royalties.* ■ REM. Recommandation officielle : *redevance.*

ROYAUME, n. m. [ʀwajom] (altér. de l'anc. fr. *reiame,* du lat. *regimen,* gouvernement, régime, d'apr. *royal*) État gouverné par un roi. ✦ Fam. et par extens. *Je ne ferais pas cela pour un royaume,* je ne ferais cela à aucun prix. ✦ *Les trois royaumes* ou *le Royaume-Uni,* se dit de la Grande-Bretagne, depuis la réunion de l'Irlande et de l'Écosse. ✦ *Le royaume des cieux,* le royaume de Jésus-Christ, le paradis, le règne de Dieu. ✦ *Le royaume sombre,* les enfers. ✦ Prov. *Au royaume des aveugles les borgnes sont rois,* Voy. AVEUGLE.

ROYAUMER (SE), ■ v. pr. [ʀwajome] (*royaume*) Suisse Se laisser aller au farniente.

ROYAUTÉ, n. f. [ʀwajote] (lat. médiév. *regalitas,* pouvoir royal) Dignité de roi. ✦ ▷ Il se dit en parlant du roi de la fève. *Il a payé sa royauté.* ◁ ■ Régime monarchique.

RTT, ■ n. f. [ɛʀtete] (sigle de *réduction du temps de travail*) Congés obtenus par des accords syndicaux à la suite de la loi sur les trente-cinq heures hebdomadaires. *Prendre des jours de RTT.*

RU, n. m. [ʀy] (lat. *rivus,* ruisseau) Canal fourni par un petit ruisseau. ✦ Dans certaines provinces, ruisseau de source.

RUADE, n. f. [ʀɥad] (*ruer*) Action par laquelle le train de derrière subitement enlevé permet à l'animal de lancer vivement en arrière les membres postérieurs, pour frapper, ou pour compléter un saut en franchissant un obstacle. ✦ Fig. Emportement, violence, brutalité inattendue.

RUBACE ou **RUBACELLE,** n. f. [ʀybas, ʀybasɛl] (*rubis*) Rubis d'une couleur claire. ✦ On dit aussi *rubicelle.* ✦ Variété de quartz hyalin, teinte artificiellement.

RUBAN, n. m. [ʀybã] (néerl. *ringband,* collier) Tissu de soie, de fil, de laine, etc., plat, mince et plus ou moins étroit. ✦ Ruban qui se porte à la boutonnière et qui indique qu'on appartient à un ordre de chevalerie. *Le ruban de la Légion d'honneur.* ✦ *Ruban de queue,* Voy. QUEUE. ✦ Fig. Ce qui présente l'aspect d'un ruban. « *Le zèbre a la robe rayée de rubans noirs et blancs* », BUFFON. ✦ Archit. Ornement en forme de ruban tortillé. ✦ Anat. *Rubans de la glotte* ou *rubans vocaux,* les cordes vocales. ✦ Hérald. Bande très étroite. ✦ *Canon à ruban,* canon d'arme portative, formé par une lame de métal, qu'on plie en ruban autour d'une broche et qu'on soude le long de la spirale de jonction. ✦ Bande de pâte dont on entoure certaines pâtisseries. ✦ *Ruban d'eau,* sorte de plante aquatique. ✦ *Ruban panaché,* variété du roseau cultivé. ✦ Bande étroite, fine, flexible et généralement enduite d'une substance. *Le ruban d'une machine à écrire. Du ruban adhésif.* ■ *Détenir le ruban bleu de quelque chose,* avoir la primauté dans un domaine.

RUBANE, ÉE, p. p. de rubaner. [ʀybane] ✦ Hist. nat. Marqué de bandes longitudinales. ✦ Se dit d'un canon de fusil fait d'un ruban de métal.

RUBANER, v. tr. [ʀybane] (*ruban*) Garnir de rubans. ✦ Tordre un morceau de fer pour en faire un canon de fusil. ✦ Donner la forme et la finesse d'un ruban à quelque chose. *Rubaner une bande de cuir.*

RUBANERIE, n. f. [ʀyban(ə)ʀi] (*rubanier*) Profession, commerce du rubanier.

RUBANIER, IÈRE, adj. [ʀybanje, jɛʀ] (*ruban*) Qui concerne le commerce, la fabrication des rubans. *L'industrie rubanière.* ✦ N. m. et f. Celui, celle qui fabrique ou vend des rubans. ✦ Adj. *Les maîtres rubaniers.* ✦ N. m. *Rubanier,* syn. de ruban d'eau.

RUBARBE, n. f. [ʀybaʀb] Voy. RHUBARBE.

RUBATO, ■ adv. [ʀybato] ou [ʀubato] (mot it., de *rubare,* dérober, voler) Mus. Avec une certaine flexibilité dans le tempo. N. m. pl. *Des rubatos.* ■ Adv. *Jouer trop rubato.*

RUBÉFACTION, n. f. [ʀybefaksjõ] (*rubéfier*) Voy. RUBÉFIER. Méd. Rougeur déterminée sur une surface par l'action irritante d'un médicament, d'un rubéfiant, etc.

RUBÉFIANT, ANTE, adj. [ʀybefjã, ãt] (*rubéfier*) Il se dit de médicaments irritants légers, qui, appliqués sur la peau, déterminent un afflux sanguin dans ses capillaires, et lui font acquérir la teinte rouge de l'inflammation. ✦ N. m. *Un rubéfiant.*

RUBÉFIÉ, ÉE, p. p. de rubéfier. [ʀybefje]

RUBÉFIER, v. tr. [ʀybefje] (lat. *rubefacere,* rendre rouge) Rendre rouge, enflammé par l'application de rubéfiants.

RUBÉNIEN, IENNE, ■ adj. [ʀybenjɛ̃, jɛn] (*Rubens,* peintre flamand) Dans le style du peintre Rubens.

RUBÉOLE, ■ n. f. [ʀybeɔl] (lat. *rubeus,* roux, rouge) Maladie bénigne souvent infantile, virale éruptive, contagieuse, accompagnée de fièvre et qui rappelle la rougeole. ■ RUBÉOLEUX, EUSE, adj. [ʀybeɔlø, øz]

RUBESCENT, ENTE, ■ adj. [ʀybesɑ̃, ɑ̃t] (lat. *rubescens,* de *rubescere,* rougir) Qui se colore facilement en rouge sous l'effet d'une irritation. *Avoir la peau très rubescente.*

RUBIACÉES, ■ n. f. pl. [ʀybjase] (lat. *rubia,* garance) Famille de plantes dont quelques-unes fournissent une teinture rouge.

RUBICAN, adj. m. [ʀybikɑ̃] (altér. de l'ital. *rabicano,* d'apr. *rubicond,* du lat. *rapum,* queue, et *canus,* blanc) Se dit de tout cheval noir, bai ou alezan, dont la robe présente des poils blancs disséminés çà et là. *Un cheval bai clair rubican.* ♦ N. m. *Le rubican,* la couleur d'un cheval rubican.

RUBICELLE, n. f. [ʀybisɛl] Voy. RUBACE.

RUBICOND, ONDE, adj. [ʀybikɔ̃, ɔ̃d] (lat. *rubicundus,* rougeaud) Qui est rouge, en parlant du visage, de la face, ou qui a la face rouge, en parlant d'une personne.

RUBIDIUM, n. m. [ʀybidjɔm] (lat. *rubidus,* rouge) Métal découvert en 1861, donnant dans le spectre deux raies rouges.

RUBIETTE, ■ n. f. [ʀybjɛt] (lat. *rubeus,* roux, rouge) **Région. Zool.** Oiseau passériforme au plumage plus ou moins rouge. *Le rouge-gorge et le rouge-queue sont des rubiettes.*

RUBIGINEUX, EUSE, ■ adj. [ʀybiʒinø, øz] (lat. *rubiginosus,* de *rubeus,* roux, rouge) Recouvert par la rouille. *Nettoyer une grille rubigineuse.* ■ De couleur rouille.

RUBINE, n. f. [ʀybin] (lat. *rubeus,* roux, rouge) Voy. RUBIS. **Anc. chim.** Préparation de métaux dont la couleur est d'un rouge approchant de celle du rubis. *Rubine d'argent, d'arsenic, de soufre.*

RUBIS, n. m. [ʀybi] (lat. médiév. *rubinus,* de *rubeus,* rouge) Pierre précieuse, rouge et transparente. ♦ *Rubis oriental,* la première des pierres de couleur pour le prix comme pour la beauté. ♦ *Rubis balais,* Voy. BALAIS. ♦ *Rubis spinelle,* rubis plutôt rose que rouge. ♦ *Rubis de Bohême,* grenat d'un beau rouge ; variété de quartz hyalin. ♦ *Faire rubis sur l'ongle,* boire et vider le verre de façon qu'il y reste à peine une goutte de vin, qui, mise sur l'ongle, représente un rubis. ♦ Fig. *Rubis sur l'ongle,* exactement. *Faire payer rubis sur l'ongle.* ♦ *Faux rubis,* variété transparente de fluorine ayant la couleur du rubis. ♦ Un oiseau-mouche. Il se dit des choses qui ont la forme ou la couleur du rubis. *Les rubis de la rosée.* ♦ Fig. et pop. Boutons ou élevures rouges qui viennent au nez et sur le visage. ♦ Monture autrefois en rubis, sur laquelle repose le pivot d'un rouage d'horlogerie. ■ Adj. inv. D'un rouge profond rappelant la couleur de la pierre précieuse. *Un vernis à ongle rubis. Un vin à la robe rubis.*

RUBRICAIRE, n. m. [ʀybʀikɛʀ] (*rubrique*) ▷ Homme qui sait bien les règles, les rubriques du bréviaire. ◁

RUBRIQUE, n. f. [ʀybʀik] (lat. *rubrica,* terre rouge) ▷ Terre rouge dont les chirurgiens se servaient autrefois pour étancher le sang. ◁ ♦ ▷ Sorte de craie rouge dont les charpentiers frottent la corde avec laquelle ils marquent ce qu'il faut ôter des pièces de bois à équarrir. ◁ ♦ ▷ Titres des livres de droit civil et canon, qu'autrefois on écrivait en rouge. ♦ Dans l'Église, *les rubriques,* les règles selon lesquelles on doit célébrer la liturgie et l'office divin. ♦ Petites règles, imprimées ordinairement en rouge dans le corps du bréviaire. ♦ Par extens. Titre, date qui dans les journaux indique le lieu d'où une nouvelle est venue. *Cette nouvelle est sous la rubrique de Londres.* ♦ Indication fausse du lieu de la publication d'un livre. *Beaucoup de livres imprimés en France portent la rubrique de Genève.* ♦ **Fam.** Méthodes, règles, pratiques anciennes. ♦ Fig. et fam. Ruses, finesses. « *Il n'a pas affaire à un sot, et vous savez des rubriques qu'il ne sait pas* », MOLIÈRE. ■ Ensemble d'articles traitant d'un sujet déterminé et paraissant régulièrement dans un périodique. *La rubrique mode d'un magazine.*

RUBRIQUER, v. tr. [ʀybʀike] (*rubrique*) Marquer à la rubrique, à la couleur rouge. ■ Répertorier dans les rubriques. *Rubriquer des articles de journaux consacrés à la mondialisation.*

RUCHE, n. f. [ʀyʃ] (gaul. *rusca,* écorce) Demeure où les abeilles vivent et font le miel. ♦ Le panier et les abeilles qu'il contient. ♦ Habitation des insectes, des vers qui vivent en société. ♦ **Mar.** Carcasse d'un bâtiment neuf, avant qu'il soit ponté. ♦ Sorte de machine pour prendre le poisson. ♦ Bande plissée d'étoffe, de tulle ou de dentelle, qui sert d'ornement à différents ajustements, tels que bonnets, collerettes, robes ; ainsi dite par comparaison avec la gaufre des ruches. ■ Fig. Lieu où s'agite une multitude de personnes. *La ruche des ouvrières dans une usine de confection.* ■ REM. On disait aussi *ruché* autrefois.

RUCHÉE, n. f. [ʀyʃe] (*ruche*) Produit d'une ruche. ♦ Population entière d'une ruche.

1 **RUCHER**, n. m. [ʀyʃe] (*ruche*) Endroit où sont les ruches.

2 **RUCHER**, v. tr. [ʀyʃe] (*ruche*) Se dit, chez les lingères et les couturières, de l'action de faire une ruche. *Rucher du tulle.*

RUCLON, ■ n. m. [ʀyklɔ̃] (suisse romand) **Suisse** Lieu de dépôt des ordures dans un jardin.

RUDÂNIER, IÈRE, adj. [ʀydanje, jɛʀ] (*rude* et *ânier*) ▷ Terme populaire, peu usité au masculin. Qui est rude à ceux à qui il parle. « *Adieu, beauté rudânière* », MOLIÈRE. ◁

RUDBECKIA, ■ n. m. [ʀydbɛkja] (*Rudbeck,* botaniste suédois) **Bot.** Plante annuelle cultivée pour ses grandes fleurs ornementales au cône surélevé dont la couleur varie du jaune à l'orange.

RUDE, adj. [ʀyd] (lat. *rudis,* brut, grossier, inculte) Qui n'est pas dégrossi, qui est brut, inculte. « *Cet amas rude et indigeste qui précéda la disposition et la beauté des choses que nous voyons* », BALZAC. *Un esprit rude.* ♦ *Des mœurs rudes,* des mœurs d'une simplicité grossière. ♦ Âpre au toucher. *Barbe rude. Une brosse rude.* ♦ Couvert de petites saillies ou aspérités nombreuses et sensibles au toucher. *Avoir la peau rude.* ♦ Âpre au goût. *Vin rude.* ♦ Âpre et difficile, en parlant des chemins. *Chemin rude.* ♦ Fig. *Le rude sentier de la vertu.* ♦ Qui cause de la fatigue, de la peine. *Un rude métier. Une rude tâche.* ♦ Par extens. Désagréable à voir, à entendre, à prononcer, etc. *Avoir l'air, le regard, la voix rude.* ♦ *Ce peintre a le pinceau rude,* il peint d'une manière dure et sans grâce. ♦ Il se dit de la rigueur des saisons. *Un froid rude.* ♦ Fig. *Temps rudes,* temps où le travail manque, et où la misère est grande. ♦ Où il y a effort violent, lutte violente. « *Vous avez soutenu de rudes guerres,* » FÉNELON. ♦ Impétueux, intense. *Une rude secousse. Essuyer une rude tempête.* ♦ Fig. Qui cause du mal, de la souffrance. « *Il y a des endroits dans la vie qui sont bien rudes à passer,* » MME DE SÉVIGNÉ. ♦ Fig. *Une rude épreuve,* une situation difficile et délicate, ou dangereuse pour le maintien de l'amitié. Il se dit de la peine qui se fait vivement sentir. *Un rude appétit.* ♦ *Une rude tentation,* une tentation à laquelle il est difficile de ne pas succomber. ♦ Dur, fâcheux, en parlant des personnes. *Un père rude à ou envers ses enfants.* ♦ Il se dit des choses en un sens analogue. *Une rude réprimande.* ♦ Rigide, austère. *La règle de cet ordre est rude.* ♦ Redoutable. *Un rude adversaire.* ♦ Fig. et fam. *Un rude joueur,* un homme à qui il ne fait pas bon se jouer ; et aussi un homme avec qui il ne fait pas bon se mesurer, au propre et au figuré.

RUDEMENT, adv. [ʀyd(ə)mɑ̃] (*rude*) D'une manière rude, violente. *Frapper rudement à une porte.* ♦ Fig. *Aller rudement en besogne,* travailler vigoureusement. ♦ Avec dureté, sans ménagement. *Parler rudement à quelqu'un.* ♦ Pop. *Il mange, il boit rudement,* beaucoup.

RUDENTÉ, ÉE, adj. [ʀydɑ̃te] (lat. *rudens,* cordage de navire) **Archit.** Il se dit des pilastres et des colonnes dont les cannelures sont remplies, jusqu'au tiers de leur hauteur, d'une espèce de bâton uni ou sculpté.

RUDENTURE, n. f. [ʀydɑ̃tyʀ] (*rudenté*) **Archit.** Espèce de bâton ou de câble uni ou sculpté, dont les cannelures des colonnes sont remplies par le bas.

RUDÉRAL, ALE, adj. [ʀydeʀal] (lat. *rudus, ruderis,* plâtras, déblais) **Bot.** Se dit des plantes qui croissent dans les décombres.

RUDÉRATION, ■ n. f. [ʀydeʀasjɔ̃] (lat. *ruderatio,* pavage) Sol réalisé à l'aide de petites pierres serrées les unes contre les autres. *Les composantes d'une rudération.*

RUDESSE, n. f. [ʀydɛs] (*rude*) Qualité de ce qui est brut, de ce qui n'est pas dégrossi, poli. *La rudesse des mœurs sauvages.* ♦ Qualité de ce qui est rude, âpre au toucher. *La rudesse de la peau.* ♦ Par extens. Se dit de ce qui est désagréable à voir, à entendre, à lire, etc. *La rudesse des traits, de la voix, du style, etc.* ♦ Rigueur, en parlant des saisons. ♦ Fig. Ce qui, dans le caractère, l'humeur, les manières d'agir, est comparé à l'action des corps rudes. « *La sincérité passe pour incivilité et pour rudesse* », FLÉCHIER. ♦ Action, parole dure, choquante.

RUDIMENT, n. m. [ʀydimɑ̃] (lat. *rudimentum,* apprentissage) Premières notions, premiers principes d'une science, d'un art. ♦ La partie la plus élémentaire de la grammaire. ♦ Petit livre qui contient les éléments de la langue latine. *Le Rudiment de Lhomond.* ♦ Fig. et fam. *En être encore au rudiment,* être encore novice dans un art, dans une profession. ♦ **Hist. nat.** Premiers linéaments de la structure des organes. ♦ Organes réduits, dans certaines espèces, à de très petites dimensions. *Rudiment de pied.*

RUDIMENTAIRE, adj. [ʀydimɑ̃tɛʀ] (*rudiment*) Qui appartient au rudiment, aux premières règles du langage. ♦ **Hist. nat.** Se dit de toute partie qui n'existe qu'ébauchée d'une manière plus ou moins imparfaite. *Un pied rudimentaire.*

RUDOIEMENT, n. m. [ʀydwamɑ̃] (*rudoyer*) Action de rudoyer. ■ REM. Graphie ancienne : *rudoyement.*

RUDOLOGIE, ■ n. f. [ʀydoloʒi] (lat. *rudus*, plâtras, déblais, et *-logie*) Étude scientifique des déchets et de leur destruction.

RUDOYÉ, ÉE, p. p. de rudoyer. [ʀydwaje]

RUDOYER, v. tr. [ʀydwaje] (*rude*) Traiter rudement, ordinairement en paroles. ✦ *Rudoyer un cheval*, le frapper du fouet, le piquer de l'éperon, etc.

1 RUE, n. f. [ʀy] (b. lat. *ruga*) Chemin bordé de maisons ou de murailles dans une ville, dans un bourg, etc. ✦ *Cette histoire, cette nouvelle court les rues*, elle est connue de tout le monde. ✦ *L'esprit court les rues*, il est commun ; tout le monde en a. ✦ *Être vieux comme les rues*, être fort vieux. ✦ *Cela est vieux comme les rues*, se dit d'une chose qui n'est plus à la mode. ✦ *La grande rue* ou *la grand-rue*, rue principale d'une ville de province. ✦ *Les habitants d'une rue.* ✦ Espace qui reste vide dans une carrière, après qu'on a exploité les différents bancs de pierre dont elle se compose ; se dit aussi des chemins, issues, etc., qu'on pratique pour l'exploitation. ■ *À tous les coins de rue*, partout. *Dans cette ville touristique, il y a des restaurants à tous les coins de rue.* ■ *Être à la rue*, être sans domicile. ■ *La rue*, ensemble des couches populaires de la société. *La rue se soulève.* ■ *L'homme de la rue*, le citoyen quelconque. *Les gens informés le savent, mais pas l'homme de la rue !*

2 RUE, n. f. [ʀy] (lat. *ruta*) Genre de la famille des rutacées. ✦ Plante médicinale d'un goût âcre et amer.

RUÉ, ÉE, p. p. de ruer. [ʀɥe] *Fig. Ses plus grands coups sont rués*, se dit d'un homme qui, après s'être signalé, après s'être porté à quelque chose avec ardeur, se modère, se relâche.

RUÉE, ■ n. f. [ʀɥe] (*ruer*) Assaut, mouvement impétueux d'une foule. *La ruée sur les articles soldés.*

RUELLE, n. f. [ʀɥɛl] (dimin. de *rue*) Petite rue. ✦ *Fig. Ruelle du lit* ou *ruelle*, espace laissé entre le lit et la muraille. ✦ Se disait sous Louis XIV des chambres à coucher de certaines dames de qualité, servant de salon de conversation et où régnait souvent le ton précieux. ✦ Aujourd'hui, il ne se dit plus que figurément et pour caractériser ce qui est précieux. *En style de ruelle.*

RUELLER, v. tr. [ʀɥele] (*ruelle*) *Rueller la vigne*, y faire des ruelles, en relevant d'un et d'autre côté la terre contre les ceps.

RUER, v. tr. [ʀɥe] (b. lat. *rutare*, du lat. class. *ruere*, lancer, renverser) Jeter avec impétuosité (sens qui a vieilli). « *Ah ! je devais du moins lui jeter son chapeau, Lui ruer quelque pierre* », MOLIÈRE. ✦ *Ruer de grands coups*, frapper de grands coups. ✦ V. intr. *Ruer à tort et à travers*, frapper de tous côtés dans une foule. ✦ Se dit d'un cheval, d'un mulet, etc., qui lance avec force les pieds de derrière en l'air. ✦ Se ruer, v. pr. Se jeter impétueusement sur quelqu'un ou sur quelque chose. « *Le loup prêt à se ruer sur la bergerie* », BOSSUET. ■ *Fig. Ruer dans les brancards*, protester vivement.

RUEUR, EUSE, adj. [ʀɥœr, øz] (*ruer*) Qui a l'habitude de ruer.

RUFFIAN ou **RUFIAN**, ■ n. m. [ʀyfjɑ̃] (ital. *ruffiano*, entremetteur, de *roffia*, saleté, de l'a. h. all. *hruf*, escarre) *Vieilli* Homme sans scrupule menant une vie de débrouille, de débauche. ■ *Par extens.* Voyou. *La police a arrêté les ruffians.*

RUFFLETTE, ■ n. f. [ʀyflɛt] (nom déposé, de l'angl. *to ruffle*, froncer) Galon cousu sur l'envers, en haut des rideaux, pour les froncer ou fixer des crochets de suspension. *Poser de la rufflette.*

RUGBY, ■ n. m. [ʀygbi] (*Rugby*, ville d'Angleterre) Sport joué à la main et au pied qui oppose deux équipes de quinze, treize ou sept joueurs, consistant notamment, pour marquer des points, à plaquer un ballon ovale derrière une ligne de but ou à le lancer entre deux poteaux au-dessus d'une barre transversale. *Un match, une équipe de rugby.*

RUGBYMAN, ■ n. m. [ʀygbiman] (*rugby* et suff. angl. *-man*, homme) Joueur de rugby. Au pl. *Des rugbymans* ou *des rugbymen* (pluriel anglais).

RUGINE, n. f. [ʀyʒin] (lat. médiév. *rugo, ruginis*, voir *rouanne*) *Chir.* Instrument dont on se sert pour racler ou ratisser les os.

RUGINÉ, ÉE, p. p. de ruginer. [ʀyʒine]

RUGINER, v. tr. [ʀyʒine] (*rugine*) Racler, ratisser avec la rugine. ■ RUGINATION, n. f. [ʀyʒinasjɔ̃]

RUGIR, v. intr. [ʀyʒiʀ] (lat. *rugire*) Pousser des rugissements. ✦ *Fam. Rugir comme un lion*, pousser des cris de fureur. ✦ Il se dit de cris, de bruits comparés à des rugissements. « *Les vents lignés rugissent* », DELILLE.

RUGISSANT, ANTE, adj. [ʀyʒisɑ̃, ɑ̃t] (*rugir*) Qui rugit. *Lionne rugissante.* ✦ *Fig.* Qui produit l'effet d'un rugissement. *Une clameur rugissante s'élève de la foule.*

RUGISSEMENT, n. m. [ʀyʒis(ə)mɑ̃] (*rugir*) Cri des animaux féroces, tels que le lion, le tigre, la panthère. ✦ *Fig. Le rugissement de la tempête.* « *Le rugissement des factions* », DELILLE.

RUGOSITÉ, n. f. [ʀygozite] (*rugueux*) Rides sur une surface raboteuse. ✦ En artillerie, défaut de fabrication des bouches à feu en fonte. ■ État de ce qui présente des aspérités.

RUGUEUX, EUSE, adj. [ʀygø, øz] (lat. *rugosus*, ridé, plissé) Qui a des rugosités. ✦ *Feuille rugueuse*, feuille dont la surface offre des proéminences irrégulières, comme dans la sauge.

RUILÉE, n. f. [ʀɥile] (anc. fr. *riule*, règle, du lat. *regula*, règle) Bordure de plâtre ou de mortier qui sert à lier une rangée de tuiles avec un mur.

RUINE, n. f. [ʀɥin] (lat. *ruina*, écroulement) Destruction d'un bâtiment qui tombe de lui-même ou qu'on fait tomber. ✦ *Fig.* « *L'homme est tombé en ruine par sa volonté dépravée* », BOSSUET. ✦ *Battre en ruine une place, quelqu'un*, Voy. BATTRE. ✦ *Fig. Tomber de ruine en ruine*, tomber d'un état grave dans un état pire. ✦ *Fig. Les ruines du visage*, état d'un visage dévasté par la vieillesse. ✦ Il se dit aussi de toute espèce de destruction. Les débris, les restes d'un édifice, d'une ville. ✦ *Fig. Ce n'est plus qu'une ruine*, se dit d'une personne qui a perdu, en vieillissant, sa beauté ou son talent. ✦ *Peint.* et *archit.* Représentation des édifices ruinés. ✦ *Fig.* Il se dit des États, de la puissance, des institutions, des grandeurs, des croyances que la destruction atteint. ✦ On dit dans un sens analogue : *La ruine des affaires.* ✦ Il se dit souvent au pluriel dans ce sens. *S'ensevelir sous les ruines de sa patrie.* ✦ Perte de l'honneur, du crédit, du pouvoir, de la vie, etc. ✦ Perte de la fortune, des biens. ✦ Ce qui cause la ruine, la destruction. *Les excès sont la ruine de la santé.* ✦ Ce qui cause une très grande dépense. *Le jeu est une ruine.* ✦ *Courir à la ruine*, à la catastrophe. *Continuer à dépenser ainsi serait courir à la ruine.* ■ EN RUINE, loc. adj. Dans un état de dégradation important. *Maison en ruine à restaurer.*

RUINÉ, ÉE, p. p. de ruiner. [ʀɥine] ✦ Qui est en ruine. *Un édifice ruiné.* ✦ ▷ *Cheval ruiné*, cheval dont les forces sont usées. ◁ ✦ ▷ On dit dans le même sens que *les jambes d'un cheval sont ruinées.* ◁ ✦ Qui a perdu sa fortune. ✦ N. m. et n. f. « *Il y a plus de ruinés que de parvenus* », J.-J. ROUSSEAU.

RUINER, v. tr. [ʀɥine] (*ruine*) Mettre en ruine, démolir, détruire. *Ruiner une ville.* ✦ Absol. Ruiner et détruire. ✦ Ravager. *La grêle a ruiné les vignes.* ✦ *Fig.* Perdre, effacer, détruire, en parlant de choses que l'on compare à des édifices qu'on ruine. « *Vous tâchez de ruiner ma réputation* », PASCAL. ✦ Infirmer, en parlant de raisonnement, d'arguments, d'hypothèses. « *Par ce mot seul, je ruine tous vos raisonnements* », PASCAL. ✦ *Ruiner quelqu'un*, lui ôter son crédit, sa réputation. ✦ *Ruiner quelqu'un auprès d'un autre*, le discréditer auprès de cet autre. ✦ Faire perdre la fortune. *Le jeu l'a ruiné.* ✦ Absol. *Le jeu ruine.* ✦ User, détériorer, en parlant du corps, de la santé. ✦ Par extens. « *L'attachement à une même pensée fatigue et ruine l'esprit de l'homme* », PASCAL. ✦ Il se dit des chevaux en un sens analogue. *La chasse a ruiné ce cheval.* ✦ Se ruiner, v. pr. Tomber en ruines. ✦ *Fig.* « *C'est par là que se ruinèrent les affaires de l'Assyrie* », BOSSUET. ✦ Perdre sa fortune, sa santé, etc. *Le corps se ruine par les grandes fatigues.* ✦ On dit de même : *La santé se ruine par les débauches.* ✦ Être l'un pour l'autre cause de ruine. « *On s'est fait un art de se ruiner les uns les autres par la chicane* », FLÉCHIER.

RUINEUSEMENT, adv. [ʀɥinøz(ə)mɑ̃] (*ruineux*) D'une manière ruineuse.

RUINEUX, EUSE, adj. [ʀɥinø, øz] (lat. *ruinosus*) Qui menace ruine. « *Un temple ruineux* », BOSSUET. ✦ *Fig. Une espérance ruineuse.* ✦ *Fig. Bâtir sur des fondements ruineux*, fonder ses espérances sur des choses peu solides, et aussi établir un système sur des bases qui manquent de consistance. ✦ Qui cause du dommage par des dépenses excessives. *Un jeu ruineux. Une guerre ruineuse.*

RUINIFORME, ■ adj. [ʀɥinifɔʀm] (*ruine* et *-forme*) Qui prend l'aspect de ruine sous l'effet de l'érosion, en parlant d'un relief, d'une roche. *Des rochers ruiniformes.*

RUINURE, n. f. [ʀɥinyʀ] (*ruiner*) Entailles qui se font aux côtés des solives et des poteaux, pour retenir la maçonnerie dans une cloison.

RUISSEAU, n. m. [ʀɥiso] (lat. pop. *rivuscellus*, dimin. de *rivus*, petite rivière) Courant d'eau peu considérable. ✦ Canal par où passe un courant d'eau. ✦ Eau qui coule au milieu ou sur les deux côtés de la chaussée d'une rue. ✦ *Cette chose traîne dans le ruisseau*, elle est commune, triviale. ✦ *Cette nouvelle est ramassée dans le ruisseau*, elle a été prise dans le bas peuple. ✦ *L'endroit par où l'eau s'écoule dans les rues.* ✦ *Fig. Laisser quelqu'un dans le ruisseau*, le laisser dans une position basse, misérable. ✦ Toute chose liquide qui coule en abondance. *Des ruisseaux de sang.* « *Et combien de ruisseaux coulèrent de mes yeux !* », P. CORNEILLE. ✦ *Prov. Les petits ruisseaux font les grandes rivières*, Voy. RIVIÈRE.

RUISSELANT, ANTE, adj. [ʀɥis(ə)lɑ̃, ɑ̃t] (*ruisseler*) Qui ruisselle. *Des eaux ruisselantes. Sang ruisselant. Visage ruisselant de sueur.*

RUISSELER, v. intr. [ʀɥis(ə)le] (*ruissel*, anc. forme de *ruisseau*) Couler à la manière d'un ruisseau. *L'eau ruisselait par divers endroits. La sueur lui ruisselait du front.* ✦ *Le sang ruisselle*, des meurtres nombreux sont commis. ✦ Il se dit des corps sur lesquels un liquide coule. « *On ne voit point de sang ruisseler son autel* », CHAULIEU. ✦ *Fig.* « *Tout l'empire ruisselait du sang des* martyrs », Bossuet. ✦ Être présent en abondance. *Une cascade de boucles blondes ruisselle sur ses épaules.* ✦ Fig. *Ruisseler de soleil*, en être inondé, illuminé.

RUISSELET, ▪ n. m. [ʀɥis(ə)lɛ] (*ruissel*, anc. forme de *ruisseau*) Litt. Ruisseau de très petite taille.

RUISSELLEMENT ou **RUISSÈLEMENT,** ▪ n. m. [ʀɥisɛl(ə)mã] (*ruisseler*) Petit écoulement similaire à celui d'un ruisseau. *Le ruissellement d'un caniveau.* ▪ Géol. Épanchement des eaux de pluie sur le sol. ▪ Fig. *Ruissellement d'images.*

RUM, n. m. [ʀɔm] ▷ Voy. RHUM. ◁

RUMB ou **RHUMB,** n. m. [ʀɔ̃b] (altér. du lat. *rhombus*, rhombe) Quantité angulaire comprise entre deux des trente-deux aires de vent de la boussole. ✦ *Ligne de rumb*, courbe que décrit un vaisseau, en faisant toujours le même angle avec le méridien.

RUMBA, ▪ n. f. [ʀumba] (mot hispano-amér., de l'esp. *rumbo*, tapage, vacarme) Danse en couple, d'origine cubaine, ondulante et rythmée. ▪ Musique sur laquelle elle se danse. *Un air de rumba.*

RUMEN, n. m. [ʀymɛn] (mot lat.) Premier estomac des ruminants, dit aussi *panse* ou *herbier*.

RUMEUR, n. f. [ʀymœʀ] (lat. *rumor*) Bruit sourd et général, excité par quelque mécontentement, annonçant quelque disposition à la révolte, à la sédition. *Les rumeurs de la foule.* ✦ Bruit qui s'élève tout à coup, et qui a pour cause un accident, un événement imprévu. ✦ Bruit confus de plusieurs voix. ✦ Réunion des opinions ou des soupçons du public contre quelqu'un. *La rumeur publique l'accuse.* ✦ Bruits qui courent, qui se répandent.

RUMEX, n. m. [ʀymɛks] (lat. *rumex*, arme de jet, par anal. de forme) Bot. Nom moderne du genre *patience.*

RUMINANT, ANTE, adj. [ʀyminã, ãt] (*ruminer*) Hist. nat. Qui rumine. *Les bœufs sont des animaux ruminants.* ✦ N. m. *Les ruminants,* famille de mammifères comprenant ceux qui ont les membres en colonnes, terminés par des sabots avec ou sans semelle calleuse.

RUMINATION, n. f. [ʀyminasjɔ̃] (lat. *ruminatio*) Fonction particulière à un certain nombre de mammifères, et qui consiste dans le retour des aliments de l'estomac à la cavité buccale, où ils sont soumis à une seconde mastication après laquelle ils sont avalés de nouveau. ✦ Action de réfléchir inlassablement à quelque chose. *La rumination d'une déception.*

RUMINÉ, ÉE, p. p. de ruminer. [ʀymine]

RUMINER, v. tr. [ʀymine] (lat. *ruminare*) Opérer la rumination. ✦ Fig. « *Je rumine mes plaisirs pour ainsi dire par de fréquents souvenirs* », J.-J. Rousseau. ✦ Absol. *Cet animal rumine.* ✦ Fig. et fam. Penser et repenser à une chose. « *Ruminant toujours en soi-même quelque dessein tragique et funeste* », Bossuet. ✦ Neutralement. « *Et quoique là-dessus je rumine sans fin* », Molière. ✦ Absol. « *Qu'as-tu à ruminer?* », Molière.

RUMSTECK, ▪ n. m. [ʀɔmstɛk] Voy. ROMSTECK.

RUNABOUT, ▪ n. m. [ʀœnœbawt] (mot angl., de *to run*, courir, et *about*, autour) Canot à moteur intérieur dont la coque est légèrement en V, et qui est utilisé aussi bien pour la plaisance que pour la course. Au pl. *Des runabouts.*

RUNE, n. f. [ʀyn] (anc. nord. *run*, secret, mystère) Caractères dont se servaient les Scandinaves.

RUNIQUE, adj. [ʀynik] (*rune*) Qui a rapport aux runes; qui est écrit en runes. *Caractères runiques. Poésies runiques.*

RUOLZ, ▪ n. m. [ʀɥɔlz] (*Ruolz*, chimiste français) Techn. Alliage à base de cuivre, de nickel et d'argent, utilisé pour recouvrir des métaux par galvanoplastie et leur donner l'aspect de l'argent. *Un plat en ruolz.*

RUPER, ▪ v. tr. [ʀype] (anc. fr. *reuper*, éructer) Fam. Suisse Se nourrir.

RUPESTRE, ▪ adj. [ʀypɛstʀ] (lat. *rupestris*, de *rupes*, paroi rocheuse) Relatif au rocher. *Un paysage rupestre.* ▪ Bot. Qui pousse sur les rochers. ▪ Qui est exécuté sur une paroi rocheuse ou taillé dans la roche. *Peinture rupestre.*

RUPICOLE, ▪ n. m. [ʀypikɔl] (lat. *rupes*, rocher, et *-cole*) Zool. Petit oiseau vivant dans les roches, qui est aussi appelé *coq de roche*

RUPIN, INE, ▪ adj. [ʀypɛ̃, in] (arg. *rupe*, dame) Fam. Qui est riche et luxueux. *Un quartier rupin.* ▪ N. m. pl. *Les rupins.*

RUPTEUR, ▪ n. m. [ʀyptœʀ] (rad. de *rupture*) Électron. Appareil servant, dans une bobine d'induction, à interrompre périodiquement le courant primaire. *Utilisation du vanadium dans la fabrication des rupteurs.* ▪ Dans une automobile, élément du système d'allumage qui coupe le courant pour produire une étincelle. *Le rupteur était autrefois appelé vis platinées.*

RUPTOIRE, ▪ n. m. [ʀyptwaʀ] (rad. de *rupture*) Anc. chir. Cautère potentiel qui brûle et produit une solution de continuité.

RUPTURE, n. f. [ʀyptyʀ] (lat. *ruptura*, de *rompere*, rompre) Action par laquelle une chose est rompue; état d'une chose rompue. *La rupture d'une porte, d'un coffre, etc.* ✦ Méd. Solution de continuité survenant par suite de contractions musculaires ou de distension exagérée d'un organe creux. *La rupture d'un tendon, du cœur.* ✦ Fig. Division qui survient entre des personnes unies par traité, par amitié, etc. ✦ Annulation d'un traité, d'un acte, etc. *La rupture de la paix.* ✦ *Rupture d'un mariage*, rupture d'un projet de mariage. ✦ *Rupture de ban*, action par laquelle un homme, condamné à demeurer en un certain lieu, quitte cette résidence. ✦ Séparation des membres d'une assemblée. ✦ Renonciation à un projet, à une partie. ✦ Peint. Action de mélanger les couleurs, les teintes sur la palette. ▪ *En rupture de stock*, en attente de fabrication ou d'approvisionnement. ▪ *En rupture avec quelque chose ou quelqu'un*, en totale opposition.

1 RURAL, ALE, adj. [ʀyʀal] (lat. *ruralis*) Qui appartient aux champs, à la campagne. *Biens ruraux. La vie rurale.* ✦ *Code rural*, ensemble de règlements concernant les biens de la campagne. ✦ N. m. et n. f. Personne qui habite la campagne.

2 RURAL, ▪ n. m. [ʀyʀal] (1 *rural*) Suisse Bâtiment d'une exploitation agricole.

RURALISME, ▪ n. m. [ʀyʀalism] (1 *rural*) Propagande pour la vie à la campagne. ▪ Idéalisation de la vie à la campagne. *Le ruralisme des désenchantés de la ville.*

RURALITÉ, ▪ n. f. [ʀyʀalite] (1 *rural*) Caractère de ce qui touche au monde rural. *La ruralité du climat montagnard nécessite une accoutumance.*

RURBAIN, AINE, ▪ adj. [ʀyʀbɛ̃, ɛn] (contraction de *rural* et *urbain*) Relatif à la rurbanisation. ▪ N. m. et n. f. Personne qui réside dans une zone péri-urbaine.

RURBANISATION, ▪ n. f. [ʀyʀbanizasjɔ̃] (*rurbain*, d'apr. *urbanisation*) Extension de la banlieue d'une importante agglomération aux villes périphériques de moindre importance et aux zones rurales les plus proches.

RUSE, n. f. [ʀyz] (anc. fr. *reuser*, repousser, faire reculer, du lat. *recusare*, repousser, refuser) Voy. RUSER. Détours, expédients du lièvre, du cerf, du renard, quand on les chasse. ✦ Moyen qu'on emploie pour tromper. ✦ *De ruse, par la ruse.* « *Ce qu'il ne peut de force, il l'entreprend de ruse* », P. Corneille. ✦ *Ruse de guerre*, moyen qu'on emploie pour tromper les ennemis sur ses desseins, ses opérations. *Ruses innocentes*, petites finesses dont on se sert à bon dessein. ✦ *Ruses de l'enfer*, suggestions insidieuses du démon. ✦ *Ruse de Sioux*, très fine et habile.

RUSÉ, ÉE, adj. [ʀyze] (*ruse*) Qui a de la ruse. *Un rusé coquin.* ✦ Fam. *C'est un rusé compère*, c'est un homme adroit et artificieux. ✦ N. m. et n. f. *Un rusé. Une rusée.* ✦ Qui annonce la ruse. *Avoir l'air rusé.*

RUSER, v. intr. [ʀyze] (*ruse*) Employer toutes sortes de détours pour échapper aux chiens, en parlant du renard, du lièvre, du cerf, etc. ✦ Fig. User de ruses, de moyens de tromper. « *Il faut ruser avec la négligence des hommes, ainsi qu'avec leurs passions* », Barthélemy.

RUSEUR, ▪ n. m. [ʀyzœʀ] (*ruser*) Celui qui emploie la ruse, qui se plaît à en faire usage.

RUSH, ▪ n. m. [ʀœʃ] (mot angl., de *to rush*, se précipiter) Effort final et décisif. *Il a remporté la course grâce à un formidable rush!* ▪ Précipitation d'un groupe de personnes vers un même lieu. *Le rush hivernal des vacanciers vers les stations de ski provoque de grands embouteillages.* Au pl. *Des rushs* ou *des rushes* (pluriel anglais). ▪ Prise de vues avant le montage d'un film. *On a visionné les rushs.* ▪ Rem. Recomm. offic.: *épreuve de tournage.*

RUSSE, ▪ adj. [ʀys] (*Russie*) De Russie. ▪ N. m. et n. f. *Une Russe, une Russe.* ▪ N. m. Langue parlée en Russie et transcrite au moyen de l'alphabet cyrillique.

RUSSIFIER, ▪ v. tr. [ʀysifje] (*russe*) Imposer la langue et les manières russes dans les pays qui bordent la Russie. *Les tsars ont essayé de russifier la Finlande.* ▪ RUSSIFICATION, n. f. [ʀysifikasjɔ̃]

RUSSOPHILE, ▪ adj. [ʀysofil] (*russe* et *-phile*) Qui apprécie les Russes et la Russie. ▪ N. m. et f. *Un, une russophile.*

RUSSOPHOBE, ▪ adj. [ʀysofɔb] (*russe* et *-phobe*) Qui exècre tout ce qui se rapporte à la Russie ou à la langue russe.

RUSSOPHONE, ▪ adj. [ʀysofɔn] (*russe* et *-phone*) Qui parle le russe. ▪ N. m. et f. *Un, une russophone.*

RUSSULE, ▪ n. f. [ʀysyl] (b. lat. *russulus*, du lat. class. *russus*, rouge, roux) Champignon dont le chapeau recouvre des lamelles violettes ou rouges. *La russule émétique est toxique alors que la russule charbonnière est comestible.*

RUSTAUD, AUDE, adj. [ʀysto, od] (anc. fr. *ruste,* rustre) **Fam.** Qui tient du paysan, de la campagne, qui est grossier. *Il est rustaud.* ◆ *Air rustaud.* ◆ **N. m.** *Un rustaud.*

RUSTICAGE, ■ n. m. [ʀystikaʒ] (*rustiquer*) Mortier projeté sur un mur pour donner un aspect de crépi grossier. ■ Procédé qui consiste à projeter ce mortier sur un mur.

RUSTICITÉ, n. f. [ʀystisite] (lat. impér. *rusticitas,* manières campagnardes, grossièreté) Manières rustiques, apparence rustique. ◆ Manières rustiques poussées jusqu'à la grossièreté. ◆ *Rusticité d'une plante,* qualité qu'elle a de ne pas craindre les intempéries des saisons.

RUSTINE, ■ n. f. [ʀystin] (*Rustin,* nom du fabricant) Petite rondelle adhésive en caoutchouc que l'on colle sur le trou de crevaison d'un objet gonflable. *La rustine n'a pas tenu.* ■ **Inform.** Programme qui corrige les défauts d'un logiciel.

RUSTIQUE, adj. [ʀystik] (lat. class. *rusticus,* campagnard) Qui appartient aux manières de vivre de la campagne. *Les plaisirs rustiques. Un repas rustique.* ◆ *Maison rustique,* ensemble de tous les objets indispensables au cultivateur. ◆ ▷ *La Maison rustique,* titre d'un ouvrage d'agriculture. ◁ ◆ **N. m.** Ce qui est rustique. ◆ En parlant des personnes, qui a un caractère d'homme de la campagne. « *Je suis rustique et fier* », BOILEAU. ◆ **N. m.** Paysan, campagnard. ◆ Se dit des arbres, des plantes qui bravent le chaud et le froid, la sécheresse et l'humidité. ◆ Inculte, sauvage, sans art. *Une maison rustique.* ◆ Dans les parcs, dans les jardins, *banc, siège rustique,* banc, siège taillé ou façonné avec une sorte de simplicité rustique. ◆ **Archit.** Ouvrage, genre rustique, ouvrage en pierres brutes ou imitant les pierres brutes. *L'ordre rustique* ou *le rustique,* celui dont les colonnes et l'entablement sont travaillés de manière à présenter une apparence brute, par un bossage uni ou piqué. ◆ **Fig.** Grossier, impoli, rude. ◆ *Langue latine rustique,* latin corrompu qui se parlait dans les pays latins, après l'invasion des Barbares.

RUSTIQUÉ, ÉE, p. p. de rustiquer. [ʀystike]

RUSTIQUEMENT, adv. [ʀystik(ə)mã] (*rustique*) D'une manière rustique. *Enfant élevé rustiquement.* ◆ D'une manière grossière. *Parler rustiquement.*

RUSTIQUER, v. tr. [ʀystike] (*rustique*) **Archit.** Travailler ou crépir la surface d'une construction dans le genre rustique. ◆ *Rustiquer des pierres,* les tailler de manière à leur donner une apparence brute en les piquant avec la pointe du marteau.

RUSTRE, adj. [ʀystʀ] (anc. fr. *ruste,* du lat. *rusticus*) Fort rustique, fort grossier. « *Un jeune homme rustre et violent* », J.-J. ROUSSEAU. ◆ **N. m. et n. f.** *Un rustre.*

RUT, ■ n. m. [ʀyt] (b. lat. *rugitus,* rugissement) État d'excitation sexuelle et de désir d'accouplement chez les mammifères. *L'agressivité des mâles s'accentue lorsqu'ils sont en rut.* ■ Période durant laquelle ils sont dans cet état. *Le rut de ces femelles dure deux mois.*

RUTABAGA, ■ n. m. [ʀytabaga] (suéd. dialectal *rotabagge,* chou-rave) Légume des régions froides qui sert de nourriture pour les animaux et dont on consomme la racine. *On se nourrissait entre autres de rutabagas durant la Seconde Guerre mondiale.*

RUTACÉES, n. f. pl. [ʀytase] (lat. *ruta,* rue) Famille de plantes, à laquelle la rue, en latin *ruta,* a donné son nom.

RUTHÈNE, ■ adj. [ʀytɛn] (lat. médiév. *Ruthenia,* Russie) D'Ukraine. ■ **N. m. et n. f.** *Un Ruthène, une Ruthène.*

RUTHÉNIUM, n. m. [ʀytenjɔm] (lat. médiév. *Ruthenia,* Russie) Nouveau métal qui se trouve surtout dans les minerais de platine avec l'iridium.

RUTHÉNOIS, OISE, ■ adj. [ʀytenwa, waz] (lat. *Rutheni,* tribu gallique) De la ville de Rodez ■ **N. m. et n. f.** *Un Ruthénois, une Ruthénoise.*

RUTHERFORDIUM, ■ n. m. [ʀytɛʀfɔʀdjɔm] (*Rutherford,* physicien américain) **Chim.** Élément chimique dont le numéro atomique est 104. *Le rutherfordium n'existe pas à l'état naturel.*

RUTILANCE n. f. ou **RUTILEMENT,** ■ n. m. [ʀytilãs, ʀytil(ə)mã] (*rutilant*) Aspect de ce qui brille d'un vif éclat. *La rutilance des chromes d'une voiture de collection.*

RUTILANT, ANTE, adj. [ʀytilã, ãt] (*rutiler*) Qui est d'un rouge brillant. ◆ **Chim.** Se dit de l'acide nitreux et des vapeurs qu'il exhale. ■ Qui brille d'un vif éclat. *Les voitures du Salon de l'automobile, toutes plus rutilantes les unes que les autres.*

RUTILE, ■ n. m. [ʀytil] (all. *Rutil,* mot créé d'apr. le lat. *rutilus,* d'un rouge éclatant) **Chim.** Type cristallin d'oxyde de titane. *Des aiguilles de rutile.*

RUTILEMENT, ■ n. m. [ʀytil(ə)mã] Voy. RUTILANCE.

RUTILER, ■ v. intr. [ʀytile] (lat. *rutilare,* teindre en rouge, de *rutilus,* d'un rouge éclatant) Resplendir de mille feux, briller. « *Il vit la haute tour de l'église assise sur son porche dans l'ombre, rutiler sous le firmament* », PESQUIDOUX. ■ Étinceler d'un rouge vif. *La voiture de sport rutilait sur le stand de l'exposition.*

RUTINE n. f. ou **RUTOSIDE,** ■ n. m. [ʀytin, ʀytozid] (lat. *ruta,* rue) Substance extraite de la rue et utilisée en pharmacie pour traiter les troubles veineux. *La rutine a des propriétés anti-inflammatoires.*

RUTOIR, n. m. [ʀytwaʀ] Voy. ROUTOIR.

RUZ, ■ n. m. [ʀy] (lat. *rivus,* petite rivière) **Géol.** Ravin cataclinal creusé dans le flanc d'un massif jurassien par des infiltrations parallèles à la pente des couches. *Le ruz peut donner naissance à un cours d'eau.*

RWANDAIS, AISE, ■ adj. [ʀwãdɛ, ɛz] (*Rwanda*) Du Rwanda ■ **N. m. et n. f.** *Un Rwandais, une Rwandaise.*

RYE, ■ n. m. [ʀaj] (mot angl., seigle) Whisky du Canada fabriqué avec du seigle. *Boire un verre de rye. Au pl. Des ryes.*

RYTHME, n. m. [ʀitm] (lat. *rhythmus,* du gr. *rhuthmos,* mesure, cadence) Qualité du discours, qui, par le moyen de ses syllabes accentuées, vient frapper notre oreille à de certains intervalles ; ou succession de syllabes accentuées (sons forts) et de syllabes non accentuées (sons faibles) à de certains intervalles. ◆ Il se dit quelquefois pour vers. ◆ **Mus.** Succession régulière de sons forts et de sons faibles. ■ Mouvement régulier et cadencé. *Le rythme cardiaque.* ■ Allure d'une action, d'un mouvement, d'un processus. *Aller à son rythme.* ■ **Rem.** Graphie ancienne : *rhythme.*

RYTHMÉ, ÉE, adj. [ʀitme] (*rythmer*) Qui a du rythme. ■ **Rem.** Graphie ancienne : *rhythmé.*

RYTHMER, ■ v. tr. [ʀitme] (*rythme*) Donner du rythme. *Rythmer une phrase.* ■ Imposer une cadence. *Rythmer une marche, un travail.* ■ Souligner par un geste ou un bruit le rythme. *Rythmer du pied un morceau de musique.*

RYTHMICITÉ, ■ n. f. [ʀitmisite] (*rythmique*) Caractéristique de ce qui est soumis à un rythme ou de ce qui existe par un rythme. *Il faut tenir compte de la rythmicité de l'attention chez les enfants pour programmer une journée scolaire.*

RYTHMIQUE, adj. [ʀitmik] (lat. *rhythmicus,* du gr. *rhuthmikos,* relatif au rythme) Qui tient au rythme, qui en dépend. *Harmonie rythmique.* ◆ *Accent rythmique,* Voy. TONIQUE. ◆ *Vers rythmique,* vers constitué non d'après la quantité, mais d'après l'accent des syllabes. ◆ **Mus.** Qui a du rythme. ◆ **N. f.** *La rythmique,* la partie de la grammaire ancienne relative au rythme des vers grecs ou latins. ◆ **Adj.** *Gymnastique rythmique,* gymnastique rythmée, cadencée. ◆ Chausson léger utilisé en gymnastique. ■ **Rem.** Graphie ancienne : *rhythmique.*

S

S n. f. et **S**, n. m. [ɛs] La dix-neuvième lettre de l'alphabet et la quinzième des consonnes. ♦ **Fig.** *Faire des S*, se dit d'un homme ivre qui ne marche pas droit. ♦ **Mar.** *S* signifie sud. ♦ *S. S.* Sa Sainteté [le pape], ou Sa Seigneurie. ♦ *S. M.* Sa Majesté. ♦ **Art** Voy. ESSE. ♦ *En S*, très sinueux. *Un virage en S.*

SA, adj. poss. [sa] Voy. SON.

SABAÏSME, n. m. [sabaism] Voy. SABÉISME.

SABAYON, ■ n. m. [sabajɔ̃] (ital. *zabaione*) Crème à base de jaunes d'œufs et de sucre fouettés, aromatisée au vin ou au champagne. *Sabayon au marsala.*

SABBAT, n. m. [saba] (lat. chrét. *sabbatum*, de l'hébr. *shabbath*, de *shabath*, s'arrêter, se reposer) Chez les Juifs, le repos religieux. ♦ *Jour du sabbat* ou *le sabbat*, le septième jour de la semaine, c'est-à-dire le samedi, auquel il était commandé de garder le repos. ♦ Assemblée nocturne des sorciers. Grand bruit avec désordre. « *Voyez le beau sabbat qu'ils font à notre porte* », RACINE. ♦ **Pop.** Gronderie, criaillerie. ■ On écrit auj. aussi *shabbat* dans le sens religieux.

SABBATINE, n. f. [sabatin] (*sabbat*) Thèse de controverse que les écoliers soutenaient à la fin de leur première année de philosophie ; elle se soutenait d'ordinaire le samedi.

SABBATIQUE, adj. [sabatik] (lat. chrét. *sabbaticus*, du gr. *sabbatikos*, relatif au sabbat) Qui appartient au sabbat. ♦ *Année sabbatique*, parmi les Juifs, chaque septième année, pendant laquelle la loi obligeait de laisser reposer les terres, et de ne pas exiger les dettes. ■ *Année sabbatique*, année de congé accordée à certains employés dans le public et le privé. *Prendre une année sabbatique pour faire le tour du monde.*

1 SABÉEN, ENNE, adj. [sabeɛ̃, ɛn] (ar. *sabi*, sabéen, prob. de l'aram. *sba*, baptiser) Voy. SABÉISME. Qui a rapport au sabéisme. ♦ **N. m.** Celui qui professe le sabéisme.

2 SABÉEN, ENNE, ■ adj. [sabeɛ̃, ɛn] (lat. *Sabæi*, Sabéens, de *Saba*) Du pays de Saba. ■ **N. m.** et n. f. *Un Sabéen, une Sabéenne.*

SABÉISME, n. m. [sabeism] (rad. de 1 *sabéen*) Secte chrétienne des sabéens. ♦ Par abus et erreur, religion qui a pour objet l'adoration du feu, du soleil, des astres. ■ **REM.** On disait aussi *sabaïsme* et *sabisme* autrefois.

SABELLE, ■ n. f. [sabɛl] (lat. scient. *sabella*, prob. du lat. vulg. *sabellum*, sable) **Zool.** Ver marin sédentaire doté de branchies autour de la bouche et qui vit dans un tube enfoncé dans le sable. *La sabelle mesure entre 10 et 15 cm.*

SABELLIANISME, ■ n. m. [sabeljanism] (*sabellien*, de *Sabellius*) **Relig.** Doctrine initiée par Sabellius, et selon laquelle la Trinité est une seule et même personne. *Le sabellianisme fait partie des hérésies.*

SABINE, n. f. [sabin] (lat. *sabina*, s. e. *herba*) Espèce de genévrier.

SABIR, ■ n. m. [sabir] (altér. de l'esp. *saber*, savoir) Parler constitué du mélange des langues arabe, espagnole, française et italienne, et employé principalement en Afrique du Nord et en Orient. ■ **Ling.** Langue mixte dont l'usage est généralement commercial entre des communautés linguistiques différentes, qui se constitue d'un vocabulaire souvent restreint à un lexique spécialisé et à une syntaxe simplifiée. ■ **Par extens., fam.** et péj. Charabia, parler que l'on a du mal à comprendre. *Tu comprends quelque chose à son sabir ?*

SABISME, n. m. [sabism] Voy. SABÉISME.

SABLAGE, ■ n. m. [sablaʒ] (*sabler*) Action de couvrir de sable. *Le sablage des routes en hiver.* ■ Action de nettoyer en projetant du sable. *Le sablage d'une façade.*

1 SABLE, n. m. [sabl] (lat. *sabulum*) Substance minérale, pulvérulente, provenant de la désagrégation par les eaux des roches calcaires, granitiques, siliceuses, etc., qui se trouve dans le lit des rivières, sur les bords de la mer, etc. ♦ *Sables mouvants*, sables qui s'enfoncent sous le pied, ou qui se laissent disperser par les vents. ♦ **Fig.** *Bâtir, fonder sur le sable*, fonder des projets,

des entreprises, des établissements sur quelque chose de peu solide. ♦ **Fig.** *Semer sur le sable*, perdre sa peine. ♦ **Fam.** et **fig.** *Avoir du sable dans les yeux*, avoir envie de dormir. ♦ *Bain de sable*, sable dont on entoure un vaisseau qu'on veut chauffer. ♦ Composition faite avec du sable et dans laquelle on moule les monnaies, les médailles, etc. *Jeter une médaille en sable.* ♦ **Fig.** *Jeter en sable*, avaler un verre de vin (Voy. SABLER). ♦ Gravier qui s'engendre dans les reins et qui forme la gravelle. ■ **Fam.** *Être sur le sable*, se retrouver sans argent, sans travail. ■ **Adj. inv.** De couleur beige très clair. *Des housses de coussins sable.*

2 SABLE, n. m. [sabl] (russe *sobol*, zibeline) **Hérald.** La couleur noire. *Il porte de sable à un lion d'or. Le sable se représente en gravure par des traits croisés.*

SABLÉ, ÉE, p. p. de sabler. [sable] ♦ **N. m.** Sorte de hamster. ♦ *Fontaine sablée*, vaisseau dans lequel on fait filtrer l'eau à travers le sable. ♦ *Pièces sablées*, pièces d'or et d'argent, jetées en sable. ♦ **N. m.** Sorte de gâteau. ■ **Adj.** Friable et comprenant une proportion importante de beurre et de sucre. *La pâte sablée.* ■ **Québec** *Papier sablé*, papier de verre.

SABLER, v. tr. [sable] (1 *sable*) Couvrir de sable. *Sabler les allées d'un parc.* ♦ Fondre dans un moule de sable. ♦ **Fig.** et **fam.** Boire tout d'un trait, fort vite. *Sabler du champagne.* ♦ *Sabler un verre de vin*, c'est l'avaler tout d'un coup, le jeter dans le gosier comme la matière fondue se jette dans le moule de sable. ■ Nettoyer, décaper une surface en projetant du sable fin. *Sabler une façade.*

SABLERIE, ■ n. f. [sabləri] (1 *sable*) Lieu d'une fonderie dévolu à la fabrication de moules en sable. *Une sablerie complètement automatique.*

SABLEUR, EUSE, ■ n. m. et n. f. [sablœr, øz] (*sabler*) Ouvrier fondeur qui fait les moules en sable. ♦ Personne qui nettoie les pièces en projetant du sable. *Vêtements de protection pour sableurs.* ■ **N. m.** Appareil qui distribue du sable. ■ Bateau qui extrait du sable.

SABLEUSE, ■ n. f. [sabløz] (*sabler*) Véhicule utilitaire qui projette du sable sur les routes verglacées en hiver. *Le passage de la sableuse.* ■ Machine qui sert à décaper par projection de sable fin. *Décaper une façade à la sableuse.*

SABLEUX, EUSE, adj. [sablø, øz] (1 *sable*) Qui contient du sable. « *Un grand plateau sableux* », CUVIER. « *Ces rocs présentent une apparence sableuse* », SAUSSURE. ♦ Qui est à base de sable quartzeux. ♦ Qui est mêlé de sable. *Farine sableuse.* ♦ ▷ *Fond sableux*, se dit du fond d'une étoffe qui présente de petits points très rapprochés. ◁

SABLIER, ■ n. m. [sablije] (1 *sable*) Petit instrument ou vase contenant du sable, et percé à sa partie supérieure d'un petit trou par où le sable s'écoule en un temps qui est toujours le même, et qu'on connaît pour valoir une heure, une demi-heure, une minute, etc. ♦ ▷ Petit vaisseau contenant du sable qu'on répand sur l'écriture. ◁

1 SABLIÈRE, ■ n. f. [sablijɛr] (1 *sable*) Lieu d'où l'on tire du sable.

2 SABLIÈRE, ■ n. f. [sablijɛr] (1 *sable*, prob. du fait que cette pièce de bois touche avec le sable et le mortier) **Constr.** Pièce de bois placée longitudinalement, sur laquelle reposent les chevrons de la charpente.

SABLON, ■ n. m. [sablɔ̃] (lat. *sabulo*, *-onis*) Sable fin, très menu. ♦ **Au pl.** Lieu sablonneux, amas de sable (sens qui a vieilli). « *D'Édesse à Béroé sont de vastes sablons* », LA FONTAINE.

SABLONNÉ, ÉE, ■ p. p. de sablonner. [sablɔne]

SABLONNER, v. tr. [sablɔne] (*sablon*) Écurer avec le sablon. ♦ Jeter du sable fin sur le fer chaud, quand on veut souder.

SABLONNEUX, EUSE, adj. [sablɔnø, øz] (*sablon*) Où il y a beaucoup de sable. « *Dans un chemin montant, sablonneux, malaisé* », LA FONTAINE. ♦ ▷ Se dit des fruits pierreux. ◁

SABLONNIER, n. m. [sablɔnje] (*sablon*) Celui qui vend du sablon.

SABLONNIÈRE, n. f. [sablɔnjɛr] (*sablon*) Mine de sablon.

SABORD, ■ n. m. [sabɔr] (orig. incert., prob. de *bord*) **Mar.** Ouverture quadrangulaire qui est faite dans la muraille d'un vaisseau pour laisser un passage à la volée d'un canon.

SABORDER, ■ v. tr. [sabɔrde] (*sabord*) **Mar.** Faire un trou dans la coque d'un navire sous la ligne de flottaison dans le but de le couler. ♦ Anéantir volontairement une entreprise ou un projet. *Élèves turbulents qui sabordent un cours.* ■ Se saborder, v. pr. Se détruire volontairement. *La flotte s'est sabordée.* Fig. *À force de vouloir le beurre et l'argent du beurre, l'entreprise s'est sabordée.* ■ SABORDEMENT ou SABORDAGE, n. m. [sabɔrdəmɑ̃, sabɔrdaʒ]

SABOT, n. m. [sabo] (prob. par croisement de *savate* et *bot*) Chaussure faite d'un seul morceau de bois creusé en forme de pied. *Une paire de sabots.* ♦ **Fig.** *Le sabot* ou *les sabots*, une condition pauvre, misérable. *Regretter ses sabots.* ♦ **Fig.** *Il est venu à Paris en sabots*, se dit d'un homme qui de la pauvreté est parvenu à une grande fortune. ♦ **Fig.** *Il a du foin dans ses sabots*, se dit d'un paysan riche ou enrichi. ♦ Enveloppe cornée entourant et protégeant la dernière phalange des pieds chez les ruminants, les pachydermes et les solipèdes. ◆ Ornement ordinairement de métal mis au bas des pieds de certains meubles, bureau, commode, etc. ◆ Garniture de bois ou de métal qui garantit l'extrémité inférieure d'une pièce de charpente, d'un poteau, etc. ◆ *Sabot d'enrayage* ou *sabot*, plaque de fer qu'on met sous l'une des roues d'une voiture dans les descentes, afin d'en augmenter le tirage, en substituant le glissement au roulement. *Enrayer avec le sabot.* ◆ **Milit.** Pièce en bois tourné ou en boissellerie fixée à certains projectiles sphériques. ◆ Espèce de baignoire faite en forme de sabot. ◆ **Fig.** et **fam.** Mauvais instrument de musique. ◆ Sorte de toupie de forme conique en bas et cylindrique en haut, que font pirouetter les enfants en la frappant avec un fouet. ◆ *Dormir comme un sabot*, Voy. DORMIR. ◼ *Voir venir quelqu'un avec ses gros sabots*, soupçonner ses intentions. ◼ *Avoir les deux pieds dans le même sabot*, être peu dégourdi. ◼ *Sabot de frein*, pièce qui s'appose contre la jante de la roue sous l'action de la commande du frein. ◼ *Sabot de Denver*, dispositif que l'on fixe sur la roue d'un véhicule en stationnement pour l'empêcher de se déplacer.

SABOTAGE, n. m. [sabotaʒ] (*saboter*) Fabrication des sabots. ◆ Métier de sabotier. ◼ Action de saboter quelque chose intentionnellement. *Le sabotage d'une opération militaire, des négociations.* ◼ Acte qui a pour objectif de faire échouer quelque chose ou de le dégrader intentionnellement. *Le sabotage d'une voiture.*

SABOTER, v. intr. [sabote] (*sabot*) **Fam.** Faire du bruit avec ses sabots. ◆ Jouer au sabot. ◆ V. tr. Fouler les draps avec des sabots. ◆ **Pop.** Faire vite et mal. *Saboter de l'ouvrage.* ◼ Détériorer ou détruire intentionnellement du matériel, une installation. *Qui a saboté mon téléphone?* ◼ **Fig.** *Saboter un projet de loi.* ◼ **Afriq.** Montrer du mépris à l'égard de quelqu'un. ◼ **SABOTEUR**, **EUSE**, n. m. et f. [sabotœʀ, øz]

SABOTERIE, n. f. [sabot(ə)ʀi] (*sabot*) Lieu de fabrication de sabots. ◼ Artisanat de fabrication de sabots.

SABOTIER, IÈRE, n. m. et n. f. [sabotje, jɛʀ] (*sabot*) Personne qui fait des sabots. ◆ Personne qui vend des sabots. ◆ Il se dit quelquefois de ceux qui portent des sabots.

1 **SABOTIÈRE**, n. f. [sabotjɛʀ] (*sabot*) Atelier d'un sabotier. ◆ Danse qu'exécutent des gens en sabots. Danser la sabotière.

2 **SABOTIÈRE**, n. f. [sabotjɛʀ] Corruption de sorbetière.

SABOULAGE, n. m. [sabulaʒ] (*sabouler*) Action de sabouler.

SABOULÉ, ÉE, p. p. de sabouler. [sabule]

SABOULEMENT, n. m. [sabul(ə)mã] Syn. de saboulage.

SABOULER, v. tr. [sabule] (p.-ê. par croisement de *saboter* et *bouler*, rouler, jeter bas) **Pop.** Houspiller, tirailler, malmener. « *Comme vous me sabouletz la tête avec vos mains pesantes!* », MOLIÈRE. ◆ **Fig.** Mal arranger. Sabouler de l'ouvrage. ◆ **Fig.** Réprimander avec véhémence. « *Voilà trois parlements du royaume que j'ai un peu saboulés* », VOLTAIRE. ◆ Se sabouler, v. pr. Se houspiller l'un l'autre.

SABRA, ◼ n. m. [sabʀa] (hébr. *sabra*, figue de Barbarie) Juif natif d'Israël. *Les sabras constituent seulement une partie de la population d'Israël.*

SABRAGE, ◼ n. m. [sabʀaʒ] (*sabrer*) Action de sabrer une bouteille. *Sommelier qui effectue le sabrage d'une bouteille de champagne.* ◼ Opération qui consiste à ôter les résidus de la laine des peaux de mouton brutes. *Le sabrage intervient après le trempage des laines.*

SABRE, n. m. [sabʀ] (all. *Säbel*) Arme d'estoc et de taille, dont la lame présente une courbure convexe du côté du tranchant. ◆ *Coups de sabre*, coups donnés avec le tranchant. ◆ *Coups de plat de sabre*, coups appliqués avec le plat de la lame. ◆ *Sabre-briquet*, sabre court qui était à l'usage de l'infanterie et de l'artillerie à pied. ◆ *Sabre-baïonnette*, sabre court, dont la lame a la forme de celle des yatagans, et qui peut être placé à l'extrémité du canon des fusils, de manière à y remplir le rôle de baïonnette. ◆ Nom de plusieurs poissons. ◆ Genre de coquilles. ◼ **Fam.** *Le sabre et le goupillon*, l'Armée et l'Église. ◼ **Fam.** Rasoir à longue lame. ◼ **Sp.** Escrime pratiquée avec cette arme. *L'escrime au sabre.*

SABRÉ, ÉE, p. p. de sabrer. [sabʀe]

SABRENAS, n. m. [sabʀəna] (orig. inc.) **Vieilli** Artisan qui travaille malproprement, grossièrement. ◆ On dit aussi *sabrenaud*.

SABRENASSÉ, ÉE, p. p. de sabrenasser. [sabʀənase]

SABRENASSER ou **SABRENAUDER**, v. tr. [sabʀənase, sabʀənode] (*sabrenas*) **Vieilli** Travailler mal quelque ouvrage que ce soit.

SABRENAUD, n. m. [sabʀəno] Voy. SABRENAS.

SABRER, v. tr. [sabʀe] (*sabre*) Donner des coups de sabre. ◆ **Absol.** *Il sabrait à droite et à gauche.* ◆ **Fig.** et **fam.** *Sabrer une affaire*, l'expédier précipitamment, sans soin. ◆ *Sabrer de la besogne*, la faire vite et mal. ◆ **Absol.**

Sabrer. ◆ **Fig.** Biffer, effacer. « *Vous verrez peut-être avec regret que j'ai sabré de longues tirades* », BUFFON. ◆ **Fig.** Critiquer à tort et à travers. ◼ *Sabrer le champagne*, ouvrir une bouteille de champagne d'un coup de sabre ou de couteau dans le goulot. ◼ Faire de larges coupures dans. *Sabrer des paragraphes dans un texte.* ◼ **Fam.** Renvoyer, licencier. *Se faire sabrer.* ◼ **Fam.** *Sabrer un élève, un candidat*, le noter avec une sévérité injustifiée.

SABRETACHE, n. f. [sabʀətaʃ] (all. *Säbeltasche*, de *Säbel*, sabre, et *Tasche*, sacoche) Espèce de sac plat qui pend à côté du sabre de certains cavaliers.

SABREUR, EUSE, n. m. et n. f. [sabʀœʀ, øz] (*sabrer*) **Fam.** Militaire sans grande connaissance de l'art de la guerre, mais brave et se battant bien. ◆ **Fig.** *Un sabreur de besogne*, un homme qui fait vite et mal. ◼ **Sp.** Personne qui pratique l'escrime au sabre.

SABURRAL, ALE, adj. [sabyʀal] (*saburre*) **Méd.** Qui tient aux saburres gastriques. ◆ *État saburral*, accumulation supposée de saburre dans l'estomac.

SABURRE, n. f. [sabyʀ] (lat. *saburra*, lest de navire) **Méd.** Matières que l'on a supposées retenues et amassées dans l'estomac à la suite des mauvaises digestions.

1 **SAC**, n. m. [sak] (lat. *saccus*, sac, besace) Espèce de poche en toile, en cuir ou étoffe, ouverte par le haut et cousue par le bas et par les côtés. ◆ *Course en sac*, divertissement public, dans lequel on fait courir, pour un prix, des gens dont les jambes sont enfermées dans un sac. ◆ *Cet habit ressemble à un sac, c'est un sac*, se dit d'un habit, d'une robe, qui vont mal et sont trop larges. ◆ **Fig.** *Tirer d'un sac deux moutures*, Voy. MOUTURE. ◆ *Prendre quelqu'un la main dans le sac*, le surprendre au moment où il commet quelque vol, quelque infidélité. ◆ *C'est un sac percé, on ne saurait l'enrichir*, se dit d'un prodigue. ◆ **Fig.** *Avoir la tête dans un sac*, ne rien voir, ne rien entendre. ◆ **Fig.** et **fam.** *Un sac à vin*, un ivrogne. ◆ *Sac de papier*, sorte de poche de papier, en forme de sac, dont le bas et les côtés sont collés, et qui sert à mettre des épiceries, des drogues, des bonbons, etc. ◆ *Sac à blé, sac à charbon, sac à avoine, sac à terre*, sac à mettre du blé, du charbon, de l'avoine, de la terre. ◆ *Sac de blé, de charbon, de farine, etc.*, sac plein de blé, de charbon, de farine, etc. ◆ Petit sac de grosse toile dans lequel on met l'argent. ◆ *Un sac d'écus*, un sac plein d'écus. ◆ *Sac de blé, de farine*, une certaine mesure de blé, de farine. ◆ *Sac à terre*, sac en toile qu'on remplit de terre et qu'on utilise dans la construction des batteries, des retranchements. ◆ Autrefois, *sac de procès* ou *sac*, le sac qui contenait toutes les pièces d'un procès. ◆ **Fig.** *C'est la meilleure pièce de son sac*, c'est la chose la plus favorable au succès, ou la personne qui a le plus d'influence. ◆ *Vider son sac*, dire tout ce qu'on pense sur un sujet. ◆ **Fig.** *Le fond du sac*, ce qu'une affaire a de plus secret ; et aussi ce que quelqu'un possède en fait de ressources. ◆ **Fig.** *Juger sur l'étiquette du sac*, Voy. ÉTIQUETTE. ◆ **Fig.** *L'affaire est dans le sac*, on est assuré qu'elle réussira. ◆ Petite malle dans laquelle le fantassin renferme tous les objets à son usage et qu'il porte sur son dos. ◆ Sac analogue à celui des soldats, à l'usage des voyageurs à pied. ◆ *Le sac et les quilles*, les quilles avec le sac pour les enfermer quand on ne joue plus. ◆ **Fig.** *Trousser son sac et ses quilles*, prendre son sac et ses quilles, prendre ses hardes et s'en aller. ◆ **Fig.** *Ne laisser aux autres que le sac et les quilles*, prendre le meilleur et laisser aux autres ce qui ne vaut rien. ◆ *Sac de nuit*, sac qui sert en voyage à serrer les hardes de nuit. ◆ *Sac à ouvrage* ou *sac*, sorte de poche que les dames portent avec elles, et où l'on a disposé ce qu'il faut pour coudre, broder, faire de la tapisserie. ◆ **Mar.** Hamac. ◆ *Cette voile fait le sac*, son fond a trop d'ampleur. ◆ Habit simple et grossier, qui sert de signe et d'instrument de pénitence et d'affliction. « *Déchirez vos vêtements, couvrez-vous de sacs* », SACI. ◆ **Anat.** Se dit de certains organes. *Les sacs de l'estomac. ◆ Sac lacrymal*, Voy. LACRYMAL. ◆ **Anc. méd.** Dépôt d'humeurs, de matières. ◆ **Fig.** et **fam.** L'estomac, le ventre. ◆ *Remplir son sac*, manger beaucoup. ◆ *En avoir plein son sac*, être complètement ivre. ◆ **Fig.** et **fam.** Esprit, souvenir, mémoire. « *J'ai cent ruses au sac* », LA FONTAINE. « *C'était le reste de mon sac* », MME DE SÉVIGNÉ. ◆ *Mettre dans son sac*, dévorer un affront, sans pouvoir le venger. ◆ *Gens de sac et de corde* (c'est-à-dire qu'on enfermait dans un sac lié par le haut avec une corde), scélérats. ◆ *Cul-de-sac*, Voy. CUL. ◼ **Fam.** *Mettre dans le même sac*, confondre dans la même réprobation. ◼ **Fam.** *Avoir plus d'un tour dans son sac*, être très rusé. ◼ *Sac de nœuds, d'embrouilles*, affaire particulièrement compliquée et confuse. ◼ *Sac à main*, accessoire féminin servant le plus souvent à contenir les papiers, l'argent, le maquillage et divers petits objets. ◼ *Sac de couchage*, enveloppe en toile ou en duvet dans laquelle on se glisse pour dormir sous une toile de tente. ◼ *Sac à dos*, sac muni de bretelles utilisé par les campeurs, les alpinistes, les voyageurs. ◼ **Fam.** Suisse Idiot.

2 **SAC**, n. m. [sak] (ital. *sacco*, saccage, du mot h. all. *sakman*, brigand, pillard) Pillage entier d'une ville.

SACCADE, n. f. [sakad] (*saquer*, secouer) Mouvement subit communiqué aux rênes par les mains du cavalier ou du conducteur. *Donner des saccades.* ◆ Secousse violente qu'on donne à quelqu'un. ◆ Mouvement irrégulier et violent. *N'aller que par des saccades.* ◆ **Fig.** « *Partout l'enchaînement naturel* *des objets, dont l'un vous conduit à l'autre sans saccade »*, La Harpe. ♦ **Fig.** Rude réprimande, correction rude.

SACCADÉ, ÉE, p. p. de saccader. [sakade] ♦ Qui va par saccades. *Mouvements saccadés.* ♦ **Fig.** *Style saccadé*, style dont les phrases sont courtes et désagréables à l'oreille.

SACCADER, v. tr. [sakade] (*saccade*) Donner des saccades à un cheval. ■ Rendre brusque, irrégulier.

SACCAGE, n. m. [sakaʒ] (*saccager*) Bouleversement, confusion. ♦ **Pop.** Amas confus. *Un saccage de meubles cassés.* ■ Action de saccager. *Des voyous qui se livrent au saccage de cabines téléphoniques.* ■ Rem. On employait autrefois *saccagement* dans ce dernier sens.

SACCAGÉ, ÉE, p. p. de saccager. [sakaʒe]

SACCAGEMENT, n. m. [sakaʒ(ə)mã] (*saccager*) Action de saccager. *« Le saccagement de Rome par les troupes de Charles Quint »*, Voltaire. ■ On emploie auj. *saccage.*

SACCAGER, v. tr. [sakaʒe] (ital. *saccheggiare*, de *sacco*, sac, saccage) Mettre à sac, mettre au pillage. ♦ **Fam.** et abusiv. *On a tout saccagé chez lui*, on y a tout bouleversé. ♦ **Par extens.** Arracher, détruire.

SACCAGEUR, EUSE, n. m. et n. f. [sakaʒœʀ, øz] (*saccager*) Personne qui saccage. *« Les saccageurs de provinces »*, Voltaire.

SACCARINE, n. f. [sakaʀin] Voy. SACCHARINE.

SACCHARASE, ■ n. f. [sakaʀaz] (lat. *saccharum*, du gr. *saccharon*, sucre) **Biol.** Enzyme intestinal qui permet l'hydrolyse du saccharose en fructose et glucose. *La saccharase est sensible à la chaleur.*

SACCHARATE, ■ n. m. [sakaʀat] (rad. de *saccharase*) Association de saccharase et d'alcalis. *Le saccharate de sodium.*

SACCHAREUX, EUSE, ■ adj. [sakaʀø, øz] (lat. *saccharum*, du gr. *saccharon*, sucre) Dont l'aspect et les caractéristiques sont similaires à ceux du sucre. *Résidus sacchareux obtenus au cours de la vinification.*

SACCHARIFÈRE, adj. [sakaʀifɛʀ] (lat. *saccharum*, sucre, et *-fère*) Qui produit ou donne du sucre.

SACCHARIFIABLE, adj. [sakaʀifjabl] (*saccharifier*) Qui peut être saccharifié.

SACCHARIFICATION, n. f. [sakaʀifikasjɔ̃] (*saccharifier*) Conversion d'une substance en sucre.

SACCHARIFIER, v. tr. [sakaʀifje] (lat. *saccharum*, sucre, et *facere*, faire) Convertir en sucre.

SACCHARIMÈTRE, n. m. [sakaʀimɛtʀ] (lat. *saccharum*, sucre, et *-mètre*) Instrument pour apprécier la quantité de sucre contenu dans un liquide.

SACCHARIMÉTRIE, ■ n. f. [sakaʀimetʀi] (lat. *saccharum*, sucre, et *-métrie*) Établissement de la teneur en sucre d'une solution. *Les bases de la saccharimétrie ont été posées dès le début du xixᵉ siècle par Jean-Baptiste Biot.* ■ SACCHARIMÉTRIQUE, adj. [sakaʀimetʀik]

SACCHARIN, INE, adj. [sakaʀɛ̃, in] (lat. *saccharum*, sucre) Qui contient du sucre, qui en a les caractères. *La richesse saccharine des betteraves.* ♦ Qui concerne le sucre. *Industrie saccharine.*

SACCHARINE ou **SACCARINE**, ■ n. f. [sakaʀin] (*saccharin*) Substance blanche synthétique utilisée comme succédané du sucre.

SACCHARIQUE, adj. [sakaʀik] (lat. *saccharum*, sucre) **Chim.** *Acide saccharique*, acide incristallisable produit par la réaction de l'acide azotique sur le sucre.

SACCHAROÏDE, ■ adj. [sakaʀoid] (lat. *saccharum*, sucre, et *-oïde*) Dont l'apparence est semblable à celle du sucre en poudre. *Calcaire saccharoïde.*

SACCHAROMYCES, ■ n. m. [sakaʀomises] (lat. *saccharum*, sucre, et gr. *mukês*, champignon) Type de levures qui interviennent dans la fermentation de jus sucrés. *La levure de boulanger appartient au groupe des saccharomyces.*

SACCHAROSE, n. m. [sakaʀoz] (lat. *saccharum*, sucre) Sucre alimentaire composé de glucose et de fructose. *Le saccharose est extrait de la betterave sucrière ou de la canne à sucre. Teneur en saccharose d'un produit.*

SACCHARURE, n. m. [sakaʀyʀ] (lat. *saccharum*, sucre) ▷ **Pharm.** Médicaments qu'on obtient en versant une teinture alcoolique ou éthérée sur du sucre blanc cassé en morceaux, dépouillant d'alcool ou d'éther le mélange, et le réduisant en poudre grossière. ◁

SACCIFORME, ■ adj. [saksifɔʀm] (1 *sac* et *-forme*) **Méd.** En forme de sac. *Anévrysme fusiforme et anévrysme sacciforme.*

SACCULE, ■ n. m. [sakyl] (lat. *sacculus*, petit sac) **Anat.** Vésicule qui constitue la partie inférieure du vestibule de l'oreille interne. *Le saccule joue un rôle dans le sens de l'équilibre.*

SACERDOCE, n. m. [sasɛʀdɔs] (lat. *sacerdotium*) Ministère de ceux qui avaient le pouvoir d'offrir des victimes à Dieu chez les Juifs. *« Aaron est choisi pour être souverain pontife ; et le sacerdoce est rendu héréditaire dans sa famille »*, Bossuet. ■ Il se dit aussi de ceux qui dans le polythéisme avaient charge d'offrir les sacrifices aux dieux. ♦ Chez les chrétiens, prêtrise. ♦ **Fig.** *« La judicature est une espèce de sacerdoce »*, Fléchier. ■ Le corps ecclésiastique. ■ Fonction qui exige un dévouement et un investissement tels qu'ils lui confèrent une respectabilité quasi religieuse. *Le sacerdoce de professeur, d'éducateur.*

SACERDOTAL, ALE, adj. [sasɛʀdɔtal] (lat. *sacerdotalis*) Appartenant au sacerdoce. *Des habits sacerdotaux.*

SACHÉE, n. f. [saʃe] (1 *sac*) Ce qu'un sac peut contenir. *Une sachée de pommes de terre.*

SACHEM, n. m. [saʃɛm] (mot algonquin) Se dit des vieillards qui forment le conseil de la nation parmi les peuplades de l'Amérique du Nord. ■ Au pl. *Des sachems.*

SACHERIE, ■ n. f. [saʃ(ə)ʀi] (1 *sac*) Fabrication de sachets d'emballage.

SACHET, n. m. [saʃɛ] (dimin. de 1 *sac*) Petit sac. *Poncer avec un sachet rempli de charbon.* ♦ Petit sac de toile ou de taffetas, rempli d'espèces grossièrement pulvérisées ou de poudres interposées entre des cardes de coton, qu'on met en contact avec diverses parties du corps. *Un sachet contre l'apoplexie.* ♦ Petit coussin où l'on met des parfums. *Un sachet d'odeurs.* ♦ *En sachet*, conditionné dans un petit sac.

SACOCHE, n. f. [sakɔʃ] (ital. *saccoccia*, dimin. de *sacco*, voir 1 *sac*) Nom qu'on donne à deux bourses de cuir jointes ensemble par une courroie, et dont les courriers et autres personnes se servent en voyageant. ♦ Sac de toile forte ou de peau dans lequel les porteurs d'argent des maisons de banque et de commerce mettent les espèces. ♦ Il se dit du sac et de ce qu'il contient. *Une lourde sacoche.*

SAC-POUBELLE, ■ n. m. [sakpubɛl] (1 *sac* et *poubelle*) Sac en plastique de taille variable utilisé pour rassembler et transporter les ordures. ■ Au pl. *Des sacs-poubelles.*

SACQUER, ■ v. tr. [sake] Voy. SAQUER.

1 SACRAL, ALE, ■ adj. [sakʀal] (lat. class. *sacer, sacris*, sacré) Empreint d'un caractère sacré. *Un festival de musique sacrale. Édifices sacraux.*

2 SACRAL, ALE, ■ adj. [sakʀal] Voy. SACRÉ.

SACRALISATION, ■ n. f. [sakʀalizasjɔ̃] (*sacraliser*) Anomalie de la cinquième vertèbre lombaire qui est soudée au sacrum.

SACRALISER, ■ v. tr. [sakʀalize] (*sacral*) Attribuer un caractère sacré à quelque chose. *Les peuples anciens sacralisaient les éléments de la nature.* ■ SACRALISATION, n. f. [sakʀalizasjɔ̃]

1 SACRAMENTAIRE, n. m. [sakʀamɑ̃tɛʀ] (lat. chrét. *sacramentarium*, livre liturgique) Ancien livre d'église, où sont renfermées les cérémonies de la liturgie et de l'administration des sacrements.

2 SACRAMENTAIRE, n. m. et n. f. [sakʀamɑ̃tɛʀ] (lat. *sacramentum*, sacrement) Nom donné aux réformés qui ont publié des opinions contraires à celles des catholiques sur l'eucharistie.

SACRAMENTEL, ELLE, adj. [sakʀamɑ̃tɛl] (lat. *sacramentalis*) Qui appartient à un sacrement. *Les paroles sacramentelles.* ♦ **Fig.** et fam. *Mots sacramentaux, paroles sacramentelles*, les mots essentiels pour la conclusion d'une affaire. ■ Rem. On disait aussi *sacramental* autrefois.

SACRAMENTELLEMENT, adv. [sakʀamɑ̃tɛl(ə)mɑ̃] (*sacramentel*) D'une manière sacramentelle. ■ Rem. On disait aussi *sacramentalement* autrefois.

1 SACRE, n. m. [sakʀ] (*sacrer*) Action par laquelle on sacre un roi. ♦ Action par laquelle on sacre un évêque. ♦ **Fig.** Consécration officielle de quelque chose. *Le sacre des femmes rondes.* ♦ **Québec** Juron.

2 SACRE, n. m. [sakʀ] (ar. *saqr*, faucon, prob. du lat. *sacer*, sacré) Grand oiseau de proie du genre faucon. ♦ Femelle du sacret.

1 SACRÉ, ÉE, p. p. de sacrer. [sakʀe] ♦ *Vases sacrés*, vases servant au culte dans les diverses religions. ♦ *Ordres sacrés*, la prêtrise, le diaconat et le sous-diaconat. ♦ *Les Livres sacrés*, l'Ancien et le Nouveau Testament. ♦ *Les lettres sacrées*, l'étude et la connaissance de ces livres et de la religion. ♦ *L'histoire sacrée*, l'histoire du peuple de Dieu. ♦ *Le Sacré Collège*, le collège des cardinaux. ♦ *Le Sacré-Cœur*, Voy. CŒUR. ♦ Il se dit, par antiphrase, de ce qui, étant sacré de sa nature, est détourné à une mauvaise fin. *« Leur passion [...] Veut nous assassiner avec un fer sacré »*, Molière. ♦ Qui concerne la religion et le culte des dieux, chez les polythéistes. *Le bœuf sacré des Égyptiens.* ♦ *Feu sacré*, Voy. FEU. ■ **Antiq.** *Bataillon sacré*, bataillon thébain, dans lequel les guerriers, liés d'amitié les uns aux autres, ne s'abandonnaient jamais et mouraient ensemble s'il le fallait. ♦ *Année sacrée*, année pendant laquelle on célébrait les jeux périodiques. ♦ *Langue sacrée*, langue dans laquelle sont écrits les ouvrages qui traitent d'une religion. ♦ Il se dit des choses qui méritent d'être vénérées inviolablement. *« Consultons des grands* *dieux la majesté sacrée* », P. CORNEILLE. « *Sacrés monts, fertiles vallées* », RACINE. ♦ *Sacré à,* digne d'être respecté par. « *Les intérêts des Juifs déjà me sont sacrés* », RACINE. ♦ À quoi on ne touche pas. « *Cette portion de son bien lui était sacrée* », FLÉCHIER. ♦ *C'est un homme pour lequel il n'y a rien de sacré, il n'est retenu par aucune considération de religion ni de morale.* ♦ Il se dit des personnes que leur qualité rend inviolables. *La personne sacrée du roi.* ♦ *Sacrée Majesté,* titre qu'on donne à l'empereur d'Autriche quand on lui parle. ♦ N. m. Ce qui est sacré. *Le mélange du sacré et du profane.* ■ Fam. Renforce un terme injurieux, admiratif ou ironique. *Tu es un sacré veinard ! Sacré menteur !*

2 SACRÉ, ÉE, ■ adj. [sakʀe] Relatif au sacrum. *Le nerf sacré.* ■ REM. On emploie aussi *sacral* dans ce sens. *Les nœuds sacraux drainent les organes du bassin.*

SACREBLEU, ■ interj. [sakʀəblø] (altér. de *sacré Dieu*) Fam. et vieilli Juron qui exprime l'étonnement, l'impatience ou appuie une déclaration. *Sacrebleu, je ne t'aurais pas reconnu !*

SACRÉ-CŒUR, ■ n. m. sing. [sakʀekœʀ] Voy. CŒUR.

SACREMENT, n. m. [sakʀəmɑ̃] (lat. *sacramentum,* don fait aux dieux, serment) Acte religieux institué de Dieu pour la sanctification des âmes. *Les sacrements de l'ancienne Loi, de la nouvelle Loi.* ♦ Chez les chrétiens, cérémonie destinée à la consécration des diverses phases de la vie privée des fidèles ; *les sacrements sont au nombre de sept. Priver des sacrements, refuser les sacrements.* ♦ ▷ *S'approcher des sacrements,* se confesser et communier. ◁ ♦ ▷ *Fréquenter les sacrements,* se confesser et communier souvent. ◁ ♦ *Il a eu, il a reçu tous les sacrements, on lui a donné les derniers sacrements,* se dit d'un mourant qui a reçu le sacrement de la pénitence, l'eucharistie et l'extrême-onction. ♦ *Le saint sacrement de l'autel* ou *le saint sacrement,* l'eucharistie. ♦ L'ostensoir, le soleil d'or ou d'argent destiné à renfermer l'hostie.

1 SACRER, v. tr. [sakʀe] (lat. *sacrare,* consacrer, rendre sacrer) Conférer au moyen de certaines cérémonies religieuses un caractère de sainteté. *Sacrer un roi, un évêque.* ♦ Fig. « *De quel pur diadème La gloire aurait sacré ton front !* », LAMARTINE.

2 SACRER, v. intr. [sakʀe] (1 *sacrer*) Fam. Jurer, blasphémer.

SACRET, n. m. [sakʀɛ] (2 *sacre*) Tiercelet, le mâle du sacre.

SACRIFICATEUR, TRICE, n. m. et n. f. [sakʀifikatœʀ, tʀis] (lat. chrét. *sacrificator,* du lat. class. *sacrificare,* sacrifier) Chez les Hébreux et chez les polythéistes, ministre préposé aux sacrifices. ♦ Chez les Hébreux, grand sacrificateur, titre du souverain pontife. ♦ *Sacrificatrice,* celle qui sacrifie ; prêtresse qui offre les sacrifices.

SACRIFICATOIRE, ■ adj. [sakʀifikatwaʀ] (rad. du lat. *sacrificatum,* de *sacrificare,* sacrifier) Relatif au sacrifice. *Les rites sacrificatoires.*

SACRIFICATURE, n. f. [sakʀifikatyʀ] (rad. de *sacrificateur*) Chez les Hébreux et les polythéistes, la dignité, la fonction de sacrificateur.

SACRIFICE, n. m. [sakʀifis] (lat. *sacrificium*) Chez les Hébreux, offrande faite à Dieu avec certaines cérémonies et consistant en des victimes ou des dons. Ce mot est tantôt passif : *le sacrifice d'Abraham,* le sacrifice fait par Abraham ; tantôt actif : *le sacrifice d'Isaac par Abraham.* ♦ ▷ *Offrir un sacrifice de louanges,* célébrer les louanges de Dieu. ◁ ♦ ▷ En un sens analogue, *un sacrifice de larmes, de prières.* ◁ ♦ Chez les chrétiens, *le sacrifice de Jésus-Christ,* la mort de Jésus-Christ sur la croix pour la rédemption du genre humain. *Son sacrifice continuel,* sa présence perpétuelle dans l'hostie consacrée. ♦ *Le saint sacrifice de la messe* ou simplement *le saint sacrifice,* le sacrifice de la messe. ♦ Absol. *Le sacrifice,* le saint sacrement. ♦ Il se dit de ce qui était offert aux dieux, dans le polythéisme. « *On fit des sacrifices à Jupiter* », FÉNELON. ♦ *Faire sacrifice,* sacrifier. ♦ *Sacrifices humains,* sacrifices dans lesquels la victime est un être humain. ♦ *Sacrifices sanglants,* sacrifices dans lesquels on immole des victimes. ♦ Il se dit de la consécration à la vie religieuse. « *Allez à l'autel, victime de la pénitence, allez achever votre sacrifice* », BOSSUET. ♦ Fig. Abandon, privation, perte à laquelle on se résigne. *Faire un sacrifice d'argent, de grands sacrifices pour l'éducation de son fils, le sacrifice de sa vie, de son honneur,* etc. ♦ Peint. Artifice qui consiste à négliger certains accessoires d'un tableau, pour mieux faire ressortir les parties principales.

SACRIFICIEL, ELLE, ■ adj. [sakʀifisjɛl] (*sacrifice*) Relatif à un sacrifice. *Vase, autel sacrificiel.* « *Chabrias qui, en sa qualité d'initié orphique, considérait le suicide comme un crime, insistait sur le côté sacrificiel de cette fin* », BERNANOS.

SACRIFIÉ, ÉE, p. p. de sacrifier. [sakʀifje] Vendu à très bas prix. *Des marchandises sacrifiées.* ♦ *Prix sacrifiés,* prix très bas.

SACRIFIER, v. tr. [sakʀifje] (lat. *sacrificare,* accomplir une cérémonie sacrée, de *sacer,* sacré, et *facere,* faire) Offrir quelque chose à Dieu avec certaines cérémonies. *Sacrifier des victimes.* ♦ Absol. *Sacrifier à Dieu.* ♦ Chez

les chrétiens, *sacrifier le corps et le sang de Jésus-Christ,* faire le sacrifice de la messe. ♦ Absol. *Sacrifier.* ♦ Il se dit des sacrifices offerts aux dieux, dans le polythéisme. « *Sacrifiez Iphigénie* », RACINE. ♦ Absol. « *Et pour sacrifier on n'attend plus que vous* », P. CORNEILLE. ♦ Fig. *Sacrifier aux Grâces,* Voy. GRÂCE. ♦ Fig. *Sacrifier à,* écouter, obéir. ♦ ▷ *Vous avez sacrifié à l'amitié et à la vérité* », VOLTAIRE. ♦ ▷ *Sacrifier aux préjugés, à la mode, au goût de son siècle,* s'y conformer par faiblesse avec excès. ◁ ♦ *Sacrifier à ou pour...,* renoncer à..., pour l'amour de Dieu ou d'une personne. *Sacrifier à Dieu son ressentiment. J'ai tout sacrifié pour vous.* ♦ Absol. « *Elle a toujours sacrifié ses ressentiments* », FLÉCHIER. ♦ Perdre ou délaisser quelqu'un ou quelque chose en vue de quelque chose. *Sacrifier sa fortune à son honneur, un ami à un bon mot,* etc. ♦ *Sacrifier tout son temps, tout son loisir à une chose,* l'y consacrer tout entier. ♦ *Sacrifier son repos, son bonheur,* etc., à celui d'un autre, renoncer au repos, au bonheur, etc., pour les assurer à un autre. ♦ *Sacrifier tout à ses intérêts,* faire céder toutes choses à ses intérêts. ♦ On dit de même : *Sacrifier tout à sa passion, à son ambition, à la vengeance,* etc. ♦ *Sacrifier quelqu'un,* le faire périr ; et aussi le rendre victime de quelque vue, de quelque passion, de quelque intérêt. *Sacrifier quelqu'un à son ambition, à son ressentiment.* ♦ Absol. On a sacrifié les meilleures troupes pour une attaque inutile. ♦ Subordonner, mettre dans un rang inférieur. « *L'auteur a entièrement sacrifié ce rôle de Maxime* », VOLTAIRE. ♦ Se sacrifier, v. pr. S'offrir en sacrifice. ♦ Fig. Se rendre victime de quelque intérêt, de quelque dévouement. « *Ah ! quelle grande victime se sacrifie au bien public !* », BOSSUET. ♦ Se consacrer entièrement. *Se sacrifier entièrement aux sciences.* ♦ *Se sacrifier pour quelqu'un,* se dévouer à lui sans réserve.

1 SACRILÈGE, n. m. [sakʀilɛʒ] (lat. *sacrilegium,* de *sacrilegus*) Action impie par laquelle on profane des choses sacrées. ♦ Toute action contre une personne sacrée, digne de vénération, d'égards. « *La personne des rois est sacrée, et attenter sur eux est un sacrilège* », BOSSUET. ♦ Fig. et fam. *C'est un sacrilège,* c'est une action qui déparerait une chose à laquelle on attache un grand prix.

2 SACRILÈGE, adj. [sakʀilɛʒ] (lat. *sacrilegus,* qui dérobe des objets sacrés, profanateur) Qui commet un sacrilège. *Des mains sacrilèges. Un prêtre sacrilège.* ♦ N. m. et n. f. Celui, celle qui commet un sacrilège. ♦ Qui a le caractère du sacrilège, en parlant des choses. « *Les excès sacrilèges dont nous abhorrons la mémoire* », BOSSUET. ■ REM. Graphie ancienne : *sacrilège.*

SACRILÈGEMENT, adv. [sakʀilɛʒ(ə)mɑ̃] (2 *sacrilège*) D'une manière sacrilège, avec sacrilège. ■ REM. Graphie ancienne : *sacrilègement.*

SACRIPANT, n. m. [sakʀipɑ̃] (ital. *Sacripante,* roi de Circassie dans le *Roland furieux* de l'Arioste) Rodomont, faux brave, tapageur. ♦ Un querelleur, mauvais sujet, homme capable d'un mauvais coup. ♦ Fam. Chenapan. *Bande de petits sacripants !*

SACRISTAIN, n. m. [sakʀistɛ̃] (lat. médiév. *sacristanus*) Celui qui a soin de la sacristie d'une église.

SACRISTAINE, ■ n. f. [sakʀisten] Voy. SACRISTINE.

SACRISTIE, n. f. [sakʀisti] (lat. médiév. *sacristia,* du lat. *sacer*) Lieu où sont déposés les vases sacrés, les ornements de l'église, et où les prêtres et les desservants vont se revêtir des habits en usage pour les offices. ♦ Ce qui est contenu dans la sacristie. *La sacristie de cette paroisse est fort riche.* ♦ Le profit qu'on tire de ce qui est donné pour faire dire des messes, des services et des prières.

SACRISTINE, n. f. [sakʀistin] (*sacristain*) Celle qui dans un monastère de filles a soin de la sacristie. ■ REM. On trouve aussi, mais moins fréquemment, la forme *sacristaine.*

SACRO-ILIAQUE, ■ adj. [sakʀoiljak] (*sacrum* et *iliaque*) Anat. Relatif au sacrum et à l'os iliaque. *Radiographie de l'articulation iliaque.* ■ REM. On peut aussi écrire *sacroïliaque.*

SACRO-SAINT, AINTE, adj. [sakʀosɛ̃, ɛ̃t] (lat. médiév. ecclés. et lat. jurid. *sacrosanctus*) Saint et sacré. *La sacro-sainte Église romaine.*

SACRUM, n. m. [sakʀɔm] (lat. [*os*]*sacrum,* calqué sur le gr. *hieron* [*osteon*], os sacré, prob. parce qu'il soutient les *sacra,* entrailles offertes aux dieux dans les sacrifices) Anat. Os symétrique et triangulaire placé à la partie postérieure du bassin et faisant suite à la colonne vertébrale. ♦ On dit aussi *l'os sacrum.*

SADDUCÉEN, ENNE, ■ n. m. et adj. [sadyseɛ̃, ɛn] Voy. SADUCÉEN.

SADDUCÉISME, ■ n. m. [sadyseism] Voy. SADUCÉISME.

SADIQUE, ■ adj. [sadik] (*sadisme*) Qui se rapporte au plaisir de faire souffrir. ♦ N. m. et n. f. Personne qui prend du plaisir à faire souffrir. ■ Individu qui agresse sexuellement. ■ Abrév. et fam. Sado. *Ces enfants sados s'amusent à couper les vers de terre.*

SADIQUEMENT, ■ adv. [sadik(ə)mɑ̃] (*sadique*) Avec sadisme. « *Sur un autre plan, la fureur irrationnelle d'une brute peut seule imaginer qu'il faille torturer sadiquement des hommes pour obtenir leur consentement* », CAMUS.

SADISME, ■ n. m. [sadism] (Donatien de *Sade*, 1740-1814) Perversion sexuelle caractérisée par une dépendance à la souffrance morale ou physique de l'autre pour atteindre l'orgasme. ■ Goût pervers pour la souffrance d'autrui.

SADO, ■ adj. [sado] (abrév. de *sadique*) Voy. SADIQUE.

SADOMASO, ■ adj., n. m. et n. f. [sadomazo] (abrév. de *sadomasochiste*) Voy. SADOMASOCHISTE.

SADOMASOCHISME, ■ n. m. [sadomazoʃism] (*sadisme* et *masochisme*) Association, dans les pratiques sexuelles, du caractère agressif du sadisme et d'une attitude de soumission. *Le sadomasochisme se caractérise par son jeu alliant maître et esclave.*

SADOMASOCHISTE, ■ adj. [sadomazoʃist] (*sadomasochisme*) Relatif au sadomasochisme. *Les plaisirs sadomasochistes.* ■ N. m. et n. f. *Ce sont des sadomasochistes.* ■ Abrév. fam. Sadomaso.

SADUCÉEN ou **SADDUCÉEN**, n. m. [sadyseɛ̃] (lat. chrét. *Sadducæi*, gr. chrét. *Saddoukaioi*, de l'hébr. *sadduqim*, les fils de Sadoc, personnage mal identifié) Membre d'une secte de Juifs qui niaient l'immortalité de l'âme et la résurrection des corps. ♦ Adj. *Saducéen, saducéenne*, qui appartient à la secte des saducéens.

SADUCÉISME ou **SADDUCÉISME**, n. m. [sadyseism] (*saducéen*) Doctrine des saducéens.

SAETTE, n. f. [saɛt] Voy. SAGETTE.

SAFARI, ■ n. m. [safari] (mot swahili, voyage, de l'ar. *safar*) Expédition de chasse en Afrique. Au pl. *Des safaris.*

SAFARI-PHOTO, ■ n. m. [safarifoto] (*safari* et *photo*) Expédition organisée pour photographier et filmer les animaux sauvages en Afrique. Au pl. *Des safaris-photos.*

SAFRAN, n. m. [safrɑ̃] (lat. médiév. *safranum*, de l'ar. *zaʿfarân*) Plante bulbeuse, qui porte une fleur bleue mêlée de rouge et de purpurin. ♦ Stigmates de la fleur qui, réduits en poudre, donnent une couleur jaune à la liqueur où on les met. ♦ *Être jaune comme du safran, comme safran*, être très jaune, avoir la jaunisse. ♦ *Jaune safran*, jaune comme le safran. ♦ N. m. Le jaune safran. ♦ **Poétiq.** *Le safran*, la couleur jaune et pourprée du jour qui se lève. ♦ Il se dit abusivement de certaines plantes qui ont quelque rapport avec le safran. *Safran bâtard* ou carthame. *Safran bâtard*, colchique d'automne. *Safran des Indes*, curcuma. ♦ Se dit de quelques préparations faites avec du fer et de l'antimoine. ■ Adj. inv. *Les moines bouddhistes portent des robes safran.*

SAFRANÉ, ÉE, p. p. de safraner. [safrane] Qui a la couleur du safran. *Avoir le teint, le visage safrané.*

SAFRANER, v. tr. [safrane] (*safran*) Apprêter avec du safran, jaunir avec du safran. *Riz safrané.*

SAFRANIER, IÈRE, n. m. et n. f. [safranje, jɛr] (*safran*) Personne qui cultive le safran.

SAFRANIÈRE, n. f. [safranjɛr] (*safran*) Plantation de safran.

1 SAFRE, adj. [safr] (m. bas all. *schaffer*, celui qui prépare, qui invite à des festivités) ▷ **Pop.** Qui se jette avidement sur le manger. *Un chien safre. Un enfant safre.* ◁

2 SAFRE, n. m. [safr] (gr. *sappheiros*, lapis-lazuli, saphir) Oxyde de cobalt, qui, mêlé à du sable pulvérisé, sert à faire du verre bleu.

SAGA, n. f. [saga] (anc. nord. *saga*, récit, conte) Tradition historique et mythologique des Scandinaves. ■ Histoire familiale qui se déroule sur plusieurs générations. *Une saga romanesque.* Au pl. *Des sagas.* ■ **Par extens.** Histoire longue et souvent confuse.

SAGACE, adj. [sagas] (lat. *sagax*, de *sagire*, avoir du flair) Doué de sagacité. *Un esprit sagace. Une critique sagace.*

SAGACITÉ, n. f. [sagasite] (lat. *sagacitas*) ▷ Au sens propre, finesse de l'odorat. *La sagacité du chien.* ◁ ♦ Subtilité de l'esprit. « *Une sagacité qui lui découvrait mille différences où les autres hommes ne voient rien que d'uniforme* », VOLTAIRE.

SAGAIE, n. f. [sagɛ] (esp. *azagaya*, petite lance, de l'ar. *az-zaʿgaya*, le javelot) Arme d'hast dont les Maures se servent pour combattre à cheval, demi-pique. ♦ On applique ce nom au javelot dont se servent les habitants du Sénégal, la plupart des peuplades d'Afrique et autres nations sauvages [1]. ■ REM. On disait autrefois *zagaie*. ■ REM. 1 : *Sauvage* à l'époque de Littré n'était pas péjoratif.

SAGARD, ■ n. m. [sagar] (mot alsacien correspondant à l'all. *Säger*, scieur) **Vosges** Bûcheron.

SAGE, adj. [saʒ] (lat. pop. *sabius*, du lat. impér. *sapidus*, qui a du goût) Qui sait, entendu, habile. « *Jeune, j'étais trop sage, et voulais tout savoir* », FÉNELON. ♦ Qui a une habileté mêlée de prudence et de bonne conduite. De

sages vieillards. ♦ Réglé dans ses mœurs et sa conduite, modéré dans ses passions. « *Celui qui n'a point senti sa faiblesse et la violence de ses passions, n'est point encore sage ; car il ne se connaît point encore, et ne sait point se défier de soi* », FÉNELON. ♦ *Cet enfant est sage, est bien sage*, il est posé, il n'est pas turbulent. ♦ **Fam.** *Sage comme une image*, se dit d'un enfant qui se tient bien tranquille, qui ne fait aucune sottise. ♦ Qui a sa raison, qui a de la raison. « *Tel homme se croit sage, tandis que sa folie sommeille* », DIDIER. ♦ *Se rendre sage*, devenir raisonnable, obéissant. ♦ En parlant des femmes, modeste, chaste, pudique. ♦ En parlant des animaux, qui a un naturel doux, obéissant. *Ce cheval est sage.* ♦ Il se dit des paroles, des actions. *De sages mesures. Une conduite sage.* ♦ **Bx-arts** Se dit d'une composition dans laquelle il règne beaucoup de convenance et de simplicité ; d'un artiste exempt de recherche et d'affectation. ♦ N. m. Celui qui est sage. « *La mort ne surprend point le sage ; Il est toujours prêt à partir* », LA FONTAINE. ♦ *Les sages du monde*, les hommes qui consultent les intérêts, la politique. ♦ *Les sages de la terre*, les philosophes, les hommes qui consultent leur raison, et non la foi. ♦ **Absol.** *Le Sage*, Salomon, regardé comme l'auteur des Proverbes, dans la Bible (on met une majuscule). ♦ *Les Sages de la Grèce*, les hommes qui se distinguaient le plus par leurs connaissances et leurs principes de morale, vers le VIIe siècle avant l'ère chrétienne.

SAGE-FEMME ou **SAGEFEMME**, n. f. [saʒ(ə)fam] (*sage*, habile, et *femme*) Celle dont la profession est de faire des accouchements. ♦ Au pl. *Des sages-femmes.* ■ REM. Un homme peut exercer cette profession ; on parle alors d'un *homme sage-femme.*

SAGEMENT, adv. [saʒ(ə)mɑ̃] (*sage*) D'une manière sage, prudente.

SAGESSE, n. f. [saʒɛs] (*sage*) Juste connaissance, naturelle ou acquise, des choses. *La sagesse des Égyptiens.* ♦ *La sagesse du siècle, la sagesse du monde*, celle qui consulte les intérêts du monde, de la politique. ♦ *La sagesse divine, la sagesse de Dieu*, celle que les hommes reconnaissent en Dieu. ♦ La connaissance inspirée des choses divines et humaines. « *Toute sagesse vient de Dieu* », SACI. ♦ *Le livre de la Sagesse* ou absol. *la Sagesse*, un des livres de l'Écriture sainte. *La Sagesse éternelle, la Sagesse incréée*, le Verbe ; *la Sagesse incarnée*, le Verbe fait homme. ♦ Qualité de celui qui unit l'habileté à la prudence et à la bonne conduite. ♦ Il se dit des choses sages. *La sagesse de sa conduite, de sa politique*, etc. ♦ Acte de sagesse. « *Ce ne serait pas une sagesse de partir avant que de voir ce qui arrivera de cet extrême désordre* », MME DE SÉVIGNÉ. ♦ Modération, retenue inspirée par la raison. *Conserver la sagesse dans la prospérité.* ♦ *Cet enfant a de la sagesse*, il est posé, docile, studieux. ♦ *Le prix de sagesse*, prix que dans les écoles on donne à l'élève le plus sage. ♦ En parlant des femmes, modestie, chasteté. ♦ Soin apporté dans les ouvrages de l'esprit à éviter ce qui est forcé, exagéré, outré. *Son style a de la sagesse.*

SAGETTE, n. f. [saʒɛt] (lat. *sagitta*) Vieilli Flèche. ■ REM. On disait aussi *saette.*

SAGINE, ■ n. f. [saʒin] (lat. sav., du lat *sagina*, engraissement [des gladiateurs, des animaux]) **Bot.** Plante à petites fleurs blanches, courante sur les pelouses. *La sagine couchée. La sagine noueuse.*

1 SAGITTAIRE, n. m. [saʒitɛr] (lat. *sagittarius*, de *sagitta*, flèche) ▷ Au sens propre peu usité, archer. « *Saül fut grièvement blessé par les sagittaires* », VOLTAIRE. ◁ ♦ **Astron.** Constellation représentée sous la figure d'un centaure tendant un arc (on met un S majuscule). ♦ Le neuvième signe du zodiaque. ■ Personne née sous ce signe, c'est-à-dire entre le 22 novembre et le 20 décembre. *Elle est sagittaire.*

2 SAGITTAIRE, n. f. [saʒitɛr] (lat. sav. [Linné] *sagittaria*, par analogie de forme avec une flèche) Genre de plantes, où l'on distingue la sagittaire ou flèche d'eau.

SAGITTAL, ALE, adj. [saʒital] (lat. *sagitta*) **Bot.** Qui porte des espèces de flèches. ♦ **Anat.** *Suture sagittale*, suture du crâne qui, unissant les deux pariétaux, s'étend d'avant en arrière sur la ligne médiane. ■ Suivant un axe de symétrie. *Coupe sagittale. Des plans sagittaux.*

SAGITTÉ, ÉE, adj. [saʒite] (lat. *sagitta*) Qui a la forme d'un fer de flèche. *Feuilles sagittées.*

SAGOU, n. m. [sagu] (malais *sagu*, moelle de divers arbres) Substance amylacée qu'on retire de la moelle de plusieurs espèces de palmiers. ♦ *Sagou blanc* ou tapioca. ♦ Il se dit pour *sagoutier.* ■ Au pl. *Des sagous.*

SAGOUIER, n. m. [saguje] Voy. SAGOUTIER.

SAGOUIN, n. m. [sagwɛ̃] (tupi *saguim*) Nom d'une espèce particulière de singes, qui ont la queue longue, quoiqu'ils soient fort petits. ♦ **Fig.** et **fam.** Homme malpropre. ♦ On dit aussi au féminin : *C'est une sagouine.*

SAGOUTIER, n. m. [sagutje] (*sagou*) Genre de la famille des palmiers, composé d'arbres de moyenne hauteur, croissant sous les tropiques, dans l'Afrique, dans l'Inde et dans le Nouveau Monde. ♦ Palmier qui produit le sagou. ■ REM. On disait aussi *sagouier* et *sagou.*

SAGUM, n. m. [sagɔm] (lat. *sagum*, casaque militaire, sayon) Vêtement de guerre, court et ne passant pas les genoux, que portaient les Romains.

SAHARIEN, IENNE, ▪ adj. [saaʁjɛ̃, jɛn] (*Sahara*) Du désert du Sahara. *Paysage saharien. Art saharien.* ▪ *Veste saharienne* ou n. f. *saharienne*, veste de toile à ceinture.

SAHÉLIEN, IENNE, ▪ adj. [saeljɛ̃, jɛn] (*Sahel*) Du Sahel, bande de terre qui borde le Sahara au sud. *L'organisation du monde rural sahélien.*

SAHRAOUI, IE, ▪ adj. [saʁawi] (mot ar. de *sahra*, désert) Du Sahara occidental, territoire du sud-ouest du Maroc. *Le peuple sahraoui.* ▪ N. m. et n. f. Sahraoui indépendantiste. *Les Sahraouis militants.*

SAÏ, ▪ n. m. [sai] ou [saj] (tupi *çay*, singe) Petit singe appelé aussi *capucin*. Au pl. *Des saïs.*

SAÏDA, ▪ n. f. [saida] (nom déposé ; *Saïda*, ville de l'ouest de l'Algérie) Algérie Eau minérale plate. *La saïda est une eau de table très bonne pour la digestion et recommandée dans les affections rénales.*

1 **SAIE**, n. f. [sɛ] (esp. *sayo*, casaque d'homme, du lat. pop. *sagia*, du lat. *sagum*, manteau court) Espèce de manteau grossier. ◆ *Étoffe légère de laine*, qui est une espèce de serge.

2 **SAIE**, ▪ n. f. [sɛ] (var. normanno-pic. de *soie*) Petite brosse en soies de porc dont se servent les orfèvres.

SAÏGA, ▪ n. m. [sajga] ou [saiga] (mot russe, du turc *saïyak*) Petite antilope au museau bossu. Au pl. *Des saïgas.*

SAIGNANT, ANTE, adj. [sɛɲɑ̃, ɑ̃t] ou [sɛɲjɑ̃, ɑ̃t] (*saigner*) Qui dégoutte de sang. *Une plaie toute saignante.* ◆ *Viande saignante*, viande rôtie qui n'est pas assez cuite. ◆ ▷ Prov. *Bœuf saignant, mouton bêlant*, il faut que le bœuf et le mouton rôtis ne soient pas trop cuits. ◁ ◆ Fig. *La plaie est encore saignante*, la douleur, l'injure est toute récente. ◆ On dit dans un sens analogue : *Un cœur saignant.* ▪ Fam. Cruel et impitoyable. *La confrontation risque d'être saignante.*

SAIGNÉ, ÉE, p. p. de saigner. [sɛɲe] ou [sɛɲe]

SAIGNÉE, n. f. [sɛɲe] ou [sɛɲe] (p. p. fém. substantivé de *saigner*) Ouverture de la veine pour tirer du sang. ◆ *Saignée artérielle*, celle qui se fait par l'ouverture d'une artère ; *saignée veineuse*, celle qui se fait par l'ouverture d'une veine ; *saignée capillaire*, celle qui se fait par l'ouverture des capillaires (sangsues, ventouses scarifiées). ◆ Quantité de sang tirée par l'ouverture de la veine. ◆ Lieu où l'on fait la saignée, pli du bras. ◆ Fig. Il se dit de ce que l'on tire comme la sang qui vient de la veine ouverte. « *Il ne sort déjà que trop d'argent du royaume ; les saignées promptes épuisent bien plus que celles qui se font peu à peu* », FÉNELON. ◆ *C'est une grande saignée qu'on a faite à sa bourse*, se dit quand on a tiré de quelqu'un une grosse somme d'argent qu'il ne devait ou qu'il ne comptait pas payer. ◆ Rigole que l'on fait pour tirer de l'eau de quelque endroit. ◆ Fig. Perte de matière. *Une saignée dans le budget. Cette entreprise a subi une saignée d'emplois.*

SAIGNEMENT, n. m. [sɛɲəmɑ̃] ou [sɛɲjəmɑ̃] (*saigner*) Écoulement de sang. *Le saignement d'une plaie. Un saignement de nez.*

SAIGNER, v. intr. [sɛɲe] ou [sɛɲe] (lat. impér. *sanguinare*, être ensanglanté, de *sanguis*, sang) Rendre du sang, en parlant soit de la personne ou de l'animal qui perd du sang, soit de la partie dont il s'écoule. *Laisser saigner une plaie. Le nez lui saigne.* ◆ *Saigner comme un bœuf*, rendre beaucoup de sang par la partie qui a été blessée, coupée. ◆ *Saigner du nez*, avoir du sang qui coule du nez, et fig. manquer de courage dans l'occasion. ◆ Des grammairiens ont recommandé de dire *saigner au nez* pour exprimer l'écoulement du sang par le nez, et *saigner du nez* pour lâcher pied, reculer. Mais *saigner au nez* est une invention de ces grammairiens, et ne se trouve nulle part, ni au propre, ni au figuré. ◆ Ressentir un mal comparé à une plaie saignante. *Mon cœur saigne.* « *Ma blessure trop vive aussitôt a saigné* », RACINE. ◆ *C'est une plaie qui saigne encore*, c'est une offense, un malheur dont le souvenir est encore vif. ◆ *Le cœur me saigne*, cela me blesse, m'afflige profondément. ◆ V. tr. Tirer du sang en ouvrant une veine. ◆ *Saigner jusqu'au blanc, à blanc*, tirer une telle quantité de sang que le patient devienne blanc. ◆ Absol. *Il saigne bien.* ◆ Tuer, égorger un animal. *Saigner un porc.* ◆ Par extens. *Saigner quelqu'un*, lui donner un coup d'épée, le tuer d'un coup d'épée. ◆ *Saigner la viande*, la purger du sang grossier. ◆ Fig. Exiger, tirer de quelqu'un plus qu'il ne croyait payer. *Saigner les traitants.* ◆ ◁ ▷ Par analogie, *saigner un fossé, un marais*, en faire écouler l'eau par des rigoles. ◁ ◆ ▷ *Saigner une rivière*, détourner une partie de son cours. ◁ ◆ Se saigner, v. pr. Être saigné. ◆ Fig. Donner jusqu'au point de se gêner, faire un sacrifice d'argent. ▪ V. intr. Fig., fam. *Ça va saigner*, la rencontre va mal se passer. ▪ Se saigner, v. pr. Fam. *Se saigner aux quatre veines*, se sacrifier pour quelqu'un. *Une mère qui se saigne aux quatre veines pour ses enfants.* ▪ REM. Aujourd'hui, *saigner quelqu'un*, le tuer, est une tournure très familière.

SAIGNEUR, EUSE, n. m. et n. f. [sɛɲœʁ, øz] ou [sɛɲjœʁ, øz] (*saigner*) Fam. Médecin qui a l'habitude d'ordonner la saignée. ▪ Personne chargée de tuer un porc en le saignant.

SAIGNEUX, EUSE, adj. [sɛɲø, øz] ou [sɛɲjø, øz] (*saigner*) Sanglant, taché de sang. *Un mouchoir tout saigneux. Il a le nez saigneux.* ◆ ▷ *Bout saigneux de veau, de mouton*, le cou d'un veau ou d'un mouton tel qu'on le vend à la boucherie. ◁

SAILLANT, ANTE, adj. [sajɑ̃, ɑ̃t] (*saillir*) Hérald. Qui est en pied, en parlant d'une chèvre, d'un mouton, d'un bélier. ◆ Qui avance, qui sort en dehors. *Une corniche saillante.* ◆ *Angles saillants*, dans un polygone, ceux dont la pointe est en dehors. ◆ Fortif. *Angle saillant*, celui dont la pointe est tournée vers la campagne. ▪ N. m. Fortif. *Un saillant*, le sommet d'un angle saillant. ◆ Fig. Qui est en évidence, qui attire l'attention. « *Rendre le ridicule saillant* », DIDIER. ◆ Vif, brillant, remarquable. « *Rien ne s'oppose plus à la chaleur que le désir de mettre partout des traits saillants* », BUFFON. ◆ N. m. *Cet homme a du saillant dans l'esprit.*

SAILLI, IE, p. p. de saillir. [saji]

SAILLIE, n. f. [saji] (p. p. fém. substantivé de *saillir*) Mouvement qui se fait par sauts, par élans. *Cet animal qui marche par bonds et par saillies.* ◆ Fig. « *Le style de ces cantiques marche par de vives et impétueuses saillies* », BOSSUET. ◆ Fig. Il se dit de l'âme, du caractère, de la passion, etc. « *Jeunes gens, par vos vives saillies et vos fougues impétueuses vous voulez tout emporter* », BOSSUET. « *Parlant sans suite et par saillies* », J.-J. ROUSSEAU. ◆ Fig. Trait d'esprit brillant et imprévu. ◆ Éminence à la surface de certains objets. « *Les orbites des yeux ont beaucoup de saillie* », BUFFON. ◆ Fig. « *Pour peu qu'on voie les choses avec une certaine étendue, les saillies s'évanouissent* », MONTESQUIEU. ◆ Archit. Avance formée par une corniche, un balcon, etc., ou une partie de l'édifice sur une autre. ◆ Peint. Relief apparent des objets représentés sur un tableau. ▪ Accouplement des animaux domestiques. *La saillie d'une jument par l'étalon.*

SAILLIR, v. intr. [sajiʁ] (lat. *salire*, sauter, bondir, couvrir une femelle) *Je saillis*, etc. ; *je saillissais*, etc. ; *j'ai sailli*, etc. ; *je saillis*, etc. ; *je saillirai*, etc. ; *je saillirais*, etc. Sortir avec impétuosité, en parlant d'un liquide. *Quand Moïse frappa le rocher, il en saillit une source d'eau.* ◆ En ce sens, on dit aujourd'hui plutôt *jaillir*. ◆ Être en saillie, s'avancer au dehors, déborder. Dans ce sens, il se conjugue ainsi : *il saille, ils saillent ; il saillait, ils saillaient ; il saillit, il saillera, ils sailleront ; je saillirai, qu'il saille, qu'ils saillent ; qu'il saillît, qu'ils saillissent ; saillant, sailli, ie. Ce balcon saille de trois pieds sur le mur.* ◆ Avoir beaucoup de relief. ◆ Faire saillir, représenter en relief. ▪ S'accoupler à une femelle, en parlant d'un animal domestique.

SAÏMIRI, ▪ n. m. [saïmiri] ou [sajmiri] (mot tupi-guarani) Petit singe d'Amérique, dont l'une des espèces est également appelée *singe écureuil*. *Le saïmiri est caractérisé par la coloration vive de son pelage et par le dessin insolite qu'il porte sur le visage.*

SAIN, AINE, adj. [sɛ̃, ɛn] (lat. *sanus*) Qui est de bonne constitution, d'une constitution qui n'est pas lésée en rien. ◆ N. m. et n. f. « *Que le malade au sain présente le remède* », MOLIÈRE. ◆ En parlant des parties du corps, qui est en bon état, qui n'éprouve aucune altération. *Ce cheval a les jambes saines.* ◆ Il se dit des fruits, des plantes et du bois. *Des poires saines.* ◆ Par extens. *Les fondements de cet édifice ont été trouvés fort sains.* ◆ Fig. Il se dit de la santé de l'âme, de l'esprit. *Une tête saine. Un jugement sain.* ◆ Il se dit, dans le même sens, des opinions, des idées, etc. ◆ *La saine raison*, la droite raison. ◆ *La saine critique*, la critique judicieuse. ◆ *La saine doctrine*, doctrine conforme à la morale, à la raison, au bon goût ; et aussi celle qui est orthodoxe. ◆ Qui contribue à la santé. *Les lieux marécageux ne sont pas sains. L'exercice est sain.* ◆ *Sain et sauf*, sans accident, sans blessures, sans dommage, en parlant des personnes, des choses. *Ils sont revenus sains et saufs.*

SAINBOIS, n. m. [sɛ̃bwa] (*saint* et *bois*, avec attraction de *sain*) Un des noms vulgaires du *daphné*, appelé aussi *garou*. ◆ Pharm. Écorce du garou, employée à faire une pommade à vésicatoire.

SAINDOUX, n. m. [sɛ̃du] (anc. fr. *sain*, graisse animale, du lat. *sagina*, engraissement, et *doux*) Graisse de porc fondue.

SAINEMENT, adv. [sɛn(ə)mɑ̃] (*sain*) D'une manière saine. *Être logé sainement.* ◆ Fig. D'une manière raisonnable. « *Parlez plus sainement de vos maux et des miens* », P. CORNEILLE.

SAINFOIN, n. m. [sɛ̃fwɛ̃] (*sain* ou *saint*, et *foin*) Nom d'un genre de la famille des légumineuses, dans lequel on distingue le sainfoin cultivé, dit vulgairement *sainfoin* et *esparcette*.

SAINT, AINTE, adj. [sɛ̃, ɛ̃t] (lat. *sanctus*, inviolable, de *sancire*, consacrer) Qui appartient à la religion, qui est dédié à des usages sacrés. *La sainte messe. La sainte Bible.* ◆ *Le peuple saint*, le peuple juif. ◆ *La tribu sainte*, la tribu de Lévi. ◆ *La cité sainte*, Jérusalem, et fig. la Jérusalem céleste, le paradis. ◆ *Le Saint-Père*, le pape. ◆ *Le Saint-Siège*, la cour de Rome. ◆ *Le Saint-Office*, Voy. OFFICE. ◆ *Le Saint-Empire romain* ou absol. *le Saint-Empire*, l'empire d'Allemagne autrefois. ◆ *Terre sainte*, Voy. TERRE. ◆ *Semaine sainte*, Voy. SEMAINE. ◆ Qui vit selon la loi de Dieu, qui observe ses commandements. *Une âme sainte. La sainte Église.* ◆ Il se dit des choses en un sens analogue. *Une vie sainte.* ✦ Il se dit des esprits bienheureux et des créatures les plus parfaites. *La Sainte Vierge. Les saints martyrs.* ✦ Souverainement pur ; il ne se dit en ce sens que de Dieu. *La Sainte-Trinité. Le Saint-Esprit.* ✦ Digne d'un grand respect, qui ne peut être violé sans une sorte d'impiété. *La plus sainte des lois.* « *L'auguste et saint ministère de la justice* », BOSSUET. ✦ N. m., n. f. Personne qui vit ou qui est morte en état de sainteté. ✦ Par extens. « *Un des saints du paganisme* », J.-J. ROUSSEAU. ✦ *La communion des saints*, Voy. COMMUNION. ✦ *C'est un petit saint de bois*, se dit d'un hypocrite. ✦ *C'est un saint qu'on ne chôme plus*, Voy. CHÔMER. ✦ **Fam.** *De petits saints*, des personnes qui affectent l'apparence de sainteté. ✦ *Le saint du jour*, se dit d'un homme qui est à la mode ou en crédit depuis peu. ✦ *Prêcher pour son saint*, louer, vanter une chose, une personne en vue de son intérêt personnel. ✦ Chez les Juifs, *le saint*, l'espace qui était avant le saint des saints. ✦ *Le saint des saints*, la partie la plus profonde et la plus sacrée du tabernacle, et ensuite le temple de Salomon, celle où l'arche était renfermée. ✦ *Le Saint des Saints*, Dieu. ✦ *Saint* se joint par un trait d'union avec les noms de saint, et signifie le jour où l'on célèbre la fête du saint ; il est féminin. *La Saint-Jean.* ✦ Quand ces noms deviennent noms de localité ou autres, on les écrit comme pour la fête. *La ville de Saint-Germain. L'église Saint-Germain*, absol. au masc. *l'église qui est sous l'invocation de saint Germain.* ✦ Dans ces cas, on écrit Saint avec une majuscule et on l'unit au mot suivant par un trait d'union, tandis que, quand on nomme le saint, on ne met ni majuscule ni trait d'union. ✦ *Un saint Augustin*, les œuvres de saint Augustin. ✦ Prov. *Comme on connaît les saints, on les honore*, on traite un homme suivant son mérite, son crédit. ✦ *Il vaut mieux s'adresser à Dieu qu'à ses saints*, il vaut mieux s'adresser au maître qu'à ses subalternes, quand on veut obtenir quelque grâce. ▪ **Adj. Fam.** *Toute la sainte journée*, la journée toute entière. *Travailler sans relâche toute la sainte journée.* ▪ **N. m., n. f.** *Ne pas savoir à quel saint se vouer*, ne plus savoir comment faire pour résoudre un problème. ✦ *La Saint-Sylvestre*, le 31 décembre. ✦ *Les saints de glace*, période correspondant aux fêtes de saint Mamert, saint Pancrace et saint Gervais, souvent synonyme de gelées tardives. ▪ **N. m. Fig.** *Le saint des saints*, la partie la plus secrète et la plus importante d'une chose.

SAINT-AUGUSTIN, n. m. [sɛ̃togystɛ̃] (*saint Augustin*, ce caractère ayant servi à la première impression de la *Cité de Dieu*) Voy. AUGUSTIN.

SAINT-BERNARD, ▪ n. m. [sɛ̃bɛrnar] (*Grand-Saint-Bernard*, col alpin) Race de chiens de grande taille, au poil long, blanc et fauve, utilisé dans les sauvetages en montagne. Au pl. *Des saint-bernard* ou *des saint-bernards.*

SAINT-CRÉPIN, ▪ n. m. [sɛ̃krepɛ̃] (*saint Crépin*, patron des cordonniers) Les outils du cordonnier. Au pl. *Des saint-crépins* ou *des saint-crépin.* ▪ **Fam.** Les affaires que l'on possède.

SAINT-CYRIEN, IENNE, ▪ n. m. et n. f. [sɛ̃sirjɛ̃, jɛn] (*Saint-Cyr*, école militaire) Élève de l'École militaire de Saint-Cyr, qui forme les officiers de l'armée française. *Les saint-cyriens sont aussi appelés les cyrards.*

SAINTE-ANNE, n. m. [sɛ̃tan] (p.-ê. nom de lieu) Marbre de Belgique, d'un gris mélangé de blanc.

SAINTE-BARBE, n. f. [sɛ̃t(ə)barb] (*sainte Barbe*, patronne des artilleurs) **Mar.** Emplacement qui, dans un vaisseau, contient les ustensiles d'artillerie.

SAINTE-MAURE, ▪ n. m. [sɛ̃t(ə)mɔr] (*Sainte-Maure-de-Touraine*, petite ville d'Indre-et-Loire) Fromage de chèvre en forme de long cylindre produit en Touraine. Au pl. *Des sainte-maure* ou *des sainte-maures.*

SAINTEMENT, adv. [sɛ̃t(ə)mɑ̃] (*saint*) D'une manière sainte.

SAINT-ÉMILION, ▪ n. m. [sɛ̃temiljɔ̃] (*Saint-Émilion*, ville de Gironde) Vin rouge renommé du Bordelais produit dans la région de Saint Émilion. Au pl. *Des saint-émilion* ou *des saint-émilions.*

SAINTE-NITOUCHE, n. f. [sɛ̃t(ə)nituʃ] Voy. NITOUCHE.

SAINTETÉ, n. f. [sɛ̃t(ə)te] (lat. *sanctitas*, caractère sacré) Qualité de ce qui est saint. « *Les Juifs se regardent comme la source de toute sainteté* », MONTESQUIEU. ✦ *Maisons de sainteté*, les couvents. ✦ Il se dit par excellence en parlant de Dieu. ✦ Qualité de ce qui est saint. *La sainteté des lois. La sainteté du mariage.* ✦ Titre dont on se sert en parlant du pape ou en parlant au pape (avec une majuscule à Sainteté et à l'adjectif possessif). *Votre Sainteté. Sa Sainteté.*

SAINT-FRUSQUIN, ▪ n. m. [sɛ̃fryskɛ̃] (orig. inc.) L'ensemble des affaires que quelqu'un possède. Au pl. *Des saint-frusquin* ou *des saint-frusquins.* ▪ **Fam.** *Et tout le saint-frusquin*, et le reste. *Remballe tes chemises, tes pantalons, et tout le saint-frusquin.*

SAINT-GERMAIN, [sɛ̃ʒɛrmɛ̃] Voy. GERMAIN.

SAINT-GLINGLIN (À LA), ▪ loc. adv. [sɛ̃glɛ̃glɛ̃] (orig. obsc.) **Fam.** Jamais.

SAINT-HONORÉ, ▪ n. m. [sɛ̃tonore] (*saint Honoré*, patron des boulangers) Gâteau garni d'un assemblage de choux à la crème chantilly. Au pl. *Des saint-honoré* ou *des saint-honorés.*

SAINT-JACQUES, ▪ n. f. [sɛ̃ʒak] ([*coquille*] *Saint-Jacques*) Coquille Saint-Jacques, Voy. COQUILLE Au pl. *Des saint-jacques.*

SAINT-MARCELLIN, ▪ n. m. [sɛ̃marsəlɛ̃] (*Saint-Marcellin*, petite ville de l'Isère) Petit fromage au lait de vache à pâte molle, produit dans le Dauphiné. Au pl. *Des saint-marcellins* ou *des saint-marcellin. Plus le saint-marcellin est affiné, plus son goût est aromatique et puissant et plus sa texture est fondante, voire coulante.*

SAINT-NECTAIRE, ▪ n. m. [sɛ̃nɛktɛr] (*Saint-Nectaire*, ville du Puy-de-Dôme) Fromage au lait de vache, à pâte pressée et croûte moisie, fabriqué en Auvergne. Au pl. *Des saint-nectaire* ou *des saint-nectaires.*

SAINT-PAULIN, ▪ n. m. [sɛ̃polɛ̃] (nom de lieu) Fromage de lait de vache à pâte pressée orangée et demi-ferme. Au pl. *Des saint-paulins* ou *des saint-paulin.*

SAINT-PIERRE, ▪ n. m. [sɛ̃pjɛr] (*saint Pierre*, dont les doigts auraient marqué le poisson de deux taches rondes quand il tira de sa bouche le statère du cens, Mt. XVII, 24-27) **Zool.** Poisson de mer possédant une grande nageoire dorsale. Au pl. *Des saint-pierres* ou *des saint-pierre. Le saint-pierre, également appelé dorée, est caractérisé par la tache noire circulaire qu'il porte en arrière de l'ouïe.*

SAINT-SIMONIEN, IENNE, n. m. et n. f. [sɛ̃simɔnjɛ̃, jɛn] (*saint-simonisme*) Partisan du saint-simonisme. ▪ **Adj.** Qui appartient aux doctrines de Saint-Simon. *L'école saint-simonienne.*

SAINT-SIMONISME, n. m. [sɛ̃simɔnism] (*Saint-Simon*, 1760-1825, philosophe et économiste français) Système philosophique et social de Saint-Simon, qui consiste surtout en ce que tous les individus de l'espèce humaine doivent être associés et rangés selon leurs capacités.

SAINT-SYNODE, ▪ n. m. [sɛ̃sinɔd] (*saint* et *synode*) Conseil d'évêques orthodoxes. *Des saints-synodes.*

SAÏQUE, n. f. [saik] (ital. *saic*[*c*]*a*, du turc *saica*, barque) **Mar.** Espèce de vaisseau du Levant qui n'a ni misaine, ni perroquet, ni haubans, mais qui porte un beaupré, un petit artimon, et un grand mât avec son hunier d'une hauteur extraordinaire.

SAISI, IE, p. p. de saisir. [sezi] *Tiers saisi*, celui entre les mains duquel on a fait une saisie-arrêt, une opposition. ✦ N. m. et n. f. *Le saisi*, le débiteur sur lequel on a fait une saisie.

SAISIE, n. f. [sezi] (p. p. fém. substantivé de *saisir*) Acte d'un créancier qui, pour la sûreté d'une dette, met sous la main de justice les meubles ou immeubles de son débiteur. ✦ *L'acte même par lequel une saisie est juridiquement faite.* ✦ *Saisie immobilière*, anciennement saisie réelle. ✦ *Saisie conservatoire*, espèce de saisie préalable, avant décision judiciaire. ✦ *Saisie-arrêt*, opposition par laquelle un créancier arrête dans les mains d'un tiers les sommes ou effets appartenant à son débiteur. ✦ *Saisie-brandon*, saisie des récoltes et fruits, pendants par branches et racines. ✦ *Saisie-exécution*, saisie des meubles. ✦ *Saisie-gagerie*, saisie des objets qui peuvent servir de gages pour le prix d'une ferme, d'un loyer, tels que les meubles meublants. ✦ *Saisie-revendication*, saisie des effets mobiliers sur lesquels on prétend un droit de propriété ou de gage privilégié. ✦ *Mise sous la main de justice des choses qui sont l'objet d'une contravention, ou les preuves d'un crime, d'un délit. Saisie de marchandises de contrebande.* ▪ **Mar.** Capture ou prise d'un navire neutre. ▪ **Dr.** *Saisie-attribution*, saisie d'une somme d'argent. ▪ **Inform.** Enregistrement de données en vue de leur traitement ou de leur enregistrement.

SAISIE-ARRÊT, SAISIE-BRANDON, SAISIE-EXÉCUTION, SAISIE-GAGERIE, SAISIE-REVENDICATION, SAISIE-ATTRIBUTION, n. f. [seziarɛ, sezibrɑ̃dɔ̃, seziɛgzekysjɔ̃, sezigaʒ(ə)ri, sezirəvɑ̃dikasjɔ̃, seziatribysjɔ̃] Voy. SAISIE.

SAISINE, n. f. [sezin] (saisir ; sens mar., angl. *seizing*, de *to seize*, saisir) **Jurispr.** Il se dit de la prise de possession ou de l'investiture qui appartient de plein droit à un héritier, et en général de la possession où l'on est d'un bien. ✦ *Prise de possession*, sans investiture du droit de propriété, par les exécuteurs testamentaires. ▪ **Mar.** Cordage de fixation de certains objets. *La saisine, placée sur la partie latérale d'un bateau, permet également aux passagers de s'y accrocher en cas de houle.*

SAISIR, v. tr. [sezir] (a. h. all. *sazjan*, mettre qqn en possession de) Prendre avec vigueur, avec effort et tout d'un coup. *Saisir quelqu'un par le bras.* ✦ Prendre un objet pour le tenir, pour s'en servir ou pour le porter. ✦ **Fig.** *Saisir le moment, l'occasion favorable*, en profiter. ✦ On dit de même : *Saisir un avantage.* ✦ ▷ *Saisir un prétexte*, s'en servir, s'en autoriser. ◁ ✦ S'emparer de, occuper en force. « *Nous saisissons la porte, et les gardes se rendent* », P. CORNEILLE. ✦ Unir, agglutiner. « *De gros sables qui furent saisis et agglutinés* *par la pâte d'argile* », BUFFON. ♦ **Mar.** Lier étroitement deux objets par des cordages ou de toute autre façon. ♦ **Fig.** Embrasser par le regard. ♦ **Fig.** Comprendre, discerner. *Saisir le sens d'un auteur.* ♦ « *Il y a un âge pour bien saisir l'usage du monde* », J.-J. ROUSSEAU. ♦ Il se dit d'une attaque vive de maladie, d'une impression sur les sens. *La fièvre me saisit.* « *Un parfum saisit agréablement notre odorat quand nous y pensons le moins* », FÉNELON. ♦ Il se dit de l'impression soudaine du froid. *Le grand air m'a saisi.* ♦ **Fig.** Mettre sous l'impression vive et soudaine de quelque sentiment, de quelque passion. « *Les cœurs sont saisis d'une joie soudaine par la grâce inespérée d'un beau jour d'hiver* », BOSSUET. « *L'épouvante saisit les cœurs* », FÉNELON. ♦ **Absol.** « *Voilà ce qui surprend, frappe, saisit, attache* », BOILEAU. ♦ *Être saisi*, être frappé subitement de douleur ou de plaisir ou d'étonnement. *Je suis encore tout saisi de cette nouvelle.* ♦ *Faire une saisie*, retenir par voie de saisie. *L'huissier a saisi son mobilier.* ♦ Mettre en possession de. « *Vous régnez en ma place, et les dieux l'ont souffert ; Je dis plus, ils vous ont saisi de ma couronne* », P. CORNEILLE. ♦ **Jurispr.** *Le mort saisit le vif*, l'héritier est immédiatement investi des biens du défunt. ♦ *Saisir un tribunal d'une affaire*, la porter devant lui. ♦ *Se saisir*, v. pr. S'empoigner l'un l'autre. ♦ S'emparer, se rendre maître d'une personne ou d'une chose. « *Il se saisit des portes* », P. CORNEILLE. « *Et vous vous saisissez d'un prétexte frivole Pour vous autoriser à manquer de parole* », MOLIÈRE. ♦ **Fig.** Il se dit avec un nom de chose pour sujet. « *Qui ne voit que l'esprit de séduction s'est saisi de leur cœur ?* », BOSSUET. ♦ Évoquer devant soi une affaire. *Le parlement se saisit de la contestation.* ♦ S'émouvoir, être saisi. « *Le beau vous touche, et ne seriez d'humeur À vous saisir pour une baliverne* », RACINE. ♦ Faire cuire à feu vif. *Saisir une viande.* ■ **Inform.** Procéder à la saisie de données.

SAISIR-ARRÊTER, SAISIR-BRANDONNER, SAISIR-REVENDIQUER, v. tr. [sezirarete, sezirbrɑ̃dɔne, sezirrəvɑ̃dike] Exercer la saisie-arrêt, la saisie-brandon, la saisie-revendication, Voy. SAISIE.

SAISISSABLE, adj. [sezisabl] (radic. du p. prés. de *saisir*) **Procéd.** Qui peut être saisi. *Cette rente n'est pas saisissable.* ■ Qui peut être perçu par les sens ou par l'esprit. *Un sens aisément saisissable.*

SAISISSANT, ANTE, adj. [sezisɑ̃, ɑ̃t] (*saisir*) Qui saisit, qui surprend tout d'un coup. *Un froid saisissant.* ♦ **Fig.** *Orateur saisissant. Scène saisissante.* ♦ **Procéd.** Qui saisit, ou au nom duquel se fait une saisie. ■ N. m. et n. f. *Le saisissant. La saisissante.*

SAISISSEMENT, n. m. [sezis(ə)mɑ̃] (radic. du p. prés de *saisir*) Action de saisir, de prendre. ♦ Impression subite et violente causée par le froid. ♦ **Fig.** Émotion vive et soudaine, agréable ou douloureuse. *Mourir de saisissement. Le doux saisissement de la joie.*

SAISON, n. f. [sezɔ̃] (lat. *satio*, action de semer, de planter, de *satum*, supin de *serere*, semer) Nom des quatre grandes divisions de l'année, printemps, été, automne et hiver, comprenant chacune trois mois, et, astronomiquement, le temps employé par le Soleil pour passer d'un solstice à un équinoxe ou d'un équinoxe à un solstice. ♦ *La saison nouvelle*, le printemps. ♦ *La belle saison*, la partie de l'année où le temps est beau. ♦ *L'arrière-saison*, l'automne, le commencement de l'hiver. ♦ *La mauvaise saison*, la fin de l'automne, l'hiver. ♦ *La saison chaude, la saison froide*, se dit des deux moitiés de l'année. ♦ *Marchande des quatre saisons*, marchande ambulante qui, dans chaque saison, vend les fruits ou les objets de consommation que cette saison produit ou dont elle fait naître le besoin. ♦ Chez les Grecs, les trois Saisons (d'après une ancienne division de l'année), déesses qui présidaient à l'année. ♦ Temps où dominent certains états de l'atmosphère. *La saison des pluies.* ♦ *La morte saison*, la saison où la terre ne produit rien. ♦ **Fig.** *Saison morte, morte saison*, temps de l'année où une industrie chôme. ♦ Époque de l'année où se fait une culture, où la terre donne telle ou telle production. *La saison des fleurs, des semailles, des foins, des vendanges.* ♦ ▷ La durée variable pendant laquelle il convient de prendre certaines eaux thermales. *Une saison de Vichy.* ◁ ♦ Temps favorable pour faire quelque chose. *Faire ses provisions dans la saison. En temps et saison.* ♦ En général, moment, circonstance. « *Ne t'épouvante point, tout vient en sa saison* », P. CORNEILLE. « *Ce n'est pas la saison De m'expliquer, vous dis-je* », MOLIÈRE. ♦ *De saison*, en opportunité convenable. « *La prudence est toujours de saison* », MOLIÈRE. ♦ ▷ *Il est saison de*, il est temps de. ◁ ♦ *Il n'est saison que de*, avec un infinitif, la saison ne permet que de. « *Seigneur, il n'est saison Que de verser des larmes* », P. CORNEILLE. ♦ *Hors de saison*, inopportun, qui ne convient pas. *Des conseils hors de saison.* ♦ Âges de la vie. « *Vous entrez maintenant dans la belle saison de l'homme* », MOLIÈRE. ♦ *La première saison de la vie*, la jeunesse. ♦ *La dernière saison de la vie*, la vieillesse. ♦ Vie. « *Pourquoi [...] passez-vous en cette amertume le meilleur de votre saison ?* », MASSILLON. ♦ Époque. « *La pleine découverte des vérités était d'une autre saison et d'un autre siècle* », BOSSUET. ♦ Période de l'année correspondant à une affluence touristique dans certaines régions. *La basse saison, la moyenne saison, la haute saison.* ■ Dans de nombreux sports, année de compétition. *Chez les professionnels, la saison de tennis comporte quatre tournois majeurs.*

SAISONNALITÉ, ■ n. f. [sezɔnalite] (*saison*) Caractère saisonnier d'une activité. *La saisonnalité du tourisme alpin.*

SAISONNIER, IÈRE, ■ adj. [sezɔnje, jɛʀ] (*saison*) Qui n'apparaît qu'à une saison précise. *Phénomène saisonnier. Travail saisonnier.* ■ N. m., n. f. Personne qui est embauchée pour un travail ne durant qu'une saison. *Les ouvriers agricoles sont souvent des saisonniers.*

SAÏTE, ■ adj. [sait] (*Saïs*, ville égyptienne ancienne) Relatif à une période de l'histoire de l'Égypte antique (entre -663 et -525 environ). *Six pharaons se sont succédé pendant la dynastie saïte.*

SAJOU, ■ n. m. [saʒu] (var. de *sapajou*) Voy. SAPAJOU.

SAKÉ, ■ n. m. [sake] (mot jap.) Boisson japonaise à base d'alcool de riz qui se boit généralement tiède en digestif. *Des sakés.*

SAKI, ■ n. m. [saki] (tupi *cay*, singe) Singe amazonien à fourrure épaisse. Au pl. *Des sakis. Solitaire, le saki ne se regroupe que pour la reproduction et les migrations.*

SAKIEH, ■ n. f. [sakje] (ar. *saqiya*, roue hydraulique, de *saqa*, donner à boire, irriguer) Machine hydraulique actionnée par des bœufs, en Égypte. *Des sakiehs. Un bœuf faisait tourner une sakieh qui mettait en mouvement une roue verticale portant une chaîne de pots, dont l'eau, puisée dans une nappe souterraine, se déversait dans des rigoles.*

SALACE, ■ adj. [salas] (lat. *salax*, lascif, lubrique) **Littér.** Qui apprécie et recherche les plaisirs sexuels, en parlant d'une personne. ■ Qui caractérise des propos ou une attitude obscènes. *Une blague, un regard salace.*

SALACITÉ, ■ n. f. [salasite] (lat. impér. *salacitas*, lasciveté) **Littér.** Caractère de ce qui est salace. *Des mots crus prononcés sans aucune salacité.* « *Une salacité sournoise montait, flattait les bas instincts, aussi bien dans le roman que dans le journal, dans les spectacles que dans la publicité* », VAN DER MEERSCH.

1 SALADE, n. f. [salad] (ital. *salada*, de *salare*, saler, du lat. *sal*, sel) Mets composé de certaines herbes ou de certains légumes assaisonnés avec du sel, du poivre, du vinaigre et de l'huile. *Une salade de laitue.* ♦ La partie de toute herbe propre à être mise en salade, avant qu'elle soit assaisonnée. ♦ **Abusiv.** La plante même qui fournit la salade. ♦ **Par extens.** Mets composé de fruits, de légumes, de viandes froides, ou de poisson salé, etc., et assaisonné comme de la salade. ♦ *Salade d'oranges*, oranges coupées par tranches et assaisonnées avec du sucre, de l'eau et de l'eau-de-vie. ■ *Salade russe*, mélange de légumes assaisonnés de mayonnaise. ■ *Salade de fruits*, mélange de fruits coupés en morceaux, accommodés avec du sucre ou de l'alcool. ■ **Fig.** et **fam.** Mélange confus. ■ N. f. pl. **Fam.** Mensonges, histoires. *Arrête de me raconter des salades !*

2 SALADE, n. f. [salad] (ital. *celata*, prob. de *cielo*, voûte céleste, à cause de la forme bombée) Casque que portaient les gens de guerre à cheval ; il n'est d'usage qu'en parlant des XVe, XVIe et XVIIe siècles. ♦ S'est dit d'un soldat coiffé de cette salade.

SALADIER, n. m. [saladje] (1 *salade*) Vase où l'on sert la salade. ♦ Ce que contient un saladier. ♦ Panier à jour pour secouer la salade qu'on a lavée.

SALAGE, n. m. [salaʒ] (*saler*) Action de saler ; résultat de cette action.

SALAIRE, n. m. [salɛʀ] (lat. impér. *salarium*, ration de sel, solde, émoluments) Paiement pour travail ou pour service. ♦ **Fig.** Récompense. ♦ **Par antiphrase** Châtiment.

SALAISON, n. f. [salezɔ̃] (*saler*) Action de saler les viandes ou autres provisions pour les conserver. *La salaison du porc, du beurre.* ♦ Viande salée, poisson salé pour l'alimentation. *Vivre de salaisons.*

SALAISONNIER, IÈRE, ■ n. m. et n. f. [salezɔnje, jɛʀ] (*salaison*) Personne chargée de la salaison des aliments. *Le salaisonnier doit tenir un registre des salaisons répondant à des exigences fixées par une commission.*

SALAMALEC, n. m. [salamalɛk] (ar. *salâm*, paix, salut, *alayk*, sur toi) **Fam.** Au sens propre, salut. ♦ Révérence profonde, politesse exagérée. *Faire de grands salamalecs.* ■ **Maroc** Discussion oiseuse, stérile. ■ **Rem.** Employé surtout au pluriel.

SALAMANDRE, n. f. [salamɑ̃dr] (lat. impér. *salamandra*, du gr. *salamandra*, sorte de grand lézard) Genre de batraciens nombreux en espèces. ♦ Le type du genre salamandre est la salamandre tachetée, laquelle n'habite l'eau qu'à l'état de têtard, ou lorsqu'elle y dépose ses têtards, et à laquelle on attribuait la faculté de vivre dans le feu. ♦ ▷ **Cabale** Nom donné aux prétendus esprits du feu. ◁ ♦ En ce sens, *salamandre* est du masculin quand on parle des esprits mâles, et féminin quand on parle des esprits femelles. ◁ ■ Appareil de cuisson à plafond rayonnant utilisé dans la restauration pour faire gratiner ou caraméliser certains plats.

SALAMI, ■ n. m. [salami] (mot it., plur. de *salame*, saucisson de porc salé et séché) Gros saucisson italien présenté en tranches fines. Au pl. *Des salamis.*

SALANGANE, ■ n. f. [salɑ̃gan] (mot des Philippines, du malais *sarang*, nid) **Zool.** Oiseau malais de la famille des martinets, dont on consomme le nid. *Le nid des salanganes, qui a fait leur célébrité, est un mets très estimé, particulièrement en Chine.*

SALANT, adj. m. [salɑ̃] (*saler*) Il n'est usité que dans : *Marais, puits salant,* marais, puits d'où l'on tire du sel. ▪ **N. m. Géogr.** Terrain proche de la mer où apparaissent des efflorescences de sel. *Les salants de la mer Morte.*

SALARIAL, ALE, ▪ adj. [salaʁjal] (*salaire*) Qui se rapporte au salaire. *Les prélèvements salariaux représentent un budget important.* ▪ *Cotisations salariales,* cotisations versées par le salarié. ▪ *Masse salariale,* somme globale des rémunérations directes ou indirectes des salariés d'une entreprise, d'un secteur d'activité ou d'un pays.

SALARIAT, n. m. [salaʁja] (*salarié*) Néolog. État, condition d'une personne salariée. ▪ Ensemble des salariés. *Le salariat était en négociation avec le patronat.* ▪ REM. Ce mot n'est plus un néologisme aujourd'hui.

SALARIÉ, ÉE, p. p. de salarier. [salaʁje] N. m. et n. f. Celui qui reçoit un salaire. *Les salariés.*

SALARIER, v. tr. [salaʁje] (*salaire*, d'après le lat. *salarium*) Donner le salaire qui est dû. ▪ Donner le statut de salarié à quelqu'un.

SALAUD, AUDE, n. m. et n. f. [salo, od] (*sale*) Terme populaire et injurieux. Personne sale, malpropre. ◆ Adj. *Cet homme est bien salaud.* ▪ Personne qui se comporte de façon méprisable. ▪ REM. Ce mot ne s'emploie plus qu'au masculin.

SALE, adj. [sal] (frq. *salo*, terne, sale) Plein d'ordures, malpropre. *Une chambre sale. Avoir les mains sales. Un homme sale.* ◆ N. m. et n. f. *Fi, le sale !* ◆ *Gris sale,* gris terne qui n'a pas l'œil du gris ordinaire. *Vert sale, blanc sale,* etc. ◆ **Peint.** *Couleur sale,* couleur désagréable à l'œil, composée de couleurs ennemies. ◆ **Fig.** Qui blesse la pudeur, la modestie. « *Les plus grossières et les plus sales passions* », BOURDALOUE. ◆ **Fig.** Contraire à l'honneur, à la délicatesse. « *Les sales gains de l'avarice* », BOSSUET. ◆ *Une sale affaire,* affaire où la probité, la loyauté sont violées. ◆ *Une sale coup.* ▪ Digne de mépris. *Un sale type.* ▪ *Argent sale,* argent provenant d'une activité illégale. *L'argent sale de la mafia.* ▪ N. m. Endroit où l'on met le linge à laver. *Mets ton pantalon au sale.*

SALÉ, ÉE, p. p. de saler. [sale] N. m. *Le salé,* la chair de porc salée. ◆ *Petit salé,* la chair de cochon nouvellement salée. ◆ Qui contient du sel. ◆ *Eaux, sources salées,* celles dont on extrait du sel. ◆ *La plaine salée,* la mer. ▪ **Fig.** et fam. Qui agit sur l'esprit comme le sel sur la langue. ◆ Il se dit aussi des personnes qui ont du sel, qui ne ménagent rien. ◆ Qui pique l'esprit par quelque chose de trop libre. *Épigramme salée.* ▪ **Fam.** Fort, excessif, très désagréable. *Un prix salé.* ▪ N. m. Aliment qui a le goût du sel. *Préférer le salé au sucré.*

SALEMENT, adv. [sal(ə)mɑ̃] (*sale*) D'une manière sale.

SALEP, n. m. [salɛp] (mot turc, orchidée, de l'ar. *ta'lab,* testicules de renard, par analogie de forme) Substance alimentaire qu'on tire des tubercules de tous les orchis indistinctement. ◆ *Salep des Indes occidentales,* l'arrow-root. ◆ Boisson faite avec les bulbes des orchis.

SALER, v. tr. [sale] (lat. impér. *sal[l]ire,* de *sal,* sel) Assaisonner avec du sel. *Saler une soupe.* ◆ Absol. *Il ne faut pas trop saler.* ◆ Mettre du sel sur les viandes crues, les poissons crus, pour les conserver. ◆ **Fig.** et pop. Faire payer trop cher. ▪ Répandre du sel pour faire fondre la neige, le verglas. *Saler la route.*

SALERON, n. m. [sal(ə)ʁɔ̃] (*salière*) La partie creuse d'une salière, celle où l'on met le sel.

SALÉSIEN, IENNE, ▪ n. m. [salezjɛ̃, jɛn] (saint François de Sales, 1567-1622) Membre de la société des Prêtres de Saint-François de Sales, fondée par Jean Bosco. *La congrégation des salésiens de Don Bosco.* ▪ N. f. Religieuse membre des Filles de Marie Auxiliatrice.

SALETÉ, n. f. [sal(ə)te] (*sale*) Qualité de ce qui est sale. *La saleté de ses habits, de cette maison,* etc. ◆ Choses sales, ordures. ◆ **Fig.** Obscénité. ◆ Parole, image sale et obscène.

SALEUR, EUSE, n. m. et n. f. [salœʁ, øz] (*saler*) Celui, celle qui sale.

SALI, IE, p. p. de salir. [sali]

SALICACÉES, n. f. pl. [salikase] (lat. *salix, salicis,* saule) Famille de plantes dicotylédones, dont le saule est le type. ▪ REM. On disait autrefois *salicinées.*

SALICAIRE, n. f. [salikɛʁ] (lat. sav. [Tournefort] *salicaria,* du lat. *salix,* saule) Genre de plantes salicariées dont l'espèce à épis est astringente.

SALICARIÉES, n. f. pl. [salikaʁje] (lat. sav. *salicaria*) Famille de plantes dont le *Lythrum salicaria* est le type.

SALICINE, n. f. [salisin] (lat. *salix,* saule) **Chim.** Substance qui se trouve dans l'écorce du saule.

SALICINÉES, n. f. pl. [salisine] (lat. *salix,* saule) Voy. SALICACÉES.

SALICOLE, ▪ adj. [salikɔl] (lat. *sal, salis,* sel, et *-cole*) Relatif à la saliculture. *L'industrie salicole.*

SALICOQUE, n. f. [salikɔk] (p.-ê. anc. fr. *salir,* sauter, et *coque,* coquillage) Petite écrevisse de mer, d'un excellent goût, dite aussi *crevette* ou *chevrette.*

SALICORNE, n. f. [salikɔʁn] (catal. *salicorn,* prob. du lat. *sal,* sel et *corneum,* en forme de corne.) Plante qui croît sur le bord de la mer, et dont on retire de la soude. ◆ La soude en Languedoc et dans le Roussillon. ▪ REM. On disait aussi *salicor,* nom masculin.

SALICULTEUR, TRICE, ▪ n. m. et n. f. [salikyltœʁ, tʁis] (*saliculture*) Producteur de sel.

SALICULTURE, ▪ n. f. [salikyltyʁ] (lat. *sal,* sel et *culture*) Industrie qui exploite les marais salants pour produire du sel. *La saliculture est une activité littorale exceptionnelle, capable de créer à la fois des richesses économiques et environnementales.*

SALICYLATE, ▪ n. m. [salisilat] (*salicylique*) **Chim.** Sel ou ester de l'acide salicylique. *Salicylate de méthyle.*

SALICYLIQUE, ▪ adj. [salisilik] (*salicyle,* du radic. de *salicine* et suff. *-yle*) *Acide salicylique,* acide très caustique, se présentant sous forme de cristaux blancs dont les nombreux dérivés sont utilisés en pharmacie et dans l'industrie.

1 **SALIENS**, adj. m. pl. [saljɛ̃] (lat. plur. *salii,* de *salire,* sauter, parce qu'ils exécutaient des danses) **Antiq. rom.** Il se dit des prêtres de Mars, et des hymnes chantés en son honneur. ▪ N. m. *Le collège des saliens.*

2 **SALIENS**, adj. m. pl. [saljɛ̃] (b. lat. *Salii*) *Francs saliens,* nom d'une tribu des Francs, ainsi dits de la rivière Sala (l'Yssel).

SALIÈRE, n. f. [saljɛʁ] (lat. *salarius,* de sel, de *sal,* sel) Pièce de vaisselle pour mettre du sel. ◆ ▷ *Ouvrir les yeux grands comme des salières,* regarder attentivement et avec avidité quelque chose. ◁ ◆ ▷ Petit vaisseau de bois où l'on met le sel. ◁ ◆ L'enfoncement plus ou moins profond qui se remarque au-dessus de l'œil dans le cheval. ◆ **Pop.** Le vide qui existe derrière la clavicule, chez les personnes maigres.

SALIFÈRE, ▪ adj. [salifɛʁ] (lat. *sal,* sel et *-fère*) **Géol.** Qui contient du sel. *Bassin salifère.*

SALIFIABLE, adj. [salifjabl] (*salifier*) **Chim.** Se dit des substances qui sont susceptibles de former des sels en se combinant.

SALIFICATION, ▪ n. f. [salifikasjɔ̃] (*salifier*) **Chim.** Transformation d'une substance en un sel. *La salification croissante des sols en dessous du barrage d'Assouan en Égypte.*

SALIFIER, v. tr. [salifje] (lat. *sal* et *facere*) Convertir en sel.

SALIGAUD, AUDE, n. m. et n. f. [saligo, od] (frq. *salik,* sale de *salo,* même sens) Personne sale, malpropre. ▪ **Fam.** Personne qui se comporte de façon méprisable. ▪ REM. S'emploie rarement au féminin.

SALIGNON, n. m. [saliɲɔ̃] ou [salinjɔ̃] (lat. *salinum,* salière, de *sal*) Pain de sel fait d'eau de fontaine salée.

SALIN, INE, adj. [salɛ̃, in] (*sal,* sel) Qui contient du sel, qui est de la nature du sel. *Concrétion saline. Goût salin.* ◆ Qui croît dans des terres imbibées d'eaux salées. ◆ Dans l'ancienne chimie, salin se disait des substances acides, alcalines et de quelques autres. ◆ Aujourd'hui, *les corps salins,* les sels. ◆ N. m. *Un salin,* un marais salant. ◆ ▷ Le produit brut qu'on obtient en faisant évaporer la lessive des cendres végétales. ◁

SALINE, n. f. [salin] (lat. *salinæ,* lieu où se fait le sel, salines) ▷ Peu usité. Toute salaison soit de viande, soit de poisson. ◁ ◆ ▷ Le poisson salé. *Un marchand de saline.* ◁ ◆ Lieu où l'on fabrique le sel en évaporant l'eau des puits ou marais salants. ◆ Rocher, mine de sel gemme.

SALINIER, IÈRE, n. m. et n. f. [salinje, jɛʁ] (lat. pop. *salinarius,* ou *saline*) Personne qui fabrique le sel.

SALINITÉ, n. f. [salinite] (*salin*) Qualité de ce qui est salin. ▪ Teneur d'une roche, d'une eau, en sel. *La salinité de la mer Morte est très élevée.*

SALIQUE, adj. [salik] (lat. médiév. *salicus,* de *Salii,* Francs saliens) Qui appartient aux Francs saliens. ◆ « *Terre salique, enceinte qui dépendait de la maison du Germain ; c'était la seule propriété qu'il eût* », MONTESQUIEU. ◆ *Loi salique,* corps de lois des Francs saliens. ◆ Particulièrement, *loi salique,* la disposition qui exclut les femmes de la couronne de France.

SALIR, v. tr. [saliʁ] (*sale*) Rendre sale. ◆ **Peint.** *Salir une couleur,* lui ôter sa vivacité. ◆ **Fig.** Laisser une tache morale. *Cet argent salit les mains.* ◆ *Salir le papier,* écrire des choses basses, vulgaires. ◆ *Salir la réputation de quelqu'un,* y porter atteinte par des discours, des calomnies. ◆ Souiller par des idées, des images obscènes. « *Une pièce qui tient sans cesse la pudeur en alarme, et salit à tout moment l'imagination* », MOLIÈRE. ◆ Se salir, v. pr. Se rendre sale. *Prenez garde de vous salir.* ◆ Devenir sale. *Les étoffes blanches se salissent très vite.* ◆ **Fig.** Contracter quelque tache morale. ◆ *Il s'est sali,* se dit d'un homme qui a fait quelque action nuisible à sa réputation.

SALISSANT, ANTE, adj. [salisɑ̃, ɑ̃t] (*salir*) Qui salit. ◆ Qui se salit aisément. *Le blanc est une couleur fort salissante.*

SALISSON, n. f. [salisɔ̃] (radic. du p. prés. de *salir*) ▷ **Pop.** Femme, fille malpropre. ◁

SALISSURE, n. f. [salisyʀ] (radic. du p. prés. de *salir*) Ce qui salit.

SALIVAIRE, adj. [salivɛʀ] (lat. impér. *salivarius*, qui ressemble à la salive) **Anat.** Qui a rapport à la salive. *Glandes, sucs salivaires.*

SALIVATION, n. f. [salivasjɔ̃] (b. lat. *salivatio*) **Méd.** Flux surabondant de salive provoqué par des masticatoires ou par une maladie.

SALIVE, n. f. [saliv] (lat. *saliva*) Humeur inodore, insipide, transparente, un peu visqueuse, sécrétée par certaines glandes et versée dans la bouche. ■ **Fam.** et **fig.** *Avaler sa salive*, s'abstenir de parler. ■ **Fam.** *Dépenser beaucoup de salive*, parler beaucoup et inutilement.

SALIVER, v. intr. [salive] (*salive*, d'après le lat. impér. *salivare*, produire une humeur visqueuse, faire saliver) ■ **Fig.** Désirer ardemment quelque chose. *Saliver devant les vitrines.*

SALLE, n. f. [sal] (anc. b. frq. *sal*, habitation d'une pièce) Grande pièce dans un appartement. ◆ *Salle de compagnie*, salle où l'on reçoit la compagnie. ◆ *Salle à manger*, la pièce dans laquelle on prend ses repas. ◆ *Salle de billard*, salle où l'on joue au billard. ◆ *Salle d'audience, de réception*, le lieu où les personnes constituées en dignité donnent audience. ◆ *Salle d'audience*, la salle où le tribunal rend la justice. ◆ *Salle de conseil* ou *du conseil*, le lieu où se tiennent les séances d'un conseil. ◆ *Salle de bal, de concert*, grande pièce où l'on donne des bals, des concerts. ◆ *Salle du trône*, le lieu où est placé le trône. ◆ *Salle des gardes*, le lieu où se tiennent les gardes du corps du souverain. ◆ *Salle de danse*, pièce où les professeurs de danse donnent leurs leçons. ◆ *Salle d'armes* ou *salle d'escrime*, salle où l'on enseigne publiquement à faire des armes. ◆ *Salle d'armes*, espèce de galerie qui renferme des armes rangées en bon ordre. ◆ *Salle de police* ou *de discipline*, lieu où l'on fait subir aux soldats de courtes détentions pour les fautes légères. ◆ Lieu vaste et couvert destiné à un service public ou à une grande exploitation. *Salle de spectacle, de danse*, etc. ◆ On dit de même : *Les salles d'un musée.* ◆ *La grand-salle* ou *la salle des pas perdus*, grande salle qui se trouve au Palais de Justice à Paris. ◆ Dans les hôpitaux, espèce de galerie où sont les lits des malades. ◆ ▷ *Salle d'asile*, établissement public où l'on réunit les enfants de deux à six ans que leurs parents ne peuvent surveiller pendant le jour. ◁ ◆ ▷ Dans un jardin, lieu entouré d'arbres qui forment un couvert. *Une salle de tilleuls.* ◁ ◆ *Salle de verdure*, salle verte, réduit entouré de charmilles épaisses ou d'arbrisseaux serrés. ■ *Salle obscure*, ■ **Par méton.** Public. *La salle a fait un accueil triomphant aux artistes.* ■ **Rem.** La *salle d'asile* est aujourd'hui appelée *crèche*.

SALMANAZAR, ■ n. m. [salmanazaʀ] (nom de cinq rois assyriens des IXe et VIIIe av. J.-C.) Bouteille de champagne d'une contenance de 9 litres et 3 décilitres. *Des salmanazars.*

SALMIGONDIS, n. m. [salmigɔ̃di] (moy. fr. *salmiguondin*, ragoût, de l'anc. fr. *salemine*, plat de poissons, et *condir*, assaisonner) Ragoût de plusieurs viandes réchauffées. ◆ **Fig.** et **fam.** Se dit de choses qui n'ont ni liaison ni suite, de personnes réunies au hasard. *Cet ouvrage n'est qu'un salmigondis.*

SALMIS, n. m. [salmi] (abrév. de *salmigondis*) Ragoût de pièces de gibier déjà cuites à la broche. ◆ **Fig.** « Ces sortes de salmis [pièces où l'on mêle tous les tons] plaisent toujours à la multitude pendant quelque temps », LA HARPE.

SALMONELLA ou **SALMONELLE**, ■ n. f. [salmonela, salmonɛl] (D. E. *Salmon*, 1850-1914, pathologiste amér.) Bactérie qui lorsqu'elle est présente dans la nourriture provoque des intoxications alimentaires. Au pl. *Des salmonella* ou *des salmonellas.*

SALMONELLOSE, ■ n. f. [salmoneloz] (*salmonella* et *-ose*) **Méd.** Infection septicémique gastro-intestinale provoquée par des salmonelles.

SALMONICULTEUR, TRICE, ■ n. m. et n. f. [salmonikyltœʀ, tʀis] (*salmoniculture*) Personne qui élève des saumons destinés à l'alimentation. *Les méthodes de productions piscicoles issues de l'agriculture biologique de certains salmoniculteurs.*

SALMONICULTURE, ■ n. f. [salmonikyltyʀ] (lat. impér. *salmo*, génit. *-onis*, saumon, et *culture*) Élevage de saumons. *La salmoniculture intensive.*

SALMONIDÉ, ■ n. m. [salmonide] (lat. *salmo, salmonis*, saumon) Poisson osseux à écailles plates, vivant dans des eaux vives et fraîches. *Le saumon et la truite appartiennent à la famille des salmonidés.*

SALOIR, n. m. [salwaʀ] (*saler*) Vaisseau de bois, ou grand pot de grès, destiné à recevoir les viandes qu'on veut saler.

SALON, n. m. [salɔ̃] (ital. *salone*, de *sala*, du français *salle*) Pièce d'un appartement, ordinairement plus grande et plus ornée que les autres, et où l'on reçoit la compagnie. ◆ Maison où l'on reçoit habituellement compagnie, et particulièrement bonne compagnie, et où l'on cause. *Tenir un salon.* ◆ **Par extens.** La bonne compagnie, les gens du monde. *Il fréquente les salons.* ◆ **Absol.** La galerie où se fait l'exposition des ouvrages de peinture, de sculpture, gravure, etc., des artistes vivants. *L'exposition même.* ◆ Compte-rendu d'une exposition artistique. *Les Salons de Diderot.* ◆ Salle où l'on expose des figures en cire. ■ **Par méton.** Mobilier de cette pièce. *Un salon en cuir.* ■ Local où l'on reçoit la clientèle dans certains établissements. *Un salon de thé. Un salon de coiffure.* ■ Manifestation commerciale périodique où sont présentées les nouveautés. *Le Salon du livre. Le Salon de l'automobile.*

SALONNARD, ARDE, ■ n. m. et n. f. [salɔnar, aʀd] (*salon*) **Péj.** Personne snob qui fréquente les salons. ■ **Adj.** Empreint de snobisme. *Il a un petit côté salonnard.*

SALONNIER, IÈRE, ■ n. m. et n. f. [salɔnje, jɛʀ] (*salon*) Critique d'art dans les salons d'exposition. *Ce salonnier le juge incapable de dépasser le stade de l'ébauche.*

SALOON, ■ n. m. [salun] (*oo* se prononce *ou* ; mot anglo-amér., de *saloon-bar*, salle de consommation) Bar du Far-West.

SALOPARD, ■ n. m. [salopaʀ] (*salop*, dér. masc. de *salope*) **Fam.** et **péj.** Homme vil qui ne sert que ses propres intérêts. « *Je me casse la nénette à répéter tout le temps à sa mère qu'il est pourri jusqu'aux os, ce salopard !* », GIBEAU.

SALOPE, adj. [salɔp] (orig. incert. : prob. *sale* et dial. *hoppe*, huppe, oiseau très sale) ▷ **Pop.** Qui est sale et malpropre. *Un enfant salope.* ◁ ■ **N. f.** *C'est une vraie salope.* ◆ **Pop.** et injur. Femme de mauvaise vie. ◆ **Mar.** *Marie-salope*, Voy. MARIE-SALOPE. ■ **N. f. Vulg.** et injur. Femme dont le comportement est méprisable. *C'est une vraie salope.*

SALOPEMENT, adv. [salɔp(ə)mɑ̃] (*salope*) **Fam.** D'une manière malpropre.

SALOPER, ■ v. tr. [salope] (*salope*) **Fam.** Exécuter un travail en le bâclant, sans y apporter de soin. *C'est du boulot salopé.* ■ Salir, tacher. *Mais tu salopes ma moquette !*

SALOPERIE, ■ n. f. [salɔp(ə)ʀi] (*salope*) **Fam.** Grande malpropreté. ◆ Discours, propos orduriers. ◆ Mauvaise marchandise, ouvrage mal fait. *Cela n'est que de la saloperie.* ■ Acte méprisable et vil. *Faire une saloperie à quelqu'un.*

SALOPETTE, ■ n. f. [salɔpɛt] (*salope*) Vêtement constitué d'un pantalon, prolongé par une pièce recouvrant la poitrine, et retenu par des bretelles. *Une salopette de plombier, d'enfant.* ◆ Vêtement d'enfant ou d'adulte.

SALOPIAUD ou **SALOPIOT**, ■ n. m. [salopjo] (*salopiau*, de *salope*, avec infl. de *salaud*) **Péj.** Salaud. *Il va passer un mauvais quart d'heure, ce salopiaud, quand je l'attraperai.*

SALORGE, n. m. [salɔʀʒ] (dial. de l'Ouest, du lat. *sal*, sel, et *horreum*, grenier, cellier) ▷ Amas de sel. ◁

SALPE, ■ n. f. [salp] (lat. sav. [Cuvier] *salpa*, du lat. *salpa*, gr. *salpê*, saupe, poisson de mer) Petit animal marin, transparent, de l'embranchement des tuniciers. *Des salpes pélagiques.*

SALPÊTRAGE, n. m. [salpɛtʀaʒ] (*salpêtrer*) Formation du salpêtre dans les nitrières artificielles.

SALPÊTRE, n. m. [salpɛtʀ] (lat. médiév. *sal petræ*, sel de pierre, du lat. *sal* et *petra*, roche) Nom vulgaire du nitre ou azotate de potasse. ◆ **Par extens.** et **poétiq.** Poudre à canon. « *Dans ces globes d'airain le salpêtre enflammé Vole avec la prison qui le tient enfermé* », VOLTAIRE. ◆ **Fig.** et **fam.** *Ce n'est que salpêtre, que du salpêtre, il est pétri de salpêtre*, se dit d'une personne, d'un enfant extrêmement vif.

SALPÊTRÉ, ÉE, p. p. de salpêtrer. [salpetʀe]

SALPÊTRER, v. tr. [salpetʀe] (*salpêtre*) Répandre du salpêtre sur un espace de terrain, le mêler avec la terre, et battre fortement, pour rendre ce terrain dur et imperméable à la pluie. ◆ Faire naître le salpêtre. *L'humidité salpêtre les murs.* ◆ Se salpêtrer, v. pr. Être pénétré de salpêtre.

SALPÊTRERIE, n. f. [salpetʀəʀi] (*salpêtre*) Fabrique de salpêtre.

SALPÊTREUX, EUSE, adj. [salpetʀø, øz] (*salpêtre*) Qui contient du salpêtre.

SALPÊTRIER, IÈRE, n. m. et n. f. [salpetʀije, ijɛʀ] (*salpêtre*) Ouvrier, ouvrière qui travaille à faire du salpêtre. ◆ Personne qui a de ces ouvriers sous ses ordres.

SALPÊTRIÈRE, n. f. [salpetʀijɛʀ] (*salpêtre*) Lieu où l'on fait du salpêtre. ◆ *La Salpêtrière*, hospice de Paris où l'on reçoit les femmes âgées et infirmes [1]. ■ **Rem. 1** : La Salpêtrière est aujourd'hui un hôpital public de Paris.

SALPÊTRISATION, n. f. [salpetʀizasjɔ̃] (*salpêtrer*) Action de salpêtrer, de se salpêtrer ; résultat de cette action.

SALPICON, n. m. [salpikɔ̃] (esp. *salpicón*, plat froid de viande hachée, de *sal*, sel, et *picar*, hacher) Mets composé de toutes sortes de viandes et de légumes, comme truffes, champignons, culs d'artichauts, le tout d'égale proportion et cuit chaque partie à part pour que la cuisson soit égale. ■ Au pl. *Des salpicons.*

SALPINGITE, ■ n. f. [salpɛ̃ʒit] (gr. *salpigx*, génit. *salpiggos*, trompette) **Méd.** Inflammation aiguë ou chronique de la trompe utérine. ■ Inflammation de la trompe d'Eustache.

SALSA, ■ n. f. [salsa] (mot esp. de Cuba) Musique entraînante et sensuelle d'origine afro-cubaine. ■ Danse exécutée sur cette musique.

SALSEPAREILLE, n. f. [sals(ə)paʀɛj] (port. *salsaparrilha*, de l'esp. *zarza-parrilla*, de *zarza*, ronce, et *parrilla*, treille) Plante d'Amérique, dont la racine est dépurative et sudorifique.

SALSIFIS, n. m. [salsifi] (ital. *sassefrica*, du lat. *saxifraga*, saxifrage) Nom vulgaire du *Tragopogon porrifolium*, qui est le salsifis blanc ou salsifis commun cultivé par les jardiniers sous le nom de *salsifis*. ♦ *Salsifis noir* ou *salsifis d'Espagne*, dénominations vulgaires de la scorsonère.

SALTARELLE, n. f. [saltaʀɛl] (ital. *saltarello*, de *saltare*, sauter) Danse vénitienne à trois temps, qui a de l'analogie avec la tarentelle.

SALTATION, n. f. [saltasjɔ̃] (lat. *saltatio*, de *saltare*, danser) **Antiq.** Art qui comprenait la danse, la pantomime, l'action théâtrale, l'action oratoire, etc.

SALTATOIRE, ■ adj. [saltatwaʀ] (lat. *saltatorius*, qui concerne la danse) Qui permet le saut. *Organe saltatoire.* ♦ Qui se caractérise par une suite de petits sauts. *Conduction saltatoire de l'influx nerveux tout au long des axones.*

SALTIGRADE, adj. [saltigʀad] (lat. *saltus*, saut, et *-grade*) **Zool.** Qui marche en sautant.

SALTIMBANQUE, n. m. et n. f. [saltɛ̃bɑ̃k] (ital. *saltimbanco*, de *saltare*, sauter, et *banco*, estrade) Bateleur, charlatan, ordinairement placé sur des planches pour faire ses exercices et débiter ses drogues. ♦ **Fig.** et **par dénigrement** Bouffon de société, mauvais orateur dont les gestes sont outrés et ridicules ; charlatan. ♦ **Adj.** *Un orateur saltimbanque.* ■ **Par extens.** Artiste. *Une famille de saltimbanques.* ■ **Rem.** Ce terme est aujourd'hui souvent péjoratif.

SALTO, ■ n. m. [salto] (ital. *salto [mortale]*, saut mortel) **Sp.** Saut périlleux. *Salto avant, arrière.* au pl. *Des saltos.*

SALUADE, n. f. [salɥad] (*saluer*) ▷ **Vieilli** Action de saluer en faisant la révérence. *Il me fit une grande saluade.* ◁

SALUBRE, adj. [salybʀ] (lat. *salubris*) Qui entretient la santé. *Une alimentation, un air salubre.*

SALUBREMENT, adv. [salybʀəmɑ̃] (*salubre*) D'une manière salubre.

SALUBRITÉ, n. f. [salybʀite] (lat. *salubritas*) Qualité de ce qui est salubre. *La salubrité d'un pays, de l'air*, etc. ♦ Tout ce qui est utile en vue de la santé publique. *Mesures de salubrité.* ♦ *Salubrité publique*, partie de l'hygiène publique qui embrasse ce qui concerne la propreté des villes, l'éclairage, la surveillance des halles et marchés, la vente des comestibles, les inhumations, habitations, égouts, canaux, prisons, hôpitaux, etc.

SALUÉ, ÉE, p. p. de saluer. [salɥe]

SALUER, v. tr. [salɥe] (lat. *salutare*) Donner à quelqu'un que l'on aborde, que l'on rencontre, etc., une marque extérieure de civilité, de respect. *Saluer de la main, du geste, de la voix.* ♦ **Absol.** *Il y a différentes manières de saluer.* ♦ *Saluer quelqu'un*, faire visite à quelqu'un, lui rendre ses devoirs. ♦ Faire ses compliments par lettre. ♦ Donner des marques de respect, à la vue de certaines choses. « *Saluez ces pénates d'argile* », LA FONTAINE. ♦ On le dit particulièrement dans certaines occasions de cérémonie. *Saluer l'autel.* ♦ **Fig.** *Son retour fut salué par d'immenses acclamations.* ♦ Il se dit de la manière dont se rendent certains honneurs militaires sur terre ou sur mer. *Saluer de l'épée, du drapeau, en tirant le canon, en hissant le pavillon.* ♦ Proclamer, en parlant des Anciens qu'on élevait au trône. « *Ils saluèrent Claude empereur* », MONTESQUIEU. ♦ Se saluer, v. pr. Se faire l'un à l'autre un salut.

SALURE, n. f. [salyʀ] (*saler*) Qualité que le sel communique. *La salure de la mer.*

SALUT, n. m. [saly] (lat. *salus*, génit. *salutis*, santé, conservation, action de saluer) Mise hors de mal, hors de péril. « *Le salut du peuple est la suprême loi* », MONTESQUIEU. ♦ Il se dit, dans le style élevé, de la personne même qui est la cause du salut. « *Mortel chéri du ciel, mon salut et ma joie* », RACINE. ♦ Félicité éternelle. « *Songer uniquement aux affaires du son salut* », MME DE SÉVIGNÉ. ♦ **Fig.** « *Le vrai salut est la bienfaisance* », VOLTAIRE. ♦ *Faire son salut*, mériter par sa vie la félicité éternelle. ♦ **Fig.** *Point de salut sans*, se dit d'une condition indispensable pour réussir en quelque chose.

« *Point de salut au théâtre sans la fureur des passions* », VOLTAIRE. ♦ Démonstration extérieure et commune de civilité, d'amitié, de respect faite aux personnes qu'on rencontre, qu'on aborde, qu'on visite. *Un salut gracieux. Le salut des armes.* ♦ **Mar.** Échange de politesses entre navires de nations différentes ou de la même nation, entre navires et places de guerre. ♦ ▷ *Salut de mer*, coups de canon tirés d'un vaisseau pour rendre honneur à un autre vaisseau, à une flotte, etc. ◁ ♦ Terme qu'on emploie dans le préambule des lois, dans les mandements des évêques, etc., envers ceux auxquels ils sont adressés. *À tous ceux qui ces présentes verront, salut.* ♦ Dans le style élevé ou poétique, on l'emploie comme expression exclamative. « *Salut, champs que j'aimais* », GILBERT. ♦ **Liturg.** Prières chantées dans l'après-midi ou le soir dans les églises. ♦ **Prov.** *À bon entendeur salut*, Voy. ENTENDEUR. ■ *Salut militaire*, signe de la main que les militaires font en signe de respect à leurs supérieurs. ■ *L'Armée du Salut*, association humanitaire religieuse qui lutte contre la pauvreté. ■ **Interj. Fam.** Formule pour dire bonjour ou au revoir. *Salut, tu vas bien? Salut, à demain!*

SALUTAIRE, adj. [salytɛʀ] (lat. *salutaris*, salutaire) Utile pour la conservation de la vie, de la santé, de l'honneur, pour le salut de l'âme, etc. *Le quinquina est fort salutaire contre la fièvre.* « *Le conseil le plus prompt est le plus salutaire* », RACINE. ♦ **N. m.** *Le Salutaire*, le Sauveur, Jésus-Christ. « *Élevons avec joie et nos cœurs et nos voix Au vrai Dieu, notre Salutaire* », P. CORNEILLE. ♦ **Fig.** « *C'est ce triomphe de la raison qui est mon salutaire* », VOLTAIRE.

SALUTAIREMENT, adv. [salytɛʀ(ə)mɑ̃] (*salutaire*) D'une manière salutaire.

SALUTATION, n. f. [salytasjɔ̃] (lat. *salutatio*) Action de saluer. ♦ *Recevez mes salutations, mes salutations respectueuses, amicales, etc.*, formules pour terminer les lettres, les billets. ♦ Il se dit avec une épithète pour désigner une manière de saluer un peu extraordinaire. *Faire de grandes salutations.* ♦ *La salutation angélique*, l'Ave Maria.

SALUTISTE, ■ n. m. et n. f. [salytist] (*[Armée du] Salut*) Membre de l'Armée du Salut. ■ **Adj.** *L'uniforme salutiste.*

SALVADORIEN, IENNE, ■ adj. [salvadɔʀjɛ̃, jɛn] (*Salvador*, État d'Amérique centrale) Du Salvador. *Le drapeau salvadorien.* ■ **N. m. et n. f.** Personne habitant ou étant née au Salvador. Au pl. *Les Salvadoriens.*

SALVAGE, n. m. [salvaʒ] (lat. médiév. *salvagium*, sauvetage, du b. lat. *salvare*) ▷ **Mar.** Il n'est usité que dans cette locution : *droit de salvage*, droit sur ce qu'on a sauvé d'un bâtiment naufragé. ♦ On dit aujourd'hui : *droit de sauvetage.* ◁

SALVAGNIN, ■ n. m. [salvaɲɛ̃] ou [salvanjɛ̃] (orig. inc.) **Suisse** Vin rouge vaudois.

SALVANOS, n. m. [salvanos] (on prononce le *s* final. Loc. lat. de *salva*, 2ᵉ pers. sing. impér. de *salvare*, sauver, et *nos*, nous) ▷ **Mar.** Bouée de sauvetage. ◁

SALVATEUR, TRICE, ■ adj. [salvatœr, tʀis] (b. lat. eccl. *salvator, salvatrix*, personne qui sauve) Qui sauve, tire d'une situation fâcheuse. *Un geste salvateur.*

SALVATION, n. f. [salvasjɔ̃] (b. lat. eccl. *salvatio*) Action de procurer le salut spirituel. « *La salvation des gentils* », LA MOTHE LE VAYER. ♦ **N. f. pl.** **Anc. pratiq.** Écritures d'avocat, qui servaient de réponse aux objections de la partie adverse.

1 **SALVE**, n. f. [salv] (ital. *sava*, du lat. *salve [regina]*) Décharge d'un grand nombre d'armes à feu, qui se fait à l'honneur de quelqu'un, ou en témoignage de joie. ♦ Il se dit de plusieurs coups de canon tirés successivement dans les mêmes occasions. ■ **Mar.** Salut avec le canon. ♦ Coups de canon tirés ensemble. ♦ *Une salve d'applaudissements*, applaudissements éclatant dans toute une assemblée.

2 **SALVE** ou **SALVÉ**, n. m. [salve] (*e* se prononce *é* ; lat. eccl. *Salve [Regina]*, Salut, Reine, début d'une antienne à la Vierge) Prière à la Vierge. *Dire un Salve* (avec une S majuscule). ♦ *Salve Regina*, prière ou antienne en l'honneur de la Vierge. ♦ Morceau de plain-chant ou de musique sur les paroles de cette prière.

SAMARE, ■ n. f. [samar] (lat. impér. *samara*, semence d'orme) **Bot.** Fruit sec de l'orme et notamment de l'érable, qui tombe au sol en tournoyant comme les ailes d'un hélicoptère. *Le péricarpe ailé de la samare permet une dissémination de la graine par le vent.*

SAMARITAIN, AINE, ■ n. m. et n. f. [samaritɛ̃, ɛn] (lat. chrét. *Samaritanus*, de Samarie) Membre d'une secte prônant une forme de judaïsme altéré et méprisé, originaire de Samarie, ville située dans l'actuelle Syrie. ■ **Adj.** Relatif à cette ville ou à ses habitants. ■ **N. m.** Langue de ce peuple. ■ **N. m.** Personnage présenté par le Christ dans une parabole comme un exemple de charité et de désintéressement. ■ **N. m. et n. f. Par extens.** Personne d'un altruisme extraordinaire, d'une grande générosité. *Un bon samaritain.* « *Aux* *margelles des puits nulle Samaritaine N'a tendu vers ma soif ses paumes pleines d'eau* », Guérin. ■ **Suisse** Personne ayant pris des cours de secourisme.

SAMARITANISME, ■ n. m. [samaʀitanism] (*samaritain*) Groupe religieux que forment les samaritains.

SAMARIUM, ■ n. m. [samaʀjɔm] ([*minerai*] *samarskite*, de W. J. von *Samarski*, ingénieur russe du xixᵉ s.) **Chim.** Élément atomique de la famille des terres rares (numéro atomique 62, symbole Sm). *Le samarium est relativement stable à l'air libre et s'enflamme spontanément à 150 ° C.*

SAMBA, ■ n. f. [sãba] ou [sãmba] (mot port. d'orig. afric., p.-ê. du kimboundou *semba*, danse du ventre) Danse de couple, au rythme à deux temps, vif et syncopé, d'origine brésilienne.

SAME, ■ n. m. [sam] (*Same,* nom que les Lapons se donnent) **Ling.** Nom que les Sames donnent à leur langue, pour remplacer *lapon,* terme péjoratif d'origine finnoise. *La grande majorité des Lapons parle la variante dialectale du same, dite same du Nord, mais il existerait neuf formes dialectales du same.*

SAMEDI, n. m. [sam(ə)di] (lat. pop. *sambati dies,* jour du sabbat) Le septième jour de la semaine. *Le samedi est chez les Juifs le jour du sabbat.* ◆ *Samedi saint,* le samedi qui précède le jour de Pâques. ■ Au pl. *Des samedis après-midi.*

SAMIT, ■ n. m. [sami] (on ne prononce pas le *t* final. Lat médiéval *examitus,* du gr. médiév. *hexamitos,* six fils) Ancien tissu de soie oriental, composé de fils de couleur. Au pl. *Des samits.*

SAMIZDAT, ■ n. m. [samizdat] (on prononce le *t* final. Mot russe, abrév. de *samoizdatel'stvo,* autoédition, de *samo,* soi-même, et *izdatel'stvo,* maison d'édition) En Russie, diffusion illégale d'ouvrages censurés ; ouvrage ainsi diffusé. Au pl. *Des samizdats.*

SAMMY, ■ n. m. [sami] (Oncle *Sam,* surnom des États-Unis) **Fam.** Surnom donné aux soldat américains pendant la première guerre mondiale. Au pl. *Des sammys* ou *des sammies* (pluriel anglais).

SAMOAN, ANE, ■ adj. [samoã, an] (*Samoa,* État océanien) Relatif à l'archipel des îles Samoa. *Le rugby samoan.* ■ N. m. et n. f. Personne habitant ou native née aux îles Samoa. Au pl. *Les Samoans.*

SAMOLE, ■ n. m. [samɔl] (lat. imp. [Pline] *samolus,* plante inc.) **Bot.** Plante marécageuse de la famille des primulacées. *Le samole pousse dans des lieux humides et ombragés, souvent sur les sols calcaires du bord de mer.* ■ Rem. On entend fréquemment ce nom au féminin.

SAMOURAÏ, ■ n. m. [samuʀaj] (mot jap.) Dans la société féodale japonaise, guerrier au service d'un seigneur ou de l'empereur. « *Le Japon ignorait le perfectionnement de la technique et de la science expérimentale : le samouraï, notamment, restait un guerrier médiéval* », Lefebvre. Au pl. *Des samouraïs.*

SAMOVAR, ■ n. m. [samovaʀ] (mot russe, de *samo,* soi-même, et *varit,* bouillir) Bouilloire en usage en Russie, composée d'un réchaud surmonté d'une petite chaudière avec un robinet, permettant de disposer en permanence d'eau bouillante, notamment pour le thé.

SAMOYÈDE, ■ adj. [samojɛd] (nom russe des Nenets, peuple finno-ougrien) Relatif aux Samoyèdes, peuple nomade de Russie de religion orthodoxe. *Les traditions samoyèdes.* ■ N. m. **Ling.** Ensemble des langues des Samoyèdes, sous-groupe de la famille des langues ouraliennes. *Le samoyède compte actuellement quatre langues samoyèdes du nord et une du sud.*

SAMPAN, ■ n. m. [sãpã] (chin. *sam-pam,* trois planches) Embarcation asiatique qui se manœuvre à la godille. Au pl. *Des sampans.* ■ Rem. On écrit aussi *sampang.*

SAMPANIER, IÈRE, ■ n. m. et n. f. [sãpanje, jɛʀ] (*sampan*) Personne qui conduit un sampan. *La sampanière pilotait le sampan dans la rizière.*

SAMPLEUR ou **SAMPLER,** ■ n. m. [sãplœʀ] (angl. *sample,* échantillon) Appareil qui enregistre et joue des données musicales numérisées. *Connecter un sampleur à un ordinateur.* ■ Rem. On recommande officiellement l'emploi de *échantillonneur.*

SAMPOT, ■ n. m. [sãpo] (orig. incert.) Vêtement court qu'on drape pour former une culotte, en Asie du Sud-Est. *Le sampot est noué à la taille et maintenu plus bas par une ceinture.*

SAMSA, ■ n. f. [samsa] (mot ar.) **Algérie** Gâteau triangulaire aux amandes et au miel.

SAMSCRIT, ITE, adj. et n. m. [sãskʀi, it] (*am* se prononce *an.* Var. de *sanscrit*) Voy. sanskrit.

SAMU, ■ n. m. [samy] (acronyme de *service d'aide médicale d'urgence*) Service hospitalier mobile qui intervient en cas d'urgence pour réanimer ou soigner des malades, des blessés. *Le numéro de téléphone du* samu *est le 15.*

SANATORIUM, ■ n. m. [sanatɔʀjɔm] (mot angl. du lat. *sanare,* guérir) Établissement de soins accueillant des curistes atteints de tuberculose. ■ Abrév. Sana. Au pl. *Des sanas.*

SAN-BENITO, n. m. [sãbenito] (esp. *sambenito,* scapulaire de bénédictin, de *san,* saint, et *Benito,* Benoît) Casaque jaune que l'Inquisition faisait revêtir à ceux qu'elle avait condamnés. ■ Au pl. *Des san-benitos.*

SANCERRE, ■ n. m. [sãsɛʀ] (*Sancerre,* ville du Cher) Vin, généralement blanc, produit dans le Sancerrois. Au pl. *Des sancerres.*

SANCIR, v. intr. [sãsiʀ] (gasc. *sansi,* tomber à l'eau, prob. d'un lat. médiév. *submersire*) **Mar.** En parlant d'un navire, couler bas en plongeant d'abord son avant.

SANCTIFIANT, ANTE, adj. [sãktifjã, ãt] (*sanctifier*) Qui sanctifie. *Des œuvres saintes et sanctifiantes.* « *On croit chez les Indiens que les eaux du Gange ont une vertu sanctifiante* », Montesquieu.

SANCTIFICATEUR, n. m. [sãktifikatœʀ] (lat. chrét. *sanctificator*) Celui qui sanctifie. « *Donner des ministres à l'Église, et des sanctificateurs aux fidèles* », Massillon. ◆ Le Saint-Esprit. ■ Adj. *Une action sanctificatrice.*

SANCTIFICATION, n. f. [sãktifikasjɔ̃] (b. lat. *sanctificatio*) Action et effet de la grâce qui sanctifie. ◆ Action de procurer ce qui sanctifie. *La sanctification du peuple.* ◆ *Sanctification du dimanche, des fêtes,* leur célébration suivant la loi de l'Église.

SANCTIFIÉ, ÉE, p. p. de sanctifier. [sãktifje]

SANCTIFIER, v. tr. [sãktifje] (b. lat. ecclés. *sanctificare*) Rendre saint, sacré, consacré. *Les lieux que Jésus-Christ a sanctifiés par sa présence.* « *C'est cette sagesse qui nous sanctifiera* », Bourdaloue. ◆ *Sanctifier par son exemple,* mettre par de bons exemples dans la voie du salut et de la sanctification. ◆ **Absol.** « *Il faut ces deux choses pour sanctifier, peines et plaisirs* », Pascal. ◆ Il se dit des choses en un sens analogue. « *Sanctifier la poésie par un ouvrage si précieux [l'Imitation de Jésus-Christ]* », P. Corneille. ◆ Dans l'Oraison dominicale : *Votre nom soit sanctifié,* c'est-à-dire que votre nom soit loué, soit honoré dignement. ◆ *Sanctifier le jour du dimanche,* le célébrer suivant la loi de l'Église. ◆ Se sanctifier, v. pr. Devenir saint.

SANCTION, n. f. [sãksjɔ̃] (lat. *sanctio,* de *sancire,* consacrer, prescrire, interdire) Acte par lequel, dans un gouvernement constitutionnel, le souverain approuve une loi ; approbation sans laquelle elle ne serait point exécutoire. ◆ Approbation donnée à une chose. *Ce mot n'a pas reçu la sanction de l'usage.* ◆ La peine ou la récompense qu'une loi porte, décerne pour assurer son exécution. ◆ *Pragmatique sanction,* Voy. pragmatique. ■ Mesure de répression. *Prendre des sanctions contre les fauteurs de troubles.* ■ Conséquence inévitable. *Le diplôme de la licence est la sanction de trois années d'études.*

SANCTIONNÉ, ÉE, p. p. de sanctionner. [sãksjɔne]

SANCTIONNER, v. tr. [sãksjɔne] (*sanction*) Donner la sanction, approuver, confirmer. *Sanctionner un usage, une loi,* etc. ■ Prendre des mesures de répression.

SANCTUAIRE, n. m. [sãktɥɛʀ] (lat. impér. *sanctuarium,* cabinet d'un roi, b. lat. ecclés. lieu sacré ; infl. de l'angl. *sanctuary,* empr. au fr.) En général, lieu fermé et consacré par la religion. ◆ Chez les Juifs, le lieu le plus saint du temple, où reposait l'arche. ◆ *Poids du sanctuaire,* Voy. poids. ◆ Chez les païens, le lieu le plus saint d'un temple. ◆ Chez les chrétiens, l'endroit de l'église où est le maître-autel, ordinairement entouré d'une balustrade. ◆ **Fig.** Le sacerdoce. *Les lois, les prérogatives du sanctuaire.* ◆ **Fig.** Ce que l'on compare à un sanctuaire. *Le sanctuaire des arts.* « *Marie était dès lors destinée à être le temple vivant et le sanctuaire de Dieu* », Bourdaloue. ◆ *Le sanctuaire des lois,* le lieu où l'on rend la justice, et fig. la profession de magistrat. ◆ *Cette maison est le sanctuaire de l'honneur, des vertus,* l'honneur l'habite, les vertus y sont pratiquées ■ **Milit.** Territoire stratégique qui ne doit pas être atteint par l'ennemi ou qui doit se trouver protégé par la force de dissuasion nucléaire.

SANCTUARISER, ■ v. tr. [sãktɥaʀize] (*sanctuaire*) **Milit.** Donner à un lieu, un territoire le commandement militaire a sanctuarisé le littoral : il doit être défendu à tout prix contre l'ennemi.

SANCTUS, n. m. [sãktys] (mot lat. ecclés. *sanctus,* saint, qui commence la prière de la messe) Partie de la messe qui suit la préface et précède le canon. ◆ Morceau de plain-chant ou de musique qui se chante ou s'exécute sur les paroles du *Sanctus.*

SANDAL, n. m. [sãdal] (var. de *santal*) Voy. santalqui est plus usité.

SANDALE, n. f. [sãdal] (lat. *sandalium,* du gr. *sandalon,* sandale de bois) Espèce de chaussure ne couvrant le dessus du pied qu'avec les cordons, dont on se servait dans l'Antiquité. ◆ ▷ **Fig.** *Secouer la poussière de ses sandales,* quitter pour jamais, se séparer absolument. ◁ ◆ La sandale est propre à certains religieux. ◆ Dans les salles d'armes, soulier qui n'a qu'une demi-empeigne avec une forte semelle. ■ Chaussure ouverte à lanières.

SANDALETTE, ■ n. f. [sãdalɛt] (*sandale*) Sandale laissant découvert le dessus du pied, maintenue par une lanière que l'on boucle à la semelle. ■ Sandale d'enfant.

SANDALIER, IÈRE, n. m. et n. f. [sɑ̃dalje] (*sandale*) Personne qui fait des sandales. ■ Adj. *La production sandalière.*

SANDARAQUE, n. f. [sɑ̃daʀak] (lat. *sandaraca*, du gr. *sandarakê*, arsenic rouge) Résine odorante qui découle du thuya, et qui, réduite en poudre, sert à différents usages. ◆ Il s'est dit pour *réalgar.*

SANDERLING, ■ n. m. [sɑ̃dɛʀliŋ] (mot angl., prob. de *sand*, sable, et v. angl. *yrōling*, laboureur) **Zool.** Petit bécasseau, oiseau de mer au bec pointu. *Le bécasseau sanderling.*

SANDJAK, n. m. [sɑ̃dʒak] (turc *sandjak*) Chacune des principales subdivisions des provinces de l'Empire ottoman. ◆ Gouverneur d'un sandjak. ■ Rem. Graphies anciennes : *sandjiak, sangiac.*

SANDJAKAT, n. m. [sɑ̃dʒaka] (*sandjak*) Titre, dignité du gouverneur d'un sandjak, ou le territoire même d'un sandjak. ■ Rem. Graphies anciennes : *sandjiakat, sangiacat.*

SANDRE, ■ n. m. [sɑ̃dʀ] (all. *Zander, Sander*) Poisson de rivière ou de lac, originaire d'Europe centrale, apprécié pour sa chair. *Filet de sandre au beurre blanc.*

SANDWICH, n. f. [sɑ̃dwitʃ] ou [sɑ̃dwiʃ] (mot anglais, de John Montagu, 4ᵉ comte de *Sandwich*, 1718-1792, qui par passion du jeu ne prenait le temps de manger que des sandwichs) **Au pl.** *Des sandwichs* ou *des sandwiches* (pluriel anglais). ■ Mets composé de deux tranches de pain entre lesquelles sont placés des aliments froids. *Des sandwichs au thon. Des sandwichs au camembert.* ■ **Fam.** et **fig.** *En sandwich*, pris entre deux éléments, deux personnes. *Être pris en sandwich par deux files de voitures.*

SANG, n. m. [sɑ̃] (devant une voyelle ou une *h* muette, le *g* se liait et se prononçait *k* ; lat. *sanguis*) Liquide assez épais, d'une couleur rouge tantôt claire et vermeille, tantôt foncée et comme noire, qui remplit le système entier des vaisseaux artériels et veineux. ◆ *Tout en sang*, couvert de sang. ◆ *Mettre en sang*, battre, blesser jusqu'à ce que le sang coule abondamment. ◆ *Fouetter, pincer, mordre jusqu'au sang*, jusqu'à entamer la peau et faire paraître le sang. ◆ ▷ *Se battre au premier sang*, se battre en duel à condition que le combat cessera à la première blessure d'un des deux adversaires. ◁ **Fig.** et **fam.** *Suer sang et eau*, se donner beaucoup de peine. ◆ **Fig.** *Je donnerais de mon sang, le plus pur de mon sang, je répandrais tout mon sang, jusqu'à la dernière goutte de mon sang pour*, se dit pour exprimer la grande affection qu'on a pour quelqu'un ou pour quelque chose. ◆ *Le sang de Jésus-Christ, le sang de l'Agneau*, le sang que Jésus-Christ a versé pour la rédemption des hommes, et sa présence dans l'eucharistie. ◆ **Zool.** *Animaux à sang rouge*, les vertébrés ; *animaux à sang blanc*, les mollusques et les autres animaux dont le sang est blanc ; *animaux à sang froid*, animaux dont le sang n'est pas sensiblement plus échauffé que le milieu qu'ils habitent. ◆ Il se dit de différents états physiques définis par un certain état du sang. *Sang allumé.* ◆ *Le sang lui monte à la tête*, il a des étourdissements. ◆ **Fig.** Il se dit de différents états de l'âme définis par un certain état du sang. « *Ce sang chaud et bouillant, semblable à un vin fumeux, ne permet aux jeunes gens rien de rassis ni de modéré* », Bossuet. ◆ « *Tout mon sang de colère et de honte s'enflamme* », Racine. ◆ *Il a le sang chaud*, il est prompt et colère. ◆ *Cela rafraîchit le sang, met du baume dans le sang, calme le sang*, ce qui arrive est agréable et de nature à tranquilliser. ◆ *Cela glace le sang*, Voy. glacer. ◆ *Je n'ai pas une goutte de sang dans mes veines*, Voy. goutte. ◆ *Vous me faites tourner le sang*, vous me causez des émotions pénibles. ◆ *Cela fait bouillir le sang*, cela cause une impatience extrême. ◆ *Le sang bout*, se dit d'une extrême impatience. ◆ *Cela allume le sang*, cela irrite, anime excessivement. ◆ *Le sang lui monte à la tête*, il est près de se fâcher. ◆ *Tout son sang bouillonne*, son courroux est extrême. ◆ **Fam.** *Faire du bon sang, se faire du bon sang*, prendre du plaisir, éprouver du contentement. ◆ *Faire du mauvais sang, se mauvais sang*, ◁ éprouver de la contrariété, prendre de l'humeur. ◆ **Fig.** *Cet homme a du sang dans les veines*, il est sensible à l'injure, il est hardi, résolu. ◆ *Avoir du sang aux ongles, sous les ongles, au bout des ongles*, savoir bien se défendre en toute manière, soit en action, soit en paroles. ◆ **Fig.** La vie des hommes, en parlant de mort, de meurtre, de carnage. *Répandre du sang. Se baigner dans le sang. Épargner le sang. Verser le sang, répandre le sang*, etc. ◆ Par exagération. *Inonder de sang un pays*, y faire périr beaucoup de personnes. ◆ *Mettre un pays à feu et à sang*, y commettre toutes sortes de cruautés. ◆ *De sang*, de nature sanguinaire. *Des hommes, des lois de sang.* « *Un tribunal de sang te condamne au supplice* », Voltaire. ◆ **Fig.** La substance du peuple, des pauvres. « *Les fripons engraissés de notre sang* », Voltaire. ◆ Race, extraction, famille [1]. « *Seigneur, je suis Romain et du sang de Pompée* », P. Corneille. ◆ *La pureté du sang*, se dit d'une famille d'une haute extraction dans laquelle il n'y a point eu de mésalliance. ◆ Les enfants par rapport à leurs pères, les membres de la famille par rapport les uns aux autres. « *Viens, mon fils, viens, mon sang, viens réparer ma honte* », P. Corneille. ◆ *Mauvais sang*, les membres pervers d'une famille ; et aussi personne ou personnes dignes de réprobation. ◆ *Les princes du sang*, les princes qui sont de la maison royale ou impériale. ◆ *Droit du sang*, celui que donne la naissance. ◆ *Sang* se dit aussi d'une bonne ou d'une mauvaise qualité qui vient du tempérament. *Cela est dans le sang.* ◆ *Le sang*, les sentiments d'affection entre les membres d'une même famille. « *Elle est mère, et le sang a beaucoup de pouvoir* », P. Corneille. ◆ *Le murmure du sang, la force du sang, la voix du sang*, les sentiments qui parlent en faveur des membres de notre famille, et quelquefois pour une personne de même sang, bien qu'on ne la connaisse pas. ◆ *La chair et le sang*, même signification. ◆ Dans l'Écriture, *la chair et le sang*, la nature corrompue. « *La multitude adore des divinités de chair et du sang* », Fénelon. ◆ *Sang* se dit des races d'hommes, par rapport aux croisements. [2] « *Le sang tartare s'est mêlé d'un côté avec les Chinois et de l'autre avec les Russes orientaux* », Buffon. ◆ *Sang mêlé*, se dit de populations où il y a eu des croisements. ◆ *Un sang-mêlé*, un homme qui provient de pareils croisements. ◆ **Au pl.** *Des sang-mêlés*, c'est-à-dire des hommes à sang mêlé. ◆ ▷ *Le sang est beau dans ce pays*, les hommes y sont beaux et bien faits. ◁ ◆ *C'est un beau sang*, se dit d'une famille composée de beaux enfants. ◁ ◆ *Pur sang* ou simplement *sang*, ensemble, chez le cheval, de caractères extérieurs et de qualités innées qu'on ne rencontre que chez les races nobles. Aujourd'hui, on s'accorde à reconnaître deux races de pur sang : le cheval arabe et le coureur anglais. ◆ *Demi-sang* ou *deuxième sang*, produit d'un individu de pur sang avec un individu de race commune. ◆ *Trois-quarts-de-sang*, produit d'un pur-sang et d'un demi-sang ; *sept-huitième, quinze-seizième-de-sang*, en suivant le croisement dans le même sens. ◆ Par abréviation, *un pur-sang*, c'est-à-dire un cheval de pur sang. ◆ **Au pl.** *Des pur-sang* ou *des pur-sangs, des demi-sang* ou *des demi-sangs*. On sous-entend chevaux. ◆ **Prov.** *Bon sang ne peut mentir*, les personnes nées d'honnêtes parents ne dégénèrent point. ■ *Frères de sang, sœurs de sang*, nés des mêmes parents, par opposition à *frères de lait, frères de couleur.* ◆ *Bon sang !* interj. *Bon sang, mais c'est bien sûr ! s'exclame l'inspecteur de police en trouvant la solution.* ■ Rem. 1 et 2 : La notion de race ne repose sur aucun fondement scientifique et a une connotation raciste.

SANG-DE-DRAGON ou **SANG-DRAGON**, n. m. inv. [sɑ̃d(ə)dʀagɔ̃, sɑ̃dʀagɔ̃] (*sang* et *dragon*) **Bot.** Espèce de patience dont les nervures sont teintes en rouge. ◆ Résine sèche, d'un rouge foncé. ■ **Au pl.** *Des sang-de-dragon, des sang-dragon.*

SANG-FROID, n. m. inv. [sɑ̃fʀwa] (*sang* et *froid*) État de l'âme lorsqu'elle est calme, tranquillité d'esprit, présence d'esprit. « *Le sang-froid double les moyens et les forces* », Mme de Staël. ◆ *De sang-froid*, sans emportement, sans transport. *Être de sang-froid. Tuer quelqu'un de sang-froid.*

SANGIAC, SANGIACAT, [sɑ̃ʒjak, sɑ̃ʒjaka] Voy. sandjak, Voy. sandjakat.

SANGLADE, n. f. [sɑ̃glad] (*sangle*) ▷ Grand coup de sangle, de fouet. ◁

SANGLANT, ANTE, adj. [sɑ̃glɑ̃, ɑ̃t] (lat. tardif *sanguilentus*, du lat *sanguinolentus*) Taché de sang, souillé de sang. ◆ *Combat sanglant, guerre sanglante, etc.*, combat, guerre, etc., où il y a beaucoup de sang répandu. ◆ *Mort sanglante*, mort violente avec effusion de sang. ◆ *Sacrifice non sanglant*, le sacrifice de la messe. ◆ *Plaie sanglante*, plaie dont il sort actuellement du sang. ◆ **Fig.** *La plaie est encore toute sanglante*, la douleur est encore toute récente, où il y a peu de temps que l'injure a été faite. ◆ ▷ *Viande sanglante*, viande rôtie qui n'est pas assez cuite ; on dit plus ordinairement saignant. ◁ ◆ À quoi du sang est mêlé. « *Ils rougissent le mors d'une sanglante écume* », Racine. ◆ Qui a la couleur du sang. « *La lune sanglante Recule d'horreur* », J.-B. Rousseau. ◆ *Porphyre sanglant*, porphyre de couleur de sang. ◆ **Fig.** Qui rappelle des idées de sang. « *Mille songes affreux, mille images sanglantes* », P. Corneille. ◆ **Fig.** Qui verse le sang. « *Le plus sanglant ennemi de Rome* », Voltaire. ◆ Qui doit faire verser du sang. « *De vos ordres sanglants vous savez la rigueur* », Racine. ◆ Très offensant, très outrageux. *Un mémoire sanglant contre quelqu'un.*

SANGLE, n. f. [sɑ̃gl] (lat. *cingula*) Bande de cuir, de tissu de chanvre, etc., large et plate, qui sert à ceindre, à serrer, etc. ◆ *La sangle d'une selle*, sangle qui passe sous le ventre du cheval. ◆ Bande que l'on cloue sur les bois pour former le fond d'un lit, d'un fauteuil, etc. ◆ *Lit de sangles*, lit dont le fond n'est formé que de sangles tendues sur deux brancards. ■ **Méd.** *Sangle abdominale*, ensemble des muscles de la paroi abdominale.

SANGLÉ, ÉE, p. p. de sangler. [sɑ̃gle] *Habit sanglé*, habit, redingote qui serre la taille comme si c'était une sangle. ◆ **Fig.** *Être sanglé*, être perdu, ruiné, en tenir.

SANGLER, v. tr. [sɑ̃gle] (*sangle*) Ceindre, serrer avec une sangle. *Sangler un cheval.* ◆ **Fam.** Appliquer avec force un coup. *Il m'a sanglé cinq ou six coups de fouet sur les épaules.* ◆ *Sangler quelqu'un*, lui administrer des coups de sangle ou de toute autre chose. ◆ **Fig.** Faire une critique violente. « *Le cardinal de Richelieu est étrangement sanglé dans ce petit livre* », Gui Patin. ◆ *se sangler*, v. pr. Se serrer avec une sangle. ◆ ▷ **Fam.** *Cette femme se sangle.* ◁ ◆ ▷ **Fam.** *Cette femme se sangle trop*, elle se serre trop dans son corset. ◁ ■ **V. tr.** Serrer fortement la taille.

SANGLIER, n. m. [sɑ̃glije] (lat. pop. [*porcus*] *singularis*, porc solitaire) Porc sauvage. ♦ Chair de cet animal. ♦ *Sanglier d'Amérique*, pécari. ♦ Poisson de mer. ■ Aujourd'hui, on parle de *sanglier de mer* pour évoquer le type de poisson caractérisé notamment par des écailles hérissées d'épines.

SANGLOT, n. m. [sɑ̃glo] (lat. *singultus*, hoquet, sanglot) Contraction spasmodique, brusque et instantanée du diaphragme, qui est aussitôt suivie d'un mouvement de relâchement par lequel le peu d'air que la contraction avait fait entrer dans la poitrine est chassé avec bruit. ♦ Dans le langage général, il se dit surtout au pluriel ; c'est un signe de chagrin.

SANGLOTEMENT, ■ n. m. [sɑ̃glɔt(ə)mɑ̃] (*sangloter*) Littér. Action de sangloter ; sanglots. *Ses sanglotements font peine à entendre !*

SANGLOTER, v. intr. [sɑ̃glɔte] (*sanglot*) Pousser des sanglots. ♦ Il se dit de la voix. « *Sa voix sanglote* », Voltaire. ■ Pleurer avec des sanglots.

SANG-MÊLÉ, ■ n. m. [sɑ̃mele] (*sang* et *mêler*) Voy. sang.

SANGRIA, ■ n. f. [sɑ̃ʀija] (mot esp., du *sang-gris*, boisson alcoolisée des Antilles, d'une mauvaise étymologie de l'angl. *sangaree*, punch à base de vin de Madère) Boisson à base de vin rouge sucré dans lequel macèrent des morceaux de fruits. *Servir de la sangria en apéritif.* au pl. *Des sangrias.*

SANGSUE, ■ n. f. [sɑ̃sy] (lat. impér. *sanguisuga*, de *sanguis*, sang, et *sugere*, sucer) Animal de la famille des hirudinées, annélides, employé en médecine pour pratiquer la saignée capillaire. ♦ Fig. Celui qui tire de l'argent du peuple par des voies coupables. ♦ Celui qui dans sa profession exige une plus forte rétribution que celle qui lui revient légitimement. *Cet homme de loi est une sangsue pour ses clients.* ♦ Il se dit aussi des parents, des connaissances de quelqu'un qui se font donner de l'argent par lui et vivent à ses dépens. ■ Fam. Personne dont on ne réussit pas à se débarrasser. *C'est une vraie sangsue, elle me suit partout.*

SANGUIFICATION, n. f. [sɑ̃gifikasjɔ̃] (*sanguifier*, transformer en sang, de *sanguis* et *facere*, faire) Génération du sang à l'aide des principes qui arrivent aux vaisseaux par l'intestin, le poumon, etc.

SANGUIN, INE, adj. [sɑ̃gɛ̃, in] (lat. *sanguineus*, de sang, sanglant, de couleur du sang) Anat. Qui appartient au sang. ♦ *Vaisseaux sanguins*, ceux qui servent à la circulation du sang. ♦ *Système sanguin*, l'ensemble des vaisseaux artériels et veineux. ♦ En qui le sang prédomine. *Les gens sanguins. Tempérament sanguin.* ♦ *Maladies, affections sanguines*, maladies, affections occasionnées par la trop grande abondance de sang. ♦ Qui est de la couleur du sang. *Un rouge sanguin.* ♦ *Jaspe sanguin*, jaspe vert marqueté de rouge. ■ *Orange sanguine*, variété d'orange à la chair rouge sang.

SANGUINAIRE, adj. [sɑ̃ginɛʀ] (lat. *sanguinarius*) Qui se plaît à répandre le sang des hommes. *Un prince sanguinaire.* ♦ Il se dit de ce qui a le caractère de la cruauté. *Des desseins sanguinaires.*

SANGUINE, n. f. [sɑ̃gin] (fém. substantivé de *sanguin*) Minerai de fer, qui est un peroxyde de ce métal, dit aussi *hématite rouge*, qu'on emploie pour polir certains métaux et dont on fait des crayons servant à tracer des lignes rouges. ♦ ▷ *Crayon en sanguine*, destiné à dessiner rouge. *Des dessins à la sanguine.* ◁ ♦ Pierre précieuse de couleur de sang.

SANGUINOLENT, ENTE, adj. [sɑ̃ginɔlɑ̃, ɑ̃t] (lat. *sanguinolentus*, ensanglanté) Méd. Teint de sang. *Crachats sanguinolents. Déjections sanguinolentes.* ♦ Hist. nat. Qui est d'une teinte rouge de sang.

SANGUISORBE, ■ n. f. [sɑ̃gɥisɔʀb] ou [sɑ̃gisɔʀb] (*gui* se prononce *gu-i* ou *gui* ; lat. *sanguis*, sang, et *sorbere*, absorber) Bot. Plante herbacée à fleurs pourpres, utilisée comme aromate. *En décoction, la sanguisorbe réduit les hémorragies, la dysenterie et les diarrhées.*

SANHÉDRIN, n. m. [sanedʀɛ̃] (mot hébr., du gr. *sunedrion*, assemblée, de *sunedros*, qui siège ensemble) Nom donné aux tribunaux des Juifs. ♦ Fig. et par **dénigrement** Toute assemblée qui a juridiction.

SANICLE, n. f. [sanikl] (lat. sav. médiév. *sanicula*, de *sanus*) Plante médicinale de la famille des ombellifères. ♦ *La sanicle de montagne*, la saxifrage granulée.

SANIE, n. f. [sani] (lat. *sanies*, sang corrompu, pus) Matière purulente, liquide, ténue, séreuse, sanguinolente et d'une odeur fétide, produite par les ulcères et les plaies d'un aspect grisâtre.

SANIEUX, EUSE, adj. [sanjø, øz] (lat. impér. *saniosus*) Méd. Qui tient à la nature de la sanie. *Une humeur sanieuse.*

SANISETTE, ■ n. f. [sanizɛt] (nom déposé, de *sanitaire*) Urinoir public, payant, et autonettoyant.

SANITAIRE, adj. [sanitɛʀ] (lat. *sanitas*, santé) Qui a rapport à la conservation de la santé publique. *Lois, mesures, précautions sanitaires.* ♦ *Cordon sanitaire*, Voy. cordon. ■ Relatif aux appareils et installations d'hygiène et de propreté. ■ N. m. pl. Ces installations comprennent le lavabo, la baignoire, la douche, les toilettes. *Faire changer les sanitaires.*

SANS, prép. [sɑ̃] (lat. *sine*) Il marque le manque, l'exclusion. *Cet homme est mort sans enfant. Un homme sans défauts.* ♦ Il se met devant un infinitif. « *Ce triste et fier honneur m'émeut sans m'ébranler* », P. Corneille. ♦ *Sans mentir*, en vérité. ♦ *Sans quoi, sans cela*, autrement, sinon. ♦ *Sans* entre dans la composition de plusieurs locutions adverbiales : *Sans doute, sans fin, sans façon, sans faute, sans crainte*, etc. ♦ *Sans plus*, sans qu'il y en ait davantage. « *Un rat, sans plus, s'abstient d'aller flairer autour* », La Fontaine. ♦ *Sans plus*, avec un infinitif, non davantage. « *Et sans plus me charger du soin de votre gloire* », Racine. ♦ sans que, loc. conj. Avec le subjonctif. *Sans que personne s'en aperçoive.* ♦ *Sans* peut se construire avec *que* qui prend le sens de *sinon*. « *Sans songer qu'à me plaire, exécutez mes lois* », P. Corneille. ♦ La préposition *sans* reçoit également après elle *ni* ou entre deux régimes ; mais avec *et* on répète *sans* : *Sans crainte ni pudeur*, ou *sans crainte et sans pudeur*. ■ *Les jours avec et les jours sans*, les jours où tout va bien et ceux où tout va mal.

SANS-ABRI, ■ n. m. et n. f. [sɑ̃zabʀi] (*sans* et *abri*) Personne qui n'a pas de logement. Au pl. *Des sans-abris* ou *des sans-abri. Aide aux sans-abris.*

SANS-ALLURE, ■ adj. [sɑ̃zalyʀ] (*sans* et *allure*) Fam. Québec Qui n'a pas de savoir-vivre, sans-gêne.

SANS-CŒUR, ■ n. m. et n. f. [sɑ̃kœʀ] (*sans* et *cœur*) Personne insensible au malheur d'autrui. Au pl. *Des sans-cœurs* ou *des sans-cœur.* « *Un lâche, un vaniteux, un sans-cœur* », Hanska.

SANSCRIT, ITE, adj. et n. m. [sɑ̃skʀi, ite] Voy. sanskrit.

SANS-CULOTTE, n. m. [sɑ̃kylɔt] (*sans* et *culotte*) Nom des républicains de 1793, ainsi dits parce qu'ils repoussaient la culotte de l'Ancien Régime et portaient le pantalon. ■ Au pl. *Des sans-culottes.*

SANS-DENT, n. f. [sɑ̃dɑ̃] (*sans* et *dent*) ▷ Vieille dame qui a perdu ses dents. ♦ *Des sans-dents.* ◁

SANS-EMPLOI, ■ n. m. et n. f. [sɑ̃zɑ̃plwa] (*sans* et *emploi*) Personne qui n'a pas de travail. Au pl. *Des sans-emplois* ou *des sans-emploi.*

SANSEVIÈRE, ■ n. f. [sɑ̃s(ə)vjɛʀ] (prince de *San Severo*, savant du XVIIIᵉ s.) Bot. Plante tropicale tenace aux feuilles pointues dont on tire une fibre textile, appelée aussi langue de belle-mère. *La sansevière absorbe, par son feuillage, les émanations de substances toxiques comme le benzène.*

SANS-FAÇON, ■ n. m. [sɑ̃fasɔ̃] (*sans* et *façon*) Littér. Désinvolture, manque de manières. Au pl. *Des sans-façons* ou *des sans-façon.*

SANS-FAUTE, ■ n. m. [sɑ̃fot] (*sans* et *faute*) Parcours sans faute. *Le skieur autrichien a encore réalisé un sans-faute.* au pl. *Des sans-fautes* ou *des sans-faute.*

SANS-FIL, ■ n. m. [sɑ̃fil] (*sans* et *fil*) Appareil électrique, le plus souvent téléphone, qui fonctionne sans câble d'alimentation et sans câble de raccordement à un réseau. Au pl. *Des sans-fils* ou *des sans-fil.*

SANS-FLEUR, n. f. [sɑ̃flœʀ] (*sans* et *fleur*) Sorte de pomme, dite aussi pomme-figue, à fleurs non apparentes. ■ Au pl. *Des sans-fleurs* ou *des sans-fleur.*

SANS-GÊNE, n. m. [sɑ̃ʒɛn] (*sans* et *gêne*) Habitude de ne pas se gêner, de ne pas observer les règles de la civilité. ♦ N. m. et n. f. *Un sans-gêne*, un homme qui ne se gêne pas. ■ Au pl. *Des sans-gênes* ou *des sans-gêne.* ■ Adj. inv. *Des habitudes sans-gêne.*

SANS-GRADE, ■ n. m. et n. f. [sɑ̃gʀad] (*sans* et *grade*) Fam. Soldat non gradé. Au pl. *Des sans-grades* ou *des sans-grade.* ■ Personne qui n'a pas le pouvoir de prendre une décision.

SANSKRIT, ITE, adj. et n. m. [sɑ̃skʀi, it] (sansc. *samskrita*, parfait) *La langue sanskrite*, l'ancienne langue des brahmanes, langue sacrée de l'Hindoustan. ♦ N. m. *Le sanskrit*, la langue sanskrite. ■ Rem. Graphies anciennes : *sanscrit, samscrit.* On disait aussi *hanscrit.*

SANSKRITISTE, n. m. [sɑ̃skʀitist] (*sanskrit*) Celui qui se distingue dans la connaissance du sanskrit. ■ Rem. Graphie ancienne : *sanscritiste.*

SANS-LE-SOU, ■ n. m. inv. et n. f. inv. [sɑ̃l(ə)su] (*sans* et *sou*) Fam. Personne indigente, sans argent. Au pl. *Des sans-le-sou.*

SANS-LOGIS, ■ n. m. et n. f. [sɑ̃loʒi] (*sans* et *logis*) Fam. Personne qui n'a pas d'habitation, sans domicile fixe. Au pl. *Des sans-logis.*

SANSONNET, n. m. [sɑ̃sɔnɛ] (dim. de *Samson*) Oiseau noir, semé de taches fauves, qui apprend à siffler et même à parler ; dit aussi *étourneau.*

SANS-PAPIERS ou **SANS-PAPIER**, ■ n. m. et n. f. [sɑ̃papje] (*sans* et *papier*) Personne immigrée se trouvant en situation irrégulière du fait qu'elle ne possède pas de pièces d'identité reconnues par les autorités du pays où elle réside et ce, le plus souvent, malgré sa volonté de régularisation. *Un collectif de soutien aux sans-papiers.*

SANS-PARTI, ■ n. m. et n. f. [sɑ̃paʀti] (*sans* et *parti*) Personne qui n'adhère à aucun parti politique. Au pl. *Des sans-partis* ou *des sans-parti.*

SANS-PEAU, n. f. [sɑ̃po] (*sans* et *peau*) Sorte de poire d'été, qui est une variété du rousselet. ■ Au pl. *Des sans-peaux* ou *des sans-peau*.

SANS-PLOMB, ■ n. m. [sɑ̃plɔ̃] (*sans* et *plomb*) Carburant automobile dont la teneur en plomb est en-deçà des limites réglementaires. *Du sans-plomb 95*. Au pl. *Des sans-plomb* ou *des sans-plombs*.

SANS-SOUCI, n. m. [sɑ̃susi] (*sans* et *souci*) Absence de tout souci. *Le sans-souci avec lequel il prend toutes choses.* ♦ *Un sans-souci,* un homme qui ne se tourmente de rien. ■ Au pl. Au pl. *Des sans-soucis* ou *des sans-souci*. ■ Adj. inv. *Elle est vraiment sans-souci.*

SANTAL, n. m. [sɑ̃tal] (lat. médiév. *sandalum*, de l'ar. *sandal*, du sansc. *candana*) Nom, en pharmacie, de trois substances ligneuses que l'on distingue par les noms de santal blanc, santal citrin et santal rouge. *Poudre des trois santaux.* ♦ *Santal blanc,* arbre de l'Inde, dont le bois plaît beaucoup aux indigènes, à cause de l'odeur qu'il exhale. ♦ *Santal rouge,* arbre de l'Inde qui fournit un bois de teinture. ■ Au pl. *Des santals. Poudre des trois santaux* est une expression figée, qui porte le pluriel ancien. ■ Rᴇᴍ. On dit aussi, mais moins fréquemment, *sandal*.

SANTALINE, n. f. [sɑ̃talin] (*santal*) **Chim.** Principe retiré du santal rouge à l'aide de l'éther.

SANTÉ, n. f. [sɑ̃te] (lat. *sanitas*, de *sanus*, sain) État de celui, qui est sain, qui se porte bien. ♦ **Fam.** *Une santé imperturbable, insolente,* une santé que rien n'altère. ♦ *Une petite santé,* une santé qui ne se soutient qu'à l'aide de ménagements. ♦ *Une grande santé,* une santé solide qui n'est jamais dérangée. ♦ ▷ *Chocolat de santé,* chocolat propre à entretenir la santé. ◁ ♦ ▷ On dit de même : *Flanelle de santé.* ◁ ■ Au pl. *Les santés,* la santé de plusieurs personnes. ♦ Complexion, constitution. « *Étudiez votre santé, que vous avez jusqu'ici négligée* », Bᴀʟᴢᴀᴄ. ■ Au pl. Même sens. ♦ État salubre, en parlant d'une ville, d'un pays. *La santé publique.* ♦ *Officier de santé,* médecin qui n'a pas le grade de docteur. ♦ *Service de santé,* les médecins et les chirurgiens attachés au service du roi, de l'empereur, d'un prince. ♦ *Maison de santé,* maison où l'on reçoit des malades moyennant un prix convenu. ♦ *Corps de santé, service de santé,* corps chargé du service médical dans l'armée, dans la marine. ♦ *Bureau de santé,* établissement formé dans les villes maritimes pour inspecter les bâtiments soupçonnés de contagion. ♦ ▷ *Billet de santé,* attestation que des officiers ou des magistrats donnent en temps de peste, pour certifier qu'un voyageur ne vient pas d'un lieu suspect. ◁ ♦ Au moral, *la santé de l'esprit, de l'âme.* ♦ Action de boire à quelqu'un dans un repas, en lui souhaitant santé. *Boire à la santé de quelqu'un. Boire plusieurs santés.* ♦ *Porter la santé de quelqu'un,* boire à sa santé. *À votre santé.* ■ *Se refaire une santé,* se rétablir ; fig. se refaire une santé financière. ■ *Carnet de santé,* livret où sont consignées toutes les informations confidentielles relatives à la santé d'une personne depuis sa naissance.

SANTIAG, ■ n. f. [sɑ̃tjag] (orig. incert., prob. de *Santiago*) Bottine de cuir, décorée de surpiqûres, au bout en pointe et au talon oblique. *Des santiags de motard.*

SANTOLINE, n. f. [sɑ̃tolin] (altération du lat. *santonica* [*herba*], absinthe, de *Santones*, peuple de l'actuelle Saintonge) Genre de plantes très odorantes et très amères de la famille des composées. ♦ Il se dit à tort pour *santonine*.

1 SANTON, n. m. [sɑ̃tɔ̃] (prob. port. *santão*, de *santo*, saint) Sorte de moine mahométan. ♦ En Algérie, petite chapelle ou monument contenant le tombeau d'un santon.

2 SANTON, ■ n. m. [sɑ̃tɔ̃] (provenç. *santoun*, petit saint, de *sanh, sant,* saint) Petite figurine en terre cuite servant à décorer les crèches de Noël en Provence.

SANTONINE, n. f. [sɑ̃tonin] (occit. *santonino*, altération du lat. *santonica herba*, de *Santones*, les Saintongeais) L' *Artemisia santonica*, dont les semences et sommités sont vermifuges. ■ Rᴇᴍ. On disait aussi *santoline* par erreur autrefois.

SANTONNIER, IÈRE, ■ n. m. et n. f. [sɑ̃tɔnje, jɛʀ] (2 *santon*) Personne qui fabrique des santons et des crèches de Noël. *Un santonnier-sculpteur.*

SANVE, n. f. [sɑ̃v] (lat. *sinapi*, gr. *sinapi*, sénevé, grain de moutarde) Nom populaire du sénevé sauvage.

SANZA, ■ n. f. [sɑ̃za] (mot d'une langue africaine) Instrument de musique africain à languettes métalliques que l'on fait vibrer avec les pouces. **Au pl.** *Des sanzas. Le principe de la sanza est la mise en vibration de lamelles métalliques ou de bambous, fixés sur une planchette de bois avec ou sans résonateur.*

SAOUDIEN, IENNE, ■ adj. [saudjɛ̃, jɛn] (Arabie *Saoudite*) Relatif à l'Arabie Saoudite. *La culture saoudienne.* ■ N. m. et n. f. Personne habitant l'Arabie Saoudite ou y étant née. *Le droit de vote a été accordé aux Saoudiennes.*

SAOUL, SAOULER, [su, sule] (on ne prononce pas le *a*) Voy. sᴏᴜʟ, Voy. sᴏᴜʟᴇʀ.

SAPA, n. m. [sapa] (lat. *sapa*, vin cuit) **Pharm.** Moût, suc de raisin évaporé jusqu'à consistance de miel ; raisiné.

SAPAJOU, n. m. [sapaʒu] (mot tupi) Singe dont la queue est préhensile. ♦ **Fig.** et **fam.** Petit homme laid et ridicule. ■ Au pl. *Des sapajous.* ■ Rᴇᴍ. On dit aussi quelquefois *sajou*.

SAPAN, n. m. [sapɑ̃] (orig. incert.) Bois du Japon, propre à la teinture.

1 SAPE, n. f. [sap] (1 *saper*) Ouvrage fait sous terre pour renverser une muraille, une tour, etc. *La tour tomba aux premiers coups de la sape.* ♦ Tranchée qu'on exécute dans les sièges en employant des procédés particuliers pour se mettre à l'abri de la mousqueterie et de la mitraille. *Pousser la sape.* ♦ L'ouvrage même qu'on fait en sapant. ♦ Ouverture qu'on fait au pied d'un mur pour le faire tomber. ■ **Fig.** *Travail de sape,* tentative de destruction ou de désorganisation progressive d'un groupe de personnes, d'une institution, etc. *L'opposition continue son travail de sape contre le parti au pouvoir.*

2 SAPE, ■ n. f. surtout pl. [sap] (2 *saper*) **Fam.** Vêtement. *Où sont mes sapes?*

1 SAPÉ, ÉE, p. p. de 1 saper. [sape]

2 SAPÉ, ÉE, ■ adj. [sape] (2 *saper*) **Fam.** Habillé. *Elle est toujours bien sapée.*

SAPEMENT, n. m. [sap(ə)mɑ̃] (1 *saper*) Action de saper.

SAPÈQUE, ■ n. f. [sapɛk] (port. *cepayca*, du malais *sapek*, de *sa*, un, et *paku*, série de cent pichis, petite monnaie d'étain, enfilés sur une cordelette ; cf. chin. *pé-ko*, centime) ▷ La fraction monétaire en Chine. ◁

1 SAPER, v. tr. [sape] (ital. *zappare*, travailler la terre avec le hoyau, de *zappa*, hoyau) Travailler avec le pic et la pioche à détruire les fondements d'un édifice, d'un bastion, etc. ♦ **Fig.** « *Puissent tous ses voisins [de Rome], ensemble conjurés, Saper ses fondements encor mal assurés* », P. Cᴏʀɴᴇɪʟʟᴇ. ♦ Abattre un mur par le pied. ♦ Se dit aussi des rochers qu'on veut faire ébouler et qu'on abat par sous-œuvre et par le pied. ♦ **Fig.** Miner en attaquant les principes. *Saper la religion, la morale par les fondements.*

2 SAPER (SE), ■ v. pr. [sape] (orig. incert.) **Fam.** S'habiller. *Il se sape comme un prince.*

SAPERDE, ■ n. f. [sapɛʀd] (lat. sav. *saperda*, du lat. impér. *saperda*, gr. *saperdês*, poisson salé) **Entomol.** Insecte coléoptère aux longues antennes rayées de blanc et de noir. *La saperde s'alimente du feuillage et de l'écorce tendre des rameaux de son hôte, en général du peuplier ou du pommier.*

SAPERLIPOPETTE, ■ interj. [sapɛʀlipopɛt] (*sacrelote, saperlotte,* altérations de *sacré*) **Plais.** et **fam.** Ancien juron exprimant le dépit, la surprise. *Saperlipopette! je n'aurais pas dû sortir sans parapluie!* « *Car ça la fout mal, saperlipopette, D'avoir des faux plis, des trous à ses bas* », Bʀᴀssᴇɴs.

SAPEUR, ■ n. m. [sapœʀ] (1 *saper*) ▷ Soldat du génie, spécialement chargé de l'exécution des sapes. ◁ ♦ Soldat d'infanterie armé d'une hache, qui marchait en tête des régiments. ♦ Homme chargé à l'armée de couper les haies, d'aplanir les fossés et de frayer aux troupes un chemin à travers les forêts. ♦ *Sapeur-pompier,* Voy. ᴘᴏᴍᴘɪᴇʀ. ♦ Celui qui se sert de la sape. ■ Rᴇᴍ. On trouve au féminin le mot *sapeuse.*

SAPHÈNE, ■ n. f. [safɛn] (lat. sav. médiév. *saphena*, de l'ar. *safin*, p.-ê. du gr. *saphênês*, évident) **Anat.** Nom donné à deux veines de la jambe. ■ Adj. *Les veines saphènes.*

SAPHIQUE, adj. [safik] (lat. *sapphicus*, gr. *sapphikos*, de *Sapphô*, Sapho, v.−600, poétesse grecque de Lesbos) Chez les Anciens, *vers saphique* ou n. f. *la saphique,* vers inventé par Sapho et composé en général de trois trochées, deux iambes et une syllabe. ♦ *Strophe saphique,* strophe composée de trois saphiques et d'un adonique. ■ **Littér.** Relatif au saphisme. *Plaisir saphique.*

SAPHIR, n. m. [safiʀ] (lat. *sapphirus*, du gr. *sappheiros*, lapis-lazuli, saphir) Pierre précieuse brillante et de couleur bleue. ♦ *Faux saphir,* variété transparente et bleue de fluorine. ♦ *Saphir du Brésil,* tourmaline bleue. ♦ Espèce d'oiseau-mouche. ■ Pointe très dure qui constitue l'élément principal de la tête de lecture d'un électrophone. ■ Adj. inv. D'un bleu lumineux.

SAPHIRINE, n. f. [safiʀin] (*saphir*) Calcédoine de la couleur du saphir.

SAPHISME, ■ n. m. [safism] (*Sapho* ou *Sappho*, poétesse grecque des vɪɪ^e-vɪ^e s. av. J.-C.) Lesbianisme, homosexualité féminine. ■ **SAPHISTE**, n. f. [safist]

SAPIDE, adj. [sapid] (lat. *sapidus*) Qui a de la saveur. *Les corps sapides.*

SAPIDITÉ, n. f. [sapidite] (*sapide*) Qualité de ce qui est sapide.

SAPIENCE, n. f. [sapjɑ̃s] (*en se prononce* an *et non* in ; lat. *sapientia*, intelligence, sagesse, savoir, de *sapiens*) Terme vieilli qui est synonyme de sagesse. « *La crainte du Seigneur est la sapience* », Bᴀʟᴢᴀᴄ. ♦ **Absol.** *La Sapience* (avec une S majuscule), le livre de Salomon, qu'on appelle aussi la Sagesse.

SAPIENTIAUX, adj. m. pl. [sapjɑ̃sjo] ou [sapjɛ̃sjo] (*en se prononce* an *ou* in ; lat. [*libri*] *sapientiales*, livres de sagesse) Ne se dit que de certains livres de l'Écriture sainte, comme l'Ecclésiaste, les Proverbes, l'Ecclésiastique.

SAPIN, n. m. [sapɛ̃] (lat. *sap[p]inus*, sorte de sapin) Grand arbre résineux et toujours vert. ♦ **Bot.** Genre de la famille des conifères. ♦ Bois de sapin. *Une boîte de sapin.* ♦ **Fig.** *Sentir le sapin,* faire pressentir une mort prochaine (à cause que le cercueil est fait en sapin). ◆ ▷ **Pop.** Voiture de place. ◁

SAPINE, n. f. [sapin] (*sapin*) Pièce de bois de sapin en grume, pour faire de grands échafauds. ◆ Petit baquet à savonner, en bois de sapin.

SAPINETTE, n. f. [sapinɛt] (*sapin*) Sapin du Canada. ◆ Espèce de boisson faite avec des bourgeons de sapin.

SAPINIÈRE, n. f. [sapinjɛʀ] (*sapin*) Lieu planté de sapins.

SAPITEUR, ■ n. m. [sapitœʀ] (lat. médiév. *sapitor*, expert, de *sapere*, s'y connaître en quelque chose) **Dr.** et **mar.** Expert chargé d'estimer la valeur des marchandises d'un navire ayant subi une avarie. *Solliciter l'expertise d'un sapiteur.*

SAPONACÉ, ÉE, adj. [saponase] (lat. impér. *sapo*, génit. *saponis*, savon) **Hist. nat.** Qui a les caractères du savon ; qui peut être employé aux mêmes usages que le savon.

SAPONAIRE, n. f. [saponɛʀ] (lat. sav. médiév. *saponaria*, de l'a. fr. [*erbe*] *savoniere*, de *savon*) Plante dont on fait bouillir les feuilles dans l'eau pour nettoyer les lainages, etc.

SAPONIFIABLE, ■ adj. [saponifjabl] (*saponifier*) Que l'on peut saponifier. *Une huile saponifiable.*

SAPONIFICATION, n. f. [saponifiksasjɔ̃] (*saponifier*) Opération par laquelle une substance grasse se convertit en savon, à l'aide des oxydes alcalins. ◆ Action, art de faire le savon.

SAPONIFIER, v. tr. [saponifje] (lat. *saponis*, savon) Transformer un corps gras en savon. ◆ Se saponifier, v. pr. Être transformé en savon.

SAPONINE, n. f. [saponin] (lat. *saponis*, savon) **Chim.** Principe immédiat extrait de la racine de la saponaire, dit aussi *struthine.*

SAPORIFIQUE, adj. [sapoʀifik] (lat. *sapor*, goût, saveur) ▷ Qui produit la saveur. ◁

SAPOTE ou **SAPOTILLE**, n. f. [sapɔt, sapotij] (hisp.-amér. *zapote*) Fruit du sapotier ou sapotillier.

SAPOTIER ou **SAPOTILLIER**, n. m. [sapɔtje, sapotije] (*llier* se prononce *yé. Sapote*) Arbre des Antilles qui porte un fruit excellent.

SAPRISTI, ■ interj. [sapʀisti] (*sacristi*, ancien juron) **Vieilli** Exprime l'étonnement.

SAPROPÈLE, ■ n. m. [sapʀopɛl] (gr. *sapros*, pourri, et *pêlos*, argile) **Géol.** Dépôt sédimentaire noir à base organique, qui peut se transformer en pétrole. *Au fond de la mer Noire, il s'est formé du sapropèle.*

SAPROPHAGE, ■ adj. [sapʀofaʒ] (gr. *sapros*, pourri, et *-phage*) **Biol.** Dont le régime alimentaire est constitué de matières organiques mortes en décomposition. *Un insecte saprophage. Un mode de nutrition saprophage.* ■ N. m. Insecte saprophage. *Les cloportes sont des saprophages.*

SAPROPHYTE, ■ adj. [sapʀofit] (gr. *sapros*, pourri, et *phuton*, plante) **Biol.** Qui colonise les matières organiques mortes et peut en provoquer la décomposition, en parlant d'un végétal ou d'un germe. *Les champignons sont des organismes saprophytes.* ■ N. m. De nombreuses orchidées sont des saprophytes.

SAQUÉE, ■ n. f. [sake] (*sac*) **Louisiane** Contenu d'un sac. *Une saquée de riz.*

SAQUER ou **SACQUER**, ■ v. tr. [sake] (anc. fr. *sachier*, de *saccus*, sac , *donner son sac à quelqu'un*, le congédier) **Fam.** Congédier quelqu'un. « *Tous les deux en prison, ça fera du bruit dans le quartier, du coup la mère Carpentier, elle va me saquer* », CAUVIN. ■ **Fam.** À l'école, se faire noter sévèrement par un professeur. *Je me suis fait saquer à mon contrôle de math.* ■ **Fam.** Détester quelqu'un. *Je ne peux pas le saquer.* ■ REM. Dans ce sens, s'emploie toujours à la forme négative.

SARABANDE, n. f. [saʀabɑ̃d] (esp. *zarabanda*) Ancienne danse d'origine espagnole, et dont l'air était à trois temps très lents. ◆ Air grave de musique à trois temps. ■ **Fam.** Vacarme. *Faire la sarabande.*

SARBACANE, n. f. [saʀbakan] (esp. *cerbatana*, de l'ar. *zabatâna*) Long tuyau creux, dont on se sert pour jeter des pois, de petites boules de terre ou même des balles en les poussant fortement avec l'haleine. ◆ Tuyau par lequel on transmet la voix. ◆ ▷ **Fig.** Intermédiaire (sens vieilli). ◁ ◆ Tube de fer à l'usage des verriers. ■ Ce tuyau employé comme une arme, avec laquelle quelques Indiens d'Amérique du Sud tirent des flèches empoisonnées.

SARBOTIÈRE, n. f. [saʀbɔtjɛʀ] (*sorbetière*) ▷ Altération du mot sorbetière. ◁

SARCASME, n. m. [saʀkasm] (b. lat. *sarcasmus*, du gr. *sarkasmos*) Ironie amère et insultante.

SARCASTIQUE, adj. [saʀkastik] (gr. *sarkastikos*) Qui tient du sarcasme. *Des paroles sarcastiques.*

SARCASTIQUEMENT, ■ adv. [saʀkastik(ə)mɑ̃] (*sarcastique*) De manière sarcastique. *Répondre sarcastiquement.*

SARCELLE, n. f. [saʀsɛl] (lat. *querquedula*) Genre de la famille des canards, dont le type est la sarcelle, oiseau aquatique semblable au canard, mais plus petit. ■ REM. On disait aussi *cercelle* autrefois.

SARCINE, ■ n. f. [saʀsin] (lat. *sarcina*, paquet) **Biol.** Bactérie saprophyte pathogène qui se forme en masses cubiques à la suite de divisions tridimensionnelles.

SARCLAGE, n. m. [saʀklaʒ] (*sarcler*) Opération agricole ayant pour but la destruction des mauvaises herbes.

SARCLÉ, ÉE, p. p. de sarcler. [saʀkle]

SARCLER, v. tr. [saʀkle] (b. lat. *sarculare*) Débarrasser des mauvaises herbes un terrain soit à la main, soit au sarcloir. ◆ *Sarcler des laitues*, bêcher la terre tout autour. ◆ *Sarcler les avoines, les blés, etc.*, arracher les herbes d'un terrain où on a semé de l'avoine, du blé, etc.

SARCLETTE, ■ n. f. [saʀklɛt] (*sarcler*) Petit outil de jardinage servant au désherbage.

SARCLEUR, EUSE, n. m. et n. f. [saʀklœʀ, øz] (*sarcler*) Homme ou femme de journée employé à sarcler un champ, un jardin.

SARCLOIR, n. m. [saʀklwaʀ] (*sarcler*) Instrument propre à sarcler.

SARCLURE, n. f. [saʀklyʀ] (*sarcler*) Ce qu'on arrache en sarclant.

SARCOCÈLE, n. m. ou mieux n. f. [saʀkosɛl] (gr. *sarkokêlê*) ▷ **Chir.** Tumeur squirreuse. ◁

SARCOCOLLE, n. f. [saʀkokɔl] (lat. *sarcocolla*, du gr. *sarkokolla*, de *sarkos*, chair, et *kolla*, colle) ▷ Substance résineuse qui découle d'un végétal, et qu'on employait pour hâter la réunion des plaies. ◁

SARCOCOLLIER, n. m. [saʀkokolje] (*sarcocolle*) ▷ Arbuste d'Éthiopie qui produit la sarcocolle. ◁

SARCOÏDE, ■ n. f. [saʀkoid] (*sarcome*) **Méd.** Petite tumeur cutanée, nodule. *Sarcoïde équine.*

SARCOLOGIE, n. f. [saʀkoloʒi] (gr. *sarkos*, chair, et *-logie*) ▷ Traité des chairs et des parties molles du corps. ◁

SARCOMATEUX, EUSE, adj. [saʀkomatø, øz] (*sarcome*) **Chir.** Qui tient du sarcome.

SARCOME, n. m. [saʀkom] (gr. *sarkôma*) **Chir.** Toute excroissance ou tumeur qui a la consistance de la chair.

SARCOPHAGE, adj. [saʀkofaʒ] (gr. *sarkophagos*, de *sarkos*, chair, et *-phage*) **Méd.** Qui ronge les chairs. *Les médicaments sarcophages* ou n. m. *les sarcophages.* ◆ **N. m. Antiq.** Tombeau dans lequel les Anciens mettaient les corps qu'ils ne voulaient pas brûler, et qui était fait d'une pierre que l'on croyait avoir la propriété de consumer les corps. ◆ Aujourd'hui, le cercueil ou la représentation du cercueil dans les grandes cérémonies funèbres. ◆ **Abusiv.** Tombeau. ■ N. m. Sac de couchage muni d'une capuche. ■ N. f. **Zool.** Mouche qui dépose ses œufs sur les cadavres.

SARCOPTE, ■ n. m. [saʀkɔpt] (gr. *sarkos*, chair, et *koptein*, couper) **Biol.** Acarien parasite responsable de la gale, qui provoque une démangeaison quand il se loge sous la peau.

SARCOTIQUE, adj. [saʀkotik] (gr. *sarkôtikos*) ▷ **Méd.** Propre à accélérer la régénération des chairs. ◁

SARDANAPALE, n. m. [saʀdanapal] (*Sardanapale*, roi assyrien) Nom d'un roi de Ninive qui vécut, dit-on, dans la mollesse et dans la volupté. ◆ Il se dit, par antonomase, des princes et des grands qui mènent une vie efféminée et dissolue.

SARDANAPALESQUE, adj. [saʀdanapalɛsk] (*Sardanapale*) **Fam.** Qui appartient à Sardanapale, à un Sardanapale. ■ REM. On disait aussi *sardanapalique* autrefois.

SARDANAPALISME, n. m. [saʀdanapalism] (*Sardanapale*) ▷ Vie luxueuse et efféminée. ◁

SARDANE, ■ n. f. [saʀdan] (prob. de *cerdana*, cerdan) Danse folklorique de la Catalogne, ronde qui se danse en groupe sur les places publiques.

SARDE, ■ adj. [saʀd] (lat. *Sardus*, de Sardaigne) De la Sardaigne. *La cuisine sarde.* ■ N. m. et n. f. Personne habitant la Sardaigne ou en étant originaire. ■ N. m. **Ling.** Langue parlée par les Sardes. *Un dictionnaire français-sarde.*

SARDINE, n. f. [saʀdin] (lat. *sardina*, du gr. *sardinê*) Nom sous lequel on désigne la *Clupea sardina.* ■ **Arg.** Galon dans l'armée. ■ **Fam.** Piquet de tente de camping. *Ficher les sardines en terre.* ■ **Québec** Petit hareng.

SARDINERIE, ■ n. f. [saʀdin(ə)ʀi] (*sardine*) Entreprise qui prépare et conditionne les sardines. *Les sardineries de Concarneau.*

SARDINIER, IÈRE, ■ adj. [saʀdinje, jɛʀ] (*sardine*) Relatif à la pêche de la sardine en vue de sa transformation en produit alimentaire. *L'activité sardinière de Concarneau.* ■ **N. m.** Bateau conçu pour la pêche à la sardine. ■ **N. m. et n. f.** Personne travaillant dans la pêche ou dans l'industrie de la sardine.

SARDOINE, n. f. [saʀdwan] (lat. *sardonyx,* du gr. *sardonux*) Quartz-agate d'une couleur brune dans une nuance orangée. ■ **Rem.** On l'appelle aussi *sardonyx.*

SARDONIQUE, adj. m. [saʀdɔnik] (gr. *sardonios,* du *sardonion,* herbe de Sardaigne qui, disait-on, causait un rire convulsif) N'est usité que dans : *Ris sardonien* ou *sardonique,* ris convulsif causé par une contraction dans les muscles du visage. ♦ **Fig.** *Il a un ris sardonique,* il rit à contrecœur, ou il a un ris moqueur. ■ **Rem.** On dit aujourd'hui de *rire sardonique* plutôt que de *ris sardonique.* ■ On disait aussi *sardonien* autrefois.

SARDONIQUEMENT, ■ adv. [saʀdɔnik(ə)mã] (*sardonique*) D'une manière sardonique. *Ricaner sardoniquemnt.* « *La comédie réussissait moins bien auprès de Gravier, dont l'œil brilla sardoniquement derrière son lorgnon* », Drieu La Rochelle.

SARDONYX, n. f. [saʀdɔniks] (lat. *sardonyx,* onyx de Sardaigne) Syn. de sardoine.

SARGASSE, n. f. [saʀgas] (port. *sargaço*) Genre de fucacées, dans lequel on distingue la sargasse bacciféère, dite raisin du tropique. ♦ *Mer des Sargasses,* partie de l'Atlantique située entre les Açores, les Canaries et les îles du Cap-Vert, et occupée par une agglomération de sargasses.

SARI, ■ n. m. [saʀi] (mot hindi) Grande pièce d'étoffe richement colorée dont se drapent traditionnellement les femmes d'Asie du Sud-Est. **Au pl.** *Des saris.*

SARIGUE, n. f. [saʀig] (mot tupi) Animal mammifère de l'ordre des marsupiaux, dont la femelle a sous le ventre une espèce de poche dans laquelle elle porte ses petits. ♦ Femelle de la sarigue. ■ **Rem.** Ce nom était autrefois masculin.

SARISSE, n. f. [saʀis] (gr. *sarissa*) Lance macédonienne très longue qui armait la phalange.

SARL, ■ n. f. [ɛsaɛʀɛl] (sigle de *société à responsabilité limitée*) Société commerciale comportant un nombre restreint d'associés qui sont responsables financièrement en fonction de leur apport. **Au pl.** *Des SARL.*

SARMENT, n. m. [saʀmã] (lat. *sarmentum*) Le bois que pousse un cep de vigne. ♦ ▷ *Du jus de sarment,* du vin. ◁ ♦ Bois de l'année sur la vigne. ♦ Nom que portent les tiges ligneuses souples de toutes les plantes qui en croissant s'attachent aux supports qu'elles rencontrent.

SARMENTER, ■ v. intr. [saʀmãte] (*sarment*) **Agric.** Ramasser les sarments provenant de la taille de la vigne. *Les femmes et les enfants sarmentaient dès la fin de la taille.*

SARMENTEUX, EUSE, adj. [saʀmãtø, øz] (lat. *sarmentosus*) En parlant de la vigne, qui pousse beaucoup de sarments. ♦ **Par extens.** Il se dit des plantes dont les rameaux longs et flexibles ne peuvent s'élever qu'avec le secours de corps voisins sur lesquels ils s'appuient.

SARONG, ■ n. m. [saʀɔ̃] ou [saʀɔ̃g] (mot malais) Paréo traditionnel porté aussi bien par les hommes que par les femmes dans le Sud-Ouest asiatique.

SARONIDE, n. m. [saʀɔnid] (gr. *sarônis*) ▷ Classe de prêtres gaulois ; espèce de druides. ◁

SAROS, ■ n. m. [saʀos] (akkadien *saru,* cercle, cycle) **Astron.** Ancienne mesure de temps (6 585 jours) permettant de calculer les dates d'éclipses de Soleil et de Lune. ■ Période correspondant à cette mesure. *On peut observer 41 éclipses de Soleil et 29 éclipses de Lune au cours d'un saros.*

SAROUEL ou **SAROUAL,** ■ n. m. [saʀwɛl, saʀwal] (ar. *serwal,* pantalon large) Pantalon traditionnel porté en Afrique du Nord, large et léger, à entrejambe bas. **Au pl.** *Des sarouels, des sarouals.*

SARRACÉNIE ou **SARRACENIA,** ■ n. f. [saʀaseni, saʀasenja] (lat. scient. *Sarracena,* du nom de *Michel Sarrasin,* médecin français) **Bot.** Plante herbacée carnivore des milieux humides, aux feuilles pourpres en forme de coupole qui attirent, piègent et digèrent les insectes. ■ **Rem.** On écrit aussi *sarracénia.*

SARRACÉNIQUE, adj. [saʀasenik] (lat. médiéval *Saraceni,* Sarrasins) Qui a rapport aux Sarrasins. *Les monuments de l'art sarracénique.*

SARRANCOLIN, n. m. [saʀãkɔlɛ̃] (*Sarrancolin,* commune des Hautes-Pyrénées) Marbre des Pyrénées, de couleur d'agate, ainsi nommé du lieu d'où on le tire. ■ **Rem.** On disait autrefois *sérancolin.*

1 **SARRASIN,** n. m. [saʀazɛ̃] (lat. médiév. *Saraceni*) S'est dit, en général, durant le Moyen Âge, des peuples musulmans qui tenaient l'Espagne, la Sicile, la Syrie, l'Afrique. ♦ S'est dit quelquefois du style ogival.

2 **SARRASIN,** adj. m. [saʀazɛ̃] (1 *sarrasin*) *Blé sarrasin* ou *blé noir.* ♦ **N. m.** Du sarrasin. ♦ Le grain du sarrasin. *Bouillie de sarrasin.*

SARRASINE, n. f. [saʀazin] (lat. médiév. *sarracina,* sorte de herse) **Fortif.** Syn. de herse.

SARRAU, n. m. [saʀo] (m. h. all. *sarroc,* vêtement militaire) ▷ Espèce de souquenille à l'usage des paysans, des rouliers, etc. ◁ ♦ Tablier montant, à manches, en toile ou en cotonnade. ■ **Québec** Blouse blanche des médecins, des chimistes, etc. **Au pl.** *Des sarraus.* ■ **Rem.** On écrivait aussi *sarrot* autrefois.

SARRETTE ou **SERRETTE,** n. f. [saʀɛt, seʀɛt] (lat. *serra,* scie) Plante vivace, à fleurs composées, qui fournit une couleur jaune assez solide.

SARRIETTE, n. f. [saʀjɛt] (lat. *satureia*) Plante odoriférante, de la famille des labiées, qui sert aux assaisonnements.

SARROT, n. m. [saʀo] Voy. sarrau.

1 **SAS,** n. m. [sas] (b. lat. *setacium,* du lat. *sæta,* soie de porc) Tissu de crin, de soie, etc., entouré d'un cercle de bois, et qui sert à passer de la farine, des liquides. ♦ ▷ *Plâtre au sas,* celui qui, étant passé au sas, sert à faire les enduits. ◁ ▷ *Faire tourner le sas,* prétendu mode de divination à l'aide d'un sas qu'on fait tourner sur la pointe de ciseaux. ◁ ▷ **Fig.** *Passer au gros sas,* ne point regarder de très près. ◁ ♦ Claie en osier pour passer les terres qu'on veut épierrer.

2 **SAS,** n. m. [sas] (1 *sas*) Intervalle qui dans un canal sépare les deux portes de l'écluse. ■ Pièce fermée par des portes étanches, permettant le passage entre un milieu clos et l'extérieur. *Le sas d'un sous-marin.* ■ **Rem.** On prononçait autrefois [sɑ].

SASHIMI, ■ n. m. [saʃimi] (mot jap.) Spécialité culinaire japonaise faite de tranches de poisson cru accompagnées de wasabi et de sauce au soja. **Au pl.** *Des sashimis.*

SASSAFRAS, n. m. [sasafʀa] (mot esp. d'orig. incert.) Arbre de l'Amérique septentrionale, famille des laurinées. *Le sassafras est un des quatre bois sudorifiques.*

SASSANIDE, ■ adj. [sasanid] (lat. médiév. *Sassanidæ*) Relatif aux Sassanides, dynastie perse du premier millénaire de notre ère (224 à 642 environ). *L'Empire sassanide.*

SASSE, n. f. [sas] (provenç. *sasso,* écope) ▷ Sorte de pelle creuse qui sert à jeter l'eau hors des petites embarcations. ◁

SASSÉ, ÉE, p. p. de sasser. [sase]

SASSEMENT, n. m. [sas(ə)mã] (*sasser*) Action de sasser.

SASSENAGE, n. m. [sas(ə)naʒ] (*Sassenage,* commune de l'Isère) Fromage du Dauphiné qui tire son nom de Sassenage, village près de Grenoble.

SASSER, v. tr. [sase] (1 *sas*) Passer au sas. *Sasser de la farine.* ♦ **Fig.** Discuter, examiner. *Sasser et ressasser un auteur.*

SATAN, n. m. [satã] (lat. *Satanas,* de l'hébr. *Satan,* ennemi) Nom que l'Écriture donne au chef des anges rebelles, devenu l'esprit du mal. ♦ *Le royaume de Satan,* le monde où nous sommes. ♦ *Les sujets de Satan,* les habitants de l'enfer. ♦ *Les fils de Satan,* les pervers. ♦ *Un fils de Satan,* un enfant de Satan, un homme méchant. ♦ **Fam.** *Un orgueil de Satan,* orgueil extrême. ♦ ▷ *Satan* est aussi un type de méchanceté. ◁ ♦ Espèce de singe.

SATANÉ, ÉE, ■ adj. [satane] (*Satan*) **Fam.** *Ce satané* (suivi d'un nom), ce maudit, ce fichu... *Et cette satanée voiture qui ne démarre pas !* « *Je suis sûr que cette satanée Sylvana sous couvert d'un faux cambriolage en a commis un vrai* », Dorin.

SATANIQUE, adj. [satanik] (*Satan*) Qui a le caractère de Satan. *Méchanceté satanique. Engeance satanique.* ■ De Satan. *Le culte satanique.*

SATANISME, ■ n. m. [satanism] (*Satan*) Pratique de la magie noire en tant que culte rendu à Satan. ■ Goût prononcé pour le mal, pour tout ce qui peut nuire.

SATANISTE, ■ n. m. et n. f. [satanist] (*satanisme*) Adepte du satanisme.

SATELLISABLE, ■ adj. [satelizabl] (*satelliser*) Que l'on peut mettre en orbite. *Dans quelques décennies, les satellites miniaturisés seront facilement satellisables.*

SATELLISATION, ■ n. f. [satelizasjɔ̃] (*satelliser*) **Astron.** Mise en orbite d'un objet. ■ **Fig.** *La satellisation de l'Europe de l'Est par la Russie.*

SATELLISER, ■ v. tr. [satelize] (*satellite*) **Astron.** Transformer en satellite en plaçant sur orbite. ■ Se satelliser, v. pr. *Une sonde qui se satellise.* ■ **Fig.** Placer sous sa dépendance. *Satelliser des entreprises.*

SATELLITE, n. m. [satelit] (lat. *satellitis,* soldat, auxiliaire) ▷ En mauvaise part, tout homme armé qui est aux gages et à la suite d'un autre, pour exécuter ses violences, pour servir son despotisme. ◁ ♦ **Fig.** *Satellite du démon,* homme pervers. ◁ ♦ **Astron.** Planète qui fait sa révolution autour d'une autre planète plus grande, et la suit dans la révolution que celle-ci fait elle-même autour du Soleil. ◆ **Adj. Anat.** *Veines satellites,* celles qui avoisinent les artères. ■ *Satellite artificiel,* engin spatial placé sur orbite autour de la Terre ou d'un autre astre et porteur de matériel scientifique, militaire ou de télécommunication. *Un satellite météorologique.* ■ **N. m.** Bâtiment annexe relié à l'aérogare par un couloir. *Les satellites de l'aéroport Roissy-Charles-de-Gaulle.* ■ Personne ou nation qui vit sous la dépendance d'une autre économiquement ou politiquement plus puissante.

SATI, n. f. [sati] (mot sanskrit, femme de qualité, épouse fidèle) Sacrifice volontaire des veuves indiennes sur le bûcher funéraire de leur mari. ◆ La veuve elle-même. ◆ **Adj.** *Femmes satis.* ◆ **N. m.** Le rite lui-même. ■ **Rem.** On disait autrefois *suttee* ou *suttie.*

SATIÉTÉ, n. f. [sasjete] (lat. *satietas*) Réplétion d'aliments qui va jusqu'au dégoût. ◆ Dégoût pour une chose dont on a beaucoup usé. ◆ État moral comparé au dégoût physique. *La satiété des plaisirs.* ◆ *Jusqu'à satiété,* jusqu'à fatiguer, ennuyer.

SATIN, n. m. [satɛ̃] (ar. *zaïtuni*) Étoffe de soie plate, qui est fine, moelleuse et lustrée. *Satin de Lyon. Satin uni.* ◆ **Fam.** *Avoir la peau douce comme un satin, comme du satin,* avoir une peau de satin, avoir la peau douce et fort unie. ◆ Toute étoffe satinée. ◆ *Satin de laine,* étoffe brochée et croisée employée pour robes et manteaux. ◆ **Fig.** Il se dit de choses que l'on compare à du satin.

SATINADE, n. f. [satinad] (*satin*) Étoffe de soie très mince qui imite le satin.

SATINAGE, n. m. [satinaʒ] (*satiner*) Action de satiner ; résultat de cette action. *Le satinage du papier.*

SATINÉ, ÉE, p. p. de satiner. [satine] *Papier, ruban satiné.* ◆ Qui a l'apparence du satin. *Des feuilles satinées.* ◆ *Une peau satinée,* une peau douce comme du satin. ◆ **N. m.** *Le satiné,* ce qui fait qu'une chose est satinée.

SATINER, v. tr. [satine] (*satin*) Donner à une étoffe, à un ruban, à du papier, le lustre du satin. ◆ ▷ **V. intr. Fleuriste** *Cette tulipe satine,* elle a le brillant, l'éclat du satin. ◁

SATINETTE, ■ n. f. [satinɛt] (dimin. de *satin*) Étoffe de coton et de soie ou seulement de coton, qui ressemble au satin. *Des housses de coussin, une doublure en satinette.*

SATINEUR, EUSE, n. m. et n. f. [satinœr, øz] (*satiner*) Ouvrier, ouvrière qui satine le papier.

SATIRE, n. f. [satir] (lat. *satira*) Ouvrage en vers, fait pour censurer, pour tourner en ridicule les vices, les passions déréglées, les sottises des hommes. ◆ ▷ **Fig.** *Sa conduite fait la satire de la vôtre,* en voyant sa bonne conduite on remarque davantage les torts de la vôtre. ◁ ◆ Il se dit aussi de certains ouvrages mêlés de vers et de prose qui sont faits dans la même intention. ◆ *La Satire Ménippée,* recueil de pièces satiriques faites en faveur d'Henri IV et contre les ligueurs. ◆ Tout discours, tout écrit qui reprend, qui raille. *Il a fait une longue satire contre vous.*

SATIRIQUE, adj. [satirik] (b. lat. *satiricus*) Qui appartient à la satire, qui tient de la satire. *Poésie satirique. Trait satirique.* ◆ Enclin, porté à la satire, à la médisance. *Humeur satirique.* ◆ Qui compose des satires. *Auteur satirique.* ◆ **N. m. et n. f.** *Un satirique.*

SATIRIQUEMENT, adv. [satirik(ə)mɑ̃] (*satirique*) D'une manière satirique.

SATIRISÉ, ÉE, p. p. de satiriser. [satirize]

SATIRISER, v. tr. [satirize] (*satire*) Lancer des traits de satire contre quelqu'un ou quelque chose. « *Cela lui apprendra à vouloir satiriser tout* », Molière. ◆ **Absol.** *Il aime à satiriser.*

SATIRISTE, ■ n. m. et n. f. [satirist] (*satire*) Personne qui écrit une satire. *Boileau est un satiriste.*

SATISFACTION, n. f. [satisfaksjɔ̃] (lat. *satisfactio*) Sentiment agréable que nous éprouvons quand les choses sont à notre gré. « *Il s'acquitta de ses devoirs pour la seule satisfaction de s'en être acquitté* », Fénelon. ◆ Réparation d'une offense qu'on a faite à quelqu'un. ◆ ▷ *Donner satisfaction,* accepter un duel avec une personne qui se prétend offensée. ◁ ◆ **Dévot.** Ce qu'on est obligé de faire pour réparer des péchés qu'on a commis. ■ Action de satisfaire un besoin, un désir. ■ *Donner satisfaction à quelqu'un,* répondre à ses attentes.

SATISFACTOIRE, adj. [satiskaftwar] (lat. *satisfactorius*) **Dogmatiq.** Qui est propre à réparer et à expier les fautes commises. *La mort de Notre-Seigneur est satisfactoire pour tous les hommes. Les œuvres les plus satisfactoires et les plus méritoires.*

SATISFAIRE, v. tr. [satisfɛr] (lat. *satisfacere*) Causer le sentiment que nous recevons quand les choses sont à notre gré (avec un nom de personne pour sujet et pour régime). *Un enfant qui satisfait son père et sa mère.* ◆ Satisfaire ses créanciers, leur payer tout ce qui leur est dû. ◆ *Satisfaire un homme qu'on a offensé,* lui faire réparation. ◆ Donner une explication suffisante. ◆ Avec un nom de personne pour sujet et un nom de chose pour régime, donner satisfaction à. « *Tous les mauvais désirs naissent dans un cœur qui croit avoir dans l'argent les moyens de les satisfaire* », Bossuet. ◆ *Satisfaire l'attente de quelqu'un,* répondre à ses vœux, à ses désirs. ◆ *Satisfaire un besoin,* faire ce que la nécessité commande. ◆ *Satisfaire sa passion, sa colère, son ambition, etc.,* se laisser aller aux impulsions de sa colère, de son ambition, etc. ◆ Avec un nom de chose pour sujet, assouvir. « *Le sang de Polyeucte a satisfait leurs rages* », P. Corneille. ◆ *Satisfaire l'esprit, le cœur, la vue, l'oreille, etc.* ◆ **Absol.** « *Les espérances mondaines ne peuvent satisfaire* », Fléchier. ◆ Lever des doutes. *Cette définition ne me satisfait point.* ◆ **V. intr.** Donner satisfaction à, obéir à. *Je satisfais à vos désirs.* ◆ *Satisfaire aux besoins naturels,* faire ce qu'ils commandent. ◆ Faire ce qu'on doit par rapport à quelqu'un ou à quelque chose. *Satisfaire à l'honneur, aux lois du monde, etc.* ◆ **Absol.** « *Plus la satisfaction est rude, moins il y a d'empressement à satisfaire* », Fléchier. ◆ *Donner satisfaction,* réparation. ◆ ▷ *Satisfaire à la conscription,* tirer au sort pour le recrutement de l'armée. ◁ ◆ Répondre. « *Je satisfais, autant qu'il est en moi, aux questions que vous me faites* », d'Alembert. ◆ Lever un doute, une difficulté. « *La censure ne satisfait pas aux objections* », Pascal. ◆ Se satisfaire, v. pr. Donner satisfaction au désir qu'on a de quelque chose. ◆ Être apaisé. ◆ *Se satisfaire soi-même,* se venger soi-même d'une offense. ◆ Se donner à soi-même une explication suffisante. « *Je ne me satisfais d'aucunes conjectures* », P. Corneille. ■ Se contenter de. *Se satisfaire d'un morceau de pain sec.*

SATISFAISANT, ANTE, adj. [satisfazɑ̃, ɑ̃t] (*satisfaire*) Qui satisfait. *Une conduite satisfaisante. Des raisons satisfaisantes.*

SATISFAIT, AITE, adj. [satisfɛ, ɛt] (*satisfaire*) Content. *Satisfait de son sort.* ◆ *Mal satisfait,* qui n'est pas satisfait. ■ Assouvi. *Un désir satisfait.*

SATISFECIT ou **SATISFÉCIT,** n. m. [satisfesit] (on prononce le *t* final ; lat. *satisfecit,* de *satisfacere*) Billet de satisfaction donné par le maître à son élève. ◆ Au pl. *Des satisfecit. Il a eu deux satisfecit.* ■ **Rem.** On écrit aussi aujourd'hui au plur. : *des satisfécits.*

SATRAPE, n. m. [satrap] (lat. *satrapes,* du gr. *satrapês*) Titre des gouverneurs de province chez les anciens Perses. ◆ **Fig.** Se dit d'un homme fier et despotique.

SATRAPIE, n. f. [satrapi] (lat. *satrapia*) Gouvernement d'un satrape.

SATURABILITÉ, n. f. [satyrabilite] (*saturable*) **Chim.** Qualité de ce qui est saturable.

SATURABLE, adj. [satyrabl] (*saturer*) Qui est susceptible de saturation.

SATURANT, ANTE, adj. [satyrɑ̃, ɑ̃t] (*saturer*) Qui a la propriété de saturer.

SATURATEUR, ■ n. m. [satyratœr] (b. lat. *saturator*) **Techn.** Sur un radiateur, dispositif qui humidifie l'air pendant le chauffage. ■ **Chim.** Appareil utilisé pour dissoudre un gaz dans un liquide.

SATURATION, n. f. [satyrasjɔ̃] (b. lat. *saturatio*) **Chim.** Le terme où, les affinités réciproques des deux principes d'un corps binaire étant satisfaites, aucun des deux principes n'est plus susceptible de s'unir avec une nouvelle quantité de l'autre. *La saturation des alcalis par les acides.* ◆ Il se dit aussi d'un liquide qui ne peut pas dissoudre une quantité plus considérable d'une substance soluble ; d'une quantité plus grande de vapeur. *La saturation de l'eau par le sucre.* ◆ **Phys.** *Aimanter à saturation un morceau d'acier,* lui donner le plus haut degré possible d'aimantation. ■ État d'une chose ou d'une personne qui ne peut en recevoir davantage. *La saturation du marché, d'un réseau téléphonique.* ■ *Arriver à saturation,* ne plus pouvoir en supporter davantage.

SATURÉ, ÉE, p. p. de saturer. [satyre]

SATURER, v. tr. [satyre] (lat. *saturare,* rassasier, du *satis,* assez) **Chim.** Produire la saturation entre deux substances. *Saturer un acide, un alcali, etc.* ◆ **Fig. Néolog.** Rassasier. *On a saturé de fêtes.* ◆ Se saturer, v. pr. Devenir saturé. ■ **V. intr. Fam.** En avoir assez, n'en plus pouvoir. *Je travaille depuis six heures, mais je commence à saturer.* ■ N'est plus considéré comme un néologisme aujourd'hui dans son emploi figuré.

SATURNALES, n. f. pl. [satyrnal] (lat. *saturnalia*) Fête que les Romains célébraient en l'honneur de Saturne, pendant laquelle les esclaves portaient les habits de leurs maîtres, s'asseyaient à table avec eux, etc. ◆ **Fig.** Temps de licence, de désordre. ◆ Il se dit aussi des excès où tout frein est ôté. *Les saturnales de la grandeur.*

SATURNE, n. m. [satyrn] (lat. *Saturnus*) Dans la religion des Latins, un des grands dieux qui précéda Jupiter. ◆ *Le temps de Saturne,* l'âge d'or. ◆ Il est pris quelquefois pour le Temps. ■ **Astron.** Une des planètes du système solaire (on met une S majuscule). ◆ ▷ **Anc. chim.** Le plomb (avec une S majuscule). ◁ ♦ *Extrait de Saturne,* ancien nom du sous-acétate de plomb en solution.

SATURNIE, ■ n. f. [satyʀni] (lat. class. *Saturnia,* fille de Saturne) Entomol. Papillon de nuit appelé aussi *paon-de-nuit.*

SATURNIEN, IENNE, adj. [satyʀnjɛ̃, jɛn] (*Saturne*) Qui appartient à Saturne. ♦ *Vers saturnien,* espèce de vers latin très ancien. ■ **Astrol.** Mélancolique. *Une personne au tempérament saturnien.*

SATURNIN, INE, adj. [satyʀnɛ̃, in] (*saturne*) Méd. Qui a rapport au plomb ou à ses composés. ♦ *Maladies saturnines,* celles qui se développent chez les ouvriers qui manient les alliages de plomb, les poussières de céruse, etc.

SATURNISME, ■ n. m. [satyʀnism] (*saturnin*) Méd. Grave intoxication due à une ingestion ou à une inhalation de sels ou de vapeur de plomb. *Le saturnisme frappe parfois les enfants en bas âge qui portent à la bouche de la peinture qui s'effrite.*

1 SATYRE, n. m. [satiʀ] (lat. *satyrus,* du gr. *saturos*) Dans la religion des Grecs et des Romains, demi-dieu qui habitait les bois et qui avait les jambes et les pieds de bouc. ♦ **Fig. et fam.** Homme cynique, débauché. ♦ Grand singe anthropomorphe. ♦ Genre de lépidoptères diurnes.

2 SATYRE, n. f. [satiʀ] (gr. *saturos*) Chez les Grecs, pièce de théâtre dont les principaux personnages étaient des satyres.

SATYRIASIS, ■ n. m. [satiʀjazis] (lat. médiév. *satyriasis*) Psych. Exacerbation maladive du désir sexuel de l'homme. *Être atteint de satyriasis.*

SATYRION, n. m. [satiʀjɔ̃] (gr. *saturion*) Plante de la famille des orchis qui exhale une odeur de boue fort désagréable.

1 SATYRIQUE, adj. [satiʀik] (1 *satyre*) Antiq. Qui appartient aux satyres. *Danse satyrique.*

2 SATYRIQUE, adj. [satiʀik] (2 *satyre*) Qui appartient à la satyre des Grecs. *Le poème satyrique. Le drame satyrique.*

SAUCE, n. f. [sos] (lat. pop. *salsa,* du lat. *salsus,* salé) Assaisonnement liquide où il entre du sel et des épices. ♦ *Sauce courte,* sauce peu abondante. ♦ *Sauce blanche,* Voy. BLANC. ♦ *Sauce Robert,* sauce où les oignons dominent. ♦ *Sauce piquante,* Voy. PIQUANT. ♦ **Fig. et fam.** Accessoire, addition. ♦ *La sauce vaut mieux que le poisson,* l'accessoire vaut mieux que le principal. ♦ On dit dans le même sens : *La sauce fait manger le poisson.* ♦ **Fig. et fam.** Il se dit pour le mode de disposer des personnes ou des choses. « *On se trouvera toujours fort bien de notre ami, à quelque sauce qu'on le mette* », Mme de Sévigné. ♦ ▷ *Vous ne sauriez faire une bonne sauce à cela,* se dit en parlant d'une affaire, d'une action, à laquelle on ne saurait donner une apparence satisfaisante. ◁ ♦ *On ne sait à quelle sauce le mettre,* on ne sait que faire de lui, à quoi l'employer. ♦ *Mettre quelqu'un à toutes sauces,* l'employer à toutes sortes de services. ♦ On dit de même : *Il est bon à toutes sauces.* ♦ **Pop.** *Donner une sauce à quelqu'un, faire la sauce à quelqu'un, apprêter une sauce à quelqu'un,* le réprimander vertement. ♦ **Orfèvr.** Liqueur pour donner la couleur à l'or. ♦ **Dess.** Crayon tendre dont on se sert pour estomper. ♦ ▷ **Prov.** *Il n'est sauce que d'appétit,* la faim est le meilleur assaisonnement. ◁ **Fam.** Pluie. *Je crois qu'on va prendre la sauce !*

SAUCÉ, ÉE, p. p. de saucer. [sose] ▷ **Fam.** Mouillé jusqu'aux os. ◁ ♦ ▷ *Médaille saucée,* médaille de cuivre qui a été argentée ou couverte d'une feuille d'étain. ◁ ■ **N. f. Fam.** Forte averse. *Recevoir une bonne saucée.*

SAUCER, v. tr. [sose] (*sauce*) Tremper dans la sauce. *Saucer son pain.* ♦ ▷ **Par extens.** Tremper dans un liquide quelconque. *Saucer des branches dans de l'eau.* ◁ ♦ ▷ *Il a été saucé dans la boue, dans le ruisseau, dans la rivière,* il est tombé dans la boue, dans la rivière, il a été traîné dans le ruisseau, et fig. on l'a traité avec mépris, avec insulte. ◁ ♦ **Fig. et pop.** *Saucer quelqu'un,* le gronder, le réprimander fortement. ♦ **Se saucer,** v. pr. Se tremper dans l'eau. ■ **V tr Fam.** *Se faire saucer,* être saucé, être mouillé par une forte pluie.

SAUCIER, IÈRE, ■ n. m. et n. f. [sosje, jɛʀ] (*sauce*) Personne spécialisée dans la préparation des fonds et des sauces, dans un grand restaurant. *Maître saucier.* ■ Petit appareil électroménager servant à la confection de sauces.

SAUCIÈRE, n. f. [sosjɛʀ] (*sauce*) Vase dans lequel on sert des sauces.

SAUCISSE, n. f. [sosis] (lat. impér. *salsicia,* du lat. *salsus,* salé) Boyau de porc rempli de viande crue, hachée et assaisonnée. ♦ ▷ **Fig. et pop.** *Ne pas attacher ses chiens avec des saucisses,* être très serré dans ses dépenses. ◁ ♦ Il s'est dit pour *saucisson.* ♦ Il se dit pour *saucisson,* terme d'artillerie. ■ **Par anal.** Ballon captif de forme allongée, servant à l'observation des avions ennemis. ■ **Fam.** Niais. *Quelle grande saucisse !*

SAUCISSON, n. m. [sosisɔ̃] (ital. *salsiccione*) Sorte de grosse saucisse de très haut goût. *Saucisson de Lyon.* ♦ **Artific.** Grosse fusée. ♦ Longue charge de poudre mise en rouleau dans de la toile goudronnée, qu'on attache à une fusée lente qui sert d'amorce pour faire jouer une mine.

SAUCISSONNAGE, ■ n. m. [sosisɔnaʒ] (*saucissonner*) **Fam.** Action de saucissonner, de ficeler. *Avec un bon saucissonnage, ce colis sera bien ficelé.* ■

Fig. et fam. Action de découper en plusieurs parties. *Le saucissonnage d'une émission de télévision.*

SAUCISSONNER, ■ v. intr. [sosisɔne] (*saucisson*) **Fam.** Prendre un repas froid sans s'installer à table. *On saucissonnera en route.* ■ **V. tr. Fam.** Ficeler étroitement sur toute la longueur. *Il l'a saucissonné des pieds à la tête.* ■ **Fam.** Rompre la continuité par des interruptions gênantes. *Trop de péages saucissonnent cette autoroute.*

SAUF, AUVE, adj. [sof, ov] ou [sof, ov] (lat. *salvus*) Qui n'est point endommagé, qui est hors de péril. *L'honneur est sauf. Avoir la vie sauve.* ♦ Il se joint souvent à *sain* : *sain et sauf.* ♦ **SAUF, prép.** Sans blesser, sans porter atteinte à. *Sauf le respect que je vous dois.* ♦ *Sauf votre respect, sauf respect,* se disent quelquefois pour adoucir, pour excuser des paroles trop hardies ou trop libres. ♦ Sans préjudice, avec réserve de. *Vous devez payer cette somme, sauf votre recours contre qui de droit.* ♦ **Dr.** *Sauf l'appel,* sans préjudice de l'appel. ♦ **Financ.** *Sauf erreur de calcul, sauf erreur ou omission,* sans préjudice du droit de revenir à compte, s'il y a erreur dans le calcul. ♦ Hormis, excepté. *Il lui a légué tout son bien, sauf une terre.* ♦ **SAUF À**, loc. prép. À la réserve de, quitte à. *Faites vite, sauf à corriger plus tard.* ♦ Sauf à... de. « *Sauf à vous d'admettre ou rejeter mon opinion.* », J.-J. Rousseau. ◁ ♦ **SAUF QUE**, loc. conj. Avec l'indicatif, hormis que. *Tout se passa bien, sauf qu'un moment on s'égara.* ♦ On trouve quelquefois *sauf que,* avec le subjonctif, pour *à moins que* ; cela est mauvais.

SAUF-CONDUIT ou **SAUFCONDUIT**, n. m. [sofkɔ̃dɥi] (*sauf* et *conduire*) Permis d'aller en quelque endroit, d'y séjourner, d'en revenir, sans crainte d'être arrêté. ♦ Sauvegarde temporaire accordée par les magistrats aux débiteurs exposés à la contrainte par corps. ♦ Permission qu'un officier donne, en temps de guerre, de passer sur le terrain que sa troupe occupe. ♦ **Mar.** Lettre en forme de laissez-passer délivrée à un bâtiment de nation ennemie. ♦ **Au pl.** *Des sauf-conduits.* ■ **Rem.** On trouve également aujourd'hui le plur. : *des saufconduits.*

SAUGE, n. f. [soʒ] (lat. *salvia*) Nom d'un genre de la famille des labiées. *Sauge sauvage* ou *des prés. Sauge en arbre. Sauge amère* ou *sauge des bois.* ♦ ▷ *Poire de sauge,* fruit du sauger, sorte de poire dont on fait du cidre. ◁

SAUGER, n. m. [soʒe] (*sauge*) ▷ Sorte de poirier sauvage. ◁

SAUGRENU, UE, adj. [sogʀəny] (forme dial. de *sel* et *grain*) **Fam.** Absurde, ridicule. *Question saugrenue.*

SAULAIE ou **SAUSSAIE**, n. f. [solɛ, sosɛ] (*saule*) Lieu planté de saules.

SAULE, n. m. [sol] (anc. b. frq. *salha*) Nom d'un genre de la famille des salicinées. ♦ Arbre qui croît ordinairement dans les prés et le long des ruisseaux. ♦ *Saule pleureur,* espèce de saule dont les branches sont pendantes.

SAULÉE, ■ n. f. [sole] (*saule*) ▷ Alignement de saules. « *L'îlot était couvert d'une épaisse saulée qui ne leur permettait pas de voir à dix pas autour d'eux* », Sand. ◁

SAUMÂTRE, adj. [somɑtʀ] (lat. pop. *salmaster*) Qui a un goût approchant de celui de l'eau de mer. *Eau saumâtre.* ♦ *Goût saumâtre,* saveur qui ressemble au goût de l'eau de mer. ■ **Fig.** Désagréable. *Une blague saumâtre.* **Fam.** *La trouver saumâtre,* ne pas apprécier la situation dans laquelle on se trouve.

SAUMON, n. m. [somɔ̃] (lat. *salmonem*) Poisson de mer qui remonte les rivières, et dont la chair est rouge. ♦ Genre de poissons malacoptérygiens dont toutes les espèces sont alimentaires. ♦ *Saumon* se dit de la nuance rouge du saumon. *Rouge saumon. Étoffe saumon.* ♦ Masse de métal et particulièrement de plomb ou d'étain, telle qu'elle est sortie de la fonte. ■ **Rem.** L'adjectif de couleur est invariable.

SAUMONÉ, ÉE, adj. [somone] (*saumon*) Il se dit de certains poissons et particulièrement des truites qui ont la chair rouge.

SAUMONEAU, n. m. [somono] (dimin. de *saumon*) Petit saumon.

SAUMONETTE, ■ n. f. [somonɛt] (*saumon*) Nom marchand et parfois culinaire de la roussette. *La recette de la saumonette à la provençale.*

SAUMURAGE, ■ n. m. [somyʀaʒ] (*saumurer*) Action de saumurer. *Fumage et saumurage du saumon.*

SAUMURE, n. f. [somyʀ] (lat. tard. *salimuria,* de *sal,* sel, et *muria,* saumure) Liqueur formée de sel fondu et du suc de la chose salée. ♦ Il se dit aussi d'une eau qu'on a saturée de sel. ♦ Eau saturée de sel qu'on fait évaporer pour obtenir du sel dans les salines.

SAUMURÉ, ÉE, adj. [somyʀe] (*saumure*) Qui a séjourné dans la saumure.

SAUMURER, ■ v. tr. [somyʀe] (*saumure*) Traiter à la saumure pour conserver. *On saumure toutes sortes de poissons.*

SAUNA, ■ n. m. [sona] (mot finnois) Pratique d'origine nordique consistant à prendre un bain d'air chaud suivi de bains de vapeur et de douches chaudes ou froides. **Au pl.** *Des saunas.*

SAUNAGE, n. m. [sonaʒ] (*sauner*) Action de faire du sel. ◆ ▷ Débit, trafic de sel. ◁ ◆ *Faux saunage*, contrebande qui se faisait sur le sel en France, de province en province. ■ REM. On dit aussi *saunaison* pour le premier sens.

SAUNER, v. intr. [sone] (lat. pop. *salinare*) Produire du sel. ◆ Se déposer en sel. ◆ V. tr. Mettre en production de sel. *Sauner des marais salants.*

SAUNERIE, n. f. [son(ə)ʀi] (*saunier*) Le lieu, les bâtiments, les puits, les fontaines et les instruments propres à la fabrique du sel.

SAUNIER, IÈRE, n. m. et n. f. [sonje, jɛʀ] (lat. médiév. *salinarius*) Ouvrier, ouvrière qui fait le sel. ◆ Colon partiaire cultivant les marais salants. ◆ Personne qui débite, qui vend le sel. ◆ ▷ Celui qui transporte du sel pour en trafiquer dans les campagnes. ◁ ◆ *Faux saunier*, celui qui faisait la contrebande du sel.

SAUNIÈRE, n. f. [sonjɛʀ] (*saunier*) Vaisseau, coffre, souvent pendu à la cheminée, où l'on conserve le sel. ◆ ▷ Composition d'argile et de sel que l'on place dans les parcs à cerfs, daims et chevreuils. ◁

SAUPIQUET, n. m. [sopikɛ] (*sau*, forme atone de *sel*, et *piquer*) Sauce piquante, ragoût qui excite l'appétit. ■ Jambon poêlé accommodé d'une sauce piquante.

SAUPOUDRAGE, ■ n. m. [sopudʀaʒ] (*saupoudrer*) Action de saupoudrer. *Agrémenter son gâteau d'un léger saupoudrage de sucre glace.* ■ Fig. *Le saupoudrage des crédits, des aides.*

SAUPOUDRÉ, ÉE, p. p. de saupoudrer. [sopudʀe]

SAUPOUDRER, v. tr. [sopudʀe] (*sau*, forme atone de *sel*, et *poudrer*) Poudrer de sel. ◆ Fig. et fam. *Saupoudrer une critique de quelques éloges.* ◆ Par extens. Poudrer de farine, ou de poivre, ou de sucre, ou de toute autre poudre. ◆ **Hortic.** Couvrir légèrement de fumier. ■ Fig. Attribuer des budgets minimes à de très nombreux bénéficiaires. *Une politique qui consiste à saupoudrer les aides au lieu de les cibler.*

SAUPOUDREUR, EUSE, ■ adj. [sopudʀœʀ, øz] (*saupoudrer*) Qui permet de saupoudrer. *Couvercle saupoudreur.* ■ N. f. Flacon à couvercle percé permettant de saupoudrer son contenu.

SAUR, adj. [soʀ] (néerl. *soor*, séché) D'une couleur jaune qui tire sur le brun ; ne se dit guère qu'en parlant des chevaux. *Un cheval saur.* ◆ *Hareng saur*, le hareng salé, séché à la fumée. ◆ On dit aussi *hareng sauret.* ◆ ▷ *Un homme, une femme maigre comme un hareng saur*, très maigre. ◁ ◆ ▷ Fauconn. *Oiseau saur*, celui qui, étant dans sa première année, n'a point perdu son premier pennage, qui est roux. ◁ ■ REM. Graphie ancienne : *saure.*

SAURAGE, n. m. [soʀaʒ] (*saure*) ▷ Fauconn. Première année d'un oiseau avant qu'il ait mué. ◁ Voy. SAURISSAGE.

SAURE, adj. m. [soʀ] Voy. SAUR.

SAURÉ, ÉE, p. p. de saurer. [soʀe]

SAURER, v. tr. [soʀe] (*saur*) Faire sécher à la fumée. *Saurer des harengs.*

SAURET, adj. [soʀɛ] (*saur*) Le même que *saur*, ▷ dont il est un diminutif. ◁ *Maigre comme un hareng sauret*, très maigre.

SAURIENS, n. m. pl. [soʀjɛ̃] (gr. *saura*, lézard) Hist. nat. Deuxième ordre des reptiles, qui comprend le lézard, le crocodile. ■ Au sing. *Un saurien.*

SAURIN, ■ n. m. [soʀɛ̃] (*saur*) Rare Hareng tout juste sauré.

SAURIS, ■ n. m. [soʀi] (*saurir*, de *saur*) Rare Saumure utilisée pour saurer des harengs.

SAURISSAGE ou **SAURAGE**, ■ n. m. [soʀisaʒ, soʀaʒ] (*saurir*, de *saur*) Action de saurer des poissons. *Le saurissage des harengs.*

SAURISSERIE, ■ n. f. [soʀis(ə)ʀi] (*saurir*, syn. de *saurer*, de *saur*) Entreprise qui saure les poissons.

SAURISSEUR, EUSE, ■ n. m. et n. f. [soʀisœʀ, øz] (*saurir*, syn. de *saurer*, de *saur*) Ouvrier, ouvrière chargé du saurissage.

SAUSSAIE, n. f. [sose] Voy. SAULAIE.

SAUT, n. m. [so] (lat. *saltus*) Action de sauter. ◆ *Franchir un fossé de plein saut*, sauter d'un bord à l'autre. ◆ *En un saut, en trois sauts*, en une course très rapide. ◆ ▷ **Par extens.** *Ne faire qu'un saut d'un endroit à un autre*, se rendre d'un endroit en un autre avec une extrême promptitude. ◁ ◆ Fig. *N'aller que par sauts et par bonds*, parler avec une vivacité précipitée, sans ordre, ou agir avec précipitation, sans réflexion. ◆ Fig. et fam. *Faire un grand saut*, aller s'établir dans un endroit très éloigné de celui où l'on était ; et aussi, d'un emploi petit ou médiocre, parvenir tout d'un coup à un emploi important. ◆ Espèce de pas de ballet. ◆ *Saut périlleux*, celui qu'exécutent les danseurs de corde quand leur corps fait un tour entier en l'air. ◆ Par extens. *Saut périlleux*, chute périlleuse et fig. et fam. résolution, action hasardée. ◆ *Saut de carpe*, certain saut que les baladins exécutent à plat ventre, en s'élevant horizontalement. ◆ *Saut de mouton*, Jeu d'adolescents, où, après avoir pris son élan, en appuyant les mains sur les épaules

d'un camarade, on saute par-dessus sa tête qu'il a baissée d'avance. ◆ Chute d'un haut lieu comparée à un saut. ◆ ▷ *Faire le saut en l'air*, être pendu. ◁ ◆ Fig. et fam. *Faire* ou *franchir le saut*, prendre une résolution qui coûte, où il y a de la difficulté, du péril ; et aussi succomber. ◆ ▷ Fig. *Faire faire le saut à quelqu'un*, lui faire perdre son emploi. ◁ ◆ *Au saut du lit*, au moment qu'on se lève. ◆ **Mus.** Passage d'un son à un autre par degrés disjoints. ◆ Fig. Interruption dans la marche continue et graduelle des phénomènes. « *Le grand principe de Leibniz était que les changements ne se font point brusquement et par sauts* », FONTENELLE. ◆ *Saut dans le raisonnement*, espèce de sophisme qui consiste à sous-entendre une des prémisses, quand cette prémisse est fort contestable. ◆ Chute d'eau, au courant d'une rivière. *Le saut du Niagara.* ◆ *Saut de moulin*, chute d'eau qui fait aller un moulin. ◆ *Saut-de-loup*, fossé assez large qu'on creuse au bout des allées d'un parc pour les fermer sans ôter la vue de la campagne. ◆ DE PLEIN SAUT, loc. adv. Tout à coup, sans intermédiaire. ■ Brusquement. ■ *Saut de l'ange*, plongeon effectué les bras en croix. ■ REM. On ne dit plus *saut de mouton* aujourd'hui, mais *saute-mouton.* ■ REM. On dit aujourd'hui *faire* ou *franchir le pas* plutôt que *faire* ou *franchir le saut.* ■ REM. Graphie ancienne : *saut de loup.*

SAUTANT, ANTE, adj. [sotã, ãt] (*sauter*) Hérald. Se dit du bouc et de la chèvre, lorsqu'ils sont représentés debout.

SAUT-DE-LOUP, ■ n. m. [sod(ə)lu] (*saut, de* et *loup*) Voy. SAUT.

1 SAUT DE MOUTON ou **SAUTE-MOUTON**, ■ n. m. [sod(ə)mutɔ̃] (*saut, de* et *mouton ; sauter* et *mouton*) Voy. SAUT.

2 SAUT-DE-MOUTON, ■ n. m. [sod(ə)mutɔ̃] (*saut, de* et *mouton*) Techn. Croisement de voies ferrées ou de routes où l'une passe au-dessus de l'autre. Au pl. *Des sauts-de-mouton.*

SAUTE, n. f. [sot] (*sauter*) Mar. Employé seulement dans la locution : *Saute de vent*, déplacement inattendu du vent, qui, de la direction dans laquelle il était établi, passe subitement dans une autre. ■ *Saute d'humeur*, brusque changement d'humeur. *Ses sautes d'humeur sont plutôt déroutantes.*

SAUTÉ, ÉE, p. p. de sauter. [sote] **Cuis.** Rognons sautés au vin de Champagne. ◆ N. m. *Un sauté*, manière de cuire les viandes tendres telles que lapin, veau, etc.

SAUTE-EN-BARQUE, n. m. inv. [sotãbaʀk] (*sauter, en* et *barque*) ▷ Grosse veste à l'usage des canotiers de la Seine. ◆ Petit manteau à manches assez court pour femmes. ◆ Au pl. *Des saute-en-barque.* ◁

SAUTELLE, n. f. [sotɛl] (*sauter*) Sarment que l'on couche en terre pour garnir une place vide ; elle diffère du provin en ce qu'elle résulte du marcottage d'un seul sarment.

SAUTE-MOUTON, ■ n. m. [sot(ə)mutɔ̃] (*sauter* et *mouton*) Voy. SAUT.

SAUTER, v. intr. [sote] (lat. *saltare*) S'élever de terre avec effort, faire un saut. *Sauter à cloche-pied, à pieds joints. Sauter de joie.* ◆ Fig. « *Le cœur sautant de joie* », RÉGNIER. ◆ *Sauter en selle*, monter sur un cheval sans mettre le pied à l'étrier. ◆ *Sauter à bas de son lit*, descendre de dessus son lit avec vivacité. ◆ *Sauter par-dessus quelque objet*, ne pas s'embarrasser des obstacles. ◆ Fig. *Sauter à pieds joints par-dessus une chose*, Voy. JOINT. ◆ Fig. *Sauter au plancher*, s'impatienter, s'irriter. ◆ *Sauter aux nues*, Voy. NUE. ◆ Fig. *Reculer pour mieux sauter*, Voy. RECULER. ◆ **Escrime** Se dit des personnes qui, dans le développement, levant le pied trop haut, décrivent un cercle au lieu d'une ligne droite. ◆ S'élancer d'un lieu à un autre. *Sauter par la fenêtre, sur le rivage*, etc. ◆ ▷ Fam. *Faire sauter quelqu'un par la fenêtre*, le jeter par la fenêtre. ◁ ◆ Mar. *Sauter à l'abordage*, passer sur un bâtiment ennemi pour s'y battre corps à corps. ◆ Fig. et fam. *Sauter de branche en branche*, passer brusquement et sans liaison d'un sujet à un autre. ◆ S'élancer vivement pour saisir quelqu'un ou quelque chose. *Sauter à la gorge, au visage de quelqu'un.* ◆ *Sauter au cou de quelqu'un*, l'embrasser avec empressement. ◆ ▷ *Sauter aux yeux de quelqu'un*, se jeter sur lui pour le battre. ◁ ◆ Fig. *Sauter aux yeux*, frapper la vue tout d'un coup et sans peine, et aussi être manifeste, évident. ◆ Il se dit des choses qui éprouvent un mouvement comparé à un saut. *Le bouchon sauta en l'air.* ◆ *Faire sauter un œil hors de la tête*, porter un coup qui fait sortir l'œil hors de la tête. ◁ ◆ *Faire sauter la tête à quelqu'un*, le décapiter. ◆ Au jeu de billard, *faire sauter une bille*, la faire tomber, en jouant, hors de la table du billard. ◆ ▷ *Faire sauter la coupe*, Voy. COUPE. ◁ ◆ Fig. et fam. *Faire sauter les bouteilles*, boire beaucoup. ◆ Mar. *Faire une saute. Les vents ayant sauté à l'est-sud-est.* ◆ *Faire sauter*, communiquer un mouvement en haut, comparé à un saut. ◆ Fig. et fam. *Faire sauter quelqu'un*, lui faire perdre son emploi, et aussi s'en débarrasser. ◆ ▷ *Faire sauter la charge, la terre de quelqu'un*, le forcer à la vendre par voie de justice. ◁ ◆ Voler en éclats, faire explosion. *La poudrière a sauté.* ◆ *Se faire sauter*, provoquer une explosion qui tue, et particulièrement faire sauter son vaisseau. ◆ *Faire sauter la cervelle à quelqu'un*, lui casser la tête d'un coup de pistolet. ◆ Se déplacer rapidement, passer brusquement d'un lieu à un autre. ◆ Aller rapidement d'un endroit d'un livre, d'un discours, à un autre. ◆ Passer subitement d'une chose à une autre qui est toute différente. *Sauter d'un sujet à un autre, de sujet en sujet,* etc. ♦ **Mus.** Passer brusquement d'un ton, d'une clé à une autre, d'une partie à une autre. ♦ *Sauter d'une octave,* octavier. ♦ Parvenir à une place élevée sans passer par les degrés intermédiaires. *Il a sauté du grade de capitaine à celui de colonel. Cet écolier a sauté de la troisième en rhétorique.* ♦ **Fig.** Être dépensé, être perdu. ♦ *Faire sauter,* dépenser en prodigue. ♦ Aux jeux de hasard, *faire sauter la banque,* gagner tout l'argent du banquier. ♦ **V. tr.** Franchir. *Sauter un fossé.* ♦ **Fig.** et **fam.** *Sauter le pas, le fossé,* prendre une résolution extrême, hasardeuse. ♦ **Fig.** *Sauter le bâton,* Voy. BÂTON. ♦ **Fig.** Omettre, passer quelque chose en lisant ou en copiant. *Sauter un nom.* « *Je saute vingt feuillets pour en trouver la fin »,* BOILEAU. ♦ **Fam.** Faire sauter. *Sauter un enfant au maillot.* ♦ **Cuis.** *Sauter* ou *faire sauter,* mettre dans une casserole plate à grand feu pour faire cuire rapidement une viande tendre. *Sauter un lapin.* ■ **V. intr.** Fondre à cause d'un court-circuit. *Les plombs ont sauté.* ■ Être annulé, supprimé. *Faire sauter une contravention.* ■ *Sauter du coq à l'âne,* passer sans transition d'un sujet à un autre. ■ **V. tr.** Omettre. *Sauter un repas.* ■ **Vulg.** *Sauter quelqu'un,* avoir des rapports sexuels avec quelqu'un. *Elle se fait sauter par Untel.*

SAUTEREAU, n. m. [sot(ə)ʀo] (*sauter*) Petit morceau de bois qui remue et fait sonner la corde d'un clavecin, d'une épinette, par le moyen d'un petit bout de plume.

SAUTERELLE, n. f. [sot(ə)ʀɛl] (*sauter*) Insecte ailé, du genre locuste, qui s'avance en sautant. ♦ **Fam.** Personne maigre. *Une grande sauterelle.* ■ **Techn.** Fausse équerre composée de deux branches mobiles et servant à relever les angles.

SAUTERIE, n. f. [sot(ə)ʀi] (*sauter*) Action de sauter, petits sauts répétés. ♦ **Fam.** Petite soirée dansante, sans apprêt et sans façon.

SAUTERNES, n. m. [sotɛʀn] (*Sauternes,* ville de Gironde) Vin blanc renommé du Bordelais. ■ **REM.** Graphie ancienne : *sauterne.*

SAUTE-RUISSEAU, n. m. [sot(ə)ʀɥiso] (*sauter* et *ruisseau*) Petit clerc chargé des courses dans une étude. ■ **Au pl.** *Des saute-ruisseau* ou *des saute-ruisseaux.*

SAUTEUR, EUSE, n. m. et n. f. [sotœʀ, øz] (*sauter*) Celui, celle qui saute, dont la profession est de faire des sauts et des tours de force. ♦ **Fig.** et **fam.** Un homme sans consistance, sans caractère. ♦ Cheval de manège dressé à sauter, et qu'on fait monter aux personnes qui apprennent l'équitation. ♦ N. f. *Sauteuse,* nom d'une sorte de danse, d'une sorte de valse. ♦ **Adj.** Se dit des animaux dont la progression s'effectue par sauts. ♦ **N. f.** Poêle à bord bas utilisée pour faire sauter les aliments. *Faire cuire des pommes de terre en rondelles dans une sauteuse.*

SAUTILLANT, ANTE, adj. [sotijɑ̃, ɑ̃t] (*sautiller*) Qui sautille, qui ne fait que sautiller. *Des enfants sautillants.* ♦ **Fig.** « *Ce discours n'a rien de pesant ni de sautillant »,* D'OLIVET.

SAUTILLEMENT, n. m. [sotij(ə)mɑ̃] (*sautiller*) Action de sautiller.

SAUTILLER, v. intr. [sotije] (fréq. de *sauter*) Faire de petits sauts ; s'avancer par petits bonds. ♦ **Par extens.** *Mon cœur sautille.* ♦ **Fig.** Avoir dans le style une manière comparée au sautillement. ♦ **Fig.** Changer brusquement de sujet en parlant ou d'un écrivain. *Sautiller d'une matière à une autre.*

SAUTOIR, n. m. [sotwaʀ] (*sauter*) Anciennement, pièce du harnais du chevalier, qui lui servait d'étrier pour sauter sur son cheval. ♦ Aujourd'hui, la figure que présentent deux ou plusieurs objets disposés de manière à imiter une croix de Saint-André (X). ♦ On ne l'emploie guère que dans la locution adverbiale : *En sautoir.* ♦ ▷ *Porter un ordre en sautoir,* en porter le cordon en forme de collier tombant en pointe sur la poitrine. ◁ ♦ **Par extens.** *Porter quelque chose en sautoir,* le porter sur le dos à l'aide d'une ou de deux bretelles passant sur la poitrine. ♦ **Hérald.** Pièce honorable formée de la bande et de la barre, en forme de croix de Saint-André. ♦ Petite pointe d'étoffe que les femmes portent autour du cou, en nouant les deux bouts sur la poitrine. ♦ Long collier ou longue chaîne porté sur la poitrine. *Un sautoir de perles.* ■ **Sp.** Aire aménagée pour le saut. *Un sautoir en hauteur.*

SAUVAGE, adj. [sovaʒ] (lat. class. *silvaticus,* de *silva,* forêt) Se dit des animaux qui vivent dans les bois, dans les déserts. *Les cerfs, les daims sont des animaux sauvages.* ♦ Qui n'est pas apprivoisé, par opposition à domestique. *Un chat sauvage.* ♦ Il se dit des hommes qui vivent en petites sociétés, dans des huttes [1]. « *L'homme sauvage ne sait que combattre et chasser »,* BUFFON. ♦ **Par extens.** Se dit des lieux incultes et inhabités. *Un site sauvage.* ♦ **Fig.** Qui se plaît à vivre seul, qui évite la fréquentation du monde. ♦ Qui a quelque chose de rude, de farouche. « *Le duc de Montausier, fameux par sa vertu sauvage »,* VOLTAIRE. ♦ *Une façon de parler sauvage, un procédé sauvage,* une manière de parler ou d'agir rude, contre l'usage. ♦ Cruel, barbare. « *Le ciel avec horreur voit ce monstre sauvage »,* RACINE. ♦ Rigoureux outre mesure. *Des propositions sauvages.* ◁ ♦ En parlant des plantes, des fruits, qui vient sans culture. *Pommier sauvage.* ♦ *Chicorée sauvage,* Voy. CHICORÉE. ♦ *Goût sauvage,* goût âpre. ♦ **N. m.** et **n. f.** Celui, celle qui appartient aux

populations sauvages. *Les sauvages de l'Amérique [2].* ♦ **Fig.** Celui, celle qui évite la fréquentation du monde. ■ **Adj.** Qui se fait spontanément, indépendamment de tout règlement. *Une grève sauvage. L'urbanisation sauvage d'une région.* ■ **REM.** 1 et 2 : Le mot *sauvage* n'avait pas, à l'époque de Littré, la connotation péjorative et raciste qu'il peut avoir aujourd'hui. On dit de nos jours *primitif.*

SAUVAGEMENT, ■ adv. [sovaʒ(ə)mɑ̃] (*sauvage*) De manière sauvage, avec brutalité. *Les voyous l'ont sauvagement attaqué.*

SAUVAGEON, n. m. [sovaʒɔ̃] (*sauvage*) ▷ Arbre venu spontanément, dans les bois, dans les haies, de pépins ou de noyaux de fruits sauvages, et dont les fruits ont trop d'âpreté pour être bons à manger. ◁ ♦ **Jard.** Tout arbre qui n'a pas été greffé, et qui peut servir de sujet pour la greffe. ■ **N. m.** et **n. f.** Enfant farouche qui n'a pas reçu d'éducation. *Une sauvageonne qui ne se laisse pas approcher.*

SAUVAGERIE, n. f. [sovaʒʀi] (*sauvage*) **Fig.** Humeur, manières sauvages.

SAUVAGESSE, n. f. [sovaʒɛs] (*sauvage*) S'est dit par plaisanterie pour femme sauvage. ♦ Femme sans culture, sans monde [1]. ■ **REM.** 1 : Terme péjoratif et vieilli aujourd'hui dans ce sens.

SAUVAGIN, INE, adj. [sovaʒɛ̃, in] (*sauvage*) Il se dit du goût, de l'odeur de quelques oiseaux de mer, d'étang ou de marais. *Goût sauvagin.* ♦ **N. m.** *Sentir le sauvagin.*

SAUVAGINE, n. f. [sovaʒin] (*sauvage*) Se dit collectivement des oiseaux de mer, d'étang ou de marais, qui ont le goût sauvagin. ♦ Il se dit aussi de l'odeur, du goût de ces oiseaux. « *Un goût de sauvagine »,* BUFFON.

SAUVÉ, ÉE, p. p. de sauver. [sove] ▷ Rendu éternellement heureux dans le ciel. ◁ ♦ **N. m.** et **n. f.** « *Vous êtes tenté d'incrédulité à la vue du petit nombre des sauvés »,* BOSSUET. ◁

SAUVEGARDE, n. f. [sov(ə)gaʀd] (*sauve,* fém. de *sauf,* et *garde*) Protection accordée par une autorité quelconque. ♦ ▷ La garde, le détachement qu'un chef militaire envoie dans un lieu pour le garantir du pillage. ◁ ♦ Titre ou écrit par lequel une sauvegarde est accordée. ♦ **Fig.** Ce qui sert de garantie ou de défense contre un danger. ♦ **Mar.** Tout cordage destiné à empêcher qu'on ne tombe à la mer. ♦ **Reliure** Bande de papier blanc qu'on plie en deux et qu'on coud avant la garde du commencement, et après la garde de la fin de chaque volume. ♦ **Inform.** Opération consistant à recopier des données, généralement sur un support externe, afin d'en prévenir la perte ou la destruction accidentelle. *Faire une sauvegarde sur un second disque dur.*

SAUVEGARDER, v. tr. [sov(ə)gaʀde] (*sauvegarde*) Néolog. Défendre, protéger, mettre comme sous une sauvegarde. ■ **Inform.** Effectuer une sauvegarde. *Sauvegarder des données avant de quitter une application. Sauvegarder son travail tous les soirs.* ■ **REM.** Ce mot n'est plus un néologisme.

SAUVE-QUI-PEUT, ■ n. m. inv. [sov(ə)kipø] (*sauver, qui* et *pouvoir*) Voy. SAUVER.

SAUVER, v. tr. [sove] (b. lat. *salvare,* du lat. *salvus,* sauf) Tirer hors de péril, mettre en sûreté, avec un nom de personne ou un objet personnifié pour régime direct. *Sauvez-moi du danger. Sauver son pays.* ♦ Être cause de salut, en parlant de ceux qui sauve. *L'opération sauvera le patient.* ♦ Préserver. « *Sauve-moi de l'affront de tomber à leurs pieds »,* P. CORNEILLE. ♦ Procurer le salut éternel. *Sauver son âme.* ♦ Empêcher d'être perdu. *Sauver des naufragés, des marchandises.* ♦ **Fig.** *Vouloir sauver la chèvre et le chou,* Voy. CHÈVRE. ♦ ▷ *Sauver une chose à quelqu'un,* faire qu'il ne la subisse pas. « *Sauvez-moi cette honte »,* P. CORNEILLE. ◁ ♦ Conserver intact. *Sauver l'honneur.* ♦ Justifier. « *Quelque excuse qu'on allègue, on ne peut sauver cette action »,* BOSSUET. ♦ ▷ Pallier, masquer ce qu'il y a de défectueux. « *Ces hardiesses en poésie, lorsqu'elles sont bien sauvées, font un effet très brillant »,* CHATEAUBRIAND. ◁ ♦ *Sauver une contradiction,* concilier deux passages, deux propositions contraires. ♦ **Mus.** *Sauver une dissonance,* Voy. DISSO-NANCE. ♦ **Fig.** *Sauver les apparences,* ne rien laisser paraître au-dehors qui puisse blesser ou scandaliser. ♦ ▷ **Fam.** *Sauver le premier coup d'œil,* ne pas laisser paraître l'étonnement, l'impression désagréable que cause la première vue d'une personne ou mal faite. ◁ ♦ ▷ *Il faut sauver le premier coup d'œil,* se dit d'une personne qui ne plaît pas au premier aspect, mais qui plaira quand on l'aura vue davantage. ◁ ♦ Se sauver, v. pr. Se mettre en sûreté, à l'abri. *Se sauver d'un péril.* ♦ Se préserver. « *Ils se sauvent tout ensemble de la folie et de l'erreur »,* PASCAL. ♦ Faire son salut éternel. ♦ Se tirer d'embarras. ♦ S'échapper. *Se sauver de prison.* ♦ **Fig.** et **fam.** *Se sauver à travers les broussailles, se sauver par les vignes, par les marais,* se tirer d'embarras comme on peut. ◁ ♦ Prendre la fuite. ♦ **Ellipt.** *Sauve qui peut,* c'est-à-dire se tire du péril qui pourra. ♦ **N. m.** *Ce fut un sauve-qui-peut général* (avec traits d'union). ♦ **Fam.** *Se sauver,* se retirer promptement. ♦ Se réfugier en un lieu, y chercher un asile. ♦ Se dédommager. *Un marchand qui vend à bas prix, se sauve sur la quantité.* ■ **V. tr. Fam.** *Sauver les meubles,* réussir à préserver l'indispensable lors d'un désastre. ■ **Fam.** *Sauver sa peau, sa tête,* protéger sa vie. ■ *Sauver l'honneur,* terminer avec un peu de réussite ce que l'on a très mal commencé. *Les footballeurs perdent le match, mais* *sauvent l'honneur en marquant un but à la dernière minute.* ■ **V. pr.** **Fam.** Déborder, en parlant d'un liquide en ébullition. *Le lait se sauve.*

SAUVETAGE, n. m. [sov(ə)taʒ] (*sauver*, d'apr. rad. de *sauveté*) **Mar.** Action de retirer des flots les débris d'un naufrage. ♦ Action de sauver des hommes tombés à la mer. ♦ Action de retirer de l'eau les personnes en danger de se noyer dans les lacs, les rivières, etc. ♦ *Bouée de sauvetage,* Voy. BOUÉE. ■ Action de mettre hors de danger. *Le sauvetage des spéléologues retenus au fond du gouffre depuis plusieurs jours.* ■ **Fig.** Action de tirer d'une situation difficile. *Le sauvetage d'une entreprise en faillite.*

SAUVETÉ, n. f. [sov(ə)te] (lat. médiév. *salvitas*) **Vieilli** État d'une personne ou d'une chose mise hors de péril. *Il est en lieu de sauveté.*

SAUVETEUR, EUSE, n. m. et n. f. [sov(ə)tœr, øz] (*sauvetage*) Personne qui prend part à un sauvetage. ♦ Embarcation, appareil ou moyen quelconque de sauvetage. ♦ **Adj.** *Bateau sauveteur.* ■ *Maître-nageur sauveteur,* Voy. MAÎTRE-NAGEUR.

SAUVETTE (À LA), ■ loc. adv. [sovɛt] (*se sauver*) Avec précipitation, pour ne pas être pris en situation de fraude ou suspecte. *Des vendeurs de marrons à la sauvette.*

SAUVEUR, n. m. [sovœr] (lat. chrét. *salvator*) Celui qui sauve. *Être le sauveur de son pays.* ♦ Il se dit aussi des choses. *Ce remède a été mon sauveur.* ♦ **Adj.** *Un dieu sauveur.* ♦ **Mar.** Se dit de ceux qui ont sauvé ou repêché des marchandises. ♦ Par excellence, *le Sauveur* (avec une majuscule), Jésus-Christ.

SAUVE-VIE, n. f. [sov(ə)vi] (*sauver* et *vie*) Espèce de petite fougère, dite aussi rue des murailles. ♦ Au pl. *Des sauve-vie.* ■ **Rem.** On écrit également aujourd'hui au plur : *des sauve-vies.*

SAUVIGNON, ■ n. m. [soviɲɔ̃] ou [soviɲɔ̃] (orig. incert.) Cépage blanc très répandu entrant notamment dans la composition des vins liquoreux du Sud-Ouest. *Un assemblage de sauvignon et de chardonnay.* ■ Vin issu de ce cépage. *Une bouteille de sauvignon.*

SAVAMMENT, adv. [savamã] (*savant*) D'une manière savante. *Question savamment traitée.* ♦ *Parler savamment d'une chose,* en parler avec connaissance.

SAVANE, n. f. [savan] (esp. *çavana,* du taino d'Haïti) Nom, dans les Antilles, la Guyane et ailleurs, des prairies et des plaines qui produisent de l'herbe pour la nourriture des bestiaux. ♦ Au Canada, forêt d'arbres résineux.

SAVANT, ANTE, adj. [savã, ãt] (anc. p. prés. de *savoir*) Qui sait beaucoup, qui est versé dans les matières soit d'érudition, soit de science. *Il est savant en histoire. Les sociétés savantes.* ♦ **Fig.** « *Une ignorance savante qui se connaît* », PASCAL. ♦ Où il y a soit de la science, soit de l'érudition. *De savants travaux. Des recherches savantes.* ♦ *Armes savantes,* l'artillerie et le génie. ♦ *Langues savantes,* les langues anciennes et celles qui ne sont connues que d'un petit nombre de personnes, le grec, le latin, l'hébreu, l'arabe, le sanskrit, etc. ♦ Bien instruit, bien informé de quelque chose. « *Me voici bien savant sur ce chapitre* », PASCAL. ♦ Qui a de l'habileté en quelque chose. « *Le plus savant s'y trompe* », ROTROU. ♦ *Savant à,* même sens. « *Plus enclin à blâmer que savant à bien faire* », BOILEAU. ♦ *Savant en* ou *dans,* qui est habile en, versé en. « *Que les douleurs l'ont rendue savante dans la science de l'Évangile !* », BOSSUET. « *Accoutumée au meurtre et savante en poison* », P. CORNEILLE. ♦ *Chien savant,* chien dressé à certains exercices. ♦ Où il y a de l'art, de l'habileté. *L'organisation savante d'une machine. Une main savante.* ♦ **N. m. et n. f.** Personne versée soit dans l'érudition, soit dans les sciences. ♦ *Savant en us,* savant qui a une teinte de pédantisme, à cause que, anciennement, les érudits latinisaient leurs noms et leur donnaient la finale *us.* ♦ *Demi-savant,* homme dont les connaissances sont superficielles.

SAVANTAS ou plus souvent aujourd'hui **SAVANTASSE,** n. m. [savãta, savãtas] (*savant*) ▷ Celui qui affecte de paraître savant, mais qui n'a qu'un savoir confus. ◁

SAVANTISSIME, adj. [savãtisim] (*savant,* superl. à forme latine) Très savant ; se dit par plaisanterie.

SAVARIN, ■ n. m. [savarɛ̃] (Brillat-*Savarin,* gastronome) Gâteau en forme de couronne arrosé d'un sirop additionné de rhum et servi avec une crème.

SAVART, ■ n. m. [savar] (*Savart,* physicien français) **Mus.** et **phys.** Unité de mesure de l'intervalle musical. *Un ton équivaut à 50 savarts ou 7 commas.*

SAVATE, n. f. [savat] (orig. inc.) Vieux soulier fort usé. ♦ **Fam.** *Traîner la savate,* être dans le vagabondage, dans l'indigence. ♦ Soulier neuf ou vieux dont le quartier est rabattu. *Mettre ses souliers en savate.* ♦ Jeu de la savate, jeu d'écoliers. ♦ *Battre la savate,* sorte de jeu ou d'exercice pour se réchauffer quand il fait froid ; on dit plutôt *battre la semelle.* ♦ **Pop.** Espèce de gymnastique qui a pour objet de passer la jambe à celui qu'on attaque ou par qui on est attaqué, et de lui faire perdre l'équilibre. ♦ Sorte de manière de se battre à coups de pied. ♦ ▷ Correction militaire appliquée par

les soldats entre eux pour certains délits non justiciables d'un conseil de guerre. ◁ ■ **Fam.** Personne maladroite. *Quelle savate ce type !*

SAVATERIE, n. f. [savat(ə)ri] (*savate*) Lieu où l'on vend de vieux souliers.

SAVETÉ, ÉE, p. p. de saveter. [sav(ə)te]

SAVETER, v. tr. [sav(ə)te] (*savate*) ▷ Gâter un ouvrage en le faisant ou en le raccommodant malproprement. ◁

SAVETIER, n. m. [sav(ə)tje] (*savate*) Ouvrier qui raccommode de vieux souliers. ♦ **Fig.** et **pop.** Un mauvais ouvrier. ♦ Marchand de vieux souliers.

SAVEUR, n. f. [savœr] (lat. *sapor*) Qualité qui est perçue par le sens du goût. *La saveur du pain.* ♦ *Cela n'a ni goût ni saveur,* se dit d'un mets insipide, et fig. d'une composition littéraire dépourvue de charme et d'agrément.

1 **SAVOIR,** v. tr. [savwar] (lat. *sapere*) Avoir connaissance de. *Savoir l'avenir.* ♦ *Il ne sait rien de rien,* il n'est pas averti de ce qui se passe. ♦ **Fam.** *Il ne sait ce qu'il veut,* se dit d'un homme indécis. ♦ *Il en sait bien long,* il en sait beaucoup, il a beaucoup de finesse, d'adresse. ♦ *Il en sait plus d'un,* il en sait plus d'une, il a plus d'un tour d'habileté à sa disposition. ♦ *Qui vous savez, que vous savez,* se dit quand on ne veut pas nommer la personne ou la chose à une personne qui la connaît bien. *L'homme que vous savez.* ♦ *Je sais ce que je sais,* se dit quand on ne veut pas s'expliquer. ♦ *Savoir une personne* ou *une chose,* savoir que cette personne, cette chose existe, peut être trouvée. « *Je sais un paysan qu'on appelait Gros-Pierre* », MOLIÈRE. « *On m'a dit que tu savais des carrosses à vendre* », DANCOURT. ♦ *Savoir* avec un participe ou un adjectif, savoir que la qualité indiquée par le participe ou l'adjectif est dans l'être auquel ils se rapportent. *Je ne vous savais pas malade.* ♦ *Ne savoir qu'une chose,* être uniquement préoccupé d'une chose. ♦ *Je ne sais qui,* et, n. m. *un je-ne-sais-qui,* un homme peu connu ou peu considéré. ♦ *Je ne sais quoi,* quelque chose que l'on ne connaît pas. ♦ **Par extens.** *Je ne sais quoi,* quelque chose d'indéfinissable, qui est d'une qualité ou d'un sentiment. « *Je ne sais quoi pourtant dans mon cœur en murmure* », CORNEILLE. ♦ **N. m.** « *Ce je-ne-sais-quoi d'achevé que les malheurs ajoutent aux grandes vertus* », BOSSUET. ♦ On dit dans un sens analogue : *Je ne sais quel.* « *Un je ne sais quel charme encor vers vous m'emporte* », P. CORNEILLE. ♦ **Fam.** *Je suis tout je ne sais comment,* j'éprouve un malaise que je ne puis définir. ♦ Par manière de doute et d'interrogation : *Que savez-vous ? qu'en savez-vous ? que sais-je ?* etc. ♦ ▷ *Savez-vous, savez-vous bien,* c'est-à-dire ne vous y trompez pas. ◁ ♦ *Dieu sait ! Dieu sait comme !* locution familière et elliptique dont on se sert pour donner une grande idée de quelque chose. ♦ Ellipt. avec la négation et le subjonctif. *Je ne sache personne qui, etc.* « *Je ne sache rien au monde qui ne soit le monument de quelque sottise des hommes* », FONTENELLE. ♦ *Que je sache,* locution dont on se sert à la fin d'une phrase pour indiquer que, si un fait est autrement qu'on ne le dit, on l'ignore. *Est-il venu quelqu'un, que vous sachiez ?* ♦ *Savoir gré,* Voy. GRÉ. ♦ Posséder une science, un art, un métier. *Savoir la grammaire, le latin,* etc. ♦ *Ne savoir ni A ni B,* être fort ignorant. ♦ *Il en sait trop,* c'est un homme trop habile, dont on doit se défier. ♦ *Savoir bien le monde,* ou *savoir bien son monde,* savoir bien la manière de vivre dans la société. ♦ *Savoir,* suivi d'un infinitif, être habile, être accoutumé à faire quelque chose. *Savoir jouer du violon. Il sait plaire.* ♦ *Savoir vivre,* savoir se conduire dans le commerce du monde. ♦ Ne pas hésiter à. *Il faut savoir faire un sacrifice.* ♦ *Savoir* à l'impératif et suivi d'un infinitif ne fait que renforcer l'impératif. *Sachons nous taire,* c'est-à-dire taisons-nous. ♦ Parvenir à, réussir à, avoir la force, le moyen de. *Je saurai bien me défendre.* ♦ Au conditionnel et au plus-que-parfait du subjonctif, il s'emploie pour pouvoir. « *Ils ne sauraient servir, mais ils peuvent vous nuire* », MOLIÈRE. ♦ Être informé de quelque chose, apprendre. *Sachez que ma fille se marie.* ♦ Avoir dans la mémoire. *Il sait sa leçon, son rôle,* etc. ♦ **Fig.** *Savoir quelqu'un par cœur* ou absol. *le savoir,* connaître parfaitement son caractère, ses habitudes. ♦ **Absol.** Avoir l'esprit orné, rempli de connaissances. « *N'est-ce pas savoir beaucoup que de savoir qu'on ne sait rien ?* », FÉNELON. ♦ *Faire savoir,* instruire, informer quelqu'un. ♦ ▷ *Savoir faisons,* formule de chancellerie et de palais. ◁ ♦ ▷ *Faire à savoir,* Voy. FAIRE. ◁ ♦ *C'est à savoir* ou *à savoir,* et, plus ordinairement, *savoir,* locutions qui servent à spécifier ce dont il s'agit. *Son revenu a plusieurs sources, à savoir sa place, le produit de sa terre,* etc. ♦ On s'en sert aussi pour marquer du doute. *Il part bien tard, c'est à savoir s'il arrivera à temps.* ♦ *Se savoir,* v. pr. Être su. *Tout se sait tôt ou tard.* ♦ *Se connaître soi-même.* ♦ **Prov.** *Si jeunesse savait, si vieillesse pouvait,* si la jeunesse avait de l'expérience, si la vieillesse avait de la force. ■ **Rem.** Graphies anciennes : *un je ne sais qui, un je ne sais quoi.*

2 **SAVOIR,** n. m. [savwar] (1 *savoir*) Usité seulement au singulier. Connaissance acquise par l'étude, par l'expérience. « *Laissez dire les sots : le savoir a son prix* », LA FONTAINE. ♦ *Demi-savoir,* savoir incomplet en étendue ou en profondeur.

SAVOIR-FAIRE, n. m. inv. [savwarfɛr] (1 *savoir* et *faire*) Habileté dans un art quelconque. ♦ Habileté à faire réussir ce qu'on a entrepris. « *Pour gagner* *du bien, le savoir-faire vaut mieux que le savoir »*, BEAUMARCHAIS. ■ Au pl. *Des savoir-faire.*

SAVOIR-VIVRE, n. m. inv. [savwarvivr] (1 *savoir* et *faire*) Habileté à conduire sa vie. ◆ Connaissance des usages du monde, et des égards de politesse que les hommes se doivent en société. ■ Au pl. *Des savoir-vivre.*

SAVOISIEN, IENNE, adj. [savwazjɛ̃, jɛn] (*Savoie*) ▷ Qui appartient à la Savoie. ◆ *Les Savoisiens*, les habitants de la Savoie. ■ Voy. SAVOYARD. ◁

SAVON, n. m. [savɔ̃] (lat. *sapo*) Composition résultant de l'action de la potasse ou de la soude sur les corps gras, et servant à blanchir, à nettoyer. ◆ *Savon blanc*, savon préparé avec l'huile d'olive et la soude artificielle pure. ◆ ▷ *Savon marbré*, savon renfermant un savon à base de fer disposé par couches dans la pâte, qui est blanche ; c'est ce savon qui sert aux usages domestiques. ◁ ◆ *Savon vert* ou *noir*, savon mou. ◆ Savonnage. ◆ Fig. et pop. *Donner un savon à quelqu'un*, le réprimander fortement. ■ REM. On dit auj. *passer un savon à quelqu'un* plutôt que *donner un savon à quelqu'un.*

SAVONNAGE, n. m. [savɔnaʒ] (*savonner*) Nettoiement, blanchissage au moyen du savon. *Faire un savonnage.*

SAVONNÉ, ÉE, p. p. de savonner. [savɔne]

SAVONNER, v. tr. [savɔne] (*savon*) Nettoyer, blanchir avec du savon. ◆ ▷ *Savonner quelqu'un*, lui frotter le menton de savon pour le raser. ◁ ◆ Fig. et pop. Réprimander vivement. ◆ Se savonner, v. pr. En parlant des tissus, supporter le savonnage. *Cette dentelle se savonne.* ■ *Savonner la planche à quelqu'un*, user de procédés déloyaux pour tenter de nuire à quelqu'un. ■ V. pr. Se laver au savon. *Elle s'est savonnée sous la douche. Elle s'est savonné les mains.*

SAVONNERIE, n. f. [savɔn(ə)ri] (*savon*) Lieu où l'on fait le savon. ◆ *La Savonnerie*, manufacture à Chaillot, dans Paris, où l'on fabriquait autrefois des ouvrages de tapisserie veloutés, et des tapis façon de Perse, qui se font aujourd'hui aux Gobelins, et qu'on nomme toujours tapis de la Savonnerie.

SAVONNETTE, n. f. [savɔnɛt] (dimin. de *savon*) Petite boule de savon préparée pour rendre la barbe plus tendre au rasoir. ◆ Fig. *Savonnette à vilain*, charge qu'on achetait pour s'anoblir. ◆ ▷ *Savonnette à barbe*, Voy. BLAIREAU. ◁ ◆ Petit savon pour la toilette. *Les savonnettes d'hôtel.*

SAVONNEUX, EUSE, adj. [savɔnø, øz] (*savon*) Qui tient de la qualité du savon. *Quelques eaux minérales sont savonneuses.* ◆ *Terre savonneuse*, terre argileuse, fine et douce au toucher, telle que la terre à foulon. ◆ N. m. *Les savonneux*, les préparations médicinales où entre du savon.

SAVONNIER, IÈRE, n. m. et n. f. [savɔnje, jɛr] (*savon*) Fabricant de savon. ◆ *Savonnier des Antilles*, arbre dont le bois, la racine et les fruits sont imprégnés d'un principe amer qui communique à l'eau la propriété de produire un effet analogue à celui du savon. ■ Adj. Relatif à l'industrie du savon. *L'industrie savonnière.*

SAVOURÉ, ÉE, p. p. de savourer. [savure]

SAVOUREMENT, n. m. [savur(ə)mã] (*savourer*) Action de savourer. *Le savourement des viandes.*

SAVOURER, v. tr. [savure] (*saveur*, p.-ê. d'apr. le b. lat. *saporare*) Goûter avec attention et plaisir. *Savourez ce vin.* ◆ Absol. *Il aime à savourer.* ◆ Fig. Jouir d'une chose avec délices. ◆ Par antiphrase Se dit des choses douloureuses. *« À qui des prêtres barbares font avec art savourer la mort »*, J.-J. ROUSSEAU.

SAVOURET, n. m. [savurɛ] (*savourer*) ▷ Gros os de bœuf ou de porc salé qu'on met dans le pot pour donner du goût au bouillon. ◁

SAVOUREUSEMENT, adv. [savurøz(ə)mã] (*savoureux*) En savourant, d'une façon savoureuse. *Boire, manger savoureusement.*

SAVOUREUX, EUSE, adj. [savurø, øz] (*saveur*) Qui a une bonne, une agréable saveur. *Du pain, des fruits savoureux.* ◆ Fig. *« Le savoureux plaisir de t'y persécuter »*, BOILEAU.

SAVOYARD, ARDE, n. m. et n. f. [savwajar, ard] (*Savoie*) Habitant, habitante de la Savoie ou qui en est originaire. ■ Adj. *Un repas typiquement savoyard.*

1 **SAX**, n. m. [saks] (nom propre) Nom d'un facteur belge qui a inventé plusieurs instruments à vent dont la famille s'appelle les sax ; tels que le saxhorn, le saxotromba, le saxtuba, etc.

2 **SAX**, ■ n. m. [saks] (abrév. de *saxophone*) Fam. Saxophone. *Jouer du sax.* ■ Saxophoniste. *Il est premier sax à l'orchestre.*

SAXATILE, adj. [saksatil] (lat. *saxatilis*, de *saxum*, pierre) Hist. nat. Se dit des plantes qui croissent dans des terrains arides et pierreux, ou sur des rochers. ◆ N. f. pl. *Les saxatiles.* ◆ Il se dit des poissons qui vivent parmi les roches.

SAXE, ■ n. m. [saks] (*Saxe*, région de l'Allemagne) Porcelaine fabriquée en Saxe.

SAXHORN, ■ n. m. [saksɔrn] (1 *sax* et all. *Horn*, corne, cor) Instrument à vent de la famille des cuivres, à embouchure et pistons. Au pl. *Des saxhorns.*

SAXICOLE, adj. [saksikɔl] (lat. *saxum*, pierre, et *-cole*) Hist. nat. Qui habite les rochers. ◆ N. f. Genre d'oiseaux insectivores appelés motteux par certains auteurs.

SAXIFRAGE, adj. [saksifraʒ] (lat. *saxifraga*, de *saxum*, pierre) Anc. méd. Propre à dissoudre la pierre ; on dit aujourd'hui *lithontriptique*. ◆ N. f. Genre de la famille des saxifragées. ◆ *Saxifrage*, nom donné à une ombellifère, le *Pimpinella saxifraga*. ◆ *Saxifrage maritime*, le crithme maritime.

SAXON, ONNE, ■ adj. [saksɔ̃, ɔn] (b. lat. *saxonis*) Relatif à l'ancien peuple germanique des Saxons. *Les invasions saxonnes.* ■ De la Saxe, région allemande.

SAXOPHONE, n. m. [saksofɔn] (1 *sax* et *-phone*) Instrument à vent inventé par Sax. ■ Abrév. Saxo ou sax.

SAXOPHONISTE, ■ n. m. et n. f. [saksofonist] (*saxophone*) Joueur, joueuse de saxophone. *Un saxophoniste de jazz.* ■ Abrév. Sax.

SAYNÈTE, n. f. [sɛnɛt] (esp. *sainete*, petite chose agréable, puis pièce bouffonne) Petite pièce bouffonne du théâtre espagnol. ◆ Sketch. *Saynètes écrites pour les enfants.* ■ REM. Graphie ancienne : *saynete.*

SAYON, n. m. [sɛjɔ̃] (mot esp., de *saya*, saie) Espèce de casaque ouverte, portée autrefois par les gens de guerre et par les paysans.

SBIRE, n. m. [sbir] (ital. *sbirro*, du lat. *birrus*, rouge) ▷ Nom des archers de police à Rome et dans différents pays. ◁ ◆ Par extens. et par mépris Homme chargé de l'exécution des sentences judiciaires et des mesures de police. ■ Homme de main. *Un mafieux et ses sbires.*

SCABELLON, n. m. [skabelɔ̃] (ital. *sgabellone*, du lat. *scabellus*, escabeau) Archit. Piédestal ou socle sur lequel on pose des bustes, des girandoles, etc. ◆ Sorte d'ouvrage d'ébénisterie, escabeau.

SCABIEUSE, n. f. [skabjøz] (lat. médiév. *scabiosa*, galeux, cette plante étant employée pour soigner la gale) Genre de plantes de la famille des dipsacées.

SCABIEUX, EUSE, adj. [skabjø, øz] (lat. *scabiosus*) Qui ressemble à la gale. *Éruption scabieuse.*

SCABREUX, EUSE, adj. [skabrø, øz] (lat. tard. *scabrosus*, rude, inégal) ▷ Sur quoi il est difficile de cheminer à cause des aspérités. *« Le chemin est un peu scabreux, quoiqu'il paraisse assez beau »*, VOLTAIRE. ◁ ◆ Fig. Rude et raboteux, en parlant d'un auteur. ◆ Fig. Qui a des difficultés, du péril, qui embarrasse. *Question scabreuse.* ◆ Difficile à dire ou à traiter décemment.

SCAFERLATI, ■ n. m. [skaferlati] (orig. incert.) Techn. Mélange de tabac haché pour les pipes et les cigarettes. Au pl. *Des scaferlatis.*

1 **SCALAIRE**, ■ n. m. [skalɛr] (lat. *scalaria*, escaliers) Poisson d'aquarium, originaire d'Amérique du Sud, au corps aplati rayé de jaune et de noir.

2 **SCALAIRE**, ■ adj. [skalɛr] (1 *scalaire*) Math. *Grandeur scalaire*, grandeur définie uniquement par un nombre, et non par un sens ou une direction. ■ Math. *Produit scalaire de deux vecteurs*, produit de leurs normes par le cosinus de l'angle qu'ils forment.

SCALDE, n. m. [skald] (scand. *skáld*, poète) Nom que les anciens Scandinaves donnaient à leurs poètes.

SCALÈNE, adj. [skalɛn] (gr. *skalênos*, boiteux, puis inégal) Géom. *Triangle scalène*, triangle dont les trois côtés sont inégaux. ◆ Anat. *Les muscles scalènes* ou n. m. *les scalènes*, muscles qui prennent leurs insertions aux apophyses transverses des vertèbres cervicales.

SCALP, n. m. [skalp] (mot angl., *cuir chevelu*) Peau du crâne que les sauvages de l'Amérique du Nord enlèvent par une incision circulaire aux ennemis abattus [1]. ■ Méd. Arrachement accidentel et traumatique de tout ou partie du cuir chevelu. ■ REM. Graphie ancienne : *scalpe*. ■ REM. 1 : La pratique du scalp a disparu aujourd'hui. *Sauvage* à l'époque de Littré n'était pas péjoratif.

SCALPÉ, ÉE, p. p. de scalper. [skalpe]

SCALPEL, n. m. [skalpɛl] (lat. *scalpellum*, dimin. de *scalprum*, outil tranchant) Instrument à lame fixe, pointue, à un ou deux tranchants, dont on se sert pour les dissections anatomiques.

SCALPEMENT, n. m. [skalpəmã] (*scalper*) ▷ Action de scalper. ◁

SCALPER, v. tr. [skalpe] (angl. *to scalp*, de *scalp*) En parlant des sauvages, arracher la peau du crâne à un ennemi [1]. ■ Arracher accidentellement le cuir chevelu. ■ REM. 1 : La pratique du scalp a disparu aujourd'hui. *Sauvage* à l'époque de Littré n'était pas péjoratif.

SCAMASAXE, n. m. [skamasaks] Voy. SCRAMASAXE.

SCAMMONÉE, n. f. [skamone] (lat. *scammonea*, du gr. *skammônia*) Gomme-résine, très purgative, employée en médecine.

SCAMPI, ■ n. m. [skɑ̃pi] (mot it.) Grosse crevette ou langoustine, que l'on sert frite ou en beignet. *Des scampis* ou *des scampi* (pluriel italien).

SCAN, ■ n. m. [skan] (2 *scanner*) Image numérisée par un scanner. *Des scans*. ■ **Inform.** Inspection d'une surface écrite. *Un scan du disque dur permet d'en repérer les secteurs défectueux.*

SCANDALE, n. m. [skɑ̃dal] (lat. ecclés. *scandalum*, ce qui fait tomber, du gr. *skandalon*) Dans l'Écriture sainte, ce qui est occasion d'errer, de tomber dans l'erreur ou dans le péché. « *Si votre main vous est un sujet de scandale, coupez-la* », SACI. ♦ *Pierre de scandale*, même sens, et fig. tout ce qui cause du scandale. ♦ Occasion de chute que donne une mauvaise action, un discours corrupteur. « *Malheur à l'homme par qui le scandale arrive* », SACI. On dit de même : *Être, devenir une occasion de scandale.* ♦ Par antiphrase, *le scandale du bon exemple*, le bon exemple que donne une personne au milieu de ses compagnons pervertis. ♦ Répulsion, indignation que causent les actions, les discours, les personnes de mauvais exemple. *Au grand scandale du monde.* ♦ Éclat fâcheux que cause une affaire de mauvais exemple. *Causer du scandale.* ♦ Par exagération, *c'est un scandale*, il est indigne, honteux que. ♦ En procédure ancienne, *un amené sans scandale*, un ordre du juge pour faire amener quelqu'un devant lui sans éclat. ■ Vieilli Tapage, désordre bruyant. *Faire du scandale.*

SCANDALEUSEMENT, adv. [skɑ̃daløz(ə)mɑ̃] (*scandaleux*) D'une manière scandaleuse. *Vivre scandaleusement.*

SCANDALEUX, EUSE, adj. [skɑ̃dalø, øz] (lat. tard. *scandalosus*, abominable) Qui cause du scandale. *Une vie scandaleuse.* ♦ Par exagération, *cette nomination est scandaleuse.* ♦ N. m. et n. f. *Un scandaleux*, un homme scandaleux.

SCANDALISÉ, ÉE, p. p. de scandaliser. [skɑ̃dalize]

SCANDALISER, v. tr. [skɑ̃dalize] (lat. ecclés. *scandalizare*) Être une cause de chute, de péché. ♦ *Scandaliser Jésus-Christ*, commettre un péché scandaleux. ♦ Donner, exciter du scandale. *Votre vie scandalise tout le monde.* ♦ Ressentir une irritation comparée à celle que cause un scandale. « *Cette indifférence scandalisa tous ceux qui la remarquèrent* », J.-J. ROUSSEAU. Se scandaliser, v. pr. Se rendre soi-même un objet de scandale. ♦ Prendre du scandale, s'offenser. « *Une telle action ne saurait s'excuser, Et tout homme d'honneur s'en doit scandaliser* », MOLIÈRE.

SCANDÉ, ÉE, p. p. de scander. [skɑ̃de]

SCANDER, v. tr. [skɑ̃de] (lat. *scandere*) **Versif. grecq. et lat.** Partager le vers en ses divers pieds, suivant les longues et les brèves, pour voir s'il est selon la règle. ♦ Dans les langues modernes, reconnaître si un vers est bon, en en comptant les syllabes. ♦ **Mus.** Exécuter un trait de manière à distinguer les temps de chaque mesure. ■ Prononcer en détachant chaque syllabe, chaque groupe de mots. *Des grévistes qui scandent des slogans.*

SCANDINAVE, n. m. [skɑ̃dinav] (*Scandinavie*, région du nord de l'Europe) Nom donné aux populations de race germanique qui occupent le nord de l'Europe, Danois, Suédois, Norvégiens, Islandais [1]. ♦ *Le scandinave*, l'ensemble des langues parlées par ces peuples. ■ REM. 1 : La notion de race ne repose sur aucun fondement scientifique et a une connotation ségrégative.

SCANDIUM, ■ n. m. [skɑ̃djɔm] (d'apr. le lat. *Scandia*) **Chim.** Élément chimique de la famille des terres rares (numéro atomique 21, symbole Sc). *Une trop forte exposition aux vapeurs de scandium peut provoquer une embolie pulmonaire.*

1 **SCANNER** ou **SCANNEUR**, ■ n. m. [skanɛʀ] ou [skanœʀ] (mot anglais, de *to scan*, du lat. *scandere*, scander) Périphérique informatique qui permet de numériser des images. ■ **Méd.** Appareil de radiodiagnostic qui analyse et qui restitue électroniquement les images d'organes pour localiser une lésion. ■ REM. On appelle aussi cet appareil *scanographe*. ■ Examen réalisé à l'aide de cet appareil. *Passer un scanner. Un scanner du cerveau.*

2 **SCANNER**, ■ v. tr. [skane] (angl. *to scan*, explorer) Numériser à l'aide d'un scanner. *Scanner un texte, des photos.* ■ REM. On dit aussi *scannériser* dans ce sens. ■ **Inform.** Inspecter une surface écrite d'un support magnétique. *Scanner un disque dur avant de lancer le système d'exploitation.*

SCANNEUR, ■ n. m. [skanœʀ] Voy. SCANNER.

SCANOGRAPHE, ■ n. m. [skanɔgʀaf] Voy. SCANNER.

SCANOGRAPHIE, ■ n. f. [skanɔgʀafi] (1 *scanner* et *-graphie*) **Méd.** Technique d'utilisation des scanographes. ■ **Méd.** Image obtenue par un scanographe.

SCANSION, ■ n. f. [skɑ̃sjɔ̃] (lat. *scansio*, échelle ascendante des sons, échelle de gamme) Action de scander un vers, d'en faire une analyse métrique. *La scansion d'un alexandrin.*

SCAPHANDRE, n. m. [skafɑ̃dʀ] (gr. *skaphê*, barque, et *andros*, homme) ▷ Corset garni de liège, au moyen duquel on se soutient sur l'eau, sans savoir nager. ◁ ♦ Sorte d'appareil imperméable, à l'aide duquel un plongeur peut travailler sous l'eau.

SCAPHANDRIER, IÈRE, n. m. et n. f. [skafɑ̃dʀije, ijɛʀ] (*scaphandre*) Plongeur, plongeuse qui use du scaphandre. ■ REM. On disait aussi *scaphandreur* autrefois.

SCAPHITE, ■ n. m. [skafit] (gr. *skaphê*, objet creux, barque) **Zool.** Ammonite fossile du crétacé, à nombreux tentacules.

SCAPHOÏDE, ■ adj. [skafoid] (gr. *skaphê*, objet creux, barque) **Anat.** *Os scaphoïde*, os le plus externe de la première rangée du carpe, en forme de barque. ■ N. m. *Le scaphoïde carpien appartient à la main et le scaphoïde tarsien au pied.*

SCAPIN, n. m. [skapɛ̃] (*Scapin*, nom de personnage de théâtre) Un des personnages de la comédie italienne, et qui est passé sur la scène française du XVIIᵉ siècle. ♦ **Fig.** Fourbe, valet intrigant. ♦ ▷ *À la Scapin*, avec une fourberie digne de Scapin. *Un tour à la Scapin.* ◁

SCAPULAIRE, n. m. [skapylɛʀ] (lat. *scapularium*, du lat. class. *scapulæ*, épaules) Pièce d'étoffe qui descend depuis les épaules jusqu'en bas pardevant et par-derrière, et que plusieurs religieux portent sur leurs habits. ♦ Deux petits morceaux d'étoffe bénite attachés l'un à l'autre par deux rubans, et qu'on porte sur la poitrine à l'honneur de la sainte Vierge. ♦ **Fig.** « *C'est là ma dévotion, c'est là mon scapulaire* », MME DE SÉVIGNÉ. ♦ **Chir.** Large bande de toile incisée en deux chefs. ♦ Adj. **Anat.** Qui appartient à l'épaule. *Veine, artère scapulaire.*

SCAPULOHUMÉRAL, ALE, ■ adj. [skapyloymeʀal] (lat. *scapulæ*, épaules, et *huméral*) **Anat.** Relatif à l'omoplate et à l'humérus. *L'angle scapulohuméral. Les muscles scapulohuméraux.*

SCARABÉE, n. m. [skaʀabe] (lat. *scarabæus*, escarbot, du gr. *skarabos*) Genre d'insectes à ailes membraneuses, recouvertes par des étuis cornés. ♦ **Antiq. égypt.** Pierre gravée qui porte l'empreinte du scarabée sacré.

SCARABÉIDÉ, ■ n. m. [skaʀabeide] (*scarabée*) **Entomol.** Gros insectes coléoptère à antennes en lamelles. *La famille des scarabéidés comprend notamment le hanneton, le lucane et le scarabée.*

SCARAMOUCHE, n. m. [skaʀamuʃ] (ital. *Scaramuccio*) Personnage bouffon de l'ancienne comédie italienne habillé de noir de la tête aux pieds.

SCARE, n. m. [skaʀ] (lat. *scarus*, du gr. *skaros*) Poisson de mer.

SCARIEUX, EUSE, ■ adj. [skaʀjø, øz] (lat. scient. *scariosus*) **Bot.** Sec, membraneux et transparent, en parlant d'un organe végétal. *Les écailles scarieuses des bourgeons écailleux.*

SCARIFIAGE, ■ n. m. [skaʀifjaʒ] (*scarifier*) **Agric.** Ameublissement du sol qui favorise l'apparition de la vie végétale.

SCARIFICATEUR, n. m. [skaʀifikatœʀ] (*scarifier*) **Chir.** Petite boîte de cuivre ou d'argent, dont une des faces est percée d'un certain nombre de fentes longitudinales, par lesquelles sortent tout à la fois, au moyen d'un ressort que l'on presse, autant de pointes de lancettes, qui font autant de scarifications. ♦ Instrument aratoire, composé d'un bâti portant des socs de charrue, et propre à fendre et à diviser la surface de la terre pour l'ameublir.

SCARIFICATION, n. f. [skaʀifikasjɔ̃] (b. lat. *scarificatio*) Petite incision peu profonde faite avec un scarificateur, ou avec une lancette ou un bistouri. ■ Incision représentant un marquage rituel d'appartenance, dans certaines ethnies d'Afrique. ■ **Agric.** Incision pratiquée sur une branche pour arrêter l'afflux de sève.

SCARIFIÉ, ÉE, p. p. de scarifier. [skaʀifje] *Ventouses scarifiées*, celles qu'on applique sur une partie où l'on a fait des scarifications.

SCARIFIER, v. tr. [skaʀifje] (b. lat. *scarificare*, du gr. *skariphasthai*, inciser) **Chir.** Faire des scarifications. ♦ **Agric.** *Scarifier*, biner la terre avec le scarificateur. ■ **Agric.** Pratiquer une incision sur une branche pour arrêter l'afflux de sève.

SCARLATINE, adj. [skaʀlatin] (lat. *scarlatina*, écarlate) ▷ Qui est de couleur d'écarlate. *Fièvre scarlatine* ou n. f. *la scarlatine*, maladie générale et fébrile caractérisée par une éruption cutanée. ■ REM. On disait aussi *écarlatine* autrefois.

SCAROLE, n. f. [skaʀɔl] (lat. tard. *escariola*, sorte d'endive) Plante potagère, espèce de chicorée à larges feuilles, dite aussi *escarole*. ■ REM. On disait aussi *escarole* et *scariole* autrefois.

SCASON, n. m. [skazɔ̃] Voy. SCAZON.

SCAT, ■ n. m. [skat] (on prononce le *t* final ; onomat. anglo-amér.) **Mus.** Style vocal de jazz caractérisé par le chant improvisé sur des syllabes sans signification.

SCATOLOGIE, ■ n. f. [skatɔlɔʒi] (gr. *skôr, skatos*, excrément, et *-logie*) Écrit, propos qui traitent des excréments.

SCATOLOGIQUE, ■ adj. [skatɔlɔʒik] (*scatologie*) Qui est relatif à la scatologie. *Il ne raconte des blagues scatologiques.* ■ **Abrév.** Scato. *Des histoires scatos.*

SCATOME, ■ n. m. [skatom] (gr. *skôr, skatos*, excrément) Voy. FÉCALOME.

SCATOPHILE, ■ adj. [skatofil] (gr. *skôr, skatos*, excrément, et *-phile*) Hist. nat. Qui croît ou vit dans des excréments. *Mouche scatophile.*

SCAZON ou **SCASON**, n. m. [skazɔ̃] (gr. *skazôn*) Dans la versification gréco-latine, espèce de vers iambique trimètre, qui différait du véritable iambique en ce qu'il prenait un spondée au sixième pied.

SCEAU, n. m. [so] (lat. class. *sigillum*) Grand cachet sur lequel sont gravées en creux la figure, les armoiries, la devise d'un souverain, d'un État, d'un prince, d'un corps, d'une communauté, d'un seigneur, dont on fait des empreintes sur des lettres, des diplômes, des actes publics, etc. pour les rendre authentiques. ♦ Dans l'ancienne monarchie, *le grand sceau*, celui qui servait à sceller les édits, les privilèges, grâces et patentes. ♦ L'empreinte même faite par le sceau. ♦ **Absol.** *Les sceaux*, ceux qu'on appose à tous les actes émanés directement de l'autorité souveraine. ♦ *Le garde des sceaux*, le chancelier ou ministre de la justice. ♦ *Les sceaux*, fonction de chancelier. ♦ *Le sceau*, l'action de sceller, le temps et le lieu où l'on scelle. *Il y aura sceau tel jour.* ♦ *Ces lettres de grâce ont passé au sceau*, on les a scellées. ♦ ▷ *S'opposer au sceau*, s'opposer à ce que des lettres soient scellées. ◁ ♦ *Les sept sceaux*, les sceaux qui scellaient le livre décrit dans l'Apocalypse. ♦ **Fig.** Ce qui ferme, scelle. ♦ **Fig.** Ce qui donne une marque éminente, une perfection. « *Sur le front des mortels il [Dieu] mit son sceau divin* », VOLTAIRE. ♦ *Le sceau de*, le caractère éminent de. « *La trahison, le meurtre est le sceau du mensonge* », VOLTAIRE. ♦ *Mettre le sceau à une chose*, la consommer, la rendre entière. ♦ *Le sceau du génie, de la perfection*, ce que le génie seul a pu produire, où la perfection est portée à un très haut degré. ♦ ▷ *Sceau de réprobation*, sorte de note d'infamie qui fait qu'un homme est repoussé ou évité par les autres. ◁ ♦ On dit dans le style soutenu : *Marquer du sceau de sa colère, du sceau de sa vengeance.* ♦ *Sous le sceau du secret*, à condition que le secret en sera inviolablement gardé. *Sous le sceau de la confession.* ♦ Anciennement, marque de fabrique. *Les draps du sceau de Rouen.* ♦ **Bot.** *Sceau-de-Salomon, polygonatum vulgare.*

SCEAU-CYLINDRE, ■ n. m. [sosilɛ̃dʀ] (*sceau* et *cylindre*) Voy. CYLINDRE-SCEAU.

SCEL, n. m. [sɛl] (anc. forme de *sceau*) ▷ Anc. chancell. Sceau. *Sous le scel du Châtelet de Paris. Le scel secret du roi.* ◁

SCÉLÉRAT, ATE, adj. [selera, at] (lat. *sceleratus*) Coupable ou capable de grands crimes. ♦ En parlant des choses, qui a le caractère des grands crimes. *Une action scélérate.* ♦ **N. m. et n. f.** *Un scélérat. Une scélérate.* ♦ Par plaisanterie. « *Adieu, l'aimable scélérat ; écrivez-moi donc de temps en temps* », MME DE SÉVIGNÉ. ♦ SCÉLÉRATE, n. f. Espèce de renoncule.

SCÉLÉRATESSE, n. f. [seleratɛs] (*scélérat*) Méchanceté du scélérat. *Des maximes de scélératesse.* ♦ Acte de scélérat.

SCÉLITE, n. f. [selit] (gr. *skelos*) ▷ Pierre figurée imitant la forme d'une jambe humaine. ◁

SCELLAGE, ■ n. m. [selaʒ] (*sceller*) Techn. Action de sceller. *Le scellage d'emballages en plastique.*

1 SCELLÉ, n. m. [sele] (*sceller*) Sceau apposé à des serrures, à un cabinet, etc. par autorité de justice, pour empêcher de les ouvrir. *Apposer, briser les scellés.* ♦ *Bris de scellé*, délit que l'on commet en brisant un scellé. ♦ Acte scellé. ■ REM. S'emploie le plus souvent au pluriel.

2 SCELLÉ, ÉE, p. p. de sceller. [sele]

SCELLEMENT, n. m. [sɛl(ə)mɑ̃] (*sceller*) Maçon. Action de sceller. ♦ L'ouvrage qui en résulte. *Un bon scellement.* ♦ Extrémité d'une pièce de bois ou de métal, qui, engagée dans un trou, y est retenu par le plâtre, du mortier, etc.

SCELLER, v. tr. [sele] (*scel*) Appliquer le sceau à une lettre de chancellerie. *Sceller un édit.* ♦ **Absol.** *Sceller en cire rouge.* ♦ Appliquer les scellés. ♦ **Maçon.** Fixer l'extrémité d'une pièce de bois ou de métal dans un mur, dans la pierre ou dans le marbre, avec du plomb, du plâtre, du mortier, etc. *Sceller un balcon.* ♦ *Sceller un vase, une bouteille*, les boucher avec une espèce de mastic. ♦ **Chim.** *Sceller hermétiquement un vaisseau de verre*, en fermer le col en faisant fondre les bords à la lampe d'émailleur. ♦ **Fig.** Confirmer, affermir. « *Ils ont scellé de leur sang les vérités qu'ils ont annoncées* », BOSSUET. ♦ Se sceller, v. pr. Être scellé. ♦ V. tr. **Fig.** Conclure, décider d'une manière définitive. *Ils ont scellé entre eux une amitié durable.*

SCELLEUR, n. m. [selœr] (*sceller*) Celui qui scelle, qui appose le sceau.

SCÉNARIO, n. m. [senaʀjo] (mot it., de *scena*, du gr. *skênê*, scène) Plan détaillé d'une œuvre littéraire. *Des scénarios* ou *des scenarii* (pluriel italien). « *Il semblait répondre à un dramaturge qui lui eût soumis un scénario* », RADIGUET. ♦ Document rassemblant les indications techniques et les dialogues nécessaires à la réalisation d'un film, d'une émission de télévision. ♦ Découpage en séquences, en images. *Scénario d'un logiciel de jeu, d'une bande dessinée.* ■ **Fig.** Déroulement connu d'une action. *Envisager différents scénarios.*

SCÉNARISER, ■ v. tr. [senaʀize] (*scénario*) Mettre en scénario une histoire, une situation naturelle. *Scénariser une rencontre entre deux futurs amants.*

SCÉNARISTE, ■ n. m. et n. f. [senaʀist] (*scénario*) Personne qui écrit des scénarios pour le cinéma ou la télévision.

SCÈNE, n. f. [sɛn] (lat. *scæna*, du gr. *skênê*, tente) Partie du théâtre où jouent les acteurs. ♦ *Avant-scène, Voy. ce mot.* ♦ *Mettre un ouvrage en scène*, régler la manière dont les acteurs doivent le représenter. ♦ On dit ce même sens : *La mise en scène d'une pièce.* ♦ *Mettre un personnage sur la scène*, le représenter dans un ouvrage dramatique. ♦ On dit de même : *Mettre, transporter un événement, une action sur la scène.* ♦ **Par extens.** *Mettre sur la scène, mettre en scène quelqu'un*, lui faire jouer un rôle, lui donner une place dans une composition littéraire ou artistique. ♦ *En scène*, sous les yeux du public dans une représentation quelconque. ♦ *Être en scène*, se dit d'un acteur qui n'oublie pas un seul moment le rôle qu'il joue. ♦ **Fig.** *Il est toujours en scène*, se dit d'un homme qui a toujours un maintien apprêté, comme si un grand nombre de personnes avaient les yeux sur lui. ♦ **Fig.** *Paraître sur la scène*, être nommé à un emploi qui attire les yeux ; commencer à prendre une part aux affaires publiques. ♦ On dit dans le même sens : *Occuper la scène, paraître, figurer, briller sur la scène du monde.* ♦ Décoration du théâtre. *La scène représente un palais. La scène change à vue.* ♦ ▷ **Fig.** *La scène change*, un changement considérable survient dans une affaire, dans les affaires. ◁ ♦ *L'action même qui fait le sujet de la pièce qu'on représente. La scène est à Paris.* ♦ **Fig.** L'art dramatique. *Racine a illustré la scène.* ♦ *La scène tragique*, la tragédie. *La scène comique*, la comédie. *La scène lyrique*, l'opéra. *La scène française*, la littérature dramatique en France. ♦ Partie d'un acte d'un poème dramatique. ♦ Ensemble d'objets qui s'offrent à la vue. *Le pays offre une foule de scènes variées.* ♦ **Fig.** Il se dit de ce que l'on compare à la scène au théâtre. « *Un certain jardin devait être la scène de cette fête* », HAMILTON. ♦ **Fig.** Toute action qui offre quelque chose de remarquable, d'extraordinaire. *Des scènes de plaisir.* ♦ Sorte d'esclandre. « *Il vous parle si haut que c'est une scène pour ceux qui passent* », LA BRUYÈRE. ♦ ▷ *Il ne faut point donner de scène au public*, il faut cacher au public des débats qui exciteraient sa malignité. ◁ ♦ *Faire une scène à quelqu'un*, l'attaquer violemment de paroles. ■ *Le devant de la scène*, une condition importante et enviable. *Occuper le devant de la scène.* ■ *Quitter la scène*, abandonner la carrière d'acteur ; fig. se retirer. ■ Colère exacerbée, dispute violente. *Il me fait toute une scène parce que je lui ai emprunté sa voiture sans le lui dire.* ■ *Scène de ménage*, violente dispute conjugale.

SCÉNIQUE, adj. [senik] (lat. *scænicus*) Qui a rapport à la scène, au théâtre. *Les jeux scéniques.* ♦ *Style scénique*, style de la scène, du théâtre.

SCÉNIQUEMENT, ■ adv. [senik(ə)mɑ̃] (*scénique*) Du point de vue de la scène, de la mise en scène. *Scéniquement parlant, cette pièce est une merveille.*

SCÉNOGRAPHE, ■ n. m. et n. f. [senograf] (*scénographie*) Personne qui aménage les décors de théâtre.

SCÉNOGRAPHIE, n. f. [senografi] (gr. *skênographia*, de *skênê*, scène, et -*graphie*) Peint. Art qui consiste à dessiner les édifices, les sites, les villes, etc. en perspective. ♦ Art de peindre les décorations scéniques. ♦ Les représentations mêmes, les objets représentés. *La scénographie d'un palais et de ses jardins.* ♦ **Maçon.** Art de représenter un édifice en relief. ■ Art d'aménager la scène d'un théâtre ou d'autres espaces de création.

SCÉNOGRAPHIQUE, adj. [senografik] (*scénographie*) Qui a rapport à la scénographie.

SCÉNOPÉGIE, n. f. [senopeʒi] (gr. *skênopêgia*, de *skênê*, tente) Nom que les Grecs donnaient à la fête des Tabernacles des Juifs.

SCEPTICISME, n. m. [sɛptisism] (*sceptique*) Doctrine des philosophes qui doutent et qui examinent. ♦ Doctrine des philosophes pyrrhoniens. ♦ Il se dit, dans le langage général, de ceux qui affectent de douter de tout.

SCEPTIQUE, adj. [sɛptik] (gr. *skeptikos*, qui observe) Il se dit d'une secte de philosophes anciens, les pyrrhoniens, dont le dogme principal était de douter de tout, et par extension de ceux qui, chez les modernes, suivent les doctrines pyrrhoniennes, ou qui professent le doute philosophique. ♦ Qui a rapport à cette secte. *Philosophie sceptique.* ♦ Qui affecte le doute sur toute chose. ♦ **N. m. et n. f.** *Un sceptique.* ■ **Fam.** Dans un sens atténué, dubitatif quant à une seule chose. *Certains disent que le projet va réussir, mais pour ma part je reste sceptique.*

SCEPTIQUEMENT, ■ adv. [sɛptik(ə)mɑ̃] (*sceptique*) D'une manière sceptique.

SCEPTRE, n. m. [sɛptʀ] (lat. *sceptrum*, du gr. *skêptron*) Chez les anciens, bâton de commandement qui était un des signes de l'autorité royale. ♦ Bâton court, surmonté d'un aigle, d'une fleur, d'une boule ou autre ornement, que les consuls et les empereurs romains, les empereurs grecs et les souverains de l'Europe portèrent de la main droite comme symbole de l'autorité suprême. ♦ ▷ **Fig.** *Depuis le sceptre jusqu'à la houlette*, depuis les rois jusqu'aux bergers. ◁ ♦ **Fig.** Le pouvoir souverain, l'autorité monarchique.

♦ ▷ *Fig. Le sceptre et l'encensoir*, l'autorité monarchique et l'autorité sacerdotale. ◁ ♦ *Un sceptre de fer*, une autorité dure et despotique. ♦ **Fig.** *Boileau tenait le sceptre du Parnasse.* ♦ **Fig.** Supériorité, prééminence. *Le sceptre de l'éloquence, du génie*, etc.

SCHABRAQUE, n. f. [ʃabʀak] Voy. CHABRAQUE.

SCHAH, n. m. [ʃa] Voy. SHAH.

SCHAKO, n. m. [ʃako] Voy. SHAKO.

SCHALL, n. m. [ʃal] Voy. CHÂLE, seul usité.

SCHAPPE, ▪ n. f. [ʃap] (mot alémanique) Fil formé des déchets de la soie naturelle.

SCHAPSKA, n. m. ou n. f. [ʃapska] Voy. CHAPSKA.

SCHEIK, n. m. [ʃɛk] Voy. CHEIK.

SCHELEM, n. m. [ʃ(ə)lɛm] Voy. CHELEM.

SCHELLING, n. m. [ʃ(ə)lɛ̃] (*ing* se prononce *in*) Voy. SCHILLING.

SCHÉMA, n. m. [ʃema] (lat. *schema, schematis*, du gr. *skhêma*, forme, figure) Chez les anciens, nom générique des figures et de toutes les formes ou ornements du style. ♦ Représentation des planètes, chacune en son lieu, pour un instant donné. ♦ **Anat.** et **physiol.** Nom donné aux figures qui, à l'effet de démontrer la disposition générale d'un appareil, ou la succession des états d'un être ou d'un organe, sont exécutées en faisant abstraction de certaines particularités de forme, de volume, etc. ♦ Dans l'Église catholique, proposition rédigée soumise au concile ; en ce sens, on dit au pluriel *les schèmas* ou *les schémata*. ▪ Figure ou tracé correspondant à une représentation simplifiée et fonctionnelle d'un objet, d'une structure. *Faire un schéma.* ▪ Représentation mentale et sommaire constituée des éléments principaux. *Le schéma d'un plan d'action.* ▪ REM. On disait aussi *schème* autrefois. ▪ REM. Le pluriel *schémata* n'a plus cours. ▪ REM. On prononçait [skema] autrefois en faisant entendre *k* pour *ch*.

SCHÉMATIQUE, ▪ adj. [ʃematik] (*schéma*) Dont le dessin simplifié permet de comprendre le fonctionnement ou la constitution. *Présentation schématique de la procédure à suivre.* ▪ Réduit à ses éléments essentiels. *Une description schématique.*

SCHÉMATIQUEMENT, ▪ adv. [ʃematik(ə)mã] (*schématique*) Sous forme de schéma. *Présenter schématiquement les résultats financiers de l'année.* ▪ De manière schématique, simplifiée. *Schématiquement, voici la situation.*

SCHÉMATISATION, ▪ n. f. [ʃematizasjɔ̃] (*schématiser*) Action de schématiser. *La schématisation du processus de la digestion.* ▪ Action de simplifier pour mieux faire comprendre. *Cette schématisation rapide est sans doute trop restrictive.*

SCHÉMATISER, ▪ v. tr. [ʃematize] (*schéma*) Présenter sous forme de schéma. *Schématiser la chaîne alimentaire.* ▪ Présenter sous forme simplifiée. *Pour schématiser rapidement le problème.*

1 **SCHÈME**, ▪ n. m. [ʃɛm] Voy. SCHÉMA.

2 **SCHÈME**, ▪ n. m. [ʃɛm] (lat. *schema*, figure, aspect) **Philos.** *Schème transcendental*, représentation intermédiaire entre les perceptions sensorielles et les catégories de l'entendement. ▪ Organisation, structure d'un phénomène ou d'un processus abstrait. ▪ **Psych.** Structure mentale inconsciente qui dicte des conduites opératoires. *Chaque espèce d'araignée tisse sa toile selon un schème qui lui est spécifique. Le schème de pensée des Occidentaux.*

SCHÈNE, n. m. [skɛn] (gr. *skhoinos*) **Antiq.** Mesure itinéraire qui valait environ 10 500 mètres.

SCHÉOL ou **SHÉOL**, ▪ n. m. [ʃeɔl] (mot hébr.) Dans la religion juive et dans la Bible, séjour des morts.

SCHÉRIF, n. m. [ʃeʀif] Voy. CHÉRIF et Voy. SHÉRIF.

SCHERZO, n. m. [skɛʀdzo] (ital. *scherzo*, plaisanterie) **Mus.** Morceau à trois temps des symphonies, quatuors, etc. qui a remplacé le menuet et qui est beaucoup plus vif. ▪ Au pl. *Des scherzos.*

SCHIBBOLETH, ▪ n. m. [ʃibolɛt] (mot hébr.) Épreuve que l'on fait passer à une personne et qui conditionne la suite à donner, épreuve décisive. *Des schibboleths « Nous ne prétendons pas non plus être capables de réussir le schibboleth... »*, B. PIVOT. ▪ **Rare** Signe de reconnaissance. *Dans l'Ancien Testament, on raconte que le mot hébreu* schibbolet *, désignant un* épi *, fut utilisé par les gens de Galaad pour reconnaître leurs ennemis, les gens d'Ephraïm repérables à leur langue, à leur accent : ceux qui prononçaient* sibolette *étaient démasqués et égorgés sur le champ.*

SCHILLING, n. m. [ʃiliŋ] (mot all.) ▷ Nom de diverses monnaies d'Allemagne, de Flandre et de Hollande. ♦ Monnaie d'argent anglaise qui vaut 1 franc 12 centimes de notre monnaie. ▪ REM. On disait *schelling* autrefois. ▪ REM. On prononçait autrefois [ʃilɛ̃] avec une finale en *in*. ◁

SCHINDER ou **CHINDER**, ▪ v. intr. [ʃɛ̃de] (*schinde*, antisèche) **Suisse** Tricher, notamment aux cartes.

SCHISMATIQUE, adj. [ʃismatik] (lat. ecclés. *schismaticus*, du gr. *skhismatikos*) Qui est dans le schisme, qui se sépare de la communion des fidèles. ♦ ▷ *Les tribus schismatiques*, les dix tribus juives qui, sous Roboam, s'étaient séparées d'avec Juda. ◁ ♦ N. m. et n. f. *Un, une schismatique.*

SCHISME, n. m. [ʃism] (lat. *schisma*, du gr. *skhisma*, séparation) Séparation du corps et de la communion d'une religion. ♦ *Schisme d'Orient* ou *des Grecs*, séparation de l'Église grecque et de l'Église romaine provoquée par Photius en 862. ♦ *Schisme des dix tribus*, la séparation du peuple juif en deux royaumes, l'an 979 avant Jésus-Christ. ♦ *Le grand schisme d'Occident*, anarchie qui eut lieu dans l'Église catholique pendant une partie du XIVe et du XVe siècle, et dans laquelle il y eut à la fois plusieurs papes qui se prétendaient légitimes. ♦ **Par anal.** Il se dit en matière de politique, de morale, de littérature, d'usages. *Le romantisme fut un schisme dans la littérature.*

SCHISTE, n. m. [ʃist] (gr. *skhistos*, fendu) Minéral de structure lamelleuse, formé principalement de silice, d'argile et de divers oxydes métalliques. *L'ardoise est un schiste.*

SCHISTEUX, EUSE, adj. [ʃistø, øz] (*schiste*) Qui est de la nature du schiste. *Montagnes schisteuses.* ♦ *Structure schisteuse*, celle des masses qui se divisent aisément par plaques.

SCHIZOGAMIE, ▪ n. f. [skizogami] (gr *skhizein*, fendre, et *-gamie*) **Biol.** Type de reproduction asexuée de certains protozoaires, où une partie de l'organisme se détache et se régénère en un nouvel organisme.

SCHIZOGONIE, ▪ n. f. [skizogoni] (gr. *skhizein*, fendre, et *gonos*, formation) **Biol.** Mode de reproduction de certains protozoaires à noyau multiple.

SCHIZOÏDE, ▪ adj. [skizoid] (all. *Schizoïd*, du gr. *skhizein*, fendre) **Psych.** Atteint de schizoïdie. ▪ N. m. et n. f. *Un, une schizoïde.*

SCHIZOÏDIE, ▪ n. f. [skizoidi] (*schizoïde*) **Psych.** État qui préfigure la schizophrénie, caractérisé par une imagination riche et une rupture du contact avec la réalité extérieure.

SCHIZOPHRÈNE, ▪ adj. [skizofʀɛn] (*schizophrénie*) Atteint de schizophrénie. ▪ N. m. et n. f. *L'hôpital psychiatrique accueille les schizophrènes.* ▪ **Abrév.** Schizo. *Ils sont un peu schizos.*

SCHIZOPHRÉNIE, ▪ n. f. [skizofreni] (*sch* se prononce *sk* ; gr. *skhizein*, fendre, et *phrèn*, esprit, par l'all.) **Psych.** Affection mentale se traduisant par une perte de contact avec la réalité et un dédoublement de la personnalité.

SCHIZOPHRÉNIQUE, ▪ adj. [skizofrenik] (*schizophrénie*) **Psych.** Relatif à la schizophrénie. *Apparition de symptômes schizophréniques.*

SCHLAGUE, n. f. [ʃlag] (all. *Schlag*, coup) Coups de baguette qu'on donne aux soldats dans certains pays, quand ils ont commis quelque infraction à la discipline. ▪ **Fig.** Façon brutale de se faire obéir. *Son autorité se résume à la schlague.*

SCHLAMM, ▪ n. m. [ʃlam] (mot all., vase, limon) **Techn.** Fine particule de charbon ou de minerai recueillie au fond d'un bassin de décantation. *Des schlamms.*

1 **SCHLASS**, ▪ n. m. [ʃlas] (angl. *to slash*, cingler, taillader) **Fam.** Couteau. *« J'ai un vieux schlass pseudo-suisse que j'ai échangé dans le temps à Jean-Jean, je l'aime bien, je m'attache à mes affaires »*, CAVANNA. *Des schlass.*

2 **SCHLASS**, ▪ adj. [ʃlas] (mot all., mou, fatigué) **Fam.** Fatigué. *Je suis schlass, il est temps que je prenne des vacances.* ▪ En état d'ivresse, soûl. *Être complètement schlass à la fin de la fête.*

SCHLEU, ▪ n. m. et n. f. [ʃlø] Voy. CHLEUH.

SCHLICH, n. m. [ʃlik] (mot all.) **Métall.** Mot allemand dont on se sert pour désigner le minerai écrasé, lavé et préparé pour être porté au fourneau de fusion. ▪ Au pl. *Des schlichs.*

SCHLINGUER, ▪ v. intr. [ʃlɛ̃ge] Voy. CHLINGUER.

SCHLITTAGE, n. m. [ʃlitaʒ] (*schlitter*) Opération par laquelle on fait descendre au fond des vallées, à l'aide de schlittes, les arbres coupés dans les montagnes.

SCHLITTE, n. f. [ʃlit] (all. *Schlitten*) Sorte de traîneau employé dans les pays de montagnes, pour faire descendre les arbres qui ont été coupés sur les hauteurs.

SCHLITTER, ▪ v. tr. [ʃlite] (*schlitte*) Transporter du bois avec une schlitte.

SCHLITTEUR, EUSE, n. m. et n. f. [ʃlitœr, øz] (*schlitte*) Personne qui conduit et dirige les schlittes.

SCHNAPAN, n. m. [ʃnapã] Voy. CHENAPAN.

SCHNAPS, n. m. [ʃnaps] (all. *schnappen*, happer) **Fam.** Eau-de-vie allemande.

SCHNAUZER, ■ n. m. [ʃnozɛʁ] (all. *Schnauze,* moustache) Race de chien à poil abondant et dru. *Des schnauzers.*

SCHNOCK, ■ n. m. et n. f. [ʃnɔk] Voy. CHNOQUE.

SCHNORKEL ou **SCHNORCHEL**, ■ n. m. [ʃnɔʁkɛl] (mot all., de *schnarchen,* ronfler) Tube amovible permettant l'échange entre gaz d'échappement et air frais dans le moteur diesel d'un sous-marin. *Les schnorkels, mis au point par les Allemands pendant la Seconde Guerre mondiale, permettaient une plus grande autonomie en immersion.*

SCHNOUF ou **CHNOUF**, ■ n. f. [ʃnuf] (empr. à l'all. *Schnupftabak,* tabac à priser) **Arg.** Drogue, et spécialt. cocaïne.

SCHOFAR ou **SHOFAR**, ■ n. m. [ʃɔfaʁ] (mot hébr.) Instrument de musique utilisé lors des rituels juifs, corne de bélier dont la sonnerie sert à chasser les forces maléfiques et à attirer l'attention de Dieu. *Les schofars jouent un rôle important dans la fête du Yom Kippour. Sonner le schofar.*

SCHOLAIRE, SCHOLIE, (skolɛʁ, skoli) (*sch* se prononce *sk*) et leurs dérivés, Voy. SCOLAIRE, SCOLIE, ETC.

SCHOLIASTE, ■ n. m. [skoljast] Voy. SCOLIASTE.

SCHOONER, ■ n. m. [skunœʁ] (mot anglo-amér. d'orig. incert.) ▷ Goélette. ◁

SCHORRE, ■ n. m. [ʃɔʁ] (moy. néerl. *schor,* terrain d'alluvion) **Géogr.** Niveau le plus élevé d'un marais littoral, recouvert de végétation basse. *Les schorres de la baie de Somme.*

SCHOTTISH ou **SCHOTISCH**, n. f. [skotiʃ] Orthographe allemande de scottish. Voy. ce mot.

SCHPROUM, ■ n. m. [ʃpʁum] (orig. incert.) **Arg.** Bruit. ■ **Fam.** Protestation bruyante, et violente. *Tout ce schproum pour rien!*

SCHUSS, ■ n. m. [ʃus] (*u* se prononce *ou*; empr. à l'all. *Schussfahrt,* de *Schuss,* élan, et *Fahrt,* voyage) Descente à skis rapide et droite d'une pente. ■ **Adv.** *Descendre tout schuss.*

SCHWA, ■ n. m. [ʃva] (hébr. bibl. *chav,* vide) **Phonét.** Le *e* muet, noté [ə]. *La prononciation des schwas est généralement facultative.*

SCIABLE, adj. [sjabl] (*scier*) Qu'on peut scier.

SCIAGE, n. m. [sjaʒ] (*scier*) Action, travail de celui qui scie du bois ou de la pierre. ◆ *Bois de sciage,* bois propre à être scié.

SCIALYTIQUE, ■ n. m. [sjalitik] (nom déposé, du gr. *skia,* ombre, et *lutikos,* propre à dissoudre) Appareil d'éclairage qui empêche la projection d'ombres. *Les scialytiques sont utilisés par les chirurgiens et les dentistes notamment.*

SCIANT, ANTE, adj. [sjã, ãt] (*scier*) **Pop.** Qui scie. Qui ennuie. ◁

SCIATHÉRIQUE, adj. [sjateʁik] (gr. *skiathêrikos,* de *skia,* ombre, et *théran,* chercher) ▷ Qui montre l'heure par le moyen de l'ombre du style. *Cadran sciathérique.* ◆ *L'Académie écrit à tort sciatérique.* ◁

SCIATIQUE, adj. [sjatik] (lat. *sciaticus,* du gr. *iskhiadikos*) **Anat.** Qui a rapport à la hanche, au haut de la cuisse. ◆ *Nerf sciatique,* le plus gros nerf de toute l'économie animale, qui naît du plexus sacré, dont il est la terminaison. ◆ **N. f.** Douleur fort vive qui, se fixant sur le trajet du nerf sciatique, occupe la partie postérieure de la cuisse et de la jambe. ◆ On dit aussi vulgairement dans le même sens : *Goutte sciatique.*

SCIE, n. f. [si] (*scier*) Instrument employé pour diviser certains corps solides, et dont la partie essentielle est une lame métallique taillée en petites dents. ◆ *Scie à main,* petite scie emmanchée ou montée sur un châssis très simple. ◆ *Scie à bras,* grande scie des scieurs de long. ◆ *Scie mécanique,* scie qui reçoit son mouvement d'une machine. ◆ Instrument analogue qu'on emploie en chirurgie. ◆ Lame de fer doux sans dents, pour débiter la pierre et le marbre. ◆ *Trait de la scie,* la marque faite sur l'endroit qu'on veut scier, et aussi ce que la scie emporte du bois ou de la pierre qui est sciée. ◆ *Trait de scie,* chaque coupe qui est faite dans un morceau de bois, dans un bloc de pierre. ◆ Sorte de supplice usité dans l'antiquité, en Orient. ◆ **Méd.** *Bruit de scie,* bruit ressemblant au frottement d'une scie sur du bois; on le perçoit surtout dans les maladies du cœur. ◆ **Hist. nat.** Poisson de mer dont la mâchoire se prolonge en une sorte de lame garnie de pointes des deux côtés. ◆ **Pop.** Chose fatigante, ennuyeuse. ◆ *Scie d'atelier* et par abréviation *scie,* tourment, mystification, refrain d'une monotonie préméditée, et répété d'autant plus de fois qu'il paraît agacer celui qu'on veut mortifier. ■ *En dents de scie,* de façon irrégulière, avec des hauts et des bas. *Ses résultats scolaires ont toujours été en dents de scie.* ◆ Outil à moteur dont la lame est animée d'un mouvement de va-et-vient, circulaire ou rectiligne. *Une scie sauteuse, une scie circulaire.* ■ *Scie musicale,* instrument de musique constituée par une lame d'acier que l'on fait vibrer. ■ **Fam.** et **péj.** Ce qui est souvent répété et finit par lasser.

SCIÉ, ÉE, p. p. de scier. [sje]

SCIEMMENT, adv. [sjamã] (anc. fr. *scient,* savant, sage, du lat. *sciens,* p. prés. de *scire,* savoir) Avec connaissance de ce que l'on fait, avec réflexion.

SCIENCE, n. f. [sjãs] (lat. *scientia,* de *scire,* savoir) Connaissance qu'on a de quelque chose. *La science des choses.* ◆ Savoir quelque chose de science certaine, le savoir d'une façon tout à fait sûre. ◆ *De notre certaine science,* pleine puissance et autorité royale, ancienne formule des édits et déclarations du roi. ◆ *L'arbre de la science du bien et du mal,* l'arbre du paradis terrestre dont Dieu avait interdit les fruits à Adam. ■ Ensemble, système de connaissances sur une matière. *La science du droit.* ◆ Savoir qu'on acquiert par la lecture et par la méditation. *Avoir la science en partage.* ◆ ▷ *Demi-science,* science imparfaite, superficielle, bornée. ◁ ◆ **Théol.** *La science infuse,* celle qui vient de Dieu par inspiration, ou qu'on nous suppose donnée par la nature. ◆ **Fam.** *Il croit avoir la science infuse,* se dit d'un homme qui se croit savant sans avoir étudié. ◆ Connaissance de certaines choses utiles à la conduite de la vie, à celle des affaires. *La science du monde, du cœur.* ◆ **Bx-arts** Se dit de tout ce qui peut se réduire en règles ou en préceptes. ■ Ensemble des travaux scientifiques. *Les progrès de la science.* ■ N. f. pl. Disciplines scolaires englobant les mathématiques, la physique, la chimie, la biologie et les sciences naturelles. *Être plus doué en sciences qu'en lettres.* ■ *Sciences expérimentales* ou par ironie *sciences dures,* disciplines scientifiques qui fondent l'étude de l'univers sur le calcul et l'expérimentation. ■ *Sciences humaines* ou par ironie *sciences molles,* disciplines scientifiques qui étudient l'homme et ses comportements.

SCIENCE-FICTION, ■ n. f. [sjãs(ə)fiksjɔ̃] (mot angl., de *science,* science, et *fiction,* roman) Genre littéraire et cinématographique dont l'action se déroule dans un univers scientifique et technique plausible, avec ses conséquences heureuses ou malheureuses. *Un roman de science-fiction.* ■ **Fig.** Situation étonnante, surréaliste. *On nage en pleine science-fiction.* ■ **Abrév.** SF.

SCIENTIFICITÉ, ■ n. f. [sjãtifisite] (*scientifique*) Caractère de ce qui est scientifique. *Une procédure d'exploration qui permet d'améliorer la scientificité de son approche.* « *L'obsession de scientificité l'a conduite à se vêtir d'une fausse rigueur, dont on ne trouve nulle part le modèle, y compris dans les sciences les plus rigoureuses* », HAGÈGE.

SCIENTIFIQUE, adj. [sjãtifik] (b. lat. *scientificus*) Qui concerne la science. *Les matières scientifiques.* ■ Qui est conforme aux exigences de la science. *Méthodes empiriques et méthodes scientifiques.* ■ N. m. et n. f. Personne qui se consacre aux sciences expérimentales. *Une théorie remise en question par les scientifiques.*

SCIENTIFIQUEMENT, adv. [sjãtifik(ə)mã] (*scientifique*) D'une manière scientifique. *Procéder scientifiquement.*

SCIENTISME, ■ n. m. [sjãtism] (lat. *scientia,* science) Doctrine consistant à considérer toute chose, et en particulier la condition de l'homme, d'un point de vue scientifique. *Le scientisme de Paul Bourget dans son roman Cruelle Énigme.* ■ SCIENTISTE, ■ n. m. et n. f. ou adj. [sjãtist]

SCIENTOLOGIE, ■ n. f. [sjãtɔlɔʒi] (anglo-amér. *scientology,* de *scientia* et *-logie*) Secte américaine fondée par L. R. Hubbard proposant le dépassement du stade de la conscience de soi. *Église de scientologie.* ■ SCIENTOLOGUE, ■ n. m. et n. f. [sjãtɔlɔg] ■ SCIENTOLOGIQUE, adj. [sjãtɔlɔʒik] *L'appareil scientologique.*

SCIER, v. tr. [sje] (lat. *secare,* couper, découper) Couper avec une scie. *Scier du bois.* ◆ *Couper le corps avec une scie,* supplice usité jadis en Orient. ■ En parlant des blés, couper avec la faucille. ◆ **Fig.** *Scier du bridon ou du filet,* faire aller et venir l'embouchure du frein, en tirant alternativement sur l'une et l'autre rêne. ◆ ▷ **Fig.** et **pop.** *Scier quelqu'un,* lui scier le dos, le fatiguer, l'ennuyer. ◁ ◆ Tourmenter. ◁ ■ **V. intr. Mar.** Ramer en arrière, ramer à rebours, revenir sur son sillage. ■ **V. tr. Fam.** *Scier quelqu'un,* le surprendre vivement. *Cette nouvelle l'a scié.*

SCIERIE, ■ n. f. [siʁi] (*scier*) Espèce d'usine où plusieurs scies, mises en mouvement par un mécanisme, divisent le bois, le marbre, les pierres. ◆ Machine à scier.

SCIEUR, EUSE, n. m. et n. f. [sjœʁ, øz] (*scier*) Personne dont le métier est de scier. ◆ *Scieur de long,* celui qui scie le bois en long pour en faire des planches. ◆ Celui qui coupe les blés.

SCIEUSE, ■ n. f. [sjøz] (*scier*) Machine à scier. *Une scieuse à béton.*

SCILLE, n. f. [sil] (*ille* se prononce *il,* comme dans *ville;* lat. *scilla,* du gr. *skilla,* oignon marin) Genre de la famille des liliacées, où l'on distingue la scille maritime, aussi dite simplement scille.

SCILLITIQUE, adj. [silitik] (lat. *scilliticus,* gr. *skillitikos,* préparé avec du jus de scille) ▷ **Pharm.** Qui contient de la scille. *Miel scillitique.* ◁

SCINDÉ, ÉE, p. p. de scinder. [sɛ̃de]

SCINDER, v. tr. [sɛ̃de] (lat. *scindere,* fendre, séparer) Couper, diviser, en parlant de questions, de propositions, etc. ■ *Se scinder,* v. pr. *La classe s'est scindée en deux groupes.*

SCINQUE, n. m. [sɛ̃k] (lat. *scincus*, du gr. *skigkos*, sorte de lézard) Reptile saurien du Levant, que les Anciens regardaient comme alexipharmaque.

SCINTIGRAPHE ou **SCINTILLOGRAPHE**, ■ n. m. [sɛ̃tigʁaf, sɛ̃tilogʁaf] (*ll* se prononce comme un seul *l*; *scintillation* et *graphe*) Méd. Appareil d'imagerie médicale utilisé pour pratiquer une scintigraphie. ■ Appareil servant à détecter l'uranium.

SCINTIGRAPHIE ou **SCINTILLOGRAPHIE**, ■ n. f. [sɛ̃tigʁafi, sɛ̃tilogʁafi] (*ll* se prononce comme un seul *l*; *scintillation* et *graphie*) Méd. Technique d'exploration médicale qui s'opère en injectant dans l'organisme une substance radioactive ayant des affinités avec l'organe à explorer puis en examinant à l'aide d'un scintigraphe la répartition des éléments radioactifs afin de détecter des pathologies éventuelles. *La scintillographie fait partie des techniques de la médecine nucléaire.* ■ Image ainsi obtenue. *Une scintigraphie osseuse.*

SCINTILLANT, ANTE, adj. [sɛ̃tijɑ̃, ɑ̃t] (*scintiller*) Qui scintille. ♦ **Fig.** « *Je voudrais finir par quelque chose de beau, de brillant, de scintillant, qui eût l'air d'une pensée* », BEAUMARCHAIS. ♦ En minéralogie, faisant feu sous le briquet. ■ REM. On prononçait aussi [sɛ̃tilɑ̃, ɑ̃t] autrefois en faisant entendre *l*.

SCINTILLATEUR, ■ n. m. [sɛ̃tijatœʁ] (*scintillation*) Phys. Appareil permettant de détecter des particules d'ion. *Un détecteur à base de scintillateurs convertit l'énergie laissée par une particule incidente dans le scintillateur en lumière visible par un photomultiplicateur.*

SCINTILLATION, n. f. [sɛ̃tijasjɔ̃] (lat. impér. *scintillatio*, éblouissement) Vif mouvement d'agitation qu'on observe dans la lumière des étoiles, et dont la rapidité produit l'illusion de véritables étincelles. ♦ Action de faire feu sous le briquet. ■ Phys. Luminescence très brève provoquée par le contact d'une particule d'ion sur certaines substances. ■ REM. On prononçait aussi [sɛ̃tilasjɔ̃] autrefois en faisant entendre *l*.

SCINTILLEMENT, n. m. [sɛ̃tij(ə)mɑ̃] (*scintiller*) Syn. de scintillation. ■ Action de scintiller. *Le scintillement d'une pierre précieuse.* ■ REM. On prononçait aussi [sɛ̃til(] ou [ə)mɑ̃] autrefois en faisant entendre *l*.

SCINTILLER, v. intr. [sɛ̃tije] (lat. *scintillare*, de *scintilla*, étincelle) Jeter un éclat comparé à des étincelles. *Le diamant, le glaive scintille.* ♦ Astron. Jeter, en parlant des étoiles, une lumière comparée à des étincelles. ■ REM. On prononçait aussi [sɛ̃tile] autrefois en faisant entendre *l*.

SCIOGRAPHIE, n. f. [sjɔgʁafi] (lat. *sciographia*, gr. *skiographia*, de *skia*, ombre, et *graphein*, dessiner) ▷ **Archit.** Dessin d'un édifice qu'on représente coupé sur sa longueur ou sa largeur, pour en faire voir les dedans. ♦ Aujourd'hui, on dit *coupe*. ♦ **Astron.** Art de trouver l'heure par l'ombre des astres. ◁

SCION, n. m. [sjɔ̃] (p.-ê. anc. b. frq. *kith*, rejeton) Petit brin, petit rejeton tendre et très flexible d'un arbre, d'un arbrisseau. ♦ Deuxième âge de l'œil, développement du bourgeon. ♦ Jeune branche destinée à être greffée. ♦ Baguette.

SCIOTTE, ■ n. f. [sjɔt] (*scie*) Petite scie à main dont on se servait autrefois pour découper le marbre. ■ Québec Petite scie.

SCIRPE, n. m. [siʁp] (lat. impér. *scirpus*, jonc) Genre de cypéracées.

SCISSILE, adj. [sisil] (lat. *scissilis*, de *scindere*, fendre) En minéralogie, qui peut être fendu. *L'ardoise est scissile.*

SCISSION, n. f. [sisjɔ̃] (b. lat. *scissio*, coupure, division) Division dans une assemblée politique, dans un parti, dans un État, etc. ♦ Partage des opinions ou des voix dans les votes.

SCISSIONNISTE, adj. [sisjɔnist] (*scission*) Il se dit de ceux qui font scission dans une assemblée politique. ♦ N. m. et n. f. *Les scissionnistes.* ♦ Qui a rapport à une scission, à une séparation. *Une lutte scissionniste.* ■ REM. On disait autrefois *scissionnaire*.

SCISSIPARE, ■ adj. [sisipaʁ] (*scindere*, fendre, diviser, et -*pare*) Relatif à la scissiparité. *La division scissipare de certains annélides.* ■ Qui se reproduit par scissiparité. *Les paramécies sont des organismes scissipares*

SCISSIPARITÉ, ■ n. f. [sisipaʁite] (*scissipare*) Mode de reproduction asexuée qui s'opère par la division d'un organisme constitué d'une seule cellule. *Scissiparité binaire, multiple.*

SCISSURE, n. f. [sisyʁ] (lat. *scissura*, division, séparation) Anat. Fente que présentent certains os pour le passage de petits rameaux vasculaires ou nerveux. ♦ Sillons dont est creusée la surface de certains organes parenchymateux.

SCIURE, n. f. [sjyʁ] (*scier*) Poudre qui tombe d'un corps qu'on scie. *Sciure de bois, de marbre.*

SCIURIDÉS, ■ n. m. pl. [sjyʁide] (lat. *sciurus*, gr. *skiouros*, écureuil) Famille de petits rongeurs tels que l'écureuil.

SCLÉRAL, ALE, ■ adj. [skleʁal] (*sclér[otique]*) Relatif à la sclérotique. *Les verres scléraux servent de prothèses oculaires.*

SCLÉRANTHE, ■ n. m. [skleʁɑ̃t] (gr. *skléros*, dur, et *anthos*, fleur) Bot. Petite plante à fleurs vertes et à feuilles très dures qui pousse sur des sols sablonneux.

SCLÈRE, ■ n. f. [sklɛʁ] (gr. *skléros*, dur) Enveloppe externe de l'œil, blanche, dure et fibreuse traversée par un nerf optique. *La sclère est couramment nommée blanc de l'œil.*

SCLÉRENCHYME, ■ n. m. [skleʁɑ̃ʃim] (*sclér[o]*- et *parenchyme*) Biol. Tissu de soutien des végétaux composé des cellules lignifiées. *Le sclérenchyme est composé de cellules terminées en pointe aux deux extrémités.*

SCLÉREUX, EUSE, ■ adj. [skleʁø, øz] (gr. *scléro*, dur) Qui est caractéristique de la sclérose. *Dyspnée scléreuse.* ■ Qui est atteint de sclérose. *Cellules scléreuses, tissu scléreux.*

SCLÉRODERMIE, ■ n. f. [skleʁodɛʁmi] (*sclér[o]*- et *dermie*) Méd. Affection de la peau caractérisée par une dureté et un épaississement des tissus cutanés et sous-cutanés. *La sclérodermie dermatologique affecte surtout la peau alors que la sclérodermie généralisée touche la peau ainsi que certains organes internes, tels que le cœur, les poumons et les reins.*

SCLÉROPHTALMIE, n. f. [skleʁoftalmi] (gr. *sklérophthalmia*, de *skléros*, dur, sec et *ophthalmos*, œil) ▷ Méd. Ophtalmie sèche, inflammation de la conjonctive sans augmentation de la sécrétion de la membrane muqueuse. ■ REM. Graphie ancienne : *sclérophthalmie*. ◁

SCLÉROPHYLLE, ■ adj. [skleʁofil] (*sclér[o]*- et -*phylle*) Bot. Composé de végétaux, verts toute l'année, aux feuilles coriaces, dures et épaisses. *La végétation sclérophylle des dunes. Forêt sclérophylle.*

SCLÉROPROTÉINE, ■ n. f. [skleʁoprotein] (*sclér[o]*- et *protéine*) Protéine fibreuse et dure constituant le squelette de certains tissus. *Le collagène et la kératine appartiennent au groupe des scléroprotéines.*

SCLÉROSANT, ANTE, ■ adj. [skleʁozɑ̃, ɑ̃t] (*scléroser*) Qui provoque une sclérose. *Injection de produit sclérosant dans le traitement des varices.* ■ Fig. Qui n'évolue pas. *Une attitude sclérosante.*

SCLÉROSE, n. f. [skleʁoz] (gr. *sklérôsis*, durcissement) Méd. Toute sorte d'endurcissement morbide des tissus. ■ *Sclérose en plaques*, affection neurologique chronique caractérisée par une atteinte inflammatoire du système nerveux central qui se manifeste par des plaques de sclérose disséminées dans le cerveau et la moelle épinière. ■ Fig. Incapacité à évoluer ou à s'adapter. *La sclérose d'un parti politique.*

SCLÉROSER, ■ v. tr. [skleʁoze] (*sclérose*) Durcir par artifice. *Scléroser des veines.* ♦ Fig. Ne plus progresser, figer. « *Vous voudriez la scléroser, en faire une chose accomplie* », GIDE. ■ Se scléroser, v. pr. *La situation se sclérose.*

SCLÉROTHÉRAPIE, ■ n. f. [skleʁoteʁapi] (*sclér[o]*- et *thérapie*) Traitement des varices et des hémorroïdes par l'injection d'un produit sclérosant.

SCLÉROTIQUE, n. f. [skleʁotik] (lat. médiév. *sclerotica*, du gr. *sklêrotês*, dureté) Anat. Membrane blanche, fibreuse, très solide, formant environ les quatre cinquièmes de la coque externe de l'œil.

SCOLAIRE, adj. [skolɛʁ] (b. lat. *scholaris*) Qui a rapport aux écoles. *Année scolaire. Droit scolaire.* ■ Fig. et péj. Très théorique et livresque. *Enfermer une problématique dans une approche très scolaire.* ■ N. m. Enfant scolarisé. *Séance de cinéma réservée aux scolaires.* ■ REM. On écrivait aussi *scholaire* autrefois.

SCOLARISER, ■ v. tr. [skolaʁize] (*scolaire*) Mettre à l'école. *Il a l'âge d'être scolarisé.* ■ SCOLARISABLE, adj. [skolaʁizabl] ■ SCOLARISATION, n. f. [skolaʁizasjɔ̃]

SCOLARITÉ, n. f. [skolaʁite] (lat. médiév. *scholaritas*, état d'écolier) Anciennement, *Droits de scolarité*, le droit que les écoliers des universités avaient de réclamer les privilèges qui y étaient attachés. ♦ Aujourd'hui, cours d'études dans une institution d'enseignement. *Une scolarité de quatre années est exigée pour être reçu docteur en médecine.* ■ REM. On ne parle plus aujourd'hui de scolarité à propos des cours suivis dans l'enseignement supérieur. ♦ Fait de suivre l'enseignement dispensé dans un établissement scolaire. *Un certificat de scolarité. Une scolarité brillante.*

SCOLASTICAT, ■ n. m. [skolastika] (*scolastique*) Institut religieux d'études philosophiques et théologiques. ■ Durée des études scolastiques.

SCOLASTIQUE, adj. [skolastik] (lat. *scholasticus*, gr. *skholastikos*, d'école) Qui a rapport aux classes, aux écoles. *La police scolastique.* ♦ Qui s'enseigne suivant la méthode ordinaire de l'école. *Les règles scolastiques du raisonnement.* ♦ *Les théologiens scolastiques*, les théologiens de l'école. ♦ Qui a rapport aux écoles du Moyen Âge. *La philosophie scolastique.* ■ N. f. *La scolastique*, la philosophie qu'on enseignait dans les écoles du Moyen Âge. ■ N. m. Celui qui traite de la théologie ou de la philosophie scolastique. ■ REM. On écrivait aussi *scholastique* autrefois.

SCOLASTIQUEMENT, adv. [skolastik(ə)mɑ̃] (*scolastique*) D'une manière scolastique. ▪ Rᴇᴍ. On écrivait aussi *scholastiquement* autrefois.

SCOLEX, ▪ n.m. [skolɛks] (lat. *scolex*, gr. *skôlêx*, ver) **Biol.** Extrémité antérieure des ténias, appelée *tête*, porteuse de ventouses et d'autres organes de fixation.

SCOLIASTE ou **SCHOLIASTE**, n.m. [skoljast] (gr. médiév. *skholiastês*, commentateur) Celui qui a fait des scolies sur quelque ancien auteur classique.

SCOLIE ou **SCHOLIE**, n.f. [skoli] (gr. *skholion*, commentaire) En philologie, note de grammaire ou de critique pour servir à l'intelligence des auteurs classiques. ◆ N.m. **Géom.** Remarque sur plusieurs propositions, faite en vue d'en montrer la liaison, la restriction ou l'extension.

SCOLIOSE, ▪ n.f. [skoljoz] (gr. *skolios*, oblique, tortueux) Déviation de la colonne vertébrale. *Avoir une scoliose.*

SCOLIOTIQUE, ▪ adj. [skoljotik] (*scoliose*) Relatif à la scoliose. *Courbure, attitude scoliotique. Corset scoliotique.* ▪ Qui est atteint de scoliose. *Un enfant scoliotique.* ▪ N.m. et n.f. *Un, une scoliotique.*

SCOLOPENDRE, n.f. [skolopɑ̃dʀ] (lat. *scolopendra*, du gr. *skolopendra*) **Bot.** Genre de fougères dans lequel on distingue la scolopendre des officines, dite vulgairement *langue-de-cerf*, herbe hépatique. ◆ Genre des mille-pattes qui forment une classe séparée de celle des insectes.

SCOLYTE, ▪ n.m. [skolit] (lat. sav. [xᴠɪɪɪᵉ s.] *scolytus*, du gr. *skôlêx*, ver) Insecte de type coléoptère creusant des galeries et vivant sous l'écorce des arbres.

SCOMBRE, n.m. [skɔ̃bʀ] (lat. *scomber*, du gr. *skombros*, maquereau) ▷ Genre de poissons de mer acanthoptérygiens. ◁

SCOMBRIDÉS, ▪ n.m. pl. [skɔ̃bʀide] (*scombre*) Famille de poissons au corps longiligne et à peau lisse se déplaçant en bancs en haute mer. *Les thons sont des scombridés.*

SCONSE ou **SKUNKS**, ▪ n.m. [skɔ̃s] (angl. *shunks*, mouffette, de l'algonq. *shi-gaw*, putois) Fourrure à poils semi-longs noire et blanche fournie par la mouffette. *Un manteau de sconse.*

SCOOP, ▪ n.m. [skup] (mot angl.) Information inédite donnée dans la presse écrite, télévisuelle ou radiophonique. *Scoop à la une du journal.* ▪ Par extens. et fam. Information inédite. *J'ai un scoop ! Ce n'est pas un scoop, tout le monde est déjà au courant !*

SCOOTER, ▪ n.m. [skutœʀ] (angl. *to scoot*, filer) Véhicule motorisé caréné, à deux roues et à cadre ouvert. *Les scooters des coursiers.* ▪ *Scooter des mers, scooter des neiges*, spécialement conçus pour les courses sur mer, sur neige.

SCOOTÉRISTE, ▪ n.m. et n.f. [skuteʀist] (*scooter*) Personne qui conduit un scooter, qu'il s'agisse d'un simple scooter ou d'un scooter de courses sur mer, sur neige.

SCOPOLAMINE, ▪ n.f. [skopolamin] (*scopolie* et *amine*) Alcaloïde servant d'hypnotique ou de sédatif, proche de l'atropine. *La scopolamine peut être prescrite dans le traitement des douleurs aiguës, digestives ou gynécologiques, à caractère spasmodique.*

SCORBUT, n.m. [skɔʀbyt] (on prononce le *t* final ; moy. néerl. *scôrbut*) **Méd.** Affection générale non fébrile, qui a pour caractère un affaiblissement notable de l'énergie musculaire, et des hémorragies multiples débutant presque toujours par les membres inférieurs, et s'accompagnant fréquemment d'une altération plus ou moins prononcée des gencives. ▪ Rᴇᴍ. On prononçait autrefois [skɔʀby].

SCORBUTIQUE, adj. [skɔʀbytik] (*scorbut*) Qui tient de la nature du scorbut. *Un équipage scorbutique.* ◆ Qui est malade du scorbut. *Un équipage scorbutique.* ◆ N.m. et n.f. *Un scorbutique.*

SCORDION ou **SCORDIUM**, n.m. [skɔʀdjɔ̃, skɔʀdjɔm] (lat. *scordion*, gr. *skordion*) ▷ La germandrée aquatique. ◁

SCORE, ▪ n.m. [skɔʀ] (angl. *to score*, marquer) **Sp.** Résultat, nombre de points obtenus par un joueur ou une équipe au cours d'un match. *Le score est de 2-0.* ▪ Par extens. Classement, résultat chiffré. *Score d'audience. Score électoral.*

SCORIACÉ, ÉE, ▪ adj. [skɔʀjase] (*scorie*) Qui contient des scories volcaniques. *Dépôt scoriacé. Mâchefer scoriacé.* ▪ Dont l'aspect bulleux et rugueux est dû à la présence scories volcaniques. *Une brèche scoriacée.*

SCORIE, n.f. [skɔʀi] (lat. *scoria*, du gr. *skôria*, écume d'un métal) Matière qui, se séparant pendant la fusion des métaux ou lors qu'on purifie, vient se vitrifier à leur surface. ◆ *Scories volcaniques*, espèce de lave du même genre que la pumite. ▪ **Fig.** Partie d'un tout à laquelle on attribue peu de valeur, que l'on considère de qualité médiocre. *Ce scandale est une scorie de la consommation moderne. Balayer les scories de la vie.*

SCORIFICATION, n.f. [skɔʀifikasjɔ̃] (*scorifier*) Action de réduire en scories ; résultat de cette action.

SCORIFICATOIRE, n.m. [skɔʀifikatwaʀ] (*scorifier*) Têt ou écuelle à scorifier.

SCORIFIÉ, ÉE, p.p. de scorifier. [skɔʀifje]

SCORIFIER, v. tr. [skɔʀifje] (*scorie*) Réduire en scorie. ◆ Se scorifier, v. pr. Être réduit en scorie.

SCORPÈNE, ▪ n.f. [skɔʀpɛn] (lat. *scorpaena*, gr. *skorpaina*, poisson de mer inconnu) **Zool.** Poisson à grosse tête et aux nageoires épineuses pourvues de venin. *La rascasse est une scorpène.*

SCORPIOÏDE, adj. [skɔʀpjoid] (gr. *skorpioeidês*, en forme de scorpion, de *skorpios*, scorpion, et *eidos*, aspect) **Hist. nat.** Qui ressemble à la queue recourbée d'un scorpion. ◆ **Bot.** *Cyme scorpioïde*, inflorescence recourbée en forme de queue de scorpion : telle est celle des myosotis.

SCORPIOJELLE, n.f. [skɔʀpjoʒɛl] (*scorpion*) ▷ Huile de scorpion. ◁

SCORPION, n.m. [skɔʀpjɔ̃] (lat. *scorpio*, gr. *skorpios*) Animal de la classe des arachnides pulmonaires, qu'on rencontre dans le sud de l'Europe, et dont la queue est armée d'un dard qui présente au-dessous de sa pointe plusieurs ouvertures communiquant avec une glande à venin. ◆ *Huile de scorpion*, huile dans laquelle on a fait mourir des scorpions, et qu'on croyait bonne contre la piqûre du scorpion. ◆ *Le Scorpion* (avec un *S* majuscule), huitième signe du zodiaque, celui qui semble parcouru par le soleil à peu près du 20 octobre au 20 novembre. ◆ *Les serres du Scorpion*, le septième des signes du zodiaque, que l'on nomme le plus souvent la Balance. ◆ **Antiq.** Genre de petite baliste. ◆ Nom d'un ancien canon.

SCORSONÈRE, n.f. [skɔʀsonɛʀ] (catal. *escorçonera*, de *escorço*, vipère, du lat. vulg. *excurtio*, *curtio*, vipère, cette plante étant un antidote aux morsures de vipère) Salsifis noir, plante de la famille des composées chicoracées. ▪ Rᴇᴍ. On disait aussi *scorzonère* autrefois.

SCOTCH, ▪ n.m. [skɔtʃ] (angl. *scotch [whisky]*, whisky écossais) Whisky irlandais. ▪ Par méton. Verre de scotch. *Sers-moi un scotch.* ▪ (Marque déposée) Ruban adhésif. *Rouleau de scotch. Scotchs de protection.*

SCOTCHER, ▪ v. tr. [skɔtʃe] (*scotch*, ruban ahésif) Coller à l'aide de ruban adhésif. *J'ai scotché le poster sur la porte.* ▪ **Fam.** Faire en sorte qu'une personne demeure sans réaction. *Il a scotché tout le monde en décrochant son bac du premier coup. Ça m'a scotché.*

SCOTIE, n.f. [skoti] (lat. *scotia*, du gr. *skotia*, ténèbres, obscurité) **Archit.** Moulure concave, qui fait souvent partie de la base d'une colonne. ▪ Rᴇᴍ. On prononçait autrefois le *t* en faisant entendre *ss* [skosi].

SCOTISME, ▪ n.m. [skotism] (John Duns *Scot* 1266-1308, théologien et philosophe écossais) Doctrine du théologien et philosophe scolastique Duns Scot fondée sur le volontarisme.

SCOTISTE, ▪ n.m. et n.f. [skotist] (*scotisme*) Adepte de la doctrine de Duns Scot. ▪ Adj. Relatif à la doctrine de Duns Scot.

SCOTOME, ▪ n.m. [skotom] (b. lat. *scotoma*, gr. *skotôma*, vertige, éblouissement, de *skotos*, ténèbres) Déficience plus ou moins importante de la vision dans une zone limitée du champ visuel provoquée par une lésion du nerf optique.

SCOTTISH, n.f. [skotiʃ] (angl. *scottish*, écossais) Danse qui s'exécute sur la même mesure que la polka, et d'un mouvement plus lent. ▪ Rᴇᴍ. On écrivait aussi *schottish* et *schotisch* autrefois.

SCOTTISH-TERRIER, ▪ n.m. [skotiʃteʀje] (mot angl., de *scottish*, écossais et *terrier*, terrier) Chien terrier d'Écosse à poils durs. *Des scottish-terriers.*

SCOUMOUNE, ▪ n.f. [skumun] (mot corse ou it., du lat. chrét. *excommunicare*, rejeter, maudire) **Fam.** Poisse, malchance. Porter la scoumoune.

SCOUT, SCOUTE n. m. et n. f. ou **BOY-SCOUT**, ▪ n. m. [skut, bojskut] (mot angl., de *boy*, garçon, et *scout*, éclaireur) Enfant ou adolescent, membre du mouvement de scoutisme. *Les scouts de France.* ▪ Adj. Relatif à ce mouvement. *Camp scout. Valeurs scoutes.*

SCOUT-CAR, ▪ n.m. [skutkaʀ] (mot angl., de *scout*, éclaireur, et *car*, voiture) Véhicule militaire de patrouille ou de reconnaissance rapide et blindé. *Des scout-cars.*

SCOUTISME, ▪ n.m. [skutism] (*scout*) Mouvement fondé par lord Baden-Powell au début du xxᵉ siècle, qui vise à favoriser le développement individuel physique, intellectuel, émotionnel, social et spirituel, au sein d'un groupe de jeunes. *Fédération du scoutisme français.*

SCRABBLE, ▪ n.m. [skʀabl] ou [skʀabœl] (angl. *to scrabble*, griffonner, marque déposée) Jeu de société conçu dans les années 1930 par l'architecte new-yorkais, Alfred Mosher Butts, dont le but consiste à combiner des lettres tirées au sort à les placer sur les cases d'un plateau auxquelles sont attribués des points. *Jouer au scrabble. Faire une partie de scrabble.* ▪ Par méton. *Faire un scrabble,* composer un mot avec les sept lettres tirées au sort, et réussir à les poser sur la grille. ■ SCRABBLEUR, EUSE, n. m. et n. f. [skʀablœʀ, øz]

SCRAMASAXE, n. m. [skʀamasaks] (b. lat. *scramasaxus*, du frq. *scrâma-sahs*, de *scrâmo*, p.-ê. couper, et *sahs*, couteau) ▷ Arme des Mérovingiens, analogue à l'épée romaine, mais avec un seul tranchant ; elle présente des rainures. ■ REM. On disait aussi *scamasaxe* autrefois. ◁

SCRATCH, ■ adj. [skʀatʃ] (mot anglais) *Temps scratch, classement scratch,* meilleur temps ou classement tous groupes lors d'une course automobile. ■ *Course scratch,* course où tous les candidats partent de la même ligne.

SCRATCHER, ■ v. tr. [skʀatʃe] (mot angl. *to scratch,* griffer, rayer) Sp. Éliminer en rayant son nom sur la liste un joueur qui ne répond pas à l'appel. ■ V. intr. Ne pas se présenter à une compétition à temps et en être éliminé. ■ Mus. Produire un effet rythmique par un mouvement de va-et-vient, généralement de la main, sur un disque vinyle. ■ Se scratcher, v. pr. Fam. S'écraser contre quelque chose. *Il s'est scratché sur le mur.*

SCRIBAN, ■ n. m. [skʀibã] (néerl. *schrijfbank,* pupitre) Meuble d'origine flamande, composé d'un pupitre à abattant sur lequel est posé un corps d'armoire. « *En ouvrant le scriban en bois de marronnier, je découvris un album de photos* », AVENTIN.

SCRIBE, n. m. [skʀib] (lat. *scriba,* greffier, secrétaire, copiste, de *scribere,* écrire) Homme qui gagne sa vie à écrire, à faire des copies. ♦ Chez les Juifs, docteur qui enseignait et interprétait la loi de Moïse.

SCRIBOUILLARD, ARDE, ■ n. m. et n. f. [skʀibujaʀ, aʀd] (*scribouiller,* de *scribe*) Fam. et péj. Employé de bureau commis aux écritures. « *Qu'est-ce que le cadavre de ton vieux patron pourri à qui tu as léché les bottes touts sa vie pour conserver ses faveurs et devenir le scribouillard merdouilleux que tu es [...] vient faire là-dedans ?* », LABRO.

SCRIBOUILLEUR, EUSE, ■ n. m. et n. f. [skʀibujœʀ, øz] (*scribouiller,* de *scribe*) Écrivain sans talent.

1 SCRIPT, ■ n. m. [skʀipt] (mot angl ; abrév. de *[sub]script[ion receipt],* reçu de prêt) **Financ.** Écrit dans lequel est stipulée la part des intérêts ou du capital qu'une collectivité doit à un créancier, et qu'elle ne peut pas rembourser à échéance.

2 SCRIPT, ■ n. m. [skʀipt] (mot angl., du lat. *scriptum,* p. p. de *scribere,* écrire) Écriture manuscrite proche des caractères d'imprimerie. *Écrire en script.* Scénario qui comprend le découpage en scènes et les dialogues.

SCRIPTE, ■ n. m. et n. f. [skʀipt] (abrév. de *script-girl,* de l'angl. *script,* scénario) Assistant du réalisateur et du directeur de production, qui veille à la continuité de l'œuvre cinématographique et qui rédige des rapports journaliers du travail exécuté sur le plateau de tournage. ■ REM. À l'origine il s'agissait d'un emploi essentiellement féminin, d'où la graphie *scripte* avec un e.

SCRIPTEUR, n. m. [skʀiptœʀ] (lat. *scriptor,* secrétaire, écrivain) Officier de la chancellerie romaine, qui écrit les bulles expédiées en original gothique. ■ Ling. Personne qui écrit. *Les scripteurs et les locuteurs.*

SCRIPTURAIRE, ■ adj. [skʀiptyʀɛʀ] (lat. *scriptura,* écriture) Relatif aux écritures saintes. *L'art scripturaire.*

SCRIPTURAL, ALE, adj. [skʀiptyʀal] (lat. *scriptura,* écriture) Qui appartient à la Bible, aux saintes Écritures. ■ *Monnaie scripturale,* tout moyen de paiement, autre que les billets et les pièces, qui circule par jeu d'écriture. *Le chèque est une monnaie scripturale.*

SCROFULAIRE, n. f. [skʀɔfylɛʀ] (lat. médiév. *scrofularia,* de *scrofulæ,* écrouelles,que cette plante passait pour guérir) Genre de plantes qui sert de type à la famille des scrofulariacées.

SCROFULARIACÉES, n. f. pl. [skʀɔfylaʀjase] (*scrofulaire*) Famille de plantes dont le genre scrofulaire est le type. ■ REM. On disait aussi *scrofularinées* et *scrofulariées* autrefois.

SCROFULE, ■ n. f. [skʀɔfyl] Voy. SCROFULES.

SCROFULES, n. f. pl. [skʀɔfyl] (b. lat. *scrofulæ*) Méd. Maladie, dite vulgairement écrouelles, humeurs froides, qui consiste en un gonflement, avec ou sans tuberculisation, des ganglions lymphatiques superficiels, et particulièrement de ceux du cou, et altération des fluides qui les pénètrent. ♦ Se dit quelquefois au sing. *La scrofule.*

SCROFULEUX, EUSE, adj. [skʀɔfylø, øz] (*scrofules*) Méd. Qui a rapport aux scrofules. *Tumeur scrofuleuse.* ♦ Qui est affecté de scrofules. ♦ N. m. et n. f. *Un scrofuleux. Une scrofuleuse.*

SCROTUM, ■ n. m. [skʀɔtɔm] (mot lat. imp.) Poche cutanée qui protège les testicules. ■ SCROTAL, ALE, adj. [skʀɔtal]

SCRUB, ■ n. m. [skʀœb] (mot angl., var. de *shrub,* arbrisseau) Brousse épaisse d'Océanie formée de buissons touffus.

SCRUPULE, n. m. [skʀypyl] (lat. *scrupulus,* dimin. de *scrupus,* pierre pointue, anxiété, souci) Petit poids de vingt-quatre grains. ♦ Chez les Romains, la 24ᵉ partie d'un tout. ♦ **Astron.** Une très petite partie de la minute. ♦ **Fig.** Ce qui embarrasse la conscience, comme une pierre embarrasse celui qui chemine. ♦ *Faire un scrupule de quelque chose à quelqu'un,* lui en donner du scrupule. ♦ *Faire scrupule de quelque chose, se faire scrupule, un scrupule de quelque chose,* ne pas vouloir la faire par scrupule de conscience ou aussi par délicatesse. ♦ *Avoir scrupule, faire scrupule,* hésiter à. ♦ Grande exactitude à observer la règle, à remplir ses devoirs. ♦ Grande sévérité d'un auteur, d'un artiste, dans la correction ou la composition d'un ouvrage. ♦ Reste de difficulté, de doute, de crainte. « *J'ai seulement à vous proposer un petit scrupule* », BALZAC. ♦ Doutes que l'on conçoit sur le style, sur la composition d'un ouvrage.

SCRUPULEUSEMENT, adv. [skʀypyløz(ə)mã] (*scrupuleux*) D'une manière scrupuleuse. *Examiner tout scrupuleusement.*

SCRUPULEUX, EUSE, adj. [skʀypylø, øz] (lat. *scrupulosus,* rocailleux, lat. imp. minutieux, scrupuleux) Qui est sujet à avoir des scrupules. ♦ **Fam.** *Il n'est pas scrupuleux,* il n'est pas délicat sur les moyens de réussir. ♦ Il se dit aussi des choses. *Des oreilles scrupuleuses.* « *Les lâchetés sûres et secrètes trouvent peu de cœurs scrupuleux* », MASSILLON. ♦ Minutieux, exact. *Une scrupuleuse régularité.* ♦ Qui a des scrupules, des doutes au sujet du style et de la composition. ♦ N. m. et n. f. Celui, celle qui a des scrupules (presque toujours avec une idée de blâme).

SCRUTATEUR, n. m. [skʀytatœʀ] (lat. *scrutator,* celui qui fouille, qui recherche) Celui qui scrute, qui pousse loin ses recherches. « *Celui qui est le scrutateur des cœurs* », BALZAC. ♦ Adj. *Scrutateur, scrutatrice. Un regard scrutateur.* ♦ Se dit, dans les assemblées, dans les compagnies où l'on fait des élections par suffrages secrets, de ceux qui sont chargés de prendre part à la formation du scrutin, à sa vérification et à son dépouillement.

SCRUTÉ, ÉE, p. p. de scruter. [skʀyte]

SCRUTER, v. tr. [skʀyte] (lat. *scrutari,* fouiller, explorer, rechercher) Examiner à fond. *Scruter la vie de quelqu'un.*

SCRUTIN, n. m. [skʀytɛ̃] (lat. médiév. *scrutinium,* action de fouiller, examen, du lat. *scrutari*) Manière de recueillir dans une urne, dans une boîte les suffrages par des billets pliés ou de petites balles. *Le premier tour de scrutin.* ♦ *Scrutin individuel,* bulletin de vote qui ne porte qu'un nom. ♦ *Scrutin de liste,* bulletin qui porte autant de noms qu'il y a de nominations à faire. ♦ *Scrutin secret,* scrutin dans lequel le bulletin de vote est déposé dans l'urne plié et fermé. ♦ *Scrutin découvert,* scrutin dans lequel chacun fait connaître son vote.

SCUBAC, n. m. [skybak] ▷ Altération de *usquebac.* ◁

SCULPTÉ, ÉE, p. p. de sculpter. [skylte]

SCULPTER, v. tr. [skylte] (lat. *sculpere,* supin *sculptum*) Tailler avec le ciseau une figure, un ornement, etc. dans la pierre, le marbre, le bois, etc. *Sculpter un bas-relief.* ♦ Il se dit aussi de la matière que l'on travaille. *Sculpter le marbre.* ■ Absol. Faire de la sculpture.

SCULPTEUR, TRICE, n. m. et n. f. [skyltœʀ, tʀis] (b. lat. *sculptor,* du supin *sculptum* de *sculpere*) Personne qui fait profession de sculpter. *Sculpteur en marbre, en bois. Une femme sculpteur.* ■ REM. S'emploie aussi au féminin. *Une sculptrice.*

SCULPTURAL, ALE, adj. [skyltyʀal] (*sculpture*) Qui appartient à la sculpture. *Ornements sculpturaux.* ■ Qui évoque une sculpture classique par sa beauté formelle. *Une femme aux formes sculpturales.*

SCULPTURE, n. f. [skyltyʀ] (lat. impér. *sculptura*) Le travail du sculpteur. *Les monuments de la sculpture.* ♦ Ouvrage du sculpteur. ♦ L'ensemble des ornements, comme figures, attributs, emblèmes, etc. qui décorent la poupe, la proue et l'intérieur des navires. ♦ Atelier où s'exécutent les sculptures des bâtiments de l'État.

SCUTELLAIRE, ■ n. f. [skytelɛʀ] (lat. sav. [Linné] scutellaria, du lat. *scutella,* petite coupe) Bot. Plante herbacée à tige carrée souvent cultivée comme plante ornementale.

SCYLLA, n. m. [sila] (lat. *Scylla,* gr *Skulla,* fille de Phorcys et d'Hécate changée en monstre marin) Monstre que les poètes plaçaient dans un écueil en face du gouffre appelé Charybde ; il dévorait les navigateurs qui passaient à sa portée. ♦ **Fig.** *Tomber de Charybde en Scylla,* Voy. CHARYBDE.

SCYPHOZOAIRES, ■ n. m. pl. [sifozoɛʀ] (gr. *skuphos,* coupe, et *-zoaire*) Classe d'invertébrés constituée principalement de méduses de grande taille et particulièrement urticantes.

SCYTALE, ■ n. f. [sital] (gr. *skutalê,* bâton) Antiq. grecq. Procédé utilisé par les Lacédémoniens pour écrire des messages cryptés. ■ REM. On prenait deux rouleaux de bois de grosseur égale, les deux personnes en train de correspondre ayant chacun le leur ; celui qui voulait transmettre quelque chose de secret tortillait autour de son rouleau une lanière de parchemin, sur laquelle il écrivait ce qu'il voulait faire savoir à l'autre, qui, ayant reçu cette lanière, la tortillait aussi sur son rouleau et trouvait les mots et les lignes dans leur ordre naturel.

SCYTHE, ▪ adj. [sit] (lat. *Scytha*, gr. *Skuthês*) Relatif aux Scythes, peuple nomade indo-européen de l'Antiquité. ▪ N. m. et n. f. Habitant de la Scythie, région du nord de la mer Noire.

SDF, ▪ n. m. et n. f. [ɛsdeɛf] (sigle de *Sans domicile fixe*) Personne qui n'a pas de logement et qui vit de mendicité. *Les SDF dans les couloirs du métro.*

1 SE, pron. réfl. [sə] (lat. *se*) Pronom de la troisième personne, des deux nombres et des deux genres. Il se dit des personnes et des choses, et s'emploie comme complément direct ou indirect. *Se perdre. Se nuire.* ♦ Il s'emploie pour donner au verbe une signification passive. « *Les yeux de l'amitié se trompent rarement* », VOLTAIRE. ♦ L' *e* de *se* s'élide devant une voyelle et un *h* muet, et devant *en* et *y* : *Il s'aime, il s'honore, il s'en vante, il s'y rend.*

2 SE..., [sə] ou [se] Préfixe latin indiquant mise à part, séparation, comme dans *séduire, séparer*, etc.

SEA-LINE, ▪ n. m. [silajn] (mot angl., de *sea*, mer et *pipeline*) **Techn.** Conduite sous-marine permettant le chargement et le déchargement de produits pétroliers. *Des sea-lines.*

SÉANCE, n. f. [seɑ̃s] (*séant*, p. prés. de *seoir*, être assis) Acte de celui qui est séant, assistant, présent. *Avoir droit de séance.* ♦ *Séance tenante*, dans le cours de la séance. ♦ *Cette assemblée tient séance, tient sa séance, tient ses séances en tel endroit*, elle s'assemble dans cet endroit. ♦ *La séance est ouverte, est levée*, formules par lesquelles le président d'une assemblée annonce que la séance commence ou qu'elle est terminée. ♦ *Donner, accorder à quelqu'un les honneurs de la séance*, lui permettre, à titre d'honneur, d'assister à la séance. ♦ *La portion de journée pendant laquelle une assemblée, un corps politique, une compagnie, un tribunal se sont réuni pour s'occuper de ses travaux ; la réunion même des membres de cette assemblée, de ce corps. Une longue séance.* ♦ Droit de prendre place dans une compagnie réglée. « *Les évêques, les abbés ont séance à la diète d'Allemagne* », VOLTAIRE. ♦ **Par extens.** Temps qu'on passe à table, dans une partie de jeu, dans une visite, etc. ♦ Temps pendant lequel une personne pose chez un peintre, pour faire faire son portrait. ▪ Représentation d'un spectacle. *Une séance de cinéma.* ▪ **Absol.** Projection d'un film au cinéma. *Rater la séance de 20 h.*

1 SÉANT p. prés. et **SÉANT, ANTE**, adj. [seɑ̃, ɑ̃t] (*séant*, p. prés. de seoir, être assis) **Chancell.** et **dr.** Qui siège, qui tient séance en quelque lieu. *La cour d'appel séante à Paris.* ♦ Si *séant* exprime une circonstance particulière, il est invariable, par exemple : *La cour seant ou siégeant en robes rouges.* ▪ N. m. Posture d'un homme assis dans son lit. *Je me mis en mon séant. Ils étaient sur leur séant.* ♦ *Tomber sur son séant*, tomber assis.

2 SÉANT, ANTE, adj. [seɑ̃, ɑ̃t] (*seoir*, convenir) Qui sied, qui est convenable. *Cet habit ne vous est pas séant.* « *Ils ont pensé que l'orgueil était bien séant à la dignité* », BALZAC.

SEAU, n. m. [so] (lat. pop. *sitellus*, du lat., du lat. *sitella, situla*, seau) Vaisseau ordinairement en bois ou en zinc, qui sert à puiser et porter de l'eau. ♦ *Seaux de la ville* ou *seaux à incendie*, seaux dont on se sert pour porter de l'eau dans les incendies. ◁ ♦ Il se dit de vaisseaux de toute sorte de matières propres à contenir de l'eau. *Seau de faïence, de porcelaine, etc.* ♦ Quantité de liquide contenue dans un seau. *Un seau de vin.* ♦ **Fam.** *Il pleut à seaux*, il pleut très fort.

SÉBACÉ, ÉE, adj. [sebase] (lat. *sebaceus*, de *sebum*, suif) Qui est de la nature du suif. *Matière sébacée.* ♦ **Anat.** *Glandes sébacées*, petites glandes logées dans l'épaisseur de la peau, versant à sa surface un fluide onctueux. ▪ Relatif au sébum. *Un kyste sébacé.*

SÉBACIQUE, adj. m. [sebasik] (radic. de *sébacé*) **Chim.** *Acide sébacique*, acide que l'on obtient en distillant le suif.

SÉBASTE, ▪ n. m. [sebast] (orig. inc.) Poisson rouge à tête épineuse, proche des scorpènes, vivant dans les mers froides et tempérées. *La chair des sébastes est savoureuse.*

SÉBATE, n. m. [sebat] (lat. *sebum*) ▷ **Chim.** Genre de sels composés d'une base et d'acide sébacique. ◁

SÉBESTE, n. m. [sebɛst] (lat. médiév. *sebesten*, de l'ar. *sibistan*) ▷ Fruit du sébestier, sorte de prune. ◁

SÉBESTIER, n. m. [sebɛstje] (*sébeste*) ▷ Arbre d'Égypte dont le fruit s'employait autrefois en tisane. ◁

SÉBILE, n. f. [sebil] (orig. inc., p.-ê. lat. pop. *cibilis*, auge, du lat. *cibus*, nourriture) Vaisseau de bois rond et creux. ♦ Jatte en bois sur laquelle s'appuient les culs-de-jatte.

SEBKA ou **SEBKHA**, ▪ n. f. [sɛbka] (ar. *sabha, sabaha*, marais) **Géogr.** Marais d'eau salée dépourvue de végétation en Afrique du Nord.

SÉBORRHÉE, ▪ n. f. [sebore] (*sébum* et *-rrhée*) Sécrétion excessive des glandes sébacées provoquant diverses dermatoses ou troubles inflammatoires tels que l'acné. *Traitement des séborrhées du cuir chevelu.*

SÉBUM, ▪ n. m. [sebɔm] (lat. *sebum*, suif) Sécrétion grasse cutanée des glandes sébacées. *L'acné est due à l'accumulation de sébum dans le canal pilaire.*

SEC, SÈCHE, adj. [sɛk, sɛʃ] (lat. *siccus*) Qui a peu ou qui n'a pas d'humidité. *Temps sec. Terre sèche.* ♦ **Fam.** *Sec comme pendu*, très maigre. ♦ *Graver à la pointe sèche*, faire des traits ou des hachures sur la planche sans employer l'eau-forte. ♦ **N. m.** *Le sec.* ♦ Qui n'est plus frais, en parlant d'herbes, de plantes et autres objets. *Des roses sèches.* ♦ Que l'on a fait sécher. *Des fruits secs. Morue sèche.* ♦ **Fig.** *Fruit sec*, Voy. FRUIT. ♦ Qui n'est pas mouillé, qui n'est pas moite. *Les rues sont sèches. Avoir la bouche sèche.* ♦ *Orage sec*, orage sans pluie. ♦ *Fossé sec*, fossé d'une place de guerre, d'un château, où il n'y a point d'eau. ♦ *À pied sec*, sans se mouiller, en traversant un cours d'eau, un ruisseau. ♦ *Avoir une toux sèche*, tousser sans cracher. ♦ *D'un œil sec, avec des yeux secs*, sans pleurer. ♦ *Un vin sec*, vin qui n'a rien de liquoreux. ♦ Qui n'a point d'embonpoint, de graisse. *Un homme sec.* ♦ **N. m.** et **n. f.** *Un grand sec.* ♦ Il se dit de ce qui n'est pas accompagné d'un accessoire habituel. *Du pain sec*, du pain pour tout aliment. ♦ *Le pain sec*, punition de collège par laquelle on ne donne dans un repas à un écolier que du pain. ♦ *Messe sèche*, la récitation des prières de la messe qui n'est point accompagnée de la consécration. ♦ *Mur de pierres sèches*, mur fait sans plâtre, ciment ou mortier. ♦ *Ventouse sèche*, Voy. VENTOUSE. ♦ *Habit sec*, habit usé jusqu'à montrer la corde. ♦ *Coup sec*, coup donné avec promptitude sans rester sur l'objet frappé. ♦ *Un pouls sec*, pouls qui donne un coup sec au doigt qui l'explore. ♦ **Mar.** *Grain sec*, celui qui éclate sans pluie. ♦ ▷ **Fig.** *Argent sec*, argent comptant. ♦ On dit de même : *Sec et liquide.* ♦ *Perte sèche*, perte absolue, sans compensation ni diminution. ♦ **Peint.** et **sculpt.** Qui manque de moelleux, qui est dur et sans agrément. *Des contours secs. Un coloris sec.* ♦ **Fig.** Il se dit d'une prononciation qui n'a pas de mollesse. ♦ **Fig.** En parlant de l'esprit, des qualités et des compositions littéraires, qui est dénué d'agrément, de grâce. *Une morale sèche. Style sec.* « *Le pauvre esprit de femme et le sec entretien* », MOLIÈRE. ♦ *Matière sèche*, matière qui n'offre pas de ressources pour la traiter avec intérêt. ♦ Qui n'a point de sensibilité, en parlant des dispositions morales. *Un cœur sec.* ♦ Qui a une aridité morale. *Une vie sèche et ennuyeuse.* ♦ Qui inspire un peu dure. ♦ Il se dit aussi des choses. *Des manières, des paroles sèches.* ♦ *Mine sèche*, mine qui annonce quelque mécontentement, quelque dépit. ♦ *Réponse, réprimande sèche*, réponse, réprimande désobligeante et brève. ♦ *La donner sèche, la donner bien sèche*, faire une proposition désagréable, donner quelque alarme sans précaution. « *Je suis sec, abîmé* », DESTOUCHES. ♦ **N. m.** *Le sec*, ce qui n'est pas humide. ♦ *Tirer au sec, à sec*, se dit de l'action de vider un puits. ♦ **Mar.** *Mettre les voiles au sec*, les déployer pour les faire sécher. ♦ *Fourrage sec*, le foin, la paille et l'avoine. ♦ **Fig.** *Employer le vert et le sec*, employer toute espèce de moyens. ♦ **SEC**, adv. *Boire sec*, ne pas mettre d'eau dans son vin, bien boire. ♦ *Répondre sec, parler sec*, répondre, parler sèchement, brusquement. ♦ *Peindre sec*, peindre sans agrément et sans moelleux. ♦ **À SEC**, loc. adv. Sans eau. *Mettre à sec une rivière.* ♦ Un bâtiment est échoué à sec lorsqu'il reste à découvert sur la côte quand l'eau se retire. ♦ *Mettre à sec*, se dit d'un vase que l'on vide jusqu'à la dernière goutte. ♦ **Fig.** et **fam.** *Être à sec*, avoir perdu tout son argent, tout son avoir. ♦ **Fig.** et **fam.** *La bourse est à sec*, il n'y a plus rien dedans. ♦ *Mettre à sec*, ruiner une personne, lui faire perdre tout ce qu'elle a. ♦ *Être à sec*, n'avoir plus rien à dire. ♦ **Mar.** *À sec*, sans l'aide des voiles, sans déployer une voile. ♦ On dit aussi : *À sec de voiles.* ♦ *Tout sec*, uniquement, sans rien de plus. ♦ *Martin-sec*, Voy. MARTIN-SEC. ♦ **Fam.** *L'avoir sec*, être déçu, contrarié. ▪ **Fam.** *Rester sec*, ne pas savoir que répondre. ♦ *Licenciement sec*, licenciement sans mesure sociale d'accompagnement. ▪ *Vol sec*, trajet en avion qui ne comprend que le vol, sans aucune autre prestation touristique. ▪ **Adv.** Avec vigueur et rapidité. *Cogner sec.* ▪ AUSSI **SEC**, loc. adv. **Fam.** Immédiatement. *Il est reparti aussi sec.*

SÉCABLE, adj. [sekabl] (b. lat. *secabilis*) Qui peut être coupé.

SECAM, ▪ n. m. [sekam] (acronyme de *système séquentiel à mémoire*) Système français de codage des signaux de la télévision couleur.

SÉCANT, ANTE, adj. [sekɑ̃, ɑ̃t] (lat. *secans*, p. prés. de *secare*, couper) **Géom.** Qui coupe. *Plan sécant.*

SÉCANTE, n. f. [sekɑ̃t] (lat. *secans*, p. prés. de *secare*, couper) **Géom.** Toute ligne ou toute surface qui en coupe une autre. ♦ *La sécante d'un arc* ou *d'un angle*, la portion d'un diamètre comprise entre le centre et le point où ce diamètre rencontre la tangente menée à l'autre extrémité de l'arc.

SÉCATEUR, n. m. [sekatœr] (lat. *secare*) Instrument de jardinage composé de deux branches croisées se terminant en forme de ciseaux courbes par deux lames.

SÉCESSION, n. f. [sesesjɔ̃] (lat. *secessio*, de *secedere*, aller à part, s'éloigner) **Hist. rom.** Se dit des trois époques où la plèbe se retira en armes hors de la ville, pour forcer le sénat à reconnaître ses droits. ✦ Séparation d'un État confédéré d'avec la fédération dont il fait partie. *La sécession du Sud dans les États-Unis.* ▪ Action de se séparer d'un groupe. *Faire sécession.*

SÉCESSIONNISTE, n. m. et n. f. [sesesjɔnist] (*sécession*) Personne qui prend part à la sécession. ▪ Adj. *Un groupement sécessionniste.* ▪ REM. Graphie ancienne : *sécessioniste.*

SÉCHAGE, n. m. [seʃaʒ] (*sécher*) Action de faire sécher. ✦ Dans les poudreries, action de faire sécher la poudre.

SÉCHÉ, ÉE, p. p. de sécher. [seʃe]

SÈCHE, n. f. [sɛʃ] Voy. SEICHE.

SÈCHE-CHEVEUX ou **SÈCHE-CHEVEU**, ▪ n. m. [sɛʃ(ə)ʃəvø] (*sécher* et *cheveux*) Appareil électrique que l'on utilise pour se sécher rapidement les cheveux. *Des sèche-cheveux.*

SÉCHÉE, n. f. [seʃe] (*sécher*) ▷ Action de faire sécher ; temps employé à faire sécher. ◁

SÈCHE-LINGE, ▪ n. m. [sɛʃ(ə)lɛ̃ʒ] (*sécher* et *linge*) Appareil électroménager qui sèche le linge. *Des sèche-linges* ou *des sèche-linge.*

SÈCHE-MAIN ou **SÈCHE-MAINS**, ▪ n. m. [sɛʃ(ə)mɛ̃] (*sécher* et *main*) Appareil électrique qui souffle de l'air chaud pour sécher les mains. *Des sèche-mains.*

SÈCHEMENT, adv. [sɛʃ(ə)mɑ̃] (*sec, sèche*) D'une manière sèche, à l'abri de l'humidité. ✦ Fig. D'une manière froide et peu agréable. *Répondre sèchement.* ✦ Sans agrément, en parlant d'ouvrages d'esprit. « *Des manœuvres de guerre sèchement racontées* », VOLTAIRE. ✦ *Écrire sèchement,* avoir un style sec, dénué d'agrément. ✦ *Peindre sèchement,* peindre en marquant durement les contours.

SÉCHER, v. tr. [seʃe] (lat. *siccare,* faire sécher, assécher, vider complètement, de *siccus,* sec) Rendre sec. *Sécher ses vêtements mouillés par la pluie.* ✦ Mettre à sec. « *Le Seigneur sécha les eaux de la mer Rouge* », SACI. ✦ Par extens. « *Déjà l'ardente soif le sèche et le dévore* », DUCIS. ✦ Fig. *Sécher les larmes, sécher les yeux,* consoler, empêcher de pleurer. ✦ *Sécher ses pleurs,* cesser de pleurer. ✦ V. intr. Devenir sec. *Les arbres sèchent sur pied. Faire sécher des fruits au four.* ✦ Se tarir. ✦ ▷ Fig. *Les paroles sèchent, la langue sèche,* se dit quand on ne peut parler. ◁ ✦ ▷ Être frappé d'un dessèchement, en parlant d'une partie du corps. *La jambe droite lui a séché.* ◁ ✦ Fig. « *Si j'avais écrit comme on le désirait, j'aurais eu peur que ma main n'eût séché* », MME DE SÉVIGNÉ. ✦ Fig. Languir, dépérir. *Cet enfant sèche et dépérit. Sécher d'ennui, de douleur,* etc. ✦ Éprouver un sentiment d'impatience, de contrariété. ✦ ▷ *Sécher sur pied,* se consumer d'ennui, de tristesse, ou être en proie à une inquiétude qui cause une sorte d'abattement. ◁ ✦ *Sécher sur pied,* se dit aussi, par plaisanterie, d'une fille qui ne trouve point à se marier. ✦ Se sécher, v. pr. Se rendre sec. *Se sécher au feu.* ✦ Devenir à sec. *Le torrent se sécha.* ✦ Devenir sec. « *La main qu'il avait étendue contre le prophète, se sécha* », SACI. ✦ Fig. *Votre main aurait dû se sécher,* se dit pour exprimer que pour rien au monde on n'eût dû faire tel ou tel acte. ✦ Cesser de couler. *Ses larmes se séchèrent.* ▪ V. tr. Fam. Manquer volontairement. *Sécher un cours.* ▪ V. intr. Fam. Ne pas savoir répondre à une question. *Vous me posez une colle, je sèche.*

SÈCHERESSE ou **SÉCHERESSE**, n. f. [sɛʃ(ə)rɛs] (*sec, sèche*) État, qualité de ce qui est sec. *La sécheresse de la terre, de la langue dans la fièvre,* etc. ✦ Absol. Disposition de l'air et du temps contraire à l'humidité. *Cette année, la sécheresse fut très grande.* ✦ Absence d'embonpoint, de graisse. ✦ Fig. *Une sécheresse de pulmonique,* une extrême froideur et sécheresse dans l'âme. ◁ ✦ Fig. Manque d'argent, gêne. « *Quelle augmentation de dépenses, et quel temps de sécheresse !* », MME DE SÉVIGNÉ. ✦ État d'une personne qui manque de sensibilité, d'abandon. ✦ Manière de répondre, de se comporter, froide et dure. *La sécheresse des manières.* ✦ En parlant des ouvrages de peinture, manque de moelleux dans les contours. *Cela est peint avec une grande sécheresse.* ✦ Il se dit de l'esprit et de ce qu'il produit, où manque le charme, la grâce, l'ornement. « *Quelle sécheresse de conversation !* », MOLIÈRE. « *La sécheresse des mathématiques* », VOLTAIRE.

SÈCHERIE ou **SÉCHERIE**, n. f. [sɛʃ(ə)ri] (*sécher*) Lieu où l'on fait sécher des substances mouillées, des étoffes lavées, teintes, etc. ✦ Lieu où l'on fait sécher la poudre. ✦ Lieu où les pêcheurs font sécher le poisson ; action de le faire sécher.

SÈCHERON ou **SÉCHERON**, n. m. [sɛʃ(ə)rɔ̃] (mot de l'Est, de *sec*) ▷ Pré situé dans un lieu sec. ✦ Fig. et fam. Personne très maigre. ◁

SÉCHEUR, EUSE, ▪ n. m. ou n. f. [seʃœr, øz] (*sécher*) Appareil utilisé pour le séchage. *Sécheur de boue, sécheur d'air.*

SÉCHOIR, n. m. [seʃwar] (*sécher*) Endroit où dans les fabriques on fait sécher les toiles, les papiers, etc. ▪ Support composé de tringles sur lequel on étend ce que l'on veut faire sécher. *Un séchoir à linge.* ▪ Sèche-cheveux en

forme de casque utilisé dans les salons de coiffure. *Rester un quart d'heure sous le séchoir.*

SECOND, ONDE, adj. [səgɔ̃, ɔ̃d] (lat. *secundus,* qui suit, second, favorable, de *sequi,* suivre) Deuxième, qui suit immédiatement le premier. ✦ *Cet écolier est second* ou n. m. et n. f. *le second,* il est celui que le professeur a jugé avoir le mieux fait une composition après un autre élève. ✦ *Ce cerf est à sa seconde tête,* il prend trois ans. ✦ Chim. *Eau seconde,* eau-forte affaiblie. ✦ *Causes secondes,* les créatures, autant qu'elles sont causes elles-mêmes, comparativement au Créateur qui est la cause première. ✦ *La seconde main,* un intermédiaire. *Acheter une chose de la seconde main.* ✦ Fig. *Ne tenir une nouvelle que de la seconde main, de seconde main,* ne l'avoir apprise que par un intermédiaire. ✦ *Érudition de seconde main,* érudition qui est puisée non aux sources, mais aux compilations. ✦ Il se dit de celui qui, dans une série de mêmes noms, est le deuxième. *Le second des Césars.* ✦ Fig. Autre. *Marly fut un second Versailles.* ✦ Fig. Qui s'ajoute à. « *C'est un second crime de tenir un serment criminel* », J.-J. ROUSSEAU. ✦ Autre, surtout au féminin. « *Une valeur à nulle autre seconde* », MALHERBE. ✦ Poétiq. *Sans seconde,* sans pareille. « *Ah ! quelle audace sans seconde De marcher à l'heure qu'il est !* », MOLIÈRE. ◁ ✦ ▷ On dit de même : *N'avoir point de seconde,* en parlant d'un objet du genre féminin. « *Leur fureur n'a point de seconde* », LA FONTAINE. ✦ Mus. Épithète qui, entre deux parties ou voix égales, indique la plus basse. *Second violon. Second ténor.* ✦ Mar. *Second foc,* syn. de faux foc. ✦ *Second pont,* pont supérieur au premier, pont qui porte la seconde batterie. ✦ *Second entrepont,* faux entrepont. ✦ N. m. *Le second,* le second étage d'une maison. ✦ Les personnes qui habitent cet étage. ✦ Celui qui tient le second rang. ✦ Celui qui, dans une partie de paume, tient le second lieu d'un côté. ✦ Celui qui accompagnait un homme dans un duel et se battait contre l'homme amené par l'adversaire. ✦ Celui qui fait société à un autre. « *L'homme seul est quelque chose d'imparfait ; il faut qu'il trouve un second pour être heureux* », PASCAL. ✦ Celui qui aide un autre dans une entreprise, dans une affaire. ✦ Celui qui appuie ou soutient quelqu'un dans une discussion. ✦ Mar. *Le second* ou plus souvent *le matelot d'un vaisseau,* le vaisseau qui est destiné à en soutenir un autre dans le combat. ✦ *Le second,* le second capitaine ou lieutenant. ✦ Dans la marine marchande, l'officier qui commande après le capitaine. ✦ Mus. Partie secondaire ou d'accompagnement dans un duo. *Faire le second.* ✦ *Mon second,* se dit dans une charade de la seconde partie du mot décomposé. ✦ EN SECOND, loc. adv. Exprime subordination, infériorité. *Il n'est qu'en second.* ✦ *Capitaine en second,* le capitaine qui doit commander à défaut du capitaine en pied. *Lieutenant en second.* ✦ *Signer en second,* se dit d'un notaire qui signe avec celui qui a reçu, qui a dressé l'acte. ✦ *Second* est toujours avant son substantif, excepté quand on parle d'un tome, d'un livre, d'un chant, où l'on peut le mettre avant ou après : *Le tome second* ou *le second tome.*

SECONDAIRE, adj. [səgɔ̃dɛr] (lat. *secundarius,* secondaire, de seconde qualité, de *secundus*) Qui ne vient qu'en second, qui est accessoire. *Un personnage secondaire. Les principes secondaires.* ✦ ▷ N. m. et n. f. *Un secondaire,* une personne qui tient le second rang. ◁ ✦ Astron. *Planètes secondaires,* les satellites. ✦ Adj. ou n. m. Géol. *Période secondaire,* ou *le secondaire,* période relative à des terrains ou dépôts dans lesquels on ne trouve plus rien des roches primitives, mais seulement des matières de transport, des roches pleines de débris d'êtres organisés. ✦ *Enseignement secondaire,* enseignement comprenant les collèges et les lycées. ✦ *Les écoles secondaires,* les petits séminaires. ✦ En pathologie, se dit de phénomènes subséquents ou subordonnés à d'autres. ▪ *Secondaire* ou *secteur secondaire,* ensemble des activités économiques qui transforment les matières premières.

SECONDAIREMENT, adv. [səgɔ̃dɛr(ə)mɑ̃] (*secondaire*) D'une manière secondaire ; accessoirement.

SECONDE, n. f. [səgɔ̃d] (le *c* se prononce *g* ; lat. *secunda,* fém. substantivé de *secundus* ; sens chron., lat. médiév. [*minuta*] *seconda,* [minute] qui vient au second rang) La classe qui précède la rhétorique. ✦ Ensemble des élèves qui font leur seconde. ✦ Lieu où se tient cette classe. ✦ En typographie, épreuve d'une feuille déjà corrigée. ✦ La soixantième partie d'une minute d'heure. ✦ La soixantième partie d'une minute de degré. ✦ Mus. *Intervalle de seconde* ou simplement *seconde,* intervalle qui suit l'unisson et précède la tierce. ✦ *Seconde majeure,* intervalle formé de deux demi-tons. ✦ *Seconde mineure,* intervalle formé d'un seul demi-ton. ✦ Escrime *Estocade de seconde* ou simplement *seconde,* botte semblable à la botte de tierce, excepté que la lame passe sous le bras de l'adversaire. ▪ Cinquième année de l'enseignement secondaire. *Seconde générale.* ▪ Moment bref. *Attendez une seconde !*

SECONDÉ, ÉE, p. p. de seconder. [səgɔ̃de]

SECONDEMENT, adv. [səgɔ̃d(ə)mɑ̃] (*second*) En second lieu.

SECONDER, v. tr. [səgɔ̃de] (lat. *secundare,* favoriser, seconder, de *secundus*) ▷ Suivre, venir en second lieu (emploi qui vieillit). « *Jusqu'ici les effets secondent sa promesse* », RACINE. ◁ ✦ ▷ Répliquer sur le même ton. ◁ ✦

Servir de second, d'aide à quelqu'un. ♦ Il se dit aussi de ce qui seconde, favorise. « *Tant que sa faveur [du sort] vous seconde, Vous êtes les maîtres du monde* », J.-B. ROUSSEAU. ♦ **Par extens.** Avec un nom de chose pour régime. « *Un sage et intelligent chancelier seconde les désirs d'un roi zélé pour l'Église* », BOSSUET. « *Les exemples secondent les préceptes* », BOSSUET. ♦ Au jeu de paume, servir de second dans une partie. ♦ **Se seconder**, v. pr. Se donner mutuellement du secours.

SECOUÉ, ÉE, p. p. de secouer. [s(ə)kwe]

SECOUEMENT, n. m. [səkumã] (*secouer*) Action de secouer. Un secouement de tête. ♦ **Fig.** Action de rejeter loin de soi. *Le secouement de l'autorité.* ■ **REM.** Graphie ancienne : *secoûment.*

SECOUER, v. tr. [s(ə)kwe] (réfection de l'anc. fr. *secourre*, du lat. *succutere*, ébranler, agiter) Remuer fortement et à plusieurs reprises. *Secouer une porte, un arbre*, etc. ♦ **Absol.** *Cette voiture secoue beaucoup.* ♦ Maltraiter quelqu'un. ♦ Réprimander quelqu'un, le traiter avec rudesse et pour improbation, par doute. ♦ ▷ **Fig.** *Secouer les oreilles*, ne tenir compte de quelque chose, s'en moquer ; et aussi ne point accorder ce qu'on demande. ◁ ♦ *Secouer la poussière*, faire tomber la poussière de dessus quelque chose. *Secouer la poussière d'un habit.* ♦ *Secouer la poussière de ses souliers*, ôter la poussière qui les couvre, et fig. s'en aller avec indignation, douleur, affliction. ♦ *Se défaire, s'affranchir de quelque chose par un mouvement violent. Ce taureau a secoué le joug.* ♦ **Fig.** *Secouer le joug*, s'affranchir violemment d'une autorité qui pèse. *Secouer ses chaînes. Secouer le joug des passions.* ♦ Il se dit aussi de tout ce qui est regardé comme pesant, gênant, et qu'on écarte. « *Mon cœur, enivré d'une folle passion, secouait presque toute pudeur* », FÉNELON. ♦ **Fig.** Donner une commotion morale. *Cet événement m'a secoué.* ♦ **Fig. et fam.** Réprimander, gronder. ♦ Il se dit des maladies qui remuent tout le corps et tourmentent beaucoup. ♦ **Se secouer**, v. pr. Se remuer fortement pour faire tomber quelque chose qu'incommode. ♦ **Fig. et fam.** *Il faut se secouer*, il faut prendre de l'exercice, se donner du mouvement ; et aussi il faut agir dans cette affaire. ♦ **Fam.** *Se secouer*, ne pas se laisser aller à son malaise, ne pas s'écouter.

SECOUEUR, ■ n. m. [səkwœʁ] (*secouer*) Élément d'une batteuse servant à la récupération des grains contenus dans la paille. ■ Instrument utilisé en fonderie pour détacher le moule d'une pièce.

SECOÛMENT, n. m. [səkumã] Voy. SECOUEMENT.

SECOURABLE, adj. [səkuʁabl] (*secourir*) Qui secourt, qui aime à secourir. *Secourable aux malades.* « *Un homme bon et secourable* », BOSSUET. ♦ Il se dit aussi des choses. « *Sa vertu toujours secourable aux oppressés* », BOSSUET. ♦ ▷ Au sens passif, qui peut être secouru. *La place est secourable par mer.* ◁

SECOURIR, v. tr. [səkuʁiʁ] (réfection d'après *courir* de l'anc. fr. *secorre*, porter secours, du lat. *succurrere*, accourir, secourir) Donner à celui qui est dans un cas pressant le moyen d'en sortir. *Secourir quelqu'un, une place*, etc. ♦ Venir en aide à quelque chose. « *Secourez notre entreprise, nous avons vingt familles à nourrir* », VOLTAIRE. ♦ **Se secourir**, v. pr. Venir en aide à soi-même. ♦ Se secourir l'un l'autre.

SECOURISME, ■ n. m. [səkuʁism] (*secours*) Théorie et pratique des soins d'urgence à pratiquer sur les victimes d'accident ou aux personnes dont la vie est en danger. *Brevet de secourisme.* ■ **SECOURISTE**, n. m. et n. f. [səkuʁist]

SECOURS, n. m. [s(ə)kuʁ] (lat. pop. *succursum*, du radic. du supin de *succurrere*, secourir) Ce qui sert dans un cas pressant pour en sortir. ♦ Il se dit, au sens actif, du secours que l'on donne. *Mon secours vous est inutile.* ♦ Il se dit, au sens passif, du secours que l'on reçoit. *Venez à mon secours.* ♦ *Au secours ! à mon secours !* cri par lequel on demande du secours. ♦ Soins, services qu'on donne à un malade. ♦ Ce qui sert, qui est utile. « *Appelez la mémoire ou l'esprit au secours* », P. CORNEILLE. « *Le secours de vos sages avis* », J.-J. ROUSSEAU. ♦ **Au pl.** Choses qui servent à secourir, telles qu'argent donné, prêt, aumône, etc. *Des familles pauvres ont reçu des secours.* ♦ Troupes envoyées au secours d'une armée, d'un parti trop faible pour résister à ses adversaires. *Un secours de trois mille hommes.* ♦ L'action de secourir une place assiégée. ♦ Le corps d'armée qui vient secourir une place assiégée. ♦ *Porte de secours*, porte d'une citadelle donnant dans la campagne, et par laquelle on peut recevoir du secours ou se retirer. ♦ *Secours*, église auxiliaire d'une paroisse, dite plus ordinairement succursale. ■ *De secours*, utilisé en cas de nécessité, d'urgence ou de danger. *Une roue de secours. Une sortie de secours.*

SECOURU, UE, p. p. de secourir. [səkuʁy]

SECOUSSE, n. f. [səkus] (fém. substantivé de *secous*, p. p. de l'anc. fr. *secourre*, secouer) Agitation, ébranlement de ce qui est secoué. ♦ **Fig.** *Par secousses*, par saccades. ♦ **Manège** *Secousse de la bride*, syn. de saccade. ♦ Oscillation du sol dans un tremblement de terre. ♦ **Fig.** Atteintes portées à la santé, à la fortune, au crédit, au moral, à l'ordre établi. *Sa santé n'a pu résister à une telle secousse.* « *Cette opération donna une grande secousse à l'État* », MONTESQUIEU.

1 SECRET, n. m. [səkʁɛ] (lat. *secretum*, lieu écarté, solitude, secret, de l'adj. *secretus*) Ce qui doit être tenu secret ; ce qui ne doit être dit à personne. ♦ *Demi-secret*, secret à moitié révélé, deviné ou surpris. ♦ *N'avoir point de secret pour quelqu'un*, ne lui rien cacher. ♦ ▷ *Avoir le secret de quelqu'un*, savoir son secret. ◁ ♦ *Avoir le secret d'une chose*, en connaître le motif, la raison. ♦ *C'est le secret de Polichinelle, de la comédie*, cela est su de tout le monde. ♦ *Être du secret, dans le secret*, avoir part à quelque dessein caché. ♦ Lieu retiré, caché. « *Judith dans le secret de sa maison* », MASSILLON. ♦ Ce qu'il y a de caché dans certaines choses. « *Des choses qui se passent dans un entier secret* », PASCAL. ♦ *Le secret des consciences, des cœurs*, ce qu'il y a de plus caché dans les consciences, dans les cœurs. ♦ Lieu séparé où on enferme le prisonnier, en ne lui laissant de communication qu'avec le geôlier. *Le prisonnier est au secret.* ♦ Silence, discrétion sur une chose confiée. *Je vous garderai le secret.* ♦ *Je vous dis cela dans le secret, sous le secret, en grand secret, dans le dernier secret*, je vous le confie à la condition de ne le dire, de ne le révéler à personne. ♦ Dans les arts, dans les sciences, moyen connu d'une seule personne ou de peu de personnes pour faire de certaines choses, pour produire de certains effets. *Il y a un secret contre ce mal.* « *Un secret pour rendre les hommes immortels* », VOLTAIRE. ♦ *Dire son secret*, faire connaître comment on s'y prend pour exécuter quelque chose. ♦ **Fig.** Moyen de parvenir à une chose. *J'y ai réussi. « Le secret [au théâtre] est d'abord de plaire et de toucher* », BOILEAU. ♦ ▷ Par antiphrase, *trouver le secret*, arriver à un résultat qu'on ne cherche ni ne désire. *Il a trouvé le secret de se ruiner.* ◁ ♦ La partie la plus difficile et la plus essentielle d'un art, d'une science, etc. *Les secrets de l'art d'écrire, de la nature*, etc. ♦ Le sens caché. « *Pour entendre le secret de ces expressions* », BOSSUET. ♦ Il se dit de certains ressorts particuliers qui servent à différents usages. *Le secret d'un mécanisme, d'une serrure.* ♦ **Fig.** *Le secret a joué*, le moyen employé a réussi. ♦ Cache pratiquée dans un coffre-fort, dans un secrétaire, dans un cabinet. ♦ **EN SECRET**, loc. adv. En particulier, sans témoin, d'une manière secrète. ♦ **Fig.** Dans le fond du cœur, en soi-même. ♦ *Secret professionnel*, obligation de ne pas révéler des informations confidentielles obtenues dans un cadre professionnel. *Les avocats sont tenus au secret professionnel.*

2 SECRET, ■ n. m. [səkʁɛ] (emploi spécifique de 1 *secret*, ce procédé ayant d'abord été tenu secret) Solution de nitrate de mercure servant à la fabrication du feutre des chapeaux.

3 SECRET, ÈTE, adj. [səkʁɛ, ɛt] (lat. *secretus*, séparé, solitaire, caché, secret, de *secernere*, mettre à part) Qui n'est pas divulgué, que l'on tient caché. *Un avis secret. Des agents secrets.* ♦ Il se dit des parties d'une habitation qui sont fermées au public, qui ne sont pas connues de lui. *Escalier secret. Porte secrète.* ♦ Il se dit des assemblées quand elles se ferment au public. *Comité secret*, séance où une assemblée délibère à huis clos. ♦ *Fonds secrets*, fonds dont un gouvernement use sans être tenu à en rendre compte. ♦ Qui ne peut être pénétré. « *Vous n'aurez point pour moi de langages secrets* », RACINE. ♦ Qui se cache. *Des ennemis secrets.* ♦ Il se dit des publications où l'on divulgue des particularités secrètes. *Des mémoires secrets.* ♦ Qui n'est pas apparent, visible. « *Oui, vos moindres discours ont des grâces secrètes* », RACINE. ♦ Qui sait se taire, tenir une chose secrète. « *Ces deux capitaines n'étaient pas assez secrets dans leurs entreprises* », FÉNELON. ♦ Qui cache sa conduite. ♦ *Chien secret*, limier qui suit la voie sans appeler. ♦ *Lieu secret*, lieu où ce qui s'y dit ne se répète pas.

SECRÉTAGE, ■ n. m. [səkʁetaʒ] (*secréter*, traiter les peaux avec le 2 *secret*) Travail de chapellerie qui consiste à secréter les peaux.

SECRÉTAIRE, n. m. [səkʁetɛʁ] (b. lat. *secretarius*, secrétaire à la Cour, lat. médiév. confident, conseiller privé) Anciennement, confident, celui à qui l'on confie ses secrets. « *Tu seras de mon cœur l'unique secrétaire* », P. CORNEILLE. ♦ Celui dont l'emploi est de faire ou d'écrire des lettres, des dépêches pour une personne à laquelle il est attaché. *Secrétaire des commandements d'un prince.* ♦ **Par extens.** *Être le secrétaire de quelqu'un, servir à quelqu'un de secrétaire*, écrire pour lui une lettre ou toute autre chose. ♦ **Fig.** « *Je ne prétends point avoir d'opinion à moi ; je dois être le secrétaire de ceux qui ont des lumières et du goût* », VOLTAIRE. ♦ ▷ *Secrétaire de la main*, nom, sous l'ancienne monarchie, de celui qui écrivait ou transcrivait les lettres du roi, en imitant plus ou moins bien l'écriture du prince. ◁ ♦ *Secrétaire d'ambassade*, celui qui est nommé par le gouvernement pour faire et pour écrire les dépêches de l'ambassade. ♦ Celui qui rédige par écrit les délibérations de quelque assemblée. *Le secrétaire de l'Académie française.* ♦ *Secrétaire d'État*, titre de chacun des ministres qui ont un département et qui contresignent les ordonnances du souverain. ♦ *Secrétaire général du conseil d'État, d'un ministère, d'une préfecture*, employé supérieur qui a principalement la charge de garder les archives, d'entretenir la correspondance et d'expédier les actes du conseil d'État, d'un ministère, d'une préfecture. ♦ *Secrétaire d'une mairie*, celui qui est chargé de tenir les registres de la mairie et d'en donner les extraits. ♦ Manuel contenant des modèles de lettres à l'usage des personnes qui n'ont aucune habitude de l'art d'écrire. ♦ Bureau sur lequel on écrit, et dans lequel on serre des papiers. ♦ Oiseau de l'ordre des rapaces, dit aussi messager. ■ **N. m. et n. f.** Employé chargé de rédiger le courrier, de répondre au téléphone, de classer les dossiers et de prendre des rendez-vous pour le compte d'un supérieur hiérarchique. *Une secrétaire de direction.*

SECRÉTAIRERIE, n. f. [səkʀet(ə)ʀi] (*secrétaire*) Lieu où les secrétaires d'un ambassadeur, d'un gouverneur, etc. font et délivrent leurs expéditions. ◆ Ensemble de ces employés. ■ Charge d'un cardinal, secrétaire d'État au Vatican.

SECRÉTARIAT, n. m. [səkʀetaʀja] (*secrétaire*) Fonction, emploi de secrétaire. ◆ Temps durant lequel on exerce cette fonction. ◆ Lieu où le secrétaire d'une administration, d'une compagnie, d'une ambassade, fait et délivre ses expéditions, et où sont déposés les registres, les archives, etc.

SECRÈTE, n. f. [səkʀɛt] (lat. eccés. *secreta [oratio]*) ▷ Oraison que le prêtre dit tout bas à la messe avant la préface. ◁

SÉCRÉTÉ, ÉE, p. p. de sécréter. [sekʀete]

SECRÈTEMENT, adv. [səkʀɛt(ə)mɑ̃] (*secret*) D'une manière secrète, à l'insu de tout le monde. ◆ Dans le fond du cœur.

SECRÉTER, ■ v. tr. [səkʀete] (2 *secret*) Traiter au secret les peaux utilisées en chapellerie pour faciliter le feutrage.

SÉCRÉTER, v. tr. [sekʀete] (*sécrétion*) Opérer la sécrétion. ◆ Se sécréter, v. pr. Être sécrété. ■ **Fig.** Engendrer. *Sécréter l'ennui.*

SÉCRÉTEUR, TRICE, adj. [sekʀetœʀ, tʀis] (*sécréter*) **Physiol.** Qui est l'agent d'une sécrétion. *Organes sécréteurs.* ■ **Rem.** On trouve aussi *sécréteuse* au féminin.

SÉCRÉTINE, ■ n. f. [sekʀetin] (*sécréter*) Hormone issue de la muqueuse duodénale qui stimule la sécrétion du suc pancréatique. *L'utilisation de la sécrétine dans le traitement de l'autisme est toute récente.*

SÉCRÉTION, n. f. [sekʀesjɔ̃] (lat. *secretio*, séparation, de *secernere*, mettre à part) Propriété organique ou vitale des tissus, en vertu de laquelle sortent de leur substance les molécules intérieures, qui, suivant leur nature, sont rejetées au-dehors ou réabsorbées, ou même séjournent dans les cavités de l'organisme. *La sécrétion des larmes, de la bile.* ◆ La matière même de la sécrétion. ◆ **Abusiv.** Les matières qui sortent du corps et surtout l'urine et les excréments.

SÉCRÉTOIRE, adj. [sekʀetwaʀ] (*sécrétion*) **Physiol.** Qui a rapport aux sécrétions. *Les phénomènes sécrétoires.*

SECTAIRE, n. m. [sɛktɛʀ] (*secte*) En général, membre d'une secte. *Sectaire de Mahomet.* ◆ Particulièrement, celui qui est d'une secte religieuse condamnée par la communion principale dont elle s'est détachée. ■ Il se dit surtout d'une secte nouvelle qui s'efforce de faire prévaloir ses opinions, sa doctrine. ◆ Adj. *Un culte sectaire.* ■ **N. m.**, n. f. Personne qui fait preuve d'intolérance et d'une étroitesse d'esprit. ■ Adj. *Une attitude sectaire.*

SECTARISME, ■ n. m. [sɛktaʀism] (*sectaire*) Caractère d'une personne intolérante, d'esprit étroit. *Faire preuve de sectarisme.*

SECTATEUR, n. m. [sɛktatœʀ] (lat. *sectator*, qui accompagne, disciple, de *sectari*, suivre, escorter) Celui qui professe les principes d'un philosophe, d'un docteur, d'un littérateur, les opinions d'un hérésiarque. « *Compatriote et sectateur de Newton* », Mairan. « *Les sectateurs de Calvin* », Bossuet. ◆ **Par extens.** « *La vertu applaudie, honorée, favorisée, ne manque jamais de sectateurs* », Massillon. ◆ On peut dire au féminin *sectatrice.*

SECTE, n. f. [sɛkt] (lat. *secta*, ligne de conduite, école philosophique, de *sequi*, suivre) Ensemble de personnes qui font profession d'une même doctrine. *Les sectes des philosophes.* ◆ Ensemble de ceux qui suivent une opinion accusée d'hérésie ou d'erreur. ◆ ▷ **Fig.** *Faire secte, faire secte à part*, se distinguer des autres par des opinions. ◁ ■ Communauté religieuse ou mystique dans laquelle les membres vivent sous l'influence d'une ou de plusieurs personnes. *En France, il existe une commission d'enquête parlementaire sur les sectes.*

SECTEUR, n. m. [sɛktœʀ] (lat. *sector*, celui qui tranche, b. lat. géom. *sector*, de *secare*, découper) **Géom.** La surface du cercle comprise entre un arc et les deux rayons menés aux extrémités de l'arc. ◆ **Astron.** Instrument qui consiste en un arc de 20 à 30 degrés et une lunette. ◆ Portion d'une enceinte fortifiée qui est sous le commandement d'un officier. ■ Subdivision d'un territoire, d'une zone urbaine, d'une région. *Une ville répartie en quatre secteurs urbains.* ■ Ensemble des activités économiques, des entreprises de même nature. *Le secteur privé.* ■ *Secteur public*, ensemble des entreprises qui dépendent de l'État. ■ Ensemble des entreprises ayant le même type d'activité. *Le secteur du tourisme.* ■ Subdivision d'un réseau de distribution de l'électricité. *Une panne de secteur.* ■ **Fam.** Endroit, lieu. *Il n'y a personne dans le secteur.*

SECTION, n. f. [sɛksjɔ̃] (lat. *sectio*, action de couper, géom. division) Action de couper. *Section des tendons.* ◆ **Géom.** Ligne ou surface suivant laquelle se coupent deux surfaces, deux solides, une surface et un solide. ◆

Section plane, celle qui est produite par un plan dans une surface ou un volume. ◆ *Sections coniques*, les sections planes d'un cône droit à base circulaire : cercle, ellipse, parabole, hyperbole. ◆ *Point de section*, endroit où deux lignes s'entrecoupent. ◆ *Section d'un bâtiment*, le profil ou la délinéation qui se fait des hauteurs et des profondeurs élevées sur le plan, comme si l'on coupait le bâtiment pour voir l'intérieur. ◆ Division ou subdivision d'un compte, d'un ouvrage, d'un livre, d'un traité. On marque ordinairement la section par cette figure §. ◆ **Hist. nat.** Division d'un genre. ◆ Chacune des divisions d'une ville, d'un conseil, d'un tribunal, d'un collège électoral, etc. ◆ Division d'un corps administratif. *Les sections du conseil d'État.* ◆ *Sections*, s'est dit des divisions électorales de la France sous la première République. ◆ *Sections armées*, la garde nationale, après le 10 août 1792. ◆ En théorie militaire, la moitié d'un peloton ou d'une compagnie d'infanterie. ◆ En artillerie, la subdivision d'une batterie, comprenant le personnel et le matériel de deux bouches à feu. ■ Portion d'une voie de communication, d'un trajet dans les transports en commun. ■ Ensemble d'instruments de même nature dans un orchestre de jazz. *Une section de cuivres.* ■ *Section rythmique*, ensemble des instruments qui assurent le rythme dans un orchestre de jazz.

SECTIONNEMENT, n. m. [sɛksjɔn(ə)mɑ̃] (*sectionner*) Action de sectionner.

SECTIONNER, v. tr. [sɛksjɔne] (*section*) Couper par morceaux. ◆ Diviser par sections. *Sectionner un district électoral.*

SECTIONNEUR, ■ n. m. [sɛksjɔnœʀ] (*sectionner*) **Électr.** Dispositif qui permet d'isoler une partie d'un réseau électrique afin d'y accéder sans risque d'électrocution. *Le sectionneur est un interrupteur de courant. Un sectionneur de haute tension.*

SECTORIEL, ELLE, ■ adj. [sɛktɔʀjɛl] (*secteur*, d'après l'angl. *sectorial*, de *sector*, secteur) Relatif à un secteur. *Analyse sectorielle.*

SECTORISER, ■ v. tr. [sɛktɔʀize] (*sectorisation*) Diviser en plusieurs secteurs. *Sectoriser son activité.* ■ **SECTORISATION**, n. f. [sɛktɔʀizasjɔ̃].

SÉCULAIRE, adj. [sekylɛʀ] (lat. *sæcularis*, de *sæculum*, espace de cent ans) **Antiq. rom.** Qui se fait de cent ans en cent ans. *Jeux séculaires.* ◆ *Poème séculaire*, pièce de poésie lyrique, qui était composée pour les jeux séculaires. ◆ *Année séculaire*, l'année qui termine un siècle. ◆ Dans le style soutenu, qui a ou qui dure beaucoup d'années. *Un trône séculaire.* ◆ **Astron.** Il se dit de ce qui exige des siècles pour que l'effet s'en fasse sentir.

SÉCULARISATION, n. f. [sekylaʀizasjɔ̃] (*séculariser*) Action de séculariser un religieux, une communauté religieuse. ◆ Se dit aussi d'un bénéfice qui cesse d'appartenir au clergé, d'un lieu, d'un édifice qui cesse d'être sacré. ◆ Acte par lequel on fait passer dans le domaine séculier une principauté, un établissement ecclésiastique. ◆ *Sécularisation des biens du clergé*, leur transformation en biens nationaux.

SÉCULARISÉ, ÉE, p. p. de séculariser. [sekylaʀize]

SÉCULARISER, v. tr. [sekylaʀize] (lat. eccés. *sæcularis*, du siècle, du monde) Rendre séculier.

SÉCULARITÉ, n. f. [sekylaʀite] (lat. eccés. *sæcularis*, du siècle, du monde) ▷ La juridiction séculière d'une église pour le temporel. ◆ État du séculier. ◁

SÉCULIER, IÈRE, adj. [sekylje, jɛʀ] (anc. fr. *seculer*, du siècle, mondain, du lat. *sæcularis*) Qui n'est pas engagé par des vœux dans une communauté religieuse, en parlant tant des ecclésiastiques que des laïques. *Clergé séculier. Vie séculière.* ◆ *Juridiction séculière*, la justice temporelle. *Les tribunaux séculiers.* ◆ *Le bras séculier*, la puissance de la justice temporelle. ◆ Mondain. *Une vie séculière et nullement chrétienne. L'habit séculier.* ◆ **N. m.**, n. f. Laïque. *Un séculier.*

SÉCULIÈREMENT, adv. [sekyljɛʀ(ə)mɑ̃] (*séculier*) D'une manière séculière.

SECUNDO, adv. [səgɔ̃do] (*cun* se prononce *gon* ; mots latins *secundo [loco]*, ablatifs de *secundus*, second, et *locus*, lieu, rang) Secondement, en deuxième lieu. ■ **Rem.** On prononçait autrefois [sekɔ̃do] en faisant entendre *k*.

SÉCURISANT, ANTE, ■ adj. [sekyʀizɑ̃, ɑ̃t] (*sécuriser*) Qui rassure, procure un sentiment de sécurité. *Une voiture sécurisante.*

SÉCURISER, ■ v. tr. [sekyʀize] (*sécurité*) Rassurer, procurer un sentiment de sécurité. *Sécuriser quelqu'un.* ■ Augmenter la sécurité. *Sécuriser un lieu.* ■ SÉCURISATION, n. f. [sekyʀizasjɔ̃].

SECURIT ou **SÉCURIT**, ■ n. m. [sekyʀit] (on prononce le *t* final ; nom déposé, de *sécurité*) Verre de sécurité.

SÉCURITAIRE, ■ adj. [sekyʀitɛʀ] (*sécurité*) Relatif à la sécurité publique. *Appliquer une politique sécuritaire.*

SÉCURITÉ, n. f. [sekyʀite] (lat. *securitas*, de *securus*, exempt de soucis, paisible, où l'on n'a rien à craindre) Tranquillité d'esprit bien ou mal fondée dans une occasion où il pourrait y avoir sujet de craindre. ◆ Tranquillité d'un peuple, d'une association, d'une corporation entière. *Le commerce et l'industrie ont besoin de sécurité.* ■ Ensemble des organisations et mesures politiques, économiques et matérielles qui concourent à faire régner l'ordre. *La sécurité routière.* ■ *Sécurité sociale,* organisme officiel qui garantit aux travailleurs et à leur famille un revenu en cas de maladie, de maternité ou d'accident ainsi que le remboursement des soins médicaux. ■ *De sécurité,* destiné à éviter un accident ou un dommage éventuel. *Une ceinture de sécurité.*

SEDAN, n. m. [sədɑ̃] (*Sedan,* ville des Ardennes) Drap fabriqué à Sedan.

SÉDANOISE, n. f. [sedanwaz] (*Sedan*) Voy. PARISIENNE.

SÉDATIF, IVE, adj. [sedatif, iv] (lat. *sedatus,* calme, paisible) **Méd.** Qui modère l'action augmentée d'un organe ou d'un système d'organes. *Eau sédative.* ♦ N. m. *Un sédatif.* ■ N. m. Calmant. *Un sédatif contre la douleur.*

SÉDATION, n. f. [sedasjɔ̃] (lat. *sedatio,* action d'apaiser, calme, de *sedare,* faire tenir en repos) **Méd.** Action exercée par les médicaments sédatifs.

SÉDENTAIRE, adj. [sedɑ̃tɛʀ] (lat. *sedentarius,* qui travaille assis, de *sedere,* être assis) ▷ Qui demeure ordinairement assis. *Cet homme est sédentaire.* ◁ ♦ **Par extens.** Qui se tient presque toujours chez soi. « *La vie d'un écrivain sédentaire est dans ses écrits* », VOLTAIRE. ♦ Qui se fait, se passe sans sortir de la maison. *La vie sédentaire.* ♦ Il se dit aussi de ce qui se fait, s'exerce sans sortir d'un même lieu. *Emploi sédentaire.* ♦ Fixe, attaché à un lieu, par opposition à ambulatoire. *Philippe le Bel rendit le parlement tout à fait sédentaire à Paris.* ♦ Il se dit des troupes qui ne changent point de garnison, qui ne se mettent jamais en campagne. ■ Qui vit dans un lieu fixe, ne se déplace pas. *Les tribus sédentaires et les tribus nomades.* ■ N. m. et n. f. Personne qui vit de façon sédentaire. *Les sédentaires et les nomades.*

SÉDENTARISER, ■ v. tr. [sedɑ̃taʀize] (*sédentaire*) Rendre sédentaire. *Vouloir sédentariser les gens du voyage.* ■ Se sédentariser, v. pr. *Ils refusent de se sédentariser.* ■ SÉDENTARISATION, n. f. [sedɑ̃taʀizasjɔ̃]

SÉDENTARITÉ, ■ n. f. [sedɑ̃taʀite] (*sédentaire*) Mode de vie des sédentaires. *Population qui passe du nomadisme à la sédentarité.* ■ Situation d'une personne sédentaire.

SEDIA GESTATORIA, ■ n. f. [sedjaʒɛstatɔʀja] (expr. it., de *sedia,* chaise, et lat. *gestatoria,* qui sert à porter) Siège à porteurs d'apparat réservé au Pape qui était utilisé lors de certaines cérémonies.

SÉDIMENT, n. m. [sedimɑ̃] (lat. impér. *sedimentum,* tassement, de *sedere,* séjourner, demeurer fixé) Dépôt produit par la précipitation des matières dissoutes ou suspendues dans un liquide. ♦ **Méd.** Se dit des parties solides que laisse déposer l'urine. ♦ **Géol.** *Sol ou terrain de sédiment* ou simplement *sédiments,* couches formées par les matières que les eaux ont laissées en se retirant.

SÉDIMENTAIRE, adj. [sedimɑ̃tɛʀ] (*sédiment*) Qui a le caractère d'un sédiment ; qui est le produit d'un sédiment.

SÉDIMENTATION, n. f. [sedimɑ̃tasjɔ̃] (*sédiment*) En géologie, formation de sédiments.

SÉDIMENTER, ■ v. tr. [sedimɑ̃te] (*sédiment*) Déposer sous forme de sédiments. ■ Se sédimenter, v. pr. *La terre se sédimente.*

SÉDIMENTOLOGIE, ■ n. f. [sedimɑ̃tɔlɔʒi] (*sédiment* et -*logie*) Étude des sédiments, de leur formation et de leur évolution. ■ SÉDIMENTOLOGISTE ou SÉDIMENTOLOGUE, n. m. et n. f. [sedimɑ̃tɔlɔʒist, sedimɑ̃tɔlɔg]

SÉDITIEUSEMENT, adv. [sedisjøz(ə)mɑ̃] (*séditieux*) D'une manière séditieuse.

SÉDITIEUX, EUSE, adj. [sedisjø, øz] (lat. *seditiosus*) Qui fait une sédition, qui y prend part. *Populace séditieuse.* ♦ Enclin à la sédition. ♦ N. m. et n. f. *Un séditieux.* ♦ Qui a le caractère de la sédition, qui provoque à la sédition. *Des cris, des écrits séditieux.* ♦ **Fig.** Il se dit de ce qui trouble moralement. « *Les mouvements séditieux des passions* », BOSSUET.

SÉDITION, n. f. [sedisjɔ̃] (lat. *seditio,* de *sed,* à l'écart, et radic. de *itum,* supin de *ire,* aller) Trouble contre l'ordre public, contre l'autorité légale, qui est concerté, a des meneurs et n'est pas l'action d'un rassemblement fortuit. *Les séditions populaires.*

SÉDON, ■ n. m. [sedɔ̃] Voy. SEDUM.

SÉDUCTEUR, TRICE, n. m. et n. f. [sedyktœʀ, tʀis] (lat. ecclés. *seductor*) Celui, celle qui séduit, qui fait tomber en erreur ou en faute. ♦ **Absol.** Celui qui corrompt l'innocence, la vertu. ♦ Adj. *Des charmes séducteurs. L'esprit séducteur,* le démon. ■ N. m., n. f. Personne qui fait des conquêtes amoureuses. ■ Adj. *Elle est très séductrice.*

SÉDUCTION, n. f. [sedyksjɔ̃] (lat. *seductio,* action de prendre à part, lat. ecclés. séduction, corruption, de *seducere*) Action par laquelle on séduit. *Séduction de témoins.* ♦ Attrait, agrément attaché à certaines personnes. ♦ Attrait, agrément attaché à certaines choses. *Les séductions des plaisirs. La*

séduction de son style, de son regard, etc. ♦ ▷ Au pl. Influences fâcheuses. *Les séductions des passions.* ◁

SÉDUIRE, v. tr. [sedɥiʀ] (lat. *seducere,* emmener à l'écart, séparer, de *se[d],* à part, et *ducere,* conduire) Faire tomber dans l'erreur ; détourner du chemin de la vérité. « *Il n'y a point d'imposture si grossière qui ne les séduise* », BOSSUET. ♦ **Fig.** « *Cher Pylade, crois-moi, ta pitié te séduit* », RACINE. ♦ Faire manquer à un devoir, à ce qu'on doit. « *Il se laissa séduire par la vaine gloire des conquérants* », FÉNELON. ♦ **Absol.** Ces discours sont dangereux et propres à séduire. ♦ Corrompre l'innocence, la vertu. ♦ Suborner. *Séduire des témoins.* ♦ Plaire, toucher, persuader. *Cet homme nous a séduits par le charme de ses manières.* ♦ **Absol.** *Son ton séduit.* ♦ ▷ Se séduire, v. pr. Être à soi-même une cause de séduction, de faute. ♦ ▷ Se faire illusion à soi-même. « *Le monde est assez ingénieux à se séduire, sans que nous lui aidions encore nous-mêmes* », MASSILLON. ◁ ◁

SÉDUISANT, ANTE, adj. [sedɥizɑ̃, ɑ̃t] (*séduire*) Qui séduit, qui est propre à séduire. *Un espoir séduisant. Des discours séduisants.* ♦ Qui plaît, qui charme. *Une femme séduisante.*

SÉDUIT, UITE, p. p. de séduire. [sedɥi, it]

SEDUM ou **SÉDON,** ■ n. m. [sedɔm, sedɔ̃] (mot lat. *sedum,* joubarbe, orpin) **Bot.** Désignation scientifique de l'orpin.

SEERSUCKER, ■ n. m. [siʀsœkœʀ] (mot angl., du pers. *shir o shakkar,* lait et sucre) Tissu léger, fait de coton, gaufré, rayé ou écossais. *Un bermuda en seersucker.*

SÉFARADE, ■ n. m. et n. f. [sefaʀad] (hébr. mod. *sepharaddi,* Juif d'Espagne, de l'hébr. bibl. *Sepharad,* Sardes, capitale de la Lydie où *Abd.* 20 mentionne une colonie de Juifs déportés) Juif originaire d'Espagne et, par extension, personne juive du pourtour méditerranéen. *Les séfarades et les ashkénazes.* ■ Adj. Relatif aux Séfarades. *Une communauté séfarade.*

SÉGALA, ■ n. m. [segala] (mot occitan, de *segle,* seigle) Terre à seigle, dans le Massif central.

SEGHIA, ■ n. f. [segja] Voy. SEGUIA.

SEGMENT, n. m. [sɛgmɑ̃] (lat. impér. *segmentum,* coupure, puis segment, bande, de *secare,* couper) Partie d'un tout. « *On n'a point encore pénétré dans ce segment du globe [les terres australes]* », VOLTAIRE. ♦ **Anat.** Partie d'un organe distincte d'une autre partie, bien que continue avec elle. *Les segments de la trachée.* ♦ **Géom.** Portion déterminée dans une ligne, une surface, un solide, par une ligne ou une surface qui les coupe. ♦ *Segment circulaire,* portion de la surface d'un cercle comprise entre un arc et la corde qui le sous-tend.

SEGMENTAIRE, ■ adj. [sɛgmɑ̃tɛʀ] (*segment*) Qui est formé de segments, divisé en segments. *Les arcs segmentaires d'une voûte.* ■ **Méd.** Qui concerne une partie d'un organe. *Une autogreffe segmentaire du fémur.*

SEGMENTER, ■ v. tr. [sɛgmɑ̃te] (*segment*) Diviser, partager en segments. *Segmenter un marché.* ■ SEGMENTATION, n. f. [sɛgmɑ̃tasjɔ̃]

SÉGRAIRIE, ■ n. f. [segʀeʀi] (*ségrayer,* propriétaire d'un bois en indivision, du lat. médiév. *secretarius,* garde forestier d'un district forestier) Bois possédé par indivis ou en commun avec l'État ou avec des particuliers.

SÉGRAIS, ■ n. m. [segʀɛ] (lat. *secretus,* séparé, particulier) Se dit des bois qui, séparés des grands bois, sont coupés et exploités à part.

SÉGRÉGABILITÉ, ■ n. f. [segʀegabilite] (*ségrégation*) Capacité de certains grains à se détacher des autres par phénomène de gravitation. *Évaluer la ségrégabilité des mélanges pulvérulents.*

SÉGRÉGATIF, IVE, ■ adj. [segʀegatif, iv] (*ségrégation*) Qui pratique ou encourage la ségrégation raciale. *Comportement ségrégatif.*

SÉGRÉGATION, n. f. [segʀegasjɔ̃] (lat. *segregatio,* séparation, de *segregare,* mettre à part, isoler, de *se,* à part, et *grex, gregis,* troupeau) Action par laquelle on met à part, on sépare d'un tout, d'une masse. ■ Discrimination fondée sur des critères d'origine, de condition sociale, de mœurs, de sexe, d'âge, de religion au sein d'un groupe, d'une collectivité ou d'un pays. *La ségrégation raciale. La ségrégation sociale.*

SÉGRÉGATIONNISME, ■ n. m. [segʀegasjɔnism] (*ségrégation*) Idéologie qui favorise la ségrégation raciale. ■ SÉGRÉGATIONNISTE, adj. et n. m. et n. f. [segʀegasjɔnist]

SÉGUEDILLE, ■ n. f. [seg(ə)dij] (esp. *seguidilla,* de *seguir,* suivre) Genre de chanson espagnole ; air de chant et de danse, à trois temps et d'un mouvement animé. ♦ Danse sur cet air. ■ REM. On disait aussi *séguidille* autrefois.

SEGUIA ou **SEGHIA,** ■ n. f. [segja] (ar. *segia,* canal d'irrigation) Canal d'irrigation d'Afrique du Nord. *Des seguias, des seghias.*

SEICHE, n. f. [sɛʃ] (lat. *sepia,* du gr. *sêpia*) Nom d'un genre de céphalopodes, qui émet une liqueur noire. ■ REM. On écrivait aussi *sèche* autrefois.

SÉIDE, n. m. [seid] (*Séide,* personnage de *Mahomet,* tragédie par Voltaire) Sectateur dévoué, fanatique, capable de commettre un crime par zèle religieux, etc.

SEIGLE, n. m. [sɛgl] (lat. impér. *secale*, ou a. provenç. *segle*) Genre de la famille des graminées. ♦ *Les seigles*, un champ de seigle. ♦ Le grain que produit cette graminée. *Le pain de seigle.* ♦ *Seigle ergoté*, seigle affecté de l'ergot.

SEIGNEUR, n. m. [sɛɲœʀ] ou [seɲœʀ] (lat. *seniorem*, accus. de *senior*, comparatif de *senex*, vieux) Celui qui a l'autorité féodale sur certaines personnes ou sur certaines propriétés. ♦ **Par extens.** Maître, possesseur d'un pays, d'un État. ♦ Il se joint souvent à maître. ♦ Titre qu'on donne à quelques personnes distinguées par leur dignité ou par leur rang. *Un seigneur de la cour.* ♦ *Vêtu, logé comme un seigneur*, très bien vêtu, très bien logé. ♦ *Vivre en seigneur, en grand seigneur*, vivre sans rien faire et magnifiquement. ♦ **Fig.** *C'est un petit seigneur*, se dit d'un homme qui affecte une importance ridicule. ♦ *Un grand seigneur*, un seigneur d'un très haut rang. ♦ Au pl. On peut dire *de grands seigneurs* ou *des grands seigneurs*. ♦ ▷ *Ne pas sortir du grand seigneur*, avoir incessamment à la bouche le nom de grands seigneurs. ◁ ♦ *N'être pas grand seigneur*, être un petit personnage, n'avoir guère de fortune. ♦ *Gros seigneur* se dit quelquefois pour grand seigneur, mais avec une nuance qui indique surtout la richesse. ♦ Il s'est dit comme terme de civilité, à peu près comme on dit aujourd'hui monsieur. ♦ Terme de convention dont les poètes tragiques usent pour le dialogue de leurs personnages. ♦ **Absol.** *Le Seigneur* (avec un S majuscule), Dieu. ♦ *Le jour du Seigneur*, le samedi chez les Juifs, le dimanche chez les chrétiens. ♦ *Seigneur !* sorte d'exclamation. ♦ *Le Seigneur, Notre-Seigneur*, Jésus-Christ. ♦ *Recevoir Notre-Seigneur*, recevoir l'eucharistie. ♦ *Le Grand Seigneur* (avec un *G* et un *S* majuscules), le sultan. ♦ **Prov.** *À tout seigneur tout honneur*, ou *à tous seigneurs tous honneurs*, il faut rendre à chacun ce qui est dû à sa dignité. ♦ *Tant vaut le seigneur, tant vaut sa terre.* ♦ *Être, faire grand seigneur*, être généreux ; dépenser beaucoup et de façon ostentatoire.

SEIGNEURIAGE, n. m. [sɛɲøʀjaʒ] ou [seɲøʀjaʒ] (*seigneur*) ▷ Droit qu'un souverain prend sur la fabrication de la monnaie. ◁

SEIGNEURIAL, ALE, adj. [sɛɲøʀjal] ou [seɲøʀjal] (*seigneur*) Qui appartient au seigneur. *Titre seigneurial. Des honneurs seigneuriaux.* ♦ *Maison seigneuriale*, la maison affectée au seigneur du lieu. ♦ Qui donne des droits de seigneur. *Terre seigneuriale.* ■ Digne d'un seigneur. *Une résidence d'un luxe seigneurial.*

SEIGNEURIE, n. f. [sɛɲøʀi] ou [seɲøʀi] (*seigneur*) Droit de seigneur sur une terre et sur tout ce qui en relève. ♦ Mouvances, droits féodaux d'une terre, indépendamment de la terre même. ♦ **Fig.** Vertus seigneuriales, chevaleresques. ♦ Titre d'honneur donné aux pairs d'Angleterre et aux anciens pairs de France. *Votre Seigneurie* (avec majuscule). ♦ Par plaisanterie, en s'adressant à une personne avec qui on est familier. *Salut à Votre Seigneurie.* ♦ ▷ Nom que portait le gouvernement de Venise. *L'illustrissime Seigneurie de Venise.* ◁

SEILLE, n. f. [sɛj] (lat. *situla*) Sorte de seau fait en boissellerie, sans cercles, avec une anse de bois. ♦ Sorte de tonneau servant à emporter le vin du pressoir.

SEIME, n. f. [sɛm] (angl. *seam*, fissure, gerçure.) Division ou solution de continuité qui survient quelquefois à la corne de la paroi du sabot des monodactyles, suivant la direction de ses fibres, et de haut en bas.

SEIN, n. m. [sɛ̃] (lat. *sinus*, courbure, pli de la toge, sein, poitrine) Au sens propre, courbure, sinuosité. ♦ ▷ **Mar.** La partie de la voile qui est gonflée et arrondie par le vent. ◁ ♦ *Le petit sein*, qui n'a de communication avec la grande mer que par un étroit passage. « *Il découvrit que le sein Persique était un golfe de l'Océan* », MONTESQUIEU. ◁ ♦ La partie du corps humain qui porte les mamelles, qui forme l'extérieur de la poitrine. « *Isaac présentait le sein à l'épée que son père tenait toute prête à frapper* », BOSSUET. ♦ La partie des vêtements qui couvre le sein. « *J'ai trouvé ce billet enfermé dans son sein* », RACINE. ◁ ♦ L'espace renfermé entre les deux bras. « *Caracalla tua son frère Géta dans le sein de Julie, leur mère commune* », BOSSUET. ♦ **Fig.** *Réchauffer un serpent dans son sein*, recevoir chez soi un homme qu'on a tiré de la misère, et qui fait tourner nos bienfaits contre nous. ♦ **Fig.** *Mettre à quelqu'un un poignard dans le sein*, lui causer un vif déplaisir, un cruel chagrin. ♦ **Fig.** *Être au sein de l'amitié*, être parmi ses amis. ♦ **Fig.** Il s'emploie en un sens analogue dans le langage théologique. *Dans le sein de Dieu.* ♦ *Le sein d'Abraham*, le lieu de repos où étaient les âmes des élus avant la venue de Jésus-Christ, et aussi le paradis. ♦ *Le sein de la gloire*, le séjour des bienheureux. ♦ *Le sein de l'Église*, la communion des fidèles. ♦ Mamelles. ♦ Chacune des mamelles. *Le sein droit.* ♦ *Donner le sein à un enfant*, lui donner à téter. ♦ Le siège de la conception. *Jésus-Christ fut conçu dans le sein de la Vierge.* ♦ **Fig.** *Le sein de la patrie*, la patrie considérée comme une mère. ♦ **Fig.** « *La terre ne se lasse jamais de répandre ses biens sur ceux qui la cultivent ; son sein fécond ne peut s'épuiser* », FÉNELON. ♦ **Fig.** Ce qui cache, enferme, recèle. « *Après avoir été enfermé trois jours dans le sein de la terre, j'en sortirai comme Jonas sortit du ventre de la baleine* », BOURDALOUE. ♦ *Le sein d'une contrée*, la partie intérieure de cette contrée. ♦ **Fig.** Le milieu. « *Rencontrant la disette au sein de l'abondance* », BOILEAU. « *Au sein des mers, dans une île enchantée* », VOLTAIRE. ♦ **Fig.** L'esprit, le cœur de l'homme. « *Le ciel mit dans mon sein une flamme funeste* », RACINE.

SEINE ou **SENNE**, n. f. [sɛn] (lat. *sagena*, du gr. *sagênê*) Sorte de filet qu'on traîne sur les grèves.

SEING, n. m. [sɛ̃] (lat. *signum*, marque, empreinte, cachet, sceau) Anciennement, la marque, le signe qu'une personne met à un écrit pour garantir qu'il vient d'elle. ♦ Signature. « *Ce billet démenti pour n'avoir point de seing* », MOLIÈRE. ♦ *Seing privé*, signature qui n'a point été faite en présence d'un officier public. *Une promesse sous seing privé.* ♦ Voy. BLANC-SEING, SOUS-SEING.

SÉISMAL, ■ adj. [sɛismal] Voy. SISMAL.

SÉISME, ■ n. m. [sɛism] (gr. *seismos*, de *seiein*, secouer, ébranler) Tremblement de terre. ■ **Fig.** Grand bouleversement. *Cette nouvelle a eu l'effet d'un séisme.*

SÉISMICITÉ, ■ n. f. [sɛismisite] Voy. SISMICITÉ.

SÉISMIQUE, ■ adj. [sɛismik] Voy. SISMIQUE.

SÉISMOGRAPHE, ■ n. m. [sɛismograf] Voy. SISMOGRAPHE.

SÉISMOLOGIE, ■ n. f. [sɛismoloʒi] Voy. SISMOLOGIE.

SÉISMOLOGUE, ■ n. m. et n. f. [sɛismolɔg] Voy. SISMOLOGUE.

SEIZAIN, n. m. [sɛzɛ̃] (*seize*) ▷ Sorte de drap à chaîne de 1 600 fils. ♦ Pièce de seize vers. ◁

SEIZAINE, n. f. [sɛzɛn] (*seize*) ▷ Ensemble de seize objets. ♦ Petite corde dont les emballeurs font usage. ◁

SEIZE, adj. num. card. [sɛz] (lat. *sedecim*, de *sex*, six, et *decem*, dix) Dix et six. *Seize personnes. Seize cents francs.* ♦ **Général.** Faire preuve de seize quartiers, prouver sa noblesse du côté tant des pères que des mères en remontant jusqu'à la quatrième génération. ♦ Seizième. *Le chapitre seize. Louis seize* (on écrit ordinairement *Louis XVI*). ♦ N. m. Le produit de seize multiplié par deux. ♦ On dit de même : *Le nombre seize, le numéro seize.* ♦ *Le seizième jour du mois.* ♦ *Les Seize*, faction à Paris au temps de la Ligue, ainsi dite parce qu'elle avait seize chefs qui représentaient les seize quartiers de Paris.

SEIZIÈME, adj. num. ord. [sɛzjɛm] (*seize*) Qui suit immédiatement le quinzième. *Il est le seizième sur la liste.* ♦ *La seizième partie*, chaque partie d'un tout divisé en seize parties. ♦ N. m. *Le seizième*, le seizième jour d'une période. *Le seizième du mois.* ♦ *La seizième partie d'un tout.* ♦ Celui, celle qui occupe le seizième rang. ♦ N. f. *Une seizième*, au piquet, six cartes de même couleur qui se suivent sans interruption.

SEIZIÈMEMENT, adv. [sɛzjɛm(ə)mɑ̃] (*seizième*) En seizième lieu.

SÉJOUR, n. m. [seʒuʀ] (*séjourner*) Résidence plus ou moins longue dans un lieu, dans un pays. *Faire quelque séjour.* ♦ *Le séjour d'un lieu*, la résidence en ce lieu durant un certain temps. *Le séjour de la campagne.* ♦ **Fig.** Il se dit des eaux, du sang, des humeurs dont le mouvement est arrêté. *Le séjour des mers sur un continent.* ♦ Intervalle de repos que l'on prend en voyage. ♦ *Bête de séjour*, bête malade qui doit rester à l'écurie. ♦ **Mar.** Temps qu'un bâtiment passe en relâche. ♦ Lieu considéré par rapport à l'habitation, à la demeure qu'on y fait. *Cette ville est un agréable séjour.* « *Un séjour de douleurs, de larmes et de cris* », BOILEAU. ♦ **Poétiq.** *L'humide séjour*, la mer. ♦ *Le séjour infernal*, l'enfer. ♦ *Le séjour ténébreux, le séjour du trépas*, l'empire des morts. ♦ *Le séjour des dieux, le céleste séjour, le séjour du tonnerre*, le ciel. ♦ ▷ Retard, délai. « *Un moment de séjour peut tout déconcerter* », P. CORNEILLE. ◁ ■ *Salle de séjour*, ou *séjour*, pièce faisant office de salon et de salle à manger.

SÉJOURNÉ, ÉE, adj. [seʒuʀne] (*séjour*) Qui a pris du repos. « *Un gros, gras, rond, court, séjourné* », VOLTAIRE.

SÉJOURNEMENT, n. m. [seʒuʀnəmɑ̃] (*séjourner*) ▷ Action de séjourner. ◁

SÉJOURNER, v. intr. [seʒuʀne] (lat. vulg. *subdiurnare*, de *sub*, un peu, et *diurnare*, durer, du lat. *diurnus*, de jour) Demeurer quelque temps dans un lieu. ♦ Se reposer en un lieu durant un voyage. ♦ Retarder, faire un délai. ♦ ▷ S'arrêter pour quelque objet pour y songer. « *Il faut passer sur ces endroits sans y séjourner* », MME DE SÉVIGNÉ. ◁ ♦ **Fig.** Se dit d'un liquide qui reste plus ou moins longtemps dans un endroit.

SEL, n. m. [sɛl] (lat. *sal*, sel, esprit piquant) Substance sèche, dure, friable, soluble dans l'eau et d'un goût piquant, servant d'assaisonnement ; dit aussi *sel marin, sel de cuisine*, et dans le langage chimique chlorure de sodium. *Sel gemme ou fossile. Sel fait par évaporation.* ♦ *Viande au gros sel*, viande servie dans son bouillon et parsemée de gros sel. ♦ *Prendre le sel, son sel, se pénétrer de sel*, en parlant des viandes qu'on sale. ♦ *Ce jambon, ce ragoût, etc. sont de bon sel, d'un bon sel*, ils sont salés à point. ♦ *Manger une chose à la croque au sel*, la manger sans autre assaisonnement que le sel. ♦ ▷ *Faux* *sel,* sel de contrebande, le sel qui, dans les provinces où la gabelle était établie, n'avait pas été pris dans les greniers du roi. ◁ ♦ **Fig.** Ce qui relève, donne du piquant, de l'intérêt. ♦ **Fig.** Ce qu'il y a de fin, de vif, de piquant dans les discours, dans un ouvrage d'esprit. *Le sel d'une épigramme.* « *Je n'ai point trouvé le moindre grain de sel dans tout cela* », MOLIÈRE. ♦ *Sel attique,* certaine finesse dans les pensées qui était particulière aux habitants du pays attique, et qui est un mérite de l'esprit dans tous les temps. ♦ *Du gros sel,* des plaisanteries de mauvais goût ou de goût équivoque. ♦ Dans l'ancienne chimie, tout corps cristallin soluble dans l'eau. ♦ *Les sels,* sels volatils qu'on fait aspirer pour ranimer les esprits. ♦ *Sel de vinaigre,* acide acétique mêlé au sulfate de potasse. ♦ *Sel admirable,* sel découvert et dénommé par Glauber ; c'est le sulfate de soude. ♦ *Sel ammoniac,* chlorure d'ammonium. ♦ Aujourd'hui, toute combinaison de deux corps composés, dont l'un joue le rôle d'élément électronégatif ou d'acide, et l'autre celui d'élément électropositif ou de base. ♦ *Sel double,* sel qui renferme deux bases.

SÉLACIEN, IENNE, adj. [selasjɛ̃, jɛn] (gr. *selakhos,* poisson à peau cartilagineuse) Qui a une peau cartilagineuse. ♦ **N. m. pl.** *Les sélaciens,* raies et squales.

SÉLAGINELLE, ▪ n. f. [selaʒinɛl] (lat. impér. *selago,* génit. *-ginis,* plante inconnue) Plante sans fleur ni graine, proche de la mousse, poussant dans les lieux humides et sombres.

SÉLAM ou **SÉLAN,** n. m. [selam, selɑ̃] (p.-ê. ar. *salam,* salut) ▷ Bouquet de fleurs dont l'arrangement forme un langage muet. ◁

SÉLECT, ECTE, ▪ adj. [selɛkt] (angl. *select,* choisi, du lat. *selectus*) **Fam.** Chic, élégant. *Une station balnéaire très sélecte.*

SÉLECTER, ▪ v. tr. [selɛkte] (radic. de *sélection,* d'après l'angl. *to select,* sélectionner) **Inform.** Sélectionner des données pour leur appliquer un même traitement. *Sélecter les cellules d'un tableau qui doivent être additionnées.* ▪ **Biol.** Permettre la sélection naturelle.

SÉLECTEUR, ▪ n. m. [selɛktœr] (radic. de *sélection*) Dispositif permettant d'opérer automatiquement une sélection parmi plusieurs possibilités. *Un sélecteur de chaînes de télévision.* ▪ Dispositif permettant de changer de vitesse sur un cyclomoteur ou sur une voiture à boîte de vitesses automatique.

SÉLECTIF, IVE, adj. [selɛktif, iv] (radic. de *sélection,* prob. d'après l'angl. *selective*) Qui a le caractère de la sélection.

SÉLECTION, n. f. [selɛksjɔ̃] (lat. *selectio,* de seligere, trier, de *se,* à part, et *legere,* choisir) Choix bien entendu de reproducteurs doués des caractères que l'éleveur désire fixer dans une variété animale distincte. ▪ *Sélection naturelle,* théorie développée par Darwin selon laquelle les espèces les mieux adaptées survivent et se reproduisent au détriment des moins aptes. ▪ Choix de personnes ou de choses selon des critères définis. *Faire une sélection en vue d'un recrutement.* ▪ Ensemble des personnes ou des choses choisies. *Une sélection de disques.* ▪ Dispositif permettant de commander un mécanisme, un appareil. *Le bouton de sélection de prélavage.*

SÉLECTIONNER, ▪ v. tr. [selɛksjɔne] (*sélection*) Effectuer un tri, une sélection. *Sélectionner un candidat.* ▪ **Sp.** Choisir les membres d'une équipe en vue d'une compétition. *Sélectionner l'équipe de France de foot.* ▪ **SÉLECTION-NEUR, EUSE,** n. m. et n. f. [selɛksjɔnœr, øz]

SÉLECTIVEMENT, adv. [selɛktiv(ə)mɑ̃] (*sélectif*) D'une façon sélective.

SÉLECTIVITÉ, ▪ n. f. [selɛktivite] (*sélectif*) Caractère de ce qui est sélectif. *La sélectivité de l'information.* ▪ **Techn.** Capacité d'un récepteur de sélectionner des signaux radiodiffusés. *Plus la sensibilité et la sélectivité de votre tuner seront élevées, plus vous capterez de stations.*

SÉLÉNHYDRIQUE, ▪ adj. [selenidrik] (*sélénium* et *hydrogène*) Acide sélénhydrique, acide composé de deux atomes d'hydrogène et d'un atome de sélénium, de formule H2Se.

SÉLÉNIATE, n m [selenjat] (*sélénium*) **Chim.** Genre de sels produits par la combinaison de l'acide sélénique avec les bases.

SÉLÉNIÉ, ÉE, adj. [selenje] (*sélénium*) Qui contient du sélénium.

SÉLÉNIEUX, adj. m. [selenjø] (*sélénium*) **Chim.** Se dit d'un des acides que le sélénium produit avec l'oxygène.

SÉLÉNIQUE, adj. m. [selenik] (*sélénium*) **Chim.** Se dit d'un des acides que le sélénium produit avec l'oxygène.

1 **SÉLÉNITE,** n. f. [selenit] (lat. *selenites,* gr. *selênitês* [lithos], pierre de lune, sélénite) Sulfate de chaux.

2 **SÉLÉNITE,** n. m. [selenit] (*sélénium*) **Chim.** Sel produit par la combinaison de l'acide sélénieux avec une base.

3 **SÉLÉNITE** ou **SÉLÈNE,** ▪ adj. [selenit, selɛn] (gr. *selênê,* lune) Relatif à la Lune.

SÉLÉNITEUX, EUSE, adj. [selenitø, øz] (*sélénite*) ▷ Qui a rapport à la sélénite. ♦ *Eaux séléniteuses,* eaux qui contiennent beaucoup de sélénite ou sulfate de chaux. ◁

SÉLÉNIUM, n. m. [selenjɔm] (gr. *selênê*) Métalloïde qui se rapproche beaucoup du soufre.

SÉLÉNIURE, n. m. [selenjyr] (*sélénium*) **Chim.** Combinaison du sélénium avec un autre corps simple.

SÉLÉNOGRAPHE, n. m. [selenograf] (*sélénographie*) ▷ Celui qui s'occupe de sélénographie. ◁

SÉLÉNOGRAPHIE, n. f. [selenografi] (*séléno-* et *-graphie*) **Astron.** Description de la lune.

SÉLÉNOGRAPHIQUE, adj. [selenografik] (*sélénographie*) Qui a rapport à la description de la lune. *Cartes sélénographiques.*

SÉLÉNOLOGIE, ▪ n. f. [selenɔlɔʒi] (*séléno-* et *-logie*) Branche de l'astronomie spécialisée dans l'étude de la Lune. ▪ **SÉLÉNOLOGUE,** n. m. et n. f. [selenɔlɔg]

SELF - INDUCTION, ▪ n. f. [sɛlfɛ̃dyksjɔ̃] (mot angl., de *self-* et *induction,* induction) **Électr.** Induction propre. *Tension de self-induction. Des self-inductions.*

1 **SELF,** ▪ n. m. [sɛlf] (mot angl. ; abrév. de *self-service*) Restaurant dans lequel on se sert tout seul. *Je vais déjeuner au self.*

2 **SELF...,** ▪ [sɛlf] Préfixe tiré de l'anglais et qui signifie soi-même. *Self-défense.* ▪ REM. Correspond au français *auto : autodéfense.*

SELF-CONTROL ou **SELF-CONTRÔLE,** ▪ n. m. [sɛlfkɔ̃trol] (mot angl., de *self-* et *control,* contrôle) Contrôle, maîtrise de soi. *Je garde mon self-control. Des self-controls, des self-contrôles.*

SELF-GOVERNMENT, ▪ n. m. [sɛlfgɔvɛrnmɛnt] (mot angl., de *self-* et *government,* gouvernement) Système administratif, créé en Grande-Bretagne, reposant sur l'autodiscipline et l'autogestion. *Des self-governments.*

SELF-INDUCTANCE, ▪ n. f. [sɛlfɛ̃dyktɑ̃s] (mot angl., de *self-* et *inductance,* inductance) **Électr.** Inductance propre. *Caractériser une bobine par un coefficient de self-induction. Des self-inductances.*

SELF-MADE-MAN, ▪ n. m. [sɛlfmɛdman] (mot angl., de *self-made,* fait par soi-même et *man,* homme) Personne qui a réussi socialement par ses propres moyens. *Des self-made-mans* ou *des self-made-men* (pluriel anglais). « *Elle lui a dit mon garçon, jette-toi à l'eau, il n'y a pas de sots métiers, prouve que tu es un homme. L'avenir est au self-made-man* », ARAGON.

SELF-SERVICE, ▪ n. m. [sɛlfsɛrvis] (mot angl., *self-* et *service,* service) Restaurant dans lequel on se sert tout seul. *Des self-services.* ▪ Adj. **Par extens.** En libre service. *Une station essence self-service.*

SELLAGE, n. m. [selaʒ] (*seller*) ▷ Action de seller. *Le sellage des chevaux.* ◁

SELLE, n. f. [sɛl] (lat. *sella,* siège, chaise, b. lat. selle de cheval) Petit siège de bois à trois ou quatre pieds sans dossier (vieux en ce sens). *Être assis sur une selle.* ♦ **Fig.** *Demeurer entre deux selles le cul à terre,* de deux choses auxquelles on prétend n'en obtenir aucune, ou, ayant deux moyens pour réussir en une affaire, échouer dans tous les deux. ♦ *Selle à modeler,* escabeau sur lequel le sculpteur pose son ouvrage. ♦ Escabeau où s'assied le calfat. ♦ Harnais placé sur le dos du cheval pour recevoir le cavalier. *Selle à la hussarde, à la hongroise,* etc. ♦ *Selle anglaise,* celle qui n'a point de battes ni devant ni derrière. ♦ *Selle de femme,* celle qui n'a qu'un étrier ou planchette et dont l'arçon de devant porte à gauche un croissant. ♦ **Fam.** *Avoir continuellement le cul sur la selle,* se dit d'un homme qui est toujours à cheval. ♦ *En selle,* à cheval. ♦ *Être bien en selle,* être bien à cheval. ♦ *Remettre en selle,* remettre à cheval un homme qui en est tombé. ♦ **Fig.** *En selle,* se dit d'une personne qui est bien affermie dans sa position. ♦ *Cheval de selle,* cheval propre à être monté par un cavalier. ♦ *Cheval de selle et de trait,* cheval qu'on peut à volonté monter ou atteler à une voiture. ♦ *Courir une ou deux selles,* courir une ou deux postes. ♦ *La première selle,* le meilleur bidet de l'écurie. ♦ *Selle à tous chevaux,* selle pouvant servir à toutes sortes de chevaux, à cause que les arçons sont mobiles. ♦ **Fig.** *Une selle à tous chevaux,* lieu commun, banalité, compliment vague, remède qu'on applique à toutes sortes de maladies. ♦ Dans le Moyen Âge, selle nécessaire, la chaise percée. ♦ L'évacuation qu'on fait en une fois quand on va à la garde-robe. *Une selle abondante.* ♦ *Aller à la selle,* aller à la garde-robe. ♦ Établi de charron, de tonnelier. ▪ *Mettre quelqu'un en selle,* aider quelqu'un à démarrer une affaire. ▪ *Se remettre en selle,* rétablir sa situation, ses affaires. ▪ Morceau de viande entre la cuisse et la première côte. *Manger de la selle d'agneau, de chevreuil.*

SELLÉ, ÉE, p. p. des verbes seller. [sele]

1 **SELLER,** v. tr. [sele] (*selle*) Mettre et affermir une selle sur un cheval, sur une mule, etc.

2 **SELLER (SE),** v. pr. [sele] (orig. inc.) ▷ Se serrer, se tasser, s'endurcir, en parlant d'un terrain (peu usité). *Les terres grasses sont sujettes à se seller.* ◁

SELLERIE, n. f. [sɛl(ə)ri] (selon le sens, *sellier,* ou *selle*) Art de faire des selles et tout ce qui concerne le harnachement des chevaux. ♦ Ouvrages pour l'équipement, le harnachement des chevaux. ◆ Ensemble des selles et des harnais des chevaux que l'on possède. ◆ Lieu où l'on serre les selles, les harnais.

SELLETTE, n. f. [sɛlɛt] (dim. de *selle*) Petit siège de bois sur lequel on faisait asseoir, pour les interroger, ceux qui étaient accusés d'un délit pouvant faire encourir une peine afflictive. ◆ **Fig.** *Tenir quelqu'un sur la sellette*, le presser de questions pour tirer de lui une chose sur laquelle il veut garder le silence. ◆ Jeu où quelqu'un se place dans la position d'un accusé sur la sellette. ◆ Petit siège à l'usage du badigeonneur et d'autres ouvriers. ◆ Harnais placé sur le dos du cheval de charrette pour soutenir les branches du timon ou des brancards. ◆ Boîte des décrotteurs où l'on pose le pied quand on veut se faire décrotter. ◆ *Être sur la sellette*, être mis en cause, à tort ou non. ▪ REM. On dit aussi auj. *mettre quelqu'un sur la sellette.*

SELLIER, n. m. [selje] (*selle*) Ouvrier qui fait des selles, des carrosses. *Maître sellier. Sellier-carrossier.* ◆ ▷ N. f. *Sellière*, la femme d'un sellier. ◁

SELON, prép. [səlɔ̃] (prob. lat. pop. *sublongum*, le long de) Eu égard à, conformément à, à proportion de. « *Dieu juge l'homme selon ses mœurs* », SACI. ◆ *Selon le monde*, dans l'esprit du monde, du siècle. ◆ *Selon moi*, selon ce que je pense. ◆ *L'Évangile selon saint Mathieu*, l'Évangile de saint Mathieu. ◆ **Absol.** *C'est selon*, c'est selon les occurrences, selon les différentes dispositions des personnes. ◆ SELON QUE, **loc. conj.** En proportion que. « *Selon que vous serez puissant ou misérable, Les jugements de cour vous rendront blanc ou noir* », LA FONTAINE. ◆ Conformément à la circonstance. « *On a une différente manière d'argumenter, selon qu'on porte une robe blanche, grise ou noire* », VOLTAIRE.

SELVE, ▪ n. f. [sɛlv] (port. *selva*, forêt) Forêt amazonienne. « *À perte de vue un bouillonnement végétal [...]. Voici que l'église bleue et blanche surgit de la selve* », L'EXPRESS, 2003.

SEMAILLES, n. f. pl. [s(ə)maj] (b. lat. *seminalia*, terres ensemencées, moissons) Action de semer les grains. ◆ Les grains semés. ◆ Temps où l'on ensemence les terres. *Les semailles d'automne.* ▪ REM. S'employait autrefois au sing.

SEMAINE, n. f. [səmɛn] (lat. ecclés. *septimana*, du lat. *septimanus*, relatif au nombre sept) Période de sept jours, du dimanche au samedi inclusivement. ◆ *Prêter à la petite semaine*, tirer un intérêt usuraire de sommes prêtées à de courtes échéances. ◆ *La semaine des trois jeudis*, un temps qui ne viendra jamais. ◆ *En semaine*, se dit, par opposition à dimanche, d'un jour ouvrable. ◆ Suite de sept jours que l'on commence à compter de quelque jour que ce soit. *Il y aura jeudi trois semaines qu'il est malade.* ◆ Il se dit d'une fonction pour laquelle on alterne de semaine en semaine avec un ou plusieurs autres. *Il est de semaine.* ◆ *La semaine sainte*, la semaine qui précède la fête de Pâques. ◆ *Une Semaine sainte*, livre qui contient l'office de la semaine sainte (on met une majuscule à *Semaine*). ◆ *Travail qu'un ouvrier fait pendant une semaine.* ◆ Paiement du travail de la semaine. *Recevoir sa semaine.* ◆ ▷ Petite somme donnée à un enfant pour ses menus plaisirs de la semaine. ◁ ◆ Chez les Juifs, *semaine d'années*, intervalle de sept ans qui sépare deux années sabbatiques. ◆ Bague dite *semaine*.

SEMAINIER, IÈRE, n. m. et n. f. [səmenje, jɛr] (*semaine*) Celui, celle qui est de semaine pour officier dans un chapitre ou dans une communauté religieuse. ◆ ▷ Comédien chargé, pendant une semaine, de tous les détails relatifs au répertoire. ◁ ▪ N. m. Agenda de bureau divisé en semaines. ▪ Petit meuble haut à sept tiroirs. ▪ Bracelet composé de sept anneaux.

SEMAISON, n. f. [səmezɔ̃] (*semer*) ▷ Dispersion naturelle des graines d'une plante. ◆ Temps pendant lequel on fait les semailles. ◁

SÉMANTÈME, ▪ n. m. [semɑ̃tɛm] (*sémantique*) **Ling.** Partie du signe ou élément du mot porteur de sens. *Le sémantème est également appelé morphème lexical ou lexème.* ▪ Ensemble des sèmes spécifiques qui permettent d'opposer des sèmes voisins par une caractéristique propre.

SÉMANTICIEN, IENNE, ▪ n. m. et n. f. [semɑ̃tisjɛ̃, jɛn] (*sémantique*) Spécialiste de sémantique.

SÉMANTIQUE, ▪ adj. [semɑ̃tik] (gr. *sêmantikos*, qui signifie, de *sêmainein*, marque d'un signe, faire savoir, signifier) **Ling.** Relatif au sens. *Tri sémantique.* ▪ N. f. Discipline de la linguistique qui privilégie l'étude du langage et des mots du point de vue du sens. *Prendre des cours de sémantique.*

SÉMAPHORE, n. m. [semafɔr] (gr. *sêma*, signe, et -*phore*) Sorte de télégraphe établi sur les côtes, pour servir à faire connaître l'arrivée, les manœuvres des bâtiments venant du large, naviguant ou croisant à la vue des côtes et devant les ports.

SÉMAPHORIQUE, adj. [semafɔrik] (*sémaphore*) Qui appartient au sémaphore, qui y a rapport.

SÉMASIOLOGIE, ▪ n. f. [semazjoloʒi] (gr. *sêmasia*, signe et -*logie*) Étude linguistique qui consiste à partir du signe pour déterminer le sens. ▪ SÉMASIOLOGIQUE, adj. [semazjoloʒik] *La démarche sémasiologique est celle propre*

aux dictionnaires offrant des mots dont on donne le sens à l'inverse de la démarche onomasiologique consistant à présenter des concept auxquels on fait correspondre des mots, à la manière des dictionnaires analogiques. ▪ SÉMASIO-LOGUE, n. m. et n. f. [semazjolog]

SEMBLABLE, adj. [sɑ̃blabl] (*sembler*) Qui est de même apparence. *Deux idées semblables.* « *Tous les hommes sont semblables par les paroles, ce n'est que les actions qui les découvrent différents* », MOLIÈRE. ◆ Tel. « *Et pour être approuvés, De semblables projets veulent être achevés* », RACINE. ◆ **Par extens.** Qui est le même qu'un autre objet. « *Comme on ne peut trouver deux visages qui se ressemblent entièrement, on ne peut trouver deux imaginations tout à fait semblables* », MALEBRANCHE. « *Souvent, sans y penser, un écrivain qui s'aime Forme tous ses héros semblables à lui-même* », BOILEAU. ◆ **Géom.** *Figures semblables*, celles qui ont leurs angles égaux, chacun à chacun, et les côtés proportionnels. ◆ *Triangles, polygones semblables*, ceux qui ont les angles égaux et les côtés homologues proportionnels. ◆ En algèbre, *quantités semblables*, celles qui contiennent les mêmes lettres affectées des mêmes exposants. ▪ N. m. *Le semblable*, la même chose. ◆ Être semblable à un autre être. « *Chaque arbre porte des semences propres à engendrer son semblable* », BOSSUET. ◆ *N'avoir pas son semblable*, se dit d'une personne ou d'un objet qu'on ne peut comparer à rien. ◆ Se dit, avec l'adjectif possessif, d'un ou de plusieurs hommes par rapport aux autres hommes. *Nos semblables.*

SEMBLABLEMENT, adv. [sɑ̃blabləmɑ̃] (*semblable*) D'une manière semblable, autant, autant que, pareillement.

SEMBLANT, n. m. [sɑ̃blɑ̃] (p. prés. substantivé de *sembler*) En parlant des personnes, apparence. « *Souvent un visage moqueur N'a que le beau semblant d'une mine hypocrite* », P. CORNEILLE. « *On devrait châtier sans pitié Ce commerce honteux de semblants d'amitié* », MOLIÈRE. ◆ *Faire semblant*, avoir l'air. ◆ *Faire semblant de*, avec un infinitif. « *Il est bon quelquefois de ne point faire semblant d'entendre des choses qu'on n'entend que trop bien* », MOLIÈRE. ◆ *Faire semblant que*, avec l'indicatif. « *Profitons de la leçon, si nous pouvons, sans faire semblant qu'on parle à nous* », MOLIÈRE. ◆ *Ne faire semblant de rien*, feindre l'indifférence, l'ignorance, de manière à détourner l'attention. ◆ *Faux semblant*, apparence trompeuse. « *Tout cela n'était qu'un faux semblant* », BOSSUET. ▪ *Un semblant de*, une apparence de. *Un semblant de vérité.*

SEMBLER, v. intr. [sɑ̃ble] (b. lat. *simulare*, être semblable, ressembler, du lat. *similis*, semblable) Avoir une certaine apparence, en parlant de personnes ou de choses. « *La mort éteint en nous ce courage par lequel nous semblions la défier* », BOSSUET. ◆ ▷ *Se sembler l'un à l'autre*, sembler réciproquement. « *Nous nous semblons insensés l'un aux autres* », BOSSUET. ◁ ◆ **Impers.** *Il semble que*, avec l'indicatif, la chose a l'air de. « *Vous tournez les choses d'une manière qu'il semble que vous avez raison* », MOLIÈRE. ◆ Avec le subjonctif. « *Il semble que mon cœur veuille se fendre par la moitié* », MME DE SÉVIGNÉ. ◆ *À ce qu'il semble*, autant qu'on en peut juger. ◆ *Il me semble, il vous semble que*, etc., je crois, vous croyez que, etc. ◆ Dans cet emploi, on met le verbe suivant à l'indicatif. ◆ Avec une négation ou une interrogation, il faut le subjonctif. *Il ne me semble pas qu'on puisse penser différemment.* ◆ ▷ *Il me semble*, peut être suivi d'un infinitif. *Il me semble le voir, il me semble de le voir* : la première façon est la plus usitée aujourd'hui ; l'autre cependant n'est pas fautive. ◁ ◆ *À ce qu'il vous semble*, à ce que vous croyez. ◆ *Il me semble*, peut être suivi d'un adjectif. *Il me semble raisonnable d'agir ainsi.* ◆ *Si bon lui semble, comme bon vous semblera*, c'est-à-dire s'il lui plaît, comme il vous plaira, etc. ◆ *Que vous semble de cette affaire*, qu'en pensez-vous ? ◆ *Ce me semble*, selon moi, à mon avis. ◆ **Fam.** et **abrév.** *Me semble.* ◆ *Ce semble*, à ce qu'il paraît.

SEMÉ, ÉE, p. p. de semer. [s(ə)me] **Hérald.** *Un écu semé de fleurs de lis, semé de trèfles*, etc., se dit quand les pièces dont on parle sont répandues sur l'écu de telle sorte que vers ses bords elles ne sont point entières. ◆ Répandu çà et là, disséminé, dispersé. « *Tant d'îles renommées Qui sur les vastes mers en cercle sont semées* », DELILLE. « *Grands hommes semés de loin à loin* », D'ALEMBERT.

SÈME, ▪ n. m. [sɛm] (gr. *sêm[eion]*, signe, sur le modèle de *phonème*) **Ling.** Plus petite unité de sens. *Dans le mot* dictionnaire, *on repère le sème "livre", le sème "recueil de mots", le sème "classement ", et les sèmes "alphabétique" ou "sémantique".*

SÉMÉIOLOGIE, SÉMÉIOTIQUE, SÉMÉIOGRAPHIE, [semejoloʒi, semejotik, semejografi] (gr. *sêmeion*, signe et -*logie* et -*graphie*, et *sêmeiotikê [tekhnê]*, observation des symptômes) mots mal faits pour *sémiologie, sémiotique, sémiographie.*

SEMEL, adv. [semɛl] (mot lat., une fois) ▷ Mot latin qui signifie une fois, et dont on se sert en comptant des articles : *semel, bis, etc.* ◁

SEMELAGE, ▪ n. m. [səm(ə)laʒ] (*semelle*) Partie inférieure de la chaussure. *Le talon et la semelle constituent le semelage d'une chaussure.*

SEMELLE, n. f. [s(ə)mɛl] (orig. obsc., p.-ê. altération du pic. *lemelle*) Pièce ordinairement de cuir qui fait le dessous de la chaussure. ◆ *Battre la semelle*, voyager à pied. ◆ *Battre la semelle*, se dit aussi des ouvriers et compagnons qui vont de ville en ville pour chercher maître et travail, et quelquefois des vagabonds. ◆ *Battre la semelle*, se dit de deux écoliers qui pour s'échauffer frappent en cadence leurs pieds l'un contre l'autre. ◆ *Semelles de plomb*, semelles pesantes avec lesquelles les coureurs s'exercent. ◆ Morceau d'étoffe dont on garnit le dessous du pied d'un bas. ◆ *Semelles de liège, de feutre, etc.*, morceaux de liège, de feutre, taillés en forme de semelles, qu'on met en dedans de la chaussure. ◆ Mesure de la grandeur du pied. ◆ *Sauter tant de semelles*, sauter un espace contenant tant de fois la longueur du pied. ◆ *Escrime Reculer d'une semelle, rompre la semelle*, reculer de la longueur du pied. ◆ *Fig.* Ne pas reculer, ne pas rompre d'une semelle, ne pas céder, tenir ferme dans ses prétentions. ◆ *Fig. Ne pas avancer d'une semelle*, ne faire aucun progrès dans l'avancement d'une affaire. ◆ Il se dit du cuir en forme de semelle qui garnit le pied de certains quadrupèdes. ◆ En charpenterie, pièce de bois couchée à plat sous le pied d'un étai. ◆ Pièce de bois méplate qu'on rapporte sous une autre pour la renforcer. ■ *Ne pas lâcher, ne pas quitter quelqu'un d'une semelle*, suivre quelqu'un à la trace.

SÉMÈME, ■ n. m. [semɛm] (angl. *sememe*, unité de signification) **Ling.** Ensemble des sèmes qui constituent le sens ou l'un des sens d'un mot. *Le sémème de* fauteuil *comporte plusieurs sèmes : "siège" avec "dossier", "pour une personne", "sans accoudoirs".*

SEMENCE, n. f. [s(ə)mɑ̃s] (b. lat. plur. *sementia*, semailles, du lat. *sementis*, ensemencement, de *semen*, semence, graine) Grain que l'on sème, en parlant des céréales. ◆ Tout ce qui se sème, grains, graines, noyaux, pépins, etc. ◆ **Pharm.** *Les quatre semences chaudes majeures*, celles d'anis, de fenouil, de cumin, de carvi. *Les quatre semences chaudes mineures*, celles d'ache, de persil, d'ammi et de carotte. *Semences froides majeures*, celles de concombre, de melon, de citrouille et de courge. *Semences froides mineures*, celles de laitue, d'endive, de chicorée et de pourpier. ◆ *Fig.* Ce qui, comparé à une semence, doit germer dans l'esprit, dans le cœur. « *Les semences de piété et de religion que vous et moi avons reçues de notre éducation* », MME DE SÉVIGNÉ. « *Les personnes d'esprit ont en elles des semences de toutes les vérités* », LA BRUYÈRE. ◆ *Fig.* Cause qui doit produire avec le temps certains effets. « *Le sang des martyrs était encore la semence des fidèles* », MASSILLON. ◆ *Semence de perles*, perles très petites. ◆ *Semence de diamants*, petites parcelles de diamants, dont on orne des bijoux. ◆ *Semences*, sorte de petits clous employés pour les tapissiers et les bourreliers. ■ Liquide séminal. *La semence d'un animal reproducteur.*

SEMENCIER, IÈRE, ■ n. m. et n. f. [səmɑ̃sje, jɛʀ] (*semences*) Personne ou entreprise qui produit des semences. *Semenciers condamnés pour ne pas avoir signalé à leurs clients la présence d'*OGM *dans leurs produits.* ■ **Adj.** Relatif aux semences. *L'industrie semencière.*

SEMENCINE, n. f. [səmɑ̃sin] (*semence*) ▷ **Pharm.** Nom donné aux fleurs non épanouies et mêlées de l'armoise judaïque et de l'armoise persique. ◆ On dit aussi *sementine*. ◁

SEMEN-CONTRA, n. m. inv. [semɛnkɔ̃tʀa] (mots latins, *semen*, semence, et *contra*, contre) **Pharm.** Substance vermifuge. ◆ Au pl. *Des semen-contra.*

SEMER, v. tr. [s(ə)me] (lat. impér. *seminare*, de *semen*, semence) Mettre du grain dans une terre préparée. *Semer du blé.* ◆ *Fig.* « *Il sema des malheurs, il en cueille le fruit* », MAIRET. ◆ *Semer un champ, des terres, une planche, une couche*, y semer de la graine. ◆ *Semer de l'oseille, de la laitue* etc. semer de la graine d'oseille, de laitue, etc. ◆ *Absol. C'est la saison de semer.* ◆ *Fig. Semer en terre ingrate*, faire du bien à une personne qui n'en a pas de reconnaissance, ou donner des enseignements à quelqu'un qui n'a pas de dispositions pour en profiter ; et aussi faire un travail difficile ou pénible dont personne ne vous saura gré. ◆ Remplir de choses comparées aux graines jetées en semant. « *Je verrai les chemins encor tout parfumés Des fleurs dont sous ses pas on les avait semés* », RACINE. « *D'indignes assassins, Des pièges de la mort ont semé les chemins* », VOLTAIRE. ◆ *Fig. Semer de fleurs le bord du précipice*, cacher les périls sous d'adroites flatteries. ◆ *Semer de fleurs*, louer. ◆ Répandre çà et là, disséminer, parsemer. *On a semé des libelles dans toute la ville.* ◆ **Par extens.** « *Les préceptes semés dans ses différents ouvrages* », BARTHÉLEMY. ◆ *Fig. Semer des pièges sur les pas de quelqu'un*, lui tendre des embûches secrètes. ◆ *Fig.* **et fam.** *Semer des perles, des marguerites devant les pourceaux*, parler devant des ignorants de choses qui sont au-dessus de leur portée, ou présenter à quelqu'un des choses dont il ne connaît pas le prix. ◆ Distribuer. *Semer des aumônes.* ◆ *Semer de l'argent*, distribuer de l'argent à des personnes pour les gagner. ◆ *Semer l'argent*, être prodigue. ◆ *Fig.* Répandre, faire courir, en parlant de bruits, de nouvelles, de paroles. ◆ Il se dit d'impressions morales. *Semer la terreur, l'effroi, l'erreur, la division, etc* ◆ *Se semer*, v. pr. Être semé. *Le seigle se sème en automne.* ◆ **Prov.** *Il faut semer pour recueillir*, faut travailler pour avoir droit à un salaire, à une récompense. ■ **V. tr. Fam.** Fausser compagnie à quelqu'un. *Il m'a semé dans la côte.*

SEMESTRE, n. m. [səmɛstʀ] (lat. *semestris*, qui dure six mois, de *sex*, six, et *mensis*, mois) Espace de six mois consécutifs. ◆ *Semestre de janvier*, le semestre qui commence le premier jour de janvier ; *semestre de juillet*, le semestre qui commence le premier jour de juillet. ◆ On dit de même : *Le semestre d'été, le semestre d'hiver.* ◆ Dans les lycées, *prix de semestre*, Voy. EXCELLENCE. ◆ **Par extens.** Rentes, traitements qui se payent par semestre. ◆ Il se dit de certains emplois qu'on est obligé de remplir pendant une moitié de l'année. *Servir par semestre.* ◆ *Congé de semestre* ou simplement *semestre*, congé de six mois accordé aux militaires. ◆ **Par extens.** Celui à qui a été accordé ce congé. ◆ **Adj.** Anciennement, il se disait des corps judiciaires qui avaient six mois d'exercice, et de certains fonctionnaires qui ne servaient que par semestre dans une compagnie.

SEMESTRIEL, ELLE, adj. [səmɛstʀijɛl] (*semestre*, d'après *trimestriel*) Qui se fait, qui a lieu chaque semestre. *Revue semestrielle.* ■ SEMESTRIELLEMENT, adv. [səmɛstʀijɛl(ə)mɑ̃]

SEMESTRIER, n. m. [səmɛstʀije] (*semestre*) ▷ **Militaire** absent de son corps par congé de semestre. ◆ On dit aussi semestre. ◁

SEMEUR, EUSE, n. m. et n. f. [səmœʀ, øz] (*semer*) Personne qui sème du grain. ◆ *Fig.* Celui qui distribue à droite et à gauche. ◆ *Fig.* Celui qui répand, propage. « *Le semeur de rapports souillera son âme* », SACI. ◆ *Semeur de faux bruits*, celui qui répand de fausses nouvelles. ◆ *Semeur de discorde, etc.*, celui qui se plaît à brouiller, à diviser les esprits. ◆ Hochequeue ou lavandière. ◆ L'Académie ne donne pas le féminin semeuse ; rien pourtant n'empêche de l'employer. ◆ REM. Aujourd'hui, le féminin est bien attesté.

SEMI, [səmi] (préf. lat., de *semis*, moitié) Mot qui joue le rôle de préfixe, se joignant toujours à un autre mot, et qui signifie demi. *Un recueil semi-périodique, une fleur semi-double, etc.*

SEMI-ARIDE, ■ adj. [səmiaʀid] (*semi-* et *aride*) Relatif à un milieu géographique qui n'est pas totalement aride. *Certains déserts sont semi-arides.*

SEMI-AUTOMATIQUE, ■ adj. [səmiotomatik] (*semi-* et *automatique*) Se dit d'un mécanisme dont le fonctionnement est en partie automatique et en partie manuel. *Les secouristes utilisent fréquemment les défibrillateurs semi-automatiques.* ■ *Arme semi-automatique*, arme à chargement automatique mais dont le tir est actionné manuellement.

SEMI-AUXILIAIRE, ■ adj. [səmioksiljɛʀ] (*semi-* et *auxiliaire*) **Gramm.** *Verbe semi-auxiliaire*, verbe qui, associé à un infinitif, joue le même rôle que les auxiliaires *être* et *avoir*. *Aller, faire, laisser, être en train de sont des verbes semi-auxiliaires.* ■ **N. m.** *Les semi-auxiliaires.*

SEMI-CONDUCTEUR, TRICE, ■ adj. [səmikɔ̃dyktœʀ, tʀis] (*semi-* et *conducteur*) **Électr.** Se dit d'un matériau à la fois conducteur d'électricité et isolant, ce qui rend sa conduction électrique imparfaite. *Les matériaux comme le silicium et le germanium sont semi-conducteurs.* ■ **N. m.** *Lorsqu'ils sont stimulés par des impuretés les semi-conducteur conduisent l'électricité dans un sens ou un autre.*

SEMI-CONSERVE, ■ n. f. [səmikɔ̃sɛʀv] (*semi-* et *conserve*) Conditionnement de produits alimentaires se conservant dans un meuble réfrigéré pendant une durée limitée. *Le foie gras mi-cuit est une semi-conserve. Des semi-conserves d'anchois.*

SEMI-CONSONNE, ■ n. f. [səmikɔ̃sɔn] Voy. SEMI-VOYELLE.

SEMI-LIBERTÉ, ■ n. f. [səmilibɛʀte] (*semi-* et *liberté*) **Dr.** Régime d'application d'une peine qui permet à une personne incarcérée de quitter l'établissement pénitentiaire pour travailler ou recevoir des soins. *Les semi-libertés permettent aux condamnés de préparer leur réinsertion professionnelle et sociale.* ■ Liberté partielle. *Il existe des endroits en France où l'on peut observer des singes en semi-liberté.*

SÉMILLANCE, n. f. [semijɑ̃s] (*sémillant*) ▷ Néolog. Vivacité, promptitude, en parlant de l'esprit, du regard. ◁

SÉMILLANT, ANTE, adj. [semijɑ̃, ɑ̃t] (anc. fr. *semillier*, s'agiter, faire l'espiègle, de *semille*, agitation, malice ; cf. *semilleus*, rusé, remuant) D'une vivacité qui veut plaire. *Une beauté sémillante.* ◆ *Fig. Un esprit sémillant.*

SÉMILLER, v. intr. [semije] (*sémillant*) ▷ Être sémillant. « *Cet étourdi qui court, saute, sémille, Sort, rentre, va, vient, rit, parle et frétille* », VOLTAIRE. ◁

SÉMILLON, ■ n. m. [semijɔ̃] (provenç. *semilhoun*, de l'anc. provenç. *sem*, semence) Cépage blanc de la région de Bordeaux aux fruits particulièrement sucrés. *Le sémillon est un cépage d'assemblage à l'origine de nombreux vins liquoreux.*

SEMI-LUNAIRE, ■ adj. [səmilynɛʀ] (*semi-* et *lunaire*, d'après *demi-lune*) **Anat.** Qui est en forme de demi-lune. *Les valvules semi-lunaires situées à l'intérieur de l'aorte.* ■ **N. m.** *Le semi-lunaire*, deuxième os de la rangée supérieure du carpe. *Le semi-lunaire se trouve entre les os de l'avant-bras et les os de la main.*

SÉMINAIRE, n. m. [seminɛʀ] (lat. ecclés. [XVIe s.] *seminarium*, du lat. *seminarium*, pépinière, de *semen*, génit. *seminis*, semence) Maison ecclésiastique où l'on prépare, dans chaque diocèse, les jeunes clercs à la réception des ordres. ✦ *Petit séminaire,* école secondaire ecclésiastique. ✦ Tous les ecclésiastiques qui y demeurent. ✦ Temps qu'on doit y passer pour être admis aux ordres. ✦ **Par extens.** Établissement où l'on se forme à une profession quelconque. *Cette école est un séminaire de bons officiers.* ✦ Nom que portent en Allemagne divers établissements d'instruction publique et spécialement les écoles normales. ■ Groupe de professionnels réunis pour étudier des questions qui ont trait à leur spécialité. *Les cadres de l'entreprise sont partis en séminaire.* ■ Groupe de travail dirigé par un enseignant, auquel participent des étudiants. *Un séminaire de linguistique.*

SÉMINAL, ALE, adj. [seminal] (lat. impér. *seminalis,* destiné à être semé, de *semen,* semence) Qui a rapport à la semence, à la graine des végétaux. ■ Relatif au sperme. *Les liquides séminaux.*

SÉMINARISTE, n. m. et n. f. [seminaʀist] (*séminaire*) Celui qui est élevé dans un séminaire. ✦ Personne qui participe à un séminaire. *Les séminaristes se sont répartis en plusieurs groupes de travail.*

SÉMINIFÈRE, adj. [seminifɛʀ] (lat. *semen,* génit. *seminis,* et -*fère*) Qui porte de la semence, des graines.

SEMI-NOMADE, ■ adj. [səminomad] (*semi-* et *nomade*) **Ethnol.** Relatif au semi-nomadisme. *Les campements semi-nomades des familles touarègues.* ■ N. m. et n. f. *Les semi-nomades.*

SEMI-NOMADISME, ■ n. m. [səminomadism] (*semi-nomade*) **Ethnol.** Mode de vie alliant sédentarité et nomadisme. *Certaines populations ont abandonné le nomadisme pour le semi-nomadisme en combinant agriculture sédentaire et élevage nomade.*

SÉMIOGRAPHIE, n. f. [semjografi] (gr. *sêmeion,* signe et -*graphie*) Notation par signes. ■ **Rem.** On dit aussi *séméiographie.*

SÉMIOLOGIE, n. f. [semjolɔʒi] (gr. *sêmeion,* signe et -*logie*) Partie de la médecine qui traite des signes de maladies. ■ **Ling.** Science qui étudie les signes et leur utilisation dans la société. *Éléments de sémiologie,* ouvrage de Roland Barthes. ■ **Rem.** On dit aussi *séméiologie.* ■ **SÉMIOLOGUE,** n. m. et f. [semjolɔg]

SÉMIOLOGIQUE, adj. [semjolɔʒik] Qui a rapport à la sémiologie.

SÉMIOTIQUE, n. f. [semjotik] (gr. *sêmeiôtikê* [*tekhnê*], observation des symptômes, de *sêmeioun,* marquer d'un signe) Syn. de sémiologie. ✦ Art de faire manœuvrer les troupes en leur indiquant les mouvements par signes et non avec la voix. ■ **Rem.** On dit aussi *séméiotique.* ■ **SÉMIOTICIEN, IENNE,** n. m. et f. [semjotisjɛ̃, jɛn]

SEMI-OUVERT, ERTE, ■ adj. [səmiuvɛʀ, ɛʀt] (*semi-* et *ouvert*) **Math.** Ouvert uniquement d'un côté. *Les intervalles ouverts ou semi-ouverts.*

SEMI-PERMÉABLE, ■ adj. [səmipɛʀmeabl] (*semi-* et *perméable*) **Chim.** Qui sépare deux solutions en laissant passer certaines molécules et en empêchant le passage d'autres substances. *Des membranes semi-perméables sont parfois utilisées pour le traitement des eaux.*

SEMI-PRÉCIEUSE, ■ adj. f. [səmipresjøz] (*semi-* et *précieux*) Pierre semi-précieuse, minéral possédant, à un degré moindre, les mêmes propriétés que les pierres précieuses. *La topaze et l'améthyste sont des pierres semi-précieuses.*

SEMI-PRODUIT, ■ n. m. [səmiprodɥi] (*semi-* et *produit*) Voy. **DEMI-PRODUIT.**

SEMI-PUBLIC, IQUE, ■ adj. [səmipyblik] (*semi-* et *public*) **Dr.** Qui relève du droit privé et du droit public. *Les entreprises semi-publiques sont des sociétés à capitaux publics et privés.* ■ Secteur d'activité soumis au droit privé mais contrôlé par l'État. *Le secteur semi-public économique et financier regroupe plusieurs organismes bancaires.*

SÉMIQUE, ■ adj. [semik] (*sème*) **Ling.** Qui a trait aux sèmes, à la signification. *Le noyau sémique du sémème "fauteuil" est avant tout composé du sème "mobilier".*

SEMI-REMORQUE, ■ n. f. [səmir(ə)mɔʀk] (*semi-* et *remorque*) Remorque sans essieu dans sa partie avant et reposant sur l'arrière du véhicule routier. *Atteler une semi-remorque à un tracteur.* ■ **Par méton.** Camion qui comprend cet ensemble. *Conduire des semi-remorques.*

SEMI-RIGIDE, ■ adj. [səmiʀiʒid] (*semi-* et *rigide*) À enveloppe souple et à armature rigide. *Au début du XXᵉ siècle, l'armée française utilisait des dirigeables semi-rigides. Des canoës pneumatiques semi-rigides.*

SEMIS, ■ n. m. [səmi] (*semer*) En général, plant venant de graines. *Un semis d'œillets, de carottes, etc.* ✦ Particulièrement, terrain dans lequel on sème les graines d'arbres ou d'arbustes pour y former un bois, ou pour en enlever les plants lorsqu'ils auront acquis un certain degré d'accroissement, et de là les mettre en pépinière. ✦ Travail que l'on fait pour former ce plant. *Faire un semis.* ■ **Fig.** Ensemble de petits motifs décoratifs. *Un semis de feuilles d'automne sur fond d'écran.*

SEMI-SUBMERSIBLE, ■ adj. [səmisybmɛʀsibl] (*semi-* et *submersible*) Dont le montage sur flotteurs est conçu pour limiter les mouvements de la houle. *Les plateformes de forage les plus utilisées sont les plateformes semi-submersibles.*

SÉMITE, n. m. et n. f. [semit] (hébr. *Shem, Sem,* un des fils de Noé, *Genèse* V, 32, X, 22-31) Nom de peuples asiatiques ou africains qu'on rattache à Sem, comme à leur auteur. ✦ **Adj.** *Les peuples sémites.* ■ **Rem.** L'adjectif *sémitique* est plus courant.

SÉMITIQUE, adj. [semitik] (all. *semitisch,* de *Sem,* fils de Noé) Qui appartient aux sémites. *Les peuples, les langues sémitiques.*

SÉMITISANT, ANTE, ■ n. m. et n. f. [semitizɑ̃, ɑ̃t] (*sémitique*) Personne qui étudie les langues et les civilisations sémitiques. ■ **Adj.** *Des chercheurs sémitisants.*

SÉMITISME, n. m. [semitism] (*sémitique*) Caractère propre aux langues sémitiques, aux peuples sémitiques.

SEMI-TON, n. m. [səmitɔ̃] (*semi-* et *ton*) **Mus.** La moitié d'un ton.

SEMI-VOYELLE ou **SEMI-CONSONNE,** ■ n. f. [səmivwajɛl, səmikɔ̃sɔn] (*semi-* et *voyelle*) **Phonét.** Son se situant entre celui produit par la consonne la plus ouverte et celui de la voyelle la plus fermée. *Le [j] de pied et le [w] de oui sont des semi-voyelles (ou des semi-consonnes).*

SEMNOPITHÈQUE, ■ n. m. [semnopitɛk] (gr. *semnos,* sacré, et *pithêkos,* singe) **Zool.** Grand singe à longue queue des régions forestières d'Asie vivant en troupe. *Le semnopithèque connu sous le nom d'Hanuman (longue mâchoire) est un animal sacré en Inde.*

SEMOIR, n. m. [səmwaʀ] (*semer*) Sac où le semeur porte le grain. ✦ Instrument propre à répandre les grains sur le sol.

SEMONCE, n. f. [səmɔ̃s] (fém. substantivé de l'anc. fr. *semons,* p. p. de *semondre,* avertir) ▷ Convocation des personnes et des assemblées, telles que le ban et l'arrière-ban, qui se faisait à cri public, et pour la comparution en justice. ◁ ✦ ▷ Invitation faite aux formes pour une cérémonie. ◁ ✦ ▷ En ces deux sens, il a vieilli. ◁ ✦ ▷ En général, invitation. « *Il ne me reste plus qu'à répondre à vos semonces d'écrire à M. le duc d'Albe* », VOLTAIRE. ◁ ✦ Avertissement mêlé de reproches, fait par un supérieur. *Une semonce du parlement.* ✦ **Mar.** Ordre donné, au moyen de porte-voix, par un navire à un autre, de se faire connaître pour ami, pour neutre ou pour ennemi. ✦ *Coup de semonce,* coup de feu à blanc ou réel tiré pour appuyer cet ordre ; tir ou action militaire utilisé comme moyen de dissuasion ; fig. avertissement. *Ce n'est pas avec des coups de semonces que vous obtiendrez quoi que ce soit de cette personne.*

SEMONCÉ, ÉE, p. p. de semoncer. [səmɔ̃se]

SEMONCER, v. tr. [səmɔ̃se] (*semonce*) **Fam.** Faire une semonce, une réprimande. ✦ **Mar.** Obliger un bâtiment à arborer ses couleurs ou à mettre en panne.

SEMONDRE, v. tr. [səmɔ̃dʀ] (lat. impér. *submonere,* avertir secrètement, de *sub,* en dessous, et *monere,* avertir) ▷ T. qui vieillit. L'Académie dit qu'il n'est usité qu'à l'infinitif ; cependant on peut employer le présent au singulier : *je semons, tu semons, il semond* ; le futur *semondrai,* le conditonnel *semondrais,* et l'imparfait *je semonnais,* avec toutes leurs personnes. Convier à une cérémonie, à un acte public, à une réunion, à un rendez-vous. *Semondre à des obsèques.* « *Quand les rois semonnaient pour le service du fief militaire leurs vassaux directs, cela s'appelait le ban* », CHATEAUBRIAND. ✦ *Semondre quelqu'un de sa parole, de sa promesse,* le sommer de sa parole, de sa promesse. ✦ **Par extens.** Exciter. ✦ Réprimander.

SEMONNEUR, n. m. [səmɔnœʀ] (*semondre*) ▷ **Vieilli** Celui dont la fonction était de porter des billets pour certaines convocations. *Semonneur d'enterrement.* ◁

SEMOULE, n. f. [s(ə)mul] (ital. *semola,* du lat. impér. *simila,* fleur de farine) Grains de blé passés au four, puis concassés en petits grains. ✦ Pâte en grains, faite avec ces grains. ✦ **Par extens.** *Semoule de maïs, de riz.* ■ **Rem.** On prononçait autrefois [semuj] avec une finale en *ouille.*

SEMOULERIE, ■ n. f. [səmul(ə)ʀi] (*semoule*) Usine ou l'on fabrique de la semoule. *Semoulerie industrielle ou artisanale.*

SEMOULIER, IÈRE, ■ n. m. et n. f. [səmulje, jɛʀ] (*semoule*) Personne travaillant à la fabrication de la semoule. ■ **Adj.** Qui a trait à la semoule. *L'indutrie semoulière. La taille des grains est une composante de la valeur semoulière des blés.*

SEMOUN, n. m. [semun] Voy. **SIMOUN.**

SEMPER VIRENS, n. m. [sɛpɛʀvirɛ̃s] (mots latins *semper,* toujours, et *virens,* verdoyant, de *virere,* être vert, florissant) ▷ Sorte de chèvrefeuille portant toute l'année des feuilles et des fleurs. ◁

SEMPERVIRENT, ENTE, ■ adj. [sɛpɛʀvirɑ̃, ɑ̃t] (lat. *semper virens*) À feuillage persistant. *Églantier sempervirent. Les forêts sempervirentes sur la côte oreintale de Madagascar.*

SEMPITERNEL, ELLE, adj. [sɑ̃pitɛʀnɛl] (lat. *sempiternus,* de *semper,* toujours, et *æternus,* éternel) Qui dure sans fin. *La vie sempiternelle.* ✦ **Fam.** Continuel, qui ne cesse point. *Bruit sempiternel.* ✦ ▷ Se dit par dédain, des femmes qui vieillissent beaucoup. *Vieille sempiternelle.* ◁ ♦ ▷ N. f. *Une sempiternelle.* ◁ ■ REM. On prononçait autrefois [sɛ̃pitɛʀnɛl] en faisant entendre *in.* ■ SEMPITERNELLEMENT, adv. [sɑ̃pitɛʀnɛl(ə)mɑ̃]

SEMPLE, n. m. [sɑ̃pl] (prob. *simple*, ficelle attachée à la chaîne) Se dit d'une certaine disposition de ficelles qui forme une partie du métier à tisser les étoffes de soie. *Le semple fait lever la chaîne.*

SEN, ■ n. m. [sɛn] (mot jap.) Unité divisionnaire de la monnaie du Japon et d'autres pays d'Extrême-Orient. *Cent sens font un yen.*

SENAIRE, adj. [sənɛʀ] (lat. *senarius*, composé de six) ▷ Disposé six à six. ♦ Dans la versification ancienne, se dit d'un vers ïambique de six pieds, et du vers hexamètre ordinaire. ◁

S'EN ALLER, v. pr. [sɑ̃ale] (*en-* et *aller*) Voy. ALLER.

SÉNAT, n. m. [sena] (lat. *senatus*) Conseil perpétuel de Rome, établi par les rois et aboli par Justinien. ♦ Par anal. Le premier corps politique d'un État. *Le sénat des États-Unis.* ♦ *Sénat conservateur,* corps créé en France par la constitution de l'an VIII, et qui a été rétabli sous le second Empire. ♦ Lieu où le sénat s'assemble. ♦ On a donné aux anciens parlements le nom de *sénat.* ♦ Dans quelques pays, assemblée des personnes dont est composé un tribunal qui juge en dernier ressort. ◁

SÉNATEUR, n. m. [senatœʀ] (lat. *senator*) Celui qui faisait partie du sénat de l'ancienne Rome. ♦ Il se dit aussi des membres d'un sénat autre que le sénat romain. *Un sénateur de l'empire français, des États-Unis.* ♦ **Fam.** *Un train de sénateur,* une démarche lente et grave. ♦ Dans la Rome moderne, *le Sénateur* (avec un S majuscule), le magistrat qui est à la tête du corps de ville. ♦ Il se dit quelquefois pour magistrat, pour membre d'une cour souveraine. ♦ **Hist. nat.** Mouette blanche.

SÉNATORERIE, n. f. [senatɔʀ(ə)ʀi] (*sénateur,* d'après le lat. *senator*) ▷ Sous le premier empire, terre dont l'usufruit était affecté à un sénateur. ♦ District dans lequel un sénateur jouissait de certains privilèges. ◁

SÉNATORIAL, ALE, adj. [senatɔʀjal] (lat. *senatorius,* de sénateur) Qui appartient au sénateur. *La dignité sénatoriale. Ornements sénatoriaux.*

SÉNATORIEN, IENNE, adj. [senatɔʀjɛ̃, jɛn] (*sénateur,* d'après le lat. *senator*) ▷ De sénateur. *Maison, famille, race sénatorienne.* ◁

SÉNATRICE, n. f. [senatʀis] (*sénateur*) ▷ Femme de sénateur, en parlant des femmes des sénateurs de Pologne, de Suède et autres pays. ◁ ▷ Il se dit aussi de la femme du Sénateur de Rome. ◁ ■ Femme membre d'un sénat. *Elle a été élue sénatrice.*

SÉNATUS-CONSULTE, n. m. [senatyskɔsylt] (lat. *senatusconsultum,* du génit. de *senatus,* sénat, et *consultum,* décision, décret) Décision de l'ancien sénat de Rome. ♦ Décision du sénat du premier ou du second Empire français. ♦ Au pl. *Des sénatus-consultes.*

SENAU, n. m. [səno] (néerl. *snauw,* barque longue) **Mar.** Navire dont le gréement ne diffère de celui du brick ordinaire que par un mâtereau établi derrière son grand mât, et qui porte la corne d'artimon. ♦ *Mât de senau,* nom donné à ce mâtereau. ♦ On dit aussi *senoc.* ♦ Au pl. *Des senaus.*

SÉNÉ, n. m. [sene] (lat. médiév. *sene,* de l'ar. *sanâ*) Nom de petits arbustes de la famille des légumineuses, qui croissent dans la haute Égypte, l'Arabie et la Syrie. ♦ Famille de plusieurs espèces du genre *cassia.* ♦ *Follicules de séné.* ♦ Médicament purgatif qui résulte du mélange, en différentes proportions, des folioles et des gousses ou follicules de ces arbustes. ♦ **Fig.** *Passez-moi la rhubarbe et je vous passerai le séné,* se dit en parlant de deux personnes qui se font mutuellement des concessions, qui ont l'une pour l'autre des concessions intéressées.

SÉNÉCHAL, n. m. [senefal] (anc. b. frq. *siniskalk,* serviteur le plus âgé : cf. lat. médiév. *siniscalcus*) Officier qui dans un certain ressort était chef de la justice et commandait la noblesse lorsqu'elle était convoquée pour l'arrière-ban. ♦ *Grand sénéchal,* espèce de maître d'hôtel ou d'intendant des princes. *Grand sénéchal de France.* ♦ Officier royal de robe longue, chef d'une justice subalterne. ♦ Chef d'une justice seigneuriale. ♦ Au pl. *Des sénéchaux.*

SÉNÉCHALE, n. f. [senefal] (*sénéchal*) ▷ Femme d'un sénéchal. ◁

SÉNÉCHAUSSÉE, n. f. [senefose] (*sénéchal*) Étendue de la juridiction d'un sénéchal. ♦ Tribunal dont le sénéchal était le chef, et lieu où se tenait ce tribunal.

SÈNEÇON ou **SÉNEÇON**, n. m. [sɛn(ə)sɔ̃] (b. lat. *senecio,* vieillard, du lat. *senex,* vieux) Genre de la famille des composées. *Sèneçon en arbre,* joli arbrisseau à feuilles persistantes. ■ REM. Graphie ancienne : *seneçon.*

SÉNÉGALAIS, AISE, ■ adj. [senegalɛ, ɛz] (*Sénégal,* pays d'Afrique occidentale) Du Sénégal. *Les percussions sénégalaises.* ■ N. m. et n. f. *Un Sénégalais.* ■ *Tirailleurs sénégalais,* tirailleurs de l'armée coloniale française d'abord originaires du Sénégal puis recrutés dans les différentes colonies africaines. *Le corps des Tirailleurs sénégalais a été créé au milieu du XIXᵉ siècle.*

SÉNÉGALI, n. m. [senegali] (*Sénégal* d'après *bengali*) ▷ Joli petit oiseau exotique (genre gros-bec). ◁

SENELLE, n. f. [sənɛl] Voy. CENELLE.

SENELLIER, ■ n. m. [sənɛlje] Voy. CENELLIER.

SÉNESCENCE, ■ n. f. [senesɑ̃s] (lat. *senescere,* vieillir) Ensemble des phénomènes non pathologiques qui conduisent au vieillissement naturel des organes et des organismes. *La sénescence des cellules, des arbres.* ■ Par méton. Vieillesse, période de la vie se situant après celle de la maturité. *Profiter d'une longue sénescence.* ■ SÉNESCENT, ENTE, adj. [senesɑ̃, ɑ̃t]

SÉNESTRE ou **SENESTRE**, adj. [senɛstʀ] (lat. *sinister,* du côté gauche) ▷ Vieilli Gauche. *Du côté sénestre.* ♦ ▷ **Hérald.** Gauche. *Le côté sénestre.* ♦ ▷ *À sénestre,* à gauche. ◁ ♦ *Coquille sénestre,* coquille dont l'enroulement se fait de la droite vers la gauche.

SÉNESTROCHÈRE ou **SENESTROCHÈRE**, n. m. [senɛstʀokɛʀ] (*sénestre* et gr. *kheir,* main) **Hérald.** Bras gauche représenté sur l'écu.

SÉNESTROGYRE, adj. [senɛstʀoʒiʀ] (*sénestre* et gr. *gureuein,* tourner) **Phys.** Qui a le pouvoir de dévier le rayon lumineux de droite à gauche. ♦ On dit plus souvent *lévogyre.*

SÉNESTRORSUM ou **SENESTRORSUM**, ■ adj. inv. [senɛstʀɔʀsɔm] (lat. *sinistrorsum,* vers la gauche) Se dit d'un enroulement qui s'effectue de la droite vers la gauche, dans le sens contraire des aiguilles d'une montre. *Un coquillage à spirales senestrorsum.*

SÈNEVÉ ou **SÉNEVÉ**, n. m. [sɛn(ə)ve] (lat. pop. *sinapatum,* du lat. impér. *sinapi,* gr. *sinapi,* moutarde) Genre de plantes de la famille des crucifères. ♦ Menue graine produite par cette plante dont on fait la moutarde.

SÉNIEUR, n. m. [senjœʀ] (lat. *senior,* compar. de *senex,* vieux) ▷ Ancien nom du doyen, dans plusieurs communautés. *Le sénieur de Sorbonne.* ◁

SÉNILE, adj. [senil] (lat. *senilis,* de *senex,* vieux) Qui a rapport à la vieillesse. *Démence sénile. Gangrène sénile.* ■ Dont les facultés intellectuelles sont altérées par l'âge. *Un vieillard sénile.*

SÉNILITÉ, n. f. [senilite] (*sénile*) Néolog. Affaiblissement physique et moral produit par la vieillesse. ■ REM. N'est plus un néologisme aujourd'hui.

SÉNIOR ou **SENIOR**, ■ n. m. [senjɔʀ] (mot lat., compar. de *senex,* vieux) **Sp.** Se dit de la catégorie se situant entre les juniors et les vétérans. *L'équipe sénior de basket. Elle a remporté la compétition sénior de gymnastique.* ■ N. m. et n. f. Sportif appartenant à cette catégorie. *Les seniors du club de badminton.* ■ Professionnel actif ayant plusieurs années d'expérience. *Les juniors et les séniors d'une entreprise. Taux de chômage important chez les séniors de l'informatique.* ■ Personne de plus de soixante ans pouvant prétendre à certaines réductions ; personne à la retraite. *Tarif spécial pour les séniors.* ■ En appos. *Tarif sénior. Des voyages séniors.*

SENNE, n. f. [sɛn] Voy. SEINE.

SENOC, n. m. [sənɔk] Voy. SENAU.

SÉNOLOGIE, ■ n. f. [senoloʒi] (*sein,* d'après le lat. *sinus,* et *-logie*) **Méd.** Science spécialisée dans les pathologies du sein. *La sénologie est l'étude des maladies bénignes et malignes du sein.*

SENS, n. m. [sɑ̃s] (lat. *sensus,* perception, sentiment, manière de voir, intelligence) Appareil qui met l'homme et les animaux en rapport avec les objets du dehors par le moyen des impressions que ces objets font directement sur lui. *Les cinq sens de nature : le toucher, le goût, l'odorat, l'ouïe et la vue.* ♦ **Fig.** *Mettre, appliquer tous ces sens et familièrement tous ces cinq sens de nature à quelque chose,* y employer tous ses soins, y faire tous ses efforts. ♦ *Cela tombe sous le sens, sous le sens,* cela se conçoit aisément, cela est évident. ♦ **Théologie.** *la peine du sens, la peine du feu, dans l'enfer.* ♦ **Fig.** « *Il manque un sens aux incrédules ; et ce sens, c'est Dieu qui le donne* », BOSSUET. ♦ *Sens interne,* perception de certains rapports esthétiques ou moraux. ♦ *Sixième sens* ou *sens général,* syn. de sens interne. ♦ *Sixième sens,* se dit quelquefois pour conscience. ♦ *Sens moral,* syn. de conscience. ♦ *Sens pratique,* habileté qui paraît instinctive et qui résulte effectivement de beaucoup d'expérience jointe à beaucoup de jugement. ♦ Au pl. Concupiscence, sensualité, plaisir de l'amour-propre. *Les plaisirs des sens.* ♦ *Mortifier ses sens,* se priver des plaisirs des sens, s'imposer diverses macérations. ♦ **Par extens.** Faculté de sentir en général. ♦ *Ils s'enivraient, perdaient sens et raison* », LA FONTAINE. ♦ *Son ami rappela ses sens avec un peu de mauvais vinaigre* », VOLTAIRE. ♦ La faculté de comprendre les choses et d'en juger sainement. « *Rien ne persuade tant les gens qui ont peu de sens que ce qu'ils n'entendent pas* », RETZ. ♦ *Le bon sens,* la saine et droite raison. ♦ *Être dans son bon sens,* jouir de la plénitude de ses facultés intellectuelles. ♦ *Sens commun,* l'intelligence et la lumière ordinaire avec laquelle naissent la plupart des gens. *Cet homme n'a pas le sens commun.* ♦ *Sens froid, sens rassis,* calme et fermeté. ♦ *Sens réprouvé* Voy. RÉPROUVÉ. ♦ Avis, opinion. « *La voie la plus courte pour arriver à la faveur des grands, c'est d'entrer toujours dans leur* sens », FLÉCHIER. ✦ Idée, pensée. « *J'avais corrigé cet article, sans en ôter aucun sens* », MME DE SÉVIGNÉ. ✦ Signification, manière de comprendre. *Le sens de mes paroles.* « *Les prophéties ont un sens caché et spirituel* », PASCAL. ✦ *Sens propre, sens figuré,* Voy. PROPRE Voy. FIGURÉ. ✦ *Contresens,* Voy. CONTRESENS. ✦ *Faux sens,* erreur commise dans une traduction ; c'est moins que le contresens. ✦ Ce qui fait la solidité du discours. « *Lycurgue voulait que le discours comprît en peu de paroles beaucoup de sens* », ROLLIN. ✦ Manière, façon. *En tous sens. Prendre les choses dans le bon sens.* ✦ *Tourner quelqu'un de tous les sens,* le questionner de toute façon pour lui faire avouer quelque chose. ✦ *Un des côtés d'une chose. On a mis cette étoffe du mauvais sens. L'air pèse en tout sens sur nous.* ✦ Direction. « *La Méditerranée traversée de tous les sens possibles par une infinité de navigateurs* », FONTENELLE. ✦ « *Le torrent des préjugés l'entraîne pour le retenir, il faut le pousser en sens contraire* », J.-J. ROUSSEAU. ✦ *À contre sens,* Voy. CONTRESENS. ▪ REM. On prononçait autrefois [sã].

SENSATION, n. f. [sãsasjõ] (lat. tardif *sensatio,* fait de comprendre) Impression produite par les objets extérieurs sur un organe des sens, transmise au cerveau par les nerfs, et aboutissant à un jugement de perception. *La sensation du froid, des saveurs, des odeurs, des couleurs.* ✦ Impression produite par les objets extérieurs sur les sens et aboutissant au plaisir ou à la peine. ✦ En général, action de sentir, action dévolue à certaines parties du système nerveux. ✦ *Sensations externes,* celles qui appartiennent au tissu nerveux de la vie animale. ✦ *Sensations internes,* celles qui appartiennent au tissu nerveux de la vie végétative. ✦ **Fig.** *Faire sensation, faire une sensation,* produire une impression marquée dans le public, sur une compagnie, etc. ▪ *À sensation,* qui produit une forte impression. *La presse à sensation.*

SENSATIONNALISME, ▪ n. m. [sãsasjɔnalism] (*sensationnel*) Recherche du sensationnel. *La rédaction du journal refuse tout sensationnalisme dans les articles de ses journalistes.*

SENSATIONNEL, ELLE, ▪ adj. [sãsasjɔnɛl] (*sensation*) Très surprenant, remarquable. *Un spectacle sensationnel.* ▪ **N. m.** *Être attiré par le sensationnel.* ▪ Abrév. fam. **Sensas** ou **sensass.**

SENS DESSUS DESSOUS, SENS DEVANT DERRIÈRE, loc. adv. [sãd(ə)syd(ə)su, sãd(ə)vãdɛrjɛr] (*sens, dessus* et *dessous, sens, devant* et *derrière*) *Sens dessus dessous,* dans une situation telle que ce qui devrait être dessus se trouve dessous. *Cette boîte est sens dessus dessous.* ✦ **Fig.** En parlant de ce qui est dans un grand désordre et tout bouleversé. *Ma maison est sens dessus dessous. Avoir la tête sens dessus dessous.* ✦ *Mettre quelqu'un sens dessus dessous,* lui causer un trouble violent, une vive émotion. ✦ SENS DEVANT DERRIÈRE, loc. adv. Dans une situation telle que ce qui devrait être devant se trouve derrière. ✦ La véritable orthographe de ces locutions, la seule connue de nos anciens auteurs, est : *c'en devant* (ce qui est en devant) *derrière, c'en dessus dessous.*

SENSÉ, ÉE, adj. [sãse] (b. lat. *sensatus,* sensé) Qui a du bon sens, du jugement. *Une tête bien sensée.* ✦ Conforme au bon sens, à la raison. *Un discours sensé.*

SENSÉMENT, adv. [sãsemã] (*sensé*) D'une manière sensée.

SENSEUR, ▪ n. m. [sãsœr] (angl. *sensor,* de *sense,* sensation) **Phys.** Capteur de valeurs physiques. *Mesures par senseurs. Un senseur de température.* ▪ REM. *Senseur* est un anglicisme.

SENSIBILISABLE, adj. [sãsibilizabl] (*sensibiliser*) **Phot.** Qui peut être sensibilisé.

SENSIBILISATEUR, TRICE, adj. [sãsibilizatœr, tris] (*sensibiliser*) **Phot.** Qui sensibilise. *Le bain sensibilisateur.* ▪ Qui sensibilise à quelque chose. *Une campagne de publicité sensibilisatrice.*

SENSIBILISATION, n. f. [sãsibilizasjõ] (*sensibiliser*) Action de sensibiliser. ✦ Action de rendre quelqu'un réceptif à quelque chose. *La sensibilisation d'adolescents aux dangers du tabac.* ▪ **Méd.** Administration d'une substance étrangère dans l'organisme susceptible de provoquer une réaction immunologique. *La sensibilisation d'un sujet allergique.*

SENSIBILISER, v. tr. [sãsibilize] (*sensible*) **Phot.** Rendre sensible à l'action de la lumière la surface d'un plaque, d'une feuille de papier. ▪ Rendre sensible, réceptif à. *Sensibiliser l'opinion publique à l'écologie.* ▪ **Méd.** Provoquer une sensibilisation. *Les allergènes présents dans l'air ambiant sont capables de sensibiliser les sujets à risques.*

SENSIBILITÉ, n. f. [sãsibilite] (b. lat. *sensibilitas*) Qualité de sentir, c'est-à-dire propriété dévolue à certaines parties du système nerveux, par laquelle l'homme et les animaux perçoivent les impressions faites par les objets du dehors, ou produites à l'intérieur. ✦ Susceptibilité à l'impression des choses morales. *La sensibilité que j'ai pour vos intérêts* », MME DE SÉVIGNÉ. « *Ainsi la vie se passe, la conscience s'use, la sensibilité au bien s'éteint* », MASSILLON. ✦ Sentiments d'humanité, de pitié, de tendresse. *Avoir de la sensibilité.* ✦ **Phys.** Grande justesse d'un instrument, qui le rend capable d'indiquer les différences les plus légères. *Sensibilité d'une balance.* ✦ Sensibilité

de la main, qualité par laquelle le cavalier sent immédiatement si les rênes produisent l'effet nécessaire. ▪ **Phot.** Réponse d'une émulsion à la lumière. *La sensibilité d'une pellicule est exprimée en iso.* ▪ **Polit.** Tendance. *Un parti réunissant différentes sensibilités.*

SENSIBLE, adj. [sãsibl] (lat. *sensibilis,* qui tombe sous les sens, de *sentire,* percevoir par les sens) Qui est doué de sensibilité. *Les êtres sensibles.* ✦ **Par extens.** Qui jouit d'une sensibilité exquise, plus grande qu'à l'ordinaire. *Un cheval qui a la bouche sensible. Une oreille sensible à l'harmonie. Sensible à l'éperon,* se dit d'un cheval qui obéit à cette aide. ✦ Qui reçoit une impression trop vive des objets. *L'œil est une partie fort sensible. Il est sensible aux moindres variations du temps.* ✦ **Bot.** Se dit des plantes qui ferment leurs feuilles quand on y touche. ✦ **Fig.** Qui reçoit une impression morale. *Sensible à la pitié, aux outrages,* etc. ✦ *Sensible sur.* « *Vous n'êtes que trop vive et trop sensible sur ma vie et sur ma santé* », MME DE SÉVIGNÉ. ✦ *Être sensible à quelque chose,* en éprouver un vif déplaisir. *Être sensible à la critique.* ✦ **Absol.** « *Un plus sensible que moi se plaindrait du monde ; mais je me contente de l'oublier* », BALZAC. ✦ *C'est son endroit sensible, sa partie sensible,* se dit en parlant des choses dont quelqu'un est le plus touché. ✦ **Absol.** Qui est aisément ému, attendri. *Cœur sensible.* ✦ **Partic.** Qui reçoit l'impression de l'amour. « *Hermione est sensible* », RACINE. ✦ Au sens passif, qui peut être senti, qui fait impression sur les sens. *Le monde sensible.* ✦ *Idées sensibles,* idées immédiatement fournies par le sens. ✦ Qui cause une impression pénible. *Le froid a été très sensible cette année.* ✦ **Par extens.** Douloureux. *Mal très sensible.* ✦ **Fig.** Qui fait une vive impression, agréable ou pénible. *Une joie sensible. Les reproches me sont sensibles.* ✦ Qui se fait percevoir, remarquer aisément, clairement. *Des faits sensibles.* « *Dieu se rendit sensible par de continuels miracles* », BOSSUET. ✦ Appréciable. *Des différences sensibles.* ✦ **Phys.** Qui indique les plus légères différences. *Thermomètre, balance sensible.* ✦ **Mus.** *Note sensible* ou n. f. *la sensible,* la note qui est à un demi-ton au-dessous de la tonique. ✦ **N. m.** Tout ce qui est sensible, susceptible d'être ému. « *Tout ce qui excite le sensible dans les comédies les plus honnêtes, attaque secrètement la pudeur* », BOSSUET. ▪ **Phot.** Qui réagit à la lumière. *Une surface sensible. Une émulsion sensible.* ▪ Très délicat et difficile à traiter. *Un sujet sensible. Un quartier sensible.*

SENSIBLEMENT, adv. [sãsibləmã] (*sensible*) D'une manière sensible, perceptible, appréciable. ✦ D'une manière qui affecte le cœur. *Je suis sensiblement touché de votre bonté.* ▪ À peu près. *Ils sont sensiblement du même âge.*

SENSIBLERIE, n. f. [sãsibləri] (*sensible*) Fam. Sensibilité fausse, affectation de sensibilité.

SENSITIF, IVE, adj. [sãsitif, iv] (lat. médiév. *sensitivus*) Qui se rapporte aux sens. *La faculté sensitive.* ✦ Qui a la faculté de sentir. *L'être sensitif. Organe sensitif.* ✦ Dans l'ancienne philosophie, *âme sensible,* âme particulière qui avait la fonction de percevoir les sensations.

SENSITIVE, n. f. [sãsitiv] (substantivation du fém. de *sensitif*) Plante de la famille des légumineuses, qui replie ses feuilles dès qu'on la touche. ✦ **Fig.** *C'est une sensitive,* se dit d'une personne que les moindres choses blessent ou effarouchent.

SENSITOMÈTRE, ▪ n. m. [sãsitomɛtr] (*sensito-,* d'après *sensible,* et *-mètre*) **Phot.** Appareil utilisé pour mesurer la sensibilité à la lumière d'une surface photographique. *Un sensitomètre permet de réaliser les tests d'émulsions.*

SENSITOMÉTRIE, ▪ n. f. [sãsitometri] (*sensitomètre*) **Phot.** Technique d'analyse et de mesure de la sensibilité à la lumière d'une surface photographique. *Grâce à la sensitométrie, les photographes ont appris à modifier le contraste d'un film photographique lors de son développement.* ▪ SENSITOMÉTRIQUE, adj. [sãsitometrik]

SENSORIAL, ALE, adj. [sãsɔrjal] (*sensorium*) ▷ Qui appartient au sensorium. *Phénomènes sensoriaux.* ▪ REM. On prononçait autrefois [sɛ̃sɔrjal]. ◁

SENSORIEL, ELLE, adj. [sãsɔrjɛl] (radic. de *sensorium*) Qui a rapport aux sens. *Les appareils sensoriels.*

SENSORIMOTEUR, TRICE, ▪ adj. [sãsɔrimotœr, tris] (*sensori-,* de *sensoriel,* et *moteur*) Concernant à la fois les phénomènes sensoriels et l'activité motrice. *La conception sensorimotrice de la perception.*

SENSORIUM, n. m. [sãsɔrjɔm] (mot b. lat., siège d'une faculté) ▷ Le cerveau considéré comme centre des sensations. ▪ REM. On prononçait autrefois [sɛ̃sɔrjɔm]. ◁

SENSUALISME, n. m. [sãsɥalism] (lat. chrét. *sensualis,* relatif aux sens) **Philos.** Doctrine d'après laquelle on attribue, dans la génération des idées, tout à l'action des sens externes. ✦ **Abusiv.** Principes ou conduite des hommes et des femmes sensuels.

SENSUALISTE, adj. [sãsɥalist] (*sensualisme*) Qui appartient au sensualisme. *Doctrine sensualiste.* ▪ **N. m. et n. f.** Sectateur, sectatrice du sensualisme.

SENSUALITÉ, n. f. [sɑ̃sɥalite] (lat. chrét. *sensualitas*, faculté de sentir) Attachement aux plaisirs des sens. ♦ *Boire avec sensualité*, boire avec un vif plaisir. ♦ Au pl. Plaisirs sensuels. « *Au milieu de toutes les sensualités que le monde autorise* », MASSILLON.

SENSUEL, ELLE, adj. [sɑ̃sɥɛl] (lat. chrét. *sensualis*, relatif aux sens) Qui recherche les plaisirs des sens. *Homme sensuel.* ♦ N. m. et n. f. Personne sensuelle. ♦ Qui flatte les sens. *Les plaisirs sensuels. Une vie sensuelle. Les appétits sensuels.*

SENSUELLEMENT, adv. [sɑ̃sɥɛl(ə)mɑ̃] (*sensuel*) D'une manière sensuelle.

SENTANT, ANTE, adj. [sɑ̃tɑ̃, ɑ̃t] (*sentir*) ▷ Qui a la faculté de sentir. *Les êtres sentants.* ◁

SENTE, n. f. [sɑ̃t] (lat. *semita*, sentier, petit chemin de traverse) Syn. populaire de sentier. ▪ REM. Aujourd'hui, *sente* est d'un emploi courant.

SENTENCE, n. f. [sɑ̃tɑ̃s] (lat. *sententia*, sentiment, opinion) Parole qui renferme un grand sens, une pensée morale. ♦ *Ne parler que par sentences*, débiter à tout propos des généralités, des moralités. ♦ Jugement rendu par des juges, par des arbitres, par une assemblée. ♦ **Fig.** Toute décision comparée à une sentence. ♦ **Techn.** Jugement rendu par des juges inférieurs. *Appeler d'une sentence.* ♦ **Fig.** *Appeler de la sentence de quelqu'un*, ne pas s'en tenir à sa décision. ♦ **Partic.** Jugement qui prononce la peine capitale. ♦ Il se dit des jugements rendus dans les différents degrés de la juridiction ecclésiastique. ♦ Les diverses décisions, les divers jugements que rendent certains tribunaux étrangers. *Les sentences de la rote.* ♦ Jugement de Dieu sur les hommes. « *Nous viendrons tout à coup au dernier jour ; la sentence partira d'en haut* », BOSSUET.

SENTENCIÉ, ÉE, p. p. de sentencier. [sɑ̃tɑ̃sje]

SENTENCIER, v. tr. [sɑ̃tɑ̃sje] (*sentence*) ▷ **Vieilli** Condamner par une sentence, et surtout par une sentence en matière criminelle. ◁

SENTENCIEUSEMENT, adv. [sɑ̃tɑ̃sjøz(ə)mɑ̃] (*silencieux*) D'une manière sentencieuse. ♦ Il ne se dit guère qu'ironiquement.

SENTENCIEUX, EUSE, adj. [sɑ̃tɑ̃sjø, øz] (lat. *sententiosus*, riche d'idées) Qui contient des maximes, des sentences. *Un style sentencieux.* ♦ *Ton sentencieux*, un ton de gravité affectée. ♦ Qui s'énonce ordinairement par maximes, par sentences. *Un écrivain sentencieux.*

SENTÈNE, n. f. [sɑ̃tɛn] ▷ Voy. CENTAINE. ◁

SENTEUR, n. f. [sɑ̃tœr] (*sentir*) Ce qui frappe l'odorat, ce qui est senti. *Une bonne senteur. La senteur d'une piste.* ♦ *Pois de senteur*, Voy. POIS. ♦ *Rat de senteur*, nom d'un petit quadrupède. ♦ Composition parfumée. *Une peau de senteur. Les eaux de senteur.* ♦ *Aimer les senteurs, porter des senteurs ;* on dit aujourd'hui les odeurs.

SENTI, IE, p. p. de sentir. [sɑ̃ti] ♦ **Art** *Cela est bien senti, cela est senti*, cela est exprimé avec vérité, avec âme. ♦ N. m. Littér. et bx-arts *Ce qui est senti*, ce qui est plein de sentiment. ▪ *Bien senti*, exprimé avec force et conviction. *Une remarque bien sentie.*

SENTIER, n. m. [sɑ̃tje] (lat. pop. *semitarius*, du lat. *semitarius*, qui se tient dans les ruelles, de *semita*, sentier) Chemin étroit, dans la campagne ou les bois, qui ne sert qu'aux piétons. ♦ **Fig.** *Marcher dans les sentiers de la justice. Connaître tous les sentiers du cœur.* ♦ *Sentiers battus*, Voy. BATTU.

SENTIMENT, n. m. [sɑ̃timɑ̃] (*sentir* ; anc. fr. *sentement*) En général, faculté de sentir. *Avoir le sentiment exquis, prompt, délicat.* ♦ **Chasse** Se dit de l'odorat des chiens. « *Lorsque la terre s'émaille de fleurs, leur parfum rend moins sûr le sentiment des chiens* », BUFFON. ♦ Résultat de l'action de sentir. *Sentiment douloureux, agréable, etc.* ♦ Sensibilité physique. *Il n'y a plus de sentiment dans son bras.* ♦ Il se dit aussi de sensations internes, de modifications perceptibles de nos organes intérieurs. *Le sentiment de la faim, de la douleur, etc.* ♦ **Fig.** Intérêt pour quelqu'un ou quelque chose. ♦ Conscience que l'on a de la réalité d'une chose. « *J'ai un sentiment clair de ma liberté* », BOSSUET. ♦ Faculté de comprendre, d'apprécier certaines choses. *Avoir le sentiment de la musique, des beaux-arts, etc.* ♦ *Choses de sentiment*, choses qui appartiennent à l'appréciation du sentiment, non à celle de la raison. ♦ *Juger par sentiment*, juger par l'impression qu'on reçoit. ♦ Il se dit des affections, des mouvements de l'âme, des passions. « *La raison agit avec lenteur, le sentiment n'agit pas ainsi, il agit en un instant, et toujours est prêt à agir* », PASCAL. ♦ *Les affections bonnes, bienveillantes, tendres. Les sentiments du cœur.* ♦ Absol. *Avoir des sentiments*, avoir de l'honneur, de la probité. ♦ *Sentiments naturels*, certains mouvements qui sont inspirés par la nature. ♦ Fam. *Grands sentiments*, sentiments exagérés de probité, d'honneur, etc. ♦ Absol. *Le sentiment*, l'ensemble des affections tendres qui sont dans le cœur de l'homme. ♦ *Être capable de sentiment*, se piquer de sentiment, avoir l'âme sensible, délicate, se piquer de sensibilité, de délicatesse d'âme. ♦ La passion de l'amour. « *Témoignes-tu pour moi les moindres sentiments ?* », P. CORNEILLE. ♦ *Pousser les beaux sentiments*, affecter de dire des choses recherchées et passionnées en matière de galanterie. ♦ Disposition à être

facilement touché, attendri. *Jouer le sentiment.* ♦ **Littér., peint. et sculpt.** Expression vive, animée, douce. *Ce tableau est plein de sentiment.* ♦ *Trait de sentiment, vers de sentiment*, trait, vers qui exprime un mouvement du cœur. ♦ Manière de percevoir les impressions morales. « *Comme on se gâte l'esprit, on se gâte aussi le sentiment* », PASCAL. ♦ Avis, opinion qu'on a sur quelque chose, jugement qu'on en porte. *Être du sentiment de quelqu'un.* « *Voilà l'homme en effet : il va du blanc au noir, il condamne au matin ses sentiments du soir* », BOILEAU. ♦ *Au sentiment de*, selon l'opinion de. ♦ Prov. *Autant de têtes, autant de sentiments*, sur une chose il y a autant d'avis qu'il y a de personnes. ▪ *Faire du sentiment*, faire intervenir des éléments affectifs dans une situation inappropriée. ▪ *Mes sentiments respectueux, dévoués, etc.* formule de politesse qui termine une lettre.

SENTIMENTAL, ALE, adj. [sɑ̃timɑ̃tal] (*sentiment*) Où il y a du sentiment, qui annonce du sentiment. *Un ton sentimental. Des vers sentimentaux.* ♦ Qui affecte une grande sensibilité. *Une femme sentimentale.* ♦ *École sentimentale*, celle qui prend pour base le sentiment. ▪ N. m. et f. Personne d'une grande sensibilité. *C'est un grand sentimental.*

SENTIMENTALEMENT, adv. [sɑ̃timɑ̃tal(ə)mɑ̃] (*sentimental*) Néolog. D'une manière sentimentale. ▪ REM. N'est plus considéré comme néologisme aujourd'hui.

SENTIMENTALISME, ▪ n. m. [sɑ̃timɑ̃talism] (*sentimental*) Péj. Sensibilité trop importante. « *J'y apercevais ... une expression de mauvaise littérature, du sentimentalisme de chansonnier toulonnais* », ROMAINS. ▪ SENTIMENTALISTE, adj. et n. m. et f. [sɑ̃timɑ̃talist]

SENTIMENTALITÉ, n. f. [sɑ̃timɑ̃talite] (*sentimental*) Néolog. Caractère de ce qui est sentimental. ♦ Affectation de se montrer une personne sentimentale. ▪ REM. N'est plus considéré comme néologisme aujourd'hui.

SENTINE, n. f. [sɑ̃tin] (lat. *sentina*) La partie la plus basse de l'intérieur d'un navire où les eaux s'amassent et croupissent. ♦ **Fig.** *Sentine de tous les vices*, lieu où se rassemblent toutes sortes de gens de mauvaise conduite. ♦ On dit aussi : *Cet homme est une sentine de vices.*

SENTINELLE, n. f. [sɑ̃tinɛl] (ital. *sentinella*, de *sentire*, écouter) Guet que fait un homme et surtout un soldat ; en ce sens, il ne s'emploie qu'avec *en, de* ou *faire. Être de sentinelle.* ♦ *Mettre quelqu'un en sentinelle*, le mettre dans un endroit d'où il puisse apercevoir ce qui se passe. ♦ *Faire sentinelle*, attendre, épier. ♦ **Fig.** *Relever quelqu'un de sentinelle*, Voy. RELEVER. ♦ Soldat qui fait le guet pour la garde d'un camp, d'un poste, d'un monument, etc. *Poser des sentinelles. Relever une sentinelle.* ♦ **Fig.** *Le prince est une sentinelle établie pour garder son État.* ♦ *Sentinelle perdue*, soldat placé dans un poste avancé et périlleux. ♦ Quelques poètes ont fait *sentinelle* masculin.

SENTIR, v. tr. [sɑ̃tir] (lat. *sentire*, percevoir par les sens, percevoir par l'intelligence) Recevoir une impression qui vient soit par l'extérieur du corps et par les sens, soit par l'intérieur et les parties profondes. *Sentir une grande douleur de tête, la faim, la soif, etc.* ♦ Absol. « *Quoi ! le charme de sentir est-il si fort que nous ne puissions rien prévoir ?* », BOSSUET. ♦ N. m. L'action de sentir. « *Le sentir ne dépend pas de nous, mais le vouloir en dépend* », FÉNELON. ♦ **Manège** *Sentir son cheval*, se rendre raison de tous ses mouvements et savoir en profiter. ♦ *Sentir son cheval dans la main*, le tenir de la main et des jarrets de manière qu'on en soit le maître. ♦ Percevoir par l'odorat. *Sentir une odeur.* ♦ **Fig.** *Sentir de loin quelqu'un*, reconnaître quel il est. ♦ *Sentir quelqu'un de loin*, pénétrer à l'avance ses intentions. ♦ **Fig.** *Sentir de loin*, découvrir, prévoir les choses de loin. ♦ Flairer. *Sentir une rose.* ♦ **Fig.** et fam. *Je ne puis sentir cet homme-là*, j'ai pour lui beaucoup d'aversion. ♦ Il se dit des différentes affections que l'âme éprouve. *Sentir du plaisir, de l'amour, etc.* ♦ Absol. *Il faut sentir pour bien peindre.* ♦ *Sentir quelque chose pour quelqu'un*, être disposé à l'aimer, ou l'aimer déjà. ♦ Il se dit des impressions que l'âme reçoit, agit sur elle. *Il ne sent point les affronts. Il sent vivement les services qu'il a reçus.* ♦ *Sentir de*, avec un infinitif, éprouver un regret, une peine de. « *Je sens vivement de ne plus causer avec le chevalier* », MME DE SÉVIGNÉ. ♦ Avoir l'appréciation délicate et instinctive de ce qui est beau dans une œuvre, dans une personne, dans un auteur ou un artiste. *Sentir la musique, la poésie, etc.* ♦ S'apercevoir, connaître. « *L'homme sent son néant* », PASCAL. ♦ *Vous sentez que*, vous reconnaissez que. ♦ Éprouver. « *Ainsi mes ennemis sentiront mon courroux* », VOLTAIRE. ♦ *Se sentir quelque chose*, sentir en soi quelque chose. *Je me suis senti des forces que je ne me connaissais pas.* ♦ Faire connaître, faire comprendre. « *Les bontés que vous m'avez fait sentir* », FÉNELON. « *Je faisais même de temps en temps sentir à Protésilas que je supportais son joug avec impatience* », FÉNELON. ♦ Faire éprouver. « *Après avoir fait sentir aux ennemis durant tant d'années l'invincible puissance du roi* », BOSSUET. ♦ Marquer dans le discours, accentuer. ♦ *Faire sentir une syllabe*, l'appuyer. ♦ Exhaler, répandre une odeur. *Cela sent la fleur d'orange.* « *Il sent la fièvre d'une lieue* », BEAUMARCHAIS. ♦ **Fig.** *Cet ouvrage sent l'huile, sent la lampe*, il paraît avoir coûté beaucoup de veilles, beaucoup de travail à son auteur. ♦ **Fig.** *Cette action sent le gibet, la roue, la hart, les coups de bâton*, celui qui l'a commise mérite d'être pendu, roué, bâtonné. ♦ **Fig.** *Sentir le fagot*, Voy. FAGOT. ♦ **Fig.** *Sentir le sapin*, Voy. SAPIN. ♦ Il s'emploie souvent comme neutre. *Cela sent bon, sent mauvais.* ♦ *Sentir comme baume*, avoir une très agréable odeur. ♦ **Absol.** *Sentir* se dit pour *sentir mauvais. Cette viande commence à sentir.* ♦ **Impers.** *Il sent bon dans cette chambre.* ♦ **Fig.** et **fam.** *Cela ne sent pas bon*, l'affaire prend une mauvaise tournure, elle peut avoir des suites fâcheuses. ♦ Avoir telle ou telle saveur. *Cette soupe ne sent rien. Ce vin sent le terroir, un goût.* ♦ **Fig.** et **fam.** *Sentir le terroir*, se dit d'un homme qui a les défauts des gens de son pays, ou d'un ouvrage dans lequel se trouvent des défauts qui tiennent à des habitudes de localité. ♦ **Fig.** Avoir les qualités, l'air, l'apparence de, indiquer, dénoter. « *Je ne hais point la vie et j'en aime l'usage, Mais sans attachement qui sente l'esclavage* », P. CORNEILLE. « *Cela sent son vieillard* », MOLIÈRE. « *Voici qui sent bien le roman* », HAMILTON. ♦ **Mar.** *Sentir le fond*, se dit d'un bâtiment qui est mouillé sur un fond presque égal à son tirant d'eau. ♦ *Se sentir*, v. pr. Être senti, faire éprouver une sensation. ♦ Être l'objet d'un sentiment. « *Les principes se sentent, les propositions se concluent, et le tout avec certitude, quoique par différentes voies* », PASCAL. ♦ Connaître, apercevoir en quel état, en quelle disposition l'on est. *Il ne se sentit pas mourir. Se sentir ému.* ♦ *Je ne me sens pas bien*, je ne me sens pas à mon aise. ♦ **Absol.** *Se sentir, se bien sentir*, avoir conscience des forces qu'on a, du mérite qu'on possède, de ce qu'on est en droit d'exiger. « *Le noble orgueil du mérite qui se sent, qui s'estime, et qui veut être honoré comme il s'honore* », J.-J. ROUSSEAU. ♦ *Ne pas se sentir*, être hors de soi par colère, joie, etc. « *À ces mots le corbeau ne se sent pas de joie* », LA FONTAINE. « *Je suis dans une colère que je ne me sens pas* », MOLIÈRE. ♦ *Se sentir*, suivi d'un verbe transitif qui prend le sens passif. « *De ses bras innocents je me sentis presser* », RACINE. ♦ *Se sentir de*, prouver, ressentir. *Se sentir des incommodités de la vieillesse.* ♦ Éprouver quelque mal, quelque dommage. *Il se sentira longtemps de cette blessure.* « *Son éducation se sentit de cette négligence* », J.-J. ROUSSEAU. ♦ Recevoir quelque bien, quelque avantage. *Chacun se sent de ces générosités.* ♦ Porter la marque de, la trace de. « *De son orgueil ses habits se sentaient* », LA FONTAINE. « *Le vers se sent toujours des bassesses du cœur* », BOILEAU. ♦ **Prov.** *La caque sent toujours le hareng*, Voy. CAQUE. ▪ **V. pr.** *Ils ne peuvent pas se sentir*, ils se détestent.

1 SEOIR, v. intr. **défect.** [swaʀ] (lat. *sedere*, être assis, siéger) N'est guère usité qu'à l'infinitif, au présent de l'indicatif, *je sieds, tu sieds, il sied, nous seyons, vous seyez, ils sient* ; à l'impératif, *sieds-toi, seyons-nous, seyez-vous* ; au part. présent, *séant*, et au part. passé, *sis, sise.* Être assis. « *Il la fit seoir* », LA FONTAINE. ♦ *Se seoir*, v. pr. S'asseoir ; peu usité, s'emploie quelquefois familièrement ou en poésie au présent de l'indicatif, à l'impératif et à l'infinitif. « *Sieds-toi, je n'ai pas dit encor ce que je veux* », P. CORNEILLE.

2 SEOIR, v. intr. **défect.** [swaʀ] (lat. *sedere*, demeurer fixé) Ne s'emploie plus guère qu'aux troisièmes personnes suivantes : *il sied, ils siéent ; il seyait, ils seyaient ; il siéra, ils siéront ; il siérait, ils siéraient ; qu'il siée, qu'ils siéent* ; au part. prés. *seyant* ou *séant.* Être convenable, bien aller. *Ces couleurs vous siéent. La modestie sied à la jeunesse.* ♦ **Impers.** *Il vous sied mal de parler ainsi.* ♦ **Ironiq.** « *Perfide, il vous sied bien de tenir ce discours !* », RACINE. ♦ Concorder, aller ensemble. « *Cette vanité, Monsieur, ne sied pas bien avec la piété* », MOLIÈRE.

SEP, ▪ n. m. [sep] (lat. *cippus*, colonne funéraire, pieu, lat. médiév. entrave) Pièce soutenant le soc d'une charrue. *Avec l'âge, le sep est l'un des composants essentiels d'une charrue.*

SÉPALE, n. m. [sepal] (lat. sav. [XVIIIᵉ s.] *sepalum*, du gr. *skepê*, couverture, et *petalon*, feuille de plante) **Bot.** Chacune des folioles du calice.

SÉPARABLE, adj. [sepaʀabl] (*séparer*) Qui peut se séparer, qui peut être séparé.

SÉPARANT, ANTE, adj. [sepaʀɑ̃, ɑ̃t] (*séparer*) Qui sépare ou peut séparer.

SÉPARATEUR, TRICE, adj. [sepaʀatœʀ, tʀis] (b. lat. *separator*) Qui a la vertu de séparer. ▪ **N. m.** Appareil utilisé pour séparer les éléments d'un mélange. *Un séparateur d'hydrocarbures.* ▪ Ce qui sépare deux éléments à distinguer. *Utiliser le slash comme séparateur dans l'adresse d'un site Internet.*

SÉPARATIF, IVE, adj. [separatif, iv] (b. lat. gramm. *separativus*, disjonctif) ▷ Qui cause, qui opère la séparation. ♦ Qui marque, qui indique la séparation. *Le mur séparatif de deux propriétés.* ◁

SÉPARATION, n. f. [separasjɔ̃] (lat. *separatio*) Action de séparer, de se séparer, résultat de cette action. *La séparation des chairs d'avec les os. Sa séparation du monde. La séparation d'une assemblée.* ♦ Action de quitter des amis, des parents, des personnes chères. ♦ Désunion de quelques éléments. *La séparation des métaux.* ♦ **Fig.** *La séparation de l'erreur et de la vérité.* ♦ La chose même qui fait séparation, cloison, haie, etc. *Mur de séparation.* ♦ **Fig.** *Mur de séparation*, cause, sujet de division. ♦ Rupture de l'union conjugale. ♦ **Jurispr.** *Séparation de corps*, jugement qui autorise les époux à vivre séparément. ♦ *Séparation de biens judiciaire ou par jugement*, jugement qui rompt la communauté. ♦ Brouille, froideur. ♦ Fin d'une liaison amoureuse. *Leur séparation s'est faite en douceur.*

SÉPARATISME, ▪ n. m. [separatism] (angl. *separatism*, de *separatist*) Mouvement réclamant la séparation et l'indépendance politiques d'un territoire. *Le séparatisme basque, tchèque.*

SÉPARATISTE, n. m. [separatist] (angl. *separatist*, disciple de Robert Brown, 1550-1633, qui rejette l'église anglicane, de *to separate*, se séparer) Nom donné, dans différentes sectes, à ceux qui se détachent de la communion dans laquelle ils sont nés. ♦ Ceux qui se séparent d'une confédération. *Aux États-Unis, les séparatistes du Sud.* ▪ **N. m.** et **f.** Partisan du séparatisme. *Attentat perpétré par les séparatistes basques.* ▪ **Adj.** *Le mouvement séparatiste basque.*

SÉPARÉ, ÉE, p. p. de séparer. [sepaʀe] ♦ *Séparé de corps, séparé de biens*, se dit d'époux entre lesquels est intervenu un jugement de séparation de corps, de biens. ♦ Différent, distinct. « *Ce sont deux questions fort séparées* », PASCAL.

SÉPARÉMENT, adv. [sepaʀemɑ̃] (*séparé*) À part l'un de l'autre.

SÉPARER, v. tr. [sepaʀe] (lat. *separare*, de *se*, à part, et *parare*, préparer, disposer) Désunir ce qui était joint, ce qui formait un tout ou était considéré comme tel. *Séparer la tête du corps.* ♦ *Séparer les chairs d'avec les os.* ♦ Ôter les unes d'à côté des autres des choses qui étaient mal rangées. ♦ Mettre à part les uns des autres des objets de différentes espèces. « *Quelquefois du bon or je sépare le faux* », BOILEAU. ♦ *Se séparer quelque chose*, mettre quelque chose à part pour soi. « *Ce grand Dieu, au milieu de la corruption, commença à se séparer un peuple élu* », BOSSUET. ♦ Mettre un espace au moyen de quelque chose qu'on place entre ses parties. *Séparer une chambre en trois par des cloisons.* ♦ Former, être une séparation entre deux choses. *Un mur sépare ces deux maisons.* ♦ **Fig.** *La ligne qui sépare le sublime du boursouflé.* ♦ Il se dit des obstacles naturels qui sont interposés entre des pays. *Les Pyrénées séparent l'Espagne de la France.* ♦ Mettre une certaine distance entre. « *Dans un mois, dans un an, comment souffrirons-nous, Seigneur, que tant de mers nous séparent de vous ?* », RACINE. ♦ Il se dit aussi de la distance dans le temps. « *Deux mille ans nous séparent des Grecs* », FONTENELLE. ♦ Diviser. *Séparer les cheveux sur le front.* ♦ Couper les communications entre. « *L'industrie d'Alexandre fut de séparer les Perses des côtes de la mer* », MONTESQUIEU. ♦ Faire que des personnes, des animaux, des choses ne soient plus ensemble. *Séparer des chevaux.* « *Le sort pourra bien nous séparer, mais non pas nous désunir* », J.-J. ROUSSEAU. ♦ Renvoyer des troupes militaires. « *On n'a point encore séparé ce régiment de noblesse* », MME DE SÉVIGNÉ. ♦ *Séparer des hommes, des animaux qui se battent*, faire cesser leur combat en les éloignant les uns des autres. ♦ **Fig.** Entretenir l'inimitié. « *Trop de haine sépare Andromaque et Pyrrhus* », RACINE. ♦ *Séparer des amis*, faire cesser leur amitié. ♦ **Jurispr.** *Séparer de biens un mari et une femme*, ordonner en justice qu'il n'y aura plus entre eux communauté de biens. ♦ *Les séparer de corps*, ordonner en justice qu'ils n'habiteront plus ensemble. ♦ Il se dit aussi d'une séparation non judiciaire. ♦ Prononcer une sentence d'interdiction. *Séparer quelqu'un des sacrements.* ♦ **Fig.** Considérer à part, mettre à part. « *Ne séparant pas en ce point mon sort du vôtre* », MASSILLON. ♦ *Séparer à deux*, partager entre deux. ♦ Rendre distinct. *La raison sépare l'homme de tous les animaux.* ♦ *Se séparer*, v. pr. Être séparé, disjoint. *L'écorce de cet arbre s'est séparée du bois.* ♦ Être partagé en, divisé en. *Le chemin se sépare en deux.* ♦ En parlant des personnes, s'éloigner l'une de l'autre. *Il faut nous séparer.* ♦ Il se dit d'une multitude qui se disperse. ♦ En parlant d'une compagnie régulière, cesser de tenir ses séances, etc. *L'assemblée s'est séparée en tumulte.* ♦ *L'armée se sépara*, elle cessa de tenir la campagne, et les différents corps retournèrent à leurs cantonnements. ♦ **Vén.** *Le cerf cherche par des bonds à se séparer de sa voie* ou simplement *à se séparer*, à interrompre la trace, les émanations odorantes qui dirigent les chiens. ♦ Cesser de se battre, d'être aux prises. ♦ Cesser de vivre en commun. ♦ *Se séparer de corps ou de biens*, se dit d'époux qui obtiennent en justice la séparation de corps ou de biens. ♦ Se quitter l'un l'autre. ♦ Quitter quelqu'un. « *Partez, séparez-vous de la triste Aricie* », RACINE. ♦ Rompre des liens qui nous attachent à quelqu'un ou à quelque chose. « *Séparons-nous du monde, avant que le monde se sépare de nous* », BOURDALOUE.

SÉPIA, n. f. [sepja] (mot lat., gr. *sêpia*, seiche, encre) Matière colorante que répand la seiche, et qui sert pour le dessin au lavis. *Une sépia.* ▪ **Adj. inv.** Brun foncé. *Des photos sépia.*

SÉPIOLITE, ▪ n. f. [sepjolit] (gr. *sêpion*, os de seiche, et *-lit(h)e*) **Minér.** Minerai de magnésium naturel. *La sépiolite était utilisée pour la fabrication de porcelaine. La sépiolite est également appelée écume de mer.*

SEPPUKU, ▪ n. m. [sepuku] (mot jap., ouvrir le ventre) Suicide rituel par éventration, au Japon. *Les samouraïs considéraient le seppuku comme l'unique moyen de racheter une faute. Le seppuku est plus connu sous le nom de hara-kiri.*

SEPS, n. m. [seps] (gr. *sêps*, serpent venimeux, sorte de lézard) Lézard dont les jambes sont si peu apparentes qu'il ressemble à un serpent.

SEPT, adj. num. [sɛt] (lat. *septem*) Nombre impair qui suit immédiatement le nombre six. ◆ Septième. *Page sept. Charles sept.* On se sert ordinairement des chiffres romains avec les noms de prince : *Charles VII.* ◆ N. m. *Sept multiplié par deux donne quatorze.* ◆ On dit de même : *Le nombre sept.* ◆ *Le sept du mois,* le septième jour du mois. ◆ Le caractère qui marque en chiffres le nombre sept. *Le chiffre sept. Deux sept.* ◆ On dit de même : *Le numéro sept.* ◆ Au jeu de cartes, carte marquée de sept points. *Le sept de cœur, de pique, d'atout, etc.*

SEPTAIN, ◼ n. m. [sɛptɛ̃] (*sept*) Pièce de poésie composée de sept vers. *Vigny écrivait tous ses septains en alexandrins.* **Techn.** Corde composée de sept torons torsadés. *Le septain de chanvre est un cordage souvent utilisé comme pièce de fixation.*

SEPTAL, ALE, ◼ adj. [sɛptal] (*septum*) **Anat.** Relatif à un septum. *Les muscles septaux. Les artères septales.*

SEPTANTE, adj. num. [sɛptɑ̃t] (lat. pop. *septanta*, du lat. *septuaginta*) Soixante et dix (il a vieilli). ◆ *Les septante interprètes* ou absol. *Les Septante* (avec une majuscule), les soixante-dix interprètes qui traduisirent d'hébreu en grec les livres de l'Ancien Testament sous Ptolémée Philadelphe, roi d'Égypte. ◆ N. f. *La Septante,* la traduction des Septante. ◼ Employé auj. en Belgique et en Suisse.

SEPTEMBRAL, ALE, adj. [sɛptɑ̃bʀal] (septembre) ▷ Qui appartient à septembre. ◆ *La purée septembrale,* le vin. ◁

SEPTEMBRE, n. m. [sɛptɑ̃bʀ] (lat. *September*, de *septem*, sept) Le neuvième mois de l'année, selon notre manière actuelle de compter. ◆ *La purée de septembre,* le vin.

SEPTÉNAIRE, adj. [sɛptenɛʀ] (lat. impér. *septenarius*, composé de sept) Qui vaut, qui contient sept. *Nombre septénaire.* ◆ N. m. Espace de sept jours. *Le premier septénaire dans une fièvre typhoïde.* ◆ Espace de sept ans dans la vie de l'homme. ◆ Adj. Qui dure sept ans. *Un parlement septénaire.* ◆ On dit aujourd'hui plutôt : *parlement septennal.*

SEPTENNAL, ALE, adj. [sɛptenal] (lat. médiév. *septennalis*, de *septem*, sept, et *annus*, année) Qui arrive ou qui se renouvelle tous les sept ans. *Des parlements septennaux.* ◼ Qui dure sept ans. *Des mandats septennaux.*

SEPTENNALITÉ, n. f. [sɛptenalite] (*septennal*) Qualité de ce qui est septennal. *La septennalité d'une assemblée.*

SEPTENNAT, ◼ n. m. [sɛptena] (*septennal*) Période de sept ans. *L'ancien septennat présidentiel.*

SEPTENTRION, n. m. [sɛptɑ̃tʀijɔ̃] (lat. *septentrio*, les sept étoiles de la Grande et de la Petite Ourse, vent du nord, pôle Nord, de *septem*, sept, et *triones*, les deux Ourses) Le nord, celui des pôles du monde qui est au nord. ◆ *Ce pays est au septentrion de tel autre.* On dit plutôt : au nord. ◆ **Astron.** La Petite Ourse.

SEPTENTRIONAL, ALE, adj. [sɛptɑ̃tʀijonal] (lat. impér. *septentrionalis*) Qui est du côté du septentrion. *Les peuples septentrionaux.* ◆ N. m. et n. f. *Les Septentrionaux* (avec un S majuscule), les gens du Nord.

SEPTICÉMIE, ◼ n. f. [sɛptisemi] (gr. *sêptikos*, qui engendre la putréfaction, et -(h)*émie*) Infection généralisée par des bactéries dans le sang. *La septicémie peut être mortelle.* ◼ SEPTICÉMIQUE, adj. [sɛptisemik]

SEPTIDI, n. m. [sɛptidi] (lat. *septi[mus]*, septième, et *di*, de *dies*, jour, d'après *lundi*, etc.) Le septième jour de la décade républicaine.

SEPTIÈME, adj. [sɛtjɛm] (*sept*) Nombre ordinal de sept. *Le septième jour.* ◆ *La septième partie d'un tout,* chaque partie égale d'un tout qui en a sept. ◆ *Septième ciel,* le ciel de la plus haute planète, selon les idées anciennes. ◆ Fig. *Le septième ciel,* le lieu où l'on jouit du bonheur le plus pur, de la tranquillité la plus parfaite. ◆ N. m. et n. f. *Vous êtes le septième sur la liste.* ◆ N. m. *Le septième,* la septième partie d'un tout. ◆ Le septième jour d'une période. *Le septième du mois.* ◆ N. f. *La septième,* la septième classe. *Être en septième.* ◆ Au jeu de piquet, suite de sept cartes de même couleur ; on dit plus souvent *dix-septième.* ◆ **Mus.** *La septième,* l'intervalle qui suit la sixte et précède l'octave. ◆ *Septième majeure,* intervalle formé de onze demi-tons. ◆ *Septième mineure,* intervalle formé de dix demi-tons. ◆ N. f. Cinquième année dans l'enseignement primaire français, appelée aussi cours moyen 2ᵉ année. ◼ *Le septième art,* le cinéma.

SEPTIÈMEMENT, adv. [sɛtjɛm(ə)mɑ̃] (*septième*) En septième lieu.

SEPTIER, n. m. [sətje] ▷ Voy. SETIER. ◁

SEPTIMO, adv. [sɛptimo] (lat. *septimo [loco]*, ablat. de *septimus*, septième, et *locus*, lieu, rang) En septième lieu.

SEPTIQUE, adj. [sɛptik] (gr. *sêptikos*, de *sêpein*, faire tomber en pourriture) Qui produit de la putréfaction. *Poisons septiques.* ◆ **Méd.** Il se dit des topiques qui font pourrir les chairs. ◼ *Fosse septique,* fosse d'aisances aménagée pour la décomposition des matières organiques.

SEPTMONCEL, ◼ n. m. [sɛmɔ̃sɛl] (*Septmoncel*, commune du Jura) Fromage au lait cru de vache et à veinures bleues, fabriqué dans le Jura. *Le septmoncel est un fromage* AOC *également appelé bleu de Gex.*

SEPTUAGÉNAIRE, adj. [sɛptɥaʒenɛʀ] (lat. *septuagenarius*, qui contient soixante-dix) Âgé de soixante-dix ans. *Un homme, une femme septuagénaire.* ◆ N. m. et n. f. *Un septuagénaire. Une septuagénaire.*

SEPTUAGÉSIME, n. f. [sɛptɥaʒezim] (lat. *septuagesima [dies]*, de *septuagesimus*, soixante-dixième, et *dies*, jour) Le dimanche qui précède de soixante-dix jours l'octave de Pâques. *Le dimanche de la Septuagésime.*

SEPTUM, ◼ n. m. [sɛptɔm] (mot lat., clôture, barrière, lat. impér. méd. *diaphragme*, de *sæpire*, enclore, enfermer) **Anat.** Cloison divisant un organe ou une cavité en deux parties. *Les septums intermusculaires.*

SEPTUOR, n. m. [sɛptɥɔʀ] (*sept*, d'après *quatuor*) **Mus.** Morceau pour sept voix ou pour sept instruments. ◼ **Mus.** Formation de sept chanteurs ou de sept instruments. *Un septuor vocal, instrumental.*

SEPTUPLE, adj. [sɛptypl] (b. lat. *septuplum*) Qui vaut sept fois autant. *Valeur septuple d'une autre.* ◆ N. m. *Le septuple.*

SEPTUPLÉ, ÉE, p. p. de septupler. [sɛptyple]

SEPTUPLER, v. tr. [sɛptyple] (*septuple*) Rendre sept fois aussi grand. *Il a septuplé son revenu.*

SÉPULCRAL, ALE, adj. [sepylkʀal] (lat. *sepulcralis*, de *sepulcrum*, tombeau) Qui appartient, qui a rapport au sépulcre. *Pierre sépulcrale. Des édifices sépulcraux.* ◆ *Colonne sépulcrale,* colonne élevée sur un tombeau. ◆ *Chapelle sépulcrale,* chapelle destinée à contenir des tombeaux. ◆ *Lampe sépulcrale,* lampe qu'on tient allumée auprès d'un tombeau. ◆ *Statue, figure sépulcrale,* statue, figure destinée à décorer un tombeau. ◆ Fig. Qui a l'apparence de la mort, du sépulcre. *Avoir une figure sépulcrale. Des imaginations sépulcrales.* ◆ *Voix sépulcrale,* voix sourde, qui semble partir d'un sépulcre.

SÉPULCRE, n. m. [sepylkʀ] (lat. *sepulcrum*, de sepelire, ensevelir) Tombeau, en parlant des anciens. *Les sépulcres de l'Égypte.* ◆ *Le saint sépulcre,* le sépulcre où Jésus-Christ fut déposé après sa mort. ◆ Fig. Dans le langage de l'Écriture, *des sépulcres blanchis,* des hypocrites ; locution tirée de ce que, les tombeaux étant impurs chez les Juifs, on avait soin de les blanchir à la chaux, pour avertir de ne pas s'en approcher ; de sorte que le sépulcre, blanc au dehors, était impur au dedans. ◆ Dans le langage élevé ou poétique, monument funéraire. ◆ Fig. Il se dit de ce qui enveloppe, enferme comme un sépulcre. « *Nos corps sont des sépulcres où nos âmes sont gisantes et ensevelies* », Bossuet.

SÉPULTURE, n. f. [sepyltyʀ] (lat. *sepultura*, derniers devoirs, sépulture, du supin *sepultum* de sepelire, ensevelir) Action de mettre un mort en terre. « *Allons à nos martyrs donner la sépulture* », P. Corneille. ◆ *Être privé de sépulture, rester sans sépulture,* n'être point mis en terre. ◆ *Être privé des honneurs de la sépulture* ou simplement *être privé de la sépulture,* n'être pas mis en terre avec les cérémonies convenables, usitées. ◆ La mort, la fin de la vie. « *Vivez, régnez, seigneur, jusqu'à la sépulture* », P. Corneille. ◆ *Droit de sépulture,* le droit qu'on a d'être enterré en tel lieu. ◆ *Droits de sépulture,* ce qui est dû à une église pour l'inhumation d'un mort. ◆ Le lieu où l'on enterre les morts. *Saint-Denis était la sépulture des rois de France.*

SÉQUELLE, n. f. [sekɛl] (lat. impér. *sequel[l]a*, conséquence, de *sequi*, suivre) ▷ Péj. Certain nombre de gens qui sont attachés aux intérêts de quelqu'un ou d'un parti. « *Fuyez le monde et sa séquelle* », La Fontaine. ◁ ◆ ▷ Suite, kyrielle, en parlant des choses. *Une longue séquelle de questions ridicules.* ◁ ◼ Le plus souvent au pluriel. ◼ Complication pathologique qui survient après une maladie, un accident, un acte médical. *Il a gardé des séquelles de son opération.* ◆ Conséquence fâcheuse d'une situation, d'un événement. *Les séquelles de la restructuration sont encore perceptibles dans l'entreprise.*

SÉQUENÇAGE, ◼ n. m. [sekɑ̃saʒ] (*séquencer*) **Chim.** Technique servant à déterminer la succession des composants d'une molécule. *Le séquençage du génome humain consiste à décrypter l'ordre de succession des bases composant ce génome.*

1 **SÉQUENCE**, n. f. [sekɑ̃s] (b. lat. *sequentia*, suite, succession, de *sequi*, suivre) Aux jeux de cartes, suite d'au moins trois cartes de la même couleur. ◆ Arrangement particulier donné aux jeux de cartes par chaque fabricant. ◼ Suite de plans constituant une scène d'un film. *Une séquence tournée sous la pluie.* ◼ Suite ordonnée ou enchaînée d'éléments, d'opérations, d'objets, de mots, d'instructions. *Faire une séquence d'exercices progressifs.* ◼ **Biol.** Ordre de succession des composants d'une molécule, d'un gène. *Des chercheurs comparent la séquence du génome bovin à celle du génome humain.*

2 **SÉQUENCE**, n. f. [sekɑ̃s] (b. lat. *sequentia*, suite, succession, de *sequi*, suivre) ▷ Pièce de plain-chant en vers mesurés et rimés, qu'on appelle aussi prose. ◁

SÉQUENCER, ■ v. tr. [sekãse] (*séquence*) **Biol.** Déterminer la succession des composants d'une molécule, d'un gène. *Il y a quelques années, il semblait inconcevable de parvenir à séquencer l'ensemble du génome humain.*

SÉQUENCEUR, ■ n. m. [sekãsœr] (*séquencer*) **Inform.** Appareil permettant de créer et de commander une séquence. *Grâce au séquenceur, les chercheurs en génétique parviennent à déterminer automatiquement une séquence et ainsi à connaître avec exactitude le rôle d'un gène.*

SÉQUENTIEL, ELLE, ■ adj. [sekãsjɛl] (*séquence*) Qui concerne une séquence, une suite ordonnée. *Analyse d'images séquentielles de scènes routières.*

SÉQUESTRATION, n. f. [sekɛstrasjõ] (b. lat. jurid. *sequestratio*, dépôt chez une tierce personne) Action par laquelle on met en séquestre ; état de ce qui est séquestré. *Séquestration de biens, de personnes.* ♦ *Séquestration de personne*, action d'arrêter et de détenir illégalement une personne. ♦ Mesure de police sanitaire ayant pour but d'isoler absolument des animaux sains ceux qui sont affectés ou suspects de maladies contagieuses, afin de prévenir la contagion.

SÉQUESTRE, n. m. [sekɛstr] (lat. *sequestrum*, dépôt, séquestre, neutre substantivé de *sequester*, médiateur) État d'une chose en litige remise en main tierce par ordre de la justice, ou par convention des parties, jusqu'à ce qu'il soit réglé à qui elle appartiendra. ♦ Il se dit aussi des personnes. *Mettre une fille en séquestre dans un monastère.* ♦ *La chose séquestrée.* ♦ Celui entre les mains de qui les choses ont été mises en séquestre. ♦ Pathologie, portion d'os nécrosée.

SÉQUESTRÉ, ÉE, p. p. de séquestrer. [sekɛstre] ♦ ▷ **Absol.** Qui vit solitaire. ◁

SÉQUESTRER, v. tr. [sekɛstre] (b. lat. *sequestrare*, mettre en dépôt, confier) Mettre quelque chose en séquestre. *On a séquestré ses biens, ses revenus.* ♦ Mettre à part, mettre de côté. ♦ Renfermer illégalement une personne. ♦ ▷ **Fig.** Écarter, séparer des personnes d'avec quelques autres. *Séquestrer du commerce des hommes.* ◁ ♦ ▷ Se dit en parlant d'animaux atteints de maladie contagieuse. ◁ ♦ ▷ *Se séquestrer*, v. pr. Se mettre, se tenir loin du commerce des hommes. ◁

SEQUIN, n. m. [səkɛ̃] (ital. *zecchino*, monnaie vénitienne, de *zecca*, lieu où l'on frappe les monnaies, de l'ar. *sikka*, poinçon) ▷ Monnaie d'or qui avait cours en Italie, où sa valeur était de 11 à 12 francs, et qui a cours en Égypte où elle vaut 6 francs. ◁

SÉQUOIA, ■ n. m. [sekoja] (mot lat. sav. [XIXᵉ s.], de *Sequoya*, Indien Cherokee auteur d'un alphabet) Conifère originaire de Californie, à feuillage vert-bleu, dont la hauteur peut atteindre plus de cent mètres et la longévité 2 000 ans. *Les séquoias du jardin botanique.*

SÉRAC, ■ n. m. [serak] (région. *séré*, du lat. *serum*, petit-lait, appliqué par comparaison aux blocs de glace) Fromage de Savoie fabriqué à partir du petit-lait restant après la fabrication du fromage blanc suisse nommé *séré*. *Une fondue au sérac. Le sérac est un fromage aoc.* ■ **Géol.** Bloc de glace détaché d'un glacier par un réseau orthogonal de crevasses. *Une chute de séracs.*

SERAI, [s(ə)re] (lat. *[es]sere*, être) 1ʳᵉ pers. du sing. du futur du verbe *être*.

SÉRAIL, n. m. [seraj] (ital. *sarraglio*, du turc *seraj*, du pers. *sarâj*, palais) Palais de l'empereur, des princes et de quelques grands en Turquie. ♦ Plus ordinairement, mais improprement, partie du palais où sont les femmes ; le véritable nom est *harem*. ♦ Toutes les femmes qui sont dans le sérail, avec leur suite. ♦ **Fig.** Milieu fermé et influent. *Faire partie du sérail. Être né dans le sérail.*

SÉRANCOLIN, n. m. [serãkolɛ̃] Voy. SARRANCOLIN.

SÉRAPÉUM ou **SERAPEUM**, ■ n. m. [serapeɔm] (lat. *Serapeum*, gr. *Serapeion*, temple de Sérapis, divinité égyptienne) **Archéol.** Nécropole égyptienne où étaient enterrés les taureaux sacrés, incarnations du dieu Apis. *Les sérapéums de Memphis et de Saqqarah.* ■ Lieu de culte où étaient adorées des divinités gréco-égyptiennes comme le dieu Sérapis, à l'époque hellénistique.

SÉRAPHIN, n. m. [serafɛ̃] (lat. chrét. *Seraphim*, de l'hébr. *Seraphim*, plur. de *saraph*, brûlant) Ange de la première hiérarchie.

SÉRAPHIQUE, adj. [serafik] (lat. médiév. *seraphicus*, de *Seraphim*, séraphins) Qui appartient aux séraphins. *Ardeur séraphique.* ♦ ▷ *Ordre séraphique, famille séraphique, institut séraphique*, noms donnés à l'ordre des religieux franciscains. ◁ ♦ *Vision séraphique*, extase de saint François d'Assise. ♦ ▷ *Le docteur séraphique*, saint Bonaventure. ◁

SÉRAPIS, n. m. [serapis] (lat. *Serapis*, gr. *Serapis*) Grand dieu de l'Égypte, qui était représenté avec un panier plein d'épis de blé sur la tête.

SÉRASQUIER, n. m. [seraskje] (turc *serasker*, général, du pers. *sar-i-askar*, de *sar*, chef, et ar. *askar*, armée) ▷ Titre donné en Turquie aux pachas qui commandant les troupes d'une province, et surtout au chef suprême des forces militaires de l'empire. ◁

SERBE, ■ adj. [sɛrb] (serbe *Srb*) Relatif à la Serbie. *L'alphabet serbe. La population serbe.* ■ N. m. et n. f. *Un Serbe, une Serbe.* ■ N. m. La langue serbe. *Tout comme le russe, le serbe s'écrit en alphabet cyrillique.*

SERBO-CROATE, ■ adj. [sɛrbokroat] (serbe et croate) Relatif à la Serbie et à la Croatie. *Ce musicien mêle rythmes tsiganes et mélodies serbo-croates.* ■ N. m. et n. f. *Un Serbo-Croate, une Serbo-Croate.* ■ N. m. Langue slave méridionale. *Depuis le démantèlement de la Yougoslavie, certains ne parlent plus du serbo-croate comme langue mais du croate, du serbe et du bosniaque comme langues distinctes.*

SERDEAU, n. m. [sɛrdo] (servir et eau) Officier de la maison du roi qui recevait des mains des gentilshommes servants les plats que l'on desservait de la table royale. ♦ Lieu où l'on portait cette desserte, et où mangeaient les gentilshommes servants. ♦ Endroit où se faisait la revente de la desserte des tables royales.

1 SEREIN, n. m. [sərɛ̃] (anc. fr. *ser*, déclin du jour, du lat. *serus*, qui a lieu tardivement) ▷ Humidité fine, pénétrante, généralement peu abondante, qui tombe après le coucher du soleil, ordinairement pendant la saison chaude et sans qu'il y ait de nuages au ciel. ◁

2 SEREIN, EINE, adj. [sərɛ̃, ɛn] (lat. *serenus*, pur, sans nuages, calme) Qui est sans nuage, sans brouillard et sans vent, en parlant de la constitution de l'air. *Temps serein.* ♦ **Par extens.** *Une mer sereine.* ♦ Qui annonce une grande tranquillité d'esprit. *Un visage serein.* ♦ **Fig.** Exempt de trouble, d'agitation. *Des jours sereins.* ♦ Il se dit, en un sens analogue, des personnes. *Une âme sereine.* ♦ ▷ **Méd.** *Goutte sereine*, privation de la vue causée par la paralysie de la rétine ; ainsi dite parce qu'une opinion populaire attribuait la paralysie à une goutte d'humeur qui tombait sur l'œil, mais sans en troubler la transparence. ◁

SEREINEMENT, ■ adv. [sərɛn(ə)mã] (serein) De manière sereine. « *Pour que les clauses de paix soient discutées, non plus hargneusement entre adversaires, mais sereinement, au sein d'une société universelle des nations...* », MARTIN DU GARD.

SÉRÉNADE, n. f. [serenad] (ital. *serenata*, nuit sereine, sérénade) Concert de voix et d'instruments qui se donne le soir ou la nuit sous les fenêtres de quelqu'un. ■ Composition musicale en plusieurs mouvements. *Les sérénades de Mozart.* ■ **Fig.** et **fam.** Rengaine. *À chaque fois, c'est la même sérénade !*

SÉRÉNISSIME, adj. [serenisim] (ital. *serenissimo*, superl. de *sereno*, serein) Très serein. ♦ Titre que l'on donne à quelques princes. *Votre Altesse Sérénissime.* ♦ ▷ Il s'est dit de certains États. *La sérénissime république de Venise.* ◁

SÉRÉNITÉ, n. f. [serenite] (lat. *serenitas*) État du temps, de l'air qui est serein. « *La sérénité régnait au ciel comme dans nos cœurs* », J.-J. ROUSSEAU. ♦ **Fig.** L'état d'un esprit tranquille, d'une âme sans agitation. *Un air de sérénité.* ♦ Calme, tranquillité. « *Aucun nuage ne troubla depuis la sérénité de sa vie* », FLÉCHIER. ♦ Titre d'honneur qu'on donnait à quelques princes. *Sa Sérénité le doge.*

SÉREUX, EUSE, adj. [serø, øz] (lat. *serum*, petit-lait) Physiologie, qui a les caractères de la sérosité. *Humeur séreuse.* ♦ **Anat.** Qui concourt à l'exhalation de la sérosité. *Membrane séreuse* ou n. f. *une séreuse.* ♦ *Système séreux*, l'ensemble des membranes séreuses. ♦ *Tissu séreux*, celui qui forme les membranes séreuses. ♦ Abondant en sérosités, aqueux. *Sang séreux.*

SERF, ERVE, n. m. et n. f. [sɛrf, ɛrv] (lat. *servus*, esclave) Celui qui ne jouit pas de la liberté personnelle, esclave. ♦ En particulier, au Moyen Âge, sous la féodalité, personne attachée à la glèbe et ne pouvant disposer ni de sa personne ni de son bien. ♦ Adj. Qui appartient au servage. *Les hommes serfs. Condition serve.* ♦ *Héritage serf*, héritage pour lequel il était dû une somme au seigneur. ♦ **Fig.** Qui est sans indépendance. « *Des esprits serfs* », VOLTAIRE. ♦ *Serf arbitre*, de servus, par opposition à libre arbitre, de la volonté déterminée par l'ordre de Dieu ou par l'ordre des choses.

SERFOUETTE, n. f. [sɛrfwɛt] (serfouir) Voy. SERFOUIR. Outil de fer à deux branches ou à dents renversées, dont on se sert pour donner un léger labour aux plantes potagères. ■ REM. On écrivait aussi *cerfouette* autrefois.

SERFOUI, IE, p. p. de serfouir. [sɛrfwi]

SERFOUIR, v. tr. [sɛrfwir] (lat. pop. *circumfodire*, du lat. *circumfodere*, creuser autour) *Serfouir une plante*, lui donner un léger labour avec la serfouette.

SERFOUISSAGE, n. m. [sɛrfwisaʒ] (radic. du p. prés. de *serfouir*) Action de serfouir.

SERGE, n. f. [sɛrʒ] (lat. pop. *sarica*, du lat. *sericum*, soie, de *Seres*, peuple de l'Inde orientale) Étoffe commune de laine qui est croisée. ♦ Il y a aussi des serges de soie.

SERGÉ, ■ n. m. [sɛrʒe] (serge) Mode de tissage, autrefois uniquement réservé à la laine, très fin et très serré permettant d'obtenir des mailles obliques. *Une jupe en sergé pur coton. Sergé extensible.*

SERGENT, n. m. [sɛrʒɑ̃] (lat. *servientem*, accus. de *serviens*, p. prés. de *servire*, servir) ▷ Serviteur, en vieux langage. ◁ ♦ ▷ Anciennement, officier de justice chargé des poursuites judiciaires ; on dit aujourd'hui huissier. ◁ ♦ ▷ Autrefois, *sergent de bataille*, officier qui, dans un jour de combat, recevait du général le plan de la disposition de l'armée, et dont la fonction était de ranger les troupes en bataille. ◁ ♦ *Sergent d'armes*, officier qui servait autrefois dans les cérémonies, dans les tournois. ♦ Aujourd'hui, sous-officier dans une compagnie d'infanterie. ♦ *Sergent-major*, le premier sous-officier d'une compagnie. ♦ *Sergent de ville*, agent de police chargé du maintien de l'ordre public. ♦ ▷ Barre de fer ou de bois, longue à volonté, recourbée en crochet, un peu aplatie par un des bouts, et qui sert à tenir serrées les pièces de bois qu'on a collées et celles qu'on veut cheviller. ◁ ♦ ▷ **Mar.** Petit crochet de fer, attaché à un cordage et servant à soulever un tonneau. ◁ ▪ Rem. *Sergent de ville* est aujourd'hui vieilli.

SERGENTÉ, ÉE, p. p. de sergenter. [sɛrʒɑ̃te]

SERGENTER, v. tr. [sɛrʒɑ̃te] (*sergent*) ▷ Vieilli Poursuivre par le moyen des sergents. ♦ Fig. Presser, importuner pour obtenir quelque chose. ♦ V. intr. Remplir l'office de sergent. ◁

SERGENTERIE, n. f. [sɛrʒɑ̃t(ə)ri] (*sergent*) ▷ Vieilli Office de sergent. ◁

SERGER ou **SERGIER**, n. m. [sɛrʒe, sɛrʒje] (*serge*) ▷ Ouvrier qui fabrique des serges. ◁

SERGERIE, n. f. [sɛrʒəri] (*serge*) ▷ Fabrique ou commerce de serges. ♦ Atelier des ouvriers en serge. ◁

SERGETTE, n. f. [sɛrʒɛt] (dimin. de *serge*) ▷ Serge légère et mince. ◁

SÉRIALISME, ▪ n. m. [serjalism] (*sériel*) **Mus.** Méthode de composition de la musique sérielle. *Le sérialisme est issu du dodécaphonisme.*

SÉRIATION, ▪ n. f. [serjasjɔ̃] (*sérier*) Action d'ordonner en séries. *Des critères objectifs de classifications et de sériations.*

SÉRICICOLE, adj. [serisikɔl] (lat. *sericum*, soie, et *-cole*) Qui concerne la culture de la soie. ♦ N. m. et n. f. Celui, celle qui s'occupe de la soie.

SÉRICICULTEUR, TRICE, n. m. et n. f. [serisikyltœr, tris] (*sériciculture*) Celui, celle qui s'occupe de la production de la soie. ▪ S'emploie aussi au féminin. *Une sériciultrice.*

SÉRICICULTURE, n. f. [serisikyltyr] (lat. *sericum*, soie, et *culture*) L'ensemble des opérations qui ont pour but la production de la soie.

SÉRICIGÈNE, ▪ adj. [serisiʒɛn] (lat. *sericum*, soie, et *-gène*) Qui produit des protéines de soie. *Les glandes séricigènes du bombyx du mûrier.* ▪ Par extens. *L'appareil séricigène des araignées.*

SÉRICINE, ▪ n. f. [serisin] (radic. du lat. *sericum*, soie) Protéine entrant dans la composition du fil de soie. *La séricine est une matière gélatineuse qui soude les filaments constituant le fil de soie.*

SÉRIE, n. f. [seri] (lat. *series*, file, enchaînement) **Math.** Suite de grandeurs qui croissent ou décroissent suivant une certaine loi. *Série infinie.* ♦ Suite, succession. *Série de questions, d'idées, etc.* ♦ Il se dit des différentes divisions dans lesquelles on classe des objets. ♦ Ordre de faits, de choses, d'êtres d'une nature quelconque, classés suivant une même loi, d'après un même mode. *Classer des élèves par séries.* ♦ **Chim.** Réunion de corps homologues. ♦ Zoologie, disposition des différents animaux, telle que l'on passe successivement d'un groupe d'organisation moins compliquée à un groupe d'organisation plus compliquée. ▪ Suite d'émissions télévisées mettant toujours en scène les mêmes personnages et ayant leur unité propre. *Être un fan de séries américaines.* ▪ *Série noire*, suite d'événements fâcheux. ▪ *En série*, en cascade. *Des accidents en série.* ▪ *Fabrication en série*, fabrication d'objets en grand nombre afin de réduire les coûts. ▪ *Voiture en série*, voiture de fabrication normalisée et produite en grand nombre.

SÉRIEL, ELLE, ▪ adj. [serjɛl] (*série*) Qui fait partie d'une série ; qui forme une série. *Des publications sérielles.* ▪ *Musique sérielle*, composition musicale fondée sur une ou plusieurs séries de hauteurs ainsi que d'autres éléments tels que la durée et le rythme. *La musique sérielle d'Oliver Messian, de Stochausen. Les débuts de la musique sérielle datent du XXᵉ siècle.*

SÉRIER, ▪ v. tr. [serje] (*série*) Classer par catégories, selon le contexte, l'importance, l'urgence. *Sérier les problèmes, les priorités.*

SÉRIEUSEMENT, adv. [serjøz(ə)mɑ̃] (*sérieux*) D'une manière sérieuse, grave. ♦ *Prendre une chose sérieusement*, se fâcher, se formaliser d'une chose dite en badinant. ♦ Sans plaisanterie. *Je vous parle sérieusement.* ♦ Froidement. *Il m'a reçu sérieusement.* ♦ Tout de bon, d'une façon déterminée. *Il travaille sérieusement à sa fortune.* ♦ D'une manière grave, grave. *Il est sérieusement malade.*

SÉRIEUX, EUSE, adj. [serjø, øz] (lat. médiév. *seriosus*, du lat. *serius*, sérieux) Qui ne se laisse pas aller facilement à la distraction. *Un homme sérieux.* ♦ N. m. et n. f. *Un sérieux, une sérieuse.* ♦ Il se dit des choses dans le même sens. *Visage sérieux.* ♦ Qui s'applique fortement à son objet. *Un esprit sérieux.* ♦ Il se dit des choses en un sens analogue. *Une conversation sérieuse. Un poème sérieux.* ♦ Important, de grande conséquence. *Il s'agit d'une chose sérieuse.* ♦ Néolog. *Un homme sérieux*, un homme qui s'est occupé de son affaire sans distraction ni caprice, et qui par là s'est acquis fortune ou réputation. ♦ Qui convient aux gens sérieux. *Une étoffe sérieuse.* ♦ Qui peut avoir des suites fâcheuses. *Une maladie, une querelle sérieuse.* ♦ Sincère, vrai. *Des protestations d'amitié sérieuses.* ♦ **Jurispr.** Qui n'est pas simulé, qui n'est pas feint. *Un contrat sérieux.* ♦ *Acheteur sérieux*, celui qui a l'intention et les moyens de payer. ♦ N. m. Gravité dans l'air, dans les manières. *Tenir son sérieux. Le sérieux de la nation anglaise.* ♦ Dans l'art dramatique, genre qui exclut la plaisanterie, la frivolité. *Cet acteur joue bien dans le sérieux.* ♦ Ce qui est important, essentiel. *En venir au sérieux.* ♦ *Prendre les choses trop au sérieux*, y attacher trop d'importance. ♦ *Prendre une chose au sérieux*, se formaliser d'une chose qui a été dite en badinant. ♦ *Effort sérieux, intention sérieuse.* « *Sous un visage riant... elle cachait un sens et un sérieux dont ceux qui traitaient avec elle étaient surpris* », Bossuet. ▪ Rangé dans son comportement. *Une jeune fille sérieuse.* ▪ *Sérieux comme un pape*, très sérieux. ▪ *Se prendre au sérieux*, attacher beaucoup d'importance à sa personne. ▪ Fam. *Ce n'est pas sérieux*, c'est une blague. ▪ Rem. *Un homme sérieux* n'est plus un néologisme aujourd'hui.

SERIN, INE, n. m. et n. f. [sərɛ̃, in] (a. provenç. *cerena*, oiseau de chasse, du b. lat. *Sirena*, du lat. *Siren*, gr. *Seirên*, Sirène, petit oiseau chanteur, abeille, bourdon) *Serin vert de Provence*, un des noms vulgaires de la *fringilla serina.* ♦ Par extens. Petit oiseau jaunâtre, originaire des îles Canaries, dont le chant est fort agréable. ♦ *Serin vert ou mulet*, produit du serin et du linot ou du chardonneret. ▪ Niais. *Quel grand serin !*

SERINAGE, n. m. [sərinaʒ] (*seriner*) ▷ Action de seriner. ◁

SERINÉ, ÉE, p. p. de seriner. [sərine]

SÉRINE, ▪ n. f. [serin] (radic. du lat. *sericum*, soie) **Chim.** Acide aminé servant à la synthèse des protéines. *La sérine entre dans la composition de nombreux médicaments.*

SERINER, v. tr. [sərine] (*serin*) Instruire un serin au moyen de la serinette. ♦ Jouer un air avec la serinette. *Seriner un air à un oiseau.* ♦ Fig. et fam. Loger dans la mémoire certaines choses à force de les répéter. *On l'a seriné.* ♦ Répéter souvent une chose à quelqu'un.

SERINETTE, n. f. [sərinɛt] (*serin*) Espèce de petit orgue renfermé dans une boîte, dont on se sert pour apprendre des airs aux serins. ♦ Fig. et fam. Chanteur ou chanteuse qui ne fait que répéter sans expression des airs mal appris.

SERINGAGE, n. m. [sərɛ̃gaʒ] (*seringuer*) ▷ Arrosage des arbres fruitiers en espalier et des serres, à l'aide d'une seringue, d'un tube. ◁

SERINGAT ou **SERINGA**, n. m. [sərɛ̃ga] (lat. sav. [XVᵉ s.] *syringa*, du lat. *syringa*, seringue) Arbrisseau dont les fleurs sont blanches et d'une odeur très forte. ▪ Rem. On disait aussi *syringa* autrefois.

SERINGUE, n. f. [s(ə)rɛ̃g] (lat. *syringa*, de *syrinx*, gr. *surigx*, roseau, flûte) Petite pompe portative, qui sert à attirer et à repousser l'air et les liquides. ♦ Instrument dont on se sert pour donner ou prendre des lavements. ♦ Instrument dont on se sert pour injecter ou prélever une substance liquide. *Un seringue à insuline pour les diabétiques.*

SERINGUÉ, ÉE, p. p. de seringuer. [sərɛ̃ge] ▷ *De l'eau seringuée.* ◁

SERINGUEMENT, n. m. [sərɛ̃g(ə)mɑ̃] (*seringuer*) ▷ Action de seringuer. ◁

SERINGUER, v. tr. [sərɛ̃ge] (*seringue*) ▷ Pousser une liqueur avec une seringue. ♦ *Seringuer une plaie*, y injecter une liqueur pour la nettoyer. ◁

SERMENT, n. m. [sɛrmɑ̃] (lat. *sacramentum*) Affirmation ou promesse en prenant à témoin Dieu ou ce que l'on regarde comme saint, comme divin. *Faire un serment.* ♦ *Rendre à quelqu'un son serment*, l'en délier. ♦ Fam. *Faire serment de*, déclarer que. ♦ Prov. *Serment de joueur, serment d'ivrogne*, serment sur lequel il ne faut pas compter. ♦ Jurement, imprécation. *Il fait des serments exécrables quand il est en colère.*

SERMENTÉ, ÉE, adj. [sɛrmɑ̃te] (*serment*) ▷ Terme vieilli pour lequel on dit plutôt *assermenté*. Qui a prêté le serment d'usage, le serment requis. ◁

SERMON, n. m. [sɛrmɔ̃] (lat. *sermo*, conversation, lat. chrét. *sermon*, homélie) Discours chrétien qui se prononce en chaire, pour annoncer et expliquer la parole de Dieu et pour exciter à la pratique de la vertu. ♦ Fam. Remontrance ennuyeuse et importune. « *Et vous lui fait un beau sermon Pour l'exhorter à patience* », La Fontaine.

SERMONNAIRE, n. m. [sɛrmɔnɛr] (*sermon*) Recueil de sermons. ♦ Adj. Qui convient au sermon. *Le genre sermonnaire.*

SERMONNÉ, ÉE, p. p. de sermonner. [sɛrmɔne]

SERMONNER, v. tr. [sɛrmɔne] (*sermon*) Fam. Faire des remontrances ennuyeuses et hors de propos. *Sermonner quelqu'un.* ♦ Absol. *C'est un homme qui ne fait que sermonner.*

SERMONNEUR, n. m. [sɛʀmɔnœʀ] (*sermonner*) Celui qui fait des sermons ; n'est usité qu'avec un sens de dépréciation. ◆ **N. m. et f.** *Sermonneur, sermonneuse,* celui, celle qui fait des remontrances, des discours ennuyeux et hors de propos.

SÉRODIAGNOSTIC, ■ n. m. [seʀodjagnɔstik] (*sérum* et *diagnostic*) Recherche, dans le sérum d'un individu, d'un anticorps spécifique, pour diagnostiquer une maladie infectieuse. *Le test de sérodiagnostic du vih est confidentiel.*

SÉROLOGIE, ■ n. f. [seʀolɔʒi] (*sérum* et *-logie*) Étude des sérums, et particulièrement de ce qui concerne le dépistage des anticorps. ■ **SÉROLOGIQUE**, adj. [seʀolɔʒik] ■ **SÉROLOGISTE**, n. m. et f. [seʀolɔʒist]

SÉRONÉGATIF, IVE, ■ adj. [seʀonegatif, iv] (*séro[diagnostic]* et *négatif*) Dont le sérodiagnostic est négatif, spécialement en ce qui concerne le virus du sida. *Il est rassuré, il est séronégatif.* ■ **SÉRONÉGATIVITÉ**, n. f. [seʀonegativite]

SÉROPOSITIF, IVE, ■ adj. [seʀopozitif, iv] (*séro[diagnostic]* et *positif*) Dont le sérodiagnostic est positif, spécialement en ce qui concerne le virus du sida. *Le dépistage du partenaire d'un patient séropositif.* ◆ **N. m. et n. f.** *Les séropositifs.* ■ **Abrév.** Séropo. ■ **SÉROPOSITIVITÉ**, n. f. [seʀopozitivite]

SÉROSITÉ, n. f. [seʀozite] (*séreux*) **Physiol.** Humeur qui est habituellement exhalée par les membranes séreuses. ◆ **Pathol.** Humeur qui suit l'épanchement dans les hydropisies. ◆ **Pop.** Partie la plus aqueuse des humeurs animales.

SERPE, n. f. [sɛʀp] (lat. pop. *sarpa,* du b. lat. *sarpere* tailler la vigne) Instrument de jardinage et de bûcheron à manche court, à lame courte, à tranchant concave, servant à tailler, à émonder. ◆ **Fig.** *Jouer de la serpe,* retrancher, couper. ◆ *Cela est fait à la serpe,* se dit d'un ouvrage de main grossièrement fait. ◆ **Fig.** *Fait à la serpe,* se dit d'un ouvrage d'esprit mal fait, mal tourné. ◆ **Fig.** *Il semble que cet homme ait été fait avec une serpe,* se dit d'un homme mal fait, mal bâti.

SERPENT, n. m. [sɛʀpɑ̃] (lat. *serpens,* de *serpere,* ramper) Classe de reptiles sans membres ou à membres rudimentaires, qui rampent sur la terre. ◆ *Serpent à sonnettes,* serpent très venimeux, ainsi nommé à cause du bruit qu'il fait en remuant les anneaux mobiles et cornés qui terminent sa queue. ◆ Dans la mythologie, les serpents étaient un attribut des Furies. ◆ **Fig.** et **poétiq.** *Les serpents de l'envie, de la calomnie,* l'envie, la calomnie. ◆ **Fig.** Il se dit de personnes que l'on compare pour leur malice ou perfidie à un serpent. ◆ *C'est une langue de serpent,* se dit d'une personne fort médisante. ◆ *Réchauffer, retirer un serpent dans son sein,* faire du bien à un ingrat. ◆ Il se dit des choses méchantes ou tortueuses comme le serpent. « *Le serpent [la haine] qui déchire mon sein* », VOLTAIRE. ◆ *Le serpent est caché sous les fleurs,* se dit en parlant de choses dangereuses dont les apparences sont séduisantes. ◆ Dans l'Écriture, *le serpent,* le démon tentateur. ◆ Instrument à vent dont on se servait dans les églises pour soutenir la voix, et qui était fait en forme de gros serpent. ◆ *Celui qui joue du serpent.* ◆ En joaillerie, *œil-de-serpent,* Voy. ŒIL. ◆ *Bois de serpent,* Voy. SERPENTINE. ◆ *Serpent de mer,* poisson de la Méditerranée. ◆ Constellation boréale. ■ *Serpent monétaire européen,* système monétaire visant à limiter les fluctuations des taux de change entre les différents pays d'Europe. *Le Serpent monétaire européen, créé en 1972, a été remplacé par le Système monétaire européen en 1979.*

1 **SERPENTAIRE**, n. f. [sɛʀpɑ̃tɛʀ] (b. lat. *serpentaria,* sorte d'arum, de *serpens,* génit. *serpentis,* serpent; par analogie de forme) Espèce de cactier à tiges rampantes. ◆ *Serpentaire de Virginie.* ◆ La racine de cette plante. ◆ *Serpentaire commune,* le gouet serpentaire. ◆ *Serpentaire femelle,* la bistorte.

2 **SERPENTAIRE**, n. m. [sɛʀpɑ̃tɛʀ] (b. lat. *Serpens,* constellation du Dragon) ▷ **Astron.** Constellation de l'hémisphère boréal (avec une S majuscule). ◁

3 **SERPENTAIRE**, n. m. [sɛʀpɑ̃tɛʀ] (lat. sav. *serpentarius,* oiseau qui se nourrit de reptiles, de *serpens,* serpent) Oiseau de proie qu'on appelle aussi secrétaire ou messager, ordre des rapaces, ainsi nommé parce qu'il attaque les serpents.

SERPENTANT, ANTE, adj. [sɛʀpɑ̃tɑ̃, ɑ̃t] (*serpenter*) Qui serpente.

SERPENTE, n. f. [sɛʀpɑ̃t] (fém. de *serpent*) Sorte de papier très fin et transparent, ainsi dit parce qu'il porte une figure de serpent. ◆ **Adj.** *Papier serpente.*

SERPENTEAU, n. m. [sɛʀpɑ̃to] (dimin. de *serpent*) Petit serpent nouvellement éclos. ◆ Artifice de garniture pour les pots des fusées volantes. ◆ ▷ Rameau long et flexible qui, couché en terre pour être marcotté, y entre et en ressort plusieurs fois. ◁ ◆ **Mar.** Bout de cordage non tendu, entrelacé en forme de serpenteau. ◁

SERPENTER, v. intr. [sɛʀpɑ̃te] (*serpent*) Avoir un cours tortueux, une direction tortueuse. *Rivière, chemin qui serpente.* ◆ **Fig.** « *La douleur cruelle serpente depuis l'extrémité de son orteil jusqu'au sommet de sa tête* », DIDEROT.

◆ **Manège** Conduire un cheval en traçant une piste tournée en ondes. ◆ ▷ **V. tr. Mar.** Établir un serpenteau. ◁

1 **SERPENTIN**, n. m. [sɛʀpɑ̃tɛ̃] (substantivation de 2 *serpentin*) Anciennement, nom du chien de l'arquebuse à mèche. ◆ Canon, supprimé en 1572. ◆ Tuyau qui descend en spirale ou en serpentant depuis le chapiteau de l'alambic jusqu'au récipient. ◆ Roche dure nommée aussi porphyre et ophite. ◆ Accessoire de cotillon en papier coloré qui se déroule lorsqu'on le lance. *Les serpentins volaient par dessus les chars du carnaval.*

2 **SERPENTIN, INE**, adj. [sɛʀpɑ̃tɛ̃, in] (lat. *serpentinus,* de *serpent*) **Hist. nat.** Qui est marqué de lignes longitudinales flexueuses. ◆ *Marbre serpentin,* marbre d'un fond vert, avec des taches rouges et blanches. ◆ Qui ressemble au serpent, qui tient du serpent. « *Ne retiendras-tu point ta langue serpentine?* », HAUTEROCHE. ◆ On dit que le cheval a la langue serpentine, lorsqu'il l'agite continuellement et la tient pendant hors de la bouche. ◆ **Bx-arts** *Ligne serpentine,* ligne onduleuse.

SERPENTINE, n. f. [sɛʀpɑ̃tin] (fém. substantivé de 2 *serpentin*) Sorte de pierre fine, ainsi dite de la variété de petites taches que ces pierres présentent lorsqu'elles sont polies, assez semblables aux taches de la peau d'un serpent. ◆ *Marbre serpentin.* ◆ Arbre exotique dont le bois est appelé bois de serpent. ◆ Espèce de couleuvre. ◆ Une tortue à boîte.

SERPETTE, n. f. [sɛʀpɛt] (dimin. de *serpe*) Instrument de jardinage destiné à tailler les arbres fruitiers. ◆ Outil de bourrelier. ◆ Outil d'oiseleur. ◆ Outil de plombier.

SERPIGINEUX, EUSE, ■ adj. [sɛʀpiʒinø, øz] (lat. pop. *serpigo,* génit. *-ginis,* du b. lat. *serpedo,* érysipèle, de *serpere,* ramper) Relatif à une lésion cutanée qui guérit d'un côté et envahit sinueusement un autre côté. *Un eczéma serpigineux.*

SERPILLIÈRE ou **SERPILLÈRE**, n. f. [sɛʀpijɛʀ] (prob. lat. vulg. *sirpicularia,* du lat. *sirpiculus,* de jonc) ▷ Toile grosse et claire qui sert à différents usages et entre autres à emballer les marchandises. ◁ ◆ ▷ Morceau de grosse toile que certains marchands et leurs garçons mettent devant eux en forme de tablier. ◁ ■ Carré de toile épaisse utilisé pour nettoyer les sols. *Passer la serpillère dans l'entrée deux fois par semaine.*

SERPILLON, n. m. [sɛʀpijɔ̃] (dimin. de *serpe*) ▷ Petite serpe. ◁

SERPOLET, n. m. [sɛʀpolɛ] (lat. *serpullum,* gr. *herpullos,* de *herpein,* se traîner) Plante labiée dont les sommités sont aromatiques et stimulantes.

SERPULE, ■ n. f. [sɛʀpyl] (lat. sav. [Linné] *serpula*) Ver marin vivant dans un mince tube qu'il fabrique avec du calcaire. *La serpule vit fixée sur des débris rocheux, sur des coquillages ou sur des algues.*

SERRAGE, n. m. [seʀaʒ] (*serrer*) Action de serrer. *Vis de serrage. Le serrage des freins dans un convoi de wagons.*

SERRE, n. f. [sɛʀ] (*serrer*) ▷ Action de serrer ; résultat de cette action. *Donner une serre.* ◁ ◆ ▷ **Pop.** *Il a la serre bonne,* se dit d'un homme qui a le poignet vigoureux, et fig. *Il a une homme avare ou rapace.* ◁ ◆ Action de serrer, de presser les fruits dans un pressoir. *La première serre.* ◆ Pied des oiseaux de proie. ◆ **Fig.** « *La serre du malheur me tient* », MME DE STAËL. ◆ **Fig.** *La serre,* la rapacité. ◆ Galerie close de vitrages dans une exposition chaude, où l'on serre pendant l'hiver les plantes qui craignent la gelée. *Serre tempérée. Serre chaude.* ◆ **Fig.** *Cela est venu en serre chaude, c'est un fruit de serre chaude,* se dit de talents précoces dont on a hâté la maturité par un travail forcé. ◆ **Fig.** *Être tenu en serre chaude,* n'avoir aucune liberté d'action. ■ *Effet de serre,* phénomène de réchauffement des basses couches de l'atmosphère terrestre. *Les conséquences de l'effet de serre sur l'environnement.*

SERRÉ, ÉE, p. p. de serrer. [seʀe] ◆ Rapproché. « *Il va les épaules serrées* », LA BRUYÈRE. ◆ Étroit. « *Voyez comme la vertu est contrainte de marcher dans des voies serrées ; on la méprise, on l'accable* », BOSSUET. ◆ *Un cheval serré du devant, du derrière,* cheval étroit par le devant, par le derrière. ◆ Resserré. « *Le chemin serré entre l'Arve et le pied de la montagne* », SAUSSURE. ◆ Qui est mis près à près. *Des bataillons serrés.* ◆ **Archit.** *Ordonnance serrée,* se dit en parlant de colonnes plus serrées que de coutume. ◆ **Méd.** *Pouls serré,* pouls dont les battements sont séparés par de courts intervalles, et se présentent durs et tendus. ◆ *Avoir le ventre serré,* ne pas aller facilement à la garde-robe. ◆ **Fig.** Qui est concis, précis, qui n'a rien de trop, en parlant du style. « *Une éloquence serrée et mâle* », VOLTAIRE. ◆ Il se dit aussi de l'écrivain lui-même. « *L'auteur dans ses preuves* », BOSSUET. ◆ **Fig.** *Un cœur serré,* un cœur qui ne se dilate pas. ◆ *Avoir le cœur serré de douleur, de tristesse,* et *avoir le cœur serré,* être très affligé. ◆ *Avoir le gosier serré,* ne pouvoir parler, à cause de l'émotion qu'on éprouve. ◆ ▷ **Fig.** et **fam.** *Un homme serré,* un homme avare, qui a de la peine à donner, à dépenser. ◁ ◆ **Fig.** *Fortune serrée,* situation où l'on est à l'étroit quant à l'argent. ◁ ◆ **Fig.** D'une manière serrée, près à près. *Marcher serré.* ◆ **Fig.** Sans se compromettre, sans se découvrir. « *On parlait de part et d'autre assez serré* », BOSSUET. ◆ Bien fort. *Il gèle serré. Pincer serré.* « *Je dormais bien serré* », DANCOURT. ◆ *Mentir serré,* mentir effrontément. ◆ *Jouer serré,* ne jouer qu'à beau jeu, et fig. agir avec prudence, avec réserve, de manière à ne pas se compromettre. ■ Fig. *Être serré,* avoir des difficultés financières. ■ *Café serré,* café très fort.

SERRE-FILE, n. m. [sɛʀ(ə)fil] (*serrer* et *file*) Se dit d'officiers et sous-officiers placés derrière une troupe en bataille, sur une ligne parallèle au front de cette troupe. *Se placer en serre-file.* ◆ Dernier soldat de chaque file. ◆ **Mar.** Vaisseau qui ferme la ligne, qui marche le dernier de tous. ◆ Adj. *Vaisseau serre-file.* ◆ Au pl. Des serre-files.

SERRE-FREIN, n. m. [sɛʀ(ə)fʀɛ̃] (*serrer* et *frein*) Employé chargé de serrer le frein dans un convoi de chemin de fer. ◆ Au pl. *Des serre-freins.*

SERRE-JOINT, ■ n. m. [sɛʀ(ə)ʒwɛ̃] (*serrer* et *joint*) Instrument servant à maintenir serrées deux pièces pour qu'elles restent jointes au cours d'une manipulation, d'un collage, d'un bricolage. *Des serre-joints. Les mâchoires d'un serre-joint.*

SERRE-LIVRE, ■ n. m. [sɛʀ(ə)livʀ] (*serrer* et *livre*) Objet servant à maintenir des livres debout les uns contre les autres sur leur tranche. *Des serre-livres en bois peints à la main.*

SERREMENT, n. m. [sɛʀ(ə)mã] (*serrer*) Action par laquelle on serre, on presse ; état où l'on est serré. *Des serrements de mains.* ◆ **Fig.** *Serrement de cœur,* état où se trouve le cœur quand on est saisi de tristesse.

SERRÉMENT, adv. [seʀemã] (*serré*) ▷ D'une manière serrée, parcimonieuse, avare. *Il vit serrément.* ◁

SERRE-NEZ, n. m. [sɛʀ(ə)ne] (*serrer* et *nez*) ▷ Petit appareil pour assujettir les chevaux, dit aussi torche-nez. ◆ Au pl. Des serre-nez. ■ **Rem.** On disait aussi *tord-nez* autrefois. ◁

SERRE-PAPIER, n. m. [sɛʀ(ə)papje] (*serrer* et *papier*) Cabinet de derrière où l'on serre, range des papiers. ◆ Tablette divisée en plusieurs compartiments, où l'on range des papiers. ◆ Petit meuble de plomb, etc. qu'on pose sur des papiers pour les empêcher de se disperser. ◆ Au pl. Des serre-papiers. ■ **Rem.** Graphie ancienne : *serre-papiers.*

SERRER, v. tr. [seʀe] (lat. pop. *serrare,* du b. lat. *serare,* fermer, de *sera,* barre pour fermer une porte) Étreindre, presser. *Serrer un nœud. « Ouf ! vous me serrez trop »,* Molière. ◆ **Absol.** *« Notre pressoir est bon : il n'y a qu'à serrer »,* Mme de Sévigné. ◆ *Serrer le cou,* étrangler. ◆ Autrefois, *serrer les pouces à un accusé,* le soumettre à une torture où les pouces étaient violemment serrés. ◆ **Fig.** *Serrer les pouces à quelqu'un,* exercer sur lui une contrainte morale, lui faire avouer ce qu'il veut taire. ◆ **Fig. et fam.** *Serrer le bouton à quelqu'un,* Voy. bouton. ◆ **Fig.** *Serrer la bourse,* rendre économe, empêcher de dépenser de l'argent. ◆ **Fig.** *Serrer les nœuds de l'amitié,* rendre l'amitié plus intime entre deux personnes. ◆ **Poétiq.** *Serrer les nœuds de l'hymen,* épouser. ◆ **Fig.** *Serrer le cœur,* causer une vive douleur. ◆ *Que la fièvre le serre !* se dit par imprécation d'un homme de qui on a à se plaindre. ◆ Joindre près à près, mettre près à près. *Serrer des convives.* ◆ *Serrer les dents,* presser les mâchoires l'une contre l'autre. ◆ **Fam.** En parlant des animaux, *serrer la queue,* mettre la queue entre les jambes, ce qui est un signe de peur, de désappointement. ◆ *Serrer son écriture,* rapprocher les lettres ou les lignes les unes des autres. ◆ *Serrer les rangs,* les rapprocher. ◆ **Absol.** *Serrez, serrez les rangs.* ◆ *Serrez,* se dit aussi à des troupes qui marchent et qu'on veut faire avancer plus diligemment. ◆ Au trictrac, *serrer son jeu,* ne pas l'étendre, couvrir autant qu'on le peut toutes ses dames. ◆ **Escrime** *Serrer la mesure, serrer la botte,* presser vivement son adversaire, et fig. presser son adversaire dans la dispute. ◆ *Serrer l'éperon à un cheval,* lui donner de l'éperon. ◆ *Serrer la botte,* serrer les jambes pour presser un cheval d'avancer. ◆ *Serrer une place,* la gêner, en couper les communications. ◆ *Serrer de près une ville,* en presser le siège. ◆ Pousser, presser. *Serrer les ennemis.* ◆ *Serrer de près quelqu'un,* lui faire une cour assidue. ◆ **Fig.** Être pressant dans une discussion. ◆ Passer très près de. *Serrer la muraille.* ◆ **Mar.** *Serrer la terre,* s'approcher de la terre. ◆ *Serrer le vent,* s'approcher beaucoup de la direction du vent. ◆ **Fig.** *Serrer son style,* écrire avec concision. ◆ *Serrer un sujet,* le traiter sans digression. ◆ Mettre une chose en un lieu où elle ne court aucun risque. Serrer des hardes, son argent, etc. ◆ *Serrer les foins,* les blés, les mettre à couvert dans le grenier, dans la grange. ◆ **Mar.** *Serrer une voile,* la plier et l'attacher avec les cordelettes. ■ **V. tr.** Agir sur un dispositif pour fixer, bloquer ou rapprocher deux éléments. *Serrer un boulon, un main, un écrou.* ◆ **Fig.** *Serrer les dents,* se mettre en condition pour supporter quelque chose de pénible. ■ **Fam.** Arrêter. *Il s'est fait serrer par les flics.* ■ **Se serrer,** v. pr. Exercer sur soi-même une étreinte, une constriction. *Se serrer avec une ceinture.* ■ *Se serrer,* porter un corset trop étroit, des vêtements trop étroits. ■ Se joindre près à près, se mettre près à près. *Se serrer les uns les autres.* ■ *Se serrer contre le mur,* se mettre tout contre. ■ *Devenir serré,* clos. *Cette bourse se serre avec des cordons.* ■ **Fig.** *Le cœur se serre,* on est saisi d'affliction. ■ **Fig. et fam.** *Se serrer la ceinture,* réduire ses dépenses.

SERRE-TÊTE, n. m. [sɛʀ(ə)tɛt] (*serrer* et *tête*) Ruban ou coiffe dont on se serre la tête. ◆ Au pl. *Des serre-têtes.*

SERRETTE, n. f. [seʀɛt] Voy. sarrette.

SERRICULTURE, ■ n. f. [seʀikyltyʀ] (*serre* et *culture*) **Agric.** Production agricole réalisée sous serres. *La serriculture maraîchère.*

SERRISTE, ■ n. m. et n. f. [seʀist] (*serre*) **Agric.** Personne, entreprise qui produit de la culture sous serres. *Des serristes biologiques.* ■ Adj. *Ouvrier, technicien serriste.*

SERRON, n. m. [seʀɔ̃] (*serrer*) ▷ Petite caisse dans laquelle on apporte différentes drogues des pays étrangers. ◁

SERRURE, n. f. [seʀyʀ] (*serrer*) Machine qu'on applique à une porte, à un coffre, etc. et qui sert à les fermer et à les ouvrir par le moyen d'une clé. ◆ *Tenir sous la serrure,* tenir enfermé. ◆ *Brouiller une serrure,* la déranger. ◆ **Fig.** *Sa serrure est brouillée,* il a l'esprit troublé. ◆ *Serrure de sûreté,* serrure à deux pênes, avec garnitures.

SERRURERIE, n. f. [seʀyʀ(ə)ʀi] (*serrure*) L'art du serrurier. ◆ Ouvrages du serrurier. ◆ **Constr. et méc.** La serrurerie s'entend de tous les ouvrages en fer forgé autres que ceux qui sont relatifs aux machines proprement dites. ◆ *La grosse serrurerie,* se dit de l'emploi du fer dans les édifices et les travaux publics.

SERRURIER, n. m. [seʀyʀje] (*serrure*) Artisan, ouvrier qui fait des serrures et des ouvrages de fer. ◆ *Serrurier en bâtiments,* celui qui s'occupe des ouvrages en fonte, des gros fers, des serrures et objets de quincaillerie employés dans les constructions. ◆ *Serrurier mécanicien,* celui qui s'occupe des pièces en fer forgé dans la construction des machines. ◆ Nom vulgaire des pics et des mésanges. ■ **Rem.** Quoique possible, le féminin *serrurière* reste rare.

SERTÃO ou **SERTAO,** ■ n. m. [seʀtɑ̃] ou [seʀtao] (mot port., p.-ê. du lat. vulg. *desertanu,* du lat. *desertus,* inculte, sauvage) **Géogr.** Milieu semi-aride du Brésil où l'on pratique l'élevage intensif. *Le sertao est une région très sèche de l'arrière-pays du Nordeste brésilien.*

SERTI, n. f. [seʀti] (*sertir*) Voy. sertir. ▷ Enchâssement des diamants. ◁

SERTI, IE p. p. de sertir. [seʀti]

SERTIR, v. tr. [seʀtiʀ] (lat. pop. *sartire,* du lat. *sartum,* supin de *sarcire,* raccommoder, rapiécer) Enchâsser une pierre dans un chaton. ◆ **Techn.** Réunir une pièce de fer à une autre par de petites lèvres qui sont au bord du trou où l'on ajuste la pièce.

SERTISSAGE, n. m. [seʀtisaʒ] (radic. du p. prés. de *sertir*) Action de sertir.

SERTISSEUR, EUSE, n. m. [seʀtisœʀ, øz] (radic. du p. prés. de *sertir*) Ouvrier, ouvrière qui sertit. ◆ N. f. Machine utilisé pour le sertissage.. *Sertisseuse à boîtes de conserve, à bouteilles.*

SERTISSURE, n. f. [seʀtisyʀ] (radic. du p. prés. de *sertir*) Manière dont une pierre est sertie. ◆ Partie du chaton qui entoure la pierre et la retient.

SÉRUM, n. m. [seʀɔm] (lat. *serum,* petit-lait, liquide séreux) **Physiol.** Liquide qui se sépare du caillot du sang quelque temps après la coagulation de ce liquide. ◆ *Sérum de lait* ou *petit-lait,* liquide limpide, inodore, de saveur douce, sucrée, un peu acide, qui se sépare du lait par la coagulation spontanée ou artificielle du caséum. ■ *Sérum physiologique,* solution de chlorure de sodium ayant la même concentration moléculaire que le plasma sanguin. *Nettoyer les narines d'un nourrisson au sérum physiologique.*

SERVAGE, n. m. [seʀvaʒ] (*serf*) Modification de l'esclavage antique et de la servitude barbare qui, commençant avec la féodalité, met le serf en jouissance d'une liberté et d'une propriété très réelles, bien que fort restreintes. ◆ **Par extens.** Esclavage, servitude, en général. ◆ **Poétiq.** Soumission entière à la femme qu'on aime.

SERVAL, n. m. [seʀval] (prob port. *cerval,* qui tient du cerf, sauvage) Nom vulgaire et spécifique du chat serval, dit chat-tigre, chat-pard. ◆ Au pl. *Des servals.*

SERVANT, adj. m. [seʀvã] (*servir*) Qui sert ; usité seulement dans certaines locutions. *Gentilshommes servants,* officiers qui servaient à table chez le roi. ◆ *Frères servants,* les frères convers employés aux œuvres serviles d'un monastère. ◆ Dans la franc-maçonnerie, *frères servants* ou m. les servants, les gens de service. ◆ *Fief servant,* celui qui relevait d'un fief dominant. ◆ Soldat d'artillerie chargé du service des pièces dans l'exécution des feux.

SERVANTE, n. f. [seʀvãt] (fém. substantivé de *servant*) Femme ou fille gagée que l'on emploie aux travaux du ménage dans une maison. ◆ **Fig.** *Dans le Moyen Âge, la philosophie était servante de la théologie.* ◆ *Servante-maîtresse,* servante qui a même autorité dans la maison. ◆ *Écrire comme une servante,* se dit de qui, n'ayant point reçu d'éducation, écrit mal. ◆ T. d'humilité chrétienne. *« Être servantes des pauvres, c'est être servantes de Jésus-Christ »,* Bourdaloue. ◆ T. de civilité dont se servent les femmes en écrivant. *Je suis votre très humble et très obéissante servante.* ◆ **Fig.** *Être servante à* ou *de,* dire adieu à, renoncer à, n'avoir pas de goût pour. *« Ah ! très humble servante au bel esprit ; vous savez que ce n'est pas la que je vise »,* Molière. ◆ Petite table qu'on dresse dans les repas, tout près de la grande table, pour y déposer différentes pièces de service.

SERVEUR, EUSE, ■ n. m. et n. f. [sɛʀvœʀ, øz] (*servir*) Personne servant les clients dans un café ou un restaurant. *Elle est serveuse au café de la Gare.* ■ **N. m. Inform.** Ordinateur hébergeant des services ou des applications à destination d'utilisateurs connectés via un réseau. *Une panne de serveur.*

SERVI, IE, p. p. de servir. [sɛʀvi]

SERVIABILITÉ, ■ n. f. [sɛʀvjabilite] (*serviable*) Caractère d'une personne qui aime rendre service. *Faire preuve de serviabilité à l'égard des personnes âgées.*

SERVIABLE, adj. [sɛʀvjabl] (réfection d'après *amiable* de l'anc. fr. *servisable*, de *servise*, service) Qui aime à rendre service.

SERVICE, n. m. [sɛʀvis] (lat. *servitium*, servitude, de *servus*, esclave) État, fonction d'un domestique. ♦ *Le service de la chambre, de l'office, des écuries, etc.,* les fonctions particulières d'un domestique attaché à la chambre, à l'office, etc. ♦ *Porte, escalier, couloir de service,* se dit des débouchés par où passent les domestiques pour servir la table, etc. ♦ *Le service d'un domestique,* manière dont un domestique s'acquitte de ses fonctions. ♦ *Service d'un maître,* manière dont un maître se fait servir. ♦ *Le service de Dieu,* le soin de se consacrer aux œuvres de piété. ♦ *Se consacrer au service de Dieu,* embrasser la profession ecclésiastique, et aussi se donner entièrement aux œuvres de piété. ♦ Par formule de politesse, *assurer quelqu'un de ses services,* lui dire qu'on est son humble serviteur. *Je suis à votre service.* ♦ **Fam.** *Qu'y a-t-il pour votre service?* se dit à une personne qui paraît vouloir nous demander quelque chose. ♦ *Service féodal,* les devoirs auxquels un vassal était obligé envers son seigneur. ♦ Anciennement, il se disait de tous ceux qui étaient nécessaires au service actuel du roi. ♦ Emploi, fonction de ceux qui servent l'État dans la magistrature, dans l'administration, etc. *Le service de l'État.* ♦ *Être de service,* être dans le temps où l'on est obligé de faire les fonctions de sa charge, où l'on les exerce réellement. ♦ *Faire son service,* s'acquitter des obligations de sa charge. ♦ **Absol.** *Le service,* le service militaire. *Être au service.* ♦ *Être de service, faire le service,* monter la garde, être de piquet, etc. ♦ Ensemble des obligations et des devoirs qui résultent de l'état militaire. ♦ *Le service de la marine, de l'artillerie, du génie, etc.* les fonctions particulières d'un officier de marine, d'artillerie, du génie, etc. ♦ Au pl. Manière dont quelqu'un a servi, temps pendant lequel il a servi. *Avoir trente ans de services.* ♦ Ce que l'on fait pour quelqu'un et ce qu'on compare à ce que fait un serviteur. « *De grâce, acceptez mon service* », P. CORNEILLE. ♦ *Petits services,* petits offices qu'on remplit pour être utile ou agréable. ♦ Ensemble d'opérations, de travaux, etc. pour lesquels sont nécessaires différentes personnes et différentes choses. *Le service de La poste, des messageries, etc.* ♦ *Service d'une bouche à feu,* ensemble des opérations et des manœuvres que nécessite l'emploi d'une bouche à feu. ♦ Usage qu'on retire de certains animaux et de certaines choses. *Un cheval, une étoffe de bon service.* ♦ *Les jambes, l'estomac, lui refusent le service,* ne font leurs fonctions qu'avec peine. ♦ *Bon service* et absol. *service,* assistance, bon office. « *Il est homme de cœur et de service* », BOSSUET. ♦ *Rendre un mauvais service,* de mauvais services à quelqu'un, lui nuire, le décrier, lui susciter des embarras. ♦ Célébration solennelle de l'office divin. ♦ Messe haute et prières qui se disent pour un mort. ♦ *Service du bout de l'an,* service qui se célèbre pour une personne, au premier anniversaire de son décès. ♦ Tous les plats qu'on sert et qu'on enlève à la fois. *Un repas à trois services.* ♦ Assortiment de vaisselle ou de linge qui sert à table. *Service de porcelaine. Service de linge damassé.* ♦ Au jeu de paume, action de celui qui jette la balle sur le toit pour être reçue par ceux qui jouent ; côté où est celui à qui on sert la balle. ♦ Transport des matériaux sur un chantier, ou au pied du bâtiment qu'on élève. ♦ Au théâtre, *billet de service* ou simplement *service,* entrée gratuite, accordée à certaines personnes. ♦ Action ou manière de servir les clients. *Un service soigné.* ■ Pourcentage d'une note d'hôtel, de restaurant destiné au personnel. *Service compris.* ■ Marche, fonctionnement d'une machine, d'un appareil. *Mettre un distributeur de billets en service. Être hors service.* ■ **Sp.** Mise en jeu d'une balle. *Rater son service.* ■ Envoi, distribution. *Le service des journaux quotidiens.* ■ Branche d'activité d'une entreprise, d'une administration. *Travailler au service comptabilité.* ■ **Écon.** Bien non matériel vendu par les sociétés ou l'État pour répondre aux besoins des particuliers ou des entreprises. *Le service bancaire.* ■ **Société de services,** entreprise fournissant contre paiement des prestations, du personnel et ne produisant pas de biens de consommation. ■ **Service après-vente,** actions d'entretien et de réparation assurées par le vendeur à ses clients. ■ *Un self-service,* Voy. SELF.

SERVIETTE, n. f. [sɛʀvjɛt] (*servir*) Linge dont on se sert à table et pour la toilette. ♦ *Donner la serviette au roi,* lui présenter une serviette mouillée par un bout, afin qu'il s'en serve pour laver et essuyer ses mains. ♦ Sorte de portefeuille. ♦ *Serviette hygiénique,* bande de matière absorbante utilisée pendant les règles. ♦ Sorte de cartable peu épais. *Une serviette en cuir. Il a oublié sa serviette au bureau.*

SERVILE, adj. [sɛʀvil] (lat. *servilis,* d'esclave, de *servus,* esclave) Qui appartient à l'état d'esclave. *Une condition servile.* ♦ *Guerre servile,* guerre qui éclata, vers la fin de la république romaine, entre les esclaves et leurs

maîtres. ♦ Qui appartient à l'état de serf, de serviteur. ♦ *Œuvres serviles,* celles qui ont pour objet de gagner de l'argent. *L'Église catholique interdit les œuvres serviles le dimanche.* ♦ **Fig.** Qui enchaîne comme fait un service. « *Est-il juste après tout qu'un conquérant s'abaisse Sous la servile loi de garder sa promesse?* », RACINE. ♦ Qui est digne d'un esclave, bas, rampant. « *Je n'ai fait action ni lâche, ni servile* », ROTROU. ♦ **Théol.** *Crainte servile,* se dit par opposition à crainte filiale. ♦ Dans la littérature et les arts, qui s'attache trop à l'imitation d'un modèle, à la lettre d'un original. *Imitateur, traducteur servile.* ♦ On dit de même : *Imitation, traduction servile.* ♦ **N. m.** Ce qui est servile.

SERVILEMENT, adv. [sɛʀvil(ə)mɑ̃] (*servile*) D'une manière servile, rampante. ♦ **Litt. Art** Trop exactement, trop à la lettre. *Traduire, imiter servilement.*

SERVILISME, n. m. [sɛʀvilism] (*servile*) Esprit, système de servilité.

SERVILITÉ, n. f. [sɛʀvilite] (*servile*) Esprit de servitude, bassesse d'âme. ♦ **Litt. Art** Exactitude servile, scrupuleuse à l'excès. *Cette traduction a trop de servilité.*

SERVIR, v. tr. [sɛʀviʀ] (lat. *servire,* être esclave, être dévoué à) Être à un maître comme domestique. *Servir un bon maître.* ♦ **Absol.** *Être réduit à servir.* ♦ *Servir son maître à table,* lui donner à boire, lui donner des assiettes, etc. ♦ **Absol.** *Servir à table.* ♦ *Servir à la chambre, à la cuisine, etc.,* être employé au service de la chambre, à la cuisine, etc. ♦ *Pour vous servir, à vous servir,* locutions familières de civilité employées comme réponse affirmative. ♦ *Être au service de,* être attaché à la personne, en une qualité supérieure à celle de domestique. *Servir les grands.* ♦ Rendre à quelqu'un les mêmes services qu'un domestique rend à son maître. *Servir les pauvres.* ♦ *Servir le prêtre,* le célébrant à l'autel, répondre la messe, et présenter l'eau et le vin. ♦ *Servir la messe,* assister le prêtre qui la dit. ♦ *Servir Dieu,* lui rendre le culte qui lui est dû. ♦ Il se dit des dieux du paganisme. « *J'ai mon dieu que je sers ; vous servirez le vôtre* », RACINE. ♦ Obéir à, honorer. « *L'orgueil de voir vingt rois vous servir et vous craindre* », RACINE. ♦ *Servir une dame,* lui rendre des soins assidus. ♦ Il se dit des emplois de guerre, de magistrature, d'administration que l'on remplit au service de l'État, du prince. *Servir l'État, le roi, etc.* ♦ **Absol.** Être dans le service militaire. *Il a servi sur mer, dans la cavalerie, etc.* ♦ Faire son service. *Ce soldat sert bien.* ♦ *Servir une batterie, une pièce de canon, etc.,* faire les manœuvres nécessaires pour l'exécution du feu. ♦ *Servir une pompe,* la faire jouer. ♦ Placer les mets sur la table. *Servir le dîner, un rôti, etc.* ♦ **Fig.** *Servir un mauvais compliment,* faire un mauvais compliment. ♦ **Absol.** *Servez à six heures.* ♦ *Et servez chaud,* formule qui, dans les livres de cuisine, termine toutes les recettes de mets qui doivent être mangés chauds. ♦ **Fig. et fam.** *Servez chaud,* faites vite, donnez promptement. ♦ *Le dîner, le déjeuner est servi,* il est sur la table. ♦ On dit dans le même sens : *Vous êtes servi ; Madame est servie.* ♦ *Servir à déjeuner, à dîner, à souper,* servir à une ou plusieurs personnes ce qu'il faut pour déjeuner, dîner, souper. ♦ *Servir une table,* la couvrir de plats, de mets. ♦ *Servir à quelqu'un un mets, d'un mets,* donner d'un mets à un convive. *Servir à boire à quelqu'un.* ♦ *Servir quelqu'un,* lui donner de ce qui est sur la table. ♦ **Fig.** *Servir quelqu'un d'un conte,* lui faire un conte. ♦ **Fig. et fam.** *Servir un plat de son métier,* Voy. PLAT. ♦ Au jeu de paume, *servir la balle* ou absol. *servir,* jeter une balle sur le toit pour être reçue par ceux qui jouent. ♦ Au jeu du ballon, de la balle, du volant, jeter le ballon, la balle, le volant à celui avec qui l'on joue. ♦ Fournir une marchandise, un objet confectionné. *Le boucher vous a mal servi. Mon cordonnier me sert mal.* ♦ *Servir une rente,* payer l'intérêt d'une somme constituée en rente. ♦ **Dr.** *Servir une redevance,* acquitter la redevance convenue. ♦ **Féod.** *Servir le fief,* remplir les obligations qui y étaient attachées. ♦ Faire aller, faire marcher, en parlant de certains moteurs. *Ce cours d'eau sert un moulin.* ♦ Être utile à. *Servir quelqu'un de son crédit, de son épée. Il faut servir ses amis.* ♦ **Absol.** « *Il aurait infiniment mieux aimé servir que plaire* », FONTENELLE. ♦ *Servir la religion, servir la patrie,* faire quelque chose d'avantageux à la religion, à la patrie. ♦ *Servir les passions de quelqu'un,* lui fournir les moyens de les satisfaire. ♦ Il se dit des choses qui secondent, favorisent. *Les circonstances, les événements l'ont bien servi.* ♦ *Son bras a mal servi sa valeur,* il n'a pas eu autant de force que de courage. ♦ *Sa mémoire l'a mal servi,* il a manqué de mémoire. ♦ **Prov.** *On n'est jamais si bien servi que par soi-même.* ♦ **V. intr.** Être à un maître comme domestique. « *On ne peut servir à deux maîtres* », FONTENELLE. ♦ « *Lorsque nous servons à nos convoitises* », BOSSUET. ♦ *Servir un quartier, une semaine,* être de service pendant un quartier, pendant une semaine. ♦ Être esclave, en servitude. « *Un cœur né pour servir sait mal comme on commande* », P. CORNEILLE. ♦ *Servir de,* tenir lieu de, faire l'office de. « *Mon nom sert de rempart à toute la Castille* », P. CORNEILLE. « *Je vous rends votre fils et je lui sers de père* », RACINE. ♦ *Servir de preuve,* prouver que. ♦ **Fig.** *Servir de jouet, de plastron,* être en butte aux railleries et aussi être exposé aux attaques, aux importunités de quelqu'un. ♦ *Servir à,* être utile. « *Fuyez ce qui vous nuit, aimez ce qui vous sert* », RÉGNIER. ♦ *Que sert, à quoi sert-il de?* Quel avantage revient-il de...? *Que lui serviront ses talents?*

♦ Impers. « *Rien ne sert de courir : il faut partir à point* », La Fontaine. ♦ En ce sens, *servir* prend *de* avec *rien, peu beaucoup, guère, quoi.* ♦ *Servir à*, être destiné à tel usage, être propre à. « *S'il y a des choses que l'on doive ignorer, ce sont celles qui ne servent à rien* », Malebranche. ♦ Absol. Être utile, avec un nom de chose pour sujet. « *Ma foi, le jugement sert bien dans la lecture* », Boileau. ♦ Être d'usage. *Ces gants ne peuvent plus me servir.* ♦ *Faire servir à*, employer pour un but, pour un résultat. « *Le dernier degré de la perversité est de faire servir les lois à l'injustice* », Voltaire. ♦ Mar. *Faire servir*, faire fonctionner telle voile qui ne fonctionnait pas. ♦ Se servir, v. pr. Faire pour soi ce qu'on pourrait faire faire à un domestique. ♦ Prendre de ce qui est sur la table. ♦ Faire usage de. « *Également capable de se servir de la fortune et de l'attendre* », Montesquieu. ♦ Il se dit aussi des personnes qu'on emploie. *Il se sert depuis longtemps de ce tailleur.* ♦ *Se servir d'une chose à*, s'en servir pour tel usage. ♦ *Se servir chez un marchand*, avoir l'habitude d'acheter chez lui. ♦ *Se rendre service à soi-même.* ♦ *Se rendre service l'un à l'autre.* ■ Fam. Raconter. *Il nous sert toujours les mêmes histoires.*

SERVITEUR, n. m. [sɛʁvitœʁ] (b. lat. *servitor*, serviteur de Dieu) Celui qui est au service, aux gages d'autrui. ♦ Fig. Il se dit de ceux qui rendent des services à l'État, au prince. *Fidèle serviteur du roi.* ♦ *Serviteur de l'État*, homme zélé et fidèle dans ce qui regarde le service de l'État. ♦ Il se dit de ceux qui servent Dieu. *Serviteur du Seigneur. C'est un grand serviteur de Dieu*, c'est un homme d'une grande piété. ♦ En termes de civilité, attaché, disposé à rendre service. « *Vous savez combien je suis de vos serviteurs* », Bossuet. ♦ *Je suis votre serviteur* ou elliptiq. *votre serviteur* et quelquefois simplement *serviteur*, formule de politesse dont on se sert en saluant quelqu'un. ♦ *Votre serviteur, votre très humble et très obéissant serviteur*, formule de politesse pour finir ses lettres. ♦ Ironiq. et fam. *Je suis votre serviteur, je suis son serviteur* ou elliptiq. *serviteur*, se dit à quelqu'un ou de quelqu'un quand on n'est pas de son avis, quand on refuse ce qu'il propose, ce qu'il demande. ♦ Fam. *Serviteur à*, se dit pour signifier qu'il n'y a plus moyen de faire telle ou telle chose. *Voilà l'hiver, serviteur à la promenade.*

SERVITUDE, n. f. [sɛʁvityd] (b. lat. *servitudo*, esclavage) État de celui qui est esclave. *Réduire un peuple en servitude.* ♦ Servage, condition de serf. ♦ Perte de l'indépendance nationale. « *Babylone menaçait toute la terre de la mettre en servitude* », Bossuet. ♦ Perte de la liberté politique. « *Les grandes vertus se cachent ou se perdent ordinairement dans la servitude* », Montesquieu. ♦ Par extens. État de dépendance, d'infériorité. « *Il voit la servitude où le roi s'est soumis* », P. Corneille. ♦ Servilité. « *Leur prompte servitude [des Romains] a fatigué Tibère* », Racine. ♦ Contrainte, assujettissement. *La servitude des préjugés, des emplois, etc.* ♦ Ce qui exerce sur l'âme un effet comparé à la servitude. « *Ce monde, si vain et si fragile, est trompeur, ingrat, plein de trahisons, ô combien dure est sa servitude !* », Bossuet. ♦ *La servitude du démon, la servitude du péché, la servitude des passions*, état d'un homme qui est dominé par le démon, par le péché, par les passions. ♦ Dr. Assujettissement imposé à un champ, à une maison, etc. par lequel le propriétaire est obligé d'y souffrir certaines charges, comme un passage, une vue, etc. ♦ *Servitude réelle*, celle qui est constituée sur un immeuble pour l'utilité d'un autre immeuble par opposition à la *servitude personnelle*, qui est constituée temporairement sur un héritage au profit d'une personne déterminée, comme le droit d'usufruit. ♦ Mar. *Bateaux* ou *navires de servitude*, sortes de petits navires destinés à faire le service des ports et des rades.

SERVO..., ■ [sɛʁvo] Préfixe latin signifiant asservissement mécanique.

SERVOCOMMANDE, ■ n. f. [sɛʁvokɔmɑ̃d] (*servo-* et *commande*) Techn. Commande auxiliaire qui, par amplification d'une force, se substitue à l'homme et assure la mise en route automatique d'un ensemble. *Un vérin à servocommande électrique.*

SERVODIRECTION, ■ n. f. [sɛʁvodiʁɛksjɔ̃] (*servo-* et *direction*) Techn. Mécanisme auxiliaire diminuant l'effort dans une manœuvre de direction. *Systèmes de servodirection pour autobus.*

SERVOFREIN, ■ n. m. [sɛʁvofʁɛ̃] (*servo-* et *frein*) Techn. Servocommande assurant une aide au freinage. *Un dispositif d'assistance qui augmente automatiquement le facteur de démultiplication du servofrein en situation de freinage extrême.*

SERVOMÉCANISME, ■ n. m. [sɛʁvomekanism] (*servo-* et *mécanisme*) Techn. Mécanisme programmé pour ajuster l'équilibre entre les actions qu'il effectue et les consignes qui lui ont été données. *Un servomécanisme peut ajuster sa vitesse ou sa position en comparant sa situation à un instant donné et celle où il devrait être.*

SERVOMOTEUR, ■ n. m. [sɛʁvomotœʁ] (*servo-* et *moteur*) Organe moteur, dont le but est de réduire l'effort nécessaire dans une manœuvre, afin de mettre en jeu une force importante avec un effort minimal. *Servomoteur à rotation. Servomoteur de chauffage.*

SES, adj. poss. [se] (lat. vulg. *sos*, accus. du possess. *sus*, qui a supplanté le lat. *suus*) Pluriel de l'adj. poss. *son*.

SÉSAME, n. m. [sezam] (lat. *sesamum*, du gr. *sêsamon*, d'origine sémitique) Genre de plantes, dont l'espèce principale est le *sesamum indicum*, plante oléagineuse, dont une des variétés est cultivée en Orient. ♦ *Sésame, ouvre-toi*, se dit de paroles qui doivent produire un effet magique, par allusion au conte des *Mille* et *une nuits*, où l'on ne pouvait faire ouvrir une porte qu'en prononçant ces mots. ■ Moyen infaillible pour obtenir quelque chose. *Ses diplômes devraient lui servir de sésame.*

SÉSAMOÏDE, adj. [sezamoid] (gr. *sêsamoeidês*, de *sêsamon*, sésame, et *eidos*, aspect) Anat. Qui ressemble à la graine de sésame. ♦ *Les os sésamoïdes* ou n. m. les *sésamoïdes*, petits os courts, arrondis, qui se développent dans l'épaisseur des tendons, au voisinage de certaines articulations.

SESBANIA n. m. ou **SESBANIE**, ■ n. f. [sɛsbanja, sɛsbani] (ar. *saysaban*, du pers. *sisaban*) Bot. Arbrisseau caduc appelé aussi *flamboyant d'Hyères*, originaire d'Amérique du Sud, au feuillage très découpé et offrant une floraison rouge vermillon en grappe. ■ Arbuste des régions tropicales cultivé en Inde pour sa tige dont on extrait de la filasse servant à la fabrication de papier à cigarettes.

SÉSÉLI, n. m. [seseli] (gr. *seseli, seselis*, p.-ê. d'origine égyptienne comme la plante) Genre de la famille des ombellifères, dont une espèce, le séséli de Marseille, a des semences de la grosseur de celles de l'anis ; elles sont réputées carminatives.

SESQUI, [sɛskɥi] (*qui* se prononce *cui* ; mots latins.) Mot dérivé du latin *sesque*, contracté de *semisque*, de *semis*, demi, qui se met en tête de différents termes scientifiques et signifie : un et demi.

SESQUIALTÈRE, adj. [sɛskɥialtɛʁ] (*qui* se prononce *cui* ; lat. *sesquialter*, de *sesqui*, in et demi, et *alter*, autre) Math. Il se dit de deux quantités dont l'une contient l'autre une fois et demie.

SESQUIOXYDE, n. m. [sɛskɥiɔksid] (*qui* se prononce *cui. Sesqui-* et *oxyde*) Chim. Oxyde renfermant une fois et demie la quantité d'oxygène que contient le protoxyde ou le monoxyde.

SESQUISEL, n. m. [sɛskɥisɛl] (*qui* se prononce *cui. Sesqui-* et *sel*) Chim. Sel contenant une fois et demie autant de base ou d'acide que le sel neutre correspondant.

SESSILE, adj. [sesil] (lat. *sessilis*, sur quoi l'on peut s'asseoir, de *sedere*, être assis) Bot. Il se dit d'une partie quelconque qui n'a pas de support particulier, qui repose immédiatement sur une autre. *Fleurs sessiles.* ♦ Méd. *Tumeur sessile*, tumeur qui n'a pas de pédicule.

SESSION, n. f. [sesjɔ̃] (lat. *sessio*, action de s'asseoir, audience, de *sedere*, être assis) Temps pendant lequel un corps délibérant est assemblé. ♦ Temps pendant lequel un tribunal non permanent est assemblé. ♦ Séance d'un concile. *La première session.* ♦ L'article qui renferme les décisions publiées dans la séance du concile. ■ Temps pendant lequel siège un jury d'examen. *Session de rattrapage.*

SESTERCE, n. m. [sɛstɛʁs] (lat. *sestertius*) Antiq. rom. Monnaie d'argent qui faisait le quart d'un denier, et valait deux as et demi ; on l'évalue à 0 f. 20 c. ♦ *Grand sesterce*, Monnaie de compte qui valait mille petits sesterces.

SET, ■ n. m. [sɛt] (mot angl. qui représente à la fois *to set*, établir et l'anc. fr. *sete*, groupe de personnes de même croyance) Protection souvent décorative qu'on place sous l'assiette et les couverts. ♦ Sp. Manche de tennis, de tennis de table ou de volley-ball. *Elle a remporté la victoire en trois sets.*

SÉTACÉ, ÉE, ■ adj. [setase] (lat. *sæta*, soie, poil rude) Qui a la forme et les caractéristiques d'une soie de porc. *Chez certains insectes, les antennes sont sétacées.* ■ Bot. Qui est recouvert de soies raides comme celles d'un cochon. *Des feuilles sétacées.*

SETIER, n. m. [sətje] (lat. *sextarius*, sixième partie) Ancienne mesure de grains de la contenance d'environ 156 litres. ♦ Ancienne unité de capacité qui contenait 8 pintes, la même que la velte, valant 7 litres 64. ♦ Demi-setier, ancienne mesure de capacité, quart de pinte. ♦ *Demi-setier*, se dit à Paris d'un quart de litre. ♦ *Setier de terre*, autant de terre labourable qu'on en peut ensemencer avec un setier.

SÉTON, n. m. [setɔ̃] (lat. médiév. méd. *seto*, de *seda*, crin, poil d'animal) Méd. Longue bandelette de linge fin effilé sur les bords, ou mieux longue mèche cylindrique de coton qu'on passe avec une aiguille à travers la peau et le tissu cellulaire pour entretenir un exutoire. ♦ *Séton à rouelle*, dit aussi *séton anglais, ortie, cautère, fontanelle*, séton consistant en une rondelle de cuir ou de feutre qu'on introduit par une incision faite à la peau, chez les animaux. ♦ Improprement, l'exutoire entretenu au moyen du séton. ♦ *Plaie en séton*, blessure, en général provoquée par une arme, composée d'un orifice d'entrée et d'un orifice de sortie. *Il a reçu une balle qui lui a provoqué une plaie en séton à l'avant bras droit.*

SETTER, ■ n. m. [setɛʁ] (mot angl., de *to set*, tomber en arrêt) Chien d'arrêt, au long poil de diverses robes, très apprécié à la chasse. *Setters anglais, irlandais, écossais.*

SEUIL, n. m. [sœj] (lat. impér. *solea*, sandale, b. lat. sorte de plancher) Pièce de bois ou de pierre qui est au bas de l'ouverture d'une porte et qui la traverse. ♦ **Fig.** *Le seuil de la vie*, le commencement de la vie. ♦ *Seuil d'écluse*, pièce de bois posée en travers de la porte et entre deux poteaux, au fond de l'eau. ♦ Dalle en pierre ou sole en bois sur laquelle repose un vannage. ■ **Fig.** Limite au-delà de laquelle la situation devient critique. *Vivre en dessous du seuil de la pauvreté.*

SEUL, EULE, adj. [sœl] (lat. *solus*) Qui n'est point avec d'autres, qui est sans compagnie. ♦ *Seul à seul*, en tête-à-tête. ♦ **Fig.** *Vivre seul dans le monde, être seul sur la terre*, n'être uni à personne par les liens de l'affection, de l'amitié, vivre dans l'isolement. ♦ **Mus.** *Voix seule*, voix qui chante pendant que les autres se taisent. ♦ Unique. *Un seul Dieu.* « *Ce parfait concert qui fait agir les armées comme un seul corps ou comme un seul homme* », BOSSUET. ♦ *Un seul... ne...*, pas un. « *Mille logis y sont, un seul ne s'ouvre aux dieux* », LA FONTAINE. ♦ Seul, en parlant d'un privilège affecté particulièrement à certaines personnes. « *L'enceinte sacrée ouverte aux seuls lévites* », RACINE. ♦ Qui n'a pas d'aide, de concours, d'appui. « *Se voir seul contre tous* », MOLIÈRE. « *C'est une grande folie de vouloir être sage tout seul* », LA ROCHEFOUCAULD. ♦ *Aller tout seul*, se dit des choses qui procèdent d'elles-mêmes, se font sans difficulté. « *Que les hommes ne pensent plus que le monde va tout seul* », BOSSUET. ♦ Simple, sans rien autre. *À cette seule pensée tous mes sens sont glacés.* « *Renvoyé dans Paris sur ma seule parole* », VOLTAIRE. ♦ *Le seul... qui...*, avec l'indicatif, quand celui qui parle veut rendre une idée positive. « *L'homme est le seul de tous les animaux qui est droit sur ses pieds* », FÉNELON. ♦ *Le seul... qui...*, avec le subjonctif, quand l'idée n'est pas positive. « *La seule chose qui dépende de nous, c'est de rendre nos souffrances méritoires* », MASSILLON. ♦ Où il y a peu de monde, solitaire, en parlant d'un lieu. ♦ *N'avoir pas pour un seul ennemi, pour un seul logis, etc.*, avoir plus d'un ennemi, d'un logis, etc. (locution qui s'interprète par : n'avoir pas ennemi qui soit unique). ♦ De bons auteurs ont employé, par pléonasme, seul avec ne... que. « *Notre sort ne dépend que de sa seule tête* », MOLIÈRE. ♦ **N. m.** *Le gouvernement d'un seul*, la monarchie absolue. ♦ **Prov.** *Un malheur ne vient jamais seul.* ♦ Placé avant le substantif, *seul* signifie qu'entre toutes la chose que l'on considère est celle qui... etc. ; placé après, que la chose toute seule, sans rien autre, est celle qui... etc. *Un seul mot convient ici*, c'est-à-dire il n'y a qu'un mot entre tous les mots qui convienne, ici. *Un mot seul convient ici*, c'est-à-dire qu'ici il n'y a que le mot sans rien autre.

SEULEMENT, adv. [sœl(ə)mã] (seul) Rien de plus, pas davantage. ♦ Uniquement. *Je vais au spectacle seulement pour la musique.* ♦ Au moins, du moins. « *Semblait-il seulement qu'il eût part à mes larmes ?* », RACINE. ♦ Même. *Cet homme que l'on disait mort n'a pas seulement été malade.* ♦ *Ne... que...* « *D'aujourd'hui seulement je jouis de ma gloire* », RACINE. ♦ À la seule condition que. *Parlez librement ; seulement respectez les convenances.* ♦ *Si seulement !* locution qui exprime le désir d'une chose qui suffira pour satisfaire. *Si seulement il rendait l'argent.* ♦ NON SEULEMENT, loc. adv. Voy. NON. ♦ *Seulement* explétif avec ne... que. « *Vous n'y perdrez rien, il ne faudra seulement que changer de ton* », MME DE SÉVIGNÉ. ♦ *Tant seulement*, Voy. TANT.

SEULET, ETTE, adj. [sølɛ, ɛt] (seul) Diminutif de *seul*, usité seulement dans le style pastoral et surtout au féminin.

SÈVE, n. f. [sɛv] (lat. *sapa*, vin cuit) **Bot.** Liquide que les racines puisent et absorbent dans le sein de la terre, pour le faire servir à la nutrition du végétal. ♦ *En sève*, en pleine sève, durant le temps où la sève est en mouvement dans les végétaux. *Arbre en sève.* ♦ **Par extens.** Certaine force qui rend le vin agréable. *Ce vin n'a plus de sève.* ♦ **Fig.** Il se dit des choses intellectuelles ou morales qui ont quelque chose comparé à la sève du vin. *Il y a de la sève dans cet ouvrage.* « *La sève de l'âge mûr* », BUFFON. ♦ En mauvaise part. « *Ici se cache une sève maligne et corrompue sous l'écorce de la politesse* », LA BRUYÈRE. ■ REM. Graphie ancienne : *séve.*

SÉVÈRE, adj. [sevɛʀ] (lat. *severus*) Qui impose rigoureusement les choses, qui n'a point d'indulgence. *Il est plus sévère pour les autres que pour lui-même. Un père sévère envers ses enfants.* ♦ *Sévère à.* « *Le juste, sévère à lui-même et persécuteur de ses propres passions* », BOSSUET. ♦ Il se dit des choses en un sens analogue. *Une punition sévère. Des paroles sévères.* ♦ *Sort sévère, destin sévère*, sort, destin qui traite l'homme sans indulgence. ♦ *Climat sévère*, climat froid et dur. ♦ Qui exige une exactitude rigoureuse. « *Ayez pour la cadence une oreille sévère* », BOILEAU. ♦ Qui est tenu rigoureusement. *Un blocus, un jeûne sévère.* ♦ Qui marque, qui annonce qu'on est sévère. *Un front, une mine sévère.* ♦ Très régulier, conforme aux règles. *Une vertu, une morale sévère.* ♦ En parlant de l'observance rigoureuse des lois de la pudeur. *Une femme sévère.* ♦ Peu sévère, relâché, qui cède facilement aux tentations. ♦ **Litt. Art** Noble et régulier, sans élégance affectée, sans ornements recherchés. *Un style, un goût sévère.* ♦ Il se dit d'une figure qui a plus de régularité que d'attrait. *Beauté sévère.* ♦ **N. m.** Ce qui est sévère. « *Passer du grave au doux, du plaisant au sévère* », BOILEAU. ♦ **Pop.** Au f.*En voilà une sévère*, voilà un fait bien surprenant, et aussi bien révoltant. ♦ **N. f.** Espèce de vipère.

SÉVÈREMENT, adv. [sevɛʀ(ə)mã] (*sévère*) D'une manière sévère. *Punir sévèrement.* ♦ Avec un goût sévère. *Cela est écrit sévèrement.*

SÉVÉRITÉ, n. f. [severite] (lat. *severitas*) Qualité de celui qui est sévère, de ce qui est sévère. ♦ Au pl. *Actes de sévérité.* ♦ Grande régularité. *La sévérité de ses mœurs, de son caractère, etc.* ♦ Il se dit des mortifications qu'on s'impose. *La sévérité de sa vie.* ♦ Il se dit du goût, des compositions littéraires ou artistiques. *La sévérité du goût.* ♦ Il se dit des climats.

SÉVEUX, EUSE, adj. [sevø, øz] (*sève*) **Bot.** Qui a rapport à la sève, qui en a les propriétés.

SÉVICES, n. m. pl. [sevis] (lat. *sævitia*, cruauté, fureur, de *sævus*, en rage, inhumain, barbare) **Dr.** Mauvais traitement d'un époux envers l'autre, d'un père ou d'une mère envers leurs enfants, d'un maître envers ses serviteurs, et qui peuvent aller jusqu'aux coups. ■ Mauvais traitement à l'égard d'une personne inférieure ou dépendante.

SÉVIR, v. intr. [seviʀ] (lat. *sævire*, être en fureur, faire rage) Agir avec rigueur contre les personnes. *Sévir contre quelqu'un.* ♦ Agir avec rigueur contre les choses. *Sévir contre les abus.* ♦ **Dr.** Il se dit d'un supérieur à l'égard d'un inférieur, d'un père à l'égard de son fils, etc. Maltraiter, user de violence. ♦ Exercer des ravages, en parlant d'un fléau. *La peste sévissait en Égypte.*

SEVRAGE, n. m. [səvʀaʒ] (*sevrer*) Action de sevrer un enfant, un jeune animal. ♦ ▷ *Maison de sevrage*, maison où l'on prend les petits enfants pour les sevrer, pour les soigner au temps du sevrage. ◁ ♦ Se dit aussi en parlant des animaux. ♦ Temps nécessaire pour sevrer un enfant. ■ Action de priver progressivement une personne d'alcool ou de drogue au cours d'une cure de désintoxication. *Le sevrage s'accompagne d'une aide psychologique.*

SEVRÉ, ÉE, p. p. de sevrer. [səvʀe]

SEVRER, v. tr. [səvʀe] (lat. pop. *seperare*, du lat. *separare*) Retrancher à un enfant le lait de sa nourrice, et le faire passer à une nourriture plus solide. ♦ Il se dit aussi des animaux domestiques. ♦ **Hortic.** Couper et séparer de la plante mère les marcottes lorsqu'elles ont pris racine, ou les rameaux greffés en approche. ♦ **Fig.** Priver, frustrer. *Sevrer quelqu'un de tous les plaisirs.* ♦ Se sevrer, v. pr. Se priver, s'abstenir. *Se sevrer des plaisirs du monde.*

SÈVRES, n. m. [sɛvʀ] (*Sèvres*, ville des Hauts-de-Seine) Porcelaine fabriquée à la manufacture de Sèvres, près de Paris, qui fut fondée en 1756. ♦ Vx *Sèvres*, porcelaine de Sèvres fabriquée avant le rétablissement de la manufacture sous le Consulat.

SEVREUSE, n. f. [səvʀøz] (*sevrer*) ▷ Femme qui a soin de sevrer un enfant. ◁

SÉVRIENNE, ■ n. f. [sevʀijɛn] (*Sèvres*, ville des Hauts-de-Seine) ▷ Élève de l'école normale supérieure de jeunes filles autrefois installée à Sèvres. ◁

SEXAGE, ■ n. m. [sɛksaʒ] (*sexe*) **Zool.** Détermination du sexe chez les jeunes animaux. *Le sexage des oiseaux.*

SEXAGÉNAIRE, adj. [sɛksaʒenɛʀ] (lat. *sexagenarius*, qui contient soixante) Qui a soixante ans. *Un homme sexagénaire.* ♦ **N. m. et n. f.** Un, une sexagénaire.

SEXAGÉSIMAL, ALE, ■ adj. [sɛksaʒezimal] (lat. *sexagesimus*, soixantième) Qui est numéroté sur une base soixante. *Les mesures sexagésimales des angles.*

SEXAGÉSIME, n. f. [sɛksaʒezim] (lat. *sexagesima [dies]*, le soixantième [jour avant Pâques]) Le dimanche qui précède de quinze jours le premier dimanche de carême. *Le dimanche de la Sexagésime* (on met un S majuscule).

SEX-APPEAL, ■ n. m. [sɛksapil] (mot angl., de *sex*, sexe, et *appeal*, attrait) Charme sensuel. *Elle a beaucoup de sex-appeal. Des sex-appeals.*

SEX-DIGITAIRE, adj. [sɛksdiʒitɛʀ] (lat. *sex*, six, et *digitus*, doigt) Qui est né avec six doigts. ♦ **N. m. et n. f.** *Un, une sex-digitaire.*

SEX-DIGITAL, ALE, adj. [sɛksdiʒital] (lat. *sex*, six, et *digitus*, doigt) Il se dit d'une main ou d'un pied qui a six doigts.

SEXE, n. m. [sɛks] (lat. *sexus*) Différence constitutive du mâle et de la femelle dans les animaux et les plantes. ♦ Collectivement, les hommes ou les femmes. *Des personnes des deux sexes.* ♦ *Le beau sexe* ou absol. *le sexe*, les femmes. ♦ *Les personnes du sexe faible*, les femmes. ■ *Le sexe fort*, les hommes. ■ Organes génitaux externes de l'homme et de la femme. *Pervers qui aime montrer son sexe en public.* ■ **Fam.** Sexualité. *Tout ce qui l'intéresse, c'est le sexe !*

SEXENNAL, ALE, adj. [sɛksenal] (lat. *sexennis*, de *sex*, six, et *annus*, année) Qui a lieu tous les six ans. ♦ Au pl. *sexennaux.*

SEXENNALITÉ, n. f. [sɛksenalite] (*sexennal*) Qualité de ce qui revient périodiquement tous les six ans.

SEXE-SYMBOLE ou **SEX-SYMBOL**, ■ n. m. [sɛkssɛbɔl] (angl. *sex-symbol*, symbole du sexe) Personne représentant l'idéal sexuel féminin ou masculin. *Marilyn Monroe ou James Dean ont été les sexe-symboles de leur époque.*

SEXISME, ■ n. m. [sɛksism] (*sexe*) Ségrégation marquée envers les personnes à cause de leur sexe, le plus souvent à l'encontre des femmes. « *Et j'entends d'ici mes détracteurs me taxer de sexisme petit-bourgeois* », HALIMI. ■ SEXISTE, n. m. et n. f. ou adj. [sɛksist]

SEXOLOGIE, ■ n. f. [sɛksolɔʒi] (*sexe* et -*logie*) **Méd**. Branche de la médecine qui étudie la sexualité et ses troubles.

SEXOLOGUE, ■ n. m. et n. f. [sɛksolɔg] (*sexologie*) Médecin spécialiste des troubles de la sexualité. *Consulter une sexologue pour des troubles de l'érection.*

SEXOTHÉRAPIE, ■ n. f. [sɛksoteʀapi] (*sexe* et *thérapie*) Traitement de certains troubles de la sexualité par la psychologie. *Une sexothérapie de couple.*

SEX-RATIO, ■ n. m. [sɛksʀasjo] (mot angl., de *sex*, sexe, et *ratio*, rapport, proportion) Rapport numérique entre les individus de sexe mâle et de sexe femelle au sein d'une même population. *Une prédominance masculine avec un sex-ratio égal à 1,5. Des facteurs susceptibles d'influencer le sex-ratio chez le poulet.*

SEX-SHOP, ■ n. m. [sɛksʃɔp] (mot angl. de *sex*, sexe et *shop*, magasin) Magasin du sexe, où sont proposés à la clientèle divers accessoires, gadgets, livres, cassettes, vêtements, et où on peut parfois visionner des films pornographiques. *Être amateur de sex-shops.*

SEX-SYMBOL, ■ n. m. [sɛkssɛ̃bɔl] Voy. SEXE-SYMBOLE.

SEXTANT, n. m. [sɛkstɑ̃] (lat. *sextans*, sixième partie d'une unité ou d'une somme) Instrument à réflexion, portant un limbe divisé en 60 degrés, qui sert à mesurer les angles. ♦ **Géom**. Sixième partie d'un cercle, arc de 60 degrés. ♦ Petite constellation boréale.

1 **SEXTE**, n. f. [sɛkst] (lat. chrét. *sexta*, sexte, heure canoniale, du lat. *sexta [hora]*, sixième heure) Dans la liturgie catholique, une des heures canoniales, appelées ordinairement petites heures, qui devait se dire à la sixième heure du jour, à compter du soleil levé.

2 **SEXTE**, n. m. [sɛkst] (lat. chrét. *sextus [liber]*) Nom donné, dans le Moyen Âge, au VIᵉ livre des Décrétales publié par Boniface VIII. ♦ On trouve aussi au féminin la sexte.

SEXTIDI, n. m. [sɛkstidi] (lat. *sextus* et *dies*, sur le modèle de lundi, etc.) Le sixième jour de la décade républicaine.

SEXTIL, ILE, adj. [sɛkstil] (lat. médiév. *sextilis*, du lat. *sextus*, sixième) **Astrol**. *Aspect sextil* ou *sextil aspect*, l'aspect de deux planètes qui sont éloignées entre elles de 60 degrés ou de deux signes entiers, qui font la sixième partie du zodiaque. ♦ Se disait, dans le calendrier républicain, de l'année qui avait un 6ᵉ jour complémentaire, et de ce jour lui-même.

SEXTILLION, ■ n. m. [sɛkstiljɔ̃] (radic. de *sextus*, d'après *billion*) Un million de quintillion, représentant dix à la puissance trente-six : 10³⁶.

SEXTO, adv. [sɛksto] (lat. *sexto loco*, ablatif de *sextus*, sixième, et *locus*, lieu, place) Sixièmement. Il s'emploie pour désigner le sixième objet d'une série, quand on a commencé à compter par *primo, secundo, etc.*

SEXTULE, n. m. [sɛkstyl] (lat. *sextula*, sixième de l'as) **Pharm**. Poids de 4 scrupules, équivalent à 5 grammes 10 centigrammes.

SEXTUOR, n. m. [sɛkstɥɔʀ] ou [sɛkstyɔʀ] (lat. *sex*, six, sur le modèle de *quatuor*) **Mus**. Morceau de musique pour six voix ou pour six instruments.

SEXTUPLE, adj. [sɛkstypl] (lat. *sextuplus*, du *sextus* et suff. -*plus*, multiplication) Qui vaut six fois autant. *Douze est sextuple de deux.* ♦ N. m. Nombre sextuple. *Le sextuple de deux est douze.*

SEXTUPLÉ, ÉE, p. p. de sextupler. [sɛkstyple] N. m. et n. f. pl. Six enfants nés d'une même grossesse.

SEXTUPLER, v. tr. [sɛkstyple] (*sextuple*) Rendre six fois aussi grand. *Sextuplez deux, vous aurez douze.*

SEXUALISATION, ■ n. f. [sɛksɥalizasjɔ̃] (*sexualiser*) Détermination du sexe de l'embryon. *Les différents processus de sexualisation de l'embryon.* ■ Attribution d'un sexe à un fait ou à une chose. *La sexualisation de la société.*

SEXUALISER, ■ v. tr. [sɛksɥalize] (*sexuel*) Donner un sexe à un fait ou à une chose. *Le jean est sexualisé par des coupes spécifiques destinées aux femmes ou aux hommes.* ■ Introduire une notion sexuelle à un fait ou une chose. « *La première zone du cerveau [...] est liée à l'instinct dont dépend la réponse immédiate à la peur, aux besoins de se nourrir et à sexualiser de façon tout à fait primaire* », ZIELBAUER.

SEXUALITÉ, ■ n. f. [sɛksɥalite] (*sexuel*) Ensemble des phénomènes sexuels que l'on peut observer dans le monde vivant. ■ Ensemble des modalités sexuelles de chaque individu. *Avoir une sexualité épanouie.*

SEXUÉ, ÉE, ■ adj. [sɛksɥe] (thème du lat. *sexus*) Qui a un sexe défini. *Reproduction sexuée.*

SEXUEL, ELLE, adj. [sɛksɥɛl] (b. lat. *sexualis*, du sexe de femme, féminin, avec changement de sens) Qui a rapport au sexe, qui le caractérise, dans

les animaux et dans les plantes. ♦ **Bot**. *Système sexuel*, théorie établie par Linné. ♦ Qui tient au sexe. *Instinct sexuel.*

SEXUELLEMENT, ■ adv. [sɛksɥɛl(ə)mɑ̃] (*sexuel*) Du point de vue de la sexualité. *Sexuellement parlant !* ■ *Maladie sexuellement transmissible* (MST), maladie contagieuse transmise au cours de l'acte sexuel.

SEXY, ■ adj. inv. [sɛksi] (mot angl., de *sex*) Au charme sensuel. *Vous êtes sexy, les filles, habillées comme ça !*

SEYANT, ANTE, adj. [sejɑ̃, ɑ̃t] (*seoir*) Qui sied, qui va bien. *Une étoffe, une coiffure seyante.*

SF, ■ n. f. [ɛsɛf] (sigle de *Science-fiction*) *Un roman, un film de* SF. Voy. SCIENCE-FICTION.

SFUMATO, ■ n. m. [sfumato] (le *u* se prononce *ou* ; ital. *sfumare*, enfumer) **Peint**. Technique picturale datant du XVIᵉ siècle où les objets ou personnages sont représentés comme derrière un voile, ce qui confère au tableau un effet vaporeux et estompé.

SGBD, ■ n. m. [ɛsʒebede] (sigle de *Système de gestion de base de données*) **Inform**. Type de logiciel informatique permettant la gestion de diverses sources de données par des tris, des fusions ou des critères. *Le logiciel informatique Access est un SGDB qui permet, par exemple, de fusionner plusieurs fichiers d'adresses en leur appliquant un critère de sélection (nom, département), et d'utiliser le résultat de cette requête pour un publipostage.*

SGML, ■ n. m. [ɛsʒeɛmɛl] (sigle angl. de *Standard generalized mark-up language*) **Inform**. Langage international normé destiné à structurer les informations d'un document. *Le SGML définit les règles de création des différents langages dits balisés, comme le HTML ou le XML.*

SGRAFFITE, n. m. [sgʀafit] (ital. *sgraffito*, égratigné, de *sgrafire*, griffer) Espèce de camaïeu qui se fait en couvrant d'une couche foncée l'enduit d'un mur, et en écorchant cet enduit avec une pointe, de manière à produire ainsi les clairs d'un dessin, à l'imitation d'un bas-relief.

SHAH ou **CHAH**, n. m. [ʃa] (anc. pers. *shâh*, roi) Titre que les Européens donnent au souverain de la Perse. ■ Titre donné au souverain de l'Iran jusqu'en 1979. *Des shahs, des chahs.* ■ REM. On écrit aussi *schah.*

SHAKER, ■ n. m. [ʃekœʀ] (mot angl., to *shake*, secouer) Récipient formé de deux gros gobelets qui s'emboîtent, où l'on secoue divers alcools et jus de fruits, avec parfois de la glace pilée, pour confectionner des cocktails. *Des shakers en métal.*

SHAKO ou **SCHAKO**, n. m. [ʃako] (hongr. *shako*) Sorte de coiffure à l'usage de quelques troupes à cheval et de la plupart des corps d'infanterie. ■ Au pl. *Des shakos, des schakos.*

SHALL, n. m. [ʃal] Voy. CHÂLE.

SHAMAN, ANE, ■ n. m. et n. f. [ʃaman] Voy. CHAMAN.

SHAMPOING ou **SHAMPOOING**, ■ n. m. [ʃɑ̃pwɛ̃] (mot angl., de to *shampoo*, frictionner, de l'hindi *châmpo*, masser) Produit destiné à laver les cheveux. *Shampoing doux tous cheveux. Shampoing traitant pour cheveux secs.* ■ Le lavage des cheveux. *Se faire un shampoing.* ■ Par extens. Produit lavant un support fragile nécessitant un certain soin. *Shampoing pour moquette, pour textiles fragiles.*

SHAMPOUINER, ■ v. tr. [ʃɑ̃pwine] (*shampooing*) Faire un shampoing à quelqu'un, à un chien. *Mouiller les cheveux et le cuir chevelu et shampouiner soigneusement.* ■ Nettoyer avec un produit lavant spécial. *Shampouiner une moquette, un tapis.* ■ SHAMPOUINEUR, EUSE, n. m. et n. f. [ʃɑ̃pwinœʀ, øz]

SHANTOUNG, ■ n. m. [ʃɑ̃tuŋg] Voy. CHANTOUNG.

SHARIA, ■ n. f. [ʃaʀja] Voy. CHARIA.

SHEKEL ou **SHÉKEL**, ■ n. m. [ʃekɛl] (mot hébr., unité de poids, monnaie) Unité monétaire d'Israël. *Payer en shekels.*

SHELING, n. m. [ʃ(ə)lɛ̃] Voy. SCHILLING.

SHÉRIF, ■ n. m. [ʃeʀif] (angl. *sheriff*, du v. *scir*, comté, et *zerefa*, premier magistrat, bailli) Magistrat anglais dont les fonctions sont annuelles, obligatoires et gratuites, et qui, placé à la tête de l'administration civile d'un comté, est chargé de veiller au maintien de la paix publique, de présider aux élections et de dresser les listes du jury. ■ Officier d'administration élu, chargé du maintien de l'ordre d'un comté aux États-Unis. *Les shérifs des westerns.*

SHERPA, ■ n. m. [ʃɛʀpa] (*Sherpas*, nom d'un peuple montagnard du Népal) Montagnard servant de guide et/ou de porteur aux alpinistes dans l'Himalaya. ■ Par extens. Porteur ou guide pour toute mission d'alpinistes.

SHERRY, ■ n. m. [ʃeʀi] (mot angl., altération de *Xeres*) Vin blanc de la région de Jerez, dans la pointe sud de l'Espagne. *Un verre de sherry. Vinaigre de sherry. Des sherrys* ou *des sherries* (pluriel anglais).

SHETLAND, ■ n. m. [ʃetlɑ̃d] (mot angl., du nom des îles *Shetland*) Laine des moutons de Shetland. ■ Par extens. Pull tricoté avec cette laine. *Laver* *ses shetlands à la main.* ■ Race de poneys de cet endroit, qui ont une très petite taille.

SHIATSU, ■ n. m. [ʃjatsu] (mot jap., de *shi*, doigt, et *atsu*, pression) Médecine douce asiatique qui utilise la pression des doigts sur certains points du corps pour soulager. *Praticienne diplômée proposant des séances de shiatsu.*

SHIITE, ■ n. m. et n. f. ou adj. [ʃiit] Voy. CHIITE.

SHILLING, ■ n. m. [ʃiliŋg] (mot angl., d'orig. obsc.) Ancienne unité monétaire anglaise valant un vingtième de livre. ■ Unité monétaire principale de divers pays de l'Afrique de l'Est : Kenya, Ouganda, Somalie, Tanzanie. ■ REM. En 2005, le shilling valait 0,011 euro.

SHILOM, ■ n. m. [ʃilɔm] (pers. *chilam*) Pipe dont le fourneau est dans le prolongement du tuyau ou posé sur ce dernier et dont on se sert pour fumer du haschich. *Des shiloms en terre cuite.*

SHIMMY, ■ n. m. [ʃimi] (mot anglo-amér., altération du *chemise*, désignant une danse faisant flotter la chemise) Danse née dans les années 1920, variante du fox-trot. *Danser sur un air de shimmy.* ■ **Autom.** Flottement des roues directrices d'une voiture sur essieu rigide. *Le shimmy peut être dû à un mauvais parallélisme ou équilibrage des roues, à l'aquaplaning ou à une chaussée déformée.*

SHINGLE, ■ n. m. [ʃiŋgœl] (mot angl., bardeau) Techn. Matériaux de couverture très léger, à base de bitume et imitant l'ardoise. *Recouvrir une toiture et un mur pignon de shingle.*

SHINTO ou **SHINTOÏSME**, ■ n. m. [ʃinto, ʃintoism] (jap. *shintô*, voie des divinités) Religion polythéiste et animiste traditionnelle du Japon, présente dès le xve siècle et religion d'État jusqu'en 1945. ■ SHINTOÏSTE, n. m. et n. f. ou adj. [ʃintoist]

SHIPCHANDLER, ■ n. m. [ʃipʃɑ̃dlœr] (mot anglais, *deship*, bateau, et *chandler*, marchand de chandelles, commerçant) Marchand d'articles pour bateaux. *Faire réparer ses voiles chez un shipchandler.*

SHIT, ■ n. m. [ʃit] (arg. anglo-amér., merde) Haschich.

SHOCKING, ■ adj. inv. [ʃɔkiŋ] (mot angl., de *to shock*, heurter, choquer) Plais. Choquant. *Shocking ! déclara-t-il devant cette photographie d'une grande vulgarité.*

SHOGUN ou **SHOGOUN**, ■ n. m. [ʃɔgun] (le *u* se prononce *ou* ; mot jap., général) Chef militaire et civil au Japon jusqu'au XIXe siècle. *À la fin du xxe siècle, la charge de shogun devint irrévocable et héréditaire.* ■ Jeu de damier à deux joueurs.

SHOGUNAL, ALE ou **SHOGOUNAL, ALE**, ■ adj. [ʃɔgunal] (le *u* se prononce *ou* ; *shog[o]un*) Qui est relatif aux shoguns. *Des gouvernements shogunaux.*

SHOGUNAT ou **SHOGOUNAT**, ■ n. m. [ʃɔgunat] (le *u* se prononce *ou* ; *shog[o]un*) L'autorité du shogun. *Exercer un shogunat dans une province.*

SHOOT, ■ n. m. [ʃut] (mot angl., de *to shoot*, tirer) Tir, au football. *Des shoots.* ■ **Fam.** Injection de drogue. *Se faire un shoot d'héroïne.*

SHOOTER, ■ v. intr. [ʃute] (*shoot*) En sport, au football. Tirer. ■ Se shooter, v. pr. Se faire une injection de drogue. *Il se shoote à l'héroïne.*

SHOPPING, ■ n. m. [ʃɔpiŋ] (mot angl., de *shop*, boutique, magasin ; cf. *échoppe*) Déambulation, essentiellement féminine, dans les magasins, souvent de vêtements, sans réel besoin d'acheter. *Faire du shopping.*

SHORT, ■ n. m. [ʃɔrt] (angl. *shorts*, culottes courtes, de *short*, court) Vêtement consistant en une sorte de culotte s'arrêtant à la cuisse, portée quand on fait du sport ou pendant les vacances. *Être en short et en baskets.*

SHOW, ■ n. m. [ʃo] (mot angl., apparence, exposition, spectacle) Spectacle de variétés. *Artiste qui présente un nouveau show.* ■ Par extens. Représentation, manifestation organisée autour d'une personnalité. ■ SHOWMAN, n. m. [ʃoman]

SHOW-BUSINESS, ■ n. m. [ʃobiznɛs] (*business* se prononce *biz-ness* ; angl. *show*, spectacle et *business*, affaires) Métier, industrie du spectacle. ■ Abrév. Show-biz ou showbiz.

SHUNT, ■ n. m. [ʃœ̃t] ou [ʃɛ̃t] (mot angl., de *to shunt*, détourner) Électr. Résistance placée en dérivation entre les bornes d'un circuit électrique pour créer une chute de tension. ■ Méd. Communication entre un flux sanguin artériel et un flux sanguin veineux. *Un shunt artérioveineux.*

SHUNTER, ■ v. tr. [ʃœ̃te] ou [ʃɛ̃te] (*shunt*) Électr. Équiper d'un shunt. ■ Fam. Court-circuiter. *Shunter un antidémarrage de voiture en panne.*

1 SI, conj. [si] (lat. *si*) En cas que, pourvu que, supposé que. *Il viendra s'il fait beau. Si on vous dit que je ne suis pas votre ami, ne le croyez pas.* ■ *Si* gouverne l'indicatif. *S'il venait, il me ferait plaisir.* ♦ Cependant on peut mettre aussi le plus-que-parfait du subjonctif, au lieu du plus-que-parfait de l'indicatif. *S'il fût venu, je l'aurais su.* ♦ *Si* ne prend ce subjonctif qu'avec

les verbes auxiliaires : *Si je vous eusse trouvé* ou *si je vous avais trouvé ; si j'y fusse allé* ou *si j'y étais allé.* ♦ *Si*, dans une construction elliptique où il n'y a pas de membre principal, exprime une sorte de souhait. « *Si j'arrondissais mes États !* », LA FONTAINE. ♦ Dans une construction semblable, il exprime quelquefois une forte affirmation et comme une sorte d'indignation de ce qu'on met la chose en doute. *Vous vous en souvenez ? - Si je m'en souviens ! Ah ! si !...* avec une suspension, exprime un souhait qu'on ne veut ou n'ose exprimer. ♦ Avec *si* on peut quelquefois sous-entendre un verbe antécédent. « *Si j'épouse une femme avare, elle ne me ruinera point ; si une joueuse, elle pourra m'enrichir ; si une savante, elle pourra m'instruire* », LA BRUYÈRE. ♦ *Si* s'emploie pour exprimer non une supposition, mais une chose certaine. *Si je suis gai, c'est que j'en ai sujet.* ♦ D'autres fois *si* marque opposition. « *Si la vie et la mort de Socrate sont d'un sage, la vie et la mort de Jésus sont d'un Dieu* », J.-J. ROUSSEAU. ♦ *S'il le fut*, si jamais il le fut, et autres locutions de ce genre, équivalent au superlatif. « *Plein de zèle, échauffé, s'il le fut de sa vie* », LA FONTAINE. ♦ *Que si* s'emploie quelquefois au commencement des phrases pour *si*. *Que si vous m'alléguez cette raison, je dirai...* ♦ *Si* marque le doute, l'interrogation. *Je ne sais s'il est arrivé. Je doute si vous viendrez à bout de cette affaire.* ♦ *Ou si*, ou bien *si*, forme interrogative. « *Tout genre d'écrire reçoit-il le sublime, ou s'il n'y a que les grands sujets qui en soient capables ?* », LA BRUYÈRE. ♦ *Si tant est que*, avec le subjonctif, s'il est vrai, avec le sens d'une concession que l'on fait, sans être bien convaincu soi-même. *Si tant est que la chose soit comme vous dites, il faudra...* ♦ *Si ce n'est*, excepté. *Si ce n'est eux, quels hommes eussent osé l'entreprendre ?* ♦ *Si ce n'était*, sans. *Si ce n'était la crainte de vous déplaire.* ♦ On peut supprimer *ne*. *N'était la crainte de vous déplaire, je parlerais hardiment.* ♦ *Si... ne*, à moins que. *Si je ne me trompe.* ♦ N. m. *Un si*, une objection. *Les si, les mais.* ● **Pop.** Il s'emploie pour marquer un défaut dans la chose dont il s'agit. *Voilà un bon cheval ; il n'y a point de si.* ♦ **Prov.** Avec un si on mettrait Paris dans une bouteille. ♦ *Si* perd son *i* seulement devant *il* et *ils* : *s'il vient, s'ils viennent.*

2 SI, adv. [si] (lat. *sic*, de *si* et la particule déictique *c[e]*, ainsi, de cette manière) Tellement. « *Il ne faut pas toujours être si délicat* », LA FONTAINE. ♦ *Si*, avec *que* dans un autre membre de phrase et l'indicatif, tellement... que. *Le vent est si grand qu'il rompt tous les arbres.* ♦ *Si* avec *que* et l'infinitif, au point de. « *Je ne me repais pas de pensées si vaines que de m'imaginer...* », DESCARTES. ♦ On peut supprimer le *que*. « *Qui te rend si hardi de troubler mon breuvage ?* », LA FONTAINE. ♦ *Si*, dans une phrase négative suivi de *que*, veut le subjonctif. *Il n'a pas été si leste qu'il ne soit tombé.* ♦ *Si*, suivi de *qui*, ne s'emploie que dans une phrase négative et veut le subjonctif. « *Il n'y a si vil praticien qui, au fond de son étude sombre et enfumée, ne se préfère au laboureur qui jouit du ciel* », LA BRUYÈRE. ♦ Il peut s'employer devant les expressions adverbiales. « *L'extravagance y paraît si à découvert, qu'elle ne laisse presque pas de lieu à la méprise* », MASSILLON. ♦ Il peut même précéder un substantif. « *Ces conjectures ne sont pas si conjectures que tu penses* », J.-J. ROUSSEAU. ♦ Il sert d'adverbe de comparaison en place de *aussi*, *autant* ; mais il ne s'emploie qu'avec la négation ou dans une phrase interrogative. *Je n'ai jamais vu rien de si beau, de si bon que, etc.* ♦ *Si* employé pour aussi dans une phrase affirmative a vieilli. L'usage n'a conservé que la locution familière : *Si peu que vous voudrez, si peu que rien*, c'est-à-dire très peu. ♦ *Si... que*, quelque... que. *Si mince qu'il puisse être, un cheveu fait de l'ombre.* ♦ Avec ellipse du *que*. « *Une figure, si régulière soit-elle, n'est pas agréable à la vue lorsque...* », DESCARTES. ♦ *Si*, de telle sorte que. ♦ *Si bien que*, tellement que, de sorte que. *La pluie nous surprit en chemin, si bien que nous nous égarâmes.* ♦ *Si* est quelquefois employé comme particule affirmative, mais seulement dans le cas où il s'agit de détruire une négation précédente. *Vous dites que non, je dis que si.* ♦ *Si fait*, employé pour affirmer le contraire de ce qui a été dit. *Je crois qu'il n'a pas été là. - Si fait.* ♦ *Si fait*, c'est-à-dire ainsi fait. ♦ *Si ferai, si ferai-je*, façons d'affirmer qui signifient je ferai ainsi. ♦ **Fam.** *Que si*, pour si fait. *Vous n'y irez pas ? - Que si.* ♦ N. m. « *Eux de recommencer la dispute à l'envi Sur le que si, que non* », LA FONTAINE. ♦ Pourtant, toutefois (ce sens vieillit). « *Si faut-il qu'à la fin j'acquitte ma promesse* », MALHERBE. ♦ *Et si*, même signification. « *Je la fuis, je la crains, et si, je l'aime encore* », TRISTAN.

3 SI, n. m. [si] (substantivation de *2 si*) Condition imposée.

4 SI, n. m. inv. [si] (initiales de *Sancte Johannes* dans l'hymne lat. à saint Jean Baptiste de Paul Diacre) Mus. La septième note de la gamme d'ut. ♦ Le nom du signe qui représente cette note.

SIAL, ■ n. m. [sjal] (all. *Sal*, puis *Sial*, des symboles chimiques *Si* de silicium et *Al* de Aluminium) Vieilli Géol. Croûte continentale composée essentiellement de silice et d'aluminium. *Le sial est au-dessus du sima.*

SIALAGOGUE, adj. [sjalagɔg] (gr. *sialon*, salive, et *agôgos*, qui attire) Méd. Qui provoque la sécrétion de la salive. *Remède sialagogue.* ♦ N. m. Un sialagogue.

SIALIS, ■ n. m. [sjalis] (on prononce le *s* final ; lat sav. [XIXe s.], du gr. *sialis*, sorte d'oiseau) Zool. Insecte ailé de l'ordre des mégaloptères dont la larve est totalement aquatique et qui, une fois adulte, ne vit que quelques jours à l'air libre pour se reproduire.

SIALISME, n. m. [sjalism] (gr. *sialismos*, salivation, de *sializein*, baver) **Méd.** Évacuation abondante de salive.

SIALORRHÉE, ▪ n. f. [sjaloʀe] (gr. *sialon*, salive, et *-rrhée*) **Méd.** Sécrétion excessive de salive.

1 SIAM, n. m. [sjam] (*Siam*, ancien nom de la Thaïlande, d'où ce jeu fut introduit en France sous Louis XIV) Nom d'un jeu de quilles qui se joue avec une roulette dont une face est plus petite que l'autre, de sorte qu'elle ne roule pas en ligne droite, mais décrit une courbe sur le sol.

2 SIAM, n. m. [sjam] (*Siam*) Race porcine de Siam, race de porcs originaire des contrées du sud-est de l'Asie, de la Cochinchine, notamment du royaume de Siam. ◆ N. m. *Les siams*, les porcs de cette race.

SIAMOIS, OISE, ▪ n. m. et n. f. [sjamwa, waz] (*Siam*) Chat de race extrême-orientale, à face allongée, de couleur beige clair, à la tête et aux extrémités marron, et à queue souvent écourtée ou cassée, et parfois aux yeux bleus. ▪ Adj. *Chatte siamoise.* ▪ N. m. ou f. Jumeau ou jumelle joint physiquement à la naissance à son jumeau ou à sa jumelle par une partie commune à leurs deux corps. ▪ Adj. *Frères siamois, sœurs siamoises.*

SIAMOISE, n. f. [sjamwaz] (*Siam*) Étoffe mêlée de soie et de coton, imitée, en France, de celle que portaient les ambassadeurs de Siam qui furent envoyés à Louis XIV.

SIBARITE, n. m. [sibaʀit] Voy. SYBARITE.

SIBÉRIEN, IENNE, ▪ n. m. et n. f. [sibeʀjɛ̃, jɛn] (*Sibérie*) Habitant de la Sibérie. ▪ Adj. *Une tempête sibérienne.*

SIBILANCE, n. f. [sibilɑ̃s] (*sibilant*) **Méd.** Caractère des râles qui sont sibilants ou sifflants. ◆ *Sibilance de la poitrine*, se dit pour indiquer que le poumon fait entendre des râles sibilants.

SIBILANT, ANTE, adj. [sibilɑ̃, ɑ̃t] (lat. *sibilans*, p. prés. de *sibilare*, siffler, produire un sifflement) Qui a le caractère d'un sifflement. ◆ **Méd.** *Râle sibilant*, râle qu'on entend dans la bronchite.

SIBYLLE, n. f. [sibil] (lat. *sibylla*, du gr. *sibulla*) Chez les Anciens, femmes auxquelles on attribuait la connaissance de l'avenir et le don de prédire. ◆ *Les feuilles de la sibylle*, feuilles de chêne sur lesquelles la sibylle écrivait ses oracles, que le vent dispersait, et qu'il fallait réunir pour en retrouver le sens. ◆ **Fig.** Femme qui affecte l'enthousiasme et l'air inspiré. ◆ **Fig. et fam.** *Une vieille sibylle*, une femme âgée qui a quelque prétention à l'esprit, ou qui est méchante.

SIBYLLIN, INE, adj. [sibilɛ̃, in] (lat. *sibyllinus*) De sibylle. *Les prédictions sibyllines. Les oracles sibyllins.* ◆ *Livres sibyllins*, livres qui contenaient les oracles des sibylles. ▪ **Litt.** Dont le sens est obscur.

SIC, ▪ adv. [sik] (mot lat., ainsi, de cette manière) Mot qu'on met entre parenthèses après un mot, une phrase, pour attester que c'est bien ainsi qu'on l'a trouvé écrit, même si cela paraît étrange, et qu'il ne s'agit pas d'une erreur de retranscription. *Elle pèse quarante kilos est (sic) même moins.*

SICAIRE, n. m. [sikɛʀ] (lat. *sicarius*, de *sica*, poignard) Assassin gagé.

SICAV, ▪ n. f. inv. [sikav] (acronyme de *Société d'investissement à capital variable*) **Financ.** Société dont le capital varie en fonction des mouvements de retrait faits par les souscripteurs, et qui a pour rôle la gestion de leur portefeuille de valeurs. ▪ La valeur en elle-même. *Acheter des sicav.*

SICCATIF, IVE, adj. [sikatif, iv] (b. lat. *siccativus*, de *siccare*, faire sécher) Qui a la propriété de faire sécher en peu de temps les couleurs. *Huile siccative.* ◆ N. m. *Un siccatif.* ◆ **Méd.** Qui dessèche, qui hâte la dessiccation. ◆ *Médicament siccatif*, médicament qui dessèche les plaies, les solutions de continuité.

SICCATIVITÉ, ▪ n. f. [sikativite] (*siccatif*) Propriété que possède une peinture qui sèche rapidement. *La siccativité de la peinture peut varier selon le support.* ▪ Aptitude d'un liant à se solidifier. *La siccativité des liants dans la peinture se caractérise par une oxydation naturelle de l'huile qui se solidifie au contact de l'air et emprisonne les pigments de la couleur en leur donnant cet éclat brillant caractéristique de la peinture à l'huile.* ▪ Rapidité de séchage d'un liquide. *La siccativité de l'encre d'imprimerie se fait plus rapidement sur un papier absorbant que sur un papier lisse et étanche.*

SICCITÉ, n. f. [siksite] (lat. *siccitas*, état de sécheresse, de *siccus*, sec) Qualité, état de ce qui est sec, privé d'humidité. ◆ *Évaporer à siccité*, faire évaporer un liquide, jusqu'à ce que le résidu soit sec.

SICILIEN, IENNE, ▪ n. m. et n. f. [sisiljɛ̃, jɛn] (lat. médiév. *sicilianus*, de *Sicila*, Sicile) Habitant de la Sicile. ▪ Adj. *Une recette sicilienne.*

SICILIENNE, n. f. [sisiljɛn] (fém. substantivé de *sicilien*) Espèce de danse. ◆ Air sur lequel on l'exécute, à 6/8, d'un mouvement modéré.

SICILIQUE, n. m. [sisilik] (lat. *sicilicus*, quart de l'once) Poids de droguiste, qui pèse un sextule et deux scrupules (un peu plus de six grammes et un tiers).

SICLE, n. m. [sikl] (lat. ecclés. *siclus*, de l'hébr. *sheqel*, poids) Poids et monnaie des Hébreux. *Le poids du sicle équivalait à 6 grammes, et l'argent qu'il contenait à 1 fr. 26. c.* ◆ *Le sicle du sanctuaire* était le sicle à valeur exacte, plutôt forte que faible. ◆ Il y avait aussi des *sicles de cuivre.*

SICLÉE ou **CICLÉE**, ▪ n. f. [sikle] **Fam. Suisse** Cri aigu. ▪ SICLER ou CICLER, v. intr. [sikle]

SICOMORE, n. m. [sikomɔʀ] Voy. SYCOMORE qui est plus usité

SIDA, ▪ n. m. [sida] (acronyme de *syndrome d'immunodéficience acquise*) **Méd.** Maladie infectieuse transmissible par voix sexuelle ou sanguine et portant sur le système immunitaire. *La recherche sur le sida progresse, mais cette maladie fait encore de grands ravages, notamment en Afrique.* ▪ REM. Le virus du sida est aussi nommé HIV *(Human Immunodeficiency Virus).*

SIDE-CAR ou **SIDECAR**, ▪ n. m. [sajdkaʀ] ou [sidkaʀ] (mot angl., de *side*, côté, et *car*, voiture) Nacelle, sorte de coque pourvue d'une roue, et pouvant recevoir un passager, reliée par le côté droit à une moto. ▪ **Par méton.** L'ensemble du véhicule. *Assister à une course de side-cars.*

SIDÉEN, ENNE, ▪ n. m. et n. f. [sideɛ̃, ɛn] (*sida*) **Méd.** Personne atteinte par le virus du sida. ▪ Adj. *Un enfant sidéen.*

SIDÉRAL, ALE, adj. [sideʀal] (lat. impér. *sideralis*, de *sidus*, génit. *sideris*, étoile, astre) **Astron.** Qui a rapport aux astres. *Influence sidérale.* ◆ *Astronomie sidérale*, étude des étoiles. ◆ *Révolution sidérale*, retour à la même étoile. ◆ *Jour sidéral*, temps qui s'écoule entre deux retours consécutifs d'une même étoile au méridien d'un lieu. ◆ *Heure sidérale*, heure déterminée en divisant le jour sidéral par 24. ◆ *Année sidérale*, temps compris entre deux coïncidences successives du centre du soleil avec une même étoile; elle est de 365 jours 6 heures 9 minutes 12 secondes. ▪ REM. Au pluriel, *des jours sidéraux, des années sidérales.*

SIDÉRANT, ANTE, ▪ adj. [sideʀɑ̃, ɑ̃t] (*sidérer*) **Fam.** Qui provoque une forte émotion et coupe le souffle. *La nouvelle de sa disparition fut sidérante pour tout le monde!*

SIDÉRATION, ▪ n. f. [sideʀasjɔ̃] (lat. impér. *sideratio*, action funeste des astres, insolation) **Méd.** Anéantissement soudain des fonctions vitales sous l'effet d'un choc émotionnel. ▪ *Sidération nerveuse, neurologique, psychomotrice, diaphragmatique, myocardique, etc.* ▪ *Sidération de l'esprit*, incapacité momentanée à parler.

SIDÉRER, ▪ v. tr. [sidere] (*sidéré*, du lat. impér. *sideratus*, qui subit l'action funeste des astres) **Fam.** Frapper de stupeur. *Ta naïveté me sidère!* ▪ **Méd.** Mettre en état de sidération.

SIDÉRITIS, n. f. [sideʀitis] (lat. *sideritis*, du gr. *sidêritis*, aimant, plante, de *sidêros*, fer) Voy. CRAPAUDINE, PLANTE.

SIDÉR(O)-, ▪ [sideʀo] Préfixe qui signifie fer.

SIDÉROGRAPHIE, ▪ n. f. [sideʀogʀafi] (*sidér[o]-* et *-graphie*) **Techn.** Gravure sur de l'acier. *La sidérographie a été autrefois utilisée pour la gravure des billets de banque.*

SIDÉROLITHE ou **SIDÉROLITE**, ▪ n. f. [sideʀolit] (*sidér[o]-* et *-lithe*) ▷ **Astron.** Météorite riche en fer. ◁ ▪ SIDÉROLITHIQUE ou SIDÉROLITIQUE, adj. [siderolitik]

SIDÉROSE, ▪ n. f. [sideʀoz] (*sidér[o]-* et *-ose*) **Géol.** Carbonate de fer. ▪ **Méd.** Maladie provoquée par un dépôt anormal de fer sur des cellules ou des tissus et généralement due à l'inhalation prolongée de poussière de fer. *La sidérose pulmonaire, particulièrement développée chez les mineurs de fer, est considérée comme une maladie professionnelle.* ▪ *Sidérose oculaire, pulmonaire, etc.*

SIDÉROSTAT, n. m. [sideʀosta] (*sidér[o]-* et *-stat*) Instrument permettant à l'astronome d'étudier la lumière des astres.

SIDÉROXYLON, ▪ n. m. [sideʀoksilɔ̃] (*sidér[o]-* et gr. *xulon*, bois) **Bot.** Bois très dur et imputrescible des régions subtropicales. *Le Sidéroxylon inerme de Mossel Bay, déclaré monument national en 1938, est l'un des plus célèbres arbres historiques de l'Afrique du Sud.*

SIDÉRURGIE, ▪ n. f. [sideʀyʀʒi] (gr. *sidêrourgos*, qui travaille le fer, de *sidêron*, fer, et *ergon*, travail) Ensemble des techniques qui permettent d'élaborer et de mettre en forme le fer et ses alliages, fonte et acier. *La crise de la sidérurgie lorraine.* ▪ SIDÉRURGIQUE, adj. [sideʀyʀʒik] ▪ SIDÉRURGISTE, n. m. [sideʀyʀʒist]

SIÈCLE, ▪ n. m. [sjɛkl] (lat. *sæculum*) Espace de cent années. ◆ *Un demi-siècle*, l'espace de cinquante ans. ◆ *Les siècles futurs*, les siècles à venir et absol. *Les siècles*, la postérité, l'avenir. ◆ Grand espace de temps indéterminé. « *C'est une vertu rare au siècle d'aujourd'hui* », MOLIÈRE. « *Il a fallu* *des siècles pour rendre justice à l'humanité* », VOLTAIRE. ◆ Époque célèbre par quelque prince renommé, par quelque grand homme, par quelque grande œuvre. *Le siècle de Louis XIV. Le siècle de l'invention de l'imprimerie.* ◆ Il se dit relativement à la civilisation, à l'état des mœurs des hommes dans le temps dont on parle. *Un siècle de corruption, de lumière, etc.* ◆ Par exagération, un espace de temps qu'on trouve trop long. *Votre absence a duré un siècle. Un siècle de tourments, de douleurs, etc.* ◆ T. de l'Écriture. *Dans tous les siècles des siècles, à tous les siècles, aux siècles des siècles,* éternellement. *Le siècle à venir, le siècle futur,* la vie future, la béatitude céleste. ◆ *Le siècle,* le monde, la vie mondaine. *Un enfant du siècle.* « *Carloman, dégoûté du siècle, embrassa la vie monastique* », BOSSUET. ◆ Les quatre différents âges du monde, tels que les poètes les supposent : *le siècle d'or, d'argent, d'airain, de fer.* ◆ **Fig.** *Siècle d'or,* un temps heureux où règnent l'abondance et la paix. ◆ **Fig.** *Siècle de fer,* un temps rempli de guerres, de misères, de corruption. ◆ On a dit semblablement : *Siècles de boue et de sang,* pour désigner des temps marqués par beaucoup de honte et beaucoup de sang.

SIÈGE, n. m. [sjɛʒ] (lat. pop. *sedicum,* du lat. *sedere,* être assis) Meuble fait pour s'asseoir. ◆ *Sièges de paille, de jonc, de cannes, de tapisserie,* etc., sièges dont le fond est de paille, de jonc, de cannes, de tapisserie. ◆ *Sièges de pierre, de marbre, de gazon,* bancs de pierre ou de marbre, petites élévations gazonnées qu'on dresse dans les jardins. ◆ *Le siège d'un cocher,* l'endroit où le cocher est assis pour conduire la voiture. ◆ Maçonnerie en contre-haut du sol d'un cabinet d'aisances, sur laquelle on s'appuie. ◆ *Siège à l'anglaise,* siège composé d'un bâti dormant et de plusieurs trappes mouvantes. ◆ La partie inférieure du corps sur laquelle on s'assoit. *Un bain de siège.* ◆ L'anus. *Mettre des sangsues au siège.* ◆ Place où le juge s'assied pour rendre la justice. *Le juge était sur son siège.* ◆ Lieu où l'on rendait la justice dans les juridictions subalternes. « *Si elle a jamais quelque procès en notre siège* », MOLIÈRE. ◆ **Par extens.** Le corps et la juridiction de ces juges. ◆ *Le ressort de ce siège était de telle étendue.* ◆ Évêché et sa juridiction. *Siège épiscopal.* ◆ *Le saint-siège,* le siège apostolique, *le siège pontifical,* le siège du chef de l'Église catholique. « *Constantin rebâtit Byzance, qu'il appela Constantinople, et en fit le second siège de l'empire* », BOSSUET. ◆ *Le siège d'un tribunal, d'une cour,* le lieu où réside un tribunal, une cour de justice. ◆ On dit de même : *le siège du gouvernement.* Lieu où certaines personnes ont leur principale résidence. Lieu où certaines choses ont, pour ainsi dire, leur demeure. *Athènes était le siège des beaux-arts.* ◆ **Fig.** « *N'est-ce pas que le front est le siège de la pudeur* », BOSSUET. ◆ **Méd.** *Siège d'une maladie,* le lieu du corps où gît l'altération matérielle dont l'existence ou la disparition coïncide avec la présence ou la cessation des phénomènes morbides. ◆ Ensemble des travaux et des opérations que fait une armée pour attaquer une place et la prendre. ◆ *Batteries de siège,* batteries construites par l'armée assiégeante. ◆ *Pièces de siège,* les bouches à feu affectées au service dans les sièges. ◆ *La guerre des sièges,* l'art militaire considéré dans l'exécution des sièges. ◆ *Une guerre des sièges,* une guerre où l'on fait beaucoup de sièges. ◆ *Lever le siège d'une place,* se retirer de devant une place qu'on assiégeait ; fig. et fam. s'en aller, quitter une compagnie. ◆ **Fig.** *Mon siège est fait,* mon parti est pris, mon opinion est formée, par allusion à Vertot, qui, ayant longtemps attendu en vain des notes exactes sur le siège de Rhodes, en avait terminé l'histoire avant qu'elles arrivassent, et se contenta de dire : « *J'en suis fâché, mais mon siège est fait.* » ◆ *Herbe de siège,* la scrofulaire aquatique. ◆ *État de places fortes dans lequel les pouvoirs passent de l'autorité civile à l'autorité militaire.* ◆ En temps de paix, suspension de l'action des lois, et mise d'une ville, d'une province sous le régime militaire. ▪ REM. Graphie ancienne : *siège.*

SIÉGER, v. intr. [sjeʒe] (*siège*) Tenir le siège pontifical ou épiscopal. ◆ Il se dit des juges, des tribunaux, etc. *La cour de cassation siège à Paris.* ◆ Il se dit de la place qu'on occupe dans une assemblée délibérante. *Ce député siège à gauche.* ◆ Occuper le fauteuil dans une assemblée délibérante, dans un tribunal, comme président, comme juge. ◆ **Fig.** Être, se trouver. *C'est là que siège le mal.*

SIEMENS, ▪ n. m. [simɛns] ou [sjemɛ̃s] (W. von *Siemens,* 1823-1883, ingénieur all.) Métrol. Unité de mesure de la conductance électrique qui équivaut à un ampère par volt (symbole S).

SIEN, IENNE, adj. poss. [sjɛ̃, jɛn] (lat. *suum,* accus. du possess. de la 3e pers *suus*) relatif à la troisième personne du singulier. ◆ Avec l'article, *le, la, les.* « *Nos écrits sont mauvais ; les siens valent-ils mieux ?* », BOILEAU. ◆ S'emploie sans article, et signifie à soi. « *Ainsi ce rang est sien* », P. CORNEILLE. ◆ **Fam.** Avec l'article *un, une, quelque. Un sien ami. Quelque sien voisin.* ◆ **N. m.** *Le sien,* son bien. « *Ne point mentir, être content du sien, C'est le plus sûr* », LA FONTAINE. ◆ **Prov.** *Chacun le sien n'est pas trop.* ◆ **Fig.** *Mettre du sien dans une affaire,* y contribuer de son argent, de sa peine. ◆ **Fam.** *Mettre du sien,* ajouter à un récit des détails imaginaires. ◆ *Ajouter du sien à un texte,* y ajouter des choses qui n'appartiennent pas à ce texte. ◆ Au pl. Tous ceux qui sont en relations avec celui dont on parle, à quelque titre que ce soit, parents, descendants, héritiers, soldats, domestiques, partisans.

Un des siens. ◆ **Prov.** *On n'est jamais trahi que par les siens,* par ceux à qui on se fie le plus. ◆ Dans le langage de l'Écriture, *les siens,* en parlant de Dieu, ceux qui se consacrent, se dévouent à lui. *Dieu connaît les siens.* ◆ **Fam.** Au f. *Faire des siennes,* faire des fredaines, des folies, des tours, soit de jeune homme, soit de fripon. ◆ **Fig.** *Le tonnerre a fait des siennes.* ▪ *Y mettre du sien,* participer activement à quelque chose. *En y mettant un peu du vôtre, vous parviendriez à de bien meilleurs résultats.*

SIERRA, ▪ n. f. [sjɛra] (esp., scie, chaîne de montagnes, par anal. de forme, du lat. *serra,* scie) Chaîne de montagnes, dans les pays de langue espagnole. *Sierra Madre, sierra Nevada.*

SIESTE, n. f. [sjɛst] (esp. *siesta,* du lat. *sexta hora,* la sixième heure du jour ou heure de midi) Temps qu'on donne au sommeil, pendant la plus chaude partie du jour, après le dîner, qui est ou était à midi. *Faire la sieste.* ▪ Temps de sommeil, de quelques minutes à quelques heures, que l'on s'accorde dans la journée. *Les enfant de deux ans font la sieste le matin et l'après-midi.*

SIEUR, n. m. [sjœr] (anc. cas régime de sire, du lat. *senior,* compar. de *senex,* vieux) Espèce de titre d'honneur dont l'usage est renfermé dans les plaidoyers, dans les actes publics et autres écritures de même sorte. *Je plaide pour le sieur un tel.* ◆ Titre donné dans une lettre par un supérieur, en parlant d'un inférieur. *Vous direz au sieur un tel de...* ◆ Par une sorte de mépris. *Un sieur Paul.*

SIEVERT, ▪ n. m. [sivɛrt] (Rolf *Sievert,* 1896-1966, physicien suédois) Métrol. Unité de mesure d'équivalent de dose de rayonnement absorbé par un organisme (symbole Sv).

SIFFLABLE, adj. [siflabl] (*siffler*) Qui mérite d'être sifflé.

SIFFLAGE, n. m. [siflaʒ] (*siffler*) Vétér. Syn. de cornage.

SIFFLANT, ANTE, adj. [siflɑ̃, ɑ̃t] (*siffler*) Qui siffle. *Une respiration sifflante.* ◆ **Gramm.** *Lettres sifflantes,* celles qui laissent échapper un peu d'air avant l'explosion définitive. *V, f, z, s, j, ch* sont des lettres sifflantes. ◆ **N. f.** sifflante. ◆ *Phrase sifflante,* phrase où il y a beaucoup d' *s.*

SIFFLÉ, ÉE, p. p. de siffler. [sifle]

SIFFLEMENT, n. m. [sifləmɑ̃] (*siffler*) Bruit fait en sifflant. *Il nous étourdit par ses sifflements.* ◆ Certain bruit qu'on fait en respirant avec peine. ◆ Bruit aigu que quelques animaux font en soufflant. *Le sifflement des oies, des merles, des serpents.* ◆ **Par anal.** Bruit aigu du vent, d'une flèche, d'une pierre lancée avec force, d'une balle, etc. ◆ Il se dit des articulations, des prononciations sifflantes. ◆ Improbation manifestée par des coups de sifflet.

SIFFLER, v. intr. [sifle] (lat. *sifilare,* doublet pop. de *sibilare,* de *sibilus,* sifflement) Former un son aigu en serrant les lèvres, ou avec un sifflet, ou avec une clef forée, etc. ◆ *Il siffle en parlant,* sa prononciation est accompagnée d'un certain sifflement. ◆ *Siffler en paume,* Voy. PAUME. ◆ **Fig.** et **fam.** *Il n'a qu'à siffler,* il n'a qu'à faire connaître sa volonté pour être obéi. ◆ **Par extens.** Faire entendre un bruit aigu en respirant, quand la respiration est gênée. ◆ Il se dit du son aigu que font entendre certains animaux, le serpent, le cygne, etc. quand ils sont en colère. ◆ Il se dit du bruit aigu que fait le vent, une flèche, une balle de fusil, etc. ◆ *Siffler sur,* désapprouver, blâmer. ◆ **V. tr.** Chanter un air en sifflant. *Siffler un air.* ◆ Appeler en sifflant. *Je sifflai mon chien.* ◆ *Siffler un oiseau,* siffler près de lui pour lui apprendre à siffler des airs. ◆ **Fig.** *Siffler la linotte,* Voy. LINOTTE. ◆ **Fig.** et **fam.** *Siffler quelqu'un,* l'instruire de ce qu'il doit dire ou faire en certaine occasion. ◆ Témoigner sa désapprobation, soit à coups de sifflet, soit par quelque autre bruit. ◆ **Absol.** On sifflera. ◆ **Fig.** Désapprouver avec dérision. *Siffler un auteur, ses écrits, etc.* ▪ **V. tr.** Fam. Boire d'un trait. *Siffler une bière.*

SIFFLERIE, n. f. [sifləri] (*siffler*) ▷ L'action de siffler, comme marque d'improbation. « *Un encouragement à la sifflerie* », VOLTAIRE. ◁

SIFFLET, n. m. [siflɛ] (*siffler*) Petit instrument avec lequel on siffle. ◆ *Jeu de sifflet,* jeu qui consiste à faire passer un sifflet de main en main, tandis qu'une personne cherche à le saisir. ◆ Dans la marine, les maîtres d'équipage des vaisseaux, les patrons de chaloupe ou de canot sifflent pour commander les manœuvres. ◆ *Coup de sifflet,* l'action de souffler dans cet instrument, et le bruit qui en résulte. ◆ **Fig.** *On les rassemblerait d'un coup de sifflet,* se dit de personnes, éloignées les unes des autres, mais se pouvant réunir facilement au premier signal. ◆ Improbation manifestée par des coups de sifflet ou par quelque marque de mépris. *Les sifflets du parterre.* ◆ **Fig.** et **pop.** Le conduit par lequel on respire. ◆ *Couper le sifflet,* tuer. ◆ **Fig.** *Couper le sifflet,* interrompre, interloquer, mettre hors d'état de répondre. ◆ Ce qui a la forme d'un coin, d'un biseau. *Tailler une pièce de bois en sifflet. Greffe en sifflet,* Voy. ANNEAU. ◆ Défaut de fabrication des bouches à feu en bronze.

SIFFLEUR, EUSE, n. m. et n. f. [siflœr, øz] (*siffler*) Celui, celle qui siffle. Le bouvreuil. ◆ Adj. *Les oiseaux siffleurs.* ◆ *Cheval siffleur,* Voy. CORNEUR.

SIFFLEUX, ▪ n. m. [siflø] (*siffler*) Fam. Québec Marmotte.

SIFFLOTEMENT, ■ n. m. [siflɔt(ə)mɑ̃] (*siffloter*) Son émis en sifflant. « *C'est cela, finalement qui se réfléchit dans la vente des disques, dans le regard des gens, dans le sifflotement du pompiste* », DASSIN.

SIFFLOTER, v. intr. [siflote] (*siffler*) Siffler souvent et négligemment. ♦ V. tr. *Siffloter un air.*

SIFILET, ■ n. m. [sifilɛ] (*si[x]* et *filet*) Zool. Oiseau de paradis de la Nouvelle-Guinée au plumage noir et à la tête ornée de six longues plumes très fines.

1 SIGILLAIRE, adj. [siʒilɛʀ] (lat. *sigillum*, sceau, de *signum*, signe) Qui a rapport aux sceaux. *L'histoire sigillaire de telle ville.*

2 SIGILLAIRE, ■ n. f. [siʒilɛʀ] (lat. sav. [XIXᵉ s.] *sigillaria*, du lat. *sigillum*, sceau) Géol. Arbre fossile du carbonifère dont l'écorce porte l'empreinte de feuilles en forme de sceau. *Les sigillaires pouvaient atteindre 20 mètres de haut.*

SIGILLÉ, ÉE, adj. [siʒile] (lat. *sigillatus*) Bot. Marqué d'un sceau. *Souche sigillée.* ♦ *Terre sigillée*, Voy. BOLAIRE.

SIGILLOGRAPHIE, n. f. [siʒilografi] (lat. *sigillum*, sceau, et *-graphie*) Description des sceaux. *La sigillographie byzantine.*

SIGISBÉE, n. m. [siʒisbe] (ital. *cicisbeo*, damoiseau, chevalier servant, prob. d'orig. onomat.) Homme qui fréquente assidûment une maison, et se montre très empressé auprès de la maîtresse. ■ REM. On disait aussi *cicisbée* autrefois.

SIGLAISON, ■ n. f. [siglezɔ̃] (*sigle*) Fait de créer un sigle. *Siglaison et acronymie.*

SIGLE, n. m. [sigl] (b. lat. jurid. *sigla*, abréviations, du lat. gramm. *singulæ litteræ* , litt. à chaque fois une lettre, ou de *signum*) Se dit des lettres initiales employées comme signes abréviatifs sur les monuments, les médailles et dans les manuscrits anciens. S. P. Q. R. pour *senatus populusque romanus* sont des sigles. ■ **Par extens.** Dénomination obtenue par la succession des initiales d'une suite de mots. CAP est le sigle de Certificat d'aptitude professionnel. ■ SIGLÉ, EE, adj. [sigle]

SIGMA, ■ n. m. [sigma] (onomat. : cf. *sizein*, siffler) Dix-huitième lettre de l'alphabet grec (Σ, σ, ς), et correspondant au *s* français.

SIGMOÏDE, adj. [sigmoid] (gr. *sigmoeidês*, en forme de sigma, demi-circulaire, de *sigma* et *eidos*, aspect) Anat. Qui a la forme d'un sigma, lettre grecque. *Cavités sigmoïdes du cubitus.*

SIGNAL, ■ n. m. [siɲal] ou [sinjal] (lat. tardif *signale*, neutre substantivé de *signalis*, qui sert de signe, du lat. *signum*) Tout ce qui sert d'avertissement entre personnes qui sont d'intelligence. ♦ Fig. *Donner le signal*, donner le premier l'exemple de quelque chose. *Donner le signal de la révolte.* ♦ Nom de moyens de diverse nature employés pour porter au loin et rapidement des nouvelles, des ordres, etc. *Les signaux sont faits, pendant le jour, avec des pavillons, des flammes, des guidons, etc. ; pendant la nuit, avec des fanaux, des amorces ou des fusées. Signal de détresse.* ♦ Fig. « *Une lettre qui était un vrai signal de détresse* », MARMONTEL. ♦ Bouée de liège, morceau de bois sec ou d'un faisceau de roseaux, flottant sur l'eau, pour désigner l'endroit où ont été placés des filets et des cordes. ♦ Nom donné aux points de repère dans des mesures trigonométriques. ♦ Au pl. Signaux, mesure de police sanitaire ayant pour but de faire connaître l'existence d'une maladie contagieuse dans une étable ou dans une commune. ♦ Fig. Ce qui annonce et provoque une chose. « *La prison du roi Jean fut dans Paris le signal d'une guerre civile* », VOLTAIRE. ♦ Les gros grains qui forment les séparations entre les grains de chapelet.

SIGNALÉ, ÉE, p. p. de signaler [siɲale] ou [sinjale] (ital. *segnalato*, remarquable, illustre, de *segnalare*, distinguer d'un signe) Remarquable. *Une faveur signalée.* « *Quelque auteur signalé* », BOILEAU.

SIGNALEMENT, n. m. [siɲal(ə)mɑ̃] ou [sinjal(ə)mɑ̃] (*signaler*) Description d'une personne qu'on veut faire reconnaître. ♦ Description qu'on donne de la figure d'un criminel pour le faire arrêter. ♦ Énumération des particularités qui peuvent faire distinguer un animal d'un autre.

SIGNALER, v. tr. [siɲale] ou [sinjale] (*signalé*) Donner le signalement d'une personne qu'on veut faire reconnaître. *Il est signalé à la police.* ■ Par extens. Appeler, attirer l'attention de quelqu'un sur une personne, sur une chose. *Signaler quelqu'un à l'autorité, un fait à l'attention, etc.* ♦ Mar. Donner avis par des signaux. *Signaler la flotte.* ♦ On dit aussi : *signaler des ordres, des instructions, des avis.* ♦ Fig. Rendre remarquable en bonne ou en mauvaise part. *Signaler sa valeur.* « *La bataille de Jarnac signala l'année 1569* », VOLTAIRE. ♦ Se signaler, v. pr. Se distinguer, se rendre remarquable en bien ou en mal. *Se signaler par sa valeur, par ses opinions, etc.* ■ Absol. *Se signaler*, faire de grands efforts pour quelque chose.

SIGNALÉTIQUE, ■ adj. [siɲaletik] ou [sinjaletik] (*signaler*) Qui donne le signalement de quelqu'un. *Fiche signalétique.* ■ N. f. Ensemble des moyens de signalisation topographique. *La signalétique touristique.*

SIGNALISATION, ■ n. f. [siɲalizasjɔ̃] ou [sinjalizasjɔ̃] (*signaliser*) Ensemble des signaux utilisés, dans différents domaines, pour transmettre une information. *Des pictogrammes sont utilisés pour la signalisation de santé et de sécurité.* ■ Spécial Ensemble des signaux utilisés sur les voies routières, ferroviaires, pour faciliter la circulation et assurer la sécurité des usagers. *Panneaux de signalisation routière.*

SIGNALISER, ■ v. tr. [siɲalize] ou [sinjalize] (*signaler*) Munir de panneaux, de pictogrammes de signalisation. *Signaliser une intersection. Un code visuel signalise la violence à la télévision.*

SIGNATAIRE, n. m. et n. f. [siɲatɛʀ] ou [sinjatɛʀ] (radic. de *signature*) Celui, celle qui a signé.

SIGNATURE, n. f. [siɲatyʀ] ou [sinjatyʀ] (lat. médiév. jurid. *signatura*) Le seing d'une personne écrit de sa main au bas d'un acte, d'un titre. ♦ Le seing que met au banquier, un commerçant sur des billets, qu'il garantit de la sorte. ♦ *Jetons de signature*, l'indemnité qui, dans les compagnies financières, est allouée aux administrateurs, directeurs ou agents comptables. ♦ Action de signer. ♦ *Mettre, envoyer un arrêt, une ordonnance, un brevet, un acte à la signature*, les mettre entre les mains de celui qui doit les signer ou les faire signer. ♦ Impr. Lettres de l'alphabet qu'on met au bas des feuilles, pour faire reconnaître l'ordre. ♦ *Signature des plantes*, certaines particularités de leur conformation et de leur coloration, d'après lesquelles on les jugeait convenables dans telle ou telle maladie.

SIGNE, n. m. [siɲ] ou [sinj] (lat. *signum*) Indice d'une chose présente, passée ou à venir. « *Et ne devrait-on pas, à des signes certains, Reconnaître le cœur des perfides humains ?* », RACINE. ♦ Fig. *Il ne nous a donné aucun signe de vie*, il n'a pas donné signe de vie, se dit d'un homme absent qui n'écrit point. ♦ *Donner signe de vie*, montrer qu'on existe. ♦ *Un signe de vie*, lettre ou moyen quelconque par lequel on se rappelle au souvenir de quelqu'un. ♦ Marque distinctive. ♦ Ce qui sert à représenter une chose. *Les mots sont les signes des idées. Les signes de la ponctuation.* ♦ Dans les sciences naturelles, figures ou caractères particuliers, différents des lettres proprement dites et des abréviations, qui servent à désigner certains objets, certaines qualités. *Signes botaniques, zoologiques, etc.* ♦ Démonstration extérieure pour faire connaître ce qu'on pense, ce qu'on veut. *Faire signe de la tête. Les muets parlent par signes. On illumina en signe de réjouissance.* ♦ *Le signe de la croix*, l'action que les catholiques font en portant la main du front à l'estomac, puis de l'épaule gauche à l'épaule droite, en forme de croix. *Faire le signe de la croix.* ♦ Mar. Nom générique de tout ce qui sert à faire un signal. ♦ Méd. Tout phénomène apparent, tout symptôme et toute disposition ou caractère par le moyen duquel on parvient à la connaissance d'effets plus cachés, dérobés au témoignage direct des sens. ♦ Marque ou tache naturelle sur la peau. *Un signe noir à côté de l'œil.* ♦ Miracle, manifestation d'une puissance surnaturelle. ♦ Phénomènes que l'on voit quelquefois dans le ciel et qu'on regarde comme des présages. ♦ Astron. Les douze constellations qui forment le zodiaque. *C'est bon signe, mauvais signe*, c'est de bon, de mauvais augure. ■ *Signes extérieurs de richesse*, éléments du patrimoine et du train de vie pris en compte par l'administration fiscale. ■ Fig. *Sous le signe de*, dans un climat de. *Sous le signe de la joie et de la bonne humeur.* ■ *Langage des signes*, gestes codés utilisé comme langue par les sourds et muets pour s'exprimer. *Parler la langue des signes.*

SIGNÉ, ÉE, p. p. de signer. [siɲe] ou [sinje] *Signé à la minute, tel, telle*, ou *tels, telles. Signé* est là un participe dont le verbe auxiliaire est sous-entendu ; c'est comme s'il y avait : *A signé* ou *ont signé, etc.*

SIGNER, v. tr. [siɲe] ou [sinje] (lat. *signare*, marquer d'un signe, de *signum*, signe) Mettre son seing à une lettre, à un acte, etc. pour le rendre valable, pour s'engager soi-même. « *Et le roi trop crédule a signé cet édit* », RACINE. ♦ Fig. *Je vous le signerais de mon sang*, se dit pour attester énergiquement la vérité de ce que j'avance. « *Les martyrs ont signé leur confession de leur sang, ils ont souffert la mort pour la défense de la religion* », BOURDALOUE. ♦ *Signer une paix, un traité*, conclure une paix, un traité. ♦ Fig. *Signer la paix*, effectuer une réconciliation. ♦ Absol. Apposer sa signature. ♦ *Signer à un contrat*, y mettre sa signature comme témoin ou par honneur. ♦ Fam. *Signer son nom*, écrire son nom, sa signature. ♦ *Signer une œuvre*, se dit d'un artiste qui met son nom au tableau, à la statue, etc. qu'il a exécutée. ♦ Fig. Approuver. « *Le genre humain est prêt à signer tout cela* », VOLTAIRE. ♦ Se signer, v. pr. Faire le signe de la croix. ♦ Avec ellipse du pronom personnel. « *Des merveilles à faire signer mille fois le peuple qui les verrait* », J.-J. ROUSSEAU. ♦ Fig. *C'est signé*, cela porte bien la marque de son auteur. ■ Maîtriser et utiliser la langue des signes. *J'ai eu du mal à signer au début mais maintenant je m'exprime parfaitement !*

SIGNET, n. m. [siɲe] ou [sinje] (dim. de *signe*) Petits rubans ou filets liés ensemble, et tenant à un bouton, qu'on met au haut d'un missel, etc. pour marquer les endroits qu'on veut retrouver aisément. ◆ Petits rubans que les relieurs attachent à la tranchefile du haut d'un livre, pour servir à y marquer un endroit. ■ Bande de carton servant à marquer la page d'un livre. ■ **Inform.** Adresse électronique d'un site Web mise en mémoire dans un ordinateur pour une utilisation ultérieure. ■ REM. On prononçait autrefois [sinɛ] en faisant entendre *n* et non *gn*.

SIGNIFIANCE, n. f. [siɲifjɑ̃s] ou [sinifjɑ̃s] (lat. impér. rhét. *significantia*, force d'expression, b. lat. *signification*) Pop. Indice, marque.

SIGNIFIANT, ANTE, adj. [siɲifjɑ̃, ɑ̃t] ou [sinifjɑ̃, ɑ̃t] (*signifier*) Qui signifie. ◆ **Relig.** Les sacrements sont les signes signifiants et effectifs de la grâce, ils la signifient et l'opèrent. ◆ Qui a de la signification, qui exprime beaucoup de choses. *Cette expression n'est pas assez signifiante.* ◆ *Cette plaisanterie est peu signifiante,* elle est insipide. ■ N. m. **Ling.** Forme sonore et graphique d'un signe linguistique. *Le signifiant et le signifié.*

SIGNIFICATIF, IVE, adj. [siɲifikatif, iv] ou [sinifikatif, iv] (b. lat. *significativus*, qui fait comprendre) Qui exprime un grand sens. *Ce terme est bien significatif.* ◆ Qui exprime sensiblement la pensée, la volonté. *Un geste, un regard significatif.* ◆ **Math.** *Chiffre significatif,* se dit, par opposition au signe 0, des chiffres dont se compose un nombre.

SIGNIFICATION, n. f. [siɲifikasjɔ̃] ou [sinifikasjɔ̃] (lat. *significatio,* action d'indiquer, de faire entendre) Ce que signifie une chose. *Signification d'un symbole, des mots, etc.* ◆ Notification, par huissier, d'un acte, d'un arrêt.

SIGNIFICATIVEMENT, adv. [siɲifikativ(ə)mɑ̃] ou [sinifikativ(ə)mɑ̃] (*significatif*) D'une manière significative.

SIGNIFIÉ, ÉE, p. p. de signifier. [siɲifje] ou [sinifje]

SIGNIFIER, v. tr. [siɲifje] ou [sinifje] (lat. *significare,* indiquer, faire connaître, vouloir dire) Être signe de quelque chose ; dénoter quelque chose. *Cette fable signifie qu'on a souvent besoin de plus petit que soi.* ◆ **Absol.** *Cela signifie beaucoup.* ◆ *Cela ne signifie rien,* se dit de paroles qui ne sont point au fait et dont on ne peut rien conclure. ◆ **Fam.** *Qu'est-ce que cela signifie ?* interrogation qui indique le mécontentement. ◆ **Gramm.** Exprimer ce qu'on entend par un mot, par une phrase. *Le mot latin* lupus *signifie loup en français.* ◆ Notifier, déclarer, faire connaître par paroles expresses. *Signifier ses intentions.* ◆ Notifier par voie de justice, par ministère d'huissier. *Signifier un exploit.*

SIKH, SIKHE, ■ n. m. et n. f. [sik] (mot hindi, disciple, du sansc. *cikshati,* étudier, apprendre) Membre de la communauté religieuse indienne du sikhisme. ■ Adj. *Les traditions sikhes.*

SIKHISME, ■ n. m. [sikism] (*sikh*) Religion monothéiste de l'Inde qui rejette le système des castes hindoues.

SIL, n. m. [sil] (lat. impér. *sil*) Terre minérale dont les anciens faisaient des poteries rouges ou jaunes. ◆ Espèce d'ocre plus belle que l'ocre commune.

SILANE, ■ n. m. [silan] (*silicium*) Chim. Composé hydrogéné du silicium. *Le silane agit sur la surface des minéraux, tels que le verre ou la céramique, ainsi que sur la surface des polymères organiques, tels que la résine époxy ou la résine polyester et en augmente la résistance mécanique.*

SILENCE, n. m. [silɑ̃s] (lat. *silentium,* de *silere,* se taire) État d'une personne qui s'abstient de parler. *Faites silence.* ◆ Il se dit au pluriel. *« Les silences de cour ont de la politique »,* P. CORNEILLE. ◆ **Ellipt.** *Silence !* On dit aussi : *Du silence, un peu de silence.* ◆ **Fig.** *Réduire au silence,* ôter tout moyen de faire une réponse qui satisfasse. ◆ **Fig.** *Imposer silence aux médisances,* au mensonge, etc. faire que les médisances, que les mensonges ne trouvent plus crédit et n'osent plus se produire. ◆ **Par anal.** Il se dit du langage écrit. *Le silence des journaux sur un fait. « Le silence a aussi sa malignité et son injustice »,* d'ALEMBERT. ◆ *Passer une chose sous silence,* n'en point parler. ◆ *Le silence de la loi,* se dit en parlant d'un cas que la loi n'a pas prévu. ◆ Interruption dans un commerce de lettres. *Secret. « Le secret et le silence sont les conditions d'un pacte entre le bienfaiteur délicat et son obligé »,* DIDEROT. ◆ Oubli. *« Leur mémoire fait un peu de bruit, et va se perdre dans un silence éternel »,* FLÉCHIER. ◆ **Fig.** Calme, absence de bruit. *Le silence des bois, des tombeaux, etc.* ◆ En le personnifiant, *le silence.* ◆ **Fig.** Absence d'agitation morale. *« Si nous imposons silence à nos sens »,* BOSSUET. *Le silence des passions,* le temps où elles laissent à l'âme libre et calme. *Imposer silence à ses passions.* ◆ Interruption dans un bruit. ◆ **Mus.** Chacun des moments pendant lesquels, dans le courant d'un morceau, les chanteurs ou les instruments se taisent. ◆ **Par extens.** Signes répondant aux diverses valeurs des notes, lesquels, mis à la place de ces notes, marquent que tout le temps de leur valeur doit être passé en silence. ◆ Il se dit, dans la déclamation, des suspensions que fait celui qui parle. ◆ **Fig.** *Silence radio,* absence de nouvelles, de commentaire.

SILENCIEUSEMENT, adv. [silɑ̃sjøz(ə)mɑ̃] (*silencieux*) D'une manière silencieuse ; en silence.

SILENCIEUX, EUSE, adj. [silɑ̃sjø, øz] (b. lat. *silentiosus,* de *silentium*) Qui ne parle guère, qui garde le silence. *Un homme silencieux.* ◆ N. m. et n. f. Un silencieux. ◆ Où l'on n'entend pas de bruit. *Retraite silencieuse.* ◆ Qui ne fait pas de bruit. *Les flots silencieux.* ■ N. m. Dispositif placé sur le pot d'échappement d'un véhicule pour amortir les bruits du moteur. ■ Dispositif qui s'adapte sur une arme à feu pour étouffer le bruit de la détonation.

SILÈNE, ■ n. m. [silɛn] (lat. *Silenus,* gr. *Silênos,* Silène, compagnon de *Dionysos*) Bot. Plante herbacée décorative, à fleurs blanches ou roses, dont il existe plusieurs variétés. *Silène d'Italie. Silène des rochers.*

SILENTBLOC, ■ n. m. [silɑ̃tblɔk] (nom déposé ; angl. *silent,* silecieux, et *bloc*) Techn. Pièce en caoutchouc comprimé placée entre deux objets pour absorber les bruits et vibrations. *Un silentbloc de train d'atterrissage d'avion.*

SILEX, n. m. [silɛks] (mot lat., *silex,* caillou) Genre de pierres renfermant les deux espèces quartz et opale, constituées par l'acide silicique. ◆ *Silex pyromaque,* la pierre à fusil. ◆ *Platine à silex,* platine dans laquelle les étincelles qui doivent communiquer le feu à la charge sont produites par le choc d'une pierre maintenue entre les mâchoires d'un chien contre une pièce d'acier à charnière nommée batterie. ◆ *Fusil à silex,* fusil muni d'une platine à silex.

SILHOUETTE, n. f. [silwɛt] (Étienne de *Silhouette,* 1709-1767, ministre éphémère et amateur de ces dessins) Dessin qui représente un profil tracé autour de l'ombre d'un visage. *Un portrait à la silhouette* ou simplement *une silhouette. Découper des figures en silhouette.* ◆ *Une silhouette,* un des côtés par lesquels on voit une statue. ◆ **Fig.** *À la silhouette,* d'une manière incomplète. ■ Aspect physique général d'une personne. *Une silhouette de rêve.* ■ Forme se profilant sur un fond clair. *Apercevoir une silhouette au loin.* ■ REM. On écrivait aussi *silouette* autrefois.

SILHOUETTER, ■ v. tr. [silwete] (*silhouette*) Faire un dessin qui ne représente que la silhouette d'une personne ou d'un objet. *Silhouetter le dessin d'un bâtiment.* ■ V. pr. Apparaître à la vue des autres sous la forme d'une silhouette. *Se silhouetter en arrière-plan d'une scène cinématographique.*

SILICATE, n. m. [silikat] (*silice*) Chim. Sel produit par la combinaison de l'acide silicique avec une base.

SILICATÉ, ÉE, ■ adj. [silikate] Qui contient du silicate. *Terre silicatée.*

SILICE, n. f. [silis] (lat. *silex,* génit. *silicis*) Substance qui fait la base des silex, des quartz, etc. et qui, à l'état de sable, se combine avec la chaux et forme avec elle un mortier très résistant ; c'est l'oxyde de silicium, considéré généralement comme un acide et appelé acide silicique.

SILICÉ, ÉE, adj. [silise] (*silice*) Chim. Qui contient de la silice ; qui en a les caractères.

SILICEUX, EUSE, adj. [silisø, øz] (*silice*) Qui est de la nature du silex. ◆ Qui contient de la silice. *Terrain siliceux.*

SILICICOLE, ■ adj. [silisikɔl] (*silice* et *-cole*) Bot. Qui pousse en terrain siliceux. *La flore silicicole. Un saule silicicole.*

SILICIQUE, adj. m. [silisik] *Acide silicique.* Voy. SILICE.

SILICIUM, n. m. [silisjɔm] (mot angl., du lat. *silex, silicis*) Métal qui produit la silice en se combinant avec l'oxygène.

SILICIURE, n. m. [silisjyr] (*silicium*) Chim. Combinaison du silicium avec un autre corps simple.

SILICONE, ■ n. m. [silikon] (*silic[ium]*) Polymère dont les molécules de base sont formées de silicium, qui possède une grande inertie chimique (résistance à l'oxydation, au vieillissement, etc.), et qui est utilisé dans de nombreux domaines, notamment en cosmétique et pour la réalisation de prothèses. *Implants mammaires en silicone. Un moule à gâteau en silicone.*

SILICONER, ■ v. tr. [silikone] (*silicone*) Recouvrir ou garnir de silicone. *L'actrice s'est fait siliconer les lèvres et les seins.*

SILICOSE, ■ n. f. [silikoz] (*silice* et *-ose*) Affection pulmonaire chronique due à l'inhalation de poussière de silice.

SILICOTIQUE, ■ adj. [silikotik] (*silicose*) Méd. Relatif à la silicose. *La prévention du risque silicotique.*

SILICULE, n. f. [silikyl] (lat. *silicula,* petite silique) Bot. Silique dont la hauteur ne dépasse pas quatre fois la largeur.

SILICULEUX, EUSE, adj. [silikylø, øz] (*silicule*) Bot. Qui produit ou qui porte des silicules. *Plantes siliculeuses.* ■ N. f. pl. *Les siliculeuses,* tribu de la famille des crucifères.

SILIONNE, ■ n. f. [siljɔn] (nom déposé ; *silice* et *rayonne*) Fil de verre utilisé notamment dans les tissus d'isolation thermique. *La silionne est aussi utilisée pour pallier la faiblesse mécanique de certaines résines.*

SILIQUE, n. f. [silik] (lat. *siliqua,* cosse) Bot. Fruit sec, allongé, bivalve. ◆ *Silique douce,* fruit du caroubier.

SILIQUEUX, EUSE, adj. [silikø, øz] (*silique*) Qui porte des siliques, ou qui ressemble à une silique. *Plantes siliqueuses.* ♦ N. f. pl. Les siliqueuses, tribu de la famille des crucifères.

SILLAGE, n. m. [sijaʒ] (1 *siller*) La vitesse absolue d'un navire. *Quel sillage avez-vous ?* ♦ *Doubler le sillage d'un navire,* aller une fois plus vite que lui. ♦ Trace que fait un bâtiment lorsqu'il navigue. ■ *Dans le sillage de,* sur la trace de. *Marcher dans le sillage de quelqu'un.* ■ *Sillage d'un parfum,* effluve que laisse sur son passage une personne qui s'est parfumée.

SILLE, n. m. [sil] (*ille* se prononce *il*, comme dans *ville* ; gr. *sillos,* parodie ou satire) Poème mordant et satirique des Grecs.

SILLÉ, ÉE, p. p. de siller. [sije]

1 **SILLER**, v. intr. [sije] (anc. fr. *silier,* labourer avec la charrue, du gaul. *selj-,* amasser la terre) T. de marine peu usité. En parlant d'un bâtiment, fendre les flots en naviguant.

2 **SILLER** ou **CILLER**, v. tr. [sije] (*cil* ; ciller) Fauconn. Coudre les paupières d'un faucon. ♦ Fig. Fermer, en parlant des yeux. ■ Absol. *Sans siller.*

SILLET, n. m. [sije] (ital. *ciglietto,* dimin. de *ciglio,* cil) Petit morceau d'ivoire ou de bois fin, appliqué au haut du manche des instruments à cordes, et sur lequel portent les cordes. *Le sillet d'un violon.*

SILLON, n. m. [sijɔ̃] (anc. fr. *silier,* labourer avec la charrue) Tranchée ouverte dans la terre par la charrue. *Tracer un sillon.* ♦ Fig. *Faire son sillon,* faire l'ouvrage qu'on est tenu de faire chaque jour. ♦ *C'est un bœuf qui fait bien son sillon,* se dit d'un homme médiocre et laborieux. ♦ **Jard.** Petite rigole peu profonde, faite avec une binette, pour semer certaines graines, ou planter certaines racines bulbeuses en ligne. ♦ Fig. Traces que certaines choses laissent en passant. *Le sillon des roues. Un sillon de lumière.* ♦ Rides. « *Le temps sur son visage A tracé ses sillons* », Ducis. ♦ **Bot.** Cannelures parallèles et profondes occupant la surface d'une tige, etc. ♦ **Zool.** Raies ou stries profondes. ♦ **Anat.** Rainure que présente la surface de certains os ou de certains organes. ♦ Rides qui se trouvent au palais des grands quadrupèdes, surtout des chevaux. ♦ Rainure produite à la surface d'un disque par un enregistrement phonographique.

SILLONNÉ, ÉE, p. p. de sillonner. [sijɔne] **Hist. nat.** Marqué de stries profondes, de cannelures. ♦ Fig. *La France est sillonnée de routes.*

SILLONNER, v. tr. [sijɔne] (*sillon*) Faire des sillons. « *De vingt paires de bœufs il sillonne la plaine* », Racan. ♦ Laisser une trace, un sillon en passant. *Les vaisseaux sillonnent les mers. L'éclair sillonne le nuage.* ♦ En parlant des rides, *l'âge a sillonné son visage.*

SILO, n. m. [silo] (esp. *silo,* du gr. *siros*) Excavation ou fosse creusée dans le sol, où l'on dépose les grains battus pour les conserver. ■ Réservoir cylindrique et haut, servant à conserver les produits agricoles. *Un silo à fourrages.* ■ **Milit.** Construction souterraine servant à l'entrepôt et au lancement des missiles.

SILOTAGE, ■ n. m. [silotaʒ] (*silo*) Action de mettre en silo. ■ Rem. S'emploie généralement à propos de produits non agricoles. *Le silotage du ciment.*

SILOUETTE, n. f. [silwɛt] Voy. silhouette, qui est plus usité

SILPHE, ■ n. m. [silf] (gr. *silphê,* blatte, mite) **Zool.** Insecte coléoptère nuisible qui détruit les betteraves.

SILURE, n. m. [silyr] (gr. *silouros*) Genre de poissons abdominaux.

SILURIEN, IENNE, adj. [silyrjɛ̃, jɛn] (angl. *silurian,* du lat. *Silures,* peuple de la Bretagne) **Géol.** *Terrain silurien,* série de couches fossilifères placées sous les vieux grès rouge, ainsi dit parce que cette formation a son type dans l'ancien pays des Silures, nom du peuple qui occupait le pays de Galles dans la Grande-Bretagne.

SILVES, SILVESTRE, SILVICULTURE, ETC., [silv, silvɛstr, silvikyltyr] Voyez ces mots par Y.

SIMA, ■ n. m. [sima] (mot sav., de *silicium,* et *magnésium*) Vieilli Géol. Couche intermédiaire de la croûte terrestre composée de silicates de fer et de magnésium.

SIMAGRÉE, n. f. [simagre] (orig. inc., p.-ê. de l'anc. fr. *sime a groe,* singe avec des griffes, qui aurait désigné le diable) Manières qu'on affecte pour duper ou faire illusion. *Faire des simagrées.*

SIMAISE, n. f. [simɛz] Voy. cimaise, qui est seul usité

SIMARRE, n. f. [simar] (ital. *zimarra,* de l'esp. *zamarra*) Habillement long et traînant, dont les femmes se servaient autrefois. ♦ Il s'est dit aussi d'une robe d'homme. ♦ Espèce de soutane que certains magistrats portent sous leur robe. ♦ Par la métonymie du signe pour la chose signifiée, la place de garde des Sceaux ou ministre de la Justice. ■ Rem. On disait aussi *chamarre* autrefois.

SIMARUBA, n. m. [simaryba] (caraïbe de Guyane *chimalouba,* acajou blanc) Arbre de l'Amérique méridionale dont l'écorce est employée en médecine. ■ Rem. On disait autrefois *simarouba.*

SIMARUBACÉES, ■ n. f. pl. [simarybase] (*simaruba*) **Bot.** Famille dont le simaruba est le type. ■ Rem. On disait autrefois *simaroubacées* ou *simaroubées.*

SIMBLEAU, ■ n. m. [sɛ̃blo] (a. provenç. *cembel,* appât, leurre) Cordeau qui sert aux charpentiers à tracer des cercles plus grands qu'ils ne peuvent l'être avec le compas. ♦ Assemblage de ficelles qui fait partie d'un métier à tisser. ♦ Tracé pour des étoffes brochées.

SIMIEN, IENNE, adj. [simjɛ̃, jɛn] (lat. *simia,* singe) **Zool.** Qui appartient au singe. *Le type simien.*

SIMIESQUE, ■ adj. [simjɛsk] (lat. *simia,* singe) Qui se rapporte au singe. *Origine simiesque de l'homme.* ■ Qui évoque le singe. *Expression simiesque.*

SIMILAIRE, adj. [similɛr] (dérivé du lat. *similis,* semblable) Qui est de même nature. *Parties, produits similaires.* ♦ **Math.** Se dit des rectangles ou des parallélépipèdes formés par la multiplication de nombres proportionnels entre eux. ♦ **Opt.** *Rayons similaires,* rayons également réfrangibles. ♦ **Anat.** *Parties similaires,* les parties fondamentales qui constituent les systèmes, se réunissent pour former les organes proprement dits. ♦ N. m. Chose semblable à une autre ou de la même nature. *Les similaires de certains produits.*

SIMILARITÉ, n. f. [similarite] (*similaire*) Qualité des choses similaires.

SIMILI, ■ n. m. [simili] (*simili-*) Matière qui est l'imitation d'une autre, plus coûteuse ou plus rare. *Reliure de livre en simili.* ■ **Cin.** Cliché résultant d'une similigravure.

SIMILI..., ■ [simili] Préfixe qui signifie *semblable* et employé pour marquer l'imitation. *Similicroco.*

SIMILICUIR, ■ n. m. [similikɥir] (*simili-* et *cuir*) Imitation du cuir. *Un fauteuil, un sac, un pantalon en similicuir.*

SIMILIGRAVURE, ■ n. f. [similigravyr] (*simili-* et *gravure*) **Impr.** Procédé photomécanique qui transpose toutes les variations de densité de la photographie originale par sa reproduction à travers une trame dont les points traduisent les dégradés de l'image. *La similigravure est également appelée photogravure en demi-teinte.*

SIMILISER, ■ v. tr. [similize] (*simili-*[*soie*]) **Techn.** Traitement du coton ou du papier qui donne un aspect brillant et soyeux. *Similiser du coton.* ■ SIMILISAGE, n. m. [similizaʒ].

SIMILISTE, ■ n. m. et n. f. [similist] (*simili-*[*gravure*]) **Techn.** Spécialiste de la similigravure. *Une similiste typographe.*

SIMILITUDE, n. f. [similityd] (lat. *similitudo*) Ressemblance, rapport exact entre deux choses. *Il n'y a point de similitude entre ces deux objets.* ♦ Figure de rhétorique, dite aussi *comparaison.* ♦ **Math.** État des figures qui sont semblables. *La similitude des triangles.*

SIMILOR, n. m. [similor] (*simil*[*i*]- et *or*) Alliage qui résulte de la combinaison de 20 à 40 parties de zinc avec 40 à 60 parties de cuivre, dit aussi *or de Mannheim.*

SIMONIAQUE, adj. [simɔnjak] (*simonie*) Où il entre, où il y a de la simonie. *Contrat simoniaque.* ♦ En parlant des personnes, qui commet une simonie. ♦ N. m. et n. f. *Un simoniaque.*

SIMONIE, n. f. [simɔni] (lat. médiév. *simonia,* de *Simon* le Magicien, hérésiarque gnostique du Iᵉʳ s.) Convention illicite par laquelle on reçoit une récompense temporelle, une rétribution pécuniaire pour quelque chose de saint et de spirituel, tel que les sacrements, les prières de l'Église, les bénéfices, etc.

SIMOUN, n. m. [simun] (ar. *samum*) Vent brûlant qui souffle de l'intérieur de l'Afrique. ■ Rem. On disait aussi *semoun* autrefois.

1 **SIMPLE**, adj. [sɛ̃pl] (lat. *simplex,* de la rac. i.-eur. *sem-,* un ; cf. *semel,* une fois) Qui n'est point composé. *L'âme est simple. Idées simples.* ♦ **Chim.** *Corps simples,* corps que jusqu'à présent il a été impossible de décomposer. ♦ **Gramm.** *Simple* se dit d'un mot qui n'est pas composé. ♦ Qui n'est pas double ou multiple. *Des souliers à simple semelle.* ♦ *Écho simple,* écho qui ne répète chaque son qu'une seule fois. ♦ *Bâtiment simple,* bâtiment qui n'a qu'un rang de chambres. ♦ **Bot.** *Tige simple,* tige qui n'est pas ramifiée. ♦ *Fleur simple,* celle dont la corolle n'a pas de doubles pétales. *Fleur simple,* se dit aussi par opposition à *fleur composée.* ♦ **Mar.** *Ordre ou ligne simple,* disposition de vaisseaux de guerre sur une seule ligne. ♦ *Médicaments simples,* ceux qui n'ont subi aucune préparation pharmaceutique, ou aussi ceux qui ne contiennent qu'une seule substance. ♦ **Liturg.** *Fête simple, office simple,* se dit par opposition à *fête* ou *office double* ou *semi-double.* ♦ *Vœu simple,* vœu qui n'est pas fait en face de l'Église et n'est pas accompagné des formalités requises. ♦ *Multiplication, division simple,* celle

où il n'entre que des grandeurs de même espèce. ♦ *Qui n'est que…*, qui n'a pas d'autre qualité, d'autre caractère que… « *Son raisonnement pouvait être Fort bon dans la bouche d'un maître ; Mais, n'étant que d'un simple chien, On trouva qu'il ne valait rien* », LA FONTAINE. ♦ *Il ne faut pour cela que le simple bon sens*, se dit d'une chose fort aisée à comprendre. ♦ *Simple tonsure*, la tonsure cléricale, lorsqu'elle n'est pas jointe aux ordres ecclésiastiques. ♦ *Simple clerc*, celui qui n'a que la tonsure cléricale, ou les quatre mineurs. ♦ *Simple soldat*, soldat qui n'a point de grade. ♦ *Simple particulier*, homme qui n'a point de fonctions publiques. ♦ *Donation pure et simple*, donation faite sans condition. ♦ On dit dans le même sens : *démission pure et simple*. ♦ Qui n'est pas compliqué, qui est facile à employer, à comprendre, à exécuter. *Des moyens simples. Le sujet, l'intrigue de cette pièce de théâtre est fort simple*. ♦ **Fam.** *C'est tout simple*, cela est naturel, cela va de soi. ♦ Sans ornement, sans faste, sans recherche, sans affectation, en parlant des choses ou des personnes. *Des meubles simples. Avoir des goûts simples*. Être simple dans ses habits, dans ses goûts, etc. ♦ Sans déguisement, sans malice. « *Soyez simples comme des colombes* », SACI. ♦ Qui a peu de lumières. ♦ Qui se laisse facilement tromper, niais. ♦ **N. m.** Homme, esprit simple. « *Les grands esprits et les simples* », BOURDALOUE. ♦ Ce qui n'est pas composé. « *On commence en tout genre par le simple ; ensuite vient le composé* », VOLTAIRE. ♦ Ce qui est l'unité, par opposition à ce qui est double. *Parier le double contre le simple*. ♦ Ce qui est sans ornement et sans recherche. **Rhét.** Un des trois genres d'éloquence. *Le simple*, le sublime, le tempéré. ♦ **Mus.** Air, chant naturel, sans variations, par opposition à double, qui se dit du même air varié. ■ **Fam.** *Simple comme bonjour*, très facile. ♦ *Réserver un billet d'avion sur Internet, c'est simple comme bonjour*. ■ **Adj.** *Simple d'esprit*, dont les facultés intellectuelles sont limitées. ■ **N. m. Sp.** Partie de tennis ou de tennis de table opposant deux adversaires. *Jouer en simple ou en double*.

2 **SIMPLE**, n. m. [sɛpl] (substantivation de 1 *simple*) Nom donné à toutes les plantes dont la médecine fait usage.

SIMPLEMENT, adv. [sɛpləmã] (1 *simple*) Sans complication. *L'action de cette pièce est conduite simplement*. ♦ Seulement. *Il dit simplement cela*. ♦ Purement et simplement, sans réserve et sans condition. *Il a donné sa démission purement et simplement*. ♦ D'une manière simple, sans recherche, sans ornement. *Meubler simplement une maison*. « *La tristesse doit parler simplement, si elle veut nous intéresser* », DUMARSAIS. ♦ Naïvement, sans détour. *Raconter la chose simplement*. ♦ Bonnement, sans finesse.

SIMPLESSE, n. f. [sɛplɛs] (1 *simple*) **Vieilli** Naturel sans déguisement, doux et facile.

SIMPLET, ETTE, adj. [sɛplɛ, ɛt] (1 *simple*) Un peu simple, crédule, naïf.

SIMPLEX, ■ adj. [sɛplɛks] (lat. *simplex*, simple) **Télécomm.** Qui s'effectue dans un seul sens, par opposition à *duplex*. *Une transmission simplex*. ■ N. m. Ce type de transmission.

SIMPLEXE, ■ n. m. [sɛplɛks] (simple) **Math.** Ensemble des parties d'un ensemble. *Le simplexe permet de résoudre les problèmes de programmation linéaire*.

SIMPLICITÉ, n. f. [sɛplisite] (lat. *simplicitas*, droiture, candeur) Qualité de ce qui est simple, non composé. ♦ Qualité de ce qui n'est pas compliqué. *La simplicité d'action dans une tragédie. La simplicité est un des principaux caractères de la beauté* », DIDEROT. ♦ Qualité du style simple. ♦ Qualité de ce qui est sans faste, sans recherche, sans apprêt. *L'ancienne simplicité. La simplicité d'un mobilier*. ♦ Qualité des personnes qui ne recherchent ni le faste ni l'apprêt. « *Il avait cette innocence et cette simplicité de mœurs que l'on conserve ordinairement, quand on a moins de commerce avec les hommes qu'avec les livres* », FONTENELLE. ♦ Caractère d'innocence sans déguisement et sans malice. *Dans la simplicité de mon cœur*. ♦ Manque de lumière, crédulité trop grande, niaiserie. *Avoir la simplicité de croire, etc.* ♦ Au pl. Choses simples, naïvetés. « *Les simplicités nous délassent des grandes spéculations* », VAUVENARGUES. ♦ *En toute simplicité*, sans faire de manières. *Recevoir des invités en toute simplicité*.

SIMPLIFIABLE, adj. [sɛplifjabl] (*simplifier*) Que l'on peut simplifier.

SIMPLIFICATEUR, n. m. [sɛplifikatœr] (*simplifier*) Celui qui simplifie. ♦ Adj. Principe simplificateur.

SIMPLIFICATION, n. f. [sɛplifikasjõ] (*simplifier*) Action de simplifier ; résultat de cette action.

SIMPLIFIÉ, ÉE, p. p. de simplifier. [sɛplifje]

SIMPLIFIER, v. tr. [sɛplifje] (lat. médiév. *simplificare*) Rendre simple, moins composé, moins compliqué. *Simplifier les éléments d'une science, une question, une méthode, etc.* ♦ Se simplifier, v. pr. Devenir plus simple.

SIMPLISME, ■ n. m. [sɛplism] (*simpliste*) Tendance à trop simplifier les choses en négligeant les choses importantes. « *Les décideurs [...] sont par contre aisément séduits par des architectures techniques qui leur paraissent simples. Ils font alors le choix du simplisme et non celui de la simplicité* », VOLLE.

SIMPLISTE, ■ adj. [sɛplist] (*simple*) Qui ne tient pas compte de la complexité d'un sujet, qui raisonne en simplifiant à l'excès. *Argument réducteur et simpliste*.

SIMULACRE, n. m. [simylakr] (lat. *simulacrum*, représentation figurée) Image, représentation d'une divinité païenne. *Les simulacres des dieux*. ♦ Spectre, fantôme ; en ce sens, il se joint le plus ordinairement à l'épithète vain. *De vains simulacres*. ♦ **Fig.** Image, représentation. « *Platon eût regardé Malebranche comme son simulacre en philosophie* », BUFFON. ♦ Vaine apparence, vaine image de quelque chose. « *Un simulacre de liberté fait endurer plus patiemment la servitude* », J.-J. ROUSSEAU. ♦ Action de feindre l'exécution de quelque chose. *Le simulacre d'un combat naval*.

SIMULATEUR, TRICE, n. m. et n. f. [simylatœr, tris] (lat. *simulator*, imitateur, simulateur) Personne qui sait simuler. ♦ Celui qui simule une maladie. ■ N. m. Appareil d'entraînement permettant de reproduire fidèlement le fonctionnement et les conditions d'utilisation d'une machine, d'un appareil. *Un simulateur de vol*.

SIMULATION, n. f. [simylasjõ] (lat. *simulatio*, faux semblant) **Dr.** Action de simuler. *Il y a bien de la simulation dans ce contrat*. ♦ Dans le langage ordinaire, *la simulation d'une maladie*. ■ **Techn.** Reproduction expérimentale et artificielle d'un processus, du comportement réel d'une machine, d'un appareil. *Test de simulation*.

SIMULÉ, ÉE, p. p. de simuler. [simyle]

SIMULER, v. tr. [simyle] (lat. *simulare*, rendre semblable, feindre, de *similis*, semblable) **Dr.** Faire paraître comme réel ce qui ne l'est point. *Simuler une vente*. ♦ Il se dit aussi dans le langage ordinaire. *Simuler un combat, une attaque, une maladie, etc.* ♦ Procéder à une simulation expérimentale. *Simuler un crédit immobilier sur un site Internet*.

SIMULIE, ■ n. f. [simyli] (lat. sav. [XIXᵉ s.] *simulium*, p.-ê. de *simulare*) **Zool.** Petite mouche piqueuse appartenant à la famille des moustiques très fréquente en Afrique de l'Ouest, qui suce le sang du bétail et transmet de graves maladies.

SIMULTANÉ, ÉE, adj. [simyltane] (lat. *simultas*, rivalité, compétition) Qui se fait, qui a lieu dans le même temps. *Des idées simultanées*. ♦ Se dit d'un mode d'enseignement dans lequel le professeur s'adresse constamment à la masse des élèves de la classe, et leur fait faire en même temps les mêmes exercices. ♦ ▷ **Gramm.** *Passé simultané*, l'imparfait. ◁ ■ N. m. Partie d'échecs au cours de laquelle un joueur affronte plusieurs adversaires en même temps.

SIMULTANÉITÉ, n. f. [simyltaneite] (*simultané*) Existence de deux ou plusieurs choses dans le même temps.

SIMULTANÉMENT, adv. [simyltanemã] (*simultané*) En même temps, au même instant.

SINAPISÉ, ÉE, p. p. de sinapiser. [sinapize] *Cataplasme sinapisé*.

SINAPISER, v. tr. [sinapize] (b. lat. *sinapizare*, du gr. *sinapizein*, de *sinapi*, sénevé, moutarde) **Méd.** Il se dit des médicaments où l'on met de la farine de graine de moutarde pour les rendre plus actifs.

SINAPISME, n. m. [sinapism] (b. lat. *sinapismus*) **Méd.** Cataplasme dont la moutarde fait la base.

SINCÈRE, adj. [sɛsɛr] (lat. *sincerus*, pur, non fardé) Qui exprime avec vérité ce qu'il sent, ce qu'il pense. ♦ Il se dit aussi des choses. *Un discours sincère*. ♦ **Diplomat.** Authentique. *Actes, diplômes sincères*.

SINCÈREMENT, adv. [sɛsɛr(ə)mã] (*sincère*) Avec sincérité.

SINCÉRITÉ, n. f. [sɛserite] (lat. impér. *sinceritas*, pureté, intégrité) Qualité de l'homme sincère. ♦ Il se dit aussi des choses. « *La modestie du visage de Marie-Thérèse répondait de la sincérité et de la bonté de son cœur* », FLÉCHIER. « *Dans ses vers pleins de sincérité* », BOILEAU. ♦ Au pl. Actes, paroles de sincérité. ♦ **Diplomat.** Authenticité. *La sincérité d'un acte*.

SINCIPITAL, ALE, adj. [sɛsipital] (lat. *sinciput*, génit. -*pitis*) **Anat.** Qui a rapport au sinciput. *Les os sincipitaux*.

SINCIPUT, n. m. [sɛsipyt] (on prononce le *t* final ; lat. *sinciput*, de *semi-*, demi-, et *caput*, tête) **Anat.** Le sommet de la tête.

SINDON, n. m. [sɛdõ] (gr. *sindôn*, fin tissu de lin, d'orig. orient.) Le linceul dans lequel Jésus-Christ fut enseveli. ♦ **Chir.** Petit morceau de toile ou petit plumasseau arrondi qu'on introduit dans l'ouverture faite au crâne avec le trépan.

SINÉCURE, n. f. [sinekyr] (mot angl., du lat. médiév. [*beneficium*] *sine cura*, [bénéfice] sans charge d'âmes réelle) Place rétribuée qui n'oblige à aucun travail, à aucune fonction. ■ **Fam.** *Ce n'est pas une sinécure*, ce n'est pas de tout repos.

SINÉCURISTE, n. m. [sinekyrist] (*sinécure*) Celui qui jouit d'une sinécure, de plusieurs sinécures.

SINE DIE, ■ loc. adv. [sinedje] (loc. lat., sans fixer le jour, de *sine*, sans, et ablat. de *dies*, jour) Sans fixer de date ultérieure. *Repousser un procès sine die.*

SINE QUA NON, n. m. [sinekwanɔn] (mots lat. [*res*] *sine qua non*, [chose] sans laquelle non) La condition indispensable, sans laquelle on ne peut rien. ♦ Adj. *Condition sine qua non.*

SINGALETTE, ■ n. f. [sɛ̃galɛt] (*Saint-Gall*, ville de Suisse) Toile de coton fine et claire utilisée pour la fabrication de gaze hydrophile ou de patrons de couture.

SINGE, n. m. [sɛ̃ʒ] (lat. impér. *simius*, singe, imitateur servile, du lat. class. *simia*) Nom vulgaire de tout mammifère faisant partie de la famille des singes, dans l'ordre des quadrumanes ; animal qui est très imitateur. ♦ *Singes anthropomorphes*, singes ayant la forme humaine : le gorille, l'orang-outang. ♦ **Par exagération** *Il ressemble à un singe*, il est laid comme un singe, *il a le visage d'un singe*, il est extrêmement laid. ♦ *Malin, malicieux comme un singe*, très malin. ♦ *Adroit comme un singe*, très adroit. ♦ *Il est fourni d'argent comme un singe de queue*, il n'en a point du tout. ♦ *Monnaie de singe*, grimaces. ♦ *Payer en monnaie de singe*, se moquer de celui à qui l'on doit, au lieu de le satisfaire, le leurrer de belles paroles et de fausses promesses ; locution qui vient de ce que les montreurs de singe, au lieu de payer le péage, faisaient gambader leur singe devant le péager. ♦ **Fig.** Il se dit d'une personne à qui on attribue l'apparence, le caractère du singe. ♦ **Fig.** Celui qui contrefait, qui imite. « *Les plus excellentes choses sont sujettes à être copiées par de mauvais singes* », MOLIÈRE. ♦ *Écolier ou plutôt singe de Bourdaloue* », BOILEAU. ♦ Adj. *[Les courtisans] Peuple caméléon, peuple singe du maître* », LA FONTAINE. ♦ Instrument servant à copier mécaniquement des dessins, des estampes, sans savoir dessiner. ♦ **Mar.** Treuil horizontal monté sur deux chevalets. ■ *Faire le singe*, faire des singeries. ■ **Fam.** et **vieilli** Bœuf en conserve. *Les soldats mangeaient du singe.*

SINGÉ, ÉE, p. p. de singer. [sɛ̃ʒe]

SINGER, v. tr. [sɛ̃ʒe] (*singe*) Imiter, contrefaire, avec l'infériorité qu'a le singe en contrefaisant l'homme.

SINGERIE, n. f. [sɛ̃ʒ(ə)ʀi] (*singe*) Grimaces, gestes, tours de malice. « *Il fit autour force grimaceries, Tours de souplesse et mille singeries* », LA FONTAINE. ♦ Agaceries, minauderies. ♦ Imitation gauche ou ridicule. « *La fricassée d'anges de Fragonard est une singerie de Boucher* », DIDEROT. ♦ Manières hypocrites. ♦ Réunion de singes. ♦ Ménagerie de singes. ♦ Tableau, estampe représentant des singes en costume d'homme et dans différentes actions de la vie humaine.

SINGLE, ■ n. m. [siŋɡœl] (mot angl., seul) Chambre d'hôtel, compartiment de wagon-lit, cabine de bateau pour une seule personne. *Voyager en single.* ■ Adj. *Chambre single.* ■ CD ne comportant qu'un morceau musical. *Chanteur qui sort un single.*

SINGLETON, n. m. [sɛ̃ɡlətɔ̃] (angl. *single*) Se dit, au boston et au whist, d'une seule carte, d'une certaine couleur qu'on a dans son jeu.

SINGULARISÉ, ÉE, p. p. de singulariser. [sɛ̃ɡylaʀize]

SINGULARISER, v. tr. [sɛ̃ɡylaʀize] (lat. *singularis*, unique, exceptionnel) Rendre singulier, extraordinaire. *Son habillement le singularise.* ♦ **Se singulariser**, v. pr. Se distinguer, se faire remarquer par quelque chose d'extraordinaire, et ordinairement par quelque chose qui n'a rien de louable. « *La manie de se singulariser dénature les meilleurs esprits* », CONDILLAC.

SINGULARITÉ, n. f. [sɛ̃ɡylaʀite] (b. lat. *singularitas*, fait d'être unique) Qualité de ce qui appartient à un seul individu. « *Je ne crois pas qu'il y ait aucun homme de bon sens qui, se voyant tout seul d'un sentiment, pour évident qu'il lui semblât, n'eût horreur de sa singularité* », BOSSUET. ♦ Ce qui rend une chose singulière. *La singularité des faits.* ♦ Manière extraordinaire, bizarre, d'agir, de penser, de parler, etc. *La singularité des sentiments, des vêtements, etc.* « *L'esprit d'orgueil et de singularité* », BOSSUET. ♦ **Au pl.** Actes, paroles de singularité.

SINGULIER, IÈRE, adj. [sɛ̃ɡylje, jɛʀ] (lat. *singularis*, unique, exceptionnel) Qui appartient à un seul, individuel. « *Cette fermeté d'âme, à vous si singulière* », MOLIÈRE. ♦ *Idées singulières*, idées qui nous viennent d'objets considérés isolément. ♦ *Combat singulier*, combat d'homme à homme. ♦ **Gramm.** *Le nombre singulier* ou n. m. *le singulier*, le nombre qui ne marque qu'une seule personne, qu'une seule chose. ♦ Qui ne ressemble point aux autres. « *Dans ses façons d'agir il est fort singulier* », MOLIÈRE. « *Ceux qui ont quelque talent singulier peuvent l'ignorer quelque temps* », FONTENELLE. ♦ D'une excellence rare. *Une grâce singulière.* « *Hier j'étais chez des gens de vertu singulière* », MOLIÈRE. ♦ Il se dit aussi des personnes. « *Ces hommes rares et singuliers dont le commerce supplée quelquefois à plusieurs années d'observation et de séjour* », d'ALEMBERT. ♦ Qui affecte de se distinguer. « *L'envie d'être singulière* », MME DE SÉVIGNÉ. « *Quand on veut vivre dans le monde, il ne faut pas y porter un esprit farouche, singulier, intraitable* », MASSILLON. ♦ Il se dit de ce qui, en bonne ou en mauvaise part, excite l'étonnement.

Un fait singulier. ♦ N. m. Ce qui est singulier. ♦ Il se dit des personnes en un sens analogue. « *Descartes était né avec une imagination brillante et forte, qui en fit un homme singulier dans sa vie privée comme dans sa manière de raisonner* », VOLTAIRE. ♦ **Fam.** *Vous êtes bien singulier de me parler ainsi*, c'est chose peu convenable que vous me parliez ainsi. ♦ **Math.** *Point singulier*, point d'une courbe qui présente quelque particularité remarquable. ■ *Combat singulier*, combat qui oppose un homme à un seul adversaire.

SINGULIÈREMENT, adv. [sɛ̃ɡyljɛʀ(ə)mã] (*singulier*) D'une manière singulière, spéciale, individuelle. « *Un homme singulièrement choisi de Dieu* », BOSSUET. ♦ D'une manière singulière, extraordinaire. ♦ Principalement, beaucoup, sur toutes choses. ♦ En mauvaise part, d'une manière affectée, bizarre. *Il s'habille singulièrement.* ♦ D'une manière difficile à expliquer. *Il s'est conduit singulièrement dans cette affaire.*

SINISANT, ANTE, ■ n. m. et n. f. [sinizã, ãt] (p. prés. substantivé de *siniser*) Spécialiste de la Chine. ■ Personne qui comprend et parle la langue chinoise. ■ Adj. Qui porte de l'intérêt à la civilisation chinoise. *Il se disait sinisant.*

SINISATION, ■ n. f. [sinizasjɔ̃] (*siniser*) Action de siniser, résultat de cette action. *La sinisation du Tibet.*

SINISER, ■ v. tr. [sinize] (*sin[o]-*, du lat. tardif *Sinæ*, peuple d'Extrême-Orient) Introduire les caractères de la civilisation chinoise. *Malgré la résistance, certaines parties du Tibet sont presque entièrement sinisées.*

SINISTRALITÉ, ■ n. f. [sinistralite] (*sinistre*, n.) **Dr.** Taux de sinistres. *Dresser un bilan de sinistralité.*

SINISTRE, adj. [sinistʀ] (lat. *sinister*, du côté gauche, maladroit) Qui fait craindre des malheurs. *Un sinistre augure.* ♦ En chiromancie, *ligne sinistre*, ligne qui présage des malheurs. ♦ On disait de même dans l'astrologie. *L'aspect sinistre des astres.* ♦ Il se dit de l'apparence sombre et méchante des traits, de l'œil. ♦ Pernicieux, dangereux, funeste. « *D'un sinistre avenir je menaçai ses jours* », RACINE. ♦ Tourné en mauvaise part. « *Chercher à tout de sinistres interprétations* », J.-J. ROUSSEAU. ♦ Qui nourrit de mauvais pressentiments. *Les plus sinistres idées.* ■ N. m. Pertes et dommages qui arrivent aux assurés, surtout en cas d'incendie et, dans les assurances maritimes, de naufrage. *Évaluer le sinistre.* ■ Adj. Triste et maussade. *Un endroit sinistre.*

SINISTRÉ, ÉE, adj. et n. m. et n. f. [sinistʀe] (*sinistre*, n.) Qui a subi un sinistre. ■ En proie à de grandes difficultés économiques. *Un secteur économique sinistré.*

SINISTREMENT, adv. [sinistʀəmã] (*sinistre*, adj.) D'une manière sinistre.

SINISTROSE, ■ n. f. [sinistʀoz] **Psych.** Névrose traumatique consécutive à un sinistre, un accident, et qui se manifeste par la revendication obsessionnelle d'une indemnisation financière maximale. ■ Pessimisme exagéré, tendance à voir tout d'une manière négative. *La sinistrose qui frappe un secteur en difficulté.*

SINITÉ, ■ n. f. [sinite] (*sin[o]-*) Ensemble des caractères propres à la civilisation chinoise. *La sinité de certaines nouvelles littéraires chinoises peut dérouter les lecteurs.*

SIN(O)..., ■ [sino] Préfixe signifiant de la Chine.

SINOC, ■ adj. [sinɔk] Voy. SINOQUE.

SINOLOGIE, n. f. [sinolɔʒi] (*sin[o]-* et *-logie*) Étude de la langue et de l'écriture des Chinois ; connaissance des mœurs et de l'histoire de ce peuple.

SINOLOGIQUE, adj. [sinolɔʒik] (*sinologie*) Qui appartient au sinologue, à la sinologie.

SINOLOGUE, n. m. [sinolɔɡ] (*sin[o]-* et *-logie*) Celui qui connaît la langue chinoise, qui s'applique à l'étude de cette langue ou de l'histoire de la Chine. ■ **REM.** S'emploie aussi au féminin. *Une sinologue.*

SINON, conj. [sinɔ̃] (lat.) *si* et *non*) Autrement, faute de quoi, sans quoi. *Cessez ce discours, sinon je me retire.* ♦ Si ce n'est. *Qu'est-ce que solliciter un juge, sinon douter de sa probité ?* ♦ Sinon, avec de explétif, devant un infinitif. « *Pour être heureux, que faut-il sinon de ne rien désirer ?* », BUFFON. ♦ On met quelquefois *ou* devant *sinon*. *Obéis à l'instant, ou sinon tu seras châtié.* ■ Voire. *C'est un des rares, sinon le seul, à m'avoir aidée.* ■ SINON QUE, **loc. conj.** Si ce n'est que. *Je ne sais rien de plus sur son expérience professionnelle, sinon qu'il a été longtemps comptable.*

SINOPLE, ■ n. m. [sinɔpl] (lat. *sinopis*, du gr. *sinôpis*, terre rouge de Sinope, ville de Paphlagonie ; évolution sémantique obscure) **Hérald.** La couleur verte, qui se représente dans la gravure par des hachures et des traits diagonaux de droite à gauche. ♦ Variété de quartz hyalin. ♦ Espèce de minerai d'or.

SINOQUE ou **SINOC**, ■ adj. [sinɔk] (p.-ê. savoyard *sinoc*, bille à jouer) **Fam.** et **vieilli** Qui est fou. *Il est complètement sinoque !* « *Mais les plantes, tu sais, je les reconnais plus si bien... C'est dingo, zinzin, sinoque ! Enfin je suis plus saoul et pas encore crevé, nom de Dieu !* », DEGAUDENZI. ■ N. m. et n. f. *Un, une sinoque.* ■ **REM.** On écrit aussi *cinoque.*

SINUÉ, ÉE, adj. [sinɥe] (lat. *sinuatus*) **Bot.** Se dit des parties qui sont découpées en lobes saillants et arrondis, séparés par des sinus également arrondis. *Une feuille sinuée.* ◆ **Zool.** Qui porte des bandes sinueuses.

SINUEUX, EUSE, adj. [sinɥø, øz] (lat. *sinuosus*) Qui suit, qui décrit une ligne ondulée. *Un mouvement, des sentiers sinueux.* ◆ **Méd.** *Ulcère sinueux,* ulcère étroit et profond. ■ SINUER, v. intr. [sinɥe]

SINUOSITÉ, n. f. [sinɥozite] (*sinueux*) Qualité de ce qui est sinueux. *Cette rivière fait beaucoup de sinuosités.* ◆ **Méd.** *Les sinuosités d'une plaie,* le trajet ondulé qu'elle suit.

1 **SINUS**, n. m. [sinys] (lat. *sinus*, pli d'un vêtement, lat. médiév., sinus d'un arc, pour traduire l'ar. *jayb*, dont un homonyme signifie ouverture d'un vêtement, poche) **Math.** Le sinus d'un arc ou d'un angle est la perpendiculaire abaissée d'une extrémité de l'arc sur le diamètre qui passe par l'autre extrémité.

2 **SINUS**, n. m. [sinys] (lat. *sinus*, courbure, concavité, creux) **Anat.** Nom donné à des cavités osseuses plus larges à l'intérieur qu'à leur ouverture, creusées dans l'épaisseur de certains os du crâne et de la face. *Sinus frontaux.* ◆ **Méd.** Nom donné à certains canaux veineux dans lesquels aboutissent un grand nombre de vaisseaux. ◆ **Bot.** Échancrure profonde séparant deux lobes dans les organes minces.

SINUSAL, ALE, ■ adj. [sinyzal] (2 *sinus*) **Méd.** Qui se situe dans l'oreillette droite du cœur et régule les battements. *Le nœud sinusal. Une anomalie sinusale.* ◆ *Le rythme sinusal,* le battement du cœur. *Des rythmes sinusaux anormaux.*

SINUSIEN, IENNE, ■ adj. [sinyzjɛ̃, jɛn] (2 *sinus*) **Méd.** Qui se rapporte aux sinus de la face. *Une dégénérescence de la muqueuse nasale et sinusienne.*

SINUSITE, ■ n. f. [sinyzit] (2 *sinus* et *-ite*) Inflammation des sinus, à la suite d'une infection dentaire ou nasale. *Une sinusite mal soignée peut devenir chronique.*

SINUSOÏDAL, ALE, ■ adj. [sinyzoidal] (*sinusoïde*) **Math.** Qui se rapporte à la sinusoïde ; semblable à une fonction sinus. ■ **Phys.** *Mouvement sinusoïdal,* forme d'onde cyclique régulière. ■ *Ondulation. Il a mal à la cheville en effectuant des mouvements sinusoïdaux.*

SINUSOÏDE, ■ n. f. [sinyzoid] (1 *sinus* et *-oïde*) **Phys.** Courbe représentative de la fonction sinus ou cosinus, servant à représenter un phénomène vibratoire. *Représentation d'un phénomène oscillatoire par une sinusoïde.*

SIONISME, ■ n. m. [sjonism] (all. *Zionismus*, de *Zion*, Sion) Mouvement politique et religieux, dont le but est la constitution d'un État juif en Palestine. *Le sionisme a été défini par Theodor Herzl à la fin du XIXᵉ siècle.* ■ SIONISTE, n. m. et n. f. ou adj. [sjonist]

SIOUX, ■ n. m. et n. f. [sju] (altération du chippewa *nadowessiv*, petit serpent, servant à désigner les Sioux) Membre d'une tribu indienne d'Amérique du Nord. *Sitting Bull était un célèbre chef sioux.* ■ N. m. La langue des Sioux. ◆ **Fig.** *Ruse de Sioux,* très astucieuse.

SIPHOÏDE, ■ adj. [sifoid] (radic. de *siphon* et *-oïde*) Qui est en forme de siphon. *Un abreuvoir siphoïde pour vingt-cinq poussins.*

SIPHOMYCÈTES, ■ n. m. pl. [sifomisɛt] (*siphon* et *mycète*) **Bot.** Classe de champignons inférieurs dont les mycéliums ne sont pas cloisonnés. *Le filament des siphomycètes est constitué d'une gigantesque cellule qui comporte de très nombreux noyaux.*

SIPHON, n. m. [sifɔ̃] (lat. *siphon*, du gr. *siphôn*) Tube recourbé, à branches inégales, qu'on emploie pour transvaser les liquides. ◆ Vase en grès ou en verre bouché hermétiquement, dans lequel on met de l'eau chargée d'acide carbonique, et ayant un petit appareil qui laisse échapper le contenu à volonté. ◆ Syn. de trombe. ■ Tube recourbé installé entre un sanitaire et un tuyau de vidange pour empêcher la remontée des mauvaises odeurs. *Le siphon est bouché.* ■ Bouteille en verre épais contenant une boisson gazeuse et dont le goulot est surmonté d'un dispositif spécialement conçu pour verser la boisson sous pression. *Un siphon à eau gazeuse.* ■ **Rem.** On écrivait aussi *syphon* autrefois.

SIPHONNER, v. tr. [sifone] (*siphon*) Aspirer au moyen d'un siphon. *Siphonner l'eau d'un aquarium. Siphonner un réservoir d'essence.* ■ **Fig.** et fam. Vider. *Siphonner un compte bancaire.*

SIPO, ■ n. m. [sipo] (mot de la Côte-d'Ivoire) **Bot.** Grand arbre de la forêt africaine utilisé en menuiserie. *Une table en bois exotique massif avec piètement et incrustations de sipo. Des sipos.*

SIR, ■ n. m. [sœr] (ce mot se prononce comme *sœur* ; mot angl.) Titre honorifique décerné en Grande-Bretagne pour service rendu à la couronne et qui se place devant le nom de famille. *Le chanteur Elton John est commandeur de l'ordre de l'Empire britannique et on doit le nommer dans les citations officielles, Sir Elton Hercules John.*

SIRE, n. m. [sir] (lat. pop. *seior*, du lat. *senior*, compar. de *senex*, vieux) Anciennement, titre donné à tous les seigneurs, soit justiciers, soit féodaux, et à plusieurs autres personnes. *Le sire de Joinville.* ◆ Titre qu'on donne aux empereurs et aux rois, en leur parlant ou en leur écrivant (on met une S majuscule). ◆ **Fam.** Il se dit en parlant d'une personne sur laquelle on s'exprime sans gêne. *Un étrange sire.* ◆ *Un pauvre sire,* un homme sans force, sans considération, sans capacité. ■ *Triste sire,* personnage peu recommandable.

SIRÈNE, n. f. [sirɛn] (lat. *siren*, du gr. *seirên*) Être fabuleux, moitié femme, moitié poisson, qui, par la douceur de son chant, attirait les voyageurs sur les écueils de la mer de Sicile, où ils périssaient. ◆ **Fig.** Femme qui séduit par ses attraits. ◆ *Une voix de sirène,* une voix douce et qui charme. ◆ *Elle chante comme une sirène,* elle chante très bien. ◆ Genre de reptiles voisins des salamandres. ◆ Nom donné à une famille de mammifères marins. ■ Appareil sonore produisant un signal, une alerte. *La sirène des pompiers.*

SIRÉNIEN, ■ n. m. [sirenjɛ̃] (*sirène*) **Zool.** Mammifère herbivore aquatique dont l'ordre comprend le dugong et le lamentin. *Les siréniens forment un ordre.*

SIREX, ■ n. m. [sirɛks] (mot lat. sav. [Linné]) **Zool.** Insecte de l'ordre des hyménoptères qui perce l'écorce des arbres pour y déposer ses œufs et dont les larves se nourrissent du bois. *Une charpente attaquée par les sirex.*

SIRIUS, n. m. [sirjys] (lat. *sirius*, du gr. *Seirios astêr*, de *seirios*, brûlant) **Astron.** Étoile de la constellation du Grand Chien (on l'écrit avec une S majuscule). ◆ *La Canicule.*

SIRLI, ■ n. m. [sirli] (onomat. imitant le cri de l'oiseau) **Zool.** Alouette au bec effilé originaire des plateaux d'Afrique du Nord.

SIROCCO, n. m. [siroko] (ital. *scilocco*, de l'ar. *sloq*, vent du sud-est, ou *suruq*, lever du soleil, est) Sur la Méditerranée, vent du sud-est, lequel est brûlant. ■ **Rem.** Graphie ancienne : *siroco*. On disait aussi *siroc* autrefois.

SIROP, n. m. [siro] (lat. médiév. *siroppus*, *sirupus*, de l'ar. *sarab*, boisson, sirop) **Pharm.** Médicament liquide et visqueux, destiné à l'usage interne, qui résulte de l'union de certains liquides avec la quantité de sucre nécessaire pour les en saturer. *Sirop de vinaigre. Sirop de groseilles.* ◆ *Sirop de raisin,* sucre non cristallisé qu'on retire du raisin. ■ Solution concentrée de sucre dans de l'eau ou aromatisée. *Du sirop de menthe.*

SIROTÉ, ÉE, p. p. de siroter. [sirote]

SIROTER, v. intr. [sirote] (*sirop*) **Fam.** Boire avec plaisir, à petits coups et longtemps. ◆ V. tr. « *Je sirote mon vin, quel qu'il soit, vieux, nouveau* », REGNARD.

SIROTEUR, ■ n. m. [sirotœr] (*siroter*) **Pop.** Celui qui aime à siroter.

SIRSACAS, ■ n. m. [sirsaka] (le s est muet) (var. de *seersucker*) Étoffe de coton fabriquée aux Indes. ■ **Rem.** On écrivait aussi *cirsakas.*

SIRTAKI, ■ n. m. [sirtaki] (mot grec) Danse populaire grecque. *L'acteur Anthony Quinn a immortalisé le sirtaki dans le film* Zorba le Grec.

SIRTES, n. f. pl. [sirt] Voy. SYRTES.

SIRUPEUX, EUSE, adj. [sirypø, øz] (lat. médiév. *sirupus*) **Pharm.** Qui est de la nature et de la consistance du sirop. *Liqueur sirupeuse.* ◆ **Fig.** Mièvre. *Une chanson sirupeuse.*

SIRVENTE, ■ n. m. [sirvɑ̃t] (anc. provenç. *sirventes*, de *sirvent*, serviteur, du lat. *servire*, être au service de) Sorte de poésie ancienne des troubadours et des trouvères, ordinairement satirique, et quelquefois consacrée à l'amour et à la louange, et qui est presque toujours divisée en strophes ou couplets pour être chantés.

SIS, ISE, p. p. de seoir. [si, iz] Il ne se dit guère qu'en termes de pratique. Situé. *Une maison sise à Paris.*

SISAL, ■ n. m. [sizal] (*Sisal*, ville du Mexique) **Bot.** Agave d'origine mexicaine dont on utilise les feuilles fibreuses pour fabriquer des cordes, des ficelles, des sacs, des nattes, des tapis et des chapeaux et dont les déchets servent à la confection de papier d'emballage et de matériau de rembourrage. *Les tapis de sisal ont un tissage régulier à l'aspect dense et brillant mais ils résistent mal à l'eau. Des sisals.*

SISMAL, ALE ou **SÉISMAL, ALE**, adj. [sismal, seismal] (gr. *seismos*, secousse, de *seiein*, agiter, ébranler) Syn. de sismique. ◆ *Ligne sismale,* direction de l'onde d'ébranlement qui se propage à la surface de la terre, dans un tremblement. ■ Au pl. *sismaux.*

SISMICITÉ ou **SÉISMICITÉ**, ■ n. f. [sismisite] (*sismique*) **Géol.** Périodicité et intensité des séismes pour un secteur donné. *La sismicité de la France est faible.*

SISMIQUE ou **SÉISMIQUE**, adj. [sismik, seismik] (*sisme* ou *séisme*) **Géol.** Qui est relatif aux tremblements de terre. *Mouvement sismique.*

SISM(O)... ou **SÉISM(O)...,** ■ [sismo, seismo] Préfixe qui signifie *secousse.*

SISMOGRAMME, ■ n. m. [sismoɡʁam] (*sism[o]-* et *gramme*) Géol. Tracé réalisé par un sismographe. *Amplitude maximale observée sur un sismogramme.* ■ REM. On trouve aussi, mais plus rarement, *séismogramme.*

SISMOGRAPHE, n. m. [sismoɡʁaf] (*sism[o]-* et *-graphe*) Géol. Instrument destiné à indiquer l'intensité des tremblements de terre. ■ REM. On dit aussi, mais plus rarement, *séismographe.*

SISMOLOGIE ou **SÉISMOLOGIE**, ■ n. f. [sismoloʒi, seismoloʒi] (*sismo-* ou *séismo-* et *-logie*) Étude des séismes et de la propagation des ondes qu'ils génèrent. *Laboratoire de sismologie.* ■ SISMOLOGUE ou SÉISMOLOGUE, n. m. et n. f. [sismolɔɡ, seismolɔɡ]

SISMOLOGIQUE, ■ adj. [sismoloʒik] (*simologie*) Qui est relatif au séisme. *Rassembler des renseignements sismologiques sur une région.* ■ On trouve aussi, mais plus rarement, *séismologique.*

SISMOTHÉRAPIE, ■ n. f. [sismoteʁapi] (*sism[o]-* et *thérapie*) Méd. Traitement aux électrochocs. *La sismothérapie est considérée comme un traitement très efficace pour traiter de graves dépressions.* ■ REM. On dit aussi, mais plus rarement, *séismothérapie.*

SISON, n. m. [sizɔ̃] (lat. sav. [XVIᵉ s.], du gr. *sisôn*, plante inconnue de Syrie) Genre de plantes de la famille des ombellifères, où l'on distingue le *sison amomum*, dont le fruit est appelé vulgairement faux amome.

SISTERSHIP, ■ n. m. [sistœʁʃip] (mot angl. de *sister*, sœur, et *ship*, navire) Techn. Navire construit sur le même modèle qu'un autre. *Le porte-avion* Clemenceau *de la Marine nationale, basé à Toulon, a été transféré en 1965 avec son sistership, le* Foch, *vers la base bretonne de Brest.*

SISTRE, n. m. [sistʁ] (lat. *sistrum*, gr. *seistron*) Instrument de musique d'Égypte, à l'usage des prêtres d'Isis, qui était un petit cerceau de métal, traversé de plusieurs baguettes, lesquelles produisaient un son lorsqu'on les agitait. ♦ Chez les modernes, instrument à cordes du genre du luth. ♦ Genre de coquilles univalves.

SISYMBRE, n. m. [sizɛ̃bʁ] (lat. sav. [XVIᵉ s.], du lat. *sisymbrium*, cresson de fontaine, du gr. *sisumbrion*, menthe aquatique) Genre de la famille des crucifères.

SITAR, ■ n. m. [sitaʁ] (mot hindi) Mus. Instrument de musique à cordes pincées, muni d'un long manche d'origine indienne. *Une musique de méditation jouée au sitar.* ■ SITARISTE, n. m. et n. f. [sitaʁist]

SITCOM, ■ n. m. ou n. f. [sitkɔm] (mot angl., de *situation comedy*) Comédie tournée pour la télévision, et dont le ressort principal est le comique de situation.

SITE, n. m. [sit] (lat. *situs*, position, situation, de *sinere*, poser) Partie de paysage considérée relativement à l'aspect qu'elle présente, à son exposition. *Un beau site. Ce peintre choisit bien ses sites.* ■ Configuration d'un lieu considéré d'un point de vue économique, pratique, urbanistique, archéologique. *Un site industriel.* ■ *Site Web*, ensemble de pages Web où sont stockées des données accessibles par Internet.

SIT-IN, ■ n. m. inv. [sitin] (angl. *to sit in*, s'installer) Forme de contestation non violente, consistant à s'asseoir en groupes dans des lieux publics. *Des sit-in.*

SITÔT, adv. [sito] (*si* et *tôt*) Si vite, si promptement. « *J'étais un homme sitôt vu, qu'il n'y avait rien à voir de nouveau dès le lendemain* », J.-J. ROUSSEAU. ♦ *Sitôt que*, aussi vite que. ♦ *De sitôt ;* il ne se dit qu'avec la négation, et signifie si prochainement. *Il ne viendra pas de sitôt.* ♦ *Sitôt que*, dès que, aussitôt que.

SITUATION, n. f. [sitɥasjɔ̃] (*situer*) Manière dont un objet est placé. ♦ Particulièrement, manière dont une ville, une maison, un jardin, etc. est placé. ♦ Position, posture des hommes, des animaux. « *Les enfants en liberté pourraient prendre de mauvaises situations* », J.-J. ROUSSEAU. ♦ Fig. Disposition de l'âme. « *Il y a peu de gens qui quelquefois en leur vie n'aient eu regret à quelque situation dont ils n'avaient pas assez goûté le bonheur* », FONTENELLE. ♦ État d'une personne par rapport à sa condition, à ses passions, à ses intérêts. « *Quand j'y pense à la situation des princes, toujours entourés d'hommes avides et insatiables, je ne puis que les plaindre* », MONTESQUIEU. ♦ Il se dit aussi des affaires. *Ses affaires sont dans une bonne situation.* ♦ Moment de l'action qui excite l'intérêt soit dans un drame, soit dans l'épopée, soit dans un roman. « *C'est presque toujours la situation qui fait le succès au théâtre* », VOLTAIRE. ♦ *Ce personnage est en situation*, il est placé en scène de manière à produire de l'effet sur les spectateurs. ♦ *Vers, mot de situation*, vers, mot qui tire de la situation sa force, son effet. ♦ Financ. et admin. État d'une caisse, d'un magasin d'approvisionnements. *État, tableau de situation.* ♦ Poste assez élevé dans la hiérarchie. *Avoir une belle situation.* ■ *En situation*, dans des conditions aussi proches que possible de la réalité. *Mettre des candidats à un examen en situation.* ■ *En situation de*, en mesure de. *Il n'est pas en situation de refuser une telle offre.* ■ Conjoncture. *La situation économique.*

SITUATIONNISME, ■ n. m. [sitɥasjɔnism] (*situation*) Mouvement politique et culturel à caractère anarchiste, développé dans les années 1960 et exercé principalement par le milieu universitaire et artistique, consistant à lutter contre les structures de la société contemporaine. ■ SITUATIONNISTE, adj. ou n. m. et n. f. [sitɥasjɔnist]

SITUÉ, ÉE, p. p. de situer. [sitɥe] *Cette maison est bien située.* ♦ Fig. « *Non, non, il n'est point d'âme un peu bien située Qui veuille d'une estime ainsi prostituée* », MOLIÈRE.

SITUER, v. tr. [sitɥe] (lat. médiév. *situare*, placer en un lieu, établir, du lat. *situs*, situation) Placer en certain endroit, par rapport à la manière, à l'exposition. *On a bien situé ce pavillon.* ♦ Par extens. Assigner la place. « *De là vient la peine qu'on a de situer dans l'histoire grecque les rois qui ont eu le nom d'Assuérus* », BOSSUET. ♦ Se situer, v. pr. Se donner une certaine attitude. « *Quand notre corps se situe de la manière la plus convenable à se soutenir* », BOSSUET. ■ V. pr. Avoir lieu, se dérouler. *Le film se situe à Paris, au XVIIᵉ siècle.*

SIX, adj. num. [sis] (lat. *sex*) Nombre pair composé de deux fois trois. ♦ *Six vingts.* Voy. VINGT. ♦ Il se dit quelquefois pour sixième. *Page six. Le roi Charles six.* On écrit ordinairement : Charles VI. ♦ N. m. *Six multiplié par deux donne douze.* ♦ On dit de même : *le nombre six.* ♦ Le sixième jour. *Le six du mois.* ♦ Avec le nom d'un mois, on peut supprimer *de. Le six janvier.* ♦ Caractère qui marque en chiffre le nombre six. *Un six de chiffre, en chiffre*, ou simplement *un six.* ♦ On dit de même : *le numéro six.* ♦ Une carte, un côté du dé marqué de six points. ♦ Au domino, *double-six*, le dé qui porte deux fois le point six. ♦ Mus. *Mesure à six-quatre*, mesure à deux temps composée de six noires. ♦ *Mesure à six-huit*, mesure à deux temps composée de six croches.

SIXAIN, ■ n. m. [sizɛ̃] (*six*) Voy. SIZAIN.

SIXAINE, n. f. [sizɛn] (*six*) Collection de six choses.

SIX-BLANCS, ■ n. m. [siblɑ̃] (*six* et *blanc*, monnaie) Ancienne pièce de cuivre valant deux sous et demi. ■ Au pl. *Des six-blancs.*

SIXIÈME, adj. [sizjɛm] (*six*) Nombre ordinal de six. *Le sixième jour de la semaine.* ♦ *La sixième partie d'un tout*, chaque partie d'un tout considéré comme divisé en six parties égales. ♦ N. m. *Un sixième*, une sixième partie d'un tout. ♦ *Le sixième*, le sixième jour d'une période. *Le sixième de janvier.* On dit plus ordinairement : *le six de janvier.* ♦ N. f. Aux jeux de cartes, suite de six cartes de même couleur. On dit plus ordinairement : *seizième.* ♦ Dans les lycées et collèges, *la sixième*, la sixième classe. ♦ Ensemble des élèves d'une classe de sixième. ♦ Au masculin, *un sixième*, un élève de sixième. ■ Première classe du premier cycle de l'enseignement secondaire français. ■ Par méton. Élève de cette classe. *Les sixièmes n'auront pas cours lundi matin.*

SIXIÈMEMENT, adv. [sizjɛm(ə)mɑ̃] (*sixième*) En sixième lieu.

SIX-QUATRE-DEUX (À LA), ■ loc. adv. [siskat(ʁə)dø] (*six*, *quatre* et *deux*) Fam. Rapidement et sans soin. *Il a encore travaillé à la six-quatre-deux !* « *Il perdit le privilège de S'aller vêtir à la six-quatre-deux, Car ça lui fout mal saperlipopette D'avoir des faux plis, des trous à ses bas...* », BRASSENS.

SIXTE, n. f. [sikst] (lat. *sextus*, sixième) Mus. Note qui suit la quinte et qui précède la septième. ♦ *Sixte majeure*, intervalle formé de neuf demi-tons. ♦ *Sixte mineure*, intervalle formé de huit demi-tons.

SIXTIES, ■ n. f. pl. [sikstiz] (angl. *sixty*, soixante) Les années qui vont de 1960 à 1969. *Il est né dans les sixties.*

SIZAIN ou **SIXAIN**, n. m. [sizɛ̃] (*six*) Petite pièce de poésie composée de six vers. ♦ Stance composée de six vers. ♦ Paquet de six jeux de cartes. ♦ Paquet de six pièces ou demi-pièces de ruban de fil ou de laine.

SIZETTE, n. f. [sizɛt] (*six*) Jeu de cartes qui se joue à six personnes et où chaque joueur reçoit six cartes.

SKAÏ, ■ n. m. [skaj] (nom déposé) Matière qui imite le cuir. *Un siège, un blouson en skaï.*

SKATEBOARD, ■ n. m. [skɛtbɔʁd] (mot angl., de *skate*, patin, et *board*, planche) Planche à roulettes. ■ Abrév. Skate. ■ Par méton. Activité, sport pratiqués à l'aide de cette planche. *Figures de skateboard.*

SKATING, ■ n. m. [skɛtiŋ] (mot angl., de *to skate*, patiner) Pratique du patin à roulettes. ■ Lieu où l'on peut patiner. ♦ *Roller skating*, activité de patinage à roulettes. *La Fédération française de roller skating organise diverses compétitions à l'échelle nationale et internationale.*

SKETCH, ■ n. m. [skɛtʃ] (mot angl., esquisse) Courte scène dialoguée, souvent humoristique. *Des sketchs* ou *des sketches* (pluriel anglais). *Film à sketchs. Les sketchs de Coluche sont devenus des classiques.*

SKI, ■ n. m. [ski] (mot norv.) Chacune des deux longues lames étroites et relevées à l'avant que l'on chausse pour glisser sur la neige. *Skis compacts, paraboliques.* ■ Activité, sport pratiqués à l'aide des skis. *Ski alpin, de fond.*

Faire du ski hors piste. ■ **Par anal.** *Ski nautique,* sport nautique pour lequel le pratiquant, muni d'un ou deux skis et tracté par un bateau à moteur, glisse rapidement à la surface de l'eau.

SKIABLE, ■ adj. [skijabl] (*skier*) Qui autorise la pratique du ski. *Le domaine skiable des Pyrénées. C'est une piste skiable car elle n'a pas encore subi la fonte des neiges.*

SKIASCOPIE, ■ n.f. [skijaskɔpi] (gr. *skia,* ombre et *-scopie*) **Méd.** Examen oculaire qui permet de déterminer le degré de réfraction de l'œil par l'étude de l'ombre que projette la pupille sur la rétine. *La skiascopie est utilisée pour mesurer les anomalies de la réfraction dans la myopie et l'hypermétropie dues à une anormalité du cristallin qui dévie mal les rayons lumineux : l'image des objets se forme en avant de la rétine dans la myopie et en arrière dans l'hypermétropie.*

SKI-BOB, ■ n.m. [skibɔb] (mot angl., de *ski* et *to bob,* être ballotté) Engin de glisse sur neige en forme de vélo dont les roues sont remplacées par de petits skis. *Des ski-bobs. Le ski-bob est aussi appelé vélo-ski.*

SKIER, ■ v.intr. [skije] (*ski*) Pratiquer le ski. *Elle skie avec aisance dans les bosses et dans la poudreuse.*

SKIEUR, EUSE, ■ n.m. et n.f. [skijœr, øz] (*ski*) Personne qui pratique le ski. *Pour descendre cette piste noire, il faut être une très bonne skieuse.*

SKIF ou **SKIFF,** ■ n.m. [skif] (mot angl., embarcation légère, canot ; cf. *esquif*) **Mar.** Bateau profilé pour le sport, long et effilé, équipé d'un seul rameur. ■ **Autom.** L'une des variantes de la Torpédo. *La Torpédo Skiff de Renault, présentée en 1923, était célèbre pour ses lignes élégantes.*

SKINHEAD, ■ n.m. et n.f. [skinɛd] (mot angl., de *skin,* peau, et *head,* tête) Jeune marginal au crâne rasé, à la tenue de style paramilitaire, généralement caractérisé par un comportement agressif et une idéologie violente et raciste. *Les skinheads sont apparus à la fin des années 1960.*

SKIPPER, ■ n.m. [skipœr] (mot angl., commandant d'un navire, prob. du néerl. ou de l'all. *Schipper*) **Mar.** Barreur d'un voilier de régate. ■ Commandant d'un voilier de course-croisière. *Louer un voilier avec skipper.*

SKUNKS, ■ n.m. [skɔ̃s] Voy. SCONSE.

SKYE-TERRIER, ■ n.m. [skajterje] (mot angl., de *Skye,* île des Hébrides, et *terrier,* terrier) **Zool.** Petit chien terrier écossais à poil long dont la robe peut être de couleur gris bleu, claire ou foncée, ou couleur fauve avec des pointes noires et blanches. *D'abord employés à la chasse, les skye-terriers sont aussi de bons chiens de garde et des animaux de compagnie fidèles et sincères.*

SLALOM, ■ n.m. [slalɔm] (mot norv., de *slad,* incliné, et *laam,* trace laissée par un objet que l'on traîne) Descente à skis dans laquelle il faut effectuer une série de virages, exécutés en passant entre des piquets qui délimitent le tracé. *Slalom géant.* ■ **Par anal.** Parcours sportif comprenant une série de virages (en ski nautique, canoë-kayak, etc.). ■ **Fam.** Parcours en zigzag entre des obstacles. *Faire du slalom entre les voitures.* ■ SLALOMER, v.intr. [slalome]

SLALOMEUR, EUSE, ■ n.m. et n.f. [slalomœr, øz] (*slalom*) Personne qui pratique le slalom en ski alpin. *Elle est meilleure slalomeuse que descendeuse en compétition.* ■ Personne qui pratique le slalom dans un sport.

SLASH, ■ n.m. [slaʃ] (mot angl., *to slash,* taillader) Signe typographique séparateur (noté /). *Utilisation du slash dans les adresses de sites Internet. Des slashs* ou *des slashes* (pluriel anglais).

SLAVE, adj. [slav] (lat. médiév. *sclavus,* slave, *Sclavini,* Esclavons, peuple voisin des Bulgares) Se dit d'une population et d'une langue qui occupent le nord et l'orient de l'Europe. ◆ N.m. et n.f. *Les Slaves.* ◆ *Le slave,* la langue slave.

SLAVISANT, ANTE, ■ adj. [slavizɑ̃, ɑ̃t] (*slave*) Qui a les caractères slaves. « *Son exil commence à la gare de l'Est, après une halte à Vienne. [...] La Ville lumière, c'est d'abord Taverny où un ami slavisant l'héberge* », LE NOUVEL OBSERVATEUR, 2005. ■ N.m. et n.f. Spécialiste des langues slaves. *C'est une historienne et slavisante de renom.* ■ **REM.** En ce sens, on dit aussi *slaviste.*

SLAVISER, ■ v.tr. [slavize] (*slave*) Donner un caractère slave à une chose ou à une personne. *Pour son rôle au cinéma, il a dû slaviser son accent pour être plus crédible.*

SLAVISTIQUE, ■ n.f. [slavistik] (*slaviste,* syn. de *slavisant*) Discipline linguistique qui étudie les langues slaves. *Le département de slavistique comprend l'étude de la langue et de la littérature russes.*

SLAVON, ONNE, ■ adj. [slavɔ̃, ɔn] (*Slavonie*) De Slavonie, région de l'est de la Croatie. ■ N.m. et n.f. Habitant de cette région. ■ N.m. **Ling.** Langue moyenâgeuse des Slaves utilisée dans la liturgie orthodoxe.

SLAVOPHILE, ■ adj. [slavofil] (*slave* et *-phile*) Qui aime tout ce qui touche à la civilisation slave. *Un lecteur slavophile, féru de littérature russe.* ■ N.m. et n.f. *Un, une slavophile.*

SLEEPING ou **SLEEPING-CAR,** ■ n.m. [slipiŋ, slipiŋkar] (angl. *sleeping-car,* de *to sleep,* dormir, et *car,* voiture) Voiture couchette dans les trains. *Ce train est équipé de sleepings* ou *sleeping-cars.*

1 SLICE, ■ n.m. [slajs] (le *i* se prononce *ail* ; mot angl., coup en biseau donné à une balle, de *to slice,* couper en tranches, de l'anc. fr. *esclicer,* fendre) Effet donné à une balle de tennis ou de golf en la frappant latéralement de haut en bas. ■ SLICER, v.tr. [slajse]

2 SLICE, ■ n.f. [slajs] (le *i* se prononce *ail* ; mot angl. de *to slice,* couper en tranches) **Inform.** Programme utilitaire permettant de découper une séquence en séquences plus petites. ■ *Time slice,* brève période de temps pendant laquelle une tâche s'exécute dans un environnement multitâche.

1 SLIP, ■ n.m. [slip] (mot angl., de *to slip,* glisser) Petite culotte à taille basse, échancrée sur les cuisses, portée par les hommes et les femmes comme sous-vêtement ou comme tenue de bain. *Slip brodé, fantaisie. Un slip de bain.*

2 SLIP, ■ n.m. [slip] (mot angl., de *to slip,* glisser) **Mar.** Plan incliné qui entre dans l'eau permettant de haler les petites embarcations en immergeant un chariot sous la coque pour ensuite le remonter au sec.

SLOGAN, ■ n.m. [slogɑ̃] (mot angl., du gaél. *sluagh-ghairm,* cri de guerre) Formule brève, expressive et facile à retenir, utilisée dans la publicité, la communication politique, etc. *Des manifestations de mai 1968.*

SLOOP, ■ n.m. [slup] (mot anglais, du néerl. *sloep,* navire à un mât) **Mar.** Petit bâtiment ayant un mât vertical sur lequel se gréent un hunier, une grande voile carrée ne servant que dans les très gros temps, et une voile trapézoïde. ◆ *Sloop de guerre,* corvette au-dessous de vingt canons. ■ **REM.** On écrivait aussi *sloupe* autrefois.

SLOUGHI, ■ n.m. [slugi] (ar. *slugi,* lévrier) **Zool.** Lévrier arabe très rare à la robe couleur sable, utilisé autrefois pour la chasse au lièvre ou à la gazelle et aujourd'hui chien de garde ou de compagnie.

SLOVAQUE, ■ adj. [slovak] (*Slovaquie*) Qui est relatif à la Slovaquie. *Des recettes slovaques.* ■ N.m. et n.f. Habitant de Slovaquie. ■ N.m. **Ling.** Langue slave occidentale des Slovaques. *Parler le slovaque.*

SLOVÈNE, ■ adj. [sloven] (*Slovénie*) Qui est relatif à la Slovénie. *Des coutumes slovènes.* ■ N.m. et n.f. Habitant de Slovénie. ■ N.m. **Ling.** Langue slave méridionale des Slovènes. *Pratiquer le slovène.*

SLOW, ■ n.m. [slo] (mot angl., de *slow fox-trot,* fox-trot lent) Danse exécutée sur un tempo très lent, et dans laquelle les deux partenaires sont très proches. Musique accompagnant cette danse. *Inviter une fille à danser un slow. Un slow langoureux. Des slows.*

SMALA ou **SMALAH,** n.f. [smala] (ar. *zmala,* agglomération de tentes autour d'un chef) Chez les Arabes, réunion des tentes d'un chef puissant, sa capitale mobile. ◆ **Fig.** et **fam.** Famille nombreuse. *Il est venu avec toute sa smalah.*

SMALT, n.m. [smalt] (ital. *smalto,* vernis à base de verre broyé, du frq. *smalt*) Le smalt est du verre coloré en bleu par de l'oxyde de cobalt et pulvérisé.

SMARAGDIN, INE, ■ adj. [smaragdɛ̃, in] (gr. *Smaragdinos,* de *smaragdos,* émeraude) Qui est de couleur vert émeraude. *Une pierre smaragdine.*

SMARAGDITE, ■ n.f. [smaragdit] (gr. *smaragdes* [*lithos*], pierre qui ressemble à l'émeraude) **Minér.** Variété d'amphibole de couleur vert émeraude, à éclat vitreux et sous forme d'aiguilles courtes, utilisée comme pierre ornementale.

SMART, ■ adj.inv. [smart] (mot angl., élégant) **Fam.** Qui est élégant et distingué. *Elle est très smart dans cet ensemble !*

SMASH, ■ n.m. [smaʃ] ou [smatʃ] (mot angl., de *to smash,* écraser) Au tennis, coup violent exécuté quand la balle est très haute, qui la rabat en l'écrasant au sol et la fait rebondir hors de portée de l'adversaire. *Claquer un smash. Des smashs* ou *des smashes* (pluriel anglais). ■ **Par anal.** Coup de même type au badminton, au ping-pong, au volley-ball.

SMASHER, ■ v.intr. [smaʃe] ou [smatʃe] (*smash*) Réaliser un smash. *Elle a smashé et remporté le match !*

SMECTIQUE, ■ adj. [smɛktik] (lat. *smecticus,* gr. *smêktikos,* détersif, de *smêkhein,* nettoyer) Qui absorbe les matières grasses, notamment en parlant d'une substance qui dégraisse la laine. *L'argile smectique ou terre à foulon.* ■ **Phys.** Se dit d'un état de la matière où les molécules sont parallèles entre elles et disposées en couches plus ou moins serrées. *Passer d'une phase cristalline à une phase smectique.* ■ **État smectique,** état mésomorphe, plus voisin de l'état cristallisé que de l'état liquide, et caractérisé par le fait que les corps relevant de cet état sont uniaxes et symétriques autour du plan de structure.

SMIC, ■ n.m. [smik] (acronyme de *salaire minimum interprofessionnel de croissance*) Salaire horaire en dessous duquel aucun salarié ne doit être payé, selon la législation. *Gagner, toucher le smic.*

SMICARD, ARDE, ■ n. m. et n. f. [smikaʀ, aʀd] (*smic*) **Fam.** Personne qui est payée au smic. *Il est chômeur et sa femme est smicarde.*

SMILEY, ■ n. m. [smajlɛ] (mot angl., de *to smile*, sourire) Association de caractères typographiques formant le schéma rudimentaire d'un visage exprimant divers sentiments, placé dans un message électronique. *Des smileys.*

SMILLE, n. f. [smij] (*ille* se prononce comme dans *fille* ; b. lat. *smila*, scalpel, gr. *smilê*, instrument pour tailler) Marteau à deux pointes qui sert à piquer la pierre.

SMILLÉ, ÉE, p. p. de smiller. [smije]

SMILLER, v. tr. [smije] (*smille*) Piquer avec la smille.

SMITHSONITE, ■ n. f. [smitsonit] (James *Smithson*, v. 1770-1829, chimiste anglais) **Minér.** Carbonate de zinc de couleur blanche, bleue ou verte et dont l'éclat varie du vitreux au nacré. *La smithsonite peut être utilisée comme pierre ornementale.*

SMOCKS, ■ n. m. pl. [smɔks] (angl. *to smock*, froncer par des coutures en diagonale) Fronces décoratives et rebrodées pratiquées sur les vêtements et particulièrement sur les robes. *Des robes à smocks.* ■ *Plis smocks*, plis du tissu qui forment des smocks. *On peut obtenir des plis smocks sur le haut des rideaux en y ajoutant un ruban ou un galon fronceur.*

SMOG, ■ n. m. [smɔg] (mot angl., de *smoke*, fumée, et *fog*, brouillard) Mélange de fumée et de brouillard que l'on retrouve dans l'air et plus particulièrement, mélange toxique de polluants atmosphériques que l'on peut souvent observer sous forme de brume diffuse dans l'air au-dessus des zones urbaines. *Le smog londonien.*

SMOKING, ■ n. m. [smokiŋ] (angl. *smoking jacket*, veste pour fumer) Costume de soirée généralement noir, bleu foncé ou blanc, pour homme, et dont généralement les revers de la veste sont en soie.

SMS, ■ n. m. [ɛsɛmɛs] (sigle angl. de *short message service*, service de messages courts) Service proposé par un système de communication, et qui permet aux usagers d'envoyer ou de recevoir des messages alphanumériques courts s'affichant sur l'écran de leur téléphone, le plus souvent un téléphone portable. *Envoyer, recevoir un SMS.* ■ **Rem.** On dit aussi *minimessage*.

SMURF, ■ n. m. [smœʀf] (mot amér. équivalent à *Schtroumpf*) Danse apparue dans les années 1980 où seul le haut du corps bouge en mouvements syncopés et ondulatoires imitant ceux d'un robot et apparentés au mime. *Un danseur de smurf.*

SNACK-BAR ou **SNACK**, ■ n. m. [snakbaʀ, snak] (mot angl., de *snack*, casse-croûte, de *to snack*, mordre, et *bar*) Café-restaurant qui sert rapidement et à toute heure des plats simples. *En vacances, ils mangent au snack-bar de la plage.*

SNIFFER, ■ v. tr. [snife] (angl. *to sniff*, renifler) Absorber un stupéfiant en le prisant. *Sniffer de la cocaïne.*

SNOB, ■ adj. [snɔb] (mot angl., personne sans éducation ni goût) Qui admire et adopte sans discernement les usages en cours dans les milieux chics. « *J'suis snob… Encore plus snob que tout à l'heure Et quand je serai mort J'veux un suaire de chez Dior* », BORIS VIAN. ■ **N. m.** et f. *Décantez toujours votre vin dans le secret de la cuisine, sous peine de passer pour un snob.*

SNOBER, ■ v. tr. [snobe] (*snob*) Dédaigner, traiter de haut. *Cet établissement financier de renom, non content de n'avoir aucun produit compétitif à proposer, se permet de snober ses clients.*

SNOBINARD, ARDE, ■ adj. [snobinaʀ, aʀd] (*snob*) **Fam.** Qui est un peu snob. *Avoir une attitude snobinarde.* « *Le Red différait des boîtes snobinardes fréquentées par le gratin de la frime* », EMBARECK. ■ **N. m.** et n. f. « *Je venais de faire moi-même mon entrée dans la confrérie des snobinards […]. Il ne me restait plus qu'à remiser ma spontanéité légendaire* », HANSKA.

SNOBISME, ■ n. m. [snobism] (*snob*) Attitude, comportement qu'adopte un snob. « *Le snobisme consiste à pouvoir se placer toujours dans les endroits où les autres n'ont pas accès* », DALÍ.

SNOWBOARD, ■ n. m. [snobɔʀd] (mot angl., de *snow*, neige, et *board*, planche) Sport de glisse sur neige, dérivé du skateboard, pratiqué sur une planche dont l'extrémité avant est relevée et arrondie et sur laquelle les pieds sont fixés perpendiculairement. *Il existe désormais dans les stations de sports d'hiver des pistes réservées aux snowboards.*

SNOWBOARDEUR, EUSE, ■ n. m. et n. f. [snobɔʀdœr, øz] (*snowboard*) Personne qui pratique le snowboard. *Après avoir longtemps pratiqué le ski alpin, elle est devenue snowboardeuse !*

SNOW-BOOT, ■ n. m. [snobut] (mot angl., de *snow*, neige, et *boot*, bottine) Bottine ou botte de caoutchouc que l'on portait par-dessus ses chaussures de ville pour marcher dans la neige. *Des snow-boots.*

SOAP-OPÉRA, ■ n. m. [sopoeʀa] (mot angl., de *soap*, savon, et *opera*, parce que ces feuilletons étaient initialement produits par des fabricants de lessive) Feuilleton télévisé populaire à la psychologie simpliste. *Des soap-opéras.* ■ **Abrév.** Soap.

SOBRE, adj. [sɔbʀ] (lat. *sobrius*, qui n'a pas bu, de *se*, sans, à part, et *ebrius*, ivre) Tempérant dans le boire et le manger. *Un homme sobre.* « *L'âne est sobre et sur la quantité et sur la qualité de la nourriture* », BUFFON. ◆ **N. m.** et n. f. *Un sobre.* ◆ Il se dit des choses dans le même sens. *Un repas, un régime sobre.* ◆ **Fig.** Qui use de certaines choses avec discrétion, modération, réserve. *Il faut être sobre et circonspect dans les louanges.* ◆ Il se dit des choses en un sens analogue. *Des pensées sobres.* ◆ *Sobre* se construit avec *de* et un substantif : *sobre de paroles* ; avec *à* et un infinitif : *sobre à blâmer.*

SOBREMENT, adv. [sɔbʀəmɑ̃] (*sobre*) D'une manière sobre. *Vivre sobrement.* ◆ **Fig.** Avec circonspection, avec retenue. *Il a usé sobrement de cette permission.* « *Apprenez une autre fois à parler plus sobrement de tout ce qui peut vous attirer quelque louange* », FÉNELON.

SOBRIÉTÉ, n. f. [sobʀijete] (lat. impér. *sobrietas*) Tempérance dans le boire et le manger. ◆ **Fig.** Modération, retenue. « *La sobriété des images* », MARMONTEL. « *La parfaite raison fuit toute extrémité, Et veut que l'on soit sage avec sobriété* », MOLIÈRE.

SOBRIQUET, n. m. [sobʀikɛ] (orig. inc.) Surnom qu'on donne à une personne soit par dérision, soit autrement, et qui est fondé sur quelque particularité de corps ou d'esprit.

SOC, n. m. [sɔk] (prob. gaul. *soccos*, avec infl. du lat. *soccus*, soulier bas) Pièce de fer aiguë, large, triangulaire, tranchante en dedans, faisant partie de la charrue, et destinée à ouvrir le sillon.

SOCIABILISER, v. tr. [sosjabilize] (*sociable*) **Néolog.** Rendre sociable. ◆ Accoutumer les chevaux d'attelage à aller ensemble. ■ **Rem.** N'est plus un néologisme aujourd'hui.

SOCIABILITÉ, n. f. [sosjabilite] (*sociable*) Disposition innée qui porte les hommes et plusieurs autres animaux à vivre en société. ◆ Manière, propre à l'homme, de vivre en société. ◆ Qualité de l'homme sociable.

SOCIABLE, adj. [sosjabl] (lat. *sociabilis*, qui peut être uni, de *sociare*, associer, unir) Qui est naturellement porté, qui est propre à vivre en société. *Les hommes sont nés sociables.* ◆ Se dit aussi des animaux. *L'abeille est un animal sociable.* ◆ Avec qui il est aisé de vivre. *Un caractère sociable.* ◆ Il se dit aussi des choses. *Un caractère sociable.*

SOCIABLEMENT, adv. [sosjabləmɑ̃] (*sociable*) D'une manière sociable.

SOCIAL, ALE, adj. [sosjal] (lat. *socialis*, relatif aux alliés, lat. imp., fait pour la société, sociable) Qui concerne la société. *Le corps social.* ◆ *L'être social*, l'être vivant en société. ◆ *Science sociale*, science de la structure et du développement des sociétés. ◆ Qui convient, qui est propre à la société. *Les qualités sociales.* ◆ Il se dit des conditions qui, laissant en dehors la forme des gouvernements, se rapportent au développement intellectuel, moral et matériel des masses populaires. *La question sociale.* ◆ *École sociale* ou *sociétaire*, se dit de l'école phalanstérienne ou fouriériste. ◆ *République démocratique et sociale*, celle qui se propose des réformes sociales. ◆ Qui concerne les sociétés de commerce. *La raison sociale d'une maison.* ◆ **Bot.** Se dit des plantes d'une espèce donnée qui vivent réunies par groupes plus ou moins nombreux. ◆ Se dit d'animaux qui vivent en troupes nombreuses et de masses animales composées d'une réunion d'individus. ◆ **Hist. rom.** *La guerre sociale* ou des alliés. ◆ Relatif aux conditions de vie des citoyens en vue de leur amélioration. *La politique sociale d'un gouvernement.* ◆ **N. m.** Ensemble des questions relatives à l'amélioration des conditions matérielles des citoyens. *Travailler dans le social.* ■ *La Sécurité sociale*, organisme financé par des cotisations prélevées sur les salaires et qui rembourse ou dispense de payer tout ou partie des frais médicaux. ■ *Carte de Sécurité sociale*, carte délivrée à toute personne possédant un numéro de Sécurité sociale. ■ **Rem.** Aujourd'hui cette carte s'appelle *la carte vitale.* ■ *Numéro de Sécurité sociale*, numéro d'identification attribué à toute personne déclarant un salaire et composé du chiffre 1 pour les hommes et du chiffre 2 pour les femmes, suivi des deux derniers chiffres de l'année de naissance, des deux chiffres du mois de naissance, des deux chiffres du département de naissance et de six chiffres aléatoires suivis de deux autres chiffres clés. *Si son numéro de Sécurité sociale est le 02 08 01 75 112543 56, cela m'indique que cet assuré social est une femme née au mois de janvier 1908 à Paris.*

SOCIAL-DÉMOCRATE, ■ adj. [sosjaldemokʀat] (all. *Sozial-demokrat*) Qui est partisan de la social-démocratie. *Une tendance social-démocrate. Des idées social-démocrates. Des partis social-démocrates.* ■ **N. m.** et n. f. *Une social-démocrate. Ces femmes sont des social-démocrates. Ces hommes sont des social-démocrates.*

SOCIAL-DÉMOCRATIE, ■ n. f. [sosjaldemokʀasi] (all. *Sozial-demokratie*) **Polit.** Courant socialiste révolutionnaire marxiste présent en Allemagne, en Russie et dans les pays scandinaves de la deuxième moitié du XIXᵉ siècle jusqu'à la révolution d'octobre 1917. ■ Ensemble des courants et organisations socialistes de tendance réformiste principalement implantés en Allemagne et dans les pays scandinaves. *Les social-démocraties.*

SOCIALEMENT, adv. [sɔsjal(ə)mɑ̃] (*social*) En société. ◆ Relativement à la société, à la science sociale. ◆ Dans l'ordre social.

SOCIALISER, ■ v. tr. [sɔsjalize] (*social*) Rendre social, adapter à la vie en société. *L'école contribue à socialiser les enfants.* ■ *Se socialiser*, v. pr. *Se socialiser en travaillant en équipe.* ■ Appliquer les théories socialistes, notamment à l'économie. *Socialiser la production, les profits.* ■ SOCIALISATION, n. f. [sɔsjalizasjɔ̃]

SOCIALISME, n. m. [sɔsjalism] (*social*, d'après l'ital. *socialismo*, conservatisme éclairé, ou l'angl. *socialism*, doctrine d'Owen) Système qui, subordonnant les réformes politiques, offre un plan de réformes sociales, tel que le communisme, le saint-simonisme. ■ SOCIALISANT, ANTE, adj. ou n. m. et n. f. [sɔsjalizɑ̃, ɑ̃t]

SOCIALISTE, adj. [sɔsjalist] (*social*) Qui a rapport au socialisme. *Les opinions socialistes.* ◆ N. m. et n. f. Partisan du socialisme.

SOCIÉTAIRE, adj. [sɔsjetɛʀ] (*société*) Qui fait partie de quelque société littéraire ou musicale. ◆ Qui fait partie, comme associé, de certaines entreprises dramatiques. *Un acteur sociétaire du Théâtre-Français.* ◆ N. m. et n. f. *Un, une sociétaire.* ◆ *École sociétaire*, l'école phalanstérienne ou fouriériste. ◆ Zool. *Sociétaires*, animaux qui vivent en société, en troupe. ■ N. m. et n. f. Membre d'une société, d'une association. *Convoquer les sociétaires à l'assemblée générale.*

SOCIÉTAIREMENT, adv. [sɔsjetɛʀ(ə)mɑ̃] (*sociétaire*) Néolog. En sociétaires, par sociétés. ■ Rem. Peu usité de nos jours.

SOCIÉTAL, ALE, ■ adj. [sɔsjetal] (*société*) Relatif aux divers aspects de la vie sociale des individus, considérés en tant que sujets composant la société. *Un dialogue social et sociétal contribue à promouvoir la démocratie participative. Des problèmes sociétaux.*

SOCIÉTARIAT, n. m. [sɔsjetaʀja] (*sociétaire*) Qualité de sociétaire. ◆ Réunion des sociétaires d'une entreprise.

SOCIÉTÉ, n. f. [sɔsjete] (lat. *societas*, association commerciale ou politique, société, de *socius*, associé, allié) Réunion d'hommes ayant même origine, mêmes usages, mêmes lois. *La société des hommes.* « *Une société ne saurait subsister sans un gouvernement* », MONTESQUIEU. ◆ Réunion d'animaux qui concourent à un même but, qui ont un intérêt commun. *Les fourmis vivent en société.* ◆ Communication, rapports, relations. ◆ « *[Dieu] défendit à leur postérité [des Juifs] Avec tout autre dieu toute société* », RACINE. ◆ Association, participation. « *L'héritage de Jésus-Christ, la communication de sa gloire, la société de son trône* », BOSSUET. « *Une société de guerre avec les Romains* », MONTESQUIEU. ◆ *Ouvrage fait en société, fait en société avec quelqu'un*, ouvrage fait en commun par deux ou plusieurs personnes. ◆ Union de plusieurs personnes qui sont jointes pour quelque affaire, pour quelque intérêt ; contrat d'association formé entre plusieurs personnes. *Former une société.* ◆ *La société en nom collectif*, celle que contractent deux ou plusieurs personnes pour faire le commerce sous une raison sociale. ◆ *Société en commandite*, celle qui a lieu entre plusieurs personnes qui fournissent leur apport en argent, et un ou plusieurs gérants administrant l'affaire sous leur responsabilité. ◆ *Société anonyme*, celle qui a des actionnaires, et est administrée par des mandataires révocables, sans nom social. ◆ *La société en participation*, celle qui a lieu entre commerçants pour des opérations temporaires et déterminées. ◆ Math. *Règle de société* ou *de compagnie*. Voy. COMPAGNIE. ◆ *Société léonine.* Voy. LÉONIN. ◆ Réunion de personnes qui s'assemblent pour vivre selon les règles d'un institut religieux, ou pour conférer sur certaines sciences. *La société des jésuites* ou *la société de Jésus. La société de médecine à Paris.* ◆ *Société savante*, association de gens qui se réunissent pour cultiver les sciences. ◆ Il se dit aussi d'associations pour exécuter de la musique. *Société philharmonique. La Société de l'Orphéon.* ◆ *Société secrète*, association de conspirateurs. ◆ Rapports qu'ont entre eux les habitants d'un pays, d'une ville. *Il y a très peu de société dans cette ville.* ◆ Compagnie de personnes qui s'assemblent ordinairement les unes chez les autres. *La bonne société. Juger quelqu'un d'après ses sociétés.* ◆ Absol. *La société*, les gens qui ont des salons et ceux qui les fréquentent, pour la conversation, la causerie, le jeu. ◆ *Vers de société*, vers faciles et sans prétention qui se font pour l'amusement de certaines sociétés. ◆ Commerce habituel que l'on a avec certaines personnes. *Cette personne est de notre société.*

SOCINIANISME, n. m. [sɔsinjanism] (*socinien*) Hérésie des partisans de Socin, qui rejette la Trinité et la divinité de Jésus-Christ.

SOCINIEN, IENNE, n. m. et n. f. et adj. [sɔsinjɛ̃, jɛn] (Lelio *Socini*, 1525-1562, fondateur de cette hérésie) Nom des hérétiques, dits aussi unitaires, qui professent le socinianisme.

SOCIO, ■ n. f. [sɔsjo] (apocope de *sociologie*) Voy. SOCIOLOGIE.

SOCIOBIOLOGIE, ■ n. f. [sɔsjbjɔlɔʒi] (*socio-* et *biologie*) Étude des comportements sociaux des animaux et des humains sous l'aspect biologique. *La sociobiologie est la branche de la biologie qui s'intéresse à l'origine biologique du comportement des animaux sociaux et se réfère principalement à l'éthologie,*

l'écologie et la génétique des populations. ■ SOCIOBIOLOGIQUE, adj. [sɔsjbjɔlɔʒik]

SOCIOBIOLOGUE, ■ n. m. et n. f. [sɔsjbjɔlɔg] (*sociobiologie*) Spécialiste en sociobiologie.

SOCIOCULTUREL, ELLE, ■ adj. [sɔsjokyltyʀɛl] (*socio-* et *culturel*) Qui concerne un groupe d'individus, plus spécifiquement sous l'angle de ses pratiques culturelles. *Mise en œuvre d'une éducation socioculturelle.* ■ Qui permet la découverte d'activités, de manifestations culturelles. *Animateur d'un centre socioculturel.*

SOCIODRAME, ■ n. m. [sɔsjodʀam] (*socio-* et *drame*) Thérapie de groupe fondée sur la reproduction de scènes dramatiques jouées par les membres du groupe.

SOCIOÉCONOMIQUE, ■ adj. [sɔsjoekonomik] (*socio-* et *économique*) Qui met en relation des faits sociaux et des faits économiques. *Être à l'écart du développement socioéconomique. Les axes d'échanges socioéconomiques.*

SOCIOÉDUCATIF, IVE, ■ adj. [sɔsjoedykatif, iv] (*socio-* et *éducatif*) Qui met en relation les phénomènes sociaux avec l'enseignement et l'éducation. *Réapprendre à s'intégrer dans la société par le travail est une des missions socioéducatives mises en œuvre pour aider les toxicomanes en cure de désintoxication.*

SOCIOGENÈSE, ■ n. f. [sɔsjoʒənɛz] (*socio-* et *genèse*) Psych. Prise en compte des facteurs sociaux dans les troubles psychiques. *La sociogenèse de la fonction de chef politique nous plonge dans le passé préhistorique des chefs de clan.*

SOCIOGRAMME, ■ n. m. [sɔsjogram] (*socio-* et *-gramme*) Psych. Graphique représentant les relations individuelles entre les différents membres d'un même groupe. *Le sociogramme d'activité permet de décrire les relations sociales d'une personne lors d'une activité de groupe.*

SOCIOLINGUISTIQUE, ■ n. f. [sɔsjolɛ̃gɥistik] (*socio-* et *linguistique*) Branche de la linguistique qui étudie l'influence des facteurs sociaux sur l'usage de la langue. *La sociolinguistique historique ou urbaine.* ■ Adj. Qui est en rapport avec la sociolinguistique. *Certaines recherches sociolinguistiques s'intéressent aux différentes connotations associées aux mots de couleur en fonction de critères socioculturels.*

SOCIOLOGIE, n. f. [sɔsjolɔʒi] (*socio-* et *-logie*) Science du développement et de la constitution des sociétés humaines. ■ Abrév. Socio. ■ SOCIOLOGUE, n. m. et n. f. [sɔsjolɔg]

SOCIOLOGIQUE, adj. [sɔsjolɔʒik] (*sociologie*) Qui a rapport à la sociologie. ■ SOCIOLOGIQUEMENT, adv. [sɔsjolɔʒik(ə)mɑ̃]

SOCIOLOGISME, ■ n. m. [sɔsjolɔʒism] (*sociologie*) Conception qui affirme la prédominance de la sociologie pour l'explication des faits sociaux. *Le sociologisme masculin dans l'étude de la morale.*

SOCIOMÉTRIE, ■ n. f. [sɔsjometri] (*socio-* et *-métrie*) Mesure par des procédés numériques, des relations individuelles des membres d'un même groupe. *La sociométrie est une des branches de la psychosociologie qui permet d'étudier les relations de sympathie et d'antipathie à l'intérieur d'un groupe d'individus.*

SOCIOPOLITIQUE, ■ adj. [sɔsjopolitik] (*socio-* et *politique*) Qui concerne la société et le système politique. *Les deux grandes guerres mondiales ont suscité beaucoup d'études sur la gestion sociopolitique des conflits.*

SOCIOPROFESSIONNEL, ELLE, ■ adj. [sɔsjoprofesjɔnɛl] (*socio-* et *professionnel*) Relatif à la classification des gens par une classe professionnelle dans les statistiques. *Dans une enquête auprès de consommateurs, on classera ceux-ci par âge, sexe et catégories socioprofessionnelles déjà établies telles que : agriculteur, employé, cadre, enseignant, chômeur, étudiant, profession libérale, etc.* ■ Rem. On écrit par abréviation CSP. *Classer par CSP.*

SOCIOTHÉRAPIE, ■ n. f. [sɔsjoterapi] (*socio-* et *thérapie*) Psychothérapie dont le but est d'améliorer les relations d'un individu avec son entourage et de faciliter son intégration au sein d'un groupe. ■ Ensemble des mesures sociales mises en œuvre pour permettre la réinsertion dans son milieu d'un malade mental.

SOCLE, n. m. [sɔkl] (ital. *zoccolo*, chaussure, puis socle, du lat. *soccus*, pantoufle) Archit. Membre carré moins haut que large, corps qui sert de base à toutes les décorations d'architecture et d'édifice. ◆ Petit piédestal sur lequel on place des vases, des bustes. ◆ Menuis. Partie lisse servant à porter quelque partie d'architecture ou à la terminer. ◆ Large plinthe au bas d'un lambris. ◆ Revêtement du bas d'un pilastre, d'un montant de chambranle, etc. ■ Fig. Base solide. *Un socle économique.*

SOCQUE, n. m. [sɔk] (lat. *soccus*) Chaussure basse des acteurs comiques de l'Antiquité. ◆ Fig. La comédie, par opposition à la tragédie. « *Le socque est inférieur au cothurne* », FÉNELON. ◆ En ce sens, on dit plus ordinairement *brodequin.* ◆ Chaussure dont la semelle et le talon sont en bois, portée par certains religieux. ◆ ▷ Aujourd'hui, chaussures de bois et de cuir adaptées à la chaussure ordinaire pour mieux garantir les pieds de l'humidité. ◁

SOCQUETTE, ■ n. f. [sokɛt] (angl. *sock*, chaussette, du lat. *soccus*) Chaussette basse, arrivant au niveau de la cheville. *Paire de socquettes.*

SOCRATIQUE, adj. [sokʀatik] (lat. *socraticus*, du gr. *Sôkratês*, Socrate, philosophe athénien du vᵉ s. av. J.-C.) Qui appartient à Socrate. *Philosophie socratique. L'ironie socratique.*

SODA, ■ n. m. [soda] (angl. *soda-water*, eau gazéifiée à la soude) Eau gazeuse additionnée d'extraits aromatiques. *Les nouveaux sodas sont moins caloriques qu'autrefois.*

SODÉ, ÉE, ■ adj. [sode] Chim. Qui contient de la soude. *Chaux sodée.*

SODIQUE, adj. [sodik] (*soude*) Chim. Qui concerne la soude ou ses composés. *Sels sodiques.*

SODIUM, n. m. [sodjɔm] (radic. de *sodium*) Chim. Corps simple, métallique, qui forme le radical ou l'élément électropositif de la soude.

SODOKU, ■ n. m. [sodoku] (le *u* se prononce *ou* ; mot jap. de *so*, rat, et *doku*, poison) Méd. Maladie infectieuse transmise par la morsure d'un rat qui provoque fièvre et éruption cutanée.

SODOMIE, ■ n. f. [sodomi] (*Sodome*, ville de Palestine connue pour ses débauches) Pratique du coït anal avec un homme ou une femme. ■ SODO-MITE, n. m. [sodomit]

SODOMISER, ■ v. tr. [sodomize] (*sodomie*) Pratiquer la sodomie.

SŒUR, n. f. [sœʀ] (lat. *soror*) Fille née du même père et de la même mère qu'une autre personne, ou née de l'un des deux seulement. ♦ Fig. *Être sœur,* avoir en commun quelque chose. « *Sœurs d'infortune* », MOLIÈRE. ♦ *Sœur de père et de mère* ou *sœur germaine,* celle qui est née de même père et de même mère qu'une autre personne. ♦ *Sœur de père* ou *sœur consanguine,* celle qui n'est sœur que du côté paternel. ♦ *Sœur de mère* ou *sœur utérine,* celle qui n'est sœur que du côté maternel. ♦ *Demi-sœur,* celle qui n'est sœur que du côté paternel ou du côté maternel. ♦ *Belle-sœur.* Voy. ce mot. ♦ *Sœur de lait,* fille qui a eu la même nourrice qu'une autre personne. ♦ Se dit des animaux. *Ma chienne est la sœur de la vôtre.* ♦ Poétiq. *Les Neuf Sœurs,* les Muses. ♦ Titre que les rois de la chrétienté donnent aux reines en leur écrivant. ♦ Il se dit, dans le langage élevé, de filles, de femmes qui vivent ensemble, sans être unies par les liens du sang. « *Que vous semble, mes sœurs, de l'état où nous sommes?* », RACINE. ♦ Nom que les religieuses qui ne sont point en charge ou qui n'ont point atteint un certain âge, se donnent entre elles, et qu'on leur donne en leur parlant ou en parlant d'elles. ♦ *Sœur laie* et plus ordinairement *sœur converse.* Voy. CONVERS. ♦ Nom donné à certaines filles qui vivent en communauté sans être religieuses. *Sœur de la Charité.* ♦ Fig. Il se dit de choses assez liées ensemble que l'on assimile à des sœurs. « *Oui, la sagesse aimable est sœur de la santé* », BERNIS. ♦ Fig. Il se dit de choses (du genre féminin) qui se répètent. « *Une victoire qu'on pouvait appeler la sœur germaine de celle de Marathon* », DACIER. ■ Fam. *Bonne sœur,* religieuse. ■ *Âme sœur,* personne sentimentalement prédestinée à une autre. *Rencontrer l'âme sœur.*

SŒURETTE, n. f. [sœʀɛt] (*sœur*) Fam. Petite sœur.

SOFA, n. m. [sofa] (ar. *soffah*, coussin, estrade, sofa) Estrade fort élevée et couverte d'un tapis. ♦ Lit de repos à trois dossiers qui sert de siège. ■ REM. On écrivait aussi *sopha* autrefois.

SOFFITE, n. m. [sofit] (ital. *soffitto*, plafond, du lat. *suffigere*, fixer, suspendre) Archit. Dessous d'un ouvrage suspendu, comme le dessous d'un plancher, mais orné de compartiments, de caissons, de rosaces, etc.

1 SOFI ou **SOPHI**, n. m. [sofi] (pers. *safawi*, Séfévide, du cheikh Safi-al-din, 1253-1334, ancêtre de la dynastie) Nom qu'on donnait autrefois dans l'Occident au schah de Perse.

2 SOFI, n. m. [sofi] Voy. SOUFI.

SOFISME, n. m. [sofism] Voy. SOUFISME.

SOFT, ■ adj. [sɔft] (mot angl., doux) Fam. Qui dénote une certaine douceur, d'un certain calme. *Musique, ambiance soft.* ■ Abréviation de *software.*

SOFTWARE, ■ n. m. [sɔftwɛʀ] (mot anglo-amér., logiciel, d'après *hard-ware*) Ensemble des moyens d'utilisation, de programmes d'un système informatique, logiciel. *Software and hardware.*

SOI, pron. réfl. [swa] (lat. *se*, pron. réfléchi de la 3ᵉ personne) Pron. réfl. de la troisième personne, des deux genres et des deux nombres, qui s'emploie comme régime d'une préposition ou quelquefois comme régime direct d'un verbe actif. Il se rapporte d'ordinaire à un mot général et indéterminé, tel que *on, chacun, quiconque ;* il se construit aussi avec un verbe à l'infinitif. *L'amour de soi. N'aimer que soi.* « *On ne gagne jamais rien à parler de soi* », J.-J. ROUSSEAU. ♦ Prov. *Chacun pour soi, Dieu pour soi.* Il se rapporte très bien à un mot déterminé, quand c'est un nom de chose. « *La recommandation que porte avec soi la vertu* », FLÉCHIER. ♦ Il se construit aussi avec un nom de personne pour un sujet déterminé ; c'est l'usage des

meilleurs auteurs. « *Qu'il fasse autant pour soi comme je fais pour lui* », P. CORNEILLE. ♦ *Chez soi,* dans sa demeure. ♦ *Vivre chez soi,* vivre sans liaisons au-dehors. ♦ Fam. *Avoir un chez soi,* avoir une habitation en propre. ♦ *Il n'y a pas de petit chez soi,* on est toujours mieux chez soi que chez les autres. ♦ *Rentrer en soi,* faire de plus sages réflexions. ♦ *Revenir à soi,* reprendre ses esprits, et reprendre son sang-froid, son bon sens. ♦ *Être à soi,* ne dépendre de rien, de personne. ♦ *Être à soi,* être en face de ses propres pensées. ♦ *N'être pas à soi,* avoir perdu le sens. ♦ En certaines tournures, *soi* est employé comme une sorte de nom et sans servir de régime. « *On a souvent besoin d'un plus petit que soi* », LA FONTAINE. ♦ *Être soi,* garder son caractère. ♦ *Ce sont choses de soi qui sont belles et bonnes* », MOLIÈRE. ♦ *En soi,* dans sa nature. « *Chacun pris dans son air est agréable en soi* », BOILEAU. ♦ *Sur soi,* sur son corps, sur sa personne. *Porter des armes sur soi. Être propre sur soi.* ♦ Fam. *À part soi,* en son particulier. ♦ QUANT-À-SOI, n. m. Voy. QUANT. ♦ *Soi-même.* Voy. MÊME.

SOI-DISANT, loc. adv. [swadizɑ̃] (se disant, de *soi* et *disant,* p. prés. de 1 *dire*) Dr. On l'emploie quand on ne veut pas reconnaître la qualité que prend quelqu'un. *Un tel, soi-disant légataire.* ♦ Il se dit aussi par dénigrement dans le langage ordinaire. *Des soi-disant amis.* ♦ En un emploi absolu, prétendument, à ce qu'on prétend. *Soi-disant, j'ai ton plaisant.* ♦ *Soi-disant* ne se dit jamais des choses.

1 SOIE, n. f. [swa] (lat. pop. *seta,* du lat. *seta,* poil d'animal) Fil délié et brillant, produit par le ver à soie. *Soie grège ou écrue.* ♦ Fig. *C'est soie sur soie,* se dit de deux choses agréables qui arrivent l'une sur l'autre, de deux avantages qu'on reçoit coup sur coup. ♦ Poétiq. *Des jours filés d'or et de soie,* le cours d'une vie heureuse et brillante. ♦ Zool. Fil délié que divers insectes parfaits ou à l'état de larves sécrètent pour en former un cocon dans lequel leur larve se transforme en chrysalide. ♦ *Étoffe de soie.* ♦ *Demi-soie,* étoffe tissue de laine et de soie, ou de coton et de soie. ♦ *Soie d'Orient,* soie végétale, espèce de duvet qui entoure les semences de l'asclépias de Syrie. ■ *Papier de soie,* papier fin et soyeux qui sert à envelopper ou à protéger de petits objets ou des vêtements délicats.

2 SOIE, n. f. [swa] (lat. *seta*) Poil long et rude de certains animaux. *La soie d'un sanglier.* ♦ Dans ce sens, il s'emploie souvent au pluriel. *Des soies de cochon.* ♦ Par extens. Poil long et doux de certains chiens, etc. ♦ Bot. Organe présentant des caractères de la soie de porc. ♦ Poils raides qui garnissent le sommet des enveloppes florales de certaines graminées.

3 SOIE, n. f. [swa] (p.-ê. 2 *soie*) Partie de la lame d'un sabre ou d'une épée qui traverse la monture et qui est rivée sur la calotte.

4 SOIE, n. f. [swa] (2 *soie,* parce que cette maladie cause l'apparition de touffes de soies sous les parotides) La seime quand elle siège à la pince.

SOIERIE, n. f. [swaʀi] (1 *soie*) Étoffes faites de soie. *De belles soieries.* ♦ Fabrique de soie. ♦ Manière de préparer la soie ; lieu où on la prépare.

SOIF, n. f. [swaf] (lat. *sitim,* accus. de *sitis*) Sensation du besoin de boire, d'introduire des liquides dans l'estomac. ♦ Fig. « *De ce sable étancher la soif démesurée* », BOILEAU. ♦ Fig. Désir vif, immodéré. « *Elle a soif de mon sang* », P. CORNEILLE. « *Tantôt voyant pour l'or sa soif insatiable* », RACINE. ♦ Prov. *Il faut garder une poire pour la soif.* Voy. POIRE. ♦ *La faim a épousé la soif,* se dit de deux personnes pauvres qui se marient ensemble. ■ Fig. *Jusqu'à plus soif,* à satiété. *Profiter de quelque chose jusqu'à plus soif.*

SOIFFARD, ARDE, ■ n. m. et n. f. [swafaʀ, aʀd] (*soif*) Fam. Personne qui boit beaucoup d'alcool. *Il ne refuse jamais un verre de vin, c'est un vrai soiffard.*

SOIGNABLE, ■ adj. [swaɲabl] ou [swanjabl] (*soigner*) Qui peut être soigné. *Sa maladie n'est pas incurable, il est soignable. Une affection difficilement soignable.*

SOIGNANT, ANTE, ■ adj. [swaɲɑ̃, ɑ̃t] ou [swanja, ɑ̃t] (*soigner*) Qui s'occupe des soins aux malades mais n'est pas médecin. *Les infirmières et les aides-soignantes font partie du personnel soignant.* ■ N. m. et n. f. *Ce sont les soignants qui sont les plus proches des malades.*

SOIGNÉ, ÉE, p. p. de soigner. [swaɲe] ou [swanje] À quoi on a donné des soins. *Une éducation soignée.* ♦ Se dit de certains ouvrages faits avec un soin minutieux. *Un faire soigné,* manière de peindre avec une propreté recherchée, un fini extrême. ♦ N. m. Le soigné. ♦ Pop. À quoi il ne manque rien, en parlant de gronderie, de punition, etc. ♦ À qui on a donné des soins. *Un malade soigné.*

SOIGNER, v. tr. [swaɲe] ou [swanje] (lat. médiév. *soniare,* procurer le nécessaire, donner l'hospitalité, du frq. *sunnjon,* s'occuper de) Avoir soin de quelqu'un ou de quelque chose. *Soigner un enfant, ses livres, etc.* ♦ *Soigner un malade,* l'assister comme médecin. ♦ Apporter de l'attention, du soin à quelque chose. *Soigner les accessoires d'un tableau. Soigner son style.* ♦ Pop. *Soigner quelqu'un,* le gronder, le punir, le battre. ♦ *Se soigner,* v. pr. Avoir soin de sa personne. ■ V. pr. Suivre un traitement médical. *Se soigner avec l'homéopathie.*

SOIGNEUR, EUSE, ▪ n. m. et n. f. [swaɲœʀ, øz] ou [swanjœʀ, øz] (*soigner*) Personne chargée de soigner les sportifs. *Le soigneur d'un boxeur.* ▪ Personne chargée de s'occuper des animaux lors de compétitions sportives. *Soigneur de chevaux.* ▪ Personne chargée de s'occuper des animaux dans un zoo. *Le soigneur des lions leur apporte à manger chaque jour et veille à leur bien-être physique et moral.*

SOIGNEUSEMENT, adv. [swaɲøz(ə)mɑ̃] ou [swanjøz(ə)mɑ̃] (*soigneux*) Avec soin.

SOIGNEUX, EUSE, adj. [swaɲø, øz] ou [swanjø, øz] (*soigner*) Qui met du soin, de l'attention à ce qu'il fait. *Un ouvrier, un domestique soigneux.* ♦ Qui prend soin, souci de quelque chose. *Être soigneux de sa personne.* « *Il était économe et soigneux de son bien* », A. CHÉNIER. ♦ En parlant des choses, qui est fait avec soin. *De soigneuses recherches.*

SOIN, n. m. [swɛ̃] (prob. b. lat. *sonium*, souci, de l'anc. b. frq. *sun[n]i*, souci, peine.) Attention, application de l'esprit à une chose, à faire quelque chose. « *La chose allait à bien par son soin diligent* », LA FONTAINE. « *Les soins que j'ai pris pour vous rendre sage* », FÉNELON. ♦ *Prendre soin de*, avec un infinitif, veiller à, faire en sorte que. ♦ *Prendre soin*, avoir soin de quelque chose, veiller à ce que quelque chose se conserve, réussisse. *Prendre soin de sa santé.* ♦ *Prendre soin, avoir soin de quelqu'un*, pourvoir à son salut, à ses besoins, à ses nécessités, à sa fortune. ♦ La charge, le devoir de prendre soin de quelque chose, d'y veiller. *Je vous confie le soin de veiller sur mes affaires. Avoir le soin de la cave.* ♦ *Le soin d'une injure*, la charge de venger une injure. ♦ **Fig.** *Il laisse au temps le soin de venger sa mémoire.* ♦ *Les soins du ménage*, les détails du ménage et l'attention qu'ils demandent. ♦ On dit de même : *les soins d'une maison, d'une ferme.* ♦ Souci, inquiétude, préoccupation. « *À quoi bon charger votre vie Des soins d'un avenir qui n'est pas fait pour vous?* », LA FONTAINE. ♦ *Être en soin*, être inquiet, être en peine de. « *N'en soyez point en soin*, LA FONTAINE. ♦ Au pl. Services qu'on rend à quelqu'un, attentions qu'on a pour lui. « *Les soins qu'il avait eus de mon enfance* », FÉNELON. ♦ *Donner des soins à un malade*, l'assister en qualité de médecin. ♦ Politesse, galanterie. Des soins empressés. ♦ *Rendre des soins à quelqu'un*, le voir avec assiduité, lui faire la cour. ♦ *Petits soins*, toutes sortes de petites galanteries. ♦ *Être aux petits soins auprès de quelqu'un*, avoir des attentions recherchées, délicates, de manière à lui épargner les moindres peines. ▪ Produit de beauté. *Un soin hydratant pour le corps.*

SOIR, n. m. [swaʀ] (lat. *sero*, tard, de *serus*, tardif) Déclin du jour, passage du soleil au côté occidental de l'horizon. *Demain au soir* et par abréviation *demain soir.* ♦ **Fig.** *Du soir au matin, du matin au soir*, en très peu de temps. ♦ *Bon soir.* Voy. BONSOIR. ♦ *À ce soir*, locution elliptique dont on se sert en se quittant pour dire qu'on se reverra le soir. ♦ **Fig.** et **poétiq.** *Le soir de la vie*, la vieillesse. ▪ Soirée. *Une robe du soir.*

SOIRÉE, n. f. [swaʀe] (*soir*) Espace de temps qui est depuis le déclin du jour jusqu'à ce qu'on se couche. *Belle soirée.* ♦ Assemblées, réunions qui ont lieu dans les soirées d'hiver pour causer, jouer, danser. *Donner des soirées.* ♦ *Tenue de soirée*, tenue très habillée. ♦ Séance de spectacle qui a lieu le soir. *La pièce se joue en matinée et en soirée le dimanche.*

SOIT, adv. [swa] (3ᵉ personne du subj. du verbe *être*) *Que cela soit*, j'y consens. ♦ *Ainsi soit-il.* Voy. ÊTRE. ♦ Conjonction exprimant une alternative. *Soit qu'il vienne, soit qu'il ne vienne pas.* « *Soit une vérité, soit un conte, n'importe* », P. CORNEILLE. ♦ On emploie aussi *ou*, au lieu de répéter *soit.* « *Soit qu'ils se trompent ou non dans cette supposition* », PASCAL. ♦ En supposant. *Soit quatre à multiplier par six.* ♦ C'est-à-dire, à savoir. *Tant soit peu.* Voy. TANT. ▪ Indique une affirmation. *Soit, tu es le meilleur.*

SOIT-COMMUNIQUÉ, ▪ n. m. inv. [swakɔmynike] (1 *être* et *communiquer*) **Dr.** Ordonnance de *soit-communiqué*, délivrée par le juge, elle prescrit que telle pièce de la procédure sera portée à la connaissance du ministère public.

SOIXANTAINE, n. f. [swasɑ̃tɛn] (*soixante*) Nombre de soixante ou environ. *Une soixantaine de personnes.* ♦ **Absol.** et **fam.** *La soixantaine*, soixante ans accomplis. *Avoir la soixantaine.*

SOIXANTE, adj. num. [swasɑ̃t] (réfection d'après le lat. *sexaginta* de l'anc. fr. *seisante*, du lat. tardif *sexanta*) Nombre composé de six dizaines. *Soixante ans.* ♦ *Soixante et un, soixante-deux, soixante-trois*, etc., *soixante et dix, soixante-douze, soixante-treize*, etc. ♦ On dit moins souvent *soixante-un, soixante-dix.* ♦ Soixantième. *Page soixante.* ♦ **N. m.** *Le produit de soixante multiplié par dix.* ♦ On dit de même : *le nombre soixante.* ▪ REM. On dit aujourd'hui *soixante-dix* plutôt que *soixante et dix.*

SOIXANTE-HUITARD, ARDE, ▪ n. m. et n. f. [swasɑ̃tɥitaʀ, aʀd] (*soixante-huit*) Personne ayant vécu les événements de mai 1968. ▪ **Fam.** et **péj.** Personne ayant gardé l'esprit de cette période. *Les enfants des soixante-huitards sont parfois conservateurs.* ▪ Adj. Relatif aux événements de mai 1968. *Les slogans soixante-huitards.*

SOIXANTER, v. intr. [swasɑ̃te] (*soixante*) Au piquet, compter soixante pour trente, en premier, avant que l'adversaire ait rien compté.

SOIXANTIÈME, adj. num. ord. [swasɑ̃tjɛm] (soixante) *Chapitre soixantième.* ♦ *La soixantième partie*, chaque partie d'un tout divisé en soixante parties égales. ♦ **N. m.** *Le soixantième*, la soixantième partie d'un tout.

SOJA, ▪ n. m. [sɔʒa] (jap. *shoyu*, sauce de soja, du chin. *chiang*, soja, et *yu*, huile) Plante d'Asie orientale dont les graines sont comestibles. *Graine, huile de soja.* ▪ Plante originaire d'Inde, ressemblant à la précédente, utilisée comme légume. *Pousses de soja.* ▪ *Sauce soja*, condiment liquide.

1 SOL, n. m. [sɔl] Voy. SOU.

2 SOL, n. m. [sɔl] (lat. *solum*) Surface sur laquelle reposent les corps terrestres. *Il ne faut pas bâtir sur le sol d'autrui. Le sol de cette ville est inégal.* ♦ La couche supérieure des terrains agricoles, le terroir considéré par rapport à sa nature, à sa qualité. *Un sol fertile.* ♦ **Minér.** Muraille, partie de la roche sur laquelle une mine ou un filou est appuyé. ♦ **Mar.** Place de l'arrimage des marchandises dans un navire de commerce. ♦ **Hérald.** Se dit du champ de l'écu. ▪ Surface constituant le plancher d'une habitation, d'une pièce. *Choisir un revêtement de sol.* ▪ *Droit du sol*, détermination de la nationalité d'une personne en fonction de son lieu de naissance. *Le droit du sol et le droit du sang.*

3 SOL, n. m. inv. [sɔl] (*sol[ve]*, impératif de *solvere*, libérer, dans l'hymne de saint Jean-Baptiste, de Paul Diacre) **Mus.** Cinquième note de la gamme d'ut ; signe qui représente cette note. *Un sol dièse.*

4 SOL, ▪ n. m. [sɔl] (mot angl., abrév. de *solution*) **Chim.** Solution colloïdale de particules dans un gaz ou un liquide. *Passage du sol au gel par adjonction d'un gélifiant.*

SOLACIÉ, ÉE, p. p. de solacier. [sɔlasje]

SOLACIER, v. tr. [sɔlasje] (lat. *solacium*, consolation, de *solari*, réconforter) T. qui vieillit. Consoler, soulager. ♦ Se solacier, v. pr. Se divertir.

SOLAIRE, adj. [sɔlɛʀ] (lat. impér. *solaris*, de *sol*, soleil) Qui concerne le soleil, qui a rapport au soleil. *Éclipse solaire.* ♦ *Été solaire, hiver solaire*, quantité de chaleur envoyée par le soleil pendant l'été, pendant l'hiver. ♦ *Année solaire.* Voy. TROPIQUE. ♦ *Jour solaire*, temps compris entre deux passages successifs du soleil au méridien. ♦ *Heure solaire*, la 24ᵉ partie du jour solaire. ♦ *Cadran solaire*, instrument indiquant directement l'heure solaire au moyen de l'ombre portée par une tige parallèle à l'axe terrestre, laquelle reçoit le nom de style. ♦ *Système solaire*, ordre et disposition des corps célestes qui font leurs révolutions autour du soleil. ♦ **Bot.** *Fleurs solaires*, plantes dont les fleurs ne s'épanouissent que lorsqu'elles sont frappées des rayons du soleil. ♦ **Fig.** *Visage solaire*, s'est dit d'une personne qui a le visage ouvert, plein et d'une heureuse physionomie. « *Il est heureux, son visage est solaire* », MME DE SÉVIGNÉ. ▪ Qui fonctionne grâce à l'énergie du soleil. *Un capteur solaire.* ▪ Qui protège du soleil. *Une crème solaire.*

SOLANACÉE, ▪ n. f. [sɔlanase] (*solanum*) **Bot.** Plante dicotylédone annuelle ou vivace, cultivée dans les régions tempérées. *La famille des solanacées comprend la pomme de terre, la tomate, l'aubergine, la belladone, le pétunia, etc.*

SOLANDRE, n. f. [sɔlɑ̃dʀ] (orig. inc.) Crevasse au pli du jarret du cheval, d'où suinte une sanie fétide.

SOLANÉES, n. f. pl. [sɔlane] (lat. sav. *solanea*) **Bot.** Famille de plantes qui renferme les solanums.

SOLANUM, n. m. [sɔlanɔm] (mot lat., sorte de morelle) Genre de plantes type de la famille des solanées, où l'on distingue : *le solanum cylindrique*, dit aubergine ; *le solanum tubéreux*, qui est notre pomme de terre.

SOLARIUM, ▪ n. m. [sɔlaʀjɔm] (mot lat., cadran solaire, lieu exposé au soleil, de *sol*, soleil) Terrasse surmontant certaines maisons de la Rome antique. *Des solariums.* ▪ Établissement où l'on se soigne grâce à l'exposition solaire. ▪ Endroit adapté aux bains de soleil. *Notre hôtel vous propose une piscine avec solarium.*

SOLBATU, UE, adj. [sɔlbaty] (*sole* et *battu*) **Vétér.** Se dit d'un cheval dont la sole est foulée.

SOLBATURE, n. f. [sɔlbatyʀ] (*solbatu*) Maladie du cheval solbatu. ♦ On dit plus ordinairement : *sole battue.*

SOLDANELLE, n. f. [sɔldanɛl] (anc. fr. *souz*, saumure, de l'anc. b. frq. *sultja*, parce que le chou de mer contient du sel) Petite plante qui croît sur le sommet des montagnes, près des neiges. ♦ Espèce de liseron qui croît sur les bords de la mer.

SOLDAT, n. m. [sɔlda] (ital. *soldato*, p. p. substantivé de *soldare*, payer une solde) Homme de guerre à la solde d'un prince, d'un État. ♦ Celui qui sert dans l'armée et qui est sans grade. *Les simples soldats.* ♦ **Fam.** *Ce n'est qu'un soldat*, il n'a que la bravoure. ♦ *Il s'est conduit plutôt en soldat qu'en* *capitaine*, il a montré plus de bravoure que d'habileté. ◆ *Soldat de fortune*, homme qui s'est élevé des derniers rangs de l'armée à une haute position. ◆ En général, tout homme qui appartient à la profession militaire. « *Je parlerai, madame, avec la liberté D'un soldat qui sait mal farder la vérité* », RACINE. ◆ Adj. *Il a l'air soldat.* ◆ Fig. et poétiq. Serviteur. *Soldat de Dieu.* ◆ *À la solde*, à la manière des soldats. ◆ *Soldats de plomb*, soldats fabriqués en plomb, pour amuser les enfants.

1 **SOLDATE**, ■ n. f. [sɔldat] (*soldat*) Fam. Femme soldat. *Une soldate en mission.*

2 **SOLDATE (À LA)**, [sɔldat] (*soldat*) Voy. SOLDAT.

SOLDATESQUE, n. f. [sɔldatɛsk] (ital. *soldatesco*) Terme collectif et de mépris. Troupe de soldats et le plus souvent de soldats sans discipline. « *Jésus est exposé aux yeux d'une populace insolente et à la risée d'une brutale soldatesque* », BOURDALOUE. ◆ Adj. Qui sent le soldat. *Un ton soldatesque.* ◆ *À la soldatesque*, à la façon des soldats.

SOLDATESQUEMENT, adv. [sɔldatɛskəmã] (*soldatesque*) D'une manière soldatesque.

1 **SOLDE**, n. f. [sɔld] (ital. *soldo*, sorte de monnaie, puis paie du militaire) Paye donnée au gens de guerre. « *Les Francs furent à la solde des Romains* », MONTESQUIEU. ◆ *Par extens.* Être à la solde de, être payé par. *Cet écrivain est à la solde d'un parti.* ◆ *Demi-solde*, appointements d'un militaire qui, sans être en activité, n'est pourtant pas hors de service. *Officier à la demi-solde*, en demi-solde.

2 **SOLDE**, n. m. [sɔld] (altération d'après 1 *solde* de l'ital. *saldo*, ce qui reste à payer d'une somme due) Complément d'un reste de compte. *Le solde est de 95 francs.* ◆ *Solde de compte*, somme qui fait la différence du débit et du crédit, lorsque le compte est vérifié et arrêté. ◆ *Solde de marchandises*, marchandises qui restent en magasin et qui, démodées ou défraîchies, se vendent au rabais. ■ *Solde de tout compte*, expression employée pour justifier le paiement du salaire notamment lorsqu'un salarié quitte son emploi pour éviter toute contestation sur le versement de son dû. *L'employeur remet une lettre de solde de tout compte à son salarié qui le quitte, sur laquelle figure le montant du solde qui lui a été versé.* ■ N. m. pl. Prix réduit sur un article. *Faire les soldes. Mettre en soldes.* ■ REM. En France, les soldes sont fixés à certaines dates de l'année et règlementés.

SOLDÉ, ÉE, p. p. des verbes solder. [sɔlde]

1 **SOLDER**, v. tr. [sɔlde] (1 *solde*) Donner une solde à des troupes, les avoir à sa solde. ◆ *Par extens.* Payer des gens pour faire quelque chose. *Solder des chefs d'émeute.*

2 **SOLDER**, v. tr. [sɔlde] (2 *solde*) Acquitter un compte, une dette. *Solder un mémoire.* ◆ Absol. On est obligé de solder en or. ◆ Se solder, v. pr. Être soldé. *Le budget se solde en déficit.*

3 **SOLDER**, ■ v. tr. [sɔlde] (2 *solde*) Vendre un article à prix réduit. *Solder pour cause de liquidation.* ■ V. pr. Fig. Vendre ses compétences à bas prix. *Je me suis soldé pour trouver du travail en acceptant d'être sous-payé.*

SOLDERIE, ■ n. f. [sɔldəri] (3 *solde*) Magasin spécialisé dans la vente de produits au rabais.

SOLDEUR, EUSE, ■ n. m. et n. f. [sɔldœr, øz] (3 *solder*) Personne qui vend à prix réduit de la marchandise. *Les soldeurs de stocks.*

1 **SOLE**, n. f. [sɔl] (lat. impér. *solea*) Plaque cornée formant la partie inférieure du sabot chez le cheval, l'âne, le mulet, le cerf, etc. ◆ *Sole battue*, syn. de solbature.

2 **SOLE**, n. f. [sɔl] (emploi fig. de *sole*, poutre, du lat. impér. *solea*, sorte de plancher) Partie des terres arables d'une exploitation qui reçoit successivement chacune des cultures faisant partie de l'assolement ou rotation. *Diviser une terre en trois soles.*

3 **SOLE**, n. f. [sɔl] (lat. impér. *solea*, sole) Poisson de mer plat et presque ovale. ◆ *Un coquille bivalve*, espèce de peigne.

SOLÉAIRE, adj. [sɔleᴿ] (b. lat. *solearis*, qui a la forme d'une sandale, de *solea*, sandale) **Anat.** *Muscle soléaire* ou n. m. *le soléaire*, muscle qui s'attache supérieurement à la partie supérieure et postérieure du péroné et se termine inférieurement par un tendon qui concourt à former le tendon d'Achille.

SOLÉCISME, n. m. [sɔlesism] (lat. impér. *solœcismus*, du gr. *soloikismos*, faute contre les règles du langage, de *Soloi*, Soles, colonie athénienne de Cilicie où l'on parlait un mauvais grec) Faute contre la syntaxe. ◆ Fig. et fam. Faute quelconque. « *Le moindre solécisme en parlant vous irrite ; Mais vous en faites, vous, d'étranges en conduite* », MOLIÈRE.

SOLEIL, n. m. [sɔlɛj] (lat. pop. *soliculus*, du lat. *sol*) Astre qui donne la lumière et la chaleur aux planètes. ◆ *Le soleil se lève*, il paraît au-dessus de l'horizon. ◆ *Adorer le soleil levant*, Pratique religieuse commune à certains

peuples de l'Antiquité, qui saluaient le soleil à son lever. ◆ Fig. *Adorer le soleil levant*, faire sa cour au pouvoir ou au crédit naissant. ◆ *Le soleil se lève bien ou mal, se couche bien ou mal*, il se lève, il se couche avec des signes qui annoncent un beau ou un mauvais temps. ◆ On dit de même : *le lever, le coucher du soleil.* ◆ *Un lever, un coucher de soleil*, tableau représentant le soleil levant, couchant. ◆ Poétiq. *Le char du soleil. Les chevaux du soleil.* ◆ *Par extens.* Nom donné à tous les astres qui, comme le soleil, ont une lumière propre. *Les étoiles sont autant de soleils.* ◆ Lumière, chaleur, clarté, que donne le soleil. *La glace fond au soleil.* ◆ Fig. *Des rayons de soleil, du soleil*, des alternatives de joie et de tristesse. ◆ *Avoir place au soleil*, recevoir comme les autres la chaleur et la lumière du soleil. ◆ *Avoir sa place au soleil*, tenir un rang, une position. ◆ *Il fait du soleil, il fait soleil*, le soleil se montre sans être caché par aucun nuage. ◆ *Sous le soleil*, sur la terre, dans le monde. ◆ *Avoir du bien au soleil*, avoir des propriétés en immeubles. ◆ *Coup de soleil*, effet produit sur une partie quelconque d'un être vivant, animal ou végétal, par l'action d'un soleil ardent. ◆ Fam. *Un coup de soleil.* Ellipt. *Un soleil*, rougeur qui monte au visage. ◆ Il se dit de la manière dont le soleil éclaire et échauffe suivant les lieux et les saisons. *Le soleil d'Italie. Le soleil d'été.* ◆ *Entre deux soleils*, du lever au coucher du soleil. ◆ *D'un soleil à l'autre*, du jour au lendemain. ◆ Poétiq. Une année. ◆ Fig. *Il fait bon d'être près du soleil*, il est bon d'être sous les yeux du roi ou des ministres pour avoir part aux faveurs dont ils disposent. ◆ Il se dit de quelqu'un qui se distingue par quelque grande qualité. « *Ce soleil d'équité qui n'est jamais terni* », RACINE. *Le Roi-Soleil*, Louis XIV. ◆ T. de l'Écriture. *Soleil de justice*, Dieu. ◆ *Par anal.* Pièce d'artifice qui jette des feux en forme de rayons. ◆ Cercle d'or ou d'argent garni de rayons, dans lequel est enchâssé un double cristal destiné à recevoir le saint sacrement. ◆ *Soleil*, ou *tournesol*, ou *grand soleil des jardins*, noms vulgaires de l'*helianthus annuus*. ◆ Prov. *Le soleil luit pour tout le monde*, il est des avantages dont tout le monde a le droit de jouir. ■ Sp. Tour acrobatique exécuté le corps droit et les bras tendus autour d'une barre fixe. *Descente en soleil.* ■ Pièce d'artifice qui tourne en lançant des feux.

SOLEN, n. m. [sɔlɛn] (mot lat. [Pline], du gr. *sôlên*, tuyau, manche de couteau) Coquillage bivalve en forme de manche de couteau. ◆ Boîte ronde et oblongue qui servait, après réduction, à maintenir un membre fracturé.

SOLÉNITE, n. f. [sɔlenit] (*solen*) Solen fossile.

SOLENNEL, ELLE, adj. [sɔlanɛl] (lat. *sollemnis*, qui revient tous les ans, de *sollus*, entier, et *annus*, année) Célébré chaque année avec des cérémonies publiques et extraordinaires de religion. *Des fêtes solennelles.* ◆ *Vœu solennel*, vœu fait en face de l'Église avec les formalités requises par les canons. ◆ Pompeux, accompagné de cérémonies. *Des exercices publics et solennels.* ◆ Authentique, accompagné des formalités requises. *Un arrêt rendu en forme solennelle.* ◆ Dr. *Contrat solennel*, contrat soumis à certaines formes dont l'omission emporte nullité. ◆ *Par extens.* Manifeste, public. ◆ Fam. *Ton solennel*, ton emphatique. ◆ *Un homme solennel*, un homme qui a habituellement un ton emphatique. ◆ N. m. Liturg. *Solennel majeur*, fête moins importante que les fêtes annuelles. ◆ *Solennel mineur*, fête célébrée avec moins de pompe et dont l'office n'est pas obligatoire.

SOLENNELLEMENT, adv. [sɔlanɛl(ə)mã] (*solennel*) D'une manière solennelle. *Célébrer solennellement un mariage.*

SOLENNISATION, n. f. [sɔlanizazjõ] (*solenniser*) Action par laquelle on solennise. *La solennisation d'une fête.*

SOLENNISÉ, ÉE, p. p. de solenniser [sɔlanize] (le premier *e* se prononce *a*)

SOLENNISER, v. tr. [sɔlanize] (le premier *e* se prononce *a* ; lat. chrét. *sollemnizare*, de *sollemnis*) Célébrer avec solennité. « *Vivez, solennisez vos fêtes sans ombrage* », RACINE. ◆ Fig. « *Quel souvenir que le jour de votre départ ! j'en solennise souvent la mémoire* », MME DE SÉVIGNÉ.

SOLENNITÉ, n. f. [sɔlanite] (le premier *e* se prononce *a* ; lat. *sollemnitas*) Fête célébrée tous les ans avec éclat. ◆ Cérémonie publique qui rend une chose solennelle. « *Que vos heureux enfants, dans leurs solennités, Consacrent de ce jour le triomphe et la gloire* », RACINE. ◆ Formalités qui rendent un acte authentique. *La solennité d'un testament, d'un serment.*

SOLÉNOÏDE, ■ n. m. [sɔlenoid] (gr. *sôlên*, tuyau, et *-oïde*) Phys. Enroulement en spirale de fils métalliques qui, lorsqu'ils sont parcourus par un courant électrique, se comportent à la manière d'un aimant. ■ SOLÉNOÏDAL, ALE, adj. [sɔlenoidal]

SOLERET, ■ n. m. [sɔl(ə)ᴿɛ] (anc. fr. *soller*, soulier) Partie d'une armure protégeant le pied. *Au Moyen Âge, le soleret protégeait le pied des chevaliers en armure.*

SOLEX, ■ n. m. [sɔlɛks] (marque déposée ; prob. radic. du lat. *solus*) Cyclomoteur de conception très légère, commercialisé entre 1946 et 1980. *L'image du solex, tout noir, avec son moteur à l'avant a souvent été immortalisée au cinéma.* « *Un camion six-tonnes avait fauché un Vélo Solex débouchant sur sa droite* », LE CLÉZIO.

SOLFATARE, n. f. [sɔlfataʀ] (mot it., de *sulfo*, soufre) Terrain d'où se dégagent des vapeurs sulfureuses, et où se dépose le soufre.

SOLFÈGE, n. m. [sɔlfɛʒ] (ital. *solfeggio*, de *solfeggiare*, solfier) Exercice pour apprendre à solfier. ◆ Livre qui contient de tels exercices. ▪ Étude de la théorie de la musique et de sa notation. *Faire du solfège.* ▪ Rᴇᴍ. Graphie ancienne : *solfége.*

SOLFIÉ, ÉE, p. p. de solfier. [sɔlfje] *Un air solfié.*

SOLFIER, v. tr. [sɔlfje] (lat. médiév. *solfa*, gamme, de *sol* et *fa*) Déchiffrer ou lire une leçon, un morceau de musique, en prononçant les noms des notes. *Solfier un morceau.* ◆ Absol. *Il faut solfier.*

SOLIDAIRE, adj. [sɔlidɛʀ] (*solide*, du lat. jurid. *in solidum*, pour le tout, solidairement) **Dr.** Qui fait que, de plusieurs débiteurs, chacun est obligé au paiement total de la dette. *Caution solidaire.* ◆ En parlant de personnes qui sont obligées les unes pour les autres. *Des débiteurs solidaires.* ◆ Par extens. Il se dit des personnes qui répondent en quelque sorte les unes pour les autres. ◆ Se dit de choses qui dépendent l'une de l'autre. *Le tambour de frein est solidaire de la roue. Dans une entreprise, investissements et résultats financiers sont solidaires.*

SOLIDAIREMENT, adv. [sɔlidɛʀ(ə)mɑ̃] (*solidaire*) **Dr.** D'une façon solidaire, d'une manière où chacun répond pour le tout.

SOLIDARISER, v. tr. [sɔlidaʀize] (*solidaire*) Néolog. Rendre solidaire. ◆ Se solidariser, v. pr. S'unir par la solidarité. ▪ Rᴇᴍ. Aujourd'hui n'est plus un néologisme.

SOLIDARITÉ, n. f. [sɔlidaʀite] (*solidaire*) **Dr.** Engagement par lequel des personnes s'obligent les unes pour les autres, et chacune pour tous. ◆ En général, responsabilité mutuelle qui s'établit entre deux ou plusieurs personnes. ▪ Sentiment qui pousse les hommes à s'entraider. *Une chaîne de solidarité. Solidarité à l'égard des populations touchées par le séisme.*

SOLIDE, adj. [sɔlid] (lat. *solidus*, compact, complet, solide) Qui a de la consistance, dont les particules demeurent naturellement dans la même situation les unes par rapport aux autres ; il est opposé à liquide et à gazeux. *Les corps solides.* ◆ *Aliment solide*, par opposition à aliment liquide. ◆ Fig. « *Ils auraient besoin de lait, et ils exigent de nous une nourriture solide* », Mᴀssɪʟʟᴏɴ. ◆ Qui a une consistance capable de résister au poids, au choc, au temps. « *L'édifice n'est pas plus solide que le fondement* », Bᴏssᴜᴇᴛ. ◆ **Archit.** Se dit quelquefois pour massif, plein. ◆ *Terrain solide*, terrain consistant, sur lequel on peut bâtir en toute sécurité. ◆ Dans la conversation, fort. *Des bras solides. Un solide gaillard.* ◆ Il se dit d'une troupe capable de tenir ferme devant l'ennemi. ◆ Il se dit des couleurs de bon teint. ◆ **Peint.** *Coloris solide*, coloris dont les tons sont nets et vigoureux. ◆ Fig. Réel, effectif, durable. *Amitié solide.* « *Des solides plaisirs je n'ai suivi que l'ombre* », Lᴀ Fᴏɴᴛᴀɪɴᴇ. « *Il acheta une grande quantité de livres solides* », Lᴇsᴀɢᴇ. ◆ Doué de qualités effectives, en parlant des personnes. « *Faites choix d'un censeur solide et salutaire* », Bᴏɪʟᴇᴀᴜ. ◆ N. m. Ce qui a de la consistance. *Il faut creuser jusqu'au solide, avant de faire les fondations d'un bâtiment.* ◆ Portion de l'étendue, considérée comme ayant les trois dimensions. *La géométrie mesure les solides.* ◆ Fig. Ce qui est réel, durable, effectif. « *Je vous conte des bagatelles, je laisse le solide* », Mᴍᴇ ᴅᴇ Sᴇ́ᴠɪɢɴᴇ́. « *Le grand, le solide de la religion* », Mᴀssɪʟʟᴏɴ. ◆ Fam. *Le solide*, l'argent, la position.

SOLIDEMENT, adv. [sɔlid(ə)mɑ̃] (*solide*) D'une manière solide. *Une maison solidement bâtie.* ◆ Par extens. « *Revivre dans sa famille, que l'on croira laisser solidement établie* », Mᴏɴᴛᴇsǫᴜɪᴇᴜ. ◆ **Milit.** S'établir solidement dans une position, s'y établir de manière à ne pouvoir en être délogé. ◆ Fig. Être estimé solidement. « *Prouver solidement* », Fᴇ́ɴᴇʟᴏɴ.

SOLIDIFICATION, n. f. [sɔlidifikasjɔ̃] (*solidifier*) Faculté, action de se solidifier. ▪ **Phys.** Passage d'un corps de l'état liquide à l'état solide. *Palier de solidification.*

SOLIDIFIÉ, ÉE, p. p. de solidifier. [sɔlidifje]

SOLIDIFIER, v. tr. [sɔlidifje] (*solide*) Rendre solide. ◆ Se solidifier, v. pr. Devenir solide.

SOLIDITÉ, n. f. [sɔlidite] (lat. *soliditas*, compacité, solidité) État des corps solides, caractérisé par l'immobilité moléculaire, la permanence de la forme, et la force de résistance contre les puissances qui tendent à en dissocier les parties. ◆ *Mesures de solidité*, celles qui servent à mesurer les solides. ◆ Qualité de ce qui est solide, peu facile à détruire. *La solidité d'un bâtiment.* ▪ Par extens. « *C'est en vain qu'on prétend donner aux choses humaines une solidité qui n'est pas dans leur nature* », J.-J. Rᴏᴜssᴇᴀᴜ. ◆ **Milit.** Force de résistance. *La solidité de vieilles troupes.* ◆ Qualité de ce qui est réel, effectif. *La solidité d'un discours, d'un raisonnement, du cœur, etc.* ◆ Il se dit de ceux qui ont les qualités solides. « *Telle était la solidité de ce prince* », Bᴏssᴜᴇᴛ.

SOLIFLORE, ▪ n. m. [sɔliflɔʀ] (lat. *solus*, seul, et *flos*, génit. *floris*, fleur) Vase au col étroit destiné à ne recevoir qu'une seule fleur. *Offrir un soliflore et y déposer une rose.*

SOLIFLUXION, ▪ n. f. [sɔliflyksjɔ̃] (angl. *solifluction*, du lat. *solum*, sol, et *fluctio*, écoulement) **Géol.** Glissement de terrain qui se produit en surface par un lent écoulement de boue. *La solifluxion se produit souvent dans les régions froides au moment du dégel.*

SOLILOQUE, n. m. [sililɔk] (lat. *soliloquium*, de *solus*, seul, et *loqui*, parler) Discours d'un homme qui s'entretient avec lui-même ; au théâtre on dit *monologue.* « *Les Soliloques*, titre d'un ouvrage de saint Augustin. ◆ Par extens. Discours de quelqu'un qui, en compagnie, est seul à parler.

SOLILOQUER, ▪ v. intr. [sililɔke] (*soliloque*) Se parler à soi-même. « *Néanmoins, la campagne offre pour moi un avantage inestimable : je peux y soliloquer en paix* », Sᴀʟᴠᴀʏʀᴇ. ▪ Ne parler que pour soi.

SOLIN, n. m. [silɛ̃] (*sole*, poutre d'étai) Intervalle entre les solives. ◆ Plâtre qu'on met sur la poutre pour séparer les solives. ◆ Enduit de plâtre le long d'un pignon pour joindre les tuiles. ◆ Tout filet de plâtre propre à boucher certains vides.

SOLIPÈDE, adj. [silipɛd] (lat. impér. *solidipes*, de *solidus*, solide, et *pes*, pied, interprété comme issu de *solus*, seul) **Zool.** Famille de mammifères comprenant ceux qui ont un seul doigt apparent et un seul sabot à chaque pied, comme le cheval, l'âne, le zèbre, etc. ◆ N. m. *Un solipède.*

SOLIPSISME, ▪ n. m. [silipsism] (lat. *solus*, seul, et *ipse*, en personne ; cf. moy. fr. *solipse*, appliqué aux Jésuites pour leur égoïsme supposé) **Philos.** Doctrine qui prône le moi comme seule réalité existante. *Le solipsisme moderne dévoile la misère humaine.* « *Le malentendu favorise la fausse entente cordiale, la fausse communication de conscience et le pseudo-concert des volontés, mais encore il épaissit, tout compte fait, le solipsisme naturel de l'ego* », Jᴀɴᴋᴇʟᴇᴠɪᴛᴄʜ.

SOLISTE, n. m. [silist] (*solo*) **Mus.** Celui qui exécute un solo.

SOLITAIRE, adj. [silitɛʀ] (lat. *solitarius*) Qui est seul ; qui aime à être seul. ◆ Il se dit des choses. *Vie solitaire. Il a l'humeur solitaire.* ◆ Qui résulte de la solitude, où l'on n'est pas partagé. *Quelque ennui solitaire.* ◆ Il se dit de quelque objet qui n'est associé à aucun autre semblable. ◆ *Fleurs solitaires*, fleurs qui naissent séparées les unes des autres sur la plante qui les porte. ◆ *Ver solitaire.* Voy. Tᴇ́ɴɪᴀ. ◆ **Archit.** *Colonne solitaire*, colonne isolée qui ne fait pas partie d'un ordre, ni ne porte pas un entablement. ◆ Isolé, désert. *Un cabinet solitaire.* « *Remplissant de vos cris les antres solitaires* », Vᴏʟᴛᴀɪʀᴇ. ▪ N. m. Anachorète qui vit dans la solitude. ◆ Tout homme qui vit seul ou très retiré. ◆ **Vén.** Vieux sanglier, sanglier sorti de compagnie. ◆ Jeu qu'on joue seul sur une petite table percée de trente-sept trous et avec trente-six chevilles. ◆ Diamant détaché, monté seul. ◆ Espèce de papillon. ◆ N. f. Espèce de fleur.

SOLITAIREMENT, adv. [silitɛʀ(ə)mɑ̃] (*solitaire*) D'une manière solitaire.

SOLITUDE, n. f. [silityd] (lat. *solitudo*, de *solus*, seul) État d'une personne qui est seule. ◆ État d'une personne retirée du commerce du monde. « *La solitude effraye une âme de vingt ans* », Mᴏʟɪᴇ̀ʀᴇ. ◆ *Se jeter dans la solitude*, se retirer du monde, se faire ermite. ◆ Fig. Isolement moral, privation d'affection. « *Cette tristesse vient de la solitude du cœur* », Mᴏɴᴛᴇsǫᴜɪᴇᴜ. ◆ Lieu éloigné de la fréquentation des hommes. « *Solitude où je trouve une douceur secrète, Lieux que j'aimai toujours, ne pourrai-je jamais, Loin du monde et du bruit, goûter l'ombre et le frais !* », Lᴀ Fᴏɴᴛᴀɪɴᴇ. ◆ Lieu devenu inhabité, dépeuplé. « *Pourquoi voulez-vous périr et faire de cette ville une solitude ?* », Bᴏssᴜᴇᴛ. ◆ Fig. « *Depuis son départ, ma maison n'est plus qu'une solitude* », Aᴄᴀᴅᴇ́ᴍɪᴇ. ◆ Désert, étendue de pays inhabitée, inculte.

SOLIVE, n. f. [siliv] (*sole*, poutre) Pièce de charpente qui soutient les planchers, et qui porte sur les murs ou les poutres.

SOLIVEAU, n. m. [silivo] (*solive*) Petite solive. ◆ Fig. *Roi soliveau* ou simplement *soliveau*, homme sans force ni autorité.

SOLLICITATION, n. f. [silisitasjɔ̃] (lat. *sollicitatio*, instigation, souci) Action de solliciter. ◆ *À la sollicitation de*, sur les instances de. ◆ Soins, démarches pour le succès d'une affaire. *La sollicitation d'un procès*, d'une affaire. ◆ Recommandation à des juges.

SOLLICITÉ, ÉE, p. p. de solliciter. [silisite]

SOLLICITER, v. tr. [silisite] (lat. *sollicitare*, agiter fortement, troubler, exciter, lat. imp. sollicter) Exciter à, pousser à, avec un nom de personne pour sujet. *Solliciter à la révolte.* ◆ Il se construit aussi avec de et un substantif. « *Vous me sollicitez d'une lâche action* », Rᴏᴛʀᴏᴜ. ◆ *Solliciter quelqu'un de son déshonneur*, lui demander de faire quelque chose qui le déshonorerait. ◆ Émouvoir, porter à, avec un nom de chose pour sujet. « *Contenter le désir qui sans cesse le sollicitait à faire du bien* », Bᴏssᴜᴇᴛ. ◆ Avec de et un substantif. « *La mer a moins de vents qui ses vagues irritent, Que je n'ai de pensers qui tous me sollicitent, D'un funeste dessein* », Mᴀʟʜᴇʀʙᴇ. ◆ Absol. *Ce qui sollicite au mal.* ◆ *Solliciter*, sans régime indirect, mettre en mouvement, en action. « *Une troupe d'amis, chez mon père assemblée, Sollicita mon âme encore toute troublée* », P. Cᴏʀɴᴇɪʟʟᴇ. ◆ Exercer une tentative de séduction.

« *Mithridate avait l'art de solliciter les peuples, et de faire révolter les villes* », Montesquieu. ♦ **Équit.** *Solliciter un cheval*, l'exciter à marcher, l'animer. ♦ Requérir, par une demande instante, quelqu'un de quelque chose. ♦ On dit dans ce sens *solliciter de*, avec un nom de chose. « *Ne me refusez pas la grâce dont je vous sollicite* », Molière. ♦ Requérir, par une demande instante, quelque chose de quelqu'un. *Solliciter une audience.* ♦ *Solliciter une affaire*, faire les démarches nécessaires pour qu'elle ait un heureux succès. *Solliciter un procès.* ♦ *Solliciter ses juges*, les prier d'être favorables. ♦ **Absol.** En parlant des places, des faveurs qu'on demande, des procès. *Il ne fait que solliciter.* ♦ Il se dit des besoins qui se font sentir. *Sollicité par le besoin.* ♦ Déterminer quelque mouvement dans le corps, dans un organe. *Tel médicament sollicite l'estomac à se débarrasser de ce qui le surcharge.* ♦ Exercer une action physique, en parlant d'une force. ♦ *Solliciter* suivi d'un infinitif prend *à* ou *de*.

SOLLICITEUR, EUSE, n. m. et n. f. [solisitœr, øz] (*solliciter*) Personne qui sollicite, postule pour soi ou pour autrui une grâce, une place, une faveur, etc. ♦ **Fig.** « *Si mon livre est bon, il sera mon solliciteur auprès de vous* », Balzac. ♦ Personne qui sollicite un procès, une affaire pour soi ou pour autrui. ♦ Personne qui est chargée de solliciter les affaires, les procès d'autrui. « *Il envoya chercher un solliciteur de procès, qui demeurait dans son voisinage* », Lesage.

SOLLICITUDE, n. f. [solisityd] (lat. *sollicitudo*, inquiétude) Soin plein de souci. *Cette affaire lui cause beaucoup de sollicitude.* ♦ *Les sollicitudes du siècle*, le soin des affaires temporelles. ♦ Soin plein d'affection. *La sollicitude maternelle.*

SOLMISATION, n. f. [sɔlmizasjɔ̃] (*solmiser*) **Anc. mus.** Action de solmiser. ♦ *Solmisation moderne*, celle qui consiste à donner à chaque note un nom fixe et toujours le même.

SOLMISER, v. tr. [sɔlmize] (*sol* et *mi*) **Anc. mus.** Chanter, lire un morceau de plain-chant, en prononçant le nom assigné à chaque note par la méthode des muances.

SOLO, n. m. [solo] (mot ital. *solo*, seul, du lat. *solus*) **Mus.** Morceau de musique pour une seule voix ou pour un seul instrument, avec ou sans accompagnement. *Un solo de violon, de ténor, etc.* ♦ **Adj.** Un violon solo. ♦ L'Académie écrit au pluriel *des solo* ; mais les grammairiens demandent qu'on écrive *les solos*, comme on écrit *les duos*. Quelques-uns disent, au pluriel, *des soli*, suivant la forme italienne. ■ **Par extens.** *En solo*, seul. *Un vol en parachute en solo.*

SOLSTICE, n. m. [sɔlstis] (lat. *solstitium*, de sol, soleil, et *status*, stabilité, arrêt) **Astron.** Temps où le soleil, étant le plus éloigné de l'équateur, paraît stationnaire pendant quelques jours. *Le solstice d'hiver arrive quand le soleil est au tropique du Capricorne ; et le solstice d'été, lorsqu'il est au tropique du Cancer.*

SOLSTICIAL, ALE, adj. [sɔlstisjal] (lat. *solstitialis*, du solstice d'été) **Astron.** Qui a rapport aux solstices. *Points solticiaux.*

SOLUBILISATION, ■ n. f. [sɔlybilizasjɔ̃] (*solubiliser*) Action de rendre soluble un produit. *La solubilisation des hydrocarbures.*

SOLUBILISER, ■ v. tr. [sɔlybilize] (*soluble*) Rendre soluble un produit. *Solubiliser un médicament pour une meilleure absorption.*

SOLUBILITÉ, n. f. [sɔlybilite] (*soluble*) Propriété en vertu de laquelle un corps peut se dissoudre dans un liquide.

SOLUBLE, adj. [sɔlybl] (b. lat. *solubilis*, de *solvere*, dissoudre) Qui peut être résolu. *Problème soluble.* ♦ Qui est susceptible de se dissoudre dans un liquide. *Les corps solubles.*

SOLUTÉ, ■ n. m. [sɔlyte] (radic. du lat. *solutum*, supin de *solvere*, dissoudre) **Pharm.** Préparation liquide contenant un ou plusieurs médicaments dissous dans un solvant. *Soluté vermifuge.* ■ *Soluté physiologique*, sérum physiologique. ■ **Chim.** Substance dissoute dans un solvant.

SOLUTION, n. m. [sɔlysjɔ̃] (lat. *solutio*, dissolution, paiement, explication) **Chim.** Action d'un liquide sur un solide, dont le résultat est que ce dernier prend lui-même la forme liquide. ♦ Le liquide qui résulte de cette action. ♦ Division, séparation des parties ; on ne le dit guère que dans cette locution : *solution de continuité.* Voy. continuité. ♦ *Solution de continuité*, nom collectif donné, en chirurgie, aux plaies, aux fractures. ♦ Dénouement d'une difficulté. *La solution d'une question, d'un problème, etc.* ♦ Il se dit aussi de ce qui termine une affaire quelconque. *Cet événement est une solution.* ♦ **Dr.** Paiement final. *Jusqu'à parfaite solution et paiement*, ou simplement *jusqu'à parfaite solution.* ♦ **Méd.** *La solution d'une maladie* est sa terminaison, accompagnée ou non de phénomènes critiques. ♦ *Solution finale*, politique d'extermination des Juifs par les nazis pendant la Seconde Guerre mondiale.

SOLUTIONNER, ■ v. tr. [sɔlysjɔne] (*solution*) Résoudre un problème. « *Mariette elle va tout solutionner... l'enchantement !* », Boudard. ■ **Rem.** L'usage de ce mot est critiqué.

SOLUTRÉEN, ENNE, ■ adj. [sɔlytʀeɛ̃, ɛn] (*solutré*, site archéologique de Saône-et-Loire) Qui est relatif à la période du solutréen. *La culture solutréenne.* ■ **N. m.** Période du paléolithique supérieur qui se situe entre l'aurignacien et le magdalénien.

SOLVABILITÉ, n. f. [sɔlvabilite] (*solvable*) État d'une personne solvable.

SOLVABLE, adj. [sɔlvabl] (radic. du lat. *solvere*, payer) Qui a de quoi payer.

SOLVANT, ■ n. m. [sɔlvɑ̃] ([*dis*]*solvant*, du radic. du lat. *solvere*, dissoudre) Substance généralement liquide pouvant dissoudre d'autres substances. *Les solvants dissolvent des vernis, des peintures, des huiles, etc.* ■ Constituant d'une solution où le soluté a été dissous.

SOLVATATION, ■ n. f. [sɔlvatasjɔ̃] (*solvater*, combiner les ions d'un corps dissous avec son solvant) **Chim.** Intrusion des molécules constitutives d'un soluté au sein des molécules d'un solvant. *Le taux de solvatation consiste à observer le temps de dissolution.*

SOMA, ■ n. m. [soma] (gr. *sôma*, corps) **Méd.** Ensemble des cellules non sexuelles de l'organisme. *Un soma est l'opposé d'un germen.*

SOMATISER, ■ v. tr. [somatize] (*somatique*) **Méd.** Transposer un trouble psychique en un trouble organique. *Il a somatisé son angoisse.* ■ SOMATISATION, n. f. [somatizasjɔ̃]

SOMATOLOGIE, n. f. [somatoloʒi] (*somato-* et *-logie*) **Méd.** Traité du corps humain.

SOMATOLOGIQUE, adj. [somatoloʒik] (*somatologie*) Qui appartient à la somatologie.

SOMATOTROPE, ■ adj. [somatotʀɔp] (*somato-* et *-trope*) Qui agit sur la croissance. *Des études sont menées sur la déficience somatotrope chez les adultes.*

SOMATOTROPHINE ou **SOMATOTROPINE**, ■ n. f. [somatotʀofin, somatotʀopin] (*somato-* et gr. *trophê*, nourriture, ou *somatotrope*) Hormone de croissance. *La somatotropine est sécrétée par l'hypophyse.*

SOMBRAGE, n. m. [sɔ̃bʀaʒ] (2 *sombrer*) Premier labour donné à la vigne.

SOMBRE, adj. [sɔ̃bʀ] (prob. anc. v. *sombrer*, faire de l'ombre, du b. lat. *subumbrare*, couvrir d'ombre) Qui reçoit peu de lumière, peu éclairé. *Chambre sombre.* ♦ *Il fait sombre*, le temps est sombre. ♦ *Il fait sombre dans cet appartement*, cet appartement est peu éclairé. ♦ **Fig.** « *Qu'il fait sombre dans son âme !* », Molière. ♦ **T. d'eaux et forêts.** *Coupe sombre.* Voy. coupe. ■ **N. m.** « *S'évanouir et se perdre comme un fantôme dans le sombre de son cabinet* », La Bruyère. « *Les Juifs avaient le goût du sombre et du grand dans leurs édifices* », Chateaubriand. ♦ Qui est d'une teinte plus ou moins brune ou noirâtre. *Un plumage sombre.* ♦ *Couleur sombre*, couleur peu éclatante et qui tire sur le brun. ♦ *Lumière sombre*, lumière qui éclaire mal. ♦ **Fig.** « *Et fait des jours sereins de mes jours les plus sombres* », Racine. ♦ Obscur, ténébreux. *La nuit sombre.* « *Demeures toujours sombres* », Brébeuf. ♦ **Par extens.** « *Leurs jours [des riches] les plus brillants ont les plus sombres nuits* », P. Corneille. ♦ **Fig.** Obscur, difficile à comprendre. ♦ **Poétiq.** *Les sombres bords, les royaumes sombres, les rivages sombres*, les enfers, le séjour des morts, suivant la croyance des anciens. ♦ **Fig.** Sur qui il ne luit aucun rayon de joie, de vivacité, de satisfaction. « *[L'envie] Du mérite éclatant cette sombre rivale* », Boileau. « *Le reste du jour il fut silencieux et sombre* », Mme de Staël. ♦ Il se dit des choses. *Une mystérieuse et sombre histoire.* « *Le vice toujours sombre aime l'obscurité* », Boileau. ■ **Mus.** *Voix sombre.* Voy. sombrée.

SOMBRÉE, adj. f. [sɔ̃bʀe] (*sombre*) **Mus.** *Voix sombrée* ou *sombre*, voix couverte.

SOMBREMENT, adv. [sɔ̃bʀəmɑ̃] (*sombre*) D'une manière sombre.

1 SOMBRER, v. intr. [sɔ̃bʀe] (altération de l'anc. v. *soussoubrer*, du catal. *sotsobre*, dessus dessous, du lat. *subtus*, en dessous, et de *sobre*, au-dessus) **Mar.** Se renverser tout à fait, étant sous voiles, et périr des suites de ce mouvement qu'on n'a pu ni prévoir ni arrêter. ■ **Fig.** Se perdre dans. *Sombrer dans l'alcool.*

2 SOMBRER, v. tr. [sɔ̃bʀe] (mot rég. [Est] d'orig. germ., de l'anc. b. frq. *sumar*, été, saison où se faisait ce premier labour) Donner la première façon à la vigne. ♦ Labourer un champ, donner le premier labour, en parlant des jachères.

SOMBRERO ou **SOMBRÉRO**, n. m. [sɔ̃bʀero] (mot esp., de *sombra*, ombre) Nom du chapeau en espagnol ; on le trouve quelquefois dans des écrits relatifs à l'Espagne.

SOMMAIRE, adj. [sɔmɛʀ] (lat. impér. *summarium*, abrégé) Exprimé, exposé en peu de mots. *Réponse sommaire.* ♦ **Dr.** *Matières sommaires*, affaires qui doivent être jugées promptement. ♦ *Exécution sommaire*, exécution qui n'est précédée d'aucun jugement. ♦ **N. m.** Extrait, abrégé, résumé. *Le sommaire des chapitres. Un sommaire d'histoire sainte.* « *Là-dessus, de la pièce il* *m'a fait un sommaire* », MOLIÈRE. ▪ **N. m.** Énumération des chapitres d'un ouvrage. *Consulter le sommaire en début d'ouvrage.*

SOMMAIREMENT, adv. [sɔmɛʀ(ə)mɑ̃] (*sommaire*) D'une manière sommaire, en peu de paroles.

SOMMATEUR, n. m. [sɔmatœʀ] (*sommation*) Celui qui fait une sommation.

1 **SOMMATION**, n. f. [sɔmasjɔ̃] (1 *sommer*) Action de sommer. *Les trois sommations qui précèdent l'emploi de la force armée contre les attroupements séditieux.* ◆ **Fig.** *Je me rends à la première sommation que vous me faites.* ◆ Acte par écrit contenant la sommation faite en justice. ◆ *Sommation respectueuse*, acte extrajudiciaire qu'un fils de vingt-cinq ans ou une fille de vingt et un ans sont tenus de faire signifier à leurs père et mère ou à leurs aïeuls et aïeules, pour leur demander conseil sur leur mariage, lorsque ces parents n'ont pas donné leur consentement.

2 **SOMMATION**, n. f. [sɔmasjɔ̃] (2 *sommer*) **Math.** Opération par laquelle on trouve la somme de plusieurs quantités en série.

1 **SOMME**, n. f. [sɔm] (lat. *summa*, total, montant) **Math.** Résultat des quantités additionnées. ◆ Une quantité d'argent. *Une grosse somme.* ◆ **Par extens.** « *Étant accoutumés par notre courte existence, à regarder cent ans comme une grosse somme de temps* », BUFFON. ◆ *Somme totale*, la quantité qui résulte de plusieurs sommes jointes ensemble. ◆ SOMME TOTALE, loc. adv. En réunissant toutes les sommes. ◆ Ce qui est comparé à un total. *La somme des biens et des maux.* ◆ Titre de certains livres qui traitent en abrégé de toutes les parties d'une science. *Une somme de théologie.* ◆ SOMME TOUTE, EN SOMME, loc. adv. Enfin, en résumé, pour conclusion.

2 **SOMME**, n. f. [sɔm] (b. lat. *sauma*, bât, du gr. *sagma*, harnais, charge) Charge d'un cheval, d'un âne, d'un mulet. *Une somme de blé.* ◆ *Bête de somme*, bête propre à porter des fardeaux. ◆ **Fam.** *Être la bête de somme de tout le monde*, être chargé de toutes les corvées.

3 **SOMME**, n. m. [sɔm] (réfection d'après *sommeil* de l'anc. fr. *som*, du lat. *somnus*, sommeil) Syn. de sommeil. ◆ Moment assez court que l'on donne au sommeil soit le jour, soit la nuit. *Faire un somme.* ◆ *D'un somme*, sans que le somme soit interrompu. *Dormir d'un somme.* ◆ **Fam.** *Il a fait la nuit tout d'un somme, il n'a fait qu'un somme toute la nuit*, il a dormi toute la nuit sans se réveiller.

SOMMÉ, ÉE, p. p. des deux verbes sommer. [sɔme]

SOMMEIL, n. m. [sɔmɛj] (b. lat. *somniculus*, sommeil léger, dim. de *somnus*, sommeil) Entier assoupissement des sens, ou, dans le langage physiologique, cessation momentanée de l'activité propre aux systèmes doués des propriétés de la vie animale. ◆ *Demi-sommeil*, état où le sommeil n'est pas profond. ◆ **Par exagération**, *un sommeil de mort*, un très profond sommeil. ◆ **Poétiq.** *Les pavots du sommeil.* ◆ Dans la mythologie, dieu qui était fils de la Nuit et frère de la Mort. ◆ Grande envie de dormir. *Avoir sommeil.* ◆ **Fig.** En parlant de la mort. *Il s'endormit du sommeil des justes.* ◆ **Fig.** État d'inactivité, d'inertie. « *Et quels cœurs si plongés dans un lâche sommeil...* », RACINE. « *Le triste hiver est le temps du sommeil ou plutôt de la torpeur de la nature* », BUFFON. ◆ *Sommeil d'hiver*, engourdissement particulier qui saisit certains animaux, lorsque la température s'abaisse. ◆ *Sommeil des plantes*, position particulière que certains organes des plantes, les feuilles principalement, prennent chaque jour, à l'approche de la nuit, et qu'elles conservent tant que dure l'obscurité.

SOMMEILLER, v. intr. [sɔmeje] (*sommeil*) Dormir, être dans le sommeil. *La nuit quand tout sommeille.* ◆ Dormir d'un sommeil léger, d'un sommeil imparfait. ◆ **Par extens.** « *Ne dis plus, ô Jacob, que ton Seigneur sommeille* », RACINE. ◆ **Fig.** Il se dit de ce qui est dans un état d'inactivité, d'inertie. *La nature sommeille. Ses passions sommeillaient.* ◆ **Fig.** Se laisser aller à quelque négligence. *Il n'y a guère d'auteurs qui ne sommeillent quelquefois.*

SOMMELIER, IÈRE, n. m. et n. f. [sɔməlje, jɛʀ] (a. fr. conducteur de bêtes de somme, de *some*, bât, du lat. *sagma*) Personne qui dans une maison, dans une communauté, a la charge de la vaisselle, du linge, du pain, du vin, etc. ▪ Personne chargée des vins et de la cave dans un restaurant.

SOMMELLERIE, n. f. [sɔmɛl(ə)ʀi] (*sommelier*) Charge de sommelier. ◆ Lieu où le sommelier garde ce qui lui est confié.

1 **SOMMER**, v. tr. [sɔme] (1 *somme*) Signifier à quelqu'un, dans les formes établies, qu'il ait à faire telle ou telle chose. *On l'a sommé de payer.* ◆ **Fig.** *Je vous somme de venir.* ◆ *Sommer quelqu'un de sa parole*, lui demander qu'il remplisse une promesse. ◆ *Sommer une place*, sommer le commandant de la rendre.

2 **SOMMER**, v. tr. [sɔme] (1 *somme*) **Math.** Trouver la somme de plusieurs quantités.

SOMMET, n. m. [sɔmɛ] (anc. fr. *som*, sommet, du lat. *summum*, le point le plus élevé, neutre substantivé de *summus*) La partie la plus élevée de certaines choses. *Le sommet de la tête, d'une montagne, etc.* ◆ **Poétiq.** *Le double*

sommet, le Parnasse, la poésie. ◆ **Fig.** Il se dit de ce qui est le plus haut dans l'ordre moral, intellectuel. *Le sommet des grandeurs.* « *Voilà l'état où se trouve l'âme, presque au sommet de la perfection* », BOSSUET. ◆ Il se dit quelquefois pour extrémité. « *Elle coupa le sommet des ailes de l'Amour* », MONTESQUIEU, etc. ◆ **Bot.** La partie supérieure d'une tige, d'une feuille, d'un pétale, etc. ◆ **Math.** *Le sommet d'un angle*, le point où se coupent les deux côtés. ◆ *Le sommet d'une courbe*, le point où sa courbure, s'arrondissant symétriquement, en borne l'extension. ◆ *Sommet d'un triangle*, l'angle opposé à la base. ▪ *Conférence au sommet*, ou elliptiquement *sommet*, conférence internationale à laquelle participent des chefs d'État et de gouvernement. *Le sommet mondial sur le développement durable s'est déroulé à Johannesburg en 2002.*

1 **SOMMIER**, n. m. [sɔmje] (lat. médiév. *sagmarius*, bête de somme, de *sagma*, bât) Gros registre où les commis inscrivent les sommes qu'ils reçoivent.

2 **SOMMIER**, n. m. [sɔmje] (lat. médiév. *sagmarius*, bête de somme, de *sagma*, bât) Cheval de somme, mulet. ◆ **Par extens.** *Sommier élastique*, matelas dont l'élasticité est due à un système de ressorts. ◆ *Sommier d'orgues*, espèce de coffre ou réservoir, d'où le vent des soufflets se distribue dans les tuyaux. ◆ Pièce de bois où sont attachées les fiches qui servent à tendre les cordes d'un piano. ◆ **Archit.** Pierre qui reçoit la retombée d'une voûte. ◆ Pièce de charpente qui sert de linteau à l'ouverture des portes, des croisées, etc. ◆ **Impr.** Pièces de bois qui servent à soutenir le poids ou l'effort d'une presse.

SOMMITAL, ALE, ▪ adj. [sɔmital] (*sommet*) Qui est relatif au sommet. *L'arête sommitale d'un glacier. Les cratères sommitaux de certaines régions.*

SOMMITÉ, n. f. [sɔmite] (b. lat. *summitas*, de *summus*, le plus haut) La partie la plus élevée de certaines choses. *La sommité d'une tour, d'un coteau, etc.* ◆ *Les sommités des montagnes* ou **absol.** *les sommités.* ◆ **Fig. Littér.** *Les sommités d'un sujet*, les parties qui en sont les plus saillantes. ◆ **Bot.** L'extrémité d'une tige, la pointe des herbes. ◆ **Néolog.** *Les sommités de la science, de la littérature*, les hommes les plus éminents dans la science, dans la littérature. ▪ REM. Aujourd'hui n'est plus un néologisme.

SOMNAMBULE, n. m. et n. f. [sɔmnɑ̃byl] (lat. *somnus*, sommeil, et *ambulare*, marcher) Personne qui se lève, agit et parle tout endormi. ◆ **Adj.** Il est somnambule. ◆ Nom donné aux personnes qui se soumettent aux pratiques des magnétiseurs.

SOMNAMBULIQUE, adj. [sɔmnɑ̃bylik] (*somnambule*) Qui appartient aux somnambules. *Sommeil somnambulique.*

SOMNAMBULISME, n. m. [sɔmnɑ̃bylism] (*somnambule*) Affection des fonctions cérébrales caractérisée par une sorte d'aptitude à répéter pendant le sommeil les actions dont on a contracté l'habitude, ou à marcher et à exécuter divers mouvements, sans qu'il en reste, après le réveil, aucun souvenir. ◆ *Somnambulisme magnétique*, état nerveux particulier dans lequel on peut jeter, par une sorte d'influence morale, des individus d'une grande susceptibilité.

SOMNIFÈRE, adj. [sɔmnifɛʀ] (lat. *somnifer*, de *somnus*, sommeil, et *ferre*, apporter) **Méd.** Qui provoque le sommeil. *Le pavot est somnifère.* ◆ **N. m.** Un somnifère. ◆ **Fig.** Qui endort par l'ennui. « *Orateurs somnifères* », J.-B. ROUSSEAU.

SOMNOLENCE, n. f. [sɔmnolɑ̃s] (b. lat. *somnolentia*) **Méd.** Assoupissement peu profond, mais pénible et insurmontable. ◆ **Fig.** Engourdissement moral.

SOMNOLENT, ENTE, adj. [sɔmnolɑ̃, ɑ̃t] (b. lat. *somnolentus*, assoupi) **Méd.** Qui a rapport à la somnolence. *Un état somnolent.* ◆ Qui est porté à la somnolence. *Le malade est somnolent.*

SOMNOLER, ▪ v. intr. [sɔmnole] (*somnolent*) Être à demi endormi, être sur le point de s'endormir. *Somnoler en avion.* ▪ Être momentanément inactif. *Sa haine somnole.*

SOMPTUAIRE, adj. [sɔ̃ptɥɛʀ] (lat. *sumptuarius*, qui concerne la dépense, de *sumptus*, dépense, frais) Qui restreint et règle la dépense dans les festins, les habits, les équipages, etc., en parlant de lois, d'édits. *Les lois somptuaires.* ◆ Dans le langage général, relatif à la dépense. « *Quelque austère que fût ma réforme somptuaire* », J.-J. ROUSSEAU.

SOMPTUEUSEMENT, adv. [sɔ̃ptɥøz(ə)mɑ̃] (*somptueux*) D'une manière somptueuse.

SOMPTUEUX, EUSE, adj. [sɔ̃ptɥø, øz] (lat. *sumptuosus*, coûteux, somptueux) De grande dépense, magnifique. *De somptueux repas. Maison somptueuse.* ◆ **N. m.** *Le somptueux des ornements.* ◆ Il se dit aussi des personnes. *Il est somptueux en habits.* « *Le monde le plus brillant et le plus somptueux* », MASSILLON.

SOMPTUOSITÉ, n. f. [sɔ̃ptɥozite] (b. lat. *sumptuositas*, faste) Grande et magnifique dépense. *Somptuosité d'une fête.*

1 SON ou **SA** ou **SES**, adj. poss. [sɔ̃, sa, se] (lat. *suum*, accus. de *suus*, adj. poss. de la 3ᵉ pers.) Adjectif possessif qui répond aux pronoms de la 3ᵉ personne du singulier, *il, elle, soi, se.* ◆ Il détermine le nom, en y ajoutant une idée de possession. *Son père. Sa mère. Ses cousins.* ◆ Dans le langage familier, *son, sa, ses,* joint au verbe *sentir,* équivaut à l'article. « *Un vieux renard, mais des plus fins... Sentant son renard d'une lieue* », LA FONTAINE. ◆ *Posséder son Homère, son Cicéron,* les auteurs anciens, etc. ◆ On dit de même : *il possède bien son arithmétique, etc.* ◆ Quelquefois *son, sa, ses,* a une signification méprisante et de reproche. ◆ *Son, sa, ses,* placés devant les adverbes comparatifs, forment un superlatif. *Son plus riche habit.* ◆ *Son,* quoique masculin, se dit au féminin devant un nom commençant par une voyelle ou une *h* muette : *son âme, son héroïne.*

2 SON, n. m. [sɔ̃] (anglo-sax. *seon,* rebut, du vb. *seon,* passer, filtrer) Résidu de la mouture des grains, qui est principalement composé des débris de leur écorce. ◆ *Fig.* *Moitié farine et moitié son,* se dit des choses mêlées, et signifie aussi moitié de gré, moitié de force. ◆ *Son gras,* celui dans lequel il reste beaucoup de farine. ◆ *Eau de son,* eau dans laquelle on a mêlé du son. ◆ **Pop.** Taches de rousseur. *Elle a du son plein la figure.* ◆ **Prov.** *Ventre de son et robe de velours.* Voy. ROBE.

3 SON, n. m. [sɔ̃] (lat. *sonus,* son, retentissement, bruit) Ce qui frappe l'ouïe, par l'effet de mouvements vibratoires rythmiques et pendant quelque temps semblables à eux-mêmes. *Le son de la trompette, de la voix.* ◆ *Le son d'un écu,* le bruit de l'argent. ◆ *Son,* par opposition à ce qui est effectif. « *Quand on tient de pareils discours, où il n'y a qu'un son éclatant* », BOSSUET. ◆ *Le son* considéré au point de vue musical. ◆ *Sons harmoniques.* Voy. HARMONIQUE. ◆ *La langue des sons,* la musique. ◆ Il se dit des voix et des articulations d'une langue. « *En vain vous me frappez d'un son mélodieux, Si le terme est impropre, ou le tour vicieux* », BOILEAU. ◆ *Ne faire aucun son,* ne pas être prononcée, en parlant d'une lettre. ◆ **Méd.** *Son humorique,* celui que donne une cavité remplie d'humeur. *Son intestinal,* celui que rend l'intestin contenant des gaz. ◆ **Prov.** *Qui n'entend qu'une cloche n'entend qu'un son.* Voy. CLOCHE. ▪ Intensité sonore d'un appareil. *Baisser le son d'un téléviseur.* ▪ *Ingénieur du son,* personne chargée de l'enregistrement et de la reproduction des sons. ▪ *Spectacle son et lumière,* spectacle nocturne consistant en l'illumination d'un monument accompagné d'une évocation sonore et musicale de son histoire.

SONAGRAMME, ▪ n. m. [sɔnagram] (3 *son* et -*gramme*) Graphique qui reproduit l'amplitude, la fréquence et le temps d'un son.

SONAGRAPHE, ▪ n. m. [sɔnagraf] (3 *son* et -*graphe*) Appareil qui permet d'obtenir un sonagramme.

SONAL, ▪ n. m. [sɔnal] (3 *son*) Recommandation officielle pour *jingle. Des sonals.*

SONAR, ▪ n. m. [sɔnar] (acronyme angl. de *sound navigation and ranging,* navigation et pointage au son) Appareil utilisant les ondes sonores et permettant de détecter et de localiser les sous-marins ou des bancs de poissons. *Sonar d'écoute.* ▪ Capacité naturelle de certains animaux (chauves-souris, dauphins, requins, etc.) à se repérer grâce à un écho sonore.

SONATE, n. f. [sɔnat] (ital. *sonata,* de *sonare,* jouer d'un instrument) Pièce de musique instrumentale composée de deux, trois, ou plus ordinairement de quatre morceaux, d'un caractère et d'un mouvement différents.

SONATINE, n. f. [sɔnatin] (ital. *sonatina,* dimin. de *sonata*) Petite sonate.

SONDAGE, n. m. [sɔ̃daʒ] (*sonder*) Action de sonder. ▪ **Stat.** Enquête menée auprès d'un échantillon de population afin de connaître son opinion ou d'obtenir des renseignements sur une question. *Faire un sondage auprès des enseignants.*

SONDE, n. f. [sɔ̃d] (*sonder,* ou v. angl. *sund*[*line*], de *sund,* mer, et *line,* ligne à sonder) Instrument qui consiste en un plomb mis au bout d'une cordelette ou ligne, et dont on se sert pour sonder la profondeur de la mer, d'une rivière, etc. ◆ *Aller à la sonde,* naviguer en interrogeant avec la sonde le fond de la mer à de très courts intervalles de temps, et fig. procéder dans les affaires avec prudence et lenteur. ◆ **Mar.** Action de sonder. ◆ Ce que la sonde ramène. ◆ *Sondes d'une carte,* chiffres qui indiquent la profondeur de la mer. ◆ Espèce de tarière qu'on enfonce en terre pour reconnaître les terrains, creuser les puits artésiens, etc. ◆ Instrument qu'on enfonce dans un jambon, un fromage, pour en connaître la qualité. ◆ **Méd.** Instrument pour examiner l'état des plaies et y pratiquer certaines opérations. *Sonde cannelée,* instrument qui sert à guider sans déviation la pointe des instruments tranchants au milieu des organes. ◆ *Sondes creuses,* sondes destinées à pénétrer dans les réservoirs, pour évacuer des liquides qui s'y trouvent accumulés. ◆ Instrument qui sert dans l'opération de la taille. ◆ **Vétér.** *Sonde* ou *poussoir,* sorte de longue tige destinée à repousser les corps étrangers arrêtés dans l'œsophage. ◆ Tige en fer emmanchée de bois dont se servent les commis préposés, aux barrières, à la visite des voitures chargées, pour reconnaître si elles ne contiennent pas de contrebande. ◆ Instrument pour

enlever ou précipiter les ordures qui engorgent les tuyaux de descente. ▪ *Sonde spatiale,* engin non habité envoyé dans l'espace pour explorer le système solaire.

SONDÉ, ÉE, p. p. de sonder. [sɔ̃de] N. m. et n. f. Personne interrogée par sondage. *Le choix des sondés.*

SONDER, v. tr. [sɔ̃de] (*sonde*) Reconnaître, par le moyen d'un plomb attaché au bout d'une corde, la profondeur d'une eau dont on ne peut voir le fond. *Sonder une rivière, la côte, etc.* ◆ ▷ **Fig.** *Sonder le gué dans une affaire,* tâcher de connaître s'il n'y a point de danger, et quelle façon il faudra s'y prendre. ◁ ◆ Reconnaître les diverses couches d'un terrain à l'aide de la sonde. ◆ *Fig. Sonder le terrain,* examiner soigneusement une affaire avant de l'entreprendre. ◆ Regarder d'un œil pénétrant. ◆ Introduire un instrument fait exprès dans certaines choses, pour en connaître la nature, la qualité. *Sonder un fromage, un jambon, une charretée de foin, etc.* ◆ On dit à peu près de même : *sonder une poutre, un bâtiment, une pièce de monnaie, etc.* ◆ Frapper sur un objet pour juger de son état. ◆ **Chir.** Reconnaître l'état d'une plaie, en y introduisant une sonde. ◆ Introduire une sonde dans quelque cavité naturelle, pour en reconnaître l'état, ou pour en faire sortir un liquide accumulé. *Sonder un malade.* ◆ **Absol.** *Ce chirurgien sonde doucement.* ◆ *Fig.* Essayer de découvrir quelles sont les dispositions de quelqu'un. ◆ Il se dit aussi des choses. « *Dieu, qui sonde les cœurs* », BOSSUET. ◆ *Sonder un bois,* chercher s'il ne renferme pas d'ennemis. ◆ V. intr. S'enfoncer dans la mer, en parlant de la baleine. ◆ Se sonder, v. pr. S'introduire une sonde dans la vessie. ◆ **Fig.** Reconnaître quelles sont les dispositions où l'on est. ◆ V. tr. Stat. Soumettre à un sondage. *Sonder l'opinion.* ▪ **Fig.** *Sonder quelqu'un,* interroger quelqu'un de manière insidieuse pour connaître son état d'esprit. *Je vais le sonder pour savoir ce qu'il pense de toi.*

SONDEUR, EUSE, n. m. et n. f. [sɔ̃dœr, øz] (*sonder*) Personne qui sonde. ◆ **Mar.** Instrument pour sonder. ◆ *Fig.* Personne qui cherche, fouille. ◆ Personne chargée d'effectuer des enquêtes, des sondages d'opinions. *Il travaille comme sondeur à l'Insee.*

SONE, ▪ n. m. [sɔn] (3 *son*) Unité de mesure de la sonie. *Un sone représente une sensation de force sonore équivalente de 40 dB à 1 kHz.* ▪ REM. Le sone est une unité de mesure subjective dont la valeur par rapport au décibel a été décidée en fonction des sensations qu'il produit.

SONGE, n. m. [sɔ̃ʒ] (lat. *somnium,* rêve) Opérations irrationnelles des facultés intellectuelles en partie éveillées chez une personne qui dort. ◆ **Fig.** « *La vie est un songe un peu moins inconstant que le songe ordinaire* », PASCAL. ◆ *Il me semble que c'est un songe,* que j'ai fait un songe, ou fig. *c'est un songe,* se dit pour exprimer que ce qui est arrivé ne paraît plus une réalité. ◆ **Fig.** *Est-ce un songe? N'est-ce point un songe?,* se dit pour exprimer qu'on croit à peine ce qu'on voit, ce qu'on entend. ◆ **Fig.** Fictions comparées à un songe auquel on se livre tout éveillé. « *Et, fabuleux chrétiens, n'allons point, dans nos songes, Du Dieu de vérité faire un Dieu de mensonges* », BOILEAU. ◆ *Faire de beaux songes,* concevoir des espérances chimériques. ◆ Souvenir qui a laissé peu d'impression. « *Je vous rappelle un songe effacé de votre âme* », RACINE. ◆ **Fig.** Ce qui n'a pas plus de solidité, de réalité qu'un songe. « *La vie n'est qu'un songe* », VOLTAIRE. ◆ **Fig.** Ce qui occupe l'esprit, sans avoir une réalité assurée. « *Je ne veux point t'ôter, mais te choisir tes songes* », DELILLE. ◆ *Les Songes* (avec une *S* majuscule), divinités qui présidaient aux songes ; ils étaient les fils du Sommeil. ◆ *En songe,* loc. adv. Pendant qu'on songe en dormant. *Voir en songe.* ◆ **Fig.** « *Partout où l'on respire on n'est heureux qu'en songe* », M.-J. CHÉNIER. ◆ **Prov.** *Tous songes sont mensonges,* tout espoir riant nous trompe. ◆ *Mal passé n'est qu'un songe,* quand un mal est passé, il ne touche plus. ◆ *Être dans ses songes,* rêvasser, ne pas faire attention à ce qui se passe autour de soi. *Cela ne te sert à rien de poursuivre, il ne t'écoute plus, il est dans ses songes.*

SONGÉ, ÉE, p. p. de songer. [sɔ̃ʒe]

SONGE-CREUX, n. m. [sɔ̃ʒ(ə)krø] (*songer* et *creux*) Homme qui, affectant de beaucoup songer, entretient continuellement des pensées chimériques. ◆ Au pl. *Des songe-creux.*

SONGE-MALICE, n. m. [sɔ̃ʒ(ə)malis] (*songe* et *malice*) Vieilli Celui qui fait souvent des malices, des mauvais tours. ◆ Au pl. *Des songe-malice* ou *des songe-malices.*

SONGER, v. intr. [sɔ̃ʒe] (lat. *somniare,* rêver) Faire un songe. *J'ai songé que je voyageais sur mer.* ◆ *Penser avoir songé,* douter de la réalité de ce que l'on voit. ◆ ▷ Se dit avec de. *Songer de quelqu'un.* « *Vous aurez... Cassé quelque miroir et songé d'eau bourbeuse* », MOLIÈRE. ◁ ◆ **Fig.** S'abandonner à ses rêveries. « *Un lièvre en son gîte songeait ; Car que faire en un gîte à moins que l'on ne songe?* », LA FONTAINE. ◆ *Songer creux,* rêver profondément à des choses chimériques. ◁ ◆ **Fig.** Avoir en l'idée, considérer, se souvenir de, s'aviser de. *Je ne songeais guère que, etc.* « *Ah! n'allons point songer au mal qui nous peut arriver* », MOLIÈRE. ◆ ▷ Il se dit aussi avec de. *Il songe rarement d'affaires.* ◁ ◆ *Songer à tout,* ne rien omettre de ce qui doit être fait.

♦ *Y songez-vous ! à quoi songez-vous !*, se dit par reproche à une personne qui dit ou qui fait une chose déraisonnable. ♦ *Songez-y*, se dit par menace ou comme avertissement. ♦ *Songer à deux fois*, considérer mûrement. ♦ S'occuper de, avoir en vue. *Songer à la vengeance.* « *Il faut uniquement songer à bien faire, et laisser venir la gloire après la vertu* », BOSSUET. ♦ *Songer à soi*, s'occuper de soi, de son sort. ♦ *Songer à quelqu'un*, s'occuper de le satisfaire pour une affaire, pour une commande. ♦ *Il songe toujours à mal, à malice, à la malice*, il songe à faire quelque malice ; et, en un autre sens, il interprète malignement tout ce qu'on dit ou fait. ♦ *Songer à mal*, avoir quelque mauvais dessein. ♦ **V. tr.** Voir en songe. ♦ *Je ne songerai plus que rencontre funeste*, LA FONTAINE. ♦ **Fig.** S'occuper de, avoir en l'idée. *Ne songer que festins, fêtes, etc.* « *J'avais songé une comédie où il y aurait eu un poète* », MOLIÈRE. ♦ *Songer à*, suivi de l'infinitif, envisager de, se préoccuper de. *Il faudra songer à le prévenir.*

SONGERIE, ■ n. f. [sɔ̃ʒ(ə)ʀi] (*songer*) Litt. Rêverie, action de rêver. « *Ma songerie aimant à me martyriser s'enivrait savamment du parfum de tristesse* », MALLARMÉ.

SONGEUR, EUSE, n. m. et n. f. [sɔ̃ʒœʀ, øz] (*songer*) Personne qui songe, qui fait des songes. ♦ Dans le style biblique, celui qui raconte ses songes, en parlant de Joseph, fils de Jacob. ♦ **Fig.** et fam. Homme accoutumé à rêver, à former des projets chimériques. ♦ **Adj.** « *Esprits actifs, quoique songeurs* », JOUBERT.

SONGHAÏ ou **SONGHAY**, ■ n. m. [sɔ̃gaj] (mot africain) Ensemble des dialectes appartenant à la famille des langues nilo-sahariennes, parlés dans la vallée du Niger. *Le songhaï serait pratiqué par environ 1,2 millions de personnes, résidant principalement au Niger et au Mali.* ■ **Adj.** Relatif à cet ensemble de dialectes ou à ses locuteurs. « *Toutes les preuves qui peuvent être données de l'existence d'une prodigieuse civilisation songhaï ne changent pas le fait que les Songhaïs d'aujourd'hui sont sous-alimentés* », FANON.

SONICA, adv. [sɔnika] (orig. inc.) ▷ Au jeu de la bassette, se dit d'une carte qui vient en gain ou en perte le plus tôt qu'elle puisse venir. ♦ **Fig.** À point nommé, justement, précisément. *On allait partir sans lui, il est arrivé sonica.* ◁

SONIE, ■ n. f. [sɔni] (3 *son*) Acoust. Force avec laquelle un son, un bruit est perçu par l'oreille. *Deux sons de fréquence différente et de même intensité peuvent provoquer une sonie différente.*

SONIQUE, ■ adj. [sɔnik] (3 *son*) Relatif au son. *Les mesures soniques.* ■ Dont la vitesse est voisine de celle du son. *Une brosse à dents électrique à vibrations soniques.*

SONNA, ■ n. f. [sɔna] Voy. SUNNA.

SONNAILLE, n. f. [sɔnaj] (*sonner*) Clochette qu'on attache au cou des bestiaux ou bêtes de somme.

1 SONNAILLER, n. m. [sɔnaje] (*sonnaille*) ▷ L'animal qui dans un troupeau va le premier, avec la clochette au cou. ◁

2 SONNAILLER, v. intr. [sɔnaje] (*sonner*) Fam. Sonner souvent et sans besoin.

SONNANT, ANTE, adj. [sɔnɑ̃, ɑ̃t] (*sonner*) Qui rend un son clair et distinct. « *La trompette sonnante A retenti de tous côtés* », GILBERT. ♦ *Horloge, montre sonnante*, horloge, montre qui sonne les heures. ♦ *À l'heure sonnante*, à l'heure précise. « *J'y cours midi sonnant* », BOILEAU. ♦ *Espèces sonnantes*, monnaie d'or et d'argent. ♦ **Par extens.** *Vers sonnants*, vers qui satisfont l'oreille. ♦ *Mal sonnant*, on écrit plus ordinairement *malsonnant* en un seul mot (Voy. ce mot). ♦ SONNANT ET TRÉBUCHANT, loc. adj. En monnaie, en pièces d'argent. **Par extens.** En argent liquide ou, plus généralement, en argent, par opposition à *en nature.* *Payer en euros sonnants et trébuchants. Une récompense sonnante et trébuchante. Régler une facture en espèces sonnantes et trébuchantes.*

SONNÉ, ÉE, p. p. de sonner. [sɔne] Annoncé par le son des cloches. *Messe sonnée.* ♦ **Prov.** *Matines bien sonnées sont à demi dites.* ♦ Il se dit de l'heure marquée par le son de la cloche. *Il est trois heures sonnées.* ♦ **Fig.** *Son heure était sonnée*, le moment de mourir était arrivé pour lui. ♦ **Fig.** Il se dit d'un laps de temps révolu, d'une date qui est accomplie. *Il a cinquante ans sonnés.* ■ **Fam.** Assommé par un choc violent, physique ou moral. *Elle paraît sonnée par sa chute. Tout sonnés par cette nouvelle, ils sont venus en parler.* ■ **Fig.** et fam. Fou, déjanté. *Ce type est complètement sonné.*

SONNER, v. intr. [sɔne] (lat. *sonare*, émettre un son, retentir) Se conjugue avec *être* ou *avoir*, suivant le sens. Rendre un son. *Les cloches, les trompettes sonnent. Ce tonneau sonne creux.* ♦ *Faire sonner une montre*, se dit d'une montre à répétition dont on pousse le ressort et qui marque les heures par les sons. ♦ *Faire sonner une pièce de monnaie pour juger si elle est bonne.* ♦ *Sonner du cor, de la trompette, de la trompe*, faire rendre des sons à ces instruments. ♦ **Absol.** *Ces piqueurs sonnent bien.* ♦ Il se dit du son que produisent les lettres, les mots, etc. *L'r sonne dans mer.* ♦ *Faire sonner une lettre*, la faire

entendre avec tout le son qui lui appartient. ♦ *Ce mot sonne bien à l'oreille*, le son en est agréable. ♦ *Ce vers, cette stance, cette période sonne bien, sonne mal à l'oreille*, l'arrangement des paroles y est harmonieux, n'y est pas harmonieux. ♦ **Fig.** *Cette action sonne bien, sonne mal dans le monde*, elle est bien, mal reçue du public. ♦ **Fig.** *Cela sonne mal*, se dit d'un acte qui n'a pas bonne apparence. ♦ *Faire sonner un mot*, le prononcer avec emphase. ♦ *Faire sonner*, appuyer sur, parler de. « *Est-ce un sujet pourquoi Vous fassiez sonner vos mérites ?* », LA FONTAINE. ♦ *Faire bien sonner, faire sonner haut, bien haut*, vanter à l'excès, faire beaucoup valoir. ♦ Être indiqué, annoncé par quelque son. *Les vêpres sonnent. Midi est sonné.* ♦ **Mus.** *Sonner sur la basse*, se dit d'une note qui entre dans l'accord et fait partie de l'harmonie. ♦ **V. tr.** Tirer du son d'une cloche, d'une sonnette, etc. *Sonner les cloches, le tocsin, etc.* ♦ Annoncer quelque office de l'église par le son des cloches. *Sonner la messe.* ♦ **Absol.** *Sonner pour les morts.* ♦ **Par extens.** « *Un tocsin sonnant la mort des traîtres* », M.-J. CHÉNIER. ♦ **Mus.** *Sonner un ton, un accord*, le faire entendre. ◁ ♦ Il se dit des différentes manières de sonner du cor, de la trompe. *Sonner le laisser-courre. Sonner du gros ton.* ♦ **Absol.** Faire retirer les chiens. ♦ **Milit.** Donner avec la trompette différents signaux. *Sonner le boute-selle, la retraite, etc.* ♦ *Sonner à cheval*, sonner pour faire monter à cheval la cavalerie. ♦ **Fig.** *Il est temps de sonner la retraite*, il est temps de se retirer des affaires, du monde. ♦ *Sonner ses gens*, agiter une sonnette pour les faire venir. ♦ **Absol.** Agiter une sonnette pour appeler, pour se faire ouvrir une porte. *On sonne à votre porte.* ♦ ▷ **Fig.** et fam. *Ne sonner mot*, ne dire mot. ◁ ♦ ▷ *Ne pas sonner mot d'une chose*, n'en pas parler. ◁ ♦ ▷ *Être assujetti à la sonnette*, en parlant de son, de paroles. « *En prenant les expressions selon ce qu'elles sonnent* », BOSSUET. ♦ **Prov.** *On ne peut sonner les cloches et aller à la procession*, ou **Prov.** *sonner les cloches et dire la messe.* Voy. PROCESSION. ♦ **V. intr.** *Sonner faux*, manquer de sincérité. *Sa version des faits sonne faux.* ♦ **Fig.** *Sonner creux*, être vide de sens. *Les discours politiques qui sonnent creux.* ♦ **Fam.** *Se faire sonner les cloches*, être sermonné vivement. *Vu l'heure à laquelle il est rentré, il a dû se faire sonner les cloches.* ■ **V. tr. Fam.** Assommer physiquement ou moralement. *Cette nouvelle nous a tous sonnés.* ■ **Fam.** *Je ne t'ai pas sonné, on ne t'a pas sonné*, se dit à quelqu'un à qui l'on reproche de donner son avis sans qu'on le lui ait demandé. *Alors toi, ne te mêle pas de ça, on ne t'a pas sonné !*

SONNERIE, n. f. [sɔn(ə)ʀi] (*sonner*) Son de plusieurs cloches mises en même temps en branle. ♦ *La grosse sonnerie*, le son des grosses cloches ; *la petite sonnerie*, le son des cloches plus petites que les autres. ♦ Totalité des cloches d'une église. ♦ Toutes les pièces qui servent à faire sonner une montre, une pendule. ♦ Les différents airs que sonnent les trompettes ou les clairons d'un régiment. ♦ Son déclenché par un appareil mécanique ou électrique. *La sonnerie d'un réveil, du téléphone. Télécharger des sonneries pour son portable.*

SONNET, n. m. [sɔnɛ] (ital. *sonetto*, de l'anc. provenç. *sonet*, chanson) Ouvrage de poésie composé de quatorze vers distribués en deux quatrains sur deux rimes seulement et en deux tercets.

SONNETTE, n. f. [sɔnɛt] (*sonner*) Clochette dont on se sert pour appeler ou pour avertir. ♦ ▷ *Être assujetti à la sonnette, être à la sonnette*, être obligé d'aller, de venir au bruit d'une sonnette, comme est un domestique. ◁ ♦ Boulette de cuivre ou d'argent, creuse et fendue, dans laquelle il y a un petit morceau de métal qui sonne et fait du bruit quand on l'agite. ♦ *Serpent à sonnettes.* Voy. SERPENT. ♦ Machine composée d'un bloc de bois ou de métal, nommé mouton, qui glisse entre deux coulisses verticales, et employée pour enfoncer les pilotis. ♦ Bouton sur lequel on appuie pour déclencher une sonnerie, en particulier à l'entrée d'un logement. *Appuyer sur la sonnette. Ils n'avaient pas mis leur nom sur la sonnette.* ♦ **Fig.** *Tirer la sonnette d'alarme.* Voy. ALARME. ♦ **Fig.** et fam. *Tirer les sonnettes*, démarcher porte à porte pour obtenir quelque chose. *Un auteur qui tire les sonnettes des éditeurs.*

SONNEUR, EUSE, n. m. et n. f. [sɔnœʀ, øz] (*sonner*) Personne qui sonne les cloches. ♦ *Boire comme un sonneur*, boire beaucoup. ♦ *Sonneur de trompette*, celui qui joue de la trompette. ♦ Espèce de courlis.

SONNEZ, n. m. [sɔne] (altér. du lat. *senes*, acc. de *seni*, six par six) Au trictrac, coup de dés qui amène les deux six.

SONO, ■ n. f. [sɔno] (abrév. de *sonorisation*) Ensemble du matériel (amplificateurs, enceintes, micros, etc.) servant à la sonorisation d'un lieu. *Louer une sono pour une soirée.* ■ Ensemble des activités liées à la sonorisation d'un lieu. *Merci à toute l'équipe qui est à la sono.*

SONOMÈTRE, ■ n. m. [sɔnɔmɛtʀ] (lat. *sonus*, son, et *-mètre*) Acoust. Appareil servant à mesurer une intensité sonore. *Un sonomètre numérique, digital.* ■ *Un sonomètre évolutif*, appareil utilisé pour mesurer et analyser le volume sonore sur un poste de travail. *Un sonomètre évolutif permet de déterminer si un environnement professionnel est trop bruyant.* ■ *Un sonomètre pour l'habitat*, appareil utilisé pour mesurer des niveaux sonores dans les habitations afin d'envisager la mise en place du niveau d'insonorisation adéquat.

SONORE, adj. [sɔnɔʀ] (lat. *sonorus*) Qui rend un son. « *Le vent sonore* », LEBRUN. ♦ *Consonnes sonores,* celles qui ne peuvent être prononcées qu'à haute voix et à glotte fermée ; ce sont *g, d, b, j, v* et *z.* ♦ Qui a un son agréable et éclatant. *Voix sonore.* « *Cette langue italienne, si pompeuse et si sonore* », MME DE STAËL. ♦ Qui renvoie bien le son. *Cette église est sonore.* ■ **Phys.** Qui produit le son. *Corps sonore.* ♦ *Vibrations sonores,* celles qui sont suffisamment rapides dans un gaz, un liquide ou un solide, pour produire sur l'appareil de l'ouïe le genre d'impression dont la perception est appelée son. ♦ *Onde sonore,* nom donné à une succession d'ondulations de même nature qui ont lieu dans le même sens. ♦ Qui se prête particulièrement à la propagation des sons. *Une salle sonore.* ♦ Qui concerne l'enregistrement des sons. *Bande sonore d'un film. Paysage sonore. Bibliothèque sonore,* où l'on peut emprunter des livres enregistrés sur cassettes ou CD.

SONOREMENT, adv. [sɔnɔʀ(ə)mɑ̃] (*sonore*) D'une manière sonore.

SONORISATION, ■ n. f. [sɔnɔʀizasjɔ̃] (*sonoriser*) Fait d'ajouter un enregistrement sonore à de l'image, à du visuel. *Des enregistrements pour la sonorisation d'un spectacle. La sonorisation de sites Internet.* ■ Action de sonoriser un lieu. *Le matériel de sonorisation.* ■ REM. On emploie couramment l'abréviation *sono* dans ce sens. ■ **Phonét.** Fait pour un phonème de devenir sonore. *La marque du féminin peut s'accompagner d'une sonorisation du phonème :* ainsi le *[f]* de *naïf* devient *[v]* dans *naïve.*

SONORISER, ■ v. tr. [sɔnɔʀize] (*sonore*) Ajouter une bande sonore à un élément visuel. *Sonoriser un film muet, un diaporama.* ■ Adj. *Film sonorisé.* ■ Installer dans un lieu du matériel d'amplification et de diffusion du son. *Sonoriser une salle de spectacle.* ■ Équiper un lieu de dispositifs d'écoute pour espionner. ■ **Phonét.** Se sonoriser, v. pr. Rendre sonore une consonne sourde. *Le p se sonorise en b.*

SONORITÉ, n. f. [sɔnɔʀite] (b. lat. *sonoritas*) Qualité de ce qui est sonore ; propriété de produire du son. ♦ Propriété qu'ont certains corps de renforcer les sons en les répercutant. ♦ **Phonét.** Propriété des phonèmes dont l'articulation se fait avec vibration des cordes vocales. *La sonorité du [b].*

SONOTHÈQUE, ■ n. f. [sɔnɔtɛk] (lat. *sonus,* son, et *-thèque*) Lieu où sont conservés des enregistrements sonores. *Une sonothèque ouverte au public.*

SOPEUR, n. f. [sɔpœʀ] Voy. SOPOR.

SOPHA, n. m. [sofa] Voy. SOFA.

SOPHI, n. m. [sofi] 1 Voy. SOFI.

SOPHISME, n. m. [sofism] (gr. *sophisma,* raisonnement habile, argument captieux) Faux raisonnement qui a quelque apparence de vérité. ♦ **Par extens.** *Sophismes d'amour-propre, d'intérêt, de passions, etc.,* faux raisonnements que suggèrent l'amour-propre, l'intérêt, les passions, etc. ♦ **Fig.** *Les sophismes du cœur,* illusions, égarements du cœur. ♦ **Log.** Raisonnement juste selon la forme mais qui aboutit à une conclusion fausse. *Il peut y avoir sophisme quand l'argument tire sa conclusion d'un nombre insuffisant de prémisses. Il aimait ce sophisme simpliste :* « *ce qui est rare est cher, or un cheval borgne est rare, donc un cheval borgne est cher.* »

SOPHISTE, n. m. [sofist] (gr. *sophistês,* orateur, imposteur) Anciennement, chez les Grecs, nom donné à des hommes moitié rhéteurs, moitié philosophes, qui cherchaient plus à faire parade de leur esprit qu'à reconnaître la vérité des choses. ♦ Aujourd'hui, celui qui fait des arguments captieux. ♦ **Fig.** « *Les passions, qui sont de tous les sophistes les plus adroits et les plus dangereux* », MARMONTEL. ♦ **Adj.** « *Y a-t-il rien dans la littérature de plus dangereux que les rhéteurs sophistes?* », VOLTAIRE.

SOPHISTERIE, n. f. [sofistəʀi] (*sophiste*) Emploi du sophisme. « *Sans passion, sans sophisterie et sans tyrannie* », BOSSUET.

SOPHISTICATION, n. f. [sofistikasjɔ̃] (*sophistiquer*) Action de dénaturer une substance médicamenteuse ou autre par le mélange frauduleux de substances inertes ou d'une qualité inférieure. ♦ Chose sophistiquée. ♦ Caractère de ce qui est sophistiqué. *La sophistication des téléphones mobiles. Un luxueux hôtel d'une grande sophistication.*

SOPHISTIQUE, adj. [sofistik] (gr. *sophistikos,* qui concerne les sophistes, fallacieux) Qui tient du sophisme. *Des raisonnements sophistiques.* ♦ Qui est porté au sophisme. « *L'esprit sophistique des Grecs* », VOLTAIRE. ♦ N. f. Partie de la logique qui traite de la réfutation des sophismes. ♦ L'art des sophistes.

SOPHISTIQUÉ, ÉE, p. p. de sophistiquer. [sofistike] Qui fait preuve d'un grand raffinement, le plus souvent artificiel. *Une femme sophistiquée.* ■ Très perfectionné techniquement. *Un appareil sophistiqué. Une recette de cuisine sophistiquée.*

SOPHISTIQUEMENT, adv. [sofistik(ə)mɑ̃] (*sophistique*) D'une manière sophistique.

SOPHISTIQUER, v. tr. [sofistike] (lat. médiév. *sophisticare,* tromper, corrompre) Subtiliser avec excès. *Sophistiquer ses pensées.* ♦ Absol. *Sophistiquer*

sans cesse. ♦ Frelater, falsifier une liqueur, du vin, une drogue, etc. ♦ **Fig.** *Sophistiquer le sentiment.* ♦ Rendre sophistiqué. *Un nouveau fard à paupières pour sophistiquer votre maquillage.* ♦ V. pr. *Des techniques qui se sophistiquent sans cesse.*

SOPHISTIQUERIE, n. f. [sofistik(ə)ʀi] (*sophistiquer*) **Fam.** Excessive subtilité. ♦ Syn. moins usité de sophistication.

SOPHISTIQUEUR, EUSE, n. m. et n. f. [sofistikœʀ, øz] (*sophistiquer*) Personne qui subtilise avec excès. ♦ ▷ Celui qui falsifie, qui altère les drogues, etc. ◁

SOPHORA, n. m. [sofoʀa] (prob. de l'ar. *sufayra*) Genre d'arbres de la famille des légumineuses. ■ REM. On disait autrefois *sophore.*

SOPHROLOGIE, ■ n. f. [sofʀolɔʒi] (gr. *sôphrôn,* sain d'esprit, et *-logie*) Ensemble des techniques médicales dont l'objectif est d'étudier et de traiter le psychisme et les états de conscience par relaxation du corps. *Sophrologie du sport, prénatale, etc. La sophrologie est fondée sur la philosophie caycedienne.* ■ SOPHROLOGIQUE, adj. [sofʀolɔʒik] *Relaxation, initiation, approche sophrologique.* ■ SOPHROLOGUE, n. m. et f. [sofʀolɔg]

SOPHRONISTES, n. m. pl. [sofʀonist] (gr. *sôphronistês,* conseiller) Antiq. grecq. Magistrats d'Athènes, qui remplissaient les mêmes fonctions que les censeurs à Rome.

SOPOR n. m. ou **SOPEUR**, n. f. [sopɔʀ, sopœʀ] (lat. *sopor,* sommeil profond) **Méd.** Sommeil lourd et pesant, dont il est difficile de tirer les malades. ■ REM. Rare aujourd'hui.

SOPORATIF, IVE, adj. [soporatif, iv] (rad. du lat. *soporatus,* de *soporare,* endormir) ▷ Qui a la vertu d'endormir. *L'opium est très soporatif.* ♦ N. m. *Le laudanum est un grand soporatif.* ♦ **Fig.** Qui ennuie, endort. « *Un poème didactique et un peu soporatif* », VOLTAIRE. ■ On dit auj. *soporifique.* ◁

SOPOREUX, EUSE, adj. [soporø, øz] (lat. *sopor,* sommeil profond) ▷ **Méd.** Qui tient du sopor, qui a rapport au sopor. ♦ *Maladies soporeuses,* celles qui sont accompagnées ou caractérisées par un assoupissement profond, par un état comateux. ◁

SOPORIFIQUE, adj. [soporifik] (lat. *sopor,* sommeil profond, et suff. *-fique,* de *facere,* faire) Qui a la vertu d'endormir. *Substance soporifique.* ♦ N. m. *Un soporifique* ▷ ou *un soporifère.* ◁ ♦ **Fig.** et fam. Ennuyeux, qui endort. *Discours soporifique.* ■ REM. On employait également autrefois *soporifère.*

SOPRANISTE, ■ n. m. [sopʀanist] (*soprano*) **Mus.** Chanteur adulte qui a gardé sa voix de soprano. *Les sopranistes de la musique baroque.*

SOPRANO, n. m. [sopʀano] (mot it., qui est au-dessus) **Mus.** La voix qu'on appelait autrefois dessus ; c'est la plus élevée de toutes. ♦ Le chanteur qui a cette espèce de voix. *Un soprano.* ♦ Au f. *Une chanteuse soprano,* et même *une soprano.* ♦ Au pl. *Des sopranos* ou *des soprani* (pluriel italien).

SOR, adj. m. [sɔʀ] Voy. SAUR.

SORBE, n. f. [sɔʀb] (lat. pop. *sorba,* du lat. *sorbum,* fruit du sorbier) Fruit du sorbier, dit aussi *corme.*

SORBET, n. m. [sɔʀbɛ] (ital. *sorbetto,* du turc, *serbet,* boisson rafraîchissante) Composition faite de citron, de sucre, d'ambre, etc. ♦ Breuvage fait de cette composition battue avec de l'eau. *Du sorbet glacé.* ♦ Toute liqueur, crème sucrée, suc de fruit, etc. propre à être transformée en glaces. *Un sorbet au marasquin.* ■ REM. Aujourd'hui, le sens de sorbet est restreint aux entremets glacés sans crème ni œuf, le plus souvent à base de fruits.

SORBETIÈRE, n. f. [sɔʀbətjɛʀ] (*sorbet*) Vase de métal dans lequel on prépare les liqueurs qui doivent être servies en glaces ou en sorbets. ♦ Appareil électrique au moyen duquel se préparent glaces et sorbets par réfrigération et mouvement continu. *J'ai offert une sorbetière à ma mère pour sa fête.* ■ REM. On disait aussi *sorbétière, sarbotière* et *sabotière* autrefois.

SORBIER, n. m. [sɔʀbje] (*sorbe*) Arbre de la famille des rosacées qui porte les sorbes ou cormes. ♦ Nourriture des oiseaux.

SORBITOL, ■ n. m. [sɔʀbitɔl] (*sorbe*) **Chim.** Polyalcool dérivant du glucose ou du fructose, utilisé comme édulcorant dans l'alimentation ou comme laxatif en pharmacie. *Le sorbitol est deux fois moins calorique que le sucre blanc mais possède également un pouvoir sucrant moins important.*

SORBONIQUE, n. f. [sɔʀbonik] (*Sorbonne*) ▷ Une des trois thèses que les bacheliers étaient obligés de soutenir pendant leur licence, dans la maison de Sorbonne. ◁

SORBONISTE, n. m. et n. f. [sɔʀbonist] (*Sorbonne*) Bachelier, bachelière, docteur en Sorbonne.

SORBONNARD, ARDE, ■ n. m. et n. f. [sɔʀbonaʀ, aʀd] (*Sorbonne*) **Fam.** Personne qui fait ses études à la Sorbonne. *Un sorbonnard qui travaille sur sa thèse.*

SORBONNE, n. f. [sɔʀbon] (*Sorbon,* fondateur de cette faculté) École célèbre de théologie, fondée à Paris par Robert de Sorbon, et qui plus tard donna son nom à la faculté entière de théologie. ✦ Aujourd'hui, grand bâtiment construit par les ordres de Richelieu, où se font les cours des facultés des sciences, des lettres et de théologie, à Paris. ✦ Chef-lieu de l'académie de Paris.

SORCELLERIE, n. f. [sɔrsɛl(ə)ri] (*sorcier*) Voy. SORCIER. Opération de sorcier. ✦ Fig. Tours d'adresse, choses qui paraissent au-dessus des forces de la nature.

SORCIER, IÈRE, n. m. et n. f. [sɔrsje, jɛr] (lat. tard. *sortiarius*, diseur de sorts) Celui, celle qui passe pour avoir fait un pacte avec le diable, à l'effet d'opérer des maléfices, et pour aller à des assemblées nocturnes dites sabbat. ✦ Fam. *Il n'est pas sorcier,* il n'est pas très habile. ✦ *Il ne faut pas être grand sorcier pour cela,* c'est une chose qui n'exige pas une bien grande habileté. ✦ En un sens opposé. « *Il faut être sorcier pour lire ce manuscrit* », P.-L. COURIER. ✦ Fig. Celui qui charme comme par un sortilège. ✦ Il se dit aussi des choses qui captivent. ✦ Fig. et pop. *Un vieux sorcier,* un homme vieux et méchant. ✦ *Une vieille sorcière,* une femme vieille et méchante. ✦ N. f. Bot. *Sorcière,* un des noms de la *circée lutétienne,* dite aussi herbe à la magicienne. ✦ Nom vulgaire des espèces du genre mante. ✦ Fam. *Ce n'est pas sorcier,* ce n'est pas compliqué. ■ Dans certaines tribus primitives, personne supposée posséder certains dons lui permettant de guérir les malades, de se livrer à la magie, etc.

SORDIDE, adj. [sɔrdid] (lat. *sordidus,* sale, bas, insignifiant) Sale, vilain. « *François ne saurait avoir ni un habillement si sordide ni une nourriture si modique, qu'il ne soit parfaitement satisfait* », BOSSUET. ✦ En parlant de personnes. « *Irais-je, adulateur sordide, Encenser un sot dans l'éclat ?* », GRESSET. ✦ ▷ Méd. Sale, de mauvais aspect, de mauvaise nature. *Plaie sordide.* ◁ ✦ Fig. Se dit de l'avarice et des choses qui s'y rapportent. « *Un intérêt bas et sordide* », BOSSUET. « *Travaillez pour la gloire, et qu'un sordide gain Ne soit jamais l'objet d'un illustre écrivain* », BOILEAU. ✦ Par extens. Très avare, vilain, en parlant des personnes. « *Une avare et sordide famille* », BOILEAU. ✦ Qui est répugnant par sa bassesse morale. *Une sordide histoire de vengeance.*

SORDIDEMENT, adv. [sɔrdid(ə)mã] (*sordide*) D'une manière sordide.

SORDIDITÉ, n. f. [sɔrdidite] (*sordide*) État de ce qui est sordide, sale. ✦ Mesquinerie, ladrerie.

SORE, ■ n. m. [sɔr] (gr. *sôros,* tas, monceau) Bot. Amas de sporanges situé sous les frondes des fougères. *Les sores forment de petites boules brunâtres.*

SORET, adj. m. [sɔrɛ] Voy. SAURET.

SORGHO ou **SORGO**, n. m. [sɔrgo] (ital. *sorgo,* du lat. *Syriacus,* syrien) Genre de plantes, dont une espèce, dite aussi grand millet, est cultivée dans le midi de la France, et sert à faire les balais du commerce. ✦ *Sorgho à sucre,* sorgho dont on tire de l'alcool.

SORITE, n. m. [sɔrit] (lat. *sorites,* du gr. *sôreitês*) Sorte de raisonnement, composé d'une suite de propositions, dont la seconde doit expliquer l'attribut de la première, la troisième l'attribut de la seconde, ainsi de suite, jusqu'à ce qu'enfin on arrive à la conséquence que l'on veut tirer.

SORNETTE, n. f. [sɔrnɛt] (dimin. de l'anc. fr. *sorne,* plaisanterie, moquerie, voir *sournois*) Discours frivole, bagatelle. *Un conteur de sornettes.*

SORORAL, ALE, ■ adj. [sɔrɔral] (lat. *soror,* sœur) Relatif à une ou plusieurs sœurs. *Les rapports fraternels et sororaux.*

SORT, n. m. [sɔr] (lat. class. *sors, sortem,* oracle, destin) Destinée, considérée comme cause des événements de la vie, suivant l'idée des anciens. « *Défions-nous du sort* », LA FONTAINE. ✦ On le personnifie quelquefois. « *Le sort, de sa plainte touché, Lui donne un autre maître* », LA FONTAINE. ✦ Effet de la destinée, rencontre fortuite des événements. *Souvent on accuse le sort de ses fautes.* ✦ Il se dit quelquefois pour vie. « *Tous les miens, à mes yeux, terminèrent leur sort* », VOLTAIRE. ✦ État d'une personne par rapport à la condition, à la richesse. *Cette succession améliorera son sort.* « *La splendeur de son sort doit hâter sa ruine* », RACINE. ✦ *Un sort,* une condition, avec l'idée de quelque chose de durable et de définitif. *Faire un sort à quelqu'un.* ✦ Fig. Condition des choses. « *Tel fut chez nous le sort du théâtre comique* », BOILEAU. ✦ ▷ *Le sort principal d'une rente,* le capital placé (acception vieillie ; on dit principal, capital). ◁ ✦ Antiq. *Le sort* ou *les sorts,* prétendu moyen de connaître l'avenir, à l'aide de dés qu'on jetait. « *Les sorts étaient le plus souvent des espèces de dés sur lesquels étaient gravés quelques caractères ou quelques mots dont on allait chercher l'explication dans des tables faites exprès* », FONTENELLE. ✦ ▷ *Jeter le sort, jeter au sort,* se disait de l'action de jeter les dés pour décider quelque chose, pour faire un partage, etc. « *David voit sa robe jetée au sort* », BOSSUET. ◁ ✦ ▷ Fig. *Jeter le sort,* tirer au sort. ◁ ✦ Fig. *Le sort en est jeté,* le parti en est pris, la chose est décidée. ✦ Manière de décider une chose par le hasard. *Le sort est tombé sur un tel.* ✦ *Le sort des armes,* le combat considéré relativement à l'incertitude du succès. *L'artillerie fit le sort de la bataille.* ✦ Il s'est dit pour chance, probabilité. *Les lois des sorts.* ✦ Paroles, caractères, etc. par lesquels les ignorants croient que l'on peut opérer des maléfices. « *C'est quelque sort qu'il faut qu'il ait jeté sur*

toi », MOLIÈRE. ✦ Fig. *Il y a un sort sur...,* il semble qu'un sortilège, qu'une mauvaise chance préside à. *Il y a un sort sur toute ma correspondance.* ■ Fam. *Faire un sort à,* achever. *On a fait un sort au coq au vin.* ■ Fig. *Faire un sort à,* régler une bonne fois pour toutes. *Faire un sort à sa requête.*

1 **SORTABLE**, adj. [sɔrtabl] (1 *sortir*) ▷ ▷ Qui est de sorte à convenir. « *Un âge sortable au vôtre* », LA FONTAINE. « *Tout autre état que celui où Dieu veut nous placer, n'est pas sortable pour nous* », BOURDALOUE. ◁ ✦ *Mariage sortable, parti sortable,* celui qui se fait entre deux personnes de la même sorte, qui se conviennent par l'âge, le bien, la naissance. ◁ ◁

2 **SORTABLE**, ■ adj. [sɔrtabl] (2 *sortir*) Fam. Avec qui l'on peut sortir en public. *Tu n'es vraiment pas sortable !*

SORTABLEMENT, adv. [sɔrtabləmã] (1 *sortable*) ▷ D'une manière sortable, qui convient. ◁

SORTANT, ANTE, adj. [sɔrtã, ãt] (1 *sortir*) Qui sort. ✦ *Numéros sortants,* les numéros qui sortent à la loterie. ✦ N. m. et n. f. *Les entrants et les sortants,* les personnes qui entrent dans un lieu et celles qui en sortent. ✦ Il se dit des membres d'un corps, d'une assemblée, qui cessent d'en faire partie. ✦ *Élèves sortants,* les élèves dont le temps d'école est achevé.

SORTE, n. f. [sɔrt] (lat. impér. *sors, sortem,* catégorie, sorte) Espèce, genre. *Toutes sortes de gens.* « *Toute sorte de biens comblera nos familles* », MALHERBE. ✦ *Un homme de sa sorte, de votre sorte,* se dit par mépris ou par estime, en mal ou en bien. ✦ ▷ *De la première sorte,* du premier ordre, excellent. ◁ ✦ ▷ Comm. *Mettre par sorte,* assortir. ◁ ✦ Avec *de* et un substantif, *sorte* se dit d'une chose dont le caractère n'est pas net ou complet. *Jouir d'une sorte de faveur.* ✦ Façon, manière. « *Traitez-nous de même sorte* », LA FONTAINE. ✦ *De telle sorte, de telle manière. Il a agi de telle sorte qu'il a perdu sa place.* ✦ *De bonne sorte,* de la bonne manière, de bonne manière, comme il faut. ✦ ▷ Fam. *De la bonne sorte,* sévèrement. *Parler à quelqu'un de la bonne sorte.* ◁ ✦ *En quelque sorte,* jusqu'à un certain point, pour ainsi dire. ✦ DE LA SORTE, EN LA SORTE, loc. adv. Ainsi, de cette manière. « *Dieux ! verrons-nous toujours des malheurs de la sorte ?* », P. CORNEILLE. « *Ceux qui en useraient de la sorte* », PASCAL. ✦ DE SORTE QUE, EN SORTE QUE, conj. Qui lie par forme d'explication. « *En sorte que, comme l'âme élève le corps à elle en le gouvernant, elle est abaissée au-dessous de lui par les choses qu'elle en souffre* », BOSSUET. « *Il fit en sorte que plusieurs choses nécessaires manquèrent à Philoclès dans cette entreprise* », FÉNELON. ✦ *En sortir de,* avec l'infinitif, même sens. ✦ EN QUELQUE SORTE, loc. adv. Presque, pour ainsi dire. ✦ *Toute sorte* se met d'ordinaire avec le singulier, comme : *je vous souhaite toute sorte de bonheur,* et *toutes sortes* avec le pluriel, comme : *Dieu nous préserve de toutes sortes de maux.* Cependant rien n'empêche de dire : *toute sorte de maux,* et même *toutes sortes de bonheur.* ■ Dans les phrases où *sorte* est employé, l'accord du verbe est déterminé ordinairement par le substantif qui suit : *toute sorte de livres ne sont pas bons. Une sorte de bois qui est fort dur.*

SORTEUR, EUSE, adj. [sɔrtœr, øz] (1 *sortir*) Fam. Qui sort souvent, quitte souvent le logis. *Cette domestique n'est pas sorteuse.*

SORTI, IE, p. p. de sortir. [sɔrti]

SORTIE, n. f. [sɔrti] (p. p. de *sortir*) Voy. SORTIR. Action de sortir. ✦ Au théâtre, action d'un personnage qui quitte la scène. ✦ *Fausse sortie,* mouvement d'un personnage pour quitter la scène, interrompu soit par sa volonté, soit par toute autre raison. ✦ Attaque que font les assiégés, lorsqu'ils sortent pour combattre les assiégeants. ✦ ■ Mar. Action de faire sortir un bâtiment d'un bassin, d'un port, d'une rade. ✦ Courte campagne, petit voyage près des côtes. ✦ Transport des marchandises, des animaux de vente d'un lieu dans un autre, exportation. *Défendre la sortie des matières d'or et d'argent.* ✦ *Sortie de bal,* sorte de vêtement chaud que les femmes mettent pour se garantir du froid en sortant du bal. ✦ Endroit par où l'on sort. *Cette maison a deux sorties. Il a une sortie sur la rue.* ✦ Action de quitter la vie, le monde. « *Ils parlaient à Jésus de sa sortie du monde* », SACI. ✦ Fig. Issue, manière d'échapper à quelque embarras. *Se ménager une sortie.* ✦ Fig. et fam. Action de dire brusquement à quelqu'un quelque chose de très dur. *Faire une sortie à quelqu'un.* ✦ Violent emportement contre une personne présente ou absente. *Faire une sortie contre quelqu'un.* ✦ On dit dans les deux sens : *faire une sortie sur quelqu'un* ou *sur quelque chose.* ✦ Déclamation, invective. *Une sortie contre le luxe.* ✦ Au jeu, cartes basses qui donnent le moyen de cesser de faire des levées. ✦ À LA SORTIE DE, loc. prép. Au moment où l'on sort de. *À la sortie de l'audience, de l'hiver, etc.* ✦ *À la sortie des juges,* au moment où les juges sortent. ■ Fait d'être présenté au public, mis en vente. *La sortie d'un film, d'un disque.* ✦ *Être de sortie,* prévoir d'aller se distraire. *Ce soir, nous sommes de sortie.* ✦ *Sortie de bain,* peignoir en éponge dans lequel on s'enveloppe après le bain. ■ N. f. pl. Dépenses. *Les rentrées et les sorties.* ■ *Sortie papier,* version imprimée d'un fichier informatique. *Faire des corrections à l'écran ou sur une sortie papier.*

SORTILÈGE, n. m. [sɔrtilɛʒ] (lat. médiév. *sortilegium,* tirage au sort, divination) Maléfice des sorciers. ■ Action qui semble relever de la magie. *Les sortilèges de la séduction.* ■ REM. Graphie ancienne : *sortilége.*

1 SORTIR, v. intr. [sɔʀtiʀ] (lat. class. *sortiri*, tirer au sort) Se conjugue avec *être* ou *avoir*, suivant le sens. Passer du dedans au dehors. *La rivière est sortie de son lit. Le sang lui sortait de la bouche.* ◆ Fam. *D'où sortez-vous?* Où étiez-vous qu'on ne vous a pas vu depuis longtemps? ◆ Fig. *D'où sortez-vous?* se dit pour exprimer à quelqu'un qu'il est tout à fait étranger à ce qui se passe, aux nouvelles du jour, aux habitudes du monde, etc. ◆ Fig. *Sortir des gonds.* Voy. GOND. ◆ Fig. et fam. *Les yeux lui sortent de la tête,* ils sont animés par l'effet d'une violente passion. ◆ Aller se promener, aller faire des visites. *Je ne sors point de chez moi.* ◆ En parlant d'un malade, ne plus garder la chambre. ◆ *Sortir de prison,* être élargi, libéré. ◆ *Sortir d'une maison,* cesser d'y remplir la place qu'on y occupait. ◁ ◆ *Sortir du sermon, du spectacle, etc.,* sortir du lieu où l'on a assisté au sermon, au spectacle etc. ◆ On dit aussi : *sortir de table, sortir d'entendre le sermon, sortir de dîner, etc.* ◆ *Sortir,* suivi d'un qualificatif, exprime que l'on quitte tel lieu, telle chose, avec la qualité, la disposition exprimée. « *Sors vainqueur d'un combat dont Chimène est le prix* », P. CORNEILLE. ◆ Quitter à l'instant même. « *Monsieur et madame de Mesme sortent d'ici* », MME DE SÉVIGNÉ. ◆ *Ce jeune homme sort du collège,* il vient de finir ses classes. ◆ *Cet ouvrage sort de chez l'ouvrier,* il est tout neuf. ◆ En parlant du logis, d'appartements, avoir une sortie, une issue. *Ce cabinet sort dans le jardin.* ◆ Avoir du relief. « *Les figures ne sortent point assez* », VOLTAIRE. ◆ Fig. *Cette pensée ne sort pas assez,* il faut l'exprimer avec plus de force, lui donner plus de relief. ◆ On dit de même : *faire sortir une pensée, un caractère.* ◆ Fig. Passer d'un temps, d'une époque, d'un état, d'une condition à une autre. *Sortir de l'hiver, de l'enfance, de nourrice, d'esclavage, de page, etc.* ◆ *Sortir de maladie,* cesser d'être malade, arriver à guérison. ◆ **Chorégr.** *Sortir de cadence,* ne plus danser en cadence. ◆ **Mus.** *Sortir de mesure,* ne plus chanter, ne plus jouer en mesure. *Sortir du ton,* détonner, ou passer d'un ton dans un autre. ◆ **Escrime** *Sortir de mesure,* se mettre hors d'état de porter une botte de pied ferme à son adversaire. ◆ *Sortir de la vie,* mourir. ◆ *Sortir de doute, d'erreur, etc.* ◆ *Sortir d'être dans un certain état moral. Sortir de son caractère,* agir, parler autrement qu'on n'a coutume. ◆ Fig. S'écarter d'un sujet, d'une règle, d'une limite. ◆ *Sortir de la question,* s'égarer hors de l'objet qu'on traite. ◆ *Sortir de son talent,* entreprendre des choses qui ne sont pas conformes à notre talent. ◆ Se dégager d'un endroit difficile. *Nous ne sortirons jamais de ces montagnes.* ◆ Fig. Laisser de côté. *Sortons des suppositions.* ◆ Fig. Se tirer de ce qui embarrasse, gêne, met en danger. *Sortir d'une mauvaise affaire, d'embarras, etc.* ◆ Être issu, provenir de naissance. « *Daignez considérer le sang dont vous sortez* », P. CORNEILLE. ◆ **Impers.** « *Il est sorti de ce pays quelques auteurs célèbres* », ROLLIN. ◆ Être produit, en parlant des œuvres de Dieu, de la nature. « *Tout ce qui sort des mains des dieux doit être parfait* », DIDEROT. ◆ Il se dit des écoles qui produisent des sujets. *Il est sorti de cette école de grands peintres.* ◆ *Sortir des mains de quelqu'un,* avoir été formé par lui. ◆ Avoir sa source, sa cause. « *Rien n'est si insupportable à l'homme que d'être dans un plein repos : incontinent il sortira du fond de son âme l'ennui, la noirceur, la tristesse* », PASCAL. ◆ En parlant des ouvrages de l'esprit, de l'art, etc., être produit. *Cet écrit sort d'une bonne plume.* ◆ Il se dit aussi de la fabrication. *Cela sort des mains d'un habile ouvrier, de telle fabrique.* ◆ Poindre au dehors, commencer à paraître. *Les fleurs commencent à sortir. La rougeole est sortie. Il lui est sorti une dent.* ◆ Fig. « *L'esprit lui sort de tous côtés* », MME DE SÉVIGNÉ. ◆ Fig. Se manifester, être suivi d'effet. « *Le naturel toujours sort et sait se montrer* », BOILEAU. ◆ Fig. *Le feu lui sort par les yeux,* il a les yeux allumés par la colère. ◆ Se faire entendre. « *Cette irrévocable sentence sortit de sa bouche* », BOSSUET. ◆ S'exhaler. *Une grande chaleur sort de ce fourneau.* ◆ Il se dit en ce sens d'ordinaire impersonnellement. ◆ S'écarter, s'éloigner, avec un nom de chose pour sujet. *Cela sort des proportions ordinaires.* ◆ *Sortir de,* ne pas demeurer en la possession de. *Ce domaine est sorti de mes mains.* ◆ *Sortir de la mémoire, de l'esprit,* être oublié. ◆ AU SORTIR DE, loc. prép. Au moment où l'on sort de. *Au sortir d'ici, de chez vous, etc. Au sortir de l'enfance.* ◆ V. tr. Tirer, transporter, faire sortir. *Sortez la voiture de la remise. Sortir des marchandises. Sortir les dames,* tirer les dames hors du trictrac. ◆ **Mar.** Tirer un bâtiment d'un bassin, d'un port, d'une rade. ◆ On dit : *sortir un enfant, un malade,* prendre un enfant, un malade par la main, par le bras, et les mener dehors pour leur faire prendre l'air. ◆ Fig. Faire changer de condition. « *Les personnes sans éducation sont très à plaindre lorsqu'un événement imprévu les sort de leur état* », MME DE GENLIS. ◆ Tirer d'embarras. *Sortez-moi de cette affaire.* ■ V. intr. Fam. Avoir une relation amoureuse. *Ils sortent ensemble depuis quelques semaines.* ■ Être présenté au public, mis en vente. *Son roman sortira à l'automne prochain.* ■ Être tiré au sort. *Le numéro deux est sorti. Sujet qui sort à un concours.* ■ V. pr. Fam. *S'en sortir,* réussir à se tirer d'affaire ; recouvrer la santé. ■ V. tr. Présenter au public, mettre en vente. *Un couturier qui sort sa nouvelle collection.* ■ Fam. Éliminer un adversaire, un concurrent au cours d'une manifestation sportive. *Le joueur de tennis s'est fait sortir en trois manches.* ■ Fam. Dire. *Arrête de sortir des âneries pareilles !*

2 SORTIR, v. tr. [sɔʀtiʀ] (1 *sortir*) il sortit, ils sortissent ; il sortissait ; qu'il sortisse ; sortissant. **Jurispr.** Ne s'emploie qu'à la 3ᵉ personne. Obtenir,

avoir. *Cette sentence sortira son plein et entier effet.*

SOS, ■ n. m. [ɛsoɛs] (sigle de l'angl. *save our souls*, sauvez nos âmes) Signal international de détresse choisi pour sa facilité de transmission en morse (trois points, trois traits, trois points). *sos d'un avion.* ■ Appel au secours d'une personne en danger. « *Et quand ils étaient en détresse Qu'leurs bras lançaient des sos* », G. BRASSENS. ■ Fam. Demande urgente d'aide morale ou matérielle. *L'association a lancé un nouvel sos humanitaire.*

SOSIE, n. m. [sozi] (lat. *Sosia,* personnage d'une comédie de Plaute) Personne qui a une parfaite ressemblance avec une autre.

SOSTENUTO, ■ adv. [sɔstenuto] (mot it., soutenu, du lat. *sostenere,* soutenir) **Mus.** En soutenant les sons. *Andante, allegro, duo sostenuto.*

SOT, OTTE, adj. [so, ɔt] (lat. médiév. *sottus,* d'orig. inc.) Qui est sans jugement. « *On peut être sot avec beaucoup d'esprit* », LA ROCHEFOUCAULD. ◆ Fam. *Je ne suis pas si sot,* c'est une sottise que je ne commettrai pas. ◆ N. m. et n. f. « *Un sot trouve toujours un plus sot qui l'admire* », BOILEAU. ◆ *Maître sot,* se dit à un inférieur qu'on rabroue. ◆ Il se dit des choses, au même sens. *Une sotte vanité. Un sot projet.* ◆ Fâcheux, désagréable, ridicule, en parlant de choses. *Une sotte affaire. Un sot compliment.* ◆ Embarrassé, confus. *Il s'est trouvé fort sot.* ◆ N. m. et n. f. *Comme un sot,* avec confusion. *Être éconduit comme un sot.* ◆ *Le sot,* un des noms vulgaires de la raie oxyrrhynque, dite aussi *sotte* et *alène.* ◆ **Prov.** *À sotte demande point de réponse.* ◆ **Prov.** *Sottes gens, sotte besogne,* on ne peut rien tirer de bon des sottes gens. ◆ **Prov.** *Il n'y a pas de sot métier.* Voy. MÉTIER.

SOTÉRIOLOGIE, ■ n. f. [sɔteʀjɔlɔʒi] (gr. *sôtêrion,* moyen de salut, et *-logie*) **Relig.** Branche de la théologie qui étudie le salut de l'homme par le Christ. « *La superstition est donc l'essence de notre rapport à Dieu, de notre persécution par le grand furtif. Ainsi, la sotériologie passe-t-elle par la distinction de l'œuvre et de Dieu* », DERRIDA..

SOTIE ou **SOTTIE**, n. f. [soti] (*sot*) Pièce de notre ancien théâtre, au XVᵉ siècle, et au commencement du XVIᵉ siècle, sorte de satire allégorique dialoguée, où les personnages étaient censés appartenir à un peuple imaginaire nommé le peuple sot ou fol, lequel représentait, aux yeux des spectateurs, les dignitaires et personnages du monde réel. Ainsi le sot juge était un juge quelconque, et ainsi de suite pour tous les états.

SOT-L'Y-LAISSE, n. m. inv. [solilɛs] (*sot,* 2 *le, y,* et *laisser*) Morceau très délicat qui se trouve au-dessus du croupion d'une volaille. ◆ Au pl. *Des sot-l'y-laisse.*

SOTTEMENT, adv. [sɔt(ə)mɑ̃] (*sot*) D'une sotte façon.

SOTTIE, ■ n. f. [soti] Voy. SOTIE.

SOTTISE, n. f. [sɔtiz] (*sot*) Défaut de jugement. « *La sottise et la vanité sont compagnes inséparables* », BEAUMARCHAIS. ◆ ▷ *Sottise des deux parts,* se dit en parlant de deux personnes qui, dans un débat, ont tort chacune de leur côté. ◁ ◆ Parole sotte. *Dire des sottises.* ◆ Action sotte, sotte. « *Hélas ! on voit que, de tout temps, Les petits ont pâti des sottises des grands* », LA FONTAINE. ◆ Composition littéraire sans mérite. « *Hé quoi ! vil complaisant, vous louez des sottises !* », MOLIÈRE. ◆ Injure. *Dire des sottises à quelqu'un.* ◆ Ce qui n'a que peu d'intérêt. *Ils se querellent sans cesse pour des sottises.*

SOTTISIER, n. m. [sɔtizje] (*sottise*) Recueil de sottises. ◆ Particulièrement, recueil de chansons, de vers libres. ◆ ▷ Celui qui débite des sottises, qui tient des propos libres.

SOU, n. m. [su] (b. lat. *solidus,* massif, entier, puis pièce d'or) ▷ *Sou d'or,* monnaie de l'Empire romain. ◁ ◆ Monnaie employée en France sous la première race, les Mérovingiens¹. ◆ ▷ *Sou d'argent,* le vingtième de la livre d'argent. ◁ ◆ Anciennement, monnaie de compte, la vingtième partie de l'ancienne livre, valant douze deniers. ◁ ◆ ▷ La monnaie de cuivre qui avait cette valeur. ◁ ◆ ▷ *Un gros sou,* pièce de monnaie valant deux sous. ◁ ◆ ▷ Anciennement, *sou tournois,* sou de douze deniers ; *sou parisis,* sou de quinze deniers. ◁ ◆ ▷ *Au sou la livre,* au prorata de ce que chacun a mis de fonds dans une entreprise. On dit maintenant : *au marc le franc,* ou *au centime le franc.* ◁ ◆ ▷ *Le sou pour livre,* profit d'un vingtième. ◆ ▷ *Avoir un sou dans une affaire de finance, y être pour un sou, pour deux sous,* y avoir un vingtième, un dixième. Ces phrases ont vieilli. ◁ ◆ ▷ *Sou pour livre,* se disait de certains droits additionnels qu'on payait en sus de la taxe ou du prix convenu. ◁ ◆ ▷ Aujourd'hui, *sou,* la vingtième partie du franc, et valant cinq centimes. ◁ ◆ ▷ *Une pièce de cent sous,* une pièce de cinq francs. ◁ ◆ *Propre comme un sou,* très propre. ◆ Fam. *Il n'a pas un sou, ni sou ni maille, il n'a pas le sou vaillant,* il n'a pas d'argent. ◆ ▷ *Ne pas avoir le premier sou,* n'avoir aucun argent disponible, prêt pour une dépense. ◁ ◆ *Sans un sou, sans le sou, pas le sou,* sans argent. ◆ ▷ *Il n'a pas un sou de bien,* il n'a aucune propriété. ◁ ◆ ▷ Pop. *Il a mangé ses quatre sous,* il a mangé son peu de fortune. ◁ ◆ Fam. *Cette terre vaut cent mille francs comme un sou,* elle les vaut amplement. ◁ ◆ ▷ *Mettre sou sur sou,* épargner sur les plus petites choses pour amasser. ◁ ◆ ▷ *Sou à sou, sou par sou,* par petites sommes. ◁ ◆ Fig. *Un sou de,* un peu de. *Pas un sou de courage.* ■

On dit auj. *propre comme un sou neuf.* ■ *De quatre sous,* sans valeur. ■ **Fam.** *Ça coûte trois francs six sous,* cela ne coûte pas très cher. ■ **Fam.** *S'ennuyer à cent sous de l'heure,* s'ennuyer ferme. ■ **N. m. pl. Fam.** Argent. *Il faut que j'aille chercher des sous à la banque.* ■ **Fam.** *Être près de ses sous,* faire preuve d'avarice. ■ **Fam.** *Gros sous,* intérêt financier. *La pub, c'est une affaire de gros sous.* ■ **Rem.** On disait aussi *sol* autrefois. ■ **Rem.** 1 : *Race* est ici à prendre dans le sens de *dynastie.*

SOUBARBE, n. f. [subaʁb] Voy. **sous-barbe.**

SOUBASSEMENT, n. m. [subas(ə)mã] (*sous* et 2 *bas*) **Archit.** Partie inférieure d'une construction, sur laquelle tout l'édifice semble porter. ◆ Garniture d'étoffe qu'on met au bas d'un lit. ◆ **Menuis.** Petit appui à l'intérieur des croisées. ◆ **Fig.** Ce qui sert de fondement à quelque chose. *Le soubassement de la foi.*

SOUBRESAUT, n. m. [subʁəso] (anc. provenç. *sobresaut,* de *sobre,* sur, et *saut,* du lat. *saltus,* saut, bond) Saut subit, inopiné et à contretemps. *Le cheval fit des soubresauts qui désarçonnèrent le cavalier.* ◆ **Par extens.** Tressaillement, mouvement convulsif. ◆ **Fig.** *Cette nouvelle m'a donné un soubresaut,* elle m'a causé une vive et subite émotion. ◆ **Méd.** Léger tressaillement que les tendons éprouvent par la contraction involontaire et instantanée des muscles. ◆ Interruption saccadée qu'on observe dans les flancs du cheval poussif, pendant l'inspiration ou l'expiration. ■ **Danse** Saut exécuté les jambes serrées et les pointes de pieds baissées.

SOUBRETTE, n. f. [subʁɛt] (provenç. *soubreto,* affecté, précieux, de *soubrar,* dépasser, du lat. *superare,* être au-dessus) Suivante de comédie. *Jouer les soubrettes.* ◆ **Fam.** et **péj.** Femme subalterne et intrigante.

SOUBREVESTE, n. f. [subʁəvɛst] (ital. *sopravesta,* de *sopra,* du lat. *super,* au-dessus, et *veste,* veste) Vêtement militaire sans manches que se mettait par-dessus les autres vêtements et par-dessous la cuirasse. ◆ Partie de l'habillement des mousquetaires de la garde, qui était une espèce de justaucorps sans manches, bleu et galonné.

SOUCHE, n. f. [suʃ] (orig. incert., p.-ê. du gaul. *tsukka,* de l'all. Stock, bâton) Le bas du tronc d'un arbre, accompagné de ses racines et séparé du reste de l'arbre. ◆ Il se dit, par comparaison, pour exprimer l'immobilité, l'inertie. *Il est comme une souche.* ◆ **Fig.** et **fam.** Personne stupide et sans activité. *C'est une vraie souche.* ◆ **Bot.** La partie principale du tronc, dite aussi *pivot* ou *pivot des racines,* située au-dessous du collet. ◆ Le pied même de la vigne, branche de charpente du cep. ◆ **Fig.** En généalogie, celui de qui sort une génération, qui est reconnu pour en être le chef. ◆ *« Ils sortent d'une souche si gloire si féconde »,* TRISTAN. ◆ Celui qui est reconnu pour être le plus ancien dans une généalogie. ◆ *Faire souche,* être le premier d'une suite de descendants. ◆ **Dr.** *Succéder par souche,* succéder par représentation de succession, par opposition à la succession par tête. ◆ La partie des feuilles d'un registre qui reste lorsqu'on les a coupées en zigzag, et qui sert à vérifier si l'autre partie s'y rejoint exactement. *Registre à souche.* ◆ La partie de la cheminée qui s'élève au-dessus du toit. ■ *Dormir comme une souche,* dormir très profondément. *J'avais tellement bu hier, que j'ai dormi comme une souche jusqu'à 10 h !* ■ **Ling.** Origine. *Un mot de souche grecque.*

1 SOUCHET, n. m. [suʃɛ] (altér. de l'anc. fr. *souschief,* de *souschever,* de *sous* et *chever,* creuser, du lat. *cavare,* creuser) Pierre qui se tire au-dessous du dernier banc des carrières.

2 SOUCHET, n. m. [suʃɛ] (dimin. de *souche*) Genre de plantes monocotylédones. *Le souchet odorant. Le souchet comestible.*

3 SOUCHET, ■ n. m. [suʃɛ] (orig. inc.) Canard sauvage, légèrement plus petit que le colvert, au plumage coloré, aux pattes rouge-orangé et pourvu d'un large bec aplati qui vit dans les eaux douces et saumatres, notamment dans les étangs et les marais. *Le souchet est également appelé louchar ou rouge de rivière.* ■ **Rem.** On dit aussi *canard souchet.*

SOUCHETAGE, n. m. [suʃ(ə)taʒ] (*soucheter*) Visite dans un bois pour compter les souches, après une coupe.

SOUCHETEUR, n. m. [suʃ(ə)tœʁ] (*soucheter*) Expert pour le souchetage.

SOUCHONG ou **SOU-CHONG,** ■ n. m. [suʃɔ̃] (chinois, *siao-chung,* petite sorte) Variété de thé noir. *Le souchong a un goût fumé, très apprécié des amateurs de thé.*

1 SOUCI, n. m. [susi] (lat. *solsequium,* tournesol) *Souci des jardins,* plante à fleurs jaunes, radiées, qui répandent une forte odeur. ◆ ▷ **Fam.** *Être jaune comme un souci,* avoir le visage extrêmement jaune. ◁ ◆ Couleur de cette fleur. *Un foulard souci.* ◆ *Souci des champs.* ◆ *Souci d'eau,* populage, renonculacée.

2 SOUCI, n. m. [susi] (*soucier*) Soin accompagné d'inquiétude. *N'avoir souci de rien, de personne. « Les noirs soucis sont peints sur son visage »,* FÉNELON. ◆ **Fam.** *C'est là le moindre de mes soucis, le cadet de mes soucis,* je ne m'en inquiète nullement. ◆ **Fig.** et **poétiq.** Objet pour lequel notre inquiétude est éveillée.

SOUCIER, v. tr. [susje] (lat. *sollicitare,* agiter, tourmenter) Causer de l'inquiétude. « Hé ! je crois que cela faiblement vous soucie », MOLIÈRE. ◆ *Se soucier,* v. pr. Avoir de l'inquiétude. *« Pourquoi te soucier ? »,* J.-J. ROUSSEAU. ◆ Particulièrement, avoir souci de, prendre intérêt à. « Sans se trop soucier de la vérité », BOSSUET. ▪ *Je dis ce que je pense, et je me soucie fort peu que les autres pensent comme moi »,* VOLTAIRE. ◆ *Se soucier peu de...,* est un euphémisme pour : *ne se pas soucier du tout.* ◆ ▷ *Se soucier de quelqu'un, de quelque chose,* en avoir envie. ◁ ◆ *Je ne me soucie pas de,* il ne me plaît pas, il ne me convient pas que. *Je ne me soucie pas de le savoir.*

SOUCIEUX, EUSE, adj. [susjø, øz] (2 *souci*) Qui prend souci, intérêt à. « Jamais il ne fut plus satisfait de lui-même, moins soucieux des affaires d'autrui », J.-J. ROUSSEAU. ◆ Qui a du souci. *Cet homme m'a paru soucieux.* ◆ Qui marque du souci, en parlant des choses. *Un front, un air soucieux.*

SOUCOUPE, n. f. [sukup] (ital. *sottocoppa,* de *sotta,* sous, et *coppa,* voir 2 *coupe*) Espèce d'assiette qui a un pied, et sur laquelle on sert des verres et des carafes. ◆ Petite assiette de porcelaine, de faïence, etc., qui se place sous une tasse ou sous un gobelet de même matière, propre à prendre du café, du thé, etc. ■ *Soucoupe volante,* objet volant non identifié en forme de disque qui serait habité par des extraterrestres.

SOUDABLE, adj. [sudabl] (*souder*) Qui se laisse souder.

SOUDAGE, ■ n. m. [sudaʒ] (*souder*) Action de souder des pièces entre elles. *Le soudage de l'acier, de l'inox, de matières plastiques. Un poste de soudage à l'arc.*

SOUDAIN, AINE, adj. [sudɛ̃, ɛn] (lat. class. *subitaneus*) Qui se fait dans l'instant. *Un soudain mouvement. La mort a été soudaine.* ◆ SOUDAIN, adv. Dans le même instant, aussitôt. *Tout soudain,* même sens. ◆ ▷ SOUDAIN QUE, loc. conj. Aussitôt que. « *Soudain qu'elle m'a vu...* », P. CORNEILLE. ◁

SOUDAINEMENT, adv. [suden(ə)mã] (*soudain*) D'une manière soudaine.

SOUDAINETÉ, n. f. [suden(ə)te] (*soudain*) Qualité de ce qui est soudain. « *Les beautés du sublime enlèvent l'âme, et se font sentir à tout le monde avec la soudaineté des éclairs »,* LA FONTAINE.

SOUDAN, n. m. [sudã] (anc. forme de *sultan*) Nom qu'on donnait jadis à de certains princes mahométans, et particulièrement au souverain d'Égypte.

SOUDANAIS, AISE, ■ adj. [sudanɛ, ɛz] (*Soudan*) Relatif au Soudan. *Les autorités, des réfugiés soudanaises.* ■ *Langues soudanaises,* groupe de langues africaines parlées au Soudan et dans les pays voisins. ■ **N. m.** et **n. f.** *Un Soudanais, une Soudanaise.*

SOUDANT, ANTE, adj. [sudã, ãt] (*souder*) Qui soude, qui se soude.

SOUDARD, n. m. [sudaʁ] (moy. fr. *soude,* paie, solde) **Fam.** Homme qui a longtemps servi à la guerre et qui en a les habitudes ; il se prend en mauvaise part. ■ **Rem.** On écrivait aussi *soudart* autrefois.

SOUDE, n. f. [sud] (ital. *soda,* de l'ar. *suwwad*) Genre de la famille des salsolées, où l'on distingue la soude commune, dite vulgairement soude, dont les cendres fournissent un sel alcali. ◆ Le sel alcali, qu'on tire de cette plante et aussi des varechs (en chimie, oxyde de sodium). ◆ *Soude caustique,* celle qui entre dans les savons, dans les lessives. ◆ *Bicarbonate de soude,* sel de sodium. *Prendre du bicarbonate de soude en cas d'aigreurs d'estomac.*

SOUDÉ, ÉE, p. p. de souder. [sude]

SOUDER, v. tr. [sude] (lat. *solidare,* rendre solide) Joindre ensemble des pièces de métal au moyen de la soudure. ◆ Amollir au feu et battre ensemble des pièces de métal, de manière à les unir et à n'en faire qu'une même pièce. ◆ **Anat.** et **bot.** Réunir par adhésion deux parties. ◆ **V. intr.** Devenir soudé. « *La pièce soudera à merveille »,* BUFFON. ◆ *Se souder,* v. pr. Contracter soudure. ◆ En parlant de parties organiques, être réuni par adhésion en une seule pièce. ■ **V. tr. Fig.** Lier étroitement. *Ils sont très soudés dans cette famille.* ■ **Rem.** *Souder* s'emploie également aujourd'hui à propos de matières autres que le métal. *Souder des tuyaux de* PVC.

SOUDEUR, EUSE, n. m. et n. f. [sudœʁ, øz] (*souder*) Celui, celle qui soude.

SOUDIER, IÈRE, adj. [sudje, jɛʁ] (*soude*) Qui a rapport à la soude. *L'industrie soudière.* ◆ **N. f.** *Soudière,* usine où l'on fabrique la soude artificielle.

SOUDIVISER v. tr. ou **SOUDIVISION,** n. f. [sudivize, sudiviʒjɔ̃] Voy. **subdiviser,** etc.

SOUDOIR, n. m. [sudwaʁ] (*souder*) Outil pour souder.

SOUDOYÉ, ÉE, p. p. de soudoyer. [sudwaje]

SOUDOYER, v. tr. [sudwaje] (*soude,* anc. forme de *solde*) Avoir, prendre des gens de guerre à sa solde. *Soudoyer une armée.* ◆ **Par extens.** S'assurer à prix d'argent le secours de. *Soudoyer des spadassins, des agents.*

SOUDRE, v. tr. [sudʁ] (lat. *solvere,* délier, résoudre) Verbe qui a vieilli et dont il n'est resté que l'infinitif, à peine encore usité. Résoudre. « *Les rois d'alors s'envoyaient les uns aux autres des problèmes à soudre sur toutes sortes* *de matières* », La Fontaine. ♦ Dissoudre. « *Cette eau extrêmement forte qui peut soudre l'or* », Descartes.

SOUDRILLE, n. m. [sudʀij] (croisement de *soudard* et *drilles*) ▷ Terme vieilli, syn. de soudard. ◁

SOUDURE, n. f. [sudyʀ] (*souder*) Composition ou mélange de divers métaux et minéraux qui sert à unir ensemble des pièces de métal. ♦ Travail de celui qui soude. ♦ Endroit par où les deux pièces de métal sont soudées. ♦ **Fig.** Endroit d'une œuvre d'art où l'on a ajouté ou supprimé quelque chose. ♦ Propriété qu'ont quelques métaux de s'unir à eux-mêmes à une haute température. ♦ **Bot.** et **anat.** Union intime entre deux organes différents. ■ **Fig.** *Faire la soudure*, assurer une transition entre deux périodes, deux états, etc. *Il n'est pas toujours facile pour les agriculteurs de faire la soudure entre deux récoltes.* ■ **Rem.** *Soudure* s'emploie également à propos de matériaux autres que le métal.

SOUE, ■ n. f. [su] (gaul. *suteg*, abri pour les porcs) Enclos à porcs comportant une partie abritée. *La soue à cochons. La truie dort avec ses petits dans un coin de la soue.*

SOUFFERT, ERTE, p. p. de souffrir. [sufɛʀ, ɛʀt]

SOUFFLAGE, n. m. [suflaʒ] (*souffler*) Action de souffler le verre. ♦ Procédé par lequel on fabrique les pièces de verre. ♦ **Mar.** Revêtement de planches qu'on applique sur la carène d'un navire, pour ajouter à sa stabilité.

SOUFFLANT, ANTE, adj. [suflɑ̃, ɑ̃t] (*souffler*) Qui est destiné à souffler, qui sert à souffler. *Des machines soufflantes.* ♦ *Brosse soufflante*, sèche-cheveux muni d'une brosse. ■ **Fig.** et **fam.** Qui étonne vivement. *Un film soufflant et déroutant.*

SOUFFLARD, ■ n. m. [suflaʀ] (*souffler*) Poche de gaz dans une mine. *Un accident dû à la présence d'un soufflard.*

SOUFFLE, n. m. [sufl] (*souffler*) Voy. souffler. Agitation de l'air causée par le vent. « *D'un souffle l'aquilon écarte les nuages* », Racine. ♦ Vent que l'on fait en poussant de l'air par la bouche. ♦ Par exagération. *Il est si faible, qu'on le renverserait d'un souffle, du moindre souffle.* ♦ **Fig.** et **fam.** *Cette objection, ce système, peut être renversé d'un souffle*, ils sont très faciles à détruire. ♦ **Fig.** *Ne tenir qu'à un souffle*, être de peu de durée, de consistance. ♦ *Le souffle créateur*, le souffle par lequel Dieu anima le premier homme. ♦ Souffle dans un instrument de musique. ♦ Air exhalé par la respiration. « *Mon souffle est devenu un souffle de mort pour mes enfants et pour mes proches* », Massillon. ♦ *La simple respiration. Ménager son souffle.* ♦ *Manque de souffle*, manque d'une respiration qui tienne, qui se prolonge. ♦ **Fig.** *Manque de souffle*, se dit d'un écrivain qui n'a pas la force de développer son sujet. ♦ *Cet homme n'a qu'un souffle de vie*, il n'a que le souffle, il est très faible. ♦ ▷ *Il n'a plus que le souffle*, il est agonisant. ◁ ♦ *Le souffle de la vie*, la vie même. ♦ **Méd.** *Bruits de souffle*, bruits anormaux qui se produisent dans les cavités du cœur, dans les artères et parfois dans les veines. ♦ *Bruit de souffle*, bruit entendu dans la pneumonie au troisième degré. ♦ **Fig.** Inspiration, influence, en bonne ou en mauvaise part. *Un souffle divin anime le poète.* « *Le souffle empoisonné d'un monde dangereux* », Voltaire. ■ *Couper le souffle*, interrompre brutalement la respiration. *L'eau glaciale m'a coupé le souffle.* ■ **Fig.** Étonner vivement. *La nouvelle lui a coupé le souffle.* ■ *Être à bout de souffle*, être épuisé. ■ *Second souffle*, regain d'énergie, d'activité après une défaillance, un ralentissement. *Le second souffle d'un sportif, d'un secteur d'activité.* ■ **Rem.** *Manque de souffle, manquer de souffle* s'emploient aujourd'hui également à propos de tout ce qui semble manquer d'énergie, d'allant. *Un ensemble instrumental qui ne manque pas de souffle.*

SOUFFLÉ, ÉE, p. p. de souffler. [sufle] ♦ *Omelette soufflée*, omelette faite avec des blancs d'œufs, de la crème et du sucre, et qui renfle en cuisant. ♦ *Beignet soufflé*, sorte de beignet dont la pâte renfle beaucoup. ♦ *Sucre soufflé* ou *cuit à soufflé*, sucre qui s'envole en l'air par feuilles sèches, lorsqu'on souffle au travers d'une écumoire qu'on y a trempée. ♦ Bouffi, boursouflé. « *Des espèces de Cupidons soufflés et transparents* », Diderot. « *De grosses joues soufflées* », Diderot. ♦ **N. m.** *Un soufflé*, mets léger formé soit avec du riz, soit avec de la fécule de pomme de terre, soit avec du chocolat, cuits avec du lait. ■ **N. m.** Mets léger, sucré ou salé, à base de blancs d'œufs battus, qui gonfle à la cuisson. *Un soufflé au fromage.*

SOUFFLEMENT, ■ n. m. [sufləmɑ̃] (*souffler*) Action de souffler et en particulier, d'expulser l'air de ses poumons. *Lorsqu'elles se sentent agressées, les tortues peuvent émettre des soufflements.* ■ Bruit de soufflement, ou comparable à celui d'un soufflement. *Le soufflement du vent. Des enceintes qui laissent entendre un léger soufflement.*

SOUFFLER, v. intr. [sufle] (lat. *sufflare*, de *sub*, sous, et *flare*, souffler) Pousser l'air d'une façon quelconque. *Le soufflet ne souffle plus. Le vent nous soufflait au visage.* ♦ Impers. « *Il soufflait des vents opposés* », Saussure. ♦ **Fig.** *Regarder de quel côté le vent souffle*, observer les conjonctures. ♦ Faire du vent en poussant de l'air par la bouche. *Souffler dans un instrument à vent, dans ses doigts*, etc. ♦ **Fig.** *Ne pas souffler*, ne dire mot. ♦ *N'oser souffler*,

ne pas oser ouvrir la bouche pour se plaindre ou s'excuser. ♦ *Ne pas souffler d'une chose*, n'en rien dire. ♦ *Souffler sur*, éteindre en soufflant, et fig. détruire, faire disparaître. *Dieu a soufflé sur cette race impie.* « *Le Seigneur a soufflé sur ces superbes édifices et sur notre fortune, et l'a dissipée comme de la poussière* », Massillon. ♦ Se dit aussi des sorciers qui se servaient de leur souffle comme d'un moyen d'enchantement. ♦ *Les fées ont soufflé sur lui*, il a reçu de la fortune toutes sortes d'avantages. ♦ Respirer avec peine, avec effort. *Il souffle après avoir chanté.* « *L'attelage suait, soufflait, était rendu* », La Fontaine. ♦ On dit qu'un cheval souffle, quand il a de l'essoufflement. ♦ Reprendre haleine. *J'ai besoin de souffler un peu. Laissez souffler les chevaux.* ♦ ▷ *Souffler aux oreilles de quelqu'un*, lui parler souvent pour le gagner, pour le séduire. ◁ ♦ Chercher la pierre philosophale ; locution qui vient des fourneaux que les alchimistes entretenaient en soufflant. ♦ **V. tr.** Faire du vent sur une chose. *Souffler le feu.* ♦ ▷ **Fig.** *Souffler le feu, l'incendie*, exciter la dissension. ♦ *Souffler une chandelle*, souffler sur la flamme d'une chandelle pour l'éteindre. ♦ *Souffler quelque chose*, l'enlever en soufflant. ♦ *Souffler les canons*, y brûler une petite quantité de poudre pour en faciliter le nettoyage. ♦ *Souffler le verre, souffler l'émail*, former du verre ou de l'émail, en soufflant avec la bouche dans un tuyau de fer pour la verrerie, et de verre pour l'émail, tuyau dont on trempe le bout dans la matière liquide. ♦ *Souffler l'orgue*, donner du vent aux tuyaux d'orgue par le moyen des soufflets. ♦ Jouer en soufflant. *Souffler un air dans une corne.* ♦ *Souffler un veau, un mouton*, faire pénétrer de l'air entre la chair et la peau, afin d'en séparer celle-ci plus aisément. ♦ **Mar.** Appliquer un soufflage à un navire. ♦ **Chasse** *Ce chien a soufflé le poil au lièvre*, il a presque appuyé le museau dessus et il l'a manqué. ♦ On dit aussi : *il lui soufflait au poil.* ♦ **Fig.** et **fam.** *Souffler au poil de quelqu'un*, le poursuivre de très près. ♦ Envoyer par le souffle. « *La discorde souffle dans tous les cœurs un venin mortel* », Fénelon. ♦ *Souffler le froid et le chaud*, diriger son souffle de manière qu'à volonté il rafraîchisse ou réchauffe, et fig. parler pour et contre une chose ou une personne, être tour à tour d'avis contraires. ♦ *Souffler quelque chose à l'oreille de quelqu'un*, lui dire quelque chose tout bas. ♦ *Ne pas souffler mot*, ne rien dire. ♦ Suggérer, inspirer. « *C'est souffler la rébellion, que de parler de la sorte* », Bossuet. ♦ *Souffler quelqu'un*, lui dire tout bas, quand la mémoire lui manque, ce qu'il doit répéter tout haut. ♦ Il se dit de la chose que l'on souffle. *Souffler un rôle, la leçon à quelqu'un.* ♦ **Absol.** *Il souffle bien.* ♦ **Fig.** *Souffler quelqu'un*, lui apprendre ce qu'il doit dire. ♦ Au jeu de dames, *souffler une dame*, l'ôter à son adversaire, parce qu'il ne s'en est pas servi pour prendre une autre dame qui était en prise. ♦ On dit aussi : *souffler le joueur.* ♦ **Absol.** *Souffler n'est pas jouer*, après avoir soufflé, on a le droit de jouer. ♦ **Fig.** *Il lui a soufflé le pion*, il lui a enlevé une affaire qu'il croyait faire. ♦ **Fig.** et **fam.** *Souffler quelque chose à quelqu'un*, le lui enlever, le lui dérober. ♦ ▷ *Souffler une dépêche*, ne pas la communiquer à celui qui devrait en avoir communication. ◁ ♦ *Souffler un exploit*, n'en pas remettre la copie. ♦ Boire d'un trait. « *Il y a un Tigillin qui souffle ou qui jette en sable un verre d'eau-de-vie* », La Bruyère. ♦ Se souffler, v. pr. Être soufflé. *Le verre se souffle.* ♦ **V. intr.** Fam. *Souffler dans le ballon*, être soumis à l'alcootest. ♦ **Fig.** et **fam.** S'accorder un moment de répit. *Je n'ai pas eu le temps de souffler une minute dans la journée.* ■ **V. tr.** Fam. Causer un vif étonnement. *La nouvelle de sa démission nous a tous soufflés.*

SOUFFLERIE, n. f. [sufləʀi] (*souffler*) Ensemble des soufflets de l'orgue. ♦ Se dit aussi des soufflets d'une fabrique, d'une forge, d'une usine. ♦ La recherche de la pierre philosophale à l'aide des creusets et fourneaux.

SOUFFLET, n. m. [sufle] (*souffler*) Instrument qui sert à souffler. *Un soufflet de forge, de cheminée, d'orgues.* ♦ Se dit aussi des diverses machines soufflantes employées dans les fabriques, les hauts fourneaux, les usines, etc. ♦ Dessus d'une calèche, d'un cabriolet qui se replie en forme de soufflet. *Cabriolet à soufflet.* ♦ On dit de même : *casquette, valise, malle en soufflet.* ♦ Coup du plat de la main ou du revers de la main sur la joue. *Donner un soufflet à quelqu'un.* ♦ **Fig.** *Donner un soufflet au bon droit, au sens commun*, faire ou dire une chose contraire au bon droit, au sens commun. ♦ ▷ *Donner un soufflet à quelqu'un sur la joue d'un autre*, diriger contre l'un le blâme qui est adressé à l'autre. ◁ ♦ *Petit soufflet*, petit coup sur la joue qui est quelquefois ou une caresse ou une marque de familiarité. ♦ *L'évêque donne un petit soufflet à ceux qu'il confirme.* ♦ **Fig.** et **fam.** Dégoût, mortification. *Il a reçu un rude soufflet.* ♦ **Reliure** Sorte de godet que présente la peau. ♦ Partie pliante en accordéon. *Le soufflet d'un appareil photographique. Soufflet entre deux wagons de train.*

SOUFFLETADE, n. f. [suflətad] (*souffleter*) ▷ Soufflets donnés coup sur coup. ◁

SOUFFLETÉ, ÉE, p. p. de souffleter. [sufləte] ♦ **N. m.** et n. f. *Un souffleté.*

SOUFFLETER, v. tr. [sufləte] (*soufflet*) Donner un soufflet à quelqu'un. ♦ **Fig.** Faire insulte à. *Souffleter le bon sens, la raison.*

SOUFFLEUR, EUSE, n. m. et n. f. [suflœʀ, øz] (*souffler*) Celui, celle qui lance un souffle. ♦ Nom que les mineurs donnent à des jets de gaz hydrogène carboné, qui s'échappent avec abondance par une petite ouverture.

◆ Celui qui souffle continuellement le feu. *Un souffleur importun.* ◆ *Souffleur d'orgues,* celui qui fait mouvoir les soufflets de l'orgue. ◆ Ouvrier qui souffle les ouvrages de verre. ◆ ▷ Celui, celle qui souffle, qui respire. *Un souffleur fatigant.* ◁ ◆ **Adj.** *Cheval souffleur,* celui qui souffle extraordinairement en courant, sans cependant que le flanc agité comme dans la pousse. ◆ **Hist. nat.** Mammifère de l'ordre des cétacés et du genre dauphin. ◆ Il se dit quelquefois des mammifères en général. ◆ Nom donné aux alchimistes qui, en soufflant dans leurs fourneaux, espéraient trouver la pierre philosophale. ◆ Celui qui dit tout bas à une personne parlant en public les mots qu'elle ne retrouve pas dans sa mémoire. ◆ Celui qui, dans un théâtre est chargé de secourir la mémoire des acteurs. ◆ **N. m.** *Souffleur à feuilles* ou *souffleur,* appareil qui souffle sur les feuilles mortes tombées à terre pour les rassembler. ▪ **REM.** Dans ce sens, on dit également *une souffleuse à feuilles* ou *une souffleuse.* ◆ **N. f. Canada** *Souffleuse à neige,* appareil utilisé pour dégager la neige de la chaussée en la projetant sur le côté. *Nous sommes réveillés tous les matins au bruit de la souffleuse à neige.*

SOUFFLURE, n. f. [suflyʀ] (*souffler*) Cavités qui se forment dans l'épaisseur d'un ouvrage de fonte ou de verre, par l'action de gaz, pendant la solidification. ◆ Cavité qui se forme dans le plomb lors de sa fonte en table. ◆ Se dit aussi en parlant du cuivre fondu. ◆ Renflement occasionné par l'air qui n'a pu s'échapper de la matière en fusion.

SOUFFRANCE, n. f. [sufʀɑ̃s] (*souffrir*) ▷ **Jurispr.** Tolérance pour certaines choses qu'on pourrait empêcher. *Cette vue est une souffrance. Un jour de souffrance.* ◁ ◆ Suspension dans l'allocation ou le rejet d'une dépense portée en compte sans pièces à l'appui. *Cet article est en souffrance.* ◆ **Par extens.** Tout retard préjudiciable dans la conclusion d'une affaire. *Ce procès met mon commerce en souffrance.* « *Jésus-Christ a souffert et est mort pour sanctifier la mort et les souffrances* », PASCAL. ◆ Action de souffrir. *La souffrance du mal.* ◆ Il se dit des peines de l'amour. *Avoir pitié des souffrances de quelqu'un.* ◆ En physiologie, toute sensation pénible.

SOUFFRANT, ANTE, adj. [sufʀɑ̃, ɑ̃t] (*souffrir*) ▷ Qui endure, patient. *Il n'est pas d'une humeur souffrante.* ◁ ◆ Qui souffre, qui éprouve de la douleur. ◆ *L'Église souffrante,* les âmes qui sont dans le purgatoire. ◆ *La partie souffrante,* la partie du corps affectée et malade. ◆ **Fig.** *Cet homme est la partie souffrante de la compagnie, de la société,* c'est sur lui que tombe la perte, le dommage, la raillerie. ◆ Qui exprime la souffrance. *Un air souffrant.* ◆ Malade. *L'aide apportée aux personnes souffrantes. Il est absent car il est souffrant.*

SOUFFRE-DOULEUR, n. m. [sufʀədulœʀ] (*souffrir* et *douleur*) Personne qu'on n'épargne point, et qu'on expose à toutes sortes de fatigues. *Le souffre-douleur d'une maison.* ◆ Personne qui est le but des plaisanteries et de la malice des autres. ◆ **N. f.** *Une souffre-douleur.* ◆ ▷ Bête de somme ou objet qu'on sacrifie à toutes sortes d'usages. ◁ ▪ **Au pl.** *Des souffre-douleur* ou *des souffre-douleurs.*

SOUFFRETEUX, EUSE, adj. [sufʀøtø, øz] (anc. fr. *souffraite,* disette, privation, du lat. pop. *suffracta,* du lat. *suffringere,* rompre, briser par le bas) ▷ **Fam.** Qui est dans le besoin, qui manque des choses nécessaires. ◁ ◆ ▷ **N. m.** et n. f. *Un pauvre souffreteux.* ◁ ◆ Par abus, et comme si *souffreteux* venait de *souffrir,* qui est momentanément souffrant, qui éprouve quelque douleur, quelque malaise. ▪ **REM.** Seul ce dernier sens est auj. courant.

SOUFFRIR, v. tr. [sufʀiʀ] (lat. pop. *sufferire,* du lat. class. *suffere,* supporter, endurer) Résister à quelque chose de fâcheux, de pénible. *Souffrir le soleil, la faim, la soif, etc.* ◆ *Souffrir un assaut,* soutenir un assaut. ◆ *Souffrir l'éperon,* se dit d'un cheval qui n'est pas sensible à l'éperon. ◆ Endurer. *Souffrir patiemment la mauvaise fortune.* ◆ Ne pouvoir souffrir une personne, une chose, avoir de l'aversion pour cette personne, cette chose. ◆ *Je ne puis souffrir que cela se fasse,* il m'est désagréable que cela se fasse. ◆ Tolérer, ne pas empêcher. « *On n'y souffre ni meubles précieux, ni habits magnifiques* », FÉNELON. « *Il faut souffrir ce qu'on ne peut empêcher* », BEAUMARCHAIS. ◆ ▷ *Souffrir quelqu'un,* le tolérer, le laisser faire ceci ou cela. ◁ ◆ Permettre, avec *que* et le subjonctif. « *Souffrez que votre fille embrasse vos genoux* », P. CORNEILLE. Au lieu de *que* et du subjonctif, on peut mettre *de* avec l'infinitif, et s'il y a un complément, ce complément est précédé de *à.* « *Vous êtes obligés de souffrir à vos domestiques ce que vous ne voulez pas vous interdire* », MASSILLON. ◆ ▷ Recevoir quelque dommage. *L'escadre a souffert un vrai désastre.* ◁ ◆ ▷ *Souffrir une furieuse tempête,* être agité d'une furieuse tempête. ◆ *Souffrir un coup de vent,* être battu d'un coup de vent. ◁ ◆ Éprouver une peine physique ou morale de quelque chose. *Souffrir le martyre, une perte, un dommage, etc.* ◆ *Souffrir mort et passion,* éprouver des douleurs cruelles ; et aussi être vivement impatienté. ◆ Admettre, recevoir, être susceptible, en parlant des choses. « *Les termes sont si clairs qu'ils ne souffrent aucune interprétation* », PASCAL. « *Ne dites pas à ce zélé magistrat qu'il travaille plus que son grand âge ne le peut souffrir* », BOSSUET. ◆ **V. intr.** Supporter, soutenir la douleur physique ou morale. « *Plutôt souffrir que mourir, C'est la devise des hommes* », LA FONTAINE. ◆ Laisser prendre licence. ◆ Sentir de la douleur,

de la peine physique ou morale. *Souffrir de la tête.* « *La rude loi de souffrir* », BOSSUET. ◆ On dit dans un sens analogue : *sa modestie souffre quand on le loue.* ◆ *Il a cessé de souffrir,* il est mort. ◆ *Souffrir* dans le sens d'éprouver une douleur physique, suivi d'un infinitif, veut la préposition *à* : *je souffre à marcher* ; et la préposition *de,* quand il s'agit d'une douleur morale : *je souffre de vous voir dans cette situation.* ◆ Éprouver du dommage matériel ou moral. *Souffrir dans son commerce, dans sa réputation. L'armée a beaucoup souffert.* ◆ Il se dit des choses qui éprouvent un dommage, une diminution. *Les vignes ont souffert de la gelée. Le pays souffrit beaucoup des ravages de la guerre.* ◆ Se souffrir, v. pr. Avoir l'un pour l'autre de la tolérance. ◆ *Ils ne peuvent se souffrir,* ils ont de la haine l'un pour l'autre. ◆ Être supporté. ◆ Se tolérer soi-même.

SOUFI, n. m. [sufi] (ar. *sufi,* de *suf,* laine, parce que les soufis portaient des vêtements de laine) Nom de philosophes musulmans qui ont établi une école panthéistique. ▪ **REM.** On disait aussi *sofi* autrefois.

SOUFISME, n. m. [sufism] (*soufi*) Doctrine des soufis. ▪ **REM.** On disait aussi *sofisme* autrefois.

SOUFRAGE, n. m. [sufʀaʒ] (*soufrer*) Action de soufrer. *Le soufrage des vins.* ◆ Action de soufrer la vigne atteinte de l'oïdium.

SOUFRE, n. m. [sufʀ] (lat. *sulphur, sulfur*) Minéral d'un jaune clair très inflammable, et qui exhale en brûlant une odeur forte et insupportable. *Le soufre est un corps simple.* ◆ *Soufre vif,* soufre naturel. ◆ *Fleur de soufre,* soufre sublimé. ◆ *Soufre en canon,* soufre auquel on donne une forme de bâton rond. ◆ *Soufre végétal.* Voy. LYCOPODE. ◆ Empreinte que l'on prend sur des tablettes de soufre. ▪ **Fig.** *Sentir le soufre,* avoir quelque chose de démoniaque. *Des discours qui sentent le soufre.*

SOUFRÉ, ÉE, p. p. de soufrer. [sufʀe] ◆ **Hist. nat.** Qui est d'un jaune pâle. *Un papillon soufré.* ◆ Qui contient du soufre, recouvert de soufre. *Eau soufrée.*

SOUFRER, v. tr. [sufʀe] (*soufre*) Enduire, pénétrer de soufre. *Soufrer des allumettes.* ◆ *Soufrer une étoffe,* la passer sur la vapeur de soufre. ◆ *Soufrer du vin,* donner l'odeur de soufre au tonneau en y brûlant une mèche soufrée. ◆ *Soufrer la vigne,* y répandre du soufre en poudre au moyen d'une espèce de soufflet fait exprès.

SOUFREUR, EUSE, n. m. [sufʀœʀ, øz] (*soufrer*) Personne chargée de soufrer les vignes atteintes de la maladie causée par l'oïdium. ▪ **N. f.** Appareil utilisé pour pulvériser du soufre sur les plantes.

SOUFRIÈRE, n. f. [sufʀijɛʀ] (*soufre*) Lieu où l'on recueille du soufre.

SOUFROIR, n. m. [sufʀwaʀ] (*soufrer*) Appareil, étuve pour soufrer.

SOUGARDE n. f. ou **SOUGORGE**, n. f. [sugaʀd, sugɔʀʒ] Voy. SOUS-GARDE, Voy. SOUS-GORGE.

SOUHAIT, n. m. [swɛ] (*souhaiter*) Voy. SOUHAITER. Mouvement de la volonté vers un bien qu'on n'a pas. *Former des souhaits.* ◆ *Les souhaits de bonne année,* les vœux qu'on fait pour quelqu'un à la nouvelle année. ◆ *À vos souhaits,* façon de parler familière dont on salue celui qui éternue. ◆ À SOUHAIT, loc. adv. Selon les désirs. « *Mais rien pour cette fois ne lui vint à souhait* », LA FONTAINE. « *Un horizon à souhait pour le plaisir des yeux* », FÉNELON.

SOUHAITABLE, adj. [swetabl] (*souhaiter*) Digne d'être souhaité.

SOUHAITÉ, ÉE, p. p. de souhaiter. [swete]

SOUHAITER, v. tr. [swete] (gallo-rom. *subtushaitare,* promettre sans trop s'engager, du lat. *subtus,* en dessous, et de l'anc. b. frq. *haitan,* ordonner, promettre) Désirer pour soi. « *J'ai souhaité l'empire* », P. CORNEILLE. « *Je souhaite de tout mon cœur que vous ayez raison* », VOLTAIRE. ◆ Suivi d'un infinitif, il s'emploie sans préposition ou avec la préposition *de.* « *Ne souhaite régner dans le cœur de personne* », P. CORNEILLE. « *Je souhaite et je crains de rencontrer vos yeux* », VOLTAIRE. ◆ **Absol.** « *Et s'il pouvait plus faire, il souhaiterait moins* », P. CORNEILLE. ◆ Désirer pour autrui. *Souhaiter du bien à ses amis.* ◆ *Souhaiter quelqu'un,* désirer sa présence. ◆ **Absol.** Former des souhaits. ◆ Il se dit dans les formules de compliment. *Souhaiter le bonjour, le bonsoir, la bonne année, etc.* ◆ **Fam.** *Je vous en souhaite,* se dit à une personne qui désire une chose qu'elle n'aura pas. ◆ Se souhaiter, v. pr. Être souhaité. ◆ Désirer être... *Se souhaiter immortel.*

SOUÏ, n. m. [swi] Voy. SOY.

SOUILLARD, n. m. [sujaʀd] (*souille*) Trou percé dans une pierre, pour livrer passage à l'eau ou pour en recevoir la chute. ◆ La pierre elle-même.

SOUILLARDE, ▪ n. f. [sujaʀd] (*souille*) Arrière-cuisine dans laquelle se trouve un évier. *Ranger des provisions dans la souillarde.*

SOUILLE, n. f. [suj] (lat. *solium,* siège, cuve, baignoire) **Vén.** Lieu bourbeux où se vautre le sanglier. ◆ **Mar.** Empreinte que laisse dans la vase ou le sable fin le fond d'un navire qui revient à flot, après avoir échoué.

SOUILLÉ, ÉE, p. p. de souiller. [suje]

SOUILLEMENT, n. m. [suj(ə)mɑ̃] (*souiller*) Action de souiller.

SOUILLER, v. tr. [suje] (*souille*) Couvrir de ce qui fait tache, de ce qui est ordure. *Souiller de boue ses vêtements.* ◆ **Fig.** *Souiller ses mains du sang innocent*, faire mourir un innocent. ◆ **Fig.** Gâter par une sorte de souillure. « *Participe à ma gloire au lieu de la souiller* », P. CORNEILLE. ◆ *Souiller le lit nuptial, la couche nuptiale*, commettre un adultère. ◆ **Se souiller, v. pr.** Se rendre coupable de quelque chose qui souille. *Se souiller d'un crime.* ◆ *Souiller son lit*, le salir d'excréments. *Cette personne âgée souille son lit toutes les nuits, il faut lui venir en aide.*

SOUILLON, n. m. et n. f. [sujɔ̃] (*souiller*) **Fam.** Celui ou celle qui salit ses habits. ◆ Il se dit le plus ordinairement des enfants, des petites filles. ◆ ▷ *Souillon de cuisine* ou simplement *souillon*, servante employée à la vaisselle et à d'autres bas offices. ◁

SOUILLURE, n. f. [sujyʁ] (*souiller*) Ce qui souille, ce qui salit. *Des vêtements couverts de souillures.* ◆ Chez les Juifs, *souillures légales*, l'impureté contractée soit par quelque maladie, soit par certains accidents. ◆ **Fig.** Ce qui est comparé à une souillure, à une tache. *La souillure du péché.*

SOUIMANGA ou **SOUI-MANGA**, ▪ n. m. [swimãga] (mot malgache) Petit passereau d'Afrique et d'Asie, au plumage vivement coloré et au long bec recourbé. *Les souimangas se nourrissent du nectar des fleurs.*

SOUK, ▪ n. m. [suk] (ar. *suq*, marché) Marché public des pays arabes, constitué de ruelles, de boutiques et d'ateliers. *Le souk de Marrakech.* ▪ **Fam.** Endroit très désordonné ou bruyant. *Ta chambre est un vrai souk ! Tu devrais la ranger.* ▪ Désordre, chaos. *Quel souk ce projet !*

SOUL, ▪ n. m. ou n. f. [sul] (mot angl., âme) Style de musique apparu aux États-Unis dans les années 1950, qui s'inspire du jazz, du blues et du rhythm and blues. *Le soul, à l'origine, était l'expression d'une réaction de la jeunesse noire à l'encontre de la communauté blanche. Un concert de soul.* ▪ Adj. inv. *La musique soul.*

SOÛL, OÛLE ou **SOUL, OULE**, adj. [su, ul] (lat. *satullus*, rassasié, de *satis*, assez, suffisamment) Pleinement repu, extrêmement rassasié. « *Quand j'ai bien mangé, je veux que tout le monde soit soûl dans ma maison* », MOLIÈRE. ◆ **Fam.** *Être soûl de quelque chose*, en être rassasié jusqu'au dégoût. ◆ **Fig.** *Être soûl de quelque chose*, en être rebuté, ennuyé. ◆ Plein de vin, ivre. *Être soûl comme une grive*, être très soûl. ◆ **N. m.** Avec *mon, ton, son, leur*, autant qu'on veut, autant que cela est suffisant. *Manger, boire tout son soûl.* ◆ ▷ **Fig.** Dans le langage familier, et alors il se met quelquefois avec l'article *le. Il a eu du mal tout le soûl*, tout son soûl. ◁ ▪ On écrit aussi, mais moins fréquemment, *saoul, aoule.*

SOULAGÉ, ÉE, p. p. de soulager. [sulaʒe]

SOULAGEMENT, n. m. [sulaʒ(ə)mã] (*soulager*) Diminution d'une douleur du corps, d'une peine de l'esprit. « *Faibles soulagements d'un malheur sans remède* », P. CORNEILLE. « *C'est un prodigieux soulagement pour la mémoire* », FONTENELLE.

SOULAGER, v. tr. [sulaʒe] (lat. vulg. *sublevare*, du lat. class. *sublevare*, soulever, avec influ. de *soulas*) Débarrasser de quelque partie d'un fardeau. *Il fatigue trop, allez le soulager.* ◆ **Fig.** « *Âme de mes conseils et qui seul, tant de fois, Du sceptre dans ma main as soulagé le poids* », RACINE. ◆ *Soulager un plancher, une poutre*, diminuer la charge qu'ils portent. ◆ **Bx-arts** *Soulager la main*, la rendre plus légère. ◆ **Mar.** *Soulager un navire dans une tempête*, jeter à la mer une partie sa plus grosse charge. ◆ **Fig.** Alléger le travail, la peine, le mal de quelqu'un. ◆ Diminuer un nombre, une quantité qui embarrasse. « *Et la terrible loi de la nécessité D'un peuple trop nombreux soulage leur cité* », DELILLE. ◆ Diminuer le fardeau des impôts. *Soulager le peuples des taxes.* ◆ Diminuer la misère, secourir. « *On soulageait la veuve et l'orphelin* », BOSSUET. ◆ **Fig.** Délivrer quelqu'un d'une partie de ses souffrances morales. *Cela me soulage de mes peines.* ◆ *Soulager son cœur*, diminuer le chagrin dont on est oppressé. ◆ **Absol.** *Cela soulage*, cela diminue nos regrets, notre peine. ◆ Il se dit aussi des souffrances qu'on diminue. « *À raconter ses maux souvent on se soulage* », P. CORNEILLE. ◆ **Se soulager, v. pr.** Se débarrasser d'une partie d'un fardeau. ◆ **Fig.** « *Se soulager du poids du temps qui les accable* », d'ALEMBERT. ◆ **Fig.** Diminuer son travail, sa peine. ◆ **Fig.** Décharger son cœur de ce qui l'oppresse. ◆ **Absol.** Satisfaire quelque besoin naturel.

SOULANE, ▪ n. f. [sulan] (anc. gasc. *solan*, du lat. *sol*, soleil) Versant d'une montagne, d'une colline exposé au soleil dans la journée. *Les soulanes des Pyrénées.*

SOÛLANT, ANTE ou **SOULANT, ANTE**, adj. [sulã, ãt] (*soûler*) ▷ Terme bas et vieux. Qui soûle, qui rassasie. *C'est un mets bien soûlant.* ◁ ▪ **Fam.** Qui fatigue avec ses conversations interminables. *Ce qu'elle est soûlante !* ▪ REM. On écrit aussi, mais moins fréquemment, *saoulant, ante.*

SOÛLARD, ARDE ou **SOULARD, ARDE**, n. m. et n. f. [sulaʁ, aʁd] (*soûl*) **Pop.** Ivrogne, ivrognesse. ▪ On dit aussi *soûlaud, aude* ou *soulaud, aude* et *soûlot, ote* ou *soulot, ote.*

SOULAS, n. m. [sula] (lat. *solacium*, consolation, réconfort, de *solari*, soulager) ▷ Vieilli Soulagement, consolation, joie, plaisir. « *Vain et faible soulas en un coup si funeste* », P. CORNEILLE. ◁

SOÛLÉ, ÉE ou **SOULÉ, ÉE**, p. p. de soûler. [sule] REM. On écrit aussi, mais moins fréquemment, *saoulé, ée.*

SOÛLER ou **SOULER**, v. tr. [sule] (lat. *satullare*, rassasier, de *saturare*, nourrir, repaître) Rendre soûl, gorger. *Il aime le gibier, on l'en a soûlé.* ◆ **Fig.** « *Il le fallait de la sorte, afin que le Fils de Dieu fût soûlé d'opprobres* », BOSSUET. ◆ **Pop.** Enivrer. ◆ **Fig.** Satisfaire jusqu'à satiété un sentiment, une passion. « *Jeux sanglants et dignes de bêtes farouches, où les Romains soûlaient leurs faux dieux de spectacles barbares et de sang humain* », BOSSUET. ◆ *Soûler ses yeux de sang, de carnage*, prendre plaisir à voir répandre le sang. ◆ **Absol.** *Tout soûle à la fin.* ◆ **Se soûler, v. pr.** Se gorger de. ◆ S'enivrer. ◆ **Fig.** Il se dit de ce qui soûle au moral, comme font au physique les aliments, le vin. *Se soûler de carnage, de plaisirs, etc.* ◆ **V. tr. Fam.** Fatiguer quelqu'un avec des conversations interminables. *Il me soûle avec ses histoires !* ▪ **Fam.** *Ça me soûle*, ça me contrarie, m'ennuie. *Ça me soûle d'aller dîner chez eux ce soir.* ▪ REM. On écrit aussi, mais moins fréquemment, *saouler.*

SOÛLERIE ou **SOULERIE**, ▪ n. f. [sul(ə)ʁi] (*soûl*) **Fam.** Action de s'enivrer. *Un soir de soûlerie.*

SOULEUR, n. f. [sulœʁ] (lat. *solus*, seul) ▷ **Fam.** Frayeur subite, saisissement. *Cela m'a donné une souleur.*

SOULEVANT, ANTE, adj. [sul(ə)vã, ãt] (*soulever*) Qui soulève. *Force soulevante.* ◆ *Pompe aspirante soulevante*, celle où l'eau aspirée passe au-dessus du piston qui la soulève.

SOULEVÉ, ÉE, p. p. de soulever. [sul(ə)ve] ◆ Qui est en proie à l'insurrection. *Un pays soulevé.* ◆ N. m. et n. f. *Les soulevés.*

SOULÈVEMENT, n. m. [sulɛv(ə)mã] (*soulever*) Action de soulever. ◆ **Géol.** Action souterraine qui a brisé et dérangé, à différentes époques, les couches du sol. ◆ *Soulèvement d'estomac*, mouvement de l'estomac se contractant pour rejeter ce qui le surcharge. ◆ *Soulèvement de cœur*, mal d'estomac causé par le dégoût qu'on a pour quelque chose. ◆ En parlant des flots, violente agitation. ◆ **Fig.** Commencement de révolte. ◆ Mouvement d'indignation.

SOULEVER, v. tr. [sul(ə)ve] (lat. class. *sublevare*, soulever, exhausser) Lever quelque chose de lourd à une petite hauteur. *Soulever un fardeau.* ◆ **Fig.** « *J'ai été effrayé de ces questions ; c'est un poids immense que je ne puis porter ; pourrai-je au moins le soulever ?* », VOLTAIRE. ◆ *Soulever un malade*, lever un peu le haut du corps d'un malade étendu dans son lit. ◆ *La marée soulève les navires qui sont sur la vase*, elle les met à flot. ◆ Il se dit, en géologie, des forces centrales du globe qui exhaussent les montagnes, les continents. ◆ Agiter, en parlant des flots. *La tempête soulève les flots.* ◆ *Soulever la poussière*, la faire voler en tourbillon. ◆ Écarter en partie. *Soulever un voile, un rideau.* ◆ **Fig.** *Soulever le voile qui cache l'avenir.* ◆ **Fig.** Donner de la considération, mettre dans le grand ton. « *Il n'y a rien qui mette plus subitement un homme à la mode, et qui le soulève davantage que le grand jeu* », LA BRUYÈRE. ◆ **Fig.** Exciter à la révolte. ◆ Exciter des sentiments d'irritation contre quelqu'un, avec un nom de personne pour sujet. « *J'irai... Soulever contre toi les hommes et les dieux* », P. CORNEILLE. ◆ *Soulever contre soi* ou simplement *soulever*, s'attirer la colère, le ressentiment de. ◆ ▷ *Soulever pour*, exciter des sentiments favorables à quelqu'un. ◁ ◆ Exciter l'indignation, la colère, avec un nom de chose pour sujet. *Son insolence souleva tout le monde.* ◆ Provoquer un léger mouvement d'emportement. ◆ **Fig.** *Soulever une question*, la proposer, en provoquer la discussion. ◆ *Soulever le cœur*, provoquer des nausées. ◆ **V. intr.** *Le cœur lui soulève*, il a envie de vomir. On dit de même : *cela fait soulever le cœur.* ◆ **Fig.** « *Et le cœur me soulevait à ce seul souvenir* », J.-J. ROUSSEAU. ◆ **Fig.** Cela fait soulever le cœur, cela cause du dégoût. ◆ **Se soulever, v. pr.** Se lever, s'élever avec effort. *Il ne peut se soulever.* ◆ Il se dit de la mer, des vents qui s'agitent. ◆ Se mettre en insurrection, en hostilité. ◆ Avec ellipse du pronom personnel. « *Il m'ôtera l'ardeur qui me fait soulever* », P. CORNEILLE. ◆ **Fig.** Il se dit de certaines passions qui s'irritent. *Son orgueil se souleva.* ◆ *Le cœur se soulève*, il est ému, troublé, et en un autre sens, on est saisi de dégoût. ◆ Éprouver le sentiment de l'indignation.

SOULIER, n. m. [sulje] (b. lat. *subtelaris*, de *subtel*, dessous du pied) Chaussure qui couvre le pied et qui s'attache par-dessus. ◆ ▷ *Soulier en chausson*, soulier avec une simple semelle. ◁ ◆ ▷ **Fig.** *C'est là que le soulier me blesse*, c'est la chose qui me nuit, me gêne, me fâche. ◁ ◆ ◆ **Fig.** *Mettre son pied dans tous les souliers*, se fourrer partout, se mêler de tout. ◁ ◆ *Il n'a pas de souliers, il n'a pas de souliers à mettre à ses pieds*, se dit de celui qui est fort pauvre. ◁ ◆ **Fam.** *Je m'en soucie non plus que de mes vieux souliers, je n'en fais pas plus de cas que de la boue de mes souliers*, se dit pour exprimer qu'on ne se soucie aucunement d'une personne ou d'une chose. ◁ ◆ *Être dans ses petits souliers*, être dans une situation critique, embarrassante. ◆ **Fig.** *Il n'est* *pas digne de dénouer les cordons des souliers d'un tel,* il lui est fort inférieur. ♦ ▷ *Mourir dans ses souliers,* le contraire de mourir dans son lit. ◁

SOULIGNÉ, ÉE, p. p. de souligner. [suliɲe] ou [sulinje]

SOULIGNEMENT ou **SOULIGNAGE**, n. m. [suliɲəmɑ̃, sulinaʒ] ou [sulinjəmɑ̃, sulinjaʒ] (*souligner*) Néolog. Action de souligner. ♦ Trait que l'on a souligné. *Les liens hypertextes sont marqués d'un soulignage.* ■ REM. Ne sont plus des néologismes aujourd'hui.

SOULIGNER, v. tr. [suliɲe] ou [sulinje] (*sous* et *ligne*) Tirer une ligne sous un ou plusieurs mots. *On souligne les mots, les passages sur lesquels on veut attirer l'attention.* ♦ Indiquer par une inflexion de voix qu'on attache une importance particulière à un mot, à une phrase qu'on dit. ♦ Par extens. Faire ressortir, mettre en valeur. *Son rouge à lèvres soulignait son sourire.* ♦ Signaler quelque chose en insistant. *Le ministre a souligné que les mesures seraient prises avant le début de l'été.*

SOÛLOGRAPHE ou **SOULOGRAPHE**, ■ n. m. et n. f. [sulograf] (*soûlographie*) Fam. Personne qui boit avec excès, ivrogne. *J'achète tous les matins mon journal à un charmant clochard soulographe.*

SOÛLOGRAPHIE ou **SOULOGRAPHIE**, ■ n. f. [sulografi] (*soûl* et *-graphie*) Fam. Action de s'enivrer, ivrognerie.

SOULOIR, v. intr. [sulwar] (lat. *solere,* avoir coutume) ▷ Terme vieilli dont il ne reste que l'imparfait, à peine encore usité. Avoir coutume. « *Quant à son temps... Deux parts en fit, dont il soulait passer l'une à dormir et l'autre à ne rien faire* », LA FONTAINE. ◁

SOÛLOT, OTE ou **SOULOT, OTE**, ■ n. m. et n. f. [sulo, ɔt] Voy. SOÛLARD.

SOULTE, n. f. [sult] (p. p. fém. de l'anc. fr. *soudre,* payer) Jurispr. Ce qu'un des copartageants doit payer aux autres pour rétablir l'égalité des lots, quand le lot qui lui est échu se trouve trop considérable et ne peut se diviser. ♦ Il se dit en un sens analogue, dans les échanges, pour parfaire l'égalité. *Soulte d'échange.* ♦ ▷ Paiement d'un reste de compte ; on dit présentement solde. ◁ ■ REM. On disait aussi *soute* autrefois.

SOUMETTRE, v. tr. [sumɛtr] (lat. *submittere,* placer sous, de *sub,* sous, et *mittere,* mettre) Mettre sous la puissance, sous l'autorité ; mettre dans un état de dépendance. « *J'ai voulu soumettre ces terres à Nabuchodonosor, roi de Babylone, mon serviteur* », BOSSUET. ♦ « *Cortez soumit le puissant empire du Mexique* », VOLTAIRE. ♦ **Fig.** Faire obéir, en parlant des choses abstraites. « *Pour vous soumettre la fortune et les choses, commencez par vous en rendre indépendant* », J.-J. ROUSSEAU. ♦ *Soumettre à,* suivi d'un infinitif, dans le sens de contraindre à. ♦ **Fig.** Il se dit de l'acte de déférence à la décision de quelqu'un. *Soumettre une chose au jugement de quelqu'un.* ♦ *Soumettre ses idées, ses opinions, ses sentiments, etc. à ceux d'un autre,* les subordonner à ceux d'un autre. ♦ *Soumettre une chose à quelqu'un, à l'attention, à l'examen de quelqu'un,* appeler l'attention de quelqu'un sur une chose. ♦ **Fig.** Il se dit des moyens logiques qu'on emploie pour juger quelque chose. *Soumettre une question à l'examen.* ♦ *Soumettre une chose au calcul,* la déterminer à l'aide du calcul. ♦ *Soumettre une chose à l'analyse,* l'analyser. ♦ Faire subir une opération, pour analyser, disséquer. *Soumettre un animal à la dissection, l'eau à l'action de la pile, etc.* ♦ *Se soumettre,* v. pr. Se ranger sous l'autorité. *Se soumettre à la raison.* ♦ *Se soumettre aux ordres, à la volonté de quelqu'un,* y conformer ses actions, ses sentiments. ♦ **Absol.** *Se soumettre,* reconnaître l'autorité, accepter la dépendance. ♦ *Se soumettre à une chose, à souffrir une chose,* consentir à la subir. ♦ *Se soumettre à un jugement,* en reconnaître la validité.

SOUMIS, ISE, p. p. de soumettre. [sumi, iz] ♦ **Absol.** Disposé à l'obéissance. *Un fils soumis et respectueux.* ♦ Il se dit des choses. *Un cœur soumis.* ■ Vx *Fille soumise,* prostituée. ■ Qui traduit la soumission. *Répondre d'un air soumis.*

SOUMISSION, n. f. [sumisjɔ̃] (lat. *submissio, -onis,* action d'abaisser, de *submittere,* soumettre) Disposition à obéir. *Il a toujours eu une grande soumission pour ses supérieurs.* « *Soumission totale à Jésus-Christ* », PASCAL. ♦ Action d'obéir. ♦ **Dr.** *Faire sa soumission,* déclarer qu'on s'oblige à l'exécution de ce qui est demandé ou de ce qui est jugé. ♦ Action par laquelle on déclare se soumettre, se ranger à l'obéissance. *Cette ville a fait sa soumission.* ♦ Démonstrations respectueuses, hommage à une autorité pour laquelle on a du respect ; il se dit le plus souvent au pluriel. « *Ces airs de domination que nous nous donnons, ces soumissions que nous exigeons* », BOURDALOUE. ♦ Satisfactions, excuses dont on use pour apaiser l'indignation, la colère de quelqu'un. « *Ses soumissions furent aussi inutiles que sa résistance* », VOLTAIRE. ♦ Acte ou écrit par lequel on déclare se charger d'un ouvrage, d'une fourniture, à telles conditions. *Adjudication sur soumissions cachetées.* ♦ Action par laquelle on offre de payer, pour sa part, une certaine somme.

SOUMISSIONNAIRE, n. m. et n. f. [sumisjɔnɛr] (*soumission*) Celui ou celle qui fait sa soumission pour une entreprise, des travaux, etc.

SOUMISSIONNÉ, ÉE, p. p. de soumissionner. [sumisjɔne]

SOUMISSIONNER, v. tr. [sumisjɔne] (*soumission*) Admin. Faire sa soumission pour une entreprise, pour des travaux, pour un paiement. *Soumissionner un marché, une fourniture.*

SOUPAPE, n. f. [supap] (anc. fr. *souspape,* coup sous le menton, d'orig. inc.) Méc. Espèce de couvercle placé sur une ouverture, de telle manière qu'il s'ouvre d'un côté, et se dilate de l'autre, plus il est pressé, plus il bouche exactement l'ouverture. ♦ Languette qui se lève dans une pompe pour donner passage à l'eau, et qui se referme pour empêcher que l'eau ne retourne au réservoir d'où elle était sortie. ♦ *Soupape de sûreté d'une machine à vapeur,* celle qui est destinée à laisser échapper la vapeur, en se levant d'elle-même, lorsque le degré de dilatation est tel que la chaudière éclaterait, si une issue n'était pas procurée. ♦ **Fig.** Il se dit de ce qui agit comme une soupape de sûreté et prévient les explosions politiques. *La liberté de la presse est une soupape.* ♦ Les ballons et les soufflets ont leurs soupapes qui sont de petites languettes pour ouvrir ou fermer le passage au vent. ♦ Ce qui dans l'orgue et d'autres instruments donne passage au vent. ♦ Tampon qui sert à boucher le trou d'un réservoir. ■ REM. On dit aussi au propre comme au figuré *soupape de sécurité.*

SOUPÇON, n. m. [supsɔ̃] (lat. *suspectionem,* de *suspicere,* regarder de bas en haut, suspecter) Au sens actif, action de soupçonner. *Un cœur exempt de soupçon.* ♦ Au sens passif, état d'une personne soupçonnée. *Une conduite exempte de soupçon.* ♦ Simple conjecture, simple opinion. *Ce n'est pas une certitude, c'est un soupçon.* ♦ Apparence légère. *Il y a quelque soupçon de petite vérole dans ce canton. Avoir un soupçon de fièvre.* ♦ **Fam.** Quantité si minime qu'on se demande si elle existe. *Un soupçon de lait dans du thé.* ♦ *Être au-dessus de tout soupçon,* être sûr de ne pas être mis en doute. *Hélas, son honnêteté n'est pas au-dessus de tout soupçon.*

SOUPÇONNABLE, ■ adj. [supsɔnabl] (*soupçonner*) Qui peut être soupçonné. *Il n'y a rien de soupçonnable dans son attitude. Un témoignage authentique et peu soupçonnable de complaisance.*

SOUPÇONNÉ, ÉE, p. p. de soupçonner. [supsɔne]

SOUPÇONNER, v. tr. [supsɔne] (*soupçon*) Avoir sur quelqu'un ou quelque chose une opinion désavantageuse, non sans un certain doute. *Soupçonner quelqu'un d'un crime.* « *Si disposée à croire le bien qu'elle ne peut pas même soupçonner le mal* », BOSSUET. ♦ **Absol.** « *On soupçonne aisément quand on n'est pas heureux* », C. DELAVIGNE. ♦ Avoir une simple opinion touchant quelque chose que ce soit. « *Bacon soupçonna, Newton démontra l'existence d'un principe jusqu'alors inconnu* », VOLTAIRE. ♦ *Ne pas soupçonner,* ne pas avoir l'idée que. ♦ Se méfier de. « *On soupçonne aisément un sort tout plein de gloire, Et l'on veut en jouir avant que de le croire* », MOLIÈRE. ♦ *Se soupçonner,* v. pr. Concevoir un soupçon sur soi-même. ♦ *Soupçonner,* suivi d'un infinitif, veut *de : il est soupçonné d'avoir fait cela.*

SOUPÇONNEUR, EUSE, n. m. [supsɔnœr, øz] (*soupçonner*) Personne qui soupçonne.

SOUPÇONNEUSEMENT, adv. [supsɔn(ə)mɑ̃] (*soupçonneux*) D'une manière soupçonneuse.

SOUPÇONNEUX, EUSE, adj. [supsɔnø, øz] (*soupçon*) Qui soupçonne aisément. *Un esprit soupçonneux. Un tyran soupçonneux.* ♦ N. m. et n. f. « *Ces maudits soupçonneux* », LA MOTTE. ♦ Qui traduit le soupçon. *Elle le regardait d'un air soupçonneux.*

SOUPE, n. f. [sup] (germ. *suppa,* tranche de pain trempée dans le bouillon) Sorte d'aliment fait de potage et de tranches de pain, ou même de pâtes, de riz, etc. *Une soupe au vermicelle, aux herbes, au lait, etc.* ♦ *Dès la soupe,* dès le commencement du repas. ◁ ▷ *Soupe économique,* sorte de soupe faite avec des os. ◁ ♦ **Fig.** *S'emporter comme une soupe au lait,* s'irriter facilement et promptement. ♦ *Soupe au lait, soupe de lait,* se dit adjectivement des chevaux qui sont d'un blanc tirant sur l'isabelle, et des pigeons de la même couleur. *Des chevaux soupe de lait.* ♦ Par extens. Dîner en général. « *Allons, venez manger ma soupe, vous me donnerez à souper ce soir* », MARIVAUX. ♦ ▷ Par antonomase, tranche de pain coupée mince, qu'on met dans la soupe. ◁ ♦ ▷ *Tailler la soupe,* couper du pain par tranches pour le mettre dans le potage. ◁ ♦ ▷ *Tremper la soupe,* mettre les tranches de pain dans le potage quelque temps avant de le servir, afin qu'elles s'humectent. ◁ ♦ **Pop.** et **fig.** *Tremper une soupe,* rosser. ◁ ♦ *Trempé, mouillé comme une soupe,* très mouillé. ♦ *Soupe au vin, soupe au perroquet, soupe à perroquet,* tranches de pain dans du vin. ♦ *Ivre comme une soupe,* se dit d'un homme qui a beaucoup bu et s'est enivré. ◁ ♦ *Soupe en vin,* sorte de couleur rouge. ♦ **Prov.** *La soupe fait le soldat,* une nourriture simple rend propre aux fatigues de la guerre. ■ **Fig.** et **fam.** *Soupe au lait,* prompt à se mettre en colère. *Il est très soupe au lait.* ♦ **Fig.** et **fam.** *Soupe à la grimace,* accueil ou attitude hostile. *Je n'aurais jamais dû lui parler de mon départ, j'ai eu le droit à la soupe à la grimace toute la soirée.* ■ **Fam.** et péj. *Gros plein de soupe,* individu très gros. « *Elles n'hésitent pas à coucher voire à se faire épouser par un gros plein de soupe, par un vieux tout décati. Jamais qu'un petit mauvais moment à passer de temps en temps* », GUÉRIN. ■ **Fig.** et **fam.** *Cracher* *dans la soupe*, critiquer ce dont on tire avantage. *Elle a beau cracher dans la soupe, elle n'attend pas longtemps pour encaisser ses chèques.* ■ **Fig.** et **fam.** *Servir la soupe à quelqu'un*, dire à quelqu'un ce qu'il attend pour le valoriser. ■ *Manger la soupe sur la tête de quelqu'un*, le dépasser en taille. ■ *Soupe populaire*, repas servi gratuitement aux personnes démunies. ■ **Par extens.** Tout potage contenant ou non du pain, des aliments solides. *Une soupe de légumes, à l'oignon, de poissons.* ■ Repas que l'on donne à un chien. *Mettre les restes d'un repas dans la soupe d'un chien.*

SOUPÉ, n. m. [supe] Voy. SOUPER.

SOUPENTE, n. f. [supɑ̃t] (anc. fr. *souspendre*, du lat. *suspendere*, suspendre, d'apr. *pente*) Assemblage de plusieurs larges courroies cousues l'une sur l'autre qui servent à soutenir le corps d'une voiture. ◆ Il se dit de toutes autres courroies. ■ Larges bandes de cuir qui servent à maintenir un cheval dans l'appareil nommé travail. ◆ Petite construction en planches ou en maçonnerie qui se fait entre deux planchers, dans une écurie, dans une cuisine ou autre lieu, pour loger des domestiques ou pour quelque autre usage.

1 **SOUPER**, n. m. [supe] (2 *souper*) Repas ordinaire du soir. ◆ ▷ *Petit souper, souper délicat*, où il n'y a que des intimes. ◁ ◆ Mets qui composent le souper. ◆ Voy. APRÈS-SOUPÉ ou Voy. APRÈS-SOUPER, voy. ces mots à leur rang. ■ Repas pris tard dans la soirée, en particulier à la sortie d'un spectacle. ■ REM. Est considéré comme vieux ou régional aujourd'hui, sauf dans le dernier sens. ■ REM. On écrivait aussi *soupé* autrefois.

2 **SOUPER**, v. intr. [supe] (*soupe*) Prendre le repas du soir. *Il soupa d'un plat de pommes de terre.* ◆ *On l'envoya se coucher sans souper*, se dit d'un enfant que l'on prive, par punition, du repas du soir. ◆ ▷ *Souper par cœur*, ne pas souper du tout. ◁ ■ **Fam.** *En avoir soupé*, en avoir assez. *J'en ai soupé de leurs histoires !* ■ REM. Est considéré comme vieux ou régional aujourd'hui, sauf dans le dernier sens.

SOUPESÉ, ÉE, p. p. de soupeser. [supəze]

SOUPÈSEMENT, n. m. [supɛz(ə)mɑ̃] (*soupeser*) Action de soupeser.

SOUPESER, v. tr. [supəze] (*sous* et *peser*) Lever un objet avec la main et le soutenir pour juger à peu près ce qu'il pèse. ■ **Fig.** Évaluer. *Soupeser les avantages et les inconvénients.*

SOUPEUR, EUSE, n. m. et n. f. [supœʀ, øz] (2 *souper*) Celui, celle qui est dans l'usage de souper, ou dont le souper est le repas principal.

SOUPIED, n. m. [supje] Voy. SOUS-PIED.

SOUPIÈRE, n. f. [supjɛʀ] (*soupe*) Vase large et dans lequel on sert la soupe. *Une soupière de faïence, de porcelaine, d'argent.* ◆ Ce que contient une soupière.

SOUPIR, n. m. [supiʀ] (*soupirer*) Respiration plus forte et plus prolongée qu'à l'ordinaire, et qui est causée soit par quelque gêne physique, soit par quelque trouble moral. *Pousser des soupirs.* ◆ **Fig.** et **poétiq.** Il se dit quelquefois des sons vagues qui se font entendre. *Les soupirs du vent, de la flûte dans les bois, etc.* ◆ **Fig.** Gémissement, regret causé par quelque passion ou quelque chagrin. *Un cœur gros de soupirs.* ◆ **Fig.** Gémissement d'amour. *L'objet de mes soupirs.* ◆ *Dernier soupir*, le dernier moment de la vie. *Recevoir, recueillir les derniers soupirs de quelqu'un*, l'assister à ses derniers moments. ◆ *Rendre le dernier soupir*, mourir. ◆ **Mus.** Silence qui équivaut à une noire. ◆ Signe ayant à peu près la forme d'une virgule et qui indique ce silence. ◆ *Demi-soupir*, signe de silence d'une durée égale à la valeur d'une croche. ◆ *Quart de soupir*, signe de silence représentant la valeur d'une double croche. ◆ *Huitième de soupir*, signe de silence représentant la valeur d'une triple croche. On dit quelquefois *demi-quart de soupir.* ◆ *Seizième de soupir*, signe de silence représentant la valeur d'une quadruple croche.

SOUPIRAIL, n. m. [supiʀaj] (*soupirer*, exhaler, p.-ê. d'apr. le lat. *spiraculum*, soupirail, ouverture) Ouverture pratiquée à la partie inférieure d'un bâtiment pour donner de l'air, du jour à une cave, à un souterrain. ◆ **Par extens.** Fissures par où s'échappent des exhalaisons. ◆ Baie pratiquée à plomb dans le sommet d'une voûte. ◆ *Soupirail d'aqueduc*, ouverture dans l'extrados de la voûte. ◆ Au pl. *Des soupiraux.*

SOUPIRANT, ANTE, adj. [supiʀɑ̃, ɑ̃t] (*soupirer*) Qui soupire. ◆ Particulièrement, qui soupire d'amour. ◆ N. m. Celui qui aspire à se faire aimer d'une femme.

SOUPIRÉ, ÉE, p. p. de soupirer. [supiʀe]

SOUPIRER, v. intr. [supiʀe] (lat. *suspirare*, respirer, soupirer, exhaler) Pousser des soupirs. ◆ **Fig.** et **poétiq.** « *Les orgues soupirent dans la vaste basilique* », CHATEAUBRIAND. ■ **Fig.** Éprouver de la douleur, du regret. ◆ *Pour quelle cause soupirez-vous donc, âme sainte, âme gémissante ?* », BOSSUET. « *Mon*

cœur ne soupirait que pour la renommée », RACINE. « *La bienheureuse liberté à laquelle nos âmes soupirent* », BOSSUET. « *Si elle cesse de soupirer un moment vers sa patrie, elle cesse d'appartenir au siècle à venir* », MASSILLON. ◆ **V. tr. Poétiq.** Dire, chanter avec tendresse et mélancolie. « *Toi... qui... M'aidais à soupirer les malheurs de Sion* », RACINE. ◆ **Prov.** *Cœur qui soupire n'a pas ce qu'il désire.* ◆ **V. tr.** Dire quelque chose dans un soupir. « *Je n'y arriverai jamais* » soupira-t-elle.

SOUPLE, adj. [supl] (lat. *supplex, supplicis*, qui plie les genoux, suppliant) Qui se plie aisément, sans se rompre, sans se gâter. *L'osier est souple.* ◆ ▷ **Méd.** *Pouls souple*, celui qui est souple au toucher et modérément développé. ◁ ◆ Il se dit des personnes et des animaux qui ont une grande facilité à se mouvoir, dont les membres se plient et se redressent aisément. ◆ Il se dit aussi des choses. « *L'hirondelle suit avec une agilité souple la trace oblique et tortueuse des insectes* », BUFFON. ◆ **Fig.** Docile, soumis, complaisant, accommodant. « *Des armées si bien commandées et si souples aux ordres de leurs généraux* », BOSSUET. « *Il faut être souple avec la pauvreté* », BOILEAU. ◆ *Être souple comme un gant*, être obéissant à tout, avec l'idée d'une complaisance excessive, servile. ◆ On dit de même : *avoir l'échine souple, les reins souples.* ◆ Que l'on peut modifier facilement sans que cela crée de gêne. *Avoir des horaires souples.*

SOUPLEMENT, adv. [supləmɑ̃] (*souple*) D'une manière souple.

SOUPLESSE, n. f. [suplɛs] (*souple*) Qualité de ce qui est souple. *La souplesse de l'osier, d'un gant, etc.* ◆ Aisance à se mouvoir, à se plier. *Un corps d'une souplesse extraordinaire. La souplesse des mouvements.* ◆ *Tours de souplesse*, tours des saltimbanques qui demandent un corps souple, et fig. moyens subtils, artificieux pour arriver à ses fins. ◆ En ce sens, on dit absolument *souplesses* au pluriel. « *Les souplesses de l'amour-propre* », MALEBRANCHE. ◆ **Fig.** Flexibilité aux volontés d'autrui, adresse à se plier aux circonstances. *La souplesse du courtisan.* ◆ **Fig.** Il se dit en parlant de l'esprit, du style, de la voix. *La souplesse d'un chanteur.* « *Une souplesse de pensée* », PASCAL.

SOUQUENILLE, n. f. [suk(ə)nij] (m. h. all. *sukenie*, espèce de jaquette) ▷ Long surtout en grosse toile dont se servent les cochers et les palefreniers quand ils pansent leurs chevaux. ◆ Méchant habit en général. ◁

SOUQUER, v. tr. [suke] (orig. incert.) Serrer fermement. *Souquer un nœud.* ■ **V. intr.** Ramer avec force. *Souquer sur les avirons. Souquer ferme.*

SOURATE ou **SURATE**, ■ n. f. [suʀat] (ar. *surah*) Chapitre du Coran. *Le Coran est divisé en 114 sourates.*

SOURCE, n. f. [suʀs] (fém. de *sours*, anc. p. p. de *sourdre*) L'eau qui commence à sourdre, qui sort de la terre, et qui est l'origine d'un cours d'eau grand ou petit. *La Seine prend sa source en Bourgogne.* ◆ *Source intermittente*, source qui a des intervalles où elle cesse de couler. ◆ *Sources inflammables*, feux naturels produits par du gaz hydrogène carboné. ◆ *Couper une source*, l'intercepter, l'empêcher d'arriver à sa pente la conduisait. ◆ **Fig.** « *Voir le mal et en couper la source* », J.-J. ROUSSEAU. ◆ *Couler de source*, se dit d'une eau vive qui vient d'une source. ◆ **Fig.** *Cela coule de source*, cela est dit, écrit ou fait d'une manière facile et naturelle. ◆ L'endroit d'où l'eau sort. ◆ **Fig.** Il se dit des pays où sont abondants en certaines choses et qui les répandent au dehors. *Le Pérou est une source abondante de métaux précieux.* « *Je lui ai proposé d'aller à Paris, comme à la source de tous les biens et de tous les maux* », MME DE SÉVIGNÉ. ◆ **Fig.** Ce qui laisse découler de soi ; origine, principe. « *Comme son pouvoir est la source du tien* », P. CORNEILLE. « *Allons à la source du mal* », BOURDALOUE. ◆ Il se dit d'une personne de qui découlent des biens, des avantages. *Le roi est la source des grâces.* ◆ Il se dit des ancêtres, de l'origine des familles. *La source d'une maison.* ◆ *Les sources de la vie*, les organes principaux nécessaires à la vie. ◆ **Théol.** *Les sources de la grâce*, les sacrements. Texte original. « *L'abbé Dubos a puisé dans d'assez mauvaises sources pour un historien* », MONTESQUIEU. ■ Il se dit de l'origine d'une nouvelle, d'un bruit, de ceux qui en sont les auteurs. *Tenir une nouvelle de bonne source. Il sait toujours des nouvelles, il est à la source, il puise à la source.* ◆ **Mar.** *La source du vent*, le point d'où il souffle. ◆ **N. f. pl. Archit.** Ensemble de fontaines et de ruisseaux artificiels, formant une espèce de labyrinthe d'eau, orné çà et là de bouillons. ■ Système, objet qui fournit de l'énergie de façon permanente. *Une source de chaleur.* ■ **Ling.** *Langue source*, langue que l'on traduit. *La langue source et la langue cible.* ■ *Prélèvement* ou *retenue à la source*, mode de recouvrement de l'impôt, consistant à déduire son montant des revenus sur lesquels porte l'impôt. *Être (la) source de*, être la cause de. *Un manque de communication est souvent source de nombreux problèmes.*

SOURCIER, IÈRE, n. m. et n. f. [suʀsje, jɛʀ] (*source*) Personne qui prétend avoir des moyens particuliers pour découvrir des sources.

SOURCIL, n. m. [suʀsi] ou [suʀsil] (lat. *supercilium*, de *super*, au-dessus, et *cilium*, paupière, cils) Poil en forme d'arc au-dessus de l'œil. « *Sous un sourcil épais il avait l'œil caché* », LA FONTAINE. ◆ *Froncer le sourcil*, Voy. FRONCER. ◆ Air hautain. « *Les sourcils de la fierté* », VOLTAIRE. ◆ Chez les oiseaux, trait longitudinal et coloré qui se remarque parfois au-dessus de l'œil. ■ *Froncer les sourcils,* manifester du mécontentement.

SOURCILIER, ÈRE, adj. [suʀsilje, jɛʀ] (*sourcil*) Anat. Qui a rapport aux sourcils. *L'artère sourcilière. Le muscle sourcilier* ou n. m. *le sourcilier.* ◆ *Arcades sourcilières,* saillies transversales que présente l'os coronal immédiatement au-dessus du rebord supérieur des orbites.

1 **SOURCILLER,** v. tr. [suʀsije] (*sourcil*) Remuer le sourcil en signe d'émotion. *Il n'a pas sourcillé.* ◆ *Sans sourciller,* sans paraître ému, troublé.

2 **SOURCILLER,** v. intr. [suʀsije] (*source*) ▷ ▷ Venir à la surface de la terre en forme de source. « *Cette eau sourcille en différents endroits* », Buffon. ◁ ◁

SOURCILLEUX, EUSE, adj. [suʀsijø, øz] (lat. impér. *superciliosus,* renfrogné) Zool. Qui porte des espèces de sourcils. ◆ Fig. et dans le langage élevé, qui exprime par ses sourcils la hauteur, l'orgueil, la sévérité. « *La superbe et sourcilleuse maison d'Espagne* », Gui Patin. « *Ainsi s'expliqueront nos censeurs sourcilleux* », Boileau. ◆ Il se dit aussi des choses. *Un air sourcilleux.* « *Ces fastueux dehors, ces grandeurs sourcilleuses* », P. Corneille. ◆ *Un front sourcilleux,* un front où se peint l'orgueil, l'inquiétude ou la tristesse. ◆ Fig. et poétiq. Haut, élevé (comme est le sourcil dans le corps humain). *Les monts sourcilleux.* ◆ Se dit d'une personne qui fait preuve d'une grande exigence, de minutie. *Il faut reprendre votre devoir, le professeur est sourcilleux.*

1 **SOURD,** n. m. [suʀ] (orig. inc.) Nom donné à la salamandre dans quelques provinces.

2 **SOURD, OURDE,** adj. [suʀ, uʀd] (lat. *surdus,* qui n'entend pas, qui ne veut pas entendre, assourdi, faible) Qui ne peut entendre par suite de quelque vice ou obstruction de l'organe de l'ouïe. ◆ Fam. *Sourd comme un pot,* très sourd. ◆ Qui, sans être sourd, n'entend pas pour une raison quelconque. « *De ces dieux qui sont sourds, bien qu'ayant des oreilles* », La Fontaine. ◆ *Faire la sourde oreille, faire le sourd,* ne pas vouloir entendre à quelque proposition, écouter une prière, une remontrance. ◆ Fig. Inexorable, inflexible, insensible. « *Nous sommes sourds à tous les sages avertissements* », Bossuet. ◆ Qui est peu sonore. *Ce violon est sourd. Voix sourde.* ◆ *Appartement sourd,* appartement où la voix, la musique, etc. manquent de sonorité, et aussi appartement d'où le bruit intérieur ne s'entend pas au dehors. ◆ *Consonnes sourdes,* consonnes telles qu'on les fait entendre en parlant bas et avec la glotte ouverte ; ce sont *k, l, p, t, f, s.* ◆ Qui se fait peu entendre. *Un bruit sourd. De sourds gémissements.* ◆ Fig. *Bruit sourd,* nouvelle qui n'est ni publique, ni certaine. Voy. lime. ◆ Fig. « *La politique est une lime sourde qui use et qui parvient lentement à sa fin* », Montesquieu. ◆ Fig. Qui jette peu d'éclat. ◆ Peint. *Teintes sourdes ou tons sourds,* couleurs mates, vagues et sans éclat. ◆ Joaill. *Pierre sourde,* pierre qui a quelque chose d'obscur, de brouillé. ◆ *Lanterne sourde.* Voy. lanterne. ◆ Fig. Vague, mal caractérisé. *De sourds pressentiments.* ◆ *Douleur sourde,* douleur qui ne se fait pas sentir d'une manière aiguë. ◆ Fig. Qui ne se manifeste pas, qui est sans bruit, qui ne fait pas d'éclat. « *Il y eut toujours une guerre sourde entre l'empire et le sacerdoce* », Voltaire. ◆ En mauvaise part. *Des sourdes intrigues.* ◆ Mar. *Lame sourde,* lame qui se porte sur un point où l'on ne ressent pas le vent qui l'a soulevée. ◆ N. m. et n. f. *Un sourd, une sourde.* ◆ *Frapper comme un sourd,* faire beaucoup de bruit en frappant, parce qu'un sourd ne se rend pas compte du bruit qu'il fait. ◆ *Frapper comme un sourd,* frapper quelqu'un sans ménagement ni pitié. ◆ *Crier comme un sourd,* crier très haut (à cause que les sourds, qui ne s'entendent pas eux-mêmes, élèvent d'ordinaire beaucoup la voix). ◆ *Sourd-muet, sourde-muette,* celui, celle qui est privée de la faculté d'expression orale par la surdité de naissance due à un vice du développement de l'oreille interne. ◆ Adj. *Il est sourd-muet.* ◆ Prov. *Il n'est pire sourd, il n'est point de pire sourd que celui qui ne veut point entendre,* se dit d'un homme qui entend très bien ce qu'on lui dit, mais qui, ne voulant pas répondre, fait semblant de ne pas entendre. ◆ *Autant vaudrait parler à un sourd,* se dit de celui qui ne veut rien faire de ce qu'on lui propose. ◆ Adj. *Être sourd à,* refuser d'entendre, faire preuve d'insensibilité à. *Il est sourd à ses explications, à ses demandes.*

SOURDAUD, AUDE, n. m. et n. f. [suʀdo, od] (mot région., de *sourd*) ▷ Fam. Celui, celle qui n'entend qu'avec peine. ◁

SOURDEMENT, adv. [suʀdəmɑ̃] (*sourd*) D'une manière sourde, peu retentissante. « *La mer grondait sourdement* », Fénelon. ◆ Fig. D'une manière secrète et cachée. *Agir sourdement.* ◆ Fig. D'une manière peu éclatante, peu marquée.

SOURDINE, n. f. [suʀdin] (ital. *sordina,* épinette à son assourdi, de *sordo,* sourd ; cf. *alla sordina,* en cachette) Ce qu'on met à un instrument de musique pour en modifier ou en étouffer le son : un petit morceau de bois qui se place sur le chevalet pour les instruments à cordes ; des pavillons à ouverture et des cônes percés en carton, pour les instruments à vent. ◆ Fig. *Mettre une sourdine à sa voix, à son ton, à ses prétentions,* rendre sa voix moins bruyante, son ton moins haut, ses prétentions moins éclatantes. ◆

Sonner la sourdine, se disait d'un son de la trompette quand il fallait marcher à petit bruit. De là, *sourdine* s'est dit pour marche en silence. ◆ **À LA SOURDINE,** loc. adv. Sans le bruit qui accompagne ordinairement la marche d'une troupe militaire. « *Ils en sont décampés à la sourdine, sans trompette* », Pellisson. ◆ Fig. Secrètement. ◆ Fam. *La mettre en sourdine,* se taire. *La en sourdine, on ne s'entend plus !* ◆ *Mettre une sourdine à,* mettre un terme à un bruit. *Peux-tu mettre une sourdine à ta télé ?* ◆ *En sourdine,* sans bruit.

SOURDINGUE, ■ adj. [suʀdɛ̃g] (*sourd* et suff. arg. *-ingue*) Fam. et péj. Qui entend mal. « *Mémé non plus comprenait pas, encore moins que moi, vu qu'elle était déjà pas mal sourdingue à l'époque* », Seguin. ■ N. m. et n. f. *Un sourdingue, une sourdingue.*

SOURD-MUET, SOURDE-MUETTE, n. m. et n. f. [suʀmɥɛ, suʀd(ə)mɥɛt] (*sourd* et *muet*) Voy. sourd.

SOURDRE, v. intr. [suʀdʀ] (lat. *surgere,* se lever, jaillir) *il sourd, ils sourdent ; il sourdait ; il sourdit ; il sourdra ; il sourdrait ; qu'il sourde ; qu'il sourdît ; sourdant ;* point de participe passé. En parlant des eaux, sortir de terre. *L'eau sourd.* ◆ Fig. « *Entre le Clerc et son ami Coras... N'a pas longtemps, sourdirent grands débats* », Racine. ◆ Fig. Sortir, résulter. *C'est une affaire dont on a vu sourdre mille inconvénients.*

SOURIANT, ANTE, adj. [suʀjɑ̃, ɑ̃t] (*sourire*) Qui sourit. ◆ Qui est agréable, accueillant. *Un village souriant. Une nature souriante.*

SOURICEAU, n. m. [suʀiso] (dimin. de 2 *souris*) Petit d'une souris.

SOURICIÈRE, n. f. [suʀisjɛʀ] (2 *souris*) Piège pour prendre les souris. ◆ Fig. et fam. *Se mettre, se jeter dans la souricière,* se jeter inconsidérément dans un grand embarras. ◆ Piège que la police dresse aux malfaiteurs, quand, s'emparant d'une de leurs retraites sans qu'ils le sachent, elle les saisit un à un à mesure qu'ils rentrent.

SOURIQUOIS, OISE, adj. [suʀikwa, waz] (2 *souris*) Qui appartient aux souris et aux rats. « *Le peuple souriquois* », La Fontaine.

1 **SOURIRE,** v. intr. [suʀiʀ] (lat. *subridere,* de *sub-,* un peu, et *ridere,* rire) Rire sans éclat, par un léger mouvement de la bouche et des yeux. *Ils se sont souri réciproquement.* ◆ *Sourire à quelqu'un,* lui témoigner par un souris de la bienveillance, de l'affection. ◆ *Sourire à quelque chose,* en être content. ◆ Exprimer par un sourire qu'on a pénétré la pensée, l'intention d'une personne. ◆ Manifester par un sourire son incrédulité. ◆ Montrer un visage souriant. ◆ Fig. Avoir un aspect favorable. *Le ciel souriait.* « *Le seul printemps sourit au monde en son aurore* », Delille. ◆ *La fortune lui sourit,* elle le favorise. ◆ Plaire, convenir. *Cette affaire lui sourit beaucoup. Ce lieu me sourit.*

2 **SOURIRE,** n. m. [suʀiʀ] (substantivation de 1 *sourire*) Action de sourire. *Un doux sourire.* ◆ Témoignage d'un certain dédain. *Le sourire des sages.* ■ Fam. *Avoir le sourire,* être content de la situation. ■ *Garder le sourire,* rester de bonne humeur en dépit d'une situation désagréable, malheureuse. ◆ *Faire, adresser une sourire à quelqu'un,* sourire à quelqu'un. *Elle m'adressa un sourire auquel je ne pouvais résister.* ■ Rem. On disait aussi *souris* autrefois.

1 **SOURIS,** n. m. [suʀi] (1 *sourire*) ▷ Même sens que sourire. ◁

2 **SOURIS,** n. f. [suʀi] (*soricem,* accus. de *sorex,* souris) Quadrupède de la famille des rongeurs, appartenant au genre rat. ◆ *Trou de souris,* petit trou dans lequel se logent les souris. ◆ *On le ferait cacher dans un trou de souris,* se dit d'un homme qui a grand'peur, ou qui éprouve beaucoup d'embarras et de confusion. ◆ *Il est éveillé comme une potée de souris.* Voy. potée. ◆ ▷ *On entendrait trotter une souris,* il se fait un grand silence. ◁ ◆ *La montagne a enfanté une souris,* se dit d'une chose qu'on attend comme grande, extraordinaire, et qui vient à rien. ◆ *Couleur gris de souris,* gris argenté. ◆ *Cheval gris de souris,* cheval de cette couleur. ◆ Fortif. *Pas de souris,* escalier étroit et très raide, donnant accès au fond du fossé. ◆ Muscle charnu qui tient à l'os du manche d'un gigot, près de la jointure. ◆ Espace qui est dans la main, entre le pouce et l'index. ◆ Cartilage des naseaux du cheval. ◆ *Souris des bois,* petite espèce de sarigue. ◆ *Souris d'eau,* espèce de musaraigne. ◆ *Souris de montagne,* le lemming et la gerboise. ◆ *Souris de terre,* petit mulot. ◆ Prov. *Souris qui n'a qu'un trou est bientôt prise,* un homme qui n'a qu'une ressource est bientôt perdu, ruiné. ◆ *Quand les chats n'y sont pas, les souris dansent.* Voy. chat. ■ Inform. Boîtier relié à un micro-ordinateur qui, déplacé à la main sur une surface, sert à diriger les mouvements du curseur et à manipuler des objets sur un écran de visualisation. *Souris optique, souris sans fil.* ■ Fig. et fam. Jeune femme, jeune fille. *Plutôt mignonne cette souris !* ■ Par anal. Muscle charnu situé à l'extrémité d'un gigot ou contre l'os, très recherchée pour sa finesse et son goût. *Un ragoût de souris d'agneau.* ■ Méd. *Souris articulaire,* morceau de cartilage qui circule librement dans l'articulation. ◆ *Jouer au chat et à la souris,* se chercher sans forcément se trouver, se taquiner. ■ Fig. Tenter de se séduire. *À force de jouer au chat et à la souris ces deux-là, ils vont bien finir par se trouver !*

SOURNOIS, OISE, adj. [suʀnwa, waz] (prob. a. provenç. *sorn,* sombre) Qui est caché et dissimulé. *Une mine sournoise.* ◆ N. m. et n. f. Personne sournoise. « *Vous faites la sournoise* », Molière.

SOURNOISEMENT, adv. [suʀnwaz(ə)mɑ̃] (*sournois*) D'une manière sournoise.

SOURNOISERIE, ■ n. f. [suʀnwaz(ə)ʀi] (*sournois*) **Litt.** Aspect, caractère hypocrite. « *Quand j'imagine les trésors de rouerie, d'audace tranquille, de sournoiserie ingénieuse, que tu as dû jeter par les fenêtres pour mener à bonne fin une mauvaise action* », COURTELINE. ■ Acte sournois. *Il n'est plus à une sournoiserie près !*

SOUS, prép. [su] (lat. *subtus*, en dessous, par-dessous) Il marque la situation d'une chose à l'égard d'une autre qui est par-dessus. *Sous le toit. Sous un ciel doux.* ♦ *Tenir quelqu'un sous le bras*, avoir le bras passé au bras de quelqu'un. ♦ ▷ *Regarder quelqu'un sous le nez*, le regarder de près avec mépris. ◁ ♦ *Sous la cheminée.* Voy. CHEMINÉE. ♦ *Faire mourir le bâton*, assommer de coups de bâton. ♦ **Mar.** *Être sous voiles*, avoir toutes les voiles déployées. ♦ *Sous le vent*, se dit du côté opposé à celui d'où le vent souffle. ♦ *On est sous la côte*, lorsqu'on en est très près. ♦ Il sert à marquer la situation de deux choses, dont l'une est plus élevée que l'autre. ♦ *Camper, se retirer sous une ville, sous le canon d'une ville*, camper, se retirer auprès d'une ville dont on est le maître et qui peut servir d'appui contre ceux qui viendraient attaquer le camp. ♦ *Être sous le feu d'un bataillon, d'un bastion*, être exposé au feu d'un bataillon, d'un bastion. ♦ ▷ *Ce cheval est sous la main du cocher* ou *simplement sous la main*, se dit d'un cheval de carrosse qui est à la droite du timon. ◁ ♦ Il se dit, dans le même sens, de la situation de deux lieux. *La Ferté-sous-Jouarre.* ♦ *Cela s'est passé sous mes yeux*, j'en ai été témoin oculaire. ♦ *Mettre une chose sous les yeux de quelqu'un*, la lui présenter pour qu'il l'examine. ♦ ▷ *Il a fait élever cet enfant sous ses yeux*, il l'a fait élever dans sa maison, près de lui. ◁ ♦ *Avoir quelque chose sous la main*, l'avoir à sa portée. ♦ Il se dit de ce qui sert à enfermer, à sceller. *Être sous clef*, être dans un lieu fermé à clef. *Être sous les verrous*, être en prison. *Ce papier est sous les scellés*, il est dans un meuble, dans une chambre où l'on a mis le scellé. ♦ *Être inscrit sous tel numéro*, avoir tel numéro d'inscription. ♦ **Fig.** *Dire une chose sous le secret, sous le sceau du secret*, la dire en grande confidence et en exigeant le secret. ♦ **Fig.** Il marque la subordination, la dépendance. *Ces religieux vivaient sous la règle de saint Benoît. Il est sous la tutelle de son oncle.* ♦ *Être sous la protection de quelqu'un*, en être protégé. ♦ ▷ **Fig.** *Être sous la main d'un autre*, être dans sa dépendance, à son entière disposition. ◁ ♦ Il se joint à beaucoup de mots pour en former d'autres qui marquent une infériorité de position, de qualité, d'attributions : *sous-bibliothécaire, sous-lieutenant, etc.* ♦ Il marque le temps durant lequel un homme a vécu, l'intervalle pendant lequel un événement est arrivé, etc. *Sous le règne de Louis XIV.* ♦ *Sous peu, sous peu de temps*, dans peu de temps. ♦ On dit de même : *sous quinze jours, etc.* ♦ **Fig.** Il se dit d'une forme, d'une apparence qui couvre ou qui cache. *Une divinité sous une figure humaine.* ♦ *Sous un jour*, sous un aspect, avec une certaine apparence. *On a représenté sa conduite sous un mauvais jour.* ♦ **Fig.** En se couvrant de. *Sous un beau semblant de, etc.* ♦ *Sous le prétexte de*, sous le voile de la charité, en se servant du prétexte, du voile de la charité. ♦ *Sous tel nom, sous tel titre*, avec tel nom, avec tel titre. *Il se présenta sous un faux nom.* ♦ *Moyennant, par, avec.* *Sous telle condition. Sous promesse de, etc.* ♦ *Passer quelque chose sous silence*, n'en point parler. ♦ *Affirmer sous serment*, faire un serment pour attester la vérité de quelque chose. ♦ *Faire un acte, une promesse sous seing privé*, reconnaître cet acte, cette promesse par sa simple signature, non authentique et sans l'intervention du notaire. ♦ *Sous caution, sous bénéfice d'inventaire*, cautionner. Voy. BÉNÉFICE. ♦ *Cela est défendu sous peine de la vie, sous peine de bannissement, sous peine d'amende*, on encourra la peine de mort, le bannissement, une amende. ♦ *Sous ce rapport.* Voy. RAPPORT. ♦ *Sous main*, secrètement. *Il cherche à vous nuire sous main.* ♦ **N. m. invar.** *Sous-* (placé devant un nom de personne ou de chose) marque l'infériorité de la personne désignée par rapport au modèle. *Une sous-Céline Dion, un sous-palace.*

SOUS-ACÉTATE, n. m. [suzasetat] (préf. *sous-* et *acétate*) **Chim.** Acétate contenant un excès de base. On dit semblablement sous-arséniate, etc.

SOUS-ACQUÉREUR, ■ n. m. [suzakeʀœʀ] (préf. *sous-* et *acquéreur*) **Dr.** Personne qui a reçu ou acheté une chose ayant fait l'objet de ventes successives. *Les acheteurs de véhicules dits de troisième ou de quatrième main sont les sous-acheteurs de ces véhicules.*

SOUS-ADMINISTRÉ, ÉE, ■ adj. [suzadministʀe] (préf. *sous-* et *administré*) Qui manque de structures ou de personnels administratifs. *Des régions sous-administrées.*

SOUS-ADMISSIBLE, ■ adj. [suzadmisibl] (préf. *sous-* et *admissible*) Se dit notamment d'un(e) candidat(e) qui, n'ayant pas été reçu(e) à l'agrégation peut être dispensé(e), sur proposition du jury, de la partie théorique du CAPES. ■ **N. m. et n. f.** *Un, une sous-admissible.*

SOUS-AFFERMÉ, ÉE, p. p. de sous-affermer. [suzafɛʀme]

SOUS-AFFERMER ou **SOUS-FERMER**, v. tr. [suzafɛʀme, sufɛʀme] (préf. *sous-* et *affermer*) Donner, prendre à sous-ferme.

SOUS-AFFRÈTEMENT, ■ n. m. [suzafʀɛt(ə)mɑ̃] (préf. *sous-* et *affrètement*) Action de procéder à la sous-location d'un navire qui a déjà été affrété. *Un contrat de sous-affrètement.*

SOUS-AIDE, n. m. [suzɛd] (préf. *sous-* et *aide* [major]) Sous-aide major, chirurgien militaire du dernier grade. ♦ Au pl. *Des sous-aides.*

SOUS-ALIMENTATION, ■ n. f. [suzalimɑ̃tasjɔ̃] (préf. *sous-* et *admissible*) Insuffisance alimentaire pouvant compromettre la santé de l'homme. ■ État qui en résulte.

SOUS-ALIMENTÉ, ÉE, ■ adj. [suzalimɑ̃te] (*sous-alimenter*) Qui n'est pas suffisamment alimenté. *Les enfants sous-alimentés souffrent de graves carences qui entravent leur croissance.*

SOUS-ALIMENTER, ■ v. tr. [suzalimɑ̃te] (préf. *sous-* et *alimenter*) Alimenter en quantité insuffisante. ■ **Fig.** *Son feu est sous-alimenté, c'est pour ça que la côte de bœuf ne cuit pas.* ■ V. pr. Abusiv. Ne pas manger assez. *Elle se sous-alimente dans l'espoir de perdre du poids avant les vacances.*

SOUS-AMENDÉ, ÉE, p. p. de sous-amender. [suzamɑ̃de]

SOUS-AMENDEMENT, n. m. [suzamɑ̃d(ə)mɑ̃] (préf. *sous-* et *amendement*) Modification à un amendement. ♦ Au pl. *Des sous-amendements.*

SOUS-AMENDER, v. tr. [suzamɑ̃de] (préf. *sous-* et *amender*) Amender un amendement.

SOUS-ARACHNOÏDIEN, IENNE, ■ adj. [suzaʀaknoidjɛ̃, jɛn] (préf. *sous-* et *arachnoïde*) Qui est situé en dessous de l'arachnoïde. *Faire une hémorragie sous-arachnoïdienne.*

SOUS-ARBRISSEAU, n. m. [suzaʀbʀiso] (préf. *sous-* et *arbrisseau*) Végétal dont la tige est ligneuse, dure et persistante à sa base, tandis que les ramifications sont herbacées et annuelles, qui manque de bourgeons à l'aisselle des feuilles, et dont la taille est au plus de 0,30 m à 1 m. ♦ Au pl. *Des sous-arbrisseaux.*

SOUS-ARMÉ, ÉE, ■ adj. [suzaʀme] (préf. *sous-* et *armé*) Dont l'armement est insuffisant. *Bien que sous-armé, ce peuple était prêt à se révolter. Un navire sous-armé.*

SOUS-ARRONDISSEMENT, n. m. [suzaʀɔ̃dis(ə)mɑ̃] (préf. *sous-* et *arrondissement*) Localité qui dépend d'un chef-lieu d'arrondissement maritime. ♦ Au pl. *Des sous-arrondissements.*

SOUS-ASSURER, ■ v. tr. [suzasyʀe] (préf. *sous-* et *assurer*) **Dr.** Assurer un bien en deçà de sa valeur. *Ils ont sous-assuré le contenu de leur résidence secondaire pour payer une cotisation annuelle moins importante mais si un incendie se déclare ils le regretteront !*

SOUS-AUMÔNIER, n. m. [suzomonje] (préf. *sous-* et *aumônier*) Aumônier en second. ♦ Au pl. *Des sous-aumôniers.*

SOUS-BAIL, n. m. [subaj] (préf. *sous-* et *bail*) Bail d'une partie de ce qu'on a pris ou donné à ferme. ♦ Au pl. *Des sous-baux.*

SOUS-BAILLEUR, EUSE, ■ n. m. et n. f. [subajœʀ, øz] (préf. *sous-* et *bailleur*) Celui, celle qui donne à sous-bail. ♦ Au pl. *Des sous-bailleurs.*

SOUS-BARBE, n. f. [subaʀb] (préf. *sous-* et *barbe*) **Fam.** Coup sous le menton. ♦ Partie postérieure de la mâchoire inférieure du cheval. ♦ Pièce du licol. ♦ Au pl. *Des sous-barbes.* ■ **Rem.** On écrivait aussi *soubarbe* autrefois.

SOUS-BAS, ■ n. m. [suba] (préf. *sous-* et 1 *bas*) Espèce de chaussette qui se porte sous les bas lorsque l'on a froid aux pieds. *Une paire de sous-bas.*

SOUS-BIBLIOTHÉCAIRE, n. m. [subiblijotekɛʀ] (préf. *sous-* et *bibliothécaire*) Employé subordonné au bibliothécaire. ♦ Au pl. *Des sous-bibliothécaires.*

SOUS-BIEF, n. m. [subjɛf] (préf. *sous-* et *bief*) Une des parties de la machine hydraulique dans une forge ; canal qui rejoint la décharge des eaux. ♦ Au pl. *Des sous-biefs.*

SOUS-BOIS, ■ n. m. [subwa] (préf. *sous-* et *bois*) Ce qui croît sous les bois, les forêts. *Arracher les sous-bois et les épines.*

SOUS-BRIGADIER, ■ n. m. [subʀigadje] (préf. *sous-* et *brigadier*) Sous-officier de police. *Des sous-brigadiers ont effectué des contrôles de papiers tout le week-end sur cette portion de la route.*

SOUS-CALIBRÉ, ÉE, ■ adj. [sukalibʀe] (préf. *sous-* et *calibré*) Qui a été calibré, évalué en quantité insuffisante. *Un budget sous-calibré.* ■ Se dit d'un projectile dont la taille est inférieure au canon de l'arme feu dans lequel il se trouve. *Munitions sous-calibrées.*

SOUS-CARBONATE, n. m. [sukaʀbonat] (préf. *sous-* et *carbonate*) **Chim.** Nom générique des sels dans lesquels l'acide carbonique se trouve combiné avec un excès de base.

SOUS-CAVAGE, ■ n.m. [sukavaʒ] (préf. *sous-* et *caver*) Altération naturelle du bas de front des berges très abruptes, provoquée par le clapotis de l'eau. *Risque de sous-cavage subaquatique* ■ **Minér.** Méthode d'abattage ou d'exploitation utilisée dans les mines et qui est aujourd'hui interdite. *Exploitation par sous-cavage, en sous-cavage.*

SOUS-CHEF, n.m. [suʃɛf] (préf. *sous-* et *chef*) Celui qui vient immédiatement après le chef. ◆ **Au pl.** *Des sous-chefs.*

SOUS-CLASSE, n.f. [suklas] (préf. *sous-* et *classe*) **Hist. nat.** Division établie dans une classe. ◆ **Au pl.** *Des sous-classes.*

SOUS-CLAVIER, IÈRE, adj. [suklavje, jɛʀ] (préf. *sous-* et *clavier*, du radic. de *clavicule*) **Anat.** Qui est sous la clavicule. *Artère sous-clavière.*

SOUS-COMITÉ, ■ n.m. [sukomite] (préf. *sous-* et *comité*) Division d'un comité réunie pour traiter d'une question spécifique. *Les sous-comités de pilotage ont rendu leurs rapports d'activités hier.*

SOUS-COMMIS, n.m. [sukomi] (préf. *sous-* et *commis*) Celui qui aide un commis.

SOUS-COMMISSAIRE, n.m. [sukomisɛʀ] (préf. *sous-* et *commissaire*) Aide ou adjoint d'un commissaire. ◆ *Sous-commissaire de la marine,* officier d'administration inférieur au commissaire de la marine. ◆ **Au pl.** *Des sous-commissaires.*

SOUS-COMMISSION, n.f. [sukomisjɔ̃] (préf. *sous-* et *commission*) Commission secondaire établie auprès d'une commission. ◆ **Au pl.** *Des sous-commissions.*

SOUS-COMPTOIR, n.m. [sukɔ̃twaʀ] (préf. *sous-* et *comptoir*) Comptoir subordonné à un autre comptoir. ◆ **Au pl.** *Des sous-comptoirs.*

SOUS-CONSOMMATION, ■ n.f. [sukɔ̃somasjɔ̃] (préf. *sous-* et *consommation*) Consommation en deçà de la normale. *La sous-consommation des ménages peut s'expliquer par la croissance constante de l'inflation.*

SOUS-CONTINENT, n.m. [sukɔ̃tinɑ̃] (préf. *sous-* et *continent*) Partie d'un continent qui se distingue du reste. *Le sous-continent indien.*

SOUS-CORTICAL, ALE, ■ adj. [sukɔʀtikal] (préf. *sous-* et *cortical*) **Anat.** Se dit d'un organe ou d'un corps qui se situe sous le cortex cérébral. *Des tumeurs sous-corticales.* ■ **Anat.** Concernant ou relatif aux fibres nerveuses situées dans cette région du corps. *Les démences sous-corticales peuvent être provoquées par la maladie de Binswanger ou celle de Huntington.* ■ **Au pl.** **Biol.** *Centres sous-corticaux,* centres nerveux dont les neurones sont réunis sous le cortex, dans les régions profondes de l'encéphale et qui assurent les fonctions du cerveau en coopération avec les centres corticaux. ■ **Bot.** Qui se situe sous l'écorce d'un végétal. *Certains résineux sont parasités par des insectes sous-corticaux.* ■ **Géol.** Qui se situe sous l'écorce terrestre.

SOUS-COUCHE, n.f. [sukuʃ] (préf. *sous-* et *couche*) **Géol.** Couche sous-jacente. *Les sous-couches argileuses.*

SOUSCRIPTEUR, n.m. [suskʀiptœʀ] (lat. *subscriptor,* accusateur en second, approbateur, partisan) Celui qui prend part à une souscription, et particulièrement celui qui souscrit à une publication de librairie. ◆ Celui qui souscrit un billet, une lettre de change.

SOUSCRIPTION, n.f. [suskʀipsjɔ̃] (lat. *subscriptio,* inscription au bas d'un monument, signature d'un document ; influence de l'angl. *subscription* sur le sens financier) ▷ Action de souscrire, de mettre sa signature au bas d'un acte pour l'approuver. ◁ ◆ *La souscription d'une lettre,* la signature de celui qui l'a écrite. ◁ ◆ Toute entreprise, formée entre plusieurs personnes, dans laquelle chacun de ceux qui y concourent s'engage à fournir une certaine part de la somme nécessaire. ◆ Les sommes mêmes qui sont fournies. ◆ Méthode de publier les livres, en s'assurant d'avance d'un certain nombre d'acheteurs qui se font inscrire, à des conditions déterminées, chez le libraire ou chez l'auteur. ◆ La reconnaissance que le libraire donne à celui qui a souscrit. ◆ Sur le turf, syn. d'engagement.

SOUSCRIRE, v.tr. [suskʀiʀ] (lat. *subscribere,* écrire en dessous ou à la suite, signer) Écrire son nom ou le nom d'un autre au bas d'un acte en marque d'approbation. *Souscrire un billet, une lettre de change, etc.* ◆ **Par extens.** Approuver. « *Ceux qui refuseront de souscrire le fait seront traités comme s'ils refusaient de souscrire le droit* », Pascal. ◆ **V. intr.** Mettre son nom au bas d'un acte (en ce sens, il ne se dit qu'en poésie et dans le style élevé). « *Un jour, il m'en souvient, le sénat équitable Vous pressait de souscrire à la mort d'un coupable* », Racine. ◆ Adhérer, consentir à (en ce sens il veut toujours la préposition *à*). « *Voyez si c'est votre dessein de souscrire à ce mariage* », Molière. ◆ Donner ou s'engager à donner une certaine somme pour quelque entreprise, quelque dépense commune. ◆ S'engager à prendre un ouvrage aux conditions prescrites, en avançant partie de la somme fixée et continuant de la payer par parties aux termes assignés. ◆ *Se souscrire,* v.pr. *Être souscrit,* pris par souscription.

SOUSCRIT, ITE, p.p. de souscrire. [suskʀi, it]

SOUSCRIVANT, n.m. [suskʀivɑ̃] (*souscrire*) **Pratiq.** Celui qui souscrit un billet.

SOUS-CUTANÉ, ÉE, adj. [sukytane] (b. lat. *subcutaneus*) Qui est placé sous la peau. *Muscles sous-cutanés.* ■ Qui se fait sous la peau. *Une injection sous-cutanée.*

SOUS-DÉCLARER, ■ v.tr. [sudeklaʀe] (préf. *sous-* et *déclarer*) Déclarer un bien ou des revenus en dessous de leur valeur réelle. *Il a sous-déclaré ses revenus de l'an passé et doit maintenant payer un redressement fiscal.* ■ **Par extens.** Indiquer un chiffre ou un volume nettement inférieur à la réalité. *Les jeunes interrogés ont eu tendance à sous-déclarer leur consommation mensuelle d'alcool. Certains chasseurs sous-déclarent le volume d'animaux qu'ils ont tués pendant la période de la chasse.*

SOUS-DÉLÉGUÉ, ÉE, p.p. de sous-déléguer. [sudelege] ◆ **N.m.** Dans quelques sociétés philanthropiques, vice-président. ■ S'emploie aussi au féminin. *Une sous-déléguée.*

SOUS-DÉLÉGUER, v.tr. [sudelege] (préf. *sous-* et *déléguer*) Voy. SUBDÉLÉGUER.

SOUS-DÉVELOPPÉ, ÉE, ■ adj. [sudev(ə)lope] (préf. *sous-* et *développé*) Économie sous-développée, dont la production et la consommation sont insuffisantes. ■ *Pays sous-développés,* pays en voie de développement. ■ Dont le développement est inférieur à la moyenne. ■ Sous-équipé. ■ **Fam.** et **péj.** Dont le niveau intellectuel est inférieur à la moyenne.

SOUS-DÉVELOPPEMENT, ■ n.m. [sudev(ə)lɔp(ə)mɑ̃] (préf. *sous-* et *développement*) **Écon.** État d'une région, d'une province ou d'un pays qui est sous-développé. *Harry Truman, président des États-Unis fut le premier à employer le terme de sous-développement en 1949, pour désigner la grande pauvreté qui affectait les pays n'ayant pas encore atteint le stade industriel.* ■ **Par extens.** Retard dans le développement par rapport aux normes largement admises. *La malnutrition peut entraîner le sous-développement du corps humain.* ■ **Phot.** Technique consistant à réduire la durée du développement d'un négatif afin d'atténuer le contraste de l'image et d'affiner sa granulation. *Le sous-développement d'une pellicule.*

SOUS-DIACONAT, n.m. [sudjakona] (préf. *sous-* et *diaconat,* d'après le lat. ecclés. *subdiaconatus*) Le troisième des ordres sacrés, celui qui est au-dessous du diaconat.

SOUS-DIACRE, n.m. [sudjakʀ] (préf. *sous-* et *diacre,* d'après le lat. ecclés. *subdiaconus*) Celui qui est promu au sous-diaconat. ◆ **Au pl.** *Des sous-diacres.*

SOUS-DIRECTEUR, TRICE, n.m. et n.f. [sudiʀɛktœʀ, tʀis] (préf. *sous-* et *directeur*) Celui qui vient immédiatement après le directeur. ◆ **Au pl.** *Des sous-directeurs.*

SOUS-DIVISER v.tr. ou **SOUS-DIVISION**, n.f. [sudivize, sudivizjɔ̃] (préf. *sous-* et *diviser* ou *division*) Voy. SUBDIVISER Voy. SUBDIVISION.

SOUS-DOMINANTE, n.f. [sudominɑ̃t] (préf. *sous-* et *dominante*) **Mus.** La quatrième note d'une gamme, celle qui est immédiatement au-dessous de la dominante.

SOUS-DOUBLE, adj. [sudubl] (préf. *sous-* et *double*) **Math.** Qui est la moitié. *32 : 16 : 8 : 4 : 2 est une progression sous-double.*

SOUS-DOUBLÉ, ÉE, adj. [suduble] (préf. *sous-* et *doublé*) **Math.** Il n'est usité que dans cette expression : *en raison sous-doublée,* en raison des racines carrées.

SOUS-DOYEN, n.m. [sudwajɛ̃] (préf. *sous-* et *doyen*) Religieux immédiatement au-dessous du doyen, dans certains chapitres. ◆ Celui qui est le second soit en âge, soit en ancienneté, dans une charge. ◆ **Au pl.** *Des sous-doyens.*

SOUS-ÉCONOME, n.m. [suzekonɔm] (préf. *sous-* et *économe*) Celui qui est sous un économe.

SOUS-EFFECTIF, ■ n.m. [suzefɛktif] (préf. *sous-* et *effectif*) Effectif inférieur au nombre requis pour assurer le rendement demandé. *Cette entreprise fonctionne en sous-effectif.*

SOUS-EMBRANCHEMENT, ■ n.m. [suzɑ̃bʀɑ̃ʃ(ə)mɑ̃] (préf. *sous-* et *branchement*) **Biol.** Subdivision du classement systématique. *La classe des reptiles, comme le lézard ou l'iguane, appartient au sous-embranchement des gnatosthomes.*

SOUS-EMPLOI, ■ n.m. sing. [suzɑ̃plwa] (préf. *sous-* et *emploi*) **Écon.** État de la population active lorsque cette dernière n'est pas employée dans sa totalité ou lorsqu'elle n'est pas utilisée dans sa pleine capacité de production. « *Le sous-emploi est reparti à la hausse l'an dernier, essentiellement sous l'effet du temps partiel* », Libération, 21/03/2005. ■ État d'un objet ou d'une chose dont l'utilisation est insuffisante. *Le sous-emploi des machines d'une usine.*

SOUS-EMPLOYER, ■ v.tr. [suzɑ̃plwaje] (préf. *sous-* et *employer*) **Écon.** Utiliser en partie le temps, les ressources ou les capacités de la main-d'œuvre ou des machines disponibles. *Jeunes diplômés sous-employés.* ■ **Par extens.** *Sous-employer son ordinateur.*

SOUS-ENSEMBLE, ■ n. m. [suzɑ̃sɑ̃bl] (préf. *sous-* et *ensemble*) **Math.** Ensemble appartenant à un autre ensemble plus grand. *E est un sous-ensemble de F si et seulement si tout élément de E est élément de F.* ■ Partie d'un domaine ou d'un objet. *Le catalogue d'histoire de l'art constitue un sous-ensemble de notre catalogue général.*

SOUS-ENTENDRE, v. tr. [suzɑ̃tɑ̃dʀ] (préf. *sous-* et *entendre*) Ne point exprimer dans le discours une chose qu'on a dans la pensée. ◆ **Gramm.** Ne pas exprimer certains mots qui peuvent être aisément suppléés. ◆ **Se sous-entendre**, v. pr. Être sous-entendu. *Cette clause se sous-entend toujours.*

SOUS-ENTENDU, UE, p. p. de sous-entendre. [suzɑ̃tɑ̃dy] ◆ Qui n'est point exprimé. ◆ N. m. Ce qui est sous-entendu. ◆ *Au pl. Des sous-entendus.*

SOUS-ENTENTE, n. f. [suzɑ̃tɑ̃t] (préf. *sous-* et *entente*) Ce qui est sous-entendu artificieusement par celui qui parle. ◆ *Au pl. Des sous-ententes.*

SOUS-ENTREPRENEUR, ■ n. m. [suzɑ̃tʀəpʀənœʀ] (préf. *sous-* et *entrepreneur*) Entrepreneur employé en sous-traitance. *Les sous-entrepreneurs passent un contrat avec l'entrepreneur qui fait appel à eux.* ■ **Vx Dr.** Dans les prisons, personne qui gérait le travail des détenus réunis en ateliers communs.

SOUS-ÉQUIPÉ, ÉE, ■ adj. [suzekipe] (préf. *sous-* et *équipé*) **Écon.** Se dit d'un secteur d'activité, d'une entreprise, d'une région ou d'un pays dont les équipements, qu'ils soient techniques, industriels ou collectifs, sont en nombre insuffisant. *Des zones rurales sous-équipées.* ■ Se dit de ce qui ne dispose pas d'un équipement suffisant. *Une cuisine sous-équipée.*

SOUS-ÉQUIPEMENT, ■ n. m. [suzekip(ə)mɑ̃] (préf. *sous-* et *équipement*) **Écon.** État de ce qui est sous-équipé. *Une entreprise qui souffre de sous-équipement.*

SOUS-ESPACE, ■ n. m. [suzɛspas] (préf. *sous-* et *espace*) **Math.** Partie d'un espace, le plus souvent vectoriel, et qui possède les mêmes propriétés que celui-ci. *Extension d'un sous-espace vectoriel à une dimension demandée.*

SOUS-ESPÈCE, n. f. [suzɛspɛs] (préf. *sous-* et *espèce*) Division dans une espèce. ◆ *Au pl. Des sous-espèces.*

SOUS-ESTIMATION, ■ n. f. [suzɛstimasjɔ̃] (préf. *sous-* et *estimation*) Action de sous-estimer ; résultat de cette action. *La sous-estimation de certaines dépenses. Une sous-estimation imputable à la méthodologie employée.*

SOUS-ESTIMER, ■ v. tr. [suzɛstime] (préf. *sous-* et *estimer*) Estimer en dessous de sa valeur. *Lors de sa succession la majorité de ses biens a été sous-estimée.* « *Je devais vérifier plus tard que c'est une erreur que de sous-estimer son adversaire* », Djian.

SOUS-ÉTAGE, ■ n. m. [suzetaʒ] (préf. *sous-* et *étage*) Ce qui croît sous les bois, sous les forêts. *Un sous-étage de végétation arbustive.*

SOUS-ÉVALUATION, ■ n. f. [suzevalɥasjɔ̃] (préf. *sous-* et *évaluation*) Action d'évaluer un bien ou une personne en deçà de sa valeur réelle. *Leur compagnie d'assurances a procédé à une sous-évaluation des dommages qu'ils avaient subis.*

SOUS-ÉVALUER, ■ v. tr. [suzevalɥe] (préf. *sous-* et *évaluer*) Évaluer en deçà de sa valeur. *Les statistiques sous-évaluent l'importante croissance du chômage.* ■ **V. pr.** *Elle manque terriblement de confiance en elle, elle se sous-évalue systématiquement.*

SOUS-EXPLOITATION, ■ n. f. [suzɛksplwatasjɔ̃] (préf. *sous-* et *exploitation*) Action d'exploiter quelque chose en dessous de ses capacités. *La sous-exploitation des atouts touristiques d'une région.*

SOUS-EXPLOITER, ■ v. tr. [suzɛksplwate] (préf. *sous-* et *exploiter*) Exploiter insuffisamment quelqu'un ou quelque chose. *Sous-exploiter les possibilités qu'offre un système.*

SOUS-EXPOSER, ■ v. tr. [suzɛkspoze] (préf. *sous-* et *exposer*) **Phot.** Exposer pendant un laps de temps trop court. *Les photographes débutants sous-exposent leurs négatifs. Un appareil photo à réglage automatique a tendance à sous-exposer une photo lorsque celle-ci a pour fond un paysage de neige éclatante.*

SOUS-EXPOSITION, ■ n. f. [suzɛkspozisjɔ̃] (préf. *sous-* et *exposition*) **Phot.** Exposition insuffisamment longue ou pas assez importante. *La sous-exposition avec un appareil photo numérique peut être corrigée par ordinateur grâce aux logiciels de retouche de photos.* ■ **Par extens.** *La sous-exposition de ce produit sur le marché asiatique explique son relatif échec.*

SOUS-FAÎTE ou **SOUS-FAITE**, n. m. [sufɛt] (préf. *sous-* et *faîte*) Voy. **FAÎTE**.

SOUS-FAMILLE, ■ n. f. [sufamij] (préf. *sous-* et *famille*) **Biol.** Subdivision d'une famille dans le système de classification scientifique. *Le rat appartient à la sous-famille des murinés.* ■ **Ling.** Subdivision linguistique qui a pour entrée un mot dérivé de la famille mais dont le sens de l'un de ses composants diffère du sens premier de la famille. *Le mot parlement et ses dérivés forment une sous-famille de parler.* ■ **Par extens.** Division qui dépend d'une classe plus importante. *La sous-famille des langues nigéro-congolaises comprend entre autres, le groups mandé, le groupe gur, etc. La fonction publique territoriale se constitue de la famille des « fonctionnaires », elle-même composée de deux sous-familles : les stagiaires et les titulaires.*

SOUS-FERME, n. m. [sufɛʀm] (préf. *sous-* et *ferme*) Convention par laquelle un fermier principal cède la totalité ou une partie de sa ferme à un fermier particulier. ◆ Dans l'ancienne monarchie, subdivision des fermes du roi. ◆ *Au pl. Des sous-fermes.*

SOUS-FERMER, v. tr. [sufɛʀme] (*sous-ferme*) Voy. **SOUS-AFFERMER**.

SOUS-FERMIER, IÈRE, n. m. et n. f. [sufɛʀmje, jɛʀ] (préf. *sous-* et *fermier*) Celui, celle qui prend des biens ou des droits à sous-ferme. ◆ Celui qui avait une sous-ferme du roi. ◆ *Au pl. Des sous-fermiers.*

SOUS-FIFRE, ■ n. m. [sufifʀ] (préf. *sous-* et *fifre*, de *fifrelin*, homme maladroit) **Péj.** et **fam.** Employé de seconde catégorie. *Cela ne sert à rien de lui demander ça à lui : ce n'est que le sous-fifre ici !*

SOUS-FILIALE, ■ n. f. [sufiljal] (préf. *sous-* et *filiale*) Entreprise subordonnée à une autre filiale. *Il travaille dans une sous-filiale belge d'un grand groupe de constructeurs automobiles.*

SOUS-FRÉTÉ, ÉE, ■ p. p. de sous-fréter. [sufʀete]

SOUS-FRÉTER, v. tr. [sufʀete] (préf. *sous-* et *fréter*) Fréter à un autre le bâtiment qu'on avait affrété pour soi.

SOUS-GARDE, n. f. [sugaʀd] (préf. *sous-* et 1 *garde*) Assemblage des pièces qui sont placées sous le bois d'un fusil à hauteur de la platine. ◆ *Des sous-garde.* ■ **Rem.** On écrivait aussi *sougarde* autrefois.

SOUS-GENRE, n. m. [suʒɑ̃ʀ] (préf. *sous-* et *genre*) Section établie dans un genre, et renfermant une ou plusieurs espèces. ◆ *Au pl. Des sous-genres.*

SOUS-GLACIAIRE, ■ adj. [suglasjɛʀ] (préf. *sous-* et *glaciaire*) **Géogr.** Se dit de la partie inférieure d'un glacier qui se trouve en contact avec le sol. *Le lac Vostok est le plus grand lac sous-glaciaire de l'Antarctique. Le volcanologue a décelé une activité volcanique sous-glaciaire.*

SOUS-GORGE, n. f. [sugɔʀʒ] (préf. *sous-* et *gorge*) La partie de la têtière de la bride qui passe sous la gorge du cheval. ◆ *Au pl. Des sous-gorge.* ■ **Rem.** On écrivait aussi *sougorge* autrefois.

SOUS-GOUVERNANTE, n. f. [suguvɛʀnɑ̃t] (préf. *sous-* et *gouvernante*) Femme placée sous une gouvernante pour l'aider. ◆ *Au pl. Des sous-gouvernantes.*

SOUS-GOUVERNEUR, n. m. [suguvɛʀnœʀ] (préf. *sous-* et *gouverneur*) Celui qui est sous le gouverneur. ◆ *Au pl. Des sous-gouverneurs.*

SOUS-GROUPE, ■ n. m. [sugʀup] (préf. *sous-* et *groupe*) Subdivision d'un groupe. *Travaillant pour le ministère de l'Environnement, il fait partie du sous-groupe sur la prévention de la production des déchets et de leur recyclage. Le groupe d'étude et de travail sur l'avenir des mathématiques se compose de cinq sous-groupes.*

SOUS-HOMME, ■ n. m. [suzɔm] (préf. *sous-* et *homme*) Homme considéré comme inférieur aux autres. « *Tu es, lui disait-il, un sous-homme, un détenu, un concentrationnaire et rien d'autre.* », J.-P. Renouard.

SOUS-HUMANITÉ, ■ n. f. [suzymanite] (préf. *sous-* et *humanité*) Ensemble constitué de sous-hommes. « *Le colonialisme refuse les droits de l'homme à des hommes qu'il a soumis par la violence [...] en état de sous-humanité* », Sartre.

SOUS-INFORMATION, ■ n. f. [suzɛ̃fɔʀmasjɔ̃] (préf. *sous-* et *information*) Manque d'informations. *La mauvaise orientation des élèves après leur bac est souvent une conséquence d'une sous-information.*

SOUS-INFORMÉ, ÉE, ■ adj. [suzɛ̃fɔʀme] (préf. *sous-* et *informé*) Qui manque d'informations en quantité suffisante. *Une société sous-informée.*

SOUS-INTENDANCE, ■ n. f. [suzɛ̃tɑ̃dɑ̃s] (préf. *sous-* et *intendance*) Charge de sous-intendant. ◆ Bureaux, résidence d'un sous-intendant. ◆ Circonscription d'un sous-intendant. ◆ *Au pl. Des sous-intendances.*

SOUS-INTENDANT, n. m. [suzɛ̃tɑ̃dɑ̃] (préf. *sous-* et *intendant*) Intendant en second. ◆ *Au pl. Des sous-intendants.*

SOUS-JACENT, ENTE, adj. [suʒasɑ̃, ɑ̃t] (préf. *sous-*, d'après le lat. impér. *subjacens*, p. prés. de *subjacere*, être couché dessous) **Anat.** Qui est placé dessous. *Tissu sous-jacent.* ◆ **Géol.** *Roches sous-jacentes*, nom donné aux granits, à cause de leur situation, par comparaison aux roches volcaniques. ■ **Fig.** Caché. *Des problèmes sous-jacents.*

SOUS-JUPE, n. f. [suʒyp] (préf. *sous-* et *jupe*) Jupe de dessous, qui se porte sous une robe ouverte ou à étoffe transparente. ◆ *Au pl. Des sous-jupes.*

SOUS-LIEUTENANCE, n. f. [suljøt(ə)nɑ̃s] (préf. *sous-* et *lieutenance*) Charge de sous-lieutenant. ◆ *Au pl. Des sous-lieutenances.*

SOUS-LIEUTENANT, n. m. [suljøt(ə)nɑ̃] (préf. *sous-* et *lieutenant*) Officier du grade inférieur au lieutenant. ♦ Au pl. *Des sous-lieutenants.*

SOUSLIK, ▪ n. m. [suslik] (mot russe) Animal d'Europe orientale ressemblant à une petite marmotte, ne dépassant pas les 20 cm, qui vit en colonie et creuse des terriers élaborés. *Le souslik devrait son nom au cri d'alarme qu'il pousse. Des sousliks.*

SOUS-LOCATAIRE, n. m. et n. f. [sulokatɛʀ] (préf. *sous-* et *locataire*) Celui, celle qui, louant une portion de maison, la tient du locataire principal. ♦ Au pl. *Des sous-locataires.*

SOUS-LOCATION, n. f. [sulokasjɔ̃] (préf. *sous-* et *location*) Action de sous-louer. ♦ Au pl. *Des sous-locations.*

SOUS-LOUÉ, ÉE, p. p. de sous-louer. [sulwe]

SOUS-LOUER, v. tr. [sulwe] (préf. *sous-* et 1 *louer*) Donner à loyer une partie d'une maison, d'une terre, dont on est locataire ou fermier. ♦ Prendre à loyer du locataire principal une portion de maison. *J'ai sous-loué de M. un tel.*

SOUS-MAIN, n. m. [sumɛ̃] (préf. *sous-* et *main*) Pancarte qu'on met sur son bureau pour écrire et serrer ses notes. ♦ Au pl. *Des sous-mains.* ▪ EN SOUS-MAIN, loc. adv. Secrètement.

SOUS-MAÎTRE, ESSE ou **SOUS-MAITRE, ESSE**, n. m. et n. f. [sumɛtʀ, ɛs] (préf. *sous-* et *maître* ou *maîtresse*) Celui, celle qui dans un établissement d'éducation surveille les élèves ou remplace les professeurs en titre. ♦ Au pl. *Des sous-maîtres, des sous-maîtresses.* ▪ N. f. Surveillante d'une maison de tolérance.

SOUS-MARIN, INE, adj. [sumaʀɛ̃, in] (préf. *sous-* et *marin*) Qui est au fond de la mer ou sous les flots de la mer. *Des collines sous-marines.* ♦ Qui agit sous mer. *Navires sous-marins.* ♦ *Navigation sous-marine*, celle qui consiste à faire naviguer des bâtiments entre deux eaux. ▪ N. m. Navire capable de naviguer sous l'eau. *Un sous-marin nucléaire.* ▪ Fam. Espion infiltré dans un milieu, une organisation.

SOUS-MARINIER, IÈRE, ▪ n. m. et n. f. [sumaʀinje, jɛʀ] (*sous-marin*) Personne appartenant à l'équipage d'un sous-marin. ▪ Adj. Relatif aux sous-marins et à leur équipage. *La base sous-marinière de Brest.*

SOUS-MARQUE, ▪ n. f. [sumaʀk] (préf. *sous-* et *marque*) Marque dépendant d'une autre, le plus souvent prestigieuse. ▪ Par extens. et péj. Marque proposant des articles de qualité inférieure ou dont la notoriété est faible par rapport à d'autres marques appartenant au même secteur d'activités. *Cette sous-marque d'épilateur ne lui a pas donné satisfaction.*

SOUS-MAXILLAIRE, ▪ adj. [sumaksilɛʀ] (préf. *sous-* et *maxillaire*) Se dit de ce qui est placé en dessous de la mâchoire. *Les glandes sous-maxillaires sont des glandes salivaires.*

SOUS-MÉDICALISÉ, ÉE, ▪ adj. [sumedikalize] (préf. *sous-* et *médicalisé*) Se dit d'un groupe ou d'un pays ne bénéficiant pas des infrastructures médicales nécessaires et suffisantes. *Les régions sous-médicalisées ne disposent pas d'un nombre suffisant de médecins-généralistes correspondant aux besoins de leurs habitants. Les salariés des pays sous-développés sont souvent sous-médicalisés.*

SOUS-MENTONNIÈRE, n. f. [sumɑ̃tɔnjɛʀ] (préf. *sous-* et *menton*) Bride qui sert à attacher le shako sous le menton. ♦ Au pl. *Des sous-mentonnières.*

SOUS-MINISTRE, n. m. [suministʀ] (préf. *sous-* et *ministre*) Celui qui remplace un ministre principal, qui est presque ministre. ♦ Au pl. *Des sous-ministres.*

SOUS-MULTIPLE, adj. [sumyltipl] (préf. *sous-* et *multiple*) Math. Qui est contenu exactement dans un autre nombre, qui a servi à le former comme facteur. *8 est sous-multiple de 32.* ♦ N. m. *3 est un des sous-multiples de 12.*

SOUS-MUNITION, ▪ n. f. [sumynisjɔ̃] (préf. *sous-* et *munition*) Munition qui doit se séparer d'une munition dite mère pour faire son œuvre. *Dispositif d'expulsion de la sous-munition.*

SOUS-NAPPE, ▪ n. f. [sunap] (préf. *sous-* et *nappe*) Tissu, le plus souvent molletonné, placé entre la nappe et la table pour protéger cette dernière.

SOUS-NORMALE, n. f. [sunɔʀmal] (préf. *sous-* et *normale*) Géom. Partie de l'axe d'une courbe comprise entre l'ordonnée et la normale correspondante. ♦ Au pl. *Des sous-normales.*

SOUS-NUTRITION, ▪ n. f. [sunytʀisjɔ̃] (préf. *sous-* et *nutrition*) Nutrition insuffisante que cela soit en terme de quantité ou de qualité. *Une population, un enfant qui souffre de sous-nutrition.*

SOUS-OCCIPITAL, ALE, ▪ adj. [suzɔksipital] (préf. *sous-* et *occipital*) Anat. et méd. Qui se situe ou qui s'effectue en dessous de l'os occipital. *Les muscles sous-occipitaux.*

SOUS-ŒUVRE (EN), loc. adv. [suzœvʀ] (préf. *sous-* et *œuvre*) Voy. ŒUVRE.

SOUS-OFF, ▪ n. m. et n. f. [suzɔf] (apocope de *sous-officier*) Fam. Sous-officier, sous-officière. *Les sous-offs et les bidasses de la caserne.*

SOUS-OFFICIER, IÈRE, n. m. et n. f. [suzofisje, jɛʀ] (préf. *sous-* et *officier*) Tout militaire d'un grade inférieur à celui de sous-lieutenant, mais au-dessus du caporal : dans l'infanterie, le fourrier, le sergent, le sergent-major et l'adjudant ; dans la cavalerie, le fourrier, le maréchal des logis et l'adjudant. ♦ Au pl. *Des sous-officiers.* ♦ Abrév. fam. Sous-off.

SOUS-ORBITAIRE, ▪ adj. [suzɔʀbitɛʀ] (préf. *sous-* et *orbite*) Anat. Qui est situé en dessous de l'orbite. *Les microgreffes de graisse au niveau de la partie centrale sous-orbitaire du visage, en remplissant et retendant cette zone, permettent le rajeunissement du regard.*

SOUS-ORBITAL, ALE, ▪ adj. [suzɔʀbital] (préf. *sous-* et *orbital*) Aéronaut. Se dit d'un engin spatial avant que ne soit atteinte son orbite stable. *Des lanceurs sous-orbitaux permettent aux engins spatiaux d'atteindre leur orbite plus rapidement.*

SOUS-ORDRE, n. m. [suzɔʀdʀ] (préf. *sous-* et *ordre*) Dr. Ordre ou distribution de la somme qui a été adjugée à un créancier dans un ordre, et qui est répartie à des créanciers de créancier opposant sur lui. ♦ Par extens. *En sous-ordre*, se dit de tous ceux qui ne sont dans une affaire que subordonnément. ♦ Il se dit des choses en un sens analogue. ♦ *Un sous-ordre*, celui qui et soumis aux ordres d'un autre, ou qui travaille sous lui. ♦ Au pl. *Des sous-ordres.* ♦ *Accepter un travail en sous-ordre*, accepter un travail en sous-traitance. ♦ Zool. Subdivision dans la classification scientifique des animaux qui se situe juste en dessous de l'ordre. *La baleine est un mammifère de l'ordre des cétacés et du sous-ordre des mysticètes ou cétacés à fanons.*

SOUS-PALAN, ▪ loc. adj. [supalɑ̃] (préf. *sous-* et *palan*) Se dit de marchandises lorsque ces dernières voyagent par navire et doivent être livrées au port à leur destinataire. *Un enlèvement, une livraison sous-palan.* ▪ EN SOUS-PALAN, loc. adv. Se dit d'une marchandise qui doit être livrée au port et prête pour être embarquée. *Réceptionner des marchandises sous-palan.*

SOUS-PAYER, ▪ v. tr. [supeje] (préf. *sous-* et *payer*) Payer en dessous des taux légaux. *Une entreprise qui sous-paye ses employés.* ▪ Par extens. Payer peu, exploiter. *Nous sommes sous-payés compte tenu de la charge de travail que nous abattons quotidiennement.*

SOUS-PERPENDICULAIRE, n. f. [supɛʀpɑ̃dikylɛʀ] (préf. *sous-* et *perpendiculaire*) Syn. de sous-normale.

SOUS-PEUPLÉ, ÉE, ▪ adj. [supøple] (préf. *sous-* et *peuplé*) Se dit d'un espace, d'une région ou d'un pays insuffisamment peuplé. *Ces régions sont sous-peuplées, c'est la raison pour laquelle les écoles primaires ferment au fur et à mesure.*

SOUS-PEUPLEMENT, ▪ n. m. [supœpləmɑ̃] (préf. *sous-* et *peuplement*) Peuplement insuffisant d'une région géographique compte tenu de l'ensemble des ressources dont elle dispose et qui ne permet pas d'atteindre le minimum nécessaire au développement. *Le Gabon, en raison de l'importance de sa forêt, souffre de sous-peuplement.*

SOUS-PIED, ▪ n. m. [supje] (préf. *sous-* et *pied*) Bande de cuir ou d'étoffe qui passe sous le pied, qui, s'attachant des deux côtés au bas d'une guêtre ou d'un pantalon, les empêche de remonter. ♦ Au pl. *Des sous-pieds.* ▪ REM. On écrivait aussi *soupied* autrefois.

SOUS-PRÉFECTORAL, ALE, adj. [supʀefɛktɔʀal] (*sous-préfecture*) Qui appartient à une sous-préfecture. ♦ Qui émane d'un sous-préfet. *Arrêté sous-préfectoral.* ♦ Au pl. *Des arrêtés sous-préfectoraux.*

SOUS-PRÉFECTURE, n. f. [supʀefɛktyʀ] (préf. *sous-* et *préfecture*) Partie d'un département administrée par un sous-préfet. ♦ Fonctions de sous-préfet. ♦ Temps que durent ces fonctions. ♦ Demeure, bureaux du sous-préfet. ♦ Ville où réside un sous-préfet. ♦ Au pl. *Des sous-préfectures.*

SOUS-PRÉFET, ÈTE, n. m. et n. f. [supʀefɛ, ɛt] (préf. *sous-* et *préfet*) Fonctionnaire chargé d'administrer un arrondissement communal, sous la direction immédiate du préfet. ♦ Au pl. *Des sous-préfets.* ♦ ▷ N. f. *Sous-préfète*, la femme d'un sous-préfet. ◁ ♦ *C'est la sous-préfète qui a signé mon passeport.*

SOUS-PRESSION, ▪ n. f. [supʀesjɔ̃] (préf. *sous-* et *pression*) Phys. Pression orientée de bas en haut. *Une sous-pression qui entraîne un planeur vers le haut.* ▪ Trav. publ. Action qu'exerce l'eau qui se trouve dans les terrains sur lesquels la construction est totalement ou partiellement enterrée. *On trouve de la sous-pression dans les fondations d'un bâtiment par exemple.*

SOUS-PRINCIPAL, n. m. [supʀɛ̃sipal] (préf. *sous-* et *principal*) Celui qui supplée un principal de collège. ♦ Au pl. *Des sous-principaux.*

SOUS-PRODUCTION, ▪ n. f. [supʀodyksjɔ̃] (préf. *sous-* et *production*) Production insuffisante pour satisfaire la demande. *La sous-production d'électricité conduit à des coupures de cette dernière.*

SOUS-PRODUIT, ■ n. m. [supʀodɥi] (préf. *sous-* et *produit*) Produit secondaire dérivé d'un autre. **■** Substance issue de la transformation de produits agricoles. *L'industrie agroalimentaire cherchant à valoriser ces sous-produits préfère l'utilisation du terme de* co-produit *jugé moins péjoratif.* **■** Produit de mauvaise facturation essayant d'en imiter un autre. **■ Péj.** et **par extens.** Mauvaise copie. *Ce tableau n'est qu'un sous-produit de la période bleue de Picasso!* **■ Chim.** Composé chimique formé par réaction d'un autre produit ou comme résidu d'une extraction. *L'oxygène constitue un sous-produit de la photosynthèse.* **■ Minér.** Substance qui, associée à un minerai, permet l'obtention du produit recherché. *On extrait du minerai de fer en tant que sous-produit de l'ilménite.*

SOUS-PROGRAMME, ■ n. m. [supʀogʀam] (préf. *sous-* et *programme*) **Inform.** Programme que l'on trouve dans un autre programme, nommé programme principal, et qui sera utilisé à plusieurs reprises dans ce programme principal ou dans plusieurs programmes principaux. *L'utilisation de sous-programmes permet d'alléger la taille du programme final.* **■** Subdivision d'un programme. *Un des sous-programmes du programme scientifique de l'OTAN a pour objet la préparation de l'avenir par la formation des jeunes.*

SOUS-PROLÉTAIRE, ■ n. m. et n. f. [supʀoletɛʀ] (préf. *sous-* et *prolétaire*) Personne appartenant au sous-prolétariat. *« Sa sympathie pour la cause algérienne est inséparable du travail d'enquête mené sur le déracinement des populations ou sur la condition des sous-prolétaires »,* L'HUMANITÉ *, 09/2002.* **Par extens.** Personne que l'on surexploite.

SOUS-PROLÉTARIAT, ■ n. m. [supʀoletaʀja] (préf. *sous-* et *prolétariat*) Couche sociale la plus défavorisée et la plus exploitée du prolétariat selon les critères marxistes. *« La peur du déclassement et l'obsession de se distinguer du sous-prolétariat se sont intensifiées avec la multiplication des "sans-domicile-fixe" et des "nouveaux pauvres" »,* LE MONDE DIPLOMATIQUE *, 12-1995.*

SOUS-PROLÉTARIEN, IENNE, ■ adj. [supʀoletaʀjɛ̃, jɛn] (*sous-prolétariat*) Relatif au sous-prolétariat et aux sous-prolétaires. *La condition sous-prolétarienne.*

SOUS-PUBIEN, IENNE, ■ adj. [supybjɛ̃, jɛn] (*sous* et *pubien*) **Anat.** Qui est placé sous le pubis. *La prostatectomie peut se faire par voie sous-pubienne.*

SOUS-PULL, ■ n. m. [supyl] (préf. *sous-* et *pull*) Pull léger à col roulé ou non, porté sous un autre. *Des sous-pulls.*

SOUS-QUALIFIÉ, ÉE, ■ adj. [sukalifje] (préf. *sous-* et *qualifié*) Se dit d'une personne ou d'un groupe de personnes qui ne possèdent pas les qualifications nécessaires pour effectuer un travail déterminé. *Cette main-d'œuvre est peut-être moins onéreuse mais elle est sous-qualifiée.*

SOUS-RACE, n. f. [suʀas] (préf. *sous-* et *race*) Race secondaire établie dans une race préexistante. **♦** Au pl. *Des sous-races.* **♦ REM.** Appliquée aux humains, cette vision des choses est raciste et ségrégative.

SOUS-SATURÉ, ÉE, ■ adj. [susatyʀe] (préf. *sous-* et *saturé*) **Géol.** Se dit d'un roche éruptive contenant moins de silice que la normale. *Des laves volcaniques sous-saturées, du magma sous-saturé.* **■ Biol.** Se dit d'un liquide lorsque la quantité d'azote qui pénètre dedans est supérieure à celle qui s'en échappe. *Une solution sous-saturée.* **■ Phys.** Se dit d'un corps humain, lorsque ce dernier, en phase de descente en plongée subaquatique, stocke de l'azote pour établir un équilibre entre la pression des gaz présents dans ses poumons et la pression partielle des mêmes gaz dissous dans les tissus qui composent le corps.

SOUS-SCAPULAIRE, ■ adj. [suskapylɛʀ] (préf. *sous-* et *scapulaire*) **Anat.** Qui est situé en dessous de l'omoplate. *Des tissus, des muscles sous-scapulaires.*

SOUS-SECRÉTAIRE, n. m. [susəkʀetɛʀ] (préf. *sous-* et *secrétaire*) Celui qui aide un secrétaire. **♦** *Sous-secrétaire d'État,* titre qui, à diverses époques, a été donné à de hauts fonctionnaires qui partageaient le pouvoir et la responsabilité d'un ministre.

SOUS-SECRÉTARIAT, n. m. [susəkʀetaʀja] (*sous-secrétaire*) Place de sous-secrétaire. **♦** Bureaux d'un sous-secrétaire. **♦** Au pl. *Des sous-secrétariats.*

SOUS-SECTEUR, ■ n. m. [susɛktœʀ] (préf. *sous-* et *secteur*) Subdivision d'un secteur. *L'enseignement technique est un des sous-secteurs du système éducatif.* **■ Milit.** Fraction d'un secteur dans laquelle un régiment doit accomplir une mission.

SOUS-SECTION, ■ n. f. [susɛksjɔ̃] (préf. *sous-* et *section*) Subdivision d'une section. *Pour trouver les informations que vous cherchez, rendez-vous à la sous-section 3 de la section B qui se trouve après le couloir qui est sur votre droite.* **■ Admin.** Service du Conseil d'État affecté à l'instruction des affaires simples et chargé de rendre une jugement sur ces dernières.

SOUS-SEING, n. m. [susɛ̃] (abrév. de [*acte*] *sous seing* [*privé*]) Acte fait entre des particuliers, sans l'intervention d'un officier public. **♦** Droit de franchise pour la poste. **♦** Au pl. *Des sous-seings.*

SOUS-SEL, n. m. [susɛl] (préf. *sous-* et *sel*) **Chim.** Sel qui, pour une proportion d'acide, contient plus d'une proportion de base. **♦** Au pl. *Des sous-sels.*

SOUSSIGNÉ, ÉE, p. p. de soussigner. [susiɲe] ou [susiɲe] **♦** N. m. et n. f. Les soussignés.

SOUSSIGNER, v. tr. [susiɲe] ou [susiɲe] (préf. *sous-* et *signer* d'après le lat. *subsignare,* inscrire au bas) Mettre sa signature à une lettre, à un acte, etc.

SOUS-SOL, n. m. [susɔl] (préf. *sous-* et *sol*) Couche, assise de sol, sur laquelle repose la terre végétale, ou servant de base à une construction quelconque, telle que mur, chaussée. **♦** Construction faite au-dessous du rez-de-chaussée d'une maison. *Louer un sous-sol.* **♦** Au pl. *Des sous-sols.*

SOUS-SOLAGE, ■ n. m. [susɔlaʒ] (*sous-soler,* de *sous-sol*) **Agric.** Labour profond effectué au moyen d'une sous-soleuse. *Pour enfouir correctement des engrais, le sous-solage doit être suivi d'un labour.*

SOUS-SOLEUSE, ■ n. f. [susɔløz] (*sous-soler,* de *sous-sol*) **Agric.** Machine agricole utilisée pour remuer la terre en profondeur sans la retourner. *La sous-soleuse permet de préparer les terrains pour les semis.*

SOUS-STATION, ■ n. f. [sustasjɔ̃] (préf. *sous-* et *station*) Station secondaire. *Une sous-station de chauffage.* **■ Ch. de fer.** Établissement disposé le long des voies de chemin de fer dans le but de convertir le courant à très haute tension délivré par l'EDF en courant servant à la traction. **■ Techn.** Pôle sous-station, structure technique spécialisée dont le but est d'assurer le suivi, l'assistance et le contrôle des installations. *Le pôle sous-station se constitue d'un centre d'appels joignable 24h/24h tous les jours de l'année.*

SOUS-SYNCHRONE, ■ adj. [susɛ̃kʀon] (préf. *sous-* et *synchrone*) **Aéronaut.** Se dit d'un satellite dont la période de révolution sidérale moyenne est un sous-multiple de la période de rotation de la Terre. *Un satellite sous-synchrone passera tous les jours à la même heure à la verticale d'un même endroit sur la Terre.*

SOUS-SYSTÈME, ■ n. m. [susistɛm] (préf. *sous-* et *système*) Système qui dépend d'un autre. **■** *Sous-système d'information,* représentation de l'état et du fonctionnement des moyens et des procédures d'une entreprise face à son environnement. **■** *Sous-système de décision ou de pilotage,* ensemble des éléments intervenant dans le processus de décision. *Le personnel, les procédures qu'ils appliquent font partie du sous-sytème de décision.* **■** *Sous-système opérationnel,* sous-système chargé d'assurer le bon fonctionnement d'un entreprise. *La gestion du personnel, le service financier sont des éléments du sous-système opérationnel.*

SOUS-TANGENTE, ■ n. f. [sutɑ̃ʒɑ̃t] (préf. *sous-* et *tangente*) **Géom.** Partie de l'axe d'une courbe comprise entre l'ordonnée et la tangente correspondante. **♦** Au pl. *Des sous-tangentes.*

SOUS-TASSE, ■ n. f. [sutas] (préf. *sous-* et *tasse*) Soucoupe que l'on place sous une tasse.

SOUS-TENDANTE, n. f. [sutɑ̃dɑ̃t] (*sous-tendre*) **Géom.** La sous-tendante ou corde d'un arc de courbe est la ligne droite qui en joint les deux extrémités. **♦** Au pl. *Des sous-tendantes.*

SOUS-TENDRE, v. tr. [sutɑ̃dʀ] (préf. *sous-* et *tendre*) **Géom.** Se dit de la situation d'une corde ou d'une sous-tendante relativement à un arc. *Cette corde sous-tend un arc de 60°.* **■ Fig.** Constituer la base de. *Le raisonnement qui sous-tend cette théorie.*

SOUS-TENSION, ■ n. f. [sutɑ̃sjɔ̃] (préf. *sous-* et *tension*) **Électr.** Tension dont l'intensité est inférieure à la normale. *L'onduleur compense une sous-tension de l'alimentation électrique.*

SOUS-TITRAGE, ■ n. m. [sutitʀaʒ] (*sous-titrer*) Ensemble des sous-titres. *Le sous-titrage de ce film est en bleu, c'est très difficile à lire.*

SOUS-TITRE, n. m. [sutitʀ] (préf. *sous-* et *titre*) Titre secondaire, placé après le titre principal d'un livre. **♦** Au pl. *Des sous-titres.* **■** Traduction des dialogues d'un film en version originale, qui apparaît en surimpression au bas de l'image.

SOUS-TITRÉ, ÉE, ■ adj. [sutitʀe] **adj.** Se dit d'un film qui dispose de sous-titres. *Je ne regarde les films étrangers qu'en version originale sous-titrée.*

SOUS-TITRER, ■ v. tr. [sutitʀe] (*sous-titre*) Apposer des sous-titres, du texte à. **■** Adj. *Film sous-titré.*

SOUS-TOILÉ, ÉE, ■ adj. [sutwale] (préf. *sous-* et *toile*) Se dit d'un voilier dont la surface de la voile est réduite. *Faire de la navigation sous-toilée.*

SOUSTRACTEUR, ■ n. m. [sustʀaktœʀ] (radic. de *soustraction*) Celui qui dérobe quelque chose. **■ Techn.** Amplificateur de différence. *Un soustracteur de fréquences.*

SOUSTRACTIF, IVE, adj. [sustʀaktif, iv] (radic. de *soustraction*) **Alg.** Qui exprime une soustraction, qui doit être soustrait.

SOUSTRACTION, n. f. [sustʀaksjɔ̃] (réfection sur le modèle de *souscrire* de l'anc. fr. *subtractiun,* du b. lat. *subtractio,* action de se retirer, de *subtractum,* supin de *subtrahere*) Action d'ôter, de retirer. *« La soustraction de quelques vérités fondamentales »,* BOSSUET. **♦** Action d'enlever par adresse ou par fraude. *Soustraction frauduleuse. Soustraction de papiers importants.* ♦ **Arith.** Opération par laquelle on retranche un nombre d'un autre plus grand.

SOUSTRAIRE, v. tr. [sustʀɛʀ] (réfection sur le modèle de *souscrire* du moy. fr. *soustrahire*, du lat. *subtrahere*, tirer par-dessous, emmener sous main, enlever) Enlever quelque chose par adresse ou par fraude. ♦ *Soustraire les aliments à un malade*, lui retrancher quelque chose de la nourriture ordinaire. ♦ *Soustraire des sujets de l'obéissance du prince*, ou, plus ordinairement aujourd'hui, *à l'obéissance du prince*, les pousser à la révolte contre leur prince. ♦ Préserver de. « *J'ai l'ordre d'Amurat, et je puis t'y soustraire* », RACINE. ♦ **Arith.** Retrancher un nombre d'un autre nombre. ♦ Se soustraire, v. pr. S'affranchir de, se dérober à. « *Aux grands périls tel a pu se soustraire, Qui périt pour la moindre affaire* », LA FONTAINE. ♦ *Se soustraire aux yeux, aux regards*, se retirer, s'éloigner.

SOUSTRAIT, AITE, p. p. de soustraire. [sustʀɛ, ɛt]

SOUS-TRAITANCE, ▪ n. f. [sutʀetɑ̃s] (*sous-traitant*) Fait de confier à un tiers la fabrication de pièces dont les instructions doivent être respectées. *Cette entreprise ne travaille qu'en sous-traitance.* ▪ **Dr.** *Sous-traitance de marché*, opération consistant à confier à une autre personne par le biais d'un sous-traité et sous sa responsabilité l'exécution en tout ou partie d'un contrat d'entreprise ou de marché public conclu avec un maître d'ouvrage. ▪ **Dr.** *Sous-traitance industrielle*, opération au cours de laquelle un entrepreneur charge une autre entreprise de la fabrication de produits, de la prestation de service ou de l'exécution de travaux pour son compte ou pour un donneur d'ordre. *Contrairement à la sous-traitance de marché, la sous-traitance industrielle est bipartite, c'est-à-dire qu'il n'y a aucune relation entre le sous-traitant et l'acheteur du produit final.*

SOUS-TRAITANT, ANTE, n. m. et n. f. [sutʀetɑ̃, ɑ̃t] (*sous-traiter*) Celui qui se charge de quelque partie d'une entreprise concédée à un premier traitant. ♦ Au pl. *Des sous-traitants.* ♦ **Adj.** Se dit d'une entreprise qui fait de la sous-traitance. *Cette grande entreprise fait appel à beaucoup d'entreprises sous-traitantes dans des domaines d'activités très variés.*

SOUS-TRAITÉ, n. m. [sutʀete] (p. p. substantivé de *sous-traiter*) Traité par lequel on reprend une affaire des mains d'une personne qui en avait déjà traité. ♦ Au pl. *Des sous-traités.*

SOUS-TRAITER, v. intr. [sutʀete] (préf. *sous-* et *traiter*) Devenir sous-traitant. ♦ Prendre une entreprise de la seconde main. ♦ Céder à un tiers, moyennant marché, une entreprise dont on s'était chargé. ♦ Dans le dernier sens, s'emploie auj. à la forme transitive. *Sous-traiter un contrat.*

SOUS-TRIPLE, adj. [sutʀipl] (préf. *sous-* et *triple*) **Math.** Il se dit d'un nombre qui est compris trois fois dans un autre. *3 est sous-triple de 9.* ♦ N. m. *Le sous-triple de 18 est 6.*

SOUS-TRIPLÉ, ÉE, adj. [sutʀiple] (préf. *sous-* et *triplé*) **Math.** Usité seulement dans cette expression : *en raison sous-triplée*, en raison des racines cubiques.

SOUSTYLAIRE, n. f. [sustilɛʀ] (préf. *sous-* et *style*) Ligne droite perpendiculaire au style d'un cadran solaire, et placée dans un plan perpendiculaire à celui du cadran.

SOUS-UTILISER, ▪ v. tr. [suzytilize] (préf. *sous-* et *utiliser*) Utiliser une personne ou une chose en dessous de ses capacités ou de ses possibilités. *Ils sous-utilisaient les ordinateurs qu'on leur avait confiés.*

SOUS-VENDRE, v. tr. [suvɑ̃dʀ] (préf. *sous-* et *vendre*) ▷ Vendre à un tiers une portion de ce qu'on a acheté. ◁

SOUS-VENTE, n. f. [suvɑ̃t] (préf. *sous-* et *vente*) Vente d'une portion de ce qu'on a acheté. ♦ Au pl. *Des sous-ventes.*

SOUS-VENTRIÈRE, n. f. [suvɑ̃tʀijɛʀ] (préf. *sous-* et *ventre*) Courroie attachée aux deux limons d'une charrette, et qui passe sous le ventre du limonier. ♦ Sangle qui passe sous le ventre du cheval et retient la selle sur son dos. ♦ Au pl. *Des sous-ventrières.*

SOUS-VERGE, ▪ n. f. [suvɛʀʒ] (préf. *sous-* et *verge*, fouet) **Équit.** Cheval attelé, mais non monté, positionné à la droite d'un cheval monté. *Des sous-verges.*

SOUS-VERRE, ▪ n. m. [suvɛʀ] (préf. *sous-* et *verre*) Photo ou représentation iconographique placée entre un fond rigide et une plaque de verre. ▪ Objet rond ou carré que l'on place entre un verre et la table afin de protéger cette dernière de la condensation. *Des sous-verres en bois peint, en verre poli, etc.*

SOUS-VÊTEMENT, ▪ n. m. [suvɛt(ə)mɑ̃] (préf. *sous-* et *vêtement*) Linge de corps, vêtement de dessous porté sous un autre. *Des sous-vêtements en coton. Les soutiens-gorge, les culottes, les slips sont des sous-vêtements.*

SOUS-VIRER, ▪ v. intr. [suviʀe] (préf. *sous-* et *virer*) **Techn.** Prendre la tangente vers l'extérieur d'un virage pour un véhicule doté de roues directrices. *Ce modèle de véhicule a tendance à sous-virer.*

SOUS-VIREUR, EUSE, ▪ adj. [suviʀœʀ, øz] (*sous-virer*) **Techn.** Se dit d'un engin qui a tendance à sous-virer. *Les voitures sous-vireuses partent d'abord de l'avant.*

SOUTACHE, n. f. [sutaʃ] (magyar *sujtas*) Tresse de galon qui s'attache au shako du hussard. ♦ Petit lacet très étroit en laine, coton ou soie, que l'on coud sur une étoffe, en formant des dessins.

SOUTACHÉ, ÉE, p. p. de soutacher. [sutaʃe]

SOUTACHER, v. tr. [sutaʃe] (*soutache*) Poser une soutache sur un vêtement quelconque. *Soutacher une robe.*

SOUTANE, n. f. [sutan] (ital. *sottana*, jupe, de *sottano*, vêtement de dessous, du lat. *subtus*, dessous) Anciennement, vêtement laïque qui descendait jusqu'aux pieds. ♦ Aujourd'hui, habit long et boutonné de haut en bas que portent les ecclésiastiques. ♦ **Fig.** État ecclésiastique. *Prendre la soutane.*

SOUTANELLE, n. f. [sutanɛl] (*soutane*) Petite soutane qui ne descend que jusqu'aux genoux.

1 **SOUTE**, n. f. [sut] (var. de *soulte*) Voy. SOULTE.

2 **SOUTE**, n. f. [sut] (a. provenç. *sota*, sous, du lat. pop. *subta*, du *subtus*, dessous, d'après *supra*, au-dessus) **Mar.** Chambre ou retranchement fait au-dessous du pont du navire, et servant à serrer différentes provisions. *Soute au pain.* ▪ **Par anal.** Compartiment destiné à recevoir les bagages, le chargement d'un avion, d'un engin spatial. ▪ N. f. pl. Substance liquide utilisée comme combustible sur les navires. *Dégazage des soutes des pétroliers.*

SOUTENABLE, adj. [sut(ə)nabl] (*soutenir*) Qui peut être soutenu par de bonnes raisons. *Proposition soutenable.* ♦ Qui se peut endurer. « *Le joug en est-il devenu plus pesant et moins soutenable ?* », BOURDALOUE. ♦ **Milit.** *Ce poste n'est pas soutenable.* On dit plutôt aujourd'hui *tenable*.

SOUTENANCE, n. f. [sut(ə)nɑ̃s] (*soutenir*) Action de soutenir une thèse. ♦ Action de soutenir un mémoire. *La soutenance de son DEA aura lieu demain à 16h 30.*

SOUTENANT, ANTE, adj. [sut(ə)nɑ̃, ɑ̃t] (*soutenir*) Qui soutient. ♦ N. m. *Soutenant*, celui qui soutient une thèse.

SOUTÈNEMENT, n. m. [sutɛn(ə)mɑ̃] (*soutenir*) **Maçon.** Appui, soutien. *Un mur de soutènement.* ♦ **Dr.** Raisons que l'on donne par écrit à l'appui d'un compte. *Fournir soutènement et réponses.* ▪ REM. On écrivait aussi *soutenement* autrefois.

SOUTENEUR, n. m. [sut(ə)nœʀ] (*soutenir*) Celui qui soutient, défend. ▪ Proxénète.

SOUTENIR, v. tr. [sut(ə)niʀ] (lat. pop. *sustenire*, du lat. *sustinere*, tenir par-dessous, maintenir, soutenir, tenir bon) Tenir par-dessous, supporter. *Cette colonne soutient tout le bâtiment.* ♦ Se dit des personnes qui supportent quelque chose. *Soutenir un fardeau.* ♦ Empêcher de tomber. « *Mes filles, soutenez votre reine éperdue* », RACINE. ♦ **Fig.** *Soutenir le faix, le fardeau des affaires*, en avoir l'administration principale. ♦ **Fig.** *Soutenir une maison, une famille*, en être l'appui. ♦ **Fig.** *Soutenir un État, un empire*, en empêcher, en arrêter la chute, la décadence. ♦ *Soutenir un cheval*, lui tenir la bride serrée pour l'empêcher de fléchir. ♦ Donner, dans une action, dans une lutte, un secours effectif. ♦ En parlant des aliments, donner de la force. ♦ ▷ *Soutenir la nature*, prendre des aliments. ◁ ♦ **Absol.** *Le vin soutient. Soutenir le cœur*, se dit d'une boisson qui réconforte. ♦ **Fig.** « *Ce qui nous a soutenu le cœur contre la douleur* », MME DE SÉVIGNÉ. ♦ Donner les moyens de subsister. ♦ Fournir de l'argent. ♦ Empêcher une compagnie, un établissement de tomber. ♦ On dit de même : *soutenir le crédit.* ♦ **Fig.** Empêcher une personne de fléchir, donner des forces morales. « *Un Dieu te soutiendra* », ROTROU. ♦ On dit de même : *soutenir le cœur, la vertu, le courage de quelqu'un.* ♦ On dit de même : *cet espoir, cette pensée le soutient.* ♦ *Soutenir un sentiment en quelqu'un*, l'entretenir, le faire durer. ♦ Il se dit d'un sujet, d'une matière qui donne des forces à l'auteur. *Son sujet le soutenait.* ♦ *Soutenir quelqu'un*, le favoriser, l'appuyer de crédit, de recommandation. ♦ *Soutenir quelqu'un*, prendre son parti. ♦ **Fig.** Porter, comme fait un appui. « *Partout où la leçon n'est pas soutenue par l'autorité, et le précepte par l'exemple, l'instruction demeure sans fruit* », J.-J. ROUSSEAU. ♦ **Fig.** Porter d'une manière honorable. « *Lorsqu'il fallait soutenir la majesté du prince* », MONTESQUIEU. ♦ *Soutenir son rang, sa dignité*, vivre d'une manière convenable à son rang, à sa dignité. ♦ *Soutenir son caractère*, être constant avec soi-même. ♦ *Soutenir sa réputation, l'honneur de sa famille*, montrer qu'on en est digne. ♦ Correspondre à, être digne de. « *La seule simplicité d'un récit fidèle pourrait soutenir la gloire du prince de Condé* », BOSSUET. ♦ Entretenir. « *La vanité et les médisances, qui soutiennent tous les commerces du monde, lui faisaient craindre l'un des entretiens* », BOSSUET. ♦ *Soutenir la conversation*, ne point la laisser languir. ♦ *Soutenir une dépense*, y subvenir. ♦ Persévérer dans. « *Les pensées pures, qui rendraient l'homme heureux s'il pouvait toujours les soutenir, le fatiguent et l'abattent* », PASCAL. ♦ Résister à quelque chose dont il est difficile de se défendre. Soutenir un siège, un assaut, un combat, etc. ♦ *Soutenir la torture*, endurer la torture sans rien avouer. ♦ Il se dit des choses qui résistent à une épreuve. *Cet ouvrage n'a pu soutenir le grand jour de l'impression.* ♦ Il se dit de sensations excessives auxquelles on résiste. *Je ne puis soutenir ses éclats de voix. On dit que l'aigle soutient les rayons du soleil.* ♦ *Soutenir le vin*, ne pas en ressentir les effets enivrants. ♦ Résister aux pleurs, aux instances. « *Je n'ai pu soutenir tes larmes, tes combats* », RACINE. ♦ **Fig.** Endurer avec une suffisante fermeté. « *Soutenir héroïquement sa disgrâce* », MME DE SÉVIGNÉ. ♦ *Soutenir de*, avec un infinitif, avoir la force de, se résigner à. « *Je ne pourrais pas soutenir de voir mes deux enfants malades* », MME DE SÉVIGNÉ. ♦ **Fig.** Pousser jusqu'au bout. « *Soutenir la piété jusqu'à la superstition, c'est la détruire* », PASCAL. ♦ *Soutenir la gageure*, poursuivre une entreprise jusqu'au bout. ♦ Il se dit d'une lecture fatigante. « *Cette lecture est difficile à soutenir* », J.-J. ROUSSEAU. ♦ Défendre quelque chose, se ranger du côté de quelque chose. *Soutenir le pour et le contre, le parti de quelqu'un, une opinion, etc.* ♦ *Soutenir une thèse*, répondre, dans une dispute publique, à tous les arguments présentés contre la thèse. ♦ Affirmer, attester. *Soutenir un mensonge.* ♦ Dans ce sens, il se construit avec l'infinitif, ou avec *que* et l'indicatif. Il soutient l'avoir vu. « *Tu m'oses soutenir que Sosie est ton nom ?* », MOLIÈRE. ♦ **Peint.** Se dit des parties qui en font valoir d'autres. *Les ombres soutiennent les clairs.* ♦ **Mus.** *La basse soutient le dessus*, elle lui sert de fondement. ♦ *Les instruments soutiennent la voix*, ils l'empêchent de fléchir, de baisser. ♦ *Soutenir sa voix*, en prolonger le son avec une même force. ♦ *Il soutient bien les cadences*, il fait les cadences longues et égales. ■ *Soutenir le regard de quelqu'un*, ne pas baisser les yeux devant quelqu'un. ■ **Fig.** *Soutenir la comparaison avec*, **se soutenir**, v. pr. Se tenir debout, se tenir droit. « *Je ne me soutiens plus ; ma force m'abandonne* », RACINE. ■ Être soutenu de manière à ne pas tomber ou s'enfoncer. *Les oiseaux se soutiennent dans l'air au moyen de leurs ailes. Se soutenir sur l'eau.* ■ Se maintenir, subsister, durer. « *Il n'y a rien qui se soutienne plus longtemps qu'une médiocre fortune* », LA BRUYÈRE. ■ *La conversation se soutient*, elle ne languit pas. ■ *Le cours des effets publics se soutient*, il reste au même taux. ■ *Cette étoffe se soutient*, elle est ferme, elle ne s'amollit pas. ■ *Cette couleur se soutient*, elle conserve son éclat. ■ Maintenir sa puissance, son crédit. ▷ En parlant d'une convalescence, *le mieux se soutient*, le malade continue à aller mieux. ◁ ■ Se dit d'un mourant dont la vie se prolonge. ◁ ■ Défendre, maintenir sa situation morale. « *Le monde, vu de près, ne se soutient pas longtemps contre lui-même* », MASSILLON. ■ ▷ Être approuvé, en parlant d'une composition littéraire. *Cette pièce de théâtre se soutient*, elle est toujours bien accueillie du public. *Le succès de cet ouvrage se soutient*, il continue. ◁ ■ Persévérer. « *Nous ne nous soutenons pas dans la vertu par notre propre force* », PASCAL. ■ ▷ Ne pas se démentir. *Ce personnage se soutient toujours également.* ◁ ■ *Cet ouvrage, ce discours se soutient bien*, toutes les parties en sont bien traitées. ■ Être appuyé, défendu, en parlant d'opinion, de doctrine. ■ Être supporté, enduré. ■ Se prêter mutuellement aide et secours. ■ **Mar.** *Se soutenir dans sa route*, ne pas la perdre par l'effet de la dérive et des courants qui peuvent vous contrarier. ■ *Soutenir une thèse*, procéder à la soutenance d'une thèse que l'on a rédigée.

SOUTENU, UE, p. p. de soutenir. [sut(ə)ny] ♦ **Hérald.** Se dit d'une pièce qui en a une autre au-dessous d'elle. ♦ Constant, persistant. *Une fortune soutenue.* « *On ne saurait imaginer une espièglerie mieux soutenue* », J.-J. ROUSSEAU. ♦ ▷ Dans un roman, dans une pièce de théâtre, *caractères soutenus*, caractères qui restent les mêmes dans tout l'ouvrage. ◁ ♦ *Un ton soutenu*, un ton qui ne se familiarise pas. ♦ **Littér.** Constamment noble et élevé. *Style soutenu.* ♦ **Peint.** *Coloris soutenu*, coloris vrai et varié partout. ♦ Qui ne languit point, qui ne se ralentit point. *Une marche soutenue.*

SOUTERRAIN, AINE, adj. [suteʀɛ̃, ɛn] (lat. *subterraneus*) Qui est sous terre. *Des demeures souterraines. Des feux souterrains.* ♦ **Hist. nat.** Qui vit ou croît dans le sein de la terre. *Le rhizome est une tige souterraine.* ♦ **Fig.** Caché, secret, sourd. *Employer des voies souterraines.* ♦ **N. m.** Logis, voûte que l'on pratique sous terre. ♦ **Syn.** de tunnel. ♦ Fig. et surtout au pluriel, menées sourdes pour parvenir à quelque fin.

SOUTERRAINEMENT, adv. [suteʀɛn(ə)mɑ̃] (*souterrain*) D'une manière souterraine.

SOUTIEN, ■ n. m. [sutjɛ̃] (*soutenir*) Ce qui tient par-dessous, ce qui soutient. *Ce pilier est le soutien de toute la voûte.* ♦ Point d'appui. ♦ **Bot.** Nom collectif des organes qui servent à soutenir les végétaux ; tels sont les crampons, les vrilles. ♦ Ce qui soutient la vie. « *C'est un mets délicat et de peu de soutien* », P. CORNEILLE. « *Il faut que le soutien de la vie soit l'unique cause qui oblige de boire et de manger* », BOSSUET. ♦ **Fig.** Ce qui sert comme sert un soutien, un appui. « *Je ne trouve de soutien et d'appui contre le triste avenir que je regarde, que la volonté de Dieu* », MME DE SÉVIGNÉ. ♦ ▷ Terme de palais et d'administration. *Fournir des pièces au soutien*, fournir les pièces justificatives. ◁ ■ Personne qui défend une cause, un parti. *S'engager dans le soutien d'une cause.* ■ *Soutien de famille*, personne qui assure seule la subsistance de sa famille. ■ *Soutien scolaire*, aide fournie à un élève en difficulté.

SOUTIEN-GORGE, ■ n. m. [sutjɛ̃gɔʀʒ] (*soutien* et *gorge*) Sous-vêtement féminin servant à maintenir la poitrine. *Soutien-gorge à armature. Elle ne porte que des soutiens-gorges à balconnet.*

SOUTIER, ■ n. m. [sutje] (2 *soute*) Vx Mar. Marin en charge du transport du charbon des soutes vers la chaufferie sur les bateaux à vapeur.

SOUTIF, ■ n. m. [sutif] (abrév. de *soutien-gorge*) Fam. Soutien-gorge. « *Aussi avec ses économies elle s'était acheté un soutif qu'elle rembourrait n'importe comment avec tout ce qui lui tombait sous la main* », SEGUIN.

SOUTIRABLE, ■ adj. [sutiʀabl] (*soutirer*) Qui peut être soutiré. *Si vous achetez ce modèle de ballon d'eau, le volume d'eau chaude soutirable en une heure est de 800 litres.*

SOUTIRAGE, n. m. [sutiʀaʒ] (*soutirer*) Action de soutirer.

SOUTIRÉ, ÉE, p. p. de soutirer. [sutiʀe]

SOUTIRER, v. tr. [sutiʀe] (préf. *sous-* et *tirer*) Transvaser du vin ou un autre liquide d'un tonneau dans un autre, de manière que la lie reste dans le premier. ♦ **Par extens.** Faire sortir l'électricité du nuage orageux. « *On peut soutirer le tonnerre, le conduire* », VOLTAIRE. ♦ **Fig. et fam.** Se faire donner par adresse ou par importunité. *Soutirer de l'argent.* ♦ Extorquer.

SOUTRA ou **SUTRA**, n. m. [sutʀa] (mot skr., corde, règle, rituel védique) Commentaire abrégé sur le Véda. ♦ Aphorismes des philosophes indiens. ♦ Au pl. *Des soutras.*

SOUTRAGE, ■ n. m. [sutʀaʒ] (mot gascon, de *soutra*, mettre la litière, du lat. *substernere*, étendre dessous) **Sylvic.** Nettoyage annuel des sous-bois afin de faciliter l'exploitation des forêts et plus particulièrement celles des Landes. ♦ *Droit de soutrage*, droit de récupérer les bois morts et herbes sèches des forêts pour les utiliser. ■ **Sylvic.** Extraction et mélange de différentes herbes, le plus souvent de bruyères et de thuyas, pour les répandre ensuite sur des terres cultivées dans le but de les enrichir ou pour composer une litière au bétail.

SOUVENANCE, n. f. [suv(ə)nɑ̃s] (*souvenir*) Terme archaïque. Souvenir. « *Qu'est-ce que l'homme, ô grand Dieu, que vous en faites état et que vous en avez souvenance ?* », BOSSUET. « *Combien j'ai douce souvenance Du joli lieu de ma naissance !* », CHATEAUBRIAND. ■ **Litt.** *Avoir souvenance*, se souvenir. « *J'ai pourtant conscience d'avoir raconté de mon enfance tout ce dont j'avais gardé souvenance et que j'ai indiscrètement possible* », GIDE.

1 SOUVENIR, v. impers. [suv(ə)niʀ] (lat. *subvenire*, survenir, secourir, lat. imp. se présenter à l'esprit) Venir à l'esprit. *Il m'est souvenu d'un passage qui confirme mon idée. Il m'en souvient.* ♦ *Qu'il me souvienne*, autant que je puis me le rappeler. *C'est du plus loin qu'il me souvienne.* ♦ **Se souvenir**, v. pr. Avoir mémoire de quelque chose. *Je ne me souviens pas s'il y était.* « *Peu de gens se souviennent d'avoir été jeunes* », LA BRUYÈRE. ♦ *Se souvenir de loin*, se souvenir de choses arrivées il y a longtemps. ♦ Avec ellipse du pronom personnel. « *Tous les objets qui se présentent à moi me font souvenir d'elle* », VOLTAIRE. ♦ Garder la mémoire soit d'un bienfait, soit d'une injure. ♦ Par forme de menace. *Je m'en souviendrai*, je l'en ferai repentir. ♦ *Il se souviendra*, il se repentira. ♦ S'occuper de, avoir soin de. *Souvenez-vous de mon affaire.* ♦ Considérer, faire attention. *Souviens-toi que tu n'es que poussière.* ♦ *Souvenir*, suivi de *que*, veut l'indicatif dans une phrase affirmative ou interrogative, et le subjonctif dans une phrase négative : *je me souviens que vous avez dit cela ; je ne me souviens pas que vous ayez dit cela.* On dit également : *faire souvenir quelqu'un d'une chose* ou *faire souvenir à quelqu'un d'une chose ; ;* cependant la première façon est plus usitée ; elle se rapporte à *se souvenir*, verbe réfléchi, et la seconde à *il souvient*, verbe impersonnel.

2 SOUVENIR, n. m. [suv(ə)niʀ] (substantivation de l'infinitif 1 *souvenir*) Impression qui demeure dans la mémoire. « *Il y a des souvenirs agréables* », MME DE SÉVIGNÉ. « *On rajeunit aux souvenirs d'enfance, Comme on renaît au souffle du printemps* », BÉRANGER. ♦ *Le souvenir de la mort*, la pensée qu'on doit mourir. ♦ En termes de civilité. *Je reçois des souvenirs très aimables de M. de Lamoignon*, MME DE SÉVIGNÉ. ♦ La faculté même de la mémoire. *Je ne saurais effacer cette action de mon souvenir.* « *Parlez ; ne suis-je plus dans votre souvenir ?* », RACINE. ♦ **Par extens.** Ce qui fait conserver la mémoire de quelque chose, de quelqu'un. *Ses blessures sont pour lui de glorieux souvenirs de ses victoires.* ♦ Cadeau que l'on fait en partant, pour laisser le souvenir de soi à la personne que l'on quitte. ♦ Au pl. Nom donné à des espèces de mémoires où l'on raconte ce que l'on se rappelle avoir vu. ♦ ▷ *Tablettes où l'on écrit ce que l'on veut se rappeler.* « *J'ai écrit cela sur mon souvenir.* ◁ ♦ *Ramener un souvenir à quelqu'un*, rapporter un petit cadeau à quelqu'un d'un voyage qu'on a fait. ♦ **Psych.** *Souvenir-écran*, souvenir qui n'a pour objet que d'en cacher un autre, le plus souvent traumatisant. *Le rôle du souvenir-écran dans l'autobiographie.*

SOUVENT, adv. [suvɑ̃] (lat. *subinde*, immédiatement après, lat. imp. de temps en temps, souvent) Plusieurs fois en peu de temps. « *Ce qu'on ne voudrait pas, souvent il le faut faire* », LA FONTAINE. ■ **Pop.** *Le plus souvent* et par abréviation *plus souvent*, pas du tout, jamais. ■ D'ordinaire. ■ *Le plus souvent*, généralement, d'habitude. *Le plus souvent, il m'appelle vers 15h30.*

SOUVENTEFOIS, loc. adv. [suvɑ̃t(ə)fwa] (adjectivation au fém. de *souvent* et *fois*) ▷ qui a vieilli. Mainte fois. ■ REM. On écrivait aussi *souventes fois* autrefois. ◁

SOUVERAIN, AINE, adj. [suv(ə)ʁɛ̃, ɛn] (b. lat. *superanus*, du lat. *supra*, au-dessus) Très excellent en son genre, qui est au plus haut degré en son genre. *Le souverain bien.* « *Ne me refusez pas ce bonheur souverain* », P. CORNEILLE. ♦ En mauvaise part, *un souverain mépris*, un mépris très grand. ♦ Il se dit de l'autorité suprême et de ceux qui en sont revêtus. *Dignité souveraine.* « *Ma fille ignore encor mes ordres souverains* », RACINE. ♦ *Prince souverain,* prince qui, maître d'un territoire et chef d'un peuple, ne relève d'aucun autre prince. ♦ *Cour souveraine,* tribunal qui juge sans appel. ♦ *Jugement souverain,* jugement sans appel. ♦ Il se dit de Dieu et de son autorité suprême. « *Cette main souveraine qui tient du plus haut des cieux les rênes de tous les empires* », BOSSUET. ♦ Il se dit de l'empire que l'on a sur ses passions, sur son âme, sur le cœur d'un autre. « *Et sur mes passions ma raison souveraine* », P. CORNEILLE. « *Du cœur d'Assuérus souveraine maîtresse* », RACINE. ♦ D'une efficacité sûre, infaillible. *Un remède souverain.* ♦ **N. m.** Celui en qui réside l'autorité suprême, prince, magistrat ou peuple. *Il faut obéir aux lois du souverain.* ♦ Dans le langage politique, l'être abstrait en qui réside le pouvoir souverain. ♦ Particulièrement, *monarque, prince souverain.* « *J'ai fait des souverains et n'ai point voulu l'être* », VOLTAIRE. ♦ *Petit souverain,* prince qui a une domination peu étendue. ♦ *Souveraine* se dit d'une femme dans le même sens que souverain. ♦ **Fig.** Il se dit de l'autorité exercée soit sur les objets inanimés, soit sur le cœur. « *Souveraine d'un cœur qui n'eût aimé que moi* », RACINE. « *Élie aux éléments parlant en souverain* », RACINE. ♦ *Monnaie d'or d'Angleterre,* équivalant à 25,25 francs. ♦ *Demi-souverain,* monnaie d'or d'Angleterre, qui vaut 10 schellings ou 12,60 francs. ♦ On dit *souverain sur* et *souverain de,* qui est plus usité.

SOUVERAINEMENT, adv. [suv(ə)ʁɛn(ə)mɑ̃] (*souverain*) Excellemment, parfaitement. *Souverainement bon. Souverainement juste.* ♦ **Fam.** et en mauvaise part. *Cet homme est souverainement ennuyeux.* ♦ D'une manière souveraine, sans appel. *Il commande souverainement. Juger souverainement.*

SOUVERAINETÉ, n. f. [suv(ə)ʁɛn(ə)te] (*souverain*) Autorité suprême. ♦ Qualité, autorité d'un prince. ♦ Étendue de pays sous la dépendance d'un souverain. ♦ *Souveraineté du peuple,* doctrine politique qui attribue au peuple le pouvoir souverain. ♦ **Fig.** Autorité morale, considérée comme suprême. *La souveraineté de la raison.* ♦ *La souveraineté du but,* se dit d'un but auquel on sacrifie tout. ♦ **Fig.** Qualité de ce qui est sans appel. *Souveraineté d'une décision.*

SOUVERAINISME, ■ n. m. [suv(ə)ʁenism] (*souverainiste*) Rassemblement se voulant apolitique et ayant pour objectif la reconquête de la souveraineté française. « *Le souverainisme n'est que la formulation contemporaine de la révolte d'un peuple qui ne s'appartient plus, s'en rend compte peu à peu, et ne l'accepte pas* », ABITHOL ET COUEAUX.

SOUVERAINISTE, ■ n. m. et n. f. [suv(ə)ʁenist] (*souverain*) Partisan du souverainisme. ■ **Adj.** *Mouvement, parti souverainiste.*

SOUVLAKI, ■ n. m. [suvlaki] (gr. mod. *soublakia*, brochettes de viande, de *soubla*, broche) **Cuis.** Spécialité culinaire d'origine grecque se composant de morceaux de gigot d'agneau marinés dans le citron, de l'huile d'olive, de l'origan, de l'oignon, du sel et du poivre puis dressés en brochettes et cuits au barbecue. *Des souvlakis.*

SOVIET, ■ n. m. [sɔvjɛt] (mot russe, conseil) Conseil de délégués élus en Russie lors des révolutions de 1905 et de 1917. *Soviet d'ouvriers, de soldats.* ■ *Soviet suprême,* organe politique fédéral en URSS jusqu'en 1989 composé de la chambre des représentants de la nation (le Soviet de l'Union) et de la chambre des républiques fédérées (le Soviet des nationalités). ■ Conseil de délégués du peuple en URSS. Gouvernement, pouvoir des soviets. ■ **N. m. pl.** L'Union soviétique. *La république des Soviets.*

SOVIÉTIQUE, ■ adj. [sɔvjetik] (*soviet*) Relatif aux soviets, à l'Union soviétique. *La littérature, le peuple soviétique.*

SOVIÉTISER, ■ v. tr. [sɔvjetize] (*soviétique*) Soumettre au, organiser selon le pouvoir de l'Union soviétique. *Soviétiser une nation.*

SOVIÉTOLOGUE, ■ n. m. et n. f. [sɔvjetɔlɔg] Spécialiste de l'Union soviétique.

SOVKHOZE ou **SOVKHOZ**, ■ n. m. [sɔvkoz] (mot russe, de *sov*[*ietskoïe*], soviétique, et *khoz*[*iaïstvo*], économie) Grande exploitation agricole appartenant à l'État en URSS au XXᵉ siècle. ■ **Au pl.** *Des sovkhozes, des sovkhoz.*

SOVKHOZIEN, IENNE, ■ n. m. et n. f. [sɔvkozjɛ̃, jɛn] (*sovkhoze*) Membre d'un sovkhoze. ■ **Adj.** *Une structure sovkhozienne.*

SOY ou **SOUÏ**, ■ n. m. [swe, swi] (mot jap.) Sorte de sauce dont l'usage est venu du Japon, et qui est un composé de différents jus de viande, le tout fortement épicé.

SOYA, ■ n. m. [sɔja] Voy. SOJA.

SOYER, ■ n. m. [swaje] (orig. obsc.) Sorbet au champagne ou champagne glacé qui se buvait à la paille.

SOYÈRE, adj. f. [swajɛʁ] (*soie*) Se dit de l'industrie qui s'occupe de la récolte et de la fabrication des soies.

SOYEUX, EUSE, adj. [swajø, øz] (selon le sens, *soie,* ou lat. *sætosus,* couvert de poils, de *sæta,* soie de porc) Qui appartient à la soie. *La matière soyeuse.* ♦ Plein de soie, bien garni de soie, en parlant des étoffes de soie. *Satin soyeux.* ♦ **Par extens.** Fin et doux au toucher. *Des cheveux soyeux.* ♦ **Hist. nat.** Couvert de poils nombreux, mous et brillants comme la soie. *Des feuilles soyeuses.* ♦ Il se dit des substances minérales qui ont l'apparence de la soie. ■ **N. m.** Industriel de la soierie à Lyon.

1 SPA, ■ n. m. [spa] (*Spa,* station thermale de Belgique) Baignoire pouvant accueillir plusieurs personnes munie de jets d'eau et dont la température de l'eau est généralement de 38 °C. ■ Centre de balnéothérapie généralement composé de jacuzzis, saunas, bains turcs, salles de massage et d'un salon de beauté. *J'ai passé une semaine dans un spa en Suisse, cela m'a fait beaucoup de bien.*

2 SPA, ■ n. f. [espea] (sigle de *Société Protectrice des Animaux*) Association fondée en 1845 qui a pour but la protection et la défense des animaux et de leurs droits. *J'ai adopté mon chien à la* SPA*. Napoléon III a reconnu la* SPA *association d'utilité publique en 1860.*

SPACE OPERA ou **SPACE-OPERA**, ■ n. m. [spesopeʁa] (mot anglo-amér. de *space,* espace, et *opera,* opéra) Genre cinématographique et littéraire mélangeant science-fiction et romantisme, dont l'action se situe toujours en plein cœur d'un conflit intergalactique. *Le terme space opera aurait été créé de manière ironique et péjorative en 1941 par Wilson Tucker sur le modèle de soap opera. La saga de la* Guerre des étoiles *de Georges Lucas est très représentative du space opera au cinéma.*

SPACIEUSEMENT, adv. [spasjøz(ə)mɑ̃] (*spacieux*) Au large, dans un grand espace. *Être logé spacieusement.*

SPACIEUX, EUSE, adj. [spasjø, øz] (lat. impér. *spatiosus,* de *spatium,* espace) Qui est de grande étendue. *Des appartements spacieux.* « *Que le monde, dit-il [le rat], est grand et spacieux !* », LA FONTAINE.

SPADASSIN, ■ n. m. [spadasɛ̃] (ital. *spadaccino,* de *spada,* épée) Bretteur, ferrailleur. ♦ Assassin gagé.

SPADICE, ■ n. m. [spadis] (gr. *spadix,* génit. *spadikos,* branche de palmier arrachée avec ses fruits) **Bot.** Ensemble des fleurs et bractées présentes sur une même plante formé d'un axe charnu épais, allongé et qui est porté directement sur cet axe, sans pédoncule, ni pétiole. *Dans les palmiers le spadice porte souvent le nom de régime.*

SPADICIFLORE, ■ n. f. [spadisifloʁ] (*spadice* et *flore*) Plante comportant des spadices. ■ **Au pl.** Ordre regroupant l'ensemble des plantes comportant des spadices.

SPADILLE, n. f. [spadij] (esp. *espadilla,* as de pique, de *espada,* épée) L'as de pique, au jeu d'hombre.

SPADOIS, OISE, ■ adj. [spadwa, waz] (*Spa,* ville de Belgique, avec un *d* épenthétique) Relatif à la ville de Spa ou à ses habitants. *La forêt spadoise, le service public spadois.* ■ **N. m. et n. f.** Habitant ou originaire de la ville de Spa en Belgique.

SPAETZLI ou **SPAETZLE**, ■ n. m. [ʃpetsli, ʃpetslə] (romand *spätzli*) Petite boulette de pâtes aux œufs pochée, ou sautée au beurre dans une poêle, assez ferme souvent utilisée en garniture de viandes en sauce. *Des spaetzles aux épinards et au jambon. Bœuf mariné au vin rouge et ses spaetzlis maison.*

SPAGHETTI, ■ n. m. [spageti] (mot it. plur., de *spaghetto,* ficelle, du lat. tardif *spacus,* même sens) Pâte alimentaire longue et fine. *Des spaghettis à la bolognaise.* ■ *Western spaghetti.* Voy. WESTERN.

SPAHI, n. m. [spai] (turc *sipahi,* solat de la cavalerie, du pers. *sipah,* armée) ▷ Soldat d'un corps de cavalerie turque payé par le Grand Seigneur, et ne possédant aucun fonds de terre. ◁ ♦ Soldat d'un corps de cavalerie indigène formé dans l'Afrique française. ♦ **Au pl.** *Des spahis.* ■ REM. Il n'existe plus de colonies françaises aujourd'hui en Afrique.

SPALAX, ■ n. m. [spalaks] (mot lat. sav. [XVIIIᵉ s.], du gr. *spalax,* taupe) Petit rongeur originaire d'Europe centrale qui creuse et vit en société dans des profondes galeries. *Les spalax ne possèdent pas de queue et leurs yeux sont cachés sous leur peau. Le spalax est aussi appelé rat-taupe.*

SPALLATION, ■ n. f. [spalasjɔ̃] (mot angl., de *to spall,* éclater) **Chim.** Réaction nucléaire mettant en jeu un noyau cible et une particule, essentiellement un proton, accélérée jusqu'à l'obtention d'une énergie de l'ordre du gigaélectronvolt ce qui conduit à la production de nouvelles particules, le plus souvent des neutrons. *Production par spallation de flux intenses de neutrons. Procéder à l'étude des réactions de spallation.*

SPALME, n. m. [spalm] (var. de *espalme*) Voy. ESPALMER. Toute espèce d'enduit.

SPALMÉ, ÉE, p. p. de spalmer. [spalme]

SPALMER, v. tr. [spalme] (var. de *espalmer*) **Mar.** Le même sens que espalmer.

SPALT, n. m. [spalt] (mot all.) Pierre dont les fondeurs se servent pour mettre les métaux en fusion. ♦ **Peint.** L'asphalte ou bitume de Judée.

SPALTER, ▪ n. m. [spaltɛʀ] (mot all. de *spalten*, fendre du bois) **Peint.** Brosse large et de fine épaisseur qui est utilisée pour étaler des vitrificateurs, des laques, des peintures et des vernis sur des surfaces horizontales ou sur des bosses. *Appliquez votre colle à bois au spalter sur votre commode. Spalter à vernir.*

SPAM ou **SPAMMING**, ▪ n. m. [spam, spamiŋ] (*Spam*, marque angl. de viande en conserve) Courriel commercial non désiré, envoyé à un très grand nombre de personnes sans leur accord. *Le spam est issu d'un sigle anglais (spiced pork and meat) désignant un pâté de mauvaise qualité, collant, servi aux soldats pendant la Seconde Guerre mondiale.* ▪ Rᴇᴍ. Recommandation officielle : *arrosage*. Les Québécois emploient *polluriel et pourriel.* ▪ Rᴇᴍ. On écrit aussi, mais plus rarement, *spaming.*

SPAMMER ou **SPAMER**, ▪ v. tr. [spame] (*spam*) **Inform.** Envoyer des spams. ▪ **Par extens.** Envoyer beaucoup de courriers électroniques à une même personne. ▪ **Par anal.** et fam. Parler sans discontinuer d'un même sujet à quelqu'un que cela ne concerne ou n'intéresse pas. *Je l'ai spammé avec mes problèmes !*

SPAMMEUR ou **SPAMEUR, EUSE**, ▪ n. m. et n. f. [spamœʀ, øz] (*spammer*) Personne qui envoie des spams. *Le plus gros spammeur du monde a été arrêté et condamné à 9 ans de prison ferme aux États-Unis en 2005, il envoyait 10 millions de spams par jour à travers le monde.* ▪ Rᴇᴍ. Recommandation officielle : *arroseur, euse.* Les Québécois emploient *polluposteur, euse.*

SPAMOLYTIQUE, ▪ adj. [spasmolitik] (*spasme* et gr. *lutikos*, qui relâche) Se dit d'un médicament possédant des propriétés antispasmodiques. *La passiflore est utilisée pour ses vertus spasmolytiques.*

SPANANDRIE, ▪ n. f. [spanɑ̃dʀi] (gr. *spanios*, rare, et *anêr*, gén. *andros*, homme, mâle ; cf. *spanadelphia*, insuffisance de frères) **Biol.** Caractéristique que possède une espèce animale ayant très peu de mâles et présentant la particularité de se reproduire par parthénogenèse.

SPANIOMÉNORRHÉE, ▪ n. f. [spanjomenoʀe] (gr. *spanios*, rare, et *ménorrhée*) **Méd.** Cycle menstruel dont l'intervalle n'excède pas 6 à 8 semaines. *Spanioménorrhée précédant la ménopause.*

SPAR, n. m. [spaʀ] (mot angl., spath) Corruption de spath.

SPARADRAP, n. m. [spaʀadʀa] (lat. médiév. *sparadrapum*, p.-ê. du lat. *spargere*, étendre, ou de l'anc. fr. *esparar*, même sens, et *drap* [sur lequel on a étendu un onguent]) **Chir.** Feuille de papier ou tissu de toile, de coton, de soie, qu'on recouvre uniformément d'une couche médicamenteuse, ou qu'on imprègne de quelque mélange résineux ou emplastique. *Le taffetas d'Angleterre est un sparadrap.* ▪ Bande adhésive servant à faire tenir un pansement. *Un rouleau de sparadrap.*

SPARC, ▪ [spaʀk] (acronyme de l'angl. *Scalable Processor Architecture*, architecture de processeur à échelle variable) Microprocesseur à architecture qui fut une référence en terme de calcul scientifque intensif. *Implémentation d'un SPARC.*

SPARDECK, ▪ n. m. [spaʀdɛk] (mot angl, de *spar*, espar, et *deck*, pont) **Mar.** Pont d'un navire situé au-dessus du pont supérieur et s'étendant de l'avant à l'arrière sans aucune interruption. *Il s'est fait bronzer sur le spardeck toute la matinée.*

SPARE, n. m. [spaʀ] (lat. sav. [Linné] *sparus*, du lat. *sparus*, petit javelot, sorte de poisson de mer [gr. *sparos*]) **Hist. nat.** Genre de poissons acantho ptérygiens.

SPARGANIER, ▪ n. m. [spaʀganje] (lat. sav. *sparganium*, du gr. *sparganion*, sorte de plante) Plante aquatique poussant au bord des eaux. *Le sparganier est également appelé rubanier ou ruban d'eau.*

SPARIDÉ, ▪ n. m. [spaʀide] (*spare*) Poisson téléostéen dont les nageoires sont insérées sous le thorax. *Le pagre est un des plus gros sparidés.* ▪ N. m. pl. Famille de poissons réunissant ces caractéristiques. *La daurade, le sar et le pagre sont des sparidés.*

SPARNACIEN, IENNE, ▪ adj. [spaʀnasjɛ̃, jɛn] (*Épernay*-sur-Marne, ville de la Marne, d'après *Sparnacus*, qui serait le nom gallo-rom. de la ville) Relatif à Épernay dans la Marne ou à ses habitants. *La mise en valeur du patrimoine sparnacien.* ▪ N. m. et n. f. Habitant ou originaire d'Épernay dans la Marne.

SPARRING-PARTNER, ▪ n. m. et n. f. [spaʀiŋpaʀtnɛʀ] (mot angl., de *to spar*, boxer, s'entraîner à la boxe, et *partner*, partenaire) **Sp.** Personne qui assiste un boxeur lors de son entraînement en combattant avec lui. *Les grands champions ont plusieurs sparring-partners.* ▪ **Par extens. Sp.** Partenaire d'entraînement pour les sports de combat ou les sports nécessitant une rencontre. *La jeune espoir du tennis féminin français s'est fait battre en quart de finale par la numéro un mondiale comme une vulgaire sparring-partner.* ▪ **Fig.** « *Ses plans obéissent à une nécessité où l'esthétique tient le rôle du sparring-partner* », LɪʙÉʀᴀᴛɪᴏɴ, 27/04/2005. ▪ Rᴇᴍ. Recommandation officielle : *partenaire d'entraînement.*

SPARSILE, adj. f. pl. [spaʀsil] (lat. chrét. *sparsilis*, qui peut être dispersé, de *spargere*, répandre, disperser) **Astron.** Étoiles sparsiles ou sporades, étoiles qui ne se trouvent pas comprises dans les constellations formées par les astronomes.

SPART, ▪ n. m. [spaʀt] Voy. ꜱᴘᴀʀᴛᴇ.

SPARTAKISME, ▪ n. m. [spaʀtakism] (all. *Spartakus*, Spartacus, 1ᵉʳ s. av. J.-C. ; cf. *Spartakusbund*, Ligue Spartacus) Mouvement socialiste puis communiste allemand dirigé par Karl Liebknecht et Rosa Luxembourg entre 1916 et 1919. *Le spartakisme tiendrait son nom du gladiateur-esclave Spartacus qui fut à l'origine de la plus grande révolte d'esclaves contre l'Empire romain au Iᵉʳ siècle avant J.-C.*

SPARTAKISTE, ▪ adj. [spaʀtakist] (*spartakisme*) Relatif au spartakisme ou à ses partisans. *Le mouvement spartakiste est à l'origine de la « semaine sanglante » qui eut lieu en Allemagne entre le 5 et le 12 janvier 1919.* ▪ N. m. et n. f. Partisan du spartakisme.

SPARTE ou **SPART**, n. m. [spaʀt] (lat. *spartum*, gr. *spartos*) Plante de la famille des graminées, dont on fait des nattes, des cordages, etc.

SPARTÉINE, ▪ n. f. [spaʀtein] (*sparte*) Alcaloïde extrait du genêt et utilisé en pharmaceutique. *La spartéine est utilisée pour ses effets régulateurs sur les battements cardiaques ainsi que pour déclencher des accouchements lorsqu'elle est sous forme injectable.*

SPARTERIE, n. f. [spaʀtəʀi] (*sparte*) Fabrique de tissus de sparte. ♦ Ouvrage fait avec le sparte. *Une natte de sparterie.*

SPARTIATE, n. m. et n. f. [spaʀsjat] (gr. *Spartiatês*, de *Spartê*, Sparte ; fém. substantivé par référence à l'austérité des Spartiates) Homme appartenant à la classe aristocratique de la République lacédémonienne. ♦ **Fig.** Homme rigide tant au physique qu'au moral. ▪ **Adj.** Austère. *Un confort spartiate.* ▪ N. f. pl. Sandales de cuir à lanières croisées.

SPASME, n. m. [spasm] (lat. impér. *spasmos*, gr. *spasmos*, de *span*, tirer, arracher, avoir des convulsions) **Méd.** Contraction involontaire des muscles, notamment de ceux qui n'obéissent pas à la volonté.

SPASMODIQUE, adj. [spasmodik] (gr. *spasmôdês*, convulsif ; infl. de l'angl. *spasmodic*) **Méd.** Qui appartient aux spasmes, qui est caractérisé par des spasmes. *Mouvement spasmodique.* ♦ Qui est employé contre les spasmes ; on dit plus souvent *antispasmodique.*

SPASMODIQUEMENT, adv. [spasmodik(ə)mɑ̃] (*spasmodique*) D'une façon spasmodique.

SPASMOLOGIE, n. f. [spasmoloʒi] (*spasme* et *-logie*) **Méd.** Traité des spasmes.

SPASMOPHILE, n. m. et n. f. [spasmofil] (*spasmophilie*) Personne souffrant de spasmophilie. ▪ **Adj.** Relatif à la spasmophilie ou à un malade atteint de spasmophilie. *Souffrir de troubles spasmophiles.*

SPASMOPHILIE, ▪ n. f. [spasmofili] (*spasme* et *-philie*) **Méd.** Forme légère de la tétanie se manifestant le plus souvent à la suite d'une vive émotion et se caractérisant par des spasmes, des fourmillements, des vertiges, des crises d'angoisse et des symptômes de type neuromusculaire. *La spasmophilie peut s'expliquer par un manque de magnésium.*

SPASMOPHILIQUE, ▪ adj. [spasmofilik] (*spasmophilie*) **Méd.** Relatif à la spasmophilie ou aux spasmophiles. *Une nature spasmophilique, un état spasmophilique.*

SPATANGUE, ▪ n. m. [spatɑ̃g] (lat. sav. [xvɪɪɪᵉ s.] *spatangus*, gr. *spataggès*, hérisson de mer) Variété d'oursin violet irrégulier originaire d'Afrique et d'Europe du Nord, vivant enfoui dans le sable et portant des piquants de petite taille ce qui lui confère un aspect soyeux. *Le spatangue est un détritivore, c'est-à-dire qu'il se nourrit des fragments organiques présents dans le sable.*

SPATH, n. m. [spat] (all. *Spath*) Anciennement, substance pierreuse qui se trouve souvent unie aux mines. ♦ Aujourd'hui, *spath* ou *spath d'Islande*, spath calcaire ou carbonate de chaux cristallisé. ♦ *Spath fluor*, un des noms de la fluorine. ♦ *Faux spath*, le feldspath. ▪ Rᴇᴍ. On disait aussi *spar* autrefois.

SPATHE, n. f. [spat] (lat. impér. *spatha*, gr. *spathê*, spatule, spathe de palmier) **Bot.** Involucre foliacé ou membraneux, propre aux plantes monocotylédones.

SPATHÉ, ÉE, adj. [spate] (*spathe*) **Bot.** Qui a une spathe, enveloppé dans une spathe.

SPATHIQUE, adj. [spatik] (*spath*) Qui est de la nature du spath ; qui a une texture lamelleuse. *Le fer spathique.*

SPATIAL, ALE, ■ adj. [spasjal] (lat. *spatium*, espace) Relatif à l'espace. *Données spatiales et temporelles.* ■ Relatif à l'espace interplanétaire et interstellaire. *Navette spatiale.*

SPATIALISABLE, ■ adj. [spasjalizabl] (*spatialiser*) Qui peut être spatialisé. *Des données spatialisables.*

SPATIALISATION, ■ n. f. [spasjalizasjɔ̃] (*spatialiser*) Représentation dans l'espace. *La spatialisation d'un problème de géométrie.*

SPATIALISER, ■ v. tr. [spasjalize] (*spatial*) **Astronaut.** Adapter aux conditions spatiales. *Spatialiser les plateaux-repas.* ■ Représenter dans l'espace. *Sa vision à la fois historique et géographique spatialise les événements et permet de mieux les appréhender.*

SPATIALITÉ, ■ n. f. [spasjalite] (*spatial*) Ensemble des pratiques et des conditions de vie tant individuelles que sociales qui sont déterminées par la position des individus et des groupes les uns par rapport aux autres. *La spatialité permet d'expliquer l'inégale répartition de l'homme sur la Terre.*

SPATIOCARTE, ■ n. f. [spasjokart] (lat. *spatium*, espace, et *carte*) **Géogr.** Carte résultant de la combinaison d'une image de télédétection avec des données cartographiques traditionnelles. *Une spatiocarte superpose une image satellite à des données cartographiques existantes comme, par exemple, le réseau routier, ferroviaire, etc.*

SPATIONAUTE, ■ n. m. et f. [spasjonot] (lat. *spatium*, espace, et *-naute*) Pilote ou passager d'un véhicule spatial. *Jean-Loup Chrétien, premier spationaute français.*

SPATIONAUTIQUE, ■ n. f. [spasjonotik] (*spationaute*) Science de la navigation dans l'espace. *La spationautique est également appelée* astronautique.

SPATIONEF, ■ n. m. [spasjonɛf] (lat. *spatium*, espace, et *nef*) Vaisseau spatial, astronef. *Le spationef de la NASA s'est approché à moins de 1 600 km de la surface de la planète Titan.*

SPATIOTEMPOREL, ELLE, ■ adj. [spasjotɑ̃pɔrɛl] (lat. *spatium*, espace, et *temporel*) Qui concerne à la fois l'espace et le temps. *Coordonnées spatio-temporelles, les voyages spatio-temporels.*

SPATULE, n. f. [spatyl] (b. lat. *spathula*, spatule) Instrument de chirurgie et de pharmacie, plat à un bout et arrondi à l'autre, dont on se sert pour remuer ou pour étendre les électuaires, les onguents, les emplâtres, etc. ◆ **Peint.** Instrument pour délayer et broyer les couleurs, pour réparer les moulures. ◆ Oiseau de rivage, ainsi nommé à cause de la forme de son bec ; famille des échassiers. ■ Ustensile de cuisine à l'extrémité plate et évasée. *Étaler la ganache à l'aide d'une spatule.* ■ Partie antérieure et relevée d'un ski.

SPATULÉ, ÉE, ■ adj. [spatyle] (*spatule*) **Bot.** Se dit d'une feuille dont la partie principale et large est élargie en son sommet. *Les feuilles spatulées du Yucca filamentosa permettent de le distinguer des autres membres de cette espèce.*

SPEAKER, SPEAKERINE, ■ n. m. et f. [spikœr, spikrin] (mot angl., celui qui parle, président d'une assemblée, de *to speak*, parler) Personne qui présente, annonce des informations à la télévision, à la radio. *La speakerine présente le programme de la soirée.* ■ N. m. Président de la Chambre des communes en Angleterre, de la Chambre des représentants aux États-Unis. ■ Rem. On dit aussi *speakerin* pour désigner un homme qui présente les programmes télévisés.

SPÉCIAL, ALE, adj. [spesjal] (lat. impér. *specialis*, de *species*, espèce) Particulier à une espèce, par opposition à *général. Fonds spéciaux. Un privilège spécial.* ◆ **Collège** *Classe de mathématiques spéciales* ou n. f. *la spéciales*, la classe où l'on étudie la haute algèbre et l'application de l'algèbre à la géométrie. ◆ Se dit, par abus, des personnes. *Des hommes spéciaux*, des hommes qui ont des aptitudes spéciales, des hommes dont l'intelligence est appliquée exclusivement à telle ou telle profession, industrie, science, etc. ■ Exceptionnel. *Une édition spéciale.* ■ **Fam.** Bizarre. *Ils sont un peu spéciaux dans cette famille.*

SPÉCIALEMENT, adv. [spesjal(ə)mɑ̃] (*spécial*) D'une manière spéciale.

SPÉCIALISATION, n. f. [spesjalizasjɔ̃] (*spécialiser*) Néolog. Action de spécialiser.

SPÉCIALISER, v. tr. [spesjalize] (*spécial*) Néolog. Indiquer d'une manière spéciale. ◆ Se spécialiser, v. pr. S'adonner à une spécialité. ■ Donner des compétences dans un domaine particulier et restreint. *Spécialiser son entreprise dans un domaine d'activités de pointe.*

SPÉCIALISTE, n. m. et n. f. [spesjalist] (*spécial*) Néol. Se dit d'un écrivain, d'un savant qui s'occupe de telle ou telle science en particulier, ou de telle branche spéciale d'une science. ◆ Médecin qui se consacre principalement, ou même d'une manière exclusive, au traitement de certaines maladies. ■ Rem. N'est plus considéré comme néologisme aujourd'hui.

SPÉCIALITÉ, n. f. [spesjalite] (b. lat. *specialitas*, qualité distinctive) Qualité de ce qui est spécial. ◆ Désignation d'une chose spéciale. ◆ **Financ.** Application exclusive d'un certain fonds à une nature particulière de dépenses. ◆ Branche d'études, de travaux, à laquelle une personne se consacre, dans laquelle un écrivain, un savant se distingue. ◆ Se dit aussi des personnes mêmes qui se livrent à une étude spéciale. *Les spécialités médicales.* ◆ **Abusiv.** Branche de fabrication ou de commerce. *La spécialité des cotonnades.* ■ Produit typique d'une région, d'une ville, d'un restaurant. *La bouillabaisse est une spécialité marseillaise.* ■ *Spécialité pharmaceutique*, médicament fabriqué industriellement par un laboratoire pharmaceutique. ■ **Fam.** Habitude souvent agaçante. *Sa grande spécialité, c'est d'arriver toujours en retard !*

SPÉCIATION, ■ n. f. [spesjasjɔ̃] (lat. *species*, espèce ; infl. de l'angl. *speciation*) **Biol.** Phénomène conduisant à l'apparition d'une nouvelle espèce d'êtres vivants à partir d'une population mère. *C'est la sélection naturelle qui conduit à la spéciation, qui arrive le plus souvent à la suite de l'isolement géographique d'une partie de la population.*

SPÉCIEUSEMENT, adv. [spesjøz(ə)mɑ̃] (*spécieux*) D'une manière spécieuse.

SPÉCIEUX, EUSE, adj. [spesjø, øz] (lat. *speciosus*, de bel aspect, de *species*, regard, aspect) Qui a une belle apparence. « *Des emplois spécieux* », Quinault. « *Le citoyen, qui, sous des dehors encore spécieux, cache une profonde misère* », Massillon. ◆ **Fig.** Qui a une apparence de vérité et de justice. *De spécieux raisonnements.* ◆ N. m. Ce qu'il y a de spécieux. « *L'homme veut du spécieux et de l'ornement* », La Bruyère.

SPÉCIFICATIF, IVE, adj. [spesifikatif, iv] (*spécifier*) Qui sert à spécifier.

SPÉCIFICATION, n. f. [spesifikasjɔ̃] (lat. médiév. *specificatio*, du b. lat. *specificare*, distinguer, séparer) Désignation, détermination des choses particulières. *La spécification des attributs.*

SPÉCIFICITÉ, n. f. [spesifisite] (*spécifique*) Qualité de ce qui est spécifique. ◆ *Spécificité d'une maladie*, la cause qui, lui étant exclusive, la fait ce qu'elle est. ◆ *La spécificité d'un médicament*, la propriété qu'il a d'agir particulièrement sur telle ou telle lésion et d'en faire disparaître les symptômes.

SPÉCIFIÉ, ÉE, p. p. de spécifier. [spesifje]

SPÉCIFIER, v. tr. [spesifje] (b. lat. *specificare*, distinguer, séparer) Donner le caractère d'espèce. ◆ Exprimer, déterminer en particulier, en détail. *Spécifier les lieux, les droits d'un corps, etc.*

SPÉCIFIQUE, adj. [spesifik] (b. lat. *specificus*) Exclusivement propre à une espèce. *Qualité spécifique.* ◆ Précis, déterminé. *Un fait spécifique.* ◆ Qui a un caractère d'espèce. « *Une différence spécifique entre deux races forme deux races différentes* », Voltaire. ◆ N. m. *Le spécifique.* ◆ Nom spécifique, en histoire naturelle, adjectif ou substantif ajouté au nom générique pour distinguer chaque espèce du genre. ◆ **Phys.** *Pesanteur spécifique*, poids spécifique des corps, poids de l'unité de volume de ces corps. ◆ *Chaleur spécifique*, calorique spécifique d'un corps, nombre de calories nécessaire pour élever de 1° centigrade la température de 1 kg de ce corps. ◆ **Méd.** *Causes spécifiques*, agents qui déterminent une lésion et des troubles spéciaux du sang ou des tissus, ou de tel tissu en particulier. ◆ *Médicaments ou remèdes spécifiques*, ceux qui guérissent constamment et par un mécanisme inconnu certaines maladies. ◆ N. m. *Le spécifique.* ◆ **Fig.** « *Le spécifique infaillible* », Bossuet.

SPÉCIFIQUEMENT, adv. [spesifik(ə)mɑ̃] (*spécifique*) D'une manière spécifique.

SPÉCIMEN, n. m. [spesimɛn] (mot lat., preuve, exemple, modèle, du lat. archit. *specere*, regarder) Modèle, échantillon. *Le prospectus est suivi d'un spécimen de l'ouvrage. De beaux spécimens.* ■ Exemplaire gratuit d'un manuel, d'une revue. *Des spécimens réservés aux enseignants.* ■ **Fam.** Individu bizarre. *C'est un drôle de spécimen.*

SPÉCIOSITÉ, n. f. [spesjozite] (*spécieux*, d'après le lat. *speciosus*) Néol. Qualité de ce qui est spécieux. ■ Rem. Auj. n'est plus néol. mais plutôt rare.

SPECTACLE, n. m. [spɛktakl] (lat. *spectaculum*, vue, aspect, spectacle, de *spectare*, regarder) Tout ce qui attire le regard, l'attention, arrête la vue. *Le spectacle du monde.* « *Les personnes nées dans l'élévation deviennent comme un spectacle public sur lequel tous les regards sont attachés* », Massillon. ◆ *Être en spectacle*, être exposé à l'attention publique. ◆ On dit dans un sens analogue : *donner en spectacle.* « *Le même rang qui donne les grands en exemple, les propose pour modèles* », Massillon. ◆ *Se donner en spectacle*, s'exposer aux regards et au jugement du public. ◆ *Faire spectacle*, attirer la curiosité de la foule. ◆ *Servir de spectacle*, être exposé à la risée, au mépris publics. ◆ Jeux et combats à Rome. ◆ Représentation théâtrale. *Salle de spectacle.*

◆ La mise en scène. « *Les machines, les ballets, les vers, la musique, tout le spectacle* », LA BRUYÈRE. ◆ *Il y a beaucoup de spectacle dans cette pièce,* beaucoup de pompe, de magnificence est déployée dans la représentation de cette pièce. ◆ On dit dans un sens analogue : *une pièce à spectacle, à grand spectacle.* ■ Représentation théâtrale, cinématographique, chorégraphique donnée en public. *Un spectacle de danse.* ■ Ensemble des activités du théâtre, du cinéma, de la danse, de la télévision, etc. *Les intermittents du spectacle.*

SPECTACULAIRE, ■ adj. [spɛktakylɛʀ] (*spectacle*, d'après le lat. *spectaculum*) **Rare** Relatif aux spectacles, aux représentations théâtrales. ■ Impressionnant, remarquable, étonnant. *Résultat, décor spectaculaire.*

SPECTATEUR, TRICE, n. m. et n. f. [spɛktatœʀ, tʀis] (lat. *spectator*, observateur, spectateur) Celui, celle qui est témoin d'une chose, quelle qu'elle soit, qu'il la voit des yeux du corps ou de ceux de l'esprit. *Elle a été spectatrice de tous ces événements. Il y avait beaucoup de spectateurs à cette revue.* ◆ Celui, celle qui regarde, observe sans agir. ◆ Celui, celle qui assiste à une représentation théâtrale. *Émouvoir les spectateurs.*

SPECTRAL, ALE, adj. [spɛktʀal] (*spectre*) Qui a le caractère d'un spectre, d'un fantôme. *Des apparences spectrales.* ◆ **Phys.** Qui a rapport au spectre fourni par les rayons lumineux qui traversent le prisme. *Études spectrales sur les étoiles.* ◆ *Analyse spectrale,* analyse qui se fait d'une substance en examinant les raies qu'elle donne dans le spectre.

SPECTRE, n. m. [spɛktʀ] (lat. *spectrum*, simulacre [sens épicurien], lat. sav. [Newton] spectre solaire ; angl. *spectrum*, champ d'action) Figure fantastique d'un mort, d'un esprit que l'on croit voir. ◆ **Fig.** *Le spectre de la faim.* ◆ **Fig.** et **par exagération** *C'est un spectre,* se dit d'une personne maigre, pâle. ◆ **Phys.** *Spectre solaire* ou simplement *spectre,* image oblongue, résultant de la décomposition de la lumière blanche qui traverse un prisme de verre ; cette image est formée de bandes parallèles diversement colorées et disposées dans l'ordre suivant : rouge, orangé, jaune, vert, bleu, indigo, violet. ◆ Genre de papillons. ◆ Genre d'insectes orthoptères. ■ **Pharm.** Étendue du champ d'action d'un médicament. *Un antibiotique à large spectre.*

SPECTROCHIMIQUE, ■ adj. [spɛktʀoʃimik] (*spectre* et *chimie*) Se dit des analyses chimiques ayant recours aux méthodes de la spectroscopie. *Une analyse spectrochimique de la glycine.*

SPECTROGRAMME, ■ n. m. [spɛktʀogʀam] (*spectre* et *gramme*) Représentation graphique ou photographique du spectre d'un rayonnement lumineux ou d'un son afin de faciliter l'étude des différentes portions successives du spectre ou du signal. *Le spectrogramme qui analyse les sons est également appelé sonagramme. Un spectrogramme à bande large.* ■ *Spectrogramme de masse,* spectrogramme utilisé pour la détection des isotopes. ■ *Spectrogramme de puissance,* spectrogramme exploitant les valeurs d'amplitude du spectre. ■ *Spectrogramme de phase,* spectrogramme de puissance qui analyse aussi la modulation des différentes phases du spectre.

SPECTROGRAPHE, ■ n. m. [spɛktʀogʀaf] (*spectre* et *-graphe*) Appareil utilisé pour enregistrer photographiquement un spectre. ■ *Spectrographe de Dempster* ou *de masse,* spectrographe permettant de séparer les isotopes d'un élément.

SPECTROGRAPHIE, ■ n. f. [spɛktʀogʀafi] (*spectre* et *-graphie*) **Chim.** et **phys.** Analyse des spectres dont la représentation photographique ou graphique est obtenue au moyen d'un spectrographe. *Spectrographie sonore, solaire, acoustique.*

SPECTROGRAPHIQUE, ■ adj. [spɛktʀogʀafik] (*spectrographie*) Relatif à la spectrographie ou à un spectrographe. *Analyse, observation spectrographique.*

SPECTROHÉLIOGRAPHE, ■ n. m. [spɛktʀoeljogʀaf] (*spectre* et *héliographe*) Appareil permettant de prendre des photographies de la surface du Soleil. *Le spectrohéliographe a été inventé en 1892 à partir d'un spectrographe auquel on a rajouté une fente permettant d'occulter le reste de la lumière et ne gardant que la raie du spectre solaire.*

SPECTROHÉLIOGRAPHIQUE, ■ adj. [spɛktʀoeljogʀafik] (*spectrohéliographe*) Relatif au spectrohéliographe. *Georges Hale, astronome américain, obtint les premières images spectrohéliographiques en 1892.*

SPECTROMÈTRE, ■ n. m. [spɛktʀomɛtʀ] (*spectre* et *mètre*) **Phys.** Instrument qui sert à examiner le spectre produit par les rayons émanés d'une source lumineuse quelconque.

SPECTROMÉTRIE, n. f. [spɛktʀometʀi] (*spectre* et *-métrie*) **Phys.** Méthode d'analyse qualitative qui permet de reconnaître, à l'aide des raies du spectre, la nature des éléments présents dans les sources lumineuses, et par suite de déterminer la constitution chimique des corps.

SPECTROMÉTRIQUE, adj. [spɛktʀometʀik] (*spectrométrie*) Qui a rapport à la spectrométrie. *Analyse spectrométrique.*

SPECTROPHOTOMÈTRE, ■ n. m. [spɛktʀofotomɛtʀ] (*spectre* et *photomètre*) **Opt.** Appareil utilisé pour mesurer le taux d'absorbance de la lumière par une substance chimique à l'état liquide. *Spectrophotomètre à filtre acousto-optique réglable, à barrette de diodes, à diodes électroluminescentes, etc.*

SPECTROPHOTOMÉTRIE, ■ n. f. [spɛktʀofotometʀi] (*spectre* et *photométrie*) **Chim.** Technique d'analyse quantitative des rayonnements à partir de l'étude de la composition d'un spectre. *La spectrophotométrie permet, par exemple, de mesurer le degré d'étanchéité des cuves frigorigènes.* ■ *Spectrophotométrie visible,* spectrophotométrie mesurant les variations d'intensité d'un faisceau lumineux lorsqu'il est traversé par une substance colorée. ■ *Spectrophotométrie d'absorption,* technique consistant à mesurer l'atténuation de la lumière lorsque celle-ci a traversé un milieu afin d'en tirer les concentrations des chromophores.

SPECTROSCOPE, n. m. [spɛktʀoskɔp] (*spectre* et *-scope*) **Phys.** Instrument analogue au spectromètre.

SPECTROSCOPIE, n. f. [spɛktʀoskopi] (*spectre* et *-scopie*) Étude de la lumière à l'aide du spectre fourni par le prisme.

SPECTROSCOPIQUE, adj. [spɛktʀoskopik] (*spectroscopie*) Qui appartient au spectroscope. ◆ Qui appartient à la spectroscopie.

SPÉCULAIRE, adj. [spekylɛʀ] (lat. impér. *specularis*, de miroir, transparent, de *speculum*, miroir) **Minér.** Composé de lames brillantes et qui réfléchissent la lumière. *Fer spéculaire.* ◆ *Pierre spéculaire,* pierre transparente dont les anciens garnissaient les croisées des maisons, etc. ◆ **N. f.** Genre de la famille des campanulacées, dont l'espèce type est la spéculaire miroir de Vénus. ■ Relatif au miroir. *Une image spéculaire.*

SPÉCULATEUR, TRICE, n. m. et n. f. [spekylatœʀ, tʀis] (lat. *speculator,* observateur, espion) Celui qui observe les astres, les phénomènes célestes. ◆ Vieilli en ce sens. On dit *observateur.* ◆ Celui qui se livre à des spéculations théoriques. ◆ Vieilli en ce sens. On dit *spéculatif.* ◆ Celui qui fait des spéculations de banque, de commerce, etc.

SPÉCULATIF, IVE, adj. [spekylatif, iv] (b. lat. *speculativus,* spéculatif) Qui a coutume de spéculer, d'observer attentivement. *Les philosophes spéculatifs.* ◆ Il se dit aussi des choses. « *Il avait un air spéculatif et sérieux* », HAMILTON. ◆ Plus ordinairement, qui recherche les choses théoriques, qui s'attache à la spéculation, sans s'occuper de la pratique. *Esprit, écrivain spéculatif.* ◆ Il se dit des choses dans le même sens. *Les sciences spéculatives.* ◆ Qui est relatif aux spéculations commerciales, financières. *Des achats spéculatifs.* ◆ **N. m.** et **n. f.** Se dit de ceux qui ne s'occupent que du raisonnement, sans s'attacher aux faits et à la pratique. ◆ Particulièrement, il se dit de ceux qui raisonnent bien ou mal sur les affaires politiques. ■ Ne s'emploie plus auj. qu'en adjectif.

SPÉCULATION, n. f. [spekylasjɔ̃] (b. lat. *speculatio,* espionnage, contemplation) Action d'observer attentivement. *La spéculation des astres.* ◆ Recherche abstraite. *Les spéculations de la science.* ◆ Résultat de la spéculation. ◆ Théorie, par opposition à *pratique.* ◆ Calculs, projets, entreprises de finances, de banque, de commerce, d'industrie, etc. *Les spéculations de l'industrie et du commerce.* ◆ *Fausse spéculation,* spéculation mal calculée et qui aboutit à une perte.

SPÉCULATIVE, n. f. [spekylativ] (substantivation du fém. de *spéculatif*) Partie théorique, dans chaque science.

SPÉCULATIVEMENT, adv. [spekylativ(ə)mɑ̃] (*spéculatif*) D'une manière spéculative.

SPÉCULÉ, ÉE, p. p. de spéculer. [spekyle]

SPÉCULER, v. tr. [spekyle] (lat. *speculari,* observer, espionner, observer d'en haut) Observer curieusement les objets célestes ou terrestres (acception vieillie ; on dit *observer*). *Il passe la nuit à spéculer les astres.* ◆ **Absol.** *Il spécule sans cesse.* ◆ **V. intr.** Méditer attentivement. *Spéculer sur les matières politiques.* ◆ Créer des théories, par opposition à *mettre en pratique.* ◆ Faire des projets, des calculs, des entreprises de banque, de commerce, de finances. *On peut spéculer sur toutes sortes de marchandises.* ◆ ▷ *Spéculer sur les malheurs publics,* se dit des fournisseurs, des entrepreneurs qui profitent des circonstances difficiles pour s'enrichir en imposant à l'État des marchés onéreux. ◁

SPÉCULOS ou **SPÉCULAUS**, ■ n. m. [spekylos] (néerl. *speculaas,* d'orig. obsc.) Biscuit des Flandres qui doit son goût particulier au mélange de cannelle et de girofle moulus qui le compose. *Les spéculos sont très souvent servis en accompagnement du café dans les restaurants. Glace au spéculos.*

SPÉCULUM ou **SPECULUM**, n. m. [spekylɔm] (mot lat., miroir) **Chir.** Nom donné à des instruments propres à dilater l'entrée de certaines cavités, de manière que l'on puisse voir l'état intérieur d'un organe : par exemple, la bouche, le nez.

SPÉE, n. f. [spe] (altération de *cépée*) **Eaux et forêts** Mauvaise orthographe et prononciation de *cépée*. (Voy. ce mot).

SPEECH, ■ n. m. [spitʃ] (mot angl., parole, discours) **Fam.** Discours bref, notamment en réponse à un toast. *Des speechs* ou *des speeches* (pluriel anglais)

SPÉLÉO, ■ n. f. [speleo] (apocope de *spéléologie*) **Fam.** Spéléo. *Il passe tous ses week-ends à faire de la spéléo.*

SPÉLÉOLOGIE, ■ n. f. [speleoloʒi] (gr. *spêlaion*, grotte, et *-logie*) Science qui étudie les cavités souterraines (grottes, cavernes ou gouffres). ■ Exploration de ces cavités. *Une école de spéléologie. Une sortie en spéléologie.*

SPÉLÉOLOGIQUE, ■ adj. [speleoloʒik] (*spéléologie*) Relatif à la spéléologie ou aux spéléologues. *Une expédition spéléologique, un site spéléologique, association spéléologique, etc.*

SPÉLÉOLOGUE, ■ n. m. et n. f. [speleolog] (*spéléologie*) Spécialiste de la spéléologie. ♦ Personne qui pratique la spéléologie.

SPENCER, n. m. [spɛnsœr] (mot angl., de Sir G. J. *Spencer*, 1758-1834) Habit sans basques ; corsage sans jupe. ■ Veste courte de femme. ■ **Rem.** On prononçait autrefois [spɛsɛr].

SPÉOS, ■ n. m. [speos] (mot gr., antre, caverne) Temple rupestre égyptien. *Le spéos Artemidos a été nommé ainsi par Champollion, il s'agit d'un temple dédié à la déesse Pakhet par la reine Hatshepsout.*

SPERGULAIRE, ■ n. f. [spɛrgylɛr] (*spergule*) **Bot.** Espèce de plante qui pousse sur le bas des falaises. *Spergulaire marine, des rochers, etc.*

SPERGULE, ■ n. f. [spɛrgyl] (lat. médiév. *spergula*, du lat. *asparagus*, asperge) **Bot.** Espèce de plante dont les feuilles ont la particularité d'être en lanières. *Spergule des champs, à cinq étamines, rouge, etc.*

SPERMACETI ou **SPERMACÉTI**, ■ n. m. [spɛrmaseti] (mot lat. médiév., du b. lat *sperma*, sperme, et génit. de *cetus*, cétacé) **Zool.** Extrait composé de muscles et de tissus conjonctifs contenant une substance huileuse situé dans la cavité crânienne du cachalot et utilisé en cosmétique. *Le spermaceti permet au cachalot de descendre à des profondeurs supérieures à 2 000 m.*

SPERMAPHYTE, ■ n. m. [spɛrmafit] (gr. *sperma*, semence, et *-phyte*) Voy. SPERMATOPHYTE.

SPERMATIDE, ■ n. m. ou n. f. [spɛrmatid] (*spermat[o]- et -ide*) **Biol.** Dernier stade de la croissance d'un gamète mâle avant qu'il ne devienne un spermatozoïde. *Il existe plusieurs sortes de spermatides : spermatides à tête allongée, spermatides rondes, etc.*

SPERMATIE, ■ n. f. [spɛrmasi] (gr. *spermation*, dimin. de *sperma*, semence) **Biol.** Gamète mâle dépourvu de système locomoteur que l'on trouve principalement chez certains champignons. *Lorsque la spermatie n'est pas fonctionnelle, le gamète femelle doit se développer par parthénogenèse.*

SPERMATIQUE, ■ adj. [spɛrmatik] (gr. *spermatikos*) Relatif au sperme. *Odeur spermatique.* ■ **Anat.** *Cordon spermatique,* Ensemble des organes qui se portent du canal inguinal aux testicules.

SPERMATOCYTE, ■ n. m. [spɛrmatosit] (*spermat[o]- et -cyte*) **Biol.** Second stade dans le développement d'un gamète mâle avant qu'il ne devienne un spermatozoïde. *Le développement d'un gamète mâle en spermatozoïde se déroule en quatre stades : spermatogonie, spermatocyte, puis spermatide et enfin spermatozoïde.*

SPERMATOGENÈSE, ■ n. f. [spɛrmatoʒənɛz] (*spermat[o]- et genèse*) **Biol.** Processus de fabrication des spermatozoïdes.

SPERMATOGONIE, ■ n. f. [spɛrmatogoni] (*spermat[o]- et -gonie*) **Biol.** Premier stade dans le développement d'un gamète mâle avant qu'il ne devienne un spermatozoïde. *Le développement d'un gamète mâle en spermatozoïde se déroule en quatre stades : spermatogonie, spermatocyte, puis spermatide et enfin spermatozoïde.*

SPERMATOPHORE, ■ n. m. [spɛrmatofɔr] (*spermat[o]- et -phore*) **Biol.** Sorte de vésicule qui contient le sperme et qui est, suivant les espèces, abandonnée à l'air libre ou alors introduite directement dans le vagin de la femelle par la mâle.

SPERMATOPHYTE ou **SPERMAPHYTE**, ■ n. m. [spɛrmatofit, spɛrmafit] (*spermat[o]- et -phyte*) **Bot.** Plante qui se reproduit par fleurs ou par graines.

SPERMATOZOÏDE, ■ n. m. [spɛrmatozoid] (*spermat[o]- et gr. zôeidês,* semblable à un animal) Cellule reproductive mâle. *Le spermatozoïde féconde l'ovule.*

SPERME, ■ n. m. [spɛrm] (lat. *sperma,* gr. *sperma,* semence, de *speirein,* semer, engendrer) Liquide blanchâtre et visqueux émis lors de l'éjaculation, contenant les sécrétions des glandes génitales mâles et les spermatozoïdes. *Banque de sperme.*

SPERMICIDE, ■ n. m. [spɛrmisid] (*sperme* et *-cide*) Substance chimique contraceptive qui détruit les spermatozoïdes, lorsqu'elle est placée dans le vagin quelques minutes avant la relation sexuelle. Les spermicides sont au nombre de quatre : benzalkonium chlorure, benzethonium chlorure, docusate sodique, et nonoxinol 9. Leur efficacité est estimée à 75 %. ■ **Adj.** *Un gel, une crème spermicide.*

SPERMOCULTURE, ■ n. f. [spɛrmokyltyr] (*sperme* et *culture*) **Méd.** Analyse consistant à détecter la présence d'une infection de type bactérienne dans le sperme. *La spermoculture permet de déterminer la cause d'une stérilité masculine.*

SPERMOCYTOGRAMME, ■ n. m. [spɛrmositogram] (*sperme, -cyte* et *gramme*) **Méd.** Analyse consistant à déterminer la proportion de spermatozoïdes de forme normale présente dans le sperme. *Le spermocytogramme constitue avec le spermogramme les examens de base pour déterminer l'infécondité masculine.*

SPERMOGRAMME, ■ n. m. [spɛrmogram] (*sperme* et *-gramme*) **Méd.** Analyse consistant à déterminer le volume de l'éjaculat, le nombre de spermatozoïdes ainsi que leur vitalité et leur mobilité. *Le spermogramme consiste à examiner l'éjaculat prélevé par masturbation du patient.*

SPERMOPHILE, ■ n. m. [spɛrmofil] (gr. *sperma*, grain, graine, et *-phile*) **Zool.** Petit rongeur appartenant à la famille des écureuils, originaire du Nord de l'Amérique qui hiberne de mi-novembre à mi-février. *Il existe plusieurs variétés de spermophiles comme le spermophile tacheté, le spermophile mexicain, etc.*

SPET, ■ n. m. [spɛ] (esp. *espeto*, broche, sur le modèle du lat. *sudis*, pieu, piquet, brochet) **Zool.** Nom usuel d'une espèce de poisson marin vorace nommé *sphyrène* qui vit en Méditerranée. *Le sphyrène comprend deux espèces : le spet qui vit en Méditerranée et le barracuda qui fraye dans la mer des Antilles.*

SPETSNAZ, ■ n. f. pl. [spɛtsnaz] (abrév. russe de *Spetsialnoe naznatchenie*) Unité d'élite de soldats russes, utilisée par l'Armée Rouge pour les missions délicates. *Les spetsnaz auraient également été utilisées pour des assassinats et des attentats.*

SPHACÉLÉ, ÉE, adj. [sfasele] (*sphacèle*) Qui est atteint de sphacèle.

SPHACÈLE, n. m. [sfasɛl] (gr. *sphakelos*, gangrène sèche) **Méd.** Gangrène qui occupe toute l'épaisseur d'un membre.

SPHACÉLER, v. tr. [sfasele] (*sphacèle*) Frapper de sphacèle. ♦ Se sphacéler, v. pr. Être frappé de sphacèle.

SPHAIGNE, ■ n. f. [sfɛɲ] ou [sfɛnj] (lat. impér. *sphagnos,* gr. *sphagnos,* mousse des arbres) **Bot.** Plante hydrophile qui est une des composantes principales des tourbières des zones tempérées possédant une grande capacité de rétention d'eau et un caractère très acide. *La sphaigne possède la propriété de repousser les attaques fongiques : c'est la raison pour laquelle elle constitue la matière de base nécessaire à la croissance des plantes carnivores.*

SPHÈNE, ■ n. m. [sfɛn] (gr. *sphên,* coin) **Minér.** Pierre se présentant sous la forme de cristaux et ayant l'aspect de flèches, dont la couleur des lames varie entre le brun rougeâtre et le jaune verdâtre et qui se rencontre principalement dans les fentes alpines et les schistes cristallins. *Le sphène est le nom minéralogique de la titanite.*

SPHÉNODON, ■ n. m. [sfenodɔ̃] (gr. *sphên,* coin, et *odous,* génit. *odontos,* dent) **Zool.** Reptile primitif originaire de Nouvelle-Zélande qui est un fossile vivant dans la mesure où il possède les caractéristiques anatomiques des reptiles qui vivaient à la fin de l'ère primaire. *Le sphénodon est une espèce en voie de disparition qui a été déclarée espèce protégée en 1953.*

SPHÉNOÏDAL, ALE, adj. [sfenoidal] (*sphénoïde*) **Anat.** Qui a rapport au sphénoïde. *Les sinus sphénoïdaux. Épine sphénoïdale.*

SPHÉNOÏDE, adj. [sfenoid] (gr. *sphên,* coin, et *-oïde*) *L'os sphénoïde,* os impair enclavé au milieu des os de la base du crâne et concourant à former les cavités nasales, les orbites, les fosses zygomatiques et la paroi de la cavité gutturale.

SPHÈRE, n. f. [sfɛr] (lat. *sphæra,* globe, sphère céleste, balle, du gr. *sphaira,* tout corps rond) **Géom.** Solide terminé par une surface courbe dont tous les points sont également distants d'un point intérieur. ♦ **Archit.** Corps solide parfaitement rond qui sert de couronnement. ♦ Représentation du globe terrestre. ♦ Disposition du ciel suivant les cercles imaginés par les astronomes. ♦ *Sphère droite,* celle où l'équateur coupe l'horizon à angles droits ; *sphère oblique,* celle où l'équateur tombe obliquement sur l'horizon ; *sphère parallèle,* celle où l'équateur est parallèle à l'horizon. ♦ **Astron.** *Sphère armillaire ou artificielle,* machine ronde composée de divers cercles représentant ceux que les astronomes ont imaginés dans le ciel. ♦ Étude des principes d'astronomie sur une sphère. *Traité de la sphère.* ♦ Espace dans lequel on conçoit qu'une planète accomplit son cours. *Saturne parcourt sa sphère en trente années.* ♦ Dans le langage général, la planète considérée en mouvement. ♦ Les différentes régions sphériques en lesquelles les anciens partageaient l'espace céleste. *La sphère des étoiles.* ♦ **Poétiq.** Le séjour céleste. ♦ **Phys.** *Sphère d'activité,* l'étendue dans laquelle un corps peut agir hors de soi. ♦ **Fig.** *Sphère d'activité,* étendue d'affaires, de travaux, dans laquelle un homme communique son action à ceux qui l'entourent. ♦ **Fig.** Étendue de pouvoir, d'autorité, de connaissances, de talent, etc. « *Presque tous les hommes ne songent qu'à étendre leur sphère* », Fontenelle. ♦ **Fig.** Il se dit des limites qui bornent certaines choses morales. *Étendre la sphère des connaissances humaines.* ♦ **Fig.** Il se dit de la condition, de l'état des personnes. *Sortir de sa sphère.* ♦ Genre de coquilles bivalves. ■ *Sphère d'influence,* territoire dans lequel un État s'est vu reconnaître par d'autres le droit d'intervenir politiquement ou économiquement. ■ *Sphère d'attribution,* domaine relevant de la compétence d'une autorité.

SPHÉRICITÉ, n. f. [sferisite] (*sphérique*) État de ce qui est sphérique. *La sphéricité de la Terre.* ♦ **Phys.** *Aberration de sphéricité,* confusion des images résultant dans les lunettes de la forme sphérique de la surface des lentilles.

SPHÉRIQUE, adj. [sferik] (b. lat. *sphæricus,* gr. *sphairikos*) Qui est rond comme une sphère. *La forme sphérique de la Terre.* ♦ **Géom.** Qui appartient à la sphère. ♦ *Polygone sphérique,* polygone formé sur une sphère par des arcs de grand cercle. ♦ *Triangle sphérique,* polygone sphérique de trois côtés. ♦ **N. m. pl.** *Les Sphériques,* titre d'ouvrages qui ont la sphère pour objet.

SPHÉRIQUEMENT, adv. [sferik(ə)mã] (*sphérique*) D'une manière sphérique.

SPHÉRISTE, n. m. [sferist] (b. lat. *sphærista,* du gr. *sphairistês,* joueur de balle) Antiquité. Celui qui enseignait les différents exercices avec la balle.

SPHÉRISTÈRE, n. m. [sferister] (gr. *sphairistêrion*) **Antiq.** Lieu destiné aux exercices avec la balle.

SPHÉRISTIQUE, n. f. [sferistik] (gr. *sphairistikê (tekhnê)*) **Antiq.** L'art des exercices avec la balle.

SPHÉROÏDAL, ALE, adj. [sferoidal] (*sphéroïde*) Qui ressemble à un sphéroïde, qui en a la forme. *Des solides sphéroïdaux.*

SPHÉROÏDE, n. m. [sferoid] (gr. *sphairoeidês,* de forme arrondie) **Géom.** Solide dont la figure approche de celle de la sphère. *La Terre est un sphéroïde.* ♦ *Sphéroïde allongé,* celui dont le plus grand diamètre est celui des pôles. ♦ *Sphéroïde aplati,* celui dont l'axe est le plus petit diamètre.

SPHÉROÏDIQUE, adj. [sferoidik] (*sphéroïde*) Qui a rapport au sphéroïde. *Une forme sphéroïdique. Triangles sphéroïdiques.*

SPHÉROMÈTRE, n. m. [sferometr] (*sphère* et *mètre*) **Phys.** Instrument employé pour mesurer les rayons des sphères et les petites épaisseurs.

SPHÉROMÉTRIQUE, adj. [sferometrik] (*sphéromètre*) Qui a rapport au sphéromètre.

SPHINCTER, n. m. [sfɛktɛr] (mot b. lat., muscle annulaire de l'anus, gr. *sphigktêr,* de *sphiggein,* enserrer, serrer) **Anat.** Muscle circulaire qui sert à fermer certaines ouvertures naturelles. *Le sphincter de la vessie.*

SPHINCTÉRIEN, IENNE, ■ adj. [sfɛkterjɛ̃, jɛn] (*sphincter*) Qui concerne, se rapporte au sphincter. *Souffrir de lésions sphinctériennes.*

SPHINGE, ■ n. f. [sfɛ̃ʒ] (lat. *sphinx,* génit. *sphingis,* du gr. *Sphigx, Sphiggos,* noms fém.) Figure féminine du monstre dans les mythologies grecque et romaine, possédant, le plus souvent, un corps de femme et pourvue d'ailes. *La sphinge est la version féminine du sphinx ; on la retrouve d'ailleurs dans la légende d'Œdipe lorsqu'elle terrorise le peuple de Thèbes en exigeant la réponse à une énigme.*

SPHINGIDÉ, ■ n. m. [sfɛ̃ʒide] (lat. *sphinx,* génit. *sphingis*) Papillon appartenant à la famille des sphinx. *La chenille du sphingidé vit généralement sur le cassis ou l'aspérule. Sphingidé d'Afrique, sphingidé crépusculaire, etc*

SPHINX, n. m. [sfɛks] (gr. *Sphigx,* avec changement de genre) Monstre de la fable, que Junon suscita contre la ville de Thèbes : les poètes lui donnent la tête et le sein d'une femme, le corps d'un lion et les ailes d'un aigle. *Le sphinx proposait une énigme et dévorait ceux qui ne la devinaient pas.* ♦ Figure de sphinx sans ailes. ♦ Genre de papillons. ■ **Litt.** Personnage mystérieux.

SPHRAGISTIQUE, n. f. [sfraʒistik] (gr. *sphragistês,* celui qui scelle, de *sphragis,* sceau, cachet) ▷ Science des sceaux et des cachets. ◁

SPHYGMOMANOMÈTRE, ■ n. m. [sfigmomanometr] (gr. *sphugmos,* palpitation, pouls, et *manomètre*) **Méd.** Appareil constitué d'un brassard gonflable relié à une manomètre et à un manomètre gradué. *Le sphygmomanomètre couplé au stéthoscope permet la mesure de la pression artérielle.*

SPHYGMOMANOMÉTRIE, ■ n. f. [sfigmomanometri] (*sphygmomanomètre*) **Méd.** Mesure de la pression artérielle au moyen d'un sphygmomanomètre.

SPHYRÈNES, ■ n. f. pl. [sfirɛn] (lat. sav. [XVIIIᵉ s.] *sphyræna,* du gr. *sphuraina,* argentine, petit poisson de mer) **Zool.** Famille de poissons marins

voraces. *Les sphyrènes se composent de deux espèces distinctes : le barracuda qui vit dans la mer des Antilles et le spet vivant en mer Méditerranée.*

SPI, ■ n. m. [spi] Voy. SPINNAKER.

SPIC, n. m. [spik] (lat. *spicum,* épi) Nom vulgaire et spécifique de la *lavande spic* (labiées), dite absolument *lavande,* qui fournit une huile odorante, volatile et appelée *essence de spic* et par corruption *huile d'aspic.*

SPICA, n. m. [spika] (mot lat., pointe, épi) ▷ **Chir.** Nom de bandages croisés dont les tours sont disposés autour d'un membre comme les épillets des graminées le long de leur axe. ◁

SPICIFORME, ■ adj. [spisiform] (lat. *spicum,* épi, et *-forme*) Qui a la forme d'épi. *Des grappes spiciformes.*

SPICILÈGE, ■ n. m. [spisilɛʒ] (lat. *spicilegium,* glanage, de *spicum,* épi, et *legere,* ramasser) Recueil ou glane d'épis ; titre de quelques collections de pièces, d'actes et autres monuments non encore imprimés. ■ Rem. On écrivait aussi *spicilége* autrefois.

1 SPICULE, ■ n. m. [spikyl] (lat. *spiculum,* dard de l'abeille, flèche) **Zool.** Petite aiguille calcaire ou siliceuse qui est un des éléments constitutifs du squelette des éponges. ♦ **Anat.** Structure, le plus souvent osseuse, ayant la forme d'un aiguillon ou d'un épi. *Une des manifestations de la spondylarthrite ankylosante peut être une ossification en spicule des os calcanéens.*

2 SPICULE, ■ n. m. [spikyl] (lat. *spiculum,* dard de l'abeille, flèche, rayon du Soleil) **Astron.** Jet lumineux et rectiligne provenant de la surface du Soleil d'une longueur d'environ 10 000 km et de diamètre de 1 000 km ayant une durée de vie comprise entre 5 et 10 minutes et qui s'étend de la chromosphère vers la couronne. *La périodicité des spicules.*

SPIDER, ■ n. m. [spidɛr] (mot angl., araignée) Voiture décapotable tractée par des chevaux et ressemblant au phaéton, suspendue sur un châssis métallique. ♦ Niche située à l'arrière des anciens véhicules automobiles, accessible à partir de la banquette arrière et qui servait de coffre. ♦ **Par méton.** Voiture munie de ce type de coffre. ♦ **Par extens.** Voiture de sport légère munie de hautes roues.

SPIEGEL, ■ n. m. [spigœl] (all. *Spiegeleisen,* même sens, de *Spiegel,* miroir, et *Eisen,* fer) Alliage à très haute teneur en manganèse et contenant également du carbone et du silicium. *Le spiegel entre dans l'élaboration des fontes et des aciers.*

SPIN, ■ n. m. [spin] (mot angl., tournoiement, de *to spin,* filer, tourner comme une toupie) **Phys.** Moment angulaire ou cinétique intrinsèque d'une particule quantique en rotation sur elle-même. *Le spin peut prendre des valeurs particulières, entières ou demi-entières.*

SPINA-BIFIDA, ■ n. m. inv. [spinabifida] (mots lat., *spina,* épine dorsale, et fém. de *bifidus,* fendu en deux) **Méd.** Anomalie se traduisant par l'absence de fermeture postérieure du canal osseux de la colonne vertébrale dans lequel se trouve la moelle épinière. *On compte en moyenne un cas de spina-bifida pour 1 000 grossesses.* ♦ *Spina-bifida occulte,* malformation du canal rachidien qui se traduit par l'ouverture de l'arc postérieur des dernières vertèbres et qui ne nécessite aucun traitement. ♦ *Spina-bifida ouvert,* tuméfaction dorsale médiane entraînant généralement une mise à nu de la moelle épinière et des racines nerveuses. ♦ **N. m. et n. f.** Personne atteinte d'un spina-bifida.

SPINAL, ALE, adj. [spinal] (b. lat. *spinalis,* de l'épine dorsale) **Anat.** Qui a rapport aux apophyses épineuses des vertèbres ou à la colonne vertébrale. ♦ *Moelle spinale,* la moelle épinière. ♦ *Nerf spinal,* nerf qui dans sa partie spinale détermine l'activité fonctionnelle des muscles trapèze et sterno-cléido-mastoïdien.

SPINALIEN, IENNE, ■ adj. [spinaljɛ̃, jɛn] (*Épinal,* ville des Vosges, d'un étymon lat. *spinalis,* de *spina* épine) Qui concerne ou qui se rapporte à la ville d'Épinal ou à ses habitants.. *Stade athlétique spinalien.* ♦ **N. m. et n. f.** Habitant ou originaire de la ville d'Épinal.

SPINA-VENTOSA, ■ n. m. inv. [spinavɛ̃toza] (mots lat., *spina,* épine, et fém. de *ventosus,* plein de vent) **Chir.** Maladie du système osseux dans laquelle l'os se dilate extrêmement et forme une tumeur.

SPINELLE, adj. [spinɛl] (ital. *spinello,* aluminate de magnésium) *Rubis spinelles,* rubis qui sont d'un rouge pâle, tirant sur la pelure d'oignon. ♦ **N. m.** *Un spinelle.* ♦ *Spinelle rouge,* rubis proprement dit. ♦ Il existe aussi des spinelles bleus, verts, noirs.

SPINNAKER ou **SPI,** ■ n. m. [spinekœr, spi] (mot angl.) Voile de forme triangulaire que l'on déploie par vent arrière. *Spinnaker asymétrique et spinnaker symétrique.*

SPINOSAURE, ■ n. m. [spinozɔr] (lat. sav. *spinosaurus,* du lat. *spina,* pointe, et gr. *sauros,* lézard) **Zool.** Dinosaure carnivore au museau allongé qui vivait il y a environ 10 millions d'années et qui possédait des épines neurales de 1,5 m de haut sur ses vertèbres dorsales.. *Le spinosaure serait l'ancêtre du crocodile.*

SPINOZISME, n. m. [spinozism] (Baruch *Spinoza*, 1632-1677, philosophe hollandais) Système de Spinoza, système métaphysique où la nature est considérée à la fois comme active et passive, et qui est un genre de panthéisme. ▪ **REM.** On écrivait aussi *spinosisme* autrefois.

SPINOZISTE, n. m. et n. f. [spinozist] (*spinozisme*) Celui, celle qui admet les principes de Spinoza. ◆ **Adj.** *Les doctrines spinozistes.* ▪ **REM.** On écrivait aussi *spinosiste* autrefois.

SPINULE, ▪ n. f. [spinyl] (lat. impér. *spinula*, petite épine) **Anat.** Petite épine. *Une spinule dorsale.*

SPIRAL, ALE, adj. [spiral] (lat. scolast. *spiralis*, du lat. *spira*, spirale, spire) Qui a la figure d'une spire ou d'une spirale. *Ligne spirale. Ressorts spiraux.* ◆ **N. m.** *Le spiral d'une montre,* le petit ressort sous l'action duquel oscille le balancier qui règle l'échappement.

SPIRALE, n. f. [spiral] (fém. substantive de *spiral*) **Géom.** Courbe plane qui s'écarte toujours de plus en plus du point autour duquel elle fait une ou plusieurs révolutions. ◆ Dans le langage général, il se dit de ce qui a une forme approchant de la spirale ou de la spire. ◆ *En spirale,* en forme de spirale. ▪ Circonvolution en hélice. *Une spirale de fumée s'élève de la cheminée.* ▪ **Fig.** Amplification rapide et irrépressible d'un phénomène. *La spirale du chômage.* ▪ Fil métallique enroulé en hélice qui retient les feuilles d'un cahier, d'un livre. *Un cahier à spirale.*

SPIRALÉ, ÉE, ▪ adj. [spirale] (*spirale*) Qui a la forme d'une spirale. *Une masse nuageuse organisée en bandes spiralées.*

SPIRATION, n. f. [spirasjɔ̃] (lat. impér. méd. *spiratio*, souffle du vent, haleine, lat. chrét., souffle divin) **Théol.** Manière dont le Saint-Esprit procède du Père et du Fils.

SPIRE, n. f. [spir] (lat. *spira*, spirale, spire) Syn. d'hélice, courbe résultant de l'enroulement d'une ligne droite sur un cylindre ou sur un cône, ou sur une figure qui en approche, à la différence de la spirale qui est décrite sur un plan. ◆ *Spire* se dit aussi d'un seul de ses tours. ◆ *Spire* est quelquefois employé au sens de *spirale.* ◆ **Archit.** Base d'une colonne, en tant que la figure ou le profil de cette base va en serpentant. ◆ **Bot.** Circonvolution en hélice décrite par une partie quelconque d'un végétal. ◆ Organe disposé en hélice. ◆ Partie de certaines coquilles qui est formée par leur enroulement sur elles-mêmes.

SPIRÉE, n. f. [spire] (lat. sav. [XVIIᵉ s.] *spiræa*, du lat. *spiræa*, troène, gr. *speiraia*, spirée) Genre de plantes de la famille des rosacées ; on y distingue la *spirée ulmaire* ou *reine des prés.*

SPIRILLE, ▪ n. m. [spirij] (lat. sav. [XIXᵉ s.] *spirillum*, du lat. *spira*, spirale) **Biol.** Bactérie commensale en forme de filament hélicoïdal. *Le spirille vit aux dépens de son hôte sans lui occasionner de nuisances particulières.*

SPIRITAIN, AINE, ▪ n. m. et n. f. [spiritɛ̃, ɛn] ([Saint-]*Esprit*, d'après le lat. ecclés. *Spiritus* [*Sanctus*]) Religieux, religieuse missionnaire appartenant à la Congrégation du Saint-Esprit. ◆ **Adj.** Relatif à la Congrégation du Saint-Esprit ou à ses membres. *Un missionnaire spiritain, les missions spiritaines d'Afrique.*

SPIRITE, n. m. [spirit] (angl. *spirit*, esprit, du lat. *spiritus*, souffle, air) Personne qui prétend communiquer avec les esprits des morts par l'intermédiaire d'un médium. ▪ **Adj.** *Les pratiques spirites.*

SPIRITISME, n. m. [spiritism] (*spirite*) Superstition des spirites.

SPIRITUAL, ▪ n. m. [spiritɥol] ([negro-]*spiritual*) Negro-spiritual. *Les spirituals sont apparus dès les débuts de la colonisation de l'Amérique.*

SPIRITUALISATION, n. f. [spiritɥalizasjɔ̃] (*spiritualiser*) **Anc. chim.** Action d'extraire d'un corps solide ou liquide l'esprit qu'il contient. ◆ **Fig.** Action de donner un sens spirituel à un passage, un caractère spirituel à une affection.

SPIRITUALISÉ, ÉE, p. p. de spiritualiser. [spiritɥalize]

SPIRITUALISER, v. tr. [spiritɥalize] (*spirituel*) **Anc. chim.** Extraire des corps mixtes les esprits, les parties les plus subtiles. ◆ **Fig.** Convertir le sens littéral d'un passage en un sens spirituel, allégorique. ◆ Donner un caractère spirituel, une tendance spiritualiste, dégager des sens, de la matière. « *Les hommes doivent, pour ainsi dire, s'aimer à travers Dieu, qui spiritualise leur amour* », CHATEAUBRIAND. ◆ **Anc. chim.** Se spiritualiser, v. pr. Devenir plus ténu, plus subtil. ◆ **Fig.** Prendre un caractère spirituel.

SPIRITUALISME, n. m. [spiritɥalism] (*spirituel*) Doctrine mystique ; abus de la spiritualité. ◆ Plus habituellement, doctrine opposée au matérialisme et séparant Dieu du monde et l'âme du corps en tant qu'esprits.

SPIRITUALISTE, n. m. et n. f. [spiritɥalist] (*spiritualisme*) Celui ou celle dont le spiritualisme est le spiritualisme. ◆ **Adj.** *Doctrine spiritualiste.*

SPIRITUALITÉ, n. f. [spiritɥalite] **Par métaphore** Qualité de ce qui est esprit. *La spiritualité de l'âme.* ◆ Tout ce qui a rapport aux exercices intérieurs

d'une âme dégagée des sens, qui ne cherche qu'à se perfectionner aux yeux de Dieu. ◆ En général, caractère de ce qui est dégagé de la matière et des sens.

SPIRITUEL, ELLE, adj. [spiritɥel] (lat. chrét. *spiritualis*, immatériel, du lat. *spiritus*, souffle, esprit) Qui est esprit, qui n'a pas de corps. *Les anges sont des substances spirituelles.* « *Nous savons que l'âme est spirituelle* », VOLTAIRE. ◆ **Fig.** *Famille spirituelle,* suite de gens qui dans les lettres ou les sciences appartiennent au même ordre d'idées. ◆ Qui a rapport à l'esprit, à l'âme. « *Rome a été le chef de l'empire spirituel que Jésus-Christ a voulu étendre par toute la Terre* », BOSSUET. ◆ **Dévot.** Qui regarde la conduite de l'âme, par opposition à *sensuel, charnel, corporel.* « *Des affections spirituelles* », FLÉCHIER. ◆ **N. m.** Le spirituel. *La vie spirituelle,* la vie intérieure, l'habitude de la méditation ou de la contemplation. ◆ *Lecture spirituelle,* exercices spirituels, lecture, exercices excitant la dévotion. ◆ Autrefois, *concert spirituel,* concert que l'on donnait un des jours de la Semaine sainte. ◆ Aujourd'hui, concert où l'on exécute une musique d'un caractère religieux. ◆ *Médecins spirituels, guides spirituels, pères spirituels,* les confesseurs, les directeurs. ◆ Il se dit des personnes chez qui règne la spiritualité. « *L'homme spirituel juge de tout et n'est jugé de personne* », SACI. ◆ **N. m. et n. f.** « *Ce sont de faux spirituels qui blâment l'attachement qu'on a à Jésus-Christ* », BOSSUET. ◆ Qui concerne la religion, l'Église, par opposition à *temporel.* ◆ *Le pouvoir spirituel.* ◆ **N. m.** Le spirituel et le temporel. ◆ En parlant de l'interprétation des livres révélés, il s'oppose à *littéral,* et se dit du sens mystique ou allégorique. *Les prophéties ont un sens caché et spirituel.* ◆ Qui a de l'esprit. *Une femme spirituelle.* ◆ En parlant des choses, qui annonce de l'esprit. *Des yeux spirituels.* ◆ Où il y a de l'esprit. *Réponse spirituelle.*

SPIRITUELLEMENT, adv. [spiritɥel(ə)mɑ̃] (*spirituel*) Avec le caractère d'esprit, immatériellement. « *Presque tous les philosophes parlent des choses corporelles spirituellement et des spirituelles corporellement* », PASCAL. ◆ En esprit. *Communier spirituellement avec le prêtre.* ◆ Au sens spirituel. *Interpréter spirituellement.* ◆ Avec esprit. *S'exprimer spirituellement.*

SPIRITUEUX, EUSE, adj. [spiritɥø, øz] (lat. *spiritus*, esprit [au sens alchimique]) Se dit de tout liquide qui est principalement composé d'alcool ou qui en contient. *Les liqueurs spiritueuses.* ◆ **N. m.** Un spiritueux. *Il ne faut pas faire abus des spiritueux.*

SPIRITUOSITÉ, n. f. [spiritɥozite] (*spiritueux*) Qualité d'un liquide spiritueux ; degré d'alcoolisation.

SPIROCHÈTE, ▪ n. m. [spiroket] (gr. *speira*, spirale, et *khaitè*, crinière) **Biol.** Bactérie mobile ayant une forme spiralée dont la longueur varie de 3 à 250 microns. *Un des spirochètes les plus connus est le* treponema *qui est à l'origine de la syphilis.*

SPIROCHÉTOSE, ▪ n. f. [spiroketoz] (*spirochète*) **Méd.** Ensemble des maladies causées par les différentes variétés de spirochètes. *Ceux qui travaillent dans les canalisations d'égout sont exposés aux spirochétoses.*

SPIROGRAPHE, ▪ n. m. [spirograf] (lat. sav. [XIXᵉ s.] *spirographis*, du lat. *spirare*, respirer, et gr. *graphis*, pinceau) **Zool.** Ver annelé vivant dans la vase, dont le corps est formé de segments et possédant un panache de filaments bigarrés et rayés en avant de la bouche lui servant à la fois à respirer et à se nourrir. *Les spirographes se nourrissent de particules microscopiques qui sont en suspension dans l'eau.*

SPIROGYRE, ▪ n. f. [spiroʒir] (lat. *spira*, spirale, et *-gyre,* du gr. *guros,* tour) **Bot.** Algue filamenteuse de couleur verte qui est très commune dans les eaux douces. *Les poissons herbivores se nourrissent de spirogyres.*

SPIROÏDAL, ALE, ▪ adj. [spiroidal] (lat. *spira*, spirale, et *-oïde*) En forme de spirale. *Des mouvements spiroïdaux.*

SPIROMÈTRE, ▪ n. m. [spirometr] (lat. *spirare*, respirer, et *mètre*) **Méd.** Appareil permettant de mesurer la capacité respiratoire des poumons. *Spiromètre portable.*

SPIROMÉTRIE, ▪ n. f. [spirometri] (lat. *spirare*, respirer, et *-métrie*) **Méd.** Méthode de mesure employée en médecine pour détecter les affections respiratoires à l'aide d'un spiromètre. *La spirométrie permet de diagnostiquer les cas d'asthmes.*

SPIRORBE, ▪ n. m. [spirɔrb] (lat. sav. [XIXᵉ s.] *spirorbis*, du lat. *spira*, spirale, et *orbis*, cercle) **Zool.** Ver marin annelé qui est très abondant sur les côtes de l'océan Atlantique Nord.

SPIRULINE, ▪ n. f. [spirylin] (lat. sav. *spirulina*, du lat. archit. *spirula*, tore) Algue des mers chaudes de couleur bleue, actuellement très prisée pour ses effets contre le vieillissement. *La spiruline se prend en complément alimentaire en raison de l'importance des apports protéiques qu'elle procure. Tagliatelles à la spiruline.*

SPITANT, ANTE, ▪ adj. [spitɑ̃, ɑ̃t] (moy. fr. *spit*[*t*]*er*, éclabousser, du flam. *spitten*, arroser) **Belg.** Vif, enjoué. *C'est un enfant très spitant que tu as là !* ◆ *Eau spitante,* eau gazeuse, pétillante.

SPITZ, ■ n. m. [spits] (all. *spitz*, pointu, au museau pointu) Espèce de chien de taille moyenne, à la fourrure abondante et à la tête rappelant un peu celle du renard. *Spitz nain, allemand, etc.*

SPLANCHNIQUE, adj. [splɑ̃knik] (gr. *splagkhnikos*, de *splagkhnon*, entrailles, viscères) **Anat.** Qui a rapport aux viscères. *Cavités splanchniques.*

SPLANCHNOLOGIE, n. f. [splɑ̃knɔlɔʒi] (gr. *splagkhnon*, viscères, et *-logie*) Partie de l'anatomie descriptive qui traite des viscères.

SPLANCHNOLOGIQUE, adj. [splɑ̃knɔlɔʒik] (*splanchnologie*) Qui a rapport à la splanchnologie.

SPLEEN, n. m. [splin] (mot angl., rare, du gr. *splên*) Forme de l'hypochondrie, consistant en un ennui sans cause, en un dégoût de la vie.

SPLENDEUR, n. f. [splɑ̃dœʀ] (lat. *splendor*, éclat, magnificence) Grand éclat de lumière. *La splendeur du soleil.* ♦ **Fig.** et **poétiq.** « *Joas les touchera par sa noble pudeur, Où semble de son sang reluire la splendeur* », RACINE. ♦ **Fig.** Grand éclat d'honneur et de gloire. *La splendeur d'une ancienne maison.* ♦ Magnificence, accompagnée de beauté. « *De cette nuit, Phénice, as-tu vu la splendeur?* », RACINE. « *Tout chez Richelieu était splendeur et faste, tandis que chez le roi tout était simplicité et négligence* », VOLTAIRE.

SPLENDIDE, adj. [splɑ̃did] (lat. *splendidus*, brillant, éclatant) Qui a le caractère de la splendeur, de la magnificence. *Table, festin splendide. Un homme splendide.*

SPLENDIDEMENT, adv. [splɑ̃did(ə)mɑ̃] (*splendide*) D'une manière splendide.

SPLÉNECTOMIE, ■ n. f. [splenɛktomi] (gr. *splên*, rate, et *-ectomie*) Opération chirurgicale consistant en l'ablation de la rate. *Subir une splénectomie.*

SPLÉNIQUE, adj. [splenik] (gr. *splênikos*) **Anat.** Qui appartient, qui a rapport à la rate. *Artère splénique.* ♦ En parlant des médicaments, qui est propre aux maladies de la rate.

SPLÉNITE, n. f. [splenit] (gr. *splên*, rate, et *-ite*) Inflammation de la rate.

SPLÉNOMÉGALIE, ■ n. f. [splenomegali] (gr. *splên*, rate, et *-mégalie*, hypertrophie, de *megas*, grand) **Méd.** Affection rare de la rate, et parfois du foie qui survient chez l'adulte et qui se traduit par une anémie, de la fatigue et une augmentation du volume de la rate et parfois des hémorragies. *Paludisme accompagné de splénomégalie.*

SPLÉNOMÉGALIQUE, ■ adj. [splenomegalik] (*splénomégalie*) Relatif à la splénomégalie. *Avoir un lymphome splénomégalique.*

SPODE, n. f. [spɔd] (gr. *spodos*, cendre, scorie de métaux) ▷ **Chim.** Oxyde de zinc obtenu par sublimation en calcinant la tuthie. ♦ Ivoire calciné. ◁

SPOILER, ■ n. m. [spɔjlœʀ] (mot angl.) Accessoire de carrosserie fixé sous le pare-chocs d'un véhicule pour améliorer l'aérodynamisme ou pour réduire la portance. *Spoilers avant, arrière.*

SPOLIATEUR, TRICE, n. m. et n. f. [spɔljatœʀ, tʀis] (lat. *spoliator*) Celui, celle qui spolie. ♦ **Adj.** Des lois, des mesures spoliatrices. *Un gouvernement spoliateur.*

SPOLIATION, n. f. [spɔljasjɔ̃] (lat. *spoliatio*) Action de spolier. *Il fut victime d'une spoliation.* ♦ Il se dit des monuments qu'on dépouille. *La spoliation des tombeaux.* ♦ **Admin.** Soustraction des valeurs que contient une lettre.

SPOLIÉ, ÉE, p. p. de spolier. [spɔlje]

SPOLIER, v. tr. [spɔlje] (lat. *spoliare*, dépouiller, déposséder) Dépouiller par fraude ou par force. *On l'a spolié de son héritage.* ♦ **Absol.** « *Conquérir ou spolier avec violence, c'est la même chose* », RAYNAL. ♦ ▷ Dérober les valeurs que contient une lettre. *Spolier une lettre chargée.* ◁

SPONDAÏQUE, adj. [spɔ̃daik] (lat. *spondaicus*, gr. *spondeiakos*) **Versif. grecq.** et **lat.** *Vers spondaïque,* vers hexamètre dont le cinquième pied est un spondée. ♦ Vers grec entièrement composé de spondées et qu'on nomme aussi molossique.

SPONDÉE, n. m. [spɔ̃de] (lat. *spondæus*, gr. *spondeios* (*pous*), pied en usage dans les chants de libation (*spondé*, libation)) **Versif. grecq.** et **lat.** Pied composé de deux syllabes longues.

SPONDIAS, ■ n. m. [spɔ̃djas] (gr. *spodias*, sorte de prunier sauvage) Arbre fruitier qui pousse dans les zones tropicales et dont le fruit ressemble aux prunes jaunes. *Les fruits des spondias sont comestibles.*

SPONDYLARTHRITE, ■ n. f. [spɔ̃dilaʀtʀit] (*spondyle* et *arthrite*) **Méd.** Rhumatisme inflammatoire touchant aussi bien les hommes que les femmes jeunes. *Bien que méconnue du grand public, la spondylarthrite toucherait plus de 200 000 personnes en France.* ♦ *Spondylarthrite ankylosante,* rhumatisme inflammatoire touchant principalement la colonne vertébrale.

SPONDYLARTHRITIQUE, ■ n. m. et n. f. [spɔ̃dilaʀtʀitik] (*spondylarthrite*) **Méd.** Personne atteinte de spondylarthrite. *Association des spondylarthritiques de France.*

SPONDYLE, n. m. [spɔ̃dil] (lat. *spondylus*, gr. *sphondulos*, vertèbre) **Désuet Anat.** Vertèbre et en particulier la seconde vertèbre du cou. ♦ **Hist. nat.** Genre de coquilles bivalves. ♦ Genre de coléoptères.

SPONDYLITE, ■ n. f. [spɔ̃dilit] (*spondyle* et *-ite*) **Méd.** Inflammation d'origine infectieuse ou rhumatismale d'une ou de plusieurs vertèbres ainsi que des disques vertébraux adjacents. *Il souffre de spondylite.*

SPONDYLOSE, ■ n. f. [spɔ̃diloz] (*spondyle* et *-ose*) Arthrose vertébrale.

SPONGIAIRE, adj. [spɔ̃ʒjɛʀ] (lat. *spongia*, gr. *spoggia*, éponge) **Didact.** Qui ressemble à une éponge. ♦ **N. m. pl.** *Les spongiaires,* classe de zoophytes.

SPONGIEUX, EUSE, adj. [spɔ̃ʒjø, øz] (lat. impér. *spongiosus*) Dont la structure ressemble à celle de l'éponge. *Le poumon est spongieux.* ♦ Mou comme une éponge. *Un sol spongieux.*

SPONGIFORME, ■ adj. [spɔ̃ʒifɔʀm] (radic. du lat. *spongia* et *forme*) Qui rappelle l'aspect, la consistance de l'éponge. *Encéphalopathie spongiforme.*

SPONGILLE, ■ n. f. [spɔ̃ʒil] (lat. sav. [XIXᵉ s.] *spongilla*, du lat. *spongia*, éponge) **Zool.** Espèce d'éponge qui vit dans les eaux douces. *Les spongilles sont hermaphrodites.*

SPONGIOSE, ■ n. f. [spɔ̃ʒjoz] (radic. du lat. *spongia* et *-ose*) **Méd.** Dégénérescence des cellules de l'épiderme qui s'accompagne d'une production de liquide formant des épidermes qui se percent, laissant alors le liquide s'écouler. *Œdème intercellulaire dû à une spongiose.*

SPONGIOSITÉ, ■ n. f. [spɔ̃ʒjozite] (*spongieux*, d'après le lat. *spongiosus*) **Didact.** Qualité de ce qui est spongieux. *La spongiosité des poumons est très importante.*

SPONGITE, n. f. [spɔ̃ʒit] (lat. *spongites*, gr. *spoggitis*, pierre poreuse) Pierre remplie de trous qui imite l'éponge.

SPONSOR, ■ n. m. [spɔnsɔʀ] (mot angl., répondant, parrain, du lat. *sponsor*, répondant, lat. ecclés., parrain d'un néophyte) Organisme ou personne soutenant financièrement et matériellement une activité sportive, culturelle ou scientifique à des fins publicitaires. *Le sponsor d'un athlète.* ■ REM. Recommandation officielle : *parraineur.*

SPONSORING, ■ n. m. [spɔnsɔʀiŋg] (mot angl., de *to sponsor*, être le garant de, financer) Sponsorisation.

SPONSORISATION, ■ n. f. [spɔnsɔʀizasjɔ̃] (*sponsoriser*) Action de sponsoriser. ■ REM. On dit plus fréquemment *sponsoring*. ■ REM. Recommandation officielle : *parrainage.*

SPONSORISER, ■ v. tr. [spɔnsɔʀize] (*sponsor*) Financer une activité philanthropique, sportive, scientifique ou culturelle dans le but d'améliorer son image auprès du grand public. *Cette grande entreprise sponsorise une équipe de cyclistes.* ■ REM. Recommandation officielle : *parrainer.*

SPONTANÉ, ÉE, adj. [spɔ̃tane] (b. lat. *spontaneus*, de *sponte*, spontanément, volontairement) Qui a son principe en soi-même. « *Il me paraît que la liberté spontanée est à l'âme ce qu'est la santé au corps* », VOLTAIRE. ♦ Qui se fait, se produit de soi-même. *Un mouvement spontané ou volontaire. Une pitié spontanée.* ♦ **Physiol.** Qui n'offre pas de causes apparentes, qui n'est pas produit par une cause extérieure. *Les mouvements du cœur sont des mouvements spontanés.* ♦ *Génération spontanée,* syn. d'hétérogénie. ♦ **Méd.** *Évacuation spontanée,* celle qui n'est pas provoquée par un remède. ♦ *Maladie spontanée,* celle qui n'a point de cause apparente. ♦ **Bot.** Se dit des plantes qui croissent naturellement et sans être semées par l'homme, ni cultivées. ♦ Plusieurs écrivent encore, comme on faisait jadis, *spontanée* au masculin.

SPONTANÉITÉ, n. f. [spɔ̃taneite] (*spontané*) Qualité de ce qui est spontané.

SPONTANÉMENT, adv. [spɔ̃tanemɑ̃] (*spontané*) D'une manière spontanée.

SPONTON, n. m. [spɔ̃tɔ̃] Voy. ESPONTON.

SPORADES, adj. f. pl. [spɔʀad] (gr. *sporas*, génit. *sporados*, épars, de *speirein*, semer) Syn. de sparsiles.

SPORADICITÉ, ■ n. f. [spɔʀadisite] (*sporadique*) Qualité de ce qui est sporadique. ♦ Se dit de certaines maladies qui se présentent tantôt à l'état sporadique, tantôt sous forme d'épidémie.

SPORADIQUE, adj. [spɔʀadik] (gr. *sporadikos*, dispersé) **Méd.** Se dit des maladies qui ne sont pas particulières à un pays, qui attaquent des individus et non des masses, et qui sont indépendantes de toute influence épidémique. *Choléra sporadique.* ♦ **Bot.** Se dit des genres et des familles dont les espèces sont éparses dans diverses régions du globe. ♦ **Géol.** *Blocs sporadiques,* blocs dispersés. ■ Qui se produit de façon irrégulière. *Des grèves sporadiques.*

SPORADIQUEMENT, adv. [spɔʀadik(ə)mɑ̃] (*sporadique*) D'une manière sporadique.

SPORANGE, ■ n. m. [spɔrɑ̃ʒ] (*spore* et gr. *aggeion*, vase) **Bot.** Petit sac sphérique renfermant les spores de certaines plantes. *Sporanges de fougères, d'algues, de mousses.*

SPORE, ■ n. f. [spɔr] (gr. *spora*, ensemencement, semence, de *speirein*, semer) **Biol.** Corpuscule unicellulaire issu de la segmentation de certaines cellules, chez les algues, les champignons, les mousses, et qui peut reproduire, sans fécondation préalable, le végétal dont il est issu. *Dissémination des spores.*

SPORIFÈRE, ■ adj. [spɔrifɛr] (*spore* et *-fère*) **Bot.** Qui contient ou produit des spores. *Appareil sporifère.*

SPOROGONE, ■ n. m. [spɔrɔgɔn] (*spore* et *-gone*) **Bot.** Organe producteur des spores. *Sporogone des mousses.*

SPOROPHYTE, ■ n. m. [spɔrɔfit] (*spore* et *-phyte*) **Bot.** Individu végétal qui produit les spores. *Les champignons sont des sporophytes.*

SPOROTRICHE, ■ n. m. [spɔrɔtriʃ] (lat. sav. [xixᵉ s.] *sporotrichum*, du gr. *spora*, semence, et *thrix*, génit. *trikhos*, cheveu) **Bot.** Champignon parasite formant une moisissure.

SPOROTRICHOSE, ■ n. f. [spɔrɔtrikoz] (*sporotriche*) **Méd.** Infection mycosique provoquée par un sporotriche. *La sporotrichose résulte d'une plaie souillée par des débris végétaux.*

SPOROZOAIRE, ■ n. m. [spɔrɔzɔɛr] (*spore* et *-zoaire*) **Biol.** Protozoaire parasite des cellules ou des tissus chez l'homme et les animaux. *La scissiparité des sporozoaires.*

SPORT, n. m. [spɔr] (mot angl, aphérèse de *disport*, de l'anc. fr. *desport*, amusement, jeu, du lat. *deportare*, emporter, transporter) Mot anglais employé pour désigner tout exercice en plein air, tel que courses de chevaux, canotage, chasse à courre, à tir, pêche, tir à l'arc, gymnastique, escrime, etc. *En France on confond souvent le sport et le turf, qui n'est qu'une espèce de sport.* ■ Activité physique pratiquée régulièrement pour le plaisir ou la compétition et qui obéit à certaines règles. *Faire du sport.* ■ Ensemble des disciplines sportives. *Les sports individuels et les sports collectifs.* ■ **Fam.** *C'est du sport*, c'est une exercice difficile, dangereux. ■ **Fam.** *Il va y avoir du sport*, cela risque de dégénérer en bagarre. ■ Adj. inv. Confortable et pratique, en parlant d'un vêtement. *Des chaussures sport.* ■ Loyal et respectueux. *Mon adversaire a été très sport.* ■ **Rem.** On prononçait autrefois [spɔrt] en faisant entendre le *t*.

SPORTIF, IVE, ■ n. m. et f. [spɔrtif, iv] (*sport*) Personne qui pratique un sport. *Les sportifs professionnels.* ■ Adj. Relatif au sport. *Compétitions sportives. Journaliste sportif.* ■ Qui est caractéristique d'un sport. *Pêche sportive. Allure, habillement sportifs.* ■ *Conduite sportive*, conduite automobile réservée aux pilotes d'élite. ■ Qui respecte l'esprit du sport, fair-play. *Public sportif.*

SPORTIVEMENT, ■ adv. [spɔrtiv(ə)mɑ̃] (*sportif*) D'une manière sportive, loyale. *Accepter sportivement sa défaite.*

SPORTIVITÉ, ■ n. f. [spɔrtivite] (*sportif*) Comportement sportif, loyal. *Le match s'est déroulé dans un esprit de sportivité remarquable.*

SPORTSMAN, ■ n. m. [spɔrtsman] (mot angl.) Mot anglais qui signifie *celui qui se livre au sport.*

SPORTSWEAR, ■ n. m. [spɔrtswɛr] (mot angl., de *sport*, et *wear*, vêtement) Ensemble des vêtements d'aspect sportif, conçus pour la détente, les loisirs. *Une marque spécialisée dans le sportswear pour hommes et femmes.*

SPORTULE, n. f. [spɔrtyl] (lat. *sportula*, petit panier, sportule) Dons en comestibles que les grands de Rome faisaient distribuer à leurs clients. ◆ Anciennement, présents qu'on faisait aux juges, épices.

SPORULATION, ■ n. f. [spɔrylasjɔ̃] (*sporule*) **Bot.** Formation des spores, reproduction par spores. *La sporulation des levures.*

SPORULER, ■ v. intr. [spɔryle] (*sporule*) **Bot.** Produire des spores. *Certaines espèces ne sporulent que dans des milieux spéciaux.*

SPOT, ■ n. m. [spɔt] (mot angl., endroit, tache) **Phys.** Tache lumineuse produite dans un tube cathodique sur un écran fluorescent par impact d'électrons. *Spot apparaissant sur un oscilloscope.* ■ Petit projecteur lumineux. *Les spots d'une salle de spectacle.* ■ *Spot publicitaire*, message publicitaire. ■ Adj. inv. Ponctuel. *Marché spot.* ■ *Prix spot*, prix pratiqué sur les marchés libres du pétrole.

SPRAT, ■ n. m. [sprat] (mot angl.) **Zool.** Petit poisson voisin du hareng, qui vit dans la Manche et la mer du Nord. *Sprats marinés.*

SPRAY, ■ n. m. [sprɛ] (mot angl., poussière d'eau, vaporisateur) Nuage ou jet de liquide pulvérisé en très fines gouttelettes. ■ Vaporisateur. *Des sprays. Parfum, insecticide en spray.*

SPRINGBOK, ■ n. m. [spriŋbɔk] (mot néerl. d'Afr. du Sud, de *springen*, sauter, et *bok*, bouc) **Zool.** Antilope à pelage fauve et blanc, vivant en

Afrique australe. *Les springboks peuvent faire des sauts impressionnants pour échapper aux prédateurs.*

SPRINGER, ■ n. m. [spriŋgœr] **Zool.** Chien épagneul d'origine anglaise, utilisé pour la chasse.

SPRINT, ■ n. m. [sprint] (mot angl., de *to sprint*, donner toute sa vitesse) Course de vitesse sur une distance courte. *Coureur de sprint.* ■ Pointe de vitesse d'un athlète ou d'un nageur en fin de course. *Sprint final.* ■ **Fam.** *Piquer un sprint*, courir très vite sur une petite distance.

1 SPRINTER, ■ v. intr. [sprinte] (*sprint*) Accélérer l'allure de sa course, notamment à l'approche de l'arrivée. *Il a sprinté sur les cinquante derniers mètres.* ◆ **Fam.** Courir vite sur une petite distance. *On a dû sprinter pour ne pas manquer le train.* « *Je sprintai à mort et je la rejoignis au milieu de la rivière* », BORIS VIAN.

2 SPRINTER ou **SPRINTEUR, EUSE**, ■ n. m. et n. f. [sprintœr, øz] (mot angl. ou *sprint*) Athlète, cycliste spécialisé(e) dans le sprint. *Les coureurs cyclistes se répartissent en rouleurs, grimpeurs et sprinteurs.* « *En moins d'une seconde il se redresse déjà et il a entamé sa course, les bras pliés à hauteur de la poitrine, la taille cambrée dans la posture des sprinters* », BIANCOTTI.

SPRUE, ■ n. f. [spry] (mot angl.) **Méd.** Affection intestinale provoquant des diarrhées fréquentes et abondantes. *L'intolérance au gluten est une forme de sprue.*

SPUME, n. f. [spym] (lat. *spuma*, écume, bave) **Méd.** Salive écumeuse, à grosses bulles, qui se montre entre les dents, ou entre les lèvres, ou au fond de la gorge, dans certains accès.

SPUMESCENT, ENTE, ■ adj. [spymɛsɑ̃, ɑ̃t] (lat. *spumescens*, p. prés. de *spumescere*, devenir écumeux) Qui produit ou qui ressemble à de l'écume. *Un tourbillon spumescent.* « *Est-ce le désir, ô mon pilleur de jouissance, qui te fait voir mon ventre comme cratère de lave bouillonnante et gouffre spumescent?* », LANZMANN.

SPUMEUX, EUSE, adj. [spymø, øz] (lat. *spumosus*, écumant, écumeux) Qui est mêlé, rempli, couvert d'écume. *Salive spumeuse.* ◆ ▷ Qui a une apparence d'écume, d'éponge. « *Le laitier spumeux* », BUFFON. ◁

SPUTATION, n. f. [spytasjɔ̃] (lat. *sputare*, cracher) ▷ **Méd.** Action de cracher. *Sputation fréquente.* ◁

SQUALE, n. m. [skwal] (lat. impér. *squalus*) Genre de poissons connus sous le nom de *chiens de mer, requins.*

SQUAMATE, ■ n. m. [skwamat] (*squame*) **Zool.** Type de reptile au corps couvert de replis écailleux. *Les lézards et les serpents appartiennent à l'ordre des squamates.*

SQUAME, n. f. [skwam] (lat. *squama*, écaille) ▷ **Bot.** Petite écaille ; bractée qui entoure le calice de certaines fleurs. ◁ ◆ **Méd.** Petites lames d'épiderme qui se détachent à la suite de certaines inflammations du tissu cutané.

SQUAMEUX, EUSE, adj. [skwamø, øz] (lat. *squamosus*, couvert d'écailles) ▷ **Sc.** Qui est couvert d'écailles. ◁ ◆ Qui est en forme d'écailles. *Portion squameuse de l'os temporal.* ■ **Rem.** On écrivait aussi *squammeux* autrefois.

SQUAMIFÈRE, ■ adj. [skwamifɛr] (lat. *squamifer*, de *squama*, écaille, et *ferre*, porter) **Zool.** Qui est recouvert d'écailles. *La plupart des poissons sont des squamifères.*

SQUAMULE, ■ n. f. [skwamyl] (lat. impér. *squamula*) **Bot.** et **zool.** Petite écaille. *Les squamules d'un champignon, d'un insecte.*

SQUARE, ■ n. m. [skwar] (mot angl., carré, place) Jardin entouré d'une grille au milieu d'une place publique. ■ **Rem.** On prononçait autrefois [skwɛr] en faisant entendre *ère.*

SQUASH, ■ n. m. [skwaʃ] (mot angl., de *to squash*, aplatir, écraser) Sport très rapide dans lequel deux joueurs s'opposent côte à côte sur un court fermé, renvoyant et faisant rebondir contre les murs une balle de caoutchouc à l'aide de raquettes. *Faire une partie de squash.*

SQUAT ou **SQUATT**, ■ n. m. [skwat] (mot anglo-amér.) Occupation d'un immeuble, d'un local, généralement par des sans-abris. *L'illégalité du squat.* ■ Lieu ainsi occupé. *Il s'est trouvé un squat où dormir.*

1 SQUATTER, ■ v. tr. [skwate] (*squatt*) Occuper un logement vacant de manière illégale. ◆ **Par extens.** et **fam.** Monopoliser un lieu. *Pour l'été, je squatte la maison d'un ami.*

2 SQUATTER ou **SQUATTEUR, EUSE**, ■ n. m. et n. f. [skwatœr, øz] (mot anglo-amér., de *to squat*, s'accroupir, s'installer sans titre légal sur un terrain inoccupé) Pionnier qui s'établissait aux États-Unis sur des terres encore inexploitées, sans titre de propriété. ◆ Sans-abri qui occupe sans titre un logement vacant. *La municipalité a dû employer la force pour expulser les squatters.*

SQUAW, ■ n. f. [skwo] (mot algonquin) Femme d'un Indien d'Amérique du Nord. *Des squaws.*

SQUEEZER, ▪ v. tr. [skwize] (angl. *to squeeze*, presser, faire sortir) Contraindre un adversaire à se défausser au bridge. ♦ **Par extens.** et fam. Mettre dans une situation d'infériorité, évincer, échapper à. *Pendant des décennies, les femmes se sont fait squeezer des postes à responsabilités.*

SQUELETTE, n. m. [skəlɛt] (gr. *skeletos*, desséché, subst. *squelette*) Tous les ossements d'un corps mort et privé de sa chair dans leur situation naturelle. *Le squelette d'un homme, d'un cheval, d'un poisson.* ♦ *Squelette artificiel*, celui dont les os sont rattachés avec du fil d'archal, de laiton ou de chanvre. ♦ Ensemble des os du corps dans les animaux vertébrés. ♦ **Fig.** Personne maigre et décharnée. ♦ **Fig.** Ouvrage d'esprit où le sujet est présenté d'une manière aride et sans développements. « *Un dictionnaire sans citations est un squelette* », VOLTAIRE. ♦ La partie la plus solide d'un organe végétal. ♦ **Mar.** Carcasse, charpente d'un navire.

SQUELETTIQUE, ▪ adj. [skəletik] (*squelette*) Relatif au squelette. *Muscles squelettiques. Appareil musculo-squelettique.* ♦ Très maigre. *Ce cheval est squelettique à faire peur.* ♦ **Fig.** Réduit à l'extrême. « *Je touchais une squelettique paye d'apprenti* », BOUDARD. ♦ Dont le contenu est insuffisant. *Réglementation du travail squelettique.*

SQUILLE, n. f. [skij] (lat. *squilla*) Genre de crustacés. ▪ REM. On prononçait autrefois [skil] avec une finale en *l*.

SQUINANCIE, n. f. [skinɑ̃si] Voy. ESQUINANCIE.

SQUINE, n. f. [skin] (prob. lat. sav. [XVIᵉ s.] *echina*, du port. et esp. *China*, pays d'où venait ce bois) Sorte de bois sudorifique fourni par la racine du *Smilax china*.

SQUIRRE ou **SQUIRRHE**, n. m. [skir] (gr. *skirros*) **Méd.** Toute tumeur dure, rénitente, indolente, se produisant surtout dans les glandes et dégénérant souvent en cancer.

SQUIRREUX, EUSE ou **SQUIRRHEUX, EUSE**, adj. [skirø, øz] (*squirre*) **Méd.** Qui est de la nature du squirrhe, qui en offre l'aspect. *Tumeur squirrheuse.*

SRAS, ▪ n. m. [sras] (sigle de *syndrome respiratoire aigu sévère*) **Méd.** Pneumopathie atypique caractérisée par une fièvre élevée, associée à un ou plusieurs symptômes respiratoires et dont l'agent est un coronavirus. *Le SRAS est la première maladie émergente du XXIᵉ siècle.*

SRI LANKAIS, AISE, ▪ adj. ou n. m. et n. f. [srilɑ̃kɛ, ɛz] (*Sri Lanka*, Ceylan, île au S.-E. de l'Inde) Originaire du Sri Lanka.

SS, ▪ n. m. [ɛsɛs] (sigle de l'all. *Schutz-Staffel*, de *Schutz*, protection, et *Staffel*, échelon) **Hist.** Membre de l'organisation paramilitaire puis militaire de l'Allemagne hitlérienne. *Les SS furent chargés d'organiser les camps d'extermination.*

STABAT, n. m. [stabat] (lat. *Stabat [Mater]*, 3ᵉ pers. de l'imparf. de *stare*, se tenir) Prose qui se chante dans les églises pendant la Semaine sainte et qui commence par ce mot. ♦ Au pl. *Des stabat.* ♦ Composition musicale du stabat. *Le Stabat de Pergolèse.* ▪ REM. On dit plus couramment *stabat mater* que *stabat*.

STABILISANT, ANTE, ▪ adj. [stabilizɑ̃, ɑ̃t] (*stabiliser*) Qui stabilise. *Les propriétés stabilisantes du dioxyde de soufre.* ▪ N. m. Ingrédient ajouté à une matière pour en améliorer la stabilité chimique. *L'oxyde de calcium est le stabilisant le plus employé dans la fabrication du verre.*

STABILISATEUR, TRICE, ▪ adj. [stabilizatœr, tris] (*stabiliser*) Qui rend stable. *Une barre stabilisatrice.* ▪ N. m. Dispositif permettant de stabiliser et d'équilibrer un véhicule, un navire, etc. afin de réduire les écarts, les oscillations ou les mouvements latéraux. *Un stabilisateur de roulis.* ▪ **Aéronaut.** Plans fixes, l'un vertical, l'autre horizontal, en forme d'ailettes, installés à l'arrière du fuselage d'un appareil aérien pour le stabiliser. ▪ **Chim.** Substance incorporée dans une autre substance pour assurer sa stabilité chimique.

STABILISATION, ▪ n. f. [stabilizasjɔ̃] (*stabiliser*) Action d'assurer une certaine stabilité. *La stabilisation d'un bâtiment. Jumelles à stabilisation optique.* ▪ Action de mettre fin à la hausse, à la chute ou à la progression d'un phénomène, d'une maladie. *Chômage en voie de stabilisation.*

STABILISER, ▪ v. tr. [stabilize] (*stable*, d'après le lat. *stabilis*) Rendre stable, équilibrer. *Stabiliser un échafaudage, une machine.* ♦ **Fig.** Améliorer la stabilité de quelque chose, d'une région. ♦ Se fixer dans une situation, une valeur donnée. *Stabiliser son poids. Le prix de l'immobilier est enfin stabilisé.* ♦ Se stabiliser, v. pr. Devenir stable. *Véhicule qui se stabilise. Après un régime, son poids s'est stabilisé.*

STABILITÉ, n. f. [stabilite] (lat. *stabilitas*) Qualité de ce qui est stable, solidité. *La stabilité d'un édifice.* ♦ **Fig.** Il se dit des choses qui se maintiennent, comme fait un édifice stable. *La stabilité d'une conquête, d'un État, des lois, etc.* ♦ **Fig.** Qualité qui soutient le cœur contre les impulsions de la légèreté. « *Une foi vive est le fondement de la stabilité que nous admirons dans Marie-Thérèse* », BOSSUET. ♦ ▷ État de permanence dans un lieu. *Faire vœu de*

stabilité dans une communauté religieuse. ◁ ♦ **Méc.** Propriété qu'un corps dérangé de son état d'équilibre a de revenir à cet état. ♦ **Mar.** Propriété que l'on donne à un corps flottant pour qu'il reste dans son assiette ou tende à y revenir facilement. ♦ **Chim.** Permanence d'une combinaison.

STABLE, adj. [stabl] (lat. *stabilis*, ferme, inébranlable, durable, de *stare*, se tenir debout, se tenir immobile, se tenir solidement) Qui est dans un état, dans une situation ferme, solide. *Un édifice stable.* ♦ **Méc.** Un corps est en équilibre stable lorsqu'il revient de lui-même à sa position après en avoir été légèrement dérangé. ♦ **Chim.** Permanent en combinaison. ♦ **Fig.** Durable, permanent. *Le temps qu'il fait n'est pas stable.* « *Rien de stable dans ce monde* », DIDEROT. ▪ Qui est constant, équilibré. *Une personne stable.*

STABLEMENT, adv. [stabləmɑ̃] (*stable*) D'une manière stable.

STABULATION, n. f. [stabylasjɔ̃] (lat. *stabulatio*, de *stabulum*, étable) Séjour ou entretien continu des bestiaux à l'étable. ♦ Régime qui consiste à entretenir des poulains à l'écurie, au lieu de les envoyer dans les pâturages.

STACCATO, ▪ adv. [stakato] (mot it., p. p. de *staccare*, détacher) **Mus.** En détachant nettement chaque note. *Des accords joués staccato.* ▪ N. m. Suite de notes jouées de façon détachée. *Le staccato du violon.*

STADE, n. m. [stad] (lat. *stadium*, gr. *stadion*) **Antiq.** Mesure itinéraire valant 180 m. ♦ Carrière où les Grecs s'exerçaient à la course et qui avait un stade de longueur. ♦ **Méd.** Chaque période d'une maladie intermittente. ▪ **Sp.** Terrain aménagé pour la pratique des sports, entouré de gradins. *Stade couvert. Aller s'entraîner au stade.* ▪ Degré, phase d'une évolution. *Arriver au stade ultime d'une maladie.*

STADIA, ▪ n. m. [stadja] (prob. lat. *stadium*) **Techn.** Ancien appareil de mesure de distance, comportant une mire graduée et une lunette optique.

STADIER, IÈRE, ▪ n. m. et n. f. [stadje, jɛr] (*stade*) Agent responsable de l'accueil, du placement et de la sécurité du public dans les stades. *Les stadiers ont évacué quelques supporters excités.*

1 STAFF, ▪ n. m. [staf] (orig. obsc.) Mélange isolant de plâtre et de fibres végétales ou de fibres de verre employé pour la décoration intérieure. *Corniches et rosaces en staff.*

2 STAFF, ▪ n. m. [staf] (mot angl., bâton, symbole d'autorité) Équipe dirigeante dans une société. ▪ **Par extens.** Équipe de personnes assurant une fonction précise de direction ou d'encadrement dans une entreprise ou un service. *Le staff technique, le staff médical.*

STAFFER, ▪ v. tr. [stafe] (1 *staff*) **Techn.** Réaliser une décoration en staff.

STAFFEUR, EUSE, ▪ n. m. et n. m. [stafœr, øz] (1 *staff*) **Techn.** Ouvrier, ouvrière en charge de la fabrication d'ouvrages en staff.

STAGE, ▪ n. m. [staʒ] (lat. médiév. *stagium*, résidence, de l'anc. fr. *estage*, du b. lat. *staticum*, même sens, de *stare*, se tenir) ▷ Résidence que chaque nouveau chanoine doit faire dans son église pendant six mois, pour jouir des honneurs et du revenu attachés à la prébende. ◁ ♦ Espace de temps pendant lequel les avocats sont obligés de fréquenter le barreau avant d'être inscrits sur le tableau. ♦ Temps d'épreuve dont on doit justifier pour être reconnu apte à certaines professions. ♦ Particulièrement, fréquentation obligatoire d'une étude de notaire, d'un hôpital, d'un établissement d'instruction, etc. ▪ Période de formation ou de perfectionnement temporaire dans une entreprise. *Faire un stage de qualification.*

STAGFLATION, ▪ n. f. [stagflasjɔ̃] (mot amér., de *stag[nation]* et *[in]flation*) **Écon.** Situation caractérisée par la stagnation de l'activité économique associée à l'inflation des prix et à l'augmentation du chômage. *Les crises pétrolières des années 1970 conduisirent à la stagflation.*

STAGIAIRE, adj. [staʒjɛr] (lat. médiév. *stagiarus*, de *stagium*, résidence) Qui fait son stage. *Avocat stagiaire.* ▪ N. m. *Un stagiaire.* ♦ Qui concerne le stage. *Les obligations stagiaires.*

STAGNANT, ANTE, adj. [stagnɑ̃, ɑ̃t] (*stagner*) En parlant des eaux, qui ne coule point. *Les eaux stagnantes des marais.* ♦ Il se dit aussi des fluides gazeux. ♦ En parlant du sang et des humeurs, qui cesse de circuler. ▪ Qui n'évolue pas. *Un marché stagnant.*

STAGNATION, n. f. [stagnasjɔ̃] (lat. *stagnatum*, supin de *stagnare*, être stagnant) État de ce qui est stagnant. *La stagnation des eaux.* ♦ ▷ État du sang et des humeurs qui ne coulent pas ou qui circulent trop lentement. ◁ ♦ **Fig.** État de ce qui ne se développe pas. *La stagnation des affaires.* ♦ ▷ **Mar.** Se dit de la rose des vents quand elle dort. ◁

STAGNER, ▪ v. intr. [stagne] (*stagnare*, être stagnant, de *stagnum*, eau stagnante) Rester au même endroit sans bouger. *Une eau qui stagne.* ▪ **Fig.** Demeurer dans une situation d'immobilisme, ne pas progresser. *L'économie du pays stagne.*

STAKHANOVISME, ▪ n. m. [stakanovism] (*Stakhanov*, mineur soviétique qui aurait atteint un rendement exceptionnel en rationalisant son travail)

Méthode utilisée par Staline visant à augmenter les rendements et la productivité des travailleurs par l'émulation de la figure du héros du travail.

STAKHANOVISTE, ▪ adj. et n. m. et n. f. [stakanovist] (*stakhanovisme*) Qui pratique le stakhanovisme. *Des ouvrières stakhanovistes.* ♦ **Par extens.** Qui fait preuve d'un zèle excessif. *Pour son trop grand nombre de prescriptions, un médecin a été jugé stakhanoviste et a été condamné à cet égard par le Conseil de l'Ordre.*

STAKNING, ▪ n. m. [stakniŋg] (mot norvégien) **Sp.** En ski de fond, technique de progression par poussées simultanées sur les deux bâtons. *Le stakning permet d'accélérer la vitesse en légère descente.*

STALACTITE, n. f. [stalaktit] (gr. *stalaktis*, de *stalassein*, couler goutte à goutte) Concrétion allongée qui se forme à la voûte des cavités souterraines, provenant de l'infiltration d'un liquide tenant en dissolution des sels calcaires, siliceux, ferreux ou cuivreux.

STALAG, ▪ n. m. [stalag] (all. [*Kriegsgefengenen*]*sta*[*mm*]*lag*[*ger*], camp de prisonniers de guerre) Camp allemand où étaient maintenus prisonniers les sous-officiers et soldats alliés pendant la Seconde Guerre mondiale. *Des stalags.*

STALAGMITE, n. f. [stalagmit] (lat. sav. [XVIᵉ s.] *stalagmites*, du gr. *stalagmos*, écoulement goutte à goutte) Concrétion mamelonnée qui se forme sur le sol des grottes par évaporation des gouttes d'eau qui tombent de la voûte.

STALINIEN, IENNE, ▪ adj. [stalinjɛ̃, jɛn] (*Staline* ou *stalinisme*) Relatif à Staline, au stalinisme. *Dictature, idéologie stalinienne.* ♦ **N. m. et n. f.** Partisan du stalinisme. *Les staliniens évoquaient le marxisme-léninisme pour qualifier leur idéologie.*

STALINISME, ▪ n. m. [stalinism] (Joseph *Staline*, homme d'État soviétique, 1879-1953) Ensemble des pratiques mises en place par Staline pour gouverner l'URSS et adoptées en majeure partie par les pays du bloc soviétique. *Le stalinisme a été condamné en 1956 au XXᵉ congrès du Parti communiste de l'Union soviétique.*

STALLE, n. f. [stal] (lat. médiév. *stallum*, de l'anc. fr. *estal*, position, demeure, stalle, du frq. *stall*, position) Dans une église, sièges de bois dont le fond se lève et se baisse et qui sont autour du chœur. ♦ Dans un théâtre, sièges séparés et numérotés. *Stalle d'orchestre, de galerie, d'amphithéâtre.* ♦ *Billet de stalle.* ▪ Compartiment cloisonné occupé par un animal dans une écurie, une étable. *La stalle d'un cheval.*

STAMINAL, ALE, ▪ adj. [staminal] (lat. *stamen*, génit. *staminis*, fil) **Bot.** Qui se rapporte aux étamines. *Cônes, filets staminaux.*

STAMINÉ, ÉE, ▪ adj. [stamine] (*étamine*, d'après le lat. *stamen*, fil) **Bot.** Qui possède des étamines. *Fleur staminée.*

STAMINIFÈRE, ▪ adj. [staminifɛr] (*étamine*, d'après le lat. *stamen*, fil, et *-fère*) **Bot.** Qui porte des étamines. *Corolle staminifère.*

STANCE, n. f. [stɑ̃s] (ital. *stanza*, chanson, de *stare*, s'arrêter [entre les couplets ou les strophes]) Nombre déterminé de vers qui forment un sens complet et qui sont assujettis, pour le genre de vers et pour la rime, à un certain ordre qui se répète dans toute la pièce. *Stances irrégulières*, pièces de vers dont les stances diffèrent entre elles par le nombre ou la mesure des vers, ou par l'entrelacement des rimes. ♦ Au pl. Poème composé de plusieurs stances. *La Jérusalem délivrée est en stances.*

1 **STAND**, ▪ n. m. [stɑ̃d] (mot suisse rom., de l'all. *Stand*, emplacement, poste de tir) Endroit spécialement aménagé pour le tir à la cible. *Un stand de tir.*

2 **STAND**, ▪ n. m. [stɑ̃d] (mot angl., position, emplacement, de *to stand*, se tenir debout) Emplacement réservé à l'exposition ou à la vente de produits. *Tenir un stand à la brocante.* ▪ Partie aménagée en bordure d'un circuit automobile, où sont installées les écuries pour le ravitaillement, les opérations de mécanique et de maintenance des véhicules. *Les mécaniciens du stand.* ▪ Support pour instrument de musique. *Un stand de guitare.*

1 **STANDARD**, ▪ adj. [stɑ̃dar] (adjectivation de l'angl. *standard*, modèle, étalon) Qui correspond à un élément de référence, à une norme courante. *Les méthodes standard.* ▪ Conforme à une norme, à un type de fabrication en série. *Une pièce, un modèle standard.* ▪ *Échange standard*, échange d'une pièce usagée ou défectueuse par une autre pièce semblable. ▪ **N. m.** *Les standards de la chanson française.*

2 **STANDARD**, ▪ n. m. [stɑ̃dar] (prob. substantivation de 1 *standard*, à partir de [*tableau*] *standard*) **Télécomm.** Dispositif mettant en relation différents postes téléphoniques. *Le standard d'une entreprise.*

STANDARDISER, ▪ v. tr. [stɑ̃dardize] (1 *standard*, d'après l'angl. *to standardize*) Normaliser, concevoir un standard. *Standardiser un produit.* ▪ Uniformiser. *Standardiser les normes européennes, une société.* ▪ STANDARDISATION, n. f. [stɑ̃dardizasjɔ̃]

STANDARDISTE, ▪ n. m. et f. [stɑ̃dardist] (2 *standard*) Personne réceptionnant les appels téléphoniques.

STAND-BY, ▪ n. m. et n. f. inv. [stɑ̃dbaj] (angl. *stand-by* [*passenger*], passager en attente, de *to stand by*, se tenir prêt) Personne qui prend l'avion sans avoir réservé au préalable. ▪ Embarquement de dernière minute selon les places encore disponibles. ▪ Adj. inv. *Un billet stand-by.* ▪ Fig. Être en *stand-by*, être en attente. *Le projet est en stand-by faute de crédits.* ▪ Rem. Recommandation officielle : *en attente.*

STANDING, ▪ n. m. [stɑ̃diŋg] (mot angl. position, rang) Position sociale, niveau de vie d'une personne. *Il a un standing appréciable.* ▪ Prestige, qualité élevée d'un lieu, généralement en parlant d'un immeuble ou d'un hôtel. *Un immeuble de haut standing.*

STANNATE, n. m. [stanat] (b. lat. *stannum*, étain) **Chim.** Sel produit par la combinaison de l'acide stannique avec une base.

STANNEUX, EUSE, adj. [stanø, øz] (b. lat. *stannum*, étain) **Chim.** Qui tient de l'étain. ♦ Se dit d'un oxyde qui est le premier de ceux de l'étain.

STANNIFÈRE, ▪ adj. [stanifɛr] (b. lat. *stannum*, étain, et *-fère*) Qui contient de l'étain. *Des gisements stannifères.* ♦ *Émail stannifère*, émail composé d'oxyde d'étain et qui est opaque.

STANNIQUE, adj. m. [stanik] (b. lat. *stannum*, étain) **Chim.** Se dit d'un acide qui est le second de ceux de l'étain.

STAPHISAIGRE, n. f. [stafizɛgr] (lat. impér. *staphis agria*, gr. *staphis* [*agria*], herbe sauvage) Plante de la famille des renonculacées, dite aussi *herbe aux poux.*

STAPHYLIER, n. m. [stafilje] (lat. sav. [Linné] *staphylea*, du gr. *staphulê*, grappe de raisin mûr) Genre de plantes dont une espèce, le faux pistachier, est cultivée dans les jardins.

1 **STAPHYLIN**, n. m. [stafilɛ̃] (gr. *staphulinos*, sorte d'insecte) Genre d'insectes coléoptères.

2 **STAPHYLIN**, adj. m. [stafilɛ̃] (gr. *staphulê*, tumeur à la luette) **Anat.** Qui a rapport à la luette. *Muscle staphylin.*

STAPHYLOCOCCIE, ▪ n. f. [stafilokɔksi] (*staphylocoque*) **Méd.** Affection provoquée par un staphylocoque. *Les staphylococcies se traitent avec des antibiotiques adaptés.*

STAPHYLOCOQUE, ▪ n. m. [stafilokɔk] (gr. *staphulê*, grappe de raisin, et *-coque*) **Méd.** Bactérie de forme arrondie, groupée en grappes et pouvant être responsable de diverses infections purulentes. *Tous les staphylocoques ne sont pas pathogènes.*

STAPHYLOME, n. m. [stafilom] (gr. *staphulôma*, sorte de grumeau sur la cornée de l'œil, de *staphulê*, grappe de raisin) **Chir.** Convexité très saillante que présente la cornée distendue par l'humeur aqueuse, sans perte de sa transparence. ♦ Saillie de l'iris à travers une perforation de la cornée.

STAR, ▪ n. f. [star] (mot angl., étoile) Vedette du cinéma et, par extension, du monde artistique ou de tout autre domaine. *Les stars du football.*

STARETS, ▪ n. m. [starɛts] (mot russe) Dans la Russie ancienne, ermite ou moine considéré comme un chef spirituel. *Raspoutine fut le plus célèbre des starets.*

STARIE, ▪ n. f. [stari] (lat. *stare*, se tenir immobile, s'arrêter) **Mar.** Délai réglementé octroyé au commandant d'un navire pour le chargement et le déchargement des marchandises transportées. *Une starie de courte durée.*

STARISATION, ▪ n. f. [starizasjɔ̃] (*stariser*) Action de stariser quelqu'un ; résultat de cette action. *La starisation d'une jeune actrice.*

STARISER, ▪ v. tr. [starize] (*star*) Transformer en star. *Ces actrices ont été starisées au Festival de Cannes.*

STARKING, ▪ n. f. [starkiŋg] (mot anglo-amér.) Variété de pommes à peau rouge originaire d'Amérique.

STARLETTE, ▪ n. f. [starlɛt] (angl. *starlet*, dimin. de *star*, étoile) Jeune actrice aspirant à devenir une célèbre star du cinéma. *Une starlette méconnue du public.*

STAROSTE, n. m. [starɔst] (pol. *starosta*, du slave *starii*, ancien, dignitaire) Gentilhomme polonais jouissant d'une starostie.

STAROSTIE, n. f. [starɔsti] (*staroste*) Fief dépendant de la couronne de Pologne que les rois cédaient à des gentilshommes pour les aider à soutenir les frais de la guerre.

STAR-SYSTÈME ou **STAR-SYSTEM**, ▪ n. m. [starsistɛm] (*star* et *système*, ou mot angl.) Système fondé sur la mise en valeur et l'utilisation commerciale des stars du spectacle, du sport, etc. *Le star-système hollywoodien.*

STARTER, ▪ n. m. [startɛr] (mot angl., de *to start*, partir) Dispositif du carburateur qui enrichit le mélange d'air et d'essence pour permettre le démarrage à froid d'un moteur à explosion. *Un starter manuel, automatique.* ▪

Personne donnant le départ d'une course de chevaux, d'une course à pied ou d'une épreuve automobile.

STARTING-BLOCK, ■ n. m. [staʀtiŋblɔk] (mot angl., de *starting*, départ, et *block*, cale) Cale-pied réglable disposé avant la ligne de départ, permettant au coureur de prendre appui. ■ Rem. Recommandation officielle : *bloc de départ*. ■ *Fig. Avoir les pieds dans les starting-blocks*, être prêt à commencer quelque chose.

STARTING-GATE, ■ n. m. [staʀtiŋɡɛt] (mot angl., de *starting*, départ, et *gate*, porte, barrière) Portillon utilisé lors des réunions hippiques et dont l'ouverture s'effectue automatiquement et simultanément devant chaque cheval au moment du départ de la course. *Les chevaux sont aux ordres derrière les starting-gates.*

START-UP, ■ n. f. inv. [staʀtœp] (mot angl., de *to start-up*, se lever subitement, jaillir) Écon. Jeune entreprise issue de l'essor des nouvelles technologies et plus particulièrement d'Internet, apparue à la fin des années 1990, au rythme de développement rapide et aux activités innovantes. *Les start-up de la biotechnique.* ■ Rem. Recommandation officielle : *jeune pousse*.

STASE, n. f. [staz] (gr. *stasis*, fixité, de *histanai*, se tenir arrêté) Méd. Séjour du sang ou des humeurs dans quelque partie du corps, à cause de la cessation ou de la lenteur de leur mouvement.

STATER, n. m. [statɛʀ] (gr. *statêr*, unité de poids et de monnaie) Antiq. Pièce d'argent de quatre drachmes, valant 3 fr. 72 c. de notre monnaie. ◆ *Stater d'or*, pièce d'or valant 20 drachmes d'argent et équivalant 29 fr. 70 c. de notre monnaie. ■ Rem. On écrivait aussi *statère* autrefois.

STATHOUDER, n. m. [statudɛʀ] (néerl. *stadhouder*) Chef de l'ancienne république des Provinces-Unies.

STATHOUDÉRAT, n. m. [statudeʀa] (*stathouder*) Dignité du stathouder. ◆ Temps pendant lequel elle était exercée.

STATHOUDÉRIEN, IENNE, adj. [statudeʀjɛ̃, jɛn] (*stathouder*) Qui appartient au stathoudérat. ◆ N. m. et n. f. Partisan du stathoudérat.

STATICE, n. f. [statis] (lat. impér. *statice*, gr. *statikê*, sorte de plante astringente,) Bot. Genre de la famille des plombaginées ; on y distingue le gazon d'Olympe. ■ Rem. Ce nom était autrefois féminin.

STATIF, ■ n. m. [statif] (*stativus*, qui reste en place, stationnaire) Techn. Socle d'une tige servant de support à certains équipements photographiques ou scientifiques. *Un statif à roulettes. Statif de microscope.*

STATINE, ■ n. f. [statin] (radic. *stat-*, qui stabilise) Pharm. Médicament utilisé pour diminuer le taux de cholestérol dans le sang. *Traitement par statine.*

STATION, n. f. [stasjɔ̃] (lat. *statio*, état d'immobilité, lieu de séjournement, poste, de *stare*, se tenir immobile) Physiol. Action de se tenir debout. ◆ Manière dont un animal se tient. ◆ Pause, demeure de peu de durée qu'on fait dans un lieu. ◆ Lieu où l'on s'arrête, que l'on visite. ◆ *Stations thermales*, diverses installations établies près des sources thermales à l'effet de permettre d'y séjourner et d'y suivre un traitement. ◆ Lieu où l'on s'arrête, où s'arrêtent les voitures. ◆ Endroit où se tiennent les voitures publiques pour prendre les voyageurs. ◆ Ch. de fer. Endroit où s'arrête un convoi pour prendre ou déposer des voyageurs. ◆ Visite des églises, chapelles et autels désignés pour y faire certaines prières. ◆ ▷ *Faire ses stations*, visiter les églises désignées pour y gagner les indulgences. ◁ ◆ ▷ *Donner une station à un prédicateur*, lui assigner une église pour qu'il y prêche pendant l'avent ou le carême. ◁ ◆ Prière que l'on fait à une station. ◆ Dans les nivellements et opérations de trigonométrie, lieu où l'on se place pour opérer convenablement. ◆ Mar. Certaine étendue de mer assignée à des vaisseaux pour y établir leur croisière pendant un temps fixé. ◆ Bâtiments qui sont en station. ◆ Astron. *Station d'une planète*, position par laquelle elle passe quand son mouvement change de sens. ◆ Bot. Lieu où croît spontanément et d'une manière habituelle une espèce donnée. ◆ Lieu de vacances. *Une station de ski, une station balnéaire.* ■ Installation fixe ou mobile permettant de faire des observations scientifiques. *Une station météorologique.* ■ Ensemble d'installations émettrices, réceptrices ou d'enregistrement. *Une station radiophonique.* ■ Inform. *Station de travail*, ordinateur très performant utilisé seul ou en réseau et destiné à des professionnels pour une tâche donnée. ◆ *Station spatiale* ou *orbitale*, infrastructure spatiale permettant d'abriter des astronautes et d'effectuer des recherches scientifiques.

STATIONNAIRE, adj. [stasjɔnɛʀ] (lat. impér. *stationarius*, fixe, b. lat. qui est de garde) Qui reste dans la même place. ◆ Chez les Romains, *soldats stationnaires*, soldats distribués en différents lieux pour avertir leur chef de ce qui s'y passait. ◆ Astron. *Planète stationnaire*, celle qui fait une station. *Saturne est stationnaire pendant huit jours.* ◆ Méd. *Maladie stationnaire*, maladie qui languit dans sa marche. ◆ Fig. Qui reste au même point, qui ne fait pas de progrès. *Cette science resta stationnaire.* ◆ N. m. Employé qui dirigeait le télégraphe électrique. ◆ Mar. Petit bâtiment de guerre mouillé

en tête d'une rade pour exercer une sorte de police. ◆ Tout navire en station.

STATIONNALE, adj. f. [stasjɔnal] (*station*) ▷ *Églises stationnales*, celles qui, dans le temps du jubilé ou d'autres fêtes, sont marquées par les évêques pour les stations. ◁

STATIONNÉ, ÉE, p. p. de stationner. [stasjɔne]

STATIONNEMENT, n. m. [stasjɔn(ə)mɑ̃] (*stationner*) Action de demeurer en place. *Le stationnement sur la voie publique est interdit.* ◆ En parlant des voitures, action de stationner ; endroit où elles stationnent, où elles ont droit de stationner.

STATIONNER, v. intr. [stasjɔne] (*station*) Se conjugue avec *être* ou *avoir*, suivant le sens. Faire une station, s'arrêter dans un lieu. ◆ Mar. Tenir une station. ■ Garer un véhicule. *Stationner dans la rue, en double file.*

STATION-SERVICE, ■ n. f. [stasjɔ̃sɛʀvis] (*station* et *service*, francisation de l'angl. *service station*) Poste de ravitaillement en carburant des véhicules motorisés et de dépannage d'urgence. *Des stations-service* ou *des stations-services. On s'arrêtera à la prochaine station-service sur l'autoroute.*

STATIQUE, adj. [statik] (gr. *statikos*, propre à arrêter, qui concerne l'équilibre des corps, de *histanai*, être arrêté) Qui a rapport à l'équilibre. *Principe statique.* ◆ *Électricité statique*, celle qui est développée par le frottement dans la machine électrique. ◆ N. f. Partie de la mécanique qui considère les rapports que les forces doivent avoir entre elles, en grandeur et en direction, pour se faire mutuellement équilibre. ■ Qui n'évolue pas, ne bouge pas. *Une stratégie commerciale trop statique.*

STATIQUEMENT, ■ adv. [statik(ə)mɑ̃] (*statique*) D'une manière statique. *Une hélice équilibrée statiquement. Il considérait statiquement la situation.*

STATISME, ■ n. m. [statism] (*statique*) État de ce qui est statique. *Évolutionnisme et statisme.*

STATISTICIEN, IENNE, n. m. et n. f. [statistisjɛ̃, jɛn] (*statistique*) Celui, celle qui étudie la statistique, qui se livre à des recherches de statistique.

STATISTIQUE, n. f. [statistik] (all. *Statistik*, de l'ital. *statista*, homme d'État) Science qui a pour but de faire connaître l'étendue, la population, les ressources agricoles et industrielles d'un État. ◆ *Statistique médicale*, dénombrement de faits se rapportant aux morts, naissances, maladies, épidémies. ◆ Description d'un pays relativement à son étendue, à sa population, à ses ressources agricoles et industrielles, etc. *La statistique de la France.* ◆ Adj. Qui a pour objet la statistique. *Des recherches statistiques.*

STATISTIQUEMENT, ■ adv. [statistik(ə)mɑ̃] (adj. *statistique*) En se référant aux statistiques. *Statistiquement, les femmes vivent plus longtemps que les hommes.*

STATOR, ■ n. m. [statɔʀ] (lat. *stator*, planton, de *stare*, se tenir immobile) Techn. Partie fixe d'un mécanisme rotatif. *Le stator d'une turbine hydraulique.*

STATORÉACTEUR, ■ n. m. [statoreaktœʀ] (gr. *statos*, stationnaire, fixe, et *réacteur*) Aéronaut. Réacteur dépourvu d'organe mobile et constitué par une tuyère thermopropulsive. *Les statoréacteurs des missiles.*

STATUAIRE, n. m. [statɥɛʀ] (lat. impér. *statuarius*) Artiste qui fait des statues. ◆ N. f. Art de faire des statues. ◆ Adj. Qui concerne les statues. *Art statuaire.* ◆ *Marbre statuaire*, marbre qui est propre à faire des statues. ◆ *Colonne statuaire*, colonne terminée par une statue.

STATUE, n. f. [staty] (lat. *statua*, statue, de *stare*, se tenir debout) Figure entière et de plein relief, représentant un homme ou une femme, une divinité, un animal, un dieu, un cheval, un lion... ◆ *Droit comme une statue*, très droit. ◆ Fig. et fam. Personne sans action et sans mouvement. ◆ *Une belle statue*, une belle femme, mais froide, sans physionomie, sans esprit. ◆ *Ne pas bouger plus qu'une statue*, rester immobile.

STATUÉ, ÉE, p. p. de statuer. [statɥe]

STATUER, v. tr. [statɥe] (lat. *statuere*, établir, décider) Ordonner, régler, déclarer. *Statuer des règlements.* ◆ Absol. *Faculté de statuer.*

STATUETTE, n. f. [statɥɛt] (dimin. de *statue*) Petite statue. ◆ Par extens. Tout petit ouvrage sculpté ou moulé.

STATUFIER, ■ v. tr. [statyfje] (*statue*) Élever une statue à quelqu'un, le représenter par une statue. *Statufier un personnage célèbre de la ville. Statufier une actrice en Marianne.* ■ Fig. Vouer une grande admiration, généralement jugée excessive, à quelqu'un. *Un personnage que l'on a trop tendance à statufier.*

STATU QUO (IN) loc. adj. ou **STATUQUO**, n. m. [statyko] (mots lat. [*in*] *statu quo* [*ante*], [dans] l'état dans lequel [auparavant] [les choses étaient], prép. *in*, dans, ablat. de *status*, état, ablat. du pr. rel. *qui*, adverbe *ante*, avant) Locution latine qui signifie : *dans l'état où sont actuellement les choses. Laissons les choses in statu quo.* ◆ N. m. *Le statu quo.*

STATURE, n. f. [statyʀ] (lat. *statura*, taille, stature) Hauteur de la taille d'une personne. *Il est de grande stature.* ◆ Il se dit aussi d'un animal. « *Un* *lion d'immense stature »,* La Fontaine. ■ **Fig.** *Un écrivain de stature universelle.*

STATUT, n. m. [staty] (lat. tardif *statutum,* p. p. neutre substantivé de *statuere,* établir) Loi, règlement, ordonnance (peu usité en ce sens). ◆ *Statuts personnels,* les lois qui concernent les personnes. ◆ *Statuts réels,* les lois qui sont relatives aux biens-fonds. ◆ On dit, au singulier, *le statut personnel, réel,* pour l'ensemble des lois qui régissent les personnes, les choses. ◆ *Les statuts du parlement d'Angleterre,* les lois faites par ce parlement. ◆ Règle établie pour la conduite d'une compagnie, d'une communauté, etc. *Les statuts de l'Académie française, d'une compagnie industrielle, etc.* ■ Condition au sein de la société. *Le statut des émigrés.*

STATUTAIRE, adj. [statytɛʀ] (*statut*) Conforme aux statuts.

STATUTAIREMENT, ■ adv. [statytɛʀ(ə)mɑ̃] (*statutaire*) D'une manière statutaire. *Notre association doit statutairement se réunir une fois par mois.*

STAUROTIDE, ■ n. f. [stoʀotid] (gr. *stauros,* pieu, poteau) **Minér.** Silicate d'aluminium et de fer, d'une couleur brunâtre. *Les staurotides ont des macles en croix.*

STAWUG, ■ n. m. [stavyg] (norv. *stavhugg*) Pas rapide utilisé en ski de fond.

STAYER, ■ n. m. [stejœʀ] (mot angl., de *to stay,* rester, tenir) Cheval qui court sur de longues distances. ◆ **Sp.** Cycliste de demi-fond sur piste.

STEAK, ■ n. m. [stɛk] (mot angl., tranche de viande) Tranche de bœuf grillée ou à griller. *Un steak-frites. Des steaks.* ■ *Steak tartare,* tranche de bœuf mangée crue, assaisonnée et accompagnée d'un jaune d'œuf.

STEAMER, n. m. [stimœʀ] (mot angl., de *to steam,* marcher à la vapeur) Navire à vapeur.

STÉARATE, ■ n. m. [steaʀat] (gr. *stear,* graisse, et suff. *-ate,* sel) **Chim.** Sel qui résulte de la combinaison de l'acide stéarique avec une base.

STÉARINE, n. f. [steaʀin] (gr. *stear,* graisse) **Chim.** Substance solide des graisses de bœuf et de mouton.

STÉARINERIE, n. f. [steaʀin(ə)ʀi] (*stéarine*) ▷ Usine où l'on fabrique de la stéarine. ◁

STÉARINIER, n. m. [steaʀinje] (*stéarine*) ▷ Fabricant de stéarine. ◁

STÉARIQUE, adj. [steaʀik] (gr. *stear,* graisse) Se dit d'un acide qui est le produit de la saponification des corps gras, du suif surtout.

STÉATITE, n. f. [steatit] (gr. *stear,* génit. *steatos,* graisse) Pierre tendre, de couleur verdâtre dans les nuances tendres, sans transparence comme sans éclat, et d'un poli gras, dite aussi *pierre de lard, talc graphique ;* c'est un silicate de magnésie.

STÉATÔME, n. m. [steatom] (gr. *stear,* génit. *steatos,* graisse, et *-ome,* tumeur) ▷ **Chir.** Tumeur enkystée contenant une matière graisseuse qui a la consistance et la couleur du suif. ◁

STÉATOPYGE, ■ adj. [steatopiʒ] (gr. *stear,* génit. *steatos,* graisse, et *pugê,* fesse) Qui a des fesses très volumineuses. *Une statuette paléolithique représentant une Vénus stéatopyge.*

STÉATOSE, ■ n. f. [steatoz] (gr. *stear,* génit. *steatos,* graisse, et suff. *-ose,* maladie) **Méd.** Accumulation lipidique excessive dans les cellules. *Stéatose pulmonaire. La stéatose est parfois associée au virus de l'hépatite C.*

STEEPLE ou **STEEPLE-CHASE,** n. m. [stipl, stipœlʃɛz] (angl. *steeple-chase,* course au clocher, de *steeple,* clocher, et *chase,* poursuite) ▷ Course au clocher. clocher. ◁ ■ Course d'obstacles pour les chevaux. *Le Grand Steeple-Chase de Paris.* ■ Course de fond de 3 000 m à pied sur une piste semée d'obstacles.

STÉGANOGRAPHE, n. m. [steganogʀaf] ▷ Casier servant à écrire en stéganographie. ◁

STÉGANOGRAPHIE, n. f. [steganogʀafi] (gr. *steganos,* qui cache, de *stegein,* couvrir, cacher, et *graphie*) ▷ Écriture en signes secrets et convenus. ◁

STÉGANOGRAPHIQUE, adj. [steganogʀafik] (*stéganographie*) ▷ Qui appartient à la stéganographie. ◁

STÉGANOGRAPHIQUEMENT, adv. [steganogʀafik(ə)mɑ̃] (*stéganographique*) ▷ Par le procédé stéganographique. ◁

STÉGOCÉPHALE, ■ n. m. [stegosefal] (gr. *stegein,* couvrir, et *kephalê,* tête) **Paléont.** Amphibien fossile de la fin de l'ère primaire, caractérisé par une épaisse voûte crânienne. *Les reptiles sont issus des stégocéphales.*

STÉGOMYIE, ■ n. f. [stegomii] (lat. sav. *stegomya,* du gr. *stegein,* couvrir, et *muia,* mouche) **Zool.** Moustique des pays tropicaux, dont la piqûre transmet la fièvre jaune.

STÉGOSAURE, ■ n. m. [stegozɔʀ] (gr. *stegein,* couvrir, et *sauros,* lézard) **Paléont.** Grand dinosaure herbivore du jurassique, au corps et à la queue

hérissés de plaques et de piquants osseux, qui vivait en Amérique du Nord. *Les stégosaures mesuraient environ huit mètres de long.*

STEINBOCK, ■ n. m. [stɛnbɔk] (néerl. d'Afr. du Sud *steenbock*) **Zool.** Petite antilope d'Afrique du Sud, à cornes droites et courtes.

STÈLE, n. f. [stɛl] (gr. *stêlê*) **Archit.** Monument monolithe ayant la forme d'un fût de colonne, d'un cippe, d'un obélisque.

STELLAGE, ■ n. m. [stelaʒ] (all. *Stellage,* tréteau) **Financ.** Opération de Bourse consistant pour un acheteur à acheter ou à vendre, à une échéance déterminée, une quantité de titres fixée d'avance à des prix différents de ceux du marché du jour. *Achat, option de stellage.*

STELLAIRE, adj. [stelɛʀ] (b. lat. *stellaris,* du lat. *stella,* étoile) **Astron.** Qui a rapport aux étoiles. *L'astronomie stellaire.* ◆ ▷ *Jour stellaire,* syn. de jour sidéral, qui est plus usité. ◁ ◆ **Bot.** Qui porte une étoile jaune au centre de ses fleurs. ◆ N. f. Genre de la famille des dianthacées. ◆ Qui est en forme d'étoile, en rayons.

STELLIONAT, ■ n. m. [steljona] (b. lat. jurid. *stellionatus,* du lat. impér. *stellio,* lézard qui change de couleur, fourbe) **Jurispr.** Crime que commet celui qui vend ou hypothèque un immeuble dont il sait n'être pas propriétaire, ou qui présente comme libres des biens hypothéqués, ou qui déclare des hypothèques moindres que celles dont ces biens sont chargés.

STELLIONATAIRE, n. m. et n. f. [steljonatɛʀ] (*stellionat*) Celui, celle qui est coupable de stellionat.

STELLITE, ■ n. m. [stelit] (lat. *stella,* étoile) **Métall.** Alliage de cobalt, de chrome, de tungstène et de carbone, très résistant, utilisé notamment pour les instruments de chirurgie et en horlogerie. *Le stellite fut inventé en 1991.* ■ Rem. On le trouve parfois au féminin.

STEM ou **STEMM,** ■ n. m. [stɛm] (all. *Stemmbogen,* de *stemmen,* s'appuyer sur, et *Bogen,* virage) En ski, virage commencé en chasse-neige et terminé avec les deux skis parallèles. *Stem amont, aval.*

STEMMATE, ■ n. m. [stemat] (gr. *stemma,* couronne) **Entomol.** Œil simple de certaines larves d'insectes.

STENCIL, ■ n. m. [stɛnsil] (mot angl., pochoir) Papier paraffiné sensible à l'encre fluide ou se perforant facilement, utilisé pour la polycopie d'un document. *La photocopie a remplacé presque partout l'utilisation des stencils en classe.*

STENDHALIEN, IENNE, ■ adj. m. [stɛ̃daljɛ̃, jɛn] (*Stendhal,* pseudonyme de Henri Beyle, 1783-1842, écrivain français) Qui concerne, qui évoque l'œuvre, le style de Stendhal. *Un héros stendhalien, sous son aspect cynique, cache beaucoup de sensibilité.* ◆ N. m. et n. f. Personne spécialisée dans l'étude de l'œuvre de Stendhal.

STÉNO..., [steno] (gr. *stenos,* étroit) mot qui signifie *étroit,* du gr. *stenos,* et qui se met au-devant de certains mots composés.

STÉNODACTYLO, ■ n. m. et f. [stenodaktilo] (*sténo-* et *dactylo[graphe]*) Personne pratiquant à titre professionnel la sténographie et la dactylographie. *La sténodactylo prenait en sténo le courrier que lui dictait la patronne et elle le tapait ensuite à la machine.*

STÉNODACTYLOGRAPHIE, ■ n. f. [stenodaktilogʀafi] (*sténo-* et *dactylographie*) Prise d'un texte dicté ou entendu en sténographie puis reprise de ce texte en le dactylographiant. *Suivre des cours de sténodactylographie.*

STÉNOGRAPHE, n. m. [stenogʀaf] (*sténo-* et *-graphe*) Celui qui connaît et exerce l'art de la sténographie. ◆ Adj. *Un rédacteur sténographe.* ■ **Abrév.** Sténo.

STÉNOGRAPHIE, n. f. [stenogʀafi] (*sténo-* et *graphie*) Art d'écrire par abréviations aussi vite que la parole. ■ **Abrév.** Sténo.

STÉNOGRAPHIÉ, ÉE, p. p. de sténographier. [stenogʀafje]

STÉNOGRAPHIER, v. tr. [stenogʀafje] (*sténographie*) Écrire en abréviations, d'après les règles de la sténographie.

STÉNOGRAPHIQUE, adj. [stenogʀafik] (*sténographie*) Qui appartient à la sténographie. *Signes, caractères sténographiques.*

STÉNOGRAPHIQUEMENT, adv. [stenogʀafik(ə)mɑ̃] (*sténographique*) Par le moyen de la sténographie.

STÉNOPÉ, ■ n. m. [stenope] (*sténo-* et gr. *opê,* trou, ouverture) Système optique d'un appareil photo, composé d'un simple trou. *Photographie prise au sténopé.*

STÉNOSE, ■ n. f. [stenoz] (*sténo-* et suff. *-ose,* maladie) **Méd.** Diminution anormale, congénitale ou acquise, du calibre d'un canal, d'un vaisseau, d'un organe creux. *Sténose carotidienne, œsophagienne.*

STÉNOTYPE, ■ n. f. [stenotip] (*sténo[graphie]* et gr. *tupos,* empreinte, caractère) **Techn.** Appareil permettant de transcrire un texte sous forme phonétique simplifiée à la vitesse de la parole. *Le clavier haut et allongé d'une sténotype.*

STÉNOTYPIE, ■ n. f. [stenotipi] (*sténotype*) **Techn.** Procédé de transcription rapide de la parole à l'aide d'une sténotype. *La prise en sténotypie est fondée sur la perception phonétique des mots.*

STÉNOTYPISTE, ■ n. m. et n. f. [stenotipist] (*sténotypie*) Personne qui pratique la sténotypie. *Sténotypiste de conférence.*

STENTOR, n. m. [stɑ̃tɔʀ] (gr. *Stentôr*) Nom d'un guerrier grec au siège de Troie, dont la voix était si éclatante qu'elle faisait plus de bruit que celle de cinquante hommes. ♦ **Fig.** et **fam.** *Voix de stentor,* voix forte et retentissante.

STEP, ■ n. m. [stɛp] (mot angl., pas) **Sp.** Forme d'aérobic se pratiquant à l'aide d'une petite plate-forme antidérapante, permettant de faire des séries rapides de montées et de descentes. *La pratique du step permet d'améliorer son endurance.*

STÉPHANOIS, OISE, ■ adj. et n. m. et n. f. [stefanwa, waz] (lat. *Stephanus,* saint Étienne) De Saint-Étienne. *Les footballeurs stéphanois.*

STEPPAGE, ■ n. m. [stepaʒ] (v. *stepper,* faire des pas vifs et élevés, de l'angl. *to step,* faire un pas, marcher pas à pas) **Méd.** Trouble de la marche dû à l'atteinte du nerf releveur des orteils et des muscles péroniers. *Les personnes atteintes de steppage sont obligées de relever très haut la jambe pour ne pas heurter le sol avec la pointe du pied qui reste abaissée.*

STEPPE, n. f. [stɛp] (russe *step*) Nom donné en Russie et par suite en Amérique à des plaines vastes et incultes. ♦ Nom en Ukraine des terres laissées en repos pendant un intervalle qui varie de cinq à vingt ans, et des terres incultes où la charrue n'a jamais passé. ♦ Des voyageurs font ce mot féminin. ■ REM. Ce nom était autrefois masculin : d'où la remarque de Littré.

STEPPER ou **STEPPEUR**, ■ n. m. [stepœʀ] (mot angl. ou v. *stepper,* faire des pas vifs et élevés) Cheval de trot à l'allure vive, qui lève et lance haut ses antérieurs. ■ Appareil de fitness utilisé pour les exercices de step. *Faire une séance de steppeur tous les jours.*

STEPPIQUE, ■ adj. [stepik] (*steppe*) Qui concerne ou qui évoque la steppe. *Lande steppique. Écologie des systèmes steppiques.*

STÉRADIAN, ■ n. m. [steradjɑ̃] (gr. *stereos,* solide, et *radian*) **Géom.** Unité de mesure d'un angle solide qui délimite, depuis le centre d'une sphère, une surface égale au carré du rayon de la sphère. *Le radian est l'unité de mesure des angles plans, le stéradian celle des angles solides.*

STÉRAGE, n. m. [steraʒ] (*stérer*) Action de stérer. *Le stérage du bois.*

STERCORAIRE, adj. [stɛʀkɔʀɛʀ] (lat. *stercorarius,* de *stercus,* génit. *stercoris,* excrément, fumier) Qui a rapport aux excréments. ♦ **Méd.** *Fistules stercoraires* ou *stercorales,* celles qui sont entretenues par le passage continuel des matières fécales. ♦ **Sc.** Qui croît sur les excréments ou qui s'en nourrit. ♦ N. m. pl. Genre d'oiseaux palmipèdes.

STERCORAL, ALE, adj. [stɛʀkɔʀal] (lat. *stercus,* génit. *stercoris,* excrément, fumier) Qui concerne les excréments. ♦ *Fistule stercorale,* Voy. STERCORAIRE.

STERCORITE, ■ n. f. [stɛʀkɔʀit] (radic. de *stercoraire*) **Chim.** Phosphate naturel de sodium et d'ammonium extrait du guano.

STERCULIACÉE, ■ n. f. [stɛʀkyljase] (*sterculie,* plante de cette famille, du lat. *stercus,* génit. *stercoris,* excrément, fumier, à cause de l'odeur de certaines variétés) **Bot.** Arbuste dicotylédone des régions chaudes de l'hémisphère Sud, à feuilles alternes et à fleurs réunies en grappes. *Le cacaoyer appartient à la famille des sterculiacées.*

STÈRE, n. m. [stɛʀ] (gr. *stereos,* solide) Mesure destinée au bois de chauffage ; elle est égale au mètre cube.

STÉRÉO..., [stereo] Mot qui signifie *solide,* du gr. *stereos,* et qui entre dans la composition de différents mots.

STÉRÉOBATE, ■ n. m. [stereobat] (lat. *stereobata,* gr. *stereobatês,* de *stereos,* solide, et *batos,* où l'on peut aller) **Archit.** Soubassement sans moulure qui supporte un édifice.

STÉRÉOCHIMIE, ■ n. f. [stereoʃimi] (*stéréo-* et *chimie*) **Chim.** Partie de la chimie qui étudie la disposition spatiale des atomes dans les molécules, en rapport avec leurs propriétés chimiques.

STÉRÉOCHIMIQUE, ■ adj. [stereoʃimik] (*stéréochimie*) Qui concerne la stéréochimie. *Étude stéréochimique d'une molécule.*

STÉRÉOCOMPARATEUR, ■ n. m. [stereokɔ̃paratœʀ] (*stéréo-* et *comparateur*) Appareil utilisé dans la levée de plans par photographie, pour établir la position des points topographiques, à partir de mesures simultanées de coordonnées effectuées sur les clichés.

STÉRÉOGNOSIE, ■ n. f. [stereognozi] (*stéréo-* et *-gnosie*) **Physiol.** Aptitude à reconnaître des formes, des objets par le toucher. *Trouble de la stéréognosie.*

STÉRÉOGRAMME, ■ n. m. [stereogram] (*stéréo-* et *gramme*) **Techn.** Épreuve photographique double d'un même objet, destinée à en fournir

une vision stéréoscopique. ♦ Image qui, selon la façon dont on la regarde, donne lieu à deux interprétations possibles.

STÉRÉOGRAPHE, n. m. [stereograf] (*stéréo-* et *-graphe*) Celui qui pratique la stéréographie, qui sait la stéréographie. ♦ Instrument inventé pour effectuer rapidement le plan d'un terrain. ♦ ▷ Instrument servant à dessiner le crâne. ◁

STÉRÉOGRAPHIE, n. f. [stereografi] (*stéréo-* et *graphie*) Art de représenter les solides sur un plan.

STÉRÉOGRAPHIQUE, adj. [stereografik] (*stéréographie*) Qui a rapport à la stéréographie. *Projection stéréographique de la sphère.*

STÉRÉOGRAPHIQUEMENT, adv. [stereografik(ə)mɑ̃] (*stéréographique*) D'une manière stéréographique.

STÉRÉO-ISOMÈRE, ■ n. m. [stereoizomɛʀ] (*stéréo-* et *isomère*) **Chim.** Isomère dont la singularité n'est due qu'à une distribution différente de ses atomes dans l'espace. ■ REM. On peut aussi écrire *stéréoïsomère.* ■ STÉRÉO-ISOMÉRIE, n. f. [stereoizomeri] REM. On peut aussi écrire *stéréoïsomérie.*

STÉRÉOMÉTRIE, ■ n. f. [stereometri] (*stéréo-* et *-métrie*) Partie de la géométrie pratique qui enseigne à mesurer les solides.

STÉRÉOMÉTRIQUE, adj. [stereometrik] (*stéréométrie*) Qui appartient à la stéréométrie.

STÉRÉOPHONIE, ■ n. f. [stereofoni] (*stéréo-* et *-phonie*) Procédé de reproduction, d'enregistrement et de diffusion de sources sonores permettant de restituer le relief acoustique par double voie d'émission. *La stéréophonie est apparue dans les années 1950.* ■ Abrév. Stéréo.

STÉRÉOPHONIQUE, ■ adj. [stereofonik] (*stéréophonie*) **Techn.** Relatif à la stéréophonie. *Enregistrement stéréophonique. Procédé, technique stéréophonique.* ♦ Abrév. Stéréo. *Des disques stéréos ou stéréo.*

STÉRÉOPHOTOGRAPHIE, ■ n. f. [stereofotografi] (*stéréo-* et *photographie*) **Techn.** Photographie stéréoscopique.

STÉRÉORADIOGRAPHIE, ■ n. f. [stereoradjografi] (*stéréo-* et *radiographie*) **Techn.** Radiographie stéréoscopique.

STÉRÉORÉGULIER, ÈRE, ■ adj. [stereoregylje, ɛʀ] (*stéréo-* et *régulier*) **Chim.** Dont l'enchaînement des monomères est régulier. *Polymère stéréorégulier.* ■ STÉRÉORÉGULARITÉ, n. f. [stereoregylarite]

STÉRÉOSCOPE, n. m. [stereoskɔp] (*stéréo-* et *-scope*) Appareil qui permet de donner la sensation complète du relief et de la perspective au moyen d'images planes.

STÉRÉOSCOPIE, ■ n. f. [stereoskopi] (*stéréo-* et *-scopie*) **Techn.** Ensemble des procédés qui recréent l'impression de la vision en relief.

STÉRÉOSCOPIQUE, adj. [stereoskopik] (*stéréoscopie*) Qui a rapport au stéréoscope.

STÉRÉOSPÉCIFICITÉ, ■ n. f. [stereospesifisite] (*stéréo-* et *spécificité*) **Chim.** Propriété de certaines enzymes de ne transformer qu'un seul isomère stérique d'une molécule, en raison de la reconnaissance de certains groupements de l'isomère et de leur position spatiale. *Enzyme qui possède une stéréospécificité moyenne.* ■ STÉRÉOSPÉCIFIQUE, adj. [stereospesifik]

STÉRÉOTAXIE, ■ n. f. [stereotaksi] (*stéréo-* et gr. *taxis,* place assignée) **Chir.** Procédé permettant d'atteindre une région profonde de l'encéphale dont la localisation exacte et parfaite a été définie grâce à des coordonnées dans les trois plans de l'espace. *Biopsie sous stéréotaxie.*

STÉRÉOTOMIE, n. f. [stereotomi] (*stéréo-* et *-tomie*) Science qui traite de la coupe des solides : charpentes, pierres, etc.

STÉRÉOTOMIQUE, adj. [stereotomik] (*stéréotomie*) Qui appartient à la stéréotomie.

STÉRÉOTYPAGE, ■ n. m. [stereotipaʒ] (*stéréotype*) Action de stéréotyper. ♦ Manière de stéréotyper.

STÉRÉOTYPE, adj. [stereotip] (*stéréo-* et *type*) **Impr.** Il se dit des ouvrages imprimés avec des pages ou planches dont les caractères ne sont pas mobiles. ♦ N. m. *Les stéréotypes de Didot et d'Herhan.* ■ N. m. Opinion toute faite et banale. *Le stéréotype du punk.*

STÉRÉOTYPÉ, ÉE, p. p. de stéréotyper. [stereotipe] Banal et sans originalité. *Des expressions stéréotypées.*

STÉRÉOTYPER, v. tr. [stereotipe] (*stéréotype*) **Impr.** Reproduire, à l'aide d'un alliage métallique, la page composée qu'on applique sur une matière molle et dont on prend l'empreinte à l'aide de cet alliage. ♦ Imprimer un livre par les procédés de la stéréotypie. ♦ **Absol.** *L'art de stéréotyper.* ♦ **Fig.** Imprimer d'une manière indélébile, jeter dans un moule, etc. ♦ *Stéréotyper son sourire, ses phrases, etc.*

STÉRÉOTYPEUR, n. m. [stereotipœʀ] (*stéréotyper*) Celui qui stéréotype.

STÉRÉOTYPIE, n. f. [stereotipi] (*stéréotype*) Art de stéréotyper. ♦ Atelier où l'on stéréotype. ■ **Méd.** Répétion continuelle des mêmes gestes, des mêmes paroles, des mêmes tics, observée dans certaines maladies. *La sté-réotypie dans l'autisme infantile.*

STÉRER, v. tr. [stere] (*stère*) Mesurer au stère. *Stérer du bois.*

STÉRIDE, ■ n. m. [steʀid] (*stérol*) **Chim.** Ester d'acide gras et de stérol.

STÉRILE, adj. [steʀil] (lat. *sterilis*) Qui ne porte pas de fruits. *Arbre stérile.* ♦ **Fig.** « *Les Trajans et les Marc-Aurèles Sont-ils les stériles modèles Des inimitables vertus ?* », Voltaire. ♦ **Bot.** *Fleur stérile,* fleur où la fécondation ne s'opère pas. ♦ **Zool.** Qui n'engendre pas, en parlant des femelles. *Vache stérile.* « *Vous êtes stérile et sans enfants ; mais vous concevrez, et vous enfanterez un fils* », Saci. ◁ ▷ **N. f.** *Une femme stérile.* ◁ ♦ *Un hymen stérile,* un mariage sans enfants. ♦ **Par extens.** Qui ne produit pas. « *Malte n'était qu'un rocher presque stérile* », Voltaire. ♦ **Fig.** « *Ce champ si glorieux où vous aspirez tous, Si mon sang ne l'arrose, est stérile pour vous* », Racine. ♦ *Année stérile,* année dans laquelle la récolte est mauvaise. ♦ *Filons stériles,* ceux qui ne contiennent que des matières non exploitables. ♦ *Siècle stérile en grands hommes,* siècle où il y a peu de grands hommes. ♦ *La saison, le temps est stérile en nouvelles,* il y a peu de nouvelles. ♦ **Fig.** Qui ne donne naissance à aucune production. *Auteur stérile. Des pensées stériles.* ♦ *Sujet stérile,* sujet qui fournit peu à l'écrivain. ♦ ▷ **N. m.** *Tomber dans le stérile.* ◁ ♦ *Langue stérile,* langue qui a peu de mots, peu de formes. ♦ Dont on ne retire aucun avantage, vain, inutile. « *L'argent, l'argent, dit-on, sans lui tout est stérile* », Boileau. « *Par de stériles vœux pensez-vous m'honorer ?* », Racine. ♦ *Louanges stériles,* celles qui ne sont accompagnées d'aucune récompense. ♦ *Admiration stérile,* celle qui ne va pas jusqu'à faire imiter ce qu'on admire. ♦ *Pitié stérile,* pitié qui n'a aucun résultat pour celui qui en est l'objet. ■ **Adj. Méd.** Exempt de tout germe microbien. *Une chambre stérile.*

STÉRILEMENT, adv. [steʀil(ə)mɑ̃] (*stérile*) D'une manière stérile.

STÉRILET, ■ n. m. [steʀilɛ] (*stérile*) Dispositif contraceptif placé à l'intérieur de l'utérus. *Porter un stérilet.*

STÉRILISANT, ANTE, ■ adj. [steʀilizɑ̃, ɑ̃t] (*stériliser*) **Méd.** Qui empêche la reproduction. *Traitement stérilisant.* ♦ **Chim.** Qui empêche la prolifération bactérienne. *Un produit stérilisant et désinfectant.* ♦ **Fig.** Qui paralyse l'expression des sentiments, des capacités intellectuelles. *Un système de pensée stérilisant.*

STÉRILISATEUR, TRICE, ■ adj. [steʀilizatœʀ, tʀis] (*stériliser*) Qui élimine les micro-organismes. *Un produit stérilisateur.* ■ **N. m.** Appareil qui permet la stérilisation. . *Un stérilisateur de conserves.*

STÉRILISATION, n. f. [steʀilizasjɔ̃] (*stériliser*) Action qui fait devenir stérile. ■ Destruction des germes et des microbes par différents procédés. *Stérilisation de biberons, d'aliments.*

STÉRILISER, v. tr. [steʀilize] (*stérile*) Frapper de stérilité ; rendre stérile. ■ Détruire les germes, les microbes. *Stériliser du matériel chirurgical.*

STÉRILITÉ, n. f. [steʀilite] (lat. *sterilitas*) Qualité de ce qui est stérile. *Les années de stérilité.* « *La stérilité des terres rend les hommes industrieux, sobres, endurcis au travail* », Montesquieu. ♦ ▷ **Au pl.** « *Des grêles et des stérilités ont achevé d'accabler les pauvres peuples* », Massillon. ◁ ♦ État ou qualité d'une plante qui ne porte pas de graines. ♦ Impossibilité d'engendrer. « *Le Seigneur Se souvint aussi de Rachel ; Il l'exauça et lui ôta sa stérilité* », Saci. ♦ **Fig.** État de ce qui est improductif. *Capitaux frappés de stérilité.* ♦ **Fig.** État de ce qui ne produit pas. *La stérilité d'un siècle en grands hommes.* ▷ *Il y a stérilité de nouvelles,* il y a peu ou point de nouvelles. ◁ ♦ Défaut de fécondité intellectuelle. *La stérilité d'un auteur.* ♦ On dit de même *la stérilité d'un sujet.* ♦ *Il y a dans cet ouvrage une grande stérilité de pensées,* c'est un ouvrage où il y a peu ou point de pensées.

STÉRIQUE, ■ adj. [steʀik] (radic. du gr. *stereos*, solide) **Chim.** Qui concerne la configuration spatiale d'une molécule. *Variation de l'énergie stérique.*

STERLET, ■ n. m. [sterlɛ] (russe *stérljad'*) **Zool.** Petit esturgeon d'Europe centrale et d'Asie occidentale, dont les œufs donnent le caviar. *Le sterlet donne un caviar à grains fins.*

STERLING, adj. inv. [sterliŋ] (mot angl., de bon aloi) Il se dit d'une monnaie de compte en Angleterre, qui vaut environ vingt-cinq francs. *Cinquante livres sterling.* ■ Rem. On prononçait autrefois [sterlɛ̃] avec une finale en *in.*

STERNAL, ALE, ■ adj. [sternal] (radic. de *sternum*) **Anat.** Relatif au sternum. *Côtes sternales. Muscles sternaux.*

STERNE, ■ n. f. [stern] (lat. sav. *sterna* [XVIe s.], de l'angl. *stern*) Oiseau palmipède d'environ 35 cm, identifiable grâce à sa queue fourchue. *Sterne arctique, sterne caspienne. La sterne est plus connue sous le nom d'hirondelle des mers.*

STERNO-CLÉIDO-MASTOÏDIEN, ■ n. m. [sternokleidomastoidjɛ̃] (*sternum*, gr. *kleis*, génit. *kleidos*, clavicule, et *mastoïdien*) **Anat.** Muscle antérieur du cou, qui relie la mastoïde de l'os temporal au sternum et à la clavicule, permettant le fléchissement du cou. ♦ **Adj.** *Les muscles sterno-cléido-mastoïdiens. Des lésions sterno-cléido-mastoïdiennes.*

STERNUM, n. m. [sternɔm] (mot lat. sav. [XVIe s.], du gr. *sternon*, poitrine) **Anat.** Os impair situé chez l'homme au-devant et au milieu du thorax. ♦ Partie analogue chez les animaux.

STERNUTATION, ■ n. f. [sternytasjɔ̃] (lat. impér. *sternutatio*) **Méd.** Fait d'éternuer, généralement à plusieurs reprises. *La diphtérie et la coqueluche se transmettent facilement par la toux et la sternutation.*

STERNUTATOIRE, adj. [sternytatwaʀ] (lat. impér. *sternutatum,* supin de *sternutare,* éternuer) Qui excite l'éternuement. *Poudre sternutatoire* ♦ **N. m.** Médicaments irritants qui, introduits dans les narines, déterminent l'éternuement ou l'ébrouement.

STÉROÏDE, ■ n. m. [steʀoid] (*stérol* et *-oïde*) **Biol.** Molécule dérivée de stérols, caractérisée par la présence d'un noyau tétracyclique, et sécrétée par les glandes génitales et cortico-surrénales. *Les athlètes testés positifs aux stéroïdes anabolisants sont interdits de compétition.* ♦ **Adj.** *Hormones stéroïdes.*

STÉROÏDIEN, IENNE, ■ adj. [steʀoidjɛ̃, jɛn] (*stéroïde*) **Biol.** Relatif aux stéroïdes. *Souffrir de troubles du métabolisme stéroïdien.*

STÉROL, ■ n. m. [steʀɔl] ([*chole*]*stérol*) **Chim.** Alcool polycyclique complexe, de poids moléculaire élevé, présent dans les organismes animaux et végétaux. *Le cholestérol et la vitamine D sont des stérols.*

STERTOR, ■ n. m. [sertɔʀ] (lat. *stertere,* ronfler) **Méd.** Respiration bruyante accompagnée de ronflements. *La dyspnée centrale s'accompagne souvent de stertor.* ■ **STERTOREUX, EUSE**, adj. [sertɔʀø, øz]

STÉTHOSCOPE, n. m. [stetoskɔp] (gr. *stêthos,* poitrine, et *-scope*) **Méd.** Sorte de cornet acoustique qu'on applique sur la poitrine d'un malade, sur le trajet des artères, etc., pour reconnaître les sons qui s'y produisent.

STÉTHOSCOPIE, n. f. [stetoskopi] (*stéthoscope*) Emploi du stéthoscope, examen à l'aide du stéthoscope. ♦ Ensemble des signes fournis par le stéthoscope ou l'auscultation.

STÉTHOSCOPIQUE, adj. [stetoskopik] (*stéthoscope*) Qui appartient au stéthoscope. *Signes stéthoscopiques.*

STEWARD, ■ n. m. [stiwaʀt] (mot angl., intendant, maître d'hôtel, commis aux vivres) Maître d'hôtel, garçon de service à bord d'un paquebot ou d'un avion.

STHÉNIQUE, ■ adj. [stenik] (gr. *sthenos,* force physique, vigueur) **Méd.** Qui dégage une impression tonique, hyperactive. *Un enfant sthénique.*

STIBIÉ, ÉE, adj. [stibje] (lat. impér. *stibium,* antimoine, du gr. *stibi,* cosmétique d'antimoine) **Pharm.** Où il est entré de l'antimoine. *Tartre stibié.*

STIBINE, ■ n. f. [stibin] (radic. du lat. *stibium,* antimoine) **Minér.** Sulfure d'antimoine, de couleur gris-bleuté. *Le khôl est constitué de stibine.*

STICK, ■ n. m. [stik] (mot angl., petite branche, canne, baguette) Canne souple. ■ Produit conditionné en forme de bâtonnet. *Un stick de colle.* ■ **Sp.** Crosse de hockey. ■ Équipe de parachutistes sautant du même avion.

STIGMATE, ■ n. m. [stigmat] (lat. impér. *stigma,* génit. *stigmatis,* marque au fer rouge, flétrissure, du gr. *stigma,* piqûre ; cf. *stigmatias,* marque au fer rouge) Marque que laisse une plaie. *Les stigmates de la petite vérole.* « *On trouvera sur tous les animaux esclaves les stigmates de leur captivité* », Buffon. ♦ Marque infligée comme punition. ♦ *Les stigmates de la justice,* les marques du fer rouge qu'on imprimait autrefois sur les épaules des voleurs. ♦ **Fig. et fam.** *Il en porte encore les stigmates,* se dit d'un homme qui vient d'essuyer en public quelque déshonneur. ♦ **Fig.** *Un stigmate flétrissant,* une note d'infamie. ♦ Les marques des cinq plaies de Notre-Seigneur Jésus-Christ qu'on prétend avoir été imprimées, par faveur du Ciel, sur le corps de saint François d'Assise. ■ **Bot.** Partie du pistil destinée à recevoir le principe fécondant et à le transmettre à l'ovaire. ♦ Chez les insectes, nom donné à des ouvertures placées sur les côtés du corps, qui sont les orifices des trachées. ■ Rem. On écrivait aussi *stygmate* autrefois.

STIGMATISÉ, ÉE, p. p. de stigmatiser. [stigmatize] ♦ **N. m. et n. f.** *Les stigmatisés.*

STIGMATISER, v. tr. [stigmatize] (*stigmate*) Marquer avec un fer rouge ou autrement. ♦ **Fig.** Imprimer à quelqu'un un blâme sévère, une flétrissure publique. ■ Rem. On écrivait aussi *stygmatiser* autrefois.

STIGMATISME, ■ n. m. [stigmatism] (*astigmatisme,* par suppression du préf. nég. *a-*) **Opt.** Qualité de la relation optique qui unit un point objet et son point image. *Stigmatisme rigoureux, approché.*

STIGMOMÈTRE, ■ n. m. [stigmomɛtʀ] (gr. *stigmê,* piqûre, point, et *mètre*) **Opt.** Dispositif de mise au point situé au centre du viseur d'un boîtier photographique reflex.

STIL-DE-GRAIN, n. m. [stildəgʀɛ̃] (prob. néerl. *schijtgroen,* de *schijt,* excrément, et *groen,* vert) Couleur jaune verdâtre, obtenue en pulvérisant les baies du nerprun des teinturiers avant la maturité et en les préparant avec du carbonate de plomb. ■ Rem. Graphie ancienne : *stil de grain.*

STILLATION, n. f. [stilasjɔ̃] (b. lat. *stillatio*, du lat. *stillare*, tomber goutte à goutte, de *stilla*, goutte) Chute d'un liquide qui tombe goutte à goutte. *La stillation des eaux.*

STILLIGOUTTE, ■ n. m. [stiligut] (radic. de *stillation* et *goutte*) Flacon compte-gouttes.

STILTON, ■ n. m. [stiltɔn] (*Stilton*, localité du Leicestershire, en Angleterre) Fromage anglais de forme cylindrique à pâte molle persillée, qui est fabriqué avec du lait de vache. *Les Anglais consomment le stilton avec du porto.*

STIMULANT, ANTE, adj. [stimylɑ̃, ɑ̃t] (*stimuler*) Qui stimule, excite. « *À ces stimulantes apostrophes* », J.-J. ROUSSEAU. ◆ N.m. Ce qui excite, aiguillonne. *Il n'a pas besoin de stimulants.* ◆ **Méd.** Qui est propre à éveiller, à exciter. *Potion stimulante.* ◆ N.m. Nom donné aux médicaments qui ont la propriété d'exciter l'action organique des divers systèmes de l'économie. ◆ **Agric.** Se dit de substances telles que le plâtre, les cendres, la suie, etc. qu'on a considérées, à tort, comme ne nourrissant pas les plantes, mais excitant seulement la végétation.

STIMULATEUR, TRICE, ■ adj. [stimylatœr, tris] (b. lat. *stimulator*, instigateur) Qui pousse à agir, encourage ou excite. *Des paroles stimulatrices.* ■ N.m. **Méd.** Appareil électrique implanté dans l'organisme pour stimuler et suppléer une partie défaillante du corps. *Un stimulateur cardiaque.*

STIMULATION, n. f. [stimylasjɔ̃] (lat. impér. *stimulatio*, action d'aiguillonner) Action de stimuler. *Les stimulations de l'amour-propre.* ◆ **Méd.** Action des stimulants.

STIMULÉ, ÉE, p. p. de stimuler. [stimyle]

STIMULER, v. tr. [stimyle] (lat. *stimulare*, de *stimulus*, aiguillon) Aiguillonner, exciter. *Il a de bonnes intentions, mais il faut le stimuler.* ◆ **Méd.** Exciter, animer. *Stimuler l'estomac.*

STIMULINE, ■ n. f. [stimylin] (radic. de *stimuler*) **Biol.** Hormone sécrétée par l'hypophyse pour stimuler le fonctionnement de certaines glandes endocrines, notamment de la thyroïde. *L'hormone de croissance est une stimuline.*

STIMULUS, n. m. [stimylys] (mot lat., aiguillon, stimulant) **Méd.** Tout ce qui est de nature à déterminer une excitation dans l'économie animale. ◆ Au pl. *Des stimulus* ou *des stimuli* (pluriel latin).

1 STIPE, n. m. [stip] (lat. *stipes*, tronc, souche) **Bot.** Tige ligneuse des plantes monocotylédones arborescentes, qui se termine par un faisceau de feuilles. ◆ Support de la fructification dans les cryptogames, du chapeau dans les agarics.

2 STIPE, n. f. [stip] (lat. sav. [Linné] *stipa*, du gr. *stuppê*, étoupe) Genre de la famille des graminées. On y distingue la stipe très tenace.

STIPENDIAIRE, adj. [stipɑ̃djɛr] (lat. *stipendiarius*, soumis à un tribut, lat. imp., qui est à la solde) ▷ Qui est à la solde de quelqu'un. *Des troupes stipendiaires.* ◆ N.f. *Des stipendiaires.* ◆ Il ne se dit guère qu'en mauvaise part. ◁

STIPENDIÉ, ÉE, p. p. de stipendier. [stipɑ̃dje] ◆ N.m. et n.f. *D'indignes stipendiés.*

STIPENDIER, v. tr. [stipɑ̃dje] (lat. *stipendiari*, toucher une solde, être à la solde de qqn, de *stipendium*, tribut, solde) Avoir à sa solde. *Stipendier des troupes.* ◆ Il ne se dit plus guère qu'en mauvaise part. *Stipendier des assassins.*

STIPULANT, ANTE, adj. [stipylɑ̃, ɑ̃t] (*stipuler*) **Dr.** Qui stipule. *Les parties stipulantes dans ce contrat.*

STIPULATION, n. f. [stipylasjɔ̃] (lat. *stipulatio*) Clause, condition, convention énoncée dans un contrat.

STIPULE, n. f. [stipyl] (lat. *stipula*, tige des céréales, paille) **Bot.** Petites feuilles supplémentaires, réduites le plus souvent à la nervure médiane, et produites par une expansion du pétiole, qui s'insèrent de chaque côté de la base de certaines feuilles. ◆ ▷ **Zool.** Plume qui sort de la peau et qui est encore enveloppée dans sa gaine. ◁

STIPULÉ, ÉE, p. p. de stipuler. [stipyle]

STIPULER, v. tr. [stipyle] (lat. *stipulari*, se faire promettre, b. lat. jur., promettre) **Dr.** Énoncer expressément dans un acte quelque condition obligatoire. « *On ne stipula pour eux aucune pension* », BOSSUET. ■ Mentionner expressément.

STOCHASTIQUE, ■ adj. [stokastik] (gr. *stokhastikos*, qui vise bien, habile à conjecturer, de *stokhos*, but, conjecture) **Math.** Qui dépend du hasard ou du calcul des probabilités. *Phénomène, processus stochastique.* ◆ N.f. Partie des mathématiques qui traite du calcul des probabilités dans le traitement des données statistiques.

STOCK, n. m. [stɔk] (mot angl., souche, matière première, réserve) Quantité d'une marchandise quelconque qui se trouve en magasin dans les entrepôts ou sur les marchés d'une place de commerce. ◆ Il se dit aussi des fonds ou numéraire. *Le stock métallique d'une banque.* ■ Ensemble des matières premières, des produits en cours de fabrication et des produits finis qu'une entreprise détient à une date donnée. *La gestion des stocks.* ■ **Fam.** Grande quantité de choses à disposition. *Il a tout un stock de vieux disques.*

STOCKAGE, ■ n. m. [stokaʒ] (*stocker*) Action de mettre en réserve quelque chose. *Le stockage de marchandises.* ■ Fait de conserver pour une utilisation ultérieure. *Le stockage de données informatiques.*

STOCK-CAR, ■ n. m. [stokkar] (mot angl., voiture de série, de *stock*, stock, et *car*, voiture) Voiture équipée spécialement pour participer à des courses où les carambolages et les collisions font partie de la règle. *Des stock-cars.* ■ **Par méton.** La course elle-même.

STOCKER, ■ v. tr. [stoke] (*stock*, d'après l'angl. *to stock*, tenir en réserve) Faire des réserves de quelque chose. *Stocker des armes. Stocker des denrées alimentaires en prévision d'une pénurie.* ■ **Inform.** Collecter des données sur un support informatique, pour les archiver ou les utiliser ultérieurement.

STOCKFISCH, n. m. [stokfiʃ] (mot all., du moy. néerl. *stocvisch*) Toute sorte de poisson salé et séché, et plus particulièrement une espèce de morue séchée à l'air. ■ REM. On écrivait aussi *stockfiche* autrefois.

STOCKISTE, ■ n. m. et n. f. [stokist] (*stock*) Dépositaire commercial qui détient en magasin le stock disponible d'un fabricant. ◆ Agent d'une firme automobile qui a en dépôt un stock de pièces détachées de la marque. ◆ En appos. *Distributeur, importateur stockiste.*

STOCK-OPTION, ■ n. f. [stokɔpsjɔ̃] (mot angl., de *stock*, valeurs, actions, et *option*) **Écon.** Option d'achat d'actions, réservée aux dirigeants et aux salariés d'une entreprise. *Des stock-options. Un plan d'attribution de stock-options.* ■ REM. Recommandation officielle : *option sur titres.*

STŒCHIOMÉTRIE, ■ n. f. [stekjometri] (gr. *stoikheion*, élément, principe, et -*métrie*) **Chim.** Étude des proportions qui permettent aux éléments chimiques de se combiner entre eux. *Détermination de la stœchiométrie d'un composé.* ■ STŒCHIOMÉTRIQUE, adj. [stekjometrik]

STOFF, n. m. [stɔf] (angl. *stuff*, étoffe, de l'anc. fr. *estoffe*) ▷ Étoffe de laine non croisée à dessins lisses, de façon que le bouquet ou le carreau qui forme le dessin paraît brillant à l'endroit. ◁

STOÏCIEN, IENNE, adj. [stoisjɛ̃, jɛn] (lat. *Stoïcus*, gr. *Stôïkos*, des Stoïciens, de *stoa* [*poïkilê*], portique [Pécile, litt. orné de peintures], où enseignait Zénon) Voy. STOÏQUE. Qui suit la doctrine de Zénon. *La secte stoïcienne.* ◆ **Par extens.** Qui a la fermeté des philosophes de cette doctrine. ◆ Qui appartient à la doctrine de Zénon. *La philosophie stoïcienne.* ◆ N.m. et f. Celui, celle qui est de la secte de Zénon. ◆ **Par extens.** Personne ferme, sévère, inébranlable.

STOÏCISME, n. m. [stoisism] (radic. du lat. *Stoïcus*) Voy. STOÏQUE. Philosophie de Zénon, qui plaçait le bonheur dans l'accomplissement de la vertu. ◆ **Par extens.** Austérité, fermeté dans la douleur, telles que celles des stoïciens.

STOÏQUE, adj. [stoik] (lat. *Stoïcus*, gr. *Stôïkos*, des Stoïciens) Qui tient de l'insensibilité et de la fermeté des stoïciens. *Vertu stoïque. Un œil stoïque.* ◆ Il se dit quelquefois de ce qui sent la doctrine de Zénon. « *La secte stoïque* », MONTESQUIEU. ◆ N.m. Se dit pour *stoïcien*. « *Qu'un stoïque aux yeux secs vole embrasser la mort, Moi je pleure et j'espère* », A. CHÉNIER.

STOÏQUEMENT, adv. [stoik(ə)mɑ̃] (*stoïque*) En stoïcien, avec fermeté.

STOKES, ■ n. m. [stoks] (George *Stokes*, 1819-1903, physicien et mathématicien irlandais) **Phys.** Ancienne unité de mesure de viscosité cinématique dans le système CGS (centimètre, gramme, seconde). *Un stokes équivaut à 10^{-4} m²/s.*

STOKFICHE, n. m. [stokfiʃ] Voy. STOCKFISCH.

STOLON, ■ n. m. [stolɔ̃] (lat. *stolo*, génit. *stolonis*, surgeon) **Bot.** Tige secondaire rampante de certaines plantes, qui s'enracine par endroits pour donner de nouveaux pieds. *Les fraisiers produisent des stolons.*

STOLONIFÈRE, ■ adj. [stolonifɛr] (*stolon* et -*fère*) **Bot.** Qui produit des stolons. *Plante stolonifère.*

STOMACAL, ALE, adj. [stomakal] (radic. du lat. *stomachus*, œsophage, estomac, du gr. *stomakhos*, orifice) ▷ Qui fortifie l'estomac. *Les bons vins sont stomacaux.* ◁ ■ Relatif à l'estomac. *Brûlures stomacales.*

STOMACHIQUE, ■ adj. [stomaʃik] (lat. *stomachicus*, gr. *stomakhikos*) ▷ **Anat.** Qui appartient à l'estomac. *Veines stomachiques.* ◁ ◆ Bon à l'estomac. *Élixir stomachique.* ◆ N.m. *Un stomachique.*

STOMATE, n. m. [stomat] (gr. *stoma*, génit. *stomatos*, bouche, ouverture) **Bot.** Pore microscopique qui se voit dans l'épiderme des plantes. ◆ **Anat.** Petit orifice situé dans les tissus animaux.

STOMATITE, n. f. [stomatit] (gr. *stoma*, génit. *stomatos*, bouche, et suff. *-ite*) Méd. Inflammation de la membrane muqueuse de la bouche.

STOMATOLOGIE, ▪ n. f. [stomatoloʒi] (gr. *stoma*, génit. *stomatos*, bouche, et *-logie*) Méd. Branche de la médecine qui étudie et traite les affections de la bouche. ▪ STOMATOLOGIQUE, adj. [stomatoloʒik]

STOMATOLOGUE, ▪ n. m. et n. f. [stomatolɔg] (*stomatologie*) Médecin spécialisé en stomatologie. *Le stomatologue lui a retiré les dents de sagesse.*

STOMATOSCOPE, ▪ n. m. [stomatoskɔp] (gr. *stoma*, génit. *stomatos*, bouche, et *-scope*) Méd. Instrument muni d'un éclairage et servant à examiner l'intérieur de la bouche.

STOMOXE, ▪ n. m. [stomɔks] (gr. *stoma*, bouche, et *oxus*, aigu) Zool. Mouche piqueuse qui suce le sang du bétail et qui peut transmettre des micro-organismes provoquant de graves affections. *Prolifération du stomoxe dans les régions humides.* ▪ REM. Est parfois employé au féminin.

STOP, ▪ interj. [stɔp] (mot angl., arrêt) Halte. ▪ Mot employé pour séparer les phrases dans un télégramme. ▪ N. m. Panneau de signalisation routière commandant l'arrêt du véhicule à un croisement. *Brûler un stop.* ♦ *Feu stop*, signal lumineux rouge des feux arrière d'un véhicule, s'allumant au freinage. ▪ *Faire du stop, de l'auto-stop*, faire signe à un automobiliste de s'arrêter pour être emmené à un endroit.

1 **STOPPER**, v. tr. [stɔpe] (*stop*) Arrêter, en parlant d'un bâtiment à vapeur, d'un train, d'une machine. ♦ Neutralement, *Je fis stopper.* ♦ *Pour commander de stopper, on crie : « Stop ! »* ▪ **Fam.** Arrêter. *Stopper un projet en cours.* ▪ V. intr. S'arrêter.

2 **STOPPER**, ▪ v. tr. [stɔpe] (néerl. *stoppen*, fourrer, repriser) Raccommoder fil par fil un tissu déchiré. ▪ STOPPAGE, n. m. [stɔpaʒ]

1 **STOPPEUR, EUSE**, ▪ n. m. et n. f. [stɔpœr, øz] (1 *stopper*) Au football, arrière central chargé d'arrêter les attaquants adverses. *Le stoppeur marque le joueur au centre.* ♦ Personne qui pratique l'auto-stop. *Prendre un stoppeur.*

2 **STOPPEUR, EUSE**, ▪ n. m. et n. f. [stɔpœr, øz] (2 *stopper*) Personne qui répare les étoffes déchirées ou trouées.

STORAX ou **STYRAX**, ▪ n. m. [stɔraks, stiraks] (mots lat., encens, du gr. *sturax*) Baume de consistance variable, d'une odeur très agréable.

STORE, n. m. [stɔr] (lat. *storea*, natte) Pièce de natte, de toile ou d'autre étoffe, qu'on met aux fenêtres d'une chambre ou d'une voiture et qui se lève et se baisse par un ressort. ▪ Grand voilage de fenêtre. *Store en mousseline.*

STORISTE, ▪ n. m. et n. f. [stɔrist] (*store*) Personne qui fabrique, qui vend des stores.

STORY-BOARD, ▪ n. m. [stɔribɔrd] (mot angl. de *story*, histoire, et *board*, planche) Grille de dessins réalisée pour la préparation d'un film et représentant les images successives avec les dialogues, les différents plans et mouvements de caméra ainsi qu'une description de l'action. *Le story-board constitue une étape indispensable de la réalisation d'un scénario. Des story-boards.*

STOUPA, ▪ n. m. [stupa] Voy. STUPA.

STOUT, ▪ n. m. [stut] ou [stawt] (mot angl., substantivation de l'adj. *stout*, solide, vigoureux) Bière anglaise de fermentation haute, contenant du malt grillé, de couleur très foncée et de saveur amère.

STRABIQUE, ▪ adj. [strabik] (*strabisme*) Qui concerne le strabisme, qui souffre de strabisme. *Déviation strabique. Un enfant strabique affublé de lunettes à verres épais.*

STRABISME, n. m. [strabism] (gr. *strabismos*, de *strabos*, qui a les yeux de travers) Méd. Difformité dans laquelle, lorsque le sujet regarde un objet, l'un des yeux ou tous deux s'écartent involontairement de l'axe visuel, de manière qu'ils ne peuvent jamais être dirigés en même temps sur le même point.

STRABOTOMIE, n. f. [strabotomi] (radic. de *strabisme* et *-tomie*) ▷ **Chir.** Opération par laquelle on coupe les muscles de l'œil pour remédier au strabisme. ◁

STRADIOT, ▪ n. m. [stradjo] Voy. ESTRADIOT.

STRADIVARIUS, n. m. [stradivarjys] (*Stradivarius* [Antonio Stradivari], 1644-1737, luthier italien) Violon fait par le célèbre luthier Stradivarius de Crémone.

STRAMOINE, n. f. [stramwan] (lat. sav. [XVIe s.] *stramonia, stramonium*, d'orig. inc.) Nom du *Datura stramonium*, solanées, dit aussi *pomme épineuse*, fournisseur d'un poison dangereux. ▪ REM. On disait autrefois *le stramonium*.

STRANGULATION, n. f. [strãgylasjɔ̃] (lat. impér. *strangulatio*, du lat. *strangulare*, étrangler) En médecine légale, acte de violence qui consiste en une constriction exercée directement soit autour, soit au-devant du cou,

et ayant pour effet, en s'opposant au passage de l'air, de suspendre brusquement la respiration et la vie.

STRANGURIE, n. f. [strãgyri] (gr. *straggouria*, de *stragx*, goutte, et *ourein*, uriner) Méd. Gêne à rendre l'urine, qui n'est émise que goutte à goutte et avec douleur.

STRAPASSÉ, ÉE, p. p. de strapasser. [strapase] ▷ « *Tout ce qui n'est pas outré, forcé, strapassé, est froid pour ceux qui ont perdu le goût de la vérité* », DIDEROT. ◁

STRAPASSER, v. tr. [strapase] (ital. *strapazzare*, maltraiter) ▷ **Vieilli** Maltraiter de coups. ♦ Peint. Peindre ou dessiner à la hâte et sans correction, en affectant la négligence et la facilité. ▪ REM. On disait aussi *extrapasser*. ◁

STRAPASSONNÉ, ÉE, p. p. de strapassonner. [strapasone]

STRAPASSONNER, v. tr. [strapasone] (*strapasser*) ▷ **Peint.** Syn. de strapasser et encore moins usité. ◁

STRAPONTIN, n. m. [strapɔ̃tɛ̃] (ital. *strapuntino, trapuntino*, hamac, de *trapunto*, matelas) Siège garni que l'on met sur le devant dans les carrosses, les coupés ou aux portières dans les grands carrosses, et qui peut se lever et s'abaisser. ♦ Siège supplémentaire dans quelques voitures publiques et dans les théâtres. ▪ **Fig.** Fonction de peu d'importance dans une assemblée, une conférence. ▪ REM. On disait aussi *estrapontin* autrefois.

STRAPPING, ▪ n. m. [strapiŋ] (mot angl., de *to strap*, sangler, bander) Méd. Méthode d'immobilisation ou de contention souple, généralement à l'aide de bandes élastiques. *Poser un strapping sur une foulure.*

STRASS, n. m. [stras] (G. F. *Stras*, 1700-1773, joaillier qui inventa cette composition) Composition vitreuse imitant le diamant et les autres pierres précieuses ; c'est un silicate de potasse et de plomb. ▪ **Fig.** Éclat trompeur. *Être attiré par les strass du monde du spectacle.* Graphie ancienne :*stras*.

STRASSE, n. f. [stras] (a. provenç *estrassa*, rebut, du lat. *extrahere*, extraire) Bourre faite avec les premiers fils du ver à soie, qui sont rudes et grossiers. ♦ Rebut de la soie. ♦ ▷ Gros papier à emballage.

STRATAGÈME, n. m. [strataʒɛm] (lat. *stratagema*, gr. *stratêgêma*, ruse de guerre, de *stratêgein* diriger une armée, user de stratagème) Ruse de guerre. ♦ **Fig.** Tour d'adresse, de finesse, de ruse dont on use dans toutes sortes d'affaires.

STRATE, ▪ n. f. [strat] (lat. *stratum* et plur. *strata*, couverture de lit, couche, pavage, de *stratum*, supin de *sternere*, étendre) Géol. Couche sédimentaire d'épaisseur variable d'un terrain ou d'une roche. *Une strate de calcaire.* ▪ **Fig.** Couche, niveau. ▪ **Écol.** Étagement d'une formation végétale forestière. *La strate arborescente.*

STRATÈGE, n. m. [strateʒ] (lat. *strategus*, gr. *stratêgos*, chef d'armée, de *stratos*, armée, et *agein*, mener ou *hêgeisthai*, conduire) Hist. grecq. Général en chef. ♦ Spécialiste de la stratégie. *Un fin stratège.* ▪ REM. Graphie ancienne : *stratége*. On disait aussi *stratègue*.

STRATÉGIE, n. f. [strateʒi] (lat. impér. *strategia*, préfecture militaire, gr. *stratêgia*, commandement d'une armée) L'art de préparer un plan de campagne, de diriger une armée sur les points décisifs ou stratégiques, et de reconnaître les points sur lesquels il faut dans les batailles porter les plus grandes masses de troupes pour assurer le succès. ♦ **Fig.** « *Ce subterfuge de stratégie philosophique* », VILLEMAIN. ▪ Art de manœuvrer habilement, de combiner des opérations pour atteindre un objectif. *Une stratégie politique.*

STRATÉGIQUE, adj. [strateʒik] (gr. *stratêgikos*, qui concerne un général, habile à commander, de *stratêgos*, général) Qui appartient à la stratégie ou auquel on applique la stratégie. *Études, opérations stratégiques.* ♦ *Points stratégiques*, ceux que dans un plan de campagne on détermine pour les opérations d'une armée. ▪ **Fig.** Qui revêt une importance essentielle pour atteindre certains objectifs. *Un poste, une situation stratégique.*

STRATÉGIQUEMENT, adv. [strateʒik(ə)mɑ̃] (*stratégique*) Selon la stratégie.

STRATÉGISTE, n. m. [strateʒist] (*stratégie*) ▷ Celui qui connaît la stratégie. ♦ Celui qui écrit sur la stratégie. ▪ On emploie auj. *stratège* pour le premier sens. ◁

STRATÈGUE, n. m. [strateg] Voy. STRATÈGE, plus usité.

STRATIFICATION, n. f. [stratifikasjɔ̃] (*strate*) Action de disposer par couches, de placer les unes sur les autres des couches successives de diverses substances. ♦ Opération métallurgique ou chimique qui consiste à exposer divers corps à leur action respective, en les disposant lit par lit. ♦ **Géol.** Disposition par couches. ♦ **Anat.** Disposition par couches des tissus dans certains organes. ♦ **Fig.** Division par niveaux. *La stratification sociale.*

STRATIFIÉ, ÉE, p. p. de stratifier. [stratifje] N. m. Matériau de revêtement constitué de couches de papier, de toile ou de bois superposées et imprégnées de résines artificielles. *Une table de cuisine en stratifié.*

STRATIFIER, v. tr. [stratifje] (*strate*) Didact. Arranger des substances par couches. ♦ Il se dit des dispositions géologiques. « *Le mouvement des eaux* *de la mer, qui a transporté les coquilles et les matières pierreuses, les a stratifiées les unes sur les autres »*, BUFFON.

STRATIGRAPHIE, ■ n. f. [stratigrafi] (*strate* et *graphie*) **Géol.** Étude de la succession chronologique des formations sédimentaires stratifiées, pour déterminer l'époque de leur formation. *Datation par stratigraphie.*

STRATIGRAPHIQUE, ■ adj. [stratigrafik] (*stratigraphie*) **Géol.** Relatif à la stratigraphie. *Étude stratigraphique.*

STRATIOME, ■ n. m. [stratjom] (lat. sav. [XVIIIᵉ s.] *stratiomys*, de *stratiôtês*, soldat, à cause de son aiguillon, et *muia*, mouche) **Zool.** Grosse mouche à l'abdomen aplati, qui vit sur les plantes aquatiques. *Utilisation des stratiomes dans la lutte antiparasitaire biologique.*

STRATOCRATIE, n. f. [stratokrasi] (gr. *stratos*, armée, et -*cratie*) ▷ Gouvernement dont les chefs sont guerriers de profession. ◁

STRATOCUMULUS, ■ n. m. [stratokymylys] (lat. *stratus*, couverture, et *cumulus*) Couche mince et continue de nuages gris ou blanchâtres. *Les stratocumulus sont porteurs de pluies occasionnelles.*

STRATOGRAPHIE, n. f. [stratografi] (gr. *stratos*, armée, et *graphie*) ▷ Description d'une armée et de tout ce qui la compose. ◁

STRATOPAUSE, ■ n. f. [stratopoz] (*strato[sphère]* et *pause*) **Phys.** Limite entre la stratosphère et la mésosphère. *La stratopause constitue la limite supérieure de la stratosphère.*

STRATOSPHÈRE, ■ n. f. [stratosfɛr] (lat. *stratus*, couverture, et *sphère*) **Géol.** Deuxième couche principale de l'atmosphère, située environ de 12 à 50 km d'altitude.

STRATOSPHÉRIQUE, ■ adj. [stratosferik] (*stratosphère*) Qui concerne la stratosphère, qui est situé dans la stratosphère. *Altitude stratosphérique. Exploration stratosphérique.*

STRATUS, n. m. [stratys] (mot lat., couverture, de *sternere*, étendre, recouvrir) **Météorol.** Nom donné à des nuages disposés en couches, et principalement aux bandes nuageuses qui apparaissent à l'horizon, au coucher du soleil.

STRÉLITZ, n. m. pl. [strelits] (russe *streltez*, tireur) Ancien corps d'infanterie moscovite dissous par Pierre le Grand. *« Les strélitz étaient au nombre de quarante mille hommes »*, VOLTAIRE.

STRÉLITZIA, ■ n. m. [strelidzja] (Charlotte Sophia de Mecklemburg-*Srelitz*, reine d'Angleterre en 1761) **Bot.** Plante ornementale d'Afrique australe, à grande fleur orange et bleu, en forme de bec d'oiseau. *Le strélitzia est surnommé* oiseau de Paradis.

STREPTOBACILLE, ■ n. m. [streptobasil] (gr. *streptos*, tressé, et *bacille*) **Biol.** Micro-organisme en forme de bâtonnet, qui donne des colonies en chaînettes. *Septicémie à streptobacilles.*

STREPTOCOCCIE, ■ n. f. [streptokɔksi] (*streptocoque*) **Méd.** Infection provoquée par un streptocoque. *Streptococcie pharyngée.*

STREPTOCOQUE, ■ n. m. [streptokɔk] (gr. *streptos*, arrondi, et -*coque*) **Méd.** Bactérie de forme arrondie, reliée en chaînettes et pouvant être responsable de graves infections. *La scarlatine est une infection à streptocoques.*

STREPTOMYCINE, ■ n. f. [streptomisin] (*strepto[bacille]* et gr. *mukês*, champignon) **Pharm.** Antibiotique obtenu à partir de la culture d'un champignon actinomycète et utilisé notamment contre le bacille de la tuberculose.

STRESS, ■ n. m. [stres] (mot angl., force, contrainte, effort) Tension nerveuse, grande anxiété provoquée généralement par un ou plusieurs agents extérieurs. *Le stress des examens.* S'emploie surtout au sing.

STRESSANT, ANTE, ■ adj. [stresɑ̃, ɑ̃t] (*stresser*) Qui provoque du stress. *Cette interminable attente devenait stressante.*

STRESSER, ■ v. tr. [strese] (*stress*) Occasionner du stress. *L'approche des examens le stresse beaucoup.*

STRETCH, ■ n. m. [stretʃ] (mot angl., de *to stretch*, tendre, étirer) Traitement d'un tissu qui le rend élastique dans le sens horizontal ; tissu ainsi obtenu. *Un pantalon en velours stretch.*

STRETCHING, ■ n. m. [stretʃiŋ] (mot angl, de *to stretch*, étirer) Exercice physique d'échauffement et d'étirement des groupes musculaires. *Faire des mouvements de stretching.*

STRETTE, n. f. [stret] (ital. *stretta*, litt. lieu étroit, du lat. *strictus*, serré, étroit) **Mus.** Partie d'une fugue, dans laquelle on ne rencontre plus que des fragments du sujet.

STRIATION, n. f. [strijasjɔ̃] (*strier*) Disposition par stries.

STRIBORD, n. m. [tribɔr] Ancienne orthographe de *tribord*. ■ REM. On ne prononçait pas le *s* initial.

STRICT, ICTE, adj. [strikt] (lat. impér. *strictus*, serré, étroit, concis, sévère, du lat. *stringere*, étreindre) Qui ne laisse aucune latitude, étroit, rigoureux. *Une obligation stricte. La stricte vérité.* ♦ En parlant des personnes, exact, sévère. *Il est strict en affaires.* ■ Au sens strict, en prenant le mot dans son premier sens. ■ Sobre et austère. *Une tenue stricte.* ■ **Math.** Inégalité stricte, de laquelle l'égalité est exclue et se traduisant par < ou >. ■ Réduit à sa plus petite valeur. *Le strict minimum. Partir en emportant le strict nécessaire.*

STRICTEMENT, adv. [striktəmɑ̃] (*strict*) D'une manière stricte.

STRICTION, ■ n. f. [striksjɔ̃] (b. lat. *strictio*, action de serrer) **Méd.** Resserrement d'un organe, d'un canal. *Striction intestinale.* ♦ **Phys.** Compression, rétrécissement d'une pièce métallique soumise à une traction, d'un fluide ou d'un plasma soumis à des forces électromagnétiques. *Effet de striction d'une colonne de plasma.*

STRICTO SENSU, ■ adv. [striktosɛ̃sy] (mots lat., ablat. de *strictus*, étroit, et *sensu*, sens) Au sens strict. *Stricto sensu, vous avez raison, ce n'est pas de la poésie, c'est de la prose, mais lato sensu, c'est tout de même de la poésie.*

STRIDENCE, ■ n. f. [stridɑ̃s] (*strident*) Caractère d'un son strident. *Des mots hurlés avec une stridence à crever les tympans.*

STRIDENT, ENTE, adj. [stridɑ̃, ɑ̃t] (lat. *stridens*, p. prés. de *stridere*, produire un bruit aigu) Qui rend un son aigre et perçant. *Un bruit strident.*

STRIDOR, ■ n. m. [stridɔr] (mot lat., son aigu, perçant) **Méd.** Bruit aigu pendant l'inspiration, provoqué notamment par une obstruction partielle du larynx ou de la trachée. *Stridor congénital.*

STRIDULATION, ■ n. f. [stridylasjɔ̃] (lat. *stridulus*, qui rend un son aigu) Petit bruit strident produit par certains insectes tels que le grillon, la cigale ou le criquet. *Les stridulations du criquet mâle servent à attirer la femelle.*

STRIDULER, ■ v. intr. [stridyle] (lat. *stridulus*, qui rend un son aigu) Émettre des stridulations. *Seuls les grillons mâles ont la faculté de striduler.*

STRIDULEUX, EUSE, ■ adj. [stridylø, øz] (lat. *stridulus*, qui rend un son aigu) **Méd.** Qui concerne le stridor. *Respiration striduleuse.*

STRIE, n. f. [stri] (lat. *stria*, sillon) **Sc.** Petit sillon longitudinal, séparé du sillon pareil par une ligne saillante ou côte. *Les stries d'une coquille, de la tige d'une plante, etc.* ♦ Sillons très fins et très nombreux que l'on remarque sur quelques points de certains os. ♦ **Archit.** La partie pleine qui est entre les cavités des colonnes cannelées. On dit plus souvent *listel.* ♦ Il se dit de lignes colorées ou non et se détachant sur un fond quelconque.

STRIÉ, ÉE, adj. [strije] (lat. *striatus*) Dont la surface présente des stries. *« Un beau gypse blanc en lames striées »*, SAUSSURE. ♦ **Archit.** Pilastre strié, pilastre orné, dans toute sa hauteur, de cannelures avec listels.

STRIER, ■ v. tr. [strije] (*strié* ; cf. lat. impér. archit. *striare*, faire des cannelures) Marquer de petits sillons ou traits parallèles. *Le zèbre a un pelage blanc strié de noir.*

STRIGE, n. f. [striʒ] (lat. impér. *strix*, génit. *strigis*, vampire, du gr. *strigx*, effraie) Vampire, génie malfaisant et nocturne. ♦ L'Académie écrit *stryge* et le fait masculin.

STRIGIDÉ, ■ n. m. [striʒide] (*strige*) **Zool.** Oiseau de la famille des rapaces nocturnes. *La chouette, le hibou sont des strigidés.*

STRIGILE, n. m. [striʒil] (lat. *strigilis*, de *stringere*, arracher) Instrument en forme de racloire, en bronze, dont les anciens se servaient dans le bain pour racler la peau et en détacher la crasse.

STRING, ■ n. m. [striŋg] (mot angl., ficelle) Slip ou maillot de bain réduit à un cache-sexe laissant les fesses nues. *« Après les signes très sexuels de ces dernières années comme le string ou les pantalons taille basse, les créateurs changent de ton »*, L'Express, 2004.

STRIOSCOPIE, ■ n. f. [strijoskopi] (*strie* et -*scopie*) **Sc.** Étude des ondes de choc, dans une soufflerie en particulier, au moyen de la photographie. *Visualisation des ondes de choc d'un avion par strioscopie.*

STRIPAGE, ■ n. m. [stripaʒ] (francisation de *stripping*) **Techn.** Extraction au gaz ou à la vapeur d'eau de composés volatils. *Stripage des chloramines.*

STRIPPING, ■ n. m. [stripiŋ] (mot angl., de *to strip*, dépouiller, enlever) **Techn.** Extraction des particules trop volatiles d'un liquide. ♦ **Méd.** Ablation chirurgicale des varices. *Le stripping permet de retirer complètement la veine malade.*

STRIP-TEASE ou **STRIPTEASE**, ■ n. m. [striptiz] (mot angl., de *to strip*, se déshabiller, et *to tease*, taquiner, aguicher) Spectacle où une personne, généralement une femme, ôte ses vêtements lentement, un à un et de manière lascive, au rythme d'une musique. *Elle disait apprécier les strip-teases masculins.* ■ Abrév. Un strip. ■ Lieu où se déroule ce spectacle. ♦ **Fig.** Étalage de confidences ou de convictions d'une personne, d'une collectivité ou d'un parti politique. *Le strip-tease des partis politiques après les élections s'étalait dans tous les débats.*

STRIP-TEASEUR, EUSE ou **STRIPTEASEUR, EUSE**, ■ n. m. et n. f. [stʀiptizœʀ, øz] (*strip-tease*) Personne qui effectue un numéro de strip-tease. *Des strip-teaseuses qui se produisaient tous les soirs dans un cabaret.*

STRIURE, n. f. [stʀijyʀ] (*strie*) Disposition en stries. ◆ Il se dit des coquilles ou des colonnes striées.

STROBILE, n. m. [stʀobil] (b. lat. *strobilus*, pomme de pin, du gr. *strobilos*, objet en spirale ou de forme conique) **Bot.** Fruit composé et en forme de cône : par exemple, les fruits du sapin, du bouleau.

STROBOSCOPE, ■ n. m. [stʀoboskɔp] (gr. *strobos*, tournoiement, et *-scope*) **Phys.** Instrument permettant d'observer des objets en mouvement rapide, ayant l'impression qu'ils sont immobiles ou animés d'un mouvement très lent. *Tube au néon d'un stroboscope.*

STROBOSCOPIE, ■ n. f. [stʀoboskɔpi] (*stroboscope*) **Phys.** Étude d'objets en mouvement à l'aide d'un stroboscope.

STROBOSCOPIQUE, ■ adj. [stʀoboskɔpik] (*stroboscope*) **Phys.** Qui se rapporte à la stroboscopie. *Effet, mouvement stroboscopique.*

STROMA, ■ n. m. [stʀoma] (mot lat., tapis, couverture, gr. *strôma*) **Biol.** Tissu conjonctif constituant la base d'un organe, d'un élément anatomique, d'une tumeur. *Cellules du stroma. Stroma cornéen.*

STROMBE, ■ n. m. [stʀɔb] (lat. sav. [Linné] *strombum*, du gr. *strombos*, conque marine) **Zool.** Grand mollusque gastéropode des mers chaudes, dont la coquille est épaisse et largement fendue. *La coquille des strombes est spiralée.*

STROMBOLIEN, IENNE, ■ adj. [stʀɔboljɛ̃, jɛn] (*Stromboli*, volcan des îles Éoliennes) Qui concerne le Stromboli, en particulier du point de vue du type d'éruption qui caractérise ce volcan. *Les éruptions de type strombolien projettent des bombes incandescentes à des hauteurs de plusieurs centaines de mètres.*

STRONGYLE, ■ n. m. [stʀɔ̃ʒil] (gr. *strggulos*, rond, arrondi) **Zool.** Ver parasite nématode, qui est présent dans l'intestin de certains mammifères. *Strongyles gastro-intestinaux* ■ STRONGYLOSE, n. f. [stʀɔ̃ʒiloz]

STRONTIANE, n. f. [stʀɔ̃sjan] (*Strontian*, localité du comté d'Argyll, en Écosse, où ce minerai a été découvert) **Chim.** Substance alcaline découverte à Strontian, en Écosse.

STRONTIUM, n. m. [stʀɔ̃sjɔm] (angl. *strontia*, strontiane) **Chim.** Métal qui, uni à l'oxygène, produit la strontiane.

STROPHANTE, ■ n. m. [stʀofɑ̃t] (lat sav. [xixᵉ s.] *strophantus*, du gr. *strophos*, cordon) **Bot.** Plante des régions tropicales d'Afrique et d'Asie, dont les graines, toxiques, peuvent traiter certaines affections cardiaques.

STROPHE, n. f. [stʀɔf] (b. lat. *stropha*, gr. *strophê*, de *strephein*, tourner) Dans le théâtre ancien, la partie du chant qui répondait aux mouvements du chœur allant à droite. ◆ Ensemble de vers réunis dans un ordre déterminé. ◆ Stance d'une ode.

STRUCTURAL, ALE, ■ adj. [stʀyktyʀal] (*structure*) Qui concerne la structure. ■ *Géologie structurale*, étude des couches supérieures de la croûte terrestre. ■ Qui étudie une structure par l'analyse des éléments. ■ *Psychologie structurale*, qui décompose les processus mentaux. ■ Qui étudie les structures, qui relève du structuralisme. ■ STRUCTURALEMENT, adv. [stʀyktyʀal(ə)mɑ̃]

STRUCTURALISME, ■ n. m. [stʀyktyʀalism] (*structural*) Théorie qui fonde l'étude de faits sur leur structure. *Le structuralisme de Lévi-Strauss.* ■ **Ling.** Théorie qui envisage la langue comme une structure dans laquelle les différents éléments entretiennent des relations formelles. *Le structuralisme était à son sommet au milieu des années 1970.*

STRUCTURALISTE, ■ adj. [stʀyktyʀalist] (*structuralisme*) **Philos.** et ling. Qui a trait au structuralisme. *Constructivisme structuraliste. Théories structuralistes.* ◆ N. m. et n. f. Adepte du structuralisme. *Parmi les principaux structuralistes, on peut citer Lévi-Strauss, Althusser, Lacan et Foucault.*

STRUCTURANT, ANTE, ■ adj. [stʀyktyʀɑ̃, ɑ̃t] (*structurer*) Qui permet, favorise la structuration. *Un projet structurant.*

STRUCTURATION, ■ n. f. [stʀyktyʀasjɔ̃] (*structurer*) Fait d'acquérir une structure concrète ou abstraite. *Une structuration mentale.*

STRUCTURE, n. f. [stʀyktyʀ] (lat. *structura*, disposition, construction, de *struere*, disposer par couches, avec ordre) Manière dont un édifice est bâti. « *Remettons-nous les yeux à la structure du temple* », Bossuet. ◆ L'action de bâtir. « *Des moyens pour fournir à la structure des temples* », Massillon. ◆ Arrangement mécanique d'une substance minérale, d'une roche. ◆ *La structure d'un corps vivant, animal ou végétal*, l'arrangement des diverses parties de ce corps. ◆ Fig. *La structure d'un discours, d'une phrase, la* disposition, l'arrangement des parties d'un discours, d'une phrase. ■ Organisation complexe des différentes parties d'un ensemble, d'un système qui lui donne sa cohérence et sa stabilité. *La structure d'un État.*

STRUCTUREL, ELLE, ■ adj. [stʀyktyʀɛl] (*structure*) Qui concerne la structure. *Une analyse structurelle de la langue.* ■ Qui est déterminé par la structure. *Un changement structurel de l'économie s'est fait sentir avec le passage à l'euro.*

STRUCTURER, ■ v. tr. [stʀyktyʀe] (*structure*) Procurer une structure. ■ Organiser un plan, un travail. *Structurer les étapes d'un projet.* ■ Se structurer, v. pr. Acquérir une structure. *Il se structurait dans sa nouvelle vie professionnelle.* ■ STRUCTURANT, ANTE, adj. [stʀyktyʀɑ̃, ɑ̃t]

STRUDEL, ■ n. m. [ʃtʀudœl] (all. *Apfelstrudel*, tarte aux pommes) Pâtisserie d'origine autrichienne, composée principalement de pommes à la cannelle roulées à l'intérieur d'une pâte fine. *Une part de strudel.*

STRUTHINE, n. f. [stʀytin] (gr. *strouthion*, saponaire ou herbe à foulon) Voy. SAPONINE.

STRYCHNINE, n. f. [stʀiknin] (*strychnos*) **Chim.** Alcali végétal fort vénéneux.

STRYCHNOS, ■ n. m. [stʀiknos] (lat. impér. *strychnus*, gr. *strukhnos*, morelle) **Bot.** Arbre ou plante des régions tropicales d'Afrique et d'Asie, dont la sève contient des alcaloïdes très toxiques. *Le curare est obtenu à partir du strychnos.*

STRYGE, n. m. [stʀiʒ] (var. de *strige*) L'Académie donne le genre masculin et un *y* à ce mot, contrairement à l'étymologie, Voy. STRIGE.

ST, ST, interj. [sitsit] Dont on se sert pour appeler quelqu'un.

STUC, n. m. [styk] (ital. *stucco*, enduit à base de gypse, du longobard *stucchi*, croûte) « *En gâchant le plâtre avec une dissolution de colle forte, introduisant ensuite des matières colorées dans la masse lorsqu'elle est encore en bouillie, et la polissant lorsqu'elle est solide et appliquée sur les objets que l'on veut en recouvrir, on fait un enduit qui imite parfaitement le marbre, et qu'on connaît sous le nom de stuc* », Thénard. ◆ On fait aussi du stuc avec du marbre blanc pulvérisé et de la chaux. ■ STUQUER, v. tr. [styke]

STUCATEUR, n. m. [stykatœʀ] (ital. *stuccatore*, de *stuccare*, enduire de suif) Ouvrier qui travaille en stuc.

STUD-BOOK, ■ n. m. [stœdbuk] (mot angl. de *stud*, écurie, et *book*, registre) **Équit.** Registre dans lequel figurent le nom, la généalogie et les performances des pur-sang. *Édition annuelle des stud-books.*

STUDETTE, ■ n. f. [stydɛt] (*studio*) Petit studio. *Même les studettes se louent très cher à Paris.*

STUDIEUSEMENT, adv. [stydjøz(ə)mɑ̃] (*studieux*) Avec application.

STUDIEUX, EUSE, adj. [stydjø, øz] (lat. *studiosus*, qui a du goût pour, dévoué à, studieux, de *studium*, goût, passion, application à l'étude) Qui aime l'étude. *Un écolier studieux.* ◆ Il se dit aussi des choses. *Des loisirs studieux.*

STUDIO, ■ n. m. [stydjo] (mot angl., de l'ital. *studio*, atelier d'artiste ; anglo-amér. *studio* [*apartment*], petit appartement) Atelier d'artiste ou de photographe. *Un studio photo.* ■ Local ou entrepôt aménagé pour le tournage de scènes cinématographiques. *Les studios d'Hollywood.* ■ Local aménagé pour l'enregistrement de musique, d'émissions de radio ou de télévision. *Les studios télé.* ■ Salle de répétition de danse. *Un studio de danse.* ■ Petite salle de cinéma d'art et d'essai. ■ Appartement d'une seule pièce où le séjour fait aussi office de chambre à coucher. *Louer, acheter un studio. Studio avec kitchenette.*

STUKA, ■ n. m. [stuka] (all. *Sturzkampfflugzeug*, avion de combat) **Aviat.** Bombardier de combat allemand, apparu durant la Seconde Guerre mondiale, qui attaquait en piqué. *Les stukas harcèlent les colonnes soviétiques en déroute.*

STUPA ou **STOUPA**, ■ n. m. [stupa] (mot skr.) Monument funéraire sacré d'origine bouddhique en forme de dôme, contenant des reliques de Bouddha ou de personnages saints. *Les stupas sont le symbole du Bouddha lui-même.*

STUPÉFACTIF, IVE, adj. [stypefaktif, iv] (radic. de *stupéfaction*) ▷ **Méd.** Syn. de stupéfiant. ◁

STUPÉFACTION, n. f. [stypefaksjɔ̃] (lat. tardif *stupefactio*) Engourdissement d'une partie du corps. *Ce remède cause la stupéfaction.* ◆ Fig. Étonnement extraordinaire.

STUPÉFAIT, AITE, adj. [stypefɛ, ɛt] (lat. *stupefactus*, p. p. de *stupefacere*, étourdir, paralyser) À qui la surprise cause une sorte d'engourdissement.

STUPÉFIANT, ANTE, adj. [stypefjɑ̃, ɑ̃t] (*stupéfier*) **Méd.** Qui stupéfie. *Remède stupéfiant.* ◆ N. m. *Les narcotiques sont des stupéfiants.* ◆ Fig. *C'est stupéfiant.*

STUPÉFIÉ, ÉE, p. p. de stupéfier. [stypefje]

STUPÉFIER, v. tr. [stypefje] (lat. *stupefieri*, être interdit, stupéfait) **Méd.** Diminuer, suspendre le sentiment. *Le propre de l'opium est de stupéfier.* ◆ **Fig.** Causer une grande surprise.

STUPEUR, n. f. [stypœr] (lat. *stupor*, engourdissement, paralysie, de *stupere*, être engourdi, paralysé) **Méd.** Engourdissement général ; diminution de l'activité des facultés intellectuelles, accompagnée d'un air d'étonnement ou d'indifférence. ◆ **Fig.** Espèce d'immobilité causée par une grande surprise ou par une frayeur subite.

STUPIDE, adj. [stypid] (lat. *stupidus*, stupéfait, stupide, sot,) ▷ Frappé de stupeur. « *Je demeure stupide* », P. Corneille. ◁ ◆ **Par extens.** D'un esprit lourd et pesant. *Un homme stupide.* ◆ N. m. et n. f. *Un, une stupide.* ◆ Qui a le caractère de la stupidité. *Un silence stupide. Une stupide insensibilité.*

STUPIDEMENT, adv. [stypid(ə)mɑ̃] (*stupide*) D'une manière stupide.

STUPIDITÉ, n. f. [stypidite] (lat. *stupiditas*) Privation d'esprit et de jugement. ◆ Parole, action stupide.

STUPRE, ■ n. m. [stypʀ] (lat. *stuprum*, déshonneur, violence) Débauche honteuse, dégradante. *Vivre dans le stupre et la luxure.*

STUQUER, ■ v. tr. [styke] (*stuc*) Appliquer du stuc. *Stuquer un plafond.*

STURNIDÉ, ■ n. m. [styʀnide] (lat. *sturnus*, étourneau) **Zool.** Oiseau passéridé dont le type est l'étourneau. *Les sturnidés forment une famille.*

STYGMATE, STYGMATISER, [stigmat, stigmatize] (var. de *stigmate*, *stigmatiser*) Voy. STIGMATE, Voy. STIGMATISER.

STYLE, n. m. [stil] (lat. *stilus*, tige pointue, poinçon, style ; sens bot., gr. *stulos*, colonne) Poinçon en métal, en ivoire ou en os, pointu par un bout et aplati par l'autre, avec lequel les anciens écrivaient sur de la cire ou sur tout autre enduit mou. ◆ Tige qui produit l'ombre dans les gnomons et les cadrans solaires. ◆ **Bot.** Partie du pistil placée au sommet de l'ovaire et portant le stigmate. ◆ Le langage considéré relativement à ce qu'il a de caractéristique ou de particulier pour la syntaxe et même pour le vocabulaire, dans ce qu'une personne dit et surtout dans ce qu'elle écrit. *Un style parfait.* « *Le style est l'homme même* », Buffon. ◆ *Du même style,* sans changer de ton. ◆ ▷ *Prendre même style,* être sur le même ton. ◁ ◆ *Se mettre sur le haut style,* parler d'un ton ampoulé. ◁ ◆ ▷ *Les trois styles,* le simple, le tempéré et le sublime. ◁ ◆ *Il n'a point de style,* il n'a point une manière d'écrire qui soit à lui, et aussi il écrit sans art. ◆ *Les finesses, les grâces du style,* certains arrangements, certains tours qui donnent de la grâce, de la finesse au style. ◆ *Style de l'Écriture,* les expressions, les formes de langage usitées dans la Bible. ◆ *Style du palais,* les formules selon lesquelles on dresse les actes judiciaires. ◆ ▷ *Style de palais,* les termes dont on ne se sert que dans les procédures et les plaidoiries. ◁ ◆ On dit même *style de pratique, style de chancellerie, etc.* ◁ **Bx-arts** Caractère de la composition et de l'exécution. *Cette peinture est de bon style. Le style hardi des églises gothiques.* ◆ **Absol.** L'art d'ennoblir le vrai. *Avoir du style.* ◆ Caractère général des œuvres des artistes d'une même époque. ◆ Caractère général des œuvres d'un artiste. *Le style du Poussin.* ◆ ▷ La manière de procéder en justice (sens vieilli). *Le style du parlement, des finances, etc.* ◁ ◆ Manière d'envisager ou de présenter les choses, façon d'agir. *Ce langage à comprendre est assez difficile, Madame ; et vous parliez tantôt d'un autre style* », Molière. ◆ ▷ *Vieux style, ancien style,* manière de compter dans le calendrier (il retardait de dix jours) avant sa réformation par Grégoire XIII ; *nouveau style,* la manière dont on compte depuis cette réformation. ◁ ■ *De style,* qui appartient à une époque ancienne définie. *Des meubles de style.* ◆ Manière personnelle d'être, de se comporter, de s'habiller. *Changer de style de vie. Cette jupe est tout à fait ton style.* ■ Façon particulière de pratiquer un sport en conciliant l'efficacité et la beauté. *Un joueur de tennis qui a du style.*

1 **STYLÉ, ÉE**, adj. [stile] (*style*) **Sc.** Qui est muni d'un style, d'un long style.

2 **STYLÉ, ÉE**, p. p. de styler. [stile] *Il est fort stylé dans les affaires.* « *Tant ces nouveaux réformateurs étaient peu stylés à enseigner précisément ce qu'il fallait croire* », Bossuet.

STYLER, v. tr. [stile] (*style*) **Fam.** Dresser, habituer, faire la leçon. « *Prends soin de bien styler notre homme* », La Fontaine.

STYLET, n. m. [stilɛ] (selon le sens, ital. *stiletto*, de *stile*, poignard, du lat. *stilus* ou *style*) Sorte de poignard dont la lame est triangulaire et très menue. ◆ **Fig.** « *Ces gens qui n'ont jamais su combattre qu'avec le stylet de la calomnie* », Mirabeau. ◆ **Bot.** Division du style. ◆ **Chir.** Petite tige métallique très fine et flexible, terminée à l'une de ses extrémités par un petit bouton olivaire, et quelquefois percée à l'autre d'un chas. ■ **Zool.** Pièce buccale allongée et rigide chez les insectes piqueurs et suceurs.

STYLISATION, ■ n. f. [stilizasjɔ̃] (*styliser*) Action de styliser ; résultat de cette action. *La stylisation visuelle est la marque de certains films japonais.*

STYLISER, ■ v. tr. [stilize] (*style*) Représenter quelque chose en simplifiant la forme à l'extrême. *Une housse de couette imprimée de végétaux stylisés.* ■ Donner un style. *Styliser l'arrière-plan de ses messages électroniques.*

STYLISME, n. m. [stilism] (*style*) **Néolog.** Souci exclusif de la phrase, sollicitude excessive pour la forme du style. ■ Activité, profession de styliste. ■ Rem. N'est plus un néologisme aujourd'hui.

STYLISTE, n. m. [stilist] (*style*) **Néolog.** Écrivain qui a du style. ◆ Écrivain qui a un soin exclusif du style. ◆ N. m. et n. f. Personne dont l'activité consiste à créer et à produire des modèles et des lignes dans les métiers du textile et de la mode. *Une styliste modéliste.*

STYLISTIQUE, ■ adj. [stilistik] (all. *Stilistik*, de *Stil*, style) **Ling.** Qui se rapporte à la façon de s'exprimer, plus particulièrement à l'écrit. *Procédés stylistiques.* ■ N. f. Étude du style, des procédés littéraires d'un auteur. ■ Comparaison des moyens d'expression entre plusieurs langues. *La stylistique comparée.* ■ STYLISTICIEN, IENNE, n. m. et n. f. [stilistisjɛ̃, jɛn]

STYLITE, n. m. [stilit] (gr. chrét. *stulitês*, de *stulos*, colonne) Surnom donné à quelques solitaires chrétiens qui avaient placé leurs cellules au-dessus de portiques ou de colonnes. ◆ N. m. et n. f. *Un stylite.*

STYLO, ■ n. m. [stilo] (apocope de *stylographe*) Instrument d'écriture, souvent jetable, muni d'un réservoir d'encre et dont la pointe est formée d'une petite bille ou d'un feutre. *Stylo-bille, stylo-feutre, stylo-mine.* « *L'acte d'écrire peut ouvrir tant de portes, comme si un stylo n'était pas vraiment une plume mais une étrange variété de passe-partout* », King.

STYLOBATE, n. m. [stilobat] (gr. *stulobatês*, de *stulos*, colonne, et *batos*, où l'on peut aller) **Archit.** Soubassement qui porte des colonnes. ◆ Plinthe.

STYLOÏDE, ■ adj. [stiloid] (gr. *stuloeidês*, en forme de pointe, de *stulos*, pointe [infl. du lat. *stilus*], et *eidos*, aspect) **Anat.** Fin et allongé comme un stylet. *Apophyse styloïde. La styloïde cubitale.*

STYPTIQUE, adj. [stiptik] (lat. impér. *stypticus*, gr. *stuptikos*, de *stuphein*, resserrer) **Méd.** Qui a la vertu de resserrer. *Sel d'une saveur styptique.* ◆ N. m. *Un styptique.*

STYRAX, n. m. [stiraks] (lat. impér. *styrax*, gr. *sturax*) **Bot.** Nom du genre de plantes appelé aussi *aliboufier.* ◆ Baume, Voy. STORAX.

STYRÈNE, ■ n. m. [stirɛn] (*styrolène*, du radic. de *styrax*, suff. *-ol*, et *-ène*) **Chim.** Hydrocarbure benzénique, composé aromatique utilisé dans l'industrie des matières plastiques. *L'inhalation de styrène est fortement neurotoxique.*

1 **SU**, n. m. [sy] (substantivation du p. p. de *savoir*) Connaissance. ◆ *Au vu et au su* ou simplement *au su,* à la connaissance de. *Au su de tous.*

2 **SU, UE**, p. p. de savoir. [sy]

SUAGE, ■ n. m. [sɥaʒ] (*suer*) Humidité d'une bûche sortant par les deux bouts à la chaleur d'un feu. *Le suage s'accompage de fumée.* ◆ Action de faire suer un aliment en cours de cuisson. *Ralentir le feu pour faciliter le suage des viandes.*

SUAIRE, n. m. [sɥɛr] (lat. *sudarium*, mouchoir, lat. chrét., suaire, de *sudare*, suer, être humide) Linceul pour ensevelir un mort. ◆ *Le saint suaire,* linge que l'on dit avoir servi à ensevelir Jésus-Christ. ◆ ▷ Petite représentation ou peinture du saint suaire.

SUANT, ANTE, adj. [sɥɑ̃, ɑ̃t] (*suer*) Qui sue. *Des mains suantes.* ◆ **Techn.** *Chaleur suante, chaude suante,* degré de chaleur qu'on donne au fer pour le souder. ■ **Fam.** Ennuyeux. *Il est suant !*

SUAVE, adj. [sɥav] (lat. *suavis*) Qui fait sur les sens une impression douce et flatteuse. *Un parfum, une mélodie suave. Un mets d'un goût suave.* ◆ **Peint.** *Coloris suave,* coloris doux et gracieux.

SUAVEMENT, adv. [sɥav(ə)mɑ̃] (*suave*) D'une manière suave.

SUAVITÉ, n. f. [sɥavite] (lat. *suavitas*) Qualité de ce qui est suave. *La suavité d'une odeur, d'une mélodie, etc.* ◆ Certaine douceur qui se fait sentir à l'âme quand Dieu la favorise. « *Dieu veut prendre le cœur par suavité* », Bossuet.

SUB..., [syb] (lat. *sub*, sous, au moment de) Préfixe qui est le latin *sub*, sous, et qui, dans le langage didactique, exprime soit la position en dessous, soit une espèce de diminutif, d'approximatif, comme : *subjacent, subdéléguer, subimbriqué, etc.*

SUBAÉRIEN, IENNE, ■ adj. [sybaerjɛ̃, jɛn] (*sub-* et *aérien*) Qui est en contact direct avec la couche inférieure de l'atmosphère, qui est exposé à l'air libre. *Érosion subaérienne. Laves subaériennes.*

SUBAIGU, UË ou **SUBAIGU, ÜE**, ■ adj. [sybegy] (*sub-* et *aigu*) **Méd.** Qui offre un aspect intermédiaire entre une forme aiguë et une forme chronique. *Affection cutanée subaiguë.*

SUBALPIN, INE, ■ adj. [sybalpɛ̃, in] (lat. impér. *subalpinus*) **Géogr.** Qui est situé en bordure de la chaîne des Alpes. *Flore subalpine.*

SUBALTERNE, adj. [sybaltɛʀn] (b. lat. *subalternus* [t. de logique]) Qui est dans un rang inférieur, dans une position subordonnée. *Des employés subalternes.* ✦ **Fig.** *Un esprit, un homme subalterne,* un homme d'une capacité médiocre. ✦ Qui appartient à celui qui est dans un rang subordonné. *Des emplois subalternes.* ✦ **Fig.** « *Notre jugement ne doit pas toujours être subalterne de celui des Grecs et des Romains* », BALZAC. ✦ ▷ On dit aussi *subalterne à.* ◁ ✦ **N. m. et n. f.** Personne placée en un rang subordonné. ✦ **N. m.** État de subalternité.

SUBALTERNEMENT, adv. [sybaltɛʀnəmɑ̃] (*subalterne*) ▷ En subalterne. ◁

SUBALTERNISER, v. tr. [sybaltɛʀnize] (*subalterne*) ▷ Néolog. Mettre dans une position subalterne ; placer au-dessous. ◁

SUBALTERNITÉ, n. f. [sybaltɛʀnite] (*subalterne*) ▷ État de ce qui est inférieur ; état de subalterne. ◁

SUBAQUATIQUE, ■ adj. [sybakwatik] (*sub-* et *aquatique*) Qui vit, qui se fait sous l'eau. *Plante subaquatique. Photographie subaquatique.*

SUBATOMIQUE, ■ adj. [sybatomik] (*sub-* et *atomique*) **Phys.** *Particules subatomiques,* particules de dimension inférieure à celle des atomes.

SUBCARPATIQUE, ■ adj. [sypkaʀpatik] (*sub-* et *Carpate*) **Géogr.** Qui est situé en bordure de la chaîne des Carpates. *Régions subcarpatiques.*

SUBCONSCIENT, ENTE, ■ adj. [sypkɔ̃sjɑ̃, ɑ̃t] (*sub-* et *conscient*) Ressenti faiblement. ■ Qui n'est pas saisi par la conscience mais apte à l'être. *Des sensations subconscientes.* ■ **N. m.** État psychique entre le conscient et l'inconscient. « *Ses formes modelées par nos pensées secrètes Deviennent œuvre d'art qu'un subconscient a faite* », AZNAVOUR.

SUBDÉLÉGATION, n. f. [sybdelegasjɔ̃] (*subdéléguer*) Action de subdéléguer. ✦ ▷ Anciennement, fonctions de certains administrateurs subordonnés aux intendants des provinces. ◁ ✦ ▷ District assigné à ces administrateurs. ◁

SUBDÉLÉGUÉ, ÉE, p. p. de subdéléguer. [sybdelege] **N. m.** Celui qu'une personne revêtue de quelque autorité a commis pour agir, négocier en sa place. *Les intendants des provinces avaient des subdélégués.*

SUBDÉLÉGUER, v. tr. [sybdelege] (*sub-* et *déléguer*) Il se dit d'un homme investi de quelque autorité publique qui commet quelqu'un pour agir en sa place. ■ **REM.** On disait aussi *sous-déléguer* autrefois.

SUBDÉSERTIQUE, ■ adj. [sybdezɛʀtik] (*sub-* et *désertique*) Dont les conditions climatiques et géographiques sont proches de celles du désert. *Steppes subdésertiques.*

SUBDIVISÉ, ÉE, p. p. de subdiviser. [sybdivize]

SUBDIVISER, v. tr. [sybdivize] (*sub-* et *diviser*) Diviser quelque partie d'un tout déjà divisé. *Subdiviser un chapitre en paragraphes.* ✦ **Absol.** *Subdiviser à l'infini.* ✦ *Se subdiviser,* v. pr. Être subdivisé. ■ **REM.** On disait aussi *sousdiviser* ou *soudiviser* autrefois : « *Sous-diviser les genres en espèces* », BUFFON.

SUBDIVISION, n. f. [sybdivizjɔ̃] (b. lat. *subdivisio*) Division d'une des parties d'un tout déjà divisé. ■ **REM.** On disait aussi *sous-division* ou *soudivision* autrefois. ■ **SUBDIVISIONNAIRE**, adj. [sybdivizjɔnɛʀ]

SUBDUCTION, ■ n. f. [sybdyksjɔ̃] (lat. *subductio,* action de tirer les navires sur le rivage, de *subducere,* tirer de dessous) **Géol.** Glissement d'une plaque océanique lithosphérique sous une plaque continentale moins dense. *Le phénomène de subduction peut provoquer d'importants séismes.*

SUBÉQUATORIAL, ALE, ■ adj. [sybekwatoʀjal] (*sub-* et *équatorial*) Dont les conditions climatiques et géographiques sont proches de celles de l'Équateur. *Végétation subéquatoriale. Climats subéquatoriaux.*

SUBER, ■ n. m. [sybɛʀ] (mot latin, bouchon de liège) **Acoust.** Liège. *Le suber est un tissu secondaire de l'arbre qui atteint deux à trois centimètres d'épaisseur.*

SUBÉREUX, EUSE, adj. [sybeʀø, øz] (*suber*) **Bot.** Qui a la consistance du liège. *Les cellules subéreuses.* ✦ *Partie subéreuse* ou *liège,* partie extérieure de l'écorce qui prend une couleur plus foncée, cesse de participer à l'activité vitale, et souvent est complètement desséchée.

SUBÉRINE, ■ n. f. [sybeʀin] (*suber*) **Chim.** Polymère de surface des cellules de certains végétaux, en particulier du liège. *La subérine est la partie noble du liège.*

SUBHASTATION, n. f. [sybastasjɔ̃] (b. lat. jurid. *subhastatio,* vente à l'encan) **Vieilli** Vente de meubles ou d'immeubles qui se faisait à cri public, par autorité de justice, au plus offrant et dernier enchérisseur.

SUBHASTER, v. tr. [sybaste] (b. lat. jurid. *subhastare,* vendre à la criée, de *hasta,* lance, vente publique annoncée par un pique enfoncée en terre) **Vieilli** Vendre par subhastation.

SUBI, IE, p. p. de subir. [sybi]

SUBINTRANT, ANTE, adj. [sybɛ̃tʀɑ̃, ɑ̃t] (lat. chrét. *subintrans,* p. prés. de *subintrare,* s'introduire subrepticement,) **Méd.** Il se dit d'accès d'une maladie périodique qui empiètent les uns sur les autres, dont le suivant commence avant que le précédent soit complètement terminé. *Accès subintrants. Fièvre subintrante.*

SUBIR, v. tr. [sybiʀ] (lat. *subire,* aller sous, se chager de, subir) Passer, de gré ou de force, sous ce qui est prescrit, infligé. « *Le riche et l'indigent, l'imprudent et le sage, Sujets à même loi, subissent même sort* », J.-B. ROUSSEAU. ✦ *Subir la question,* être mis à la question. ✦ *Subir un interrogatoire,* répondre aux interrogations d'un juge devant lequel on comparaît. ✦ *Subir son jugement,* subir la peine à laquelle on a été condamné par un jugement. ✦ ▷ *Subir examen, un examen,* ◁ passer à l'examen suivant les formalités ordinaires. ✦ On dit de même *subir une épreuve.* ✦ **Fig.** *Cette constitution politique a subi l'épreuve du temps.* ✦ Il se dit des objets qui éprouvent changement, modification. *Les mœurs subirent une réforme.* ■ Devoir supporter une personne pénible. *Combien de temps devrons-nous encore vous subir?* ■ Se soumettre de son gré à. *Subir une opération chirurgicale.*

SUBIT, ITE, adj. [sybi, it] (lat. *subitus*) Qui survient tout à coup. *Accident subit. Mort subite.*

SUBITEMENT, adv. [sybit(ə)mɑ̃] (*subit*) D'une manière subite.

SUBITO, adv. [sybito] (mot lat., soudain) **Fam.** Subitement, tout à coup. *Il est parti subito.*

SUBJACENT, ENTE, adj. [sybʒasɑ̃, ɑ̃t] (lat. impér. *subjacens,* p. prés. de *subjacere,* être placé dessous) Qui est situé, placé au-dessous.

SUBJECTIF, IVE, adj. [sybʒɛktif, iv] (lat. impér. *subjectivus,* placé après, b. lat. qui se rapporte au sujet, lat. médiév., soumis) **Philos.** Qui a rapport au sujet. ✦ Il se dit, par opposition à *objectif,* de ce qui se passe dans l'intérieur de l'esprit. *Conceptions subjectives.* ✦ *Méthode subjective,* méthode dans laquelle le point de départ est une conception de l'esprit, qui pose à priori un certain principe métaphysique d'où il tire des déductions. ■ **N. m.** *Le subjectif,* ce qui est subjectif. ✦ **Gramm.** *Voix subjective,* la voix active. ✦ *Cas subjectif,* le nominatif. ■ Qui repose sur la sensibilité personnelle. *Un point de vue très subjectif.*

SUBJECTILE, ■ n. m. [sybʒɛktil] (lat. *subjectum,* supin de *subjicere,* mettre sous) **Techn.** Surface servant de support à une peinture, à un vernis. *Couche appliquée directement sur un subjectile absorbant.*

SUBJECTIVEMENT, adv. [sybʒɛktiv(ə)mɑ̃] (*subjectif*) **Philos.** D'une manière subjective.

SUBJECTIVER, v. tr. [sybʒɛktive] (*subjectif*) **Philos.** Rendre subjectif, considérer comme subjectif, faire dépendre du subjectif.

SUBJECTIVISME, ■ n. m. [sybʒɛktivism] (*subjectif*) Attitude d'une personne qui ignore l'objectivité et ne tient compte que de ses propres sentiments ou opinions. ■ **Philos.** Théorie qui ramène les jugements de valeur ou de réalité à des états de conscience. *Auguste Comte rejetait le subjectivisme.* ■ **SUBJECTIVISTE**, adj. ou n. m. et n. f. [sybʒɛktivist]

SUBJECTIVITÉ, n. f. [sybʒɛktivite] (*subjectif* ; p.-ê. d'après l'all. *Subjektivität*) **Philos.** Qualité de ce qui est subjectif. ✦ Ensemble de ce qui est subjectif.

SUBJONCTIF, n. m. [sybʒɔ̃ktif] (b. lat. gramm. *subjunctivus,* qui sert à lier, du lat. *subjungere,* assujettir) **Gramm.** Mode du verbe qui exprime l'existence, l'état ou l'action dans un rapport de dépendance avec un autre verbe auquel il est soumis. ✦ **Adj.** *Le mode subjonctif.* ✦ **Adj.** Qui appartient au subjonctif. *Conjonctions subjonctives.*

SUBJUGUÉ, ÉE, p. p. de subjuguer. [sybʒyge] ✦ ▷ **N. m. et n. f.** « *Le nombre des subjugués est immense par rapport au nombre des vainqueurs* », VOLTAIRE. ◁

SUBJUGUER, v. tr. [sybʒyge] (b. lat. *subjugare,* faire passer sous le joug, soumettre, de *jugum,* joug) Mettre sous le joug, réduire en sujétion, par la force des armes. *Subjuguer un pays.* ✦ **Par extens.** Dompter un cheval. ✦ **Fig.** Exercer de l'empire, de l'ascendant. *Subjuguer les esprits.*

SUBJUGUEUR, n. m. [sybʒygœʀ] (*subjuguer*) ▷ Celui qui subjugue. « *Louis subjugueur de provinces* », LA FONTAINE. ◁

SUBLIMATION, n. f. [syblimasjɔ̃] (b. lat. *sublimatio,* action d'élever, lat. médiév. alch., action d'affiner) **Chim.** Opération par laquelle un corps solide, volatilisé par la chaleur dans un vase clos, arrive contre la paroi supérieure de ce vase, où il repasse à l'état solide et s'y fixe. ■ **Fig. et litt.** Action d'élever, de purifier.

SUBLIMATOIRE, n. m. [syblimatwaʀ] (*sublimer*) **Chim.** Vaisseau qui sert à la sublimation. ✦ **Alchim.** *Sublimatoire des philosophes,* l'œuf des sages dans lequel la pierre se cuit.

SUBLIME, adj. [syblim] (lat. *sublimis*, suspendu en l'air, élevé) ▷ **Anat. et méd.** *Muscles sublimes*, muscles plus superficiellement situés que leurs congénères, que l'on désigne alors par le nom de *profonds*. ◁ ♦ **Fig.** « *Le rang le plus sublime* », P. CORNEILLE. ♦ **Fig.** Qui s'élève à une grande hauteur intellectuelle ou morale, en parlant des personnes. *Un génie sublime.* ♦ Il se dit, dans le même sens, des choses intellectuelles et morales. *De sublimes verités.* ♦ *Style sublime*, Voy. STYLE. ♦ **N. m.** Ce qu'il y a de grand, d'excellent dans le style, dans les sentiments, dans les actions. « *Le sublime se peut trouver dans une seule pensée, dans une seule figure, dans un seul tour de paroles* », BOILEAU. ♦ **Bx-arts** Le beau à un degré très éminent, en un sujet grave. ♦ **Fam.** Ce qu'il y a de mieux. « *Le sublime de l'administration est de connaître quelle est la partie du pouvoir que l'on doit employer dans les diverses circonstances* », MONTESQUIEU.

SUBLIMÉ, ÉE, p. p. de sublimer. [syblime] ♦ **N. m. Chim.** Le produit de la sublimation. ♦ *Sublimé doux*, le calomel ; *sublimé corrosif*, le deutochlorure de mercure.

SUBLIMEMENT, adv. [syblim(ə)mã] (*sublime*) D'une manière sublime.

SUBLIMER, v. tr. [syblime] (lat. *sublimare*, élever, b. lat., exalter) **Chim.** Élever dans une cornue ou dans un espace libre, par le moyen de la chaleur, les parties volatiles d'une substance sèche et les recueillir. ♦ Il se dit quelquefois abusivement pour *vaporiser*. ♦ Se sublimer, v. pr. Être sublimé. ♦ **Fig.** et **litt.** Élever, purifier, idéaliser. *La biographie de cet acteur le sublime un peu trop.* ■ **Psych.** Transposer des tendances inexprimables sur un plan socialement acceptable. *Sublimer ses instincts.*

SUBLIMINAL, ALE, ■ adj. [sybliminal] (mot angl., de *sub-*, infériorité, et lat. *limen*, génit. *liminis*, seuil) Qui est reçu au-delà de toute conscience. *Des messages subliminaux.*

SUBLIMISER, v. tr. [syblimize] (*sublimer*) Rendre sublime. ♦ Se sublimiser, v. pr. Devenir sublime.

SUBLIMITÉ, n. f. [syblimite] (lat. impér. *sublimitas*, hauteur, grandeur) Qualité de ce qui est sublime. *La sublimité des pensées, du langage.* « *Content d'avoir montré dans un seul genre la richesse et la sublimité de son esprit* », VAUVENARGUES. ♦ Exaltation dans la spiritualité.

SUBLINGUAL, ALE, adj. [syblɛ̃gwal] (*sub-* et *lingual*) **Anat.** Qui est situé sous la langue. *Glande sublinguale.*

SUBLUNAIRE, adj. [syblynɛʀ] (*sub-* et *lunaire*) ▷ Qui est entre la Terre et l'orbite de la Lune. ♦ *Le globe, le monde sublunaire*, la Terre et son atmosphère. ◁

SUBMERGÉ, ÉE, p. p. de submerger. [sybmɛʀʒe]

SUBMERGEMENT, n. m. [sybmɛʀʒəmã] (*submerger*) ▷ Action de submerger. « *Le submergement de toute la Terre* », VOLTAIRE. ◁

SUBMERGER, v. tr. [sybmɛʀʒe] (lat. *submergere*) Couvrir d'eau. « *Combien de régions ont été submergées par les eaux du ciel !* », BARTHÉLEMY. ♦ Plonger entièrement dans l'eau. *Submerger un vaisseau.* ♦ **Fig.** « *La douleur l'avait submergé* », BERNARDIN DE SAINT-PIERRE. ♦ Se submerger, v. pr. Aller au fond de l'eau.

SUBMERSIBLE, adj. [sybmɛʀsibl] (lat. *submersum*, supin de *submergere*) Qui peut être submergé. ■ **N. m.** Sous-marin.

SUBMERSION, n. f. [sybmɛʀsjõ] (b. lat. *submersio*) Action de plonger ou d'être entièrement plongé dans un liquide. *La submersion d'un navire.* ♦ *Mort par submersion*, celle des noyés. ♦ Grande et forte inondation. *La rupture des digues causa la submersion du pays.*

SUBODORÉ, ÉE, p. p. de subodorer. [sybodore]

SUBODORER, v. tr. [sybodore] (lat. mod. [XVIᵉ s.] *subodorari*) ▷ Peu usité. Sentir de loin à la trace. ◁ ♦ **Fig.** Se douter de quelque chose. *Subodorer une intrigue.*

SUBORDINATION, n. f. [sybɔʀdinasjõ] (b. lat. *subordinatio*, délégation, de *sub-* et lat. impér. *ordinatio*, action de mettre en ordre) Certain ordre établi entre les personnes et qui fait que les unes dépendent des autres. *La subordination maintient la discipline dans les armées.* ♦ Dépendance d'une personne à l'égard d'une autre. « *Rien ne donne plus de force aux lois que la subordination extrême des citoyens aux magistrats* », MONTESQUIEU. ♦ Dépendance où certaines choses sont à l'égard de quelques autres. *La subordination de la pharmacie à la médecine, de la gravure à la peinture, etc.* ♦ **Gramm.** La dépendance d'un verbe par rapport à un autre mot de la même phrase.

SUBORDONNANT, ANTE, adj. [sybɔʀdɔnã, ãt] (*subordonner*) Qui subordonne. ♦ *Conjonction subordonnante*, celle qui joint deux propositions, en subordonnant l'une à l'autre. ■ **N. m.** *Les pronoms relatifs sont des subordonnants.*

SUBORDONNÉ, ÉE, p. p. de subordonner. [sybɔʀdɔne] Qui est dans un ordre de dépendance. « *C'est aux hommes subordonnés à se contraindre ; les rois ne s'y croient pas obligés* », DUCLOS. ♦ **N. m.** et **n. f.** *Cet homme est dur envers ses subordonnés.* ♦ Il se dit des choses. « *Il y a une prudence humaine qui n'est point contraire à la sagesse évangélique, pourvu qu'elle lui soit subordonnée* », BOURDALOUE. ♦ **Gramm.** *Proposition subordonnée*, celle qui par la syntaxe dépend d'une proposition antécédente.

SUBORDONNÉMENT, adv. [sybɔʀdɔnemã] (*subordonné*) ▷ En sous-ordre. *Se mêler d'affaires subordonnément.* ♦ Dans un rapport de dépendance. « *Deux causes peuvent agir subordonnément* », BOSSUET. ◁

SUBORDONNER, v. tr. [sybɔʀdɔne] (lat. médiév. *subordinare*, sur le modèle de *ordonner*) Établir un ordre de dépendance de l'inférieur au supérieur. « *La misère attachée à notre espèce subordonne un homme à un autre homme* », VOLTAIRE. ♦ En parlant des choses, y établir un ordre de dépendance. *La syntaxe subordonne certaines propositions à d'autres.* « *C'est subordonner la peinture à la poésie que de la consacrer à des sujets traités par les grands poètes* », MME DE STAËL. ♦ Se subordonner, v. pr. Accepter la dépendance d'un supérieur.

SUBORNATION, n. f. [sybɔʀnasjõ] (lat. médiév. *subornatio*) Action de suborner. *Subornation de témoins.*

SUBORNÉ, ÉE, p. p. de suborner. [sybɔʀne]

SUBORNEMENT, n. m. [sybɔʀnəmã] (*suborner*) ▷ Le même que *subornation*. ◁

SUBORNER, v. tr. [sybɔʀne] (lat. *subornare*, pourvoir, préparer en secret, suborner) Porter à faire une action contre le devoir, une mauvaise action. *Suborner des témoins, des assassins, etc.*

SUBORNEUR, EUSE, n. m. et n. f. [sybɔʀnœʀ, øz] (*suborner*) Celui, celle qui suborne. *Suborneur de témoins.* ♦ **Adj.** Qui séduit, trompe. « *Ce charme suborneur* », VOLTAIRE. ■ **N. m. Litt.** Homme qui séduit une jeune fille, une femme.

SUBRÉCARGUE, n. m. [sybʀekaʀg] (prob. ital. *sopraccarico*, de *sopra*, sur, et *carico*, cargaison) Nom qu'on donne à une personne qui a autorité sur la cargaison d'un navire, qui en représente le ou les propriétaires, et agit au nom de celui ou de ceux dont il a le mandat.

SUBRÉCOT, n. m. [sybʀeko] (provenç. *sobre-escot*, de *sobre*, sur, et *escot*, écot) ▷ **Fam.** Surplus de l'écot ; supplément de dépense. ♦ **Fig.** Demande imprévue qui vient par-dessus les autres. ◁

SUBREPTICE, adj. [sybʀɛptis] (lat. *subrepticius*, clandestin, de *subrepere*, se glisser sous) **Dr.** Obtenu sur un faux exposé. *Lettres, grâces, concessions subreptices.* ♦ **Par extens.** Qui est fait furtivement et illicitement. *Une édition subreptice.*

SUBREPTICEMENT, adv. [sybʀɛptis(ə)mã] (*subreptice*) D'une manière subreptice.

SUBREPTION, n. f. [sybʀɛpsjõ] (lat. impér. *subreptio*, friponnerie, de *subripere*, dérober furtivement) ▷ Surprise faite à un supérieur ; grâce obtenue sur un faux exposé. ♦ *Moyens d'obreption et de subreption*, moyens par lesquels on cherche à prouver que des lettres obtenues en chancellerie sont obreptices et subreptices. ◁

SUBROGATEUR, adj. [sybʀogatœʀ] (*subroger*) **Dr.** *Acte subrogateur*, acte qui subroge un rapporteur, un tuteur à un autre.

SUBROGATION, n. f. [sybʀogasjõ] (b. lat. *subrogatio*) **Dr.** Acte par lequel on subroge. *Assurer une hypothèque par subrogation. Subrogation de personnes, de choses.*

SUBROGATOIRE, adj. [sybʀogatwaʀ] (*subroger*) Qui subroge. *Acte subrogatoire.*

SUBROGÉ, ÉE, p. p. de subroger. [sybʀoʒe] ♦ **N. m.** et **n. f.** *Subrogé tuteur*, celui qui est nommé par les parents et par le juge pour veiller aux intérêts du mineur en tutelle, et surtout pour défendre ses droits quand les intérêts du mineur et de son tuteur sont opposés.

SUBROGER, v. tr. [sybʀoʒe] (lat. *subrogare*) **Dr.** Mettre en la place de quelqu'un. *Je vous ai subrogé en mes droits.* ♦ *Subroger un rapporteur*, nommer un juge en la place d'un autre qui était rapporteur. ♦ Il se dit aussi des choses en un sens analogue. *Immeubles qui sont subrogés en lieu et place d'immeubles aliénés.*

SUBSÉQUEMMENT, adv. [sypsekamã] (*subséquent*) **Dr.** Ensuite, après.

SUBSÉQUENT, ENTE, adj. [sypsekã, ãt] (lat. *subsequens*, p. prés. de *subsequi*, suivre immédiatement) Qui suit, qui vient après. *Les chapitres subséquents.*

SUBSIDE, n. m. [sypsid] (lat. *subsidium*, troupe de réserve, soutien, ressources) Secours d'argent que des sujets donnent à leur souverain. *On demanda tant au clergé par forme de subside.* ♦ Secours d'argent qu'un État donne à une puissance alliée, en conséquence des traités antérieurs. ◆ Levée de deniers faite pour les nécessités de l'État. « *Consumer en luxe les subsides tirés du travail et de la substance des pauvres* », Fléchier. ■ **N. m. pl.** Aide financière, subvention octroyée à quelqu'un. *Mendier quelques subsides. Ne vivre que de subsides.*

SUBSIDENCE, ■ n. f. [sypsidãs] (lat. impér. *subsidentia*, dépôt, sédiment, de *subsidere*, tomber au fond) **Géol.** Affaissement lent de la croûte terrestre, entraînant une sédimentation continue importante sous une faible épaisseur d'eau. *Subsidence tectonique.* ◆ **Météorol.** Descente lente d'une masse d'air. *La subsidence s'oppose à l'ascendance.*

SUBSIDIAIRE, adj. [sybzidjɛr] (lat. *subsidiarius*, qui forme la réserve) Qui vient en aide à quelque chose de principal. *Des raisons subsidiaires.* ◆ **Dr.** Qui sert à fortifier un moyen principal ; qui est allégué à la suite de raisons déjà employées. *Des moyens subsidiaires.* ◆ *Conclusions subsidiaires,* conclusions conditionnelles qu'on prend en second lieu, et pour le cas seulement où les conclusions principales ne seraient pas adjugées. ◆ *Hypothèque subsidiaire,* seconde hypothèque qui sert à assurer davantage la première, et qui n'a d'effet qu'à défaut de l'autre. ■ *Question subsidiaire,* question supplémentaire visant à départager les concurrents *ex æquo.*

SUBSIDIAIREMENT, adv. [sybzidjɛr(ə)mã] **Dr.** D'une manière subsidiaire, en second lieu.

SUBSIDIARITÉ, ■ n. f. [sybzidjarite] (*subsidiaire*) Caractère de ce qui est subsidiaire. ◆ **Dr.** *Principe de subsidiarité,* principe qui consiste à réserver uniquement à l'échelon supérieur ce que l'échelon inférieur ne pourrait effectuer que de manière moins efficace. *Le principe de subsidiarité s'applique entre la Communauté européenne et les États membres.*

SUBSISTANCE, n. f. [sybzistãs] (*subsister* ; cf. lat. ecclés. *subsistentia*, substance, essence) Nourriture et entretien. *Tirer sa subsistance de son travail.* ◆ Au pl. Ce qui est nécessaire pour l'alimentation d'une contrée. ◆ Tout ce qui est nécessaire à la nourriture d'une armée. ◆ **Admin. et milit.** *Mettre un homme en subsistance dans un régiment,* nourrir et solder un soldat isolé qui a été recueilli dans un régiment, jusqu'à ce qu'il puisse rejoindre son corps.

SUBSISTANT, ANTE, adj. [sybzistã, ãt] (*subsister*) Qui subsiste. « *Remonter par la seule force des faits subsistants à la vérité historique des faits ensevelis* », Buffon. ◆ **N. m. Admin. et milit.** *Un subsistant,* un homme qui est mis en subsistance.

SUBSISTER, v. intr. [sybziste] (lat. *subsistere*, s'arrêter, demeurer, résister) En parlant des choses, exister encore, continuer d'être. « *Les deux grands empires d'Occident et d'Orient sont anéantis, et les ouvrages de Virgile et d'Horace subsistent* », Voltaire. ◆ Il se dit des peuples en un sens analogue. « *Les Juifs subsistent toujours* », Pascal. ◆ Il se dit également des races d'animaux. « *Les ossements conservés dans le sein de la terre présentent des espèces d'animaux qui ne subsistent plus* », Buffon. ◆ Se maintenir, conserver sa position, son rang. « *Pour subsister en cour c'est la haute science* », P. Corneille. ◆ **Fig.** Il se dit de toutes les choses qui subsistent idéalement. *Ma remarque subsiste.* ◆ En parlant des personnes, vivre et s'entretenir. « *Cette ville subsiste uniquement du commerce étranger* », Voltaire. « *Turenne brûla les fours et une partie des campagnes de l'Alsace, pour empêcher les ennemis de subsister* », Voltaire.

SUBSTANCE, n. f. [sypstãs] (lat. impér. *substantia*, substance, être, essence) **Philos.** Ce qui subsiste par soi-même, à la différence de l'accident qui ne subsiste que dans un sujet. ◆ Il se dit, avec une épithète ou un complément, des êtres spirituels, par opposition aux êtres matériels. « *La substance qui pense* », Molière. ◆ Matière dont un corps est formé, et en vertu de laquelle il a des propriétés particulières. *Substance liquide, pierreuse, métallique, etc.* ◆ On dit qu' *un médicament est administré en substance,* quand on le donne dans son état naturel. ◆ ▷ **Absol.** Ce qu'il y a de nourrissant, de succulent en quelque chose. *Les plantes attirent la substance de la terre. Aliments qui ont peu de substance.* ◁ ◆ **Fig.** Ce qui nourrit l'esprit. *Il y a beaucoup de paroles et peu de substance dans ce discours.* ◆ Ce qu'il y a d'essentiel, d'important dans un écrit, un acte, une affaire, etc. « *Il ne me souvient peut-être pas des propres paroles ; mais je suis assuré que c'en était la substance* », Retz. ◆ Ce qui est absolument nécessaire pour la subsistance. « *On dévore la substance du pauvre* », Bourdaloue. ◆ **EN SUBSTANCE**, loc. adv. En gros, sommairement.

SUBSTANTIALISME, ■ n. m. [sypstãsjalism] (*substantiel*) **Philos.** Doctrine qui admet la permanence, l'essence des choses ou leur existence propre. *Le substantialisme s'oppose au phénoménisme.* ◆ La remise en cause du substantialisme. ■ SUBSTANTIALISTE, adj. ou n. m. et n. f. [sypstãsjalist]

SUBSTANTIALITÉ, ■ n. f. [sypstãsjalite] (b. lat. *substantialitas*) **Philos.** Caractère de ce qui a une existence propre. « *Nulle part la substantialité du changement n'est aussi visible, aussi palpable, que dans le domaine de la vie intérieure* », H. Bergson.

SUBSTANTIEL, ELLE, adj. [sypstãsjɛl] (lat. impér. *substantialis*) **Philos.** Qui appartient à la substance. ◆ Dans l'ancienne école, *formes substantielles,* ce qui détermine la matière à être une certaine chose. ◆ Qui est rempli de substance succulente, nourrissante. *Une nourriture substantielle.* ◆ **Fig.** Essentiel, important. *Des phrases substantielles.* ◆ Il se dit, dans le même sens, des ouvrages d'esprit. *Ce qu'il y a de substantiel dans un livre.*

SUBSTANTIELLEMENT, adv. [sypstãsjɛl(ə)mã] (*substantiel*) **Relig.** Quant à la substance. *Dans le sacrement de l'eucharistie, on reçoit le corps de Notre-Seigneur réellement et substantiellement.* ◆ En substance. ◆ **Philos.** Quant à la substance, à l'existence propre des choses.

SUBSTANTIF, adj. [sypstãtif] (lat. chrét. *substantivus*, substantiel, b. lat. gramm. *substantivum verbum*, substantif) ▷ Il se dit de tout nom d'être désigné par l'idée de sa nature, de sa substance. *Soleil, courage sont des noms substantifs.* ◁ ◆ *Finale substantive,* finale qui appartient à des substantifs. *Ance est une finale substantive.* ◆ **N. m.** *Le substantif.* ◆ ▷ *Le verbe substantif,* le verbe être. ◁ ◆ **Gramm.** Relatif au nom. *Construction substantive.* ◆ **N. m.** Mot ou groupe de mots qui possède un genre et un nombre et qui peut se combiner avec d'autres mots tels que des articles, des adjectifs. Voy. NOM *Le mot* chambre *est un substantif féminin.*

SUBSTANTIFIÉ, ÉE, p. p. de substantifier. [sypstãtifje]

SUBSTANTIFIER, v. tr. [sypstãtifje] (*substantif*) ▷ Faire d'un mot un substantif. « *L'article substantifie et modifie des mots de toute espèce, comme le dîner, le vrai, etc.* », d'Olivet. ■ On emploie auj. *substantiver.* ◁

SUBSTANTIFIQUE, ■ adj. [sypstãtifik] (lat. *substantia*) Relatif à ce qu'il y a de plus riche en substance dans un écrit. « *La substantifique moelle* », Rabelais.

SUBSTANTIVEMENT, adv. [sypstãtiv(ə)mã] (*substantif*) En manière de substantif.

SUBSTANTIVER, ■ v. tr. [sypstãtive] (*substantif*) Transformer en substantif un mot n'appartenant pas à cette catégorie grammaticale. *Substantiver un verbe.* ■ SUBSTANTIVATION, n. f. [sypstãtivasjɔ̃]

SUBSTITUANT, n. m. [sypstituɑ̃] (*substituer*) ▷ Il se disait autrefois du remplaçant d'un soldat autorisé à ne pas servir en personne. ◆ Aujourd'hui, celui qui fait un échange de numéro avec un jeune conscrit appartenant à la même classe. ◁

SUBSTITUÉ, ÉE, p. p. de substituer. [sypstitɥe] ◆ *Biens substitués,* biens transmis par substitution. ◆ ▷ **N. m.** *Le substitué,* celui qui est héritier par substitution. ◁ ◆ **N. m.** Celui qui a un substituant dans l'armée. ◁

SUBSTITUER, v. tr. [sypstitɥe] (lat. *substituere*) Mettre une chose, une personne à la place d'une autre. *Substituer une chose à une autre, quelqu'un en la place d'un autre.* ◆ **Jurispr.** Appeler quelqu'un à une succession après un autre héritier ou à son défaut. ◆ Il se dit de même des héritages qu'on laisse par substitution. *Il avait substitué cette terre aux aînés de sa maison.* ◆ Se substituer, v. pr. Se mettre en place de. ■ SUBSTITUABLE, adj. [sypstitɥabl] *Un élément substituable à un autre.*

SUBSTITUT, n. m. [sypstity] (lat. *substitutus*, p. p. de *substituere*) Celui qui tient la place ou qui exerce les fonctions d'un autre, en cas d'absence ou d'empêchement. « *Chacun sait ce qui arrive quand le roi se donne des substituts* », J.-J. Rousseau. ◆ **Partic.** Magistrat chargé de remplacer au parquet le procureur général ou le procureur. ◆ *Substitut de repas,* préparation diététique qui remplace un repas. ◆ **Gramm.** Mot ou groupe de mots jouant un rôle de reprise. *Substitut nominal, pronominal.*

SUBSTITUTIF, IVE, ■ adj. [sypstitytif, iv] (lat. impér. *substitutivus*, conditionnel, subordonné) Qui peut remplacer quelque chose, qui peut avoir le même rôle. *Produit, système substitutif.* ◆ **Méd.** Qui est destiné à remplacer, à jouer le rôle d'un organe ou d'une fonction déficients. *Un traitement hormonal substitutif.* ◆ **Dr.** Se dit d'une peine pénale qui en remplace une autre. *Être condamné à une amende de cinq cents euros ou à une peine substitutive de huit jours d'emprisonnement.*

SUBSTITUTION, n. f. [sypstitysjɔ̃] (b. lat. *substitutio*) Action de mettre une chose, une personne à la place d'une autre. *Une substitution d'enfant.* ◆ **Jurispr.** Disposition par laquelle on appelle successivement un ou plusieurs héritiers à succéder, pour que celui qu'on a institué le premier ne puisse aliéner les biens sujets à la substitution. ◆ **Mus.** Artifice d'harmonie qui consiste à substituer, dans un accord de septième de dominante, la susdominante majeure ou mineure. ◆ **Alg.** Remplacement d'une quantité par son expression ou sa valeur. ◆ **Chim.** Phénomène par lequel un élément qui fait partie d'une combinaison peut être remplacé par un autre élément, sans que le caractère de la combinaison soit entièrement changé. ◆ En termes d'administration militaire, action de présenter, lors du tirage pour le service militaire, un homme qui s'offre en place d'un homme tombé au sort. ◆ **Dr.** *Peine de substitution,* peine qui peut remplacer une peine d'emprisonnement. *Le travail d'intérêt général est une peine de substitution.*

♦ **Ling.** Remplacement d'un élément de la phrase par un autre. *Détermination des classes de morphèmes par des opérations de substitution.* ♦ **Écon.** Remplacement d'un produit commercial par un autre capable de répondre aux mêmes besoins du consommateur. *Les avantages d'un produit de substitution.* ♦ **Méd.** Traitement de la toxicomanie consistant à prendre sous contrôle médical un produit remplaçant la drogue. *Utilisation de la méthadone dans les traitements de substitution.*

SUBSTRAT, ▪ n. m. [sypstʁa] (lat. *substratum*, p. p. neutre de *substernere*, étendre dessous) La base, le fondement de quelque chose. ▪ **Ling.** Langue dont on repère les traces dans une autre langue qui l'a supplantée. *Le mot* chêne *appartient au substrat gaulois de la langue française.* ▪ **Géol.** Couche sous la couche étudiée. *Substrat rocheux.*

SUBSTRATUM, n. m. [sypstʁatɔm] (mot lat., p. p. neutre de *substernere*, étendre dessous) ▷ **Philos.** Ce qui existe dans les êtres indépendamment de leurs qualités et ce qui sert de support à celles-ci. ◁

SUBSTRUCTION ou **SUBSTRUCTURE**, n. f. [sypstʁyksjɔ̃, sypstʁyktyʁ] (lat. *substructio*, construction en sous-sol, de *sub*- et *structure*) Fondement d'un édifice, construction souterraine, construction sous-jacente. ♦ Se dit particulièrement des édifices antiques sur les ruines desquels on en a élevé de modernes.

SUBSUMER, ▪ v. tr. [sypsyme] (lat. scolast. *subsumere*, prendre sous) **Philos.** Penser un objet particulier comme un élément d'un ensemble. *Subsumer des phénomènes sous un même concept.*

SUBTERFUGE, n. m. [sypteʁfyʒ] (b. lat. *subterfugium*) Moyen détourné et artificieux pour se tirer d'embarras. « *L'esprit humain est fertile en détours, en subterfuges* », Fénelon.

SUBTIL, ILE, adj. [syptil] (lat. *subtilis*, fin, délié, délicat) ▷ Délié, fin, menu. *Un feu, un sang, un air subtil.* ◁ ♦ *La matière subtile*, matière imaginée par Descartes dans les tourbillons. ♦ ▷ Qui est de nature à pénétrer, à s'insinuer promptement. *Le vif-argent est fort subtil. Un poison subtil.* ◁ ♦ Il se dit des sens qui ont de l'acuité, quand on sent, voit, entend ce que les autres ne perçoivent que difficilement. *Avoir la vue subtile, l'ouïe subtile, etc.* ♦ ▷ Qui est adroit de la main, qui exécute avec une grande dextérité des tours de main. *Un subtil voleur. Main subtile pour escamoter.* ◁ ♦ On dit de même : *Ce tour, ce vol est subtil,* il est fait avec beaucoup d'adresse. ♦ Qui a dans l'esprit l'adresse exprimée pour la main par subtil. « *Un savant ingénieux* », Pascal. ♦ N. m. Personne subtile. ♦ En parlant des choses, fin, ingénieux, adroit. *Ruse subtile.* « *Les lois ne doivent point être subtiles, elles sont faites pour des gens de médiocre entendement* », Montesquieu. ♦ Trop raffiné, qui échappe à l'intelligence par un excès de finesse, en parlant des personnes et des choses. *Un philosophe subtil.* « *La différence est si subtile qu'à peine nous pouvons la marquer* », Pascal. ♦ N. m. Ce qu'il y a de subtil. *Viser au subtil.* ♦ Adj. Qui fait preuve de beaucoup de finesse et d'adresse, qui est capable de discerner des détails, des nuances. *Un acteur subtil.*

SUBTILEMENT, adv. [syptil(ə)mɑ̃] (*subtil*) D'une manière subtile, très adroite. *Raisonner subtilement. Dérober subtilement.*

SUBTILISATION, n. f. [syptilizasjɔ̃] (*subtiliser*, rendre subtil) ▷ En chimie ancienne, action de subtiliser certains liquides par la chaleur du feu. ◁ ▪ Action de dérober.

SUBTILISÉ, ÉE, p. p. de subtiliser. [syptilize]

SUBTILISER, v. tr. [syptilize] (*subtil*) Rendre subtil, délié, pénétrant. « *Que ne verrions-nous pas, si nous pouvions toujours subtiliser les instruments qui viennent au secours de notre vue trop faible et trop grossière?* », Fénelon. ♦ Fig. « *Nos poètes subtilisent et exagèrent le sentiment* », Mme de Staël. ♦ ▷ Fam. Attraper, tromper subtilement. ◁ ♦ Pop. Dérober par un tour adroit de la main. *On lui a subtilisé sa bourse.* ♦ V. intr. Raffiner, chercher beaucoup de finesse dans une question, dans une affaire. ♦ ▷ Se subtiliser, v. pr. Devenir plus subtil, plus ténu. ◁ ▷ Fig. Devenir plus intelligent. ◁ ▪ Rem. Aujourd'hui, il est vieilli dans le sens de *rendre subtil* et il n'est plus populaire dans celui de *dérober.*

SUBTILISEUR, n. m. [syptilizœʁ] (*subtiliser*, rendre subtil) ▷ Personne, écrivain qui aime à subtiliser. ◁

SUBTILITÉ, n. f. [syptilite] (lat. *subtilitas*, ténuité, pénétration) Qualité de ce qui est subtil ou de celui qui est subtil. *La subtilité du poison. La subtilité d'un escamoteur. Subtilité d'esprit. Vue, ouïe de la plus grande subtilité.* ♦ ▷ Ruse dans les affaires. « *La subtilité en affaires est bien voisine de la friponnerie* », Acad. ◁ ♦ Raisonnement, distinction subtils et difficiles à comprendre. *Se jeter dans des subtilités.*

SUBTROPICAL, ALE, ▪ adj. [syptʁopikal] (*sub*- et *tropical*) Qui est situé sous le tropique de l'hémisphère Nord. *Les pays subtropicaux.*

SUBULÉ, ÉE, adj. [sybyle] (lat. sav. [XVIIIᵉ s.] *subulatum*, du lat. *subula*, alêne) **Hist. nat.** Qui est en forme d'alêne, c'est-à-dire qui se rétrécit insensiblement depuis le milieu jusqu'au sommet.

SUBURBAIN, AINE, adj. [sybyʁbɛ̃, ɛn] (*sub*- et *urbain*) Qui entoure une ville ; qui est presque dans la ville. *Les quartiers suburbains de Lyon.*

SUBURBICAIRE, adj. [sybyʁbikɛʁ] (b. lat. *suburbicarius*, de *sub*, près, et *urbicarius*, de la ville) Se disait des villes soumises au gouvernement du préfet de Rome. ♦ Se dit des provinces d'Italie qui composent le diocèse de Rome et des églises établies dans ces provinces. *Provinces suburbicaires. Évêques suburbicaires.*

SUBVENIR, v. intr. [sybvəniʁ] (lat. *subvenire*, venir à la rescousse, venir en aide) Secourir, soulager. *Il faut subvenir charitablement aux misérables.* ♦ Pourvoir, suffire. *Il a subvenu à tout. Subvenir à des frais.*

SUBVENTION, n. f. [sybvɑ̃sjɔ̃] (b. lat. *subventio*, secours, aide) ▷ Secours d'argent accordé ou exigé pour subvenir à une dépense imprévue de l'État dans un cas pressant. ◁ ♦ Sous l'ancienne monarchie, le vingtième denier ou sol pour livre qu'on établit à titre de subvention sur les marchandises. ◁ ♦ Fonds accordés par le gouvernement pour soutenir une entreprise. *Ce théâtre, ce journal reçoit une subvention.* ♦ Tout fonds accordé d'une manière analogue.

SUBVENTIONNÉ, ÉE, p. p. de subventionner. [sybvɑ̃sjɔne]

SUBVENTIONNEL, ELLE, adj. [sybvɑ̃sjɔnɛl] (*subvention*) Qui appartient à une subvention ; qui forme une subvention.

SUBVENTIONNER, v. tr. [sybvɑ̃sjɔne] (*subvention*) Néolog. Donner une subvention, des secours d'argent. *Subventionner les théâtres.* ▪ Rem. Il n'est plus considéré comme un néologisme aujourd'hui.

SUBVERSIF, IVE, adj. [sybvɛʁsif, iv] (lat. *subversum*, supin de *subvertere*, renverser, bouleverser) Qui renverse, qui détruit, au moral. *Une doctrine subversive de toute morale.*

SUBVERSION, n. f. [sybvɛʁsjɔ̃] (b. lat. *subversio*) Action de subvertir. *La subversion des lois, de l'État.* ♦ Action de séduire, d'égarer. « *Ces prédications séditieuses tendent à la subversion des faibles et des ignorants* », Bossuet.

SUBVERTI, IE, p. p. de subvertir. [sybvɛʁti]

SUBVERTIR, v. tr. [sybvɛʁtiʁ] Mettre sens dessus dessous, renverser. *Subvertir l'État.*

SUBVERTISSEMENT, n. m. [sybvɛʁtis(ə)mɑ̃] (radic. du p. prés. de *subvertir*) ▷ État de ce qui est subverti. ◁

SUC, n. m. [syk] (lat. *suc[c]us*) Il se dit de certains liquides qui se trouvent dans les végétaux et dans la viande. *Le suc des viandes, des herbes.* ♦ Fig. « *Engraisse-toi, mon fils, du suc des malheureux* », Boileau. ♦ *Suc d'herbes,* vulgairement jus d'herbes, nom des sucs obtenus en pilant dans un mortier de marbre parties égales de feuilles fraîches de chicorée, de fumeterre, de bourrache et de cerfeuil. ◁ ♦ ▷ *Sucs épaissis,* sucs de plante qu'on a soumis à l'évaporation par le feu. ◁ ♦ *Suc de réglisse,* Voy. réglisse. ♦ Il se dit de certaines liqueurs qui se trouvent dans le corps des animaux et dans la terre. « *L'arbre qui ne tire presque plus de suc de la terre, peut-il tarder de sécher?* », Massillon. ♦ *Suc gastrique,* liquide acide sécrété par la membrane muqueuse de l'estomac et jouant dans la chylification le rôle de dissolvant. ♦ *Suc pancréatique,* Voy. pancréatique. ♦ Fig. Ce qu'il y a de substantiel dans un livre, une doctrine.

SUCCÉDANÉ, ÉE, adj. [syksedane] (lat. *succedaneus*, qui remplace, de *succedere*, venir à la place de) Méd. Se dit des médicaments qu'on peut substituer à d'autres, parce qu'ils ont à peu près les mêmes propriétés. ♦ N. m. *Un succédané.* ♦ Il s'emploie aussi dans les arts. *L'aspérule tinctoriale sert de succédané à la garance.* ▪ N. m. Produit de substitution. *La saccharine est un succédané du sucre.* ♦ Fig. Ce qui peut remplacer avec moins de brio. *Son film n'est que le succédané de l'œuvre du grand maître.*

SUCCÉDER, v. intr. [syksede] (lat. *succedere*, aller sous, succéder, aboutir à tel résultat) ▷ Aller sous, entrer dans. « *Tous les corps contigus résistent à l'effort qu'on fait pour les séparer, quand l'air ne peut succéder entre deux* », Pascal. ◁ ♦ Venir après, prendre la place de. « *L'inimitié succède à l'amitié trahie* », Racine. ♦ *Se succéder,* venir l'un après l'autre. *Les révolutions se sont succédé en France.* ♦ *Succéder à quelqu'un,* posséder après lui une charge, une dignité, etc. *Les enfants succèdent au père.* ♦ *Succéder à un royaume,* à *l'empire, à la couronne,* parvenir après un autre à la dignité royale, à l'empire, à la couronne. ♦ Impers. « *Et il succédera à sa place un homme méprisable et indigne des honneurs de la royauté* », Pascal. ♦ *Succéder à quelqu'un,* le remplacer en capacité, en talent, etc. ♦ *Succéder au crédit, à la faveur, aux honneurs de quelqu'un,* obtenir le même crédit, la même faveur, les mêmes honneurs. ♦ Recueillir l'héritage d'une personne par droit de parenté. « *Il sortait d'une famille, où les enfants aiment mieux succéder à la probité qu'à la fortune de leurs pères* », Fléchier. ♦ Arriver, advenir, avec quelque adverbe ou locution adverbiale qui détermine le sens. « *Quelque chose de bon nous pourra succéder* », MOLIÈRE. « *Il s'élèvera un roi insolent et fort auquel toutes choses succéderont à son gré* », PASCAL. ◆ ▷ Être favorable, réussir. « *Tout leur rit, tout leur succède* », LA BRUYÈRE. ◁

SUCCENTURIÉ, ÉE, ▪ adj. [syksɑ̃tyrje] (lat. sav. *succenturiatus,* qui remplace, du lat. *succenturiare,* ajouter pour compléter une centurie) **Zool.** *Ventricule succenturié,* une des poches de l'estomac des oiseaux qui correspond à un élargissement du tube digestif. *Le ventricule succenturié sécrète des enzymes digestives.*

SUCCÈS, n. m. [syksɛ] (lat. *successus,* avancée, succès) ▷ Progrès de ce qui se développe. « *Combien ne goûte-t-on pas de plaisir à observer le succès des arbres qu'on a entés dans un jardin!* », BOSSUET. ◁ ◆ ▷ Ce qui arrive, survient. « *Les mauvais succès sont les seuls maîtres qui peuvent nous reprendre utilement* », BOSSUET. « *J'ignore quel succès le sort garde à mes armes* », RACINE. ◁ ◆ ▷ Résultat. « *Daignez, je vous conjure, Attendre le succès qu'aura cette aventure* », MOLIÈRE. ◁ ◆ *Succès,* sans rien qui le détermine, se prend toujours en bonne part et se dit des avantages qu'on obtient. « *Les succès suffisent pour la réputation, mais non pas pour la gloire* », VOLTAIRE. ◆ Réussite dans les salons, dans le monde. ◆ Réussite durable, d'un objet. *Le succès d'une pièce de théâtre.* ◆ *Succès de circonstance,* succès dû surtout aux circonstances au milieu desquelles l'ouvrage qui l'obtient a paru. ◆ *Succès d'estime,* succès sans éclat qu'obtient un ouvrage seulement estimable. ◆ *Succès de vogue,* succès bruyant qui résulte plus souvent des circonstances ou de la mode que du mérite d'un ouvrage. ◆ *Succès d'enthousiasme, succès fou,* succès très vif et accompagné de manifestations passionnées du public. ◆ *Avec peu de succès,* infructueusement. ◆ *N'avoir pas un grand succès,* être assez mal accueilli. ◆ **Prov.** *Rien ne réussit comme le succès.* ◆ Ce qui a du succès. *Ce spectacle a été un grand succès.*

SUCCESSEUR, n. m. [syksɛsœr] (lat. *successor*) Celui qui succède à un autre dans une place, dans ses biens, dans son commerce, dans sa profession. ◆ **Fig.** Celui qui est capable de tenir la place de l'homme après qui il vient.

SUCCESSIBILITÉ, n. f. [syksɛsibilite] (*successible*) **Jurispr.** et **dr. polit.** Droit de succéder. *L'ordre de successibilité au trône.*

SUCCESSIBLE, adj. [syksɛsibl] (lat. *successum,* supin de *succedere,* succéder) **Jurispr.** Se dit d'un degré de parenté qui rend habile à succéder. *Parent au degré successible.* ◆ Il se dit aussi des personnes. *Celui qui est successible.* ◆ N. m. et n. f. *Le successible,* le parent au degré successible.

SUCCESSIF, IVE, adj. [syksesif, iv] (b. lat. *successivus,* qui succède) Il se dit de certaines choses dont les parties se suivent les unes les autres sans interruption. *Mouvement, progrès successif. L'ordre successif des nuits et des jours.* ◆ Il se dit de certaines choses qui arrivent à peu d'intervalle l'une de l'autre. *Des pertes successives.* ◆ **Jurispr.** *Droits successifs,* droits qu'on a à une succession.

SUCCESSION, n. f. [syksɛsjɔ̃] (lat. *successio,* action de succéder, héritage) Série de personnes ou de choses qui se suivent sans interruption ou à peu d'intervalle l'une de l'autre. « *La succession de Moïse et des patriarches ne fait qu'une même suite avec celle de Jésus-Christ* », BOSSUET. « *La succession de nos idées* », BUFFON. ◆ ▷ *Par succession de temps,* par une longue suite de temps. ◁ ◆ Hérédité, les biens qu'une personne laisse en mourant. *Le partage d'une succession.* « *Il ne recueillit de ses pères qu'une succession d'innocence et de candeur* », MASSILLON. ◆ *Poudre de succession,* certains poisons. *Succession à l'empire, à la couronne,* prise de possession de l'autorité souveraine par droit héréditaire. ◆ Se dit du mode de transmission des hérédités. *Succession directe, collatérale, etc.*

SUCCESSIVEMENT, adv. [syksesiv(ə)mɑ̃] (*successif*) L'un après l'autre. *Toutes ces choses arrivèrent successivement.*

SUCCESSIVITÉ, n. f. [syksesivite] Qualité de ce qui est successif. *La successivité et la simultanéité de certains phénomènes.*

SUCCESSORAL, ALE, ▪ adj. [syksesoral] (*successeur,* d'après le lat. *successor*) **Dr.** Relatif à une succession dans un héritage. *La transmission successorale. Les biens successoraux.*

SUCCIN, n. m. [syksɛ̃] (lat. impér. *suc[c]inum,* ambre jaune) Substance fossile, bitumineuse, d'une couleur jaune tirant sur le sucre d'orge, acquérant une odeur agréable par le frottement, la trituration ou la combustion, passant à l'état électrique par le frottement. ◆ *Succin noir,* espèce de jayet ou de lignite.

SUCCINCT, INCTE, adj. [syksɛ̃, syksɛ̃t] (lat. impér. *succinctus,* ramassé, court) Qui a peu de paroles, par opposition à *prolixe. Un discours succinct. Une relation succincte.* ◆ **Fig.** et **fam.** *Un repas, un dîner succinct,* celui où il y a peu à manger. ◆ ▷ *Son bien est fort succinct,* il a peu de bien. ◁ ◆ ▷ **Par extens.** Il se dit des personnes. « *Phèdre était si succinct qu'aucuns l'en ont blâmé* », LA FONTAINE. ◁

SUCCINCTEMENT, adv. [syksɛ̃t(ə)mɑ̃] (*succinct*) D'une manière succincte, en peu de mots. ◆ **Fig.** et **fam.** *Déjeuner, dîner, souper succinctement,* peu largement.

SUCCINIQUE, adj. [syksinik] (*succin*) **Chim.** Qui tient du succin. ◆ *Acide succinique,* acide retiré du succin.

SUCCION, n. f. [syksjɔ̃] ou [sysjɔ̃] (lat. médiév. *suctio,* du lat. impér. *suctus,* du lat. *sugere,* sucer) Action de sucer ou d'attirer un fluide dans sa bouche en faisant le vide dans cette cavité à l'aide de l'inspiration. ◆ Propriété qu'ont les racines, les feuilles, etc. de pomper les fluides. ◆ Il se dit de toute autre action comparée à la succion. « *La force de succion produite par l'action du feu* », BUFFON.

SUCCOMBÉ, ÉE, p. p. de succomber. [sykɔ̃be]

SUCCOMBER, v. intr. [sykɔ̃be] (lat. *succumbere,* s'affaisser sous, céder) Être accablé sous un fardeau. *Ce crocheteur succombait sous le poids.* ◆ **Fig.** Être accablé par le poids de quelque chose que l'on compare à un fardeau. « *La mémoire succombe sous le poids immense dont la curiosité l'a chargée* », VOLTAIRE. « *Je succombe au sommeil* », DELILLE. ◆ **Absol.** « *Je croyais ma vertu moins prête à succomber* », RACINE. ◆ Ne pas résister, se laisser aller à. *Succomber à la tentation.* ◆ **Fig.** Avoir du désavantage dans une lutte ou dans ce qui est comparé à une lutte. « *Malgré la justice et les lois, le faible succombe presque toujours* », BOURDALOUE. ◆ **Absol.** Mourir, périr.

SUCCOTRIN, n. m. [sykotrɛ̃] (*Socotra,* île de l'océan Indien) ▷ Espèce d'aloès.

SUCCUBAT, ▪ n. m. [sykyba] (*succube*) Action, manifestation des succubes. *Phénomènes d'incubat et de succubat.* « *Dans le succubat l'on restait enragé de n'avoir étreint que le vide, d'avoir été la dupe d'un mensonge, le jouet d'une apparence dont on ne se rappelait même plus les contours et les traits* », HUYSMANS.

SUCCUBE, ▪ n. m. [sykyb] (lat. impér. *succuba,* concubine, d'après *incube*) Démon se manifestant sous l'apparence d'une femme afin d'abuser sexuellement des hommes pendant leur sommeil. *Les incubes et les succubes. Le succube l'avait visité dans la nuit.*

SUCCULEMMENT, adv. [sykylamɑ̃] (*succulent*) D'une manière succulente.

SUCCULENCE, ▪ n. f. [sykylɑ̃s] (*succulent*) Qualité de ce qui est succulent, savoureux. *Une tarte aux pommes dont la simplicité n'a d'égale que la succulence.* ▪ **Bot.** Présence de tissus succulents. *La succulence des plantes grasses.*

SUCCULENT, ENTE, adj. [sykylɑ̃, ɑ̃t] (lat. impér. *suc[c]ulentus,* plein de suc) ▷ En parlant des aliments, qui a beaucoup de suc, très nourrissant. *Bouillon succulent. Nourriture succulente.* ◁ ◆ **Bot.** Se dit des organes végétaux qui sont spongieux, gorgés de sucs, et qui ont à peu près la consistance de la chair. ▪ Très savoureux. *Un mets succulent.*

SUCCURSALE, adj. f. [sykyrsal] (lat. médiév. *succursus,* secours, suppléance, du lat. *succurrere,* porter secours) *Église succursale,* église qui supplée à l'insuffisance de l'église paroissiale. ◆ N. f. *Une succursale.* ◆ **Par extens.** Établissement dépendant d'un autre et créé pour le même objet. *La Banque est obligée par la loi d'établir des succursales dans tous les départements.* ◆ **Fig.** « *Les vigognes sont aux lamas une espèce de succursale, à peu près comme l'âne est au cheval* », BUFFON.

SUCCURSALISME, ▪ n. m. [sykyrsalism] (*succursale*) Forme d'organisation des entreprises commerciales qui ont plusieurs succursales. *Le développement du succursalisme.*

SUCCURSALISTE, n. m. [sykyrsalist] (*succursale*) Desservant d'une succursale. ◆ Adj. Relatif au succursalisme. *Activité succursaliste. Magasin succursaliste.* ◆ N. m. Entreprise commerciale regroupant plusieurs succursales.

SUCCUSSION, n. f. [sykysjɔ̃] (lat. impér. *succussio,* secousse, de *succutere,* ébranler) Action de secouer. ◆ Mode d'exploration employé pour s'assurer de l'existence des épanchements dans la poitrine.

SUCÉ, ÉE, p. p. de sucer. [syse]

SUCEMENT, n. m. [sys(ə)mɑ̃] (*sucer*) Action de sucer. ▪ REM. Il est rare.

SUCER, v. tr. [syse] (lat. pop. *suctiare,* du supin *suctum* du lat. *sugere*) Tirer une liqueur, un suc avec les lèvres et à l'aide de l'aspiration. *Sucer la moelle d'un os.* ◆ **Fig.** « *Il ne songeait qu'à sucer le sang des malheureux* », FÉNELON. ◆ **Fig.** *Sucer avec le lait une doctrine, un sentiment,* en être de bonne heure imbu. ◆ On dit de même *sucer le lait des saines doctrines, etc.* ◆ Il se dit aussi du corps dont on attire la liqueur. *Sucer un os, un morceau de sucre d'orge, etc.* ◆ *Sucer une plaie,* en faire sortir par la succion le venin qui peut y être. ◆ **Fig.** et **fam.** Tirer peu à peu l'argent d'une personne. « *Il vous sucera jusqu'au dernier sou* », MOLIÈRE. ◆ Aspirer une substance au moyen d'un organe spécial, en parlant des insectes. *Les papillons sucent le nectar des fleurs avec leur trompe.*

SUCETTE, ■ n. f. [sysɛt] (*sucer*) Sucrerie que l'on suce, fixée sur un bâtonnet. *Une sucette à la menthe.*

SUCEUR, EUSE, adj. [sysœr, øz] (*sucer*) Qui suce. ♦ Au pl. Hist. nat. Famille d'insectes aptères pourvus d'un organe appelé *suçoir*. ♦ Famille de poissons. ♦ Fig. Celui qui tire peu à peu l'argent, le bien d'autrui. ■ Qui fonctionne en aspirant. *L'embout suceur* ou n. m. *le suceur d'un aspirateur. Une drague suceuse.*

SUÇOIR, ■ n. m. [syswar] (*sucer*) Hist. nat. Organe qui sert à sucer. ♦ Organe à l'aide duquel les végétaux parasites puisent les sucs des plantes qui servent à leur nutrition. ■ Zool. Organe buccal en forme de trompe des insectes suceurs.

SUÇON, ■ n. m. [sysɔ̃] (*sucer*) Espèce d'élevure qu'on fait à la peau en la suçant fortement. ♦ Baiser qui laisse quelque marque sur la peau, quand il a été fortement appliqué. ♦ ▷ Morceau de linge rempli de pain sucré et mouillé de lait ou d'eau, que, dans quelques pays, les nourrices donnent à sucer à leurs nourrissons. ◁

SUÇOTÉ, ÉE, p. p. de suçoter. [sysote]

SUÇOTER, v. tr. [sysote] (*sucer*) Sucer peu à peu, à plusieurs reprises.

SUCRAGE, ■ n. m. [sykraʒ] (*sucrer*) Action de sucrer un mets. *Sucrage en fin de cuisson.* ♦ Fait d'ajouter du sucre à une boisson alcoolisée. *Le sucrage du vin.* ♦ Fam. Action de supprimer. *Le sucrage d'un jour férié.*

SUCRANT, ANTE, ■ adj. [sykrɑ̃, ɑ̃t] (*sucrer*) Qui sucre, donne une saveur sucrée. *Le pouvoir sucrant du miel.*

SUCRATE, ■ n. m. [sykrat] (*sucre*) Chim. Composé résultant de la combinaison d'un sucre et d'un oxyde basique. *La faible solubilité dans l'eau de certains sucrates.*

SUCRE, n. m. [sykr] (ital. *zucchero*, de l'ar. *sukkar*, du sansc. *sarkarâ*) Substance très douce que l'on tire principalement de la canne à sucre et de la betterave, et que l'on transforme, au moyen du feu, en une substance cristallisée soluble dans l'eau. ♦ Fig. *Le sucre des paroles,* paroles flatteuses, doucereuses. ♦ ▷ Fig. *Un apothicaire sans sucre,* un homme qui manque des objets nécessaires à sa profession. ◁ ♦ Fig. *C'est tout miel et tout sucre,* se dit d'une personne doucereuse. ♦ Pop. *C'est un sucre,* en parlant de fruits très doux. ♦ *Sucre brut,* sucre qui, ayant été cuit, n'est pas encore raffiné. ♦ *Sucre raffiné,* sucre brut qui a été blanchi par le raffinage. ♦ *Sucre en pain,* masse de sucre raffiné à laquelle on a donné une forme conique. ♦ Fam. *En pain de sucre,* en forme de cône. *Il a la tête en pain de sucre.* ♦ *Sucre candi,* Voy. CANDI. ♦ *Sucre cristallisable, sucre de canne, de betterave, etc.* ♦ *Sucre liquide ou incristallisable,* sucre de fruit. ♦ *Fruits confits à plein sucre,* fruits confits d'une livre avec une livre de sucre. ♦ *Confitures à mi-sucre,* confitures faites avec la moitié du sucre qu'on y met d'ordinaire. ♦ *Sucre d'orge,* Voy. ORGE. ♦ *Sucre de pomme,* espèce de sucre candi fait en y mêlant du jus de pomme. ♦ *Sucre du foie, sucre de diabète, sucre urinaire,* principe sucré qui existe à l'état normal dans le parenchyme du foie et dans l'urine en certains états pathologiques. ◁ ♦ Chim. Tout corps qui peut être transformé en alcool. ◁ *Sucre de lait,* principe qui existe dans le lait de tous les mammifères. ■ Morceau de sucre. *Mettre un sucre dans son café.* ■ Fig. *Casser du sucre sur le dos de quelqu'un,* dire du mal de quelqu'un. ■ Fam. *Être en sucre,* être fragile, délicat. *Tu pourrais m'aider, tu n'es pas en sucre!* ■ Fig. et fam. *Pur sucre,* authentique. *Un syndicaliste pur sucre.*

SUCRÉ, ÉE, p. p. de sucrer. [sykre] ♦ Il se dit des fruits, des légumes qui sont fort doux, qui ont le goût du sucre. ♦ Fig. *Une personne sucrée,* une personne dont on compare le moral au goût des sucreries, une chattemite. ♦ *Faire la sucrée,* avoir des manières affectées, jouer la modestie, l'innocence, le scrupule. ♦ On dit de même *un langage, un air sucré,* un langage, un air mielleux, d'une douceur affectée. ♦ ▷ *Sucré vert,* syn. de sucrin. ◁ ■ N. m. Ce qui a le goût du sucre. *Mélange de sucré et de salé dans la cuisine asiatique.*

SUCRER, v. tr. [sykre] (*sucre*) Mettre du sucre dans quelque chose. *Sucrer du café, des fraises, etc.* ♦ Fig. « *Et sucrant d'un souris un discours ruineux* », RÉGNIER. ♦ Fam. Se sucrer,v. pr. Sucrer son café, son thé. ■ V. tr. Fam. Supprimer, retirer. *Sucrer un paragraphe dans un texte. Se faire sucrer son permis de conduire.* ■ *Sucrer les fraises,* être pris de tremblements ; devenir gâteux. ■ V. pr. Fig. et fam. S'octroyer une large part de bénéfices, d'avantages. *Ils se sont bien sucrés sur notre dos : on a tout fait, ils ont tout empoché.*

SUCRERIE, n. f. [sykrəri] (*sucre*) Lieu où l'on fait le sucre. ♦ Raffinerie. ♦ Au pl. Choses où il entre beaucoup de sucre, comme dragées, confitures, etc.

SUCRETTE, ■ n. f. [sykrɛt] (*sucre*) Petit comprimé à base d'édulcorant de synthèse qui remplace le sucre. *Mettre deux sucrettes dans son café.*

1 **SUCRIER**, n. m. [sykrije] (*sucre*) Pièce de vaisselle dans laquelle on met du sucre. *Sucrier d'argent, de porcelaine, etc.*

2 **SUCRIER, IÈRE**, adj. [sykrije, ijɛr] (*sucre*) Qui a rapport à la fabrication du sucre. *L'industrie sucrière.* ♦ *Les départements sucriers,* les départements où l'on fabrique du sucre de betterave. ♦ N. m. Fabricant de sucre. ♦ Ouvrier qui travaille dans une sucrerie.

SUCRIÈRE, n. f. [sykrijɛr] (fém. de *sucrier*) Genre de sucriers en faïence, en forme de poire pour le sucre en poudre. ■ REM. Il est vieilli aujourd'hui.

SUCRIN, adj. m. [sykrɛ̃] (*sucre*) Il se dit des melons qui ont goût de sucre. *Melon sucrin.* ♦ N. m. *Un sucrin.* ♦ N. m. *Sucrin vert,* sorte de poire d'Angleterre verte.

SUCRINE, ■ n. f. [sykrin] (fém. substantivé de *sucrin*) Variété de laitues croquantes. *Des cœurs de sucrine.* ■ Variété de courges produisant des fruits ovoïdes de couleur jaune-brun. *Soupe à la sucrine du Berry.*

SUD, n. m. [syd] (v. angl. *suth*) Le midi, la partie du monde opposée au nord. *Orléans est au sud de Paris.* ♦ *L'Amérique du Sud, la mer du Sud* (avec des S majuscules). ♦ Adj. *Le pôle Sud,* le pôle antarctique ou austral. ♦ *Degrés de latitude sud,* ceux qui vont de l'équateur au pôle Sud. ♦ *Le vent est sud,* il souffle de la région du Sud. ♦ Absol. *Le sud,* le vent du sud. ♦ REM. Il est rare aujourd'hui dans ce dernier sens.

SUDATION, n. f. [sydasjɔ̃] (lat. impér. *sudatio*) Méd. Action de suer ou de faire suer pour un but thérapeutique. ■ Transpiration.

SUDATOIRE ou **SUDATORIUM**, n. m. [sydatwar, sydatorjɔm] (lat. impér. *sudatorium,* étuve) Antiq. rom. Partie des thermes où l'on prenait des bains de vapeur. ■ Adj. Accompagné de sudation. Dans l'emploi adjectival, on emploie uniquement *sudatoire.*

SUD-EST, n. m. [sydɛst] (*sud* et *est*) Point de l'horizon et du compas de route placé à égale distance du sud et de l'est. ♦ Adj. *Le vent est sud-est.* ♦ *Sud-sud-est,* le vent qui tient le milieu entre le sud et le sud-est. ♦ N. m. Partie d'un espace géographique située au sud-est. *L'Asie du Sud-Est.* ■ REM. Littré signale que les marins prononçaient [sɥɛ].

SUDISTE, ■ adj. [sydist] (*sud*) Relatif aux États du Sud, aux États-Unis, pendant la guerre de Sécession. *Lee était un général sudiste.* ■ N. m. et n. f. Partisan(e) de ces États qui souhaitaient l'indépendance et le maintien de l'esclavage. *La défaite des sudistes à Appomattox.*

SUDORAL, ALE, ■ adj. [sydoral] (lat. *sudor,* sueur) Relatif à la sueur, à la transpiration. *Le flux sudoral. Les pores sudoraux.*

SUDORIFÈRE, adj. [sydorifɛr] (b. lat. *sudorifer*) Syn. peu usité de sudorifique. ♦ Syn. de sudoripare. *Glande sudorifère.*

SUDORIFIQUE, adj. [sydorifik] (lat. *sudor,* sueur, et *-fique*) Méd. Qui provoque la sueur. *Poudres sudorifiques.* ♦ N. m. *Prendre des sudorifiques.*

SUDORIPARE, ■ adj. [sydoripar] (lat. *sudor,* sueur, et *-pare*) Anat. Qui sécrète la sueur. *Glandes sudoripares.*

SUD-OUEST, n. m. [sydwɛst] (*sud* et *ouest*) Point de l'horizon et du compas de route placé à égale distance de l'ouest et du sud. ♦ Vent qui tient le milieu entre le sud et l'ouest. ♦ Adj. *Le vent est sud-ouest.* ♦ *Sud-sud-ouest,* le vent qui tient le milieu entre le sud et le sud-ouest. ♦ N. m. Partie d'un espace géographique située au sud-ouest. *Vivre dans le Sud-Ouest de la France.* ■ REM. Littré signale que les marins prononçaient [syrwɛ].

SUÉ, ÉE, p. p. de suer. [sɥe]

SUÈDE, ■ n. m. [sɥɛd] (*Suède*) Peau dont on utilise le côté chair à l'extérieur, notamment en ganterie. *Un suède très clair.* ■ SUÉDÉ, ÉE, adj. et n. m. [sɥede]

SUÉDINE, ■ n. f. [sɥedin] (*suède*) Tissu doux, imitant le daim, ayant l'aspect du suède. *Une petite bourse en suédine.*

SUÉDOIS, OISE, adj. [sɥedwa, waz] (*Suède*) De Suède. *Les contes suédois.* ♦ *Pain suédois,* pain faisant entrer du lait fermenté dans sa composition et généralement cuit en forme de galette. *Un sandwich avec du pain suédois, du saumon fumé et de la sauce à l'aneth.* ♦ Qui habite la Suède ou qui en est originaire. *Son mari est suédois.* ♦ N. m. et n. f. *Les Suédois.* ♦ N. m. Langue nordique parlée en Suède et dans le Sud de la Finlande.

SUÉE, n. f. [sɥe] (p. p. fém. substantivé de *suer*) ♦ Transpiration donnée au cheval soumis à l'entraînement, à la suite d'exercices différents gradués et nécessaires pour le débarrasser de la graisse superflue. ◁ ♦ Fig. Inquiétude subite et mêlée de crainte, moment difficile où il a fallu de grands efforts. *Il a eu une suée.* ♦ Fam. Transpiration, généralement importante et subite, provoquée par un effort physique intense ou une forte émotion. *Donner une suée. Piquer, attraper une suée.*

SUER, v. intr. [sɥe] (lat. *sudare,* transpirer, se donner de la peine, distiller) Rendre par les pores une humeur aqueuse. « *L'attelage suait, soufflait, était rendu* », LA FONTAINE. « *Tantôt il donnait des remèdes qui faisaient suer* », FÉNELON. ♦ ▷ *Suer d'ahan,* suer de la grande peine qu'on a. ◁ ♦ ▷ Fig. En termes d'argot financier, *faire suer une affaire,* lui faire rendre autant d'argent qu'il est possible. ◁ **Fig.** Éprouver de la peine, du malaise. « *Il est vrai que l'on sue à souffrir ses discours* », MOLIÈRE. « *J'ai bien sué en pensant aux périls de votre voyage* », MME DE SÉVIGNÉ. ◆ **Fam.** *Faire suer,* causer ennui, contrariété. ◆ *Il fait suer,* se dit d'un homme dont la conversation est pesante et importune. ◆ *Cela fait suer,* cela excite l'indignation, le mépris. ◆ **Fig.** Se donner beaucoup de peine pour venir à bout de quelque chose. ◆ **Par extens.** Il se dit de l'humidité qui s'attache à la superficie de certaines choses. *Les murailles suent pendant le dégel. Les foins suent.* ◆ **Cuis.** Faire exhaler une certaine humidité. *Faire suer des marrons.* ◆ **V. tr.** *Suer du sang,* rendre du sang par les pores. ◆ **Fig.** « *Mais ce traître [l'honneur]... Nous fait suer le sang sous un pesant devoir* », RÉGNIER. ◆ **Fig.** *Suer la peur,* avoir l'apparence comme si la peur sortait par tous les pores. ◆ *Suer l'ennui,* être ennuyeux. ◆ *Suer l'orgueil,* être très orgueilleux. ◆ **Fig.** *Suer les grosses gouttes,* éprouver une anxiété extrême. ◆ **Fig.** *Suer sang et eau,* faire de grands efforts, se donner une grande peine pour quelque chose. ◆ ▷ **Métall.** *Suer le fer,* lui donner une chaude complète. ◁ ◆ **V. intr. Fam.** *Se faire suer,* s'ennuyer. *Ils se sont fait suer à la fête.*

SUETTE, n. f. [sɥɛt] (*suer*) **Méd.** Fièvre éruptive, contagieuse, presque toujours épidémique, dans laquelle il se manifeste des sueurs très abondantes.

SUEUR, n. f. [sɥœʀ] (lat. *sudor,* transpiration, travail pénible) Humeur aqueuse versée à la surface de la peau et condensée en gouttelettes. *Être en sueur.* ◆ ▷ *Sueur fétide,* sueur de la fièvre typhoïde, de la suette et autres maladies, durant lesquelles cette sécrétion exhale une odeur désagréable. ◁ ◆ **Fig.** *Gagner sa vie, gagner son pain à la sueur de son corps, à la sueur de son front,* le gagner en travaillant beaucoup. ◆ La sortie de cette humeur. *Cela provoque la sueur. Son mal s'en ira par les sueurs.* ◆ Au pl. **Fig.** Les peines qu'on s'est données pour réussir. *Une terre fécondée par les sueurs de l'homme.* ◆ Il se dit aussi en ce sens au singulier. « *Épargner la sueur et ménager la vie des sujets* », BUFFON. ■ *Sueur froide,* sueur accompagnée de frissons et d'une sensation de froid, provoquée par la fièvre, la peur. ■ *Avoir, donner des sueurs froides,* avoir peur, provoquer la peur, l'angoisse. *Son récit m'a donné des sueurs froides.*

SUFFÈTES, n. m. pl. [syfɛt] (lat. *sufes,* génit. *sufetis,* du punique *suphet,* juge, de l'hébr. *shophet*) **Antiq.** Nom des premiers magistrats de Carthage. « *Le pouvoir des suffètes ne durait qu'un an ; et ils étaient à Carthage ce que les consuls étaient à Rome* », ROLLIN. ■ S'emploie aussi au singulier.

SUFFIRE, v. intr. [syfiʀ] (lat. *sufficere,* fournir, mettre à la place, être suffisant) Pouvoir fournir, pouvoir satisfaire, en parlant des personnes et des choses. *Suffire veut à* ou *pour* devant les noms et les verbes. *Peu de bien suffit au sage.* « *La vie, qui est courte et qui ne suffit presque pour aucun art, suffit pour bien du chrétien* », NICOLE. « *Cela me suffit, cela vous suffit* ou simplement *suffit,* voilà qui est bien, c'est assez. ◆ Il se dit des personnes en un sens analogue. « *Les prêtres ne pouvaient suffire aux sacrifices* », RACINE. ◆ **Absol.** « *L'honneur parle, il suffit, ce sont là nos oracles* », RACINE. ◆ **Ellipt.** « *Pour ne plus en douter, suffit que je le nomme* », P. CORNEILLE. ◆ *Se suffire,* n'avoir pas besoin du secours des autres. *Ils se sont toujours suffi.* « *N'attendre rien de grand de qui croit se suffire* », LA MOTTE. ◆ **Prov.** *A chaque jour suffit sa peine,* il ne faut pas se faire de chagrins d'avance. ◆ **Impers.** Il régit *de* devant un nom et devant un infinitif. ▷ *Il lui suffit de l'honneur.* ◁ *Il suffit d'être malheureux pour être à plaindre.* ◆ *Avec que,* il veut le subjonctif. *Il suffit que vous le disiez pour que je le croie.* Cependant de bons auteurs ont employé aussi l'indicatif. « *Il suffit que nous savons ce que nous savons* », MOLIÈRE.

SUFFISAMMENT, adv. [syfizamɑ̃] (*suffisant*) Assez, autant qu'il faut.

SUFFISANCE, n. f. [syfizɑ̃s] (*suffisant*) ▷ Ce qui suffit, ce qui est assez. *Avoir suffisance de blé. Prendre de la fête sa suffisance.* ◁ ◆ ▷ Il s'est dit de la grâce dans les querelles qu'elle a suscitées. *La suffisance de la grâce.* ◁ ◆ ▷ Capacité intellectuelle. « *Quand on est assuré de la suffisance de son guide, il n'y a que plaisir à être mené* », BALZAC. ◆ *Homme de suffisance, homme de capacité* », MOLIÈRE. ◁ ◆ ▷ Capacité, droit politique. « *La plupart des citoyens, qui ont assez de suffisance pour élire, n'en ont pas assez pour être élus* », MONTESQUIEU. ◁ ◆ Vanité, présomption ridicule. « *La suffisance d'un parvenu* », J.-J. ROUSSEAU. ◆ Il se dit aussi des manières. *La suffisance de son ton et de ses manières.* ■ À SUFFISANCE, EN SUFFISANCE, **loc. adv.** Suffisamment, assez. *Il y a eu cette année du blé en suffisance.* ◆ **Prov.** *Qui a suffisance n'a rien,* quelques avantages qu'on ait d'ailleurs, si on manque de ce qui est nécessaire, on n'a rien.

SUFFISANT, ANTE, adj. [syfizɑ̃, ɑ̃t] (*suffire*) Qui suffit. *Cette somme est suffisante pour les frais du voyage. Ces hommes sont suffisants pour défendre la place.* ◆ *Raison suffisante,* Voy. RAISON. ◆ **Théol.** *Grâce suffisante,* Voy. GRÂCE. ◆ *Rimes suffisantes,* celles où le son consonnant est suivi d'articulations semblables. *Polir et saphir est une rime suffisante.* ◆ Capable (sens qui vieillit). « *Homme fort entendu et suffisant de tête* », RÉGNIER. ◆ N. m. et n. f. « *Moi-même en mes discours qui fais le suffisant* », RÉGNIER. ◆ Qui a de la

suffisance, qui se croit capable et le témoigne par son air. ◆ N. m. et n. f. *Un suffisant, une suffisante.* ◆ Il se dit aussi de l'air, des manières.

SUFFIXE, n. m. [syfiks] (lat. *suffixus,* p. p. de *suffigere,* fixer par-dessous) **Gramm.** Se dit des syllabes ou lettres qui s'ajoutent après les racines pour en déterminer l'idée générale et leur faire jouer un rôle comme parties du discours ; on les distingue des désinences de flexion, en ce que la différence des suffixes fait des mots différents, tandis que celle des désinences ne fait que varier dans un même mot le genre et le nombre si c'est un nom, et, si c'est un verbe, les personnes, temps, modes et voix. ◆ ▷ **Adj.** *Lettre suffixe. Particule suffixe.* ◁ ■ **Inform.** Ensemble des caractères qui suivent un nom de fichier ou de domaine, dont ils sont séparés par un point. *Le suffixe d'un fichier permet d'identifier le format de ce dernier.* ■ SUFFIXAL, ALE, adj. [syfiksal] *Éléments suffixaux.*

SUFFIXER, ■ v. tr. [syfikse] (*suffixer*) **Gramm.** Ajouter un suffixe à un mot. *Les adjectifs suffixés en -able.* ■ **Inform.** *Suffixer par .html un document que l'on souhaite diffuser sur Internet.* ■ SUFFIXATION, n. f. [syfiksasjɔ̃]

SUFFOCANT, ANTE, adj. [syfokɑ̃, ɑ̃t] (*suffoquer*) Qui suffoque, qui gêne ou fait perdre la respiration. *Vapeur, chaleur suffocante.* ◆ **Fig.** « *Je n'y tiens plus, c'est suffocant* », SAINTE-BEUVE.

SUFFOCATION, n. f. [syfokasjɔ̃] (lat. impér. *suffocatio*) Perte de respiration ou extrême difficulté de respirer. ◆ Asphyxie causée par la présence d'un corps étranger qui obstrue le pharynx ou l'arrière-bouche. ◆ **Méd. lég.** Cas dans lesquels un obstacle mécanique autre que la strangulation et la pendaison est apporté violemment à l'entrée de l'air dans les organes respiratoires.

SUFFOQUÉ, ÉE, p. p. de suffoquer. [syfoke] ▷ ◆ *Viandes suffoquées,* chair des bêtes dont on n'a point fait sortir le sang. ◁

SUFFOQUER, v. tr. [syfoke] (lat. *suffocare,* serrer la gorge, de *fauces,* gorge) Faire perdre la respiration, en parlant de quelque vapeur ou de quelque cause intérieure. « *Une puanteur capable de suffoquer les hommes les plus vigoureux* », FÉNELON. « *Pour cacher les pleurs qui me suffoquaient* », MARIVAUX. ◆ **Fig.** « *Je n'y puis plus tenir, le secret me suffoque* », DESTOUCHES. ◆ **Absol.** *Il fait un air brûlant qui suffoque.* ◆ Tuer par suffocation. ◆ **Fig.** Causer un sentiment pénible comparé à la gêne de la respiration. « *Paris me suffoque* », MME DE SÉVIGNÉ. ◆ **Absol.** *Cela suffoque,* cela excite l'indignation. ◆ **V. intr.** Perdre la respiration. ◆ ▷ **Fam.** *Si vous ne le laissez pas parler, il va suffoquer,* se dit d'un homme qui a une extrême envie de parler. ◁ ◆ *Suffoquer de colère, d'indignation,* être en proie à une colère, à une indignation telle qu'on peut à peine respirer. ◆ **Fig.** *Se laisser suffoquer,* se laisser accabler. « *Je me serais laissé surmonter et suffoquer par mes affaires, si je n'avais pris cette résolution* », MME DE SÉVIGNÉ. ◁ ◆ ▷ Se suffoquer, v. pr. Se causer une grande peine. ◁ ◆ ■ Se causer l'un à l'autre la suffocation. « *Qu'entre eux les gens de lettres se suffoquent d'encens ou s'inondent de fiel* », BUFFON. ◁

SUFFRAGANT, adj. m. [syfragɑ̃] (lat. ecclés. *suffraganeus,* subordonné, avec infl. de *suffragans,* p. prés. de *suffragari,* donner sa voix, soutenir) Il se dit des évêques à l'égard du métropolitain dont ils dépendent. *L'archevêque de Paris a pour suffragants les évêques de Chartres, de Meaux, d'Orléans et de Blois.* ◆ Évêque qui, n'ayant qu'un titre d'évêché *in partibus,* fait les fonctions épiscopales dans le diocèse d'un autre évêque. ◆ Dans la religion protestante, ministre qui aspire à la charge de pasteur et qui en remplit certaines fonctions comme suppléant des pasteurs malades ou en vacances. ◆ N. m. et n. f. *Suffragant, suffragante,* celui, celle qui a droit de donner son suffrage dans une assemblée.

SUFFRAGE, n. m. [syfraʒ] (lat. *suffragium*) Déclaration que, d'une façon quelconque, on fait de sa volonté dans une élection, dans une délibération. ◆ *Suffrage universel,* droit de voter accordé à tous les citoyens. ◆ *Suffrage restreint,* celui auquel tous les citoyens ne sont pas appelés. ◆ **Par extens.** Adhésion, approbation. *Ce livre a obtenu les suffrages du public.* ◆ Au pl. **Liturg. cathol.** Prières que l'on fait en certains jours de l'année à la fin de laudes et de vêpres pour la commémoration des saints. ◆ *Suffrages de l'Église,* prières qu'elle adresse à Dieu pour les fidèles. ◆ *Suffrages des saints,* les prières que les saints font à Dieu en faveur de ceux qui les invoquent. ◆ *Menus suffrages,* courtes oraisons surérogatoires que l'on récite à la suite de l'office. ◆ **Fig.** *Menus suffrages,* petites choses de peu de conséquence. ■ *Suffrage direct,* système dans lequel les électeurs votent eux-mêmes pour les candidats à élire. *En France, le président de la République est élu au suffrage direct.* ■ *Suffrage indirect,* système dans lequel les candidats sont désignés par certains électeurs eux-mêmes élus. *Élection des sénateurs par suffrage indirect.*

SUFFUMIGATION, n. f. [syfymigasjɔ̃] (b. lat. *suffumigatio,* fumigation) ▷ Fumigation qui se fait en dessous. ◆ Il se dit quelquefois de fumigations faites dans une idée superstitieuse. ◁

SUFFUSION, n. f. [syfyzjɔ̃] (lat. impér. *suffusio,* épanchement par-dessous) **Méd.** Action par laquelle une humeur se répand sous la peau et y devient visible par suite de son accumulation. *La rougeur de la honte est une suffusion de sang sur les joues.* ✦ *Suffusion de bile,* l'ictère. ✦ La cataracte.

SUGGÉRÉ, ÉE, p. p. de suggérer. [syɡ3eʀe]

SUGGÉRER, v. tr. [syɡ3eʀe] (lat. *suggerere*, mettre sous, fournir, lat. imp., suggérer) ▷ Fournir, verser (sens vieilli). « *Me suggérant la manne en sa lèvre amassée* », RÉGNIER. ◁ ▷ Dire à demi-voix et comme fait un souffleur. « *Sa sœur lui suggérait à demi-voix tout ce qu'il devait répondre* », MME DE GENLIS. ◁ ✦ Faire naître dans l'esprit par insinuation, par inspiration. « *Quels timides conseils m'osez-vous suggérer ?* », RACINE. « *Le vrai moyen de suggérer des réflexions au lecteur, c'est d'en faire* », d'ALEMBERT. ✦ *Suggérer un testament,* faire faire un testament par artifice ou par insinuation, à l'avantage ou au désavantage de quelqu'un.

SUGGESTIBLE, ■ adj. [syɡ3ɛstibl] (*suggestion*) **Psych.** Que l'on peut influencer par suggestion. *Sujet, individu suggestible.* ■ SUGGESTIBILITÉ, n. f. [syɡ3ɛstibilite]

SUGGESTIF, IVE, ■ adj. [syɡ3ɛstif, iv] (*suggestion*) Qui évoque, suggère des sentiments, actions ou idées. *Les images suggestives de la publicité.* ■ **Spécialt** Provoquant, qui évoque des idées érotiques. *Une pose suggestive.* ■ **Psych.** Qui possède un pouvoir de suggestion. *Question suggestive.* ■ SUGGESTIVITÉ, n. f. [syɡ3ɛstivite]

SUGGESTION, n. f. [syɡ3ɛstjɔ̃] (lat. impér. *suggestio*) Insinuation mauvaise. « *Allez avec celui [le démon] dont vous avez suivi les suggestions* », BOSSUET. ✦ Il se dit quelquefois en bonne part. *Les suggestions de la conscience.* ✦ Ce qui est suggéré. *Faire des suggestions. Voici quelques suggestions de lecture.* ✦ **Psych.** Influence exercée par des paroles ou des gestes sur un sujet sans que la volonté ou la conscience de ce dernier intervienne. *Suggestion hypnotique.*

SUGGESTIONNER, ■ v. tr. [syɡ3ɛstjone] (*suggestion*) Influencer par suggestion. *Suggestionner une personne en hypnose. Publicité qui cherche à suggestionner le consommateur.*

SUICIDAIRE, ■ adj. [sɥisidɛʀ] Qui amène au suicide. *Comportement suicidaire de certains névrotiques.* ■ **N. m. et n. f.** Personne dont l'état psychique fragile la prédispose au suicide. *Soutien apporté aux suicidaires.* ■ Personne qui aime risquer sa vie. *Jamais je ne me lancerai dans ce projet, je ne suis pas suicidaire.*

SUICIDANT, ANTE, ■ n. m. et n. f. [sɥisidɑ̃, ɑ̃t] (*[se] suicider*) Personne qui présente des tendances au suicide ou qui a déjà tenté de se suicider. *Suivi thérapeutique des suicidants.*

SUICIDE, n. m. [sɥisid] (lat. *sui,* génit du pron. réfléchi de la 3ᵉ pers. *se,* et *-cide,* d'après *homicide*) Action de celui qui se tue lui-même. ✦ **Fig.** Se dit d'une action, d'une démarche qui ruine les affaires de celui-là même qui la fait. ✦ ▷ Celui qui se tue lui-même. ◁

SUICIDER (SE), v. pr. [sɥiside] (*suicide*) Néolog. Se donner la mort à soi-même. ✦ **N. m. et n. f.** *Un suicidé,* un homme qui s'est donné la mort à lui-même. ■ **REM.** Il n'est plus considéré comme un néologisme aujourd'hui.

SUIDÉS, ■ n. m. pl. [sɥide] (lat. *sus,* génit. *suis,* porc) **Zool.** Famille de mammifères ongulés non ruminants, possédant un groin et une peau épaisse couverte de soies dures. *Le porc et le sanglier sont des suidés.*

SUIE, n. f. [sɥi] (gallo-lat. *sudia,* suie, noir de fumée) Matière noire, d'une odeur désagréable, d'une saveur amère et empyreumatique, que la fumée dépose en croûtes luisantes sur les parois des conduits de cheminée. ✦ ▷ *Amer comme suie,* très amer. ◁ ✦ Carie, en parlant des grains.

SUIF, n. m. [sɥif] (lat. *sebum,* suif) Corps gras consistant, fourni par les ruminants : bœuf, mouton, chèvre, et qui sert à faire la chandelle. ✦ *Suif en branche,* le suif tel qu'on le tire du corps de la bête. ✦ *Pain de suif,* pain de cretons. ✦ **Mar.** Préparation où entrent du suif, du soufre, du brai chaud, du savon sec et qu'on étend sur la carène d'un navire. *Donner un suif à un vaisseau.* ✦ **Fig. et pop.** Réprimande. *Donner un suif à quelqu'un.* ✦ *Arbre à suif,* le *Stillingia sebifera,* euphorbiacées. ✦ *Suif végétal,* huile concrète qui recouvre les semences de ce végétal. ✦ *Suif minéral,* variété de talc.

SUIFFÉ, ÉE, p. p. de suiffer. [sɥife]

SUIFFER, v. tr. [sɥife] (*suif*) Enduire de suif. ✦ **Mar.** Donner un suif à un vaisseau. ■ **REM.** On disait aussi *suiver* autrefois.

SUIFFEUX, EUSE, adj. [sɥifø, øz] (*suif*) Qui est de la nature du suif. ✦ ▷ **Méd.** Il se dit du contenu de certains kystes. ◁

SUI GENERIS, loc. adj. [sɥizeneʀis] (mots lat., génit. du poss. de la 3ᵉ pers. *suus* et de *genus,* genre) Locution latine qui signifie *de son genre* ; elle est employée en français pour dire *particulier, spécial. Une odeur sui generis.*

SUINT, n. m. [sɥɛ̃] (*suer*) Matière animale grasse qui sort du corps des moutons et qui s'attache à leur laine. ✦ *Laine en suint,* laine qui n'a pas été débarrassée de son suint.

SUINTANT, ANTE, ■ adj. [sɥɛ̃tɑ̃, ɑ̃t] (*suinter*) Qui laisse s'écouler du liquide lentement et en petite quantité. *Une plaie suintante.*

SUINTEMENT, n. m. [sɥɛ̃t(ə)mɑ̃] (*suinter*) Écoulement imperceptible d'un liquide, d'une humeur. *Le suintement d'une plaie.*

SUINTER, v. intr. [sɥɛ̃te] (*suint*) En parlant d'une liqueur, d'une humeur, sortir, s'écouler presque imperceptiblement. ✦ Il se dit du vase d'où la liqueur coule, de la plaie, du lieu d'où l'humeur sort. *Ce baril, cette plaie suinte.* ✦ **Fig.** Laisser transparaître. *Une maison qui suinte l'ennui.*

SUISSE, n. m. et n. f. [sɥis] (all. *Schweizer*) Personne du pays de Suisse. ✦ *Les Cent-Suisses,* Voy. CENT-SUISSES. ✦ **Adj.** Qui est, qui provient de la Suisse. *Les produits suisses. L'ouvrier suisse.* ✦ **Prov.** *Point d'argent, point de Suisse,* sans argent on ne peut rien avoir (locution prise du temps où les Suisses se louaient comme soldats mercenaires). ✦ Domestique chargé de garder la porte d'un hôtel (avec un *s* minuscule). ✦ *Le suisse d'une église,* celui qui est chargé de la garde d'une église et qui précède le clergé dans les processions. ✦ Nom d'un poisson, le leucisque commun. ✦ *Un suisse,* petit fromage blanc. ✦ Petit écureuil au pelage rayé vivant en Amérique du Nord. ■ **Fam.** *Manger, boire en suisse,* manger, boire tout seul, à l'abri des regards. ■ **REM.** On dit aujourd'hui *petit-suisse* pour le fromage blanc. ■ **REM.** Le féminin du substantif peut aussi être *Suissesse.*

SUISSESSE, n. f. [sɥisɛs] (*Suisse*) Femme née en Suisse.

SUITE, n. f. [sɥit] (lat. pop. *sequita,* du lat. *sequi,* suivre) En termes de chasse, action de suivre le gibier qu'on a fait lever. ✦ Action du limier qui va d'assurance sur la voie du gibier. ✦ *Droit de suite,* Droit en vertu duquel le seigneur pouvait réclamer partout son vassal. ✦ Ceux qui suivent, ceux qui vont après. *On laissa passer les trois premiers et on ferma la porte à toute la suite.* ✦ Ceux qui appartiennent à la maison. *La suite d'un prince.* ✦ *Vin de suite,* le vin destiné pour la table des domestiques d'une maison. ✦ Ceux qui accompagnent quelqu'un par honneur. *Ce prince va souvent sans suite et sans escorte.* ✦ Ce qui suit, ce qui est après. « *Télémaque reprit ainsi la suite de son histoire* », FÉNELON. ✦ Continuation d'un ouvrage, ce qui est ajouté à un ouvrage pour le continuer. « *La Suite du Menteur* » *de Corneille.* ✦ Succession de choses les unes après les autres. « *Toute leur vie n'est qu'une suite de crimes* », SACI. ✦ *La suite des temps,* la succession des siècles. ✦ *La suite d'une affaire,* la série des événements, des incidents qui arrivent les uns après les autres dans le cours d'une affaire. ✦ En un autre sens, *la suite d'une affaire,* le soin que l'on prend de la poursuivre, de la mener à terme. *Prendre la suite d'une affaire.* ✦ Temps qui suivent une époque déterminée. *Il fera mieux par la suite.* ✦ Série de choses rangées les unes à côté des autres. *Une longue suite de noms.* ✦ Choses de même espèce rangées selon l'ordre des temps ou des matières. *Une suite de portraits. Une belle suite de livres, de médailles, etc.* ✦ Certain nombre de personnes qui ont succédé les unes aux autres. *Une longue suite d'ancêtres.* ✦ Développement, enchaînement, continuation. « *La force de la vérité qui se faisait sentir dans la suite de son raisonnement* », FÉNELON. ✦ ▷ *Être de suite,* être uniforme, égal, constant. ◁ ✦ Durée. « *Tenir des propos d'une suite éternelle* », P. CORNEILLE. ✦ **Math.** Termes qui se succèdent suivant une loi quelconque. « *Newton avait trouvé à vingt-quatre ans toute la belle théorie des suites* », FONTENELLE. ✦ *Suite arithmétique,* suite de nombres dont chacun dépasse de la même quantité celui qui précède. ✦ **Fig.** Conséquence, effet, résultat. *Il est mort des suites d'une chute. Il n'a point donné de suite ou donné suite à son projet.* ✦ **Absol.** « *Un succès qui n'a pas de suite n'est rien* », VOLTAIRE. ✦ *Cela peut avoir des suites,* cela peut avoir des conséquences fâcheuses. ✦ *Suites de couches,* les phénomènes qui surviennent après un accouchement jusqu'au rétablissement. ✦ Ordre, liaison. *Des discours sans suite. Écrire avec suite.* ✦ Attention continue, persévérance. *Avoir beaucoup d'esprit de suite.* « *Cette inconstance du cœur qui se lasse bientôt de lui-même, incapable de suite et d'uniformité* », MASSILLON. ✦ **Techn.** *Suites,* nombre de paquets de cheveux séparés, de diverses longueurs, pour former dans une perruque les différents étages. ✦ **Mus.** *Suite d'orchestre,* fragment symphonique. ✦ À LA SUITE, loc. prép. Après. *Ils arrivèrent à la suite les uns des autres ou les uns à la suite des autres.* ✦ **Fig.** « *Quelle foule de maux l'amour traîne à sa suite !* », RACINE. ✦ *Être à la suite de quelqu'un,* dans ce qui lui compose un entourage subordonné. ✦ *Être à la suite de la Cour,* suivre la Cour partout où elle va. ✦ *Être à la suite d'un ambassadeur,* être de son cortège. ✦ *Être à la suite du tribunal,* suivre le tribunal pour quelque affaire qu'on y a. ✦ *Être à la suite d'une affaire,* la poursuivre et aussi être attentif à tout ce qui se passe dans le cours d'une affaire. ✦ *Officier à la suite,* officier qui attend son tour pour être mis en activité. ✦ ▷ **Fig.** *Des esprits à la suite,* des esprits trop dociles, trop prêts à se laisser mener, à imiter, etc. ◁ ✦ DE SUITE, loc. adv. L'un après l'autre. « *La Russie a été gouvernée par cinq femmes de suite* », VOLTAIRE. ✦ ▷ Suivant un certain ordre. *Ces médailles ne sont pas de suite.* ◁ ✦

Sans interruption. *Il a marché deux jours de suite.* ◆ TOUT DE SUITE, loc. adv. Sur-le-champ, sans délai. Il ne faut pas confondre *de suite* et *tout de suite* : *de suite* veut dire *l'un après l'autre* ; *tout de suite* veut dire *sans délai, sur-le-champ.* Cependant *tout de suite* se prend quelquefois pour *de suite* ; mais *de suite* ne doit jamais se prendre pour *tout de suite.* « *Que peut-on lire, que peut-on entendre, que peut-on faire longtemps et tout de suite ?* », VOLTAIRE. ◆ TOUT D'UNE SUITE, loc. adv. Sans interruption, d'ensemble. ◆ PAR SUITE, loc. adv. Par une conséquence naturelle. ◆ Il est aussi locution prépositive. *Par suite des arrangements pris, vous serez payé.* ◆ ▷ *En suite de*, Voy. ENSUITE DE qui est l'orthographe présentement suivie. ◁ ■ N. f. Vaste appartement composé de plusieurs pièces, que l'on propose à un client dans un hôtel de luxe. *Réserver la suite nuptiale.*

SUITÉE, ■ adj. f. [sɥite] (*suite*) Se dit d'une femelle accompagnée de son ou de ses petits. *Jument suitée.*

1 **SUIVANT**, prép. [sɥivɑ̃] (emploi prép. du p. prés. de *suivre*) Le long de, dans la direction de. *Suivant une ligne.* ◆ Fig. Conformément à. « *On ne gouverne les hommes que suivant leurs préjugés* », VOLTAIRE. ◆ En raison de. *Il faut se gouverner suivant le temps et le lieu.* ◆ SUIVANT QUE, loc. conj. D'après la manière que. « *Suivant qu'on m'aime ou hait, j'aime ou hais à mon tour* », P. CORNEILLE.

2 **SUIVANT, ANTE**, adj. [sɥivɑ̃, ɑ̃t] (*suivre*) Qui est après, qui va après. *Les lignes suivantes. Le jour suivant.* ◆ *Demoiselle suivante* et n. f. *suivante,* demoiselle attachée au service d'une grande dame. ◆ *Suivante* ne se dit plus guère qu'en termes de théâtre pour *soubrette.* ◆ ▷ *Une fille suivante,* une domestique (vieilli en ce sens). ◁ ■ N. m. et n. f. Celui, celle qui suit, qui accompagne, qui escorte. ◆ ▷ Fam. *Il n'a ni enfants ni suivants,* se dit d'un homme qui n'a ni enfants ni parents. ◁ ◆ Disciple, sectateur. « *Aristote et ses suivants* », DESCARTES. ◆ *Les suivants d'Apollon,* les poètes, les hommes qui cultivent les lettres. ◆ Serviteur. « *Peu de suivants se rencontrent ensemble sans se dire tout ce qu'ils savent de leurs maîtres* », SCARRON. ◆ ▷ N. m. Vén. Se disait des animaux qui tètent encore et qui suivent leur mère. ◁

SUIVER, v. tr. [sɥive] Voy. SUIFFER, qui est plus usité.

SUIVEUR, EUSE, ■ adj. [sɥivœr, øz] (*suivre*) Qui accompagne un groupe qui se déplace. *Une semaine de vélo avec un guide et une voiture suiveuse.* ■ N. m. Personne qui assiste à une course à titre professionnel ou officiel. *Un laissez-passer pour les suiveurs du Paris-Dakar.* ■ N. m. et n. f. Personne qui suit quelqu'un. *Il a réussi à semer son suiveur.* ■ Fig. Personne qui imite quelqu'un. *Ce tableau est attribué à un suiveur de Rembrandt.*

SUIVI, IE, p. p. de suivre. [sɥivi] ◆ Qui attire beaucoup d'auditeurs, de spectateurs. *Un prédicateur très suivi. Un spectacle suivi.* ◆ Qui est fait sans interruption, continu. *Des observations suivies.* « *Une histoire suivie de l'Antiquité* », ROLLIN. ■ Littér. *Vers suivis,* ceux qui ont tous la même mesure. ◆ Où il y a de l'ordre, de la liaison. *Un raisonnement suivi.* « *Il n'y a rien de suivi dans les conseils de ces nations sauvages* », BOSSUET. ■ N. m. Fait de suivre un processus pendant une période donnée dans le but de contrôler. *Être l'objet d'un suivi médical. Faire du suivi éditorial.*

SUIVISME, ■ n. m. [sɥivism] (radic. de *suiveur*) Péj. Conformisme, action de suivre, d'imiter une personne ou un mouvement. *Faire du suivisme. Le suivisme moutonnier de certains membres de la classe politique.* ■ SUIVISTE, n. m. et n. f. ou adj. [sɥivist]

SUIVRE, v. tr. [sɥivr] (lat. pop. *sequere*, du lat. *sequi*, suivre, venir après) Aller, venir après. *Il marchait le premier, et les autres le suivaient. Mon bagage me suivra.* ◆ Aller avec ; mais l'idée qu'on est de la suite, qu'on accompagne une personne principale y est jointe. *Il suivit la Cour dans tel voyage. Un ami le suivit dans son exil.* ◆ Fig. Il se dit des choses que l'on compare à des personnes et qui suivent. *Son image me suit partout.* ◆ Aller après pour atteindre, pour prendre. *Suivre un lièvre. Ses ennemis le suivent à la piste.* ◆ Aller, continuer d'aller dans une direction marquée ou en prenant quelque objet pour direction. *Suivre un chemin, le cours d'un fleuve, etc.* ◆ Fig. Se dit aussi des choses qui sont rangées selon une direction. ◆ Fig. *Suivre le torrent,* s'abandonner au cours des coutumes, des opinions communes. ◆ Fig. *Suivre le chemin de, le sentier de,* se conformer à. *Suivre le chemin de la gloire, le sentier de la vertu, les traces de ses ancêtres, etc.* ◆ Fig. *Suivre le fil,* suivre quelque chose comme quand on suit le fil de l'eau. *Suivre le fil de ses idées, le fil des événements.* ◆ Dans le langage élevé, *suivre au tombeau quelqu'un,* mourir après lui pour le rejoindre. ◆ *Suivre quelqu'un,* quand il s'agit de mort, mourir peu de temps après lui. ◆ *Suivre de l'œil, des yeux une personne, une chose,* regarder avec attention, avec intérêt une personne ou une chose qui s'éloigne, qui chemine. ◆ Fig. *Suivre quelqu'un,* le suivre par la pensée. ◆ Fig. Observer, considérer attentivement. *Il faut suivre les jeunes gens sans qu'ils s'en aperçoivent.* ◆ Surveiller. ◆ Se dit de la police, d'un espion, etc. qui observent, en le suivant, toutes les démarches de quelqu'un. ◆ *Suivre un malade, une maladie,* en diriger le traitement.
◆ Fig. Poursuivre, continuer, ne pas interrompre. « *Adieu, quelque autre*

fois nous suivrons ce discours », P. CORNEILLE. ◆ S'attacher à l'exécution de quelque chose. *Suivre avec constance un dessein.* ◆ *Suivre une affaire, une entreprise,* s'en occuper sérieusement pour qu'elle réussisse. ◆ Absol. *Quand on a commencé, il faut suivre.* ◆ *Suivre sa pointe,* continuer, pousser une entreprise, et aussi abonder dans son sens. « *Quel diable d'étourdi qui suit toujours sa pointe !* », MOLIÈRE. ◆ Pousser jusqu'au terme. *Suivre des expériences jusqu'où elles peuvent aller.* ◆ S'adonner à. *Suivre la profession de son père, le métier des armes, la carrière des lettres, etc.* ◆ *Suivre la Cour, suivre le barreau,* s'attacher à la Cour, fréquenter le barreau. ◆ *Suivre une science,* l'étudier, s'y adonner. ◆ *Suivre quelqu'un,* se joindre à son parti. ◆ *Suivre le parti de quelqu'un,* être du parti de quelqu'un. ◆ Adhérer à, en parlant d'opinions, de doctrines. *Suivre une doctrine.* ◆ Être du sentiment de. *Suivre Descartes.* ◆ Prendre pour guide, pour autorité. ◆ Obéir à. « *Seigneur, je sais que je ne sais qu'une chose : c'est qu'il est bon de vous suivre* », PASCAL. ◆ Assister régulièrement à. *Suivre un cours, les leçons d'un maître.* ◆ *Suivre un professeur,* assister à ses leçons. ◆ *Suivre un prédicateur,* être assidu à ses sermons. ◁ ▷ *Suivre le théâtre, le spectacle,* y aller souvent. ◁ ◆ Être attentif aux discours, au raisonnement de quelqu'un. ◆ *Suivre quelqu'un qui raisonne, qui parle,* le comprendre, ne rien perdre de ce qu'il dit. ◆ S'abandonner à, se laisser conduire par. « *Ils suivent... Leurs sens pour souverains, leurs passions pour guides* », P. CORNEILLE. ◆ Se conformer à, se régler sur. *Suivre les bons exemples, la coutume, un ordre, etc.* ◆ Il se dit des choses pour exprimer qu'elles obéissent à des règles. *La compression des gaz suit telle loi.* ◆ *Suivre quelqu'un,* écouter les avis qu'il donne. ◆ Imiter. « *Jésus-Christ est le modèle de la perfection chrétienne ; c'est lui que nous devons suivre* », BOSSUET. ◆ *Suivre de près* ou simplement *suivre,* égaler à peu près. ◆ Fig. Venir à la suite de. *La nuit suit le jour. L'âge mûr suit la jeunesse.* ◆ Fig. Aller avec, résulter de. « *Il faut diriger ses intentions à la vertu seule ; la gloire, comme un de ses apanages, la doit suivre sans qu'on y pense* », BOSSUET. ◆ V. intr. Venir, aller après. ◆ Il se dit de ce qui vient après. *Ce qui suit. La page qui suit.* ◆ Venir après dans le temps. *Les siècles qui suivront verront.* ◆ Aller selon une direction. ◆ **Jeux de cartes** *La main suit,* chacun bat et distribue à son tour. ◆ Procéder. « *Dieu la [Anne de Gonzague] change par une lumière soudaine ; tout suit en elle de la même force* », BOSSUET. ◆ ▷ Résulter. « *La seconde vérité qui suit évidemment de celle que j'ai déjà établie* », BOSSUET. « *Les malheurs qui suivent de la discorde* », VERTOT. ◁ ◆ Impers. *Il suit de là que, etc.* ◆ Se suivre, v. pr. Venir, marcher l'un après l'autre. ◆ Être dans son ordre naturel, venir l'une après l'autre, en parlant de choses. *Ces pages se suivent.* ◆ Être continu, sans interruption. ◆ Fig. *Se suivre,* être conséquent avec soi-même. « *Pour ce qui est de l'Église catholique, elle se suit parfaitement elle-même* », BOSSUET. ◁ ◆ S'enchaîner, avoir de la liaison. « *Un poème excellent où tout marche et se suit* », BOILEAU. ◆ Prov. *Qui m'aime me suive,* c'est-à-dire : fasse ce que je ferai. ◆ *Les jours se suivent et ne se ressemblent pas,* la vie est un mélange de biens et de maux. ◆ V. tr. Continuer la fabrication et la vente d'un produit. *Suivre un article, une collection.* ■ V. intr. Continuer à miser au poker pour rester dans le jeu. *Vous suivez ?*

1 **SUJET**, n. m. [syʒɛ] (b. lat. *subjectum,* neutre substantivé de *subjectus,* p. p. de *subjicere,* mettre sous, soumettre, présenter) Cause, raison, motif. *Avoir sujet de se plaindre. Crier sans sujet.* « *Oublions ces sujets de discorde et de haine* », VOLTAIRE. ◆ Matière sur laquelle on compose, on écrit, on parle. *Un beau sujet de roman.* « *Il ne faut pas toujours tellement épuiser un sujet, qu'on en laisse rien à faire au lecteur* », MONTESQUIEU. ◆ Être plein de son sujet, l'avoir bien médité, bien pénétré. ◆ Il se dit des personnes qui sont objet, sujet, motif de quelque chose. « *Là tu verras d'Esther la pompe et les honneurs, Et sur le trône assis le sujet de tes pleurs* », RACINE. ◆ *Au sujet d'une personne, sur le sujet d'une personne,* relativement à elle. ◆ *Être sur le sujet de quelqu'un ou de quelque chose,* en parler, en causer. ◆ Il se dit en parlant des arts. *Sujet de tableau tiré de l'histoire.* ◆ **Mus.** Air sur lequel on fait les parties. *La phrase qui commence une fugue et qui lui sert de thème.* ◆ Objet d'une science. *Le sujet de la médecine est l'étude des maladies.* ◆ **Log.** et gramm. Terme essentiel de toute proposition, celui dont on affirme ou nie quelque chose. ◆ *Sujet grammatical,* le mot auquel le verbe se rapporte ; *sujet logique,* la réunion de tous les mots qui servent à exprimer le sujet. ◆ **Philos.** L'être qui a conscience de lui-même, par opposition à *objet.* ◆ Personne par rapport à sa capacité, sa conduite. *C'est un digne sujet, un pauvre sujet, etc.* ◆ En ce sens, il se dit aussi des femmes. ◆ *Un bon sujet,* un homme qui se conduit bien ; un écolier qui étudie et travaille bien. ◆ *Mauvais sujet,* homme livré au désordre, à l'inconduite ; quelquefois en un sens moins défavorable, étourdi, folâtre, qui fait des sottises, mais resté bon et les manières aimables. ◆ Au pl. On dit *de bons, de mauvais sujets,* quand on considère les deux mots comme séparés dans la locution ; et *des bons, des mauvais sujets,* quand on les considère comme unis. ◆ **Jard.** L'arbre qu'on destine à être greffé ou que l'on soumet à cette opération. ◆ **Anat.** Cadavre que l'on dissèque. ◆ **Hist. nat.** Un être qu'on examine. ◆ Être vivant qui est l'objet des soins de la médecine

ou de l'hygiène. ■ **Danse** Danseur dans la hiérarchie du corps de ballet de l'Opéra. *Une choryphée promue sujet.*

2 **SUJET, ETTE**, adj. [syʒɛ, ɛt] (lat. *subjectus*, p. p. de *subjicere*, mettre sous, subordonner) Qui est dans la dépendance, qui est obligé d'obéir. « *Nous sommes tous sujets aux lois et aux coutumes du pays où nous vivons* », Acad. ♦ ▷ *Être sujet à l'heure, au coup de marteau, au coup de cloche, au coup de sonnette*, se dit des gens qui sont obligés d'être quelque part à heure fixe, ou de faire quelque chose à une heure précise, etc. ◁ ♦ Dans la féodalité, *pays sujet*, fief dépendant d'un État souverain. ♦ Soumis par conquête. « *Rome est sujette d'Albe* », P. Corneille. ♦ ▷ Absol. Qui est tenu à un service fort assidu. *Ce maître tient ses domestiques fort sujets.* ◁ ♦ ♦ Qui ne peut s'éloigner, s'écarter. *Cette femme est fort sujette auprès de son mari.* ♦ Il se dit d'un emploi, d'un métier qui exige une grande assiduité. *On est fort sujet dans cet emploi.* ♦ Assujetti à supporter quelque charge, à payer certains droits. *Tout propriétaire est sujet à l'impôt foncier.* ♦ Astreint à quelque nécessité inévitable. « *Dieu, en punition, rendit l'homme sujet à la mort* », Pascal. ♦ Porté à... par inclination ou par habitude. « *L'ouvrier sujet au vice ne deviendra jamais riche* », Saci. ♦ On dit de même *sujet au vin*, à ses goûts, à ses plaisirs, etc. ♦ Qui est exposé à éprouver fréquemment certains accidents, en parlant des personnes. « *Je vous plains d'être sujette à des humeurs noires* », Mme de Sévigné. ♦ *Sujet à caution*, Voy. CAUTION. ♦ *Cela est sujet à caution*, cela est sujet à ne pas durer. ♦ Il se dit, en un sens analogue, des choses. « *Combien nos jugements sur les apparences sont sujets à l'illusion* », J.-J. Rousseau. ♦ *Ce passage est sujet à plusieurs interprétations différentes*, on peut l'interpréter de plusieurs manières différentes. ♦ N. m. et n. f. Celui, celle qui est soumis(e) à une autorité souveraine, soit qu'il s'agisse d'un roi, d'une république ou de tout autre souverain.

SUJÉTION, n. f. [syʒesjɔ̃] (lat. *subjectio*, action de mettre sous ou à la suite, lat. chrét., soumission) Domination qui subjugue. « *Un conquérant mettra tout sous sa sujétion* », Pascal. ♦ État de celui qui est sujet d'un prince, d'un chef. ♦ État de celui qui est astreint, obligé. *Il est dangereux de se faire des habitudes, elles deviennent des sujétions.* ♦ L'assiduité qui est exigée ou nécessaire auprès d'une personne. ♦ Assiduité exigée par une charge, par un emploi. ♦ Incommodités, servitude auxquelles une maison est sujette.

SULFAMIDE, ■ n. m. [sylfamid] (*sulf*[o]-, soufre, et *amide*) Substance soufrée utilisée pour traiter les infections microbiennes. *On préfère utiliser aujourd'hui la pénicilline dont les effets secondaires sont moins nocifs que les sulfamides.*

SULFATAGE, n. m. [sylfataʒ] (*sulfater*) Espèce de chaulage des grains qui se fait à l'aide du plâtre ou sulfate de chaux. ♦ Action de sulfater le bois. ♦ **Agric.** Traitement préventif ou curatif au sulfate de cuivre. *Le sulfatage de la vigne évite l'apparition de l'oïdium.*

SULFATATION, n. f. [sylfatasjɔ̃] (*sulfate*) Apparition d'une couche de sulfate de plomb sur les bornes d'un accumulateur qui se décharge. *Les indices de sulfatation. La sulfatation est la cause majeure de la dégradation des batteries.*

SULFATE, n. m. [sylfat] (*sulf*[o]- et suff. *-ate*, sel) Nom des sels produits par la combinaison de l'acide sulfurique avec les bases salifiables.

SULFATÉ, ÉE, p. p. de *sulfater*. [sylfate] ♦ *Eaux minérales sulfatées*, celles qui contiennent du sulfate de fer. ♦ Qui contient un sulfate.

SULFATER, v. tr. [sylfate] (*sulfate*) Tremper dans un bain de sulfate de cuivre les bois pour les rendre plus durables. ♦ Ajouter du plâtre sulfaté au jus de raisin avant sa fermentation. *En sulfatant le vin, on protège ses tanins.* ♦ Traiter des végétaux avec du sulfate de cuivre pour lutter contre les maladies cryptogamiques. *Sulfater la vigne.*

SULFATEUR, EUSE, ■ n. m. et n. f. [sylfatœr, øz] (*sulfater*) Personne qui s'occupe du sulfatage des cultures. *Les sulfateurs saisonniers qui travaillent dans les vignes.* ♦ N. f. Machine agricole utilisée pour pulvériser du sulfate de cuivre. *La sulfateuse d'un domaine viticole.* ♦ N. f. Arg. Mitraillette. *Il les a tous flingués à la sulfateuse.*

SULFHYDRATE, ■ n. m. [sylfidrat] (*sulf*[o]- et *hydrate*) ▷ **Chim.** Nom générique des sels produits par la combinaison de certains sulfures avec l'acide sulfhydrique (autrefois hydrosulfate). ■ Rem. On disait aussi *hydrosulfure* autrefois. ◁

SULFHYDRIQUE, adj. [sylfidrik] (*sulf*[o]- et *-hydrique*, hydracide) **Chim.** *Acide sulfhydrique*, combinaison d'hydrogène et de soufre. ■ Rem. On disait aussi *hydrosulfurique* autrefois.

SULFINISATION, ■ n. f. [sylfinizasjɔ̃] (*sulf*[o]- et suff. *-in-*, un oxygène de moins que dans le *sulfone*) **Métall.** Opération qui consiste à chauffer un métal avec des sels dérivés du soufre. *La sulfinisation augmente la résistance des métaux à l'usure.*

SULFITE, ■ n. m. [sylfit] (*sulf*[o]- et *hydrate*) **Chim.** Nom générique des sels formés par la combinaison de l'acide sulfureux avec les bases.

SULFONE, ■ n. m. ou n. f. [sylfɔn] (*sulf*[o]- et *-one*, radic. carboné) **Chim.** Composé organique issu de l'oxydation d'un sulfure. *Traitement de la lèpre par les sulfones.*

SULFOSEL, ■ n. m. [sylfosel] (*sulf*[o]- et *sel*) **Chim.** Sel qui contient du soufre. *La présence de sulfosel dans les effluents miniers nuit à l'environnement.*

SULFURATION, n. f. [sylfyrasjɔ̃] (*sulfure*; lat. impér. *sulfuratio*, soufrière) **Chim.** Action de combiner le soufre avec un autre corps.

SULFURE, n. m. [sylfyr] (*sulf*[o]- et *-ure*, anion monoatomique) **Chim.** Nom général des composés binaires formés par le soufre avec les métaux et quelques métalloïdes. ■ Objet en verre généralement sphérique, décoré dans la masse. *Un sulfure presse-papier.*

SULFURÉ, ÉE, p. p. de *sulfurer*. [sylfyre] L'acide sulfhydrique était appelé jadis *gaz hydrogène sulfuré.* ♦ **Chim.** Qui contient du soufre. *Composé sulfuré.*

SULFURER, v. tr. [sylfyre] (*sulfure*) **Chim.** Faire entrer du soufre en combinaison. ♦ **Agric.** Traiter un sulfure formé pour lutter contre les insectes. *Sulfurer par temps sec.* ■ **SULFURAGE**, n. m. [sylfyraʒ]

SULFUREUX, EUSE, adj. [sylfyrø, øz] (lat. impér. *sulfurosus*, riche en soufre) Qui tient de la nature du soufre. *Des exhalaisons sulfureuses.* ♦ *Eau sulfureuse*, eau qui contient en dissolution des sels de soufre et qui dégage de l'acide sulfhydrique. ♦ **Chim.** *Acide sulfureux*, acide formé par la combustion du soufre dans l'air; c'est un gaz suffocant. ♦ Se dit aussi des sels où entre l'acide sulfureux. ♦ **Fig.** Qui sent le soufre, qui rappelle le Diable ou l'enfer. *Des écrits sulfureux.*

SULFURIQUE, adj. [sylfyrik] (lat. *sulfur*, soufre) **Chim.** Qui a rapport au soufre. ♦ *Acide sulfurique*, acide liquide, de consistance oléagineuse (anciennement huile de vitriol). ♦ *Acide sulfurique anhydre*, acide solide, cristallisé en aiguilles blanches, brillantes, ayant l'apparence de l'amiante. ♦ *Acide sulfurique fumant ou de Nordhausen*, acide sulfurique du commerce. ♦ *Acide sulfurique concentré ou monohydraté*, c'est l'acide sulfurique ordinaire, sirupeux, incolore. ♦ *Éther sulfurique*, celui que l'on désigne par le mot seul d'*éther*.

SULFURISÉ, ÉE, ■ adj. [sylfyrize] (*sulfurique*) Qui contient de l'acide sulfurique. *Sources d'eaux chaudes sulfurisées.* ■ *Papier sulfurisé*, qui est imperméable à tout corps gras. *Couvrir une plaque de papier sulfurisé pour faire cuire les biscuits.*

SULKY, ■ n. m. [sylki] (mot angl., de l'adj. *sulky*, boudeur) Sorte d'attelage léger monoplace et à deux roues utilisé pour la course de trot. *Une course de sulkys* ou *de sulkies* (pluriel anglais).

SULPICIEN, IENNE, ■ adj. [sylpisjɛ̃, jɛn] ([Saint-]*Sulpice*, séminaire du faubourg Saint-Germain) Qui appartient à la congrégation des prêtres de Saint-Sulpice qui enseignaient dans les séminaires. *Les règles sulpiciennes.* « *J'aimerais à raconter toutes les aventures que mes vertus sulpiciennes m'amenèrent et les tours singuliers qu'elles m'ont joués* », Renan. ♦ N. m. et n. f. *Les sulpiciennes de Montréal.* ♦ **Péj.** Se dit d'objets de piété de mauvais goût, par référence aux magasins d'objets religieux qui se trouvent aux abords de l'église Saint-Sulpice, à Paris. *Des bondieuseries sulpiciennes en plâtre.*

1 **SULTAN**, n. m. [syltã] (mot turc, de l'ar. *sultân*, domination, sultan) Titre de l'empereur des Turcs. ♦ Titre de plusieurs autres princes musulmans et tartares. ♦ **Fig.** Prince absolu comme les sultans. ♦ **Fig.** et **fam.** Homme absolu, tyrannique.

2 **SULTAN**, n. m. [syltã] (1 *sultan*) ▷ Meuble de toilette à l'usage des dames, qui consiste en une corbeille recouverte d'une étoffe de soie. ♦ Petit matelas en forme de coussin, rempli d'espèces aromatiques. ◁

SULTANAT, n. m. [syltana] (1 *sultan*) Dignité de sultan. ♦ Règne d'un sultan.

1 **SULTANE**, n. f. [syltan] (fém. de 1 *sultan*) Titre des femmes du Grand Seigneur. ♦ *Sultane validée*, la mère du sultan régnant. ♦ ▷ Robe longue ouverte par-devant et faite des plus belles étoffes. ◁ ♦ *Poule sultane*, le porphyrion de Buffon.

2 **SULTANE**, n. f. [syltan] (1 *sultan*) Vaisseau de guerre turc.

SULTANIN, n. m. [syltanɛ̃] (1 *sultan*, d'après le turc *sultani*) ▷ Monnaie d'or qui a cours en Turquie, en Égypte et dans les États barbaresques. ■ Rem. Cette monnaie n'est plus en usage dans ces pays aujourd'hui. *États barbaresques* est un ancien terme qui désigne la Libye et le Maghreb actuels. ◁

SUMAC, n. m. [symak] (ar. *summaq*) Genre de la famille des térébinthacées. ♦ Nom donné par les teinturiers aux feuilles, fleurs, baies et graines du sumac séchées et réduites en poudre.

SUMÉRIEN, IENNE, ■ adj. [symerjɛ̃, jɛn] (*Sumer*) De l'ancien peuple de Sumer, région de la basse Mésopotamie. *La civilisation sumérienne.* ♦

N. m. pl. *Les Sumériens.* ◆ N. m. Langue de ce peuple qui est la plus ancienne langue écrite connue. *L'écriture cunéiforme du sumérien.*

SUMMUM, ■ n. m. [sɔmɔm] (neutre du lat. *summus*, le plus élevé) Apogée, la plus haute situation ou position qui peut être atteinte. *Il a atteint le summum de sa carrière.*

SUMO, ■ n. m. [symo] (mot jap.) Lutte japonaise où deux adversaires obèses s'affrontent à l'intérieur d'un cercle dont ils ne doivent pas dépasser les limites. *Lutte, combat de sumo.* ■ Nom donné à ces lutteurs. *Les sumos combattent pratiquement nus.* ■ REM. On dit aussi dans ce dernier sens *sumotori.*

SUMOTORI, ■ n. m. [symotori] (mot jap.) Lutteur pratiquant le sumo. *Un combat de sumotoris.*

SUNNA, n. f. [syna] (mot ar., loi, usage) Recueil des dits et faits de Mahomet, occupant le second rang après le Coran. ■ REM. On disait *sonna* ou *assonah* autrefois.

SUNNISME, ■ n. m. [synism] (*sunnite*) Courant de l'islam qui s'appuie sur la sunna. *Le sunnisme et le chiisme. Les différentes écoles du sunnisme.*

SUNNITE, n. m. et n. f. [synit] (ar. *sunna*, pratique [du Prophète]) Chez les musulmans, sectateur, sectatrice de la tradition. ■ Adj. *La communauté sunnite.*

SUPÉ, ÉE, p. p. de super. [sype]

1 **SUPER**, v. tr. [sype] (mot norm., de l'anc. nord. *súpa*, boire bruyamment) Mar. Se dit de l'action d'une pompe qui, ne rencontrant plus d'eau, aspire l'étoupe. ■ V. intr. Se boucher, en parlant d'une voie d'eau qui se ferme soit par l'herbe, soit par quelque autre corps que le hasard y introduit.

2 **SUPER...**, [syper] (lat. *super*, par-dessus, en plus, sur, pendant) préfixe qui correspond au lat. *super*; il se met avant un autre mot pour désigner une situation plus élevée.

3 **SUPER**, ■ adj. inv. [syper] (adjectivation de *super-*) Fam. Formidable. *Un mec super! J'ai passé des vacances super à la montagne.* ■ Interj. *Super! il a réussi.*

4 **SUPER**, ■ n. m. [syper] Voy. SUPERCARBURANT.

SUPERALLIAGE, ■ n. m. [syperaljaʒ] (*super-* et *alliage*) Métall. Alliage qui résiste à de très hautes températures. *Les superalliages, qui résistent à des températures de plus de 1 000 °C, sont notamment utilisés dans la fabrication des réacteurs d'avion.*

SUPERAMAS, ■ n. m. [syperama] (*super-* et *amas*) Astron. Groupe d'amas de galaxies. *Un superamas de plusieurs millions d'années-lumière de diamètre.*

1 **SUPERBE**, adj. [syperb] (lat. *superbus*, orgueilleux, hautain) Qui est orgueilleux, d'un orgueil qui apparaît dans l'air et l'extérieur. *« Homme faible et superbe »*, VOLTAIRE. ◆ N. m. *« Dieu résiste au superbe »*, RACINE. ◆ Il se prend quelquefois en bonne part. *« Pourriez-vous n'être plus ce superbe Hippolyte? »*, RACINE. ◆ Qui a le caractère de l'orgueil. *« Alexandre reçut des lettres de Darius conçues en termes si superbes qu'il s'en offensa »*, VAUGELAS. ◆ Il se dit des animaux qui semblent orgueilleux de leur force. *« Cependant un sanglier, monstre énorme et superbe »*, LA FONTAINE. ◆ ▷ Anat. Le muscle superbe, le muscle droit supérieur ou releveur de l'œil, qui entre en action lorsque cet organe exprime l'orgueil. ◁ ◆ Il se dit des grands monuments dont la hauteur semble être un orgueil. *« L'arche qui fit tomber tant de superbes tours »*, RACINE. ◆ Beau, grand, magnifique, riche, somptueux. *Une forêt superbe. Un superbe tombeau.* ◆ Il se dit aussi des hommes en ce sens. *C'est un homme superbe en habits, en bâtiments, en équipages.* ◆ Un homme superbe, un très bel homme. ◆ Ironiq. et fam. *Vous êtes superbe, vous avez des idées singulières, bizarres.* ◆ En parlant des ouvrages d'esprit, très beau. *Un superbe discours. Un ouvrage superbe.* ◆ Il se dit de la magnificence du temps, du ciel. *Il fait un temps superbe.* ◆ N. f. *La superbe*, espèce de liliacée.

2 **SUPERBE**, n. f. [syperb] (lat. *superbia*, orgueil, insolence) Orgueil avec faste et vaine gloire.

SUPERBEMENT, adv. [syperbəmã] (*superbe*) D'une manière superbe. *« L'homme, de sa nature, pense hautement et superbement de lui-même »*, LA BRUYÈRE. ◆ Avec magnificence. *« Ce riche était vêtu superbement »*, MASSILLON.

SUPERBÉNÉFICE, ■ n. m. [syperbenefis] (*super-* et *bénéfice*) Financ. Solde du bénéfice distribuable après que les dividendes ont été distribués. *Taxe sur les superbénéfices.*

SUPERCALCULATEUR, ■ n. m. [syperkalkylatœr] (*super-* et *calculateur*) Ordinateur qui possède une très grande puissance de calcul. *Les supercalculateurs sont utilisés dans des domaines scientifiques tels que l'astronomie.*

SUPERCARBURANT ou **SUPER**, ■ n. m. [syperkarbyrã, syper] (*super-* et *carburant*) Carburant de qualité supérieure dont l'indice d'octane est plus élevé que celui de l'essence ordinaire. *Le supercarburant est remplacé*

aujourd'hui par des carburants sans plomb qui sont moins polluants. *Voiture qui roule au super.*

SUPERCHAMPION, IONNE, ■ n. m. et n. f. [syperʃãpjɔ̃, jɔn] (*super-* et *champion*) Champion, championne qui remporte de nombreuses victoires. *La superchampionne de tennis.* ◆ Fig. et fam. Personne qui se distingue dans un domaine particulier. *C'est un superchampion en informatique.*

SUPERCHERIE, n. f. [syperʃəri] (ital. *soperchieria*, affront, du lat. vulg. *superculus*, excessif) Tromperie faite avec finesse. *User de supercherie.*

SUPERCRITIQUE, ■ adj. [syperkritik] (*super-* et *critique*) Phys. Se dit d'un fluide dont la pression et la température sont supérieures au point critique. *Le dioxyde de carbone est un fluide supercritique.*

SUPÈRE, ■ adj. [syper] (lat. *superus*, qui est au-dessus) Bot. Ovaire supère, se dit de l'ovaire d'une fleur qui est situé au-dessus du point d'attache des organes de la fleur. *L'ovaire supère est visible, contrairement à l'ovaire infère. La rose, la tulipe possèdent un ovaire supère.*

SUPÉRETTE, ■ n. f. [syperet] (*super*[marché] et *-ette*) Commerce d'alimentation en libre-service de petites dimensions. *Les deux supérettes du bourg.*

SUPERFAMILLE, ■ n. f. [syperfamij] (*super-* et *famille*) Biol. Unité de classification des êtres vivants qui comprend plusieurs familles. *Les différentes superfamilles d'un ordre. La superfamille des immunoglobulines.*

SUPERFÉTATION, n. f. [syperfetasjɔ̃] (lat. impér. *superfœtare*, concevoir de nouveau, de *super*, en plus, et *fœtare*, pondre) Littér. Ce qui est en trop, redondance, double emploi de pensée et d'expression. *Ce chapitre est entièrement inutile, c'est une superfétation.* ◆ Biol. Fécondation qui en suit une autre et qui donne lieu à une double gestation. *Phénomène de superfétation chez le lièvre.*

SUPERFÉTATOIRE, ■ adj. [syperfetatwar] (radic. de *superfétation*) Dont l'ajout est inutile en raison de sa redondance. *« Ils donnaient vraisemblablement une quantité de détails inutiles ou superfétatoires, mais avec tant de précision et tant d'insistance que Mahias s'y perdait »*, ROBBE-GRILLET.

SUPERFICIE, n. f. [syperfisi] (lat. *superficies*, construction sur un sol dont on n'a que l'usufruit, lat. imp., *superficie*, de *super*, au-dessus, et *facies*, forme extérieure) L'étendue d'une surface. *La superficie d'un champ.* ◆ Droit de superficie, droit de propriété de la superficie et de ce qui est bâti dessus, détaché, par convention, du droit de propriété du fonds. ◆ Géom. Surface d'un corps considéré quant à sa longueur et à sa largeur, sans égard à sa profondeur. ◆ ▷ Surface des corps considérée comme ayant quelque profondeur. ◁ ◆ Par extens. L'apparence extérieure du corps. ◆ Fig. Ce qui est comparé dans les objets moraux à la superficie des objets physiques. *« Il ne jugeait pas les hommes par la superficie »*, FONTENELLE. *◆ S'arrêter à la superficie, ne point aller au fond des choses.* ◆ Fig. Se dit d'apparences morales, sans que le fonds s'y trouve. *« Cette vaine et fastueuse religion qui se répand toute au-dehors et qui n'a que la superficie des bonnes œuvres »*, FLÉCHIER. ◆ Fig. Connaissance superficielle, légère, imparfaite. *« Il me semble que M. de Mairan possède en profondeur ce que M. de Fontenelle avait en superficie »*, VOLTAIRE.

SUPERFICIEL, ELLE, adj. [syperfisjel] (lat. chrét. *superficialis*) Qui est relatif à la surface. *Cent lieues superficielles.* ◆ Qui n'est qu'à la surface. *La lésion est superficielle.* ◆ Fig. *« Ces perceptions sont, pour ainsi dire, superficielles à l'âme, elles ne la pénètrent et ne la modifient pas sensiblement »*, MALEBRANCHE. ◆ Bot. Parasites superficiels, les plantes qui vivent à la surface des végétaux, sans leur emprunter leur nourriture. ◆ Fig. *Une teinture superficielle mais générale des sciences.* ◆ Qui n'est pas profond, qui ne va pas à l'intérieur. *« Vous n'avez qu'un désir superficiel de réformer vos défauts »*, BOSSUET. ◆ Il se dit, en un sens analogue, des personnes. *« Des esprits superficiels qui n'approfondissent jamais rien »*, MALEBRANCHE.

SUPERFICIELLEMENT, adv. [syperfisjel(ə)mã] (*superficiel*) En superficie. *Ce champ contient 1 000 m superficiellement, c'est-à-dire 1 000 m carrés.* ◆ D'une manière superficielle. *Ce coup ne l'a touché que superficiellement.* ◆ Fig. *Lire superficiellement un ouvrage.*

SUPERFIN, INE, adj. [syperfɛ̃, in] (*super-* et *fin*) Comm. Qui a un degré supérieur de finesse. *Drap, papier superfin.* ■ N. m. et n. f. *C'est du superfin, cela est très fin.*

SUPERFINITION, ■ n. f. [syperfinisjɔ̃] (*super-* et *finition*) Métall. Opération de polissage destinée à faire disparaître les irrégularités d'une surface. *Une superfinition au laser.*

SUPERFLU, UE, adj. [syperfly] (lat. chrét. *superfluus*, excessif, de *superfluere*, déborder) Qui est de trop. *Des ornements superflus. « L'abondance des choses nécessaires, le mépris des superflues »*, FÉNELON. ◆ Rimes superflues, celles qui embrassent non seulement la syllabe consonante tout entière, mais tout ou partie de la syllabe précédente, comme *jalousie* et *Andalousie*. ◆ Inutile. *« Que nous servent, hélas! ces regrets superflus? »*, RACINE. ◆ N. m.

Ce qui est de trop. « *Avoir du superflu en hommes* », VOLTAIRE. « *Un superflu de vie* », MME DE STAËL. ◆ Ce qui est, pour la vie, au-delà du nécessaire. « *Pour pourvoir le pauvre de ce nécessaire qu'il n'a pas, vous emploierez ce superflu que vous avez* », BOURDALOUE.

SUPERFLUIDE, ■ adj. [sypɛrflɥid] (*super-* et *fluide*) **Phys.** Se dit d'un fluide qui ne possède aucune viscosité. *L'hélium liquide est superfluide.*

SUPERFLUIDITÉ, ■ n. f. [sypɛrflɥidite] (*super-* et *fluidité*) **Phys.** Propriété que possèdent certaines substances de ne présenter aucune viscosité. *La superfluidité de l'hélium.*

SUPERFLUITÉ, n. f. [sypɛrflyite] (lat. chrét. *superfluitas*, surabondance) Ce qui est superflu. « *La table toutefois, sans superfluité, N'avait en rien que d'honnête en sa frugalité* », BOILEAU. « *Il faut éviter la superfluité des choses comme la surabondance des mots* », MARMONTEL. ◆ Choses superflues. « *Vous éviterez les superfluités* », CONDILLAC. ◆ Choses de luxe. « *L'abus des superfluités dont on se fait des besoins* », MASSILLON. ◆ ▷ Humeurs surabondantes. « *Des superfluités que j'avais encore dans le corps* », MME DE SÉVIGNÉ. ◁ **REM.** Il est vieilli ou littéraire aujourd'hui.

SUPERGRAND, ■ n. m. [sypɛrgrɑ̃] (*super-* et *grand*) **Fam.** État puissant qui domine le monde. *Les États-Unis et l'ancienne* URSS *étaient considérés comme les supergrands.*

SUPER-HUIT, ■ adj. inv. [sypɛrɥit] (*super-* et *huit* [*millimètres*]) Se dit du format d'un film qui est intermédiaire entre le huit millimètres et le seize millimètres. *Une caméra amateur super-huit.* ◆ **N. m.** *Le super-huit.* ■ **REM.** On écrit aussi *super-8.*

SUPÉRIEUR, EURE, adj. [sypɛrjœr] (lat. *superior*, compar. de *superus*, plus élevé) Qui est situé au-dessus. *Les étages supérieurs.* ◆ *Membres supérieurs*, les deux bras. ◆ **Astron.** *Planètes supérieures*, celles dont l'orbite comprendrait l'orbite de la Terre si on les projetait sur un même plan. ◆ Il se dit des pays les plus rapprochés de la source du fleuve ou des fleuves qui les traversent. *Les provinces supérieures de l'Asie.* ◆ Qui occupe un rang élevé dans une échelle fictive. *Les animaux supérieurs.* ◆ Il se dit des ordres de quantité les uns par rapport aux autres. *Des unités de l'ordre immédiatement supérieur.* ◆ *Température supérieure*, température plus élevée. ◆ Qui est d'un ordre plus élevé. *Les classes supérieures de la société. Autorité supérieure.* ◆ *Cours supérieures, tribunaux supérieurs*, cours, tribunaux qui jugent en dernier ressort. ◆ *Officier supérieur*, le chef de bataillon ou d'escadrons, le lieutenant-colonel, le colonel et les officiers assimilés. ◆ **Philos.** *Concept supérieur*, idée générale. ◆ **Fig.** Qui l'emporte sur, en parlant des personnes. *Un ministre supérieur à ses rivaux.* ◆ Il se dit aussi des choses. *Une force supérieure. Un prix supérieur.* ◆ **Absol.** Placé au-dessus des autres par des avantages intellectuels ou moraux. « *C'est [Turgot] un esprit supérieur et une très belle âme* », VOLTAIRE. ◆ Il se dit des choses en cet emploi. *Des écrits supérieurs.* ◆ **Absol.** Il se dit aussi d'une supériorité militaire numérique. « *Charles ne balança pas à attaquer avec sa petite troupe cette armée si supérieure* », VOLTAIRE. ◆ **Fig.** *Être supérieur à*, avec un nom de chose pour régime, ne pas se laisser dominer par. « *Supérieur à la petite vanité de ne placer dans ses livres que ce qu'il a découvert ou observé le premier* », CONDORCET. ◆ *Être supérieur aux événements, etc.*, avoir un courage à l'épreuve des événements. ◆ *Être supérieur à sa place*, avoir plus de talents, de capacité que n'en exige la place qu'on occupe. ◆ **N. m. et n. f.** Celui, celle qui a autorité sur un autre. *Il faut obéir à ses supérieurs.* ◆ Celui ou celle qui gouverne un monastère. ◆ *Supérieur* ne prend pas de degré de comparaison ; cependant Voltaire a dit : « *Un jeu intelligent plus supérieur au monde, etc.* » *Les talents les plus supérieurs.* ◆ Qui témoigne de la condescendance. *Un ton supérieur.*

SUPÉRIEUREMENT, adv. [sypɛrjœr(ə)mɑ̃] (*supérieur*) D'une manière supérieure. « *Fléchier et Marsollier ont fait la « Vie du cardinal Ximénès », mais l'un supérieurement à l'autre* », RICHELET. ◆ **Absol.** D'une manière excellente, parfaitement. *Manier supérieurement les armes.* « *Polybe, qui a écrit si supérieurement la guerre de Rome et de Carthage* », VOLTAIRE.

SUPÉRIORITÉ, n. f. [sypɛrjorite] (lat. *superior*, plus élevé) Prééminence, autorité, excellence au-dessus des autres. *La supériorité de l'homme sur les animaux.* ◆ Charge de supérieur dans un couvent. ◆ Au pl. Néolog. *Les supériorités*, les personnes éminentes en mérite, en renom, etc. ◆ Comportement de quelqu'un qui pense être supérieur aux autres. *Un air de supériorité.* ■ **REM.** Il n'est plus considéré comme un néologisme aujourd'hui dans le sens de *personnes éminentes* mais il est rare.

SUPERLATIF, IVE, adj. [sypɛrlatif, iv] (b. lat. *superlativus*, gramm. superlatif, hyperbolique, de *super*, au-dessus, et *latum*, supin de *ferre*, porter) **Gramm.** Qui exprime la qualité bonne ou mauvaise portée au plus haut degré. *Adjectif superlatif.* ◆ **Par extens.** et **fam.** Qui a un caractère d'excellence. ◆ **N. m.** *Un superlatif*, un adjectif mis au degré superlatif. Généralissime *est un superlatif.* ◆ *Superlatif absolu*, celui qui exprime la qualité portée à un très haut degré, sans rapport à autre chose ou à autre personne,

comme très sage. ◆ *Superlatif relatif*, celui qui exprime la qualité avec rapport à autre personne ou à autre chose, comme le plus sage. ◆ *Superlatif d'infériorité*, celui qui se compose avec les mots *le moins* en français, comme *le moins grand de tous.* ◆ AU SUPERLATIF, loc. adv. Extrêmement. *Il est sot et vain au superlatif.*

SUPERLATIVEMENT, adv. [sypɛrlativ(ə)mɑ̃] (*superlatif*) T. familier qui ne se dit guère qu'en plaisantant. Au superlatif, extrêmement. *Elle est superlativement laide.*

SUPERLÉGER, ■ n. m. [sypɛrleʒe] (*super-* et *léger*) **Sp.** Sportif appartenant à la catégorie de poids généralement inférieur à 60 kg. *Champion du monde de boxe des superlégers.* ◆ **Adj.** *Poids superléger.*

SUPERLOURD, ■ n. m. [sypɛrlur] (*super-* et *lourd*) **Sp.** Sportif appartenant à la catégorie de poids généralement supérieur à 100 kg. *Un combat de superlourds.* ◆ **Adj.** *Poids superlourd.*

SUPERMAN, ■ n. m. [sypɛrman] (mot anglo-amér., de *super-*, au-dessus, et *man*, homme) **Fam.** et **ironiq.** Homme qui possède des pouvoirs hors du commun. *Des supermans* ou *des supermen* (pluriel anglais). « *Y a parfois comme ça, des dingues, des solitaires qui, pour l'avancement ou seulement la gloriole, jouent les lonesome cow-boys, les Superman, les Zorro* », PAGE.

SUPERMARCHÉ, ■ n. m. [sypɛrmarʃe] (*super-* et *marché*, d'après l'angl. *supermarket*) Commerce d'alimentation et de produits courants en libre-service de grandes dimensions (de 400 à 2 500 m carrés). *La galerie commerciale d'un supermarché.*

SUPERNATURALISME, n. m. [sypɛrnatyralism] (*super-* et *naturalisme*) Voy. SUPRANATURALISME.

SUPERNOVA, ■ n. f. [sypɛrnova] (*super-* et *nova*) **Astron.** Étoile que l'on perçoit par la grande luminosité qu'elle dégage lors de son explosion. *Des supernovas* ou *des supernovae* (pluriel latin). *Observation des supernovas par télescope spatial.*

SUPERORDINATEUR, ■ n. m. [sypɛrɔrdinatœr] (*super-* et *ordinateur*) Ordinateur très puissant. *Un superordinateur qui traite plusieurs millions d'opérations en une seconde.*

SUPERORDRE, ■ n. m. [sypɛrɔrdr] (*super-* et *ordre*) **Biol.** Unité de classification qui se trouve entre la classe ou la sous-classe et l'ordre. *Les superordres d'une sous-classe.*

SUPERPHOSPHATE, ■ n. m. [sypɛrfɔsfat] (*super-* et *phosphate*) **Chim.** Engrais issu du traitement de phosphates naturels. *Utilisation du superphosphate dans la culture biologique.*

SUPERPLASTICITÉ, ■ n. f. [sypɛrplastisite] (*superplastique*) **Phys.** Propriété de certains matériaux qui peuvent subir des allongements importants sans se rompre. *Modifier la structure physique d'un alliages pour en augmenter la superplasticité.*

SUPERPLASTIQUE, ■ adj. [sypɛrplastik] (*super-* et *plastique*) Se dit d'un matériau capable de subir des allongements importants sans se rompre. *Métal superplastique.*

SUPERPOSÉ, ÉE, p. p. de superposer. [sypɛrpoze]

SUPERPOSER, v. tr. [sypɛrpoze] (*super-* et *poser*, d'après le lat. *superponere*, placer sur) Poser une ligne, une surface, un corps sur un autre. ■ **Fig.** Se superposer, v. pr. S'ajouter à. *Les images se superposent dans mon esprit.* ■ **SUPERPOSABLE**, adj. [sypɛrpozabl] *Des lits superposables.*

SUPERPOSITION, n. f. [sypɛrpozisjɔ̃] (b. lat. *superpositio*, action de poser sur) Action de superposer ou état de choses superposées. ◆ **Géol.** Mode de succession des parties de l'écorce terrestre. ◆ Choses superposées. *Une superposition de plusieurs couches de peinture.*

SUPERPRODUCTION, ■ n. f. [sypɛrprodyksjɔ̃] (*super-* et *production*) Film cinématographique ou spectacle dont la réalisation a été très coûteuse. *Une superproduction hollywoodienne.*

SUPERPUISSANCE, ■ n. f. [sypɛrpɥisɑ̃s] (*super-* et *puissance*) État dont l'influence économique ou politique est très grande. *Devenir une superpuissance mondiale.*

SUPERPURGATION, n. f. [sypɛrpyrgasjɔ̃] (*super-* et *purgation*) **Méd.** Purgation immodérée ou excessive, causée par des substances trop irritantes ou données à contretemps.

SUPERSÉDER, v. intr. [sypɛrsede] (lat. *supersedere*, être assis sur, se dispenser de) ▷ **Jurispr.** Surseoir. *Ordonné qu'il sera supersédé aux poursuites.* ◁

SUPERSONIQUE, ■ adj. [sypɛrsonik] (*super-* et 3 *son*) Qui dépasse la vitesse du son. *Soufflerie supersonique utilisée dans la simulation de vol.* ■ **N. m.** Avion supersonique. *Le Concorde est un supersonique.*

SUPERSTAR, ■ n. f. [sypɛrstar] (*super-* et *star*) Personnalité, vedette très célèbre. *Cet acteur est une superstar du cinéma américain.*

SUPERSTITIEUSEMENT, adv. [sypɛrstisjøz(ə)mɑ̃] (*superstitieux*) D'une manière superstitieuse. ◆ **Fig.** En portant l'exactitude, le scrupule jusqu'à l'excès. *Il ne faut pas s'attacher superstitieusement aux choses indifférentes.*

SUPERSTITIEUX, EUSE, adj. [sypɛrstisjø, øz] (lat. *superstitiosus*) Qui a de la superstition. « *Le peuple le moins superstitieux est toujours le plus to-lérant* », VOLTAIRE. ◆ **N. m. et n. f.** Personne superstitieuse. ◆ Où il y a de la superstition. *Dévotion superstitieuse. Des temps superstitieux.* ◆ **Fig.** Qui pèche par excès d'exactitude. « *Sa santé ne se soutenait que par un régime presque superstitieux* », FONTENELLE.

SUPERSTITION, n. f. [sypɛrstisjɔ̃] (lat. *superstitio*) Sentiment de vénéra-tion religieuse, fondé sur la crainte ou l'ignorance, par lequel on est souvent porté à se former de faux devoirs, à redouter des chimères, et à mettre sa confiance dans des choses impuissantes. ◆ Pratique superstitieuse, croyance superstitieuse. *La confiance qu'on avait aux oracles chez les anciens était une superstition.* ◆ Vaine observation religieuse pratiquée par les anciens et dé-fendue par l'Église. ◆ Vain présage que l'on tire d'accidents fortuits. ◆ **Fig.** Tout excès d'exactitude, de soin, en quelque matière que ce soit. *Exact jusqu'au scrupule et jusqu'à la superstition.*

SUPERSTRUCTION, n. f. [sypɛrstryksjɔ̃] (*super-* et *-struction*, d'après *construction*) ▷ Construction au-dessus du sol. ◁

SUPERSTRUCTURE, n. f. [sypɛrstryktyr] (*super-* et *structure*) Superstruc-ture d'un pont, la construction de la partie au-dessus d'une rivière, d'un ca-nal, d'un chemin de fer. ◆ ▷ Structure superflue et inutile à l'édifice. ◁ ◆ ▷ **Fig.** Ce qui est ajouté inutilement à un livre, à une pièce. ◁ ◆ Structure regroupant des structures plus petites. *Mise en place d'une superstructure en-globant les installations existantes.* ◆ **Mar.** Ensemble des constructions qui se trouvent au-dessus du pont supérieur d'un navire. *La coque et les super-structures d'un navire. Le gaillard appartient à la superstructure.* ◆ **Philos.** Chez Marx, ensemble des principes politiques, juridiques et idéologiques qui conditionnent les rapports sociaux. *L'État est l'expression politique de la superstructure.*

SUPERTANKER, ▪ n. m. [sypɛrtɑ̃kœr] (*super-* et *tanker*) Navire qui peut transporter plus de 100 000 tonnes de pétrole. *Naufrage d'un supertanker provoquant une marée noire.*

SUPERVISER, ▪ v. tr. [sypɛrvize] (angl. *to supervise*, du lat. *super*, au-dessus, et *visere*, examiner) Encadrer et contrôler une activité. *Superviser un pro-jet.* ▪ **SUPERVISEUR, EUSE**, n. m. et n. f. [sypɛrvizœr, øz] ▪ **SUPERVISION**, n. f. [sypɛrvizjɔ̃]

SUPIN, n. m. [sypɛ̃] (b. lat. gramm. *supinum*, du lat. *supinus*, tourné vers le haut, renversé en arrière ; cf. *declinare*, s'écarter [avec idée de chute], gramm. décliner) **Gramm. lat.** Partie de l'infinitif latin qui sert à former plusieurs temps et qui n'est au fond qu'un nom verbal.

SUPINATEUR, n. m. [sypinatœr] (lat. *supinare*, renverser en arrière) **Anat.** Nom donné aux muscles qui portent l'avant-bras et la main en dehors, de manière que la face antérieure de celle-ci devienne supérieure. ◆ **Adj.** *Muscles supinateurs.*

SUPINATION, n. f. [sypinasjɔ̃] (b. lat. *supinatio*, fait d'être renversé sur le dos) Mouvement que les muscles supinateurs font exécuter à l'avant-bras et à la main, de manière que la paume regarde en avant, le bras étant pen-dant le long du corps. ◆ Position d'un malade couché sur le dos. *Le malade était en supination.*

SUPPLANTATEUR, TRICE, n. m. et n. f. [syplɑ̃tatœr, tris] (b. lat. *sup-plantator*) Personne qui supplante. « *Jacob, le véritable supplantateur* », BOS-SUET.

SUPPLANTATION, n. f. [syplɑ̃tasjɔ̃] (b. lat. ecclés. *supplantatio*, croc-en-jambe) Action de supplanter.

SUPPLANTÉ, ÉE, p. p. de supplanter. [syplɑ̃te]

SUPPLANTEMENT, n. m. [syplɑ̃t(ə)mɑ̃] (*supplanter*) ▷ Syn. de supplan-tation. ◁

SUPPLANTER, v. tr. [syplɑ̃te] (lat. *supplantare*, donner un croc-en-jambe) Faire perdre à quelqu'un le crédit, la faveur, l'affection, l'établissement qu'il avait auprès d'une personne et prendre sa place. *Supplanter un concurrent.* « *L'intrigue supplante les plus grands talents* », MASSILLON. ◆ Se supplanter, v. pr. Travailler l'un contre l'autre pour se déposséder réciproquement. ◆ V. tr. Remplacer une chose. *Cette nouvelle technique a supplanté l'ancienne.*

SUPPLANTEUR, EUSE, n. m. et n. f. [syplɑ̃tœr, øz] (*supplanter*) Personne qui supplante.

SUPPLÉANCE, n. f. [sypleɑ̃s] (*suppléant*) Action de suppléer, de remplacer. ◆ Fonction de suppléant. *Obtenir une suppléance.*

SUPPLÉANT, ANTE, n. m. et n. f. [sypleɑ̃, ɑ̃t] (*suppléer*) Celui, celle qui remplace quelqu'un, qui fait ses fonctions à son défaut. ◆ Adj. *Juge sup-pléant. Professeur suppléant.*

SUPPLÉÉ, ÉE, p. p. de suppléer. [syplee]

SUPPLÉER, v. tr. [syplee] (lat. *supplere*, compléter en ajoutant ce qui manque) Ajouter ce qui manque, fournir ce qu'il faut de surplus. *Je sup-pléerai ce qu'il y aura de moins.* ◆ Suppléer ce qui manque dans un auteur, remplir les lacunes qu'il y a dans ses ouvrages. ◆ Ajouter à une phrase ce qui y est sous-entendu. ◆ Mettre en place de. « *L'on ne ferait que suppléer de nouveaux députés à la place de ceux qui mourraient* », MONTESQUIEU. ◆ Ré-parer le manquement, le défaut de quelque chose. « *Suppléer par la variété des plaisirs ce qui manque à leur solidité* », MASSILLON. ◆ Suppléer quelqu'un, le remplacer, faire ses fonctions. ◆ V. intr. Réparer le manquement, le défaut de quelque chose. « *Suppléez au peu d'art que le Ciel mit en moi* », LA FON-TAINE. ◆ Se suppléer, v. pr. Se compléter. « *À Rome, le sénat ne se suppléait pas lui-même* », MONTESQUIEU. ◆ Être remplacé. « *La sollicitude maternelle ne se supplée pas* », J.-J. ROUSSEAU.

SUPPLÉMENT, n. m. [syplemɑ̃] (lat. *supplementum*, complément, renfort) Ce qu'on donne pour suppléer. *On lui a donné tant en argent pour sup-plément de partage.* ◆ Ce qu'on donne en sus. *Supplément de solde.* ◆ Le supplément d'un livre, ce qui est ajouté à un livre pour suppléer ce qui man-quait. ◆ ▷ Dans les grammaires élémentaires, partie moins importante que celle qui est d'abord apprise et où l'on a réuni quelques notions omises à dessein dans celle-ci. ◁ ◆ Le supplément d'un journal, feuille ou feuillet que l'on ajoute quelquefois à un journal, lorsque ce qu'on veut publier en dépasse l'étendue ordinaire. ◆ **Théât. et ch. de fer.** Prendre un supplément, échanger le billet qu'on avait acheté contre un autre d'une place supérieure, en payant le surplus du prix. ◆ Supplément se dit dans les restaurants à prix fixe, quand on prend plus de plats que le nombre indiqué. ◆ **Mar.** En sup-plément, se dit des personnes embarquées en sus du nombre prescrit. ◆ Ce qui supplée à. « *Au peu d'esprit que le bonhomme avait, L'esprit d'autrui par supplément servait* », VOLTAIRE. ◆ **Fig.** « *Les préjugés sont le supplément de la raison* », FONTENELLE. ◆ **Géom.** Le supplément d'un angle, ce qu'il faut ajouter à un angle pour former deux angles droits. ◆ Adj. *Angle supplément d'un autre.* ◆ ▷ **Gramm.** Ce qu'il faut ajouter pour suppléer les mots qui manquent dans une ellipse. ◁

SUPPLÉMENTAIRE, adj. [syplemɑ̃tɛr] (*supplément*) Qui sert de supplé-ment. *Crédit supplémentaire.* ◆ Jurés supplémentaires, ceux qui sont désignés pour suppléer les jurés titulaires, en cas d'absence ou de maladie. ◆ **Géom.** Angles supplémentaires, ceux dont la somme est égale à deux angles droits. ◆ Qui vient s'ajouter à quelque chose. *Fournir des informations supplémen-taires.*

SUPPLÉMENTATION, ▪ n. f. [syplemɑ̃tasjɔ̃] (*supplément*) Apport d'ali-ments spécifiques au régime d'une personne afin de prévenir les carences. *Supplémentation systématique au cours de la grossesse.*

SUPPLÉMENTER, ▪ v. tr. [syplemɑ̃te] (*supplément*) Ajouter certains élé-ments nutritionnels à un aliment, à un régime. *Supplémenter un aliment en vitamines.* ◆ Faire payer un supplément. *Supplémenter un voyageur.*

SUPPLÉTIF, IVE, adj. [sypletif, iv] (lat. *suppletum*, supin de *supplere*) Qui complète, qui sert de supplément. *Articles supplétifs.* ◆ **Milit.** Forces, troupes supplétives, troupes appelées en renfort. ◆ **N. m.** Soldat d'une troupe sup-plétive.

SUPPLÉTOIRE, ▪ adj. [sypletwar] (lat. *suppletum*, supin de *supplere*) **Dr.** Serment supplétoire, serment déféré par le juge à l'une des parties lorsque les preuves sont insuffisantes.

SUPPLIANT, ANTE, adj. [syplijɑ̃, ɑ̃t] (*supplier*) Qui supplie. « *Je fus riche autrefois ; mon banquet opulent N'a jamais repoussé l'étranger suppliant* », A. CHÉNIER. ◆ Il se dit, dans le même sens, des choses. « *Ne rougis point de prendre une voix suppliante* », RACINE. ◆ **N. m. et n. f.** Celui, celle qui supplie. ◆ **Fig.** « *Les yeux étaient en suppliants attachés sur les miens* », MAR-MONTEL. ◆ Il s'est dit des personnes qui présentaient une requête pour obtenir quelque grâce en justice ou auprès du souverain ; aujourd'hui on dit *requérant.*

SUPPLICATION, n. f. [syplikasjɔ̃] (lat. *supplicatio*, prières publiques, ac-tions de grâces rendues aux dieux) Prière faite avec instance et soumission. ◆ Au pl. Prières publiques qui étaient ordonnées par le sénat à Rome en des occasions importantes. ◆ Remontrances que le parlement faisait aux rois de vive voix en certaines occasions.

SUPPLICE, n. m. [syplis] (lat. *supplicium*, offrande, châtiment, supplice) Punition corporelle ordonnée par arrêt de la justice. « *Les supplices sont mal-heureusement nécessaires ; il faut effrayer le crime* », VOLTAIRE. ◆ Condamner au dernier supplice, condamner à mort. ◆ Mener quelqu'un au supplice, le mener à un supplice qui est suivi de la mort. ◆ Les supplices éternels, les peines des damnés. ◆ Mise à mort, sans idée de jugement. ◆ Par extens. Tout ce qui cause une vive douleur de corps et qui dure quelque temps. *La goutte est un supplice.* ◆ **Fam.** Être au supplice, souffrir beaucoup de quelque mal, de quelque incommodité, et fig. avoir quelque inquiétude ou être impatienté. ◆ On dit de même *mettre au supplice.* ◆ **Fig.** Grande peine d'esprit, grande souffrance morale. *L'ambition a ses supplices.* ◆ **Fig.** et **poétiq.** Personne qui cause le supplice, le tourment. ■ *Supplice de Tantale,* souffrance de ne pouvoir satisfaire un désir dont l'objet est pourtant accessible.

SUPPLICIÉ, ÉE, p. p. de supplicier. [syplisje] ◆ N. m. et n. f. *Un supplicié, une suppliciée.*

SUPPLICIER, v. tr. [syplisje] (*supplice*, d'après le lat. *supplicium*) Faire souffrir le supplice de la mort. ◆ On dit plus ordinairement *exécuter.* ■ **Fig.** et **litt.** Faire souffrir moralement. *La culpabilité le suppliciait.*

SUPPLIÉ, ÉE, p. p. de supplier. [syplije]

SUPPLIER, v. tr. [syplije] (lat. *supplicare*, plier sur ses genoux, se prosterner, prier, supplier) Prier avec soumission et instance. *Je vous en supplie. Je vous supplie de faire cela.* ◆ *Supplier* se dit aussi avec *que* et le subjonctif : *Je vous supplie que cela se fasse.* ■ **Rem.** Il est rare aujourd'hui avec cette construction.

SUPPLIQUE, n. f. [syplik] (ital. *supplica*, de *supplicare*, supplier) Requête pour demander une grâce. ◆ **Fig.** et **fam.** *Ayez égard à ma supplique,* ayez égard à ma prière.

SUPPORT, n. m. [sypɔr] (*supporter*) Voy. SUPPORTER. Ce qui soutient une chose, l'objet sur lequel elle pose. *Un des supports d'une table. Ce pilier est le support de la voûte.* ◆ **Fig.** « *Les figures sont les supports des abstractions* », J.-J. ROUSSEAU. ◆ **Fig.** Ce qui soutient comme fait le support pour ce qu'il a sur lui. « *Sans support, sans amis* », P. CORNEILLE. « *La gloire du nom romain ne laissait pas d'être un grand support au peuple affligé* », BOSSUET. ◆ ▷ Action de supporter, c'est-à-dire patience, indulgence (sens vieilli). « *La vertu imparfaite succombe dans le support des imperfections d'autrui* », FÉNELON. ◁ ◆ N. m. pl. **Hérald.** Figures d'anges, d'hommes ou d'animaux qu'on représente aux deux côtés de l'écu d'armes, comme le supportant. ■ **Inform.** Matériel sur lequel sont stockées des données en vue d'une exploitation ultérieure. *La disquette est un support.* ■ Surface sur laquelle est appliqué quelque chose. *Il faut nettoyer le support avant de le recouvrir de peinture. Il dessine sur divers supports.* ■ *Support publicitaire,* moyen de communication permettant de diffuser un message publicitaire.

SUPPORTABLE, adj. [sypɔrtabl] (*supporter*) Qu'on peut supporter, souffrir. « *Ma perte est supportable* », P. CORNEILLE. ◆ Qu'on peut tolérer, excuser. *Cela n'est pas supportable à un homme de son âge, dans un homme de son âge.* ◆ Qui n'est pas trop mauvais, en parlant des personnes ou des choses. *Un acteur supportable. Un vin supportable.*

SUPPORTABLEMENT, adv. [sypɔrtabləmɑ̃] (*supportable*) D'une manière supportable, tolérable. *Cela est écrit supportablement.*

SUPPORTANT, ANTE, adj. [sypɔrtɑ̃, ɑ̃t] (*supporter*) **Hérald.** Qui supporte ; qui est employé comme support.

SUPPORTÉ, ÉE, p. p. de supporter. [sypɔrte]

SUPPORTER, v. tr. [sypɔrte] (lat. *supportare*, apporter de bas en haut, b. lat., soutenir, endurer) Porter, en étant dessous. *Un seul pilier supporte toute la voûte.* ◆ **Fig.** Souffrir, endurer. « *L'âme supporte des fatigues que le corps ne soutient pas* », VOLTAIRE. ◆ Avoir de la patience pour une personne ou une chose. *Il y a de la charité à supporter les défauts de son prochain.* ◆ ▷ *Se faire supporter,* obtenir d'être supporté. ◁ ◆ Ne pas trouver trop mauvais. *Supporter certains ouvrages.* ◆ *Ne pas supporter,* avec *que* et le subjonctif, s'irriter de ce que. « *Neptune ne pouvait supporter plus longtemps que Télémaque eût échappé à la tempête* », FÉNELON. ◆ **Fig.** Être assez fort pour s'accommoder à. « *La Grèce entière n'était pas assez puissante pour supporter deux Alcibiades* », FÉNELON. ◆ Prendre le parti de, soutenir. « *Nous ne sommes pas gens à la supporter dans ses mauvaises actions* », MOLIÈRE. ◆ Résister à. *Ce navire ne supporterait pas la mer. Supporter le froid, la chaleur, etc.* ◆ Être assujetti à. *Supporter des frais.* ◆ Se supporter, v. pr. Se souffrir patiemment les uns les autres. ◆ Avoir pour soi-même de l'indulgence.

SUPPORTEUR, TRICE ou **SUPPORTER**, ■ n. m. et n. f. [sypɔrtœr, tris] (*supporter*, d'après l'angl. *supporter*) Personne qui encourage une cause, un concurrent ou une équipe. *Supporteurs qui fêtent la victoire de leur équipe.*

SUPPOSABLE, adj. [sypozabl] (*supposer*) Qu'on peut supposer.

SUPPOSÉ, ÉE, p. p. de supposer. [sypoze] ◆ *Cela supposé,* dans cette supposition. ◆ *Supposé* (invariable), en supposant. « *Supposé même sa conversion, il désespère de sa persévérance* », BOURDALOUE. ◆ *Supposé que...,* dans la supposition que, avec le subjonctif. ◆ Allégué comme vrai, en parlant de quelque chose de faux. *Un testament, un nom supposé.* ◆ Qu'on fait passer pour fils ou fille de ceux qui ne lui sont rien. *Un enfant supposé.*

SUPPOSER, v. tr. [sypoze] (lat. *supponere*, mettre dessous, mettre à la place, d'après *poser*) Poser une chose comme établie, comme admise, pour en tirer une conséquence. « *L'auteur suppose tout et ne prouve rien* », VOLTAIRE. ◆

Supposer que, se met avec le subjonctif ou avec l'indicatif. « *Supposons que l'esprit de l'homme est comme un miroir où les images de tous les corps voisins viennent s'imprimer* », FÉNELON. ◆ **Absol.** « *En mathématique, on suppose* », BUFFON. ◆ Former une conjecture, présumer. *Vous me supposez un crédit que je n'ai pas.* ◆ Alléguer ou produire pour vrai ce qui est faux. *Ses ennemis lui supposaient des projets coupables.* ◆ Il se dit d'une chose qui exige que quelque autre chose soit ou ait été. « *La faveur des princes n'exclut pas le mérite, mais elle ne le suppose pas non plus* », LA BRUYÈRE. ◆ Se supposer, v. pr. Imaginer qu'on est... « *Je me supposerai dans le Lycée ayant les Platon et les Xénophon pour juges* », J.-J. ROUSSEAU. ◆ Il se dit des choses qui exigent réciproquement qu'elles soient ou qu'elles aient été. « *Ces vices ne se supposent pas toujours l'un l'autre dans un même sujet* », LA BRUYÈRE.

SUPPOSITION, n. f. [sypozisjɔ̃] (lat. impér. *suppositio*, action de mettre dessous ou à la place) Action de supposer. ◆ Proposition que l'on suppose comme vraie ou comme possible, afin d'en tirer quelque conséquence. « *Un historien ne doit se permettre aucune supposition* », BUFFON. ◆ **Fam.** et **absol.** *Une supposition,* c'est-à-dire : je propose l'hypothèse suivante. ◆ Conjecture, opinion qui n'est pas appuyée de preuves positives. *Supposition hasardée.* ◆ Production d'une pièce fausse, allégation d'un fait controuvé. *Supposition de testament.* ◆ *Supposition de nom, de personne,* l'action de mettre un nom, une personne à la place d'une autre. ◆ *Supposition d'enfant,* action frauduleuse ayant pour but de faire reconnaître un enfant pour fils ou fille de ceux dont il n'est pas né. ◆ *Supposition de part,* Voy. PART. ◆ Attribution d'un ouvrage à des temps ou à un auteur auxquels il n'appartient pas. « *Le savant Lamonnoye a fait voir évidemment la supposition du Testament de Richelieu* », VOLTAIRE.

SUPPOSITOIRE, n. m. [sypozitwar] (lat. médiév. *suppositorium*, du lat. *suppositum*, supin de *supponere*, mettre dessous, à la base) Substance médicamenteuse solide, en forme de cône long, qu'on introduit dans l'anus, soit pour provoquer les évacuations intestinales, soit pour faire absorber un médicament.

SUPPÔT, n. m. [sypo] (lat. *suppositus*, p. p. de *supponere*, soumettre, subordonner) Celui qui, membre d'un corps, remplit de certaines fonctions pour le service du corps. *Les imprimeurs et les libraires étaient suppôts de l'Université. Un suppôt de justice.* ◆ **Fig.** Celui qui sert aux mauvais desseins d'un autre. « *Être le suppôt du péché* », BOURDALOUE. « *Cet amour du pouvoir que l'on prend dans les camps. Et qui fait des guerriers les suppôts des tyrans* », M.-J. CHÉNIER. ◆ **Fig.** et **fam.** *Un suppôt de Satan,* une méchante personne. ◆ ▶ **Philos.** Ce qui sert de fondement, de soutien, de sujet. « *Ne considérer la matière que comme le suppôt imaginé des propriétés des corps* », DUMARSAIS. ◁ ◆ ▷ En termes de l'école, on dit que *l'humanité est le suppôt de l'homme.* ◁

SUPPRESSION, n. f. [sypresjɔ̃] (lat. *suppressio*, appropriation frauduleuse, étouffement) Action de supprimer. *La suppression d'une circonstance dans un exposé. La suppression d'un emploi.* ◆ *Édit de suppression,* édit qui éteignait ou supprimait un impôt, une charge. ◆ **Jurispr.** *Suppression de part* ou *d'enfant,* Voy. PART. ◆ *Suppression d'état,* crime qui consiste à supprimer les preuves de l'état civil d'une personne. ◆ ▷ **Méd.** Suspension d'une évacuation accoutumée. *Suppression de transpiration.* ◁ ◆ Il se dit aussi d'une affection cutanée dont l'éruption avait déjà commencé. ◆ Action d'ôter quelque chose d'un ensemble. *Trois suppressions de poste ont été faites l'an dernier.* ◆ Action de faire disparaître quelque chose ou quelqu'un. *Il a été condamné à perpétuité pour la suppression de son complice. La suppression de preuves indispensables pour la validité d'une enquête.*

SUPPRIMÉ, ÉE, p. p. de supprimer. [syprime]

SUPPRIMER, v. tr. [syprime] (lat. *supprimere*, faire enfoncer, arrêter, retenir) Empêcher de paraître, ne pas publier un écrit. « *Les ennemis de Pascal et d'Arnauld firent supprimer leurs éloges dans le* Livre des hommes illustres *"de Perrault"* », VOLTAIRE. ◆ **Jurispr.** Blâmer un écrit et en défendre la publication. ◆ Il se dit aussi d'un acte, d'un contrat dont on veut dérober la connaissance. *Supprimer un acte.* ◆ Faire disparaître. *Supprimer les preuves du crime, les ouvrages de ses adversaires, etc.* ◆ Taire, passer sous silence, ne pas exprimer. *Ne supprimez aucune circonstance.* ◆ Retrancher. *Il faut supprimer un tiers de ce discours.* ◆ Abolir, annuler. *Supprimer des impôts, des emplois, etc.* ◆ ▷ Il se dit des évacuations que l'on suspend. *Supprimer la transpiration.* ◁ ◆ *L'urine est supprimée,* il y a suppression d'urine. ◆ Se supprimer, v. pr. Se faire disparaître soi-même, se tuer. ■ **V. tr.** Faire disparaître quelqu'un en le tuant. *Les mafieux ont supprimé un témoin gênant.* ■ Se supprimer, v. pr. Se donner volontairement la mort *Il est dans un état dépressif tel que l'on craint qu'il ne cherche à se supprimer.*

SUPPURANT, ANTE, adj. [sypyrɑ̃, ɑ̃t] (*suppurer*) Qui est dans un état de suppuration. *Une plaie suppurante.*

SUPPURATIF, IVE, adj. [sypyratif, iv] (*suppurer*) **Méd.** Qui facilite la suppuration. *Onguent suppuratif.* ◆ **N. m.** *Un suppuratif.* ◆ Il se dit quelquefois de l'inflammation qui est susceptible d'amener la suppuration.

SUPPURATION, n. f. [sypyʀasjɔ̃] (lat. impér. *suppuratio*) La formation, l'écoulement du pus. *La plaie vient à suppuration.*

SUPPURÉ, ÉE, p. p. de suppurer. [sypyʀe] Qui est entré en suppuration. *Une tumeur suppurée.*

SUPPURER, v. intr. [sypyʀe] (lat. *suppurare*) Se conjugue avec *être* ou *avoir*, suivant le sens. Rendre du pus. *La plaie suppurait. La tumeur a suppuré, est suppurée.*

SUPPUTANT, ANTE, adj. [sypytɑ̃, ɑ̃t] (*supputer*) Qui suppute.

SUPPUTATION, n. f. [sypytasjɔ̃] (lat. impér. *supputatio*) Action de supputer. *La supputation des années, des temps, d'un compte, d'une dépense, etc.*

SUPPUTÉ, ÉE, p. p. de supputer. [sypyte]

SUPPUTER, v. tr. [sypyte] (lat. *supputare*, émonder, supputer) Compter à quoi montent plusieurs nombres. *Supputer un compte, les revenus de l'État, etc.* ◆ Par extens. « *Je voulais pouvoir supputer un peu juste votre retour* », Mme de Sévigné.

1 **SUPRA...**, ■ [sypʀa] (lat. *supra*, à la partie supérieure, en plus) Préfixe qui veut dire *plus haut. Supraconducteur ; suprasensible.*

2 **SUPRA**, ■ adv. [sypʀa] Plus haut, ci-dessus. *Le nom du gagnant est mentionné supra. Voir supra. Supra s'oppose à infra.*

SUPRACONDUCTEUR, TRICE, ■ adj. [sypʀakɔ̃dyktœʀ, tʀis] (*supra-* et *conducteur*) Qui présente la propriété de la supraconduction. *Aimants supraconducteurs. Un métal supraconducteur.* ◆ Phys. Qui utilise la supraconduction. *Un électroaimant supraconducteur.* ◆ N. m. *Un supraconducteur peut exclure les lignes de champ magnétique.*

SUPRACONDUCTIVITÉ ou **SUPRACONDUCTION**, ■ n. f. [sypʀakɔ̃dyktivite, sypʀakɔ̃dyksjɔ̃] (*supra-* et *conductivité* ou *conduction*) Phys. Propriété qu'acquièrent certains métaux et alliages dont la résistivité électrique diminue régulièrement à mesure que la température s'abaisse pour atteindre brusquement une valeur presque nulle au-dessous d'une température critique. *La supraconductivité a été découverte en 1911 par le physicien néerlandais Heike Kamerlingh Onnes. Le phénomène de supraconductivité se manifeste de manière spectaculaire par la lévitation magnétique.*

SUPRALIMINAIRE, ■ adj. [sypʀaliminɛʀ] (*supra-* et *liminaire*) Qui dépasse, est au-delà d'un seuil. *Perception auditive supraliminaire.*

SUPRAMOLÉCULAIRE, ■ adj. [sypʀamolekylɛʀ] (*supra-* et *moléculaire*) Biol. Formé par l'association non covalente de molécules. *Structure supramoléculaire. Le virus sont des agents supramoléculaires.* ◆ Chimie supramoléculaire, branche de la chimie qui étudie les liaisons intermoléculaires non covalentes. *La chimie supramoléculaire a été fondée par J.-M. Lehn.*

SUPRANATIONAL, ALE, ■ adj. [sypʀanasjonal] (*supra-* et *national*) Dr. Au-dessus des gouvernements, des organisations, des décisions nationales. *L'autorité supranationale. Arbitrages supranationaux.* ■ Relatif à un groupement de pays, à plusieurs États. *Espaces médiatiques supranationaux* ■ SUPRANATIONALEMENT, adv. [sypʀanasjonal(ə)mɑ̃]

SUPRANATIONALISME, ■ n. m. [sypʀanasjonalism] (*supranational*) Doctrine politique qui consiste à défendre les institutions supranationales et à approuver leur instauration. *Supranationalisme et intergouvernementalisme sont souvent combinés.* ■ SUPRANATIONALISTE, adj. ou n. m. et n. f. [sypʀanasjonalist]

SUPRANATIONALITÉ, ■ n. f. [sypʀanasjonalite] (*supranational*) État de ce qui est supranational. *Supranationalité européenne.*

SUPRANATURALISME, n. m. [sypʀanatyʀalism] (*supranaturel*) Philos. Ce qui est en dehors et au-dessus du cours ordinaire des choses. ◆ Doctrine qui admet une intervention surnaturelle dans le monde. ◆ On dit aussi *supernaturalisme.*

SUPRANATURALISTE, n. m. et n. f. [sypʀanatyʀalist] (*supranaturel*) Personne qui admet des choses surnaturelles.

SUPRASEGMENTAL, ALE, ■ adj. [sypʀasɛɡmɑ̃tal] (*supra-* et *segmental*) Phonét. Qui porte sur des unités plus longues que le phonème, qui ne peut être analysé en unités articulées. *La durée, l'intonation et l'accent sont des traits suprasegmentaux. Dans « Il vient? », l'intonation interrogative est suprasegmentale.*

SUPRASENSIBLE, ■ adj. [sypʀasɑ̃sibl] (*supra-* et *sensible*) Que l'on ne peut percevoir avec les sens, qui se situe au-delà de la réalité sensible. *Vérité, valeur suprasensible.*

SUPRATERRESTRE, ■ adj. [sypʀatɛʀɛstʀ] (*supra-* et *terrestre*) Qui appartient à l'au-delà, qui s'y rapporte. *Êtres supraterrestres.*

SUPRÉMATIE, n. f. [sypʀemasi] Supériorité au-dessus de toutes les autres. *Rome obtint la suprématie dans la guerre.* ◆ ▷ *Suprématie anglicane*, souveraineté que le roi ou la reine d'Angleterre exerce dans toute l'étendue de la juridiction spirituelle. ◁ ◆ ▷ *Serment de suprématie* ou *test*, le serment par lequel les anglicans reconnaissaient leur roi pour chef de l'Église. ◁

SUPRÉMATISME, ■ n. m. [sypʀematism] (*suprême*) Bx-arts Mouvement d'art abstrait, fondé par le peintre russe Malevitch en 1913, inspiré du cubisme et caractérisé par l'usage de formes géométriques colorées. *Ce courant artistique a été nommé « suprématisme » parce que, selon Malevitch, la peinture atteint le degré suprême de la pureté à travers les formes pures. Le « Carré noir sur fond blanc » est caractéristique du suprématisme.*

SUPRÊME, adj. [sypʀɛm] (lat. *supremus*, superl. de *superus*, le plus au-dessus) Qui est au-dessus de tous. « *J'atteste des grands dieux les suprêmes puissances* », P. Corneille. « *Songez-vous... Que j'ai sur votre vie un empire suprême?* », Racine. ◆ *Le pouvoir suprême*, l'autorité de monarque. ◆ *L'Être suprême*, Dieu. ◆ Céleste, divin. *La sagesse suprême.* ◆ Dans le style soutenu et dans la poésie, qui appartient aux derniers moments de la vie. *Le moment suprême. Les volontés suprêmes d'un mourant.* ◆ *Les honneurs suprêmes*, les funérailles. ◆ *La suprême*, fort bonne poire, qui vient à la fin de l'été. ◆ N. m. Cuis. Les parties les plus délicates de la volaille, accompagnées d'un coulis. *Un suprême de volaille.* ◆ *Suprême* est un superlatif et ne prend aucun degré de comparaison ; cependant on le trouve construit avec *si.* ◆ AU SUPRÊME DEGRÉ, loc. adv. Beaucoup, extrêmement. ◆ Adj. Dr. *La Cour suprême*, juridiction la plus élevée et qui juge en dernier ressort. ◆ Ultime, dernier. *Notre objectif suprême est de remporter la victoire. Dans un suprême effort, il franchit la ligne d'arrivée.* ◆ Cuis. *Sauce suprême*, sauce préparée avec de la crème et un velouté de volaille réduit. ◆ N. m. Cuis. *Suprême de*, velouté très raffiné de. *Suprême de homard, d'asperges.*

SUPRÊMEMENT, adv. [sypʀɛm(ə)mɑ̃] (*suprême*) D'une manière suprême.

1 **SUR**, prép. [syʀ] (lat. *super*, au-dessus de, pendant, en plus de, au sujet de) Marque la situation d'une chose à l'égard d'une autre qui la soutient. *S'asseoir sur une chaise.* « *Maître Corbeau, sur un arbre perché* », La Fontaine. ◆ *Être sur pied*, être debout, levé, marchant. ◆ *Se soutenir sur l'eau, revenir sur l'eau*, se soutenir, revenir à la surface de l'eau. ◆ *Avoir, porter une chose sur soi*, l'avoir, la porter dans sa poche. ◆ *Avoir sur soi*, se dit aussi de ce qu'on porte avec soi, des vêtements dont on est couvert. ◆ Pop. *La clé est sur la porte*, elle est dans la serrure. ◆ *Sur* marque simplement qu'un objet est au-dessus d'un autre. *Un nuage plane sur la ville. Il a le bras levé sur lui.* ◆ *Être sur l'horizon*, être visible dans la portion du ciel que l'observateur embrasse. ◆ Fig. *La main sur*, se dit de la vengeance de Dieu. « *La main du Seigneur fut sur les Philistins* », Saci. ◆ Mar. *Un bâtiment est sur la sonde* ou *sur le fond*, lorsqu'il est dans un parage où il peut sonder. *Il est sur une* ou *plusieurs ancres*, lorsqu'il est amarré. ◆ *Sur* marque la position d'un objet par rapport à son élévation. *Mes fenêtres donnent sur la rue.* ◆ Joignant, tout proche. *Une maison sur le bord de la mer.* ◆ *Sur* se dit du lieu dans lequel on demeure. « *Souvent elle demeurait immobile sur le rivage de la mer* », Fénelon. ◆ *Être sur les lieux*, être présent en un certain endroit. ◆ *Sur* se dit en parlant de ce que l'on touche, de ce que l'on frappe. *Donner un coup sur la tête.* ◆ En suivant par-derrière. *Il marche sur mes pas.* ◆ *Sur* se dit de ce qui est écrit, gravé, dessiné, imprimé à la surface de quelque chose. *Graver sur le cuivre. Écrire sur du papier.* ◆ Il se dit de la matière sur laquelle on travaille. *Il travaille sur l'or, sur l'argent. Peintre sur porcelaine.* ◆ *Lire sur*, lire ce qui est écrit sur une surface. *Lire une inscription sur un mur.* ◆ *Mettre sur*, ajouter l'effort d'un travailleur. *Mettre deux ouvriers sur un même ouvrage, trois chevaux sur une voiture.* ◆ *Être toujours sur les livres*, être sans cesse à lire, à étudier. ◆ *Sur* se dit de ce qui se montre sur le visage. « *L'ennui est écrit et gravé sur son visage* », Mme de Sévigné. ◆ Il se dit de ce qui recouvre. *Un tapis sur le parquet.* ◆ Par extens. *La gelée a passé sur les nèfles.* ◆ Précédé et suivi du même mot, *sur* exprime l'accumulation, la succession rapide. « *Et malheur sur malheur à chaque heure te vient* », Régnier. ◆ Vers, du côté de. *Tourner sur la droite. Il plaça la cavalerie sur les ailes.* ◆ Comm. *Tirer une lettre de change sur quelqu'un.* ◆ *Sur* se dit d'un mouvement en arrière. *Revenir sur ses pas.* ◆ Fig. *Revenir sur le passé*, ranimer de vieux souvenirs, de vieilles querelles. ◆ *Sur* se dit d'une disposition circulaire, d'un mouvement de rotation. *Une courbe qui revient sur soi.* ◆ Il se dit d'un mouvement de haut en bas. *Les météorites tombent sur la Terre.* ◆ Fig. « *Les biens, les honneurs, les dignités fondent sur certaines familles* », La Bruyère. ◆ Parmi. *Nous avons eu deux beaux jours sur huit.* ◆ *Sur* exprime des rapports d'étendue. *Cet édifice a tant de haut sur tant de long.* ◆ Par-dessus. *Il a neigé sur cela.* ◆ Plus que. « *C'est ce que j'aime sur toutes choses* », La Fontaine. ◆ De plus que. « *Si un grand a quelque degré de bonheur sur les autres hommes, je devine pas lequel* », La Bruyère. *Sur* sert dans plusieurs locutions à exprimer une manière d'être habituelle ou passagère. *Être sur la défensive. Vous le prenez sur un ton bien haut.* ◆ Fig. *Se coucher, se lever sur quelque chose*, se coucher, se lever en étant préoccupé de quelque chose. ◆ Fig. *Être sur*, être uniquement soucieux de.

N'être pas sur ses intérêts. ◆ *Il est sur sa bouche,* il est gourmand. ◆ *Être sur,* être disposé pour. « *Vous savez comme elle est sur ces divertissements* », MME DE SÉVIGNÉ. ◆ **Fig.** *Prendre quelque chose sur soi,* en prendre la responsabilité. ◆ **Fig.** *Prendre sur soi,* se contraindre. ◆ **Fig.** Il se dit de toute sorte d'impositions levées sur les personnes ou sur les choses. *Lever des impôts sur le luxe.* ◆ Il se dit de tout prélèvement. *Prendre sur sa nourriture, sur sa dépense, sur son nécessaire, etc.* ◆ *Vivre sur,* vivre aux dépens de. *Vivre sur le commun.* ◆ *Sur* se dit de l'effet du temps qui passe. « *Deux années ne passent point sur une même coterie ; il y a toujours, dès la première année, des semences de division* », LA BRUYÈRE. ◆ On s'en sert pour signifier l'empiètement, la conquête. *Cet homme a empiété sur son voisin.* ◆ Au-delà de, en avance de. *Le progrès sur l'Antiquité est grand.* ◆ **Fig.** Il marque la supériorité, la domination, l'excellence, l'influence. *Avoir autorité, juridiction sur quelqu'un. Avoir l'œil sur quelqu'un. On ne peut rien sur lui.* « *Je chante le héros qui régna sur la France* », VOLTAIRE. ◆ Touchant, concernant, à l'égard de. « *Je veux voir M. de Louvois sur votre frère* », MME DE SÉVIGNÉ. ◆ *Ils me viennent d'écrire tous deux sur ma maladie* », MME DE SÉVIGNÉ. ◆ Quant à. « *Pour moi, je le trouve original sur l'économie* », MME DE SÉVIGNÉ. ◆ D'après, en conséquence, moyennant, en considération de. *Sur quoi.* « *Sur cette espérance il se met en mer* », FLÉCHIER. ◆ En s'appuyant sur. *J'ai fait cela sur votre parole. Sur la foi des traités.* ◆ On dit dans le même sens. *écrire, croire sur parole,* écrire, croire sur la foi d'autrui. ◆ Il se dit en parlant de gage, d'assurance. *Prêter sur gages, sur nantissement. Assigner une pension sur les produits d'une terre.* ◆ *Sur* sert à marquer l'affirmation, la garantie, le serment. *Sur mon honneur. Sur ma parole.* ◆ Conformément à. « *Une histoire écrite sur des Mémoires authentiques et des titres publics* », DUCLOS. ◆ *Faire des paroles sur un air,* accommoder des paroles à un air déjà fait. ◆ *Sur cela,* en faisant ceci ou cela, et aussi avec cette raison, ce prétexte. « *Sur cela il me quitta* », PASCAL. ◆ *Sur ce,* formule de chancellerie indiquant la fin d'une lettre officielle. ◆ Par imitation de cette formule. « *Sur ce, je vous embrasse tendrement* », VOLTAIRE. ◆ *Sur* sert à indiquer l'objet d'un travail. *Il a fait des commentaires sur tel auteur.* ◆ Dans la personne de. « *Oui, les Grecs sur le fils persécutent le père* », RACINE. ◆ Durant, environ, vers, en parlant de temps. *Il est sur son départ.* ◆ SUR-LE-CHAMP, Voy. CHAMP. ◆ *Sur les...,* avec un nombre d'heures, vers les... *Sur les cinq heures.* ◆ *D'un jour sur l'autre,* en reportant une chose du jour actuel sur celui qui suit. ◆ *Déjà sur l'âge,* déjà âgé. ◆ **Fig.** *Sur* indique un acheminement vers. *Ma fille va sur dix ans.* ◆ On l'emploie pour marquer une sanction (construction où aujourd'hui on met plutôt *sous*). « *Sur peine de damnation* », PASCAL. « *Sur peine de la vie* », MME DE SÉVIGNÉ. ◆ *Sur la vie,* au risque de perdre la vie. ◆ SUR TOUTE CHOSE, SUR TOUTES CHOSES, **loc. adv.** Principalement, par préférence à tout le reste. ◆ SUR LE TOUT, **loc. adv.** Surtout, avant tout. ◆ **Hérald.** *Sur le tout,* se dit en parlant d'un écusson qui se met au milieu d'une écartelure. ◆ *Brochant sur le tout,* Voy. BROCHER.

2 SUR, URE, adj. [syʀ] (anc. b. frq. *sûr,* acide, aigre) Qui a un goût acide et aigre. *L'oseille est sure. Un fruit sur.*

SÛR, ÛRE, adj. [syʀ] (lat. *securus,* exempt de soucis, paisible, où l'on n'a rien à craindre, de *se,* à l'écart de, et *cura,* souci) Qui compte fermement sur. *Je suis sûr de votre amitié. On n'est pas sûr du lendemain.* ◆ *Être sûr de quelqu'un,* pouvoir compter sur lui. ◆ *Sûr de soi-même,* qui est assuré de ne pas faillir. ◆ Qui ne peut manquer d'avoir, d'obtenir. « *On n'est jamais sûr de rien en ce monde* », VOLTAIRE. ◆ *Être sûr de son fait,* être certain de ce qu'on dit. ◆ *Être sûr de son fait, de son coup,* avoir la certitude du succès de ce qu'on a entrepris. ◆ **Mus.** *Être sûr de sa partie,* la savoir de telle manière qu'on est sûr de la chanter ou de l'exécuter sans faire de faute. ◆ **Jeu** *Être sûr de la partie,* avoir fait sa partie de manière qu'on est certain de gagner, de la faire. ◆ être sûr bien pris les mesures dans une affaire que l'on en est certain. ◆ En qui on peut avoir confiance. *Un ami sûr.* ◆ Il se dit des choses dans un sens analogue. *L'instinct est un guide sûr.* ◆ *Main sûre, mains sûres,* personne en qui on peut se fier. *Vos papiers sont en main sûre, en mains sûres.* ◆ *Temps qui n'est pas sûr,* temps qui menace de devenir pluvieux. Qui est d'une manière certaine. *Je suis sûr de ce que je vous dis. Je suis sûr de l'avoir entendu. Je suis sûr que cela est.* ◆ Qui ne se trompe pas. *Sûr dans ses raisonnements.* ◆ *Mémoire sûre,* mémoire qui ne fait jamais défaut. ◆ *Avoir le goût sûr,* apprécier parfaitement la qualité des mets, des vins, et fig. bien juger des ouvrages d'esprit. ◆ On dit de même *avoir le jugement, le tact sûr.* ◆ *Main sûre,* main ferme dans ce qu'elle fait. *Ce chirurgien a la main sûre. Lancer une flèche d'une main sûre.* ◆ *Ce cheval a le pied sûr,* il est sûr, il ne bronche jamais. ◆ *Avoir le coup d'œil sûr,* juger à la simple vue, d'une manière suffisamment exacte, l'étendue, la distance, le volume, le poids, etc. ◆ **Fig.** *Coup d'œil sûr,* intelligence qui pénètre et saisit sans se tromper. ◆ En parlant des lieux, à l'abri de tout danger, à l'épreuve de toute violence. *Ce port est très sûr.* ◆ *Il ne fait pas sûr en ce lieu-là,* on n'y est pas à l'abri du danger. ◆ *Il ne fait pas sûr de...,* on n'est pas à l'abri de péril... ◆ *Mettre quelqu'un en lieu sûr,* le mettre en un lieu où il n'a rien à craindre. ◆ *Mettre quelqu'un en lieu sûr, le tenir en lieu sûr,* le mettre en prison. ◆ Il se dit de

certaines choses dont on peut se servir sans danger. *Cette échelle est sûre.* ◆ Où l'on ait de la sécurité. « *Point de jours sûrs* », MME DE SÉVIGNÉ. ◆ Certain, dont on ne peut douter. *Je vous donne cela pour sûr.* « *L'affabilité est la plus sûre marque de la grandeur* », MASSILLON. ◆ **Fam.** *Bien sûr?* c'est-à-dire : Est-ce chose certaine? ◆ *L'affaire est sûre,* le succès en est certain. ◆ Qui doit arriver infailliblement ou que l'on prévoit devoir arriver nécessairement. *Rien n'est si sûr que la mort.* ◆ Qui ne peut manquer de réussir, en parlant des choses. *Employer des moyens sûrs.* ◆ Aux jeux de cartes, *avoir jeu sûr,* avoir si beau jeu qu'il est impossible qu'on ne gagne pas. ◆ **Fig.** *Jouer à jeu sûr,* être certain du succès des moyens qu'on emploie. ◆ **Fig.** *Parier à jeu sûr, à coup sûr,* parier sur un fait dont on a la certitude. ◆ **N. m.** *Le plus sûr,* le meilleur moyen. *Le plus sûr est de ne pas s'y fier.* ◆ Qui produit ordinairement ou infailliblement son effet. *Un remède sûr. Un poison sûr.* ◆ *Avoir un coup sûr à quelque jeu, à quelque exercice,* avoir un coup presque immanquable. ◆ POUR SÛR, **loc. adv.** Certainement, infailliblement. ◆ À COUP SÛR, **loc. adv.** Immanquablement. *Nous réussirons à coup sûr.* ◆ BIEN SÛR, **loc. adv.** Certes, bien évidemment. *Notre relation, bien sûr, n'est pas idéale. Bien sûr que, s'il venait, je serais ravie. Tu es au courant? Bien sûr !* ◆ *De source sûre,* de source fiable. *J'ai appris son licenciement de source sûre. Un sondage de source sûre.*

SURA, n. m. [syʀa] Voy. SURATE.

SURABONDAMMENT, adv. [syʀabɔ̃damɑ̃] (*surabondant*) Plus que suffisamment.

SURABONDANCE, n. f. [syʀabɔ̃dɑ̃s] (*sur-* et *abondance*) Très grande abondance. *La surabondance de la population.* « *Une surabondance d'amitié* », MME DE SÉVIGNÉ. « *Une surabondance de vie* », CHATEAUBRIAND. ◆ *Par surabondance,* en apportant ce qui n'est pas nécessaire, mais ne nuit pas. *Par surabondance de preuves.*

SURABONDANT, ANTE, adj. [syʀabɔ̃dɑ̃, ɑ̃t] (*sur-* et *abondant*) Qui surabonde. « *Les effets de la bonté de Jésus-Christ sont surabondants et infinis* », FLÉCHIER. ◆ **N. m.** Ce qui est en surabondance. « *Tout le surabondant doit place au nécessaire* », P. CORNEILLE. ◆ **Par extens.** Superflu. *Ne dites rien de surabondant.*

SURABONDER, v. intr. [syʀabɔ̃de] (*sur-* et *abonder*) Être très abondant. *Certaines marchandises surabondent.* ◆ Avoir en surabondance. « *D'où me vient cette foi dont mon cœur surabonde?* », LAMARTINE.

SURACCUMULATION, ■ n. f. [syʀakymylasjɔ̃] (*sur-* et *accumulation*) Écon. Accumulation trop importante de capital, par rapport au profit qu'une entreprise peut réaliser pour mettre en valeur ce capital. *La notion marxiste de suraccumulation traduit une crise de rentabilité. Suraccumulation de capital.* ◆ **Par extens.** Accumulation excessive. *Une suraccumulation de travail, de débris organiques.*

SURACHAT, n. m. [syʀaʃa] (*sur-* et *achat*) Achat, au-dessus du cours légal, de monnaies d'or et d'argent pour les exporter ou les fondre.

SURACHETÉ, ÉE, p. p. de suracheter. [syʀaʃ(ə)te]

SURACHETER, v. tr. [syʀaʃ(ə)te] (*sur-* et *acheter*) Acheter une chose trop cher.

SURACTIVÉ, ÉE, ■ adj. [syʀaktive] (*sur-* et *activer*) Méd. Traité chimiquement pour accroître l'activité, en parlant d'un organe ou d'une glande. *Une hypophyse suractivée.*

SURACTIVITÉ, n. f. [syʀaktivite] (*sur-* et *activité*) Méd. Activité d'un organe exagérée d'une manière continue ou accidentelle. ◆ **Par extens.** Activité particulièrement intense, qui excède la normale. *Suractivité des urgences.*

SURAH, ■ n. m. [syʀa] (*Surat,* ville de l'Inde) Étoffe de soie croisée, douce, fluide et souple, souvent imprimée et fabriquée originairement aux Indes. *Robe de surah mauve. Bonnet en surah.* ◆ **Par méton.** Vêtement fabriqué avec ce tissu.

SURAIGU, UË ou **SURAIGU, ÜE,** adj. [syʀegy] (*sur-* et *aigu*) Mus. Fort aigu. Se dit de ce qui, dans chaque genre de voix, dépasse les notes aiguës ordinaires. ◆ **Méd.** Dont l'acuité est extrême. *Inflammation suraiguë.*

SURAJOUTÉ, ÉE, p. p. de surajouter. [syʀaʒute]

SURAJOUTER, v. tr. [syʀaʒute] Ajouter à ce qui a déjà été ajouté.

SURAL, ALE, ■ adj. [syʀal] (lat. impér. *sura,* mollet) Anat. Qui se rapporte au mollet. *Nerfs suraux. Une douleur surale.* ◆ *Triceps sural,* muscle de la loge postérieure de la jambe, composé du muscle soléaire et des deux muscles jumeaux (interne et externe), ces trois muscles se réunissant pour former le tendon d'Achille. *Le triceps sural est un muscle fléchisseur plantaire de la cheville; il participe à son extension.*

SURALCOOLISATION, ■ n. f. [syʀalkɔlizasjɔ̃] (*sur-* et *alccolisation*) Procédé par lequel un vin est enrichi au-delà du taux habituel d'alcool. *Vin suspect de suralcoolisation.* ◆ Taux d'alcoolisme qui excède la normale. *La suralcoolisation peut être à l'origine de nombreux dysfonctionnements sociaux.*

SURALIMENTATION, ■ n. f. [syʀalimɑ̃tasjɔ̃] (*sur-* et *alimentation*) Fait de manger au-delà de ses besoins alimentaires normaux. *Suralimentation d'un animal.* ■ **Techn.** Fait d'alimenter un moteur à combustion interne avec une quantité de combustible excédant la consommation normale. *Pression de suralimentation.*

SURALIMENTÉ, ÉE, ■ adj. [syʀalimɑ̃te] Qui se nourrit au-delà du régime alimentaire normal, qui est nourri avec excès. *Enfants suralimentés.* ◆ **Techn.** *Un moteur suralimenté.*

SURALIMENTER, ■ v. tr. [syʀalimɑ̃te] (*sur-* et *alimenter*) Alimenter de façon anormalement importante. *Suralimenter un bébé.* ■ **Techn.** Alimenter un moteur avec une quantité de combustible qui excède la consommation normale. *Suralimenter un moteur.*

SUR-ALLER, v. intr. [syʀale] (1 *sur* et *aller*) ▷ Se conjugue avec *être*. **Vén.** Se dit d'un limier ou d'un chien qui passe sur la voie sans se rabattre et sans rien dire. ◁

SURAMPLIFICATEUR, ■ n. m. [syʀɑ̃plifikatœʀ] (*sur-* et *amplificateur*) Amplificateur que l'on ajoute dans une voiture en vue d'augmenter la puissance de l'autoradio et d'obtenir un son de meilleure qualité. *Suramplificateur de basses.* ■ **Rem.** Recommandation officielle pour *booster*.

SUR-ANDOUILLER, n. m. [syʀɑ̃duje] (1 *sur* et *andouiller*) ▷ **Vén.** Andouiller plus grand que les autres, qui se trouve à la tête de quelques cerfs. ◁

SURANNATION, n. f. [syʀanasjɔ̃] (*suranner*) Cessation de l'effet d'un acte valable seulement pour un temps déterminé. ◆ *Lettres de surannation,* lettres qu'on obtenait pour rendre la valeur à d'autres lettres qu'on avait laissées trop vieillir sans exécution.

SURANNÉ, ÉE, p. p. de suranner [syʀane] (*sur-* et *an*) ▷ Qui ne peut plus avoir d'effet, en parlant d'actes publics pour lesquels on a laissé passer l'année, le temps au-delà duquel ils ne peuvent avoir d'effet. *Procuration surannée.* ◁ ◆ **Fig.** Vieux, hors de mode. *Des usages surannés.* ◆ Il se dit des personnes. *Une coquette surannée.*

SURANNER, v. intr. [syʀane] (*suranné*) ▷ Avoir plus d'un an de date, en parlant des lettres de chancellerie, des passeports, etc. *Laisser suranner un passeport.* ◆ On dit plutôt *périmer.* ◆ Se suranner, v. pr. Être suranné. ◁

SURARBITRE, n. m. [syʀaʀbitʀ] (*sur-* et *arbitre*) Arbitre choisi pour la décision d'une contestation sur laquelle les arbitres sont partagés. ◆ On dit plutôt *tiers arbitre.* ◆ Au pl. *Des surarbitres.* ■ **Rem.** Graphie ancienne : *un sur-arbitre.*

SURARD, adj. m. [syʀaʀ] (anc. fr. *seur*, sureau) Voy. **vinaigre.** ◆ On dit aussi *surat.*

SURARMEMENT, ■ n. m. [syʀaʀməmɑ̃] (*sur-* et *armement*) Armement qui excède les besoins réels. *Surarmement nucléaire. Lutter contre le surarmement des pays.*

SURATE ou **SOURATE**, n. f. [syʀat, suʀat] (ar. *sûra*) Nom des chapitres du Coran. ◆ Voltaire a dit *sura,* au masculin. ■ **Rem.** On disait aussi *assorath* autrefois.

SURBAISSÉ, ÉE, p. p. de surbaisser [syʀbese] ◆ **Archit.** Il se dit des voûtes dont la montée est inférieure à la moitié de l'ouverture. *Une petite porte surbaissée.* ■ Dont le plancher se trouve à une hauteur plus basse que la normale. *Une caravane surbaissée. Remorque à châssis surbaissé.*

SURBAISSEMENT, n. m. [syʀbes(ə)mɑ̃] (*surbaisser*) **Archit.** Quantité dont une arcade est surbaissée. ◆ Fait de surbaisser. *Surbaissement d'une automobile.*

SURBAISSER, v. tr. [syʀbese] (*sur-* et *baisser*) **Archit.** Construire une voûte, un cintre qui soient surbaissés. ◆ Abaisser au-dessous du niveau normal. *Surbaisser la carrosserie d'une voiture.*

SURBAU, ■ n. m. [syʀbo] (*sur-* et *bau*, traverse de bois posée dans le sens de la largeur d'un bateau, de l'anc. fr. *bau,* poutre-, de l'a. frq. *balko,* poutre) Rebord vertical surélevé qui encadre les écoutilles et qui vise à prévenir les entrées d'eau à l'intérieur du navire. *On peut utiliser des surbaux pour protéger les hublots.*

SURBOOKÉ, ÉE, ■ adj. [syʀbuke] Qui fait l'objet d'un surbooking, d'une surréservation. *Vol surbooké.* ◆ **Fam.** En surcharge de travail. *Les guides nous ont dit qu'ils étaient surbookés, ils n'ont aucun créneau de libre avant deux mois.* ◆ Par extens. *Un agenda surbooké.*

SURBOOKING, ■ n. m. [syʀbukiŋ] (d'après l'angl. *overbooking, sur-* et *booking,* de *to book,* enregistrer) Réservation au-delà des capacités d'accueil qui permet de ne pas laisser de place libre en cas de désistement de dernière minute, dans un avion ou un train. *Surbooking pratiqué par les compagnies aériennes.*

SURBOUM, ■ n. f. [syʀbum] (*sur-* et *boum*) **Fam.** et vx Réunion dansante, surprise-partie. « *Ils préparaient leurs surboums. Les filles y viendraient avec des robes serrées à la taille, très amples, et des ballerines* », Modiano. ■ **Rem.** On emploie plus couramment son abrév. fam. *boum.*

SURBRILLANCE, ■ n. f. [syʀbʀijɑ̃s] (*sur-* et *brillance*) **Inform.** Marque lumineuse superposée à des caractères sélectionnés et qui vise à mettre en valeur cette sélection. *La surbrillance peut consister à inverser la couleur de premier plan et celle de fond.*

SURCAPACITÉ, ■ n. f. [syʀkapasite] (*sur-* et *capacité*) Capacité de stockage, de transport, etc. qui excède les besoins. *Ce train n'est jamais complet, il dispose d'une surcapacité de sièges.* ◆ **Écon.** Capacité de production excédant les besoins. *Surcapacité bancaire.* ◆ **Inform.** Technique permettant à un graveur de dépasser la capacité officielle d'un disque enregistrable. *Graver un CD-Rom en surcapacité.* ■ **Rem.** On dit aussi *surgravure* ou *overburning.*

SURCAPITALISATION, ■ n. f. [syʀkapitalizasjɔ̃] (*sur-* et *capitalisation*) **Écon.** Fait que le capital d'une entreprise augmente excessivement ; surexploitation de la ressource. *L'excès des stocks entraîne une surcapitalisation qui précipite une crise de production.* ◆ **Financ.** Évaluation excessive d'un titre de société par rapport à la valeur réelle de celle-ci. *De nombreuses sociétés Internet bénéficient aujourd'hui d'une surcapitalisation boursière.*

SURCENS, n. m. [syʀsɑ̃] (*sur-* et *cens*) ▷ **Jurid.** et féod. Rente seigneuriale dont un héritage était chargé par-dessus le cens. ◁

SURCHARGE, n. f. [syʀʃaʀʒ] (*surcharger*) Nouvelle charge ajoutée à une autre. ◆ Il se dit des bagages excédant le poids qui est alloué à chaque voyageur. ◆ **Turf.** Surplus de poids imposé aux chevaux qui ont déjà gagné des prix d'une certaine valeur. ◆ ▷ Surcroît d'impôts. ◁ ◆ Excès d'humeurs dans le corps. « *Les phoques ont une grande surcharge de graisse* », Buffon. ◆ **Fig.** Ce qui est comparé à un poids inutile. « *Il n'y a point d'éloquence où il y a surcharge d'idées* », Voltaire. ◆ **Fig.** Surcroît de charges, de peines. ◆ Il se dit des mots écrits sur d'autres mots. *Il y a dans cet acte une surcharge.* **Maçon.** Excès de charge donné à un plancher. ◆ Surcroît d'épaisseur d'un enduit. ◆ Surélévation d'un mur. ◆ Inscription typographique ou manuscrite effectuée en surimpression sur un timbre-poste en vue de changer la valeur d'affranchissement. *Philatélistes à la recherche de surcharges.* ■ **Méd.** *Surcharge pondérale,* excès de poids corporel.

SURCHARGÉ, ÉE, p. p. de surcharger. [syʀʃaʀʒe] ◆ **Fig.** *Une famille surchargée d'enfants.*

SURCHARGER, v. tr. [syʀʃaʀʒe] (*sur-* et *charger*) Imposer une charge excessive, un trop grand fardeau. *Surcharger un cheval, une voiture, etc.* ◆ **Par extens.** *Se surcharger l'estomac,* manger trop. ◆ **Fig.** Charger d'impôts excessifs. ◆ Imposer une dépense de surcroît. ◆ **Fig.** Encombrer d'un poids, d'une charge inutile. « *Surcharger une loi de sophismes et de disputes incompréhensibles* », Voltaire. « *L'or, les diamants et les perles ne surchargeaient point sa parure* », Mme de Genlis. ◆ Faire une surcharge dans l'écriture. *Surcharger un acte.* ◆ Se surcharger, v. pr. Prendre sur soi une charge trop forte. *Se surcharger de travail.* ◆ *Se surcharger d'aliments, de nourriture,* manger excessivement. ◆ Faire une surcharge. *Surcharger un timbre.*

SURCHAUFFE, ■ n. f. [syʀʃof] (*surchauffer*) Action de surchauffer. *Arrêt automatique du système en cas de surchauffe.* ■ **Phys.** État d'un liquide porté à une température supérieure à son point d'ébullition, mais qui ne bout pas. *Température de surchauffe d'un liquide.* ■ **Écon.** État de tension dû au manque d'adéquation entre l'offre et la demande et qui conduit une unité économique à se heurter à des obstacles, physiques ou financiers, tels qu'une insuffisance de main-d'œuvre ou d'équipements. *Récession provoquée pour éviter une surchauffe.*

SURCHAUFFÉ, ÉE, p. p. de surchauffer. [syʀʃofe]

SURCHAUFFER, v. tr. [syʀʃofe] (*sur-* et *chauffer*) **Techn.** Donner trop de feu au fer, le brûler en partie. ◆ Donner un excès de chaleur. *Surchauffer la vapeur dans une cheminée.* ◆ **Phys.** Mettre en état de surchauffe. *Surchauffer un liquide.* ◆ **Fig.** Agiter, exalter. *Des propos surchauffés.*

SURCHAUFFEUR, ■ n. m. [syʀʃofœʀ] (*surchauffer*) **Techn.** Appareil, dispositif qui permet d'amener un liquide ou un gaz à l'état de surchauffe. *Lave-vaisselle équipé d'un surchauffeur. Gaz surchauffé à 400° C dans un surchauffeur.*

SURCHAUFFURE, n. f. [syʀʃofyʀ] (*surchauffer*) ▷ Défaut de l'acier, qui vient d'avoir trop souffert du feu. ◁

SURCHEMISE, ■ n. f. [syʀʃəmiz] (*sur-* et *chemise*) Chemise ample qui se porte au-dessus d'un tee-shirt, d'un pull, etc. *Une longue surchemise en velours.*

SURCHOIX, n. m. [syʀʃwa] (*sur-* et *choix*) Ce qui est de première qualité. *Les tabacs de surchoix. Les qualités de tabac dites surchoix.*

SURCLASSER, ■ v. tr. [syʀklase] (*sur-* et *classer*) Classer une personne ou une chose dans une catégorie plus importante que celle dans laquelle elle aurait dû normalement être classée. *Surclasser un cheval de course. Surclasser* des hôtels. ◆ **Sp.** Dominer facilement ses adversaires, être nettement supérieur à eux. *La championne olympique a surclassé toutes les autres nageuses.* ◆ **Par extens.** Montrer une supériorité incontestable sur, être largement supérieur à. *Par ses nombreuses fonctions, ce téléphone portable surclasse tous les autres.*

SURCOMPENSATION, ▪ n. f. [syʀkɔ̃pɑ̃sasjɔ̃] (*sur-* et *compensation*) **Financ.** Opération qui consiste à effectuer une compensation entre les caisses du secteur public et faire en sorte que les régimes en excédent financent les régimes en déficit. *La surcompensation spécifique a été instituée par la loi de finance du 30 décembre 1985.* ◆ **Psych.** Comportement par lequel une personne, souffrant d'un sentiment d'infériorité, réagit en cherchant à exceller dans le domaine déficitaire. *Réaction de surcompensation.* ◆ **Sp.** Alternance de phases d'entraînement intensif et de phases de récupération, qui permet d'acquérir un niveau de forme supérieur sans risque de surentraînement. *La période de surcompensation consiste à effectuer l'entraînement habituel de manière allégée.*

SURCOMPOSÉ, ÉE, adj. [syʀkɔ̃poze] **Gramm.** *Temps surcomposé* ou n. m. *un surcomposé,* temps d'un verbe où l'auxiliaire *avoir* est employé deux fois, comme dans : *j'aurais eu fait, vous auriez eu dansé.* ◆ **Minér.** Se dit d'une variété dont la forme est composée d'un grand nombre de facettes qui résultent de diverses lois de décroissement. ◆ **Bot.** *Feuille surcomposée,* feuille dont le pétiole se divise en plusieurs pétioles secondaires, qui sont eux-mêmes divisés ou subdivisés. ◆ **Chim.** *Corps surcomposé* ou subst. *un surcomposé,* corps résultant de la combinaison de corps composés.

SURCOMPOSITION, n. f. [syʀkɔ̃pozisjɔ̃] (*sur-* et *composition*) État de ce qui est surcomposé.

SURCOMPRESSION, ▪ n. f. [syʀkɔ̃pʀesjɔ̃] (*sur-* et *compression*) **Techn.** Augmentation du taux de compression d'un corps et plus particulièrement du mélange des gaz dans un moteur à explosion. *Surcompression des moteurs à combustion interne.* ◆ Action de comprimer d'une manière extrême. *Surcompression d'un muscle.*

SURCOMPRIMÉ, ÉE, ▪ adj. [syʀkɔ̃pʀime] (*surcomprimer*) **Techn.** *Moteur surcomprimé,* moteur dont le taux de compression du mélange gazeux a été accru.

SURCOMPRIMER, ▪ v. tr. [syʀkɔ̃pʀime] (*sur-* et *comprimer*) Dans un moteur à explosion, augmenter le taux de compression des gaz de manière excessive. *Surcomprimer un moteur.*

SURCONSOMMATION, ▪ n. f. [syʀkɔ̃somasjɔ̃] (*sur-* et *consommation*) Consommation excédant les besoins réels. *Surconsommation d'antibiotiques. Surconsommation d'eau.*

SURCONTRE, ▪ n. m. [syʀkɔ̃tʀ] (*surcontrer*) Action de surcontrer. *Dans les jeux de cartes, le surcontre est l'arme employée par le camp contré s'il juge pouvoir réaliser son contrat.*

SURCONTRER, ▪ v. tr. [syʀkɔ̃tʀe] (*sur-* et *contrer*) À certains jeux de cartes, en particulier au bridge, contrer le contre d'un adversaire. *Au bridge, un joueur ne peut surcontrer que le dernier contre précédent.*

SURCOT, ▪ n. m. [syʀko] (*sur-* et *cotte*) **Hist.** Tunique de dessus que les hommes et les femmes portaient au Moyen Âge. *Surcot en laine. Le surcot de fer, appelé également cotte d'arme, se portait par-dessus l'armure et permettait de montrer ses armoiries.*

1 **SURCOTE**, ▪ n. f. [syʀkɔt] (*sur-* et *cote*) Cote trop importante par rapport à la valeur réelle. *Surcote d'une maison.* ◆ Majoration du montant d'une pension. *Décote et surcote d'une pension vieillesse.*

2 **SURCOTE**, ▪ n. f. [syʀkɔt] (*sur-* et *cote*) **Météorol.** Soulèvement de la surface de la mer généralement provoqué par l'effet d'une dépression météorologique. *La surcote représente la différence positive entre la marée prévue et la hauteur d'eau observée.*

SURCOTER, ▪ v. tr. [syʀkɔte] (*sur-* et *coter*) Attribuer une surcote, trop coter. *Surcoter un appartement.*

SURCOUPE, n. f. [syʀkup] (*surcoupe*) Action de surcouper ; résultat de cette action.

SURCOUPER, v. tr. [syʀkupe] (*sur-* et *couper*) Aux jeux de cartes, couper avec un atout supérieur à celui qu'un autre a déjà employé.

SURCOÛT ou **SURCOUT**, ▪ n. m. [syʀku] (*sur-* et *coût*) Supplément financier à payer par rapport à un prix fixé. *Il a payé un surcoût pour obtenir une chambre individuelle.*

SURCREUSEMENT, ▪ n. m. [syʀkʀøz(ə)mɑ̃] (*sur-* et *creusement*) **Géol.** Creusement d'un fond de vallée glaciaire dû à la pression de l'eau d'une rivière qui a pris la place du glacier. *Le surcreusement, phénomène d'érosion glaciaire, donne souvent naissance à un lac appelé* lac de surcreusement

SURCROISSANCE, n. f. [syʀkʀwasɑ̃s] (*sur-* et *croissance*) ▷ Action de surcroître. ◁

SURCROÎT ou **SURCROIT**, n. m. [syʀkʀwa] (*surcroître*) Voy. SURCROÎTRE. Ce qui, ajouté à quelque chose, en accroît la force, le nombre, la quantité. *Pour surcroît de malheur. Surcroît de biens.* « *Il faut quelque surcroît de compagnie* », MOLIÈRE. ◆ **Dévot.** *Œuvres de surcroît,* œuvres pieuses accomplies en sus des obligations du chrétien. ◆ DE SURCROÎT, loc. adv. En plus. ▪ PAR SURCROÎT, loc. adv. En plus. *C'est inefficace et par surcoît dangereux.*

SURCROÎTRE ou **SURCROITRE**, v. intr. [syʀkʀwatʀ] (*sur-* et *croître* ; cf. lat. impér. *supercrescere,* venir par surcroît) ▷ Croître plus qu'il ne faut, s'élever au-dessus du niveau de la surface de la peau. *Retrancher les chairs qui surcroissent.* ◆ V. tr. Augmenter, accroître avec excès. *Surcroître le prix d'une marchandise.* ◁

SURCRÛ, UE ou **SURCRU, UE**, p. p. de surcroître. [syʀkʀy]

SURCUISSON, n. f. [syʀkɥisɔ̃] (*sur-* et *cuisson*) Action de soumettre une substance déjà cuite à une température plus élevée encore.

SURCUIT, ITE, adj. [syʀkɥi, it] (*surcuire,* de *sur-* et *cuire*) Qui a subi la surcuisson.

SURDÉCIME, n. m. [syʀdesim] (*sur-* et *décime*) Décime imposé sur un autre décime. *Les décimes et surdécimes de guerre.*

SURDENT, n. f. [syʀdɑ̃] (*sur-* et *dent*) Dent qui vient hors de rang sur une autre dent ou entre deux autres. ▪ **Vétér.** Dent plus longue que les autres chez le cheval.

SURDÉTERMINANT, ANTE, ▪ adj. [syʀdetɛʀminɑ̃, ɑ̃t] (*surdéterminer*) **Psych.** Qui provoque une surdétermination. *Rôle surdéterminant des impressions, de la religion.*

SURDÉTERMINATION, ▪ n. f. [syʀdetɛʀminasjɔ̃] (*sur-* et *détermination*) **Psych.** Détermination provoquée par une cause plus efficiente que les causes immédiates manifestes. *Le pouvoir de surdétermination d'une religion.* ◆ **Psych.** Caractère d'un comportement déterminé par une pluralité de motivations convergentes. *Surdétermination idéologique.* ◆ **Psych.** Selon Freud, fait qu'une production de l'inconscient telle que le rêve, le symptôme, le fantasme, etc., renvoie à un faisceau de facteurs latents et déterminants. *La surdétermination relie le préconscient à l'inconscient par des associations libres.* ◆ **Ling.** Fait que le contexte et l'articulation d'une phrase restreignent le sens d'un terme. *Surdétermination des signes.*

SURDÉTERMINÉ, ÉE, ▪ adj. [syʀdetɛʀmine] (*sur-* et *déterminé*) **Psych.** Qui est produit par un phénomène de surdétermination, relatif à un tel phénomène. *Sentiments surdéterminés. Système surdéterminé.* ◆ **Ling.** *Sens surdéterminé.*

SURDÉTERMINER, ▪ v. tr. [syʀdetɛʀmine] (*sur-* et *déterminer*) **Psych.** Produire un phénomène de surdétermination. *Surdéterminer des comportements.*

SURDÉVELOPPÉ, ÉE, ▪ adj. [syʀdev(ə)lope] (*sur-* et *développé*) Qui se trouve au-delà d'un niveau normal de développement. *Pays économiquement surdéveloppé. Un organe surdéveloppé.*

SURDIMENSIONNÉ, ÉE, ▪ adj. [syʀdimɑ̃sjɔne] (*sur-* et *dimension*) Dont les dimensions, les capacités excèdent les besoins. *Pneus surdimensionnés. Installation électrique surdimensionnée. Un ordinateur surdimensionné pour les tâches courantes de bureautique.* ◆ **Fig.** Démesuré. *Égo surdimensionné.* ▪ SURDIMENSIONNEMENT, n. m. [syʀdimɑ̃sjɔn(ə)mɑ̃]

SURDIMUTITÉ, ▪ n. f. [syʀdimytite] (radic. du lat. *surdus,* sourd, et *mutité,* d'après sourd-muet) État d'un sourd-muet, mutité engendrée par une surdité congénitale ou précoce. *La surdimutité est la forme la plus grave du déficit de l'audition. Des surdimutités.*

SURDITÉ, n. f. [syʀdite] (lat. *surditas*) Perte ou diminution considérable du sens de l'ouïe. ◆ *Surdité verbale,* incapacité pathologique à comprendre le sens des mots prononcés. *Un malade atteint de surdité verbale a l'impression d'écouter une langue étrangère.*

SURDORÉ, ÉE, p. p. de surdorer. [syʀdore]

SURDORER, v. tr. [syʀdore] (*sur-* et *dorer*) Dorer doublement, solidement.

SURDORURE, n. f. [syʀdoʀyʀ] (*surdorer*) Action de surdorer.

SURDOS, n. m. [syʀdo] (*sur-* et *dos*) Pièce du harnachement placée sur le dos des chevaux de trait.

SURDOSAGE, ▪ n. m. [syʀdozaʒ] (*sur-* et *dosage*) Dosage qui excède la normale. *Surdosage de médicaments, de morphine.*

SURDOSE, ▪ n. f. [syʀdoz] (*sur-* et *dose,* d'après l'angl. *overdose*) Prise de drogue en dose excessive. *Il est mort d'une surdose. Décès par surdose.* ◆ **Fig.** Quantité excessive. *Surdose de publicité. Il y a surdose de couleurs dans la collection de ce couturier.*

SURDOUÉ, ÉE ■ adj. [sуʀdwe] (*sur-* et *doué*) Qui possède plus de capacités intellectuelles que la moyenne. *Un enfant surdoué.* ■ N. m. et f. *Une école pour surdoués.*

SUREAU, n. m. [sуʀo] (anc. fr. *seur*, sureau, du lat. impér. *sabucus*) Genre de plantes, la plupart arbustives, qui appartient à la famille des caprifoliacées. ♦ *Sureau d'eau* ou *sureau aquatique*, viorne obier.

SURÉDIFIER, v. tr. [sуʀedifje] (*sur-* et *édifier*) Édifier par-dessus.

SUREFFECTIF, ■ n. m. [sуʀefɛktif] (*sur-* et *effectif*) Effectif supérieur aux besoins réels. *Sureffectif scolaire. Travailler en sureffectif.*

SURÉLÉVATION, n. f. [sуʀelevasjɔ̃] (*surélever*) **Maçon.** Construction faite après coup. ♦ *Augmentation. La surélévation excessive des prix.* ■ Action de donner plus de hauteur. *La surélévation d'une terrasse.*

SURÉLEVER, v. tr. [sуʀel(ə)ve] (*sur-* et *élever*) Élever en sus. ♦ **Maçon.** Faire une surélévation. *Surélever une maison d'un étage.* ♦ *Voûte surélevée*, voûte dont la montée est plus grande que la moitié de l'ouverture. ♦ Rendre un prix plus élevé. *Surélever les tarifs.*

SURELLE, n. f. [sуʀɛl] (2 *sur*) Nom donné à différentes plantes d'un goût acide, et spécialement à l'*oxalis acetosella*. ■ Rᴇᴍ. On disait aussi :*surette* autrefois.

SÛREMENT ou **SUREMENT**, adv. [sуʀ(ə)mɑ̃] (*sûr*) Avec sûreté, en sûreté, en assurance. « *Et qui fait bien à tous peut dormir sûrement* », Rᴏᴛʀᴏᴜ. ♦ D'une manière qui ne manque pas son coup. *Frapper sûrement.* ♦ D'une manière certaine. « *Les richesses sont un moyen d'avoir presque sûrement tout ce qu'on désire* », Bᴏssᴜᴇᴛ.

SURÉMINENT, ENTE, adj. [sуʀeminɑ̃, ɑ̃t] (*sur-* et *éminent*) Éminent au suprême degré. « *La suréminente vertu que l'Apôtre reconnaît dans ceux qui croient* », Bᴏssᴜᴇᴛ. « *La science suréminente* », Bᴏᴜʀᴅᴀʟᴏᴜᴇ.

SURÉMISSION, n. f. [sуʀemisjɔ̃] (*sur-* et *émission*) Émission exagérée de billets, d'assignats, etc.

SUREMPLOI, ■ n. m. [sуʀɑ̃plwa] (*sur-* et *emploi*) Emploi excessif d'une ressource. *Les moyens disponibles s'avérant insuffisants, l'usine pratique un suremploi de la main-d'œuvre et des machines.* ♦ Situation du marché du travail dans laquelle les demandes d'emploi sont inférieures au nombre de postes disponibles. *Suremploi agricole.*

SURENCHÈRE, n. f. [sуʀɑ̃ʃɛʀ] (*sur-* et *enchère*) Enchère qu'on fait au-dessus d'une autre enchère. *Il a fait une surenchère sur moi.* ■ **Fig.** Fait d'aller plus loin que les autres en actions, en paroles. *La surenchère électorale. Une surenchère de violence.*

SURENCHÉRIR, v. intr. [sуʀɑ̃ʃeʀiʀ] (*surenchère*) Faire une surenchère. ■ **Fig.** Aller plus loin, faire plus que les autres en actions, en paroles. *Parents qui surenchérissent chaque année sur les cadeaux.*

SURENCHÉRISSEMENT, n. m. [sуʀɑ̃ʃeʀis(ə)mɑ̃] (radic. du p. prés. de *surenchérir*) Enchérissement ajouté à un enchérissement. *Le surenchérissement des blés.*

SURENCHÉRISSEUR, EUSE, n. m. et n. f. [sуʀɑ̃ʃeʀisœʀ, øz] (radic. du p. prés. de *surenchérir*) Personne qui fait une surenchère.

SURENDETTEMENT, ■ n. m. [sуʀɑ̃dɛt(ə)mɑ̃] (*sur-* et *endettement*) **Écon.** Situation financière dans laquelle se trouve une personne, une entreprise ou un État qui l'empêche de faire face à l'ensemble de ses dettes. *Le surendettement des ménages. Le surendettement des pays en voie de développement.*

SURENTRAÎNEMENT ou **SURENTRAINEMENT**, ■ n. m. [sуʀɑ̃tʀɛn(ə)mɑ̃] (*sur-* et *entraînement*) Entraînement physique exagéré, susceptible de provoquer le surmenage et une baisse de forme. *Le surentraînement d'un sportif est très nocif, aussi bien physiquement que mentalement.*

SURENTRAÎNER ou **SURENTRAINER**, ■ v. tr. [sуʀɑ̃tʀene] (*sur-* et *entraîner*) Entraîner avec excès, au point de provoquer le surmenage et la méforme. *Surentraîner un cheval de course. Athlète surentraîné.*

SURÉQUIPEMENT, ■ n. m. [sуʀekip(ə)mɑ̃] (*sur-* et *équipement*) Action d'équiper excessivement quelque chose ; résultat de cette action. *Chercher à freiner le suréquipement des ménages. Dans cette banque, le suréquipement en alarme rassure les clients.*

SURÉQUIPER, ■ v. tr. [sуʀekipe] (*sur-* et *équiper*) Pourvoir d'un équipement supérieur aux besoins réels. *Suréquiper sa voiture. Une cuisine suréquipée.*

SURÉROGATION, n. f. [sуʀeʀogasjɔ̃] (lat. *supererogatio*, de *supererogare*, de *super*, en plus, et *erogare*, payer) Ce qui est au delà de ce qui est dû, commandé. *Faire des œuvres de surérogation.* ♦ **Dévot.** Ce qu'on fait de bien au-delà de ce qu'on est obligé de faire, comme chrétien ou comme membre d'un ordre religieux.

SURÉROGATOIRE, adj. [sуʀeʀogatwaʀ] (lat. médiév. *supererogatorius*) Qui est au delà de ce qu'on est obligé de faire. *Action, œuvre surérogatoire.*

SURÉROGATOIREMENT, adv. [sуʀeʀogatwaʀ(ə)mɑ̃] (*surérogatoire*) D'une manière surérogatoire.

SURESTARIE, ■ n. f. [sуʀestaʀi] (prob. provenç. *sobrestaria*, inspection) **Mar.** Dépassement du temps mentionné dans le contrat pour le chargement et le déchargement d'un navire, donnant lieu à une indemnité de retard. *Délais de starie et de surestarie.* ■ **Par méton.** Indemnités à verser en raison de ce dépassement. *Payer une surestarie.*

SURESTIMATION, n. f. [sуʀestimasjɔ̃] (*surestimer*) Action de surestimer.

SURESTIMER, v. tr. [sуʀestime] (*sur-* et *estmer*) Estimer au-delà de la valeur.

SURET, ETTE, adj. [sуʀɛ, ɛt] (dimin. de 2 *sur*) Un peu sur. *Un fruit suret. Une pomme surette.* ■ Rᴇᴍ. Graphie ancienne au féminin : *surète*.

SÛRETÉ ou **SURETÉ**, n. f. [sуʀ(ə)te] (réfection de l'a. et moy. fr. *seurté*, d'après le lat. *securitas*) Caractère de celui sur qui l'on peut compter. *Homme d'une grande sûreté.* ♦ **Chasse** Les chiens *chassent en sûreté* lorsqu'ils suivent la même voie, le nez collé à terre, et crient également. ♦ État de celui qui n'a rien à craindre pour sa personne ou pour sa fortune. « *La vraie sûreté d'un roi est de ne faire que du bien, et d'intéresser le monde entier à sa conservation* », Fᴇ́ɴᴇʟᴏɴ. ♦ ▷ *En sûreté de conscience*, sans que la conscience soit blessée. ◁ ♦ *En sûreté de*, dans la sûreté de, à l'abri de. « *Je suis bien en sûreté de cette vilaine passion* », Mᴍᴇ ᴅᴇ Sᴇ́ᴠɪɢɴᴇ́. ♦ *Verrou, serrure de sûreté*, verrou, serrure difficile à ouvrir ou à forcer. ♦ *Soupape de sûreté*, Voy. sᴏᴜᴘᴀᴘᴇ. ♦ Ce qui fait la sûreté. « *Ma maison cependant est votre sûreté ; Jouissez-y des droits de l'hospitalité* », Vᴏʟᴛᴀɪʀᴇ. ♦ *Lieu de sûreté*, un lieu où l'on n'a rien à craindre. ♦ *Mettre quelqu'un en lieu de sûreté*, le mettre en un lieu où il n'ait rien à craindre ; et aussi le mettre en un lieu d'où il ne puisse s'échapper, en prison. ♦ ▷ Mesure de précaution. « *Deux sûretés valent mieux qu'une* », Lᴀ Fᴏɴᴛᴀɪɴᴇ. « *Contre cet accident j'ai pris mes sûretés* », Mᴏʟɪᴇ̀ʀᴇ. ◁ ♦ Assurance, certitude. « *Mais sous le ciel tout change, et les plus valeureux N'ont jamais sûreté d'être toujours heureux* », P. Cᴏʀɴᴇɪʟʟᴇ. ♦ Caution, garantie. *Emprunter de l'argent avec de bonnes sûretés.* ♦ *Places de sûreté*, places qu'un État donne ou retient pour la sûreté de l'exécution d'un traité. ♦ Fermeté du pied pour marcher, de la main pour écrire, pour faire une opération chirurgicale, etc. ♦ **Fig.** *Sûreté de tact, de coup d'œil, de goût, de mémoire.* ♦ **Prov.** *La méfiance est la mère de sûreté*, ou **Prov.** *méfiance est mère de sûreté.* ■ Situation d'un individu, d'une collectivité, qui n'est menacé d'aucun danger. *La sûreté publique.* ■ **Vx** *Maison de sûreté*, prison. ■ *Peine* ou *période de sûreté*, période de détention d'un condamné ne comportant aucune mesure de sortie ni de remise de peine. ♦ *Sûreté de l'État*, sécurité intérieure et extérieure de l'État. *Attentat contre la sûreté de l'État.* ♦ **Dr.** Clause établie dans le but de protéger les créanciers. ♦ *La Sûreté nationale* ou absol. *la Sûreté*, ancien nom attribué au service général de police chargé de gérer l'information et la surveillance policière. *Agents de la Sûreté.*

SURETTE, n. f. [sуʀɛt] Voy. sᴜʀᴇʟʟᴇ.

SURÉVALUATION, ■ n. f. [sуʀevalyasjɔ̃] (*surévaluer*) Attribution d'une valeur supérieure à la valeur réelle, évaluation excessive. *Surévaluation monétaire. Une surévaluation des recettes l'a conduit à la faillite.*

SURÉVALUER, ■ v. tr. [sуʀevalye] (*sur-* et *évaluer*) Évaluer au-delà de sa valeur réelle. *Surévaluer le niveau d'un élève. Surévaluer un meuble d'époque pour essayer de le vendre à un meilleur prix que le marché.*

SUREXCITABILITÉ, n. f. [sуʀɛksitabilite] (*surexcitable*) **Méd.** Disposition à la surexcitation.

SUREXCITABLE, adj. [sуʀɛksitabl] (*surexciter*) Susceptible d'être surexcité.

SUREXCITANT, ANTE, ■ adj. [sуʀɛksitɑ̃, ɑ̃t] (*surexciter*) Qui provoque un état de surexcitation. *Musique surexcitante. Avoir une vie palpitante et surexcitante. Une nouvelle surexcitante.*

SUREXCITATION, n. f. [sуʀɛksitasjɔ̃] (*sur-* et *excitation*) Physiologie, augmentation de l'énergie vitale dans un tissu, dans un organe. ■ Agitation et nervosité extrêmes. *À la veille de Noël, les enfants sont dans un état de surexcitation.*

SUREXCITER, v. tr. [sуʀɛksite] (*sur-* et *exciter*) Causer une surexcitation. ■ Mettre dans un état d'agitation et de nervosité extrêmes. *Les enfants sont surexcités après huit heures de voyage.*

SUREXPLOITATION, ■ n. f. [sуʀɛksplwatasjɔ̃] (*surexploiter*) Action de surexploiter quelqu'un ou quelque chose ; son résultat. *Surexploitation d'une terre, des ressources marines. Surexploitation de la main-d'œuvre.*

SUREXPLOITER, ■ v. tr. [sуʀɛksplwate] (*sur-* et *exploiter*) Exploiter quelque chose de manière intensive au point de provoquer son appauvrissement. *Surexploiter la mer, des forêts. Des travailleurs surexploités.*

SUREXPOSER, ■ v. tr. [sᴙɛkspoze] (*sur-* et *exposer*) **Phot.** Exposer une surface sensible durant un temps de pose anormalement long. *Surexposer un négatif. Ces photos sont trop claires : elles ont été surexposées.* ◆ **Fig.** Exposer, mettre en vue de manière excessive. *Surexposer une information, une star. Elle est surexposée médiatiquement.*

SUREXPOSITION, ■ n. f. [sᴙɛkspozisjɔ̃] (*surexposer*) Exposition plus longue que la normale. *Surexposition d'un cliché. Une surexposition au soleil comporte des risques pour la santé.* ◆ **Fig.** *Surexposition médiatique.*

SURF ou **SURFING**, ■ n. m. [sœʀf, sœʀfiŋ] (anglo-amér. *surf-board*, de *surf*, vague qui se brise, ressac, et *board*, planche, ou *surf-riding*, de *surf* et *riding*, chevauchement ; ou *to surf*, surfer) Sport de glisse nautique, d'origine polynésienne, qui consiste à glisser le plus longtemps possible au sommet d'une déferlante, debout sur une planche oblongue. *Faire du surf sur les rouleaux de la côte basque.* ■ *Surf des neiges*, Sport de glisse qui consiste à descendre une piste enneigée debout, les deux pieds sur une seule planche, sans bâtons, et en effectuant de grands mouvements perpendiculaires à la piste. ■ **Rem.** On dit aussi *snowboard.* ◆ **Par extens.** Planche très légère et de petite taille utilisée pour le surf sur mer ou sur neige. ■ Genre musical apparu aux États-Unis à la fin des années 1950, en étroite liaison avec le développement de la pratique sportive. *On doit aux Beach Boys le succès du surf.* ■ **Fam.** Navigation sur Internet. *Aide au surf. Après plusieurs heures de surf sur différents sites, j'ai fini par trouver les renseignements dont j'avais besoin.*

SURFAÇAGE, ■ n. m. [sᴙfasaʒ] (*surfacer*) Opération qui consiste à polir, lisser ou rendre régulière une surface. *Surfaçage des chaussées, d'une toile.* ◆ Traitement de finition d'une surface qui précède la mise en peinture.

SURFACE, n. f. [sᴙfas] (*sur-* et *face*, d'après le lat. *superficies*, surface) Extérieur, dehors d'un corps. *La surface du corps, de la terre, etc.* ◆ **Fig.** *Présenter peu de surface*, être peu exposé aux attaques, en raison d'une situation petite. ◆ **Fig.** Ressources capables de couvrir une responsabilité. *Un homme ne présentant aucune surface sociale.* ◆ **Géom.** Ce qui circonscrit les corps. ◆ **Fig.** Apparence que présentent les personnes ou les choses. *Il s'arrête à la surface des choses.* « *Les grands ne voient jamais des hommes que la surface* », MASSILLON. ◆ Grande étendue délimitée, superficie. *Son appartement comprend 45 m² de surface habitable.* ◆ **Dr.** *Surface corrigée*, élément qui permet de calculer le loyer d'un local d'habitation en appliquant à la surface réelle certains facteurs tels que la situation, la luminosité, le confort, etc. ■ *Grande surface*, supermarché dont la superficie de vente est supérieure à quatre cents mètres carrés. ◆ Étendue horizontale séparant l'atmosphère d'un volume d'eau. *Surface de la mer. Ces poissons nagent à la surface.* ◆ *Faire surface*, émerger, remonter à l'air libre pour reprendre sa respiration. *Les plongeurs font surface.* ■ **Fig.** et **fam.** *Refaire surface*, réapparaître en public après une période d'absence ; se rétablir après une période de maladie, de trouble psychologique. ◆ Crédit, solvabilité, ressources. *Surface sociale, financière.* ◆ **Fam.** *En boucher une surface à quelqu'un*, le surprendre vivement, le laisser bouche bée.

SURFACER, ■ v. tr. [sᴙfase] (*surface*) Polir une surface, au moyen d'appareils spéciaux, en vue de la rendre lisse ou régulière. *Surfacer du bois.*

SURFACEUSE, ■ n. f. [sᴙfasøz] (*surfacer*) Machine permettant de surfacer. *Surfaceuse de sol, de glace.*

SURFACIQUE, ■ adj. [sᴙfasik] (*surface*) Qui se rapporte à l'unité de surface, en parlant d'une grandeur. *Masse, maillage, modélisation surfacique.*

SURFACTURATION, ■ n. f. [sᴙfaktyʀasjɔ̃] (*surfacturer*, de *sur-* et *facturer*) Fait de facturer à un prix plus élevé que le coût réel. *Surfacturation des transferts. Pratiquer la surfacturation pour maquiller des comptes.*

SURFAIRE, v. tr. [sᴙfɛʀ] (*sur-* et *faire*) Demander un prix trop élevé d'une chose qui est à vendre. *Surfaire sa marchandise* ◆ **Fig.** *Surfaire ses qualités.* ◆ *Se surfaire quelque chose*, le surfaire à soi. ◆ **Absol.** « *Je ne suis pas homme à surfaire* », MOLIÈRE. ◆ Évaluer trop haut. *Surfaire de cent francs.* ◆ **Fig.** Estimer trop, en parlant d'une personne, vanter au-delà des mérites. *C'est un homme qu'on a beaucoup surfait.*

SURFAIT, AITE, p. p. de surfaire. [sᴙfɛ, ɛt] Qui est surestimé. *Une beauté surfaite.*

SURFAIX, n. m. [sᴙfɛ] (*sur-* et *faix*) Large bande de cuir ou d'étoffe employée soit pour fixer une couverture sur le cheval, soit pour maintenir les quartiers de la selle et la schabraque. ◆ Corde qui sert à maintenir la charge sur un âne ou toute autre bête de somme.

1 SURFER, ■ v. intr. [sœʀfe] (*surf*) Se déplacer sur le réseau Internet. *Il passe ses soirées à surfer.* ■ **Fig.** Profiter d'un courant de mode. *Surfer sur la vague écologique.*

2 SURFER ou **SURFEUR, EUSE**, ■ n. m. et f. [sœʀfœʀ, øz] (*surfer*) Personne qui pratique le surf de mer ou des neiges. *Les surfers étaient tous en bermuda.* ■ Personne qui danse sur un air de surf. ◆ Personne qui navigue sur Internet *Les surfeurs ont apprécié ce site.*

SURFIL, ■ n. m. [sᴙfil] (*surfiler*) Couture lâche effectuée sur le bord d'un tissu pour empêcher l'effilochage. *Points de surfil.*

SURFILAGE, ■ n. m. [sᴙfilaʒ] (*surfiler*) Action de surfiler ; son résultat. *Surfilage d'un tissu.* ◆ Lors du filage, supplément de torsion apporté au fil. *Le surfilage donne au fil la grosseur désirée.*

SURFILER, ■ v. tr. [sᴙfile] (*sur-* et *filer*) Coudre le bord d'un tissu pour éviter qu'il ne s'effiloche. *Surfiler un tissu, un fil.* ■ Bâtir grossièrement un ourlet pour en fixer les plis. *Ourlet surfilé.*

SURFIN, INE, ■ adj. [sᴙfɛ̃, in] (*sur-* et *fin*) Dont la qualité est excellente, très fine. *Huile surfine. Une boîte de chocolats surfins.*

SURFING, ■ n. m. [sœʀfiŋ] Voy. SURF.

SURFONDU, UE, ■ adj. [sᴙfɔ̃dy] (*sur-* et *fondre*) **Phys.** Qui est en surfusion. *Liquide surfondu.*

SURFORCE, n. f. [sᴙfɔʀs] (*sur-* et *force*) **Comm.** Excédant de la force ordinaire des spiritueux.

SURFRÉQUENTATION, ■ n. f. [sᴙfʀekɑ̃tasjɔ̃] (*sur-* et *fréquentation*) Fréquentation excessive, considérée comme trop importante. *Surfréquentation des centres commerciaux au détriment des petits commerces.*

SURFUSION, ■ n. f. [sᴙfyzjɔ̃] (*sur-* et *fusion*) **Phys.** État physique d'un corps ou d'une substance qui reste liquide lorsqu'il est soumis à une température inférieure à sa température de solidification. *Des nuages en état de surfusion.*

SURGE, n. f. [sᴙʒ] (a. provenç. [*lana*] *surja*) Laine qui se vend sans avoir été lavée ni dégraissée. ◆ **Adj.** *Laine surge.*

SURGÉLATEUR, ■ n. m. [sᴙʒelatœʀ] (*surgeler*) Appareil permettant de surgeler des denrées pour les conserver. *Mettre des aliments au surgélateur.*

SURGÉLATION, ■ n. f. [sᴙʒelasjɔ̃] (*surgeler*) Opération qui consiste à surgeler rapidement un produit alimentaire à très basse température et qui permet de le conserver plus longtemps. *Surgélation des viennoiseries, des légumes.*

SURGELÉ, ÉE, ■ adj. [sᴙʒəle] Qui est congelé très vite, à très basse température. *Poisson surgelé.* ◆ **N. m. pl.** Aliments surgelés. *Ils ne mangent que des surgelés. Le rayon des surgelés dans une grande surface.*

SURGELER, ■ v. tr. [sᴙʒəle] (*sur-* et *geler*) Congeler rapidement et à très basse température un produit alimentaire. *Surgeler de la viande. L'industrie de la pêche surgèle le poisson en mer.*

SURGÉNÉRATEUR, TRICE, ■ adj. [sᴙʒeneratœʀ, tʀis] (*sur-* et *générateur*) **Phys.** Qui produit plus de matière fissile qu'il n'en consomme. *Réacteur surgénérateur.* ■ Qui fonctionne avec un surgénérateur en parlant d'une centrale nucléaire. *Centrale surgénératrice.* ■ **N. m.** Réacteur nucléaire en surproduction de matière fissile. *Les surgénérateurs de la centrale.*

SURGÉNÉRATION, ■ n. f. [sᴙʒeneʀasjɔ̃] (radic. de *surgénérateur*) **Nucl.** Processus selon lequel un réacteur surgénérateur produit une quantité de matière fissile supérieure à sa consommation réelle. *Taux de surgénération.*

SURGEON, n. m. [sᴙʒɔ̃] (*sourjant*, a. p. prés. de *sourdre*, avec infl. du lat. *surgere*) Branche qui naît du collet ou de la souche, s'élève dès qu'elle sort de terre, et est susceptible d'être séparée avec une partie de la racine, et de former ainsi un nouvel individu. ◆ **Fig.** Descendant, rejeton d'une race (vieilli en ce sens) [1]. ■ **Rem. 1 :** La notion de race, appliquée aux humains, ne repose sur aucun fondement scientifique et a une connotation raciste.

SURGI, IE, p. p. de surgir. [sᴙʒi]

SURGIR, v. intr. [sᴙʒiʀ] (selon le sens, catal. *surgir*, jeter l'ancre, du lat. *surgere*, s'élever, ou emprunt direct au *surgere*) Se conjugue avec *être* ou *avoir*, suivant le sens. **Mar.** S'élever vers la terre, vers le port, mouiller, jeter l'ancre. *Surgir à bon port.* « *J'ai surgi dans une seconde île déserte plus inconnue, plus charmante que la première* », J.-J. ROUSSEAU. ◆ **Fig.** *Surgir au port*, atteindre le but de ses vœux. ◆ Il se dit d'une source, d'une eau qui jaillit. ◆ **Fig.** *On a vu tout à coup surgir la réputation de cet écrivain. De nouvelles difficultés surgirent.*

SURGISSEMENT, ■ n. m. [sᴙʒis(ə)mɑ̃] (radic. du p. prés. de *surgir*) Apparition rapide et soudaine. *Le surgissement d'une eau. Le surgissement du lion fait fuir les gazelles.*

SURGRAVURE, ■ n. f. [sᴙgʀavyʀ] (*1 sur* et *gravure*) **Inform.** Technique permettant à un graveur de dépasser la capacité officielle d'un disque enregistrable. *Utiliser la fonction surgravure d'un logiciel d'enregistrement de CD.* ■ **Rem.** On dit aussi *surcapacité* ou *overburn.*

SURHAUSSÉ, ÉE, ■ p. p. de surhausser. [sᴙʀose] ◆ *Voûte surhaussée*, celle dont la montée est plus grande que la moitié de l'ouverture.

SURHAUSSEMENT, n. m. [sᴙʀos(ə)mɑ̃] (*surhausser*) Action de surhausser ; état de ce qui est surhaussé. *Le surhaussement d'une voûte, d'un édifice.*

◆ Action de mettre à un prix plus élevé, à un taux plus élevé. « *Le surhaussement des espèces* », VOLTAIRE.

SURHAUSSER, v. tr. [syʀose] (*sur-* et *hausser*) **Archit.** Élever plus haut. *Surhausser une maison.* ◆ Il se dit surtout d'une voûte qu'on élève au-delà de son plein cintre. ◆ Mettre à un plus haut prix ce qui était déjà assez cher. *Surhausser une chose, le prix d'une chose.*

SURHOMME, ▪ n. m. [syʀɔm] (*sur-* et *fusion*, sur le modèle de l'all. *Uebermensch*) Type d'être vivant qui, d'après Nietzsche, agit selon sa propre volonté de puissance. « *Mais le surhomme de Nietzsche est un brutal insensé* », BARRÈS. ◆ Être vivant dont les qualités sont nettement au-dessus de celles des autres. *Il se prend pour un surhomme.*

SURHUMAIN, AINE, adj. [syʀymɛ̃, ɛn] (*sur-* et *humain*) Qui est au-dessus de l'humain. *Une taille surhumaine.* « *Il y eut quelque chose de surhumain dans sa valeur* », RETZ.

SURICATE, ▪ n. m. [syʀikat] (mot indigène d'Afrique du Sud) Petit mammifère d'Afrique australe, proche de la mangouste, qui a la particularité de se dresser sur ses pattes arrière pour surveiller ce qui l'entoure et de vivre dans des terriers communs. *Lorsqu'il a peur, le suricate s'enterre.*

SURIMI, ▪ n. m. [syʀimi] (mot jap., chair de poisson) Pâte colorée, composée de chair de poissons des mers froides et aromatisée au crabe ou à la langouste. *Bâtonnets, miettes de surimi.*

SURIMPOSER, v. tr. [syʀɛ̃poze] (*sur-* et *imposer*) Mettre par-dessus. ◆ Faire payer plus d'impôts qu'on n'en doit légalement ; surtaxer. ◆ Faire payer un impôt excessif.

SURIMPOSITION, n. f. [syʀɛ̃pozisjɔ̃] (*surimposer*) Augmentation des taxes. ◆ **Géol.** Phénomène d'enfoncement qui modifie le cours d'une rivière à partir d'un cours ancien dont le tracé n'était pas influencé par les structures plissées. *Épigénie par surimposition.*

SURIMPRESSION, ▪ n. f. [syʀɛ̃pʀesjɔ̃] (*sur-* et *impression*) **Phot.** Impression de deux ou plusieurs images, enregistrées sur une même surface sensible. *Des effets spéciaux réalisés au cinéma grâce à la surimpression.* ◆ EN SURIMPRESSION, loc. adj. Que l'on perçoit en même temps qu'autre chose. *Personnage en surimpression.* ◆ *Vernis de surimpression*, vernis que l'on passe sur une impression pour la protéger et la rendre brillante.

1 **SURIN**, ▪ n. m. [syʀɛ̃] (altération de *chourin*, d'après l'arg. *suerie*, action de tuer, de *suer*) **Arg.** Poignard, couteau. *Donner un coup de surin.*

2 **SURIN**, ▪ n. m. [syʀɛ̃] (mot norm., 2 *sur*) **Région.** Arbre sauvage, et en particulier, jeune pommier qui n'a pas encore été greffé.

SURINER, ▪ v. tr. [syʀine] (1 *surin*) Vx et fam. Poignarder, frapper de coups de couteau. « *J'ignore par quel miracle il ne s'est pas fait suriner dix fois par leurs souteneurs* », ANOUILH. ▪ SURINEUR, EUSE, n. m. et f. [syʀinœʀ, øz]

SURINFECTION, ▪ n. f. [syʀɛ̃fɛksjɔ̃] (*sur-* et *infection*) Infection surajoutée, provoquée par un nouveau germe, et qui survient chez une individu déjà atteint d'une maladie infectieuse particulière. *Surinfection bactérienne. Surinfection d'un eczéma par le virus de l'herpès. La surinfection d'un rhume peut donner une bronchite.*

SURINFORMATION, ▪ n. f. [syʀɛ̃fɔʀmasjɔ̃] (*sur-* et *information*) Quantité excessive d'informations. « *La surinformation, l'hypertrophie monstrueuse du commentaire écrit, parlé, télévisé, bavardé aboutissent à abrutir sans avoir éveillé sérieusement l'attention* », NOURISSIER.

SURINFORMER, ▪ v. tr. [syʀɛ̃fɔʀme] (*sur-* et *informer*) Fournir un excès quantitatif d'information. *Monde surinformé. Surinformer au risque de masquer l'information principale.*

SURINTENDANCE, n. f. [syʀɛ̃tɑ̃dɑ̃s] (*surintendant*) Inspection générale au-dessus des autres. ◆ Charge de surintendant. ◆ Dans les maisons royales, demeure du surintendant des bâtiments.

SURINTENDANT, n. m. [syʀɛ̃tɑ̃dɑ̃] (moy. fr. *superintendant*, régisseur, du b. lat. *superintendere*, surveiller) Celui qui a une surintendance. *La charge de surintendant des bâtiments.* ◆ Particulièrement, *surintendant des finances* ou absol. *surintendant*, celui qui, sous l'ancienne monarchie, était administrateur en chef des finances du roi.

SURINTENDANTE, n. f. [syʀɛ̃tɑ̃dɑ̃t] (moy. fr. *superintendante*, fém. de *superintendant*) Femme d'un surintendant. ◆ Fig. « *J'en suis la surintendante [d'un jardin]* », J.-J. ROUSSEAU. ◆ Dame qui avait la première charge de la maison de la reine. ◆ Principale directrice des maisons d'éducation établies pour les filles des membres de la Légion d'honneur.

SURINTENSITÉ, ▪ n. f. [syʀɛ̃tɑ̃site] (*sur-* et *intensité*) **Électr.** Intensité qui excède la normale. *Surintensité d'un courant électrique.*

SURINVESTISSEMENT, ▪ n. m. [syʀɛ̃vɛstis(ə)mɑ̃] (*sur-* et *investissement*) **Écon.** Investissement trop important par rapport aux besoins réels. *Les* risques de surinvestissement d'un pays. ◆ Fait de trop s'investir. *Surinvestissement amoureux.*

SURIR, v. intr. [syʀiʀ] (2 *sur*) Se conjugue avec *être* ou *avoir*, suivant le sens. Devenir aigre. *Le bouillon a suri.*

SURJALER ou **SURJAULER**, ▪ v. tr. [syʀʒale] (*sur-* et *jouail*, jas de l'ancre) **Mar.** Lever l'ancre pour en dégager le jas. ◆ V. intr. Sortir du jas, en parlant de l'ancre. *Ancre surjalée.* « *Les tours fréquents que les variations du vent faisaient faire au vaisseau sur son ancre, nous donnaient lieu de craindre qu'elle ne surjaulât, et nous passâmes la nuit dans une appréhension continuelle* », BOUGAINVILLE.

SURJECTIF, IVE, ▪ adj. [syʀʒɛktif, iv] (*surjection*) **Alg.** *Application surjective*, application telle que tout élément de son ensemble d'arrivée possède au moins un élément de l'ensemble de départ.

SURJECTION, ▪ n. f. [syʀʒɛksjɔ̃] (*sur-* et *-jection* d'après *injection*) **Alg.** Application surjective. *Surjection d'une fonction.*

SURJET, n. m. [syʀʒɛ] (a. et moy. fr. *surjeter*, jeter par-dessus, de *sur-* et *jeter*) Couture employée pour réunir solidement deux lisières ou deux morceaux d'étoffe rempliés à fil droit ou en biais ; elle se fait en mordant en même temps avec l'aiguille un peu du bord des deux étoffes mises l'une sur l'autre. ◆ **Reliure** Sorte de coûture qu'on fait aux livres. ▪ **Chir.** Suture réalisée avec un seul fil. *Suture réalisée par un surjet sous la peau.*

SURJETÉ, ÉE, p. p. de surjeter. [syʀʒəte]

SURJETER, v. tr. [syʀʒəte] (*surjet*) Coudre en surjet.

SURJOUER, ▪ v. intr. [syʀʒwe] (*sur-* et *-jouer*) En parlant d'un acteur, jouer son rôle avec exagération. *Ce comédien en fait trop, il surjoue.* ◆ V. tr. *Surjouer un rôle. Une œuvre surjouée.*

SUR-LE-CHAMP, ▪ adv. [syʀləʃɑ̃] Voy. CHAMP.

SURLENDEMAIN, n. m. [syʀlɑ̃d(ə)mɛ̃] (*sur-* et *lendemain*) Jour qui suit le lendemain.

SURLIGNER, ▪ v. tr. [syʀliɲe] ou [syʀlinje] (*sur-* et *ligne*) **Rare** Tracer un trait au-dessus d'un caractère graphique. *Surligner ou souligner.* ▪ Recouvrir d'un trait des éléments d'un texte afin de les mettre en relief. *Surlignez tous les verbes de ce texte avec un surligneur jaune.*

SURLIGNEUR, ▪ n. m. [syʀliɲœʀ] ou [syʀlinjœʀ] (*surligner*) Stylo, le plus souvent de couleur fluorescente, qui permet de surligner des éléments qui paraissent importants. *Passer une phrase au surligneur. Une pochette de surligneurs.*

SURLIURE, ▪ n. f. [syʀliyʀ] (*sur-* et *liure*) **Mar.** Ligature faite au bout d'un cordage pour éviter qu'il ne s'effiloche. *Fil à surliure. Nœud de surliure.*

SURLONGE, n. f. [syʀlɔ̃ʒ] (*sur-* et 2 *longe*) **Bouch.** En parlant du bœuf, petite partie de l'échine entre le paleron et le talon du collier ; on y prend les aloyaux.

SURLOUER, ▪ v. tr. [syʀlwe] (*sur-* et 1 *louer*) Payer ou faire payer le loyer d'une location au-delà de sa valeur réelle. *Surlouer un appartement.*

SURLOYER, ▪ n. m. [syʀlwaje] (*sur-* et *loyer*) Somme supplémentaire versée par un locataire dont les revenus excèdent les plafonds de ressources fixés par la règlementation. *Certains locataires de HLM paient un surloyer.*

SURMÉDICALISER, ▪ v. tr. [syʀmedikalize] (*sur-* et *médicaliser*) Médicaliser de façon excessive. *Surmédicaliser un accouchement.* ▪ SURMÉDICALISATION, n. f. [syʀmedikalizasjɔ̃]

SURMENAGE, n. m. [syʀmənaʒ] (*surmener*) Action de surmener. ◆ Fait de se surmener. *Un surmenage intense et prolongé peut engendrer une dépression.*

SURMENÉ, ÉE, p. p. de surmener. [syʀməne]

SURMENER, v. tr. [syʀməne] (*sur-* et *mener*) Excéder de fatigue une bête de somme ou autre en la faisant aller trop vite ou trop longtemps. ◆ Se dit aussi des personnes. ▪ Se surmener, v. pr. *Elle se surmène depuis quelque temps.*

SURMESURE, n. f. [syʀməzyʀ] (*sur-* et *mesure*) Ce qui se trouve au-delà de la mesure exprimée dans les actes de vente.

SURMOI, ▪ n. m. [syʀmwa] (*sur-* et *moi*, d'après l'all. *überich*, de *über*, au-dessus, et *Ich*, moi) **Psych.** Élément de l'inconscient mis en lumière par Freud, agissant sur le moi et le défend de toute pulsion qui pourrait le faire culpabiliser. *Le ça, le moi et le surmoi.* « *La conception du « surmoi », qui, à partir de 1920, corrige la conception plus ancienne de la « censure », explique comment ont pu se transmettre ces prohibitions : les conduites parentales de nature répressive sont adoptées par l'inconscient en vertu d'un processus d'identification* », RICŒUR.

SURMONTABLE, adj. [syʀmɔ̃tabl] (*surmonter*) Qu'on peut surmonter.

SURMONTÉ, ÉE, p. p. de surmonter. [syʀmɔ̃te] ◆ **Hérald.** *Pièce surmontée*, pièce au-dessus de laquelle il y en a une autre qui la touche immédiatement.

SURMONTEMENT, n. m. [syʀmɔ̃t(ə)mɑ̃] (*surmonter*) ▷ Action de surmonter. ◁

SURMONTER, v. tr. [syʀmɔ̃te] (*sur-* et *monter*) Franchir en montant. « *Les lamas surmontent des rochers escarpés où les hommes mêmes ne peuvent les accompagner* », BUFFON. ♦ Monter au-dessus. *L'huile par sa légèreté surmonte l'eau.* ♦ Absol. *L'huile mêlée avec de l'eau surmonte toujours.* ♦ Être placé, s'élever au-dessus d'un autre objet. *Des vases surmontent les acrotères de cette balustrade.* ♦ Fig. Vaincre, dompter. *Surmonter les difficultés, les obstacles.* « *On ne surmonte le vice qu'en le fuyant* », FÉNELON. ♦ Dépasser, surpasser. « *Je ne trouve pas moins en petit une espèce d'infini qui m'étonne et qui me surmonte* », FÉNELON. ♦ L'emporter sur, avoir l'avantage sur. *Surmonter ses rivaux.* ♦ Absol. « *L'envie de surmonter* », MME DE SÉVIGNÉ. ♦ Accabler par surabondance. « *La sueur nous surmontait* », MME DE SÉVIGNÉ. ♦ Causer un sentiment d'angoisse. « *Ce trouble affreux qui vous surmonte* », MME DE GENLIS. ♦ Se surmonter, v. pr. Maîtriser ses penchants. ♦ V. tr. Parvenir à vaincre une violente émotion qui handicape. *Surmonter une angoisse, une phobie.*

SURMONTOIR, ▪ n. m. [syʀmɔ̃twaʀ] (*surmonter*) Élément de publicité qui surmonte un produit présenté en rayon, pour le mettre en valeur et attirer le client. *Les surmontoirs des têtes de gondole.*

SURMORTALITÉ, ▪ n. f. [syʀmɔʀtalite] (*sur-* et *mortalité*) Mortalité excessive par rapport à la normale. *Une canicule soudaine peut entraîner une surmortalité chez les personnes âgées.*

SURMOULAGE, n. m. [syʀmulaʒ] (*surmouler*) Moulage pris sur un moulage.

SURMOULE, n. m. [syʀmul] (*surmouler*) Moule fait sur une figure coulée.

SURMOULER, v. tr. [syʀmule] (*sur-* et *mouler*) Faire un moule sur une figure de plâtre coulé. ♦ N. m. *Un surmoulé,* un objet surmoulé.

SURMOÛT ou **SURMOUT**, n. m. [syʀmu] (*sur-* et *moût*) Vin tiré de la cuve sans avoir cuvé ni avoir été pressuré.

SURMULET, n. m. [syʀmylɛ] (*sur-* et *mulet*) Nom vulgaire et spécifique du *mullus surmuletus*, poisson de mer alimentaire.

SURMULOT, n. m. [syʀmylo] (*sur-* et *mulot*) Espèce de gros rat. ♦ *Le surmulot est appelé aussi rat gris ou rat d'égout.*

SURMULTIPLICATION, ▪ n. f. [syʀmyltiplikasjɔ̃] (*surmultiplié*) Fait de multiplier à l'excès. *La surmultiplication des informations.* ♦ Autom. Rapport d'une boîte de vitesse qui permet au moteur de tourner à une vitesse moindre tout en augmentatnt la vitesse du véhicule. *Surmultiplication et démultiplication.*

SURMULTIPLIÉ, ÉE, ▪ adj. [syʀmyltiplije] (*sur-* et *multiplié*) Autom. *Vitesse surmultipliée,* rapport de surmultiplication dans une boîte de vitesse. ♦ Fig. et fam. *Passer la surmultipliée,* utiliser des moyens draconiens.

SURNAGÉ, ÉE, p. p. de surnager. [syʀnaʒe]

SURNAGEANT, ANTE, adj. [syʀnaʒɑ̃, ɑ̃t] (*surnager*) Qui se tient au-dessus d'un liquide. *La liqueur surnageante.* ♦ Fig. Qui revient, surnage toujours.

SURNAGER, v. intr. [syʀnaʒe] (*sur-* et *nager*) Se soutenir sur la surface d'un liquide. ♦ Fig. « *Docile aux usages innocents, incorruptible aux mauvais exemples, il surnageait au torrent du monde* », MARMONTEL. ♦ Activ. « *À Gabian, le pétrole ne sort de sa source qu'avec beaucoup d'eau, qu'il surnage toujours ; car il est beaucoup plus léger* », BUFFON. ♦ Fig. Subsister, par opposition à ce qui se détruit, cesse d'exister. « *Soyez sûr qu'il viendra un temps où tout ce qui est écrit dans le style du siècle de Louis XIV surnagera* », VOLTAIRE.

SURNATURALISME, n. m. [syʀnatyʀalism] (*surnaturel*) Philos. Doctrine de ceux qui admettent des causes surnaturelles.

SURNATUREL, ELLE, adj. [syʀnatyʀɛl] (*sur-* et *naturel*, du moy. fr. *supernaturel*, du lat. chrét. *supernaturalis*) Qui est au-dessus de la nature. « *Que si les choses naturelles surpassent la raison, que dira-t-on des surnaturelles ?* », PASCAL. ♦ *Vérités surnaturelles,* celles que l'on ne connaît que par la foi. ♦ *Êtres surnaturels,* les esprits, les génies, les anges, les démons. ♦ **Par exagération** Extraordinaire, fort au-dessus du commun. « *Si c'est un aveuglement surnaturel de vivre sans chercher ce qu'on est, c'en est un terrible de vivre mal en croyant Dieu* », PASCAL. « *Ses yeux brillaient d'un feu surnaturel* », J.-J. ROUSSEAU. ♦ N. m. *Le surnaturel,* ce qui est au-dessus de la nature. *Croire au surnaturel.*

SURNATURELLEMENT, adv. [syʀnatyʀɛl(ə)mɑ̃] (*surnaturel*) D'une manière surnaturelle. *Cela ne peut se faire que surnaturellement.*

SURNOM, n. m. [syʀnɔ̃] (*sur-* et *nom*) Mot ajouté au nom propre d'un individu, et qui le distingue de ceux qui s'appellent comme lui : *Scipion l'Africain, Louis le Gros,* etc. ♦ Fig. *Je le connais par nom et surnom, je sais fort bien ce qu'il est.* ♦ Nom substitué au nom propre ou au prénom d'un individu. *Dans son groupe d'amis, Marie a pour surnom Cendrillon, et Bertrand est surnommé Boubiche.*

SURNOMBRE, n. m. [syʀnɔ̃bʀ] (*sur-* et *nombre*) Nombré en sus. *Cela est en surnombre.*

SURNOMMÉ, ÉE, p. p. de surnommer. [syʀnɔme]

SURNOMMER, v. tr. [syʀnɔme] (*surnom*) Donner un surnom.

SURNUMÉRAIRE, adj. [syʀnymeʀɛʀ] (moy. fr. *supernumeraire*, du b. lat. *supernumerarius*) Qui est en surnombre. *Employé surnuméraire.* ♦ N. m. et n. f. Personne qui est en surnombre. *On l'a reçu surnuméraire dans cette compagnie.* ♦ Commis qui travaille pendant un certain temps avant de recevoir des appointements.

SURNUMÉRARIAT, n. m. [syʀnymeʀaʀja] (*surnuméraire*) Temps pendant lequel on est employé comme surnuméraire.

SUROFFRE, ▪ n. f. [syʀɔfʀ] (*sur-* et *offre*) Offre plus importante que celle proposée précédemment. *Faire une suroffre.* ♦ Écon. Situation économique dans laquelle l'offre est supérieure à la demande. *Les conséquences d'une suroffre.*

SUROÎT ou **SUROIT**, ▪ n. m. [syʀwa] (forme région. [Ouest et Québec] de *sud-ouest*) Mar. Vent du Sud-Ouest. *Le suroît est annonciateur de ciel bleu et de réchauffement du temps.* ♦ Chapeau de pluie en toile cirée dont l'arrière est très long pour protéger le cou. *Les suroîts jaunes des marins bretons.* ♦ Vareuse de marin. *Un suroît duffle-coat pour femme.*

SUROS, n. m. [syʀo] (*sur-* et *os*) Tumeur osseuse qui se développe sur le canon du cheval ou du bœuf.

SUROXYDATION, n. f. [syʀɔksidasjɔ̃] (*suroxyder*) Opération chimique qui combine un corps à la plus grande quantité possible d'oxygène.

SUROXYDE, n. m. [syʀɔksid] (*sur-* et *oxyde*) Oxyde au maximum d'oxydation.

SUROXYDER, v. tr. [syʀɔkside] (*sur-* et *oxyder*) Faire passer à l'état de suroxyde.

SUROXYGÉNATION, n. f. [syʀɔksiʒenasjɔ̃] (*sur-* et *oxygénation*) Chim. Oxygénation au plus haut degré.

SUROXYGÉNÉ, ÉE, adj. [syʀɔksiʒene] (*sur-* et *oxygéné*) Chim. Qui est au plus haut degré d'oxydation.

SURPAIE, ▪ n. f. [syʀpɛ] Voy. SURPAYE.

SURPASSÉ, ÉE, p. p. de surpasser. [syʀpase]

SURPASSER, v. tr. [syʀpase] (*sur-* et *passer*) Être plus haut, plus élevé. *Cela surpasse la muraille de deux pieds. Il le surpasse de toute la tête.* ♦ Il se dit aussi d'autres dimensions. *Surpasser en grosseur.* ♦ Fig. Être au-dessus. « *La couronne de France est autant au-dessus des autres couronnes du monde que la dignité royale surpasse les fortunes particulières* », BOSSUET. ♦ Fig. Aller au-delà. *Surpasser l'espérance des siens.* « *Mon bonheur a passé mon espoir, comme mon malheur a surpassé toutes mes craintes* », VOLTAIRE. ♦ Fig. Être au-dessus de quelqu'un, l'emporter sur lui. « *Des maîtres capables de former des disciples dignes de les surpasser* », DUCLOS. ♦ Dépasser. *Cette dépense surpasse mes moyens.* « *L'étendue visible du monde nous surpasse visiblement* », PASCAL. ♦ Causer un grand étonnement. *Cet événement me surpasse.* ♦ Se surpasser, v. pr. Faire encore mieux qu'on ne fait d'ordinaire ou qu'on n'a fait précédemment. « *Racine s'est surpassé dans Esther* », MME DE SÉVIGNÉ.

SURPÂTURAGE, ▪ n. m. [syʀpatyʀaʒ] (*sur-* et *pâturage*) Consommation trop importante de l'herbe des pâturages par le bétail entraînant une dégradation irréversible. *Problèmes de surpâturages dus à la concentration des nomades.*

SURPAYE ou **SURPAIE**, n. f. [syʀpɛj, syʀpɛ] (*sur-* et *paye* ou *paie*) Action de surpayer. ♦ Gratification accordée au-dessus de la paye ordinaire.

SURPAYÉ, ÉE, p. p. de surpayer. [syʀpeje]

SURPAYER, v. tr. [syʀpeje] (*sur-* et *payer*) Payer au-delà de la juste valeur. *Surpayer une étoffe.* ♦ En parlant des personnes, leur payer plus qu'il n'est dû. *Je vous ai surpayé.*

SURPEAU, n. f. [syʀpo] (*sur-* et *peau*) Épiderme.

SURPÊCHE, ▪ n. f. [syʀpɛʃ] (*sur-* et *pêche*) Pêche pratiquée de manière excessive et sans veiller à la reproduction naturelle des espèces. *La surpêche augmente la vulnérabilité des écosystèmes.*

SURPEUPLÉ, ÉE, ▪ adj. [syʀpøple] (*sur-* et *peuplé*) Dont la population est excessive. *Un pays surpeuplé.* ♦ Qui compte un nombre d'habitants plus important que la capacité d'accueil. *Une prison surpeuplée.*

SURPEUPLEMENT, ▪ n. m. [syʀpœpləmɑ̃] (*sur-* et *peuplement*) Surpopulation d'une zone géographique. *Le surpeuplement des zones côtières.*

SURPIQÛRE ou **SURPIQUE**, ▪ n. f. [syʀpikyʀ] (*sur-* et *piqûre*) Couture décorative réalisée sur un vêtement. *Faire une surpiqûre sur les poches d'un jean.* ▪ SURPIQUER, v. tr. [syʀpike]

SURPLACE, ▪ n. m. [syʀplas] (1 *sur* et *place*) **Fig.** *Faire du surplace*, ne connaître aucune évolution. *En période de crise, la croissance fait du surplace.*

SURPLIS, n. m. [syʀpli] (lat. médiév. *superpellicium*, de super, par-dessus, et b. lat. *pellicia* [*vestis*], vêtement de peau, pelisse) Vêtement d'église fait de toile, qui, au lieu de manches, a des espèces d'ailes longues et plissées, et qui va à mi-jambes.

SURPLOMB, n. m. [syʀplɔ̃] (*surplomber*) État, défaut d'un objet qui n'est pas à plomb, dont le sommet avance plus que la base. ♦ *Ce mur est en surplomb, il penche.*

SURPLOMBANT, ANTE, ▪ adj. [syʀplɔ̃bɑ̃, ɑ̃t] (*surplomber*) Qui surplombe. *Rocher surplombant. Terrasse surplombante.*

SURPLOMBÉ, ÉE, p. p. de surplomber. [syʀplɔ̃be]

SURPLOMBEMENT, n. m. [syʀplɔ̃b(ə)mɑ̃] (*surplomber*) Action de surplomber.

SURPLOMBER, v. intr. [syʀplɔ̃be] (*sur-* et (*à*) *plomb*) Être hors de l'aplomb, être en surplomb. *Ce rocher surplombe.* ♦ **V. tr.** « *Une seule pièce de granit de quatre-vingts pieds de haut sur mille pas de front surplombe ce chemin* », BUFFON. ♦ Se situer au-dessus de, dominer. ♦ **V. tr.** *Les rochers surplombent la route. Du haut de son promontoire le château surplombe le village médiéval.*

SURPLUS, n. m. [syʀply] (*sur-* et *plus*) Ce qui est en plus, l'excédent d'une quantité. *Il envoie au marché le surplus de ce qu'il faut de légumes pour sa table. Vous me payerez le surplus.* ♦ Reste. « *Vous savez le surplus, Et je vous en ferais des récits superflus* », P. CORNEILLE. ♦ **AU SURPLUS**, loc. adv. Au reste, d'ailleurs. ♦ *Pour le surplus*, même sens. ▪ Excédent de l'offre par rapport à la demande ayant pour conséquence la baisse des cours. *Le surplus pétrolier conduit à imposer des réductions de production.* ▪ *Surplus américain* ou *surplus*, magasin qui vend des stocks de matériel militaire neuf ou d'occasion. *Acheter un treillis dans un surplus américain.*

SURPOIDS, n. m. [syʀpwa] (*sur-* et *poids*) Excédent de poids.

SURPOPULATION, ▪ n. f. [syʀpopylasjɔ̃] (*sur-* et *population*) Population trop importante pour un lieu. *Le Japon, menacé de surpopulation.*

SURPRENANT, ANTE, adj. [syʀpʀənɑ̃, ɑ̃t] (*surprendre*) Qui surprend, prend à l'improviste. « *Jésus-Christ vient, dit-il, comme un voleur, toujours surprenant et impénétrable dans ses démarches* », BOSSUET. ♦ Qui cause de la surprise. *Les effets surprenants du tonnerre. Cela n'est pas surprenant.*

SURPRENDRE, v. tr. [syʀpʀɑ̃dʀ] (*sur-* et *prendre*) Prendre, saisir une chose à l'improviste. ♦ S'emparer par une attaque inattendue. *Surprendre une ville.* ♦ **Fig.** « *Son âge, sa candeur ont surpris ma tendresse* », VOLTAIRE. ♦ Attaquer celui qui n'est pas sur ses gardes. ♦ Arriver auprès de quelqu'un sans être attendu. ♦ Saisir à l'improviste. *Je l'ai surpris à me dérober de l'argent.* « *Il surprit la nature sur le fait* », FONTENELLE. ♦ Il se dit des choses qui saisissent tout à coup, attendues ou non. « *La mort ne surprend point le sage ; Il est toujours prêt à partir* », LA FONTAINE. ♦ Il se dit particulièrement d'un mal qui arrive inopinément. *Il a été surpris d'une attaque de goutte.* ♦ Déconcerter, prendre par surprise. ♦ Induire en erreur, tromper. ♦ Il se dit des choses en un sens analogue. « *On peut des plus grands rois surprendre la justice* », RACINE. ♦ **Absol.** « *Les justes sont plus exposés à être surpris, parce qu'ils ignorent eux-mêmes l'art de surprendre* », MASSILLON. ♦ Obtenir frauduleusement, par artifice, d'une manière indue. *Il a surpris ma signature, mon consentement, etc.* ♦ *Surprendre des lettres*, les intercepter, les prendre furtivement. ♦ *Surprendre le secret de quelqu'un*, découvrir son secret par adresse ou par hasard. ♦ *Surprendre la confiance de quelqu'un*, la gagner par artifice. ♦ Il se dit de tout autre sentiment. « *On surprend ainsi la pitié des auditeurs* », FLÉCHIER. ♦ Il se dit des actions, des gestes qui échappent à quelqu'un, et qui font découvrir malgré lui ce qu'il pense, ce qu'il éprouve. « *N'ai-je pas même entre eux surpris quelque regard ?* », RACINE. ♦ Faire éprouver le sentiment de l'inattendu, étonner. « *Que faut-il que je croie D'un bruit qui me surprend et me comble de joie ?* », RACINE. ♦ **Absol.** « *La vie de tempête surprend, frappe et pénètre* », PASCAL. ♦ Faire une surprise. « *Il aime à surprendre agréablement* », MME DE SÉVIGNÉ. ♦ *Surprendre de quelque chose*, faire une surprise à l'aide de quelque chose. ♦ ▷ Saisir trop vivement, en parlant du feu. *Le feu a surpris cette viande.* ◁ ♦ Se surprendre à, v. pr. Manifester tout à coup, par un mouvement dont on n'est pas le maître, le sentiment sous l'empire duquel on se trouve. *Je me suis surpris à pleurer* ou *pleurant comme un enfant.* ♦ Se prendre l'un à l'autre sur le fait de quelque chose.

SURPRESSION, ▪ n. f. [syʀpʀesjɔ̃] (*sur-* et *pression*) Pression plus importante que la normale. *Surpression cérébrale, pulmonaire. Maintenir une surpression dans un vase clos.*

SURPRIME, ▪ n. f. [syʀpʀim] (*sur-* et *prime*) Prime qui permet d'élargir une police d'assurance en augmentant le nombre de risques couverts. *Les jeunes conducteurs doivent s'acquitter d'une surprime de 100 % du tarif de base.*

SURPRIS, ISE, p. p. de surprendre. [syʀpʀi, iz]

SURPRISE, n. f. [syʀpʀiz] (selon les sens, [action de surprendre] prob. *sur-* et *prise*, ou (chose qui surprend) p. p. fém. substantivé de *surprendre*) Action par laquelle on prend ou l'on est pris à l'improviste. *Des coups de surprise.* « *J'ai vu des gens vouloir, par des surprises, accoutumer les enfants à ne s'effrayer de rien la nuit ; cette méthode est très mauvaise* », J.-J. ROUSSEAU. ♦ Action par laquelle on attaque à l'improviste. ♦ Action inattendue par laquelle on induit ou est induit en erreur ou en faute. « *Ne tomber dans des fautes que par surprise ou par ignorance* », BOSSUET. ♦ Sentiment qu'on éprouve en face de l'inattendu, étonnement, trouble. ♦ *Surprise* ou *boîte à surprise*, petite boîte renfermant un ressort qui se détend lorsqu'on lève le couvercle et qui présente un objet inattendu. ♦ Cadeau, plaisir inattendu que l'on fait à quelqu'un. ▪ **PAR SURPRISE**, loc. adv. À l'improviste.

SURPRISE-PARTIE, ▪ n. f. [syʀpʀizpaʀti] (mot angl., de *surprise*, surprise, et *party*, réunion) **Vx** Soirée dansante. *Des surprises-parties.*

SURPRODUCTEUR, TRICE, ▪ adj. [syʀpʀodyktœʀ, tʀis] (*sur-* et *producteur*) **Écon.** Qui produit en trop grande quantité. *Les mauvaises habitudes d'un pays surproducteur d'électricité.*

SURPRODUCTION, ▪ n. f. [syʀpʀodyksjɔ̃] (*sur-* et *production*) **Écon.** État d'une production que l'on ne peut écouler, qui se traduit généralement par une baisse du prix de vente, et qui peut conduire à la destruction des stocks du produit. *Un marché en surproduction.*

SURPRODUIRE, ▪ v. intr. [syʀpʀodɥiʀ] (*surproduction*, d'après *produire*) Produire de manière excessive et bien au-delà de la demande. *Mesures qui incitent les producteurs à ne pas surproduire.*

SURPROTÉGER, ▪ v. tr. [syʀpʀoteʒe] (*sur-* et *protéger*) Témoigner une attention et un amour excessifs à quelqu'un. *Elle surprotège ses enfants.* ▪ **SURPROTECTION**, n. f. [syʀpʀoteksjɔ̃] ▪ **SURPROTECTEUR, TRICE**, adj. [syʀpʀotektœʀ, tʀis]

SURRÉALISME, ▪ n. m. [syʀʀealism] (*sur-* et *réalisme*) Mouvement intellectuel, littéraire et artistique du début du XXᵉ siècle, défini par André Breton en 1924, caractérisé par la suprématie des instincts et de la libération de l'inconscient sur toute considération logique. ▪ **Par extens.** Situation qui sort de l'ordinaire. *On nage en plein surréalisme.*

SURRÉALISTE, ▪ adj. [syʀʀealist] (*surréalisme*) Qui relève du surréalisme, qui en a les caractères. *Mouvement, poète surréaliste. Cinéma surréaliste.* ♦ **Par anal.** Qui sort de l'ordinaire. *Sa politique est totalement surréaliste !* ♦ N. m. et n. f. *Un, une surréaliste.*

SURRECTION, ▪ n. f. [syʀʀeksjɔ̃] (b. lat. *surrectio*, de *subrigere*, dresser, exhausser) **Géol.** Soulèvement lent et progressif d'une partie de la couche terrestre. *La surrection de la Cordillère des Andes.*

SURRÉEL, ELLE, ▪ adj. [syʀʀeel] (*sur-* et *réel*) Qui est au-delà du réel. *Les événements surréels d'un récit fantastique. Des images, des impressions surréelles.* ♦ N. m. *Le surréel dans la science-fiction.*

SURREMISE, ▪ n. f. [syʀʀəmiz] (*sur-* et *remise*) Réduction accordée à un libraire par une maison d'édition, en plus de la remise normale et en fonction du nombre d'exemplaires achetés. *Consentir une surremise de 1% du montant des commandes.*

SURRÉNAL, ALE, ▪ adj. [syʀʀenal] (*sur-* et *rénal*) **Anat.** Qui se situe au-dessus du rein. *Les vaisseaux surrénaux.* ▪ *Glandes surrénales* ou, n. f., *surrénales*, glandes associées par paires au-dessus du rein, à sécrétion interne, qui fournissent notamment l'adrénaline et plusieurs hormones corticoïdes.

SURRÉNALIEN, IENNE, ▪ adj. [syʀʀenaljɛ̃, jɛn] (*surrénal[es]*) Relatif aux glandes surrénales. *Tumeur surrénalienne.*

SURRÉNALITE, ▪ n. f. [syʀʀenalit] (*surrénal[es]* et *-ite*) **Méd.** Inflammation des glandes surrénales. *Surrénalite aiguë.*

SURRÉSERVATION, ▪ n. f. [syʀʀezɛʀvasjɔ̃] (*sur-* et *réservation*) Fait de proposer à la réservation plus de places qu'il n'y en a réellement. *Afin de pallier les annulations éventuelles, cette agence de voyages fait de la surréservation.*

SURSALAIRE, ▪ n. m. [syʀsalɛʀ] (*sur-* et *salaire*) Prime ajoutée à un salaire. *Les sursalaires sont soumis à l'impôt sur les revenus au même titre que les salaires.*

SURSATURATION, ▪ n. f. [syʀsatyʀasjɔ̃] (*sursaturer*) **Sc.** État d'une solution dans laquelle se dissout une quantité de matière supérieure à celle nécessaire, ce qui crée un équilibre artificiel. *Atteindre la limite de sursaturation.* ♦ **Fig.** *Sursaturation d'un réseau routier aux heures de pointe.*

SURSATURÉ, ÉE, ▪ adj. [syʀsatyʀe] (*sur-* et *saturé*) **Sc.** Qui contient une quantité de substance dissoute supérieure à la normale. *Un mélange sursaturé.* ♦ **Fig.** *Un réseau téléphonique sursaturé.*

SURSATURER, ■ v. tr. [syʀsatyʀe] (*sursaturé*) **Sc.** Dissoudre une quantité de substance plus importante que la normale dans une solution. *Sursaturer l'eau en oxygène.* ♦ Saturer au point d'empêcher le bon fonctionnement. *Sursaturer les prisons. Sursaturer un réseau routier.* ♦ Saturer au point de dégoûter. *Un public sursaturé de téléréalité.*

SURSAUT, n. m. [syʀso] (*sur-* et *saut*) Mouvement brusque, occasionné par quelque sensation subite et violente. ♦ *S'éveiller en sursaut*, être réveillé subitement par quelque grand bruit ou par quelque violente agitation. ■ **Fig.** Regain. *Un sursaut d'énergie.* ♦ **Astron.** Accroissement brusque et bref du rayonnement d'un astre. *Sursauts observés dans la voie lactée.*

SURSAUTER, ■ v. intr. [syʀsote] (*sursaut*) Tressaillir, avoir un mouvement brusque, un sursaut, sous l'effet d'une vive émotion. *Sursauter de frayeur.*

SURSÉANCE, n. f. [syʀseɑ̃s] (*surseoir*) ▷ Suspension, temps pendant lequel une affaire est sursise. « *Et jusques à demain je ferai surséance À l'exécution, monsieur, de l'ordonnance* », MOLIÈRE. ♦ *Lettres de surséance*, lettres qu'un débiteur obtenait du sceau, pour faire suspendre les poursuites de ses créanciers. ◁

SURSEMÉ, ÉE, p. p. de sursemer. [syʀsəme]

SURSEMER, v. tr. [syʀsəme] (*sur-* et *semer*) ▷ Semer dans une terre déjà ensemencée. ♦ **Fig.** « *Que le père de famille leur permette d'aller arracher l'ivraie que l'homme ennemi a sursemée dans ce champ divin* », MASSILLON. ◁

SURSEOIR ou **SURSOIR**, v. tr. [syʀswaʀ] (*sur-* et *seoir*, d'après le lat. *supersedere*, être assis sur, s'abstenir de) En parlant des affaires, suspendre, différer. « *Il demandait pour toute grâce qu'on sursît de quelques moments sa punition* », LA FONTAINE. ♦ **V. intr.** *Surseoir à des poursuites, au jugement d'une affaire, à une exécution, etc.*

SURSIS, ISE, p. p. de surseoir. [syʀsi, iz] ♦ **N. m.** En justice, délai. ♦ **Par extens.** « *Un sursis accordé à leurs souffrances* », DE SÉGUR. ■ *Sursis à l'exécution de la peine*, dispense provisoire ou définitive d'exécution d'une peine de prison accordée par un juge sous réserve que le condamné ne commette pas d'autre infraction.

SURSITAIRE, ■ n. m. et f. [syʀsiteʀ] (*sursis*, sur le modèle de *militaire*) Personne qui jouit d'un sursis. « *Depuis, et jusqu'à ce jour, à Hiroshima, où elle rencontre ce Japonais, elle traîne en elle, avec elle, le « vague à l'âme »; d'une sursitaire qui a une chance unique de décider de son destin* », DURAS.

SURSOLIDE, n. m. [syʀsolid] (*sur-* et *solide*) ▷ **Alg.** La quatrième puissance d'une grandeur, à laquelle on suppose une dimension de plus que le solide. ♦ **Adj.** *Problème sursolide*, problème qui ne peut être résolu que par des courbes plus élevées que les sections coniques. ◁

SURTARE, n. f. [syʀtaʀ] (*sur-* et *tare*) ▷ Double tare, tare en sus. ◁

SURTAUX, n. m. [syʀto] (*sur-* et *taux*) ▷ Imposition, taxe trop élevée. *Présenter, former une plainte en surtaux.* ◁

SURTAXE, n. f. [syʀtaks] (*sur-* et *taxe*) Taxe ajoutée à d'autres. *Payer la taxe et la surtaxe.* ♦ ▷ Taxe excessive, illégale. ◁ ♦ ▷ Taxe supplémentaire que le destinataire doit payer si l'envoi n'est pas affranchi ou s'il ne l'est pas suffisamment. *Surtaxe postale.* ♦ *Surtaxe progressive*, impôt personnel appliqué aux revenus.

SURTAXÉ, ÉE, p. p. de surtaxer. [syʀtakse]

SURTAXER, v. tr. [syʀtakse] (*surtaxe*) ▷ Taxer trop haut. ◁ ■ Faire payer une surtaxe. *Surtaxer des lettres.*

SURTENSION, ■ n. f. [syʀtɑ̃sjɔ̃] (*sur-* et *tension*) **Électr.** Tension anomalement élevée. *Le disjoncteur coupe automatiquement l'alimentation en cas de surtension.*

SURTITRE, ■ n. m. [syʀtitʀ] (*sur-* et *titre*) Titre placé au-dessus d'un titre d'article de journal. *Le surtitre appartient à la titraille.* ♦ Traduction d'un opéra qui s'affiche sur un écran placé au-dessus de la scène. *De certaines places, les surtitres ne sont pas visibles.*

SURTITRER, ■ v. tr. [syʀtitʀe] (*surtitre*) Donner la traduction en surtitre. *Surtitrer un opéra.* ■ SURTITRAGE, n. m. [syʀtitʀaʒ]

1 SURTOUT, adv. [syʀtu] (1 *sur* et *tout*) Principalement, plus que toute autre chose. *Elle mange surtout des légumes.* ■ Renforce un ordre, un souhait, un conseil. *Surtout, revenez vite!* ■ SURTOUT QUE, loc. conj. **Fam.** D'autant plus que. *J'ai faim ce soir, surtout que je n'ai mangé qu'un sandwich à midi.*

2 SURTOUT, n. m. [syʀtu] (*sur-* et *tout*) ▷ Sorte de vêtement que l'on met sur les autres habits. ◁ ♦ Grande pièce de vaisselle, ordinairement d'argent ou de cuivre doré, qu'on sert sur les grandes tables, et sur laquelle on place les salières, les sucriers, les poivrières et tout ce qui est d'usage dans le cours d'un repas ; on y met aussi des figures, des vases de fleurs, de fruits. ♦ ▷ Espèce de petite charrette fort légère, faite en forme de grande manne, et

qui sert à porter du bagage. ◁ ♦ ▷ Moule qui recouvre les autres moules du modèle d'une cloche et qui doit soutenir l'action du feu. ◁

SURVALEUR, n. f. [syʀvalœʀ] (*sur-* et *valeur*) Excès de valeur. *La survaleur des monnaies d'argent.*

SURVÉCUS (JE), SURVÉCUSSE (JE), [syʀveky, syʀvekys] Voy. SURVIVRE.

SURVEILLANCE, n. f. [syʀvejɑ̃s] (*surveiller*) Action de surveiller. *Exercer une surveillance active sur quelqu'un. Il a été mis sous la surveillance de la haute police.*

SURVEILLANT, ANTE, adj. [syʀvejɑ̃, ɑ̃t] (*surveiller*) Qui surveille. *Cet homme est trop surveillant.* ♦ **N. m. et f.** Celui, celle qui surveille. *Un bon surveillant.* ■ Personne chargée de la discipline dans un établissement scolaire. *Un surveillant d'internat.* ■ **Rem.** L'emploi adjectival est rare.

SURVEILLE, n. f. [syʀvej] (*sur-* et *veille*) ▷ Jour qui précède la veille. *La surveille de Noël.* ◁ ■ **Rem.** Auj., on emploie plus couramment *avant-veille*.

SURVEILLÉ, ÉE, p. p. de surveiller. [syʀveje]

SURVEILLER, v. intr. [syʀveje] (*sur-* et *veiller*) Veiller particulièrement et avec autorité sur quelque chose. *Un général d'armée doit surveiller à tout ce qui se passe.* ♦ **V. tr.** *Surveiller quelqu'un. Surveiller des travaux.* ■ Faire attention à. *Surveiller sa ligne, son taux de cholestérol. Surveille ton langage !*

SURVENANCE, n. f. [syʀvənɑ̃s] (*survenant*, p. prés. de *survenir*) ▷ Arrivée imprévue. ◁ ♦ **Jurispr.** Naissance inattendue d'un ayant droit. *Une donation est révoquée de droit par survenance d'enfants.*

SURVENANT, ANTE, adj. [syʀvənɑ̃, ɑ̃t] (*survenir*) ▷ Qui survient. *Les accidents survenants.* ♦ **N. m. et f.** Celui, celle qui survient. ◁

SURVENDRE, v. tr. [syʀvɑ̃dʀ] (*sur-* et *vendre*) Vendre trop cher. *Survendre sa marchandise.* ♦ **Absol.** *Vous avez tort de survendre.*

SURVENDU, UE, p. p. de survendre. [syʀvɑ̃dy]

SURVENIR, v. intr. [syʀvəniʀ] (*sur-* et *venir*, d'après le lat. *supervenire*, venir par-dessus, survenir) Se conjugue avec *être*. Venir en sus, en parlant de personnes. « *Le Saint-Esprit surviendra en vous* », SACI. ♦ Arriver inopinément. « *Un loup survient à jeun, qui cherchait aventure* », LA FONTAINE. ♦ **Impers.** *Il est survenu fort à propos un ami.* ♦ Il se dit des choses qui arrivent en surcroît. « *Les peuples ne demandent qu'à voir naître des oracles en tous lieux ; et puis l'ancienneté survient à tous ces oracles, qui leur fait tous les biens du monde* », FONTENELLE. ♦ Se produire, arriver à l'improviste. *Les accidents qui surviennent.* ♦ **Impers.** « *Souvent, pour m'achever, il survient une pluie* », BOILEAU.

SURVENTE, n. f. [syʀvɑ̃t] (*sur-* et *vente*) Vente à un prix beaucoup trop élevé.

SURVENU, UE, p. p. de survenir. [syʀvəny]

SURVENUE, n. f. [syʀvəny] (p. p. fém. substantivé de *survenir*) Action de survenir.

SURVÊTEMENT, ■ n. m. [syʀvɛt(ə)mɑ̃] (*sur-* et *vêtement*) Tenue vestimentaire molletonnée et confortable composée d'un pantalon et d'un sweater, que les sportifs enfilent par-dessus leur tenue de sport à la fin d'un entraînement. *Mettre un survêtement pour les cours de sports.* ♦ **Abrév. fam.** Survêt.

SURVIDÉ, ÉE, p. p. de survider. [syʀvide]

SURVIDER, v. tr. [syʀvide] (*sur-* et *vider*) ▷ Ôter une partie de ce qui est dans un vase, dans un sac trop plein. ◁

SURVIE, n. f. [syʀvi] (*sur-* et *vie*) État de celui qui survit à un autre. ♦ *Tables de survie*, tables qui donnent le nombre des survivants à chaque âge. ♦ **Jurispr.** *Gains de survie ou gains nuptiaux*, avantages qui se font entre époux en faveur de celui qui survivra. ♦ **Jurispr.** Circonstance qui fait que, dans un événement funeste à un certain nombre d'individus, tel ou tel n'a succombé ou n'est présumé avoir succombé qu'après tel autre. ♦ Fait de se maintenir en vie. *L'intervention chirurgicale lui apportera peut-être cinq ou six mois de survie. Un canot de survie.* ■ Existence après la mort. *La croyance en la survie de l'âme après la mort. La promesse d'une survie heureuse dans l'au-delà.*

SURVIRER, ■ v. intr. [syʀviʀe] (*sur-* et *virer*) Avoir le train arrière qui dérape vers l'extérieur d'un virage tandis que l'axe médian s'oriente vers l'intérieur du fait de l'impulsion du braquage. *Mettre des pneus neuf à l'arrière pour éviter de survirer. Coureur automobile qui aime survirer.* ■ SURVIRAGE, n. m. [syʀviʀaʒ]

SURVIREUR, EUSE, ■ adj. [syʀviʀœʀ, øz] (*survirer*) Qui peut effectuer des survirages. *Une Alpine survireuse.*

SURVITESSE, ■ n. f. [syʀvitɛs] (*sur-* et *vitesse*) Vitesse plus importante que la vitesse normale ou autorisée. *Alarme de survitesse.*

SURVITRAGE, ■ n. m. [syrvitraʒ] (*sur-* et *vitrage*) Habillage d'une fenêtre par apposition d'un second vitrage devant le vitrage d'origine, un espace étant ménagé entre les deux, afin d'améliorer l'isolation. *Poser du survitrage.*

SURVIVANCE, n. f. [syrvivɑ̃s] (*survivre*) Action de survivre. ◆ Existence après la mort. « *La survivance de l'âme des bêtes* », BONNET. ◆ Faculté de succéder à un homme dans son emploi, dans sa charge après sa mort. *Obtenir la survivance de sa charge pour son fils.* ■ Ce qui demeure d'un ancien état, d'une chose disparue. *La survivance des traditions.*

SURVIVANCIER, n. m. [syrvivɑ̃sje] (*survivance*) Celui qui a la survivance d'une charge.

SURVIVANT, ANTE, adj. [syrvivɑ̃, ɑ̃t] (*survivre*) Qui survit. *Les enfants survivants à deux ans, à trois ans.* ◆ N. m. et n. f. *Le survivant. La survivante. Le dernier survivant.* ■ Adj. Rescapé. *Soutien apporté aux personnes survivantes d'un naufrage.* ■ N. m. et f. *Les survivants d'une avalanche.*

SURVIVRE, v. intr. [syrvivr] (*sur-* et *vivre*, d'après le lat. impér. *supervivere*, de *super*, au-delà, et *vivere*, vivre) Demeurer en vie après quelque personne ou quelque chose. *Survivre à quelqu'un. Survivre à son malheur.* ◆ V. tr. Avec un nom de personne pour complément. « *Il a survécu tous ses enfants* », VAUGELAS. ◁ ◆ Fig. Vivre après la perte de quelque chose de précieux. *Survivre à sa gloire, à sa réputation, etc.* ◆ Fig. En parlant des choses, subsister après. « *Mais que ma cruauté survive à ma colère...? Non, seigneur* », RACINE. ◆ ▷ V. tr. « *Quoi! ta rage, dit-il, n'est donc pas assouvie, Et tes déloyautés ont survécu ta vie!* », ROTROU. ■ *Se survivre dans ses enfants, dans ses ouvrages,* laisser après soi des enfants, des ouvrages qui perpétuent le souvenir du nom qu'on portait. ◆ Conserver son autorité après sa mort. ◆ *Se survivre à lui-même, survivre à soi-même,* perdre avant la mort l'usage des facultés naturelles. ◆ Fig. Tomber dans l'oubli. ◆ Dans le XVIIᵉ et le XVIIIᵉ siècles, on disait encore au parfait défini : *je survécus* ; aujourd'hui, on ne dit plus que *je survécus.*

SURVOL, ■ n. m. [syrvɔl] (*survoler*) Vol au-dessus d'un endroit. *Survol de la région.* ■ Fig. Parcours très rapide d'une situation ou d'un sujet. *Un bref survol de la question nous a permis de prendre les premières mesures.*

SURVOLER, ■ v. tr. [syrvole] (*sur-* et *voler*, d'après le lat. impér. *supervolare*, de *super*, par-dessus, et *volare*, voler) Voler au-dessus d'un lieu. *Survoler la France.* ■ Être au-dessus des autres dans certaines situations. *Il a survolé la compétition.* ■ Fig. Parcourir rapidement. *Survoler un texte.*

SURVOLTAGE, ■ n. m. [syrvɔltaʒ] (*sur-* et *voltage*) Électr. Tension excessive. *Protection contre le survoltage et les courts-circuits.* ◆ Fam. État d'énervement très important. *Un certain survoltage régnait dans la classe.*

SURVOLTER, ■ v. tr. [syrvɔlte] (radic. de *survoltage*) Électr. Accroître anormalement la tension d'un système. *Survolter le ventilateur d'un ordinateur.* ◆ Fig. Accéder à un état de grande excitation. *Une foule survoltée.*

SURVOLTEUR, ■ n. m. [syrvɔltœr] (*survolter*) Électr. Appareil permettant d'élever la tension d'un courant. *L'utilisation d'un survolteur permet la transformation du courant continu en courant alternatif.*

SURVOLTEUR-DÉVOLTEUR, ■ n. m. [syrvɔltœrdevɔltœr] (*survolteur* et *dévolteur*) Électr. Dispositif permettant de modifier la tension d'un courant électrique, soit en l'augmentant, soit en la diminuant. *Des survolteurs-dévolteurs.*

SUS, adv. [sys] ou [sy] (lat. pop. *susum*, du lat. *sursum*, de dessous vers le haut) Dessus. *Courre sus à l'ennemi.* « *On peut me voler, me courir sus* », P.-L. COURIER. ◆ EN SUS, loc. adv. Au delà, en outre. *Quatre francs et le quart en sus font cinq francs.* ◆ EN SUS DE, loc. prép. *Il a touché des gratifications en sus de ses appointements.* ◆ ▷ Subst. *Un en sus,* ce qui est en sus. ◁ ◆ SUS !, interj. On l'emploie pour exhorter, exciter. « *Sus,* amis, brisons la porte, enfonçons la maison », P. CORNEILLE. ◆ On le joint, dans le style d'affaires, à plusieurs participes pour se référer à quelqu'un ou à quelque chose dont il a été question précédemment : *susénoncé, susindiqué, susmentionné, susrelaté, susvisé,* etc.

SUSCEPTIBILITÉ, n. f. [sysɛptibilite] (*susceptible*) Méd. Disposition à ressentir les influences, à contracter des maladies. ◆ Philos. Capacité de recevoir. *La susceptibilité des contraires.* ◆ Exaltation de la sensibilité physique et morale que l'on observe particulièrement dans les affections nerveuses. ◆ Disposition à se choquer trop aisément. *Blesser, ménager la susceptibilité de quelqu'un.*

SUSCEPTIBLE, adj. [sysɛptibl] (b. lat. *susceptibilis*, capable de recevoir, de *suscipere*, prendre par-dessous, assumer, subir) Qui peut recevoir certaines qualités, certaines modifications. « *Il y a un tour à donner à tout, même aux choses qui en paraissent les moins susceptibles* », MONTESQUIEU. « *Nous sommes susceptibles d'amitié, de justice, d'humanité* », VAUVENARGUES. ◆ *Ce passage, cette proposition est susceptible de plusieurs sens,* il est possible de lui donner plusieurs sens. ◆ *Marchandises susceptibles, non susceptibles,* marchandises

qui peuvent ou ne peuvent pas transmettre les maladies contagieuses. ◆ **Absol.** Facile à offenser. *Un esprit, un caractère susceptible.*

SUSCEPTION, n. f. [sysɛpsjɔ̃] (lat. *susceptio*, action de se charger de) ▷ Action de recevoir en soi. « *Le corps organisé se nourrit par les parties des aliments qui lui sont analogues ; il se développe par la susception intime des parties organiques qui lui conviennent* », BUFFON. ◁ ◆ Action de prendre les ordres sacrés. *La susception des ordres.* ◆ Il se dit aussi de deux fêtes de l'Église catholique. *La Susception de la sainte croix. La Susception de la sainte couronne.*

SUSCITATEUR, TRICE, n. m. et n. f. [sysitatœr, tris] (*susciter*) Celui, celle qui suscite. ◆ Adj. Qui suscite.

SUSCITATION, n. f. [sysitasjɔ̃] (lat. rhét. *suscitatio*, action de réveiller) Suggestion, instigation.

SUSCITÉ, ÉE, p. p. de susciter. [sysite]

SUSCITEMENT, n. m. [sysit(ə)mɑ̃] (*susciter*) ▷ Action de susciter. ◁

SUSCITER, v. tr. [sysite] (lat. *suscitare*, faire lever, éveiller) Faire naître, faire paraître dans un certain temps, en parlant des hommes extraordinaires que Dieu pousse. « *Ces hommes célèbres par leurs lumières que Dieu suscite dans les besoins de son Église* », MASSILLON. ◆ Il se dit des choses en un sens analogue. « *Le Dieu du ciel suscitera un royaume qui ne sera jamais détruit* », SACI. ■ En termes de l'Écriture, *susciter lignée à son frère,* faire revivre le nom de son frère mort sans postérité, en épousant sa veuve ; ce qui était d'usage chez les Juifs. ◆ En un sens défavorable, faire naître ce qui peut nuire, troubler, accabler. *Susciter à quelqu'un des ennemis, etc.* ◆ On dit à peu près dans le même sens : *Sa gloire, son mérite lui a suscité bien des envieux, etc.* ◆ Être la cause principale de, être à l'origine de. *Susciter un accident, une polémique.*

SUSCRIPTION, n. f. [syskripsjɔ̃] (b. lat. *superscriptio*, de *superscribere*, écrire par-dessus) Adresse écrite sur le pli extérieur d'une lettre. *Mettre la suscription à une lettre.* ◆ **Diplomat.** Formule qui termine un manuscrit.

SUSDIT, ITE, adj. [sysdi, it] (*sus-*, et *dit*) Dit ci-dessus. *La susdite maison.* ◆ N. m. et n. f. En parlant des personnes, *le susdit.*

SUS-DOMINANTE, n. f. [sysdominɑ̃, ɑ̃t] (*sus-*, et *dominante*) Mus. La sixième note du ton ; elle comprend trois degrés : *la sus-dominante mineure, majeure, augmentée.*

SUS-HÉPATIQUE, ■ adj. [sysepatik] (*sus-*, et *hépatique*) Anat. Situé au-dessus du foie. *Les veines sus-hépatiques.*

SUSHI, ■ n. m. [suʃi] (mot jap.) Spécialité culinaire d'origine japonaise à base de riz vinaigré, façonnée en bouchées recouvertes d'une tranche de poisson ou de coquillage cru, roulée dans une omelette fine ou dans une algue après avoir été farcie de divers ingrédients. *Une assiette de sushis.*

SUS-JACENT, ENTE, ■ adj. [sysʒasɑ̃, ɑ̃t] ((*sous-*)*jacent*, avec chang. de préfixe) Situé au-dessus de quelque chose.

SUSMENTIONNÉ, ÉE, ■ adj. [sysmɑ̃sjone] (*sus-*, et *mentionné*) Qui a été mentionné précédemment ou plus haut dans un texte. *Vous vous rapporterez aux références susmentionnées.*

SUSNOMMÉ, ÉE, adj. [sysnome] (*sus-*, et *nommé*) Qui est nommé ci-dessus, qui a été déjà nommé. *Le tuteur susnommé.*

SUSPECT, ECTE, adj. [syspɛ, ɛkt] (lat. *suspectus*) Qui est soupçonné ou qui mérite de l'être, en parlant des personnes. « *Quoi! vous suis-je suspect de quelque perfidie?* », P. CORNEILLE. « *Louis XI redoutait ses ennemis, et ses amis lui étaient suspects* », DUCLOS. ◆ *Un suspect, une suspecte,* une personne soupçonnée (en 1793). ◆ *Loi des suspects,* loi pour arrêter les personnes soupçonnées (en 1793). ◆ Il se dit des choses. « *Télémaque entendait ces louanges qui n'étaient point suspectes de flatterie* », FÉNELON. « *Tout m'est suspect* », RACINE. ◆ À quoi on peut se fier. « *Laissant de Galien la science suspecte* », BOILEAU. ◆ *Affaire suspecte,* affaire où il y a quelque méfait, quelque malversation, quelque déshonneur. ◆ *Lieu, pays suspect de contagion,* ou absol. *pays suspect,* lieu qu'on croit infecté d'une contagion. ◆ *Suspect de,* soupçonné de. « *Les Tories étaient suspects de sympathie jacobite* », LEFEBVRE. ◆ Soupçonné par la police comme étant l'auteur possible d'un délit ou d'un crime. *Interroger des témoins suspects.* ■ N. m. et n. f. *Un suspect, une suspecte. Dans cette affaire, il est le suspect n° 1.*

SUSPECTÉ, ÉE, p. p. de suspecter. [syspɛkte]

SUSPECTER, v. tr. [syspɛkte] (*suspect* ou lat. *suspectare*, regarder en haut, suspecter) Tenir pour suspect. *On l'avait suspecté d'hérésie. Suspecter la fidélité d'un domestique.*

SUSPENDRE, v. tr. [syspɑ̃dr] (lat. *suspendere*) Mettre, soutenir un corps en l'air de manière qu'il pende. « *On lui lia les pieds, on vous le suspendit* », LA FONTAINE. ◆ *On suspend un cheval,* c'est-à-dire on le soutient en l'air, dans certaines opérations. ◆ **Fig.** Interrompre, discontinuer, remettre. *Suspendre sa vengeance, le cours de ses victoires, etc.* ◆ *Suspendre son travail, des travaux,* les interrompre. ◆ *Suspendre ses paiements,* se dit d'une maison de commerce qui ne peut pas payer, momentanément au moins, ce qu'elle doit. ◆ *Suspendre son jugement,* attendre, pour porter un jugement, qu'on soit plus éclairé. ◆ Il se dit de la constitution, d'une loi qu'on interrompt pour un temps. ◆ Arrêter pour quelque temps. *Les troupes ont suspendu leur marche.* ◆ **Fig.** Interdire à quelqu'un l'exercice de ses fonctions, sans lui ôter le caractère dont il est revêtu. *On a suspendu le maire de cette commune. Suspendre un prêtre de ses fonctions.* ◆ ▷ Tenir en suspens, attentif. « *Cela suspendit les esprits* », LA FONTAINE. ◁ ◆ **Mus.** Faire une suspension. ◆ Se suspendre, v. pr. Se tenir suspendu. ◆ Être interrompu.

SUSPENDU, UE, p. p. de suspendre. [syspɑ̃dy] ◆ *Pont suspendu,* pont dont le tablier ne repose pas sur des arches. ◆ *Pas suspendus,* pas qui ne s'appliquent que très légèrement sur le sol. « *À pas tremblants et suspendus* », LA FONTAINE. ◆ *Phrase suspendue,* phrase dont le sens n'est pas achevé. ◆ **Mus.** Se dit d'un accord qui renferme une suspension. ◆ En suspens, hésitant, incertain. ◆ En suspens, attentif. « *Le peuple était comme suspendu d'admiration en l'écoutant* », SACI. ◆ À qui on a interdit l'exercice de ses fonctions. *Un magistrat suspendu.* ◆ *Voiture suspendue,* voiture pourvue de suspensions. *Le corps de cette voiture suspendue repose sur des ressorts.*

SUSPENS, adj. m. [syspɑ̃] (lat. *suspensus,* suspendu, incertain, indécis) Suspendu, en parlant d'un ecclésiastique. ◆ EN SUSPENS, loc. adv. Dans l'incertitude, sans savoir à quoi se déterminer. *Tenir les esprits en suspens.* « *Ils attendaient en suspens le jugement du sénat* », BOSSUET. ◆ *En suspens,* momentanément arrêté. « *Minerve a tenu tous vos défauts en suspens* », FÉNELON. ◆ *En suspens,* qui n'a pas reçu une décision. « *Et qu'on ne nous dise pas que ces promesses demeurent encore en suspens* », BOSSUET.

1 **SUSPENSE,** n. f. [syspɑ̃s] (fém. substantivé de *suspens*) Censure par laquelle un ecclésiastique est déclaré suspens. ◆ État d'un ecclésiastique suspens.

2 **SUSPENSE,** ▪ n. m. [syspɛns] (mot angl., incertitude) Moment où le spectateur, le lecteur sont tenus en haleine par l'action qui va suivre. *Un film à suspense.*

SUSPENSEUR, adj. m. [syspɑ̃sœr] (lat *suspensum,* supin de *suspendere,* tenir en l'air) **Anat.** Qui tient suspendu. *Ligaments suspenseurs.*

SUSPENSIF, IVE, adj. [syspɑ̃sif, iv] (lat *suspensum,* supin de *suspendere,* retenir) **Jurispr.** Qui suspend, qui empêche d'aller en avant, de continuer. *Une condition suspensive. L'appel est suspensif.* ◆ Dans le langage de la politique, *veto suspensif,* veto qui ajourne la promulgation d'une loi. ◆ **Gramm.** *Points suspensifs,* points mis à la suite les uns des autres, quand le sens est suspendu, inachevé. ▪ REM. On dit davantage *points de suspension.*

SUSPENSION, n. f. [syspɑ̃sjɔ̃] (b. lat. *suspensio,* interruption) Action de suspendre, état de ce qui est suspendu. *Le point de suspension d'une balance.* ◆ Manière de suspendre. *Une suspension de l'aiguille aimantée.* ◆ ▷ En médecine légale, *mort par suspension,* mort par la pendaison. ◁ ◆ Terme de vétérinaire. *La suspension d'un cheval* on veut empêcher de rester constamment couché, pendant certaines maladies. ◆ **Chim.** État d'une substance tenue dans un liquide sans se précipiter. ◆ *Support suspendu,* dans lequel on met une lampe, des fleurs. ◆ Cessation temporaire. *Suspension des poursuites, du paiement d'une rente, de la fièvre, etc.* ◆ **Dr. comm.** *Suspension de paiement,* cessation de paiement accidentelle et temporaire. ◆ *Suspension d'armes,* cessation momentanée des actes d'hostilité. ◆ État d'un homme en suspens, en incertitude. « *Les pyrrhoniens sont en suspension perpétuelle* », PASCAL. ◆ Action d'interdire un fonctionnaire de ses fonctions pour un temps. ◆ **Gramm.** Sens interrompu, inachevé. *La suspension se marque par une suite de points.* ◆ Figure de style qui consiste à tenir les auditeurs en suspens. ◆ **Mus.** Marche d'un accord dans lequel on soutient un ou plusieurs sons de l'accord précédent, avant de passer à ceux qui appartiennent à l'accord actuel. ◆ **Gramm.** *Points de suspension,* signe de ponctuation (...) qui indique que le sens est interrompu, inachevé. « *Si les points de suspension pouvaient parler, ils pourraient en dire des choses et des choses !* », P. DAC. ◆ Appareil d'éclairage que l'on suspend au plafond. *Acheter une suspension chez un marchand de luminaires. Préférer les appliques aux suspensions.* ◆ Ensemble des organes élastiques permettant d'amortir les chocs en absorbant les inégalités. *Des ressorts de suspension. Les suspensions d'une voiture. VTT à suspension avant.*

SUSPENSOIR, n. m. [syspɑ̃swar] (lat. *suspensorium,* ce qui est accroché ou ce qui sert à accrocher) ▷ Ce qui tient suspendu en l'air. ◁ **Chir.** Bandage destiné à soutenir des organes malades. ▪ REM. On écrivait aussi *suspensoire* autrefois.

SUSPENTE, ▪ n. f. [syspɑ̃t] (*suspendre,* d'après *pente*) **Mar.** Cordage utilisé pour maintenir une vergue en son milieu. *La suspente est fixée à la vergue par un collier de suspente.* ◆ Filin reliant un parachute au harnais dont s'équipe

un parachutiste. *Suspente centrale qui tire le sommet du parachute.* ◆ Câble qui relie un ballon à sa nacelle. *La suspente doit assurer une bonne stabilité à la nacelle.* ◆ Câble de téléphérique qui soutient les nacelles ou sièges. *Procéder à la vérification des suspentes de la station.* ◆ Élément d'un pont qui en soutient le tablier. *Un pont à trois points de suspente.* ◆ **Suisse** Cordon cousu en boucle d'un vêtement ou à l'extrémité d'un torchon et servant à le suspendre. *Un lot de trois torchons avec suspente.*

SUSPICIEUX, EUSE, ▪ adj. [syspisjø, øz] (lat. *suspiciosus*) Méfiant, soupçonneux. *Une attitude suspicieuse.*

SUSPICION, n. f. [syspisjɔ̃] (lat. *suspicio*) Soupçon, défiance (usité surtout en termes de jurisprudence).

SUSRELATÉ, ÉE, adj. [sysrəlate] (*sus-* et *relaté*) Qui est relaté plus haut. *L'acte susrelaté.*

SUSSEYEMENT, n. m. [sysɛj(ə)mɑ̃] (*susseyer*) ▷ Vice de prononciation, qui consiste à prononcer mal les *s,* c'est-à-dire à les prononcer en mettant la langue entre les dents. ◁

SUSSEYER, v. intr. [syseje] (formation à partir de *s,* sur le modèle de *zézayer*) ▷ Faire des susseyements ; être sujet au susseyement. ◁

SUSTENTATION, n. f. [systɑ̃tasjɔ̃] (lat. *sustentatio*) Action de soutenir. ◆ ▷ Action de sustenter, de donner des aliments ou des médicaments susceptibles de soutenir les forces d'une manière temporaire ou permanente, à la suite d'un accident et durant une convalescence. ◁ ▪ État d'équilibre d'un appareil. *La sustentation d'un hélicoptère.* ◆ **Phys.** *Polygone de sustentation,* polygone convexe qui relie ou contient l'ensemble des points d'appui par lequel un corps repose sur une surface.

SUSTENTÉ, ÉE, p. p. de sustenter. [systɑ̃te]

SUSTENTER, v. tr. [systɑ̃te] (*sustentare,* soutenir, conserver en bon état, alimenter) ▷ ◆ En parlant des personnes, entretenir la vie par le moyen des aliments. *Sustenter les pauvres.* « *Sustenter son corps* », LA FONTAINE. ◁ ◆ Se sustenter, v. pr. Se nourrir. *Il faut se sustenter.* ◁

SUSURRER, v. intr. [sysyre] (lat. *susurrare*) Murmurer doucement, parler tout bas. « *Qu'un soir je l'ai surpris aux genoux de ma maîtresse, chantant la mélopée d'une voix qui susurre, tandis qu'elle lui cherchait des poux dans la tonsure* », BRASSENS. ▪ V. tr. Chuchoter à l'oreille. *Susurrer des mots doux.* ▪ SUSURREMENT, n. m. [sysyr(ə)mɑ̃] ▪ SUSURRANT, ANTE, adj. [sysyrɑ̃, ɑ̃t]

SUSVISÉ, ÉE, ▪ adj. [sysvize] (*sus-* et *visé*) **Dr.** Visé ci-dessus. *L'autorisation susvisée.*

SUTRA, ▪ n. m. [sutʀa] Voy. SOUTRA.

SUTTEE ou **SUTTIE,** n. f. [syti] Voy. SATI.

SUTURE, n. f. [sytyʀ] (lat. *sutura,* couture, suture, de *suere,* coudre) **Chir.** Opération qui consiste à coudre les lèvres d'une plaie pour en obtenir la réunion. ◆ **Bot.** Nom donné aux lignes généralement peu saillantes qui indiquent les points où les ruptures doivent avoir lieu. ◆ **Anat.** Jointure de deux os du crâne ou de la face, réunis par des dentelures. ◆ **Fig.** Littérature, travail fait après une suppression et pour la dissimuler. *Faire une suture.*

SUTURÉ, ÉE, adj. [sytyʀe] (*suture*) Qui offre une suture, qui a la suture saillante ou colorée.

SUTURER, v. tr. [sytyʀe] (*suture*) **Chir.** Pratiquer une suture. *Suturer une plaie.*

SUZERAIN, AINE, adj. [syz(ə)ʀɛ̃, ɛn] (*sus,* sur le modèle de *souverain*) **Féod.** Qui possède un fief dont d'autres fiefs relèvent. *Un seigneur suzerain. Dame suzeraine.* ◆ *Seigneurie suzeraine,* dignité d'un fief ayant justice en propre. ◆ N. m. et f. *Le suzerain, la suzeraine.*

SUZERAINETÉ, n. f. [syz(ə)ʀɛn(ə)te] (*suzerain*) Qualité de suzerain.

SVASTIKA ou **SWASTIKA,** ▪ n. m. [svastika] (mot skr, de bon augure, de *svasti,* salut) Symbole religieux de l'hindouisme en forme de croix gammée. *Le svastika fut utilisé comme emblème par les nazis.*

SVELTE, adj. [svɛlt] (ital. *svelto,* élancé, du lat. *evellere,* arracher, déraciner) **Peint., sculpt.** et **archit.** Léger et dégagé. *Des édifices sveltes et légers.* « *Un dôme plus svelte que celui de Saint-Pierre* », VOLTAIRE. ◆ Il se dit des personnes et des animaux en un sens analogue. *Cette femme est svelte. Avoir la taille svelte.* ◆ Il se dit aussi des végétaux.

SVELTESSE, n. f. [svɛltɛs] (ital. *sveltezza*) Qualité de ce qui est svelte.

S.V.P., ▪ loc. adv. [ɛsvepe] (abrév. de *s'il vous plaît*) Abrév. fam. de *S'il vous plaît. Pourriez-vous attendre quelques instants, S.V.P. ?*

SWAHILI, IE ou **SOUAHÉLI, IE,** ▪ adj. [swaili, swaeli] (swahili *Swahili,* côte swahilie ou de l'ar. *sawahel,* habitant de la côte, Swahili) Du peuple swahili. ◆ N. m. et n. f. *Un Swahili, une Swahilie, un Souahéli, une Souahélie.* ◆ N. m. Langue bantoue parlée par les tribus swahilies en Afrique.

SWAP, ▪ n. m. [swap] (angl. *swap, swop,* échange) **Financ.** Crédit accordé réciproquement. ▪ REM. Recommandation officielle : *crédit croisé.*

SWASTIKA, ■ n. m. [svastika] Voy. SWASTIKA.

SWEATER, ■ n. m. [switœr] (mot angl., de *to sweat*, transpirer) Pull à manches longues en coton molletonné. *Je prends mon sweater, la soirée sera peut-être un peu fraîche pour rester en tee-shirt. Des sweaters.*

SWEAT-SHIRT ou **SWEATSHIRT**, ■ n. m. [switʃœrt] (mot angl. de *sweat*, transpiration, et *shirt*, chemise) Pull de sport à manches longues en coton molletonné, resserré aux poignets et à la taille. *Rester en sweat-shirt le week-end. Des sweat-shirts, des sweatshirts.* ■ **Abrév.** Sweat.

SWING, ■ n. m. [swiŋg] (mot angl., balancement, rythme entraînant, coup de côté) **Sp.** En boxe, coup de poing horizontal donné du bras fléchi par un mouvement de rotation du buste. *Porter des swings.* ♦ **Sp.** Au golf, balancement qu'exécute le joueur avec son club avant de frapper la balle. *La gestuelle du swing.* ■ Forme de jazz, apparue dans les années 1930 aux États-Unis, caractérisée par un rythme très enlevé. *Les improvisations de swing de Lester Young.* ■ Danse inspirée par cette musique. *Elle suit des cours de swing.*

SWINGUER, ■ v. intr. [swiŋge] (*swing*) Jouer avec swing, avoir du rythme. *Il swingue bien.* ♦ Danser le swing. *Ils ont swingué toute la nuit.*

SYBARITE, n. m. et n. f. [sibaʁit] (gr. *Subaritês*, de *Subaris*, cité de Grande Grèce, sur le golfe de Tarente, en Italie) Habitant de Sybaris. ♦ **Fig.** Personne qui mène une vie molle et voluptueuse. ♦ Adj. *Esprit sybarite.* ■ **REM.** On écrivait aussi *sibarite* autrefois.

SYBARITIQUE, adj. [sibaʁitik] (gr. *Subaritikos*) Qui appartient à un Sybarite.

SYBARITISME, n. m. [sibaʁitism] (*sybarite*) **Néolog.** Recherche extrême ; raffinement voluptueux. ■ **REM.** N'est plus un néolog.

SYCOMORE, n. m. [sikomɔʁ] (lat. *sycomorus*, gr. *sukomoros*, de *sukov*, figue, et *moron*, mûre) Nom vulgaire et spécifique du *figuier sycomore* (urticées). ♦ Nom donné vulgairement, mais à tort, à l'érable faux-platane. ♦ *Faux sycomore*, l'*azédarac*. ■ **REM.** On écrivait aussi *sicomore* autrefois.

SYCOPHANTE, n. m. [sikofɑ̃t] (lat. *sycophanta*, gr. *sukophantês*, prob. de *sukon*, figue, et *phainein*, faire voir, dénoncer [pour le vol de choses sans valeur]) Nom qu'on donnait dans Athènes aux dénonciateurs qui livraient aux passions de la foule les citoyens éminents et surtout ceux dont elle redoutait la raison ou la vertu. ♦ Aujourd'hui, fourbe, menteur, fripon, délateur, coquin.

SYCOSIS, ■ n. m. [sikozis] (gr. *sukôsis*, fic, tumeur) **Méd.** Inflammation des follicules pileux localisés au niveau de la moustache et de la barbe, et généralement provoquée par un staphylocoque. *Certains sycosis peuvent être fongiques*

SYÉNITE, n. f. [sjenit] (lat. impér. *syenitès*, gr. *suênitês*, de *Suênê*, aujourd'hui Assouan) Sorte de roche granitique, ainsi dite de *Syène*, en Égypte.

SYÉNITIQUE, adj. [sjenitik] (*syénite*) Qui contient de la syénite.

SYLLABAIRE, n. m. [silabɛʁ] (*syllabe*) Petit livre dans lequel les enfants apprennent à lire. ■ Alphabet dans lequel chaque signe représente une syllabe.

SYLLABATION, n. f. [silabasjɔ̃] (*syllabe*) Lecture des mots en les divisant par syllabes, par opposition à épellation.

SYLLABE, n. f. [silab] (lat. *syllaba*, gr. *sullabê*, de *sullambanein*, prendre ensemble) Son produit par une seule émission de voix, et qui se compose soit d'une voyelle seule, soit de voyelles et de consonnes. ♦ **Par extens.** Mot, parole. « *Il n'y a point d'âmes, fussent-elles de fer ou de bronze, qui puissent tenir contre les moindres syllabes de Jésus-Christ* », BALZAC. ♦ *Il ne dit pas une syllabe, il ne répondit pas une syllabe*, il ne dit absolument rien, il ne répondit absolument rien. ♦ *Je n'y changerai pas une syllabe*, je n'y changerai rien. ♦ **Versif.** Unité de prosodie du vers français. *Un vers de douze syllabes est un alexandrin* ♦ *Syllabe ouverte* ou *libre*, syllabe terminée par une voyelle. ♦ *Syllabe fermée* ou *entravée*, syllabe terminée par une consonne.

SYLLABER, v. tr. [silabe] (*syllabe*) Assembler les lettres par syllabes.

SYLLABIQUE, adj. [silabik] (lat. *syllabicus*, gr. *sullabikos*) Qui a rapport aux syllabes. ♦ *Écriture syllabique*, celle dans laquelle chaque syllabe est représentée par un seul caractère. ♦ *Vers syllabiques*, vers du genre des vers français, où le nombre des syllabes détermine seul la longueur des vers. ♦ **Gramm. grecq.** *Augment syllabique*, augment qui fait compter une syllabe de plus. ♦ **Mus.** *Chant syllabique*, chant dans lequel chaque note répond à une syllabe.

SYLLABIQUEMENT, adv. [silabik(ə)mɑ̃] (*syllabique*) Par syllabes, d'une manière syllabique.

SYLLABISATION, n. f. [silabizasjɔ̃] (*syllabiser*) Action de prononcer en décomposant par syllabes.

SYLLABISER, v. tr. [silabize] (*syllabe*) Ranger, diviser par syllabes.

SYLLABISME, n. m. [silabism] (*syllabe*) Système d'écriture dans lequel on représente par un seul signe la syllabe.

SYLLABUS, ■ n. m. [silabys] (lat. mod. *syllabus*, sommaire, liste) **Relig.** Ensemble de propositions et de questions édictées par l'autorité papale. *Promulgation d'un syllabus.* ♦ **Belg.** Trace écrite, imprimé d'un cours universitaire. *Syllabus qui porte sur un cours de chimie organique.*

SYLLEPSE, n. f. [silɛps] (b. lat. gramm. *syllepsis*, gr. *sullêpsis*, action de prendre ensemble) Figure de grammaire qui règle l'accord des mots, non d'après les règles grammaticales, mais d'après les vues particulières de l'esprit. Il y a une *syllepse* dans cette phrase-ci : *La plupart des hommes sont bien fous ;* parce que le verbe se rapporte à l'idée d'hommes et non au sujet. ♦ *Syllepse du nombre*, celle où les mots ne sont pas en rapport de nombre. On dit de même : *syllepse du genre*, syllepse de la personne. ♦ Figure par laquelle un mot est employé à la fois au propre et au figuré.

SYLLOGISME, n. m. [silɔʒism] (lat. impér. *syllogismus*, gr. *sullogismos*, calcul, raisonnement, syllogisme) **Log.** Argument composé de trois propositions telles que la conséquence est contenue dans une des deux premières, et l'autre fait voir qu'elle y est contenue ; ces trois propositions s'appellent la majeure, qui contient l'attribut de la conséquence ; la mineure, qui en contient le sujet ; et la conséquence ou conclusion.

SYLLOGISTIQUE, adj. [silɔʒistik] (lat. impér. *syllogisticus*, gr. *sullogistikos*) Qui appartient au syllogisme. *La forme syllogistique.* ♦ **N. f.** Théorie des syllogismes. *La syllogistique fait partie de la logique.*

SYLPHE, IDE, n. m. et n. f. [silf, id] (étym. inc.) Nom que les cabalistes donnaient aux prétendus génies élémentaires de l'air. ♦ Il se dit d'une jeune femme élancée et gracieuse. *C'est une sylphide.*

SYLVAIN, AINE, adj. [silvɛ̃, ɛn] (lat. *Silvanus*, de *silva*, *sylva*, forêt) Qui vit dans les forêts. ♦ **N. m.** Dieu des forêts, dans le polythéisme romain. ♦ **N. m.** *Les sylvains*, famille d'oiseaux. ♦ Espèce de papillon. ♦ Espèce de coléoptère.

SYLVANER, ■ n. m. [silvanɛʁ] (all. *Silvaner*) **Vitic.** Cépage blanc cultivé surtout en Allemagne, Autriche, Suisse et Alsace. *Le sylvaner couvre 1 780 ha en Alsace.* ♦ Vin élaboré à partir de ce cépage. *Servir une choucroute avec des sylvaners.*

SYLVE, ■ n. f. [silv] (lat. *silva*, *sylva*, forêt, grande quatité, matière abondante) **Poétiq.** Forêt très touffue. *Les profondeurs de la sylve.* « *Non pas le chaos verdoyant de la sylve originelle, mais une sévère et rigide société d'arbres, matriculée et regroupée par classes d'âge...* », GRACQ.

SYLVESTRE, adj. [silvɛstʁ] (lat. *silvestris*) Qui a le caractère de la forêt. ♦ Qui croît dans les bois, dans les lieux incultes. *Pin sylvestre.* ♦ **Bot.** Il sert de nom d'espèce et veut dire simplement sauvage. *La menthe sylvestre.* ■ **REM.** On écrivait aussi *silvestre* autrefois.

SYLVICOLE, adj. [silvikɔl] (lat. *silvicola*, de *colere*, habiter) **Zool.** Qui habite les forêts. ♦ Qui a rapport à la sylviculture. « *Le point de vue sylvicole* », CLAVÉ.

SYLVICULTEUR, TRICE, n. m. et n. f. [silvikyltœr, tʁis] (lat. *sylva*, forêt, et *-culteur*) Personne qui s'occupe de sylviculture.

SYLVICULTURE, n. f. [silvikyltyʁ] (lat. *sylva*, forêt, et *culture*) La culture des forêts. ♦ Partie de l'agriculture qui traite des soins à donner aux bois, aux forêts, de leur plantation, de leur exploitation, etc. ■ **REM.** On écrivait aussi *silviculture* autrefois.

SYLVIE, n. f. [silvi] (lat. *sylva*, forêt) Nom du genre fauvette (insectivores).

SYLVINITE, ■ n. f. [silvinit] (*sylvine*, var. de sylvite) **Agric.** Engrais potassique à base de chlorures de potassium et de sodium. *Exploitation, transformation et commercialisation de la sylvinite.*

SYLVITE, ■ n. f. [silvit] (*Sylvius*, nom lat. de l'anatomiste flam. François de la Boë ou Dubois, 1614-1672) **Minér.** Chlorure de potassium utilisé pour faire de la potasse. *La teneur en sylvite d'un engrais.*

SYMBIOSE, ■ n. f. [sɛ̃bjoz] (gr. *sumbiôsis*, vie en commun, de *sun*, ensemble, et *bios*, vie) **Biol.** Union plus ou moins longue entre plusieurs organismes et étant profitable à tous. *Dans un écosystème, les êtres vivent en symbiose.* ♦ **Fig.** Union de plusieurs choses. *Symbiose entre la publicité et les médias.* ■ **Fig.** Association, fusion harmonieuse entre un ou plusieurs groupes de personnes. *Ils travaillent en symbiose.* ■ SYMBIOTIQUE, adj. [sɛ̃bjɔtik]

SYMBIOTE, ■ n. m. [sɛ̃bjɔt] (gr. *subiôtês*, qui vit avec un autre) Chacun des éléments qui peut être associé à d'autres par symbiose.

SYMBOLE, n. m. [sɛ̃bɔl] (lat. impér. *symbolum*, gr. *sumbolon*, signe de reconnaissance, signe sensible, convention, de *sumballein*, rapprocher, comparer) « *On appelait symbole chez les Grecs les paroles, les signes auxquels les initiés aux mystères de Cérès, de Cybèle, de Mithra se reconnaissaient* », VOLTAIRE. ♦ Figure ou image employée comme signe d'une chose. « *La balance est le symbole de la justice* », MARMONTEL. ♦ Marque, figure qu'on voit sur les médailles, et qui sert à désigner soit des hommes ou des divinités, soit des contrées, des royaumes, des provinces, des villes. *La ville de Paris a pour symbole un vaisseau.* ◆ *Symboles sacrés* ou simplement *symboles,* les signes extérieurs des sacrements. ◆ Formulaire qui contient les principaux articles de la foi. *Le symbole des apôtres* ou absol. *le symbole,* celui qui fut établi par les apôtres, et qui commence par ces mots : *Je crois en Dieu le Père tout-puissant...* ◆ **Rhét.** Espèce de trope par lequel on substitue au nom d'une chose le nom d'un signe que l'usage a choisi pour la désigner. « *À la fin j'ai quitté la robe pour l'épée* », P. CORNEILLE. La robe, c'est-à-dire la magistrature ; l'épée, c'est-à-dire l'état militaire. ◆ *Symbole chimique,* nom donné par les chimistes aux lettres initiales par lesquelles ils désignent les corps élémentaires. *O et S sont les symboles de l'oxygène et du soufre.* ◆ Signe conventionnel qui constitue une théorie mathématique, une opération. *Symboles logiques.*

SYMBOLIQUE, adj. [sɛbolik] (b. lat. *symbolicus,* gr. *sumbolikos,* qui explique à l'aide d'un signe) Qui a le caractère de symbole. *Des représentations symboliques.* ◆ **Archit.** *Colonne symbolique,* colonne qui, par des attributs, désigne une nation ou quelque action mémorable. ◆ Qui se rapporte aux formulaires de foi. *Des actes symboliques.* ◆ **N.f.** *La symbolique,* ensemble des symboles propres à une religion, à un peuple, à une époque. ◆ Science qui expose ces symboles, qui cherche à en pénétrer le sens. ◆ Ouvrage qui traite de cette science. ◆ **Adj.** Qui n'a pas de valeur en soi, mais pour ce que cela représente. *Un geste symbolique.* ◆ **N.m.** Ce qui est propre aux symboles. *Le symbolique et l'utopisme.* ◆ **Psych.** Ensemble des phénomènes qui relèvent de la psychanalyse en tant qu'ils sont structurés de la même manière qu'un langage, et qui constituent l'un des trois registres de l'ordre de l'inconscient (le symbolique, l'imaginaire, le réel). *Le symbolique de Lacan.*

SYMBOLIQUEMENT, ◼ adv. [sɛbolik(ə)mɑ̃] (*symbolique*) De manière symbolique. *Il a payé symboliquement 1 euro.*

SYMBOLISATION, n.f. [sɛbolizasjɔ̃] (*symboliser*) Action de symboliser, de représenter par des symboles. ◆ Son résultat. *La forme du totem est la symbolisation d'un lien entre la terre et le ciel.*

SYMBOLISER, v. intr. [sɛbolize] (lat. médiév. *symbolizare,* s'accorder, correspondre) ▷ Parler par symboles. ◁ ◆ V. tr. Néolog. Représenter par un symbole. ◼ REM. N'est plus un néolog.

SYMBOLISME, n.m. [sɛbolism] (*symbole*) État de la pensée et de la langue dans lequel les dogmes ne sont exprimés que par des symboles. ◆ Manie de tout expliquer par des symboles. ◆ Mouvement littéraire et artistique français de la fin du XIXᵉ siècle, qui réagit contre le naturalisme et le Parnasse. *Le symbolisme de Mallarmé.* ◼ SYMBOLISTE, adj. et n.m. et n.f. [sɛbolist]

SYMÉTRIE, n.f. [simetʀi] (lat. impér. archit. *symmetria,* gr. *summetria,* juste proportion, symétrie, de *sun,* en commun, et *metron,* mesure) ▷ Rapport de grandeur et de figure que les parties d'un corps ont entre elles et avec le tout. ◁ ◆ Toute espèce d'arrangement suivant un certain ordre, une certaine proportion. *Des vases arrangés avec symétrie. La symétrie d'une plantation.* ◆ Ordre, disposition, économie d'un ouvrage d'esprit. *La symétrie d'un discours.* ◆ *Symétrie du style,* correspondance qu'ont entre eux les mots et les membres d'une phrase. ◆ **Géom.** État des figures qui sont symétriques. ◆ **Géom.** Correspondance de forme et de position de deux ou plusieurs éléments similaires disposés de part et d'autre axe, d'un point. *L'image d'un carré par symétrie est un carré.*

SYMÉTRIQUE, adj. [simetʀik] (*symétrie*) Qui a de la symétrie. *Arrangement symétrique. Phrases symétriques.* ◆ **Géom.** *Figures symétriques,* celles dont les éléments sont réciproquement égaux, mais inversement disposés, de sorte que la superposition en est impossible. ◆ En parlant des personnes, *un homme symétrique,* celui qui fait tout par compas et par mesure. ◆ Qui est similaire ou disposé dans l'espace ou le temps. *Les ailes symétriques d'un édifice.* ◆ *Fonction symétrique,* fonction qui reste inchangée lorsqu'on permute les variables. ◆ **N.m.** Tout élément (point, ligne, surface, etc.) qui est symétrique par rapport à un autre. *Le symétrique d'une figure par rapport à un axe.*

SYMÉTRIQUEMENT, adv. [simetʀik(ə)mɑ̃] (*symétrique*) Avec symétrie.

SYMÉTRISÉ, ÉE, p.p. de symétriser. [simetʀize] « *Vos beaux jardins, qui ne sont point symétrisés* », VOLTAIRE.

SYMÉTRISER, v. intr. [simetʀize] (*symétrie*) ▷ Être disposé symétriquement. Ces bâtiments symétrisaient. « *Les strophes symétrisaient avec les antistrophes* », BATTEUX. ◁ ◆ V. tr. Rendre symétrique.

SYMPA, ◼ adj. [sɛpa] (apocope de *sympathique*) Sympathique. *Elles sont sympas ces filles.*

SYMPATHECTOMIE, ◼ n.f. [sɛpatɛktomi] (*sympath[ique]* et *-ectomie*) **Méd.** Ablation chirurgicale des ganglions du système sympathique pour obtenir une dilatation permanente du lit vasculaire. *Traitement par sympathectomie endoscopique.*

SYMPATHIE, n.f. [sɛpati] (lat. impér. *sympathia,* gr. *sumpatheia,* compassion, communauté de sentiments, de *sun,* avec, ensemble, et *pathein,* être affecté) ▷ Physiologie, rapport existant entre deux ou plusieurs organes plus ou moins éloignés les uns des autres, et qui fait que l'un d'eux participe aux sensations perçues ou aux actions exécutées par l'autre. ◁ ◆ ▷ Influence morbide qu'un organe malade exerce sur certains autres qui ne sont pas directement atteints. ◁ ◆ Fig. « *Quand le chef souffre, tous les membres souffrent par sympathie* », BOURDALOUE. ◆ Penchant instinctif qui attire deux personnes l'une vers l'autre. ◆ **Philos.** La faculté que nous avons de participer aux peines et aux plaisirs des autres. ◆ Sorte de penchant supposé par les anciens entre différents corps ; aptitude à s'unir, à se pénétrer. ◆ *Poudre de sympathie,* poudre préparée avec du vitriol calciné au soleil, que l'on jetait sur le sang sorti d'une blessure, et que l'on prétendait guérir la personne blessée, quoiqu'elle fût éloignée. ◆ *Encre de sympathie* ou *encre sympathique,* encre sans couleur qui noircit lorsqu'on la soumet à un certain agent. ◆ Rapport, convenance que certaines choses ont entre elles. *Il y a une sympathie naturelle entre certains sons et les émotions de notre âme.* ◆ ▷ Peint. Propriété qu'ont certaines couleurs de plaire et de se faire mutuellement valoir, rapprochées ou mêlées ensemble. ◁

SYMPATHIQUE, adj. [sɛpatik] (*sympathie*) ▷ Physiologie, qui dépend de la sympathie. ◁ ◆ *Affections sympathiques d'un organe,* phénomènes morbides qui surviennent dans cet organe sans qu'aucune cause morbifique agisse directement sur lui, mais par la réaction d'un organe primitivement lésé. ◆ **Anat.** *Nerf grand sympathique,* ensemble du système nerveux ganglionnaire considéré comme ne formant qu'un double cordon nerveux situé dans l'intérieur des cavités splanchniques, l'un à droite, l'autre à gauche de la colonne vertébrale. ◆ Qui opère par sympathie. *Des emplâtres sympathiques.* ◆ *Encre sympathique,* Voy. SYMPATHIE. ◆ Qui appartient à la sympathie. *Qualités sympathiques.* ◆ Qui est de personnes qui éprouvent de la sympathie, ou qui se concilient la sympathie. *Cet homme est très sympathique.* ◆ Qui est agréable, qui plaît. *Une fête sympathique.* ◆ **Abrév. fam.** Sympa.

SYMPATHIQUEMENT, adv. [sɛpatik(ə)mɑ̃] (*sympathique*) Avec sympathie, d'une manière sympathique.

SYMPATHISANT, ANTE, adj. [sɛpatizɑ̃, ɑ̃t] (*sympathiser*) Qui a de la sympathie avec. *Des âmes sympathisantes.* ◆ Qui a de l'intérêt pour un parti, approuve sa politique et adopte ses idées, mais sans en être adhérent. ◆ N.m. et n.f. *Un sympathisant, une sympathisante.*

SYMPATHISER, v. intr. [sɛpatize] (*sympathie*) Avoir sympathie, convenance d'humeur. *Nous sympathisons l'un avec l'autre.* ◆ Avoir des rapports de convenance. « *La vertu ne sympathise pas tant avec la passion que fait le vice* », DESCARTES.

SYMPHONIE, n.f. [sɛfoni] (lat. *symphonia,* gr. *sumphônia,* accord de voix ou de sons, accord de sentiments, de *sun,* ensemble, et *phônê,* son, voix) Réunion de voix, ensemble de sons. ◆ Au XVIIᵉ siècle et dans le XVIIIᵉ siècle, musique exécutée par l'orchestre seul. *Les symphonies de Lulli.* ◆ Depuis la fin du XVIIIᵉ siècle, composition instrumentale pour orchestre renfermant trois ou quatre morceaux de mouvements et de caractères différents. *Les symphonies de Mozart.* ◆ Instruments de musique qui accompagnent les voix. *Musique vocale avec symphonie.* ◆ Les instruments à cordes dans un orchestre. ◆ Corps de symphonistes. ◼ **Fig.** Ensemble harmonieux. *Une symphonie de saveurs.*

SYMPHONIQUE, ◼ adj. [sɛfonik] (*symphonie*) Relatif à la symphonie. *Un orchestre symphonique.*

SYMPHONISTE, n.m. et n.f. [sɛfonist] (*symphonie*) Personne qui compose de la musique. ◆ Personne qui compose des symphonies. ◆ Personne qui fait sa partie dans une symphonie.

SYMPHORINE, ◼ n.f. [sɛfoʀin] (gr. *sumphoros,* qui accompagne) Bot. Arbuste décoratif à fleurs roses originaire d'Amérique du Nord. *La symphorine peut atteindre 2 mètres de haut.*

SYMPHYSE, n.f. [sɛfiz] (gr. *sumphusis,* cohésion, de *sun,* ensemble, et *phusis,* nature, manière d'être) **Anat.** En général, ensemble des moyens par lesquels sont assurés les rapports mutuels des os entre eux. ◆ Particulièrement, articulation immobile de deux os. ◆ **Méd.** Accolement anormal de deux parties d'un organe, en particulier les deux feuillets d'une séreuse. *Symphyse rénale.* ◼ SYMPHYSAIRE, adj. [sɛfizɛʀ]

SYMPOSIUM, ◼ n.m. [sɛpozjɔm] (mot lat., banquet, du gr. *sumposion, sun-,* ensemble, et rac. **pô/ pî-* de *pinein,* boire) Sous l'Antiquité, seconde partie d'un banquet, au cours de laquelle les invités échangeaient leur opinion sur un sujet tout en continuant à boire. *Le Banquet ou le symposium érotique de Platon.* ◼ Congrès, réunion de spécialistes qui discourent sur leur domaine de prédilection. *Un symposium de chirurgiens dentaires.*

SYMPTOMATIQUE, adj. [sɛptomatik] (gr. *sumptômatikos*) **Méd.** Qui est l'effet ou le symptôme de quelque autre affection. *Fièvre symptomatique.* ◆

Maladie symptomatique, celle qui n'est qu'un symptôme d'une autre affection, et qui, quand cette autre affection se termine, cesse elle-même aussitôt. ✦ Qui vise à supprimer un ou plusieurs symptômes. *Traitement symptomatique.* ▪ **Fig.** Qui laisse présager quelque chose, qui est caractéristique. *Des faits symptomatiques.* ▪ SYMPTOMATIQUEMENT, adv. [sɛ̃ptomatik(ə)mɑ̃]

SYMPTOMATOLOGIE, ▪ n. f. [sɛ̃ptomatoloʒi] (gr. *sumptôma,* génit. *sumptômatos* et *-logie*) Étude des symptômes associés aux maladies. *Un congrès de symptomatologie.* ✦ Ensemble des symptômes spécifiques à une maladie particulière. *La symptomatologie du cancer.* ▪ SYMPTOMATOLOGIQUE, adj. [sɛ̃ptomatoloʒik]

SYMPTÔME, n. m. [sɛ̃ptom] (gr. *sumptôma,* génit. *sumptômatos,* événement malheureux, symptôme) Phénomène insolite dans la constitution matérielle des organes ou dans les fonctions, qui se trouve lié à l'existence d'une maladie. *Les symptômes de la pleurésie.* ✦ **Par extens.** « *On voyait dans ses yeux et sur son front les symptômes de la douleur et de la colère* », VOLTAIRE. ✦ **Fig.** Indice, présage. *Il y a quelques symptômes d'agitation.*

SYNAGOGUE, n. f. [sinagɔg] (b. lat. *synagoga,* du gr. *sunagôgê,* réunion, gr. chrét. communauté juive) Assemblée des fidèles sous l'ancienne loi. ✦ ▷ *Enterrer la synagogue avec honneur,* s'est dit d'abord de la pratique des premiers chrétiens, qui vivaient à l'extérieur comme les autres Juifs. ◁ ✦ **Fig. et fam.** *Enterrer la synagogue avec honneur,* bien finir une chose. ◁ ✦ *La synagogue* se dit par opposition à l'Église chrétienne. ✦ Lieu où les Juifs s'assemblaient hors du temple pour faire des lectures, des prières. ✦ Lieu où présentement les Juifs s'assemblent pour l'exercice de leur religion.

SYNALÈPHE, n. f. [sinalɛf] (gr. *sunaloiphê,* fusion, gramm. synalèphe) **Gramm.** Réunion de deux syllabes en une seule soit par synérèse, soit par crase, soit par élision.

SYNALLAGMATIQUE, adj. [sinalagmatik] (gr. *sunallagma,* génit. *-matos,* relations, contrat) **Jurispr.** Il se dit des contrats qui contiennent obligation réciproque entre les parties.

SYNANTHÉRÉ, ÉE, adj. [sinɑ̃tere] (*syn-* et *anthère*) **Bot.** Dont les étamines sont soudées par les anthères. ✦ N. f. pl. Famille de plantes, syn. de composées. ✦ Au sing. *Une synanthérée.*

SYNAPSE, ▪ n. f. [sinaps] (gr. *sunapsis,* liaison, de *sunaptein,* nouer ensemble) **Biol.** Zone de contact entre les neurones, ou entre un neurone et une cellule, qui permet la connexion entre les neurones. *Symapses chimiques et synapses élécriques.* ▪ SYNAPTIQUE, adj. [sinaptik]

SYNARCHIE, ▪ n. f. [sinaʁʃi] (gr. *sunarkhia,* pouvoir commun) Gouvernement d'un État par un groupe de personnes. *La synarchie occultiste.*

SYNARTHROSE, n. f. [sinaʁtroz] (gr. *sunarthrôsis,* emboîtement, de *sun,* avec, et *arthron,* jointure, articulation) Articulation qui ne permet point le mouvement des os qu'elle unit.

SYNCELLE, n. m. [sɛ̃sɛl] (*syn-* et lat. *cella,* cellule) Nom, dans l'ancienne Église grecque, d'une sorte d'officier placé auprès des patriarches, des évêques, etc. pour avoir inspection sur leur conduite.

SYNCHONDROSE, n. f. [sɛ̃kɔ̃droz] (gr. *sugkhondrôsis,* de *sun,* avec, et *khondros,* cartilage) **Anat.** Union de deux os par un cartilage.

SYNCHROCYCLOTRON, ▪ n. m. [sɛ̃krosiklotrɔ̃] (*synchrone* et *cyclotron*) **Phys.** Accélérateur de particules chargées, comme les protons et les électrons dans le but de leur conférer une énergie cinétique élevée, ce qui permet d'extraire ces particules et de les envoyer vers des cibles. *Le principe du synchrocyclotron a été simultanément mis au point par deux physiciens au début des années 1950, Mac Millan et Veksler qui nommèrent leur découverte le phasotron. Depuis le début des années 1990, le synchrocyclotron est utilisé dans le traitement des malades atteints du cancer.*

SYNCHRONE, adj. [sɛ̃kron] (gr. *sugkhronos,* contemporain) Qui se fait dans le même temps, au même moment, à la différence d'isochrone qui signifie ayant une durée égale. ▪ **Fam.** *Être synchrone,* effectuer les mêmes gestes, agir dans le même temps.

SYNCHRONIE, ▪ n. f. [sɛ̃kroni] (*synchronique*) Simultanéité de deux ou plusieurs événements ou faits. ▪ **Spécialt Ling.** État du fonctionnement d'une langue à un moment donné. *La synchronie s'oppose à la diachronie : étudier l'usage présent d'un mot, c'est offrir une description en synchronie, mais l'étudier dans son évolution depuis son apparition dans la langue, c'est procéder à son étude en diachronie.*

SYNCHRONIQUE, adj. [sɛ̃kronik] (*synchrone*) Qui est du même temps. ✦ *Tableau synchronique,* tableau où sont rapprochés les événements arrivés en différents lieux à la même époque. ✦ Se dit des phénomènes qui s'accomplissent en même temps.

SYNCHRONIQUEMENT, ▪ adv. [sɛ̃kronik(ə)mɑ̃] (*synchronique*) De manière synchronique. *Traduire synchroniquement un discours.*

SYNCHRONISATION, ▪ n. f. [sɛ̃kronizasjɔ̃] (*synchroniser*) Action de synchroniser ; fait d'être synchronisé. *La synchronisation des tâches dans un planning.* ✦ Coordination entre les images et le son d'un film.

SYNCHRONISER, ▪ v. tr. [sɛ̃kronize] (*synchronique*) Concorder, rendre synchrone. *Synchronisons nos montres, nos énergies.* ✦ Faire concorder le son et les images dans un film. *Synchroniser le son et les images d'un film.*

SYNCHRONISEUR, ▪ n. m. [sɛ̃kronizœr] (*synchroniser*) **Techn.** Appareil permettant la mise en synchronie automatique de plusieurs alternateurs. *Un décodeur-synchroniseur.*

SYNCHRONISEUSE, ▪ n. f. [sɛ̃kronizøz] (*synchroniser*) **Cin.** Appareil utilisé pour effectuer la synchronisation, gérant les fonctions du montage par l'intermédiaire de références lui parvenant par un magnétoscope ou un générateur de synchronisation.

SYNCHRONISME, n. m. [sɛ̃kronism] (gr. *sugkhronismos,* événement du même temps) Rapport d'événements arrivés dans le même temps. ✦ Simultanéité de deux phénomènes.

SYNCHROTRON, ▪ n. m. [sɛ̃krotrɔ̃] (*synchro(ne)* et (*cyclo*)*tron*) **Phys.** Accélérateur d'électrons sur un parcours circulaire pourvu d'aimants, dirigeant les électrons sur l'orbite circulaire en atteignant pratiquement la vitesse de la lumière dans le but de produire un rayonnement électromagnétique qui, une fois canalisé, vient frapper la matière à explorer. *Le synchrotron est une source de lumière dont l'extrême puissance permet l'exploration des matières inertes ou vivantes. Ernest Lawrence, l'initiateur du synchrotron, obtint le prix Nobel en 1939 pour son cyclotron, premier accélérateur de particules.* ✦ *Rayonnement synchrotron,* rayonnement électromagnétique obtenu par le synchrotron qui couvre un grand spectre de longueurs d'ondes, des rayons X aux infrarouges, et qui possède une très forte intensité. *Les rayonnements synchrotrons sont principalement utilisés pour la microfabrication des micropièces mécaniques, des microengrenages, etc.*

SYNCHYSE, n. f. [sɛ̃kiz] (gr. *sugkhusis,* confusion, mélange, de *sun,* ensemble, et *khein,* verser) **Gramm.** Figure de construction ou plutôt vice de style par lequel, en détruisant l'ordre naturel des mots, on rend la phrase difficile à comprendre.

SYNCINÉSIE, ▪ n. f. [sɛ̃sinezi] (*syn-* et gr. *kinêsis,* mouvement,) **Méd.** Motilité persistante et involontaire d'un certain groupe de muscles consécutive au mouvement d'un autre groupe de muscles. *La syncinésie consiste, par exemple, pour une maman à ouvrir la bouche lorsqu'elle donne à manger à la cuillère à son bébé, ce qui pousse ce dernier à faire de même en imitant le geste de sa mère.*

SYNCITIUM, ▪ n. m. [sɛ̃sitjɔm] Voy. SYNCYTIUM.

SYNCLINAL, ALE, ▪ adj. [sɛ̃klinal] (mot angl., de *syn-* et gr. *klinein,* incliner) **Géol.** Dépression allongée formée par un pli dont les flancs s'inclinent de chaque côté en direction de la partie médiane. *Synclinal médian, à trois couches, perché. Des plans synclinaux.*

SYNCOPAL, ALE, ▪ adj. [sɛ̃kopal] (*syncope*) **Méd.** Relatif à une syncope ; qui produit une syncope. *Souffrir de malaises syncopaux à répétition.*

SYNCOPE, n. f. [sɛ̃kɔp] (b. lat. *syncopa,* gr. *sugkopê,* de *sugkoptein,* briser complètement) Diminution subite et momentanée de l'action du cœur, avec interruption de la respiration, des sensations et des mouvements volontaires. ✦ **Gramm.** Retranchement d'une lettre ou d'une syllabe au milieu d'un mot. *J'avoûrai pour j'avouerai est une syncope.* ✦ **Mus.** Liaison de la dernière note d'une mesure avec la première de la mesure suivante, pour en faire comme une seule note.

SYNCOPÉ, ÉE, p. p. de syncoper. [sɛ̃kope]

SYNCOPER, v. tr. [sɛ̃kope] (*syncope*) Faire une syncope sur un mot. ✦ *Syncoper une lettre,* la retrancher. ✦ V. intr. **Mus.** Faire une syncope. *Plusieurs notes syncopent dans cet air.* ✦ V. tr. **Fam.** Faire tomber dans la stupéfaction, dans une sorte de syncope. *Cette nouvelle m'a syncopé.*

SYNCRÉTIQUE, ▪ adj. [sɛ̃kretik] (*syncrétisme*) Résultant d'un ensemble perçu dans sa globalité. *Philosophie syncrétique.*

SYNCRÉTIQUEMENT, ▪ adv. [sɛ̃kretik(ə)mɑ̃] (*syncrétique*) D'une manière syncrétique. *Sous la VIᵉ dynastie égyptienne, Rê a acquis le statut de dieu créateur, les autres dieux créateurs se retrouvant syncrétiquement accolés à lui.*

SYNCRÉTISME, n. m. [sɛ̃kretism] (gr. *sugkrêtismos,* union des Crétois, qui avaient la réputation d'être menteurs et fourbes [cf. *krêtizein,* parler comme un Crétois, être un imposteur]) Système de philosophie grecque qui consistait à fondre ensemble les divers systèmes. ✦ Mode de philosopher qui a été transporté dans la médecine, et par lequel on réunit et mêle les vues et les doctrines différentes. ✦ Mélange d'opinions.

SYNCRÉTISTE, n. m. et n. f. [sɛ̃kretist] (*syncrétisme*) Partisan du syncrétisme.

SYNCYTIAL, ALE, ■ adj. [sɛsitjal] (*syncytium*) **Méd.** Relatif au syncytium. *Être atteint d'un virus respiratoire syncytial.*

SYNCYTIUM ou **SYNCITIUM**, ■ n. m. [sɛsitjɔm] (mot all., du gr. *sun*, ensemble, et *kutos*, cavité, cellule) **Biol.** Ensemble de cellules dont les cytoplasmes ont fusionné, ce qui lui confère la particularité de posséder plusieurs noyaux. *Les fibres musculaires se constituent de syncytiums.*

SYNDACTYLIE, ■ n. f. [sɛdaktili] (*syn-* et *-dactylie*) **Méd.** Malformation congénitale due à une insuffisance de segmentation de la palette primitive au cours de la vie in utero et se caractérisant par l'accolement des orteils ou des doigts entre eux. *La syndactylie est une des plus fréquentes anomalies congénitales des membres supérieurs.*

SYNDÉRÈSE, n. f. [sɛderɛz] (lat. médiév. *synderesis, syneresis*, gr. *suntêrêsis*, de *sutêrein*, conserver un secret) **Dévot.** Remords de conscience.

SYNDERME, ■ n. m. [sɛdɛrm] (*syn(thétique)* et gr. *derma*, peau écorchée) Matériau constitué de fibres de cuir agglomérées entre elles par du caoutchouc. *Le synderme est utilisé comme cuir synthétique à la place du skaï dans la fabrication de certains produits mais également pour réaliser des renforts et des talonnettes de chaussures.*

SYNDIC, n. m. [sɛdik] (lat. *syndicus*, avocat d'une ville, gr *sundikos*, qui assiste en justice, de *sun*, avec, et *dikê*, procès) Celui qui est élu pour prendre soin des intérêts d'un corps, d'une réunion de créanciers, etc. *Syndic des agents de change, d'une faillite, etc.* ♦ **Mar.** Employé chargé, dans chaque commune d'un quartier maritime, d'aider le sous-commissaire des classes. ♦ Premier magistrat de Genève. ♦ Mandataire choisi par les copropriétaires d'un immeuble pour administrer leur bien. *Les syndics de copropriété assurent l'exécution des décisions prises en assemblée générale et administrent l'immeuble au nom du syndicat.*

SYNDICAL, ALE, adj. [sɛdikal] (*syndic*) Qui appartient au syndicat. *Les fonctions syndicales. Chambre syndicale.* ■ Relatif au syndicalisme. *Des revendications syndicales.*

SYNDICALISATION, ■ n. f. [sɛdikalizasjɔ̃] (*syndicaliser*) Fait de syndicaliser ou de se syndicaliser ; résultat de cette action. *En France, la syndicalisation est un droit.*

SYNDICALISER, ■ v. tr. [sɛdikalize] (*syndical*) Faire entrer dans un syndicat. *Syndicaliser des salariés.* ♦ Organiser sous une forme syndicale. ♦ V. pr. Adhérer à un syndicat *Les employés de cette entreprise se sont syndicalisés afin d'être assez puissants pour pouvoir influer sur les décisions relatives à leurs conditions de travail.*

SYNDICALISME, ■ n. m. [sɛdikalism] (*syndical*) Mouvement qui a pour but de fédérer certaines catégories professionnelles, certaines classes sociales afin de défendre leurs intérêts. *Syndicalisme ouvrier.*

SYNDICALISTE, ■ n. m. et n. f. [sɛdikalist] (*syndical*) Personne adhérant à un syndicat. *Il est issu d'une famille de syndicalistes convaincus.* ♦ Adj. *Il a adhéré à une organisation syndicaliste.*

SYNDICAT, n. m. [sɛdika] (*syndic*) Fonction de syndic. ♦ Durée de la fonction de syndic. ♦ Réunion de capitalistes intéressés dans une même entreprise, et mettant en commun leurs titres pour en opérer la vente sans en altérer le prix. ♦ **Mar.** Sous-quartier administré par un syndic. ■ Groupement qui a pour but la protection d'intérêts professionnels communs. *Un syndicat ouvrier.* ♦ *Syndicat d'initiative*, organisme chargé de développer le tourisme d'une localité, d'une région.

SYNDICATAIRE, ■ n. m. et n. f. [sɛdikatɛr] (*syndicat*) Personne qui appartient à un syndicat de propriétaires ou à un syndicat financier. ♦ *Un syndicataire gérant*, représentant de la maison de placement choisie par les syndicataires. ♦ Adj. Relatif à ce type de syndicat. *Le procédé syndicataire présente l'avantage d'unir les intérêts des personnes tout en leur permettant de conserver leur liberté d'action en dehors de l'objet spécial pour lequel ils se sont constitués en syndicat.*

SYNDICATION, ■ n. f. [sɛdikasjɔ̃] (mot anglo-amér.) **Écon.** Vente de tout ou partie du contenu ou de la diffusion d'un programme à plusieurs diffuseurs. *La syndication a été érigée en système par la presse écrite américaine.* ♦ **Par extens. Inform.** Procédé consistant à mettre une partie du contenu de son site web à la disposition d'autres sites.

SYNDIQUÉ, ÉE, ■ n. m. et n. f. [sɛdike] (cf. m. fr. (Rabelais), à qui on demande des comptes) Personne qui a adhéré à un syndicat. *Le nombre de syndiqués est très important dans cette entreprise.* ♦ Adj. *Des travailleuses syndiquées.* ♦ Relatif à la syndication. *Le nombre de sites Internet syndiqués est en constante augmentation.*

SYNDIQUER, ■ v. tr. [sɛdike] (*syndic*) Organiser en syndicat. ♦ V. pr. Adhérer à un syndicat. *Il s'est syndiqué pour défendre ses intérêts et ceux de ses collègues.*

SYNDROME, ■ n. m. [sɛdrom] (gr. *sundromê*, réunion tumultueuse, afflux de sang dans une partie du corps, de *sun*, ensemble, et *dramein*, courir) Ensemble de symptômes dont la réunion constitue une affection ou maladie. *Syndrome Gilles de la Tourette. Syndrome d'Asperger.*

SYNECDOQUE, ■ n. f. [sinɛkdɔk] (gr. *sunekdokhê*, de *sun*, ensemble, à la fois, et *ekdekhesthai*, saisir par l'esprit, comprendre) Figure par laquelle on prend le genre pour l'espèce, ou l'espèce pour le genre, le tout pour la partie, ou la partie pour le tout. Exemple : une voile pour un navire ; les flots pour la mer. ■ **Rem.** On écrivait aussi *synecdoche* autrefois.

SYNÉCHIE, ■ n. f. [sineʃi] (gr. *sunekheia*, continuité, de *sunekhein*, se tenir ensemble) **Méd.** Accolement anormal de deux parois. *Opération chirurgicale pour une synéchie nasale, une synéchie glottique.* ♦ **Méd.** *Synéchie utérine*, union anormale des faces utérines qui peut se traduire par une aménorrhée ou par une diminution du volume des pertes menstruelles. *La synéchie utérine est le cas de synéchie le plus fréquent.*

SYNECTIQUE, ■ n. f. [sinɛktik] (gr. *sunektikos*, qui comprend en soi, de *sunekhein*, maintenir ensemble) Méthode de stimulation des différentes étapes de la création intellectuelle mise au point dans les années 1950 et utilisée depuis comme stratégie d'enseignement pour guider les élèves. *La synectique consiste, par exemple, à demander à l'élève de s'identifier émotionnellement à une voiture parmi d'autres, qui attend de se faire acheter, puis de réaliser un dessin de cette situation.* ♦ **Philos.** *Cause synectique*, cause externe déterminant l'homme à réagir et à prendre position en fonction de facteurs intrinsèques et étant à l'origine du fatalisme.

SYNÉRÈSE, n. f. [sinerɛz] (gr. *sunairesis*, resserrement, de *sunairein*, prendre ensemble, resserrer) **Gramm.** Sorte de métaplasme qui consiste en une contraction ; d'où résulte une diminution des syllabes que le mot devrait avoir ; exemple : diamant en deux syllabes. ♦ **Chim.** Transformation progressive des particules d'un gel se traduisant par l'expulsion de son liquide de constitution. *En fromagerie, la synérèse permet au caillé d'exsuder.*

SYNERGIDE, ■ n. f. [sinɛrʒid] (*syn-* et gr. *ergon*, travail) **Bot.** Cellule appartenant au sac embryonnaire, ne possédant qu'un seul génome et qui accompagne le gamète femelle, ce dernier devenant, chez les végétaux, l'œuf après sa fécondation. *En arrivant au niveau de l'ovule, le tube pollinique traverse une synergide et libère alors les deux noyaux spermatiques.*

SYNERGIE, ■ n. f. [sinɛrʒi] (gr. *sunergia*, coopération, de *sun*, ensemble, et *ergon*, travail) Association de plusieurs facteurs, coordination de plusieurs actions qui conduit à un résultat, à un effet unique. *Travailler en synergie.*

SYNERGIQUE, ■ adj. [sinɛrʒik] (*synergie*) Relatif à la synergie. *Une association synergique de médicaments pour lutter contre le cancer.* ♦ *La théorie synergique*, théorie visant à montrer la diversité des mutations génétiques, les différents paliers d'intervention de la sélection naturelle et la sélection de groupe, visant à compléter la théorie synthétique ou néodarwinienne élaborée dans les années 1940.

SYNERGISTE, ■ adj. [sinɛrʒist] (*synergie*) **Méd.** Se dit d'un muscle qui, pour pouvoir exécuter un mouvement, a besoin de s'associer avec un ou plusieurs autres. ♦ N. m. Muscle qui doit nécessairement s'associer à un autre muscle, dit *agoniste*, pour exécuter un mouvement précis. ■ N. m. et n. f. **Chim.** Produit que l'on associe à d'autres afin d'augmenter leur effet.

SYNESTHÉSIE, ■ n. f. [sinɛstezi] (gr. *sunaisthêsis*, perception simultanée de plusieurs choses) Mode de perception selon lequel, chez certains individus, des sensations correspondant à un sens évoquent spontanément des sensations liées à un autre sens. *La synesthésie peut, par exemple, survenir sous l'effet de certaines drogues ou dans la courte période précédant l'endormissement.*

SYNESTHÉSIQUE, ■ adj. [sinɛstezik] (*synesthésie*) Relatif à la synesthésie. *Visions synesthésiques consécutives à la prise de drogues.* « *La perception synesthésique est la règle, et, si nous ne nous en apercevons pas, c'est parce que le savoir scientifique déplace l'expérience et que nous avons désappris de voir, d'entendre et, en général, de sentir, pour déduire de notre organisation corporelle et du monde tel que le conçoit le physicien ce que nous devons voir, entendre et sentir* », Merleau-Ponty. ■ **Rem.** La dimension synesthésique a également été utilisée en peinture au XIXᵉ siècle.

SYNÉVROSE, n. f. [sinevroz] (altération de *synnévrose*) Fausse orthographe pour synnévrose.

SYNGÉNÉSIE, ■ n. f. [sɛ̃ʒenezi] (gr. *suggenêsis*, réunion, de *suggingesthai*, être ensemble) **Bot.** Classe du système de Linné, qui renferme les plantes dont les fleurs ont leurs étamines réunies par les anthères.

SYNGNATHE, ■ n. m. [sɛ̃gnat] (gr. *sun*, ensemble, et *gnathos*, mâchoire) **Zool.** Poisson de la famille des syngnathidés au corps serpentiforme constitué de 65 anneaux et rigide grâce à des plaquettes dermiques osseuses, de couleur grise, marquées par des bandes transversales brunes et qui peut atteindre, suivant les espèces, jusqu'à 50 cm. *Le syngnathe, également connu sous le nom d'anguille de mer, vit dans les herbiers côtiers de faible profondeur.*

SYNGNATHIDÉ, ■ n. m. [sɛ̃gnatide] (*syngnathe*) **Zool.** Espèce de poisson appartenant au sous-ordre des ostéichtyens dont le mâle porte les œufs après que la femelle les lui a déposés dans la poche incubatrice prévue à cet effet. *L'hippocampe est un syngnathidé.* ◆ N. m. pl. Sous-ordre de poisson. *Les syngnathidés doivent leur nom à leurs mâchoires soudées : pour se nourrir ils se servent de leur museau tubulaire comme d'une paille ou pipette lorsque la nourriture passe à proximité d'eux.*

SYNNÉVROSE, n. f. [sinevroz] (gr. *sunneurôsis*, de *sun*, ensemble, et *neuron*, nerf, fibre) **Anat.** Union de deux os par des ligaments.

SYNODAL, ALE, adj. [sinodal] (lat. *synodalis*) Qui appartient au synode. *Des règlements synodaux. La salle synodale.*

SYNODALEMENT, adv. [sinodal(ə)mã] (*synodal*) En synode. *Les curés synodalement assemblés.*

SYNODE, n. m. [sinɔd] (lat. *synodus*, collège de prêtres, du gr. *sunodos*, réunion, de *sun*, avec, et *odos*, route, marche) Assemblée des curés et des autres ecclésiastiques d'un diocèse, laquelle se fait par le mandement de l'évêque ou d'un autre supérieur. ◆ Chez les protestants, assemblée de ministres et d'anciens pour les affaires de l'Église. *Synodes nationaux. Synodes provinciaux.*

1 SYNODIQUE, adj. [sinodik] (lat. ecclés. *synodicus*, gr. ecclés. *sunodikos*, qui concerne le synode) *Lettres synodiques*, lettres écrites au nom des conciles aux évêques absents. ◆ N. m. Le recueil des décisions des synodes.

2 SYNODIQUE, adj. [sinodik] (b. lat. *synodicus*, qui arrive en même temps, gr. *sunodikos*, qui concerne la conjonction des astres) **Astron.** *Révolution synodique de la Lune ou mois synodique*, temps employé par la Lune pour revenir occuper une même position par rapport au Soleil et à la Terre ; c'est le temps qui s'écoule entre deux nouvelles lunes consécutives.

SYNODIQUEMENT, adv. [sinodik(ə)mã] (1 *synodique*) Synonyme de synodalement.

SYNONYME, adj. [sinonim] (lat. impér. *synonymon*, gr. *sunônumos*, de *sun*, ensemble, et *onoma*, nom) Il se dit d'un mot qui a, à très peu près, le même sens qu'un autre, comme péril et danger, etc. ◆ **Fig.** Il se dit de ce qui est une seule et même chose. « *Chez plusieurs savant et pédant sont synonymes* », La Bruyère. ◆ N. m. Mot synonyme. ◆ Au pl. Titre de certains ouvrages, en forme de dictionnaire, dans lesquels la différence des mots synonymes est expliquée.

SYNONYMIE, n. f. [sinonimi] (gr. *sunônumia*) Qualité des mots synonymes. *La synonymie des mots mort et trépas.* ◆ Figure de rhétorique qui exprime la même chose par des mots synonymes. ◆ **Hist. nat.** Concordance de divers noms qui ont été donnés à un même animal, à une même plante.

SYNONYMIQUE, adj. [sinonimik] (*synonymie*) Qui appartient à la synonymie. Les discussions synonymiques. ◆ Qui appartient au synonyme. *Expressions synonymiques.* ◆ N. f. *La synonymique,* Art ou science des synonymes.

SYNONYMIQUEMENT, adv. [sinonimik(ə)mã] (*synonymique*) D'une manière synonymique.

SYNONYMISTE, n. m. [sinonimist] (*synonymie*) Grammairien qui recherche, qui explique les synonymes, qui s'occupe de synonymie.

SYNOPSE, ■ n. f. [sinɔps] (spécialisation sémantique [exégèse biblique] du b. lat. *synopsis*, plan, inventaire, gr. *sunopsis*, vue d'ensemble) **Relig.** Ouvrage reproduisant en trois colonnes parallèles les textes, en grec ou en français, des trois premiers évangiles de Mathieu, Marc et Luc afin de pouvoir en faire une lecture contrastive en confrontant leurs ressemblances et leurs différences.

SYNOPSIE, ■ n. f. [sinɔpsi] (*syn-* et *opsie*) Cas le plus fréquent de la synesthésie, consistant en la perception d'un son qui produit chez un individu des phénomènes de vision colorée. *Dans son poème* Voyelles*, Rimbaud paraît faire allusion à la synopsie : « A noir, E blanc, I rouge, U vert et O bleu, etc. ».*

SYNOPSIS, ■ n. f. [sinɔpsis] (mot lat., du gr. *sunopsis*, vue d'ensemble) Aperçu général d'une science, d'une œuvre ou d'une question. ■ N. m. Résumé, bref récit qui constitue la trame d'un scénario. *Lire le synopsis d'un film avant d'aller le voir au cinéma.*

1 SYNOPTIQUE, adj. [sinɔptik] (gr. *sunoptikos*) Qui permet d'embrasser d'un coup d'œil les parties d'un ensemble. *Tableau synoptique.* ◆ *Évangiles synoptiques,* celui de saint Matthieu, celui de saint Marc et celui de saint

Luc, ainsi nommés parce qu'ils concordent entre eux et dans leurs dispositions principales, par opposition à l'Évangile de saint Jean, dont le plan est différent. ◆ N. m. *Les synoptiques,* en parlant de ces trois Évangiles.

2 SYNOPTIQUE, ■ adj. [sinɔptik] (gr. *sunoptikos*) Relatif à un synopsis. *Une fiche synoptique, un tableau synoptique, un résumé synoptique.*

SYNOQUE, adj. f. [sinɔk] (gr. *sunokhos*, continu, de *sunekhein*, tenir ensemble) *Fièvre synoque* ou n. f. *la synoque*, fièvre continue qui dure un certain temps sans intermission et même sans rémission marquée.

SYNOSTOSE, ■ n. f. [sinɔstoz] (*syn-* et gr. *osteon*, os) **Anat.** Soudure congénitale ou acquise de deux pièces osseuses normalement disjointes. *La synostose du tarse conduit par exemple à la formation de pieds bots.*

SYNOVECTOMIE, ■ n. f. [sinovɛktomi] ([*membrane*] *synov*[*iale*] et -*ectomie*) **Chir.** Ablation chirurgicale de la membrane synoviale d'une articulation. *La synovectomie du poignet permet à moyen terme au patient de récupérer la mobilité de son poignet, fait disparaître les douleurs et prévient les risques de déformations.*

SYNOVIAL, ALE, adj. [sinovjal] (*synovie*) **Anat.** Qui a rapport à la synovie. *Les sacs synoviaux. Membranes synoviales.*

SYNOVIE, n. f. [sinovi] (lat. sav. *synovia* [XVIᵉ s., Paracelse], prob. arbitraire) Humeur exhalée par les membranes synoviales qui tapissent la surface des cavités articulaires. ◆ **Méd.** *Épanchement de synovie,* Augmentation anormale du liquide synovial dans les articulations qui intervient pour éliminer les débris de cartilage, nombreux lorsque le patient souffre d'arthrose. *L'épanchement de synovie est une inflammation fréquente de l'articulation qui peut intervenir en cas d'arthose, de chute ou de choc violent.*

SYNOVIORTHÈSE, ■ n. f. [sinovjɔrtɛz] (*synovie* et gr. *orthos*, juste) **Méd.** Injection d'un produit dans l'articulation afin de dissoudre l'excès de liquide synovial sans abîmer le cartilage et les ligaments. *Après trois jours d'immobilisation consécutifs à la synoviorthèse, l'amélioration est immédiate et l'articulation peut redevenir normale.*

SYNOVITE, n. f. [sinovit] (*synovie* et -*ite*) **Méd.** Inflammation des membranes synoviales.

SYNTACTICIEN, IENNE, ■ n. m. et f. [sɛ̃taktisjɛ̃, jɛn] (*syntactique*) Linguiste spécialisé dans la syntaxe. ■ Adj. *Une perspective syntacticienne.*

SYNTAGMATIQUE, ■ adj. [sɛ̃tagmatik] (*syntagme*, d'après le gr. *suntagma*, -*matos*) Relatif à un syntagme. *Une analyse syntagmatique.* ◆ **Ling.** *Axe syntagmatique,* axe horizontal sur lequel s'opère la combinaison des termes dans l'enchaînement de l'énoncé. *L'axe syntagmatique forme avec l'axe paradigmatique, ou axe des substitutions, l'ensemble des combinaisons que l'on peut rencontrer lorsque l'on forme un énoncé.* ◆ **Littér.** *Amalgame syntagmatique,* figure de style consistant à exprimer plusieurs syntagmes ou assertions en un seul mot phonétique, en ayant recours si besoin est à des juxtapositions ou des élisions. *« Esketumème ? » pour « est-ce que tu m'aimes » est un amalgame syntagmatique.*

SYNTAGME, ■ n. m. [sɛ̃tagm] (gr. *suntagma*, chose rangée avec une autre, de *suntassein*, ranger ensemble) À l'époque antique, division de la phalange, corps de soldats rangés dans un ordre très compact. ■ **Ling.** Groupe de mots qui forment une unité sémantique et fonctionnelle. *Au fur et à mesure est un syntagme figé.*

SYNTAXE, n. f. [sɛ̃taks] (b. lat. gramm. *syntaxis*, arrangement des mots, du gr. *suntaxis*, mise en ordre, de *suntassein*, ranger ensemble) **Gramm.** Manière de joindre ensemble les mots d'une phrase et les phrases entre elles. ◆ Partie de la grammaire qui traite de l'arrangement des mots, de la construction des propositions, des rapports logiques des phrases entre elles, et des lois générales et particulières qu'on doit observer pour rendre son langage et son style corrects. ◆ Livre où sont exposées ces règles.

SYNTAXIQUE, adj. [sɛ̃taksik] (*syntaxe*) Qui appartient à la syntaxe. *Analyse syntaxique. Ordre syntaxique.*

SYNTHÉ, ■ n. m. [sɛ̃te] (apocope de *synthétiseur*) **Fam.** Abréviation de *synthétiseur.* Voy. ce mot.

SYNTHÈSE, n. f. [sɛ̃tɛz] (gr. *sunthesis*, de *suntithenai*, mettre ensemble, mettre en ordre, rapprocher par l'esprit) Proprement, composition. ◆ **Chim.** Opération par laquelle on réunit des corps simples pour former des composés, ou des corps composés en un former d'autres d'une composition plus complexe. ◆ Action de recomposer un corps avec ses éléments séparés par l'analyse. ◆ **Pharm.** Composition des remèdes. ◆ **Chir.** Réunion de parties divisées. ◆ Tableau présentant l'ensemble d'une science ; livre qui explique toutes les parties de la science suivant cet ordre. ◆ **Log.** Procédé logique qui, opposé à l'analyse, descend des principes aux conséquences et des causes aux effets. ◆ **Philos.** Opération mentale par laquelle on construit un système. ◆ **Math.** Démonstration des propositions par la seule déduction de celles qui sont déjà prouvées. ◆ **Gramm.** Figure, dite aussi syllepse, qui consiste à réunir en un seul deux mots primitivement séparés, comme soucoupe pour sous-coupe. ■ *Exposé d'ensemble. Faire la synthèse des événements.* ■ *Image, son de synthèse,* image vidéo ou son produit artificiellement par des moyens optiques, électroniques ou informatiques. *Un film en images de synthèse.*

SYNTHÉTASE, ■ n. f. [sɛ̃tetaz] (gr. *suthetês*, qui compose, qui arrange) **Biol.** Enzyme ayant le rôle de catalyseur de condensation entre deux molécules organiques.

SYNTHÉTIQUE, adj. [sɛ̃tetik] (gr. *sunthetikos*, habile à composer, à bien disposer) **Chim.** Qui aide à former une synthèse, à reproduire par synthèse. *Expériences synthétiques.* ◆ Qui appartient à la synthèse. *Méthode synthétique. Démonstration synthétique.* ■ Obtenu par synthèse chimique. *Des fibres synthétiques.* ■ N. m. Textile synthétique.

SYNTHÉTIQUEMENT, adv. [sɛ̃tetik(ə)mɑ̃] (*synthétique*) D'une manière synthétique. *Démontrer synthétiquement une proposition.*

SYNTHÉTISABLE, ■ adj. [sɛ̃tetizabl] (*synthétiser*) Qui possède la propriété d'être synthétisé. *Les chimistes sont aujourd'hui capables d'imaginer et de concevoir des molécules synthétisables.*

SYNTHÉTISER, ■ v. tr. [sɛ̃tetize] (gr. *sunthetizesthai,* arranger avec soin) Rendre sous forme de synthèse, de résumé. *Synthétiser un problème.* ■ **Biol.** Produire une substance par synthèse artificielle ou naturelle. *Synthétiser une molécule.* ■ Rendre artificiellement. *Synthétiser une voix par ordinateur.*

SYNTHÉTISEUR, ■ n. m. [sɛ̃tetizœr] (*synthétiser*) **Mus.** Instrument de musique muni d'un clavier reproduisant électroniquement les sons de divers instruments, ou créant de nouvelles sonorités. *Jouer un air de trompette au synthétiseur.* **Abrév.** Synthé. *Jouer du synthé. Des synthés.* ■ **Inform.** Système, logiciel ou matériel, permettant la synthèse de sons. ■ Appareil permettant de synthétiser des sons ou des images. *Synthétiseur vocal.*

SYNTHÉTISME, ■ n. m. [sɛ̃tetism] (*synthétique*) **Bx-arts** Courant artistique de peinture fondé en 1888 à Pont-Aven autour de Paul Gauguin, consistant à ne plus peindre sur le lieu d'observation mais dans un atelier dans le but de retranscrire mentalement une image de synthèse, ce qui a eu pour conséquence de privilégier les contours au motif et de produire des tableaux plus colorés, moins réalistes et trop de détails. *Le Christ vert de Paul Gauguin* ou *Le Talisman de Paul Sérusier* sont des exemples très connus du synthétisme, également appelé cloisonnisme.

SYNTONE, ■ adj. [sɛ̃tɔn] (gr. *suntonos*, qui résonne d'accord, qui est d'accord) **Psych.** Se dit d'un sujet dont les sentiments sont en harmonie avec le milieu dans lequel il vit. *Une dépressive syntone avec son environnement.*

SYNTONIE, ■ n. f. [sɛ̃tɔni] (gr. *suntonia,* accord de sons) **Psych.** Expression affective harmonisée du patient avec le milieu dans lequel il évolue. ◆ **Par extens.** Harmonie. *Vivre en syntonie avec la nature.* ◆ **Électr.** Phénomène au cours duquel le transfert d'énergie est maximum et qui se traduit par une longueur d'onde identique pour le récepteur et l'émetteur. *La syntonie, mise au point en 1901 par Marconi, a permis d'accorder les longueurs d'onde et par là-même de réduire les interférences en télégraphie.*

SYNTONISATION, ■ n. f. [sɛ̃tɔnizasjɔ̃] (*syntoniser,* opérer une syntonie, de *syntonie*) **Électr.** Réglage d'un récepteur de radiodiffusion de telle sorte que seules les ondes d'une fréquence déterminée soient amplifiées. *Une carte de syntonisation télé avec radio FM.*

SYNTONISEUR, ■ n. m. [sɛ̃tɔnizœr] (*syntoniser*) **Québec** Récepteur utilisant un circuit oscillant variable afin de capter la fréquence d'émission voulue.

SYPHILIDE, ■ n. f. [sifilid] (*syphilis*) **Méd.** Manifestation cutanée ou muqueuse de la syphilis. *Un regroupement particulier de syphilide porte le nom de collier de Vénus.*

SYPHILIS, ■ n. f. [sifilis] (lat. [XVIᵉ s., Frascatoro] *Syphilis,* poème de Sypilus, sur le modèle de *æneis,* poème d'énée, énéide ; le poème raconte comment Apollon punit la révolte de Sypilus en répandant le fléau sur son peuple) **Méd.** Maladie infectieuse bactérienne, sexuellement transmissible, responsable de lésions de la peau et des muqueuses et pouvant toucher de nombreux organes. *Une syphilis congénitale.*

SYPHILITIQUE, ■ n. m. et n. f. [sifilitik] (*syphilis*) Personne atteinte de syphilis. ◆ **Adj.** Relatif à la syphilis ou à un malade atteint de la syphilis. *L'infection syphilitique chez la femme enceinte de plus de six mois peut entraîner un accouchement prématuré.*

SYPHON, n. m. [sifɔ̃] **Voy.** SIPHON.

SYRAH, ■ n. f. [sira] (orig. obsc.) Cépage rouge situé au nord de la Vallée du Rhône et dans le sud de la France, produisant des vins aromatiques, colorés et forts en tanin. *La syrah donne des vins qui accompagnent très bien des viandes rouges et des gros gibiers comme le sanglier. Des syrahs.*

SYRIAQUE, adj. [siriak] (lat. *Syriacus,* de Syrie) Se dit de la langue que parlaient les anciens peuples de la Syrie. ◆ **N. m.** *Le syriaque,* la langue syriaque. ◆ **Adj.** Qui est écrit en langue syriaque. *Les traductions syriaques des auteurs grecs.*

SYRIEN, IENNE, ■ n. m. et n. f. [sirjɛ̃, jɛn] (*Syrie*) Originaire ou habitant de Syrie. *Un Syrien, une Syrienne.* ◆ **Adj.** Relatif à la Syrie, à sa culture et à ses habitants. *Le poète syrien Nizar Kabbani était considéré comme l'un des plus grands écrivains arabes.*

SYRINGA, n. m. [sirɛ̃ga] (sav. [XVᵉ s.], du lat. *syringa,* seringue, flûte, parce qu'on fait des flûtes du bois de cet arbuste) **Voy.** SERINGAT. *Syringa* est une erreur du *Dictionnaire de l'Académie* ; c'est non pas le nom du seringat, mais le nom du lilas dans Linné.

SYRINGE, n. f. [sirɛ̃ʒ] (gr. *surigx,* flûte champêtre) Flûte de Pan, flûte à sept tuyaux. ◆ On a dit aussi syrinx. ◆ Nom donné par les Grecs aux sépultures royales de Thèbes, en Égypte.

SYRINGOMYÉLIE, ■ n. f. [sirɛ̃gomjeli] (gr. *surigx,* tuyau, fistule, et *muelos,* moelle) **Méd.** Malformation évolutive de la moelle épinière qui se traduit par l'apparition d'une cavité intérieure plus ou moins longue contenant du liquide céphalorachidien. *La syringomyélie se développe entre 25 et 35 ans et entraîne des troubles moteurs et sensitifs des mains ainsi qu'une fonte musculaire des petits muscles qui les composent.*

SYRINGOMYÉLIQUE, ■ n. m. et n. f. [sirɛ̃gomjelik] (*syringomyélie*) Malade atteint de syringomyélie. ◆ **Adj.** Relatif à la syringomyélie, ou aux personnes en souffrant. *Souffrir du syndrome syringomyélique.*

SYRINGOTOME, n. m. [sirɛ̃gotom] (gr. *surigx,* fistule, et *-tome*) ▷ **Chir.** Instrument dont on se servait autrefois pour l'opération de la fistule à l'anus. ◁

SYRINGOTOMIE, n. f. [sirɛ̃gotomi] (gr. *surigx,* fistule, et *-tomie*) ▷ **Chir.** Opération de la fistule par incision. ◁

SYRINX, ■ n. f. [sirɛ̃ks] (gr. *surigx,* roseau taillé, flûte champêtre) Flûte de pan en roseaux en référence à une nymphe d'Acadie qui pour échapper à Pan fut transformée en roseau, ce dernier cueillit alors des roseaux et les assembla pour en faire une flûte. ◆ **Biol.** Partie inférieure du larynx, située à la base de la trachée des oiseaux et qui constitue l'organe du chant. *Des syrinx.*

SYRPHE, ■ n. m. [sirf] (lat. sav. [XVIIIᵉ s.] *syrphus*) Espèce de diptère aisément reconnaissable à son abdomen noir et jaune. *Véritables colibris, les syrphes maîtrisent à la perfection le vol sur place et sont capables de changer de place à grande vitesse, avec une accélération considérable.*

SYRPHIDÉ, ■ n. m. [sirfide] (*syrphe*) Membre d'une famille de diptères. *Le syrphidé a l'apparence d'une petite guêpe.* ◆ **N. m. pl.** Famille de diptères héliophiles au vol très rapide. *Les syrphidés possèdent des bandes abdominales comme les guêpes et les abeilles, mais n'ont pas de dard.*

SYRTES, n. f. pl. [sirt] (lat. *syrtis,* gr. *surtis,* banc de sable) Sables mouvants, très dangereux pour les navires. ◆ On distingue la Grande Syrte et la Petite Syrte, en Afrique, d'où le pluriel les Syrtes. ■ **Rem.** On écrivait aussi *sirtes* autrefois.

SYSTALTIQUE, adj. [sistaltik] (*sustaltikos,* qui resserre, qui contracte, de *sustellein,* rassemble) **Physiol.** Qui a le caractère de la systole. *Mouvement systaltique des artères.*

SYSTÉMATICIEN, IENNE, ■ n. m. et n. f. [sistematisjɛ̃, jɛn] (*systématique*) Biologiste spécialisé dans la systématique.

SYSTÉMATIQUE, adj. [sistematik] (b. lat. *systematicus,* gr. *sustêmatikos,* qui forme un tout) Qui se rapporte à un système, à une vue d'ensemble « *Un code de lois et un corps systématique de tous les règlements qu'on pouvait faire à ce sujet* », MONTESQUIEU. ◆ Qui se rapporte à un système, en tant que ce système est plutôt une conception de l'esprit qu'un résultat scientifique. *Opinion systématique.* ◆ *Médecine systématique,* celle qui est faite d'après un système. ◆ Il se dit des personnes qui poursuivent les systèmes, les vues d'ensemble. « *Descartes avait l'esprit systématique* », VAUVENARGUES. ■ N. m. et n. f. Un systématique. ◆ Il se dit, dans le langage général, des opinions, des sentiments auxquels on s'entête comme à un système. ◆ **N. f.** Ensemble des données et des méthodes qui sont érigés en système de classification logique. ◆ **Biol.** Méthode de classification taxinomique des espèces.

SYSTÉMATIQUEMENT, adv. [sistematik(ə)mɑ̃] (*systématique*) D'une manière systématique.

SYSTÉMATISATION, n. f. [sistematizasjɔ̃] (*systématiser*) Réunion en corps de doctrine de faits jusqu'alors isolés.

SYSTÉMATISÉ, ÉE, ■ adj. [sistematize] Qui forme un système. *Trafic systématisé.* ◆ **Psych.** *Délire systématisé,* délire paranoïaque construit, cohérent et logique pour le malade, provoquant généralement des comportements antisociaux et qui peut rendre les patients dangereux pour eux-mêmes comme pour autrui. *Le délire systématisé peut s'amplifier et s'apparenter à de la schizophrénie. « Il prit un bout de papier et lut : « Délire paranoïde systématisé » »,* LE CLÉZIO.

SYSTÉMATISER, v. tr. [sistematize] (*systématique*) Réunir des faits ou des opinions en un seul corps de doctrine.

SYSTÉMATISME, ■ n. m. [sistematism] (*systématique*) Caractère de ce qui est systématique. *Il irrite tout le monde par le systématisme de ses partis pris.*

SYSTÈME, n. m. [sistɛm] (lat. *systema*, gr. *sustêma*, réunion de plusieurs objets en un tout, ensemble, en particulier ensemble de doctrines, de *sunistanai*, rassembler, composer) Proprement, un composé de parties coordonnées entre elles. *Le système du monde.* ◆ **Anat.** Ensemble des parties similaires. *Le système osseux.* ◆ Constitution politique, sociale des États. *Le système féodal. Le système représentatif.* ◆ Doctrine à l'aide de laquelle on dispose et coordonne toutes les notions particulières. ◆ Il se dit souvent en mauvaise part. *L'esprit de système.* ◆ **Hist. nat.** Toute classification méthodique des êtres naturels. ◆ Classification qui n'a d'autre but que de rendre l'étude de ces êtres plus facile. ◆ Ensemble de choses qui se tiennent. *Système des temps d'un verbe. « La nation moscovite n'entrait point dans le système de l'Europe »,* FONTENELLE. ◆ *Le système métrique,* l'ensemble des mesures déduites du mètre comme base commune. ◆ **Géol.** Syn. de terrain ou de formation. ◆ **Métrique anc.** Suite de vers de la même mesure. ◆ Plan qu'on se fait, moyens qu'on se propose pour réussir en quelque chose. *Système de conduite. Système de gouvernement.* ◆ *Se faire un système de quelque chose,* s'y tenir avec entêtement et vouloir y donner une apparence de raison. ◆ **Financ.** Plan et moyens employés pour répartir l'impôt et établir le crédit. ◆ *Le Système (avec une majuscule),* l'ensemble des opérations financières de Law. ■ *Système informatique,* ensemble d'éléments matériels et logiciels nécessaires au traitement des données. ■ *Système d'exploitation,* ensemble cohérent de logiciels de base d'un ordinateur destiné à commander l'exécution des programmes. ■ Ensemble d'appareils, de dispositifs, de machines ayant des fonctions différentes et concourant à un même but. ■ **Fam.** *Courir, porter, taper sur le système,* énerver. *Tu commences à me taper sur le système !* ■ **Fam.** Combine. *Connaître le système.* ■ *Système D,* abrév. de *système débrouille.*

SYSTÉMICIEN, IENNE, ■ n. m. et n. f. [sistemisjɛ̃, jɛn] (*systémique*) Personne spécialiste dans la technique des systèmes complexes.

SYSTÉMIQUE, ■ adj. [sistemik] (*système*) Relatif à un système pris dans son ensemble. *Approche, analyse systémique.* ■ **Méd.** Qui a trait à la circulation sanguine. ■ **N. f.** Analyse qui prend en considération les faits globalement, comme faisant partie d'un ensemble non divisible. *La systémique.*

SYSTOLE, n. f. [sistɔl] (gr. *sustolê*, resserrement, contraction) En physiologie, l'état du cœur dans lequel les fibres musculaires de cet organe sont en contraction. ◆ **Métrique anc.** Licence poétique par laquelle on emploie comme brève une syllabe longue.

SYSTOLIQUE, adj. [sistolik] (*systole*) Qui a rapport à la systole. *Mouvement systolique.*

SYSTYLE, n. m. [sistil] (lat. impér. archit. *systylos*, gr. *sustulos*, de *sun*, ensemble, et *stulos*, colonne, dont les colonnes sont rapprochées) Ordonnance d'architecture suivant laquelle l'entrecolonnement est de deux diamètres ou quatre modules. ◆ **Adj.** *Temple systyle.*

SYZYGIE, n. f. [siziʒi] (lat. *syzygia*, gr. *suzugia*, union, assemblage, attelage, de *sun*, ensemble, et *zugon*, joug) **Astron.** Positions du Soleil et de la Lune, quand ces astres sont en conjonction ou en opposition, c'est-à-dire à la nouvelle et à la pleine lune. *Les grandes marées ont lieu vers les syzygies.* ◆ Il se dit aussi des planètes.

t

T, n. m. [te] La vingtième lettre de l'alphabet et la seizième des consonnes. *Un T majuscule. Un petit t.* ◆ *T euphonique :* lorsque le temps d'un verbe terminé par une voyelle est immédiatement suivi des pronoms *il, elle, on,* ou lorsque l'adverbe *voilà* est immédiatement suivi du pronom *il,* on intercale un *t,* dit *t* euphonique. *Dira-t-on, voilà-t-il.* ◆ Se dit de tout ce qui a la forme de cette lettre, Voy. TÉ.

TA, adj. poss. [ta] (lat. vulg. *ta,* par analogie du masc *tus,* du lat. *tua*) Voy. TON, adj.

TAAL, ■ n. m. [tal] Voy. TALA.

TABAC, n. m. [taba] (esp. *tabaco,* de l'arawak de Cuba et Haïti) Genre de la famille des solanées. ◆ Nom vulgaire et spécifique de la nicotiane tabac (solanées). ◆ Nom des différentes préparations que l'on fait subir aux feuilles séchées de cette plante, pour les usages qui consistent à en introduire la poudre dans les fosses nasales, à les mâcher, ou à les brûler afin d'en aspirer la fumée. ◆ ▷ *Tabac du régent,* tabac à priser préparé avec des aromates. ◁ ◆ ▷ *Tabac d'Espagne,* tabac à priser parfumé. ◁ ◆ ▷ **Fam.** *Je n'en donnerais pas une prise de tabac,* je n'en fais aucun cas. ◁ ◆ *Les tabacs,* **Manuf.** Administration des tabacs. ◆ *Tabac d'Espagne,* nom vulgaire d'un papillon, l'*argyne paphie.* ■ *Débit de tabac,* lieu de vente du tabac manufacturé. ■ *Du même tabac,* du même acabit. *Cette robe ou l'autre, c'est du même tabac.* ■ **Fam.** *Faire un tabac,* avoir un franc succès. *Ils ont fait un tabac avec leur nouvel album.* ■ **Fam.** *Passer quelqu'un à tabac,* le battre. *Il s'est fait passer à tabac dès qu'il est sorti de cette boîte de nuit.* ■ **Mar.** *Coup de tabac,* violent coup de vent. ■ **Adj. inv.** De la couleur du tabac.

TABAGIE, n. f. [tabaʒi] (algonq. *tabaguia,* festin ; infl. sém. de *tabac*) ▷ Lieu public où l'on va fumer. ◁ ◆ Petite cassette où l'on renferme tout ce qui sert pour fumer. ■ Endroit enfumé ou conservant l'odeur du tabac. ■ **Québec** Débit de tabac.

TABAGIQUE, ■ adj. [tabaʒik] (*tabac,* avec infl. de *tabagie*) Relatif au tabagisme ou à une personne qui fume. *Prendre des médicaments pour faciliter son sevrage tabagique.*

TABAGISME, ■ n. m. [tabaʒism] (radic. de *tabagique*) Intoxication par le tabac. *Le tabagisme passif. Lutte contre le tabagisme.*

TABARIN, n. m. [tabaʀɛ̃] (*Tabarin,* 1584-1633) ▷ Farceur qui égayait de ses quolibets, au commencement du XVIIᵉ siècle, les rues et les places de Paris, principalement le pont Neuf. ◆ **Par extens.** Farceur qui monte sur des tréteaux pour représenter dans les places publiques (il s'écrit avec une majuscule). ◁

TABARINAGE, n. m. [tabaʀinaʒ] (*tabarin*) **Vieilli** Action de tabarin ou bouffonnerie.

TABASKI, ■ n. f. [tabaski] (mot du Sénégal) **Afriq.** Nom de l'Aïd-el-Kébir. Voy. CE MOT.

TABASSAGE, ■ n. m. [tabasaʒ] (*tabasser*) **Fam.** Action de tabasser. *Il a subi un tabassage en règle par des voyous, et depuis, il est à l'hôpital.*

TABASSÉE, ■ n. f. [tabase] (*tabasser*) **Fam.** Bagarre, fait d'être passé à tabac. *Il a pris une de ces tabassées, c'était la raclée du siècle !*

TABASSER, ■ v. tr. [tabase] (argot du Sud, radic. onomat. *tabb-*) **Fam.** Frapper, rouer de coups. *Il s'est fait tabasser.*

TABATIER, IÈRE, n. m. et n. f. [tabatje, jɛʀ] (*tabac*) Ouvrier, ouvrière qui travaille à la fabrication du tabac.

TABATIÈRE, n. f. [tabatjɛʀ] (*tabac*) Petite boîte où l'on met du tabac en poudre. *Une tabatière en écaille.* ◆ *Fusil à tabatière,* fusil se chargeant par la culasse, dont le mécanisme s'ouvre par un mouvement analogue à celui à l'aide duquel s'ouvre une tabatière. ◆ *Lucarne en tabatière,* lucarne ayant la même inclinaison que le toit.

TABELLAIRE, adj. [tabelɛʀ] (lat. *tabella,* petite planche) Qui est en forme de table. ◆ *Impression tabellaire,* celle qui se fait avec des planches solides.

TABELLE, ■ n. f. [tabɛl] (lat. *tabella,* tablette à écrire) **Suisse** Tableau, liste. *Vous trouverez la tabelle des salaires, des charges et des coûts à la page suivante de ce rapport.*

TABELLION, n. m. [tabeljɔ̃] (b. lat. jurid. *tabellio,* notaire, de *tabella,* tablette à écrire) Officier public qui faisait les fonctions de notaire dans les juridictions subalternes et seigneuriales. ■ **Ironiq.** Notaire.

TABELLIONAGE, n. m. [tabeljonaʒ] (*tabellion*) Fonction de tabellion. ◆ Logement, étude du tabellion.

TABERNACLE, n. m. [tabɛʀnakl] (lat. *tabernaculum,* tente) Tente, pavillon, en parlant des Hébreux. ◆ **Fig.** Fixer son tabernacle, ses tabernacles, s'établir à demeure. ◆ *La fête des Tabernacles,* une des trois grandes solennités des Hébreux qui se célébrait après la moisson, sous des tentes. ◆ *Le tabernacle du Seigneur ou par excellence le Tabernacle (avec une majuscule),* la tente où reposait l'arche d'alliance pendant le séjour des Israélites dans le désert. ◆ **Fig.** « *Le Dieu de bonté et de majesté vient habiter dans nous, et fait de nos cœurs autant de sanctuaires et de tabernacles où il réside* », BOURDALOUE. ◆ Dans le Nouveau Testament, *les tabernacles éternels,* le séjour céleste. ◆ Ouvrage de menuiserie, d'orfèvrerie, de marbre, etc. où l'on renferme le saint ciboire. ■ **Mar.** Dans les galères, lieu d'où le capitaine faisait le commandement. ■ **Rem.** La Fête des tabernacles est également connue sous le nom de Fête de soukkot.

TABÈS, ■ n. m. [tabɛs] (mot latin, corruption,dépérissement) **Méd.** Maladie provoquée par une dégénérescence de la moelle épinière, consécutive à la syphilis, provoquée par le contact avec la bactérie responsable de la syphilis, le tréponème, et qui entraîne des troubles moteurs. *La prise rapide de pénicilline peut être efficace pour traiter le tabès.*

TABÉTIQUE, ■ adj. [tabetik] (*tabès*) **Méd.** Relatif au tabès ou à un malade atteint de tabès. *Une arthropathie tabétique.* ■ **N. m. et n. f.** Personne atteinte de tabès.

TABIDE, adj. [tabid] (lat. *tabidus,* corrompu, en putréfaction) **Méd.** Consumé par le marasme.

TABIS, n. m. [tabi] (ar. *attabi,* de al-*Attabiya,* quartier de Bagdad où l'on fabriquait cette étoffe) Étoffe de soie unie et ondée, passée à la calandre sous un cylindre qui imprime sur l'étoffe les inégalités onduleuses gravées sur le cylindre même.

TABISÉ, ÉE, ■ p. p. de tabiser. [tabize]

TABISER, v. tr. [tabize] (*tabis*) Rendre une étoffe ondée à la manière du tabis. *Tabiser du ruban, de la moire.*

TABLA, ■ n. m. [tabla] (mot hindi) Instrument de musique indien composé d'une paire de tambours. *Le tabla est l'instrument du khyal, musique classique indienne. Des tablas.*

TABLAR ou **TABLARD**, ■ n. m. [tablaʀ] (*table*) **Suisse** Rayon, étagère. *Le livre que tu veux est sur le plus haut tablar en face de toi.* ■ Petite terrasse spécialement aménagée pour la culture.

TABLATURE, n. f. [tablatyʀ] (ital. *intavolatura,* de *tavola,* table) **Anc. mus.** Pièce de musique qui est écrite sur un papier, qui est tirée à cinq ou six lignes, et qui est en notes, en chiffres ou en lettres pour servir à apprendre la musique vocale ou instrumentale. *Tablature pour la guitare.* ◆ Tableau qui représente un instrument à vent à trous, et qui indique quels trous doivent être bouchés ou bien ouverts, pour former toutes les notes. ◆ **Fig.** Ce qui sert d'enseignement (sens vieilli). « *Ne m'importunez plus de votre tablature ; Sans vos instructions je sais bien mon métier* », P. CORNEILLE. ◆ *Il lui donnerait de la tablature sur cette matière,* il lui en remontrerait (locution qui a vieilli). ◆ ▷ *Entendre la tablature,* être rusé, capable de mener une intrigue. ◁ ◆ **Fig. et fam.** *Donner de la tablature à quelqu'un,* lui causer de la peine, du souci, le mettre en cervelle.

TABLE, n. f. [tabl] (lat. *tabula,* planche, table, tablette à écrire, liste) Planche, ais (sens propre qui n'est resté usité que dans quelques termes de métier). ◆ *Table rase,* planche sur laquelle il n'y a rien de peint, ainsi dite parce que les anciens peintres peignaient sur une table de bois ; de là fig. esprit tout à fait neuf sur une matière, et susceptible de recevoir toute espèce d'impressions. « *L'esprit d'un enfant est une table rase, sur laquelle les préjugés n'ont encore rien imprimé* », VOLTAIRE. ◆ **Fig.** *Faire table rase,* rejeter toutes les idées qu'on a acquises, et en adopter de nouvelles ; et aussi abolir, proscrire les anciennes institutions. ◆ Planche ou réunion de planches portée sur un ou plusieurs pieds et qui sert à divers usages. *Table ronde, carrée, etc. Table à écrire, à manger, etc.* ◆ *Table de piquet, de bouillotte, de brelan, etc.* table où l'on joue au piquet, à la bouillotte, au brelan, etc. ◆ ▷ *Table à la Tronchin,* table se haussant et se baissant à l'aide de laquelle et sur laquelle on peut écrire debout. ◁ ◆ *Tables tournantes, frappantes et parlantes,* genre de prestige qui fut fort à la mode en 1853 et 1854. ◆ **Fig. et fam.** *Jouer cartes sur table,* ne pas prendre la peine de dissimuler. ◆ **Fig.** *Mettre sur table, sur la table,* exposer sans dissimulation. ◆ *Papiers ou papier* *sur table*, preuves en main. ♦ *Table de nuit*, meuble commode qu'on met auprès d'un lit, et sur lequel se placent plusieurs ustensiles pour l'usage de la nuit. ♦ *Table de billard*, châssis de madriers sur lequel on applique le tapis. ♦ **Jeu** Chacune des quatre divisions du tablier, appelées aussi jans. ♦ *Table d'un instrument de musique*, la partie supérieure qui supporte le chevalet et les cordes. *Table de basse, de guitare, de violon.* ♦ **Absol.** *Table à manger*, et surtout *table servie*, couverte de mets. *Dresser une table. Table de dix couverts.* ♦ *Mettre la table*, disposer tout ce qu'il faut sur la table : assiettes, couteaux, fourchettes, serviettes, etc. ♦ *Mettre sur table*, servir le repas. ♦ *Se mettre à table*, s'asseoir auprès de la table pour manger. ♦ *Sortir de table, quitter la table, se lever de table*, interrompre ou finir le repas. ♦ *Tenir table*, demeurer longtemps à table. ♦ Tenir table, donner habituellement à manger à ses amis, invités ou non. ♦ ▷ *Tenir une grande table*, donner ordinairement de grands repas. ◁ ♦ *Tenir table ouverte*, donner à manger à tous les visiteurs qui surviennent. ♦ *Propos de table*, traits de gaieté et de familiarité qui échappent dans un repas. ♦ On dit dans un sens analogue : *Chanson de table, ronde de table.* ♦ *Tomber sous la table*, être ivre au point de glisser hors de sa chaise. ♦ *Mettre quelqu'un sous la table*, l'enivrer. ♦ ▷ *Admettre quelqu'un à sa table*, inviter à dîner quelqu'un d'inférieur à soi par la naissance ou par le rang. ◁ ♦ *La grande table*, la table des grandes personnes, par opposition à la petite table, qui est la table des enfants. ♦ ▷ *Donner la table à quelqu'un*, le nourrir à sa table. ◁ ♦ *Avoir la table et le logement chez quelqu'un*, y être nourri et logé. ◁ ♦ ▷ *Courir, piquer les tables*, aller en parasite manger souvent chez ceux qui tiennent table. ◁ ♦ *De la table au lit*, du lit à la table, se dit d'une vie débauchée et fainéante. ♦ *Avoir les pieds sous la table, les coudes sur la table*, boire et se réjouir. ♦ *Le dos au feu, le ventre à table*, se dit de quelqu'un qui est dans la meilleure position. ♦ *À table !* appel qu'on fait pour que les convives aillent se mettre à table. ♦ *Tables*, chez le souverain, se dit des tables servies réglément où certains officiers ont droit de manger. ♦ ▷ Dans les grandes maisons, *la première table*, la table des maîtres ; la seconde table, celle des principaux domestiques ; la table du commun, la table des valets. ◁ ♦ *C'est lui qui tient la table*, se dit de celui qui fait les honneurs de la table chez les princes et les grands seigneurs, qui ordonne à ceux qui la servent. ♦ ▷ *Tenir la première table, tenir la seconde table*, faire les honneurs de la première, de la seconde table. ◁ ♦ *Table d'hôte*, Voy. HÔTE. ♦ *Table ronde*, table imaginée pour éviter les disputes de préséance entre chevaliers, et dont les anciens poèmes ont attribué l'invention à Artus, roi fabuleux de l'Angleterre (on met une majuscule à Table). ♦ *Chevaliers de la Table ronde*, les douze chevaliers que les vieux romans font compagnons d'Artus. ♦ **Fig.** Nourriture qu'on prend à table, considérée par rapport à la quantité, à la délicatesse des mets. *Une table frugale.* ♦ *Aimer la table*, aimer la bonne chère. ♦ *Sainte table*, l'autel sur lequel le prêtre prend les hosties avec lesquelles il va donner la communion. ♦ **Fig.** *La sainte table*, la communion. ♦ *Table sainte*, balustrade ou grille qui sépare le chœur du sanctuaire et devant laquelle viennent s'agenouiller les communiants. ♦ Portion de roche à surface plane. ♦ Lame ou plaque de métal, morceau de pierre, de marbre, sur lequel on peut graver, écrire, peindre, etc. ♦ *Les tables de la loi, les tables de l'alliance*, les lois données par Dieu et portées par Moïse aux Hébreux. ♦ À Rome, *loi des Douze Tables*, recueil de lois publiées par les décemvirs, l'an 450 avant J.-C. ♦ *Tables de proscription*, liste où étaient portés les noms de ceux que Sylla et, après lui, les triumvirs proscrivirent. ♦ *Table de marbre*, une des anciennes juridictions du royaume de France. ♦ Plaques ou plaque de plomb dont on forme le revêtement d'une terrasse ou d'un réservoir. ♦ *Table de verre*, le verre plat qui n'est point encore employé. **Anat.** *Les tables du crâne*, les deux lames osseuses de tissu compact qui revêtent les surfaces interne et externe des os du crâne. ♦ Chez le cheval, *la table*, la surface de frottement de l'incisive, lorsque l'usure en a détruit les deux bords tranchants. ♦ *Diamant en table*, diamant taillé sur deux faces bien dressées avec un biseau et des pans en facette sur la tranche. ♦ **Archit.** Plan vertical de forme carrée ou oblongue qui se détache du nu du mur. ♦ *Table d'attente*, bossage pour recevoir une inscription. ♦ Index servant à trouver facilement les matières ou les mots qui sont dans un livre. *Table des matières.* ♦ Feuille, planche sur laquelle certaines matières sont présentées méthodiquement et en raccourci. *Table généalogique.* ♦ *Tables météorologiques*, tables où l'on inscrit jour par jour les changements qui ont lieu dans l'atmosphère. ♦ **Math.** Série de nombres dont la grandeur et la variation sont déterminées par leurs rapports avec une ou plusieurs variables, auxquelles on donne successivement toutes les valeurs particulières convenables au sujet qu'on se propose. *Une table d'intérêts.* ♦ *Table de multiplication ou de Pythagore*, table qui contient tous les produits de la multiplication des nombres simples, les uns par les autres, depuis un jusqu'à neuf. ♦ *Tables de logarithmes*, Voy. LOGARITHME. ■ *Table*, utilisé pour dresser la table. *Linge de table. Chemin de table.* ♦ *Table de cuisson*, plaque chauffante. ■ *Table d'orientation*, surface plane en pierre indiquant les points cardinaux et la topographie du lieu. ■ **Méd.** *Table d'examen*, plateau en deux ou trois sections et sur pieds hauts permettant d'allonger un malade pour l'examiner. ■ *En table*, qui présente une surface plane. *Dia-*

mant en table. Marbre en table. ■ **Fam.** *Se mettre à table*, faire des aveux. ■ *Table ronde*, Réunion entre plusieurs personnes pour traiter de questions d'intérêt commun. ■ *Faire un tour de table*, recueillir successivement l'avis des participants à une réunion. ■ **REM.** Auj. *Admettre quelqu'un à sa table* signifie accepter d'être rejoint à table par une tierce personne.

TABLEAU, n. m. [tablo] (*table*) Table de bois ordinairement noircie, en usage dans les classes, pour écrire, tracer des figures. ♦ Cadre de menuiserie, fixé à un mur dans un endroit apparent pour y afficher des actes publics. ♦ **Archit.** La partie de l'épaisseur d'une baie de porte ou de fenêtre qui est en dehors de la fermeture. ♦ *Tableau d'une vanne*, encadrement formé de deux piliers montants et de la traverse. ♦ Feuille ou planche sur laquelle les matières d'un sujet sont rangées méthodiquement pour être vues d'un coup d'œil. *Tableau synoptique, statistique, etc.* ♦ **Typographie**, tout ouvrage à cadre, filets ou accolades. ♦ Carte ou feuille sur laquelle sont écrits par ordre les noms des personnes qui composent une compagnie. *Le tableau des avocats.* ♦ *L'ordre du tableau*, l'ordre suivant lequel les personnes d'une profession, d'une compagnie, sont inscrites dans un tableau. ♦ Ouvrage de peinture sur une table de bois, de cuivre, etc. ou sur de la toile. ♦ Au Moyen Âge, *tableau ployant et ouvrant*, tableau composé de deux, trois et jusqu'à cinq pièces, liées par des charnières et se repliant sur elles-mêmes. ♦ *Tableau mouvant, vivant*, Voy. MOUVANT. Voy. VIVANT. ♦ **Fig.** Ensemble d'objets qui frappent la vue. *Cette vallée offre un magnifique tableau.* ♦ Subdivision des actes de certains ouvrages dramatiques, qui répond à un changement de décoration. ♦ **Théât.** Groupement de personnages qui sont exposés quelques instants aux yeux des spectateurs. ♦ **Fig.** Représentation animée et naturelle d'une chose, soit en action, soit de vive voix, soit par écrit. « *Je leur fais des tableaux de ces tristes batailles Où Rome par ses mains déchirait ses entrailles* », P. CORNEILLE. ♦ **Fam.** *Cela achève le tableau*, cela ajoute aux désagréments, aux ennuis.

TABLEAUTIN, n. m. [tablotɛ̃] (*tableau*) ▷ Néol. Petit tableau. ◁

TABLÉE, n. f. [table] (*table*) Réunion de personnes à table.

TABLER, v. intr. [table] (*table*) Anciennement, au jeu de trictrac, poser deux dames sur la même ligne, ce qu'on dit aujourd'hui caser. ♦ **Fig. et fam.** *Vous pouvez tabler là-dessus*, vous pouvez compter là-dessus. ♦ Tenir table. « *Et plein de joie, allez tabler jusqu'à demain* », MOLIÈRE. ■ *Tabler sur*, fonder un calcul ou une estimation sur. *Peu dépensiers, ils doivent tabler sur un budget minimum journalier pour deux de 40 €.*

TABLETIER, IÈRE, n. m. et n. f. [tablətje, jɛʁ] (*table*) Celui, celle qui fait et vend des échiquiers, des damiers, des dominos, et autres ouvrages d'ivoire, d'ébène.

TABLETTE, n. f. [tablɛt] (dimin. de *table*) Planche posée pour mettre quelque chose dessus. *Les tablettes d'une armoire, d'une bibliothèque.* ♦ Pièce de marbre, de pierre ou de bois, de peu d'épaisseur. *Tablette de cheminée.* ♦ **Pharm.** Médicament solide qui a du sucre pour excipient, et qui contient en outre un mucilage et quelques substances médicamenteuses pulvérisées. ♦ Il se dit de certaines autres compositions sèches auxquelles on donne la forme de la tablette. *Tablette de chocolat, de bouillon.* ♦ Au pl. Petites planchettes de bois recouvertes d'une légère couche de cire, sur laquelle les anciens écrivaient. ♦ Par extens. Feuilles d'ivoire, de parchemin, de papier, etc. attachées ensemble et qu'on porte ordinairement sur soi pour écrire les choses dont on veut se souvenir. ♦ *Mettre quelque chose sur ses tablettes*, en prendre note. ♦ **Fig.** *Vous êtes sur mes tablettes*, se dit par manière de menace à quelqu'un de qui on a sujet de se plaindre. ♦ **Fig.** *Rayez cela de vos tablettes*, se dit à celui qui assure une chose qu'on prétend n'être pas vraie, et aussi : ne comptez plus là-dessus. ♦ Titre de certains ouvrages où les matières sont rédigées par ordre et en raccourci. *Tablettes historiques.*

TABLETTER, ■ v. tr. [tablete] (*tablette*) **Fam. Québec** Classer un dossier ou une affaire sans suite. *Le gouvernement a tabletté quelques rapports.* ■ **Fam.** et **par méton.** Rétrograder un employé, le mettre au placard. *L'équipe a tabletté son entraîneur.*

TABLETTERIE, n. f. [tablɛt(ə)ʁi] (*tabletier*) Métier, commerce, ouvrages du tabletier.

TABLEUR, ■ n. m. [tablœʁ] (radic. de *tableau*) **Inform.** Logiciel permettant la manipulation de données numériques, le calcul automatique de nombres stockés dans un tableau, et la représentation graphique de ces résultats (histogrammes, diagrammes, courbes, etc.).

1 TABLIER, n. m. [tablije] (*table*) Petite table distinguée par des carrés de deux différentes couleurs pour jouer aux échecs, aux dames. ♦ La totalité d'un trictrac, divisée en deux parties subdivisées chacune en deux tables. ♦ Parquet d'un pont suspendu. ♦ Ensemble des poutres et des planches qui forment une des travées d'un pont de charpente. ♦ **Sculpt.** Ornement sculpté sur la face d'un piédestal.

2 TABLIER, n. m. [tablije] (*table*) Pièce de toile, de serge, de cuir, etc., que les femmes et les artisans mettent devant eux pour ne point gâter leurs habits. ✦ *Rôle à tablier,* rôle d'artisan dans l'opéra comique, et rôle de soubrette pour les femmes. ✦ *Prendre le tablier,* jouer les rôles de soubrette. ✦ Carré long de taffetas, de laine, d'indienne, que les femmes portent sur le devant de leurs robes pour les ménager, et qu'elles garnissent quelquefois de manière à être un ornement [1]. ✦ Morceau de cuir attaché sur le devant d'un cabriolet ou autre voiture pour garantir de la pluie ou des éclaboussures. ✦ **Mar.** Doublure que l'on met à certaines voiles pour les garantir du frottement des hunes et des barres. ■ **Cuis.** *Tablier de sapeur,* tranche de gras double frit. ■ *Rendre son tablier,* donner sa démission. *Il ne supportait plus son patron et a fini par rendre son tablier.* ■ *Tablier d'écolier,* blouse. ■ REM. 1 : Les tabliers sont aujourd'hui faits dans différentes matières et ne sont pas réservés à l'usage des femmes.

TABLOÏD ou **TABLOÏDE,** ■ n. m. [tabloid] (mot angl.) Journal dont les dimensions correspondent environ à la moitié du format français traditionnel. *Le New York Daily News, créé en 1919, fut le premier tabloïd. Format tabloïd.* ■ **Par méton.** Magazine de la presse à scandale qui utilise ce format et dont l'objet principal est l'étalage de la vie privée des gens célèbres, avec photos non officielles à l'appui.

TABLOIN, n. m. [tablwɛ̃] (*table*) Anc. t. d'artillerie. Plate-forme faite de madriers, pour placer une batterie de canons.

TABOR, ■ n. m. [tabɔʁ] (ar. *tabur,* bataillon, escadron, du turc *tabur*) Vx Bataillon de soldats marocains qui était placé sous commandement français. *Le souvenir de nombreux tabors marocains tombés sur les champs de bataille de Villeroy.*

TABORITE, ■ n. m. et n. f. [tabɔʁit] (*Tabor,* ville de la République tchèque) **Hist.** Ensemble des partisans radicaux de Jan Hus qui se réunirent à Tabor, en Bohême où ils furent vaincus en 1434. *Certains taborites revendiquaient une égalité totale des biens et la suppression de l'État.*

TABOU, ■ n. m. [tabu] (angl. *taboo,* du polynés. *tabu, tapu*) Chose ou objet que la morale, la société ou la religion réprouve. *Il faut lever ce tabou : la sexualité fait partie de la vie.* ■ Adj. Sujet tabou. Maladie taboue.

TABOULÉ, ■ n. m. [tabule] (ar. *tabbula,* de *tabbala,* assaisonner) Spécialité culinaire orientale à base de semoule, de tomates, de concombre et de feuilles de menthe hachées finement. ■ Par extens. Salade à base de semoule. *Taboulé à la créole, aux endives, au poulet.*

TABOURET, n. m. [tabuʁɛ] (anc. fr. *tabour,* tambour) Petit siège à quatre pieds, qui n'a ni bras, ni dos. ✦ ▷ *Droit du tabouret,* Droit qu'avaient les duchesses de s'asseoir sur un tabouret ou siège pliant pendant le souper du roi et au cercle de la reine. ◁ ✦ *Un tabouret,* une personne qui a ce droit. ◁ ✦ ▷ Siège sur lequel étaient exposés en place publique les condamnés à une peine infamante. ◁ ✦ **Phys.** *Tabouret électrique,* sorte d'isoloir. ✦ Petit meuble pour poser les pieds quand on est assis. ✦ **Bot.** *Tabouret,* bourse-à-pasteur voy. Voy. BOURSE.

TABOURIN, n. m. [tabuʁɛ̃] (dimin. de l'anc. fr. *tabour,* tambour) S'est dit pour petit tambour.

TABULAIRE, ■ adj. [tabylɛʁ] (lat. *tabula,* table, liste) Qui possède la forme d'une table. ■ Qui concerne une table de classement. *Procéder à une comparaison tabulaire de plusieurs textes.*

TABULATEUR, ■ n. m. [tabylatœʁ] (lat. *tabula*) Dispositif ou commande d'une machine à écrire ou d'un ordinateur permettant de placer le curseur dans une colonne préalablement établie. *L'utilisation du tabulateur dans un dialogue permet de passer en revue les cases à cocher, les listes, les menus, les boutons et les choix multiples.*

TABULATION, ■ n. f. [tabylasjɔ̃] (lat. *tabula*) **Math.** Calcul des valeurs prises par une fonction sur un intervalle donné, lorsque l'on fait varier une ou plusieurs variables. ■ **Inform.** Positionnement du curseur sur une imprimante ou un écran dans des colonnes préalablement définies. *La tabulation est aussi utilisée pour passer d'une zone de saisie à une autre.*

TAC, n. m. [tak] (orig. inc.) Sorte de gale qui est une phlegmasie éruptive et contagieuse de la peau ; le cheval, le chien et le mouton y sont le plus sujets. ■ REM. On dit aussi *horion.* ■ *Du tac au tac,* vivement. *Il répondait aux questions du tac au tac.* ■ onomat. Son d'un bruit sec.

TACAUD, ■ n. m. [tako] (bret. *takohed*) Variété de poissons à la chair peu estimée vivant dans l'océan Atlantique et qui ressemble à la morue. *Les tacauds se tiennent souvent au large du littoral jusqu'au-delà du plateau continental.*

TACCA, ■ n. m. [taka] (lat. sav. [XIXᵉ s.], du malais *takah,* dentelé) **Bot.** Plante herbacée qui pousse dans les régions tropicales, possédant de grandes feuilles découpées, et dont on extrait une fécule alimentaire. *Tacca à fleurs blanches. Des taccas.*

TACET, n. m. [tasɛt] (mot lat., 3ᵉ pers. du prés. de *tacere,* se taire) Mot latin qu'on écrit sur une partie de musique pour indiquer que la voix ou l'instrument doit garder le silence pendant toute la durée du morceau ou

du mouvement. ✦ ▷ **Fig.** et **fam.** *Tenir, garder le tacet,* ne pas parler, ne pas dire son secret. ◁ ✦ **Au pl.** *Des tacets.*

TACHANT, ANTE, adj. [taʃɑ̃, ɑ̃t] (*tacher*) Qui tache. ✦ **Bot.** Se dit des plantes qui salissent les doigts. ✦ Se dit des étoffes, des couleurs qui se salissent facilement.

TACHE, n. f. [taʃ] (p.-ê. *tacher*) Marque qui salit, qui gâte. *Un habit couvert de taches.* ✦ *Tache d'huile,* tache causée par l'huile. ✦ **Fig.** *Cela fait tache d'huile,* c'est une flétrissure qui va toujours en augmentant. ✦ **Fig.** *La tache du péché,* la souillure que l'on contracte par le péché. ✦ Marques naturelles sur la peau ou sur le poil des animaux. ✦ **Fig.** *L'Agneau sans tache,* Jésus-Christ. ✦ Il se dit en parlant des végétaux. *Les feuilles de la pulmonaire ont des taches brunes.* ✦ Défaut dans la transparence ou la couleur d'une pierre précieuse. ✦ Altération plus ou moins circonscrite de la couleur de la peau, sans aucune élevure ni dépression. *Avoir une tache de vin sur la moitié du visage.* ✦ *Taches de rousseur,* syn. d'*éphélides.* ✦ Taches qui se forment sur certains organes. *Une tache sur l'œil.* ✦ **Peint.** Masse de couleurs sans liaisons, sans harmonie. *Cette partie fait tache.* ✦ **Fig.** *Faire tache,* se dit d'une chose, d'une personne qui jette quelque déshonneur. *Cela fait tache dans sa vie. Cet homme fait tache dans notre société.* ✦ Parties obscures qu'on remarque avec le télescope sur le disque du soleil, des planètes, des satellites. ✦ ✦ ▷ **Fig.** *Il cherche des taches dans le soleil,* il cherche des défauts dans les choses les plus parfaites. ◁ ✦ **Fig.** Défauts d'un ouvrage d'ailleurs très bon. *Il y a des taches dans cet ouvrage.* ✦ **Fig.** *Tout ce qui blesse l'honneur. Vie sans tache.* ✦ **Méd.** *Tache aveugle,* tache située sur la rétine de l'œil à l'endroit où le nerf optique et le globe oculaire se rejoignent.

TACHÉ, ÉE, p. p. de tacher. [taʃe] ✦ **Hist. nat.** Se dit des pétales ou des feuilles qui portent des taches.

1 **TÂCHE,** n. f. [taʃ] (lat. médiév. *tasca,* redevance due par le tenancier au propriétaire) Ouvrage qu'on donne ou qu'on se donne à faire à certaines conditions, dans un certain espace de temps. ✦ *Travailler à la tâche, être à la tâche,* travailler à un ouvrage dont on doit être payé sans égard au nombre des journées qu'on y aura employées. ✦ On dit de même : *Ces ouvriers sont à leur tâche.* ✦ ▷ **Fig.** *Prendre à tâche de faire une chose,* s'attacher à faire une chose. ◁ ✦ ▷ *Prendre à tâche quelqu'un,* se charger de ses intérêts. ◁ ✦ **Fig.** Ce que l'on a à faire par devoir, obligation ou nécessité. « *Le philosophe qui donne le précepte sans s'exemple ne remplit que la moitié de sa tâche* », DIDEROT. ✦ **Prov.** *À chaque jour suffit sa tâche.* ■ REM. Auj., on ne dit plus *prendre à tâche de faire une chose* mais *prendre quelque chose à cœur.* ■ REM. On ne dit plus auj. *à chaque jour suffit sa tâche* mais plutôt *à chaque jour suffit sa peine.*

2 **TÂCHE,** n. f. [taʃ] (anc. fr. *tasche,* poche, besace, balle de colporteur, du germ. *taska,* bourse) Vieilli Sorte de ballot. ✦ ▷ EN BLOC ET EN TÂCHE, loc. adv. En gros, en masse. *Acheter en bloc et en tâche. Marchander des ouvrages en bloc et en tâche.* ◁

TACHÉOGRAPHE, ■ n. m. [takeograf] (gr. *takhus,* rapide, et *-graphe*) Appareil de visée qui permet de dresser rapidement des plans et des cartes. *L'utilisation d'un tachéographe pour représenter la surface d'un terrain.*

TACHÉOGRAPHIE, n. f. [takeografi] Voy. TACHYGRAPHIE. ■ REM. On prononçait autrefois [taʃeografi].

TACHÉOMÈTRE, ■ n. m. [takeomɛtʁ] (gr. *takhus,* rapide, et *-mètre*) Appareil de visée à laser qui permet de mesurer des angles horizontaux et verticaux ainsi que des distances. *Le tachéomètre est l'un des instruments essentiels du géomètre.*

TACHÉOMÉTRIE, ■ n. f. [takeometʁi] (*tachéomètre*) Technique du levé de plan au moyen d'un tachéomètre. *La tachéométrie électronique.*

TACHÉOMÉTRIQUE, ■ adj. [takeometʁik] (*tachéométrie*) Relatif à la tachéométrie. *Ce géomètre excelle dans le levé tachéométrique.*

TACHER, v. tr. [taʃe] (p.-ê. lat. vulg. *tacticare,* du lat. *tangere,* toucher) Salir, faire une tache. *Tacher du linge avec de l'encre.* ✦ **Fig.** « *Il ne faut qu'une mauvaise action pour tacher la plus belle vie* », ACAD. ✦ Se tacher, v. pr. Faire une tache à ses vêtements. ■ Colorer en donnant l'effet d'une tache. ■ Se tacher, v. pr. Se couvrir de taches en parlant d'un fruit ou d'un végétal. *En pourrissant, les pommes se tachent.* ■ Se salir en parlant d'une chose.

TÂCHER, v. intr. [taʃe] (*tâche*) Faire des efforts pour venir à bout de. « *Je définis la cour un pays où les gens... Sont ce qu'il plaît au prince, ou, s'ils ne peuvent l'être, Tâchent au moins de le paraître* », LA FONTAINE. ✦ Suivi de *à* ou de *y,* travailler à, s'efforcer de. « *Et d'un tel contretemps il fait tout ce qu'il fait, Que, quand il tâche à plaire, il offense en effet* », P. CORNEILLE. « *Il faut y tâcher* », LA FONTAINE. ■ **Fam.** *Il n'y tâchait pas,* il ne l'a pas fait exprès. ✦ **Absol.** Faire des efforts pour une œuvre à laquelle on n'est pas propre. ✦ *Je tâcherai qu'il soit content* est incorrect. Le subjonctif constitue un régime direct, et *tâcher* n'en reçoit pas ; on ne dit pas non plus : *Tâchez à ce qu'il soit content.*

TÂCHERON, ONNE, n. m. et n. f. [taʃ(ə)ʁɔ̃, ɔn] (*tâche*) Homme qui prend de seconde main un travail à faire, et s'en charge, ou le répartit entre quelques ouvriers. ■ Personne assidue et appliquée dans son travail. ■ **Péj.** Personne chargée de tâches ingrates.

TACHETÉ, ÉE, p. p. de tacheter. [taʃ(ə)te] ◆ Marqué de taches nombreuses. *Une peau tachetée.* ◆ **Hist. nat.** Se dit des taches dont on ne détermine pas le nombre. *Feuilles tachetées de rouge.* ◆ **N. f.** Nom de quelques couleuvres.

TACHETER, v. tr. [taʃ(ə)te] (*tache*) Marquer de diverses taches, en parlant de la peau des hommes et des animaux. *Le grand soleil lui a tacheté le visage.* ◆ Il se dit aussi de taches artificielles. *Il faudra tacheter de rouge le fond jaune de cette étoffe.*

TACHETURE, n. f. [taʃ(ə)tyʁ] (*tacheter*) Marques de ce qui est tacheté.

TACHINA n. m. ou **TACHINE**, ■ n. f. [takina, takin] (lat. sav. [XIXᵉ s.] *tachina*, du gr. *takhinos*, rapide, agile, de *takhus*, rapide) **Zool.** Mouche parasitaire velue qui vit dans les milieux humides de toute l'Europe et dont la larve est endoparasite de différentes chenilles. *Des soies noires ornent les derniers segments de l'abdomen des tachinas.*

TACHISME, ■ n. m. [taʃism] (*tache*) Tendance de la peinture abstraite apparue dans les années 1950 à New York, dont la technique consiste dans l'application au pinceau de la peinture en employant spontanément et systématiquement les taches et les coulures. *Henri Michaux fut un des initiateurs du tachisme en France.*

TACHISTE, ■ n. m. et n. f. [taʃist] (*tachisme*) Peintre adepte du tachisme. ■ **Adj.** Relatif au tachisme ou aux tachistes. *Le jeu tachiste des couleurs est un trait marquant de cette peinture.*

TACHISTOSCOPE, ■ n. m. [takistɔskɔp] (gr. *takhistos*, superl. de *takhus*, rapide, et *-scope*) Appareil utilisé pour montrer des images lumineuses à des personnes pendant un court laps de temps afin de pouvoir déterminer les caractéristiques de la perception. *Le tachistoscope est également utilisé pour l'entraînement à la lecture rapide.*

TACHYARYTHMIE, ■ n. f. [takiaʁitmi] (*tachy-* et *arythmie*) **Méd.** Rythme cardiaque anormalement accéléré et irrégulier. *Une tachyarythmie supraventriculaire.*

TACHYCARDIE, ■ n. f. [takikaʁdi] (*tachy-* et *-cardie*) Rythme cardiaque anormalement rapide. *Tachycardie ventriculaire.*

TACHYCARDIQUE, ■ adj. [takikaʁdik] (*tachycardie*) Relatif à la tachycardie. *La fibrillation auriculaire est un trouble tachycardique du rythme cardiaque.*

TACHYGRAPHE, ■ n. m. [takigʁaf] (*tachy-* et *-graphe*) ▷ Celui qui s'occupe de tachygraphie. ◁ ◆ Appareil qui enregistre les vitesses. ■ **Rem.** On prononçait autrefois [taʃigʁaf].

TACHYGRAPHIE ou **TACHÉOGRAPHIE**, n. f. [takigʁafi, takeɔgʁafi] (*tachy-* et *-graphie*) Système d'écriture au moyen duquel on écrit presque aussi vite que parle un orateur. ■ **Rem.** On prononçait autrefois [taʃigʁafi].

TACHYGRAPHIQUE, adj. [takigʁafik] (*tachygraphie*) Qui appartient à la tachygraphie. ■ **Rem.** On prononçait autrefois [taʃigʁafik].

TACHYMÈTRE, ■ n. m. [takimɛtʁ] (*tachy-* et *-mètre*) Instrument servant à mesurer le mouvement de pièces en rotation en nombre de tours par unité de temps. *Le tachymètre d'un compteur de vitesse.*

TACHYON, ■ n. m. [takjɔ̃] (*tachy-* et *-on*, particule) **Phys.** Particule hypothétique qui posséderait une énergie et un mouvement réel et qui pourrait se déplacer à une vitesse supérieure à celle de la lumière. *C'est le physicien G. Feinberg qui créa ce terme en se fondant sur la théorie de la relativité pour démontrer l'existence des tachyons dans les années 1960.*

TACHYPHÉMIE, ■ n. f. [takifemi] (*tachy-* et gr. *phêmê*, parole) **Psych.** Accélération anormale du débit de parole. *La tachyphémie est une des manifestations de la maladie de Parkinson.*

TACHYPNÉE, ■ n. f. [takipne] (*tachy-* et gr. *pnein*, respirer) **Méd.** Rythme respiratoire anormalement accéléré. *La tachypnée est relativement fréquente chez le nourrisson très jeune.*

TACHYPSYCHIE, ■ n. f. [takipsiʃi] (*tachy-* et gr. *psukhê*, âme, esprit) **Psych.** Accélération anormale du rythme de la pensée dans les états de surexcitation psychique, comme les états maniaques. *La tachypsychie a pour conséquence une fuite des idées ainsi que des passages du coq à l'âne ; elle s'accompagne souvent d'une logorrhée.*

TACITE, adj. [tasit] (lat. *tacitus*, dont on ne parle pas, de *tacere*, se taire) Qui n'est point formellement exprimé, mais qui est sous-entendu ou qui se peut sous-entendre. *Convention, consentement tacite.*

TACITEMENT, adv. [tasit(ə)mɑ̃] (*tacite*) D'une manière tacite.

TACITURNE, adj. [tasityʁn] (lat. *taciturnus*) Qui est d'humeur à parler peu. ◆ On dit aussi : *Un esprit, un caractère taciturne.* ◆ **N. m. et n. f.** *Un taciturne.* ◆ *Guillaume le Taciturne* ou **Absol.** *le Taciturne*, Guillaume 1ᵉʳ, prince d'Orange. ◆ **N. m.** Membre d'une secte d'anabaptistes. ■ S'emploie aussi au féminin. *Une taciturne.*

TACITURNEMENT, adv. [tasityʁnəmɑ̃] (lat. *taciturne*) D'une manière taciturne.

TACITURNITÉ, n. f. [tasityʁnite] (lat. *taciturnitas*, action de garder le silence, discrétion) Humeur d'une personne taciturne. ◆ Silence que l'on garde. « *Sortir enfin de sa taciturnité* », VOLTAIRE.

TACLE, ■ n. m. [takl] (angl. *tackle*, de *to tackle*, empoigner, se mesurer avec un adversaire, intercepter) Au football, geste technique qui a pour but de bloquer la progression de l'adversaire qui a le ballon ou de l'en déposséder en effectuant une glissade ou en bloquant avec le pied le ballon.

TACLER, ■ v. tr. [takle] (*tacle*) **Sp.** Faire un tacle. *Ce joueur tacle ses adversaires comme personne.*

TACLEUR, EUSE, ■ n. m. et n. f. [taklœʁ, øz] (*tacler*) Personne qui effectue un tacle. *Ce joueur a été sacré meilleur tacleur du tournoi.*

TACO, ■ n. m. [tako] (mot nahuatl) Spécialité culinaire mexicaine composée d'une galette de maïs garnie de guacamole, de sauce aux tomates rouges ou vertes, de piments, de salade ou de poulet. *La galette de maïs nature s'appelle* tortilla, *elle devient* taco *lorsqu'elle est farcie et elle constitue la base de l'alimentation mexicaine. Des tacos.* ■ **Rem.** Au pluriel, on prononce le *s* final.

1 TACON, ■ n. m. [takɔ̃] (b. lat. *tecco*, jeune saumon, prob. d'orig. gaul.) **Zool.** Stade du développement du saumoneau qui dure de deux à trois années, au cours desquelles il vit dans les rivières. *Le tacon est reconnaissable à sa queue fourchue.*

2 TACON, ■ n. m. [takɔ̃] (anc. b. frq. *takko*, languette, pointe) **Suisse** Pièce de tissu utilisée pour le raccommodage des étoffes.

TACONEOS ou **TACONÉOS**, ■ n. m. pl. [takoneos] (mot esp., de *taconear*, frapper du talon) Action de frapper le sol à coups de talons rythmés lorsque l'on danse le flamenco. *Les taconeos d'une danseuse de flamenco.*

TACOT, ■ n. m. [tako] (radic. onomat. *takk-*) **Fam.** Vieille voiture, généralement en mauvais état. *Il n'avance pas, ton tacot !*

TACT, n. m. [takt] (lat. *tactus*, action de toucher, sens du toucher, tact, de *tangere*, toucher) Celui des cinq sens qui appartient à l'organe cutané, et qui fait juger de certaines qualités des corps, de leur solidité ou de leur fluidité, de leur humidité ou de leur sécheresse, de leur température, etc. ◆ **Fig.** Jugement sûr et fin en matière de goût, de convenances, d'usage du monde. *Avoir du tact.* ◆ ▷ *Tact médical*, habileté à juger du caractère d'une maladie et des moyens qui y conviennent. ◁

TAC-TAC, n. m. [taktak] (radic. onomat. *takk-*) Mot qui sert à exprimer un bruit réglé. *S'endormir au tac-tac d'un moulin.*

TACTICIEN, IENNE, n. m. et n. f. [taktisjɛ̃, jɛn] (*tactique*) Personne qui entend bien la tactique. ◆ **Fig.** *Un habile tacticien*, un homme qui sait manœuvrer dans les affaires de la vie, de la politique, etc.

TACTILE, adj. [taktil] (lat. *tactilis*, tangible, palpable) Qui est ou qui peut être l'objet du tact. *Les qualités tactiles des objets.* ◆ Qui a rapport au tact, au toucher. *Organe, sensations tactiles.* ■ **Écran tactile**, écran commandé au toucher. *Un écran tactile est un écran équipé d'une pellicule optoélectronique permettant de pointer directement à l'écran à l'aide du doigt.*

TACTILEMENT, adv. [taktil(ə)mɑ̃] (*tactile*) D'une manière tactile.

TACTION, n. f. [taksjɔ̃] (lat. *tactio*, de *tangere*, toucher) Action de toucher.

TACTIQUE, ■ n. f. [taktik] (gr. *taktikê* [*tekhnê*], art de ranger ou de faire manœuvrer des troupes, de *tassein*, assigner un poste) L'art de combattre et d'employer les trois armes principales, infanterie, cavalerie et artillerie, dans les terrains et les positions qui leur sont favorables. ◆ On dit de même : *Tactique navale.* ◆ **Adj.** *Le bataillon est l'unité tactique de l'infanterie.* ◆ **Fig.** Manière de conduire ou de diriger les corps délibérants. ◆ **Fig.** Marche qu'on suit, moyen dont on se sert pour réussir.

TACTIQUEMENT, ■ adv. [taktik(ə)mɑ̃] (*tactique*) En suivant une tactique. *Ce match a été tactiquement parfait.*

TACTISME, ■ n. m. [taktism] (gr. *taktos*, réglé, déterminé) **Biol.** Mouvement d'un être vivant dirigé par un facteur externe.

TADJIK, IKE, ■ n. m. et n. f. [tadʒik] (pers. *tajik*) Originaire ou habitant du Tadjikistan. *Un Tadjik, une Tadjike.* ■ **N. m.** Langue appartenant au groupe iranien de la famille des langues indo-européennes, parlée principalement en Asie centrale et qui s'écrit au moyen de l'alphabet cyrillique. ■ **Adj.** Relatif au Tadjikistan, aux Tadjiks, à leur culture ou à leur langue. *La culture folklorique tadjike.*

TADORNE, ■ n. m. [tadɔʁn] (orig. inc.) Gros canard d'Asie centrale vivant sur les lagunes d'eau saumâtre et les lacs salés et dont le plumage est fauve orangé, à l'exception de la tête qui est plus claire. *Le nid des tadornes est généralement édifié dans un terrier de lapin abandonné en bordure d'eau.*

TAEKWONDO, ■ n. m. [taekwɔ̃do] (coréen *tae*, pied, *kwon*, poing et *do*, voie) Art martial coréen consistant en une combinaison de coups donnés avec le pied et le poing. *Aujourd'hui, le taekwondo est le troisième art martial pratiqué en France après le judo et le karaté.*

TAEL, n. m. [taɛl] (port. *tael*, du malais *tahil*) Unité de poids valant une once d'argent et servant en Chine de valeur monétaire.

TÆNIA, ■ n. m. [tenja] (var. de *ténia*) Voy. TÉNIA.

TÆNIASE ou **TÆNIASIS**, ■ n. f. [tenjaz, tenjazis] Voy. TÉNIASE.

TÆNICIDE, ■ adj. [tenisid] Voy. TÉNICIDE.

TAF, ■ n. m. [taf] (orig. inc.) **Arg.** Peur. « *T'as le taf, Pépé? Non, l'taf et les foies verts* », CARCO. ■ **Fam.** Travail. *Qu'est-ce que j'ai comme taf en maths cette année! « Tu parles que si j'avais du taf, j'viendrais pas faire la manche dans ce trou à rats! »*, DEGAUDENZI.

TAFFE, ■ n. f. [taf] (orig. inc.) **Très fam.** Bouffée de cigarette. *J'ai plus de clopes, je peux tirer une taffe sur la tienne?*

TAFFETAS, n. m. [taf(ə)ta] (pers. *tafta*, ce qui est tissé, de *taftan*, tisser) Étoffe de soie unie et brillante. *Robe, ruban de taffetas.* ◆ **Pharm.** *Taffetas d'Angleterre* ou *taffetas gommé*, sparadrap préparé en appliquant sur du taffetas une couche de colle de poisson dissoute dans la teinture de benjoin à chaud. ◆ *Taffetas vésicatoire* ou *épispastique*, sparadrap agglutinatif rendu vésicant.

TAFIA, n. m. [tafja] (mot créole, aphérèse de *ratafia*) L'eau-de-vie de cannes, qui se fait avec les écumes et les gros sirops de sucre. Voy. GUIL-DIVE.

TAG, ■ n. m. [tag] (mot angl., insigne) Graphisme mural illégal fait à la peinture en bombe, à visée artistique, revendicatrice ou identitaire. *Une façade pleine de tags.*

TAGAL ou **TAGALOG**, ■ n. m. [tagal, tagalɔg] (malais *taga*, indigène) Langue appartenant au groupe malayo-polynésien des langues austroné-siennes et parlée en Asie du Sud-Est. *Le tagal ou tagalog est la base du pili-pino, une des langues officielles des Philippines.*

TAGÈTE ou **TAGETTE**, ■ n. m. [taʒɛt] (lat. sav.[XVIᵉ s.]*tagetes*, du lat. *Tages*, divinité étrusque qui enseigna l'art de la divination) Plante ornementale appréciée pour ses fleurs jaunes ou oranges. *L'huile essentielle de tagète est extraite des parties aériennes fleuries récoltées par cueillette.*

TAGINE ou **TAJINE**, ■ n. m. [taʒin] (ar. *tagin*, plat de terre, ce que l'on y met à cuire) Récipient en terre vernissée à couvercle conique dans lequel on cuit en mijotée une spécialité marocaine. ◆ **Par méton.** Spécialité culinaire consistant à faire mijoter ensemble dans ce récipient viande et légumes, accompagnés d'aromates, d'amandes, de pruneaux ou de citrons confits.

TAGLIATELLE, ■ n. f. [taglijatɛl] ou [taljatɛl] (mot it., de *tagliare*, tailler) Longue pâte alimentaire mince et plate ressemblant à un ruban. *Tagliatelles au saumon.*

TAGME, ■ n. m. [tagm] (gr. *tagma*, ce qui est mis en ordre, de *tassein*, ranger, ordonner) **Zool.** Région corporelle distincte d'un animal. *Le thorax d'un criquet est le tagme spécialisé pour la marche et le vol.*

TAGUER, ■ v. intr. [tage] (*tag*) Faire des tags. *Ce mur a été tagué cette nuit.* ■ V. tr. Revêtir d'un tag. *Taguer les couloirs du métro.*

TAGUEUR, EUSE, ■ n. m. et n. f. [tagœr, øz] (*taguer*) Personne qui dessine des tags. *Certains tagueurs revendiquent le côté artistique du tag.*

TAHITIEN, IENNE, ■ n. m. et n. f. [taisjɛ̃, jɛn] (*Tahiti*) Habitant ou origi-naire de Tahiti. *Un Tahitien, une Tahitienne.* ■ N. m. Langue parlée dans l'ensemble de la Polynésie française. *En Polynésie française, on parle diverses variantes du tahitien qui ne constitue pas une langue à proprement parler mais une sous-famille des langues autronésiennes.* ■ Adj. *Le tamouré est une danse tahitienne.* ■ *Poisson à la tahitienne*, préparation culinaire consistant à faire mariner du poisson cru coupé en cubes dans du lait de coco et du jus de citron. *Saumon, thon à la tahitienne.*

TAI, ■ n. m. [teai] (sigle de *Temps atomique international*) Calcul de co-ordonnées de repérage temporel à partir des indications données par 230 horloges atomiques réparties dans le monde entier. *Le TAI permet de calculer une échelle du temps uniforme.*

TAÏAUT interj. ou **TAYAUT**, [tajo] (interj *ta* et *ho*) Cri du chasseur, quand il appelle les chiens pour les lancer après la bête.

TAI-CHI-CHUAN ou **TAI-CHI**, ■ n. m. [tajʃiʃwan, tajʃi] (mot chin., de *taiji*, et *quan*, combat) Arts martial chinois traditionnel, fondé sur la double polarité du yin et du yang permettant la méditation en mouve-ment et le travail de l'énergie par le biais de mouvements de gymnastique.

Le tai-chi-chuan est un savant mélange de gestes et de postures à réaliser en les enchaînant, qui évoque à la fois une danse lente et un combat au ralenti.

TAÏCOUN ou **TAÏCOUNE**, n. m. [tajkun] (mot jap., chef du pouvoir tem-porel) Nom d'un des feudataires du souverain du Japon, qui avait fini par prendre la plus grande partie de l'autorité souveraine.

TAÏCOUNAT, n. m. [tajkuna] (*taïcoun*) Autorité du taïcoun.

TAIE, n. f. [tɛ] (lat. *theca*, gaine, cassette, du gr. *thêkê*, boîte, de *tithenai*, po-ser) Linge en forme de sac qui sert d'enveloppe à un oreiller. ◆ Nom donné vulgairement aux diverses taches blanches et opaques qui se forment sur la cornée. ◆ **Fig.** « *les grosses taies que l'enthousiasme étend sur les prunelles d'un auteur, dans la première ivresse d'une composition rapide* », VOLTAIRE.

TAÏGA, n. f. [tajga] ou [taiga] (mot russe) Forêt de conifères se trouvant en zone tempérée au Nord ou en haute altitude. *La taïga de la cordillère.*

TAIJI, ■ n. m. [tajʃi] (mot chinois, de *tai*, ultime, suprême, et *ji*, limite) Symbole cosmogonique du yin et du yang dont l'union est censée être le principe de l'univers. *La représentation graphique du taiji est un cercle noir et blanc, dans la partie noire se trouvant un point blanc et vice versa. Dessiner des taijis.*

TAÏKONAUTE, ■ n. m. et n. f. [tajkonot] (chin. *taïkong*, espace, cosmos, et *-naute*) Astronaute chinois. *Yang Liwei a été le premier taïkonaute envoyé dans l'espace en octobre 2003.*

TAILLABLE, adj. [tajabl] (*tailler*) Sujet à la taille. *La gent corvéable, taillable.* ◆ N. m. et n. f. Un taillable. ◆ Il se disait des provinces et des villes dont les habitants étaient sujets à la taille. ◆ Il se disait encore des terres et des biens sur lesquels on imposait la taille. ■ Adj. *Taillable et corvéable à merci*, dont on profite.

TAILLADE, n. f. [tajad] (ital. *tagliata*, entaille, de *tagliare*, tailler) Coupure, entaille dans les chairs. *On lui a fait des taillades au visage.* ◆ Coupures en long qu'on fait dans de l'étoffe, dans des habits. *Pourpoint de satin à taillade.* ◆ Incision faite à un arbre. ◆ Sorte d'épée tranchante, autrefois en usage.

TAILLADÉ, ÉE, p. p. de taillader. [tajade]

TAILLADER, v. tr. [tajade] (*taillade*) Faire des taillades. *Taillader un pour-point. Le chirurgien le tailladait.* ◆ **Fig.** Faire des coupures, des suppressions dans un écrit.

TAILLANDERIE, n. f. [tajɑ̃d(ə)ʀi] (*taillandier*) Métier, commerce du taillandier. ◆ Ouvrages du taillandier.

TAILLANDIER, n. m. [tajɑ̃dje] (*taillant*, p. prés. de *tailler*) Artisan qui fait toute sorte d'outils pour les charpentiers, les charrons, les laboureurs, comme faux, haches, cognées, serpes. ◆ Adj. *Ouvrier taillandier.*

TAILLANT, n. m. [tajɑ̃] (*tailler*) Tranchant d'un couteau, d'une épée, etc.

TAILLAULE, n. f. [tajol] (mot suisse rom.) Spécialité pâtissière neufchâ-teloise composée de brioche aux raisins secs. *Taillaule au beurre, à la crème.*

TAILLE, n. f. [taj] (*tailler*) Tranchant d'une épée. « *Ils frappent de pointe et de taille* », VOLTAIRE. ◆ *Arme d'estoc et de taille*, celle qui agit de la pointe et du tranchant. ◆ *D'estoc et de taille*, de la pointe et du tranchant. ◆ **Fig.** « *N'importe, parlons-en [d'une bataille] et d'estoc et de taille, Comme ocu-laire témoin* », MOLIÈRE. ◆ Manière dont on coupe certaines choses. *La taille d'un habit.* ◆ *Habit galonné sur les tailles*, habit galonné sur toutes les coutures. ◆ *Taille des arbres*, opération dans laquelle on coupe aux arbres fruitiers des bourgeons ou des branches, à l'effet de leur donner une forme particulière, de leur faire produire chaque année des fruits, ou de maintenir entre les diverses parties un certain équilibre. ◆ *Taille des ruches*, opération par laquelle on enlève aux abeilles le superflu de leur miel et de leur cire. ◆ Manière dont on coupe une plume d'oie pour écrire. ◆ Manière dont on coupe la pierre, le bois avec art et selon certaines dimensions. *La taille des pierres.* ◆ *Pierre de taille*, toute pierre, dure ou tendre, qu'on a dressée avec l'instrument. ◆ Manière dont on travaille les pierres précieuses. *La taille du diamant.* ◆ *Taille en rose, en brillant*, Voy. ROSE Voy. BRILLANT. ◆ **Grav.** Incision faite avec le burin dans le cuivre ou dans toute autre matière. ◆ *Gravure en taille-douce*, Gravure faite sur une planche de cuivre avec le bu-rin seul, sans le secours de l'eau-forte. ◆ *Taille-douce*, estampe tirée sur une taille-douce. ◆ Au pl. Des tailles-douces. ◆ **Chir.** Opération par laquelle on extrait les calculs formés dans la vessie. ◆ Bois coupé qui commence à re-pousser. *Une taille de deux ans.* ◆ Longueur du corps humain de la plante des pieds au vertex. ◆ ▷ **Absol.** *Ne pas avoir la taille*, ne pas avoir la taille exigée pour le service militaire. ◁ ◆ *Être de taille à*, être assez grand, assez fort pour..., au propre et au figuré. ◆ **Fam.** Longueur de toute sorte d'ob-jets. « *Le papier et mon écriture font paraître cette lettre d'une taille excessive* », MME DE SÉVIGNÉ. ◆ La hauteur et la grosseur des animaux. « *Une grenouille vit un bœuf Qui lui sembla de belle taille* », LA FONTAINE. ◆ conformation du corps depuis les épaules jusqu'à la ceinture. *Avoir la taille fine.* ◆ Cette *femme n'a point de taille*, elle est grosse et courte. ◆ Petit bâton divisé en deux parties qui se rapportent et sur lesquelles le vendeur et l'acheteur font des coches pour marquer la quantité de pain, de viande fournie et reçue. ♦ Sous l'ancienne monarchie, *la taille ou les tailles,* imposition qu'on levait sur les personnes qui n'étaient pas nobles ou ecclésiastiques. *Taille personnelle,* celle qui se levait sur chaque personne taillable. *Taille réelle,* celle qui se levait sur les terres et les possessions taillables. ♦ Au pharaon, au vingt et un, la série complète des coups qui se suivent, jusqu'à ce que le banquier ait retourné toutes les cartes du jeu qu'il a dans la main. ♦ **Mus.** Autrefois, partie vocale intermédiaire entre la basse et la haute-contre, et aussi la voix de ténor. ♦ *Haute-taille,* voix qui approche de la haute-contre. ♦ *Basse-taille,* le ténor grave. On donne aujourd'hui à toutes les basses profondes. ♦ *Basse-taille,* en sculpture, se disait des figures de peu de saillie exécutées sur le marbre, sur la pierre, le bronze, etc. On dit maintenant bas-relief. ■ Dimension standard des vêtements. ■ Partie d'un vêtement qui correspond à la taille de la personne. ■ Adéquation entre le corps et un vêtement. *Ce pantalon n'est pas à ma taille.*

TAILLÉ, ÉE, p. p. de tailler. [taje] ♦ Cote mal taillée, Voy. COTE. ♦ Hérald. Se dit d'un écu lorsqu'il est partagé en deux parties égales par une ligne tirée de la gauche du chef à la droite de la pointe. ♦ *Bien, mal taillé,* qui a un corps bien ou mal fait, bien ou mal proportionné. ♦ **Fig.** *Être taillé à, être taillé pour,* avoir la capacité de. ■ REM. Auj. *bien, mal taillé,* se dit pour des vêtements. *Un costume bien taillé, une robe mal taillée.*

TAILLE-CRAYON, n. m. [taj(ə)krɛjɔ̃] (*tailler* et *crayon*) Petit instrument pour tailler les crayons, formé d'une lime montée sur métal ou sur bois. ♦ Au pl. Des taille-crayons.

TAILLE-DOUCE, ■ n. f. [taj(ə)dus] (*taille* et *doux*) Technique de gravure en creux sur plaque de cuivre, apparue simultanément en Italie et en Allemagne vers 1450. *Timbre gravé en taille-douce.* ■ Estampe obtenue grâce à cette technique. *Livres illustrés de tailles-douces.*

TAILLE-HAIE, ■ n. m. [taj(ə)hɛ] (*tailler* et *haie*) Instrument utilisé pour tailler les haies. *Des taille-haies électriques, sans fil, thermiques.*

TAILLE-MER, n. m. [taj(ə)mɛr] (*tailler* et *mer*) **Mar.** Pièce de bois saillante, appliquée sur le devant de l'étrave, et servant à couper l'eau. ♦ Goéland brun. ♦ Au pl. *Des taille-mer ou des taille-mers.*

TAILLE-PLUME, n. m. [taj(ə)plym] (*tailler* et *plume*) ▷ Instrument pour tailler une plume à écrire, d'un seul coup et d'un seul mouvement. ♦ Au pl. Des taille-plumes. ◁

TAILLER, v. tr. [taje] (lat. tardif *taliare,* du lat. *talea,* pieu, bouture, solive) Retrancher aux arbres certaines branches pour leur donner une certaine forme ou pour les mettre à fruit. *Tailler un arbre.* ♦ **Absol.** *On taille avec la serpette ou le sécateur.* ♦ Retrancher d'une matière, avec un instrument tranchant ou autre, ce qu'il y a de superflu, pour lui donner une forme, la rendre propre à un usage. *Tailler une pierre, une grotte dans le roc, des diamants, etc.* ♦ **Fig.** Donner une certaine longueur à quelque chose. « *Taille-t-on vos avis à une certaine mesure?* », PASCAL. ♦ Sculpter. « *L'art se tailla des dieux d'or, d'argent et de cuivre* », BOILEAU. ♦ Couper en plusieurs morceaux, en plusieurs pièces, soit avec des ciseaux, soit avec le couteau. *Tailler des chemises, un manteau, du pain par morceaux, etc.* ♦ **Absol.** *Cet ouvrier taille bien.* ♦ ▷ **Fig.** *Tailler et rogner,* disposer des choses à sa fantaisie. ◁ ♦ ▷ *Tailler la soupe,* couper le pain en tranches minces pour les tremper avec le bouillon. ◁ ♦ **Fig. et fam.** *Tailler des bavettes,* Voy. BAVETTE. ♦ ▷ *Tailler de l'ouvrage, de la besogne,* couper une étoffe de manière qu'il n'y ait plus qu'à coudre. ◁ ♦ ▷ **Fig.** *Tailler de la besogne à quelqu'un,* tailler de l'ouvrage, lui donner beaucoup de choses à faire, et aussi lui susciter beaucoup d'embarras. ◁ ♦ ▷ *Tailler les morceaux,* couper le pain, la viande par morceaux, de manière qu'il n'y ait plus qu'à manger. ◁ ♦ **Fig.** *Tailler les morceaux à quelqu'un,* lui prescrire ce qu'il doit faire, lui limiter ce qu'il doit dépenser. ◁ ♦ *Tailler un habit en plein drap,* couper un habit dans une pièce de drap entière. ♦ ▷ **Fig.** *Il taille en plein drap,* se dit d'un homme qui a toute liberté de s'étendre, de faire, de dépenser, etc. ◁ ♦ **Fig.** *Tailler en pièces une armée,* la défaire entièrement. *Tailler des croupières,* Voy. CROU-PIÈRE. ♦ ▷ *Tailler les mouches, les ruches,* enlever une partie des provisions que les abeilles y ont placées. ◁ ♦ ▷ **Mar.** *Tailler un bâtiment,* l'évider par devant, pour lui donner une marche supérieure. ◁ ♦ ▷ **Absol.** *Tailler de l'avant,* avoir de la vitesse. ◁ ♦ **Chir.** Faire l'opération de la taille. ♦ Diviser un marc d'or ou d'argent en une certaine quantité de pièces égales de monnaie. ♦ Anciennement, mettre à la taille, imposer. *Tailler le peuple.* ♦ **V. intr.** Couper en taillant. *L'épée gauloise n'avait pas de pointe et par conséquent on ne pouvait s'en servir que pour tailler.* ♦ **Fig.** Au jeu, être banquier, tenir les cartes et jouer seul contre tous les autres joueurs. ♦ *Se tailler,* v. pr. Être taillé. *Cette pierre se taille facilement. Les arbres se taillent au printemps.* ♦ *Se tailler en pièces,* se dit d'une troupe qui tourne ses armes contre elle-même. ■ **Fam.** *Tailler une veste, un costard à quelqu'un,* en dire du mal. ■ **Fam.** *Se tailler,* v. pr. Partir rapidement. *Dès qu'il l'a vue, il s'est taillé en courant! ♦ Se tailler la part du lion,* se réserver la meilleure part. ♦ REM. On dit auj. *tailler une bavette à quelqu'un* pour dire que l'on parle avec cette personne.

TAILLERESSE, n. f. [taj(ə)rɛs] (*tailler*) Anc. t. de monnaie. Ouvrière qui réduit les pièces au poids de l'ordonnance.

TAILLERIE, n. f. [taj(ə)ri] (*tailler*) Arts de tailler le diamant ; lieu où on le taille.

TAILLEUR, n. m. [tajœr] (*tailler*) Celui qui taille. *Tailleur d'habits. Tailleur de pierre.* ♦ **Absol.** Artisan qui fait des habits. ♦ ▷ *Tailleur pour chemises,* chemisier. ♦ **Adj.** *Garçon tailleur.* ♦ *Tailleur pour dames,* tailleur qui fait des manteaux et autres vêtements de drap pour les dames. ♦ Ouvrier qui taille le diamant, les cristaux. ♦ Chirurgien lithotomiste. ♦ Celui qui taille dans une maison de jeu. ■ Ouvrier qui taille les arbres. ■ Tenue vestimentaire féminine associant une veste et une jupe taillées dans la même étoffe. ■ *Un tailleur-pantalon,* tenue féminine associant une veste et un pantalon taillés dans la même étoffe. *Elle s'est acheté deux tailleurs-pantalons.* ■ *Assis en tailleur,* les jambes entrecroisées sur le sol.

TAILLEUR-PANTALON, ■ n. m. [tajœrpɑ̃talɔ̃] Voy. TAILLEUR.

TAILLEUSE, n. f. [tajøz] (*tailler*) Couturière qui coupe les vêtements de femmes.

TAILLIS, adj. m. [taji] (*tailler*) *Bois taillis,* bois crû sur souches et par rejetons, que l'on taille, que l'on coupe de temps en temps. ♦ **N. m.** *Un taillis,* un bois taillis. ♦ **Fig.** *Gagner le taillis,* se mettre en lieu de sûreté. ♦ Mode d'exploitation d'une forêt, qui ne donne que des bois de faibles dimensions.

TAILLOIR, n. m. [tajwar] (*tailler*) **Archit.** Partie supérieure du chapiteau des colonnes ; tablette sur laquelle pose l'architrave.

TAILLOLE, ■ n. f. [tajɔl] (a. provenç. *talhola,* de *talhar,* tailler) Longue ceinture d'étoffe de couleur, généralement rouge. *C'est surtout en Provence et en Catalogne que l'on a porté la taillole, enroulée plusieurs fois sur la taille et maintenant le pantalon.*

TAILLON, n. m. [tajɔ̃] (*taille*) Imposition de derniers qui était comme un supplément de la taille.

TAIN, n. m. [tɛ̃] (altération de *étain*) Amalgame qui a la propriété d'adhérer au verre, et qui se fait en mettant sur une glace placée horizontalement une feuille d'étain qu'on recouvre de mercure. *Mettre une glace au tain.* ♦ **N. f.** *Glace sans tain,* miroir sans couche de cuivre ou de plomb généralement utilisé pour espionner car il possède la particularité de permettre de voir sans être vu.

TAION, n. m. [tajɔ̃] Voy. TAYON.

TAIRE, v. tr. [tɛr] (réfection d'après *faire* de l'anc. fr. *taisir,* du lat. *tacere,* garder le silence) Ne pas dire, cacher. « *La grande maxime ou, pour mieux parler, le grand abus de la science du monde, est de taire les vérités désagréables* », BOURDALOUE. ♦ *Se taire,* v. pr. S'abstenir de parler. *Ils se sont tus.* ♦ Fig « *Quoi! même vos regards ont appris à se taire* », RACINE. ♦ Ne pas exhaler son chagrin. « *La douleur qui se tait n'en est que plus funeste* », RACINE. ♦ Ne pas divulguer un secret. « *Quiconque ne sait pas se taire est indigne de gouverner* », FÉNELON. ♦ *Se taire de,* passer sous silence. « *On parle d'eaux, de Tibre et l'on se tait du reste* », P. CORNEILLE. ♦ ▷ *Ne pouvoir se taire d'une chose,* céder à un sentiment qui porte à publier une chose. ◁ ♦ Être passé sous silence. *Un pareil fait ne peut se taire.* ♦ En parlant des animaux et des choses, cesser de faire du bruit. *Les oiseaux se taisent dans les airs.* « *En même temps les vents se turent* », FÉNELON. ♦ **Fig.** Ne pas parler, avec un nom de chose pour sujet. « *Quoi! l'univers se tait sur le destin d'Égisthe!* », VOLTAIRE. ♦ **Fig.** Cesser d'avoir de l'influence, de se faire sentir. « *Il faut que les sens et les passions se taisent, si l'on veut entendre la parole de la vérité* », MALEBRANCHE. ♦ Se soumettre. « *Tous les Romains se sont tus devant moi* », MONTESQUIEU. ♦ *Faire taire (avec ellipse du pronom personnel),* imposer silence, réduire au silence. *Faites taire ce bavard.* ♦ ▷ *Faire taire le canon de l'ennemi,* le mettre hors d'état de tirer. ◁ ♦ **Fig. et** dans le langage soutenu. Faire taire son ressentiment. « *Jules [César]... Qui fit taire les lois dans le bruit des alarmes* », RACINE.

TAISEUX, EUSE, ■ n. m. et n. f. [tezø, øz] (anc. fr. *taisir,* du lat. *tacere,* se taire) **Belg.** Personne peu loquace, qui parle peu. ■ **Adj.** *Ils sont tellement taiseux dans cette famille qu'il est impossible de savoir ce qu'ils pensent.*

TAISSON, n. m. [tesɔ̃] (lat. tardif *taxo*) Autre nom du blaireau.

TAÏWANAIS, AISE, ■ n. m. et n. f. [tajwanɛ, ɛz] (*Taïwan,* île au S-E de la Chine) Originaire ou habitant de l'île de Taïwan. *Un Taïwanais, une Taïwanaise.* ■ **Adj.** *Le thé au lait perlé est une spécialité taïwanaise.*

TAJINE, ■ n. m. [taʒin] Voy. TAGINE.

TAKE-OFF, ■ n. m. [tɛkɔf] (mot angl. de *to take off,* prendre son élan) Phase de développement économique d'un pays qui s'accompagne d'un progrès des techniques et des qualifications, ainsi que de l'évolution des mentalités et des événements politiques. *Des take-off.* ■ REM. Recomm. offic. *décollage.*

TAL, ■ n. m. [tal] (sigle de *Traitement automatique des langues*) **Ling.** Conception de logiciels ou de programmes informatiques capables de traiter automatiquement des données exprimées dans une langue. *Le TAL met* *en œuvre des connaissances linguistiques très complètes relevant des niveaux de la morphologie, de la syntaxe, de la sémantique et de la pragmatique, ainsi que des connaissances informatiques.*

1 **TALA**, ■ n. m. et n. f. [tala] (argot des élèves de l'ENS, p.-ê. de *talapoin* ou de *[ceux qui von]t à la [messe]*) **Arg.** Catholique pratiquant qui suit les cours de l'école normale supérieure.

2 **TALA** ou **TAAL**, ■ n. m. [tala, tal] (mot skr., rythme) Structure musicale hindoue constituée d'un nombre fixe de schémas métriques exprimés au cours de l'apprentissage sous la forme d'onomatopées. *Des talas, des taals.*

TALAPOIN, n. m. [talapwɛ̃] (port. *talapão*, du birman dial. *tala pôi*, monseigneur) Nom donné aux prêtres bouddhistes de Siam par les Européens.

TALC, n. m. [talk] (ar. *talq*) « Silicate de magnésie anhydre, substance verdâtre, blanchâtre ou grisâtre, le plus souvent feuilletée, susceptible de se diviser en lames minces plus ou moins transparentes ; elle est douce et onctueuse au toucher », BEUDANT. ■ Cette substance réduite en poudre. *Mettre du talc sur les fesses d'un bébé.*

TALÉ, ÉE, ■ adj. [tale] (p. p. de *taler*) Se dit d'un fruit abîmé, meurtri. *Des pêches talées.*

TALED, n. m. [talɛd] Voy. TALLITH.

TALENT, n. m. [talɑ̃] (lat. *talentum*, du gr. *talanton*, plateau de balance, poids, monnaie, de *tlênai*, supporter) Nom d'un poids, chez les Grecs, qui variait suivant les pays. ◆ ▷ *Talent d'argent, talent d'or*, valeur de compte qui désignait le poids d'un talent en argent, en or. *Le talent en argent de 19 440 grammes valait 4 140 francs, et celui de 27 000 grammes valait 5 750 francs. Le talent d'or valait environ seize fois autant que le talent d'argent.* ◁ ◆ ▷ *Parabole des talents*, parabole dans laquelle un maître, partant en voyage, donne des talents à ses serviteurs ; le premier et le second les font valoir ; le troisième enfouit le sien. ◁ ◆ *Enfouir le talent ou son talent*, ne pas faire valoir les avantages qu'on possède. ◆ **Fig.** Aptitude distinguée, capacité, habileté donnée par la nature ou acquise par le travail. « *Ne forçons point notre talent ; Nous ne ferions rien avec grâce* », LA FONTAINE. ◆ *Enfouir ses talents*, rendre ses talents inutiles ou par modestie, ou par défaut d'habileté, ou par paresse. ◆ ▷ **Fig. et fam.** *Il n'a pas le talent de vous plaire*, se dit par une sorte de reproche à quelqu'un qui a pour un autre une aversion mal motivée. ◁ ◆ *Demi-talent*, habileté incomplète dans un art, dans les lettres. ◆ *Homme de talent*, celui qui a du talent. ◆ *Homme à talents*, celui qui est habile en différents arts. ◆ *Peintre à talent*, celui qui s'applique à quelque genre particulier de peinture, comme le portrait, le paysage, les batailles, les animaux, etc. ◆ *La personne même qui possède un talent.* « *Les talents dénués de fortune aspirent tous à Paris* », FONTENELLE. ◆ ▷ *Demi-talent*, celui qui ne possède qu'un demi-talent. ◆ *Pour un homme à talents qui s'élève, il sort de dessous terre mille demi-talents qu'on accueille pendant deux jours, qu'on précipite ensuite dans un éternel oubli* », VOLTAIRE. ◁

TALENTUEUX, EUSE, ■ adj. [talɑ̃tɥø, øz] (*talent*) Qui a du talent. *Des comédiens talentueux.*

TALER, n. m. [talɛʀ] Voy. THALER.

TALET, ■ n. m. [talɛt] Voy. TALLITH.

TALIBAN, ■ n. m. [talibɑ̃] (mot afghan, plur. de l'ar. *talib*, élève d'école religieuse) Membre d'un mouvement fondamentaliste musulman d'origine afghane qui prône le retour à un islam pur, imposant la charia comme fondement du droit. *Les talibans dirigèrent l'Afghanistan de 1996 à 2001.*

TALIBÉ, ■ n. m. [talibe] (ar. *talib*, élève) **Afriq.** Enfant confié à une école coranique par ses parents.

TALION, n. m. [taljɔ̃] (lat. *talio*, de *talis*, tel, de cette nature) Punition qui consiste à traiter le coupable de la même manière qu'il a traité les autres. *La loi du talion.* ◆ *Loi du talion*, loi visant à mettre en application la formule biblique, œil pour œil, dent pour dent.

TALISMAN, n. m. [talismɑ̃] (pers. *tilism*, plur. *tilismat*, amulette, sortilège, de l'ar. *tilasm*, du gr. byz. *telesma*, objet consacré) Nom qu'on donne à certaines figures ou caractères gravés sur la pierre ou sur le métal, auxquels on attribue des relations avec les astres, et des vertus extraordinaires, suivant la constellation sous laquelle ils ont été gravés. ◆ ▷ **Fig.** *Avoir un talisman pour se faire aimer.*

TALISMANIQUE, adj. [talismanik] (*talisman*) Qui appartient au talisman. « *Des caractères talismaniques* », LESAGE.

TALITRE, ■ n. m. [talitʀ] (lat? sav. [XIXᵉ s.] *talitrus*, du lat. impér. *talitrum*, chiquenaude) **Zool.** Amphipode herbivore qui vit enfoui dans les algues ou le sable et dont la taille n'excède pas deux centimètres. *Le talitre est également connu sous le nom de* puce des mers *ou* crevette des sables.

TALKIE-WALKIE, ■ n. m. [tokiwoki] (anglo-amér. *walkie-talkie*, de *to walk*, marcher, et *to talk*, parler) Émetteur récepteur en semi-duplex, l'émission et la réception se faisant en alternance, qu'on utilise par deux, d'une portée de plusieurs kilomètres, se présentant sous forme d'un petit poste de radio portatif, régulièrement utilisé par les policiers, les secours, les corps sécuritaires en opération sur un terrain. *Des talkies-walkies.*

TALK-SHOW, ■ n. m. [tokʃo] (mot anglo-amér., de *to talk*, parler, et *show*, spectacle) Émission de télévision consistant en une conversation entre animateur ou animatrice et invités. *Des talk-shows.*

TALLAGE, ■ n. m. [talaʒ] Voy. TALLEMENT.

TALLE, n. f. [tal] (lat. *thallus*, tige, du gr. *thallos*, jeune pousse) Branche enracinée qu'un arbre pousse à son pied. ■ Branches ou jeunes tiges qui s'élèvent soit de la racine, soit de la tige souterraine des plantes annuelles ou herbacées, et qui forment par leur réunion une touffe plus ou moins considérable.

TALLEMENT, n. m. [tal(ə)mɑ̃] (*taller*) Action de taller. ◆ Succession des phénomènes produisant la talle. *Le tallement des blés.* ■ On dit aussi auj. *tallage.*

TALLER, v. intr. [tale] (*talle*) Pousser une ou plusieurs talles. ◆ Se dit des plantes dont la nature ou l'art étale les racines, et leur fait produire un plus grand nombre de drageons. ◆ Il se dit particulièrement des céréales. *Les blés ont bien tallé*, c'est-à-dire ont poussé plusieurs chaumes.

TALLIPOT, n. m. [talipo] (malaya *talipat*, du sansc. *talapattra*, de *tala*, palmier, et *pattra*, feuille) Espèce de palmier qui croît à Ceylan et au Malabar, et dont les feuilles sont très grandes.

TALLITH ou **TALET**, n. m. [talit, talɛt] (hébr. *tallith*, couverture, châle de prière) Voile dont les Juifs se couvrent la tête dans les synagogues. ◆ **Au** pl. *Des talliths, des talets.* ■ REM. On disait autrefois *taled.*

TALMOUSE, n. f. [talmuz] (ar. *talmusa*, pâtisserie) Pâtisserie sucrée, dans laquelle il entre de la crème, du fromage et des œufs. ◆ **Pop.** Soufflet, coup de poing.

TALMUD, n. m. [talmyd] (mot hébr., enseignement, étude, de *lamad*, étudier) Ancien recueil des lois, coutumes, traditions et opinions des Juifs compilées par leurs docteurs. *Le Talmud de Jérusalem, de Babylone.* ◆ **Absol.** *Le Talmud de Babylone.*

TALMUDIQUE, adj. [talmydik] (*talmud*) Qui appartient au Talmud. *Décisions talmudiques. Docteur talmudique.*

TALMUDISTE, n. m. [talmydist] (*talmud*) Celui qui est attaché aux opinions du Talmud.

TALOCHE, n. f. [talɔʃ] (*taler*) **Pop.** Coup donné sur la tête avec la main. ◆ **Fig.** « *Il faut toujours que, de près ou de loin, je reçoive quelque taloche de la fortune* », VOLTAIRE. ■ Petite planche fine utilisée pour étendre du plâtre ou de l'enduit sur un mur.

TALOCHER, ■ v. tr. [talɔʃe] (*taloche*) **Fam.** Donner une taloche, des taloches.

TALON, n. m. [talɔ̃] (lat. *talus*, talon, cheville) Partie postérieure du pied de l'homme, et, anatomiquement, partie du pied formée par le calcanéum. ◆ **Fig.** *Le talon d'Achille*, la partie vulnérable. ◆ *Sur les talons de quelqu'un*, derrière lui. ◆ **Fam.** *Marcher sur les talons de quelqu'un*, le suivre de très près, et fig. le suivre de près pour l'âge, la fortune, le succès. ◆ *Être toujours sur les talons de quelqu'un, aux talons de quelqu'un*, le suivre partout de manière à l'importuner. ◆ *Montrer les talons*, s'enfuir. ◆ *Tourner les talons*, se retirer. ◆ *Voir les talons de quelqu'un*, être débarrassé de sa présence. ◆ ▷ **Fig. et pop.** *Il a l'esprit au talon*, se dit d'un homme qui ne pense pas à ce qu'il dit. ◁ ◆ **Fam.** *Se donner du talon dans le derrière*, faire un saut pour partir. ◆ ▷ **Fig. et pop.** *Se donner des talons dans le derrière*, donner de grandes marques de joie, et aussi se moquer de tout ce qui peut arriver, ou bien encore vivre en toute liberté. ◁ ■ **Par extens.** Partie postérieure du pied de quelques animaux. *Le talon du pied du cerf.* ◆ Partie d'un soulier, d'une botte, d'une chaussure qui pose le derrière du pied. *Des souliers à talons hauts.* ◆ ▷ *Talon rouge*, soulier à talon rouge que la noblesse avait seule le droit de porter à l'ancienne cour. ◁ ◆ ▷ **Fig.** *Un talon rouge*, un homme de la cour. ◁ ◆ La partie inférieure ou postérieure de certaines choses. ◆ Éperon dont le talon du cavalier est armé. *Donner du talon à son cheval.* ◆ Fer qui garnit la partie inférieure d'une lame, d'une pique. ◆ Dernier morceau, reste d'une chose entamée. *Le talon du pain.* ◆ Au jeu, ce qui reste de cartes après qu'on en a donné à chacun. ◆ **Bouch.** *Talon de collier*, partie du cou du bœuf qui longe le paleron, la surlonge, et qui va en pointe jusqu'à l'échine. ◆ *Talon de souche*, vignette imprimée à l'endroit d'un registre à souches où l'on coupe les feuillets qui doivent être détachés. ■ Partie d'une chaussette ou d'un bas qui recouvre la partie postérieure du pied. ■ Partie non détachable d'un chéquier ou d'un carnet à souches. *Écrire l'ordre et la date sur le talon de son chéquier.* ■ *Talon d'archet*, partie que l'on tient. ■ **Archit.** Moulure superposant une partie concave et une partie convexe.

TALONNADE, ■ n. f. [talɔnad] (*talonner*) **Sp.** Coup de talon permettant de lancer le ballon en arrière.

TALONNAGE, ■ n. m. [talɔnaʒ] (*talonner*) **Sp.** Action de talonner un ballon.

TALONNÉ, ÉE, p. p. de talonner. [talɔne] Suivi de près.

TALONNEMENT, n. m. [talɔn(ə)mã] (*talonner*) Action de talonner.

TALONNER, v. tr. [talɔne] (*talon*) Suivre de près, marcher sur les talons de quelqu'un. ♦ Poursuivre de près. ♦ Frapper du talon, de l'éperon. ♦ **Fig.** Presser vivement, jusqu'à l'importunité. *Ses créanciers le talonnent.* ♦ **Fig.** Il se dit des choses qui nous serrent de près. « *Les soixante-dix-huit ans qui me talonnent* », VOLTAIRE. ♦ **Fig.** Il se dit de ce qui presse, tourmente. « *Pressé par la faim qui me talonnait* », J.-J. ROUSSEAU. ♦ **V. intr. Mar.** En parlant d'un bâtiment, toucher le fond de la mer de l'extrémité de la quille.

TALONNETTE, ■ n. f. [talɔnɛt] (*talon*) Petite lame que l'on place à l'intérieur d'une chaussure. ■ Petit talon fixé sur les chaussures masculines afin que la personne qui les porte paraisse plus grande.

TALONNEUR, EUSE, ■ n. m. et n. f. [talɔnœʀ, øz] (*talonner*) **Sp.** Joueur, joueuse qui talonne le ballon dans une mêlée.

TALONNIÈRE, n. f. [talɔnjɛʀ] (*talon*) Ailes que Mercure porte aux talons.

TALQUER, ■ v. tr. [talke] (*talc*) Enduire de talc. *Talquer les fesses d'un bébé.*

TALQUEUX, EUSE, adj. [talkø, øz] (*talc*) Qui est formé de talc.

TALURE, ■ n. f. [talyʀ] (*taler*) Marque résultant d'un coup sur un fruit. *Je n'ai pas acheté de pommes, elles étaient couvertes de talures.*

TALUS, n. m. [taly] (prob. gaul. *talutum*, versant, côte, de *talos*, front) Syn. de pente, qui s'emploie dans le cas d'une pente assez forte ; se dit spécialement de la surface inclinée d'un terrain. ♦ *Tailler, couper une chose en talus*, la couper obliquement, en biseau. ♦ La surface qui est en pente. *Talus revêtu de gazon.* ♦ Il se dit surtout en fortifications. ♦ Inclinaison qu'on donne aux parements des ouvrages de maçonnerie pour les asseoir solidement. ■ *Pied talus*, pied bot qui ne repose que sur le talon.

TALUTAGE, n. m. [talytaʒ] (*taluter*) Action de taluter. ♦ État de ce qui est taluté.

TALUTÉ, ÉE, p. p. de taluter. [talyte]

TALUTER, v. tr. [talyte] (*talus*) Construire ou mettre en talus. *Taluter les bords d'un étang.* ♦ On a dit aussi *taluer*.

TALWEG, ■ n. m. [talvɛg] (var. de *thalweg*) Voy. THALWEG.

TAMANDUA, ■ n. m. [tamãdɥa] (mot lat. sav. [XVIᵉ s.], empr. au tupi) Mammifère fourmilier qui vit en Amérique du Sud en lisière de forêt et dans la savane arborée. *Le tamandua est plus petit que le tamanoir. Des tamanduas.*

TAMANOIR, ■ n. m. [tamanwaʀ] (caraïbe *tamanoa*) Grand fourmilier d'Amérique tropicale, à grosse queue velue et à longue langue visqueuse, qui se nourrit de fourmis et de termites. *Le tamanoir mange jusqu'à 30 000 fourmis et termites par jour.*

1 **TAMARIN**, n. m. [tamaʀɛ̃] (lat. médiév. *tamarindus*, de l'ar. *tamrhindi*, datte indienne, tamarin) Fruit du tamarinier. ♦ Se dit quelquefois abusivement pour *tamarinier*.

2 **TAMARIN**, n. m. [tamaʀɛ̃] (prob. mot tupi) Petit singe de l'Amérique, du genre des ouistitis.

TAMARINIER, n. m. [tamaʀinje] (1 *tamarin*) Genre de la famille des légumineuses, où l'on distingue le tamarinier proprement dit, qui croît dans l'Inde, l'Arabie et l'Égypte, et dont la gousse renferme une pulpe laxative.

TAMARIS ou **TAMARIX**, n. m. [tamaʀis, tamaʀiks] (b. lat. *tamariscus*, prob. de l'ar. : voy. tamarin) Arbrisseau à feuilles très petites et à fleurs en épis, dont l'écorce est employée comme astringent. ■ **Rem.** Autrefois, on ne prononçait pas le *s* final de *tamaris*. ■ **Rem.** On disait aussi *tamarisc* autrefois.

TAMAZIGHT ou **TAMAZIRT**, ■ n. m. [tamazirt] (berb. *amazigh*, homme libre) Langue berbère parlée dans le centre du Maroc. *Le tamazight, sous sa forme plurielle, peut être introduit dans des domaines réservés à la langue officielle comme la justice, l'administration, l'école, ou comme moyen de médiation du droit, du savoir en début de scolarisation.*

TAMBOUILLE, ■ n. f. [tãbuj] (abrév. de *pot-en-bouille*) **Fam.** Cuisine, souvent de qualité médiocre. *Faire la tambouille.*

TAMBOUR, n. m. [tãbuʀ] (pers. *tabir*, ou ar. *tubul*, plur. de *tabl*, tambour) Caisse de forme cylindrique, dont les deux fonds sont formés de peaux tendues, sur l'une desquelles on frappe avec des baguettes pour en tirer des sons. ♦ *Tambour roulant*, syn. de caisse roulante, Voy. CAISSE. ♦ *Gros tambour*, la grosse caisse. ♦ *Battre du tambour*, tirer des sons du tambour.

♦ *Battre le tambour*, donner un signal, un avertissement avec le tambour. ♦ *Le tambour bat*, on bat le tambour. ♦ *Tambour battant*, au son du tambour. ♦ **Fig.** et **fam.** *Tambour battant*, sans donner de relâche. ♦ *Mener quelqu'un tambour battant*, le presser vivement, le malmener. ♦ **Fig.** *Faire battre le tambour*, divulguer. ♦ *Sans tambour ni trompette*, Voy. TROMPETTE. ♦ *Tambour de basque*, Voy. BASQUE. ♦ **Par extens.** Celui qui bat le tambour. ♦ *Tambour-major*, celui qui commande et dirige les tambours d'un régiment. *Les tambours-majors.* ♦ *Tambour-maître*, tambour qui a le grade de caporal. ♦ Métier circulaire pour broder à l'aiguille. *Broder au tambour.* ♦ **Anat.** Membrane dite aussi tympan, qui sépare de l'oreille moyenne le conduit auditif. ♦ Cylindre sur lequel s'enroule la corde ou la chaîne d'une horloge. ♦ Petite enceinte en menuiserie ou en maçonnerie, qui, percée d'une ou plusieurs portes, est placée aux principales entrées d'un grand édifice, d'une église, et empêche le vent du dehors d'y pénétrer. ♦ **Fortif.** Petit retranchement en charpente, muni de créneaux, destiné à couvrir des portes d'ouvrages ou des communications d'un ouvrage à l'autre. ♦ **Archit.** Chacune des assises de pierres cylindriques qui composent le fût d'une colonne, ou le noyau d'un escalier à vis. ♦ *Tambour d'un bateau à vapeur*, la partie qui fait saillie et qui protège les roues, dans un bateau à aubes. ♦ En mécanique, tambour, toute roue creuse. ♦ **Prov.** *C'est vouloir prendre des lièvres au son du tambour*, se dit en parlant d'une entreprise qui a besoin de secret et que l'on divulgue mal à propos avant l'exécution. ♦ *Ce qui vient de la flûte retourne au tambour*, Voy. FLÛTE. ■ **Fam.** *Tambour battant*, vivement. *Il est entré tambour battant.* ■ Double porte ménageant un sas qui protège du froid et du vent. ■ Tourniquet constitué de quatre portes vitrées à l'entrée d'hôtels ou d'édifices publics. *Le tambour de bois et de cuivre de l'entrée d'un grand hôtel.* ■ *Tambour d'une machine à laver*, cylindre mobile dans lequel on place le linge.

TAMBOURIN, n. m. [tãbuʀɛ̃] (dimin. de *tambour*) Nom d'une espèce de tambour, moins large et plus long que le tambour ordinaire, sur lequel on ne bat qu'avec une seule baguette, pour accompagner le son aigu d'un galoubet dont on joue de l'autre main. ♦ **Par extens.** Celui qui joue du tambourin. ♦ Air ou danse au tambourin.

TAMBOURINAGE n. m. ou **TAMBOURINEMENT**, n. m. [tãbuʀinaʒ, tãbuʀin(ə)mã] (*tambouriner*) Action de tambouriner.

TAMBOURINAIRE, ■ n. m. et n. f. [tãbuʀinɛʀ] (mot provenç. de *tambourin*, tambourin) Personne qui joue du tambourin.

TAMBOURINÉ, ÉE, p. p. de tambouriner. [tãbuʀine]

TAMBOURINEMENT, ■ n. m. [tãbuʀin(ə)mã] Voy. TAMBOURINAGE.

TAMBOURINER, v. intr. [tãbuʀine] (*tambourin*) Battre le tambour ou le tambourin. ♦ Particulièrement, en parlant des enfants, faire du bruit en battant sur les petits tambours qui servent de jouet. ♦ Il se dit aussi de tout autre bruit comparé à celui d'un tambour. *Il a bien tambouriné à ma porte.* ♦ **V. tr.** Réclamer au son du tambour un objet perdu. *Tambouriner un portefeuille.* ♦ **Fig.** et **fam.** Répandre quelque chose aussi bruyamment que fait un tambour. *Il a tambouriné cela par toute la ville.* ♦ Se tambouriner, v. pr. S'annoncer à grand bruit.

TAMBOURINEUR, EUSE, n. m. et n. f. [tãbuʀinœʀ, øz] (*tambouriner*) Personne qui tambourine. ♦ Personne qui joue du tambour ou du tambourin.

TAMBOUR-MAJOR, ■ n. m. [tãbuʀmaʒɔʀ] Voy. TAMBOUR.

TAMIA, ■ n. m. [tamja] (mot lat. sav., p.-ê. du gr. *tamias*, économe, intendant) Petit mammifère rongeur de la famille des écureuils. *Le tamia est également connu sous le nom de suisse. Tamia rayé, tamia mineur. Des tamias.*

TAMIER, ■ n. m. [tamje] (lat. *thamnum*, sorte d'arbrisseau, gr. *thamnos*, arbustes) Plante grimpante sauvage qui pousse en Asie, en Europe et dans le Nord de l'Afrique, aux petites feuilles verdâtres en forme de cœur renversé, dont les jeunes pousses sont parfois consommées pour leur similitude de goût avec les asperges et dont les baies rouges sont toxiques. *Le tamier est également connu sous le nom d'herbe aux femmes battues en raison des vertus médicinales de son rhizome qui, une fois cuit et réduit en purée, était utilisé pour atténuer les ecchymoses.*

TAMIL, ■ n. m. [tamil] Voy. TAMOUL.

TAMINIER, n. m. [taminje] (var. de *tamier*) Genre de plantes, dit aussi tamier, de la famille des dioscorées, dont l'espèce ordinaire est appelée sceau de Notre-Dame.

TAMIS, n. m. [tami] (p.-ê. anc. fr. *estam*, laine peignée, lat. *stamen*, chaîne de métier à tisser) Instrument qui sert à passer des matières pulvérisées ou des liqueurs épaisses. *Passer par le tamis.* ♦ **Fig.** « *Pascal, en épurant la langue, l'a pour ainsi dire passée à un tamis trop fin* », MARMONTEL. ♦ ▷ **Fig.** et **fam.** *Passer par le tamis*, être examiné sévèrement. ◁ ■ Cordage d'une raquette.

TAMISAGE, n. m. [tamizaʒ] (*tamiser*) Action de tamiser.

TAMISÉ, ÉE, p. p. de tamiser. [tamize]

TAMISER, v. tr. [tamize] (*tamis*) Faire passer par le tamis. *Tamiser de la farine.* ◆ **Fig.** *Tamiser une lumière adoucie.* ◆ **V. intr.** Passer par un tamis. *La poudre qui tamise.*

TAMISERIE, n. f. [tamiz(ə)ʀi] (*tamis*) Fabrique de tamis.

TAMISEUR, EUSE, n. m. et n. f. [tamizœʀ, øz] (*tamiser*) Personne qui tamise.

TAMISEUSE, ■ n. f. [tamizøz] (*tamiser*) **Techn.** Machine utilisée pour le tamisage. *Tamiseuse à aspiration d'air, tamiseuse sur trépied.*

TAMISIER, IÈRE, n. m. et n. f. [tamizje, jɛʀ] (*tamis*) Celui qui fait et vend des tamis.

1 **TAMOUL, OULE**, ■ n. m. et n. f. [tamul] (tamoul *tamil, tamir,* du sanscr. *dravida*) Membre du peuple vivant au Sri Lanka et dans le sud de l'Inde. *Un Tamoul, une Tamoule.* ■ **Adj.** Relatif aux Tamouls, à leur culture ou à leur langue. *La littérature tamoule.*

2 **TAMOUL** ou **TAMIL**, ■ n. m. [tamul, tamil] (1 *tamoul*) Langue dravidienne parlée en Inde et au Sri Lanka. *Le français dans le territoire de Pondichéry a perdu depuis longtemps son statut de langue véhiculaire au profit de l'anglais, mais davantage surtout en raison de la puissance d'attraction de la langue locale, le tamoul.*

TAMOURÉ, ■ n. m. [tamuʀe] (mot polynésien) Danse traditionnelle tahitienne. ■ Cocktail à base de rhum blanc, de malibu, de liqueur de fruits et de crème de cacao mélangés au shaker. ■ Autre nom du laurier rose.

TAMPICO, ■ n. m. [tɑ̃piko] (*Tampico*, port du Mexique) Crin végétal extrait de l'agave, plante du Mexique, et utilisé pour la fabrication de brosses et de matelas. ■ Cocktail à base de liqueur d'orange, de campari, de jus de citron et de tonic qui se prépare directement au verre.

TAMPON, n. m. [tɑ̃pɔ̃] (var. de *tapon*) Morceau de bois, de liège ou de métal, servant à boucher une ouverture. ◆ ▷ **Fam.** *Je m'en soucie comme de colin-tampon*, Voy. COLIN-TAMPON. ◁ ◆ Bouchon fait avec du linge ou du papier. ◆ Bonde d'un étang. ◆ **Chir.** Petite masse d'étoupe roulée qu'on introduit dans une plaie pour arrêter le sang, pour absorber le pus. ◆ **Par extens.** Tout ce qui bouche. ◆ Dans les chemins de fer, têtes rembourrées dont chaque wagon est pourvu. ◆ *Coup de tampon*, collision entre trains de chemin de fer. ◆ **Grav.** Rouleau dont se servent les imprimeurs en taille-douce pour appliquer l'encre sur la planche gravée. ■ Cheville plantée dans le mur pour renforcer la fixation d'une vis. ■ Petite boule de coton ou de laine d'acier utilisée pour polir un bois ou pour étendre un liquide d'entretien. ■ Timbre gravé et encré servant à oblitérer ou à apposer une marque. ■ Cachet ou oblitération. ■ *Tampon-encreur*, coussin imprégné d'encre utilisé pour encrer un timbre. ■ *Tampon périodique*, petit rouleau de coton utilisé comme protection interne par les femmes pendant leurs règles. ■ **Fig.** Ce qui amortit les conflits ou les heurts.

TAMPONNADE, ■ n. f. [tɑ̃pɔnad] (*tampon*) **Méd.** Épanchement sous pression de liquide entre les deux feuillets du péricarde causé par un traumatisme cardiaque, par une perforation du myocarde ou par une complication d'une péricardite aiguë. *La tamponnade se traite généralement par un drainage chirurgical ou par une ponction du péricarde.*

TAMPONNAGE, ■ n. m. [tɑ̃pɔnaʒ] (*tamponner*) **Chim.** Action de tamponner une solution chimique ; résultat de cette action. ■ Action d'appliquer un liquide sur le corps par petites touches avec un tampon ou un coton. ■ **Peint.** *Tamponnage à l'éponge*, application de petites touches de peinture à l'aide d'une éponge de telle sorte que des traces de peinture produisent l'effet désiré sur la surface peinte.

TAMPONNÉ, ÉE, p. p. de tamponner. [tɑ̃pɔne]

TAMPONNEMENT, n. m. [tɑ̃pɔn(ə)mɑ̃] (*tamponner*) Action de tamponner.

TAMPONNER, v. tr. [tɑ̃pɔne] (*tampon*) Boucher avec un tampon. ◆ **Chir.** Arrêter le sang au moyen de tampons. ◆ Étendre l'encre sur une planche gravée en taille-douce. ◆ **Ch. de fer.** Donner un coup de tampon. ■ Marquer ou oblitérer avec un tampon. *Tamponner une lettre.* ■ Se tamponner, v. pr. Appuyer délicatement avec un linge en boule pour essuyer. *Se tamponner les yeux.* ■ Heurter quelque chose avec violence. ■ **Fam.** *Se tamponner de quelque chose*, se ficher de quelque chose. *Tu peux me dire ce que tu veux, je m'en tamponne !*

TAMPONNEUR, EUSE, ■ adj. [tɑ̃pɔnœʀ, øz] (*tamponner*) Se dit de quelque chose qui tamponne. ■ *Auto tamponneuse*, amusement qui consiste à conduire un véhicule électrique dans un espace donné et dont le but est de percuter les autres voiturettes. ■ **Fig. et fam.** *Il a joué aux autos tamponneuses avec sa voiture.*

TAMPONNOIR, ■ n. m. [tɑ̃pɔnwaʀ] (*tamponner*) **Techn.** Sorte de mèche utilisée en maçonnerie pour perforer manuellement des matériaux durs avec un marteau ou pour percer des avant-trous pour des chevilles. ■ **Rem.**

Les spéléologues utilisent également le tamponnoir pour percer des trous dans les roches afin d'y planter leurs spits.

TAM-TAM ou **TAMTAM**, n. m. [tamtam] (onomat.) Disque de métal peu épais, d'un assez grand diamètre, et dont les bords sont légèrement relevés ; il produit par la percussion un son remarquable surtout en ce qu'il augmente après le coup reçu et dure fort longtemps. ■ Tambour africain utilisé pour rythmer les danses et pour transmettre les messages. *Des tam-tams, des tamtams.*

TAN, n. m. [tɑ̃] (prob. gaul. *tanno-*, chêne) Écorce pulvérisée du chêne, du châtaignier, etc. qu'on emploie à tanner les peaux.

TANAGRA, ■ n. m. ou n. f. [tanagʀa] (*Tanagra*, ville de Béotie) Figurine en terre cuite représentant des femmes alexandrines de l'Antiquité et qui se trouvait dans la nécropole du village du même nom.

TANAISIE, n. f. [tanezi] (lat. vulg. *tanaceta*, b. lat. *tanacita*) Genre de la famille des composées, où l'on distingue la tanaisie proprement dite.

TANCÉ, ÉE, p. p. de tancer. [tɑ̃se]

TANCEMENT, n. m. [tɑ̃s(ə)mɑ̃] (*tancer*) Action de tancer.

TANCER, v. tr. [tɑ̃se] (lat. vulg. *tentiare*, de *tendere*, tendre, viser à) Réprimander. ◆ Se tancer, v. pr. Se faire des reproches à soi-même.

TANCHE, n. f. [tɑ̃ʃ] (b. lat. *tinca*) Poisson d'eau douce du genre de la carpe.

TANDEM, ■ n. m. [tɑ̃dɛm] (mot angl., du lat. *tandem*, enfin, à la longue) Longue bicyclette à deux places à pédalage synchronisé. *Faire une balade en tandem.* ■ **Fig.** Association de deux personnes dans une fonction, un projet. *Travailler en tandem.*

TANDIS, adv. [tɑ̃di] (lat. *tamdiu*, aussi longtemps) Pendant ce temps-là. « *Tandis la nuit s'en va* », MALHERBE. « *Tandis la vieille a soin du demeurant* », LA FONTAINE. ◆ TANDIS QUE, **loc. conj.** Pendant le temps que. *Il s'amuse tandis que nous travaillons.* ◆ Le *que* peut se séparer de *tandis*. ◆ Tant que. « *Tandis que vous vivrez, le sort, qui toujours change, Ne vous a point promis un bonheur sans mélange* », RACINE. ◆ Au lieu que, servant à marquer une opposition, un contraste. « *Il fait que tout prospère aux âmes innocentes, Tandis qu'en ses projets l'orgueilleux est trompé* », RACINE.

TANDOUR, n. m. [tɑ̃duʀ] (ar. *tannour*, four brasier) Nom que les Arméniens, les Grecs et les Turcs donnent à une table ronde ou carrée, couverte d'un tapis qui descend jusqu'à terre, et sous laquelle on met un réchaud rempli de braise.

TANDOURI ou **TANDOORI**, ■ n. m. [tɑ̃duʀi] (hindi *tandoori*, cuisson au four de terre cuite) Spécialité d'accommodation culinaire indienne consistant en une macération dans du yaourt et un badigeon de pâte pimentée rouge, la préparation étant ensuite cuite dans un four en terre. ■ **Adj.** *Du poulet tandoori.*

TANGAGE, n. m. [tɑ̃gaʒ] (*tanguer*) **Mar.** Balancement du vaisseau de l'avant à l'arrière, et de l'arrière à l'avant.

TANGARA, n. m. [tɑ̃gaʀa] (mot tupi) Genre d'oiseau de la famille des passereaux, dont l'espèce principale est le tangara évêque, habitant la Guyane.

TANGENCE, n. f. [tɑ̃ʒɑ̃s] (*tangent*) **Géom.** État de ce qui est tangent. ◆ *Point, ligne de tangence*, point, ligne, suivant lesquels deux lignes, deux surfaces sont tangentes.

TANGENT, ENTE, adj. [tɑ̃ʒɑ̃, ɑ̃t] (lat. *tangens*, p. prés. de *tangere*, toucher) **Géom.** Qui touche une ligne ou une surface en un seul point. *Une ligne droite tangente à une courbe.* ◆ Il se dit simplement pour touchant à. ■ **Fam.** Un peu juste. *Cette situation est un peu tangente.*

TANGENTE, n. f. [tɑ̃ʒɑ̃t] (fém. substantivé de *tangent*) **Géom.** Ligne droite tangente. ◆ *S'échapper par la tangente*, se dit d'un corps qu'une force centripète abandonne, et qui continue son mouvement suivant la tangente à la courbe qu'il décrivait. ◆ ▷ **Fig.** *S'échapper par la tangente*, s'esquiver, se tirer d'affaire adroitement. ◁ **Rem.** Auj. on dit plutôt *prendre la tangente*..

TANGENTIEL, ELLE, ■ adj. [tɑ̃ʒɑ̃sjɛl] (*tangente*) Relatif à une tangente. *Accélération tangentielle.* ■ **Géol.** *Force tangentielle*, force horizontale. *Le sol est soumis à une force tangentielle à sa surface.* ■ **Géom.** *Coordonnées tangentielles*, système de coordonnées des surfaces et des courbes calculées en fonction des tangentes. *Les coordonnées tangentielles d'un hyperplan sont uniques.* ■ **Techn.** *Force tangentielle*, force exercée sur une courbe dans le sens de la tangente. ■ **Techn.** *Bras tangentiel*, bras qui se meut tangentiellement à des sillons.

TANGENTIELLEMENT, ■ adv. [tɑ̃ʒɑ̃sjɛl(ə)mɑ̃] (*tangentiel*) D'une façon tangentielle. *Les rayons du soleil arrivent tangentiellement sur la terre.*

TANGERINE, ■ n. f. [tɑ̃ʒ(ə)ʀin] (*Tanger*, ville du Maroc) Variété de mandarine dont la peau est rouge. *La tangerine est un fruit issu du croisement entre la mandarine et l'orange amère.*

TANGIBILITÉ, n. f. [tɑ̃ʒibilite] (*tangible*) Qualité de ce qui est tangible.

TANGIBLE, adj. [tɑ̃ʒibl] (lat. *tangibilis*) **Didact.** Qui peut être touché, qui tombe sous le sens du tact. *Les qualités tangibles des objets.* ■ Que l'on peut observer. *Des preuves tangibles.*

TANGIBLEMENT, ■ adv. [tɑ̃ʒibləmɑ̃] (*tangible*) De manière tangible. *On peut tangiblement croire ses propos.*

1 TANGO, ■ n. m. [tɑ̃go] (mot hisp.-amér., d'orig. prob. onomat) Danse de salon venue d'Argentine, exécutée en couple, et à la chorégraphie élaborée. *Danser le tango argentin.* ■ Orange très vif. *La tango est un orange soutenu, très vif, mis à la mode dans les années folles.* ■ Adj. inv. De couleur tango. *Elle s'est acheté deux tee-shirts tango.*

2 TANGO, ■ n. m. [tɑ̃go] (1 *tango*, à cause de la couleur de cette boisson) Boisson faite d'une bière à laquelle on ajoute de la grenadine.

TANGON, ■ n. m. [tɑ̃gɔ̃] (p.-ê. néerl. *tange*, tenailles) **Mar.** Pièce de bois ou de métal, assez longue et qui placée perpendiculairement à la coque du bateau et à l'extérieur de ce dernier, permet l'amarrage de l'embarcation. *Un rail de tangon de spi.*

TANGOTER, ■ v. intr. [tɑ̃gote] (1 *tango*) Danser le tango. *Quelques couples tangotaient sur la piste de danse.*

TANGUAIE, ■ n. f. [tɑ̃gɛ] (*tangue*) Étendue de tangue, le plus souvent recouverte d'eau.

TANGUE, ■ n. f. [tɑ̃g] (mot norm. de l'anc. nord. *pang*, varech, avec infl. de *tangi*, langue de terre) Sable de couleur grise que l'on trouve sur les côtes de la Manche et qui est souvent utilisé comme engrais. *La tangue est un sable vaseux riche en débris coquilliers.*

TANGUER, v. intr. [tɑ̃ge] (p.-ê. fris. *tüngeln*, se balancer en avant et en arrière) **Mar.** Obéir au mouvement du tangage. ♦ Il se dit aussi du navire qui enfonce trop dans l'eau par son avant. ♦ *Fig. On croirait que j'ai trop bu : tout tangue autour de moi !*

TANGUEUR, ■ n. m. [tɑ̃gœʀ] (*tanguer*) Navire qui tangue beaucoup.

TANGUIÈRE, ■ n. f. [tɑ̃gjɛʀ] (*tangue*) Sablière dans laquelle on recueille la tangue.

TANIÈRE, n. f. [tanjɛʀ] (anc. fr. *taisniere*, de l'a. moy. fr. *taisson*, blaireau) Caverne où les bêtes sauvages se retirent. ♦ **Fig.** Logis retiré. *Vivre seul dans sa tanière.* ♦ **Fam.** *Il est toujours dans sa tanière*, se dit d'un homme d'humeur sauvage qui sort rarement de chez lui.

TANIN ou **TANNIN**, n. m. [tanɛ̃] (*tan*) **Chim.** Substance qui se trouve dans l'écorce du chêne et dans d'autres végétaux, et qui rend ces substances propres à tanner les peaux. ■ Substance présente dans les rafles du raisin et qui se retrouve dans le vin. *Le cabernet sauvignon est un vin riche en tanin.*

TANIQUE, ■ adj. [tanik] Voy. TANNIQUE.

TANISAGE ou **TANNISAGE**, ■ n. m. [tanizaʒ] (*taniser*) Action de taniser. *Le tanisage est réglementé et autorise l'emploi du tanin pour la clarification des raisins frais et des moûts.*

TANISER ou **TANNISER**, ■ v. tr. [tanize] (*tan*) Ajouter du tan à une substance. ■ Ajouter du tanin à un vin. *L'utilisation de l'écorce de châtaignier ou de chêne-vert pour taniser le vin.*

TANK, ■ n. m. [tɑ̃k] (mot angl., réservoir, char d'assaut) Citerne. ■ Char de combat. *Un cortège de tanks passaient sous nos fenêtres.* ■ **Péj.** Voiture massive. *C'est un tank, ta voiture !*

1 TANKA, ■ n. m. [tɑ̃ka] (tibét. *thang ka*, objet plat) Au Tibet, représentation religieuse, généralement sur du tissu, qui met en scène la vie des dieux du paradis bouddhiste. *Des tankas* ou *des tanka. Les tankas, partie intégrante de la culture tibétaine, ornent traditionnellement les murs des monastères, des temples et des habitations privées.*

2 TANKA, ■ n. m. [tɑ̃ka] (mot jap., court poème de 31 syllabes) Poème traditionnel japonais fondé sur une métrique impaire et irrégulière, composé de cinq vers de respectivement 5-7-5-7-7 pieds. *Le premier recueil de tankas date de 760.*

TANKER, ■ n. m. [tɑ̃kœʀ] (mot angl., de *tank*, réservoir) Navire servant au transport des liquides.

TANKISTE, ■ n. m. et n. f. [tɑ̃kist] (*tank*) Soldat servant dans un tank ou dans une unité de blindés.

TANNAGE, ■ n. m. [tanaʒ] (*tanner*) Opération industrielle par laquelle on combine les matières astringentes des végétaux avec le principe gélatineux de la peau des animaux ; il se forme un tannate de gélatine qui, tout en conservant au tissu cutané sa souplesse et sa ténacité, le rend imputrescible. ♦ Résultat de cette action.

TANNANT, ANTE, adj. [tanɑ̃, ɑ̃t] (*tanner*) Qui tanne ou sert au tannage. *Une substance tannante.* ♦ **Fig.** et pop. Qui ennuie, qui fatigue. *Homme tannant. Occupation tannante.*

TANNATE, n. m. [tanat] (*tan*) **Chim.** Nom des sels produits par la combinaison du tanin ou acide tannique avec les bases.

TANNE, n. f. [tan] (*tanner*) Marque, piqûre qui reste sur une peau d'animal, après qu'elle a été préparée. ♦ **Méd.** Petite balle durcie qui se forme dans les pores de la peau.

TANNÉ, ÉE, p. p. de tanner. [tane] ♦ Qui est de couleur à peu près semblable à celle du tan. *Un visage tanné. De couleur tannée.* ♦ **N. m.** *Le tanné*, la couleur tannée.

TANNER, v. tr. [tane] (*tan*) Préparer les cuirs avec du tan, de manière à les rendre imputrescibles. ♦ **Fig.** et pop. Fatiguer, ennuyer. ♦ *Tanner le cuir*, battre, rosser. ■ Brunir la peau. *Le soleil tanne sa peau dès les premières expositions.*

TANNERIE, n. f. [tan(ə)ʀi] (*tanner*) Lieu où l'on tanne les cuirs. ■ Activité du tannage.

TANNEUR, EUSE, n. m. et n. f. [tanœʀ, øz] (*tanner*) Personne qui tanne les cuirs, qui vend des cuirs tannés. ♦ Adj. *Maître tanneur*, ouvrier tanneur.

TANNIQUE ou **TANIQUE**, adj. [tanik] (*tan*) **Chim.** Qui a rapport au tanin. ♦ *Acide tannique*, syn. de tanin.

TANNISAGE, ■ n. m. [tanizaʒ] Voy. TANISAGE.

TANNISER, ■ v. tr. [tanize] Voy. TANISER.

TANREC ou **TENREC**, ■ n. m. [tɑ̃ʀɛk] (malg. *tandraka*, *trandraka*) Mammifère d'environ 35 centimètres qui se nourrit d'insectes, reconnaissable notamment à son museau pointu et à son corps couvert de piquants et de poils. *Le tanrec vit à Madagascar et dans les îles Comores.*

TANSAD, ■ n. m. [tɑ̃sad] (mot angl., de *tandem*, tandem, et *saddle*, selle) Siège arrière d'un véhicule motorisé à deux roues. *Des tansads.*

TANT, adv. [tɑ̃] (lat. *tantus*, de cette quantité, de cette grandeur) ou substantif abstrait qui exprime une quantité indéfinie, indéterminée. *Mon bien se monte à tant.* ♦ *Tant tenu, tant payé*, Voy. PAYÉ. ♦ Lorsque *tant* suit un nom de nombre, il veut *de* après soi. *Vingt et tant de sous.* ♦ Au jeu, *être tant à tant*, avoir autant de points, autant de parties l'un que l'autre. ♦ *Tant de*, suivi d'un substantif, une si grande quantité de. *Tant d'or, tant d'argent, tant de meubles.* ♦ *Tant de... que* « *Tant de coups imprévus m'accablent à la fois, Qu'ils m'ôtent la parole et m'étouffent la voix* », RACINE. une si grande quantité que. ♦ *Tant de...*, avec *que* de suivi d'un infinitif. « *Vous voyez mon logis ; si vous me vouliez faire Tant d'honneur que d'y prendre un champêtre repas* », LA FONTAINE. ♦ *Tant et si*, tant et de tels, tant et tant. Il a fait tant et de si belles actions. *Tant et de tels coups.* « *Mais comme enfin son père A tant et tant de biens qu'il n'en saurait que faire* », TH. CORNEILLE. ♦ *Faire tant que...*, obtenir par ses efforts que. « *J'ai tant fait que nos gens sont enfin dans la plaine* », LA FONTAINE. ♦ *Faire tant de...*, faire tant que de..., aller jusqu'à, se décider à. « *Quand ils font tant que d'être bons, ils veulent en avoir le mérite* », J.-J. ROUSSEAU. ♦ **Absol.** Puisque vous avez tant fait, il faut continuer. ♦ *TANT*, adv. Avec un verbe, en si grande quantité, tellement. Il ne faut pas tant discourir. « *Tant y furent, qu'un soir à l'entour de ce pin L'homme tendit ses rets* », LA FONTAINE. ♦ *Tant*, devant un adjectif, si, tellement. « *Elle n'est pas tant sotte, ma foi* », MOLIÈRE. ♦ *Tant*, employé devant un adverbe, si, tellement. « *Tu ne fais pas tant mal* », P. CORNEILLE. ♦ Construit avec un participe passif. *Cet homme autrefois tant célébré.* ♦ *Tant*, suivi d'un adjectif et de *que*, signifiant quelque... que, avec le subjonctif de l'indicatif. « *Arracher le consentement du lecteur, tant obstiné et opiniâtre qu'il puisse être* », DESCARTES. ♦ *Tant*, par forme d'épiphonème, signifiant à tel point. « *Tant il est vrai que tout se tourne en révoltes et en pensées séditieuses, quand l'autorité de la religion est anéantie !* », BOSSUET. ♦ Il se dit pour autant dans une phrase négative ou interrogative. Voltaire « *Je n'estimerai ni n'aimerai jamais rien tant au monde que vous* », VOLTAIRE. ♦ Il se dit pour autant dans quelques locutions affirmatives. *Tous tant que nous sommes*, c'est-à-dire tout autant que nous sommes de personnes. ♦ *Tant qu'il peut, tant qu'il veut*, autant qu'il peut, autant qu'il veut. ♦ *Il pleut tant qu'il peut*, il pleut beaucoup. ♦ *Tant et plus*, autant qu'il en faut et même plus. « *J'eus des visites de Genève tant et plus* », J.-J. ROUSSEAU. ♦ *Tant* sert à marquer un certain rapport, une certaine proportion entre les choses dont on parle. *Tant plein que vide.* « *On leur enseignait la grammaire, tant de la langue latine que de la grecque* », ROLLIN. ♦ *Tant bien que mal*, médiocrement. ♦ *Tant que*, aussi longtemps que. « *Tant qu'elle a été heureuse, elle a fait sentir son pouvoir au monde par des bontés infinies* », BOSSUET. ♦ *Tant que...*, aussi loin que... *Tant que la vue se peut étendre.* ♦ *Tant que*, de façon que. ♦ *Tant plus que moins*, à peu près. ♦ *Comme il y en a tant*, se dit de choses, de personnes qui ne se distinguent par rien de particulier. ♦ *TANT MIEUX*, **loc. adv.** Marque qu'on est content de quelque chose soit. *S'il se conduit sagement, tant mieux pour lui.* ♦ *Tant pis*, se dit au sens contraire. ♦ **Fam.** *Tant pis, tant mieux*, se dit pour marquer qu'on ne se soucie guère de la chose dont il s'agit, et qu'il n'y a grand sujet de s'affliger ni de se réjouir. ♦ *Tant-pis, Tant-mieux*, noms plaisants de deux médecins dont l'un assurait que le malade succomberait et l'autre qu'il guérirait. ♦ EN

TANT QUE, **loc. conj.** Selon que, moyennant, comme, à la condition de. « *Le bien n'est bien qu'en tant que l'on s'en peut défaire ; Sans cela c'est un mal* », LA FONTAINE. ♦ *Tant il y a que, tant y a que,* quoi qu'il en soit. « *Tant y a qu'il n'est rien que votre chien ne prenne* », RACINE. ♦ *Tant soit peu,* Voy. PEU. ♦ *Tant et si peu qu'il vous plaira,* en telle et si petite quantité qu'il vous plaira ♦ *Tant s'en faut que...,* Voy. FALLOIR. ♦ *Si tant est que...,* avec le subjonctif, si la chose est, supposé que la chose soit. « *Croyez que vos bonnes grâces me sont très précieuses, si tant est que je les aie* », MME DE SÉVIGNÉ. ♦ *Tant plus, tant plus ; tant plus, tant moins* (locutions tombées en désuétude). « *Tant plus nous avons de besoin d'une chose, tant plus avons d'obligation à celui qui nous la donne* », MALHERBE. ♦ *Tant et plus,* d'autant plus. « *Je ne me suis pas moqué de vous alors ; mais je m'en moque tant et plus aujourd'hui* », J.-J. ROUSSEAU. ■ *Tant et si bien que,* de telle manière que. ■ *Tant s'en faut,* loin de là. ■ *Tant soit peu, un tant soit peu,* aussi peu que ce soit. ■ *En tant que,* en qualité de.

TANTALATE, n. m. [tɑ̃talat] (2 *tantale*) **Chim.** Sel produit par la combinaison de l'acide tantalique avec une base.

1 **TANTALE**, n. m. [tɑ̃tal] (lat. *Tantalus,* gr. *Tantalos,* Tantale) Personnage de la mythologie, condamné dans les enfers à chercher à prendre des fruits qui s'enfuyaient et une eau qui lui échappait, pour calmer sa soif et sa faim. ♦ **Fig.** « *Tantales obstinés, nous ne portons les yeux Que sur ce qui nous est interdit par les cieux* », LA FONTAINE. ♦ **Phys.** *Vase de Tantale,* coupe dans l'intérieur de laquelle on a disposé un siphon, de telle sorte qu'au moment où l'on achève de la remplir, tout le liquide s'écoule par le pied. ♦ **Fig.** *Le supplice de Tantale,* endurer les tentations de Tantale dans n'importe quel domaine et plus particulièrement lorsque l'on se trouve face à une nourriture abondante.

2 **TANTALE**, n. m. [tɑ̃tal] (lat. sav. [XIXᵉ s.] *tantalum*) Métal particulier nommé aussi columbium ou columbium. ■ Oiseau échassier proche de la cigogne. *Le tantale ressemble à la cigogne mais la confusion est impossible en raison de la peau rouge et nue sur la moitié antérieure de la tête.*

TANTALEUX, adj. m. [tɑ̃talø] (2 *tantale*) **Chim.** *Acide tantaleux,* se dit de l'oxyde tantalique.

TANTALIQUE, adj. m. [tɑ̃talik] (2 *tantale*) **Chim.** *Acide tantalique* ou peroxyde de tantale.

TANTALITE, n. m. [tɑ̃talit] (2 *tantale*) **Chim.** Sel formé par la combinaison de l'acide tantaleux avec une base.

TANTE, n. f. [tɑ̃t] (altération de l'anc. fr. *ante,* du lat. *amita,* sœur du père) La sœur du père ou de la mère. ♦ *Grand'tante,* sœur de l'aïeul ou de l'aïeule. *Deux grand'tantes.* ♦ *Tante à la mode de Bretagne,* cousine germaine du père ou de la mère. ■ **Fam.** *Ma tante,* le crédit municipal ou le Mont-de-piété. ■ **Vulg.** Homosexuel.

TANTET, n. m. [tɑ̃tɛ] (*tant*) **Fam.** Une petite quantité, un peu, tant soit peu. *Un tantet de pain.* ♦ Il se dit aussi adverbialement. *Il est un tantet bizarre.*

TANTIÈME, adj. [tɑ̃tjɛm] (*tant*) Qui représente tant d'une grandeur déterminée. *La tantième partie d'un nombre.* ■ **N. m.** Tant sur une quantité déterminée. *Les tantièmes de l'impôt mobilier.*

TANTINE, ■ n. f. [tɑ̃tin] (dimin. de *tante*) **Fam.** Nom donné à la tante dans le langage enfantin.

TANTINET, n. m. [tɑ̃tinɛ] (moy. fr. *tantin,* de *tant*) Une très petite quantité. *Je n'en veux qu'un tantinet.* ♦ *Un tantinet* se dit aussi adverbialement.

TANTÔT, adv. [tɑ̃to] (*tant* et *tôt*) Bientôt. *Il est tantôt nuit.* « *Vous en verrez tantôt la suite en nos lambris* », LA FONTAINE. ♦ *Tantôt plus,* avec une négation, bientôt. « *Je ne sais tantôt plus à qui je dois penser* », RACAN. ♦ Dans peu de temps, peu après, en parlant du jour où l'on est. *Je l'ai vu ce matin, et je le reverrai tantôt.* ■ **Subst.** « *Incessamment agité de remords intérieurs, il disait, pour les calmer en quelque manière, tantôt, tantôt ; mais ce tantôt ne venait pas, et il le remettait toujours au lendemain* », BOURDALOUE. ♦ À TANTÔT, **loc. adv.** À un autre moment du même jour. *Au revoir, à tantôt.* ♦ *Sur le tantôt,* dans l'après-midi. ◁ ♦ *Tantôt,* peu auparavant, il y a peu de temps, en parlant du jour où l'on est. ♦ *Tantôt,* Bientôt, avec un nombre de jours, de mois, etc., à peu près. « *Voici tantôt mille ans que l'on ne vous a vue* », LA FONTAINE. ♦ Il se répète pour exprimer l'alternative, la succession. *Gagner tantôt plus, tantôt moins. Tantôt artisan, tantôt artiste.* ■ **REM.** Auj. *tantôt* signifie toujours dans l'après-midi mais on ne dit plus *sur le tantôt* mais simplement *tantôt. Je le vois tantôt.*

TANTOUSE ou **TANTOUZE**, ■ n. f. [tɑ̃tuz] (*tante*) **Vulg.** et péj. Homosexuel à l'attitude ou à l'apparence très efféminée.

TANTRA, ■ n. m. [tɑ̃tʀa] (mot skr., trame ou chaîne d'un tissu, texte ésotérique, de *tan,* étendre, multiplier) Chacun des textes sacrés fondateurs du tantrisme. *Des tantras. Le mantra possède quatre classes : le tantra de l'action, le tantra de la mise en action, le tantra yoga et le tantra yoga supérieur.*

TANTRIQUE, ■ adj. [tɑ̃tʀik] (*tantrisme*) Relatif au tantrisme. *La liturgie tantrique tibétaine se répand en Occident. Pratiquer l'amour tantrique,* faire l'amour dans le respect du tantrisme, c'est-à-dire en considérant l'acte sexuel comme un rite pratiqué dans un but transcendantal.

TANTRISME, ■ n. m. [tɑ̃tʀism] (*tantra*) Ensemble de croyances et de rites hindous, qui a pour visée la connaissance ésotérique des lois de la nature. *Le tantrisme est l'une des multiples approches philosophiques de l'Inde.*

TANTRISTE, ■ n. m. et n. f. [tɑ̃tʀist] (*tantra*) Adepte du tantrisme. *Les tantristes tibétains.* ■ **Adj.** *Des temples tantristes.*

TANZANIEN, IENNE, ■ n. m. et n. f. [tɑ̃zanjɛ̃, jɛn] (*Tanzanie,* état d'Afrique orientale) Originaire ou habitant de Tanzanie. *Un Tanzanien, une Tanzanienne.* ■ **Adj.** *Il est de nationalité tanzanienne.*

TAO, ■ n. m. [tao] (chin. *dao,* voie, méthode, être suprême) **Philos.** Dans la pensée chinoise, principe d'union au cosmos, d'ordre et de mutation de l'Univers, à l'origine de toutes choses et dont émanent toutes les forces.

TAOÏSME, ■ n. m. [taoism] (*tao*) Système de pensée religieuse et philosophique chinoise, fondé sur le principe du tao et créé par Lao-Tseu au VIᵉ siècle avant J.-C.

TAOÏSTE, ■ n. m. et n. f. [taoist] (*tao*) Partisan du taoïsme. *Les taoïstes partageaient avec les confucianistes une certaine vue de la nature.* ■ **Adj.** Relatif au taoïsme ou à ses adeptes. *Lao Zi, Zhuang Zi et Lie Zi sont les pères fondateurs de la philosophie taoïste.*

TAON, n. m. [tɑ̃] (lat. tardif *tabonem,* accus. de *tabo,* du lat. *tabanus,* taon) Insecte diptère, de la famille des tabaniens ; les femelles sont avides du sang des animaux, les mâles se contentent de butiner sur les fleurs. ♦ **Fig.** « *Et le taon des guerres civiles Piqua les âmes des méchants* », MALHERBE.

TAPA, ■ n. m. [tapa] (mot polynésien) Étoffe fabriquée à partir de l'écorce interne de certains arbres qui est battue, encollée et peinte. *L'arbre à pain ou certaines espèces de ficus sont utilisés pour la fabrication du tapa.*

TAPABOR, n. m. [tapabɔʀ] (*taper* et *bord*) Vieilli Sorte de bonnet pour la campagne, dont on peut rabattre les bords, pour se garantir de la pluie et du vent.

TAPAGE, n. m. [tapaʒ] (*taper*) **Fam.** Désordre accompagné d'un grand bruit. *Faire tapage.* ♦ **Fig. Bx-arts** Effet d'un tableau dans lequel il y a trop de mouvement, trop de contrastes. ♦ **Fig.** Bouleversement. « *On éclatera à la première occasion ; et alors ce sera un beau tapage* », VOLTAIRE. ♦ Reproches faits avec bruit, criailleries. ♦ Grand bruit qu'on fait d'une affaire. ♦ **Dr.** *Tapage nocturne, diurne,* infraction au code pénal causée par un comportement anormalement bruyant et qui nécessite, pour être reconnu, une plainte accompagnée d'un constat effectué par la police. *Tapage diurne causé par un véhicule cyclomoteur dont le pot d'échappement n'est pas silencieux.*

TAPAGEUR, EUSE, n. m. et n. f. [tapaʒœʀ, øz] (*tapage*) Personne qui fait du tapage, qui a l'habitude de faire du tapage. ■ **Adj.** *Enfant tapageur.* ♦ ▷ **Fig.** *Toilette tapageuse,* toilette où une femme affecte les modes les plus caractérisées et les couleurs les plus voyantes. ◁ ♦ L'Académie ne donne pas le féminin *tapageuse,* mais il est usité.

TAPAGEUSEMENT, ■ adv. [tapaʒøz(ə)mɑ̃] (*tapageur, tapageuse*) De manière tapageuse. « *Voilà bien de nos vantardises démocratiques et de ces montagnes accouchant tapageusement d'une souris* », H.-F. AMIEL.

TAPANT, ANTE, ■ adj. [tapɑ̃, ɑ̃t] (*taper*) **Fam.** Précis. *Je t'attends pour déjeuner à 13 heures tapantes.*

TAPAS, ■ n. f. pl. [tapas] (esp. *tapa,* couvercle, rondelle de charcuterie placée au-dessus du verre) Assortiment de petites préparations culinaires à la façon espagnole, que l'on mange à l'apéritif ou en guise de plat. *Tapas au chorizo, à la tomate, aux olives. Tapas de tortillas, d'anchois marinés.*

1 **TAPE**, n. f. [tap] (*taper*) Voy. TAPER. Coup de la main.

2 **TAPE**, n. f. [tap] (*taper,* boucher, du provenç. *tapar,* du germ. *tappôn,* même sens) Voy. TAPER. Bouchon de linge. ♦ **Mar.** Bouchon de bois ou de liège dont on se sert pour fermer la bouche d'une pièce d'artillerie, un écubier.

TAPÉ, ÉE, p. p. de taper. [tape] ♦ Il se dit de certains fruits aplatis et séchés au four. *Poires tapées.* ♦ **Fig.** « *Je deviens plus que jamais pomme tapée* », VOLTAIRE. ♦ Il s'est dit d'une ancienne manière de crêper les cheveux dans la coiffure des femmes. ♦ **Fig.** et pop. *Réponse bien tapée, mot bien tapé,* réponse faite à propos, mot vif et piquant. ♦ **Peint.** *Tableau tapé,* tableau fait avec beaucoup de liberté et de hardiesse. ♦ *Fruit tapé,* fruit qui a été abîmé.

TAPE-À-L'ŒIL, adj. inv. [tapalœj] (*taper* et *œil*) Qui agresse l'œil par son côté prétentieux ou criard. « *De la couleur, et puis de la couleur qui gicle ou bave sur une surface, qui se pavane à plat, qui raccroche en tape-à-l'œil* », GENEVOIX.

TAPECUL ou **TAPE-CUL**, n. m. [tap(ə)ky] (*taper* et *cul*) ▷ Espèce de balançoire en bascule. ◁ ♦ Voiture très dure, qui cahote beaucoup. ♦ Bascule qui s'abaisse par un contrepoids, pour fermer l'entrée d'une barrière. ♦ **Mar.** Voile établie sur la poupe d'un navire. ♦ *Mât de tapecul*, le mât qui porte le tapecul des embarcations. ♦ Rᴇᴍ. Graphie ancienne : *tapecu*.

TAPÉE, n. f. [tape] (p. p. fém. substantivé de *taper*) **Pop.** Grande quantité, grande réunion. *Quelle tapée d'enfants !*

TAPEMENT, n. m. [tap(ə)mã] (*taper*) Action de taper. *Des tapements de pied.* ♦ **Grav.** Action d'étendre également le vernis sur la planche.

TAPENADE, ▪ n. f. [tap(ə)nad] (provenç. *tapenado*, de *tapeno*, câpre) Spécialité culinaire provençale consistant en une pâte faite d'olives, d'anchois et de câpres broyés, d'huile d'olive et d'aromates. *Tapenade d'olives noires, d'olives vertes.*

TAPER, v. tr. [tape] (radic. onomat. *tapp-*, bruit bref et sourd) Donner une tape, des tapes. ♦ ▷ *Taper les cheveux*, les relever avec le peigne, les crêper. ◁ ♦ *Taper un cheval*, lui relever les crins, l'approprier, l'arranger. ♦ **Fig. Peint.** Exprimer les figures d'une manière hardie et négligée, en donnant çà et là quelques coups de pinceau. ♦ **Doreur.** Coucher les blancs d'apprêt pour la peinture et la dorure. ♦ **Grav.** *Taper le vernis*, l'étendre également sur la planche. ♦ **Fig. et fam.** Porter à la tête, en parlant d'un vin capiteux. ♦ **Absol.** *Ce vin tape fort. Ce vin tape à la tête.* ♦ **V. intr.** Porter des coups. *Taper sur quelqu'un.* ♦ *Taper du pied*, frapper la terre, le plancher avec le pied. ♦ ▷ **Pop.** *Taper sur les vivres*, bien manger. ◁ ♦ **Fig.** *Taper sur le ventre à quelqu'un*, prendre un ton de familiarité excessive. ♦ ▷ **Fig. et pop.** *Taper de l'œil*, dormir. ◁ ♦ *Se taper*, v. pr. Se donner des tapes l'un à l'autre. ♦ Produire un son en tapant. ■ Écrire un texte avec une machine à écrire ou un ordinateur. *Elle tape très vite à la machine.* ■ **Fig. et fam.** Chauffer fort en parlant du soleil. *Je préfère rester chez moi, le soleil tape trop à cette heure.* ■ **Fam.** *Taper le carton*, jouer aux cartes. ■ **Fam.** *C'est à se taper les murs*, c'est déboussolant. *Cette histoire est incompréhensible, c'est à se taper la tête contre les murs.* ■ **Fam.** Chercher à emprunter à quelqu'un. *Je peux te taper un peu d'argent ?* ■ **Fam.** *Taper dans l'œil de quelqu'un*, lui plaire. *Il ne cesse de te regarder, je crois que tu lui as tapé dans l'œil.* ■ **Fam.** *Taper sur les nerfs*, énerver. *Tu me tapes sur les nerfs avec tes questions incessantes !* ■ **Fam.** *Taper dans le mille*, réussir. ■ Se taper, v. pr. Manger ou boire quelque chose. *Il vient de se taper une choucroute garnie !* ■ Effectuer une corvée. *Je me suis encore tapé toute la vaisselle !* ■ *S'en taper*, s'en moquer. *Il s'en tape de mes histoires !* ■ **Fam.** *Taper quelqu'un*, emprunter de l'argent à quelqu'un. *J'ai tapé mes parents de 100 € pour pouvoir sortir hier soir.* ■ **V. pr. Vulg.** et **péj.** *Se taper quelqu'un*, avoir des relations sexuelles avec quelqu'un. *Cette fille ? Elle s'est tapée tout le quartier !*

1 **TAPETTE**, n. f. [tapɛt] (dimin. de *tape*) Petite tape. ♦ *Jouer à la tapette*, taper, lancer une bille contre un mur.

2 **TAPETTE**, n. f. [tapɛt] (*taper*) Voy. ᴛᴀᴘᴏɴ. Espèce de tampon dont se servent les graveurs. ♦ Espèce de palette de bois dont les tonneliers se servent pour enfoncer les bouchons. ■ Objet constitué d'un manche et d'une partie plate et ajourée pour battre les tapis ou tuer les mouches. ■ Piège à souris. ■ Jeu de billes ou de balles contre un mur. ■ **Fam.** *Elle a une sacrée tapette*, elle a la langue bien pendue. ■ **Vulg.** Homosexuel. ■ Rᴇᴍ. *Tapette* dans le sens d'homosexuel est péjoratif et souvent utilisé comme une insulte.

TAPEUR, EUSE, ▪ n. m. et n. f. [tapœʀ, øz] (*taper*) **Fam.** Personne qui emprunte fréquemment de l'argent aux autres. « *Sournoisement guetté par le fisc, l'escroc, l'intelligence service et le tapeur professionnel, parce que son chasseur se fait cinq cent mille francs de revenus par an* », Fᴀʀɢᴜᴇ.

TAPHOPHILIE, ▪ n. f. [tafofili] (gr. *taphos*, tombeau et *-philie*) **Psych.** Attirance de nature pathologique pour les tombes et les cimetières.

TAPI, IE, p. p. de tapir. [tapi]

TAPIN, n. m. [tapɛ̃] (*taper*) **Pop.** Celui qui bat le tambour. ■ **Fam.** *Faire le tapin*, se prostituer.

TAPINER, ▪ v. intr. [tapine] (*tapin*) Très fam. Faire le tapin, se prostituer.

TAPINEUSE, ▪ n. f. [tapinøz] (*tapiner*) **Fam.** Prostituée.

TAPINOIS, OISE, n. m. et n. f. [tapinwa, waz] (anc. fr. *en tapin, a tapin*, en cachette, de *tapin*, fourbe, de *tapir*, se cacher) ▷ Celui, celle qui se cache pour faire quelque chose (vieilli en cet emploi). « *En fine tapinoise* », Tʜ. Cᴏʀɴᴇɪʟʟᴇ. ◁ ♦ **en tapinois**, loc. adv. Sourdement, en cachette. *Approcher en tapinois.* ♦ **Fig.** D'une manière rusée, dissimulée.

TAPIOCA, n. m. [tapjoka] (mot port., du tupi *typy ca*, ce qui est coagulé) Fécule de racine de manioc, bien lavée et bien séchée, dite aussi *sagou blanc*. ♦ *Un tapioca*, un potage au tapioca. ■ Rᴇᴍ. On écrivait aussi *tapioka* autrefois.

1 **TAPIR (SE)**, v. pr. [tapiʀ] (anc. b. frq. *tappjan*, fermer, enfermer) Se cacher en se tenant dans une posture raccourcie ou resserrée. *Se tapir derrière*

une porte, dans un coin, etc. ■ Se retirer pour fuir la société. *Elle se tapit chez elle depuis le décès de son époux.*

2 **TAPIR**, n. m. [tapiʀ] (tupi *tapira*) Quadrupède qui se trouve en Amérique, et dont le nez est en forme de petite trompe.

TAPIS, n. m. [tapi] (gr. *tapêtion*, dimin. de *tapês*, tapis, couverture) Pièce d'étoffe dont on couvre une table, des murs ou un parquet. *Tapis de table, de pied, etc.* ♦ *Tapis de haute lice, de basse lice*, Voy. ʟɪᴄᴇ. ♦ *Tapis de Turquie* ou *façon de Turquie*, tapis de laine veloutée. ♦ *Tapis d'un bureau.* ♦ **Fig.** *Mettre une affaire, une question sur le tapis*, la proposer pour l'examiner. ♦ ▷ *Amuser le tapis*, décider de petites affaires ; entretenir la compagnie de choses vaines, et aussi agir de manière à atermoyer. ◁ ♦ *Tapis d'une table de salon.* ♦ **Fig.** ▷ *Tenir quelqu'un sur le tapis*, ◁ *mettre quelqu'un sur le tapis*, s'en entretenir avec détail, soit en bien, soit en mal. ♦ ▷ **Fig.** *Être sur le tapis*, être l'objet de l'entretien. ◁ ♦ *Mettre sur le tapis, être sur le tapis*, se dit aussi d'une affaire, d'une question dont on s'occupe. ♦ *Tapis vert ou simplement tapis*, table de jeu. « *Autour d'un tapis vert, Dans un maudit brelan, ton maître joue et perd* », Rᴇɢɴᴀʀᴅ. ♦ *Le tapis brûle*, se dit, au jeu, lorsque quelqu'un a oublié de déposer sa mise. ♦ *Tapis de billard*, le drap vert qui recouvre la table d'un billard. ♦ **Fig.** *Tapis vert ou simplement tapis*, nom donné en horticulture à des étendues couvertes de plantes basses et gazonnantes. ♦ On dit de même : *Un tapis de verdure, de gazon, de mousse, de fleurs.* ♦ ▷ *Tapis franc*, cabaret, auberge où se réunissent les voleurs. ◁ ♦ *Dérouler le tapis rouge*, recevoir quelqu'un avec tous les honneurs. *Lorsqu'ils ont reçu le Président, ils ont déroulé le tapis rouge.* ■ *Se prendre les pieds dans le tapis*, commettre une maladresse. ■ *Tapis roulant*, surface plane étroite et étendue, mue par un moteur et qui transporte des personnes ou des marchandises. ■ *Tapis de souris*, petit support plat qui permet de faire glisser facilement la souris d'un ordinateur.

TAPIS-BROSSE, ▪ n. m. [tapibʀɔs] (*tapis* et *brosse*) Paillasson, tapis généralement rectangulaire à poils durs que l'on pose devant l'entrée d'une habitation afin que les personnes qui entrent puissent y essuyer leurs pieds. *Des tapis-brosses.*

TAPISSÉ, ÉE, p. p. de tapisser. [tapise] *Chambre tapissée.*

TAPISSER, v. tr. [tapise] (*tapis*) Revêtir, orner de tapisseries les murailles d'une chambre, d'une salle, etc. *Tapisser un salon, les rues, etc.* ♦ **Par extens.** Il se dit de tout ce qui revêt ou couvre les murs d'un appartement. *Tapisser une chambre de papier peint.* ♦ On dit aussi : *Ce mur est tapissé d'affiches.* ♦ Il se dit encore de ce qui revêt, recouvre une surface. *La membrane qui tapisse l'intérieur de l'estomac.* « *La grotte était tapissée d'une jeune vigne* », Fᴇɴᴇʟᴏɴ. ♦ **V. intr.** Faire de la tapisserie à l'aiguille. « *Tapissait mieux qu'Arachne...* », Lᴀ Fᴏɴᴛᴀɪɴᴇ. ♦ Se tapisser, v. pr. Être tapissé. *Les prairies se tapissent de fleurs.* ■ Rᴇᴍ. Auj. *tapisser* signifie revêtir un mur de papier peint. *Nous avons tapissé les murs de notre salon avec du papier peint à raccord.*

TAPISSERIE, n. f. [tapis(ə)ʀi] (*tapis*) Ouvrage fait à l'aiguille sur le canevas, avec de la laine, de la soie, de l'or, etc. *Pantoufles en tapisserie.* ♦ Grandes pièces d'ouvrages de laine ou de soie servant à revêtir les murailles d'une chambre, d'une salle, etc. *Tapisserie de verdure. Tapisserie à personnages.* ♦ *Être derrière la tapisserie*, être derrière un paravent garni de tapisserie, et fig. connaître les rouages secrets des affaires. ♦ *Faire tapisserie*, assister à un bal sans y prendre part. ♦ Il se dit de toute sorte d'étoffe, de tissu servant à couvrir ou à orner les murailles d'une chambre. *Tapisserie de cuir.* ♦ Le papier de tenture d'une chambre. ♦ Art, métier du tapissier.

TAPISSIER, IÈRE, n. m. et n. f. [tapisje, jɛʀ] (*tapis*) Celui, celle qui fait ou qui vend toute sorte de meubles de tapisserie et d'étoffe, et qui se charge aussi de tendre les tapisseries dans une maison, de garnir les fauteuils. ♦ *Tapissier-décorateur*, celui qui pose les tapisseries ou tentures d'appartement, les rideaux, les dais de lit, les portières, et s'occupe, en un mot, de toutes les parties de l'ameublement. ♦ N. f. *Tapissière*, ouvrière qui fait de la tapisserie, qui travaille en tapisserie à l'aiguille. ♦ *Tapissière*, voiture légère ouverte de tous côtés qui sert principalement au transport des meubles, aux déménagements, et s'emploie aussi pour des promenades. ♦ **Adj.** *Maître tapissier. Garçon tapissier.* ♦ *Marchand tapissier*, celui qui vend des tapis. ■ N. f. pl. Tribu de la famille des arachnides.

TAPON, n. m. [tapɔ̃] (anc. b. frq. *tappo*, bouchon) Étoffe, linge, etc. qu'on bouchonne et qu'on met en tas. *Cette robe est tout en tapon.* ♦ **Mar.** Morceau de toile qui sert à boucher un trou dans une voile.

TAPONNAGE, n. m. [tapɔnaʒ] (*taponner*) ▷ Action de taponner les cheveux. ◁

TAPONNER, v. tr. [tapɔne] (*tapon*) Arranger les cheveux en tapons, sorte de coiffure des dames du temps de Louis XIV. ♦ Se taponner, v. pr. Se coiffer en tapons.

TAPOTÉ, ÉE, p. p. de tapoter. [tapote]

TAPOTEMENT, ▪ n. m. [tapɔt(ə)mã] (*tapoter*) Action de tapoter. « *Les vitres fermées étouffaient les bruits de la rue, et on entendait le tapotement de la pluie sur le toit.* », J.-M. G. Lᴇ Cʟᴇᴢɪᴏ.

TAPOTER, v. tr. [tapote] (*taper*) **Fam.** Donner de petits coups à plusieurs reprises. ◆ Jouer du piano avec négligence ou inhabileté.

TAPUSCRIT, ■ n. m. [tapyskʀi] (*taper* et *manuscrit*) Texte tapé à la machine à écrire ou issu de l'imprimante de l'ordinateur, destiné à être remis à un éditeur pour une éventuelle correction et composition.

TAQUAGE, ■ n. m. [takaʒ] (*taquer*) **Impr.** Empilage des feuilles de papier avant l'impression ou la reliure. *Une butée de taquage.*

TAQUE, ■ n. f. [tak] (mot du N.-E. et de l'Est, b. all. *tak*, plaque de cheminée) Plaque de fonte utilisée comme contrecœur d'une cheminée ou pour couvrir une bouche d'égout.

TAQUÉ, ÉE, p. p. de taquer. [take]

TAQUER, v. tr. [take] (radic. onomat. *takk-*, bruit sec) Voy. TAQUOIR. **Impr.** Passer le taquoir sur une forme.

TAQUET, n. m. [takɛ] (norm. *estaque*, de l'anc. fr. *estache*, pieu, poteau) **Mar.** Crochet de bois à deux branches, qu'on attache sur le mât ou sur le plat-bord, pour y amarrer quelque manœuvre. ◆ **Menuis.** Petit morceau de bois taillé pour maintenir l'encoignure d'un meuble. ■ Morceau de bois fixé sur un axe et qui pivote pour fermer une porte. ■ Pièce métallique servant de butée pour le chariot d'une machine à écrire. ■ **Fam.** Coup porté de la main. « *L'autre imbécile de Zingaro lui colle un taquet derrière l'oreille, en guise d'explication.* », BAYON. ■ *Être au taquet,* être au maximum de ses possibilités. *Il ne peut pas prendre davantage de travail, il est au taquet en ce moment.* ■ **Fig. et fam.** Être à fond. *Je n'ai pas eu une minute pour t'appeler, j'ai été au taquet toute la matinée.*

TAQUIN, INE, adj. [takɛ̃, in] (anc. fr. *taquehan*, assemblée illicite, émeute populaire, du néerl. *takehan*, prob. de *take*, saisir et [*Jo*]*han*, individu) Vilain, avare, qui chicane sur la dépense (ce sens a vieilli). ◆ Qui s'amuse à quereller sur de petites choses, pour le plaisir de contrarier. *Enfant, caractère taquin.* ◆ N. m. et n. f. *Un taquin.* ■ S'emploie aussi au féminin. *Une taquine.*

TAQUINÉ, ÉE, p. p. de taquiner. [takine]

TAQUINEMENT, adv. [takin(ə)mɑ̃] (*taquiner*) ▷ D'une manière taquine. ◁

TAQUINER, v. intr. [takine] (*taquin*) Avoir l'habitude de contrarier et d'impatienter pour de minces sujets. ◆ V. tr. *Taquiner un enfant.* ◆ Se taquiner, v. pr. *Ces deux enfants se taquinent sans cesse.*

TAQUINERIE, n. f. [takin(ə)ʀi] (*taquin*) Caractère de celui qui est taquin. ◆ Action de celui qui taquine.

TAQUOIR, n. m. [takwaʀ] (*taquer*) **Impr.** Morceau de bois de sapin, doublé de chêne, sur lequel on frappe avec un maillet pour mettre de niveau toutes les lettres d'une forme.

TAR, ■ n. m. [taʀ] (mot persan, luth) Sorte de luth à trois cordes doubles et dont la caisse a la forme d'un huit, que le luthiste pince avec un onglet et qui est utilisé dans la musique traditionnelle azerbaïdjanaise et iranienne. *Des tars.*

TARA, ■ n. m. [taʀa] (mot afric.) **Afriq.** Lit ou siège constitué de branches entrecroisées, et qui est généralement assez bas. *Des taras.*

TARABISCOTÉ, ÉE, ■ adj. [taʀabiskote] (*tarabiscot*, creux qui sépare une moulure d'une surface plane ou d'une autre moulure, d'orig. obsc.) Aux formes un peu précieuses. *Un meuble tarabiscoté.* ■ **Fig.** Complexe. *Une histoire tarabiscotée.*

TARABUSTÉ, ÉE, p. p. de tarabuster. [taʀabyste]

TARABUSTER, v. tr. [taʀabyste] (moy. fr. *tabus*(*t*), tumulte, querelle, croisé avec le radic. onomat. *tar-*, bruit fort et prolongé) Importuner par des interruptions fréquentes, du bruit, des discours à contretemps. ◆ Traiter rudement, tourmenter.

TARAF, ■ n. m. [taʀaf] (mot roumain, orchestre de village, tribu de musiciens) Ensemble traditionnel tsigane composé le plus souvent d'une clarinette, d'un violon, d'un accordéon, d'une contrebasse, d'une trompette et d'un cymbalum.

TARAGE, ■ n. m. [taʀaʒ] (*tarer*) Action de tarer. *Les instruments de pesage électroniques modernes utilisés pour la détermination du poids disposent généralement d'un dispositif de tare permettant le tarage du matériel d'emballage.* ■ *Courbe de tarage,* courbe utilisée pour le calcul d'un débit à partir des caractéristiques hydrauliques et topographiques du cours d'eau aux abords duquel est installée la station de jaugeage.

TARAMA, ■ n. m. [taʀama] (gr. mod. *taramas,* œufs de poisson salés, du turc *tarama,* laitance) Spécialité culinaire grecque consistant en une pâte onctueuse confectionnée à partir d'œufs de mulet ou de cabillaud, pilés et délayés dans de l'huile et de la mie de pain, et à laquelle on ajoute du citron et parfois de la crème fraîche.

TARARAGE, ■ n. m. [taʀaʀaʒ] (2 *tarare*) Action de nettoyer des grains au moyen d'un tarare (2). *Le tararage s'effectue après le battage de grains.*

1 **TARARE**, interj. [taʀaʀ] (radic. onomat. *tar-*, bruit fort et prolongé) ▷ **Fam.** Il marque la moquerie, le dédain. ◁

2 **TARARE**, n. m. [taʀaʀ] (prob. radic. onomat. *tar-*, bruit fort et prolongé, pour le bruit que produit cette machine) *Tarare ventilateur,* dit aussi *van mécanique, cribleur,* machine qui sert à nettoyer le blé.

TARASQUE, ■ n. f. [taʀask] (a. provenç. *tarasca,* de *Tarascon,* ville des Bouches-du-Rhône) Animal fabuleux du folklore provençal représenté comme un monstre amphibie, que sainte Marthe aurait dompté pour libérer Tarascon. ■ **Fig.** Personne ou chose évoquant une tarasque.

TARATATA, ■ interj. [taʀatata] (radic. onomat. *tar-*, bruit fort et prolongé) **Fam.** Onomatopée exprimant le dédain, l'incrédulité, le mépris. *Taratata ! tu dis vraiment n'importe quoi !* ■ Interjection prononcée pour reproduire le bruit du tambour ou celui de la mitraillette.

TARAUD, n. m. [taʀo] (*tareau, tarel,* tarière) Outil qui sert à tarauder.

TARAUDAGE, n. m. [taʀodaʒ] (*tarauder*) Action de tarauder.

TARAUDANT, ANTE, ■ adj. [taʀodɑ̃, ɑ̃t] (*tarauder*) Qui taraude. *Une question taraudante. « Le frichi - ou pâtée, ou tambouille - est l'aliment de base du chat et du chien nécessiteux à estomac taraudant »,* FORLANI.

TARAUDÉ, ÉE, p. p. de tarauder. [taʀode]

TARAUDER, v. tr. [taʀode] (*taraud*) Percer en spirale une pièce de bois ou de métal, à manière qu'elle reçoive les filets d'une vis. ◆ *Tarauder une vis,* lui faire des cannelures. ■ **Fig.** Tourmenter. *Cette énigme me taraude.*

TARAUDEUR, EUSE, ■ n. m. et n. f. [taʀodœʀ, øz] (*tarauder*) Personne qui fait le taraudage. ■ N. f. Machine agricole utilisée pour le taraudage.

TARBOUCHE ou **TARBOUCH**, n. m. [taʀbuʃ] (ar. *tarbus,* du turc *tarbos,* du *ter,* sueur, et du pers. *pus,* couvrir) Espèce de turban ; bonnet de couleur rouge à gland bleu.

TARD, adv. [taʀ] (lat. *tarde,* lentement, tardivement) Quand le temps convenable est passé ; après le temps ordinaire. « *Le corbeau, honteux et confus, Jura, mais un peu tard, qu'on ne l'y prendrait plus »,* LA FONTAINE. ◆ *Tôt ou tard,* dans un temps éloigné ou dans un temps prochain. ◆ *Pas plus tard que demain,* très prochainement. ◆ *Tard,* par rapport à la journée, vers la fin du jour. *Il est rentré fort tard.* ◆ Adv. Il se fait tard. *Il est bien tard pour commencer.* ◆ Il se dit de la fin de la journée. *Je ne croyais pas qu'il fût si tard.* ◆ N. m. *Au plus tard,* dans le cas où on tarderait le plus. « *Dans une heure au plus tard, vous essuierez vos larmes »,* P. CORNEILLE. ◆ *Sur le tard,* dans la soirée. ◆ **Fig.** Tardivement. « *À peine sur le tard rentre-t-on en soi-même »,* P. CORNEILLE. ◆ **Prov.** Il vaut mieux tard que jamais. ■ **Prov.** Il n'est jamais trop tard pour bien faire. ■ *Sur le tard,* à un âge avancé. *Il a passé son baccalauréat sur le tard.*

TARDER, v. intr. [taʀde] (lat. *tardare,* retarder, ralentir, lat. imp. tarder, être en retard) Ne pas se hâter suffisamment de faire une chose. « *Souvent qui tarde trop se laisse prévenir »,* P. CORNEILLE. ◆ Bien que tardif, avec un infinitif, soit plus usité, on dit aussi *tarder de.* ◆ S'arrêter ou aller lentement, en sorte qu'on vienne tard. *Vous avez bien tardé à venir.* ◆ *Ne pas tarder,* avec un nom de personne pour sujet, faire bientôt, obtenir bientôt ce dont il s'agit. « *Le peuple de Dieu ne tarda pas d'imiter les murs des Chananéens »,* MASSILLON. ◆ Il se dit avec un nom de chose pour sujet, et exprime la lenteur, le retard ; se construisant avec à ou de et l'infinitif. « *Si le sens de vos vers tarde à se faire entendre, Mon esprit aussitôt commence à se détendre »,* BOILEAU. ◆ Impers. Avoir de l'impatience, trouver le temps long pour ce qu'on désire, avec *que* et le subjonctif, ou *de* et l'infinitif. *Il me tarde bien que mon procès soit fini. Il me tarde de savoir.*

TARDIF, IVE, adj. [taʀdif, iv] (b. lat. *tardivus,* de *tardus,* lent) Qui ne se hâte pas assez, avec un nom de personne. « *Un Turenne qui, plus tardif en apparence, n'en était que plus sûr du succès »,* MASSILLON. ◆ *Tardif à.* « *O cœurs pesants et tardifs à croire non ce qui est écrit par les prophètes, mais ce qui a été promis par Jésus-Christ même »,* BOSSUET. ◆ Lent, en parlant de choses. « *D'un pas pesant et tardif »,* FÉNELON. « *[La justice divine] n'en est pas moins redoutable, Pour être tardive à punir »,* J.-B. ROUSSEAU. ◆ Qui vient tard, trop tard, avec un nom de chose. « *O soins tardifs et superflus ! »,* RACINE. ◆ Qui se forme, se développe lentement. *Ces sortes d'esprits sont tardifs.* ◆ *Arbre tardif,* arbre qui arrive tard à son plein développement, et aussi arbre qui donne des fruits tardifs. ◆ En parlant des fruits, qui mûrit tard. *Poires tardives.* ■ **Fig.** « *Jeune et brillant héros, dont la haute sagesse N'est point le fruit tardif d'une lente vieillesse »,* BOILEAU. ◆ Se dit en parlant de plantes qui fleurissent tard, comparativement à d'autres. ◆ *Terrain tardif,* terrain où les productions sont lentes à venir. ◆ *Agneaux, perdreaux, poulets tardifs,* ceux qui naissent après les autres.

TARDIGRADE, adj. [taʁdigʁad] (lat. *tardigradus*, de *tardus*, lent, et *gradi*, marcher) **Zool.** Qui marche avec lenteur. ◆ N. m. pl. Famille de mammifères onguiculés qui n'ont point de dents incisives, et dont les doigts sont réunis jusqu'aux ongles.

TARDILLON, ONNE, ■ n. m. et n. f. [taʁdijɔ̃, ɔn] (*tard*) **Vx** Cadet d'une famille nombreuse, né tardivement par rapport à ses aînés.

TARDIVEMENT, adv. [taʁdiv(ə)mɑ̃] (*tardif*) D'une manière tardive.

TARDIVETÉ, n. f. [taʁdiv(ə)te] (*tardif*) **Jard.** Croissance tardive.

TARE, n. f. [taʁ] (ital. *tara*, de l'ar. *tarh*, rejet, déduction) Déchet dans une marchandise ; diminution soit dans la quantité, soit dans la qualité. ◆ Nombre de grammes que, sur un poids quelconque de marchandises, on compte de moins au profit de l'acheteur, en raison de la tare. ◆ Fig. Vice, défaut. *Ce bois n'a pas de tare.* ◆ Dans le cheval, défectuosité, d'une origine quelconque. ◆ Fig. Tache, sujet de blâme. ◆ *Un homme sans tare,* qui n'a ni tare, ni défaut, un homme irréprochable. ◆ Poids des barils, pots, enveloppes, etc. dont on s'assure d'abord, pour connaître le poids net des marchandises que l'on y mettra. ■ Déficience héréditaire physique ou mentale chez l'homme et les animaux.

TARÉ, ÉE, p. p. de tarer. [taʁe] Qui est affecté de tare. *Marchandise tarée. Fruits tarés. Cheval taré.* ◆ Fig. *Un homme taré,* homme décrié pour de mauvaises actions. ◆ **Injur.** *Il est complètement taré ce type ! Il passe au feu rouge et m'insulte !*

TARENTAIS, AISE, ■ n. m. et n. f. [taʁɑ̃tɛ, ɛs] (*Tarentaise*, région de Savoie) Habitant ou originaire de cette région. *Un Tarentais, une Tarentaise.* ■ N. f. Race de vaches laitières de cette région. *La tarentaise est élevée pour ses capacités laitières (4 500 kg de lait par an) et fromagère.* ■ Adj. *Les élevages bovins tarentais.*

TARENTE, ■ n. f. [taʁɑ̃t] (*Taranto,* Tarente, ville des Pouilles en Italie du Sud) **Région.** Sud-Ouest Gecko. *Les tarentes ont la caractéristique d'avoir les paupières fixes de façon permanente.*

TARENTELLE, n. f. [taʁɑ̃tɛl] (ital. *tarantella,* de *Taranto,* Tarente) Nom d'une espèce de danse des environs de Tarente en Italie. ◆ Air sur lequel se règle cette danse.

TARENTISME, n. m. [taʁɑ̃tism] (radic. de *tarentule*) Maladie nerveuse qui a régné dans la Pouille et même dans une partie de l'Italie pendant les xvᵉ, xvᵉ et xviiᵉ siècles, et qui depuis s'est éteinte.

TARENTULE, n. f. [taʁɑ̃tyl] (*tarantola,* lézard, grosse araignée venimeuse, de *taranta,* mêmes sens) Nom vulgaire et spécifique de la *lycose tarentule,* espèce de grosse araignée, dont le venin n'est dangereux que pour les insectes qui lui servent de nourriture, et qui n'a produit le tarentisme que dans des circonstances toutes particulières. ◆ ▷ Fig. ▷ *Piqué de la tarentule,* ◁ animé par quelque vive passion. ◁ ◆ Espèce de petit lézard.

TARER, v. tr. [taʁe] (*tare*) ▷ Causer de la tare, du déchet, gâter, corrompre. *L'humidité a taré ces marchandises.* ◁ ◆ **Fig.** ▷ *Tarer la réputation de quelqu'un,* ◁ y porter atteinte. ◆ Peser un vase, un baril vide, afin qu'après l'avoir rempli on sache le poids de ce qu'on y a mis. ◆ ▷ Se tarer, v. pr. ▷ Devenir gâté. *Ces fruits se tarent.* ◁

TARET, n. m. [taʁɛ] (prob. radic. de *tarière*) Genre de mollusques, à coquilles bivalves, qui font des trous dans le bois des vaisseaux et des pilotis.

TARGE, n. f. [taʁʒ] (anc. b. frq. *targa,* bouclier) Espèce de bouclier.

TARGETTE, n. f. [taʁʒɛt] (*targe* ; cf. sens de semelle de cuir pour protéger les mains) Moyen de fermeture qui consiste en un morceau de métal aplati, de petite dimension, ayant un bouton au milieu et un mouvement de va-et-vient entre deux crampons.

TARGUER (SE), v. pr. [taʁge] (*targe* ; cf. a. fr. se protéger en se couvrant d'une targe) Se prévaloir, tirer avantage avec ostentation. « *Certes, vous vous targuez d'un bien faible avantage* », MOLIÈRE.

TARGUI, ■ adj. [taʁgi] (mot ar. *tarqi,* sing. de *tawariq,* touaregs) Voy. TOUAREG.

TARGUM, n. m. [taʁgɔm] (mot hébreu, de *tirgem,* traduire) Ancien commentaire chaldéen sur le Vieux Testament.

1 TARI, n. m. [taʁi] (mot hindi) Liqueur alcoolique résultant du suc ou de la sève de palmiers que l'on soumet à la fermentation.

2 TARI, IE, p. p. de tarir. [taʁi]

TARIÈRE, n. f. [taʁjɛʁ] (b. lat. *taratrum*) Outil de fer, emmanché de bois, dans la forme d'un T, qui sert à percer le bois pour y mettre des chevilles. ◆ *Trous de tarière,* trous percés avec une tarière. ◆ Instrument avec lequel on peut percer le sol. *La tarière des fontainiers.* ◆ **Hist. nat.** Instrument dont les femelles de quelques insectes sont pourvues, et qui leur sert à percer soit l'écorce des végétaux, soit la peau des animaux.

TARIF, n. m. [taʁif] (ital. *tariffa,* de l'ar. *tarif,* information, définition) Tableau d'indication des droits à payer pour la navigation, le passage ou le parcours des rivières, l'exportation ou l'importation des denrées et marchandises, etc. ◆ Fig. « *Un ministre célèbre [Walpole] avait le tarif des probités, et s'en vantait publiquement, à la honte des Anglais* », RAYNAL. ◆ **Dr.** État des droits ou émoluments alloués aux fonctionnaires publics et aux officiers ministériels, pour les différents actes de leur ministère. ◆ *Tarif des frais et dépens,* règlement qui fixe le coût des divers actes et les droits de vacations en matière de procédure civile, criminelle et de police. ◆ Tableau du prix de certaines denrées. ◆ *Tarif des monnaies,* tableau indiquant la valeur courante des monnaies. ■ Prix d'une marchandise ou d'un service. *Un tarif hors taxe.*

TARIFAIRE, ■ adj. [taʁifɛʁ] (*tarif*) Relatif à un tarif. *La politique tarifaire que pratique cette entreprise est vraiment très avantageuse.*

TARIFÉ, ÉE, p. p. de tarifer. [taʁife] *Amour tarifé,* prostitution.

TARIFER, v. tr. [taʁife] (*tarif*) Appliquer un tarif ; fixer d'après un tarif les droits que doivent payer certaines denrées, etc. ◆ Fig. *Tarifer les consciences.*

TARIFICATION, n. f. [taʁifikasjɔ̃] (*tarifer*) Action de tarifer ; résultat de cette action.

1 TARIN, n. m. [taʁɛ̃] (rac. onomat. *tar-*) Petit oiseau à bec conique et pointu, et à plumage verdâtre.

2 TARIN, ■ n. m. [taʁɛ̃] (p.-ê. 1 tarin en raison de la ressemblance entre le bec de cet oiseau et un nez) **Arg.** Nez. « *Il avait la figure large et puissante, des maxillaires de carnassier et un tarin de boxeur.* », L. MALLET.

TARIQA, ■ n. f. [taʁika] (ar. *tariqa,* chemin menant à Dieu) Ensemble des confréries islamiques suivant les préceptes soufiques correspondant à l'accession à la perfection du comportement et à la purification du cœur. *Des tariqas ou des tariqa. Le soufisme confrérique est apparu assez tardivement au Maroc avec notamment la Tariqa Qadiria du célèbre imam Moulay Abdelqader Aljilani de Bagdad.*

TARIR, v. tr. [taʁiʁ] (anc. b. frq. *tharrjan,* sécher) Mettre à sec. *Tarir un étang, un puits.* ◆ Par extens. *Tarir les larmes, les pleurs,* faire cesser de pleurer. ◆ *Tarir ses larmes, ses pleurs,* cesser de pleurer. ◆ Fig. « *Depuis ce jour fatal qui tarit toutes les ressources de votre fortune* », MASSILLON. ◆ V. intr. Se conjugue avec *être* ou *avoir,* suivant le sens. Être mis à sec, cesser de couler. *Cette source a tari hier, est tarie depuis hier.* ◆ Par extens. « *Rien ne tarit sitôt que les larmes* », VAUGELAS. ◆ Fig. Cesser, s'arrêter, en parlant de quelque chose comparé à une source. « *On vit tarir tout d'un coup les principales sources de la charité* », FLÉCHIER. ◆ *Ne point tarir sur un sujet,* en parler sans cesse. ◆ Absol. *Il ne tarit point,* il parle sans cesse de l'objet dont il s'agit. ◆ *L'entretien tarit,* on n'a plus rien à se dire. ◆ Se tarir, v. pr. Devenir à sec, cesser de couler. *Cette source s'est tarie.*

TARISSABLE, adj. [taʁisabl] (radic. du p. prés. de *tarir*) Qui se peut tarir, qui peut être tari. *Une source facilement tarissable.*

TARISSANT, ANTE, adj. [taʁisɑ̃, ɑ̃t] (*tarir*) Qui est près de tarir, qui va tarir. *Une source tarissante.* ◆ Fig. « *Mon imagination tarissante ne peuplait plus ma solitude d'êtres formés selon mon cœur* », J.-J. ROUSSEAU. ◆ Fig. *Une bourse tarissante,* une bourse où il n'y a presque plus rien. ◁

TARISSEMENT, n. m. [taʁis(ə)mɑ̃] (radic. du p. prés. de *tarir*) État de ce qui est tari. *Le tarissement des puits, des fontaines, des eaux, etc.*

TARLATANE, n. f. [taʁlatan] (p.-ê. *Ternate,* îles de l'archipel des Moluques) Espèce de mousseline extrêmement claire et légère.

TARMAC, ■ n. m. [taʁmak] (abrév. de *tarmacadam*) Partie d'un aérodrome qui est réservée à la circulation et au stationnement des avions. *Un avion en stationnement sur le tarmac. Un tarmac anti-pluie.*

TARMACADAM, ■ n. m. [taʁmakadam] (mot angl., de *tar,* goudron, et *macadam*) Macadam augmenté de goudron pour en améliorer la résistance et se posant à chaud. *Le tarmacadam, inventé par Edgar Purnell Hooley en 1854, a été progressivement remplacé par l'asphalte, moins polluant.*

TARO, ■ n. m. [taʁo] (mot polynésien) Plante qui pousse dans les régions tropicales reconnaissable à ses larges feuilles, également appelées *oreilles d'éléphant* et réputées pour son tubercule comestible à la chair de couleur blanche, farineuse et sucrée rappelant le goût de la châtaigne ou de la pomme de terre. *Les boulettes de taro à la crème de coco se dégustent en plat principal en Thaïlande.*

TAROT, n. m. [taʁo] Voy. TAROTS.

TAROTÉ, ÉE, adj. [taʁote] (*tarot*) *Cartes tarotées,* cartes dont le dos est marqué de grisaille en compartiments.

TAROTIER, n. m. [taʁotje] (*tarot*) ▷ Fabricant de tarots, de papiers de fantaisie. ◁

TAROTS, n. m. pl. [taʀo] (ital. *tarocchi*, de *tara*, perte de valeur d'une marchandise, action de défalquer, parce que le joueur doit dans certaines situations mettre une carte de côté) Cartes à jouer qui sont tarotées et qui de plus sont marquées d'autres figures que les cartes ordinaires. ♦ Jeu qu'on joue avec ces cartes. Jouer aux tarots ou au tarot. ■ *Tarot de Marseille*, Jeu de cartes utilisé en cartomancie.

TAROUPE, n. f. [taʀup] (radic. *tar-/tal-* ; cf. région. *taloupe*, motte de gazon) Poil qui croît entre les sourcils.

TARPAN, ■ n. m. [taʀpã] (mot kirghize) Cheval qui vivait à l'état sauvage au cours de la période préhistorique en France et en Espagne mais également dans les steppes de l'Asie occidentale, et dont le dernier représentant s'est éteint en 1879. *Des représentations iconographiques des tarpans ont été retrouvées dans certaines grottes.* ■ Variété de cheval reproduisant les caractéristiques des tarpans sauvages grâce aux croisements effectués entre différentes races de poneys descendant de cette race de cheval. *Le tarpan est de couleur grise avec la tête et les membres de couleur plus foncée.*

TARPON, ■ n. m. [taʀpɔ̃] (mot anglais, p.-ê. du néerl. *tarpoen*) Poisson carnivore vivant dans les eaux pauvres en oxygène et pouvant atteindre jusqu'à 2,50 m de longueur, de couleur argentée, irisée de vert et de bleu *Des fossiles de tarpon datés de plusieurs millions d'années ont démontré que l'espèce n'a presque pas changé.*

TARSE, n. m. [taʀs] (gr. *tarsos*, entrelacement de racines, rangée des doigts du pied, pied) **Anat.** La partie postérieure du pied, composée de sept os enclavés les uns dans les autres. ♦ Le troisième article du pied des oiseaux. ♦ Dans les crustacés, la sixième pièce des pattes simples. ♦ La dernière partie des pattes des insectes.

TARSIEN, IENNE, adj. [taʀsjɛ̃, jɛn] (*tarse*) **Anat.** Qui appartient, qui a rapport au tarse. ♦ *Os tarsiens*, les sept os du tarse.

TARSIER, n. m. [taʀsje] (*tarse*) **Hist. nat.** Genre de mammifères de l'ordre des quadrumanes, qui ont le tarse très long.

TARSIIFORME, ■ n. m. [taʀsiifɔʀm] (*tarsier* et *-forme*) Sous-ordre de mammifère primate. *Le tarsier est un représentant des tarsiiformes.* ■ Adj. Réunissant les traits caractéristiques d'un tarsier. *Le tarsier des Philippines est une espèce de mammifères tarsiiformes.*

1 **TARTAN**, n. m. [taʀtã] (mot angl. d'orig. obsc.) Étoffe écossaise à carreaux de diverses couleurs. ♦ Par extens. Vêtement de tartan.

2 **TARTAN**, ■ n. m. [taʀtã] (1 *tartan* ; nom déposé par une société dont le conditionnement représente un tissu écossais) Agglomérat d'amiante, de matières plastiques et de caoutchouc, dont on se sert pour le revêtement des terrains d'athlétisme. *Les sols souples en tartan amortissent les bruits.*

TARTANE, n. f. [taʀtan] (esp. *tartana*, du provenç. *tartana*, buse) **Mar.** Nom d'un petit navire de la Méditerranée, de forme allongée ; en général, il est ponté, et porte un seul mât et une voile latine. ♦ **Pêche** Filet à manche.

1 **TARTARE**, n. m. [taʀtaʀ] (lat. *Tartarus*, du gr. *Tartaros*) Nom que les poètes donnent au lieu où les coupables sont tourmentés dans les enfers (avec un T majuscule).

2 **TARTARE**, n. m. [taʀtaʀ] (lat. médiév. *Tartarus*, altération de l'a. turc *tatar*, habitant du Nord de la Chine) Nom d'un peuple originaire du Turkestan ; on a donné vaguement ce nom à tous les peuples de l'Asie moyenne, depuis la mer Caspienne jusqu'aux côtes orientales. ♦ Se dit (avec un *t* minuscule) des courriers employés à la Porte ottomane et les ambassadeurs européens à Constantinople. ♦ S'est dit des valets militaires de la maison du roi. ♦ **Cuis.** *À la tartare*, se dit en parlant d'une manière d'accommoder le poisson et la viande, qui consiste à les servir panés et grillés, avec une sauce froide à la moutarde, que l'on nomme aussi sauce à la tartare ou sauce tartare. ♦ *Tartare* ou *steak tartare*, viande hachée crue assaisonnée et servie avec des condiments. ♦ *Tartare de poisson*, poisson haché servi cru. ■ Adj. Qui est propre aux populations d'Asie centrale.

TARTAREUX, EUSE, adj. [taʀtaʀø, øz] (*tartre*, d'après le b. lat. *tartarum*, tartre) **Chim.** Qui a les qualités du tartre. *Sédiment tartareux.* ♦ *Acide tartareux*, ancien nom de l'acide tartrique.

TARTARIN, ■ n. m. [taʀtaʀɛ̃] (*Tartarin* de Tarascon, héros hâbleur de la trilogie d'Alphonse Daudet, 1840-1897) **Vieilli** Personne qui se vante facilement.

TARTARIQUE, adj. [taʀtaʀik] Voy. TARTRIQUE.

TARTE, n. f. [taʀt] (prob. var. de *tourte*) Espèce de pâtisserie, qui contient ordinairement de la crème, ou des confitures, ou des fruits. *Tarte à la crème. Tarte de pommes.* ■ La même pâtisserie mais garnie de légumes ou d'une préparation au fromage. ■ **Fam.** *C'est pas de la tarte*, c'est complexe. ■ *Tarte à la crème*, idée ou répartie très banale et souvent stéréotypée. ■ **Fam.** Gifle. *Il s'est pris une tarte par son frère.* ■ Adj. Peu dégourdi ou idiot. *Cette fille est*

un peu tarte. ■ Rᴇᴍ. Une tarte a pour caractéristique principale, par rapport aux autres pâtisseries, d'être faite d'une pâte brisée, feuilletée ou sablée, sur laquelle on rajoute une garniture.

TARTELETTE, n. f. [taʀt(ə)lɛt] (dimin. de *tarte*) Petite tarte.

TARTEMPION, ONNE, ■ n. m. et n. f. [taʀtãpjɔ̃, ɔn] (*Tartempion*, nom de fantaisie (p.-ê. *tarte* et *pion*) d'un personnage mis en scène dans le *Charivari* entre 1840 et 1850) **Fam.** et **péj.** Type de la personne quelconque. « *Je trie un peu de vieux manus et en brûle un tas dans la salamandre, ce qui emplit la house de fumée et met en branle les voisins, en particulier l'ignoble mère Tartempion que j'envoie sur les roses* », Fᴀʟʟᴇᴛ. ■ Untel, personne que l'on se refuse à nommer, le plus souvent par mépris. *Je ne sais pas, tu n'as qu'à demander à tartempion du bureau d'à côté.*

TARTIFLETTE, ■ n. f. [taʀtiflɛt] (savoyard *tartifle*, pomme de terre) Spécialité savoyarde faite de pommes de terre, d'oignons et de lardons sur lesquels on fait fondre du reblochon.

TARTINE, n. f. [taʀtin] (*tarte*) Tranche de pain recouverte de confitures ou de beurre. ♦ Dans l'argot du journalisme, long article farci de lieux communs. ♦ Il se dit aussi des longs discours. *Débiter une tartine.*

TARTINER, ■ v. tr. [taʀtine] (*tartine*) Étaler sur, avec un aliment mou. *Tartiner du pain de confiture.* Se tartiner, v. pr. *Se tartiner de crème à bronzer.*

TARTINEUR, EUSE, ■ n. m. et n. f. [taʀtinœr, øz] (*tartine*) **Inus.** Personne qui tartine. ■ **Fig.** Journaliste qui écrit des tartines.

TARTRATE, n. m. [taʀtʀat] (*tartre*) **Chim.** Nom générique des sels formés par la combinaison de l'acide tartrique avec les bases. ♦ *Tartrate de potasse et d'antimoine*, l'émétique.

TARTRE, n. m. [taʀtʀ] (b. lat. *tartarum*, d'orig. obsc.) Substance saline qui, sous la forme d'une croûte, s'attache aux parois des tonneaux de vin. ♦ *Tartre émétique ou tartre stibié*, le tartrate de potasse et d'antimoine. ♦ *Crème de tartre*, tartrate naturel de potasse avec un excès d'acide. ♦ Enduit d'abord limoneux, blanchâtre ou jaunâtre, qui s'amasse au collet des dents, se durcit, et forme, à la base de la couronne, une incrustation phosphato-calcaire. ♦ Dépôt calcaire laissé par l'eau dans les tuyauteries, les chaudières et les ustensiles domestiques. *Utiliser un produit acide qui dissoud le tartre.*

TARTREUX, EUSE, adj. [taʀtʀø, øz] (*tartre*) Qui a la qualité du tartre.

TARTRIQUE, adj. [taʀtʀik] (*tartre*) **Chim.** Qui concerne le tartre et ses composés. ♦ *Acide tartrique*, acide qu'on rencontre dans beaucoup de fruits acides, le raisin surtout, et qui est l'élément constitutif du tartre. ♦ On dit aussi *tartarique*. ■ Rᴇᴍ. On disait aussi *tartarique* autrefois.

TARTUFE ou **TARTUFFE**, ■ n. m. [taʀtyf] (*Tartuffe*, personnage éponyme de la comédie de Molière, 1622-1673) Personnage d'une comédie de Molière. ♦ Faux dévot, hypocrite. *C'est un tartufe, un vrai tartufe.* ♦ ▷ *Tartufe de mœurs*, homme vicieux qui affecte de grands principes de morale. ◁

TARTUFERIE ou **TARTUFFERIE**, n. f. [taʀtyf(ə)ʀi] (*tartuffe*) Caractère ou action de tartufe.

TARZAN, ■ n. m. [taʀzã] (*Tarzan*, personnage d'enfant sauvage créé par E. R. Burroughs, 1875-1950) Homme vivant au sauvage, sans manières ou éducation. « *Pour ressembler à tarzan, il oubliait de fréquenter le coiffeur* », R. Sᴀʙᴀᴛɪᴇʀ. ♦ Péj. Homme musclé et au physique avantageux et viril. « *Il est bronzé comme un tarzan de poche* », J. Vᴀᴜᴛʀɪɴ.

1 **TAS**, n. m. [tɑ] (orig. incert. : anc. b. frq. *tas*, amas, ou terme gallo-rom. signifiant rangement, alignement) Accumulation de choses de la même espèce. *Tas de papiers, de blé, etc. Mettre en tas. Mettre un tas.* ♦ **Pop.** *Mettre plusieurs choses ablativo tout en un tas*, les mettre ensemble confusément. ◁ ♦ ▷ **Fam.** *Se mettre tout en tas*, se ramasser et se mettre en un peloton. ◁ ♦ ▷ **Fig.** *Crier famine sur un tas de blé*, se plaindre au milieu de l'abondance. ◁ ■ **Fig.** et **fam.** *Un tas de*, beaucoup de. « *Un tas de mensonges* », J.-J. Rᴏᴜssᴇᴀᴜ. ♦ Multitude de gens, en mauvaise part, par mépris. « *Un tas d'hommes perdus de dettes et de crimes* », P. Cᴏʀɴᴇɪʟʟᴇ. ♦ *Tirer dans le tas*, lâcher son coup de fusil sur une masse d'hommes ou d'animaux, sans en viser un en particulier. ♦ Au trictrac, se dit de l'amas de dames qu'on fait avant de commencer le jeu. ♦ **Archit.** Se dit de la masse d'un ouvrage en construction. ■ Par extens. *Apprendre sur le tas*, au fur et à mesure, en travaillant.

2 **TAS**, n. m. [tɑ] (1 *tas*) Petite enclume portative, placée quelquefois sur le même billot qu'une grande. ♦ Bloc d'acier sur lequel on essaye la sonorité des monnaies frappées. ♦ **Fig., fam.** et **péj.** Personne possédant peu d'attraits physiques, sans charme ni élégance. *C'est un vrai tas, cette fille, elle devrait essayer de s'arranger un peu !*

TASSAGE, ■ n. m. [tɑsaʒ] (*tasser*) Action de tasser. *Lorsque l'on pose du parquet, on doit procéder au tassage des lames déjà en place, en les frappant avec un maillet afin de positionner les nouvelles lames.*

TASSE, n. f. [tɑs] (ar. *tasa, tassa*, du pers. *tast*, même sens) Petit vase servant à boire. ♦ ▷ **Fig.** et **pop.** *Boire à la grande tasse*, se noyer. ◁ ♦ Gobelet à anse dans lequel on prend du café, du thé. ♦ La liqueur qui est contenue dans la tasse. *Prendre une tasse de café, de thé.* ◆ *Demi-tasse,* tasse plus petite que les tasses ordinaires, et dans laquelle on sert ordinairement du café à l'eau. ■ **Fam.** *Ce n'est pas ma tasse de thé,* ça ne me plaît pas. *La physique, ce n'est pas ma tasse de thé.* ■ REM. On dit aussi auj. *boire la tasse.*

TASSÉ, ÉE, p. p. de tasser. [tase]

TASSEAU, n. m. [taso] (lat. pop. *tassellus,* du lat. *taxillus,* petit dé à jouer, b. lat. tasseau) Petit morceau de bois qui sert à soutenir l'extrémité d'une tablette.

TASSÉE, n. f. [tase] Le contenu d'une tasse.

TASSEMENT, n. m. [tas(ə)mɑ̃] (*tasser*) Effet des constructions, des terres qui par leur propre poids s'affaissent sur elles-mêmes. ■ Diminution progressive. *Le tassement des rendements.* ■ Fracture du corps d'une vertèbre qui provoque une diminution de sa hauteur. *Il n'est pas rare que les gens âgés de plus de 50 ans souffrent d'un tassement de vertèbres.*

TASSER, v. tr. [tase] (*tas*) Mettre des choses en tas, de façon qu'elles occupent peu de place. *Tasser de la paille, des fagots.* ◆ *Tasser des terres,* les piler. ◆ **Peint.** et **sculpt.** Ne pas donner le développement nécessaire. *Tasser des figures, un groupe.* ◆ ▷ **V. intr.** Devenir dur, épais, en parlant des végétaux. *Ces fleurs tassent.* ◁ ◆ Se tasser, v. pr. Se mettre, demeurer en tas. ◆ S'affaisser sur soi-même, en parlant de terres, de bâtiments. ■ Confiner dans un petit espace. ■ **Sp.** Gêner un coureur dans sa trajectoire. ■ **Fam.** et **fig.** Se tasser, v. pr. Perdre de sa vivacité et revenir à la normale.

TASSETTE, n. f. [tasɛt] (var. de l'anc. fr. *tachette,* petite bourse, du germ. *taska,* poche) Plaques d'acier qui protègent le haut des cuisses, dans les anciennes armures. ◆ Basques d'un pourpoint.

TASSILI, ■ n. m. [tasili] (touareg *tasile,* grand massif montagneux) **Géogr.** Plateau de grès situé dans le désert du Sahara. *Le tassili des Ajjer est un vaste plateau qui s'étend en bordure nord-est du Hoggar en plein cœur du Sahara algérien.*

TAT, ■ n. m. [teate] (sigle angl. de *thematic apperception test,* test d'aperception thématique, établi en 1943 par le médecin et biologiste américain Henri Murray) **Psych.** Test projectif qui permet d'explorer les modalités de fonctionnement psychique du sujet interrogé. *Le passage du tat dure entre une et deux heures et consiste à présenter des images au sujet en lui demandant d'imaginer une histoire à partir de ces représentations.*

TATA, ■ n. f. [tata] (déformation enfant. de *tante*) **Fam.** Nom donné à la tante dans le langage enfantin. ■ **Péj.** Homosexuel.

TATAMI, ■ n. m. [tatami] (mot jap.) Natte de paille tressée sur laquelle évoluent ceux qui pratiquent les arts martiaux. *Les tatamis traditionnels japonais.*

TATANE, ■ n. f. [tatan] (var. de *titine,* bottine) **Fam.** Chaussure. « *Ils y vont à la tatane, plein les côtes et plein les parties!* », BERTRAND BLIER. ■ **Fam.** *Donner, recevoir des coups de tatane,* donner ou recevoir des coups de pied.

TATANER (SE), ■ v. pr. [tatane] (*tatane*) **Fam.** Se donner des coups de pieds. ◆ **Fig.** et par extens. Se battre. *Ils se sont tatané pour des broutilles.*

TATAR, ARE, ■ adj. [tataʁ] (réfection étymologique de *tartare*) Relatif aux Tatars. *Un village tatar situé en plein cœur de la Russie.* ■ **N. m.** Langue parlée notamment dans les steppes ouraliennes, sibériennes, mais également au Turkestan et en Lituanie, et appartenant à la famille des langues altaïques. *Le tatar est constitué aujourd'hui de plusieurs dialectes, comme le mishar ou le tatar de Sibérie.* ■ **N. m. et n. f.** Membre de la population turque et mongole de Russie. *Les Tatars.*

TA, TA, TA, TA, interj. [tatatata] (onomat.) Se dit pour arrêter celui qui divague, ou pour se moquer de lui. « *Ta, ta, ta, ta, voilà bien instruire une affaire* », RACINE.

TÂTÉ, ÉE, p. p. de tâter. [tate]

TÂTER, v. tr. [tate] (lat. impér. *taxare,* toucher souvent et fortement) Employer le toucher afin de connaître. *Tâter une étoffe.* ◆ *Tâter le pouls à quelqu'un,* appuyer ses doigts sur l'artère du bras, pour connaître le mouvement du sang (Voy. POULS). ◆ *Tâter le chemin,* reconnaître si un chemin est praticable. ◆ **Fig.** *Tâter le pavé, le terrain,* agir avec précaution, avec circonspection. ◆ **Fig.** Essayer de connaître la capacité, les opinions d'une personne, mettre une personne à l'épreuve. « *Tâtez-la par divers endroits pour découvrir par où les grandes vérités peuvent mieux entrer dans sa tête* », FÉNELON. ◆ ▷ *Tâter l'ennemi,* faire des démonstrations hostiles, de petites attaques, pour connaître ses dispositions. ◁ ◆ *Tâter le courage de quelqu'un* ou simplement *tâter quelqu'un,* commencer à l'attaquer, à l'offenser, pour voir s'il se défendra. ◆ **Mar.** *Tâter le vent,* essayer de lofer quand on est au plus près, pour voir si les voiles continueront à porter et si l'on peut lofer davantage. ◆ *Tâter une chose,* l'essayer pour voir ce qu'on en peut tirer. ◆ **Peint.** Travailler d'une main servile et peu hardie. ◆ **V. intr.** Explorer par le toucher. ◆ *Tâter à,* faire un léger essai d'une chose pour en connaître

la qualité. *Tâter aux sauces.* ◆ *Tâter de...,* manger ou boire d'une chose, non pour en connaître les qualités, mais pour en jouir. ◆ **Activ.** dans le même sens (sens vieilli). « *De ces manches qu'à table on voit tâter les sauces* », MOLIÈRE. ◆ **Par extens.** Jouir en général, avoir sa part de. « *Que je serais heureuse de tâter un peu de cette sorte de vie une telle compagnie!* », MME DE SÉVIGNÉ. ◆ *Vous en tâterez,* vous en passerez par là, vous aurez ce bonheur ou ce malheur. ◆ *Vous n'en tâterez plus,* vous n'aurez plus la chose dont il s'agit. ◆ Essayer, faire l'expérience de quelque chose. *Tâter de plusieurs métiers.* « *Tâter de la littérature* », J.-J. ROUSSEAU. ◆ Se tâter v. pr. Appliquer sur soi-même le toucher. ◆ **Fig.** Examiner ses sentiments, se sonder sur quelque chose. ◆ Être trop attentif à sa santé. ◆ Essayer de connaître réciproquement la force l'un de l'autre.

TÂTEUR, EUSE, n. m. et n. f. [tatœʁ, øz] (*tâter*) Celui, celle qui agit avec irrésolution, avec timidité. ◆ ▷ *Tâteur d'homme,* celui qui tâte le courage de quelqu'un. ◁

TÂTE-VIN ou **TASTE-VIN,** n. m. [tat(ə)vɛ̃, tastəvɛ̃] (*tâter* ou anc. fr. *taster* et *vin*) Sorte de petit vase pour déguster. ◆ Pipette ou gobelet en argent servant à recueillir une quantité suffisante de vin pour en effectuer la dégustation. *Des tâte-vin, des taste-vin* ou *des tâte-vins, des taste-vins.* ◆ *Chevalier du taste-vin,* membre d'une confrérie amateur de bon vin.

TATILLON, ONNE, n. m. et n. f. [tatijɔ̃, ɔn] (*tâter*) Celui, celle qui tatillonne.

TATILLONNAGE, n. m. [tatijɔnaʒ] (*tatillonner*) Action de tatillonner.

TATILLONNER, v. intr. [tatijɔne] (*tatillon*) **Fam.** S'occuper mal à propos de toute sorte de petits détails.

TÂTONNANT, ANTE, ■ adj. [tatɔnɑ̃, ɑ̃t] (*tâtonner*) Qui tâtonne. « *La recherche tâtonnante et anxieuse d'un Proust, sa méticuleuse collection de fleurs, de tapisseries et d'angoisses...* », CAMUS.

TÂTONNÉ, ÉE, p. p. de tâtonner. [tatɔne]

TÂTONNEMENT, n. m. [tatɔn(ə)mɑ̃] (*tâtonner*) Action de tâtonner. ◆ **Fig.** *Perdre du temps en tâtonnements.* ◆ **Math.** et **phys.** *Méthode de tâtonnement,* méthode par laquelle on cherche à résoudre une question en essayant différentes suppositions et différents moyens.

TÂTONNER, v. intr. [tatɔne] (*tâter*) Voy. TÂTONS. Chercher dans l'obscurité en tâtant. ◆ Tâter avec les pieds et les mains pour se conduire plus sûrement. *Marcher en tâtonnant.* ◆ **Fig.** Procéder avec embarras faute de lumières nécessaires. « *Un pinceau qui tâtonne* », MOLIÈRE. « *J'allais tâtonnant par une suite de raisonnements* », FÉNELON. ◆ **V. tr.** Essayer quelque chose en tâtonnant.

TÂTONNEUR, EUSE, n. m. et n. f. [tatɔnœʁ, øz] (*tâtonner*) Celui, celle qui tâtonne.

TÂTONS (À), loc. adv. [tatɔ̃] (*tâtonner*) En tâtonnant dans l'obscurité. *Marcher à tâtons.* ◆ **Fig.** D'une manière incertaine ; en essayant de divers moyens dont on n'est pas sûr. « *Les gens qui n'ont point de principes dans les affaires, vont toujours comme à tâtons ; c'est un hasard quand ils ne se trompent pas* », FÉNELON.

TATOU, n. m. [tatu] (tupi *tat*) Animal du Brésil, de la grandeur d'un cochon de lait ; il a le museau couvert d'un test écailleux en forme de cuirasse.

TATOUAGE, n. m. [tatwaʒ] (*tatouer*) Voy. TATOUER. L'ensemble des moyens par lesquels des matières colorantes, végétales ou minérales, sont introduites sous l'épiderme et à des profondeurs variables, à l'effet de produire une coloration ou des dessins apparents et presque indélébiles. ■ Motif réalisé en tatouant la peau. *Elle vient de se faire faire un tatouage sur la cheville.*

TATOUÉ, ÉE, p. p. de tatouer. [tatwe]

TATOUER, v. tr. [tatwe] (angl. *to tattoo,* du polynés. *ta tau,* tatouage) Peindre, barioler le corps de figures de diverses couleurs. ◆ Se tatouer, v. pr. *Les peuples de l'Océanie ont l'habitude de se tatouer.* ■ Marquer de dessins ou d'inscriptions en introduisant des matières colorantes sous l'épiderme. *Il s'est fait tatouer un dragon dans le dos.*

TATOUEUR, EUSE, n. m. et n. f. [tatwœʁ, øz] (*tatouer*) Celui qui pratique le tatouage.

TAU, ■ n. m. [to] Dix-neuvième lettre de l'alphabet grec (T, τ), correspondant au *t* français.

TAUD n. m. ou **TAUDE,** ■ n. f. [to, tod] (anglo-sax. *tjalz,* tente dressée sur un navire) **Mar.** Abri en toile enduite de goudron qui est installé sur le pont d'un bateau lorsqu'il pleut. ■ Enveloppe de protection pour le rangement des voiles serrées.

TAUDION, n. m. [todjɔ̃] (var. de *taudis*) ▷ **Pop.** Mauvais taudis. ◁

TAUDIS, n. m. [todi] (*se tauder,* s'abriter) Anciennement, logement qui faisait partie des travaux d'un siège pour la facilité des approches. ◆ Petit logement misérable, malpropre. ■ **Fam.** Se dit d'une chambre où tout est en désordre.

TAULARD, ARDE ou **TÔLARD, ARDE**, ■ n. m. et f. [tolaʀ, aʀd] (*taule*) **Fam.** Individu qui est en prison. *Son voisin est un ancien taulard.*

TAULE ou **TÔLE**, ■ n. f. [tol] (*tôle*) **Fam.** Prison. *Il a fini par aller en taule.* ■ **Péj.** Chambre, petit appartement. *Son propriétaire va rénover sa taule bientôt.*

TAULIER, IÈRE, ■ n. m. et f. [tolje, jɛʀ] (*taule*) Personne qui tient un hôtel ou un restaurant de seconde zone.

TAUON, ■ n. m. [tɔɔ̃] (gr. *tau*, lettre t, et *-on*, particule) **Phys.** Particule élémentaire appartenant à la famille des leptons et dont la masse équivaut à environ 3 491 fois celle de l'électron.

TAUPE, n. f. [top] (lat. *talpa*) Genre de mammifères carnassiers insectivores, dans lequel on distingue la taupe commune, dont les yeux sont très petits et tellement cachés sous les poils qu'on en a longtemps nié l'existence. ◁ ◆ ▷ *Ne voir pas plus clair qu'une taupe,* se dit d'une personne qui ne voit pas bien. ◁ ◆ **Fig.** *Être sous terre comme une taupe,* vivre caché dans la retraite. ◁ ◆ **Fig.** *Une taupe,* une personne intellectuellement aveugle. « *Lynx envers nos pareils, et taupes envers nous, Nous nous pardonnons tout, et rien aux autres hommes* », LA FONTAINE. ◆ **Fam.** *Noir comme une taupe,* très noir. ◆ ▷ **Pop.** *Cet homme est allé dans le royaume des taupes,* il est mort. ◁ ◆ **Fig.** *C'est une vraie taupe,* se dit de celui qui agit par des voies souterraines. ■ *Taupe volante,* courtilière. ■ *Un col en taupe,* en fourrure de taupe. ■ Squale de haute mer. ■ **Techn.** Machine servant à creuser des tunnels. ■ **Fam.** Agent secret infiltré dans un milieu. ■ Argot scolaire. Classe de mathématiques spéciales. ■ REM. On dit aussi *myope comme une taupe.*

TAUPE-GRILLON, n. m. [top(ə)gʀijɔ̃] (*taupe* et *grillon*) Insecte de la famille des grillons, dit aussi courtilière. ◆ Au pl. Des taupes-grillons.

TAUPIER, n. m. [topje] (*taupe*) Preneur de taupes.

TAUPIÈRE, n. f. [topjɛʀ] (*taupe*) Piège à prendre les taupes.

TAUPIN, n. m. [topɛ̃] (*taupe*) Soldat d'un corps de milice française sous Charles VII. ◆ Dans l'argot des lycées, élève en mathématiques spéciales.

TAUPINIÈRE, n. f. [topinjɛʀ] (*taupe*) Petit monticule de terre formé par la taupe aux extrémités ou aux points les plus élevés de sa galerie souterraine. ◆ **Fam.** Petite élévation de terre, monticule. « *La moindre taupinée était mont à ses yeux* », LA FONTAINE. ◆ Petite maison de campagne basse et sans apparence. ■ REM. On disait aussi *taupinée* autrefois.

TAURE, n. f. [tɔʀ] (lat. *taura*, vache stérile) Jeune vache.

TAURÉADOR, n. m. [toʀeadɔʀ] Voy. TORÉADOR.

TAUREAU, n. m. [toʀo] (lat. *taurus*) Bête à cornes qui est le mâle de la vache. ◆ *Combat de taureaux, course de taureaux,* sorte de spectacle où des hommes à pied et à cheval et armés de lances combattent contre un taureau. ◆ **Fig.** et **fam.** *C'est un taureau,* se dit d'un homme extrêmement robuste. ◆ *Une voix de taureau,* une très grosse voix. ◆ *Un cou de taureau,* un cou large et musculeux. ◆ *Taureau à bosse, taureau du Mexique, du Canada, taureau des Illinois,* noms vulgaires du bison. ◆ *Taureau des Indes,* le zébu. ◆ *Le Taureau (avec T majuscule),* second signe du zodiaque, où le soleil entre vers le 21 d'avril. ◆ *Taureau volant,* scarabée. ■ **Astron.** Constellation zodiacale. ■ **Par extens.** *Il est Taureau,* né sous le signe du Taureau.

TAURILLON, ■ n. m. [toʀijɔ̃] (*taureau*) Jeune taureau. *Un élevage de taurillons charolais.*

TAURIN, INE, ■ adj. [toʀɛ̃, in] (lat. *taurinus*, de taureau) Relatif au taureau, à la tauromachie. *Les manifestations taurines du sud de la France.*

TAUROBOLE, n. m. [toʀobɔl] (gr. *taurobolion,* de *tauros,* taueau, et *ballein,* frapper) **Antiq.** Sacrifice d'expiation. ◆ Autel sur lequel ce sacrifice était fait.

TAUROMACHIE, n. f. [toʀomaʃi] (gr. *tauros,* taureau, et *makhê,* combat, sur le modèle de *naumachie*) Combat de taureaux. ◆ Arts de combattre les taureaux.

TAUROMACHIQUE, adj. [toʀomaʃik] (*tauromachie*) Qui a rapport à la tauromachie.

TAUTOCHRONE, adj. [totokʀon] (gr. *tauto,* de *to auto,* le même, et *khronos,* temps) Qui a lieu en des temps égaux.

TAUTOCHRONISME, n. m. [totokʀonism] (*tautochrone*) Égalité des temps durant lesquels certains effets se produisent. ◆ Propriété des mouvements ou des oscillations du pendule.

TAUTOGRAMME, n. m. [totogʀam] (gr. *tauto,* de *to auto,* le même, et *gramma,* lettre) Pièce de vers où l'on n'emploie que des mots qui commencent tous par la même lettre. ◆ Adj. *Vers tautogrammes,* vers dont les mots commencent par une même lettre.

TAUTOLOGIE, n. f. [totoloʒi] (gr. *tautologia,* de *to auto,* la même chose, et *legein,* dire) Vice d'élocution par lequel on redit toujours la même chose. ■ Répétition d'une même idée en des termes différents. *100 % des gagnants ont tenté leur chance* est une tautologie. ■ **Log.** Proposition qui reste toujours vraie quelle que soit la valeur de vérité de ses composants.

TAUTOLOGIQUE, adj. [totoloʒik] (*tautologie*) Qui a le caractère de la tautologie. *Style tautologique.*

TAUTOMÈRE, ■ adj. [totomɛʀ] (*tauto-* et *-mère*) **Anat.** Se dit des organes qui sont situés entièrement du même côté du corps. *L'équilibre tautomère.* ■ **Chim.** Relatif à un composé qui existe sous plusieurs formes distinctes en fonction de la position des atomes. ■ *Corps tautomères,* isomères dont une seule des formes est isolable.

TAUTOMÉRIE, ■ n. f. [totomeri] (*tauto-* et *-mérie*) **Chim.** Propriété possédée par un composé consistant en l'équilibre de deux de ses molécules assuré par un ion commun.

TAUX, n. m. [to] (anc. fr. *tauxer,* var. de *taxer*) Somme à laquelle une personne est taxée pour ses impositions. ◆ Prix établi pour la vente des denrées. ◆ **Fig.** « *Et mettre à même taux le noble et le faquin* », RÉGNIER. ◆ Se dit des frais de justice, des fonds publics, etc. *Réduire des écritures au taux convenable. Le taux des actions des chemins de fer, de la rente, etc.* ◆ Le denier auquel les intérêts de l'argent prêté sont réglés, établis ou stipulés. *Prêter de l'argent au taux légal.* ◆ On dit dans un sens analogue : *Le taux d'une rente viagère.* ◆ Se dit quelquefois au jeu du prix auquel on met la partie. ■ Rapport entre deux grandeurs à un moment donné et exprimé en pourcentage. *Le taux de participation à une élection. Le taux de mortalité.*

TAUZIN, ■ n. m. [tozɛ̃] (région. [S-O et Saintonge], d'origine inc.) **Bot.** Variété de chêne, commune sur le littoral de l'Europe occidentale, qui se caractérise par de grandes feuilles cotonneuses et légèrement duvetées sur l'envers. *Le tauzin est également appelé chêne blanc.*

TAVAILLON, ■ n. m. [tavajɔ̃] (région., du lat. pop. *tabellio,* de *tabella,* petite planche) Morceau de sapin refendu, pour couvrir les maisons.

TAVAÏOLLE ou **TAVAÏOLE**, n. f. [tavajɔl] (ital. *tavagliola,* serviette de table, de l'anc. b. frq. *thwahlja,* essuie-mains) Linge garni de dentelles dont on se sert à l'église pour une offrande.

TAVEL, ■ n. m. [tavɛl] (*Tavel,* ville du Gard) Vin rosé récolté dans les environs de Tavel. *Les tavels sont des vins ronds en bouche, d'une grande puissance aromatique, et se marient très bien avec la cuisine exotique, épicée.*

TAVELAGE, n. m. [tav(ə)laʒ] (*taveler*) Maladie des fruits qui deviennent tachés. ■ On dit aussi auj. *tavelure.*

TAVELÉ, ÉE, p. p. de taveler. [tav(ə)le] *Une panthère tavelée.*

TAVELER, v. tr. [tav(ə)le] (anc. fr. *tavel,* carreau d'étoffe, échiquier) Marquer de taches, de moucletures. ◆ Se taveler, v. pr. Devenir tavelé.

TAVELURE, n. f. [tav(ə)lyʀ] (*tavelé*) Bigarrure d'une peau tavelée. ■ Maladie des fruits qui deviennent tachés.

TAVERNE, n. f. [tavɛʀn] (lat. *taberna,* échoppe, boutique, auberge) Lieu où les gens viennent boire pour de l'argent. ◆ En Angleterre, lieu où l'on donne à manger à prix d'argent. ◆ **Par extens.** Il se dit avec ce même sens en France et ailleurs.

TAVERNIER, IÈRE, n. m. et n. f. [tavɛʀnje, jɛʀ] (*taverne*) **Vieilli** Celui, celle qui tient taverne.

TAXABLE, ■ adj. [taksabl] (*taxer*) Qui est imposable, soumis à une taxe. *Les gains au jeu ne sont pas taxables.*

TAXACÉE, ■ n. f. [taksase] (lat. *taxus,* if, et suff. *-acée*) **Bot.** Plante dont les graines sont découvertes, ce qui les soumet directement à l'influence du pollen, courante dans l'hémisphère nord et dont les fruit sont charnus. *L'if est une taxacée.* ■ N. f. pl. Famille de l'ordre des conifères.

TAXAGE, ■ n. m. [taksaʒ] (*taxer*) **Québec** Action d'extorquer des fonds.

TAXATEUR, TRICE, n. m. et n. f. [taksatœʀ, tʀis] (*taxer*) Celui qui taxe. ◆ En particulier, le commis qui à la poste taxe les lettres et les paquets. ◆ Dr. Celui qui taxe les dépens.

TAXATION, n. f. [taksasjɔ̃] (lat. *taxatio,* estimation appréciation) Action de taxer. ◆ Au pl. Anciennement, ce qui était dû aux gens de finance, aux trésoriers et aux receveurs sur l'argent qu'ils recevaient. ◆ Aujourd'hui, avantages pécuniaires alloués à des employés de quelques administrations. ■ Détermination officielle du prix maximum des denrées et services. ■ *Taxation d'office,* évaluation par l'administration de l'impôt en cas d'absence de déclaration de revenus.

TAXE, n. f. [taks] (*taxer*) Règlement fait par l'autorité pour le prix de certaines denrées. Le prix établi par le règlement. *La taxe des lettres.* ◆ Règlement fait par autorité de justice pour certains frais occasionnés par un procès. *Taxe des dépens.* ◆ Imposition en argent mise dans certaines circonstances sur les personnes. ◆ Somme que cette imposition oblige à payer. ◆ Impôt, en général. *Établir des taxes sur les équipages.* ◆ *Taxe des pauvres,* impôt établi en Angleterre en faveur des pauvres.

TAXÉ, ÉE, p. p. de taxer. [takse]

TAXER, v. tr. [takse] (lat. impér. *taxare*, toucher souvent et fortement, blâmer, évaluer, taxer) Régler, limiter le prix des denrées, des marchandises. *Taxer le prix du pain, la viande, etc.* ◆ Régler les frais de justice. *Taxer des vacations.* ◆ Fixer les frais de justice faits dans un procès, une faillite. ◆ Faire une imposition soit en deniers, soit en denrées. ◆ *Taxer d'office*, régler par autorité supérieure et extraordinaire la taxe qu'un taillable devait payer. ◆ **Fig.** « *On taxe son jeu et ses plaisirs pour les pauvres* », MASSILLON. ◆ Accuser quelqu'un d'un défaut, d'un tort, soupçonner. *On vous taxe d'être avare.* « *Tubéron avait taxé de crime la conduite de ceux qui avaient porté les armes contre César* », ROLLIN. ◆ **Absol.** *Je ne taxe personne*, je ne fais tomber sur personne le soupçon, le reproche dont il s'agit. ◆ **Se taxer**, v. pr. Fixer la somme qu'on veut donner. ◆ S'accuser soi-même. *Il s'est taxé de trop d'indulgence.* ◆ S'accuser réciproquement. ■ **Fam.** Soutirer quelque chose. *Il m'a encore une fois taxé 20 euros.* ■ REM. Se dit aussi bien dans le sens de voler que dans celui d'emprunter. *Il m'a taxé ma dernière cigarette ! On m'a taxé mon portefeuille dans le métro.*

TAXI, ■ n. m. [taksi] (apocope de *taximètre*) Voiture destinée à conduire, moyennant finances, des passagers où ils le souhaitent. *Héler un taxi.* ■ **Par méton.** Chauffeur de taxi. *Faire taxi.* ■ **Fig.** *Faire le taxi*, transporter des personnes en voiture. *Les mères font souvent le taxi le mercredi pour les activités des enfants.*

TAXI-BROUSSE, ■ n. m. [taksibʀus] (*taxi* et *brousse*) **Afriq.** Taxi collectif que l'on paye au forfait. *Des taxis-brousse ou des taxis-brousses. Les taxis-brousse sont souvent de vieilles voitures.*

TAXIDERMIE, ■ n. f. [taksidɛʀmi] (gr. *taxis*, arrangement, bon ordre, et *derma*, peau) Procédé consistant à empailler des animaux vertébrés et à leur donner une apparence de vie. *La taxidermie ne s'applique pas à tous les animaux : les batraciens, les insectes et les invertébrés sont conservés au moyen d'autres techniques.*

TAXIDERMISTE, ■ n. m. et f. [taksidɛʀmist] (*taxidermie*) Personne dont le métier consiste à pratiquer la taxidermie. *Le taxidermiste dépouille l'animal mort, conserve certains des os pour donner les longueurs des membres de l'animal et tanne la peau pour la repositionner sur le mannequin moulé de l'animal.*

TAXIE, ■ n. f. [taksi] (gr. *taxis*, arrangement, bon ordre) **Biol.** Mouvement orienté et obligatoire des organismes libres qui sont provoqués et entretenus par des agents extérieurs qui peuvent être chimiques ou physiques. *Le phénomène de taxie se retrouve chez certains végétaux dont la croissance est orientée par rapport à leurs besoins.*

TAXIMAN, ■ n. m. [taksiman] (*taxi* et angl. *man*, homme) **Afriq.** Conducteur de taxi. *Des taximans ou des taximen (pluriel anglais).* ■ REM. *Taximan* s'emploie occasionnellement en France, dans un contexte familier.

TAXIMÈTRE, ■ n. m. [taksimɛtʀ] (gr. *taxis*, contribution, taxe, et -*mètre* ; réfection de *taxamètre*, de l'all. *Taxameter*, du lat. médiév. *taxa*, taxe) Compteur dont sont munis les taxis et qui calcule le prix de la course en fonction de la distance parcourue, du temps passé et de l'heure à laquelle la course est effectuée. *Les taximètres font la distinction en France entre le tarif de jour et le tarif de nuit.*

TAXINOMIE ou **TAXONOMIE**, ■ n. f. [taksinomi, taksonomi] (gr. *taxis*, rang, et *nemein*, attribuer ; *taxonomie*, de l'angl. *taxonomy*, est préféré par les botanistes) Science des lois de la classification. *Si la taxinomie permet le classement, le thésaurus quant à lui est utilisé pour effectuer des recherches.* ■ Classification concernant un domaine. *La taxinomie des vertébrés.*

TAXINOMIQUE adj. ou **TAXONOMIQUE**, ■ adj. [taksinomik, taksonomik] (*taxinomie* ou *taxonomie*) Relatif à la taxinomie. *Inventaire taxinomique des plantes de Guyane française.*

TAXINOMISTE, ■ n. m. et n. f. [taksinomist] (*taxinomie*) Spécialiste de la taxinomie. *Un taxinomiste en biologie.*

TAXIQUE, ■ adj. [taksik] (*taxie*) **Biol.** Relatif à la taxie.

TAXIWAY, ■ n. m. [taksiwɛ] (mot angl., du gr. *taxis*, bon ordre, et angl. *way*, chemin, circulation) Voie permettant la circulation des avions dans les aéroports. *Des taxiways.*

TAXODIUM, ■ n. m. [taksɔdjɔm] (mot lat. sav. [XVIIIᵉ s.], du gr. *taxos*, if) Variété de conifère utilisée pour l'ornementation. *Le taxodium est aussi appelé cyprès de la Louisiane.*

TAXOL, ■ n. m. [taksɔl] (gr. *taxos*, if) **Biol.** Substance extraite de l'if et utilisée dans le traitement de certains cancers, notamment des ovaires et du sein. *La structure du taxol fut découverte en 1971 par Wani et Wall.*

TAXON ou **TAXUM**, ■ n. m. [taksɔ̃, taksɔm] (radic. du gr. *taxis*, bon ordre, rang) **Biol.** Unité systématique représentée par un groupe d'organismes et ce à chaque niveau de la classification. *L'espèce constitue le taxon de base de la classification systématique.*

TAXONOMIE, ■ n. f. [taksonomi] Voy. TAXINOMIE.

TAXONOMIQUE, ■ adj. [taksonomik] Voy. TAXINOMIQUE.

TAYAUT, ■ interj. [tajo] Voy. TAÏAUT.

TAYLORISATION, ■ n. f. [telɔʀizasjɔ̃] (*tayloriser*) Fait d'appliquer le taylorisme ; action de tayloriser. *La façon dont l'approche par compétences est appliquée dans le système favorise à la fois une instrumentalisation et une taylorisation de la connaissance.*

TAYLORISER, ■ v. intr. [telɔʀize] (*taylorisme*) Appliquer le taylorisme. *Tayloriser des compétences.*

TAYLORISME, ■ n. m. [telɔʀism] (F. W. *Taylor*, 1856-1915, ingénieur amér., concepteur de ce système) Système d'organisation scientifique du travail et de contrôle des temps d'exécution. *Le taylorisme fut considéré comme efficace mais inhumain.*

TAYON, n. m. [tajɔ̃] (anc. fr. *taion*, grand-oncle, aïeul) **Eaux et forêts** Baliveau réservé depuis trois coupes. ■ REM. On écrivait aussi *taïon* autrefois.

TCHADIEN, IENNE, ■ n. m. et n. f. [tʃadjɛ̃, jɛn] (*Tchad*, pays d'Afrique centrale) Originaire ou habitant du Tchad. *Un Tchadien, une Tchadiennne.* ■ N. m. Groupe de langues appartenant à la famille chamito-sémitique parlées au Tchad, au Cameroun et au Nigeria. *Le français et le tchadien sont les langues officielles du Tchad.* ■ **Adj.** *Les langues tchadiennes.*

TCHADOR, ■ n. m. [tʃadɔʀ] (pers. *chador*, tente, voile) Voile qui couvre la tête et le corps des femmes musulmanes iraniennes. *Porter le tchador.* ■ **Par extens.** Tout voile porté par une musulmane.

TCHADRI, ■ n. m. [tʃadʀi] (pers. *chadri*, voile) Voile traditionnel porté par les femmes musulmanes indiennes, pakistanaises et afghanes qui les dissimule de la tête aux pieds, ne leur permettant de voir qu'à travers un ajourage au niveau des yeux. *Le tchadri a souvent une signification de soumission et d'asservissement.*

TCHAO ou **CIAO**, ■ interj. [tʃao] (it. du Nord *ciao*) **Fam.** Au revoir ! *Tchao ! à demain !*

TCHAPALO, ■ n. m. [tʃapalo] (orig. inc.) **Afriq.** Bière fabriquée à partir de sorgho ou de mil. *Dans la société traditionnelle africaine, la consommation du tchapalo intervient aussi bien à titre individuel que dans le cadre d'événements heureux.*

TCHARCHAF, ■ n. m. [tʃaʀʃaf] (turc *charchaf*, drap de lit, voile) Voile, le plus souvent de couleur noire, que portaient les femmes turques pour cacher leur visage. *Le tcharchaf est également connu sous le nom de tchador.*

TCHATCHE, ■ n. f. [tʃatʃ] (esp. *chacharear*, bavarder, de *chachara*, conversation animée mais futile) **Fam.** Faconde, facilité de parler. *Quelle tchatche !*

TCHATCHER, ■ v. intr. [tʃatʃe] (*tchatche*) Parler beaucoup, souvent en faisant du charme.

TCHATCHEUR, EUSE, ■ n. m. et n. f. [tʃatʃœʀ, øz] (*tchatcher*) Personne qui tchatche. *C'est un tchatcheur !* ■ **Adj.** « *Je suis tombé sur un muet. Moi qui suis assez tchatcheur, ça tombait mal.* », PUTMAN.

TCHÉCOSLOVAQUE, ■ n. m. et n. f. [tʃekoslovak] (*Tchécoslovaquie*, anc. pays d'Europe centrale) De l'ancienne Tchécoslovaquie. *Des Tchécoslovaques.* ■ **Adj.** *La cuisine tchécoslovaque a la réputation d'être très consistante.* ■ REM. Bien que la Tchécoslovaquie ait été scindée en deux pays en 1992, la forme adjectivale est encore employée pour qualifier l'actuelle République tchèque.

TCHÈQUE, ■ n. m. et n. f. [tʃɛk] (tchèque *Tchech*, Tchèque, *Tchesky*, [langue] tchèque) Originaire ou habitant de la République tchèque. *Un Tchèque, une Tchèque.* ■ N. m. Langue appartenant au groupe slave parlée en République tchèque. ■ **Adj.** Relatif à la République tchèque ou à ses habitants. *La littérature tchèque.*

TCHÉRÉMISSE, ■ n. m. [tʃeremis] (russe *tcheremis*) Langue appartenant au groupe finno-ougrien parlée en haute Volta. *Le tchérémisse est parlé par environ 500 000 personnes.*

TCHERNOZIOM ou **TCHERNOZEM**, ■ n. m. [tʃɛrnozjɔm, tʃɛrnozɛm] (mot russe, de *tchernyi*, noir, et *zemla*, terre) Terre noire des steppes continentales sèches dans l'Est européen. *Le tchernoziom est une terre très fertile.*

TCHIN-TCHIN ou **TCHIN**, ■ interj. [tʃintʃin, tʃin] (pidgin-english de Canton, *tsing tsing*, salut) Se dit quand on trinque le plus souvent en accompagnant ses paroles du geste de lever son verre vers les personnes auxquelles on s'adresse pour que les verres s'entrechoquent. *Tchin ! À votre santé !*

TCHITOLA, ■ n. m. [tʃitola] (mot d'une langue subsaharienne) Arbre de la famille des césalpiniacées de couleur brun-rouge qui se trouve en Afrique tropicale. *Le tchitola est utilisé en ébénisterie et en menuiserie.*

TE, pron. pers. [tə] (lat. *te*, accus. de *tu*, pron. pers. de la 2ᵉ pers.) Voy. TU.

TÉ, n. m. [te] (substantivation de la lettre *t*) **Fortif.** Disposition de plusieurs fourneaux de mines présentant la figure d'un T. ♦ **Chir.** Bandage en T, bandage qui a une forme analogue à celle de cette lettre. ♦ *Incision en T,* incision formée par une incision cruciale incomplète. ♦ Pièce métallique affectant une forme analogue à celle de la lettre T. ♦ Équerre dont la forme est celle du T. ■ Au pl. *Des tés.*

TEASER, ■ n. m. [tizœr] (mot angl., problème difficile, colle) **Comm.** Accroche, bande-annonce dont la fonction principale est de retenir l'attention du public afin qu'il soit réceptif au message publicitaire ou qu'il ait envie d'en savoir plus sur le produit. *Le teaser du dernier film de Steven Spielberg l'a alléché.* ■ Rem. Recomm. offic. :*aguiche.*

TEASING, ■ n. m. [tiziŋ] (mot angl., de *to tease,* taquiner) **Comm.** Plusieurs messages publicitaires diffusés successivement pour capter l'attention du public. *Faire du teasing sur un produit aux heures de grande écoute à la télévision.* ■ Rem. Recomm. offic. : *aguichage.* ■ Fig. *Faire du teasing auprès de quelqu'un,* le séduire à force de tenacité.

TECHNÉTIUM, ■ n. m. [tɛknetjɔm] (gr. *tekhnêtos,* artificiel) **Chim.** Élément radioactif atomique artificiel. *Le technétium est un métal gris-blanc qui ne réagit pas avec la plupart des oxydants mais ternit dans l'air humide et brûle dans un environnement riche en oxygène.*

TECHNICIEN, IENNE, ■ n. m. et f. [tɛknisjɛ̃, jɛn] (*technique*) Personne pratiquant une technique. ■ *Technicien, technicienne de maintenance,* personne chargée d'assurer la maintenance d'un parc de machines. ■ *Technicien, technicienne de surface,* personne chargée de l'entretien dans une entreprise, ou sur la voie publique. ■ Adj. Qui relève de la technique. *Pratiques techniciennes.*

TECHNICISATION, ■ n. f. [tɛknisizasjɔ̃] (*techniciser*) Action de techniciser. *La technicisation du quotidien par l'avènement de la domotique.*

TECHNICISER, ■ v. tr. [tɛknisize] (*technique*) Apporter des structures techniques. *Techniciser l'enseignement.*

TECHNICITÉ, n. f. [tɛknisite] (*technique*) Néol. Qualité de ce qui est technique. ■ Rem. N'est plus un néologisme auj.

TECHNICO-COMMERCIAL, ALE ou **TECHNICOCOMMERCIAL, ALE,** ■ adj. et n. m. et n. f. [tɛknikokomɛrsjal] (*technique* et *commercial*) Se dit d'une personne qui travaille dans la vente et possède des connaissances techniques sur les produits qu'elle vend. *Des technico-commerciaux.*

TECHNIQUE, adj. [tɛknik] (gr. *tekhnikos,* relatif à un art) Propre à un art, qui appartient à un art. *Les procédés techniques.* ♦ *Termes techniques,* termes particuliers à telle ou telle science, à tel ou tel art. ♦ *Vers techniques,* vers qui contiennent l'expression de quelque règle, définition ou principe. ♦ N. m. *Le technique,* la partie matérielle d'un art. ♦ N. f. L'ensemble des procédés d'un art. ■ Qui concerne le fonctionnement d'un matériel. ■ Qui concerne les applications de la connaissance dans la production et l'économie. ■ N. f. Savoir-faire dans un domaine. *Avoir une bonne technique informatique.* ■ Ensemble des applications de la science dans la production. *Des techniques de pointe.*

TECHNIQUEMENT, adv. [tɛknik(ə)mɑ̃] (*technique*) D'une manière technique ; selon les procédés techniques.

1 TECHNO..., ■ [tɛkno] (gr. *tekhnê,* art, habileté à faire qqch.) préfixe entrant en composition dans des mots où entre une notion de technique.

2 TECHNO, ■ n. f. [tɛkno] (*technique*) Musique née aux États-Unis dans les années 1980, au rythme rapide, syncopé, répétitif, et faite avec des machines, sans instruments, souvent utilisée dans les raves.

TECHNOCRATE, ■ n. m. et f. [tɛknokrat] (*technocratie*) Personne à haute fonction qui fait prévaloir les intérêts économiques et techniques sur les intérêts humains.

TECHNOCRATIE, ■ n. f. [tɛknokrasi] (*techno-* et *-cratie*) Pouvoir prépondérant des technocrates. *Pierre Bourdieu stigmatise le règne de la technocratie qui confisque la démocratie, qui prive les citoyens de toute participation à l'élaboration de leur destin social.*

TECHNOCRATIQUE, ■ adj. [tɛknokratik] (*technocratie*) Relatif à la technocratie. *Une politique technocratique.*

TECHNOCRATISER, ■ v. tr. [tɛknokratize] (*technocratique*) Conférer un caractère technocratique à ; soumettre à l'autorité des technocrates. *Technocratiser les infrastructures publiques.*

TECHNOLOGIE, n. f. [tɛknoloʒi] (gr. *tekhnologia,* exposé des règles d'un art, de *tekhnê,* art, et *legein,* dire) Traité des arts en général. ♦ Explication des termes propres aux différents arts et métiers. ■ Théorie des techniques. ■ *Technologie de pointe,* application pratique des recherches les plus récentes. *La fibre optique est une technologie de pointe.*

TECHNOLOGIQUE, adj. [tɛknoloʒik] (*technologie* ; cf. adv. gr. *tekhnologikôs,* selon les règles d'un art) Qui appartient aux arts en général. *Nomenclature technologique.* ■ Qui appartient à la technologie. *Une avancée technologique.*

TECHNOLOGIQUEMENT, ■ adv. [tɛknoloʒik(ə)mɑ̃] (*technologique*) De façon technologique. *Des systèmes lumineux technologiquement avancés.*

TECHNOLOGUE ou **TECHNOLOGISTE,** ■ n. m. et n. f. [tɛknolog, tɛknoloʒist] (*technologie*) Spécialiste de technologie.

TECHNOPOLE, ■ n. f. [tɛknopol] (*techno-* et gr. *polis,* cité) Centre urbain important où sont développés l'enseignement et la recherche en rapport avec les industries de pointe. *Une technopole peut être constituée de plusieurs pôles innovants (ou technopôles).*

TECHNOSCIENCE, ■ n. f. [tɛknosjɑ̃s] (*techno-* et *science*) Coopération entre scientifiques et technologues regroupés dans certaines institutions afin de procéder à des applications nécessitant l'interaction de leurs deux disciplines. *La présence massive de la technique et de la technoscience qui déborde bien au-delà des processus productifs proprement dits fait entrer la société dans une nouvelle phase de développement.*

TECHNOSTRUCTURE, ■ n. f. [tɛknostryktyr] (*techno-* et *structure*) Groupement de techniciens, technologues administratifs et spécialistes travaillant dans des commissions afin de participer à la prise de certaines décisions. *Plus une organisation utilise la standardisation et plus la technostructure y est importante.*

TECK ou **TEK,** ■ n. m. [tɛk] (port. *teca,* du tamoul ou malaya. *tekku*) Arbre d'Asie tropicale. *Le teck est aujourd'hui une espèce protégée.* ■ Bois qui en est issu, dur, imputrescible, et utilisé pour faire des meubles. *Un salon de jardin en teck.*

TECKEL, ■ n. m. [tekɛl] (mot all.) Chien de chasse et de compagnie, bas sur pattes, à poil long, ras ou dur, et de couleur le plus souvent fauve et noire. *Chien de chasse passionné, le teckel est persévérant, vif et fin de nez.*

TECTITE, ■ n. f. [tɛktit] (gr. *têktos,* fondu, fusible, adj. verbal de de *têkein,* faire fondre) **Géol.** Fragment de roche ayant la forme d'une goutte et qui est probablement la résultante de la fusion de roches terrestres ayant été projetées dans l'atmosphère puis rejetées sur la Terre. *Les tectites sont d'aspect vitreux, de couleur foncée et de petite taille.*

TECTONIQUE, ■ n. f. [tɛktonik] (all. *Tektonik,* empr. au gr. *tektonikê* (*tekhnê*), art du charpentier, de *tektôn,* ouvrier travaillant le bois, ouvrier) **Géol.** Étude des déformations ayant affecté la structure de l'écorce terrestre, et des roches qui la composent. ■ Par extens. Cette structure elle-même. *Étudier la tectonique des plaques.* ■ Adj. Qui se rapporte à la tectonique. *Forces tectoniques.*

TECTONOPHYSIQUE, ■ n. f. [tɛktonofizik] (*tecto*[*nique*] et *physique*) Étude des structures tectoniques au moyen de méthodes issues de la physique.

TECTRICE, ■ adj. f. [tɛktris] (lat. *tectus,* p. p. de *tegere,* couvrir) *Plume tectrice,* plume qui couvre les ailes des oiseaux.

TE DEUM, n. m. inv. [tedeɔm] (lat. ecclés. *Te Deum* [*laudamus*], c'est toi, Dieu, que nous louons, premiers mots d'un cantique d'actions de grâces) Cantique de l'Église commençant par ces mots latins *Te Deum,* qui se dit ordinairement à la fin de matines, et se chante extraordinairement, avec pompe et cérémonie, pour rendre grâces à Dieu d'une victoire ou de tout autre événement heureux. ♦ Cérémonie qui accompagne cette action de grâces. *Assister au Te Deum.* ♦ Au pl. *Des Te Deum.*

TEE, ■ n. m. [ti] (mot angl.) **Sp.** Au golf, petite cheville que l'on fixe dans la terre afin d'y poser sa balle pour la position légèrement surélevée au départ d'un trou pour l'envoyer le plus loin possible. *Des tees.* ■ Sp. Au rugby, petit support que l'on fixe dans le gazon pour y déposer le ballon avant de tirer une pénalité.

TEEN-AGER, ■ n. m. et f. [tinedʒœr] (mot angl, de *-teen,* suff. des noms de nombre de *thirteen* [treize] à *nineteen* [dix-neuf], et *age,* âge) Adolescent de moins de vingt ans. *Des teen-agers.*

TEE-SHIRT ou **T-SHIRT,** ■ n. m. [tiʃœrt] (mot angl., de *tee,* lettre T, et *shirt,* chemise) Maillot fait d'une matière extensible, à manches courtes et dont la forme évoque celle d'un T. *Des tee-shirts.*

TEFILLIN, ■ n. m. pl. [tefilin] Voy. TÉPHILLIN.

TEFLON ou **TÉFLON,** ■ n. m. [teflɔ̃] (marque déposée amér. de [*poly*]*te*[*tra*]*fl*[*uoroethylene*], et finale *-on*) Matière plastique qui possède une très forte résistance à la corrosion chimique et à la chaleur. *Le teflon a été créé en 1945 par la société américaine DuPont de Nemours.*

TEG, ■ n. m. [teaʒe] (sigle de *taux effectif global*) Mode de calcul global du coût total d'un prêt sur toute la période de remboursement, en prenant en considération l'ensemble des frais obligatoires liés à son financement comme le taux d'intérêt, les frais de dossier, les primes d'assurance et les frais de garantie. *Le TEG sert à comparer les différentes propositions de prêt.*

TÉGÉNAIRE, ■ n. f. [teʒenɛʀ] (lat. sav. [XIXᵉs.] *tegenaria*, du lat. médiév. *tegenarius*, fabricant de couvertures, du lat. *teges*, natte, couverture) Grosse araignée à longues pattes et à l'abdomen tacheté que l'on trouve dans l'angle des murs ou derrière les meubles. *La tégénaire tisse sa large toile en forme de nappe parallèlement au sol, dans les angles des murs des maisons.*

TÉGUMENT, n. m. [tegymɑ̃] (lat. *tegumentum*, ce qui couvre ou enveloppe, de *tegere*, couvrir) **Hist. nat.** Tout ce qui sert à couvrir, à envelopper. *Les peaux, les écailles sont des téguments.*

TÉGUMENTAIRE, ■ adj. [tegymɑ̃tɛʀ] (*tégument*) Du tégument. *La peau est également appelée système tégumentaire.*

TEIGNASSE, n. f. [tɛɲas] ou [tɛɲjas] Voy. TIGNASSE.

TEIGNE, n. f. [tɛɲ] ou [tɛɲj] (lat. *tinea*, insecte rongeur, teigne ou mite) Genre de lépidoptères de la tribu des tinéites. ◆ *Teigne des grains,* teigne qui fréquente les greniers, lie ensemble plusieurs grains de blé, d'avoine, etc., avec de la soie, et les attache à un fourreau dans lequel elle se retire. ◆ Insecte lépidoptère nocturne dont les larves rongent les étoffes, les livres, etc. ; les larves mêmes qui rongent. ◆ Nom vulgaire de différentes affections cutanées de la tête. ◆ **Fam.** *Cela tient comme une teigne,* cela tient fortement. ◆ Chez le cheval, variété des eaux aux jambes. ◆ Maladie des moutons, dite aussi *bouquet* ou *noir museau.* ◆ Maladie qui attaque l'écorce des arbres. ■ *Méchant comme une teigne,* très méchant.

TEIGNEUX, EUSE, adj. [tɛɲø, øz] ou [tɛɲjø, øz] (lat. impér. *tineosus,* plein de vers, plein de teignes) ▷ Qui a la teigne. *Enfant teigneux.* ◁ ◆ **N.** m. et n. f. *Un teigneux. Une teigneuse.* ◆ ▷ **Fig.** et fam. *Il n'y avait que trois teigneux et un pelé,* se dit d'une assemblée peu nombreuse ou mal composée. ◁ ■ REM. On dit plutôt auj. trois pelés et un tondu. ◆ Personne tenace et agressive. *C'est un teigneux.*

TEILLAGE, TEILLE, TEILLER, TEILLEUR, EUSE, [tejaʒ, tɛj, teje, tejœʀ] (var. de *teillage, tille, teille, tilleur*) Voy. TILLAGE, Voy. TILLE, Voy. TILLER, etc.

TEINDRE, v. tr. [tɛ̃dʀ] (lat. *tingere,* mouiller, baigner, teindre, du gr. *teggein,* mêmes sens) Faire prendre à une étoffe ou à quelque autre chose une couleur différente de sa première couleur. *Teindre une étoffe. Teindre en rouge.* ◆ Il se dit des choses qui colorent l'eau et les autres liqueurs où on les jette. ◆ Il se dit aussi de ce qui imprime une couleur qu'il est difficile de faire disparaître. *Les mûres teignent les mains.* « *D'un sang plus glorieux teindre mes javelots* », RACINE. ◆ **Fig.** Imprimer ce que l'on compare à une couleur, à une teinture. « *Nous teignons les idées des choses de nos qualités* », PASCAL. *Se teindre,* v. pr. Être teint. ◆ **Fig.** Contracter une certaine manière d'être. « *Quelquefois les lois passent au travers des préjugés et s'y teignent* », MONTESQUIEU. ◆ **Fig.** Prendre une teinture, une connaissance légère. « *Il nous est plus facile de nous teindre d'une infinité de connaissances que d'en bien posséder un petit nombre.* », VAUVENARGUES. ■ *Se teindre les cheveux.*

1 **TEINT,** n. m. [tɛ̃] (p. p. substantivé de *teindre*) Manière de teindre. *Drap bon teint. Cette étoffe est mauvais teint.* ◆ *Le grand teint* ou *le bon teint,* le teint qui est fait avec des drogues propres à donner une couleur solide. *Le petit teint* ou *le mauvais teint,* ou *le faux teint,* Teinture faite avec de mauvaises drogues et qui s'altère facilement.

2 **TEINT,** n. m. [tɛ̃] (p. p. substantivé de *teindre*) Le coloris du visage. *Un teint frais.*

3 **TEINT, EINTE,** p. p. de teindre. [tɛ̃, ɛ̃t] ◆ **Fig.** *Il est teint du sang de ses victimes, ses mains sont teintes de sang,* se dit d'un homme qui a commis ou ordonné des meurtres.

TEINTE, n. f. [tɛ̃t] (p. p. fém. substantivé de *teindre*) Peint. Il se dit des nuances qui résultent du mélange de deux ou de plusieurs couleurs. « *L'habile artiste doit confondre et mêler les teintes* », J.-J. ROUSSEAU. ◆ Degré de force que le peintre donne aux couleurs. *Teinte forte.* ◆ *Demi-teinte,* ton de couleur moyenne entre la lumière et l'ombre. ◆ **Fig.** « *C'était un caractère tout en demi-teintes et en nuances* », MARMONTEL. ◆ **Grav.** *Demi-teinte,* le passage des clairs aux ombres. ◆ Se dit en parlant des couleurs naturelles des objets. « *Son plumage est noirâtre avec une teinte obscure de bleu* », BUFFON. ◆ **Fig.** « *Les pensées prennent la teinte des idiomes* », J.-J. ROUSSEAU. ◆ **Fig.** Petite dose. *Il y a dans cet écrit une teinte de malice.*

TEINTÉ, ÉE, p. p. de teinter. [tɛ̃te] ◆ **Peint.** Parties d'un plan teintées de rouge, de jaune. ◆ Dans le langage général, qui a reçu qui a une légère teinte. *Eau teintée de vin.* ◆ *Papier teinté,* papier blanc à écrire ou à imprimer, auquel on a donné une légère teinte quelconque.

TEINTER, v. tr. [tɛ̃te] (*teinte*) Peint. Colorier d'une manière plate, plus ou moins foncée. ◆ Dans le langage général, donner une teinte légère. *Le ciel teintait de bleu la mer.* ■ **Fig.** Donner une nuance. *Des propos teintés d'ironie.* ■ *Se teinter,* v. pr. Prendre une teinte légère.

TEINTURE, n. f. [tɛ̃tyʀ] (lat. impér. *tinctura*) Liqueur préparée pour teindre. ◆ Couleur que cette liqueur laisse sur les choses que l'on teint. *Drap d'une belle teinture.* ◆ Action, art de teindre. ◆ **Pharm.** et chim. Solution d'une ou de plusieurs substances simples ou composées, plus ou moins colorées, dans un menstrue convenable : de là les noms de teinture aqueuse, alcoolique, éthérée, suivant que ce menstrue est l'eau, l'alcool ou l'éther. ◆ ▷ **Fig.** Connaissance superficielle d'une science, d'un art. « *Il se donne pour un homme universel, parce qu'il a une légère teinture de toutes les sciences* », LESAGE. ◁ ▷ **Fig.** Impression conservée d'une première éducation. « *Il reste toujours quelque teinture de son premier état* », MARIVAUX. ◁ ▷ **Fig.** Apparence légère. « *Les choses humaines ne sont pas encore si désespérées que les vices, qui montrent toute leur laideur sans aucune teinture d'honnêteté, soient honorés dans le monde* », BOSSUET. ◁ ▷ **Fig.** Influence reçue. « *Le style prend la teinture du caractère* », D'ALEMBERT. ◁

TEINTURERIE, n. f. [tɛ̃tyʀ(ə)ʀi] (*teinture*) Atelier de teinture. ◆ Métier du teinturier.

TEINTURIER, IÈRE, n. m. et n. f. [tɛ̃tyʀje, jɛʀ] (*teinture*) Celui, celle qui exerce l'art de teindre. ◆ *Teinturier-dégraisseur,* teinturier qui se charge de faire disparaître les taches des étoffes, des vêtements. ◆ **Adj.** *Maître teinturier.* ◆ *Raisin teinturier,* raisin dont le suc est coloré. ◆ **Fig.** Celui qui corrige les œuvres auxquelles un autre met son nom. ◆ ▷ *Il a fait cela avec son teinturier,* se dit d'un homme qui s'attribue un ouvrage d'esprit qu'on l'a beaucoup aidé à faire. ◁ ■ Personne qui se charge de l'entretien du linge.

TEK, ■ n. m. [tɛk] Voy. TECK.

TEL, ELLE, adj. [tɛl] (lat. *talis,* tel, de cette nature, de cette qualité) Qui est de même, de la même qualité. « *Se fier à un perfide et à un scélérat connu pour tel, c'est une témérité qui n'est point pardonnable* », ROLLIN. ◆ *Tel,* mis en tête ou à la fin de la phrase, a une acception différente. Tel fut son langage, indique que le langage qu'on vient de rapporter fut tenu ; son langage fut tel, indique qu'on va rapporter le langage dont il s'agit. ◆ Suivi de *que,* il marque le rapport, la ressemblance de deux choses que l'on compare. « *Il n'y a presque point d'homme qui veuille en toutes choses se laisser voir tel qu'il est* », LA ROCHEFOUCAULD. ◆ *Un homme tel que lui,* un homme de son mérite, de son rang. ◆ Il se dit aussi ironiquement et par mépris. ◆ **Fam.** *Tel quel,* aussi mauvais et même plus mauvais que bon, de peu de valeur. « *La réputation telle quelle que mes livres me pourraient acquérir* », DESCARTES. ◆ Pris au hasard. *Une proposition telle quelle.* ◆ Sans changement, dans le même état. *Je vous rends votre livre tel quel, sans y avoir fait aucun dommage.* ◆ Dans le style soutenu, *tel* s'emploie pour exprimer une comparaison. « *Un roi magnanime qui, dans les adversités, tel qu'un lion qui regarde ses blessures, n'en était que plus indigné* », MONTESQUIEU. ◆ Employé pour exprimer une comparaison, il peut se répéter. « *Tel fruit, tel arbre* », LA FONTAINE. ◆ **Prov.** *Tel maître, tel valet,* les valets suivent l'exemple de leurs maîtres. ◆ **Prov.** *Telle vie, telle fin,* on meurt comme on a vécu. ◆ Poésie, il s'emploie comme ainsi. « *Tel Hercule filant rompait tous les fuseaux* », BOILEAU. ◆ Quelquefois après *tel que...* on répète *tel* pour indiquer l'application de la comparaison. « *Tel qu'est le juge du peuple, tels sont ses ministres* », SACI. ◆ *Tel* signifiant si grand, si fort, si élevé, etc. *Un homme d'un tel orgueil est inabordable.* ◆ Dans le même sens, avec *que.* « *J'ai telle opinion de sa justice que je le prendrai volontiers pour arbitre de notre différend* », BALZAC. ◆ En un sens indéfini, indéterminé, en parlant de personnes ou de choses qu'on ne veut ou ne peut désigner précisément. « *On se met en tête d'avoir une telle charge, et l'on s'obstine à l'emporter* », BOURDALOUE. ◆ *Un tel, une telle,* une personne indéterminée qu'on ne peut nommer plus précisément. ◆ Au pl. On dit messieurs tels, mesdames telles et telles. ◆ En ce sens, il s'emploie aussi sans article. « *Tel, connu dans le monde par de grands talents, honoré et chéri partout où il se trouve, est petit dans son domestique et aux yeux de ses proches* », LA BRUYÈRE. ◆ *Tel* sans article s'emploie pour celui, et en ce sens il doit être toujours suivi d'un relatif. « *Tel qui rit vendredi, dimanche pleurera* », RACINE. ■ DE TELLE SORTE QUE, loc. conj. Tellement, si bien que..., avec l'indicatif. *Il a agi de telle sorte que ses amis mêmes l'ont abandonné.* ◆ On dit dans un sens analogue : *De telle façon que..., de telle manière que...* ◆ À tel point, tellement. ◆ *Tel* veut *que* après soi, et non pas *comme* : Faites-moi la part telle qu'il vous plaira, et non telle comme il vous plaira. ◆ *Tel que* avec le subjonctif, dans le sens de quelque, a été condamné par les grammairiens. Cependant on en trouve des exemples dans les meilleurs auteurs. « *Un nombre, tel qu'il soit, peut être augmenté* », PASCAL. « *Vous me dites que votre amitié, telle qu'elle est, subsistera toujours pour moi, tel que je sois* », J.-J. ROUSSEAU. ■ *Comme tel,* de cette manière. ■ *En tant que tel,* pour ce qu'il est. ■ *À tel point,* tellement. ■ *Rien de tel,* rien de mieux. ■ **Prov.** *Tel est pris qui croyait prendre.* ■ *Un tel,* pour remplacer un nom propre.

TÉLAMONS, n. m. pl. [telamɔ̃] (lat. impér. archit. *telamones,* cariatides, empr. par Vitruve au gr. *telamôn,* baudrier, courroie, de *tlan,* supporter) **Archit.** Figures humaines employées à soutenir des corniches, des consoles, etc. ■ S'emploie aussi auj. au singulier. *Un télamon.*

TÉLANGIECTASIE, ■ n. f. [telɑ̃ʒjɛktazi] (gr. *têle*, au loin, *aggeion*, vaisseau et *ektasis*, dilatation) **Méd.** Maladie cutanée qui se caractérise par un œdème, des nodules et des plaques causées par une agglomération de vaisseaux. *La télangiectasie est également connue sous le nom de sarcome de Kaposi.*

1 **TÉLÉ...**, ■ [tele] (gr. *têle*, loin, au loin) Préfixe qui entre dans la composition d'un certain nombre de termes techniques et technologiques.

2 **TÉLÉ**, ■ n. f. [tele] Voy. TÉLÉVISION.

TÉLÉACHAT, ■ n. m. [teleaʃa] (2 *télé* et *achat*) Service de vente de produits par l'intermédiaire de la télévision ou de sites de communication en réseau.

TÉLÉACHETEUR, EUSE, ■ n. m. et n. f. [teleaʃ(ə)tœʀ, tʀis] (2 *télé* et *acheteur*) Client du téléachat.

TÉLÉACTEUR, TRICE, ■ n. m. et n. f. [teleaktœʀ, tʀis] (2 *télé* et *acteur*) Acteur ou actrice qui tourne uniquement pour la télévision.

TÉLÉAFFICHAGE, ■ n. m. [teleafiʃaʒ] (1 *télé*- et *affichage*) Affichage à distance et commandé d'informations. *Un réseau de téléaffichage permettant de diffuser automatiquement et rapidement des informations, au sein d'une entreprise, d'un établissement scolaire ou d'une collectivité, par l'intermédiaire d'un réseau d'écrans vidéo ou de panneaux d'affichage.*

TÉLÉALARME, ■ n. f. [telealaʀm] (1 *télé*- et *alarme*) Dispositif constitué d'un médaillon ou d'un bracelet, muni d'un bouton, qu'une personne âgée peut porter lorsqu'elle est chez elle et qui est relié à une centrale de surveillance, au moyen de la télécommunication, permettant de contacter les urgences médicales si la personne âgée a pressé sur le bouton.

TÉLÉAVERTISSEUR, ■ n. m. [teleavɛʀtisœʀ] (*télé*[*phone*] et *avertisseur*) **Québec** Petit appareil, bipper, permettant d'être joint en tout occasion à partir d'un téléphone.

TÉLÉCABINE, ■ n. f. [telekabin] (*télé*[*phérique*] et *cabine*) Cabine d'un téléphérique. *Le transport par télécabine dans les stations de sports d'hiver.*

TÉLÉCARTE, ■ n. f. [telekaʀt] (*télé*[*phone*] et *carte*) Carte à puce utilisée pour téléphoner dans les cabines publiques.

TÉLÉCHARGEABLE, ■ adj. [teleʃaʀʒabl] (*télécharger*) Qui peut être téléchargé. *Dossier de candidature téléchargeable sur Internet.*

TÉLÉCHARGEMENT, ■ n. m. [teleʃaʀʒəmɑ̃] (*télécharger*) **Inform.** Action de télécharger des fichiers ou des dossiers. *Le téléchargement de logiciels gratuits.*

TÉLÉCHARGER, ■ v. tr. [teleʃaʀʒe] (1 *télé*- et *charger*) Charger à distance des données ou des programmes informatiques, au moyen d'un réseau de télécommunication. *Logiciels à télécharger gratuitement.*

TÉLÉCOMMANDE, ■ n. f. [telekɔmɑ̃d] (1 *télé*- et *commande*) Commande à distance d'un appareil, d'une opération. ■ **Par méton.** Boîtier permettant la commande à distance. *Appuyer sur le bouton de la télécommande pour changer de chaîne de télévision.*

TÉLÉCOMMANDER, ■ v. tr. [telekɔmɑ̃de] (1 *télé*- et *commander*) Commander à distance. *Télécommander l'ouverture d'une porte.* ■ **Fig.** Diriger de loin, généralement d'une manière occulte. *Télécommander un attentat.*

TÉLÉCOMMUNICATION, ■ n. f. [telekɔmynikasjɔ̃] (1 *télé*- et *communication*) Émission, transmission et réception à distance d'informations. *La plupart des satellites sont à usage d'observation ou de télécommunication.* ■ **N. m. pl.** Ensemble des services assurant cette fonction.

TÉLÉCOMS, ■ n. f. pl. [telekɔm] Abréviation de *télécommunications*.

TÉLÉCONFÉRENCE, ■ n. f. [telekɔ̃feʀɑ̃s] (1 *télé*- et *conférence*) Conférence dont les intervenants se trouvent en des lieux différents et reliés entre eux par des moyens de télécommunication. *Participer à des téléconférences au moyen d'une webcam.*

TÉLÉCONSEILLER, ÈRE, ■ n. m. et n. f. [telekɔ̃seje, ɛʀ] (1 *télé*- et *conseiller*) Personne qui fournit des conseils aux usagers par téléphone. *Le téléconseiller doit pouvoir faire face à tous les types de demandes du client, avec rapidité et efficacité.*

TÉLÉCOPIE, ■ n. f. [telekɔpi] (1 *télé*- et *copie*) Procédé de reproduction à distance et en fac-similé d'un document graphique, par le biais d'un système téléphonique associé à une numérisation d'images. ■ **Par méton.** Le document obtenu. *Envoyer une télécopie.*

TÉLÉCOPIER, ■ v. tr. [telekɔpje] (*télécopie*) Transmettre des télécopies. *Télécopier des documents.*

TÉLÉCOPIEUR, ■ n. m. [telekɔpjœʀ] (*télécopie*) Appareil utilisé pour la transmission de télécopies.

TÉLÉDÉCLARANT, ANTE, ■ n. m. et n. f. [teledeklaʀɑ̃, ɑ̃t] (1 *télé*- et *déclarer*) Personne qui effectue sa déclaration de revenus par Internet. *Le télédéclarant bénéficie généralement d'un délai supplémentaire pour faire sa déclaration de revenus.*

TÉLÉDÉCLARATION, ■ n. f. [teledeklaʀasjɔ̃] (1 *télé*- et *déclaration*) Déclaration de revenus effectuée par Internet. « *Révolution dans la révolution, en marche depuis 2000, la télédéclaration poursuit sa percée dans le paysage fiscal.* », LE JOURNAL DU NET DU 9/3/2005.

TÉLÉDÉTECTION, ■ n. f. [teledetɛksjɔ̃] (1 *télé*- et *détection*) Observation et étude de la surface terrestre au moyen de données (mesures, images) transmises notamment par satellite. *La télédétection spatiale est née de la photographie aérienne.*

TÉLÉDIAGNOSTIC, ■ n. m. [teledjagnɔstik] (1 *télé*- et *diagnostic*) Diagnostic à distance réalisé au moyen de la télécommunication. *Le télédiagnostic est une des applications de la télémédecine.*

TÉLÉDIFFUSER, ■ v. tr. [teledifyze] (2 *télé*- et *diffuser*) Diffuser des programmes de radio ou de télévision.

TÉLÉDIFFUSION, ■ n. f. [teledifyzjɔ̃] (*télédiffuser*) Action de télédiffuser. *La télédiffusion de documentaires.*

TÉLÉDISTRIBUTION, ■ n. f. [teledistʀibysjɔ̃] (1 *télé*- et *distribution*) Distribution de programmes visuels ou sonores à destination d'un grand nombre d'usagers, à l'aide de la télécommunication, et diffusée au moyen de câbles à fibre optique ou à conducteurs métalliques. *Des réseaux de télédistribution.* ■ REM. On dit aussi *câblodistribution*.

TÉLÉÉCRITURE, ■ n. f. [teleekʀityʀ] (1 *télé*- et *écriture*) Système de transmission des informations de type graphique au fur et à mesure de leur tracé manuscrit et leur reproduction à l'identique. *La téléécriture est souvent utilisée au cours des audioconférences.*

TÉLÉENSEIGNEMENT, ■ n. m. [teleɑ̃sɛɲ(ə)mɑ̃] ou [teleɑ̃sɛɲ(ə)mɑ̃] (1 *télé*- et *enseignement*) Enseignement fait à distance, par correspondance ou par le biais de la radio, de la télévision ou d'Internet. *Préparer le baccalauréat en téléenseignement.*

TÉLÉFÉRIQUE ou **TÉLÉPHÉRIQUE**, ■ n. m. [teleferik] (*téléférage*, d'après l'angl. *teleferic*) Dispositif de transport de personnes ou d'objets, constitué de cabines ou de bennes suspendues, tractées par un câble, notamment en montagne. *Prendre un téléphérique pour aller skier.*

TÉLÉFILM, ■ n. m. [telefilm] (2 *télé* et *film*) Film conçu spécialement pour la télévision.

TÉLÉGA ou **TÉLÈGUE**, ■ n. f. [telega, telɛg] (mot russe) En Russie, voiture à quatre roues tirée par un cheval.

TÉLÉGÉNIE, ■ n. f. [teleʒeni] (*télégénique*) Qualité de celui ou celle qui est télégénique. *La télégénie des épreuves sportives.*

TÉLÉGÉNIQUE, ■ adj. [teleʒenik] (2 *télé* sur le modèle de *photogénique*) Qui rend un bel effet à la télévision. *Un animateur télégénique.*

TÉLÉGESTION, ■ n. f. [teleʒɛstjɔ̃] (1 *télé*- et *gestion*) Gestion à distance effectuée grâce au réseau téléphonique. *La télégestion est le moyen de récupérer toutes les informations nécessaires à la justification et à la gestion des interventions effectuées à domicile par des intervenants pour le compte de prestataires de services ou de financeurs de ces services.*

TÉLÉGRAMME, ■ n. m. [telegʀam] (1 *télé*- et *-gramme*) Dépêche télégraphique. *Un télégramme de vingt mots.*

TÉLÉGRAPHE, ■ n. m. [telegʀaf] (1 *télé*- et *-graphe*) Machine placée sur un lieu élevé, qui sert à transmettre au loin des avis, des nouvelles, et qui repose sur l'emploi de la lunette d'approche pour discerner de loin les signaux. ♦ On dit *télégraphe aérien*, quand on veut le distinguer du télégraphe électrique. ♦ ▷ **Fig.** *Faire le télégraphe, c'est un télégraphe*, se dit d'un homme qui gesticule beaucoup. ◁ ♦ *Télégraphe électrique*, télégraphe fondé sur l'emploi de courants électriques produits par une pile voltaïque et conduits par des fils, et transmettant des signaux dont le sens est convenu. ♦ *Télégraphe sous-marin*, télégraphe électrique dont les fils sont plongés au fond de la mer.

TÉLÉGRAPHIE, ■ n. f. [telegʀafi] (*télégraphe*) Art de construire ou d'employer les télégraphes.

1 **TÉLÉGRAPHIER**, ■ v. tr. [telegʀafje] (*télégraphie*) Transmettre une dépêche à l'aide de signes télégraphiques ; correspondre par le télégraphe.

2 **TÉLÉGRAPHIER**, ■ n. m. [telegʀafje] (*télégraphe*) Syn. de télégraphiste. ♦ **Adj.** *Les candidats télégraphiers.*

TÉLÉGRAPHIQUE, ■ adj. [telegʀafik] (*télégraphe*) Qui a rapport au télégraphe. *Signes télégraphiques.* ♦ *Nouvelle, dépêche télégraphique*, nouvelle, dépêche arrivée par le télégraphe.

TÉLÉGRAPHIQUEMENT, ■ adv. [telegʀafik(ə)mɑ̃] (*télégraphique*) Par le télégraphe.

TÉLÉGRAPHISTE, n.m. [telegʀafist] (*télégraphe*) L'employé qui transmet les dépêches télégraphiques.

TÉLÈGUE, ▪ n.f. [telɛg] Voy. TÉLÉGA.

TÉLÉGUIDAGE, ▪ n.m. [telegidaʒ] (*téléguider*) Action de téléguider. *Le téléguidage de robots sur les planètes visitées.*

TÉLÉGUIDER, ▪ v.tr. [telegide] (1 *télé-* et *guider*) Piloter à distance. *Téléguider un missile nucléaire. Robot téléguidé.* ▪ **Fig.** Diriger, contrôler à distance une personne, une situation. *Publicitaires qui téléguident les réactions des consommateurs.*

TÉLÉIMPRESSION, ▪ n.f. [teleɛ̃pʀesjɔ̃] (1 *télé-* et *impression*) Impression réalisée grâce à des moyens télématiques. *La téléimpression de photos via Internet.*

TÉLÉIMPRIMEUR, ▪ n.m. [teleɛ̃pʀimœʀ] (1 *télé-* et *imprimeur*) Appareil à la fois émetteur et récepteur composé d'un écran alphanumérique pour l'envoi des données et qui assure la réception et l'impression des caractères.

TÉLÉINFORMATIQUE, ▪ n.f. [teleɛ̃fɔʀmatik] (1 *télé-* et *informatique*) Traitement automatisé et à distance d'informations au moyen de la combinaison des techniques de télécommunication et de l'informatique.

TÉLÉJOURNAL, ▪ n.m. [teleʒuʀnal] (2 *télé* et *journal*) **Québec** et **Suisse** Journal télévisé.

TÉLÉKINÉSIE, ▪ n.f. [telekinezi] (1 *télé-* et gr. *kinesis*, mouvement) Déplacement d'objet sans qu'il y ait de contact entre l'objet et la personne qui le déplace. *Pour pratiquer la télékinésie, il est nécessaire de supprimer les courants d'air, les respirations accélérées, l'électricité statique, etc.*

TÉLÉKINÉSIQUE, ▪ adj. [telekinezik] (*télékinésie*) Relatif à la télékinésie. *Posséder des dons télékinésiques.*

TÉLÉMAINTENANCE, ▪ n.f. [telemɛ̃t(ə)nɑ̃s] (1 *télé-* et *maintenance*) Entretien à distance d'un engin spatial grâce à des liaisons de télémesure et de télécommande. *La télémaintenance informatique.*

TÉLÉMANIPULATEUR, ▪ n.m. [telemanipylatœʀ] (1 *télé-* et *manipulateur*) Appareil utilisé pour la manipulation à distance de produits dangereux, au moyen d'une pince reliée à un câble qui est censé reproduire les mouvements du bras humain. *Dans certains laboratoires, les chercheurs se servent d'un télémanipulateur pour manier des produits radioactifs. Les engins spatiaux sont généralement pourvus d'un bras télémanipulateur.*

TÉLÉMARKETING, ▪ n.m. [telemaʀketiŋ] (1 *télé-* et *marketing*) Marketing par téléphone. *Le télémarketing est un moyen pour les entreprises commerciales d'annoncer leurs produits et d'offrir leurs services.*

TÉLÉMATIQUE, ▪ n.f. [telematik] (1 *télé-* et [*infor*]*matique*) Ensemble des services, de nature ou d'origine informatique, fournis par l'intermédiaire d'un réseau de télécommunication. *Un spécialiste en télématique et réseaux.* ▪ **Adj.** *L'éthique télématique.*

TÉLÉMÉDECINE, ▪ n.f. [telemed(ə)sin] (1 *télé-* et *médecine*) Partie de la médecine qui utilise les technologies actuelles de télécommunication pour transmettre toutes les informations nécessaires à l'établissement d'un diagnostic médical à distance. *La télémédecine permet d'améliorer la prise en charge des patients et des besoins sanitaires de la population en réduisant l'obstacle de la distance entre les acteurs des processus de soins.*

TÉLÉMESSAGE, ▪ n.m. [telemesaʒ] (1 *télé-* et *message*) Message envoyé par télémessagerie. *Le télémessage est un message alphanumérique court (autour de 160 caractères), qui s'affiche à l'écran d'un terminal mobile, généralement un téléphone portable.*

TÉLÉMESSAGERIE, ▪ n.f. [telemesaʒ(ə)ʀi] (1 *télé-* et *messagerie*) Messagerie faisant appel aux techniques actuelles de télécommunication comme l'informatique, la téléphonie, etc. *La télémessagerie demeure un moyen simple, discret et abordable de communiquer.*

TÉLÉMESURE, ▪ n.f. [telem(ə)zyʀ] (1 *télé-* et *mesure*) Transmission à distance d'un résultat de mesure au moyen d'un signal. *La télémesure satellitaire permet, par exemple, de localiser et de suivre les ours blancs, les faucons, les tortues luth, etc., s'ils sont munis d'un émetteur.*

TÉLÉMÈTRE, n.m. [telemɛtʀ] (1 *télé-* et *-mètre*) Instrument destiné à évaluer rapidement les distances.

TÉLÉMÉTRIE, n.f. [telemetʀi] (1 *télé-* et *-métrie*) Art de mesurer les distances.

TÉLÉMÉTRIQUE, adj. [telemetʀik] (*télémétrie*) Qui appartient à la télémétrie.

TÉLENCÉPHALE, ▪ n.m. [telɑ̃sefal] (gr. *telos*, fin, plein développement, et *encéphale*) **Anat.** Partie du cerveau qui se constitue du cortex cérébral et des hémisphères cérébraux.

TÉLÉNOMIE, ▪ n.f. [telenomi] Voy. TÉLÉONOMIE.

TÉLÉOBJECTIF, ▪ n.m. [teleɔbʒɛktif] (1 *télé-* et *objectif*) Objectif de faible ouverture, permettant de réduire la distance entre le centre optique de l'appareil et le sujet, pour en donner une image agrandie. *Téléobjectif à zoom.*

TÉLÉOLOGIE, ▪ n.f. [teleɔlɔʒi] (gr. *telos*, fin, et *-logie*) Doctrine selon laquelle, dans le monde, tout a une finalité. *La téléologie est la méthode de pensée selon laquelle la fin est le commencement.*

TÉLÉOLOGIQUE, ▪ adj. [teleɔlɔʒik] (*téléologie*) Relatif à la téléologie. *La philosophie téléologique.*

TÉLÉONOMIE ou **TÉLÉNOMIE**, ▪ n.f. [teleonomi, telenomi] (gr. *telos*, fin, et *nomos*, loi) **Philos.** et **biol.** Étude des lois régissant la finalité vers laquelle tend chaque être vivant et consistant en la réalisation d'un projet. *C'est le biologiste et biochimiste français Jacques Monod qui est à l'origine de la notion de téléonomie.* ▪ **TÉLÉONOMIQUE**, adj. [teleonomik] « *L'invariance est protégée, l'ontogénie guidée, l'évolution orientée par un principe téléonomique initial, dont tous les phénomènes sont des manifestations* », J. MONOD.

TÉLÉOSTÉEN, ▪ n.m. [teleɔsteɛ̃] (gr. *teleos*, achevé, et *osteon*, os) Superordre de poissons osseux ayant la particularité de posséder un squelette complet. *La daurade royale, le pageot, et l'ombre de mer, par exemple, sont des téléostéens.*

TÉLÉPAIEMENT, ▪ n.m. [telepemɑ̃] (1 *télé-* et *paiement*) Paiement électronique. *Télépaiement par minitel ou Internet.*

TÉLÉPATHE, ▪ n.m. et n.f. [telepat] (*télépathie*) Personne qui a des dispositions pour la télépathie. ▪ **Adj.** Relatif à la télépathie ou aux télépathes. *Le dauphin serait un animal télépathe.*

TÉLÉPATHIE, ▪ n.f. [telepati] (angl. *telepathy*, du gr. *têle*, au loin, et *pathein*, être affecté) Transmission de pensée à distance sans usage de la parole et sans le recours à des interventions extérieures. *La télépathie peut être émettrice ou réceptrice.*

TÉLÉPATHIQUE, ▪ adj. [telepatik] (*télépathie*) Relatif à la télépathie ou aux télépathes. *Posséder des dons télépathiques.*

TÉLÉPÉAGE, ▪ n.m. [telepeaʒ] (1 *télé-* et *péage*) Dispositif automatique de péage sur les autoroutes ne nécessitant pas l'arrêt du véhicule. *Un abonnement au télépéage.*

TÉLÉPHÉRIQUE, ▪ n.m. [telefeʀik] Voy. TÉLÉFÉRIQUE.

TÉLÉPHONE, ▪ n.m. [telefɔn] (1 *télé-* et *-phone*) Dispositif comprenant un émetteur et un récepteur, reliés par un circuit électrique, et qui permet de correspondre à distance par la voix. *Téléphone fixe, portable. Passer un coup de téléphone.* ▪ **Fam.** Numéro de téléphone. *Donne-moi ton téléphone.* ▪ *Téléphone rouge*, ligne directe entre deux chefs d'État. ▪ **Fam.** *Téléphone arabe*, transmission rapide d'informations, de bouche à oreille. ▪ Ensemble des procédés et installations permettant de communiquer de cette manière. *Annuaire, réseau, services du téléphone.*

TÉLÉPHONER, ▪ v.tr. [telefone] (*téléphone*) Communiquer par téléphone. *Il lui a téléphoné la mauvaise nouvelle. Conférence téléphonée.* ▪ **V.intr.** Faire usage du téléphone. *Il téléphone beaucoup.* ▪ **Fig.** Qu'on prévoit depuis un certain temps. *La fin du film est un peu téléphonée.*

TÉLÉPHONIE, n.f. [telefoni] (1 *télé-* et *-phonie*) Art, moyen de faire parvenir les sons au loin. ✦ Art de correspondre à de grandes distances à l'aide du son. ▪ Ensemble des techniques concernant la transmission de paroles. *La téléphonie mobile.*

TÉLÉPHONIQUE, adj. [telefonik] (selon le sens, *téléphonie* ou *téléphone*) Qui a rapport à la téléphonie. *Signaux téléphoniques.*

TÉLÉPHONIQUEMENT, ▪ adv. [telefonik(ə)mɑ̃] (*téléphonique*) Par téléphone. *On m'a informée téléphoniquement que j'avais eu d'excellents résultats au concours que j'ai passé.*

TÉLÉPHONISTE, ▪ n.m. et n.f. [telefonist] (*téléphone*) Personne qui s'occupe d'un service téléphonique public ou privé. *Une réceptionniste-téléphoniste*

TÉLÉPORT, ▪ n.m. [telepɔʀ] (*télé*[*communication*] et *port*) **Inform.** Endroit sur un site qui regroupe l'ensemble des moyens de communication que peuvent se partager différentes organisations ou entreprises. *Le concept de téléport est généralement lié à l'aménagement de zones d'activités nouvelles, accompagné de développements immobiliers.*

TÉLÉPORTATION, ▪ n.f. [telepɔʀtasjɔ̃] (*téléporter*) Action de téléporter. *La téléportation d'un objet d'un point A à un point B n'est pas le déplacement physique de l'objet de A vers B, mais plutôt la dématérialisation de l'objet en A, l'envoi d'un signal de A vers B contenant les plans de l'objet, puis la reconstruction de l'objet au point B.*

TÉLÉPORTER, ▪ v.tr. [telepɔʀte] (1 *télé-* et *porter*) **Phys.** Dématérialiser un objet d'un point A et envoyer les informations sur sa constitution pour le reconstruire en un point B au moyen d'atomes se trouvant déjà en ce point B. *Certains physiciens sont en mesure aujourd'hui de téléporter des photons sur* une distance de 2 km. ■ **Inform.** Partager une ou plusieurs liaisons à haut débit. *Téléporter des fichiers.*

TÉLÉPROMPTEUR, ■ n. m. [telepʀɔ̃ptœʀ] (anglo-amér. *teleprompter*, de tele[*vision*] et *prompter*, souffleur) Écran sur lequel défile le texte d'un présentateur de télévision et que les téléspectateurs ne voient pas. *Les présentateurs des journaux télévisés utilisent des téléprompteurs pour lire les informations à transmettre aux téléspectateurs.* ■ **Abrév.** Prompteur.

TÉLÉRADAR, ■ n. m. [teleʀadaʀ] (1 *télé-* et *radar*) Technique nécessitant l'utilisation de la télévision pour l'émission et la réception d'images de radar.

TÉLÉRADIOGRAPHIE ou **TÉLÉRADIO**, ■ n. f. [teleʀadjoɡʀafi, teleʀadjo] (1 *télé-* et *radiographie*) Méthode de radiographie consistant à éloigner la source des rayons de l'objet de la radiographie afin d'en proposer une image la moins déformée possible. *Téléradiographie du crâne et du massif facial.*

TÉLÉRÉALITÉ, ■ n. f. [teleʀealite] (2 *télé* et *réalité*) Émission télévisée qui, sous la forme d'un jeu-concours, est censée reproduire la réalité en filmant au quotidien et au naturel des participants éliminés successivement par les téléspectateurs jusqu'à la victoire du « meilleur ». *La téléréalité est un phénomène planétaire actuellement et montre des candidats dans diverses situations quotidiennes ou extrêmes.*

TÉLÉREPORTAGE, ■ n. m. [teleʀəpɔʀtaʒ] (2 *télé* et *reportage*) Reportage diffusé à la télévision.

TÉLÉREPORTER, ■ n. m. et n. f. [teleʀəpɔʀtœʀ] ou [teleʀəpɔʀtɛʀ] (2 *télé* et 2 *reporter*) Journaliste d'investigation qui travaille pour la télévision.

TÉLÉROMAN, ■ n. m. [teleʀomɑ̃] (2 *télé* et *roman*) **Québec** Feuilleton télévisé.

TÉLESCOPAGE, ■ n. m. [teleskopaʒ] (*télescoper*) Action de télescoper ; fait de se télescoper. ■ **Fig.** *Un joyeux télescopage de couleurs.*

TÉLESCOPE, n. m. [teleskɔp] (lat sav. [XVIIᵉ s.] *telescopium*, du gr. *têle*, au loin, et *skopein*, observer) Nom générique des instruments d'optique destinés à observer les objets éloignés ; l'image de ces objets y est formée par la réflexion des rayons lumineux sur des miroirs et amplifiée ensuite par des verres grossissants.

TÉLESCOPER, ■ v. tr. [teleskope] (anglo-amér. *to telescope*, de *telescope*, télescope, à partir de l'idée d'emboîtement) Heurter violemment en défonçant. *Un train a télescopé un camion sur un passage à niveau.* ■ Se télescoper, v. pr. *Les deux voitures se sont télescopées.* ■ **Fig.** S'interpénétrer. *L'habileté d'un créateur publicitaire à faire se télescoper un slogan et une image.*

TÉLESCOPIQUE, adj. [teleskopik] (*télescope*) Qui se fait avec le télescope. *Observations télescopiques.* ◆ Qu'on ne voit qu'à l'aide du télescope. *Étoiles, planètes télescopiques.* ■ Dont les éléments s'emboîtent les uns dans les autres. *Une canne à pêche télescopique.*

TÉLESCRIPTEUR, ■ n. m. [teleskʀiptœʀ] (1 *télé-* et lat. *scriptor*, de *scribere*, écrire) Appareil permettant l'écriture à distance au moyen d'un procédé quelconque. *Un télescripteur permet de communiquer par l'intermédiaire des lignes téléphoniques.*

TÉLÉSIÈGE, ■ n. m. [telesjɛʒ] (*télé*[*phérique*] et *siège*) Téléphérique constitué de sièges suspendus à un câble. *Prendre un télésiège pour aller sur les pistes de ski.*

TÉLÉSIGNALISATION, ■ n. f. [telesiɲalizasjɔ̃] ou [telesinjalizasjɔ̃] (1 *télé-* et *signalisation*) Signalisation affichée en temps réel sur des écrans. *La télésignalisation à l'entrée d'un parking, par exemple, permet de savoir s'il reste des places disponibles à l'intérieur.*

TÉLÉSKI, ■ n. m. [teleski] (*télé*[*phérique*] et *ski*) Remonte-pente à l'usage des skieurs. *Les téléskis sont communément appelés* tire-fesses.

TÉLÉSPECTATEUR, TRICE, ■ n. m. et f. [telespɛktatœʀ, tʀis] (2 *télé* et *spectateur*) Personne qui regarde la télévision.

TÉLESTHÉSIE, ■ n. f. [telɛstezi] (1 *télé-* et *esthésie*) Perception extrasensorielle des événements. *La télesthésie concerne souvent des individus proches, et se rapporte également à des événements douloureux ou négatifs.*

TÉLESTHÉSIQUE, ■ adj. [telɛstezik] (*télesthésie*) Relatif à la télesthésie. *Les phénomènes prémonitoires sont considérés comme des perceptions télesthésiques.*

TÉLÉSURVEILLANCE, ■ n. f. [telesyʀvejɑ̃s] (1 *télé-* et *surveillance*) Système de surveillance à distance. *Des systèmes d'alarme sans fil pour la maison et de télésurveillance installés par des professionnels de la sécurité.*

TÉLÉTEXTE, ■ n. m. [teletɛkst] (2 *télé-* et *texte*, p.-ê. d'après l'angl. *teletext*) Système d'affichage d'informations et de données sur un écran de télévision au moyen d'un signal, que le téléspectateur peut consulter à tout moment. *Le télétexte peut être consulté pour être informé des derniers événements, de la météo, etc.*

TÉLÉTOXIE, ■ n. f. [teletɔksi] (1 *télé-* et radic. du gr. *toxikon*, poison) **Biol.** Émission par certains organismes de substances toxiques pour les organismes environnants. *La télétoxie du noyer tient au fait que ses feuilles dégagent une substance qui, tombant sur le sol en étant lessivée par la pluie, empêche la pousse de plantes herbacées.*

TÉLÉTOXIQUE, ■ adj. [teletɔksik] (*télétoxie*) Relatif à la télétoxie. *Une variété de piloselle, plante recouverte de nombreux poils, est télétoxique.*

TÉLÉTRAITEMENT, ■ n. m. [teletʀɛt(ə)mɑ̃] (1 *télé-* et *traitement*) Traitement informatique des données à distance. *Le télétraitement de dossiers administratifs.*

TÉLÉTRANSMISSION, ■ n. f. [teletʀɑ̃smisjɔ̃] (1 *télé-* et *transmission*) Action de transmettre une information à distance. *La télétransmission des données médicales.*

TÉLÉTRAVAIL, ■ n. m. [teletʀavaj] (1 *télé-* et *travail*) Activité professionnelle permettant aux salariés de travailler hors de leur entreprise, généralement à domicile. *Le télétravail est courant dans les métiers de l'édition.*

TÉLÉTRAVAILLEUR, EUSE, ■ n. m. et n. f. [teletʀavajœʀ, øz] (*télétravail*) Personne pratiquant le télétravail. *Devenir télétravailleur permet de gagner sa vie sans avoir à se déplacer chez son client ou son employeur.*

TÉLÉVANGÉLISTE, ■ n. m. et n. f. [televɑ̃ʒelist] (2 *télé* et *évangéliste*) Aux États-Unis, évangéliste qui fait ses prêches à la télévision. ■ Adj. *Un pasteur télévangéliste.*

TÉLÉVENDEUR, EUSE, ■ n. m. et n. f. [televɑ̃dœʀ, øz] (1 *télé-* et *vendeur*) Personne spécialisée dans la télévente. *Le télévendeur suit un argumentaire précis sur son écran d'ordinateur tout en étant en ligne avec le client.*

TÉLÉVENTE, ■ n. f. [televɑ̃t] (1 *télé-* et *vente*) Vente par téléphone. *Au-delà des contacts établis sur le terrain, la télévente augmente les parts de marché de l'entreprise, notamment sur les produits à faible marge ou délaissés par les commerciaux.*

TÉLÉVÉRITÉ, ■ n. f. [televeʀite] (2 *télé* et *vérité*) Émission de télévision s'intéressant aux expériences, si possibles dramatiques, que vivent les individus. *La télévérité ne se limite pas à dévoiler la réalité sous le prétexte d'une transparence, elle vise également à résoudre des situations délicates et douloureuses, au nom de certaines valeurs comme la famille, l'amour, la justice.*

TÉLÉVISER, ■ v. tr. [televize] (radic. de *télévision*) Transmettre au moyen de la télévision. *Téléviser un grand tournoi de tennis.*

TÉLÉVISEUR, ■ n. m. [televizœʀ] (radic. de *télévision*) Appareil récepteur de télévision. *Téléviseur portable, grand écran.*

TÉLÉVISION, ■ n. f. [televizjɔ̃] (1 *télé-* et *vision*) Transmission à distance, par voie hertzienne, par câble ou satellite, d'images en mouvement et de sons ; ensemble des procédés et des techniques utilisés pour assurer cette transmission. *Relais, satellite de télévision. S'abonner à un programme de télévision par câble.* ■ Ensemble d'organismes, de services, assurant l'élaboration et la diffusion de programmes ainsi réalisés ; ensemble de ces programmes. *Télévision locale, scolaire.* ■ **Fam.** Téléviseur. *Allume la télévision !* ■ **Abrév.** Télé. « *Avec la radio, et plus encore avec la télé, tout nous est imposé ; nous ne pouvons qu'être passif.* », Jacquard.

TÉLÉVISUEL, ELLE, ■ adj. [televizɥɛl] (*télévision*, d'après *visuel*) Qui se rapporte à ou concerne la télévision. *L'actualité télévisuelle.*

TÉLEX, ■ n. m. [telɛks] (angl. tele[*printer*] ex[*change service*], service d'échange par téléimprimeur) Service télégraphique permettant la transmission à distance de messages ■ Ce message lui-même. *Attendre, recevoir des télex.*

TÉLEXER, ■ v. tr. [telɛkse] (*télex*) Transmettre par télex. « *Il avait rédigé le récit du naufrage, l'avait fait télexer à Paris* », P. Labro.

TÉLEXISTE, ■ n. m. et n. f. [telɛksist] (*télex*) Personne qui assure les liaisons par télex.

TELL, ■ n. m. [tɛl] (ar. *tall*, colline) **Archéol.** Colline formée par l'accumulation successive de ruines, notamment au Proche-Orient. *Des tells.*

TELLEMENT, adv. [tɛl(ə)mɑ̃] (*tel*) De telle façon. « *Les princes sont tellement les ministres de Dieu, qu'ils sont hommes néanmoins et non pas dieux* », Pascal. ◆ À un si haut degré. « *L'esprit est tellement esclave de l'imagination, qu'il lui obéit toujours lorsqu'elle est échauffée* », Malebranche. ◆ On dit aussi : *tellement que de*, avec l'infinitif. ◆ *Tellement que*, si bien que. *Tellement donc que vous ne voulez plus entendre parler de lui.* ◆ TELLEMENT ou QUELLEMENT, **loc. adv.** Ni bien ni mal, mais plutôt mal que bien. ■ **Fam.** *Tellement de*, tant de. *Tellement de personnes meurent encore de faim dans le monde.* ■ **Fam.** *Pas tellement*, pas beaucoup. *Non, je n'ai pas tellement soif, merci.*

TELLIÈRE, adj. m. [teljɛʀ] (Michel Le *Tellier*, 1603-1685, chancelier qui imposa ce papier à son administration) *Papier tellière*, beau papier dit aussi *papier-ministre,* de grand format, employé pour les impressions de bureau et les pétitions. ✦ **N. m.** Du tellière.

TELLURATE, n. m. [telyʀat] (*tellure*) **Chim.** Sel produit par la combinaison de l'acide tellurique avec une base.

TELLURE, n. m. [telyʀ] (lat. *tellus,* génit. *telluris,* terre) **Chim.** Métal découvert, en 1782, dans les mines d'or de Transylvanie.

TELLUREUX, adj. m. [telyʀø] (*tellure*) **Chim.** *Acide tellureux,* acide le moins oxygéné formé de tellure et d'oxygène. ▪ S'emploie aussi au féminin. *Tellureuse.*

TELLURIEN, IENNE, ▪ adj. [telyʀjɛ̃, jɛn] Voy. TELLURIQUE.

TELLURIQUE, adj. m. [telyʀik] (selon le sens, *tellure* ou lat. *tellus, -uris,* terre) **Chim.** *Acide tellurique,* combinaison acide la plus oxygénée du tellure. ▪ Provenant de la Terre. On dit aussi *tellurien, ienne.* ▪ *Secousse tellurique,* tremblement de terre.

TELLURISME, ▪ n. m. [telyʀism] (lat. *tellus,* gén. *-uris,* terre) Influence que peuvent avoir les phénomènes terrestres, la Terre et le sol sur les êtres vivants et plus particulièrement sur l'homme en tant qu'individu social.

TELLURITE, ▪ n. m. [telyʀit] (*tellure*) **Chim.** Sel formé par la combinaison de l'acide tellureux avec une base.

TELLUROMÈTRE, ▪ n. m. [telyʀomɛtʀ] (lat. *tellus, -uris,* terre, et *-mètre*) Appareil utilisé pour la mesure de la distance entre deux repères afin de pouvoir étudier la forme et mesurer la dimension du globe terrestre. *Le telluromètre a été inventé par un physicien sud-africain, Wadley, en 1956 et a été utilisé pour la première fois en 1957 au Canada.*

TELLURURE, ▪ n. m. [telyʀyʀ] (*tellure*) **Chim.** Combinaison de tellure avec un autre élément. *Le tellurure d'antimoine permettrait par exemple de réduire de façon importante les pertes d'électrons qui sont consécutives aux changements d'état de la mémoire en informatique.*

TÉLOLÉCITHE, ▪ adj. [telolesit] (gr. *telos,* plein développement, et *lekithos,* jaune d'œuf) **Biol.** Se dit d'un œuf dont l'ensemble des substances constitutives, à l'exception de la membrane et du noyau, se caractérise par un volume très important. *Le développement de certains reptiles se fait dans un œuf de forme télolécithe.*

TÉLOMÈRE, ▪ n. m. [telomɛʀ] (gr. *telos,* fin, et *-mère*) **Biol.** Extrémité du chromosome. *Les télomères sont indispensables pour préserver l'intégrité du matériel génétique au cours du cycle cellulaire.*

TÉLOPHASE, ▪ n. f. [telofaz] (gr. *telos,* achèvement, et *phase*) **Biol.** Phase terminale de la division cellulaire au cours de laquelle se constitue une nouvelle membrane puis se forment deux cellules filles. *On estime à environ une heure le processus de division cellulaire dont la télophase est la quatrième et ultime étape fonctionnelle et observable au microscope.*

TÉLOUGOU ou **TELUGU,** ▪ n. m. [telugu] (télougou *telugu, teloogo,* nom de cette langue) Langue de la famille dravidienne parlée dans l'Inde méridionale. *Le télougou occupe, par le nombre de ses locuteurs, la deuxième place au sein des 14 langues nationales de l'Union indienne.* ▪ **Adj. inv.** *Le calendrier télougou. La communauté télougou de l'île Maurice.*

TELSON, ▪ n. m. [tɛlsɔ̃] (gr. *telson,* borne, limite) **Zool.** Dernier anneau de l'abdomen des animaux invertébrés à pattes articulées de la famille des arthropodes.

TEMENOS ou **TÉMÉNOS,** ▪ n. m. [temenos] (mot gr., enclos, de *temnein,* couper) **Antiq.** Terrain sacré ceint d'un sanctuaire ou d'un temple dans l'antiquité grecque.

TÉMÉRAIRE, adj. [temeʀɛʀ] (lat. *temerarius,* irréfléchi, de *temere,* au hasard) Hardi jusqu'à l'imprudence. ✦ **N. m.** et **n. f.** *Un téméraire. Une téméraire.* ✦ Qui annonce de la témérité, qui a le caractère de la témérité. *Un coup téméraire.* ✦ *Jugement téméraire,* jugement hasardé qu'on porte sur une personne ou une chose. ✦ **Théol.** *Proposition téméraire,* proposition qui mène à des inductions contraires à la véritable doctrine.

TÉMÉRAIREMENT, adv. [temeʀɛʀ(ə)mɑ̃] (*téméraire*) D'une manière téméraire. *Se jeter témérairement dans le péril.* ✦ Au hasard, inconsidérément. *Juger témérairement.* ✦ **Jurid.** Contre droit et raison.

TÉMÉRITÉ, n. f. [temeʀite] (lat. *temeritas,* hasard aveugle, irréflexion) Hardiesse qui va jusqu'à l'imprudence et à la présomption. « *Quand la témérité est heureuse, elle ne trouve plus de censeurs* », LESAGE.

TÉMOIGNAGE, n. m. [temwaɲaʒ] ou [temwanjaʒ] (*témoigner*) Action de témoigner, rapport d'un ou de plusieurs témoins sur un fait sur une personne. *Porter témoignage de ce qu'on a vu.* ✦ Déposition par-devant la justice. *Faux témoignage.* ✦ *Le témoignage de la conscience,* le sentiment et la connaissance que chacun a en soi-même de la vérité ou de la fausseté d'une chose, et de la bonté ou de la méchanceté d'une action. ✦ *Le témoignage des sens,* ce que nous apprenons par les sens. ✦ *Ne s'en rapporter*

qu'au témoignage de ses yeux, n'ajouter foi qu'aux faits dont on a été témoin. ✦ *Témoignage des hommes,* la tradition et l'histoire, en tant que servant à prouver un fait. ✦ *Rendre témoignage à une chose,* reconnaître cette chose et y rendre hommage. *Il faut toujours rendre témoignage à la vérité.* ✦ *Rendre témoignage de,* attester. « *Il y a des hommes qui ont droit de rendre témoignage d'eux-mêmes* », FONTENELLE. ✦ *Rendre témoignage à quelqu'un,* attester en faveur de quelqu'un. *Je vous rends ce témoignage que, etc.* ✦ Preuve, marque de quelque chose. *Des témoignages d'affection.* « *Tant de témoignages invincibles qu'ils ont donnés de leur foi* », PASCAL.

TÉMOIGNÉ, ÉE, p. p. de témoigner. [temwaɲe] ou [temwanje]

TÉMOIGNER, v. intr. [temwaɲe] ou [temwanje] (réfection d'après *témoin* de l'anc. fr. *testemoignier,* du lat. médiév. *testimoniare*) Servir de témoin, porter témoignage. *Témoigner contre quelqu'un. Témoigner en justice.* ▪ V. tr. Marquer, faire connaître. *Témoigner de la joie, de l'amour, etc.* « *Adorez-le [Dieu] dans l'âme, et n'en témoignez rien* », P. CORNEILLE. ✦ Témoigner *que.* « *Ésope… témoigna qu'il demandait pour toute grâce qu'on sursît de quelques moments sa punition* », LA FONTAINE. ✦ *Témoigner de,* avec l'infinitif. « *Quand je fus seul avec mon ami, je lui témoignai d'être étonné du renversement que cette doctrine apportait dans la morale* », PASCAL. ✦ *Témoigner,* avec l'infinitif sans *de.* « *La reine ne me témoigna pas désirer rien de moi de plus que ce que j'avais fait* », LA ROCHEFOUCAULD. ✦ *Témoigner de la force,* se dit d'un cheval qui par ses mouvements paraît avoir de la vigueur. ✦ Être l'indice de, avec un nom de chose pour sujet. « *Comme ce mot le témoigne* », VOLTAIRE.

TÉMOIN, n. m. [temwɛ̃] (lat. *testimonium,* témoignage, preuve, b. lat. témoin) Témoignage, marque, ce qui sert à faire connaître. « *Et j'ai de sûrs témoins de votre trahison* », MOLIÈRE. « *Il cite pour témoin un auteur du temps d'Alexandre* », BOSSUET. ✦ *Prendre quelqu'un à témoin,* le prendre en témoignage, invoquer son témoignage. ✦ Dans la locution *à témoin, témoin* reste invariable, parce qu'il représente témoignage. *Je vous prends tous à témoin.* ✦ *Témoin,* au commencement d'une phrase, se prend adverbialement. *Témoin les victoires qu'il a remportées.* ✦ **Pratiq.** *En témoin de quoi,* Loc. adv. En témoignage de quoi. *En témoin de quoi j'ai signé.* ✦ Celui, celle qui a vu ou entendu quelque fait, et qui peut en faire rapport. *Témoin à charge. Témoin à décharge.* ✦ Il se dit aussi d'une femme, sans changer de genre. *Elle a été témoin de ce qui s'est passé.* ✦ *Faux témoin,* celui qui assure comme témoin un fait contraire à la vérité. ✦ *Témoin muet,* toute chose qui peut servir d'indice ou d'une sorte de preuve. ✦ *Dieu m'est témoin, m'en est témoin,* il sait que ce que je dis est véritable. ✦ Personne dont on se fait assister pour certains actes. *Dresser un acte en présence de témoins.* ✦ *Témoins instrumentaires,* témoins dont on se fait assister pour certains actes. ✦ Celui qui accompagne un homme qui se bat en duel. ✦ Celui qui voit, qui entend quelque chose, qui en est spectateur. ✦ **Fig.** « *Malheureux diadème, Instrument et témoin de toutes mes douleurs* », RACINE. ✦ *Mes yeux en sont témoins,* se dit d'une chose qu'on a vue soi-même. ✦ **Au pl.** Petits morceaux de tuile, d'ardoise qu'on pose sous les bornes des héritages, pour reconnaître, par la suite, si les bornes ont été déplacées. ✦ Dans la fouille des terres, hauteurs ou buttes, qu'on laisse d'espace en espace, pour faire juger combien on a ôté de terre des monceaux qui demeurent vides. ✦ **Au pl.** Feuillets d'un livre que le relieur a laissés exprès sans les rogner, pour faire voir qu'il a épargné la marge autant qu'il lui a été possible. ✦ **Sylvic.** Arbres de lisière et autres qu'il est défendu d'abattre dans les ventes. ▪ Bande de plâtre placée en travers d'une fissure pour en contrôler l'évolution. ▪ **Sp.** Bâton que se passent les coureurs dans une course de relais. *Le passage du témoin est un moment primordial dans la course.* ✦ Élément ne subissant pas d'expérience pour servir de point de comparaison. *Un tube à essai témoin.* ▪ Dispositif lumineux ou sonore servant de contrôle. ▪ **Adj.** Qui sert de repère, de modèle. *Un appartement témoin.*

1 **TEMPE,** n. f. [tɑ̃p] (lat. pop. *tempula* [cf. a. fr. *temple*], du lat. *tempus,* génitif *temporis*) Région latérale de la tête comprise entre l'œil et l'oreille.

2 **TEMPE,** ▪ n. f. [tɑ̃p] (anc. fr. *temple,* instrument pour tenir une étoffe tendue, du lat. *templum,* espace circonscrit) Pièce, généralement en bois, utilisée en boucherie pour maintenir écartées les deux parties de l'abdomen de l'animal que l'on vient d'ouvrir.

TEMPERA ou **TEMPÉRA,** ▪ n. f. [tɑ̃peʀa] (mot it., de *temperare,* tremper) **Peint.** Technique de peinture à la détrempe, à base de jaunes d'œufs utilisés pour lier les pigments de couleurs entre eux. *La tempera était employée au Moyen Âge sur les panneaux ou sur les parois murales puis a été supplantée à la fin du XVᵉ siècle par l'huile.* ▪ **Rem.** La tempera est également appelée *tempera d'œuf* ou *détrempe à l'œuf.*

TEMPÉRAMENT, n. m. [tɑ̃peʀamɑ̃] (lat. *temperamentum,* combinaison proportionnée, proportion, mesure) Mode de composition et de mélange. « *Déterminer le tempérament de l'air* », PASCAL. ✦ **Absol.** Juste mélange. « *La santé du corps consiste dans le tempérament des humeurs* », BOURDALOUE. ✦ ▷ Constitution physique du corps humain. *Tempérament bilieux,* sanguin, etc. « *La vanité, la honte et surtout le tempérament font souvent la valeur des hommes* », LA ROCHEFOUCAULD. ◁ ♦ **Fig.** « *L'État romain était, pour ainsi parler, du tempérament qui devait être le plus fécond en héros* », BOSSUET. ♦ Il peut se dire des animaux. ♦ Caractère. « *Les Anglais pensent profondément ; Leur esprit en cela suit leur tempérament* », LA FONTAINE. ♦ **Fig.** Manière de tempérer, de régler, de conduire. « *Charlemagne mit un tel tempérament dans les ordres de l'État, qu'ils furent contrebalancés et qu'il resta le maître* », MONTESQUIEU. ♦ **Fig.** Expédient, biais, adoucissement, ménagement, pour concilier les esprits, pour accommoder les affaires. « *Les sages tempéraments d'une négociation importante* », BOSSUET. « *Tous les tempéraments en matière de devoir sont à craindre* », MASSILLON. ♦ Mesure, modération. « *Il est certain tempérament Que le maître de la nature Veut que l'on garde en tout* », LA FONTAINE. ♦ **Mus.** Altération légère que l'on fait subir aux notes de la gamme pour qu'elles paraissent sensiblement justes dans tous les tons. ■ *Vente* ou *achat à tempérament,* à crédit. ■ *Avoir du tempérament,* avoir du caractère. ■ Caractère. *Elle a un sacré tempérament cette fille !*

TEMPÉRANCE, n. f. [tɑ̃peʁɑ̃s] (lat. *temperantia,* modération, retenue, de *temperans,* retenu, modéré) Modération. « *Il faut de la tempérance dans la sagesse* », J.-J. ROUSSEAU. ♦ Vertu qui modère les passions et les désirs. « *La tempérance, disait un ancien, est la meilleure ouvrière de la volupté* », FÉNELON. ♦ Modération dans le boire et le manger.

TEMPÉRANT, ANTE, adj. [tɑ̃peʁɑ̃, ɑ̃t] (lat. *temperans,* p. prés. de *temperare,* garder l'équilibre, se maîtriser) Qui a la vertu de tempérance. ♦ N. m. et n. f. *Personne tempérante.* ♦ ▷ **Méd.** Qui a la vertu de tempérer, de modérer l'activité trop grande de la circulation. *Une potion tempérante.* ◁ ♦ ▷ N. m. *Les tempérants sont de légers calmants.* ◁

TEMPÉRATURE, n. f. [tɑ̃peʁatyʁ] (lat. *temperatura,* composition bien dosée, température) État sensible de l'air qui affecte nos organes, selon qu'il est froid ou chaud, sec ou humide. ♦ Degré appréciable de chaleur qui règne dans un lieu ou dans un corps. *La température des lieux profonds est invariable.* ♦ Les expressions d'animaux à sang froid et à sang chaud sont actuellement remplacées par les expressions plus exactes d'animaux à température variable et à température fixe. ■ *Avoir, faire de la température,* avoir de la fièvre.

TEMPÉRÉ, ÉE, p. p. de tempérer. [tɑ̃peʁe] ♦ Dont l'excès a été diminué, corrigé. « *J'aurais voulu naître sous un gouvernement démocratique, sagement tempéré* », J.-J. ROUSSEAU. ♦ *Monarchie tempérée,* celle où le monarque n'est pas investi d'une autorité absolue. ♦ Qui offre une température éloignée du chaud et du froid. *Des terres tempérées. Climats tempérés. Air tempéré,* l'air qui n'est trop chaud ni trop froid. ♦ *Zone tempérée,* Voy. ZONE. ♦ N. m. *Le thermomètre est au tempéré.* ♦ Qui est éloigné des excès moraux. *Des mœurs tempérées.* ♦ *C'est un homme fort tempéré, c'est un esprit tempéré, c'est un homme, un esprit modéré, sage.* ♦ **Littér.** *Style, genre tempéré,* style, genre qui tient le milieu entre le simple et le sublime. ♦ N. m. *Cet orateur reste dans le tempéré.* ♦ **Mus.** *Gamme tempérée,* gamme qui résulte de l'opération du tempérament.

TEMPÉRÉMENT, adv. [tɑ̃peʁemɑ̃] D'une manière tempérée.

TEMPÉRER, v. tr. [tɑ̃peʁe] (lat. *temperare,* disposer convenablemet les éléments d'un tout, garder la mesure) Diminuer l'excès d'une qualité physique. *Tempérer l'aigre par le doux. La mer tempère dans ces climats l'ardeur de l'air.* ♦ Rafraîchir, en parlant des chaleurs du corps, morbides ou non. *Tempérer une ardeur d'entrailles par des tisanes. Tempérer le sang.* ♦ **Fig.** Tempérer sa bile, réprimer sa colère. ♦ Diminuer l'intensité d'une qualité morale. « *Une bonté et une affabilité par laquelle ils savaient tempérer l'autorité du commandement, et le rendre aimable* », ROLLIN. ♦ Calmer, modérer. *Le temps a tempéré sa douleur.* ♦ Apporter des tempéraments, des adoucissements, des biais. « *Rome a su toujours tempérer les lois selon les temps et les besoins* », VOLTAIRE. ♦ Se tempérer, v. pr. Perdre l'excès d'une qualité physique. *Le vent se tempère.* ♦ Diminuer réciproquement un excès. ♦ S'adoucir, se modérer. ♦ *Tempérer ses ardeurs,* se modérer, savoir faire preuve de patience. *Il est trop impatient, il faut qu'il apprenne à tempérer ses ardeurs.*

TEMPÊTE, n. f. [tɑ̃pɛt] (lat. *tempestas,* laps de temps, température, mauvais temps, malheur) Violente agitation de l'air, souvent accompagnée de pluie, de grêle, d'éclairs, de tonnerre. ♦ **Météorol.** *Tempêtes,* vents violents qui, après avoir soufflé un certain temps de la même direction, en changent quelquefois plus ou moins brusquement. ♦ *Tempête tournante,* Voy. OURAGAN. ♦ Orage sur mer. ♦ **Fig.** « *Nous l'avons vu, dit l'une, affronter la tempête De cent foudres d'airain tournés contre sa tête* », BOILEAU. ♦ *Le cap des Tempêtes,* le cap de Bonne-Espérance. ♦ **Fig.** *Doubler le cap des tempêtes,* échapper à un péril, à une crise. ♦ *L'oiseau des tempêtes,* le goëland. ♦ Grand fracas. « *Leur troupe n'était pas encore accoutumée À la tempête de sa voix* », LA FONTAINE. ♦ **Fig.** Grande agitation de l'âme. « *La vie de tempête surprend, frappe et pénètre* », PASCAL. « *Je sais par quels ressorts on le pousse, on l'arrête, Et fais, comme il me plaît, le calme et la tempête* », RACINE. ♦ **Fig.** Ce qui s'élève contre quelqu'un, comme le vent de la tempête. « *Quelque tempête va renverser mes desseins.* », MOLIÈRE. ♦ Querelle violente. ♦ Trouble, sédition dans un État. ♦ *C'est une tempête dans un verre d'eau,* faire beaucoup de bruit pour rien, s'emporter sans qu'il y ait de raison. *Il n'y a rien de grave dans cette affaire, c'est une tempête dans un verre d'eau !*

TEMPÊTER, v. intr. [tɑ̃pete] (*tempête*) Faire grand bruit. ♦ Faire beaucoup de bruit par mécontentement. ♦ Rouspéter. *Il tempête souvent contre elle.*

TEMPÊTEUR, EUSE, n. m. et n. f. [tɑ̃petœʁ, øz] (*tempêter*) Personne qui tempête, fait du bruit.

TEMPÉTUEUX, EUSE, adj. [tɑ̃petɥø, øz] (b. lat. *tempestuosus,* orageux) Qui est sujet aux tempêtes, ou qui les cause. *Les vents tempétueux.* « *Et toi, terrible mer, séjour tempétueux* », DELILLE. ♦ **Fig.** Colérique, qui s'emporte facilement. *Avoir un caractère tempétueux.* ■ REM. Graphie ancienne : *tempétueux.*

TEMPLE, n. m. [tɑ̃pl] (lat. *templum,* espace circonscrit, consacré, temple ; cf. gr. *temnein,* couper) Chez les Romains, lieu découvert d'où la vue pouvait s'étendre, et consacré par les augures. ♦ Édifice public consacré à la divinité chez les peuples qui ont un culte. ♦ **Absol.** *Le temple que Salomon bâtit à Jérusalem. Le second temple,* le temple rebâti par Hérode. ♦ Dans le style soutenu, église consacrée au culte catholique. ♦ **Fig.** Dans le style de la chaire, les fidèles sont les temples vivants, les temples du Saint-Esprit. ♦ *Le nouveau temple,* l'Église chrétienne. ♦ **Fig.** *Le temple,* l'ensemble des idées chrétiennes. ♦ Chez les protestants, édifice où se font les cérémonies du culte. ♦ Anciennement, résidence des chevaliers du Temple (on met une majuscule). ♦ *Chevalerie du Temple,* ordre des templiers. ♦ *Le Temple,* dans le langage de la franc-maçonnerie, le lieu où se réunissent les francs-maçons. ♦ **Fig.** et **poétiq.** *Le temple de Mémoire,* souvenir qui reste des grandes œuvres ou des grandes actions. ♦ *Être inscrit au temple de Mémoire,* avoir immortalisé son nom. ♦ **Par extens.** Endroit entièrement dévolu à quelque chose ou à quelqu'un. *Le temple du rock, de la forme et de la beauté. Il a fait de sa maison un temple à la mémoire de Littré.*

TEMPLIER, n. m. [tɑ̃plije] (ordre du *Temple*) Chevalier d'un ordre militaire qui fut institué à Jérusalem en 1118. ♦ ▷ *Boire comme un templier,* boire avec excès. ◁ ♦ Membre d'une secte mystique, à laquelle se rattachent les francs-maçons.

TEMPO, ■ n. m. [tɛmpo] (mot it., temps, du lat. *tempus,* temps) **Mus.** Vitesse d'exécution d'un morceau, d'un passage musical. *Tempo lent, rapide. Donner le tempo aux musiciens. Des tempos* ou *des tempi* (pluriel italien). ■ **Fig.** Allure, rythme. *Coureur cycliste qui a trouvé le bon tempo.*

TEMPORAIRE, adj. [tɑ̃poʁɛʁ] (lat. *temporarius,* approprié aux circonstances, lat. imp. *temporaire*) Qui est pour un temps. *Une autorité temporaire.* ♦ Qui appartient au temps. *Les valeurs temporaires.* ♦ *Heure temporaire,* le 12e de l'intervalle de temps entre le lever et le coucher du soleil, quelle que soit l'époque de l'année. ♦ *Travail temporaire,* intérim. *Du travail temporaire en attendant de trouver un poste fixe.*

TEMPORAIREMENT, adv. [tɑ̃poʁɛʁ(ə)mɑ̃] (*temporaire*) Pour un temps.

TEMPORAL, ALE, adj. [tɑ̃poʁal] (lat. *temporalis,* de *tempus,* gén. *temporis,* tempe) **Anat.** Qui a rapport aux tempes. *Artère temporale.* ♦ *Les os temporaux* ou n. m. *les temporaux,* l'un droit et l'autre gauche, sont situés aux parties latérales et inférieures de la tête. ♦ *Muscle temporal* ou n. m. *le temporal.*

TEMPORALITÉ, n. f. [tɑ̃poʁalite] (lat. chrét. *temporalitas,* caractère de ce qui est soumis au temps, éphémère, du lat. *tempus, -temporis,* temps) Anciennement, juridiction du domaine temporel d'un évêché, d'un chapitre, d'une abbaye, etc. ♦ Pouvoir temporel. « *La prétention des papes sur la temporalité des rois* », BOSSUET. ♦ Qualité de ce qui est temporel. *La temporalité d'une œuvre littéraire.*

TEMPOREL, ELLE, adj. [tɑ̃poʁɛl] (lat. impér. *temporalis,* temporaire, de *tempus, -temporis,* temps) Qui passe avec le temps. « *Les choses visibles sont temporelles* », SACI. « *Les afflictions temporelles couvrent les biens éternels ou elles conduisent ; les joies temporelles et les maux éternels qu'elles causent* », PASCAL. ♦ Il se dit par opposition à spirituel. « *Des promesses temporelles* », BOSSUET. « *Ce monde, c'est un royaume temporel où l'on ne connaît pas Jésus-Christ* », MASSILLON. ♦ Séculier, par opposition à ecclésiastique. *Les affaires temporelles.* ♦ *Le pouvoir temporel,* s'entend du pouvoir temporel du pape. ♦ N. m. *Le temporel,* les biens, l'avoir. ♦ Revenu qu'un ecclésiastique tire de son bénéfice. ♦ *Autorité temporelle,* séculière. ■ **Ling.** Relatif au temps verbaux. *Une proposition subordonnée temporelle.* ■ **Télécomm.** *Créneau temporel,* intervalle de temps dont l'occurrence est cyclique et qu'il est possible de reconnaître et de définir. *Un créneau temporel doit être qualifié par sa nature ou sa fonction : créneau élémentaire, de voie, créneau de signalisation, etc.* ■ **Télécomm.** *Commutation temporelle,* commutation utilisée pour mettre en relation des terminaux, circuits de télécommunication ou des voies de transmission entre eux, par le biais de signaux multiplexés dans le temps. *Dans la commutation temporelle, ce n'est* *plus le courant électrique qui est transporté, mais les valeurs numériques représentant les amplitudes du signal à des instants d'échantillonnage régulièrement espacés.* ■ **Voyage temporel,** voyage dans le temps.

TEMPORELLEMENT, adv. [tɑ̃pɔʀɛl(ə)mɑ̃] (*temporel*) Pour le temps, par opposition à éternellement. *Les méchants ne peuvent être heureux que temporellement.* ♦ Pour les choses temporelles. *Être puni temporellement.*

TEMPORISATEUR, TRICE, adj. [tɑ̃pɔʀizatœʀ, tʀis] (*temporiser*) Qui temporise. ■ N. m. **Techn.** Appareil pouvant modifier le fonctionnement d'un dispositif électrique à un moment voulu. *Un temporisateur d'éclairage.*

TEMPORISATION, n. f. [tɑ̃pɔʀizasjɔ̃] (*temporiser*) Action de temporiser. ■ **Techn.** Retard dans l'exécution d'une action. *La temporisation des tâches.* ■ **Électron.** Production d'un signal au moyen d'un temporisateur. *Une temporisation à la mise sous tension.*

TEMPORISEMENT, n. m. [tɑ̃pɔʀiz(ə)mɑ̃] (*temporiser*) ▷ Retardement dans l'attente d'une occasion plus propice. ◁

TEMPORISER, v. intr. [tɑ̃pɔʀize] (lat. médiév. *temporizare,* gagner du temps, du lat. *tempus, -temporis,* temps) Différer, dans l'attente d'un temps plus favorable. ♦ **Électron.** Produire un signal au moyen d'un temporisateur. *Temporiser une variation de voltage dans un signal.*

TEMPORISEUR, n. m. [tɑ̃pɔʀizœʀ] (*temporiser*) Celui qui temporise, qui est dans l'habitude de temporiser. ♦ Adj. *Naturel temporiseur.*

TEMPS, n. m. [tɑ̃] (lat. *tempus,* génit. *temporis,* moment, temps, conjoncture) La durée des choses, en tant qu'elle est mesurée ou mesurable. ♦ *Le temps dévore tout,* à la longue tout se détruit. ♦ ▷ *Le temps lui dure,* il lui semble que le temps passe lentement, il a hâte de. ◁ **Poétiq.** « *Sur les ailes du temps la tristesse s'envole ; Le temps ramène les plaisirs* », LA FONTAINE. ♦ *Laps de temps,* Voy. LAPS. ♦ *Le temps,* suivant les points de vue philosophiques. « *Il y a bien de différentes opinions touchant l'essence du temps : les uns disent que c'est le mouvement d'une chose créée ; les autres, la mesure du mouvement* », PASCAL. ♦ La durée bornée, par opposition à l'éternité. « *Dieu n'a dû produire le monde que dans le temps* », FÉNELON. ♦ *Avant tous les temps, avant le temps, avant le temps,* avant la création du monde. ♦ *Un temps,* un certain espace de temps. ♦ *Cela n'a qu'un temps,* cela ne dure que fort peu. ♦ *Du temps,* pendant un certain temps. « *Ces peuples s'entredétruisirent : cela fit que l'empire d'Orient subsista encore du temps* », MONTESQUIEU. ♦ *Quelque temps,* pendant un peu de temps. ♦ *Le long temps,* un long intervalle de temps. « *On doit se regarder soi-même un fort long temps, Avant que de songer à condamner les gens* », MOLIÈRE. ♦ *Avec le temps,* au bout d'un certain temps. ♦ Mécanique, *le temps, les temps,* la durée qu'un phénomène exige pour s'accomplir. *Le carré des temps.* ♦ **Astron.** *Temps solaire,* temps réglé sur le mouvement du Soleil. *Temps sidéral,* temps réglé sur le mouvement de la sphère céleste. *Temps solaire vrai* ou *temps vrai,* temps évalué au moyen de l'intervalle compris entre deux passages successifs du centre du Soleil au même méridien. *Temps solaire moyen* ou *temps moyen,* temps réglé sur la marche d'un soleil fictif qui se meut uniformément dans le plan de l'équateur, et qui passe à l'équinoxe en même temps qu'un autre soleil fictif animé d'un mouvement uniforme dans le plan de l'écliptique et passant au périgée et à l'apogée en même temps que le Soleil vrai. ♦ *Temps astronomique,* temps subdivisé en 24 heures qui se comptent d'un midi à l'autre. ♦ *Temps civil,* temps divisé en deux périodes de 12 heures chacune, dont l'origine est à minuit. ♦ *Le Temps* (avec une majuscule), divinité païenne qu'on représente sous la figure d'un vieillard ailé, tenant une faux à la main. ♦ Succession des jours, des heures, des moments, considérée par rapport aux travaux, aux occupations. « *Le temps est assez long pour quiconque en profite* », VOLTAIRE. ♦ *Prendre le temps de quelqu'un,* l'empêcher de travailler. ♦ *Perdre le temps, perdre son temps,* faire de vains efforts, perdre sa peine ; ne rien faire ou faire des choses inutiles. ♦ *Ne pas perdre de temps,* faire sans aucun retard. ♦ ▷ *Il s'en va temps, il s'en allait temps,* il est temps, il était temps. ◁ ♦ *Passer le temps, passer son temps à quelque chose, à faire quelque chose,* l'y employer. ♦ **Absol.** *Passer le temps,* se distraire en attendant l'heure marquée pour quelque chose. ♦ **Fam.** *Passer bien le temps, son temps,* se divertir. *Passer mal le temps, son temps,* s'ennuyer beaucoup, et fig. être fort maltraité. ♦ **Fig.** *Tuer le temps,* Voy. TUER. ♦ *Bon temps, mauvais temps,* le temps où l'on est bien, où l'on est mal. ♦ *Prendre du bon temps,* se donner du bon temps, se divertir. ♦ Terme préfix, durée limitée. *Ses cheveux blanchissent avant le temps.* « *Quel temps à mon exil, quel lieu prescrivez-vous ?* », RACINE. ♦ **Dr.** *Temps légaux,* tout ce qui est relatif aux prescriptions, déchéances, délais, dates, durées, âges requis par la loi. ♦ *Il a fait son temps,* se dit d'un homme qui, après un long service, sort d'un emploi, et aussi d'un homme usé. ♦ *Avoir fait son temps,* se dit des choses hors d'usage. ♦ *Cet habit a fait son temps,* il ne peut plus servir. ♦ *Il a fait son temps,* se dit d'un soldat qui a achevé son temps de service. ♦ Il se dit aussi d'un condamné à la détention, quand il a achevé la durée de sa peine. ♦ Les siècles, les différents âges, les différentes époques. *Les temps historiques.* ♦ En termes de l'Écriture sainte, *à la consommation des temps,*

à la fin du monde. ♦ *Dans le cours des temps, dans la suite des temps,* dans un temps futur très éloigné. ♦ **Au temps jadis,** autrefois. ♦ **Fam.** *Dans le temps,* jadis, autrefois. ♦ *Le bon temps, le vieux temps,* le temps de nos pères. ♦ Il se dit des différents âges de la vie. ▷ *Le jeune temps,* ◁ le temps de la jeunesse. *De mon temps,* alors que j'étais jeune. ♦ *Le premier temps, le second temps, le bon temps d'un artiste,* les phases diverses de son talent. ♦ Une grande époque prévue. « *Un temps viendra que tous les hommes, soumis à la seule pensée, se conduiront par les clartés de l'esprit* », CHATEAUBRIAND. ♦ Il se dit par rapport à l'état où sont les choses pour le gouvernement d'un pays, les manières de vivre, les modes, etc. *Espérons en des temps meilleurs.* ♦ *Les temps sont durs,* il y a de la gêne, de la souffrance. ♦ *Le temps qui court, le temps qu'il fait,* les circonstances telles qu'elles se comportent. ♦ *Être de son temps,* avoir les idées du temps où l'on vit, et aussi se conformer aux usages de son temps. ♦ ▷ *Le temps des scélérats,* le temps qui leur est favorable, où il y en a beaucoup. ◁ ♦ **Délai.** *Accorder du temps. Ne chercher qu'à gagner du temps.* ♦ Intervalle suffisant, loisir. *Je n'ai pas le temps de vous écouter.* ♦ Conjoncture, occasion propre, moment. « *Vous le saurez quand il en sera temps* », MOLIÈRE. ♦ *Prendre son temps, prendre bien son temps, saisir le bon moment.* ♦ *Prendre mal son temps,* défavorable pour faire quelque chose. ♦ **Absol.** *Prendre son temps,* guetter et saisir l'instant favorable. ♦ *Prendre son temps,* faire une chose sans se presser. ♦ ▷ *Prendre quelqu'un sur le temps,* saisir une occasion subite et favorable auprès de quelqu'un, ou ne pas lui laisser le temps de la réflexion. ◁ ♦ La saison propre à chaque chose. *Le temps de la moisson.* « *Le temps des plaisirs absorbent ceux des devoirs* », FLÉCHIER. ♦ *Le temps de Pâques,* les jours pendant lesquels les fêtes de Pâques se célèbrent. ♦ *Le temps des vacances,* l'époque de l'année où les tribunaux, les collèges, etc., sont fermés. ♦ *Quatre-Temps,* Voy. QUATRE-TEMPS. ♦ *Le propre du temps,* Voy. PROPRE. ♦ État de l'atmosphère. *Il fait un temps épouvantable.* ♦ **Fig. et fam.** *Faire la pluie et le beau temps,* avoir un grand crédit dans une maison, dans un pays, etc. ♦ **Fig.** *Prendre le temps comme il vient,* s'accommoder à tous les événements. ♦ *Couleur du temps,* couleur bleue. *Oiseau bleu, couleur du temps.* ♦ ▷ **Fig.** *La couleur du temps,* la nature des circonstances. ◁ ♦ ▷ *Le temps est haut,* les nuages sont élevés. ◁ ♦ **Fig.** *Haut comme le temps,* plein de fierté, très hautain. ♦ *Gros temps,* temps d'orage en mer ou sur une rivière. ♦ **Mar.** *Coup de temps,* coup de vent. ♦ ▷ **Vén.** *Voie de vieux temps,* voie d'un jour ou deux. ◁ ♦ ▷ *Revoir de bon temps,* trouver une voie fraîche et de la nuit. ◁ ♦ ▷ *Tirer sur le temps,* tirer au moment favorable, et fig. profiter de l'occasion favorable. ◁ ♦ **Escrime** Moment favorable que l'on doit choisir pour fondre sur son adversaire. ♦ ▷ *Coup de temps,* coup pris d'opposition sur un développement. ◁ ♦ **Fig. et pop.** *Voir le coup de temps,* s'apercevoir d'un contretemps assez tôt pour le déjouer. ◁ ♦ *Prendre sur le temps,* frapper son adversaire d'une botte au moment où il s'occupe de quelque mouvement. ♦ *Tirer sur le temps,* pousser une botte, au moment où l'adversaire se prépare lui-même à en tirer une. ♦ **Manège** Se dit de chaque mouvement accompli, de quelque allure que ce soit. *Cet exercice se fait en trois temps.* ♦ *Temps d'arrêt,* action de la main pour ralentir le mouvement, et fig. ralentissement, suspension dans quelque opération. ♦ *Temps de galop,* Voy. GALOP. ♦ Dans l'art militaire, en instruction de détail, l'action d'exercice qui s'exécute à un commandement, et qui se divise en mouvements pour en faciliter l'exécution. ♦ **Mar.** Intervalle que l'on met après chaque coup de canon d'un salut. ♦ **Danse** Moments précis pendant lesquels il faut faire certains mouvements divisés par des pauses. ♦ **Mus.** La division la plus immédiate de la mesure, constituant une unité de durée divisible et subdivisible elle-même en deux et en trois parties. *Mesure à deux temps, à trois temps, à quatre temps.* ♦ Durée qu'on emploie à prononcer les syllabes. ♦ Dans la déclamation, pauses qu'on observe entre certaines phrases, entre certains mots. ♦ **Gramm.** Différentes inflexions qui marquent dans les verbes le moment auquel se rapporte l'existence, l'état ou l'action. *Temps primitifs,* temps des verbes qui servent à former les autres. ♦ *À temps,* Loc. adv. Assez tôt, ni trop tôt, ni trop tard. ♦ *À temps de...,* avec un infinitif. « *Vous croyez que vous serez assez à temps, au lit de la mort, de vous donner à Dieu* », MASSILLON. ♦ Pour un temps limité. *Travaux forcés à temps.* « *Le mal était que cet emploi n'était qu'à temps* », J.-J. ROUSSEAU. ♦ ▷ *Sur le temps,* au moment même. ◁ ♦ *En même temps, au même temps,* à la même heure, dans le même moment, ensemble. ♦ *Dans le même temps,* sans tarder, incontinent. ♦ *Tout d'un temps,* aussitôt, sans tarder, et aussi en même temps. ♦ *De tout temps, de tous temps,* toujours. ♦ *De temps en temps, de temps à autre,* de fois à autre, quelquefois. ♦ *En temps et lieu,* dans le temps et le lieu convenables. ♦ *Suivant* ou *selon le temps, suivant* ou *selon les temps,* conformément aux circonstances. ♦ *Dans le temps que* ou *au temps que,* loc. conj. *Dans le temps où,* pendant que. ♦ *Au même temps que,* et, plus rarement, *à même temps que...,* justement dans l'instant où. ♦ *Entre temps,* dans l'intervalle. ♦ **Prov.** *Le temps perdu ne se répare point, ne se recouvre point.* ♦ « *Le temps est un grand maître, il règle bien des choses* », P. CORNEILLE. ♦ ▷ *Qui a temps a vie,* quand le terme où l'on doit satisfaire à une obligation est éloigné, on a du loisir pour s'y préparer. ◁ ♦ **Prov.** *Tout vient à temps pour qui peut* ou *qui sait attendre,* il faut attendre l'occasion pour en profiter, sans la provoquer. ♦ *Jusqu'à la fin des temps,* pour l'éternité. *La fin de ce film est très romantique : le héros lui promet de l'aimer jusqu'à la fin des temps.* ♦ *Perdre du, son temps,* faire quelque chose, effectuer une tâche, alors qu'on a mieux à faire. *Tu perds ton temps à faire le ménage alors que nous sommes en travaux.* ♦ *Prendre tout son temps,* ne pas se hâter. *Prends tout ton temps, nous ne sommes pas pressés.* ♦ *Prendre du bon temps,* s'amuser, profiter. *Pendant qu'il était étudiant, il a pris du bon temps.* ♦ *Faire un temps d'arrêt,* faire une pause. *Il a décidé de faire un temps d'arrêt après ce projet.* ♦ *Marquer un temps d'arrêt,* suspendre un temps ses propos pour captiver son auditoire ou par stupeur. *Pour amplifier le suspense de son histoire, il marqua un temps d'arrêt.* ♦ *Un temps de chien,* mauvais temps. *Quel temps de chien, il a plu sans discontinuer !* ♦ **Sp.** *Temps mort,* pause, moment de suspension dans la partie. ♦ **Fig.** et **fam.** *Temps mort, recommence ton explication parce que là j'ai perdu le fil.* ♦ **Inform.** *Temps partagé,* technique consistant à partager le serveur d'une machine centrale très puissante entre plusieurs utilisateurs. ♦ *En temps réel,* instantanément, simultanément. *Informations sur le trafic routier en temps réel.* ♦ *Temps de parole,* durée de la prise de parole. *Je ne peux pas vous laisser continuer, vous avez épuisé votre temps de parole.* ♦ *Temps d'antenne,* temps de passage à la télévision ou à la radio. *En période préélectorale, le temps d'antenne de chaque candidat est minuté.* ♦ *Plein temps,* durée maximum légale du travail. *Il travaille à plein temps.* ♦ *Travailler à temps partiel,* travailler moins que le temps légal autorisé. *Beaucoup de femmes travaillent à temps partiel pour être plus souvent auprès de leurs enfants.* ♦ *Mi-temps,* travailler à 50 % de la durée maximum légale autorisée. *J'ai trouvé un travail à mi-temps ou un mi-temps.* ♦ *Temps partagé* ou *partage de temps,* temps de travail d'un employé réparti entre plusieurs entreprises afin de constituer un travail à plein temps. *Il travaille en temps partagé dans trois entreprises différentes.* ♦ *Multipropriété en temps partagé,* achat par un tiers d'un droit de séjour pendant une période déterminée de l'année dans une résidence secondaire pour au minimum trois ans. ♦ *Temps universel* ou *temps universel coordonné,* temps standard universel fondé sur le méridien de Greenwich. *L'abréviation pour temps universel est* UT, *et celle pour temps universel coordonné est* UTC. ♦ *Temps atomique international* ou *tai,* Voy. TAI.

TENABLE, adj. [tənabl] (*tenir*) Où l'on peut se tenir, demeurer. *Les chemins sont peu tenables. La place n'est pas tenable pour vous.* ♦ **Milit.** Il se dit d'un poste où l'on peut se défendre. *Une place qui n'est pas tenable.* ■ Que l'on peut supporter. *Pour l'instant, cette situation est tenable.* ■ Que l'on peut maîtriser. *Cet enfant est tenable.*

TENACE, adj. [tənas] (lat. *tenax,* qui tient fortement, de *tenere,* tenir) **Bot.** Il se dit des plantes qui s'attachent, s'accrochent. *Tige, feuille tenace.* ♦ Il se dit d'un corps dont les parties adhèrent fortement les unes aux autres. *Du chanvre très tenace. Un liquide plus tenace que le sirop.* ♦ *Métal tenace,* métal qui supporte une pression, un tiraillement considérable, sans se rompre. ♦ *Roche tenace,* roche qu'on a de la peine à détacher, à casser. ♦ Dont on ne peut se défaire, qu'on ne peut écarter, en parlant des personnes. ♦ **Fig.** Qui est attaché opiniâtrément à ses idées, à ses prétentions. *Homme tenace.* ♦ Il se dit des choses. *Préjugé tenace.* ♦ *Avoir la mémoire tenace,* ne point oublier ce qu'on a appris. ♦ ▷ **Fig.** Qui ne donne qu'avec peine, avare. ◁ ■ Difficile à enrayer, à détruire. *Je n'arrive pas à ravoir cette tâche tenace.*

TENACEMENT, ■ adv. [tənas(ə)mɑ̃] (*tenace*) **Litt.** Avec ténacité. *Ils ont bâti cette maison tenacement, à coups d'efforts patients.*

TÉNACITÉ, n. f. [tenasite] (*tenacitas,* action de retenir solidement) Qualité de ce qui est tenace. *La ténacité de la poix.* ♦ Résistance que les corps opposent aux efforts qui tendent à les rompre, soit par choc, soit par pression ou traction. *La ténacité du chanvre.* ♦ Propriété qu'ont les métaux ductiles, réduits en fils, de supporter un certain poids sans se rompre. ♦ Liaison et enchaînement des parties dont sont composés les différents terrains. ♦ Résistance de certains animaux de service à la fatigue, aux privations. ♦ **Fig.** Attachement invariable à une idée, à un projet. ♦ *Sa mémoire est d'une grande ténacité,* il retient, sans l'oublier, ce qu'il a mis une fois dans sa mémoire. ♦ Avarice. ■ Persistance de quelque chose. *La ténacité d'une idée reçue.*

TENAILLE, n. f. [tənaj] (lat. pop. *tenacula,* du plur. du lat. impér. *tenaculum,* lien, attache) Instrument de fer composé de deux espèces de mâchoires qui s'ouvrent et se resserrent pour saisir. ♦ Il est plus usité au pluriel. ♦ Instrument de chirurgie dont on se sert pour couper des esquilles ou des cartilages. ♦ En fortification permanente, petit ouvrage bas, situé en avant de la courtine des fronts bastionnés, à deux faces qui présentent un angle rentrant vers la campagne.

TENAILLÉ, ÉE, p. p. de tenailler. [tənaje] ♦ *Fortification tenaillée,* Voy. TENAILLE.

TENAILLEMENT, n. m. [tənaj(ə)mɑ̃] (*tenailler*) Action de tenailler. « *Les tortures, les roues, les tenaillements* », DIDEROT.

TENAILLER, v. tr. [tənaje] (*tenaille*) Supplicier avec des tenailles ardentes. ♦ **Fig.** « *En me tenaillant le cœur* », VOITURE.

TENAILLON, n. m. [tənajɔ̃] (*tenaille*) Ouvrage de fortification qui se trouve quelquefois placé sur chacune des faces d'une demi-lune.

TENANCIER, IÈRE, n. m. et n. f. [tənɑ̃sje, jɛʀ] (anc. fr. *tenance,* propriété, possession) **Féod.** Celui, celle qui tenait en roture des terres dépendantes d'un fief. ♦ *Franc tenancier,* celui qui tenait des terres en roture, mais qui en avait racheté les droits. ◁ ■ Il se dit aujourd'hui quelquefois d'un petit fermier qui tient une métairie dépendante d'une grosse ferme. ◁ ■ Personne qui gère un hôtel ou une maison de jeu.

TENANT, ANTE, adj. [tənɑ̃, ɑ̃t] (*tenir*) Qui tient ; usité dans très peu de locutions. *Séance tenante,* dans le cours de la séance. ♦ Anciennement, *les plaids tenants,* à l'audience. ♦ *Les gens tenants la cour de parlement.* ♦ N. m. Celui qui dans un tournoi entreprenait de tenir contre tout assaillant. ♦ Se dit dans les courses de chevaux ou de bagues. ♦ **Fig.** et **fam.** Celui qui soutient une opinion contre ceux qui la combattent. ♦ Celui qui dans la conversation, dans le monde, prend parti pour une personne. ♦ *Il est le tenant dans cette maison,* se dit d'un homme qui a le plus d'influence dans une maison. ♦ **Hérald.** Se dit des figures d'hommes ou d'anges qui soutiennent l'écu, sans le lever. ♦ Il s'est dit pour tenancier. ♦ *Les tenants,* les terres qui bornent une propriété. *Les tenants et aboutissants,* Voy. ABOUTISSANT. ♦ TOUT EN UN TENANT ou OU TOUT D'UN TENANT, loc. adv. En parlant d'héritages, sans interruption, d'une même continuité. *Avoir cent hectares tout d'un tenant.* ■ **Sp.** *Le tenant du titre,* le sportif ou l'équipe qui détient un titre. ■ *D'un seul tenant,* en un seul morceau. *Il a réussi à décoller cette affiche d'un seul tenant.*

TÉNARE, n. m. [tenaʀ] (lat. impér. *Tænarum,* gr. *Tainaron,* cap Ténare, en Laconie, une des entrées des Enfers) L'enfer des païens (avec un *T* majuscule).

TENDANCE, n. f. [tɑ̃dɑ̃s] (2 *tendre*) L'action, la force par laquelle un corps est porté à se mouvoir. « *Il y a une tendance mutuelle de tous les corps les uns vers les autres* », VOLTAIRE. ♦ Direction du mouvement. ♦ **Chim.** *Tendance à l'union,* l'attraction de composition. ♦ **Fig.** Direction vers, intention de produire un effet, d'établir une doctrine. *Ce livre a des tendances panthéistiques.* ♦ *Procès de tendance,* procès non pour ce qui est dit expressément dans un écrit, mais pour la direction qui y est sensible. ♦ **Fig.** Pente vers quelque chose. *Avoir de fâcheuses tendances. Tendance au bien* ou *vers le bien.* ■ *Avoir tendance à,* être prédisposé à. *Il a tendance à faire des blagues à tout le monde.* ■ Inclination, penchant. *Les tendances pour cet été sont les couleurs pastel et les jupons.*

TENDANCIEL, IELLE, ■ adj. [tɑ̃dɑ̃sjɛl] (*tendance*) Qui indique, marque une tendance. *Techniques tendancielles et statistiques utilisées pour les prévisions financières à moyen terme.* ■ **Écon.** *Lois tendancielles,* lois prétendant décrire ce qui se passerait en l'absence de causes perturbatrices et non pas ce qui se passe réellement. *La notion de lois tendancielles a été établie par Karl Marx.*

TENDANCIELLEMENT, ■ adv. [tɑ̃dɑ̃sjɛl(ə)mɑ̃] (*tendanciel*) De manière tendancielle. *L'emploi baisse tendanciellement depuis un quart de siècle dans cette région.*

TENDANCIEUSEMENT, ■ adv. [tɑ̃dɑ̃sjøz(ə)mɑ̃] (*tendancieux*) De manière tendancieuse. *Des informations présentées tendancieusement.*

TENDANCIEUX, EUSE, ■ adj. [tɑ̃dɑ̃sjø, øz] (*tendance*) Qui exprime ou traduit un parti pris, une intention, sans la formuler ouvertement. *Jugement tendancieux, presse tendancieuse.*

TENDANT, ANTE, adj. [tɑ̃dɑ̃, ɑ̃t] (2 *tendre*) Qui tend, qui va à quelque fin. *Des discours tendants à prouver que…*

TENDE, n. f. [tɑ̃d] (2 *tendre*) *Tende de tranche,* dans le bœuf, morceau placé à la région interne de la cuisse, et comprenant surtout le muscle vaste interne et les adducteurs.

TENDELET, n. m. [tɑ̃d(ə)lɛ] (ital. *tendaletto,* de *tenda,* tente) Petite tente.

TENDELLE, ■ n. f. [tɑ̃dɛl] (2 *tendre*) Piège composé de quatre petites branches supportant une pierre et qui est utilisé pour attraper les grives. *La chasse à la tendelle.*

TENDER, n. m. [tɑ̃dɛʀ] (mot angl., de *to tend,* servir) **Ch. de fer.** Mot anglais employé pour désigner un chariot d'approvisionnement qui porte l'eau et le charbon nécessaires à la locomotive. ■ **Rem.** On prononçait autrefois [tɛ̃dɛʀ].

TENDERIE, ■ n. f. [tɑ̃d(ə)ʀi] (2 *tendre*) **Vén.** Action de capturer des oiseaux sauvages en utilisant des filets. *La tenderie est aujourd'hui interdite mais certains amateurs d'oiseaux en cage continuent à la pratiquer de manière illégale.*

TENDEUR, EUSE, n. m. et n. f. [tɑ̃dœʀ, øz] (2 *tendre*) Celui, celle qui tend quelque chose. *Un tendeur de tapisseries.* ♦ Braconnier qui tend des lacs, des collets, etc., pour prendre le gibier. ♦ N. f. pl. *Les tendeuses,* tribu d'aranéides. ■ N. m. Dispositif qui permet de tendre quelque chose de souple. *Un tendeur de cordes à linge.* ■ Courroie élastique pourvue d'un crochet à chaque extrémité. *Maintenir un sac sur le porte-bagage d'un vélo avec des tendeurs.*

TENDINEUX, EUSE, adj. [tɑ̃dinø, øz] (*tendon*, sur le modèle des mots lat. en *-o*, génit. *-inis*) **Anat.** Qui a rapport aux tendons, qui est de la nature des tendons. *Tissu tendineux.* ✦ Il se dit des viandes qui ont beaucoup de fibres tendineuses.

TENDINITE, ▪ n. f. [tɑ̃dinit] (*tendon*, sur le modèle des mots lat. en *-o*, génit. *-inis*) Inflammation d'un tendon. *Avoir une tendinite au poignet.*

TENDOIR n. m. ou **TENDOIRE**, n. f. [tɑ̃dwar] (2 *tendre*) ▷ Bâton qui fait partie d'un métier de tisserand. ◁ ✦ Se dit des perches sur lesquelles on étend des étoffes pour les faire sécher.

TENDON, n. m. [tɑ̃dɔ̃] (a. provenç. *tendon*, prob. du gr. *tenôn*, tendon, muscle allongé, avec infl. de *tendre*) Cordon ou faisceau fibreux plus ou moins long, distinct du muscle par la nature de ses fibres et parce qu'il n'est pas contractile. « *Le tendon est la corde immobile par elle-même qui, tirée par les muscles raccourcis, fait mouvoir les os les uns sur les autres* », FOURCROY. ✦ *Tendon d'Achille*, gros tendon situé à la partie postérieure et inférieure de la jambe. Chez les chevaux, la partie postérieure de la jambe.

1 TENDRE, adj. [tɑ̃dr] (lat. *tener*, délicat, du premier âge, tendre) Qui peut être facilement coupé, divisé. *Du bois, de l'argile tendre.* ✦ *Viande tendre*, viande qui se divise facilement avec les dents. ◁ ▷ **Fam.** *Tendre comme rosée*, très tendre. ◁ ✦ *Tendre* se dit aussi des légumes et des herbes. ✦ *Pain tendre*, pain nouvellement cuit, et qui cède sous la pression des doigts. ✦ Qui ressent fortement ce qui agit physiquement. *Des membres tendres et délicats. Se coucher sur l'herbe tendre.* ✦ ▷ *Ce cheval est tendre à l'éperon*, il est très sensible. *Il a la bouche tendre*, il a la bouche délicate. *Il est tendre aux mouches*, il est extrêmement sensible aux piqûres des mouches. ◁ ▷ ✦ **Fig.** et **fam.** *Cet homme est tendre aux mouches*, il ne peut supporter les moindres incommodités, et aussi il s'offense des moindres choses. On dit de même au propre et au figuré : *Il a la peau tendre.* ✦ *Vue tendre, yeux tendres*, vue délicate, faible. ◁ ✦ *L'âge tendre, la tendre jeunesse*, l'enfance, la première jeunesse. ✦ *Dès ses plus tendres années*, dès son enfance. ✦ **Fig.** Qui ressent vivement ce qui agit moralement. « *Je connais votre cœur ; vous devez vous attendre. Que je vais le frapper par l'endroit le plus tendre* », RACINE. ✦ *Avoir la conscience tendre*, être délicat sur les choses qui intéressent l'honneur. ✦ **Fig.** Disposé aux sentiments affectueux. *Un père tendre.* ✦ *Tendre à*, avec un infinitif. « *Les premiers chrétiens sont fermes dans les périls, mais ils sont tendres à aimer leurs frères* », BOSSUET. ✦ **Fam.** *N'être pas tendre*, être sévère, rigoureux. ✦ Qui a le caractère de l'affection. *Une amitié tendre.* ✦ Il se dit particulièrement de l'amour. *De tendres sentiments.* ✦ Attendrissant. « *Qui ne serait touché d'un si tendre spectacle ?* », P. CORNEILLE. ✦ Qui se laisse facilement aller à..., en bonne et en mauvaise part. « *Un cœur tendre pour le bien* », MASSILLON. « *Vous êtes donc bien tendre à la tentation* », MOLIÈRE. ✦ Touchant, gracieux. *Le tendre chant des oiseaux.* « *Ces grâces si tendres qui sont comme la fleur de la première jeunesse* », FÉNELON. ✦ *Avoir un son de voix tendre*, avoir le son de la voix touchant. ◁ ✦ **Mus.** *Un air tendre*, un air touchant. ✦ **Peint.** *Touches tendres*, coups de pinceau extrêmement délicats. ✦ *Couleur tendre*, couleur délicate, qui ne fatigue pas la vue. ✦ On le dit, dans le même sens, de la lumière. ✦ **N. m.** *Le tendre d'une pierre*, la couche tendre qui se trouve dans la pierre. ✦ **Fig.** Ce qu'il y a d'affectueux, de sensible. « *C'est me faire une plaie au plus tendre de l'âme* », MOLIÈRE. ✦ Penchant. « *J'ai un furieux tendre pour les hommes d'épée* », MOLIÈRE.

2 TENDRE, v. tr. [tɑ̃dr] (lat. *tendere*, tendre, étendre, se diriger vers) Tirer et bander quelque chose. *Tendre des chaînes, des filets, un ressort, un arc.* ✦ ▷ **Absol.** *Tendre aux oiseaux*, tendre les filets pour les prendre. ◁ ✦ *Tendre le jarret*, rendre la jambe aussi droite que possible sur la cuisse. ✦ **Fig.** « *Je tendis tous les ressorts de mon esprit* », J.-J. ROUSSEAU. ✦ **Fig.** Donner trop de tension, mettre les choses au point qu'elles semblent prêtes à se rompre. *Tendre tous les ressorts du gouvernement. Cela tendit la situation.* ✦ *Tendre une tente*, l'établir, la dresser. ▷ *Tendre un lit.* ✦ *Tendre un piège*, le disposer pour qu'un animal puisse s'y prendre. *Tendre une souricière.* ✦ *Tendre des gluaux.* ✦ **Fig.** *Tendre un piège*, un panneau à quelqu'un, chercher à abuser, à tromper quelqu'un. *Tendre des embûches.* ✦ Tapisser. *Tendre une pièce. L'église était tendue de noir.* ✦ **Absol.** *Tendre dans toutes les rues.* ✦ Présenter en avançant. *Tendre les mains aux chaînes. Tendre la joue. Tendre les mains au ciel, vers le ciel.* ✦ *Tendre la main*, avancer la main en signe d'amitié. ✦ *Tendre la main*, demander l'aumône, et par extens. mendier des places, des grâces. ✦ ▷ **Fig.** *Tendre la main*, se reconnaître vaincu, demander la paix. ◁ ✦ **Fig.** *Tendre la main à quelqu'un*, lui offrir du secours, le secourir. ✦ *Tendre les bras*, les ouvrir pour recevoir quelqu'un. ✦ **Fig.** « *Voilà la Sicile qui nous tend les bras* », ROLLIN. ✦ *Tendre les bras à ou vers...*, implorer du secours. ✦ Avancer trop, en parlant de certaines parties du corps. *Cette personne tend le dos.* ✦ **V. intr.** Aller vers. « *Où tend Mascarille à cette heure ?* », MOLIÈRE. « *Des gens qui couraient sans savoir où tendaient leurs pas* », FÉNELON. « *L'homme est né pour l'action, comme le feu tend en haut et la pierre en*

bas », VOLTAIRE. ✦ ▷ **Fig.** *C'est un homme qui tend à ses fins*, il va constamment, avec adresse, vers le but qu'il s'est proposé. ◁ ✦ Aboutir. *Où tend ce chemin-là ?* ◁ ▷ *Cette maladie tend à la mort*, elle est mortelle. ◁ ✦ *Le malade tend à sa fin*, il est bien près de sa fin. ✦ **Méc.** Avoir une tendance vers. *Les corps pesants tendent au centre de la terre.* ✦ **Fig.** *C'est précisément parce que la force des choses tend toujours à détruire l'égalité, que la force de la législation doit toujours tendre à la maintenir* », J.-J. ROUSSEAU. ✦ **Fig.** Avoir un but, un terme. « *Tout tendait au vrai et au grand* », BOSSUET. ✦ Se tendre, v. pr. Être tendu. *Ce papier se tend mal. La peau s'est tendue.*

TENDREMENT, adv. [tɑ̃drəmɑ̃] (1 *tendre*) Avec tendresse. *Aimer tendrement.* ✦ Avec une expression tendre. « *Il faut plus tendrement prononcer ce mot-là* », REGNARD. ✦ Délicatement. *Peindre tendrement.*

TENDRESSE, n. f. [tɑ̃drɛs] (1 *tendre*) Qualité de ce qui est tendre ; il se dit du jeune âge. *La tendresse de l'âge.* ✦ Délicatesse des formes. « *Nul ciseau, nul tour, nul pinceau ne peut approcher de la tendresse avec laquelle la nature tourne et arrondit ses sujets* », BOSSUET. ✦ S'est dit autrefois de la douceur, de la délicatesse et de la légèreté du pinceau, du ciseau. ✦ **N. f. pl. Grav.** Endroits légers et qui doivent paraître éloignés. ✦ **Fig.** Sensibilité exquise pour les choses morales. « *Cette première tendresse d'une conscience innocente* », BOSSUET. ✦ Sentiment tendre d'amitié, d'affection. ✦ **Au pl.** « *L'heureux vieillard jouit jusqu'à la fin des tendresses de sa famille* », BOSSUET. ✦ Particulièrement, l'amour. ✦ **Au pl.** « *Les tendresses de l'amour humain* », P. CORNEILLE. ✦ Objet d'un tendre attachement. « *Vous êtes la véritable et la sensible tendresse de mon cœur* », MME DE SÉVIGNÉ. ✦ **Au pl.** Paroles tendres, témoignages d'affection.

TENDRETÉ, n. f. [tɑ̃drəte] (lat. *teneritas*) En parlant des viandes, des légumes, qualité de ce qui est tendre.

TENDRON, n. m. [tɑ̃drɔ̃] (anc. fr. *tenrum*, cartilage, muscle, du lat. pop. *tenerumen*, de *tener*, tendre) ▷ Bourgeon, rejeton tendre de quelques plantes, de quelques arbres. ◁ ✦ **Fig.** et **fam.** Une jeune fille. ✦ Cartilages qui sont à l'extrémité des os de la poitrine de quelques animaux.

TENDU, UE, p. p. de tendre. [tɑ̃dy] ✦ **Fig.** Fortement appliqué. « *Être toujours tendu* », PASCAL. « *Un travail si long et si tendu* », PASCAL. ✦ **Fig.** Où l'on voit l'effort. *Style tendu.* ✦ *Situation tendue*, situation des affaires où les choses menacent de se rompre, comme une corde trop tendue.

TENDUE, n. f. [tɑ̃dy] (p. p. fém. substantivé de *tendre*) Canton où l'on a tendu des pièges pour attraper des oiseaux. ✦ Action de tendre des pièges.

TÉNÈBRES, n. f. pl. [tenɛbr] (lat. plur. *tenebræ*, obscurité, ténèbres, lat. chrét. enfer) Obscurité, absence de lumière. *Avoir peur des ténèbres.* ✦ Obscurcissement de la vue, qui se manifeste dans les défaillances. « *D'épaisses ténèbres lui couvrent les yeux* », ROLLIN. ✦ *Les ténèbres de la mort*, l'obscurité qui s'empare du mourant. ✦ En termes de l'Écriture, la sombre malfaisance des démons. *La puissance des ténèbres. Les esprits des ténèbres. Le prince des ténèbres.* ✦ **Fig.** *Œuvre de ténèbres*, œuvre aussi méchante que les œuvres du diable. ✦ **Fig.** Ce qui est comparé avec l'erreur. *Les ténèbres de l'ignorance, de l'erreur.* ✦ **Liturg. cathol.** *Les Ténèbres*, matines qui se chantent l'après-midi du mercredi, du jeudi et du vendredi de la semaine sainte.

TÉNÉBREUSEMENT, adv. [tenebrøz(ə)mɑ̃] (*ténébreux*) D'une manière ténébreuse, perfide. *Se pousser ténébreusement par l'intrigue.*

TÉNÉBREUX, EUSE, adj. [tenebrø, øz] (lat. *tenebrosus*) Où il n'y a aucune clarté. *Un cachot ténébreux.* « *J'ai couru m'enfoncer dans ces bois ténébreux* », LEGOUVÉ. ✦ **Poétiq.** *Le séjour ténébreux*, l'enfer. ✦ **Fig.** « *L'audace d'une femme... En des jours ténébreux a changé ces beaux jours* », RACINE. ✦ **Fig.** Qui est enveloppé comme d'une obscurité, ne porte aucune lumière à l'esprit. « *Des méthodes ténébreuses* », DUMARSAIS. « *Nos ténébreuses querelles théologiques* », d'ALEMBERT. ✦ Il se dit des auteurs qui rendent obscur le sens de leurs pensées. « *On appelait Héraclite le philosophe ténébreux, parce qu'il ne parlait jamais que par énigme* », FÉNELON. ✦ Qui est devenu obscur par le temps. « *La ténébreuse antiquité* », VOLTAIRE. ✦ *Les temps ténébreux de l'histoire*, les temps où l'histoire est incertaine. ✦ **Fig.** Difficile à pénétrer. « *Ô ténébreux mystère !* », RACINE. ✦ *Il est sombre et ténébreux*, il a l'air sombre et ténébreux, sombre et mélancolique. ✦ **Fig.** Il se dit des actions mauvaises qui s'enveloppent de ténèbres. *Des complots ténébreux.* ✦ **Fig.** *Un coquin ténébreux*, un homme qui cache avec soin ses manœuvres coupables. ✦ Dans le style soutenu, *l'esprit ténébreux de discorde*, le démon de la discorde. ✦ Qui a le teint mat, le regard noir et un peu mélancolique. *Elle aime un beau brun ténébreux.* ✦ **N. m.** et **n. f.** Personne mélancolique et sombre. « *Je suis le ténébreux, le veuf, l'inconsolé, le Prince d'Aquitaine à la Tour abolie* », NERVAL.

TÉNÉBRION, ▪ n. m. [tenebrijɔ̃] (lat sav. [Linné] *tenebrio*, du lat. *tenebrio*, ami des ténèbres) Insecte luisant dont la teinte varie de brun foncé à noir et pouvant atteindre jusqu'à 16 mm de long, ce qui fait de lui le plus gros insecte ravageur de céréales entières et moulues. *Le ténébrion est également appelé* ver de farine.

TÈNEMENT, n. m. [tɛn(ə)mɑ̃] (lat. médiév. *tenementum*, propriété soumise à des conditions particulières) **Féod.** Métairie dépendante d'une seigneurie. ♦ Aujourd'hui, *un tènement de maisons*, maisons qui se tiennent.

TÉNESME, n. m. [tenɛsm] (lat. impér. méd. *tenesmus*, gr. *teinesmos*, de *teinein*, tendre) **Méd.** Sentiment douloureux de tension et de constriction à la région de l'anus avec des envies continuelles et presque inutiles d'aller à la selle.

TENETTES, n. f. pl. [tənɛt] (radic. de *tenaille* avec chang. de suff.) ▷ **Chir.** Espèce de pinces que l'on introduit dans la vessie pour en extraire les calculs dans l'opération de la cystotomie. ◁

1 **TENEUR**, n. f. [tənœr] (lat. *tenor*, marche continue, b. lat. jurid. *teneur*, de *tenere*, tenir) Ce que contient mot à mot un écrit ; le texte littéral. *La teneur d'une lettre.* ♦ Il se dit surtout en style de pratique. *L'arrêt fut exécuté selon sa forme et teneur.* ♦ Continuité, suite. « *La teneur de sa vie, de sa doctrine* », DIDEROT. ♦ **Minér.** Ce que contient de substance principale ou accessoire un minerai, la fonte, un composé chimique. ▪ **Par extens.** Quantité des composants d'un corps ou d'un liquide. *La teneur en lactose des produits laitiers.*

2 **TENEUR, EUSE**, n. m. et n. f. [tənœr, øz] (*tenir*) Personne qui tient. ♦ *Teneur de livres, teneuse de livres*, personne qui, chez un négociant, écrit régulièrement sur les livres ce qui entre et ce qui sort, ce qui est acheté et ce qui est vendu, ce qui est payé et ce qui est dû. ♦ Celui qui tient toute espèce de registres.

TÉNIA n. m. ou **TÆNIA**, [tenja] (lat. *tænia*, ténia) Genre d'entozoaires cestoïdes, dont le corps, plat et composé d'un grand nombre d'anneaux articulés, a souvent plusieurs mètres de longueur. ♦ **Absol.** *Le ténia*, le ver solitaire. ♦ Au pl. *Des ténias, des tænias.*

TÉNIASE ou **TÉNIASIS**, ▪ n. f. [tenjaz, tenjazis] (*ténia*) **Méd.** Infestation par le ténia. ▪ **Rem.** On écrit aussi *tæniase* et *tæniasis.*

TÉNICIDE ou **TÆNICIDE**, ▪ adj. [tenisid] (*ténia* et *-cide*) **Méd.** Se dit d'une substance qui tue le ténia. ▪ **N. m.** *Les ténicides provoquent la mort des ténias dans l'intestin de l'hôte en bloquant une partie de leur métabolisme.*

TENIR, v. tr. [t(ə)niʁ] (lat. pop. *tenire*, du lat. *tenere*, tenir, occuper, maintenir, retenir) Avoir à la main ou entre les mains. *Tenir un livre à la main.* ♦ **Fig.** *Tenir en ses mains, dans ses mains*, avoir en sa puissance. « *Dieu tient le cœur des rois entre ses mains puissantes* », RACINE. ♦ On dit de même : *Tenir en sa puissance.* ♦ *Se tenir*, tenir à soi. *Il se tenait la tête dans ses mains.* ♦ **Fam.** *Se tenir les côtes* ou *les côtés de rire*, rire démesurément. ♦ *Tenir les cartes*, les mêler et les donner ensuite. ♦ **Fig.** *Tenir le fil d'une intrigue*, en avoir saisi le nœud, le secret. ♦ ▷ *Tenir le dé, les dés*, Voy. DÉ. ◁ ♦ ▷ **Fig.** *Tenir la plume*, faire les fonctions de secrétaire. ◁ ♦ **Absol.** *Tiens, tenez*, prends, prenez. ♦ *Se tenir*, tenir à une personne que l'on frappe. « *Tiens, tiens, voilà le coup que je t'ai réservé* », RACINE. ♦ Il s'emploie uniquement pour attirer l'attention. *Tenez, je vais tout vous dire.* ♦ *Tenir quelqu'un*, le retenir, contenir, soutenir. *Tenir quelqu'un par le bras.* ♦ *Tenir par la main*, prendre avec sa main, le bras de quelqu'un. ♦ *Tenir quelqu'un à la gorge*, Voy. GORGE. ♦ **Fig.** *Tenir quelqu'un le bec dans l'eau*, Voy. BEC. ♦ ▷ **Fig.** *Tenir quelqu'un de court*, ne pas lui laisser de liberté. ◁ ♦ **Fig.** *Tenir de près*, surveiller avec soin. ♦ ▷ *Il faut le tenir à quatre*, se dit d'un fou, d'un furieux qui ne peut être contenu que par les efforts de plusieurs hommes réunis. ◁ ♦ **Fig.** *Il faut le tenir à quatre*, se dit d'un homme emporté dont il est difficile d'empêcher les violences. ♦ **Fig.** *Je tiens mon homme, je le tiens*, je l'ai amené dans le piège, il ne peut plus m'échapper. ♦ *Tenir un enfant sur les fonts* ou *simplement tenir un enfant*, le présenter au baptême, en être le parrain ou la marraine. ♦ **Fig.** *Tenir quelqu'un sur le tapis*, Voy. TAPIS. ♦ *Tenir à cheval*, le maintenir dans les différents exercices auxquels on le soumet. *Tenir un cheval en bride.* ♦ **Fig.** *Tenir quelqu'un en bride*, Voy. BRIDE. ♦ *Tenir la corde*, Voy. CORDE. ♦ Posséder, occuper. *Tenir un pays en souveraineté.* ♦ *Cet officier tient telle place de guerre pour le service de tel prince*, il y commande pour ce prince. ♦ *Tenir une terre par ses mains*, la faire valoir soi-même, au lieu de l'affermer. ♦ *Tenir une terre à foi et hommage de quelqu'un*, posséder une terre qui relève de quelqu'un. ♦ **Absol.** *Tenir de quelqu'un*, à cause de quelque terre. ♦ Occuper, remplir, en parlant de l'espace. *Il tient en voiture la place de deux personnes. L'armée tenait deux lieues de pays.* ♦ **Fig.** *Tenir lieu d'une personne, d'une chose*, la remplacer. ♦ *Tenir une maison, un appartement*, occuper une maison, un appartement, y loger. ♦ ▷ *Tenir le lit, la chambre*, demeurer dans son lit, dans sa chambre. ◁ ♦ Occuper militairement. *Tenir la campagne*, Voy. CAMPAGNE. ♦ ▷ **Mar.** *Tenir la mer*, rester à la mer, en naviguant sans relâche ◁ ♦ ▷ *Tenir la mer*, être maître de la mer. ◁ ♦ ▷ *Tenir la côte*, la ranger de près. ◁ ♦ *Tenir le large*, naviguer à une certaine distance de la côte. ♦ *Tenir le plus près, tenir le vent*, naviguer au plus près du vent. ♦ Avoir dans sa composition. « *Les mines de plomb tiennent presque toutes une petite quantité d'argent* », BUFFON. ♦ Contenir, renfermer, ou être susceptible de contenir, de renfermer. *Cette salle tient mille personnes.* ♦ *Ce baril tient bien le vin*,

le vin qu'on y met ne s'enfuit point. ♦ Occuper certaines lieux, exercer certains métiers, certaines professions pour l'utilité ou la commodité du public. *Tenir boutique, pension, école, auberge, etc.* ♦ *Tenir des marchandises*, avoir un assortiment de certaines marchandises, en vendre. ♦ *Tenir maison, table*, Voy. MAISON Voy. TABLE. ♦ Mettre, garder en quelque lieu. *Il faut tenir cela à la cave.* ♦ ▷ *Tenir quelqu'un chez soi*, le loger chez soi, lui donner sa table. ◁ ♦ *Tenir quelqu'un*, l'avoir près de soi, sous sa main. ♦ *Tenir une garnison dans une ville*, y entretenir une garnison. ♦ *Tenir garnison dans une ville*, y être en garnison. ♦ Avoir autorité sur certaines choses. « *Songez-vous que je tiens les portes du palais ?* », RACINE. ♦ Faire qu'une personne ou une chose demeure dans un certain état, dans une certaine situation. *Il nous a tenus debout pendant deux heures. Tenir les esprits en suspens.* ♦ *Bien tenir, mal tenir sa maison*, la bien, la mal administrer. ♦ *Tenir en respect*, Voy. RESPECT. ♦ *Tenez cela secret*, gardez le silence là-dessus. ♦ *Tenir en exercice, en haleine*, exercer souvent. ♦ *Tenir une chose en état, en bon état*, la maintenir, l'entretenir. ♦ Il se dit de l'ordre où sont placés les hommes et les choses, soit effectivement, soit dans l'opinion. *Des bois tiennent le haut du coteau. Tenir dans le monde un rang honorable.* ♦ *Tenir le haut bout, le haut du pavé*, occuper le plus haut rang. ♦ *Tenir bien son rang, sa place, son poste*, occuper dignement l'emploi où l'on est. ♦ **Mus.** *Tenir sa partie*, la chanter ou la jouer. ♦ ▷ **Fig.** et **fam.** *Tenir bien sa partie*, bien remplir les fonctions dont on est chargé. ◁ ♦ ▷ *Tenir l'orgue*, en jouer. ◁ ♦ Remplir une fonction. *Tenir de grandes charges.* ♦ Théâtre, *tenir un rôle*, le remplir. ♦ Réunir en séance une assemblée, une compagnie. *Tenir audience. C'est dans cette salle que l'Académie tient ses séances.* ♦ Arrêter, fixer. ♦ Réprimer, empêcher de. « *J'ai peine, en le voyant, à tenir ma colère* », REGNARD. ♦ *Tenir quelqu'un*, être maître de son esprit, de son cœur. ♦ Donner une occupation durant quelque temps. *Cette lecture, cette visite m'a tenu longtemps.* ♦ Suivre, aller dans, en parlant d'une route, d'une voie. ♦ **Fig.** « *Il faudra tenir la voie qu'on tenue tous vos pères* », MASSILLON. ♦ **Fig.** *Tenir une bonne ou une mauvaise conduite*, se conduire bien ou mal. ♦ **Fig.** *Tenir le parti de quelqu'un*, être de son parti. ♦ **Vén.** *Tenir la voie*, suivre bien la voie. ♦ Observer comme règle. « *Quel temps devons-nous prendre, et quel ordre tenir ?* », P. CORNEILLE. ♦ Exécuter, effectuer, en parlant de ce qui est promis. ♦ ▷ **Fig.** et **fam.** *Sa mine promet peu et tient beaucoup.* ♦ *Tenir sa parole, sa promesse*, y rester fidèle. ♦ *Tenir un traité, un marché, une convention*, les exécuter. ♦ Persister dans. *Tenir sa gravité.* ♦ *Tenir rigueur*, Voy. RIGUEUR. ♦ **Mus.** *Cet instrument tient l'accord*, il reste longtemps accordé. On dit aussi neutralement : *Il tient d'accord.* ♦ Il se dit des affections, des passions, des maladies du corps et de l'esprit, qui s'emparent de quelqu'un. « *La fièvre et la goutte m'ont tenu longtemps* », VOLTAIRE. « *Quelle mauvaise humeur le tient ?* », MOLIÈRE. ♦ *Tenir de*, être redevable à. « *Oui, je tiens tout de vous* », RACINE. ♦ *Ceux dont* ou *de qui je tiens la vie*, mon père et ma mère. ♦ *Tenir une femme de la main de quelqu'un*, la recevoir présentée par lui. ♦ ▷ *Tenir une chose de race, de naissance*, apporter en naissant une chose qui s'est transmise par le sang des ancêtres. ◁ ♦ **Absol.** *Tenir de race*, avoir les habitudes, les mœurs communes à une famille. ◁ ♦ **Absol.** *Tenir de son père, de sa mère*, leur ressembler. ♦ **Fig.** *Tenir quelque chose de*, participer en quelque chose à la nature de. « *Une goutte d'eau tient quelque chose du vaste océan* », VOLTAIRE. ♦ *Tenir de*, avoir appris de quelqu'un, en parlant d'une nouvelle, d'un récit. *De qui tenez-vous cette nouvelle ?* ♦ Réputer, croire. « *Je tiens les hommes de tous les siècles pour ce qu'ils sont, faibles, fourbes et méchants* », D'ALEMBERT. ♦ *Tenir à*, regarder comme. « *Je tiens à grand honneur de lui avoir des obligations que j'aurais moindre d'avoir à tout autre* », VOLTAIRE. « *Le cardinal de Richelieu tiendrait à injure le mépris qu'on ferait de sa protection* », PELLISSON. ♦ *Tenir pour*, même sens. « *Il tenait pour maxime qu'un habile capitaine peut bien être vaincu, mais qu'il ne lui est pas permis d'être surpris* », BOSSUET. « *Je tiens pour impossible que les grandes monarchies de l'Europe aient encore longtemps à durer* », J.-J. ROUSSEAU. ♦ *Je me le tiens pour dit*, il n'est pas besoin que vous m'en avertissiez davantage. ♦ *Tenir comme*, réputer pour, traiter comme. « *Je le loge et le tiens comme mon propre frère* », MOLIÈRE. ♦ *Tenir en estime*, estimer. ♦ *Tenir des discours*, un langage, parler d'une certaine manière. ♦ *Tenir la caisse, les livres*, être chargé de gérer la caisse, de faire les écritures des livres, chez un banquier, chez un négociant. ♦ On dit de même : *Tenir un registre, des registres.* ♦ *Tenir registre de quelque chose*, Voy. REGISTRE. ♦ *Tenir note de quelque chose*, en prendre note pour s'en souvenir. ♦ *Tenir compte*, Voy. COMPTE. ♦ ▷ Soutenir, en parlant d'un pari. *Tenir une gageure. Tenir vingt francs.* ◁ ♦ **Absol.** *Je tiens.* ♦ Dans les jeux de renvi, comme dans ceux où la mise est pas réglée, accepter un renvi, y aller de tout l'argent dont un autre y va. ♦ **Fig.** *Tenir tête à*, Voy. TÊTE. ♦ *Tenir la main à, l'œil à*, Voy. MAIN Voy. ŒIL. ♦ Saisir intellectuellement. *Je tiens le mot de l'énigme, le sens de ce passage, etc.* ♦ *Faire tenir*, faire en sorte que certaines choses soient remises, transmettre. ♦ **Prov.** *Un tiens vaut mieux que deux tu l'auras*, la possession d'un bien présent est préférable à la promesse d'un bien plus considérable. ♦ **Prov.** *Il vaut mieux tenir que quérir*, proverbe altéré souvent en : **Prov.** *Il vaut mieux tenir que courir*, c'est-à-dire la possession actuelle vaut mieux que la peine d'aller chercher. ♦ **V. intr.** Être attaché à. ♦ **Fig.** *Ne tenir qu'à un fil*, Voy. FIL. ♦ **Fig.** *Ses pieds ne tiennent pas* *à terre, il ne tient pas à terre*, se dit d'une personne vive et toujours en mouvement. ♦ *Tenir ensemble*, être joints l'un à l'autre. « *Il paraît qu'autrefois l'Angleterre tenait à la France* », BUFFON. ♦ Être difficile à ôter, à arracher, à déplacer. *Ce clou tient bien.* ♦ *Cette porte tient, on a peine à l'ouvrir.* ♦ ▷ Fig. *Il n'est..., il n'y a qui tienne*, quelque résistance que la chose oppose. « *Il n'est ordre qui tienne, Je prie, et ce doit être assez* », TH. CORNEILLE. ◁ ♦ *Ne tenir à rien*, se dit d'une situation fort précaire. ♦ *Ne tenir à rien*, être sur le point de se faire. ♦ Fig. *Tenir au cœur*, se dit des personnes que l'on affectionne, et aussi des choses auxquelles on s'intéresse vivement. Se dit aussi, dans un sens défavorable, de ce qui inquiète. *Cette injure lui tient au cœur.* ♦ Fig. Être attaché par des liens moraux. *Il tient à ce parti-là par des raisons de famille.* ♦ Dévot. *Il ne tient plus à la terre*, il est détaché des choses du monde. ♦ Fig. Être pris par une opinion, une affection, une passion. *Tenir à son opinion, à l'argent, à la vie, etc.* ♦ Avoir des rapports, des relations de famille ou autres avec quelqu'un. ♦ Fig. Avoir pour but, désirer. *Je tiens à vous convaincre.* ♦ Être contigu. *Ce parc tient à la forêt.* Fig. Résulter, provenir de. *Ces événements tiennent à des causes inconnues.* ♦ Dépendre de. « *Ma vie tient à cette santé* », MME DE SÉVIGNÉ. ♦ Impers. Il se dit des obstacles, des considérations qui empêchent une chose de se faire. *Il ne tient pas à moi*, il ne dépend pas de moi que, etc. ♦ Il tient impersonnel, dans une phrase négative ou interrogative, veut *ne* après le *que* : *Il ne tint pas à eux que la ville ne fût démolie.* ♦ Avoir de la ressemblance, participer. « *Cette sœur ne tient guère de vous* », HAUTEROCHE. « *Un coup imprévu qui tenait du miracle* », BOSSUET. ♦ En parlant d'un corps délibérant, d'une compagnie, être assemblé. *L'Académie française tient ses séances.* ♦ En parlant des foires, des marchés, des spectacles, avoir lieu. *Le marché tient tous les samedis.* ♦ Persister, se maintenir dans le même état. *La neige tient. La frisure ne tient pas.* ♦ *Cet instrument ne tient pas d'accord*, voy. plus haut. ♦ *Le temps ne tiendra pas*, ne restera pas longtemps comme il est. ♦ Se maintenir dans une situation. ♦ Continuer les affaires. *Tenir maison ne tiendra pas.* ♦ *Tenir pour*, se ranger du côté de. « *Il tient pour l'injustice, et moi pour la raison* », ROTROU. ♦ Résister, tant au propre qu'au figuré. « *Les ouvrages des Égyptiens étaient faits pour tenir contre le temps* », BOSSUET. « *La place tint trois mois entiers* », ROLLIN. ♦ *Tenir bon, tenir ferme*, résister, se défendre, ne pas céder aux instances, aux offres, etc. ♦ Chasse *Les perdrix ne tiennent pas*, elles partent sans qu'on puisse en approcher. ♦ ▷ Mar. *Tenir à la mer*, se dit d'un bâtiment qui supporte une grosse mer. ◁ ♦ *Tenir au vent*, naviguer avec le vent presque contraire. ♦ *Tenir sur ses ancres*, n'être pas arraché de la place qu'on occupe ni par les efforts du vent, ni par les chocs violents des lames. ♦ *Tenir*, en parlant d'une ancre, rester immobile à la place où elle s'est attachée. ♦ *Ne pas tenir à, contre*, être irrité, impatienté de. « *Quelle sècheresse de conversation ! on n'y dure point, on n'y tient pas* », MOLIÈRE. ♦ *Ne pouvoir plus y tenir*, être hors de soi. ♦ *En tenir*, avoir reçu des coups, du plomb ou autre chose et fig. éprouver quelque chose de fâcheux, de désagréable ; être trompé, dupé ; croire quelque bourde ; être fou ; être ivre. ♦ ▷ *En tenir*, aimer d'amour. ◁ ♦ Être contenu. *Tous vos meubles ne pourront tenir dans cet appartement.* ♦ Impers. Il tient tant de veltes dans ce baril. ♦ Fig. « *Jamais dessus le trône on ne vit plus d'une maître ; Il n'en peut tenir deux* », RACINE. ♦ Se tenir, v. pr. S'attacher à quelque chose. *Se tenir à une branche.* « *Se tenir à Dieu, comme au seul appui de son être* », BOSSUET. ♦ *Se tenir à cheval*, être à cheval. ♦ *Se tenir bien à cheval*, y être ferme et de bonne grâce. ♦ *Se tenir l'un l'autre. Se tenir par la main.* ♦ ▷ Fig. *Se tenir par la main*, être d'intelligence, se secourir l'un l'autre. « *Les beaux-arts se tiennent comme par la main* », VOLTAIRE. ◁ ♦ Fig. Être dans une dépendance réciproque, en parlant de choses. « *Toutes les choses de la nature se tiennent et se prouvent les unes les autres* », MALEBRANCHE. ♦ Fig. *Se tenir* ou *s'en tenir à une chose*, ne vouloir, ne faire rien de plus, se borner à. « *Chacun le dit, et chacun s'en tint là* », LA FONTAINE. « *Nous ne nous tenons jamais au temps présent* », PASCAL. ♦ *Savoir à quoi s'en tenir*, n'être nullement incertain. ♦ ▷ À certains jeux de cartes, *je m'y tiens*, je suis content des cartes que j'ai ; je n'en demande pas d'autres. ◁ ♦ *Se tenir à peu de chose, se tenir à peu*, ne pas conclure une affaire, bien qu'il s'agisse de peu de chose pour qu'on soit d'accord. ♦ Être, demeurer dans un certain lieu. *Se tenir chez soi. Le chamois se tient sur les montagnes.* ♦ Fig. *Se tenir à sa place*, rester, comme il convient, dans la situation qu'on occupe. ♦ *Quand on est bien, il faut s'y tenir*, il ne faut pas changer légèrement, pour peu qu'on se trouve passablement dans son état. ♦ Être, demeurer dans une certaine situation. *Se tenir debout, à genoux. Se tenir à ne rien faire.* ♦ *Se tenir bien, se tenir mal*, avoir un bon, un mauvais maintien. ♦ *Il ne sait comment se tenir*, il ne sait quelle attitude prendre. ♦ Fig. *Se tenir les bras croisés*, rester à ne rien faire quand il faudrait travailler. ♦ Absol. *Se tenir*, rester debout, et aussi demeurer tranquille. ♦ Il se dit de certaines dispositions morales ou intellectuelles. *Se tenir sur la réserve.* « *Tenez-vous ferme au moins* », MOLIÈRE. ♦ Avoir lieu, en parlant d'assemblées, de réunions. *Le marché se tient le samedi.* ♦ *Se tenir*, se contenir, retenir quelque mouvement de passion. ♦ *Se tenir de*, s'empêcher de. « *Je ne saurais me tenir de rire* », MOLIÈRE. ♦ Fig. et fam. *Se tenir à quatre*, faire un grand effort sur soi-même pour ne pas éclater, pour ne pas se mettre en colère. ♦ Se réputer, se croire. « *Qu'ils*

s'en tiennent pour assurés », LA FONTAINE. « *Je vous avoue que je me tiendrais bien malheureux, si je mourais avant d'avoir vu...* », VOLTAIRE. ♦ Être dit, prononcé. *Les discours qui se sont tenus en cette occasion. Il s'est tenu beaucoup de propos sur son compte.* ♦ Être accompli, en parlant d'une promesse, d'un vœu. ♦ *Tenir un commerce*, gérer un commerce. *Sa fille tient un salon de coiffure.* ■ Fam. *Se tenir à carreau*, ne pas bouger, ne pas faire de bêtise. *Ta grand-mère vient cet après-midi, tu as intérêt à te tenir à carreau.* ■ Fam. et **fig.** Ne pas commettre d'impair ou ne pas dire de bêtises. *Je compte sur toi pour te tenir à carreau à table !* ■ Fam. Afriq. *Tenir, faire boutique-mon-cul*, se prostituer.

TENNIS, ■ n. m. [tenis] (mot angl., de *lawn-tennis, lawn*, pelouse, et *tennis*, altération de l'impér. *tenez*, de *tenir*, exclamation du joueur qui lançait la balle au jeu de paume) Sport pratiqué sur un court, et opposant deux joueurs ou deux équipes de deux joueurs munis de raquettes, qui se renvoient alternativement une balle de part et d'autre d'un filet qui partage le court. *Partie de tennis.* « *Soit qu'ils en sortissent pour se rendre raquette en main à un terrain de tennis* », PROUST. ■ **Par méton.** Terrain sur lequel ce sport est pratiqué. *Un court de tennis.* ■ **N. m. ou n. f.** Chaussure de cuir ou de toile portée pour pratiquer ce sport. *Elle s'est achetée une nouvelle paire de tennis pour son tournoi.* ■ **Par anal.** *Tennis de table*, jeu voisin du tennis, pratiqué sur une table, avec de petites raquettes et une balle très légère. *Le tennis de table se nomme aussi ping-pong.*

TENNIS-BALLON, ■ n. m. [tenisbalɔ̃] (*tennis* et *ballon*) Sp. Sport d'équipe qui se joue sur un terrain de volley-ball séparé en son milieu par un filet de tennis et qui consiste à se renvoyer un ballon de football, après qu'il a rebondi au maximum une fois, en le touchant ou en le frappant avec toutes les parties du corps à l'exception des mains et des bras. *Le tennis-ballon était, à l'origine, une technique d'entraînement pour les rugbymans, les footballeurs et les tennismans mais il est depuis devenu un sport à part entière dont le premier club français officiel a été fondé en 1997. Des tennis-ballons.*

TENNIS-ELBOW, ■ n. m. [teniselbo] (mot angl., de *tennis* et *elbow*, coude) **Méd.** Inflammation des tendons situés au niveau du coude, également appelée *épicondylite*, et qui est fréquente chez les joueurs de tennis, d'où son nom. *Des tennis-elbows.*

TENNISMAN, TENNISWOMAN, ■ n. m. et f. [tenisman, teniswuman] (faux anglicisme, de *tennis*, et angl. *man, woman*, homme, femme, sur le modèle de l'angl. *sportsman*) Joueur, joueuse de tennis. *Il disait avec un rien de snobisme qu'il connaissait les meilleurs tennismans et tenniswomans. Des tennismans, des tenniswomans ou des tennismen, des tenniswomen* (pluriels anglais).

TENNISTIQUE, ■ adj. [tenistik] (*tennis*) Qui concerne le tennis. *Le monde tennistique attend chaque année avec une grande impatience le début du tournoi de Roland Garros.*

TENON, n. m. [tenɔ̃] (*tenir*) Extrémité d'une pièce de bois ou de métal taillée de manière à s'ajuster dans une entaille ou mortaise pratiquée dans une autre pièce. ♦ Petite cheville de fer qui sert à assujettir le canon d'une arme sur son bois. ♦ Pièce de métal qui relie les soubassements d'un bâtiment. *L'assemblage à tenon et mortaise s'applique à deux éléments de même épaisseur.*

TENONNER, ■ v. tr. [tenɔne] (*tenon*) **Menuis.** Fabriquer des tenons. *Des embouts à tenonner.*

TENONNEUSE, ■ n. f. [tenɔnøz] (*tenonner*) Machine permettant le façonnage de tenons. *Tenonneuse simple à table coulissante. Tenonneuse double modulaire.*

TÉNOR, n. m. [tenɔʁ] (ital. *tenore*, du sens b. lat. de *tenor*, hauteur de la voix) Ténor a remplacé l'ancien nom de taille ou plutôt de haute-taille, c'est-à-dire voix moyenne entre la haute-contre et la basse-taille. *La ténor va du premier ut de l'alto au deuxième sol du violon.* ♦ Chanteur qui a le genre de voix qu'on nomme ténor. *Fort ténor* ou *ténor de grand opéra ; ténor léger* ou *ténor d'opéra comique.* ♦ **Fam.** Personne qui possède une notoriété dans l'activité qu'elle exerce. *Les ténors du barreau.* ■ Adj. Instrument dont la tessiture correspond à celle du chanteur. *Un saxophone ténor.*

TÉNORINO, ■ n. m. [tenorino] Ténor très léger. *Des ténorinos, dont la voix est peu puissante mais qui devient plus forte avec le travail.* ■ Péj. Ténor possédant une voix détimbrée. « *Et il se trouve que c'est le jeune homme du printemps dernier, un peu grandi, et de qui l'organe de ténorino a mué dans ce court intervalle en un velouté, clair et chaud baryton* », VOLTAIRE. ■ Péj. et fig. *C'est un ténorino du barreau cet avocat !*

TÉNORISER, ■ v. intr. [tenorize] (*ténor*) Chanter à la façon d'un ténor, avec une voix de ténor. *Ténoriser dans une chorale.*

TÉNOTOMIE, ■ n. f. [tenotomi] (gr. *tenôn*, tendon, et -*tomie*) **Chir.** Opération chirurgicale consistant à sectionner un tendon. *Ténotomie du tendon d'Achille.*

TENREC, ■ n. m. [tɑ̃ʁɛk] Voy. TANREC.

1 TENSEUR, ■ adj. m. [tɑ̃sœr] (lat. *tensum*, supin de *tendere*, tendre) Anat. Se dit d'un muscle lorsque ce dernier produit une tension d'une structure anatomique. ■ *Effet tenseur*, qui tend. *Crème hydratante pour le visage à effet tenseur immédiat.*

2 TENSEUR, ■ n. m. [tɑ̃sœr] (lat. *tensum*, supin de *tendere*, tendre) Math. Élément du produit sensoriel ou alternatif de l'espace linéaire. *Un vecteur est un tenseur dit d'ordre 1. Une matrice est un tenseur dit d'ordre 2.* ■ **Phys.** Représentation de l'état de contrainte et de déformation que subit un objet solide lorsqu'il est soumis à des forces. *Un tenseur d'élasticité. Un tenseur des déformations.*

TENSIOACTIF, IVE, ■ adj. [tɑ̃sjoaktif, iv] (lat. impér. *tensio*, tension, et *actif*) Se dit d'un produit doté de tensioactivité. *Un agent tensioactif.* ■ **N. m.** Agent de surface qui réduit la tension superficielle entre deux surfaces. *C'est la structure moléculaire du tensioactif qui détermine son comportement aux interfaces, ses propriétés physico-chimiques en solution et sa propension à former des agrégats.*

TENSIOACTIVITÉ, ■ n. f. [tɑ̃sjoaktivite] (lat. impér. *tensio*, tension, et *activité*) Chim. et phys. Capacité que possède une substance à modifier la tension superficielle d'une autre substance. *La tensioactivité permet d'avoir un excellent pouvoir mouillant qui permet une action dans les moindres interstices.*

TENSIOMÈTRE, ■ n. m. [tɑ̃sjomɛtr] (lat. impér. *tensio*, tension, et *-mètre*) Méc. Appareil utilisé pour mesurer une tension spécifique. *La déformation d'une capsule placée dans un tensiomètre rotatif.* ■ **Spécialt Méd.** Appareil servant à mesurer la tension artérielle. *Un tensiomètre électronique de poignet.*

TENSION, n. f. [tɑ̃sjɔ̃] (lat. impér. *tensio*) État de ce qui est tendu. *La tension des muscles, des cordes sonores, etc.* ♦ Augmentation du volume d'un corps par l'effet de l'écartement ou du tiraillement de ses molécules. ♦ **Phys.** *Tension d'un liquide*, la force avec laquelle il tend à se réduire en vapeur, et qui varie selon la température. ♦ *Tension des vapeurs*, force avec laquelle les vapeurs pressent de dedans en dehors et en tous sens les parois des vases qui les contiennent. ♦ **Pathol.** État des parties vivantes qui n'ont plus leur souplesse naturelle, les tissus étant distendus par l'afflux d'un liquide ou par l'accumulation de gaz, ou leurs fibres étant tirées en sens opposé par une cause quelconque. ♦ **Fig.** *Tension d'esprit*, grande application. ♦ **Fig.** Défaut de style que l'on compare à une corde trop tendue. ♦ *Tension électrique*, différence de potentiel. ♦ État de nervosité de quelqu'un. ■ Situation tendue au point de pouvoir exploser. *On ressent une grande tension entre ces deux pays.* ♦ *Avoir, faire de la tension*, souffrir d'hypertension artérielle.

TENSON, n. m. [tɑ̃sɔ̃] (lat. pop. *tentio*, dispute, querelle, du b. lat. *tentio*, tension) Dans la poésie du Moyen Âge, dispute sur une question de galanterie, dans laquelle deux ou plusieurs poètes soutenaient des partis différents.

TENSORIEL, IELLE, ■ adj. [tɑ̃sɔrjɛl] (*tenseur*) Math. Relatif à un tenseur (2). *Calcul, produit tensoriel.*

TENTACULAIRE, ■ adj. [tɑ̃takylɛr] (*tentacule*) Qui est muni de tentacules. *Les pieuvres sont des animaux tentaculaires.* ■ Dont l'aspect évoque celui de tentacules. *Longs bras tentaculaires.* ■ **Fig.** Qui s'étend, se développe dans toutes les directions. *Ville tentaculaire.* « *Il nous suffit de retracer ici les origines de cette œuvre tentaculaire que fut la mainmise du rail sur le globe* », P. ROUSSEAU.

TENTACULE, n. m. [tɑ̃takyl] (lat. *tentare*, *temptare*, toucher, tâter) Hist. nat. Appendice mobile non articulé et très diversement conformé, dont beaucoup d'animaux sont pourvus, et qui, la plupart du temps, sert d'organe tactile.

TENTANT, ANTE, adj. [tɑ̃tɑ̃, ɑ̃t] (*tenter*) Qui tente, qui cause une envie, un désir. *L'occasion était bien tentante.*

TENTATEUR, TRICE, n. m. et n. f. [tɑ̃tatœr, tris] (lat. *temptator*, séducteur) Celui, celle qui tente. ♦ Dans l'Écriture, *le tentateur*, le démon. ♦ Adj. *Beauté tentatrice.* ♦ *L'esprit tentateur*, le démon.

TENTATION, n. f. [tɑ̃tasjɔ̃] (lat. *temptatio*, essai, expérience, lat. chrét. entraînement au péché) Mouvement intérieur par lequel on est porté à des choses soit indifférentes, soit mauvaises. ♦ En matière de religion, sollicitation au mal par la suggestion du diable ou par celle de la concupiscence. ♦ Particulièrement, la tentation d'Ève et d'Adam par le serpent. ■ **Par extens.** Ce qui crée le désir ou l'envie. *Toutes ces pâtisseries sont de véritables tentations pour moi.*

TENTATIVE, n. f. [tɑ̃tativ] (*tenter* ; lat. médiév. scolast. *tentativa*, épreuve universitaire) Action par laquelle on tente, on essaye de faire réussir quelque chose. *Une tentative de vol, d'assassinat.* « *César fait diverses tentatives pour voir si les Romains pourraient s'accommoder au nom de roi : elles*

ne servent qu'à le rendre odieux », BOSSUET. ♦ Acte public, par lequel celui qui aspirait à être reçu bachelier de la faculté de théologie, faisait preuve de sa capacité. ■ **Dr.** Commencement d'infraction commise volontairement mais qui n'est pas arrivée à son terme. *Être accusé de tentative de vol.*

1 TENTE, n. f. [tɑ̃t] (lat. pop. *tenta*, p. p. fém. substantivé de *tendere*, tendre) Pavillon de peau, de toile ou autres substances, dont on se sert pour se mettre à couvert. ♦ « *Toute l'armée des alliés dressait déjà ses tentes* », FÉNELON. ♦ ▷ **Fig.** *Se retirer sous sa tente*, cesser, par contrariété, de prendre part à quelque chose (par allusion à Achille, qui, irrité contre les Grecs, cessa de prendre part aux combats). ◁ ♦ Chez les Juifs, *fête des Tentes*, Voy. SCÉNOPÉGIE. ♦ **Au pl.** *Les tentes*, le camp, les troupes. « *Le ciel qui m'a conduit dans les tentes du Maure* », VOLTAIRE. ♦ **Fig.** La guerre. « *Il étudiait la géométrie jusque dans sa tente* », FONTENELLE. ♦ *Tente-abri*, petite tente légère que les soldats peuvent dresser instantanément en réunissant ensemble plusieurs des morceaux de toile dont chacun d'eux est muni. ♦ **Au pl.** Des tentes-abris. ♦ **Mar.** Toile tendue sur une partie du navire, ou sur ce navire dans toute son étendue, pour mettre le pont à l'abri du soleil. ♦ **Chasse** Sorte de filet que l'on tend pour prendre des bécasses et autres oiseaux de passage. ■ **Méd.** *Tente à oxygène*, enceinte étanche et transparente qui recouvre un patient et constitue un milieu à haute teneur en oxygène.

2 TENTE, n. f. [tɑ̃t] (anc. fr. *tenter*, sonder [une plaie]) Chir. Faisceau de charpie longue, dont les filaments sont disposés parallèlement et liés par le milieu, et dont on se sert pour les plaies, pour dilater certaines ouvertures, etc.

TENTÉ, ÉE, p. p. de tenter. [tɑ̃te]

TENTER, v. tr. [tɑ̃te] (lat. *temptare*, toucher, assaillir, examiner) Mettre en usage quelque moyen pour faire réussir ce qu'on désire, ce qu'on entreprend. « *IL est beau de tenter des choses inouïes, Dût-on voir par l'effet ses volontés trahies* », P. CORNEILLE. ♦ *Tenter de*, avec un infinitif. « *Que la fortune ne tente donc pas de nous tirer du néant* », BOSSUET. ♦ On construit quelquefois avec à. « *Est-ce un crime de tenter à sortir d'esclavage?* », BEAUMARCHAIS. ♦ *Tenter la fortune, tenter fortune*, Voy. FORTUNE. ♦ Hasarder, mettre au hasard. *Tenter le sort d'une bataille.* ♦ ▷ Dans le langage soutenu, *tenter une route*, la suivre au loin. « *Pourquoi tenter si loin des courses inutiles?* », RACINE. ◁ ♦ Dans le style de l'Écriture, éprouver la foi, la fidélité. *Dieu tenta Abraham.* ♦ **Absol.** « *Il y a bien de la différence entre tenter et induire en erreur* », PASCAL. ♦ *Tenter Dieu*, lui demander des miracles, de nouveaux effets de sa toute-puissance, et fig. se jeter dans des périls, dans des embarras dont on ne peut sortir sans miracle. ♦ On dit en parlant des païens : *Tenter les dieux*. ♦ Solliciter au mal, au péché. ♦ Avec de et un infinitif. « *Ils méprisèrent l'argent et toutes les richesses artificielles, qui ne sont richesses que par l'imagination des hommes, et qui les tentent de chercher des plaisirs dangereux* », FÉNELON. ♦ Essayer de séduire. *Tenter la fidélité de quelqu'un. Tenter un geôlier.* ♦ Mettre à l'épreuve, en parlant de la patience, de la colère. « *J'ai cent fois... Tenté leur patience et ne l'ai point lassée* », RACINE. ♦ Essayer de faire impression sur. « *Tenter sa pitié, à mesure qu'il était plus inexorable* », MONTESQUIEU. ♦ Donner désir, envie. « *La fausse gloire ne le tentait pas* », BOSSUET. ♦ *Tenter de*, avec un substantif ou un infinitif. « *Les millions ne me pouvaient tenter d'une mésalliance* », SAINT-SIMON. « *Quand j'irai en province, je vous tenterai de revenir avec moi et chez moi* », MME DE SÉVIGNÉ. ♦ *Se laisser tenter*, céder. « *Vous vous laissez tenter à l'envie de causer* », MME DE SÉVIGNÉ. ♦ Inspirer des désirs.

TENTURE, n. f. [tɑ̃tyr] (*tendre*, avec infl. de *tente*) Nombre de pièces de tapisserie qu'il faut pour tapisser une salle, un appartement. ♦ Pièces d'étoffe de deuil qui sont tendues, lors d'un convoi ou d'un service, dans l'intérieur et à l'extérieur de l'église ainsi qu'à la maison mortuaire. ♦ Étoffe, cuir, papier peint, etc., servant à tapisser une chambre. ♦ Action de tendre des tapisseries.

TENU, UE, p. p. de tenir. [t(ə)ny] ♦ Prov. *Tant tenu, tant payé, tant tenu que payé*, Voy. PAYÉ. ♦ Prov. *À l'impossible nul n'est tenu.* ■ *Être tenu de faire quelque chose*, être obligé de le faire. *Il est tenu de se présenter au poste de police rapidement.* ■ Maintenu en ordre et dans un état de propreté. *Cette maison est bien tenue.* ■ **Mus.** *Une note tenue*, dont on prolonge la durée. ■ N. m. Sp. Faute commise lorsqu'un joueur garde trop longtemps en main le ballon dans certains sports collectifs.

TÉNU, UE, adj. [teny] (lat. *tenuis*, mince, fin) Qui est fort délié, qui est peu compacte. *Un fil ténu. Des vapeurs ténues.* ♦ Presque aqueux, en parlant d'un liquide, de l'urine, du pus. ♦ Qui est peu nourrissant. *Une diète ténue.* ♦ Très fin, mince. *Une corde ténue.* ♦ **Litt.** Subtil. *Un lien ténu entre deux personnes.*

TENUE, n. f. [t(ə)ny] (p. p. fém. substantivé de *tenir*) ▷ *Tenue de la plume*, manière de tenir la plume. ◁ ♦ Assiette ferme d'un homme à cheval. ♦ **Mar.** *La tenue d'un mât*, son assujettissement convenable. ♦ Qualité du fond sur lequel est mouillé une ancre. ♦ Temps pendant lequel certaines assemblées tiennent leurs séances. *Une tenue d'États.* ♦ *Tenue de table*, temps qu'on demeure à table. ◆ *La tenue d'une école, d'une classe*, la manière dont on y maintient la discipline. ◆ **Mar.** *Tenue d'un navire*, ordre, propreté, discipline, régularité du service établis à bord de ce navire. ◆ Maintien, manières. *La tenue de ces personnes est excellente.* ◆ *Manquer de tenue, n'avoir point de tenue*, manquer de maintien dans le monde. ◆ ▷ Continuité, durée. *Cet été, la chaleur n'est pas de tenue.* ◁ ◆ ▷ *Le temps n'a point de tenue*, il est fort variable. ◁ ◆ ▷ **Fig.** Constance, consistance. *Tenue dans les idées.* ◁ ◆ ▷ *N'avoir point de tenue*, changer souvent d'avis, être léger. ◁ ◆ Manière d'être habillé. ◆ *Avoir une bonne tenue*, être propre et soigné dans ses habits, sans recherche. ◆ *Tenue de rigueur*, tenue dont on ne peut se dispenser en certaines occasions. ◆ *Tenue se dit particulièrement des militaires. Tenue d'hiver, d'été.* ◆ *Être en grande tenue* ou simplement *être en tenue*, être en habit de parade. ◆ ▷ *Être en petite tenue*, n'avoir que la tenue exigée pour le service ordinaire. ◆ Action d'un joueur qui pourrait s'en aller et qui ne le fait pas. ◆ *Tenue des livres*, science de tenir les livres, fonction de celui qui les tient. ◆ **Mus.** Note ou accord soutenu pendant plusieurs mesures, ou, dans un mouvement lent, pendant plusieurs subdivisions de temps. ◆ TOUT D'UNE TENUE, **loc. adv.** Sans séparation, sans interruption, tout d'un tenant. *La bonne tenue d'un hôtel.* ■ Fait de se réunir en assemblée. *La tenue d'un congrès de chercheurs.* ■ Ensemble des vêtements propres à une activité ou une circonstance. *Tu as choisi ta tenue pour son mariage?* ◆ REM. Auj. *être en petite tenue* ne veut plus dire n'avoir que la tenue exigée pour le service ordinaire, mais être en sous-vêtements. ◆ *Être en tenue d'Ève*, être dans le plus simple appareil, nu. ◆ *Tenue de route*, qualité d'adhérence à la route d'un véhicule. *Cette voiture a une bonne tenue de route.*

TÉNUIROSTRE, adj. [tenɥiʀɔstʀ] (lat. *tenuis*, mince, et *rostrum*, bec d'oiseau) **Zool.** Qui a un bec grêle. ◆ **N. m. pl.** Les ténuirostres ; famille de passereaux.

TÉNUITÉ, n. f. [tenɥite] (lat. *tenuitas*) Qualité de ce qui est ténu. « *L'extrême ténuité de la lumière* », LAPLACE.

TENURE, n. f. [tənyʀ] (lat. médiév. *tenatura, tenura*) **Féod.** Mode suivant lequel on tenait une terre. ◆ Mouvance d'un fief. ◆ Mode ou condition de la possession d'un fief, d'un bénéfice militaire. ◆ *Tenure féodale*, fief noble, en général. ◆ Terre donnée à ferme. *Les grandes tenures en Angleterre.*

TENUTO, ■ **adv.** [tenuto] (mot it., tenu) **Mus.** Indication portée sur une partition musicale afin de notifier qu'il faut tenir la note ou le son. *Un allegro tenuto.*

TÉOCALLI, ■ n. m. [teokali] (nahuatl *teucalli*, de *teotl*, dieu, et *calli*, maison) **Archéol.** Temple d'Amérique du Sud dédié aux principaux dieux aztèques. *Des téocallis. Les sacrifices aztèques les plus courants s'effectuaient par arrachement du cœur au sommet du téocalli.*

TÉORBE, ■ n. m. [teɔʀb] Voy. THÉORBE.

1 TEP, ■ n. f. [tɛp] (sigle de *tonne d'équivalent pétrole*) Unité de mesure utilisée pour comparer et exprimer des énergies de sources différentes. *1 000 m³ de gaz naturel équivalent à 1 tep.*

2 TEP, ■ n. f. [tɛp] (sigle de *tomographie par émissions de positons*) **Méd.** Examen médical effectué pour rechercher des métastases. *La TEP est une technique médicale in vivo qui fournit des images de la répartition dans le corps d'une molécule marquée, injectée en quantité infime et non toxique.*

TÉPALE, ■ n. m. [tepal] (d'après *sépale* et *pétale*) **Bot.** Partie d'une fleur dont tous les éléments sont semblables entre eux, c'est-à-dire qu'ils sont à la fois pétales et sépales.

TÉPHILLIN ou **TEFILLIN**, ■ n. m. [tefilin] (hébr. *tephillin*, plur. *tephilla*, prière) Petite boîte cubique contenant un rouleau de parchemin reproduisant les versets de la Bible que certains Juifs s'attachent sur le front et sur le bras au cours de la prière du matin. *Des téphillins, des tefillins.*

TÉPHRA, ■ n. m. [tefʀa] (gr. *tephra*, cendre) **Géol.** Ensemble des matériaux éjectés ou projetés au cours d'éruptions volcaniques violentes. *Le téphra présente le plus grand danger dans l'Ouest canadien : durant les 12 000 dernières années, les volcans de l'arc magmatique des Cascades sont entrés en éruption plus de 200 fois.* ■ **Géol.** Couche de cendre volcanique recouvrant de vastes régions et qui sert de marqueur historique pour comparer des événements. *Le téphra de Dawson date d'environ 24 000 ans. Des téphras.*

TÉPHRITE, ■ n. f. [tefʀit] (*téphra*) **Géol.** Lave volcanique de composition intermédiaire et qui se caractérise par l'association du plagioclase et d'un feldspathoïde. *La téphrite est une lave de composition intermédiaire, sous saturée en silice.*

TEPIDARIUM ou **TÉPIDARIUM**, n. m. [tepidaʀjɔm] (mot lat. imp., de *tepidarius*, relatif à l'eau tiède) Chambre des thermes romains où l'on prenait les bains tièdes.

TEPUI ou **TÉPUI**, ■ n. m. [tepwe] (mot amérindien du Venezuela, montagne) **Géol.** Large bloc rocheux dont le sommet est aplati. *Des tepuis, des tépuis. Les tepuis sont des formations géologiques caractéristiques du Venezuela.*

TEQUILA ou **TÉQUILA**, ■ n. f. [tekila] (*Tequila*, ville du Mexique, productrice de cet alcool) Eau-de-vie d'origine mexicaine, fabriquée à partir de la sève de l'agave. *Un cocktail à base de tequila.*

1 TER, adv. [tɛʀ] (mot lat., de *tres*, trois) Trois fois. Il s'emploie quelquefois en français après bis. ◆ On s'en sert en musique pour indiquer qu'un passage doit être répété trois fois.

2 TER, ■ n. m. [teəɛʀ] (sigle de *transport express régional*) Train de voyageurs desservant les destinations situées à l'intérieur d'une région ainsi que les gares peu éloignées des régions environnantes. *Le TER est en circulation depuis 1984.*

TÉRA..., ■ [teʀa] (gr. *teras*, monstre) Préfixe qui se place devant une unité pour la multiplier par 10^{12}. *Un téraoctet (To) représente mille milliards d'octets.*

TÉRATOGÈNE, ■ adj. [teʀatɔʒɛn] (gr. *teras*, génit. *teratos*, monstre, et -*gène*) **Méd.** Qui provoque des malformations ou des déformations de l'embryon. *Les risques tératogènes liés aux anticonvulsivants dans le traitement de l'épilepsie.*

TÉRATOGENÈSE ou **TÉRATOGÉNIE**, ■ n. f. [teʀatɔʒənɛz, teʀatɔʒeni] (gr. *teras*, génit. *teratos*, monstre, et *genèse* ou *génie*) **Méd.** Formation et développement de malformations ou de déformations chez l'embryon animal ou végétal. ■ Étude de ces pathologies. *En 1936, grâce à une méthode utilisant des rayons X orientés avec précision sur des embryons d'oiseaux, E. Wolff réussit à produire la plupart des grandes malformations que l'on rencontre incidemment à l'état spontané chez l'Homme et les vertébrés supérieurs : la tératogenèse expérimentale était née.*

TÉRATOGÉNIE, ■ n. f. [teʀatɔʒeni] Voy. TÉRATOGENÈSE.

TÉRATOLOGIE, n. f. [teʀatɔlɔʒi] (gr. *teras*, génit. *teratos*, monstre, et -*logie*) Partie de la pathologie dans laquelle se trouvent décrites et classées les monstruosités.

TÉRATOLOGIQUE, adj. [teʀatɔlɔʒik] (*tératologie*) Qui a rapport à la tératologie.

TÉRATOLOGISTE ou **TÉRATOLOGUE**, ■ n. m. et n. f. [teʀatɔlɔʒist, teʀatɔlɔg] (*tératologie*) Celui qui s'occupe de tératologie. ◆ Auteur d'une tératologie.

TERBIUM, ■ n. m. [tɛʀbjɔm] ([*Yt*]*terby*, ville de Suède où a été découvert ce minerai) Métal de couleur gris-argenté, mou et ductile qui s'oxyde lentement à l'air et réagit avec de l'eau froide, dont le symbole est Tb et le numéro atomique 65. *Le terbium découvert par un chimiste suédois, Carl Gustav Mosander en 1843, fait partie des terres rares.*

TERCÉ, ÉE ou **TERSÉ, ÉE**, p. p. de tercer. [tɛʀse] *Vigne tercée.*

TERCER ou **TERSER**, v. tr. [tɛʀse] (lat. *tertius*, troisième) Donner un troisième labour, une troisième façon à la vigne.

TERCET, n. m. [tɛʀsɛ] (ital. *terzetto*, de *terzo*, troisième) Couplet ou stance de trois vers. ◆ Au dix-septième siècle, on disait aussi *tiercet*.

TÉRÉBENTHINE, n. f. [teʀebɑ̃tin] (lat. *terebinthina*, fém. de l'adj. *terebinthinus*, de *térébinthe*) Nom collectif des résines liquides, qui sont des sucs odorants, demi-liquides et glutineux, découlant d'arbres de la famille des conifères et de celle des térébinthacées. ◆ *Essence de térébenthine*, liquide incolore, plus léger que l'eau, d'une odeur forte et désagréable.

TÉRÉBINTHACÉES, n. f. pl. [teʀebɛ̃tase] (*térébinthe* et -*acées*) Famille de plantes dont le térébinthe est le type.

TÉRÉBINTHE, n. m. [teʀebɛ̃t] (lat. *terebinthus*, gr. *terebinthos*, térébinthe) Nom vulgaire et spécifique du pistachier térébinthe qui sert de type à la famille des térébinthacées.

TÉRÉBRANT, ANTE, adj. [teʀebʀɑ̃, ɑ̃t] (lat. *terebrans*, p. prés de *terebrare*, percer, trouer, creuser, de *terebra*, tarière) Qui perce ou perfore. ◆ **N. m. pl.** Famille d'insectes hyménoptères. ◆ **Méd.** Se dit de la douleur, quand il semble que la partie souffrante soit percée par un corps qui cherche à s'y introduire. ■ **Méd.** Qui pénètre profondément les tissus. *Un ulcère térébrant.*

TÉRÉBRATEUR, n. m. [teʀebʀatœʀ] (b. lat. *terebrator*, celui qui perce) Syn. de perforateur.

TÉRÉBRATION, n. f. [teʀebʀasjɔ̃] (lat. impér. *terebratio*, percement, trou) Action de percer. *La térébration du crâne dans le trépan.* ◆ Action de percer un arbre pour en tirer un suc résineux ou gommeux.

TÉRÉBRATULE, ■ n. f. [teʀebʀatyl] (lat. *terebra*, tarière, foret) **Zool.** Coquillage fossile appartenant à l'embranchement des brachiopodes, pourvu d'une coquille bivalve, pouvant mesurer jusqu'à 3 cm et qui proliférait dans les eaux peu profondes. *La térébratule est apparu au cambrien et atteint son apogée, d'après les spécialistes, au jurassique.*

TÉRÉPHTALIQUE, ■ adj. [teʀeftalik] (*térébenthine* et *phtalique*) **Chim.** *Acide téréphtalique*, composé utilisé dans la fabrication des polyesters. *On* *estime la production mondiale annuelle d'acide téréphtalique à plus de neuf millions de tonnes.*

TERFESSE ou **TERFÈS**, ■ n. f. [tɛʀfɛs] (mot ar. ; lat. sav. *terfex*) Variété de truffes poussant en Afrique du Nord. *La terfesse est également appelée* truffe des sables.

TERGAL, ■ n. m. [tɛʀɡal] (*téréphtalique* et *gallique*, gaulois) Fil ou fibre synthétique de la famille des polyesters. ■ Étoffe infroissable fabriquée avec cette fibre. *Voilage en Tergal.*

TERGITE, ■ n. m. [tɛʀʒit] (lat. *tergum*, dos) Zool. Élément dorsal du segment d'un insecte. *Chez certains scorpions, le dernier tergite est plus clair, les autres ont une bande médiane étroite beige ou jaune.*

TERGIVERSATEUR, n. m. [tɛʀʒiveʀsatœʀ] (lat. impér. *tergiversator*) Celui qui tergiverse.

TERGIVERSATION, n. f. [tɛʀʒiveʀsasjɔ̃] (lat. *tergiversatio*) Action de tergiverser.

TERGIVERSER, v. intr. [tɛʀʒiveʀse] (lat. *tergiversari*, de *tergum*, dos, et *vertere*, tourner) Prendre des détours, des faux-fuyants.

TERMAILLAGE, ■ n. m. [tɛʀmajaʒ] (1 *terme*) Écon. Technique visant à faire varier les termes de paiements afin de profiter de l'évolution des cours et de se protéger contre les risques de non-paiement. *L'utilisateur du termaillage doit prendre en compte et comparer le gain de change anticipé induit par les modifications des délais de règlements.*

TERME, n. m. [tɛʀm] (lat. *terminus*, borne, limite, fin, lat. chrét. règle, détermination du sens d'un mot, par contamination du gr. *horos*, borne, limite, définition) Borne, limite de la carrière. ♦ Chez les Romains, *le dieu Terme*, divinité dont la représentation en forme de borne servait de limite aux héritages et à l'État. ♦ Sculpt. Figure d'homme dont la partie inférieure se termine en gaîne. ♦ ▷ *Être planté comme un terme*, rester longtemps debout à la même place. ◁ ♦ Fin dans le temps ou dans l'espace. *Le terme de la vie humaine.* « *Quels termes n'a franchis ma course vagabonde ?* », Rotrou. ♦ *Être à son dernier terme*, très, près de mourir. ♦ Fig. Il se dit de l'ordre intellectuel et moral. « *Tel a été le dernier terme de son ambition* », J.-J. Rousseau. ♦ Temps préfix. « *Je n'ai prescrit qu'un jour de terme à son départ* », P. Corneille. ♦ Temps préfix d'un paiement. *Emprunter à long terme. Somme payable en six termes.* ♦ À la Bourse, *opération à terme*, opération dont le règlement n'a lieu qu'à une époque plus ou moins éloignée du moment de la négociation, mais toujours fixée d'avance. ♦ Espace de trois mois de loyer d'une habitation. ♦ Somme à payer au bout du terme. ♦ La fin du terme. *Je déménage au terme.* ♦ Époque naturelle de l'accouchement. *Enfant venu à terme.* ♦ *Terme* se dit aussi des femelles de quelques animaux, jument, vache, chienne, etc. « *Une lice étant sur son terme* », La Fontaine. ♦ Mot, expression. ♦ *Je lui ai dit cela en propres termes*, dans les mêmes termes que je viens de rapporter. ♦ *S'exprimer en termes propres*, employer les termes convenables à la chose dont on parle. ♦ ▷ *Mesurer, peser ses termes*, s'exprimer avec réserve, circonspection. ◁ ♦ *Parler de quelqu'un en bons termes*, en dire du bien, du mal. ♦ *Ne pas ménager ses termes ;* dire avec dureté des choses désagréables. ♦ Expression particulière à un art, à une science. *Termes de métier, de droit, etc.* ♦ Un des éléments de la proposition. *Le sujet est le terme principal de la proposition.* ♦ *Terme de comparaison, de relation,* chacun des deux objets que l'on compare, qui ont du rapport entre eux. ♦ *Les termes d'un syllogisme,* les trois termes dont les idées combinées deux à deux forment les trois propositions. ♦ Math. *Termes d'un rapport, d'une proportion, d'une progression,* chacune des quantités qui composent le rapport, la proportion, la progression. ♦ Alg. *Terme* ou *monôme,* expression telle que *ab,* entre les parties de laquelle il n'y a ni signe ni d'addition ni de soustraction. ♦ Au pl. On est une affaire, position d'une personne à l'égard d'une autre. *Être dans de bons termes avec quelqu'un.* « *La chose en est aux termes de n'en plus faire de secret* », Molière. ♦ Prov. *Qui a terme ne doit rien,* on ne peut pas contraindre au paiement d'une dette qui n'est pas échue. ■ *Mener à terme un projet,* le mener jusqu'au bout. ■ *Mettre un terme à quelque chose,* l'arrêter. *Il a mis un terme à l'abonnement de son magazine préféré.*

TERMÈS, n. m. [tɛʀmɛs] Voy. TERMITE.

TERMINAISON, n. f. [tɛʀminezɔ̃] (lat. *terminatio,* délimitation, limite) État d'une chose qui se termine, qui cesse, qui finit. *La terminaison d'une affaire, d'une maladie, etc.* ♦ Anat. Le bout ou la disparition des nerfs, des vaisseaux, etc. ♦ Gramm. Désinence. *Terminaison masculine.*

TERMINAL, ALE, adj. [tɛʀminal] (lat. impér. *terminalis,* relatif aux limites, final) Hist. nat. Il se dit de ce qui termine une partie, de ce qui en forme l'extrémité. ♦ Anat. *Fil* ou *filet terminal,* filament creux qui termine la dure-mère rachidienne. ♦ Bot. Se dit de ce qui naît au sommet d'un autre. *Bourgeons terminaux.* ■ Qui constitue le dernier élément de quelque chose. ■ N. f. *La terminale,* dernière classe du lycée qui prépare au baccalauréat. ■ N. m. Équipement permettant le pompage et le stockage du

pétrole à l'extrémité d'un pipeline. *Des terminaux.* ■ Équipement permettant la réception et l'expédition des conteneurs dans une zone portuaire. ■ Gare ou aérogare qui accueille les passagers au départ ou à l'arrivée. ■ **Inform.** Périphérique distant d'un ordinateur.

TERMINATEUR, TRICE, adj. [tɛʀminatœʀ, tʀis] (lat. impér. *terminator,* qui pose des limites) Qui termine. « *La ligne terminatrice de la lumière* », Diderot.

TERMINÉ, ÉE, p. p. de terminer. [tɛʀmine] ♦ *Terminé de,* se dit d'une couleur qui est terminée par une autre. « *Les pennes de la queue noirâtres, terminées de jaune* », Buffon. ♦ *Traits, contours terminés,* traits bien arrêtés.

TERMINER, v. tr. [tɛʀmine] (lat. *terminare,* limiter, terminer) Borner, limiter. « *Alger, qui termine l'empire des Turcs en Afrique, est l'ancienne Numidie* », Voltaire. ♦ Fig. Borner, arrêter dans une limite déterminée. ♦ Achever, finir. « *Souffre qu'avec honneur je termine mes jours* », P. Corneille. ♦ Mettre un terme. *La mort termina les conquêtes d'Alexandre.* ♦ Être au bout, à l'extrémité de quelque chose. « *Toute la force qu'une phrase se réunit quelquefois dans le mot qui la termine* », Condillac. ♦ Se terminer, v. pr. Être achevé, terminé. *L'affaire se termina par un traité de paix.* ♦ Aboutir. « *Vous serez surpris quand vous apprendrez à quoi se termine un si grand éclat* », Pascal. ♦ Être borné. « *Car enfin le Tout-Puissant n'aurait fait que des ouvrages peu dignes de lui, si toute sa magnificence ne se terminait qu'à des grandeurs exposées à nos sens infirmes* », Bossuet. ♦ Gramm. Avoir telle ou telle désinence. *Les verbes de la 1ʳᵉ conjugaison se terminent en* er *à l'infinitif.* ■ *Se terminer en,* prendre une certaine forme en son extrémité. *Un objet qui se termine en pointe.*

TERMINOLOGIE, n. f. [tɛʀminolɔʒi] (*terme,* d'après le radic. de *terminus,* et *-logie*) Ensemble des termes techniques d'une science ou d'un art. ■ Langue particulière que se fait chaque auteur. ■ Étude des termes d'un domaine spécifique et de leur organisation sémantique. *La terminologie médicale.*

TERMINOLOGIQUE, ■ adj. [tɛʀminolɔʒik] (*terminologie*) Qui se rapporte à la terminologie ou au terminologue. *Faire une étude terminologique d'un texte.*

TERMINOLOGUE, ■ n. m. et n. f. [tɛʀminolɔɡ] (*terminologie*) Linguiste spécialisé en terminologie. *Le terminologue assure la collecte, le traitement et la diffusion d'un ensemble de données terminologiques relatives à un domaine défini de connaissances et organisées pour être offert à la consultation des utilisateurs.*

TERMINUS, ■ n. m. [tɛʀminys] (mot lat., terme, fin) Dernière station d'une ligne de transports en commun. *Des terminus.*

TERMITE, ■ n. m. [tɛʀmit] (lat. *termes,* génit. *termitis,* du *tarmes*) Nom d'un genre de névroptères, dont les différentes espèces portent aussi le nom vulgaire de *poux de bois* et de *fourmis blanches. Le termite ronge les pièces de bois, sans attaquer l'extérieur.* ♦ Fig. *Un travail de termite,* un travail destructeur et occulte. ■ Rem. On disait aussi *termès* autrefois.

TERMITIÈRE, ■ n. f. [tɛʀmitjɛʀ] (*termite*) Habitat du termite constitué de terre et de salive pouvant atteindre jusqu'à 6 m de haut et 30 m de diamètre. *Les termitières sont des structures complexes traversées par de nombreux conduits de ventilation.*

TERNAIRE, adj. [tɛʀnɛʀ] (lat. impér. *ternarius,* qui contient le nombre trois) Qui est composé de trois unités. *Nombre ternaire.* ♦ Arithmétique *ternaire,* système de numération qui exprimerait tous les nombres par le moyen de trois caractères. ♦ Qui est distribué trois par trois. ♦ Chim. *Composé ternaire,* composé qui résulte de la combinaison de trois corps simples, ou plutôt de deux composés binaires ayant un principe commun. ♦ Mus. Divisé par trois. *Mesure ternaire.*

1 **TERNE**, adj. [tɛʀn] (*ternir*) Voy. TERNIR. Qui n'a point ou qui a peu d'éclat. *Des yeux ternes.* ♦ Peint. *Coloris terne,* coloris sans éclat. ♦ Fig. *Style terne,* style sans couleur.

2 **TERNE**, n. m. [tɛʀn] (lat. *ternas,* accus. fém. du distrib. *terni,* chacun trois, par trois) Loterie Réunion de trois numéros qui ne doivent produire de gain qu'à condition de sortir tous trois au même tirage. ♦ *Terne sec,* trois numéros qu'on prend sans jouer l'extrait, ni l'ambe. ♦ ▷ Fig. et fam. *C'est un terne à la loterie,* se dit d'une chose, d'un avantage que le hasard seul procure. ◁ ♦ Au jeu de loto, trois numéros gagnant ensemble sur la même ligne horizontale. ♦ Au jeu de dés, les deux trois. *Amener les deux ternes* ou *amener ternes.* ■ N. f. Électr. Ensemble de trois câbles d'une ligne électrique aérienne. *Une ligne de 150 kV double terne.*

TERNÉ, ÉE, adj. [tɛʀne] (lat. *terni,* par trois) Bot. Il se dit des parties qui sont rapprochées trois par trois.

TERNES, n. m. pl. [tɛʀn] Voy. TERNE.

TERNI, IE, p. p. de ternir. [tɛʀni]

TERNIR, v. tr. [tɛʁniʁ] (prob. anc. b. frq. *tarnjan*, cacher) Ôter ou diminuer l'éclat d'une chose. *L'haleine ternit la glace d'un miroir. Ternir les couleurs.* ♦ *Fig.* « *Un seul doute, un seul mot blesse la foi ; un souffle, pour ainsi dire, la ternit* », MASSILLON. ♦ **Par extens.** Éclipser, obscurcir. « *À peine tu parais les armes à la main, Que tu ternis les noms du Grec et du Romain* », P. CORNEILLE. ♦ **Fig.** Diminuer, ôter l'éclat des choses morales ou intellectuelles. « *L'avarice, la sécheresse et l'orgueil ternissent les plus belles qualités des grands hommes* », RETZ. ♦ *Se ternir*, v. pr. Devenir terne. ♦ *Fig. Sa gloire se ternit.*

TERNISSEMENT, n. m. [tɛʁnis(ə)mɑ̃] (*ternir*) Action de ternir.

TERNISSURE, n. f. [tɛʁnisyʁ] (*ternir*) État de ce qui est terni.

TERPÈNE, ■ n. m. [tɛʁpɛn] (mot all., de *Terpentinol*, essence de térébenthine, de *Terpin*, térébenthine, empr. au fr.) **Chim.** Classe d'hydrocarbures produits par les plantes et qui entrent dans la composition de la résine et de la térébenthine. *Les conifères sont de grands producteurs de terpène.*

TERPÉNIQUE, ■ adj. [tɛʁpenik] (*terpène*) **Chim.** Se dit du terpène et de ses dérivés. *L'excipient d'eucalyptol est un dérivé terpénique.*

TERPÉNOÏDE, ■ n. m. [tɛʁpenoid] (*terpène* et *-oïde*) **Chim.** Substance dérivée du terpène. *La présence d'un terpénoïde toxique peut probablement expliquer les empoisonnements constatés chez certains animaux.* ■ **Bot.** Substance végétale émise par certaines plantes. *Les caroténoïdes sont des pigments de nature terpénoïde.*

TERPINE, ■ n. f. [tɛʁpin] (mot angl. de *turpentine*, térébenthine, empr. au fr.) **Chim.** Composé terpénique à base d'essence de térébenthine et qui entre dans la composition de potions expectorantes. *Certains sirops expectorants contiennent de la terpine.*

TERPINÉOL ou **TERPINOL**, ■ n. m. [tɛʁpineɔl, tɛʁpinɔl] (*terpine* et *-ol*, alcool) **Chim.** Mélange composé de terpène et d'acide sulfurique. *Le terpinéol entre dans la composition de certains médicaments comme par exemple ceux à base de paracétamol ou de vitamine C effervescente.*

1 TERRAGE, n. m. [teʁaʒ] (*terre*, domaine féodal) ▷ Anciennement, droit seigneurial, qui se levait en plusieurs points, comme la dîme de dix ou douze gerbes l'une. ◁

2 TERRAGE, n. m. [teʁaʒ] (*terrer*) ▷ En sucrerie, action de terrer le sucre. ♦ T. rural. Syn. de colmatage. ◁

TERRAIN, n. m. [teʁɛ̃] (lat. pop. *terranum*, du lat. impér. *terrenum*, terrain, de l'adj. *terrenus*, formé de *terre*, de *terra*, terre) Espace de terre plus ou moins étendu, considéré d'une manière générale. ♦ *Se rendre sur le terrain*, aller se battre en duel. ♦ *Disputer le terrain*, se dit, à la guerre, de l'opiniâtreté avec laquelle un des partis défend sa position contre l'autre. ♦ **Fig. Prov.** *Disputer le terrain*, se défendre vivement. ♦ *Ménager le terrain*, employer utilement tout le terrain qu'on a, et fig. se servir avec prudence des moyens dont on peut disposer. ♦ *Gagner du terrain*, s'avancer peu à peu dans une lutte contre les hommes ou contre les choses, et fig. faire des progrès, avancer peu à peu. ♦ *Perdre du terrain*, reculer dans une lutte, et fig. perdre force, faveur, crédit. ♦ **Fig.** L'état des circonstances, des rapports, des conditions. « *Ces arts, transplantés de Grèce en Italie, se trouvaient dans un terrain favorable* », VOLTAIRE. ♦ *Connaître le terrain*, connaître les inclinations, le caractère des personnes à qui on a affaire. ♦ On dit de même : *Tâter, sonder le terrain.* ♦ *Être sur son terrain*, parler de ce qu'on connaît bien, ou agir dans une affaire qui nous est familière. ♦ ▷ *Se placer sur un bon, sur un mauvais terrain*, soutenir une bonne ou une mauvaise cause ; choisir bien ou mal ses moyens d'attaque ou de défense. ◁ ♦ Espace de terre que l'on parcourt à cheval, au manège ou ailleurs. ♦ La terre, par rapport à certaines qualités. *Un bon terrain.* ♦ **Géol.** Nom donné aux roches considérées par rapport à l'étendue qu'elles occupent, et d'après le mode et l'époque de leur formation. *Terrains primaires ou primitifs, secondaires ou moyens, tertiaires ou supérieurs.* ♦ **Peint.** Se dit de toutes les parties d'un paysage qui représentent la terre nue ou seulement revêtue d'herbe. ■ **Méd.** Ensemble des facteurs constitutionnels ou acquis prédisposant à certaines maladies. *Un terrain infectieux.* ♦ Espace de terre métré. *Acheter un terrain pour bâtir.* ♦ Lieu aménagé pour une certaine activité. *Un terrain de golf.* ♦ **Fig.** *Être sur un terrain glissant*, aborder un sujet controversé et dont la discussion risque de tourner à notre désavantage. ■ **Rem.** Graphie ancienne : *terrein.*

TERRA INCOGNITA, ■ n. f. [teʁaĩkɔɲita] ou [teʁaĩkɔ̃ɲita] (mots latins *terra*, terre, et fém. de *incognitus*, inconnu) Terre vierge, non explorée. ■ **Fig. et par anal.** Se retrouver en terra incognita, se trouver en territoire inconnu. *En commençant un nouveau métier, il s'est retrouvé en terra incognita.*

TERRAL, n. m. [teʁal] (*terre*) **Mar.** Peu usité. Brise de terre, vent qui souffle de la terre vers le large.

TERRAQUÉ, ÉE, adj. [teʁake] (prob. angl. *terraqueous*, du lat. *terra*, terre, et *aqueous*, du *aquosus*, aqueux, humide) Composé de terre et d'eau ; usité seulement dans ces locutions et analogues : *globe terraqué, masse terraquée.*

TERRARIUM, ■ n. m. [teʁaʁjɔm] (lat. *terra*, terre, sur le modèle de *aquarium* ; cf. b. lat. *terrarium*, levée de terre) Espace clos aménagé pour l'élevage de certains animaux (reptiles, araignées, etc.). *Installer un terrarium dans une classe. Des terrariums.*

TERRASSANT, ANTE, adj. [teʁasɑ̃, ɑ̃t] (*terrasser*) Qui terrasse. « *Les raisons les plus terrassantes* », D'ALEMBERT.

TERRASSE, n. f. [teʁas] (*terre*) Levée de terre ordinairement soutenue par de la maçonnerie, pour la promenade ou pour la vue. ♦ *Ce jardin est en terrasse*, il est élevé en forme de terrasse. ♦ *Travaux de terrasse*, tous les travaux qui se font en remuant des terres. ♦ Ouvrage de maçonnerie en forme de balcon, de galerie, au-devant d'une habitation. ♦ Couverture d'un édifice en plate-forme. ♦ **Peint.** Premier plan des paysages. ♦ **Hérald.** La pointe de l'écu, faite en forme de champ plein d'herbe. ♦ Se dit de parties tendres qui se trouvent quelquefois dans les marbres. ♦ Partie d'une pierre précieuse qui ne peut souffrir le poli. ■ *Culture en terrasses*, qui consiste à étager les cultures sur une pente en réduisant la dénivellation grâce à des murets. ■ Emplacement sur un trottoir le long d'un café ou d'un restaurant où sont disposées des tables et des chaises à l'usage de consommateurs. *Prendre un verre en terrasse.*

TERRASSÉ, ÉE, p. p. de terrasser. [teʁase] ♦ **Hérald.** Se dit d'un arbre, d'une plante représentée sur un écu avec la terre qui couvre sa racine. ♦ Se dit aussi de la pointe d'un écu qui représente un terrain.

TERRASSEMENT, n. m. [teʁas(ə)mɑ̃] (*terrasser*) Action de remuer et transporter des terres. ♦ Action de renverser. ■ Travaux de modification du relief d'un terrain. *Le terrassement d'un jardin.*

TERRASSER, v. tr. [teʁase] (*terrasse*) Appuyer un amas de terre derrière une muraille pour la fortifier. ♦ Creuser, fouir la terre. ♦ Dresser et régler les terres pour faire un pavage. ♦ Renverser, jeter à terre avec violence. ♦ **Fig.** Faire perdre courage, consterner. ♦ Mettre quelqu'un dans l'impossibilité de répondre. ♦ *Se terrasser*, v. pr. À la guerre, se couvrir d'ouvrages de terre. ■ *Terrasser un ennemi*, le vaincre totalement. ■ Abattre quelqu'un physiquement ou moralement. *Ses remarques l'ont littéralement terrassé.*

TERRASSEUX, EUSE, adj. [teʁasø, øz] (*terrasse*) Se dit d'un marbre, d'une pierre qui contient des terrasses.

TERRASSIER, n. m. [teʁasje] (terrasser) Entrepreneur de terrassements. ♦ Ouvrier qui travaille à remuer, à transporter des terres.

TERRE, n. f. [tɛʁ] (lat. *terra*, terre [globe terrestre, matière, sol, continent, pays]) Sol sur lequel on marche, et qui produit les végétaux. ♦ *Mettre pied à terre*, descendre de cheval, de voiture, de quelque endroit élevé. ♦ *Mettre un genou en terre*, s'agenouiller. ♦ **Fig.** *Reprendre terre*, reprendre de nouvelles forces, par allusion à la fable d'Antée qui reprenait des forces quand il touchait la Terre. ♦ **Fig.** *Baiser la terre*, avoir le visage ras-terre, être dépourvu de toute élévation. « *Ses vers... Toujours baisent la terre et rampent tristement* », BOILEAU. ◁ ♦ *Remuer de la terre*, Voy. REMUER. ♦ *Terres rapportées*, Voy. RAPPORTER. ♦ **Fortif.** Ouvrage de terre. ♦ *À terre*, se dit par extension de ce qui ou de ce qui tombe sur le sol à nos pieds, quelque soit ce sol. *Cette draperie touche à terre. Ce couvreur est tombé à terre.* ♦ **Fig.** *Cela n'est pas tombé à terre*, cela a été remarqué, relevé. ♦ *Ne pas toucher à terre*, courir si vite qu'il semble qu'on ne touche pas la terre. ♦ *Regarder à terre*, avoir les regards fixés sur le sol. ♦ ▷ ▷ *À plate terre, sur la terre*, ◁ sur le pavé, sur le plancher. « *Ils dorment à l'air à plate terre* », J.-J. ROUSSEAU. ◁ ♦ *Par terre*, se dit de ce qui ou de ce qui tombe sur le sol à nos pieds, avec cette idée que ce qui tombe, touchait le sol auparavant. *Il est tombé par terre en courant.* ♦ *Mettre par terre*, renverser par terre. ♦ **Fig.** *Jeter par terre*, anéantir, renverser. ♦ **Fig.** *Tenir à terre*, tenir dans l'abaissement. ♦ **Fig.** *Être à terre*, être renversé. ♦ ▷ *Battre quelqu'un à terre*, abuser de l'avantage qu'on a à contre quelqu'un hors d'état de se défendre. ♦ ▷ On dit de même : *Tuer à terre.* ◁ ♦ **Fig.** *Tomber par terre, tomber à terre*, être renversé, détruit. ♦ ▷ *Ce cheval va terre à terre*, son galop est de deux temps et de deux pistes. ◁ ♦ **Fig.** *Terre à terre*, d'une manière dépourvue de toute élévation. ♦ ▷ *Aller terre à terre*, avoir des vues peu élevées, des idées communes ; et aussi faire peu de progrès. ◁ ♦ **N. m.** Danse *Le terre à terre*, pas qui s'exécute sans sauter, en rasant la terre. ♦ ▷ **Fig.** *Le terre à terre du style, des pensées.* ◁ ♦ *Donner du nez en terre*, Voy. NEZ. ♦ *Sous terre*, sous la superficie de la terre. *Une habitation sous terre.* ♦ *Être sous terre*, être mort. ♦ *Je voudrais être cent pieds sous terre*, se dit quand on a quelque chagrin violent, quelque honte, quelque confusion. ◁ ♦ *Sous terre*, par intrigues cachées, d'une manière sourde. ♦ *De dessous terre*, d'un endroit très caché. ♦ **Fig.** « *Quand ces gens-là viennent à se manifester, vous voyez des vertus qui sortent de dessous terre* », MARIVAUX. ♦ *Terre*, par rapport à l'action d'inhumer. « *C'est un homme à porter en terre dans deux jours* », MOLIÈRE. ♦ *Terre sainte*, terre bénite et consacrée à l'inhumation des fidèles. ♦ **Fig.** *Faire rentrer en terre*, remplir de crainte, de confusion. ♦ La couche qui produit les plantes. *Terre végétale. Terre à blé.* ♦ *Un arbre en pleine terre* ou *un arbre de pleine terre*, un arbre qui n'est pas planté dans une caisse. ♦ La terre considérée relativement à sa composition. *Terre calcaire, siliceuse, etc.* ♦ *Terre de la Chine, terre à porcelaine,* le kaolin. ♦ *Terre à foulon,* Voy. FOULON. ♦ *Terre d'ombre,* Voy. OMBRE. ♦ *Terre de pipe,* variété d'argile blanche. ♦ *Terre pourrie d'Angleterre,* sorte de tripoli léger et friable. ♦ *Terre de Sienne,* minerai de fer oxydé, employé en peinture. ♦ *Terre à pot* ou *à potier* ou simplement *terre,* argile blanchâtre, compacte, molle, dont on fait les tuiles, les briques, les pots. *Un plat de terre.* ♦ L'argile dont les sculpteurs se servent pour modeler leurs ouvrages. ♦ *Terre cuite,* cette même terre façonnée en statues, en vases, etc. et durcie au feu. *Un buste de terre cuite.* ♦ On dit dans le même sens : *Une terre cuite.* ♦ Nom donné par les anciens philosophes à l'un des quatre éléments : la terre, l'eau, l'air et le feu. ♦ Chim. Substances qu'on regardait comme simples, mais qu'on est parvenu à décomposer et à ramener à la classe des corps oxygénés, comme la chaux, etc. ♦ Planète qui fait sa révolution annuelle autour du Soleil en trois cent soixante-cinq jours, six heures et neuf minutes. ♦ *Le globe terrestre.* ♦ *Être sur terre,* vivre, exister. ♦ *Enfant de la terre,* homme. ♦ Il se dit, surtout au pluriel, de parties du globe. *Les terres arctiques.* ♦ Il se dit, tant au singulier qu'au pluriel, des pays. *Les terres du Turc.* ♦ *La terre sainte,* la Judée. ♦ *Terre de promission,* Voy. PROMISSION. ♦ *Terre de malédiction, terre maudite,* terre infertile, dangereuse. ♦ *Domaine,* fonds rural. ♦ La terre qui est sur le bord de la mer, d'un fleuve. *Descendre à terre.* ♦ **Fig.** « *J'aperçois terre enfin, et je me hâte de gagner le rivage* », DESCARTES. ♦ ▷ *Prendre terre,* aborder. ◁ ♦ *Mettre à terre,* faire débarquer. ♦ *Perdre terre,* Voy. PERDRE. ♦ ▷ *Être à terre ou sous la terre,* en naviguer très près. ◁ ♦ *Armée de terre,* forces de terre, les troupes qui combattent sur terre. ♦ *La terre ferme,* partie du globe distinguée des eaux, soit continent, soit île. ♦ *La Terre,* personnification divinisée de la terre, chez les anciens. ♦ **Fig.** Les habitants de la terre. ♦ **Fig.** *Toute la terre,* les gens d'un pays, d'une ville, d'une société. *Il est connu de toute la terre.* ♦ **Fig.** La vie présente. *Les plaisirs de la terre.* ♦ **Prov.** *Qui terre a guerre a,* qui a du bien est sujet à avoir des procès. ♦ **Prov.** *Tant vaut l'homme, tant vaut la terre,* c'est la capacité du propriétaire qui fait la valeur de la terre. ■ *Le travail de la terre,* toute activité ayant trait à la culture. ■ **Fam.** *Ne pas* ou *ne plus toucher terre,* vivre un moment de bonheur, de joie intense. *Quand elle a appris qu'elle était enceinte, elle ne touchait plus terre.* ■ **Fam.** *Tomber plus bas que terre,* être au plus bas, avoir perdu tout amour propre. *Il est tombé plus bas que terre et est devenu alcoolique.* ■ **Fig.** et **fam.** *Être mis en terre, être six pieds sous terre,* être enterré. *Son père est six pieds sous terre depuis maintenant six mois.* ■ **Relig.** *La Terre promise,* Israël. ■ **Fig.,** par anal. et par exagération Chose, personne ou endroit que l'on attendait, espérait depuis longtemps. *L'Éthiopie est la terre promise des rastafariens.* ■ **Prov.** *C'est le pot de terre contre le pot de fer,* c'est le faible contre le fort, c'est un combat perdu d'avance.

TERRÉ, ÉE, p. p. de terrer. [tɛʁe]

TERRE À TERRE, ■ loc. adv. [tɛʁatɛʁ] *(terre)* Au ras du sol. ■ **Loc. adj.** Fig. Se dit d'une personne ou d'une activité banale, sans élévation. ■ **Fig.** Se dit des préoccupations matérielles, du concret. « *Il avait un esprit terre à terre. Il voyait les hommes et les choses non pas en philosophe, mais en administrateur* », A. FRANCE.

TERREAU, n. m. [tɛʁo] *(terre)* Résultat actuel de la décomposition des végétaux. ♦ Terre mêlée de fumier pourri, qu'on emploie à faire des couches dans les potagers.

TERREAUDEMENT ou **TERREAUTAGE,** n. m. [tɛʁod(ə)mɑ̃, tɛʁotaʒ] *(terreauder)* Action de terreauder.

TERREAUDER ou **TERREAUTER,** v. tr. [tɛʁode, tɛʁote] *(terreau)* Améliorer une terre avec du terreau. ♦ Couvrir de terreau les racines d'une plante.

TERRÉE, n. f. [tɛʁe] *(terre)* Talus de terre, formé par ce qu'on retire des fossés qui bornent une vigne ou une pièce de terre.

TERREIN, n. m. [tɛʁɛ̃] Voy. TERRAIN.

TERRE-NEUVE, n. m. [tɛʁ(ə)nœv] ([chien de] *Terre-Neuve,* île du Canada) *Un terre-neuve, un chien de Terre-Neuve,* grand et beau chien à long poil, et aimant à aller à l'eau. ♦ On dit aussi : *chien terre-neuvien* et *terre-neuvier.* Au pl. *Des terre-neuve* ou *des terre-neuves.*

TERRE-NEUVIEN, IENNE, ■ n. m. et n. f. [tɛʁ(ə)nøvjɛ̃, jɛn] *(Terre-Neuve,* île du Canada) Originaire ou habitant de l'île de Terre-Neuve. *Des Terre-Neuviens.* ■ **Adj.** *La cuisine terre-neuvienne typique se compose de bœuf ou de porc, de légumes et de pois séchés le tout cuit dans un chaudron.*

TERRE-NEUVIER, n. m. [tɛʁ(ə)nøvje] *(Terre-Neuve,* île du Canada) Pêcheur qui va à la pêche des morues sur les bancs de Terre-Neuve. ♦ Navire qui sert à cette pêche. ♦ **Adj.** *Navire terre-neuvier.* ♦ Syn. de terre-neuve. Au pl. *Des terre-neuviers.*

TERRE-NOIX, n. f. [tɛʁ(ə)nwa] *(terre* et *noix)* Plante dite aussi *châtaigne de terre,* qui est de la famille des ombellifères. ♦ Les bulbes de cette plante. Au pl. *Des terre-noix.*

TERRE-PLEIN ou **TERREPLEIN,** n. m. [tɛʁ(ə)plɛ̃] (ital. *terrapieno,* rempli de terre, de *terra,* terre, et *pieno,* plein ; cf. lat. médiév. *terraplenum,* terreau) Partie horizontale d'un rempart, d'une batterie, située derrière le parapet, l'épaulement. ♦ **Archit.** Il se dit de toute terre rapportée entre deux murs de maçonnerie, pour servir de terrasse ou de chemin. ♦ **Par extens.** Tout espace horizontal. ♦ Au pl. *Des terre-pleins.*

TERRER, v. tr. [tɛʁe] *(terre)* Mettre de nouvelle terre au pied d'une plante. ♦ Répandre de la terre sur les prairies et les gazons. ♦ Reporter dans le haut d'une propriété en pente la terre que les eaux ont entraînée. ♦ Enduire une étoffe de terre à foulon, pour la dégraisser. ♦ ▷ *Terrer le sucre,* couvrir le fond du pain avec une couche de terre argileuse détrempée. ◁ ♦ **V. intr.** En parlant de certains animaux, creuser la terre pour s'y loger. *Le lapin terre.* ♦ **Se terrer,** v. pr. Être terré, couvert de terre. ♦ Se cacher sous terre, en parlant de certains animaux. ♦ Se mettre à couvert du feu de l'ennemi par des travaux de terre. ■ Se cacher dans un lieu abrité. *Il s'est terré dans cette bergerie pendant plus de six mois pour se faire oublier de la police.*

TERRESTRE, adj. [tɛʁɛstʁ] (lat. *terrestris,* relatif au globe terrestre, qui vit sur la Terre) Qui appartient à la Terre, qui en vient, qui tient de la nature de la terre. *Le globe terrestre. Des exhalaisons terrestres.* ♦ **Poétiq.** *Le terrestre séjour,* la terre. ♦ *Paradis terrestre,* Voy. PARADIS. ♦ Il se dit par opposition à spirituel. « *Il y a toujours je ne sais quoi de terrestre qui se mêle à nos sentiments les plus délicats* », BONNET. ♦ **Bot.** Qui croît ou vit sur la Terre. *Agaric terrestre.*

TERREUR, n. f. [tɛʁœʁ] (lat. *terror*) Crainte violente que l'on ressent. ♦ *Terreur panique,* Voy. PANIQUE. ♦ *La terreur de quelque chose,* la terreur que quelque chose inspire. « *La terreur de son nom rendra nos villes fortes* », MALHERBE. ♦ Objet d'épouvante. « *Rodrigue... Le soutien de Castille et la terreur du Maure* », P. CORNEILLE. ♦ ▷ *Il est la terreur des coupables,* se dit d'un juge sévère. ◁ ♦ *La Terreur,* se dit absolument de l'époque de la révolution française comprise entre le 31 mai 1793 et le 27 juillet 1794 (9 thermidor). ♦ Peur que l'on fait régner sur un groupe de personnes pour les dominer. *Un régime de terreur.* ■ **Plais.** *La terreur, la petite terreur,* enfant un peu turbulent. *Comment va ta petite terreur aujourd'hui ?* ■ **Ironiq.** et **fam.** *La terreur des bacs à sable,* personne qui aimerait être menaçante mais qui ne fait peur à personne. ■ **Plais.** et **fam.** Un jeune enfant. *J'ai acheté cette salopette pour la terreur des bacs à sable.*

TERREUX, EUSE, adj. [tɛʁø, øz] (lat. impér. *terrosus*) Qui a les qualités de la terre. *Matière terreuse.* ♦ *Goût terreux, odeur terreuse,* goût, odeur de terre. ♦ Mêlé de terre. *Sable, métal terreux.* ♦ Qui est plein de terre, sali de poussière. *Des mains terreuses.* ♦ Qui est couleur de terre, de poussière. ♦ *Visage terreux,* visage pâle et livide. ♦ **Peint.** *Couleur terreuse,* couleur terne, sans transparence. ♦ **Joaill.** Qui est de couleur de terre.

TERRIBLE, adj. [tɛʁibl] (lat. *terribilis*) Qui cause, inspire de la terreur. « *On doit être surpris que la mort soit si terrible à des chrétiens* », MASSILLON. ♦ Qui inspire la terreur tragique. « *L'art de traiter des sujets terribles* », VOLTAIRE. ♦ Qui se fait fortement sentir en mal, en parlant des choses. *Un vent, une inquiétude terrible.* ♦ Étrange, extraordinaire, en parlant des choses. « *Les affaires de l'empire se brouillaient d'une terrible manière* », BOSSUET. ♦ Il se dit des personnes avec un sens péjoratif, importun, fatigant. *C'est un terrible faiseur de vers.* ♦ *Enfant terrible,* Voy. ENFANT. ♦ ▷ **N. m.** *Le terrible,* ce qui inspire la terreur. ◁ ■ **Fam.** *Pas terrible,* médiocre, quelconque. *Cette robe n'est pas terrible.* ■ **Fam.** Formidable, génial. *La nouvelle voiture d'Arnaud est terrible ! Je veux la même !*

TERRIBLEMENT, adv. [tɛʁibləmɑ̃] *(terrible)* De manière à inspirer de la terreur. *Il tonnait terriblement.* ♦ **Fam.** Extrêmement, excessivement. « *Pour moi, j'aime terriblement les énigmes* », MOLIÈRE. « *La nuit est terriblement noire* », LA MOTTE.

TERRICOLE, adj. [tɛʁikɔl] (lat. *terra* et *-cole*) **Hist. nat.** Qui habite la terre ; qui vit sur ou dans la terre.

TERRIEN, IENNE, adj. [tɛʁjɛ̃, jɛn] *(terre)* Qui possède des terres. *Un seigneur terrien.* ♦ *Chevalier terrien,* celui qui tient un fief dans sa mouvance. ♦ **N. m. et n. f.** Celui, celle qui possède des terres. ♦ *Grand terrien,* seigneur qui possède beaucoup de terres ; grand prince dont la domination s'étend sur beaucoup de pays. ■ Personne qui vit sur la planète Terre par opposition au monde extraterrestre. ■ Personne qui vit à l'intérieur d'un pays et non sur les côtes. ■ **Rem.** On ne dit plus auj. *grand terrien* mais *propriétaire terrien.*

1 TERRIER, adj. m. [tɛʁje] *(terre)* **Féod.** *Papier terrier* ou n. m. *terrier,* registre contenant le dénombrement des particuliers qui relevaient d'une seigneurie, et de leurs redevances ou obligations.

2 TERRIER, n. m. [tɛʁje] *(terre)* Trou, cavité dans la terre où certains animaux se retirent. *Le terrier d'un renard.* ♦ ▷ **Fig.** *Terrier,* aller finir sa vie dans sa maison, dans son pays. ◁

3 **TERRIER**, adj. [tɛʀje] (*terre*) *Chien terrier* ou n. m. *un terrier*, un basset. ◆ N. m. Grimpereau de muraille. ◆ Adj. *Merles terriers*, merles qui nichent contre terre.

TERRIFIANT, ANTE, ▪ adj. [tɛʀifjɑ̃, ɑ̃t] (*terrifier*) Propre à inspirer de la terreur. *Cri, rêve terrifiant.* ▪ **Par exagération** *Le prix de cette voiture est terrifiant.*

TERRIFIÉ, ÉE, p. p. de terrifier. [tɛʀifje]

TERRIFIER, v. tr. [tɛʀifje] (lat. *terrificare*, de *terrificus*, effrayant) Néol. Frapper de terreur ; épouvanter. ▪ RᴇM. N'est plus un néologisme auj. ◆ **Dimin.** et **par exagération** Avoir peur. *Elle est terrifiée à l'idée d'accoucher.*

TERRIGÈNE, ▪ adj. [tɛʀiʒɛn] (lat. *terrigena*, né de la terre, de *terra*, terre, et *gignere*, engendre) **Géol.** Se dit des substances qui proviennent de l'érosion des terres émergées que l'on trouve dans la mer à proximité du littoral. *La sédimentation terrigène se forme à partir d'apports externes, principalement apportés par les rivières.*

TERRIL, ▪ n. m. [tɛʀil] ou [tɛʀi] (wall. *tèris*, de *terre*) Monticule formé de déchets miniers. *Le terril est un symbole du bassin minier du Nord-Pas-de-Calais.*

TERRINE, n. f. [tɛʀin] (fém. substantivé de l'anc. fr. *terrin*, de terre, du lat. pop. *terrinus*, lat. *terrenus*, formé de terre) Vase à fond plat, de peu de hauteur, de forme cylindrique en grès ou en terre vernie. ◆ *Pâté en terrine* ou simplement *terrine*, viande assaisonnée d'épices, de truffes, etc. et cuite dans une terrine, où on la laisse pour la servir froide.

TERRINÉE, n. f. [tɛʀine] (*terrine*) Plein d'une terrine, autant qu'il en peut tenir dans une terrine. *Une terrinée de lait.*

TERRIR, v. intr. [tɛʀiʀ] (*terre*) En parlant des tortues, venir sur le rivage pour y pondre ses œufs. ◆ **Mar.** Arriver à terre. ◆ On dit plus souvent *atterrir*.

TERRITOIRE, n. m. [tɛʀitwaʀ] (lat. *territorium*) Étendue de terre qui dépend d'un empire, d'une province, d'une ville, d'une juridiction, etc. *Le territoire français.* ◆ *Donner territoire, prêter territoire*, se dit d'un évêque qui, dans son diocèse, permet à un autre évêque de faire certaines fonctions épiscopales. ◆ Lieu qui jouit d'une certaine autonomie mais qui ne constitue pas un état à proprement parler. *Les territoires coloniaux.* ▪ **Méd.** Zone localisée d'un organe ou du corps. *Le territoire pulmonaire. Le territoire rénal.* ▪ Surface qu'un animal s'approprie et défend contre ses congénères. *Les animaux marquent leur territoire en déposant des phéromones sur le sol.*

TERRITORIAL, ALE, adj. [tɛʀitɔʀjal] (b. lat. *territorialis*) Qui concerne le territoire, qui comprend le territoire. *Impôt territorial.* ◆ Garanti par le territoire. *Mandats territoriaux.*

TERRITORIALEMENT, adv. [tɛʀitɔʀjal(ə)mɑ̃] (*territorial*) En vertu d'une condition territoriale. ◆ Du point du vue du territoire. *Une juridiction territorialement compétente.*

TERRITORIALITÉ, n. f. [tɛʀitɔʀjalite] (*territorial*) Ce qui appartient en propre à un territoire considéré politiquement. ◆ **Dr.** Qualité d'une loi qui s'applique à toute personne résidant sur le territoire national. *La territorialité de la gestion collective des droits sur Internet.*

TERROIR, n. m. [tɛʀwaʀ] (lat. class. *territorium*) Terrain considéré par rapport à l'agriculture. « *Le meilleur terroir ne diffère en rien du mauvais s'il n'est cultivé* », Vᴀᴜʙᴀɴ. ◆ *Ce vin sent le terroir*, il a un goût qui tient à la qualité du terroir. ◆ **Fig.** et **fam.** *Cet homme sent le terroir*, il a les défauts qu'on attribue aux gens de son pays. ◆ **Fig.** *Sentir le terroir*, se dit aussi des ouvrages d'esprit qui ont des défauts attribués aux habitudes du pays de l'auteur.

TERRORISER, v. tr. [tɛʀɔʀize] (*terreur*) Établir le système de la terreur ; soumettre au régime de la terreur. ◆ **Absol.** « *Les jacobins terrorisèrent à leur tour* », Mɪᴄʜᴇʟᴇᴛ. ▪ *Être terrorisé par quelque chose*, sous l'emprise d'une peur sourde. *Il est terrorisé à l'idée de passer son examen.* ▪ **TERRORISANT, ANTE**, adj. [tɛʀɔʀizɑ̃, ɑ̃t]

TERRORISME, n. m. [tɛʀɔʀism] (*terreur*) Système de la terreur, pendant la Révolution française. ▪ Manière de gouverner qui recourt systématiquement à la violence. *Le terrorisme qui règne sous une dictature.* ▪ Série d'actes violents perpétrés par une organisation politique ou religieuse dans le but d'intimider un pays ou d'en obtenir quelque chose. *Des actes de terrorisme.* ▪ **Fig.** Intimidation. *Terrorisme spirituel.*

TERRORISTE, n. m. [tɛʀɔʀist] (*terreur*) Partisan, agent de la terreur. ▪ **N. m.** et n. f. Personne qui utilise le terrorisme pour arriver à ses fins. ▪ **Adj.** Qui a recours au terrorisme. *Une organisation terroriste.* ▪ Relatif au terrorisme. *Une menace terroriste.*

TERSER, v. tr. [tɛʀse] Voy. ᴛᴇʀᴄᴇʀ.

TERTIAIRE, adj. [tɛʀsjɛʀ] (lat. *tertiarius*, de *tertius*, troisième) Qui occupe le troisième rang. ◆ **Géol.** *Période tertiaire*, troisième période géologique.

◆ *Terrains tertiaires*, les terrains à commencer par la craie, jusqu'à et non compris les alluvions anciennes. ▪ *Secteur tertiaire*, ou n. m. *le tertiaire*, secteur de l'économie qui regroupe les activités de service. *Le développement du secteur tertiaire. Les métiers du tertiaire.* ▪ **N. m. Géol.** Période, ère tertiaire. *Le tertiaire se situe entre le secondaire et le quaternaire. Les terrains du tertiaire.*

TERTIARISATION ou **TERTIAIRISATION**, ▪ n. f. [tɛʀsjaʀizasjɔ̃, tɛʀsjeʀizasjɔ̃] (*tertiaire*) **Écon.** Développement du tertiaire, des activités de service.

TERTIO, adv. [tɛʀsjo] (mot lat.) Troisièmement.

TERTRE, n. m. [tɛʀtʀ] (lat. pop. *termes, termitis*, du lat. *termen*, borne) Petite éminence de terre qui s'élève dans une plaine et qui ne tient à aucune côte. ◆ Éminence qui recouvre une sépulture.

TÉRYLÈNE, ▪ n. m. [teʀilɛn] (contraction de *téréphtalique* et *éthylène*) Fibre textile synthétique.

TERZA RIMA, ▪ n. f. [tɛʀtsaʀima] (expr. it., troisième rime) **Littér.** Forme poétique d'origine italienne dont les groupes de trois vers riment selon le schéma : a b a ; b c b. *Des terza rima* ou *des terze rime* (pluriel italien).

TERZETTO, ▪ n. m. [tɛʀtseto] (mot it.) **Mus.** Composition musicale pour trois voix ou trois instruments. *Le terzetto opus 74 de Dvorak.*

TES, adj. poss. [te] Voy. ᴛᴏɴ adj.

TESLA, ▪ n. m. [tɛsla] (*Tesla*, physicien yougoslave) **Phys.** Unité internationale qui mesure l'intensité du champ magnétique. *Le symbole du tesla est T.*

TESSELLE, ▪ n. f. [tesɛl] (ital. *tessella*, du lat. *tessera*, tessère) **Bx-arts** Petit élément que l'on dispose à côté d'autres éléments pour former un motif décoratif. *Les mosaïques sont formées de tesselles.*

TESSÈRE, ▪ n. f. [tesɛʀ] (lat. *tessera*) Dans l'Antiquité romaine, petite pièce de différentes matières et de différentes formes, portant des inscriptions et servant de jeton

TESSITURE, ▪ n. f. [tesityʀ] (ital. *tessitura*, de *tessere*, tisser) Étendue des sons qu'une voix ou un instrument est capable de produire. *Amplitude d'une tessiture.*

TESSON, n. m. [tesɔ̃] (dit pour *teston*, de 1 *test*) Débris de bouteille cassée, de pot cassé.

1 **TEST**, n. m. [tɛ] ou [tɛst] (1 *têt*) ▷ Le même que têt, syn. de tesson. ◁

2 **TEST**, n. m. [tɛ] ou [tɛst] (1 *têt*) Le même que têt, en histoire naturelle.

3 **TEST**, n. m. [tɛst] (mot angl., de l'anc. fr. *test*, pot, voir 1 *têt*) Mot anglais qui ne s'emploie que dans cette locution : *Le serment du Test*, Voy. sᴜᴘʀᴇ́ᴍᴀᴛɪᴇ. ▪ Évaluation des compétences ou des connaissances de quelqu'un. *Passer des tests d'embauche.* ▪ Évaluation, examen consistant en un questionnaire à compléter. *Compléter un test.* ▪ Évaluation des caractéristiques de quelque chose. ▪ Expérience en vue de vérifier la véracité d'une hypothèse ou le bon fonctionnement d'un dispositif. *Faire un test. Les constructeurs automobiles font passer des tests aux véhicules avant de les mettre sur le marché.* ▪ **Méd.** Procédé qui permet de mettre en évidence un phénomène physiologique ou une pathologie. *Test d'audition.* ▪ *Test de grossesse*, dispositif qui repose sur une réaction chimique et permettant d'évaluer si une femme est enceinte ou non. *Test de grossesse positif ou négatif.*

TESTABLE, ▪ adj. [tɛstabl] (2 *tester*) Que l'on peut tester. *Une hypothèse empiriquement testable.* ▪ **TESTABILITÉ**, n. f. [tɛstabilite]

TESTACÉ, ÉE, adj. [tɛstase] (lat. *testaceus*, recouvert d'une coquille et de la couleur de la terre cuite, de *testa*, tête) **Hist. nat.** Qui est couvert d'un têt, d'une coquille. ◆ **N. m. pl.** *Les testacés*, les mollusques dont le corps est recouvert d'une enveloppe solide d'une ou de plusieurs pièces.

TESTACELLE, ▪ n. f. [tɛstasɛl] (*testacé*) **Zool.** Mollusque gastéropode ressemblant à une limace, pourvu d'une petite coquille plate à l'arrière du corps et se nourrissant de vers de terre.

TESTAGE, ▪ n. m. [tɛstaʒ] (2 *tester*) Méthode de sélection des animaux, en particulier des bovins, destinés à la reproduction. *Un laboratoire de testage.*

TESTAMENT, n. m. [tɛstamɑ̃] (lat. *testamentum*, de *testari*, témoigner) Acte authentique par lequel on déclare ses dernières volontés. ◆ *Testament par acte public*, celui qui est reçu par deux notaires en présence de deux témoins, ou par un notaire en présence de quatre témoins. ◆ *Testament olographe*, Voy. ᴏʟᴏɢʀᴀᴘʜᴇ. ◆ *Testament politique*, se dit d'écrits politiques posthumes attribués à certains hommes d'État. ◆ *L'Ancien Testament*, les livres saints qui ont précédé la naissance de Jésus-Christ ; *le Nouveau Testament*, les livres saints postérieurs à sa naissance.

TESTAMENTAIRE, adj. [tɛstamɑ̃tɛʀ] (lat. *testamentarius*) Qui concerne le testament. ◆ *Disposition testamentaire*, disposition contenue dans un testament. ◆ *Exécuteur testamentaire*, celui qu'un testateur charge de l'exécution de son testament. ♦ *Héritier testamentaire* et n. m. et n. f. *un testamentaire,* un héritier par testament.

TESTATEUR, TRICE, n. m. et n. f. [tɛstatœr, tris] (1 *tester*) Celui, celle qui fait un testament.

1 **TESTER,** v. intr. [tɛste] (lat. *testari,* témoigner) Déclarer par acte ce que l'on veut qui soit exécuté après sa mort.

2 **TESTER,** ▪ v. tr. [tɛste] (3 *test*) Utiliser un test pour déterminer ou vérifier quelque chose. *Tester un appareil.*

TESTEUR, EUSE, ▪ n. m. et f. [tɛstœr, øz] (2 *tester*) Personne qui opère des tests. ▪ N. m. Appareil, programme servant à effectuer des contrôles. *Testeur de piles.*

TESTICULAIRE, ▪ adj. [tɛstikylɛr] (*testicule*) Qui a rapport aux testicules. *Tumeur testiculaire.*

TESTICULE, ▪ n. m. [tɛstikyl] (lat. *testiculus,* de *testis,* témoin, les testicules étant les témoins de la virilité) Chacune des deux glandes génitales mâles, de forme ovoïde, situées dans les bourses, et qui ont pour fonction de fabriquer les spermatozoïdes. *Cancer des testicules.*

TESTIF, n. m. [tɛstif] (orig. inc.) ▷ Poil de chameau. ◁

TESTIMONIAL, ALE, adj. [tɛstimɔnjal] (b. lat. *testimonialis*) Qui atteste, prouve. ♦ *Preuves testimoniales,* preuves par témoins. ♦ *Lettres testimoniales,* lettres qui rendent témoignage de la vie et des mœurs de quelqu'un.

TESTIMONIALEMENT, adv. [tɛstimɔnjal(ə)mɑ̃] (*testimonial*) ▷ Par témoin. ◁

TESTON, n. m. [tɛstɔ̃] (ital. *testone,* pièce de monnaie, du lat. *testa,* tête) Ancienne monnaie d'argent. ♦ *Je n'en donnerais pas un teston,* s'est dit d'une chose qui n'a pas de valeur. ♦ **Fig.** *Faux teston,* personne à qui on ne peut se fier.

TESTONNÉ, ÉE, p. p. de testonner. [tɛstɔne]

TESTONNER, v. tr. [tɛstɔne] (mot dial. *testoun,* petite tête, du lat. *testa,* tête) ▷ **Vieilli** Peigner les cheveux, les accommoder avec soin. ◁

TESTOSTÉRONE, ▪ n. f. [tɛstɔsterɔn] (contraction de *testicule, stérol* et *hormone*) **Biol.** Hormone mâle sécrétée par les testicules et qui détermine l'apparition des caractères sexuels primaires et secondaires mâles. *Le taux de testostérone diminue en vieillissant.*

1 **TÊT** ou **TEST,** n. m. [tɛ, tɛst] (lat. *testum,* pot d'argile) Syn. de tesson. ♦ **Chim.** Espèce de coupelle dont on se sert pour griller la mine dans les essais docimastiques. ♦ ▷ Le crâne, les os qui couvrent le cerveau (vieilli en ce sens). ◁ ♦ **Vén.** La partie de l'os frontal d'où partent les pivots de la tête du cerf. ♦ **Hist. nat.** Enveloppe dure des animaux, mais particulièrement celle qui est surtout calcaire, comme la coquille des mollusques, la carapace des crustacés. ◁ ♦ ▷ Enveloppe des tortues et des tatous. ◁

2 **TÊT,** ▪ n. m. [tɛt] (mot vietnamien) Jour de l'an pour les Vietnamiens.

TÉTANIE, ▪ n. f. [tetani] (*tétanos*) **Méd.** État d'excitabilité anormale des nerfs et des muscles, évoluant par crises et provoqué par une diminution du taux sanguin de calcium.

TÉTANIQUE, adj. [tetanik] (lat. *tetanicus,* du gr. *tetanikos*) **Méd.** Qui tient du tétanos. *Accidents tétaniques.* ♦ Qui est affecté de tétanos. ▪ N. m. et n. f. *Un tétanique.*

TÉTANISER, ▪ v. tr. [tetanize] (*tétanos*) Provoquer un état de tétanos. ▪ Se tétaniser, v. pr. *Les mollets du cycliste se tétanisèrent.* ▪ **Fig.** Paralyser. *La peur nous tétanisait sur place.* ▪ **TÉTANISATION,** n. f. [tetanizasjɔ̃] *La tétanisation d'un muscle.*

TÉTANOS, n. m. [tetanos] (gr. *tetanos,* rigidité) **Méd.** Maladie caractérisée par la rigidité, la tension convulsive d'un plus ou moins grand nombre de muscles, et quelquefois de tous les muscles soumis à l'empire de la volonté.

TÊTARD, n. m. [tɛtar] (*tête*) Larve des jeunes reptiles batraciens. ♦ Arbre dont on coupe le tronc à deux ou trois mètres au-dessus du sol. ♦ Arbre conservé, dans les coupes de bois, comme tête de limite. ♦ Chabot.

TÉTASSES, n. f. pl. [tetas] (*tette*) Terme grossier. Mamelles flasques et pendantes. ▪ **Rem.** Il est vieilli aujourd'hui.

TÉTÉ, ÉE, p. p. de téter. [tete] **Rem.** On écrivait aussi *teté* autrefois.

TÊTE, n. f. [tɛt] (lat. *testa,* pot, cruche, puis crâne, tête) Partie qui chez l'homme et les animaux contient le cerveau et les organes des sens, et qui est unie au corps par le cou. ♦ *De la tête aux pieds,* du haut du corps jusqu'en bas. ♦ *Donner une tête, piquer une tête,* se jeter dans l'eau la tête la première. ♦ *Ce sont deux têtes dans un même bonnet, avoir la tête près du bonnet,* Voy. bonnet. ♦ ▷ *C'est vouloir donner de la tête contre les murs,* c'est tenter une entreprise où il est impossible de réussir. ◁ ♦ **Fig. et fam.** *Ne savoir où donner de la tête,* Voy. donner. ♦ *Porter la tête sur l'échafaud,* avoir la tête tranchée. ♦ **Fig.** ▷ *Avoir soixante ans sur la tête,* ◁ être âgé de soixante

ans. ♦ ▷ **Fig.** *Sur la tête,* se dit de ce qui est conféré à quelqu'un. « *Chez les Turcs ces trois pouvoirs sont réunis sur la tête du sultan* », Montesquieu. ◁ ♦ **Fig.** *Attirer sur sa tête,* provoquer contre soi. ♦ *Se jeter dans l'eau la tête la première,* s'y précipiter la tête en avant. ♦ **Fig. et fam.** *Il s'y est jeté la tête la première,* il s'est engagé brusquement, inconsidérément dans une affaire périlleuse. ♦ La tête séparée du tronc. ♦ *Tête de Méduse,* Voy. méduse. ♦ *Tête de mort,* tête humaine dont il ne reste que la partie osseuse. ♦ *Tête de mort* ou *sphinx tête de mort,* espèce de papillon crépusculaire. ♦ La partie de la tête qui est recouverte par les cheveux. *Un coup à la tête.* ♦ L'intérieur de la tête. *Mal à la tête.* ♦ *Porter à la tête, monter à la tête,* ▷ *donner dans la tête,* ◁ se dit d'une odeur forte, de la vapeur du charbon, de certains vins. ♦ *Fendre, rompre, casser la tête,* Voy. fendre Voy. rompre Voy. casser. ♦ *Crier à tue-tête,* Voy. crier. ♦ *Voix de tête,* Voy. voix. ♦ ▷ **Fig.** *Sur la tête,* au-dessus de. *N'avoir personne sur sa tête.* ◁ ♦ *Au-dessus de la tête,* se dit de ce qui recouvre, submerge. ♦ **Fig.** *Par-dessus la tête,* plus qu'on ne veut ou qu'on ne peut. *Avoir des affaires par-dessus la tête.* ♦ *En avoir par-dessus la tête,* être excédé de quelque chose. ♦ *Tête levée,* Voy. levé. ♦ *Tête baissée,* Voy. baissé. ♦ *Jeter à la tête,* lancer quelque chose à la tête de quelqu'un, et fig. présenter d'une façon brusque ; reprocher. ♦ **Fig. et fam.** *Jeter une marchandise à la tête,* l'offrir à vil prix. ♦ **Fig. et fam.** *Jeter une chose à la tête de quelqu'un,* la lui offrir sans qu'il ait demandé. ♦ *Se jeter à la tête,* faire les premières avances. ♦ ▷ *Faire tête à,* présenter la face à. ◁ ♦ **Fig.** *Tenir tête à quelqu'un, faire tête à* ou *contre quelqu'un,* s'opposer à lui, lui résister, ne lui point céder. ♦ *Faire tête,* montrer de la fermeté. ♦ ▷ *Avoir quelqu'un en tête,* avoir quelqu'un pour concurrent, pour adversaire. ◁ ♦ *Tête de maure* se dit d'un cheval qui a la tête noire et le reste du corps d'une autre couleur. ♦ **Vén.** Bois ou cornes des bêtes fauves. ♦ Les cerfs, dans leur troisième année, se nomment *cerfs à la première tête* ; dans leur quatrième, *cerfs à la seconde tête,* etc. ♦ *Une belle tête,* tête d'homme qui produit un bel effet. ♦ Représentation d'une tête humaine par un peintre, par un sculpteur. ♦ **Fig. et pop.** *Faire sa tête,* prendre de grands airs. ♦ **Peint.** Mesure comparative à l'aide de laquelle on fixe les dimensions des autres parties du corps. *L'ensemble d'une figure a de sept têtes à sept têtes et demie.* ♦ Sur le turf, *une tête,* la longueur de la tête d'un cheval. *Ce cheval ne l'a emporté que d'une tête.* ♦ Dans les monnaies, côté de la figure. Chevelure. *Tête frisée.* ♦ *Tête à perruque,* Voy. perruque. ♦ *Course de la tête,* sorte d'exercice qui consiste à frapper au grand galop, avec la lance, l'épée ou le pistolet, des têtes de carton. ♦ *Tête de Maure* ou *de Turc,* enclume en forme de tête qui sert de dynamomètre. ♦ Individu. *Payer tant par tête.* ♦ On le dit des animaux. *Ce troupeau est composé de tant de têtes.* ♦ *Mettre une rente viagère sur la tête de quelqu'un,* constituer une rente viagère, pour en jouir durant la vie de quelqu'un. ♦ **Jurisp.** *Succéder par tête,* se dit lorsque des copartageants viennent de leur chef à la succession et sans représentation d'aucun autre. ♦ Personne. « *J'ignore le destin d'une tête si chère* », Racine. ♦ *Tête couronnée,* empereur ou roi. ♦ *Mettre la tête de quelqu'un à prix. J'en réponds sur ma tête.* ♦ **Fig.** L'ensemble de tout ce qui comprend et imagine. « *Mais qui n'a dans la tête Un petit grain d'ambition?* », La Fontaine. ♦ *Mettez-vous bien dans la tête que,* soyez bien convaincu, bien persuadé que. ♦ *Il a la tête dure,* il ne peut rien apprendre, et aussi il est rebelle, opiniâtre. ♦ *En faire à sa tête, agir à sa tête,* faire, agir suivant sa propre volonté. ♦ ▷ *Avoir de la tête,* avoir du jugement et du calme. ◁ ♦ ▷ *Avoir de la tête,* être opiniâtre, capricieux. ◁ ♦ *Conserver sa tête,* garder le sang-froid nécessaire pour prendre un parti. ♦ On dit dans le sens contraire : *Perdre la tête, n'avoir plus sa tête.* ♦ *La tête lui tourne, faire tourner la tête,* Voy. tourner. ♦ *Il a une bonne tête, il a la tête bonne,* il a de la force d'esprit et une raison solide. ♦ *Avoir la tête chaude,* s'emporter aisément. ♦ Personne douée de telle ou telle qualité. « *Les têtes les plus froides sont les plus animées dans les grandes occasions* », Voltaire. ♦ *Une bonne tête,* une personne d'un esprit droit, de jugement, de capacité. ♦ *Mauvaise tête,* personne sujette à beaucoup d'écarts et de travers dans sa conduite ou dans ses opinions ; et aussi homme qui prend facilement querelle et duel. ♦ *Tête* se dit aussi, avec une épithète, de personnes occupant quelque position importante. *Les premières têtes.* ♦ **Fig.** Saine raison. *Perdre la tête. Il a encore toute sa tête,* se dit d'un vieillard, d'un malade qui garde toutes ses facultés intellectuelles. ♦ **Chef.** « *L'empire est à donner, et le sénat s'assemble Pour choisir une tête à ce grand corps qui tremble* », P. Corneille. ♦ **Par anal.** Sommet, sommité. *La tête d'un arbre.* ♦ Il se dit de ce qui est comparé à une tête. ♦ *La tête d'un compas,* la partie ronde où les deux jambes du compas sont assemblées par une charnière. ♦ *La tête d'un marteau,* partie du fer du marteau qui ne se termine pas en pointe. ♦ **Anat.** L'extrémité arrondie de certains os longs, comme le fémur, l'humérus. ♦ Dans les plantes, assemblage d'organes réunis en un faisceau terminal ou formant un ensemble arrondi. *Tête de chardon.* ♦ L'extrémité d'en haut. *Des têtes de pavots.* ♦ L'extrémité d'en bas, qui tient à la terre. *La tête d'un oignon.* ♦ L'extrémité antérieure d'un objet, d'un instrument quelconque. *Tête d'écouvillon.* ♦ *La tête d'un clou,* l'extrémité ronde ou aplatie qui est opposée à la pointe. ♦ *Têtes de clous,* nom qu'on donne en imprimerie à des caractères usés. ♦ *La tête d'une épingle, d'une aiguille,* l'extrémité opposée à la pointe. ♦ Le haut d'un rideau. ✦ **Mar.** Partie avancée ou placée de l'avant. *Tête de bossoir.* ✦ *La tête d'un mât, du gouvernail,* leur extrémité supérieure. ✦ **Mus.** *La tête d'une note,* la partie la plus grosse et la plus apparente, dont la position sur la portée détermine quelle est la note. ✦ **Astron.** *La tête d'une comète,* nébulosité plus ou moins lumineuse qui semble former le corps de l'astre. ✦ **Archit.** *Tête de nef,* la partie antérieure d'une nef. ✦ *Tête de voussoir,* la partie antérieure d'un voussoir. ✦ *Tête de mur,* l'épaisseur d'un mur à son extrémité. ✦ **Milit.** *La tête de la tranchée,* l'endroit qui est le plus avancé du côté de la place assiégée. ✦ *La tête du camp,* la partie du camp qui regarde le terrain destiné pour y mettre les troupes en bataille. ✦ *Tête de pont,* ouvrage élevé sur la rive ennemie d'une rivière, pour couvrir des ponts, et assurer à une armée le passage d'une rive à l'autre. ✦ Au tractric, la flèche du coin. ✦ Ce qui sert de commencement. *La tête d'un canal, d'un bois. Tête de chapitre.* ✦ *En tête* ou *à la tête,* au commencement, au frontispice. *Mettre une préface à la tête d'un livre.* ✦ ▷ **Comm.** *Avoir une tête et queue,* se dit d'une pièce d'étoffe qui n'a point été entamée. ✦ *La tête d'une station de fiacres,* l'endroit où elle commence. ✦ *Têtes de ligne,* le point d'où part un chemin de fer et celui où il aboutit. ✦ Partie d'une armée, d'une colonne de troupes, d'un cortège, etc., qui marche la première. ✦ *Fig. Tenir la tête,* se dit, dans le cours d'un scrutin, du candidat qui a le plus de voix. ✦ *À la tête de,* à la première place, au premier rang, le plus souvent avec l'idée de commandement ou de supériorité. *Un général à la tête d'une armée.* ✦ *Être à la tête des affaires, d'une maison, d'une administration, d'une entreprise, etc.,* en avoir la direction. ✦ **Fam.** *Être à la tête de,* posséder. ✦ *Têtes de vin,* les premières cuvées des meilleurs vins de Bourgogne et de Champagne. ✦ *Tête de chat,* petit moellon que l'on a trop arrondi. ✦ ▷ **Anc. chim.** *Tête-morte,* résidu. ◁ ✦ **Reliure** *La tête de nègre,* couleur noire tirant sur le bleu, avec un reflet rougeâtre. ✦ *Tête noire,* nom donné à quelques oiseaux. *Fauvette à tête noire.* ✦ *Grosse tête,* bouvreuil et gros-bec. ✦ **DE TÊTE,** loc. adv. De mémoire, d'imagination. *Faire un portrait de tête.* ✦ *Agir de tête, payer de tête,* prendre son parti de sang-froid, avec résolution, dans une occasion difficile. ✦ **TÊTE À TÊTE,** loc. adv. Seul à seul. ✦ **N. m.** *Tête-à-tête,* entrevue d'une personne avec une autre. ✦ **Au pl.** *Des tête-à-tête.* ✦ **TÊTE POUR TÊTE,** loc. adv. Se dit pour exprimer une rencontre inopinée ; l'un devant l'autre. « Il lui est arrivé plusieurs fois de se trouver tête pour tête à la rencontre d'un prince », La Bruyère. ◁ ✦ ▷ **Prov.** *Tête de fou ne blanchit jamais,* se dit des personnes qui, ne faisant attention à rien ni à personne, n'ont point de souci et ne prennent guère de cheveux blancs. ◁ ✦ ▷ **Prov.** *À laver la tête d'un Maure, on perd son temps et sa lessive* [1], Voy. MAURE. ◁ ✦ *Autant de têtes, autant d'opinions,* autant de manières de voir. ✦ *Mauvaise tête et bon cœur,* les gens étourdis et emportés ont souvent un bon cœur. ■ Le visage d'une personne. *Avoir une bonne tête,* une figure plaisante ou réjouie. ■ *Tête nue, nu-tête,* sans chapeau. ■ *Faire la tête,* bouder. ■ **Fam.** *Chercher des poux dans la tête,* pinailler. ■ *Tête de Turc,* bouc émissaire. ■ *Tête de linotte,* personne étourdie. ■ **Sp.** Au football, frappe du ballon avec la tête. *Faire une tête.* ■ **Sp.** *Tête de série,* personne ou équipe favorite d'une compétition. ■ *Se taper* ou *se cogner la tête contre les murs,* rencontrer de grandes difficultés et essayer de les surmonter. ■ *Avoir de la tête,* avoir de la mémoire. ■ *Tête chercheuse,* dispositif d'un projectile qui permet de suivre la cible. *Missile à tête chercheuse.* ■ Partie avant d'un ensemble de choses ou de personnes qui se déplacent. *La tête et la queue d'un train. Marcher en tête d'un défilé.* ■ **REM.** 1 : Cette expression est raciste.

TÊTE-À-QUEUE, ■ n. m. inv. [tɛtakø] (*tête,* à et *queue*) Brusque demi-tour d'un véhicule sur lui-même. *Un coup de frein brutal provoqua un tête-à-queue de la voiture. Faire des tête-à-queue.*

TÊTE-À-TÊTE, ■ n. m. inv. [tɛtatɛt] Voy. TÊTE.

TÊTE-BÊCHE ou **TÊTEBÊCHE,** loc. adv. [tɛt(ə)bɛʃ] (altér. de *à tête bêche-vet,* de à, tête et de l'anc. fr. *beschevet,* du lat. *bis,* deux, et de l'anc. fr. *chevet,* du *caput,* tête) Se dit de deux personnes, de deux choses posées, couchées de manière que la tête de l'une réponde aux pieds de l'autre.

TÊTE-DE-CLOU, ■ n. f. [tɛt(ə)dəklu] (*tête,* de et *clou*) **Archit.** Élément décoratif en forme de pointe à quatre facettes ou plus. *Des têtes-de-clou sur un objet en fer forgé. Tête-de-clou à pointe de diamant.*

TÊTE-DE-LOUP, ■ n. f. [tɛt(ə)dəlu] (*tête,* de et *loup*) Balai pourvu d'un long manche et d'une brosse ronde à son extrémité, pour atteindre le plafond. *Des têtes-de-loup. Passer la tête de loup au plafond.*

TÊTE-DE-MAURE, ■ n. m. [tɛt(ə)dəmɔr] (*tête,* de et *Maure,* par anal. de couleur) Fromage de Hollande à croûte rouge foncé. *Des têtes-de-Maure.*

TÉTÉE, ■ n. f. [tete] (p. p. fém. de *téter*) Action de téter. *Le sein fabrique le lait au fur et à mesure de la tétée.* ■ **Par méton.** Quantité de lait absorbée durant cette action. *Une bonne tétée.*

TÉTER, v. tr. [tete] (*tette*) Sucer le lait de la mamelle. ✦ ▷ *Cet enfant a tété de plusieurs laits,* il a eu plusieurs nourrices. ◁ ✦ **Absol.** *Cet enfant tète encore.* ■ **REM.** On écrivait aussi *teter* autrefois.

TÉTERELLE ou **TÈTERELLE,** n. f. [tɛt(ə)rɛl] (*téter*) Petit appareil employé pour l'allaitement artificiel.

TÊTIÈRE, n. f. [tɛtjɛr] (*tête*) ▷ Coiffure du haut de la tête. ◁ ✦ Partie de la robe du chartreux qui couvre la tête. ✦ ▷ Petite coiffe de toile qu'on met aux enfants nouveau-nés. ◁ ✦ Partie de la bride d'un cheval qui est appliquée sur la tête et qui sert à supporter le mors. ✦ **Mar.** Cordage cousu au bord supérieur d'une voile. ✦ Tissu ou coussin placé sur la tête d'un fauteuil. *La têtière d'un fauteuil relax.*

TÉTIN, n. m. [tetɛ̃] (*tette*) Le bout de la mamelle, soit chez les femmes, soit chez les hommes. ■ **REM.** Graphie ancienne : *tetin.*

TÉTINE, n. f. [tetin] (*tette*) Mamelle des animaux mammifères. ✦ Chez la vache, nom donné aux quatre principaux mamelons. ✦ Pis de la vache ou de la truie, considéré comme aliment. *Manger de la tétine.* ■ Embout en caoutchouc percé en son extrémité et fixé sur un biberon pour permettre à un bébé de boire. *Stériliser les tétines.* ■ **Par anal.** Embout en caoutchouc que l'on donne à sucer aux bébés pour les calmer. ■ **REM.** Graphie ancienne : *tetine.*

TÉTON, n. m. [tetɔ̃] (*tette*) Mamelle, en parlant seulement des femmes. ✦ *Téton de Vénus,* belle variété de pêche. ■ **REM.** Graphie ancienne : *teton.*

TÉTRA..., [tetra] Préfixe qui dans le langage scientifique signifie quatre, et vient du gr. *tetra* qui équivaut à *tessara.*

TÉTRACHLORURE, ■ n. m. [tetraklɔryr] (*tétra-* et *chlorure*) **Chim.** Chlorure qui renferme quatre atomes de chlore. *Tétrachlorure d'acétylène, tétrachlorure de carbone.*

TÉTRACORDE, n. m. [tetrakɔrd] (gr. *tetrachordon,* à quatre corde) Ancienne lyre à quatre cordes. ✦ Échelle ou série de quatre sons consécutifs.

TÉTRACYCLINE, ■ n. f. [tetrasiklin] (*tétra-* et *cycle*) **Méd.** Antibiotique capable de traiter différentes infections. *Prescrire de la tétracycline.*

TÉTRADE, ■ n. f. [tetrad] (gr. *tetrad*) Ensemble formé de quatre éléments. *Dans la philosophie pythagoricienne, la tétrade fondée sur le nombre 4 est symbole de justice : Hermès et ses trois disciples forment une tétrade.* ■ **Biol.** Association des chromosomes homologues durant la division cellulaire. *Une tétrade de spores issues de la même méiose.* ■ **Bot.** Ensemble formé par quatre grains de pollen. *Une tétrade de microspores.*

TÉTRADRACHME, n. f. [tetradrakm] (gr. *tetradrachmos*) Monnaie grecque d'argent, valant quatre drachmes.

TÉTRADYNAME ou **TÉTRADYNAMIQUE,** adj. [tetradinam, tetradinamik] (*tétradynamie*) Qui appartient à la tétradynamie.

TÉTRADYNAMIE, n. f. [tetradinami] (*tétra-* et gr. *dunamis,* puissance) **Bot.** Nom donné, dans le système de Linné, à une classe comprenant des plantes munies de six étamines, dont quatre plus longues que les deux autres.

TÉTRAÈDRE, n. m. [tetraɛdr] (gr. *tetraedron,* figure à quatre faces) **Géom.** Polyèdre à quatre faces.

TÉTRAÉDRIQUE, adj. [tetraedrik] (*tétraèdre*) Qui a rapport au tétraèdre.

TÉTRAGONAL, ALE, adj. [tetragonal] (*tétragone*) Qui se rapporte au tétragone. *Des cristaux tétragonaux.*

TÉTRAGONE, adj. [tetragon] (gr. *tetragônos,* quadrangulaire) ▷ **Hist. nat.** Se dit de tout ce qui offre quatre angles et quatre côtés. *Des anthères tétragones.* ◁ ✦ ▷ En astrologie, *aspect tétragone,* aspect de deux planètes qui sont distantes de 90 degrés. ◁ ✦ **N. m.** Surface à quatre côtés ; on dit habituellement quadrilatère. ✦ **N. f.** *Tétragone étalée* ou *cornue,* plante potagère analogue aux épinards. ✦ **REM.** Il est vieilli aujourd'hui dans le sens de *surface à quatre côtés.*

TÉTRAGYNE ou **TÉTRAGYNIQUE,** adj. [tetraʒin, tetraʒinik] (*tétra-* et gr. *gunê,* femelle) **Bot.** Qui a quatre pistils. *Fleur tétragyne.*

TÉTRAGYNIE, n. f. [tetraʒini] (*tétragyne*) **Bot.** Classe de plantes à quatre pistils.

TÉTRALOGIE, n. f. [tetralɔʒi] (*tétra-* et *-logie*) **Antiq. grecq.** Ensemble de quatre pièces de théâtre que les poètes présentaient au concours. ✦ Suite de quatre œuvres constituant un ensemble.

TÉTRAMÈRE, ■ adj. [tetramɛr] (*tétra-* et gr. *meros,* partie) **Biol.** et **méd.** Formé de quatre éléments. *Cellules tétramères.* ■ **N. m. Biol.** Polymère composé de quatre molécules.

TÉTRAMÈTRE, adj. [tetramɛtr] (*tétra-* et *-mètre*) Se dit d'un vers grec ou latin composé de quatre pieds dans le genre anapestique, et de huit pieds dans le genre ïambique.

TÉTRANDRE, adj. [tetrɑ̃dr] (*tétra-* et gr. *andros,* mâle) ▷ **Bot.** Qui a quatre étamines. *Fleur tétrandre.* ◁

TÉTRANDRIE, n. f. [tetrɑ̃dri] (*tétrandre*) ▷ **Bot.** Nom donné, dans le système de Linné, à une classe et à deux ordres comprenant des plantes munies de quatre étamines. ◁

TÉTRAPLÉGIE, ■ n. f. [tetʀapleʒi] (*tétra-* et *-plégie*) Paralysie des quatre membres. *Être atteint de tétraplégie.* ■ TÉTRAPLÉGIQUE, adj. ou n. m. et f. [tetʀapleʒik]

TÉTRAPLOÏDE, ■ adj. [tetʀaploid] (gr. *tetraplous,* quadruple, et *-oïde*) **Biol.** Se dit d'un être vivant qui possède quatre fois les mêmes chromosomes. *Plante allogame tétraploïde* ■ TÉTRAPLOÏDIE, n. f. [tetʀaploidi]

TÉTRAPODE, ■ n. m. [tetʀapɔd] (*tétra-* et *-pode*) **Zool.** Animal vertébré possédant primitivement quatre membres. *Les batraciens, les reptiles, les oiseaux et les mammifères sont des tétrapodes.*

TÉTRAPTÈRE, ■ adj. [tetʀaptɛʀ] (*tétra-* et gr. *ptêron,* ailes) **Entomol.** Qui possède deux paires d'ailes.

TÉTRARCHAT, n. m. [tetʀaka] (*tétrarque*) Autorité, dignité d'un tétrarque. ◆ Durée de ses fonctions.

TÉTRARCHIE, n. f. [tetʀaʀʃi] (*tétrarque*) Partie d'un État divisé entre quatre chefs.

TÉTRARQUE, n. m. [tetʀaʀk] (gr. *tetrarkhês,* gouverneur du quart d'une province) Prince dépendant d'une puissance supérieure, et dont les États étaient censés faire la quatrième partie d'un royaume démembré.

TÉTRAS, n. m. [tetʀa] (lat. médiév. *tetrax*) Genre d'oiseaux gallinacés ; syn. de coq de bruyère.

TÉTRASTYLE, n. m. [tetʀastil] (*tétra-* et gr. *stulos,* colonne) **Archit.** Temple à quatre colonnes de front. ◆ Adj. *Un temple tétrastyle.*

TÉTRASYLLABE, adj. [tetʀasilab] (*tétra-* et *syllabe*) **Gramm.** Composé de quatre syllabes.

TÉTRASYLLABIQUE, adj. [tetʀasilabik] (*tétrasyllabe*) Qui a quatre syllabes.

TÉTRODON, ■ n. m. [tetʀodɔ̃] (*tétra-* et gr. *odontos,* dent) **Zool.** Poisson des mers chaudes, au corps hérissé de piquants, qui se gonfle quand il se sent menacé. *Le tétrodon est consommé au Japon, bien que sa chair et ses viscères renferment une toxine mortelle.* ■ **Rem.** On l'appelle aussi *poisson-globe.*

TETTE, n. f. [tɛt] (germ. *titta,* sein de femme) Le bout de la mamelle ; ne se dit qu'en parlant des animaux.

TÊTU, UE, adj. [tety] (*tête*) Qui est tellement attaché à ses idées qu'il n'écoute rien. *Cet homme est têtu, têtu comme une mule. L'âne est têtu.* ◆ N. m. et n. f. *Un têtu. Une têtue.* ◆ N. m. Marteau à tête carrée.

TEUF, ■ n. f. [tœf] (verlan de *fête*) **Fam.** Fête. *Faire la teuf.*

TEUF-TEUF, ■ n. m. [tœftœf] (onomat.) **Fam.** Vieille automobile. *Un défilé de teuf-teufs.* ■ **Rem.** Il est vieilli.

TEUTON, ONNE, adj. [tøtɔ̃, ɔn] (lat. *Teutonus*) Se dit de l'ensemble de tous les peuples germains. ◆ ▷ *L'idiome teuton* ou n. m. *le teuton,* l'ancienne langue germanique. ◁ ◆ N. m. et n. f. *Les Teutons. Les Teutonnes.*

TEUTONIQUE, adj. [tøtonik] (lat. *Teutonicus*) Qui a rapport aux Teutons, qui leur appartient. ◆ ▷ Se dit d'une espèce d'écriture gothique. ◁ ◆ *Ordre teutonique,* ordre fondé pendant le siège d'Acre, pour recueillir les pauvres et les malades allemands abandonnés en Palestine. ◆ *Hanse teutonique,* Voy. HANSE.

TEX, ■ n. m. [tɛks] (abrév. de *textile*) **Techn.** Unité de mesure (symb. tex) qui détermine la grosseur d'un fil et qui correspond au poids, exprimé en grammes, d'un kilomètre de fil. *Fibres synthétiques, titrant en fils simples moins de 6,7 tex.*

TEXTE, n. m. [tɛkst] (lat. *textus,* tissu, trame) Les propres paroles d'un auteur, d'un livre, considérées par rapport aux commentaires, aux gloses, qu'on a faits dessus. ◆ Passage de l'Écriture sainte qui fait le sujet d'un sermon. ◆ ▷ **Fig.** *Il prend mal son texte,* il s'appuie sur une mauvaise raison. ◁ ◆ **Fig.** Sujet d'entretien, de discours. ◆ *Revenir à son texte,* revenir au sujet de discussion. ◆ ▷ **Impr.** *Gros texte,* caractère entre le gros romain et le saint-augustin. ◁ ◆ ▷ *Petit texte,* caractère entre la gaillarde et la mignonne. ◁ ◆ Ensemble de phrases et paragraphes constituant une unité. *Écrire un texte.* ■ Dans un livre, texte imprimé par opposition aux images et aux marges. *Texte en regard des illustrations.* ■ Ensemble des paroles d'une œuvre musicale. *Le texte d'une chanson.* ■ L'intitulé d'un devoir. ■ Extrait d'œuvre. *Faire une étude de texte.* ■ *Dans le texte,* dans la langue d'origine.

TEXTILE, adj. [tɛkstil] (lat. *textilis,* de *texere,* tisser) Susceptible d'être mis en tissu. ◆ Se dit, en particulier, des plantes qui fournissent de la filasse propre à la filature : le chanvre, le lin, etc. ■ N. m. Matière propre à être mise en tissu. ◆ Qui se rapporte au tissage. *Les industries textiles.* ◆ ▷ **Minér.** Qui présente des filets minces et allongés. ◁

TEXTILITÉ, n. f. [tɛkstilite] (*textile*) ▷ Propriété des corps textiles. ◁

1 TEXTO, ■ adv. [tɛksto] (abrév. de *textuellement*) **Fam.** Textuellement. *C'est ce qu'elle m'a dit texto.*

2 TEXTO, ■ n. m. [tɛksto] (nom déposé) Message écrit et court, le plus souvent en abrégé, transmis vers un téléphone portable. *Envoyer un texto. Des textos.*

TEXTUAIRE, n. m. [tɛkstɥɛʀ] (lat. médiév. *textuarius,* de *textus,* texte) Livre où il n'y a que le texte, sans commentaire, sans notes. *Un textuaire de la Bible, du droit civil, etc.* ◆ ▷ Adj. Qui concerne le texte. ◁

TEXTUEL, ELLE, adj. [tɛkstɥɛl] (lat. médiév. *textualis,* de *textus,* texte) Qui est dans un texte. ◆ Cité conformément à un texte. *Citation textuelle.* ■ En conformité avec le texte d'origine. *Traduction textuelle et traduction plus libre.* ■ Du texte, d'un texte. *Critique textuelle.*

TEXTUELLEMENT, adv. [tɛkstɥɛl(ə)mɑ̃] (*textuel*) D'une manière conforme au texte. *Citer textuellement.* ■ Conformément aux paroles de quelqu'un. *Je reprends textuellement ses mots.*

TEXTURANT, ■ n. m. [tɛkstyʀɑ̃] (*texture*) **Techn.** Produit ajouté à un aliment pour lui donner une texture, une consistance particulière.

TEXTURE, n. f. [tɛkstyʀ] (lat. *textura,* de *texere,* tisser) ▷ Action de tisser. ◁ ◆ État d'une chose tissée. ◆ La disposition, l'entrelacement des parties qui composent un corps. *La texture du bois, des muscles, etc.* ◆ **Littér.** La liaison des différentes parties d'un ouvrage, etc. *La texture d'une pièce de théâtre.* ◆ Consistance, aspect de la matière. *La texture d'un aliment. Avoir la texture d'une poudre.*

TEXTURER, ■ v. tr. [tɛkstyʀe] (*texture*) **Techn.** Traiter à chaud un fil synthétique pour lui donner certaines propriétés. *Le gluten est un ingrédient texturant ou exhausteur d'arôme.* ■ TEXTURATION, n. f. [tɛkstyʀasjɔ̃]

TÉZIGUE, ■ pron. pers. [tezig] (*tes* et suff. *-zigue* d'apr. *mézigue*) **Pop.** Toi. *Et tézigue?*

TGV, ■ n. m. [teʒeve] (sigle de *train à grande vitesse,* marque déposée) Train à grande vitesse. *Les TGV Lyon-Marseille se succèdent. Descendre à Toulon en TGV.*

THAÏ, THAÏE, ■ adj. [taj] (mot siamois) Qualifie les langues parlées en Thaïlande, au Laos, en Birmanie, dans le Nord du Vietnam et au Sud de la Chine. ■ Des populations parlant le thaï, propre à ces populations. *La cuisine thaïe.* ■ N. m. et n. f. *Un Thaï, une Thaïe.* ■ N. m. Langues parlées dans ces pays.

THALAMUS, ■ n. m. [talamys] (gr. *thalamos,* chambre) **Biol.** Région de la base du cerveau, composée d'une paire de noyaux gris situés de part et d'autre du troisième ventricule, jouant le rôle de relais des voies sensitives et émotionnelles. *Les neurones du thalamus.* ■ THALAMIQUE, adj. [talamik]

THALASSÉMIE, ■ n. f. [talasemi] (gr. *thalassa,* mer, et *haima,* sang) **Méd.** Maladie du sang héréditaire qui prend la forme d'une anémie. *Il existe plusieurs formes de thalassémie.*

THALASSOTHÉRAPIE, ■ n. f. [talasoteʀapi] (gr. *thalassa,* mer, et *thérapie*) Utilisation des bienfaits de l'eau de mer et du climat marin à des fins thérapeutiques. *Faire une cure de thalassothérapie.* ■ **Abrév.** Thalasso. ■ THALASSOTHÉRAPIQUE, adj. [talasoteʀapik]

THALER, n. m. [talɛʀ] (all. *Thaler*) Monnaie d'Allemagne qui valait 3,75 F. ■ **Rem.** On écrivait aussi *taler* autrefois, et on disait également *daler.* Par ailleurs, on prononçait aussi [talʀ].

THALIE, n. f. [tali] (lat. *Thalia*) L'une des neuf Muses ; celle qui préside à la Comédie.

THALLE, ■ n. m. [tal] (gr. *thallos,* jeune pousse, rameau) **Bot.** Corps végétal qui assure la croissance d'une plante, dans lequel on ne peut décrire ni racine, ni tige, ni feuille, ni fleur, ni graine. *Le thalle des algues, des champignons et des lichens. Le thalle des champignons est constitué de filaments appelés mycélium.*

THALLIUM, n. m. [taljɔm] (angl. *thallium,* du gr. *thallos,* jeune pousse, rameau) **Chim.** Métal, un peu moins blanc que l'argent, découvert dans les boues des chambres où l'on fabrique l'acide sulfurique par la combustion des pyrites.

THALLOPHYTES, ■ n. f. pl. [talofit] (*thalle* et *-phyte*) **Bot.** Ensemble des végétaux dont l'appareil végétatif est constitué d'un thalle. *Les algues, les champignons, les lichens, les bactéries sont des thallophytes.*

THALWEG ou **TALWEG**, n. m. [talveg] (mot all., de *Tal,* vallée, et *Weg,* chemin) Ligne plus ou moins sinueuse au fond d'une vallée, suivant laquelle se dirigent les eaux courantes. ◆ *Thalweg d'un cours d'eau,* la position du filet d'eau qui se meut avec la plus grande vitesse. *Le thalweg du Rhin.*

THANATOLOGIE, ■ n. f. [tanatoloʒi] (gr. *thanatos,* mort, et *-logie*) Étude de la date, des causes et de la nature de la mort, pratiquée en médecine légale. *Unité de thanatologie d'un institut médico-légal.* ■ THANATOLOGUE, n. m. et n. f. [tanatolɔg]

THANATOPRAXIE, ■ n. f. [tanatopʀaksi] (gr. *thanatos,* mort, et *-praxie*) Ensemble des techniques destinées à retarder la décomposition des cadavres. *Soins de thanatopraxie.*

THANATOS, ▪ n. m. [tanatos] (mot grec, mort) **Psych.** Dans la théorie de Freud, ensemble des pulsions de mort, par opposition à éros. *La liaison de l'éros avec le thanatos.*

THAUMATURGE, adj. [tomatyʁʒ] (gr. *thaumatourgos*, de *thauma*, miracle) Qui fait des miracles. *Saint Grégoire Thaumaturge.* ♦ N. m. et n. f. *Un thaumaturge.* ♦ Il se prend aussi en mauvaise part.

THAUMATURGIE, n. f. [tomatyʁʒi] (*thaumaturge*) Œuvre des thaumaturges.

THAUMATURGIQUE, adj. [tomatyʁʒik] (*thaumaturgie*) Qui a rapport à la thaumaturgie.

THÉ, n. m. [te] (chin. *tcha*) Arbrisseau qui croît en Chine et au Japon, et dont les feuilles servent à faire une infusion. ♦ La feuille du thé. *Thé vert. Thé noir.* ▷ *Thé poudre à canon,* ◁ thé roulé en forme de graines rondes. ♦ Infusion des feuilles de thé. ♦ Collation du soir dans laquelle on sert du thé. ♦ *Thé suisse,* mélange de plusieurs espèces de plantes aromatiques, recueillies dans les Alpes. ♦ ▷ *Thé d'Europe,* la véronique officinale. ◁ ♦ *Thé de France,* la sauge, la mélisse officinale. ◁ ▪ **Par extens.** *Thé dansant,* réunion de personnes, l'après-midi, où l'on danse.

THÉATIN, n. m. [teatɛ̃] (lat. impér. *Teatinus*, de *Teate*, ville d'Apulée) Membre d'un ordre religieux fondé au XVIᵉ siècle par Pierre Caraffe, évêque de Théate.

THÉÂTRAL, ALE, adj. [teatʁ] (lat. class. *theatralis*) Qui appartient au théâtre. *L'art théâtral.* ♦ ▷ *Année théâtrale,* le temps qui s'écoule depuis la rentrée de Pâques jusqu'à la clôture de la semaine sainte. ◁ ♦ Qui vise à l'effet sur le spectateur. *Expression théâtrale.* « *Phèdre, dont le caractère est le plus théâtral qu'on ait jamais vu* », VOLTAIRE. ♦ Empreint d'une grandeur apparente et affectée plutôt que réelle. *Une grandeur théâtrale.* ♦ La Harpe a dit *théâtrals* au pluriel. Mais maintenant ce mot est assez établi pour le décliner comme les autres et dire *théâtraux.*

THÉÂTRALEMENT, adv. [teatʁal(ə)mɑ̃] (*théâtral*) D'une manière théâtrale.

THÉÂTRALISER, ▪ v. tr. [teatʁalize] (*théâtral*) Donner un caractère théâtral à. *Théâtraliser un spectacle.* ▪ THÉÂTRALISATION, n. f. [teatʁalizasjɔ̃]

THÉÂTRALISME, ▪ n. m. [teatʁalism] (*théâtral*) **Psych.** Tendance à l'expression spectaculaire et exagérée d'états émotionnels. *Le théâtralisme d'une crise d'hystérie.* ▪ Comportement excessif d'une personne qui cherche à attirer l'attention. *Je ne supporte pas le théâtralisme dont il fait preuve.*

THÉÂTRALITÉ, ▪ n. f. [teatʁalite] (*théâtral*) Élément ou ensemble des éléments et des règles qui confèrent à une œuvre ou à un spectacle une dimension théâtrale. *Les lumières, le décor, la gestuelle, le ton, etc., participent de la théâtralité.*

THÉÂTRE, n. m. [teatʁ] (lat. class. *theatrum*, du gr. *theatron*) Édifice, lieu où l'on représente des ouvrages dramatiques, où l'on donne des spectacles. ♦ Établissement pour les représentations dramatiques. ▷ *Fermer le théâtre,* ◁ cesser les représentations pendant quelque temps. ▷ *Rouvrir le théâtre,* ◁ recommencer à jouer. ♦ *Mettre une pièce au théâtre,* la faire représenter. ♦ *Mettre un sujet au théâtre,* en faire une comédie ou une tragédie. ♦ *Théâtre,* par rapport à ce qu'on joue, c'est-à-dire au répertoire. *Théâtre de l'opéra, du vaudeville, etc.* ♦ *Théâtre,* par rapport à la langue dans laquelle les pièces sont écrites. *Il y a un théâtre français à Saint-Pétersbourg.* ♦ *Théâtre en plein vent,* les parades, les marionnettes, les théâtres des foires, les tours militaires. ♦ *Théâtre forain,* Voy. FORAIN. ♦ La partie élevée où les acteurs donnent la représentation ; la scène. ♦ ▷ **Fig.** *Venir sur le théâtre,* comparaître, rendre raison. ◁ ♦ ▷ **Fig.** *Se retirer derrière le théâtre,* disparaître, se refuser. ◁ ♦ *Changements de théâtre,* les changements de décoration dans la même pièce. ♦ ▷ *Monter sur le théâtre,* exercer la profession de comédien. ◁ ♦ *Masque de théâtre,* Voy. MASQUE. ♦ **Fig.** Ce qui n'a qu'une vaine apparence. « *Les grands pour la plupart sont masques de théâtre* », LA FONTAINE. ♦ *Les personnes de théâtre,* les acteurs et les actrices de profession. ♦ *Pièce de théâtre,* tout ouvrage de littérature fait pour être représenté sur le théâtre. ♦ **Fig.** *Roi de théâtre,* prince qui laisse gouverner son État par ses ministres, et qui n'a que la représentation d'un roi, et aussi prince incapable qui affecte sans cesse les privilèges de la royauté. ♦ **Fig.** *Héros de théâtre,* héros qui font parade de leur héroïsme. ♦ L'art et la profession du comédien. « *Le théâtre instruit mieux que ne fait un gros livre* », VOLTAIRE. « *La profession du théâtre* », J.-J. ROUSSEAU. ♦ *Cet acteur a l'habitude, l'usage, l'expérience du théâtre, il connaît son art, il en a la pratique.* ♦ *Quitter le théâtre,* se dit d'un comédien qui renonce à sa profession, et d'un auteur qui ne veut plus faire de pièces de théâtre. ♦ La poésie, la littérature dramatique, les règles qui y président. ♦ *Travailler pour le théâtre,* composer des tragédies ou des comédies. ♦ *Coup de théâtre,* événement imprévu pour les spectateurs, qui arrive dans une pièce. ♦ **Fig.** *L'exil de ce ministre fut un coup de théâtre.* ♦ Recueil de toutes les pièces dramatiques d'un auteur. *Le théâtre de Corneille.* ♦ On dit de même : *le théâtre français, le théâtre anglais, etc.*

les tragédies et comédies composées par les auteurs français, anglais, etc. ♦ Ensemble de pièces composées pour un but spécial. *Un théâtre d'éducation.* ♦ **Fig.** Lieu où se passe quelque événement. *Un théâtre de guerres civiles.* « *Vous jouez un assez beau rôle sur le théâtre du monde* », LESAGE. ♦ Position où l'on est en vue des hommes. « *Je ne prends point pour juge une cour idolâtre, Paulin, je me propose un plus ample théâtre* », RACINE. ♦ **Fig.** Ce qui se passe dans le corps, dans l'esprit. *Le poumon est le théâtre des phénomènes de la respiration.* ♦ *Théâtre d'eau,* disposition de plusieurs allées d'eau avec jets, cascades, rocailles et figures.

THÉÂTREUX, EUSE, ▪ n. m. et n. f. [teatʁø, øz] (*théâtre*) Personne qui fait du théâtre. *Elle n'est pas seulement théâtreuse, elle fait également du cinéma.* **Péj.** Mauvais acteur, mauvaise actrice de théâtre. *Ces théâtreux n'arriveront jamais à rien.* « *Son joli choix d'amies ambitieuses, théâtreuses et musiciennes, bien faites, que Madame Herote attirait à dessein.* », CÉLINE.

THÉBAÏDE, n. f. [tebaid] (lat. *Thebais*, de *Thebæ*, Thèbes, ville d'Égypte) Lieu désert dans l'Égypte, où se retirèrent de pieux solitaires chrétiens. ♦ **Fig.** Lieu désert, solitude profonde. ▪ REM. Il est littéraire aujourd'hui dans ce sens.

THÉBAÏNE, ▪ n. f. [tebain] (rad. de *thébaïque*) Substance toxique contenue dans l'opium.

THÉBAÏQUE, ▪ adj. [tebaik] (lat. *thebaicus*, du gr. *thêbaikos*, deThèbes, ville d'Égypte) Relatif à l'opium ou qui en contient. *Extrait thébaïque.*

THÉIER, ▪ n. m. [teje] (*thé*) Arbre originaire d'Asie, cultivé pour ses feuilles. *Les plantations de théier au Sri-Lanka.*

THÉIÈRE, n. f. [tejɛʁ] (*thé*) Vase, récipient pour faire infuser le thé.

THÉIFORME, adj. [teifɔʁm] (*thé* et *forme*) Qui ressemble au thé. *Infusion théiforme,* infusion que l'on prépare comme le thé. ▪ REM. Il est vieilli aujourd'hui.

THÉINE, ▪ n. f. [tein] (*thé*) Alcaloïde du thé, similaire à la caféine.

THÉISME, n. m. [teism] (angl. *theism,* du gr. *theos,* dieu) Croyance en l'existence de Dieu.

THÉISTE, n. m. et n. f. [teist] (angl. *theist,* du gr. *theos,* dieu) Personne qui croit à l'existence de Dieu. ♦ Particulièrement, personne qui admet une religion et un culte public, par opposition à déiste, qui, tout en reconnaissant un Dieu, n'admet ni religion ni culte. ♦ Adj. *Un philosophe théiste. Systèmes théistes.*

THÉMATIQUE, adj. [tematik] (gr. *thematikos*) **Gramm.** Qui a rapport au thème d'un mot. *Les suffixes thématiques.* ♦ **Mus.** *Catalogue thématique d'un opéra,* catalogue des thèmes de cet opéra. ♦ *Tables thématiques de quatuors, trios, etc.,* tables donnant les premières mesures des quatuors, trios, etc. ♦ Qui a rapport au thème. *L'idée thématique.* ♦ N. f. Ensemble des thèmes propres à une œuvre, à un auteur, à un mouvement, un phénomène, etc., constituant un sujet d'étude. *La thématique du romantisme.*

THÈME, n. m. [tɛm] (lat. *thema,* gr. *thema,* ce qu'on dépose) Sujet, proposition que l'on entreprend de prouver ou de traiter. ♦ ▷ **Fig.** *Prendre mal son thème, avancer mal son thème,* avancer quelque chose qu'on ne peut soutenir, et aussi prendre mal ses mesures. ◁ ♦ Matière de devoir qu'on donne aux écoliers à traduire de leur langue dans celle qu'ils apprennent. *Thème latin.* ♦ La composition de l'écolier faite sur le thème donné. ♦ **Gramm.** Le mot non encore revêtu de sa désinence de flexion, mais prêt à la recevoir. *Le thème d'un nom.* ♦ **Mus.** Chant, motif suffisamment caractérisé, qui peut servir de sujet soit pour un morceau de contrepoint, soit pour des variations. ♦ **Astrol.** *Thème céleste* ou simplement *thème,* figure que tracent les astrologues, lorsqu'ils veulent tirer l'horoscope de quelqu'un, en marquant le lieu où sont à ce moment les étoiles et les planètes. ▪ *À thème,* organisé autour d'un thème. *Une soirée à thème.* ▪ **Ling.** *Le thème d'une phrase,* ce dont on parle.

THÉMIS, n. f. [temis] (gr. *Themis*) Déesse de la justice, chez les anciens. ♦ **Poétiq.** La justice même.

THÉNAR, ▪ n. m. [tenar] (gr. *thenar,* creux, paume) **Anat.** *Thénar* ou *éminence thénar,* saillie que forment les muscles courts du pouce à l'intérieur de la paume de la main. *Éminence thénar et hypothénar.*

THÉOCENTRISME, ▪ n. m. [teosɑ̃tʁism] (*théo-* et *centre*) Tendance à tout ramener à Dieu et aux autorités religieuses. *Le théocentrisme de Calvin.*

THÉOCRATE, n. m. [teokʁat] (*théocratie*) Membre d'une théocratie ; celui qui exerce un pouvoir théocratique.

THÉOCRATIE, n. f. [teokʁasi] (gr. *théokratia,* gouvernement de Dieu) Gouvernement où les chefs de la nation sont regardés comme les ministres de Dieu ou des dieux, ou appartiennent à une race sacerdotale. *La théocratie des Juifs.* ▪ REM. La notion de race ne repose sur aucun fondement scientifique et a une connotation raciste.

THÉOCRATIQUE, adj. [teokʁatik] (*théocratie*) Qui appartient à la théocratie ; qui en a le caractère. *Gouvernement théocratique.*

THÉOCRATIQUEMENT, adv. [teokratik(ə)mã] (*théocratique*) D'une manière théocratique.

THÉODICÉE, n. f. [teodise] (*théo-* et gr. *dikê*, justice) Justice de Dieu. ♦ Partie de la théologie naturelle qui traite de la justice de Dieu, et qui a pour but de justifier sa providence, en réfutant les objections tirées de l'existence du mal. ♦ Abusivement, partie de la philosophie qui traite de l'existence et des attributs de Dieu.

THÉODOLITE, n. m. [teodolit] (mot inventé d'orig. incert.) Instrument d'astronomie et de géodésie, qui sert à mesurer directement les angles réduits à l'horizon, et les distances zénithales.

THÉOGONIE, n. f. [teogoni] (gr. *théogonia*, naissance, origine des dieux) Génération des dieux. ♦ Titre d'un poème d'Hésiode. ♦ Tout système religieux, dans l'antiquité païenne, sur les rapports des dieux entre eux et avec le monde.

THÉOGONIQUE, adj. [teogonik] (*théogonie*) Qui appartient à la théogonie.

THÉOGONISTE, n. m. [teogonist] (*théogonie*) ▷ Celui qui traite de la théogonie. ◁

THÉOLOGAL, ALE, adj. [teologal] (rad. de *théologie*) Qui a rapport à la théologie (on dit plutôt *théologique*). ♦ Il se dit des vertus qui ont principalement Dieu pour objet, et sont les plus nécessaires au salut. *Les trois vertus théologales, la foi, l'espérance et la charité.* ♦ N. m. *Théologal*, chanoine institué dans le chapitre d'une église cathédrale pour enseigner la théologie, et pour prêcher en certaines occasions. *Les théologaux de Paris, de Sens.*

THÉOLOGALE, n. f. [teologal] (*théologal*) Charge, dignité de théologal.

THÉOLOGIE, n. f. [teoloʒi] (*théo-* et *-logie*) Doctrine des choses divines. *La théologie païenne.* ♦ En particulier, doctrine de la religion chrétienne. *Faire sa théologie*, faire son cours de théologie. ♦ *Théologie positive*, partie de la théologie qui comprend l'Écriture sainte, l'histoire ecclésiastique, les décisions des Pères, des papes et des conciles. ♦ *Théologie naturelle*, notions sur Dieu, le bien et le mal, considérées comme venant de la seule raison. ♦ Doctrine théologique. *La théologie des Pères.* ♦ Il se dit des opinions particulières, plus ou moins reçues parmi les écrivains ecclésiastiques. *La théologie de saint Augustin.* ♦ Recueil des ouvrages théologiques d'un auteur. ♦ ▷ L'ensemble des théologiens. ◁

THÉOLOGIEN, IENNE, n. m. [teoloʒjɛ̃, jɛn] (*théologie*) Personne qui sait la théologie, qui écrit sur la théologie. ♦ Par extens. Étudiant en théologie.

THÉOLOGIQUE, adj. [teoloʒik] (lat. *théologicus*, du gr. *theologikos*) Qui concerne la théologie. *Les matières théologiques.*

THÉOLOGIQUEMENT, adv. [teoloʒik(ə)mã] (*théologique*) Selon les principes de la théologie.

THÉOPHYLLINE, ▪ n. f. [teofilin] (*thé* et gr. *phullon*, feuille) **Chim.** Substance contenue dans les feuilles de thé. *Extraction de la théophylline*

THÉORBE ou **TÉORBE**, n. m. [teɔrb] (ital. *tiorba*, d'orig. inc.) Instrument à cordes pincées, de la famille des luths.

THÉORÈME, n. m. [teɔrɛm] (gr. *theôrêma*, objet d'étude, de *theôrein*, observer) Toute proposition qui a besoin d'une démonstration pour devenir évidente.

THÉORÉTIQUE, ▪ adj. [teoretik] (b. lat. *theoreticus*, spéculatif, du gr. *theôrêtikos*) **Philos.** Qui s'occupe de théorie. *Une approche théorétique.*

THÉORICIEN, IENNE, n. m. et n. f. [teorisjɛ̃, jɛn] (*théorie*) Personne qui connaît la théorie, les principes d'un art. ▪ Personne qui conçoit les principes d'une théorie.

1 **THÉORIE**, n. f. [teori] (gr. *theôria*, de *theôrein*, observer) Spéculation ; connaissance qui s'arrête à la simple spéculation, sans penser à l'action. ♦ Rapport établi entre un fait général ou le moindre nombre de faits généraux possible et tous les faits particuliers qui en dépendent. *Théorie de l'électricité.* ♦ ▷ **Astron.** *Théorie d'une planète*, réunion de ses six éléments. ◁ ♦ ▷ *Théorie de la terre*, syn. de géologie. ◁ ♦ Dans le langage ordinaire, toute notion générale. *La théorie des dramaturges.* ♦ ▷ *Théories socialistes, humanitaires*, opinions aventureuses qu'on se fait sur l'avenir des sociétés, de l'humanité. ◁ ♦ **Milit.** Principes de la manœuvre. *Leçons de théorie.* ♦ ▷ *Faire la théorie*, l'enseigner. ◁ ♦ ▷ Leçons de théorie. *Il y a théorie tous les matins.* ◁ ♦ Petit livre contenant la théorie. ♦ Ensemble construit de lois et de principes sur lesquels se fondent une science ou certains faits scientifiques. *Théorie de la relativité. Théorie de l'évolution.* ▪ *En théorie*, en principe. *En théorie, nous n'avons pas le droit de vous le dire.*

2 **THÉORIE**, n. f. [teori] (gr. *theôria*) **Antiq. grecq.** Députation qu'on envoyait pour offrir, au nom d'une ville, des sacrifices à un dieu, ou lui demander un oracle. ♦ **Litt.** Suite de personnes ou de choses. *Une longue théorie de fidèles se trouvait devant la grotte.*

THÉORIQUE, adj. [teorik] (gr. *theôrikos*, spéculatif) Qui appartient à la théorie, qui concerne la théorie. *Cours théorique et pratique.*

THÉORIQUEMENT, adv. [teorik(ə)mã] (*théorique*) D'une manière théorique.

THÉORISER, v. intr. [teorize] (*théorie*) Créer des théories, une théorie. ▪ Donner une interprétation théorique de données ou d'observations. ▪ **THÉORISATION**, n. f. [teorizasjɔ̃].

THÉOSOPHE, n. m. et n. f. [teozɔf] (gr. *theosophos*, qui connaît les choses divines) Personne qui enseigne ou qui pratique la théosophie.

THÉOSOPHIE, n. f. [teozɔfi] (gr. *theosophia*, connaissance des choses divines) Spéculation de certaines personnes qui prétendent se mettre en communication avec la Divinité.

THÉOSOPHIQUE, adj. [teozɔfik] (*théosophie*) Qui appartient à la théosophie.

THÉOSOPHISME, n. m. [teozɔfism] (*théosophie*) ▷ Caractère des spéculations théosophiques. ◁

THÉOTISQUE, adj. [teotisk] (lat. *theodiscus*, du germ. *theodisc*, national) ▷ Se dit du tudesque ou ancien allemand, et particulièrement du dialecte de la tribu franque. ◁

THÈQUE, n. f. [tɛk] (gr. *thêkê*, boîte) **Bot.** Urne des mousses. ♦ **Biol.** Enveloppe, membrane qui recouvre quelque chose. *La thèque d'un follicule.*

THÉRAPEUTE, ▪ n. m. et f. [terapøt] (gr. *therapeutês*, celui qui soigne) Personne qui soigne.

THÉRAPEUTES, n. m. pl. [terapøt] (gr. *therapeutês*, celui qui soigne) Moines du judaïsme, qui se livraient à la vie contemplative.

1 **THÉRAPEUTIQUE**, adj. [terapøtik] (gr. *therapeutikos*) ▷ Qui a rapport aux thérapeutes. ◁

2 **THÉRAPEUTIQUE**, adj. [terapøtik] (gr. *therapeutikos*) Qui a rapport au traitement des maladies. *Moyens thérapeutiques.* ♦ N. f. *La thérapeutique*, partie de la médecine qui a pour objet le traitement des maladies.

THÉRAPEUTISTE, n. m. [terapøtist] (2 *thérapeutique*) Celui qui s'occupe de thérapeutique. ▪ Il est vieilli. Aujourd'hui, on dit *thérapeute*.

THÉRAPIE, ▪ n. f. [terapi] (gr. *therapeia*, traitement, soin) Soin, traitement d'une maladie. ▪ **Psych.** Traitement d'une maladie, d'un trouble psychique. *Suivre une thérapie.* ▪ *Thérapie génique*, technique consistant à introduire dans un organisme un gène sain pour traiter les maladies génétiques.

THÉRIACAL, ALE, adj. [terjakal] (*thériaque*) ▷ Qui contient de la thériaque, qui participe de ses propriétés. *Eau thériacale.* ◁

THÉRIAQUE, n. f. [terjak] (lat. *theriaca*, gr. *theriakê*, de *therion*, bête sauvage) **Pharm.** Électuaire très composé, qu'on regardait comme un spécifique contre toute espèce de venins et de serpents. ♦ ▷ *Thériaque des pauvres*, le diatessaron. ◁ ♦ ▷ *Thériaque allemande*, l'extrait de genièvre. ◁

THÉRIDION ou **THERIDIUM**, ▪ n. m. [teridjɔ̃, teridjɔm] (gr. *theridion*, dimin. de *therion*, bête sauvage) Petite araignée au corps sphérique qui construit ses toiles sur les murs ou sur les plantes.

THERMAL, ALE, adj. [termal] (*thermes*) Se dit des eaux médicinales dont la température excède 25° centigrades. ▪ Qui utilise les propriétés médicinales des eaux thermales. *Cure thermale. La liste des établissements thermaux.*

THERMALISME, ▪ n. m. [termalism] (*thermal*) Utilisation des eaux minérales à des fins thérapeutiques, dans une station thermale.

THERMALITÉ, n. f. [termalite] (*thermal*) Qualité, nature des eaux thermales.

THERMANTIQUE, adj. [termãtik] (gr. *thermantikos*) ▷ **Méd.** Excitant, échauffant. ♦ N. m. *Un thermantique.* ◁

THERMES, n. m. pl. [term] (lat. *thermæ*, du gr. *thermos*) **Antiq.** Édifice destiné à l'usage des bains publics. ♦ Aujourd'hui, établissement disposé pour l'usage thérapeutique des eaux médicinales chaudes.

THERMICIEN, IENNE, ▪ n. m. et n. f. [termisjɛ̃, jɛn] (*thermique*) Spécialiste des installations thermiques.

THERMIDOR, n. m. [termidɔr] (mot créé d'apr. le gr. *thermos*, chaud, et *dôron*, présent) Le onzième mois du calendrier républicain ; il commençait le 19 juillet, et finissait le 17 août.

THERMIDORIEN, IENNE, ▪ adj. [termidɔrjɛ̃, jɛn] (*thermidor*) N. m. pl. **Hist.** Ensemble des hommes qui ont participé au renversement de Robespierre le 9 thermidor et à la Convention qui a suivi. ▪ Adj. **Hist.** Qui fait partie de ces hommes ou qui leur est favorable. ▪ Relatif aux thermidoriens ou à cette période. *La Convention thermidorienne.*

THERMIE, ▪ n. f. [termi] (gr. *thermos*, d'apr. *calorie*) Ancienne unité de mesure de quantité de chaleur et de symbole *th*, équivalant à un million de calories.

THERMIQUE, adj. [tɛʁmik] (gr. *thermos*, chaud) Qui a rapport à la chaleur. *Les caractères thermiques des maladies.* ♦ *Énergie thermique*, chaleur. ♦ Qui produit de l'énergie électrique en transformant de l'énergie thermique. *Centrale thermique.* ♦ Chim. *Analyse thermique*, ensemble des techniques qui utilisent les variations de température pour étudier certaines propriétés des métaux. ♦ *Moteur thermique*, moteur qui transforme l'énergie thermique en énergie mécanique. ♦ *Choc thermique*, brusque variation de la température. ♦ N.f. Phys. Science qui s'intéresse à la production et à la transmission d'énergie, en particulier de la chaleur. ■ THERMIQUEMENT, adv. [tɛʁmik(ə)mɑ̃]

THERMISTANCE, ■ n.f. [tɛʁmistɑ̃s] (gr. *thermos*, chaud, et *résistance*) Phys. Composant en matériau semi-conducteur dont la résistance électrique varie selon la température. *Thermistance à cosse. Sondes à thermistance.*

THERMITE, ■ n.f. [tɛʁmit] (gr. *thermé*, chaleur) Techn. Mélange d'oxyde de fer et de poudre d'aluminium dont la combustion dégage une grande chaleur et qui est utilisé pour le soudage. *Soudure à la thermite.*

THERMO..., [tɛʁmo] Mot qui vient du gr. *thermé*, chaleur, et qui est employé en composition dans certains mots.

THERMOCHIMIE, ■ n.f. [tɛʁmoʃimi] (*thermo-* et *chimie*) Chim. Science qui étudie les variations et les échanges de température qui se produisent lors des réactions chimiques. ■ THERMOCHIMIQUE, adj. [tɛʁmoʃimik]

THERMOCLASTIE, ■ n.f. [tɛʁmoklasti] (*thermo-* et gr. *klastos*, brisé) Géol. Fragmentation des roches sous l'effet de variations importantes de la température. *Observation de la thermoclastie dans les déserts.*

THERMOCLINE, ■ n.f. [tɛʁmoklin] (*thermo-* et gr. *klinein*, pencher, incliner) Océanogr. Couche d'eau de mer où la température varie rapidement.

THERMOCOLLAGE, ■ n.m. [tɛʁmokolaʒ] (*thermo-* et *collage*) Techn. Procédé de collage qui utilise la chaleur. *Le thermocollage peut se faire à l'aide d'un pistolet à colle.*

THERMOCOLLANT, ANTE, ■ adj. [tɛʁmokolɑ̃, ɑ̃t] (*thermo-* et *collant*) Se dit d'un matériau qui devient adhésif sous l'action de la chaleur. *Toile thermocollante.*

THERMOCOUPLE, ■ n.m. [tɛʁmokupl] (*thermo-* et *couple*) Phys. Instrument électrique qui permet de mesurer la température.

THERMODURCISSABLE, ■ adj. [tɛʁmodyʁsisabl] (*thermo-* et *durcissable*, de *durcir*) Techn. Se dit d'une matière plastique qui perd son élasticité, qui durcit sous l'action de la chaleur. *Un plastique thermodurcissable ne peut plus être fondu ou moulé.*

THERMODYNAMICIEN, IENNE, ■ n.m. et n.f. [tɛʁmodinamisjɛ̃, jɛn] (*thermodynamique*) Spécialiste en thermodynamique.

THERMODYNAMIQUE, ■ n.f. [tɛʁmodinamik] (*thermo-* et *dynamique*) Phys. Science consistant à étudier et à décrire le comportement de la matière ou des systèmes, en fonction des notions de température et d'énergie. ■ Adj. Relatif à la thermodynamique. *Des machines thermodynamiques.*

THERMOÉLECTRICITÉ, n.f. [tɛʁmoelɛktʁisite] (*thermo-* et *électricité*) Électricité développée par un changement de température. ♦ Partie de la physique qui traite des phénomènes de cet ordre. ■ Rem. Graphie ancienne : *thermo-électricité.*

THERMOÉLECTRIQUE, ■ adj. [tɛʁmoelɛktʁik] (*thermo-* et *électrique*) Qui a rapport à la thermoélectricité ou à la chaleur et à l'électricité. ■ Rem. Graphie ancienne : *thermo-électrique.*

THERMOÉLECTRONIQUE, ■ adj. [tɛʁmoelɛktʁonik] (*thermo-* et *électronique*) Phys. *Effet thermoélectronique*, émission d'électrons par un corps chauffé.

THERMOFORMAGE, ■ n.m. [tɛʁmofɔʁmaʒ] (*thermo-* et *formage*, de *former*) Techn. Procédé qui consiste à donner une forme particulière à un matériau en le chauffant. *Le thermoformage de sièges baquets.*

THERMOGÈNE, ■ adj. [tɛʁmoʒɛn] (*thermo-* et *-gène*) Qui constitue une source de chaleur, qui produit de la chaleur. *Les actifs thermogènes du thé vert. Sous-vêtements thermogènes.*

THERMOGENÈSE, ■ n.f. [tɛʁmoʒənɛz] (*thermo-* et *-genèse*) Physiol. Production de chaleur chez les êtres vivants. *La thermogenèse alimentaire.*

THERMOGRAPHIE, ■ n.f. [tɛʁmogʁafi] (*thermo-* et *-graphie*) Méd. Procédé qui permet d'enregistrer le rayonnement thermique émis par un corps. *Un instrument de thermographie intraveineuse.*

THERMOÏONIQUE, ■ adj. [tɛʁmojonik] (*thermo-* et *ionique*) Phys. *Effet thermoïonique*, effet thermoélectronique.

THERMOLOGIE, n.f. [tɛʁmoloʒi] (*thermo-* et *-logie*) Traité de la chaleur. ♦ Doctrine de la chaleur.

THERMOLOGIQUE, adj. [tɛʁmoloʒik] (*thermologie*) Qui appartient à la thermologie.

THERMOLUMINESCENCE, ■ n.f. [tɛʁmolyminesɑ̃s] (*thermo-* et *luminescence*) Phys. Production de lumière par un corps chauffé qui a préalablement été irradié naturellement ou artificiellement. *La thermoluminescence est utilisée comme méthode de datation.*

THERMOLYSE, ■ n.f. [tɛʁmoliz] (*thermo-* et *-lyse*) Chim. Décomposition chimique d'un corps sous l'action de la chaleur. *Thermolyse et photolyse.* ■ Physiol. Perte de chaleur de l'organisme qui intervient dans le processus de thermorégulation.

THERMOMAGNÉTIQUE, adj. [tɛʁmomaɲetik] ou [tɛʁmomanjetik] (*thermo-* et *magnétique*) Qui appartient au thermomagnétisme.

THERMOMAGNÉTISME, n.m. [tɛʁmomaɲetism] ou [tɛʁmomanjetism] (*thermo-* et *magnétisme*) Phys. Magnétisme développé par la chaleur. ♦ Branche de l'électromagnétisme qui s'occupe de la production des courants électriques au moyen de la chaleur.

THERMOMÈTRE, n.m. [tɛʁmomɛtʁ] (*thermo-* et *-mètre*) Instrument qui indique les degrés de la chaleur ou du froid actuel. *Thermomètre à mercure, à esprit-de-vin.* ♦ *Thermomètre de Réaumur*, celui dont l'échelle est divisée en 80 degrés entre la glace fondante et l'eau bouillante. *Thermomètre centigrade*, celui dont l'échelle est divisée en 100 degrés entre la glace fondante et l'eau bouillante. *Thermomètre de Fahrenheit*, celui dont l'échelle est divisée en 212 degrés, à partir de la congélation du mercure jusqu'à l'eau bouillante. ♦ Fig. Indice. *La bourse est le thermomètre de la confiance publique.* ♦ *Thermomètre médical*, thermomètre utilisé pour mesurer la température interne du corps. *Thermomètre médical électronique ou à infrarouges.* ♦

THERMOMÉTRIE, n.f. [tɛʁmometʁi] (*thermomètre*) Mesure de la chaleur.

THERMOMÉTRIQUE, adj. [tɛʁmometʁik] (*thermomètre*) Qui a rapport à la thermométrie, au thermomètre, à la chaleur.

THERMONUCLÉAIRE, ■ adj. [tɛʁmonykleɛʁ] (*thermo-* et *nucléaire*) Phys. Qui se rapporte à la fusion d'atomes légers chauffés à très haute température. *Énergie thermonucléaire.* ■ Qui utilise l'énergie thermonucléaire. *Bombe thermonucléaire.*

THERMOPLASTIQUE, ■ adj. [tɛʁmoplastik] (*thermo-* et *plastique*) Techn. Se dit d'une matière qui se ramollit sous l'action de la chaleur et qui peut alors prendre la forme voulue. ■ N.m. Produit, matière thermoplastique. *Transformation des thermoplastiques en produits finis et semi-finis.*

THERMOPROPULSÉ, ÉE, ■ adj. [tɛʁmopʁopylse] (*thermo-* et *propulsé*, de *propulser*) Techn. Propulsé par le phénomène de thermopropulsion.

THERMOPROPULSION, ■ n.f. [tɛʁmopʁopylsjɔ̃] (*thermo-* et *propulsion*) Techn. Propulsion provoquée par une transformation directe de l'énergie thermique en énergie mécanique. *Avion thermopropulsé.*

THERMORÉGULATEUR, TRICE, ■ adj. [tɛʁmoʁegylatœʁ, tʁis] (*thermo-* et *régulateur*) Qui régule la température interne du corps. *La fonction thermorégulatrice des plumes, du pelage.* ■ THERMORÉGULATION, n.f. [tɛʁmoʁegylasjɔ̃]

THERMORÉSISTANT, ANTE, ■ adj. [tɛʁmoʁezistɑ̃, ɑ̃t] (*thermo-* et *résistant*) Techn. Se dit d'une matière qui ne se déforme pas sous l'action de la chaleur. *Un plastique, un verre thermorésistant.* ■ Qui résiste à la chaleur, même élevée. *Des bactéries thermorésistantes.*

THERMOS, ■ n.m. ou f. [tɛʁmos] (nom déposé, du gr. *thermos*, chaud) Récipient isotherme qui conserve la température d'un liquide pendant quelques heures. *Un thermos de café.*

THERMOSCOPE, ■ n.m. [tɛʁmoskɔp] (*thermo-* et *-scope*) Appareil qui indique les variations de température.

THERMOSPHÈRE, ■ n.f. [tɛʁmosfɛʁ] (*thermo-* et *-sphère*) Phys. Partie de l'atmosphère qui se situe entre 90 et 500 kilomètres au-dessus de la surface de la Terre. *La thermosphère est située au-dessus de la mésosphère.*

THERMOSTAT, ■ n.m. [tɛʁmosta] (*thermo-* et gr. *istanai*, fixer) Appareil permettant de maintenir une température constante. *Un four à thermostat. Le thermostat du chauffage central.*

THERMOSTATIQUE, ■ adj. [tɛʁmostatik] (*thermostat*) Muni d'un dispositif permettant de garder une température constante. *Robinet thermostatique.*

THÉSARD, ARDE, ■ n.m. et f. [tezaʁ, aʁd] (*thèse*) Fam. Personne qui prépare une thèse en vue d'obtenir un doctorat.

THÉSAURISATION, n.f. [tezoʁizasjɔ̃] (*thésauriser*) Action de celui qui thésaurise.

THÉSAURISER, v. intr. [tezoʁize] (lat. chrét. *thezaurizare*, de *thesaurus*, trésor) Amasser de l'argent. *Cet homme thésaurise.* ♦ Activ. « *Thésaurisez pour le siècle futur un trésor inépuisable* », Bossuet.

THÉSAURISEUR, EUSE, n. m. et n. f. [tezoʀizœʀ, øz] (*thésauriser*) Celui, celle qui thésaurise.

THÉSAURUS ou **THESAURUS**, ■ n. m. [tezoʀys] (lat. *thesaurus*, du gr. *thesaurus*, trésor) Lexique ou recueil en archéologie ou philologie. ■ Indexation alphabétique structurée et normalisée de notions, facilitant le classement, la recherche par thème et la mise en relation des documents. *Établir un thésaurus de données.*

THÈSE, n. f. [tɛz] (lat. *thesis*, du gr. *thesis*, actiondeposer) Toute proposition que, dans le discours ordinaire, on met en avant pour la défendre et elle est attaquée. ◆ *Changer la thèse*, soutenir ou réfuter autre chose que ce qu'on avait établi ou contesté au début. ◆ **Fig.** et **fam.** *Cela change la thèse*, cela modifie la manière de voir. ◆ ▷ Proposition de philosophie, de théologie, de médecine, de droit, que l'on soutient publiquement. ◁ ◆ ▷ Plus ordinairement, l'ensemble des propositions que l'étudiant soutient pour être reçu licencié, agrégé, docteur. ◁ ◆ ▷ Aujourd'hui, le doctorat ès lettres se compose de deux thèses, l'une en latin, l'autre en français, sur des points de littérature ou de science. ◁ ◆ La dispute même des thèses. *Assister à une thèse.* ▷ **Fig.** Soutenir thèse pour quelqu'un, prendre les intérêts, la défense de quelqu'un. ◁ ◆ ▷ Grande feuille ou cahier, où sont imprimées les questions, les propositions de celui qui soutient la thèse. ◁ ◆ Document écrit qui est le fruit d'un travail de recherche et que l'on soumet à un jury pour l'obtention du grade de docteur. *Une thèse d'histoire, de lettres. Une thèse en droit, en médecine. Soutenir une thèse.* ■ Première partie d'un plan dialectique. *Thèse, antithèse et synthèse.* ■ **Rem.** La locution *changer la thèse* est vieillie aujourd'hui.

THESMOPHORIES, ■ n. f. pl. [tɛsmofoʀi] (gr. *thesmophoria*, de *thesmophoros*, qui apporte des lois) Dans la Grèce antique, fêtes célébrées en octobre en l'honneur de Déméter, et réservées aux femmes mariées.

THESMOTHÈTE, n. m. [tɛsmotɛt] (gr. *thesmothetês*, celui qui propose des lois) Titre qu'on donnait dans Athènes aux magistrats gardiens des lois.

THÊTA, ■ n. m. [teta] (mot gr.) Huitième lettre de l'alphabet grec (Θ, θ), correspondant à *th* en français. *Des thêtas* ou *des thêta.*

THÉTIS, n. f. [tetis] (*Thetis*, déesse grecque) **Mythol.** Une des déesses de la Mer. ◆ **Fig.** La mer.

THÉURGIE, n. f. [teyʀʒi] (gr. *theourgia*, miracle) Espèce de magie qui procurait commerce avec les divinités bienfaisantes.

THÉURGIQUE, adj. [teyʀʒik] (gr. *theourgikos*) Qui appartient, qui a rapport à la théurgie. *Des opérations théurgiques.*

THÉURGISTE ou **THÉURGITE**, n. m. [teyʀʒist, teyʀʒit] (*théurgie*) Celui qui s'occupe de théurgie.

THIAMINE, ■ n. f. [tjamin] (gr. *theion*, soufre, et *amine*) Autre nom de la vitamine B1. *Carence en thiamine.*

THIBAUDE, n. f. [tibod] (*Thibaud*, nom traditionnel de berger) Tissu grossier fait de poil de vache ; on s'en sert pour doubler les tapis. ■ **Rem.** Aujourd'hui, les thibaudes ne sont plus faites de tissu de poil de vache, elles peuvent être de jute ou de feutre.

THIOALCOOL, ■ n. m. [tjoalkɔl] (gr. *theion*, soufre, et *alcool*) **Chim.** Composé à l'odeur nauséabonde, dérivé d'un alcool dans lequel l'atome d'oxygène a été remplacé par un atome de soufre. *Le soja forme des protéines allergènes comme le thioalcool protéase.* ■ **Abrév.** Thiol.

THIONATE, n. m. [tjonat] (rad. de *thionique*) Nom générique des sels que les acides de la série thionique forment avec les bases.

THIONIDES, n. m. pl. [tjonid] (gr. *theion*, soufre) ▷ **Chim.** Famille des corps qui renferment le soufre. ◁

THIONINE, ■ n. f. [tjonin] (rad. de *thionique*) **Chim.** Colorant bleu. *La thionine est également appelée violet de Lauth.*

THIONIQUE, adj. [tjonik] (gr. *theion*, soufre) **Chim.** Qui concerne le soufre.

THIOSULFATE, ■ n. m. [tjosylfat] (gr. *theion*, soufre, et *sulfate*) **Chim.** Sel utilisé comme fixateur en photographie. ■ **Rem.** On l'appelle aussi *hyposulfite.*

THIOSULFURIQUE, ■ adj. [tjosylfyʀik] (gr. *theion*, soufre, et *sulfurique*) **Chim.** *Acide thiosulfurique*, acide contenant de l'oxygène et du soufre.

THIO-URÉE, ■ n. f. [tjoyʀe] (gr. *theion*, soufre, et *urée*) **Chim.** Composé qui dérive de l'urée, où l'oxygène est remplacé par le soufre. *Des thio-urées.*

THIXOTROPIE, ■ n. f. [tiksotʀopi] (gr. *thixis*, action de toucher, et *-tropie*) **Chim.** Propriété que possèdent certaines substances de devenir liquides lorsqu'on les agite et de retrouver leur état initial après un temps de repos. *La thixotropie de la gélatine.*

THLASPI, n. m. [tlaspi] (mot gr.) Genre de la famille des crucifères, où l'on distingue le thlaspi des champs, le thlaspi de montagne, et le thlaspi bourse-à-pasteur.

THOLOS, ■ n. f. [tolos] (gr. *tholos*, voûte) **Archit.** Temple antique de forme circulaire. *Les tholos de l'Acropole.*

THOMISE, ■ n. m. [tomiz] (gr. *thômigx*, fil de lin) **Zool.** Araignée qui se déplace de côté, qui vit dans les herbes et les fleurs et qui peut changer de couleur pour tromper ses proies. *Le thomise produit des fils isolés mais ne construit pas de toile.*

THOMISME, ■ n. m. [tomism] (rad. de *thomiste*) Doctrine de saint Thomas d'Aquin fondée sur la recherche de l'accord de la foi et de la raison. ■ Courant philosophique inspiré de cette doctrine. *Le thomisme transcendantal de Karl Rahner.*

THOMISTE, ■ n. m. et n. f. [tomist] (du nom de saint *Thomas* d'Aquin) Partisan de la doctrine de saint Thomas d'Aquin. ■ **Adj.** *Philosophe thomiste.* ■ Qui relève de cette doctrine. *La conception thomiste de la liberté.*

THON, n. m. [tɔ̃] (lat. *thunnus*, du gr. *thunnos*) Gros poisson de mer du genre des scombres.

THONAIRE, ■ n. m. [tonɛʀ] (*thon*) Filet utilisé pour la pêche du thon.

THONIER, ■ n. m. [tonje] (*thon*) Navire pour la pêche au thon. ■ Pêcheur de thon.

THORACENTHÈSE, ■ n. f. [toʀasɛ̃tɛz] (*thorax* et *-centèse* d'apr. *paracentèse*) **Méd.** Ponction pratiquée à travers la paroi thoracique. *Pratiquer une thoracentèse.*

THORACIQUE, adj. [toʀasik] (gr. *thôrakikos*) **Anat.** Qui appartient au thorax. *Capacité thoracique.* ◆ ▷ *Membres thoraciques*, les membres supérieurs. ◁ ◆ *Viscères thoraciques*, le cœur et les poumons contenus dans le thorax. ◆ **Méd.** Se dit des médicaments propres aux maladies de poitrine. ◆ **N. m. pl. Zool.** Ordre de la classe des poissons osseux, comprenant ceux de ces animaux qui ont les nageoires ventrales placées sous les pectorales.

THORACOTOMIE, ■ n. f. [toʀakotomi] (*thorax* et *-tomie*) **Méd.** Incision chirurgicale du thorax.

THORAX, n. m. [toʀaks] (gr. *thôrax*, cuirasse, poitrine) **Anat.** Syn. de poitrine. ◆ Premiers anneaux qui suivent la tête, chez les crustacés et les articulés. ◆ Chez les insectes, segment intermédiaire du corps, qui porte les pattes.

THORIUM, ■ n. m. [toʀjɔm] (*Thor*, dieu scand.) **Chim.** Élément atomique radioactif qui existe à l'état naturel dans les minerais. *On peut produire de l'uranium à partir du thorium.*

THORON, ■ n. m. [toʀɔ̃] (rad. de *thorium*) **Chim.** Produit gazeux issu du thorium. *Le thoron est un émetteur alpha.*

THRÉONINE, ■ n. f. [tʀeonin] (*thréose*, altér. de *érythrose*) **Biol.** Acide aminé qui n'est pas fabriqué par l'organisme et qui doit donc être apporté par l'alimentation. *Un apport en thréonine.*

THRIDACE, n. f. [tʀidas] (lat. *thridax*, laitue) **Pharm.** Substance qu'on prépare en évaporant le suc obtenu par contusion et expression des tiges de laitue montée.

THRILLER ou **THRILLEUR**, ■ n. m. [sʀilœʀ] ou [tʀilœʀ] (mot angl., de *to thrill*, faire frissonner) Film ou roman à suspense procurant des sensations fortes.

THRIPS, ■ n. m. [tʀips] (mot gr.) Petit insecte au corps allongé qui s'attaque aux feuilles des plantes et qui peut causer de grands dégâts dans les cultures.

THROMBINE, ■ n. f. [tʀɔ̃bin] (*thrombus*) **Biol.** Enzyme qui intervient dans le processus de coagulation sanguine. *Un inhibiteur direct de la thrombine.*

THROMBOCYTE, ■ n. m. [tʀɔ̃bosit] (gr. *thrombos*, caillot, et *kutos*, cellule) **Méd.** Cellule sanguine qui intervient dans le processus de coagulation. *Les thrombocytes sont également appelés plaquettes.*

THROMBOEMBOLIQUE, ■ adj. [tʀɔ̃boãbolik] (gr. *thrombos*, caillot, et *embolie*) **Méd.** Caractérisé par la formation de caillots pouvant obstruer les veines et provoquer une embolie. *Maladie, accident thromboembolique.*

THROMBOLYSE, ■ n. f. [tʀɔ̃boliz] (gr. *thrombos*, caillot, et *-lyse*) **Méd.** Dissolution naturelle ou thérapeutique d'un caillot de sang.

THROMBOPÉNIE, ■ n. f. [tʀɔ̃bopeni] (gr. *thrombos*, caillot, et *penia*, pauvreté) **Méd.** Diminution des thrombocytes dans le sang. *La chimiothérapie peut entraîner une thrombopénie.*

THROMBOPHLÉBITE, ■ n. f. [tʀɔ̃boflebit] (gr. *thrombos*, caillot, et *phlébite*) **Méd.** Formation d'un caillot de sang dans une veine, associée à une inflammation de celle-ci. *Souffrir de thrombophlébite.*

THROMBOSE, ■ n. f. [tʀɔ̃boz] (gr. *thrombôsis*, coagulation) **Méd.** Formation d'un caillot sanguin dans une veine ou une artère. *Une thrombose du cœur.* ■ THROMBOTIQUE, adj. [tʀɔ̃botik]

THROMBUS, n. m. [tʁɔbys] (gr. *thrombos*, caillot) **Chir.** Petite tumeur arrondie, violacée, qui se forme quelquefois autour de l'ouverture d'une veine sur laquelle on a pratiqué la saignée.

THUIA, n. m. [tyja] ou [tɥija] Voy. THUYA.

THULIUM, ▪ n. m. [tyljɔm] (mot lat. sc., de *Thule*, anc. nom de la Scandinavie) **Chim.** Élément atomique, métal appartenant au groupe des terres rares. *On utilise le thulium comme source de rayons X.*

THUNE ou **TUNE**, ▪ n. f. [tyn] (orig. incert.) **Arg.** et **vx** Pièce de cinq francs. ▪ **Arg.** Argent. « *Qui r'vient en fête, Fortune faite, Après un séjour en ville, Il était parti voilà dix ans sans une thune, Oui, mais à présent la fortune, La fortune lui sourit* », TRÉNET.

THURIFÉRAIRE, n. m. [tyʁifeʁɛʁ] (lat. médiév. *thuriferarius*, de *thus*, encens, et *ferre*, porter) Clerc qui dans les cérémonies de l'Église porte l'encensoir et la navette où est l'encens. ◆ **Fig.** Néolog. Flatteur, louangeur. ▪ REM. Il n'est plus considéré comme un néologisme aujourd'hui.

THURIFÈRE, adj. [tyʁifɛʁ] (lat. class. *thurifer*, de *thus*, encens, et *ferre*, porter) Se dit des arbres qui donnent une résine analogue à l'encens.

THUYA, n. m. [tyja] ou [tɥija] (gr. *thuia*, bois odorant) Genre de la famille des cupressinées. Cet arbre, qui se rapproche beaucoup du cyprès, est très employé en ébénisterie. ▪ REM. On écrivait aussi *thuia* autrefois.

THYADE, ▪ n. f. [tjad] (gr. *thuias*, furieux) Dans la Grèce antique, femme qui célébrait le culte de Dionysos. *Les Thyades organisaient des fêtes orgiaques en l'honneur de Dionysos.*

THYLACINE, ▪ n. m. [tilasin] (gr. *thulakos*, sac en peau de bête) Mammifère de la famille des marsupiaux, carnivore, vivant en Australie. *Le thylacine a disparu dans les années 1930.* ▪ REM. Le thylacine est aussi appelé loup de Tasmanie.

THYM, n. m. [tɛ̃] (lat. *thymum*, du gr. *thumon*) Genre de la famille des labiées, dont le type est le thym vulgaire. ◆ *Thym bâtard*, serpolet.

THYMIE, ▪ n. f. [timi] (gr. *thumos*, cœur, siège des sentiments) **Psych.** Disposition affective, humeur de l'individu. *La régulation de la thymie.*

THYMINE, ▪ n. f. [timin] (*thymus*) **Biol.** Base azotée qui entre dans la constitution des molécules d'ADN.

1 **THYMIQUE**, ▪ adj. [timik] (*thymus*) **Anat.** Qui se rapporte au thymus. *Hormone thymique. Une pathologie thymique.*

2 **THYMIQUE**, ▪ adj. [timik] (*thymie*) **Psych.** Qui a rapport à la thymie, à l'humeur. *Instabilité thymique.*

THYMOANALEPTIQUE, ▪ adj. [timoanalɛptik] (*thymie* et *analeptique*) **Psych.** Qui combat les états dépressifs. *Produit, médicament thymoanaleptique.* ▪ N. m. *Un thymoanaleptique.*

THYMOL, ▪ n. m. [timɔl] (*thym*) **Chim.** Phénol que l'on extrait notamment de l'essence de thym. *Le thymol a de nombreuses propriétés, il est notamment antiseptique.*

THYMUS, ▪ n. m. [timys] (gr. *thumos*, excroissance charnue) **Méd.** Glande située devant la trachée, constituée de deux lobes très développés à l'enfance et réduits à l'âge adulte, responsable des défenses immunitaires et régulatrices de la croissance. *Thymus au fonctionnement insuffisant.* ▪ THYMIQUE, adj. [timik]

THYRATRON, ▪ n. m. [tiʁatʁɔ̃] (nom déposé, de *thura*, porte, et *électron*) **Électron.** Tube à gaz que l'on utilise comme redresseur ou oscillateur de courant.

THYRÉOSTIMULINE, ▪ n. f. [tiʁeostimylin] (*thyroïde* et *stimulant*) **Biol.** Protéine sécrétée par l'hypophyse et qui intervient dans la sécrétion des hormones thyroïdiennes. *Dosage de la thyréostimuline.*

THYRÉOTROPE, ▪ adj. [tiʁeotʁɔp] (*thyroïde* et -*trope*) **Méd.** Qui stimule la thyroïde. *Hormone thyréotrope.*

THYRISTOR, ▪ n. m. [tiʁistɔʁ] (contraction de *thyraton* et *transistor*) **Électron.** Composant semi-conducteur qui ne conduit le courant que dans le sens anode-cathode et qui est muni d'une électrode commandant le passage du courant. *Un chargeur à thyristor.*

THYROÏDE, adj. [tiʁɔid] (gr. *thureoeidês*, en forme de long bouclier) **Anat.** *Cartilage thyroïde*, le plus grand de ceux du larynx, dont il occupe la partie antérieure supérieure. ▪ **N. f.** Glande située à la base du cou devant la trachée et sous le larynx, sécrétant des hormones qui interviennent dans la régulation du métabolisme. *Déréglement de la thyroïde.* ▪ REM. On disait autrefois : *thyréoïde.* ▪ THYROÏDIEN, IENNE, adj. [tiʁɔidjɛ̃, jɛn]

THYROÏDECTOMIE, ▪ n. f. [tiʁɔidɛktɔmi] (*thyroïde* et -*ectomie*) **Méd.** Ablation partielle ou totale de la thyroïde. *Subir une thyroïdectomie.*

THYROÏDITE, ▪ n. f. [tiʁɔidit] (*thyroïde*) **Méd.** Inflammation de la glande thyroïde. *Un diabétique atteint de thyroïdite.*

THYROXINE, ▪ n. f. [tiʁɔksin] (*thyroïde* et *oxyde*) **Biol.** L'une des hormones sécrétées par la thyroïde. *Sécrétion de thyroxine.*

THYRSE, n. m. [tiʁs] (lat. *thyrsus*, du gr. *thursos*) Javelot environné de pampre et de lierre, et terminé par une extrémité en forme de pomme de pin. *Les Bacchantes étaient armées de thyrses.* ◆ **Bot.** Mode d'inflorescence.

THYSANOURES, ▪ n. m. pl. [tizanuʁ] (gr. *thusanos*, frange) Ordre d'insectes qui ne possèdent pas d'ailes, au corps allongé recouvert d'écailles, se nourrissant de débris organiques. ▪ **Au sing.** *Le poisson d'argent est un thysanoure.*

TIAFFE, ▪ n. f. [tjaf] (suisse romand) **Région. Suisse** Forte chaleur.

TIARE, n. f. [tjaʁ] (lat. impér. *tiara*) Ornement de tête en usage autrefois chez les Perses, chez les Arméniens, chez les Juifs. ◆ Grand bonnet que porte le pape dans certaines cérémonies, et autour duquel sont trois couronnes d'or avec un globe surmonté d'une croix. ◆ **Fig.** *Porter la tiare*, être pape. ◆ **Fig.** La dignité papale.

TIARÉ, ▪ n. m. [tjaʁe] (mot polynésien) Plante à grandes feuilles de Polynésie, dont les fleurs parfumées servent à la confection de colliers et à l'élaboration du monoï. *Une couronne de tiaré.*

TIBÉTAIN, AINE, ▪ adj. [tibetɛ̃, ɛn] (*Tibet*) Du Tibet, qui en est originaire ou qui y habite. *Les hauts plateaux tibétains. Elle est tibétaine.* ▪ **N. m.** et n. f. *Les Tibétains.* ▪ **N. m.** Langue qui appartient au groupe des langues tibéto-birmanes et qui est parlée au Tibet.

TIBIA, n. m. [tibja] (lat. class. *tibia*, flûte) **Anat.** L'os le plus gros de la jambe, situé à la partie antérieure de ce membre. ◆ Troisième articulation des pattes des insectes.

TIBIAL, ALE, adj. [tibjal] (lat. impér. *tibialis*, propre à la flûte) **Anat.** Qui appartient, qui a rapport au tibia. *Artère tibiale. Nerfs tibiaux.* ◆ **N. m.** *Le tibial antérieur*, le jambier antérieur, muscle. *Le tibial postérieur*, le jambier postérieur.

TIC, n. m. [tik] (onomat.) Chez le cheval, contraction brusque des muscles de l'encolure et des parois du ventre, accompagnée d'un bruit particulier. ◆ ▷ *Tic rongeur*, celui qui consiste dans l'action de mordre ou de ronger la terre, les murs, le fer, etc. ◁ ◆ Chez l'homme, mouvement convulsif local ou habituel, contraction convulsive de certains muscles, et particulièrement de quelques-uns de ceux du visage. ◆ *Tic douloureux de la face*, variété de la névralgie faciale. ◆ **Fig.** Certaines habitudes plus ou moins ridicules qu'on a contractées sans s'en apercevoir.

TICHODROME, ▪ n. m. [tikodʁɔm] (gr. *teikhos*, mur, et -*drome*) *Tichodrome échelette*, petit oiseau noir et gris dont les ailes portent des taches rouges et blanches, au long bec mince, vivant dans les montagnes.

1 **TICKET**, ▪ n. m. [tikɛ] (mot angl., de l'anc. fr. *estiquet*, étiquette) Petit rectangle de papier ou de carton que l'on paye pour l'accès à certains lieux, aux transports, etc. *Un ticket de cinéma, de métro.* ▪ Billet attestant un paiement ou ayant valeur de reçu. *Un ticket de caisse, de bagages.* ▪ *Ticket-restaurant*, billet permettant de bénéficier d'un repas à tarif préférentiel. *Des tickets-restaurant.* ▪ *Ticket modérateur*, part des frais médicaux laissés à la charge de l'assuré par la Sécurité sociale. *Prise en charge du ticket modérateur par la mutuelle.* ▪ **Fig.** et **fam.** *Avoir un ticket avec quelqu'un*, plaire à quelqu'un.

2 **TICKET**, ▪ n. m. [tikɛ] (1 *ticket*) Aux États-Unis, couple du même parti candidat à la présidence et à la vice-présidence. ▪ **Par extens.** Alliance entre deux hommes politiques.

TIC-TAC ou **TIC TAC**, n. m. inv. [tiktak] (onomat.) Onomatopée exprimant un bruit sec qui résulte d'un mouvement réglé. ◆ **N. m.** *Le tic tac du moulin.* ▪ Bruit du mouvement d'une pendule. *Je ne supportais plus les tic-tac du réveil.*

TIE-BREAK, ▪ n. m. [tajbʁɛk] (mot angl., de *tie*, égalité, et *break*, coupure, pause) Au tennis, jeu décisif départageant les joueurs dans un set à six partout. *Des tie-breaks.* On recommande officiellement l'appellation *jeu décisif.*

TIÉDASSE, ▪ adj. [tjedas] (*tiède*) **Péj.** Que la tiédeur rend désagréable. *Un potage tiédasse.* « *Un auxiliaire, plus rogue que lui, offre des gamelles qu'un radiateur maintenait tiédasses.* », BAZIN.

TIÈDE, adj. [tjɛd] (lat. impér. *tepidus*) En parlant des liquides, qui est entre le chaud et le froid. *Un bain tiède.* ◆ **Par extens.** Il se dit d'autre chose que des liquides. ◆ **Fig.** Qui est sans action, nonchalant, sans ardeur, sans ferveur. *Un ami tiède.* « *Ma joie ne peut être tiède* », MME DE SÉVIGNÉ. ◆ **N. m.** et n. f. « *Je hais les tièdes* », VOLTAIRE. ◆ **Adv.** *Boire tiède.*

TIÈDEMENT, adv. [tjɛd(ə)mɑ̃] (*tiède*) Avec tiédeur, avec nonchalance.

TIÉDEUR, n. f. [tjedœʁ] (*tiède*) Qualité de ce qui est tiède. *La tiédeur de l'eau.* ◆ **Fig.** Nonchalance, manque d'activité, d'ardeur, de ferveur. *Servir ses amis avec tiédeur.* « *La tiédeur des vieilles gens* », LA ROCHEFOUCAULD. ◆ Au pl. Actes de tiédeur. « *Que de tiédeurs et de lâchetés !* », BOURDALOUE.

TIÉDI, IE, p. p. de tiédir. [tjedi]

TIÉDIR, v. intr. [tjediʀ] (*tiède*) Devenir tiède. *Faire tiédir de l'eau.* ■ TIÉDIS-SEMENT, n. m. [tjedis(ə)mɑ̃]

TIEN, TIENNE, adj. poss. [tjɛ̃, tjɛn] (lat. *tuum*) relatif à la seconde personne du singulier et signifiant à toi. « *Vis pour ton cher tyran, tandis que je meurs tienne* », P. CORNEILLE. ◆ Le plus ordinairement, il se construit avec l'article défini. *Mon père est malade, le tien se porte bien.* ◆ N. m. Le bien qui t'appartient. *Défends le tien.* ◆ *Le tien et le mien,* la propriété en général. ◁ ◆ N. m. pl. Tes proches, tes alliés, tes serviteurs. **Fam.** *Tu fais des tiennes,* tu te divertis, ou tu fais des actions compromettantes.

TIERCE, n. f. [tjɛʀs] (*tiers*) **Mus.** L'intervalle qui se trouve entre la seconde et la quarte. ◆ *Tierce majeure,* tierce composée de quatre demi-tons. ◆ *Tierce mineure,* intervalle qui comprend trois demi-tons. ◆ *Tierce augmentée,* intervalle composée de cinq demi-tons. ◆ *Tierce diminuée,* intervalle composée de deux demi-tons. ◆ Au jeu de piquet, trois cartes d'une même couleur qui se suivent. *Tierce au roi.* ◆ **Escrime** Position du poignet tourné en dedans, dans une situation horizontale, l'épée de l'adversaire étant à la gauche. ◆ *Porter une tierce, une botte en tierce,* ou **absol.** *porter en tierce,* porter une botte dans cette position. ◆ Dans la liturgie catholique, la seconde des heures canoniales, laquelle se chantait à la troisième heure du jour suivant la manière de compter des anciens. ◆ **Impr.** Dernière épreuve que l'on confère avec le bon à tirer avant de mettre sous presse. ◆ **Math.** et **astron.** Soixantième partie d'une seconde. ◆ **Héral.** Fasce formée de trois triangles.

TIERCÉ, ÉE, p. p. de tiercer. [tjɛʀse] ◆ **Héral.** Se dit d'un écu qui est divisé en trois parties. ■ N. m. Pari sur la désignation et l'ordre d'arrivée des trois premiers chevaux d'une course. *Jouer au tiercé.*

TIERCE-FEUILLE, n. f. [tjɛʀsəfœj] (*tiers* et *feuille*) **Héral.** Figure semblable à celle du trèfle, dont il ne diffère que parce qu'il n'a pas de queue.

TIERCELET, n. m. [tjɛʀsəlɛ] (dimin. de l'anc. fr. *tierçuel*, du lat. pop. *tertiolus*, de *tertius*, tiers) Le mâle de certains oiseaux de proie ; sa taille est d'un tiers plus petite que celle de la femelle. *Un tiercelet de faucon, d'épervier, etc.* ◆ ▷ **Fig.** Homme très inférieur à l'importance qu'il affecte de se donner (emploi qui a vieilli). ◁

TIERCEMENT, n. m. [tjɛʀsəmɑ̃] (*tiercer*) Surenchère du tiers sur le prix d'une chose après adjudication. ◆ ▷ Augmentation d'un tiers dans le prix des places d'un spectacle. ◁ ◆ Assolement triennal.

TIERCE OPPOSITION, n. f. [tjɛʀsopozisjɔ̃] Voy. TIERS.

TIERCER, v. tr. [tjɛʀse] (*tiers*) ▷ **Anc. pratiq.** Hausser d'un tiers le prix d'une chose, après adjudication. ◁ ◆ **Absol.** Tiercer. ◆ **Constr.** Réduire au tiers. ◆ Donner aux terres une troisième façon. ◆ En ce sens, on dit également *tercer.* ◆ ▷ V. intr. Augmenter d'un tiers le prix des places à un spectacle. ◁ ◆ Au jeu de paume, servir du tiers d'un côté, et tenir une place vers la corde.

TIERCERON, n. m. [tjɛʀsəʀɔ̃] (*tiers*, p.-ê. d'apr. *quarteron*) **Archit.** Arc qui naît des angles dans une voûte ogivale.

TIERÇON, n. m. [tjɛʀsɔ̃] (*tiers*) Ancienne mesure de liquides, du tiers d'une mesure entière.

TIERS, ERCE, adj. [tjɛʀ, ɛʀs] (lat. *tertius*, troisième) Troisième ; en ce sens, il a vieilli et ne reste usité que dans certaines phrases. *La tierce partie d'un tout. En maison tierce.* ◆ *Tiers arbitre,* arbitre qui est appelé à départager des arbitres volontaires. ◆ *Tiers parti,* parti qui se forme entre deux partis extrêmes. ◆ *Le tiers état* ou absol. *le tiers,* la partie de la nation qui n'appartenait ni à la noblesse, ni au clergé. ◆ **Méd.** *Fièvre tierce,* fièvre qui revient périodiquement de deux jours l'un. ◆ **Vén.** *Tiers an,* troisième année. *Ce sanglier est dans son tiers an.* ◁ On dit aussi ; *C'est un tiers an.* ■ N. m. Une troisième personne, et par extens. une personne étrangère. « *Souvent un tiers se brouille avec les deux partis* », GRESSET. ◆ **EN TIERS**, loc. adv. Exprime la position d'une personne qui se trouve troisième avec deux autres dans une réunion. ◆ **Jurispr.** *Tiers détenteur* ou *tiers possesseur,* Voy. DÉTENTEUR. ◆ *Tiers saisie,* Voy. SAISIE. ◆ *Tiers opposant,* celui qui, n'ayant point été partie dans une contestation jugée, prétend que le jugement ou l'arrêt lui fait tort, et qui s'oppose à l'exécution. *Tierce opposition,* l'acte qu'il fait signifier à cette fin. ◆ La troisième partie d'une chose qui est ou que l'on conçoit divisée en trois parties. *Tiers consolidé,* capital des rentes après sa réduction au tiers. ◆ **Fam.** *Le tiers et le quart,* toutes sortes de personnes indifféremment, le premier venu. ◆ ▷ N. f. *Tierce,* compagne que l'on donne à une religieuse quand elle reçoit une visite au parloir. ◁ ■ **Spéciatt.** *Tierce personne,* personne chargée d'aider une personne handicapée dans les gestes quotidiens. ■ **Hist.** *Tiers état,* partie de la population qui, sous l'Ancien Régime, ne faisait partie ni de la noblesse, ni du clergé. *Les bourgeois et les paysans appartenaient au tiers état.* ■ **Relig.** *Tiers ordre,* association affiliée à un ordre religieux. ■ *Assurance tierce collision* ou *assurance au tiers,* assurance des véhicules qui couvre les dommages occasionnés lors

d'une collision avec un autre véhicule dont le conducteur est identifié, ou avec un piéton ou un animal dont le propriétaire est connu. ■ *Tiers payant,* système où l'organisme assureur paye les frais médicaux, le patient n'ayant à sa charge que le ticket modérateur.

TIERS-MONDE, ■ n. m. [tjɛʀmɔ̃d] (*tiers* et *monde*) Ensemble des pays en voie de développement. *Des tiers-mondes. Aide apportée au tiers-monde.*

TIERS-MONDISME, ■ n. m. [tjɛʀmɔ̃dism] (*tiers-monde*) Opinion, idéologie de solidarité vis-à-vis du tiers-monde et de son développement. ■ TIERS-MONDISTE, n. m. et f. ou adj. [tjɛʀmɔ̃dist] *Les tiers-mondistes.*

TIERS-POINT, ■ n. m. [tjɛʀpwɛ̃] (*tiers* et *point*) **Archit.** Point de section au sommet d'un triangle équilatéral. ◆ Courbure des voûtes ogivales composées de deux arcs de cercle. ◆ Point pris à discrétion sur la ligne de vue, où aboutissent toutes les diagonales qu'on tire pour raccourcir les figures. ◆ Sorte de lime à trois faces. ◆ Au pl. *Des tiers-points.*

TIF, ■ n. m. [tif] (orig. incert.) **Fam.** Cheveu. *Se faire couper les tifs.* « *Blazer bleu marine et fendard gris souris, le tif gominé-miroir et la raie droite comme une conscience de communiant* », PENNAC.

TIFOSIS ou **TIFOSI**, ■ n. m. pl. [tifozi] (mot it., pl. de *tifoso*) Supporters italiens. *Des milliers de tifosis soutiennent leur équipe de foot.*

TIGE, n. f. [tiʒ] (lat. pop. *tibia*, tige, du lat. class. *tibia*, flûte) Partie de la plante qui tend à s'élever verticalement, et qui porte les feuilles, les fleurs et les fruits. ◆ *Arbres à hautes tiges* ou simplement *hautes tiges,* arbres dont on laisse les tiges s'élever. ◆ *Arbres à basses tiges* ou simplement *basses tiges,* ceux qu'on empêche de s'élever. ◆ *Tige* se dit, chez les jardiniers, des arbres auxquels on ne laisse qu'un seul jet. ◆ Il se dit plus particulièrement en parlant des plantes qui ne sont ni arbres ni arbrisseaux. *Une fleur sur sa tige.* ◆ Chef de qui sont sorties les branches d'une famille. ◆ **Par extens.** Il se dit des animaux. ◆ Lignée. *Faire tige,* devenir l'origine d'une famille. ◆ **Fig.** Origine, source. « *Les luthériens, qui étaient la tige de la réforme* », BOSSUET. ◆ **Par anal.** Tout prolongement allongé et plus ou moins cylindrique, qui fait partie d'un corps quelconque. ◆ *La tige d'une colonne,* le fût. ◆ *La tige d'une clé,* la partie mince et allongée, qui est entre l'anneau et le panneton. ◆ *Tige d'une plume,* la partie qui surmonte le tuyau et de chaque côté de laquelle se développent les barbes. ◆ *Tige de botte,* le corps de la botte où l'on met la jambe. ◆ **Méc.** *La tige d'une roue,* l'arbre de cette roue. ◆ Corps d'un clou. ◆ *Tige de pompe,* manche auquel tient le piston. ◆ Partie de la chaussure qui couvre le dessus du pied. ◆ **Arg.** Cigarette. *J'ai le temps de fumer une tige.*

TIGELLE, n. f. [tiʒɛl] (dimin. de *tige*) **Bot.** Partie de l'embryon végétal qui unit la radicule au cotylédon.

TIGETTE, n. f. [tiʒɛt] (dimin. de *tige*) **Archit.** Espèce de tige ornée de feuilles, d'où sortent les volutes du chapiteau.

TIGLON, ■ n. m. [tiglɔ̃] Voy. TIGRON.

TIGNASSE, n. f. [tiɲas] ou [tinjas] (*teigne*) ▷ **Pop.** Mauvaise perruque. ◁ ◆ ▷ Coiffe enduite d'onguent pour les teigneux. ◁ ◆ ▷ On dit aussi *teignasse.* ◁ ■ **Fam.** Chevelure mal peignée.

TIGNON, n. m. [tiɲɔ̃] ou [tinjɔ̃] (*teigne*) ▷ **Pop.** La partie des cheveux qui est derrière la tête, en parlant des femmes. ◆ Le mot propre est *chignon.* ◁

TIGNONNÉ, ÉE, p. p. de tignonner. [tiɲone] ou [tinjone]

TIGNONNER, v. tr. [tiɲone] ou [tinjone] (*tignon*) ▷ **Pop.** Mettre en boucles les cheveux du tignon. ◆ Se tignonner, v. pr. Se prendre par le tignon, par les cheveux, en parlant de femmes. ◁

TIGRE n. m. ou **TIGRESSE**, n. f. [tigʀ, tigʀɛs] (lat. *tigris*) ▷ Bête féroce, dont le poil est rayé ou moucheté, et qui a la forme d'un chat. ◁ ◆ *Jaloux comme un tigre,* jaloux jusqu'à la rage. ◆ **Fig.** Homme cruel, impitoyable. ◆ **Fig.** *C'est un tigre, un vrai tigre,* il est d'une excessive cruauté. ◆ ▷ Nom donné à différents animaux d'Amérique, le jaguar, le jaguarète, le chat-pard. ◁ ◆ Insecte moucheté qui s'attache aux feuilles des arbres fruitiers. ■ ▷ Adj. *Chevaux tigres, chiens tigres,* chevaux, chiens tavelés. ◁ ◆ N. m. *Tigre de papier,* personne ou chose qui n'est pas aussi puissante qu'elle le laisse paraître. ■ N. f. Une femme jalouse, possessive et agressive. ■ REM. Le tigre est un mammifère carnassier de la famille des félidés, au pelage roux rayé de noir, vivant en Asie.

TIGRÉ, ÉE, p. p. de tigrer. [tigʀe] ◆ Moucheté comme la peau du tigre. *Des peaux tigrées.* ◆ Il se dit de la robe blanche ou grise du cheval, sur laquelle se trouvent disséminées des plaques colorées. ◆ Dont le pelage est rayé. *Un chat tigré.*

TIGRER, v. tr. [tigʀe] (*tigre*) Orner de taches pareilles aux moucheture ou aux bandes du poil du tigre.

TIGRIDIE, ■ n. f. [tigʀidi] (lat. *tigris*, tigre, par anal. de couleur) Plante vivace à bulbe portant de grandes fleurs colorées.

TIGRON ou **TIGLON**, ■ n. m. [tigrɔ̃, tiglɔ̃] (contraction de *tigre* et *lion*) Félin issu du croisement d'un tigre et d'une lionne. *Le tigron est un animal stérile.*

TILBURY, n. m. [tilbyʀi] (mot angl., du nom de son inventeur) Cabriolet découvert et léger. ♦ Au pl. *Des tilburys.*

TILDE, ■ n. m. [tild] (mot esp.) En espagnol, accent placé au-dessus de la lettre *n* (*ñ*), correspondant à la consonne palatale *gn* en français. ■ Signe diacritique utilisé et placé dans l'écriture phonétique au-dessus des voyelles nasales.

TILLAC, n. m. [tijak] (anc. scand. *thilia*, planche) **Mar.** Syn. de pont, seul usité aujourd'hui. ♦ Pont de certains grands bateaux.

TILLAGE ou **TEILLAGE**, n. m. [tijaʒ, tejaʒ] (*teiller*) Action de teiller le chanvre et le lin.

TILLANDSIA n. m. ou **TILLANDSIE**, ■ n. f. [tilɑ̃dsja, tilɑ̃dsi] (lat. scient. *tillandsia*, de *Tillands*, botaniste suédois) Plante originaire d'Amérique tropicale aux feuilles épineuses. *Il existe de nombreuses variétés de tillandsias.*

1 **TILLE**, n. f. [tij] (lat. *tilia*, écorce de tilleul) Nom donné vulgairement au liber du tilleul. ♦ Nom vulgaire donné à l'écorce de la tige du chanvre ; on dit aussi *teille.*

2 **TILLE**, n. f. [tij] (scand. *telgia*, outil qui coupe) ▷ Instrument qui est tout ensemble hache et marteau, à l'usage des tonneliers, des couvreurs ; il se nomme aussi *hachette* et *assette.* ◁

3 **TILLE**, n. f. [tij] (*tillac*) ▷ Anciennement, petit pont, petite couverte à l'arrière d'un bâtiment non ponté. ♦ Aujourd'hui, petit compartiment en planches fait à l'avant et à l'arrière d'une barque. ◁

TILLÉ, ÉE ou **TEILLÉ, ÉE**, p. p. de tiller. [tije, teje]

TILLER ou **TEILLER**, v. tr. [tije, teje] (1 *tille* ou *teille*) Détacher avec la main le filament du chanvre, en brisant la chènevotte. ♦ Se dit aussi du lin, etc.

TILLEUL, n. m. [tijœl] (lat. pop. *tiliolus*) Genre de la famille des tiliacées. ♦ La fleur de tilleul, qui est légèrement antispasmodique ; l'infusion qu'on en fait.

TILLEUR, EUSE ou **TEILLEUR, EUSE**, n. m. et n. f. [tijœʀ, øz, tejœʀ, øz] (*tiller* ou *teiller*) Ouvrier, ouvrière qui tille ou teille le chanvre. ♦ N. f. Machine qui sert à tiller. *Une tilleuse de chanvre et de lin.*

TILT, ■ n. m. [tilt] (mot angl., de *to tilt,* pencher) Au billard électrique, signal interrompant la partie lorsque le joueur secoue trop brutalement l'appareil. ■ Fig. et fam. *Faire tilt,* faire surgir subitement une idée, une inspiration ou un souvenir. *Ça a fait tilt dans sa tête.* ■ **TILTER,** v. intr. [tilte]

TIMAR, ■ n. m. [timaʀ] (mot turc, bénéfice militaire) Concession en terre faite par le Grand Seigneur en faveur d'un soldat turc, à la charge par ce dernier de fournir un certain nombre de cavaliers et de se rendre lui-même à l'armée, en cas d'appel.

TIMARIOT, n. m. [timaʀjo] (*timar*) Soldat turc qui jouit d'un timar.

TIMBALE, n. f. [tɛ̃bal] (croisement de *cymbale* et *timbre*) Caisse de cuivre à l'usage de la cavalerie, faite en demi-globe, et couverte d'une peau corroyée et tendue, sur laquelle on frappe. *Une paire de timbales.* ▷ Blouser les timbales. ◁ ♦ Au pl. Jeu d'orgues qui imite le roulement des timbales. ♦ Dans les orchestres, timbales accordées de manière à sonner la tonique et la dominante des morceaux où on les emploie. ♦ Gobelet de métal qui a à peu près la forme d'une timbale ou d'un verre sans pied. ♦ ▷ Petites raquettes couvertes de peau des deux côtés, dont on se sert pour jouer au volant. ◁ ♦ ♦ Fig. et pop. Marmite. ■ ♦ **Cuis.** Nom qu'on donne à toute espèce de ragoût enveloppé d'une pâte et cuit au four. ◁ ♦ Petit moule rond. ♦ Par méton. Plat préparé dans ce moule. *Timbales de thon aux crevettes.* ♦ Fig. et fam. *Décrocher la timbale,* réussir, obtenir quelque chose.

TIMBALIER, n. m. [tɛ̃balje] (*timbale*) Celui qui bat des timbales.

TIMBRAGE, n. m. [tɛ̃bʀaʒ] (*timbrer*) Action, manière de timbrer.

TIMBRE, n. m. [tɛ̃bʀ] (altér. du gr. *tumpanon*, tambour, voir *tympan*) Corde à boyaux tendue en double sur le fond inférieur d'un tambour pour le faire mieux résonner. ♦ Cloche sans battant, qui est frappée en dehors par un marteau. *Le timbre d'une pendule.* ♦ Fig. et fam. *Avoir le timbre fêlé, le timbre brouillé,* être un peu fou. ♦ ▷ Fig. *Brouiller le timbre,* faire tourner la tête. ◁ ♦ Son que rend le timbre. ♦ Qualité sonore d'une voix, d'un instrument. « *La voix s'affermit et prend du timbre* », J.-J. ROUSSEAU. ♦ Caractère d'un son indépendamment de son rang dans l'échelle. *Le timbre de la flûte.* ♦ Premier vers d'un vaudeville connu, qu'on écrit au-dessus d'un vaudeville parodié pour indiquer sur quel air ce dernier doit être chanté. ♦ Marque imprimée sur le papier que la loi rend obligatoire pour les actes et pour certaines impressions. ♦ Bâtiment où l'on timbre. ♦ Marque particulière que chaque bureau de poste imprime sur les lettres. ♦ *Timbre-poste*

ou simplement *timbre,* cachet volant, vignette qui indique l'affranchissement d'une lettre. ♦ Au pl. *Des timbres-poste* ou *des timbres-postes.* ♦ *Timbre-dépêche,* timbre à l'aide duquel on affranchit une dépêche télégraphique. ♦ Au pl. *Des timbres-dépêches.* ♦ Partie arrondie du casque, qui s'applique sur la tête. ♦ **Hérald.** Tout ornement placé sur le sommet de l'écu armoiries et servant à désigner la qualité de la personne qui le porte (tiare, chapeau rouge, mitre et crosse, mortier, casque et heaume). ■ Objet qui atteste un paiement. *Timbre fiscal.* ■ **Méd.** Pastille autocollante à coller sur la peau et qui libère en continu un produit actif. *Timbre antituberculeux.*

TIMBRÉ, ÉE, p. p. de timbrer. [tɛ̃bʀe] ♦ ▷ Fig. et fam. *Une cervelle, une tête, un cerveau mal timbré* ou *qui n'est pas bien timbré,* un écervelé, un fou. ♦ On dit de même : *Une personne, une cervelle, une tête timbrée.* ♦ Marqué d'un timbre. *Le papier timbré.* ♦ **Hérald.** *Timbré* se dit de l'écu couvert du casque ou timbre.

TIMBRE-AMENDE, ■ n. m. [tɛ̃bʀamɑ̃d] (*timbre* et *amende*) Vignette que l'on achète pour régler une amende reçue pour une infraction au Code de la route. *Des timbres-amendes.*

TIMBRE-POSTE, ■ n. m. [tɛ̃bʀəpɔst] Voy. TIMBRE.

TIMBRER, v. tr. [tɛ̃bʀe] (*timbre*) Écrire en tête d'un acte sa nature, sa date et le sommaire de ce qu'il contient. ♦ Imprimer sur du papier, sur du parchemin, la marque ordonnée par la loi. *Timbrer des billets.* ♦ Imprimer sur une lettre une marque qui indique le lieu d'où elle vient, et le jour de départ et d'arrivée. ♦ ▷ *Timbrer les livres d'une bibliothèque,* les marquer d'un cachet, d'un sceau particulier. ◁ ♦ **Hérald.** Mettre au-dessus d'un écu un timbre. ♦ Coller des timbres-poste correspondant au montant du port sur un courrier ou un colis. *J'ai oublié de timbrer ma lettre avant de la poster !*

TIMBREUR, EUSE, n. m. et n. f. [tɛ̃bʀœʀ, øz] (*timbrer*) Personne qui marque avec le timbre.

TIMIDE, adj. [timid] (lat. *timidus,* craintif, de *timere,* craindre) Qui manque de hardiesse ou d'assurance. *Un animal timide.* ♦ ▷ *Timide à,* suivi d'un infinitif. « *Humble et timide à plaire* », A. CHÉNIER. ◁ ♦ *Timide envers.* « *Le malheur et le repentir l'avaient rendu timide envers la destinée* », MME DE STAËL. ■ N. m. et n. f. *Les timides.* ♦ Il se dit des actions, des discours, du caractère, etc. *De timides conseils.* ♦ Fig. *Marche timide,* conduite excessivement prudente. ♦ Il se dit du manque de hardiesse dans les œuvres de l'esprit. *Écrivain timide. Style timide.* ♦ Se dit d'une manière de travailler du peintre, du sculpteur ou du graveur, qui manque de décision et de fermeté. *Pinceau, ciseau, burin timide.*

TIMIDEMENT, adv. [timid(ə)mɑ̃] (*timide*) Avec timidité.

TIMIDITÉ, n. f. [timidite] (lat. *timiditas,* esprit craintif) Qualité de celui qui est timide. ♦ Se dit aussi en parlant des actions, des discours. *La timidité de sa conduite.* ♦ Manque d'assurance, quelquefois même avec une idée favorable. « *La timidité est un défaut dont il est dangereux de reprendre les personnes qu'on en veut corriger* », LA ROCHEFOUCAULD.

TIMING, ■ n. m. [tajmiŋ] (mot angl., de *to time,* programmer, régler) Programmation, minutage précis de différentes tâches ou actions. *Une erreur de timing. Ils n'ont pas su respecter le timing, être dans le timing, disaient-il de manière un peu pédante.*

TIMON, n. m. [timɔ̃] (lat. class. *temo, -onis,* perche, traverse) Pièce de bois longue, fixée au milieu de la volée d'une voiture, et par l'intermédiaire de laquelle les chevaux retiennent et font reculer la voiture. ♦ *Timon d'une charrue,* longue pièce de bois en forme de timon à laquelle sont attelés les bœufs ou les chevaux. ♦ **Mar.** La barre du gouvernail, et par extens. le gouvernail lui-même. ♦ Fig. Direction de ce qui est comparé à un navire. *Le timon de l'État.*

TIMONERIE, n. f. [timɔn(ə)ʀi] (*timon*) **Mar.** Métier du timonier. ♦ La portion du pont à l'arrière du navire où se tiennent les timoniers. *Maître de timonerie.* ♦ **Techn.** Ensemble des organes de direction d'une automobile.

TIMONIER, n. m. [timɔnje] (*timon*) Celui qui gouverne le timon d'un navire sous les ordres du pilote. ♦ Nom qu'on donne à chacun des chevaux qui sont au timon.

TIMORÉ, ÉE, adj. [timɔʀe] (lat. chrét. *timoratus,* qui craint Dieu) Qui est pénétré d'une crainte salutaire, en parlant de la crainte d'offenser Dieu. ♦ *Conscience timorée,* celle que la crainte du mal alarme facilement, qui porte la délicatesse jusqu'au scrupule. ♦ Qui porte très loin le scrupule en général. ♦ Qui craint le risque, le danger et qui hésite à agir. *Des entrepreneurs timorés.*

TIN, n. m. [tɛ̃] (orig. incert.) **Mar.** Sorte de billot employé en le mettant à plat pour servir de support à une pièce de construction que l'on travaille. ♦ Pièce de bois qui soutient les tonneaux dans une cave.

TINAMOU, ■ n. m. [tinamu] (mot des Caraïbes) Oiseau à pattes courtes, volant peu, vivant en Amérique du Sud et en Amérique centrale. *Des tinamous.*

TINCTORIAL, ALE, adj. [tɛ̃ktɔʀjal] (lat. *tinctorius*) Qui sert à teindre ; qui a rapport à l'art de teindre. *Ingrédients tinctoriaux. Matières tinctoriales.*

TINE, n. f. [tin] (lat. *tina*, carafe avec couvercle) ▷ Tonneau qui sert à transporter de l'eau. ◁

TINETTE, n. f. [tinɛt] (dimin. de *tine*) Vaisseau, récipient de bois fait de douves, ordinairement plus large par en haut que par en bas, et qui sert au transport du beurre fondu. ◆ Espèce de tonneau qui sert aux vidanges. ■ **Fam.** Les toilettes. *Les tinettes sont au fond du jardin.*

TINTAMARRE, n. m. [tɛ̃tamaʀ] (*tinter* et second élément *marre* d'orig. inc.) **Fam.** Bruit éclatant, accompagné de confusion et de désordre. *Faire grand tintamarre.* ◆ **Par extens.** Bruit des fêtes, des réceptions. ◆ **Fig.** Éclat, effet produit.

TINTAMARRER, v. intr. [tɛ̃tamaʀe] (*tintamarre*) ▷ **Pop.** et **vieilli** Faire du tintamarre. ◁

1 TINTÉ, ÉE, p. p. de tinter (1 *tinter*) *Cloche tintée.*

2 TINTÉ, ÉE, p. p. de tinter. [tɛ̃te] *Futailles tintées.*

TINTEMENT, n. m. [tɛ̃t(ə)mɑ̃] (1 *tinter*) Action de tinter une cloche. ◆ Son de cloche qu'on tinte. ◆ Prolongement du son d'une cloche, lequel va toujours en diminuant après que le coup a frappé. ◆ Bruit comparé aux sons saccadés d'une cloche qui tinte. ◆ **Méd.** *Tintement métallique*, tintement qui retentit à l'oreille appliquée contre la poitrine. ◆ Sensation qu'on éprouve quelquefois dans les oreilles, comme si l'on entendait un son aigre et continu.

TINTENAGUE, n. f. [tɛ̃t(ə)nag] Voy. TOUTENAGUE.

1 TINTER, v. tr. [tɛ̃te] (b. lat. *tinnitare*, de *tinnire*, produire un son clair) Faire sonner lentement une cloche, en sorte que le battant ne frappe que d'un côté. ◆ **Absol.** *On tinte à la paroisse.* ◆ On tinte un office pour avertir qu'il est au moment de commencer. ◆ **V. intr.** Sonner lentement. *La cloche tinte.* ◆ *La messe tinte*, la cloche tinte pour avertir que la messe va commencer. ◆ Il se dit d'autres petits sons comparés à ceux d'une clochette. *Les grelots tintent. Faire tinter un verre.* ◆ Frapper une clochette pour appeler. ◆ Se prolonger comme un tintement. « *La même voix tintait longtemps dans mes oreilles* », LAMARTINE. ◆ *L'oreille lui tinte*, il entend, dans son oreille, sans qu'il y ait aucun son extérieur, un bruit pareil à celui d'une petite cloche. ◆ *Faire tinter les oreilles de quelqu'un*, lui répéter très souvent une chose. ◆ **Fig.** *Les oreilles doivent vous avoir bien tinté*, se dit pour faire entendre à une personne qu'on a beaucoup parlé d'elle en son absence. ◆ ▷ **Fig.** et **fam.** *Le cerveau lui tinte*, il a la tête fêlée, dérangée. ◁

2 TINTER, v. tr. [tɛ̃te] (*tin*) **Mar.** Appuyer, assujettir avec des tins. *Tinter la quille d'un navire.*

TINTIN, ■ interj. [tɛ̃tɛ̃] (onomat., p.-ê. avec influ. de 1 *tinter*) **Fam.** Rien du tout. *Tintin pour ta demande ! ◆ Faire tintin*, être privé de quelque chose. *Pour son prêt, il peut faire tintin !*

TINTINNABULER, ■ v. intr. [tɛ̃tinabyle] (lat. *tintinnabulum*, clochette, de *tinnitare*, voir 1 *tinter*) Tinter, sonner. *Le grelot et la clochette tintinnabulent.*

TINTOUIN, n. m. [tɛ̃twɛ̃] (1 *tinter*) Sensation trompeuse d'un bruit analogue à celui d'une cloche qui tinte. *Avoir un tintouin continuel dans les oreilles.* ◆ **Fig.** et **fam.** Inquiétude, embarras que cause une affaire.

TIP, ■ n. m. [teipe] (sigle de *titre interbancaire de paiement*) Ordre de paiement que le débiteur signe et renvoie pour régler une facture. *Vous pouvez payer par TIP ou par chèque.*

TIPER ou **TIPPER**, ■ v. tr. [tipe] (all. *tippen*, taper à la machine) **Région.** **Suisse** Taper sur le clavier d'une caisse enregistreuse. *Se tromper en tipant le prix d'un article.*

TIPI, ■ n. m. [tipi] (mot sioux) Tente en peau de bêtes des Indiens d'Amérique du Nord, de forme conique. *Des tipis.*

TIPULE, ■ n. f. [tipyl] (lat. *tippula*, araignée d'eau) Insecte ressemblant à un grand moustique mais ne piquant pas. *La tipule est également appelée cousin.*

TIQUE, n. f. [tik] (p.-ê. de l'angl. *tick*) Nom vulgaire donné aux espèces du genre ixode, et surtout à l'ixode ricin, insecte parasite à huit pattes et sans ailes, qui s'attache aux chiens, aux bœufs, aux moutons et autres animaux. ■ REM. La tique peut aussi s'accrocher à la peau de l'homme.

TIQUER, v. intr. [tike] (*tic*) Avoir un tic. ■ **Fam.** Montrer involontairement de la désapprobation ou du désagrément. *Cette petite phrase m'a fait tiquer.*

TIQUETÉ, ÉE, adj. [tik(ə)te] (néerl. *tik*, piqûre) Tacheté, marqué de petites taches. *Un œillet tiqueté.*

TIQUETURE, n. f. [tik(ə)tyʀ] (rad. de *tiqueté*) État d'un objet tiqueté.

TIQUEUR, EUSE, n. m. et n. f. [tikœʀ, øz] (*tiquer*) Il se dit des animaux domestiques qui ont contracté un tic. *Cheval tiqueur.*

TIR, n. m. [tiʀ] (*tirer*) L'action ou l'art de tirer une arme à feu, et d'en diriger le coup. *Être habile au tir. Chasse au tir.* ◆ *Tir de campagne, de siège, tir en brèche*, désignent les genres de service et la nature de l'effet à produire. ◆ *Ligne de tir*, axe d'un canon supposé prolongé indéfiniment. ◆ *Plan de tir*, plan vertical passant par la ligne de tir d'une arme à feu. ◆ *Angle de tir*, angle formé par la ligne de tir avec les horizontales du plan de tir. ◆ *Tir en blanc*, ◁ *tir à blanc*, tir sans projectile ; *tir à boulet ; tir à obus ; tir à mitraille*, etc. ◆ Ligne suivant laquelle on tire, surtout en parlant du canon. *La justesse du tir. Tir direct, d'écharpe, d'enfilade*, etc. ◆ Lieu où l'on s'exerce à tirer des armes à feu. ■ **Sp.** Lancement d'une boule, d'un ballon ou d'une flèche vers un but ou une cible. *Préparer son tir. Tir à l'arc.*

TIRADE, n. f. [tiʀad] (*tirer*) ▷ Action de tirer. « *Les tirades et les secousses durèrent une heure dans l'écartèlement de Damiens* », VOLTAIRE. ◁ ◆ **Fig.** Morceau d'un ouvrage en prose ou en vers, et qui est le développement d'une même idée. ◆ ▷ *Une tirade de*, beaucoup de pensées, de phrases qui se suivent sur le même sujet. *Des tirades de réflexions.* ◁ ◆ ▷ **Fam.** *Une tirade d'injures*, beaucoup d'injures débitées de suite. ◁ ◆ Au théâtre, ce qu'un personnage débite sans être interrompu. ◆ En mauvaise part, développement de lieux communs, sans rapport avec le sujet. ◆ **Mus.** Passage que fait la voix ou l'instrument dans l'intervalle d'une note à une autre, par les notes diatoniques de cet intervalle distinctement articulées. *Une tirade brillante.* ◆ ▷ D'UNE TIRADE, TOUT D'UNE TIRADE, loc. adv. Tout d'un trait, sans s'arrêter.

TIRAGE, n. m. [tiʀaʒ] (*tirer*) Action de tirer. *Ce cheval est excellent au tirage.* ◆ ▷ Difficulté, peine qu'on éprouve à tirer. *Il y a beaucoup de tirage sur le caillou.* ◁ ◆ *Il y a du tirage*, le chemin est difficile, et fig. la chose offre des difficultés. ◆ Chemin de halage sur le bord des rivières. ◆ *Chevaux de tirage*, chevaux employés à tirer les bateaux. ◆ *Tirage des étoffes*, ce que les ouvriers font pour les allonger et leur donner plus d'aunage. ◆ *Tirage des métaux*, action de les faire passer par la filière. ◆ Action d'extraire les pierres, les roches de la carrière. ◆ L'action par laquelle un foyer attire l'air pour la combustion. ◆ **Impr.** Action de mettre sous presse les feuilles et de les imprimer. ◆ Manière dont les feuilles sont imprimées. *Un beau tirage.* ◆ Il se dit de réimpressions successives avec les mêmes formes ou planches. *Premier, second tirage.* ◆ En parlant des estampes de la gravure en taille-douce, on dit *tirage* et *non impression.* ◆ *Tirage d'une loterie*, action de tirer les billets. ◆ *Tirage au sort* ou simplement *tirage*, action de faire sortir au sort. *Le tirage au sort pour le recrutement de l'armée.* ■ Aspiration de la fumée par le conduit d'une cheminée. *Cette cheminée a un bon tirage.* ■ Impression d'un négatif sur un support, sur du papier le plus souvent. *Un tirage en double exemplaire.*

TIRAILLÉ, ÉE, p. p. de tirailler. [tiʀaje]

TIRAILLEMENT, n. m. [tiʀaj(ə)mɑ̃] (*tirailler*) Action de tirailler ; effet de cette action. ◆ **Fig.** Difficultés qui surviennent entre les administrations, les pouvoirs qui se disputent les attributions, les affaires. ◆ Sensation de malaise éprouvée dans certaines parties intérieures du corps. *Tiraillement d'estomac.* ◆ **Fig.** Il se dit, en un sens analogue, de sensations morales.

TIRAILLER, v. tr. [tiʀaje] (*tirer*) Tirer une personne, une chose à diverses reprises, avec insistance, avec violence. *Tirailler une étoffe pour l'allonger. Tirailler quelqu'un par le bras.* ◆ **Fig.** et **absol.** Faire des efforts pour. ◆ **Fig.** S'efforcer d'attirer. « *Je ne sais pas encore où je me fixerai : chacun me tiraille de son côté* », J.-J. ROUSSEAU. ◆ Multiplier les instances. *À quoi sert de le tirailler.* ◆ Causer des embarras, des peines. « *Une demi-douzaine d'affaires très désagréables me tiraillent de tous côtés* », VOLTAIRE. ◆ **V. intr.** Tirer d'une arme à feu souvent et ennuyeusement. ◆ **Milit.** Engager un feu irrégulier et à volonté. ◆ **Se tirailler**, v. pr. Se tirer les uns les autres à diverses reprises et avec violence.

TIRAILLERIE, n. f. [tiʀaj(o)ʀi] (*tirailler*) Action de tirailler. ◆ Action d'une troupe qui fait feu continuellement.

TIRAILLEUR, n. m. [tiʀajœʀ] (*tirailler*) Celui qui tiraille. ◆ Chasseur qui tire mal. ◆ Soldat qui tiraille et combat en avant d'une troupe, ou sans faire partie d'une troupe.

TIRAMISU, ■ n. m. [tiʀamisu] (ital. *tira mi su*, tire-moi vers le haut) Dessert italien fait à base de mascarpone, de jaunes d'œuf, de liqueur et de biscuits imbibés dans du café fort et saupoudrés de cacao. *Des tiramisus.*

TIRANT, n. m. [tiʀɑ̃] (*tirer*) Cordon servant à ouvrir et à fermer une bourse. ◆ Morceaux de cuir placés des deux côtés du soulier, qui servent à l'attacher sur le cou-de-pied. ◆ Anses faites d'un tissu de fil ou de soie et cousues à l'intérieur d'une tige de botte, pour aider à la chausser. ◆ **Archit.** Pièce de bois ou barre de fer arrêtée aux deux extrémités, pour empêcher l'écartement d'une charpente, de deux murs, d'une voûte. ◆ Bouton auquel s'attache la queue d'un violon ou d'un violoncelle. ◆ Certaines portions tendineuses qui se trouvent dans la viande de boucherie. ◆ *Tirant d'eau* ou simplement *tirant*, quantité dont un navire s'enfonce dans l'eau.

TIRASSE, n. f. [tiʀas] (*tirer*) Filet pour prendre des cailles, des alouettes, des perdrix, etc. ♦ **Mus.** Clavier de pédales dans les petites orgues. ■ Pédale qui permet d'associer les jeux des claviers à ceux du pédalier sur un orgue.

TIRASSÉ, ÉE, p. p. de tirasser. [tiʀase] *Allouettes tirassées.*

TIRASSER, v. tr. [tiʀase] (*tirasse*) Il s'est dit dans le sens de *tirailler*. ♦ Chasser, prendre à la tirasse. *Tirasser des cailles.* ♦ **Absol.** *Ils s'amusent à tirasser.* ♦ Neutralement. *Tirasser aux cailles.*

TIRE, n. f. [tiʀ] (frq. *têri*, suite, ordre) Voy. TIRER. ▷ S'emploie dans cette loc. adv. et familière : *Tout d'une tire*, sans discontinuation, de suite. « *Relisez la pièce tout d'une tire* », VOLTAIRE. ◁ ♦ **Sylvic.** *Coupe faite à tire et aire* ou *à tire et à aire*, de suite et sans intermission de la vieille vente à la nouvelle, en allant toujours devant soi et ne laissant que les arbres réservés. ♦ *Voleur à la tire,* celui qui dans la foule vole ce que contiennent les poches des voisins. ♦ **Arg.** Voiture. *Sa tire ne valait rien.*

TIRÉ, ÉE, p. p. de tirer. [tiʀe] Fig. *Le vin est tiré, il faut le boire,* l'affaire est engagée, il n'y a plus moyen de reculer. ♦ *Visage tiré,* visage amaigri, allongé. ♦ Forcé. « *Et toutes vos raisons, monsieur, sont trop tirées* », MOLIÈRE. ♦ N. m. Celui qui est désigné pour payer une lettre de change. ♦ N. m. Chasse au fusil. *On fit hier un beau tiré.* ♦ On dit dans le même sens : *Chasse au tiré.* ♦ On écrit aussi *tirer.* ♦ Taillis maintenu au-dessous de la hauteur d'homme, afin qu'on puisse y exercer la chasse à tire.

TIRE-AU-FLANC, ■ n. m. inv. [tiʀoflɑ̃] (*tirer, au* et *flanc*) **Fam.** Personne qui cherche à éviter tout travail. *On ne pourra jamais rien obtenir de ces tire-au-flanc.*

TIRE-BALLE, n. m. [tiʀ(ə)bal] (*tirer* et 1 *balle*) Instrument dont on se servait autrefois en chirurgie pour retirer les balles ou autres projectiles engagés dans une plaie profonde. ♦ Instrument destiné à extraire la charge du canon des armes à feu portatives se chargeant par la bouche. ♦ **Au pl.** *Des tire-balles.*

TIRE-BONDE, ■ n. m. [tiʀ(ə)bɔ̃d] (*tirer* et *bonde*) Outil utilisé pour retirer la bonde d'un tonneau. *Des tire-bondes.*

TIRE-BOTTE, n. m. [tiʀ(ə)bɔt] (*tirer* et *botte*) Petite planche entaillée dont on se sert pour retirer ses bottes. ♦ Crochets de fer qui, passés dans les tirants, servent à chausser les bottes. ♦ **Au pl.** *Des tire-bottes.*

TIRE-BOUCHON ou **TIREBOUCHON**, n. m. [tiʀ(ə)buʃɔ̃] (*tirer* et *bouchon*) Sorte de vis de fer ou d'acier qui tient à un manche ou à un anneau et qui est employée pour tirer les bouchons des bouteilles. ♦ *Cheveux frisés en tire-bouchon, cheveux en tire-bouchon* ou simplement *des tire-bouchons,* des cheveux frisés en spirale, et affectant la forme d'un tire-bouchon. ♦ *En tire-bouchon,* se dit des parties des plantes qui sont en forme de spirale. ♦ **Au pl.** *Des tire-bouchons.*

TIREBOUCHONNER ou **TIRE-BOUCHONNER**, ■ v. tr. [tiʀ(ə)buʃɔne] (*tire-bouchon*) Tortiller, mettre en forme de tire-bouchon. *Tirebouchonner ses cheveux. La queue tire-bouchonnée du cochon.* ■ V. intr. *Ses vêtements tirebouchonnent.*

TIRE-BOURRE, n. m. [tiʀ(ə)buʀ] (*tirer* et *bourre*) Instrument monté sur une hampe qui sert à extraire la charge des bouches à feu. ♦ Outil du bourrelier. ♦ **Au pl.** *Des tire-bourre* ou *des tire-bourres.*

TIRE-BOUTON, n. m. [tiʀ(ə)butɔ̃] (*tirer* et *bouton*) Petit crochet dont on se sert pour faire entrer les boutons dans les boutonnières. ♦ **Au pl.** *Des tire-boutons.*

TIRE-CLOU, ■ n. m. [tiʀ(ə)klu] (*tirer* et *clou*) Outil utilisé pour arracher les clous. *Des tire-clous.*

TIRE-D'AILE, n. f. [tiʀ(ə)dɛl] (1 *tire, de* et *aile*) Battement d'ailes précipité que fait un oiseau dans un vol rapide. ♦ *Voler à tire-d'aile,* voler aussi rapidement qu'il est possible. ♦ **Par extens.** Très rapidement. « *On ne peint point à tire-d'aile* », POUSSIN. ♦ L'Académie donne à *tire-d'aile* le genre masculin, contrairement à ce qu'elle dit à *tire.* C'est à tort : car il est évident que *tire-d'aile* est composé du substantif *la tire,* l'action de tirer, et d'*aile.* ♦ **Au pl.** *Des tires-d'aile,* contrairement à l'opinion de l'Académie, qui écrit *des tire-d'aile.* ■ **Rem.** Il est vieilli aujourd'hui dans le premier sens.

TIRE-FESSES ou **TIRE-FESSE**, ■ n. m. [tiʀ(ə)fɛs] (*tirer* et *fesse*) **Fam.** Remonte-pente. *Des tire-fesses.*

TIRE-FOND ou **TIREFOND**, n. m. [tiʀ(ə)fɔ̃] (*tirer* et *fond*) Anneau de fer terminé en vis qui sert aux tonneliers pour placer la dernière douve du fond d'un tonneau. ♦ Anneau pour suspendre un lustre, un ciel de lit à un plafond. ♦ Instrument de chirurgie destiné à pénétrer dans les corps étrangers qu'il faut extraire, et à se fixer dans leur substance assez fortement pour les amener au dehors. ♦ **Au pl.** *Des tire-fond* ou *des tire-fonds, des tirefonds.*

TIRE-JUS, ■ n. m. [tiʀ(ə)ʒy] (*tirer* et *jus*) **Fam.** Mouchoir, le plus souvent en tissu. « *J'entreprends la lourde tâche de mettre la bicoque en ordre : retaper les plumes, balayer, planquer les tire-jus sales, etc.* », FALLET.

TIRE-LAISSE, n. m. [tiʀ(ə)lɛs] (*tirer* et *laisser*) ▷ Ancien terme familier, emprunté d'un certain jeu, et qui se dit quand un homme vient à être frustré à l'improviste d'une chose qu'il croyait ne pouvoir lui manquer. ◁

TIRE-LAIT, ■ n. m. [tiʀ(ə)lɛ] (*tirer* et *lait*) Appareil utilisé pour aspirer le lait des seins. *Des tire-laits. Utiliser un tire-lait lorsqu'on a des crevasses.*

TIRE-LARIGOT (À), loc. adv. [tiʀ(ə)laʀigo] (*tirer* et *larigot*) Voy. LARIGOT.

TIRE-LIGNE, n. m. [tiʀ(ə)liɲ] ou [tiʀ(ə)linj] (*tirer* et *ligne*) Petit instrument de métal dont on se sert pour tirer, tracer des lignes. ♦ **Fig.** et **fam.** Architecte dépourvu d'invention. ♦ **Au pl.** *Des tire-lignes.*

TIRELIRE, n. f. [tiʀ(ə)liʀ] (orig. inc.) Petit vaisseau, récipient en forme de tronc, à la partie supérieure duquel est pratiquée une fente par où l'on fait entrer des pièces de monnaie, sans pouvoir les retirer autrement qu'en brisant la tirelire. ■ **Rem.** Aujourd'hui, les tirelires peuvent avoir diverses formes.

TIRE-MOELLE, n. m. [tiʀ(ə)mwal] (*tirer* et *moelle*) Petit instrument d'argent de la forme d'un manche de cuiller, mais creusé en gouttière dans sa longueur, dont on se sert à table pour tirer la moelle d'un os. ♦ **Au pl.** *Des tire-moelle* ou *des tire-moelles.*

TIRE-PIED, n. m. [tiʀ(ə)pje] (*tirer* et *pied*) Courroie, lanière de cuir dont les cordonniers se servent pour tenir leur ouvrage sur leurs genoux. ♦ ▷ Chausse-pied. ◁ ♦ **Au pl.** *Des tire-pieds.*

TIRER, v. tr. [tiʀe] (orig. incert.) Attirer, mouvoir vers soi, quand on est soi-même immobile. *Tirez cette porte. Il lui tirait les cheveux.* ♦ *Tirer le verrou,* fermer une porte au verrou. ♦ *Tirer la porte sur soi* ou *après soi,* la fermer après l'avoir traversée. ♦ *Tirer l'échelle,* Voy. ÉCHELLE. ♦ *Tirer l'oreille,* Voy. OREILLE. ♦ ▷ *Tirer la laine,* exercer la nuit le vol des manteaux et en général de toutes sortes de choses. ◁ ♦ *Tirer le diable par la queue,* Voy. DIABLE. ♦ *Tirer l'eau,* se dit de ce qui pompe l'eau par absorption. ♦ Mouvoir après soi, vers soi, en marchant. *Tirer un cheval par la bride.* « *Six forts chevaux tiraient un coche* », LA FONTAINE. ♦ ▷ *Tirer un criminel à quatre chevaux,* l'attacher par les pieds et par les mains à quatre chevaux qui le tirent chacun d'un côté et le démembrent. ◁ ♦ **Fig.** et **fam.** *Tirer quelqu'un à quatre,* lui faire les plus grandes instances pour le décider à quelque chose. ♦ ▷ **Fig.** *Se faire tirer,* se faire prier. ◁ ♦ *Ce cheval tire bien.* ♦ ▷ **Fig.** et **fam.** *On aura bien à tirer dans cette affaire,* on aura bien de la peine à la faire réussir. ◁ ♦ *Tirer à soi,* amener de son côté. *Tirer à soi la couverture.* ♦ **Fig.** et **fam.** *Tirer la couverture à soi,* prendre plus que sa part. ♦ **Fig.** *Tirer à soi,* s'arroger. ♦ On dit de même : *Tirer de son côté.* ♦ *Tirer les yeux,* faire mal aux yeux, en les forçant. *Cette écriture tire les yeux.* ♦ En un autre sens. *Cela tire l'œil,* cela attire le regard. ♦ **Mar.** *Ce navire tire tant d'eau, tant de pieds d'eau,* il enfonce dans l'eau de tant. ♦ *Tirer le pied, la jambe,* les porter en arrière de manière à faire une révérence. ♦ *Tirer sa révérence à quelqu'un,* le saluer ; saluer en s'en allant, s'en aller ; et fig. refuser. ♦ Faire sortir une chose d'un endroit, ou d'une autre chose. *Tirer une épine du pied, sa bourse de sa poche, l'épée du fourreau, etc.* ♦ **Fig.** « *Un de ces hommes que Dieu tire de temps en temps des trésors de sa providence pour assister les rois et pour gouverner les royaumes* », FLÉCHIER. ♦ ▷ *Tirer sa montre,* regarder à sa montre l'heure qu'il est. ◁ ♦ *Tirer l'épée contre quelqu'un,* se battre contre lui. ♦ **Fig.** *Tirer l'épée,* prendre les armes, en venir aux armes. ♦ ▷ *Tirer l'épée contre son prince,* se révolter contre lui. ◁ ♦ **Fig.** *Tirer son épingle du jeu,* Voy. ÉPINGLE. ♦ **Fig.** *Tirer à quelqu'un une épine du pied,* Voy. ÉPINE. ♦ **Fig.** *Tirer les marrons du feu,* Voy. MARRON. ♦ **Fig.** et **fam.** *Tirer pied ou aile,* Voy. AILE. ♦ **Fig.** *Tirer à quelqu'un les vers du nez,* Voy. VER. ♦ **Fig.** *Tirer une plume de l'aile à quelqu'un,* Voy. PLUME. ♦ **Fig.** *Tirer d'un sac deux moutures,* Voy. MOUTURE. ♦ *Tirer des sons d'un instrument,* lui faire rendre des sons. ♦ *Tirer du feu d'un caillou,* en faire jaillir du feu en le frappant. ♦ *Tirer des larmes des yeux de quelqu'un,* le toucher au point de le faire pleurer. ♦ *Tirer du vin, de l'eau,* faire venir du vin d'un tonneau, de l'eau d'un puits. ♦ *Tirer du vin au clair,* Voy. CLAIR. ♦ *Tirer la langue,* Voy. LANGUE. ♦ ▷ *Tirer les bas, les bottes à quelqu'un,* les lui ôter des jambes. ◁ ♦ *Tirer son chapeau,* l'ôter pour saluer. ♦ **Fig.** et **pop.** *Tirer ses chausses, tirer ses grègues,* s'enfuir. ◁ ♦ ▷ *Tirer pays, tirer chemin,* s'en aller, s'enfuir. ◁ ♦ *Tirer du sang,* saigner. ◁ ♦ *Tirer les vaches,* les traire. ♦ Faire sortir, au hasard, de la boîte qui le contient, des billets, des numéros, des noms. ♦ *Tirer une loterie,* tirer les numéros d'une loterie. ♦ *Tirer quelque chose à la courte paille,* Voy. PAILLE. ♦ *Tirer les Rois,* Voy. ROI. ♦ Faire venir d'un lieu plus ou moins éloigné certains produits. *On tire beaucoup de tabac de l'Amérique.* ♦ Faire sortir en suçant. *Les sangsues ont tiré beaucoup de sang.* ♦ Extraire par voie de distillation ou d'expression. *Tirer le suc des herbes. Tirer de l'huile.* ♦ **Fig.** « *On se nourrit des anciens et des habiles modernes ; on les presse, on en tire les plus que l'on peut* », LA BRUYÈRE. ♦ **Fig.** *Il tirerait de l'huile d'un mur,* Voy. HUILE. ♦ **Arithm.** *Tirer la racine carrée, cubique d'un nombre,* trouver par le calcul, la racine carrée, cubique de ce nombre. ♦ Faire sortir quelqu'un d'un endroit, et aussi de quelque emploi. *Tirer quelqu'un de sa solitude, d'un emploi, etc.* ♦ *Tirer à part,* prendre en particulier. ♦ **Fig.** *On ne peut le tirer de là,* il se tient attaché à son idée, il répond toujours la même chose. ♦

Fig. *Tirer quelqu'un d'un mauvais pas*, le dégager d'une affaire difficile, fâcheuse, embarrassante. ♦ *Tirer quelqu'un de la boue, de la poussière*, le faire sortir d'un état misérable et bas. ♦ Délivrer, dégager quelqu'un soit d'un lieu où il est mal, soit de quelque état comparé à ce lieu. *Tirer quelqu'un de la peine, du danger, d'erreur, d'affaire*, etc. ♦ Étendre, allonger. *Tirer une courroie.* ♦ **Fig.** *Tirer la courroie*, **Absol.** *tirer*, employer beaucoup d'économie pour soutenir une dépense jusqu'à une certaine époque. ♦ *Tirer une corde*, la bander le plus qu'on peut. ♦ *Tirer bien ses bas, ses gants*, les étendre bien sur la jambe, sur la main, de manière qu'ils ne fassent point de plis. ♦ ▷ *Tirer le cordon*, se dit du portier qui ouvre la porte extérieure de la maison au moyen du cordon placé dans sa loge. ◁ ♦ ▷ *Tirer à poil une étoffe de laine, de soie, de coton*, en faire sortir le poil, en le tirant avec une espèce de carde. ◁ ♦ *Tirer le rideau*, Voy. RIDEAU. ♦ **Fig.** *Tirer en longueur*, prolonger, allonger. ♦ *Tirer une affaire en longueur*, en éloigner la conclusion. ♦ *Tirer l'or, l'argent*, les étendre, les allonger en fils déliés. ♦ *Tirer un coup*, l'allonger, le porter, l'assener (emploi qui vieillit). ♦ **Escrime** *Tirer des feintes*, faire des mouvements simulés, pour tromper son adversaire. ♦ Lancer des armes de trait. « *Je tirerai contre eux toutes mes flèches* », SACI. ♦ Décharger une arme à feu. *Tirer un coup de fusil. Tirer des salves d'artillerie. Tirer un feu d'artifice, tirer des pétards, des fusées.* ♦ *Bien tirer le pistolet*, être très adroit au tir du pistolet. On dit : *Tirer le fusil, la carabine, le pistolet, tirer au pistolet, au fusil, à la carabine* ; mais on ne dit que : *Tirer le canon, le mortier, l'obusier. Tirer des boulets* ou *à boulets, des obus* ou *à obus*, etc. ♦ **Fig.** *Tirer sa poudre aux moineaux*, Voy. POUDRE. ♦ Diriger une arme à feu sur. « *Un soldat tire ce petit garçon ; il en est mort le lendemain* », MME DE SÉVIGNÉ. « *Cet oiseau est difficile à tirer* », BUFFON. ♦ Creuser en suivant une certaine direction. « *Les canaux que l'on tire pour arroser des pays qui en ont besoin* », FONTENELLE. ♦ Tracer. *Tirer une ligne, une allée au cordeau, un plan sur du papier, etc.* ♦ *Tirer en ligne de compte*, Voy. COMPTE. ♦ Faire le portrait de quelqu'un, soit en peinture, soit en sculpture (emploi qui vieillit). *On l'a tiré en cire, en plâtre.* « *Alexandre avait défendu à tout autre peintre qu'Apelle de tirer son portrait* », ROLLIN. ♦ ▷ **Fig.** *Tirer en exemple*, proposer pour modèle. ◁ ♦ *Tirer copie, tirer une copie, tirer la copie*, copier. *Tirer copie d'un acte.* ♦ Faire plusieurs exemplaires de ce qui est composé en caractères d'imprimerie. *Tirer une feuille, un volume, une gravure.* ■ **Absol.** *Bon à tirer. Un bon à tirer*, Voy. BON. ♦ *Tirer une lettre de change*, faire un billet qui doit être payé au porteur par un correspondant. ♦ *Tirer une lettre de change sur quelqu'un* ou absol. *tirer sur quelqu'un*, lui adresser une lettre de change. ♦ Faire qu'une personne interrogée parle. *Tirer la vérité de quelqu'un.* ♦ *Ne pouvoir tirer un mot de quelqu'un*, n'en pouvoir obtenir de réponse, d'éclaircissement. ♦ *Tirer de la bouche*, faire dire. ♦ Recueillir, percevoir, obtenir, recevoir. *Il tire dix mille francs de rente de sa terre.* ♦ *Tirer de l'argent de quelqu'un*, se faire donner de l'argent par supercherie ou par sollicitation. ♦ *Tirer promesse, parole de quelqu'un*, faire en sorte qu'il promette, qu'il donne sa parole. ♦ *Tirer raison*, Voy. RAISON. ♦ *Tirer vengeance*, se venger. ♦ *Tirer parti*, Voy. PARTI. ♦ *Tirer avantage d'une chose*, la tourner, l'interpréter à son avantage. ♦ *Tirer vanité, tirer gloire d'une chose*, s'en prévaloir. ♦ **Jeu** *Tirer tout*, faire la vole. ♦ **Fig.** Puiser, emprunter. *Les mots que nous avons tirés du latin. C'est de là que cette ville tire son nom.* ♦ *Tirer son origine, tirer sa source de*, provenir. ♦ Faire sortir de, faire produire à. « *Dieu ne tire point l'âme de la matière ; il l'inspire d'en haut* », BOSSUET. ♦ Inférer, conclure. *Tirer des conséquences. Tirer un bon, un mauvais augure de quelque chose.* ♦ *Tirer l'horoscope, les cartes*, Voy. HOROSCOPE Voy. CARTE. ♦ **V. intr.** Exercer une traction. *Tirer sur une corde.* ♦ *Cette corde tire*, elle est bandée extrêmement ferme. ◁ ♦ **Fam.** Aller, s'acheminer. « *Nous sommes découverts, tirons de ce côté* », MOLIÈRE. ♦ *En tirant vers, à, sur*, se dit en parlant des localités, pour en désigner la direction. *En tirant droit du nord au sud. En tirant vers Paris.* ♦ *Tirer au large*, s'enfuir. ♦ ▷ *Tirer de long*, se dit de la bête qui s'en va sans s'arrêter. ◁ ♦ ▷ Dans le langage général, *tirer de long*, s'enfuir ; et aussi apporter des délais dans une affaire. ◁ ♦ **Mar.** *Tirer à la mer*, prendre le large. ♦ Remettre à la décision du sort. *Tirer au sort, à la courte paille, au doigt mouillé.* ♦ *Tirer à qui...*, décider par la voie du sort qui... ♦ *Tirer à la conscription* ou **absol.** *tirer*, prendre un des numéros qui, à la conscription, décident si on sera soldat ou non. ♦ **Jeu** *Tirer à qui fera*, décider par le sort qui jouera le premier. ♦ ▷ *Tirer des armes* ou simplement *tirer*, s'exercer au maniement du fleuret, de l'épée, du sabre. *Tirer de tierce, au mur, etc.* ◁ ♦ ▷ *Tirer d'une arme de trait* ou *d'une arme à feu*, la faire partir. ◁ ♦ *Tirer au vol*, tirer sur un oiseau lorsqu'il vole. ♦ **Fig.** *Tirer sur quelqu'un*, dire du mal de quelqu'un, ou bien en faire l'objet de plaisanteries. ♦ **Fig.** *Tirer à cartouches, à boulets rouges sur quelqu'un*, Voy. BOULET. ♦ **Fig.** *Vous tirez sur vos troupes, sur vos gens, sur vos pigeons*, vous attaquez ceux qui sont dans vos intérêts. ♦ Il se dit aussi de l'arme à feu qui part et fait explosion. ♦ *Fusil qui tire juste*, fusil qui ne fait pas dévier la balle ou le plomb dont il est chargé. ♦ Faire éprouver une sensation de tiraillement. *La peau du visage me tire.* ♦ *Tirer au volume*, se dit d'un libraire, d'un auteur qui grossit un ouvrage pour avoir un plus gros volume ou plus de volumes. ♦ *Tirer à la ligne*, allonger un article, un écrit, pour qu'il contienne plus de

lignes et soit plus payé. ♦ *Tirer en longueur*, se prolonger, ne pas se terminer. *Cette affaire tire en longueur.* ♦ *Tirer à sa fin*, être près de finir, d'être terminé. ♦ *Ce malade tire à sa fin, à la fin*, il est près de mourir. ♦ *Tirer à conséquence*, Voy. CONSÉQUENCE. ♦ ▷ *Tirer à*, avoir de la ressemblance avec, avoir le caractère de. « *Je n'ai pour vous que des sentiments qui tirent droit au paternel* », BOILEAU. ◁ ♦ S'approcher de, en parlant d'une teinte. *Un teint tirant au noir.* ♦ *Tirer sur*, avoir quelque rapport, quelque ressemblance. « *Un portier rustre, farouche, tirant sur le Suisse* », LA BRUYÈRE. ♦ Il se dit particulièrement des couleurs, des nuances. *Un brun tirant sur le roux.* ♦ Se tirer, **v. pr.** Se délivrer, se dégager, sortir. *Se tirer de prison.* « *Il sait bien se tirer d'un pas si hasardeux* », P. CORNEILLE. ♦ **Fam.** *S'en tirer, s'en bien tirer*, sortir heureusement d'une maladie, d'une affaire fâcheuse. *S'en tirer mal*, se dit en sens contraire. ♦ *Se tirer du pair* ou *de pair*, Voy. PAIR. ♦ Être ôté d'un lieu, en parlant d'un objet. ♦ Être mis hors. « *Les enfants des dieux, pour ainsi dire, se tirent des règles de la nature, et en sont comme l'exception* », LA BRUYÈRE. ♦ Être extrait de, par distillation ou expression. *L'huile se tire des olives.* ♦ Être extrait de, par la mine, la pioche ou la pelle. *Ce marbre se tire de telle carrière.* ♦ Être obtenu, recueilli. « *Tire le bien du mal, lorsqu'il s'en peut tirer* », RÉGNIER. ♦ Être l'objet d'un tir. « *Tout le monde est rassemblé dans les avenues où se tire le prix* », DANCOURT. ♦ Être imprimé. *Cet ouvrage se tire à mille exemplaires.* ♦ Être conclu comme conséquence. « *La grandeur de l'homme est si visible, qu'elle se tire même de sa misère* », PASCAL. ■ **V. tr.** *Tirer quelque chose au clair*, l'élucider. ■ **Prov.** *Quand le vin est tiré, il faut le boire*, il faut assumer les conséquences de ses actes. ■ Se tirer, **v. pr. Fam.** S'en aller. *Allez, tire-toi, j'en ai assez de toi.* ■ **V. intr. Sp.** Au football, au basketball, envoyer le ballon en direction du but adverse. ■ Au jeu de boules, lancer une boule sur le cochonnet ou sur une autre boule, par opposition au fait de pointer.

TIRE-SOU, **n. m.** [tiʀ(ə)su] (*tirer* et *sou*) **Pop.** Usurier. ♦ Importun qui demande sans cesse de l'argent. ♦ Au pl. *Des tire-sous*. ■ REM. Il est vieilli aujourd'hui.

TIRET, **n. m.** [tiʀɛ] (*tirer*) ▷ Petit morceau de parchemin long et tortillé, servant à enfiler et à attacher des papiers. ◁ ♦ Petit trait horizontal dont on se sert pour joindre certains mots qui sont censés n'en faire qu'un, comme *tout-puissant*, *belles-lettres*, etc. ♦ En ce sens, les grammairiens disent *trait d'union*, et les imprimeurs *division*. ♦ Ce même trait sert aussi, placé au bout de la ligne, à indiquer qu'un mot n'est pas fini. ♦ **Typogr.** Ligne qui indique un nouvel interlocuteur dans le dialogue ou une suspension dans le discours.

TIRETAINE, **n. f.** [tiʀ(ə)tɛn] (anc. fr. *tiret*, étoffe précieuse, du lat. *Tyrius*, de Tyr, ville phénicienne) Sorte de droguet, de drap grossier, moitié laine, moitié fil.

TIRETTE, **n. f.** [tiʀɛt] (*tirer*) Cordons fixés aux coutures des lés d'une jupe de robe de femme à l'envers, se réunissant à la taille et servant à relever cette jupe symétriquement. ♦ ▷ Long sarment de vigne contourné. ◁ ♦ Élément, le plus souvent une cordelette, sur lequel on tire pour ouvrir, fermer ou faire fonctionner quelque chose. *Un interrupteur à tirette.* ♦ Tablette coulissante d'un meuble. *Une table à tirette. Ce buffet est muni d'une tirette qui peut servir de plan de travail.* ♦ Petit élément qui permet d'ouvrir et de fermer une fermeture à glissière. ♦ **Belg.** Fermeture à glissière.

TIREUR, EUSE, **n. m. et n. f.** [tiʀœʀ, øz] (*tirer*) Celui, celle qui tire. *Ce cheval est un des meilleurs tireurs.* ♦ *Tireur d'or*, ouvrier qui tire, bat et file l'or, l'argent ou l'argent doré. ♦ *Tireur de mine*, ouvrier qui travaille dans les mines. ♦ Homme qui tire le bois des trains de bois. ♦ ▷ *Tireur de laine*, filou qui volait les manteaux de laine. ◁ ♦ Aujourd'hui, voleur à la tire. ♦ ▷ Celui, celle qui tire du vin d'un tonneau. ◁ ♦ *Tireuse de cartes*, prétendue devineresse qui prédit l'avenir d'après les diverses combinaisons des cartes. ♦ *Tireur d'horoscope*, en un sens analogue. ♦ Celui qui s'exerce au tir ; celui qui tire, qui chasse au fusil. ♦ Il se dit de soldats envoyés pour faire des décharges d'armes à feu. ♦ Anciennement, *tireur d'armes* ; on dit aujourd'hui *maître d'armes*. ♦ **Absol.** Il se dit aujourd'hui de celui qui fait des armes. *Un bon tireur.* ◁ ♦ Celui qui tire une lettre de change sur quelqu'un. ♦ **Phot.** Personne qui fait le tirage. ♦ **Sp.** Au football, joueur qui tire le ballon vers le but adverse. ♦ Au jeu de boules, joueur qui tire.

TIREUSE, ■ **n. f.** [tiʀøz] (*tirer*) **Phot.** Appareil qui permet d'effectuer le tirage des images photographiques sur papier. *Le réglage couleur d'une tireuse numérique.*

TIRE-VEILLE, ■ **n. m.** [tiʀ(ə)vɛj] (*tirer* et *vieille*) **Mar.** Corde dont on se sert pour monter à bord ou pour descendre d'un navire. *Des tire-veilles.* ■ **Sp.** Cordage qui sert à manœuvrer un gouvernail. ♦ **Sp.** Corde utilisée pour tirer la voile d'une planche à voile hors de l'eau.

TIRE-VEINE, ■ **n. m.** [tiʀ(ə)vɛn] (*tirer* et *veine*) **Méd.** Appareil chirurgical utilisé pour enlever un segment de veine. *Des tire-veines.* ■ REM. *Tire-veine* est la recommandation officielle pour *stripper*.

TIROIR, n. m. [tiʀwaʀ] (*tirer*) Petite caisse emboîtée dans un meuble au moyen de deux coulisses, et qui se tire par un bouton, un anneau ou une clé. ♦ Fig. *Les nombreux tiroirs de la mémoire.* ♦ Fig. **Théât.** *Pièce à tiroir*, comédie sans nœud et sans dénouement, et qui n'est qu'une suite de scènes. ♦ Pièce essentielle des machines à vapeur, formée d'une caisse que divise en deux parties une cloison perpendiculaire à la longueur du cylindre. ▷ Fig. et fam. **Milit.** Second rang d'une troupe formée sur trois rangs. ◁ ♦ *Fond de tiroir*, chose vieille que l'on ressort. *Utiliser des fonds de tiroir.* ♦ Fam. *Vider, racler ses fonds de tiroir*, utiliser tout l'argent, toutes les ressources dont on dispose encore. *Il a été obligé de racler les fonds de tiroir pour pouvoir le payer.*

TIROIR-CAISSE, ■ n. m. [tiʀwaʀkɛs] (*tiroir* et *caisse*) Tiroir renfermant les recettes d'un commerce. *Des tiroirs-caisses. Ouverture automatique du tiroir-caisse.*

TIRONIEN, IENNE, adj. [tiʀɔnjɛ̃, jɛn] (*Tiron*, nom d'une personne affranchie par Cicéron) ▷ **Antiq. rom.** Qui appartient à Tiron, affranchi de Cicéron. ◁ ♦ *Notes tironiennes*, sorte de sténographie.

TISANE, n. f. [tizan] (lat. *ptisana*, du gr. *ptisanê*, brouet d'avoine) Boisson qui ne tient en dissolution qu'une petite quantité de substances médicamenteuses. ♦ *Tisane purgative*, celle où l'on a mêlé quelque purgatif. ♦ *Tisane de Champagne*, vin de Champagne moins spiritueux que le champagne.

TISANIÈRE, ■ n. f. [tizanjɛʀ] (*tisane*, p.-ê. d'apr. *cafetière*) Tasse haute munie d'un couvercle et contenant une sorte de passoire dans laquelle on fait infuser, au contact de l'eau chaude, des plantes pouvant avoir des vertus médicinales.

TISON, n. m. [tizɔ̃] (lat. *titionem*, brandon) Reste d'une bûche, d'un morceau de bois dont une partie a été consumée. ♦ Fam. *Garder les tisons*, être toujours sur les tisons, se tenir constamment près du feu. ♦ Fig. et fam. *Cracher sur les tisons*, se dit des gens âgés qui ne quittent pas le coin du feu. ♦ Fig. *Les tisons*, le foyer, le logis. ♦ Fig. Ce qui allume, enflamme, comme fait un tison. ♦ *Tison de la discorde*, personne qui porte le trouble, la dissension, la sédition (la Discorde est représentée avec un tison allumé à la main). ♦ *Tison de discorde*, se dit d'une chose qui est une matière de discorde. ♦ Fig. *Un tison d'enfer*, personne perverse, digne de brûler en enfer.

TISONNÉ, ÉE, adj. [tizɔne] Nom donné à la robe blanche ou grise du cheval sur laquelle se trouvent des taches noires allongées, qui semblent avoir été faites par le frottement d'un tison charbonné. *Cheval tisonné.*

TISONNER, v. intr. [tizɔne] (*tison*) Remuer les tisons sans besoin. ♦ V. tr. Remuer les tisons pour ranimer le feu, un foyer. ♦ **Litt.** Redonner vie, rendre plus vif. *Il tisonnait le passé, les souvenirs, et reprenait de la vigueur.*

TISONNEUR, EUSE, n. m. et n. f. [tizɔnœʀ, øz] (*tisonner*) Celui, celle qui aime à tisonner.

TISONNIER, n. m. [tizɔnje] (*tisonner*) Instrument de fer étroit et long, qui sert à attiser le feu de la forge et à en retirer le mâchefer.

TISSAGE, n. m. [tisaʒ] (*tisser*) Action de tisser, ouvrage de celui qui tisse. ♦ Lieu, atelier où l'on tisse.

TISSÉ, ÉE, p. p. de tisser. [tise] ♦ Il ne se dit pas au figuré.

TISSER, v. tr. [tise] (lat. *texere*) Faire de la toile ou d'autres étoffes en croisant ou en entrelaçant les fils de la chaîne et de la trame. ♦ Il ne s'emploie pas au figuré. ♦ *Métier à tisser*, machine utilisée pour le tissage. ♦ *Une araignée qui tisse sa toile*, elle la fabrique en entrelaçant des fils. ■ Fig. *Tisser un réseau de relations.*

TISSERAND, ANDE, n. m. et n. f. [tis(ə)ʀɑ̃, ɑ̃d] (*tisser*) Ouvrier, ouvrière qui fait de la toile. ♦ Ouvrier, ouvrière qui fait des étoffes de laine ou de soie.

TISSERANDERIE, n. f. [tis(ə)ʀɑ̃d(ə)ʀi] (*tisserand*) Profession de ceux qui tissent, ou de ceux qui vendent les ouvrages des tisserands.

TISSERIN, ■ n. m. [tis(ə)ʀɛ̃] (*tisser*) Petit oiseau qui vit en Afrique et en Asie et qui tisse des nids sphériques, généralement suspendus aux branches des arbres.

TISSEUR, EUSE, n. m. et n. f. [tisœʀ, øz] (*tisser*) Personne qui tisse.

1 **TISSU**, n. m. [tisy] (p. p. de l'anc. fr. *tistre*, tisser) Il se dit de certains petits ouvrages tissés au métier. *Un tissu d'or et de soie.* ♦ Par extens. « *Un long tissu de fleurs, ornant sa tresse blonde* », La Fontaine. ♦ Étoffe tissée. *Des tissus de laine.* ♦ Par extens. Tissure, texture. *Le tissu de cette étoffe est lâche.* ♦ ▷ Espèce de corde plate, dont on fait des sangles pour les bêtes de somme. ♦ **Anat.** Parties solides du corps formées par la réunion d'éléments anatomiques enchevêtrés ou simplement juxtaposés. *Tissu musculaire, fibreux, etc.* ♦ **Bot.** Se dit des différentes parties qui constituent les végétaux. ♦ **Minér.** Manière dont les particules sont disposées. ♦ Fig. Il se

dit de ce qui est comparé à un tissu. « *Laissez-nous faire à loisir le tissu de notre roman* », Molière. ♦ Fig. Suite, enchaînement de diverses choses. « *L'histoire de l'empire grec n'est qu'un tissu de révoltes, de séditions et de perfidies* », Montesquieu. ♦ Fig. Ensemble de choses de même nature qui forme une structure homogène. *Le tissu industriel d'une région.*

2 **TISSU, UE**, p. p. de tistre. [tisy] « *Autre toile tissue [par l'araignée], autre coup de balai* », La Fontaine. ♦ Fig. « *Tes jours furent tissus de gloire et d'infortune* », Lamartine. ■ Rem. Il est vieilli aujourd'hui.

TISSU-ÉPONGE, ■ n. m. [tisyepɔ̃ʒ] (1 *tissu* et *éponge*) Tissu de coton couvert de fils bouclés, très absorbant. *Des tissus-éponges. Une serviette de bain en tissu-éponge.*

TISSULAIRE, ■ adj. [tisylɛʀ] (1 *tissu*, d'apr. *cellulaire*) **Biol.** Qui a rapport au tissu d'un organisme vivant. *Le renouvellement tissulaire.*

TISSURE, n. f. [tisyʀ] (*tisser*) Liaison de ce qui est tissu. *La tissure de cette toile est inégale.* ♦ Fig. La disposition, l'ordre de ce qui est comparé à un tissu. « *La tissure de ce poème* », P. Corneille. ■ Rem. Il est vieilli aujourd'hui.

TISSUTERIE, n. f. [tisyt(ə)ʀi] (*tissutier*) ▷ Art du passementier, du rubanier. ◁

TISSUTIER, n. m. [tisytje] (1 *tissu*) Ouvrier qui fait des tissus, des rubans, des ganses, etc.

TISTRE, v. tr. [tistʀ] (lat. *texere*) ▷ Il signifie *tisser*, et est usité seulement au participe passé *tissu*, et aux temps qui en sont composés. *Elle a tissu elle-même cette toile.* ♦ Fig. *C'est lui qui a tissu cette intrigue.* ◁

TITAN, n. m. [titɑ̃] (gr. *Titan*) Nom des géants qui, selon la Fable, voulurent escalader le ciel et détrôner Jupiter.

TITANATE, n. m. [titanat] (*titane*) **Chim.** Sel produit par la combinaison de l'acide titanique avec une base.

TITANE, n. m. [titan] (lat. *titanium*, d'apr. *uranium*, du gr. *Titan*) **Chim.** Métal découvert par Gregor en 1791. ■ Rem. On disait aussi *titanium* autrefois.

TITANESQUE, ■ adj. [titanɛsk] (gr. *titanikos*, de *Titan*) Colossal, gigantesque. *Un chantier titanesque.*

TITANIQUE, adj. [titanik] (*titane*) **Chim.** Se dit d'un acide et d'un oxyde de titane. ♦ Se dit aussi des sels produits par cet acide. ♦ Qui appartient, qui a rapport au titane.

TITHYMALE, n. m. [titimal] (lat. *tithymalus*, du gr. *tithumalos*) **Bot.** Un des anciens noms de l'euphorbe cyprès.

TITI, ■ n. m. [titi] (rad. expressif) **Fam.** Gamin de Paris un peu canaille, farceur et dégourdi. *Les titis parisiens de Francisque Poulbot.*

TITILLATION, n. f. [titijasjɔ̃] (lat. *titillatio*) Léger chatouillement qui ne produit qu'une sensation agréable. ■ Rem. Il est littéraire aujourd'hui.

TITILLÉ, ÉE, p. p. de titiller. [titije]

TITILLER, v. tr. [titije] (lat. *titillare*, chatouiller) Causer la titillation. ♦ Fig. et fam. Exciter, préoccuper. *Cette question le titille depuis un moment.*

TITISME, ■ n. m. [titism] (*Tito*, homme d'État yougoslave) Idéologie socialiste développée en Yougoslavie par le maréchal Tito et fondée notamment sur l'autogestion. ■ TITISTE, adj. et n. m. et n. f. [titist]

TITRAGE, n. m. [titʀaʒ] (*titrer*) ▷ **Comm.** Action de titrer, de désigner la qualité d'une marchandise, d'une substance. ◁ ■ Détermination du taux d'alcool d'un vin. ■ **Chim.** Méthode qui permet de déterminer la concentration d'une substance en solution. *Le titrage d'une base forte par un acide fort.* ■ Action de donner un titre à un film, une photo, etc. *Les appareils numériques permettent le titrage des photos.* ■ **Techn.** Opération qui consiste à déterminer le titre d'un film.

TITRAILLE, ■ n. f. [titʀaj] (*titre*) Ensemble des éléments (titre principal, sous-titre) qui constituent le titre d'un article de journal. *Choisir les polices adéquates pour la titraille.*

1 **TITRE**, n. m. [titʀ] (lat. *titulus*, titre, inscription) Inscription en tête d'un livre, indiquant la matière qui y est traitée. ♦ Inscription placée au commencement des divisions d'un livre. ♦ **Impr.** *Faux titre*, premier titre abrégé, imprimé sur le feuillet qui précède celui où est le titre entier de l'ouvrage. ♦ *Titre courant*, titre qui est écrit au haut des pages, pour indiquer le sujet du livre ou des chapitres. ♦ Subdivision dans les codes des lois, dans les ouvrages de jurisprudence. *Le titre des Successions dans le Code civil.* ♦ ▷ Marque que l'ouvrier met au chef de chaque pièce de sa fabrique. ◁ ♦ Nom exprimant une qualité honorable, une dignité. *Titre de duc, de marquis, etc.* ♦ Fig. « *Je suis homme et soldat ; ce sont là tous mes titres* », Ducis. ♦ Qualification donnée par honneur. *Le titre de Sire, de Majesté se donne aux rois ; celui de Sainteté aux papes, etc.* ♦ En général, qualification bonne ou mauvaise. *Le titre de bienfaiteur, de persécuteur, etc.* ♦ Propriété, exercice de certaines charges, de certaines professions. *Avoir une charge en titre.* ♦ *Professeur en titre*, par opposition à professeur suppléant. ♦ Fig. En

titre, se dit d'une position qu'on occupe comme par un titre. ◆ Il se dit de certaines professions qui ne peuvent être exercées qu'en vertu d'un brevet, d'un diplôme, etc. *Le titre de notaire, de médecin.* ◆ **Dr.** Cause qui rend une possession légalement efficace. *En fait de meubles, possession vaut titre.* ◆ *Titre de rente,* reconnaissance d'une rente annuelle que l'État paye au porteur du titre. ◆ Acte écrit, pièce authentique qui établit un droit, une qualité. *Des titres et papiers. Les titres de noblesse.* ◆ **Fig.** « *La vertu est le premier titre de noblesse* », MOLIÈRE. ◆ Droit sur lequel on s'appuie pour demander, pour faire, etc. *À quel titre faites-vous cette réclamation?* ◆ **Fig.** *Faux titre,* mensonge, fausseté. ◆ *À bon titre, à juste titre,* avec fondement, avec droit et raison. ◆ *À tant de titres,* pour tant de justes motifs. ◆ **À TITRE DE, loc. prép.** En qualité de, sous prétexte de. ◆ *Il possède à titre d'héritier.* ◆ *À titre de grâce, à titre de dette, à titre de don, à titre de prêt,* comme une grâce, comme une dette, etc. ◆ *À titre d'office,* en vertu de sa qualité, de sa charge. ◆ **Par extens.** Qualités, capacités, services, travaux qui donnent droit à quelque chose. *De tous les candidats, c'est vous qui avez le plus de titres. Des titres à l'immortalité.* ◆ *Titre droit* ou simplement *titre,* degré de fin de l'or et de l'argent monnayés, ainsi que de la vaisselle et des matières d'or et d'argent non fabriquées. ◆ **Chim.** Poids fixe d'un réactif qui contient une liqueur titrée (Voy. TITRE). *Titre alcoolique.* ◆ **Vén.** Lieu, relais où l'on poste les chiens, pour courir la bête à propos, quand elle passe. ◆ Texte court qui est placé en tête d'un article de journal et dans lequel on annonce, présente le contenu de l'article. *Lire les titres principaux.* ◆ Nom d'une œuvre artistique. *Le titre d'un tableau, d'une chanson, d'un film.* ◆ **Sp.** Qualité de champion. *Disputer un titre.* ◆ *Titre de transport,* billet, ticket qui donne le droit de voyager. *Les titres de transport doivent être validés avant de monter dans le train.* ◆ **Techn.** Indication de la grosseur d'un fil. *Le titre d'un fil est exprimé en tex.*

2 TITRE, ▪ n. m. [titR] (1 *titre*) Petit trait que l'on met au-dessus d'une ou de plusieurs lettres pour marquer qu'il y a une abréviation.

TITRÉ, ÉE, p. p. de titrer. [titRe] ◆ Qui porte un titre de dignité, de noblesse. *Les femmes titrées.* ◆ *Terre titrée,* terre qui a le titre de duché, de marquisat, de comté, etc. ◆ **Chim.** *Liqueur titrée ou normale,* liquide contenant, pour un volume donné, un poids fixe d'un réactif en dissolution.

TITRER, v. tr. [titRe] (*titre*) Donner un titre d'honneur à une personne, à une terre. ◆ **Chim.** *Titrer une liqueur,* y mettre en dose déterminée une certaine substance qui sert à doser d'autres substances. ◆ Se titrer, v. pr. Prendre un titre de dignité, de noblesse. ◆ V. tr. Donner un titre à. *Titrer un article, un ouvrage, une photo.*

TITREUSE, ▪ n. f. [titRøz] (*titrer*) **Cin.** Appareil qui est utilisé pour filmer les titres des œuvres cinématographiques.

TITRIER, ▪ n. m. [titRije] (*titre*) ▷ Anciennement, religieux chargé de veiller à la conservation des titres du monastère. ◆ Aujourd'hui, falsificateur de titres, fabricateur de faux titres. ◁

TITRIMÉTRIE, ▪ n. f. [titRimetRi] (*titre* et *-métrie*) **Chim.** Détermination du titre d'une solution. *Titrimétrie et colorimétrie.*

TITRISATION, ▪ n. f. [titRizasjɔ̃] (*titrer*) **Financ.** Technique bancaire qui consiste à transformer des créances en titres. *La titrisation de créances commerciales*

TITUBANT, ANTE, adj. [titybɑ̃, ɑ̃t] (*tituber*) Qui titube, qui chancelle.

TITUBATION, n. f. [titybasjɔ̃] (lat. *titubatio*) Action de chanceler. ◆ **Méd.** État de celui qui titube. *La titubation est le symptôme ordinaire de toute lésion du cervelet.* ◆ ▷ **Astron.** Mouvement de nutation de l'axe terrestre. ◁

TITUBER, v. intr. [titybe] (lat. *titubare,* chanceler) **Méd.** Chanceler debout et en marchant ▪ **REM.** Il s'emploie couramment aujourd'hui.

TITULAIRE, adj. [titylɛR] (lat. *titulus,* titre) Qui a rapport à un titre, à une inscription. *Patron titulaire d'une église,* le saint dont cette église porte le nom. ◆ Qui a le titre et le droit d'une dignité, d'une fonction, sans la possession et l'exercice. ◆ Qui est revêtu d'un titre, soit qu'il en remplisse, soit qu'il n'en remplisse pas la fonction. *Professeur, chanoine titulaire.* ◆ **N. m. et** n. f. *Un titulaire. Une titulaire.*

TITULARIAT, n. m. [titylaRja] (*titulaire*) ▷ Néolog. Charge, fonction qui donne un titre à celui qui la remplit. ◁

TITULARISATION, ▪ n. f. [titylaRizasjɔ̃] (*titulariser*) Action de rendre titulaire une personne. *La titularisation d'un professeur.* ▪ **TITULARISER,** v. tr. [titylaRize]

TITUS, n. m. [titys] (*Titus,* empereur romain) *Coiffure à la Titus,* coiffure où les cheveux sont courts, avec de petites mèches aplaties appliquées sur la tête ; ainsi dite parce qu'elle est imitée de la coiffure des bustes et statues de l'empereur Titus.

TMÈSE, n. f. [tmɛz] (gr. *tmêsis,* coupure) **Gramm.** Division des parties d'un mot composé, par l'intercalation d'un ou de plusieurs autres mots ; par

exemple *puis que* dans ce vers : « *Puis donc qu'on nous permet de prendre Haleine...* », RACINE.

1 TNT, ▪ n. m. [teɛnte] (sigle de *trinitrotoluène*) Puissant explosif. *Une charge de* TNT.

2 TNT, ▪ n. f. [teɛnte] (sigle de *télévision numérique terrestre*) Télédiffusion de chaînes numériques par voie hertzienne sans que soit nécessaire le recours aux satellites. *Équiper sa télévision d'un adaptateur pour recevoir la* TNT.

TOAST, n. m. [tost] (angl. *toast,* rôtie, vin qu'on boit avec la rôtie, de l'anc. fr. *tostée,* rôtie, du lat. *torrere,* griller) Proposition de boire à la santé de quelqu'un, à l'accomplissement d'un vœu, au souvenir d'un événement. *Ils ont porté des toasts à tout le monde.* ◆ Vœu que l'on exprime, discours que l'on prononce en portant le toast ou la santé. ▪ **REM.** Graphie ancienne : *toste.*

TOASTÉ, ÉE, p. p. de toaster. [toste]

TOASTER, v. tr. [toste] (réfection de l'anc. fr. *toster,* griller, d'après l'angl. *to toast,* griller, puis porter un toast, tous deux du lat. *torrere,* griller) Porter un toast, des toasts. *On a toasté la paix.* ◆ V. intr. « *Je n'exige pas que vous toastiez si souvent* », MONTESQUIEU. ▪ **REM.** Graphie ancienne : *toster.*

TOASTEUR ou **TOASTER, ▪ n. m.** [tostœr] (angl. *to toast,* faire griller) Grille-pain.

TOBOGGAN, ▪ n. m. [tobogɑ̃] (algonquin, traîneau léger) Traîneau canadien à fond plat, recourbé sur l'avant, sans patins, utilisé pour le chargement et le déplacement sur la neige. ▪ **Sp.** Traîneau monoplace bas à longs patins, utilisé sur une piste aménagée dans la neige. ▪ Nom de cette piste. ▪ Rampe de jeu plus ou moins inclinée d'où l'on descend en glissant. *Les enfants aiment faire du toboggan.* ▪ Glissière permettant la transmission des marchandises. ▪ **Urban.** Viaduc routier métallique et démontable, souvent provisoire, généralement situé à un carrefour et établissant une circulation à deux niveaux. *Les toboggans sont aujourd'hui le plus souvent remplacés par des ronds-points.*

1 TOC, ▪ interj. [tɔk] (onomat.) Exprime un bruit sec, un coup. *Toc! toc! - Entrez.* ▪ **Fam.** Souligne un propos ou une riposte. *Et toc!, bien fait pour toi.* ▪ **N. m. Fam.** Imitation sans valeur de métaux, d'objets précieux ou de bijoux. *Ça ne vaut rien ton bracelet, c'est du toc.* ▪ **Adj. Fam.** *Être toc,* être fou. *Elle est complètement toc, celle-là!*

2 TOC, ▪ n. m. [tɔk] Trouble obsessionnel compulsif. *Son toc consistait à se laver plusieurs fois par heure les mains. Des tocs.*

TOCADE ou **TOQUADE, ▪ n. f.** [tokad] (*toquer*) **Pop.** Passion, forte inclination. *Être pris d'une tocade pour quelque chose, pour quelqu'un.*

TOCANE, n. f. [tokan] (orig. inc.) Vin nouveau de la mère goutte. *Tocane de champagne.*

TOCANTE ou **TOQUANTE, ▪ n. f.** [tokɑ̃t] (*toquer*) **Fam.** Montre. *Une vieille tocante.*

TOCARD, ARDE ou **TOQUARD, ARDE, ▪** adj. [tokar, ard] (*toc*) **Fam.** Laid, faux ; sans valeur. *Un style tocard.* ▪ **N. m. et n. f. Fam.** Personne incapable, maladroite. « *J'étais viré [...]. Ainsi, tous les saumâtres pronostics se confirmaient : j'étais bien le tocard incasable, le générateur endurci d'emmerdements. Qu'allait-on pouvoir faire de moi?* », SIMONIN. ▪ **N. m. Fam.** Mauvais cheval de course. *Il ne fallait pas miser sur ce tocard.*

TOCCATA, ▪ n. f. [tokata] (mot it., de *toccare,* toucher) **Mus.** Pièce instrumentale brillante, de forme libre, généralement composée pour un clavier. *Des toccatas* ou *des toccate* (pluriel italien). *Les toccatas de Bach.*

TOCOPHÉROL, ▪ n. m. [tokoferɔl] (gr. *tokos,* enfantement, et *pherein,* porter) **Biol.** Vitamine E. *Les aliments les plus riches en tocophérol sont les huiles végétales.*

TOCSIN, n. m. [tɔksɛ̃] (anc. provenç. *tocasenh,* de *tocar,* sonner, et *senh,* cloche, du lat. chrét. *signum,* cloche) Bruit d'une cloche qu'on tinte à coups pressés et redoublés, pour donner l'alarme. ◆ **Fig.** *Sonner le tocsin,* donner l'alarme ; et aussi exciter, enflammer les passions. ◆ *Sonner le tocsin contre, sur quelqu'un,* exciter contre lui le public. ◆ Dans quelques villes, *la cloche du tocsin* ou simplement *le tocsin,* la cloche destinée à sonner le tocsin.

TOFU, ▪ n. m. [tofu] (mot jap.) **Cuis.** Fèves de soja trempées et réduites en purée que l'on utilise comme composante de base dans la cuisine asiatique, en particulier dans la cuisine japonaise. *Des tofus. Le tofu est également appelé fromage de soja.*

TOGE, ▪ n. f. [tɔʒ] (lat. *toga,* toge, couverture, de *tegere,* recouvrir) **Antiq. rom.** Robe de laine qui était le vêtement propre des Romains, et qu'ils mettaient par-dessus la tunique. ▪ Longue robe portée par les professeurs, les magistrats et les avocats. *Toge professorale.*

TOHU-BOHU ou **TOHUBOHU, ▪ n. m.** [toyboy] (mot hébr., de *tohu,* néant, désert, et *bohu,* vide) Nom que l'on donne, d'après la Genèse, au chaos primitif. ◆ **Fig.** Désordre, chaos. ◆ ◆ Désordre bruyant. *Le tohu-bohu de la rue. Des tohu-bohu, des tohubohus.*

TOI, pron. pers. [twa] Voy. TU.

TOILE, n. f. [twal] (lat. *tela*) Tissu de fil de lin, ou de chanvre, ou de coton. *Grosse toile. Toile fine. Toile de ménage, toile de batiste, etc.* ◆ **Fam.** *Il va se mettre dans les toiles,* il va se coucher. ◆ *Toile cirée,* toile enduite d'une matière qui la rend imperméable à l'eau. ◆ **Fig.** *Toile de Pénélope,* œuvre qu'on ne finit jamais, qu'on fait et défait sans cesse, par allusion à Pénélope, qui, ayant promis aux prétendants d'en choisir un pour mari quand elle aurait fini une certaine toile, défaisait la nuit ce qu'elle avait fait le jour. ◆ **Fig. Milit.** *Déchirer la toile,* faire un feu de peloton successif, et non instantané. ◆ *Toile* se dit par opposition à *coton.* ◆ *Toile peinte,* toile de coton qui est peinte de diverses couleurs. ◆ *Toile peinte aux Indes ou à la manière des Indes avec des couleurs solides et durables.* ◆ *Toile imprimée,* toile peinte par impression. ◆ Il se dit aussi de quelques autres tissus. *Toile de crin, d'amiante.* ◆ *Toile métallique,* toile faite avec des fils de métal. ◆ *Toile d'or, toile d'argent,* certains tissus légers dont la trame est d'or ou d'argent, et la chaîne de soie. ◆ **Peint.** *Toile imprimée,* toile clouée sur un cadre et enduite d'une teinte ordinairement blanche ou grisâtre sur laquelle on peint. ◆ **Par extens.** Tableau. *Une toile du Poussin.* ◆ Tissu que font les araignées pour prendre les insectes. ◆ Rideau qui cache la scène d'un théâtre. *Lever, baisser la toile.* ◆ Tente (acception qui vieillit). *L'armée est sous la toile.* ◆ Se dit, en termes de marine, de l'ensemble des voiles. *Porter beaucoup de toile.* ◆ *Les toiles d'un moulin à vent,* les toiles tendues sur les ailes d'un moulin pour le faire aller. ◆ ▷ **Vén.** Grandes pièces de toile, bordées de grosses cordes, qu'on tend autour d'une enceinte et dont on se sert pour prendre les bêtes noires. ◁ ◆ ▷ Grands filets que l'on tend pour prendre des cerfs, des biches, des chevreuils, etc. ◁ ◆ Rideaux dans un jeu de paume. ◆ *Toile de fond,* toile peinte qui se trouve au fond de la scène d'un théâtre. ◆ **Fig.** *Toile de fond,* décor, contexte d'une situation, d'événements. *Ce récit a la Seconde Guerre mondiale pour toile de fond.* ◆ **Fam.** *Se faire une toile,* aller voir un film au cinéma. ◆ *La Toile,* système qui donne accès aux informations sur Internet. Voy. WEB *Naviguer sur la Toile.*

TOILÉ, ÉE, ■ adj. [twale] (*toile*) Garni ou recouvert de toile. *Des cartes à jouer toilées.*

TOILERIE, n. f. [twal(ə)ʀi] (*toile*) Commerce de toile. ◆ Atelier où l'on fabrique les toiles. ◆ Magasin où l'on vend des toiles. ◆ En général, tous les tissus de coton, de chanvre et de lin.

TOILETTAGE, ■ n.m. [twaletaʒ] (*toiletter*) Ensemble des soins de propreté et d'esthétique prodigués à un animal de compagnie. *Un salon de toilettage pour chiens et chats.* ■ Modifications ou retouches légères. *Procéder à un dernier toilettage avant de remettre son manuscrit à l'éditeur.*

TOILETTE, n. f. [twalɛt] (dimin. de *toile*) Petite toile. ◆ Batiste ou toile de lin très fine. ◆ Morceau de toile qui sert à envelopper certaines marchandises, pour les garantir ou pour les porter en ville. ◆ Grand morceau de linge ou de taffetas qu'on étend sur une petite table, et sur lequel on met la trousse garnie de peignes, de brosses et de tout ce qui est nécessaire à l'ornement et à l'ajustement des hommes et des femmes. ◆ Boîtes, flacons, etc., qui servent à une femme quand elle se pare. *Toilette d'argent.* ◆ Tout ce qui couvre et garnit le meuble devant lequel une femme se place quand elle veut se parer. ◆ Le meuble même garni de tout ce qui sert à la coiffure d'une femme. ◆ *Revendeuse à la toilette, marchande à la parure et à la toilette,* femme qui porte dans les maisons des hardes, des bijoux, des étoffes pour les vendre [1]. *Vendre à la toilette. Revendre à la toilette.* ◆ Action de se parer, de s'habiller, pour paraître en public, pour aller en société ; il se dit des hommes et des femmes. *Faire sa toilette.* ◆ Ensemble des ajustements dont on se pare pour aller dans le monde. *Toilette de bon goût.* ◆ *Cabinet de toilette,* petite pièce où l'on s'habille. ◆ ▷ En lingerie, *toilette* ou *parure,* un col de femme avec les manches pareilles. ◁ ◆ *Toilette de propreté,* soins que l'on prend pour se laver, se nettoyer. ◆ Apprêts auxquels on soumet le condamné à mort, avant de le conduire à l'échafaud. ◆ *Toilette* se dit quelquefois des choses. *La toilette préparatoire des bûches d'un train de bois.* ◆ *Bleu de toilette,* espèce de teinture bleue dont on se sert pour donner une teinte bleuâtre au linge blanc qu'on empèse avant de le repasser. ◆ Membrane graisseuse et claire dont on se sert dans la boucherie et la charcuterie pour couvrir certaines pièces. ■ **N. f. pl.** Commodités. *Aller aux toilettes.* ■ REM. Les trois premiers sens sont vieillis aujourd'hui. ■ REM. 1 : Cette expression est vieillie.

TOILETTER, ■ v. tr. [twalete] (*toilette*) Procéder au toilettage d'un animal. *Faire toiletter son chien tous les six mois.* ■ Modifier légèrement ou appliquer quelques retouches. *Toiletter un article de presse, un projet de loi.*

TOILIER, IÈRE, n. m. et n. f. [twalje, jɛʀ] (*toile*) Marchand, marchande de toile. ◆ Ouvrier, ouvrière qui fabrique de la toile. ◆ **Adj.** Qui a rapport à la fabrique de la toile. *Industrie toilière.*

TOISE, n. f. [twaz] (lat. pop. *tensa,* du lat. *tensus,* de *tendere,* tendre, étendre) Mesure longue de six pieds (1,949 m). ◆ **Fig. et fam.** *Des mots longs d'une toise,* de grands mots. ◆ ▷ **Fig.** *Mesurer les hommes à la toise,* avoir plus d'attention à leur taille, à leur extérieur qu'à leur mérite. ◁ ◆ **Fig.** ▷ **Prov.** *On ne mesure pas les hommes à la toise.* ◁ ◆ ▷ **Fig.** *Mesurer les autres à sa toise,* les juger d'après soi. ◁ ◆ ▷ La longueur de six pieds. ◁ ◆ ▷ **Par extens.** Quantité de matière équivalente à celle qui est renfermée dans un corps cubique de six pieds. ◁ ■ Règle graduée munie d'un curseur et permettant de mesurer la taille d'une personne. *La toise du médecin. Passer sous la toise.*

TOISÉ, ÉE, p. p. de toiser. [twaze] ◆ ▷ **Fig. et pop.** *C'est un homme toisé,* c'est un homme dont on connaît le peu de valeur. ◁ ◆ ▷ *C'est une affaire toisée,* l'affaire est finie, manquée. ◁ ◆ **N. m.** *Le toisé,* mesurage à la toise. *Faire un toisé.* ◆ Évaluation des travaux faits ou à faire. ◆ ▷ **Math.** L'art de mesurer les surfaces et les solides. ◁

TOISER, v. tr. [twaze] (1 *toise*) ▷ Mesurer à la toise. *Toiser des bâtiments, des travaux.* ◁ ◆ **Fig.** « *Son esprit régulier toisait tout ce qui se disait dans la conversation* », MONTESQUIEU. ◆ *Toiser un soldat,* mesurer sa taille. ◆ **Fig.** *Toiser quelqu'un,* le regarder attentivement, pour apprécier son mérite ou pour lui témoigner du dédain. ◆ **Fig.** *Se toiser,* v. pr. Se regarder l'un l'autre avec dédain.

TOISEUR, n. m. [twazœʀ] (*toiser*) Celui dont le métier est de toiser.

TOISON, n. f. [twazɔ̃] (lat. tard. *tonsionem,* action de tondre, du lat. *tondere,* tondre) Fourrure du mouton. ◆ Pelage laineux de plusieurs mammifères. *La toison des lamas.* ■ **Ironiq.** Grande quantité de cheveux. ◆ *La toison d'or,* la toison du bélier sur lequel, selon les anciens poètes, Phryxus et Hellé passèrent la mer, et que conquirent les Argonautes. ◆ *La Toison d'or* ou absol. *la Toison,* ordre de chevalerie institué en 1420 par Philippe le Bon, duc de Bourgogne.

TOIT, n. m. [twa] (lat. class. *tectum,* toit, de *tegere,* couvrir) Partie supérieure des bâtiments, des maisons, qui sert à les couvrir, à les abriter. ◆ *Habiter, coucher sous le même toit,* loger dans la même maison. ◆ **Fig.** *Publier, prêcher sur les toits,* locution de l'Évangile qui signifie annoncer une chose, la divulguer, et qui vient de l'habitude orientale de causer sur les toits en terrasse. ◆ **Fam.** *Dire, crier une chose sur les toits,* la répandre, la divulguer partout. ◆ **Par extens.** Maison, demeure. *Le toit paternel. Un toit hospitalier. Un humble toit.* ◆ Au jeu de paume, les ais en forme de toit qui couvrent la galerie. ◆ *Toit à cochons, à porcs,* la petite loge où l'on enferme ces animaux, et fig. chambre malpropre. ◆ **Mines** Partie supérieure d'un filon, d'un banc, d'une couche. ◆ Partie supérieure de la carrosserie qui couvre un véhicule. *Ils ont arrimé les bagages sur le toit de la voiture.*

TOITURE, n. f. [twatyʀ] (*toit*) Ce qui compose le toit d'une maison, d'un bâtiment.

TOKAMAK, ■ n.m. [tokamak] (mot russe) **Phys.** Machine au moyen de laquelle on produit de l'énergie par fusion thermonucléaire. *Des tokamaks.*

TOKAY, n. m. [tokɛ] (nom d'une région de Hongrie) Vin de Hongrie que l'on place au premier rang parmi les vins doux. ◆ Pinot gris, cépage d'Alsace. ■ REM. On écrivait aussi *tokai* autrefois.

TOKHARIEN, ■ n.m. [tokaʀjɛ̃] (gr. *Tokharoi,* peuple d'Asie Centrale) Langue indo-européenne qui était parlée au Turkestan entre le vᵉ et le xᵉ siècle.

TÔLARD, ARDE, ■ n. m. et f. [tolaʀ, aʀd] Voy. TAULARD.

1 **TÔLE,** n. f. [tol] (forme dial. de *table*) Fer battu réduit en plaques minces.

2 **TÔLE,** ■ n. f. [tol] Voy. TAULE.

TOLÉRABLE, adj. [toleʀabl] (lat. class. *tolerabilis,* supportable) Qu'on peut supporter, tolérer. *Cela n'est pas tolérable.*

TOLÉRABLEMENT, adv. [toleʀabl(ə)mã] (*tolérable*) D'une manière tolérable.

TOLÉRANCE, n. f. [toleʀãs] (lat. class. *tolerantia,* endurance, patience) Condescendance, indulgence pour ce qu'on ne peut pas ou ne veut pas empêcher. ◆ *Tolérance religieuse,* la condescendance qu'on a les uns pour les autres touchant certains points qui ne sont pas regardés comme essentiels à la religion. ◆ *Tolérance civile,* la permission qu'un gouvernement accorde de pratiquer d'autres cultes que le culte reconnu par l'État. ◆ Au point de vue philosophique, admission du principe qui oblige à ne pas persécuter ceux qui ne pensent pas comme nous en matière de religion. ◆ Disposition de ceux qui supportent patiemment les opinions opposées aux leurs. ◆ Ce que la loi permet de donner aux monnaies d'or et d'argent en plus ou en moins que le titre normal ou le poids normal. ◆ Différence que la loi tolère dans le poids légal des denrées (pain, viande, etc.). ■ **N. f. pl.** Limites en plus ou en moins, dans les proportions ou dimensions d'armes, de projectiles ou autres objets. ◆ **Méd.** Faculté qu'ont les malades de supporter certains remèdes.

TOLÉRANT, ANTE, adj. [tɔlerɑ̃, ɑ̃t] (*tolérer*) Qui tolère, principalement en matière de religion. *Une religion tolérante.* ♦ N. m. et n. f. *Les tolérants.* ♦ Indulgent, facile dans le commerce de la vie.

TOLÉRANTISME, n. m. [tɔlerɑ̃tism] (*tolérant*) Théol. Opinion de ceux qui étendent trop loin la tolérance théologique. ♦ Système de ceux qui croient qu'on doit tolérer dans un État toutes sortes de religions.

TOLÉRÉ, ÉE, p. p. de tolérer. [tɔlere]

TOLÉRER, v. tr. [tɔlere] (lat. class. *tolerare*, supporter, endurer) Avoir de l'indulgence pour les choses qui ne sont pas bien, ou que l'on ne croit pas bien. *Je ne puis tolérer que cela se passe ainsi.* « *L'on tolère quelquefois dans un État un assez grand mal, mais qui détourne un million de petits maux ou d'inconvénients qui tous seraient inévitables et irrémédiables* », LA BRUYÈRE. ♦ On le dit aussi en parlant des personnes. ♦ Exercer la tolérance religieuse. ♦ Méd. Avoir de la tolérance pour un médicament. ♦ Se tolérer, v. pr. Avoir de la tolérance les uns pour les autres.

TÔLERIE, n. f. [tol(ə)ʀi] (1 *tôle*) Art du tôlier. ♦ Fabrique de tôle. ♦ Objets en tôle.

TOLET, n. m. [tɔlɛ] (anc. nord. *thollr*, poutre) Mar. Cheville de fer ou de bois plantée verticalement dans le plat-bord du navire, à laquelle on accroche l'aviron.

1 TÔLIER, n. m. [tolje] (1 *tôle*) Celui qui fabrique de la tôle. ♦ Personne qui fabrique, installe ou répare des produits en tôle. *Un tôlier en carrosserie.*

2 TÔLIER, IÈRE, ◼ n. m. et n. f. [tolje, jɛʀ] Voy. TAULIER.

TOLITE, ◼ n. f. [tɔlit] (rad. de *toluène*) Explosif dérivé du toluène. *Un pain de tolite.*

TOLLÉ, n. m. [tɔle] (anc. fr. *tolez*, impér. de *toldre*, ôter, du lat. *tollere*, prendre) Cri d'indignation. *Il s'éleva un tollé général contre l'orateur.* ♦ ▷ *Crier tollé sur quelqu'un, contre quelqu'un,* crier afin d'exciter l'indignation contre quelqu'un. ◁ ♦ Au pl. *Des tollés.* ◼

TOLUÈNE, ◼ n. m. [tɔlɥɛn] (*tolu*, sorte de baume, de *Tolu*, ville de Colombie) Hydrocarbure facilement inflammable, utilisé notamment comme solvant. *Le toluène est nocif par inhalation. Le toluène entre dans la composition du TNT.*

TOLUIDINE, ◼ n. f. [tɔlɥidin] (rad. de *toluène*) Dérivé du toluène. *Du bleu de toluidine.*

TOMAHAWK ou **TOMAWAK**, n. m. [tɔmaok] ou [tɔmawak] (algonkin) ▷ Hache de guerre dont se servent les sauvages de l'Amérique du Nord. ◼ REM. *Sauvage* à l'époque de Littré n'était pas péjoratif. ◁

TOMAISON, n. f. [tɔmezɔ̃] (*tomer*) Impr. Indication du tome auquel appartient chaque feuille d'impression dans les ouvrages qui ont plusieurs tomes.

TOMAN, n. m. [tɔmɑ̃] (pers. *tuman*, unité monétaire) Monnaie d'or en usage dans la Perse et qui valait environ 50 F.

TOMATE, n. f. [tɔmat] (esp. *tomate*, du nahuatl *tomatl*) Plante qui porte des fruits d'un rouge vif, dite aussi *pomme d'amour*. ♦ Fruit de cette plante. *Sauce aux tomates* ou par abréviation *sauce tomate.* ◼ *Tomate cerise*, tomate de très petite taille. ◼ *Rouge comme une tomate*, très rouge. ◼ **Fam.** Boisson alcoolisée faite d'un mélange de pastis et de sirop de grenadine.

TOMAWAK, ◼ n. m. [tɔmawak] Voy. TOMAHAWK.

TOMBAC, n. m. [tɔ̃bak] (malais *tambagle*, cuivre) Métal factice, composé de cuivre et de zinc.

TOMBAL, ALE, adj. [tɔ̃bal] (*tombe*) Archéol. Qui sert aux tombes. *Pierre tombale.* ♦ Au pl. *Monuments tombals.* ◼ REM. C'est un terme général aujourd'hui.

TOMBANT, ANTE, adj. [tɔ̃bɑ̃, ɑ̃t] (*tomber*) Qui tombe. « *Votre trône tombant* », P. CORNEILLE. ♦ *Cheveux tombants,* cheveux longs qui ne sont pas rattachés. ♦ Il se dit, dans un sens analogue, de la crinière, des plumes. ♦ *Étoile tombante,* syn. d'étoile filante. ♦ **Bot.** *Tige tombante,* tige qui penche vers le sol. ♦ *Nuit tombante,* fin du jour, approche de la nuit. *À la nuit tombante.* ♦ Qui est en décadence, qui va vers sa fin. ♦ *Jour tombant,* fin du jour. ♦ Se dit d'un son qui faiblit. « *D'une voix tombante* », P. CORNEILLE. ♦ Qui se dirige vers le bas, qui pend. *Des branches tombantes.*

TOMBE, n. f. [tɔ̃b] (lat. chrét. *tumba*, du gr. *tumbos*, tumulus funéraire, tombe) Grande table de marbre, de pierre, de cuivre, etc., dont on couvre la fosse qui contient un mort. ♦ **Par extens.** Tombeau. *Descendre dans la tombe.* ♦ **Fig.** et **poétiq.** La mort. « *Ta gloire est en danger, ta tombe est entrouverte* », VOLTAIRE. ♦ Fosse dans laquelle on dépose un mort. ◼ *Avoir un pied dans la tombe,* être sur le point de mourir. ◼ *Être muet comme une tombe,* se taire, savoir garder un secret.

TOMBÉ, ÉE, p. p. de tomber. [tɔ̃be] ♦ Déchu. *Une nation vieillie et tombée.* ♦ *Un auteur tombé,* auteur dont la pièce n'a pas réussi. ♦ Il se dit aussi

d'une pièce de théâtre. ◼ N. m. *Le tombé d'une étoffe,* la manière dont elle se plisse et dont elle prend forme.

TOMBEAU, n. m. [tɔ̃bo] (*tombe*) Monument élevé à la mémoire d'un mort au lieu même où il est enterré. ♦ *Tombeau de famille,* tombeau dans lequel les membres d'une famille se font enterrer. ♦ **Par extens.** Lieu où l'on périt. « *Le Milanais, source intarissable de guerres et le tombeau des Français* », VOLTAIRE. ♦ ▷ *Faire un tombeau d'un pays,* en exterminer les habitants. ◁ ♦ **Fig.** La mort. *Conserver la mémoire d'une chose jusqu'au tombeau.* ♦ **Poétiq.** *L'horreur du tombeau, la nuit du tombeau.* ♦ *Descendre, entrer au tombeau,* mourir. ♦ *Tirer quelqu'un du tombeau,* lui sauver la vie. ♦ *Mettre, conduire, mener au tombeau,* causer la mort. ♦ *Suivre quelqu'un au tombeau,* mourir de peu de temps après lui. ♦ **Fig.** Lieu sombre, prison comparée à un tombeau. ♦ **Fig.** En parlant des choses, fin, destruction. « *L'opinion est le tombeau de la vertu chez les hommes* », J.-J. ROUSSEAU.

TOMBÉE, n. f. [tɔ̃be] (*tomber*) Se dit de ce qui tombe en masse. *Tombée de neige.* ♦ En parlant du jour, déclin. *À la tombée du jour.* ♦ En parlant de la nuit, approche. *À la tombée de la nuit.* ♦ **Mar.** *Tombée de la mer,* se dit de la mer qui se calme. ♦ Ce qui fait tomber entièrement le bassin de la balance où se trouve la marchandise.

TOMBELIER, n. m. [tɔ̃bəlje] (*tombereau*) ▷ Celui qui conduit un tombereau. ◁

TOMBELLE, n. f. [tɔ̃bɛl] (dimin. de *tombe*) Tombe formée d'une éminence de terre.

TOMBER, v. intr. [tɔ̃be] (prob. d'orig. onomat.) Aller de haut en bas, en vertu de son propre poids. *Les feuilles tombent.* « *Il frappe, et le tyran tombe aussitôt sans vie* », P. CORNEILLE. ♦ ▷ *Tomber à bas,* tomber par terre. ◁ ♦ **Par extens.** *Tomber à bas de,* être renversé de. « *Tomber à bas d'un trône est un sort rigoureux* », P. CORNEILLE. ♦ *Sa tête tomba sur l'échafaud,* il eut la tête tranchée. ♦ *Faire tomber une tête,* faire périr quelqu'un, surtout par la main du bourreau. ♦ *Tomber d'épilepsie, du haut mal,* être épileptique. ♦ *Tomber mort,* tomber raide mort, mourir tout d'un coup en tombant. ♦ *Tomber de son haut, de toute sa hauteur,* tomber, étant debout, par terre, et fig. être dans le plus grand étonnement. ♦ On dit de même : *Tomber d'étonnement. Les bras m'en tombent* ou *me tombent.* ♦ **Fig.** *Tomber des nues,* être très étonné ; être embarrassé de sa contenance ; n'être connu ni avoué de personne ; arriver sans être attendu. ♦ **Par extens.** *Tomber des nues,* être mal amené, mal préparé, en parlant d'un incident, d'un personnage dans un ouvrage d'imagination. ♦ **Fig.** *Tomber du ciel,* se dit d'une chose qui arrive inopinément. ♦ *Tomber sur ses pieds, tomber debout,* tomber de manière qu'on reste debout, et fig. se tirer heureusement d'une circonstance critique. ♦ *Tomber par terre,* tomber à terre, Voy. TERRE. ♦ **Fig.** *Les armes tombent des mains,* le désir des combats s'apaise. ♦ *Faire tomber les armes des mains de quelqu'un,* le vaincre, le fléchir, l'apaiser. ♦ **Fig.** *La plume me tombe des mains,* je n'ai pas le courage d'écrire. ♦ **Fig.** *Le livre me tombe des mains,* je n'en puis soutenir la lecture. ♦ **Fig.** *Tomber du côté où l'on penche,* se laisser aller à son penchant. ♦ **Mar.** *Laisser tomber une voile,* la laisser aller à son propre poids. ♦ Avec *pluie, neige, grêle, brouillard,* etc. tomber s'emploie plus ordinairement à l'impersonnel. *Il tombe une pluie froide. Il tombe de l'eau.* ♦ *Tomber,* mourir. ♦ Succomber. « *Tu céderas ou tu tomberas sous ce vainqueur, Alger* », BOSSUET. ♦ Ne pas pouvoir se soutenir, au propre et au figuré. ♦ *Tomber de faiblesse, d'inanition,* être dans une extrême faiblesse, être près de se trouver mal, faute de nourriture. ♦ *Tomber de sommeil,* avoir un besoin extrême de dormir. ♦ *Tomber aux pieds, aux genoux de quelqu'un,* s'y jeter poussé par un sentiment de respect ou de crainte. ♦ *Tomber sur,* se jeter sur, à l'improviste, attaquer avec violence. *Tomber sur l'ennemi.* ♦ **Fig.** *Tomber sur,* attaquer en paroles, blâmer. ♦ **Fig.** et **fam.** *Tomber sur un plat, sur un mets,* en manger avidement. ♦ Faire une rencontre inopinée. *Ces navires tombèrent sur une flotte ennemie. Il tomba au milieu de gens inconnus.* ♦ *Tomber entre les mains, dans les mains, aux mains de quelqu'un,* devenir son captif, devenir sujet à sa volonté, à son autorité. ♦ *Tomber sous la main de quelqu'un,* ou fam. *sous sa patte,* se trouver sous sa dépendance, ou à portée de sa colère, de son ressentiment. ♦ *Tomber sous les lois, sous la dépendance, sous le joug,* perdre sa liberté, devenir assujetti. ♦ Être jeté dans, fortuitement ou malgré soi. *Tomber dans une embuscade, dans un piège.* ♦ Arriver à l'improviste chez quelqu'un. ♦ ▷ *Tomber sur les bras,* attaquer, causer du dommage. ◁ ▷ *Tomber sur les bras de quelqu'un,* arriver inopinément chez lui et l'incommoder, et aussi se trouver inopinément à sa charge. ◁ ▷ *Passer d'une rue, dans un quartier dans un autre.* « *De là je vins tomber au faubourg Saint-Germain* », BOISSY. ♦ **Fig.** *Tomber sur un vers, un passage,* le trouver sans le chercher. ♦ *Tomber sur un sujet de conversation,* y arriver sans le chercher. ♦ *Tomber bien* ou *mal,* faire une bonne ou une mauvaise rencontre. ♦ ▷ *Tomber au sort, tomber à la conscription,* être désigné par le sort pour faire partie de la conscription. ◁ ♦ *Tomber en* ou *tomber dans,* être affecté de telle maladie. *Tomber en langueur. Tomber en enfance.* « *Monsieur, j'ai une fille qui est tombée dans une étrange maladie* », MOLIÈRE. ♦ *Tomber malade,* devenir malade. ♦ **Par extens.** *Tomber amou-*

reux, devenir amoureux. ♦ **Vén.** *Tomber en défaut*, se dit des chiens qui perdent la piste de la bête. *Tomber en arrêt*, se dit du chien qui arrête un gibier. ♦ **Fig.** *Tomber en, dans*, être réduit à, être jeté dans. *Tomber dans la pauvreté, dans la misère, etc.* ♦ *Tomber au point de*, être réduit à l'extrémité de. « *Puissent tant de malheurs accompagner ta vie, Que tu tombes au point de me porter envie !* », P. CORNEILLE. ♦ *Tomber en disgrâce, dans la disgrâce*, n'être plus dans les bonnes grâces de quelqu'un. ♦ *Tomber dans le mépris*, devenir un objet de mépris. ♦ **Fig.** *Tomber de... en*, éprouver successivement, passer par. *Tomber de surprise en surprise.* ♦ **Fig.** *Tomber en, dans*, faire quelque chose qui mérite blâme. *Tomber en faute, dans le crime, dans l'erreur, etc.* ♦ **Fig.** *Tomber dans*, se laisser aller à. *Tomber dans une rêverie profonde. Tomber dans la dévotion.* ♦ **Fig.** Perdre une haute position, possession. ♦ **Absol.** Pécher. *Le juste tombe sept fois le jour.* ♦ **Fig.** Décroître, perdre de ses forces, de son mérite. « *Nul auteur n'est jamais tombé si bas* », VOLTAIRE. ♦ ▷ *C'est un homme qui tombe, qui est bien tombé*, il est affaibli de corps et d'esprit. ◁ ♦ Perdre son crédit. ♦ **Absol.** Éprouver une chute au théâtre. *Un auteur qui tombe.* ◁ ♦ *Tomber d'accord avec quelqu'un*, convenir avec lui. ♦ **Absol.** *Tomber d'accord*, avouer, confesser. ▷ *Je tombe d'accord de cela.* ◁ ♦ *Tomber dans le sens, tomber dans le sentiment de quelqu'un*, être de même avis que lui, se ranger à son avis. ♦ *Tomber*, avec un nom de chose pour sujet, ne plus se soutenir. *Ces bâtiments tombent de vétusté.* ♦ Se détacher, en parlant de parties du corps vivant. *Mes cheveux tombent.* ♦ *Tomber sur*, se dit d'objets qui sont entraînés sur d'autres. ♦ Être vaincu, se rendre. « *Toutes les villes tombent devant lui* », VOLTAIRE. ♦ En parlant des empires, des cités, des familles, etc., déchoir, diminuer, périr. ♦ ▷ Perdre en autorité et crédit, en vogue. *Cette mode commence à tomber. Ces études sont tombées.* ◁ ♦ *Tomber de haut*, éprouver une grande décadence. ♦ ▷ En parlant des ouvrages dramatiques, ne pas réussir. ◁ ♦ Cesser, être discontinué, abandonné. *La conversation tomba.* ♦ *Laisser tomber*, ne pas donner d'attention à, ne pas s'occuper de. *Ne pas laisser tomber une parole, une offre, etc.* ♦ *Ces bruits commencent à tomber.* ♦ Arriver, s'approcher, en parlant de la nuit, du soir. *La nuit tombe. La nuit est tombée*, il est nuit close. ♦ Baisser, approcher de sa fin. *Le jour commençait à tomber.* ♦ S'apaiser, se calmer. *La fièvre tombe.* « *J'ai vu de son courroux tomber la violence* », RACINE. ♦ **Mar.** *La mer tombe*, quand l'agitation en diminue, quand les lames s'abaissent. ♦ *Le vent tombe*, quand il tend à se calmer. ♦ Être pendant. *Ses cheveux lui tombent sur les épaules.* ♦ On dit que *des regards tombent sur quelqu'un*, quand on le regarde comme d'en haut. ♦ *Laisser tomber un regard de pitié sur quelqu'un*, prendre intérêt à sa misère. ♦ *Son regard tombe sur cet objet, sur cette personne*, il regarda fortuitement cet objet, cette personne. ♦ Il se dit d'un coup qui vient d'en haut. ♦ Céder, disparaître. *Faire tomber les difficultés.* ♦ **Fig.** *Les portes tombent*, ce qui empêchait l'accès, l'entrée, disparaît. ♦ Faiblir, manquer. « *Ces délicats à qui la moindre peine fait tomber le courage* », BOSSUET. ♦ *Tomber en, dans*, arriver à, avec une idée de déchéance, de détérioration. ♦ *Tomber en putréfaction, en pourriture*, se pourrir. ♦ *Tomber en poussière*, être réduit en poussière. ♦ Dégénérer en. *Cela tombe dans le maniéré.* ♦ *Tomber à rien*, se réduire à très peu de chose. ♦ Devenir l'objet, la possession. *Les biens de cette maison sont tombés dans telle autre par un mariage.* ♦ *Tomber dans le domaine public*, se dit d'une propriété privée qui cesse de l'être. ♦ Échoir. *Cela m'est tombé en partage.* ♦ *Le sort tomba sur lui*, ce fut lui que le sort désigna. ♦ *Tomber sous la main*, se présenter fortuitement. ♦ *Tomber entre les mains*, venir fortuitement en la possession. ♦ **Impers.** *Il m'est tombé entre les mains une petite pièce de vers.* ♦ ▷ *Tomber dans l'esprit, dans la tête*, ◁ se présenter à l'esprit. ◁ ♦ Être tourné fortuitement sur un sujet. *L'entretien tomba sur un tel.* ◁ ♦ Être à la charge de. *Tout tombe sur moi.* ♦ Avoir pour objet. « *L'interdiction du feu et de l'eau chez les Romains tombait sur des choses nécessaires à la vie* », J.-J. ROUSSEAU. ♦ *Tomber sur*, être porté sur, attaquer. *Le soupçon tomba sur lui.* ♦ *Tomber sur*, s'appliquer à. « *J'ai un grand dégoût pour ces conversations inutiles qui ne tombent sur rien du tout* », MME DE SÉVIGNÉ. ♦ *Faire tomber sur*, rejeter sur, imputer à. ♦ *Tomber bien* ou *mal*, arriver heureusement ou malheureusement, à propos ou à contretemps. ♦ Faire jonction, aboutir. *Ce chemin, cette rivière tombe dans telle autre.* ♦ Coïncider par le temps. *Cette cérémonie tombe au mois de juin.* ◁ ♦ *Tomber sous les sens*, être perceptible aux sens. ◁ ♦ *Tomber le sens*, être évident. ♦ Ne pas garder la même élévation, en parlant de la voix. *Laisser tomber la voix.* ♦ *Laisser tomber ses paroles*, parler négligemment, avec indolence, et aussi se décider à parler. ♦ **Mus.** Se dit d'une phrase musicale qui finit brusquement, qui n'est pas carrée. ♦ **Absol.** Se dit d'un vers dont la césure est défectueuse. ♦ *La voix tombe*, se dit aussi d'une voix qui devient plus faible. ♦ *Tomber*, qui se construit d'ordinaire avec l'auxiliaire *être* dans les temps composés, peut aussi recevoir l'auxiliaire *avoir*, d'après l'autorité de l'Académie et des auteurs. « *Où serais-je, grand Dieu ! si ma crédulité Eût tombé dans le piège m'a-t-on présenté ?* », VOLTAIRE. « *Le Malheureux imaginaire, comédie en cinq actes de M. Dorat, a tombé depuis le premier acte jusqu'au dernier* », LA HARPE. ♦ **Fauconn.** *L'oiseau a tombé sur la perdrix*, il a fondu tout d'un coup sur elle. ♦ Dans l'argot des lutteurs, *tomber son adversaire*, le renverser. ♦ **Prov.** *Quand la poire est mûre, il faut qu'elle tombe*, quand les

affaires sont venues à un certain point, il faut qu'elles éclatent. ♦ **Prov.** *Si le ciel tombait, il y aurait bien des alouettes prises*, se dit à ceux qui font des suppositions impossibles. ♦ **Fam.** *Tomber sur quelqu'un à bras raccourcis*, se jeter sur lui violemment. ♦ **Fam.** *Tomber quelqu'un*, conquérir, séduire cette personne. *Tomber une femme, un homme. Tomber son adversaire à la lutte.* ♦ **Fam.** *Tomber la veste*, la retirer.

TOMBEREAU, n. m. [tɔ̃b(ə)ʁo] (*tomber*) Charrette entourée de planches servant à porter du sable, des pierres, etc. ; on la décharge en trébuchant. ♦ Ce qui est contenu dans un tombereau. *Un tombereau de sable.* ♦ ▷ **Par extens.** Voiture lourde et grossière. ◁ ♦ ▷ *Le fatal tombereau*, la charrette qui conduit les condamnés au lieu de l'exécution. ◁

TOMBEUR, EUSE, ■ n. m. et rare n. f. [tɔ̃bœʁ, øz] (*tomber*) **Fam.** Sportif qui triomphe de son adversaire. *Liverpool, tombeur de la Juve samedi dernier.* ■ N. m. **Fam.** Homme qui séduit beaucoup de femmes. *Malgré son physique ingrat, c'est un vrai tombeur.*

TOMBOLA, n. f. [tɔ̃bola] (mot it., de *tombolare*, dégringoler) Espèce de loterie de société, qui se joue comme le loto, et dans laquelle on distribue en lots un certain nombre d'objets de valeur ou d'agrément. ♦ **Au pl.** Des *tombolas*.

1 TOME, n. m. [tɔm] (lat. *tomus*, du gr. *tomos*, morceau, partie) Volume qui fait partie d'un ouvrage imprimé ou manuscrit. ♦ Il s'emploie quelquefois simplement pour volume. ♦ **Fig.** Partie. « *Le premier tome de sa vie* », MME DE SÉVIGNÉ. ♦ ▷ **Fig.** et **fam.** *Faire le second tome de quelqu'un*, lui ressembler en quelque chose ; cela se dit souvent en mauvaise part. ◁ ♦ ▷ *Faire le second tome*, se dit aussi d'actions qui se ressemblent. ◁

2 TOME, ■ n. f. [tɔm] Voy. TOMME.

TOMENTEUX, EUSE, adj. [tɔmɑ̃tø, øz] (rad. du lat. *tomentum*, bourre, matière pour rembourrer) **Bot.** Il se dit en parlant des organes (tige, feuille, etc.) dont la surface offre un assemblage de poils longs, mous, entrecroisés et crépus, analogues au coton. ♦ **Anat.** Qui est recouvert de villosités.

TOMER, v. tr. [tɔme] (1 *tome*) Diviser un ouvrage par tomes. ♦ Indiquer le chiffre des tomes au bas des feuilles.

TOMETTE, ■ n. f. [tɔmɛt] Voy. TOMMETTE.

TOMME ou **TOME**, ■ n. f. [tɔm] (anc. provenç. *toma*) Fromage au lait de vache, de brebis ou de chèvre, à pâte pressée non cuite. *Tome de Savoie.*

TOMMETTE ou **TOMETTE**, ■ n. f. [tɔmɛt] (dauphinois, *tometo*, de *toma*, tomme, par anal. de forme) Petite dalle pour le sol en terre cuite, de forme hexagonale, souvent de couleur rouge, utilisée dans le sud de la France. *Un séjour avec tommettes anciennes. Traiter la tommette à l'huile de lin.*

TOMMY, ■ n. m. [tɔmi] (angl., dimin. de *Thomas*) **Fam.** Soldat anglais. *Des tommys* ou des *tommies* (pluriel anglais).

TOMODENSITOMÈTRE, ■ n. m. [tɔmodɑ̃sitomɛtʁ] (gr. *tomos*, coupure, et *densitomètre*) **Méd.** Appareil d'imagerie médicale qui comprend un ordinateur et un écran qui permet de visualiser les images obtenues. *Le tomodensitomètre permet de déceler des différences parfois peu perceptibles entre les tissus sains et les tissus malades.*

TOMODENSITOMÉTRIE, ■ n. f. [tɔmodɑ̃sitomɛtʁi] (gr. *tomos*, coupure, et *densitométrie*) **Méd.** Technique de radiologie qui utilise un tomodensitomètre. *Les résultats obtenus par tomodensitométrie sont cent fois plus sensibles que ceux obtenus par radiographie conventionnelle.*

TOMOGRAPHIE, ■ n. f. [tɔmografi] (gr. *tomos*, coupure, et *-graphie*) **Méd.** Procédé d'imagerie médicale qui permet d'obtenir un cliché d'une coupe d'organe. *La tomographie utilise des isotopes à courte durée de vie telles que le glucose radioactif.*

1 TON, TA, TES, adj. poss. [tɔ̃, ta, te] (lat. class. *tuus*) *Ton* au masc., *ta* au fém., *tes* au plur. pour les deux genres qui répond au pronom personnel *tu, toi. Ton ami, ta femme, tes affaires.* ♦ *Ton*, au masculin, précède les noms et les adjectifs féminins qui commencent par une voyelle ou par une *h* muette. *Ton heureuse audace.* « *Quoique ton ennemie, Je ne puis te blâmer d'avoir fui l'infamie* », P. CORNEILLE. ♦ *Ton, ta, tes*, placés devant les adverbes comparatifs, font superlatif. *Ton plus fidèle ami.*

2 TON, n. m. [tɔ̃] (lat. *tonus*, du gr. *tonos*, tension) ▷ **Méd.** État de rénitence et d'élasticité de chaque tissu organique dans l'état de santé. *Ce cordial donne du ton à l'estomac.* ◁ ♦ **Gramm.** Pour les anciens, élévation de la voix sur une syllabe d'un mot. ♦ Certain degré d'élévation ou d'abaissement de la voix. *Ton de voix. Un ton doux.* ♦ **Par extens.** Manière de la voix, par rapport à la nature des discours. « *La plupart du temps, les paroles ne signifient point par elles-mêmes, mais par le ton dont on les dit* », MONTESQUIEU. ♦ ▷ *Être sur un ton*, dire des choses d'une certaine espèce. ◁ ♦ ▷ *Le prendre sur un ton bien haut*, trop haut, tenir un langage qui dénote de hautes prétentions, et aussi avoir de hautes prétentions. ◁ ♦ *Le prendre sur un ton, d'un ton*, s'exprimer ou se comporter d'une certaine manière. ♦ **Fam.** *Prendre un ton*, prendre des airs de supériorité. ♦ **Fam.** *Parler à quelqu'un du bon ton*, lui parler d'une manière propre à s'en faire écouter.

♦ *Changer de ton,* changer de langage, de conduite, de manière d'être. ♦ *Faire baisser le ton à quelqu'un,* l'obliger à rabattre de ses airs de supériorité, de ses prétentions. ♦ **Mus.** Le son, par rapport à son degré de gravité ou d'acuité. ♦ L'intervalle entre deux notes. ♦ *Demi-ton* ou *semi-ton,* intervalle d'à peu près la moitié d'un ton. ♦ *Ton majeur, ton mineur, ton relatif,* Voy. MAJEUR Voy. MINEUR Voy. RELATIF. ♦ Gamme que l'on adopte pour la composition d'un air, d'un morceau, et qui prend son nom de la première note de cette gamme. *Il y a un dièse dans le ton de sol.* ♦ *Le ton d'ut, le ton de sol, etc.,* le ton ayant pour tonique la note *ut,* la note *sol,* etc. ♦ *Donner le ton,* indiquer par la voix ou par un instrument le ton d'un morceau, et fig. faire par influence que les autres prennent nos manières, tiennent notre langage. ♦ Il se dit aussi des choses qui exercent une influence de même genre. ♦ **Fig.** et **fam.** *Je le ferai bien chanter sur un autre ton,* je l'obligerai à parler, à se conduire autrement qu'il ne le fait. ♦ **Fig.** *Chanter sur un ton,* tenir un certain langage. ♦ **Prov.** *C'est le ton qui fait la musique,* c'est le ton, c'est la manière dont on dit les choses qui dénote l'intention de celui qui les dit. ♦ *Ton d'église,* mode du plain-chant. *Il y a huit tons d'église.* ♦ Degré d'élévation du son des instruments. *Le diapason règle le ton.* ♦ **Fig.** Être monté sur un ton, avoir telle ou telle disposition. ♦ **Fig.** *Se mettre au ton de quelqu'un,* se conformer à ses idées, à ses mœurs, à son langage. ♦ *Ton pour les chiens,* air que l'on joue sur le cor de chasse. ♦ **Au pl.** Corps de rechange du cor et de la trompette. ♦ Manière, expression dans le langage écrit. « *Le ton n'est que la convenance du style à la nature du sujet* », BUFFON. ♦ Les manières en général. *Le ton de la ville.* ♦ *Le bon ton,* le langage, les manières du monde poli, des gens bien élevés. ♦ Dans un sens contraire : *le mauvais ton.* ♦ **Absol.** *Le ton,* ce qu'on regarde comme le bon ton par excellence, et aussi grand ton et luxe. ♦ *Le haut ton, le grand ton,* les manières du plus grand monde. ♦ La disposition de l'opinion, à un moment donné. *Le ton d'aujourd'hui.* ♦ Façon d'agir, de se comporter. ♦ **Peint.** Nom des différentes teintes relativement à leur force, à leur éclat. *Tons clairs, vigoureux, etc.* ♦ *Ton de couleur,* degré de force du coloris. *Ce paysage est d'un beau ton de couleur.* ♦ Couleur qui domine dans un tableau. ♦ *Broder ton sur ton,* broder couleur sur couleur. ♦ **Ling.** Variation de hauteur de la voix dans la prononciation. *Ton descendant de la déclarative, ton montant de l'interrogative.*

TONAL, ALE, adj. [tonal] (2 *ton*) **Mus.** Qui a rapport à une tonalité. ♦ Qui a rapport à la tonalité moderne. ♦ **Au pl.** *Accents tonaux.*

TONALITÉ, n. f. [tonalite] (2 *ton*) Propriété caractéristique d'un ton. **Anc. mus.** Syn. de ton. *La tonalité de ré.* ♦ Aujourd'hui, résultat d'un assemblage de sons graves et aigus disposés de telle sorte que, dans la composition de l'échelle des sons, les tons et les demi-tons se succèdent d'une manière déterminée. ♦ *Tonalité du plain-chant,* système de musique réglé au VIe siècle par le pape saint Grégoire le Grand. ♦ *Tonalité moderne,* système de musique dans lequel on écrit aujourd'hui, inauguré dans les dernières années du XVIe siècle et fondé sur les rapports admis dans la gamme. ♦ Qualité d'un morceau écrit dans un ton bien déterminé. ■ Teinte dominante. *Les paysages du Sud marocain sont tonalités rose et verte. La violence exprimée dans un tableau renforcée par la tonalité rouge de la toile.* ■ Impression suggérée par quelque chose, une situation. *Ce décor moderne donne à la tragédie antique une tonalité originale.* ■ Son émis par le combiné téléphonique lorsqu'on le décroche. *Attendre la tonalité avant de composer un numéro.*

TONARION, n. m. [tonaʁjɔ̃] (gr. *tonarion*) ▷ **Antiq.** Flûte avec laquelle on donnait le ton aux orateurs. ◁

TONCA ou **TONKA,** n. m. [tɔ̃ka] (langue indienne de Guyane) Arbre de la famille des légumineuses papilionacées qui croît dans les forêts de la Guyane et dont la graine porte le nom de *fève tonka.*

TONDAGE, n. m. [tɔ̃daʒ] (*tondre*) Action de tondre le poil des chevaux et d'autres animaux ; il s'emploie de préférence à *tonte,* quand on parle du cheval. ♦ Action de tondre les draps.

TONDAILLE, n. f. [tɔ̃daj] (*tondre*) ▷ Tonte des bêtes à laine. ♦ Fête, repas qui accompagne la tonte. ◁

TONDAISON, n. f. [tɔ̃dezɔ̃] (*tondre*) ▷ Action de tondre les troupeaux. ♦ La laine qu'on en retire. ♦ Temps où l'on tond. ◁

TONDEUR, EUSE, n. m. et n. f. [tɔ̃dœʁ, øz] (*tondre*) Celui, celle qui tond. ♦ Celui qui retranche les branches superflues. *Tondeur de buis.* ■ N. f. *Tondeuse,* nom donné à différentes machines destinées au tondage des draps. ♦ Appareil manuel ou électrique utilisé pour tondre le poil d'un animal, les cheveux. ♦ *Tondeuse à gazon* ou *tondeuse,* machine utilisée pour couper l'herbe, le gazon. *Passer la tondeuse toutes les semaines.*

TONDRE, v. tr. [tɔ̃dʁ] (lat. class. *tondere*) Couper la laine ou le poil à certaines bêtes. *Tondre des brebis.* ♦ **Fig.** et **fam.** *Se laisser tondre la laine sur le dos,* souffrir avec patience les vexations. ◁ ▷ **Fig.** *Tondre la brebis de trop près,* mettre des impôts trop lourds sur le peuple. ◁ ▷ On dit de même : *Tondre une province.* ◁ ▷ **Fig.** et **fam.** *Tondre quelqu'un,* l'attraper, le

tromper. ◁ ♦ **Absol.** et **fig.** *Il tondrait sur un œuf,* se dit d'un homme très avare. ♦ ▷ *Tondre sur tout,* tirer de l'argent de qui que ce soit et de quoi que ce soit. ◁ ♦ **Fam.** Couper les cheveux de près. ♦ Anciennement, *tondre un homme,* le faire moine. ♦ *Tondre des draps, des feutres,* en couper les poils pour les rendre unis, ras. ♦ *Tondre une haie,* couper les branches qui débordent. ♦ On dit de même : *Tondre les buis, le gazon, etc.* ♦ Il se dit de l'action des animaux qui broutent l'herbe. *Les brebis ont tondu ce pré.* ■ *Tondre la laine sur le dos de quelqu'un,* l'exploiter.

TONDU, UE, p. p. de tondre. [tɔ̃dy] ♦ **Prov.** *À brebis tondue Dieu mesure le vent,* Voy. MESURER. ♦ De qui on a coupé les cheveux. ♦ **N. m.** et **n. f.** **Fig.** *Il n'y avait que trois tondus et un pelé,* Voy. PELÉ. ■ REM. Aujourd'hui on dit *quatre tondus et un pelé.* ■ **N. f.** *Une tondue,* femme dont on a rasé le crâne à la Libération par punition pour avoir entretenu des relations avec les Allemands durant la Seconde Guerre mondiale. *Mépris affiché envers les tondues.* ■ **Fam.** *Le petit tondu,* Napoléon Ier.

TONER, ■ n. m. [tonɛʁ] (mot angl.) Encre en poudre utilisée dans les photocopieuses. *Une jauge indiquant le niveau de toner.*

TONG, ■ n. f. [tɔ̃g] (angl. *thong,* lanière) Sandale d'été en plastique formée de deux brides maintenues de chaque côté de la semelle qui se rejoignent et sont fixées entre les deux premiers doigts de pied. *Mettre des tongs pour aller à la plage.*

TONICARDIAQUE, ■ adj. [tonikaʁdjak] (*tonique* et *cardiaque*) **Méd.** Qui renforce la tonicité du muscle cardiaque. *Une substance, un médicament tonicardiaque.* ■ **N. m.** *Administrer un tonicardiaque.*

TONICITÉ, ■ n. f. [tonisite] (*tonique*) **Physiol.** Propriété d'un muscle tonique. *Renforcer la tonicité de la sangle abdominale par des exercices quotidiens.* ■ Par extens. *La tonicité de la peau.* ■ **Fig.** Caractère de ce qui est ou rend tonique. *La tonicité d'une boisson. La tonicité d'un champion olympique.*

TONIFIANT, ANTE, ■ adj. [tonifjɑ̃, ɑ̃t] (*tonifier*) Qui tonifie, stimule. *Une boisson tonifiante.* « *La pensée de Malraux au contraire reste toujours tonifiante* », CAMUS.

TONIFIER, ■ v. tr. [tonifje] (*tonique*) **Méd.** Rendre tonique, ferme et élastique. *Tonifier la peau du visage.* ■ Donner de la force, de l'énergie. *Tonifier sa mémoire.*

TONIQUE, adj. [tonik] (gr. *tonikos,* de *tonos,* tension) **Méd.** Qui offre rénitence et élasticité, en parlant d'un tissu organique. *Force tonique.* ♦ **Méd.** Se dit des médicaments qui ont la faculté d'exciter lentement et par des degrés insensibles l'action organique des divers systèmes de l'économie animale, et d'en augmenter la force d'une manière durable. ♦ **N. m.** *Un tonique.* ♦ **Gramm.** *Accent tonique,* plus marqué dont on prononce dans un mot une syllabe particulière. ♦ **Mus.** *La note tonique,* le son principal auquel, dans chaque mode, il serait impossible d'en substituer un autre, sans détruire ou altérer le sens de la phrase, et sans lequel on ne pourrait clore la plus simple période. ♦ **N. f.** *La tonique.* ■ **Adj.** Qui redonne du tonus à la peau. *Une lotion tonique.* ■ **Fig.** Qui a un effet stimulant. *Une douche tonique.*

TONITRUANT, ANTE, ■ adj. [tonitʁɥɑ̃, ɑ̃t] (*tonitruer*) Qui retentit comme un bruit de tonnerre. *Une voix tonitruante.*

TONITRUER, ■ v. intr. [tonitʁɥe] (b. lat. *tonitruare,* tonner) Retentir comme le tonnerre. « *Les sept ou huit autres transistors continuèrent à tonitruer* », VAUTRIN. ■ Parler très fort, crier. ■ **V. tr.** « *Il y avait alors des explications orageuses avec le père qui venait tonitruer à l'école et jurer qu'on n'était pas près d'y revoir ses enfants* " », TOURNIER.

TONKA, n. m. [tɔ̃ka] Voy. TONCA.

TONLIEU, n. m. [tɔ̃ljø] (b. lat. *teloneum,* du gr. *telônion,* bureau de percepteur) Anciennement, droit qui se payait pour les places où l'on étalait dans un marché. ♦ **Au pl.** *Des tonlieux.*

TONNAGE, n. m. [tɔnaʒ] (*tonne*) Port d'un bâtiment exprimé en tonneaux. *Navire d'un fort tonnage.* ♦ Évaluation en tonnes d'un commerce. *Le tonnage français.* ♦ *Droit de tonnage* ou simplement *tonnage,* droit payé par un navire en raison du nombre de tonneaux qui en exprime la capacité.

TONNANT, ANTE, adj. [tɔnɑ̃, ɑ̃t] (*tonner*) Qui fait entendre le tonnerre. *Jupiter tonnant.* ♦ **Poétiq.** *L'airain tonnant,* le canon. ♦ **Fig.** Qui fait un bruit comparé au tonnerre. *La voix tonnante des tambours.* ♦ *Voix tonnante,* voix forte, éclatante. ♦ **N. f. pl. Mus.** *Tonnantes,* timbales qui imitent le tonnerre.

TONNE, n. f. [tɔn] (lat. tard. *tunna,* jarre, tonneau) Vaisseau de bois plus grand que le tonneau et plus renflé par le milieu. ♦ Ce que contient une tonne. *Une tonne de vin.* ♦ *Le jus de la tonne,* le vin. ♦ Tonne qui sert de bouée. ♦ Espèce de tonneau pour transporter le poisson d'eau douce. ♦ ▷ *Tonne d'or,* somme d'une valeur différente en Hollande et en Allemagne ; elle vaut cent mille florins en Hollande, et cent mille thalers en Allemagne. ◁ ♦ **Fig.** *Il a des tonnes d'or,* il est très riche. ♦ Dans la marine française, poids de mille kilogrammes. *Cent tonnes de houille.* ♦ **Ch. de fer.** Unité de poids équivalant à mille kilogrammes ou à dix quintaux métriques. ♦ **Hist. nat.** Il sert à désigner plusieurs coquilles univalves de forme arrondie. ♦ Unité de poids qui vaut 1000 kilogrammes. *Une tonne de blé.* ♦ **Fig.** et **fam.** Très grande quantité de choses. *Elle m'a posé des tonnes de questions.*

TONNEAU, n. m. [tɔno] (dimin. de *tonne*) Grand vaisseau fait de douves de bois assemblées, entouré de cercles et fermé par deux fonds, pour mettre des liquides et des marchandises. ♦ ▷ **Fig.** et **fam.** *C'est un tonneau,* c'est un ivrogne. ◁ ♦ Grand vase en terre cuite, employé chez les anciens, et auquel les modernes donnent le nom de tonneau en certaines locutions. *Le tonneau de Diogène,* tonneau dans lequel Diogène faisait sa demeure. ♦ **Fig.** *Rouler son tonneau,* se livrer à quelque travail sans objet, par allusion à Diogène, qui, pour ne pas paraître oisif au milieu des Corinthiens se préparant à soutenir un siège, se mit à rouler son tonneau. ♦ **Fig.** *Tonneau des Danaïdes,* chose qu'on ne peut remplir, homme aux dépenses de qui on ne peut suffire. ♦ Le contenu du tonneau. ♦ ▷ Tonneau rempli de terre servant dans les sièges et les fortifications. ◁ ♦ ▷ Demi-tonneau dans lequel certaines marchandes se tiennent au marché. ◁ ♦ ▷ Dans le commerce des vins, des cidres, mesure plus grande que le muid. ◁ ♦ ▷ Appareil qui sert de but pour tirer à la bombe. ◁ ♦ **Mar.** *Le tonneau de mer* ou *tonneau métrique* est du volume d'un mètre cube, et du poids de 1000 kilogrammes. *Navire de 500 tonneaux.* ◁ ♦ Espèce de jeu, table percée de trous, qui répondent à autant de cases marquées 10, 20, 30, 50, 100, etc. ; on tâche de loin d'y faire entrer des palets de fer, de cuivre ou de plomb. ♦ **Mar.** Unité internationale qui sert à mesurer la capacité de charge d'un navire et qui vaut 2,83 mètres cubes. ♦ **Fam.** Tour complet sur lui-même que fait un véhicule autour de son axe longitudinal. *La voiture a fait plusieurs tonneaux.* ♦ **Fam.** *Du même tonneau,* de même nature, du même genre. *Le reste du texte est du même tonneau.*

TONNELAGE, n. m. [tɔn(ə)laʒ] (*tonnel,* anc. forme de *tonneau*) Marchandises de tonnelage, celles qu'on met en des tonneaux.

TONNELÉ, ÉE, p. p. de tonneler. [tɔn(ə)le] ▷ *Perdrix tonnelées.* ◁

TONNELER, v. tr. [tɔn(ə)le] (*tonnelle*) ▷ **Chasse** Prendre des perdrix à la tonnelle. ◁

1 **TONNELET,** n. m. [tɔn(ə)lɛ] (dimin. de *tonnel,* anc. forme de *tonneau*) Espèce de petit baril pour mettre du vin, de l'eau-de-vie, etc. *Le tonnelet d'un fantassin.*

2 **TONNELET,** n. m. [tɔn(ə)lɛ] (dimin. de *tonnel,* anc. forme de *tonneau*) Habit romain que portaient les acteurs tragiques quand ils représentaient Achille, Auguste, Pompée, etc.

TONNELEUR, n. m. [tɔn(ə)lœr] (*tonneler*) ▷ Chasseur qui prend des perdrix à la tonnelle. ◁

TONNELIER, n. m. [tɔnəlje] (*tonnel,* anc. forme de *tonneau*) Ouvrier qui fait et répare les tonneaux.

TONNELLE, n. f. [tɔnɛl] (dimin. de *tonne*) Treillage en berceau couvert de verdure. ♦ **Chasse** Filet pour prendre les perdrix. ♦ ▷ Figure de bœuf ou de cheval, de bois ou de carton peint, que le chasseur pousse devant lui, pour s'approcher des perdrix sans les effrayer. ◁ ♦ ▷ **Pêche** Sorte de rets que l'on tend au bord de la mer. ◁

TONNELLERIE, n. f. [tɔnɛl(ə)ri] (*tonnelier*) Profession du tonnelier. ♦ Atelier où l'on fait des tonneaux.

TONNER, v. intr. [tɔne] (lat. *tonare*) Retentir, en parlant du bruit de la foudre. Il s'emploie impersonnellement en cette acception. *Il a tonné cette nuit.* ♦ Faire entendre, faire éclater le tonnerre. « *Dieu tonne du plus haut des cieux* », BOSSUET. ♦ *On n'entendrait pas Dieu tonner,* se dit en parlant d'un très grand bruit dont on est assourdi. ♦ ▷ **Fig.** *Tonner sur les choux,* exercer sa force, son autorité sur ce qui est sans résistance. ◁ ♦ **Par anal.** Faire un bruit semblable à celui du tonnerre. « *Cent pièces de canon tonnèrent sur elle à son arrivée* », BOSSUET. ♦ **Fig.** Parler, s'élever avec beaucoup de véhémence contre quelqu'un, contre quelque chose. *Tonner contre le vice.* ♦ **Prov.** *Quand il tonne en avril, le laboureur se réjouit.*

TONNERRE, n. m. [tɔnɛr] (lat. *tonitrus*) Bruit plus ou moins fort et plus ou moins prolongé qui accompagne la foudre. ▷ *Un éclat de tonnerre.* ◁ ♦ **Fig.** *Voix de tonnerre,* voix très forte, très éclatante. ♦ **Fig.** *C'est un tonnerre,* se dit d'un homme dont la voix est assourdissante. ♦ **Fig.** *Un coup de tonnerre,* coup fatal, événement étonnant. ♦ **Fam.** *Il est fait en coup de tonnerre,* il est mal bâti, tout de travers, par allusion à la forme en zigzag des traits de la foudre quand elle éclate. ♦ **Par extens.** La foudre. *Le tonnerre est tombé sur l'église.* ♦ **Fig.** *Attirer le tonnerre,* attirer les malheurs, et en particulier ceux de la guerre. ♦ Image du tonnerre. *Les anciens peignaient Jupiter prenant le tonnerre composé de trois flèches brûlantes dans la patte de son aigle.* ♦ **Poétiq.** *Le séjour, la région du tonnerre,* le ciel. ♦ *Le maître du tonnerre,* le

dieu qui lance le tonnerre, Jupiter. ♦ *L'oiseau qui porte le tonnerre,* l'aigle. ♦ **Poétiq.** Canon. « *Cent tonnerres de bronze ont donné le signal* », VOLTAIRE. ♦ **Fig.** Il se dit de tout ce qui renverse comme la foudre. ♦ Partie renforcée du canon des armes à feu portatives, qui correspond à l'emplacement de la charge. ♦ *Pierre de tonnerre,* sorte de pierre qu'on croyait tomber avec le tonnerre. ♦ **Prov.** *Toutes les fois qu'il tonne, le tonnerre ne tombe pas,* des menaces ne sont pas toujours suivies d'effet. ■ **Fig.** Phénomène bruyant. *Un tonnerre d'applaudissements, de huées.* ■ **Fam.** *Du tonnerre* formidable, fantastique. *C'est un jeu du tonnerre.* ■ Interjection dont on se sert pour jurer. *Tonnerre ! Tonnerre de Dieu !*

TONNES, n. f. pl. [tɔn] **Hist. nat.** Voy. TONNE.

TONOMÉTRIE, ■ n. f. [tɔnɔmetri] (gr. *tonos,* tension, et -*métrie*) **Méd.** Mesure de la tension, notamment artérielle, oculaire. *Détection d'un glaucome par tonométrie.*

TONSURE, n. f. [tɔ̃syr] (lat. *tonsura,* de *tondere,* tondre) Cérémonie de l'Église catholique, par laquelle l'évêque, introduisant un homme dans l'état ecclésiastique, lui donne le premier degré de la cléricature en lui coupant une partie des cheveux. ♦ *Prendre la tonsure,* entrer dans l'état ecclésiastique. ♦ *Bénéfice à simple tonsure,* bénéfice que l'on peut posséder n'ayant que la tonsure et sans être obligé de prendre les ordres sacrés. ♦ ▷ **Fig.** ▷ *Un docteur, un médecin, un avocat à simple tonsure,* ◁ un docteur, un médecin, un avocat qui n'est pas fort habile. ◁ ♦ Couronne que l'on fait sur la tête aux clercs, sous-diacres, diacres, prêtres, etc., en leur rasant des cheveux.

TONSURÉ, ÉE, p. p. de tonsurer. [tɔ̃syre] ♦ N. m. *Un tonsuré.*

TONSURER, v. tr. [tɔ̃syre] (lat. ecclés. *tonsurare,* prendre la tonsure) Donner la tonsure. *Tonsurer un diacre.*

TONTE, n. f. [tɔ̃t] (*tondre*) Action de couper les poils ou la laine qui recouvre le corps des animaux. ♦ La laine qu'on retire en tondant un troupeau. ♦ Temps où l'on tond les troupeaux. ♦ Action de couper les branches des arbres.

TONTINE, n. f. [tɔ̃tin] (*Tonti,* nom de l'inventeur de ces sortes d'établissements) Réunion d'individus dont chacun convient de jouir viagèrement de l'intérêt de son capital et de l'abandonner ensuite aux survivants, qui se partageront les rentes. ♦ Toute opération financière fondée sur la durée de la vie humaine. ♦ Rente que chaque actionnaire reçoit de la tontine. ♦ **Adj.** *Rentes tontines.* ♦ Sorte de jeu de cartes auquel peuvent prendre part douze, quinze et même vingt personnes. ♦ **Hortic.** Filet ou sorte de corbeille qui entoure la motte d'un arbre que l'on va transplanter et qui sert à maintenir la terre autour des racines. *Un plant livré en conteneur ou avec tontine.*

TONTINIER, IÈRE, n. m. et n. f. [tɔ̃tinje, jɛr] (*tontine*) Celui, celle qui a des rentes tontines.

TONTISSE, adj. [tɔ̃tis] (*tonte*) Qui vient de la tonture des draps. *Bourre tontisse.* ♦ N. f. Tenture faite de toile, sur laquelle on a appliqué des tontures de drap pour figurer des étoffes. ♦ *Papier-tontisse,* papier de tenture fait de la même manière.

TONTON, ■ n. m. [tɔ̃tɔ̃] (altér. de *oncle,* d'apr. *tante*) Oncle, dans le langage des enfants. *Je vais chez mon tonton. Tonton, tu joues avec moi ?*

TONTURE, n. f. [tɔ̃tyr] (*tonte*) Poil que l'on tond sur les draps. ♦ Branches et feuilles que l'on coupe aux palissades, aux bordures. ♦ Action de tondre un gazon. ♦ Foin que cette opération produit.

TONUS, ■ n. m. [tɔnys] (mot lat., du gr. *tonos,* tension) **Physiol.** Petite contraction permanente des muscles. *Tonus musculaire.* ■ **Fig.** Dynamisme et fermeté d'une personne ou d'une chose. *Garder son tonus.*

1 **TOP,** ■ n. m. [tɔp] (onomat.) Signal sonore bref. *Le top départ de la course va bientôt être donné.*

2 **TOP,** ■ n. m. [tɔp] (mot angl., haut) **Fam.** Ce qu'il y a de meilleur, de mieux dans un domaine. *Le top du top, en matière de sport, c'est le pentathlon.* ■ Maillot de coton composant le haut d'une tenue vestimentaire décontractée. *Un top à nouer dans le dos.* ■ **Fam.** Abréviation de *top model. Elle est top pour un couturier.* ■ **Fam.** *Être au top,* au sommet dans un domaine. *En matière d'originalité, elle est au top !* ■ **Fam.** *Être au top de sa forme,* être au mieux de sa forme.

TOPAZE, n. f. [tɔpaz] (lat. *topazus,* du gr. *topazos,* île de la mer Rouge) Pierre précieuse d'un jaune doré, généralement composée de beaucoup d'alumine, de silice, d'acide fluorique et de fer, qui est la chrysolithe des Anciens. ♦ *Topazes brûlées,* celles qui ont pris une teinte rosâtre. ♦ *Topazes occidentales* ou *fausses topazes.*

TOPER, v. intr. [tɔpe] (rad. onomat.) Au jeu de dés, consentir à jouer autant que met au jeu l'adversaire. ♦ **Ellipt.** *Tope,* pour *je tope.* ♦ Adhérer à une offre, à une proposition. *Je tope à cela.* **Absol.** *Tope.* ■ Taper dans la main en signe d'accord. Graphie ancienne : *tôper.*

TOPETTE, ■ n. f. [tɔpɛt] (p.-ê. du rad. de *toupin*) Petite bouteille étroite, fiole. *Une topette d'huile d'olive.*

TOPHACÉ, ÉE, adj. [tofase] (lat. *tophus*, tuf) **Méd.** Qui est de la nature du tophus. *Concrétions tophacées.*

TOPHUS, n. m. [tofys] (lat. *tophus*, tuf, pierre spongieuse) **Méd.** Dépôts de substances dures, comme osseuses, qui se forment soit dans l'intérieur des organes, soit aux environs des articulations.

TOPIAIRE, ■ adj. [topjɛʁ] (lat. *topiarius*, jardinier décorateur) **Techn.** Qualifie la technique qui consiste à tailler les arbres ou les arbustes pour leur donner des formes particulières. *L'art topiaire.* ■ **N. f.** *La topiaire.*

TOPINAMBOUR, n. m. [topinãbuʁ] (*Tupinambus*, tribu du Brésil) Plante de la famille des composées, genre hélianthe. ◆ Tubercules alimentaires que produit cette plante.

TOPIQUE, adj. [topik] (gr. *topikos*, de *topos*, lieu) ▷ Qui a rapport aux lieux. *Les curiosités topiques d'un pays.* ◁ ◆ *Divinité topique*, divinité qui présidait à un lieu. ◆ **Méd.** Il se dit des médicaments qu'on emploie à l'extérieur. ◆ **N. m.** *Un topique.* ◆ ▷ *Fièvres topiques ou locales*, variété de fièvres intermittentes anomales. ◁ ◆ Qui se rapporte exactement à ce dont il s'agit. *Un langage topique.* ◆ **Rhét.** *Lieux topiques*, syn. de lieux communs. ◆ **N. f.** *La topique*, la doctrine des lieux topiques, l'art de les trouver. ■ N. m. pl. *Les topiques*, certains chefs généraux d'où l'on peut tirer de quoi s'étendre dans un discours. ◆ Traité sur les lieux communs. ◆ **Adj. Méd.** Se dit d'un médicament qui agit localement, là où on l'applique. ◆ **N. m.** *Un topique.*

TOPLESS, ■ adj. [tɔplɛs] (mot angl., sans haut) Qui montre des seins nus. *Un spectacle topless.* ■ **N. m.** Fait de montrer ses seins pour une femme. *Faire du topless sur la plage.*

TOP-MODÈLE ou **TOP-MODEL**, ■ n. m. [topmodɛl] (2 *top* et *modèle*) Mannequin-vedette de haute couture. *Un défilé de top-modèles. Des photographies de top-models.* ◆ Modèle le plus élaboré d'une collection ou d'une production. ■ **Abrév. fam. Top.**

TOP NIVEAU ou **TOP-NIVEAU**, ■ n. m. [tɔpnivo] (2 *top* et *niveau*) **Fam.** Niveau le plus haut. *Des top niveaux.* « *Pas possible qu'en un mois il soit au top niveau. Fais-le bosser tout l'été, à la rentrée, on avisera* », EMBARECK.

TOPO, ■ n. m. [topo] (abrév. de *topographie*) **Fam.** Croquis ou plan. *Faire un topo du secteur.* ■ **Fam.** Discours ou exposé. *Faire un topo sur l'actualité.* ■ **Fam.** *Le même topo*, la même chose. *Aujourd'hui, c'est le même topo qu'hier.*

TOPOGRAPHE, n. m. et n. f. [topograf] (*topographie*) Celui qui s'occupe de topographie. ◆ ▷ *Peintre topographe*, celui qui représente des églises, des palais, des villes, etc. ◁

TOPOGRAPHIE, n. f. [topografi] (gr. *topos*, lieu, et *-graphie*) Description détaillée d'un lieu particulier. *La topographie de la France.* ◆ *Topographie souterraine*, description des gîtes houillers et métallifères. ◆ Art de représenter sur le papier la configuration d'une portion de terrain avec tous les objets qui sont à sa surface. ■ Relief d'un endroit. *Étudier la topographie d'une région.*

TOPOGRAPHIQUE, adj. [topografik] (*topographie*) Qui appartient à la topographie. *Description topographique.* ◆ *Carte topographique*, représentation exacte et détaillée d'un lieu, d'un canton. ■ TOPOGRAPHIQUEMENT, adv. [topografik(ə)mã]

TOPOGUIDE, ■ n. m. [topogid] (*topo* et *guide*) Guide de randonnée comportant pour chaque parcours proposé un descriptif et une carte. *Des topoguides.*

TOPOLOGIE, ■ n. f. [topoloʒi] (gr. *topos*, lieu, et *-logie*) **Math.** Branche de la géométrie qui étudie les propriétés liées aux notions de limites et de voisinage. *La théorie des nœuds appartient à la topologie.* ■ Structure où ces propriétés s'expriment dans un ensemble. ■ TOPOLOGIQUE, adj. [topoloʒik]

TOPOMÉTRIE, ■ n. f. [topometʁi] (gr. *topos*, lieu, et *-métrie*) Ensemble des mesures effectuées sur le terrain pour établir des cartes topographiques. *La topométrie utilise différents instruments : du plus rudimentaire tel que la chaîne d'arpenteur au plus sophistiqué comme le GPS.*

TOPONYME, ■ n. m. [toponim] (*toponymie*) Nom donné à un lieu. *Les toponymes se terminant par -ac sont caractéristiques du sud-ouest de la France.*

TOPONYMIE, ■ n. f. [toponimi] (gr. *topos*, lieu, et *-onymie*) Ensemble des noms donnés à des lieux au sein d'une région ou d'une langue. *Problèmes de translittération posés en toponymie.* ■ Branche de la linguistique qui étudie les noms de lieux par leur origine et leur évolution. ■ TOPONYMIQUE, adj. [toponimik] ■ TOPONYMISTE, n. m. et f. [toponimist]

TOP-SECRET ou **TOP-SECRET, ÈTE**, adj. [topsəkʁɛ] (2 *top* et *secret*) Que l'on doit absolument tenir secret, qui est absolument secret. *Des informations top-secret ou top-secrètes.* « *Toubib, n'y comptez pas. La composition de ma tisane est top secret* », FORLANI. ■ **Rem.** On écrit aussi *top secret* sans trait d'union.

TOQUADE, ■ n. f. [tokad] Voy. TOCADE.

TOQUANTE, ■ n. f. [tokãt] Voy. TOCANTE.

TOQUARD, ARDE, ■ adj. [tokaʁ, aʁd] Voy. TOCARD.

TOQUE, ■ n. f. [tɔk] (esp. *toca*, d'orig. incert.) Sorte de chapeau à petits bords, plat par-dessus, plissé tout autour, et couvert de velours, de satin, etc. *Toque de juge, de professeur.* ◆ Coiffure des jockeys. ◆ Coiffure en usage au XVIᵉ siècle. ◆ Coiffure haute et blanche portée par les cuisiniers. ◆ Par méton. Cuisinier. *Le rendez-vous des plus grandes toques de France.*

TOQUÉ, ÉE, p. p. de toquer. [toke] ◆ **Fam.** et **fig.** *Il est toqué*, il a le cerveau un peu dérangé. ◆ **Fam.** *Toqué de*, passionné de. *C'est une toquée d'escalade.*

TOQUER, v. tr. [toke] (rad. onomat., voir *toc*) Toucher. ◆ Ce mot, vieilli, reste usité dans cette locution : *Qui toque l'un toque l'autre*, qui offense l'un offense l'autre. ◆ **Fig.** et **pop.** Rendre fou, comme en touchant le cerveau. ◆ **V. pr.** Se passionner soudainement pour quelqu'un ou quelque chose. *Elle s'est toquée de son voisin.*

TOQUET, n. m. [tokɛ] (dimin. de *toque*) Coiffure, espèce de bonnet de femmes et d'enfants.

TORAILLER, ■ v. intr. [toʁaje] (lat. *torrere*, brûler) **Région. Suisse** Fumer beaucoup.

TORCHE, n. f. [tɔʁʃ] (lat. pop. *torca*, de *torquere*, tordre) Linge roulé que les femmes se mettent sur la tête quand elles portent un vase. ◆ Selle bourrée en paille et recouverte en grosse toile. ◆ Bouchon de paille. ◆ Paquet de fil de fer ou de laiton plié en rond. ◆ Flambeau consistant en un bâton de sapin ou de quelque autre bois résineux entouré de cire et de mèche, et par suite flambeau grossier fait de résine ou de cire. ◆ **Fig.** et **poétiq.** *Les torches d'hyménée*, les torches nuptiales, le mariage. ◆ **Fig.** *Les torches de la Discorde.* ■ *Torche électrique*, lampe de poche cylindrique. ■ *Parachute en torche*, qui ne s'est pas ouvert pendant la descente.

TORCHÉ, ÉE, p. p. de torcher. [tɔʁʃe] ◆ **Fam.** et **fig.** *Un homme mal torché*, mal habillé. ◆ **Fam.** *Cela est mal torché*, cela est fait grossièrement. ◆ *Bien torché*, bien fait, en parlant d'une œuvre de peinture. ■ **Fam.** Fait à la hâte. *Un devoir torché.* ■ **Rem.** Il est vieilli dans son premier sens.

TORCHE-NEZ, n. m. [tɔʁʃ(ə)ne] Voy. TORD-NEZ.

TORCHE-PINCEAU, n. m. [tɔʁʃ(ə)pɛ̃so] (*torcher* et *pinceau*) ▷ Petit linge pour essuyer les pinceaux et la palette. ◆ Au pl. *Des torche-pinceaux.* ◁

TORCHER, v. tr. [tɔʁʃe] (*torche*, bouchon de paille) Frotter, comme on fait avec un torchon, pour nettoyer, pour essuyer. ◆ **Fig.** et **pop.** *Il n'a qu'à s'en torcher le bec*, il ne doit pas compter sur ce qu'il désire. ◁ ◆ Essuyer, nettoyer des pinceaux ou la palette. ◁ ◆ **Fig.** Battre. *Il se fera torcher.* ◆ Recouvrir un mur, une cloison avec du torchis. ◆ Se torcher, v. pr. S'essuyer, se nettoyer. ■ **Fig.** et **fam.** Faire un travail à la hâte et sans y mettre de soin. *Il torche ses devoirs pour pouvoir aller jouer avec ses copains.*

TORCHÈRE, n. f. [tɔʁʃɛʁ] (*torche*) Vase de fer à jour, placé à l'extrémité d'un long manche, dans lequel on met des matières combustibles pour éclairer. ◆ Candélabre qui porte des flambeaux, des girandoles, des bougies, et qui sert à éclairer un vestibule, un escalier, etc. ■ **Industr.** Haute cheminée qui permet la combustion de déchets gazeux au contact de l'oxygène de l'air. *Les torchères d'une raffinerie de pétrole.*

TORCHIS, n. m. [tɔʁʃi] (*torcher*) Mortier composé de terre grasse et de paille coupée.

TORCHON, n. m. [tɔʁʃɔ̃] (*torcher*) Serviette de grosse toile dont on se sert pour essuyer la vaisselle, les meubles, etc. ◆ **Fig.** et **pop.** *Le torchon brûle à la maison*, il y a une querelle de ménage. ◆ **Pop.** Entre soldats, *se donner un coup de torchon*, se battre au sabre, à l'épée. ◆ Poignée de paille tortillée, ou petite natte de paille très épaisse, servant à garantir les arêtes des pierres, quand on les remue. ◆ **Adj.** *Papier torchon*, sorte de papier pour l'aquarelle et la gouache. ■ **N. m. Fam.** Texte écrit sans soin. *Sa copie n'était qu'un tel torchon.* ■ **Fam.** Revue ou journal dont le contenu est de mauvaise qualité. *Je refuse de lire ce torchon.*

TORCHONNER, v. tr. [tɔʁʃone] (*torchon*) Frotter, nettoyer avec un torchon. ◆ **Fig.** et **fam.** Faire mal, faire salement.

TORCOL, n. m. [tɔʁkɔl] (*tordre* et *col*, cou) Genre d'oiseaux grimpeurs. ■ **Rem.** On disait aussi *torcou* autrefois.

TORDAGE, n. m. [tɔʁdaʒ] (*tordre*) Action de tordre. ◆ Façon qu'on donne à la soie, en doublant les fils sur les moulinets.

TORDANT, ANTE, ■ adj. [tɔʁdã, ãt] (*tordre*) **Fam.** Qui est très drôle. *Une situation, une histoire tordante.*

TORD-BOYAU ou **TORD-BOYAUX**, ■ n. m. [tɔʁbwajo] (*tordre* et *boyaux*) **Fam.** Eau-de-vie très forte et souvent de mauvaise qualité. *Des tord-boyaux.*

TORDEUR, EUSE, ■ n. m. et n. f. [tɔʁdœʁ, øz] (*tordre*) Ouvrier, ouvrière qui tord la laine, les soies, les fils, etc. ◆ *Tordeuse*, machine qui sert à tordre ensemble les fils de fer pour la confection des câbles. ◆ Chenille de papillon qui s'enroule dans les feuilles des végétaux. *La tordeuse du chêne, du bleuet.*

TORD-NEZ, n. m. [tɔʀne] (*tordre* et *nez*) Instrument, dit aussi *torche-nez*,>dont on se sert pour assujettir le cheval pendant certaines opérations. ♦ On dit aussi *serre-nez*. ■ REM. *Torche-nez* n'est plus usité aujourd'hui.

TORDOIR, ■ n. m. [tɔʀdwaʀ] (*tordre*) Techn. Objet ou appareil qui sert à tordre.

TORDRE, v. tr. [tɔʀdʀ] (lat. class. *torquere*, tordre, tourner) Tourner un corps long et flexible par les deux bouts en sens contraire, ou par un seul bout, l'autre étant fixe. *Tordre du fil, un lien, etc.* ♦ **Fig.** « *Pressez-les, tordez-les, ils dégouttent l'orgueil, l'arrogance, la présomption* », LA BRUYÈRE. ♦ *Qui te tordrait le nez, il en sortirait encore du lait*, se dit par moquerie à un jeune homme, à un blanc-bec, qui se mêle de choses dont son âge le rend incapable. ♦ ▷ Pop. *Ne faire que tordre et avaler*, manger très avidement. ◁ ♦ *Tordre de la laine, de la soie, du fil*, tourner à la main, au rouet ou au moyen d'une machine, plusieurs brins pour n'en former qu'un seul. ♦ Tourner violemment, en parlant d'un membre. *Vous me tordez le bras.* ♦ *Tordre le cou*, faire mourir en tournant le cou. ♦ *Se tordre les bras, les mains*, tordre à soi les bras, les mains, dans un excès de passion, de douleur. ♦ Tourner de travers. *Bâiller à se tordre la bouche.* ♦ **Fig.** Détourner de sa signification naturelle un texte. *Tordre les mots, le sens d'un auteur, d'un passage, etc.* ♦ *Se tordre*, v. pr. Agiter son corps en le tournant en sens contraire. ♦ *Rire à se tordre*, rire extrêmement. ♦ Devenir contourné. ♦ V. tr. Plier, courber. *J'ai tordu les branches de mes lunettes.* ■ *Tordre du linge*, le presser en tournant pour en ôter l'eau. ■ REM. On dit aussi auj. *se tordre de rire.*

TORDU, UE, p. p. de tordre. [tɔʀdy] ♦ Bot. Il se dit d'un organe replié sur lui-même. ■ **Fam.** Se dit d'une personne au comportement bizarre. *Elle est tordue et j'ai du mal à la suivre* | ♦ *Coup tordu*, action nuisible.

TORE, n. m. [tɔʀ] (ital. *toro*, du lat. *torus*, bourrelet, renflement) **Archit.** Moulure ronde à la base des colonnes. ♦ Ornement en rond sur une pièce de canon. ♦ **Géom.** Surface engendrée par la révolution d'un cercle autour d'une droite située dans son plan et ne passant pas par son centre.

TORÉADOR, n. m. [tɔʀeadɔʀ] (mot esp., de *torear*, toréer) Celui qui prend part à un combat de taureaux dans les courses publiques. ■ REM. Il est vieilli aujourd'hui. ■ REM. On écrivait aussi *tauréador* autrefois.

TORÉER, ■ v. intr. [tɔʀee] (esp. *torear*, de *toro*, taureau) Combattre un taureau selon les règles de la tauromachie.

TORERO ou **TORÉRO**, ■ n. m. [tɔʀero] (mot esp., du b. lat. *taurarius*, gladiateur qui combattait des taureaux) Celui qui torée dans l'arène. *Le torero dans son habit de lumière faisait face au taureau. Des toreros, des toréros.* Il a supplanté *toréador*.

TOREUTIQUE, ■ n. f. [tɔʀøtik] (gr. *toreutikê*, art de la sculpture) **Bx-arts** Art de la ciselure, de la sculpture d'objets d'or et d'ivoire. *La toreutique antique. Une ville réputée pour sa toreutique.*

TORGNOLE, n. f. [tɔʀɲɔl] ou [tɔʀnjɔl] (altér. de l'anc. fr. *tourniole*, détour) ▷ Pop. Petit mal blanc qui fait le tour du doigt. ◁ ♦ Coup sec et bien appliqué sur le visage, sur la tête. ◁ ■ REM. On écrivait aussi *torgniole*, et on disait également *tourniole* autrefois.

TORII, ■ n. m. [tɔʀii] (mot jap.) Sorte de grand portail érigé à l'entrée des temples japonais shintoïstes. *Le torii de Miyajima mesure seize mètres de haut. Des torii ou des toriis.*

TORIL, ■ n. m. [tɔʀil] (mot esp., de *toro*, taureau) Lieu où est enfermé le taureau avant d'entrer dans l'arène lors d'une corrida.

TORMENTILLE, n. f. [tɔʀmɑ̃tij] (lat. médiév. *tormentilla*, du lat. *tormentum*, tourment) **Bot.** Plante de la famille des rosacées, dont la racine est astringente.

TORNADE, ■ n. f. [tɔʀnad] (esp. *tornado*, de *tornar*, tourner) Vent tourbillonnant de forte intensité, parfois concentré en une forme conique de faible dimension et qui peut provoquer de grands ravages. « *Les alizés, l'eau de jade, une lie, un été, le vent s'est arrêté avant la tornade* », LE FORESTIER. ■ **Fig.** Personne ou situation qui bouleverse une certaine quiétude. *Il est entré comme une tornade.*

TOROÏDAL, ALE, ■ adj. [tɔʀoidal] (*tore* et *?oïde*) Qui a la forme d'un tore. *Des aimants toroïdaux.*

1 **TORON**, n. m. [tɔʀɔ̃] (lat. *torus*, tore) Assemblage de plusieurs fils de caret tournés ensemble pour composer une corde, un cordage.

2 **TORON**, n. m. [tɔʀɔ̃] (*tore*) **Archit.** Gros tore à l'extrémité d'une surface droite.

TORONNEUSE, ■ n. f. [tɔʀɔnøz] (*toron*) Techn. Machine utilisée pour tordre les torons des câbles.

TORPÉDO, ■ n. f. [tɔʀpedo] (mot angl., du lat. *torpedo*, torpille, sorte de poisson) Ancien modèle de voiture décapotable et de forme allongée. *Les torpédos du début du xxᵉ siècle.*

TORPEUR, n. f. [tɔʀpœʀ] (lat. *torpor*, engourdissement) Sentiment de pesanteur générale ou partielle avec une diminution également générale ou partielle de la sensibilité et du mouvement, allant parfois jusqu'à l'assoupissement. ♦ Par extens. « *Le triste hiver, saison de mort, est le temps du sommeil ou plutôt de la torpeur de la nature* », BUFFON. ♦ **Fig.** État d'inaction de l'âme. *Des esprits plongés dans la torpeur.*

TORPIDE, ■ adj. [tɔʀpid] (lat. *torpidus*, de *torpere*, être engourdi) Relatif à la torpeur. *Un frisson torpide.*

TORPILLE, n. f. [tɔʀpij] (lat. *torpedo*, torpille, sorte de poisson) **Hist. nat.** Genre de poissons cartilagineux voisins des raies, ayant un appareil électrique sur les côtés de la queue, et donnant une commotion à ceux qui les touchent. ♦ Engin de guerre sous-marin, contenant une certaine masse de poudre, dont un appareil détermine l'explosion dans certaines circonstances. ♦ Engin explosif sous-marin. *Bombe aérienne et torpille sous-marine.*

TORPILLÉ, ÉE, adj. [tɔʀpije] (*torpiller*) Garni de torpilles de guerre. *Une zone torpillée.* ♦ **Fig.** Qui a été torpillé, anéanti. *Un projet torpillé.*

TORPILLER, ■ v. tr. [tɔʀpije] (*torpille*) Attaquer avec des torpilles. *Torpiller la flotte ennemie.* ■ **Fig.** Anéantir de manière sournoise un projet ou le moral d'une personne. *Pourquoi cherche-t-il toujours à torpiller mes projets?* ■ TORPILLAGE, n. m. [tɔʀpijaʒ].

TORPILLEUR, n. m. [tɔʀpijœʀ] (*torpiller*) ▷ Nom donné aux marins qui dirigent une torpille. ◁ ♦ Navire de guerre équipé de torpilles.

TORQUE, ■ n. m. [tɔʀk] (lat. *torques*) **Archéol.** Collier formé d'un gros fil de métal, porté par les Celtes et les soldats romains. *Torque en bronze.*

TORQUET, ■ n. m. [tɔʀke] (p.-ê. de *torque*) ▷ Vieilli Ce qui cache une embûche, une attaque. ♦ *Donner un torquet, donner le torquet*, tromper quelqu'un. ♦ *Donner dans le torquet*, donner dans le panneau. ◁

TORQUETTE, ■ n. f. [tɔʀkɛt] (dimin. de *torque*, var. de *torche*, bouchon de paille) Mannequin ou panier d'osier, qui sert à transporter le poisson de mer. ♦ Par extens. Panier de volaille ou de gibier.

TORR, ■ n. m. [tɔʀ] (*Torricelli*, physicien italien) **Phys.** Unité qui mesure la pression et qui correspond à la pression d'un millimètre de mercure. *La pression de vapeur de l'acide nitrique pur est 14,4 torrs à 0 °C.*

TORRÉE, ■ n. f. [tɔʀe] (lat. *torrere*, faire griller) **Région. Suisse** Repas pris en plein air et composé d'aliments cuits sous la braise.

TORRÉFACTEUR, n. m. [tɔʀefaktœʀ] (*torréfier*) Engin propre à produire la torréfaction. ■ Personne qui vend du café après l'avoir torréfié.

TORRÉFACTION, n. f. [tɔʀefaksjɔ̃] (*torréfier*) Action de torréfier.

TORRÉFIÉ, ÉE, p. p. de torréfier. [tɔʀefje] *Café torréfié.*

TORRÉFIER, v. tr. [tɔʀefje] (lat. *torrefacere*, de *torrere*, sécher, et *facere*, faire) Soumettre à un feu vif des substances végétales ou animales. ■ **Spéciaut** *Torréfier du café, du cacao*, faire griller des graines de café ou de cacao pour les rendre consommables et faire apparaître leur arôme.

TORRENT, n. m. [tɔʀɑ̃] (lat. *torrens*, de *torrere*, dessécher, le torrent désignant un cours d'eau susceptible de se dessécher) Courant d'eau très rapide, soit permanent et produit par la grande déclivité du terrain dans les montagnes, soit peu durable et produit par des orages ou des fontes de neige. ♦ Par exagération *Pleuvoir à torrent*, pleuvoir avec une force et une abondance extraordinaires. ♦ Par extens. Il se dit de certaines choses, en égard à leur abondance, à leur impétuosité. *Des torrents de feu. Un torrent de larmes.* ♦ Il se dit de ce qui coule abondamment en paroles ou en écrit. *Un torrent de paroles, d'injures, d'harmonie, etc.* ♦ ▷ **Fig.** Guerrier, conquérant que rien n'arrête. « *Mais qui peut dans sa course arrêter ce torrent [Achille]?* », RACINE. ◁ ♦ Personne qu'on ne peut contenir, diriger. ♦ **Fig.** Il se dit des multitudes qui se précipitent. « *Une infinité de nations inconnues sortirent du Nord, se répandirent comme des torrents dans les provinces romaines* », MONTESQUIEU. ♦ **Fig.** Ce qui s'écoule, ce qui se presse avec la rapidité et la force d'un torrent. « *L'homme, entraîné lui-même par le torrent des temps, ne peut rien pour sa propre durée* », BUFFON. ♦ *Le torrent des affaires*, leur grand mouvement. ♦ Première impétuosité des sentiments, premier mouvement, premier emportement. « *Ulysse, en apparence, approuvant mes discours, De ce premier torrent laissa passer le cours* », RACINE. ♦ ▷ Influence de l'exemple, de la mode, des événements, force des choses. *Le torrent de la coutume.* « *C'est un torrent; qu'y faire? il faut qu'il ait son cours; Cela fut et sera toujours* », LA FONTAINE. ◁

TORRENTIEL, ELLE, adj. [tɔʀɑ̃sjɛl] (*torrent*) Qui est produit par les torrents, qui appartient aux torrents. ♦ *Pluie torrentielle*, pluie extrêmement abondante et impétueuse. ■ TORRENTIELLEMENT, adv. [tɔʀɑ̃sjɛl(ə)mɑ̃]

TORRENTUEUX, EUSE, adj. [tɔʀɑ̃tɥø, øz] (*torrent*) Qui se transforme en torrent; qui en a l'impétuosité. *Un ruisseau torrentueux.* ♦ Qui a les effets d'un torrent. *La marche torrentueuse d'une rivière.*

TORRIDE, adj. [tɔʀid] (lat. *torridus*, sec, de *torrere*, sécher) Brûlant, excessivement chaud. Il n'est usité que dans *zone torride*. Cependant on commence à dire Voy. ZONE *chaleur, température torride.* ♦ N. f. *La torride*, la zone torride. ■ Qui dégage une grande sensualité. *Un regard torride.* ■ REM. Aujourd'hui, *torride* est utilisé couramment.

TORS, ORSE, adj. [tɔʀ, ɔʀs] (anc. p. p. de *tordre*) Syn. de tordu. *Soie torse. Fil tors.* ♦ *Bois tors*, pièce de bois dont les fibres sont en spirale. ♦ Qui est dans un état de torsion. *Une bouche torse. Jambes torses.* ♦ ▷ **Fig.** *Un cou tors*, un hypocrite. ◁ ♦ **Archit.** *Colonne torse*, celle dont le fût est contourné en forme d'hélice. ♦ **Bot.** Dont les bords tournent ou tendent à tourner obliquement autour de leur axe. ♦ N. m. *Le tors*, le degré de torsion d'un fil. ♦ Gros cordon de soie employé en tapisserie. ♦ **Mar.** Degré de torsion, en parlant des cordages.

TORSADE, n. f. [tɔʀsad] (*tors*) Frange tordue en hélice, pour orner les rideaux, les draperies, les écharpes, etc. ♦ ▷ Dans l'armée, petit rouleau d'or et d'argent désignant les grades inférieurs ; ce sont les petites torsades. ◁ ♦ ▷ Rouleaux, mais beaucoup plus gros, pour les grades supérieurs commençant à celui de chef de bataillon ou d'escadron. ◁ ■ *Une torsade de cheveux,* une mèche de cheveux tournée sur elle-même. ■ Objet ou motif en forme d'hélice. *Un pull à torsades.*

TORSADER, ■ v. tr. [tɔʀsade] (*torsade*) Enrouler de manière à faire une torsade. *Torsader des fils.*

TORSE, n. m. [tɔʀs] (ital. *torso*, tronçon, du gr. *tursos*, tige) **Sculpt.** Figure tronquée qui n'a qu'un corps sans tête ou sans membres. ♦ Tronc, buste d'une statue entière, ou même d'une personne vivante. *Cet homme a un beau torse.* ■ *Torse nu*, le torse déshabillé. *Être, se mettre torse nu.*

TORSION, n. f. [tɔʀsjɔ̃] (lat. tard. *tortio*, du lat. class. *torquere*, tordre, tourner) Action de tordre ; résultat de cette action. *La torsion des branches.* ♦ ▷ **Chir.** *Torsion des artères*, moyen employé pour arrêter les hémorragies provenant des ouvertures béantes des vaisseaux, après les opérations ou les blessures. ◁ ♦ **Mar.** Action de tortiller les uns avec les autres les fils, puis les torons dont on compose les cordages. ♦ ▷ **Phys.** *Force de torsion*, effort que fait un fil de métal ou d'autre matière pour se détordre. ◁ ♦ *Balance de torsion*, appareil pour mesurer de très petites forces. ♦ **Bot.** Malformation consistant dans une disposition en spirale plus ou moins régulière de toutes les parties d'une tige herbacée ou ligneuse. ♦ ▷ **Anat.** *Torsion du cœur*, disposition qui tourne légèrement à droite la face antérieure du cœur, et à gauche la face postérieure. ◁ ♦ **Phys.** Déformation que subit un corps soumis à deux forces parallèles égales et opposées. *Déterminer la constante de torsion d'un ressort en spirale.*

TORT, n. m. [tɔʀ] (b. lat. *tortum*, injustice, du lat. *torquere*, tordre) Ce qui est opposé à la raison, à la justice. *Lequel des deux a tort ?* ♦ *Il a tous les torts*, tous les mauvais procédés sont de son côté. ♦ *Mettre quelqu'un dans son tort*, lui faire des propositions qu'il ne puisse refuser sans faire voir qu'il est déraisonnable, avoir pour lui un procédé auquel il ait tort de ne pas répondre ; faire que quelqu'un ait un tort à notre égard. ♦ Lésion, dommage qu'on souffre ou qu'on fait souffrir. *Redresseur des torts. La grêle a fait bien du tort en ce canton.* ♦ *Faire tort à quelqu'un*, être injuste envers lui. ♦ À TORT, loc. adv. Sans raison, injustement, sans motif. ♦ À TORT ET À TRAVERS, loc. adv. Sans discernement, sans y regarder. *Raisonner, parler à tort et à travers.* ▷ On a dit aussi : *De tort et de travers.* ◁ ♦ *À tort et à droit*, sans examiner la chose est juste ou injuste. *Il veut ce qu'il veut, à tort et à droit.* ◁ ♦ ▷ *À tort ou à droit*, ◁ *à tort ou à raison*, avec droit ou sans droit, avec raison ou sans raison. ▷ *À tort ou à droit il se prétend lésé.* ◁ ♦ **Prov.** *Le mort a toujours tort*, un homme mort ne pouvant se défendre, on rejette la faute de beaucoup de choses sur lui. On dit dans le même sens : *Les absents ont tort.* ■ *Avoir tort*, ne pas avoir raison. ■ *Donner tort à quelqu'un*, dire qu'il a tort, le désapprouver. ■ *Causer, faire du tort à quelqu'un*, lui porter préjudice, lui nuire. ■ À TORT OU À RAISON, loc. adv. Avec ou sans véritable raison. ■ *Être dans son tort, être en tort*, être en situation d'infraction.

TORTE, adj. f. [tɔʀt] (anc. fém. de *tors*) Syn. de torse. « *Son épaule torte* », RÉGNIER.

TORTELLE, n. f. [tɔʀtɛl] (orig. incert.) Plante de la famille des crucifères, nommée aussi *vélar*.

TORTICOLIS, n. m. [tɔʀtikoli] (ital. *torti colli*, pl. de *torto collo*, qui a le cou tordu) Douleur inflammatoire ou rhumatismale qui a son siège dans quelques-uns des muscles du cou, et qui force le malade à tenir la tête inclinée en avant, sur un des côtés, ou en arrière, suivant les muscles affectés. ♦ ▷ Adj. Qui porte le cou de travers. *Un coup d'air l'a rendu torticolis.* ◁ ▷ Subst. *Un visage de torticolis.* ◁

TORTIL, n. m. [tɔʀtil] (var. de *tortis*) **Hérald.** Lambrequin ou ruban qui s'enlace autour d'une couronne ; c'est l'ornement spécial du baron. ♦ Espèce de bandeau que portent les têtes de Maure.

TORTILLA, ■ n. f. [tɔʀtija] (mot hispano-amér., dimin. de *torta*, tourte) Galette de maïs mexicaine consommée comme du pain ou en une crêpe fourrée. *Des tortillas aux pommes de terre.*

TORTILLAGE, n. m. [tɔʀtijaʒ] (*tortiller*) Fam. Façon tortueuse et embarrassée de s'exprimer. ♦ Échappatoire. ♦ Action de tortiller, fait de se tortiller. ■ REM. *Tortillement* est plus fréquent dans ce sens.

TORTILLARD, n. m. [tɔʀtijaʀ] (*tortiller*) Variété de l'orme champêtre qui se distingue par les fibres contournées de son bois. ■ Petit train se déplaçant lentement, le plus souvent sur des voies sinueuses. *Un tortillard longeant la côte.* ■ REM. On écrivait aussi *tortillart* autrefois.

TORTILLE, n. f. [tɔʀtij] (*tortiller*) Allées étroites et tortueuses dans un bois, dans un parc pour se promener à l'ombre. ♦ On dit aussi *tortillère*.

TORTILLÉ, ÉE, p. p. de tortiller. [tɔʀtije] ♦ **Hérald.** Qui porte le tortil.

TORTILLEMENT, n. m. [tɔʀtij(ə)mã] (*tortiller*) Action de tortiller ; état d'une chose tortillée. *Tortillement des cordes. Il sent dans le ventre des tortillements.* ♦ **Fig.** et **fam.** Petits détours, finesses qu'on cherche dans les affaires.

TORTILLER, v. tr. [tɔʀtije] (*entortiller*) Tordre à plusieurs tours une chose facile à plier. *Tortiller du papier, des cheveux, etc.* ♦ Réunir ensemble plusieurs fils de caret pour en former un toron. ♦ **Pop.** Manger vite. ♦ **Fig.** Donner diverses tournures à des paroles, à des pensées. « *Lorsque je lui vois tortiller En cent façons une pensée* », DU CERCEAU. ♦ V. intr. **Fam.** *Tortiller des hanches*, marcher en se balançant. ♦ **Fig.** Tourner autour de quelqu'un, employer de petits manèges. ♦ Chercher des détours, des subterfuges. ♦ *Se tortiller*, v. pr. Se tordre, se replier sur soi-même en plusieurs façons. ■ **Fam.** *Il n'y a pas à tortiller*, ce n'est pas la peine de tergiverser.

TORTILLÈRE, n. f. [tɔʀtijɛʀ] Voy. TORTILLE.

1 **TORTILLON**, n. m. [tɔʀtijɔ̃] (*tortiller*) ▷ Coiffure d'une fille du bas peuple. ◁ ♦ **Fig.** et **fam.** Petite servante prise au village. ◁ ♦ Linge, torchon tortillé en rond. ♦ Bourrelet que l'on met sur sa tête pour porter dessus un pot ou un panier. ■ Instrument pour friser les cheveux. ◁

2 **TORTILLON**, ■ n. m. [tɔʀtijɔ̃] (*tourte*) Gâteau sec et rond, torsadé. ■ Matériau tortillé sur lui-même.

TORTIONNAIRE, adj. [tɔʀsjɔnɛʀ] (lat. médiév. *tortionarius*, du b. lat. *tortio*, torsion, torture) **Dr.** Inique, violent. *Saisie tortionnaire. Cette loi est tortionnaire.* ♦ Qui sert à torturer. *Appareil tortionnaire.* ♦ ▷ N. m. *Le tortionnaire*, le bourreau. ◁ ■ REM. S'emploie aussi au féminin. *Une tortionnaire.* ■ Personne qui se livre à des actes de torture. ■ **Fig.** *C'est un véritable tortionnaire.*

TORTIS, n. m. [tɔʀti] (substantivation de l'adj. anc. fr. *tortiz*, tordu, du lat. *torquere*, tordre) Assemblage de fils de chanvre, de laine, de soie, etc. tordus ensemble. ♦ ▷ Couronne ou guirlande de fleurs. ◁ ♦ **Hérald.** Fil de perles qui entoure la couronne des barons.

TORTU, UE, adj. [tɔʀty] (*tort*) Qui n'est pas droit, qui est de travers. *Des arbres tortus.* « *Nez tortu* », LA FONTAINE. ♦ *Elle n'est ni tortue ni bossue*, se dit pour vanter la taille d'une femme. ♦ **Fig.** « *Que les chemins tortus deviennent droits* », MASSILLON. ♦ **Fam.** *Le bois tortu*, la vigne. ◁ ♦ **Fig.** Qui n'est pas conforme à la droite raison. *Des raisonnements tortus. Avoir l'esprit tortu.* ♦ **Adv.** De travers. « *Puis-je autrement marcher que ne fait ma famille ? Veut-on que j'aille droit quand on y va tortu ?* », LA FONTAINE. ♦ N. m. Serpent du genre boa.

TORTUE, n. f. [tɔʀty] (a. provenç *tartuga*, du lat. *tartaruca bestia*, bête du Tartare, de l'enfer) Animal amphibie à quatre pieds, qui marche fort lentement, et dont le corps est couvert d'un têt ou écaille. *Tortue de mer. Tortue de terre.* ♦ *Pas de tortue*, marche très lente. ♦ Espèce d'abri ou de toit que les Romains formaient en tenant leurs boucliers réunis au-dessus de leurs têtes, pour se couvrir en approchant du pied de la muraille d'une ville assiégée. ♦ Machine de guerre montée sur des roues et couverte, à l'abri de laquelle on pouvait s'avancer jusqu'au pied des murailles d'une ville assiégée. ♦ **Cuis.** *Tête de veau en tortue*, c.-à-d. à la financière. ♦ Constellation dite aussi *la Lyre.* ♦ **Fig.** et **fam.** Personne qui agit avec lenteur. ■ **Fig.** et **fam.** *Avancer comme une tortue*, avec lenteur.

TORTUÉ, ÉE, p. p. de tortuer. [tɔʀtye]

TORTUER, v. tr. [tɔʀtye] (*tortu*) ▷ Rendre tortu. ♦ *Se tortuer* , v. pr. Devenir tortu. ◁

TORTUEUSEMENT, adv. [tɔʀtɥøz(ə)mã] ou [tɔʀtyøz(ə)mã] (*tortueux*) D'une manière tortueuse.

TORTUEUX, EUSE, adj. [tɔʀtɥø, øz] ou [tɔʀtyø, øz] (lat. *tortuosus*, de *tortus*, tordu, sinueux) Qui est courbé plusieurs fois en différents sens. *Serpent tortueux. Des rues tortueuses.* ♦ **Fig.** « *Esprit humain, abîme infini... tu as des conduites si enveloppées, des retraites si profondes et si tortueuses...* », BOSSUET. ♦ **Fig.** Qui est contraire à la netteté, à la droiture. *Une marche, une conduite tortueuse. Des voies tortueuses.*

TORTUOSITÉ, n. f. [tɔrtɥozite] ou [tɔrtyozite] (lat. chrét. *tortuositas*, conduite équivoque) ▷ État de ce qui est tortueux. « *Dans les inextricables tortuosités de ce labyrinthe* », J.-J. ROUSSEAU. ◁

TORTURANT, ANTE, adj. [tɔrtyrɑ̃, ɑ̃t] (*torturer*) Qui torture. *Les remords torturants.*

TORTURE, n. f. [tɔrtyr] (lat. tardif *tortura*, action de tordre, torture, du supin *tortum* de *torquere*) ▷ Action de tordre, contorsion. « *Ces bizarres attitudes et ces tortures naturelles [du torcol]* », BUFFON. ◁ ♦ Tourment, supplice. « *La torture, le fer et la flamme t'attend* », ROTROU. ♦ Particulièrement, tourment auquel on soumettait un accusé pour en obtenir des révélations ; question. *Appliquer un accusé à la torture.* ♦ Fig. Peine vive, tourment. « *Mettra-t-on tous les jours mon âme à la torture ?* », ROTROU. ♦ Par exagération Embarras, effort pénible. « *Tandis que ses discours me donnent la torture* », RÉGNIER. ♦ *Mettre quelqu'un à la torture*, lui causer un embarras pénible ou une vive impatience. ♦ *Mettre son esprit à la torture*, être à la torture, s'occuper de quelque chose avec une grande contention d'esprit. ♦ Fig. Action de fausser quelque chose ; violence faite aux textes, aux mots. « *Ces auteurs ont donné la torture à tous les passages* », MONTESQUIEU. ■ Vive douleur physique ou mentale. *Voir souffrir un enfant est une torture.*

TORTURÉ, ÉE, p. p. de torturer. [tɔrtyre]

TORTURER, v. tr. [tɔrtyre] (*torture*) Faire éprouver la torture, soumettre à la question. ♦ Fig. Causer une vive peine morale. ♦ Fig. *Torturer un texte, un mot*, lui donner une interprétation forcée, un sens contraire à celui qu'il a. ■ Faire souffrir affreusement. ■ *Se torturer l'esprit*, réfléchir longuement et douloureusement à une question. *Elle s'est torturée l'esprit pour savoir comment dire la vérité. « Il commençait à se torturer de remords, le rôle que je lui faisais jouer lui déplaisait au possible »*, SAGAN.

TORVE, ■ adj. [tɔrv] (lat. *torvus*, qui se tourne de côté, qui regarde de travers, menaçant) Qui est oblique et d'intention sournoise, en parlant d'un regard. *Regarder d'un œil torve.*

TORY, n. m. [tɔri] (angl. *tory*, de l'irl. *tóraidhe*, poursuivant, appliqué aux rebelles irlandais) En Angleterre, nom donné primitivement aux partisans de Charles II, et qui est resté un parti politique soutenant la prérogative royale et les principes conservateurs. *Les torys et les whigs.* ♦ Adj. *Un ministère tory. Les journaux torys.* ♦ Au f. *Une feuille tory.* ■ Au pl. *Des torys* ou *des tories* (pluriel anglais).

TORYSME, n. m. [tɔrism] (*tory*) Système politique des torys.

TOSCAN, ANE, adj. [tɔskɑ̃, an] (ital. *toscano*, du lat. *Tusci*, Toscans ou étrusques) **Archit.** Il se dit du plus simple des cinq ordres d'architecture, et de ce qui appartient à cet ordre ; c'est une imitation du dorique grec. *Ordre toscan. Colonne toscane.* ♦ *Architecture toscane*, celle qui est essentiellement composée d'arcades et de bossages. ♦ N. m. Le toscan. ♦ N. m. Le dialecte italien qui se parle à Florence. ■ N. m. ou n. f. Personne qui habite en Toscane ou qui en est originaire. *Une belle Toscane.* ■ Adj. Se dit de ce qui a trait à la Toscane ou en provient. *Une beauté toscane.*

TOSSER, ■ v. intr. [tose] (angl. *to toss*, heurter) **Mar.** En parlant de la coque d'un bateau, heurter quelque chose sous l'effet de la houle et plus particulièrement contre le quai quand le bateau est amarré. *Un pare-battage destiné à empêcher un navire de tosser directement contre un quai ou un autre bateau.*

TOSTE, ■ n. m. [tost] Voy. TOAST.

TOSTER, ■ v. tr. [toste] (lat. pop. *tostare*, du lat. *torrere*, griller) Voy. TOASTER.

TÔT, adv. [to] (lat. *tostum*, chaudement, promptement, de *tostus*, grillé, p. p. de *torrere*) Dans peu de temps, promptement. *Faites tôt.* ♦ Absol. *Tôt, faites vite, venez vite. « Dis-moi ton ordre, tôt »*, MOLIÈRE. ♦ *Tôt après*, peu de temps après. ♦ *Au plus tôt*, au plus vite. ♦ *De bonne heure. Se coucher tôt.* ♦ On le joint aux adverbes *aussi, bien, si*, et alors il forme un seul mot, Voy. AUSSITÔT, BIENTÔT, SITÔT. ♦ *Plus tôt que plus tard*, au plus vite. ♦ *[Il] Opina qu'il fallait, et plus tôt que plus tard, Attacher un grelot... »*, LA FONTAINE. ♦ *Tôt ou tard*, à un moment ou à un autre. ■ *Au plus tôt*, dès que possible. ■ *Avoir tôt fait de*, ne pas mettre longtemps à réaliser une chose. *Il aura tôt fait de venir à bout de cette besogne.* ■ Fam. *Pas de si tôt*, au lieu d'une chose qui ne sera pas réalisée avant un long délai ou qui ne le sera peut-être même jamais. *Il ne le fera pas de si tôt.*

TOTAL, ALE, adj. [total] (lat. médiév. *totalis*, du lat. *totus*, tout entier) À quoi il ne manque rien. *Somme totale. Une totale destruction.* ♦ Une éclipse de lune est totale lorsque la lune pénètre entièrement dans le cône d'ombre de la terre. ♦ Il y a éclipse totale du soleil pour les points de la terre pour lesquels la lune couvre complètement le soleil. ♦ N. m. Un tout, l'assemblage de plusieurs choses considérées comme un tout. *Ces deux totaux font tant. « Le total du monde »*, VOLTAIRE. ♦ AU TOTAL, EN TOTAL, loc. adv. Tout compensé, tout compris. *Au total, c'est une bonne affaire.* ♦ SOMME TOTALE,

loc. adv. En comptant tout. ■ N. m. Le résultat obtenu en ajoutant un à un tous les éléments d'une addition ou d'un ensemble d'opérations équivalentes. *L'exercice consiste à calculer le total de ces chiffres.*

TOTALEMENT, adv. [total(ə)mɑ̃] (*total*) Entièrement, tout à fait.

TOTALISATION, n. f. [totalizasjɔ̃] (*totaliser*) Action de totaliser.

TOTALISER, v. tr. [totalize] (*total*) Former un total ; additionner. ■ En parlant d'une personne, compter à son actif. *Il totalise six défaites.* ■ TOTALISANT, ANTE, adj. [totalizɑ̃, ɑ̃t] ■ TOTALISATEUR, TRICE, n. m. et n. f. [totalizatœr, tris]

TOTALITAIRE, ■ adj. [totalitɛr] (*totalité*) **Philos.** Qui englobe tous les éléments d'un ensemble. *Une pensée totalitaire.* ■ **Polit.** Gouverné par un parti unique qui n'admet pas d'opposition. *Régime totalitaire.*

TOTALITARISME, ■ n. m. [totalitarism] (*totalitaire*) **Polit.** Système politique des États ou régimes totalitaires. *Le totalitarisme des dictateurs n'engendre souvent que la misère du peuple.*

TOTALITÉ, n. f. [totalite] (*total*) Le total, l'ensemble. ■ *En totalité*, complètement, intégralement. *Des victimes indemnisées en totalité.*

TOTEM, ■ n. m. [totɛm] (anglo-amér. *totam, totem*, de l'algonq. *kit-otem*, ton clan, *ot-oteman*, son clan) Animal, végétal ou objet considéré comme un esprit protecteur du clan. *Des totems.* ■ Représentation de cet esprit souvent sous la forme d'un poteau de bois sculpté à son effigie. *Les totems indiens sont des régulateurs des conduites et ils assurent ainsi la cohésion du groupe.* ■ TOTÉMIQUE, adj. [totemik] *Un mât totémique.*

TOTÉMISME, ■ n. m. [totemism] (*totem*) Organisation sociale fondée sur le culte du totem. *Le totémisme des Indiens d'Amérique du Nord est en voie de disparition.*

TÔT-FAIT, n. m. [tofɛ] (*tôt* et *fait*) Sorte de pâtisserie, composée principalement de farine et de sucre mêlés avec des œufs battus, et qui se fait très vite. ♦ Au pl. *Des tôt-faits.*

TOTIPOTENCE, ■ n. f. [totipotɑ̃s] (*totipotent*) **Biol.** Capacité qu'ont les cellules embryonnaires à participer et à développer la totalité des organes et des parties de l'organisme vivant. *La totipotence cellulaire des végétaux.*

TOTIPOTENT, ENTE, ■ adj. [totipotɑ̃, ɑ̃t] (lat. *totus*, tout entier, sur le modèle de *omnipotent*) **Biol.** Se dit d'une cellule embryonnaire capable de participer et de développer la totalité des organes et des parties de l'organisme vivant. *Un tissu totipotent.*

TOTO, ■ n. m. [toto] (mot champenois formé par redoubl. d'un radic. onomat *to-*) Pop. et fam. Pou.

TOTON, n. m. [totɔ̃] (lat. *totum*) ▷ Espèce de dé à quatre faces, qui est percé d'une cheville, et qu'on fait tourner sur cette cheville ; la face qui gagne est marquée d'un T, initiale du latin *totum*, tout. ◁ ♦ Fig. *Faire de quelqu'un un toton*, le faire tourner, aller, agir à volonté. ■ Toupie de petite dimension qui est actionnée entre le pouce et l'index. *L'Enfant au toton*, une peinture de Chardin.

TOUAGE, n. m. [twaʒ] (*touer*) **Mar.** Action de touer.

TOUAILLE, n. f. [twaj] (lat. médiév. *toacula*, de l'anc. b. frq. *thwahlja*, serviette) ▷ Linge suspendu à un rouleau, qui sert à s'essuyer les mains après qu'on les a lavées. ◁

TOUAREG, RÈGUE, ■ adj. [twarɛg] (ar. *tawariq*, plur. de *tarqi*, qui a donné targui) Qui se rapporte au peuple berbère nomade du Sahara. *Une tribu touarègue.* ■ N. m. et n. f. Membre du peuple touareg. *Un Touareg, une Touarègue. Des Touaregs.* ■ N. m. Langue berbère parlée par les Touaregs. *Les linguistes s'accordent à considérer le touareg comme la variante la mieux préservée et la plus riche du berbère.* ■ REM. On rencontre la forme *targui*, pour le masculin singulier.

TOUBAB, ■ n. m. [tubab] (mot ouolof, homme blanc) **Afriq.** Européen de couleur blanche. *Des toubabs. « La vérité, je ne la pratique pas pour plaire à un homme, fut-il roi ou toubab »*, BÂ. ■ Africain qui vit selon le mode de vie occidental. *La nostalgie de l'Afrique se fait parfois ressentir pour les toubabs qui sont en métropole.*

TOUBIB, ■ n. m. et n. f. [tubib] (ar. *tbib*, médecin, avec *ou* épenthétique) Fam. Médecin. *Je suis allé consulter un bon toubib.*

TOUC, n. m. [tuk] Voy. TOUG.

TOUCAN, n. m. [tukɑ̃] (tupi *tucano*) Gros et bel oiseau du Brésil, dont les couleurs sont d'une variété admirable. ■ **Astrol.** Constellation australe. *La constellation du toucan fut créée par Bayer en 1603.*

1 TOUCHANT, prép. [tuʃɑ̃] (2 *touchant*) ▷ Concernant, sur le sujet de. *Il m'a entretenu touchant vos intérêts.* ◁

2 TOUCHANT, ANTE, adj. [tuʃɑ̃, ɑ̃t] (*toucher*) ▷ Qui est assez près pour toucher. « *Nous fîmes feu sur eux à bout touchant* », P.-L. COURIER. ◁ ♦

Géom. *Point touchant*, s'est dit pour *point de tangence, point de contact.* ◆ **N. f.** *Touchante* s'est dit autrefois pour *tangente.* ◆ **Fig.** Qui va au point de la chose. *Une vérité touchante. Une réponse touchante.* ◆ **Fig.** Qui attendrit, qui émeut. *Des paroles touchantes.* « *Le Cid n'est beau que parce qu'il est très touchant* », VOLTAIRE. ◆ **N. m.** Ce qui est propre à toucher, à émouvoir.

TOUCHAU ou **TOUCHEAU**, ◼ n. m. [tuʃo] (*toucher*) **Techn.** Ensemble de petites plaques d'alliage d'or ou d'argent disposées en étoiles et qui, chacune ayant un titre différent, servent à déterminer, par comparaison de l'empreinte laissée sur la pierre de touche, le titre d'un bijou. *L'essai au touchau consiste à frotter l'alliage à essayer sur une pierre de touche de façon à y laisser des traces nettes.*

TOUCHE, n. f. [tuʃ] (*toucher*) Action de toucher. ◆ Au jeu de billard, action d'atteindre la bille sur laquelle on joue. *Manque de touche.* ◆ Action de toucher l'or, l'argent, de les éprouver par la pierre de touche. ◆ *Pierre de touche*, espèce de pierre basaltique, noire, très dure, sur laquelle on frotte les petits bijoux en or ou en argent, pour en reconnaître le titre, et fig. tout ce qui sert d'épreuve. « *L'occasion est, pour ainsi parler, la pierre de touche ; c'est elle qui découvre l'âme, et qui en révèle tout le secret* », BOURDALOUE. ◆ **Impr.** Action, manière d'appliquer l'encre sur les formes avec les balles ou le rouleau. ◆ Chacune des pièces d'ébène, d'ivoire, etc. qui composent le clavier d'un orgue, d'un piano. ◆ Chacun des petits filets saillants du manche de la guitare et de quelques autres instruments à cordes. ◆ Dans le violon, la partie sur laquelle les doigts font toucher les cordes. ◆ Petit crochet d'os ou d'ivoire pour jouer aux jonchets. ◆ **Peint.** Manière dont un peintre indique et fait sentir le caractère des objets. *La touche noble de Raphaël.* ◆ **Par anal. Littér.** Manière dont l'écrivain fait sentir le caractère de la pensée. *On reconnaît facilement la touche de cet écrivain.* ◆ **Fig.** Action de toucher, d'émouvoir. « *Ces impatiences d'un Dieu qui te cherche, ces touches pressantes d'un Dieu qui te trouve* », BOSSUET. ◆ **Fam.** *Une touche*, plaire à quelqu'un. ◼ **Fam.** *Mettre quelqu'un sur la touche*, l'évincer. ◼ Élément d'un clavier de machine à écrire ou d'ordinateur sur lequel on appuie pour le faire agir. *Taper rapidement sur les touches.* ◼ **Sp.** Limites du terrain perpendiculaires au but. *Le rugbyman trouve une touche à cinq mètres de la ligne d'essai.* ◼ Sortie du ballon au-delà de ces limites considérée comme une faute dans certains sports collectifs. ◼ **Sp.** *Touche de balle*, action débouchant sur le contact d'un ballon et d'une des parties du corps du sportif. *Jouer en une touche de balle.* ◼ **Escrime** Fait de faire entrer en contact son arme avec une des parties du corps de l'adversaire. ◼ **Fam.** *Botter, dégager en touche*, se soustraire à une question, à une difficulté, prendre des détours afin de ne pas avoir à y répondre. *Il n'a pas vraiment répondu et encore une fois a botté en touche.* ◼ **Vén.** Action d'un poisson qui saisit un appât avec sa bouche. ◼ *Une touche de quelque chose*, un brin, un zeste de quelque chose. *Mettre une touche d'humour dans un discours.*

TOUCHÉ, ÉE, p. p. de toucher. [tuʃe] Aux jeux de dames et de trictrac, *dame touchée*, dame jouée, et au jeu d'échecs, *pièce touchée, pièce jouée*, quand on a touché une pièce, il faut la jouer. ◆ *Gage touché*, nom d'un petit jeu de société. ◆ Où les coups de pinceau sont donnés d'une certaine façon. *Une tête bien touchée.* ◆ Il se dit, dans un sens analogue, des choses de la littérature. *Article touché*, article vigoureusement fait. ◆ *Touché de Dieu* ou simplement *touché*, sur qui la grâce s'est fait sentir.

TOUCHE-À-TOUT, n. m. inv. [tuʃatu] (*touche*, et *tout*) Celui qui touche à tous les objets. ◆ **Fig.** Homme qui touche à tout, qui se mêle de tout. ◆ Au pl. *Des touche-à-tout.* ◼ Personne ayant des centres d'intérêt nombreux et touchant à des domaines variés mais qui les aborde trop superficiellement pour pouvoir en tirer une réelle compétence. *Il est curieux de tout ce qui l'entoure, c'est un véritable touche-à-tout !*

TOUCHEAU, ◼ n. m. [tuʃo] Voy. TOUCHAU.

1 TOUCHER, v. tr. [tuʃe] (lat. pop. *toccare*, heurter, frapper, du radic. onomt. *tok-*) Sentir un objet avec la main. *Toucher du doigt, doucement, etc.* ◆ **Fig.** *Toucher au doigt*, être très voisin. ◆ **Fig. et fam.** *Toucher une chose au doigt et à l'œil*, la faire comprendre clairement, en donner des preuves indubitables. ◆ *Toucher au vif*, toucher à l'endroit où une plaie est à vif. ◆ **Fig.** « *Il ne me faut guère toucher ce sujet pour me toucher au vif* », MME DE SÉVIGNÉ. ◆ Se mettre en contact avec un objet, de quelque façon que ce soit. *Toucher du pied. Il le toucha avec son gant.* ◆ **Escrime** *Toucher*, atteindre d'un coup de fleuret ou d'épée. ◆ Au billard, toucher la bille, la heurter avec la sienne dans le carambolage. ◆ **Absol.** *J'ai touché.* ◆ Éprouver sur la pierre de touche. *Toucher un lingot d'or.* ◆ **Impr.** Appliquer l'encre sur les formes avec les balles ou avec le rouleau. ◆ Frapper sur des animaux pour les faire marcher, les chasser devant soi. *Toucher un troupeau, un cheval, etc.* ◆ **Absol.** *Touche, cocher.* ◆ Il se construit aussi avec la proposition *sur*. ◆ Jouer de certains instruments de musique qui sont à touches ou à cordes. *Toucher la lyre, l'orgue, le clavecin, etc.* ◆ On dit aussi : *Toucher du piano, de l'orgue, etc.* ◆ **Fig. et fam.** *Il ne faut pas toucher cette corde-là*, cette affaire est délicate, il ne faut pas en parler. ◆ **Fig.** *Toucher la grosse corde*, Voy. CORDE.

◆ **Mar.** *Toucher une terre*, s'y arrêter accidentellement. ◆ Recevoir, en parlant de sommes d'argent. ◆ Il se dit du contact d'objets inanimés. « *Tout ce qui nous touche trop violemment nous blesse* », BOSSUET. ◆ Être contigu. *Ma maison touche la sienne.* ◆ **Géom.** *Cette ligne droite touche cette courbe*, elle y est tangente. ◆ **Peint.** Il se dit de l'opération par laquelle le peintre pose et étend les couleurs sur le tableau. *Ce peintre a bien touché ces figures.* ◆ **Fig.** Traiter, exprimer, comme fait le peintre avec son pinceau. *Ce poète touche bien les passions.* ◆ **Fig.** Parler d'une chose, en parler incidemment. *J'ai touché ces questions.* ◆ *Toucher un mot d'un sujet*, en dire quelques mots. ◆ **Fig.** Être sensible, douloureux, offensant. « *Tu sais comme un soufflet touche un homme de cœur* », P. CORNEILLE. ◆ *Toucher d'un sentiment, d'une passion*, exciter ce sentiment, cette passion. *Cela me touche de joie, de pitié, etc.* ◆ **Absol.** « *Son courage touche d'admiration et de tendresse pour elle* », MME DE SÉVIGNÉ. ◆ **Fig.** Faire impression. « *Cette grandeur que nous admirons de loin, touche moins quand on y est né* », BOSSUET. ◆ **Fig.** Émouvoir, attendrir. ◆ **Absol.** « *Le secret est d'abord de plaire et de toucher* », BOILEAU. ◆ Il se dit de la grâce divine qui change le cœur. « *Quand il plaît à Dieu de toucher l'homme par sa miséricorde* », PASCAL. ◆ Inspirer de l'amour. « *Il a su me toucher* », RACINE. ◆ **Fig.** Concerner, regarder. « *Votre santé est un point qui me touche de bien près* », MME DE SÉVIGNÉ. ◆ **Absol.** « *Chacun en son affaire est son meilleur ami, Et tout autre intérêt ne touche qu'à demi* », P. CORNEILLE. ▷ Être parent, être de la même famille. *Il nous touche de près.* « *Un homme qui ne nous touche de rien* », MOLIÈRE. ◁ ◆ **Fig.** S'approcher de, en parlant d'une époque vers laquelle on va. ◆ *Toucher le but*, y atteindre, et fig. réussir. ◆ **V. intr.** Porter la main sur. *Toucher aux choses sacrées. Les enfants touchent à tout.* ◆ Toucher de toute autre façon. *Ses pieds touchaient au sol.* ◆ **Par exagération** *Il ne touche pas à terre*, il court, il danse très légèrement, et fig. il est dans le ravissement. ◆ Être en contact avec, avoir contact. « *De tous les endroits du royaume on leur demandait des linges qui eussent touché à cette relique* », RACINE. ◆ *Toucher dans la main à quelqu'un*, mettre sa main dans la sienne, en signe d'amitié, d'accord, d'acquiescement. ◆ *Se toucher dans la main*, se dit de deux personnes qui se touchent dans la main l'une à l'autre. *Ils se sont touchés dans la main.* ◆ *Touchez là, touchez-moi dans la main.* ◆ **Mar.** Frapper, en passant, de sa quille ou de son flanc sur un banc, sur une roche, sur un écueil, quel qu'il soit. ◆ *Toucher à un port*, y relâcher, en passant et pour un peu de temps. ◆ Atteindre à. *Sa tête touchait au plancher.* ◆ *Toucher à quelque chose*, en prendre, en ôter. « *Puisque vous ne touchez jamais à cet argent* », LA FONTAINE. ◆ *Toucher à*, faire subir quelque peine. « *L'âme pénitente osera-t-elle toucher à ce corps si tendre ?* », BOSSUET. ◆ **Fig.** *Toucher à*, apporter des modifications, des changements, des restrictions. « *Les princes ne doivent toucher à la religion que pour la protéger et pour la défendre* », MASSILLON. ◆ **Fig.** S'attaquer à. ◆ **Fig.** *Y toucher*, avoir de la malice. « *Voyez un peu, dirait-on qu'il y touche ?* », LA FONTAINE. ◆ *Il n'a pas l'air d'y toucher*, il fait ses coups avec un air simple et ingénu. *Sainte n'y touche*, Voy. NITOUCHE. ◆ **Fig.** Être limitrophe. « *Ils touchaient au pays inaccessible du Caucase* », MONTESQUIEU. ◆ Être dans la proximité. « *Nous touchons presque à l'île d'Ithaque* », FÉNELON. ◆ **Fig.** Nous touchons au succès. ◆ Arriver à, en parlant d'un temps, d'une époque dont on approche. « *Le roi touche à son heure dernière* », RACINE. ◆ S'occuper de, avoir pour objet. *Ce livre touche à plusieurs matières.* ◆ Concerner, regarder. *Les choses qui touchent à l'honneur.* ◆ *Toucher de naissance à quelqu'un*, être lié avec lui par la parenté. ◆ **V. intr.** *Toucher au but*, arriver à la fin, à l'aboutissement. ◆ Se toucher, v. pr. Être contigu. *Ces deux maisons se touchent.* ◆ **Fig.** « *Nos cœurs ne cesseront pas de se toucher* », DIDEROT. ◆ **Géom.** *Ces deux courbes se touchent*, elles sont tangentes l'une à l'autre. ◆ Avoir des points de ressemblance. « *Ô que le génie et la folie se touchent de bien près !* », DIDEROT. ◆ *Les extrêmes se touchent*, les choses les plus opposées ont des points de contact. ◆ **Fig.** Devenir touché, ému. ◼ *Toucher le fond*, atteindre l'extrême limite d'un état moral ou d'une situation pénible à supporter. *Le décès de son frère lui a fait toucher le fond.* ◼ **Fam.** *Toucher sa bille*, se dit en parlant d'une personne très habile dans un domaine. *En physique, il touche sa bille.* ◼ *Toucher quelques mots de quelque chose à quelqu'un*, aborder vaguement une question. ◼ Avoir une incidence sur quelque chose ou quelqu'un. ◼ Percevoir une somme due. ◼ Contacter quelqu'un. *Toucher par téléphone.*

2 TOUCHER, n. m. [tuʃe] (emploi substantive de l'inf. *toucher*) Celui des cinq sens qui nous fait connaître les qualités palpables des corps. ◆ Il se dit de la qualité d'un corps touché fait apprécier. *Le toucher gras de certains liquides.* ◆ Manière dont un musicien joue d'un instrument à touches ou à cordes. *Ce pianiste a un toucher brillant.* ◆ Contact. ◆ **Méd.** Examen des cavités naturelles à l'aide d'un ou de plusieurs doigts. *Un toucher rectal.*

TOUCHE-TOUCHE (À), ◼ loc. adv. [tuʃ(ə)tuʃ] (*toucher*) **Fam.** S'utilise en parlant d'objets, de personnes, qui sont placés de façon extrêmement rapprochée, de manière qu'ils se touchent presque. *Des voitures à touche-touche dans un embouteillage.*

TOUCHETTE, n. f. [tuʃɛt] (*touche*) Se dit de petites barres d'ivoire, incrustées dans le manche de la guitare et qui le divisent en demi-tons.

TOUCHEUR, n. m. [tuʃœʀ] (*toucher*) Celui qui touche. ✦ ▷ Particulièrement, *toucheur, toucheuse*, personne qui prétend guérir par des attouchements. ◁ ✦ *Toucheur*, homme qui conduit les bœufs en troupe aux abattoirs.

TOU-COI, [tukwa] (*tout* et *coi*) Mot qu'on emploie pour faire taire un limier lorsqu'il crie. *Tou-coi, chien.*

TOUE, n. f. [tu] (*touer*) ▷ Action de touer. *Les vaisseaux n'y arrivent qu'à la toue.* ◁ ✦ Bateau plat qui sert de bac. ✦ **Mar.** Petite embarcation plate.

TOUÉ, ÉE, p. p. de touer. [twe]

TOUÉE, n. f. [twe] (p. p. fém. substantivé de *touer*) Action de touer un navire. *Sortir d'un port à la touée.* ✦ Cordage à l'aide duquel on tire un vaisseau flottant pour lui faire parcourir un certain espace.

TOUER, v. tr. [twe] (prob. anc. frq. *togōn*, tirer) **Mar.** Tirer à bord, soit par le moyen du cabestan, soit à bras, sur une amarre dont l'autre extrémité est fixée à terre ou à une ancre mouillée en avant du bâtiment, vers le lieu où l'on veut aller. ✦ Se touer, v. pr. Se haler sur un cordage attaché à une ancre, à un autre navire, à un point fixe quelconque.

TOUEUR, n. m. [twœʀ] (*touer*) Sorte de remorqueur qui avance à l'aide d'une chaîne qui est mouillée au fond de l'eau sur tout le parcours, et qui s'engage sur un engrenage mis en mouvement par la machine du navire.

TOUFFE, n. f. [tuf] (aléman. *topf*, touffe de cheveux, du radic. anc. b. frq. *topp-*, pointe, sommet) Assemblage d'arbres, d'herbes, de fleurs, de plumes, etc. en quantité et rapprochés. *Des touffes d'herbes.* ✦ Partie d'un bois, d'un bosquet extrêmement garnie. ✦ Chevelure, toupet.

TOUFFEUR, n. f. [tufœʀ] (aphérèse de *étouffeur*, chaleur étouffante, de *étouffer*) Exhalaison qu'on sent en entrant dans un lieu où il y a une grande chaleur.

TOUFFU, UE, adj. [tufy] (*touffe*) Qui est en touffe, qui est épais et bien garni. *Un bois, un arbre touffu.* « *Son menton nourrissait une barbe touffue* », La Fontaine. ■ **Fig.** Très détaillé et complexe. *Un exposé touffu.*

TOUG, n. m. [tug] (turc *tough*, queue de cheval) Étendard turc, fait d'une demi-pique au bout de laquelle est attachée une queue de cheval avec un bouton d'or. ■ Rem. On disait aussi *touc*.

TOUILLE, n. f. [tuj] (*touiller*, parce qu'elle remue l'eau) Nom usuel d'une variété de squale comestible comme le requin ou la roussette. *La touille est un squale connu des plongeurs pour ses offensives tenaces.*

TOUILLER, v. tr. [tuje] (mot dial. du Nord, du lat. *tudiculare*, piler, broyer, de *tundere*, écraser) **Fam.** Remuer quelque chose pour le mélanger. *Touiller la soupe, la peinture.* ■ TOUILLAGE, n. m. [tujaʒ] ■ TOUILLEUR, EUSE, n. m. et n. f. [tujœʀ, øz]

TOUJOURS, adv. [tuʒuʀ] (plur. de *tout* et *jour*) Tous les jours, sans fin, sans interruption. ■ N. m. *Le toujours.* « *Par toujours j'entends un très long temps, et non pas une éternité absolue, le toujours de l'avenir n'étant jamais qu'égal au toujours du passé* », Buffon. ✦ En continuant à être, à faire. *Il est toujours absent.* ✦ Sans exception, en toute occasion. *Faites toujours votre devoir.* ✦ Le plus souvent, ordinairement. *Il ment toujours.* ✦ En attendant, néanmoins. *Je vais sortir, travaillez toujours.* ✦ Du moins. *Si je n'ai pas réussi, toujours ai-je fait mon devoir.* ✦ À toujours, pour toujours, sans retour. *Adieu pour toujours.* ■ *Toujours est-il que*, cependant, au reste.

TOULADI, ■ n. m. [tuladi] (mot algonquin et micmac, omble chevalier) **Zool.** Espèce appartenant à la famille des saumons qui vit dans les lacs profonds et dont la queue est fourchue et la livrée généralement tachetée. *Des touladis. Le touladi fraie en automne à des moments différents selon la latitude, la température ainsi que selon la taille et la topographie des lacs.*

TOULOUPE, ■ n. f. [tulup] (russe *tulup*) Pelisse en peau d'agneau ou de mouton retournée que revêtent les paysans russes afin de se préserver du froid. *Il était chaudement vêtu d'une large touloupe doublée.*

TOUNDRA, ■ n. f. [tundʀa] (russe *tundra* du finnois *tunturi*, montagne haute, sans arbre, ou du lapon *tundar*, montagne) Vaste étendue des climats froids voisins du cercle polaire arctique, à la végétation éparse composée de mousses, lichens, bruyères et arbres nains. *La toundra sibérienne.*

TOUNGOUZE ou **TOUNGOUSE**, ■ n. m. [tunguz] (russe *tungus*, nom iakoute de ces peuples) Ensemble de type mongoloïde, appartenant au groupe altaïque. *Les Toungouzes sont des éleveurs de rennes, comme les Évènes en Sibérie ou les Lapons.* ■ Personne appartenant à ces peuples. ■ Adj. Qui appartient à ces peuples. *Un pêcheur toungouze. Une tribu toungouze.* ■ N. m. **Ling.** Ensemble des langues que parlent ces peuples. *En toungouze, le mot chaman désigne un homme ou une femme qui entretient un contact privilégié avec les esprits.*

TOUPAYE, ■ n. m. [tupaj] Voy. TUPAÏA.

TOUPET, n. m. [tupɛ] (anc. fr. *top*, toupet, du radic. anc. b. frq. *topp-*, pointe, sommet) Petite touffe de poils, de cheveux, de crin, de laine. *Un*

toupet de cheveux. ✦ Un toupet de barbe ; on dit plus ordinairement *un bouquet de barbe.* ✦ Absol. Touffe de cheveux sur le sommet du front. *Un faux toupet.* ✦ **Fam.** *Se prendre au toupet*, se prendre aux cheveux. ✦ **Fig.** et **fam.** *Son toupet s'échauffe*, il a un mouvement de caprice, d'impatience. ✦ **Fig.** et **pop.** *Avoir du toupet*, avoir du feu, de la verve, de la hardiesse, de l'effronterie ; s'est dit parce que les bravi italiens laissaient croître un toupet qu'ils portaient sous leur chapeau, le ramenant sur leur visage, le coup fait, pour n'être point reconnus. ✦ *Relever le toupet*, réprimander. ✦ Dans le cheval, houppe de crins qui s'échappe de la partie antérieure de la crinière et qui tombe entre les oreilles.

TOUPIE, n. f. [tupi] (v. angl. *top*, toupie) Jouet de bois fait en forme de poire ; on y enroule une cordelette qui, en se déroulant rapidement, lui communique un mouvement de rotation sur sa pointe de fer. ✦ On dit qu'*une toupie dort*, quand, tournant très rapidement, elle reste immobile en une même place. ✦ *Toupie d'Allemagne*, toupie creuse, percée d'un trou, et qui fait du bruit en tournant. ■ Genre de coquilles univalves. ■ Remorque cylindrique utilisée pour transporter du béton prêt à être coulé. *Un camion-toupie.* ■ Machine de menuiserie servant à façonner des moulures. *Sur la table à toupie, le façonnage d'un contour extérieur se fait en pivotant la pièce à mouturer dans le sens contraire des aiguilles d'une montre.*

TOUPILLER, v. intr. [tupije] (*toupie*) Tournoyer comme une toupie (sens propre qui n'est pas usité). ✦ **Fig.** et **fam.** Ne faire qu'aller et venir dans une maison. « *Je vas, je viens, je toupille* », Beaumarchais. ■ Travailler le bois à l'aide d'une toupie. *Toupiller une pièce à mouturer.*

TOUPILLEUR, EUSE, ■ n. m. [tupijœʀ, øz] (*toupiller*) Ouvrier, ouvrière qui travaille le bois à l'aide d'une toupie. ■ N. f. Menuis. Toupie.

TOUPILLON, n. m. [tupijɔ̃] (dim. de l'anc. fr. *top*, toupet) Petit toupet. ✦ Poils de la tête du veau. ✦ Branches inutiles et confuses d'un oranger.

TOUPIN, ■ n. m. [tupɛ̃] (mot du Sud-Est, petit pot en terre, de l'anc. b. frq. *toppin*, pot) **Suisse** Grosse cloche qui entoure le cou des vaches et qui produit un son grave. *Le tintement des toupins dans les pâturages.*

TOUPINE, ■ n. f. [tupin] (anc. fr. *toupin*, de l'anc. b. frq. *toppin*, pot) **Suisse** Récipient en grès qui sert principalement à la conservation des confits. *Des toupines et des vinaigriers.*

TOUQUE, ■ n. f. [tuk] (p.-ê. provenç. *touco*, vase en terre grossière) Récipient métallique servant au transport et à la conservation de différents produits alimentaires.

1 TOUR, n. f. [tuʀ] (lat. *turris*) Bâtiment élevé, rond ou à plusieurs faces, qui servait autrefois à fortifier l'enceinte des villes, des châteaux, etc. ✦ **Fig.** Défense. « *Rome avait deux remparts et deux tours dans saint Pierre et dans saint Paul* », Bossuet. ✦ Clocher. *La tour de l'horloge.* ✦ *La tour de Babel*, la tour que, suivant la Bible, les descendants de Noé essayèrent d'élever jusqu'au ciel, et dont Dieu arrêta la construction en faisant que les hommes cessèrent de parler le même langage et de s'entendre. ✦ **Fig.** et **fam.** *Tour de Babel* ou *tour de Babylone*, lieu où tout le monde parle à la fois et sans s'entendre. ✦ *Tour à feu* ou simplement *tour*, phare placé sur les côtes. ✦ *Tour de moulin à vent*, le bâtiment rond qui porte les ailes et qui renferme la meule. ✦ **Antiq.** Machine en forme de tour, placée sur le dos des éléphants, et remplie d'archers. ✦ *Tour mobile*, machine de guerre des Anciens employée dans les sièges. ✦ Aux échecs, la pièce qu'on appelait autrefois roc. ■ Bâtiment élevé abritant des logements ou des bureaux. ■ **Fig.** *Tour d'ivoire*, retraite où se retire quelqu'un qui décide de s'isoler pour éviter tout contact avec ses semblables ou pour ne pas s'engager. *Il s'est enfermé dans sa tour d'ivoire.* ■ *Tour de contrôle*, édifice élevé d'un aérodrome d'où sont envoyés les ordres de décollage, de vol et d'atterrissage. ■ **Industr.** *Tour de lavage*, tour dans laquelle un gaz est débarrassé de ses impuretés grâce à la pulvérisation d'un jet d'eau qui glane les poussières en suspension. ■ **Aéronaut.** *Tour de lancement*, construction à partir de laquelle un engin spatial est envoyé dans l'espace. ■ **Industr.** *Tour de forage*, charpente dressée à l'endroit où l'on souhaite effectuer un forage et qui sert à l'exécution des manœuvres de levage et de descente d'outils.

2 TOUR, n. m. [tuʀ] (selon le sens, lat. *tornus*, du gr. *tornos*, machine de tourneur, ou [pour ligne circulaire, manière d'être] *tourner*) Machine pour façonner en rond le bois, l'ivoire, les métaux. *Cela est fait au tour.* ✦ **Fig.** *Cette femme a le bras fait au tour*, elle l'a parfaitement bien fait. ✦ On dit de même : *Une femme faite au tour.* ✦ *La chambre, l'atelier où est placé un tour.* ✦ Espèce de petite boîte cylindrique, qui tourne sur deux pivots, et de laquelle on se sert dans les couvents des religieuses pour faire entrer ou pour faire sortir de petits objets. ✦ ▷ Armoire ronde à pivot qui se trouvait à la porte des hospices et où l'on déposait les enfants que l'on voulait abandonner à la charité publique. ✦ ▷ On se sert d'une machine pareille dans certains hospices, dans les prisons, et dans certaines maisons pour faire passer les plats de la cuisine dans la salle à manger. ✦ ▷ Espèce de petit treuil qui était employé pour bander certaines arbalètes. *Arbalète à tour.* ◁ ✦ *Tour du potier*, roue qui tourne horizontalement et sur laquelle on façonne et arrondit les vases de terre. ♦ Mouvement circulaire. *Tour de roue*. « *Avant que le soleil ait fait encore un tour* », P. CORNEILLE. ♦ **Fam.** *D'ici là il n'y a qu'un tour de roue*, il y a peu de distance. ♦ *À tour de bras*, de toute la force du bras. ♦ *En un tour de main*, en un instant, en aussi peu de temps qu'il en faut pour tourner la main. ♦ *Un tour, deux tours de clé*, action de tourner une fois, deux fois la clé dans la serrure. *Fermer la porte à double tour*. ♦ *Tour de broche*, révolution que fait la broche en tournant sur elle-même. ♦ *Tour de reins*, entorse des reins causée par un effort ou par un faux mouvement. ♦ **Demi-tour**, demi-révolution qu'un homme fait sur lui-même. ♦ **Milit.** *Demi-tour*, mouvement par lequel on fait face du côté auquel on tournait le dos. ♦ **Danse** *Demi-tour, de main*, la moitié du *tour de main* ; un cavalier et une dame se donnent la main droite, et décrivent chacun un demi-cercle. ♦ **Par extens.** Marche, voyage, promenade, allées et venues. *Faire un tour à, en, de*, aller à, dans, parcourir. *Aller faire un tour aux champs. J'irai faire un tour à Paris, en Suisse, etc.* ♦ *Il est allé faire un tour de promenade*, ou absol. *il est allé faire un tour*, il est allé se promener. *Faire un tour de ville.* ◁ ♦ *Faire ses tours*, aller et venir, tourner. ♦ *Faire ses quinze tours*, faire mille choses inutiles. ♦ **Pop.** *Le petit tour, le grand tour*, se dit pour exprimer honnêtement les besoins naturels. ♦ Il se dit de certaines choses qui vont en serpentant. *Les tours et retours d'une rivière.* On dit aussi : *Les tours et détours.* ♦ *Un tour de tric trac*, les douze trous. ♦ Au jeu de cartes, *faire un tour, jouer un tour*, jouer jusqu'à ce que tous les joueurs aient eu successivement une fois la main. ♦ Chaque façon que le boulanger donne à la pâte. ♦ Circuit, circonférence d'un lieu ou d'un corps. *La terre a neuf mille lieues de tour.* ♦ *Faire le tour de*, parcourir la circonférence. *Faire le tour du monde.* ♦ *Faire le tour*, tourner autour. *Faire le tour d'une montagne.* ♦ *Prendre le grand tour, faire le grand tour*, parcourir le plus long circuit pour arriver à. ♦ *Faire le tour*, s'étendre autour de. *Ce bracelet fait le tour du bras.* ♦ *Faire le tour d'un objet*, l'examiner en tous ses côtés. ♦ *Faire son tour de France, d'Europe*, se dit d'un artisan qui voyage de ville en ville en travaillant de son état. ♦ *Faire le tour du cadran*, dormir pendant douze heures consécutives. ♦ **Mar.** *Le vent fait le tour du compas*, lorsqu'en peu de temps il paraît souffler de tous les points de l'horizon. ♦ *Tour de lit*, étoffe qui environne le lit. ♦ Différentes parties de l'habillement, de la parure, montées en rond. *Un tour de cou, de tête.* ♦ *Tour de plume*, plume simple qu'on met autour du chapeau pour lui donner meilleur air. ♦ ▷ Faux cheveux, qu'on adapte sur le devant de la tête. *Cette femme porte un tour.* ◁ ♦ Contour. « *Donner un tour gracieux aux plis de sa robe* », FÉNELON. « *Le tour de son visage était gracieux* », HAMILTON. ♦ Toute action qui exige de l'agilité, de la subtilité, de la souplesse, de la force de corps. *Des tours de force.* ♦ **Fig.** *Tour de force*, action qui exige beaucoup de force ; ce qui exige beaucoup de force morale, d'habileté, de persévérance. ♦ **Fig.** *Tour de métier*, quelque action d'adresse, de malice, à laquelle on est disposé. ♦ *Tour de main*, tour de subtilité, d'adresse. ♦ **Pop.** *Faire voir le tour*, tromper, duper. ♦ ▷ **Fig.** *Tour du bâton*, profit secret et illicite ou abusif qu'un homme tire de son emploi. ◁ ♦ **Fig.** En général, acte, action. « *Elle retira l'os ; puis pour si bon tour Elle demanda son salaire* », LA FONTAINE. ♦ ▷ *Tour d'ami*, acte d'obligeance qu'on ne pouvait que difficilement espérer. ◁ ♦ Trait d'habileté, manière d'agir où il entre de l'adresse et quelquefois de la mauvaise intention. *Jouer de beaux tours, de mauvais tours.* « *C'était un vieux routier, il savait plus d'un tour* », LA FONTAINE. ♦ *Le tour est fait*, la ruse, le stratagème a réussi. ♦ ▷ *Un tour de maître Gonin*, un tour d'homme rusé. ◁ ♦ **Fig.** *Cela vous jouera un mauvais tour*, se dit pour avertir une personne qu'une chose lui est dangereuse. ♦ Manière de présenter, de faire voir une chose. *Donner un bon tour aux choses. Cette affaire a pris un mauvais tour.* ♦ Tournure, forme, mouvement de style, manière d'exprimer ses pensées, de construire ses phrases, d'arranger ses termes. « *Il faut avouer que cela a un tour spirituel* », MOLIÈRE. ♦ Façon d'être. « *Il n'y a aucun art qui ne reçoive des tours particuliers du génie différent des nations qui les cultivent* », VOLTAIRE. ♦ *Tour d'esprit*, manière d'être de l'esprit, du caractère. ♦ Rang successif, alternatif. *Chacun à son tour.* « *Les plaisirs ont leur temps, la sagesse a son tour* », VOLTAIRE. ♦ *Un tour de rôle*, un rang à prendre ou à donner. ♦ *À tour de rôle*, Voy. RÔLE. ♦ **Théât.** *Tour de faveur*, décision du comité des comédiens qui fait passer avant son tour la représentation d'une pièce. ♦ **Prov.** *À chacun son tour*, si tu as aujourd'hui l'avantage sur moi, je l'aurai peut-être demain sur toi. ♦ TOUR À TOUR, **loc. adv.** L'un après l'autre, alternativement. ▪ **Sp.** *Tour d'honneur*, tour de piste supplémentaire effectué en guise d'hommage au public par la personne qui vient de remporter une rencontre sportive. *La championne fit son tour d'honneur en saluant le public.* ▪ *Le sang de quelqu'un ne fait qu'un tour*, se dit d'une personne qui est en proie à une vive colère. *En apprenant la nouvelle, son sang ne fit qu'un tour !*

TOURAILLAGE, ▪ n.m. [tuʁajaʒ] (*touraille*) Opération de brasserie consistant à sécher l'orge germé. *Le touraillage commence par un séchage à l'air pulsé, ayant pour but de supprimer l'humidité nécessaire à la germination.*

TOURAILLE, ▪ n.f. [tuʁaj] (lat. *torrere*, sécher) Étuve où est réalisé le touraillage. *La touraille comprend, dans la partie inférieure, un foyer au-dessus*

duquel se trouve la chambre de chaleur où l'orge est disposée sur des plateaux.

TOURAILLON, ▪ n.m. [tuʁajɔ̃] (*touraille*) Germe d'orge dont le touraillage a été effectué et qui est donc séché.

TOURANGEAU, ELLE, ▪ n.f. et n.m. [tuʁɑ̃ʒo, ɛl] (*Touraine*) Personne qui habite la Touraine ou Tours ou qui en est originaire. *Les Tourangeaux.* ▪ Adj. De Tours ou de la Touraine. *L'agglomération tourangelle.*

TOURANIEN, IENNE, ▪ n.m. et n.f. [tuʁanjɛ̃, jɛn] (*Touran*, du pers. *turan*) Ensemble de peuples blancs de peau, vivant en Asie centrale, au nord de l'Iran. *Les touraniens nomades.* ▪ **Ling.** Groupe de langues ouralo-altaïques que l'on supposait appartenir à une même famille linguistique. ▪ **REM.** Aujourd'hui, cette hypothèse est abandonnée. ▪ Adj. Qui est relatif à ce peuple. *Les mythes touraniens.*

1 **TOURBE**, n.f. [tuʁb] (frq. *turba*) **Minér.** Charbon très hétérogène qui se forme dans la vase des marais par la décomposition des débris végétaux qui y existent.

2 **TOURBE**, n.f. [tuʁb] (lat. *turba*, trouble d'une foule en désordre) ▷ Troupe, avec un sens de dénigrement. « *Princes et rois, et la tourbe menue* », LA FONTAINE. « *La tourbe philosophique* », J.-J. ROUSSEAU. ◁

TOURBEUX, EUSE, adj. [tuʁbø, øz] (*tourbe*) Qui contient de la tourbe, qui en est formé. *Terrain tourbeux.* ♦ **Bot.** Se dit des plantes qui vivent dans les tourbières.

TOURBIER, IÈRE, adj. [tuʁbje, jɛʁ] (*tourbe*) Se dit d'un terrain qui renferme de la tourbe. ♦ N.m. Ouvrier qui extrait ou voiture la tourbe. ♦ Le propriétaire d'une tourbière.

TOURBIÈRE, n.f. [tuʁbjɛʁ] (*tourbe*) Terrain formé de tourbe et exploité pour l'extraction de ce combustible.

TOURBILLON, n.m. [tuʁbijɔ̃] (lat. *turbo*, génit. *turbinis*) Vents impétueux qui tournoient. ♦ Par pléonasme, un tourbillon de vent. ♦ *Comme un tourbillon*, avec une extrême rapidité. ♦ **Fig.** « *Tourbillon de bonheur* », MME DE SÉVIGNÉ. ♦ Mouvement de l'eau qui tournoie avec violence. ♦ **Par extens.** Il se dit des choses qui ressemblent à un tourbillon. *Des tourbillons de feu, de poussière.* ♦ ▷ Nom que les cartésiens donnaient à la révolution d'une planète ou d'un astre autour de son centre, et au mouvement de la matière environnante qui le suit. ◁ ♦ **Fig.** Tout ce qui entraîne les hommes. *Le tourbillon du monde.* ♦ **Absol.** *Être dans le tourbillon.* ▪ **TOURBILLONNAIRE**, adj. [tuʁbijɔnɛʁ]

TOURBILLONNANT, ANTE, adj. [tuʁbijɔnɑ̃, ɑ̃t] (*tourbillonner*) Qui tourbillonne ; qui forme les tourbillons. ♦ **Fig.** Qui ressemble à un tourbillon. *Les plaisirs tourbillonnants du monde.*

TOURBILLONNEMENT, n.m. [tuʁbijɔn(ə)mɑ̃] (*tourbillonner*) Mouvement d'un corps qui tourbillonne.

TOURBILLONNER, v. intr. [tuʁbijɔne] (*tourbillon*) Aller en tournoyant. *L'eau tourbillonne.* « *Ces amas de poussière blanchâtre, qui tourbillonnent dans nos campagnes* », BARTHÉLEMY. ♦ **Fig.** S'agiter comme un tourbillon. « *Elle [la calomnie] s'élance, étend son vol, tourbillonne* », BEAUMARCHAIS. ♦ ▷ **Milit.** Se dit d'une troupe qui, sous le feu ou une charge de l'ennemi, se met en désordre. ◁

1 **TOURD**, n.m. [tuʁ] (lat. impér. *turdus*) **Zool.** Poisson de mer, du genre labre.

2 **TOURD** n.m. ou **TOURDELLE**, n.f. [tuʁ, tuʁdɛl] (lat. *turdus*) La litorne, espèce de grive.

TOURDILLE, adj. [tuʁdij] (2 *tourd*, par analogie de couleur) ▷ Usité seulement dans cette locution : *Gris tourdille*, qui se dit d'un cheval dont la robe est grise, un peu jaunâtre et parsemée de petits bouquets de poils roussâtres. ◁

TOURELLE, n.f. [tuʁɛl] (dim. de 1 *tour*) Petite tour. ♦ Petite tour appliquée à l'angle d'un château, d'une maison, et qui ne descend pas jusqu'à terre. ♦ *Tourelle de dôme*, lanterne ronde sur le massif du plan d'un dôme. ▪ **Milit.** Abri blindé où sont déposées les pièces d'artillerie et qui souvent a la propriété de pouvoir tourner sur lui-même. *Une tourelle de mitrailleuses.* ▪ **Cin.** Sur une caméra, dispositif rotatif ne nécessitant pas de démontage et qui permet ainsi la substitution rapide et facile d'un objectif par un autre. *Une caméra rotative sur tourelle.*

TOURET, n.m. [tuʁɛ] (dim. de 2 *tour*) Petite roue qui reçoit son mouvement d'une plus grande. ♦ Pièce mécanique de fer, de cuivre, etc. dont l'effet est de tendre et de détendre une corde, etc. ♦ Dévidoir ou rouet à l'usage des cordiers. ♦ Rouet à filer. ♦ Petit tour à l'usage des graveurs en pierres fines. ♦ ▷ Gros clou dont la tête arrondie est arrêtée dans une branche d'un mors. ◁

TOURIE, ▪ n.f. [tuʁi] (orig. inc.) Récipient de grès servant essentiellement au transport de certains liquides. *Une tourie à vin.*

TOURIÈRE, n. f. [tuʁjɛʁ] (1 *tour*) ▷ Domestique de dehors qui, dans les monastères de filles, fait passer au tour les choses qu'on y apporte. ◁ ♦ **Adj.** *La sœur tourière.* ♦ **Mère tourière**, la religieuse qui a soin du tour en dedans.

TOURILLON, n. m. [tuʁijɔ̃] (dim. de 2 *tour*) Cylindre mobile dans un coussinet, à l'aide duquel un appareil quelconque peut recevoir un mouvement de rotation. *Les tourillons d'un treuil.* ♦ Dans une bouche à feu, cylindre de métal placé de chaque côté entre la culasse et la volée, et autour duquel tourne la pièce quand on lui fait quitter la position horizontale. ♦ Partie mobile d'un touret, qui sert à tendre et à détendre une corde, etc.

TOURILLONNER, ▪ v. intr. [tuʁijɔne] (*tourillon*) Effectuer une rotation autour d'un axe grâce à deux tourillons placés au préalable dans des paliers. *Une mèche à tourillonner.* ▪ **V. tr.** Façonner un tourillon sur une pièce. *Tourillonner un assemblage.*

TOURIN, ▪ n. m. [tuʁɛ̃] (mot béarnais) Velouté à base d'ail. *Le tourin est une soupe que l'on sert traditionnellement dans le sud-ouest de la France.*

TOURISME, ▪ n. m. [tuʁism] (angl. *tourism* ou *touriste* d'après l'*touring*) Fait de voyager et de visiter une région, un pays étranger pour son plaisir. *Faire du tourisme.* ▪ Ensemble des activités et des moyens mis en place pour les voyages d'agrément. *Agence de tourisme.* ▪ **Tourisme vert**, tourisme rural. ▪ *Voiture, avion de tourisme*, réservé à l'usage privé.

TOURISTA, ▪ n. f. [tuʁista] Voy. TURISTA.

TOURISTE, n. m. et n. f. [tuʁist] (angl. *tourist*, de *tour*, voyage, excursion) Se dit des voyageurs qui ne parcourent des pays étrangers que par curiosité ou désœuvrement. ♦ *Classe touriste*, classe permettant de bénéficier de tarifs réduits sur les services de transports aériens. ♦ **Fig.** et **fam.** *En touriste*, en réalisant ou en considérant une chose de façon peu sérieuse. *Il est venu à ce cours en touriste.* « *Je suis donc resté un pur dilettante dans la vie, amateur en beaucoup de choses, ne convoitant aucune maîtrise, et profitant en touriste de mon irresponsabilité* », AMIEL.

TOURISTIQUE, ▪ adj. [tuʁistik] (*touriste*) Qui concerne le tourisme. *Un guide touristique.* ▪ Qui attire les touristes. *Un site touristique.* ▪ *L'industrie touristique*, activités commerciales liées au tourisme.

TOURMALINE, n. f. [tuʁmalin] (cinghal. *toramalli*) Minéral siliceux, de composition très complexe, qui jouit de la propriété de prendre la bipolarité lorsque les extrémités de ses cristaux sont inégalement chauffées.

TOURMENT, n. m. [tuʁmɑ̃] (lat. *tormentum*, instrument de torture, *touirments*, souffrance) ▷ Violente douleur corporelle. ◁ ♦ Tortures qu'on fait souffrir à quelqu'un. « *Dans les tourments ils laissèrent sa vie* », RACINE. ♦ **Fig.** Grande peine d'esprit. *Il a fait le tourment de ma vie.*

TOURMENTANT, ANTE, adj. [tuʁmɑ̃tɑ̃, ɑ̃t] (*tourmenter*) Qui tourmente.

TOURMENTE, n. f. [tuʁmɑ̃t] (lat. *tormenta*, plur. de *tormentum*, pris pour un fém. sing.) Orage, bourrasque sur la mer. ♦ Ouragans qui s'élèvent dans les hautes montagnes. ♦ **Fig.** Troubles qui agitent un pays. *La tourmente révolutionnaire.*

TOURMENTÉ, ÉE, p. p. de tourmenter. [tuʁmɑ̃te] En proie à une sorte de tourmente. « *Des blocs de granit tourmentés et tordus par l'action du feu* », CHATEAUBRIAND. ♦ **Art** Travaillé avec un effort qui se fait sentir. *Une architecture bizarre et tourmentée.* ♦ Attitudes tourmentées, attitudes qui laissent voir la peine de l'artiste qui les a travaillées à plusieurs reprises. ♦ On dit de même : *Dessin tourmenté, couleur tourmentée.* ♦ **Par extens.** Il se dit des œuvres littéraires. *Un style tourmenté.* ♦ **Mer tourmentée**, mer dont l'agitation est très violente. ♦ Qui présente une forme très irrégulière ; qui a un relief accidenté, cahoteux. *Une terre tourmentée.*

TOURMENTER, v. tr. [tuʁmɑ̃te] (*tourment*) Faire souffrir quelque tourment corporel, quelque supplice. ♦ ▷ Causer de la douleur, en parlant d'une maladie ou de tout autre accident. *La goutte le tourmente.* ◁ ♦ **Fig.** Donner des peines d'esprit. « *C'est le passé qui me tourmente* », J.-J. ROUSSEAU. ♦ **Absol.** *Ceux qui ont tourmenté.* ♦ *Tourmenter se dit aussi bien de la peine de corps et d'esprit.* ♦ Importuner, harceler. *Ses créanciers le tourmentent.* ♦ **Manège** *Tourmenter son cheval*, le châtier ou l'inquiéter mal à propos. ♦ Agiter violemment. *La mer tourmenta longtemps notre vaisseau.* ♦ ▷ Déjeter. *La sècheresse tourmente les futailles.* ◁ ♦ Travailler avec effort. « *Il faudra tourmenter un avare terrain* », DELILLE. ♦ *Tourmenter un auteur, un texte*, vouloir leur faire dire autre chose que ce qu'ils disent. ♦ **Art** et **littér.** Retravailler de telle façon que l'effort se fasse sentir. ♦ **Peint.** *Tourmenter des couleurs*, les frotter après les avoir couchées. *Tourmenter un dessin*, le surcharger de traits. ♦ Se tourmenter, v. pr. Se remuer, s'agiter. *Ce cheval se tourmente.* ♦ Se déjeter. *Le bois neuf se tourmente.* ♦ Se donner bien de la peine, s'inquiéter. *Se tourmenter.* *Qu'on ne se tourmente pas à chercher, etc.* ♦ On a dit aussi se tourmenter de. ▪ TOURMENTEUR, EUSE, n. m. et n. f. [tuʁmɑ̃tœʁ, øz]

TOURMENTEUX, EUSE, adj. [tuʁmɑ̃tø, øz] (*tourmente*) **Mar.** Sujet aux tourmentes. *Des parages tourmenteux.*

TOURMENTIN, n. m. [tuʁmɑ̃tɛ̃] (*tourmente*) **Mar.** Petit foc dont on fait usage pendant la tempête. ♦ **Pétrel.**

TOURNAGE, n. m. [tuʁnaʒ] (*tourner*) Action de façonner au tour, de tourner. ▪ **Cin.** Action de faire des prises. *Le vent a rendu le tournage difficile, pour cette scène.* ▪ **Cin.** Ensemble des prises effectuées pour une même production. ▪ **Cin.** Le temps nécessaire à faire toutes ces prises. *Le tournage a été fait trop vite.*

TOURNAILLER, v. intr. [tuʁnaje] (*tourner*) **Fam.** Faire beaucoup de tours et de détours sans s'éloigner. ♦ Rôder autour. ♦ **V. tr.** Tourner fréquemment et maladroitement. *Tournailler une clé dans la serrure.*

1 **TOURNANT**, n. m. [tuʁnɑ̃] (p. prés. substantivé de *tourner*) Coin de rue, de chemin. *À un tournant de rue.* ♦ Endroit où le cours d'une rivière fait un coude. ♦ Espace où l'on fait tourner une voiture. ♦ *Le cocher n'a pas bien pris son tournant*, il n'a pas bien pris ses mesures pour tourner. ♦ Endroit dangereux dans la mer ou dans une rivière, où l'eau tournoie continuellement. ♦ *Moulin à deux tournants*, moulin à deux roues qui font tourner deux meules. ♦ **Peint.** La partie d'un objet qui approche du contour, et que l'on fait ordinairement de couleurs rompues. ♦ **Fig.** Moyen détourné. *Prendre des tournants auprès de quelqu'un.* ▪ Période de changement radical. *Aborder un tournant de sa vie.* ▪ **Fam.** *Attendre quelqu'un au tournant*, attendre le moment propice pour prendre sa revanche sur une personne. *Il ne dit rien pour le moment mais il l'attend au tournant.*

2 **TOURNANT, ANTE**, adj. [tuʁnɑ̃, ɑ̃t] (*tourner*) Qui tourne. *Un pont tournant.* ♦ **Milit.** Qui exécute un mouvement pour tourner une position, un corps de troupe. *Un corps tournant.* ♦ On dit de même : *Mouvement tournant.* ▪ **N. f.** *Une tournante*, viol perpétré par plusieurs individus. *L'enfer des tournantes.*

TOURNE, ▪ n. f. [tuʁn] (*tourner*) Page d'une publication sur laquelle figure la fin d'un article dont le début se trouve sur la page précédente. *L'article est à la page trois et la tourne page quatre.*

TOURNÉ, ÉE, p. p. de tourner. [tuʁne] **Fig.** et **fam.** *Bien tourné, mal tourné*, bien fait, mal fait, en parlant du corps. ♦ **Fig.** Il se dit, en un sens analogue, de la disposition de l'esprit. *Avoir l'esprit bien tourné.* ♦ **Fig.** *Un esprit mal tourné*, un esprit qui prend les choses de travers. ♦ **Fig.** *Bien, mal tourné* se dit aussi des œuvres de l'esprit, discours, vers, etc. « *Voilà un compliment fort mal tourné* », MOLIÈRE. ♦ *Yeux tournés*, yeux qui ont subi une convulsion. ♦ *Une maison bien* ou *mal tournée*, qui est dans une bonne ou une mauvaise exposition. ♦ **Fig.** Moralement incliné vers, adonné à ; livré à. « *Votre frère est tout à fait tourné du côté de la dévotion* », MME DE SÉVIGNÉ. ♦ « *Elle a de l'esprit en diable et tourné à la malice* », LETOURNEUR. ♦ *Tête tournée*, esprit affolé. ♦ Se dit du fruit, des grains de raisin, lorsqu'ils commencent à changer de couleur et à s'approcher de la maturité. ♦ Qui est devenu aigre. *Lait, vin tourné.*

TOURNE-À-GAUCHE, ▪ n. m. inv. [tuʁnagoʃ] (*tourner*, à et *gauche*) **Techn.** Levier double qui permet de tourner manuellement un outil. *Des tourne-à-gauche.* ▪ **Techn.** Outil de fer plat pourvu d'entailles qui sert à courber en sens contraire les dents d'une scie. *Utiliser un tourne-à-gauche à cliquets.*

TOURNEBOULER, ▪ v. tr. [tuʁnəbule] (altération, d'après *boule*, de l'anc. fr. *tourneboeler*, de *tourneboele*, culbute, de *tourner* et *buele*, entrailles) **Fam.** Bouleverser quelqu'un. *Elle était toute tourneboulée par cette nouvelle.* ▪ Se tournebouler, v. pr. Se tracasser pour quelque chose.

TOURNEBRIDE, ▪ n. m. [tuʁnəbʁid] (*tourner* et *bride*) ▷ Cabaret établi auprès d'une maison de campagne, pour recevoir les domestiques et les chevaux qui y viennent. ◁

TOURNEBROCHE, ▪ n. m. [tuʁnəbʁɔʃ] (*tourner* et *broche*) Machine servant à faire tourner la broche. ♦ ▷ Petit garçon qui tourne la broche. ◁ ♦ ▷ Chien qu'on met dans une roue pour faire tourner la broche. ◁

TOURNE-DISQUE, ▪ n. m. [tuʁnədisk] (*tourner* et *disque*) **Vieilli** Appareil électrique permettant la lecture de disques vinyles. *Des tourne-disques.*

TOURNEDOS, ▪ n. m. [tuʁnədo] (à *tournedos*, à l'envers, de *tourner* et *dos*, parce qu'on présentait à l'envers poisson et viande avariés) Tranche épaisse de filet de bœuf cuite à la poêle ou au gril.

TOURNÉE, ▪ n. f. [tuʁne] (p. p. fém. substantivé de *tourner*) ▷ Voyages dans lesquels on visite plusieurs endroits. ◁ ♦ ▷ Petites courses qu'on fait en différents endroits. ◁ ♦ Visite faite par certains fonctionnaires dans leur ressort. *L'inspecteur est en tournée.* ♦ Voyage d'affaires, de commerce fait à des époques périodiques. ♦ **Pop.** Rasade offerte à l'assistance devant le comptoir du marchand de vin. ♦ ▷ **Fam.** Volée de coups. *Il a reçu une tournée.* ◁ ♦ **Fam.** Sorte de pioche à manche court. ▪ **Fam.** *Faire la tournée de*, visiter à la suite des lieux ou des établissements qui ont une caractéristique commune. *Faire la tournée des bars.* ▪ **Fam.** Ensemble des consommations offertes dans un établissement par une personne à un groupe déterminé. *Garçon, une tournée !*

TOURNELLE, n. f. [tuʀnɛl] (dim. de *tour*) Anciennement, petite tour. ✦ Au parlement de Paris, *la chambre de la Tournelle* ou *la Tournelle*, la chambre chargée des affaires criminelles. ✦ Par extens. Toute espèce de juridiction.

TOURNEMAIN, n. m. [tuʀnəmɛ̃] (*tourner* et *main*) Usité seulement en cette locution (pour laquelle d'ailleurs on dit plutôt aujourd'hui *en un tour de main*,) : *En un tournemain*, en aussi peu de temps qu'il en faut pour tourner la main.

TOURNEMENT, n. m. [tuʀnəmɑ̃] (*tourner*) Mouvement de ce qui tourne. ✦ *Tournement de tête*, vertige.

TOURNE-PIERRE, ■ n. m. [tuʀnəpjɛʀ] (*tourner* et *pierre*) Petit échassier à la tête assez forte et au cou peu développé qui a un plumage bariolé et qui se nourrit de petits animaux trouvés sous les pierres qu'il retourne avec son bec effilé et dur. *Les tourne-pierres vivent principalement au bord de l'eau.*

TOURNER, v. tr. [tuʀne] (lat. *tornare*, façonner au tour, de *tornus*, instrument de tourneur) Façonner au tour. *Tourner l'ivoire, l'argent, le fer.* ✦ Absol. *Un ouvrier qui tourne bien.* ✦ Fig. Arranger d'une certaine manière les mots ou les pensées. *Tourner ses pensées, un vers, etc.* ✦ Détacher en spirale l'écorce d'un fruit ou d'un légume. ✦ Mouvoir en rond, circulairement. *Tourner une roue. Tourner la broche.* ✦ Mar. *Tourner une manœuvre*, la fixer par un ou plusieurs tours sur un point fixe. ✦ Donner un mouvement qui tient du mouvement en rond. *Tourner la tête.* ✦ ▷ *Tournez la main*, aussi vite que quand on tourne la main. ◁ ✦ *Tourner tête, tourner visage*, se tourner pour faire face. ✦ ▷ *Tourner ses souliers*, les déformer en marchant. ◁ ✦ *Tourner le dos à quelqu'un*, lui présenter le dos, et fig. rompre avec lui, abandonner ses intérêts, lui devenir contraire. ✦ *Tourner le dos aux ennemis* ou simplement *tourner le dos*, fuir. ✦ ▷ *Tourner en fuite*, mettre en fuite. ◁ ✦ Diriger vers ou contre. *Tourner ses armes contre quelqu'un, ses regards sur quelqu'un, ses pas d'un côté, etc.* ✦ Fig. *Tourner les pieds en dedans, en dehors*, porter la pointe des pieds en dedans, en dehors. ✦ Faire le tour de. *Tourner un promontoire. « Je tournai le coin de la rue »*, J.-J. ROUSSEAU. ✦ *Tourner un lièvre, tourner des perdrix*, tourner autour du lièvre, autour des perdrix. ✦ *Tourner un bois, un buisson*, en faire le tour. ✦ Fig. *Tourner quelqu'un*, chercher à entamer avec lui quelque discussion délicate. ✦ Milit. *Tourner l'ennemi, un poste, une montagne, etc.* les prendre à revers. ✦ Changer le côté, la situation d'une chose. *Tourner une étoffe d'un autre sens. Tourner la page.* ✦ *Tourner la tête à quelqu'un*, la faire tourner sur le cou. ✦ Fig. *Tourner la tête à quelqu'un*, l'excéder, l'importuner ; lui faire changer une bonne résolution pour une mauvaise. ✦ *Tourner la tête*, rendre fou, extravagant ; inspirer un orgueil extravagant ; inspirer un violent amour ; plaire extrêmement, en parlant de quelque chose. ✦ ▷ Fig. Donner une certaine direction, en parlant de choses morales. *« Dieu est le maître de nos volontés, il nous les tourne comme il lui plaît »*, MME DE SÉVIGNÉ. ◁ ✦ ▷ *Tourner toutes ses pensées à quelque chose*, y appliquer toutes ses pensées. ◁ ✦ Fig. Donner une certaine manière d'être, un certain aspect. *Tourner bien, tourner mal une affaire, une chose*, lui donner un bon, un mauvais aspect. ✦ *Tourner tout en mal, tourner tout en bien*, interpréter tout en mauvaise part, en bonne part. ✦ *Tourner les choses à son avantage*, les interpréter avantageusement pour soi, ou savoir en tirer avantage. ✦ *Tourner quelque chose en plaisanterie*, en faire le sujet de plaisanteries. ✦ *Tourner en raillerie, en ridicule*, se moquer de quelque chose. ✦ *Tourner quelqu'un en ridicule*, faire rire à ses dépens. ✦ *Tourner quelqu'un en ridicule*, avec un nom de chose pour sujet, le rendre ridicule. ✦ *Tourner contre*, rendre contraire à. *« Il y a un mauvais génie qui tourne tout ici contre moi »*, BEAUMARCHAIS. ✦ *Tourner le sang*, causer une très vive et très pénible impression. ✦ Traduire (sens qui vieillit). *« Les Écritures des Juifs furent tournées en grec »*, BOSSUET. ✦ Agir sur la volonté. *« Ainsi que je voudrai, je tournerai cette âme »*, MOLIÈRE. ✦ ▷ *Tourner quelqu'un de tous les sens, de tous les côtés*, lui faire diverses questions, diverses propositions, afin de tirer de lui ce qu'il sait ou ce qu'il veut. ◁ ✦ Absol. Interroger quelqu'un avec adresse, le circonvenir. ✦ Examiner de tous les côtés. ✦ V. intr. Se mouvoir en rond. *Une girouette qui tourne au premier vent. La terre tourne en un jour sur elle-même.* ✦ *Faire tourner le sas, la baguette*, Voy. SAS, BAGUETTE. ✦ Fig. et fam. *Tourner à tout vent, tourner comme une girouette*, avoir l'esprit variable, être versatile. ✦ Se mouvoir, être mû à droite ou à gauche par un mouvement qui a quelque chose du mouvement en rond. *Ce cocher a tourné trop court. Le vent a tourné. Le vent tourne au nord, à l'est, etc.* il passe au nord, à l'est, etc. ✦ *Tourner court*, s'arrêter brusquement dans sa marche et se diriger d'un autre côté, et fig. abréger. ✦ *La maladie a tourné court*, elle s'est terminée par une mort prompte et inattendue. ✦ *Tourner au change*, se dit des chiens lorsqu'ils attaquent un autre animal que celui de meute. ✦ Manège Prendre une autre direction que celle qu'on suivait d'abord : changer de main. ✦ Peint. Se dit des formes, des contours bien accusés, dont l'œil saisit facilement le relief. *Cet objet tourne bien.* ✦ On dit de même que la lumière et l'air tournent autour d'un objet, pour exprimer que cet objet se détache de la toile. ✦ Changer de côté, de situation. *Le pied m'a tourné*, j'ai eu une foulure. ✦ Se diriger vers. *« De quelque part qu'on tourne, on ne voit que des fous »*, MOLIÈRE. ✦ Fig. *Ne savoir de quel côté tourner*, ne savoir que faire, que devenir.

✦ Fig. *Tourner du côté de quelqu'un*, se ranger de son parti. ✦ Fig. *Tourner vers*, incliner vers, en parlant de choses morales. *Tourner vers Dieu, vers la dévotion, etc.* ✦ En un sens opposé, *tourner contre*. ✦ *Tourner sur*, s'occuper uniquement de. ✦ Aller et venir. *Ne faire que tourner.* ✦ Fig. *Tourner autour de quelqu'un*, essayer de s'insinuer auprès de lui. ✦ Fig. *Tourner autour d'une pensée*, la délayer. ✦ Fig. *Tourner autour du mot de l'énigme*, en approcher sans le rencontrer complètement. ✦ Hésiter, balancer, essayer, tenter. *« Puis je tiens inutile De tant tourner, il n'est que d'aller droit »*, LA FONTAINE. ✦ *La tête lui tourne*, il se trouve étourdi pour avoir regardé en bas d'un lieu fort élevé ; il a des étourdissements, des vertiges ; il extravague, il devient fou. ✦ Fig. *Faire tourner la tête*, exciter amour, admiration, transport. ✦ Fig. *La tête lui tourne*, il ne connaît plus dans la bonne fortune. ✦ Il se dit aussi de celui à qui quelque chose trouble l'esprit. ✦ *Il est si embarrassé que la tête lui tourne, que la tête lui en tourne*, il a tant d'affaires, ou il se trouve dans une situation si difficile, qu'il ne sait quel parti prendre. ✦ Fig. Dépendre essentiellement. *« Tout tourne sur vous, ou pour vous, ou par vous »*, MME DE SÉVIGNÉ. ✦ Changer. *La chance a tourné.* ✦ *Le temps tourne au froid*, il devient froid. ✦ *Tourner en*, se changer en. *« L'amour que j'ai pour toi tourne en haine pour elle »*, P. CORNEILLE. ✦ Avoir une certaine issue. *Cette maladie, cette affaire tourne mal.* ✦ *Tourner à, tourner en*, même sens. *« Tout tourne en bien pour les élus »*, PASCAL. ✦ *Tout tourne à bien pour ceux qui sont heureux ? »*, MME DE SÉVIGNÉ. ✦ *Tout tourne contre lui*, rien ne lui réussit. ✦ *Ce jeune homme tourne mal, tourne bien*, il ne soutient pas, il soutient les espérances qu'on avait conçues de lui. ✦ S'altérer, prendre une mauvaise qualité. *Le lait a tourné sur le feu. Ce vin tourne à l'aigre, au gras.* ✦ Par exagération *Cela fait tourner le sang*, cela cause un saisissement, une émotion très pénible. ✦ Se déformer, se déranger. *La taille de cette jeune personne tourne. Ses yeux tournent*, il devient louche. ✦ *Tourner à*, se dit d'une couleur qui incline vers une certaine nuance. *Cette couleur tourne au rouge.* ✦ Prendre de la couleur, commencer à mûrir. *Le raisin commence à tourner.* ✦ Pop. *Tourner de l'œil*, mourir. ✦ Impers. *Il* s'emploie dans quelques jeux, et se dit de la carte qu'on montre, qu'on découvre, et dont la couleur détermine l'atout. *Il tourne carreau. De quoi tourne-t-il ?* ✦ Fig. *Je voudrais savoir de quoi il tourne* ou *retourne*, de quoi il s'agit. ✦ Se tourner, v. pr. Être mû en rond. ✦ Se donner des mouvements qui tiennent du mouvement en rond. *Se tourner dans son lit.* ✦ *Se tourner de quelque côté qu'on se tourne*, quelque parti que l'on prenne. ✦ Fam. *N'avoir pas le temps de se tourner*, être très occupé, très affairé. ✦ *Se tourner en fuite*, prendre la fuite. ✦ Se diriger vers. *« Vos yeux, vos tristes yeux Avec de longs soupirs se tournent vers les cieux »*, RACINE. ✦ Fig. *« Le génie de Colbert se tourna principalement vers le commerce »*, VOLTAIRE. ✦ Avec ellipse du pronom personnel. *« Je vous conjure de ne pas laisser tourner votre esprit du côté des choses frivoles »*, MME DE SÉVIGNÉ. ✦ Fig. et fam. *Ne savoir de quel côté se tourner*, ne savoir quel parti prendre. ✦ S'adresser à. *Je me tourne vers vous.* ✦ Prendre parti. *« César se tourne du côté du peuple »*, BOSSUET. ✦ *Se tourner contre*, être contraire, lutter contre. ✦ Avoir une certaine issue. *« Espérons que tout se tournera selon nos désirs »*, MME DE SÉVIGNÉ. ✦ *Se tourner au bien*, suivre ce qui est bien. ✦ *Se tourner vers Dieu*, donner son cœur à Dieu. ✦ *Se tourner en*, se changer en. *« L'orgueil se tourne aisément en cruauté »*, BOSSUET. ✦ Devenir autre. *« La licence d'une justice arbitraire, qui, sans règle et sans maxime, se tourne au gré de l'ami puissant »*, BOSSUET. ✦ S'égarer, en parlant de l'esprit. *« L'on craint tout de bon que son esprit ne se tourne »*, MME DE SÉVIGNÉ. ✦ Prendre une certaine tournure, une certaine manière. ■ Fam. *Se tourner les pouces*, ne rien faire. *Viens m'aider au lieu de te tourner les pouces !* ■ Fam. *Ne pas tourner rond*, être dans de mauvaises dispositions psychiques. *Depuis sa dépression, il ne tourne pas rond.*

TOURNERIE, ■ n. f. [tuʀnəʀi] (*tourner*) Industrie ou commerce spécialisés dans la fabrication ou la vente d'objets en bois tourné. *Une industrie spécialisée dans la tournerie sur buis.*

TOURNESOL, n. m. [tuʀnəsɔl] (ital. *tornasole*, de *tornare*, *tourner*, et *sole*, soleil) L'héliotrope (borraginées). ✦ Nom de quelques plantes, appelées aussi *fleurs du soleil*, qui se tournent vers le soleil tant qu'il est sur l'horizon. ✦ Plante à grande fleur radiée, dite aussi *soleil* (*helianthus annuus*). ✦ Nom donné à une matière colorante d'un bleu violet, qu'on obtient par la fermentation de plusieurs espèces de lichens. ✦ Adj. *Bleu tournesol.* ✦ *Papier de tournesol*, papier teint en bleu avec le tournesol en pain. ■ *Huile de tournesol*, huile extraite de cette plante et fréquemment utilisée en cuisine.

TOURNEUR, EUSE, n. m. et n. f. [tuʀnœʀ, øz] (*tourner*) Artisan qui fait des ouvrages au tour. *Tourneur en bois, en ivoire.* ✦ Celui qui tourne sur lui-même. ✦ Adj. *Derviche tourneur*, derviche qui par dévotion tourne longtemps et rapidement sur lui-même. ✦ ▷ Celui qui tourne une meule. ◁ ▷ Enfant qui fait tourner le rouet à retordre. ◁ ✦ Ouvrier qui tourne une presse mécanique. ✦ *Tourneur de baguette*, homme qui fait tourner entre ses mains une baguette à l'effet de reconnaître les eaux souterraines.

TOURNE-VENT, ■ n. m. [tuʀnəvɑ̃] (*tourner* et *vent*) Tuyau de forme coudée que l'on place au sommet d'une cheminée et qui est destiné à orienter la fumée sous le vent. *Des tourne-vents* ou *des tourne-vent*.

TOURNEVIS, n. m. [tuʀnəvis] (*tourner* et *vis*) Instrument de fer ou d'acier avec lequel on serre ou l'on desserre les vis.

TOURNICOTER, ◼ v. intr. [tuʀnikɔte] (*tourniquer*) **Fam.** Aller et venir en tournant. *Tournicoter autour de quelqu'un.* ◼ **Fig.** Tergiverser à propos d'une idée. *Tournicoter autour du pot.*

TOURNILLER, v. intr. [tuʀnije] (*tourner*) ▷ Faire beaucoup de petits tours. ◁

TOURNIOLE, n. f. [tuʀnjɔl] (anc. fr. *a tourniole*, en faisant le tour, de *torner*, tourner) Voy. TORGNOLE.

TOURNIQUER, ◼ v. intr. [tuʀnike] (*tourner* d'après *tourniquet*) **Fam.** Aller et venir sans but précis et en décrivant vaguement des cercles. *L'animal tourniquait autour de nous, guettant nos moindres gestes.*

TOURNIQUET, n. m. [tuʀnike] (*tourner*) Croix mobile posée horizontalement sur un pivot, pour ne laisser passer que les gens de pied, à pied. ◆ Appareil mécanique pour compter les personnes qui entrent dans un lieu public. ◆ ▷ Poutre garnie de pointes de fer, que l'on place dans une ouverture, une brèche, à l'entrée d'un camp, pour disputer le passage à l'ennemi. ◁ ◆ Aiguille de fer, mobile sans un cercle au bord duquel il y a plusieurs chiffres ou divisions. ◆ Instrument de chirurgie destiné à comprimer les vaisseaux dans certaines opérations. ◼ Présentoir à plusieurs faces, fixé sur un axe qui lui permet de tourner sur lui-même. ◼ Pièce tournant sur l'extrémité d'une tige scellée dans un mur extérieur et qui sert à maintenir le volet plaqué contre ce mur. ◼ **Arg. Milit.** *Passer au tourniquet*, comparaître devant le conseil de guerre. ◼ Jeu d'extérieur se présentant sous la forme d'une plate-forme posée sur un axe rotatif, sur laquelle s'assoient les enfants, et qui une fois poussée par quelqu'un se met à tourner. ◼ Dispositif d'arrosage tournant autour d'un axe.

TOURNIS, n. m. [tuʀni] (anc. adj. *torneis*, *tornis*, fait au tour, puis qui a le vertige) Maladie des bêtes à cornes, surtout des moutons, dont le principal symptôme consiste à tourner, d'abord fréquemment, puis continuellement. ◼ **Fam.** *Avoir, donner le tournis*, être soumis à, donner des vertiges. *Ça me donne le tournis.*

TOURNOI, n. m. [tuʀnwa] (*tournoyer*) **Hist.** Fête militaire où les chevaliers du Moyen Âge déployaient leur adresse en joutant ou en combattant les uns contre les autres. ◆ **Fig.** *Tournoi de paroles*, assaut entre des orateurs, des parleurs. ◁ ◆ Compétition organisée en plusieurs manches.

TOURNOIEMENT, n. m. [tuʀnwamã] (*tournoyer*) Action de ce qui tournoie. *Des tournoiements d'eau, d'air, etc.* ◆ **Fig.** « *Le bouleversement et le tournoiement des choses humaines* », NICOLE. ◆ *Tournoiement de tête*, indisposition du cerveau, durant laquelle il semble que tous les objets tournent. ◆ Syn. de tournis. ◼ **REM.** On écrivait aussi *tournoîment* autrefois.

TOURNOIS, adj. [tuʀnwa] (lat. *turonensis*, de Tours) Il s'est dit de la monnaie qui se frappait à Tours, plus faible que celle qui se frappait à Paris. ◆ Il s'est dit ensuite des livres valant vingt sous, à la différence des livres parisis qui en valaient vingt-cinq, et des sous valant douze deniers, à la différence des sous parisis qui en valaient quinze. ◆ N. m. *Un tournois.*

TOURNOYANT, ANTE, adj. [tuʀnwajã, ãt] (*tournoyer*) Qui fait plusieurs tours. *Vol tournoyant.* ◆ Qui présente un tournoiement. *Les eaux tournoyantes sont dangereuses.*

TOURNOYER, v. intr. [tuʀnwaje] (*tourner*) Tourner en faisant plusieurs tours. « *Après avoir longtemps tournoyé parmi des sentiers embarrassés* », BOSSUET. « *Il voit les tristes bords du fleuve marécageux dont les eaux bourbeuses et dormantes ne font que tournoyer* », FÉNELON. ◆ **Fig.** et **fam.** Biaiser, chercher des détours.

TOURNOYEUR, n. m. [tuʀnwajœʀ] (*tournoyer*, participer à un tournoi) Celui qui prend part à un tournoi. « *Les autres tournoyeurs* », VOLTAIRE.

TOURNURE, n. f. [tuʀnyʀ] (*tourner*) Ce qui tombe quand on façonne un objet au tour. *Tournure de cuivre.* ◆ ▷ **Fig.** Manière dont une personne est tournée, taille, habitude de corps. ◁ ◆ **Fig.** Manière de tourner, de présenter les choses. « *Je sais la tournure qu'il faut donner à ce qui vient d'arriver* », MARIVAUX. ◆ Manière dont les choses se présentent. *L'affaire prit une mauvaise tournure.* ◆ **Fig.** Manière d'être, en parlant de l'esprit. *Une tournure d'esprit romanesque.* ◆ Arrangement des mots. *Tournure de phrase.* ◆ ▷ Bande d'étoffe raide ou empesée que les femmes mettent autour de leurs reins, pour faire bouffer la robe. ◁ ◆ *Prendre tournure*, prendre forme, se dessiner dans le sens désiré. *La création de son entreprise prend enfin tournure.*

TOURNUS, ◼ n. m. [tuʀny] (mot suisse rom., de l'all. *Turnus*, roulement.) **Suisse** Système de rotation des postes qui permet au salarié d'accomplir des tâches différentes. *Un tournus équitable des collaborateurs.*

TOURON, ◼ n. m. [tuʀɔn] ou [tuʀɔ̃] (esp. *turrón*, du lat. *torrere*, griller) Confiserie d'origine espagnole se présentant sous la forme d'une pâte très tendre faite d'amandes pilées, de blancs d'œufs, auquel on ajoute du sucre ou du miel et que l'on aromatise. *Un touron à la pistache, aux noisettes.*

TOUR-OPÉRATEUR, ◼ n. m. [tuʀɔpeʀatœʀ] (angl. *tour operator*, de *tour*, voyage, et *operator*, organisateur) Société qui commercialise des voyages. *Des tour-opérateurs.*

TOURTE, n. f. [tuʀt] (b. lat. *torta*, pain rond, tourte, fém. substantivé du lat. *tortus*, tordu) Dans quelques provinces, pain en forme de disque. ◆ Pièce de pâtisserie, dans laquelle on met des viandes, du poisson, etc. et qu'on sert chaude. ◆ Espèce de pain provenant de la réduction du minerai d'argent en poudre. ◆ Marc de noix. ◼ **Fam.** Personne stupide, peu réactive. *Quelle tourte tu fais !* ◼ **Adj. Fam.** Lent d'esprit, lourdaud, borné. *Qu'il est tourte !*

TOURTEAU, n. m. [tuʀto] (selon le sens, *tourte*, ou [crabe] anc. fr. *tort*, tordu) Sorte de gâteau. ◆ Masse formée du résidu de certains végétaux dont on a exprimé de l'huile. ◆ **Hérald.** Figure qui, en or, se dit *besant*, et en émail quelconque, *tourteau*. ◆ Gros crabe à carapace rouge. *Le tourteau change de carapace au fur et à mesure qu'il grandit.*

TOURTEREAU, n. m. [tuʀtəʀo] (masc. tiré de *tourterelle*) Jeune tourterelle. ◆ **Fig.** *Ce sont des tourtereaux*, se dit de jeunes époux qui ont beaucoup d'amour l'un pour l'autre.

TOURTERELLE, n. f. [tuʀtəʀɛl] (b. lat. *turturella*, de *turtur*, tourterelle) Oiseau qui ressemble beaucoup au pigeon, mais qui est plus petit (gallinacés). ◆ *Tourterelle à collier*, nom vulgaire de la colombe rieuse. ◆ **Fig.** *Ils s'aiment comme deux tourterelles*, se dit de deux jeunes époux qui ont beaucoup d'amour l'un pour l'autre. ◆ Coquille du genre strombe.

TOURTIÈRE, n. f. [tuʀtjɛʀ] (*tourte*) Ustensile qui sert à faire cuire des tourtes. ◼ Ustensile qui sert à faire cuire des tartes. *Beurrer une tourtière.*

TOURTRE, n. f. [tuʀtʀ] (lat. *turtur*) ▷ Nom de la tourterelle en cuisine. *Un plat de tourtres.* ◁

TOUSELLE, n. f. [tuzɛl] (provenç. *tozela*, du lat. *tonsus*, tondu) Froment précoce dont l'épi est sans barbe.

TOUSSAINT, n. f. [tusɛ̃] (a. fr. [*feste de*] *Toz Sainz*) La fête de tous les saints, qui est toujours le 1ᵉʳ novembre.

TOUSSER, v. intr. [tuse] (chang. de conjug. de l'a. et moy. fr. *tussir*, du lat. *tussire*, de *tussis*, toux) Faire l'effort et le bruit que cause la toux. ◆ Faire ce même bruit à dessein. *Tousser pour avertir quelqu'un.*

TOUSSERIE, n. f. [tus(ə)ʀi] (*tousser*) ▷ Toux fréquente et fatigante. ◁

TOUSSEUR, EUSE, n. m. et n. f. [tusœʀ, øz] (*tousser*) Personne qui tousse souvent.

TOUSSOTER, ◼ v. intr. [tusote] (*tousser*) Tousser discrètement d'une petite toux. *Il toussota timidement pour ne pas gêner personne.* ◼ **TOUSSOTEMENT**, n. m. [tusɔt(ə)mã] *Ses toussotements traduisaient son embarras.*

TOUT, TOUTE, adj. [tu, tut] (lat. *totus*, tout entier) Qui comprend la totalité, l'intégrité, qui ne laisse rien en dehors. *Tout ceci.* « *Nous avons tous une même origine, et cette origine est petite* », BOSSUET. ◆ *Tous tant que...*, autant qu'il y en a. ◆ *Tout ce qui, tout ce que...*, s'emploie quelquefois pour désigner des personnes. « *Hé quoi ! tout ce que j'aime, Cette Esther...* », RACINE. ◆ *Ils sont tous étonnés, tous vivants, etc.* il n'y en a aucun parmi eux qui ne soit étonné, qui ne soit vivant, etc. ◆ *Tout ce qu'il y a de...*, avec un adjectif, équivaut à un superlatif, et signifie tout ce qui est le plus... « *Jésus-Christ a été tout ce qu'il y a de grand et tout ce qu'il y a d'abject* », PASCAL. ◆ *Se faire tout à tous*, s'accommoder à toutes les opinions, à tous les caractères. ◆ *Somme toute, somme totale*, toutes les sommes jointes ensemble, et fig. en définitive, à tout prendre. ◆ Il se construit avec l'article défini et les adjectifs possessifs, et se met avant eux. « *Crains Dieu et observe ses commandements, car c'est là tout l'homme* », BOSSUET. ◆ *Tous les jours, tous les mois, etc.* chaque jour, chaque mois, etc. ◆ *Tous les deux jours, tous les trois jours, etc.* de deux jours en deux jours, de trois jours en trois jours, etc. ◆ Il se construit avec l'article *un*, *une*, dans le sens d'entier. *Tout un pays.* ◆ Il se joint aux pronoms personnels, et se met après. *Nous tous.* ◆ *Tous deux* ou *tous les deux*, l'un et l'autre. ◆ On dit de même : *Tous trois, tous quatre*, et *tous les trois, tous les quatre.* ◆ *Tout* s'emploie au sens de chaque, et alors il se construit sans article. *À tout propos. De tout point. À tous moments. De toutes parts. De toutes sortes, etc.* ◆ *Tout autre*, avec une négation, nul autre. « *Tout autre ne le peut faire* », PASCAL. ◆ *Tous temps, toutes maximes*, c'est-à-dire chaque temps a ses maximes. ◆ *Par tout pays, par toute terre*, en quelque lieu que ce soit. ◆ *Tout venant*, Voy. VENANT. ◆ Il se construit sans article, au sens de plein, entier, sans réserve. « *En toute liberté goûtez un bien si doux* », P. CORNEILLE. ◆ *Tout moi-même*, ma personne entière. ◆ *En tout bien, tout honneur*, sans qu'il y ait rien à redire. ◆ *À tout hasard*, au risque de tout ce qui peut arriver. ◆ *À toute force*, par toute sorte de moyens, et aussi à la rigueur, absolument. ◆ *Aller, courir à toutes jambes, à toute bride*, aller, courir fort vite. ◆ *Être à toutes mains*, être propre à tout, se prêter à tout. ◆ *Prendre de toutes mains,* prendre de tous les côtés, à l'aide de tous les moyens. ◆ Devant un nom de peuple, de pays, de ville, etc., il exprime la totalité, l'ensemble des habitants. *Tout Paris.* ◆ Joint avec un nom de pays, de ville, il exprime une extrême affluence. « *Toute la France a visité cette maison* », Mme de Sévigné. ◆ Il est invariable avec un nom de ville. *Tout Rome.* ◆ *Tout Corneille, tout Racine, etc.,* toutes les œuvres de Corneille, de Racine, etc. ◆ *Tout Gil Blas,* le roman entier de Gil Blas. ◆ *Tous,* Au pl. s'emploie pour récapituler, résumer. *Toutes choses.* ◆ *Tout,* dans le sens de toute espèce de..., de rien que... *Ce sont toutes fables que vous contez là.* ◆ *Tous, toutes,* Au pl. s'emploie subst. au sens de tous les hommes, toutes les femmes. « *Tous sortaient plus éclairés d'avec lui* », Bossuet. ◆ N. m. Une chose considérée dans son entier, une chose complète. *Un tout parfait.* ◆ *Tout ou partie,* le tout ou une portion. ◆ Au pl. *Tout,* dans ce sens substantiel, conserve le *t. Plusieurs touts distincts les uns des autres.* ◆ *Il y a de la différence du tout au tout,* la différence est complète. ◆ Il se dit aussi sans article. *Tout ou rien. Il joue à tout perdre.* ◆ *C'est tout dire,* on ne peut dire rien de plus. ◆ *C'est tout, et puis c'est tout,* il n'y a rien de plus. *C'est un bon homme, et puis c'est tout.* ◆ *Ce n'est pas tout, ce n'est pas le tout,* il ne suffit pas, ce n'est pas assez. ◆ *Voilà tout,* il n'y a rien à ajouter. ◆ *Tout,* sans article, signifiant toute chose, toute sorte de choses. *Savoir un peu de tout.* « *Dans une grande âme tout est grand* », Pascal. ◆ *Il a réponse à tout,* se dit d'une personne qui lève les objections, écarte les soupçons, etc. ◆ *Il y va de tout,* il importe de tout, rien n'est plus important. ◆ *Être de tout,* se mêler de toutes les affaires, aller dans toutes les sociétés, être de toutes les parties. ◆ **Fam.** *Comme tout,* extrêmement, on ne peut davantage. *Il s'ennuie comme tout.* ◆ *Se faire à tout, se prêter à tout,* s'habituer, se prêter aux usages, aux convenances. ◆ *Tout compté, tout rabattu, ou tout bien compté et rabattu,* tout étant bien examiné, toutes compensations faites. ◆ *Tout* signifiant tout le monde, tout homme, tout ce qu'il y a de gens, de personnes. « *Tout cédait au charme secret de ses entretiens* », Bossuet. ◆ *Le tout,* toutes les choses en question. *Je vous laisse le tout pour six francs.* ◆ Il se dit après l'énumération de plusieurs choses, pour les joindre toutes ensemble. *Le tout ensemble.* ◆ *Le tout* signifiant tout ce qu'il y a de plus important, de principal dans une chose. « *La piété est le tout de l'homme* », Bossuet. ◆ *Il en fait son tout, c'est son tout,* c'est l'objet de sa sollicitude exclusive, il l'aime uniquement. ◆ *Mon tout,* dans une charade, se dit du mot composé qui forme le sujet. ◆ *Jeu Je fais mon tout,* je risque tout ce que j'ai d'argent devant moi. ◆ **Fig.** *Le tout pour le tout,* expression dont on se sert pour indiquer qu'on est disposé à ne rien épargner pour venir à bout d'une affaire. ◆ *À tout,* se dit, à certains jeux de cartes, de la couleur qui emporte toutes les autres. *Jouer à tout.* On en fait d'ordinaire un seul mot, Voy. atout. ◆ *À tout prendre,* en considérant une chose dans son ensemble, dans ce qu'elle a de bon et de mauvais. ◆ *Après tout,* dans le fond, tout bien considéré. ◆ *Du tout,* complètement, absolument, de tout point (emploi affirmatif qui a vieilli). « *Cela est du tout admirable* », Bossuet. ◆ Aujourd'hui il se joint avec *rien, point, pas,* et signifie en aucune façon, nullement. « *Ne me dis rien du tout, ou parle tout à fait* », P. Corneille. ◆ *Du tout, point du tout,* servant de réponse, s'emploient elliptiquement pour nier. *Avez-vous fait cela? Du tout.* ◆ *En tout,* tout compris, sans rien omettre. ◆ *En tout et par tout,* entièrement. ◆ *Sur le tout,* par surcroît. ◆ **Hérald.** *Sur le tout,* Voy. sur. ◆ *Surtout,* Voy. surtout. ◆ **Adv.** Entièrement, complètement, sans exception, sans réserve. *Je suis tout à vous. Il est tout en Dieu.* ◆ **Fam.** *C'est tout un,* c'est la même chose, cela revient au même. ◆ *Avoir tout l'air de,* avoir complètement l'apparence. ◆ *Tout,* construit avec un adjectif ou un participe féminin commençant par une voyelle ou un *h* muet, reste invariable. *Des mains tout écorchées.* ◆ *Tout,* mis devant un adjectif ou un participe féminin commençant par une consonne ou par un *h* aspiré, reçoit même genre et même nombre que l'adjectif ou le participe. *Elles sont toutes honteuses.* « *Oui, j'ai fait vanité d'être toute romaine* », P. Corneille. ◆ *Tout* s'emploie adverbialement devant un substantif pour exprimer la plénitude. « *Dieu est tout vue, tout ouïe, tout intelligence* », Bossuet. ◆ *Être tout œil et tout oreille, être tout yeux et tout oreilles,* regarder, écouter très attentivement. ◆ Il se joint à plusieurs prépositions et adverbes pour donner à l'expression plus d'énergie. *Tout haut.* ◆ *Tout juste,* avec une correspondance tout à fait exacte. ◆ *Tout d'un temps,* Voy. temps. ◆ **Pop.** *Tout de même,* néanmoins. ◆ Il se met devant les superlatifs. « *Joignez-y quelque bœuf; choisissez pour ce don Tout le plus gras du pâturage* », La Fontaine. « *Il me paraît que chacun s'en va tout le plus loin qu'il peut* », Voltaire. ◆ *À tout le moins,* pour le moins. ◆ *Tout au plus,* en portant la chose aussi loin qu'il est possible. ◆ Il sert à former certaines locutions : *Tout à coup, tout de go, tout à fait, tout beau, tout de bon, etc.* Voy. coup, go, fait, beau, bon, etc. ◆ *Tout doux,* en douceur, avec ménagement. ◆ *Tout le premier, toute la première, tout les premiers,* le premier de tous, la première de toutes, les premiers de tous. ◆ *Tout le même, tous les mêmes, toute la même, toutes les mêmes.* ◆ *Ce sont tout les mêmes hommes.* ◆ *Tout un autre homme,* un homme tout différent. ◆ On dit plutôt aujourd'hui : *Un tout autre homme.* ◆ *Je suis tout à vous,* formule de politesse, signifiant : je suis tout disposé à faire ce qui vous sera agréable. ◆ **Ellipt.** *Tout à vous,* se dit dans les formules de salutation par lesquelles

on finit une lettre. ◆ En ce sens, une femme écrit : *Je suis tout à vous.* ◆ *Tout... que...,* avec un adjectif, bien que, quoique, avec le verbe à l'indicatif ; en cet emploi *tout* s'accorde avec l'adjectif féminin, quand cet adjectif commence par une consonne ou un *h* aspiré. *Tout habiles et tout artificieux qu'ils sont.* « *La Grèce, toute polie et toute sage qu'elle était* », Bossuet. « *La valeur, tout héroïque qu'elle est, ne suffit pas pour faire des héros* », Mascaron. ◆ Au dix-septième siècle, on écrivait quelquefois *toute* même devant une voyelle, et on mettait quelquefois le verbe au subjonctif ; mais ce n'est plus l'usage. ◆ Il se construit en ce sens avec un substantif. « *Tout Picard que j'étais, j'étais un bon apôtre* », Racine. ◆ Mais, si le substantif est féminin et commence par une consonne ou par un *h* aspiré, *tout* s'accorde avec le substantif. *Toute femme qu'elle est.* ◆ Cependant, même avec un substantif féminin présentant ces conditions, *tout* reste invariable si ce substantif est un nom de chose. « *Ce cœur se réveille, tout poudre qu'il est* », Bossuet. ◆ *Tout,* au sens de quoique, a été employé sans *que.* « *Nos pères, tout grossiers, l'avaient beaucoup meilleur [le goût]* », Molière. ◆ *Tout,* devant *en* et un participe présent, signifie simultanéité. *Il lui a dit ses vérités tout en riant.* ◆ Devant un adjectif féminin ou une locution équivalant à un adjectif, commençant par une voyelle ou par un *h* muet, on met tantôt *tout* et tantôt *toute,* suivant le sens. On met *tout,* quand il s'agit d'exprimer excès, intensité, et que *tout* ne peut pas être déplacé : *Elle était tout en larmes.* Au contraire, on mettra *toute* quand on voudra exprimer la totalité, et que *toute* pourra être déplacé : *La forêt lui parut toute enflammée,* on peut dire : *Toute la forêt lui parut enflammée.* Cette distinction n'était pas observée dans le dix-septième siècle ni dans le dix-huitième. ◆ Dans *tout entier* employé comme une seule expression, *tout* est toujours invariable. *Une heure tout entière.* ◆ *Tout autre* présente deux cas : dans le premier, *tout* signifie entièrement, et *autre* ne peut pas être déplacé ; alors *tout* est invariable : *C'est tout autre chose.* Mais quand *tout* signifie chaque et que *autre* peut être déplacé, alors *tout* s'accorde avec le substantif : *Demandez toute autre chose,* c'est-à-dire toute chose autre.

TOUT-À-L'ÉGOUT, ◼ n.m. inv. [tutalegu] (*tout,* empl. nominalement, et *égout*) Système de canalisations évacuant directement les eaux usées des habitations vers les égouts. *Un raccordement au tout-à-l'égout.*

TOUTE-BONNE, n. f. [tut(ə)bɔn] (*tout* et *bon*) Sauge sclarée, dite aussi *orvale.* ◆ Variété de poire. ◆ Au pl. *Des toutes-bonnes.*

TOUTE-ÉPICE, n. f. [tutepis] (*tout* et *épice*) Nom vulgaire d'une espèce de nielle, dite aussi *herbe aux épices* ou *de toutes épices.* ◆ Myrte piment. ◆ Au pl. *Des toutes-épices.*

TOUTEFOIS, adv. [tut(ə)fwa] (*tout* et *fois*) Néanmoins, cependant, mais. « *Qui est semblable à Tyr? et toutefois elle s'est tue dans le milieu de la mer* », Bossuet.

TOUTENAGUE, n. f. [tut(ə)nag] (pers. *toûtiyânâk*) Alliage de cuivre et de zinc avec des traces presque imperceptibles d'arsenic introduit pour en augmenter la blancheur.

TOUTE-PUISSANCE, n. f. [tut(ə)pɥisɑ̃s] (*tout* et *puissance*) Pouvoir de la Divinité, lequel est sans bornes. « *Dès le temps nouveau-né, quand la Toute-Puissance D'un mot forma le ciel, l'air, la terre et les flots* », Boileau. ◆ **Par exagération** Il se dit d'une puissance humaine. « *Et peut-on se venger de la toute-puissance? Oui, quand on ne craint rien* », Voltaire.

TOUTE-SAINE, n. f. [tut(ə)sɛn] (*toute* et *sain*) Nom vulgaire de l'*hypericum androsæmum.* ◆ Nom donné aussi à la toute-bonne. ◆ Au pl. *Des toutes-saines.*

TOUTES-BOÎTES ou **TOUTES-BOITES,** ◼ n.m. [tut(ə)bwat] (*tout* et *boîte*) Belg. Journal de petites annonces gratuit distribué dans les boîtes aux lettres ou mis à la disposition du public. *Des toutes-boîtes.*

TOUTIM, ◼ n.m. [tutim] (*tout*) Fam. Et tout le reste. *Il fallut débarrasser les armoires, les chaises et tout le toutim.*

TOUTOU, n. m. [tutu] (onomat.) Dans le langage des enfants, chien. « *Bonjour, le plus gras des toutous* », Deshoulières. ◆ **Fig.** et **fam.** Il se dit des enfants. ◆ Il se dit aussi, par moquerie, d'un homme dont on s'amuse en le traitant comme un petit chien d'appartement. ◼ **Rem.** Graphie ancienne : *tou-tou.*

TOUT-OU-RIEN, n.m. inv. [tuturjɛ̃] (*tout, ou* et *rien*) Partie d'une montre ou d'une pendule qui fait qu'elle sonne entièrement l'heure indiquée par les aiguilles, ou ce qui arrive quand on n'a pas assez poussé le bouton, qu'elle ne répète rien. ◆ Au pl. *Des tout-ou-rien.*

TOUT-PARIS, ◼ n.m. [tupaʀi] (*tout* et *Paris*) Ensemble formé par les personnalités fréquentant des endroits ou des manifestations mondaines. *Le Tout-Paris était présent au gala.* « *J'ouvrais calmement les soirs de première ; mille télégrammes de ce Tout-Paris qui nous fait si peur ; et mourant de trac devant ce parterre ; entré sur la scène, sous les ovations et les projecteurs* », Aznavour. ◼ **Rem.** Ce mot ne s'emploie qu'au singulier.

TOUT-PETIT, ■ n. m. [tutp(ə)ti] (*tout* et *petit*) Enfant dont l'âge est très peu élevé, bébé. *Des tout-petits. Ce n'est encore qu'un tout-petit!*

TOUT-PUISSANT adj. m. ou **TOUTE-PUISSANTE**, adj. f. [tupɥisã, tut(ə)pɥisãt] (*tout* et *puissant*) Qui peut tout, en parlant de la suprême puissance. « *Dieu tout-puissant à qui tout est aisé* », MASSILLON. ♦ **N. m.** *Le Tout-Puissant* (avec deux majuscules), Dieu. ♦ **Par exagération** Qui a un très grand pouvoir, un très grand crédit. « *Puisqu'il est tout-puissant, il sera généreux* », VOLTAIRE. ♦ On dit de même : *Vous êtes tout-puissant sur l'esprit d'un tel.* ♦ Il se dit aussi des choses. *Un art tout-puissant.* « *Vos charmes tout-puissants* », RACINE. ♦ *Au m. pl.* Tout-puissants ; *au f. pl.* Toutes-puissantes.

TOUT-TERRAIN, ■ adj. inv. [tuterɛ̃] (*tout* et *terrain*) Qui est conçu pour pouvoir rouler sur tous les types de sol. *Des véhicules tout-terrain.* ■ N. m. Véhicule qui est conçu pour pouvoir rouler sur tous les types de sol. *Des tout-terrains.*

TOUT-VA ou **TOUT VA**, ■ loc. adv. ou adj. [tuva] (loc. *tout va*, indiquant dans un casino que la mise n'est pas limitée) Sans aucune limite ou restriction. *Il fait des appels de phare à tout va.* ■ REM. On ne l'emploie que dans la construction *à tout va.* « *Comme me le dit Tony les Grands Pieds qui était à côté de moi : ça matraque la baraque à tout-va* », ZITRONE.

TOUT-VENANT, ■ n. m. inv. [tuv(ə)nã] (*tout* et *venant*) **Minér.** Charbon ou minerai extrait d'une mine ou d'une carrière qui n'a pas encore été traité. *Le tri granulométrique d'un tout-venant.* ♦ Ensemble de choses ou de personnes qui n'ont pas fait l'objet d'une sélection, que l'on prend telles qu'elles viennent. *Des tout-venant.*

TOUX, n. f. [tu] (lat. *tussis*) Expirations subites, courtes et fréquentes, par lesquelles l'air, en traversant rapidement les bronches et la trachée-artère, produit un bruit particulier. ♦ *Toux sèche*, toux sans expectoration, par opposition à toux humide. ♦ *Toux grasse*, Voy. GRAS.

TOWNSHIP, ■ n. f. [tawnʃip] (mot angl.) municipalité) Quartier à la périphérie des grandes villes d'Afrique du Sud habitées par des populations faisant l'objet d'une ségrégation (généralement raciale). *Des townships.*

TOXÉMIE, ■ n. f. [tɔksemi] (*tox[i]-* et de *[h]émie*) **Méd.** Pathologie consistant en une accumulation dans le sang de toxines produites par un agent infectieux. *La toxémie entraîne la fièvre, la diarrhée, ainsi que des vomissements.* ■ TOXÉMIQUE, adj. [tɔksemik]

TOXICITÉ, n. f. [tɔksisite] (*toxique*) **Méd.** Caractère toxique, propriété d'être toxique. *La toxicité d'une substance.*

TOXICO, ■ n. f. et n. m. [tɔksiko] Voy. TOXICOMANE.

TOXICODENDRON, n. m. [tɔksikodɛ̃dʀɔ̃] (*en* se prononce *in.* Toxico- et gr. *dendron*, arbre) ▷ **Bot.** Espèce de sumac très vénéneux. ◁

TOXICOLOGIE, n. f. [tɔksikɔlɔʒi] (*toxico-* et *-logie*) Science qui traite des poisons, des toxiques. ♦ Traité sur les poisons.

TOXICOLOGIQUE, adj. [tɔksikɔlɔʒik] (*toxicologie*) Qui appartient à la toxicologie.

TOXICOLOGUE, ■ n. m. [tɔksikɔlɔg] (*toxicologie*) Celui qui s'applique à la toxicologie. ♦ Auteur d'une Toxicologie.

TOXICOMANE, ■ n. m. et n. f. [tɔksikoman] (*toxico-* et *-mane*) Personne sous l'emprise d'une drogue et qui ne peut s'empêcher d'en consommer. *Il consommait de l'opium et il est devenu toxicomane.* ■ Abrév. fam. Toxico. ■ Adj. Qui concerne une attitude de toxicomane. *Un état toxicomane.* ■ TOXICOMANIE, n. f. [tɔksikomani]

TOXICOMANOGÈNE, ■ adj. [tɔksikomanoʒɛn] (*toxicomane* et *-gène*) **Méd.** Qui peut conduire à la toxicomanie. *Des effets toxicomanogènes.*

TOXIDERMIE, ■ n. f. [tɔksidɛʀmi] (*toxi-* et *-dermie*) **Méd.** Dermatose d'origine toxique. *Toxidermie provoquée par une allergie à un médicament.*

TOXI-INFECTION, ■ n. f. [tɔksiɛ̃fɛksjɔ̃] (*toxi-* et *infection*) **Méd.** Intoxication de l'organisme généralement due à la présence de substances sécrétées par les microorganismes. *Des toxi-infections.*

TOXINE, ■ n. f. [tɔksin] (radic. de *toxique* d'après l'angl. *toxin*) Substance toxique fabriquée par un organisme vivant. *Les toxines du venin.* ■ Substances nocives issues de l'alimentation ou de la pollution présentes dans l'organisme humain. *Faire du sport pour éliminer les toxines.*

TOXIQUE, adj. [tɔksik] (lat. *toxicum*, gr. *toxikon*, poison dont on imprègne les flèches, de *toxon*, arc et flèches) Qui a la propriété d'empoisonner. *Substance toxique.* ♦ **N. m.** Nom générique donné aux poisons et aux virus. ♦ N. m. Genre de coléoptères.

TOXOPLASME, ■ n. m. [tɔksoplasm] (*toxo-* et de *-plasme*) **Méd.** Parasite intracellulaire qui infecte certains vertébrés et provoque la toxoplasmose. *Le toxoplasme est capable de parasiter presque toutes les cellules des animaux à sang chaud.*

TOXOPLASMOSE, ■ n. f. [tɔksoplasmoz] (*toxoplasme*) **Méd.** Maladie due au toxoplasme et qui se manifeste par des poussées de fièvre, des atteintes ganglionnaires, et parfois par une forme d'hydrocéphalie. *La toxoplasmose est extrêmement dangereuse pour le fœtus lorsqu'elle est contractée par une femme enceinte.*

TPE, ■ n. f. [tepeə] (sigle de *très petite entreprise*) Entreprise qui compte moins de vingt salariés. *Plus de 90 % des entreprises françaises sont des tpe.*

TRABAN, n. m. [tʀabã] (all. *Trabant*, guerrier à pied, garde du corps, du tchèque *drabant*) ▷ Militaire armé d'une hallebarde, et chargé d'un service particulier. ◁

TRABÉE, n. f. [tʀabe] (lat. *trabea*) **Antiq. rom.** Robe blanche ornée de bandes de pourpre en forme de poutre ; c'était un vêtement de cérémonie.

TRABENDISTE, ■ n. m. [tʀabɛdist] (*trabendo*) **Algérie** Personne qui se livre illégalement au commerce de marchandises. *La mafia des trabendistes.*

TRABENDO, ■ n. m. [tʀabɛdo] (aphérèse de l'esp. *contrabendo*, contrebande) **Algérie** Commerce illégal de marchandises. *Des trafics de matériels divers sous couvert de trabendo.*

TRAC, n. m. [tʀak] (radic. onomat. *track-*, bruit de marche ; sens psychol. p.-ê. du même radic. ou du gitan *trach*, crainte, angoisse, du sansc. *trasa*, terreur) ▷ Allure du cheval, du mulet, etc. ◁ ♦ ▷ Trace, piste des bêtes. ◁ ■ Appréhension plus ou moins vive que l'on ressent avant de prendre la parole ou d'agir en public. *Dès qu'il doit faire un exposé, il a le trac.* ■ **Tout à trac**, loc. adv. De façon soudaine.

TRAÇABILITÉ, ■ n. f. [tʀasabilite] (angl. *traceability*) Possibilité de suivre le parcours d'un produit, de son origine à sa diffusion. *Traçabilité de la chaîne du froid.* ■ TRAÇABLE, adj. [tʀasabl] *Du matériel informatique traçable.*

TRAÇAGE, ■ n. m. [tʀasaʒ] (*tracer*) Action de tracer. *Le traçage d'un dessin.* ■ **Industr.** Opération qui consiste à dessiner sur une pièce non façonnée tous les traits qui vont permettre de l'usiner. *Définir les développements de pièces industrielles simples par traçage et par calcul.*

TRAÇANT, ANTE, adj. [tʀasã, ãt] (*tracer*) *Racine traçante*, racine qui trace, c'est-à-dire qui ne plonge pas dans la terre, mais se promène horizontalement sous la terre.

TRACAS, n. m. [tʀaka] (*tracasser*) ▷ Mouvement accompagné d'embarras, le plus souvent pour des choses de peu d'importance. « *Tout ce tracas qui suit les gens que vous hantez* », MOLIÈRE. ◁ ♦ **Pop.** Le métier qu'on fait. *Je fais tout doucement mon petit tracas.* ♦ **Fig.** Petits embarras. *Les tracas de la ville.*

TRACASSANT, ANTE, adj. [tʀakasã, ãt] (*tracasser*) Qui tracasse, qui cause de l'inquiétude. *Affaires tracassantes.*

TRACASSÉ, ÉE, p. p. de tracasser. [tʀakase] **Prov.** *Goutte tracassée est à moitié guérie*, la moitié du traitement de la goutte est l'exercice.

TRACASSEMENT, n. m. [tʀakas(ə)mã] (*tracasser*) Action de tracasser.

TRACASSER, v. tr. [tʀakase] (*traquer* ou *trac*, piste des bêtes) ▷ Aller et venir sur place, pour de petites occupations. « *Il aime la chambre, où il n'est ni oisif ni laborieux, où il n'agit point, où il tracasse* », LA BRUYÈRE. ◁ ♦ ▷ **Par extens.** Se livrer à des occupations que l'on compare aux allées et venues sur place. « *Après avoir tracassé toute sa vie dans l'héroïsme et dans les arts, qu'emporte-t-on dans le tombeau? un vain nom qui ne nous appartient plus* », VOLTAIRE. ◁ ♦ Agir avec un esprit inquiet et brouillon. ♦ **V. tr.** Inquiéter, tourmenter quelqu'un. *Pourquoi le tracasser ainsi?* ♦ **Mar.** Se dit d'une mer clapoteuse qui agite un bâtiment. ♦ **Absol.** Se dit aussi du bâtiment ainsi agité. ♦ *Se tracasser*, v. pr. Se donner du souci, de l'embarras. ♦ S'inquiéter, se tourmenter l'un l'autre.

TRACASSERIE, n. f. [tʀakas(ə)ʀi] (*tracasser*) ▷ Allées et venues pour de petites occupations. ◁ ♦ Chicane, mauvais incident, mauvaise difficulté. ♦ Propos, rapport qui tend à brouiller des gens les uns avec les autres. ♦ Effet des mauvais propos.

TRACASSIER, IÈRE, n. m. et n. f. [tʀakasje, jɛʀ] (*tracasser*) ▷ Celui qui va et vient pour de petites occupations. ◁ ♦ **Adj.** Il est tracassier. ♦ Personne qui tracasse, qui ne sait ce qu'il veut, qui suscite des difficultés sans raison. ♦ **Adj.** Une administration tracassière. ♦ Brouillon, indiscret, qui colporte de mauvais propos de l'un à l'autre.

TRACE, n. f. [tʀas] (*tracer*) Vestige qu'un homme ou un animal laisse à l'endroit où il a passé. « *Dans quels heureux climats Croyez-vous découvrir la trace de ses pas?* », RACINE. ♦ Marque que le sanglier et en général les bêtes noires laissent de leurs pieds sur la terre. ♦ *Aller, revenir sur la trace, sur les traces*, suivre, rejoindre. ♦ *Sur les traces de quelqu'un*, **Fig.** *Les cœurs volent sur ses traces*, il s'attire la bienveillance, l'amour de tout le monde. ♦ **Fig.** Exemple à suivre. « *Et ces fameux héros, dont il suivra la trace* », P. CORNEILLE. ♦ Marque, impression que laisse un chariot, un carrosse, etc. ♦ Toute marque laissée par une chose. *Il porte sur son visage la* trace de longues souffrances. « De son généreux sang la trace nous conduit », RA-CINE. ♦ **Fig.** Impression que les objets font dans l'esprit, dans la mémoire. *Cette aventure a laissé des traces profondes dans mon esprit.* ♦ **Fig.** Tout ce qui sert à laisser une marque, une impression. « *On vit François de Paule traverser toute la Sicile, laissant partout des traces d'une charité bienfaisante* », FLÉCHIER. ♦ Lignes que l'on fait sur le terrain pour un dessin, un plan, etc. *Faire la trace d'un parterre.* ♦ **Géom.** *Traces d'un plan, d'une droite,* sont les lignes, les points suivant lesquels ce plan, cette droite coupent les plans de projection. ♦ Premiers points, pour marquer les contours d'un ouvrage à l'aiguille. ▪ Quantité négligeable. ▪ *Marcher sur les traces de quelqu'un,* suivre l'exemple donné par une personne. ▪ *Suivre quelqu'un à la trace,* suivre une personne en s'aidant d'indices (odeurs, empreintes, etc.) qu'il a laissés derrière lui. *Suivre un criminel à la trace.* ♦ *Être sur la trace de,* être sur la piste de. *La justice est sur la trace de ce dangereux criminel.*

TRACÉ, ÉE, p. p. de tracer. [tʁase] N. m. Trait, imitation de la forme, des contours d'un ouvrage d'art que l'on obtient à l'aide de dessins ou de plans graphiques. *Le tracé d'un plan, d'un dessin, etc.* ♦ S'emploie comme synonyme de ligne, quand on parle d'une voie de communication. *Le tracé du chemin de fer de Paris à Orléans.* ♦ *Le tracé d'un retranchement, d'un ouvrage de fortification,* sa disposition horizontale sur le terrain.

TRACEMENT, n. m. [tʁas(ə)mɑ̃] (*tracer*) Action de tracer. *Le tracement d'un fort sur le terrain, d'une platebande.* ▪ Résultat de cette action.

TRACÉOLOGIE, ▪ n. f. [tʁaseoloʒi] (*tracé* et *-logie*) Science qui étudie les traces dont sont porteuses le tranchant des outils préhistoriques. *La tracéologie repose sur le principe de l'analogie expérimentale.*

TRACER, v. intr. [tʁase] (lat. pop. *tractiare,* de *tractum,* supin de *trahere,* tirer, traîner, dérivé du lat. *tractus*) S'étendre, cheminer horizontalement entre deux terres, en parlant de racines qui ne s'enfoncent pas. ♦ Il se dit aussi des petits animaux qui creusent des souterrains. *Les taupes tracent.* ♦ V. tr. Conduire un trait dans une certaine direction. *Tracer une ligne droite.* ♦ **Fig.** *Tracer le chemin à quelqu'un,* lui donner l'exemple. ♦ Indiquer par une ou plusieurs lignes le contour de quelque chose. *Tracer une circonférence.* ♦ Tirer les lignes d'une figure, d'un dessin, d'un plan sur le papier, sur la toile, etc. *Tracer un plan, un parterre, etc.* ♦ **Absol.** Tracer sur le terrain. ♦ **Fig.** *Tracer un modèle,* donner un modèle, un exemple à suivre. ♦ **Fig.** *Tracer une image,* représenter. ♦ Faire les premiers points pour marquer le contour des objets dans un ouvrage de broderie, de tapisserie, etc. *Tracer des caractères,* des mots, des lignes, les écrire. ♦ **Fig.** Faire connaître par le langage parlé ou écrit. « *T'ai-je tracé la vieille à morgue dominante ?* », BOILEAU. ♦ *Tracer le tableau, l'image, la peinture de quelque chose,* décrire quelque chose. ♦ **Fig.** Donner un enseignement, un plan. *Tracer à quelqu'un des règles de conduite. Tracer à quelqu'un la conduite, la route qu'il doit tenir.* ♦ Se tracer, v. pr. Être tracé. ▪ **Absol.** et fam. *Il trace,* il va très vite. ▪ **Industr.** Effectuer une opération de traçage. *Tracer des pièces d'usinage.*

TRACERET, ▪ n. m. [tʁas(ə)ʁɛ] (*tracer*) **Industr.** Pointe utilisée pour tracer sur différents types de supports comme le bois, le métal, etc. *Utiliser un traceret pour ajuster des surfaces.*

1 TRACEUR, EUSE, ▪ adj. [tʁasœʁ, øz] (*tracer*) Qui trace. ▪ N. m. **Inform.** Appareil qui permet d'éditer des courbes bidimensionnelles dans un système de coordonnées, à l'aide d'un stylo tenu par la machine. *Un traceur de courbes.* ▪ *Traceur de route,* appareil enregistreur qui permet d'inscrire, selon une courbe, la route que suit un navire. ▪ **Agric.** Machine marquant le sol pour assurer le parallélisme des passages des machines suivantes. ▪ **Sp.** Personne qui établit le tracé d'une piste de ski avant une compétition. ▪ **Phys.** Élément caractérisé par une présence radioactive artificielle ou naturelle permettant de suivre son évolution au cours d'une réaction ou d'une expérience. *Les traceurs radioactifs sont utilisés en imagerie médicale.*

2 TRACEUR, EUSE, ▪ n. m. et n. f. [tʁasœʁ, øz] (*tracer*) **Industr.** Personne dont la tâche consiste à réaliser des opérations de traçage.

TRACHÉAL, ALE, adj. [tʁakeal] (*ch* se prononce k ; *trachée*) **Anat.** Qui a rapport à la trachée-artère. *Artère trachéale. Nerfs trachéaux.*

TRACHÉE, n. f. [tʁaʃe] (b. lat. *trachia,* trachée, du gr *trakheia* [*artêria*], étendu à la botanique) **Bot.** Dans les plantes, nom donné à des espèces de vaisseaux composés de cellules très allongées superposées bout à bout, en empiétant un peu l'une sur l'autre par des extrémités coniques. ♦ Chez les insectes, canaux nombreux et déliés qui prennent naissance aux stigmates placés sur les côtés de l'abdomen, et conduisent l'air dans toutes les parties du corps. ▪ TRACHÉEN, ENNE, adj. [tʁakeɛ̃, en] *La respiration trachéenne.*

TRACHÉE-ARTÈRE, n. f. [tʁaʃeaʁtɛʁ] (gr. *trakheia artêria,* litt. artère raboteuse, à cause de ses anneaux) ▷ **Anat.** Canal communiquant du larynx aux bronches et servant au passage de l'air. ♦ On dit aussi, par abréviation et plus couramment *trachée.* ▪ Au pl. *Des trachées-artères.* ◁

TRACHÉIDE, ▪ n. f. [tʁakeid] (all. *tracheïde,* de *trachée* et *-ide*) **Bot.** Cellule allongée qui compose les tissus ligneux et joue le rôle de soutien et de

conduite de la sève brute dans les parties vivantes de la plante. *La trachéide du bois de compression des résineux.*

TRACHÉITE, n. f. [tʁakeit] **Méd.** Inflammation de la trachée. ▪ **Rem.** On prononçait autrefois [tʁaʃeit] en faisant entendre *ch* et non k.

TRACHÉOBRONCHITE, ▪ n. f. [tʁakeobʁɔ̃ʃit] (*trachée* et *bronchite*) **Méd.** Inflammation ou infection qui touche à la fois la trachée et les bronches. *La trachéobronchite fulgurante de Le Mée et Richards est une pathologie affectant principalement les nourrissons et les jeunes enfants.*

TRACHÉOTOMIE, n. f. [tʁakeotomi] (*ch* se prononce k ; *trachée* et *-tomie*) **Chir.** Opération chirurgicale dans laquelle on établit une communication entre la trachée et l'extérieur au-dessous du larynx. ▪ **Rem.** On prononçait [tʁaʃeotomi] autrefois en faisant entendre *ch* et non k.

TRACHOME, ▪ n. m. [tʁakom] (gr. *trakhôma,* aspérité de la paupière, de *trakhoun,* rendre raboteux) **Méd.** Inflammation de la conjonctive due à un virus qui se caractérise principalement par la formation de follicules et qui peut entraîner d'importantes pertes de l'acuité visuelle, voire la cécité. *Le trachome est fréquent dans les pays où les personnes vivent dans des conditions de surpeuplement avec un accès limité à l'eau et aux soins de santé.*

TRACHYTE, n. m. [tʁakit] (gr. *trakhus,* raboteux, rocailleux) **Géol.** Classe feldspathique de roches volcaniques à pâte grossière, celluleuse, âpre au toucher. ▪ **Rem.** On prononçait autrefois [tʁaʃit] en faisant entendre *ch* et non k.

TRAÇOIR, n. m. [tʁaswaʁ] (*tracer*) **Industr.** Poinçon qui sert à dessiner sur le métal les figures qu'on veut tracer. ♦ Outil du charpentier. ♦ ▷ Outil du jardinier. ◁

TRACT, ▪ n. m. [tʁakt] (mot angl., abrév. du lat. *tractatus,* discussion d'un sujet, traité) Brochure ou feuille distribuée gratuitement à des fins de propagande. *Un tract politique ou publicitaire.*

TRACTABLE, ▪ adj. [tʁaktabl] (1 *tracter*) Que l'on peut tracter ou qui est susceptible de l'être. *Une nacelle, une caravane tractable.*

TRACTAGE, ▪ n. m. [tʁaktaʒ] (2 *tracter*) Action de tracter, son résultat. *Le tractage de kayaks sur la banquise.*

TRACTATION, ▪ n. f. [tʁaktasjɔ̃] (lat. *tractatio,* maniement, traitement) Négociation, marchandage, que l'on fait généralement en secret. ▪ **Rem.** S'emploie surtout au pluriel. *Des tractations pour l'obtention d'un marché.*

1 TRACTER, ▪ v. tr. [tʁakte] (radic. de *tracteur*) Tirer au moyen d'un mécanisme ou d'un véhicule.

2 TRACTER, ▪ v. intr. [tʁakte] (*tract*) **Fam.** Distribuer des tracts. *Tracter pour la prochaine élection.*

TRACTEUR, TRICE, ▪ adj. [tʁaktœʁ, tʁis] (radic. du lat. *tractum,* supin de *trahere,* tirer) Qui tracte quelque chose. ▪ *Force tractrice,* force développée par le courant de l'eau permettant de transporter des matériaux. ▪ N. m. Véhicule à roues ou à chenilles tractant des machines agricoles.

TRACTIF, IVE, ▪ adj. [tʁaktif, iv] (radic. du lat. *tractum,* supin de *trahere,* tirer) **Méc.** Qui soumet une chose à une traction. *Un moteur tractif.*

TRACTION, n. f. [tʁaksjɔ̃] (b. lat. *tractio,* action de tirer) Action d'une force qui, placée en avant de la résistance, un corps mobile à l'aide d'un fil, d'une corde ou de tout autre intermédiaire. ▪ **Sp.** En gymnastique, mouvement qui consiste à hisser sa tête au-dessus d'une barre, d'anneaux, etc., en s'aidant de l'un de ces différents supports et de la force musculaire de ses bras et de ses épaules. *Une série de tractions.* ▪ **Spécialt** *Traction avant,* ou *traction,* disposition de la mécanique d'un véhicule telle que la puissance du moteur est transmise aux roues avant qui assurent sa traction. ▪ **Par anal.** Véhicule soumis à ce type de traction. *Les tractions avant de Citroën, presque toujours noires, représentaient les puissantes voitures des grands comme des truands.* ▪ **Phys.** Mouvement d'une pièce soumise à l'action de deux forces égales, mais opposées, qui entraîne son allongement. ▪ **Ch. de fer.** Service ayant la charge de vérifier le bon fonctionnement et la bonne conduite des engins à moteur.

TRACTOPELLE, ▪ n. f. [tʁaktopɛl] (*tracteur* et *pelle*) Engin muni à l'avant d'un équipement permettant de charger des choses et à l'arrière d'un second qui fait que l'on peut également s'en servir comme une pelle. ▪ **Rem.** On dit aussi *chargeuse-pelleteuse.*

TRACTORISTE, ▪ n. m. [tʁaktoʁist] (*tracteur*) Ouvrier qui s'est fait une spécialité de la conduite et de l'entretien de tracteurs. *Un tractoriste-mécanicien.*

TRACTUS, ▪ n. m. [tʁaktys] (mot lat., action de traîner, traînée) **Anat.** Ensemble d'organes constitutifs d'une unité fonctionnelle du corps humain. *Le tractus gastro-intestinal.*

TRADESCANTIA, ▪ n. m. [tʁadeskɑ̃tja] (mot lat. savant, de John *Tradescant,* jardinier de Charles Ier d'Angleterre) **Bot.** Plante herbacée vivace à feuillage coloré provenant d'Amérique et qui est généralement cultivée pour ses qualités ornementales. *Les variétés de tradescantias regroupent de* nombreuses plantes à feuilles panachées et rayées, dans des tons de vert, de gris pâle et de mauve. ■ REM. Couramment, on l'appelle *misère*.

TRADE-UNION, ■ n. m. [tʀɛdjunjɔn] (mot angl, de *trade*, métier et *union*, union) Syndicat ouvrier anglo-saxon. *Des trade-unions.* ■ TRADE-UNIONISTE, adj. et n. m. et n. f. [tʀɛdjunjɔnist] *Une politique trade-unioniste.*

TRADITEUR, n. m. [tʀaditœʀ] (lat. impér. *traditor*, traître, de *tradere*, livrer) Nom de ceux qui dans la persécution livrèrent les livres sacrés aux païens.

TRADITION, n. f. [tʀadisjɔ̃] (lat. *traditio*, action de transmettre, de *tradere*, confier, transmettre, enseigner) **Dr.** et **relig.** Action par laquelle on livre quelque chose à quelqu'un. *La vente se consomme par la tradition de la chose vendue.* ♦ Fig. « *Le sang, l'éducation, l'histoire des ancêtres jette dans le cœur des grands et des princes des semences et comme une tradition naturelle de vertu* », MASSILLON. ♦ Transmission de faits historiques, de doctrines religieuses, de légendes, etc., d'âge en âge, par voie orale et sans preuve authentique et écrite. « *Une tradition aussi ancienne que le monde* », ROLLIN. ♦ Les faits mêmes ainsi transmis. ♦ *Traditions judaïques*, les interprétations que les docteurs juifs avaient données à la loi de Moïse, et les additions qu'ils y avaient faites. ♦ Dans l'Église catholique, transmission de siècle en siècle de la connaissance des choses qui concernent la religion et qui ne sont point dans l'Écriture sainte. ♦ Les choses mêmes que l'on sait par la voie de la tradition. ♦ Tout ce que l'on sait ou pratique par tradition. *Ce jeu de scène est une tradition, est de tradition.* ■ Façon d'agir ou de penser dont la diffusion se perpétue sur plusieurs générations successives. *La tradition familiale veut que...*

TRADITIONALISME, n. m. [tʀadisjɔnalism] (*traditionnel*) Attachement aux traditions, aux anciens usages. ■ **Relig.** Doctrine qui au sein du catholicisme ne considère comme vérité que celle de la Tradition et de la Révélation.

TRADITIONALISTE, n. m. [tʀadisjɔnalist] (*traditionnel*) Partisan du traditionalisme. ♦ Dans la philosophie catholique, nom donné à ceux qui font dépendre la pensée absolument et uniquement de l'enseignement et de la parole qui constituent la tradition.

TRADITIONNAIRE, n. m. [tʀadisjɔnɛʀ] (*tradition*) Il se dit des Juifs qui expliquent l'Écriture par les traditions du Talmud. ♦ ▷ Par extens. Celui qui suit le passé, les traditions. ◁

TRADITIONNEL, ELLE, adj. [tʀadisjɔnɛl] (de *tradition*) Fondé sur la tradition. *L'autorité traditionnelle. Des opinions traditionnelles.* ■ Qui est relatif à une pratique ou à une chose qui n'a plus cours. *Des arts traditionnels. Un costume traditionnel.*

TRADITIONNELLEMENT, adv. [tʀadisjɔnɛl(ə)mɑ̃] (*traditionnel*) Suivant la tradition, d'après la tradition.

TRADUCTEUR, TRICE, n. m. et n. f. [tʀadyktœʀ, tʀis] (*traduire*, d'après le lat. *traductor*, qui fait passer d'un ordre dans un autre, de *traducere*) Celui qui traduit d'une langue dans une autre. ♦ *Traducteur juré ou assermenté*, celui qui, auprès d'un tribunal, fait les traductions demandées. ■ **Inform.** Appareil électronique ou programme constituant une aide à la traduction ou à la compréhension d'une langue étrangère. *Un traducteur en ligne.*

TRADUCTION, n. f. [tʀadyksjɔ̃] (*traduire*, d'après le lat. *traductio*, traversée, action de faire passer d'un point à un autre) Action de traduire. *Faire des traductions.* ♦ Version d'un ouvrage dans une langue différente de celle où il a été écrit. *La traduction des Géorgiques par Delille.* ♦ On dit de même : *la traduction d'un passage, d'un vers, etc.* ■ *Traduction assistée par ordinateur*, traduction semi-automatique réalisée à l'aide d'outils informatiques. ■ *Traduction simultanée*, traduction qui intervient simultanément aux propos dans la langue étrangère. ■ **Fig.** Expression du sens profond de quelque chose. ■ **Biol.** Constitution d'une protéine par décodage de l'acide ribonucléique (ARN). ■ **Litt.** Façon dont un objet premier est transposé en un objet second. *La traduction du sentiment d'amertume dans un poème.*

TRADUIRE, v. tr. [tʀadɥiʀ] (lat. *traducere*, faire passer, de *trans*, à travers, et *ducere*, conduire ; adopté par les humanistes au sens de traduire) Transférer quelqu'un d'un lieu à un autre. *Il fut traduit des prisons du Châtelet à la Conciergerie.* ♦ Citer ou renvoyer quelqu'un devant un juge, un tribunal. ♦ *Traduire en justice*, même sens. Faire passer un ouvrage d'une langue dans une autre. *Traduire un poème, un passage, un vers, etc.* ♦ *Traduire un auteur*, traduire ses ouvrages. ♦ **Absol.** « *Si vous traduisez toujours, on ne vous traduira jamais* », MONTESQUIEU. ♦ **Fig.** *Traduire en ridicule*, Voy. RIDICULE. ♦ **Par extens.** S'expliquer, interpréter. *Traduisez-moi votre pensée en termes plus clairs.* ♦ Manifester. « *Il savait ainsi traduire aux regards tous les sentiments de son âme* », MME DE STAËL. ♦ Se traduire, v. pr. Se montrer, comparaître. ♦ *Se traduire en ridicule*, se rendre ridicule. ♦ Être traduit. « *Les poètes ne se traduisent point ; peut-on traduire de la musique?* », VOLTAIRE. ♦ Être manifesté. *Sa colère se traduisit en imprécations.*

TRADUISIBLE, adj. [tʀadɥizibl] (radic. du p. prés. de *traduire*) Qui peut être traduit.

TRADUIT, ITE, p. p. de traduire. [tʀadɥi, it]

TRAFIC, n. m. [tʀafik] (selon les sens, [commerce] ital. *traffico*, [circulation] angl. traffic) ▷ Commerce de marchandises. *Il fait un grand trafic.* « *Carthage, enrichie par son trafic, voyait tous ses citoyens attachés à leurs richesses* », BOSSUET. ◁ ♦ Fig. Et en mauvaise part, profit que l'on tire de certaines choses. « *Ces hommes infâmes qui font un trafic honteux de la vérité* », MASSILLON. ♦ ▷ Transport des marchandises, par opposition au transport des voyageurs. ◁ ■ Commerce illégal. ■ Circulation des véhicules routiers, ferroviaires et aériens. ■ *Trafic d'influence*, Voy. INFLUENCE.

TRAFICOTER, ■ v. intr. [tʀafikote] (*trafiquer*) Fam. Se livrer à des petits trafics, plus ou moins honnêtes. ■ V. tr. Fam. Combiner, manigancer. *Qu'est-ce qu'il traficote?* ■ TRAFICOTAGE, n. m. [tʀafikotaʒ] ■ TRAFICOTEUR, EUSE, n. m. et n. f. [tʀafikotœʀ, øz]

TRAFIQUANT, ANTE, n. m. [tʀafikɑ̃, ɑ̃t] (*trafiquer*) ▷ Celui qui fait le trafic. ◁ ■ Personne qui s'adonne à des trafics illicites. *Des trafiquants de drogue.*

TRAFIQUÉ, ÉE, p. p. de trafiquer. [tʀafike]

TRAFIQUER, v. intr. [tʀafike] (ital. *trafficare*, du lat. pop. *tranfaecare*, de *fæx, fæcis*, lie, résidu) ▷ Faire trafic. « *Ils nous regardèrent comme des esclaves dont les Phéniciens trafiquaient* », FÉNELON. « *Les Portugais trafiquèrent aux Indes en conquérants* », MONTESQUIEU. ◁ ♦ Fig. Faire un profit illicite, malhonnête, honteux. « *Un vil amour du gain... Trafiqua du discours et vendit les paroles* », BOILEAU. ♦ Fig. Avoir relation, commerce, correspondance avec quelqu'un. ■ V. tr. Faire trafic de (peu usité en cet emploi). « *Les Juifs achètent au vil prix les blés, les bestiaux, les denrées du pays, les trafiquent à Dantzik et en Allemagne [1]* », VOLTAIRE. ♦ ▷ Négocier. *Trafiquer une lettre de change.* ◁ ♦ Fig. « *Ceux dont l'unique profession est de vendre et d'acheter des billets publics sur les nouvelles heureuses et malheureuses qu'on débite, et de trafiquer la crainte et l'espérance* », VOLTAIRE. ■ Modifier un produit par falsification. ■ Fam. Manigancer, faire quelque chose de façon secrète. *Qu'est-ce que tu trafiques?* ■ REM. 1 : Emploi diffamatoire de *Juifs* dans le texte de Voltaire.

TRAGACANTHE, n. f. [tʀagakɑ̃t] (gr. *tragakantha*, de *tragos*, bouc, et *akantha*, épine) ▷ Nom donné à plusieurs arbrisseaux du genre astragale qui produisent la gomme adragant. ◁

TRAGÉDIE, n. f. [tʀaʒedi] (lat. *tragœdia*, du gr. *tragôidia*) Pièce de théâtre en vers, dans laquelle figurent des personnages illustres, dont le but est d'exciter la terreur et la pitié, et qui se termine ordinairement par un événement funeste. *Les tragédies de Corneille, de Racine, etc.*, les tragédies composées par ces poètes. ♦ *La tragédie de Cinna, d'Athalie, etc.*, la tragédie dont Cinna, Athalie, etc. est le sujet. ♦ Fig. La muse tragique. ♦ Art de composer, de jouer des tragédies ; le genre tragique. « *Thespis est regardé comme l'inventeur de la tragédie* », ROLLIN. ♦ Fig. Événement funeste. *Les sanglantes tragédies des révolutions, de la guerre.*

TRAGÉDIEN, IENNE, n. m. et n. f. [tʀaʒedjɛ̃, jɛn] (*tragédie*) Acteur, actrice tragique. ♦ Auteur de tragédie (sens peu usité ; on dit plutôt *un tragique*). « *Apprends qu'un bon tragédien est très propre à être un très bon historien* », VOLTAIRE.

TRAGICOMÉDIE, n. f. [tʀaʒikomedi] (lat. *tragicomædia*) Pièce de théâtre qui tient de la tragédie par le sujet et les personnages, et de la comédie par les incidents et le dénouement. ♦ Il s'est dit d'une pièce à dénouement heureux, où il n'y a ni incidents, ni personnages comiques. « *Le Cid fut donné d'abord sous le titre de tragicomédie* », VOLTAIRE. ♦ Fig. Événement simultanément comique et tragique. *Une tragicomédie politique.* ■ REM. Graphie ancienne : *tragi-comédie*.

TRAGICOMIQUE, adj. [tʀaʒikomik] (*tragicomédie* d'après *comique*) Il se dit de quelque accident fâcheux qui tient du comique. *L'aventure est tragicomique.* ♦ Il se dit par dérision des personnes. ■ Qui a trait à une tragicomédie. *Une pièce de théâtre tragicomique.* ■ Fig. Qui est simultanément tragique et comique. *Une situation politique tragicomique.* ■ REM. Graphie ancienne : *tragi-comique*.

TRAGIQUE, adj. [tʀaʒik] (lat. *tragicus* et du gr. *tragikos*) Qui appartient à la tragédie. *Un acteur tragique. Les personnages tragiques.* ♦ Fig. et fam. *Un ton tragique*, un ton, un air qui affecte quelque chose d'alarmant. ♦ Fig. Funeste. *Fin tragique.* « *Quittez, quittez, madame, un dessein si tragique* », P. CORNEILLE. ♦ *Âme tragique*, homme occupé de noirs desseins. ♦ N. m. Le genre tragique. ♦ *Le tragique bourgeois*, le drame. ♦ Ce qu'il y a de tragique dans une composition. ♦ Fig. *Prendre les choses au tragique*, les considérer d'une manière trop sérieuse, d'une façon triste, alarmante. ♦ *L'affaire tourne au tragique*, menace d'avoir des suites funestes. ♦ Auteur de tragédies.

TRAGIQUEMENT, adv. [tʀaʒik(ə)mɑ̃] (*tragique*) D'une manière conforme à la tragédie. « *Racine est le seul qui ait traité l'amour tragiquement* », Voltaire. ◆ **Fig.** D'une manière tragique, funeste. *Il est mort tragiquement.* ◆ ▷ D'un air à exciter l'alarme. *Il fronçait tragiquement ses sourcils.* ◁

TRAGUS, ■ n. m. [tʀagys] (lat. sav., du gr. *tragos*, bouc, partie de la cavité de l'oreille qui s'étend vers les tempes) **Anat.** Petite saillie de forme triangulaire située à l'avant de l'orifice externe du conduit auditif. *La reconstruction chirurgicale du tragus.*

TRAHI, IE, p. p. de trahir. [tʀai]

TRAHIR, v. tr. [tʀaiʀ] (lat. *tradere*, remettre, livrer) Proprement, livrer par perfidie, et en général faire une perfidie à quelqu'un. *Trahir sa patrie, ses amis, etc.* ◆ **Absol.** « *Qui promet de trahir peut manquer de parole* », P. Corneille. ◆ Manquer à ce que l'on doit à quelqu'un, sacrifier ses intérêts. *Trahir les intérêts de quelqu'un.* ◆ *Trahir la confiance de quelqu'un,* manquer à la confiance qu'il a en nous. ◆ Être infidèle en amour, en amitié. ◆ Agir contre, en parlant de devoirs, de sentiments, d'obligations. *Trahir son roi, la vertu, ses promesses, etc.* ◆ *Trahir la vérité,* ses sentiments, parler contre la vérité, contre ses sentiments. ◆ *Trahir quelqu'un,* révéler son secret. ◆ *Trahir le secret d'autrui,* le révéler. ◆ Payer d'ingratitude. « *Tu trahis mes bienfaits, je les veux redoubler* », P. Corneille. ◆ Déceler. « *La rougeur de son front trahissait sa pensée* », Voltaire. ◆ En parlant des choses, ne pas seconder, rendre vain, décevoir. *Les événements trahirent ses espérances.* ◆ *Ma parole a trahi ma pensée,* elle l'a mal traduite. ◆ Faire défaut à. « *Mon bras, qui tant de fois a sauvé cet empire... Trahit donc ma querelle, et ne fait rien pour moi !* », P. Corneille. ◆ Se trahir, v. pr. Agir contre ses propres intérêts. ◆ Découvrir par imprudence ou par hasard ce qu'on voulait tenir caché. ◆ Révéler le secret l'un de l'autre.

TRAHISON, n. f. [tʀaizɔ̃] (*trahir*) Action de celui qui trahit ; acte d'une méchanceté perfide. ◆ *Haute trahison,* se dit des crimes qui intéressent au premier chef la sûreté de l'État. *Coupable de haute trahison.* ◆ Il se dit des infidélités en amour. ◆ **Fig.** *La trahison des sens,* le triomphe, par surprise, des sens sur la raison. ◆ Action de déformer, de mal traduire quelque chose. *La trahison d'une pensée.*

TRAIL, ■ n. m. [tʀɛl] ou [tʀɛjl] (angl. *trail bike*) Moto à suspensions pour la circulation sur route ou sur terrains accidentés. *Des trails.*

TRAILLE, n. f. [tʀaj] (lat. *tragula,* javelot muni d'une courroie) Corps flottant employé pour passer une rivière, dit aussi *pont volant* ; il est fixé à une poulie mobile le long d'un câble tendu en travers d'une rivière. ◆ Corde qui sert à guider un pont volant.

TRAIN, n. m. [tʀɛ̃] (*traîner*) En parlant des chevaux et des bêtes de voiture, allure. *Le train de ce cheval est doux.* ◆ *À fond de train,* se dit d'un cheval qu'on pousse aussi vite qu'il peut aller. ◆ *Aller bon train,* aller fort vite à pied, à cheval, ou en voiture. ◆ *Aller son petit train,* aller doucement, sans se presser. ◆ *Un train de sénateur,* un marcher lent et grave. ◆ **Fig.** *Au train dont il va,* ou *au train dont il y va,* il aura bientôt fini, il avance si vite dans sa besogne qu'elle sera bientôt finie. ◆ **Fig.** *Au train dont nous allons,* à la manière dont nous nous conduisons. ◆ *Aller un train de poste,* aller fort vite. ◆ ▷ **Fig.** *Mener quelqu'un grand train,* lui faire faire vite quelque chose. ◁ ◆ ▷ **Fig.** et **fam.** *Mener quelqu'un bon train, le faire aller bon train, beau train, grand train,* ne le point ménager. ◁ ◆ *Tout d'un train,* sans retard. ◁ ◆ *Grand train,* pris adverbialement, vite. ◆ Marche en général, mouvement. « *Ce train toujours égal dont marche l'univers* », La Fontaine. ◆ **Fig.** *Aller son train,* continuer. ◆ Il se dit des choses dans le même sens. *L'affaire va son train.* ◆ *Être en train, mettre en train,* être en action, en mouvement. ◆ *Être en train, un peu en train,* avoir un léger commencement d'ivresse. ◁ ◆ *Être en train de,* être disposé à. *Être en train de jouer. Il n'est pas en train de rire.* ◆ *Il est en train de se ruiner,* il mène une vie propre à le ruiner. ◆ *Mettre en train,* exciter ; exciter à la joie, au plaisir. ◆ *Mettre une affaire en train,* la commencer, la faire commencer. ◆ ▷ *Mettre une affaire en bon train,* en avancer le succès. *L'affaire est en bon train.* ◁ ◆ ▷ *Il est en bon train,* il est sur la voie du rétablissement. ◁ ◆ Partie de devant ou de derrière des chevaux, des bœufs et autres quadrupèdes. *Ce cheval a le train de devant faible.* ◆ **Techn.** Ce qui porte le corps d'un carrosse, d'un chariot. ◆ **Impr.** *Train de la presse,* la partie de la presse, sur laquelle on pose la forme, et qui avance sous la platine et s'en retire par le moyen de la manivelle. ◆ *Mise en train,* action de tout disposer pour le tirage d'une forme. ◆ Suite de valets, de chevaux, de mulets, etc. *Un grand train.* ◆ Suite de bêtes destinées soit au transport, soit à la subsistance. ◆ *Train d'artillerie,* troupes d'artillerie chargées de conduire les équipages de siège et de ponts et les approvisionnements d'artillerie. ◆ *Train des équipages* ou simplement *train,* corps de troupes qui est chargé du transport de tous approvisionnements autres que les munitions de guerre, nécessaires à une armée en campagne. ◆ **Ch. de fer.** Suite de voitures ou wagons qui se meuvent ensemble. *Train-poste* (au pl. *des trains-poste*),train qui, sur les chemins de fer, emporte le courrier et les lettres. *Train express,* Voy. express *Train de plaisir,* train destiné à conduire directement un certain nombre de voyageurs dans un lieu déterminé, puis à les ramener. ◆ Long assemblage de bois de chauffage ou de menuiserie, assujetti avec des perches et des liens, et qu'on fait flotter comme un radeau sur les rivières. ◆ Se dit d'un nombre considérable de métiers, et particulièrement en typographie, du nombre de presse que l'on emploie. ◆ **Par extens.** Bruit, tapage. *Faire beaucoup de train.* ◁ ◆ ▷ *Faire le train,* se réjouir avec bruit. ◁ ◆ **Fig.** *Faire le train, faire du train,* gronder, se fâcher. ◁ ◆ **Fig.** *Faire du train,* se dit de quelque objet dont on parle beaucoup, qui agite l'opinion publique. ◁ ◆ **Fig.** Enchaînement, suite des choses. « *Je m'en vais reprendre le train de mes promenades* », Mme de Sévigné. ◆ Tournure que prennent les événements, les affaires. *Quel train prend l'affaire ?* ◆ ▷ Habitude, manière d'être. « *Voilà le train du monde et de ses sectateurs ; On s'y sert du bienfait contre les bienfaiteurs* », La Fontaine. ◁ ◆ ▷ *Prendre le train,* prendre une certaine manière d'être. ◁ ◆ *Mener un train d'enfer,* faire une grande dépense, user rapidement la vie. ◆ Genre de vie. *Suivre toujours le même train de vie.* ■ *À fond de train,* très vite. *Il allait à fond de train sur l'autoroute.* ■ *Prendre le train en marche,* participer à une action déjà en cours. ■ *Train routier,* remorque attelée à un véhicule automobile. ◆ **Fig.** Série de décisions législatives ou gouvernementales. *Le gouvernement annonce un train de mesures en faveur de la formation professionnelle.* ■ *Mener grand train,* dépenser beaucoup d'argent, vivre luxueusement. ■ *Train de maison,* ensemble des domestiques d'une maison. ■ *Être en train,* être de bonne humeur. ■ *Train d'atterrissage,* dispositif qui permet à un avion ou à un hélicoptère de se déplacer sur le sol. *L'avion va atterrir, il vient de sortir son train d'atterrissage.* ■ **Fam.** Fesses. *Se faire botter le train.* ■ **Rem.** On dit auj. *Au train où il va, au train où nous allons.*

TRAÎNAGE ou **TRAINAGE**, n. m. [tʀenaʒ] (*traîner*) Action de traîner, et particulièrement de traîner des traîneaux. *La saison du traînage.*

TRAÎNAILLER ou **TRAINAILLER**, ■ v. intr. [tʀenaje] (*traîner*) **Fam.** Traîner, marcher difficilement et lentement. *Elle traînaille, nous devrons l'attendre.* ■ Errer en prenant son temps. « *C'était le jour de fermeture obligatoire des magasins et ils devaient traînailler un peu au lit* », Joffo. ■ Être très lent dans la réalisation de quelque chose. *Dépêche-toi, tu traînailles.*

TRAÎNANT, ANTE, ou **TRAINANT, ANTE**, adj. [tʀenɑ̃, ɑ̃t] (*traîner*) Qui traîne à terre. *Robe traînante.* ◆ **Fig.** « *Ainsi nous allons toujours tirant après nous cette longue chaîne traînante de notre espérance* », Bossuet. ◆ ▷ *Drapeaux traînants,* drapeaux qu'on portait renversés au convoi d'un général d'armée. ◁ ◆ ▷ *Piques traînantes,* les piques qu'on y portait renversées, le fer traînant à terre. ◁ ◆ **Fig. Littér.** Qui a un caractère de longueur et de langueur. *Cet acte est traînant.* ◆ *Discours, style traînant,* discours, style languissant, qui renferme peu de choses en beaucoup de paroles. ◆ Qui dure longtemps, trop longtemps, qui traîne. « *Que ne peut ma haine... Vous la [la mort] rendre à la fois et cruelle et traînante !* », P. Corneille. ◆ ▷ Débile et languissant. « *Que leur dévotion est traînante et débile !* », P. Corneille. ◁ ◆ Qui a quelque chose de monotone et de lent, en parlant de la voix. *Un accent traînant.*

TRAÎNARD, ARDE ou **TRAINARD, ARDE**, n. m. et n. f. [tʀenaʀ, aʀd] (*traîner*) ▷ Soldat qui reste en arrière de son corps. ◁ ◆ **Adj.** *Soldat traînard.* ◁ ◆ **Par extens.** Homme inactif, négligent. ■ Personne qui a du mal à suivre un groupe, qui reste en arrière. *Il faudrait attendre les traînards.* ■ Personne qui agit avec lenteur. *Quelle traînarde !* ■ **Techn.** Chariot qui coulisse sur le banc de tour.

TRAÎNASSE ou **TRAINASSE**, n. f. [tʀenas] (*traîner*) Long filet d'oiseleur. ◆ Nom collectif sous lequel les jardiniers désignent tant les jets que les coulants. ◆ Nom vulgaire de la renouée des oiseaux.

TRAÎNASSER ou **TRAINASSER**, v. tr. [tʀenase] (*traîner*) **Fam.** Traîner désagréablement en longueur. « *Çà, n'allez pas traînasser notre affaire* », Voltaire.

TRAÎNE ou **TRAINE**, n. f. [tʀen] (*traîner*) Action d'être traîné. ◆ Queue traînante d'une robe. ◆ **Mar.** *Corde qui traîne à la mer,* afin que les hommes tombés à la mer puissent trouver là un moyen de sauvetage. ◆ *Être à la traîne,* se dit d'un objet quelconque que l'on jette à la mer après l'avoir fixé au bout d'un cordage. ◆ ▷ Petit chariot du cordier. ◁ ◆ Nom de différentes espèces de seines. ◆ *Perdreaux qui sont en traîne,* perdreaux qui ne peuvent pas encore voler, ni se séparer de leur mère. ◆ **Fam.** *Être à la traîne,* avoir du mal à suivre, être un peu loin en arrière. ◆ **Météorol.** Zone située à l'arrière d'un front froid. *Un ciel de traîne.* ■ **Québec** *Traîne sauvage,* sorte de longue luge sans patins dont la partie avant est relevée.

TRAÎNÉ, ÉE ou **TRAINÉ, ÉE**, p. p. de traîner. [tʀene]

TRAÎNEAU ou **TRAINEAU**, n. m. [tʀeno] (*traîner*) Voiture sans roues dont on se sert pour aller sur la neige ou sur la glace. ◆ Voiture sans roues qui sert à traîner des fardeaux, des marchandises. ◆ Cadre de bois qu'on fait traîner sur les terres labourables pour les régaler. ♦ Syn. de traînoir. ♦ Grand filet pour le gibier ou le poisson.

TRAÎNÉE ou **TRAINÉE**, n. f. [tʀene] (*traîner*) Petite quantité de chose répandue sur une certaine longueur. *Une traînée de blé, de plâtre, etc.* ♦ Longue suite de poudre à canon, qui sert à communiquer le feu à l'amorce. ♦ Fig. « *Le fanatisme est-il entièrement extirpé?... n'est-ce pas une traînée de poudre à laquelle on peut mettre un jour le feu?* », VOLTAIRE. ♦ ▷ Morceaux de charogne, placés de distance en distance pour attirer un loup dans un piège. ◁ ♦ ▷ Passage fait en se traînant. ◁ ♦ ▷ Gens qui traînent. « *Une traînée de spectres, couverts de lambeaux* », DE SÉGUR. ◁ ♦ Jets que les plantes poussent de côté et d'autre, qui s'implantent en terre et deviennent autant de nouveaux pieds. ◁ ♦ Espèce de ligne de fond. ■ *Comme une traînée de poudre*, très rapidement. *La nouvelle s'est répandue comme une traînée de poudre.* ■ Longue trace laissée par quelque chose dans l'air ou dans l'eau. *L'avion a laissé une traînée de fumée dans son sillage.* ■ **Phys.** Force qui s'oppose au mouvement d'un corps dans un fluide. ■ **Fam.** et **péj.** Prostituée. *On sait qu'il va voir les traînées.*

TRAÎNEMENT ou **TRAINEMENT**, n. m. [tʀen(ə)mɑ̃] (*traîner*) Action de traîner. ♦ ▷ Dégradation des bouches à feu. ◁

TRAÎNER ou **TRAINER**, v. tr. [tʀene] (b. lat. *traginare*, du lat. *trahere*, tirer, traîner) Tirer après soi. ♦ *Traîner quelqu'un dans la boue*, le jeter dans la boue et le traîner, et fig. attaquer gravement la réputation de quelqu'un par des paroles ou par des écrits. ♦ *Traîner la jambe*, marcher en tirant une des jambes après l'autre, parce que cette jambe est faible ou blessée. ♦ On dit de même : *Ce cheval traîne la jambe.* ♦ *Traîner les pieds*, marcher de manière que les pieds ne quittent pas le sol. ♦ *Cet oiseau traîne l'aile*, il a les ailes pendantes, ce qui marque qu'il est blessé ou malade. ♦ Rouler avec soi, en parlant d'une rivière. ♦ Forcer d'aller ; amener avec soi des personnes ou des choses. *Traîner des captifs.* ♦ **Fig.** « *Hâtons-nous ; le temps fuit et nous traîne avec soi* », BOILEAU. ◁ ♦ Il se dit des paroles, du ton, où il y a lenteur et de la voix qui s'allonge. *Traîner ses paroles, les syllabes, etc.* ■ **Constr.** *Traîner* se dit d'un moyen qu'on emploie pour exécuter, dans les bâtiments, les corniches de plâtre, en promenant le calibre ou profil sur le plâtre encore mou. *Traîner une moulure.* ◁ ♦ *Traîner quelqu'un*, différer à terminer l'affaire qu'on a avec lui. ◁ ♦ *Traîner en longueur* ou *traîner quelque chose*, en différer la conclusion. ♦ **V. intr.** Aller en traînant. « *Elle [la perdrix] fait la blessée, et va traînant de l'aile* », LA FONTAINE. ♦ Pendre jusqu'à terre. *Une robe qui traîne.* ♦ Pendre en désordre. *Des cheveux en désordre et traînant sur les épaules.* ♦ **Fig.** *Son nom traîne dans la fange.* ♦ Il se dit des choses non rangées qu'on a mises et à la place où elles devraient être. *Chez lui tout traîne.* ♦ *Laisser traîner*, ne pas prendre soin, ne pas ranger. ♦ **Fig.** *Cela traîne dans tous les livres, traîne partout*, se dit d'une pensée commune, vulgaire, etc. ♦ On dit dans le même sens : *Traîner les rues* (c'est-à-dire traîner par les rues). ♦ Languir sans pouvoir se rétablir. ♦ Être l'objet de lenteurs, en parlant d'une chose. ♦ On dit de même : *Traîner en longueur.* ♦ Mettre du retard, en parlant d'une personne. ♦ ▷ Être froid, languissant, en parlant d'une œuvre littéraire. ◁ ♦ Rester en arrière. *Les blessés traînent loin du corps de l'armée.* ♦ Au jeu de billard, conduire quelque temps sa bille, sans que le bout de la queue la quitte. ♦ Se traîner, v. pr. Ramper. ♦ Se mouvoir à genoux, prosterné. *Se traîner sur les genoux, aux pieds de quelqu'un.* ♦ **Fam.** Se rouler. *Cet enfant se traîne par terre.* ♦ Marcher avec peine. ♦ **Fig.** S'avancer péniblement par un mouvement métaphorique comparé à un mouvement réel. *Je me traîne à la tombe où je ne puis descendre* », VOLTAIRE. ♦ Être froid, languissant, en parlant de compositions littéraires. ◁ ■ **V. tr.** Avoir du mal à se débarrasser de quelque chose. *Il traîne un rhume depuis deux semaines.* ■ **Fig.** *Traîner des pieds*, montrer de la mauvaise volonté à faire quelque chose. ■ **V. intr.** Marcher sans but ou se trouver dans un lieu à ne rien faire. *Ils ont traîné toute la journée dans les rues de la ville.*

TRAÎNE-SAVATE ou **TRAINE-SAVATE**, ■ n. m. [tʀen(ə)savat] (*traîner* et *savate*) Personne qui erre, sans occupation. *Ce qui lui plaisait le plus, c'est que celui qu'on appelle le Christ était du côté des filles perdues, des étrangers, des pauvres [...], des traîne-savates, des larrons et des réprouvés, et ça lui plaisait* », VINCENOT.

TRAÎNEUR, EUSE ou **TRAINEUR, EUSE**, n. m. et n. f. [tʀenœʀ, øz] (*traîner*) Personne qui traîne quelque chose. ♦ Autrefois, par dénigrement, *traî-*

neur d'épée, vagabond, fainéant qui porte l'épée. ♦ Aujourd'hui, *traîneur de sabre*, Militaire peu occupé et qui affecte de promener partout son inutilité et son sabre. ♦ Personne qui conduit un traîneau sur la glace. ♦ Ouvrier employé au transport des minerais. ♦ Soldat qui marche derrière le corps auquel il appartient ; syn. de traînard. ♦ Bâtiment d'une flotte, d'un convoi qui reste en arrière. ◁ ♦ Chien qui ne suit pas le gros de la meute. ♦ *Traîneur, traîneuse*, celui, celle qui demeure derrière, qui est en retard. ■ **Fam.** Personne qui traîne, qui erre. « *Vous feriez mieux de ne pas vous occuper de ces petits traîneurs de pavé. Ce sont tous des fripons et des fils du diable* », C. LEMONNIER.

TRAINGLOT ou **TRINGLOT**, ■ n. m. [tʀeglo] (*train*, avec infl. de *tringle*, fusil) **Arg. Milit.** Soldat qui s'occupe du matériel.

TRAINING, ■ n. m. [tʀeniŋ] (mot angl., de *to train*, s'entraîner) Entraînement sportif fondé sur la répétition d'exercices. *Échauffement et exercices de training.* ■ **Par méton.** Chaussures de sport que l'on porte pour pratiquer du sport. ■ **Fig.** Perfectionnement, maintien en condition dans un domaine donné. *Un stage de training en management.*

TRAÎNOIR ou **TRAINOIR**, n. m. [tʀenwaʀ] (*traîner*) ▷ Châssis entrelacé de baguettes, qu'on fait traîner sur les terres labourées pour en rompre les mottes. ♦ Pièce de bois qu'on met en sautoir sous les charrues et les herses, pour les conduire dans les champs et les en ramener ; on dit aussi *traîneau*. ◁

TRAIN-TRAIN ou **TRAINTRAIN**, ■ n. m. inv. [tʀetʀe] (*train*) Routine. *Train-train quotidien.* ■ **REM.** On disait aussi *trantran*.

TRAIN-TRAM, ■ n. m. [tʀetʀam] (*train* et *tram*) Des trains-trams. Voy. TRAM-TRAIN.

TRAIRE, v. tr. [tʀeʀ] (lat. pop. *tragere*, de *trahere*, tirer) ▷ Proprement, tirer (sens ancien, qui n'est plus usité que dans les composés *abstraire, soustraire, retraire*, et au participe passif dans *or trait*). ◁ ♦ En parlant de certains animaux, tirer leur lait. *Traire les vaches, les brebis.* ♦ **Absol.** « *La bonne façon de traire est de conduire la main depuis le haut du pis jusqu'en bas sans interruption* », Mme DE GENLIS. ♦ On dit de même : *Traire du lait.* ■ **Fig.** Tirer, obtenir de quelqu'un. « *Mon Dieu ! je sais l'art de traire les hommes* », MOLIÈRE.

1 **TRAIT**, n. m. [tʀe] (selon le sens, lat. *tractus*, action de tirer, étendue d'espace ou de temps, ou part. p. de *traire*) Action de tirer une voiture, un chariot. ♦ **Fig.** *Donner le premier trait*, commencer, engager une affaire. ◁ ♦ *Cheval de trait*, cheval qui sert au tirage des voitures. ♦ *D'un trait*, sans descendre de cheval. ◁ ♦ **Fig.** *D'un trait, d'un seul trait*, sans intermédiaire, sans relâche. ♦ Corde ou lanière en cuir par l'intermédiaire de laquelle les chevaux tirent une voiture. ♦ Longe à laquelle est attaché le limier qu'on mène au bois. ♦ ▷ Plusieurs bateaux qu'on attache les uns aux autres pour remonter une rivière. ◁ ♦ **Pêche** Espace que l'on parcourt avec un filet que l'on traîne. ◁ ♦ *Trait de corde*, dans le supplice de l'estrapade le patient. Dans la question, action de resserrer la corde. ♦ ▷ Ce qui entraîne l'un des bassins de la balance. *Le trait est trop fort.* ◁ ♦ ▷ *Le trait*, fil d'or ou d'argent qui a passé par la filière. ◁ ♦ Fil d'argent ou de cuivre pur, dont on se sert pour les ouvrages de passementerie. ♦ Ce qu'on avale de liqueur d'une seule haleine ; action d'avaler d'une seule haleine. *Vider son verre d'un seul trait.* ♦ *Boire à longs traits*, boire lentement, en savourant ce qu'on boit. ♦ **Fig.** « *Quoi ! du calice amer d'un malheur si durable Faut-il boire à longs traits la lie insupportable?* », VOLTAIRE. ♦ Toute arme qui est lancée, soit avec la main, soit avec l'arc, soit avec la baliste, soit avec la fronde. « *Déjà de traits en l'air s'élevait un nuage* », RACINE. ♦ *Gens de trait*, ceux qui lançaient le javelot, tiraient de l'arc, etc. ♦ *Trait d'arc, d'arbalète*, portée d'un arc, d'une arbalète. *Ces deux maisons sont à un trait d'arbalète l'une de l'autre.* ♦ **Fig.** *Comme un trait d'arbalète* ou simplement *comme un trait*, très vite. ♦ **Par extens.** Ce qui, se mouvant rapidement, est comparé à un trait d'arbalète. *Des traits de lumière.* ♦ **Fig.** « *De quelque rude trait qu'il [le destin] m'ose avoir frappée* », P. CORNEILLE. « *[Il] Te garantira mal des traits de ma colère* », ROTROU. ♦ ▷ **Fig.** *Un trait de flamme*, une parole, une expression passionnée. ◁ ♦ **Fig.** *Peindre avec des traits de flamme*, exprimer avec la plus grande chaleur. ◁ ♦ **Fig.** *Trait de lumière*, une pensée qui vient tout à coup, une idée, un renseignement qui amène une découverte. ♦ **Fig.** Ce qui frappe, touche, comme ferait un trait d'arbalète, l'âme, le cœur. « *Cette langueur ennemie... qui lui portait tous les jours quelque trait mortel dans le sein* », FLÉCHIER. ♦ *Les traits de l'amour.* « *Madame, il vous souvient que mon cœur en ces lieux Reçut le premier trait qui partit de vos yeux* », RACINE. ♦ Ligne qu'on trace avec la plume. *Passer un trait sur une ligne pour l'effacer.* ♦ *D'un trait de plume*, en écrivant ou en rayant quelques mots, et fig. sans qu'il en coûte plus qu'un trait de plume. ♦ **Gramm.** *Trait d'union*, petite barre qui unit des mots pour en faire un seul ; par exemple : *tout-puissant. Des traits d'union.* ♦ **Fig.** *Trait d'union*, moyen d'unir, lien. ♦ **Écriture.** « *De son auguste seing reconnaissez les traits* », RACINE. ♦ **Peint.** Ligne par laquelle on imite la forme d'un objet. *La pureté du trait.* ♦ **Fig.** *Peindre à grands traits*, raconter rapidement

et avec animation. ◆ ▷ *Prendre le trait*, copier les contours d'une figure ; calquer. ◁ ◆ *Copier trait pour trait*, copier exactement, fidèlement. ◆ Fig. *Trait pour trait*, d'une façon exactement semblable. ◆ **Grav.** Hachure, taille. ◆ **Collect.** Les lignes d'un dessin qui n'est pas ombré. *Un dessin au trait.* ◆ Ligne naturelle, colorée, qui se remarque sur certains corps. « *Un trait de vert d'émeraude très vif tracé sur la gorge de ce colibri* », BUFFON. ◆ Tracé des opérations nécessaires pour tailler la pierre et le bois, et pour appareiller les matériaux d'une construction. ◆ ▷ *Pièce de trait*, modèle ou partie de construction faite selon l'art du trait. ◁ ◆ ▷ On dit dans un sens analogue : *Le trait de cette voûte est hardi.* ◁ ◆ Certaines lignes destinées à servir de marque. *Trait de repère.* ◆ ▷ **Mar.** Ligne qui indique la direction du vent. ◁ ◆ *Traits du compas*, lignes tracées sur une rose des vents pour indiquer les diverses directions ou divisions de la boussole. ◆ ▷ **Jard.** *Trait de buis*, filet de buis nain qui borde une platebande. ◁ ◆ **Héral.** Rang de carreaux d'un échiquier. ◆ *Le trait de la scie*, marque indiquant l'endroit où il faut scier la pierre. ◆ Ce que la scie emporte de la pierre ou du bois. ◆ *Trait de scie*, chaque coupe faite avec la scie dans le bois ou dans la pierre. ◆ Linéaments, lignes du visage : en ce sens, il se dit surtout au pluriel. *De beaux traits.* ◆ ▷ *Un faux trait dans les yeux*, se dit des personnes qui, sans être absolument louches, ne laissent pas d'avoir une fausse direction dans l'un des yeux. ◁ ◆ Fig. Action qui marque une intention favorable ou nuisible. « *Mon drôle assurément leur jouera quelque trait* », MOLIÈRE. « *Reconnaissez, Abner, à ces traits éclatants Un Dieu tel aujourd'hui qu'il fut dans tous les temps* », RACINE. ◁ ◆ **Très fam.** *Faire des traits*, tromper, faire des infidélités. ◆ ▷ *Un trait noir*, une action méchante, perfide. ◁ ◆ Action, acte ayant quelque chose de remarquable. *Un trait de bienfaisance, de générosité, de prudence, de génie, etc.* ◆ *Trait d'esprit*, action ou parole ingénieuse. ◆ En parlant d'histoire, un fait, un événement remarquable. *Les beaux traits de notre histoire.* ◆ Ce qui distingue ou caractérise une personne ou une chose. *Le trait caractéristique d'une époque.* ◆ *Un trait de caractère*, une action ou une parole bien conforme au caractère de celui qui agit ou qui parle. ◆ Ce qu'il y a de saillant, de frappant, de brillant dans une composition littéraire. *Des traits d'éloquence.* ◆ Particulièrement, pensée vive, brillante, imprévue. ◆ ▷ *Trait de sentiment*, pensée qui exprime un mouvement du cœur. ◁ ◆ **Mus.** Suite de notes rapides que l'on exécute sur les instruments ou avec la voix. ◆ **Néolog.** Se dit absolument pour mordant, vivacité de style et de langage. *Avoir du trait.* ◆ Fig. Parole piquante, railleuse. *Un trait de satire.* ◆ Particulièrement, attaque de la médisance, de la calomnie, de l'envie, etc. *Les traits de l'envie.* ◆ Fig. Rapport d'une chose à une autre. « *Fagon [médecin de Louis XIV] était curieux de tout ce qui avait trait à son métier* », SAINT-SIMON. ◆ ▷ *Trait de temps*, durée, longueur de temps. *Par trait de temps.* ◁ ◆ **Liturg. cathol.** Verset que l'on chante entre le graduel et l'évangile. ◆ Au jeu d'échecs, l'avantage de jouer le premier. *Avoir le trait. Donner deux traits*, donner l'avantage de jouer deux pièces. ■ Fig. *Tirer un trait sur quelque chose*, y renoncer définitivement. ■ *Avoir trait à*, concerner, se rapporter à. ■ **Rem.** Il n'est plus considéré comme un néologisme aujourd'hui dans le sens de *vivacité de style ou de langage*.

2 TRAIT, AITE, p. p. de traire. [tʀɛ, ɛt] Tiré ; ne se dit en ce sens que des métaux passés par la filière. *Or trait.* ◆ Dont on a tiré le lait. *Vache traite.* ◆ On dit aussi *du lait trait.*

TRAITABLE, adj. [tʀɛtabl] (*traiter*) Doux, maniable, facile. « *Il faut parmi le monde une vertu traitable* », MOLIÈRE. ◆ « *C'est le privilège de tous les arts de rendre les hommes plus traitables* », VOLTAIRE. ■ **Rem.** Il est littéraire aujourd'hui.

TRAITANT, ANTE, adj. [tʀɛtɑ̃, ɑ̃t] (*traiter*) *Médecin traitant*, médecin qui traite un malade, les malades. ◆ N. m. Celui qui se chargeait du recouvrement des deniers publics à des conditions réglées par un traité. ■ **Adj.** Qui traite, qui soigne. *Crème traitante.*

TRAIT D'UNION, ■ n. m. [tʀɛdynjɔ̃] (*trait* et *union*) Des traits d'union. Voy. TRAIT.

TRAITE, n. f. [tʀɛt] (fém. substantivé du p. p. de traire, tirer) ▷ Action de tirer, de transporter certaines marchandises d'une province à une autre, ou d'un État à un autre. *On a permis la traite des blés. Il s'est fait de grandes traites de vins.* ◁ ◆ En particulier, trafic que font les bâtiments de commerce sur les côtes d'Afrique. ◆ *La traite des nègres*[1] ou absol. *la traite*, l'achat et la vente d'esclaves noirs. ◆ ▷ Commerce des banquiers. ◁ ◆ Lettre de change. *Faire accepter des traites.* ◆ Étendue de chemin qu'un voyageur fait d'un lieu à un autre sans se reposer. « *Ma traite est longue à faire* », LA FONTAINE. ◆ Fig. *[Il] Ronfle toujours, fait la nuit d'une traite* », LA FONTAINE. ◆ Absol. *Il y a une traite*, se dit pour exprimer que la distance d'un lieu à un autre est assez considérable. ◆ L'action de traire le lait. *Le produit d'une traite.* ◆ Anciennement, droit levé sur les marchandises qui sortaient du royaume, ou y entraient, ou qui passaient d'une province à une autre. ◆ *Traite des Blanches*, fait d'enlever ou d'entraîner des femmes et de les obliger à se prostituer. ■ **Rem. 1 :** À l'époque de Littré, le mot *nègre* n'était pas raciste. On dit de nos jours, dans ce sens, *la traite des Noirs.*

1 TRAITÉ, n. m. [tʀɛte] (selon le sens lat. *tractatus*, action de traiter un sujet, ou p. p. substantivé de traiter) Ouvrage où l'on traite de quelque art, de quelque science, de quelque matière particulière. *Un traité sur l'amitié. Des traités de morale.* ◆ Convention faite entre des souverains, entre des États. ◆ Fig. « *L'intérêt est ton dieu, le mien est l'équité ; Entre ces ennemis il n'est point de traité* », VOLTAIRE. ◆ Convention entre particuliers ou avec le gouvernement, avec l'administration. *Le traité que les entrepreneurs ont fait avec l'administration.* ◆ ▷ Chose convenue. « *Mais pour vous, vous savez quel est notre traité* », MOLIÈRE. ◁

2 TRAITÉ, ÉE, p. p. de traiter. [tʀɛte]

TRAITEMENT, n. m. [tʀɛt(ə)mɑ̃] (*traiter*) Manière d'agir avec quelqu'un, de l'accueillir, de le traiter. *D'indignes traitements.* « *Mais je garde à ce prince un traitement plus doux* », RACINE. ◆ *Bon traitement, mauvais traitement*, se dit de la manière dont on traite quelqu'un. ◆ **Au pl.** *Mauvais traitements*, coups, violences, sévices. ◆ Appointements attachés à un emploi. *Le traitement des officiers.* ◆ Manière de conduire une maladie, à l'effet soit de la guérir, soit de calmer les souffrances qu'elle cause, etc. ◆ *Traitement moral*, ensemble des moyens thérapeutiques tirés de la direction donnée à l'exercice des sentiments et des facultés intellectuelles. ◆ Honneur qu'on rend dans les cours à des personnes de distinction. *La république de Venise avait le traitement des têtes couronnées.* ◁ ◆ Repas que le roi faisait donner en certaines occasions aux ambassadeurs ordinaires et extraordinaires, et même aux envoyés. ◆ Manière d'aménager, d'exploiter une forêt. ◆ Nom des opérations qu'on fait subir à une substance pour qu'un objet soit industriel, soit scientifique. *Les différents traitements des mines de fer.* ◆ Modification que l'on fait subir à quelque chose pour en transformer la nature. *Le traitement des déchets.* ■ *Traitement de l'information*, ensemble des opérations automatiques qui permettent de rendre des données informatiques exploitables. ■ *Traitement de texte*, logiciel informatique permettant d'écrire et de mettre en forme du texte.

TRAITER, v. tr. [tʀɛte] (lat. *tractare*, manier, se comporter, traiter) Agir de telle ou telle manière avec quelqu'un. « *Traitez-moi comme ami, non comme souverain* », P. CORNEILLE. ◆ Fig. Avec un nom de chose pour sujet. *La fièvre l'a rudement traité.* ◆ ▷ *Traiter de*, traiter avec. « *Il traitait de mépris les dieux qu'on invoquait* », P. CORNEILLE. ◁ ◆ ▷ Fig. et fam. *Traiter quelqu'un de haut en bas ou du haut en bas*, le traiter avec dédain, avec hauteur. ◁ ◆ ▷ *Traiter en chien courtaud*, traiter comme un chien, traiter très mal. ◁ ◆ Fam. *Traiter quelqu'un en enfant de bonne maison*, le réprimander, le châtier sans ménagement. ◁ ◆ ▷ *Traiter quelqu'un de Turc à Maure*[1], Voy. MAURE. ◁ ◆ ▷ *Traiter quelqu'un d'égal*, se comporter à l'égard de quelqu'un comme envers un égal. ◆ Il se dit du médecin ou chirurgien qui donne des soins à un malade. *Traiter un malade. Se faire traiter d'un cancer.* ◆ On dit de même : *Traiter une maladie.* ◆ **Chim. et industr.** Soumettre une substance à l'action de divers agents. *Traiter une mine.* ◆ *Traiter une forêt en futaie, en taillis*, l'aménager, l'exploiter en futaie, en taillis. ◆ ▷ Régaler, donner à manger. *Traiter quelqu'un.* ◁ ◆ ▷ Absol. *Il traite souvent.* ◁ ◆ Il se dit aussi de ceux qui donnent à manger pour de l'argent. *Traiter à tant par tête.* ◁ ◆ Travailler à régler les conditions, les clauses de quelque affaire. *Traiter la paix, un mariage, une affaire, etc.* ◆ **Comm.** Faire une opération de vente ou d'achat. « *Nous avons traité, au Port des Français, environ mille peaux de loutre* », LA PÉROUSE. « *Les Anglais y traitent annuellement trois mille esclaves* », RAYNAL. ◆ S'occuper de. « *La gravité romaine n'a pas traité la religion plus sérieusement* », BOSSUET. ◆ Exposer, développer un sujet. *Traiter une question.* ◆ **Peint.** Traiter un sujet, exécuter un tableau sur ce sujet. ◆ On dit de même : *Cette composition, cette figure est bien traitée*, elle est bien et soigneusement exécutée. ◆ Donner à quelqu'un tel ou tel titre. « *Il se laissa traiter de roi* », PASCAL. ◆ **Par extens.** Donner telle ou telle qualification bonne ou mauvaise à une personne ou à une chose. « *Et j'ai traité cela de pure bagatelle* », MOLIÈRE. « *Me traiter de coquin, de fripon, de pendard, d'infâme !* », MOLIÈRE. ◆ V. intr. Négocier, travailler à l'accommodement d'une affaire. *Traiter de la paix, d'un mariage, etc.* ◆ Absol. « *Dès demain elle traite avec nos ennemis* », P. CORNEILLE. ◆ Négocier pour vendre, pour acheter, pour donner à ferme ; passer les actes nécessaires pour la conclusion d'un traité. *Traiter d'une charge, d'une terre, etc.* ◆ Entrer en affaire, en pourparler. « *Traitez du moins avec votre Dieu comme vous traitez avec les créatures* », MASSILLON. ◆ *Traiter d'égal*, entrer en affaire, en discussion comme avec un égal. ◆ Prendre pour objet d'un travail, d'une discussion. *Traiter de Dieu, d'une science, etc.* ◆ Se traiter, v. pr. Soigner sa propre maladie. ◆ ▷ Se donner à soi-même un repas. ◁ ◆ ▷ *Se traiter bien ou mal*, avoir un bon, un mauvais ordinaire. ◁ ◆ Se donner l'un à l'autre, les uns aux autres, un repas, un régal. ◁ ◆ Être l'objet d'une négociation, d'un arrangement. ◆ *Être traité*, être l'objet d'une discussion, d'un travail. ◆ Être vendu à tel ou tel prix. *Le blé se traite à tant l'hectolitre.* ◆ *Se traiter de*, se donner l'un à l'autre telle ou telle qualification. ■ V. tr. Faire subir des modifications à quelque chose en vue d'en modifier la nature. *Traiter les déchets ménagers.* ■ Disperser des produits chimiques sur des végétaux en vue de les protéger des maladies ou d'accroître leur rendement. *Traiter des arbres fruitiers.* ■ *Traiter de l'information,* la rendre exploitable ou interprétable, en particulier avec des moyens informatiques. ■ Rem. 1 : Cette expression est raciste.

TRAITEUR, n. m. [tʀɛtœʀ] (*traiter*) Celui qui apprête, qui donne à manger pour de l'argent, qui porte à manger à domicile. ■ Quoique possible, le féminin *traiteuse* est rarement employé.

TRAÎTRE, ESSE ou **TRAITRE, ESSE,** adj. [tʀɛtʀ, ɛs] (lat. impér. *traditor,* de *tradere,* faire passer à un autre) Qui trahit. « *Tout flatteur, quel qu'il soit, est toujours un animal traître et odieux* », Bossuet. ◆ *Traître comme Judas,* se dit d'un homme qui, sous le masque de l'amitié, trahit de la manière la plus cruelle. ◆ ▷ **Pop.** *Il n'est pas traître à son corps,* il ne se refuse aucune commodité. ◁ ◆ Il se dit des animaux domestiques qui mordent, égratignent ou ruent quand on y pense le moins. ◆ Il se dit des choses qui ont le caractère de la trahison, de la perfidie. « *Une traîtresse voix* », La Fontaine. ◆ Il se dit de certaines choses qui sont dangereuses sans le paraître. « *Il sut se défier de la liqueur traîtresse* », La Fontaine. ◆ **Fam.** *Il ne m'en a pas dit le traître mot, un traître mot,* il ne m'en a pas dit un seul mot. ◆ **N. m. et n. f.** Celui, celle qui fait une trahison. ◆ Se dit quelquefois comme terme d'injure. « *Laisse là ton nom, traître, et dis ce qu'il t'ai dit* », Molière. ◆ *Traître de mélodrame,* l'acteur qui dans les mélodrames joue le rôle du traître, et par moquerie, l'homme qui affecte un air sombre. ◆ **En traître,** loc. adv. Avec trahison, traîtreusement. *Ils l'ont pris en traître.*

TRAÎTREUSEMENT ou **TRAITEUSEMENT,** adv. [tʀɛtʀøz(ə)mɑ̃] (anc. fr. *traîtreux,* de *traître*) D'une façon traîtresse.

TRAÎTRISE ou **TRAITRISE,** n. f. [tʀɛtʀiz] (*traître*) **Fam.** Action de trahir.

TRAJECTOGRAPHIE, ■ n. f. [tʀaʒɛktografi] (*trajectoire* et *-graphie*) **Astron.** Procédé qui étudie la trajectoire des engins spatiaux. *Un logiciel de trajectographie.*

TRAJECTOIRE, n. f. [tʀaʒɛktwaʀ] (lat. sav. [Newton] *trajectoria,* du radic. du supin *trajectum,* de *trajicere,* faire passer d'un endroit à un autre, traverser) **Géom.** Ligne décrite par le centre de gravité d'un corps en mouvement. *Trajectoire des astres, des projectiles.* ◆ ▷ **Adj.** *Ligne trajectoire.* ◁

TRAJET, n. m. [tʀaʒɛ] (lat. *trajectus,* traversée) Espace à traverser d'un lieu à un autre. *Le trajet de chez moi à la ville. Un trajet de mer. Un trajet par terre de cinq jours.* ◆ Action de traverser l'espace d'un lieu à un autre. *Le trajet est difficile.* ◆ **Fig.** « *Du souhait à la supposition le trajet est facile* », J.-J. Rousseau. ◆ **Anat.** *Trajet d'un nerf, d'un vaisseau,* etc., étendue linéaire qu'il occupe. ◆ **Chir.** *Le trajet d'une plaie, d'une fistule,* etc., l'espace qu'occupe une plaie, une fistule dans l'intérieur des chairs.

TRALALA, n. m. [tʀalala] (espèce de refrain onomat.) **Pop.** Appareil, pompe. *Être sur son tralala. Tout le tralala.*

TRÂLÉE, ■ n. f. [tʀɑle] (a. et moy. fr. *traler, troller,* suivre à la trace, du lat. pop. *tragul[l]are,* du lat. *trahere,* tirer, traîner) **Canada** Grande quantité de personnes ou de choses.

TRALUIRE, ■ v. intr. [tʀalɥiʀ] (*trans-* et *luire*) **Suisse** Devenir translucide, en parlant du raisin qui arrive à maturité.

TRAM, ■ n. m. [tʀam] (apocope de *tramway*) Voy. TRAMWAY.

TRAMAGE, ■ n. m. [tʀamaʒ] (*tramer*) **Techn.** Organisation des fils de trame dans la confection d'un tissu. ■ **Techn.** Procédé graphique qui n'utilise que quelques couleurs pour produire une image mais qui donne l'illusion d'en avoir utilisé bien plus. *Utiliser les différentes options de tramage d'un logiciel de traitement d'images.*

TRAMAIL, n. m. [tʀamaj] Voy. TRÉMAIL.

TRAME, n. f. [tʀam] (lat. *trama,* chaîne, trame, tissu) Fil que l'on conduit avec la navette entre les fils qu'on nomme *chaîne,* pour faire de la toile et diverses sortes de draps et d'étoffes. ◆ **Fig.** Le cours de la vie, de la destinée. « *Il a coupé ma trame dès le commencement de mes jours* », Bossuet. ◆ **Fig.** Complot, ruse. *Ourdir une trame.* « *De rompre des méchants les trames criminelles* », Racine. ◆ ▷ Sorte de soie moulinée. ◁ ◆ **Fig.** Ensemble d'éléments qui constituent un cadre sur lequel viennent se greffer des événements. *La trame d'un récit.* ■ **Audiov.** Ensemble des points d'un écran qui permettent de reconstituer une image. ■ **Impr.** Assemblage de points de couleur de différentes tailles qui permet d'obtenir des effets de demi-teintes. ■ **Impr.** Quadrillage gravé sur un support transparent et utilisé en photogravure pour reproduire des documents originaux. ■ **Inform.** Ensemble de données transmis dans un réseau. ■ **Inform.** Remplissage d'une zone délimitée à l'aide d'éléments graphiques.

TRAMÉ, ÉE, p. p. de tramer. [tʀame]

TRAMER, v. tr. [tʀame] (lat. pop. *tramare,* du lat. *trama,* trame) Passer la trame entre les fils qui sont tendus sur le métier. ◆ **Fig.** Machiner. *Tramer des complots.* ◆ Se tramer, v. pr. Être tramé, machiné. ◆ **Impers.** *Il se trame*

quelque chose contre vous.* ■ **Impr.** Reproduire en utilisant une trame. ■ **Inform.** Remplir une zone délimitée avec une couleur ou des motifs. *Tramer les cellules d'un tableau.*

TRAMEUR, EUSE, n. m. et n. f. [tʀamœʀ, øz] (*tramer*) Ouvrier, ouvrière dont l'occupation est de disposer les fils des trames. ◆ **N. f.** *Trameuse,* engin dans la filature des draps.

TRAMINOT, ■ n. m. [tʀamino] (*tram,* sur le modèle de *cheminot*) Employé d'une entreprise de tramway.

TRAMONTANE, n. f. [tʀamɔ̃tan] (ital. *tramontana,* étoile Polaire, puis vent du Nord, du lat. *transmontanus,* qui se trouve au-delà des monts) L'étoile polaire, qui, avant la découverte de la boussole, servait seule de guide aux navigateurs. ◆ **Fig.** *Perdre la tramontane,* être troublé, ne plus savoir comment se conduire, se diriger. ◆ Sur la Méditerranée, vent du nord. ◆ En général, vent du nord. ◆ ▷ Le côté du nord. *Maison exposée à la tramontane.* ◁

TRAMP, ■ n. m. [tʀap] (on prononce le *p* final. Mot angl., vagabond, de *to tramp,* cheminer) **Mar.** Cargo sans itinéraire fixe qui navigue de port en port selon les besoins de transport de marchandises.

TRAMPING, ■ n. m. [tʀapiŋ] (mot angl. de *tramp*) **Mar.** Navigation sans itinéraire fixe, de port en port.

TRAMPOLINE, ■ n. m. [tʀapolin] (prob. angl. *trempolin[e],* de l'ital. *trampolino,* tremplin) Dispositif composé d'une toile tendue, maintenue par des ressorts en acier à un cadre horizontal, sur lequel on effectue des figures acrobatiques en sautant dessus. ◆ Sport que l'on pratique avec ce dispositif.

TRAM-TRAIN, ■ n. m. [tʀamtʀɛ̃] (*tram[way]* et *train*) Véhicule de transport en commun qui est capable de circuler sur des voies urbaines de tramway et sur des voies régionales de chemin de fer. *Des trams-trains.* ■ Rem. On dit aussi *train-tram.*

TRAMWAY, n. m. [tʀamwɛ] (mot angl., de *tram,* rail, et *way,* voie) ▷ Chemin de fer à rails plats, à niveau du sol ; la traction s'y fait par des chevaux. ◁ ■ Chemin de fer à rails plats, à traction électrique, utilisé pour le transport des personnes en zone urbaine. ◆ Véhicule qui circule sur ces voies. *Prendre le tram.* ■ **Abrév.** Tram. ■ Rem. Graphie ancienne : tram-way.

TRANCHAGE, n. m. [tʀɑ̃ʃaʒ] (*trancher*) Action de trancher. ■ **Techn.** Action de débiter un morceau bois en feuilles à l'aide d'une trancheuse.

1 TRANCHANT, n. m. [tʀɑ̃ʃɑ̃] (p. prés. substantivé de *trancher*) Le côté tranchant d'une épée, d'un couteau, etc. *Le tranchant de la charrue.* ◆ ▷ *Mettre à tranchant,* faire le tranchant d'une lame d'acier sur une meule. ◁ ◆ *Rendre le tranchant à un glaive,* l'aiguiser. ◆ *Épée à deux tranchants,* épée qui coupe des deux côtés. ◆ **Fig.** *La parole de Dieu est une épée à deux tranchants,* c'est-à-dire elle frappe et pénètre jusqu'au fond de l'âme. ◆ **Fig.** *À deux tranchants,* qui blesse de deux côtés. « *Ce pouvoir était entre les mains du sultan comme un glaive à deux tranchants, qui blessait son maître quand il était manié d'une main faible* », Voltaire. ◆ **Fig.** *Ce mot, ce raisonnement, cette raillerie est une épée à deux tranchants,* ce mot, ce raisonnement décide deux questions, cette raillerie attaque deux personnes ou deux ridicules à la fois. ◆ On dit aussi simplement : *Un argument à deux tranchants.* ◆ **Fig.** *Une lame à deux tranchants,* une personne qui est double dans sa conduite. ◆ Le côté le plus mince d'un objet.

2 TRANCHANT, ANTE, adj. [tʀɑ̃ʃɑ̃, ɑ̃t] (p. prés. adjective de *trancher*) Qui tranche, qui peut trancher. *Un instrument tranchant.* ◆ *Écuyer tranchant,* officier qui est chargé de couper les viandes à la table des princes. ◆ **Fig.** Qui décide comme tranche une épée. *Un esprit tranchant.* ◆ Il se dit de même des choses. *Un ton tranchant.* ◆ **Fig.** Qui est sans nuance, sans adoucissement intermédiaire, en parlant de teintes, de couleurs.

TRANCHE, n. f. [tʀɑ̃ʃ] (*trancher*) Morceau coupé un peu mince d'un objet quelconque. *Une tranche de melon, de jambon,* etc. ◆ Il se dit aussi de morceaux de corps durs qui sont plus longs et larges qu'épais. *Tranche de marbre,* plaque mince de marbre. ◆ **Cuis.** *Un morceau de tranche,* un morceau de cuisse de bœuf. ◆ **Géom.** Se dit des solides qui résultent de la section d'un prisme, d'un cylindre, etc. par des plans parallèles. ◆ **Arith.** Division qu'on fait des chiffres d'un nombre de trois en trois, afin de l'énoncer plus facilement. ◆ **Reliure** Surface unie que présente l'épaisseur d'un livre rogné. *Tranche marbrée. Un volume doré sur tranche.* ◆ Circonférence des monnaies modernes, où l'on met la légende ou le cordonnet. ◆ Surface plane qui termine un objet. « *Les grandes tranches pyramidales du mont Blanc* », Saussure. ◆ Terre que la charrue enlève de la raie qu'elle ouvre. ◆ Le côté mince d'un objet. « *Lorsque l'anneau de Saturne ne nous présente exactement que sa tranche* », Buffon. ◆ Ciseau d'acier emmanché, servant à trancher le fer, quand il est chaud. ◆ **Fig.** Partie d'une longue entreprise. *La première tranche des travaux.* ■ Division d'un ensemble constituant une catégorie. *Les tranches d'âge de la population.* ■ **Financ.** Niveau du revenu soumis à un taux d'imposition déterminé. ■ **Fam.** *S'en payer une tranche,* bien s'amuser, prendre du bon temps.

TRANCHÉ, ÉE, p. p. de trancher. [tʀɑ̃ʃe] **Hérald.** *Écu tranché,* écu coupé en ligne diagonale de droite à gauche. ♦ *Bois tranché,* se dit du bois qui, ayant des nœuds ou des fils obliques, est difficile à façonner. ♦ **Fig.** Qui ne présente point d'intermédiaire. *Des différences tranchées.* « *Son plumage est tranché de blanc et de noir* », Buffon.

TRANCHÉE, n. f. [tʀɑ̃ʃe] (p. p. fém. substantivé de trancher) Ouverture, excavation pratiquée dans la terre. ♦ Longue ouverture de terre faite pour planter des arbres, ou pour faire un fossé, une rigole. ♦ Excavation profonde, au fond de laquelle se trouve un canal, une rigole, un chemin de fer, une route. ♦ **Milit.** Sorte de fossé creusé par l'assiégeant, dans les sièges, afin de pouvoir s'approcher à couvert de la place. ♦ *Monter la tranchée,* être de service à la tranchée. ♦ *Descendre la tranchée,* quitter la tranchée où l'on a été de service. ♦ **Sylvic.** Se dit des ouvertures qui se font dans les bois, telles que les laies et chemins. ♦ **Constr.** *Tranchée de mur,* entaille dans une suite de pierres au-dehors d'un mur, pour y encastrer l'extrémité d'une poutre et la recouvrir de plâtre. ♦ Douleurs aiguës qu'on ressent dans les entrailles ; en ce sens, il se dit surtout au pluriel. ■ **Milit.** Fossé servant d'abri aux soldats sur le front. *Les tranchées de première ligne.* ■ *Guerre de tranchées,* guerre où les troupes ennemies s'observent depuis des tranchées creusées sur la ligne de front. *La Première Guerre mondiale fut une guerre de tranchées.*

TRANCHEFILE, n. f. [tʀɑ̃ʃ(ə)fil] (trancher et file) Petit morceau de papier ou de parchemin, entouré de soie ou de fil, qui se met au haut et au bas du dos d'un livre qu'on relie.

TRANCHELARD, n. m. [tʀɑ̃ʃ(ə)laʀ] (trancher et lard) Couteau à lame fort mince, dont les cuisiniers se servent pour couper le lard en tranches très minces.

TRANCHEMENT, n. m. [tʀɑ̃ʃ(ə)mɑ̃] (trancher) ▷ Action de trancher. ◁

TRANCHE-MONTAGNE, n. m. [tʀɑ̃ʃ(ə)mɔ̃taɲ] ou [tʀɑ̃ʃ(ə)mɔ̃taɲj] (trancher et montagne) **Fam.** Fanfaron qui fait grand bruit de son courage et de ses exploits prétendus. ♦ **Au pl.** *Des tranche-montagnes.* ■ **Rem.** Il est vieux ou littéraire aujourd'hui.

TRANCHE-PAPIER, n. m. [tʀɑ̃ʃ(ə)papje] (trancher et papier) ▷ Couteau pour le papier. *Un tranche-papier en bois.* ■ **Au pl.** *Des tranche-papiers.* ◁

TRANCHER, v. tr. [tʀɑ̃ʃe] (lat. pop. trinicare, couper en trois, du distrib. lat. trini, à chacun trois, p.-ê. croisé avec un gaul. trincare, couper [la tête] du radic. trenk-, tronc) Séparer en coupant. *L'acier de Damas tranche le fer. Trancher la tête à quelqu'un.* ♦ **Absol.** *Ce couteau tranche comme un rasoir.* ♦ *Trancher dans le vif,* se dit d'un chirurgien qui coupe dans une partie que la gangrène n'a pas encore atteinte. ♦ **Fig.** *Trancher dans le vif,* rompre tout à coup des relations nuisibles, ou prendre des mesures énergiques dans une affaire. ♦ **Absol.** Découper. *Trancher à table.* ♦ **Fig.** Couper, ôter, interrompre comme par le fer. « *La mort inopinément tranche le cours de nos études* », Bossuet. ♦ **Poétiq.** Mettre fin à la vie. « *Mais si ce fer aussi tranche sa destinée* », P. Corneille. ♦ *La Parque a tranché ses jours, le fil de ses jours,* il est mort. ♦ **Fig.** Décider, résoudre. *Trancher une question, une difficulté.* ♦ Abréger, couper court, mettre brusquement fin. *Trancher son discours. Trancher la discussion.* ♦ *Trancher le mot,* appeler hardiment une chose par son nom ; dire sans détour ce qu'on veut dire. ♦ *Le trancher net,* dire tout franc et sans déguisement. ♦ **V. intr.** **Fig.** Décider hardiment. *Il tranche hardiment.* ♦ Abréger, couper court. ♦ **Ellipt.** *Tranchons là,* ne discutons pas davantage. ♦ *Trancher court,* terminer en peu de mots une conversation, un discours. ♦ *Trancher net,* s'expliquer avec quelqu'un en peu de mots et sans ménagement. ♦ *Trancher du,* se donner des airs de, en ce sens que ces airs seront péremptoires, avantageux, tranchants. « *Je te vois en train de trancher avec moi de l'homme d'importance* », Molière. ♦ *Trancher du grand,* faire le grand personnage. ♦ Passer d'une couleur vive à une autre sans aucune nuance ni adoucissement. « *Comme ce sont des couleurs sombres, elles tranchent peu l'une sur l'autre* », Buffon. ♦ **Fig.** *Cette pensée, cette phrase tranche dans son discours,* elle a un caractère trop différent de ce qui précède et de ce qui suit. ♦ *Se trancher,* v. pr. Être tranché. ■ **V. tr.** Couper en tranches. *Trancher du pain.*

TRANCHET, n. m. [tʀɑ̃ʃe] (trancher) Outil plat pour couper le cuir. ♦ Outil du plombier pour couper le plomb. ♦ Outil du serrurier pour couper le fer chaud, etc.

TRANCHEUR, ■ n. m. [tʀɑ̃ʃœʀ] (trancher) Dans un restaurant, personne chargée de découper les viandes. ■ Ouvrier chargé de couper le bois à la trancheuse. ■ Marin chargé sur un bateau de pêche d'ouvrir les morues et de les préparer.

TRANCHEUSE, ■ n. f. [tʀɑ̃ʃøz] (trancher) Machine qui sert à couper en tranches. *La trancheuse du boucher.* ■ Machine qui sert à couper le bois en feuilles. ■ Engin qui creuse des tranchées.

TRANCHOIR, n. m. [tʀɑ̃ʃwaʀ] (trancher) Espèce de plateau de bois sur lequel on tranche la viande. ■ Couteau à trancher.

TRANQUILLE, adj. [tʀɑ̃kil] (lat. tranquillus, calme, paisible) Qui est sans agitation. *Une mer tranquille. Cet enfant est tranquille.* ♦ Qui est sans agitation morale, sans inquiétude. *Tout est tranquille dans l'État. Un sage satisfait et tranquille. Soyez tranquille sur ma santé.* ♦ ▷ *Tranquille à,* tranquille à l'égard de. « *Tranquille à mes alarmes* », Racine. ◁ ♦ *Soyez tranquille,* vous pouvez compter là-dessus ; c'est aussi une formule de menace. ♦ Qui ne trouble le repos de personne. *Des citoyens, des voisins tranquilles.* ♦ *Cheval tranquille,* cheval qui n'a point d'ardeur. ◁ ♦ **Pharm.** *Baume tranquille,* infusion de plantes narcotiques et d'un grand nombre de plantes aromatiques dans l'huile d'olive. ■ Qui est calme, sans bruit. *Allons dans un endroit tranquille.* ■ *Laisser quelqu'un tranquille,* ne pas le déranger, le tourmenter. *Laisse ton frère tranquille !*

TRANQUILLEMENT, adv. [tʀɑ̃kil(ə)mɑ̃] (tranquille) D'une manière tranquille.

TRANQUILLISANT, ANTE, adj. [tʀɑ̃kilizɑ̃, ɑ̃t] (tranquilliser) Qui tranquillise. *Une nouvelle tranquillisante.* ■ **N. m.** Médicament qui calme ou traite l'angoisse.

TRANQUILLISÉ, ÉE, p. p. de tranquilliser. [tʀɑ̃kilize]

TRANQUILLISER, v. tr. [tʀɑ̃kilize] (tranquille) Rendre tranquille, calmer l'inquiétude. ♦ *Se tranquilliser,* v. pr. Se reposer, se tenir tranquille. ♦ Cesser d'être inquiet.

TRANQUILLITÉ, n. f. [tʀɑ̃kilite] (lat. tranquillitas, de tranquillus, calme) État de ce qui est tranquille. *La tranquillité de l'air, de la mer. La tranquillité du sommeil.* ♦ État de ce qui est sans agitation morale. *Tranquillité d'esprit. La tranquillité publique.*

TRANS..., [tʀɑ̃s] Préfixe qui est le lat. trans ; il entre dans la composition de certains mots, pour ajouter à leur signification l'idée de : au-delà, au travers, comme dans transalpin, transpercer, transactionnel.

TRANSACTION, n. f. [tʀɑ̃zaksjɔ̃] (b. lat. jurid. transactio, accord, de transigere, mener à bonne fin, accommoder) Acte par lequel on transige sur un différend, sur un procès, etc. ♦ Dans un sens plus étendu, tout ce qui se fait d'accords, d'affaires dans la vie ordinaire, dans le commerce. *Les transactions de la vie civile. Les transactions commerciales.* ♦ ▷ **Au pl.** Recueils des mémoires de quelques académies étrangères. Les Transactions philosophiques *de la Société royale de Londres.* ◁ ■ **Inform.** Ensemble d'opérations à effectuer, dans une base de données notamment. *Valider une transaction.*

TRANSACTIONNEL, ELLE, ■ adj. [tʀɑ̃zaksjɔnɛl] (transaction) Qui concerne les transactions. ■ **Psych.** *Analyse transactionnelle,* méthode fondée en particulier sur l'idée que les échanges entre les personnes fonctionnent comme des transactions.

TRANSALPIN, INE, adj. [tʀɑ̃zalpɛ̃, in] (lat. transalpinus) Qui est au-delà des Alpes. ♦ *Gaule transalpine,* la Gaule proprement dite (au-delà des Alpes, par rapport aux Romains). ♦ *République transalpine,* État formé en Italie en 1797 (au-delà des Alpes, par rapport aux Français), plus ordinairement appelée République cisalpine.

TRANSAMINASE, ■ n. f. [tʀɑ̃zaminaz] (trans-, amine et -ase) **Biol.** et **méd.** Enzyme qui intervient dans la formation et la dégradation des acides aminés. *Le taux de transaminases dans le sang augmente chez un sujet atteint d'une hépatite.*

TRANSANDIN, INE, ■ adj. [tʀɑ̃sɑ̃dɛ̃, in] (trans- et andin) Qui traverse les montagnes des Andes. *Oléoduc transandin.*

TRANSAT, ■ n. m. [tʀɑ̃zat] (on prononce le t final ; abrév. de transatlantique, par réf. à l'utilisation de ces chaises sur les bateaux) Chaise longue pliable tendue de toile.

TRANSATLANTIQUE, adj. [tʀɑ̃zatlɑ̃tik] (trans- et atlantique) Qui s'étend au-delà de la mer Atlantique. *Câble transatlantique.* ♦ **N. m.** Navire à vapeur faisant le service de paquebot entre l'Europe et l'Amérique. ■ *Course transatlantique* ou *transat,* course de voiliers qui s'effectue à travers l'océan Atlantique. ■ Chaise longue tendue de toile. ■ **Abrév.** (plus courante) Transat.

TRANSATMOSPHÉRIQUE, ■ adj. [tʀɑ̃satmosfeʀik] (trans- et atmosphère) Qui se produit en quittant l'atmosphère ou en y entrant. *La phase transatmosphérique d'un vol de fusée.* ■ Qui est capable d'aller dans l'espace. *Un avion, un véhicule transatmosphérique.*

TRANSBAHUTER, ■ v. tr. [tʀɑ̃sbayte] (trans- et bahut) Transporter avec difficulté. *Peux-tu m'aider à transbahuter mes affaires?*

TRANSBORDEMENT, n. m. [tʀɑ̃sbɔʀdəmɑ̃] (transborder) **Mar.** Action de transborder. ♦ Résultat de cette action ; chose transbordée.

TRANSBORDER, v. tr. [tʀɑ̃sbɔʀde] (trans- et bord) **Mar.** Porter d'un bord ou d'un navire dans un autre. ♦ **Absol.** Passer d'un navire dans un autre.

TRANSBORDEUR, ■ n. m. [tʀɑ̃sbɔʀdœʀ] (transborder) *Pont transbordeur* ou *transbordeur,* pont élevé auquel est suspendue par des câbles une plate-forme mobile flottante qui permet de passer d'une rive à l'autre.

TRANSCAUCASIEN, IENNE, ■ adj. [tʀɑ̃skokazjɛ̃, jɛn] (*trans-* et *caucasien*) Situé au-delà du Caucase. *Le territoire transcaucasien.* ■ De la Transcaucasie, région située au sud du Caucase et regroupant la Georgie, l'Arménie et l'Azerbaïdjan.

TRANSCENDANCE, n. f. [tʀɑ̃sɑ̃dɑ̃s] (*transcendant*) Supériorité marquée d'une personne ou d'une chose sur une autre. *La transcendance du génie.* ♦ **Philos.** Caractère de ce qui est transcendant. *La transcendance de certaines notions.*

TRANSCENDANT, ANTE, adj. [tʀɑ̃sɑ̃dɑ̃, ɑ̃t] (lat. scolast. *transcendens*, p. prés. du lat. *transcendere*, franchir en montant) Qui monte, s'élève au-delà du reste. *Un esprit, un mérite transcendant.* ♦ Se dit, en général, de la partie la plus élevée d'une science. ♦ *Analyse transcendante*, le calcul différentiel et intégral. ♦ *Géométrie transcendante*, celle qui dépend du calcul infinitésimal. ♦ **Philos.** Qui est susceptible d'une très grande généralité. *Des termes transcendants.* ♦ *Idées transcendantes*, toutes les idées qui émanent immédiatement de la raison. ■ **Philos.** Qui se situe au-delà de toute expérience. *Les principes transcendants décrits par Kant dans la* Critique de la raison pure.

TRANSCENDANTAL, ALE, ■ adj. [tʀɑ̃sɑ̃dɑ̃tal] (lat. scolast. *transcendantalis*) **Philos.** Qui concerne les principes de la connaissance se trouvant dans l'esprit avant toute expérience. *Méditation transcendantale. Concepts transcendantaux.* ■ **Ironiq.** Qui est digne d'intérêt. *Ce qu'il nous a dit du sujet n'était pas transcendantal.*

TRANSCENDER, ■ v. tr. [tʀɑ̃sɑ̃de] (lat. *transcendere*, franchir en montant, de *trans*, à travers et *scandere*, monter, escalader) **Philos.** Dépasser le stade de la connaissance rationnelle. ■ **Par extens.** Dépasser. « *Les mots ne sont que les mots, à peu près rien sans leur dessein que l'on confie au ton et qui transcende leur sens à jamais prisonnier des dictionnaires* », PENNAC.

TRANSCODER, ■ v. tr. [tʀɑ̃skode] (*trans-* et *code*) Transposer des signes représentant une information donnée dans un code en un autre code, par exemple pour passer d'une machine à une autre, d'un système à un autre. ■ TRANSCODAGE, n. m. [tʀɑ̃skodaʒ]

TRANSCODEUR, ■ n. m. [tʀɑ̃skodœʀ] (*transcoder*) Appareil utilisé pour le transcodage.

TRANSCONTINENTAL, ALE, ■ adj. [tʀɑ̃skɔ̃tinɑ̃tal] (*trans-* et *continent*) Qui parcourt un continent. *Les transports transcontinentaux.*

TRANSCRIPTEUR, EUSE, n. m. et n. f. [tʀɑ̃skʀiptœʀ, øz] (lat. médiév. *transcriptor*, copiste, du lat. *transcribere*, transcrire) Personne qui transcrit. ■ Appareil qui transcrit. *Un transcripteur en braille.*

TRANSCRIPTION, n. f. [tʀɑ̃skʀipsjɔ̃] (b. lat. *transcriptio*, copie) Action de transcrire, résultat de cette action. *La transcription d'un acte sur les registres publics.* ♦ **Mus.** Action de reporter un chant tel qu'il est, sans modification, d'un instrument sur un autre. *Une transcription pour piano.* ■ **Biol.** Synthèse de l'ARN à partir de l'ADN. *Rôle des enzymes lors d'une transcription.* ■ Représentation graphique au moyen d'autres signes. *La transcription phonétique d'un mot utilise l'alphabet phonétique.*

TRANSCRIRE, v. tr. [tʀɑ̃skʀiʀ] (lat. *transcribere*, de *trans*, au-delà, et *scribere*, écrire) Copier un écrit. « *Démosthène disait que, pour se former le style, il avait huit fois transcrit de sa main l'*Histoire de Thucydide », BARTHÉLEMY. ♦ *Transcrire un acte sur les registres publics.* ♦ **Mus.** Opérer une transcription. ■ Remettre par écrit ce qui était oral. *Transcrire un discours.* ■ Faire la transcription de. *Transcrire un mot grec en caractères latins.*

TRANSCRIT, ITE, p. p. de transcrire. [tʀɑ̃skʀi, it]

TRANSCULTUREL, ELLE, ■ adj. [tʀɑ̃skyltyʀɛl] (*trans-* et *culturel*) Qui traverse diverses cultures, est commun à toutes.

TRANSCUTANÉ, ÉE, ■ adj. [tʀɑ̃skytane] (*trans-* et *cutané*) Qui agit en passant à travers la peau. *Médicament transcutané.*

TRANSDERMIQUE, ■ adj. [tʀɑ̃sdɛʀmik] (*trans-* et *dermique*) Qui passe à travers le derme. *Traitement par voie transdermique.*

TRANSDUCTEUR, ■ n. m. [tʀɑ̃sdyktœʀ] (*trans-* et *conducteur*, d'après l'angl. *transducer*) **Techn.** Dispositif qui convertit une grandeur physique en une autre grandeur physique. *Les capteurs sont des transducteurs.*

TRANSDUCTION, ■ n. f. [tʀɑ̃sdyksjɔ̃] (*trans-* et *conduction*) **Biol.** Transmission de matériel génétique d'une bactérie à une autre. *La transduction se fait par l'intermédiaire de virus spécifiques des bactéries.*

TRANSE, n. f. [tʀɑ̃s] (*transir* ; infl. de l'angl. *trance*, ravissement d'esprit, exaltation) Grande appréhension d'un mal qu'on croit prochain. *Être dans des transes mortelles.* ■ Exaltation qui se manifeste par des convulsions. ■ État dans lequel entre un médium qui communique avec les esprits. ■ **Fam.** *Être en transe*, être très excité, très énervé ou très en colère.

TRANSEPT, n. m. [tʀɑ̃sɛpt] (lat. sav. [XVIᵉ s.] *trans[s]septum*, de *trans* et *sæptum*, clôture, barrière) **Archit.** Partie d'une église qui forme les bras de la croix et se trouve en dehors de la nef. *Transept méridional. Transept septentrional.* ■ **REM.** On écrivait aussi *transsept* autrefois.

TRANSFECTION, ■ n. f. [tʀɑ̃sfɛksjɔ̃] (*trans-* et *infection*) **Biol.** Introduction de matériel génétique dans une cellule. *Méthodes de transfection in vivo.*

TRANSFÉRABLE, ■ adj. [tʀɑ̃sfeʀabl] (*transférer*) **Dr.** Que l'on peut transférer, céder. *Titres transférables.*

TRANSFÉRASE, ■ n. f. [tʀɑ̃sfeʀaz] (*transférer* et *-ase*) **Biol.** Enzyme qui assure le transfert d'un radical d'une molécule à une autre.

TRANSFÉRÉ, ÉE, p. p. de transférer. [tʀɑ̃sfeʀe]

TRANSFÈREMENT, n. m. [tʀɑ̃sfɛʀ(ə)mɑ̃] (*transférer*) Action de transférer. *Le transfèrement des condamnés.* ■ **REM.** On dit aussi auj. *transfert*.

TRANSFÉRER, v. tr. [tʀɑ̃sfeʀe] (lat. *transferre*, de *trans*, au-delà, et *ferre*, porter) Faire passer d'un lieu à un autre. *Transférer des reliques. Transférer un corps mort.* ♦ Faire passer d'une ville à une autre le siège d'une autorité, d'une juridiction. *Transférer le siège d'un empire.* ♦ Il se dit aussi de la personne qu'on déplace de la sorte. « *De l'évêché de Lavaur, Fléchier fut transféré à celui de Nîmes* », D'ALEMBERT. ♦ *Transférer une fête*, la remettre d'un jour à un autre. ♦ **Fig.** Céder, transporter une chose à quelqu'un, en observant les formalités requises. *Il lui a transféré tous ses biens.* ♦ Se transférer, v. pr. Être transféré. ■ **Psych.** Projeter un sentiment sur un autre objet, une autre personne. *Non reconnu par son père, il a toujours gardé un besoin de reconnaissance qu'il a transféré sur d'autres représentations paternelles.* ■ **Inform.** Déplacer des données d'un endroit à un autre. *Transférer des fichiers sur un CD-ROM. Je te transfère le message que je viens de recevoir.*

TRANSFERT, n. m. [tʀɑ̃sfɛʀ] (mot lat. 3ᵉ pers. de l'indic. prés. de *transferre*, il transporte) Acte par lequel on déclare transporter à un autre la propriété d'une rente sur l'État, d'une action, d'une marchandise en entrepôt. ♦ **Financ.** Changement de propriétaire d'une action nominative, effectué soit par endos, soit par signature d'un acte synallagmatique émanant de l'ancien propriétaire et du nouveau. ■ Transport de quelque chose d'un lieu dans un autre. *Transferts bancaires.* ■ **Sp.** Changement de club d'un sportif professionnel. ■ **Inform.** *Transfert de données*, envoi de données d'un espace de mémoire à un autre. ■ **Psych.** Fait de reporter des sentiments bridés sur une autre personne, un autre objet. *Faire un transfert affectif sur son chien.* ■ **Écon.** Redistribution par l'État des ressources prélevées. ■ Image transférée d'un support à un autre. *Faire un transfert sur la peau, sur un vêtement.* ■ *Transfert d'appel*, action de transmettre sur un poste un appel téléphonique reçu sur un autre poste.

TRANSFIGURATION, n. f. [tʀɑ̃sfigyʀasjɔ̃] (lat. impér. *transfiguratio*, métamorphose, transformation) Changement d'une figure en une autre. ♦ *La transfiguration de Notre-Seigneur*, l'état glorieux où Jésus parut sur le mont Thabor. ♦ *Le tableau de la Transfiguration de Raphaël* ou elliptiq. *la Transfiguration de Raphaël*, tableau représentant la transfiguration de Jésus-Christ.

TRANSFIGURÉ, ÉE, p. p. de transfigurer. [tʀɑ̃sfigyʀe]

TRANSFIGURER, v. tr. [tʀɑ̃sfigyʀe] (lat. impér. *transfigurare*, de *trans*, au-delà, et *figura*, figure, forme) Changer la figure, le caractère. *La légende transfigure les personnages historiques.* ♦ L'Académie n'a pas *transfigurer* comme verbe transitif. ♦ Se transfigurer, v. pr. Prendre une autre figure. *Notre-Seigneur se transfigura sur le mont Thabor.* « *Il est difficile que l'ange de ténèbres ne se transfigure quelquefois en ange de lumière* », MASSILLON. ■ REM. Son emploi comme verbe transitif est admis aujourd'hui.

TRANSFILER, ■ v. tr. [tʀɑ̃sfile] (var. de *tranchefiler*, faire une épissure, sous infl. de *trans-*) **Mar.** Fixer la voile à sa vergue au moyen d'un filin passé dans les œillets. ■ Assembler deux morceaux de toile au moyen d'un filin.

TRANSFORMABLE, ■ adj. [tʀɑ̃sfɔʀmabl] (*transformer*) Qui peut être transformé en autre chose. *Un landau transformable en poussette. Un canapé transformable.*

TRANSFORMATEUR, TRICE, ■ adj. [tʀɑ̃sfɔʀmatœʀ, tʀis] (*transformer*) Qui transforme. *L'industrie transformatrice du bois.* ■ N. m. **Électr.** Appareil destiné à transformer des courants alternatifs en courants de même fréquence, mais généralement de valeurs différentes. ■ **Abrév.** Transfo.

TRANSFORMATION, n. f. [tʀɑ̃sfɔʀmasjɔ̃] (b. lat. *transformatio*, du lat. *transformare* ; sens ling, angl. *transformation*) Action de transformer. *Les transformations de la nature.* ♦ Changement d'une forme en une autre. *La transformation d'un insecte, d'une chenille en papillon. La transformation des monarchies en républiques.* ♦ **Log.** *Transformation des propositions*, se dit des diverses traductions que l'on peut faire subir à une proposition sans en changer le sens. ♦ **Alg.** Se dit des diverses opérations que l'on fait subir à une équation, à une formule, à une expression algébrique, sans en changer la valeur. ♦ **Géom.** Réduction d'une figure ou d'un solide en un autre de même surface ou de même volume. ■ **Ling.** Passage d'une forme syntaxique à une autre. *Transformation nominale.* ■ **Spécialt** Dans la grammaire générative, opération qui permet de passer d'une phrase de base à une autre forme possible de cette phrase. *Transformation passive, interrogative.* ■ **Sp.** Au rugby, après avoir marqué un essai, envoi du ballon avec le pied entre les poteaux et au-dessus de la barre transversale des buts.

TRANSFORMATIONNEL, ELLE, ■ adj. [trɑ̃sfɔrmasjɔnɛl] (angl. *transformational*) **Ling.** Qui se rapporte à la transformation. *Les règles transformationnelles.* ■ *Grammaire transformationnelle,* fondée sur des règles qui installent des équivalences entre les différents types de phrase et dont on peut rendre compte à travers diverses règles de réécriture propres aux transformations possibles.

TRANSFORMÉ, ÉE, p. p. de transformer. [trɑ̃sfɔrme]

TRANSFORMER, v. tr. [trɑ̃sfɔrme] (lat. *transformare,* de *trans,* au-delà, et *forma,* forme, conformation) Donner à une personne ou à une chose une forme nouvelle. *Circé transforma les compagnons d'Ulysse en pourceaux.* ◆ **Alg.** *Transformer une équation,* la changer en une autre égale, mais de forme différente. ◆ **Fig.** Changer le caractère d'une chose, d'une personne. *Rien ne saurait transformer une pareille action en un acte de vertu. « Minerve vous a comme transformé en un autre homme au-dessus de vous-même »,* FÉNELON. ◆ **Se transformer,** v. pr. Changer de forme. *La chenille se transforme en papillon.* ◆ **Fig.** Se déguiser, prendre plusieurs caractères selon ses vues et ses intérêts. ◆ Être transformé. ◆ V. tr. Modifier l'apparence de quelque chose. ■ **Sp.** *Transformer un essai,* au rugby, faire la transformation de l'essai.

TRANSFORMISME, ■ n. m. [trɑ̃sfɔrmism] (*transformer*) **Biol.** Théorie de l'évolution d'après laquelle les espèces se transforment au cours des âges. *Le transformisme de Lamarck et de Saint-Hilaire.*

TRANSFORMISTE, ■ adj. [trɑ̃sfɔrmist] (*transformisme*) Qui se rapporte au transformisme. *Doctrine transformiste.* ■ N. m. et n. f. Partisan du transformisme.

TRANSFRONTALIER, IÈRE, ■ adj. [trɑ̃sfrɔ̃talje, jɛr] (*trans-* et *frontalier*) Qui concerne les relations entre des pays limitrophes ou le franchissement d'une frontière. *Les transports transfrontaliers.*

TRANSFUGE, n. m. [trɑ̃fyʒ] (lat. *transfuga,* de *transfugere,* passer à l'ennemi, déserter) Celui qui, à la guerre, abandonne son drapeau pour passer dans les rangs ennemis. ◆ N. m. et n. f. **Fig.** Personne qui abandonne son parti pour passer dans le parti contraire. ◆ On dit dans un sens analogue : *Transfuge de la vertu, des bons principes.*

TRANSFUSÉ, ÉE, p. p. de transfuser. [trɑ̃sfyze]

TRANSFUSER, v. tr. [trɑ̃sfyze] (lat. *transfusum,* supin de *transfundere,* transvaser, reporter sur) ▷ Faire passer un liquide d'un récipient dans un autre. ◁ ◆ Faire la transfusion du sang.

TRANSFUSEUR, ■ n. m. [trɑ̃sfyzœr] (*transfuser*) Appareil servant aux transfusions.

TRANSFUSION, n. f. [trɑ̃sfyzjɔ̃] (lat. *transfusio,* action de transvaser, apport étranger) Action de transfuser. ◆ **Par extens.** *La transfusion de deux scènes en une seule.* ◆ **Fig.** *« La transfusion et la coexistence de deux âmes »,* MARMONTEL. ◆ ▷ *Transfusion du sang,* opération qu'on avait proposée pour rajeunir l'homme ou le rendre immortel. ◁ ◆ Aujourd'hui, opération qui consiste à introduire dans les veines d'un animal malade, pour remédier à son état, le sang d'un animal sain. ■ **Méd.** *Transfusion sanguine,* auj., injection de sang ou d'un produit sanguin dans les veines d'un patient.

TRANSFUSIONNEL, ELLE, ■ adj. [trɑ̃sfyzjɔnɛl] (*transfusion*) **Méd.** Qui a rapport à la transfusion sanguine. *Les risques transfusionnels.*

TRANSGÈNE, ■ n. m. [trɑ̃sʒɛn] (*trans-* et *gène*) **Biol.** Gène introduit dans un organisme vivant à la suite d'une transformation génétique. *Le transgène provient d'une espèce différente de celle du receveur.*

TRANSGENÈSE, ■ n. f. [trɑ̃sʒənɛz] (*trans-* et *genèse*) **Génét.** Modification d'un génome par manipulations particulières de fragments d'ADN. *Apport de la transgenèse dans la recherche médicale.*

TRANSGÉNIQUE, ■ adj. [trɑ̃sʒenik] (*trans-* et *génique*) Qui a subi une transgenèse, et est donc génétiquement modifié. *Maïs transgénique.* ■ N. m. Organisme génétiquement modifié. *Lutter contre la culture des transgéniques.*

TRANSGRESSÉ, ÉE, p. p. de transgresser. [trɑ̃sgrese]

TRANSGRESSER, v. tr. [trɑ̃sgrese] (lat. *transgressum,* supin de *transgredi,* passer de l'autre côté) Contrevenir à quelque ordre, à quelque loi. ◆ Il se dit particulièrement de la violation des préceptes divins. *Transgresser les commandements de Dieu.*

TRANSGRESSEUR, n. m. [trɑ̃sgresœr] (b. lat. *transgressor*) Celui qui transgresse. *« Un transgresseur déclaré de la loi »,* MASSILLON.

TRANSGRESSIF, IVE, ■ adj. [trɑ̃sgresif, iv] (*transgresser,* d'après *progressif*) Qui transgresse. *Pratique transgressive.* ■ **Géol.** Qui provient d'une transgression. *Dépôts transgressifs.*

TRANSGRESSION, n. f. [trɑ̃sgresjɔ̃] (lat. *transgressio,* action de traverser, b. lat. infraction) Action de transgresser. ■ **Géol.** Avancée de la mer sur les terres due à une érosion du rivage ou à une élévation du niveau de la mer.

TRANSHORIZON, ■ adj. [trɑ̃sɔrizɔ̃] (*trans-* et *horizon*) Se dit de liaisons radioélectriques qui peuvent se produire au-delà de l'horizon. *Les faisceaux hertziens transhorizons font plusieurs centaines de kilomètres.*

TRANSHUMANCE, n. f. [trɑ̃zymɑ̃s] (*transhumer*) Émigration périodique des troupeaux de moutons des pays de plaine, qui vont, sous la conduite des bergers, passer les mois les plus chauds de l'année dans les pâturages des montagnes.

TRANSHUMANT, ANTE, adj. [trɑ̃zymɑ̃, ɑ̃t] (*transhumer*) Se dit des bestiaux qu'on mène paître en été dans les montagnes et en hiver dans les plaines.

TRANSHUMER, v. tr. [trɑ̃zyme] (esp. *trashumar,* du lat. *trans,* au-delà, et *humus,* terre) Mener paître des bestiaux en transhumance. ◆ V. intr. Aller paître dans les montagnes.

1 TRANSI, ■ n. m. [trɑ̃zi] (p. p. de l'anc. fr. *transir,* mourir, de *transire,* passer au-delà) **Bx-arts** Sculpture du Moyen Âge ou de la Renaissance représentant un cadavre en décomposition.

2 TRANSI, IE, p. p. de transir. [trɑ̃zi] **Fig.** Qui est dans un état moral comparé à celui d'une personne transie de froid. ◆ Par plaisanterie, *un amoureux transi,* celui qui ne peut surmonter la timidité qui le glace. ■ **Rem.** On prononçait autrefois [trɑ̃si] en faisant entendre *s* et non *z*.

TRANSIGER, v. intr. [trɑ̃ziʒe] (lat. *transigere,* mener à bonne fin, accommoder, arranger, de *trans,* à travers, et *agere,* mener) Accommoder un différend par des concessions réciproques. ◆ **Fig.** *Transiger avec,* ne pas se montrer ferme sur. *On ne doit pas transiger avec l'honneur.* ◆ Passer un acte pour accommoder un différend, un procès. *Les deux plaideurs ont transigé.* ◆ ▷ V. tr. Dans le langage administratif, accommoder par une transaction. *Transiger une affaire.* ◁ ◆ ▷ Se transiger, v. pr. Être l'objet d'une transaction. ◁

TRANSIGIBLE, adj. [trɑ̃ziʒibl] (*transiger*) ▷ Qui peut être l'objet d'une transaction. ◁

TRANSILLUMINATION, ■ n. f. [trɑ̃silyminasjɔ̃] (*trans-* et *illumination*) **Méd.** Examen médical qui consiste à envoyer un faisceau lumineux à travers certains tissus afin de les observer par transparence.

TRANSIR, v. tr. [trɑ̃zir] (lat. *transire,* passer à travers) Pénétrer et engourdir de froid. *« Le froid et les neiges d'Alsace me transissent »,* VOLTAIRE. ◆ **Absol.** *La bise transit.* ◆ **Fig.** Il se dit de l'effet que produit la crainte, l'affliction, et même le respect et l'admiration. *Cette nouvelle le transit de peur. « J'entre en une vénération qui me transit de respect envers ceux qu'il semble avoir choisi pour ses élus »,* PASCAL. ◆ V. intr. Être saisi de froid. ◆ **Fig.** *« Je n'ai fait que penser à votre état, à transir pour l'avenir »,* MME DE SÉVIGNÉ. ■ **Rem.** On prononçait autrefois [trɑ̃sir].

TRANSISSEMENT, n. m. [trɑ̃zis(ə)mɑ̃] (radic. du p. prés. de *transir*) État où est une personne transie. ◆ **Fig.** *« Nous attendons avec transissement le courrier d'Allemagne »,* MME DE SÉVIGNÉ. ■ **Rem.** On prononçait autrefois [trɑ̃sis(] ou [ə)mɑ̃] en faisant entendre *s* et non *z*.

TRANSISTOR, ■ n. m. [trɑ̃zistɔr] (mot angl. de *to transfer,* transférer, et *resistor,* rhéostat, résistance) Dispositif à semi-conducteur qui peut amplifier des courants électriques, produire des oscillations électriques et mener à bien des fonctions de détection et de modulation. ■ **Par méton.** Appareil radio dont les composants d'amplification sont des transistors.

TRANSISTORISER, ■ v. tr. [trɑ̃zistɔrize] (*transistor*) **Techn.** Munir de transistors. *Transistoriser l'allumage d'un moteur.* ■ TRANSISTORISATION, n. f. [trɑ̃zistɔrizasjɔ̃]

TRANSIT, n. m. [trɑ̃zit] (on prononce le *t* final ; lat. *transitus,* passage, de *transire,* passer, traverser) Faculté de faire passer des marchandises, des denrées à travers un État, une ville, sans payer les droits d'entrée. *Marchandises en transit.* ◆ *Marchandises de transit,* celles qu'on dépose momentanément dans les magasins d'un port. ◆ *Voyageur en transit,* en escale. ■ Déplacement des aliments dans la zone intestinale. ■ *Cité de transit,* structure d'hébergement qui accueille des personnes en attente d'un logement.

TRANSITAIRE, adj. [trɑ̃zitɛr] (*transit*) Qui a rapport au transit. ◆ *État transitaire,* État que traversent des marchandises en transit. ◆ N. m. Commerçant qui fait le transit. ■ N. m. et n. f. Personne ou entreprise qui agit pour le compte d'autrui et qui s'occupe du transport des marchandises.

TRANSITER, v. tr. [trɑ̃zite] (*transit*) Passer des marchandises en transit. ◆ V. intr. Passer en transit. ■ Être en situation de transit dans un lieu.

TRANSITIF, IVE, adj. [tʀɑ̃zitif, iv] (b. lat. gramm. *transitivus*, de *transire*, passer à travers) **Gramm.** Il se dit des verbes exprimant une action qui, du sujet, est transmise directement au complément. ◆ **Philos.** *Cause transitive*, cause dont l'action s'exerce sur un objet étranger, par opposition à cause immanente. ◆ ▷ *Conjonctions transitives*, celles qui expriment une transition, comme *or, au reste, etc.* ◁ ◆ ▷ **Géol.** Se dit des roches ou terrains que l'on considère comme formant le passage d'un terrain à un autre de formation plus récente. ◁ ◆ **Néolog.** Qui a un caractère de transition. ■ **R**EM. Il n'est plus considéré comme un néologisme aujourd'hui mais cet emploi est rare. ■ **TRANSITIVITÉ**, n. f. [tʀɑ̃zitivite]

TRANSITION, n. f. [tʀɑ̃zisjɔ̃] (lat. *transitio*, passage, transition) Manière de passer d'un raisonnement à un autre, de lier les parties d'un discours, d'un ouvrage. ◆ **Fig.** *Ménager les transitions*, préparer adroitement son passage d'un parti à un autre. ◆ **Mus.** Manière d'adoucir le saut d'un intervalle disjoint, en insérant des sons diatoniques entre les deux termes. ◆ **Géol.** Passage d'un genre de roches à un autre. ◆ *Terrains de transition*, terrains situés sous les terrains secondaires. ◆ **Fig.** Passage d'un régime politique, d'un état de choses à un autre. *La transition de la monarchie à la république, du chaud au froid, etc.* ■ DE TRANSITION, loc. adj. Qui existe en attendant autre chose, qui est intermédiaire entre deux états. *Un conseil de transition. Politique de transition.* ■ SANS TRANSITION, loc. adv. Brusquement. *Passer sans transition de l'enfance à l'âge adulte.* ◆ *Transition démographique*, phénomène évolutif caractérisé par une baisse de la mortalité et de la natalité.

TRANSITIONNEL, ELLE, ■ adj. [tʀɑ̃zisjɔnɛl] (*transition*) Qui constitue une transition, qui a le caractère de la transition. *Période transitionnelle.* ■ **Psych.** *Objet transitionnel*, objet, le plus souvent une peluche, une poupée ou un morceau de tissu, qui réconforte et rassure le jeune enfant et qui lui permet de passer de l'attachement à sa mère à l'attachement à d'autres objets. *Le doudou est un objet transitionnel.*

TRANSITIVEMENT, adv. [tʀɑ̃zitiv(ə)mɑ̃] (*transitif*) **Gramm.** D'une manière transitive. *Verbe employé transitivement.*

TRANSITOIRE, adj. [tʀɑ̃zitwaʀ] (lat. *transitorius*, qui offre un passage, b.lat. passager, de *transire*, passer) Qui ne fait que passer, qui ne dure pas. « *Une volonté transitoire et capricieuse du souverain* », MONTESQUIEU. « *Des biens, des dignités transitoires* », VOLTAIRE. ◆ Intérimaire, qui remplit l'intervalle d'un état de choses à un autre. *Un régime transitoire.* ◆ **Philos.** Syn. de transitif.

TRANSITOIREMENT, adv. [tʀɑ̃zitwaʀ(ə)mɑ̃] (*transitoire*) D'une manière transitoire.

TRANSLATÉ, ÉE, p. p. de translater. [tʀɑ̃slate]

TRANSLATER, v. tr. [tʀɑ̃slate] (lat. *translatum*, supin de *transferre*, transporter) T. vieilli qui ne se dit plus guère qu'avec un sens de dénigrement. Traduire d'une langue en une autre. ■ Rem. Il n'est plus péjoratif aujourd'hui mais il est vieux.

TRANSLATEUR, n. m. [tʀɑ̃slatœʀ] (lat. *translator*, qui transporte ailleurs, b. lat. traducteur, copiste, de *transferre*) **Vieilli** Traducteur. ◆ ▷ Il se dit aussi, en mauvaise part, d'un écrivain qui traduit servilement. ◁

TRANSLATIF, IVE, adj. [tʀɑ̃slatif, iv] (lat. *translativus*, qui transporte ailleurs, qui récuse, de *transferre*) **Dr.** Par lequel on transporte, on cède une chose à quelqu'un. *Titre translatif de propriété.*

TRANSLATION, n. f. [tʀɑ̃slasjɔ̃] (lat. *translatio*, action de transporter, métaphore, traduction, de *transferre*) Action par laquelle on fait passer une chose d'un lieu dans un autre. *La translation d'un corps.* ◆ *Célébrer la translation d'un saint*, célébrer le jour auquel les reliques d'un saint ont été transférées d'un lieu à un autre. ◆ **Méc.** *Mouvement de translation*, mouvement par lequel un corps change de position dans l'espace. ◆ Action d'emmener un prisonnier d'un lieu à un autre. ◆ Action de porter une juridiction, une puissance, une personne constituée en dignité, d'un lieu à un autre. *La translation d'un tribunal, d'une préfecture, etc.* ◆ Action de transférer une propriété, une dignité d'une personne à une autre. « *La translation de la couronne aux Carolingiens faite sous le roi Pépin* », MONTESQUIEU. ◆ **Jurispr.** *Translation de legs*, déclaration par laquelle un testateur transfère un legs d'une personne à une autre. ◆ Remise à un autre temps. *La translation d'une fête.* ◆ ▷ Traduction ; en ce sens, il est vieux ou marotique. ◁ ◆ **Géom.** Déplacement d'un point, d'un segment ou d'une figure par transfert au moyen d'un même vecteur. *M' est l'image de M par translation de vecteur AB.*

TRANSLITTÉRATION, ■ n. f. [tʀɑ̃sliteʀasjɔ̃] (*trans-* et *littera*, caractère d'écriture, lettre) **Ling.** Transcription lettre par lettre d'un alphabet à un autre. *La translittération des noms propres chinois.*

TRANSLITTÉRER, ■ v. tr. [tʀɑ̃slite ʀe] (*translittération*) **Ling.** Transcrire caractère par caractère dans un autre alphabet. *Translittérer un mot grec en caractères latins.*

TRANSLOCATION, ■ n. f. [tʀɑ̃slokasjɔ̃] (angl. *translocation*, de *trans-* et *location*, emplacement) **Biol.** et **méd.** Transfert d'un segment de chromosome sur un autre chromosome, créant une anomalie génétique.

TRANSLUCIDE, adj. [tʀɑ̃slysid] (lat. impér. *translucidus*, transparent) **Phys.** Qui laisse passer la lumière, sans permettre de distinguer les objets. *Les agates sont translucides.*

TRANSLUCIDITÉ, n. f. [tʀɑ̃slysidite] (*translucide*) État, propriété d'un corps translucide. *La translucidité de l'émail.*

TRANSMANCHE, ■ adj. [tʀɑ̃smɑ̃ʃ] (*trans-* et *Manche*) Qui s'effectue à travers la Manche. *Les liaisons transmanche* ou *transmanches.*

TRANSMARIN, INE, adj. [tʀɑ̃smaʀɛ̃, in] (*trans-* et *marin*) Situé au-delà des mers. *Régions transmarines.* ◆ Qui vient d'au-delà des mers. *Productions transmarines.*

TRANSMETTEUR, n. m. [tʀɑ̃smetœʀ] (*transmettre*) Appareil servant à transmettre les signaux de la télégraphie électrique.

TRANSMETTRE, v. tr. [tʀɑ̃smetʀ] (lat. *transmittere*, de *trans*, au-delà, de l'autre côté, et *mittere*, envoyer) Faire passer. *Transmettre un ordre. Les nerfs transmettent les sensations.* ◆ Faire passer ce qu'on possède en la possession d'un autre. ◆ **Fig.** Faire parvenir comme par une transmission. *Transmettre sa doctrine.* ◆ *Transmettre son nom à la postérité.* ◆ Se transmettre, v. pr. Être transmis, transporté d'un lieu à un autre. « *La lumière se transmet environ six cent mille fois plus vite que le son* », MALEBRANCHE. ◆ **Fig.** « *La raison et la vérité se transmettent, l'industrie peut s'imiter ; mais le génie ne s'imite point* », MARMONTEL. ■ Faire passer par contagion ou par hérédité. *Sa mère lui a transmis sa maladie. La femelle du moustique transmet le paludisme.*

TRANSMIGRATION, n. f. [tʀɑ̃smigʀasjɔ̃] (lat. *transmigratio*, émigration, exil) Action d'un peuple, d'une troupe d'hommes qui passe de son pays dans un autre. ◆ *La transmigration de Babylone*, le séjour des Juifs à Babylone. ◆ *La transmigration des âmes*, le passage des âmes dans d'autres corps, selon l'opinion des pythagoriciens. ■ REM. Le premier sens est rare.

TRANSMIGRER, v. intr. [tʀɑ̃smigʀe] (lat. *transmigrare*, de *trans*, au-delà, et *migrare*, s'en aller) Subir la transmigration.

TRANSMIS, ISE, p. p. de transmettre. [tʀɑ̃smi, iz]

TRANSMISSIBILITÉ, n. f. [tʀɑ̃smisibilite] (*transmissible*) Qualité de ce qui est transmissible. *La transmissibilité des maladies contagieuses.*

TRANSMISSIBLE, adj. [tʀɑ̃smisibl] (lat. *transmissum*, supin de *transmittere*, envoyer de l'autre côté) Qui peut être transmis. *Des droits, des maladies transmissibles.*

TRANSMISSION, n. f. [tʀɑ̃smisjɔ̃] (lat. *transmissio*, trajet, traversée) Action de transmettre ; résultat de cette action. ◆ **Fig.** « *Les enfants ne jouissent des biens du père que par transmission de son droit* », J.-J. ROUSSEAU. ◆ **Physiol.** *Transmission héréditaire*, passage de certaines conditions physiques ou morales des parents aux enfants. ◆ **Phys.** Propriété d'un corps qui laisse passer la lumière ou la chaleur. « *La transmission de la lumière à travers les corps transparents* », BUFFON. ◆ **Méc.** *Transmission de mouvement*, communication de mouvement d'un corps à un autre. ◆ Engin qui sert à procurer la transmission. ◆ Fait de transmettre par contagion. *Transmission d'un virus.* ■ Au pl. **Milit.** *Service de transmissions*, service chargé de faire passer les informations, de s'occuper des moyens de communication.

TRANSMODULATION, ■ n. f. [tʀɑ̃smodylasjɔ̃] (*trans-* et *modulation*) Perturbation due à la superposition d'un signal sur un autre signal radioélectrique. *La résistance aux effets de transmodulation d'un récepteur.*

TRANSMUABLE ou **TRANSMUTABLE**, adj. [tʀɑ̃smɥabl, tʀɑ̃smytabl] (*transmuer* ou *transmuter*) Qui peut être transmué. *Les alchimistes croyaient que les métaux étaient transmuables.*

TRANSMUÉ, ÉE, p. p. de transmuer. [tʀɑ̃smɥe]

TRANSMUER ou **TRANSMUTER**, v. tr. [tʀɑ̃smɥe, tʀɑ̃smyte] (lat. *transmutare*, faire changer de place, de *trans*, au-delà, et *mutare*, déplacer, modifier, échanger) Changer la nature d'une substance. « *L'homme ne peut transmuer les substances* », BUFFON. ◆ Dans le langage des alchimistes, changer les métaux vils en métaux précieux. ■ Changer, transformer. *Transmuer une attente en espoir.*

TRANSMUTABILITÉ, n. f. [tʀɑ̃smytabilite] (*transmutable*) Propriété de ce qui est transmutable.

TRANSMUTABLE, ■ adj. [tʀɑ̃smytabl] (*transmuter*) Voy. TRANSMUABLE.

TRANSMUTATEUR, n. m. [tʀɑ̃smytatœʀ] (*transmuter*) Celui qui croit avoir le pouvoir de transmuer les métaux.

TRANSMUTATION, n. f. [tʀɑ̃smytasjɔ̃] (lat. impér. gramm. *transmutatio*, transposition de lettres) Changement d'une chose en une autre. *La transmutation de cendres en verre. La transmutation des métaux.* ■ **Phys.** Transformation d'un corps simple par changement du numéro atomique. *On peut obtenir la transmutation d'un élément chimique par réaction nucléaire.* ■ **Fig.**

et **litt.** Changement, transformation totale. *La transmutation du paysage au printemps.*

TRANSMUTER, ■ v. tr. [tʀɑ̃smyte] Voy. TRANSMUER.

TRANSNATIONAL, ALE, ■ adj. [tʀɑ̃snasjonal] (*trans-* et *national*, d'après *international*) Qui appartient à plusieurs nations. *Des projets transnationaux.* ■ **TRANSNATIONALITÉ**, n. f. [tʀɑ̃snasjonalite]

TRANSOCÉANIQUE, ■ adj. [tʀɑ̃zoseanik] (*trans-* et *océanique*) Qui est situé au-delà de l'océan. *Les pays transocéaniques.* ■ Qui s'effectue à travers l'océan. *Une croisière transocéanique.*

TRANSPALETTE, ■ n. m. ou n. f. [tʀɑ̃spalɛt] (*trans-* et *palette*) Appareil de manutention muni de roues et constitué d'une fourche sur laquelle on transporte des charges. *La transpalette d'un déménageur.*

TRANSPARAÎTRE ou **TRANSPARAITRE**, v. intr. [tʀɑ̃spaʀɛtʀ] (*trans-* et *paraître*) Paraître à travers quelque voile. ■ Se laisser voir. *Quand il nous regardait, sa gêne transparaissait.*

TRANSPARENCE, n. f. [tʀɑ̃spaʀɑ̃s] (*transparent*) Qualité de ce qui est transparent. *La transparence de l'air.* ◆ **Peint.** *Ce ciel manque de transparence.* ◆ *La transparence du teint,* se dit d'un teint qui semble laisser pénétrer le regard dans la peau. ■ Qualité de ce qui peut être connu de tous. *La transparence des comptes.*

TRANSPARENT, ENTE, adj. [tʀɑ̃spaʀɑ̃, ɑ̃t] (lat. médiév. *transparens*, de *trans*, à travers, et *parens*, p. prés. de *parere*, apparaître) Qui se laisse pénétrer par une lumière assez abondante pour permettre de distinguer nettement les objets à travers. *Le verre est transparent.* ◆ Se dit aussi pour *translucide* dans le langage vulgaire. ◆ **Peint.** Se dit des couleurs qui en laissent paraître d'autres, au moins d'autres mises dessous, ou qui paraissent à travers d'autres. ◆ On dit dans un sens analogue : *Teint transparent.* ◆ **Fig.** Qui laisse apercevoir un sens caché, quelque chose de caché. « *Son cœur transparent comme le cristal ne peut rien cacher de ce qui s'y passe* », J.-J. ROUSSEAU. « *La beauté de cette allégorie est d'être simple et transparente* », MARMONTEL. ◆ **N. m.** *Transparent,* papier où sont tracées plusieurs lignes noires, et dont on se sert pour s'accoutumer à écrire droit en le mettant sous le papier lorsqu'on écrit. ◆ Papier huilé derrière lequel on place des lumières dans les décorations. ◆ Sorte de tableau sur toile, sur gaze, sur papier huilé ou verni, etc., qu'on expose la nuit et derrière lequel on met des lumières pour faire paraître ce qu'il représente. ◆ ▷ Morceau de toile blanche ou de taffetas blanc bien tendu, pour faire des expériences d'optique. ◁ ◆ Préparation employée pour faire ressortir les couleurs placées dessous. ■ Film transparent supportant un document destiné à être projeté. *Les transparents d'un conférencier.* ■ **Adj.** Dont le sens se déduit facilement. *Une expression transparente.* ■ Accessible à tous. *Des comptes transparents.*

TRANSPERCÉ, ÉE, p. p. de transpercer. [tʀɑ̃spɛʀse]

TRANSPERCEMENT, ■ n. m. [tʀɑ̃spɛʀsəmɑ̃] (*transpercer*) Action de transpercer ; fait d'être transpercé. *Protéger une bâche pour éviter son transpercement.*

TRANSPERCER, v. tr. [tʀɑ̃spɛʀse] (*trans-* et *percer*) Percer de part en part. ◆ **Par extens.** *Cette pluie nous a transpercés,* elle nous a mouillés complètement. ◆ **Fig.** Causer une douleur comparable à celle que cause une épée qui transperce. *Cette nouvelle me transperce le cœur.* ◆ On dit aussi : *Transpercer de douleur.* ◆ Se transpercer, v. pr. Se percer soi-même le corps. *Il se transperça de son épée.*

TRANSPHRASTIQUE, ■ adj. [tʀɑ̃sfʀastik] (*trans-* et *phrastique*) **Ling.** Qui se rapporte à un niveau supérieur à celui de la phrase. *Analyse transphrastique. Établir des liens transphrastiques.*

TRANSPIRABLE, adj. [tʀɑ̃spiʀabl] (*transpirer*) Qui peut sortir par la transpiration. ◆ Par lequel la transpiration peut avoir lieu. *Membrane transpirable.*

TRANSPIRATION, n. f. [tʀɑ̃spiʀasjɔ̃] (lat. médiév. *transpiratio*) Exhalation continuelle, plus ou moins abondante, qui a lieu à la surface de la peau. ◆ Le produit lui-même de la transpiration. ◆ **Bot.** Exhalation humide à la surface des végétaux. ◆ **Fig.** Indice. *La transpiration d'un secret.* ■ *Être en transpiration,* être en sueur.

TRANSPIRÉ, ÉE, p. p. de transpirer. [tʀɑ̃spiʀe] Exhalé par transpiration. « *L'eau transpirée par un tournesol* », THENARD.

TRANSPIRER, v. intr. [tʀɑ̃spiʀe] (lat. médiév. *transpirare*) Sortir du corps sous forme d'exhalation à la peau. *Les humeurs transpirent au travers de la peau.* ◆ Il se dit du corps qui laisse exhaler. *L'on transpire beaucoup plus dans la jeunesse. Les végétaux transpirent.* ◆ **Fig.** Se laisser apercevoir. « *La vie, le sang et son incarnat transpirent à travers* », DIDEROT. ◆ **Fig.** Commencer à être connu, divulgué. *La nouvelle a transpiré.* ■ **Impers.** « *Il ne transpirait rien dans le public des mesures que les confédérés prenaient* », LESAGE. ◆ **V. tr.** Faire sortir par transpiration. « *Ils ont mieux aimé me faire transpirer toutes*

les sérosités », MME DE SÉVIGNÉ. ■ **Fam.** Travailler beaucoup, en fournissant un effort intense. *Il a transpiré pour fixer ce tableau au mur.*

TRANSPLANT, ■ n. m. [tʀɑ̃splɑ̃] (*transplanter*) Ce qui a fait l'objet d'une transplantation.

TRANSPLANTABLE, adj. [tʀɑ̃splɑ̃tabl] (*transplanter*) Qui peut être transplanté.

TRANSPLANTATION, n. f. [tʀɑ̃splɑ̃tasjɔ̃] (*transplanter*) Action de transplanter. *La transplantation d'un arbre.* ◆ **Fig.** Action de changer de résidence, en parlant des personnes. ■ Greffe d'un organe. *Transplantation d'un rein.* ■ Fait de transplanter dans l'utérus d'une femme. *Transplantation d'un embryon.*

TRANSPLANTÉ, ÉE, p. p. de transplanter. [tʀɑ̃splɑ̃te]

TRANSPLANTER, v. tr. [tʀɑ̃splɑ̃te] (lat. chrét. *transplantare*, du lat. impér. *plantare*, planter) Ôter une plante, un arbre d'un endroit, et le replanter dans un autre. ◆ **Fig.** Faire passer, transporter d'un pays dans un autre. *Transplanter une population, les arts dans un pays, etc.* ◆ Se transplanter, v. pr. Passer d'un lieu dans un autre pour s'y établir. ■ **V. tr.** Greffer un organe du corps d'un donneur dans celui d'une personne malade. ■ Insérer un embryon dans l'utérus d'une autre femme.

TRANSPLANTEUR, n. m. [tʀɑ̃splɑ̃tœʀ] (*transplanter*) ▷ **Jard.** Celui qui transplante. ◆ **Adj.** *Le matériel et le personnel transplanteurs de la ville de Paris.* ◁

TRANSPLANTOIR, n. m. [tʀɑ̃splɑ̃twaʀ] (*transplanter*) **Jard.** Instrument propre à transplanter des arbres.

TRANSPOLAIRE, ■ adj. [tʀɑ̃spolɛʀ] (*trans-* et *polaire*) Qui passe par le pôle. *Expédition transpolaire.*

TRANSPONDEUR, ■ n. m. [tʀɑ̃spɔ̃dœʀ] (*transmetteur* et *répondeur*, d'après l'angl. *transponder*) **Techn.** Appareil qui émet un signal lorsqu'il en reçoit un.

TRANSPORT, n. m. [tʀɑ̃spɔʀ] (*transporter*) Action par laquelle on transporte quelque chose ou quelqu'un d'un lieu dans un autre. *Transport des marchandises.* ◆ **Mar.** Action de porter des hommes, des marchandises, des vivres, etc. d'un lieu à un autre. ◆ **Par extens.** Voitures servant au transport des choses nécessaires à une armée. ◆ **Mar.** *Un transport* se dit pour bâtiment de transport. ◆ Action d'une personne qui, par autorité de justice, se rend sur les lieux pour procéder à une vérification, à une visite. *Droit de transport,* indemnité accordée aux juges, aux greffiers, aux témoins et aux officiers ministériels, en cas de déplacement. ◆ **Géol.** *Terrain de transport,* terrain d'alluvion. ◆ **Fig. Jurispr.** *Transport* ou *transport-cession,* cession d'un droit qu'on a sur quelque chose. ◆ **Fig.** Mouvement violent de passion qui nous met hors de nous-mêmes. « *J'ai pour lui des transports de haine* », P. CORNEILLE. ◆ **Absol.** « *Je critique avec sévérité, et je loue avec transport* », VOLTAIRE. ◆ Enthousiasme. « *Sentiez-vous, dites-moi, ces violents transports Qui d'un esprit divin font mouvoir les ressorts ?* », BOILEAU. ◆ ▷ *Transport au cerveau* ou simplement *transport,* délire, égarement de l'esprit causé par la maladie. ◁ ◆ **N. m. pl.** Ensemble des différents moyens permettant l'acheminement de personnes ou de marchandises. ■ *Transports en commun,* ensemble des moyens de transports publics mis à la disposition des voyageurs. *Le train, le métro sont des transports en commun. Utiliser les transports en commun.* ◆ *Transport au cerveau,* apoplexie. ■ **Dr.** *Transport de justice,* fait pour un magistrat de se rendre sur le lieu d'un crime, d'un délit pour y faire des recherches, des constatations.

TRANSPORTABLE, adj. [tʀɑ̃spɔʀtabl] (*transporter*) Qui peut être transporté.

TRANSPORTANT, ANTE, adj. [tʀɑ̃spɔʀtɑ̃, ɑ̃t] (*transporter*) Qui transporte, qui excite l'admiration, l'enthousiasme.

TRANSPORTATION, n. f. [tʀɑ̃spɔʀtasjɔ̃] (*transporter* ; cf. lat. impér. *transportatio*, émigration) Action de transporter, d'un pays en un autre, un homme, une tribu, un peuple. ◆ **Jurid.** Condamnation à un séjour obligatoire en un lieu déterminé hors de la France continentale. ■ **Rem.** La peine de transportation n'existe plus aujourd'hui.

TRANSPORTÉ, ÉE, p. p. de transporter. [tʀɑ̃spɔʀte] ▷ Condamné à la transportation. ◁ ▷ **N. m. et n. f.** *Un transporté.* ◁ ◆ **Fig.** Saisi de quelque violent mouvement de passion. *Transporté de plaisir.* ◆ **Absol.** Enthousiasmé, ravi.

TRANSPORTER, v. tr. [tʀɑ̃spɔʀte] (lat. *transportare*, transporter, lat. imp. *déporter*, de *trans*, au-delà, et *portare*, porter) Porter d'un lieu dans un autre. *Transporter des meubles, des marchandises.* ■ En terme de l'Écriture, *la foi transporte les montagnes,* elle produit les effets les plus puissants et les plus merveilleux. ◆ Il se dit des actions de souverains qui déplaçaient des populations. ◆ Condamner à la peine de la transportation. ◆ **Fig.** Il se dit de l'action de faire passer d'un lieu à un autre, une juridiction, une puissance, etc. *Constantin transporta le siège de l'Empire romain à Constantinople.* ♦ **Fig.** Il se dit de passages, de choses littéraires qu'on introduit. « *Bientôt on sentit qu'il fallait transporter dans notre langue les beautés et non les mots des langues anciennes* », d'ALEMBERT. ♦ **Fig.** Changer le sens, la portée. *Transporter un mot du propre au figuré.* ♦ **Déplacer.** ♦ **Dr.** Céder un droit à quelqu'un. *Transporter une rente, une dette, une créance.* ♦ **Fig.** Causer des transports violents de passion. « *Les grandes prospérités nous aveuglent, nous transportent* », BOSSUET. ♦ **Se transporter**, v. pr. Se rendre en un lieu. ♦ Il se dit ordinairement de ceux qui vont en quelque lieu par autorité de justice. ♦ Aller se fixer en un lieu. ♦ **Fig.** Imaginer qu'on est dans un lieu, dans un temps autre que celui où l'on est. *Transportez-vous en imagination dans l'avenir.* ♦ **Fig.** Être saisi d'un mouvement de passion.

TRANSPORTEUR, EUSE, ■ adj. [tʀɑ̃spɔʀtœʀ, øz] (*transporter*) Qui sert à transporter. *Navire transporteur.* ■ N. m. Engin, véhicule qui transporte des personnes, des marchandises. ■ Personne, entreprise, qui se charge du transport de voyageurs, de marchandises. *Transporteur aérien, routier.*

TRANSPOSÉ, ÉE, p. p. de transposer. [tʀɑ̃spoze].

TRANSPOSÉE, ■ adj. f. [tʀɑ̃spoze] (p. p. fém. de *transposer*) **Math.** *Matrice transposée* ou *transposée*, matrice obtenue en inversant les colonnes et les lignes d'une matrice de départ.

TRANSPOSER, v. tr. [tʀɑ̃spoze] (*trans-* et *poser*) Mettre une chose à une autre place que celle où elle était, où elle devrait être. *Transposer des pages, les termes d'une proposition, etc.* ♦ **Mus.** Jouer ou chanter ou écrire dans un ton ce qui est noté dans un autre. ♦ **Absol.** *Il transpose.* ♦ **Jeu** Transporter son argent d'une carte sur une autre. ♦ **Se transposer**, v. pr. Être transposé. ■ V. tr. Placer dans un autre environnement ou dans un autre contexte. *Transposer une œuvre.* ■ TRANSPOSABLE, adj. [tʀɑ̃spozabl]

TRANSPOSITEUR, adj. m. [tʀɑ̃spozitœʀ] (*transposer*) **Mus.** *Piano transpositeur*, piano qui par un mécanisme opère la transposition d'un ton dans un autre. ♦ **N. m.** *Un transpositeur.*

TRANSPOSITIF, IVE, adj. [tʀɑ̃spozitif, iv] (*transposer*; cf. lat. impér. rhét. *transpositiva*, métalepse) ▷ Qui a la faculté de transposer. ♦ *Langue transpositive*, celle où les rapports des mots entre eux sont indiqués par leurs terminaisons, et où l'on n'est pas obligé de les placer suivant l'ordre analytique. ◁

TRANSPOSITION, n. f. [tʀɑ̃spozisjɔ̃] (*transposer*) Action de transposer ; résultat de cette action. *La transposition des faits.* ♦ **Anat.** *Transposition des viscères*, cas qui se présente quelquefois, où la place des viscères est intervertie, le cœur étant à droite et le foie à gauche. ♦ **Impr. et libr.** Interversion de feuilles d'impression, de cahiers. ♦ Renversement dans la construction ordinaire des mots. « *Les transpositions légères qui donnent aux vers de la grâce et de la force* », BOUHOURS. ♦ **Alg.** Opération qu'on fait en transposant, dans une équation, un terme d'un membre dans l'autre. ♦ **Mar.** Déplacement fait par un amiral entre les différentes escadres de l'armée. ♦ **Mus.** Action de transposer. ■ Placement dans un environnement ou un contexte différent.

TRANSPOSON, ■ n. m. [tʀɑ̃spozɔ̃] (*transposer*) **Biol.** Fragment d'ADN capable de se déplacer et de s'insérer à un autre endroit du génome.

TRANSPYRÉNÉEN, ENNE, ■ adj. [tʀɑ̃spiʀeneɛ̃, ɛn] (*trans-* et *pyrénéen*) Qui est de l'autre côté des Pyrénées. *Les pays transpyrénéens.* ■ Qui s'effectue en traversant les Pyrénées. *Randonnée transpyrénéenne.*

TRANSRHÉNAN, ANE, adj. [tʀɑ̃sʀenɑ̃, an] (lat. *transrhenanus*) Qui est au-delà du Rhin. *Pays transrhénan. Contrée transrhénane.* ♦ L'Académie ne donne que le féminin. ■ REM. La forme masculine est courante aujourd'hui.

TRANSSAHARIEN, IENNE, ■ adj. [tʀɑ̃ssaaʀjɛ̃, jɛn] (*trans-* et *saharien*) Qui traverse le Sahara. *La voie ferrée transsaharienne.* ■ Qui se fait à travers le Sahara. *Le commerce transsaharien.*

TRANSSEPT, n. m. [tʀɑ̃sɛpt] Voy. TRANSEPT.

TRANSSEXUALISME, ■ n. m. [tʀɑ̃s(s)ɛksɥalism] (*transsexuel*) **Psych.** Conviction d'appartenir au sexe opposé au sien, s'accompagnant le plus souvent du désir de changer de sexe.

TRANSSEXUEL, ELLE, ■ n. m. et n. f. [tʀɑ̃s(s)ɛksɥɛl] (angl. *transsexual*, de *trans-* et *sexual*, sexuel) Personne qui a la conviction d'appartenir au sexe opposé, et qui met tout en œuvre pour modifier dans ce sens son anatomie et son identité juridique. ■ Adj. *La demande chirurgicale du sujet transsexuel.* ■ TRANSSEXUALITÉ, n. f. [tʀɑ̃s(s)ɛksɥalite]

TRANSSONIQUE, ■ adj. [tʀɑ̃ssonik] (*trans* et 3 *son*) **Phys.** Qui approche de la vitesse du son. *Vitesse transsonique.*

TRANSSTOCKEUR, ■ n. m. [tʀɑ̃sstokœʀ] (*trans-* et *stocker*) **Techn.** Engin de manutention sur rails servant à déplacer des charges dans les structures de stockage de très grande hauteur.

TRANSSUBSTANTIATION, n. f. [tʀɑ̃s(s)ypstɑ̃sjasjɔ̃] (lat. médiév. *transsubstantiatio*, du lat. *trans*, au-delà, et *substantia*, substance, essence) Changement d'une substance en une autre. ♦ **Théol.** Changement miraculeux de la substance du pain et du vin en la substance du corps et du sang de Jésus-Christ dans l'eucharistie.

TRANSSUBSTANTIÉ, ÉE, p. p. de transsubstantier. [tʀɑ̃s(s)ypstɑ̃sje]

TRANSSUBSTANTIER, v. tr. [tʀɑ̃s(s)ypstɑ̃sje] (lat. médiév. *transsubstantiare*) Changer une substance en une autre. ♦ **Théol.** Opérer la transsubstantiation. ■ REM. Il est vieux ou littéraire aujourd'hui dans son premier sens.

TRANSSUDAT, ■ n. m. [tʀɑ̃s(s)yda] (*transsuder*) **Méd.** Œdème résultant du transfert d'un liquide organique à travers une membrane séreuse ou une muqueuse. *Le transsudat est pauvre en protéines. Transsudat et exsudat.*

TRANSSUDATION, n. f. [tʀɑ̃s(s)ydasjɔ̃] (*transsuder*) Action de transsuder.

TRANSSUDER, v. intr. [tʀɑ̃s(s)yde] (*trans-* et lat. *sudare*, transpirer) Passer au travers des pores d'un corps par une espèce de sueur. ♦ V. tr. Laisser transsuder. « *Les feuilles du mélèze transsudent une espèce de manne* », SAUSSURE.

TRANSTÉVÉRIN, INE, n. m. et n. f. [tʀɑ̃steveʀɛ̃, in] (ital. *transteverino*, du lat. *transtiberinus*, de *trans*, au-delà, et *Tiberis*, Tibre) Celui, celle qui habite au-delà du Tibre, sur la rive droite du Tibre à Rome.

TRANSURANIEN, IENNE, ■ adj. [tʀɑ̃zyʀanjɛ̃, jɛn] (*trans-* et *uranium*) **Chim.** Se dit d'un élément qui suit l'uranium dans la classification périodique. ■ N. m. *Le plutonium est un transuranien.*

TRANSVASÉ, ÉE, p. p. de transvaser. [tʀɑ̃svaze].

TRANSVASEMENT, n. m. [tʀɑ̃svaz(ə)mɑ̃] (*transvaser*) Action de transvaser.

TRANSVASER, v. tr. [tʀɑ̃svaze] (*trans-* et *vase*) Verser une liqueur d'un vase dans un autre. *Transvaser les vins.*

TRANSVASEUR, n. m. [tʀɑ̃svazœʀ] (*transvaser*) ▷ Appareil propre à transvaser ; espèce de pompe, de siphon. ◁

TRANSVERSAL, ALE, ■ adj. [tʀɑ̃svɛʀsal] (lat. médiév. *tranversalis*, placé en travers, du lat. *transversus*, oblique, transversal) Qui passe en travers. *Une raie transversale.* ♦ **N. f.** **Géom.** *Une transversale*, une ligne transversale. ♦ **Anat.** Il se dit de certaines parties qui sont placées obliquement. *Les muscles transversaux du nez.* ■ Qui touche plusieurs domaines à la fois. *Un enseignement transversal.* ■ TRANSVERSALITÉ, n. f. [tʀɑ̃svɛʀsalite]

TRANSVERSALEMENT, adv. [tʀɑ̃svɛʀsal(ə)mɑ̃] (*transversal*) D'une manière transversale.

TRANSVERSE, adj. [tʀɑ̃svɛʀs] (lat. *transversus*, oblique, transversal) **Anat.** Qui est situé en travers. ♦ *Apophyses transverses*, apophyses situées latéralement sur le corps des vertèbres. ♦ **Géom.** *Axe transverse de l'hyperbole*, celui dont le prolongement passe par les deux foyers de la courbe.

TRANSVIDER, v. tr. [tʀɑ̃svide] (*trans-* et *vider*) Verser dans un vase ce qui reste dans un autre vase ou dans plusieurs.

TRANTRAN, n. m. [tʀɑ̃tʀɑ̃] (redoubl. onomat., son du cor) La manière ordinaire de conduire certaines affaires ; la routine qu'on y suit. *Savoir le trantran des affaires.* ♦ C'est par corruption qu'on dit *traintrain*. ■ REM. Aujourd'hui, *traintrain* est plus courant.

TRAPÈZE, n. m. [tʀapez] (b. lat. *trapezium*, gr. *trapezion*, petite table, trapèze, de *trapeza*, table) **Géom.** Quadrilatère dont deux côtés sont inégaux et parallèles. ♦ Machine de gymnastique formée d'un bâton d'un mètre de longueur, ayant à chaque extrémité une gorge pour recevoir une corde ; ces cordes sont terminées par un anneau qui sert à suspendre le trapèze. ♦ **Anat.** *Le trapèze* ou adj. *l'os trapèze*, le premier de la seconde rangée du carpe, en parlant du pouce. ♦ *Le trapèze* ou adj. *le muscle trapèze*, muscle situé à la partie postérieure et supérieure du tronc.

TRAPÉZISTE, ■ n. m. et n. f. [tʀapezist] (*trapèze*) Personne qui pratique le trapèze, en particulier dans un cirque.

TRAPÉZOÏDAL, ALE, ■ adj. [tʀapezoidal] (*trapézoïde*) De la forme d'un trapèze. *Des sarcophages trapézoïdaux.*

TRAPÉZOÏDE, adj. [tʀapezoid] (gr. *trapezoeidès*, en forme de table, de *trapeza*, table, et *eidos*, aspect) **Géom.** Quadrilatère plan dont tous les côtés sont obliques entre eux. ♦ **Anat.** *Le trapézoïde* ou adj. *l'os trapézoïde*, le second de la seconde rangée du carpe, en partant du pouce.

TRAPP, n. m. [tʀap] (suéd. *trapp*, litt. escalier) Roche verdâtre ayant la forme d'un escalier. ♦ Nom commun au basalte, au porphyre, à l'amygdaloïde.

1 **TRAPPE,** n. f. [tʀap] (anc. b. frq. *trappa*, piège) Porte posée horizontalement sur une ouverture à rez-de-chaussée ou au niveau du plancher. *La trappe d'une cave.* ♦ L'ouverture elle-même. ♦ Espèce de porte, de fenêtre qui se hausse et qui se baisse dans une coulisse. ♦ Espèce de porte en tôle,

dans une cheminée à la prussienne ou autre. ♦ Piège pour prendre des bêtes, formé d'un trou pratiqué en terre et recouvert de branchages, ou d'une bascule. ▪ *Passer à la trappe,* être oublié. *Ses recommandations sont passées à la trappe.*

2 TRAPPE (LA), n. f. [tʀap] (abbaye de La *Trappe,* à Soligny-la-Trappe dans l'Orne) Ordre religieux dont le chef-lieu était à la Trappe, près de Mortagne. ♦ Nom propre devenu la dénomination générale des couvents de cet ordre.

TRAPPÉEN, ENNE, adj. [tʀapeɛ̃, ɛn] (*trapp*) **Minér.** Qui a les caractères du trapp. ♦ Qui est formé de trapp. ♦ *Terrains trappéens,* groupe comprenant les terrains volcaniques qui ont subi une liquéfaction pâteuse.

TRAPPEUR, n. m. [tʀapœʀ] (angl. *trapper,* de *to trap,* prendre au piège) Se dit des chasseurs de profession, dans l'Amérique du Nord.

TRAPPILLON, ▪ n. m. [tʀapijɔ̃] Ouverture dans le plancher de la scène d'un théâtre, par où passent les décors.

TRAPPISTE, n. m. [tʀapist] (2 *trappe*) Religieux de l'ordre de la Trappe.

TRAPPISTINE, n. f. [tʀapistin] (*trappiste*) Femme appartenant à un couvent de religieuses de l'ordre de la Trappe. ♦ Espèce d'élixir fabriqué par des trappistes.

TRAPU, UE, adj. [tʀapy] (moy. fr. *trap(p)e,* trapu, gros et court, p.-ê. de *trape,* var. dial. de *tarpe,* grosse patte, grosse main) Gros et court, en parlant des personnes et des animaux. ▪ **Fam.** Qui a de très bonnes connaissances et compétences dans un domaine. *Cet élève est trapu en histoire.* ▪ **Fam.** Qui est difficile. *Un exercice de mathématiques trapu.*

TRAQUE, n. f. [tʀak] (*traquer*) Action de traquer.

TRAQUÉ, ÉE, p. p. de traquer. [tʀake]

TRAQUENARD, n. m. [tʀak(ə)naʀ] (prob. mot occit. de *tracan* marche, de *trac,* allure, train) Piège du genre des trébuchets dont on se sert pour prendre les animaux nuisibles. ♦ **Fig.** *Cet homme s'est laissé prendre au traquenard.* ♦ Chez le cheval, allure particulière, consistant en une espèce de trot décousu. ♦ Se dit d'un cheval qui a cette allure. ♦ Ancienne danse vive et gaie.

TRAQUER, v. tr. [tʀake] (prob. moy. fr. *trac,* trace, piste) Fouiller un bois pour en faire sortir le gibier. *Traquer un bois.* ♦ Plus particulièrement, obliger les bêtes d'entrer dans les toiles ou de passer sous le coup des chasseurs, en resserrant toujours davantage une enceinte faite dans un bois. ♦ **Par extens.** En parlant des personnes, les resserrer dans un lieu pour les prendre. *Traquer des voleurs.* ♦ **Fig.** Poursuivre à outrance.

TRAQUET, n. m. [tʀakɛ] (*traquer,* ou radic. onomat. *trak-*) Piège que l'on tend aux bêtes puantes. *Renard pris au traquet.* ♦ ▷ **Fig.** *Donner dans le traquet,* se laisser tromper par quelque artifice. ◁ ♦ Morceau de bois qui passe au travers de la trémie du moulin, et dont le mouvement fait tomber le blé sous la meule. ♦ **Fig.** *C'est un traquet de moulin, sa langue va comme un traquet de moulin,* se dit d'une personne qui parle beaucoup. ♦ Oiseau, ainsi nommé à cause du mouvement continuel de ses ailes et de sa queue.

1 TRAQUEUR, n. m. [tʀakœʀ] (*traquer*) Celui qu'on emploie pour traquer.

2 TRAQUEUR, EUSE, ▪ adj. [tʀakœʀ, øz] (*trac*) **Fam.** Qui a le trac. *Un comédien traqueur.* ▪ **N. m. et n. f.** *Une traqueuse.*

TRASH, ▪ adj. [tʀaʃ] (mot anglo-amér. déchet, poubelle) **Fam.** Vulgaire et provocant. *Littérature trash. Des films trash* ou *trashs.*

TRATTORIA, ▪ n. f. [tʀatɔʀja] (mot it., de *trattore,* celui qui tient un restaurant) Restaurant, en Italie. *Des trattorias.*

TRAULET, n. m. [tʀolɛ] (orig. inc.) Pointe d'acier, fixée à l'extrémité d'une petite hampe, dont on se sert pour marquer des points sur un plan, pour piquer un dessin d'architecture.

TRAUMA, ▪ n. m. [tʀoma] (mot gr., blessure) **Méd.** Lésion touchant une partie de l'organisme, provoquée par un agent extérieur. *Des traumas.* ▪ **Psych.** *Trauma psychique,* choc émotionnel violent entraînant des troubles psychiques. ▪ **Rem.** Son emploi dans ce sens est critiqué.

TRAUMATIQUE, adj. [tʀomatik] (gr. *traumatikos,* de *trauma,* génit. *traumatos*) **Chir.** Qui a rapport, qui appartient aux plaies, aux blessures. *Hémorragie traumatique.* ♦ *Fièvre traumatique,* celle qui accompagne la suppuration des grandes plaies.

TRAUMATISER, ▪ v. tr. [tʀomatize] (gr. *traumatizein,* blesser) Provoquer un traumatisme physique. *Maigrir sans traumatiser son corps.* ▪ Provoquer un grave choc psychique. *Il faut éviter de traumatiser plus encore les victimes d'agressions.* ▪ TRAUMATISANT, ANTE, adj. [tʀomatizɑ̃, ɑ̃t]

TRAUMATISME, ▪ n. m. [tʀomatism] (gr. *traumatismos,* action de blesser) Ensemble des lésions, des atteintes physiques occasionnées dans l'organisme par une action violente. *Traumatisme cérébral à la suite d'un accident.*

▪ Choc psychologique brutal provoquant des troubles plus ou moins graves et durables. *Un divorce peut provoquer un grave traumatisme.*

TRAUMATOLOGIE, ▪ n. f. [tʀomatolɔʒi] (*traumato-,* de *trauma, -matos,* blessure, et *-logie*) **Méd.** Branche de la médecine qui étudie et traite les traumatismes physiques. *Service de traumatologie dans un hôpital.* ▪ **Abrév.** Traumato. ▪ TRAUMATOLOGISTE ou TRAUMATOLOGUE, n. m. [tʀomatolɔʒist, tʀomatolɔg] ▪ TRAUMATOLOGIQUE, adj. [tʀomatolɔʒik]

TRAVAIL, n. m. [tʀavaj] (*travailler*) Machine à l'aide de laquelle on assujettit les grands animaux, soit pour les ferrer, soit pour pratiquer sur eux des opérations chirurgicales. ▪ **Au pl.** *Des travails.* ♦ ▷ **Par extens.** Gêne, fatigue (en cette acception, le pluriel est *travaux*). « *Mais une dure loi... Ordonne que le cours de la plus belle vie Soit mêlé de travaux* », J.-J. ROUSSEAU. ◁ ♦ ▷ Soins et soucis de l'ambition. « *Est-ce là le fruit du travail dont vous vous êtes consumés sous le soleil?* », BOSSUET. ◁ ♦ *Travail d'enfant* ▷ ou simplement ◁ *travail,* douleurs de l'enfantement. ♦ **Fig.** « *Était-ce comme un travail de la France prête à enfanter le règne miraculeux de Louis?* », BOSSUET. ♦ Peine qu'on prend pour faire quelque chose. *Travail du corps, de l'esprit.* ♦ ▷ *Maison de travail,* maison de détention où l'on fait travailler les détenus. ◁ ♦ *Homme de travail,* homme qui gagne sa vie par un métier pénible. ◁ ♦ ▷ *Homme de grand travail,* homme très laborieux. ◁ ♦ Service auquel on soumet les animaux. ♦ *Bêtes de travail,* les bœufs, chevaux, etc., employés au travail. ♦ *Manège* Se dit des différents exercices du cheval. ♦ Action d'une machine ou résultat de cette action. ♦ Action mécanique des agents naturels. *Le travail des eaux.* ♦ L'ouvrage même qui est le résultat du travail. *Un beau travail.* ♦ Manière dont un ouvrage est fait. *Ce bijou est d'un beau travail.* ♦ Manière dont on travaille, surtout en parlant des œuvres de l'esprit, de la besogne administrative. *Il a le travail facile.* ♦ Soin excessif que l'on apporte à quelque chose. *Ces vers sentent le travail.* ♦ Ouvrage qui est à faire, ou qui est actuellement en cours d'exécution. *Entreprendre un travail. On a suspendu les travaux.* ♦ ▷ *Travail libre,* le travail des hommes libres, par opposition à travail servile, dans les pays à esclaves. ◁ ♦ *Travail forcé,* travail auquel on ne peut se soustraire. ♦ *Travaux forcés,* peine afflictive et infamante à laquelle on condamnait les criminels. ♦ Il se dit des ouvrages que l'on fait pour l'embellissement, pour l'assainissement, pour l'utilité générale. ♦ Dans les chemins de fer, *travaux d'art,* les ponts, viaducs, etc. ♦ *Travaux publics,* ouvrages faits aux frais de l'État pour l'utilité publique. ♦ Dans la législation militaire, *travaux publics,* peine infligée aux militaires qui ont déserté à l'intérieur. ♦ *Les travaux de la campagne,* l'ensemble des opérations de l'agriculture. ♦ *Travaux,* l'ensemble des opérations par lesquelles on procède à la construction. ♦ Remuements de terre, tranchées que font les troupes pour l'attaque ou la défense d'une place, pour fortifier un camp, etc. ♦ **Au pl.** Examen, discussion, délibérations, en parlant d'un corps. *Les travaux d'une commission, d'une académie.* ♦ ▷ Compte qu'un ministre rend au prince des affaires de son département, que les commis rendent aux ministres de celles qui leur ont été renvoyées ; en ce sens, le pluriel est *travails. Ce ministre a eu plusieurs travails avec le roi.* ◁ ♦ **Au pl.** Entreprises pénibles et glorieuses. « *Conte-moi tes vertus, tes glorieux travaux* », P. CORNEILLE. ♦ Œuvres littéraires. ♦ *Les travaux d'Hercule,* les douze entreprises que la Fable lui attribue. ♦ Élaboration. « *Un vin de Chio devenu comme un baume par le long travail des ans* », CHATEAUBRIAND. ♦ **Physiol.** Mouvement vital qui produit certaines actions. ♦ En pathologie, mouvement vital qui produit telle ou telle lésion. ◁ ▪ Toute activité humaine qui implique un effort et qui vise un but. *Se mettre au travail. Travail manuel, intellectuel.* ▪ Activité professionnelle rémunérée. *Perdre son travail. Chercher du travail. Travail à temps partiel.* ▪ Lieu où l'on exerce ce travail. *Se rendre au travail.* ▪ Activité humaine économique qui vise à produire des biens, des services. *Marché du travail.* ▪ *Le monde du travail,* ensemble des personnes qui exercent une activité professionnelle. ▪ *Travaux dirigés* ou *TD,* cours universitaire où les étudiants effectuent des exercices d'application d'un cours magistral.

TRAVAILLANT, ANTE, adj. [tʀavajɑ̃, ɑ̃t] (*travailler*) Qui travaille. ♦ ▷ *Machine travaillante,* machine dont on se sert pour faire un travail mécanique. ◁

TRAVAILLÉ, ÉE, p. p. de travailler. [tʀavaje] Fait avec soin. *Un ouvrage trop travaillé. Des vers travaillés avec art.* ▪ **Bx-arts** Fait avec peine. ♦ Façonné. *Un pot de bois grossièrement travaillé.* ♦ ▷ À qui on a fait faire de l'exercice, subir de la fatigue. « *Travaillés des fatigues du jour* », GILBERT. ◁ ♦ *Ce cheval a les jambes travaillées,* ruinées par le travail. ♦ Tourmenté. « *Syracuse toujours dans la licence ou dans l'oppression, également travaillée par sa liberté et par sa servitude* », MONTESQUIEU.

TRAVAILLER, v. tr. [tʀavaje] (lat. vulg. *tripaliare,* torturer, de *tripalium,* instrument de torture, de *tri-* trois, et *palus,* poteau, calque du gr. byzantin *tripassalon,* de *tri-* et *passalos,* pieu) Causer du malaise, de la souffrance physique. « *La continuelle maladie qui nous travaille* », BOSSUET. ♦ Tourmenter, inquiéter. « *L'ambition ne me travaille point* », LA ROCHEFOUCAULD. ♦ *Se travailler l'esprit,* l'imagination, s'inquiéter, se tourmenter. ♦ Occuper, préoccuper. « *Un autre soin me travaille* », BOSSUET. ♦ Agiter, exciter au mécontentement, à la révolte. *Travailler les esprits, le peuple, l'armée.* ♦ *Travailler un cheval*, le manier ou le fatiguer. ♦ Façonner la pierre, un métal, etc. ♦ Les boulangers disent de même : *Travailler la pâte.* ♦ Il se dit semblablement des agents naturels. « *Cette époque où le feu travaillait le globe* », BUFFON. ◁ ▷ **Pop.** *Travailler les côtés à quelqu'un*, le maltraiter. ◁ ♦ Soigner, exécuter avec soin. *Travailler une affaire.* « *Voici celle de mes tragédies que je puis dire que j'ai le plus travaillée* », RACINE. ■ **V. intr.** Se donner de la peine pour exécuter quelque chose, faire un ouvrage. *Travailler de corps, d'esprit. Travailler à la terre.* « *Corneille travaillait facilement, et Racine avec peine* », MONTESQUIEU. ♦ Avoir de l'occupation, de l'ouvrage, en parlant de ceux qui exercent une profession mécanique ou industrielle. ♦ Se dit d'une machine en mouvement et produisant un effet utile. ♦ Il se dit des agents naturels. *Le volcan travaille.* ♦ **Mus.** Se dit d'une partie qui a beaucoup à faire. ♦ **Mar.** *Des cordages travaillent ensemble ou séparément, selon que leur effort est égal et réuni ou séparé.* ♦ ▷ Il se dit du compte qu'un ministre rend au prince, qu'un commis rend au ministre, etc. ◁ ♦ **Fig.** *Travailler pour, travailler contre*, diriger ce qu'on fait pour, contre quelqu'un ou quelque chose. ♦ **Fig.** *Travailler à*, s'occuper de, tendre à. « *Tout vainqueur insolent à sa perte travaille* », LA FONTAINE. ♦ *Travailler à*, s'occuper de, pour amender. « *Je veux tous les jours travailler à mon esprit, à mon âme, à mon cœur* », MME DE SÉVIGNÉ. ♦ En parlant du bois, se déjeter. ♦ Se dit d'un bâtiment mal construit dont les murs bouclent et sortent de leur aplomb. ♦ Se dit des pièces d'une machine qui supportent le plus grand poids, la plus forte pression. ♦ **Mar.** Supporter un grand effort, souffrir des mouvements violents qu'imposent le roulis et le langage. *Un navire travaille à l'ancre. Un cordage travaille quand il est fortement tendu.* ♦ *Son estomac travaille*, il a de la peine à digérer. ♦ En parlant du vin, des liqueurs, etc., fermenter. **Peint.** Se dit des couleurs qui changent avec le temps. ♦ **Fig.** *Sa tête, son esprit travaille*, il est fortement agité, préoccupé. ♦ Produire un revenu, en parlant d'argent placé en spéculations, en prêts, etc. *Faire travailler son argent.* ♦ *Se travailler, v. pr.* Être travaillé, façonné. *Cette substance se travaille mal.* ♦ Se fatiguer. ♦ ▷ Faire des efforts, se tourmenter. « *On voit qu'il se travaille à dire de bons mots* », MOLIÈRE. « *Ceux qui se travailleront de ce soin* », PASCAL. ◁ ■ **V. tr.** Étudier pour améliorer ses connaissances et ses compétences dans un domaine. *Il doit travailler l'anglais s'il veut passer ce concours.* ■ **V. intr.** Exercer une activité professionnelle. *Elle ne travaille pas en ce moment.* ■ **REM.** Il est littéraire dans le premier sens donné par Littré : *causer du malaise, de la souffrance physique.*

TRAVAILLEUR, EUSE, n. m. et n. f. [tʀavajœʀ, øz] (*travailler*) Personne adonnée au travail. ♦ Personne qui se livre à quelque travail. ♦ Un ouvrier, une ouvrière, une personne de travail, par opposition au capitaliste. ♦ **Absol.** et au pl. Soldats qu'on emploie à des travaux de retranchements. ♦ Au f. pl. *Travailleuses*, les abeilles ouvrières. ♦ **Adj.** *Travailleur, travailleuse*, qui aime à travailler. ■ N. m. et n. f. Personne salariée. *Les travailleurs.*

TRAVAILLEUSE, ■ n. f. [tʀavajøz] (*travailleur*) Petit meuble muni de compartiments pour le rangement des accessoires de couture.

TRAVAILLISME, ■ n. m. [tʀavajism] Doctrine du Parti travailliste britannique.

TRAVAILLISTE, ■ n. m. et n. f. [tʀavajist] (*travail*, d'après l'angl. *labour* (*party*), de *labour*, travail, (et *party*), parti)) Membre du parti politique britannique à tendance socialiste. ■ **Adj.** *Le Parti travailliste.*

TRAVAILLOTER, ■ v. intr. [tʀavajote] (*travailler*) **Fam.** Travailler sans empressement, en fournissant peu d'effort. *J'ai travailloté ce week-end.*

TRAVÉE, n. f. [tʀave] (anc. fr. *trev*, poutre, du lat. *trabs*, génit. *trabis*, poutre) **Archit.** Espace qui est entre deux poutres, et qui est rempli par un certain nombre de solives. ♦ *Travée de balustres*, rang de balustres entre deux colonnes ou piédestaux. ♦ *Les travées d'un pont de bois*, les parties de la charpente qui sont entre les files des pieux et qui forment les arches. ♦ Galeries supérieures d'une église, qui règnent au-dessus des arcades de la nef. ◁ ♦ Mesure sur laquelle on calcule le prix d'un ouvrage de couverture. ◁ ♦ Ensemble des tablettes d'une étagère, dans une bibliothèque. ♦ Ensemble de sièges rangés les uns à côté des autres. *Une salle de spectacles avec quinze travées de vingt sièges chacune.*

TRAVELAGE, ■ n. m. [tʀav(ə)laʒ] (*travée*) **Ch. de fer.** Nombre de traverses disposées sur un kilomètre de voie.

TRAVELLER'S CHÈQUE ou **TRAVELLER'S CHECK**, ■ n. m. [tʀavlœʀsʃɛk] (mot angl., de *traveller*, voyageur, et *check*, chèque) Chèque de voyage. *Règlement en traveller's chèques ou traveller's checks.* ■ **Abrév.** Traveller.

TRAVELLING, ■ n. m. [tʀavliŋ] (mot angl., abrév. de *travelling-camera*, appareil de prises de vues mobile, de *to travel*, voyager, et *camera*) Mouvement de caméra qui se déplace généralement sur une plateforme roulante ou un chariot glissant sur des rails. *Un travelling latéral.* ■ *Travelling optique*, mouvement de caméra se rapprochant ou s'éloignant du sujet, produisant un effet de zoom avant ou arrière.

TRAVELO, ■ n. m. [tʀav(ə)lo] (*travesti*, avec apocope et finale *-lo*) **Fam.** et **péj.** Homme qui se travestit en femme. « *Embusqués dans les couloirs d'immeubles, les travelos brésiliens exhibaient des poitrines siliconées* », EMBARECK.

TRAVERS, n. m. [tʀavɛʀ] (lat. *traversus*, var. de *transversus*, oblique, transversal) Étendue d'un corps considéré dans sa largeur. *Il s'en faut deux travers de doigt que ces planches ne se joignent.* ♦ **Par extens.** Obliquité, irrégularité d'un lieu, d'un bâtiment, etc. ♦ **Fig.** Bizarrerie d'esprit et d'humeur, fausse direction. *Avoir des travers.* ♦ *Donner dans le travers*, se mal conduire. ♦ ▷ Cordage qui sert à lier des canons et autres pièces d'artillerie sur leurs chariots. ◁ ♦ ▷ Défaut du fer et de l'acier, crevasses transversales. ◁ ♦ **Mar.** Le flanc d'un bâtiment. ♦ *Être par le travers d'un bâtiment*, être sur une ligne parallèle à sa longueur. ♦ *Mettre en travers*, présenter l'un des côtés du navire au vent, qui le frappera perpendiculairement. ♦ On dit de même : *Être, se tenir en travers.* ♦ **EN TRAVERS**, loc. adv. D'un côté à l'autre, dans le sens de la largeur. *Mettre à une porte des barres de fer en travers.* ♦ *Profil en travers*, section faite transversalement à la direction générale d'un ouvrage. ♦ **DE TRAVERS**, loc. adv. Obliquement, dans une direction oblique. *Il a la bouche de travers.* ♦ *Regarder de travers*, loucher, et fig. regarder avec colère, mépris ou dédain. ♦ **Fig.** et **fam.** *Mettre son bonnet de travers*, être de mauvaise humeur. ♦ *De travers*, autrement qu'il ne faudrait, mal, à contresens. *Cela est mis de travers. Il va tout de travers.* ♦ **Fig.** « *Quand on est sage, on ne voit rien dans le monde qui ne paraisse de travers et qui ne déplaise* », FÉNELON. ♦ *Prendre de travers*, mal comprendre. ♦ *Prendre de travers une chose*, s'en fâcher. ♦ *Esprit de travers*, personne d'un esprit mal fait. ♦ ▷ **Fig.** *De long et de travers*, complètement. *Sot de long et de travers.* ◁ ♦ **À TRAVERS, AU TRAVERS**, loc. prép. De part en part. « *Se passer son épée au travers du cœur* », MME DE SÉVIGNÉ. ♦ *À travers, au travers*, au milieu, par le milieu. *Il lui donna d'un bâton à travers les jambes. Courir à travers champs.* ♦ ▷ **Fig.** *À travers champs*, au hasard. ◁ ♦ **Fig.** et **fam.** *Tout au travers des choux* ou simplement *à travers choux*, inconsidérément, sans jugement, sans égard. ◁ ♦ **Fig.** *À travers, au travers*, en perçant ce qui est comparé à quelque chose de résistant. « *Au travers des périls un grand cœur se fait jour* », RACINE. ♦ En perçant ce qui semble cacher. « *Au travers de son masque on voit à plein le traître* », MOLIÈRE. « *Sa joie éclatait même à travers ses douleurs* », VOLTAIRE. ♦ *Voir, envisager quelque chose à travers...*, voir, envisager quelque chose conformément à. *Il envisage cette conduite à travers sa passion.* ♦ Au milieu, sans ménager. « *Apprenez, mon ami, que c'est une sottise De se venir jeter au travers d'un discours* », MOLIÈRE. ♦ ▷ **Fig.** *Donner au travers de*, croire avidement. ◁ ♦ Nonobstant, malgré. « *À travers ma colère Je veux bien distinguer Xipharès de son frère* », RACINE. ♦ **À TORT ET À TRAVERS**, loc. adv. Inconsidérément, sans examen. *Parler à tort et à travers de toutes choses.* ■ *À travers* ne veut jamais *de*, à moins que ce ne soit *de* partitif ; *au travers* veut toujours *de*. *À travers ces bois*, et non *à travers de ces bois* ; *au travers de ces bois*, et non *au travers ces bois.* ■ **Fig.** *Passer au travers de quelque chose* ou *à travers quelque chose*, échapper à quelque chose de désagréable. *Il n'a pas été interrogé, il est passé au travers.* ■ **Fig.** *Se mettre en travers*, s'opposer à, contrecarrer. *Il se met systématiquement en travers de nos projets.* ■ *Travers de porc*, extrémité des côtes du porc découpées transversalement.

TRAVERSABLE, ■ adj. [tʀavɛʀsabl] (*traverser*) Que l'on peut traverser, franchir. *Le ruisseau gelé était devenu traversable.*

TRAVERSANT, ANTE, ■ adj. [tʀavɛʀsɑ̃, ɑ̃t] (*traverser*) **Suisse** Se dit d'un appartement qui donne sur deux côtés opposés d'un bâtiment. ■ N. m. *Louer un traversant.*

TRAVERS-BANC, ■ n. m. [tʀavɛʀbɑ̃] (*travers* et *banc*) **Techn.** Galerie horizontale, dans une mine. *Des travers-bancs.*

TRAVERSE, n. f. [tʀavɛʀs] (selon le sens, *traverser*, ou lat. pop. *traversa*, fém. substantive de *traversus*, var. de *transversus*, oblique, transversal) ▷ Action de traverser, de faire traverser. *Traverses ou passages de marchandises.* ◁ ♦ Chemin qu'il y a à faire d'un lieu à un autre. ♦ Route particulière, plus courte que le grand chemin, ou menant à un lieu auquel le grand chemin ne mène pas. *Prendre la traverse.* ♦ **Fig.** « *Il y a, pour arriver aux dignités, le chemin détourné ou de traverse qui est le plus court* », LA BRUYÈRE. ♦ *Rue de traverse*, petite rue qui va d'une grande rue à une autre. ♦ ▷ **Fig.** *Par les traverses*, par voie indirecte. ◁ ♦ ▷ *De traverse*, en dehors de la voie directe, du courant ordinaire. *Cela m'est venu de traverse. Des nouvelles de traverse.* ◁ ♦ **Jeu** *Des paris de traverse*, paris qui ne sont pas du courant du jeu. ♦ **Fortif.** Massif de terre élevé sur le terre-plein d'un parapet, dans une tranchée ou dans une batterie. ♦ Pièce de bois qu'on met en travers pour affermir certains ouvrages de menuiserie et de charpente. *La traverse d'une porte.* ♦ En serrurerie, *les traverses d'une grille*, les barres transversales. ♦ ▷ Perche servant à la construction d'un train de bois. ◁ ♦ Dans un chemin de fer, pièces de bois posées transversalement sur la voie, et sur lesquelles reposent les coussinets des rails. ♦ **Mar.** Banc de sable, de vase ou de gravier, à l'entrée d'un port, d'une rade ou d'une baie. ♦ **Fig.** Obstacle, affliction, revers. *Les traverses de la vie humaine.* ♦ **À LA TRAVERSE**, loc. adv. D'une façon inopinée et gênante. « *Il n'y a rien sur la terre ni de si bien concerté par la* *prudence, ni de si bien affermi par le pouvoir, qui ne soit souvent troublé et embarrassé par des événements bizarres qui se jettent à la traverse »*, BOSSUET. ♦ ▷ Incidemment. *« S'il vous vient un petit conte à la traverse, ne vous en contraignez pas »*, MME DE SÉVIGNÉ. ◁ ■ REM. Le sens figuré *obstacle* est littéraire ou vieux aujourd'hui. La loc. adv. *à la traverse* est vieille, on dit *en travers.*

TRAVERSÉ, ÉE, p. p. de traverser. [tʀavɛʀse]

TRAVERSÉE, n. f. [tʀavɛʀse] (p. p. fém. substantivé de *traverser*) **Mar.** Voyage outre mer ; temps employé pour faire ce voyage. ♦ En général, toute sorte de voyages par mer, excepté les voyages de long cours et ceux où l'on ne fait que suivre une côte. ♦ Action d'aller d'un bout à l'autre d'un lieu. *La traversée du centre-ville est devenue presque impossible aux heures de pointe.* ♦ *Traversée du désert,* pour un personnage public, période de soucis ou de non-reconnaissance par ses pairs. ♦ **Sp.** Excursion en montagne qui combine deux itinéraires différents, l'un pour l'escalade, l'autre pour la descente. *La traversée du mont Blanc.*

TRAVERSER, v. tr. [tʀavɛʀse] (lat. pop. *traversare,* du lat. *transversus,* oblique, transversal) Passer à travers, d'un côté à l'autre. *Traverser un pays, la rue, la foule, etc.* ♦ **Mar.** *Traverser la lame.* ♦ Être en travers de quelque chose. *Un chemin étroit traverse la forêt. Un ruisseau traverse la prairie.* ♦ Percer de part en part. *La pluie a traversé son manteau. Une balle lui a traversé le corps.* ♦ **Fig.** Passer à travers. *Cet enfant n'a fait que traverser la vie.* ♦ **Fig.** *Traverser l'esprit,* se présenter rapidement à l'esprit. ♦ *Traverser le cœur,* causer une angoisse. ♦ Susciter des obstacles, des embarras. *Cela traversa mon repos. « La promptitude de son action ne donnait pas le loisir de la traverser »*, BOSSUET. ♦ **V. intr.** Être en travers. *Une pièce d'assemblage qui traverse.* ♦ *Se traverser,* v. pr. Être franchi. *Cette rivière ne se peut traverser à gué.* ♦ **Manège** *Ce cheval se traverse,* ses hanches et ses épaules ne sont pas exactement sur la même ligne. ♦ *Un navire se traverse,* quand il présente le côté. ♦ Se faire obstacle l'un à l'autre ♦ Passer à travers un espace temporel. *Traverser une crise d'angoisse.*

TRAVERSIER, IÈRE, adj. [tʀavɛʀsje, jɛʀ] (lat. pop. *traversarius,* du lat. *transversarius,* placé en travers ; sens mar., *traverser*) Qui traverse. *Rue traversière.* ♦ *Flûte traversière,* flûte dont on joue en la mettant presque horizontalement sur les lèvres, dite aussi *flûte allemande* ou simplement *flûte.* ♦ **Mar.** *Vent traversier* ou n. m. *le traversier,* vent qui entre directement par l'embouchure d'un port ou d'une rade où l'on est mouillé. ♦ **N. m.** Verge qui forme la croix du haut d'une bannière. ♦ **Mar.** Petit navire en usage au xviiᵉ siècle. ♦ On dit aussi : *Barque traversière.* ♦ **Québec** Bac qui effectue la traversée de personnes et de véhicules entre les deux rives d'un lac, d'un fleuve. *Prendre le traversier.*

TRAVERSIN, n. m. [tʀavɛʀsɛ̃] (*travers*) Oreiller long et étroit qui, à la tête, s'étend dans toute la largeur du lit. ♦ **Mar.** Traverses de la charpente d'un bâtiment. ♦ Pièce de bois qui sert à former le fond d'une futaille ou à le renforcer. ♦ Fléau de la balance commune.

TRAVERSINE, ■ n. f. [tʀavɛʀsin] (fém. de *traversin*) Traverse utilisée pour consolider une clôture ou une palissade. *Traversines utilisées dans les fortifications celtes.*

TRAVERTIN, n. m. [tʀavɛʀtɛ̃] (ital. *tebertino,* pierre de Tivoli, du lat. impér. *Tiburtinus,* de *Tibur,* aujourd'hui Tivoli) Pierre dure et grisâtre qu'on trouve aux environs de Rome, et qui sert aux constructions ; c'est un tuf calcaire.

TRAVESTI, IE, p. p. de travestir. [tʀavɛsti] ♦ **Théât.** *Rôles travestis,* rôles où l'acteur se travestit. ♦ **N. m. et n. f.** *Un travesti. Une travestie.* ♦ Traduit, arrangé d'une façon burlesque. *L'Énéide travestie de Scarron.* ♦ **Vx** *Bal traversti,* bal masqué. ♦ **Vx** Costume de bal masqué. ♦ Homosexuel qui s'habille en femme. *Les travestis des Folies Pigalle.*

TRAVESTIR, v. tr. [tʀavɛstiʀ] (ital. *travestire,* déguiser, de *tra-, trans-,* et *vestire,* habiller) Faire prendre des habits qui n'appartiennent pas soit au sexe, soit à la condition. *Travestir des soldats en paysans.* ♦ **Fig.** Changer un ouvrage sérieux en ouvrage burlesque. *Scarron a travesti Virgile.* ♦ Donner à une chose un caractère mauvais qu'elle n'a pas. *« Ils ont travesti ses défauts en vices, ses fautes en crimes »*, J.-J. ROUSSEAU. ♦ *Travestir la pensée de quelqu'un,* lui donner une fausse interprétation. ♦ *Se travestir,* v. pr. Prendre un vêtement qui ne convient pas au sexe, à la condition. ♦ **Fig.** Changer sa manière ordinaire, déguiser son caractère.

TRAVESTISME ou **TRANSVESTISME**, ■ n. m. [tʀavɛstism, tʀɑ̃svɛstism] (*travesti*) **Psych.** Comportement d'un homosexuel qui porte des vêtements féminins et adopte le comportement d'une femme. *Il existe une différence entre travestisme et transsexualisme.*

TRAVESTISSEMENT, n. m. [tʀavɛstis(ə)mɑ̃] (radic. du p. prés. de *travestir*) Action de travestir, de se travestir. ♦ Au théâtre, rôle, pièce à travestissements, rôle, pièce où un acteur, changeant rapidement de costume, représente plusieurs personnages. ♦ **Fig.** *Le travestissement de la vérité.*

TRAVESTISSEUR, n. m. [tʀavɛstisœʀ] (radic. du p. prés. de *travestir*) ▷ Celui qui travestit un ouvrage. ♦ **Par exagération** Mauvais traducteur. ◁

TRAVIOLE (DE), ■ loc. adv. [tʀavjɔl] (*traverse,* avec abrév. et finale pop. *-iole*) **Fam.** De travers. *Son chapeau est de traviole.*

TRAX, ■ n. m. [tʀaks] (mot suisse, apocope de *traxcavator*) **Suisse** Petit bouteur, bulldozer. *Un trax donne le premier coup de pelle pour la préparation des fondations de l'hôpital.*

TRAYEUR, EUSE, ■ n. m. et f. [tʀɛjœʀ, øz] (*traire*) Personne qui trait les vaches, brebis, etc. *Le trayeur était assis sur son tabouret.* ■ **N. f.** *Une trayeuse,* machine à traire.

TRAYON, n. m. [tʀɛjɔ̃] (*traire*) Bout du pis d'une vache, d'une chèvre, etc.

TRÉBELLIANIQUE ou **TRÉBELLIENNE**, adj. f. [tʀebɛljanik, tʀebɛljɛn] (b. lat. jurid. *Trebellianus,* de *Trebellius,* jurisconsulte romain) ▷ En droit romain, *quarte trébellianique* ou *trébellienne,* le quart que l'héritier institué a droit de retenir sur la succession grevée de fidéicommis, en remettant l'hérédité. ◁

TRÉBUCHAGE, n. m. [tʀebyʃaʒ] (*trébucher,* passer au trébuchet) ▷ Opération, dite aussi *triage,* qui consiste à trier les pièces de monnaie excédant le poids. ◁

TRÉBUCHANT, ANTE, adj. [tʀebyʃɑ̃, ɑ̃t] (*trébucher*) Qui trébuche. ♦ ▷ En parlant des monnaies, qui est de poids. *« En bons louis d'or et pistoles bien trébuchantes »*, MOLIÈRE. ◁ ♦ *Espèces sonnantes et trébuchantes,* monnaie ou liquidités. *J'ai payé en espèces sonnantes et trébuchantes.*

TRÉBUCHÉ, ÉE, p. p. de trébucher. [tʀebyʃe]

TRÉBUCHEMENT, n. m. [tʀebyʃ(ə)mɑ̃] (*trébucher*) Action de trébucher.

TRÉBUCHER, v. intr. [tʀebyʃe] (anc. préf. tré-, du lat. *tra-, trans-,* au-delà, et anc. fr. *buc,* tronc, buste, de l'anc. b. frq. *bûk,* ventre ; infl. sém. du dér. *trébuchet*) Se conjugue avec *être* ou *avoir* suivant le sens. Ne pas garder l'équilibre en marchant. ♦ **Fig.** Faire des faux pas dans la conduite. *« Un ouvrage Où la droite raison trébuche à chaque page »*, BOILEAU. ♦ *Trébucher dans une affaire,* y faire une fausse démarche. ♦ Tomber. *« Il frissonne, il chancelle, il trébuche, il expire »*, P. CORNEILLE. ♦ **Fig.** *« Je flattais ta manie, afin de t'arracher Du honteux précipice où tu vas trébucher »*, P. CORNEILLE. ♦ **Fig.** *Trébucher du faîte des grandeurs.* ♦ **Fig.** Il se dit de tout ce qui s'écroule, s'affaisse. *« Ce n'est pas tout d'un coup que tant d'orgueil trébuche »*, P. CORNEILLE. ♦ ▷ En parlant du poids, emporter par la pesanteur la chose qui contre-pèse. *Cette pièce d'or trébuche.* ◁ ♦ **Fig.** *« Ou si un dieu qui dort l'aveugle nonchalance Laisse au gré du destin trébucher sa balance »*, LAMARTINE. ♦ ▷ **V. tr.** Faire passer par le trébuchet une pièce de monnaie. ◁ ♦ Être arrêté, pris au dépourvu par une difficulté. *Trébucher sur l'orthographe d'un mot.*

TRÉBUCHET, n. m. [tʀebyʃɛ] (*trébucher*) Dans le Moyen Âge, machine de guerre qui lançait des pierres. ♦ Piège à prendre les petits oiseaux. ♦ **Fig.** *Prendre quelqu'un au trébuchet,* l'amener par adresse à faire une chose qui lui est désavantageuse ou désagréable. ♦ Se dit aussi pour *traquenard.* ♦ ▷ Petite balance pour peser des monnaies ou des objets de peu de poids. ◁

TRÉCHEUR, n. m. [tʀeʃœʀ] Voy. TRESCHEUR.

TRÉFILAGE, ■ n. m. [tʀefilaʒ] (*tréfiler*) Procédé de réduction du diamètre d'un fil de métal qui consiste à le chauffer puis à l'étirer régulièrement grâce à une filière. *Le tréfilage de l'acier. Refroidissement du fil au cours du tréfilage.*

TRÉFILÉ, ÉE, p. p. de tréfiler. [tʀefile]

TRÉFILER, v. tr. [tʀefile] (*tréfilerie*) Passer du fer ou du laiton par la filière. ♦ **Absol.** Travailler à la tréfilerie.

TRÉFILERIE, n. f. [tʀefil(ə)ʀi] (anc. préf. tré-, du lat. *tra-, trans-,* à travers, et *fil*) Fabrique où l'on tréfile. ♦ Machine pour tirer le laiton à la filière.

TRÉFILEUR, EUSE, ■ n. m. et n. f. [tʀefilœʀ, øz] (*tréfiler*) Personne qui tréfile.

TRÉFLÉ, ÉE, adj. [tʀefle] (*trèfle*) Qui a la forme d'un trèfle. ♦ *Croisée* ou *rose tréflée,* celle qui a la forme d'un trèfle, qui est ornée de trèfles. ♦ **Hérald.** Qui se termine en trèfle.

TRÈFLE, n. m. [tʀefl] (lat. impér. *trifolium,* de *tres,* trois, et *folium,* feuille) Genre très nombreux en espèces, de la famille des légumineuses papilionacées. ♦ **Fig.** *Le trèfle à quatre feuilles,* s'est dit pour la chose introuvable. ♦ *Trèfle d'eau,* plante aquatique dont les feuilles sont attachées trois à trois sur une même queue. ♦ Une des couleurs noires des cartes, ainsi dite parce que les cartes sont marquées d'une figure de feuille de trèfle. ♦ *Insolent comme un valet de trèfle,* très insolent ; locution provenue d'un jeu de cartes, la mouche, où le valet de trèfle est maître. ♦ *En trèfle,* en forme de trèfle. ♦ Ornement d'architecture imité du trèfle.

TRÉFLIÈRE, ■ n. f. [tʀeflijɛʀ] (*trèfle*) Terrain semé de trèfles. *Les tréflières sont fréquemment détruites après la deuxième coupe, car la plante épuise rapidement le sol.*

1 TRÉFONCIER, n. m. [tʁefɔ̃sje] (*tréfonds*) Propriétaire du fonds et du tréfonds. ◆ Adj. *La redevance tréfoncière.*

2 TRÉFONCIER, IÈRE, ■ adj. [tʁefɔ̃sje, jɛʁ] (*tréfonds*) Relatif au tréfonds. *Acquisition tréfoncière.* ■ **Dr.** Qui a trait à la redevance versée à un propriétaire pour l'exploitation de son sous-sol. *Taux et modalités de la redevance tréfoncière.*

TRÉFONDS, n. m. [tʁefɔ̃] (anc. préf. *tré*-, du lat. *tra-*, *trans-*, au-delà, et *fonds*) **Pratiq.** Le fonds qui est sous le sol, et qu'on possède comme le sol même. ◆ *Fig. Savoir le fonds et le tréfonds d'une affaire,* la savoir parfaitement. ◆ **Propriété.** *Le tréfonds était opposé au viager ou à l'usufruit.* ■ **Rem.** On écrivait aussi *très-fonds* autrefois.

TRÉHALOSE, ■ n. m. [tʁealoz] (*tréhala,* galle des plantes épineuses, du turc *tighala,* et suff. *-ose,* sucre) **Biol.** Type de sucre présent dans certains champignons et qui se transforme en glucose par hydrolyse. *Le tréhalose stabilise les enzymes, les protéines et les lipides des membranes pendant une période de stress.*

TREILLAGE, n. m. [tʁejaʒ] (*treille*) Assemblage de perches, de lattes, les unes verticales, les autres horizontales ou diagonales en losanges, ou toutes verticales unies par des fils de fer, dessinées en petits carrés.

TREILLAGER, v. tr. [tʁejaʒe] (*treillage*) Garnir de treillage.

TREILLAGEUR, n. m. [tʁejaʒœʁ] (*treillage*) Ouvrier qui fait des treillages ou des treillis.

TREILLE, n. f. [tʁej] (lat. *trichila*) Berceau fait de ceps de vigne, soutenus par un treillage. ◆ Ceps de vigne qui montent en espalier. ◆ *Treille de muscat,* treille qui produit du muscat. ◆ *Le jus de la treille,* le vin. ◆ **Pêche** Espèce de filet monté sur un manche et tendu sur deux portions de cercle qui se croisent.

TREILLIS, n. m. [tʁeji] (selon le sens, [clôture] *treille,* ou [toile] lat. pop. *trilicius,* du lat. *trilix,* tissu de trois fils, avec infl. de *treille*) Ouvrage de fer ou de bois qui imite les mailles d'un filet, et qui sert de clôture. ◆ Toute fermeture dormante de fer ou de bronze, à barres maillées et en losange. ◆ **Héral.** Grille qui forme la visière d'un heaume. ◆ **Peint.** Carreaux pour graticuler un dessin. ◆ Toile gommée et luisante. ◆ Grosse toile dont on fait des sacs, et dont s'habillent des paysans, des manœuvres, etc. ◆ Tenue vestimentaire en grosse toile kaki portée par les militaires. *Les soldats sont en treillis.* ■ Structure métallique constituée de poutrelles entrecroisées et rivetées les unes aux autres. *Le treillis d'un pont ferroviaire.* ■ **Math.** Ensemble ordonné constitué de couples de valeurs qui admettent un bornage supérieur et inférieur. *Représentation graphique d'un treillis.*

TREILLISSÉ, ÉE, p. p. de treillisser. [tʁejise] *Cotte treillissée,* cotte d'armes renforcée par un treillis de bandes de cuir disposées en losanges. ◆ **Héral.** Se dit de bandes appliquées les unes sur les autres et souvent clouées. ◆ ▷ **Hist. nat.** Se dit d'une surface qui présente des lignes saillantes ou des stries croisées, formant des mailles semblables à celles d'un grillage ou d'un tricot. ◁ ■ N. m. Étoffe disposée en treillis.

TREILLISSER, v. tr. [tʁejise] (*treillis,* clôture) Garnir de treillis. *Treillisser une fenêtre.*

TREIZE, adj. num. [tʁɛz] (lat. *tredecim,* de *tres,* trois, et *decem,* dix) Dix et trois. *Treize personnes. Treize cents francs.* ◆ *Treize à la douzaine,* treizième objet que le marchand ajoute par-dessus le marché quand on achète une douzaine de quelque chose. ◆ *Treize à table,* nombre redouté dans un dîner par quelques esprits faibles (origine de cette crainte : Judas, le traître, qui, remplacé, forme un treizième aux douze apôtres) ◆ Treizième. *Louis treize* (habituellement on écrit Louis XIII). *Livre treize.* ■ N. m. Le numéro treize. ◆ Le nombre treize. *Le produit de treize multiplié par trois.* On dit de même : *Le nombre treize, le numéro treize.* ◆ Le treizième jour. *Le treize du mois.* ■ *Vendredi treize,* jour dont on disait qu'il portait malheur, du fait que le Christ est mort un vendredi et que Judas était le treizième convive de la Cène. ■ Équipe de rugby qui compte treize joueurs. *Le treize s'est qualifié pour les quarts de finale de la Coupe du monde.* ■ **Rem.** Dans ce sens, on écrit souvent *XIII.*

TREIZIÈME, adj. num. ord. [tʁɛzjɛm] (*treize*) ◆ Qui suit immédiatement le douzième. *Il est le treizième.* ■ N. m. Chaque partie d'un tout divisé en treize parties. ◆ *Le treizième du mois,* le treizième jour du mois. ■ N. f. **Mus.** *La treizième,* intervalle de sixte redoublée.

TREIZIÈMEMENT, adv. [tʁɛzjɛm(ə)mɑ̃] (*treizième*) En treizième lieu.

TREIZISTE, ■ adj. [tʁɛzist] ([*jeu à*] *treize*) **Sp.** Relatif au rugby. *L'Union treiziste catalane.* ■ N. m. et n. f. Joueur, joueuse de rugby dans une équipe à treize (XIII). *Notre équipe a accueilli une nouvelle treiziste.*

TREKKEUR, EUSE, ■ n. m. et f. [tʁekœʁ, øz] (radic. de *trekking*) Personne pratiquant le trekking. *Le bivouac des trekkeurs.*

TREKKING, ■ n. m. [tʁekiŋ] (mot angl., de *to trek,* voyager [à l'origine en chariot]) Randonnée pédestre dans des régions généralement lointaines, aux sentiers escarpés et difficiles. *Partir faire une semaine de trekking dans le Sud marocain.* ■ Abrév. Trek.

TRÉMA, n. m. [tʁema] (gr. *trêma,* trou, points sur un dé, de *titran,* percer) **Gramm.** Deux points mis sur une voyelle, pour indiquer qu'elle se détache de celle qui la précède ou qui la suit. ◆ Au pl. *Des trémas.* ◆ Adj. Surmonté de deux points. *Des ë trémas.*

TRÉMAIL ou **TRAMAIL,** n. m. [tʁemaj, tʁamaj] (b. lat. *tremaculum,* grand filet de pêche, de *tres,* trois, et *macula,* maille) Filet composé de trois nappes, dont deux à mailles larges aux extrémités, et une au milieu à mailles plus serrées. ◆ *Trémail* ou *hallier,* filet composé de trois rangs de mailles, propre à la chasse des oiseaux. ◆ On dit aussi *tramail.* ◆ Au pl. *Des trémails.*

TRÉMATAGE, ■ n. m. [tʁemataʒ] (*trémater*) **Mar.** Action de dépasser un bateau. *Trématage interdit dans certaines zones.* ■ **Mar.** Droit de trématage, privilège de certains bateaux de franchir en priorité les écluses.

TRÉMATER, ■ v. tr. [tʁemate] (orig. inc.) **Mar.** Doubler un bateau sur un cours d'eau navigable. *Interdiction de trémater dans certaines zones.*

TRÉMATODE, ■ n. m. [tʁematɔd] (lat. sav. [XIXᵉ s.] *trematoda,* du gr. *tre-matôdês,* qui se creuse de trous, de *trêma,* trou) **Zool.** Ver plat en forme de feuille, parasite des vertébrés, et caractérisé par un corps doté de ventouses, ce qui lui permet d'adhérer facilement aux tissus organiques. *Les trématodes constituent une classe.*

TREMBLAIE, n. f. [tʁɑ̃blɛ] (*tremble*) Lieu planté de trembles.

TREMBLANT, ANTE, adj. [tʁɑ̃blɑ̃, ɑ̃t] (*trembler*) Qui tremble. *Un corps tout tremblant de vieillesse.* « Et mes genoux tremblants se dérobent sous moi », Racine. ◆ Qui remue sous les pas. *Pont tremblant.* ◆ Par extens. Il se dit de la voix qui n'est pas ferme. ◆ Il se dit aussi de l'ondulation d'une lumière. *Une clarté tremblante.* ◆ **Fig.** Qui est rempli de crainte. ◆ N. m. **Mus.** Modification des jeux de l'orgue, qui les fait trembler à volonté.

TREMBLANTE, ■ n. f. [tʁɑ̃blɑ̃t] (substantivation du fém. de *tremblant*) **Zool.** Maladie ovine mortelle, caractérisée par des troubles nerveux qui entraînent une perte de l'équilibre et des tremblements musculaires. *La tremblante est aussi appelée* encéphalopathie spongiforme ovine.

TREMBLE, n. m. [tʁɑ̃bl] (b. lat. *tremulus*) Peuplier dont les feuilles tremblent au moindre vent, *populus tremula.*

TREMBLÉ, ÉE, adj. [tʁɑ̃ble] *Écriture tremblée,* écriture tracée par une main tremblante. ◆ *Écriture tremblée* ou n. f. *la tremblée,* écriture particulière dont les traits, au lieu d'être droits, sont sinueux. ◆ **Mus.** *Sons tremblés,* sons produits en exécutant le tremblement. ◆ N. m. **Impr.** Un tremblé, filet serpentant et alternativement gras et maigre.

TREMBLEMENT, n. m. [tʁɑ̃bləmɑ̃] (*trembler*) Agitation de ce qui tremble. *Le tremblement d'un pont suspendu.* ◆ *Tremblement de terre,* secousse qui ébranle violemment la terre. ◆ Agitation involontaire de tout le corps ou de quelques-unes de ses parties. *Un tremblement de colère.* ◆ **Absol. Méd.** Agitation involontaire du corps ou de quelque membre par petites oscillations compatibles avec l'exécution des mouvements volontaires. *Le tremblement des vieillards.* ◆ **Mus.** Le tremblement, sur les instruments à cordes, est produit par le tremblement de la main ; sur les instruments à vent, par le tremblement de l'instrument tout entier. ◆ ▷ **Fig.** Crainte, grande frayeur. *Un saint tremblement des jugements de Dieu.* ◁ ■ **Mus.** Ornement plus court qu'un trille et typique de la musique baroque. *Lully notait les tremblements au moyen d'un* t. ◆ **Fam.** *Et tout le tremblement,* et tout ce qui s'ensuit.

TREMBLER, v. intr. [tʁɑ̃ble] (lat. pop. *tremulare,* du lat. *tremulus,* tremblant, de *tremere,* trembler) Être agité de petits mouvements saccadés, être mû par de fréquentes secousses. *Mes jambes tremblent.* « Ses longs mugissements font trembler le rivage », Racine. ◆ En parlant des choses, s'ébranler facilement, n'être pas ferme. *Le pont tremble.* ◆ **Fig.** Il se dit de la voix qui n'est pas ferme, qui chevrotte. ◆ **Mus.** Exécuter un tremblement. ◆ Il se dit des ondulations de la lumière. ◆ **Fig.** Craindre, appréhender. ◆ *Faire trembler,* inspirer de la terreur, donner de l'inquiétude. ◆ **Fam.** *À faire trembler,* beaucoup, extrêmement. ◆ *Trembler à,* suivi d'un infinitif, éprouver une vive crainte en. « Je tremble à lui déplaire », P. Corneille. ◆ **Pop.** *Trembler la fièvre,* être dans le frisson de la fièvre. ◆ On construit *trembler* avec *de* et l'infinitif : *Je tremble de le voir, de ne pas le voir* ; avec *que... ne* et le subjonctif, quand on désire que la chose n'arrive pas : *Je tremble qu'il ne succombe* ; avec *que... ne pas* et le subjonctif, quand on désire que la chose arrive : *Je tremble qu'il ne réussisse pas.* ◆ Subir un tremblement. *La terre tremble quasiment chaque jour au Japon.* ◆ *Trembler pour quelqu'un,* par crainte d'un danger ou d'une catastrophe. ◆ *Trembler comme une feuille,* être pris de violents tremblements sous l'effet du froid ou d'une émotion. ■ **Rem.** On dit plutôt auj. *trembler de fièvre.*

TREMBLEUR, EUSE, n. m. et n. f. [tʁɑ̃blœʁ, øz] (*trembler*) Celui, celle qui tremble. ◆ L'un des noms vulgaires des choréiques. ◆ **Syn.** de quaker. ◆ **Fig.** Personne trop circonspecte, trop craintive. ◆ Adj. « *Tu sais s'ils sont* *trembleurs et rampants* », MIRABEAU. ◆ Espèce de singe. ◆ Sorte d'électro-mètre. ◆ *Trembleur électrique,* appareil qui, sur les chemins de fer, sonne tout le temps que le disque est fermé.

TREMBLOTANT, ANTE, adj. [tʀãblɔtã, ãt] (*trembloter*) Qui tremblote. *Main tremblotante. Lumière tremblotante.* ◆ *Pouls tremblotant,* pouls dans lequel les pulsations artérielles sont comme hésitantes, principalement lorsque le pouls est faible.

TREMBLOTE, ■ n. f. [tʀãblɔt] (*trembloter*) Fam. Tremblement. *Un petit vieux qui a la tremblote.*

TREMBLOTÉ, ÉE, adj. [tʀãblɔte] Néolog. Prononcé ou chanté d'une voix tremblotante. *Un chant trembloté.*

TREMBLOTEMENT, n. m. [tʀãblɔt(ə)mã] (*trembloter*) Action de tremblo-ter.

TREMBLOTER, v. intr. [tʀãblɔte] (*trembler*) Avoir un petit tremblement. *Mes mains tremblotent.* « *Il serait sur son lit peut-être à trembloter* », BOI-LEAU.

TRÉMELLE, ■ n. f. [tʀemɛl] (lat. sav. [Linné] *tremella,* du lat. *tremulus,* tremblant) Bot. Champignon jaune ou orange, à réceptacle gélatineux, et qui se développe sur les branches mortes des arbres, en hiver. *La trémelle palmée est comestible, mais elle est d'une saveur plutôt fade.*

TRÉMIE, n. f. [tʀemi] (lat. *trimodia,* vase de trois boisseaux, de *tres,* trois, et *modius,* mesure de capacité, boisseau) Sorte de grande auge à ouverture carrée, large par le haut, étroite par le bas, dans laquelle on met le blé, qui tombe de là entre les meules pour être réduit en farine. ◆ Mesure dont on se sert pour le sel. ◆ Assemblage de planches, de forme prismatique ou py-ramidale, avec ouverture en haut et en bas, servant à faire couler dans une fouille du mortier ou du béton. ■ Espace d'un plancher réservé pour l'ins-tallation d'une conduite de cheminée ou d'un escalier. *Percer une trémie.* ■ Mangeoire pour les volailles, dotée d'un réservoir qui l'alimente régulière-ment. *Une mangeoire à trémie.* ◆ Pyramide creuse de sel marin, constituée par cristallisation. *Cristaux de sel en trémie.*

TRÉMIÈRE, adj. f. [tʀemjɛʀ] (altération de [*rose d'ou*]*tremer*) Rose trémière, l'alcée rose (malvacées), appelée aussi *rose de Damas, de mer, d'outre-mer,* et *passe-rose.*

TRÉMOLITE, ■ n. f. [tʀemolit] (val *Tremola,* dans le Saint-Gothard) **Minér.** Minéral de type silicate constitué de calcium et de magnésium. *Le jade est une variété de trémolite.*

TRÉMOLO, n. m. [tʀemolo] (mot it., de l'adj. *tremolo,* tremblant, du lat. *tremulus*) **Mus.** Mouvement rapide et continu sur une note. ◆ **Fig.** Trem-blement qu'on donne à la voix. ◆ Au pl. *Des trémolos.* ■ REM. Graphie an-cienne : *tremolo.*

TRÉMOUSSEMENT, n. m. [tʀemus(ə)mã] ([*se*] *trémousser*) Action de se trémousser.

TRÉMOUSSER, v. tr. [tʀemuse] (prob. anc. préf. *tré-,* du lat. *tra-, trans-,* au-delà, et *mousse,* écume) ▷ *Trémousser quelqu'un,* lui donner du mou-vement, de l'activité. ◁ ◆ V. intr. Il se dit des oiseaux qui se donnent du mouvement. *Un moineau trémousse sans cesse dans sa cage. Des ailes qui tré-moussent.* ◆ Se trémousser, v. pr. Se remuer, s'agiter d'un mouvement vif et irrégulier. ◆ ▷ **Fig.** et **fam.** Faire des démarches, se donner beaucoup de mouvement pour le succès d'une affaire. « *Que votre amitié se trémousse un peu* », VOLTAIRE. ◁ ■ On le trouve avec ellipse du pronom réfléchi.

TRÉMOUSSOIR, n. m. [tʀemuswaʀ] (*trémousser*) Sorte de fauteuil à ressort, inventé par l'abbé de Saint-Pierre pour s'y donner diverses sortes de mouvements qu'il croyait nécessaires à la santé.

TREMPABILITÉ, ■ n. f. [tʀãpabilite] (*tremper*) Techn. Capacité d'un al-liage métallique à être soumis à une trempe. *Le chrome est un élément d'ad-dition qui augmente la trempabilité des aciers.*

TREMPAGE, n. m. [tʀãpaʒ] (*tremper*) Action de tremper. ◆ *Trempage des semences,* action de les faire tremper dans l'eau avant de semer. ◆ Action de tremper le papier pour l'impression. ◆ Trempage qui consiste à lais-ser tremper du linge ou de la vaisselle dans de l'eau ou du savon pour en décoller la saleté et faciliter ainsi le nettoyage. *La fonction trempage d'un lave-linge.*

TREMPANT, ANTE, adj. [tʀãpã, ãt] (*tremper*) Qui trempe dans un liquide.

TREMPE, n. f. [tʀãp] (*tremper*) Action de tremper dans un liquide, d'hu-mecter. ◆ Action d'humecter le papier pour imprimer. ◆ Opération qui consiste à refroidir brusquement l'acier en le plongeant dans l'eau froide ou dans tout autre liquide, après l'avoir porté à une température élevée, et qui a pour effet de lui donner une grande dureté. ◆ Qualité qu'a acquise le fer par la trempe. ◆ **Fig.** « *Notre amitié ne saurait périr ; elle est d'une bonne trempe* », MME DE SÉVIGNÉ. ◆ **Fig.** Constitution physique, caractère moral de l'homme. « *Ce n'est pas notre condition, c'est la trempe de notre âme, qui*

nous rend heureux », VOLTAIRE. ◆ **Fam.** *Coller une trempe à quelqu'un* lui infliger une correction.

TREMPÉ, ÉE, p. p. de tremper. [tʀãpe] *Cet homme est tout trempé,* il est fort mouillé par la pluie. ◆ *Être trempé de sueur,* en être inondé. ◆ Trempé de larmes, mouillé de larmes. ◆ **Fig.** *Trempé de sang,* dans le sang, qui a versé du sang. ◆ *Vin trempé,* vin dans lequel on a mêlé de l'eau. ◆ Qui a reçu la trempe. *Acier trempé.* ◆ **Fig.** « *Pour ceux qui n'ont l'esprit si fort, ni si trempé* », RÉGNIER. ◆ **Fam.** *Trempé comme une soupe* ou **fam.** *trempé jusqu'aux os,* fort mouillé. ◆ *Un caractère bien trempé,* un caractère fort, très affirmé.

TREMPÉE, n. f. [tʀãpe] (p. p. fém. substantivé de *tremper*) Façon qu'on donne à une chose en la trempant dans l'eau, dans la colle, etc. ◆ **Pop.** et **fig.** Correction, action de rosser.

TREMPER, v. tr. [tʀãpe] (métathèse de l'a. et moy. fr. *temprer,* plonger dans un liquide, du lat. *temperare,* disposer, unir convenablement) Mettre dans un liquide. *Tremper son pain dans du vin, dans la sauce.* ◆ *Tremper la soupe* ou **pop.** et **fig.** *tremper une soupe à quelqu'un,* Voy. SOUPE. ◆ Mouiller, im-biber d'un liquide. *La pluie a trempé la terre.* « *Où serait cette justice qui trempe ses flèches dans le sang du pêcheur ?* », MASSILLON. ◆ *Tremper le papier* ou *tremper,* imbiber d'eau le papier destiné à l'impression. ◆ *Tremper de larmes,* verser abondamment des larmes sur. « *Bandeau, que mille fois j'ai trempé de mes pleurs* », RACINE. ◆ **Fig.** *Tremper ses mains dans le sang,* don-ner la mort, commettre un meurtre, ou seulement l'ordonner, le conseiller. ◆ *Tremper son vin,* y mettre beaucoup d'eau. ◆ *Tremper du fer, de l'acier,* lui donner la trempe. ◆ *Tremper à blanc, tremper rouge clair,* tremper l'acier lorsqu'il est chauffé à blanc, chauffé au rouge clair. ◆ **Fig.** « *Trempez, dur-cissez vos cœurs de fer* », J.-J. ROUSSEAU. ◆ V. intr. Demeurer quelque temps dans l'eau ou dans un autre liquide. ◆ **Fig.** « *Vos mains n'ont point trempé dans le sang innocent ?* », RACINE. ◆ **Fig.** Être complice, participer à. *Trem-per dans un crime, dans un complot, dans une intrigue, etc.* ◆ Se tremper, v. pr. Être mis dans un liquide. « *Leurs vaillantes mains Se tremperont bien mieux au sang des Africains* », P. CORNEILLE. ◆ Recevoir la trempe.

TREMPERIE, n. f. [tʀãp(ə)ʀi] (*tremper*) Endroit d'une imprimerie où l'on trempe le papier.

TREMPETTE, n. f. [tʀãpɛt] (*tremper*) Petit morceau de pain coupé en long. ◆ ▷ **Pop.** *Faire la trempette,* tremper un morceau de pain dans du vin. ◁ ■ **Fam.** *Faire trempette,* prendre un bain sommaire. *Les enfants font trempette dans la piscine gonflable.*

TREMPEUR, n. m. [tʀãpœʀ] (*tremper*) Ouvrier qui trempe l'acier. ◆ Ou-vrier qui trempe le papier.

TREMPLIN, n. m. [tʀãplɛ̃] (ital. *trempellino,* de *trempellare,* mouvoir, d'orig. germ.) Planche inclinée et très élastique, sur laquelle les sauteurs s'élancent pour faire des sauts périlleux. ◆ Le saut du tremplin. *Faire le tremplin.* ◆ ▷ **Fig.** Tour de force, de hardiesse. ◁ ◆ Ce qui permet d'arri-ver à ses fins ou à une meilleure situation. *Avoir eu la chance de travailler avec ce réalisateur fut un véritable tremplin pour sa carrière.*

TRÉMULANT, ANTE, ■ adj. [tʀemylã, ãt] (*trémuler*) **Litt.** En proie à un tremblement. *Une voix trémulante.* « *Le monstre remuait, trémulante ma-chine* », BORIS VIAN. ■ **Méd.** Caractérisé par des trémulations. *Hypertonie trémulante.* ■ N. m. et n. f. Personne atteinte de trémulations. *Un trémulant, une trémulante.*

TRÉMULATION, ■ n. f. [tʀemylasjɔ̃] (*trémuler*) **Méd.** Léger tremblement rapide. *Les trémulations du nourrisson. Trémulations musculaires.*

TRÉMULER, ■ v. intr. [tʀemyle] (radic. du lat. *tremulus,* tremblant) Vibrer sous l'effet d'un tremblement ou d'un choc. *La clochette trémula lorsqu'il l'effleura.* « *La maxi-vibration cosmique qu'en finit pas de trémuler dans les espaces infinis. Voyez c'que je veux dire ?* », LASAYGUES. ■ Secouer comme sous l'effet d'un tremblement. *Trémuler du pied.*

TRENCH-COAT ou **TRENCH**, ■ n. m. [tʀɛnʃkot, tʀɛnʃ] (mot angl., de *trench,* tranchée, et *coat,* manteau) Long imperméable droit ou croisé à ceinture. *Des trench-coats, des trenchs. Le cliché du gangster en trench-coat noir.*

TREND, ■ n. m. [tʀɛnd] (mot angl., direction, tendance) **Écon.** Tendance économique à long terme. *Le trend du marché semble très positif depuis quelques années.* ■ REM. Recommandation officielle : *tendance structurelle.*

TRÉNITZ, n. f. [tʀenis] (*Trénitz*) Contredanse qui autrefois alternait avec la pastourelle dans le quadrille ordinaire.

TRENTAIN, n. m. [tʀãtɛ̃] (*trente*) Terme invariable en usage à la paume, pour marquer que les joueurs sont chacun trente. *Nous sommes trentain.* ◆ N. m. Nombre de trente messes qu'on fait dire pour un défunt. ◆ Service funéraire célébré le trentième jour après le décès.

TRENTAINE, n. f. [tʀãtɛn] (*trente*) Terme collectif. Nombre de trente en-viron. *Une trentaine de personnes.* ◆ **Absol.** L'âge de trente ans. *Avoir passé la trentaine.*

TRENTE, adj. num. [tʀɑ̃t] (lat. pop. *trinta*, du lat. *triginta*) Trois fois dix. *Trente hommes.* ♦ *Guerre de Trente ans*, lutte des princes réformés d'Allemagne contre l'Empereur et les princes catholiques (1618-1648). ♦ Trentième. *Chapitre trente.* ♦ Au jeu de paume, la moitié d'un jeu qui est quatre points dont chacun vaut quinze. ♦ *Trente-et-un*, jeu de hasard qui se joue avec des cartes. ♦ Point formant *trente et un*, le plus favorable du jeu. ♦ *Trente-et-quarante*, jeu de hasard qui se joue avec des cartes. ■ N. m. Le nombre trente. ♦ On dit de même : *Le nombre, le numéro trente.* ♦ Le trentième jour du mois. *Le trente du mois.* ■ Fam. *Se mettre sur son trente-et-un*, soigner sa tenue vestimentaire. ■ *Le trente-six du mois*, ou *tous les trente-six du mois*, quasiment jamais. ■ Fam. *Voir trente-six chandelles*, être sous le coup d'un étourdissement. ■ Fam. *Faire trente-six choses à la fois*, plusieurs choses en même temps. ♦ *Être au trente-sixième dessous*, se sentir déprimé. ■ *Un 33 tours*, disque microsillon de trente-trois tours. ■ N. m. Marque au tennis qui constitue la deuxième partie d'un point. *30 à 15.*

TRENTE-ET-QUARANTE, ■ n. m. [tʀɑ̃tekaʀɑ̃t] Voy. TRENTE.

TRENTENAIRE, adj. [tʀɑ̃t(ə)nɛʀ] (*trente*) De trente ans. *La possession trentenaire opère la prescription.* ■ N. m. et n. f. Celui ou celle qui est âgé(e) de trente ans. *Un trentenaire célibataire.*

TRENTE-SIX, ■ n. m. [tʀɑ̃t(ə)sis] Voy. TRENTE.

TRENTIÈME, adj. num. ord. [tʀɑ̃tjɛm] (*trente*) Qui suit le vingt-neuvième dans l'ordre. *Il est le trentième.* ♦ *Le trentième jour du mois* ou ellipt. *le trentième.* ♦ N. m. *Un trentième du capital.*

TRÉPAN, n. m. [tʀepɑ̃] (lat. médiév. *trepanum*, du gr. *trupanon*, de *trupan*, percer) Instrument de chirurgie en forme de vilebrequin, avec lequel on perce les os, surtout ceux du crâne. ♦ *Trépan à couronne*, celui qui représente la forme d'une scie circulaire, à couronne à forme conique ou cylindrique. ♦ Se dit quelquefois pour *trépanation*. ♦ Sorte de tarière avec laquelle on perce des trous dans les pierres tendres, le marbre, le bois, etc. ♦ Machine de serrurier qui sert à faire tourner un foret tenu verticalement. ♦ Techn. *Trépan de sonde*, foret fixé à l'extrémité d'une sonde et qui permet de percer par percussion ou rotation le fond d'un puits de pétrole.

TRÉPANATION, n. f. [tʀepanasjɔ̃] (*trépaner*) Opération du trépan.

TRÉPANÉ, ÉE, p. p. de trépaner. [tʀepane] ♦ N. m. et n. f. *Un trépané.*

TRÉPANER, v. tr. [tʀepane] (*trépan*) **Chir.** Faire la trépanation. ♦ Par extens. *Trépaner une côte*, la perforer. ♦ *Trépaner une mine*, en percer la galerie au moyen du trépan.

TRÉPANG, ■ n. m. [tʀepɑ̃] Voy. TRIPANG.

TRÉPAS, n. m. [tʀepa] (*trépasser*) Proprement, passage (sens qui n'est plus usité). ♦ Fig. Mort de l'homme, passage de la vie à la mort. ♦ Au pl. « *À ce prix j'aimerai les plus cruels trépas* », P. CORNEILLE. ♦ Fam. *Aller de vie à trépas*, mourir. ■ On dit aussi *passer de vie à trépas.*

TRÉPASSÉ, ÉE, p. p. de trépasser. [tʀepase] ♦ N. m. et n. f. *Un trépassé.* ♦ *La fête des trépassés*, la fête des morts. ■ S'emploie aussi au féminin. *Une trépassée.*

TRÉPASSEMENT, n. m. [tʀepas(ə)mɑ̃] (*trépasser*) Action de trépasser.

TRÉPASSER, v. intr. [tʀepase] (anc. préf. *tré-*, du lat. *tra-*, *trans-*, au-delà, et *passer*) Se conjugue avec *être* ou *avoir* suivant le sens. En parlant des personnes, mourir naturellement. *Il a trépassé hier.*

TRÉPHOCYTE, ■ n. m. [tʀefosit] (*trépho(ne)* et (*leuco*)*cyte*) **Méd.** Leucocyte qui engendre les tréphones.

TRÉPHONE, ■ n. f. [tʀefɔn] (gr. *trephein*, nourrir) **Méd.** Substance nutritive stimulant l'accroissement des cellules embryonnaires. *Apport en tréphones.*

TRÉPIDANT, ANTE, ■ adj. [tʀepidɑ̃, ɑ̃t] (*trépider*) Qui est agité de mouvements ou tremblements rapides. *Il attrapa le livre de ses mains trépidantes.* ■ Qui fonctionne sur un rythme soutenu. *Une danse trépidante.* ♦ Qui est animé et source d'une activité intense. « *Le contraste est saisissant entre la morosité de notre vie et l'allure trépidante des images et des médias : le train rapide du monde accentue le train-train de mon existence* », BRUCKNER.

TRÉPIDATION, n. f. [tʀepidasjɔ̃] (lat. *trepidatio*, agitation, désordre) **Géol.** *Trépidation du sol*, légère secousse qui est un diminutif du tremblement de terre. ♦ *La trépidation des navires à vapeur*, espèce de mouvement légèrement saccadé, mais qui ne leur fait parcourir aucun espace sensible. ♦ **Anc. méd.** Tremblement des membres, des nerfs, etc. ♦ **Astron. anc.** Balancement prétendu du firmament du septentrion au midi, et du midi au septentrion. ■ Grande et vive agitation. *Les trépidations de la vie citadine.*

TRÉPIDER, ■ v. intr. [tʀepide] (lat. *trepidare*, s'agiter, trembler) Être agité de tremblements ou de rapides petites secousses. *Il ne peut pas étendre le bras sans trépider. Le passage du métro fait trépider les vitres de la maison.*

TRÉPIED, n. m. [tʀepje] (lat. *tripes*, génit. *tripedis*, de *tres*, trois, et *pes*, pied) Ustensile de cuisine à trois pieds. ♦ En général, tout meuble à trois pieds.

♦ **Antiq.** Vase à trois pieds ; cassolette portée sur trois pieds. ♦ *Le trépied de Delphes*, ou *le trépied d'Apollon*, espèce de siège sur lequel la prêtresse rendait ses oracles. ♦ Fig. *Être sur le trépied*, parler avec enthousiasme.

TRÉPIGNEMENT, n. m. [tʀepiɲəmɑ̃] ou [tʀepiɲ̃ɑ̃] (*trépigner*) Action de trépigner.

TRÉPIGNER, v. intr. [tʀepiɲe] ou [tʀepiɲe] (anc. fr. *treper*, frapper du pied, du germ. *trippôn*, sauter) Frapper vivement des pieds contre terre. « *Il trépigne de joie, il pleure de tendresse* », BOILEAU. ♦ *Trépigner de*, avec un infinitif, avoir une extrême envie de. ♦ V. tr. Fouler la terre.

TRÉPOINTE, n. f. [tʀepwɛ̃t] (anc. préf. *tré-*, du lat. *tra-*, *trans-*, à travers, et *pointe*, piqûre) Bande de cuir mince, que les cordonniers mettent entre deux cuirs plus épais qu'on veut coudre ensemble.

TRÉPONÉMATOSE, ■ n. f. [tʀeponematoz] (*tréponème*, et *-ose*, maladie) **Méd.** Type de maladie infectieuse véhiculée et causée par un tréponème. *La syphilis est une tréponématose.*

TRÉPONÈME, ■ n. m. [tʀeponɛm] (gr. *trepein*, tourner, et suff. *-nème*, du *nêma*, fil) **Biol.** Bactérie, parasite de l'homme et caractérisé par la présence de spires. *Le tréponème pâle est l'agent pathogène responsable de la syphilis.*

TRÈS, adv. [tʀɛ] (lat. *trans*, au-delà, par-delà) Particule qui marque le superlatif absolu, et qui se joint à un adjectif, à un participe et à un adverbe ; on unit ces deux mots par un trait d'union, comme dans *très-bon*, *très-rarement*. ♦ Il se met devant une locution adverbiale sans trait d'union. *Un ouvrage écrit très à la hâte.* ♦ Il peut aussi se mettre devant un substantif. « *Il ne laisse pas de se fier à celui-ci, comme à un très homme de bien* », BALZAC. « *Oui, vous êtes sergent, monsieur, et très sergent* », RACINE. ■ Dès la fin du XIXᵉ siècle, le trait d'union a progressivement disparu de l'usage derrière la particule *très*. Il se retrouve dans la plupart des œuvres du XIXᵉ siècle qui ont été réimprimées aux XXᵉ et XXIᵉ siècles. Aussi a-t-on jugé bon de le faire disparaître de l'ensemble du *Nouveau Littré* pour ne pas compliquer la lecture. Le commentaire de Littré ci-dessus a cependant été maintenu intégralement, il représente en effet un témoignage précieux des quelques modifications orthographiques survenues d'un siècle à l'autre.

TRÉSAILLE, ■ n. f. [tʀezaj] (lat. pop. *tensare*, du lat. *tendere*, tendre) **Techn.** Montant de bois maintenant les ridelles d'une charrette.

TRESCHEUR ou **TRÉCHEUR**, n. m. [tʀeʃœʀ] (anc. fr. *treceor*, bandeau de tête tressé, de *tresser*) ▷ **Héral.** Orle étroit qui figure une tresse, et que quelques-uns nomment *cordelière*. ■ REM. On écrivait aussi *trécheur* autrefois. ■ REM. On prononçait autrefois [tʀekœʀ]. ◁

TRÉ-SEPT, n. m. [tʀesɛt] (anc. fr. *trei*, trois, et *sept*) ▷ Sorte de jeu de cartes, ainsi nommé à cause de l'importance qu'on y donne aux nombres trois et sept. *Jouer au tré-sept.* ◁

TRÈS-FONDS, n. m. [tʀefɔ̃] Voy. TRÉFONDS.

TRÉSILLON, n. m. [tʀezijɔ̃] (anc. fr. *estesillon*, bâton maintenant la gueule ouverte, bâillon, de *esteser*, tendre, du lat. pop. *tensare*, lat. *tendere*) ▷ **Mar.** Morceau de bois dont on fait usage pour serrer deux cordages ensemble au moyen d'une ligature. ◁

TRÉSOR, n. m. [tʀezɔʀ] (lat. *thesaurus*, gr. *thêsauros*, dépôt d'argent) Amas d'or, d'argent ou d'autres objets précieux. ♦ Au sens juridique, le *trésor* est toute chose cachée ou enfouie, sur laquelle personne ne peut justifier sa propriété, et qui est découverte par le pur effet du hasard. ♦ Lieu où le trésor est enfermé. ♦ Dans les églises, lieu où l'on garde les reliques et les ornements. ♦ Ces reliques mêmes et ces ornements. ♦ Autrefois, lieu où l'on gardait les archives, les titres, les papiers d'une seigneurie, d'une communauté. ♦ *Trésor public*, ou *trésor de l'État*, les revenus de l'État. ♦ **Absol.** Le *Trésor* (avec un T majuscule), le lieu où les revenus de l'État sont déposés et administrés. ♦ Au pl. Grandes richesses. ♦ **Par extens.** Somme d'argent considérable. *Il a dépensé des trésors pour cette affaire.* ♦ **Fig.** Tout ce qui est d'une grande utilité, d'une excellence singulière, d'une grande beauté. « *Le père fut sage De leur montrer avant sa mort Que le travail est un trésor* », LA FONTAINE. ♦ *Ce livre est un trésor de doctrine, un trésor de recherches*, il renferme beaucoup de science, d'érudition, de recherches. ♦ **Poétiq.** *Les trésors de la terre*, ses productions. ♦ *Les trésors de Cérès*, les moissons, le blé. ♦ *Les trésors de Bacchus*, les raisins, le vin. ♦ *Les trésors de Flore*, ou *les trésors du printemps*, les fleurs. ♦ *Les trésors de l'automne*, les fruits, les vendanges. ♦ Titre donné à de grands recueils d'érudition ou autres. *Le Trésor de la langue grecque.* ♦ Il se dit de personnes regardées comme particulièrement précieuses. *Un ami véritable est un trésor.* ♦ Tout objet pour lequel on a un grand attachement. *Cet enfant est mon trésor.* ♦ Attraits, charmes d'une femme. ♦ Dans l'Écriture, assemblage de diverses choses bonnes ou mauvaises, soit physiques, soit morales. *Dieu tire de ses trésors les vents, la pluie.* « *Dieu a des trésors de colère, comme des trésors de bonté* », BOURDALOUE. **Fig.** « *Des trésors de colère se sont amassés contre nous tous* », VOLTAIRE. ▷ *L'Église ouvre ses trésors*, elle accorde des indulgences. ◁ ♦ Variété de poire appelée aussi *poire d'amour*. ♦ *Trésor public*, service administratif chargé de gérer les recettes et les dépenses de l'État. *Payer ses impôts au Trésor public.* ◆ *Trésor de guerre,* somme d'argent réunie pour un projet défini. ◆ *Un trésor de quelque chose,* grande quantité ou accumulation de quelque chose. *Cet homme est un trésor de bonté. Il a fallu déployer des trésors d'imagination et de patience pour réussir à le convaincre.*

TRÉSORERIE, n. f. [tʀezɔʀ(ə)ʀi] Lieu où le trésor public est déposé et administré. ◆ Les bureaux du Trésor public. ◆ Bureaux des trésoriers payeurs généraux. ◆ En Angleterre, département des finances. ◆ *Banc de la trésorerie,* banc des ministres, dans la chambre des communes d'Angleterre. ◆ Autrefois, bénéfice dont était pourvu le trésorier dans certains chapitres ; la maison affectée pour le logement du trésorier d'une église. ■ Ensemble des fonds dont dispose une entreprise ou une association. *Avoir une trésorerie saine.* ■ Ensemble des fonctions du trésorier. *Il assure la trésorerie de l'association.*

TRÉSORIER, IÈRE, n. m. et n. f. [tʀezɔʀje, jɛʀ] (*trésor* ; cf. b. lat. *thesaurarius,* gardien du trésor) Officier chargé de recevoir et de distribuer les revenus d'un prince, d'une communauté, d'une association, etc. ◆ *Trésoriers de France,* officiers préposés, dans l'Ancien Régime, pour travailler à la répartition des tailles, et pour connaître de plusieurs autres affaires des finances, des domaines, des ponts et chaussées et des chemins publics. ◆ Officier qui, dans les églises collégiales, possédait une dignité ecclésiastique qui le chargeait du soin de tous les vases sacrés, et qui était la première dans quelques chapitres. ◆ Personne en charge de la gestion des finances pour une association ou une entreprise. *Le bureau d'une association comprend au minimum un président, un secrétaire et un trésorier.*

TRÉSORIÈRE, n. f. [tʀezɔʀjɛʀ] (fém. de *trésorier*) Celle qui reçoit les revenus dans une communauté, les souscriptions dans une association.

TRÉSORIER-PAYEUR, ■ n. m. [tʀezɔʀjepejœʀ] (*trésorier* et *payeur*) Personne chargée de la gestion du service comptable du Trésor public pour un département. *Le trésorier-payeur général. Des trésoriers-payeurs.*

TRESSAGE, ■ n. m. [tʀesaʒ] (*tresser*) Action de tresser quelque chose. *Le tressage des cheveux.* ■ Façon dont une chose est tressée. *Un tressage en fibres végétales.*

TRESSAILLÉ, ÉE, adj. [tʀesaje] (moy. fr. *se trezaler,* se fendiller, de l'anc. fr. *tresaler,* se dissiper, du préf. *tres-* [lat. *trans,* au-delà], et *aller*) ▷ Se dit d'un tableau dont la surface est couverte d'une multitude de petites fentes ou gerçures. ◆ Se dit d'une poterie dont la couverte est fendillée. ◆ La forme ancienne semble être *tresaler,* de *très* et *aller,* passer, se gâter. ◁

TRESSAILLEMENT, n. m. [tʀesaj(ə)mɑ̃] (*tressaillir*) Agitation subite d'une personne vivement émue. ◆ **Vulg.** *Tressaillement de nerfs,* mouvement soudain et convulsif dans les muscles ; *tressaillement d'un nerf,* déplacement momentané d'un tendon.

TRESSAILLI, IE, p. p. de tressaillir. [tʀesaji] ◆ **Vulg.** *Nerf tressailli,* tendon momentanément déplacé par suite d'un effort violent.

TRESSAILLIR, v. intr. [tʀesajiʀ] (anc. préf. *tres-,* du lat. *trans,* au-delà, et *saillir,* du *salire,* sauter) Éprouver une subite agitation. *Je tressaillis à cette vue.* « *Mon sang à tressaillir d'allégresse* », Saci. ◆ Montesquieu, Buffon et J. J. Rousseau ont dit au présent *il tressaillit* au lieu de *il tressaille.* C'est une faute. ■ Ressentir un mouvement convulsif dans tout le corps et sous le coup d'une vive émotion. *Elle tressaillit de joie en apprenant la nouvelle.*

TRESSAILLURE, n. f. [tʀesajyʀ] (*tressaillé*) Défaut du vernis des poteries, quand il se fendille au feu.

TRESSAUTER, ■ v. intr. [tʀesote] (anc. préf. *tres-,* du lat. *trans,* au-delà, et *sauter*) Sursauter sous l'effet de la surprise. *La sonnerie du téléphone le fit tressauter.* ■ Subir les soubresauts d'une route. *Le chemin de terre emprunté par la voiture le faisait tressauter sans cesse.* ■ **TRESSAUTEMENT,** n. m. [tʀesot(ə)mɑ̃]

TRESSE, n. f. [tʀes] (prob. lat. vulg. *trichia,* du gr. tardif *trikhia,* corde de marine, de *thrix,* cheveu) Tissu plat fait de petits cordons, de fils, de cheveux, etc. entrelacés. *Tresse de cheveux, de fil, etc. Chausson de tresse.* ◆ Cheveux assujettis sur trois brins de soie, dont les perruquiers font les perruques. ■ **Mar.** Tissu plat fait avec des fils de caret en nombre impair. ◆ Gros papier gris. ■ Entrelacement de fils, de rubans. *Une tresse d'ail.* ■ Galon entourant un képi et indiquant le grade de son propriétaire. *Tresses en nœud hongrois.* ■ Coiffure consistant dans l'entrelacement de trois mèches de cheveux. *Elle porte une tresse qui lui descend jusqu'au bas du dos.* ■ **Suisse** Pain sucré réalisé en entrecroisant des bandes de pâte. *Elle a acheté une tresse pour le goûter.*

TRESSÉ, ÉE, p. p. de tresser. [tʀese]

TRESSER, v. tr. [tʀese] (*tresse*) Arranger en tresse. *Tresser des cheveux, des couronnes, etc.*

TRESSEUR, EUSE, n. m. et n. f. [tʀesœʀ, øz] (*tresser*) ▷ Celui, celle qui tresse des cheveux pour en faire une perruque. ◆ Ouvrier qui tresse les cheveux, pour en faire des cordons, des chaînes, des bracelets, etc. ◁

TRÉTEAU, n. m. [tʀeto] (lat. impér. archit. *transtillum,* petite poutre, traverse) Pièce de bois longue et étroite, portée sur quatre pieds, qui sert à soutenir une table, et particulièrement les tables des cabarets, un échafaud, un théâtre. ◆ ▷ **Au pl.** Théâtre de charlatan, de saltimbanque. ◁ ◆ **Par extens.** Théâtre où l'on représente des pièces bouffonnes. *Les tréteaux de la foire.* ◁ ◆ ▷ **Fig.** *Monter sur les tréteaux,* se faire comédien. ◁

TREUIL, n. m. [tʀœj] (lat. vulg. *troculum,* pressoir, du lat. *torculum*) Machine employée pour élever des fardeaux. « *Le treuil ou tour est un arbre ou cylindre qui tourne sur son axe soutenu sur deux points fixes* », Brisson.

TREUILLAGE, ■ n. m. [tʀøjaʒ] (*treuiller*) Action de tirer ou soulever quelque chose au moyen d'un treuil. *Le treuillage d'une voiture embourbée. Le treuillage d'un planeur.*

TREUILLER, ■ v. tr. [tʀøje] (*treuil*) Tirer ou soulever quelque chose à l'aide d'un treuil. *Treuiller une voiture.*

TRÊVE, n. f. [tʀɛv] (anc. b. frq. *treuwa,* contrat, convention) Cessation temporaire de tout acte d'hostilité. ◆ *Trêve marchande,* trêve durant laquelle le commerce est permis entre deux États qui sont en guerre. ◆ *Trêve de Dieu* ou *trêve du Seigneur,* répit interposé par l'Église aux combats entre seigneurs féodaux, différente de *la paix de Dieu,* qui était perpétuelle. ◆ **Fig.** Relâche. *Son mal ne lui donne pas de trêve.* ◆ *N'avoir ni paix ni trêve,* n'avoir pas un moment de repos. ◆ **Ellipt.** *Trêve de, trêve à,* se dit pour faire cesser quelque chose. *Hé ! trêve de discours.* « *Trêve aux cérémonies* », Molière. ■ *Trêve des confiseurs,* suspension de toute activité politique pendant les fêtes de Noël. ■ *Sans trêve,* sans interruption. ■ *Trêve de plaisanteries, de bavardages,* assez plaisanté, assez bavardé.

TRÉVIRE, ■ n. f. [tʀeviʀ] (*trévirer*) **Vx Mar.** Cordage fixé à l'extrémité supérieure d'un plan incliné et permettant de hisser des objets cylindriques. *Embarquer des fûts à l'aide d'une trévire.*

TRÉVIRER, ■ v. tr. [tʀeviʀe] (anc. fr. *trevirer,* détourner, écarter, du préf. *tré-* [lat. *trans-*] et *virer*) **Vx Mar.** Hisser des objets cylindriques à l'aide de trévires. *Trévirer des fûts.*

TRÉVISSE, ■ n. f. [tʀevis] (*Trévise,* ville d'Italie du Nord) **Bot.** Type de chicorée dont les feuilles longues et rouges sont consommées en salade. *Un composé de roquette, de laitue et de trévisse.*

1 TRI, n. m. [tʀi] (*trier*) Action de trier. ◆ Classement de données informatiques selon des critères définis. *Tri selon la date de la dernière modification.*

2 TRI, n. m. [tʀi] (*trier*) ▷ Jeu d'hombre qu'on joue à trois, et où l'on ne garde en carreau que le roi. ◁

3 TRI, n. m. [tʀi] (*trier*) Au jeu de whist, *faire le tri, avoir le tri,* faire une levée de plus que la partie adverse. ◆ On dit aussi *tric.*

4 TRI..., [tʀi] (lat. *tres,* gr. *treis*) en composition représente le latin *tri* et le gr. *tri* ; il signifie *trois.*

TRIABLE, adj. [tʀijabl] (*trier*) Bon à trier.

TRIACIDE, ■ n. m. [tʀiasid] (*tri-* et *acide*) **Chim.** Corps doté de trois acides et pouvant générer trois types de sels. *L'acide citrique est un triacide.*

TRIADE, n. f. [tʀijad] (gr. *trias,* génit. *triados*) **Philos.** Assemblage de trois personnes, de trois unités, de trois divinités. ◆ Mafia chinoise. *Les triades de Hong Kong qui se livrent au racket, à la prostitution.*

TRIAGE, n. m. [tʀijaʒ] (*trier*) Action de trier. *Faire le triage de ses papiers.* ◆ Se dit des choses choisies. ◆ Action d'enlever à la main les pailles ou autres corps étrangers dont la matière n'aurait pu débarrasser la laine. ◆ Action par laquelle on sépare les différents caractères d'imprimerie qui sont mêlés. ◆ Opération par laquelle on sépare une partie métallique du minerai d'avec la roche dont cette partie est enveloppée. ◆ ▷ Opération qui consiste à trier les pièces de monnaie dont le poids excède les pour les refondre. ◁ ◆ ▷ Certains cantons de bois, eu égard aux coupes qu'on en fait. ◁ ◆ ▷ La circonscription d'un garde. ◁ ◆ *Gare de triage,* entrepôt ferroviaire où sont rassemblés différents trains de marchandises afin d'en trier les wagons en fonction de leur provenance et de leur destination pour constituer de nouveaux trains. ◆ Rem. On disait également *trébuchage* pour le triage des pièces de monnaie.

TRIAIRE, n. m. [tʀijɛʀ] (lat. plur. *triarii*) **Antiq. rom.** Nom donné aux soldats appartenant au corps de vétérans qui formait la troisième ligne d'une armée romaine.

TRIAL, ■ n. m. [tʀijal] (mot angl., épreuve, essai) Sport motocycliste sur tout terrain, nécessitant de l'endurance et de l'adresse. *Une course de trial.* ■ Véhicule tout terrain conçu pour ce sport. *Des trials destinés aux zones peu accessibles.*

TRIALCOOL ou **TRIOL**, ▪ n.m. [tʀialkɔl, tʀijɔl] (*tri-* et *alcool*) **Chim.** Corps qui possède trois fonctions alcool. *Les esters d'un trialcool.*

TRIALLE, ▪ n. f. [tʀijal] (orig. inc.) **Zool.** Mollusque bivalve comestible aussi appelé *donax*.

TRIANDINE, ▪ n. f. [tʀijɑ̃din] (mot suisse, du lat *tridens*, harpon, trident) **Suisse** Instrument agricole muni de quatre dents métalliques. *Dans les terrains argileux, le travail à la triandine est plus facile que celui effectué à la bêche.*

TRIANDRE, adj. [tʀijɑ̃dʀ] (*tri-* et *-andre*) **Bot.** Qui a trois étamines.

TRIANDRIE, n. f. [tʀijɑ̃dʀi] (*triandre*) **Bot.** Classe du système de Linné qui renferme les plantes à trois étamines.

TRIANDRIQUE, adj. [tʀijɑ̃dʀik] (*triandrie*) Qui appartient à la triandrie.

TRIANGLE, n. m. [tʀijɑ̃gl] (lat. *triangulum*) **Géom.** Figure qui a trois côtés et trois angles. *Triangle équilatéral, isocèle, rectangle.* ◆ Il se dit des triangles qu'on forme sur le terrain, pour les mesures géodésiques. ◆ Objet de forme triangulaire. ◆ Un des attributs de la franc-maçonnerie. ◆ Sorte d'équerre. ◆ Instrument d'acier en triangle, qu'on frappe avec une tringle pour accompagner certains airs de musique. ◆ **Fortif.** Ouvrage dont les trois angles sont fermés par des bastions coupés ou des demi-bastions. ◆ **Mar.** Sorte d'échafaud qui sert à travailler sur les côtes d'un vaisseau en construction ou en réparation. ◆ Constellation de l'hémisphère boréal. ◆ *Le Triangle austral,* constellation de l'hémisphère austral. ◆ Espèce de couleuvre. ◆ *En triangle,* de la forme d'un triangle.

TRIANGULAIRE, adj. [tʀijɑ̃gylɛʀ] (b. lat. *triangularis*) Qui a trois angles. ◆ *Prisme triangulaire,* prisme dont la base est un triangle. ◆ **Anat.** *Le muscle triangulaire des lèvres* ou n.m. *le triangulaire des lèvres.* ▪ N.m. **Lézard.** ▪ N.f. Élection dans laquelle s'opposent trois candidats. *Une triangulaire qui favorise le candidat sortant.*

TRIANGULAIREMENT, adv. [tʀijɑ̃gylɛʀ(ə)mɑ̃] (*triangulaire*) En forme de triangle.

TRIANGULATION, n. f. [tʀijɑ̃gylasjɔ̃] (b. lat. *triangulatio,* mise en triangle) Ensemble des opérations géodésiques qui ont pour objet de déterminer la position des sommets des triangles, sur lesquels on doit appuyer les opérations de détail qui serviront à faire le lever d'une partie d'un pays, ou dont on doit conclure la longueur d'une certaine ligne. ◆ **Mar.** Opération qui a pour but de déterminer la position de points de la surface du globe à l'aide de triangles.

TRIANGULÉ, ÉE, p. p. de trianguler. [tʀijɑ̃gyle]

TRIANGULER, v. tr. [tʀijɑ̃gyle] (radic. du lat. *triangulum*) Diviser en triangles ; faire la triangulation. *Trianguler un terrain, un champ, pour en mesurer la superficie.*

TRIAS, n. m. [tʀijas] (b. lat. *trias,* nombre de trois) **Géol.** Formation qui succède immédiatement au lias dans l'ordre descendant, et qui se divise en trois formations distinctes : les marnes irisées, le calcaire coquillier et le grès bigarré.

TRIASIQUE, adj. [tʀijazik] (*trias*) **Géol.** *Terrain triasique* ou *nouveau grès rouge,* groupe de terrains principalement composés de grès, de marnes et de calcaires.

TRIATHLÈTE, ▪ n.m. et f. [tʀijatlɛt] (*triathlon*) Athlète participant à un triathlon. *Les triathlètes du projet olympique.*

TRIATHLON, ▪ n.m. [tʀijatlɔ̃] (*tri-* et *-athlon,* sur le modèle de *décathlon*) Épreuve sportive qui associe trois disciplines : natation, course à pied et course cycliste. *Le triathlon olympique.*

TRIATOMIQUE, ▪ adj. [tʀijatomik] (*tri-* et *atomique*) **Chim.** Dont la molécule est composée de trois atomes. *La molécule d'eau est triatomique.*

TRIBADE, ▪ n. f. [tʀibad] (gr. *tribas,* génit. *tribados,* de *tribein,* frotter) Lesbienne. *Les tribades du xixᵉ siècle.*

TRIBAL, ALE, ▪ adj. [tʀibal] (*tribu,* p.-ê. d'après l'angl. *tribal*) Relatif à la tribu. *Une coutume tribale.* ▪ N.m. *Un tribal,* tatouage généralement noir, aux motifs directement inspirés de la culture et des symboles tribaux ancestraux. *Se faire faire un tribal à la cheville.*

TRIBALISME, ▪ n.m. [tʀibalism] (*tribal*) Organisation tribale d'une communauté. *Le tribalisme africain.*

TRIBALLE, ▪ n.f. [tʀibal] (moy. fr. *triballer,* agiter) Tige métallique ou de bois utilisée pour battre les peaux à tanner.

TRIBALLER, ▪ v. tr. [tʀibale] (*triballe*) Battre les peaux avec une triballe pour les assouplir.

TRIBART, ▪ n.m. [tʀibaʀ] (mot région. [Centre et Ouest], d'orig. obsc.) **Agric.** Entrave constituée de plusieurs bâtons et dans laquelle on insère la tête des bêtes de somme pour limiter leur mobilité. *Fixer un tribart au cou d'une vache.*

TRIBASICITÉ, n.f. [tʀibazisite] (*tribasique*) Qualité d'un acide tribasique.

TRIBASIQUE, adj. [tʀibazik] (*tri-* et *base*) **Chim.** Se dit des sels qui contiennent trois équivalents de base pour un acide.

TRIBOÉLECTRICITÉ, ▪ n.f. [tʀiboelɛktʀisite] (gr. *tribein,* frotter, et *électricité*) Électricité statique qui résulte d'un frottement. *Un appareil de contrôle des rejets de poussière fonctionnant sur le principe de le triboélectricité.* ▪ TRIBOÉLECTRIQUE, adj. [tʀiboelɛktʀik]

TRIBOLOGIE, ▪ n.f. [tʀiboloʒi] (gr. *tribein,* frotter, et *-logie*) **Sc.** Domaine de la mécanique qui traite des frottements des surfaces et de leurs effets. *Application de la tribologie dans les domaines aéronautique et automobile.*

TRIBOLUMINESCENCE, ▪ n.f. [tʀibolyminesɑ̃s] (gr. *tribein,* frotter, et *luminescence*) **Opt.** Capacité de certains corps à devenir lumineux sous l'effet d'un frottement, d'un choc ou d'une rupture. *Triboluminescence qui se produit lorsqu'on frappe des morceaux de sucre dans l'obscurité.* ▪ TRIBOLUMINESCENT, ENTE, adj. [tʀibolyminesɑ̃, ɑ̃t]

TRIBOMÉTRIE, ▪ n.f. [tʀibometʀi] (gr. *tribein,* frotter, et *-métrie*) **Sc.** Mesure utilisée pour quantifier les frottements. *Les apports de la tribométrie dans le domaine de l'aérodynamique.* ▪ TRIBOMÈTRE, n.m. [tʀibometʀ]

TRIBORD, n.m. [tʀibɔʀ] (moy. néerl. *stierboord,* de *stuur,* gouvernail, et *boord,* bord) **Mar.** Côté droit du navire quand on regarde l'avant. *Faire feu de tribord et de bâbord.* ◆ **Fig.** *Faire feu de tribord et de bâbord,* faire usage de tous ses moyens, de toutes ses ressources. ▪ **Rem.** On disait aussi *stribord* autrefois.

TRIBORDAIS, ▪ n.m. [tʀibɔʀdɛ] (*tribord*) **Mar.** Marin du quart de tribord. « *Yves, qui était tribordais à bord de l'Ariane, remontait sur le pont et venait à moi* », Loti.

TRIBOULET, ▪ n.m. [tʀibulɛ] (anc. fr. *triboler,* remuer) **Techn.** Outil permettant d'arrondir une pièce. *Travailller une pièce au marteau sur un triboulet.* ▪ **Bijout.** Tige conique permettant de mesurer le diamètre intérieur des bagues.

TRIBRAQUE, n.m. [tʀibʀak] (lat. impér. *tribrachys,* gr. *tribrakhus,* de *tri-,* trois, et *brakhus,* court) Pied de vers grec ou latin composé de trois syllabes brèves.

TRIBU, n.f. [tʀiby] (lat. *tribus*) Certaine division du peuple, chez quelques nations anciennes. *À Rome, le peuple était divisé en tribus.* ◆ Chez les Juifs, tous ceux qui étaient sortis d'un des douze patriarches. ◆ Peuplade faisant partie d'une grande nation. *Une tribu d'Arabes.* ◆ **Fam.** *Gens de toutes nations et de toutes tribus,* gens de toute espèce. ◆ **Fam.** Les divers membres d'une famille. ◆ Il se dit des animaux et des végétaux. « *La grande tribu des petits oiseaux de rivage* », Buffon. ◆ **Hist. nat.** Division établie dans les familles. *La tribu renferme un ou plusieurs genres.* ◆ **Fig.** Coterie, parti.

TRIBULATION, n.f. [tʀibylasjɔ̃] (lat. chrét. *tribulatio,* du lat. *tribulare,* presser avec la herse) Affliction, adversité. « *Tout le monde a ses tribulations* », Mme de Sévigné. ◆ En un sens particulier, l'adversité considérée dans un sentiment religieux. « *Ce sont des tribulations salutaires* », Bourdaloue. ◆ **Au pl.** Succession d'événements ou d'aventures plus ou moins agréables et jalonnés de difficultés à résoudre. *Je n'arrive pas à suivre toutes tes tribulations.*

TRIBUN, n.m. [tʀibœ̃] ou [tʀibɛ̃] (lat. *tribunus*) Tribuns militaires, magistrats qui, à Rome, furent temporairement revêtus de l'autorité des consuls. ◆ *Tribuns de légion,* officiers supérieurs qui commandaient tour à tour une légion. *Il y avait six tribuns dans chaque légion.* ◆ À Rome, *tribun de la plèbe* ou *tribun du peuple,* ou *tribun,* magistrat chargé de défendre les droits et les intérêts de la plèbe. ◆ ▷ **Fig.** Démagogue, factieux. ◁ En France, membre du Tribunal, sous la constitution de l'an VIII. ◆ Orateur reconnu pour sa grande éloquence. *Cet homme politique est un grand tribun.*

TRIBUNAL, n.m. [tʀibynal] (mot lat., estrade, tribune) Siège du juge, du magistrat. *Être assis sur un tribunal.* ◆ Juridiction d'un magistrat ou de plusieurs qui jugent ensemble ; les magistrats mêmes. *Tribunal civil, criminel, etc.* ◆ *Tribunal de famille,* assemblée de parents qui jugent les contestations élevées entre mari et femme, père et mère, frère et sœur, etc. ◆ *Le tribunal des maréchaux de France,* l'assemblée des maréchaux de France devant laquelle se portaient certaines affaires relatives au point d'honneur. ◆ Lieu où siègent des juges. ◆ *Le tribunal de la pénitence* ou *le tribunal,* le confessionnal. ◆ *Le tribunal de Dieu,* la justice de Dieu. ◆ Il se dit de la juridiction de choses morales dont on considère comme des juges. *Le tribunal de l'opinion publique, de la postérité, etc.* ◆ **Fig.** Ce qui juge en nous-mêmes. *Le tribunal de la conscience.* ◆ **Fig.** *Un tribunal de littérature,* un salon où l'on s'occupe de littérature et de choses d'esprit. ◆ **Au pl.** *Des tribunaux.* ◆ *Tribunal d'instance,* tribunal constitué d'un juge unique qui traite les affaires civiles simples. **Abrév.** TI. ◆ *Tribunal de grande instance,* tribunal qui juge les affaires civiles dont ne peut se charger le tribunal d'instance. **Abrév.** TGI.

TRIBUNAT, n. m. [tribyna] (lat. *tribunatus*) **Antiq. rom.** Charge de tribun. ◆ Temps de l'exercice de cette charge. ◆ En France, sous la constitution de l'an VIII, assemblée qui concourait à la formation de la loi.

TRIBUNE, n. f. [tribyn] (ital. *tribuna,* du lat. médiév. *tribuna,* altération du lat. *tribunal,* estrade, tribune) Lieu élevé d'où les orateurs grecs et romains haranguaient le peuple. *La tribune aux harangues.* ◆ Aujourd'hui, dans les assemblées délibérantes, lieu élevé d'où parlent les orateurs. ◆ *L'éloquence de la tribune,* le genre d'éloquence propre aux débats des assemblées politiques. ◆ *La tribune sacrée,* la chaire où montent les ecclésiastiques pour parler au peuple. ◆ Lieu élevé et réservé dans les églises, dans les grandes salles d'assemblées publiques. ◆ *Tribune d'orgues,* grande tribune où est placé le buffet d'orgues, dans une église. ◆ Balcon autour de la lanterne d'un dôme. ◆ Dans les bibliothèques publiques, galerie ou balcon qui court autour des murs à moitié d'étage. ◆ Rubrique de journal ou temps d'une émission réservé à une minorité ou un à public pour qu'ils puissent exprimer librement leurs idées ou leur doctrine. *La tribune libre d'un périodique.* ▪ REM. Dans le sens *lieu élevé et réservé dans les églises,* on disait aussi *turbine* autrefois.

TRIBUNITIEN, IENNE, adj. [tribynisjɛ̃, jɛn] (lat. *tribunicius,* relatif aux tribuns de la plèbe) **Antiq. rom.** Qui appartient au tribunat. *La puissance tribunitienne.* ◆ **Fig.** *Éloquence tribunitienne,* se dit des discours fougueux d'un démagogue.

TRIBUT, n. m. [triby] (lat. *tributum,* taxe, impôt, de *tribuere,* réparti entre les tribus) Ce qu'un État paye ou fournit à un autre État pour marque de dépendance. ◆ Impôt que lèvent les gouvernements. *Payer tribut,* être tributaire. ◆ **Fig.** Ce qu'on est obligé d'accorder, de souffrir, de faire. « *Quel qu'il soit, il payera son tribut aux douleurs* », DELILLE. ◆ *Payer le tribut à la nature,* mourir. ◆ Rétribution. « *Tirer de son travail un tribut légitime* », BOILEAU. ◆ **Fig.** et poétiq. *Les fleuves portent à la mer le tribut de leurs ondes,* ils s'y jettent.

TRIBUTAIRE, adj. [tribytɛr] (lat. *tributarius,* relatif au tribut) Qui paye tribut à un prince, à un État, sous la domination ou sous la protection duquel il est placé. « *Les Juifs furent faits tributaires des Romains* », BOSSUET. ◆ Dans la féodalité, *terres tributaires,* terres assujetties à une redevance. ◆ **Fig.** Qui paye quelque chose comparé à un tribut. *Ce pays est tributaire de l'Angleterre pour telle marchandise.* ◆ Soumis à. « *Rendez de mon pouvoir Athènes tributaire* », RACINE. ◆ N. m. *Les tributaires de la Turquie.* ◆ **Fig.** Se dit des divers affluents d'un fleuve. *Les tributaires du Danube.* ▪ **Adj.** Qui est dépendant de quelque chose ou quelqu'un. *Ne conduisant pas, il est tributaire de son voisin pour ses déplacements.*

TRICALCIQUE, ▪ adj. [trikalsik] (*tri-* et *calcium*) **Chim.** Doté de trois atomes de carbone. *Du phosphate tricalcique.*

TRICANDILLES, ▪ n. f. pl. [trikãdij] **Cuis.** Plat du Sud-Ouest composé de morceaux de tripes de porc poêlés. *Des tricandilles aux cèpes.*

TRICARD, ARDE, ▪ adj. [trikar, ard] (*trique*) **Arg.** Qui est interdit de séjour. « *Si je ne justifiais pas en moins de rien, j'allais me trouver en quarantaine, tricard de partout !* », SIMONIN. ▪ N. m. et n. f. *Un tricard, une tricarde.*

TRICENNAL, ALE, ▪ adj. [trisenal] (b. lat. *tricennalis,* de *tric[eni],* chacun trente, et *annus,* année) Qui dure trente ans. *Un plan tricennal.*

TRICENTENAIRE, ▪ n. m. [trisãt(ə)nɛr] (*tri-* et *centenaire*) Troisième centenaire. *Le tricentenaire de la mort d'un écrivain.* ▪ **Adj.** Qui a trois cents ans. *Des arbres tricentenaires.*

TRICÉPHALE, adj. [trisefal] (gr. *trikephalos,* de *tri-,* trois, et *kephalê,* tête) **Hist. nat.** Qui a trois têtes ou trois sommets. ◆ N. m. Genre de monstres.

TRICEPS, adj. [trisɛps] (mot lat., qui a trois têtes, lat. imp. triple) **Anat.** Se dit des muscles dont l'extrémité supérieure est formée de trois faisceaux distincts. ◆ N. m. *Triceps brachial ou huméral,* muscle de la partie postérieure du bras.

TRICÉRATOPS, ▪ n. m. [triseratɔps] (*tri-,* gr. *keras,* génit. *keratos,* et *ops,* visage) Dinosaure herbivore du crétacé, pouvant mesurer jusqu'à 10 mètres de long, possédant trois cornes sur le devant de la tête et une collerette osseuse derrière. *Le tricératops fait partie des derniers dinosaures ayant vécu sur la Terre.*

TRICHE, ▪ n. f. [triʃ] **Fam.** Tromperie, au jeu notamment. *C'est de la triche.*

TRICHÉ, ÉE, p. p. de tricher. [triʃe]

TRICHER, v. tr. [triʃe] (lat. pop. *triccare,* du lat. *tricari,* chercher des détours, chicaner) ▷ Tromper au jeu. *Il m'a triché.* ◁ ◆ V. intr. Tromper au jeu. *Tricher au jeu.* ◆ **Fig.** Tromper, soit en de petites choses, soit par des voies basses et misérables. ◆ **Pratiq.** Dissimuler un défaut de symétrie, de régularité.

TRICHERIE, n. f. [triʃ(ə)ri] (*tricher*) Tromperie au jeu. ◆ **Fig.** Toute tromperie. ◆ **Prov.** *Tricherie revient à son maître,* un trompeur est toujours dupe de ses propres inventions.

TRICHEUR, EUSE, n. m. et n. f. [triʃœr, øz] (*tricher*) Celui, celle qui triche.

TRICHINE, n. f. [trikin] (gr. *trikhinos,* de crin ou de poils, de *thrix,* cheveu) Nom générique d'un helminthe qui se trouve dans les muscles de la vie animale, chez le cochon.

TRICHINOSE, n. f. [trikinoz] (*trichine* et *-ose,* maladie) **Méd.** Maladie occasionnée par les trichines.

TRICHLORÉTHYLÈNE, ▪ n. m. [trikloretilɛn] (*tri-, chlore,* et *éthylène*) **Chim.** Solvant inflammable à base d'éthylène. *Nettoyer un pinceau au trichloréthylène.* **Abrév.** Trichlo.

TRICHOCÉPHALE, ▪ n. m. [trikosefal] (*tricho-* et gr. *kephalê,* tête) Ver parasite de l'intestin humain. *Une infestation de trichocéphales se traite par vermifuge.*

TRICHOGRAMME, ▪ n. m. [trikogram] (*tricho-* et *-gramme*) **Zool.** Insecte parasite des œufs des vers et utilisé en agriculture pour lutter contre la prolifération des vers dans les fruits. *Vente de trichogrammes en capsules.* ▪ **Méd.** Examen du cuir chevelu. *Prescrire un trichogramme en cas de cas de début de calvitie.*

TRICHOLOME, ▪ n. m. [trikolɔm] (*tricho-* et gr. *lôma,* frange d'un vêtement) **Bot.** Champignon des sous-bois caractérisé par un large chapeau. *Le griset et le mousseron sont des tricholomes.*

TRICHOMA ou **TRICHOME,** ▪ n. m. [trikoma, trikom] (*tricho-* et suff. *-oma* ou *-ome,* maladie) **Méd.** Dégradation des cheveux et du cuir chevelu du fait de l'accumulation de sébum, crasse, poussière et poux. *La trichoma est aussi appelée plique.*

TRICHOMONAS, ▪ n. m. [trikomonas] (*tricho-* et gr. *monas,* unité) **Méd.** Protozoaire responsable de plusieurs MST. *Une vaginite à trichomonas.*

TRICHOPHYTON, ▪ n. m. [trikofitɔ̃] (*tricho-* et gr. *phuton,* plante) **Méd.** Champignon parasite de l'homme provoquant des mycoses de la peau, des ongles et du cuir chevelu. *La teigne tondante est provoquée par le trichophyton.*

TRICHOPTÈRE, ▪ n. m. [trikoptɛr] (*tricho-* et *-ptère*) **Zool.** Insecte dont les larves aquatiques se développent dans un fourreau constitué de débris, agglutinées avec de la soie. *L'ordre des trichoptères comprend les phryganes.*

TRICHROME, ▪ adj. [trikrom] (*trichromie*) **Techn.** Résultant de la trichromie. *Une image trichromique.*

TRICHROMIE, ▪ n. f. [trikromi] (*tri-* et gr. *khrôma,* couleur) **Techn.** Technique de reproduction en couleurs basée sur l'association des trois couleurs fondamentales. *Une photographie en trichromie.*

TRICLINIQUE, ▪ adj. [triklinik] (*tri-* et gr. *klinein,* incliner, pencher) *Système triclinique,* système cristallin caractérisé par une absence d'axe de symétrie. *La turquoise cristallise dans le système triclinique.*

TRICLINIUM, ▪ n. m. [triklinjɔm] (mot lat., gr. *triklinon,* table à trois lits) **Antiq. rom.** Salle à manger à trois lits, sur chacun desquels se plaçaient trois convives.

TRICOISES, n. f. pl. [trikwaz] (altération de *turcoises,* fém. de l'anc. fr. *turcois,* turc) Tenailles à ferrer. ◆ Tenailles à deux mâchoires dont se servent les menuisiers et autres ouvriers, pour tenir et arracher des clous, des chevilles, etc.

TRICOLOR, n. m. [trikolɔr] (mot b. lat., de trois couleurs) Espèce d'amarante à grandes feuilles, mêlées de jaune, de vert et de rouge. ◆ Plusieurs variétés d'œillets. ◆ Espèce de tangara et plusieurs autres oiseaux.

TRICOLORE, adj. [trikolɔr] (b. lat. *tricolor*) De trois couleurs. *Fleur tricolore.* ◆ Il se dit particulièrement des couleurs du drapeau français, qui sont le bleu, le blanc et le rouge.

TRICÔNE, ▪ n. m. [trikon] (*tri-* et *cône,* à cause de la forme des mollettes) **Techn.** Trépan à trois molettes dentées utilisé pour sonder par rotation un forage pétrolier. *Le tricône creuse le sous-sol pour accéder aux couches pétrolifères.*

TRICORNE, adj. [trikɔrn] (lat. impér. *tricornis,* de *tres,* trois, et *cornu,* corne) Qui est surmonté de trois cornes. ◆ N. m. *Tricorne,* chapeau à trois cornes.

1 TRICOT, n. m. [triko] (*tricoter*) Tissu fait en mailles à l'aide d'aiguilles en métal, en bois ou en ivoire, pour le travail à la main ; le tricot se fait aussi avec des métiers. ◆ *Bas au tricot,* ou *bas brochés,* ou *bas à l'aiguille,* qui se font avec de petites broches de fil de fer. ◆ Action de faire, de vendre des tricots. ◆ Diverses étoffes de soieries. ◆ Espèce de drap pour les troupes. ◆ Nom d'une coquille univalve, le cône marchand. ▪ Gilet, veste en tricot. *Je vais mettre un tricot, il fait un peu frais dehors.*

2 TRICOT, n. m. [triko] (*trique*) Bâton gros et court.

TRICOTAGE, n. m. [tʀikotaʒ] (*tricoter*) Travail d'une personne qui tricote. ◆ ▷ Ouvrage en tricot. ◁

TRICOTÉ, ÉE, p. p. de tricoter. [tʀikote] ◆ N. m. *Le tricoté,* espèce du genre casque, coquille.

TRICOTER, v. tr. [tʀikote] (2 *tricot,* par comparaison des aiguilles à des bâtons) Faire des mailles avec du fil, de la laine, etc. à l'aide d'aiguilles longues et émoussées. *Tricoter des bas.* ◆ **Absol.** *Tricoter.* ◆ **Par extens.** Faire de la dentelle sur un tambour, avec des épingles et des fuseaux. ◆ **V. intr. Pop.** Marcher en remuant les pieds l'un vers l'autre. ◆ Se dit d'un cheval qui remue les jambes assez vite en marchant, mais qui n'avance pas beaucoup.

TRICOTERIE, n. f. [tʀikot(ə)ʀi] (1 *tricot*) Fabrique de tricots.

TRICOTETS, n. m. pl. [tʀikotɛ] (*tricoter*) Ancienne danse très vive.

TRICOTEUR, EUSE, n. m. et n. f. [tʀikotœʀ, øz] (*tricoter*) Celui, celle qui tricote. ◆ N. m. *Tricoteur,* métier à faire le tricot. ◆ N. f. *Tricoteuse,* machine à tricoter.

TRICTRAC, n. m. [tʀiktʀak] (onomat.) Jeu à la fois de hasard et de calcul, qui se joue à deux personnes sur un tablier divisé en deux compartiments portant chacun six flèches ou cases du côté du joueur et autant du côté de l'adversaire. ◆ *Partie de trictrac. Faire un trictrac.* ◆ La table sur laquelle on joue. ◆ Bruit que font des chasseurs, pour effaroucher les canards et autres oiseaux aquatiques qu'ils veulent faire tomber dans leurs pièges.

TRICUSPIDE, ■ adj. [tʀikyspid] (lat. *tricuspis,* génit. *-pidis,* de *tres,* trois, et *cuspis,* pointe) **Méd.** Doté de trois pointes. *La valvule tricuspide du cœur.*

TRICYCLE, n. m. [tʀisikl] (*tri-* et 2 *cycle*) Voiture qui roule sur trois roues. ■ Vélo à trois roues.

TRICYCLIQUE, ■ adj. [tʀisiklik] (*tricycle*) **Chim.** Qui compte trois cycles benzénique. *Un hydrocarbure tricyclique.*

TRIDACNE, ■ n. m. [tʀidakn] (lat. *tridacna,* du gr. *tridaknos,* qu'il faut mordre à trois reprises, de *tri-* et *daknein,* mordre) **Zool.** Mollusque doté de valves de grande taille. *Le tridacne géant est appelé bénitier.*

TRIDACTYLE, ■ adj. [tʀidaktil] (gr. *tridaktulos,* qui a trois doigts, de *tri-* et *daktulos,* doigt) Dont l'extrémité compte trois doigts. *Les oiseaux ont des pattes tridactyles.*

TRIDE, adj. [tʀid] (mot angl., court et rapide) **Manège** Vif, serré. *Ce cheval a des mouvements trides.*

TRIDENT, n. m. [tʀidɑ̃] (lat. *tridens,* de *tri-* et *dens,* dent) Fourche à trois dents, que les poètes et les peintres donnent pour sceptre à Neptune. ◆ Sorte de fourche à trois pointes, ajustée au bout d'une perche, avec laquelle on pique les poissons que l'on voit au fond de l'eau. ◆ Bêche à trois dents.

TRIDENTÉ, ÉE, ■ adj. [tʀidɑ̃te] (*trident*) Qui compte trois dents. *Une fourche est un outil tridenté.*

TRIDI, n. m. [tʀidi] (*tri-,* et *di,* du lat. *dies,* jour, sur le modèle de *lundi,* etc.) Le troisième jour de la décade républicaine.

TRIDIMENSIONNEL, ELLE, ■ adj. [tʀisimɑ̃sjɔnɛl] (*tri-* et *dimension*) Qui s'organise sur trois dimensions. *Une figure géométrique tridimensionnelle.* Abrév. 3D.

TRIDUO, n. m. [tʀidyo] (mot lat., ablat. de *triduum,* espace de trois jours, de *tri-* et *dies,* jour) Exercices religieux durant trois jours.

TRIÉ, ÉE, p. p. de trier. [tʀije]

TRIÈDRE, adj. [tʀijɛdʀ] (*tri-* et *-èdre*) **Géom.** Qui offre trois faces ou qui est formé par trois plans. ◆ *Angle trièdre,* angle solide formé par la réunion de trois plans.

TRIENNAL, ALE, adj. [tʀijenal] (lat. *triennalis,* de *tri-* et *annus,* année) Qui dure trois ans. *Un parlement triennal.* ◆ Conféré pour trois ans. *Charge triennale.* ◆ Qui est élu, nommé pour trois ans. *Des administrateurs triennaux.* ◆ Il se disait autrefois des charges qui ne s'exerçaient que de trois années l'une, et des titulaires qui en étaient pourvus. ◆ *Assolement triennal,* celui dans lequel le froment revient sur la même sole tous les trois ans. ◆ **Bot.** Se dit des plantes qui ne portent des fruits et des graines que la troisième année après qu'elles ont été semées. ◆ N. m. Fonction qui dure trois ans.

TRIENNALITÉ, n. f. [tʀijenalite] (*triennal*) Durée de trois ans, en parlant d'un emploi, d'une charge. ◆ Système dans lequel le pouvoir législatif se renouvelle tous les trois ans.

TRIENNAT, n. m. [tʀijena] (radic. de *triennal,* sur le modèle de *décennat*) Espace de trois années. ◆ Exercice d'un emploi pendant trois ans.

TRIER, v. tr. [tʀije] (b. lat. *tritare,* broyer, de *tritum,* supin de *terere,* frotter pour enlever la balle) Tirer d'un plus grand nombre avec choix, après examen. *Trier des livres. Trier des soldats parmi les meilleures troupes.* ◆ **Absol.**

Il ne faut pas trier. ◆ **Fig.** « *Quel esprit... Sait trier le savoir d'avecque l'ignorance?* », Régnier. ◆ **Fig.** *Trier sur le volet,* Voy. **VOLET.** ◆ *Trier les laines,* les éplucher. ◆ *Trier les chiffons,* les séparer en différentes classes selon la qualité. ◆ Se tirer, v. pr. Être trié. ■ V. tr. Éliminer les éléments qui ne correspondent pas à un critère retenu. *Trier des vêtements et se séparer des plus vieux.* ■ Classer en plusieurs catégories. *Trier des données informatiques.*

TRIÉRARCHIE, n. f. [tʀijeʀaʀʃi] (gr. *triêrarkhia,* de *triêrarkos*) Charge du triérarque.

TRIÉRARQUE, n. m. [tʀijeʀaʀk] (gr. *triêrarkos,* de *triêrês,* trière) **Antiq. grecq.** Capitaine de galère à Athènes. ◆ Citoyen obligé par la loi d'armer et d'équiper une galère.

TRIÈRE, ■ n. f. [tʀijɛʀ] (gr. *triêrês,* trière, de *tri-* et *eressein,* ramer) **Hist.** et **Antiq. grecq.** Bâtiment de guerre dont le mouvement était assuré par trois rangées de rameurs répartis sur trois niveaux différents. *L'équipage d'une trière.*

TRIESTER, ■ n. m. [tʀijesteʀ] (*tri-* et *ester*) **Chim.** Corps comptant trois fonctions ester. *L'huile d'olive contient de l'oléine qui est le triester du glycérol et de l'acide oléique.*

TRIEUR, EUSE, n. m. et n. f. [tʀijœʀ, øz] (*trier*) Ouvrier, ouvrière qu'on emploie à faire le triage des chiffons, dans une papeterie. ◆ Celui, celle qui épluche des laines. ◆ N. m. *Trieur mécanique,* appareil destiné à nettoyer le grain. ◆ N. f. *Trieuse,* machine pour éplucher les laines. ■ N. m. Classeur à plusieurs compartiments permettant de classer des documents.

TRIFIDE, adj. [tʀifid] (lat. *trifidus,* de *tri-* et *findere,* fendre) **Bot.** Qui a trois divisions, qui est fendu en trois.

TRIFOLIOLÉ, ÉE, ■ adj. [tʀifoljole] (*tri-* et *foliole*) **Bot.** Composé de trois folioles. *Le trèfle est trifoliolié.*

TRIFORIUM, ■ n. m. [tʀifoʀjɔm] (mot lat. médiév., du lat. impér. *transforare,* transpercer) Étroite galerie située au-dessus des arcades à l'intérieur d'une église, ouverte par de petites baies et donnant sur la nef ou le chœur. *Le triforium de la cathédrale de Chartres.*

TRIFOUILLER, ■ v. tr. [tʀifuje] (prob. croisement de *tripoter* et *fouiller*) **Fam.** Chercher en remuant, remuer quelque chose avec désordre et sans précaution. *Trifouiller des tiroirs.* ◆ **Fig.** Bouleverser, émouvoir. *Son histoire m'a trifouillé l'esprit.* ◆ V. intr. *Il a trifouillé dans mes affaires.*

TRIGAUD, AUDE, adj. [tʀigo, od] (p.-ê. m. h. all. *triegolf,* trompeur, tricheur) Voy. **TRIGAUDER.** ▷ Qui use de détours, de mauvaises finesses. *Il est trigaud. Il a la mine trigaude.* ◆ N. m. et n. f. *Un trigaud, une trigaude.* ◁

TRIGAUDER, v. intr. [tʀigode] (*trigaud*) ▷ Se conduire en trigaud. ◆ V. tr. Tromper. ◁

TRIGAUDERIE, n. f. [tʀigod(ə)ʀi] (*trigaud*) ▷ Action de trigaud. ◁

TRIGÈNE, n. m. [tʀiʒɛn] (gr. *trigenês,* de trois genres ; cf. ital. *triregno,* triple couronne du pape) Autre nom de la *tiare du pape* ou *triple couronne* Voy. **RÈGNE.**

TRIGLE, ■ n. m. [tʀigl] (gr. *trigla,* mulet de mer ou rouget) **Zool.** Autre nom du *rouget grondin.*

TRIGLOTTE, adj. [tʀiglɔt] (*tri-* et gr. *glôtta,* langue) En trois langues. *Dictionnaire triglotte.*

TRIGLYCÉRIDE, ■ n. m. [tʀigliseʀid] (*tri-* et *glycéride*) Élément constitutif des matières grasses constitué d'un triester de glycérol et présent en quantité dans les tissus adipeux humaines. *L'analyse sanguine a révélé la présence d'un taux de triglycérides trop important dans son organisme.*

TRIGLYPHE, n. m. [tʀiglif] (lat. impér. archit. *triglyphus,* gr. *trigluphos,* de *tri-* et *gluphein,* tailler, sculpter) Ornement de la frise dorique qui représente l'extrémité des solives posées sur l'architrave, et qui a ordinairement des rainures profondes et verticales.

TRIGONE, adj. [tʀigon] (lat. *trigonum,* gr. *trigonos,* à trois angles) Qui offre trois angles. *Un fruit trigone.* ◆ **Mus.** Aspect des planètes éloignées l'une de l'autre de 120°. ◆ Adj. *Aspect trigone* ou *trin aspect.* ◆ Genre de coquilles. ◆ Genre de coléoptères.

TRIGONELLE, ■ n. f. [tʀigonɛl] (lat. sav. [Linné] *trigonella,* du lat. *trigonum,* triangle) **Bot.** Plante herbacée à feuilles trifoliolées, à fleurs blanches, jaunes ou bleues et dont les graines sont des gousses allongées. *La trigonelle est cultivée dans les pays méditerranéens.*

TRIGONOCÉPHALE, ■ adj. [tʀigonosefal] (gr. *trigonos,* à trois angles, et *kephalê,* tête) Qui a la tête trigone. ◆ N. m. Serpent venimeux d'Amérique.

TRIGONOMÉTRIE, n. f. [tʀigonometʀi] (lat. sav. [XVIᵉ s.] *trigonometria,* du gr. *trigônos,* à trois angles, et *-metria,* mesure) Science qui a pour objet de résoudre les triangles, c'est-à-dire d'en déterminer par le calcul les angles et les côtés, en partant de certaines données numériques.

TRIGONOMÉTRIQUE, adj. [tʀigonometʀik] (*trigonométrie*) Qui appartient à la trigonométrie. *Des observations trigonométriques.*

TRIGONOMÉTRIQUEMENT, adv. [tʀigonometʀik(ə)mɑ̃] (*trigonométrique*) Suivant les règles de la trigonométrie.

TRIGRAMME, ■ n. m. [tʀigʀam] (gr. *trigrammos*, de *tri-* et *gramma*, lettre) Graphème de trois lettres. *Les trigrammes* sch, eau. ■ Sigle de trois lettres ou de trois éléments. *Un trigramme tel que* cat *a plusieurs significations.* ■ Figure de la divination chinoise constituée de trois séries de traits superposés. *Les huit trigrammes de base correspondent chacun à un phénomène naturel.*

TRIJUMEAU, ■ adj. m. [tʀiʒymo] (*tri-* et *jumeau*) *Nerf trijumeau*, ou *trijumeau*, nerf crânien qui se divise en trois parties : le nerf ophtalmique et les nerfs maxillaires supérieur et inférieur. *Une inflammation du trijumeau.*

TRIL, n. m. [tʀil] Voy. tʀille.

TRILATÉRAL, ALE, adj. [tʀilateʀal] (*tri-* et *latéral*) Qui a trois côtés.

TRILATÈRE, n. m. [tʀilateʀ] (lat. *trilaterus*, de *tri-* et *latus*, génit. *lateris*, côté) Triangle.

TRILINGUE, adj. [tʀilɛ̃g] (lat. *trilinguis*, qui a trois langues ou qui parle trois langues, de *tri-* et *lingua*, langue) Qui est en trois langues. *Une inscription trilingue.* ■ Qui maîtrise trois langues dont sa langue naturelle.

TRILITÈRE, ■ adj. [tʀilitɛʀ] (*tri-* et lat. *littera*, lettre) Ling. Composé de trois lettres. *Mot formé sur une racine trilitère.*

TRILLE, n. m. [tʀij] (ital. *trillo*, d'orig. onomat.) Mus. Mouvement rapide de deux notes voisines. ♦ Au piano, deux notes placées à un ton ou à un demi-ton, répétées alternativement le plus vite possible. ■ Rem. On prononçait autrefois [tʀil] avec une finale en *l*, et on écrivait aussi *tril* ou *trill*.

TRILLER, v. tr. [tʀije] (*trille*) Cadencer, orner de trilles. ■ Rem. On prononçait autrefois [tʀile] en faisant entendre *ilé*.

TRILLION, n. m. [tʀiljɔ̃] (*tri-* sur le modèle de *million*) Arithm. Mille billions, ou mille fois mille millions.

TRILOBÉ, ÉE, adj. [tʀilobe] (*tri-* et *lobe*) Qui est partagé en trois lobes.

TRILOBITE, ■ n. m. [tʀilobit] (lat. sav. [XVIIIᵉ s.] *trilobites*, du gr. *trilobos*, à trois lobes) Zool. Fossile marin de l'époque primaire caractérisé par une division du corps en trois parties. *On a trouvé des trilobites dans une carrière près d'Alençon.*

TRILOCULAIRE, ■ adj. [tʀilokylɛʀ] (*tri-* et lat. *loculus*, petit endroit, compartiment) Bot. Composé de trois loges. *Un ovaire triloculaire.*

TRILOGIE, n. f. [tʀiloʒi] (gr. *trilogia*, de *tri-* et *logos*, histoire) Antiq. grecq. Nom donné à l'ensemble des trois tragédies dont se composaient les poèmes dramatiques présentés au concours, lors des jeux solennels. ♦ Par extens. Se dit de quelques pièces de théâtre modernes, divisées en trois parties, ou même de trois pièces représentées séparément, dont les personnages sont les mêmes. ♦ Il se dit de *La Divine Comédie* de Dante et de tout poème en trois parties. ■ Œuvre littéraire, musicale ou cinématographique en trois parties. *La trilogie de Wagner.* ■ Ensemble de trois éléments inséparables. *La trilogie de la routine : boulot, métro, dodo.*

TRILOGIQUE, adj. [tʀiloʒik] (*trilogie*) Qui appartient à une trilogie.

TRIMARAN, ■ n. m. [tʀimaʀɑ̃] (*tri-* et *catamaran*, comme s'il s'agissait du préfixe *cata-*) Voilier à trois coques parallèles reliées par un pont rigide, utilisé surtout en haute mer. *Faire le tour de la Méditerranée à bord d'un trimaran.*

TRIMARD, ■ n. m. [tʀimaʀ] (*trimer*) Arg. et vx Route que l'on prend pour voyager, errer. *« J'ai fait un long trimard, dit-il d'abord, j'ai faim, j'ai soif »*, Perec.

TRIMARDER, ■ v. intr. [tʀimaʀde] (*trimard*) Arg. et vx Errer sur les routes. *Il est parti trimarder depuis plus de trois ans.* ■ V. tr. Fam. Transporter quelque chose. *Il trimarde toujours son balluchon avec lui.*

TRIMARDEUR, ■ n. m. [tʀimaʀdœʀ] (*trimarder*) Arg. et vx Personne qui vagabonde de ville en ville. *Trimardeur qui mendie.*

TRIMBALLAGE ou **TRIMBALLEMENT**, n. m. [tʀɛ̃balaʒ, tʀɛbal(ə)mɑ̃] (*trimballer*) Action de trimballer. ■ Rem. On écrivait aussi *trimbalage* et *trimbalement* autrefois.

TRIMBALLÉ, ÉE, p. p. de trimballer. [tʀɛ̃bale]

TRIMBALLER, v. tr. [tʀɛ̃bale] (prob. croisement de *baller*, danser, avec *tribouler*, s'agiter) Pop. Traîner, mener, porter partout. ■ Rem. On écrivait aussi *trimbaler* autrefois.

TRIMER, v. intr. [tʀime] (prob. *trumer*, courir : cf. *trumel*, jambe) Pop. Anciennement, aller, venir. ♦ Aujourd'hui, marcher beaucoup et avec fatigue. ♦ *Faire trimer quelqu'un*, le faire aller et venir pour rien. ■ Fam. Travailler en se donnant de la peine. *Elle a trimé toute sa vie, elle a bien droit à un peu de repos maintenant.*

TRIMÈRE, ■ adj. [tʀimɛʀ] (gr. *trimerês*, de *tri-* et *meros*, partie) Bot. Constitué de trois parties identiques. *Un végétal trimère.*

TRIMESTRE, n. m. [tʀimɛstʀ] (lat. *trimestre*, de trois mois, de *tri-* et *mensis*, mois) Espace de trois mois. *Le premier trimestre de l'année.* ♦ Ce qu'on paye ou ce qu'on reçoit à la fin de chaque trimestre. ■ Chacune des parties de l'année scolaire séparée de la suivante par une période de vacances. *Il a bien travaillé ce trimestre.*

TRIMESTRIEL, ELLE, adj. [tʀimɛstʀijɛl] (*trimestre*) Qui dure trois mois, qui revient tous les trois mois. *Un recueil trimestriel.*

TRIMESTRIELLEMENT, adv. [tʀimɛstʀijɛl(ə)mɑ̃] (*trimestriel*) Par trimestre.

TRIMÉTAL, ■ n. m. [tʀimetal] (*tri-* et *métal*) Composé métallique résultant de l'association de trois métaux ou alliages.

TRIMÈTRE, adj. [tʀimɛtʀ] (gr. *trimetros*, de *tri-* et *metron*, mesure) Prosod. anc. Qui est composé de trois mètres. *Un vers trimètre.* ♦ N. m. Vers ïambique de six pieds.

TRIMMER, ■ n. m. [tʀimœʀ] (mot angl. de *to trim*, arranger, équilibrer) Flotteur plat et circulaire, constitué d'un disque autour duquel est enroulé un fil qui se déroule dès qu'un poisson a mordu à l'hameçon. *Pêche au trimmer.* ■ Mar. Petit appendice réglable disposé au bout du profil d'un bateau, le plus souvent sur la quille, permettant d'optimiser sa portance et son équilibre. *Trouver l'optimisation du trimmer.* ■ Électr. Condensateur variable servant à ajuster avec précision une résistance, une capacité ou une fréquence, d'une radio notamment. *Un trimmer de puissance.*

TRIMOTEUR, ■ adj. m. [tʀimotœʀ] (*tri-* et *moteur*) Doté de trois moteurs. *Un avion trimoteur.*

TRIN ou **TRINE**, adj. [tʀɛ̃, tʀin] (lat. plur. *trini*, au nombre de trois, lat. chrét. sing. *trinus*) Il se dit de Dieu considéré dans la Trinité. *« Trine en personnalité »*, P. Corneille. *« Une trine unité »*, Racine. ♦ Astrol. Usité seulement dans : *trin* ou *trine aspect*, position de deux planètes éloignées l'une de l'autre du tiers du zodiaque. ♦ On dit de même *trine opposition*.

TRINERVÉ, ÉE, adj. [tʀinɛʀve] (*tri-* et *nerv[ure]*) Bot. Qui offre trois nervures. ■ Rem. On disait aussi *trinervié* autrefois.

TRINGA, n. m. [tʀɛ̃ga] (mot lat. sav. [Linné], du gr. *truggas*, sorte de grive selon Cuvier.) Genre d'oiseaux de l'ordre des échassiers.

TRINGLE, n. f. [tʀɛ̃gl] (moy. néerl. *tingel*, tringle, cale) Verge de fer, menue, longue et ronde, servant à soutenir un rideau, une draperie ou autre objet. ♦ Baguette équarrie longue et étroite, qui sert à former des moulures ou à remplir des vides. ♦ Moulure plate qui termine les triglyphes doriques à leur partie inférieure. ♦ Nom des perches propres à faire le treillage. ♦ Marque que fait le cordeau blanchi ou rougi sur une planche ou autre pièce de bois. ♦ Tige métallique de faible diamètre.

TRINGLÉ, ÉE, p. p. de tringler. [tʀɛ̃gle]

TRINGLER, v. tr. [tʀɛ̃gle] (*tringle*) Parmi les charpentiers, marquer une ligne droite sur du bois, avec un cordeau bandé et frotté de craie.

TRINGLOT, ■ n. m. [tʀɛ̃glo] Voy. tʀainglot.

TRINGUEBALLE, n. f. [tʀɛ̃g(ə)bal] (mot pic., prob. même orig. que *tri[n]queballe*) Longue pièce de bois montée en bascule, qui tend à pencher d'un côté plus que de l'autre, et que l'on lance successivement ; elle sert dans les extractions de tourbes pour épuiser l'eau.

TRINIDADIEN, IENNE, ■ adj. [tʀinidadjɛ̃, jɛn] (*Trinidad*, île des petites Antilles) De l'île de la Trinité. ■ N. m. et n. f. *Un Trinidadien, une Trinidadienne.*

TRINITAIRE, n. m. [tʀinitɛʀ] (*trinité*, ou [Ordre de la] *Trinité*) Se dit de tous ceux qui croient à l'existence de trois personnes en Dieu. ♦ Religieux de l'ordre de la Rédemption des captifs. ♦ N. f. Religieuse de l'ordre de la Trinité. ♦ N. f. Hépatique des jardins.

TRINITÉ, n. f. [tʀinite] (lat. chrét. *trinitas*) Un seul Dieu en trois personnes, le Père, le Fils et le Saint-Esprit (avec un T majuscule). ♦ Le premier dimanche qui suit la Pentecôte. *La fête de la Trinité.* ♦ Par extens. Il se dit (sans T majuscule) des dieux triples des religions païennes.

TRINITRINE, ■ n. f. [tʀinitʀin] (*trinitre*, de *tri-* et *nitré*) Chim. Solution de nitroglycérine à faible dosage utilisée pour soigner l'angine de poitrine. *Administration de trinitrine par voie sublinguale.*

TRINITROTOLUÈNE, ■ n. m. [tʀinitʀotolɥɛn] (*trinitre* et *toluène*) Chim. Explosif à base de toluène. *Le trinitrotoluène est un dérivé du toluène.* Abrév. TNT.

TRINÔME, n. m. [tʀinom] (*tri-* et *-nôme* sur le modèle de *binôme*) Alg. Polynôme à trois termes. ♦ Adj. *Facteurs trinômes.*

TRINQUEBALLE, ■ n. f. [tʀɛ̃k(ə)bal] Voy. tʀiqueballe.

TRINQUER, v. intr. [tʀɛ̃ke] (all. *trinken*, boire) Boire en choquant les verres et en se provoquant l'un l'autre. ■ *Trinquer à la santé de quelqu'un*, boire à sa santé. ■ Fam. Subir un revers de situation, un désagrément. *C'est encore moi qui vais trinquer !*

1 TRINQUET, n. m. [tʀɛ̃kɛ] (orig. incert.) **Mar.** Primitivement, mât de l'avant des galères. ♦ Dans la Méditerranée, quelquefois dans la marine du Ponant, le mât de proue ou de misaine, et par ext. la voile de ce mât.

2 TRINQUET, ■ n. m. [tʀɛ̃kɛ] (esp. *trinqete*, jeu de pelote basque, de l'anc. fr. *triquet*, battoir qui sert à ce jeu) Salle conçue pour pratiquer la pelote basque. *Le trinquet de Bayonne.*

TRINQUETTE, n. f. [tʀɛ̃kɛt] (fém. de 1 *trinquet*) **Mar.** Voile triangulaire ; espèce de voile latine. ♦ Voile de misaine d'un bâtiment à voiles latines.

TRINQUEUR, n. m. [tʀɛ̃kœʀ] (*trinquer*) Celui qui aime à trinquer, à boire.

TRIO, n. m. [tʀijo] (mot it., de *tre*, trois) **Mus.** Morceau pour trois voix ou pour trois instruments. ♦ Deuxième partie d'un menuet. ♦ Réunion de trois personnes. ♦ En mauvaise part. « *Beau trio de baudets !* », LA FON-TAINE. ♦ Au pl. *Des trios.*

TRIODE, ■ n. f. [tʀijɔd] (mot angl. abrév. de *tri[-electr]ode*) **Électr.** Tube électrique pourvu de trois électrodes : l'anode, la cathode, la grille de contrôle, et qui permet d'amplifier un signal. *Un amplificateur à triode.*

TRIOL, ■ n. m. [tʀijɔl] (abrév. de *tri[alc]ol*) Voy. TRIALCOOL.

TRIOLET, n. m. [tʀijolɛ] (prob. dial. *triolet*, trèfle) Petite pièce de poésie française, qui consiste en un couplet de huit vers, dont le premier se répète après le troisième, et le premier et le second après le sixième. ♦ **Mus.** Notes groupées de telle sorte que trois en valent deux.

TRIOLISME, ■ n. m. [tʀijolism] (*trio*) Pratique sexuelle entre trois personnes. *Échangisme et triolisme.*

TRIOMPHAL, ALE, adj. [tʀijɔfal] (lat. *triumphalis*) Appartenant au triomphe. *Les ornements triomphaux.* ♦ **Fig.** « *Le Fils de Dieu reprend sa marche triomphale* », DELILLE. ♦ *Porte Triomphale* (avec un T majuscule), porte de l'ancienne Rome par laquelle les triomphateurs entraient dans la Voie Sacrée, pour se rendre au Capitole.

TRIOMPHALEMENT, adv. [tʀijɔfal(ə)mã] (*triomphal*) En triomphe.

TRIOMPHALISME, ■ n. m. [tʀijɔfalism] (*triomphal*) Attitude affichée de confiance absolue et exagérée en ses croyances, ses idées, et en leur réussite. *Il fait preuve d'un triomphalisme arrogant.* ■ TRIOMPHALISTE, n. m. et n. f. ou adj. [tʀijɔfalist]

TRIOMPHANT, ANTE, adj. [tʀijɔfã, ãt] (*triompher*) Qui triomphe, qui est dans l'éclat du triomphe. « *La triomphante ascension de Jésus-Christ* », BOURDALOUE. ♦ *Tancrède avait tout fait, il était triomphant* », VOLTAIRE. ♦ **Fig.** « *Le plus beau, le plus triomphant, le plus heureux jour de sa vie* », BOSSUET. ♦ Victorieux, qui a vaincu. *Des troupes triomphantes.* ♦ *L'Église triomphante,* les bienheureux qui sont dans le ciel. ♦ Décisif, qui l'emporte, en parlant des choses. « *Les motifs les plus décisifs, les plus triomphants* », MASSILLON. ♦ **Fig.** Plein d'éclat. « *Ma belle et triomphante santé* », MME DE SÉVIGNÉ. ♦ *Un air triomphant,* un air de confiance et de contentement que donne le succès. ♦ Pompeux. *Une entrée triomphante.*

TRIOMPHATEUR, TRICE, n. m. et n. f. [tʀijɔfatœʀ, tʀis] (lat. impér. *triumphator*) Général romain qui entrait en triomphe à Rome après une grande victoire. ♦ **Par extens.** « *Le czar était le vrai triomphateur* », FONTE-NELLE. ♦ **Fig.** « *Après tout, ce n'est qu'une nouvelle mode d'ajuster des lauriers sur la tête des triomphateurs* », VOLTAIRE. ♦ **Adj.** « *Ces arcs triomphateurs* », DELILLE. ♦ **Par extens.** Celui qui a gagné des batailles. ♦ Au fém. « *Catherine triomphatrice de l'empire ottoman* », VOLTAIRE. ♦ **Fig.** « *Nos vaisseaux, Heureux triomphateurs et des vents et des eaux* », DELILLE. ♦ Celui qui triomphe. « *Que dirons-nous de ces lâches courtisans qui sont les triomphateurs et n'ont pas été les victorieux* », BALZAC.

1 TRIOMPHE, n. m. [tʀijɔf] (lat. *triumphus*, de *triumpe*, exclamation des frères Arvales dans leurs processions) Honneur accordé chez les Romains à un général qui avait remporté une grande victoire ; il consistait en une entrée solennelle et pompeuse, où marchaient le vainqueur, l'armée victorieuse, les captifs et les dépouilles. ♦ *Petit triomphe,* Voy. OVATION. ♦ *Char de triomphe,* char sur lequel le triomphateur était porté. ♦ *Mener en triomphe,* faire aller à la suite du char de triomphe. ♦ *Arc de triomphe,* sorte d'arcade sous laquelle passe une marche solennelle de victoire. ♦ **Fig.** Action de triompher. « *Voilà donc le triomphe où j'étais amenée* », RACINE. ♦ *Porter quelqu'un en triomphe,* le porter sur les bras pour lui faire honneur. ♦ *Son entrée fut un triomphe,* on l'accueillit, à son entrée dans la ville, avec de grandes démonstrations de joie, de respect, etc. ♦ *En triomphe,* d'une manière triomphale. « *David mena l'arche d'alliance en triomphe dans Sion* », BOSSUET. ♦ *En triomphe,* avec une satisfaction qui triomphe. « *On va conter en triomphe la chose* », LA FONTAINE. ♦ Grande victoire, succès militaire éclatant. ♦ Succès éclatants, en général. ♦ *Jour de triomphe,* jour marqué par quelque événement glorieux, par quelque grand avantage. ♦ **Fig.** Grands effets obtenus, victoires remportées, en parlant de choses. *Le triomphe de l'éloquence, de la beauté, etc.* ♦ *C'est son triomphe,* c'est une chose où il excelle, où il réussit particulièrement. ♦ Satisfaction triomphante. « *Et

vous, heureux Romains, quel triomphe pour vous, Si vous saviez ma honte ! », RACINE. ♦ **Fig.** Éclat comparé à une pompe triomphale. « *Tout le triomphe du mois de mai : le rossignol, le coucou, la fauvette...* », MME DE SÉVIGNÉ. ♦ *Faire un triomphe à quelqu'un,* l'acclamer avec enthousiasme.

2 TRIOMPHE, n. f. [tʀijɔf] (1 *triomphe*) ▷ Jeu de cartes qui a beaucoup de rapports avec l'écarté. ♦ À certains jeux de cartes, la couleur qu'on retourne ou que désigne celui qui fait jouer, et qui emporte toutes les autres. ◁

TRIOMPHER, v. intr. [tʀijɔfe] (lat. *triumphare*) Faire une entrée pompeuse et solennelle dans Rome après une éclatante victoire. ♦ Vaincre par les armes, par la force. *Triompher de son ennemi.* ♦ « *À vaincre sans péril on triomphe sans gloire* », P. CORNEILLE. ♦ L'emporter sur, avoir l'avantage. *La vérité, la justice a triomphé.* ♦ « *Esther a triomphé des filles des Persans* », RACINE. ♦ **Fig.** Surmonter, maîtriser. *Triompher de ses passions.* ♦ Il se dit du triomphe de la grâce. ♦ *Triompher du temps,* avoir une durée très longue. ♦ Avoir du succès. « *Mon fils triomphe aux états de Bretagne* », MME DE SÉVIGNÉ. ♦ Se prévaloir ; tirer vanité. ♦ Être ravi de joie, à propos de quelque avantage. *Vous triomphez de nos défaites.* ♦ Exceller en traitant quelque sujet. ♦ Exceller en quelque chose, préférablement à d'autres.

TRIONYX, ■ n. m. [tʀijoniks] (tri- et gr. *onux*, ongle) **Zool.** Tortue carnassière d'eau douce dont la carapace est dépourvue d'écailles. *Le tête du trionyx se termine par une petite trompe.*

TRIP, ■ n. m. [tʀip] (mot angl., *voyage*) **Fam.** État hallucinatoire résultant de la consommation de drogues hallucinogènes. *Être en plein trip.* ■ **Fam.** État d'extase dû à une boisson alcoolisée, une ambiance, etc. *Quel trip, cette fête !* ■ **Fam.** Centre d'intérêt, loisir. *Le chant, c'est pas son trip.*

TRIPAILLE, n. f. [tʀipaj] (*tripe*) Amas d'entrailles d'animaux. *Jeter des tripailles à la voirie.* ♦ Toutes les entrailles, tous les intestins d'un animal.

TRIPALE, ■ adj. [tʀipal] (tri- et *pale*) Doté de trois pales. *L'hélice tripale d'un hélicoptère.*

TRIPANG ou **TRÉPANG**, ■ n. m. [tʀipã, tʀepã] (mot malais) Holothurie comestible que l'on fait sécher pour l'utiliser comme aphrodisiaque dans la cuisine asiatique. *L'Indonésie est l'un des plus gros exportateurs de tripangs.*

TRIPARTI, IE, adj. [tʀipaʀti] (lat. *tripartitus*, divisé en trois) Voy. TRIPARTITE. *Chambre tripartie,* tribunal où le tiers des magistrats était de la religion réformée.

TRIPARTISME, ■ n. m. [tʀipaʀtism] (*triparti*) **Polit.** Système de gouvernement où trois partis politiques se partagent le pouvoir. *Le tripartisme des premières années de la IVᵉ République française.*

TRIPARTITE, adj. f. [tʀipaʀtit] (lat. *tripartitus*, divisé en trois) Qui est divisé en trois. ♦ *L'histoire tripartite,* l'histoire qui est l'abrégé de celles d'Eusèbe, de Socrate et de Sozomène. ♦ Entre trois personnes. *Une réunion tripartite.* ♦ **N. f. Belg.** Coalition entre trois partis. *La tripartite sortante.*

TRIPARTITION, n. f. [tʀipaʀtisjɔ] (b. lat. *tripartitio*, division en trois parties) **Math.** Action de diviser une quantité en trois parties égales. ♦ **Bot.** Syn. de trisection.

TRIPATOUILLER, ■ v. tr. [tʀipatuje] (croisement de *tripoter* et *patouiller*) **Fam.** Manipuler un objet ou une personne avec insistance et sans précaution. *Un enfant qui tripatouille de la pâte à modeler.* ■ **Fam.** Remanier une œuvre artistique, notamment un texte théâtral, sans l'accord de son auteur. *Il n'appréciera pas qu'on tripatouille son texte.* ■ Altérer, truquer. *Tripatouiller des comptes.* ■ TRIPATOUILLAGE, ■ n. m. [tʀipatujaʒ] ■ TRIPATOUILLEUR, EUSE, adj. ou n. m. et n. f. [tʀipatujœʀ, øz]

TRIPE, n. f. [tʀip] (p.-ê. lat. vulg. *trippa*) Boyau d'un animal. *Vendre des tripes.* ♦ **Pop.** Vomir, rendre tripes et boyaux, avoir des vomissements excessifs. ♦ Les tripes qu'on mange, qui sont les estomacs du bétail ruminant. ♦ *Œufs à la tripe,* œufs durs coupés par tranches et fricassés avec des oignons. ♦ Sorte d'étoffe veloutée. ■ **N. f. pl. Fam.** Ce qu'il y a de plus intime, de plus profond en soi. *Jouer avec ses tripes.* ■ *Avoir des tripes,* être courageux. ■ *Prendre aux tripes,* causer une vive émotion. ♦ Feuilles roulées à l'intérieur d'un cigare. *Les tripes courtes sont constituées de feuilles hachées.*

TRIPE-MADAME, n. f. [tʀip(ə)madam] Voy. TRIQUE-MADAME.

TRIPERIE, n. f. [tʀip(ə)ʀi] (*tripes*) Lieu où l'on vend des tripes.

TRIPETTE, n. f. [tʀipɛt] (dimin. de *tripe*) Petite tripe. ♦ **Pop.** *Cela ne vaut pas tripette,* cela ne vaut rien.

TRIPHASÉ, ÉE, ■ adj. [tʀifaze] (tri- et *phase*) *Courant triphasé,* courant alternatif à trois phases.

TRIPHÉNYLMÉTHANE, ■ n. m. [tʀifenilmetan] (tri-, *phényle* et *méthane*) **Chim.** Hydrocarbure à base de méthane.

TRIPHOSPHATE, ■ adj. [tʀifɔsfat] (tri- et *phosphate*) **Chim.** Contenant trois acides phosphatiques. *L'adénosine triphosphate.*

TRIPHTONGUE, n. f. [tʀiftɔg] (tri- et gr. *phthoggé*, voix, [voyelle], sur le modèle de diphtongue) **Gramm.** Syllabe composée de trois voyelles qu'on fait entendre en une seule émission de voix ; elle est mieux nommée *tri-vocale*. ◆ Adj. *Syllabe triphtongue.* ◆ Par extens. Concours de trois voyelles formant un seul son, comme *oie*. ■ Rem. Graphie ancienne : *triphthongue.*

TRIPIER, IÈRE, n. m. et n. f. [tʀipje, jɛʀ] (*tripe*) Celui, celle qui vend en détail les issues des animaux tués à la boucherie. ◆ **Fig.** *Couteau de tripière*, qui coupe des deux côtés, celui qui est de deux partis contraires, celui qui médit de l'un en l'absence de l'autre. ◆ Adj. m. Se dit des oiseaux de proie, qui ne peuvent être dressés, et qui donnent sur les poules et les poulets.

TRIPLACE, ■ adj. [tʀiplas] (*tri-* et *place*) À trois places. *Un avion triplace.*

TRIPLAN, ■ n. m. [tʀiplɑ̃] (*tri-* et *plan*) Avion qui possède trois plans de sustension superposés les uns aux autres. *Les triplans de Fokker.*

TRIPLE, adj. [tʀipl] (lat. *triplus*) Qui contient, qui présente trois fois une chose, une grandeur, un nombre. « *Une triple offense* », P. Corneille. ◆ *Triple couronne*, la tiare ou couronne du pape. ◆ *Monstres triples*, monstres formés de la réunion de trois individus. ◆ **Fig. et fam.** *Un menton à triple étage*, un menton qui descend fort bas et qui fait plusieurs plis. ◆ **Math.** *Raison triple*, rapport d'une grandeur à une autre grandeur qu'elle contient, ou dans laquelle elle est contenue trois fois. ◆ **Mus.** *Triple croche*, note de musique marquée d'un triple crochet et qui vaut le huitième d'une noire. ◆ **Fig.** *Un triple coquin*, un homme tout à fait coquin. ◆ **Chim.** *Sel triple*, combinaison dans laquelle entrent deux bases. ◆ **N. m.** Trois fois autant. *Rendre le triple.* ■ Refait trois fois. *Manuscrit qui a nécessité une triple lecture.* ■ *Au triple galop*, très vite. ■ *Une triple dose*, trois fois plus importante. ■ *En triple*, en trois exemplaires.

TRIPLÉ, ÉE, p. p. de tripler. [tʀiple] **Math.** *Raison triplée*, le rapport qui est entre des cubes. ◆ **Mus.** *Intervalle triplé*, intervalle qui est porté à la double octave. ◆ **Sp.** Triple succès d'un sportif dans une même compétition. ■ **N. m. pl.** Trois enfants de la même grossesse. *Parmi des triplés, il peut y avoir deux vrais jumeaux.*

1 **TRIPLEMENT**, n. m. [tʀipləmɑ̃] (*tripler*) Augmentation jusqu'au triple. ◆ Il était usité anciennement en termes de finances. *Lever des droits par doublement et par triplement.*

2 **TRIPLEMENT**, adv. [tʀipləmɑ̃] (*triple*) D'une manière triple ; en trois façons. « *Une époque triplement heureuse* », Picard.

TRIPLER, v. tr. [tʀiple] (*triple*) Rendre triple, ajouter à une quantité deux fois son équivalent. *Tripler les impôts.* ◆ V. intr. Devenir triple. « *La population a triplé presque partout depuis Charlemagne* », Voltaire.

TRIPLETTE, ■ n. f. [tʀiplɛt] (*triple*) Vx Vélo à trois places. ■ Équipe de trois joueurs. *Triplette aux boules, à la pétanque.*

TRIPLEX, ■ n. m. [tʀiplɛks] (mot lat., *triple*) **Techn.** Verre constitué de deux feuilles de verre reliées à une feuille de plastique qui permet, en cas de choc, de retenir les morceaux de verre brisé. *Le triplex fut inventé par le chimiste français Édouard Benedictus en 1903. Le triplex du pare-brise.* ■ Appartement sur trois niveaux. *Son bureau est installé au troisième étage de leur triplex.*

TRIPLICATA, n. m. [tʀiplikata] (fém. du lat. *triplicatus*, p. p. de *triplicare*, tripler, sur le modèle de *duplicata*) Troisième copie, troisième expédition d'un acte. ◆ Au pl. *Des triplicatas.*

TRIPLICITÉ, n. f. [tʀiplisite] (b. lat. *triplicitas*, de *triplex*) Qualité de ce qui est triple. *La triplicité d'un acte.* ◆ **Théol.** *Dans la Trinité, il y a triplicité de personnes.*

TRIPLOBLASTIQUE, ■ adj. [tʀiploblastik] (*triple* et *-blaste*, embryon) **Biol.** Dont l'embryon comporte trois feuillets. *Le mésoderme est le troisième feuillet des animaux triploblastique.*

TRIPLOÏDE, ■ adj. [tʀiploid] (*triple* et *-oïde*, d'après *diploïde*) **Bot.** Dont les cellules comptent trois lots de chromosomes au lieu de deux. *Tissu triploïde.* ■ TRIPLOÏDIE, n. f. [tʀiploidi]

TRIPLURE, ■ n. f. [tʀiplyʀ] (*tripler*) Toile de coton que l'on insère entre un tissu et sa doublure pour donner davantage de maintien à l'ensemble. *La triplure d'une cravate.*

TRIPODE, ■ adj. [tʀipɔd] (gr. *tripous*, génit. *tripodos*, à trois pieds) **Mar.** *Mât tripode*, mât métallique en forme de trépied. ■ **N. m.** Support à trois pieds. *Appareil photo vendu avec un tripode.* ■ Tourniquet à trois branches filtrant l'accès des voyageurs dans les transports en commun (gare, métro, etc.). *Comme il n'avait pas de billet, il est passé sous le tripode.*

TRIPOLI, n. m. [tʀipoli] (*Tripoli*, ville du Liban) ▷ Nom donné à des couches géologiques importantes de silice pulvérulente, à grains presque impalpables, réunis en feuillets minces, d'une teinte rougeâtre ou jaune pâle. *Le tripoli sert à polir les glaces, les métaux.* ◁

TRIPOLIR, v. tr. [tʀipoliʀ] (*tripoli*) ▷ Donner le poli à un ouvrage avec le tripoli. ◁

TRIPORTEUR, ■ n. m. [tʀipɔʀtœʀ] (*tri[cycle]* et *porteur*) Tricycle muni d'une caisse pour transporter les marchandises légères. *Le livreur et son triporteur.*

TRIPOT, n. m. [tʀipo] (anc. fr. *triper*, sauter, danser) ▷ Jeu de paume, lieu pavé ou carrelé et entouré de murailles dans lequel on joue à la courte paume. ◁ ◆ ▷ **Fig.** *On dit qu'un homme est dans son tripot*, pour dire qu'il est dans un lieu où il a de l'avantage pour la chose dont il s'agit. ◁ ◆ **Fig.** *Battre un homme dans son tripot*, le vaincre dans son fort. ◆ ▷ **Fig.** *Tirer un homme de son tripot*, le tirer de son fort. ◁ ◆ Par extens. et par dénigrement Maison de jeu. ◆ **Fig.** Maison où s'assemble mauvaise compagnie. ◆ ▷ *Le tripot comique* ou *le tripot*, par dénigrement ou par plaisanterie, l'assemblée des comédiens, le théâtre. ◁ ◆ **Fig.** Intrigue, tripotage. ■ **Fam.** Café ou lieu dévolu au jeu.

TRIPOTAGE, n. m. [tʀipotaʒ] (*tripoter*) Mélange peu ragoûtant. ◆ Assemblage confus de choses qui ne s'accordent point ensemble. ◆ Petits arrangements, manigances. « *Mères et nourrissons faisaient leur tripotage* », La Fontaine. « *Le tripotage des élections* », Leclercq. ◆ Intrigues, médisances qui tendent à brouiller, à troubler. ■ **Fam.** Caresse prononcée. *Ils pourraient faire leurs tripotages ailleurs que sous notre nez !* ■ Action de toucher maladroitement et sans cesse. *Le tripotage de son crayon.* ■ Manigance secrète et douteuse. « *Le tripotage des grandes filles par le délégué cantonal* », Colette.

TRIPOTÉ, ÉE, p. p. de tripoter. [tʀipote]

TRIPOTÉE, n. f. [tʀipote] (p. p. fém. substantivé de *tripoter*) **Pop.** Une volée de coups.

TRIPOTER, v. intr. [tʀipote] (*tripot*) Brouiller, mélanger malproprement différentes choses. *Ces enfants ont tripoté dans le ruisseau.* ◆ **Fig.** *Tripoter dans une affaire, sur la rente, etc.* ◆ Intriguer, calomnier, médire, en vue de brouiller les affaires, de diviser les personnes. ◆ V. tr. S'occuper de quelque chose en tripotant. *Tripoter un mariage, etc.* ◆ Manier maladroitement. *Tripoter des fruits.* ■ **Fam.** Caresser avec insistance quelqu'un. *Il adore la tripoter.*

TRIPOTEUR, EUSE, n. m. et n. f. [tʀipotœʀ, øz] (*tripoter*) Syn. de tripotier, ière. ◆ Par plaisanterie, membre du tripot comique.

TRIPOTIER, IÈRE, n. m. et n. f. [tʀipotje, jɛʀ] (*tripot*) Celui, celle qui tient un tripot pour la paume. ◆ Celui qui tient une maison de jeu. ◆ Celui, celle qui fait partie d'un tripot de comédiens. ◆ Adj. « *La tyrannie tripotière* », Voltaire. ◆ **Fig.** Celui, celle qui fait des tripotages, de petites intrigues.

TRIPOUS ou **TRIPOUX**, ■ n. m. pl. [tʀipu] (*tripe*) **Cuis.** Plat typique d'Auvergne consistant en des tripes mijotées et accommodées avec des pieds de mouton et de la fraise de veau. *Des bocaux de tripoux.*

TRIPTYQUE, n. m. [tʀiptik] (gr. *triptukos*, formé d'un triple épaisseur, de *tri-* et *ptux*, pli) **Antiq.** Tablette de trois feuillets qui se replient l'un sur l'autre. ◆ Tableau sur trois volets.

TRIQUE, n. f. [tʀik] (var. de *estrique*, bâton à râcler, de l'anc. b. frq. *strikan*, passer un objet sur un autre) Gros bâton. *Des coups de trique.* ◆ **Agric.** Variété de fourche. ■ *Sec comme un coup de trique*, d'une grande maigreur.

TRIQUEBALLE ou **TRINQUEBALLE**, n. f. [tʀik(ə)bal, tʀɛ̃k(ə)bal] (norm. *triquer*, sauter, et anc. fr. *baller*, danser.) **Artill.** Voiture construite particulièrement pour le transport des lourds fardeaux à des distances peu éloignées. ◆ **Constr.** Fardier servant au transport des plus grosses pièces de charpente.

TRIQUE-MADAME, n. f. [tʀik(ə)madam] (p.-ê. de *trip[p]e-madame*, de l'impératif de *triper*, sauter) Nom vulgaire de l'orpin blanc (crassulacées), dit encore *petite joubarbe*. ■ Rem. On disait aussi *tripe-madame* autrefois.

TRIQUET, n. m. [tʀikɛ] (*trique*) Battoir étroit avec lequel on joue à la courte paume. ◆ Échafaud de couvreur, en forme de triangle ; espèce d'échelle double.

TRIRECTANGLE, ■ adj. [tʀiʀɛktɑ̃gl] (*tri-* et *rectangle*) Qui possède trois angles droits. *Un tétraèdre trirectangle.*

TRIRÈME, n. f. [tʀiʀɛm] (lat. *triremis*, de *tri-* et *remus*, rame) Galère des anciens à trois rangs de rames.

TRISAÏEUL, EULE, n. m. et n. f. [tʀizajœl] (*tri-* et *aïeul*) Le père, la mère du bisaïeul ou de la bisaïeule. ◆ Au pl. *Des trisaïeuls, des trisaïeules.*

TRISANNUEL, ELLE, adj. [tʀizanɥɛl] (*tri-* et *annuel*) Qui dure trois ans. *Plante trisannuelle.* ■ Qui se produit tous les trois ans. *Des élections trisannuelles.*

TRISECTEUR, TRICE, ■ adj. [tʀisɛktœʀ, tʀis] (*tri-* et *secteur*) **Géom.** Qui divise une figure géométrique ou un angle en trois parties égales. *Courbe trisectrice.* ■ **N. m.** Appareil qui permet de tracer trois angles égaux dans un angle. *Le trisecteur de Bergery, de Kempe.*

TRISECTION, n. f. [tʀisɛksjɔ̃] (*tri-* et *section*) Division d'une chose en trois parties. ◆ **Géom.** Division en trois parties égales. *La trisection de l'angle.*

TRISKÈLE, ■ n.m. [tʀiskɛl] (gr. *triskelês*, de *tri-* et *skelos*, jambe) Motif décoratif celtique constitué de trois demi-arabesques reliées en un point central. *Le triskèle évoque le mouvement perpétuel.*

TRISMÉGISTE, adj. m. [tʀismeʒist] (gr. *tris*, trois fois, et *megistos*, superl. de *megas*, grand) Surnom que les Grecs donnaient au Mercure égyptien ou Hermès. ♦ **N. m. Impr.** Caractère qui est entre le gros et le petit canon ; il vaut trente-six points typographiques.

TRISMUS ou **TRISME**, ■ n.m. [tʀismys, tʀism] (gr. *trismos*, petit bruit aigu) **Méd.** Constriction symptomatique des mâchoires provoquée par la contraction des muscles masticateurs due au tétanos. *Le trismus est l'un des premiers symptomes du tétanos.*

TRISOC, ■ adj. f. [tʀisɔk] (*tri-* et *soc*) **Agric.** *Charrue trisoc*, charrue comprenant trois socs.

TRISOMIE, ■ n. f. [tʀizomi] (*tri-*, *[chromo]some*, et *-ie*) Anomalie génétique caractérisée par la présence d'un chromosome surnuméraire sur une paire chromosomique. *La trisomie 13 est appelée syndrome de Patau.* ■ *Trisomie 21*, caractérisée par la présence de trois chromosomes sur la paire n°21. ■ TRISOMIQUE, adj. ou n.m. et n. f. [tʀizomik]

1 **TRISSER**, ■ v. tr. [tʀise] (*tri-* d'après *bisser*) Refaire ou faire refaire quelque chose trois fois de suite au théâtre ou au spectacle. *Trisser un chanteur.*

2 **TRISSER**, ■ v. intr. [tʀise] (prob. région [Wallonie, Nord-Est], jaillir) **Fam.** Partir très rapidement et discrètement. *Il a trissé dès qu'il vous a vu.* ♦ V. pr. **Fam.** *Se trisser*, se sauver. « *S'il a retrouvé un poil de courage, il a dû se trisser pendant que je les avais au derche* », BOUDARD.

3 **TRISSER**, ■ v. intr. [tʀise] Pousser son cri, s'agissant de l'hirondelle.

TRISSYLLABE, ■ adj. [tʀisilab] Voy. TRISYLLABE.

TRISSYLLABIQUE, ■ adj. [tʀisilabik] Voy. TRISYLLABIQUE.

TRISTE, adj. [tʀist] (lat. *tristis*, triste, funeste, sévère) Qui a du chagrin, de l'affliction. ♦ *Triste de. Il est triste de la mort de son ami.* ♦ *Triste de quelqu'un*, affligé à cause de lui. « *Je suis toute triste de vous* », MME DE SÉVIGNÉ. ♦ Qui est sans gaieté. « *Mais pourquoi ce front triste?* », P. CORNEILLE. ♦ Il se dit aussi des animaux. *Les lévriers sont tristes.* ♦ **Fig.** *Cet homme est triste comme un bonnet de nuit*, il est chagrin et mélancolique. ♦ *Avoir une triste figure, une triste mine*, avoir un visage défait, et aussi avoir mauvaise mine. ♦ *Le Chevalier de la triste figure*, Don Quichotte. ♦ *Faire une triste figure quelque part*, y avoir l'air gêné, s'y trouver mal à l'aise. ♦ *Faire triste mine*, avoir la mine chagrine. ♦ *Faire triste mine à quelqu'un*, lui faire un mauvais accueil. ♦ *Cet homme a le vin triste*, quand il a bu, il est triste et chagrin. ♦ Sévère. *Un style triste.* « *Ah! quittez d'un censeur la triste diligence* », RACINE. ♦ Qui a le caractère de la tristesse. *Un adieu triste.* « *Ces tristes vêtements où je lis mon malheur* », P. CORNEILLE. ♦ Qui cause de l'affliction, de la mélancolie. *Des idées tristes.* « *Il n'y a rien de plus triste à la nature, que d'être haï* », BOSSUET. ♦ Il se joint quelquefois, par antithèse, à un mot qui exprime bien, bonheur. « *Voilà un triste plaisir* », MME DE SÉVIGNÉ. ♦ *Faire un triste repas*, faire un repas où l'on ne se réjouit point. ♦ Malheureux, déplorable. *Cette homme a fait une triste fin. Les tristes dépouilles des vaincus.* ♦ Fâcheux, pénible, ennuyeux. *Une triste vie.* ♦ Obscur, sombre. *Appartement triste.* ♦ *Cette maison a des vues tristes ou est triste*, elle n'a que des vues peu agréables. ♦ *Temps triste*, temps couvert. ♦ **Bot.** Se dit des plantes dont le feuillage est sombre, dont les fleurs sont d'une teinte sombre ; de différents animaux dans la couleur desquels il entre plus ou moins de noir. ♦ Qui est insuffisant, médiocre, au-dessous de ce qu'on attend, en parlant soit des personnes, soit des choses. *Un triste personnage.* « *C'est un triste métier que celui d'homme de lettres* », VOLTAIRE. ♦ *Faire un triste repas*, faire mauvaise chère.

TRISTEMENT, adv. [tʀistəmã] (*triste*) D'une manière triste. « *Un mort s'en allait tristement S'emparer de son dernier gîte* », LA FONTAINE. ♦ D'une manière fâcheuse, misérable.

TRISTESSE, n. f. [tʀistɛs] (lat. *tristitia*, affliction, malheur) Sorte de souffrance morale dont le propre est de peser sur l'âme, et qui d'ordinaire apparaît dans l'extérieur. « *Nos plus heureux succès sont mêlés de tristesse* », P. CORNEILLE. ♦ Au pl. « *Ce sont des tristesses retirées dans le fond de l'âme qui la flétrissent* », MARIVAUX. ♦ Mélancolie habituelle de tempérament. ♦ Il se dit de ce qui inspire la tristesse. « *Le bruit de ces torrents et de la mer est d'une tristesse qui serre le cœur* », MME DE GENLIS. ♦ Il se dit des lieux sans agréments, des fêtes sans gaieté, etc. *Cette maison est d'une grande tristesse.*

TRISTOUNET, ETTE, ■ adj. [tʀistunɛ, ɛt] (*triste*) **Fam.** Qui a l'air un peu triste. *Un visage tristounet.*

TRISYLLABE, adj. [tʀisilab] (lat. *trisyllabus*, gr. *trisullabos*) **Gramm.** Qui est de trois syllabes. ♦ **N. m.** *Un trisyllabe*, un mot composé de trois syllabes. ■ REM. Graphie ancienne : *trissyllabe*.

TRISYLLABIQUE, adj. [tʀisilabik] (*trisyllabe*) Qui appartient à un trisyllabe. ■ REM. Graphie ancienne : *trissyllabique*.

TRITHÉRAPIE, ■ n. f. [tʀiteʀapi] (*tri-* et *thérapie*) Thérapie fondée sur le traitement du sida par trois antiviraux. *Suivre une trithérapie.*

TRITICALE, ■ n.m. [tʀitikal] (lat. *triti[cum]*, blé, et *[se]cale*, seigle) **Agric.** Céréale résultant du croisement entre des semences de blé et de seigle. *Le triticale est utilisé aussi bien pour l'alimentation de l'homme que pour celle du bétail.*

TRITIUM, ■ n.m. [tʀitjɔm] (gr. *tritos*, troisième, d'après *deutérium*) **Chim.** Isotope de l'hydrogène utilisé comme traceur radioactif. *Les couches supérieures de l'atmosphère contiennent du tritium.*

1 **TRITON**, n. m. [tʀitɔ̃] (lat. *Triton*, gr. *Tritôn*, Triton, dieu marin) Dieu de la mer, que la Fable fait fils de Neptune et d'Amphitrite, qui a figure humaine et dont le corps se termine en poisson. ♦ **Hist. nat.** Genre de batraciens urodèles aquatiques, voisins des salamandres. ♦ Genre de coquilles univalves. ♦ Appareil à l'aide duquel un homme peut plonger dans l'eau et y rester aussi longtemps qu'il le voudra.

2 **TRITON**, n. m. [tʀitɔ̃] (lat. médiév. *tritonum*, du gr. *tritonon*, de *tri-* et *tonos*, ton) **Mus.** L'intervalle de trois tons ; cet intervalle était défendu en tonalité du plain-chant ; il est permis en tonalité moderne, où on l'appelle plus généralement *quarte augmentée*.

TRITOXYDE, n. m. [tʀitɔksid] (gr. *tritos*, troisième, et *oxyde*) **Chim.** Troisième des oxydes d'un corps qui peut se combiner avec l'oxygène en plusieurs proportions différentes.

TRITURABLE, adj. [tʀityʀabl] (*triturer*) Qui peut être trituré.

TRITURATEUR, ■ n.m. [tʀityʀatœʀ] (*triturer*) Machine permettant de triturer quelque chose. *Un triturateur de papiers.*

TRITURATION, n. f. [tʀityʀasjɔ̃] (b. lat. *trituratio*, battage du blé) Action de triturer. ♦ Particulièrement, action de réduire une substance en poudre en la triturant dans un mortier.

TRITURE, n. f. [tʀityʀ] (lat. *tritura*, action de frotter, battage du blé, de *tritum*, supin de *terere*, frotter, user en frottant) Néolog. Grande habitude de faire, de pratiquer. *Avoir la triture des affaires.*

TRITURÉ, ÉE, p. p. de triturer. [tʀityʀe]

TRITURER, v. tr. [tʀityʀe] (b. lat. *triturare*, battre le blé, tourmenter) Réduire en parties menues, en poudre, sans frapper, pour obtenir un certain produit. *Triturer le quinquina, des aliments, etc.* ♦ Manipuler quelque chose dans tous les sens, de façon désordonnée. *Il était nerveux et n'arrêtait pas de triturer son chapeau.* ■ **Fig.** Faire subir de nombreuses modifications à quelque chose au point de le dénaturer. *On a trituré son manuscrit et il ne reconnaît plus rien.* ■ **Fam.** *Se triturer les méninges*, V. pr. produire un important effort intellectuel pour trouver une solution. *Elle s'est vraiment trituré les méninges pour trouver la solution.*

TRIUMVIR, n. m. [tʀijɔmviʀ] (mot lat., de *trium*, génit. de *tres*, trois, et *vir*, homme) **Hist. rom.** Magistrat chargé, conjointement avec deux collègues, d'une partie de l'administration. ♦ Il se dit de Pompée, de César et de Crassus (premier triumvirat), et aussi d'Octave, d'Antoine et de Lépide (second triumvirat), qui s'emparèrent de l'autorité suprême.

TRIUMVIRAL, ALE, adj. [tʀijɔmviʀal] (lat. *triumviralis*) Qui appartient aux triumvirs. *Les fonctions triumvirales. Les pouvoirs triumviraux.*

TRIUMVIRAT, n. m. [tʀijɔmviʀa] (lat. *trumviratus*) Chez les Romains, fonction de triumvir. ♦ Association de trois citoyens qui s'unissent pour envahir toute l'autorité.

TRIVALENT, ENTE, ■ adj. [tʀivalã, ãt] (*tri-* et *valence*, d'après *équivalent*) **Chim.** Qui a une valence de trois. *Fonction trivalente. Les sels trivalents du chrome.*

TRIVALVE, ■ adj. [tʀivalv] (*tri-* et *valve*) **Biol.** Qui compte trois valves. *Un mollusque trivalve.*

TRIVELIN, ■ n.m. [tʀiv(ə)lɛ̃] (ital. *Trivellino*, personnage de la comédie italienne) Nom d'un acteur de l'ancienne troupe italienne. ♦ Personnage de ballet. « *Trivelins et scaramouches dansants* », MOLIÈRE. ♦ **Fig.** Baladin, bouffon.

TRIVELINADE, n. f. [tʀiv(ə)linad] (*trivelin*) Bouffonnerie de trivelin.

TRIVIAIRE, adj. [tʀivjɛʀ] (lat. *trivium*, de *tri-* et *via*, chemin, rue) *Carrefour triviaire*, carrefour où aboutissent trois chemins, trois rues.

TRIVIAL, ALE, adj. [tʀivjal] (lat. impér. *trivialis*, trivial, grossier, de *trivium*, carrefour) En parlant des pensées et des expressions, qui est extrêmement commun, usé, rebattu. « *Les pensées, à force d'être vraies, sont quelquefois triviales* », ROLLIN. « *Elle ne sait point les compliments triviaux* », J.-J. ROUSSEAU. ♦ *Style trivial*, style bas, commun. ♦ Su de tout le monde, répété dans les écoles. « *Un endroit de saint Jérôme que tous les écoliers savent par cœur... un passage si trivial* », BOSSUET. ♦ **Fig.** Se dit des personnes qu'on voit partout, facilement. « *L'homme de lettres est trivial comme une borne au* *coin des places ; il est vu de tous et à toute heure »*, La Bruyère. ♦ **N. m.** Ce qui est trivial.

TRIVIALEMENT, adv. [tʀivjal(ə)mɑ̃] (*trivial*) D'une manière triviale.

TRIVIALISER, v. tr. [tʀivjalize] (*trivial*) Néolog. Rendre trivial.

TRIVIALITÉ, n. f. [tʀivjalite] (*trivial*) Caractère, qualité de ce qui est trivial. *La trivialité de ce style.* ♦ Chose triviale.

TRIVIUM, n. m. [tʀivjɔm] (mot médiév., du lat. *trivium*, carrefour de trois voies) La division inférieure des sept arts dans l'université du Moyen Âge, division qui était suivie du quadrivium, et qui comprenait la grammaire, la rhétorique et la dialectique.

TRIVOCALE, n. f. [tʀivokal] (tri- et lat. *vocalis*, voyelle) Gramm. Voix simple exprimée par trois voyelles, par exemple *eau*.

TROC, n. m. [tʀɔk] (*troquer*) Échange commercial d'objets. « *C'est une marchandise que l'Europe reçoit en troc de l'Amérique »*, Montesquieu. ♦ Fig. « *Mais que dire du troc que la Fortune fit... ? »*, La Fontaine. ♦ *Troc pour troc*, échange d'une chose contre une autre, sans supplément de retour.

TROCART, n. m. [tʀokaʀ] (*trois*, et *carre*, angle) Chir. Poinçon cylindrique, monté sur un manche, et contenu dans une canule d'argent. ■ Rem. On disait aussi *trois-quarts* autrefois.

TROCHAÏQUE, adj. [tʀokaik] (gr. *trokhaïkos*) Prosod. grecq. et lat. Composé de trochées ; où les trochées dominent. *Vers trochaïque* ou n. m. *un trochaïque.*

TROCHANTER, n. m. [tʀokɑ̃tɛʀ] (gr. *trokhantêr*, de *trokhos*, roue, à cause de la forme ronde) Anat. Nom donné à deux tubérosités que présente l'extrémité supérieure du fémur.

TROCHE, ■ n. f. [tʀɔʃ] Voy. troque.

1 **TROCHÉE**, n. m. [tʀoʃe] (gr. *trokhaios [pous]*, litt. [pied] propre à la course, de *trekhein*, courir) Prosod. grecq. et lat. Pied formé de deux syllabes, une longue et une brève. ■ Rem. On prononçait aussi *troke* autrefois.

2 **TROCHÉE**, n. f. [tʀoʃe] (anc. fr. *troche*, faisceau, assemblage, du lat. *traducere*, faire passer) L'ensemble des rameaux que pousse un arbre venu de graine, quand on le coupe un peu au-dessus de terre. ♦ L'Académie fait ce mot masculin.

TROCHES, n. f. pl. [tʀɔʃ] (anc. fr. *troche*, faisceau, assemblage) Vén. Fumées à demi formées des bêtes fauves, fumées d'hiver.

TROCHET, n. m. [tʀoʃe] (anc. fr. *troche*, faisceau, assemblage) Nom qu'on donne à plusieurs fleurs, à plusieurs fruits, joints ensemble sur une même branche, et composant une espèce de bouquet. *Trochet de fleurs, de noisettes.*

TROCHILE, n. m. [tʀokil] (lat. *trochilus*, gr. *trokhilos*, roitelet) Hist. nat. Nom sous lequel on a réuni parfois les espèces du genre colibri, et celles du genre oiseau-mouche.

TROCHIN, ■ n. m. [tʀoʃɛ̃] (gr. *trokhos*, roue) Anat. Petite tubérosité située sur l'extrémité supérieure de l'humérus, sur la face antérieure de celui-ci. *Les fractures du trochin sont rares. Le trochin et le trochiter.*

TROCHISQUE, n. m. [tʀoʃisk] (gr. *trokhiskos*, petite roue, pilule) Pharm. Médicament solide, composé d'une ou de plusieurs substances sèches réduites en poudre, et auquel on a donné d'abord une forme ronde, puis des formes coniques, cubiques, pyramidales, etc. ♦ Tablettes ou pastilles de couleur apprêtées pour l'usage des peintres.

TROCHITER, ■ n. m. [tʀokitɛʀ] (gr. *trokhos*, roue) Anat. Importante tubérosité située sur l'extrémité supérieure de l'humérus. *Fracture du trochiter. Le trochin et le trochiter.*

TROCHLÉE, ■ n. f. [tʀokle] (lat. *trochlea*, gr. *trokhalia*, poulie, de *trokhos*, roue) Anat. Zone articulaire de la forme d'une poulie. *La trochlée humérale est l'articulation du coude. Sysplasie de la trochlée* ■ TROCHLÉEN, ENNE, adj. [tʀokleẽ, ɛn] *Articulation trochléenne.*

TROCHOÏDE, adj. [tʀokoid] (gr. *trokhoeïdês*, de *trokhos*, roue, et *eidos*, aspect) Qui ressemble à une roue tournant sur son axe, à une toupie. ♦ Anat. Articulation trochoïde, celle dans laquelle un os tourne sur un autre. ♦ N. f. Géom. Cycloïde ou roulette. ♦ N. m. La figure courbe et renflée que représente la corde dans sa position vibrante.

TROCHURE, n. f. [tʀoʃyʀ] (anc. fr. *troche*, faisceau) Vén. Quatrième andouiller de la tête du cerf.

TROÈNE, n. m. [tʀoɛn] (anc. b. frq. *trugil*, d'après *chêne*, *frêne*) Genre de la famille des oléacées. ♦ *Troène commun*, *ligustrum vulgare*, arbrisseau très rameux ; il sert à former des haies. ■ Rem. Graphie ancienne : *troëne*.

TROGLODYTE, n. m. [tʀɔglodit] (gr. *trôglodutês*, qui habite dans des trous, de *trôglê*, trou fait par un rongeur, et *duein*, s'enfoncer) Nom d'un ancien peuple d'Afrique qui vivait dans des cavernes. ♦ Se dit, en général, de tous les peuples sauvages qui habitent des cavernes ou qui se creusent des demeures souterraines[1]. ♦ Par extens. Se dit parfois de gens vivant sous terre, tels que les mineurs. ♦ Genre de quadrumanes où se trouve le *troglodyte noir*, connu sous le nom de chimpanzé. ♦ Genre d'oiseaux insectivores, dans lequel on distingue le *troglodyte d'Europe*. ■ Adj. *Un village troglodyte.* ■ Rem. 1 : *Sauvage* à l'époque de Littré n'était pas péjoratif. ■ TROGLODYTIQUE, adj. [tʀɔgloditik]

TROGNE, n. f. [tʀɔɲ] ou [tʀɔnj] (gaul. *trugna*, d'apr. *truyn*, nez) Fam. Visage. ♦ Particulièrement, visage enluminé par l'habitude du vin et de la bonne chère. ♦ *Rouge trogne, trogne enluminée*, le visage d'un ivrogne. ♦ ▷ Arbre mis en têtard. ◁

TROGNON, n. m. [tʀoɲɔ̃] ou [tʀonjɔ̃] (anc. fr. *estrongner*, élaguer, étêter) Le cœur, le milieu d'une poire, d'une pomme, dont on a ôté tout ce qu'il y avait de bon à manger. ♦ *Le trognon d'un chou*, tige d'un chou dont on a ôté les feuilles. ♦ On dit de même : *Trognon de salade.* ♦ Fig. *Un petit trognon*, une jeune fille petite. ■ Fam. et fig. *Jusqu'au trognon*, en totalité. *Il s'est fait avoir jusqu'au trognon.* ■ Adj. inv. en genre Fam. Qui suscite l'affection. *Un bébé vraiment trognon.*

TROÏKA, ■ n. f. [tʀojka] (mot russe *trojka*, attelage de trois chevaux) En Russie, attelage de trois chevaux harnachés de front. *Les troïkas.* ■ Groupe de trois dirigeants politiques, historiquement en Russie. ■ Ensemble de trois institutions, trois responsables, etc. *La troïka des directeurs généraux.*

TROIS, adj. num. [tʀwa] (lat. *tres*) Nombre composé de deux et de un. *Trois hommes.* ♦ Arithm. *Règle de trois*, règle par laquelle, ayant trois termes connus qui peuvent entrer en proportion, on détermine un quatrième terme inconnu. ♦ Fam. *Les trois quarts du temps*, le plus souvent. ♦ Fam. *Et de trois, et trois*, pour la troisième fois. ♦ Troisième. *Page trois.* *Henri trois* (on écrit plus ordinairement Henri III). ♦ N. m. Le nombre trois. *Trois et deux font cinq.* ♦ On dit de même : *Le nombre trois.* ♦ Le chiffre qui marque trois. *Deux trois.* ♦ On dit de même : *Le numéro trois.* ♦ *Le trois du mois*, le troisième jour du mois. ♦ Au jeu de cartes, *le trois de carreau, de pique*, etc. la carte marquée de trois carreaux, de trois piques, etc. ♦ Au jeu de dés, *un trois*, la face du dé marquée de trois points. ♦ *Intérêt à trois pour cent*, intérêt qui produit trois francs pour cent francs. ♦ *Le trois pour cent*, rente inscrite au grand-livre et rapportant trois francs pour un capital nominal de cent francs. ♦ Mus. *Mesure à trois-huit, à trois-quatre*, sortes de mesures à trois temps. ■ Prov. *Jamais deux sans trois*, ce qui se produit deux fois a beaucoup de chance de se reproduire à nouveau. ■ Fam. *Trois francs six sous*, peu onéreux. ■ *Haut comme trois pommes*, peu élevé, de petite taille. ■ *Ménage à trois*, ménage composé d'un couple et d'un amant ou d'une maîtresse. ■ Rem. *Trois* est aussi un chiffre.

TROIS-ÉTOILES, n. m. [tʀwazetwal] (*trois* et *étoile*) Nom qui se marque ainsi M.*** et que l'on donne à une personne que l'on veut laisser inconnue, ou dont on ne sait pas le nom. ♦ Établissement gastronomique ou hôtelier de grande qualité. *Réserver une suite dans un trois-étoiles.*

1 **TROIS-HUIT**, ■ n. m. inv. [tʀwaɥit] (*trois* et *huit*) Mus. Type de mesure qui compte trois croches par mesure. *Des trois-huit.*

2 **TROIS-HUIT**, ■ n. m. pl. [tʀwaɥit] (*trois* et *huit*) Système d'organisation du travail qui consiste à faire se succéder trois équipes d'ouvriers pour assurer une activité en continu, de jour comme de nuit. *Une usine qui pratique les trois-huit.*

TROISIÈME, adj. [tʀwazjɛm] (*trois*) Nombre ordinal de trois. Qui est après le deuxième. « *Arrive un troisième larron Qui saisit maître Aliboron »*, La Fontaine. ♦ *Trois ou quatrième*, abréviation pour quatrième. ♦ ▷ *Troisième tête*, se dit d'un cerf de quatre ans. ◁ ♦ *Il est arrivé lui troisième*, il est arrivé accompagné de deux autres. ♦ *En troisième*, avec deux autres personnes. ♦ N. m. *Un troisième*, une troisième personne. ♦ *Le troisième*, le troisième étage d'une maison. ♦ N. f. La troisième classe. *Cet écolier fait sa troisième.* ◁ ♦ *Ce professeur fait la troisième*, il en est le professeur. ♦ Par ellipse, *un troisième*, un élève de la classe de troisième. ■ N. m. Un des éléments d'une charade. ■ N. f. Dernier degré d'enseignement du collège. *Les collégiens passent le brevet des collèges en troisième.* ■ Troisième position sur une boîte de vitesse. ■ Chorégr. L'une des positions de base en danse classique. ■ Adj. *Le troisième âge*, l'ensemble des personnes dont l'âge est compris entre 60 et 75 ans.

TROISIÈMEMENT, adv. [tʀwazjɛm(ə)mɑ̃] (*troisième*) En troisième lieu.

TROIS-MÂTS, n. m. [tʀwamɑ] (*trois* et *mât*) Mar. Navire dont la mâture se compose, outre le beaupré, de trois mâts verticaux portant des hunes et des voiles carrées. ♦ Au pl. *Des trois-mâts.*

TROIS-PIEDS, n. m. [tʀwapje] (*trois* et *pied*) ▷ Cercle en fer soutenu par trois pieds et destiné à supporter une grande chaudière. ♦ Ustensile de ménage de même forme, servant à supporter une marmite, une casserole, une bouilloire. ◁

TROIS-POINTS, ■ adj. [tʀwapwɛ̃] (*trois* et *point*) *Les frères trois-points,* les francs-maçons.

TROIS-PONTS, n. m. [tʀwapɔ̃] (*trois* et *pont*) Vaisseau à trois ponts.

1 **TROIS-QUARTS**, n. m. [tʀwakaʀ] (*trois* et 1 *quart*) Syn. de levraut de trois quarts Voy. QUART. ◆ Nom administratif du *fiacre.* ◆ Petit violon sur lequel on fait jouer les enfants. ■ Vêtement dont la longueur se situe entre celle d'une veste et celle d'un manteau. ■ Sp. Attaquant de ligne arrière au rugby. *Des trois-quarts.*

2 **TROIS-QUARTS**, n. m. [tʀwakaʀ] (*trois* et 1 *quart*) ▷ Voy. TROCART. ◆ Grosse lime triangulaire. ◁

TROIS-QUATRE, ■ n. m. inv. [tʀwakatʀ] (*trois* et *quatre*) Mus. Mesure qui compte trois temps par mesure et dont l'unité de temps est la noire. *Un menuet à trois-quatre. Des trois-quatre.*

TROIS-SIX, n. m. [tʀwasis] (*trois* et *six*) ▷ Esprit-de-vin du commerce, à trente-six degrés. ◆ On écrit d'ordinaire 3/6. ◁

TROLE, ■ n. [tʀɔl] Voy. 1 ET 2 TROLLE.

TRÔLE, n. f. [tʀol] (*trôler*) ▷ *Ouvrier à la trôle,* celui qui, fabriquant des meubles, va les porter et vendre lui-même aux marchands en boutique. ◁

TRÔLÉ, ÉE, ■ p. p. de trôler. [tʀole]

TRÔLER, ■ v. tr. [tʀole] (lat. pop. *tragulare,* suivre à la trace, du lat. class. *trahere,* traîner) ▷ Mener, promener de tous côtés, indiscrètement et hors de propos. ◆ V. intr. Courir çà et là. *Il ne fait que trôler tout le jour.* ◁

TROLL, ■ n. m. [tʀɔl] (mot suédois ou norv.) Personnage malveillant, laid, géant ou nain, des légendes scandinaves. *Les trolls et les gnomes.*

1 **TROLLE** ou **TROLE**, n. f. [tʀɔl] (*trôler*) Action de découpler des chiens dans un pays de bois pour quêter et lancer un cerf.

2 **TROLLE** ou **TROLE**, ■ n. m. [tʀɔl] (all. *Trollblume*) Bot. Plante vivace et herbacée dont les fleurs jaunes ressemblent aux renoncules.

TROLLEY, ■ n. m. [tʀolɛ] (mot angl., chariot, de *to troll,* rouler) Techn. Système constitué d'une perche fixée sur un véhicule électrique, reliée à une ligne électrique aérienne et permettant d'établir le contact et de transmettre le courant nécessaire au déplacement du véhicule. *Trolley de mine.* ■ Abréviation de *trolleybus.*

TROLLEYBUS n. m. ou **TROLLEY**, ■ [tʀolebys, tʀolɛ] (angl. *trolley-bus,* bus à trolley) Moyen de locomotion à mi-chemin entre le tramway et l'autobus. *Les trolleybus sont à traction électrique.*

TROMBE, n. f. [tʀɔ̃b] (ital. *tromba,* trompette) Météore consistant en une colonne d'eau conique, enlevée par des tourbillons de vent, tournant sur elle-même avec une très grande vitesse. ◆ Mar. Ventilateur en usage sur les vaisseaux. On l'appelle aussi *trompe.* ◆ Appareil destiné à lancer le vent dans les fourneaux. ◆ *Trombe d'eau,* averse subite, abondante et violente. ■ EN TROMBE, loc. adv. subitement et brusquement. *Il est arrivé en trombe alors qu'on ne l'attendait pas.*

TROMBIDION, ■ n. m. [tʀɔ̃bidjɔ̃] (lat. scient. *trombidium,* de l'ital. *tromba,* trompe) Zool. Acarien de couleur rouge dont la piqûre des larves, appelées *aoûtat,* provoque des éruptions cutanées.

TROMBINE, ■ n. f. [tʀɔ̃bin] (p.-ê. de l'ital. *trombina,* petite trompe) Fam. Tête, visage. *Tu fais une de ces trombines !*

TROMBINOSCOPE, ■ n. m. [tʀɔ̃binoskɔp] (*trombine* et *-scope*) Fam. Planche où sont regroupés les photographies et les noms de personnes d'une classe, d'une entreprise, d'une organisation, etc.

TROMBLON, n. m. [tʀɔ̃blɔ̃] (altér. de l'ital. *trombone,* grande trompette) Arme à feu portative dont le canon est élargi en trompe vers la bouche. ◆ Adaptateur qui, fixé à l'extrémité du canon d'un fusil, permet le lancement de grenades. *Ajuster le tromblon sur la bouche du fusil.*

TROMBONE, n. m. [tʀɔ̃bɔn] (ital. *trombone,* grande trompette, de *tromba,* trompette) Mus. Instrument en cuivre qui fait partie de la famille des trompettes ; il est composé de deux tubes qui s'emboîtent et glissent l'un sur l'autre, de manière à pouvoir allonger l'un de tout le développement de l'autre. ◆ Celui qui joue du trombone. ■ Fil de métal replié sur lui-même et utilisé pour maintenir des feuilles de papier ensemble. *Trombones en métal, en plastique.*

TROMBONISTE, ■ n. m. et n. f. [tʀɔ̃bonist] (*trombone*) Instrumentiste qui pratique le trombone. ■ Rem. On dit aussi *tromboniste.*

TROMMEL, ■ n. m. [tʀomɛl] (all. *Trommel,* tambour) Techn. Trieur à mouvement rotatif utilisé pour trier les fragments de roche ou de minerai en fonction de leur grosseur. *Un tamisage au trommel.*

TROMPE, n. f. [tʀɔ̃p] (anc. b. frq. *trumba,* trompette) Trompette (sens vieilli). ◆ *Publier à son de trompe,* annoncer quelque chose au public, après l'avoir averti par le son d'une trompette. ◆ Fig. *Publier une chose à son de trompe,* l'annoncer à beaucoup de personnes, la divulguer. ◆ Instrument à vent composé d'un tuyau de cuivre ou d'argent tourné en cercle et dont on se sert à la chasse, dit aussi *cor de chasse. Sonner de la trompe.* ◆ Syn. moins usité de guimbarde. ◆ Nez prolongé de l'éléphant, qui se recourbe à volonté. ◆ Prolongement du nez du tapir. ◆ Suçoir de certains insectes diptères. *La trompe du cousin.* ◆ Espèce de coquille de mer en spirale. ■ Archit. Portion de voûte en saillie, qui supporte une encoignure, une tourelle. ◆ Anat. *Trompe d'Eustache,* canal dont une des extrémités se prolonge jusque dans la cavité du tympan, et dont l'autre, plus évasée, s'ouvre à la partie latérale et supérieure du pharynx. ◆ Machines soufflantes employées dans quelques forges. ■ Anat. *Trompe ou trompe de Fallope,* canal reliant l'utérus aux ovaires. *Subir une intervention chirurgicale pour ligaturer les trompes.*

TROMPÉ, ÉE, p. p. de tromper. [tʀɔ̃pe]

TROMPE-LA-MORT, ■ n. m. et n. f., inv. [tʀɔ̃p(ə)lamɔʀ] (*tromper, la* et *mort*) Fam. Personne qui semble être épargnée par la mort, y échapper. *Ne joue pas les trompe-la-mort, soigne-toi.* ◆ Personne qui a un aspect maladif « *Toujours tout seul, depuis l'Assistance !... guère engageant, avec ma bille de trompe-la-Mort »,* GENEVOIX.

TROMPE-L'ŒIL, n. m. inv. [tʀɔ̃p(ə)lœj] (*tromper, le* et *œil*) Peint. Sorte de tableau où les objets de nature morte sont représentés de manière à faire illusion. ◆ Ce mot se prend souvent en mauvaise part, surtout au figuré. ◆ Au pl. *Des trompe-l'œil.* ◆ Fig. Qui trompe en faisant illusion. *Ce cadeau publicitaire n'est qu'un trompe-l'œil : il n'a aucune valeur !*

TROMPER, v. tr. [tʀɔ̃pe] (p.-ê. de *tromper,* sonner de la trompe) Induire en erreur en employant la ruse, l'artifice, le mensonge. ◆ Absol. *Il est incapable de tromper.* ◆ Au jeu, tricher. ◆ Échapper à quelqu'un. *Tromper des surveillants.* ◆ *Tromper la loi,* l'éluder. ◆ En parlant des choses, donner lieu à une erreur, à une méprise. *Mes yeux m'ont trompé.* ◆ Absol. *Cet homme a une mine qui trompe.* ◆ À tromper, de manière à faire illusion. « *Ce vêtement est à tromper »,* DIDEROT. ◆ Fam. *C'est ce qui vous trompe,* à l'égard de cela vous êtes dans l'erreur. ◆ Faire tomber dans quelque erreur. « *Cette vie dont la fuite précipitée nous trompe toujours »,* BOSSUET. ◆ Agir contrairement à ce qui était attendu soit en bien, soit en mal. *Il a trompé nos espérances.* ◆ Absol. « *Dieu saura vous montrer par d'importants bienfaits Que sa parole est stable et ne trompe jamais »,* RACINE. ◆ Il se dit des choses, en un sens analogue. « *La retraite presque toujours a trompé ceux qu'elle flattait de l'espérance du repos »,* BOSSUET. ◆ Faire diversion. « *Trompons, si nous pouvons, notre douleur par le souvenir de nos joies passées »,* FLÉCHIER. ◆ *Tromper le temps,* s'occuper à quelque chose, afin de ne pas trouver le temps long. ◆ *Tromper le chemin,* faire diversion à la longueur du chemin. ◆ Se tromper, v. pr. S'induire soi-même en erreur. ◆ S'abuser, être dans l'erreur. ◆ *À s'y tromper, à s'y tromper,* au point d'être trompé. *Cet enfant ressemble à sa mère à s'y tromper.* ◆ *Se tromper de route, d'heure, etc.* manquer la bonne route, l'heure indiquée, etc. ◆ *Si je ne me trompe,* locution employée en forme de correctif, quand on n'est pas très certain d'une chose, ou quand on veut éviter un ton tranchant. ■ Fam. *Tromper son conjoint,* lui être infidèle. ■ Procurer une satisfaction temporaire pour masquer un besoin sans pour autant l'assouvir. *Tromper sa faim en mangeant un biscuit.*

TROMPERIE, n. f. [tʀɔ̃p(ə)ʀi] (*tromper*) Action de tromper. ◆ Illusion. « *La tromperie d'un songe agréable »,* BOSSUET.

TROMPETÉ, ÉE, p. p. de trompeter. [tʀɔ̃pete]

TROMPETER, v. tr. [tʀɔ̃pete] (1 *trompette*) Sommer de comparaître, en parlant des personnes que l'on assignait autrefois au son de la trompe ou trompette. ◆ ▷ Faire crier, à son de trompe, un objet perdu. ◁ ◆ Fig. Donner de la publicité à. ◆ Fig. Divulguer une chose qu'on devait tenir cachée. ◆ ▷ V. intr. Jouer de la trompette. ◁ ◆ Il se dit du cri de l'aigle. *L'aigle trompète ou trompette.*

TROMPETEUR, n. m. [tʀɔ̃petœʀ] (*trompeter*) Anat. Le muscle buccinateur.

1 **TROMPETTE**, n. f. [tʀɔ̃pɛt] (dimin. de *trompe*) Instrument à vent, de cuivre ou d'autre métal, qui a un son éclatant, et dont on se sert principalement à la guerre et dans les réjouissances publiques. ◆ *Sans tambour ni trompette,* se dit d'une troupe qui décampe sans aucun signal militaire. ◆ Fig. et fam. *Déloger sans trompette, sans tambour ni trompette,* déloger secrètement, sans bruit. ◆ Fig. *Sans tambour ni trompette,* secrètement. ◆ *La trompette du jugement dernier,* celle qui réveillera les morts et les sommera de comparaître devant le tribunal de Dieu. ◆ *Nez en trompette,* nez relevé. ◆ Fig. *Entonner, emboucher la trompette,* prendre le ton élevé, poétique. ◆ Fig. *Sonner de la trompette,* publier quelque chose, s'en vanter. ◆ Fig. Il se dit des personnes qui excitent les partis. « *Les prédicateurs des deux partis étaient en chaire les trompettes de la discorde »,* VOLTAIRE. ◆ Personne qui divulgue ce qu'elle sait, qui colporte ce qui se dit. ◆ Instrument de cuivre qu'on a introduit dans l'orchestre. ◆ *Jeu de trompettes,* un des jeux de l'orgue. ◆ *Trompette marine,* instrument de musique, composé d'un manche fort long

et d'un corps de bois résonnant, avec une seule corde, sur laquelle on joue avec un archet. ♦ *Trompette parlante*, syn. moins usité de porte-voix. ♦ *La trompette de la Renommée*, la dispersion, dans le monde, des nouvelles, des bruits. ♦ On dit de même : *Les cent trompettes de la Renommée*. ♦ Genre de mollusques à coquille univalve tournée en spirale. ♦ **Prov.** *À gens de village trompette de bois*, il faut faire aux gens des traitements proportionnés à leur condition.

2 **TROMPETTE**, n. m. [tʀɔ̃pɛt] (1 *trompette*) Celui dont la fonction est de sonner de la trompette. ♦ *Trompette-major*, celui qui commande et dirige les trompettes d'un régiment de cavalerie. ♦ **Fig.** *Il est bon cheval de trompette*, il ne s'étonne pas pour le bruit, se dit de quelqu'un qui se soucie peu des criailleries qu'on fait contre lui. ♦ ▷ **Fig.** Celui qui célèbre. « *Alexandre estima Achille heureux d'avoir eu Homère pour trompette de ses louanges* », d'ABLANCOURT. ◁ ♦ **Fam.** et **fig.** Colporteur de nouvelles. ♦ Musicien qui pratique la trompette. *Il est trompette solo à l'Orchestre national de France.* ■ REM. On dit aussi *trompettiste*.

TROMPETTE-DE-LA-MORT, ■ n. f. [tʀɔ̃pɛt(ə)dəlamɔʀ] (*trompette, de, la* et *mort*) Champignon comestible de couleur noire. *Des trompettes-de-la-mort séchées. Rouelle de veau aux trompettes-de-la-mort.*

TROMPETTISTE, ■ n. m. et n. f. [tʀɔ̃petist] (1 *trompette*) Musicien, musicienne jouant de la trompette. *Trompettiste de jazz. Trompettiste baroque.* ■ REM. On dit aussi *trompette*.

TROMPEUR, EUSE, adj. [tʀɔ̃pœʀ, øz] (*tromper*) Qui trompe. « *Écoutez, hommes trompeurs et trompés* », FLÉCHIER. « *Cette cour trompeuse* », RACINE. ♦ Il se dit des choses. *Des apparences, des paroles trompeuses.* ♦ N. m. et n. f. Celui, celle qui trompe. ♦ **Fig.** « *Le plaisir, de lui-même, est un trompeur, et, quand l'âme s'y abandonne sans raison, il ne manque jamais de l'égarer* », BOSSUET. ♦ **Prov.** *À trompeur trompeur et demi*, il est permis de tromper celui qui nous veut tromper.

TROMPEUSEMENT, adv. [tʀɔ̃pøz(ə)mɑ̃] (*trompeur*) D'une manière trompeuse.

TROMPILLON, n. m. [tʀɔ̃pijɔ̃] (*trompe*) **Archit.** Petite trompe. ♦ *Trompillon de voûte*, pierre placée à l'angle d'une trompe, au point où concourent tous les voussoirs. ♦ ▷ Petites ouvertures dont sont munies les trompes ou machines hydrauliques qui remplacent les soufflets. ◁

TRONC, n. m. [tʀɔ̃] (lat. class. *truncus*) Le gros d'un arbre, le corps d'un arbre considéré sans les branches et sans les racines. ♦ **Fig.** *Il faut se tenir au tronc de l'arbre*, il faut se tenir au parti le plus assuré. ♦ **Bot.** Partie principale de la tige des arbres dicotylédones d'où partent les branches. ♦ **Anat.** La partie la plus considérable d'une artère, d'une veine, d'un nerf, celle qui n'a encore fourni aucune division. *Tronc artériel. Tronc veineux.* ♦ Buste du corps humain dont on a séparé la tête, les bras et les cuisses. ♦ **Zool.** Chez les vertébrés, la partie principale du corps de l'animal, celle sur laquelle s'articulent les membres. ♦ Ramure du cerf où sont attachés les andouillers. ♦ **Archit.** *Tronc de colonne*. partie inférieure du fût. ♦ En généalogie, ligne directe d'une même famille, d'où sortent les branches collatérales. ♦ Petit coffre placé dans l'église, pour recevoir les aumônes. ♦ **Fig.** *Voler le tronc des pauvres*, faire des profits illégitimes aux dépens des nécessiteux. ♦ Par analogie, ouverture de bouches où l'on met des écrits, des dénonciations. « *[À Venise] le tronc où tout délateur peut, à tous les moments, jeter avec un billet son accusation* », MONTESQUIEU. ♦ **Géom.** Partie d'un solide délimitée par sa base et une section plane qui lui est parallèle. *Un tronc de cône, de pyramide.* ♦ **Didact.** *Tronc commun*, ensemble des enseignements communs à plusieurs formations ou sections. ♦ *Homme-tronc, femme-tronc*, personne dépourvue à la fois de bras et de jambes.

TRONCATION, ■ n. f. [tʀɔ̃kasjɔ̃] (b. lat. *truncatio*, amputation, de *truncare*, tronquer) **Ling.** Procédé linguistique qui consiste à tronquer, à supprimer une ou plusieurs syllabes dans un mot pour en former un nouveau. *Informatique résulte de l'association de deux troncations, la troncation du mot* information *et celle du mot* automatique.

TRONCATURE, n. f. [tʀɔ̃katyʀ] (*tronquer*) Endroit où quelque objet est tronqué. ♦ **Minér.** Remplacement d'un angle ou d'une arête par une facette. ♦ **Math.** Opération qui consiste à ne prendre en considération qu'une partie d'un nombre décimal. *La troncature de π au centième est 3,14.*

TRONCHE, ■ n. f. [tʀɔ̃ʃ] (*tronc*) Bûche ou bille de bois, poutre. ■ **Fam.** Visage, tête. *Avoir, faire une drôle de tronche.*

TRONCHET, n. m. [tʀɔ̃ʃɛ] (dimin. de *tronc*) Gros billot de bois qui porte sur trois pieds.

TRONÇON, n. m. [tʀɔ̃sɔ̃] (lat. impér. *truncus*, tronqué) Morceau coupé ou rompu de quelque objet plus long que large. *Un tronçon de colonne, d'épée, etc.* ♦ Partie coupée de certains poissons, de certains reptiles. *Un tronçon d'anguille.* ♦ Morceau de marbre ou de pierre dure, dont deux, trois ou

quatre, posés de lit en joint, forment le fût d'une colonne. ■ Partie déterminée d'une route ou d'une voie. *La construction d'un nouveau tronçon d'autoroute.*

TRONCONIQUE, ■ adj. [tʀɔ̃kɔnik] (*tronc* et *cône*) De la forme d'un tronc de cône.

TRONÇONNAGE, ■ n. m. [tʀɔ̃sɔnaʒ] Voy. TRONÇONNEMENT.

TRONÇONNÉ, ÉE, p. p. de tronçonner. [tʀɔ̃sɔne] **Hérald.** Se dit d'un objet qui est représenté coupé par morceaux, de manière que les parties ne soient pourtant séparées que par un petit intervalle.

TRONÇONNEMENT ou **TRONÇONNAGE**, n. m. [tʀɔ̃sɔn(ə)mɑ̃, tʀɔ̃sɔnaʒ] (*tronçonner*) Action de tronçonner.

TRONÇONNER, v. tr. [tʀɔ̃sɔne] (*tronçon*) Couper quelque chose par tronçons. *Tronçonner une anguille, un brochet, etc.*

TRONÇONNEUSE, ■ n. f. [tʀɔ̃sɔnøz] (*tronçonner*) Machine-outil permettant de débiter en tronçons des barres métalliques, de la pierre ou du bois. *Débiter des troncs à la tronçonneuse.*

TRÔNE, n. m. [tʀon] (lat. impér. *thronus*, du gr. *thronos*, siège élevé) Siège où les rois, les empereurs s'asseyent dans les fonctions solennelles de la souveraineté. ♦ **Fig.** « *Il se dit de Dieu Et [Dieu] du haut de son trône interroge les rois* », RACINE. ♦ **Fig.** *La puissance souveraine.* ♦ *Monter sur le trône, monter au trône*, prendre possession de la royauté. ♦ *Mettre, placer sur le trône*, donner la puissance souveraine. ♦ *Placer sur le trône*, se dit aussi d'un monarque qui prend pour épouse une femme d'un rang inférieur. ♦ **Fig.** La personne du souverain, son gouvernement. *Porter au trône les plaintes du peuple.* ♦ *Discours du trône*, discours que, dans les États constitutionnels, le souverain prononce à l'ouverture de chaque session des assemblées législatives. ♦ Siège élevé où le pape se met dans certaines cérémonies publiques. ♦ *Trône épiscopal*, le siège qui est au haut du chœur dans les églises cathédrales, et où l'évêque se met quand il officie pontificalement. ♦ **Au pl.** *Les Trônes*, un des neuf chœurs des anges. ♦ **Hist.** *Le trône et l'Église*, la royauté et l'Église.

TRÔNER, v. intr. [tʀone] (*trône*) **Fam.** Avoir la prééminence. ♦ Affecter une supériorité, une prééminence. ■ Être placé bien en vue en occupant un certain espace, de manière à être mis en valeur. *Leur télévision trônait au milieu du séjour.*

TRONQUÉ, ÉE, p. p. de tronquer. [tʀɔ̃ke] **Fig.** « *Des talents tronqués* », CHATEAUBRIAND. ♦ **Sculpt.** *Statue tronquée*, torse ou buste qu'on ajuste sur une gaine. ♦ Il se dit de certaines choses auxquelles l'extrémité ou la partie supérieure manque, soit qu'on l'ait retranchée, soit qu'elles ne l'aient jamais eue. *Colonne tronquée.* ♦ **Géom.** *Pyramide tronquée, cône tronqué*, pyramide ou cône dont on a retranché la partie supérieure par un plan soit parallèle à la base, soit incliné d'une manière quelconque. ♦ **Hérald.** Se dit d'un arbre coupé par la tête et par le pied. ♦ **Minér.** Se dit d'un angle ou d'une arête, quand sa place est occupée par une facette qui n'appartient point à la forme dominante du cristal. ♦ **Bot.** Terminé brusquement à son extrémité, et comme coupé. *Une feuille tronquée.*

TRONQUEMENT, n. m. [tʀɔ̃k(ə)mɑ̃] (*tronquer*) ▷ Action de tronquer. ◁

TRONQUER, v. tr. [tʀɔ̃ke] (lat. *truncare*, tronquer, amputer) Retrancher, couper. *Tronquer les branches.* ♦ En parlant des statues, mutiler en partie. ♦ Scier sur le tour. ♦ **Fig.** En parlant des ouvrages d'esprit et en mauvaise part, y retrancher quelque chose d'essentiel. *Tronquer un passage.*

TROP, n. m. [tʀo] (lat. médiév. *troppus*, troupeau, du frq. *throp*, amas, village) Ce qui est en excès. « *Le trop de confiance attire le danger* », P. CORNEILLE. ♦ *Mon trop de...*, *son trop de*, etc. l'excès de mon, de son, etc. « *J'abuse, cher ami, de ton trop d'amitié* », RACINE. ♦ Sans article, *trop de*, un excès de. « *Trop de bruit nous assourdit, trop de lumière éblouit* », PASCAL. ♦ *C'est trop que, c'est trop de*, il y a excès à ♦ *C'en est trop*, c'est aller trop loin. ♦ *Trop*, régime direct d'un verbe. *Vous en avez trop dit.* ♦ *Trop*, précédé d'une préposition. *De trop*, qui est en excès. « *Tout ce qu'on dit de trop est fade et rebutant* », BOILEAU. ♦ *Vous n'êtes pas de trop*, se dit pour engager à rester une personne qui craint que sa présence ne gêne. ♦ *Par trop*, à l'excès. *Son style est par trop familier.* ♦ *Trop d'un, de deux, de la moitié*, un, deux, moitié de trop. ♦ **Adv.** de quantité. Plus qu'il ne faut, avec excès. « *Gens trop heureux font toujours quelque faute* », LA FONTAINE. ♦ *Pas trop*, pas plus qu'il ne faut. ♦ *Médiocrement. Je ne m'y fierais pas trop.* ♦ *Trop peu*, pas assez. ♦ *Assez et trop longtemps*, pendant un temps trop long. ♦ **Prov.** *Trop est trop, rien de trop*, c'est-à-dire tout excès est blâmable. ♦ **Prov.** *Trop et trop peu n'est pas mesure.* ♦ **Prov.** *À chacun le sien n'est pas trop.* ♦ **Prov.** *Qui trop embrasse mal étreint*, qui entreprend trop de choses à la fois ne réussit à rien. ♦ *Trop de*, avec un nom au pluriel, veut au pluriel le verbe dont il est sujet : *Trop de larmes ont été répandues.* ♦ EN TROP, loc. adv. En superflu, en excès. *Nous avons des places de théâtre en trop, en voulez-vous?* ♦ *Être en trop, de trop* importuner par sa présence. *Si je suis de trop et que je vous dérange, dites-le moi!*

TROPE, n. m. [trɔp] (lat. *tropus*, du gr. *tropos*, tournure, manière) **Rhét.** Expression employée dans un sens figuré. *Cent voiles pour dire cent vaisseaux est un trope.*

TROPHALLAXIE, ■ n. f. [trɔfalaksi] (gr. *trophê*, nourriture, et *allassein*, échanger) **Zool.** Mode de nutrition dans une communauté d'insectes fondé sur l'échange de nourriture. *Trophallaxie chez les guêpes, chez les fourmis.*

TROPHÉE, n. m. [trɔfe] (lat. class. *tropæum*, du gr. *tropaion*, monument érigé là où l'ennemi a été mis en déroute, de *tropê*, fuite) La dépouille d'un ennemi vaincu que l'on mettait ordinairement sur un tronc d'arbre dépouillé de ses branches. ◆ Toute dépouille prise à un ennemi, et dont on se pare. ◆ **Fig.** « *Un homme craint de servir de trophée à votre orgueil ; mais il ne se fâche jamais d'être l'objet de votre charité* », Bossuet. ◆ Assemblage d'armes formant un groupe, et élevé en souvenir d'une victoire, d'une conquête. ◆ **Fig.** *Faire trophée de quelque chose*, en tirer vanité. ◆ **Fig.** Dans le style soutenu, victoire. ◆ **Peint.** et sculpt. Espèce d'ornement représentant le groupe d'attributs particuliers à une science, à un art. *Des trophées de musique, de chasse, de marine, etc.*

TROPHIQUE, ■ adj. [trɔfik] (gr. *trophê*, nourriture) Qui a trait à la nutrition. *Un dysfonctionnement trophique.*

TROPHOBLASTE, ■ n. m. [trɔfoblast] (gr. *trophê*, action de nourrir, et *blastos*, germe) **Anat.** Couche de cellules nourricières qui entoure l'œuf et se fixe dans l'utérus pour constituer le placenta. *Décollement partiel du trophoblaste.*

TROPHOBLASTIQUE, ■ adj. [trɔfoblastik] (*trophoblaste*) **Anat.** Qui concerne le trophoblaste. *Les cellules trophoblastiques.*

TROPICAL, ALE, adj. [trɔpikal] (1 *tropique*) Qui appartient au tropique ; qui se trouve sous un tropique. *La végétation tropicale. Les arbres tropicaux.* ◆ *Régions tropicales*, contrées placées entre les tropiques. ◆ **Par extens.** Très chaud. *Température tropicale.*

TROPICALISATION, ■ n. f. [trɔpikalizasjɔ̃] (*tropicaliser*) **Techn.** Traitement visant à rendre un matériel résistant au climat tropical. ■ **Techn.** Traitement qui permet de rendre une surface métallique fraîchement zinguée propre à recevoir une couche de peinture. ■ **Écol.** Évolution des eaux de rivière soumises à l'action d'eaux chaudes rejetées par les industries.

TROPICALISER, ■ v. tr. [trɔpikalize] (*tropical*) Donner des caractéristiques tropicales. *Un meuble tropicalisé. Un Français tropicalisé.*

1 **TROPIQUE**, n. m. [trɔpik] (b. lat. *tropicus*, du gr. *tropikos*, relatif au changement de saison) **Astron.** Parallèle terrestre correspondant à la latitude de 23° 28', qui sépare la zone torride des zones tempérées. *Le tropique du Cancer*, celui qui est situé dans l'hémisphère boréal. *Le tropique du Capricorne*, celui qui est situé dans l'hémisphère austral. ◆ **Par extens.** *Le tropique*, la région comprise entre les deux tropiques. ◆ *Tropique ou oiseau des tropiques*, phaéton, à queue blanche et à brins rouges. ◆ **Adj.** *Année tropique*, intervalle de temps compris entre deux passages successifs du centre du soleil à l'équinoxe de printemps. Elle est de 365 jours 5 heures 48 minutes 47 secondes. ◆ **Bot.** *Fleur tropique*, fleur qui s'ouvre le matin et se ferme le soir. ◆ On dit plutôt *fleur équinoxiale.*

2 **TROPIQUE**, ■ adj. [trɔpik] (b. lat. *tropicus*, du gr. *tropikos*, figuré) **Ling.** Qui concerne les tropes. *L'analyse tropique d'un texte.*

TROPISME, ■ n. m. [trɔpism] (substantivation de l'élément *-tropisme*, voir *héliotropisme*, etc., du gr. *trepein*, tourner) Réaction réflexe d'orientation ou de croissance d'une plante ou d'un animal, provoquée par une source de stimulation, un agent physique ou chimique (lumière, pesanteur, chaleur, etc.). *Le tropisme du tournesol.* ■ **Fig.** Acte réflexe, inconscient et simple qui pousse quelqu'un à agir. *En 1939, paraissent Les Tropismes de Nathalie Sarraute.* « *J'étais entré dans la Résistance plus par réflexe humanitaire que par tropisme patriotique.* », P. Saufrignon.

TROPOLOGIE, n. f. [trɔpolɔʒi] (gr. *tropologia*, langage figuré) Emploi du langage figuré. « *L'Écriture est pleine de tropologies* », Fénelon.

TROPOLOGIQUE, adj. [trɔpolɔʒik] (lat. chrét. *tropologicus*, du gr. *tropologia*) Qui concerne la tropologie, qui a le caractère de la tropologie. « *Les expressions tropologiques de l'Écriture* », Fénelon.

TROPOPAUSE, ■ n. f. [trɔpopoz] (gr. *tropos*, tour, et *pausis*, cessation) **Astron.** Zone spatiale située entre la troposphère et la stratosphère.

TROPOSPHÈRE, ■ n. f. [trɔposfɛr] (gr. *tropos*, tour, et *-sphère*) **Astron.** Zone de l'atmosphère située entre la surface terrestre et la tropopause. ■ TROPOSPHÉRIQUE, adj. [trɔposferik]

TROP-PERÇU, ■ n. m. [trɔpɛrsy] (*trop* et *perçu*, de *percevoir*) Somme perçue en plus de la somme due. *Des trop-perçus. Remboursement du trop-perçu.*

TROP-PLEIN, n. m. [trɔplɛ̃] (*trop* et *plein*) Ce qui excède la capacité d'un vase, ce qui en déborde. *Le trop-plein d'un tonneau, d'un étang, d'un canal.* ◆ **Fig.** « *Je verserais le trop-plein de mon âme* », Lamartine. ◆ *Trop-plein d'une citerne*, puisard creusé auprès d'une citerne. ◆ **Au pl.** *Des trop-pleins.* ◆ Ce qui est en excès *Un trop-plein de vitalité.* ◆ Dispositif permettant d'évacuer le liquide en trop et d'éviter un débordement. *Le trop-plein d'une baignoire.*

TROQUE ou **TROCHE**, ■ n. f. [trɔk, trɔʃ] (gr. *trokhos*, roue, anneau) **Zool.** Mollusque marin dont la coquille a la forme d'une toupie.

TROQUÉ, ÉE, p. p. de troquer. [trɔke]

TROQUER, v. tr. [trɔke] (orig. incert.) Échanger, donner en troc. ◆ **Fig.** *Troquer son cheval borgne contre un aveugle*, échanger une chose médiocre contre une mauvaise. ◆ **Absol.** *J'ai de quoi troquer. Troquer de monture.* ◆ Se troquer, v. pr. Se donner soi-même en échange. ■ S'échanger contre autre chose. *Cela ne s'achète pas, cela se troque !*

TROQUET, ■ n. m. [trɔke] (*mastroquet*, par aphérèse) Vx Tenancier d'un bar. ■ **Fam.** Petit bar de quartier, bistrot. *Rendez-vous au troquet du coin.*

TROQUEUR, EUSE, n. m. et n. f. [trɔkœr, øz] (*troquer*) Celui, celle qui aime à troquer.

TROT, n. m. [tro] (*trotter*) Allure naturelle du cheval et des autres quadrupèdes, entre le pas et le galop. *Marcher au trot.* ◆ **Fig.** et **fam.** *Mener une affaire au grand trot*, la conduire d'une manière expéditive. ◆ On dit plus ordinairement : *grand train.*

TROTSKISME, ■ n. m. [trɔtskism] (Lev Davidovitch Bronstein, dit *Trotski*, homme politique soviétique) Doctrine politique issue des conceptions de Trotski, homme politique soviétique, et de ses successeurs préconisant la révolution permanente. ■ TROTSKISTE, adj. ou n. m. et n. f. [trɔtskist]

TROTTABLE, adj. [trɔtabl] (*trotter*) Où l'on peut trotter.

TROTTE, n. f. [trɔt] (*trotter*) **Pop.** Espace de chemin, distance. *Il y a une bonne trotte jusque chez vous.*

TROTTE-MENU, adj. inv. [trɔt(ə)məny] (*trotter* et *menu*) Qui trotte à petits pas. « *La gent trotte-menu [les souris]* », La Fontaine.

TROTTER, v. intr. [trɔte] (frq. *trottôn*, courir) Aller le trot. *Ce cheval trotte bien.* ◆ Se dit aussi du cavalier qui est sur un cheval qui trotte. ◆ **Par extens.** Marcher beaucoup à pied. « *Je suis tout le jour à trotter dans ces bois* », Mme de Sévigné. ◆ *On entendrait une souris trotter*, il ne se fait pas le moindre bruit. ◆ **Fig.** Faire bien des courses, des démarches pour quelque affaire. ◆ **Fig.** Il se dit de choses qui vont et viennent. « *Tandis que coups de poing trottaient...* », La Fontaine. « *Ses yeux trottaient par la chambre* », Mme de Sévigné. ◆ **Fig.** Se dit de ce qui passe par la plume, par l'esprit, par l'imagination. « *Il faut un peu, entre bons amis, laisser trotter les plumes comme elles veulent* », Mme de Sévigné. ◆ **Prov.** *Qui ne peut galoper, qu'il trotte.*

TROTTERIE, n. f. [trɔt(ə)ri] (*trotter*) Action de trotter, de faire une trotte.

TROTTEUR, ■ n. m. [trɔtœr] (*trotter*) Cheval qu'on a dressé à n'aller qu'au trot. ◆ *Ce cheval est bon trotteur, mauvais trotteur*, il trotte bien, mal. ◆ Se dit aussi du cavalier qui trotte. ■ Chaussure de femme à talon plat et large. ■ Dispositif sur roulettes dans lequel on installe un enfant et qui lui permet de se tenir debout et de marcher sans faire de chute.

TROTTEUSE, ■ n. f. [trɔtøz] (*trotter*) Aiguille d'une montre ou d'une pendule qui marque les secondes. *Une montre avec trotteuse.*

TROTTIN, n. m. [trɔtɛ̃] (*trotter*) Vieilli Petit laquais. ◆ Jeune garçon, jeune fille qui fait les commissions, les courses dans un magasin.

TROTTINEMENT, ■ n. m. [trɔtin(ə)mã] (*trottiner*) Déplacement à petits pas réguliers et rapides. *Le trottinement d'une petite vieille.*

TROTTINER, v. intr. [trɔtine] (*trotter*) Trotter en raccourci. ◆ Se dit d'une personne qui marche à petits pas et vite.

TROTTINETTE, ■ n. f. [trɔtinɛt] (*trottiner*) Jouet composé d'une planche montée sur deux petites roues et d'un guidon, que l'on fait avancer par une impulsion d'un des deux pieds. *Faire de la trotinette dans la cour de récréation.*

TROTTOIR, n. m. [trɔtwar] (*trotter*) Banquette pratiquée le long des ponts, des quais et des rues, pour la commodité des gens à pied. ◆ **Fig.** et **fam.** *Être sur le trottoir*, être dans le chemin de la considération, de la fortune. ■ *Faire le trottoir*, se prostituer.

TROU, n. m. [tru] (p.-ê. d'orig. gaul.) Ouverture en creux faite dans un corps, à peu près aussi longue que large. ◆ **Abusiv.** *Il n'a jamais rien vu que par le trou d'une bouteille*, se dit d'un ignorant qui n'a pas vu le monde. ◆ On dit aussi : *Ne voir que par un trou.* ◆ **Fig.** *Mettre la pièce à côté du trou*, Voy. pièce. ◆ **Fig.** *Boucher un trou*, payer une dette. ◆ *Le trou de la porte*, le pertuis de la serrure qui reçoit la clé. ◆ **Fig.** *Il a fait un trou à la lune*, il s'est dérobé furtivement, et en mauvaise part, il a emporté l'argent, il a fait banqueroute. ◆ *Trou du souffleur*, petit réduit placé sur le devant du théâtre, où est placé le souffleur. ◆ **Mar.** *Trou du chat*, trou carré pratiqué au milieu d'une hune. ◆ *Trous d'écoutes*, ouvertures pour le passage des écoutes. ◆ Cavité plus ou moins profonde dans la terre. ◆ **Fig.** *Boire comme un trou*, boire excessivement. ◆ Cavité faite dans la terre pour planter des arbres. ◆ Enfoncement pratiqué dans la cour d'une ferme, pour y déposer le fumier. ◆ **Fortif.** *Trou de loup*, trou creusé en terre, au fond duquel un petit piquet est planté verticalement. ◆ Retraite des petits animaux. ◆ *Souris qui n'a qu'un trou est bientôt prise*, il faut avoir dans les affaires plusieurs moyens, plusieurs ressources. ◆ **Fig.** *Il le ferait mettre dans un trou, dans un trou de souris*, se dit d'un homme qui en fait trembler un autre par sa présence. ◆ **Fig.** Il se dit d'une demeure, ville ou logis, dont on veut indiquer la petitesse, l'étroitesse d'une manière exagérée. ◆ **Fam.** *Il a fait son trou*, il s'est créé une position qui le satisfait, qui lui assure certains avantages. ◆ Au jeu de trictrac, avantage de douze points, marqué par un fichet qui se met dans un trou. ◆ Dans les jeux de paume carrés, ouverture qui est au pied de la muraille, dans le coin opposé à la grille. ◆ *Les trous de la petite vérole*, les cicatrices qu'elle laisse dans la peau. ◆ **Peint.** Se dit des endroits d'un tableau où les objets mal groupés laissent voir çà et là le fond ; des masses trop brunes qui tirent sur le noir, et qui sont distribuées mal à propos sur le devant du tableau. ◆ **Prov.** *Autant de trous, autant de chevilles*, se dit d'une personne qui trouve à tout des excuses, des réponses, des défaites, des expédients, etc. ■ Défaillance ou manque d'un élément dans un ensemble. *Avoir un trou dans son budget.* ■ *Avoir un trou de mémoire*, une défaillance passagère de la mémoire. ■ Lieu isolé de tout. *Habiter un trou.* ■ **Sp.** Petite cavité pratiquée dans la pelouse d'un terrain de golf, et vers laquelle on doit diriger la balle pour l'y faire tomber. *Un parcours compte dix-huit trous.* ■ *Trou normand*, sorbet arrosé d'alcool que l'on sert au milieu d'un repas. ■ **Fam.** Prison. *Mettre quelqu'un au trou.* ■ *Boucher un trou*, combler un manque, un vide. ■ *Ne pas avoir les yeux en face des trous*, ne pas voir ce qui est pourtant ne peut pas ne pas être vu ; **Fig.** Avoir une vision erronée d'une situation. ■ Cavité du corps humain. *Les trous du nez sont les narines.* ■ *C'est le trou noir*, la fin de tout. ■ Ce qui manque à un ensemble. *Un texte à trous.*

TROUBADOUR, n. m. [tʀubaduʀ] (anc. provenç. *trobador*, poète, voir *trouvère*) Nom donné aux poètes de la langue d'oc qui fleurirent du XIe siècle au XIVe. ◆ Par plaisanterie, homme qui se plaît à chanter en société.

TROUBLANT, ANTE, adj. [tʀublɑ̃, ɑ̃t] (*troubler*) Qui trouble. *Cette image troublante, fruit de mon imagination.* ◆ **Astron.** *L'astre troublant*, l'astre qui cause une perturbation. ■ Qui provoque l'intérêt ou le désir, en parlant d'une personne.

1 **TROUBLE**, n. m. [tʀubl] (*troubler*) Confusion, désordre. *Il y eut du trouble dans l'État.* « *Toute la ville était en trouble pour savoir qui succéderait à Pygmalion* », FÉNELON. ◆ Brouillerie, mésintelligence. *Le trouble se mit dans cette famille.* ◆ Au pl. Soulèvements, émotions populaires. « *L'histoire n'est que le tableau des troubles du monde* », VOLTAIRE. ◆ Agitation de l'âme, de l'esprit. « *Point de plaisir sans trouble* », P. CORNEILLE. ◆ *Le trouble des sens, de la voix*, l'altération causée dans la voix, dans la voix, par l'agitation de l'esprit. ◆ **Jurispr.** Action par laquelle on inquiète quelqu'un dans la jouissance de sa propriété. ■ Soulèvement social conséquent. *Une période de trouble.* ■ Ce qui est en suspension dans un liquide et en altère la limpidité. ■ Défaut de fonctionnement. *Souffrir de troubles digestifs.*

2 **TROUBLE**, adj. [tʀubl] (lat. pop. *turbulus*, du lat. *turbidus*, troublé, agité) En parlant des liquides, qui n'est pas clair. *Eau trouble.* ◆ **Fig.** « *Tout ce qui est trouble présentement s'éclaircira* », MME DE SÉVIGNÉ. ◆ **Fig.** *Pêcher en eau trouble*, profiter du désordre des affaires d'un autre ou des affaires publiques pour s'enrichir. ◆ **Par extens.** Il se dit des corps dont la transparence est altérée. *L'air, le temps est trouble. Mes lunettes sont troubles.* ◆ *Avoir la vue trouble, voir trouble*, ne voir pas nettement, distinctement, par quelque vice dans l'organe de la vue. ◆ **Fig.** « *Le maudit amour-propre fait voir bien trouble* », VOLTAIRE. ◆ **Fig.** Il se dit de ce qui est louche, de ce qui ne s'explique pas nettement. ◆ **N. m. pl.** Matières terreuses qui sont tenues en suspension dans les eaux courantes, et qui en altèrent la transparence.

3 **TROUBLE**, n. f. [tʀubl] Voy. TRUBLE, qui est meilleur.

TROUBLÉ, ÉE, p. p. de troubler. [tʀuble] *Troublé d'esprit, esprit troublé*, homme dont l'esprit est dérangé.

TROUBLEAU, n. m. [tʀublo] (dimin. de *truble*) Filet dormant de pêche.

TROUBLE-FÊTE, n. m. et n. f. [tʀubləfɛt] (*troubler* et *fête*) Celui, celle qui vient interrompre la joie, les plaisirs. ◆ Chose, événement qui produit le même effet ; en ce sens, il est toujours masculin. ◆ **Au pl.** *Des trouble-fêtes.*

TROUBLER, v. tr. [tʀuble] (lat. pop. *turbulare*, du lat. *turbulus*, trouble, troublé) Causer une agitation désordonnée. « *Jamais l'air n'est troublé de ses gémissements* », RACINE. ◆ Causer des guerres, des émotions populaires, etc. *Troubler un royaume.* ◆ Causer de la brouillerie, de la mésintelligence. *Troubler une famille.* ◆ Causer de l'agitation dans l'âme, dans l'esprit. ◆ Il se dit des sens et des facultés de l'âme. *Cela lui a troublé la mémoire, le cerveau, etc.* ◆ Déranger. *Troubler l'ordre des successions, l'ordre des temps, etc.* ◆ *Cela trouble la digestion, les fonctions digestives*, cela empêche que la digestion ne se fasse bien. ◆ Il se dit des personnes qu'on interrompt, dérange d'une manière inopportune. ◆ Interrompre quelqu'un quand il parle. ◆ Faire perdre la présence d'esprit, la mémoire. ◆ Interrompre, empêcher. *Troubler un entretien, le sommeil, une fête, etc.* ◆ Inquiéter. *Troubler quelqu'un dans ses prétentions.* ◆ *Troubler la retraite d'un corps de troupe*, l'attaquer quand il se retire. ◆ **Jurispr.** Inquiéter une personne dans la possession d'un bien. ◆ En parlant des liquides, rendre trouble. ◆ **Fig.** *Troubler l'eau*, causer de la division, brouiller les affaires. ◆ Altérer la transparence. *Troubler l'air.* ◆ Se troubler, v. pr. Éprouver une grande agitation de l'âme, de l'esprit. ◆ Cesser d'être résolu, ferme. ◆ Éprouver une émotion, un trouble qui fait qu'on s'embarrasse, qu'on ne sait plus que dire, que répondre. ◆ On dit de même : *Sa mémoire se trouble.* ◆ Devenir trouble. *Les eaux se troublèrent.* Perdre sa transparence. *Le temps se trouble.* ◆ *Ma vue se trouble, mes yeux se troublent*, ma vue s'obscurcit. ◆ **Fig.** *Son esprit se trouble*, ses idées se confondent, il éprouve une sorte d'égarement.

TROUÉ, ÉE, p. p. de trouer. [tʀue]

TROUÉE, n. f. [tʀue] (*trouer*) Ouverture faite dans toute l'épaisseur d'une haie, dans une palissade, etc. ◆ Espace vide ou abatis au travers d'un bois. ◆ Effet du canon, ou d'une charge de cavalerie, ou de troupes de ligne, à travers les rangs ennemis. *Faire une trouée.*

TROUER, v. tr. [tʀue] (*trou*) Percer, faire un trou. *Trouer un mur, une porte, etc.* ◆ Faire une trouée. « *Les bouches des canons trouaient au loin la foule* », HUGO. ◆ Se trouer, v. pr. Devenir troué.

TROUFION, n. m. [tʀufjɔ̃] (prob. altér. de *troupier*) Fam. Soldat effectuant son service militaire.

TROUILLARD, ARDE, ■ n. m. et n. f. [tʀujaʀ, aʀd] (*trouille*) Personne peureuse. *Quel trouillard !*

TROUILLE, ■ n. f. [tʀuj] (anc. fr. *troillier*, broyer, pressurer) **Fam.** Peur. *Avoir la trouille. J'ai eu la trouille de ma vie.*

TROUILLOMÈTRE, ■ n. m. [tʀujomɛtʀ] (*trouille* et *-mètre*) **Fam.** *Avoir le trouillomètre à zéro*, avoir très peur. « *Il n'en est pas encore au stade du froc souillé. Simplement le trouillomètre à zéro. Jacques estime que c'est insuffisant et lui tire une balle dans le pied* », BLIER.

TROU-MADAME, n. m. [tʀumadam] (*trou* et *madame*) Sorte de jeu, qui se joue avec treize petites boules, qu'on fait couler dans autant de trous, marqués pour la perte ou pour le gain. ◆ L'espèce de machine ouverte en forme d'arcades, dans lesquelles on pousse les boules. ◆ **Au pl.** *Des trous-madame* ou *des trous-madames.*

TROUPE, n. f. [tʀup] (*troupeau*) Multitude de gens assemblés. *Une troupe d'enfants.* ◆ **Fig.** « *Toute la troupe sacrée des vertus qui veillaient autour de lui* », BOSSUET. ◆ Troupe se dit des animaux. *Troupe de dindons, d'oies.* ◆ *Aller en troupe, marcher en troupe*, aller ensemble, en grand nombre. ◆ *En troupe*, se dit aussi des animaux. ◆ *Aller par troupes, marcher par troupes*, aller, marcher en formant plusieurs bandes ou troupes distinctes. ◆ *Troupe de comédiens*, un certain nombre d'acteurs réunis à l'effet de jouer ensemble. ◆ En parlant de gens de guerre, corps de cavalerie ou d'infanterie. ◆ **Au pl.** Corps de gens de guerre composant une armée. ◆ On dit souvent au sing. *La troupe de ligne.* ◆ **Pop.** et au sing. *Voilà de la troupe qui passe.* ◆ *Troupe*, collectivement, au singulier, l'ensemble des sous-officiers et soldats par opposition aux officiers. *Caserner de la troupe.* ◆ *Chevaux de troupe*, chevaux propres au service de l'armée.

TROUPEAU, n. m. [tʀupo] (lat. médiév. *troppus*, troupeau, du frq. *throp*, amas, village) Troupe d'animaux domestiques élevés et nourris dans un même lieu. *Troupeau de bœufs.* ◆ **Absol.** Se dit d'un troupeau de brebis. ◆ Il se dit des dindons, des oies. ◆ **Fig.** *Le troupeau de l'évêque, du curé*, le peuple du diocèse, de la paroisse. ◆ *Le troupeau de Jésus-Christ*, l'Église. ◆ **Fig.** et **par dénigrement** Troupe, multitude de personnes. *Le troupeau des humains. Un troupeau d'ignorants.*

TROUPIALE, ■ n. m. [tʀupjal] (prob. de *troupe*) **Zool.** Oiseau d'Amérique, proche du corbeau par son apparence, aux mœurs parasites et vivant en troupe.

TROUPIER, n. m. [tʀupje] (*troupe*) **Pop.** Soldat.

TROUSSAGE, ■ n. m. [tʀusaʒ] (*trousser*) **Cuis.** Opération qui consiste à trousser une volaille. *Le truffage précède le troussage.*

TROUSSE, n. f. [tʀus] (*trousser*) Amas ou faisceau de plusieurs choses liées ensemble. *Trousse de linge.* ◆ Grosse et longue botte de fourrage vert que porte derrière lui le cavalier qui revient de la provision. ◆ Carquois (sens vieilli). *Une trousse d'amazone.* ◆ Étui où les barbiers mettent leurs rasoirs, leurs ciseaux, etc. ◆ Portefeuille divisé en un certain nombre de compartiments et contenant les instruments les plus nécessaires à un chirurgien, à un vétérinaire. ◆ *Trousse de jardinier*, poche qui s'attache autour du corps avec une ceinture à boucles. ◆ Cuir qui enveloppe ou entoure la queue d'un cheval. ◆ Certaine quantité de feuilles de fer battu pliées en deux. ◆ Cordage de moyenne grosseur dont on se sert pour élever de médiocres fardeaux. ◆ **Au pl.** Chausses que portaient autrefois les pages. ◆ *Aux trousses*, à la poursuite. « *Des archers sont à vos trousses* », LESAGE. ◆ *Être aux trousses de quelqu'un*, ne pas le quitter. ◆ ▷ EN TROUSSE, loc. adv. En croupe derrière un cavalier. ◆ Se dit aussi des valises, des paquets qu'un cavalier porte derrière lui sur son cheval. ◁

TROUSSÉ, ÉE, p. p. de trousser. [tʁuse] Qui a ses vêtements arrangés d'une certaine façon. « *Notre laitière ainsi troussée* », LA FONTAINE. ◆ *Nez troussé, nez retroussé* (cette locution a vieilli). ◆ Fig. et fam. Disposé, arrangé. « *C'était un repas bien troussé* », MOLIÈRE. ◆ *Cela est troussé à la diable,* cela est fort mal arrangé. ◆ *Un lieu bien troussé,* un lieu en bon ordre, agréable. ◆ *C'est un petit homme bien troussé,* c'est un petit homme bien fait, bien proportionné. ◆ Il se dit familièrement des choses d'esprit. *Un compliment bien troussé.*

TROUSSEAU, n. m. [tʁuso] (*trousse*) Petite trousse, c'est-à-dire petit faisceau ; usité en ce sens seulement en parlant de clés. ◆ Anat. Réunion d'un certain nombre de fibres musculaires, ligamenteuses. ◆ Hardes, habits, linge, tout ce qu'on donne à une fille lorsqu'on la marie ou qu'elle se fait religieuse. ◆ Dans les collèges, pensions, etc. habits, linge, etc. que doit apporter un élève. ▪ *Trousseau de clés,* ensemble de clés maintenues par un anneau ou un porte-clé.

TROUSSE-ÉTRIERS, n. m. pl. [tʁusetʁije] (*trousser* et *étrier*) Voy. PORTE-ÉTRIERS.

TROUSSE-GALANT, n. m. [tʁus(ə)galɑ̃] (*trousser* et *galant*) Sorte de maladie violente et rapide qui abat, emporte le malade en peu de temps. ◆ On a désigné quelquefois par ce nom le *choléra-morbus.* ◆ Le charbon, maladie gangréneuse. ◆ Au pl. *Des trousse-galants.*

TROUSSE-PÈTE, n. f. [tʁus(ə)pɛt] (*trousser* et *pet*) ▷ Terme populaire de mépris ou de plaisanterie, qui se dit en parlant d'une petite fille. ◁

TROUSSE-PIED, ▪ n. m. [tʁus(ə)pje] (*trousser* et *pied*) Lien de cuir qui permet de maintenir retroussé le pied d'un animal pour le soigner ou le ferrer. *Des trousse-pieds.*

TROUSSE-QUEUE, n. m. [tʁus(ə)kø] (*trousser* et *queue*) Morceau de cuir dans lequel on fait passer le haut de la queue d'un cheval. ◆ Au pl. *Des trousse-queues.*

1 **TROUSSEQUIN**, n. m. [tʁus(ə)kɛ̃] (prob. de *trousser*) Dans la selle, la partie postérieure et élevée de l'arçon.

2 **TROUSSEQUIN**, n. m. [tʁus(ə)kɛ̃] Voy. TRUSQUIN.

TROUSSER, v. tr. [tʁuse] (b. lat. *torsare*, de *torsus*, du lat. class. *torquere*, tordre, tourner) Mettre en trousse, en faisceau. « *Et troussant mon paquet* », RÉGNIER. ◆ ▷ Fig. et fam. *Trousser bagage,* partir brusquement. ◁ ◆ ▷ *Trousser une volaille,* la parer, en lier les membres pour la faire rôtir. ◁ ◆ Fig. et fam. *Trousser quelqu'un en malle,* l'enlever (locution vieillie). ◆ Fig. *Trousser une affaire,* l'expédier promptement. ◆ Fig. *Enlever de ce monde comme on trousse un paquet,* causer la mort. *Cette maladie l'a troussé en quelques jours.* ◆ En parlant des vêtements, replier, relever. *Troussez votre robe.* ◆ En parlant des personnes, relever leur vêtement. ▪ Manège *Trousser la queue,* la nouer ou se servir du trousse-queue. ▪ Hortic. Hausser les menues branches de quelque arbre qui sont trop basses, et les attacher à quelque chose qui les soutienne. ◆ Se trousser, v. pr. Relever sa robe, son manteau. ▪ V. tr. Réaliser rapidement et avec habileté. *Trousser un roman en un mois.* ▪ Fam. Posséder sexuellement une femme. ▪ TROUSSEUR, n. m. [tʁusœʁ]

TROUSSIS, n. m. [tʁusi] (*trousser*) Pli fait à une robe pour la raccourcir.

TROU-TROU ou **TROUTROU**, ▪ n. m. [tʁutʁu] (*trou*) Bordure d'une pièce de lingerie constituée de trous dans lesquels passe un ruban ou un cordon. *Des trous-trous, des troutrous.*

TROUVABLE, adj. [tʁuvabl] (*trouver*) Que l'on peut trouver.

TROUVAILLE, n. f. [tʁuvaj] (*trouver*) Chose trouvée heureusement. ◆ Il se dit aussi des personnes. *Cet homme est une trouvaille.* ◆ *Faire une trouvaille,* rencontrer quelque chose heureusement, par hasard.

TROUVÉ, ÉE, p. p. de trouver. [tʁuve] *Le premier trouvé,* le premier venu. *La première chose trouvée.* ◆ *Enfant trouvé,* enfant abandonné et recueilli. *L'Hospice des enfants trouvés* ou ellipt. *les Enfants trouvés.* ◆ *Mot, expression trouvée,* mot, expression neuve et heureuse. ◆ *Bien trouvé,* heureusement imaginé. ◆ Qui se présente de soi-même, en parlant des choses. *Occasion toute trouvée.*

TROUVER, v. tr. [tʁuve] (lat. pop. *tropare*, inventer, composer un poème, du lat. *tropus*, figure de rhétorique) Rencontrer quelqu'un ou quelque chose, soit qu'on le cherche, soit qu'on ne le cherche pas. ◆ Fig. *Vous me trouverez en votre chemin, sur votre chemin,* je vous nuirai partout où je pourrai. ◆ Fig. *Trouver à qui parler,* rencontrer de l'opposition, de la résistance de la part de quelqu'un. ◆ *Il a trouvé son maître,* il a trouvé quelqu'un de plus fort que lui. ◆ *Aller trouver, venir trouver quelqu'un,* l'aller voir, venir lui parler. ◆ Surprendre. *Trouver quelqu'un en faute.* ◆ Rencontrer dans

tel ou tel état, dans telle ou telle situation. *Il a été trouvé mort dans son lit.* ◆ Fig. Il se dit de ce qui arrive, se présente, se rencontre. « *Qu'il est rare de trouver cette pureté parmi les hommes !* », BOSSUET. ◆ *Trouver grâce aux yeux de quelqu'un,* devant quelqu'un, lui plaire, gagner sa bienveillance. ◆ Il se dit des personnes en un sens analogue. *Il a su trouver des amis.* ◆ Fig. Arriver au terme de. *Je m'occupe, et trouve la fin de la journée.* ◆ Fig. Il se dit, avec un nom de chose pour sujet, de ce qui a ou reçoit ceci ou cela. *Sa conduite a trouvé des censeurs.* ◆ Fig. Découvrir, inventer en cherchant dans son esprit. *Newton a trouvé la loi de la gravitation.* ◆ Remarquer, reconnaître en quelqu'un ou en quelque chose une qualité bonne ou mauvaise, un état tel ou tel. *Il lui a trouvé la fièvre. Je lui trouve de l'esprit.* ◆ *Se trouver, trouver à soi-même,* reconnaître en soi. ◆ Estimer, juger. *L'avis fut trouvé bon.* ◆ Absol. dans le même sens. *Cela est bien mal. – Vous trouvez ?* ◆ Fig. *Trouver le temps long,* s'ennuyer. ◆ *Trouver bon, trouver mauvais que,* approuver, désapprouver. ◆ Avec les adjectifs *bon* ou *mauvais,* on dira, en faisant accorder l'adjectif avec le substantif : *J'ai trouvé bonne et bien placée la réprimande que vous avez faite ;* mais on dira, en faisant *bon* adverbe ; *J'ai trouvé bon la liberté que vous avez prise.* ◆ *Trouver,* suivi d'un infinitif, évaluer à. « *Un trône d'or qu'on trouve peser vingt-cinq mille ducats* », VOLTAIRE. ◆ *Trouver à,* trouver le moyen, l'occasion de. *Il trouve à placer son mot. Trouver à dire,* Voy. DIRE. ◆ Procurer, faire rencontrer. « *Hé bien ! trouvez-moi donc quelque arme, quelque épée* », RACINE. ◆ *Se trouver,* v. pr. Être en présence de soi-même. ◆ Se rencontrer quelque part, se rendre en un lieu, y être. *Ils se sont trouvés à la promenade. Il s'est trouvé à la bataille.* ◆ Être trouvé, exister. *Ce livre se trouve chez tel libraire.* ▪ Impers. *Il se trouve,* il y a, il existe. ◆ *Il se trouve que,* il arrive que. ◆ Il se dit par rapport à la situation, à l'état d'une personne ou d'une chose. *Se trouver en danger. La maison se trouva vide en un instant.* ◆ Se regarder comme, se réputer, sentir qu'on est dans telle ou telle situation. *Il se trouve heureux.* ◆ *Se trouver bien,* éprouver du bien-être. ◆ *Comment vous trouvez-vous aujourd'hui ?* dans quel état de santé êtes-vous ? ◆ *Se trouver bien,* être satisfait de sa position. ◆ *Se trouver bien de quelqu'un, de quelque chose,* en être content. ◆ *Se trouver mal,* être mécontent de sa position. ◆ *Se trouver mal de quelque chose,* en éprouver du désagrément. ◆ *Se trouver mal,* tomber en défaillance. ◆ Prov. *Cela ne se trouve pas sous le pas d'un cheval,* cela ne se trouve pas facilement.

TROUVÈRE, n. m. [tʁuvɛʁ] (*trouver,* du lat. pop. *tropare,* inventer, composer un poème) Se dit des poètes de la langue d'oïl, qui florissaient du XIIᵉ au XIVᵉ siècle.

TROUVEUR, EUSE, n. m. et n. f. [tʁuvœʁ, øz] (*trouver*) Personne qui trouve ou qui invente. ◆ Astron. Petite lunette qu'on ajoute à un télescope newtonien, pour trouver plus facilement l'objet qu'on veut observer. ◆ Adj. Vén. *Chiens trouveurs,* certains chiens qui ont le nez très fin, surtout pour le renard.

TROYEN, ENNE, ▪ adj. [tʁwajɛ̃, ɛn] (*Troyes,* ville de Champagne) De la ville de Troyes. ▪ N. m. et n. f. *Un Troyen, une Troyenne.*

TRUAND, ANDE, n. m. et n. f. [tʁyɑ̃, ɑ̃d] (gaul. *truganto,* mendiant) ▷ Vaurien, vagabond qui mendie par fainéantise. ◁ ▪ Brigand appartenant au milieu.

TRUANDAILLE, n. f. [tʁyɑ̃daj] (*truand*) ▷ Collect. Ceux qui truandent. ◁

TRUANDER, v. intr. [tʁyɑ̃de] (*truand*) Pop. Gueuser, mendier. ▪ Transgresser ou contourner une loi ou un règlement. ▪ Fam. Tromper la confiance de quelqu'un en l'escroquant. ▪ TRUANDAGE, n. m. [tʁyɑ̃daʒ]

TRUANDERIE, n. f. [tʁyɑ̃d(ə)ʁi] (*truand*) Pop. État de truand, de mendiant, vagabond. ◆ Les truands en général. « *Les bagnoles de la truanderie engorgeaient la rue de Montyon* », LE BRETON.

TRUBLE, n. f. [tʁybl] (gr. *trublê,* écuelle) Filet en forme de sac attaché au bout d'une perche, qui sert à prendre le poisson dans les réservoirs. ◆ On dit aussi *trouble.*

TRUBLEAU, n. m. [tʁyblo] (dimin. de *truble*) Petite truble.

TRUBLION, ▪ n. m. [tʁyblijɔ̃] (surnom donné au duc Philippe d'Orléans, du gr. *trublion,* bol, écuelle,) Agitateur, perturbateur.

1 **TRUC**, n. m. [tʁyk] (anc. provenç. *trucar,* frapper, du b. lat. *trudicare,* du lat. *trudere,* heurter) Espèce de billard dont on fait usage dans quelques pays, et qui est ordinairement plus long que celui sur lequel on joue en France. ◆ Anciennement, choc, coup. ◆ Fig. Telle ou telle manière d'agir. ◆ *Connaître le truc,* connaître le secret, être habile, rusé. ◆ Pop. Manière de voler. ◆ Secret, moyen caché pour exécuter un tour de passe-passe ou de physique amusante. ◆ Théât. Moyen, machine pour faire réussir une féerie. *Des pièces à trucs.* ◆ Fig. La science des détails. *Manquer de truc.* ▪ Fam. Ce qu'on ne sait pas nommer. *Comment ça s'appelle ce truc ?* ▪ Fam. *C'est mon, ton, son truc,* discipline dans laquelle on excelle. *Le jardin, c'est mon truc.*

2 **TRUC** ou **TRUCK**, n. m. [tʁyk] ou [tʁœk] (angl. *truck*) Chariot, wagon pour le transport des marchandises. ◆ Dans les chemins de fer, plateforme

montée sur des roues, sur laquelle on élève, au moyen d'un mécanisme, des voitures et des bagages afin de les transporter au loin.

TRUCAGE, ■ n. m. [tʁykaʒ] Voy. TRUQUAGE.

TRUCHEMENT, n. m. [tʁyʃ(ə)mã] (ar. *turguman*, traducteur) Celui qui explique à des personnes qui parlent des langues différentes, ce qu'elles se disent l'une à l'autre. ♦ **Fig.** Une personne qui parle à la place d'une autre, qui exprime les intentions d'une autre. ♦ **Fig.** Ce qui fait comprendre. « *Contentez-vous des yeux pour vos seuls truchements* », Molière. ■ Rem. Graphie ancienne : trucheman ♦ *Par le truchement de quelque chose,* par son intermédiaire.

TRUCHER, v. tr. [tʁyʃe] (orig. inc.) Mendier par fainéantise.

TRUCHEUR, EUSE, n. m. et n. f. [tʁyʃœʁ, øz] (*trucher*) Celui, celle qui truche.

TRUCIDER, ■ v. tr. [tʁyside] (lat. *trucidare,* égorger, massacrer) **Fam.** Tuer. *Je vais me faire trucider.*

TRUCK, ■ n. m. [tʁyk] ou [tʁœk] Voy. 2 TRUC.

TRUCMUCHE, ■ n. m. [tʁykmyʃ] (*truc*) **Fam.** Machin, truc. ■ Personne que l'on ne veut ou que l'on ne peut pas nommer. *Les Trucmuches et les Bidules.*

TRUCULENCE, ■ n. f. [tʁykylãs] (lat. *truculentia,* dureté, manières farouches) Caractère de ce qui est haut en couleur, réjouissant, jovial, vif. *La truculence des récits de Rabelais.* ■ TRUCULENT, ENTE, adj. [tʁykylã, ãt]

TRUELLE, n. f. [tʁyɛl] (b. lat. *truella,* du lat. class. *trulla,* petiteécumoire) Outil dont les maçons se servent pour employer le plâtre et le mortier. ♦ **Fig.** La bâtisse, le goût de bâtir. ♦ *Truelle à poisson,* sorte de cuiller avec laquelle on découpe et sert le poisson.

TRUELLÉE, n. f. [tʁyele] (*truelle*) La quantité de plâtre ou de mortier qui peut tenir sur une truelle.

TRUFFE, n. f. [tʁyf] (anc. provenç. *trufa,* du lat. class. *trufer,* de *tuber*) **Bot.** Genre de la famille des champignons. ♦ Champignon souterrain, charnu, compacte, dont les spores sont renfermées dans l'épaisseur du tissu charnu et germent lors de la destruction de celui-ci, pour la reproduction de l'espèce. ♦ *Truffe d'eau,* la châtaigne d'eau. ♦ **Pop.** Gros nez bourgeonné. ■ Nez des chiens et des chats. *Chien qui a la truffe humide.* ■ *Truffe au chocolat,* friandise au chocolat en forme de petite boule tendre.

TRUFFÉ, ÉE, p. p. de truffer. [tʁyfe] *Dinde truffée.*

TRUFFER, v. tr. [tʁyfe] (*truffe*) Garnir de truffes. ♦ Remplir quelque chose à l'excès. *Ce texte est truffé de fautes.*

TRUFFICULTURE, ■ n. f. [tʁyfikyltyʁ] (*truffe* et *-culture*) Culture et production de la truffe. ■ TRUFFICULTEUR, TRICE, n. m. et n. f. [tʁyfikyltœʁ, tʁis]

TRUFFIER, IÈRE, adj. [tʁyfje, jɛʁ] (*truffe*) Qui a rapport aux truffes. ♦ *Chênes truffiers,* chênes maladifs qui, dans l'opinion des agriculteurs, ont la propriété de favoriser la production des truffes. ♦ N. m. Celui, celle qui cherche et vend des truffes. ■ *Chien truffier,* chien dressé pour dénicher les truffes.

TRUFFIÈRE, n. f. [tʁyfjɛʁ] (*truffe*) Terrain dans lequel on trouve des truffes.

TRUIE, n. f. [tʁɥi] (b. lat. *troja,* d'orig. incert.) La femelle du verrat. ♦ Un des noms donnés au *zée forgeron* (poissons acanthoptérygiens).

TRUISME, ■ n. m. [tʁɥism] (angl. *truism,* de *true,* vrai) Vérité banale et évidente. *Mieux vaut être en forme que fatigué : quel truisme !*

TRUITE, n. f. [tʁɥit] (b. lat. *tructa,* prob. du gr. *trôktês,* thon) Nom vulgaire du *salmo fario* (malacoptérygiens abdominaux). ♦ *Truite saumonée,* truite qui a la couleur et le goût du saumon.

TRUITÉ, ÉE, adj. [tʁɥite] (*truite*) Qui ressemble à la truite. ♦ N. m. pl. *Les truités,* famille de poissons. ♦ Se dit de chevaux dont le poil est blanc mêlé de noir et de bai, ou d'alezan, surtout à la tête et à l'encolure. ♦ Il se dit des chiens. *Chien truité.* ♦ *Porcelaine truitée* ou *craquelée,* porcelaine sur laquelle on applique certaines couleurs en en fendillant la couverte.

TRUITICULTURE ou **TRUTTICULTURE**, ■ n. f. [tʁɥitikyltyʁ, tʁytikyltyʁ] (*truite* et *-culture*) Élevage et production de truites. ■ TRUITICULTEUR, TRICE ou TRUTTICULTEUR, TRICE, n. m. et n. f. [tʁɥitikyltœʁ, tʁis, tʁytikyltœʁ, tʁis]

TRULLISATION, ■ n. f. [tʁylizasjɔ̃] (*truelle,* du lat. class. *trulla*) **Archit.** Travail de diverses sortes d'enduits ou de crépis fait avec la truelle.

TRUMEAU, n. m. [tʁymo] (p.-ê. de l'anc. b. frq. *thrum,* moignon) **Bouch.** Le jarret d'un bœuf, c'est-à-dire la partie qui est au-dessus de la jointure du genou. ♦ En maçonnerie, partie d'un mur de face comprise entre deux baies de porte ou de croisée. ♦ Toute partie de menuiserie servant à revêtir l'espace qui se trouve entre deux croisées, qu'il y ait ou non une glace. ♦ Parquet de glace qui occupe cet espace. ■ Panneau composé d'un miroir et orné de peintures ou de moulures, généralement placé au-dessus d'une cheminée.

TRUQUAGE ou **TRUCAGE**, ■ n. m. [tʁykaʒ] (*truquer*) Fait de truquer. *Truquage des élections.* ■ Action de contrefaire des objets d'art. *Le truquage d'antiquités.* ■ Procédé technique visant à donner l'illusion. *Truquages sonores.* ■ **Cin.** Procédé technique (accélération ou ralenti des images, surimpression ou transparence, etc.) qui permet de réaliser des illusions d'optique, des effets spéciaux. *Les truquages sont nombreux dans ce film à grand spectacle.*

TRUQUER, ■ v. intr. [tʁyke] (1 *truc*) Tricher en se servant de trucs, d'astuces, de procédés malhonnêtes. ■ V. tr. Maquiller, falsifier. *Truquer le jeu. Truquer les élections.* ■ Falsifier, transformer en fausse antiquité. *Truquer un tableau.* ■ Se servir de trucs, de truquages pour la réalisation d'un film. *Scène truquée.* ■ Installer dans une pièce des dispositifs secrets. *Truquer un téléphone.*

TRUQUEUR, EUSE, ■ n. m. et n. f. [tʁykœʁ, øz] (*truquer*) Personne qui fait usage de trucs pour arriver à ses fins. « *Au début, j'étais sain comme l'œil : un petit truqueur qui savait s'arrêter à temps. Mais je m'appliquais : jusque dans le bluff* », Sartre.

TRUQUISTE, ■ n. m. et n. f. [tʁykist] (*truquer*) **Cin.** Personne spécialisée dans le truquage de films.

TRUSQUIN ou **TROUSSEQUIN**, n. m. [tʁyskɛ̃, tʁus(ə)kɛ̃] (wall. *cruskin,* du flam. *kruisken,* petite croix) Outil pour tracer l'épaisseur des tenons, la longueur des mortaises, etc. ♦ Outil de serrurier, servant à marquer les endroits où l'on veut ouvrir une mortaise.

TRUSQUINER, ■ v. tr. [tʁyskine] (*trusquin*) Dessiner à l'aide d'un trusquin.

TRUST, ■ n. m. [tʁœst] (mot angl., confiance) Regroupement d'entreprises, ou de personnes, sous direction unique, afin d'établir un monopole. Holding trust, trust horizontal, trust vertical ou intégré. *Les grands trusts américains.* ■ Groupe d'entreprises suffisamment important pour influencer un secteur de l'économie. *Le trust du pétrole.* ■ Rassemblement de choses de même nature au profit d'une seule personne, d'un même intérêt. *Le trust de l'électricité.*

TRUSTE ou **TRUSTIS**, ■ n. f. [tʁyst, tʁystis] (lat. médiév. *trustis,* aide jurée au roi, du frq. *trost*) **Hist.** Serment que prêtaient les proches du roi à l'époque mérovingienne. ■ **Hist.** Ensemble des personnes constituant l'entourage du roi à l'époque mérovingienne. *La truste était composée des antrusions.*

TRUSTEE, ■ n. m. [tʁœsti] (mot angl.) **Écon.** Personne chargée de remettre les instruments de paiement à leur bénéficiaire selon des règles bien définies. ■ **Financ.** Personne chargée de gérer un emprunt entre le créancier et le débiteur.

TRUSTER, ■ v. tr. [tʁœste] (*trust*) Monopoliser, gérer un secteur de l'économie, en parlant d'une entreprise. *Truster un marché.* ■ **Fam.** Accaparer à son avantage. *Truster la plus belle vue.* ■ TRUSTEUR, n. m. [tʁœstœʁ]

TRUTTICULTEUR, TRICE, ■ n. m. et n. f. [tʁytikyltœʁ, tʁis] Voy. TRUITICULTEUR.

TRUTTICULTURE, ■ n. f. [tʁytikyltyʁ] Voy. TRUITICULTURE.

TRYPANOSOME, ■ n. m. [tʁipanozom] (gr. *trupanon,* trépan, et *sôma,* corps) **Méd.** Protozoaire muni d'une flagelle qui peut être un parasite pour l'homme. *Le trypanosome est responsable de la maladie du sommeil.*

TRYPANOSOMIASE, ■ n. f. [tʁipanozomjaz] (*trypanosome*) **Méd.** Maladie de type parasitaire provoquée par la présence de trypanosomes dans le sang d'un individu. *Trypanosomiase africaine,* maladie du sommeil.

TRYPSINE, ■ n. f. [tʁipsin] (gr. *tripsis,* frottement, d'apr. *pepsine*) **Biol.** Enzyme pancréatique qui contribue à l'hydrolyse des protéines. *Présence de trypsine dans le sérum.*

TRYPSINOGÈNE, ■ n. m. [tʁipsinoʒɛn] (*trypsine* et *-gène*) **Biol.** Substance du pancréas qui donne la trypsine.

TRYPTOPHANE, ■ n. m. [tʁiptofan] (rad. de *trypsine* et gr. *phainein,* paraître) **Biol.** Acide aminé du corps humain. *La sérotonine est un composé dérivé du tryptophane.*

TSAR ou **TZAR**, n. m. [tsaʁ] (mot russe, du lat. *cæsar*) Nom que porte le souverain de la Russie. ■ Rem. On écrivait aussi *czar* autrefois.

TSARÉVITCH, n. m. [tsaʁevitʃ] (mot russe, de *tsar*) **Hist.** Titre du fils aîné du tsar. ■ Rem. On écrivait aussi *tsarowitz* et *czarowitch* autrefois.

TSARIEN, IENNE, adj. [tsaʁjɛ̃, jɛn] (*tsar*) Qui appartient au tsar. *Sa Majesté tsarienne,* l'empereur de Russie. ■ Rem. On écrivait *czarien* autrefois.

TSARINE ou **TZARINE**, n. f. [tsaʁin] (*tsar*) Titre de l'épouse du tzar. ■ Rem. On écrivait aussi *czarine* autrefois.

TSARISME, ■ n. m. [tsaʀism] (*tsar*) Régime autocratique de la Russie et de l'Empire russe jusqu'à la révolution de février 1917. ■ **TSARISTE**, adj. et n. m. et n. f. [tsaʀist]

TSAROWITZ, n. m. [tsaʀovits] Voy. TSARÉVITCH.

TSATSIKI ou **TSATZIKI**, ■ n. m. [tsatsiki] ou [tsatziki] (mot grec) Spécialité culinaire grecque composée de concombre râpé mélangé à du fromage blanc aillé. *Des tsatsikis.*

TSÉ-TSÉ ou **TSÉTSÉ**, ■ n. f. [tsetse] (mot bantou) Zool. Mouche d'Afrique dont certaines espèces transmettent la maladiedu sommeil. *Des mouches tsé-tsé, des tsétsés.*

TSF, ■ n. f. [teɛsɛf] (sigle de *télégraphie sans fil*) Vieilli Radiodiffusion. *Écouter la TSF. Un poste de TSF.*

T-SHIRT, ■ n. m. [tiʃœʀt] Voy. TEE-SHIRT.

TSIGANE ou **TZIGANE**, ■ n. m. et n. f. [tsigan] (russe *tsigan*, du gr. *atsinganos*, qui ne touche pas) Ensemble de peuples qui ont migré de l'Inde au IXᵉ siècle, aujourd'hui disséminés en Europe et en Amérique, qui mènent une vie nomade ou sédentarisée. *Les persécutions des Tsiganes par l'Allemagne nazie.* ■ Adj. *Un campement tsigane.* ◆ *Musique tsigane,* musique populaire de Bohême et de Hongrie, reprise par les musiciens tsiganes. ■ N. m. Langue indo-européenne parlée par ces populations.

TSUBA, ■ n. m. [tsyba] (mot jap.) Garde ornée d'un sabre japonais. *Une collection de tsubas.*

TSUNAMI, ■ n. m. [tsynami] ou [tsunami] (mot jap., vague d'orage) Météorol. Raz de marée provoqué par une violente secousse sismique sous-marine. *Les tsunamis sont souvent très dévastateurs.*

TTC, ■ adj. [tetese] (sigle de *toutes taxes comprises*) Qui compte les taxes imposées par la réglementation du commerce. *Un prix TTC, un prix HT.*

1 TU, TOI, TE, pron. pers. [ty, twa, tə] (lat. *tu*) *Tu* est toujours employé comme sujet. *Tu l'as voulu.* ◆ N. m. *Le tu, le toi,* l'action de tutoyer. ◆ *Toi* s'emploie comme régime direct. « *Aide-toi, le ciel t'aidera* », LA FONTAINE. ◆ Comme régime indirect ou comme régime de préposition. *Je compte sur toi. On a parlé de toi.* ◆ Par abus, *toi* est employé comme sujet dans certains cas déterminés. *Ta sœur et toi, venez. Personne que toi n'est si bien placé.* ◆ Dans les réponses. *Qui sera chargé de cette besogne? Toi.* ◆ Devant le pronom relatif. *Que répondras-tu à cela, toi qui...* ◆ Par réduplication. *Toi, tu oserais le défier!* ◆ Ellipt. *Toi me trahir!* ◆ Par opposition avec un nom ou un autre pronom. *Toi et moi nous irons ensemble.* ◆ Avec *c'est, c'était,* etc. *C'est toi qui, etc.* ◆ *Te* s'emploie comme régime direct. *Je veux bien t'attendre.* ◆ Comme régime indirect. *Je te le promets. Il t'est parent.* ◆ L'*e* de *te* s'élide devant une *h* muette ou une voyelle. *Ne t'amuse pas en chemin.* ◆ *Toi-même,* Voy. MÊME. ◆ N. m. et n. f. *Un autre toi-même.* ◆ Fam. *Être à tu et à toi avec quelqu'un,* être assez intime pour le tutoyer et en être tutoyé. ◆ Lorsque *toi* se trouve après la seconde personne de l'impératif et qu'il est suivi de *en* ou *y,* on élide *oi,* on met une apostrophe, et on joint par un trait d'union *t'* au verbe. *Va-t'en. Mets-t'y.* ◆ Quand *toi* est régime indirect ou direct d'un verbe à l'impératif, il se met toujours après, et on l'y joint par un trait d'union. *Tais-toi.*

2 TU, UE, p. p. de taire. [ty] *Des secrets tus longtemps.*

TUABLE, adj. [tɥabl] (*tuer*) Qu'on peut tuer. ◆ En parlant d'un animal domestique, bon à tuer. *Un cochon tuable.*

TUANT, ANTE, adj. [tɥɑ̃, ɑ̃t] (*tuer*) Fatigant, qui cause beaucoup de peine. *C'est un métier tuant. Une douleur tuante.* ◆ Importun. « *Leur tuante amitié de tout côté m'arrête* », MOLIÈRE.

TU-AUTEM, n. m. [tyotɛm] (mots lat., empr. à l'expression relevée dans le bréviaire *Tu autem, Domine, miserere mei,* Mais toi, Seigneur, aie pitié de nous) Fam. Point essentiel, nœud, difficulté d'une affaire. *C'est là le tu-autem.*

TUB, ■ n. m. [tœb] (mot angl., bassin, récipient) Vx Cuvette pour les ablutions matinales. *Des tubs.*

TUBA, ■ n. m. [tyba] (mot lat., trompette) Instrument de musique à vent de la famille des cuivres, muni de pistons et utilisé comme basse. ◆ Tube respiratoire qui permet de nager la tête sous l'eau. *Faire de la plongée avec un masque et un tuba.*

TUBAGE, n. m. [tybaʒ] (*tuber*) Opération par laquelle on tube.

TUBAIRE, ■ adj. [tybɛʀ] (lat. *tuba,* trompe, trompette) Méd. Qui concerne les trompes de Fallope ou d'Eustache. *Une infection tubaire.*

TUBARD, ARDE, ■ adj. [tybaʀ, aʀd] (abrév. de *tuberculeux*) Vx et fam. Atteint de tuberculose. ■ N. m. et n. f. *Un tubard, une tubarde.* « *Dans les sanatoriums j'ai rencontré de drôles de tubards qui se fiaient à toutes sortes de médicaments de sorcière, qui croyaient en la vertu curative de l'absorption de limaces vivantes* », BOUDARD.

TUBE, n. m. [tyb] (lat. *tubus,* tuyau, conduit) Tuyau par où l'air, les fluides et les liquides, etc. peuvent avoir une issue. *Un tube de plomb, de verre, etc.* ◆ Il se dit, dans le langage des périphrases poétiques, pour *fusil.* ◆ *Tube perforateur,* tube creux qui, au moyen d'un mécanisme, tourne et avance en même temps dans la roche qu'on veut perforer. ◆ *Tube acoustique,* espèce de porte-voix. ◆ *Tube de Torricelli,* tube simplement renversé, qui est devenu le baromètre. ◆ *Tube de Mariotte,* grand tube recourbé à branches inégales, dont la plus courte est fermée. ◆ Chim. *Tubes,* vases de verre, auxquels on donne différents noms suivant leurs formes ou leurs usages. ◆ Bot. Partie courbée d'une corolle monopétale ou d'un calice monophylle. ◆ Par extens. Tout ce qui a la forme d'un tube. ◆ Anat. *Le tube* ou le conduit intestinal. ■ *Tube à essai,* cylindre de verre fermé en une de ses extrémités, et utilisé pour les expériences de chimie. ■ Emballage cylindrique rigide utilisé pour conditionner des médicaments ou des produits de beauté. *Un tube de vitamine C.* ■ Conditionnement en métal souple fermé par un bouchon et contenant une substance pâteuse que l'on fait sortir par pression des doigts. *Un tube de dentifrice.* ■ Fam. Chanson à la mode. *Le tube de l'été.* ■ Fam. *À plein tube,* très fort ou très vite.

TUBELESS, ■ adj. [tybles] (angl., de *tube,* chambre à air, et *less,* sans) *Pneu tubeless,* pneu dont la chambre à air est remplacée par une matière synthétique, ce qui le rend moins fragile aux crevaisons.

TUBER, v. tr. [tybe] (*tube*) Revêtir de tubes un trou foré en terre.

TUBÉRACÉ, ÉE, ■ adj. [tybeʀase] (lat. *tuber,* truffe) Bot. Qui ressemble à la truffe. ◆ N. m. pl. *Les tubéracés,* famille de champignons.

TUBÉRALE, ■ n. f. [tybeʀal] (lat. *tuber,* truffe) Champignon qui se développe sur les racines de certains arbres. *La truffe est une tubérale.*

TUBERCULE, n. m. [tybeʀkyl] (lat. *tuberculum,* gonflement, excroissance, dimin. de *tuber,* truffe) Hortic. Excroissance qui survient à une feuille, à une racine. ◆ Bot. Masse ordinairement pleine de fécule, qui est placée à des extrémités de racines ou de rameaux inférieurs de la tige souterraine de certaines plantes ; par exemple de la *pomme de terre.* ◆ Il se dit par excellence de la truffe. ◆ Anat. Toute éminence naturelle, peu considérable, que présente une partie quelconque. ◆ Élevures qui, dans certaines maladies, surviennent à la peau. *Les tubercules de l'éléphantiasis.* ◆ Production morbide d'un blanc jaunâtre, ordinairement arrondie, qui a une consistance analogue à celle de l'albumine concrète, mais plus forte, qui devient ensuite molle, friable, et acquiert par degrés une consistance et un aspect analogues au pus. *Les tubercules du poumon.*

TUBERCULEUX, EUSE, adj. [tybeʀkylø, øz] (*tubercule*) Qui offre des saillies analogues aux tubercules. *Une graine tuberculeuse.* ◆ Méd. Qui est de la nature du tubercule. ◆ *Matière tuberculeuse,* celle qui constitue les tubercules pathologiques. ◆ *Méningite tuberculeuse,* affection dans laquelle des granulations sont trouvées sur la pie-mère. ◆ N. m. et n. f. Celui, celle qui porte des tubercules dans le poumon.

TUBERCULINATION ou **TUBERCULINISATION**, ■ n. f. [tybeʀkylinasjɔ̃, tybeʀkylinizasjɔ̃] (*tuberculine*) Injection de tuberculine pratiquée sur les animaux.

TUBERCULINE, ■ n. f. [tybeʀkylin] (rad. de *tuberculeux*) Biol. Substance utilisée pour le dépistage de la tuberculose. *Test à la tuberculine.*

TUBERCULINIQUE, ■ adj. [tybeʀkylinik] (*tuberculine*) Biol. Qui concerne la tuberculine. *Un test tuberculinique.*

TUBERCULISER, v. tr. [tybeʀkylize] (*tubercule*) Méd. Produire des tubercules. ◆ Se tuberculiser, v. pr. Devenir tuberculeux.

TUBERCULOÏDE, ■ adj. [tybeʀkyloid] (*tubercule* et -*oïde*) Méd. Dont la manifestation et les lésions causées sont proches de celles de la tuberculose. *Un inflammation tuberculoïde.*

TUBERCULOSE, ■ n. f. [tybeʀkyloz] (*tubercule*) Maladie infectieuse et contagieuse due au bacille de Koch, qui affecte le plus souvent les poumons. *Attraper la tuberculose.*

TUBÉREUSE, n. f. [tybeʀøz] (*tubéreux*) Plante bulbeuse dont la fleur est blanche et odoriférante.

TUBÉREUX, EUSE, adj. [tybeʀø, øz] (lat. *tuberosus,* qui a des protubérances) Qui offre des tubérosités. ◆ *Racines tubéreuses,* racines qui sont plus ou moins renflées et manifestement plus grosses que la tige, et aussi celles qui sont parsemées de tubercules.

TUBÉRIFORME, ■ adj. [tybeʀifɔʀm] (lat. *tuber,* truffe, et -*forme*) Bot. En forme de tubercule. *Une souche tubériforme.*

TUBÉRISATION, ■ n. f. [tybeʀizasjɔ̃] (rad. du lat. *tuberculum,* gonflement, excroissance) Bot. Constitution d'un tubercule à la base de certaines plantes.

TUBÉRISÉ, ÉE, ■ adj. [tybeʀize] (rad. de *tubérisation*) Bot. Qui est contitué d'un tubercule. *Racine tubérisée.*

TUBÉROSITÉ, n. f. [tyberozite] (lat. *tuberosus,* tubéreux) **Bot.** Excroissance charnue. ◆ **Anat.** *Les tubérosités de l'estomac,* les deux extrémités de cet organe. ◆ Éminence raboteuse d'un os où s'attachent des muscles ou ligaments.

TUBICOLE, ■ adj. [tybikɔl] (lat. *tubus,* tuyau, tube, et *-cole*) **Zool.** Qui vit dans la galerie qu'il a creusée lui-même. *Ver tubicole.*

TUBIFEX, ■ n. m. [tybifɛks] (lat. *tubus,* tuyau, tube, et *fex,* qui fait) **Bot.** Ver tubicole aussi appelé *ver de vase.*

TUBING, ■ n. m. [tybiŋ] (angl. *tube,* chambre à air) **Sp.** Descente de cours d'eau sur des embarcations constituées de chambres à air. *Faire du tubing dans les gorges du Verdon.*

TUBIPORE, ■ n. m. [tybipɔr] (lat. *tubus,* tuyau, tube, et gr. *poros,* trou) **Zool.** Polypier calcaire d'un récif corallien de couleur rouge, qui prend la forme de tubes juxtaposés les uns aux autres. *Le tubipore est aussi appelé orgue de mer.*

TUBISTE, ■ n. m. et n. f. [tybist] (*tuba*) Instrumentiste qui pratique le tuba.

TUBULAIRE, adj. [tybylɛr] (rad. du lat. *tubulus,* petit tube) Qui a la forme d'un tube.

TUBULE, ■ n. m. [tybyl] (lat. *tubulus,* petit tube) **Anat.** Petit tube. *L'obstruction d'un tubule rénal.*

TUBULÉ, ÉE, adj. [tybyle] (lat. *tubulatus,* doté de tuyaux) Qui a une ou plusieurs tubulures. *Flacon tubulé.* ◆ **Bot.** Qui est en forme de tube. *Calice tubulé.*

TUBULEUX, EUSE, adj. [tybylø, øz] (rad. du lat. *tubulus,* petit tube) **Hist. nat.** Qui a la forme d'un tube ; qui en est formé.

TUBULIDENTÉ, ■ n. m. [tybylidãte] (lat. *tubulus,* petit tube, et *dent*) **Zool.** Mammifère insectivore doté de dents qui lui permettent de creuser la terre.

TUBULIFLORE, ■ adj. [tybyliflɔr] (lat. *tubulus,* petit tube, et *floris,* fleur) **Bot.** Dont les inflorescences ont la forme d'un tube. *L'edelweiss est une composée tubuliflore.*

TUBULURE, n. f. [tybylyr] (rad. du lat. *tubulus,* petit tube) Ouverture que présentent des flacons, des ballons et autres vaisseaux de chimie, et qui est destinée à recevoir un bouchon percé d'un trou par lequel passe un tube. ◆ Petits tuyaux dont certaines productions naturelles sont traversées.

TUDESQUE, adj. [tydɛsk] (ital. *todesco,* du lat. médiév. *teutiscus,* du germ. *theudisk,* germain) Qui appartient aux anciens Germains. ◆ **N. m.** *Le tudesque,* la langue des anciens Germains. ◆ Il s'est dit quelquefois pour Allemand. ◆ Par dénigrement, qui a quelque chose de rude, de grossier, sans élégance. *« La rusticité tudesque »,* J.-J. ROUSSEAU.

TUDIEU, ■ interj. [tydjø] (pour *vertu de Dieu*) Juron. *« Tudieu ! Quel poignet vous avez, monsieur l'abbé ! »,* DUMAS.

TUÉ, ÉE, p. p. de tuer. [tɥe] **N. m.** et n. f. *Les tués.*

TUE-CHIEN, n. m. [tyʃjɛ̃] (*tuer* et *chien*) Colchique. ◆ On donne aussi ce nom à la *noix vomique.* ◆ **Au pl.** *Des tue-chiens.*

TUE-DIABLE, ■ n. m. [tydjabl] (*tuer* et *diable*) Appât constitué de plusieurs hameçons et utilisé pour pêcher la truite. *Des tue-diables.*

TUE-MOUCHE, ■ n. m. [tymuʃ] (*tuer* et *mouche*) Champignon vénéneux aussi appelé *fausse onagre* ou *amanite tue-mouches. Des tue-mouches.* ■ **Adj.** *Papier tue-mouche,* ruban enduit d'une substance gluante et vénéneuse que l'on fixe au plafond pour que les mouches s'y fassent piéger.

TUER, v. tr. [tɥe] (lat. pop. *tutare,* du lat. class. *tutari,* protéger, puis éteindre, tuer) Frapper, assommer ; sens primitif, aujourd'hui tout à fait oublié. ◆ Éteindre. *Tuer le feu, la chandelle.* ◆ Ôter la vie d'une manière violente. *Tuer un homme.* ◆ *Se faire tuer,* périr dans un combat, chercher la mort, de propos délibéré. ◆ **Impers. au passif.** *Il fut tué beaucoup de gens dans la dernière bataille.* ◆ **Absol.** *Il tue pour tuer.* ◆ *Tue, tue,* exclamation de gens qui en attaquent d'autres et ne veulent en épargner aucun. ◆ Faire périr d'une manière quelconque, de mort violente ou par maladie. *Une apoplexie l'a tué.* ◆ **Fig.** En termes de l'Écriture, *tuer l'âme,* la souiller, lui faire perdre le bonheur éternel. ◆ Causer la mort. ◆ Il se dit d'un médecin qui, par inhabileté, cause la mort du malade. ◆ Il se dit des animaux qu'on met à mort. *Tuer un poulet, des perdrix.* ◆ Il se dit des bouchers qui égorgent ou assomment les animaux. *Tuer des bœufs.* ◆ **Fam.** *Ce boucher tue de meilleure viande que tel autre.* ◆ **Absol.** *Ce boucher ne tue qu'une fois par semaine.* ◆ Faire périr, en parlant des arbres, des plantes ou des insectes. *Le grand froid a tué les oliviers. Tuer les chenilles.* ◆ Par exagération, causer une fatigue, une peine excessive ; compromettre la santé, la vie. *Vous votre cheval. « Il est des moments de réflexion qui vous tuent »,* MASSILLON. ◆ **Absol.** *« Cette vie me tourmente trop ; elle tue »,* MME DE SÉVIGNÉ. ◆ *Se tuer le corps et l'âme,* se donner beaucoup de peine. ◆ **Fig.** Importuner, incommoder. *Le grand bruit me tue.* ◆ Compromettre, causer la chute, la ruine.

Les acteurs ont tué l'ouvrage. ◆ *Tuer un auteur, tuer son original, son modèle,* le surpasser au point de le faire oublier. ◆ **Fig.** Faire disparaître, annuler, écarter. *« Tuez ce qui vous tue, armez-vous de constance »,* ROTROU. ◆ *Cela tue l'effet du spectacle, cela tue tout le plaisir de la partie,* cela le contrarie, le détruit, l'anéantit. ◆ *Tuer un poète,* ôter, en le traduisant, tout éclat poétique. ◆ *Tuer le temps,* s'occuper de choses futiles pour échapper à l'ennui. ◆ **Peint.** Se dit quelquefois de l'effet d'une couleur, d'une lumière, qui en détruit, en affaiblit une autre. ◆ **Absol.** *La lettre tue,* quand on s'attache servilement aux mots, on ne saisit pas la pensée. ◆ *Se tuer,* v. pr. Se donner la mort, par accident ou volontairement. ◆ Nuire au corps, à la santé. *Vous vous tuez à mener une pareille vie.* ◆ *Se tuer à plaisir,* faire sans nécessité des choses qui nuisent à la santé. ◆ Se donner beaucoup de peine. ◆ On dit ordinairement *se tuer à. « Pour moi, je ne me tue point à écrire »,* MME DE SÉVIGNÉ. ◆ *Se tuer de,* faire incessamment. *« Je me tue de vous faire signe que j'ai quelque chose à vous dire »,* BRUEYS. ◆ *Ces deux nuances se tuent mutuellement,* elles se ternissent l'une l'autre. ◆ À TUE-TÊTE, loc. adv. Très fort, en parlant de la voix. *Ils parlent tous à tue-tête.*

TUERIE, n. f. [tyri] (*tuer*) Carnage, massacre. ◆ **Fam.** *N'allez pas là, c'est une tuerie,* se dit d'un lieu où il y a une telle foule qu'il est difficile de s'en tirer sain et sauf. ◆ Lieu où l'on tue des animaux pour la boucherie.

TUE-TÊTE (À), loc. adv. [tytɛt] Voy. TUER.

TUEUR, EUSE, n. m. et n. f. [tɥœr, øz] (*tuer*) Personne qui tue. ◆ *C'est un tueur,* c'est un homme qui a tué plusieurs hommes dans des affaires particulières. ◆ **Ironiq.** *Tueur de gens.*

TUF, n. m. [tyf] (ital. *tufo,* lat. *tofus,* pierre poreuse et friable) Nom générique des pierres poreuses produites par voie de sédiment ou d'incrustation, provenant de matières pulvérulentes remaniées et tassées par l'eau, et qu'on trouve assez souvent au-dessous de la bonne terre, de la terre franche. *Tuf calcaire, siliceux, volcanique, etc. Creuser jusqu'au tuf.* ◆ **Fig.** Apparence trompeuse. ◆ **Fig.** *Rencontrer, trouver le tuf,* se dit lorsque, après s'être fié à de belles apparences, on découvre que ce qui est dessous y répond mal. ◆ Sorte de pierre blanche et tendre, qui devient plus dure et plus blanche lorsqu'elle est employée. *Maisons bâties en pierre de tuf ou absolument en tuf.* ◆ En ce sens, on dit quelquefois *tuffeau.*

TUFFEAU ou **TUFEAU**, n. m. [tyfo] (*tuf*) Tuf, dans le sens de pierre blanche et tendre.

TUFIER, IÈRE, adj. [tyfje, jɛr] (*tuf*) Qui est de la nature du tuf.

TUILE, n. f. [tɥil] (lat. *tegula,* tuile, de *tegere,* couvrir) Pièce de terre cuite qui sert à couvrir les bâtiments. ◆ *Être logé près des tuiles, sous les tuiles, sous la tuile,* être logé au plus haut étage de la maison. ◆ **Fig.** et **fam.** Accident tout à fait imprévu, comparé à une tuile tombant d'un toit. *Quelle tuile !* ◆ **Par extens.** Morceau de marbre, de pierre ou de bronze servant au même usage que la tuile.

TUILEAU, n. m. [tɥilo] (dimin. de *tuile*) Morceau, fragment de tuile cassée.

TUILER (SE), ■ v. pr. [tɥile] (*tuile*) Se recouvrir partiellement à la façon des tuiles. *Des lattes qui se tuilent.* ■ **Fig.** *Des voix qui se tuilent dans air chanté en canon, dans une fugue.* ■ TUILAGE, n. m. [tɥilaʒ]

TUILERIE, n. f. [tɥil(ə)ri] (*tuile*) Art du tuilier. ◆ Lieu où l'on fait de la tuile. ◆ **Absol.** *Les Tuileries,* Palais à Paris et ancienne résidence des souverains de la France. ◆ *Le jardin qui en dépend.* ◆ *Le cabinet des Tuileries,* le gouvernement français, considéré dans ses relations avec les puissances étrangères.

TUILIER, IÈRE, n. m. et n. f. [tɥilje, jɛr] (*tuile*) Personne qui fait des tuiles. ◆ **Adj.** Qui concerne la tuilerie.

TULARÉMIE, ■ n. f. [tylaremi] (*Tulare,* ville de Californie où a été découverte cette maladie, et *-émie*) **Méd.** Maladie transmise à l'homme par une griffure de lièvre. *La tularémie est facilement dépistée par une prise de sang.*

TULIPE, n. f. [tylip] (turc *tülbent,* turban, par anal. de forme) **Bot.** Genre de la famille des liliacées ; on y distingue une plante qui porte une belle fleur du même nom. ◆ Nom de plusieurs coquilles. ■ Objet en verre dont la forme est proche de celle de la fleur.

TULIPIER, n. m. [tylipje] (*tulipe*) Cultivateur et amateur de tulipes. ◆ Grand et bel arbre de l'Amérique, dont la fleur ressemble à celle de la tulipe (magnoliacées).

TULLE, n. m. [tyl] (*Tulle,* ville de Corrèze) Tissu fait avec quelques brins de fil, de coton ou de soie, très fins, formant un réseau rond ou carré. *Tulle de coton. Tulle de soie. Un chapeau de tulle.*

TULLERIE, n. f. [tyl(ə)ri] (*tulle*) L'industrie qui fabrique le tulle.

TULLIÈRE, adj. f. [tyljɛr] (*tulle*) *L'industrie tullière,* la fabrication des tulles.

TULLISTE, n. m. et n. f. [tylist] (*tulle*) Celui, celle qui fabrique, qui vend du tulle.

TUMBLING, ■ n. m. [tœmbliŋg] (angl. *to tumble,* faire des culbutes) **Sp.** Sport qui consiste à effectuer une suite d'acrobaties dans un espace étroit et long.

TUMÉFACTION, n. f. [tymefaksjɔ̃] (lat. *tumefacere,* tuméfier) Voy. TUMÉFIER. **Méd.** Augmentation de volume d'une partie. *La tuméfaction des amygdales, du poignet, etc.* ■ Zone enflée suite à un coup.

TUMÉFIÉ, ÉE, p. p. de tuméfier. [tymefje]

TUMÉFIER, v. tr. [tymefje] (lat. *tumefacere,* tuméfier, de *tumere,* être gonflé) **Méd.** Causer de la tuméfaction dans une partie du corps. *Les articulations étaient tuméfiées par le rhumatisme.* ◆ Se tuméfier, v. pr. Devenir tuméfié.

TUMESCENCE, ■ n. f. [tymesɑ̃s] (*tumescent,* du lat. *tumescens,* de *tumescere,* se gonfler) **Biol.** Gonflement pathologique des tisssus. ■ Gonflement normal d'un organe érectile. *La tumescence du pénis.* ■ TUMESCENT, ENTE, adj. [tymesɑ̃, ɑ̃t]

TUMEUR, n. f. [tymœr] (lat. *tumor,* enflure, de *tumere,* être gonflé) **Méd.** Toute éminence circonscrite, d'un certain volume, développée dans une partie quelconque du corps. *Tumeur dure, molle. Les tumeurs du périoste.* ■ Loupe des végétaux. ■ Développement anormal de cellules constituant un tissu nouveau. *Le kyste est une tumeur.* ◆ *Tumeur maligne,* tumeur cancéreuse.

TUMORAL, ALE, ■ adj. [tymoral] (*tumeur*) Qui concerne une tumeur. *Une excroissance tumorale.* ■ **Méd.** *Marqueurs tumoraux,* produits de la sécrétion d'une cellule tumorale.

TUMULAIRE, adj. [tymylɛr] (rad. du lat. class. *tumulus,* tombeau) Qui appartient, qui a rapport aux tombeaux. *Pierre tumulaire.*

TUMULTE, n. m. [tymylt] (lat. *tumultus,* soulèvement, agitation) Grand mouvement accompagné de bruit et de désordre. « *Un tumulte, dit-on, s'élève dans la place* », P. CORNEILLE. « *Les tumultes populaires* », MONTESQUIEU. ◆ *Le tumulte du monde, des affaires,* l'agitation que causent le monde, les affaires. ◆ On dit dans un sens analogue : *Le tumulte des armes.* ◆ **Fig.** Trouble intérieur. *Le tumulte des passions.* « *Le tumulte où je suis ne me permet encore de rien résoudre* », J.-J. ROUSSEAU. ◆ Chez les Romains, attaque subite d'un peuple ennemi. *Le tumulte gaulois.* ◆ EN TUMULTE, loc. adv. En confusion.

TUMULTUAIRE, adj. [tymyltɥɛr] (lat. *tumultuarius,* de *tumultus,* tumulte) Qui a le caractère du tumulte. *Une assemblée, une délibération tumultuaire.* « *Un soulèvement tumultuaire* », P. CORNEILLE. « *Les occupations tumultuaires des hommes* », ROLLIN. ◆ Qui a le caractère du désordre et du hasard. « *Des idées confuses et tumultuaires* », NICOLE.

TUMULTUAIREMENT, adv. [tymyltɥɛr(ə)mɑ̃] (*tumultuaire*) D'une manière tumultuaire. « *L'assemblée se rompit tumultuairement* », SAINT-SIMON.

TUMULTUEUSEMENT, adv. [tymyltɥøz(ə)mɑ̃] (*tumultueux*) En tumulte.

TUMULTUEUX, EUSE, adj. [tymyltɥø, øz] (lat. *tumultuosus,* de *tumultus,* tumulte) Plein de tumulte. « *À pas tumultueux* », BOILEAU. « *Les cris tumultueux des assemblées* », ROLLIN. ◆ **Fig.** Plein de trouble, d'affaires. *Une vie tumultueuse.* ◆ **Fig.** Plein de trouble intérieur. « *Tous ces transports tumultueux d'un attachement criminel* », MOLIÈRE.

TUMULUS, n. m. [tymylys] (lat. *tumulus*) Grand amas de terre ou construction en forme de cône que les anciens élevaient au-dessus des sépultures.

TUNAGE n. m. ou **TUNE**, ■ n. f. [tynaʒ, tyn] (néerl. *tuin,* clayonnage) **Agric.** Structure constituée de piquets, de fascines entremêlées et de gravier, destinée à prévenir les glissements de terrain causés par des infiltrations d'eau, dans un champ. *Protection de berges par tunage.*

TUNE, ■ n. f. [tyn] Voy. THUNE.

TUNER, ■ n. m. [tynœr] ou [tynɛr] (mot angl., de *to tune,* accorder, de *tune,* ton, tonalité) Récepteur radio faisant partie des éléments d'une chaîne hi-fi. ■ Amplificateur de haute fréquence, intégré dans les postes de radio et de télévision.

TUNGAR, n. m. [tœ̃gar] ou [tɛ̃gar] (nom déposé, de *tungsten* et *argon*) **Électr.** Dispositif qui redresse les courants alternatifs.

TUNGSTATE, n. m. [tœkstat] ou [tɛkstat] (*tungstène*) **Chim.** Sel produit par la combinaison de l'acide tungstique avec une base. ■ REM. On prononçait autrefois [tɔkstat].

TUNGSTÈNE, n. m. [tœkstɛn] ou [tɛkstɛn] (suéd. *tungsten,* de *tung,* lourd, et *sten,* pierre) **Chim.** Métal très difficilement réductible, d'un gris foncé ou noir, très dur, très pesant. ■ REM. On prononçait autrefois [tɔkstɛn].

TUNGSTIQUE, ■ adj. [tœkstik] ou [tɛkstik] (rad. de *tungstène*) **Chim.** Qui dérive du tungstène. *Acide tungstique.*

TUNICIER, ■ n. m. [tynisje] (lat. *tunica,* tunique) **Zool.** Animal marin invertébré recouvert d'une enveloppe lisse en forme de sac et contenant des lentes qui lui permettent de vivre.

TUNIQUE, n. f. [tynik] (lat. class. *tunica*) Vêtement de dessous que portaient les anciens. ◆ **Fig.** *Tunique de Nessus,* présent funeste à celui qui le reçoit (cette tunique empoisonnée causa la mort d'Hercule, à qui Déjanire la donna). ◆ La tunique était aussi un vêtement de femme. ◆ Habillement que les évêques portent sous leur chasuble quand ils officient. ◆ Vêtement des diacres et des sous-diacres, dit aussi *dalmatique.* ◆ Redingote d'uniforme que portent les troupes d'infanterie et les élèves des lycées, des pensions. ◆ **Bot.** Enveloppe de certaines parties des plantes. ◆ **Anat.** Toute membrane qui forme ou concourt à former les parois d'un organe.

TUNIQUÉ, ÉE, ■ adj. [tynike] (*tunique*) **Bot.** Revêtu d'une tunique. *Un bulbe tuniqué.*

TUNISIEN, IENNE, ■ adj. [tynizjɛ̃, jɛn] (*Tunisie*) De Tunisie. ■ N. m. et n. f. *Un Tunisien, une Tunisienne.*

TUNISOIS, OISE, ■ adj. [tyniswa, waz] (*Tunis*) De la ville de Tunis. ■ N. m. et n. f. *Un Tunisois, une Tunisoise.*

TUNNEL, n. m. [tynɛl] (angl. *tunnel,* empr. au *tonnelle*) Souterrain qui passe sous une rivière ou sous un chemin. ◆ Tout passage pratiqué sous terre, à travers des montagnes, etc. *Le tunnel du Mont-Cenis.* ◆ *Tunnel sous-marin,* tunnel qui passe sous un bras de mer. ◆ **Hortic.** Galerie sur terre, constituée d'une armature métallique recouverte de film plastique et abritant des cultures. ◆ **Fig.** *Voir le bout du tunnel,* entrevoir la fin des ennuis.

TUNNELIER, ■ n. m. [tynəlje] (*tunnel*) Engin de terrassement servant à forer des tunnels.

TUORBE, n. m. [tyɔrb] Voy. THÉORBE.

TUPAÏA ou **TOUPAYE**, ■ n. m. [typaja, tupaj] (mot malais, écureuil) **Zool.** Petit mammifère insectivore, originaire d'Asie.

TUPI, ■ n. m. et n. f. [typi] (mot de cette langue) **Ethnol.** Individu appartenant à une ethnie qui vit au Brésil et au Paraguay. ■ N. m. Langue parlée par cette ethnie.

TUPI-GUARANI, ■ n. m. sing. [typigwarani] (*tupi* et *guarani*) **Ling.** Famille de langues d'origine indienne et parlées en Amérique du Sud.

TUPINAMBIS, ■ n. m. [typinɑ̃bis] (lat. scient. *Tupinambis,* nom d'un peuplade du Brésil) **Zool.** Grand lézard carnassier d'Amérique du Sud.

TUQUE, ■ n. f. [tyk] (orig. incert.) **Région. Canada** Bonnet de laine pointu et terminé par un pompon.

TURBAN, n. m. [tyrbɑ̃] (turc *tülbent,* du pers. *dulband,* turban) Coiffure de plusieurs peuples orientaux, anciens et modernes, et entre autres des Turcs. ◆ *Prendre le turban,* se faire mahométan. ◆ Se dit de certaines toiles de coton rayées de bleu et de blanc, qui servent à faire des turbans. ◆ Coiffure d'une femme consistant en une pièce d'étoffe enroulée autour de la tête. ◆ *Turban,* nom donné au lis de Pompone (liliacées), dit aussi *martagon de Pompone.* ◆ Nom de plusieurs mollusques.

TURBE, n. f. [tyrb] (lat. class. *turba,* cohue, du gr. *turbê,* confusion) Ne s'employait que dans cette locution : *Enquête par turbes ou par turbe,* enquête faite en prenant le témoignage de plusieurs habitants pour constater les usages, les coutumes du lieu.

TURBÉ ou **TURBEH**, ■ n. m. [tyrbe] (turc *türbe,* mausolée) **Relig.** Édifice cubique surmonté d'un dôme, à vocation funéraire chez les musulmans. *Des turbés, des turbehs.*

TURBELLARIÉ, ■ n. m. [tyrbelarje] (lat. scient. *turbellaria*) **Zool.** Ver plat qui vit dans la terre ou l'eau douce. *Les turbellariés sont non parasite.*

TURBIDE, ■ adj. [tyrbid] (lat. class. *turbidus,* troublé, agité) **Litt.** Qui est trouble en raison de son caractère agité, en parlant d'un liquide. *Les eaux turbides d'un torrent.*

TURBIDIMÈTRE, ■ n. m. [tyrbidimɛtr] (*turbide* et -*mètre*) Appareil utilisé pour déterminer la turbidité d'un liquide.

TURBIDITÉ, ■ n. f. [tyrbidite] (*turbide*) Caractère trouble d'un liquide comportant des particules en suspension. ■ *Courant de turbidité,* courant violent sous-marin entraînant une forte quantité de boue. ■ Quantité de matière en suspension dans un liquide.

TURBIN, ■ n. m. [tyrbɛ̃] (1 *turbiner*) **Fam.** Travail rémunéré. *Aller au turbin.*

TURBINAGE, ■ n. m. [tyrbinaʒ] (2 *turbiner*) **Techn.** Action de soumettre à l'action d'une turbine. *Le turbinage des eaux sous les barrages de montagne.*

TURBINE, n. f. [tyrbin] (lat. *turbo, -inis,* bobine, toupie, objet qui tourne) **Méc.** Roue hydraulique dont l'axe est vertical. ◆ Dans quelques églises, petit jubé où l'on peut se placer sans être vu. ◆ L'endroit qui contient les orgues ou des musiciens. ■ On dit auj. *tribune* pour ce qui concerne l'église.

■ Moteur constitué d'un dispositif rotatif et entraîné grâce à un arbre soumis à l'énergie hydraulique dans le but de produire de l'énergie électrique.

TURBINÉ, ÉE, adj. [tyʁbine] (lat. impér. *turbinatus*, conique) **Bot.** Qui a la forme d'un cône renversé. *Racine turbinée.* ♦ **Hist. nat.** Se dit des coquilles univalves spirées, dont la spire forme un cône peu allongé et assez large à sa base.

1 TURBINER, ■ v. intr. [tyʁbine] (orig. incert.) **Fam.** Travailler, en principe beaucoup et avec acharnement. « *La matière en est une drôle. dès que je suis hors des draps, elle me fait turbiner* », FALLET.

2 TURBINER, ■ v. tr. [tyʁbine] (*turbine*) Soumettre à l'action d'une turbine. ■ **Techn.** Utiliser un liquide pour mettre en mouvement une turbine.

TURBINITE, n. f. [tyʁbinit] (lat. *turbo, -inis*) **Hist. nat.** Coquille turbinée fossile. ♦ Genre de limaçons terrestres.

TURBITH, n. m. [tyʁbit] (ar. *turbid*) Nom vulgaire et spécifique du *liseron turbith*, dont la racine est un purgatif drastique. ♦ *Turbith bâtard, turbith de montagne, turbith faux*, le laser rude (ombellifères). ♦ *Turbith minéral*, ancien nom du sous-sulfate de deutoxyde mercuriel.

TURBO, ■ adj. [tyʁbo] (abrév. de *turbocompresseur*) Suralimenté par un turbocompresseur. *Des moteurs turbos.* ■ **N. f.** Voiture équipée d'un turbocompresseur. *Une turbo diesel.* ■ **Fam.** *Mettre le turbo*, donner toute la puissance. « *Les trois bulldozers avec un bel ensemble* mettent le turbo *comme dit Florian... maintenant* », DORIN.

TURBOALTERNATEUR, ■ n. m. [tyʁboaltɛʁnatœʁ] (2 *turbo-* et *alternateur*) **Techn.** Alternateur mû par une turbine.

TURBOCOMPRESSÉ, ÉE, ■ adj. [tyʁbokɔ̃pʁese] (rad. de *turbocompresseur*) **Techn.** Doté d'un turbocompresseur. *Un moteur turbocompressé.*

TURBOCOMPRESSEUR, ■ n. m. [tyʁbokɔ̃pʁesœʁ] (2 *turbo-* et *compresseur*) Dispositif visant à augmenter la pression ou le débit d'un gaz. ■ **Abrév.** Turbo.

TURBOFORAGE, ■ n. m. [tyʁbofoʁaʒ] (2 *turbo-* et *forage*) **Techn.** Système de forage utilisant une turbine pour actionner le trépan.

TURBOMACHINE, ■ n. f. [tyʁbomaʃin] (2 *turbo-* et *machine*) **Techn.** Appareil doté d'un système à rotation et utilisé pour agir sur un fluide ou un liquide.

TURBOMOTEUR, ■ n. m. [tyʁbomotœʁ] (2 *turbo-* et *moteur*) **Techn.** Moteur entraîné par une turbine à gaz.

TURBOPOMPE, ■ n. f. [tyʁbopɔ̃p] (2 *turbo-* et *pompe*) **Techn.** Pompe dont le fonctionnement est régi par une turbine. ■ **Techn.** Machine hydraulique dotée d'une turbine et servant à augmenter la pression d'un liquide ou d'un gaz.

TURBOPROPULSEUR, ■ n. m. [tyʁbopʁopylsœʁ] (2 *turbo-* et *propulseur*) **Aviat.** Moteur constitué d'une turbine à gaz qui entraîne les hélices.

TURBORÉACTEUR, ■ n. m. [tyʁboʁeaktœʁ] (2 *turbo-* et *réacteur*) **Aviat.** Moteur à réaction doté de turbines qui actionnent les compresseurs.

TURBOSOUFFLANTE, ■ n. f. [tyʁbosuflɑ̃t] (2 *turbo-* et *soufflante*) **Techn.** Soufflante entraînée par une turbine à vapeur qui lui confère une grande vitesse de rotation.

TURBOT, n. m. [tyʁbo] (anc. nord. *thornbutr*) Poisson de mer (malacoptérygiens), de la famille des pleuronectes.

TURBOTIÈRE, n. f. [tyʁbotjɛʁ] (*turbot*) Vaisseau destiné à faire cuire des turbots et qui a à peu près la forme de ce poisson.

TURBOTIN, n. m. [tyʁbotɛ̃] (*turbot*) Petit turbot.

TURBOTRAIN, ■ n. m. [tyʁbotʁɛ̃] (2 *turbo-* et *train*) **Ch. de fer.** Train dont le fonctionnement est assuré par des turbines à gaz.

TURBULEMMENT, adv. [tyʁbylamɑ̃] (*turbulent*) ▷ D'une manière turbulente. ◁

TURBULENCE, n. f. [tyʁbylɑ̃s] (b. lat. *turbulentia*, trouble) Caractère, défaut de celui qui est turbulent. *Cet enfant est d'une turbulence insupportable.* ♦ Esprit de trouble. ♦ Agitation soudaine et importante d'un fluide. *L'avion traverse une zone de turbulences.*

TURBULENT, ENTE, adj. [tyʁbylɑ̃, ɑ̃t] (lat. class. *turbulentus*, troublé, agité) Porté à faire du bruit, à s'agiter bruyamment. *Homme, animal turbulent.* ♦ Qui se plaît dans le désordre, dans le trouble. « *Esprits inquiets et turbulents* », MASSILLON. « *L'humeur turbulente des strélitz* », VOLTAIRE. ♦ Qui a le caractère du trouble, du tumulte. *Une joie turbulente.* « *Cette vie turbulente et tumultueuse* », BOSSUET. ♦ **Poétiq.** Il se dit du trouble des éléments. « *L'onde turbulente Mugit de fureur* », J.-B. ROUSSEAU.

1 TURC, n. m. [tyʁk] (prob. de 2 *turc*) Larve d'un insecte indéterminé, laquelle s'est rendue redoutable par les dégâts qu'elle fait sous l'écorce des poiriers. ♦ Ver blanc ou larve du hanneton.

2 TURC, URQUE, adj. [tyʁk] (turc *türk*) De Turquie. *Une galère turque.* ♦ *Chien turc*, espèce de chien sans poil. ♦ **N. m. et n. f.** Celui, celle qui est indigène de la Turquie. ♦ ▷ **Fig.** et **fam.** Homme rude, sans pitié. [1] ◁ ♦ *Fort comme un Turc*, très robuste. ♦ *De Turc à Maure*, sans ménagement, à la rigueur (par allusion à la façon rigoureuse dont les Turcs traitaient les Maures d'Afrique) [2]. ♦ ▷ Abusivement, *turc* se dit pour *musulman.* ◁ ♦ *Le Grand Turc* ou simplement *le Turc*, l'empereur de Turquie. ♦ *Le turc*, la langue turque. ♦ À LA TURQUE, loc. adv. À la façon des Turcs. *Habit à la turque.* ♦ *Fer à la turque*, fer de cheval dont la branche interne est plus courte et plus épaisse que la branche externe. ♦ **Fig.** Sans ménagement. *Traiter quelqu'un à la turque*[3]. ♦ **Mus.** *Rondeau turc* ou *à la turque*, morceau vif à 2/4, fortement rythmé. ♦ *Point turc*, espèce de jour fait avec une grosse aiguille et du fil fin, formant deux rangées de petits trous contrariés, encadrés, des deux côtés, par un cordonnet ou un feston. ♦ *Gazon turc*, la saxifrage mousseuse. ♦ *Toilettes à la turque*, sans cuvette. ■ REM. 1 : Terme raciste dans ce sens. ■ REM. 2 et 3 : Ces expressions sont racistes.

TURCIE, n. f. [tyʁsi] (lat. médiév. *torsia*, levée de terre) Voy. TORCHIS. Levée au bord d'une rivière pour en contenir les eaux.

TURCIQUE, ■ adj. [tyʁsik] (lat. médiév. *turcicus*, turc) **Anat.** *Selle turcique*, fosse osseuse située sur la partie supérieure de l'os sphénoïde et contenant l'hypophyse.

TURCO, n. m. [tyʁko] (empr. au sabir *turco*, turc) Tirailleur indigène de l'armée d'Afrique. ♦ Au pl. *Des turcos.*

TURCOPHONE, ■ adj. [tyʁkofɔn] (*turc* et *-phone*) Qui parle le turc. ■ **N. m.** et n. f. *Un turcophone, une turcophone.*

TURDE, n. m. [tyʁd] (lat. impér. *turdus*, grive) **Hist. nat.** Nom moderne du genre grive et merle (insectivores).

TURDIDÉS, ■ n. m. pl. [tyʁdide] (lat. impér. *turdus*, grive) **Zool.** Famille de passereaux qui compte entre autres la grive, le merle, le rouge-gorge et le rossignol.

TURELURE, n. f. [tyʁ(ə)lyʁ] (onomat.) ▷ Terme populaire emprunté à un refrain de chanson, et usité seulement dans cette locution : *C'est toujours la même turelure*, c'est toujours la même chose. ♦ On a écrit aussi *turlure.* ◁

TURF, n. m. [tœʁf] (mot angl., gazon) Lieu où se font les courses de chevaux. *Sur le turf. Un habitué du turf.* ♦ Ce qui a trait aux courses hippiques. ♦ **Arg.** Travail. *Aller au turf.* ♦ **Fam.** Prostitution. ■ REM. On prononçait autrefois [tyʁf].

TURFISTE, n. m. et n. f. [tœʁfist] (*turf*) Personne qui fréquente le turf. ♦ Personne qui parie dans les courses hippiques. ■ REM. On prononçait autrefois [tyʁfist].

TURGESCENCE, n. f. [tyʁʒesɑ̃s] (lat. scient. *turgescentia*, de *turgescere*, se gonfler) T. didactique. Gonflement.

TURGESCENT, ENTE, adj. [tyʁʒesɑ̃, ɑ̃t] (lat. scient. *turgescens*, de *turgescere*, se gonfler) **Didact.** Qui se gonfle.

TURGIDE, ■ adj. [tyʁʒid] (lat. *turgidus*, gonflé, de *turgere*, être gonflé) Qui présente un aspect enflé ou boursouflé. *Avoir les mains, la face, la gorge turgide.*

TURION, ■ n. m. [tyʁjɔ̃] (lat. *turio*, rejeton) **Bot.** Bourgeon d'une plante vivace qui se développe sous la terre. *Un turion d'asperge.*

TURISTA ou **TOURISTA**, ■ n. f. [tuʁista] (mot esp.) Diarrhée contractée au cours de voyages dans les pays chauds.

TURKMÈNE, ■ adj. [tyʁkmɛn] (turc, *Türkmen*) Du Turkménistan ■ **N. m.** et n. f. *Un Turkmène, une Turkmène.*

TURLUPIN, n. m. [tyʁlypɛ̃] (nom propre d'orig. inc.) Nom de farce que prit un comédien du temps de Louis XIII. ♦ Homme qui fait des allusions froides et basses, de mauvais jeux de mots. ♦ **Adj.** « *Je devins vif, étourdi, turlupin* », LESAGE.

TURLUPINADE, n. f. [tyʁlypinad] (*Turlupin*, nom propre, voir *turlupin*) Plaisanterie basse, de mauvais goût, fondée sur quelque froid jeu de mots. ♦ *Écrit plein de turlupinades.*

TURLUPINAGE, n. m. [tyʁlypinaʒ] (*turlupiner*) Action de turlupiner.

TURLUPINÉ, ÉE, p. p. de turlupiner. [tyʁlypine]

TURLUPINER, v. intr. [tyʁlypine] (*turlupin*) Faire des turlupinades. ♦ **V. tr.** Se moquer de quelqu'un, le tourner en ridicule. ♦ **Fam.** Causer du tracas à quelqu'un. *Ce soupçon ne le turlupine jamais cesse.*

TURLURE, ■ n. f. [tyʁlyʁ] Voy. TURELURE.

TURLUTTE, ■ n. f. [tyʁlyt] (orig. inc.) Morceau de plomb entouré de hameçons et utilisé pour la pêche en mer.

TURLUTUTU, ■ n. m. [tyʁlytyty] (onomat.) Pipeau, flûte. ■ **onomat.** Imite le son d'une flûte. *Faire turlututu ; turlututu chapeau pointu.* ■ **Interj.** Exprime une moquerie qui cherche à interrompre une conversation. *Turlututu ! Je ne veux pas en entendre parler.*

TURNE, ■ n. f. [tyʀn] (alsac. *Turn*, prison) **Fam.** Logement sale et sans confort. ■ Chambre d'étudiant.

TURNEP, n. m. [tyʀnɛp] (mot angl., de *to turn*, tourner, et *neep*, rave) Variété de chou-rave qu'on donne au bétail. ◆ L'Académie écrit par erreur au sing. *turneps*, qui est le pluriel anglais.

TURNOVER ou **TURN-OVER**, ■ n. m. [tœʀnovœʀ] (mot angl., de *to turn over*, retourner) Rotation du personnel d'une entreprise. *Des turnovers, des turn-over.*

TURPIDE, ■ adj. [tyʀpid] (lat. *turpidus*, de *turpis*, honteux) Qui est laid moralement. *Un individu turpide. Une âme turpide.*

TURPIDEMENT, ■ adv. [tyʀpid(ə)mã] (*turpide*) Avec turpitude.

TURPITUDE, n. f. [tyʀpityd] (lat. *turpitudo*, laideur, honte) Laideur morale. *Il y a une grande turpitude dans cette action.* ◆ *Découvrir, révéler la turpitude de quelqu'un, d'une famille*, découvrir, révéler quelque chose qui doit faire la honte de quelqu'un, d'une famille. ◆ On dit de même : *Cacher, couvrir la turpitude.* ◆ Action honteuse ; paroles obscènes.

TURQUERIE, n. f. [tyʀkəʀi] (2 *turc*) Manière d'agir à la turque ; âpreté, dureté. « *Il est Turc là-dessus, mais d'une turquerie à désespérer tout le monde* », MOLIÈRE.

TURQUESSE, n. f. [tyʀkɛs] (2 *turc*) ▷ Femme turque. ◁

TURQUETTE, n. f. [tyʀkɛt] (2 *turc*) La herniaire glabre (paronychiées).

TURQUIE, n. f. [tyʀki] (*Turquie*, nom de pays) *Blé de Turquie*, nom donné improprement au maïs, qui est originaire du nouveau monde.

TURQUIN, adj. m. [tyʀkɛ̃] (ital. *turchino*, bleu foncé, de *turco*, turc) Il n'est usité que dans cette expression : *Bleu turquin*, bleu foncé, peu éclatant et tirant sur l'ardoise. ◆ N. m. *Le turquin.* ◆ N. m. Sorte de marbre bleu.

TURQUOISE, n. f. [tyʀkwaz] (anc. fr. *turcois*, turc) Pierre précieuse qui est de couleur bleue et qui n'est point transparente. ◆ *Turquoises de la vieille roche*, turquoises qui proviennent de la plus ancienne mine et qui sont les plus belles. ◆ *Turquoise osseuse, occidentale, ou de nouvelle roche*, ivoire fossile coloré en bleu. ◆ *Turquoise minérale*, cuivre hydraté silicifère, pierre opaque, couleur bleu de ciel. ◆ *Le turquoise*, le bleu couleur de turquoise. ■ **Adj.** De la couleur bleu turquoise.

TURRITELLE, ■ n. f. [tyʀitɛl] (dimin. du lat. *turritus*, en forme de tour) **Zool.** Mollusque marin qui vit dans le sable et possède une coquille conique et pointue.

TUSSAH ou **TUSSAU**, ■ n. f. [tysa, tyso] (mot hindoustani) Soie sauvage. *Un foulard de tussah est un tussor.*

TUSSILAGE, n. f. [tysilaʒ] (lat. *tussilago*) Genre de la famille des composées. ◆ *Le tussilage pas-d'âne*, plante dont les fleurs font partie des espèces pectorales connues sous le nom de quatre fleurs.

TUSSOR, n. m. [tysɔʀ] (angl. *tussore*, de l'hindoust. *tasar*) Foulard fabriqué dans l'Inde avec une soie particulière provenant du ver à soie sauvage.

TUTÉLAIRE, adj. [tytelɛʀ] (lat. *tutelaris*, protecteur) **Jurispr.** Qui concerne la tutelle. ◆ *Fig.* Qui tient sous sa garde, sous sa protection. *Une divinité tutélaire.* ◆ *Fig. Vous êtes mon ange tutélaire.* ◆ On dit de même : *Puissance tutélaire.*

TUTELLE, n. f. [tytɛl] (lat. *tutella*, protection, garde) Autorité donnée, d'après la loi, à l'effet d'avoir soin de la personne et des biens d'un mineur ou d'un interdit. *Être sous la tutelle de quelqu'un.* ◆ *Rendre la tutelle*, rendre compte de la tutelle qu'on a exercée. ◆ *Enfants en tutelle, hors de tutelle*, enfants qui sont encore ou qui ne sont plus sous l'autorité d'un tuteur. ◆ *Tutelle officieuse*, protection légale accordée à un enfant mineur par une personne qui se propose de l'adopter quand il sera devenu majeur. ◆ *Fig.* Dépendance, surveillance gênante. « *Sa sœur à cinquante ans le tenait en tutelle* », P. CORNEILLE. ◆ *Fig.* Protection. *Les citoyens sont sous la tutelle des lois.* ◆ *Tutelle de navire*, nom qu'on donne aux armes mises en sculpture, à l'arrière d'un navire, et qui sont ordinairement celles du prince ou du patron.

TUTEUR, TRICE, n. m. et n. f. [tytœʀ, tʀis] (lat. *tutor*, protecteur, gardien) Celui, celle qui est chargé d'une tutelle. ◆ *Tuteur officieux*, celui qui est chargé de la tutelle officieuse. ◆ *Fig. Il n'a pas besoin de tuteur*, se dit d'un homme qui sait conduire ses affaires. ◆ *Fig.* « *Nous sommes des enfants qui avons besoin d'un tuteur sévère* », BOSSUET. ◆ *Fig. Tuteurs des rois*, s'est dit des parlements sous l'ancienne monarchie. ◆ *Fig.* Celui, celle qui protège. « *Les souverains ne sont que les pères et les tuteurs du peuple* », FÉNELON. ◆ N. m. Bâton contre lequel on attache une plante faible, tordue ou mal dirigée, qu'on veut soutenir ou redresser.

TUTEURER, ■ v. tr. [tytøʀe] (*tuteur*) **Hortic.** Pourvoir une plante d'un tuteur pour la maintenir ou la redresser. *Tuteurer des roses trémières.* ■ TUTEURAGE, n. m. [tytøʀaʒ]

TUTIE, n. f. [tyti] (ar. *tutiya*) Oxyde de zinc mêlé de protoxyde de fer, d'oxyde de plomb, d'oxyde de cadmium, etc. qui s'attache aux cheminées des fourneaux dans lesquels on traite les minerais de fer contenant du zinc. ◆ *Onguent de tutie.*

TUTOIEMENT, n. m. [tytwamã] (*tutoyer*) Action de tutoyer. ■ REM. On écrivait aussi *tutoîment* autrefois.

TUTORAT, n. m. [tytɔʀa] (*tuteur*) Aide et soutien apportés à des étudiants par des enseignants ou des étudiants avancés.

TUTOYÉ, ÉE, p. p. de tutoyer. [tytwaje]

TUTOYER, v. tr. [tytwaje] (1 *tu* et suff. verbal -*oyer*) L'y se change en *i* devant l'*e* muet : *je tutoie, je tutoierai.* Dire à quelqu'un tu et toi, au lieu de vous, qui est la forme polie dans notre langue. ◆ **Absol.** « *On tutoyait alors au théâtre* », VOLTAIRE. ◆ Se tutoyer, v. pr. Employer entre soi les tu et les toi. ◆ Avec ellipse du pronom personnel. « *Jamais Molière n'a fait tutoyer les amants* », VOLTAIRE.

TUTOYEUR, EUSE, ■ adj. [tytwajœʀ, øz] (*tutoyer*) Qui tutoie facilement. *Il n'est pas facilement tutoyeur.*

TUTTI, n. m. [tuti] (mot it., tous) **Mus.** Tous les instruments de l'orchestre pris ensemble. ◆ Au sing. Phrase musicale jouée par tous les instruments de l'orchestre ensemble. *Un tutti.* ◆ Au pl. *Des tuttis* ou *des tutti* (pluriel italien).

TUTTI FRUTTI, ■ adj. inv. [tutifʀuti] (mot it., de *tutti*, tous, et *frutti*, fruits) Qui est composé de plusieurs parfums. *Une glace tutti frutti.* ■ N. m. Dessert composé de plusieurs fruits coupés en morceaux.

TUTTI QUANTI, ■ loc. adv. [tutikwãti] (loc. it., tous autant qu'ils sont) Toutes les choses ou tous les gens de la même espèce, etc. *Les roses, les tulipes, les pivoines et tutti quanti.*

TUTU, ■ n. m. [tyty] (altér. de *cucu*, redoublement de *cul*) Jupe formée de plusieurs épaisseurs de tulle, portée par les danseuses de ballet.

TUYAU, n. m. [tɥijo] (anc. b. frq. *thuta*, tuyau) Petit canal de fer, de plomb, de bois, de terre cuite, etc. *Tuyau de fontaine. Les tuyaux d'un poêle.* ◆ *En tuyaux d'orgue*, se dit d'objets rangés à côté l'un de l'autre et dont la longueur est décroissante. ◆ Le bout creux de la plume des oiseaux. ◆ Tige creuse du blé et de certaines plantes. ◆ *Par extens.* Tout ce qui a la forme d'un tuyau. ◆ *Fam. Parler dans le tuyau de l'oreille*, parler bas, en secret à quelqu'un. ◆ Gros pli cylindrique qu'on fait à du linge empesé, à une dentelle ou bande de tulle ou de mousseline. ◆ Se dit de plusieurs coquilles. ◆ *Fam.* Information confidentielle. *Je vais te donner un tuyau.*

TUYAUTAGE, n. m. [tɥijotaʒ] (*tuyauter*) Ensemble des tuyaux d'une machine à vapeur. ◆ **Techn.** Action de tuyauter.

TUYAUTER, v. tr. [tɥijote] (*tuyau*) **Techn.** Former des plis en forme de tuyaux avec un fer rond à une étoffe ou à une garniture de dentelle, de tulle ou de mousseline. ◆ N. m. *Un tuyauté*, une étoffe tuyautée.

TUYAUTERIE, n. f. [tɥijot(ə)ʀi] (*tuyau*) Fabrique de tuyaux. ◆ Ensemble des tuyaux qui constituent une installation.

TUYÈRE, n. f. [tɥijɛʀ] (*tuyau*) Tube conique en métal, qui conduit le vent d'un soufflet dans un fourneau, et dans lequel est engagée la buse du soufflet.

TVA, ■ n. f. [tevea] (sigle de *taxe sur la valeur ajoutée*) Taxe indirecte prélevée sur les biens et les services, et reversée à l'État par les entreprises qui la perçoivent. *Une TVA à 19,6 %.*

TWEED, ■ n. m. [twid] (mot angl.) Tissu de laine cardée, d'armure de toile ou de serge, généralement bicolore. *Une veste en tweed.*

TWEETER ou **TWEETEUR**, ■ n. m. [twitœʀ] (mot angl., de *to tweet*, gazouiller) Haut-parleur qui traite les sons aigus.

TWIN-SET, ■ n. m. [twinsɛt] (mot angl., de *twin*, jumeau, et *set*, ensemble) Ensemble en tricot constitué d'un pull et d'un gilet assorti. *Des twin-sets.*

TWIRLING-BÂTON ou **TWIRLING**, ■ n. m. [twiʀliŋbatɔ̃, twiʀliŋ] (angl. *to twirl*, tourner rapidement, et *bâton*) **Sp.** Discipline qui consiste à effectuer des figures de gymnastique tout en maniant un bâton. *Des twirling-bâtons.*

TWIST, ■ n. m. [twist] (mot angl., de *to twist*, tordre) Danse d'origine américaine des années 1960, caractérisée par un mouvement de rotation du bassin et des genoux. *Danser le twist.* ■ Par extens. Musique rapide sur laquelle on exécute cette danse.

TWISTER, ■ v. intr. [twiste] (*twist*) Danser le twist.

TYLENCHUS, ■ n. m. [tilɛ̃kys] (gr. *tulos*, protubérance, et *egkhelus*, anguille) **Zool.** Ver parasite du blé.

TYMPAN, n. m. [tɛ̃pã] (lat. *tympanum*, du gr. *tumpanon*, tambour) **Anat.** Cavité de forme irrégulière creusée dans la base du rocher, tapissée par une membrane muqueuse, communiquant au pharynx par la trompe d'Eustache, et constituant l'oreille moyenne. ✦ *La membrane du tympan,* membrane tendue entre l'oreille moyenne et l'oreille externe. ✦ *Un bruit à briser le tympan,* un bruit très fort. ✦ **Impr.** Feuille de parchemin, ou morceau d'étoffe étendu sur un châssis de bois ; on y met les feuilles à imprimer. ✦ **Archit.** Espace uni qui se trouve encadré par les trois corniches d'un fronton. ✦ *Tympan d'arcade,* espace triangulaire qui résulte d'une arcade circonscrite par des lignes droites. ✦ Panneau de bois renfermé entre des moulures. ✦ **Méc.** Pignon enté sur un arbre, et qui engrène dans les dents d'une roue.

TYMPANAL, ■ n. m. [tɛ̃panal] (*tympan*) **Anat.** Os qui sert de support au tympan. *Des tympanaux.*

TYMPANIQUE, ■ adj. [tɛ̃panik] (*tympan*) **Anat.** Qui concerne le tympan. *Trouble tympanique.*

TYMPANISÉ, ÉE, p. p. de tympaniser. [tɛ̃panize]

TYMPANISER, v. tr. [tɛ̃panize] (lat. *tympanizare,* battre du tambour) Faire connaître à grand bruit (emploi vieilli). « *C'est lui qui dans des vers vous a tympanisées* », MOLIÈRE. ✦ Décrier hautement quelqu'un, déclamer contre lui. « *Gare qu'aux carrefours on ne vous tympanise !* », MOLIÈRE. ✦ Se tympaniser, v. pr. *Être tympanisé,* devenir ridicule.

TYMPANISME, ■ n. m. [tɛ̃panism] (*tympanite*) **Méd.** Distension du thorax ou de l'abdomen sous l'effet d'un excès d'air ou de gaz.

TYMPANITE, n. f. [tɛ̃panit] (b. lat. *tympanites,* du gr. *tumpanitês,* malade atteint d'hydroposie) **Méd.** Gonflement de l'abdomen produit par le développement de gaz dans le tube digestif. ✦ Formation et accumulation de gaz dans le tube digestif, plus particulièrement dans le rumen des bêtes bovine et ovine.

TYMPANON, n. m. [tɛ̃panɔ̃] (gr. *tumpanon,* tambour) Instrument de musique monté avec des cordes de laiton, et qu'on touche avec deux petites baguettes de bois.

TYMPANOPLASTIE, ■ n. f. [tɛ̃panoplasti] (*tympan* et *-plastie*) **Chir.** Reconstruction chirurgicale d'un tympan.

TYNDALLISATION, ■ n. f. [tɛ̃dalizasjɔ̃] (*Tyndall,* nom d'un physicien irlandais) **Techn.** Technique de stérilisation qui alterne plusieurs fois de suite des périodes de chauffe et de refroidissement.

TYPE, n. m. [tip] (lat. ecclés. *typus,* du gr. *tupos,* empreinte laissée par un coup, marque, modèle) Empreinte qui sert à faire d'autres empreintes. ✦ Caractères d'imprimerie. *De beaux types.* ✦ Par extens. Modèle original. *Selon les platoniciens, les idées de Dieu sont les types de toutes les choses créées.* ✦ Objet qui fait autorité comme modèle. *Le type du mètre.* ✦ **Peint.** et **sculpt.** Image qui fait autorité, et qui sert de règle pour d'autres images semblables. ✦ **Chim.** *Types chimiques,* système ou assemblage de molécules hétérogènes, dans lequel une ou plusieurs molécules peuvent être remplacées par d'autres, sans que la nature chimique du système entier soit troublée. ✦ **Bot.** Un genre de plantes sert de type à une famille, lorsqu'il contient le plus grand nombre de caractères communs aux autres genres de la même famille. ✦ Ensemble des caractères distinctifs d'une race [1]. *Le type européen.* ✦ Caractère, portrait original et fortement tracé. *Cet homme est un type.* ✦ Symbole. « *Ces secrets du ciel sont peut-être le type des lois morales et physiques du monde* », CHATEAUBRIAND. ✦ Il se dit de ce qui, dans l'Ancien Testament, est regardé comme la figure du Nouveau Testament. ✦ Figure symbolique empreinte sur une médaille. ✦ **Astron.** Description graphique. ✦ **Méd.** Ordre dans lequel se montrent et se succèdent les symptômes d'une maladie. ■ REM. 1 : Appliquée aux humains, la notion de race ne repose sur aucun fondement scientifique et a une connotation raciste.

TYPÉ, ÉE, ■ adj. [tipe] (*type*) Qui correspond à un modèle servant de référence. *Un personnage de roman très typé.* ■ Qui présente nettement les caractéristiques physiques propres à un groupe d'individus. *Une amie vietnamienne très typée.*

TYPER, ■ v. tr. [tipe] (*type*) Donner des traits caractéristiques à. *L'auteur a su typer son héros.*

TYPESSE, ■ n. f. [tipɛs] (*type*) **Fam.** et **péj.** Femme. « *Gérard, mon vieux, disait Paul entre ses lèvres, n'écoute pas cette typesse* », COCTEAU.

TYPHIQUE, adj. [tifik] (*typhus*) **Méd.** Qui est relatif au typhus. ■ N. m. *Un typhique,* un malade du typhus.

TYPHLITE, ■ n. f. [tiflit] (gr. *tuphlos,* aveugle) **Méd.** Inflammation du cæcum.

TYPHOÏDE, adj. [tifoid] (*typhus* et *-oïde*) **Méd.** Qui a les caractères du typhus. ✦ *Fièvre typhoïde,* dothiénentérie, fièvre continue, caractérisée par une éruption intestinale, souvent par des désordres dans les fonctions des poumons et du cerveau, par des taches à la peau. ✦ *Affections typhoïdes,* diverses maladies aiguës qui ont la plus grande ressemblance avec le typhus.

TYPHOÏDIQUE, ■ adj. [tifoidik] (*typhoïde*) **Méd.** Qui concerne la fièvre typhoïde.

TYPHON, n. m. [tifɔ̃] (lat. *typhon,* du gr. *tuphon,* tourbillon) Nom qu'on donne, dans les mers du Japon, à une sorte de tourbillon qui est fort dangereux pour la navigation.

TYPHOSE, ■ n. f. [tifoz] (*typhus*) Maladie qui touche surtout les volailles.

TYPHUS, n. m. [tifys] (gr. *tuphos,* torpeur, léthargie) **Méd.** Fièvre continue et contagieuse qui naît de l'encombrement des hommes dans les prisons, les hôpitaux, les casernes, les vaisseaux, etc., et qui présente un trouble du système nerveux, un état morbide des membranes muqueuses, et presque toujours une éruption pétéchiale. ✦ *Typhus d'Orient,* la peste. ✦ **Vétér.** Maladie de l'espèce bovine éminemment contagieuse.

TYPICITÉ, ■ n. f. [tipisite] (*typique*) Ensemble des qualités et des caractéristiques propres à un vin ou un aliment. *La typicité d'une eau-de-vie.*

TYPIQUE, adj. [tipik] (lat. chrét. *typicus,* du gr. *tupikos,* allégorique) **Hist. nat.** Caractères typiques, ceux qui ne conviennent qu'à la majorité des corps compris dans un groupe, ou à ceux qui occupent le centre de ce groupe et lui servent en quelque sorte de type. ✦ Symbolique, allégorique. *Le langage prophétique ou typique.*

TYPIQUEMENT, ■ adv. [tipik(ə)mɑ̃] (*typique*) D'une manière caractéristique. *Un plat typiquement français.*

1 **TYPO, OTE,** ■ n. m. et n. f. [tipo, ɔt] **Fam.** Abréviation de *typographe.*

2 **TYPO,** ■ n. f. [tipo] **Fam.** Abréviation de *typographie.*

TYPOCHROMIE, n. f. [tipokʁomi] (*typo-* et gr. *khrôma,* couleur) Impression typographique en couleur.

TYPOGRAPHE, n. m. et n. f. [tipogʁaf] (gr. *tupos,* marque, empreinte, caractère, et *-graphe*) Personne qui sait, qui exerce l'art de la typographie. ■ **Abrév. fam.** Typo. *Des typos.*

TYPOGRAPHIE, n. f. [tipogʁafi] (gr. *tupos,* marque, empreinte, caractère, et *-graphie*) Art de l'imprimerie. ✦ Réunion de tous les arts qui concourent à l'imprimerie. ✦ Grand établissement typographique. ■ **Spécialt** Ensemble des procédés de composition. ■ Présentation graphique d'un texte imprimé. *Les types de caractères, la mise en forme, la mise en page, etc., relèvent de la typographie.* ■ **Abrév.** Typo. *Une belle typo.* ■ TYPOGRAPHIER, v. tr. [tipogʁafje] *Typographier un document.*

TYPOGRAPHIQUE, adj. [tipogʁafik] (*typographie*) Qui a rapport à la typographie. *L'art typographique. Fautes typographiques.* ■ Relatif aux typographes. *Un jargon typographique.*

TYPOGRAPHIQUEMENT, adv. [tipogʁafik(ə)mɑ̃] (*typographique*) D'après les procédés de la typographie. ■ En ce qui concerne la typographie. *Cet ouvrage est typographiquement bien fait.*

TYPOLITHOGRAPHIE, ■ n. f. [tipolitogʁafi] (gr. *tupos,* caractère, et *lithographie*) **Techn.** Impression utilisant à la fois la typographie et la lithographie.

TYPOLOGIE, ■ n. f. [tipolɔʒi] (gr. *tupos,* marque, et *-logie*) Étude des traits caractéristiques d'un ensemble de données en vue d'une classification. *La typologie des exemples dans un dictionnaire.* ■ **Psych.** Étude des types humains considérés du point de vue des rapports entre les caractères morphologiques, biologiques ou psychologiques. ■ TYPOLOGIQUE, adj. [tipolɔʒik] *Une classification typologique.*

TYPOMÈTRE, ■ n. m. [tipomɛtʁ] (gr. *tupos,* caractère, et *-mètre*) **Impr.** Règle graduée en millimètres sur un côté et en points typographiques de l'autre, utilisée dans les métiers de l'imprimerie. *Le typomètre sert à évaluer en points et multiples du point toutes les mesures du système typographique.*

TYPON, ■ n. m. [tipɔ̃] (*Typon,* firme qui a conçu ce film) **Impr.** Film photographique, positif ou négatif, destiné à la copie sur plaque offset. *La couche sensible d'un typon est située sur son recto lisible ; en revanche, la face sensible du typon est située sur le verso.*

TYPTO..., ■ [tipto] préfixe, du gr. *tuptein,* frapper *La typtologie.*

TYPTOLOGIE, ■ n. f. [tiptolɔʒi] (gr. *tuptein* et *-logie*) **Didact.** Mode de communication des esprits par coups frappés. *La typtologie ne tarda pas à se perfectionner, et s'enrichit d'un moyen de communication plus complet, celui de la typtologie alphabétique qui consiste à faire désigner les lettres de l'alphabet au moyen des coups frappés.*

TYRAMINE, ■ n. f. [tiʁamin] (gr. *turos,* fromage, et *amine*) **Chim.** Médicament à base de tyrosine, utilisé dans le traitement de l'hypertension. *La tyramine est naturellement présente dans plusieurs aliments riches en protéines.*

TYRAN, n. m. [tiʁɑ̃] (lat. *tyrannus,* gr. *turannos,* maître absolu) Dans l'Antiquité grecque, celui qui s'empara de l'autorité souveraine sur une communauté républicaine. ✦ Celui qui a usurpé la puissance souveraine dans un État. ✦ Prince, usurpateur ou non, qui gouverne avec injustice, avec cruauté, en foulant aux pieds les lois divines et humaines. ✦ Par extens. Il se dit de tous ceux qui tyrannisent. *Il est le tyran de sa famille.* ✦ *Tyran* *domestique,* celui qui tyrannise sa famille, sa maison. ♦ **Fig.** Il se dit de choses dont on compare l'action à la tyrannie des hommes. « *Secrets tyrans de ma pensée, Respect, amour* », P. CORNEILLE. « *Les vents, fougueux tyrans des eaux* », VOLTAIRE. ♦ **Prov.** *L'usage est le tyran des langues,* l'usage prévaut sur les règles de la grammaire. ♦ Oiseau du genre faucon. ♦ Genre d'oiseaux sylvains ou de passereaux de la famille des gobe-mouches. ♦ On dit *tyran,* en parlant d'une femme.

TYRANNEAU, n. m. [tiʀano] (dimin. de *tyran*) Fam. Tyran subalterne. ♦ Genre d'oiseaux sylvains ou de passereaux. ■ REM. Est auj. littéraire, pour le premier sens.

1 **TYRANNICIDE,** n. m. [tiʀanisid] (lat. *tyrannicidium,* de *tyrannicida*) Meurtre d'un tyran. ■ REM. Est littéraire auj.

2 **TYRANNICIDE,** n. m. [tiʀanisid] (lat. *tyrannicida,* de *tyrannus,* et *cædere,* tuer) Celui qui tue un tyran. ■ REM. Est littéraire auj.

TYRANNIE, n. f. [tiʀani] (b. lat. ecclés. *tyrannia*) Domination usurpée et illégale, bien ou mal exercée (sens ancien). ♦ Gouvernement injuste et cruel, légitime ou non. ♦ Toute sorte d'oppressions et de violences. ♦ ▷ Abus de l'empire sur les animaux. ◁ ♦ Humeur, conduite impérieuse et violente dans les rapports de famille ou de société. ♦ **Fig.** Pouvoir que certaines choses ont d'ordinaire sur les hommes. *La tyrannie de la beauté, de la coutume.*

TYRANNIQUE, adj. [tiʀanik] (lat. *tyrannicus,* gr. *turannikos*) Qui tient de la tyrannie, qui est injuste, violent. « *La force sans la justice est tyrannique* », PASCAL. ♦ Qui tyrannise. « *Exercer un empire tyrannique sur les opinions* », FLÉCHIER. ♦ **Fig.** Qui exerce un pouvoir sur l'esprit des hommes, en parlant de choses. « *Un art tyrannique* », P. CORNEILLE. ■ Qui impose des contraintes de façon pénible. *Une loi tyrannique.*

TYRANNIQUEMENT, adv. [tiʀanik(ə)mɑ̃] (*tyrannique*) Avec tyrannie. ■ REM. Est littéraire auj.

TYRANNISÉ, ÉE, p. p. de tyranniser. [tiʀanize]

TYRANNISER, v. tr. [tiʀanize] (b. lat. *tyrannizare,* exercer la tyrannie) Traiter tyranniquement. *Néron tyrannisa l'empire romain.* ♦ Avoir une humeur, une conduite impérieuse et violente dans les rapports de société et de famille. « *Il ne faut pas tyranniser ses amis* », PASCAL. ♦ Il se dit de choses exerçant une tyrannie morale. « *Il est tyrannisé par ses passions* », FÉNELON.

TYRANNOSAURE, ■ n. m. [tiʀanozɔʀ] (lat. sav. [xxᵉ s.] *tyrannosaurus,* du gr. *turannos,* et *sauros,* lézard) Grand reptile fossile carnivore et bipède, ayant vécu en Amérique du Nord à la fin de l'ère secondaire. *La mâchoire des tyrannosaure,* composée d'une soixantaine de dents de 20 cm de hauteur, était capable de s'ouvrir sur plus d'un mètre.

TYRIEN, IENNE, ■ adj. [tiʀjɛ̃, jɛn] (*Tyr,* cité phénicienne, aujourd'hui Sûr, au Liban) Relatif à l'ancienne ville de Tyr. *La flotte tyrienne.* ■ Rose tyrien, rose qui tire vers le mauve. ■ N. m. et n. f. Habitant ou originaire de l'ancienne ville de Tyr. *Un Tyrien, une Tyrienne.*

TYR(O), ■ [tiʀo] préfixe, du gr. *turos,* fromage.

TYROLIEN, IENNE, ■ adj. [tiʀɔljɛ̃, jɛn] (*Tyrol,* état d'Autriche) Relatif au Tyrol. *De la musique tyrolienne. Chapeau tyrolien,* feutre à plume. ■ N. m. et n. f. Habitant ou originaire du Tyrol. *Un Tyrolien, une Tyrolienne.*

TYROLIENNE, n. f. [tiʀɔljɛn] (fém. substantivé de *tyrolien*) Sorte de chanson montagnarde à trois temps, qui s'exécute en franchissant avec un accent particulier, et à l'aide de certains coups de gosier, d'assez grands intervalles, dans lesquels on passe de la voix de poitrine à la voix de tête. ♦ Danse ou valse du Tyrol. ■ **Techn.** Boîtier métallique muni d'ailettes internes mues par une manivelle et qu'on utilise pour projeter du crépi. *Ils ont choisi ce type de crépi au mortier, projeté à la tyrolienne, pour qu'il adhère bien à la maçonnerie.*

TYROSINASE, ■ n. f. [tiʀozinaz] (*tyrosine* et *-ase,* enzyme) **Chim.** Acide aminé permettant la synthèse des protéines ainsi que la production de la mélanine en activant l'oxydation de la tyrosine. *La tyrosinase peut être aisément extraite de diverses sources végétales telles que la pomme de terre, la peau de banane ou le champignon de Paris.*

TYROSINE, ■ n. f. [tiʀozin] (gr. *turos,* fromage) **Chim.** Acide aminé essentiel présent dans les céréales, les féculents et les fruits et permettant de produire la mélanine. *La tyrosine est nécessaire dans la production des neurotransmetteurs.*

TYROTHRICINE, ■ n. f. [tiʀotʀisin] (gr. *turos,* fromage, et *thrix,* cheveu) **Méd.** Antibiotique utilisé localement dans le traitement des affections bactériennes notamment de la bouche et de la gorge. *La tyrothricine est un antibiotique local non absorbé dans l'intestin.*

TZAR, n. m. [tsar] Voy. TSAR.

TZARINE, ■ n. f. [tsarin] Voy. TSARINE.

TZICANE, n. m. [tsikan] ▷ Syn. de tzingari. ♦ Langue des tzingaris. ◁

TZIGANE, ■ n. m. et n. f. ou adj. [tsigan] Voy. TSIGANE.

TZINGARI, n. m. [tsiŋgari] (ital. *zingaro,* bohémien) ▷ Nom de vagabonds qui marchent par petites bandes, qui disent la bonne aventure, exercent de petits métiers, et dont l'origine paraît indienne. ◁

u

U, n. m. [y] La cinquième des voyelles et la vingt et unième lettre de l'alphabet. *Un grand U. Un petit u.* ♦ On distinguait autrefois deux sortes d'*u*, l'*u* voyelle et l'*u* consonne qui est le *v.* ♦ On met un tréma sur l'*u* quand on veut indiquer qu'il se prononce séparément de la voyelle qui le précède : *Ésaü, Saül.* ■ EN U, loc. adj. En forme de U. *Un tuyau en U.*

UBAC, ■ n. m. [ybak] (mot dial. du S-E, du lat. *opacus*, qui est à l'ombre) **Géogr.** Pente d'une montagne exposée au nord et par conséquent peu ensoleillée. *L'ubac et l'adret.*

UBIQUISTE, n. m. et n. f. [ubikɥist] (lat. *ubique*, partout) ▷ Dans l'université de Paris, docteur en théologie qui n'était attaché à aucune maison particulière. ◁ ♦ **Adj. Fam.** *Il est ubiquiste,* se dit d'un homme qui se trouve bien partout. ♦ Se dit, par exagération, d'un homme qui voyage très fréquemment et très rapidement, de sorte qu'il paraît être dans plusieurs endroits à la fois. ♦ N. m. et n. f. Syn. d'ubiquitaire. ■ **Adj. Didact.** Qui est omniprésent, qui est partout en même temps. *Un fakir ubiquiste.* ■ **Biol.** *Espèce ubiquiste,* qui est capable de vivre et de se développer dans des milieux très divers. *Les jonquilles poussent sur de nombreux types de terrains et sont considérées comme une espèce ubiquiste.*

UBIQUITAIRE, n. m. et n. f. [ybikɥitɛʀ] (*ubiquité*) ▷ Luthérien qui admet que le corps de Jésus-Christ est présent dans l'eucharistie en vertu de sa divinité présente partout. ◁ ♦ **Adj.** Qui se trouve en tous lieux. *Maladie ubiquitaire.* ■ N. m. et n. f. Syn. de ubiquiste.

UBIQUITÉ, n. f. [ybikɥite] (lat. *ubique*, partout) État de ce qui est partout. « *L'accord de la prescience de Dieu avec notre liberté n'est pas plus incompréhensible pour nous que son ubiquité* », VOLTAIRE. ♦ **Fam.** *Il est doué du don de l'ubiquité,* se dit d'un homme qui est partout, qu'on voit partout. ♦ ▷ Opinion des luthériens ubiquitaires. ◁ ■ REM. On dit aussi. *avoir le don d'ubiquité* pour dire de quelqu'un qu'on le voit partout. *Je n'ai pas le don d'ubiquité,* je ne peux pas être partout à la fois.

UBUESQUE, ■ adj. [ybɥɛsk] ou [ybɥɛsk] (*Ubu*, personnage créé par Alfred Jarry, 1873-1907) Grotesque et cruel, par analogie au personnage d'Ubu roi. *Une situation ubuesque.*

UCHRONIE, ■ n. f. [ykʀɔni] (gr. nég. *ou*, et *khronos*, temps, sur le modèle de *utopie*) **Litt.** Reconstitution fictive d'une période du passé en s'appuyant sur des postulats historiques différents de ceux qui sont connus. *Le plus ancien exemple connu d'uchronie apparaît dans l'*Histoire de Rome *depuis sa fondation de Tite-Live : il réfléchit à la possibilité qu'Alexandre le Grand ait lancé sa conquête à l'ouest plutôt qu'à l'est ; il aurait attaqué Rome au IVe siècle avant J.-C.*

UEM, ■ n. f. [yœm] (sigle de *Union économique et monétaire*) Union des systèmes économiques et monétaires de différents pays ou États. *Afin de préciser les dispositions du traité relatives à l'*UEM*, le Conseil européen a adopté, en juin 1997, le Pacte de stabilité et de croissance, constitué de deux règlements visant à assurer la discipline budgétaire dans le contexte de l'*UEM.

UFOLOGIE, ■ n. f. [yfɔlɔʒi] (acronyme angl. de *Unidentified Flying Object*, objet volant non identifié, et *-logie*) Étude des ovnis et des phénomènes relatifs à ces engins. *L'ufologie est une étude difficile car les phénomènes se manifestent de façon rare et aléatoire et les données sont principalement des témoignages d'observations fortuites.*

UFR, ■ n. f. [yɛfɛʀ] (sigle de *unité de formation et de recherche*) Unité de formation et de recherche dans l'enseignement universitaire. *L'*UFR *d'anglais.*

UHLAN, ■ n. m. [ylɑ̃] (mot all., du turc *oglan*, jeune homme) Cavalier armé de lance, dans l'armée autrichienne ; il a de là passé dans l'armée allemande. ♦ Au pl. Des uhlans. ■ REM. On écrivait aussi *hulan* et *houlan* autrefois.

UHT, ■ n. f. [yaʃte] (sigle de *ultra-haute température*) Mode de stérilisation par élévation brutale de la température puis refroidissement sous vide. *Du lait* UHT.

UKASE, n. m. [ukaz] Voy. OUKASE.

UKRAINIEN, IENNE, ■ adj. [ykʀɛnjɛ̃, jɛn] (*Ukraine*) Relatif à l'Ukraine. *La géographie ukrainienne.* ■ N. m. et n. f. Habitant ou originaire d'Ukraine.

Un Ukrainien, une Ukrainienne. ■ N. m. L'*ukrainien,* langue slave parlée en Ukraine. *L'ukrainien est parlé par 41 millions de locuteurs.*

UKULELE ou **UKULÉLÉ**, ■ n. m. [ukulele] ou [jukulele] (mot hawaien, de *uku*, puce, et *lele*, qui saute) Petite guitare originaire d'Hawaï à quatre cordes que l'on gratte ou que l'on pince. *Des ukulélés.*

ULCÉRATION, n. f. [ylseʀasjɔ̃] (lat. impér. *ulceratio*) **Méd.** Formation d'un ulcère. ♦ Solution de continuité des parties molles avec perte de substance, plus ou moins ancienne, accompagnée de suppuration. ♦ Ulcère superficiel.

ULCÉRÉ, ÉE, p. p. de ulcérer. [ylseʀe] **Fig.** *Conscience ulcérée,* conscience pressée de remords. ♦ **Fig.** En proie à une souffrance morale. ♦ Animé d'un ressentiment comparé à un ulcère. « *L'homme le plus juste, quand il est ulcéré, voit rarement les choses comme elles sont* », J.-J. ROUSSEAU. ■ **Adj. Méd.** Qui subit une ulcération. *Une lésion ulcérée.*

ULCÈRE, n. m. [ylsɛʀ] (lat. *ulcus*, génit. *ulceris*, ulcère, plaie) Plaie ancienne et ne tendant pas à cicatrisation. ♦ **Fig.** « *Dieu coupe jusqu'au vif pour guérir l'ulcère de notre cœur* », FÉNELON. ♦ *Ulcère perforant de l'estomac,* destruction plus ou moins étendue de la muqueuse de l'estomac, en dehors de toute production ayant forme de tumeur. ♦ *Ulcère des arbres,* plaie ayant son siège dans le système ligneux des végétaux arborescents, sur les tiges, les rameaux ou les racines.

ULCÉRER, v. tr. [ylseʀe] (lat. *ulcerare*, blesser) Produire, causer un ulcère. *Éruptions qui ulcèrent la peau.* ♦ **Fig.** Faire naître dans le cœur de quelqu'un un ressentiment profond et durable. *Ce discours, ce faux rapport l'a fort ulcéré.* ♦ S'ulcérer, v. pr. Être ulcéré. *La plaie s'est ulcérée.* ■ ULCÉRATIF, IVE, adj. [ylseʀatif, iv] *Un syndrome ulcératif.*

ULCÉREUX, EUSE, adj. [ylseʀø, øz] (lat. impér. *ulcerosus*, couvert d'ulcères) **Méd.** Qui est couvert d'ulcères. *Un corps tout ulcéreux.* ♦ Qui tient de la nature de l'ulcère. *Plaie ulcéreuse.* ■ N. m. et n. f. Personne atteinte d'un ulcère, notamment de l'estomac. *Une ulcéreuse.*

ULCÉROÏDE, ■ adj. [ylseʀɔid] (*ulcère* et *-oïde*) **Méd.** Qui a les caractéristiques de l'ulcère. *Une lésion ulcéroïde.*

ULÉMA ou **OULÉMA**, n. m. [ulema] (turc *ulema*, savants, de l'ar. *ulama*, plur. de *alim*, savant, érudit) Chez les Turcs, docteur de la loi, ayant pour fonction d'expliquer le Coran, de présider aux exercices de la religion, de rendre la justice au peuple[1]. *Le corps des uléma comprend les imans, les muftis et les cadis.* ♦ ▷ L'Académie met à tort une *s* au pluriel. C'est abusivement que l'on dirait au singulier *un uléma.* ◁ ■ REM. On écrit auj. au plur. *des ulémas* ou *des oulémas.* ■ REM. 1 : À l'époque de Littré, *turc* se disait abusivement pour *musulman.*

ULLUQUE ou **ULLUCU**, ■ n. m. [ylyk, ylyky] (dial. du Pérou *ulluco*) **Bot.** Plante dont les tubercules sont comestibles, originaire d'Amérique du Sud. *Des ulluques, des ullucus.*

ULM, ■ n. m. [yɛlɛm] (sigle de *Ultra léger motorisé*) Aéronef ultraléger, simple de conception, monoplace ou biplace et dont le moteur est de faible puissance. *Une base d'*ULM.

ULMACÉES, n. f. pl. [ylmase] (lat. *ulmus*, orme et *-acée*) **Bot.** Famille de plantes dont l'*ulmus*, orme, est le type.

ULMAIRE, ■ n. f. [ylmɛʀ] (lat. sav. *ulmaria*, de lat. *ulmus*, orme, pour la ressemblance entre les feuilles) Plante dite aussi *reine des prés, spiræa ulmaria.*

ULMISTE, ■ n. m. et n. f. [ylmist] (*ulm*) Pilote d'un ULM ; passager d'un ULM.

ULNA, ■ n. f. [ylna] (mot lat. imp., avant-bras) **Anat.** Cubitus, avant-bras. ■ ULNAIRE, adj. [ylnɛʀ] *Une fracture ulnaire.*

ULTÉRIEUR, EURE, adj. [ylteʀjœʀ] (lat. *ulterior*, du radic. de *ultra*, par-delà, plus loin) **Géogr.** Qui est au-delà, par opposition à citérieur. *L'Inde ultérieure est au-delà du Gange, qui la sépare de l'Inde citérieure.* ♦ **Fig.** Qui se fait, qui arrive après. *Les nouvelles ultérieures ont confirmé ce qui se disait.*

ULTÉRIEUREMENT, adv. [ylteʀjœʀ(ə)mɑ̃] (*ultérieur*) Par-delà, outre ce qui a été dit ou fait. ♦ Postérieurement, ensuite.

ULTIÈME, adj. [yltjɛm] Voy. ULTIME.

ULTIMATUM, n. m. [yltimatɔm] (neutre du lat. médiév. *ultimatus*, du lat. *ultimus*, dernier) **Diplomat.** Les dernières conditions que l'on met à un traité, auxquelles l'on tient irrévocablement, et surtout celles dont le refus est suivi d'une déclaration de guerre. ♦ **Par extens.** Se dit d'une résolution quelconque, définitive, irrévocable, à laquelle s'arrête un gouvernement, un général d'armée et même un homme d'affaires, au sujet d'une chose en litige. ■ Exigence, ordre qu'on ne peut contester. *Poser des ultimatums.*

ULTIME, adj. [yltim] (lat. *ultimus*, le plus au-delà, dernier) **Didact.** Qui est placé au dernier rang. *La syllabe ultime d'un mot.* ♦ En ce sens, les grammairiens, disent quelquefois *ultième.* ■ Dernier, dans le temps. *C'était son ultime souhait.*

ULTIMO, ■ adv. [yltimo] (mot lat., de *ultimo [loco]*, ablat. de *ultimus*, dernier, et *locus*, lieu, rang) **Rare** En dernier lieu, dans une énumération. *Primo, secundo et ultimo...*

1 ULTRA, n. m. [yltʀa] (substantivation du lat. *ultra*, au-delà) ▷ *Ultra*, homme voulant aller au-delà de ce que désire son parti. *Les ultras.* ◁ ◆ **Par extens.** Il se dit de tous ceux qui exagèrent quelque théorie. ◆ *Nec-plus-ultra*, Voy. NON-PLUS-ULTRA. ■ **Adj. inv.** *Cette fille est ultra. Ils sont ultra.* ■ **Rem.** Graphies anciennes : *nec-plus-ultrà, non-plus-ultrà*

2 ULTRA..., ■ [yltʀa] (mot lat., au-delà, par-delà) Préfixe, du lat. *ultra*, au-delà, employé en composition pour désigner ce qui est au-delà des bornes raisonnables. *Ultraroyaliste, ultrarévolutionnaire, etc.* ■ **Rem.** On peut l'employer avec un trait d'union lorsqu'il est en composition avec un adjectif : *ultra-léger, ultra-plat*.

ULTRABASIQUE, ■ adj. [yltʀabazik] (2 *ultra-* et *base*) **Minér.** *Roche ultrabasique*, roche magmatique sombre, contenant moins de 45 % de silice, très riche en magnésium, en fer et en calcium. *la dunite est une roche ultrabasique fréquente dans les massifs miniers de Nouvelle-Calédonie.*

ULTRACENTRIFUGATION, ■ n. f. [yltʀasɑ̃tʀifygasjɔ̃] (2 *ultra-* et *centrifugation*) **Sc.** Technique de centrifugation effectuée au moyen d'appareils tournant à vitesse très élevée et permettant la séparation par sédimentation différentielle des différents composants d'un mélange. *La séparation des constituants cellulaires et des molécules par centrifugation et ultracentrifugation.*

ULTRACENTRIFUGEUSE, ■ n. f. [yltʀasɑ̃tʀifyʒøz] (2 *ultra-* et *centrifugeuse*) **Sc.** Centrifugeuse de très forte puissance. *Un rotor d'ultracentrifugeuse.*

ULTRACHIC, ■ adj. [yltʀaʃik] (2 *ultra-* et *chic*) Très chic, très élégant. *Des tenues ultrachics.* « *Il se trouve installé dans la brasserie ultra-chic de Bône* », KATEB.

ULTRACOURT, COURTE, ■ adj. [yltʀakuʀ, kuʀt] (2 *ultra-* et *court*) *Ondes ultracourtes*, ondes électromagnétiques dont la gamme de fréquence est comprise entre 30 et 300 MHz. *Les ondes ultracourtes sont utilisées pour la diffusion hertzienne des programmes radio, mais aussi pour leur diffusion via les réseaux câblés.*

ULTRADIEN, IENNE, ■ adj. [yltʀadjɛ̃, jɛn] (2 *ultra-* et lat. *dies*, jour) **Biol.** Dont la période, le cycle est inférieur à un jour, en parlant d'un rythme biologique. *Le rythme cardiaque est un rythme ultradien.*

ULTRAFILTRATION, ■ n. f. [yltʀafiltʀasjɔ̃] (2 *ultra-* et *filtration*) Filtration effectuée à travers une membrane dialysante qui n'est pas perméable de façon égale à tous les solutés et qui permet de retenir des particules extrêmement petites, comme les virus. *L'ultrafiltration élimine les particules dans une plage de 0,002 à 0,1 micromètre.* ■ **ULTRAFILTRE**, n. m. [yltʀafiltʀ]

ULTRALÉGER, ÈRE, ■ adj. [yltʀaleʒe, ɛʀ] (2 *ultra-* et *léger*) Qui est très léger. *Un matériau ultraléger.*

ULTRAMARIN, INE, ■ adj. [yltʀamaʀɛ̃, in] (2 *ultra-* et *marin*) **Littér.** Bleu outremer. *Des cieux ultramarins.* ■ **Rare** Relatif aux pays d'outre-mer. *Le commerce ultramarin.*

ULTRAMICROSCOPE, ■ n. m. [yltʀamikʀoskɔp] (2 *ultra-* et *microscope*) **Techn.** Microscope particulier permettant aux particules en suspension de diffuser la lumière afin d'observer des détails invisibles au microscope optique. *Un ultramicroscope à fond noir.* ■ **ULTRAMICROSCOPIE**, n. f. [yltʀamikʀoskɔpi] *Dans l'ultramicroscopie, le faisceau lumineux est latéral et de forte puissance, faisant apparaître les détails observés en clair sur fond noir.* ■ **ULTRAMICROSCOPIQUE**, adj. [yltʀamikʀoskɔpik] *L'examen ultramicroscopique des mitochondries d'une cellule.*

ULTRAMODERNE, ■ adj. [yltʀamɔdɛʀn] (2 *ultra-* et *moderne*) Qui est très moderne. *Du matériel informatique ultramoderne. Une décoration ultramoderne.* « *Comment, cette phrase ultramoderne est du Balzac ?* », KRISTEVA.

ULTRAMONTAIN, AINE, adj. [yltʀamɔ̃tɛ̃, ɛn] (2 *ultra-* et lat. *mons*, génit. *montis*, montagne) ▷ Qui habite au-delà des monts. ◁ ◆ ▷ Particulièrement, qui est situé, qui habite au-delà des Alpes. ◁ ◆ **N. m. et n. f.** *Les ultramontains.* ◆ ▷ Il se dit des maximes de la cour de Rome touchant la puissance ecclésiastique, et de ceux qui les appuient. *Principes ultramontains.* ◁ ◆ **N. m. et n. f.** Personne qui soutient le pouvoir absolu du pape en toute matière.

ULTRAMONTANISME, n. m. [yltʀamɔ̃tanism] (*ultramontain*) Doctrine de l'infaillibilité du pape.

ULTRAORTHODOXE, ■ adj. [yltʀaɔʀtodɔks] (2 *ultra-* et *orthodoxe*) Qui adhère aux principes les plus rigoureux du judaïsme qui refusent la modernité. *Une communauté juive ultraorthodoxe.* ■ N. m. et n. f. *Les ultraorthodoxes.*

ULTRAPÉRIPHÉRIQUE, ■ adj. [yltʀapeʀiferik] (2 *ultra-* et *périphérique*) Qui se situe géographiquement bien au-delà du continent européen, tout en appartenant à l'Union européenne. *La Guyane est un département ultrapériphérique.*

ULTRA-PETITA ou **ULTRA-PÉTITA**, ■ n. m. inv. [yltʀapetita] (mots latin, prép. *ultra*, au-delà de, et accus. plur. neutre de *petitus*, p. p. de *petere*, demander) **Dr.** Fait d'accorder plus que ce qui a été demandé. *Des ultra-petita.* ■ **Adv.** *Statuer ultra-petita.*

ULTRAPLAT, PLATE, ■ adj. [yltʀapla, at] (2 *ultra-* et *plat*) Qui est extrêmement plat. *Un ordinateur portable ultraplat.*

ULTRAPRESSION, ■ n. f. [yltʀapʀesjɔ̃] (2 *ultra-* et *pression*) **Phys.** Pression très élevée, entre 10^8 et 10^{10} pascals.

ULTRAPROPRE, ■ adj. [yltʀapʀɔpʀ] (2 *ultra-* et *propre*) Qui respecte des conditions d'hygiène et de propreté strictes, notamment dans l'industrie agroalimentaire. *Des plafonds soufflants en air ultrapropre.* ■ **ULTRAPROPRETÉ**, n. f. [yltʀapʀɔpʀete] *Transfert en ultrapropreté d'échantillons sensibles.*

ULTRAROYALISTE, ■ n. m. et n. f. [yltʀaʀwajalist] (2 *ultra-* et *royaliste*) Partisan des principes stricts de l'Ancien Régime et de la monarchie absolue, pendant la Restauration. *Les ultraroyalistes étaient opposés à la politique conciliante de Louis XVIII.* ■ **Adj.** *Un partisan ultraroyaliste.*

ULTRASENSIBLE, ■ adj. [yltʀasɑ̃sibl] (2 *ultra-* et *sensible*) Qui est extrêmement sensible. *Une pellicule ultrasensible.*

ULTRASON, ■ n. m. [yltʀasɔ̃] (2 *ultra-* et 3 *son*) Vibration sonore de fréquence trop élevée pour être perçue par l'oreille humaine. *Un sifflet à ultrasons utilisé pour rappeler un chien.* ■ **ULTRASONIQUE** ou **ULTRASONORE**, adj. [yltʀasonik, yltʀasonɔʀ] *Un aspirateur ultrasonique.*

ULTRAVIDE, ■ n. m. [yltʀavid] (2 *ultra-* et *vide*) **Phys.** Vide inférieur à 10^{-5} pascal. *Des flux dégazés par une surface en ultravide.*

ULTRAVIOLET, ETTE, ■ adj. [yltʀavjɔlɛ, ɛt] (2 *ultra-* et *violet*) Se dit des radiations dont la longueur d'onde est comprise entre l'extrémité violette visible du spectre et les rayons x. *Les rayons ultraviolets.* ■ N. m. *Les ultraviolets.* ■ **Abrév.** UV.

ULULEMENT, ■ n. m. [ylyl(ə)mɑ̃] Voy. HULULEMENT.

ULULER, ■ v. intr. [ylyle] Voy. HULULER.

ULVE, ■ n. f. [ylv] (lat. *ulva*, herbe des marais) **Bot.** Algue verte dont le thalle est aplati en lames minces et souples, fixées par un petit disque basal portant de nombreux filaments. *L'ulve est également appelée laitue de mer.*

UMBANDA, ■ n. m. [umbɑ̃da] (mot quimb., magie) Culte brésilien apparu à Rio de Janeiro en 1920, qui associe le spiritisme à deux religions importées d'Afrique par les esclaves, la cabula et le candomblé. *Le rite d'umbanda s'opère principalement sur Sao Paulo et à Rio et est un rituel complet qui utilise des éléments magiques.*

UMBLE, n. m. [ɔ̃bl] Voy. OMBLE.

UMTS, ■ n. m. [yɛmtɛɛs] (sigle de l'angl. *Universal Mobile Telecommunications System*, système de télécommunications mobiles universelles) **Télécomm.** Norme européenne relative aux systèmes de radiocommunication mobile de troisième génération, qui permettent d'offrir une large gamme de services, intégrant la voix, les données et les images. *Une couverture UMTS.*

UN, UNE, adj. num. [œ̃, yn] ou [ɛ̃, yn] (adj. numéral lat. *unus*, fém. *una*, un, un même, un seul ; peut avoir le sens indéfini, un, quelqu'un) Le premier de tous les nombres. *Un et un font deux. Un entre mille. Vingt et un chevaux.* ◆ *De un à...*, depuis le nombre un jusqu'à... *Des enfants de un à douze ans.* ◆ **N. m.** Le chiffre qui marque un. ◆ Simple, qui n'admet point de pluralité. *Dieu est un.* ◆ *La vérité est toujours une*, elle n'est jamais contraire à elle-même. ◆ **Philos.** *L'un* ou *un*, l'unité absolue, infinie. ◆ Où règne l'unité. « *La nature est une, et se présente toujours la même à ceux qui la savent observer* », BUFFON. ■ **N. m.** *En un*, dans l'unité. ◆ *N'être qu'un*, ne faire qu'un, se dit de plusieurs personnes ou choses qui ne sont plus considérées que comme uniques. ◆ *C'est un, ce n'est qu'un*, il n'y a point de différence, d'intervalle entre... et entre... « *Ce fut un de dire et de s'embarquer* », LA FONTAINE. ◆ ▷ *C'est tout un*, il n'y a aucune différence. « *Notre mort (Au moins de nos enfants, car c'est tout un aux mères) Ne tardera possible guères* », LA FONTAINE. ◆ ▷ *C'est tout un*, il n'importe, cela est égal. ◁ ◆ *Un de, une de...*, l'un de, l'une de..., quelqu'un, quelqu'une parmi. *Un de mes amis.* ◆ *Votre ami est un des hommes qui manquèrent périr. Votre ami est un des hommes qui doit le moins compter sur moi.* Dans la première phrase, on veut dire votre ami est parmi ceux qui manquèrent périr ; dans la seconde, on veut le mettre à part. En d'autres termes, quand on peut tourner par : est parmi les hommes un qui..., on met le verbe au singulier ; quand on ne le peut pas, on met le verbe au pluriel. *C'est une des plus belles actions qu'il ait faites*, et non *faite. L'astronomie est une des sciences qui fait le plus* ou *qui font le plus d'honneur à l'esprit humain*, Dict. de l'Acad. qui ajoute : Le dernier est le plus usité. ◆ *L'un de ces jours*, un jours très prochain. ◆ *Un, une*, quelqu'un, quelqu'une. « *Un qui doit présupposer un qui a prêté* », MALHERBE. ◆ *De deux l'un, de trois l'un*, etc. un sur deux, un sur trois. « *Nous devons à la mort de trois l'un en dix ans* », LA FONTAINE. ◆ *De deux jours* *l'un,* se dit d'une chose que l'on ne fait qu'une fois en deux jours. ♦ *De deux choses l'une,* il n'y a pas de milieu. ♦ *Un, une* s'emploie pour représenter une personne, une chose dont il vient d'être parlé. *On manquait de porteurs ; il s'en présenta un.* ♦ *Vingt pour un,* se dit pour exprimer quelque chose qui arrive fréquemment. ♦ **Fam.** *Et d'un, et d'une,* première personne, première circonstance, premier fait. *Et d'une !* cela commence bien. ♦ *Ne faire ni une ni deux,* Voy. DEUX. ♦ **Fig.** et **fam.** *Il m'en a donné d'une,* il m'a attrapé, il m'a dit un mensonge, il m'a fait une fourberie. ♦ **Fam.** *Sur les une heure,* à une heure environ. ♦ *Entre une et deux,* entre une heure et deux heures. ♦ **UN, UNE, art. indéf.** ♦ *Un paon muait, un geai prit son plumage »,* LA FONTAINE. ♦ Quand *un, une* a plus d'un adjectif entre lui et le substantif, on ne le répète pas. *Un bon et illustre personnage.* ♦ *Un, une* se met quelquefois sous une forme exclamative pour exprimer grandeur, excès. *Il fait un chaud là-dedans !* ♦ *Un, une...* suivi d'un superlatif relatif. *« C'est une chose la plus aisée du monde »,* MOLIÈRE. ♦ *Un, une* se met quelquefois devant un nom propre, pour en faire une sorte de nom général. *« C'est par un Tacite qu'il faut être loué »,* DIDEROT. ♦ Il se met aussi devant un nom propre pour exprimer une assimilation avec le personnage qu'on nomme. *C'est un Cicéron,* il est aussi éloquent que Cicéron. ♦ S'emploie dans un sens simplement emphatique pour relever le nom du personnage. *« Ces saints docteurs, un saint Justin, un saint Irénée »,* BOSSUET. ♦ Il se dit enfin avec une nuance de mépris. ♦ *Un* se met quelquefois pour tout et pour quiconque. *Un chrétien doit faire cela.* ♦ **L'UN ET L'AUTRE** ou **L'UN OU L'AUTRE,** Expression pronominale indiquant la pluralité, la division ; elle est tantôt considérée comme un sujet simple, tantôt comme deux, suivant l'idée qui prévaut dans l'esprit. Il est également bien dit : *L'un et l'autre vous a obligé,* et *l'un et l'autre vous ont obligé.* ♦ Quand *l'un et l'autre* est construit avec un substantif, ce substantif se met toujours au singulier : *L'une et l'autre armée.* ♦ *L'un et l'autre,* être tes deux personnages, les deux choses dont on vient de parler. ♦ *Dire d'un, puis d'un autre,* varier dans son langage. ♦ **Fam.** *Les uns et les autres,* tout le monde sans distinction. ♦ **NI L'UN, NI L'AUTRE,** *Ni l'un ni l'autre ne viendra* ou *ni l'un ni l'autre ne viendront.* ♦ On met toujours le pluriel, si *ni l'un ni l'autre* est placé après le verbe. *Ils ne sont venus ni l'un ni l'autre.* ♦ On dit aussi : *ni l'un ni l'autre.* ♦ **L'UN OU L'UNE L'AUTRE** ou **LES UNS LES AUTRES** ou **LES UNES, LES AUTRES,** Expressions pronominales qui indiquent réciprocité. *« En ce monde il se faut l'un l'autre secourir »,* LA FONTAINE. ♦ *L'un portant l'autre, l'une portant l'autre,* en compensant ce qui est moindre dans l'un avec ce qui est plus considérable dans l'autre. *Ces volumes m'ont coûté deux francs, l'un portant l'autre.* ♦ *L'un dans l'autre, l'une dans l'autre,* même sens. ♦ **PAS UN..., PAS UNE...,** Avec *ne* avant ou après, aucun, aucune. *« Heureux de ne devoir à pas un domestique. Le plaisir ou le gré des soins qu'ils se rendaient »,* LA FONTAINE. *« Pas un seul ne fut épargné »,* LA FONTAINE. ♦ *Pas un* se dit avec la même signification sans *ne « Sous Louis XI, pas un grand homme »,* VOLTAIRE. ♦ **PLUS D'UN,** Terme collectif, qui signifie proprement : une plus grande quantité que un (*plus d'un* est pour *plus qu'un,* et régit le verbe qui suit au singulier). *« Plus d'un guéret s'engraissa Du sang de plus d'une bande »,* LA FONTAINE. ♦ *En savoir plus d'un,* savoir plus d'un tour, être adroit, rusé. ♦ *En avoir vu plus d'une,* avoir de l'expérience. ♦ *Un peu,* Voy. PEU. ♦ *Un petit,* Voy. PETIT. ♦ *L'un après l'autre,* et un seul à la fois. ♦ *Être à la une* ou *faire la une,* être en première page d'un journal, d'un magazine. ♦ *La une,* la première page d'un journal. ♦ **Fam.** *Il n'en loupe pas une,* il ne rate jamais une occasion. ♦ *À la une, à la deux, et à la trois !,* ritournelle fredonnée lorsque deux adultes tiennent un enfant par la main et le font sauter en l'air par un mouvement de balancier d'un de leurs deux bras. ■ *Et un, et deux, et trois, zéro,* phrase inventée, après la finale de la Coupe du Monde de football de 1998, par les supporters de l'équipe de France à la suite de sa victoire par trois buts à zéro. ■ *Un tel, Une telle* Voy. UNTEL. ■ **N. f.** *La une,* la première chaîne de télévision. *Une émission sur la une.*

UNANIME, adj. [ynanim] (lat. *unanimus,* qui a les mêmes sentiments, de *unus,* le même, et *animus,* sentiment) Qui a le même sentiment. *Tous sont unanimes sur ce point.* ♦ **Fig.** Qui est d'un commun accord, en parlant des choses. *Résolution unanime. Un concert unanime d'éloges.* ■ Qui sont tous du même avis. *Les décisions ont été unanimes.*

UNANIMEMENT, adv. [ynanim(ə)mã] (*unanime*) D'une commune voix, d'un commun sentiment. *Ils résolurent unanimement de...*

UNANIMISME, ■ n. m. [ynanimism] (*unanime*) **Littér.** Doctrine littéraire développée en France par Jules Romains au début du XXᵉ siècle sur laquelle un écrivain doit exprimer les états d'âme collectifs. *L'unanimisme cherche à dépeindre les individus dans leurs rapports sociaux et ne faisant qu'un par exemple, dans les moments difficiles, lors d'une épidémie par exemple.* ■ UNANIMISTE, n. m. et n. f. ou adj. [ynanimist] *Un récit unanimiste.*

UNANIMITÉ, n. f. [ynanimite] (lat. *unanimitas,* accord, harmonie) Conformité de sentiment, d'opinion, de suffrage. *L'unanimité des voix.* ♦ Caractère unanime de quelque chose. *L'unanimité des efforts.*

UNAU, n. m. [yno] (mot tupi) Quadrupède du genre des paresseux ; il se

meut avec une extrême lenteur, et n'a que deux ongles aux pattes de devant. ■ On dit aussi *paresseux à deux doigts.* ■ **Au pl.** *Des unaux* ■ REM. On trouve aussi, mais moins fréquemment, le pluriel *des unaus.*

UNCI..., ■ [ɔ̃si] Préfixe, du lat. *uncus,* crochet.

UNCIALE, adj. f. [ɔ̃sjal] ▷ Voy. ONCIALE. ◁

UNCIFORME, ■ adj. [ɔ̃sifɔrm] (*unci-* et *-forme*) **Anat.** Qui est en forme de crochet. *Un os unciforme.*

UNCINÉ, ÉE, ■ adj. [ɔ̃sine] (lat. *uncinatus,* recourbé en crochet) **Bot.** En forme de crochet ou pourvu d'un crochet. *Une feuille uncinée.*

UNDÉCI..., ■ [ɔ̃desi] Préfixe, du lat. *undecim,* onze.

UNDERGROUND, ■ adj. inv. [œndœrgrawnd] (mot angl., souterrain, de *under,* sous, et *ground,* sol) Dont les œuvres artistiques avant-gardistes circulent en marge des réseaux de diffusion traditionnels. *Un cinéaste underground.* ■ **N. m.** Ce mouvement. *L'underground new-yorkais. Des undergrounds.*

UNGUÉAL, ALE, ■ adj. [ɔ̃gɥeal] ou [ɔ̃geal] (lat. *unguis,* ongle) **Anat.** Relatif à l'ongle. *Des sillons unguéaux. Une mycose unguéale.*

UNGU(I)..., ■ [ɔ̃gɥi] Préfixe, du lat. *unguis,* ongle.

UNGUIFÈRE, ■ adj. [ɔ̃gɥifɛr] (*ungui-* et *fère*) **Rare Didact.** Qui porte des ongles. *Un crapaud unguifère.*

UNGUIS, n. m. [ɔ̃gɥis] (mot lat., ongle) **Anat.** Petit os, comparé à un ongle à cause de sa forme, placé à la partie antérieure et interne de l'orbite, et concourant à la formation de la gouttière lacrymale et du canal nasal. ♦ On dit aussi *l'os unguis.*

UNI, IE, p. p. de *unir.* [yni] **Manège** *Galop uni,* galop dans lequel la jambe de derrière suit exactement celle de devant qui entame. ♦ *Ce cheval est uni,* il galope régulièrement. ◁ ♦ ▷ *Provinces-Unies,* l'ancienne république de Hollande. ◁ ♦ *États-Unis,* grande république dans l'Amérique septentrionale. ♦ Où règne l'union, la concorde. *Des cœurs unis.* ♦ Sans inégalités. *« Toute la mer devint unie comme une glace »,* FÉNELON. ♦ *Toile unie,* toile sans nœuds, sans aspérités, également serrée partout. ♦ *Fil uni,* fil qui est filé également. ♦ Qui n'a aucun ornement. *« Les habits sont tout unis et sans broderie »,* FÉNELON. ♦ *Étoffe unie,* étoffe qui n'est ni brochée, ni ouvragée. ♦ **N. m.** *L'uni,* tissu qui n'est ni broché, ni ouvré, ni damassé. ♦ **Fig.** *Un style uni, un chant uni,* style, chant simple et sans ornements. ♦ **Fig.** Sans prétention et sans façon. *« J'aime les gens simples et unis »,* MARIVAUX. ♦ *Un homme tout uni,* un homme simple et sans façon, ou qui a un extérieur modeste. ♦ ▷ **Fam.** *Uni comme bonjour.* ◁ ♦ Uniforme, sans variété, de tous les jours. *« Un bonheur tout uni nous devient ennuyeux »,* MOLIÈRE. ♦ Sans trouble. *« Ces personnes, nées avec un caractère tranquille et uni »,* MASSILLON. ♦ Ordinaire, qui n'a rien de remarquable. ♦ **Adv.** Uniment, également. *Il faut filer cette laine bien uni.* ♦ **À UNI, loc. adv.** Qui vieillit. De niveau. ♦ *Émirats arabes unis,* État du golfe persique. ■ *Unis comme les deux doigts de la main,* se dit de personnes très unies. ■ Qui constitue une union. *Des associations unies.*

UNI..., ■ [yni] Préfixe, du lat. *unus,* un.

UNIATE, ■ adj. [ynjat] (russe *ounyat,* de *ounya,* union, du b. lat. ecclés. *unio,* unité, union) **Relig.** Relatif aux Églises orientales en communion avec Rome, qui conservent leur langue, leurs rites et leur droit canon. *La patriarcat uniate en Ukraine.* ■ **N. m. et n. f.** Les chrétiens appartenant à une Église orientale en communion avec Rome. *Les uniates.*

UNIAXE, ■ adj. [yniaks] (*uni-* et *axe*) **Phys.** Qui n'a qu'un axe. *Des compensateurs uniaxes.* ■ **Minér.** *Cristal uniaxe,* cristal dont l'axe optique est parallèle aux lignes de force du champ magnétique.

UNICELLULAIRE, ■ adj. [yniselylɛr] (*uni-* et *cellulaire*) **Biol.** Qui n'est formé que d'une seule cellule, en parlant d'organismes vivants tels que les bactéries, les protozoaïres, etc. *Le plancton est un organisme unicellulaire.* ■ N. m. et n. f. *Les unicellulaires.*

UNICITÉ, ■ n. f. [ynisite] (*unique*) **Didact.** Caractère de ce qui est unique. *« La notion de la possibilité de conversion d'un corps en un autre corps dérive de la notion d'unicité de la matière »,* CARON-HUTIN.

UNICOLORE, adj. [ynikolɔr] (lat. *unicolor*) Qui est d'une seule couleur. *L'abeille unicolore.*

UNICORNE, n. m. [ynikɔrn] (lat. impér. *unicornis,* de *unus,* un seul, et *cornu,* corne) Animal fabuleux qui n'avait qu'une corne. ♦ Espèce de rhinocéros. ♦ ▷ Narval. ◁ ■ On dit aussi *licorne.* ■ **Adj.** Qui n'a qu'une seule corne. *Un rhinocéros unicorne.*

UNIDIMENSIONNEL, ELLE, ■ adj. [ynidimãsjonɛl] (*uni-* et *dimensionnel*) Qui n'a qu'une dimension. *Un système quantique unidimensionnel.*

UNIDIRECTIONNEL, ELLE, ■ adj. [ynidirɛksjonɛl] (*uni-* et *directionnel*) **Sc.** Qui se propage dans une seule direction. *Une transmission unidirectionnelle. Des microphones unidirectionnels.*

UNIÈME, adj. [ynjɛm] (*un*) Nombre ordinal de un. Il ne s'emploie qu'en composition. *Vingt et unième, etc.*

UNIÈMEMENT, adv. [ynjɛm(ə)mɑ̃] (*unième*) Il ne s'emploie qu'en composition. *Vingt et unièmement, etc.*

UNIF, ■ n. f. [ynif] (abrév. de *université*) **Fam. Belg.** Université.

UNIFAMILIAL, ALE, ■ adj. [ynifamiljal] (*uni-* et *familial*) **Belg.** et **Québec** *Maison unifamiliale,* ou n. f. *une unifamiliale,* maison individuelle.

UNIFICATEUR, TRICE, ■ adj. [ynifikatœʀ, tʀis] (*unifier*) Qui unifie. *Une réforme unificatrice.* ■ **N. m.** et **n. f.** *Masinissa, le plus célèbre roi berbère de l'Antiquité, unificateur de la Numidie.* ■ *Un unificateur de teint,* produit cosmétique qui unifie le teint.

UNIFICATION, n. f. [ynifikasjɔ̃] (*unifier*) Action d'unir, de s'unir, de faire un tout avec un autre être.

UNIFIER, v. tr. [ynifje] (lat. médiév. *unificare,* de unus, un seul, et *facere,* faire) Faire un tout de plusieurs choses. ■ Rendre cohérent, faire l'unité de. ■ Rendre uniforme, normaliser, homogénéiser. *Unifier des couleurs.*

UNIFILAIRE, ■ adj. [ynifilɛʀ] (*uni-* et *filaire*) **Électron.** *Circuit unifilaire,* circuit composé d'un seul fil électrique.

UNIFLORE, adj. [yniflɔʀ] (*uni-* et lat. *flos,* génit. *floris,* fleur) **Bot.** Qui ne porte qu'une seule fleur, ou dont les fleurs sont solitaires.

UNIFOLIÉ, ÉE, ■ adj. [ynifolje] (*uni-* et *folié*) **Bot.** Qui n'a qu'une seule feuille. ■ Se dit des feuilles composées dont le pétiole ne porte qu'une seule foliole.

UNIFORME, adj. [ynifɔʀm] (lat. impér. *uniformis,* de unus, un seul, et *forma,* forme) Qui a la même forme, où l'on n'aperçoit aucune variété, dont toutes les parties se ressemblent entre elles. *Une plaine uniforme. Une vie uniforme.* ◆ *Style uniforme,* style dont les détails, le ton, le mouvement manquent de variété. ◆ **Méc.** Le mouvement d'un point est uniforme, lorsque ce point parcourt, sur sa trajectoire, des espaces égaux dans des temps égaux, quelque soient ces temps. ◆ Égal, semblable, en parlant de choses que l'on compare. « *Nous avons des manières uniformes de sentir et de voir »,* J.-J. ROUSSEAU. ◆ *Habit uniforme,* habit suit suivant le modèle prescrit à un corps militaire, à une pension, à un collège. ◆ On dit plutôt aujourd'hui : *Habit d'uniforme.* ◆ **N. m.** *L'uniforme,* habit d'une couleur et d'une forme particulières, par lequel sont distingués tous les hommes appartenant à un même corps et à un même grade dans ce corps. ◆ **Absol.** *L'uniforme,* l'habit militaire en général. *Porter l'uniforme.* ◆ **Fig.** *Quitter l'uniforme,* se retirer du service militaire. ◆ Se dit aussi du costume attribué aux différents ordres de fonctionnaires publics, de l'habit des collégiens, etc. ■ *En grand uniforme,* en uniforme de cérémonie. ■ *Endosser l'uniforme,* s'engager dans l'armée. ■ **Math.** Se dit d'une fonction dans laquelle à chaque valeur de *x* est associée une valeur unique de *y*.

UNIFORMÉMENT, adv. [ynifɔʀmemɑ̃] (*uniforme*) D'une manière uniforme.

UNIFORMISATION, n. f. [ynifɔʀmizasjɔ̃] **Néolog.** Action d'uniformiser, de rendre uniforme. « *L'uniformisation de la dette publique »,* THIERS. ■ **REM.** N'est plus un néologisme auj.

UNIFORMISER, v. tr. [ynifɔʀmize] (*uniforme*) Rendre uniforme. « *Uniformiser le droit français »,* ABBÉ DE SAINT-PIERRE. « *Il faut uniformiser, et républicaniser la dette, dit Cambon »,* THIERS. ■ Standardiser quelque chose en le rendant uniforme et homogène. *Uniformiser un programme scolaire.*

UNIFORMITÉ, n. f. [ynifɔʀmite] (b. lat. *uniformitas,* de *uniformis*) Ressemblance des parties d'une chose ou de plusieurs choses entre elles. « *Jamais la vie de la cour ne dérangea la respectable uniformité de sa conduite »,* MASSILLON. « *L'ennui naquit un jour de l'uniformité »,* LA MOTTE. ■ Caractère monotone de quelque chose. *L'uniformité des couleurs rend leur appartement triste.*

UNIJAMBISTE, ■ adj. [yniʒɑ̃bist] (*uni-* et *jambe*) Qui a été amputé d'une jambe. ■ **N. m.** et **n. f.** *Un, une unijambiste.*

UNILATÉRAL, ALE, adj. [ynilateral] (*uni-* et *latéral*) **Hist. nat.** Qui est disposé ou qui se porte d'un seul côté. ◆ **Jurispr.** *Contrats unilatéraux,* ceux où une ou plusieurs personnes sont obligées envers une ou plusieurs autres, sans qu'il y ait engagement de la part de ces dernières. ■ **Cuis.** *À l'unilatéral(e),* mode de cuisson d'un filet de poisson qui ne se fait griller que d'un seul côté, celui de la peau. *Saumon à l'unilatérale.* ■ *Stationnement unilatéral,* stationnement autorisé que d'un seul côté de la route. ■ **Méd.** Relatif à un seul côté du corps ou d'un organe. *Un strabisme unilatéral.* ■ UNILATÉRALISME, n. m. [ynilateralism]

UNILATÉRALEMENT, adv. [ynilateral(ə)mɑ̃] (*unilatéral*) D'une manière unilatérale.

UNILINÉAIRE, ■ adj. [ynilineɛʀ] (*uni-* et *linéaire*) **Anthrop.** *Filiation unilinéaire,* reconnaissance de liens de filiation au profit d'une seule lignée, soit

maternelle (matrilinéaire), soit paternelle (patrilinéaire). *La filiation unilinéaire est la forme de reconnaissance la plus répandue.*

UNILINGUE, ■ adj. [ynilɛ̃g] (*uni-* et lat. *lingue,* langue) Qui est écrit en une seule langue. *Un dictionnaire unilingue.* ■ Qui ne maîtrise qu'une seule langue. *Des touristes unilingues.*

UNILOBÉ, ÉE, ■ adj. [ynilobe] (*uni-* et *lobé*) **Sc.** Qui n'a qu'un seul lobe. *Un polynucléaire à noyau unilobé.* ■ **Bot.** *Une feuille unilobée.*

UNILOCULAIRE, ■ adj. [ynilokylɛʀ] (*uni-* et *loculaire*) **Bot.** Qui ne contient qu'une loge, qui est sans cloison. *Un ovaire uniloculaire.*

UNIMENT, adv. [ynimɑ̃] (*uni*) Également, et toujours de même sorte. *Un fil filé uniment.* ◆ Simplement, sans façon. *S'habiller, parler tout uniment.*

UNINOMINAL, ALE, ■ adj. [yninominal] (*uni-* et *nominal*) *Scrutin uninominal,* scrutin dans lequel on ne donne qu'un seul nom.

1 **UNION**, n. f. [ynjɔ̃] (b. lat. *unio,* génit. *unionis,* unité, union ; infl. de l'anglo-amér. *Union* sur le sens politique) Réunion de deux ou plusieurs choses en une seule. *L'union de l'âme avec le corps, de deux domaines, de deux charges, etc.* ◆ Jonction de deux ou plusieurs choses. *L'union de certains mots.* ◆ *Faire union,* faire acte d'adhésion. ◆ *Ils ont toujours refusé de faire union avec les vaudois »,* BOSSUET. ◆ **Gramm.** *Trait d'union,* Voy. TRAIT. ◆ **Absol.** Mariage. *Union bien assortie. L'union conjugale.* ◆ **Fig.** Concorde, bonne intelligence, liaison. « *Ils vivaient entre eux en grande union »,* BOSSUET. ◆ *Esprit d'union,* esprit de concorde et de paix. ◆ **Procéd.** *Contrat d'union,* arrangement par lequel les créanciers d'un failli, renonçant à faire des poursuites séparées, s'unissent pour agir de concert. ◆ Traité par lequel plusieurs puissances s'unissent, se confédèrent. « *La ville impériale de Bâle, Schaffouse, Appenzel entrent dans l'union suisse »,* VOLTAIRE. ◆ *Union douanière,* association pour la suppression des douanes entre les différentes parties de l'Allemagne (Zollverein). ◆ **Absol.** *L'Union,* les États-Unis de l'Amérique (on met une majuscule). *Président de l'Union.* ◆ *Unions ouvrières,* associations d'ouvriers qui forment un fonds commun pour se soutenir dans les chômages et dans les grèves. ◆ **Peint.** *Union de couleurs,* l'accord qui résulte de la dégradation et du jeu des tons contigus. ◆ **Manège** Ensemble d'un cheval. ■ *Union libre,* union de deux personnes en dehors du mariage, concubinage. ■ **Prov.** *L'union fait la force,* les actions faites en commun engendrent la force et la réussite. ■ *Union nationale,* parti politique au Québec.

2 **UNION**, ■ n. f. [ynjɔ̃] (lat. impér. *unio, unionis*) Grosse perle.

UNIONISTE, n. m. et n. f. [ynjonist] (angl. *unionist,* partisan de l'union politique) Personne qui fait partie des unions ouvrières. ◆ S'est dit, pendant la guerre de sécession en Amérique, par opposition à séparatiste. ■ Membre du parti de l'Union nationale, au Québec. ■ **Adj.** *Éclaireur unioniste,* scout protestant en France. ■ UNIONISME, n. m. [ynjonism]

UNIOVULÉ, ÉE, ■ adj. [yniovyle] (*uni-* et *ovulé*) **Bot.** Qui n'a qu'un ovule. *Une cupule uniovulée.*

UNIPARE, ■ adj. [ynipaʀ] (*uni-* et *-pare*) **Biol.** Se dit d'un mammifère femelle qui ne donne naissance qu'à un seul petit par grossesse. ■ Se dit d'une femme qui n'a eu qu'un seul enfant. *Unipare est opposé à multipare.*

UNIPERSONNEL, ELLE, adj. [ynipɛʀsɔnɛl] (*uni-* et *personne*) **Gramm.** Se dit des verbes qui n'ont qu'une personne et qu'on nomme ordinairement impersonnels. ◆ **Écon.** *Entreprise unipersonnelle à responsabilité limitée* (*EURL*), entreprise à un seul actionnaire.

UNIPERSONNELLEMENT, adv. [ynipɛʀsɔnɛl(ə)mɑ̃] (*unipersonnel*) À la manière d'un verbe unipersonnel.

UNIPOLAIRE, ■ adj. [ynipolɛʀ] (*uni-* et *polaire*) **Didact.** Qui n'a qu'un pôle ou qui ne concerne que l'un des deux pôles. *Un interrupteur unipolaire. Le nouvel impérialisme unipolaire.*

UNIQUE, adj. [ynik] (lat. *unicus,* seul, incomparable, de *unus,* un) Qui est un, dont il n'y a pas de pareil. *Fils unique.* « *Adieu, ma chère enfant, l'unique passion de mon cœur »,* MME DE SÉVIGNÉ. ◆ T. de l'Écriture. *L'unique nécessaire,* l'affaire du salut. ◆ *Médailles uniques,* médailles qui ne se trouvent pas même dans les cabinets les plus riches et qu'on ne rencontre que par hasard. ◆ On dit de certaines charges, qu'elles sont uniques, pour exprimer que ceux qui en sont revêtus n'ont point de collègue. ◆ **Par extens.** *Route unique,* route où l'on n'a point de rival. « *On ne va plus à la postérité que par des routes uniques ; le grand chemin est trop battu, et on s'y étouffe »,* VOLTAIRE. ◆ **Fig.** Qui est infiniment supérieur aux autres, auquel nul ne peut être comparé. « *Ces hommes uniques dont les ouvrages seront de tous les temps »,* MASSILLON. ◆ En mauvaise part, ridicule, extravagant. *Il est unique avec ses prétentions.* ◆ Il se dit des choses auxquelles nulle autre ne peut être comparée. *Une grâce unique.* ◆ *Voilà qui est unique,* se dit, le plus souvent en mauvaise part, d'une chose à laquelle on ne s'attendait pas. ◆ **N. f.** Espèce de rose. ◆ Espèce de coquille univalve. ■ Placé après le nom auquel il se rapporte, *unique* désigne une personne, une chose qui forme une unité à elle seule. *Dieu unique en trois personnes, le Père, le Fils et le Saint-Esprit.* ▪ Qui est le même pour toutes les choses. *Un principe unique.*

UNIQUEMENT, adv. [ynik(ə)mɑ̃] (*unique*) Exclusivement à tout autre. « *Dans les grandes actions, il faut uniquement songer à bien faire, et laisser venir la gloire après la vertu* », Bossuet. ♦ D'une façon unique, au-dessus de tout, préférablement à tout. *Il l'aime uniquement.* ▪ Rien que dans le but de. *Je l'ai appelé uniquement pour discuter de cette affaire.* ▪ Pas uniquement, pas seulement. *Ce n'est pas uniquement l'appartement qui nous a plu, mais aussi le quartier dans lequel il se trouve.*

UNIR, v. tr. [yniʀ] (lat. impér. *unire*, unir, réunir) Rendre un. *Le Dauphiné fut uni à la France en 1349.* ♦ Joindre ensemble. « *Tous les oiseaux dont les doigts sont unis par des membranes, ont le pied court* », Buffon. ♦ Fig. « *La cour veut toujours unir les plaisirs avec les affaires* », Bossuet. ♦ Faire que des personnes soient réunies. « *Oui, je vous unirai, couple ingrat et perfide* », P. Corneille. ♦ Établir une communication entre. *Un fleuve unit ces deux villes.* « *Alexandre forma le dessein d'unir les Indes avec l'Occident par un commerce maritime* », Montesquieu. ♦ Posséder simultanément. *Il unit l'esprit au savoir.* ♦ Établir un lien entre des personnes. « *Par un hymen secret elle me fut unie* », Voltaire. ♦ Fig. Procurer le rapprochement, la concorde, l'alliance. *Un intérêt commun les unit.* ▪ Manège *Unir un cheval,* le rassembler. ♦ Enlever les inégalités, aplanir une superficie raboteuse. *Unir une pierre, une planche, une allée, etc.* ♦ S'unir, v. pr. Devenir uni. « *Comme l'air avec l'air, l'âme s'unit à l'âme* », Delille. ♦ Fig. Former des liens avec. ♦ Devenir unis, en concorde. ♦ Se liguer. ♦ *S'unir,* se marier. *Ils se sont unis pour le meilleur et pour le pire.* ▪ S'associer politiquement et économiquement en parlant d'États, de pays, etc. ▪ V. tr. Fédérer des États, des pays politiquement et économiquement.

UNIRAMÉ, ÉE, ▪ adj. [yniʀame] (*uni-* et lat. *ramus,* rameau, branche) Zool. Dont les appendices ne sont pas ramifiés et dont tous les éléments sont disposés en une séquence linéaire. *Des pattes uniramées. Des antennes uniramées.*

UNISEXE, ▪ adj. [ynisɛks] (*uni-* et *sexe*) Adapté aussi bien aux hommes qu'aux femmes. *Un vêtement unisexe.*

UNISEXUALITÉ, ▪ n. f. [ynisɛksɥalite] (*unisexuel*) Biol. Fait de n'avoir qu'un seul sexe, mâle ou femelle. ▪ Par extens. et fig. Caractère mixte de quelque chose. *L'unisexualité d'un parfum.*

UNISEXUÉ, ÉE ou **UNISEXUEL, ELLE,** adj. [ynisɛksɥe, ynisɛksɥɛl] (*uni-* et *sexué* ou *sexuel*) Bot. Se dit des fleurs, des plantes qui ont seulement soit des étamines, soit des pistils. ▪ Biol. Qui n'a qu'un seul sexe, mâle ou femelle.

UNISEXUEL, ELLE, adj. [ynisɛksɥɛl] Voy. unisexué.

UNISSON, n. m. [ynisɔ̃] (b. lat. *unisonus,* de son uniforme, de *unus,* un seul, et *sonus,* son) Mus. Il se dit de sons produits par le même nombre de vibrations, dans des temps égaux. ♦ Phrase mélodique entonnée à l'unisson par toutes les voix ou tous les instruments. ♦ Fig. Sorte de conformité intellectuelle, morale. *Des cœurs à l'unisson.* « *Il y a un certain unisson d'âmes* », J.-J. Rousseau. ▪ À l'unisson, loc. adv. De façon harmonieuse, en accord. *Ils riaient à l'unisson.*

UNITAIRE, adj. [ynitɛʀ] (*unité*) Qui tend à l'unité. ♦ Se dit des êtres qui présentent les caractères de l'unité. ♦ N. m. et n. f. Personne qui admet un système théologique où l'unité domine. ♦ ▷ Syn. de socinien. ◁ ♦ Adj. *Doctrines unitaires.* ▪ Math. *Vecteur unitaire,* vecteur de norme 1. ▪ Phys. *Théorie unitaire,* théorie qui unifie en une seule loi, l'ensemble des lois qui régissent le cosmos, en l'occurrence la gravitation, l'optique, l'électromagnétisme et la physique quantique.

UNITÉ, n. f. [ynite] (lat. impér. *unitas,* unité, identité) Principe du nombre. ♦ Quantité prise arbitrairement pour servir de terme de comparaison à des quantités de même espèce. *Unité de volume, de poids, de force, de chaleur, etc.* ♦ On dit aussi : *Unité de mesure.* ▪ Phys. et chim. Se dit des molécules, atomes ou équivalents des corps. ♦ Qualité de ce qui est un, sans parties. *L'unité de Dieu.* ♦ Ce qui forme un tout complet dans son espèce, comme un homme, une maison, un cheval. ♦ Ce qui forme un caractère d'ensemble, de conséquence. *Il n'y a pas d'unité dans sa conduite.* « *L'unité de dessein dans le grand tout infiniment varié annonce un seul principe* », Voltaire. ▪ Bx-arts Espèce de balancement, de pondération, de subordination entre les différentes parties d'une composition. *Ce tableau manque d'unité.* ♦ Littér. *Les trois unités,* la règle qui veut qu'il n'y ait qu'une action dans une pièce (unité d'action), que cette action se passe dans le même lieu (unité de lieu), et qu'elle ne dure pas plus de vingt-quatre heures (unité de temps). ▪ Inform. *Unité centrale,* partie d'un ordinateur où se trouvent tous les programmes, la mémoire centrale, les différents lecteurs (lecteur de disquette, de cédérom et de dévédérom) et éventuellement le graveur de cédérom. ♦ Caractère unique. *L'unité de culture.* ♦ *Unité d'action,* action commune faite entre groupes distincts. *L'unité d'action de l'ensemble des partis politiques.* ▪

Le plus petit élément dans un ensemble. *Une unité phonologique.* ▪ Objet manufacturé en série. *Produire 2 000 unités en usine. Un prix à l'unité.* ▪ Milit. Formation militaire permanente organisée. *Rassembler des unités.* ▪ Milit. Bâtiment de guerre. ▪ Structure organisée au sein d'un ensemble. *Une unité de formation et de recherche* (UFR)*, dans une université. Une unité de production.* ♦ Élément arithmétique permettant de former des nombres.

UNITIF, IVE, adj. [ynitif, iv] (lat. médiév. *unitivus,* qui unit) Didact. Qui sert à unir. ♦ Dévot. Qui unit par le pur amour. ♦ *Vie unitive,* état de l'âme dans l'exercice du pur amour. ♦ En droit canon, *rescrit unitif,* rescrit de l'évêque ou bulle du pape qui joint un bénéfice à un autre.

UNIVALENT, ENTE, ▪ adj. [ynivalɑ̃, ɑ̃t] (*uni-* et *-valent,* sur le modèle de *équivalent*) Chim. Dont la valence est égale à 1. *Un antigène univalent.*

UNIVALVE, adj. [ynivalv] (*uni-* et *valve*) Bot. Il se dit d'un péricarpe qui ne s'ouvre pas que d'un seul côté. ♦ Zool. Il se dit des mollusques dont la coquille n'est composée que d'une pièce. ♦ N. m. Selon l'Académie, en sous-entendant mollusque ; mais il vaut mieux le faire féminin en sous-entendant coquille.

UNIVERS, n. m. [ynivɛʀ] (lat. *universum,* ensemble des choses, univers, neutre substantivé de *universus,* tout entier) Le système illimité de planètes, de comètes, de satellites, de soleils et d'étoiles disséminés dans l'espace. ♦ Particulièrement, le système solaire avec ses planètes et leurs satellites, dit aussi *monde,* quand on l'oppose à univers. ♦ La terre ou une grande partie de la terre. ♦ Les habitants de la terre. ♦ Par exagération, la société au milieu de laquelle on vit, le monde. « *Mais de tout l'univers vous devenez jaloux* », Molière. ♦ Fig. Domaine matériel, intellectuel ou moral, comparé à l'univers. « *Les tableaux, les livres composent l'univers de mon imagination* », Mme de Staël. ▪ Ensemble constitué par tout de qui existe sur la Terre. *La préservation de l'univers.* ▪ Auj., on écrit *Univers* (avec majuscule) quand il s'agit du système solaire avec les planètes et leurs satellites.

UNIVERSALISER, v. tr. [ynivɛʀsalize] (*universel,* d'après le lat. *universalis*) Rendre universel ; répandre dans l'univers. ♦ Répandre dans toutes les classes. *Universaliser la jouissance du nécessaire.* ▪ UNIVERSALISATION, n. f. [ynivɛʀsalizasjɔ̃]

UNIVERSALISME, ▪ n. m. [ynivɛʀsalism] (*universel,* d'après le lat. *universalis*) Dans la religion catholique, doctrine selon laquelle tous les êtres humains seront sauvés. ▪ Philos. Doctrine selon laquelle la réalité est un ensemble unique.

UNIVERSALISTE, ▪ adj. [ynivɛʀsalist] (*universel,* d'après le lat. *universalis*) Qui s'adresse à tous sans distinction, du monde entier. *Un humanisme universaliste.*

UNIVERSALITÉ, n. f. [ynivɛʀsalite] (b. lat. et lat. scolast. *universalitas*) Caractère de ce qui est universel, général. *L'universalité de l'Église.* ♦ Caractère de ce qui s'étend à un ensemble de lieux, de temps, d'êtres. *L'universalité de la langue française. L'universalité des hommes et des choses.* ♦ Jurispr. Totalité. *L'universalité des biens.* ♦ Aptitude à toute chose, capacité universelle. « *Les esprits bornés et resserrés dans leur petite sphère ne peuvent comprendre cette universalité de talents que l'on remarque quelquefois dans un même sujet* », La Bruyère. ♦ Log. Qualité d'une proposition universelle. ▪ Dr. Ensemble du patrimoine considéré, au niveau de la loi, comme étant une unité. *Le patrimoine est une universalité de droits propres à chacun.*

UNIVERSAUX, n. m. pl. [ynivɛʀso] (lat. scolast. *universalia,* plur. neutre de *universalis*) Scolast. Idées universelles. *Il y a cinq universaux : le genre, l'espèce, la différence, le propre et l'accident.* ▪ Ling. *Les universaux du langage,* l'ensemble des concepts ou des éléments communs à toutes les langues naturelles. *Les phonèmes, les règles de syntaxe, etc. que l'on retrouve dans toutes les langues constituent les universaux du langage.*

UNIVERSEL, ELLE, adj. [ynivɛʀsɛl] (lat. impér. *universalis,* universel, général) Qui s'étend à tout, qui s'étend partout. *Qualités, règles universelles. La monarchie universelle.* ♦ *Suffrage universel,* Droit de voter dans les élections accordé à tout citoyen d'un certain âge. ♦ *Jubilé universel,* celui qui est accordé à toute l'Église. ♦ Qui a de la capacité pour toute chose. « *Les gens universels ne sont appelés ni poètes, ni géomètres, mais ils sont tout cela, et jugent de tous ceux-là* », Pascal. ♦ *Cet homme est universel,* il a une grande étendue de connaissances. ♦ On dit de même : *Science universelle.* ♦ Log. Qui comprend toute chose, qui a le caractère de généralité abstraite. *Une proposition universelle.* ▪ N. m. *L'universel,* ce qu'il y a de commun dans les individus d'un même genre, d'une même espèce. ♦ Voy. universaux. ▪ Il ne faut pas en général donner de comparaison à *universel* ; cependant de bons écrivains l'ont fait. « *Une erreur si stupide et si brutale n'était pas seulement la plus universelle* », Bossuet. ▪ Techn. *Système universel,* système utilisé pour plusieurs usages. *Le système universel des télécommunications mobiles.* ▪ Dr. *Communauté universelle,* régime matrimonial selon lequel des biens des époux sont mis en commun. ▪ Qui concerne l'ensemble des pays du monde. *L'Exposition universelle de Paris en 1900.* ▪ Qui concerne l'univers. *La physique universelle.*

UNIVERSELLEMENT, adv. [ynivɛʀsɛl(ə)mã] (*universel*) D'une manière universelle. *Homme universellement estimé.* ◆ **Log.** En embrassant un genre, une classe ou toute chose. « *Les termes ne doivent pas être pris plus universellement dans la conclusion qu'ils ne l'ont été dans les prémisses* », DUMARSAIS.

UNIVERSIADE, ■ n. f. [ynivɛʀsjad] (*univers[ité]* et *[olymp]iade*) Jeux mondiaux interuniversités.

UNIVERSITAIRE, adj. [ynivɛʀsitɛʀ] (*université*) Qui appartient à l'université. *Le corps universitaire.* ◆ N. m. et n. f. Individu attaché à l'université. ◆ Partisan de l'université. *Une universitaire.* ■ Adj. *Cité, campus, résidence universitaire,* où sont logés les étudiants. ■ Où il y a plusieurs universités. *Une ville universitaire.*

UNIVERSITÉ, n. f. [ynivɛʀsite] (lat. *universitas,* universalité, totalité, ensemble) Autrefois, corps de maîtres établi par autorité publique et ayant pour objet l'enseignement de la théologie, du droit, de la médecine et des sept arts. *Les universités d'Oxford, de Pise, etc.* ◆ Particulièrement, *l'université de Paris* ou simplement *l'université,* celle qui siégeait à Paris. ◆ Au Moyen Âge, *l'université,* le quartier des écoles. ◆ *L'université,* les élèves de l'université, les étudiants. ◆ En général, *les universités,* les écoles. ◆ Aujourd'hui, corps enseignant, unique pour toute la France, placé sous la direction du ministre de l'Instruction publique. ■ *Université d'été,* rassemblement au sein même d'un parti politique pendant les grandes vacances pour mener ensemble la réflexion. ■ *Université d'été,* enseignement universitaire dispensé pendant les vacances d'été. ■ Établissement de l'enseignement supérieur constitué d'unités de formation et de recherche, de laboratoires, etc., placé sous la direction du ministère de l'Éducation nationale.

UNIVIBRATEUR, ■ n. m. [ynivibʀatœʀ] (*uni-* et *vibrateur*) Vx **Électron.** Montage monostable. *L'univibrateur est un générateur d'impulsions.*

UNIVITELLIN, INE, ■ adj. [ynivitelɛ̃, in] (*uni-* et lat. *vitellus,* jaune d'œuf) **Biol.** Se dit de jumeaux nés de la division d'un œuf unique. *Les jumeaux univitellins sont souvent maladroitement appelés vrais jumeaux.*

UNIVOCATION, n. f. [ynivokasjɔ̃] (b. lat. *univocatio,* homonymie ; lat. médiév. sens scolastique) ▷ **Scolast.** Caractère de ce qui est univoque. ◁

UNIVOCITÉ, ■ n. f. [ynivosite] (*univoque,* d'après le b. lat. *univocus*) Caractère de ce qui est univoque. *L'univocité d'un terme.*

UNIVOQUE, adj. [ynivɔk] (b. lat. *univocus,* qui n'a qu'un son ou qu'un nom, de *unus,* un seul, et *vox,* génit. *vocis,* voix) **Scolast.** Il se dit des noms qui s'appliquent à plusieurs choses, soit de même espèce, soit d'espèce différente, mais de même genre, comme animal, homme, etc. *Animal est un terme univoque à l'aigle et au lion.* ◆ Qui n'est susceptible que d'une seule interprétation. ◆ Qui est de même nature. *Des idées univoques.* « *Métal natif et d'une nature univoque* », BUFFON. ◆ **Gramm.** Se dit des mots qui ont le même son, quoiqu'ils aient une signification différente. ◆ **Mus.** *Consonances univoques,* celles qui portent le même nom, comme l'octave et ses répliques.

UNIX (SYSTÈME), ■ n. m. [yniks] (nom déposé) **Inform.** Système d'exploitation multiutilisateurs et multitâches, écrit en langage C et dont le principe repose sur la séparation du logiciel et du matériel.

UNTEL, UNETELLE ou **UN TEL, UNE TELLE**, ■ pron. indéf. [œ̃tɛl, yn(ə)tɛl] ou [ɛ̃tɛl, yn(ə)tɛl] (*un tel* et *tel*) Personne que l'on ne veut ou sait pas nommer. *Déjeuner chez les Untel.* ■ REM. On peut aussi mettre une majuscule.

UPAS, n. m. [ypas] (malais *[pohon] upas,* de *pohon,* arbre, et *upas,* poison) Substance vénéneuse dont les habitants des îles de la Sonde se servaient pour empoisonner leurs flèches. ■ Arbre de Malaisie dont on extrait ce latex toxique.

UPÉRISATION, ■ n. f. [ypeʀizasjɔ̃] (*u[ltra past]e[u]risation,* d'après l'angl. *uperization,* de l'all. *Uperisation*) **Techn.** Procédé de stérilisation des liquides, qui consiste après préchauffage à 80°C, à les porter instantanément à une température de 160°C par une injection de vapeur d'eau sous pression. *Le traitement UHT est appelé upérisation.*

UPPERCUT, ■ n. m. [ypɛʀkyt] (mot angl.) En boxe, coup de poing porté du bas vers le haut. *Il l'a assommé d'une série d'uppercuts.*

UPSILON, ■ n. m. [ypsilɔn] (gr. *u* et *psilos,* mince) Vingtième lettre de l'alphabet grec (Υ, υ) correspondant au *y* de l'alphabet latin.

UPWELLING, ■ n. m. [œpweliŋ] (mot angl., de *up,* vers le haut, et angl. *to well,* jaillir) **Didact.** Remontée des eaux froides profondes vers la surface de l'océan, le long de certains littoraux. *L'upwelling est un phénomène météorologique vital, puisqu'il permet la remontée avec les courants froids de sels minéraux favorisant le développement de la faune maritime.*

URACILE, ■ n. m. [yʀasil] (*ur[ée]* et *ac[étique]*) **Biol.** Base azotée qui entre dans la constitution de l'ARN. *L'uracile est un produit qui, à l'état pur, se présente sous la forme d'un solide blanc, soluble dans l'eau chaude.*

URAÈTE, ■ n. m. [yʀaɛt] (gr. *oura,* queue, et *aetos,* aigle) Grand aigle d'Australie au plumage noir. *L'uraète s'associe en couples ou en bandes pour chasser les kangourous et les dingos. L'uraète est aussi appelé aigle australien.*

URÆUS ou **URÉUS**, ■ n. m. [yʀeys] (latinisation du gr. *ouraios,* qui concerne la queue, de *oura,* queue) **Archéol.** Emblème ornemental des pharaons dans l'Égypte ancienne, représentant un cobra dressé sur le front, personnifiant l'œil de Rê et offrant une protection contre les ennemis. *Des uræus dressés.*

URANATE, n. m. [yʀanat] (*urane*) **Chim.** Sel produit par la combinaison de l'oxyde uranique avec une base.

URANE, n. m. [yʀan] (all. *Uran,* d'après la planète *Uranus*) **Chim.** Composé d'uranium et d'oxygène ; corps regardé longtemps comme simple, mais qui a été décomposé en 1841.

URANEUX, adj. m. [yʀanø] ▷ **Chim.** Voy. URANOCHRE. ◁

URANIE, n. f. [yʀani] (selon le sens, gr. *Ourania,* Uranie, Muse de l'astronomie, ou lat. sav. [XIXᵉ s.] *urania,* les deux du *ouranios,* céleste, merveilleux) Celle des neuf Muses qui préside à l'astronomie. ■ **Zool.** Grand papillon, aux couleurs très vives, des régions chaudes. *On trouve des uranies en grand nombre à Madagascar.*

URANIFÈRE, ■ adj. [yʀanifɛʀ] (*urani[um]* et *-fère*) Qui contient de l'uranium. *Un gisement uranifère.*

URANINITE, ■ n. f. [yʀaninit] (*urani[um]*) **Minér.** Minerai contenant de l'oxyde d'uranium. *Un cristal d'uranite.*

URANIQUE, adj. m. [yʀanik] (*urani[um]*) **Chim.** Se dit du second oxyde d'uranium et des sels qu'il produit. ■ **Chim.** Relatif à l'uranium. *Des rayonnements uraniques.*

URANISME, ■ n. m. [yʀanism] (all. *Uranismus,* du gr. *Ourania,* la Céleste, surnom donné à Aphrodite) **Didact.** et **littér.** Homosexualité masculine. « *L'entretien fut atrocement pénible. Ce n'est pas seulement à l'uranisme que Charlie ne comprenait rien ; c'est à la vie. Tout était ou devenait pour lui abstrait, intellectuel* », GIDE.

URANIUM, ■ n. m. [yʀanjɔm] (*urane*) **Chim.** Corps simple métallique qu'on extrait de l'urane. ■ Élément radioactif (symbole U ; numéro atomique 92 ; masse atomique 238,03). *L'uranium est un métal argenté, dense, malléable et ductile, radioactif et qui ternit au contact de l'air.*

URANO..., ■ [yʀano] (lat. sav. *uranus,* voûte du palais, du gr *ouranos,* voûte céleste) Préfixe, du gr. *ouranos,* ciel, qui signifie en latin voûte du palais.

URANOCHRE, n. m. [yʀanɔkʀ] (*uran[ium]* et gr. *ôkhros,* jaune pâle) ▷ Oxyde uraneux ou le premier degré d'oxydation de l'uranium. ◁

URANOGRAPHE, n. m. [yʀanograf] (*uranographie*) ▷ Celui qui fait une description du ciel. ◆ Auteur d'une uranographie. ◁

URANOGRAPHIE, n. f. [yʀanografi] (gr. *ouranographia,* de *ouranos,* ciel, et *graphein,* décrire) ▷ Description du ciel. ◆ Science qui a pour objet l'étude, la description du ciel. ◆ Titre de plusieurs ouvrages d'astronomie. ◁

URANOGRAPHIQUE, adj. [yʀanografik] (*uranographie*) ▷ Qui appartient à l'uranographie. ◁

URANOPLASTIE, ■ n. f. [yʀanoplasti] (*urano-* et *-plastie*) **Chir.** Partie de la chirurgie spécialisée dans la reconstruction du voile du palais et notamment, dans l'obturation des perforations du voile. *Une uranoplastie pour fente orofaciale.*

URANOSCOPE, ■ n. m. [yʀanoskɔp] (*urano-* et *-scope*) Poisson de mer qui a les yeux au-dessus de la tête, et tournés vers le ciel.

URANUS, ■ n. m. [yʀanys] (gr. *ouranos,* ciel) Grosse planète placée au-delà de Saturne.

URANYLE, ■ n. m. [yʀanil] (*uran[ium]* et *-yle*) Radical bivalent. *Un nitrate d'uranyle.*

URATE, n. m. [yʀat] (radic. de *urée*) **Chim.** Nom générique des sels formés par la combinaison de l'acide urique avec les bases. ◆ Engrais composé d'un mélange d'urine et de plâtre ou de suie.

URBAIN, AINE, adj. [yʀbɛ̃, ɛn] (lat. *urbanus,* de la ville, poli, spirituel, de *urbs,* génit. *urbis,* ville) Qui concerne la ville, qui appartient à la ville, par opposition à rural. *Garde urbaine.* ◆ N. m. et n. f. Habitant d'une ville. ■ Adj. Relatif à la ville et à ses habitants ; qui est de la ville. ■ *Commune urbaine,* grande ville ou agglomération d'une ville et de ses banlieues comprenant plus de 2 000 habitants. ■ **Litt.** Qui fait preuve d'urbanité. *C'est une personne très urbaine.*

URBANISER, ■ v. tr. [yʀbanize] (*urbain,* d'après le lat. *urbanus*) Doter d'aménagements et de structures en vue de créer ou de développer une zone urbaine. ■ S'urbaniser, v. pr. *La région s'urbanise lentement.* ■ URBANISATION, n. f. [yʀbanizasjɔ̃] *L'urbanisation en Afrique.*

URBANISME, ■ n. m. [yʀbanism] (*urbain*, d'après le lat. *urbanus*) Ensemble des études et techniques de l'aménagement de l'espace des villes en fonction de données économiques, sociales et esthétiques. *Un plan d'urbanisme*. ■ URBANISTE, n. m. et n. f. ou adj. [yʀbanist] ■ URBANISTIQUE, adj. [yʀbanistik] *Le droit urbanistique*.

URBANITÉ, n. f. [yʀbanite] (lat. *urbanitas*, politesse, esprit) ▷ La politesse des anciens Romains. « *L'élégance attique fut-elle jamais plus pure à Athènes, ni l'urbanité plus agréable et mieux entendue à Rome ?* », Voiture. ◁ ◆ En général, politesse que donne l'usage du monde. « *L'élégante urbanité de la cour de Louis XIV* », Villemain. ■ Caractère de ce qui est relatif à une ville.

URBANOLOGIE, ■ n. f. [yʀbanɔlɔʒi] (*urban[isme]* et *-logie*) Branche de la géographie qui étudie de façon scientifique le phénomène urbain dans son développement, dans ses aspects géographiques, humains, esthétiques, etc. *L'urbanologie traite également de la gestion environnementale.*

URBI ET ORBI, ■ loc. adv. [yʀbietɔʀbi] (mots lat., datif de *urbs*, ville [Rome], et *orbis*, terre) Dans la liturgie catholique, se dit de la bénédiction solennelle donnée par le pape du balcon de la basilique Saint-Pierre. ■ **Fig.** Partout. *Clamer la nouvelle urbi et orbi.*

URCÉOLE, n. m. [yʀseɔl] (lat. *urceus*, pot, cruche) **Bot.** Organe en forme de gobelet ou de godet.

URCÉOLÉ, ÉE, adj. [yʀseole] (*urcéole*) **Bot.** Se dit d'un organe qui est renflé à sa partie moyenne, resserré à son orifice, et dilaté à son limbe. *Calice urcéolé.*

URDU, ■ n. m. [urdu] Voy. ourdou.

URE, n. m. [yʀ] (m. h. all. *ur*, du lat. *urus*) Aurochs, taureau sauvage. ■ *Ure* est masculin, mais on le trouve parfois au féminin. On dit aussi *urus*.

...URE, ■ [yʀ] suffixe utilisé dans la formation des noms des composés chimiques et indiquant que ces composés sont des sels d'hydracide.

URÉDINALE, ■ n. f. [yʀedinal] (lat. *uredo*, nielle, charbon de *urere*, brûler) **Bot.** Espèce de champignon parasite des végétaux produisant des rouilles, notamment sur les céréales. *Les urédinales forment un ordre.*

URÉDOSPORE, ■ n. f. [yʀedospɔʀ] (lat. *uredo*, nielle, et *-spore*) **Bot.** Spore unicellulaire à deux noyaux des urédinales, assurant la dispersion de l'espèce et la contamination des plantes. *Les urédospores sont à l'origine des épidémies de rouilles.*

URÉE, n. f. [yʀe] (radic de *urine*) **Chim.** Substance particulière que l'on rencontre dans l'urine de l'homme, dont elle est un des principes immédiats.

URÉIDE, ■ n. m. [yʀeid] (*urée*) **Chim.** Composé dérivant de l'urée.

URÉMIE, ■ n. f. [yʀemi] (*urée* et *-[h]émie*) **Méd.** Ensemble des manifestations liées à l'insuffisance rénale sévère, avec notamment une concentration anormale de l'urée dans le sang. *L'urémie est une intoxication interne due à un défaut d'élimination des toxines par le rein.* ■ URÉMIQUE, adj. ou n. m. et n. f. [yʀemik]

URÉOGENÈSE, ■ n. f. [yʀeoʒɔnɛz] (*urée* et *genèse*) **Biol.** Ensemble des réactions enzymatiques catalysées par les enzymes du foie chargées de fixer l'azote sous forme d'urée.

URÉOTÉLIQUE ou **UROTÉLIQUE**, ■ adj. [yʀeotelik, yʀotelik] (*urée* et gr. *telos*, résultat) Qui produit de l'urée.

...URÈSE ou **...URIE**, ■ [yʀɛz, yʀi] suffixe, du gr. *ourêsis*, action d'uriner. *Diurèse, hématurie, etc.*

URÉTÉRAL, ALE, ■ adj. [yʀeteʀal] (*uretère*) **Anat.** Relatif aux uretères. *Des calculs urétéraux.*

URETÈRE, n. m. [yʀ(ə)tɛʀ] (gr. *ourêtêr*) **Anat.** Canal membraneux destiné à porter l'urine du rein dans la vessie.

URÉTÉRITE, ■ n. f. [yʀeteʀit] (*uretère*, et *-ite*) **Méd.** Inflammation des uretères. *Dans la plupart des cas, l'urétérite se traduit par des urines troubles ou purulentes et une douleur à la miction.*

URÉTÉROSTOMIE, ■ n. f. [yʀeteʀostomi] (*uretère* et gr. *stoma*, bouche, orifice) **Chir.** Abouchement des uretères à la peau pour dériver les urines en cas d'obstruction. *Une urétérostomie cutanée avec sonde urétérale.*

URÉTHANE ou **URÉTHANNE**, ■ n. m. [yʀetan] (*urée* et *éthane*) **Chim.** Éther carbonique. *Une peinture à l'uréthane.*

URÉTRAL, ALE, ■ adj. [yʀetʀal] (*urètre*) **Anat.** Relatif à l'urètre. *Un reflux urétral.*

URÈTRE, n. m. [yʀɛtʀ] (gr. *ourêthra*) **Anat.** Canal excréteur de l'urine. ◆ ▷ L'Académie écrit ce mot sans *h*, ajoutant : quelques-uns écrivent *urèthre*. Cette dernière orthographe, étant étymologique, vaut mieux. ◁ ■ Rem. Chez l'homme, l'urètre permet également le passage du sperme. ■ Rem. Graphie ancienne : *urèthre*.

URÉTRITE, ■ n. f. [yʀetʀit] (*urètre* et *-ite*) **Méd.** Inflammation de l'urètre. *L'urétrite pourrait être causée par les germes qui sont à l'origine des maladies sexuellement transmissibles comme les gonocoques, les clamydioses, les mycoplasmes, etc.*

...URGE ou **...URGIE**, ■ [yʀʒ, yʀʒi] (gr. *ergon*, travail, ouvrage) suffixe, du radical gr. *ergo*, je fais, *ergon*, œuvre, art. *Dramaturge, neurochirurgie, etc.*

URGENCE, n. f. [yʀʒɑ̃s] (*urgent*) Qualité de ce qui est urgent. *Un cas d'urgence. L'urgence des circonstances.* ■ N. f. pl. Lieu dans un hôpital, une clinique où sont emmenés les malades, les accidentés que l'on doit soigner sans tarder. ■ D'URGENCE, loc. adv. immédiatement.

URGENT, ENTE, adj. [yʀʒɑ̃, ɑ̃t] (lat. *urgens*, p. prés. de *urgere*, presser) Qui ne souffre point de retardement, pressant. ■ URGEMMENT, adv. [yʀʒamɑ̃]

URGENTISTE, ■ n. m. et n. f. [yʀʒɑ̃tist] (*urgent*) **Méd.** Médecin qui travaille au service des urgences dans un hôpital.

URGENTOLOGUE, ■ n. m. et n. f. [yʀʒɑ̃tolɔg] (*urgent* et *-logue*) **Québec** Urgentiste.

URGER, ■ v. intr. [yʀʒe] (lat. *urgere*, presser) **Fam.** Être urgent. *Dépêche-toi, ça urge !*

...URGIE, ■ [yʀʒi] Voy. ...urge.

URICÉMIE, ■ n. f. [yʀisemi] (*[acide] urique* et *-[h]émie*) **Méd.** Taux élevé d'acide urique dans le sang. *Le terme d'uricémie est souvent confondu avec celui d'hyperuricémie qui correspond à un excès d'acide urique dans le sang.*

URICOTÉLIQUE, ■ adj. [yʀikotelik] (*[acide] urique* et gr. *telos*, résultat) **Biol.** Qui produit de l'acide urique.

URINAIRE, adj. [yʀinɛʀ] (*urine*) **Anat.** et **méd.** Qui a rapport à l'urine. *Calcul urinaire.* ◆ *Voies urinaires*, ensemble des conduits et cavités destinés à transmettre ou à contenir l'urine. ◆ N. f. **Bot.** Pissenlit.

URINAL, n. m. [yʀinal] (mot b. lat., pot de nuit) Vase à col incliné, dans lequel les malades urinent commodément. ◆ Au pl. *Des urinaux.*

URINE, n. f. [yʀin] (lat. *urina*, du gr. *ouron*) Liquide excrémentiel sécrété par les reins, d'où il coule par les uretères dans la vessie, qui, après l'avoir conservé en dépôt pendant quelque temps, le chasse au dehors par l'urètre en se contractant. ◆ ▷ *Urines ardentes*, urines très rouges. ◁ ◆ ▷ *Médecin des urines*, celui qui prétend, par l'inspection de l'urine, connaître les maladies. ◁

URINER, v. intr. [yʀine] (*urine*) Évacuer l'urine ; se dit surtout en parlant des malades. ■ Rem. Auj. *uriner* ne se dit plus pour les malades.

URINEUX, EUSE, adj. [yʀinø, øz] (*urine*) **Méd.** Qui a rapport à l'urine. *Abcès urineux. Odeur urineuse.*

URINIFÈRE, ■ adj. [yʀinifɛʀ] (*urine* et *-fère*) **Méd.** Qui conduit, transporte l'urine. *Un tube urinifère servant à la filtration du rein.*

URINOIR, n. m. [yʀinwaʀ] (*uriner*) Endroit disposé pour uriner, dans les rues ou endroits publics. ◆ Il se dit pour *urinal*. ■ Rem. L'urinoir est une installation sanitaire destinée aux hommes. On dit *toilettes* pour les installations sanitaires destinées aux femmes.

URIQUE, adj. [yʀik] (radic. de *urine*) **Chim.** Se dit d'un acide produit par la combinaison de l'urée avec l'oxygène. ◆ *Calcul urique* se dit pour un calcul d'acide urique. ■ **Chim.** Relatif à l'acide urique.

URL, ■ [yɛʀɛl] (sigle de l'angl. *Uniforme Resource Locator*, localisateur universel de ressources) **Inform.** Format de nommage universel utilisé pour désigner une ressource ou un document sur l'internet. *La chaîne de caractères de l'url se décompose en cinq parties : le nom du protocole, l'identifiant, le nom du serveur, le numéro de port et le chemin d'accès à la ressource.* ■ Rem. On recommande officiellement l'emploi de *adresse universelle* ou *adresse réticulaire*.

URNE, n. f. [yʀn] (lat. *urna*, grand vase à puiser l'eau, urne cinéraire) Chez les anciens, grand vase à puiser de l'eau. ◆ Vase qui servait à renfermer les cendres des morts. ◆ On étend quelquefois la dénomination d'urne à certains sarcophages. ◆ *Urne* se dit aussi chez les modernes, par figure, bien qu'on n'enferme plus les restes des morts dans des urnes. ◆ Vase dans lequel on recueillait les suffrages. ◆ Chez les modernes, la boîte dans laquelle on recueille les votes. *L'urne électorale.* ◆ Vases sur lesquels sont appuyées les figures des dieux et des déesses, des fleuves et des fontaines. ◆ Dans le langage des archéologues, toute poterie trouvée dans les fouilles. ◆ Vase de porcelaine, de faïence, qui a la forme d'une urne antique. ◆ **Bot.** Sporange des mousses, espèce de capsule couverte par un opercule. ■ Rem. On dit auj. *urne* pour désigner le vase utilisé pour recueillir les cendres d'un mort incinéré.

1 URO..., ■ [yʀo] Préfixe, du gr. *oûron*, urine. *Urologie.*

2 URO..., ■ [yʀo] Préfixe, du gr. *oura*, queue.

UROBILINE, ■ n. f. [yʀɔbilin] (1 *uro-* et *bile*) **Chim.** Pigment jaune dérivé de la bilirubine hépatique et qui constitue l'un des deux principaux colorants de l'urine.

UROBILINURIE, ■ n. f. [yʀɔbilinyʀi] (*urobiline* et *-urie*, urine) **Méd.** Présence d'urobiline dans l'urine. ■ **Par extens. Méd.** Excès d'urobiline dans l'urine. *L'urobilinurie est le résultat de certaines infections hépatiques ou d'une hémolyse.*

URODÈLE, ■ n. m. [yʀɔdɛl] (2 *uro-* et gr. *dêlos*, visible) **Zool.** Amphibien au corps allongé, qui conserve sa queue à l'âge adulte, vivant dans les milieux humides et frais sous les pierres ou les souches, et dont la salamandre est le type. *Les urodèles forment un ordre.*

URODYNIE, n. f. [yʀɔdini] (1 *uro-* et gr. *odunê*, douleur) ▷ **Méd.** Sentiment de douleur qu'on éprouve en urinant. ◁

UROGÉNITAL, ALE, ■ adj. [yʀɔʒenital] (1 *uro-* et *génital*) Relatif à l'appareil génital et à l'appareil urinaire. *Des troubles urogénitaux.*

UROGRAPHIE, ■ n. m. [yʀɔgʀafi] (1 *uro-* et *-graphie*) **Didact.** Examen radiologique permettant d'étudier la morphologie et le fonctionnement de l'appareil urinaire, pratiqué généralement pour rechercher les malformations des conduits urinaires. *L'urographie est pratiquée pour le diagnostic d'occlusion d'une artère rénale, de tumeur du rein ou de la vessie, de calcul présent dans le rein ou dans l'uretère ou, enfin, de malformation des voies urinaires.*

UROKINASE, ■ n. f. [yʀɔkinaz] (1 *uro-* et *kinase*) **Pharm.** Enzyme utilisée pour déboucher les artères ou les veines en cas de thrombose ou d'embolie, notamment lors d'un infarctus du myocarde.

UROLAGNIE, ■ n. f. [yʀɔlaɲi] ou [yʀɔlaɲji] (1 *uro-* et gr. *lagneia*, rapport sexuel) **Didact.** Forme d'excitation sexuelle liée à la fonction urinaire. *L'urophilie est caractérisée par une forte excitation érotique éprouvée en buvant ou faisant boire de l'urine, ou en se recouvrant le corps ou recouvrant le corps de son partenaire d'urine.*

UROLOGIE, ■ n. f. [yʀɔlɔʒi] (1 *uro-* et *-logie*) Branche de la médecine qui traite des affections des voies urinaires et de l'appareil génital masculin. ■ UROLOGUE, ■ n. m. et n. f. [yʀɔlɔg]

UROMANCIE, n. f. [yʀɔmɑ̃si] (1 *uro-* et *-mancie*) ▷ Art prétendu de deviner les maladies par l'inspection des urines. ◁

UROMANCIEN, n. m. [yʀɔmɑ̃sjɛ̃] (*uromancie*) ▷ Celui qui pratique l'uromancie. ◁

UROMÈTRE, ■ n. m. [yʀɔmɛtʀ] (1 *uro-* et *-mètre*) Appareil permettant de mesurer la densité de l'urine.

URONIQUE, ■ adj. [yʀɔnik] (radic. de *urée*) Se dit d'un acide dérivé par oxydation. *L'acide uronique.*

UROPODE, ■ n. m. [yʀɔpɔd] (2 *uro-* et *-pode*) **Zool.** Partie de la queue de certains crustacés leur servant de nageoire. *Les uropodes en éventail du homard.*

UROPYGE, ■ n. m. [yʀɔpiʒ] (2 *uro-* et gr. *pugê*, fesse, croupion) **Zool.** Arachnide de petite taille dont le dernier segment abdominal est pourvu d'un flagelle. *Les uropyges femelles mangent quelquefois leurs œufs.*

UROPYGIAL, ALE, ■ adj. [yʀɔpiʒjal] (2 *uro-* et gr. *pugê*, croupion) Relatif aux croupions des oiseaux.

UROPYGIEN, IENNE, ■ adj. [yʀɔpiʒjɛ̃, jɛn] (2 *uro-* et gr. *pugê*, croupion) **Zool.** *Glande uropygienne,* glande située à la base du croupion des oiseaux dont la sécrétion permet de graisser et de protéger les plumes.

UROSCOPIE, n. f. [yʀɔskɔpi] (1 *uro-* et *-scopie*) Inspection des urines.

UROSCOPIQUE, adj. [yʀɔskɔpik] (*uroscopie*) Qui a rapport à l'uroscopie.

UROTÉLIQUE, ■ adj. [yʀɔtelik] Voy. URÉOTÉLIQUE.

URSIDÉ, ■ n. m. [yʀside] (lat. impér. *ursus*, ours) Mammifère carnivore plantigrade, de grande taille, dont l'ours et le panda sont le type. *Les ursidés forment un ordre.*

URSULINE, n. f. [yʀsylin] (ordre de sainte *Ursule*, fondé en 1535) Religieuse qui tire son nom de sainte Ursule, et qui est obligée par son statut à prendre soin de l'instruction des jeunes filles. ◆ Au pl. *Les Ursulines,* le couvent qu'habitent ces religieuses.

URTICACÉE, ■ n. f. [yʀtikase] (lat. impér. *urtica*, ortie) **Bot.** Plante dicotylédone sans pétales, dont l'ortie est le type. *Les urticacées comportent environ 40 genres et 550 espèces.*

URTICAIRE, n. f. [yʀtikɛʀ] (lat. méd. mod. [XVIIIᵉ s.] *urticaria*, fièvre ortiée, du lat. *urtica*, ortie) **Méd.** Inflammation exanthémateuse caractérisée par des taches proéminentes, plus pâles ou plus rouges que la peau qui les entoure, rarement persistantes, se reproduisant par accès ou s'aggravant par

paroxysmes, et produisant un prurit semblable à celui que causent les piqûres d'ortie. ■ *Donner de l'urticaire à quelqu'un,* énerver, agacer quelqu'un.

URTICANT, ANTE, adj. [yʀtikɑ̃, ɑ̃t] (lat. médiév. *urticare*, piquer, du lat. *urtica*, ortie) Se dit de tout ce qui produit une sensation analogue à celle que cause la piqûre des orties. *Les animaux urticants marins.*

URTICATION, n. f. [yʀtikasjɔ̃] (lat. méd. mod. [XVIIᵉ s.]) *urticatio,* action de piquer, démangeaison, du lat. *urtica,* ortie) ▷ **Méd.** Sorte de flagellation qu'on pratique avec des orties fraîches pour produire une excitation locale. ◁ ■ **Didact.** Sensation analogue à celle que cause la piqûre des orties et qui accompagne l'urticaire. ◁

URTICÉES, n. f. pl. [yʀtise] (lat. *urtica,* ortie) ▷ **Bot.** Famille de plantes qui ont des caractères communs avec l'ortie. ◁

URUBU, ■ n. m. [yʀyby] (tupi *ouroubou*) Petit rapace d'Amérique, au plumage noir, à la tête dénuée de plumes et qui se nourrit principalement de charognes. *Des urubus.*

URUGUAYEN, ENNE, ■ adj. [yʀygwejɛ̃, ɛn] (*Uruguay*) Relatif à l'Uruguay. *Le peso uruguayen est la monnaie de l'Uruguay.* ■ N. m. et n. f. Habitant ou personne originaire de l'Uruguay. *Un Uruguayen, une Uruguayenne.*

URUS, n. m. [yʀys] Voy. URE.

1 US, n. m. pl. [ys] (lat. *usus,* usage, de *uti,* se servir de) **Dr.** Usages. « *Selon les nobles us En ce châtel de tous les temps reçus* », VOLTAIRE. ◆ Par extens. « *Suivant les us et coutumes de la secte* », LA HARPE. ◆ Il se joint presque toujours avec le mot *coutumes. Selon les us et coutumes de Normandie.*

2 US, n. m. [ys] (lat. *-us,* voyelle thématique et désinence *-s*) ▷ Terminaison latine qui se dit dans cette locution : *Savant en us,* savant hérissé de latin. ◁

USABLE, adj. [yzabl] (*user*) Qui peut s'user. *Ce drap est usable.*

USAGE, n. m. [yzaʒ] (lat. médiév. *usagium,* du lat. *usus,* usage) Action d'user de, emploi de. « *La patience est un vertu qui n'est guère à mon usage* », MME DE SÉVIGNÉ. ◆ *Mettre en usage,* faire usage, employer. « *Il met tout en usage, et prière et menace* », P. CORNEILLE. ◆ **Fam.** *Ce drap fera beaucoup d'usage,* il durera beaucoup. ◆ *Toiles garanties à l'usage,* toiles dont on garantit qu'elles dureront. ◆ Utilité, service. « *La duplicité est honorée dans le monde comme un talent d'un grand nombre.* », MASSILLON. ◆ En physiologie, *usage des organes,* chacun des actes exécutés par chaque organe. ◆ Droit de se servir personnellement d'une chose dont la propriété est à un autre. ◆ Droit qu'ont les voisins d'une forêt ou d'un pacage, d'y couper le bois qui leur est nécessaire ou d'y mener paître leur bétail. ◆ Emploi ordinaire des mots, tel qu'il est dans la bouche du plus grand nombre. « *L'usage est appelé avec raison le père des langues* », BOSSUET. ◆ *Phrases d'usage,* phrases toutes faites qu'on échange dans la conversation. ◆ Emploi particulier qui se fait des mots. *L'usage vicieux d'une locution.* ◆ Pratique reçue généralement. « *On n'offense jamais plus les hommes que lorsqu'on choque leurs cérémonies et leurs usages* », MONTESQUIEU. ◆ *L'usage ordinaire,* ce qui se fait habituellement dans la vie. ◆ Pratique particulière. *Il est dans l'usage* ou *en usage de faire, etc.* ◆ Habitude d'user d'une chose, de la pratiquer. « *Le peu d'usage que nous avons de la prière* », MASSILLON. ◆ Connaissance, pratique acquise par l'expérience. « *Des vieillards consommés dans les affaires et formés par un long usage* », BOURDALOUE. ◆ *Usage du monde,* de la vie, expérience de la société, habitude d'en pratiquer les devoirs, d'en observer les manières. ◆ **Absol.** *Il manque d'usage.* ◆ Au pl. Anciennement, livres pour le service divin, tels que bréviaires, rituels, etc. ■ N. m. pl. Ensemble des manières de se comporter en société. ■ *À l'usage de,* destiné à. *Un livre à l'usage des sportifs.* ■ *Hors d'usage,* qui ne peut plus être utilisé. *Cet appareil est hors d'usage, il faut le remplacer.* ■ *Faire usage de quelque chose,* se servir de quelque chose, l'utiliser, l'employer. *Faire usage d'un droit.* ■ *Avoir l'usage de quelque chose,* pouvoir l'utiliser. *Il n'en a pas l'usage.*

USAGÉ, ÉE, ■ adj. [yzaʒe] (*usage*) Qui a déjà été utilisé, qui a beaucoup servi. *Une machine usagée.*

USAGER, ÈRE, n. m. et n. f. [yzaʒe, ɛʀ] (*usage*) **Jurispr.** Personne qui a droit d'usage dans certains bois et dans certains pacages. ■ Utilisateur. *L'usager des transports en commun.*

USANCE, n. f. [yzɑ̃s] (*user*) ▷ Usage reçu (vieilli en ce sens). *L'usance du pays, des lieux.* ◆ Terme pour le paiement des lettres de change, déterminé suivant l'usage des places sur lesquelles elles sont tirées ; ce terme est souvent de trente jours. *Lettre payable à trois usances.* ◆ **Sylvic.** *Usance du bois* ou *âge du bois,* espace de temps qui s'est écoulé depuis qu'on a coupé un taillis. ◁

USANT, ANTE, ■ adj. [yzɑ̃, ɑ̃t] (*user*) **Jurispr.** *Fils majeur usant et jouissant, fille majeure usante et jouissante de ses droits,* fils majeur, fille majeure qui n'a ni père ni mère et qui n'est sous l'autorité de personne. ◆ Qui use, diminue par le frottement. *Une poudre usante.* ■ **Fam.** Épuisant, qui use la santé. *Une personne usante.*

USB, ▪ n. m. [yɛsbe] (sigle de *Universal Serial Bus*) **Inform**. Bus de communication entre un ordinateur et ses périphériques, destiné à assurer le transfert des informations. *Un port* USB.

USÉ, ÉE, p. p. d'user. [yze] ♦ **N. m**. *L'usé*, la partie usée d'une chose. ♦ *Terre usée*, terre devenue stérile, parce qu'on lui a fait trop produire. ♦ **Fig**. Très affaibli par le travail, les maladies ou les excès, en parlant des personnes. *Un corps usé de fatigues. Santé usée.* ♦ *Ce cheval est usé*, a les jambes usées, ses jambes ne valent plus rien. ♦ **Fig**. Il se dit des sens, des sentiments, qui, par excès, par abus, se sont éteints. *Un cœur usé. Une passion usée.* ♦ ▷ *Avoir le goût usé*, avoir le goût émoussé par les ragoûts épicés, les liqueurs fortes. ◁ ♦ Il se dit des personnes en un sens analogue. « *Ils sont la plupart usés sur tous les plaisirs, par cela même qu'ils ne leur coûtent aucunes peines* », Bernardin de Saint-Pierre. ♦ **Fig**. Il se dit des idées, des expressions qu'un très fréquent usage a rendues communes, banales. ♦ On dit de même : *Ce sujet est usé, ces moyens sont usés, etc.* ♦ **Fig**. Il se dit des choses qui cessent de faire impression sur nous.

USER, v. tr. [yze] (lat. pop. *usare*, de *usus*, p. p. de *uti*, se servir de, être en relation avec) Faire usage de ; l'emploi actif en ce sens est ancien, et n'a été conservé qu'en termes d'eaux et forêts : *User une vente*, en faire l'exploitation. ♦ **Par extens**. Consommer les choses dont on se sert. *User beaucoup de charbon.* ♦ Détériorer imperceptiblement les choses en les diminuant à force de s'en servir. *User ses habits.* ♦ **Fig**. Détruire peu à peu tout ce que l'on compare aux objets matériels que l'usage détériore. « *Avant de la quitter, il faut user la vie* », A. Chénier. ♦ *User ses ressources*, les prodiguer et les affaiblir. ♦ ▷ *User sa jeunesse auprès de quelqu'un*, passer sa jeunesse à servir quelqu'un. ◁ ♦ **Fig**. Détériorer les forces d'une personne. *Rien n'use tant un homme que les excès.* ♦ *User ses yeux à force de lire*, s'affaiblir la vue à force de lire. ♦ Diminuer par le frottement. *User une pierre, une pointe de couteau, etc.* ♦ **Fig**. Amoindrir, affaiblir. « *Les longues espérances usent toute la joie* », Mme de Sévigné. ♦ **N. m**. Il se dit des choses qui durent longtemps. *C'est une marchandise qu'on ne peut connaître qu'à l'user.* ♦ ▷ **Fig**. *Cet homme est bon à l'user*, plus on le connaît, plus on l'apprécie. ◁ ♦ On dit aussi : *On ne connaît bien les gens qu'à l'usage.* ♦ **V**. intr. Faire emploi de. *User d'un mot.* ♦ *Usez d'un peu de vin.* ♦ **Absol**. *Usez, n'abusez point.* ♦ **Fig**. Il se dit de tout ce qui est comparé à un objet matériel dont on se sert. *User de violence, de diligence, etc.* « *Voyons comme tu sais user de la victoire* », Racine. ♦ *User bien ou mal de quelque chose*, en faire un bon, un mauvais usage. ♦ **En user**, agir, se conduire de telle ou telle façon. « *Je veux en user avec toi en père qui chérit sa fille* », Molière. ♦ *En user librement, familièrement avec quelqu'un*, avoir avec quelqu'un une manière d'agir libre, familière. ♦ *En user bien, en user mal avec quelqu'un*, agir bien ou mal avec lui. ♦ **S'user**, v. pr. Se détériorer par l'usage. *Mon habit s'use.* ♦ **Fig**. « *Les royaumes du monde et toute leur gloire s'useront comme un vêtement* », Massillon. ♦ Être diminué par frottement. *Les marches d'un escalier s'usent à la longue.* ♦ **Fig**. « *Hélas ! la vie ne se passe que trop ; elle s'use partout* », Mme de Sévigné. ♦ Perdre ses forces par les fatigues, les excès, etc. ♦ Cesser de faire impression. « *Les plaisirs s'usent* », Massillon. ♦ Devenir stérile à force de produire, en parlant des terres. ♦ Perdre son crédit sur l'opinion.

USINABLE, ▪ adj. [yzinabl] Qui peut être usiné. *Un matériau usinable.* ▪ **USINABILITÉ**, n. f. [yzinabilite] *L'usinabilité des aciers inoxydables.*

USINAGE, ▪ n. m. [yzinaʒ] (*usiner*) Action de façonner quelque chose au moyen d'une machine-outil. *Le principe de l'usinage est d'enlever de la matière de manière à donner à la pièce brute la forme voulue.*

USINE, n. f. [yzin] (lat. médiév. *usina*, moulin, du lat. *officina*, atelier, fabrique, de *opifex*, ouvrier, artisan, de *opus*, génit. *operis*, œuvre, travail, et *facere*, faire) Proprement et anciennement, machine mue par l'eau. ♦ Aujourd'hui, fabrique dont le produit est obtenu par des machines plus que par le travail des ouvriers, telle que moulin, forge, filature, etc. ▪ **Fam**. Lieu où la productivité est intense. *Ce restaurant est une véritable usine.* ▪ Complexe industriel qui se consacre à la transformation de matières premières, à la fabrication de produits, au recyclage, etc. *Une usine de traitement des déchets. Une usine de textile.*

USINER, ▪ v. tr. [yzine] (*usine*) Façonner un matériau, une pièce à l'aide d'une machine-outil. *Usiner des métaux.* ♦ **V**. intr. **Fam**. Travailler dur.

USINIER, IÈRE, n. m. et n. f. [yzinje, jɛʀ] (*usine*) Personne qui exploite une usine. ♦ Personne qui travaille en usine. ♦ Où l'on trouve des usines. *Une ville usinière.*

USITÉ, ÉE, adj. [yzite] (lat. *usitatus*, p. p. de *usitari*, se servir souvent de) Qui est en usage, qui est pratiqué communément. « *Et suivant le vieil ordre en Syrie usité* », P. Corneille. « *Ou comme chez les grands on le voit usité* », Molière. ♦ Il se dit des mots et des phrases qui sont en usage dans une langue.

USNÉE, ▪ n. f. [usne] (ar. *usna*, mousse, lichen) Lichen grisâtre et filamenteux. *Des forêts de conifères humides où abonde l'usnée barbue.*

USQUEBAC, n. m. [uskəbak] (angl. *usquebaugh*, du gaél. *visge*, eau, et *beatha*, vie) Liqueur qui n'est autre que le wisky (eau-de-vie de grain), dans lequel on a dissous du safran et quelques aromates. ▪ **Rem**. On disait aussi *scubac* autrefois.

USTENSILE, n. m. [ystɑ̃sil] (lat. impér. *utensilia*, objets nécessaires, plur. neutre de *utensilis*, utile) Toute espèce de petit meuble servant au ménage, et principalement à la cuisine. ♦ Divers instruments propres à certains arts. *Des ustensiles de jardinage, de toilette, etc.*

USTILAGINALE, ▪ n. f. [ystilaʒinal] (lat. impér. *ustilago*, chardon sauvage) Champignon parasite des végétaux, responsable du charbon ou de la rouille. *Les ustilaginales forment un ordre.*

USTION, n. f. [ystjɔ̃] (lat. impér. *ustio*, du supin *ustum* de *urere*, brûler) Action de brûler. *La sépulture par ustion pratiquée chez les Romains.* ♦ **Chim**. Calcination, combustion d'une substance. ♦ **Chir**. Action de brûler, d'appliquer le cautère actuel.

USUCAPION, n. f. [yzykapjɔ̃] (lat. *usucapio*, acquisition par possession prolongée, de *usus*, usage, et *capere*, prendre) En droit romain, manière d'acquérir par la possession, par l'usage. ▪ **Dr**. Droit selon lequel toute personne qui a disposé d'un bien immobilier pendant plusieurs années, sans en être réellement propriétaire, peut en acquérir la propriété.

USUEL, ELLE, adj. [yzɥɛl] (b. lat. *usualis*, qui sert à notre usage) Dont on se sert ordinairement. *Termes usuels. Plantes usuelles.* ♦ *Arts usuels*, métiers qui fournissent aux besoins communs. ▪ **N. m**. Ouvrage mis à la disposition des lecteurs d'une bibliothèque, uniquement pour consultation.

USUELLEMENT, adv. [yzɥɛl(ə)mɑ̃] (*usuel*) D'une manière usuelle.

USUFRUCTUAIRE, adj. [yzyfʀyktɥɛʀ] (b. lat. *usufructuarius*) Qui concerne l'usufruit, qui appartient à l'usufruit. *Des réparations usufructuaires. Droit usufructuaire.*

USUFRUIT, n. m. [yzyfʀɥi] (lat. *usus fructus, usus et fructus*, de *usus*, usage et *fructus*, fruit) Démembrement du droit de propriété, qui comprend le droit de se servir de la chose pour l'usage auquel elle est destinée, et le droit de percevoir les fruits et produits de la chose ; mais qui diffère de la propriété en ce qu'il ne donne ni le droit de détruire ou d'aliéner la chose, ni la perpétuité. ♦ *Usufruit légal*, Droit de jouissance du père et de la mère sur les biens de leurs enfants mineurs.

USUFRUITIER, IÈRE, n. m. et n. f. [yzyfʀɥitje, jɛʀ] (*usufruit*) **Dr**. Personne qui a l'usufruit. ♦ **Adj**. *Réparations usufruitières*, réparations à la charge de l'usufruitier.

USURAIRE, adj. [yzyʀɛʀ] (b. lat. jurid. *usurarius*, qui concerne l'intérêt de l'argent) Où il y a de l'usure. *Contrat usuraire. Des profits usuraires.*

USURAIREMENT, adv. [yzyʀɛʀ(ə)mɑ̃] (*usuraire*) D'une manière usuraire.

USURE, n. f. [yzyʀ] (lat. *usura*, usage, intérêt d'un capital prêté, de *uti*, faire usage) Profit illégitime qu'on retire du prêt de l'argent. « *La loi des Douze Tables défendait de porter l'usure plus haut qu'à douze pour cent* », Rollin. ◁ ♦ **Par extens**. Profit qu'on retire d'un prêt au-dessus du taux légal ou habituel. ♦ ▷ **Fig**. *Avec usure*, en rendant plus qu'on n'a reçu. « *La terre le payait de ses peines avec usure* », Fénelon. ◁ ♦ Détérioration par suite d'un long usage. *L'usure des habits. Usure des dents.* ▪ **Fam**. *Avoir quelqu'un à l'usure*, faire en sorte qu'il cède à force d'insistance.

USURIER, IÈRE, n. m. et n. f. [yzyʀje, jɛʀ] (*usure*) Celui, celle qui prête à usure. ♦ **Par extens**. Celui, celle qui profite des malheurs ou des nécessités d'autrui pour accroître sa fortune. ♦ **Adj**. « *Une libéralité usurière, qui donne un œuf pour avoir un bœuf* », J.-J. Rousseau.

USURPATEUR, TRICE, n. m. et n. f. [yzyʀpatœʀ, tʀis] (lat. impér. *usurpator*) Celui, celle qui, par violence ou par ruse, s'empare des possessions, du pouvoir d'un autre. ♦ **Adj**. « *Ce peuple usurpateur de l'empire des eaux* », Gilbert.

USURPATION, n. f. [yzyʀpasjɔ̃] (lat. *usurpatio*, usage, emploi, b. lat. jur. usage illicite) Action d'usurper ou le résultat de cette action. « *Les empires les plus florissants ont commencé par l'usurpation* », Bailly. ♦ La chose même qui est usurpée. *La plupart des terres de cette seigneurie n'étaient que des usurpations.*

USURPATOIRE, adj. [yzyʀpatwaʀ] (b. lat. jurid. *usurpatorius*, abusif, illégal) Qui a le caractère de l'usurpation. « *Les autres forces sont devenues iniques et usurpatoires* », J.-J. Rousseau.

USURPÉ, ÉE, p. p. de usurper. [yzyʀpe] *Une réputation usurpée.*

USURPER, v. tr. [yzyʀpe] (lat. *usurpare*, faire usage, prendre possession, lat. imp. s'arroger illégalement) S'emparer par violence ou par ruse des biens, de la dignité, du titre d'un autre. *Usurper le trône, la tyrannie, le pouvoir, le bien d'autrui, etc.* ♦ **Fig**. « *C'est moi qui trouble votre repos, qui usurpe votre liberté* », Balzac. ♦ **Fig**. Obtenir quelque chose par fraude, sans droit légitime. *Usurper la réputation, la gloire, l'estime, etc.* ♦ V. intr. *Usurper sur,* s'emparer au détriment de. *Vous usurpez sur mes droits.* ♦ *Usurper sur ses voisins,* accroître son terrain en poussant sa culture sur la leur.

UT, n. m. [yt] (premier mot [*Ut* queant laxis]) de l'Hymne de saint Jean Baptiste, de Paul Diacre) ▷ Mus. Nom, en solfège, du premier des sept sons dont se compose notre musique, rangés par ordre d'acuité. ◁ ♦ Le signe qui représente l'ut. ♦ *La clé d'ut,* Voy. CLÉ. ■ On dit aussi *do.*

UTÉRIN, INE, adj. [yteʀɛ̃, in] (b. lat. jurid. *uterinus,* de la même mère, de *uterus,* utérus) Se dit des frères et des sœurs nés de la même mère, sans avoir le même père. *C'est sa sœur utérine.* ♦ N. m. pl. *Les utérins.* ■ Adj. Se dit d'une filiation qui ne se fait que par les femmes. *Noblesse utérine.* ■ Adj. Relatif à l'utérus. *Une maladie utérine.*

UTÉRUS, ■ n. m. [yteʀys] (mot lat.) Anat. Organe creux de l'appareil génital féminin destiné à contenir l'œuf fécondé jusqu'à son développement complet. *Le col de l'utérus.*

UTILE, adj. [ytil] (lat. *utilis,* de *uti,* se servir de) Qui sert à quelque chose. *Des hommes utiles.* ♦ Admin. et procéd. *En temps utile,* dans le temps prescrit, déterminé. ♦ *Jours utiles,* les jours qui sont comptés dans les délais accordés par les lois et dans lesquels les parties peuvent réciproquement agir en justice. ♦ *Ordre utile,* le rang des créanciers qui, d'après la date et leur hypothèque, seront payés sur les biens du débiteur. ♦ *Domaine utile,* les fruits, les revenus d'une terre. ♦ N. m. Ce qui est utile. *Nous faisons cas du beau, nous méprisons l'utile. « Et le beau souvent nous détruit »,* LA FONTAINE. ■ *Joindre l'utile à l'agréable.* ■ *En temps utile,* au bon moment, au moment opportun. *Nous verrons cela en temps utile.* ■ *Charge utile,* masse dont le transport nécessite la conception d'un véhicule spécial.

UTILEMENT, adv. [ytil(ə)mɑ̃] (*utile*) D'une manière utile. ♦ ▷ Procéd. *Être utilement colloqué,* être colloqué en ordre utile. ◁

UTILISABLE, adj. [ytilizabl] (*utiliser*) Qui peut être utilisé.

UTILISATEUR, TRICE, ■ adj. [ytilizatœʀ, tʀis] Qui utilise quelque chose. ■ N. m. et n. f. Personne ou ensemble de personnes qui utilisent quelque chose. *Les utilisateurs de systèmes informatiques.*

UTILISATION, n. f. [ytilizasjɔ̃] (*utiliser*) Action d'utiliser.

UTILISÉ, ÉE, p. p. de utiliser. [ytilize]

UTILISER, v. tr. [ytilize] (*utile*) Tirer de l'utilité, tirer parti d'une chose. *Utiliser son temps.* ♦ S'utiliser, v. pr. Se rendre utile. ■ V. tr. Rendre utile quelque chose, l'exploiter. *Utiliser du fil pour recoudre un vêtement.*

UTILITAIRE, adj. [ytiliteʀ] (*utilité,* d'après l'angl. *utilitarian*) Néol. Qui vise à l'utilité. ♦ Se dit d'une école qui ne reconnaît pour principe du bien que l'utilité générale. ■ N. m. et n. f. *Un utilitaire.* ■ *Les utilitaires.* ■ N. m. Véhicule destiné à rendre service lors de livraisons, de transport, etc. ■ Inform. Logiciel informatique destiné à traiter des opérations de gestion et d'exploitation. *Utilitaire de gestion de fichiers, de correction, d'antivirus, de pare-feu, etc.* ■ REM. Le premier sens n'est plus un néologisme auj.

UTILITARISME, n. m. [ytilitaʀism] (*utilitaire,* d'après l'angl. *utilitarianism*) Système des utilitaires. ■ Philos. Doctrine éthique qui pose en hypothèse que l'utile est le principe de toute action individuelle et sociale et que l'utilité est déterminée d'une manière rationnelle. *Jeremy Bentham est le père de l'utilitarisme.*

UTILITARISTE, ■ adj. [ytilitaʀist] (*utilitarisme*) Philos. Qui suit la doctrine selon laquelle l'utile est le grand principe moral, la valeur centrale de toute action. *Une vision utilitariste de la société.* ■ N. m. et n. f. *Un, une utilitariste.*

UTILITÉ, n. f. [ytilite] (lat. *utilitas,* utilité, profit, intérêt) Qualité d'être utile, de servir à quelque chose. *L'utilité des richesses. L'utilité publique.* ♦ *Cela n'est d'aucune utilité,* cela ne sert à rien. ♦ *L'utilité de...,* au sens actif, ce à quoi sert une chose. *L'utilité de l'histoire.* ♦ *L'utilité de,* au sens passif, l'avantage retiré par. « *Ce n'est donc pas l'utilité de l'Église que vous vous proposez »,* MASSILLON. ♦ Au pl. « *Cette suite des empires, même à la*

considérer plus humainement, a de grandes utilités, principalement pour les princes »,* BOSSUET. ♦ En économie politique, faculté qu'ont les choses de pouvoir servir à l'homme, de quelque manière que ce soit. ♦ Au pl. Théât. Les emplois, les rôles utiles et non brillants de la pièce.

UTOPIE, n. f. [ytopi] (lat. mod [XVIᵉ s.] *utopia,* du gr. nég. *ou* et *topos,* lieu, place) ▷ Pays imaginaire où tout est réglé au mieux, décrit dans un livre de Thomas Morus qui porte ce titre. ◁ ♦ Fig. Plan de gouvernement imaginaire, où tout est parfaitement réglé pour le bonheur de chacun, et qui, dans la pratique, donne le plus souvent des résultats contraires à ce qu'on espérait. *Se créer une utopie.* ♦ Projet imaginaire. ■ Projet qui semble irréalisable. *Cette nouvelle mesure est une utopie.*

UTOPIQUE, ■ adj. [ytopik] (*utopie*) Relatif à l'utopie. ■ Qui est impossible à réaliser. *Cette idée est utopique.* ■ N. m. et n. f. Personne qui a un goût prononcé pour l'utopie. *Cette fille est une utopique !* ■ *Socialisme utopique,* doctrine socialiste de Saint-Simon et Charles Fourier (vers 1830) fondée sur l'abondance et l'égalité, opposée au socialisme scientifique.

UTOPISTE, n. m. et n. f. [ytopist] (*utopie*) Personne qui croit à une utopie. ♦ Créateur d'une utopie. ♦ Personne qui prend ses rêves pour des réalités. ■ Adj. Qui est attaché à l'utopie. *Une vision utopiste du monde.*

UTRICULAIRE, adj. [ytʀikyleʀ] (b. lat. *utricularius,* fabricant ou marchand d'outres, de *uter,* outre) Bot. *Tissu utriculaire,* tissu cellulaire des plantes. ■ Anat. Qui a la forme d'un utricule. *Une macule utriculaire.* ■ N. f. Plante carnivore dulcicole. *Les utriculaires n'ont pas de racines.*

UTRICULE, n. m. [ytʀikyl] (lat. impér. *utriculus,* petite outre, de *uter,* outre) Anat. Petite poche. ♦ Renflement du labyrinthe membraneux de l'oreille. ♦ Bot. Cellule du tissu cellulaire des végétaux. ■ Bot. Petit organe de certains végétaux, en forme d'outre, permettant de flotter ou de piéger des proies. ■ UTRICULEUX, EUSE, adj. [ytʀikylø, øz]

1 UV, ■ n. m. pl. [yve] (sigle de *ultraviolets*) Rayons ultraviolets. *Bronzer à l'aide d'un appareil à* UV. *Les* UVA *et les* UVB.

2 UV, ■ n. f. [yve] (sigle de *unité de valeur*) Unité d'enseignement universitaire correspondant à une discipline et sanctionnée par un contrôle des connaissances pour validation. *Une* UV *d'économie.*

UVAL, ALE, ■ adj. [yval] (lat. *uva,* grappe de raisin) Didact. Relatif au raisin. *Une cure uvale.* ■ Au pl. *Uvaux.*

UVA-URSI, ■ n. m. inv. [yvaʀsi] (mots lat., *uva,* raisin, et génit. de *ursus,* ours, raisin d'ours) Arbuste rampant, espèce de busserole, dont les feuilles sont utilisées dans le traitement des infections urinaires et communément appelé *raisin d'ours. Des uva-ursi.*

UVÉE, n. f. [yve] (lat. médiév., *uvea,* élément en forme de grappe, du lat. *uva,* grappe de raisin) Anat. Une des tuniques de l'œil.

UVÉITE, ■ n. f. [yveit] (*uvée* et *-ite*) Méd. Inflammation de l'uvée. *Les symptômes de l'uvéite varient en fonction du siège de l'inflammation (antérieure, intermédiaire, postérieure ou totale).*

UVULAIRE, ■ adj. [yvyleʀ] (*uvule*) Anat. Relatif à la luette. *Des lésions uvulaires.* ■ *Consonne uvulaire* ou n. f. *uvulaire,* consonne dont le lieu d'articulation est situé au niveau de la luette. *Le [R] est une consonne uvulaire en français.*

UVULE ou **UVULA,** ■ n. f. [yvyl, yvyla] (lat. médiév. *uvula,* petite grappe, du lat. *uva,* grappe de raisin) Anat. Appendice, constitué d'un tissu membraneux et musculaire, faisant suite au palais et notamment à sa partie molle et qui contribue à la fermeture de la partie nasale du pharynx lors de la déglutition. *Lorsque l'uvule s'appuie sur la paroi pharyngale, elle empêche l'air de pénétrer dans les fosses nasales et ne le laisse s'échapper que par la bouche (articulations orales).*

UXORILOCAL, ALE, ■ adj. [yksoʀilokal] (lat. *uxor,* épouse, et *local,* sur le modèle de *matrilocal*) Relatif au lieu d'habitation des couples déterminé par le lieu de résidence de la mère de l'épouse. *Le choix du lieu de résidence dans un mariage uxorical.* ■ Au pl. *Uxorilocaux.*

V

V, n. m. [ve] La vingt-deuxième lettre de l'alphabet. On l'appelait autrefois *U consonne. Un V majuscule. Un petit v.* ♦ Dans les chiffres romains, *V* vaut 5. ♦ Dans les observations météorologiques, *V* signifie Vent. ♦ *V* ou *v*, dans les livres d'église, signifie verset. ♦ *V. A.* Votre Altesse, *V. E.* Votre Excellence, etc. ■ *En V,* en forme de V. ■ *v*, symbole de volume. ■ *V*, symbole de volt. ■ Dix-septième consonne de l'alphabet.

1 VA, v. intr. [va] (*aller*) 3ᵉ personne du singulier du présent de l'indicatif du verbe *aller.* ♦ 2ᵉ personne du singulier de l'impératif d'*aller* qui s'emploie adverbialement. ■ *Va pour cette fois,* c'est d'accord pour cette fois.

2 VA, n. m. [va] (3ᵉᵐᵉ pers. du prés. du vb. *aller*) À certains jeux, la bassette, le pharaon, ce qu'on met au-dessus de la vade. *Sept et le va, etc., sept fois la vade.*

VACANCE, n. f. [vakɑ̃s] (*vacant*) Temps pendant lequel une fonction, une dignité n'est pas remplie. *La vacance du saint-siège, du trône.* ♦ Au pl. Temps durant lequel les études cessent dans les écoles, dans les collèges. *Le temps des vacances.* ♦ Il se dit aussi quelquefois au singulier. *Un jour de vacance.* ♦ Temps, dit aussi *vacations,* où les tribunaux interrompent leurs fonctions. ■ *Les grandes vacances,* les vacances d'été. ♦ Période d'arrêt de travail des salariés, congés. *Partir en vacances.*

VACANCIER, IÈRE, ■ n. m. et n. f. [vakɑ̃sje, jɛʀ] (*vacances*) Personne en vacances effectuant un séjour ailleurs qu'à son domicile pour une période donnée. *Les vacanciers profitent du bord de mer.*

VACANT, ANTE, adj. [vakɑ̃, ɑ̃t] (lat. *vacans,* p. prés. de *vacare,* être vide, être oisif) Qui n'est pas occupé, qui est à remplir. *Maison vacante. Les terres vacantes.* ♦ **Fig.** Il se dit des emplois, des places, des dignités. *Un trône vacant.* ♦ **Jurispr.** *Succession vacante,* succession que personne n'a réclamée, ou à laquelle on a renoncé. ♦ ▷ *Curateur aux biens vacants,* curateur établi pour la régie et conservation des biens qui n'ont point de propriétaire certain. ◁ ♦ ▷ Anciennement, *cette compagnie est vacante, ce régiment est vacant,* le grade de capitaine, de colonel n'est pas rempli. ◁

VACARME, n. m. [vakaʀm] (moy. néerl. *wacharme !,* hélas ! pauvre de moi !) Grand bruit, grands cris. ♦ Grand bruit fait dans une querelle. ♦ *Il est allé faire du vacarme dans cette maison,* il y est allé quereller quelqu'un, faire du bruit. ♦ **Fig.** Clameur publique.

VACATAIRE, ■ n. m. et n. f. [vakatɛʀ] (radic. de *vacation*) Personne affectée à une fonction pour une mission temporaire ou pour un remplacement. *Une vacataire.* ■ **Admin.** Agent public de l'État non titulaire affecté à une fonction pour une durée limitée, en cas de surcroît d'activité, ou pour remplacer un agent titulaire momentanément absent. *Titulariser un vacataire.*

VACATION, n. f. [vakasjɔ̃] (lat. *vacatio,* exemption, dispense, prix de la dispense) ▷ Profession, métier (vieilli en ce sens). *Quelle est sa vacation?* ◁ ♦ Espace de temps que les gens de loi consacrent à une affaire. ♦ Honoraires des hommes d'affaires et des gens de loi. ♦ Au pl. La cessation des séances des gens de justice, dite aussi *vacances. Le temps des vacations du tribunal.* ♦ *Chambre des vacations,* chambre chargée de rendre la justice pendant les vacations. ♦ Au sing. *Vacance,* en parlant des choses non occupées. *La vacation d'un bénéfice.*

VACCAIRE, ■ n. f. [vakɛʀ] (lat. sav. [XIXᵉ s.] *vaccaria,* de *vacca,* vache) **Bot.** Plante à fleurs roses, communément appelée *saponaire des vaches. La vaccaire est un membre de la famille des caryophyllacées, famille qui comprend des espèces horticoles bien connues telles que l'œillet.*

VACCIN, n. m. [vaksɛ̃] (lat. *vaccinus,* de vache) ▷ Virus particulier, doué de la propriété de préserver de la variole, ainsi appelé parce qu'il a été recueilli primitivement dans des pustules qui surviennent quelquefois au pis des vaches, et qu'on appelle *cowpox.* ◁ ♦ **Adj.** Le virus vaccin. ■ **N. m.** Substance préparée en laboratoire et inoculée à un être vivant, pour immuniser (vaccins prophylactiques) ou pour lutter (vaccins thérapeutiques) contre les maladies infectieuses. *Vaccin antirabique, antipolio, antitétanique. Le BCG est un vaccin antituberculeux.* ■ *Vaccin mixte,* un seul vaccin immunise un être

vivant contre plusieurs maladies infectieuses. ■ Inoculation de cette substance. *Faire un vaccin à une personne âgée.* ■ Cicatrice laissée par cette inoculation. ■ **Fig.** Remède, immunisation. *Vaccin contre la bêtise.*

VACCINAL, ALE, adj. [vaksinal] (*vaccine*) Qui a rapport à la vaccine. *Le bouton vaccinal.* ■ Relatif au vaccin ou à la vaccination. *Une réaction vaccinale.*

VACCINATEUR, TRICE, n. m. et n. f. [vaksinatœʀ, tʀis] (*vacciner*) Personne qui vaccine. ■ **Adj.** Qui vaccine.

VACCINATION, n. f. [vaksinasjɔ̃] (*vacciner*) Inoculation de la vaccine, opération qui consiste à mettre le virus vaccin en contact avec les vaisseaux absorbants de la peau.

VACCINE, n. f. [vaksin] ([*variole*] *vaccine,* du lat. sav. *variola vaccina,* de *vaccinus,* de vache) Maladie éruptive et contagieuse propre à la vache. Jenner découvrit que, communiquée à l'homme, elle le préserve de la petite vérole. ♦ ▷ L'opération même par laquelle on inocule le vaccin. ◁

VACCINÉ, ÉE, p. p. de vacciner. [vaksine] ♦ **N. m. et n. f.** *Un vacciné.*

VACCINELLE, ■ n. f. [vaksinɛl] (*vaccine*) **Méd.** Éruption vaccinale sans gravité, généralement chez un sujet revacciné.

VACCINER, v. tr. [vaksine] (*vaccine*) Inoculer le vaccin. ■ Immuniser ou soigner grâce à un vaccin. ■ **Fig.** et **fam.** Immuniser ou être immunisé contre. *Être vacciné contre les examens.* ■ **Fam.** *Être majeur et vacciné,* être suffisamment âgé et mûr pour prendre ses propres responsabilités.

VACCINIDE, ■ n. f. [vaksinid] (*vaccine*) **Méd.** Ensemble des manifestations que l'on peut observer chez l'homme après une vaccination antivariolique.

VACCINOGÈNE, ■ adj. [vaksinoʒɛn] (*vaccin* et *-gène*) Relatif à la production des vaccins. *La capacité vaccinogène des individus.* ■ **Didact.** Qui fabrique et fournit des vaccins, en parlant d'un établissement. *En France, l'Institut Pasteur est un centre vaccinogène.*

VACCINOÏDE, ■ n. f. [vaksinoid] (*vaccine* et *-oïde*) **Méd.** Réaction cutanée bénigne, généralement chez un sujet revacciné. ■ **Adj.** Qui ressemble à la vaccine

VACCINOSTYLE, ■ n. m. [vaksinostil] (*vaccin* et *style*) **Méd.** Petit instrument en forme de plume pointue, utilisé pour les vaccinations. *Faire un prélèvement mycologique à l'aide d'un vaccinostyle ou d'une curette.*

VACCINOTHÉRAPIE, ■ n. f. [vaksinoteʀapi] (*vaccin* et *thérapie*) **Méd.** Emploi d'un vaccin dans le but de créer une immunité active contre une maladie donnée, dans laquelle le système immunitaire reconnaît l'antigène et fabrique des anticorps spécifiques. *La vaccinothérapie est une forme expérimentale de traitement anticancéreux qui pourrait prévenir une récidive après un traitement réussi.*

VACHARD, ARDE, ■ adj. [vaʃaʀ, aʀd] (*vache*) **Fam.** Méchant, à la recherche de ce qui blessera. *Une question vacharde.* « *Un coup comme ça, ils auraient été prêts à l'accepter d'un prof vachard, mais à elle ils ne pardonnaient pas* », Séguin.

VACHE, n. f. [vaʃ] (lat. *vacca*) La femelle du taureau. ♦ *Vache laitière, vache beurrière, vache fromagère,* vache nourrie à l'effet d'en tirer du lait, du beurre, du fromage. ♦ *Ranz des vaches,* Voy. RANZ. ♦ *Roux comme une vache,* très roux. ♦ *Poil de vache,* poil roux. ♦ **Pop.** *Pleurer comme une vache,* pleurer abondamment. ♦ *La vache est à nous,* nous avons gagné, nous sommes les maîtres, nous sommes sûrs de réussir. ♦ *Ce cheval rue en vache,* il rue du pied de derrière en le jetant en avant, comme s'il voulait se frapper le ventre. ♦ **Par extens.** La chair même de l'animal préparée pour servir d'aliment. ♦ *Manger de la vache enragée,* être réduit à manger de la viande d'une vache mordue et devenue enragée, et fig. éprouver beaucoup de privations et de fatigues. ♦ *Le plancher des vaches,* la terre, par opposition à l'eau, à la mer. ♦ **Fig.** et **fam.** *Parler français comme une vache espagnole,* parler très mal français. ♦ *Vache à lait,* vache à laquelle on a enlevé son veau, et dont le lait est employé pour les besoins de l'homme. ♦ **Fig.** et **fam.** *Vache à lait,* se dit d'une personne et par extens. d'une chose dont on tire un profit continuel. ♦ Bassement et par moquerie, *c'est une vache,* se dit d'une femme qui a trop d'embonpoint. ♦ Se dit aussi d'une nourrice qui a beaucoup de lait. *Elle a du lait comme une vache.* ♦ Peau de vache corroyée et dont on fait des chaussures, des harnais, etc. ♦ Par dénigrement, *la vache à Colas,* le protestantisme. ♦ Panier revêtu de cuir, qu'on place sur les voitures de voyage et qui a les dimensions de l'impériale, et aussi le seul couvercle de cuir qui ferme le grand coffre de l'impériale. ♦ *Vache ou biche de Barbarie,* l'antilope bubale. ♦ *Vache grognante ou de Tartarie,* le yak. ♦ *Vache marine,* le morse, le lamantin. ♦ *Vache à Dieu ou bête à bon Dieu,* la coccinelle. ♦ **Prov.** *Quand chacun fait son métier, se mêle de son métier, les vaches sont bien gardées,* toutes choses vont bien lorsque chacun ne se mêle que de ce qu'il doit faire. ♦ *Le diable est aux vaches, le diable est bien aux vaches,* il y a du vacarme, du désordre, de la brouillerie. ♦ *C'est le grand chemin des vaches,* se dit pour exprimer qu'une chose est connue, publique, commune. ■ **Fam.**

Il pleut comme vache qui pisse, il pleut abondamment. ▪ *Maladie de la vache folle*, encéphalopathie spongiforme bovine. ▪ *Période de vaches maigres*, période de disette. ▪ **Fam.** *Mort aux vaches*, insulte envers les policiers et les gendarmes. ▪ Personne méchante, dure. *Une peau de vache*. ▪ **Interj. Fam.** *La vache !* exclamation exprimant l'admiration, le dégoût, l'indignation. ▪ **Adj. Fam.** Méchant, dur, sévère. *Le prof a été vache. L'amour vache*. ▪ *Coup de pied en vache*, coup de pied vif, donné sur le côté. **Fig.** *Coups de pied en vache* ou *coups en vache*, acte de traîtrise. *Il ne lui pardonnera jamais ce coup en vache*.

VACHEMENT, ▪ adv. [vaʃ(ə)mɑ̃] (*vache*) **Fam.** De façon vache, méchante. *On m'a vachement puni*. ▪ **Fam.** Beaucoup, très. *Ce film est vachement triste*.

VACHER, ÈRE, n. m. et n. f. [vaʃe, ɛʀ] (lat. pop. *vaccarius*, de *vacca*, *vache*) Personne qui mène paître les vaches et qui les garde.

VACHERIE, n. f. [vaʃ(ə)ʀi] (*vache*) Logement spécialement destiné aux vaches. ▪ **Fam.** Paroles ou actes méchants. *Faire des vacheries à quelqu'un*.

VACHERIN, ▪ n. m. [vaʃ(ə)ʀɛ̃] (*vache*) Fromage crémeux au lait de vache et à pâte molle fabriqué dans le Jura et en Savoie. ▪ Gâteau glacé et meringué garni de crème Chantilly.

VACHETTE, n. f. [vaʃɛt] (*vache*) Cuir de petite vache. ▪ Jeune vache. *Les courses de vachettes à Bayonne*.

VACIET, n. m. [vasjɛ] (lat. impér. *vaccinium*, vaciet, airelle) Autre nom de l'arbuste dit *airelle* ou *vaccinier*.

VACILLANT, ANTE, adj. [vasijɑ̃, ɑ̃t] ou [vasilɑ̃, ɑ̃t] (*vaciller*) Qui vacille. *Démarche vacillante. Une clarté vacillante*. ♦ **Fig.** Qui n'est pas sûr. « *Dans cette vie notre raison vacillante se met souvent du parti de notre cœur dépravé* », Bossuet. ♦ **Fig.** Irrésolu, changeant. *Esprit vacillant*.

VACILLATION, n. f. [vasijasjɔ̃] ou [vasilasjɔ̃] Voy. VACILLEMENT.

VACILLEMENT, n. m. [vasij(ə)mɑ̃] ou [vasil(ə)mɑ̃] (*vaciller*) Mouvement de ce qui vacille. *Vacillement d'une barque, d'une lumière*. ♦ **Fig.** Irrésolution, variation. *Vacillement des témoins*. ▪ **Rem.** On disait autrefois *vacillation*.

VACILLER, v. intr. [vasije] ou [vasile] (lat. *vacillare*) N'être pas bien ferme. *Cette table vacille. Sa tête vacille*. ♦ **Par extens.** Lumière, clarté qui vacille. ♦ Il se dit de la langue, quand on a de la peine à prononcer ou qu'on prononce un mot pour un autre. *Ma langue vacilla*. ♦ Devenir faible, peu sûr, en parlant de certaines facultés de l'âme. *Sa mémoire vacille*. ♦ **Fig.** Être incertain, irrésolu. « *Nos résolutions ne vacillent plus* », Bossuet. ♦ *Vaciller dans ses réponses*, répondre tantôt d'une manière, tantôt d'une autre.

VACIVE, ▪ n. f. [vasiv] (mot région. [Embrun], du lat. *vacivus*, vide) Jeune brebis de deux ans qui n'a pas encore porté.

VACUITÉ, n. f. [vakɥite] (lat. *vacuitas*, absence de qqch., espace vide) État d'une chose vide. *La vacuité de l'estomac cause des tiraillements*. ▪ **Litt.** Sentiment de vide absolu, de non-substance de tous les phénomènes, qui ne sont qu'illusions et qui n'existent que par leur interdépendance. *La vacuité de ses propos*.

VACUOLAIRE, ▪ adj. [vakɥolɛʀ] (*vacuole*) Qui contient des vacuoles ; relatif aux vacuoles. *Des membranes vacuolaires*.

VACUOLE, ▪ n. f. [vakɥol] (lat. *vacuus*, vide) **Didact.** Petite cavité. ▪ **Biol.** Enclave inerte, de taille variable, parfois limitée par une membrane, que l'on trouve dans le cytoplasme d'une cellule et qui contient des substances diverses en solution aqueuse ou de graisses.

VACUOLISER, ▪ v. tr. [vakɥolize] (*vacuole*) Transformer en vacuole, produire des vacuoles. ▪ *Se vacuoliser* v. pr. ▪ **VACUOLISATION**, n. f. [vakɥolizasjɔ̃]

VACUOME, ▪ n. m. [vakɥom] (*vacu*[*ole*] et *-ome*, ensemble) **Biol.** Ensemble de vacuoles d'une cellule végétale, quels que soient les stades de leur développement.

VACUUM, ▪ n. m. [vakɥom] (mot lat., neutre de *vacuus*, vide) **Sc.** Espace vide.

VADE, n. f. [vad] (ital. *vada*, mise au jeu, du lat. *vas*, génit. *vadis*, caution, de *vadere*, aller) ▷ Somme avec laquelle un des joueurs ouvre le jeu. *La vade est de cent francs*. ♦ Il s'est dit, en termes d'affaires et de commerce, de la part ou intérêt que chaque personne d'une compagnie a dans une entreprise. ♦ **Fig.** L'intérêt propre de chacun, la mise de chacun dans le monde. ◁

VADE-IN-PACE, n. m. inv. [vadeinpase] (mots lat, impérat. de *vadere*, aller, prép. *in*, dans, et ablat. de *pax*, paix) ▷ Prison des moines. Voy. IN-PACE. ◁

VADEMANQUE, n. f. [vad(ə)mɑ̃k] (*vade* et *manque*) ▷ Anc. t. de banque. Diminution du fonds d'une caisse. ◁

VADE-MECUM ou **VADÉMÉCUM**, n. m. [vademekɔm] (mots lat., impérat. de *vadere*, aller, *cum*, avec, et ablat. de *ego*, pron. de la 1ère pers.) Ce qu'on porte ordinairement et commodément sur soi. ♦ Se dit surtout d'un livre portatif destiné à rappeler en peu de mots les notions principales d'une science, d'un art, etc. ▷ On dit aussi : *Veni-mecum*. ◁ ▪ *Des vade-mecum* ou *des vadémécums*.

1 **VADROUILLE**, ▪ n. f. [vadʀuj] (*vadrouiller*, aller au hasard, traîner, de 2 *vadrouille*) **Fam.** Promenade sans but précis. ▪ **Fam.** Voyage, déplacement. *Il est en vadrouille pour son travail*. ▪ **VADROUILLER**, v. intr. [vadʀuje] ▪ **VADROUILLEUR, EUSE**, n. m. et n. f. [vadʀujœʀ, øz]

2 **VADROUILLE**, ▪ n. f. [vadʀuj] (mot région. [Lyon], de *va-*, préf. intensif [du lat. *valde*, beaucoup], et *drouilles*, vieilles hardes) **Mar.** Petit balai constitué d'un manche au bout duquel sont fixés de vieux morceaux de cordage et utilisé pour nettoyer le pont d'un navire. ▪ **Pop.** Prostituée.

VA-ET-VIENT, n. m. inv. [vaevjɛ̃] (*aller* et *venir*) Partie de machine qui va et vient d'un point à un autre, lorsque la machine est en mouvement. ♦ On dit de même : *Mouvement de va-et-vient*. ♦ Dispositif employé dans certains cas pour traverser une rivière. ♦ Cordage établi d'un navire à terre ou à un autre navire, à l'effet de faciliter le voyage des embarcations et des hommes entre ces deux points. ▪ **N. m. inv.** Allées et venues de personnes. *Faire des va-et-vient*. ▪ Mouvement de personnes ou d'objets dans les deux sens. *Les va-et-vient du pendule*. ▪ **N. m.** Circuit électrique comportant deux interrupteurs dont l'un permet d'allumer la lumière alors que l'autre permet de l'éteindre, de manière alternative. *Un montage électrique en va-et-vient*.

VAGABOND, ONDE, adj. [vagabɔ̃, ɔd] (b. lat. *vagabundus*, du lat. *vagari*, aller çà et là) Qui erre çà et là. « *Vous serez fugitif et vagabond sur la terre* », Saci. ♦ Il se dit aussi des choses. *Une course vagabonde*. ♦ **Fig.** Déréglé, sans ordre, en parlant des personnes. « *De pauvres âmes errantes et vagabondes sans conducteur et sans gouvernail dans les orages de cette vie* », Mme de Sévigné. ♦ Il se dit des choses. « *Quoi ! même dans la prière vous laissez errer votre imagination vagabonde ?* », Bossuet. ▪ **N. m.** et n. f. Celui, celle qui erre, qui court le monde. ♦ **Fig.** « *Mon esprit est un vagabond qui se plaît à s'égarer* », Descartes. ♦ Personne sans état, sans domicile, sans aveu.

VAGABONDAGE, n. m. [vagabɔ̃daʒ] (*vagabonder*) Habitude de vagabonder. ▪ État de vagabond. ▪ **Fig.** État de l'esprit qui divague. *Ses vagabondages de l'esprit le font voyager*.

VAGABONDER, v. intr. [vagabɔ̃de] (*vagabond*) Être vagabond, faire le vagabond. ♦ ▷ On dit aussi *vagabonner*. ◁ ▪ Errer. *Il vagabonde depuis qu'il a perdu son emploi*.

VAGAL, ALE, ▪ adj. [vagal] ([*nerf*] *vague*) **Anat.** Relatif au nerf vague. *Des malaises vagaux*.

VAGILE, ▪ adj. [vaʒil] (lat. *vagari*, errer, flotter ; antonyme de *sessile*) Se dit de certains animaux aquatiques qui se déplacent par reptation ou par petits sauts sur les fonds marins. *Une faune vagile constituée de crevettes, de crabes, etc.*

VAGIN, ▪ n. m. [vaʒɛ̃] (lat. *vagina*, fourreau, gaine, étui) **Anat.** Organe de l'appareil génital interne féminin formé de muqueuses et qui s'étend de l'utérus à la vulve. *Le vagin est situé entre la vessie, l'urètre (en avant) et le rectum (en arrière)*. ▪ **VAGINAL, ALE**, adj. [vaʒinal] *Un coït vaginal*.

VAGINISME, ▪ n. m. [vaʒinism] (*vagin*) **Méd.** Contractions douloureuses et involontaires des muscles du vagin rendant toute pénétration impossible. *Le vaginisme peut être d'origine organique, comme la présence d'une lésion vulvaire douloureuse au contact, ou d'origine psychologique.*

VAGINITE, ▪ n. f. [vaʒinit] (*vagin* et *-ite*) **Méd.** Inflammation de la muqueuse vaginale. *La vaginite se traduit par une irritation ou des sensations douloureuses au niveau de la vulve ou du vagin, ainsi que par des pertes vaginales anormales.*

VAGIR, v. intr. [vaʒiʀ] (lat. *vagire*) Crier comme un enfant qui vient de naître. ♦ Se dit aussi d'une certaine façon de crier qui est particulière au lièvre. ▪ Pousser des cris, en parlant d'un nouveau-né.

VAGISSANT, ANTE, adj. [vaʒisɑ̃, ɑ̃t] (*vagir*) Qui vagit. *Voix vagissante*.

VAGISSEMENT, n. m. [vaʒis(ə)mɑ̃] (radic. du p. prés. de *vagir*) Cri des enfants nouveau-nés. ▪ Cri plaintif de certains animaux.

VAGOLYTIQUE, ▪ adj. [vagolitik] ([*nerf*] *vague* et *lytique*) **Méd.** Qui paralyse le nerf vague, le nerf pneumogastrique. *L'emploi de médicaments vagolytiques en prémédication ou lors de l'induction de l'anesthésie pour les interventions chirurgicales au cours desquelles le risque de survenue de réactions vagales est le plus grand.* ▪ **N. m.** *Un vagolytique*.

VAGON, n. m. [vagɔ̃] Voy. WAGON.

VAGOTOMIE, ▪ n. f. [vagotomi] ([*nerf*] *vague* et *-tomie*) **Chir.** Section chirurgicale du nerf vague autrement appelé nerf pneumogastrique. *La vagotomie a pour conséquence de diminuer la sécrétion gastrique acide.*

VAGOTONIE, ■ n. f. [vagotoni] ([*nerf*] *vague* et -*tonie*) **Méd.** Syndrome regroupant de très nombreux symptômes, dont les plus fréquents sont l'hypersudation, la ventilation pulmonaire profonde et lente, la bradycardie, la constipation, la dépression, la tension artérielle basse, due à une insuffisance des sécrétions hormonales de la médullosurrénale, notamment de l'adrénaline. ■ **VAGOTONIQUE**, adj. [vagotonik] *Un choc vagotonique.*

1 **VAGUE**, n. f. [vag] (a. scand. *vagr*, mer) Masse d'eau de la mer, d'une rivière ou d'un lac, qui est agitée et soulevée par les vents, ou par une autre impulsion. ♦ **Par extens.** « *Les ailes des oiseaux sont comme des rames qui fendent la vague de l'air* », FÉNELON. ♦ **Fig.** « *Une pensée, une affaire, une occupation pousse ce qui est devant elle ; ce sont des vagues, la comparaison du fleuve est juste* », MME DE SÉVIGNÉ. ♦ **Fig.** Ce qui est comparé à une vague. ♦ **Archit.** Ornement qui semble imiter les flots de la mer. ■ *Faire des vagues*, présenter des difficultés, des risques de protestation. *Cette nouvelle réforme risque de faire des vagues.* ■ **Fig.** *Une vague de chaleur, une vague de froid.* ■ *La nouvelle vague*, se dit de la nouvelle génération avant-gardiste, spécialement dans le cinéma des années 1960.

2 **VAGUE**, adj. [vag] (lat. *vacuus*, vide) Qui est vide, et particulièrement qui est vide de culture. *Des terrains vagues. Les terres vagues et vaines.* ♦ **Par extens.** Indéfini, sans bornes déterminées. *Espaces vagues.* ♦ **Fig.** Qui est vide, sans précision. *Des expressions vagues.* « *De vagues chimères* », P. CORNEILLE. ♦ *Un air vague*, un air distrait où la pensée paraît vide. ♦ *Un esprit vague*, un esprit dont les idées sont vides et sans fixité. ♦ **Fig.** Qui a quelque chose d'indéfini. *Pensées, désirs vagues.* ♦ Qui plaît par cet indéfini même. *Une vague et douce mélancolie. De vagues rêveries.* ♦ **Peint.** Qui manque de précision, qui n'est pas nettement arrêté, et aussi qui plaît par son caractère aérien, vaporeux. *Couleur, lumière vague.* ♦ **N. m.** Grand espace vide. *Le vague de l'air.* ♦ **Fig.** *Se jeter, se perdre dans le vague*, faire de longs raisonnements sans conclusion, sans solidité. ♦ **Fig.** Ce qui manque de précision. « *Il y a du vague dans les caractères que nous donnons au beau* », MARMONTEL. ♦ **Fig.** Ce qui a le caractère de l'indéfini. *Le vague de la couleur, de certaines expressions, etc.* ♦ **Fig.** Malaise indéfinissable de l'âme. « *Plus les peuples avancent en civilisation, plus cet état du vague des passions augmente* », CHATEAUBRIAND. ■ **Anat.** *Le vague*, le nerf vague, le nerf pneumogastrique. ■ *Du vague à l'âme*, grand sentiment de tristesse qui n'est pas expliqué.

3 **VAGUE**, adj. [vag] (lat. *vagus*, vagabond, inconstant, indéfini) Qui est errant. *Des douleurs vagues.* ♦ **Bot.** Qui est disposé sans ordre. *Le fruit du grenadier offre un exemple de cloisons vagues.* ♦ *Année vague*, année de 365 jours sans l'intercalation périodique du jour bissextile. ■ Évasif, imprécis. *Rester vague dans son discours.*

VAGUELETTE, ■ n. f. [vag(ə)lɛt] (dimin. de 1 *vague*) Petite vague.

VAGUEMENT, adv. [vag(ə)mɑ̃] (3 *vague*) D'une manière vague. « *Peut-être on entendait vaguement dans les plaines...* », HUGO. ♦ **Fig.** *Parler, répondre vaguement.*

VAGUEMESTRE, n. m. [vag(ə)mɛstʀ] (néerl. *wagenmeester*) ▷ Officier qui a la conduite des équipages dans une armée. ◁ ♦ Celui qui est chargé de la distribution de l'argent et des lettres aux hommes d'un régiment. ♦ **Mar.** Officier chargé d'aller porter à la poste et d'en rapporter les lettres du personnel d'un bâtiment.

VAGUER, v. intr. [vage] (lat. *vagari*, aller çà et là, de *vagus*, errant) Errer çà et là, aller de côté et d'autre à l'aventure. *Laisser vaguer des bêtes.* ♦ **Par extens.** N'être pas fixe. « *Si les couleurs semblent vaguer dans l'air* », BOSSUET. ♦ **Fig.** Il se dit des pensées, de l'esprit qui ne se fixe pas. « *Laisser vaguer ses pensées* », BOSSUET. « *, Laissez vaguer votre imagination* », BOSSUET.

VAHINÉ, ■ n. f. [vaine] (mot tahitien, femme) Femme de Tahiti. *Des vahinés.* ♦ Épouse ou maîtresse à Tahiti.

VAIGRAGE, ■ n. m. [vegʀaʒ] (*vaigre*) **Mar.** Revêtement intérieur d'un bateau ; ensemble des vaigres. *Le vaigrage est prévu pour être pointé, vissé ou agrafé sur un jeu de tasseaux formant une entretoise montée en quinconce afin de laisser librement circuler l'air et ventiler la sous-surface.*

VAIGRE, ■ n. f. [vegʀ] (néerl. *weeger*) **Mar.** Morceau métallique de renfort appliqué sur l'intérieur des membrures de carène. *La vaigre constitue en quelque sorte un deuxième bordé, c'est à dire une double-coque.*

VAILLAMMENT, adv. [vajamɑ̃] (*vaillant*) D'une manière vaillante. *Se défendre vaillamment.*

VAILLANCE, n. f. [vajɑ̃s] (*vaillant* ; cf. b. lat. *valentia*, vigueur, courage, capacité) Ce que vaut une personne ou une chose (sens propre, aujourd'hui inusité). « *Force gens font du bruit en France... Un équipage cavalier Fait les trois quarts de leur vaillance* », LA FONTAINE. ♦ Qualité de qui se comporte avec courage à la guerre, dans une lutte. *Cette victoire est due à sa vaillance.*

1 **VAILLANT**, [vajɑ̃] (anc. p. prés. de *valoir*) ▷ Le fonds de bien d'une personne, son capital. *Tout le vaillant d'un homme.* ◁ ♦ **Adv.** Il a dix mille francs vaillant. Il doit plus qu'il n'a vaillant.* Voy. VALANT. ◁ ♦ *N'avoir pas un sou vaillant*, n'avoir ni bien ni argent.

2 **VAILLANT, ANTE**, [vajɑ̃, ɑ̃t] (anc. p. prés. de *valoir*) Qui a de la vaillance. *Un homme vaillant.* ♦ **N. m.** « *Je suis ce téméraire ou plutôt ce vaillant* », P. CORNEILLE. ♦ *Cheval vaillant*, cheval plein de feu et de vigueur. ■ **Adj.** De robuste santé. *Un vieillard vaillant.*

VAILLANTISE, n. f. [vajɑ̃tiz] (*vaillant*) **Fam.** Action de vaillance. *Raconter ses vaillantises.* ♦ S'emploie ironiquement le plus souvent. ■ **REM.** Est rare aujourd'hui sauf dans le français d'Acadie.

VAIN, AINE, adj. [vɛ̃, ɛɲ] (lat. *vanus*, vide, trompeur, sans succès, vaniteux) Proprement, vide ; sens conservé seulement dans les locutions suivantes : *Vaine pâture*, terres où il n'y a ni semences, ni fruits, et où tous les habitants d'une commune peuvent conduire leurs bestiaux ; *Terres vaines et vagues*, terres incultes qui ne rapportent rien. ♦ **Fig.** Qui est comme vide, qui n'a qu'une apparence. *Une vaine ombre. Une éloquence pompeuse et vaine.* ◁ ♦ Qui est sans valeur. « *Tout est vain en l'homme, si nous regardons ce qu'il donne au monde* », BOSSUET. ♦ Il se dit quelquefois, en ce sens, des personnes. « *Qui ne voit pas la vanité du monde, est bien vain lui-même* », PASCAL. ♦ Qui est sans effet. *De vains efforts. Un vain présage.* ♦ Qui n'a aucun fondement raisonnable, sérieux. *De vaines excuses.* « *Combien nos jugements sont injustes et vains !* », VOLTAIRE. ♦ Qui se prise au-delà de son mérite. « *Un homme vain trouve son compte à dire du bien ou du mal de soi* », LA BRUYÈRE. ♦ *Vaine gloire*, orgueil, infatuation. ♦ ▷ **N. m.** et n. f. ◁ ♦ EN VAIN, **loc. adv.** Inutilement. « *Dieu ne fait rien en vain* », VOLTAIRE. ♦ ▷ *Prendre le nom de Dieu en vain*, l'employer dans un serment sans nécessité. ◁

VAINCRE, v. tr. [vɛ̃kʀ] (lat. *vincere*, vaincre, surpasser, réussir à prouver) Remporter à la guerre un grand avantage sur les ennemis. *Vaincre ses ennemis.* ♦ **Absol.** « *À vaincre sans péril on triomphe sans gloire* », P. CORNEILLE. ♦ **Fig.** « *Je suis vaincu du temps, je cède à ses outrages* », MALHERBE. ♦ Avoir l'avantage sur ses concurrents. *Vaincre à la course. Vaincre dans la dispute.* ♦ Surpasser, quand il s'agit d'une sorte d'émulation entre les personnes. « *Me vaincre en générosité* », P. CORNEILLE. ♦ Surmonter, venir à bout de. *Il a vaincu tous les obstacles.* ♦ **Absol.** « *On ne vainc qu'en combattant* », ROTROU. ♦ Il se dit des sentiments, des passions dont on triomphe. « *Apprends sur mon exemple à vaincre ta colère* », P. CORNEILLE. ♦ Se laisser vaincre, se laisser toucher, fléchir. *Se laisser vaincre à la pitié.* ♦ *Vaincre un cheval*, le dompter. ♦ Se vaincre, v. pr. Maîtriser ses passions, ses sentiments.

VAINCU, UE, p. p. de vaincre. [vɛ̃ky] ♦ **N. m.** et n. f. *Le vaincu.* ♦ On a joint quelquefois *vaincu* à un adjectif possessif. « *Sylla, ni Marius N'ont jamais épargné le sang de leurs vaincus* », P. CORNEILLE. ♦ Celui, celle qui a cédé à l'amour. ♦ **P.p.** *S'avouer vaincu*, reconnaître sa propre défaite.

VAINEMENT, adv. [vɛn(ə)mɑ̃] (*vain*) D'une manière vaine, sans effet.

VAINQUEUR, n. m. [vɛ̃kœʀ] (*vaincre*) Celui qui a vaincu. « *Les Romains vainqueurs d'une grande partie du monde* », VOLTAIRE. ♦ *Le vainqueur de Rocroy, d'Austerlitz, etc.* celui qui a vaincu à Rocroy, à Austerlitz, etc. ♦ **Absol.** *Le vainqueur.* ♦ Celui qui a remporté un avantage sur ses concurrents, ses rivaux. *Être vainqueur à la course, à la lutte.* ♦ *Les vainqueurs*, se dit des jeunes garçons qui ont remporté les prix. ◁ ♦ Celui qui a surmonté des difficultés, dompté des passions. *Le sage est vainqueur de ses passions.* ♦ L'objet aimé. « *Garde-toi de nommer mon vainqueur* », P. CORNEILLE. ♦ **Adj. m.** Qui remporte la victoire. *Peuple vainqueur.* ♦ **Poétiq.** Se dit de ce qui captive le cœur. *Vos yeux, vos charmes vainqueurs.* ♦ *Un air vainqueur, des airs vainqueurs*, un air de suffisance, de confiance extrême.

VAIR, n. m. [vɛʀ] (lat. *varius*, varié, tacheté, bigarré) Anciennement, fourrure de la peau d'une espèce d'écureuil, du même nom, qui était colombine par-dessus et blanche par-dessous ; c'est ce qu'on nomme aujourd'hui *petit-gris. Des souliers de vair*, c'est-à-dire fourrés de vair. ♦ **Hérald.** Un des métaux composé d'argent et d'azur en petites pièces égales, disposées de telle sorte que la pointe des pièces d'azur est opposée à la pointe des pièces d'argent, et la base à la base. ♦ *Vair contre vair*, se dit quand le métal est opposé au métal et la couleur à la couleur, ce qui est contraire à la disposition ordinaire.

VAIRÉ, ÉE, ■ adj. [veʀe] (*vair*) **Hérald.** Se dit de l'écu, lorsque les clochetons qui forment les points de vair sont d'un autre émail et métal que l'argent et l'azur. *Un écu vairé.* ■ **N. m. Hérald.** Vair qui n'est pas d'azur ni d'argent.

1 **VAIRON**, n. m. [veʀɔ̃] (*vair*) Se dit des hommes et des chevaux dont l'iris est entouré d'un cercle blanchâtre. *Cet homme a l'œil vairon.* ♦ **Par extens.** *Cheval vairon, animal vairon.* ♦ Qui a les yeux de couleur différente.

2 **VAIRON**, n. m. [veʀɔ̃] (prob. lat. pop. *vario*, de *varius*) Petit poisson de rivière. ♦ Nom que quelques pêcheurs donnent au goujon.

VAISHYA, ■ n. m. [vaiʃja] (mot skr., hommes libres, marchands) Dans le système des castes en Inde, personne qui appartient à la caste des marchands, des commerçants. *Des vaishya* ou *des vaishyas.*

VAISSEAU, n. m. [veso] (b. lat. et lat. médiév. *vascellum*, petit vase, vaisselle, urne cinéraire, du lat. *vas*, vase, pot) Vase quelconque destiné à contenir des liquides. ◆ ▷ *En vaisseaux clos*, se dit des opérations chimiques que l'on effectue en des vases hermétiquement fermés. ◆ **Fig.** « *Nous portons, il est vrai, ce trésor dans des vaisseaux de boue* », MASSILLON. ◆ ▷ *Vaisseau d'élection*, créature choisie pour sa pureté et sa sainteté. ◁ ◆ Bâtiment de bois ou de fer, construit pour le transport par eau. *Vaisseaux de guerre. Vaisseaux marchands.* ◆ Fig. *Conduire le vaisseau*, diriger une affaire. ◆ ▷ *Un vaisseau de tant de canons*, un vaisseau qui porte tant de canons. *Vaisseau de cent canons.* ◁ ◆ On sous-entend quelquefois *canons. Vaisseau de quatre-vingts, de cent.* ◁ ◆ ▷ *Vaisseau de 1ᵉʳ rang*, celui qui a 120 canons ; *vaisseau de 2ᵉ rang*, celui qui en a 100 ; *vaisseau de 3ᵉ rang*, celui qui en a 90 ; *vaisseau de 4ᵉ rang*, celui qui en a 80. ◁ ◆ *Vaisseau fantôme*, Voy. VOLTIGEUR. ◆ Fig. Il se dit de ce qui est exposé au souffle des événements, comme un vaisseau l'est aux vents. *Le vaisseau de l'État.* ◆ Étendue d'une église, d'une galerie, d'une salle, etc. considérée par l'intérieur. « *L'église de Notre-Dame de Cambrai est un très beau vaisseau* », PELLISSON. ◆ **Anat.** Les canaux dans lesquels circulent tous les fluides de l'économie animale. *Les vaisseaux artériels, veineux, etc.* ■ **Bot.** Organe élémentaire des végétaux, de forme tubulaire. ■ *Vaisseau spatial*, véhicule spatial. ■ **Fig.** *Brûler ses vaisseaux*, se priver de toute possibilité de repli, se mettre dans l'impossibilité de revenir en arrière. ■ **Fig.** *Brûler ses vaisseaux*, se priver de toute possibilité de repli, se mettre dans l'impossibilité de revenir en arrière. ■ *Le vaisseau du désert*, le chameau.

VAISSELIER, n. m. [vesǝlje] (*vaisselle*) Meuble pour placer la vaisselle.

VAISSELLE, n. f. [vesɛl] (lat. pop. *vascella*, plur. de *vascellum* pris pour un sing. collectif) Terme collectif. Plats, assiettes, et tout ce qui sert à l'usage de la table. *Vaisselle de terre, de porcelaine, d'argent, etc.* ◆ *Vaisselle plate*, celle qui est sans soudure, comme les plats et les assiettes ; *vaisselle montée*, celle dont les parties sont soudées, telle que flambeaux, salières, sucriers. ◆ Aujourd'hui, *vaisselle plate*, plats et assiettes d'argent. ◆ ▷ Fig. *Fondre la vaisselle de quelqu'un*, le ruiner. ◁ ■ Action de laver l'ensemble des ustensiles de cuisine qui ont servi pour le repas et sa préparation. *Faire la vaisselle.* ■ *Liquide vaisselle*, liquide spécial utilisé pour laver la vaisselle.

VAISSELLERIE, n. f. [vesɛl(ǝ)ʀi] (*vaisselle*) ▷ Réunion d'articles comprenant les seaux, les sébiles, les écuelles, les gamelles, les mortiers, les salières et égrugeoires, et les moules à fromages. ◁ ■ Fabrication et commerce de la vaisselle et de l'ensemble des ustensiles de table.

VAJRAYANA, ■ n. m. [vaʒʀajana] (mot skr. de *yana*, voie, et *vajra*, diamant) Courant du bouddhisme tibétain, fondé sur le tantrisme et dont le nom signifie *véhicule de diamant. Les préceptes du vajrayana permettraient aux disciples d'accéder au nirvana en une seule vie au moyen d'une discipline codifiée et de pratiques issues des tantras.*

VAL, n. m. [val] (lat. *vallis*, vallée, vallon) Espace de terre contenu entre deux coteaux ; le même que *vallée* (le pluriel est *vaux*). « *Sur nos monts crains l'orage ; Crains l'ombre dans le val* », C. DELAVIGNE. ◆ Il s'emploie dans la composition de certains noms. *Le Val-de-Grâce.* ◆ Au pl. *Les Vaux-Cernay.* ◆ *Par monts et par vaux*, par les montagnes et par les vaux ou vallées, et par extens. en tout lieu, de tous côtés. « *Le chevalier allait par monts et par vaux, cherchant périls et aventures* », CHATEAUBRIAND. ◆ *Les vals*, pluriel nouveau en usage chez les ingénieurs. *Les vals de la Loire.* ■ *À val*, en suivant la pente de la vallée. *Aller à val.*

VALABLE, adj. [valabl] (*valoir*) Qui doit être reçu en justice. *Caution valable. Quittance valable.* ◆ **Par extens.** *Excuse, raison valable*, qui est admissible. ◆ *Effets valables*, meubles, bijoux de quelque prix. ■ Qui a des qualités estimées ; qui a les qualités requises pour faire quelque chose. *Un élément valable dans l'équipe.* ■ *Interlocuteur valable*, personne apte à mener à bien des négociations.

VALABLEMENT, adv. [valabləmã] (*valable*) D'une manière valable. *Être valablement déchargé.* ■ **Par extens.** *Réfuter valablement un argument.*

VALAISAN, ANNE, ■ adj. [valezã, an] (*Valais*) Relatif au canton suisse du Valais. *Le parti radical démocratique valaisan.* ■ N. m. et n. f. Habitant ou originaire du canton du Valais, en Suisse. *Un Valaisan, une Valaisanne.*

VALANT, p. prés. de valoir [valã] (*valoir*) ◆ Quand il s'agit d'exprimer une valeur, on dit *valant* : *Il a une bonne terre valant dix mille écus* ; et, dans ce sens, *valant* est le véritable participe du verbe valoir. Mais pour exprimer qu'on a en sa possession, on dit : *Cet homme a dix mille écus vaillant* ; et dans ce cas *vaillant* est un substantif masculin employé adverbialement.

VALAQUE, ■ adj. [valak] (*Valachie*) Relatif à la Valachie, ancienne région roumaine. *Les régions valaques de l'Empire ottoman.* ■ N. m. et n. f. Habitant ou originaire de la Valachie. *Un Valaque, une Valaque.* ■ N. m. Le valaque, langue parlée dans le sud de la Roumanie. *Le valaque n'a pas de norme linguistique suprarégionale, car chacun des groupes d'Aroumains parle avec des particularités spécifiques locales.*

VALDINGUER, ■ v. intr. [valdɛ̃ge] (*valser* et *dinguer*) Fam. Tomber, chuter. ■ **Fam.** *Envoyer valdinguer quelqu'un*, l'envoyer promener, le renvoyer ; le faire tomber.

VALDÔTAIN, AINE, ■ adj. [valdotɛ̃, ɛn] (ital. *Valdostano*, de *Val d'Aosta*, Val d'Aoste, au N.-O. de l'Italie) Relatif au Val d'Aoste, en Italie. *L'artisanat valdôtain.* ■ N. m. et n. f. Habitant ou originaire du Val d'Aoste. *Un Valdôtain, une Valdôtaine.*

VALENÇAY, ■ n. m. [valãsɛ] (*Valençay*, localité de l'Indre) Fromage à pâte molle au lait cru de chèvre, en forme de pyramide, fabriqué dans le Berry. *Des valençays. Traditionnellement produit dans le Berry, le valençay doit être fabriqué dans une zone qui s'étend essentiellement sur le département de l'Indre et quelques communes des départements limitrophes.*

1 **VALENCE** ou **VALENCIA**, n. f. [valɑ̃s, valɑ̃sja] (esp. *Valencia*, Valence, ville d'Espagne orientale) Nom d'une espèce d'orange qui vient de Valence en Espagne. *Voilà de la valence.*

2 **VALENCE**, ■ n. f. [valɑ̃s] (all. *Valenz*, du b. lat. *valentia*, vigueur, capacité ; cf. angl. *valence* et *valency*) Chim. Propriété d'un corps de pouvoir se combiner avec un autre. ■ *Électrons de valence*, électrons d'un atome impliqués dans les liaisons de cet atome avec d'autres atomes. ■ **Psych.** Attirance ou répulsion qu'un individu éprouve à l'égard de quelqu'un ou de quelque chose.

VALENCE-GRAMME, ■ n. f. [valɑ̃s(ǝ)gʀam] (*valence* et *gramme*) Quotient de la masse moléculaire d'un élément. *Des valences-grammes.*

VALENCIA, ■ n. f. [valɑ̃sja] Voy. VALENCE.

VALENCIENNES, n. f. [valɑ̃sjɛn] (*Valenciennes*, ville du Nord) Sorte de dentelle originairement fabriquée à Valenciennes. *De belles valenciennes.*

VALENTIN, INE, ■ adj. [valɑ̃tɛ̃, in] (saint *Valentin*, martyr du IIIᵉ s., fêté le 14 février) Personne à qui l'on déclare ou témoigne son amour le jour de la Saint-Valentin, le 14 février. *Offrir un bouquet de roses à sa valentine.* ■ N. m. Québec Carte de vœux que l'on envoie pour la Saint-Valentin. ■ Afriq. Personne promise au mariage par la famille. « *Les mariages étant conclus dès l'enfance entre cousins, il était assez rare qu'un Valentin puisse épouser sa Valentine (cela s'appelait "mettre du miel dans le lait")* », BÂ.

VALENTINITE, ■ n. f. [valãtinit] (Basil *Valentin*, moine p.-ê. légendaire que la tradition situe au XVᵉ s. et qui aurait découvert les propriétés de l'antimoine) Minér. Oxyde d'antimoine.

VALENTINOIS, OISE, ■ adj. [valãtinwa, waz] (*Valence*) Relatif à la ville de Valence, dans la Drôme. *L'agglomération valentinoise.* ■ N. m. et n. f. Habitant ou originaire de la ville de Valence. *Un Valentinois, une Valentinoise.*

VALÉRIANACÉE, ■ n. f. [valeʀjanase] (*valériane* et *-acée*) Plante dicotylédone herbacée dont la valériane et la mâche sont le type. *Les valérianacées forment une famille.*

VALÉRIANE, n. f. [valeʀjan] (lat. *valeriana*, de *Valeria*, province romaine sur le territoire de l'actuelle Hongrie) Genre de plantes où l'on distingue : la valériane officinale, la grande valériane, etc. ■ Grande plante vivace, aux feuilles de couleur vert-jaune, grandes et dentées, aux petites fleurs de couleur rose pâle et dont les racines courtes et épaisses possèdent des propriétés sédatives du système nerveux central, tranquillisantes et antispasmodiques. *Dans les cures de désintoxication tabagique, la valériane évite l'énervement et les angoisses dues au sevrage et donne un goût désagréable à la cigarette.*

VALÉRIANELLE, ■ n. f. [valeʀjanel] (*valériane*) Bot. Genre de la famille des valérianées ; on y distingue la valérianelle locuste, dite vulgairement *mâche* ou *doucette.*

VALÉRIQUE, ■ adj. [valeʀik] (radic. de *valériane*) Chim. *Acide valérique*, acide à cinq atomes de carbone dont les esters sont parfois utilisés comme arômes. *L'acide valérique est contenu dans la valériane.*

VALET, n. m. [valɛ] (b. lat. *vassellitus* ou *vassulitus*, de *vassus*, serviteur, d'orig. celt.) Celui qui est en service auprès d'une personne. *Valet d'écurie.* ◆ ▷ *Valet à tout faire*, valet propre à tout genre de service. ◁ ◆ ▷ *Je suis votre valet*, je vous salue (locution vieillie). ◁ ◆ Fig. et ironiq. *Je suis votre valet*, se dit à quelqu'un quand on ne veut pas faire ce qu'il désire, croire ce qu'il dit. ◆ *Valet* a pris un sens défavorable, sauf dans les emplois suivants qui sont consacrés : *valet de ferme* ; *valet de charrue* ; ▷ *valet de pied*, ◁ homme de livrée qui suit à pied les princes, les ambassadeurs dans les cérémonies ; *valet de chambre*, celui qui est attaché particulièrement au service de la personne du maître. ◆ *Maître valet*, celui qui, dans une terre ou dans une ferme, a autorité sur les autres domestiques. ◆ ▷ *Valet de place*, celui qui dans les villes se met temporairement au service des voyageurs, des étrangers. ◁ ◆ ▷ *Valet à louer*, domestique qui n'a plus de maître, et fig. homme qui a perdu son emploi et qui en cherche un autre. ◁ ◆ *Valet de comédie*, valet adroit et propre à l'intrigue qu'on voit figurer dans beaucoup de comédies. ◆ Dénomination attribuée à certains offices inférieurs dans la maison des souverains, des princes et dans les grandes maisons ; *valet de garde-robe* ; *valet de chiens, etc.* ♦ ▷ *Valet de bourreau*, celui qui aide le bourreau dans son office. ◁ ♦ ▷ En un sens défavorable, la canaille des valets. ◁ ♦ *Âme de valet*, âme basse. ♦ *Se conduire en valet*, *faire le plat valet*, *le bas valet*, avoir des habitudes, des complaisances serviles. ♦ **Fig.** Homme servile, sans indépendance. ♦ Au jeu de cartes, les cartes sur lesquelles est peinte la figure d'un valet. *Valet de cœur, de carreau, etc.* ♦ ▷ *Insolent comme un valet de trèfle*, Voy. TRÈFLE. ◁ ♦ **Fig.** et fam. *Valet de carreau*, homme qui ne mérite point de considération (ainsi dit parce que, dans les anciens jeux de cartes, ce valet porte la qualité de valet de chasse). ♦ Contrepoids qui, pendant derrière une porte, fait qu'elle se referme sans qu'on y touche. ♦ *Valet de miroir*, morceau de bois attaché derrière un miroir de toilette pour le soutenir. ♦ Petit morceau de fer mouvant dont le bout entre dans une entaille faite au verrou lorsqu'il est fermé. ♦ Instrument de fer, qui sert à fixer le bois sur l'établi d'un menuisier. ♦ ▷ *Valet à débotter*, syn. de tire-botte. ◁ ♦ **Prov.** *Tel maître, tel valet*, les valets prennent les habitudes de leurs maîtres. ♦ **Prov.** *Les bons maîtres font les bons valets*, en traitant bien ses domestiques, on s'en fait bien servir. ■ *Valet (de nuit)*, cintre sur pieds où l'on accroche ses vêtements après s'être déshabillé.

VALETAGE, n. m. [val(ə)taʒ] (*valet*) ▷ Service de valet. ♦ **Fig.** Actes de servilité. ♦ Mode d'exploitation d'un domaine rural, par lequel le propriétaire exploite lui-même à l'aide de valets.

VALETAILLE, n. f. [val(ə)taj] (*valet*) T. collectif de dénigrement. Multitude de valets. *L'insolence de la valetaille.*

VALET-À-PATIN, n. m. [valɛapatɛ̃] (*valet* et [Gui] *Patin*, 1601-1672, médecin fr.) ▷ **Chir.** Pince composée de deux branches unies dans le milieu par une charnière, et que l'on peut écarter ou rapprocher au moyen d'un anneau coulant (ainsi nommée de Gui Patin, qui l'inventa). ♦ Au pl. *Des valets-à-patin.* ◁

VALETER, v. intr. [val(ə)te] (*valet*) ▷ **Fam.** Être auprès de quelqu'un, et par intérêt, d'une assiduité basse et servile. ♦ Faire beaucoup de courses, de démarches qui donnent de la peine et demandent de la patience. ◁

VALÉTUDINAIRE, adj. [valetydinɛʀ] (lat. *valetudinarius*, malade, de *valetudo*, état de santé, de *valere*, être vigoureux) Qui est souvent malade. *Personne valétudinaire.* ♦ **N.** m. et n. f. *Un valétudinaire.* ■ **REM.** Est littéraire aujourd'hui.

VALEUR, n. f. [valœʀ] (b. lat. *valor*, de *valere*, être fort) ▷ Force, courage à la guerre, dans le combat. « *Je suis jeune, il est vrai, mais aux âmes bien nées La valeur n'attend pas le nombre des années* », P. CORNEILLE. ◁ ♦ **Par extens.** « *Il y a une valeur domestique et privée, qui n'est pas de moindre prix que la valeur militaire* », ROLLIN. ♦ **Fig.** et **par extens.** Ce que vaut une chose. *La valeur des choses.* ♦ *Valeur nominale*, valeur arbitraire donnée aux pièces de monnaie par la loi, par opposition à valeur réelle ou intrinsèque. ♦ En économie politique, valeur relative des objets, en vertu de laquelle on obtient, en échange de l'un, une plus ou moins grande quantité de l'autre. ♦ *Être en valeur*, se vendre facilement et avantageusement. ♦ *Cette ferme, cette terre est en valeur*, elle est bien cultivée et en état de rapporter ce qu'elle doit produire. ♦ *Mettre, remettre une terre, une ferme, etc. en valeur*, y faire les dépenses et les travaux nécessaires pour qu'elle donne un bon produit. ♦ **Fig.** « *Leibnitz aimait à faire revivre les opinions des anciens et à les mettre en valeur* », BONNET. ♦ Se dit des lettres de change, billets à ordre, actions, obligations, etc. *Déposer des valeurs.* ♦ *Valeur reçue*, locution dont on se sert dans les promesses et dans les lettres de change pour marquer qu'on a reçu autant que la somme qui y est spécifiée. ♦ *Valeur en compte*, locution dont on se sert dans les lettres de changes pour indiquer qu'on est en compte courant avec la personne ou la société au profit de laquelle la lettre est faite. ♦ **Math.** Toute quantité exprimée en chiffres ou même algébriquement, et provenant de la résolution d'une ou plusieurs équations. ♦ **Mus.** Durée relative d'une note indiquée par sa figure. *Les silences ont aussi leur valeur.* ♦ Valeur intellectuelle, morale, prix qu'on attache à une chose intellectuelle, morale. ♦ *Il n'y a qu'une longue suite d'années qui puisse établir la valeur et le vrai mérite d'un ouvrage* », BOILEAU. ♦ *Attacher de la valeur à quelque chose*, en faire grand cas. ♦ *Pièce de nulle valeur, papiers de nulle valeur*, pièces, papiers qui ne servent à rien. ♦ Il se dit, en un sens analogue, des personnes. *Les hommes qui ont quelque valeur.* ♦ Juste signification des termes suivant l'usage reçu. *La valeur des mots.* ♦ **Fig.** *Donner de la valeur à ce qu'on dit*, le relever par sa prononciation et son débit. ♦ **Peint.** Effet d'un ton de couleur relativement aux tons avoisinants. *Donner de la valeur à certains tons. Donner plus de valeur à un muscle*, lui donner plus de relief. ♦ ▷ **Fam.** *La valeur de…*, estimation approximative d'une quantité quelconque. *Nous avons fait la valeur de deux lieues.* ◁ ♦ *Non-valeur*, Voy. NON-VALEUR. ♦ **Comm.** *Contrevaleur*, valeur donnée en échange de celle que l'on reçoit. ♦ Au pl. *Des contrevaleurs.* ■ *Valeur boursière*, titre coté en Bourse. ■ *Valeur ajoutée*, différence entre le coût de production d'un produit et son prix. ■ *TVA*, taxe à la valeur ajoutée. ■ *Un homme de valeur*, un homme dont la valeur morale est grande et estimée. ■ *Mettre en valeur*, mettre en avant des

avantages de quelque chose ou de quelqu'un afin de le valoriser ; mettre en relief. *Mettre en valeur un tableau avec un éclairage approprié.* ■ *Jugement de valeur*, opinion, appréciation sur quelqu'un ou quelque chose que l'on juge digne d'estime ou non par ses valeurs. ■ Qualité de ce qui est reconnu efficace et utile. *La valeur d'une formation universitaire.* ■ **Financ.** *Valeur partenariale*, ensemble des qualités qui font apprécier une entreprise, indépendamment de sa valeur actionnariale, par les parties intéressées par son bon fonctionnement, et qui fonde une confiance réciproque. ■ *Théorie des valeurs morales*, morale qui établit une hiérarchie entre les valeurs, plaçant en priorité le respect de ce qui est bon, de ce qui est noble, de ce qui est beau, etc. ■ **Financ.** *Théorie des valeurs extrêmes*, théorie qui permet d'évaluer l'ampleur des événements et des pertes associées à leur survenance.

VALEUREUSEMENT, adv. [valœʀøz(ə)mɑ̃] (*valeureux*) Avec valeur.

VALEUREUX, EUSE, adj. [valœʀø, øz] (*valeur*) Qui a beaucoup de valeur, de courage, à la guerre, aux combats. ■ **REM.** Est littéraire aujourd'hui.

VALGUS, ■ adj. inv. [valgys] (mot latin, bancal, qui a les jambes tournées en-dehors) **Méd.** Se dit d'un membre ou d'un segment de membre qui présente une forme déviée en dehors par rapport à l'axe du corps. *Des pieds plats valgus. Un pied bot valgus.* ■ **N. m.** *Valgus du pied.*

VALHALLA, n. f. [valala] Voy. WALHALLA.

VALIDATION, n. f. [validasjɔ̃] (*valider*) Action de valider. *La validation d'un compte, d'un mariage, d'une élection.*

VALIDE, adj. [valid] (lat. *validus*, de *valere*, être fort) Sain, vigoureux. *Un homme valide.* ■ **N. m.** et n. f. *Les valides.* ■ **Fig. Adj.** Qui a les conditions requises par les lois pour produire son effet. *Un mariage valide.* ■ **Log.** *Proposition valide*, proposition qui reste vraie en vertu de sa forme et indépendamment des valeurs et des vérités de ce qui la compose.

1 VALIDÉ, n. f. [valide] ([sultane] *validé*, de l'ar. *oualidet*, mère) Titre que les Turcs donnent à la mère du sultan régnant. ■ **REM.** On dit aussi, en apposition, *une sultane validé.*

2 VALIDÉ, ÉE, p. p. de valider. [valide]

VALIDEMENT, adv. [valid(ə)mɑ̃] (*valide*) En personne valide. ♦ D'une manière valide, avec assurance que la chose aura son effet.

VALIDER, v. tr. [valide] (b. lat. *validare*, fortifier, rétablir) Rendre valide. *Valider un contrat, un acte, un mariage, etc.*

VALIDITÉ, n. f. [validite] (lat. *validitas*, force, vigueur) Qualité de ce qui est valide. *La validité d'un acte, des preuves, etc.* ■ **Log.** Caractère d'une proposition valable qui ne prend pas en compte les valeurs et les vérités de ce qui la compose.

VALINE, ■ n. f. [valin] (all. *Valin*, de *Valerian-Säure*, acide valérique) **Chim.** Acide aminé permettant la synthèse des protéines. ■ **Abrév.** Val.

VALISE, n. f. [valiz] (ital. *valigia*, petite malle, du lat. médiév. *valisia*, p.-ê. du radic. gaul. *val-* entourer) ▷ Espèce de long sac de cuir, dans lequel on met des hardes. ♦ ▷ **Fig.** et fam. *Mettre quelque chose dans sa valise*, faire quelque chose par précaution. ◁ ■ Bagage plat, de forme rectangulaire, qui se porte à la main au moyen d'un poignée. *Une valise rigide. Une valise de cuir.* ■ Le contenu d'une valise. *Une valise de chaussures. Lire une valise de livres.* ■ *Faire ses valises*, remplir son sac de voyage. ■ **Fig.** Quitter un lieu. ■ **Fam.** Poche, cerne sous les yeux. ■ *Mot-valise*, Voy. MOT-VALISE. ■ Voy. VALOCHE.

VALISNÉRIE ou **VALISNÈRE**, ■ n. f. [valisneʀi, valisnɛʀ] Voy. VALLISNÉRIE.

VALKYRIE, n. f. [valkiʀi] Voy. WALKYRIE.

VALLAIRE, adj. [valɛʀ] (lat. *vallaris*, de *vallum*, palissade, retranchement) **Antiq. rom.** *Couronne vallaire*, couronne qu'on donnait, chez les Romains, à celui qui avait le premier franchi les retranchements ennemis.

VALLÉE, n. f. [vale] (*val*) Espace entre deux ou plusieurs montagnes, plus étendu que le vallon. ♦ **Fig.** En termes de dévotion, *la vallée de larmes, la vallée de misère*, la vie présente, par opposition au bonheur de la vie future. ♦ *Vallée de Josaphat*, lieu où les morts ressusciteront, selon l'Écriture. ♦ Nom donné à des pays fort vastes. *L'Égypte est la vallée du Nil.* ♦ ▷ Autrefois à Paris, *la Vallée*, lieu près du Pont-Neuf où l'on vendait de la volaille et du gibier. ◁ ■ *Vallée sèche, vallée morte*, vallée dans laquelle il n'y a plus de cours d'eau.

VALLEUSE, ■ n. f. [valøz] (mot norm., abrév. de *avalleuse*, descente de falaise) **Normand.** Vallon débouchant dans la partie supérieure d'une falaise.

VALLISNÉRIE, ■ n. f. [valisneʀi] (lat. sav. [XVIIIᵉ s.] *vallisneria*, de Antonio Vallisnieri, 1661-1730, médecin et naturaliste it.) **Bot.** Nom d'un genre d'hydrocharidées (plantes aquatiques), dédié à Vallisneri, botaniste italien. *La vallisnérie est également appelée* herbe des rivières. ■ **REM.** Graphie ancienne : *valisnérie*. On disait aussi *valisnère* autrefois.

VALLON, n. m. [valɔ̃] (ital. *vallone* ou provenç. *valon*, du lat. *vallis*, vallée, vallon) Petite vallée, espace de terre entre deux coteaux. ◆ *Fig. Ce triste vallon de pleurs*, la terre, le monde où nous vivons. ◆ **Poétiq.** *Le sacré vallon*, le vallon situé entre les deux croupes du Parnasse, et qui, selon la Fable, était le séjour des Muses. ◆ *Fig.* La poésie.

VALLONNÉ, ÉE, p. p. de vallonner. [valɔne] *Pelouse vallonnée.*

VALLONNEMENT, n. m. [valɔn(ə)mɑ̃] (*vallonner*) Action de disposer en forme de vallons. ■ Ce qui est vallonné. *Le vallonnement caractéristique d'une région.*

VALLONNER, v. tr. [valɔne] (*vallon*) Pratiquer des vallonnements.

VALOCHE, ■ n. f. [valɔʃ] (*valise*) Pop. Valise.

VALOIR, v. intr. [valwaʀ] (lat. *valere*, être fort, avoir de la valeur) Être d'un certain mérite, en parlant des personnes. « *C'est par là que je vaux, si je vaux quelque chose* », BOILEAU. ◆ *Valoir beaucoup*, avoir beaucoup de mérite. ◆ **Absol.** *Valoir*, avoir de la fortune, du crédit, etc. « *On ne vaut et l'on n'est heureux qu'autant qu'on se voit à son aise et bien pourvu* », BOURDALOUE. ◆ *Ne valoir pas*, être au-dessous de. « *Le reste ne vaut pas l'honneur d'être nommé* », P. CORNEILLE. ◆ *Il ne vaut pas la peine qu'on lui réponde*, se dit, par mépris, d'un homme avec qui on ne veut point entrer en contestation. ◆ *Ne valoir pas que*, avec le subjonctif, même sens. « *Et vous ne valez pas que l'on vous considère* », MOLIÈRE. ◆ ▷ *Monsieur vaut bien madame*, Voy. MONSIEUR. ◁ ◆ Il se dit du mérite qu'ont les choses. « *N'estimez votre état que ce qu'il vaut, et vous en vaudrez davantage.* », J.-J. ROUSSEAU. ◆ *Cette chose, cette affaire ne vaut pas la peine d'y penser, d'en parler*, cette chose, cette affaire est de peu de conséquence. ◆ **Ironiq.** *Cela ne vaut pas la peine d'en parler.* ◆ **Absol.** *Cela ne vaut pas la peine, n'en vaut pas la peine.* ◆ **Fig.** *Le jeu ne vaut pas la chandelle*, Voy. CHANDELLE. ◆ *Rien qui vaille*, chose sans mérite ni valeur. ◆ N. m. *Un rien qui vaille*, une personne sans mérite, sans valeur. ◆ **Au pl.** *Des riens qui vaille.* ◆ *N'avoir rien qui vaille*, n'avoir rien de bon. ◆ *Ne faire rien qui vaille*, ne faire rien de bon, d'utile. ◆ *Ne valoir pas que*, ne pas mériter que. « *Et ce faible bonheur ne vaut pas qu'on le prise* », P. CORNEILLE. ◆ Être d'un certain prix. *Cette étoffe vaut cinq francs le mètre.* ◆ **Fam.** *Cette chose vaut de l'argent*, elle est d'un prix considérable. ◆ *Cette chose vaut son pesant d'or*, est très bonne dans son genre. *Cet homme vaut son pesant d'or*, il est rempli de bonnes qualités. ◆ *Chaque chose vaut son prix, chacun vaut son prix*, chaque chose, chaque personne a ses qualités. ◆ **Fig.** *Savoir ce qu'en vaut l'aune*, Voy. AUNE. ◆ **Fig. et fam.** *Cela vaut son pesant de diable*, ne vaut pas un sou, ne vaut pas la ramasser, cela n'est bon à rien, ne vaut rien. ◆ *Valoir bien que*, avec le subjonctif, être digne que. « *Cette difficulté vaut bien qu'on la propose* », LA FONTAINE. ◆ *Valoir mieux*, avoir plus de qualités, en parlant de personnes. « *La cavalerie carthaginoise valait mieux que la romaine* », MONTESQUIEU. ◆ *Cet homme ne vaut pas mieux que son frère*, ce sont tous deux des gens mauvais. ◆ Être meilleur, être préférable, en parlant de choses. *Ma montre vaut mieux que la vôtre.* ◆ **Impers.** *Il vaut mieux*, il est plus avantageux, il est préférable. *Il vaut mieux qu'il en soit ainsi.* ◆ Avec suppression de *il* et inversion. « *Mieux vaut goujat debout qu'empereur enterré* », LA FONTAINE. ◆ *Valoir* ne prend point de *avec* un infinitif. Cependant avec *il vaut mieux, mieux vaut*, on peut mettre *de*. « *Mieux vaut encor de penser que de lire* », THOMAS. ◆ *Ne rien valoir*, en parlant des personnes, être méchant, vicieux, dangereux. ◆ Il se dit des choses en un sens analogue. « *J'avais une mine qui ne valait rien* », MME DE SÉVIGNÉ. ◆ *Cette chose ne vaut rien*, elle n'a presque aucun mérite, presque aucune valeur. ◆ *Cette chose ne vaut rien*, se dit aussi d'une chose usée et devenue hors d'usage. *Cet habit ne vaut plus rien.* ◆ *Cela ne vaut rien*, cela est mauvais, nuisible ; cela n'annonce rien de bon, est de mauvais augure. ◆ Rapporter, donner du profit. *Cet emploi vaut tant.* ◆ *Tant vaut l'homme, tant vaut la terre*, Voy. TERRE. ◆ *Faire valoir quelqu'un*, lui donner crédit, puissance, occasion de paraître à son avantage. *Faire valoir l'esprit des autres.* ◆ *Se faire valoir*, soutenir sa dignité, ses droits ; se montrer à son avantage ; s'attribuer plus qu'on n'a. ◆ *Un homme ne vaut que ce qu'il se fait valoir*, un homme n'obtient de crédit, etc. qu'autant qu'il saisit les occasions et les moyens de faire ressortir son mérite. ◆ *Se faire valoir de*, se donner de l'importance au moyen de. « *Je me suis fait valoir ici des nouvelles du combat naval* », MME DE SÉVIGNÉ. ◆ *Faire valoir une chose*, lui donner force, puissance. *Faire valoir son droit, ses droits.* ◆ *Faire valoir une chose*, lui donner du prix, la faire paraître meilleure, plus belle. *Faire valoir une pièce, un auteur.* ◆ **Peint.** *Une figure en fait valoir une autre, lorsque*, placée auprès, elle a moins de force, moins de fini, moins de beauté. ◆ *Faire valoir une chose*, en relever l'importance, le mérite. *Faire valoir son zèle, etc.* ◆ *Faire valoir sa marchandise*, en parlant du marchand, faire ressortir les qualités de ce qu'il veut vendre, et fig. louer beaucoup ce qu'on a, ce qu'on dit, ce qu'on fait. ◆ *Faire valoir des motifs*, en faire ressortir la force. ◆ *Faire valoir que*, avec l'indicatif, ou *faire valoir de*, avec l'infinitif. « *Et vous venez nous faire valoir que vous aimez votre frère* », MASSILLON. « *Je lui fais valoir d'être demeurée pour elle* », MME DE SÉVIGNÉ. ◆ *Faire valoir*, opposer, objecter. *Faire valoir une objection contre quelqu'un.* ◆ *Faire valoir une chose*,

en tirer le profit, l'avantage qu'elle peut rapporter. *Faire valoir ses domaines, son bien, etc.* ◆ **Absol.** *Faire valoir*, exploiter soi-même sa terre. ◆ Tenir lieu de, avoir la signification de. *L'as au piquet vaut onze.* ◆ *Faire un acte, remplir une formalité pour valoir ce que de raison*, faire un acte, remplir une formalité par pure précaution, et pour servir dans l'occasion comme il sera juste et raisonnable. ◆ *Cela vaut fait*, soyez sûr que cela se fera. ◆ *Autant vaut*, même sens. ◆ *Autant vaut*, locution elliptique, peu s'en faut. ◆ *Vaut* est quelquefois sous-entendu. *Autant faire cela sur-le-champ que de différer.* ◆ Peser d'un certain poids. *Ces considérations valent pour votre cause.* ◆ V. tr. Procurer, produire, faire obtenir. *Cette terre lui vaut dix mille francs de rente. Ses exploits lui ont valu une gloire immortelle.* ◆ Dans cette phrase et semblables : *Cette étoffe vaut dix francs*, le régime n'est régime direct qu'en apparence, et il y a une ellipse : *Cette étoffe vaut [pour] dix francs.* Le participe passé en cet emploi est invariable. *La somme qu'a valu il y a dix ans ce domaine.* Mais quand *valoir* est actif, signifiant procurer, alors il suit la règle des verbes actifs : *Les honneurs que lui a valus cette action.* ◆ *À valoir*, terme de commerce et de finance signifiant ce qu'on donne à compte d'une plus forte somme qu'on doit fournir, soit argent, soit marchandise. ◆ *J'ai reçu telle chose ou telle somme à valoir sur...*, je l'ai reçue en déduction de... ◆ VAILLE QUE VAILLE, loc. adv. Passablement, tant bien que mal. ◆ TOUT COUP VAILLE, loc. adv. Qui signifie, à certains jeux, qu'en attendant la décision de ce qui est en contestation, on ne laissera pas de jouer. ◆ **Fig.** À tout hasard. « *Ma foi, tout coup vaille, voyons où la chose ira* », HAUTEROCHE. ◆ *Valant*, p. prés. *Deux maisons valant cent mille francs.* ◆ **Prov.** *Donner et retenir ne vaut*, il faut se dessaisir de la propriété d'une chose qu'on donne. ◆ *Ça se vaut*, c'est pareil. ◆ *Se valoir*, v. pr. Avoir une valeur identique. *Ces deux anciens vases se valent.* ■ *Ça ne vaut pas un clou*, ça ne vaut rien. ■ **Fam.** *Ça vaut mieux*, c'est préférable. ■ *Ça vaut la peine, le coup*, cela mérite qu'on prenne la peine de...

VALORISANT, ANTE, ■ adj. [valɔʀizɑ̃, ɑ̃t] (*valoriser*) Qui met en valeur. *Un travail valorisant.*

VALORISATION, ■ n. f. [valɔʀizasjɔ̃] (*valoriser*) Fait de valoriser. *La valorisation d'une profession.* ■ **Écon.** Fait d'augmenter la valeur marchande de quelque chose. *La valorisation d'un bien immobilier.* ■ **Psych.** Mise en valeur de quelqu'un ou de quelque chose. *La valorisation d'un individu.* « *La valorisation du présent se fait par le libre projet de l'avenir* », MERLEAU-PONTY. ■ **Techn.** Traitement des déchets industriels comme matière première.

VALORISER, ■ v. tr. [valɔʀize] (*valeur*, d'après le lat. *valor*) Mettre en valeur quelque chose ou quelqu'un. *Valoriser une profession.* ■ **Écon.** Augmenter la valeur marchande de quelque chose. *Valoriser son bien immobilier.* ■ **Psych.** Mettre en valeur quelqu'un ou quelque chose. *Ce nouvel emploi le valorise.* ■ **Techn.** Exploiter les déchets industriels comme matière première.

VALPOLICELLA, ■ n. m. [valpolitʃela] (*Valpolicella*, région d'Italie, en Vénétie) Vin rouge italien, très fruité, produit dans la région de Vérone. *Le valpolicella est le plus souvent un vin rouge clair et léger, doté d'un petit arôme de cerise et d'une finale un peu amère.*

VALSE, n. f. [vals] (all. *Walzen*, de *walser*, danser en tournant) Danse tournante à trois temps. ◆ L'air sur lequel on exécute cette danse. ■ Changement fréquent de fonctions dans le milieu politique. *La valse des ministres.* ■ Modification fréquente. *La valse des prix.*

VALSE-HÉSITATION, ■ n. f. [valsezitasjɔ̃] (*valse* et *hésitation*) Valse caractérisée par un enchaînement de pas en avant et en arrière. ■ Hésitations successives et contradictoires dans les décisions à prendre. *Des valses-hésitations.*

VALSER, v. intr. [valse] (*valse*) Danser la valse. ◆ **Fig. et fam.** *Faire valser quelqu'un*, le tracasser, et aussi lui donner de fausses espérances. ◆ V. tr. Toutes les compositions intitulées *valses* ne sont pas faites pour être valsées. ■ **Fam.** *Faire valser l'argent*, jeter l'argent par les fenêtres. ■ **Fam.** Être projeté. *Le verre a valsé à travers la pièce.* ■ **Fam.** *Envoyer valser quelqu'un, quelque chose*, le renvoyer ; le jeter, le lancer loin de soi.

VALSEUR, EUSE, n. m. et n. f. [valsœʀ, øz] (*valser*) Celui, celle qui valse. ■ N. f. pl. **Vulg.** Testicules.

VALU, UE, p. p. de valoir. [valy]

VALUE, n. f. [valy] (anc. fr. *value*, p. p. fém. substantivé de valoir) Ne s'emploie que dans cette locution : *plus-value.* Voy. PLUS-VALUE.

VALVAIRE, ■ adj. [valvɛʀ] (*valve*) Bot. et zool. Relatif aux valves. *L'activité valvaire des huîtres.*

VALVE, n. f. [valv] (lat. sav. [XIXe s.] *valva*, du lat. *valva*, battant de porte) Syn. de soupape à clapet. ◆ **Bot.** Nom donné aux pièces de certains péricarpes, qui sont distinctes et susceptibles de se séparer à la maturité, sans déchirement apparent. *Valve de pépin.* ◆ Toute pièce solide qui revêt le corps d'un mollusque. ■ **Anat.** *Valves cardiaques*, membranes qui empêchent le sang de refluer lors de son passage de l'oreillette droite dans le ventricule droit et de l'oreillette gauche dans le ventricule gauche. ■ Dispositif permettant de réguler dans une canalisation, un liquide ou un gaz.

Une valve antiretour qui supprime tous refoulements. ■ N. f. pl. **Belg.** Tableau d'affichage.

VALVÉ, ÉE, ■ adj. [valve] (*valve*) **Bot.** Qui est constitué de valves.

VALVULAIRE, ■ adj. [valvylɛʀ] (*valvule*) **Anat.** Relatif aux valvules. *Des lésions valvulaires.* ■ Qui est constitué de valvules. *Un diaphragme valvulaire.*

VALVULE, n. f. [valvyl] (lat. sav. *valvula*) **Bot.** Petite valve. « *La corolle du blé est divisée en deux valvules* », Bᴇʀɴᴀʀᴅɪɴ ᴅᴇ Sᴀɪɴᴛ-Pɪᴇʀʀᴇ. ♦ **Anat.** Tout repli qui, dans les vaisseaux et conduits du corps, empêche les liquides ou autres matières de refluer, ou qui a pour fonction de ralentir ou de modifier le cours des liquides sur le trajet desquels il se trouve.

VALVULOPLASTIE, ■ n. f. [valvyloplasti] (*valvule* et -*plastie*) **Chir.** Technique chirurgicale consistant à réparer une valve ou à la dilater en utilisant une sonde munie d'un ballonnet que l'on gonfle. *Malgré les progrès techniques portant à la fois sur les cathéters, les ballons, et l'expérience des médecins, la valvuloplastie, comme tout geste invasif ou chirurgical comporte des risques.*

VAMP, n. f. [vãp] (mot anglo-amér., abrév. de *vampire*, vampire) Actrice de cinéma jouant un rôle de femme irrésistible. ■ **Fam.** Femme fatale. *Quelle vamp !*

VAMPER, ■ v. intr. [vãpe] (*vamp*) **Fam.** Séduire à la façon d'une vamp.

VAMPIRE, n. m. [vãpiʀ] (all. *Vampir*, du serbo-cr. *vâmpîr*) Dans l'Europe orientale, être chimérique qui, suivant la superstition populaire, sort du tombeau pour sucer le sang des vivants. ♦ **Fig.** Il se dit de ceux qu'on accuse de s'enrichir par des gains illicites et aux dépens du peuple. « *Ces vampires dont tout l'art de pressurer vos peuples* », Mɪʀᴀʙᴇᴀᴜ. ♦ Très grosse chauve-souris, dite aussi *stryge*.

VAMPIRIQUE, ■ adj. [vãpiʀik] (*vampire*) Relatif aux vampires. *La littérature vampirique.*

VAMPIRISER, ■ v. tr. [vãpiʀize] (*vampire*) Sucer le sang d'une personne. ■ Effacer la personnalité d'une personne de façon à la rendre affectivement et psychologiquement dépendante de soi. *Cette fille m'a vampirisé.* ■ VAMPI-RISATION, n. f. [vãpiʀizasjõ]

VAMPIRISME, n. m. [vãpiʀism] (*vampire*) Croyance aux vampires. ♦ **Fig.** Avidité sans mesure. ■ **Psych.** Comportement sexuel pervers d'une personne qui saigne sa victime pour en tirer une force vitale.

1 VAN, n. m. [vã] (lat. *vannus*) Instrument d'osier pour séparer la paille et l'ordure d'avec le bon grain.

2 VAN, ■ n. m. [vã] ou [van] (mot angl., fourgon, voiture de livraison, abrév. de *caravan*) Remorque attelée servant au transport des chevaux. ■ Sorte de minibus destiné au transport de personnes. *Des vans.*

VANADINITE, ■ n. f. [vanadinit] (*vanadium*) **Minér.** Oxyde de vanadium, combinant du plomb avec du chlore et du vanadium. *Le vanadium extrait de la vanadinite est très résistant aux chocs et on l'utilise dans la fabrication des ressorts et des soupapes.*

VANADIQUE, ■ adj. [vanadik] (*vanadium*) **Chim.** Relatif aux dérivés du vanadium. *Une corrosion vanadique.*

VANADIUM, n. m. [vanadjɔm] (*Vanadis*, surnom de Freya, divinité scandinave) Corps simple métallique, d'un blanc argenté. ■ Métal gris-blanc, mou et ductile, de symbole V, de numéro atomique 23 et de masse atomique 50,94. *Le vanadium ne réagit pas avec l'air humide, ni avec la plupart des bases et des acides à la température ambiante mais sur les surfaces en contact avec l'air, il forme une couche d'oxyde.*

VANDA, ■ n. f. [vãda] (lat. sav., de l'hindi *vanda*) **Bot.** Sorte d'orchidée aux grandes fleurs très colorées. *Les vandas sont originaires du sud-est asiatique.*

VANDALE, n. m. et n. f. [vãdal] (*Vandales*, peuple de la Baltique qui envahit la Gaule et l'Espagne au ɪᴠᵉ s.) Nom d'un ancien peuple de Germanie qui pilla Rome. ♦ **Fig.** Personne qui hait en barbare les sciences et la civilisation, et qui détruit les monuments des arts (on met un V majuscule). ♦ Adj. « *Des usages gothiques et vandales* », Dɪᴅᴇʀᴏᴛ. ■ N. m. et n. f. Personne qui commet des actes de vandalisme. *Une poignée de vandales qui saccagent, taguent ou pillent les richesses.*

VANDALISER, ■ v. tr. [vãdalize] (*vandale*) Détériorer violemment et gratuitement quelque chose. *Vandaliser un commerce.*

VANDALISME, n. m. [vãdalism] (*vandale*) Tout procédé destructeur, qui anéantit ce qui commandait le respect par son âge, ses souvenirs ou ses beautés. ■ Actes de vandalisme.

VANDOISE, n. f. [vãdwaz] (gaul. *vindisia*, poisson blanc, du celt. *vindos*, blanc) Poisson d'eau douce du genre des carpes, dit aussi *dard* et *vaudoise*.

VANESSE, ■ n. f. [vanɛs] (p.-ê. lat. *vanities*, vanité, frivolité) Sorte de papillon.

VANILLE, n. f. [vanij] (esp. *vainilla*, gousse, du lat. *vagina*, gaine, enveloppe) Fruit de l'*Epidendrum vanilla*, orchidée parasite et sarmenteuse du

Mexique ; il est d'une odeur et d'une saveur aromatique. *Gousse de vanille.* ♦ *Liqueur de vanille* ou simplement *vanille*, liqueur faite avec ce fruit, de l'eau-de-vie et du sucre. ♦ Il se dit aussi de la plante qui produit ce fruit. ♦ **Rare** Plante qu'on nomme plus ordinairement *héliotrope*. ■ Extrait de ce fruit que l'on utilise en confiserie ou en pâtisserie. *Une gaufre à la vanille. De la glace à la vanille.*

VANILLÉ, ÉE, ■ adj. [vanije] (*vanille*) Aromatisé avec de la vanille.

VANILLIER, ■ n. m. [vanije] (*vanille*) Nom d'un genre de la famille des orchidées, et en particulier de la plante qui produit le fruit dit *vanille*.

VANILLINE, ■ n. f. [vanilin] (*vanille*) **Chim.** Substance chimique extraite de la gousse de vanille, responsable de l'arôme naturel de vanille. *La vanilline est très utilisée en pâtisserie et en parfumerie.* ■ VANILLINÉ, ÉE, adj. [vanilin] *De la crème vanillinée.*

VANILLISME, ■ n. m. [vanilism] (*vanille*) **Méd.** Intoxication due à l'ingestion ou à la manipulation de certaines préparations contenant de la vanille. *Le vanillisme s'observe chez une certaine catégorie de professionnels et plus particulièrement les ouvriers qui procèdent à la récolte et à la manipulation des gousses de vanille.*

VANILLON, ■ n. m. [vanijõ] (*vanille*) Vanille à petites gousses, cultivée principalement en Amérique du Sud et dans les Antilles. *La gousse du vanillon est plus petite, arquée, et plus charnue que celle de la vanille.*

VANISAGE, ■ n. m. [vanizaʒ] Technique de tricotage utilisant dans la même maille deux fils différents qui se positionnent systématiquement sur l'une ou l'autre des faces du tricot. *Un guide-fil pour vanisage.*

VANISÉ, ÉE, ■ adj. [vanize] (1 *van*) *Fil vanisé*, fil recouvert par un autre qui lui est superposé.

VANITÉ, n. f. [vanite] (lat. *vanitas*, vaine apparence, frivolité, vanité) Caractère de ce qui est vain, vide, sans solidité, sans durée. *La vanité du monde, des plaisirs, etc.* « *Vanité des vanités, et tout est vanité* », Bᴏssᴜᴇᴛ. ♦ Au pl. « *Quittons ces vanités, laissons-nous le suivre* », Mᴀʟʜᴇʀʙᴇ. « *Bredouiller des vanités et des sottises* », Lᴀ Bʀᴜʏᴇ̀ʀᴇ. ♦ Désir d'approbation qui se manifeste au dehors, désir de produire de l'effet. « *La vertu n'irait pas si loin, si la vanité ne lui tenait compagnie* », Lᴀ Rᴏᴄʜᴇғᴏᴜᴄᴀᴜʟᴅ. ♦ Au pl. « *Les folles vanités, l'orgueil ambitieux* », Vᴏʟᴛᴀɪʀᴇ. ♦ *Faire vanité, tirer vanité, prendre vanité d'une chose,* s'en glorifier. ♦ *Sans vanité,* sans vouloir me vanter. ♦ Acte de vanité. « *Qu'on me permette ici une vanité sur mon ouvrage* », Lᴀ Bʀᴜʏᴇ̀ʀᴇ. ♦ Au pl. Des personnes vaines. ■ **Prov.** *Une once de vanité gâte un quintal de mérite.* ■ *Tirer vanité de,* se flatter, s'enorgueillir. ■ Rᴇᴍ. Le premier sens est vieilli.

VANITEUSEMENT, ■ adv. [vanitøz(ə)mã] (*vaniteux*) Avec vanité. *Elle dit vaniteusement qu'elle était la plus heureuse des femmes.*

VANITEUX, EUSE, adj. [vanitø, øz] (*vanité*) Qui a une vanité puérile et ridicule. *Un homme vaniteux. Des propos vaniteux.* ♦ N. m. et n. f. *Un vaniteux. Une vaniteuse.* ■ Adj. Qui est prétentieux. *C'est un personnage bien vaniteux !*

VANITY-CASE, ■ n. f. [vanitikɛz] (mot angl. de *vanity*, frivolité, et *case*, valise) Petite mallette rigide destinée à transporter des affaires de toilette. *Des vanity-cases.*

1 VANNAGE, n. m. [vanaʒ] (*vanne*) Ensemble des vannes, disposition des vannes.

2 VANNAGE, n. m. [vanaʒ] (*vanner*) Nettoyage des grains au moyen du van en osier ou du tarare.

1 VANNE, n. f. [van] (lat. médiév. *venna*, retenue d'eau, d'orig. gaul.) Plateau mobile qui se lève et s'abaisse dans une écluse, dans un moulin, pour ouvrir ou fermer le passage à l'eau. *Lever la vanne.* ♦ *Vanne de décharge,* celle qui sert à faire écouler l'eau en excès. ■ **Fam.** *Ouvrir les vannes,* donner libre cours à quelque chose. *Dire oui à cette réforme, c'est ouvrir les vannes à tout.*

2 VANNE, ■ n. f. [van] (2 *vanner*) **Fam.** Plaisanterie, remarque désobligeante. *Envoyer une vanne à quelqu'un.*

VANNÉ, ÉE, p. p. de vanner. [vane] *Du froment vanné.*

VANNEAU, n. m. [vano] (1 *van*, pour le bruit de ses ailes) Oiseau de l'ordre des échassiers, qui a une huppe noire.

VANNÉE, ■ n. f. [vane] Voy. VANNURE.

VANNELLE ou **VANTELLE,** ■ n. f. [vanɛl, vãtɛl] (*vanne*) Petite vanne destinée à remplir les sas des écluses, des canaux.

1 VANNER, v. tr. [vane] (lat. pop. *vannare*, du lat. *vannere*) Nettoyer des grains au moyen d'un van. *Vanner de l'avoine, de l'orge, du blé.* ■ **Fig.** Harasser, éreinter. *Le travail des champs le vanne. Il est vanné.*

2 VANNER, ■ v. tr. [vane] (emploi métaphorique de 1 *vanner*) **Fam.** Se moquer plus ou moins gentiment de quelqu'un. *On l'a vanné toute la soirée avec son nouveau costume.*

3 VANNER, ■ v. tr. [vane] (*vanne*) **Techn.** Installer un ensemble de vannes. *Vanner un oléoduc.*

4 VANNER, ■ v. tr. [vane] **Cuis.** Remuer une sauce pendant qu'elle refroidit pour éviter la formation d'une peau sur la surface. *Vanner une béchamel.*

VANNERIE, n. f. [van(ə)ʀi] (1 *van*) Métier de vannier. ♦ Marchandise du vannier.

VANNET, ■ n. m. [vanɛ] (selon le sens, *vanne* ou 1 *van*) **Pêche** Filet de pêche que l'on tend sur les grèves et qui est recouvert par la mer. ■ **Hérald.** Meuble d'armoirie représentant une coquille lorsqu'elle est vue de sa face intérieure.

VANNETTE, n. f. [vanɛt] (1 *van*) ▷ Panier rond, plat et à petit bord, pour vanner l'avoine avant de la donner aux chevaux. ◁

VANNEUR, EUSE, n. m. et n. f. [vanœʀ, øz] (1 *vanner*) Personne qui vanne les grains. ♦ N. f. **Techn.** Machine utilisée pour vanner le grain.

VANNIER, n. m. [vanje] (1 *van*) Ouvrier qui travaille en osier et qui fait des vans, des corbeilles, des hottes, des claies, etc.

VANNURE, n. f. [vanyʀ] (*vanner*) Poussière des balles et de tous les corps légers qui s'en vont par le vannage. ■ **Rem.** On dit aussi *vannée*.

VANTAIL, n. m. [vɑ̃taj] (*vent*) Chacun des battants d'une porte, d'une fenêtre. ♦ *Porte* ou *croisée à un vantail*, celle qui n'est composée que d'une seule partie. ♦ *Parties qui se recouvrent l'une l'autre. Triptyque à trois vantaux.* ▷ Au pl. *Des vantaux.* ■ On écrit aussi *ventail*.

VANTARD, ARDE, adj. [vɑ̃taʀ, aʀd] (*vanter*) **Fam.** Qui a l'habitude de se vanter. ♦ N. m. et n. f. *Un vantard. Une vantarde.*

VANTARDISE, n. f. [vɑ̃taʀdiz] (*vantard*) Caractère du vantard.

VANTÉ, ÉE, p. p. de vanter. [vɑ̃te]

VANTELLE, ■ n. f. [vɑ̃tɛl] Voy. vannelle.

VANTER, v. tr. [vɑ̃te] (b. lat. *vanitantes*, le bavard, le vain peuple, prob. part. du v. *vanitare*) Louer extrêmement. ♦ *Se vanter*, v. pr. Se louer excessivement. ♦ *Se vanter de, s'en vanter*, se faire gloire de, se faire honneur de. ♦ *Il n'y a pas de quoi se vanter*, se dit de quelqu'un qui a fait une action blâmable, honteuse. ♦ On dit aussi : *Se vanter que...* ♦ Se faire fort de. « *Je ne me vante pas de pouvoir le fléchir* », P. Corneille. ♦ *Se vanter de*, dire hautement, publiquement. ♦ *Je ne m'en vante pas, il ne s'en vante pas*, se dit d'une action qu'on a faite, mais qu'on a quelque raison de cacher. ♦ **Prov.** *Il fait bon battre un glorieux, il ne s'en vante pas*, un glorieux aime mieux endurer des humiliations secrètes que de s'en plaindre.

VANTERIE, n. f. [vɑ̃t(ə)ʀi] (*vanter*) **Fam.** Vaine et présomptueuse louange qu'on se donne à soi-même. *Des vanteries ridicules.*

VA-NU-PIEDS, n. m. [vanypje] ([Jean] *va Nuds-pieds*, nom que se donnèrent des émeutiers normands en 1639, de *aller* et *nu-pieds*) Homme qui n'a pas de quoi avoir des souliers, un misérable. ♦ Au pl. *Des va-nu-pieds.* ♦ Il se dit au féminin. *C'est une va-nu-pieds.*

VAPES, ■ n. f. pl. [vap] (abrév. de *vapeurs*) **Fam.** *Être dans les vapes*, être abasourdi. *Ils étaient dans les vapes après l'annonce de sa mort.* ■ *Tomber dans les vapes*, s'évanouir.

VAPEUR, n. f. [vapœʀ] (lat. *vapor*, vapeur d'eau, bouffées de chaleur) Espèce de fumée qui s'élève des corps humides par l'effet de la chaleur. *La vapeur des viandes, de l'encens, etc.* ♦ Ce qui s'exhale des corps solides par voie de décomposition, de combustion. *Les vapeurs de l'arsenic.* ♦ Exhalaison qui voile, qui obscurcit. « *Mille noires vapeurs obscurcissent le jour* », J.-B. Rousseau. ♦ **Phys.** Nom donné à des fluides aériformes, très coercibles, provenant de la vaporisation, par la chaleur, de corps habituellement liquides ou solides à la température ordinaire, et repassant à l'état liquide ou solide quand la température baisse sensiblement, ou que la pression devient plus forte. *La vapeur d'éther, d'alcool, etc.* ♦ *Vapeur de charbon de bois, de charbon de terre*, gaz et vapeur d'eau qui se dégagent lorsque les corps susdits brûlent dans de telles conditions que l'oxygène leur arrive en quantité insuffisante pour qu'il y ait, par combustion, complète transformation en eau et en acide carbonique. *La vapeur de charbon asphyxie.* ♦ *Machine à vapeur*, Voy. machine. ♦ *Bateau à vapeur*, bateau qui marche à l'aide d'une machine à vapeur. ♦ N. m. *Un vapeur*, un bateau à vapeur. ♦ N. f. *Aller à pleine vapeur, à toute vapeur*, se dit d'un convoi, d'un bâtiment qui marche avec toute la vapeur que la machine peut donner. ♦ **Absol.** *La vapeur*, la force que possède la vapeur d'eau grâce au calorique, et dont on dispose dans toute sorte de mécanismes. ♦ ▷ **Fig.** *Faire une chose à la vapeur*, la faire très vite. ◁ ♦ *Bain de vapeurs*, bain que l'on prend en restant exposé dans un endroit clos à des vapeurs d'eau chaudes. ♦ **Chim.** *Bain de vapeur*, distillation dans laquelle le vaisseau contenant les matières à distiller est échauffé par la vapeur de l'eau bouillante. ♦ **Peint.** Représentation des vapeurs par le pinceau. ♦ Fig. et au sing. Manière douce et affaiblie qui montre les objets comme à travers un voile transparent. *Il y a de la vapeur dans ce tableau.*

Les vapeurs du vin, l'étourdissement que le vin pris en trop grande quantité produit dans le cerveau. ♦ **Fig.** Trouble comparé aux vapeurs du vin, et survenant dans l'esprit. « *Une vapeur qui vous trouble l'esprit* », Molière. « *Crains les vapeurs enivrantes de l'orgueil* », J.-J. Rousseau. ♦ ▷ **Fig.** Nom employé dans le xviie siècle pour désigner des accidents subits qui portaient au cerveau. *Il lui prit une vapeur.* ◁ ▷ Au pl. Nom représentant toutes sortes d'affections nerveuses, hypocondrie, névropathie, etc. ainsi dites parce que les anciens les attribuaient à des vapeurs qu'ils supposaient partir de la rate, des hypocondres, etc. et s'élever jusqu'au cerveau. « *Ce sont quelques vapeurs qui me viennent de monter à la tête* », Molière. ♦ **Fig.** *Donner des vapeurs*, inquiéter, tourmenter. ♦ ▷ *Vapeurs de rate*, ancien nom du spleen. ◁ ■ Vieilli ou par plaisanterie. *Avoir des vapeurs*, faire un malaise. ■ **Fam.** *Avoir des vapeurs, ses vapeurs*, avoir des bouffées de chaleur. *Les femmes ménopausées ont souvent des vapeurs.* ■ **Fam.** *À toute vapeur*, à toute vitesse. ■ Gaz qui résulte de la condensation de l'eau et composé de très fines gouttelettes en suspension dans l'air. *De la vapeur d'eau.* ■ *Fer à vapeur*, fer à repasser électrique qui projette de la vapeur sur le linge. ■ **Fig.** *Renverser la vapeur*, changer sa façon d'agir en prenant une direction inverse à celle décidée au départ. ■ *À la vapeur*, mode de cuisson des aliments cuits à l'étouffée au-dessus d'eau en ébullition. *Des pommes de terre, des haricots verts à la vapeur.* ■ **Rem.** On dit aussi *des pommes de terre vapeur*, en apposition.

VAPOCRAQUAGE, ■ n. m. [vapokʀakaʒ] (*vapeur* et *craquage*) **Techn.** Craquage d'hydrocarbures qui se fait sans catalyseur, en présence de vapeur d'eau, à une température de l'ordre de 800°C et sous une pression voisine de 1 bar. *Le vapocraquage consiste à casser les molécules de la charge, par pyrolyse, pour obtenir des molécules plus petites.* ■ **VAPOCRAQUEUR**, n. m. [vapokʀakœʀ]

VAPOREUX, EUSE, adj. [vapoʀø, øz] (lat. impér. *vaporosus*, plein de vapeurs, plein de chaleur) Qui contient de la vapeur ; qui est en vapeur. « *L'encens vole en longs flots vaporeux* », A. Chénier. ♦ Se dit de l'état du ciel quand des vapeurs le voilent à demi. *Ciel vaporeux. Lumière vaporeuse.* ♦ **Peint.** Il se dit de la manière d'imiter la vapeur. *Manière vaporeuse de peindre. Des montagnes vaporeuses.* ♦ **Fig.** *Un tissu vaporeux*, tissu très léger. ♦ *Une toilette vaporeuse*, toilette composée de tissus et d'ornements fort légers, faisant comme un nuage. ♦ **Fig.** Nébuleux, incertain. *Un style vaporeux.* ◁ ♦ ▷ Qui est sujet aux vapeurs. *Une personne vaporeuse.* ◁ ▷ ■ N. m. et n. f. *Un vaporeux. Une vaporeuse.* ◁ ▷ ■ On dit de même : *Maladies, affections vaporeuses.* ◁ ▷ ♦ Qui cause des vapeurs (sens peu usité aujourd'hui). *La casse est vaporeuse.* ◁ ■ **VAPOREUSEMENT**, adv. [vapoʀøz(ə)mɑ̃] *Un blond vénitien naturel, vaporeusement nuancé de roux.*

VAPORISAGE, ■ n. m. [vapoʀizaʒ] (*vaporiser*) **Techn.** Opération de teinture ou d'impression des tissus au cours de laquelle le colorant se fixe sur la fibre sous l'action de la vapeur d'eau. *Une étuve de vaporisage.*

VAPORISATEUR, n. m. [vapoʀizatœʀ] (*vaporiser*) Vase qui sert à la vaporisation d'un liquide. ■ Petit pulvérisateur rechargeable utilisé pour projeter, en fines gouttelettes, de l'eau, du parfum, etc.

VAPORISATION, n. f. [vapoʀizasjɔ̃] (*vaporiser*) Dégagement de vapeurs. ♦ Action de pulvériser un liquide en fines gouttelettes. *La vaporisation d'un parfum.*

VAPORISÉ, ÉE, p. p. de vaporiser. [vapoʀize]

VAPORISER, v. tr. [vapoʀize] (lat. *vapor*, vapeur) Produire dans un liquide un dégagement de vapeur. ♦ *Se vaporiser*, v. pr. Être vaporisé. *L'eau se vaporise.* ■ Pulvériser un liquide en gouttelettes très fines. *Vaporiser de l'eau sur des plantes pour les humidifier.* ■ Transformer un liquide en gaz.

VAQUER, v. intr. [vake] (lat. *vacare*, être vide, libre, inoccupé) ▷ Être vacant, n'être point occupé, en parlant d'emplois, d'offices, de dignités, etc. *Un poste, une abbaye, une chaire qui vaque.* ◁ ♦ **Impers.** Être libre, disponible, en parlant des logements. *Il vaque dans sa maison un appartement. Il vaque un lit dans cet hôpital.* ◁ ♦ Il se dit des tribunaux lorsque les fonctions ordinaires y cessent pendant quelque temps. *La cour vaque pendant tel temps.* ♦ *Vaquer à*, se livrer, s'adonner à, s'occuper de. *Vaquer à son ouvrage.* « *La dissipation du monde nous empêche de vaquer à Dieu* », Bourdaloue.

VAR, ■ n. m. [vaʀ] (initiales de *volt, ampère* et *réactif*) **Phys.** Unité de mesure de la puissance électrique réactive correspondant à un courant alternatif de 1 ampère sous une chute de tension de 1 volt (symbole, var).

VARAIGNE, n. f. [vaʀɛɲ] ou [vaʀɛnj] (mot de Poitou-Saintonge, p.-ê. du gaul. *varenna*, garenne) Ouverture par laquelle l'eau de la mer entre dans un marais salant.

VARAN, ■ n. m. [vaʀɑ̃] (ar. *waran, waral*) Reptile carnivore, pouvant atteindre 3 m de long, vivant dans les pays chauds. *Le varan de Komodo.*

VARANGUE, n. f. [vaʀɑ̃g] (anc. nord. *vrong*) **Mar.** Pièce de bois courbe qui, par son milieu, se fixe sur la quille et sert de base aux allonges dont se compose le couple. ♦ *Maîtresse varangue*, celle du milieu, celle qui porte sur le maître-bau. ♦ *Bâtiment à plate varangue*, celui qui a le fond plat et tire peu d'eau.

VARAPPE, ■ n. f. [vaʁap] (*Varappe*, couloir rocheux du mont Salève, près de Genève) Ascension de parois rocheuses abruptes en montagne. *La varappe demande une grande habileté.* ■ **VARAPPEUR, EUSE**, n. m. et n. f. [vaʁapœʁ, øz] ■ **VARAPPER**, v. intr. [vaʁape]

VARE, n. f. [vaʁ] (esp. *vara*, baguette, mesure de longueur, du lat. impér. *vara*, traverse de bois) Mesure espagnole d'un peu moins d'un mètre.

VARECH, n. m. [vaʁɛk] (nord. *vágrek*, ce qui est rejeté sur la côte) Nom collectif de tous les débris que la mer rejette sur ses côtes. ♦ ▷ *Droit de varech,* droit qui existait autrefois de s'emparer de tout ce qui est rejeté par la mer sur les côtes. ◁ ♦ ▷ Nom qu'on donne quelquefois à un vaisseau submergé, coulé à fond. ◁ ♦ Nom donné sur les côtes de l'Océan aux plantes marines, principalement aux fucacées jetées sur le rivage et employées à fumer les terres ou à faire de la soude. ♦ *Varech nageur,* dit aussi *raisin du tropique,* le sargasse. ♦ *Varech,* ou *soude de Normandie,* ou *soude de varech,* soude qu'on extrait, par incinération, des fucus qui croissent sur les côtes de l'Océan.

VARENNE, n. f. [vaʁɛn] (var. de *garenne*) ▷ Terrains incultes que le gibier fréquente et où les bestiaux trouvent quelque pâture. ♦ *La varenne du Louvre,* certaine étendue de pays que le roi se réservait pour la chasse. ◁

VAREUSE, n. f. [vaʁøz] (prob. *varer,* var. norm. de *garer*, protéger) Chemise en grosse toile que les matelots et beaucoup d'ouvriers portent sur leurs habits pour les garantir. ♦ Veste très ample en gros drap. *Une vareuse marine délavée.* ■ Veste de quelques uniformes de la Marine nationale.

VARIA, ■ n. m. pl. [vaʁja] (mot lat., plur. neutre de *varius,* varié, divers) **Didact.** Recueil d'œuvres, de textes ou d'articles d'auteurs et de sujets variés.

VARIABILITÉ, n. f. [vaʁjabilite] (*variable*) Disposition habituelle à varier. *Variabilité de la température.* ♦ **Gramm.** Propriété que certains mots ont de changer de désinence. ♦ **Alg.** Indétermination ; passage possible d'une quantité par différents états de grandeur. ♦ **Hist. nat.** Propriété de présenter des variétés. *Variabilité des espèces.*

VARIABLE, adj. [vaʁjabl] (lat. impér. *variabilis,* de *variare,* varier) Sujet à varier, qui change souvent. *Temps, vents variables. Une conduite variable.* ♦ **Méd.** *Pouls variable,* pouls qui est tantôt irrégulier, tantôt régulier, tantôt fort, tantôt faible. ♦ **Gramm.** Il se dit des mots dont la désinence varie suivant le rapport grammatical. ♦ **Math.** *Quantités variables,* celles qui varient de grandeur, par opposition à quantités constantes. ♦ N. f. *Une variable.* ■ N. m. Le degré du baromètre qui indique un temps incertain, variable. *Le baromètre est au variable.* ■ N. f. **Math.** *Une variable,* élément auquel on peut attribuer plusieurs valeurs dans un ensemble. ■ Adj. Qui subit des variations. *Des verres de lunettes à foyer variable.*

VARIABLEMENT, adv. [vaʁjabləmɑ̃] (*variable*) D'une manière variable.

VARIANCE, ■ n. f. [vaʁjɑ̃s] (*variant,* au sens scientif. comme dans *invariant, covariant* ; cf. lat. *variantia,* variété) **Math.** Mesure de la moyenne des carrés des écarts à la moyenne. *La variance des écarts types.* ■ **Phys.** Nombre de facteurs que l'on peut modifier tout en conservant le système en état d'équilibre thermodynamique.

VARIANT, ANTE, adj. [vaʁjɑ̃, ɑ̃t] (*varier*) Qui change souvent. *Un homme variant dans ses résolutions. Un caractère variant.*

VARIANTE, n. f. [vaʁjɑ̃t] (fém. substantivé de *variant*) Se dit des diverses leçons d'un même texte. *Imprimer un texte avec les variantes.* ♦ Il se dit aussi des différentes manières d'écrire un mot. ■ **Ling.** Prononciation, mot, style différents de ceux de référence. *Une variante dialectale.* ■ Version différente d'un objet, d'une chose. *Une variante de la grippe.* ■ Façon de commencer une partie d'échecs. *Faire des variantes.* ■ **Belg.** et **Nord** Condiments.

VARIATEUR, ■ n. m. [vaʁjatœʁ] (radic. de *variation*) Appareil permettant de varier l'intensité électrique. *Le variateur d'une lampe.* ■ **Méc.** Module mécanique ou électronique capable de varier l'alimentation d'un moteur. *Un variateur de vitesse.*

VARIATION, n. f. [vaʁjasjɔ̃] (lat. *variatio,* action de varier) État de ce qui éprouve des changements successifs ou alternatifs. *Les variations physiques. Les variations du langage.* ♦ Changement dans la doctrine, dans les idées. *Les continuelles variations des hérésies.* ♦ **Gramm.** Ce qui change dans un mot variable. *La variation des finales dans un verbe.* ♦ **Astron.** Inégalité du mouvement lunaire, qui dépend de la différence des longitudes du centre du Soleil et de celui de la Lune. ♦ Se dit également de toutes les autres inégalités astronomiques. ♦ **Phys.** et **mar.** *Variation de l'aiguille aimantée, de la boussole, du compas,* nommée autrement *déclinaison,* l'angle formé par la ligne nord-sud de la boussole et la ligne nord-sud du monde. ♦ **Math.** *Calcul des variations,* branche supérieure de l'analyse infinitésimale, dans laquelle on considère certaines différentielles prises à un point de vue nouveau et que l'on nomme *variations.* ♦ Au pl. **Mus.** Changements faits à un air, en y ajoutant des ornements qui laissent subsister le fond de la mélodie et le mouvement. ♦ **Fig.** « *J'ai arrangé comme cela plusieurs petits proverbes*

avec des variations », BEAUMARCHAIS. ♦ Il se dit aussi au singulier. *Une variation pour piano.* ■ Chorégraphie généralement extraite d'un ballet. ■ **Math.** Écart entre deux valeurs numériques ; changement de valeur ou de grandeur. *Des variations d'intensité électrique.*

VARICE, n. f. [vaʁis] (lat. *varix,* génit. *varicis*) **Chir.** Dilatation permanente d'une veine, produite par l'accumulation du sang dans sa cavité. ♦ **Hist. nat.** Bourrelet ou renflement du bord de certaines coquilles univalves.

VARICELLE, n. f. [vaʁisɛl] (*variole*) **Méd.** Petite vérole volante, fausse variole, c'est-à-dire petite vérole survenant la plupart du temps sur un sujet qui a été vacciné, ou qui a déjà eu la petite vérole. ■ **Méd.** Maladie infectieuse contagieuse et ubiquitaire, caractérisée par une éruption cutanée de vésicules et due à un virus appartenant à la famille des herpès. *Une personne infectée par le virus de la varicelle est contagieuse un jour avant jusqu'à une semaine après l'apparition des vésicules.*

VARICOCÈLE, ■ n. f. [vaʁikosɛl] (*varice* et gr. *kêlê,* tumeur) **Méd.** Varice touchant les veines du cordon spermatique et du scrotum. *La varicocèle peut ne donner aucun symptôme ou se manifester par une pesanteur dans la bourse, en particulier en fin de journée et par temps chaud.*

VARIÉ, ÉE, adj. [vaʁje] ♦ p. p. de *varier.* ♦ Qui présente de la variété. *Une langue harmonieuse et variée. Un spectacle varié.* ♦ **Hist. nat.** Qui est orné de différentes couleurs. ♦ **Mus.** *Air varié,* morceau de musique composé d'un air, d'une mélodie et d'une ou plusieurs variations faites sur cet air, cette mélodie. ♦ **Archit.** *Colonne variée,* colonne faite de diverses matières. ♦ **Méd.** *Mouvement varié,* celui dont la vitesse change à chaque instant.

VARIER, v. tr. [vaʁje] (lat. *variare,* varier, diversifier, être varié, différer) Faire subir des changements successifs ou alternatifs. « *Sans cesse en écrivant variez vos discours* », BOILEAU. ♦ *Varier la phrase,* exprimer la même pensée en d'autres termes. ♦ **Mus.** *Varier un air,* le changer, en y ajoutant des ornements qui laissent subsister le fond de la mélodie et le mouvement. ♦ V. intr. Présenter des variations. *Le temps, la fortune varie. L'accusé varia dans ses réponses.* ♦ Se dit aussi d'une chose qui diffère d'elle-même, ou de plusieurs choses qui ont des formes, des qualités différentes selon les circonstances. *Les mœurs varient selon les pays.* ♦ Il se dit de plusieurs personnes qui sont d'un avis différent, qui rapportent diversement un même fait. « *Les auteurs varient beaucoup sur l'époque de l'établissement de Carthage* », ROLLIN. ♦ ▷ S'écarter du nord ou s'en rapprocher, en parlant de l'aiguille aimantée. ◁ ♦ *Se varier,* v. pr. Se donner à soi-même des variations. « *La nature varie dans l'homme ; et l'art, qui n'est qu'une imitation de la nature, se doit varier comme elle* », SAINT-ÉVREMOND.

VARIÉTAL, ALE, ■ adj. [vaʁjetal] (*variété*) **Didact.** Relatif aux variétés des espèces. *Des essais variétaux de céréales en conditions de production biologique.*

VARIÉTÉ, n. f. [vaʁjete] (lat. *varietas,* variété, diversité) État varié, apparence variée. *La variété des affaires.* « *Il faut de la variété dans l'esprit* », LA ROCHEFOUCAULD. ♦ Au pl. Titres de certains recueils qui contiennent des morceaux sur différents sujets. *Variétés littéraires.* ♦ ▷ Division des journaux, dans laquelle on place les articles dont le sujet n'est pas directement relatif à l'objet principal du journal. ◁ ♦ **Hist. nat.** Se dit de l'ensemble des individus de même espèce qui diffèrent par la forme extérieure, le volume, la couleur ou autres propriétés secondaires, sans que ces différences se perpétuent par la génération, sauf dans un très petit nombre de circonstances déterminées et généralement identiques. *Une variété de l'espèce humaine.* ■ N. f. pl. Spectacle composé de chansons, de sketches et de numéros divers. *Émission de variétés, spectacle de variétés.* ■ Caractère de ce qui est constitué d'éléments divers et variés. *La variété des paysages français.*

VARIETUR (NE), loc. adv. [nevaʁjetyʁ] (mots lat., nég. *ne* et 3ᵉ pers. subj. passif de *variare,* que cela ne soit pas changé) Mots lat. signifiant : de peur qu'il ne soit varié. Se dit, au palais, des précautions prises pour constater l'état d'une pièce, et prévenir les changements qu'on pourrait y faire. *On ordonne qu'une pièce ou un acte soit paraphé, ne varietur.* ♦ *Une édition ne varietur,* une édition dans sa forme définitive, sans possibilité de changement ou de modification.

VARIOLE, n. f. [vaʁjɔl] (b. lat. médiév. *variola,* maladie infectieuse, avec infl. de *varius,* tacheté) **Méd.** Genre de maladie générale, fébrile, avec éruption pustuleuse à la peau, qu'on n'a ordinairement qu'une fois, qui est quelquefois sporadique, et souvent épidémique ; elle est contagieuse et miasmatique. *Variole discrète. Variole confluente.* ♦ *Variole des bêtes à laine,* la clavelée. ♦ *Variole des vaches,* la vaccine.

VARIOLÉ, ÉE, ■ adj. [vaʁjole] (*variole*) Qui a la variole. *Un enfant variolé.* ■ Qui est marqué par la variole. *Un visage variolé.* ■ N. m. et n. f. Personne atteinte de la variole. *Une variolée.* ■ REM. On dit aussi *un varioleux, une varioleuse.* ■ REM. On dit aussi *varioleux, varioleuse,* en emploi adjectival.

VARIOLEUX, EUSE, adj. [vaʁjolø, øz] (*variole*) Qui est affecté de la variole. ♦ N. m. et n. f. *Un varioleux. Une varioleuse.*

VARIOLIQUE, adj. [vaʁjolik] (*variole*) Qui appartient à la variole. *Éruption variolique.*

VARIOLISATION, ■ n. f. [vaʁjolizasjɔ̃] (*variole*) Vx Méd. Fait d'inoculer à des sujets sains du pus provenant de lésions d'un malade atteint de variole afin d'éviter une variole grave. *Dès le xie siècle, les chinois pratiquaient la variolisation par voie nasale en déposant le contenu d'une pustule sur des tampons de coton, qu'ils introduisaient dans les narines des sujets réceptifs.*

VARIOLITE, n. f. [vaʁjolit] (*variole*) ▷ Roche de cristallisation, constituée par une pâte de pétro-silex de diverses couleurs, renfermant des noyaux sphéroïdaux de pétro-silex, dont la couleur diffère de celle de la pâte. ◁

VARIOMÈTRE, ■ n. m. [vaʁjomɛtʁ] (radic. de *varier* et *-mètre*) Électr. Appareil de mesure des inductances variables. ■ Sorte d'altimètre donnant des informations sur la vitesse ascensionnelle et de chute, la hauteur du vol, les altitudes maximales, la durée du vol, et généralement utilisé pour le parapente, le deltaplane ou le vol en ballon.

VARIORUM, ■ adj. inv. [vaʁjoʁom] (lat. génit. pluriel de *varius* dans la formule *cum notis variorum scriptorum*, avec des notes de divers auteurs) *Édition variorum*, édition dans laquelle sont insérés des notes et commentaires.

VARIQUEUX, EUSE, adj. [vaʁikø, øz] (lat. impér. *varicosus*, de *varix, -icis*, varice) Chir. Qui a rapport aux varices, qui en est affecté ou qui en dépend. *Ulcère variqueux.* ◆ Hist. nat. Qui offre des renflements assez semblables à ceux des varices. *Vaisseaux variqueux. Coquille variqueuse.*

VARISTANCE, ■ n. f. [vaʁistɑ̃s] (radic. de *varier* et *résistance*) Électron. Résistance semi-conductrice dont la conductance croît rapidemment avec la tension. *La varistance se monte en parallèle sur l'élément à protéger.*

VARLET, n. m. [vaʁlɛ] (var. de *valet*, notamment en a. pic. et a. wallon) S'est dit, en général, des simples gentilshommes. ◆ Fils de chevalier. ◆ Il s'est dit, dans les temps de l'ancienne chevalerie, à peu près comme se dit *page* aujourd'hui.

VARLOPE, n. f. [vaʁlɔp] (néerl. *voorloper*) Grand rabot qui sert aux menuisiers.

VARLOPER, v. tr. [vaʁlɔpe] (*varlope*) Dresser avec la varlope.

VARON ou **VARRON**, ■ n. m. [vaʁɔ̃] (provenç. *varoun*, ver, larve de mouche, bouton, du lat. *varus*, pustule, petit bouton) Vétér. Perforation laissée dans la peau, le cuir ou la peausserie par la larve de l'hypoderme du bœuf.

VARROA, ■ n. m. [vaʁoa] Acarien d'origine asiatique, parasite de l'abeille et dont la prolifération peut dépeupler une ruche complète. *Comme tout parasite, le varroa vit aux dépens de son hôte, et dans la mesure où une même abeille peut en héberger plusieurs, ladite abeille finit par périr.*

VARSOVIEN, IENNE, ■ adj. [vaʁsɔvjɛ̃, jɛn] (*Varsovie*, capitale de la Pologne) Relatif à la ville de Varsovie. *La tradition culinaire varsovienne.* ■ N. m. et n. f. Habitant ou originaire de la ville de Varsovie. *Un Varsovien, une Varsovienne.*

VARUS, ■ adj. inv. [vaʁys] (mot lat., cagneux, qui a les genoux tournés en dedans et les pieds tournés en dehors) Méd. Se dit d'un membre ou d'un segment de membre qui présente une forme déviée en dedans par rapport à l'axe du corps. *Un genou, un tibia varus.* ■ N. m. *Varus du pied, de la main.*

VARVE, ■ n. f. [vaʁv] (suéd. *varv*, couche) Géol. Couche sédimentaire ou laminite, formée de limon, de sable fin et d'argile, déposée en eau calme en avant des glaciers, pendant une année. *Chaque varve permet, par décompte, de connaître l'âge des sédiments.*

VASARD, ARDE, ■ adj. [vazaʁ, aʁd] (1 *vase*) Région. Qui est à la fois sableux et vaseux. *Une plage vasarde.* ■ N. m. *Un vasard*, fond de vase.

VASCULAIRE, adj. [vaskylɛʁ] (lat. *vasculum*, petit vase) Anat. Qui est relatif aux vaisseaux et particulièrement aux vaisseaux sanguins. ◆ *Système vasculaire*, ensemble des vaisseaux sanguins. ◆ Bot. Composé de vaisseaux. *Tissu vasculaire. Plantes vasculaires.*

VASCULARISATION, ■ n. f. [vaskylaʁizasjɔ̃] (*vascularisé*) Anat. Disposition des vaisseaux sanguins dans un organe. *La vascularisation artérielle du système nerveux central.* ■ Biol. Augmentation du nombre de vaisseaux sanguins dans un tissu, augmentant ainsi l'apport en oxygène et en éléments nutritifs. ■ Méd. Formation anormale et pathologique de vaisseaux sanguins dans une tumeur. *Une vascularisation cancéreuse.*

VASCULARISÉ, ÉE, ■ adj. [vaskylaʁize] (*vasculaire*) Anat. Qui contient des vaisseaux sanguins ou lymphatiques. ■ Méd. Qui a un nombre anormal de vaisseaux. *Une tumeur vascularisée.*

VASCULEUX, EUSE, adj. [vaskylø, øz] (radic. du lat. *vasculum*, petit vase) ▷ Syn. de vasculaire. ◁

VASCULONERVEUX, EUSE, ■ adj. [vaskylonɛʁvø, øz] (radic. de *vasculeux* et *nerveux*) Anat. Relatif aux vaisseaux et aux nerfs. *Une tumeur vasculonerveuse.*

1 **VASE**, n. f. [vaz] (moy. néerl. *wase*, boue, limon) Limon déposé au fond des étangs, des fossés, des rivières, de la mer. ◆ Mar. *Fond de vase*, fond où l'ancre s'arrête difficilement.

2 **VASE**, n. m. [vaz] (lat. *vas*, génit. *vasis*) Sorte de vaisseau destiné à contenir des liqueurs, des fruits, des fleurs, des parfums. *Vase d'or, de cristal, etc.* ◆ *Vase étrusque*, se dit de certains vases de terre, colorés de rouge, de noir et quelquefois de jaune et de blanc que l'on trouve en Italie dans des tombeaux. On dit plutôt aujourd'hui *vases grecs.* ◆ Il se dit aussi de certains vaisseaux de forme élégante qui servent d'ornement dans les jardins, dans les palais, etc. ◆ *Vases sacrés*, Voy. SACRÉ. ◆ Jard. Forme donnée à certains arbres. ◆ Fig. Dévot. *Vase d'élection*, *vase d'élite*, celui qui est choisi de Dieu. *Vase de miséricorde, de pureté*, celui qui est rempli de miséricorde, de pureté. *Vase de colère*, celui sur qui s'appesantit la colère de Dieu. ◆ Archit. *Vase de chapiteau*, la masse du chapiteau corinthien qu'on orne de feuillages et de volutes. ◆ Ornement en cuivre ou en fer que l'on rapporte par le haut d'un pilastre de rampe. ■ *Vase de nuit*, pot de chambre. ■ *En vase clos*, coupé du monde extérieur. *Elle vit en vase clos depuis cinq ans.* ■ Phys. *Principe des vases communicants*, vases de formes différentes qui communiquent entre eux par leurs bases et qui auront toujours la même hauteur de liquide. ■ *Vase d'expansion*, réservoir qui permet la dilatation de l'eau dans un chauffage central. ■ *C'est la goutte d'eau qui fait déborder le vase*, Voy. GOUTTE.

VASÉ, ÉE, adj. [vaze] (1 *vase*) T. rural. Couvert de vase. *Foin vasé.*

VASECTOMIE, ■ n. f. [vazɛktomi] (*vas[o]-* et *-ectomie*) Méd. Section des canaux transportant les cellules reproductrices mâles des testicules à l'urètre. *La vasectomie est utilisée comme méthode de stérilisation masculine.* ■ Rem. On dit aussi *vasotomie*.

VASELINE, ■ n. f. [vaz(ə)lin] (marque amér., de all. *Was[ser]*, eau, gr. *el[aion]*, huile et suff. *-ine*) Graisse incolore synthétisée par distillation ou cristallisation de paraffine. *La vaseline est utilisée en pharmacie ou en parfumerie.* ■ VASELINER, v. tr. [vaz(ə)line]

VASER, ■ v. impers. [vaze] (1 *vase*) Fam. Pleuvoir. *Il n'arrête pas de vaser depuis ce matin.*

VASEUX, EUSE, adj. [vazø, øz] (1 *vase*) Qui appartient à la vase, qui a de la vase. *Des terres vaseuses.* ■ Fam. *Être vaseux*, ne pas se sentir bien, être fatigué, sans énergie. ■ Confus, désordonné. *Des paroles vaseuses. Une excuse vaseuse.*

VASIÈRE, ■ n. f. [vazjɛʁ] (1 *vase*) Lieu vaseux, trou de vase. ■ Réservoir d'eau de mer, disposé au point le plus haut d'un marais salant et composé essentiellement de sédiments fins. ■ Parc à moules.

VASISTAS, n. m. [vazistas] (all. *was ist das?*, qu'est-ce?) Sorte de guichet s'ouvrant à volonté pour voir ce qui se passe, ou pour parler à quelqu'un. ◆ ▷ Espèce de jalousie qu'on met aux portières des voitures. ◁ ■ Petite fenêtre placée en haut d'un mur ou sur un toit. ■ *Des vasistas à coulisse, à soufflet.*

VASO..., ■ [vazo] Préfixe, du lat. *vas*, récipient.

VASOCONSTRICTEUR, TRICE, ■ adj. [vazokɔ̃stʁiktœʁ, tʁis] (*vas[o]-* et *constricteur*) Méd. Qui provoque un rétrécissement du calibre des vaisseaux sanguins par la contraction des fibres musculaires. ■ N. m. Médicament qui provoque ce rétrécissement. *Des vasoconstricteurs.*

VASOCONSTRICTION, ■ n. f. [vazokɔ̃stʁiksjɔ̃] (*vas[o]-* et *constriction*) Méd. Rétrécissement anormal du calibre des vaisseaux sanguins par contraction des fibres musculaires. *La vasoconstriction des capillaires sanguins diminue l'activité cellulaire et favorise l'accumulation des toxines dans les cellules.*

VASODILATATEUR, TRICE, ■ adj. [vazodilatatœʁ, tʁis] (*vas[o]-* et *dilatateur*) Méd. Qui provoque un élargissement du calibre des vaisseaux sanguins par le relâchement des fibres musculaires. ■ N. m. Médicament qui provoque cet élargissement. *Un vasodilatateur cérébral.*

VASODILATATION, ■ n. f. [vazodilatasjɔ̃] (*vas[o]-* et *dilatation*) Dilatation du calibre des vaisseaux sanguins. *La vasodilatation artérielle.*

VASOMOTEUR, TRICE, ■ adj. [vazomotœʁ, tʁis] (*vas[o]-* et *moteur*) Méd. Qui est relatif au mouvement de dilatation et de contraction des vaisseaux sanguins. *Des troubles vasomoteurs.*

VASOMOTRICITÉ, ■ n. f. [vazomotʁisite] (*vasomoteur*, d'après *motricité*) Biol. Capacité d'un vaisseau à modifier son calibre par vasoconstriction ou vasodilatation. *C'est la vasomotricité qui régule le débit sanguin pour un organe donné.*

VASOPRESSEUR, ■ n. m. [vazopʁɛsœʁ] (*vas[o]-* et *presseur*) Méd. Médicament capable de faire augmenter la pression sanguine en contractant les artères. *Un vasopresseur administré par injection.* ■ Adj. *Un traitement vasopresseur.*

VASOPRESSINE, ■ n. f. [vazopʁesin] (*vasopress[eur]* et *-ine*) Méd. Substance constituée de plusieurs acides aminés, synthétisée au niveau de l'hypothalamus et qui permet une action antidiurétique et une augmentation de la pression sanguine. *La quantité de vasopressine circulante est régulée par la pression artérielle.*

VASOTOMIE, ■ n. f. [vazotomi] Voy. VASECTOMIE.

VASOUILLARD, ARDE, ■ adj. [vazujaʀ, aʀd] (*vasouiller*) Fam. Qui est vague, confus dans ses propos ou ses actes. *Une explication vasouillarde.* ■ Qui est vaseux, sans énergie. *Il a tellement bu hier qu'il est un peu vasouillard ce matin.*

VASOUILLER, ■ v. intr. [vazuje] (*vaseux*) Fam. Être hésitant, gauche, confus. Être mal à l'aise et vasouiller. ■ Fam. Fonctionner mal, évoluer mal. *Cet entretien vasouille !*

VASQUE, n. f. [vask] (ital. *vasca*, du lat. *vasculum*, petit vase) Bassin en forme de fontaine recevant l'eau d'un jet d'eau, d'une fontaine. ■ Coupe décorative.

VASSAL, ALE, n. m. et n. f. [vasal] (lat. médiév. *vassalus*, de *vassus*, serviteur, puis homme d'armes dépendant d'un seigneur) Celui, celle qui relève d'un seigneur à cause d'un fief. ♦ *Grands vassaux*, ceux qui relevaient du roi. ♦ Se dit, par abus, de ceux qui tenaient les terres de quelques seigneurs ou qui habitaient sur leurs domaines. ■ **Fig.** Sujet, subordonné. ■ VASSALIQUE, adj. [vasalik] *Une régime vassalique.* ■ VASSALISER, v. tr. [vasalize] *Vassaliser des contrées.* ■ VASSALISATION, n. f. [vasalizasjɔ̃] *La vassalisation d'un pays et de ses institutions.*

VASSALITÉ, n. f. [vasalite] (*vassal*) Syn. moderne de vasselage. ♦ Corps des vassaux. ■ **Fig.** État de servilité, de soumission. *La vassalité d'une institution.*

VASSELAGE, n. m. [vas(ə)laʒ] (*vassal*) État, condition du vassal. ♦ *Droit de vasselage*, ce que le seigneur avait droit d'exiger de son vassal.

VASSIVEAU, ■ n. m. [vasivo] (*vassive*, var. de *vacive*, brebis qui n'a pas encore mis bas, du lat. *vacivus*, vide) Jeune mouton de moins de deux ans. *Des vassiveaux.*

VASTE, adj. [vast] (lat. *vastus*, vide, dévasté, démesuré) Qui est d'une fort grande étendue. *Un vaste horizon. Une vaste campagne.* ♦ Par exagération et plaisanterie, *une vaste perruque.* ♦ **Par extens.** Qui s'étend, règne sur une grande étendue. « *Et, traînant avec soi les horreurs de la guerre. De sa vaste folie emplir toute la terre* », BOILEAU. ♦ **Fig.** Se dit des choses morales, des conceptions de l'esprit, etc. *Un vaste plan. Une vaste entreprise.* « *Vaste dans ses desseins* », MONTESQUIEU. ♦ *Cet homme a l'esprit vaste, c'est un esprit vaste, un vaste génie*, il a un esprit d'une étendue extraordinaire, embrassant toute sorte de connaissances, capable des plus grandes affaires. *Homme d'une vaste érudition.* ■ **Anat.** *Muscles vaste externe et vaste interne* ou n. m. *le vaste externe, le vaste interne*, gros muscles qui occupent le côté interne et le côté externe de la cuisse. ■ **Adj.** Qui possède de grandes dimensions. *Un vaste établissement hospitalier.* ■ Qui est conséquent en nombre. *Un vaste regroupement de grévistes.*

VASTEMENT, adv. [vastəmɑ̃] (*vaste*) D'une manière vaste. « *Vastement et profondément savant* », SAINT-SIMON.

VASTITUDE, ■ n. f. [vastityd] (lat. *vastitudo*, dévastation, lat. imp. proportions énormes) Caractère de ce qui est vaste, étendu. *La vastitude d'une plaine.*

VA-T-EN-GUERRE, ■ n. m. inv. et n. f. inv. [vatɑ̃gɛʀ] (*aller* avec liaison pop. *-t-*, prép. *en*, et *guerre*) Militaire ou personne partisane de la force dans la résolution des conflits. ■ Personne belliqueuse. ■ **Adj. inv.** *Des ministres va-t-en-guerre.*

VATICAN, n. m. [vatikɑ̃] (lat. *Vaticanus* [*mons*], Vatican, une des sept collines de Rome) Nom d'une des anciennes collines de Rome. ♦ Palais de Rome, demeure habituelle du pape, qui est bâti sur cette colline et qui en tire son nom. ♦ **Par extens.** La cour de Rome, le Saint-Siège. ♦ *Les foudres du Vatican*, les excommunications, les interdits lancés par le pape.

VATICANE, ■ adj. f. [vatikan] (*Vatican*) Relatif au Vatican, au Saint-Siège. *La bibliothèque vaticane, la Vaticane.*

VATICINATEUR, TRICE, ■ n. m. et n. f. [vatisinatœʀ, tʀis] (lat. *vaticinator*, devin) Litt. Personne qui prétend présager l'avenir.

VATICINER, ■ v. intr. [vatisine] (lat. *vaticinari*, prophétiser, extravaguer, de *vates*, devin, prophète) Litt. Prédire l'avenir, prophétiser. ■ Présager l'avenir de manière pompeuse et confuse. *Il vaticine pour nous faire peur.* ■ **V. tr.** Prophétiser quelque chose à la manière d'un devin. *Vaticiner une catastrophe.* ■ VATICINATION, n. f. [vatisinasjɔ̃]

VA-TOUT, n. m. inv. [vatu] (*aller* et *tout*) Jeu La vade ou le renvi de tout l'argent qu'on a devant soi. *Faire va-tout.* ♦ **Fig.** *Jouer son va-tout*, risquer une entreprise dans laquelle on gagnera ou perdra tout. ♦ **Au pl.** *Des va-tout.*

VAU, ■ n. m. [vo] (prob. emploi métaphorique de *veau*) Constr. Pièce porteuse utilisée lors de la construction d'une voûte. *Des vaux.*

VAUCHÉRIE, ■ n. f. [voʃeʀi] (*Vaucher*, 1763-1841, botaniste suisse) **Bot.** Algue verte dulcicole filamenteuse.

VAUCLUSIEN, IENNE, ■ adj. [voklyzjɛ̃, jɛn] (*Vaucluse*, région de Provence) Relatif au Vaucluse. *L'économie vauclusienne.* ■ **Géol.** Source vauclusienne, résurgence d'un cours d'eau souterrain, en général en pays calcaire. ■ N. m. et n. f. Habitant ou originaire du Vaucluse. *Un Vauclusien, une Vauclusienne.*

VAUDAIRE, ■ n. f. [vodɛʀ] (canton de Vaud, en Suisse) Vent estival du sud-est, de courte durée, qui souffle sur le lac Léman. *La vaudaire est souvent redoutée par sa soudaineté et sa force.*

VAU-DE-ROUTE (À), loc. adv. [vod(ə)ʀut] (var. de *à val de*, en suivant la pente, en bas de, et *route*) Ne s'emploie qu'avec *s'enfuir, aller*, et signifie en fuite, en pleine déroute. *Tout alla à vau-de-route.* « *Les ennemis s'en sont fuis à vau-de-route* », RACINE.

VAUDEVILLE, n. m. [vod(ə)vil] (orig. incert. : [*chanson du*] *vau de vire*, de *val de Vire*, région du Calvados, ou *vauder*, tourner, et *virer* ; dans les deux cas, infl. de *ville*) Chanson de circonstance qui court par la ville, et dont l'air est facile à chanter. « *Le Français, né malin, forma le vaudeville* », BOILEAU. ♦ *Vaudeville final*, la chanson qui termine une pièce, et dont chaque personnage chante un couplet. ♦ Pièce de théâtre où le dialogue est entremêlé de couplets faits sur des airs de vaudeville, ou empruntés à des opéras-comiques. ♦ *Le Vaudeville*, théâtre de Paris où l'on représente ces pièces. ■ Pièce de théâtre comique et frivole où s'enchaînent des rebondissements et des quiproquos. ■ **Par extens.** Film comique où l'intrigue est sans cesse relancée par des quiproquos. ■ VAUDEVILLESQUE, adj. [vod(ə)vilɛsk] *Une situation vaudevillesque.*

VAUDEVILLISTE, ■ n. m. et n. f. [vod(ə)vilist] (*vaudeville*) Personne qui écrit des pièces dramatiques nommées *vaudevilles.*

1 VAUDOIS, OISE, ■ adj. [vodwa, waz] (canton de Vaud, en Suisse) Relatif au canton de Vaud, en Suisse. *Les montagnes vaudoises.* ■ N. m. et n. f. Habitant ou originaire du canton de Vaud, en Suisse. *Un Vaudois, une Vaudoise.*

2 VAUDOIS, OISE, ■ n. m. et n. f. [vodwa, waz] (Pierre *Vaudès* ou Valdès ou Valdo, 1140-1206) Adepte de la secte chrétienne des Vaudois, fondée par Pierre Valdo au XIIᵉ siècle à Lyon et qui consistait à mener sa vie à la manière des disciples de Jésus. ■ **Adj.** *L'hérésie vaudoise.*

VAUDOISE, n. f. [vodwaz] Voy. VANDOISE.

VAUDOU, ■ n. m. [vodu] (*vodu*, mot d'une langue du Dahomey) Culte d'Amérique du Sud, d'Afrique ou des Antilles mélangeant l'animisme à certains rituels du christianisme et dont les adeptes cherchent à entrer en communication avec des animaux, des phénomènes ou des objets naturels selon des rites occultes. *Le vaudou étant une religion évolutive, les rites s'adaptent et évoluent suivant les époques, ainsi, à certaines occasions, ce culte admettait autrefois le cannibalisme.* ♦ *Divinité relative à ce culte.* ■ **Adj.** Relatif au vaudou. *Des cérémonies vaudou.*

VAU-L'EAU (À), loc. adv. [volo] (var. de [*à*]*val* [*de*], en suivant la pente, en bas [*de*], et *eau*) Suivant le courant de l'eau. *Dans le flottage à bûches perdues, les bois s'en vont à vau-l'eau.* ♦ **Fig.** *Aller à vau-l'eau*, ne pas réussir, être ruiné. « *Il perdit un vaisseau, Et vit aller le commerce à vau-l'eau* », LA FONTAINE.

1 VAURIEN, IENNE, n. m. et n. f. [voʀjɛ̃, jɛn] (*valoir* et *rien*) Personne qui ne vaut rien, qui est capable de mauvaises actions. ♦ Fam. et dans un sens moins sévère. *Ce petit vaurien d'enfant ! Un aimable vaurien.* ♦ Au f. *Vaurienne*, femme, petite fille vicieuse ou pleine de malice [1]. ■ Jeune voyou. *C'est un vaurien, ce gars !* ■ **REM.** 1 : Ce sens est aujourd'hui vieilli et péjoratif.

2 VAURIEN, ■ n. m. [voʀjɛ̃] (nom déposé, *valoir* et *rien*, pour son prix peu élevé) Voilier, régate à un mât.

VAUTOUR, ■ n. m. [votuʀ] (lat. pop. *vultore*, du lat. *vultur*) Gros oiseau de proie, à tête et à col nus (genre de rapaces diurnes). ♦ **Par extens.** « *Attila passe comme un vautour, et les Vénitiens se sauvent dans la mer comme des alcyons* », VOLTAIRE. ♦ **Fig.** « *Ces lâches satires où l'on ménage le vautour, et où l'on déchire la colombe* », VOLTAIRE. ♦ *Le vautour de Prométhée*, vautour qui, suivant la Fable, rongeait éternellement le foie de Prométhée, et qui est devenu l'emblème des remords et des soucis. ♦ **Fig.** Homme avide et rapace.

VAUTRAIT, n. m. [votʀɛ] (*vautre*) Grand équipage de chasse entretenu pour le sanglier ou les bêtes noires.

VAUTRE, n. m. [votʀ] (lat. tardif *vertragus, vertagus*, d'orig. celt., espèce de chien lévrier) Espèce de chien qui, destiné à la chasse de l'ours et du sanglier, s'enfonce et se roule comme eux dans la boue.

VAUTRÉ, ÉE, p. p. de vautrer. [votʀe]

VAUTREMENT, n. m. [votʀəmɑ̃] (*vautrer*) ▷ Action de se vautrer. ◁

VAUTRER, v. tr. [votʀe] (lat. pop. *volutulare*, rouler, du lat. *volvere*) Rouler dans la boue. « *Il l'a gourmé et l'a vautré dans la boue* », RICHELET. ♦ Se vautrer, v. pr. S'enfoncer, se rouler dans la boue. *Le sanglier se vautre.* ♦ **Par extens.** *Se vautrer sur un lit, sur l'herbe.* ♦ *Fig. Se vautrer dans le vice, dans la débauche, dans les voluptés,* s'y abandonner entièrement. ■ **Fam.** Faire une chute. *Il s'est vautré sur le trottoir.*

VAU-VENT (À), ■ loc. adv. [vovɑ̃] (var. de [à]*val* [de], en suivant la pente, et *vent*) Vén. En ayant le vent dans le dos. *Chasser à vau-vent.*

VAUVERT, n. m. [vovɛʀ] (*Vauvert*, château près de Gentilly, où seraient apparus des fantômes sous le règne de Louis IX) Mot qui n'est usité que dans cette locution : *Aller au diable vauvert*, aller très loin, faire une grande course. ♦ C'est par erreur qu'on dit : *Aller au diable au vert.*

VAUX, ■ n. m. pl. [vo] (*val*) Pluriel rare de *val*.

VAVASSEUR, n. m. [vavasœʀ] (lat. médiév. *vavassor*, de *vassus*, serviteur, *vassalva*) Féod. Vassal d'un vassal ; d'arrière-fief.

VA-VITE (À LA), ■ loc. adv. [vavit] (*aller* et *vite*) De manière trop hâtive et peu soignée. *Travailler à la va-vite.* ■ Brièvement, en résumé.

VAYVODE, n. m. [vɛvɔd] Voy. VOÏVODE.

VAYVODIE n. f. ou **VAYVODAT**, n. m. [vevodi] Voy. VOÏVODAT.

VÉ, ■ n. m. [ve] (lettre *V*) Techn. Cale en forme de V permettant la manipulation des pièces cylindriques. *Des vés.*

VEAU, n. m. [vo] (lat. *vitellus*, petit veau, de *vitulus*, veau) Nom du petit de la vache, pendant la première année. ♦ *Veau de lait*, veau qui tète encore sa mère. ♦ *Veau de dîme*, veau très gras, qui était choisi de préférence pour payer la dîme aux églises. ♦ *Veau gras*, veau engraissé pour la boucherie. ♦ *Fig. Tuer le veau gras*, faire un régal pour fêter le retour de quelqu'un, par allusion au veau gras tué dans l'Évangile pour le retour de l'enfant prodigue. ♦ ▷ *Fig. et fam. Faire le pied de veau à quelqu'un*, lui aller faire des révérences, des soumissions, lui témoigner une complaisance servile. ◁ ♦ *S'étendre comme un veau, faire le veau*, se dit d'un homme qui se tient d'une manière nonchalante. ♦ *Pleurer comme un veau*, pleurer en poussant des sanglots. ♦ *Veau mis en quartiers à la boucherie et qu'on y débite. Côtelettes, pied de veau.* ♦ La chair du veau. *Manger du veau.* ♦ *Eau de veau*, eau dans laquelle on a fait bouillir, sans sel, un morceau de veau. ♦ *Veau d'or*, idole que les Israélites se firent faire au pied du mont Sinaï, et à laquelle ils rendirent un culte. ♦ *Fig. Le veau d'or*, le culte des richesses. *Adorer le veau d'or.* ♦ *Fig. Veau d'or*, homme qui n'a pas d'autre mérite que d'être riche. ♦ Cuir de veau. *Des souliers de veau. Reliures en veau.* ♦ ■ *Fig. Il se fait relier en veau*, il fait des livres, il est auteur. ◁ ■ *Fig. et fam.* Nigaud, niais. ■ **Fig. et fam.** *Brides à veau*, Voy. BRIDES. ♦ *Veau marin*, le phoque commun. ■ Mauvais cheval de course. ♦ Voiture peu rapide, peu nerveuse. *Quel veau, cette voiture !*

VÉCÉS, ■ n. m. pl. [vese] (lettres *V* et *C*, var. graphique de *W.C.*, *water-closet*) Fam. Toilettes. *Aller aux vécés.*

VECTEUR, TRICE, adj. [vɛktœʀ, tʀis] (lat. *vector*, celui qui transporte, de *vehere*, supin *vectum*, porter, transporter ; infl. de l'angl. *vector* sur les sens astron. et math.) **Géom.** Dans les courbes à foyer, *rayon vecteur*, toute ligne, d'une espèce déterminée, qui joint un foyer à un point de la courbe. ♦ *Rayon vecteur d'une ellipse*, ligne menée d'un des foyers à un point quelconque de la courbe. ♦ **Astron.** *Rayon vecteur*, rayon tiré du soleil à une planète, ou d'une planète à son satellite. ■ **N. m.** Math. Élément constitutif d'un espace vectoriel. ■ **Milit.** Véhicule terrestre, aérien ou maritime destiné à transporter une charge explosive ou nucléaire. ■ *Fig.* Ce qui propage, véhicule quelque chose. *Le livre, vecteur de la culture.* ■ Arthropode qui propage et transmet un agent infectieux. *Le moustique, vecteur du paludisme.*

VECTORIEL, ELLE, ■ adj. [vɛktɔʀjɛl] (*vecteur* d'après l'angl. *vectorial*) Math. Relatif aux vecteurs. *Une analyse vectorielle.* ■ Qui est décrit par des vecteurs mathématiques. *Un espace vectoriel.*

VECTORISATION, ■ n. f. [vɛktɔʀizasjɔ̃] (*vecteur* d'après l'angl. *vector*) Inform. Opération qui consiste à convertir une image point par point en une image constituée de vecteurs. *La vectorisation d'images.*

VECTORISER, ■ v. tr. [vɛktɔʀize] (*vecteur* d'après l'angl. *vector*) Inform. Faire une vectorisation. *Vectoriser une image.*

VÉCU, UE, p. p. de vivre. [veky] N. m. Expérience vécue. *Ce que je te raconte, c'est du vécu.*

VÉDA, n. m. [veda] (mot skr., connaissance, texte sacré) Livre sacré des Hindous. *Il y a quatre Védas, le Rigvéda, le Sâmavéda, le Yajurvéda et l'Atharvavéda.*

VEDETTARIAT, ■ n. m. [vədetaʀja] (*vedette*) Fait d'être une vedette. ■ Gestion de la promotion des vedettes. ■ Attitude d'une vedette dans la gestion de sa notoriété. *Le vedettariat politique.*

VEDETTE, n. f. [vədɛt] (ital. *vedetta*, sentinelle, d'orig. incert.) ▷ Tourelle sur un rempart servant de guérite aux sentinelles. ◁ ♦ ▷ Lieu où l'on met les sentinelles sur le rempart d'une place de guerre, ou sur les angles de quelque fortification. ◁ ♦ ▷ Cavalier posé en sentinelle, qui revient promptement donner avis de ce qu'il a découvert. ◁ ♦ ▷ *Mettre en vedette*, mettre un cavalier en fonction de vedette. ◁ ♦ *Être en vedette*, être en fonction de vedette. ♦ **Mar.** Cinquième foc que les grands bâtiments ont au delà de tous les autres. ♦ Petit bâtiment de guerre placé momentanément en observation, en découverte de l'ennemi. ♦ Dans une lettre, la tête, la place isolée où l'on écrit le titre de la personne à qui on l'adresse. *Écrire Monsieur en vedette.* ♦ **Par extens.** *Mettre en vedette*, mettre dans un écrit, d'une façon à attirer le regard, la ligne, le mot sur lequel on veut attirer le regard. ■ Petit bateau rapide. ■ **Théât.** Fait d'avoir son nom écrit en gros caractères. *Partager la vedette.* ■ Être au premier plan de l'actualité. *Piquer la vedette à quelqu'un.* ■ Artiste. *Vedette de cinéma.* ■ Personne ou personnage célèbre. *Vedette de la politique.* ■ *Vedette américaine*, artiste qui se produit sur scène juste avant la vedette principale. ■ *Jouer les vedettes*, se faire passer pour quelqu'un d'important.

VEDETTISATION, ■ n. f. [vədetizasjɔ̃] (*vedette*) Fait de transformer quelqu'un en vedette. « *La presse française a connu une vedettisation de certains journalistes, surtout des éditorialistes* », L'EXPRESS , 2005.

VEDIKA, ■ n. f. [vedika] (mot skr., barrière) Balustrade qui entoure les stupas et sur laquelle sont sculptés les programmes intervenant en support du culte hindou. *Les vedikas sont habituellement en pierre assemblées par tenons et mortaises comme en menuiserie.*

VÉDIQUE, adj. [vedik] (*véda*) Qui a rapport aux Védas. *Poésie védique.* ■ N. m. Ling. *Le védique*, forme archaïque du sanskrit utilisée dans les textes sacrés.

VÉDISME, ■ n. m. [vedism] (*védique*) Relig. Religion polythéiste d'Inde, complexe et hiérarchisée. *Le védisme a évolué au milieu du premier millénaire avant J.-C. et a engendré le brahmanisme.*

VÉGÉTABILITÉ, n. f. [veʒetabilite] (*végétable*) ▷ Faculté de végéter. ◁

VÉGÉTABLE, adj. [veʒetabl] (*végéter*) ▷ Qui végète, qui peut végéter. *Il n'y a plus rien de végétable dans cet arbre.* ◁

VÉGÉTAL, ALE, adj. [veʒetal] (lat. médiév. *vegetalis*, du lat. impér. *vegetare*, vivifier) Qui appartient, qui a rapport aux plantes ou qui en provient. *Les matières végétales.* ♦ *Le règne végétal*, l'ensemble des végétaux. ♦ *Terre végétale*, terre naturelle propre à la végétation. ♦ N. m. Corps organisé qui végète, arbre, plante. ■ Au pl. *Des végétaux.*

VÉGÉTALIEN, IENNE, ■ adj. [veʒetaljɛ̃, jɛn] (*végétal*) Relatif au végétalisme. ■ N. m. et n. f. Personne ayant pour seul principe alimentaire la consommation de végétaux. ■ REM. On dit aussi *végétaliste.*

VÉGÉTALISME, ■ n. m. [veʒetalism] (*végétal*) Régime alimentaire consistant à ne consommer que des produits d'origine végétale.

VÉGÉTALISTE, ■ n. m. et n. f. [veʒetalist] Voy. VÉGÉTALIEN.

VÉGÉTALITÉ, n. f. [veʒetalite] (*végétal*) État ou nature d'une plante, d'un végétal. ♦ L'ensemble des végétaux, par opposition à l'ensemble des animaux. ♦ Premier degré et le plus simple de la vitalité.

VÉGÉTANT, ANTE, adj. [veʒetɑ̃, ɑ̃t] (*végéter*) ▷ Qui est doué de la propriété de végéter. *Les êtres végétants.* ♦ **Par extens.** Qui vit et opère comme les plantes. « *Au-dessus des choses insensibles et inanimées Dieu a établi la vie végétante* », BOSSUET. ◁

VÉGÉTARIEN, IENNE, ■ adj. [veʒetaʀjɛ̃, jɛn] (angl. *vegetarian*, de *vegetable*, plante, légume, sur le modèle des noms de sectes comme *Millenarian*, millénariste) Relatif au végétarisme. *Un plat végétarien.* ■ N. m. et n. f. Personne adepte du végétarisme.

VÉGÉTARISME, ■ n. m. [veʒetaʀism] (*végétarien*, d'après l'angl. *vegetarianism*) Principe alimentaire excluant l'absorption de produits d'origine animale à l'exception des œufs et du lait.

VÉGÉTATEUR, TRICE, adj. [veʒetatœʀ, tʀis] (b. lat. *vegetator*, celui qui anime) ▷ Qui fait végéter. *Une force végétatrice.* ◁

VÉGÉTATIF, IVE, adj. [veʒetatif, iv] (lat. médiév. *vegetativus*) Qui fait végéter. *Principe végétatif.* ♦ Qui est dans l'état de végétation. *Être végétatif. Vie végétative.* ♦ *Fig.* « *Je ne suis plus qu'un être végétatif, une machine ambulante* », J.-J. ROUSSEAU. ♦ **Physiol.** Se dit des propriétés de nutrition, de développement, parce qu'elles sont communes aux végétaux et aux animaux. ♦ *Vie végétative*, l'ensemble des fonctions communes aux végétaux et aux animaux.

VÉGÉTATION, n. f. [veʒetasjɔ̃] (lat. médiév. *vegetatio*, action de croître, du lat. impér. *vegetatio*, mouvement, excitation) ▷ Action de végéter ; ensemble des fonctions qui constituent la vie d'une plante. ◁ ♦ **Par extens.** « *Il y a dans les animaux des parties très considérables, comme les os, les cheveux,* les ongles, les cornes, dont le développement est une vraie végétation », BUFFON. ◆ Collectivement, les arbres et les plantes. *La végétation est magnifique dans cette vallée.* ◆ **Fig.** État d'une personne qui vit comme une plante. ◆ Nom donné à certaines productions chimiques, parce qu'elles ont quelque ressemblance avec les plantes. *La végétation de l'amalgame d'argent s'appelle arbre de Diane.* ◆ ▷ En pathologie, nom donné à toutes les productions charnues qui s'élèvent et semblent végéter à la surface d'un organe ou d'une plaie. ◁ ■ **N. f. pl.** Hypertrophie de l'amygdale pharyngienne. *Se faire opérer des végétations.*

VÉGÉTER, v. intr. [veʒete] (lat. impér. *vegetare*, animer, vivifier, du lat. *vegetus*, bien vivant, dispos, de *vegere*, animer, être vif) ▷ En parlant des arbres et des plantes, se nourrir et croître. ◁ ◆ **Fig.** « *Le peu de minutes qui me restent encore à végéter entre le mont Jura et les Alpes* », VOLTAIRE. ◆ **Fig.** Vivre dans l'inaction ou dans une situation gênée. ◆ *Ne faire plus que végéter,* n'avoir presque plus l'usage de ses facultés intellectuelles. ◆ **Fig.** Vivre sans intérêt, sans émotions.

VÉGÉTOANIMAL, ALE, adj. [veʒetoanimal] (*végétal* et *animal*) Qui tient de la nature des animaux et de celle des végétaux. ■ **REM.** Graphie ancienne : *végéto-animal.*

VÉHÉMENCE, n. f. [veemɑ̃s] (lat. impér. *vehementia*) Mouvement fort et rapide dans l'âme, dans les passions. *La véhémence des sentiments.* ◆ Cet orateur a de la véhémence, il a une éloquence pleine de force entraînante. ◆ Il se dit en parlant du vent. *Le vent souffle avec véhémence.*

VÉHÉMENT, ENTE, adj. [veemɑ̃, ɑ̃t] (lat. *vehemens*, passionné, violent) Qui se porte avec ardeur et force à tout ce qu'il fait. « *Une véhémente occupation de l'esprit* », BOSSUET. « *Nous sommes véhéments dans nos désirs* », BOSSUET. ◆ *Orateur, écrivain véhément,* celui qui a une éloquence entraînante. ◆ *Discours véhément,* discours plein de chaleur et de force.

VÉHÉMENTEMENT, adv. [veemɑ̃t(ə)mɑ̃] (*véhément*) En procéd. criminelle, très fortement. *Un accusé véhémentement suspecté d'un crime.* ◆ Cette locution n'est plus usitée dans le langage juridique, mais elle est restée dans le langage commun. ■ **REM.** Est littéraire aujourd'hui.

VÉHICULAIRE, ■ adj. [veikylɛʁ] (*véhicule*) Qui permet la communication entre locuteurs de régions ou de pays différents. *Des langues véhiculaires.*

VÉHICULE, n. m. [veikyl] (lat. *vehiculum*, moyen de transport, de *vehere*, transporter) Une voiture quelconque. ◆ Ce qui sert à conduire, à transmettre plus facilement. *L'air est le véhicule du son.* ◆ Dissolvant, en parlant des couleurs. ◆ **Pharm.** Excipient liquide. *Le sucre, le miel, les gommes, etc. sont employés comme véhicules ou excipients.* ◆ **Fig.** Ce qui prépare, ce qui aide. « *L'art de l'imprimerie est devenu le principal véhicule de l'instruction* », DAUNOU. ◆ N'importe quel moyen de transport. *Véhicule automobile. Véhicule utilitaire. Véhicule spatial.* ■ **Opt.** Système de lentilles permettant de redresser l'image dans l'objectif des lunettes d'observation. ■ **Relig.** *Le grand véhicule,* secte bouddhiste, le bouddhisme mahayana ; *le petit véhicule,* le bouddhisme hinayana.

VÉHICULER, ■ v. tr. [veikyle] (*véhicule*) Transporter quelque chose ou quelqu'un au moyen d'un véhicule. *Véhiculer des amis pour aller à une soirée.* ■ Permettre le transport de quelque chose. *Les veines véhiculent le sang.* ■ Répandre, propager une idée. *Véhiculer une rumeur.*

VÉHICULEUR, ■ n. m. [veikylœʁ] (*véhiculer*) **Techn.** Substance utilisée pour accélérer la diffusion des colorants dans les fibres textiles. *Un véhiculeur de solvant.*

VEHME, n. f. [vɛm] (all. *Feme,* tribunal secret) Tribunal secret établi par Charlemagne pour retenir les Saxons dans l'obéissance. ◆ Plus tard, *la sainte vehme,* association secrète qui se forma en Allemagne dans le XIVᵉ et le XVᵉ siècle ; elle assignait devant elle les plus puissants comme les plus humbles, jugeait sans témoins et sans procédure par des juges masqués, et faisait accomplir ses sentences par des initiés, masqués aussi.

VEHMIQUE, adj. [vemik] (*vehme*) Qui appartient à la sainte vehme. ◆ *Cour vehmique,* syn. de vehme.

VEILLANT, ANTE, adj. [vejɑ̃, ɑ̃t] (*veiller*) Qui veille. « *Les soins toujours veillants, le chagrin toujours noir* », LA FONTAINE. « *Cet œil toujours veillant de la providence divine* », BOSSUET.

VEILLE, n. f. [vɛj] (lat. *vigilia,* veille, insomnie, garde de nuit, sentinelle) Absence de sommeil pendant le temps destiné au sommeil. ◆ ▷ Il s'emploie plus ordinairement au pluriel. *Les veilles des savants.* ◁ ◆ *Lit de veille,* lit portatif qu'on établit le soir dans la chambre d'une personne qui veut avoir quelqu'un auprès d'elle pendant la nuit. ◆ État de l'économie animale dans lequel les impressions venues soit du dehors, soit du dedans, sont perçues et contrôlées par les sens et par la pensée, et où il est possible d'agir volontairement. ◆ On dit dans le même sens: *État de veille.* ◆ *Être entre la veille et le sommeil,* n'être ni tout à fait éveillé, ni tout à fait endormi. ◆ *Veille des plantes,* temps pendant lequel les fleurs, les feuilles

qui présentent le phénomène du sommeil, restent ouvertes ou étalées. ◆ Garde qui se fait pendant la nuit. « *Les veilles cesseront au sommet de nos tours* », MALHERBE. ◆ ▷ *La veille des armes,* nuit que celui qui allait être fait chevalier passait auprès de ses armes dans une chapelle. ◁ ◆ Partie de la nuit, selon la division qu'en faisaient les anciens Romains. *La nuit était divisée en quatre veilles.* ◆ Il se dit quelquefois pour veillée. ◆ Au pl. **Fig.** Longue et forte application à l'étude, aux productions de l'esprit, aux affaires. « *Des veilles, des travaux un faible cœur s'étonne* », J.-B. ROUSSEAU. ◆ Le jour qui précède celui dont il est question. *La veille des Rois.* ◆ *À la veille de,* le jour qui précède celui dont il s'agit. « *À la veille d'un si grand jour, il est tranquille* », BOSSUET. ◆ **Fig.** *À la veille de,* sur le point de. « *On est à la veille de nous apprendre de grandes nouvelles* », MME DE SÉVIGNÉ. ■ État des appareils électriques mis sous tension. *Mise en veille des appareils ménagers.* ■ *Veille technologique,* action d'une entreprise qui consiste à se tenir au courant des dernières recherches scientifiques de son secteur d'activité. ■ *Veille néologique,* action, notamment des maisons d'édition de dictionnaires, qui consiste à inventorier l'ensemble des mots nouveaux entrés dans une langue à un moment donné. ■ *Ce n'est pas demain la veille,* ce n'est pas pour tout de suite.

VEILLÉ, ÉE, p. p. de veiller. [veje]

VEILLÉE, n. f. [veje] (selon le sens *veille* ou *veiller*) Veille que plusieurs personnes font ensemble, et particulièrement assemblée que les gens de village ou les artisans font le soir pour travailler ensemble en causant. ◆ Action de garder un malade pendant la nuit. ◆ Soirée thématique autour de jeux, de chansons, de sketches. ■ *Veillée d'armes,* nuit de veille du futur chevalier avant l'adoubement, et fig. préparation nocturne à une action armée ou à une épreuve difficile. ■ Action de garder un mort ; nuit passée à le veiller.

VEILLER, v. intr. [veje] (lat. *vigilare,* être éveillé, être sur ses gardes, de *vigil,* éveillé, vigilant) S'abstenir de dormir pendant le temps destiné au sommeil. *Veiller très tard.* ◆ Ne point dormir, être dans l'état de veille. « *Est-ce donc pour veiller qu'on se couche à Paris?* », BOILEAU. ◆ Être de garde. *La garde qui veille.* ◆ **Fig.** Prendre garde, appliquer son attention à quelque chose. « *Ils conjuraient ce Dieu de veiller sur vos jours* », RACINE. ◆ **Mar.** Se dit de l'état d'un rocher dont la partie supérieure se découvre à mer basse. ◆ *Veille au grain !* Voy. GRAIN. ◆ **V. tr.** Passer la nuit auprès de quelqu'un pour le soigner. *Veiller un mort,* passer la nuit auprès d'un mort. ◆ **Fig.** *Veiller quelqu'un,* surveiller sa conduite. ◆ **V. intr.** Faire une veillée. *Veiller autour d'un feu de bois.* ■ *Veiller à quelque chose,* y faire très attention. *Ses parents veillent à ce qu'il fasse ses devoirs tous les soirs. Veiller au bon fonctionnement d'une entreprise.* ◆ *Veiller sur quelqu'un,* être très attentionné, prêter une grande attention à tout ce qu'il fait.

VEILLEUR, EUSE, n. m. et n. f. [vejœʁ, øz] (*veiller*) Celui, celle qui ne dort pas, ou dort peu la nuit. ◆ Gardien ou gardienne de nuit. ◆ Celui, celle qui veille un mort. ◆ **N. m.** Celui qui, dans certaines fabriques, est chargé de parcourir pendant la nuit les bureaux, les ateliers, les corridors, etc. pour s'assurer que le feu ne couve sur aucun point. ◆ ▷ *Le veilleur de nuit,* celui qui, la nuit, en Allemagne et en Suisse, annonce les heures en chantant. ◁ ◆ Soldat de garde.

VEILLEUSE, n. f. [vejøz] (*veiller*) Petite lampe qu'on tient allumée pendant la nuit. ◆ Petite mèche enduite de cire, qui brûle dans la veilleuse. ◆ Colchique d'automne. ■ **N. f. pl. Autom.** Feux de position. *Allumer ses veilleuses.* ■ **N. f.** Petite lumière témoin, constamment allumée dans un chauffe-eau, dans une chaudière, etc. ■ *Mettre une ampoule, une lampe en veilleuse,* en réduire son éclairage. ■ **Très fam.** *La mettre en veilleuse,* se calmer, se taire. *Mets-la en veilleuse !*

VEILLOTTE, n. f. [vejɔt] (*veilleuse,* avec chang. de suff.) ▷ Un des noms vulgaires du colchique d'automne. ◁

VEINARD, ARDE, ■ n. m. et n. f. [venaʁ, aʁd] (*veine*) **Fam.** Personne chanceuse. *Quel veinard !* ■ **Adj.** Qui est chanceux, qui a de la veine. *Cette fille est une sacrée veinarde : dès sa sortie de l'université, elle a trouvé du travail.*

VEINE, n. f. [vɛn] (lat. *vena,* veine, filon, canal, fond d'une chose, inspiration) Petit canal qui ramène au cœur le sang distribué par les artères dans toutes les parties et devenu noir en cette distribution. *Grosse veine. Petite veine.* ◆ ▷ *On lui a ouvert la veine,* on l'a saigné. ◁ ◆ *Veine porte,* Voy. PORTE. ◆ ▷ *Barrer la veine à un cheval,* la couper, ou la lier dessus et dessous, pour arrêter le cours de quelque humeur. ◁ ◆ **Fig.** *Barrer la veine,* couper court à... ◆ En général, tout vaisseau, veine ou artère, contenant du sang. ◆ *Tant que le sang coulera dans mes veines,* aussi longtemps que je vivrai. ◆ **Fig.** *L'âge où le sang bout, bouillonne dans les veines,* où le sang est glacé dans les veines, c'est-à-dire la jeunesse, la vieillesse. ◆ *Le sang lui bout dans les veines,* se dit d'un homme ardent, fougueux. ◆ Par exagération. *Il n'a pas une goutte de sang dans les veines,* se dit d'un homme saisi d'épouvante, d'horreur. ◆ **Fam.** *Cet homme n'a pas de sang dans les veines,* il n'a pas de courage. ◆ *Se faire ouvrir les veines,* supplice chez les Romains ; on incisait les vaisseaux aux bras et aux jambes, et le patient mourait d'hémorragie. ◆ *Fig. Veine poétique* ou absol. *veine,* disposition naturelle à la poésie qui donne de la facilité pour faire de bons vers. ◆ *Il est en veine,* il est dans une disposition favorable à la poésie, à la composition. ◆ **Poétiq.** Intérieur, centre. « *Des veines d'un caillou qu'il frappe au même instant, Il fait sortir un feu qui pétille en sortant* », BOILEAU. ◆ **Géol.** Partie longue et étroite de terre, de roche, d'une qualité ou d'une couleur différente de celle qui l'entoure. ◆ Endroit d'une mine où se trouve le minéral. *Veine d'argent. Veine riche.* ◆ *Fig. Cet homme est tombé sur une bonne veine,* il a rencontré heureusement. ◆ Chance bonne ou mauvaise. « *Nous avons trouvé une bonne veine* », MME DE SÉVIGNÉ. ◆ **Absol.** Suite de chances favorables. *Il profite de sa veine.* ◆ *Être en veine de bonheur,* réussir dans tout ce qu'on entreprend. ◆ *Veine d'eau,* filet d'eau qui coule sous terre. ◆ Marque longue et étroite qui va en serpentant dans le bois et dans les pierres dures. *Les veines du noyer, du marbre.* ◆ Raies colorées de la reliure. ◆ Nervures des feuilles, qui partent de la nervure principale et se ramifient dans le limbe. ◆ **Prov.** *Qui voit ses veines voit ses peines,* se dit à une personne âgée dont les veines sont apparentes, ce qui est signe d'un âge qui s'avance. ◆ *S'ouvrir les veines,* vouloir se suicider en se coupant les veines du poignet. ◆ **Fam.** *Avoir de la veine,* avoir de la chance. ◆ *C'est bien ma veine,* je n'ai vraiment pas de chance. ◆ *Se saigner aux quatre veines,* se priver complètement de quelque chose, se sacrifier. *Leurs parents se sont saignés aux quatre veines pour leur offrir l'université.*

VEINÉ, ÉE, p. p. de veiner. [vene] ◆ En parlant du bois, du marbre, etc., qui a des veines naturelles. ■ Dont on voit les veines à travers la peau. *Des mains veinées.* ■ Qui présente des nervures, en parlant des feuilles des végétaux. *Un feuillage veiné.*

VEINER, v. tr. [vene] (*veine*) Imiter par la peinture les veines du marbre ou du bois.

VEINETTE, ■ n. f. [venɛt] (*veine*) **Techn.** Pinceau utilisé pour reproduire les veines du bois ou du marbre.

VEINEUX, EUSE, adj. [venø, øz] (lat. impér. *venosus*) Rempli de veines. *Les parties veineuses du corps.* ◆ Qui a rapport aux veines. *Sang veineux.* ◆ *Système veineux,* ensemble des veines du corps d'un animal. ◆ *Artères veineuses,* ancien nom des veines pulmonaires. ◆ Marqué de veines, de raies longues et étroites. *Un bois très veineux.*

VEINULE, n. f. [venyl] (lat. impér. *venula*) **Anat.** Petite veine. ◆ **Bot.** Nom donné aux dernières ramifications des nervures des feuilles.

VEINURE, ■ n. f. [venyʀ] (*veine*) Aspect veiné du bois ou du marbre. *La veinure et la couleur du bois varient de façon naturelle.*

VÊLAGE, n. m. [velaʒ] (*vêler*) Parturition dans l'espèce bovine. ■ **Rem.** On dit aussi *vêlement.* ◆ **Géol.** Séparation d'une masse de glace à partir d'un mur de glace, d'une falaise de glace ou d'un iceberg. *Dans l'hémisphère nord, l'ablation résulte à la fois de la fonte et du vêlage d'icebergs.*

VÉLAIRE, ■ adj. [velɛʀ] (lat. sav. *velaris,* de *velum* [*palatinum*] voile du palais, du lat. *velum,* tenture, et *palatum,* voûte de la cavité buccale) **Phonét.** Relatif au palais mou. *Une consonne vélaire.* ■ N. f. Voyelle ou consonne dont le point d'articulation est le voile du palais. *En français, les vélaires sont [k], [g] et [w].*

VÉLANÈDE, ■ n. f. [velanɛd] (gr. mod. *belanidi,* gland, du gr. class. *balanos*) **Bot.** Ensemble des cupules des fruits du chêne vélani. ■ *Les vélanèdes sont souvent utilisées en teinturerie et en tannerie* ■ **Rem.** Graphie ancienne : *velanède.* On disait aussi *avelanède* autrefois.

VÉLANI, ■ n. m. [velani] (gr. mod. *belani,* gland, du gr. class. *balanos*) **Bot.** Chêne d'Amérique du Nord, à gros fruits, à feuilles oblongues, originaire des Balkans. *Des vélanis.*

VÉLAR, ■ n. m. [velaʀ] (lat. *vela,* vélat, mentionné par Pline comme mot gaul.) **Bot.** Genre de la famille des crucifères. ■ **Bot.** Sisymbre officinal à très petites fleurs jaunes. *Le vélar est employé comme antispasmodique des voies biliaires.*

VÉLARISATION, ■ n. f. [velaʀizasjɔ̃] (*vélaire*) **Phonét.** Déplacement du lieu d'articulation d'un phonème vers le palais mou ou le voile du palais. *La vélarisation de la vibrante [R].*

VELARIUM ou **VÉLARIUM,** n. m. [velaʀjɔm] (mot lat., de *velum,* tenture) **Antiq.** Espèce de tente dont on couvrait les amphithéâtres et les cirques. ■ Au pl. *Des velariums, des vélariums.*

VELAUT, n. m. [vəlo] (anc. fr. *velela hau,* vois-le là, le voilà, et interj. *hau*) ▷ **Chasse** Cri pour exciter les chiens, quand on voit, par corps, un sanglier, un loup, un renard, un blaireau ou un lièvre. ◁

VELCHE ou **WELCHE,** n. m. [vɛlʃ] (all. *welsch,* désignant Espagnols, Italiens et Français, du germ. *Walhoz, Cetes,* du lat. *Volcæ,* peuple de la Narbonnaise) Nom que les Allemands donnent aux Français et aux Italiens. ◆ **Fig.** Homme ignorant, superstitieux.

VELCRO, ■ n. m. [vɛlkʀo] (marque déposée, de *velours* et *crochet*) Système de fermeture composé de deux rubans de matière différente que l'on accroche l'un à l'autre. ■ **Rem.** En apposition, *une fermeture velcro.*

VELD ou **VELDT,** ■ n. m. [vɛlt] (afrik. *veld,* champ) **Géogr.** Steppe, plateau herbeux d'Afrique du Sud. « *Des rivages des oueds Avec leurs flots apaisants Aux lumières des velds D'astres clairs et ardents* », B. BOULAIS.

VÊLEMENT, n. m. [vɛl(ə)mɑ̃] (*vêler*) Syn. de vêlage. ■ **Voy.** VÊLAGE.

VÊLER, v. intr. [vele] (anc. fr. *veel,* veau, du lat. *vitellus*) En parlant d'une vache, mettre bas. *Notre vache a vêlé.*

VÊLEUSE, ■ n. f. [veløz] (*vêler*) **Techn.** Machine utilisée pour aider le vêlage, généralement lorsque le veau est trop gros et qu'il a des difficultés à sortir. *Une vêleuse à treuil télescopique.*

VÉLIE, ■ n. f. [veli] (lat. sav. [XIXᵉ s.] *velia,* d'orig. inc.) **Zool.** Punaise aquatique, aux pattes hydrofuges, très répandue. *Des vélies, qui virevoltent à la surface des ruisseaux et des étangs.*

VÉLIN, n. m. [velɛ̃] (anc. fr. *veel,* veau, du lat. *vitellus*) Peau de veau mieux préparée et plus fine que le parchemin ordinaire. ◆ Adj. *Papier vélin,* papier blanc et uni comme le vélin, où il ne paraît ni pontuseaux ni vergeures. ■ N. m. Cuir de veau. *Une reliure de vélin.*

VÉLIPLANCHISTE, ■ n. m. et n. f. [veliplɑ̃ʃist] (lat. *velum,* voile, et *planche*) Personne qui pratique la planche à voile.

VÉLIQUE, ■ adj. [velik] (lat. *velum,* voile) **Mar.** Relatif aux voiles. *La force vélique.* ◆ *Point vélique,* centre de voilure d'une voile.

VÉLITE, ■ n. f. [velit] (lat. *velites,* plur. de *veles,* soldat armé à la légère) Chez les Romains, soldat d'infanterie légèrement armé. ◆ Nom d'un corps de chasseurs à pied sous le premier empire.

VÉLIVOLE, ■ adj. [velivɔl] (lat. *velivolus,* qui marche à la voile, de *velum,* voile, et *volare,* voler, aller rapidement) **Poétiq.** Dont la voile vole sur l'eau. ■ Relatif au vol à voile. *L'activité vélivole.* ■ N. m. et n. f. Personne qui pratique le vol à voile. *Les vélivoles doivent avoir une fine perception de l'environnement aérien, des courants d'air ascendant et du moteur du planeur.* ■ **Rem.** On dit aussi *vélivoliste.*

VELLAVE, ■ adj. [velav] (lat. *Vellavii,* peuple de la confédération des Arvernes, dans le Velay) Relatif au Velay. *Un village vellave du XIXᵉ siècle.* ■ N. m. et n. f. Habitant ou originaire du Velay. *Un Vellave, une Vellave.*

VELLÉITAIRE, ■ adj. [veleitɛʀ] (*velléité*) Qui ne sait pas prendre de décisions, qui est hésitant. *Un homme politique velléitaire.* ■ N. m. et n. f. *Une velléitaire.*

VELLÉITÉ, n. f. [veleite] (lat. scolast. *velleitas,* du lat. *velle,* vouloir) Volonté faible et qui reste sans effet. *Il a des velléités de travail.* « *Une de ces velléités dont l'enfer est plein* », BOURDALOUE. ■ Intention faible de faire quelque chose. *Une velléité d'énergie.*

VÉLO, ■ n. m. [velo] (apocope de *vélocipède*) Véhicule non motorisé à deux roues montées sur cadre, muni d'une selle, d'un guidon de direction et de pédales. *Vélo tout-terrain,* Voy. VTT. ◆ *Faire du vélo,* rouler à bicyclette.

VÉLOCE, adj. [velɔs] (lat. *velox,* agile à la course, rapide) Qui court, marche rapidement. ◆ **Astron.** S'est dit pour exprimer la vitesse du mouvement d'une planète. ■ **Litt.** Qui est rapide. *Un esprit véloce.*

VÉLOCEMENT, ■ adv. [velɔs(ə)mɑ̃] (*véloce*) **Litt.** Avec vélocité, avec rapidité. *Agir vélocement.*

VÉLOCIFÈRE, ■ n. m. [velosifɛʀ] (lat. *velox,* rapide, et -*fère*) ▷ Voitures publiques dont les entrepreneurs affichaient la prétention d'une grande rapidité. ◆ Ancien nom du vélocipède. ◁

VÉLOCIMÉTRIE, ■ n. f. [velosimetʀi] (lat. *velox,* rapide, et -*métrie*) **Métrol.** Mesure des vitesses. ■ **Méd.** *Vélocimétrie Doppler,* technique et optique de mesure des vitesses locales et instantanées des écoulements fluides, notamment du sang dans une veine ou une artère. ■ **VÉLOCIMÈTRE,** n. m. [velosimetʀ]

VÉLOCIPÈDE, ■ n. m. [velosipɛd] (lat. *velox,* rapide, et *pes,* génit. *pedis,* pied) Sorte de cheval de bois, posé sur deux roues, sur lequel on se met en équilibre, tandis que les pieds sont posés sur des étriers en forme de manivelle qui font tourner la grande roue. ■ **VÉLOCIPÉDIQUE,** adj. [velosipedik] *Un club vélocipédique.*

VÉLOCIPÉDISTE, ■ n. m. [velosipedist] (*vélocipède*) ▷ Celui qui va sur un vélocipède. ◁

VÉLOCITÉ, ■ n. f. [velosite] (lat. *velocitas,* de *velox,* rapide) Mouvement rapide. *La vélocité de la pensée. La vélocité de sa course.* ■ **Rem.** Est littéraire aujourd'hui dans ce sens. ■ **Mus.** Fait de jouer d'un instrument de musique avec vitesse et agilité. *Des exercices de vélocité.*

VÉLOCROSS, ■ n. m. [velokʀɔs] (*vélo* et *cross*) Vélo conçu pour une utilisation sur des terrains accidentés. *Des vélocross.*

VÉLODROME, ■ n. m. [velodʀɔm] (*vélo* et *-drome*) Installation permanente constituée d'une piste divisée en couloirs et aménagée pour les courses cyclistes.

VÉLOMOTEUR, ■ n. m. [velomotœʀ] (*vélo* et *moteur*) Véhicule à deux roues, à moteur dont la cylindrée varie entre 50 cm³ et 125 cm³ et munis d'un embrayage ou d'une boîte de vitesses non automatique.

VÉLOPOUSSE ou **VÉLO-POUSSE**, ■ n. m. [velopus] (*vélo* et *pousser*) En Extrême-Orient, petite voiture couverte d'un auvent, munie d'un siège pour deux passagers et tirée par un vélo. *Des vélopousses. Des vélo-pousse.*

VÉLOSKI, ■ n. m. [veloski] (*vélo* et *ski*) Engin de glisse pourvu d'un cadre comprenant une selle et un guidon, monté sur deux petits skis, dont celui de devant est mobile.

VELOT, ■ n. m. [v(ə)lo] (anc. fr. *veel*, veau, du lat. *vitellus*) Veau mort-né ; peau du veau mort-né que l'on utilise pour la fabrication du vélin.

VELOURS, n. m. [v(ə)luʀ] (a. et moy. fr. *velo[u]s*, étoffe à poil court et serré, de l'a. provenç. *velos*, velours, du lat. *villosus*, velu) Étoffe dont l'endroit est plus ou moins velu, et l'envers ferme et serré ; on en fait en soie, en coton et en laine. ♦ *Velours épinglé*, Voy. ÉPINGLÉ. ♦ *Velours plain*, celui qui est tout uni. ♦ *Velours à ramage*, Voy. RAMAGE. ♦ *Velours à deux poils, à quatre poils, etc.*, suivant que le poil du velours est plus ou moins épais. ♦ *Velours ras*, celui qui n'a point de poils. ♦ *Velours d'Utrecht*, velours pour meubles dont la chaîne est en fil, la trame en laine, et le velouté en poil de chèvre. ♦ **Fig.** *Jouer sur le velours*, se dit d'un joueur qui, après avoir gagné des parties, ne risque plus, en continuant à jouer, que de perdre ce qu'il a gagné ; se dit aussi en général pour agir sans risque. ♦ **Fig.** *Faire patte de velours*, se dit du chat lorsqu'il retire ses griffes en jouant de la patte. ♦ **Fig.** *Faire patte de velours*, cacher sous des dehors caressants le dessein qu'on a de nuire. ♦ **Fig.** et **pop.** *C'est un velours sur l'estomac*, en parlant d'un manger ou d'une boisson qui donne une sensation de bien-être. ♦ Surface d'une pelouse. ♦ **Fig.** *Un chemin de velours*, une marche facile et accommodante. ♦ **Bot.** Assemblage de poils serrés, mous, courts et ras. ♦ **Très fam.** Faute de langage qui consiste à mettre en liaison un *s* au lieu d'un *t* : *Il était-z à la campagne.* ♦ **Prov.** *Habit de velours, ventre de son*, ou **Prov.** *ventre de son et robe de velours*, se dit d'une personne qui épargne sur la nourriture et fait des dépenses d'ostentation. ■ Ce qui est doux au toucher. *Une peau de velours.* ♦ Ce qui donne une sensation de douceur. *Faire des yeux de velours.* ♦ **Prov.** *Une main de fer dans un gant de velours*, un caractère sévère et autoritaire sous une apparence de douceur.

1 VELOUTÉ, n. m. [v(ə)lute] (substantivation de 2 *velouté*) Galon fabriqué comme du velours, ou plain ou figuré. ♦ Ce qui a l'aspect du velours. *Le velouté d'une pêche, d'une fleur. Le velouté de la jeunesse.* ♦ **Bot.** Partie veloutée de la surface d'une plante. ♦ ▷ **Méd.** Autrefois, *le velouté de l'estomac, des intestins*, la surface muqueuse de ces organes. ◁ ♦ En termes de joaillier, couleur sombre et foncée des pierres. ■ Potage onctueux. *Un velouté d'asperges.*

2 VELOUTÉ, ÉE, adj. [v(ə)lute] (*velours*, d'après le provenç. *velut*, du b. lat. *villosus*, velu) Dont le fond, en parlant de certaines étoffes, n'est point de velours, mais a des fleurs, des ramages faits de velours. *Étoffe veloutée.* ♦ *Papier velouté*, papier de tenture sur lequel on applique divers dessins de laine hachée. ♦ Qui est doux au toucher comme du velours, ou qui a l'aspect du velours. *Fleurs veloutées.* ♦ Garni d'un duvet comparé au velours. « *Sur l'émail velouté d'une fraîche verdure* », DELILLE. ♦ **Bot.** Se dit des plantes ou parties de plantes couvertes de poils doux, serrés, courts, égaux. ♦ *Vin velouté*, bon vin d'un rouge un peu foncé, sans âcreté. ♦ **Joaill.** Se dit des pierres qui sont d'une couleur foncée, riche. ♦ ▷ *Membrane veloutée*, celle qui tapisse le canal alimentaire. ◁ ■ **Fig.** *Une voix veloutée*, une voix douce et chaude.

VELOUTEMENT, ■ n. m. [velut(ə)mã] (*velouter*) **Litt.** et **rare** Aspect velouté. *Le veloutement de ses prunelles.*

VELOUTER, v. tr. [v(ə)lute] (*velouté*) Donner l'apparence du velours. ■ Rendre plus doux en parlant d'un mets ou d'une voix. *Velouter un potage. Un chanteur qui veloute sa voix.*

VELOUTEUX, EUSE, ■ adj. [v(ə)lutø, øz] (radic. de *velouté*) Qui a l'aspect du velours au toucher. *La texture velouteuse de la peau d'une pêche.*

VELOUTIER, n. m. [v(ə)lutje] (*velours*, d'après *velouté*) Ouvrier qui fait du velours. ♦ Adj. *Ouvrier veloutier.*

VELOUTINE, n. f. [v(ə)lutin] (*velours*, d'après *velouté*) Toile de coton légère à l'aspect duveteux et au toucher doux. *Une veste en veloutine.* ■ Vx Poudre de maquillage utilisée pour donner à la peau un aspect velouté. *Mettre de la veloutine sur les pommettes. La poudre de riz veloutine.*

VELTAGE, n. m. [vɛltaʒ] (*velter*) Mesurage fait avec la velte.

VELTE, n. f. [vɛlt] (néerl. *viertel* ou all. *Viertel*, quart) Ancienne mesure de capacité contenant 8 pintes de 48 pouces cubes chacune, la même que le septier, et valant 7 litres 61. ♦ Instrument qui sert à jauger les tonneaux.

VELTÉ, ÉE, p. p. de velter. [vɛlte]

VELTER, v. tr. [vɛlte] (*velte*) Mesurer à la velte.

VELTEUR, n. m. [vɛltœʀ] (*velter*) ▷ Celui qui jauge, qui mesure à la velte. ◁

VELU, UE, adj. [v(ə)ly] (b. lat. *villutus*, du lat. *villus*, poil) Couvert de poils. « *Toute sa personne velue Représentait un ours* », LA FONTAINE. ♦ **Bot.** Garni de poils longs, serrés et un peu mous. *Feuilles velues.* ♦ **N. m.** *Le velu d'une plante*, la partie d'une plante qui est couverte de poils.

VELUM ou **VÉLUM**, ■ n. m. [velɔm] (mot lat., voile, tenture) Grande toile tendue faisant office de toit ou servant à bloquer les rayons du soleil. *Des velums, des vélums.*

VELUX, ■ n. m. [velyks] (marque déposée, lat. *velum*, voile, toit, et *lux*, lumière) Fenêtre de toit. *Poser un Velux dans une chambre mansardée.*

VELVET, ■ n. m. [vɛlvɛt] (mot angl., du lat. médiév. *velvetum*) Velours de coton, généralement à côtes. *Un pantalon en velvet.*

VELVOTE, n. f. [vɛlvɔt] (adj. anc. fr. *velut*, du b. lat. *villutus*, velu) **Bot.** Espèce de linaire. ♦ *Velvote sauvage*, la véronique des champs.

VENAISON, n. f. [vənɛzõ] (lat. *venatio*, chasse, gibier, de *venari*, chasser) Chair de bête fauve ou rousse, comme cerf, chevreuil, sanglier, etc. *Pâté de venaison.* ♦ *Basse venaison*, le lièvre et le lapin. ♦ La graisse du cerf, du sanglier. *Ce cerf a trois doigts de venaison. Les cerfs, les sangliers sont en venaison.*

VÉNAL, ALE, adj. [venal] (lat. *venalis*, à vendre, de *venus*, vente) Qui se vend, qui peut se vendre, en parlant de charges, d'offices. *Les offices vénaux étaient ceux de justice et de finance.* ♦ *Valeur vénale*, la valeur actuelle d'une chose dans le commerce. ♦ **Fig.** Qui n'agit que par intérêt, que pour de l'argent. *Un orateur vénal.* ♦ On dit aussi : *Éloquence vénale, langue vénale.* ♦ *C'est une plume vénale*, c'est un auteur qui soutient toutes les opinions, pourvu qu'on le paye.

VÉNALEMENT, adv. [venal(ə)mã] (*vénal*) D'une manière vénale.

VÉNALITÉ, n. f. [venalite] (b. lat. *venalitas*) Qualité de ce qui est à vendre. *La vénalité des charges.* ♦ **Fig.** *La vénalité des consciences.* ■ Caractère vénal d'une personne prête à se vendre pour de l'argent au mépris de la morale. *Sa vénalité m'écœure.*

VENANT, ANTE, adj. [v(ə)nã, ãt] (*venir*) ▷ *Bien venant*, qui croît ou qui pousse bien. *Des arbres bien venants. Une petite fille bien venante.* ◁ ♦ *Bien venant*, payé régulièrement ; *mal venant*, payé irrégulièrement. « *Si quatre mille écus de rente bien venants...* », MOLIÈRE. « *Mille livres de rente bien venantes* », MME DE SÉVIGNÉ. ◁ ♦ L'Académie fait, en ce cas, *bien venant* indéclinable. Mais Molière et Mme de Sévigné ont fait ce mot adjectif, et il n'y a aucune raison de se départir de cet usage. ■ **N. m. pl.** *Les allants et les venants*, ceux qui vont et viennent. ♦ *À tout venant*, au premier venu, à tout le monde. *Tenir table ouverte à tous venants.* ♦ **Prov.** *À tout venant beau jeu*, signifie qu'un homme est prêt à tenir contre tous ceux qui viendraient l'attaquer soit au jeu, soit à un combat.

VENDABLE, adj. [vãdabl] (*vendre*) Qui peut être vendu. *Cette étoffe n'est pas vendable.*

VENDANGE, n. f. [vãdãʒ] (lat. *vindemia*, de *vinum*, raisin, et *demere*, enlever) Récolte de raisins pour faire du vin. *Aller en vendange.* ♦ ▷ **Fig.** *Il a fait vendange*, il a gagné beaucoup dans telle ou telle affaire. ◁ ♦ Le raisin lui-même. *Porter la vendange au pressoir.* ♦ Le liquide qui fermente dans la cuve. ♦ **Au pl. Par extens.** Temps où se fait la récolte des raisins. ♦ **Prov.** *Adieu paniers, vendanges sont faites*, Voy. PANIER.

VENDANGÉ, ÉE, p. p. de vendanger. [vãdãʒe]

VENDANGEOIR, ■ n. m. [vãdãʒwaʀ] (*vendanger*) **Techn.** Panier destiné à contenir le raisin fraîchement vendangé. ■ **REM.** On dit aussi *vendangerot*.

VENDANGER, v. tr. [vãdãʒe] (lat. impér. *vindemiare*) Faire la récolte des raisins. ♦ **Absol.** *On vendange partout.* ♦ **Fig.** *Il vendange tout à son aise*, se dit de quelqu'un qui fait des profits illicites dans une place, sans craindre la surveillance. ♦ ▷ **Fig.** *La grêle, les soldats ont tout vendangé*, ils ont tout dévasté. ◁

VENDANGEROT, ■ n. m. [vãdãʒ(ə)ʀo] Voy. VENDANGEOIR.

VENDANGETTE, n. f. [vãdãʒɛt] (*vendange*) **Région.** Petite grive. ■ Petit sécateur utilisé pour couper le raisin.

VENDANGEUR, EUSE, n. m. et n. f. [vãdãʒœʀ, øz] (*vendanger*) Celui, celle qui coupe et recueille les raisins. ■ **N. f.** Machine agricole qui fait les vendanges automatiquement. ■ Nom de certaines petites plantes qui fleurissent en automne, comme le colchique.

VENDÉEN, ENNE, ■ adj. [vãdeẽ, ɛn] (*Vendée*, région de l'ouest) Relatif à la Vendée, dans l'ouest de la France. *Les paysages vendéens.* ■ **N. m. et n. f.** Habitant ou originaire de la Vendée. *Un Vendéen, une Vendéenne.* ■ **Hist.**

Insurgé royaliste de l'ouest de la France pendant la Révolution. *Les Vendéens.*

VENDÉMIAIRE, n. m. [vãdemjɛʀ] (lat. *vindemia*, vendange) Le premier mois du calendrier républicain ; il commençait le 22 ou le 23 septembre.

VENDETTA ou à la française, **VENDETTE**, n. f. [vɛndeta, vãdɛt] (ital. *vendetta* et corse *vendetta*, du lat. *vindicta*, affranchissement, vengeance, de *vindicare*, réclamer, venger, punir) Mot italien qui signifie *vengeance*, et par lequel on désigne, particulièrement en Corse, l'état d'inimitié et d'hostilité où vivent des familles entières et qui engendre des assassinats réciproques. ■ REM. On prononçait autrefois [vẽdeta], ou [vẽdɛt].

VENDEUR, EUSE, n. m. et n. f. [vãdœʀ, øz] (*vendre*) Pratiq. Celui, celle qui vend, qui a vendu. ◆ *Vendeur, vendeuse,* celui, celle dont la profession est de vendre. ◆ *Les vendeurs du temple,* les marchands qui, dans le temple de Jérusalem, vendaient les animaux de sacrifice, et les changeurs qui fournissaient de la monnaie pour les offrandes ; Jésus les chassa. ◆ *Faux vendeur,* celui qui vend ce qui n'est pas à lui, ou celui qui vend à faux poids, à fausse mesure, ou celui qui use de quelque fraude dans le contrat de vente. ◆ ▷ *Vendeur d'orviétan,* Voy. ORVIÉTAN. ◁ ■ En économie politique, *le vendeur,* la personne, soit corporation, soit pays, qui vend. ■ Adj. Qui incite à acheter. *Un cliché vendeur.* ◆ Qui est disposé à vendre quelque chose. *Il n'est pas vendeur.* ■ REM. On disait autrefois *venderesse* au féminin.

VENDICATION, n. f. [vãdikasjõ] Voy. REVENDICATION.

VENDIQUER, v. tr. [vãdike] (lat. *vindicare*, revendiquer en justice) ▷ Vieilli Voy. REVENDIQUER « *Le valet... Vendiqua son bien...* », LA FONTAINE. ◁

VENDITION, n. f. [vãdisjõ] (lat. *vendere*, vendre) ▷ **Dr. anc.** Vente. ◁

VENDRE, v. tr. [vãdʀ] (lat. *vendere*, vendre, de *venum dare*, donner en vente) Aliéner une chose, céder à quelqu'un la propriété d'une chose pour un certain prix. *Vendre une maison, un cheval, etc.* ◆ ▷ *Il les vendrait à beaux deniers comptant,* il les vendrait tous, il est plus fin qu'eux, ou bien il les sacrifierait au moindre intérêt. ◁ ◆ ▷ *Je suis à vous à vendre et à dépendre,* Voy. DÉPENDRE. ◁ ◆ **Fig.** *Cet homme vend des ses coquilles,* Voy. COQUILLE. ◆ Particulièrement, il se dit de ceux qui vendent habituellement au public certaines marchandises, certaines denrées, etc. *Vendre en gros et en détail.* ◆ *Vendre l'argent,* se dit des usuriers. ◆ **Fig.** Ne pas accorder gratuitement, faire payer cher. « *Il [le sage] lit au front de ceux qu'un vain luxe environne, / Que la fortune vend ce qu'on croit qu'elle donne* », LA FONTAINE. ◆ ▷ *Vendre cher, vendre bien cher, vendre chèrement sa vie,* ou simplement *vendre sa vie,* se défendre avec courage, immoler beaucoup d'ennemis avant de succomber. ◁ ◆ **Fig.** Se faire payer en argent ou autrement pour certains services, certains offices, certaines choses morales « *Et vendre au plus offrant mon encens et mes vers* », BOILEAU. ◆ *Vendre son suffrage, sa protection, etc.,* se les faire payer. ◆ *Vendre son honneur,* recevoir de l'argent pour faire une action honteuse. ◆ ▷ *Vendre son âme,* se dit de celui qui, d'après une croyance superstitieuse, livrait son âme au diable pour certaines jouissances. ◁ ◆ **Fig.** Trahir, dénoncer, révéler un secret par intérêt. *Vendre sa patrie, ses complices.* ◆ Se vendre, v. pr. Être vendu. *Cette marchandise se vend bien,* elle est d'un débit facile, ou elle est d'un prix élevé. ◆ *Se vendre au poids de l'or,* être vendu fort cher. ◆ Aliéner sa liberté, se faire esclave, pour un certain prix. ◆ Entrer au service militaire pour de l'argent. ◆ **Fig.** Aliéner sa liberté morale pour de l'argent ou autres avantages. ◆ *Se vendre à un parti,* se livrer à un parti par des vues intéressées. ◆ Se trahir l'un l'autre. ◆ Prov. *Il ne faut pas vendre la peau de l'ours avant de l'avoir mis par terre,* Voy. OURS. ■ REM. On dit aujourd'hui *vendre la peau de l'ours avant de l'avoir tué* ou *vendre la peau de l'ours.* ■ V. pr. Savoir se valoriser auprès de quelqu'un. *Cet homme a su bien se vendre auprès de son nouvel employeur.* ■ *À vendre,* ce qui est destiné à la vente. *Une maison à vendre.* ■ *Cela se vend comme des petits pains,* cela se vend très facilement. ◆ *Vendre son âme au diable,* se compromettre par des actions immorales et souvent malsaines. ■ *Vendre père et mère,* être prêt à tout pour avoir de l'argent ou pour réussir. ■ *Vendre ses charmes, son corps,* se prostituer. ■ *Vendre la mèche,* trahir un secret.

VENDREDI, n. m. [vãdʀədi] (lat. *Veneris dies,* jour de Vénus) Le sixième jour de la semaine. ◆ *Le Vendredi saint,* le vendredi de la Semaine sainte. ◆ **Fig.Prov.** *Tel qui rit vendredi, dimanche pleurera,* c'est-à-dire souvent la tristesse succède à la joie en fort peu de temps.

VENDU, UE, p. p. de vendre. [vãdy] ■ N. m. *Un vendu,* un remplaçant militaire à prix d'argent. ◆ Adj. Qui s'est laissé acheter, corrompre, qui trahit pour de l'argent. *Une magistrate vendue.* ◆ N. m. et n. f. *C'est un vendu.*

VENÉ, ÉE, p. p. de vener. [vəne] ▷ *Viande venée.* ◁

VÉNÉFICE, n. m. [venefis] (lat. *veneficium,* empoisonnement, de *venenum,* poison) Anc. jurispr. Crime d'empoisonnement par suite de sortilège.

VENELLE, n. f. [vənɛl] (dimin. de *veine*) Petite rue. ◆ Ce terme vieilli n'est resté usité que dans cette locution figurée : ▷ *Enfiler la venelle,* ◁ prendre la fuite. ■ REM. Il n'est plus vieilli aujourd'hui.

VÉNÉNEUX, EUSE, adj. [venenø, øz] (b. lat. *venenosus*) Qui agit comme poison sur l'économie animale, en parlant de substances végétales. *Les champignons vénéneux.* ◆ Se dit aussi de matières inorganiques. *Les préparations de plomb sont vénéneuses.* ◆ ▷ Il se dit encore de la chair devenue poison par suite d'altération. *Chair vénéneuse.* ◁ ▷ *Animaux vénéneux,* ceux qui, ingérés comme aliments, agissent sur l'économie à la manière des poisons. ◁

VÉNÉNIFÈRE, adj. [venenifɛʀ] (lat. *venenum,* venin, et -*fère*) Hist. nat. Qui porte du venin ou du poison. ■ REM. Il est rare aujourd'hui.

VÉNÉNIFIQUE ou **VÉNÉNIPARE**, adj. [venenifik, venenipaʀ] (lat. *venenum,* venin, et suff. -*fique,* du *facere,* faire, ou -*pare,* du *parere,* engendrer) ▷ Qui fait le venin. *Glandes vénénifiques ou vénénipares.* ◁

VÉNÉNOSITÉ, n. f. [venenozite] (*vénéneux*) Qualité de ce qui est vénéneux.

VENER, v. tr. [vəne] (lat. *venari,* chasser) En parlant des animaux domestiques, chasser, courre une bête pour en attendrir la chair. *Je vène, je vénerai un bœuf, un mouton.* ◆ *Faire vener de la viande,* la faire mortifier.

VÉNÉRABLE, adj. [veneʀabl] (lat. *venerabilis,* respectable) Digne de vénération. *Vieillard vénérable.* « *La vénérable antiquité de l'Église* », FLÉCHIER. ◆ Titre d'honneur qu'on donne aux docteurs en théologie. ◆ *Lieu, monument vénérable,* lieu, monument consacré par la religion ou par de grands souvenirs. ◆ N. m. Celui qui préside une loge de francs-maçons. ◆ Adj. Qui est digne d'être respecté en raison de son âge. *Un professeur vénérable. Un établissement vénérable.* ◆ *D'un âge vénérable,* très vieux. *Une dame d'un âge vénérable.*

VÉNÉRABLEMENT, adv. [veneʀabləmã] (*vénérable*) D'une manière vénérable.

VÉNÉRATEUR, n. m. [veneʀatœʀ] (lat. *venerator*) Celui qui vénère. « *Ô grands vénérateurs de ce saint mystère* », PASCAL.

VÉNÉRATION, n. f. [veneʀasjõ] (lat. *veneratio*) Grand respect joint à une sorte d'affection. « *La vénération de tous les peuples* », BOSSUET. « *Les musulmans ont une grande vénération pour Abraham* », VOLTAIRE. ◆ Respect qu'on a pour les choses saintes. *Exposer des reliques à la vénération des fidèles.*

VÉNÉRÉ, ÉE, p. p. de vénérer. [veneʀe] *Un prince vénéré.*

VÉNÉRER, v. tr. [veneʀe] (lat. *venerari,* révérer, honorer) Avoir de la vénération pour. *Je vous vénère, je vous vénérerai (ou vénèrerai) comme un père.* ◆ Porter honneur, en parlant de ce qui est objet de religion. *Vénérer les saints, les reliques.*

VÈNERIE ou **VÉNERIE**, n. f. [vɛn(ə)ʀi] (*vener*) Art de chasser aux chiens courants. ◆ Tout ce qui concerne la chasse. *Des termes de vènerie.* ◆ Collectivement, officiers de chasse de la maison du souverain. ◆ L'équipage de chasse. ◆ Lieu destiné à loger les officiers et l'équipage de la vènerie.

VÉNÉRIEN, IENNE, ■ adj. [veneʀjẽ, jɛn] (lat. *Venus, -eris,* nom de la déesse de l'amour) Vx Relatif aux rapports sexuels. ■ Vieilli *Maladie vénérienne,* maladie contagieuse qui se transmet principalement par voie sexuelle. *La syphilis est une maladie vénérienne.*

VÉNÉROLOGIE, ■ n. f. [veneʀoloʒi] (rad. de *vénérien* et -*logie*) Méd. Spécialité médicale qui s'occupe des maladies vénériennes. ■ VÉNÉROLOGUE, n. m. et n. f. [veneʀolog]

VÉNÈTE, ■ adj. [venɛt] (*Vénétie*) Relatif à la Vénétie, à ses habitants. *Le territoire vénète.* ■ N. m. Langue indo-européenne du groupe italique, parlée en Vénétie ancienne.

VENETTE, n. f. [vənɛt] (dimin. de *vesne,* anc. forme de *vesse*) Terme bas et populaire. Peur, inquiétude, alarme. *Avoir la venette.* ■ REM. Il est vieilli aujourd'hui.

VENEUR, n. m. [vənœʀ] (lat. *venator,* chasseur) Celui qui est chargé de faire chasser les chiens courants. ◆ *Grand veneur,* celui qui commandait à toute la vènerie du roi, de l'empereur.

VENEZ-Y-VOIR, n. m. inv. [vənezivwaʀ] (*venez,* de *venir,* y et *voir*) ▷ Bagatelle, chose qui mérite à peine d'être remarquée. ◆ Au pl. *Des venez-y-voir.* ◁

VENGÉ, ÉE, p. p. de venger. [vãʒe]

VENGEANCE, n. f. [vãʒãs] (*venger*) Peine causée à un offenseur pour la satisfaction personnelle de l'offensé. « *La vengeance procède toujours de la faiblesse de l'âme, qui n'est pas capable de supporter les injures* », LA ROCHEFOUCAULD. ◆ *La vengeance de quelqu'un,* l'action de le venger. ◆ *Tirer vengeance, prendre vengeance,* se venger. ◆ *Vengeance !* se dit par exclamation et signifie : *vengeons-nous !* ◆ *Crier, demander vengeance,* mériter d'être vengé. « *Le sang d'Abel demande vengeance* », BOSSUET. ◆ En un sens contraire, *crier vengeance,* mériter d'être puni. ◆ Désir de se venger. *Avoir toujours la vengeance dans le cœur.* ◆ Punition d'un acte coupable.

VENGER, v. tr. [vãʒe] (lat. *vindicare,* réclamer en justice) Tirer vengeance, en parlant soit des choses dont on a satisfaction, soit des personnes offensées. « *C'est un fils qui venge son père* », P. CORNEILLE. « *Charles II est* *reconnu, et l'injure des rois a été vengée* », BOSSUET. ♦ Faire réparation à quelque chose qui a été offensé, violé. *Venger son honneur.* ♦ Infliger une punition. « *Notre Dieu est seul digne de venger les crimes et de couronner la vertu* », BOSSUET. ♦ Être, en parlant des choses, une cause de punition, de vengeance. « *Les vices des Romains ont vengé l'univers* », VOLTAIRE. ♦ **Fig.** Faire compensation, réparation. « *Le culte peut encore être méprisé en secret par l'impie, mais il est vengé du moins par la majesté de la décence publique* », MASSILLON. ♦ Se venger, v. pr. Tirer vengeance. *Se venger de quelqu'un, sur quelqu'un.* ♦ ▷ *Se venger à,* avec un infinitif, se venger en faisant ce dont il s'agit. « *Je me vengeais à médire de la cour, comme Montaigne de la jeunesse* », MME DE SÉVIGNÉ. ◁

VENGERON, ▪ n.m. [vɑ̃ʒ(ə)ʁɔ̃] (lat. pop. *vingarius*, p.-ê. d'orig. gaul.) Région. Suisse Gardon.

VENGEUR, GERESSE, n.m. et n.f. [vɑ̃ʒœʀ, ʒ(ə)ʀɛs] (*venger*) Celui, celle qui venge, qui punit. « *Misérable vengeur d'une juste querelle* », P. CORNEILLE. ♦ Quelqu'un qui se venge de nous. « *Lui mort, nous n'avons point de vengeur ni de maître* », P. CORNEILLE. ♦ Adj. Qui venge, qui punit. « *Il y a une épée vengeresse de l'iniquité* », SACI. « *Un Dieu vengeur et rémunérateur* », VOLTAIRE.

VENIAT, n.m. [venjat] (mot lat., qu'il vienne, de *venire*) ▷ **Dr.** Ordre donné par le juge supérieur à un juge inférieur de se présenter en personne pour rendre compte de sa conduite. *Il a reçu un veniat.* ◁

VÉNIEL, ELLE, adj. [venjɛl] (lat. ecclés. *venialis*, pardonnable, de *venia*, pardon) Qui est digne de pardon, en parlant des péchés légers qui n'entraînent pas la perte de la grâce. *Péché véniel. Une offense vénielle.* ♦ Il se dit, dans le langage général et familier, des fautes légères. *Des fautes vénielles.*

VÉNIELLEMENT, adv. [venjɛl(ə)mɑ̃] (*véniel*) D'une manière vénielle. « *On ne peut qu'on ne pèche véniellement* », RICHELET.

VENI-MECUM, n.m. [venimekɔm] (expr. lat., viens avec moi) Voy. VADE-MECUM.

VENIMEUX, EUSE, adj. [v(ə)nimø, øz] (anc. fr. *venim*, venin) Qui a du venin, en parlant de certains animaux. *Le scorpion est venimeux.* ♦ ▷ Il se dit des choses infectées du venin de quelque animal. *On dit que les herbes sur lesquelles le crapaud et la chenille ont passé sont venimeuses.* ◁ **Fig.** Qui a un poison moral. *Propos venimeux.* ♦ *Langue venimeuse,* personne médisante. ♦ *Venimeux,* autrefois, se disait aussi des plantes. « *Leurs flèches sont trempées dans le suc de certaines herbes venimeuses* », FÉNELON. ▪ **Rem.** On ne le dit aujourd'hui des plantes.

VENIMOSITÉ, n.f. [vənimozite] (*venimeux*) Qualité de ce qui est venimeux.

VENIN, n. m. [vənɛ̃] (lat. vulg. *venimen,* du lat. class. *venenum,* poison) Liquide malfaisant que sécrètent certaines glandes chez quelques animaux, tels que la vipère, le scorpion, etc. ♦ **Prov.** *Morte la bête, mort le venin,* on n'a plus rien à craindre d'un ennemi dès qu'il est mort. ♦ **Prov.** *À la queue le venin,* c'est souvent à la queue des affaires que l'on trouve le plus de difficulté. ♦ Poison en général. ♦ ▷ **Par extens.** Principe et action des maladies contagieuses. *Le venin de la petite vérole.* ◁ ♦ **Fig.** Ce qui est moralement comparé au venin matériel. « *Les langues ont toujours du venin à répandre* », MOLIÈRE. « *L'envie, qui verse son venin mortel autour d'elle* », FÉNELON. *Jeter tout son venin,* dire, dans l'emportement de la colère, tout ce qu'on a sur le cœur. ♦ *C'est un homme sans venin,* il n'a point de malignité. ♦ ▷ **Fig.** En langage de dévotion, ce qui est contraire à la doctrine de l'Église. « *Un petit livre qui a beaucoup de venin et de dissimulation* », BOSSUET. ◁ ▷ En général, mauvaise doctrine.

VENIR, v. intr. [v(ə)niʀ] (lat. *venire*) Se conjugue avec être. Se transporter d'un lieu dans celui où se trouve la personne qui parle ou à qui l'on parle. *D'où venez-vous ?* ♦ **Impers.** *Il vient dans cette maison toute sorte de gens.* ♦ *Venir au secours, à l'aide,* venir pour secourir, pour aider. ♦ *Venir sur,* marcher vers quelqu'un avec le dessein de l'attaquer. ♦ **Fig.** *Il s'en est allé comme il était venu,* il n'a rien fait de ce qu'il aurait dû faire. ♦ **Fig.** *De quel pays venez-vous ?* se dit à ceux qui ignorent une nouvelle connue de tout le monde, ce qui se passe publiquement, ce qui est dans la pratique commune. ♦ *Voir venir quelqu'un,* l'apercevoir quand il est en marche pour venir, et fig. voir ce qu'il fera ou quel est son dessein. ♦ *Laisser venir, voir venir,* attendre, ne pas se presser. ♦ **Mar.** *Venir à,* gouverner de manière à obtenir un résultat donné. *Venir au vent,* se dit d'un bâtiment qu'on incline de manière à recevoir plus de vent dans ses voiles. ♦ Arriver à l'endroit où est la personne qui parle. *Quel jour vient le courrier ?* ♦ Aller d'un lieu plus éloigné à un lieu plus proche de celui qui parle. *Il est venu de Rome à Paris.* ♦ Aller d'un lieu proche à un lieu éloigné, mais seulement quand celui qui parle demande qu'on l'accompagne. *Venez avec nous aux Tuileries.* ♦ *Aller et venir,* se dit de ceux qui vont, qui partent, et qui reviennent. ♦ *Ne faire qu'aller et venir,* être continuellement en mouvement ; mettre très peu de temps à aller quelque part et revenir. ♦ Il se dit des choses inanimées

qui ont un mouvement. *Le vent vient du nord.* ♦ **Impers.** *Il vient beaucoup de vent de ce côté.* ♦ Être apporté, en parlant des choses. *Cette denrée vient de l'Orient.* ♦ **Impers.** *Il vient du blé de cette province.* ♦ Quelquefois *venir,* devant un infinitif, ne fait guère que renforcer l'idée exprimée par cet infinitif. « *Du haut de ce balcon votre malheureux frère Vint tomber tout sanglant...* », DELILLE. ♦ *On viendra nous dire...* », on objectera... ♦ *Faire venir quelqu'un,* le mander, lui donner ordre ou avis de venir. ♦ *Faire venir une chose,* donner l'ordre de la transporter dans le lieu où l'on est. ♦ En parlant des liquides contenus dans un vaisseau, sortir. *Le vin ne vient plus que goutte à goutte.* ♦ Monter, s'élever. *Il ne me vient pas à l'épaule. Les eaux viennent jusqu'au premier étage.* ♦ Tomber fortuitement en la possession, en parlant des choses. ♦ Être transmis d'âge en âge, en parlant de traditions, de livres, d'ouvrages. *Cette doctrine nous vient des Grecs.* ♦ *Venir au monde,* naître. ♦ Apparaître à la surface du corps. *Une ébullition lui est venue.* ♦ **Impers.** *Il lui vient des boutons au visage.* ♦ Survenir fortuitement, par accident, inopinément. *Tout lui vient à souhait.* ♦ **Impers.** *Je crains qu'il ne vienne de la pluie.* ♦ **Ellipt.** *Vienne une maladie, vienne un revers,* s'il vient une maladie, un revers. ♦ **Fig.** *Prendre le temps comme il vient,* Voy. TEMPS. ♦ À différents jeux de cartes. *Laissez-moi venir cette main,* laissez-moi faire cette main. ♦ *Venir par succession,* échoir, avec un nom de chose pour sujet. *Après la mort du père, les biens viennent aux enfants.* ♦ Avec un nom de personne pour sujet, obtenir par une sorte d'échéance. *Venir à une succession par tête, par représentation.* ♦ Ce roi vint jeune au trône, à la couronne, il y parvint jeune. ♦ *Venir à compte, à partage, à composition,* compter, partager, composer. ♦ Échoir par quelque hasard. *J'ai mis à la loterie, et il m'est venu un bon billet.* ♦ Arriver suivant l'ordre du temps. *Ceux qui viendront après nous. Il viendra un temps.* ♦ *Son heure est venue,* sa mort, sa punition est prochaine, etc. ♦ *Qui vient,* prochain. *L'année qui vient.* ♦ *Viennent les Rois,* quand les Rois arriveront. ♦ *À venir,* qui doit venir, qui doit arriver. *Le temps, les siècles à venir.* ♦ Il se dit des choses qui sont supposées se mouvoir. *Le choléra vient de l'Inde.* ♦ Intervenir, se rencontrer à la traverse. ♦ *Venir à la traverse,* traverser, troubler un dessein, une affaire. ♦ Être issu, être sorti. *Cet homme vient de bon lieu. Le chien doguin vient du dogue et du petit danois.* ♦ Dériver, en parlant de mots, de langues. *Le français vient du latin.* ♦ Provenir, tirer sa source. *L'or et l'argent viennent d'Amérique.* ♦ Émaner, procéder. « *Les grandes pensées viennent du cœur* », VAUVENARGUES. ♦ *D'où vient que ?* quelle est la cause que ? ♦ ▷ **Fam. et absol.** *D'où vient ?* quelle est la cause ? quel est le motif ? ◁ ♦ Se former dans l'esprit, dans la mémoire, dans le cœur, en parlant d'idées, de sentiments. *Il lui vint à l'esprit, dans l'esprit que...* « *Tout ce que je fais me vient naturellement, c'est sans étude* », MOLIÈRE. ♦ Naître, être produit. *Cette plante vient de bouture. La vigne ne vient pas dans ce pays.* ♦ **Fig.** *La raison lui viendra avec l'âge.* ♦ Avoir une certaine croissance. *Cet arbre vient bien, vient mal. Cet enfant ne vient pas bien.* ♦ *Venir à bien,* croître comme il faut. ♦ Il se dit de ce qui s'accomplit, vient comme il faut. *Venir à maturité, en maturité.* ♦ *Venir bien à,* convenir. *Cette robe vient bien à sa taille.* ◁ ♦ ▷ *Ces nuances, ces couleurs viennent bien ensemble,* elles font bon effet ensemble. ◁ ♦ En termes d'art, ressortir. « *Je crains que ce groupe ne vienne pas assez sur le devant* », DIDEROT. ♦ *Ces figures sont bien venues, mal venues,* elles sont bien réussies, mal réussies. ♦ **Impr.** *Cette feuille, cette estampe est bien venue, mal venue,* elle est sortie bien tirée, mal tirée de dessous la presse. ♦ ▷ *Venir à rien,* diminuer beaucoup, se réduire presque à rien. ◁ ♦ ▷ **Fig.** *Ces projets viendront à rien,* ces projets échoueront misérablement. ◁ ♦ *Venir à,* avec un nom de personne pour sujet, passer à ce qui est de notre objet. *Venir au fait.* ♦ *Venir à une chose,* se résoudre à la faire, à l'accepter. ♦ *Faire venir à la raison,* réduire à la raison, soit par la persuasion, soit par la contrainte. ♦ *Faire venir à jubé,* Voy. JUBÉ. ♦ Se porter à quelque chose d'excessif. *Il vint à un tel point d'insolence...* ♦ Par menace. *Qu'il y vienne !* qu'il ait la hardiesse, l'audace de. ♦ Il se dit des choses en un sens analogue. *Son insolence vint au point de mériter une correction.* ♦ *Les choses vinrent à un point que*, à tel point que..., elles furent portées à un tel excès que... ♦ *Venir à,* réussir à, atteindre. *Venir à bout de ses desseins, de ses entreprises.* ♦ *Venir à bout de ses ennemis,* les surmonter. ♦ *Venir à son but, à ses fins,* réussir à ce qu'on voulait. ♦ *Venir,* se construit avec la particule *en* qui lui donne plus de force. *En venir à un combat décisif.* ♦ *En venir aux mains,* commencer à se battre. ♦ *En venir aux reproches, aux injures, aux grosses paroles, aux coups, etc.,* porter la dispute jusqu'aux reproches, aux injures, aux coups. ♦ *En venir aux extrémités, à la violence, à la force,* employer les moyens extrêmes, la violence, la force. ♦ *Il faut en venir là,* de tout ce qui est nécessaire, inévitable. ♦ *En venir à,* aborder un sujet sur lequel on hésite. ♦ *Venir à,* suivi d'un infinitif, marque quelque chose d'inattendu, de fortuit. *Nous vînmes à parler de telle chose.* ♦ *Venir de,* suivi d'un infinitif, se dit d'une chose faite depuis peu de temps. *Il vient de mourir.* ♦ S'en venir, v. pr. Même sens que venir. ♦ ▷ Un jour, un dévot personnage Des députés du peuple rat S'en vinrent demander quelque aumône légère », LA FONTAINE. ♦ ▷ N.m. *Le venir,* l'action de venir, usité seulement en cette locution : *L'aller et le venir.* ◁ ♦ ▷ N.m. **Fam.** *Un venez-y-voir,* bagatelle, chose qui mérite à peine d'être remarquée. « *On lui exprime qu'on lui est obligé ; grand* *venez-y-voir* », Marivaux. ◁ ♦ *Mouvement de va-et-vient,* Voy. va-et-vient. ♦ **Prov.** *Tout vient à point à qui sait, à qui peut attendre,* on vient à bout des choses quand on sait ou quand on peut attendre. ♦ *Le bien lui vient en dormant,* Voy. dormir. ♦ *Va-t'en voir s'ils viennent,* Voy. voir. ♦ *Où veux-tu, où voulez-vous en venir?* quelle est ton, votre intention, que veux-tu, que voulez-vous? *Je ne vois pas où il veut en venir.*

VÉNITIEN, IENNE, ■ adj. [venisjɛ̃, jɛn] (*Venise*) De Venise. *Les palais vénitiens. Une artiste vénitienne.* ■ *Blond vénitien,* blond éclatant qui tire sur le roux. ■ N. m. et n. f. Habitant ou personne originaire de Venise. *Les Vénitiens.*

VENT, n. m. [vɑ̃] (lat. *ventus,* souffle, vent) Courants d'air plus ou moins rapides occasionnés par les changements atmosphériques. ♦ Les vents reçoivent des qualifications différentes suivant leur vitesse ; les principaux sont : *vent frais,* qui parcourt six mètres ; *vent bon frais,* qui parcourt huit mètres ; *vent impétueux,* qui parcourt quinze mètres à la seconde. ♦ *Vent coulis,* Voy. coulis. ♦ *Moulin à vent,* Voy. moulin. ♦ *Le vent tourne,* la direction du vent change, et fig. la disposition des choses, des esprits change. ♦ *Au vent, au gré du vent,* se dit de ce que le souffle du vent agite. « *Leur chevelure au vent* », Delille. ◁ *Ce vaisseau flotte au gré du vent, à la merci du vent,* il n'est plus gouverné. ♦ *Aller comme le vent,* plus vite que le vent, aller extrêmement vite. ♦ *Jeter la plume, la paille au vent,* se laisser conduire par le hasard. ♦ *Regarder de quel côté vient le vent,* examiner de quel côté le vent souffle, et fig. s'amuser à regarder dehors sans aucun dessein et en homme oisif ; et aussi observer le cours des événements pour y subordonner sa conduite. ♦ *Autant en emporte le vent,* se dit des choses légères que le vent enlève facilement. ♦ *Autant en emporte le vent,* tout ce que vous dites ou faites, le vent l'emporte, il n'en reste rien. ♦ **Fig.** *C'est une girouette qui tourne à tout vent, au moindre vent, il tourne à tout vent,* se dit d'un esprit léger, inconstant. ♦ **Fig.** *À tout vent,* suivant toutes les impulsions. ♦ ▷ **Fig.** *Avoir le visage au vent,* être malheureux. ◁ ♦ **Fig.** *Lier le vent,* tenter une chose impossible. ◁ ♦ *Coup de vent,* vent violent qui s'élève tout d'un coup. ♦ ▷ *Vents souterrains,* vents qui se forment dans les concavités de la terre. ◁ *L'air, les airs.* « *Par mes soupirs au vent sans profit dispersés* », Régnier. ♦ ▷ *Envoyer au vent,* envoyer promener. ♦ *Mettre flamberge au vent,* tirer l'épée, dégainer. ♦ *En plein vent,* en plein air. *Une boutique, un théâtre en plein vent.* ♦ *Un arbre en plein vent, un arbre de plein vent,* **Ellipt.** *un plein vent,* un arbre qui n'a aucun abri contre le vent, qui n'est pas en espalier. ♦ *Les quatre vents,* les quatre points cardinaux. ♦ *Être logé aux quatre vents,* être logé dans un lieu mal fermé. ♦ *Les vents,* personnages mythologiques qui avaient pour fonction de souffler suivant le commandement d'Éole, leur roi. ♦ Acteurs qui, sur les théâtres et surtout à l'Opéra, représentent les vents. ♦ *Têtes de vents, bouches de vents,* têtes, bouches peintes ou sculptées, aux joues tendues, représentant les vents. ♦ Dans les contrées maritimes, *vent de terre* ou *brise de terre,* vent qui vient de la terre ; *vent de mer* ou *brise de mer,* vent qui vient de la mer. ♦ **Mar.** *Les trente-deux vents* ou *la rose des vents,* la division du compas. ♦ *Le vent considéré dans son action sur un bâtiment.* « *Il fait voile, il vogue, il a bon vent* », La Fontaine. ♦ *Avoir le vent sur un navire,* avoir le dessus du vent, avoir le côté d'où le vent souffle et le navire dont il s'agit. ♦ **Fig.** *Gagner le vent,* l'emporter. ♦ **Fig.** *Avoir le dessus du vent,* avoir l'avantage sur quelqu'un. ♦ **Fig.** *Il est au-dessus du vent,* se dit d'un homme en fortune, en position de ne rien craindre. ♦ *Vents alizés,* Voy. alizé. ♦ *Vent frais,* Voy. frais. ♦ *Avoir vent arrière,* se dit de l'allure sous laquelle navigue un bâtiment, lorsque le vent le frappe dans la direction de sa poupe, et qu'il marche dans le même sens que le vent avec ses voiles déployées en conséquence. ♦ *Avoir vent debout, vent contraire,* avoir un vent opposé à la route qu'on veut tenir. ♦ *Être vent devant,* se dit d'un navire qui reçoit le vent sur ses voiles, en le prenant de devant. ♦ *Avoir le vent en poupe,* être favorisé par le vent, et fig. être favorisé par les circonstances, avoir l'avantage sur quelqu'un. ♦ *Vent du large,* vent soufflant de la haute mer. ♦ *Avoir vent et marée,* se dit d'un navire qui est poussé à la fois par le vent et par la marée montante, et fig. avoir toutes choses favorables pour réussir dans ses desseins. ♦ *Aller contre vent et marée,* avoir le vent et la marée contraires, et fig. poursuivre obstinément un projet malgré les obstacles. ♦ *Aller selon le vent,* régler sa navigation selon le vent, et fig. s'accommoder au temps. ♦ **Fig.** *Quel bon vent vous amène?* se dit à une personne qui arrive, pour lui demander le sujet de sa venue et lui témoigner le plaisir de la voir. ♦ **Chasse** *Chasser au vent,* aller dans le vent, aller contre la direction du vent. ♦ On dit aussi *prendre le vent, aller à bon vent.* ♦ *Porter le nez au vent* ou elliptiq., *porter au vent,* se dit des animaux et surtout des chevaux, quand ils portent la tête haute, et fig. d'un homme qui a l'air fier et dédaigneux. ♦ **Fig.** *Le nez au vent,* en flairant les événements ; et aussi avec un air étourdi, évaporé. ♦ **Fig.** Influence qui favorise ou qui nuit, comme un souffle favorable ou malfaisant. *Le vent des prospérités, de la faveur.* « *Son courage naissant et ses jeunes vertus Par le vent du malheur languissants abattus* », Delille. ♦ *L'air agité par quelque moyen particulier. Faire du vent avec un soufflet, avec un éventail.* ♦ *Instruments à vent,* instruments de musique dans lesquels le son est formé par l'air qu'on

y introduit. ♦ *Fusil à vent,* Voy. fusil. ♦ **Pop.** Respiration, souffle. *Prendre, retenir son vent.* ♦ **Manège** *Avoir du vent,* se dit d'un cheval qui commence à être poussif. ♦ *Donner vent à un tonneau,* y faire une petite ouverture, pour en laisser sortir l'air pendant que le vin travaille. ♦ **Fig.** *Donner vent,* laisser un libre cours. *Donner vent à sa colère.* ♦ *Les gaz qui sont dans le corps de l'homme et des animaux.* ♦ **Vén.** Odeur qu'une bête laisse sur son passage. *Avoir le vent d'une bête.* ♦ Il se dit aussi des émanations qui proviennent d'un corps quelconque. « *Lorsque le loup veut sortir du bois, il ne manque jamais de prendre le vent* », Buffon. ♦ **Fig. et fam.** *Avoir vent de quelque chose,* avoir vent que quelque chose se passe, en recevoir quelque avis. *N'avoir ni vent ni nouvelle de quelqu'un ou de quelque chose.* ♦ **Fig.** *Le vent du bureau,* ce qu'on connaît ou ce qu'on présume des dispositions où sont ceux de qui dépend la décision d'une affaire. ♦ **Fig.** Chose vaine et vide. « *Il n'y faut plus songer ; c'est se paître de vent* », Régnier. « *C'est promettre beaucoup, mais qu'en sort-il souvent? Du vent* », La Fontaine. **Prov.** *Petite pluie abat grand vent,* Voy. pluie. ♦ **Prov.** *À brebis tondue Dieu mesure le vent,* la Providence proportionne nos maux à nos forces. ♦ **Prov.** *Selon le vent la voile,* il faut déployer plus ou moins de voiles suivant que le vent est plus ou moins fort, et fig. il faut proportionner ses entreprises à ses moyens. ■ **Fam.** *Un vent à décorner les bœufs,* vent très violent. ■ **Fam.** *Être dans le vent,* être à la mode. ■ *En coup de vent,* très vite. *Il est passé en coup de vent ce matin.* ■ **Très fam.** *Se prendre un vent,* se faire refouler affectivement ou sexuellement. ■ **Fam.** *Du vent !,* va-t-en, partez. ■ *C'est du vent,* cela n'a pas de valeur, de fondement, ce n'est rien. *Ce qu'il t'a dit, c'est du vent.* ■ N. m. pl. *Instruments à vent. Les vents d'un orchestre.* ■ **Rem.** Aujourd'hui, dans le sens de *souffle,* est vieilli et n'est plus populaire. *Avoir vent de quelque chose* n'est plus familier. On dit *contre vents et marées. Le vent du bureau* est vieilli et familier.

VENTAIL, n. m. [vɑ̃taj] (*venter*) **Hérald.** La partie du heaume par où l'homme d'armes prend vent et air. ♦ Au pl. *Des ventaux.*

VENTE, n. f. [vɑ̃t] (lat. *vendita,* de *vendere,* vendre) Échange d'un objet contre un prix en argent. *La vente d'une terre.* ♦ *Mettre une chose en vente,* faire savoir qu'on veut la vendre. ♦ *Exposer une chose en vente,* la mettre à la disposition des acheteurs. ♦ *Une marchandise de vente, de bonne vente,* marchandise de nature à être bien vendue. ♦ *La place publique où l'on vend des marchandises* (sens vieilli). ♦ **Bourse** *Vente à livrer,* celle dans laquelle le vendeur est censé posséder les titres au moment où il les vend, par opposition à *vente à découvert.* ♦ *Les différentes coupes qui se font dans un bois, dans une forêt, en des temps réglés.* ♦ *La partie d'une forêt ou d'un bois qui vient d'être coupée.* ♦ *Jeunes ventes,* les ventes dans lesquelles le bois coupé commence à repousser. ♦ *Vieilles ventes,* celles où le bois est proche du moment de l'exploitation. ♦ *Lods et ventes,* Voy. lods. ♦ Réunion de carbonari ; section d'une société secrète (ainsi dite de ce que les conjurés se représentaient comme charbonniers et occupés d'une vente de charbon). ■ *Vente aux enchères,* vente au plus offrant. *Il a acheté cette armoire dans une vente aux enchères.* ■ *Vente de charité,* vente dont les bénéfices vont à une association de bienfaisance. ■ *Vente par correspondance,* système de vente dans lequel le client fait ses achats par courrier postal ou électronique. **Abrév.** vpc.

VENTÉ, ÉE, p. p. de venter. [vɑ̃te] Battu, poussé par le vent. ♦ *Marée ventée,* marée que le vent pousse.

VENTER, v. impers. [vɑ̃te] (*vent*) Faire du vent. *Il vente.* ♦ Il peut se construire avec le mot *vent,* et alors il cesse d'être impersonnel. *Quelque vent qui vente.* ♦ **Fig.** *On ne peut pas empêcher le vent de venter.* ♦ ▷ Dans un emploi spécial, faire venter. « *Notre homme Tranche du roi des airs, pleut, vente* », La Fontaine. ◁ ♦ V. tr. Pousser par le souffle. *La brise ventait la marée.* ◁ ■ *Qu'il pleuve ou qu'il vente,* par tous les temps ; fig. quelles que soient les conditions. *Qu'il pleuve ou qu'il vente, j'aurai terminé ce travail ce soir.*

VENTEUX, EUSE, adj. [vɑ̃tø, øz] (lat. *ventosus,* exposé au vent) Qui est sujet aux vents. *Plage venteuse. Saison venteuse.* ♦ ▷ Qui produit des vents, des flatuosités. *Des aliments venteux.* ◁ ♦ ▷ Qui est causé par les vents. *Colique venteuse.* ◁

VENTILATEUR, n. m. [vɑ̃tilatœr] (angl. *ventilator,* d'apr. lat. *ventilator,* vanneur) Instrument employé à renouveler l'air d'un lieu fermé quelconque et surtout des habitations de l'homme et des animaux. ♦ Machine destinée à produire un courant d'air pour alimenter le feu d'un fourneau. ♦ Instrument propre à débarrasser certaines substances des corps légers qu'elles peuvent contenir, et particulièrement à nettoyer le grain.

1 VENTILATION, n. f. [vɑ̃tilasjɔ̃] (lat. *ventilatio,* exposition à l'air, vannage du blé) Opération qui a pour objet d'entretenir la pureté de l'air dans une enceinte close et de remédier aux dangers de l'air confiné. ■ Respiration. *Ventilation pulmonaire. Ventilation artificielle.*

2 VENTILATION, n. f. [vɑ̃tilasjɔ̃] (2 *ventiler*) **Jurispr.** Action de ventiler. *Ventilation de biens.* ♦ **Financ.** Action de ventiler une somme. ♦ Répartition, distribution de choses. *Ventilation du courrier.*

1 VENTILÉ, ÉE, p. p. de ventiler. [vãtile] *Salle bien ventilée.*

2 VENTILÉ, ÉE, p. p. de ventiler. [vãtile] *Succession ventilée.*

1 VENTILER, v. tr. [vãtile] (lat. *ventilare*, éventer, de *ventus*, vent) Donner de l'air, renouveler l'air par un moyen quelconque. ◆ **Constr.** Pratiquer des ouvertures pour faire pénétrer l'air.

2 VENTILER, v. tr. [vãtile] (lat. jurid. *ventilare*, discuter, débattre) **Jurispr.** Évaluer une ou plusieurs portions d'un tout, relativement non à la valeur réelle, mais au prix total. ◆ ◆ **Fig.** Discuter une affaire, agiter une question avant d'en délibérer en forme (emploi vieilli). ◁ ◆ **Financ.** Répartir des frais, des dépenses entre différents comptes, budget. *Le total des sommes attribuées à chaque poste doit être égal à la somme ventilée. Ventiler des dépenses hospitalières entre les services de soins hospitaliers et les services de soins ambulatoires.* ◆ Répartir, distribuer des choses ou des personnes. *Établir une liste des tâches à accomplir et les ventiler entre les différents membre d'une équipe.*

VENTILEUSE, ■ n. f. [vãtiløz] (1 *ventiler*) Abeille qui, par des battements d'ailes effectués à l'entrée de la ruche, assure la ventilation de celle-ci.

VENTOLIER, n. m. [vãtɔlje] (mot prov., du lat. *ventus*, vent) **Fauconn.** Oiseau qui se plaît au vent, et qui, s'y laissant quelquefois emporter, se perd. ◆ *Oiseau bon ventolier,* oiseau qui résiste au vent.

VENTÔSE, n. m. [vãtoz] (lat. *ventosus*, venteux) Le sixième mois du calendrier républicain, commençant le 19 février.

VENTOSITÉ, n. f. [vãtozite] (b. lat. *ventositas*) Amas de vent dans le corps des animaux. ■ **Rem.** Il est vieilli aujourd'hui.

VENTOUSATION, n. f. [vãtuzasjɔ̃] (*ventouser*) ▷ Action de ventouser. ◁

VENTOUSE, n. f. [vãtuz] (lat. *ventousa*, abrév. de *ventosa cucurbita*, courge pleine de vent) Vaisseau de verre, de cuivre, etc., qu'on applique sur la peau, et dans la capacité duquel on fait le vide, afin de soulever la peau et de produire une irritation locale. *Appliquer des ventouses. Ventouses humides* ou plus ordinairement *ventouses scarifiées. Ventouses sèches,* ventouses après lesquelles on ne scarifie pas la peau soulevée. ◆ **Hist. nat.** Certains organes dont quelques animaux aquatiques sont pourvus, et au moyen desquels ils font le vide et sucent les corps auxquels ils s'attachent. *La sangsue a des ventouses.* ◆ Ouverture pratiquée dans un conduit pour donner passage à l'air. *Une ventouse à une cheminée.* ◆ **Mar.** Ouverture pratiquée dans les ponts ou même dans la muraille d'un navire pour renouveler l'air. ◆ **Zool.** Organe que possèdent certains animaux et qui leur permet de se fixer à quelque chose. *La ventouse d'une sangsue.* ■ Petit objet, la plupart du temps en caoutchouc souple, qui adhère à des surfaces planes. *Ce porte-savon est muni d'une ventouse qui se fixe au mur.*

VENTOUSÉ, ÉE, p. p. de ventouser. [vãtuze]

VENTOUSER, v. tr. [vãtuze] (*ventouse*) **Chir.** Appliquer des ventouses à un malade.

VENTOUSEUR, EUSE, n. m. et n. f. [vãtuzœr, øz] (*ventouser*) Personne qui applique les ventouses.

VENTRAL, ALE, adj. [vãtral] (lat. *ventralis*) **Anat.** Qui appartient au ventre. *Muscles ventraux.* ◆ **Hist. nat.** *Nageoires ventrales,* les nageoires placées au ventre.

VENTRE, n. m. [vãtr] (lat. *venter, ventris*) La cavité du corps qui contient l'estomac et les intestins. ◆ *Être le dos au feu et le ventre à table,* prendre toutes ses commodités en mangeant. ◆ ▷ *Se serrer le ventre,* étreindre fortement le ventre avec une courroie, ce qui amortit le sentiment de la faim. ◁ ◆ *Ventre à terre,* le ventre appuyé sur le sol. ◆ **Fig.** *Demander pardon ventre à terre,* demander pardon avec toute sorte de soumissions. ◆ *Ventre à terre,* se dit d'un cheval qui galope extrêmement vite. On dit aussi : *Ce cavalier, ce courrier va ventre à terre,* il fait aller son cheval ventre à terre. *Ce cocher nous a menés ventre à terre* ◆ *Sur le ventre,* couché sur le devant du corps. ◆ *À plat ventre,* en étant couché sur le devant du corps. ◆ **Fig.** *Être à plat ventre devant quelqu'un,* lui faire bassement la cour. ◆ *Passer sur le ventre à quelqu'un,* Voy. PASSER. ◆ **Fig.** *Taper sur le ventre à quelqu'un,* Voy. TAPER. ◆ Réceptacle des aliments et des boissons. *Se remplir le ventre.* ◆ ▷ *Être sujet à son ventre,* ◁ se laisser aller à sa gourmandise. ◆ *À ventre déboutonné,* en se déboutonnant le ventre, pour manger beaucoup. ◆ *Rire à ventre déboutonné,* rire beaucoup. ◆ ▷ *Il fait un dieu de son ventre,* le ventre est tout pour lui. ◁ ◆ *Il se dépite, il boude contre son ventre,* se dit d'un enfant qui se mutine et ne veut pas manger, et fig. d'un homme qui par dépit refuse ce qu'on sait qu'il désire et qui lui convient. ◁ ◆ Le ventre considéré par rapport aux fonctions d'évacuation qu'il accomplit. *Cet aliment lâche le ventre.* ◆ Le ventre, considéré quant à la proéminence qu'il présente. *Il a du ventre.* ◆ *Ce cheval n'a point de ventre,* il est serré dans les flancs. ◆ *Ventre de biche,* ventre de la couleur de celui de la biche. ◆ *Bas-ventre,* partie inférieure du ventre. ◆ *Petit ventre,* le ventricule, l'estomac. ◆ *Le petit ventre* se dit vulgairement pour *bas-ventre,* hypogastre. ◆ ■ En parlant des femmes et des femelles d'animaux, la partie où se forment les enfants, les petits de

l'animal. ◆ *Le ventre anoblit dans certains pays,* c'est-à-dire que les femmes nobles communiquent la noblesse à leurs enfants, bien que les pères ne soient pas nobles. ◆ ▷ **Anat. anc.** La partie intérieure du corps qui est sous les côtes. ◁ ◆ ◆ *Tant que le cœur me battra dans le ventre,* tant que je vivrai. ◁ ◆ **Fig.** *Mettre, remettre le cœur au ventre à quelqu'un,* lui donner, lui redonner du courage. ◁ ◆ ◆ **Fig.** *Faire rentrer les paroles dans le ventre à quelqu'un,* le faire repentir de ce qu'il a dit, ou l'empêcher de continuer. ◁ ◆ **Fig.** *Avoir dans le ventre,* être capable de. *Je saurai ce qu'il a dans le ventre.* ◆ **Fig.** *Il n'avait que cet ouvrage dans le ventre,* se dit d'un auteur qui, après un ouvrage, n'en produit plus d'autre, ou qui, après en avoir donné un bon, n'en donne plus que de mauvais. ◆ ▷ **Fig.** *Cet homme n'a pas un an dans le ventre,* il n'a pas un an à vivre. ◁ ◆ Par dérision, *le ventre,* le centre dans les assemblées délibérantes. ◆ **Fig.** Partie la plus large d'un vase. ◆ **Fig.** La partie creuse et intérieure d'un corps quelconque. ◆ **Mar.** Partie centrale de la coque d'un navire. ◆ **Maçon.** Partie d'un mur qui boucle ou qui sort de son aplomb sur un de ses parements. *Cette muraille fait ventre, ou fait le ventre.* ◆ **Phys.** Nom donné aux points où les vibrations présentent le plus d'amplitude, par opposition à nœuds. ◆ **Prov.** *Habit de velours, ventre de son,* Voy. VELOURS. ◆ *Ventre affamé n'a point d'oreilles,* l'homme pressé par la faim n'écoute rien. ■ *Avoir les yeux plus gros que le ventre,* être trop gourmand (appétit ou ambition). ■ *Avoir le ventre plein,* être rassasié. ■ *Avoir mal au ventre,* avoir mal aux intestins. ■ *Avoir quelque chose dans le ventre,* être courageux, volontaire et tenace. ■ **Fam.** *Se serrer le ventre,* se priver de nourriture. Par extens. Réduire ses dépenses. ■ *Ventre mou,* point faible, défaillance de quelque chose. *Le ventre mou d'un dispositif.* ■ **Rem.** *Petit ventre,* dans le sens de bas-ventre, est vieilli aujourd'hui.

VENTRÈCHE, ■ n. f. [vãtrɛʃ] (*ventre*) Poitrine de porc maigre. *Ventrèche en bloc, ventrèche roulée.*

VENTRÉE, n. f. [vãtre] (*ventre*) Tous les petits que les femelles d'animaux font en une fois. ◆ **Pop.** *Une bonne ventrée,* un bon repas qui emplit bien le ventre.

VENTRICULAIRE, adj. [vãtrikylɛr] (*ventricule*) **Anat.** Qui se rapporte aux ventricules. *Capacité ventriculaire.*

VENTRICULE, n. m. [vãtrikyl] (lat. *ventriculus,* estomac, petit ventre) **Anat.** Cavité particulière à certains organes. ◆ *Ventricules du cœur,* les deux grandes cavités qui font suite aux oreillettes, et dont la droite envoie le sang veineux au poumon, et la gauche le sang artériel à tout le corps. ◆ *Ventricules du cerveau,* nom donné à quatre cavités qui se rencontrent dans l'intérieur de cet organe. ◆ ▷ **Absol.** L'estomac. *Les ruminants ont plusieurs ventricules.* ◁

VENTRIÈRE, n. f. [vãtrijɛr] (*ventre*) Longe de cuir, grande sangle qu'on passe sous le ventre d'un cheval attelé. ◆ On dit plus souvent *sous-ventrière.* ◆ La sangle dont on se sert pour soulever des chevaux, afin de les embarquer ou de les tenir suspendus. ◆ Pièce de bois qui sert à en réunir d'autres et qui est placée à peu près au milieu de leur longueur. ◆ **Mar.** Pièces de bois qu'on applique provisoirement, pour les soutenir, sur les flancs d'un vaisseau prêt à être lancé à la mer. ◆ ▷ Adj. *Ceintures ventrières,* ceintures pour serrer et soutenir le ventre. ◁

VENTRILOQUE, n. m. et n. f. [vãtrilɔk] (b. lat. *ventriloquus,* de *ventris,* ventre, et *loqui,* parler) Se dit d'individus qui ont l'art de modifier leur voix naturelle, de l'étouffer à sa sortie du larynx, pendant une expiration lente, graduée et ménagée adroitement, de manière que cette voix semble venir d'une distance plus ou moins éloignée. *Une scène de ventriloque.* ◆ Adj. *Une femme ventriloque.* ◆ ▷ Il se dit aussi de ceux dont la voix sourde et caverneuse semble sortir du ventre. ◁

VENTRILOQUIE, n. f. [vãtriloki] (*ventriloque*) Faculté de parler à la manière des ventriloques ; art du ventriloque.

VENTRIPOTENT, ENTE, ■ adj. [vãtripotã, ãt] (*ventre* et *-potent,* puissant, d'apr. *omnipotent*) **Fam.** Qui a un gros ventre, en parlant d'une personne. *Un petit homme ventripotent.*

VENTROUILLER (SE), v. pr. [vãtruje] (anc. fr. *ventroil,* ventre, du lat. *ventriculus*) Se vautrer dans la boue. *Le cochon aime à se ventrouiller.* ■ **Rem.** Il est familier aujourd'hui.

VENTRU, UE, adj. [vãtry] (*ventru*) Qui a un gros ventre. *Un homme ventru.* ◆ N. m. et n. f. *Un gros ventru. Une grosse ventrue.* ◆ ▷ **Zool.** Qui a le ventre très gros, ou d'une autre couleur que le reste du corps. ◁ ◆ **Bot.** Renflé et formant une sorte de ventre. ◆ N. m. Par dérision, ceux qui siégeaient au centre d'une assemblée délibérante et qui appuyaient le ministère. ◆ Adj. Qui est renflé, en parlant d'un objet. *Une cruche ventrue.*

VENTURI, ■ n. m. [vãtyri] (*Venturi,* nom d'un physicien italien) **Phys.** *Tube de Venturi* ou *venturi,* tube qui permet de mesurer la pression d'un fluide. *Des venturis. Les manomètres d'un venturi.*

VENU, UE, p. p. de venir. [v(ə)ny] ◆ *Mal venu,* qui n'a pas bien crû, bien poussé. ◆ *Mal venu,* se dit d'une opération qui n'a pas réussi. *Épreuve,* feuille mal venue. ♦ On dit en sens contraire : *Bien venu.* ♦ *Bien venu,* bien accueilli. ♦ On écrit aussi *bienvenu, bienvenue* en un seul mot. ♦ *Bien venu de,* bien accueilli par. ♦ *Être bien venu à,* trouver facilité à. « *Nul n'est si bien venu à demander des grâces pour lui-même que pour un autre* », J.-J. ROUSSEAU. ♦ *Mal venu,* mal accueilli. ♦ *Être mal venu à,* s'exposer à une réprimande, à une résistance, etc. ♦ *Nouveau venu,* nouvellement arrivé. ♦ N. m. et n. f. *Un nouveau venu. Une nouvelle venue. Les nouveaux venus.* ♦ *Le premier venu, la première venue,* celui, celle qui arrive avant les autres ; au pl. *les premiers venus, les premières venues.* ♦ Fig. *Le premier venu,* toute personne indistinctement. ♦ Il se dit, en parlant de choses, de ce qui se trouve facilement, de ce qui tombe sous la main. *La première arme venue.* ♦ *Le dernier venu, la dernière venue,* celui, celle qui arrive, celui, celle qui est admise le dernier, la dernière ; au pl. *les derniers venus, les dernières venues.*

VENUE, n. f. [v(ə)ny] (fém. de *venu*) Action de venir, arrivée. « *Sa venue en ces lieux cache quelque mystère* », P. CORNEILLE. ♦ *La venue du Messie,* son premier avènement. ♦ *Allées et venues,* action d'aller et de venir plusieurs fois ; courses et démarches pour une affaire. ♦ Au jeu de quilles, premier coup de la boule, qui se joue en la poussant, en la jetant de l'endroit convenu. ♦ ▷ Fig. Quelque chose qui survient inopinément. « *Une venue de coups de bâton* », MOLIÈRE. ◁ ♦ Fig. Il se dit de la manière de pousser des plantes. *Ce cerisier est d'une belle venue.* ♦ ▷ Fig. *Il est d'une belle venue,* se dit d'un jeune homme grand et bien fait. ◁ ♦ ▷ *Être tout d'une venue,* se dit d'un homme grand et mal fait, d'une taille longue et droite qui n'est marquée ni aux épaules ni aux hanches. ◁ ♦ *À la bonne venue,* au hasard, à la grâce de Dieu, quoi qu'il arrive. ◁

VÉNUS, n. f. [venys] (lat. *Venus,* nom propre) Divinité des païens, la mère de l'Amour et la déesse de la beauté. ♦ Statue de Vénus. *La Vénus de Médicis.* ♦ Par extens. *Une Vénus,* une femme d'une extrême beauté. ♦ Astron. Une des sept planètes principales, celle qui est la plus proche du Soleil après Mercure. *Le peuple donne à Vénus le nom d'étoile du berger, étoile du soir, du matin.* ♦ ▷ Anc. chim. Le cuivre. ◁ ♦ Genre de coquilles bivalves.

VÉNUSIEN, IENNE, ■ adj. [venyzjɛ̃, jɛn] (*Vénus,* nom d'une planète) Propre à la planète Vénus. *Le sol vénusien.*

VÉNUSTÉ, ■ n. f. [venyste] (lat. *venustas,* beauté physique, élégance, de *Vénus*) Litt. Grande beauté, charme qui évoque ceux de Vénus. « *C'était cette chair pantelante, féconde et lourde de vénusté naissante, bercée par les courants et les remous que Nicolas représentait inlassablement sur ses toiles, la féminité même à l'état naissant, et donc chargée de toute sa force originelle* », TOURNIER.

VÉPÉCISTE, ■ n. m. et n. f. [vepesist] (*VPC,* sigle pour *vente par correspondance*) Personne ou société qui vend ses produits par correspondance.

VÊPRE, n. m. [vɛpr] (lat. *vesper,* le soir) ▷ T. vieilli et qui ne se dit plus qu'en plaisantant. Le soir, la fin du jour. « *Je donne le bon vêpre à toute l'honorable compagnie* », MOLIÈRE. ◁

VÊPRES, n. f. pl. [vɛpr] (lat. ecclés. *vesperæ,* le soir) Heures de l'office divin, qu'on disait autrefois sur le soir, et qu'on dit maintenant pour l'ordinaire à deux ou trois heures après midi.

VER, n. m. [vɛr] (lat. *vermis,* ver) Nom donné communément au lombric terrestre et à tout animal qui offre une conformation analogue à celle de ce lombric. ♦ *Nu comme un ver,* entièrement nu. ♦ *Je l'écraserai comme un ver,* se dit par menace en parlant d'un homme qu'on croit pouvoir battre, confondre, punir aisément. ♦ Fig. *Ver coupé,* homme, animal qui se meut, se redresse avec vivacité. ♦ *Ver de terre,* le lombric terrestre. On dit aussi *ver rouge* et *ver des pêcheurs.* ♦ Fig. *C'est un ver de terre,* se dit d'un homme qui est dans un état fort abject. ♦ *Ver de terre,* en vue des imperfections de sa nature. ♦ Il se dit des vers qui rongent les corps dans la sépulture, suivant une opinion vulgaire, qui est une erreur. ♦ Nom donné vulgairement aux larves de beaucoup d'insectes lorsqu'elles sont privées de pattes. *Le ver d'un fruit. Les vers rongent les livres, le bois.* ♦ Fig. *Tirer à quelqu'un les vers du nez,* Voy. NEZ. ♦ *Ver luisant,* la femelle du lampyre luisant (coléoptères), laquelle jette une lueur dans l'obscurité. ♦ *Ver à soie,* chenille qui fait la soie. ♦ Les parasites en forme de vers qui se développent dans le corps vivant. ♦ *Ver des enfants,* nom vulgaire de l'ascaride lombricoïde (entozoaires). ♦ *Poudre à vers,* poudre vermifuge. ♦ Fig. et pop. *Tuer le ver,* boire le matin à jeun de l'eau-de-vie ou du vin blanc. ♦ *Ver solitaire,* Voy. TÉNIA. ♦ *Ver blanc,* larve du hanneton, qui vit sous terre. ♦ *Ver de viande,* asticot. ♦ *Ver de mer, ver des digues, ver des vaisseaux,* noms vulgaires donnés aux mollusques du genre taret. ♦ *Ver rongeur,* larve qui ronge. ♦ Fig. *Ver rongeur,* un vif remords de conscience, tourment, chagrin. ♦ Fig. Ce qui ronge comme fait un ver. « *Le ver secret et dévorant de leur conscience corrompue* », MASSILLON. ■ REM. *Ver de terre* est vieilli aujourd'hui lorsqu'il s'applique à un homme.

VÉRACITÉ, n. f. [verasite] (*vérace,* du lat. *verax, veracis,* véridique) Attachement constant à la vérité. *La véracité de l'historien.* ♦ Relig. *Véracité de Dieu,* attribut en vertu duquel Dieu ne peut ni se tromper lui-même, ni

tromper les hommes. ♦ La qualité d'être vrai, d'être conforme à la vérité. *La véracité d'un témoignage.*

VÉRAISON, ■ n. f. [verezɔ̃] (*vérir,* commencer à mûrir, de *vair,* changeant) Agric. Début de la maturation des grains de raisin, lorsqu'ils commencent à changer de couleur. *Au cours de la véraison, la quantité de sucre augmente et l'acidité diminue.*

VÉRANDA, n. f. [verɑ̃da] (mot hindi, du port. *varanda,* balcon) ▷ Terrasse couverte que l'on ajoute souvent aux constructions en forme de chalet. ◁ ♦ Pièce vitrée construite contre le mur d'une maison. *Installer un jardin d'hiver dans sa véranda.*

VÉRATRE, ■ n. m. [veratr] (lat. *veratrum,* ellébore) Bot. Plante toxique de la famille des liliacées dont les espèces poussent dans les régions montagneuses. *Il ne faut pas confondre le vératre et la gentiane jaune.*

VERBAL, ALE, adj. [vɛrbal] (lat. *verbalis,* relatif au verbe, à la parole) Qui n'est que de vive voix et non par écrit. *Des ordres verbaux. Promesse verbale.* ♦ *Critique verbale,* critique qui ne s'attache qu'aux mots. ♦ *Rapport verbal,* se dit, dans les sociétés savantes, d'un rapport écrit, lorsqu'il ne doit pas être suivi d'une décision, et qu'il n'est reçu que comme renseignement. ♦ *Note verbale,* se dit d'une note donnée à un ambassadeur, à un cabinet étranger, par écrit à la vérité, mais sans signature et sans un caractère pleinement officiel. ♦ Gramm. Qui est de la nature du verbe, qui tient au verbe. *Adjectif verbal,* participe présent pris adjectivement, et soumis aux règles de l'accord. ♦ *Procès-verbal,* acte dans lequel un officier de justice ou autre personne ayant qualité a constaté un fait et toutes ses circonstances. *Dresser un procès-verbal.* ♦ Au pl. *Des procès-verbaux.* ♦ *Faire un procès-verbal à quelqu'un,* constater par procès-verbal qu'il a commis quelque infraction. ♦ On dit quelquefois simplement *un verbal.* ♦ Narré par écrit de ce qui s'est passé dans une séance, dans une cérémonie ; résumé des actes et des délibérations d'un corps. ♦ ▷ *Verbal d'opinions,* s'est dit pour vote à haute voix. ◁

VERBALEMENT, adv. [vɛrbal(ə)mɑ̃] (*verbal*) De vive voix et non par écrit.

VERBALISATEUR, TRICE, ■ n. m. et n. f. [vɛrbalizatœr, tris] (*verbaliser*) Personne qui verbalise, qui dresse des procès-verbaux. ■ Adj. *Un agent verbalisateur.*

VERBALISATION, n. f. [vɛrbalizasjɔ̃] (*verbaliser*) Action de verbaliser.

VERBALISER, v. intr. [vɛrbalize] (*verbal*) Dire des raisons ou des faits pour les faire mettre dans un procès-verbal. ♦ Dresser un procès-verbal. ♦ ▷ Faire de grands discours inutiles (acception qui a vieilli). ◁ ♦ V. tr. Certifier par écrit. *Cette copie est verbalisée.* ◁ ■ Psych. Mettre en mots, exprimer au moyen du langage. *Verbaliser son angoisse.*

VERBALISME, ■ n. m. [vɛrbalism] (*verbal*) Profusion de mots masquant une pensée confuse, imprécise ou indigente. « *Le verbalisme, c'est la pensée des autres* », PAULHAN.

VERBATIM, ■ adv. [vɛrbatim] (mot angl., mot pour mot, du lat. *verbum,* verbe) Mot pour mot. *Reprendre verbatim l'intervention d'un orateur.* ■ N. m. Compte rendu écrit qui reprend mot pour mot les termes d'une déclaration orale. *Un verbatim dactylographié. Le verbatim des déclarations du Premier ministre à l'Assemblée nationale.*

VERBE, n. m. [vɛrb] (lat. *verbum,* mot, parole) ▷ Parole, ton de voix. « *Qui donc a mis cette puissance dans le verbe de l'homme ?* », CHATEAUBRIAND. ◁ ♦ *Avoir le verbe haut,* avoir une voix fort élevée, et fig. parler avec hauteur. ♦ *Le Verbe divin* ou simplement *le Verbe,* la sagesse éternelle, le Fils de Dieu, la seconde personne de la Trinité, égale et consubstantielle au Père. « *Le Verbe s'est fait chair* », BOURDALOUE. ♦ Gramm. Mot qui affirme l'existence d'une personne ou d'une chose, ce qu'elle fait ou ce qu'elle éprouve, ou, plus abstraitement, mot qui indique l'existence d'un attribut dans un sujet. Verbes auxiliaires, défectifs, transitifs, intransitifs, neutres, pronominaux, réfléchis, impersonnels, Voy. ces mots.

VERBÉRATION, n. f. [vɛrberasjɔ̃] (lat. *verberatio,* action de frapper) ▷ Phys. anc. Vibration de l'air qui produit le son. ◁

VERBEUSEMENT, ■ adv. [vɛrbøz(ə)mɑ̃] (*verbeux*) D'une manière verbeuse. *Commenter verbeusement.*

VERBEUX, EUSE, adj. [vɛrbø, øz] (lat. *verbosus*) Qui abonde en paroles sans beaucoup d'idées. *Un avocat verbeux.* « *Langue un peu informe et trop verbeuse* », FÉNELON.

VERBIAGE, n. m. [vɛrbjaʒ] (anc. fr. *verbier,* gazouiller, du frq. *werbilôn,* tourbillonner, avec influ. de *verbe*) Abondance de paroles et absence d'idées.

VERBIAGER, v. intr. [vɛrbjaʒe] (*verbiage*) Fam. Employer beaucoup de paroles pour dire peu de chose. ■ REM. Il est rare aujourd'hui.

VERBIAGEUR, EUSE, n. m. et n. f. [vɛʀbjaʒœʀ, øz] (*verbiager*) ▷ **Fam.** Celui, celle qui emploie beaucoup de paroles pour dire peu de chose. ♦ Adj. « *J'ai été beaucoup trop verbiageur sur l'histoire de la dernière guerre* », Voltaire. ◁

VERBICRUCISTE, ■ n. m. et f. [vɛʀbikʀysist] (lat. *verbum*, mot, et *crux, crucis*, croix) Auteur de grilles de mots-croisés. On dit aussi *mots-croisiste*.

VERBIGÉRATION, ■ n. f. [vɛʀbiʒeʀasjɔ̃] (lat. *verbigerare*, se quereller) **Psych.** Répétition de mots ou de phrases incohérentes qui s'observe dans certaines démences ou schizophrénies.

VERBOQUET, ■ n. m. [vɛʀbokɛ] (*virer*, tourner, et *bouquet*, faisceau) Cordage dont on se sert pour hisser une charge.

VERBOSITÉ, n. f. [vɛʀbozite] (b. lat. *verbositas*, discours verbeux) Défaut de ce qui est verbeux. *La verbosité d'un orateur, d'un mémoire.*

VER-COQUIN, n. m. [vɛʀkokɛ̃] (*ver* et *coquin*) Nom vulgaire des larves de divers insectes qui font beaucoup de tort aux bourgeons des vignes. ♦ Espèce d'helminthe qui se développe dans la tête du mouton et qui cause un genre de vertige appelé tournis. ♦ Ce vertige lui-même. ♦ **Fig.** et **fam.** Fantaisie, caprice. « *Chacun a son ver-coquin dans la tête* », Gui Patin. ◁ Au pl. *Des vers-coquins.*

VERD, adj. [vɛʀ] Voy. **vert**.

VERDAL, n. m. [vɛʀdal] (prob. de *verre* et *dalle*) ▷ Pièce épaisse de verre coulé. ♦ Au pl. *Des verdals. Un sous-sol éclairé par des verdals.* ◁

VERDÂTRE, adj. [vɛʀdɑtʀ] (*verd*, anc. forme de *vert*) Qui tire sur le vert. *Couleur verdâtre. Des tons verdâtres.*

VERDÉE, n. f. [vɛʀde] (*verd*, anc. forme de *vert*) ▷ Sorte de vin blanc, tirant un peu sur le vert, qui vient de Toscane. ◁

VERDELET, ETTE, adj. [vɛʀdəlɛ, ɛt] (dimin. de *verdet*, anc. forme de *vert*) Un peu vert. ♦ *Vin verdelet*, vin qui est un peu acide. ♦ **Fig.** et **fam.** Se dit d'une personne âgée qui a encore sa vigueur. ♦ **N. m.** Nom vulgaire du bruant. ■ **Rem.** Il est vieilli aujourd'hui.

VERDERIE, n. f. [vɛʀdəʀi] (1 *verdier*) Anciennement, étendue de bois soumise à la juridiction d'un verdier. ♦ La juridiction elle-même.

VERDET, n. m. [vɛʀdɛ] (dimin. de *verd*, anc. forme de *vert*) Acétate de cuivre ou vert-de-gris. ♦ Nom d'un coléoptère.

VERDEUR, n. f. [vɛʀdœʀ] (*verd*, anc. forme de *vert*) Humeur, sève du bois qui n'est pas mort ou qui n'est pas encore sec. ♦ Ce qu'il y a de rude dans les fruits verts et le vin nouveau. ♦ **Fig.** *La verdeur du talent.* ♦ **Par extens.** Force du vin. ♦ **Fig.** Jeunesse, vigueur chez les hommes. *La verdeur de l'âge.* ♦ **Fig.** Âpreté de paroles. *La verdeur d'une réponse.*

VERDI, IE, p. p. de verdir. [vɛʀdi] Rendu vert.

VERDICT, n. m. [vɛʀdikt] (angl. *verdit*, du b. lat. *veredictum*, sentence d'un jury) Résultat de la délibération du jury. ■ **Par extens.** Jugement, décision. *Le verdict des électeurs.*

1 VERDIER, n. m. [vɛʀdje] (*verd*, anc. forme de *vert*) ▷ **Admin. anc.** Officier qui était établi pour commander aux gardes d'une forêt éloignée des maîtrises. ◁

2 VERDIER, n. m. [vɛʀdje] (*verd*, anc. forme de *vert*) Oiseau dont le plumage est vert (*loxia chloris*).

VERDIR, v. tr. [vɛʀdiʀ] (*verd*, anc. forme de *vert*) Donner une couleur verte, peindre en vert. *Verdir une porte.* ♦ V. intr. Devenir vert. *Au printemps tout commence à verdir.* ♦ Il se dit du cuivre, quand il se couvre de vert-de-gris. ■ **VERDISSEMENT** ou **VERDISSAGE**, n. m. [vɛʀdis(ə)mɑ̃, vɛʀdisaʒ]

VERDISSANT, ANTE, adj. [vɛʀdisɑ̃, ɑ̃t] (*verdir*) Qui verdit, au propre et au figuré.

VERDOYANT, ANTE, adj. [vɛʀdwajɑ̃, ɑ̃t] (*verdoyer*) Qui verdoie. *Le gazon verdoyant.* ♦ *Couleur verdoyante*, couleur tirant sur le vert.

VERDOYER, v. intr. [vɛʀdwaje] (*verd*, anc. forme de *vert*) Devenir vert. *L'herbe verdoie.* ■ **VERDOIEMENT**, n. m. [vɛʀdwamɑ̃]

VERDURE, n. f. [vɛʀdyʀ] (*verd*, anc. forme de *vert*) Couleur verte des herbes, des plantes, des feuilles d'arbres. « *La surface de la terre parée de sa verdure est le fond inépuisable et commun duquel l'homme et les animaux tirent leur subsistance* », Buffon. « *Chantez le saule et sa douce verdure* », Ducis. ♦ Les herbes, les plantes et les feuilles mêmes. « *Toujours sautant aux prés, dansant sur la verdure* », La Fontaine. ♦ Il se dit aussi des plantes potagères dont on mange les feuilles. *Vivre de verdure.* ♦ *Tapisserie de verdure* ou simplement *verdure*, tenture de tapisserie qui représente spécialement des arbres. ■ *Théâtre de verdure*, théâtre en plein air.

VERDURIER, n. m. [vɛʀdyʀje] (*verdure*) ▷ Celui qui est chargé de fournir les salades dans les maisons royales. ♦ *Verdurier, verdurière*, marchand, marchande de salades, d'herbes. ◁

VÉRÉTILLE, ■ n. m. [veʀetij] (lat. impér. *veretillum*, dimin. de *veretrum*, parties sexuelles) **Zool.** Animal aquatique primitif, au corps cylindrique, qui vit dans les fonds marins vaseux.

VÉREUX, EUSE, adj. [veʀø, øz] (*ver*) Qui contient des vers. *Fruit véreux.* ♦ **Fig.** Qui recèle quelque vice secret, comme le fruit recélant un ver, en parlant des personnes et des choses. *Un commerçant véreux. Des effets véreux.* ♦ *Son cas est véreux*, son affaire est mauvaise. *Il sent son cas véreux*, il sait que son affaire est mauvaise.

VERGE, n. f. [vɛʀʒ] (lat. *virga*, branche souple) Petite baguette longue et flexible. ♦ ▷ *Il n'avait ni verge ni bâton*, il n'était en état d'attaquer personne, pas même de se défendre. ◁ ♦ Baguette miraculeuse. *La verge de Moïse, d'Aaron.* ♦ *La verge des magiciens de Pharaon*, la verge qu'ils tenaient à la main et avec laquelle ils faisaient leurs prodiges. ♦ En parlant d'autres magiciens, on dit baguette. ♦ *Verge de fer, verge de cuivre*, longue tringle de fer, de cuivre. ♦ **Fig.** *Gouverner avec une verge de fer*, gouverner durement, despotiquement. ♦ Baguette, ordinairement garnie d'ivoire, que portaient autrefois les huissiers. *Huissier à verge.* ♦ Baguette avec laquelle on frappe et châtie. « *Le sage a toujours recommandé aux parents de tenir la verge assidûment levée sur les enfants* », Fénelon. ♦ **Fig.** *La verge à la main*, en réprimandant, en punissant. ♦ **Fig.** Autorité. « *D'étrangers, de bannis, une horde insolente Nous tient depuis seize ans sous ta verge sanglante*, », C. Delavigne. ♦ *N'être plus sous la verge de quelqu'un*, être affranchi de son autorité. ♦ Au pl. Menus brins de bouleau, d'osier, de genêt, etc. avec lesquels on fouette. ♦ Anciennement, *faire passer quelqu'un par les verges*, le faire passer entre deux rangs de soldats armés de verges, dont ils frappaient les épaules nues du condamné. ♦ **Fig.** *Donner des verges pour se fouetter*, fournir des armes contre soi-même. ♦ **Fig.** Peines, afflictions dont Dieu punit les hommes. ♦ Grand morceau de baleine que porte un bedeau dans l'église. ◁ ♦ ▷ *Verge d'une fusée*, baguette à laquelle on attache une fusée volante. ◁ ♦ Tige qui tient au piston d'une pompe. ♦ Fléau de plusieurs balances. ♦ **Horlog.** Long pivot sur lequel se meut le balancier. ♦ Le balancier même. ♦ *Fer en verge*, petites barres, rondin, carillon. ♦ Ancienne mesure pour les étoffes. ◁ ♦ Anneau, bague sans chaton (acception vieillie). ◁ ♦ **Bot.** *Verge-d'or*, plante radiée qui porte un long épi de fleurs jaunes. *Verge de Jacob*, asphodèle jaune. ■ Organe de la miction et de la copulation chez l'homme et les mammifères mâles. *Le corps caverneux de la verge.* ■ **Rem.** Aujourd'hui, on dit *donner des verges pour se faire battre, se faire fouetter.*

1 VERGÉ, ÉE, adj. [vɛʀʒe] (lat. *virgatus*, tressé avec des baguettes, de *virga*, verge) ▷ *Étoffe vergée*, étoffe qui a quelques fils d'une soie un peu plus grosse ou d'une teinture un peu plus forte que le reste. ◁ ♦ *Papier vergé*, papier qui porte les marques des vergeures. ♦ ▷ *Bois vergé*, bois vermoulu, percé de vers. ◁

2 VERGÉ, ÉE, p. p. de verger. [vɛʀʒe] *Drap bien vergé.*

VERGÉE, n. f. [vɛʀʒe] (anc. fr. *verge*, mesure de terre) ▷ Autrefois, l'étendue d'une verge carrée. ♦ Étendue de terre qui était de quarante perches. ◁

VERGENCE, ■ n. f. [vɛʀʒɑ̃s] (d'apr. *convergence, divergence*) **Phys.** Inverse de la longueur focale (mesurée en mètre) d'un système optique. *La vergence est exprimée en dioptries. La vergence d'une lentille.*

VERGEOISE, ■ n. f. [vɛʀʒwaz] (*verge*) Sucre brun fabriqué à partir des déchets de raffineries sucrières. *Crêpe saupoudrée de vergeoise.*

1 VERGER, n. m. [vɛʀʒe] (lat. class. *viridiarium*, de *viridis*, vert) Lieu planté d'arbres fruitiers.

2 VERGER, v. tr. [vɛʀʒe] (*verge*) ▷ Mesurer une étoffe avec la verge. ♦ Jauger avec la verge. ◁

VERGERETTE, ■ n. f. [vɛʀʒəʀɛt] (dimin. de *verge*) Plante herbacée à petites fleurs, de la famille des astéracées, commune dans les terrains incultes. *La vergerette du Canada est utilisée comme plante médicinale.* ■ **Rem.** On l'appelle aussi *érigéron.*

VERGETÉ, ÉE, p. p. de vergeter. [vɛʀʒəte] ♦ *Teint vergeté, peau vergetée*, teint, peau qui a de petites raies de différentes couleurs, et la plupart de couleur rouge. ♦ **Héral.** Se dit d'un écu où il y a plus de dix pals.

VERGETER, v. tr. [vɛʀʒəte] (*vergette*) ▷ Nettoyer avec une vergette. ♦ Fouetter. ◁

VERGETIER, n. m. [vɛʀʒətje] (*vergette*) ▷ Artisan qui fait et qui vend des vergettes. ◁

VERGETTE, n. f. [vɛʀʒɛt] (dimin. de *verge*) Petite verge. ♦ **Héral.** Pal étroit, qui n'a que le troisième partie de la largeur ordinaire. ♦ Au sing. ou au pl. *Vergette* ou *vergettes*, époussette, brosse composée de soies de sanglier ou de menus brins de bruyère. ♦ *Cheveux en vergette*, cheveux coupés assez ras pour présenter comme une vergette, une brosse. ♦ Défaut de certaines pierres.

VERGETURE, ■ n. f. [vɛʀʒətyʀ] (*vergeté*) Strie violacée ou blanche, ressemblant à une cicatrice et apparaissant sur une peau qui a été fortement distendue. *Des vergetures de grossesse.* Ce mot s'emploie la plupart du temps au pluriel.

VERGEURE ou **VERGEÜRE**, n. f. [vɛʀʒyʀ] (*verge*) Fils de laiton attachés sur la forme où l'on coule le papier. *Raies marquées par ces fils sur le papier. Le papier mécanique est sans vergeures.* ◆ Inégalité dans les fils d'une étoffe.

VERGLAÇANT, ANTE, ■ adj. [vɛʀɡlasɑ̃, ɑ̃t] (*verglacer*) Qui cause le verglas. *Pluie verglaçante, brouillard verglaçant.*

VERGLACÉ, ÉE, ■ adj. [vɛʀɡlase] (p. p. de *verglacer*, de *verglas*) Recouvert d'une fine pellicule de glace. *Une route verglacée.*

VERGLAS, n. m. [vɛʀɡla] (anc. fr. *verre glas*, glace semblable à du verre) Couche mince et glissante de glace qui recouvre le sol et qui résulte de la congélation de la pluie à son arrivée sur la terre. *Le pavé est couvert de verglas. Il fait du verglas.*

VERGNE, n. m. [vɛʀɲ] ou [vɛʀnj] (gaul. *verne*) Aune, arbre. ◆ On dit aussi *verne.*

VERGOBRET, ■ n. m. [vɛʀɡobʀɛ] (lat. *vergobretus*, du celt. *vergo*, efficace, et du bret. *breth*, jugement) **Hist.** Juge suprême qui, chez certains peuples gaulois, était le seul à pouvoir prononcer une peine capitale.

VERGOGNE, n. f. [vɛʀɡɔɲ] ou [vɛʀɡonj] (lat. *verecundia*, pudeur, honte) Terme autrefois très noble et qui aujourd'hui est devenu familier. Honte, scrupule. *Sans vergogne.* ■ Rem. Il n'est plus familier aujourd'hui.

VERGOGNEUX, EUSE, adj. [vɛʀɡoɲø, øz] ou [vɛʀɡonjø, øz] (*vergogne*) Qui a de la vergogne. ■ Rem. Il est vieilli ou littéraire aujourd'hui.

VERGUE, n. f. [vɛʀɡ] (forme dial. de *verge*) **Mar.** Pièce d'un bois léger, longue et grosse en proportion de la grandeur de la voile qu'elle doit porter, ronde dans toute sa longueur, et plus mince à ses extrémités qu'à son milieu. ◆ *Être vent sous vergue*, avoir le vent sous vergue, être vent arrière.

VÉRICLE, n. f. [veʀikl] (prob. du lat. *vitrum*, verre) **Joaill.** Pierre fausse faite avec du verre ou avec du cristal.

VÉRIDICITÉ, n. f. [veʀidisite] (rad. de *véridique*) Caractère de vérité. *Véridicité d'un discours, d'un témoignage.* ◆ En parlant des personnes, véracité. *La véridicité d'un témoin.* ■ Rem. Il est littéraire aujourd'hui.

VÉRIDIQUE, adj. [veʀidik] (lat. *veridicus*, de *verus*, vrai, et *dicere*, dire) Qui aime à dire la vérité, qui a l'habitude de la dire. *Historien véridique.* ◆ Qui a le caractère de la vérité, qui correspond à la réalité. *Une histoire véridique.*

VÉRIDIQUEMENT, adv. [veʀidik(ə)mɑ̃] (*véridique*) D'une manière véridique.

VÉRIFIABLE, ■ adj. [veʀifjabl] (*vérifier*) Dont la vérité peut être contrôlée. *Un alibi vérifiable.*

VÉRIFICATEUR, TRICE, n. m. et n. f. [veʀifikatœʀ, tʀis] (rad. de *vérification*) Personne dont la fonction est de vérifier des objets publics, des ouvrages, des comptes, des écritures, etc. *Vérificateur de l'enregistrement. Vérificateur des poids et mesures.* ◆ Personne qui vérifie les travaux de construction et les mémoires. ■ Rem. On dit aussi *vérifieur.* ■ *Vérificateur d'orthographe*, petit ouvrage permettant de consulter les mots classés par ordre alphabétique afin d'en vérifier l'orthographe. ■ *Vérificateur d'orthographe* ou *vérificateur orthographique*, logiciel incorporé à un traitement de texte qui permet de vérifier au fur et à mesure de la frappe si l'orthographe est correcte.

VÉRIFICATIF, IVE, adj. [veʀifikatif, iv] (rad. de *vérification*) Qui sert à vérifier. *Une expérience vérificative.*

VÉRIFICATION, n. f. [veʀifikasjɔ̃] (*vérifier*) Action de vérifier. *Vérification des poids et mesures.* ◆ *Vérification des pouvoirs*, examen des titres d'un représentant. ◆ **Jurispr.** *Vérification d'écritures*, procédure qui a pour but de rechercher si un écrit ou une signature est de la main de la personne à laquelle on l'attribue. ◆ ▷ Anciennement, *vérification d'un édit*, enregistrement de l'édit par le parlement. ◁

VÉRIFIÉ, ÉE, p. p. de *vérifier*. [veʀifje] ▷ ◆ *Duc vérifié*, duc dont les titres avaient été reconnus valables. ◁

VÉRIFIER, v. tr. [veʀifje] (b. lat. *verificare*, du lat. class. *verus*, vrai, et *facere*, faire) S'assurer si une chose est telle qu'elle doit être. *Vérifier un fait, un calcul, des écritures, les poids et mesures, etc.* ◆ ▷ Soumettre les mémoires des entrepreneurs à une évaluation qui d'ordinaire les réduit. ◁ ◆ Anciennement, enregistrer au parlement. *Vérifier un édit.* ◁ ◆ Faire voir la vérité, l'exactitude d'une chose, d'une assertion. *L'événement a vérifié sa prédiction. Vérifier des expériences.* ◆ Se vérifier, v. pr. Être reconnu pour vrai. *Leurs promesses se sont vérifiées.*

VÉRIFIEUR, EUSE, ■ n. m. et n. f. [veʀifjœʀ, øz] (*vérifier*) Personne ou appareil qui est chargé de vérifier quelque chose. ■ Rem. On dit aussi *vérificateur.*

VÉRIN, n. m. [veʀɛ̃] (lat. *veruina*, longue javeline, de *veru*, broche, pique) Appareil employé pour soulever des fardeaux à une faible hauteur et pour décintrer des voûtes ; il se compose de deux vis, placées dans le prolongement l'une de l'autre, et engagées dans un même écrou qu'on peut faire tourner à l'aide de leviers. *Vérin hydraulique, pneumatique.* ■ Rem. On écrivait aussi *verrain* et *verrin* autrefois.

1 VÉRINE, n. f. [veʀin] (orig. inc.) ▷ Nom de la meilleure espèce de tabac cultivée en Amérique. ◁

2 VÉRINE, n. f. [veʀin] (*vérin*) ▷ **Mar.** Lampe de verre que l'on suspendait au-dessus du compas de route pour éclairer le timonier pendant la nuit. ◁

VÉRISME, ■ n. m. [veʀism] (ital. *verismo*, du lat. *verus*, vrai) Mouvement littéraire et artistique italien du XIXe siècle, inspiré du naturalisme, s'inscrivant contre les conventions et désireux de décrire et d'exprimer objectivement la vérité de la réalité. *Le vérisme de Luigi Capuana, de Giovanni Verga.* ■ **VÉRISTE**, n. m. et n. f. [veʀist]

VÉRITABLE, adj. [veʀitabl] (*vérité*) Qui s'attache à la vérité. *Un auteur fort véritable.* ◆ *Être véritable dans ses paroles, dans ses promesses*, dire toujours la vérité, tenir toujours ses promesses. ◆ Conforme à la vérité. « *Parce qu'il y a des religions fausses, s'ensuit-il qu'il n'y en ait pas une véritable ?* », Bossuet. ◆ Réel. *Le véritable prix des choses.* ◆ Non autre que ce qu'il paraît. *De véritable or.* « *Arracher de leurs yeux de véritables larmes* », Boileau. ◆ *Un véritable ami*, un ami effectif, un ami solide. ◆ Bon, excellent dans son genre. *Un véritable savant.*

VÉRITABLEMENT, adv. [veʀitabləmɑ̃] (*véritable*) Conformément à la vérité. *Parlez-moi véritablement.* ◆ Réellement, de fait... « *Ils [les rois] sont, comme nous sommes, Véritablement hommes, Et meurent comme nous* », Malherbe. ◆ À la vérité. *Véritablement je l'ai frappé, mais il m'avait offensé.*

VÉRITÉ, n. f. [veʀite] (lat. class. *verita*, de *verus*, vrai) Qualité par laquelle les choses apparaissent telles qu'elles sont. *Dire la vérité.* ◆ On dit qu'*un homme est la vérité même*, pour exprimer qu'il est toujours fidèle à la vérité. ◆ *Ami de Platon, mais encore plus de la vérité*, se dit quand on contredit un ami sur quelque chose. ◆ **Fig.** *La vérité est cachée au fond d'un puits*, Voy. puits. ◆ Par personnification, *le flambeau, le miroir de la Vérité.* ◆ Chose vraie. « *Nous aimons ceux qui prêchent les vérités et non pas nos vérités* », Bourdaloue. ◆ **Fam.** *La vérité vraie*, se dit pour affirmer davantage qu'on ne dissimule rien. ◆ **Fam.** *Dire à quelqu'un ses vérités*, lui dire librement ses fautes, ses défauts, ses vices. ◆ Opinion conforme à ce qui est, en parlant de doctrine, de religion. *La vérité de la religion chrétienne.* ◆ **En vérité**, conformément à la vérité qu'enseigne la religion. ◆ Principe certain. « *Il y a un grand nombre de vérités et de foi et de morale* », Pascal. ◆ Sincérité, bonne foi. *Un homme plein de vérité. Un accent de vérité.* ◆ Réalité. « *La vanité n'a jamais eu que le masque de la grandeur ; c'est la grâce qui en a la vérité* », Massillon. ◆ Caractère propre, en parlant d'une figure, d'une forme. « *Cette espèce de coiffure empruntée [une perruque] altère la vérité de la physionomie* », Buffon. ◆ En peint. et autres arts d'imitation, expression fidèle de la nature. *Il y a bien de la vérité dans cette tête, dans le jeu de cet acteur, dans le style de ce poète, etc.* ◆ ▷ *Une vérité*, sorte d'amusement de société qui consiste à dire à chacun, sur ses qualités et ses défauts personnels, une chose vraie et une chose fausse. ◁ ◆ *À dire vérité*, pour s'exprimer franchement. ◁ ◆ **EN VÉRITÉ**, loc. adv. Certainement, assurément, sincèrement. *Je vous le dis en vérité. En vérité vous avez tort.* ◆ ▷ *En vérité, croyez-vous ?* ou, simplement, *en vérité ?* ◁ ◆ **À LA VÉRITÉ**, loc. adv. Dont on se sert pour expliquer ou restreindre. *À la vérité, je vous ai dit cela, mais j'étais dans l'erreur.* ◆ **Prov.** *Toutes vérités ne sont pas bonnes à dire.* ◆ *Il n'y a que la vérité qui offense*, les reproches qui offensent sont presque toujours mérités. ■ Rem. Aujourd'hui, on ne dit plus *à dire vérité*, on dit *à dire le vrai* ou *à dire vrai.*

VERJUS, n. m. [vɛʀʒy] (*vert* et *jus*) Suc acide tiré des raisins qui ne sont pas encore mûrs, et qui est employé comme assaisonnement. ◆ *Ce n'est que du verjus*, se dit d'un vin qui est trop vert. ◆ *Avoir un caractère aigre comme verjus*, être fort acariâtre. ◆ Raisin qu'on cueille encore vert. *Cette grappe n'est que du verjus.* ◆ Espèce de très gros raisin qui ne mûrit qu'imparfaitement dans nos contrées. ◆ **Prov.** *C'est jus vert ou verjus*, se dit de deux choses dont le choix est indifférent.

VERJUTÉ, ÉE, adj. [vɛʀʒyte] (*verjus*) Où l'on a mis du verjus. *Sauce verjutée.* ◆ Qui a une pointe acide comme le verjus.

VERJUTER, v. tr. [vɛʀʒyte] (*verjus*) Assaisonner avec du verjus.

VERLAN, ■ n. m. [vɛʀlɑ̃] (inversion de *[à] l'envers*) Argot consistant à inverser phonétiquement les syllabes de certains mots. *Fou se dit ouf en verlan.*

VERMÉE, ■ n. f. [vɛʀme] (anc. fr. *verm*, ver) **Pêche** Vers enfilés sur une ficelle et servant d'appât. *Il pêche à la vermée.*

VERMEIL, EILLE, ■ adj. [vɛʀmɛj] (lat. *vermiculus*, vermisseau, la cochenille fournissant un colorant écarlate) Qui est d'un rouge un peu plus foncé que l'incarnat. *Bouche vermeille. Vin, sang vermeil.* ◆ ▷ *Une plaie vermeille*, celle dont les chairs sont d'un rouge vif. ◁ ♦ **N. m.** Espèce de dorure en or moulu qui se fait par l'application de l'or sur l'argent. ♦ *Vermeil* ou *vernis-vermeil,* vernis rouge, composé de résine-gutte, de résine-laque et de sang-dragon dissous dans l'alcool. ♦ Argent recouvert de dorure. *Une médaille en vermeil.*

VERMET, ■ n. m. [vɛrmɛ] (dimin. de l'anc. fr. *verm,* ver) **Zool.** Mollusque gastéropode à coquille qui se fixe sur les rochers. *Coquille de vermet en forme de tube.*

VERMICELLE, n. m. [vɛrmisɛl] (ital. *vermicelli,* pâtes longues et minces, du lat. *vermis,* ver) Pâte alimentaire non fermentée, en forme de vers longs et menus ; elle sert surtout à faire des potages. ♦ Potage fait avec cette pâte. *Un vermicelle gras.* ■ REM. On écrivait aussi *vermicel* autrefois. ■ REM. On prononçait aussi [vɛrmiʃɛl] autrefois en faisant entendre *ch.*

VERMICELLIER, n. m. [vɛrmiselje] (*vermicelle*) Celui qui fabrique, qui vend du vermicelle et d'autres pâtes préparées. ■ REM. On prononçait aussi [vɛrmiʃelje] autrefois en faisant entendre *ch.*

VERMICIDE, ■ adj. [vɛrmisid] (lat. *vermis,* ver, et *-cide*) Qui tue les vers. *Substance, traitement vermicide.* ■ N. m. *Un vermicide.*

VERMICULAIRE, adj. [vɛrmikylɛr] (rad. du lat. *vermiculus,* dimin. de *vermis,* ver) **Anat.** Qui a quelque ressemblance de forme avec les vers. *Éminence vermiculaire ou vermiforme supérieure du cervelet.* ♦ En physiologie, qui a un mouvement comparable à celui d'un ver. *Mouvement vermiculaire.* ♦ Se dit des coquilles qui sont d'une seule pièce et qui ont la forme de tuyaux allongés. ♦ **N. f.** *La vermiculaire fossile,* sorte de coquille fossile. ♦ **N. f. Bot.** *Vermiculaire brûlante* ou *orpin brûlant.*

VERMICULÉ, ÉE, adj. [vɛrmikyle] (lat. *vermiculatus,* en forme de ver) **Archit.** Il se dit d'un travail en figure de vers qui a lieu dans les bâtiments en pierre, sur les bossages auxquels on prétend donner une apparence rustique. ♦ Il se dit du guillochage sur des métaux. *Boîtes de montre vermiculées.* ♦ **Hist. nat.** Dont la surface est parsemée soit de vermiculures, soit d'élévations allongées, arrondies et diversement contournées.

VERMICULEUX, EUSE, adj. [vɛrmikylø, øz] (rad. du lat. *vermiculus,* dimin. de *vermis,* ver) ▷ **Hist. nat.** Se dit d'une surface marquée de petites lignes colorées irrégulières. ◁ ♦ **Litt.** Qui a la forme d'un ver.

VERMICULURES, n. f. pl. [vɛrmikylyr] (*vermiculé*) **Archit.** Travail qui représente des traces de vers. ♦ Au sing. Motif formé de fines lignes sinueuses.

VERMIFORME, adj. [vɛrmifɔrm] (lat. *vermis,* ver, et *-forme*) **Hist. nat.** Qui a la forme d'un ver. *Appendice vermiforme.* ♦ **Anat.** *Éminences vermiformes du cervelet.*

VERMIFUGE, adj. [vɛrmifyʒ] (lat. *vermis,* ver, et *-fuge*) **Méd.** Qui à la propriété de déterminer l'expulsion des vers intestinaux. *Poudre vermifuge.* ♦ N. m. *Un vermifuge.* ■ VERMIFUGER, v. tr. [vɛrmifyʒe]

VERMILLER, v. intr. [vɛrmije] (lat. pop. *vermiculare,* du lat. *vermis,* ver) **Vén.** En parlant du sanglier, fouiller la terre avec le boutoir, pour y chercher des vers, des racines, etc.

VERMILLON, n. m. [vɛrmijɔ̃] (*vermeil*) Cinabre ou sulfure rouge de mercure. ♦ Couleur vive et éclatante qui se tire du vermillon. ♦ Couleur vermeille des joues et des lèvres. ♦ Graine rougeâtre qui croît sur une sorte de petit houx, et qui sert à la teinture. ♦ *Vermillon d'Espagne,* la fleur du carthame. ♦ Espèce de poire d'un rouge foncé, dite autrement *suprême d'automne* et *petit cateau.* ♦ Adj. inv. Qui a la couleur du vermillon. *Des étoffes vermillon.*

VERMILLONNÉ, ÉE, p. p. de vermillonner. [vɛrmijɔne]

1 **VERMILLONNER,** v. tr. [vɛrmijɔne] (*vermillon*) Enduire de vermillon. ♦ Mettre une couleur de vermillon sur une pièce dorée et brunie. ♦ Rendre rouge comme du vermillon.

2 **VERMILLONNER,** v. tr. [vɛrmijɔne] (*vermiller*) En parlant du blaireau, fouiller la terre.

VERMINATION, n. f. [vɛrminasjɔ̃] (lat. *verminatio,* de *verminare,* avoir des vers) **Méd.** Production des vers intestinaux portée au point de causer des accidents morbides.

VERMINE, n. f. [vɛrmin] (anc. fr. *verm,* ver, du lat. *vermis*) Nom général donné aux insectes parasites, tels que les poux, les puces, etc. *Cet enfant est plein de vermine. La vermine se met sur les plantes.* ♦ **Fig.** Gens méprisables, dangereux et incommodes pour la société. ♦ **Péj.** Individu méprisable. *Je ne veux plus avoir affaire lui, c'est une vermine.*

VERMINEUX, EUSE, adj. [vɛrminø, øz] (*vermine*) **Méd.** Qui est produit, entretenu par des vers. *Les maladies vermineuses.* ♦ ▷ Où il y a des vers (c'est un archaïsme). ◁

VERMINOSE, ■ n. f. [vɛrminoz] (*vermine*) **Méd.** Maladie provoquée par des vers. *Verminose humaine, animale.*

VERMIS, ■ n. m. [vɛrmi] (lat. *vermis,* ver) **Anat.** Partie saillante située au milieu du cervelet. *Le vermis cérébelleux. Le vermis et les deux hémisphères.*

VERMISSEAU, n. m. [vɛrmiso] (b. lat. *vermiscellus,* dimin. du lat. *vermis,* ver) Petit ver de terre. ♦ **Fig.** Être chétif et misérable comparé à un vermisseau. « *Vermisseaux que nous sommes !* », REGNARD.

VERMIVORE, adj. [vɛrmivɔr] (lat. *vermis,* ver, et *-vore*) **Zool.** Qui vit de vers ou d'insectes. *Les oiseaux vermivores.*

VERMOULER (SE), v. pr. [vɛrmule] (*vermoulu*) Devenir vermoulu. *Du bois qui commence à se vermouler.*

VERMOULU, UE, adj. [vɛrmuly] (*ver* et *moulu,* p. p. de *moudre*) Piqué, percé par les vers. *Bois vermoulu.* ♦ **Fig.** « *Sceptres, glaives, faisceaux, haches, houlette, armure, Symboles vermoulus* », LAMARTINE. ♦ Réduit à l'état de vermoulure (employé comme participe). « *[Bibliothèque] où des rayons de bois, Par l'âge vermoulus* », LAMARTINE.

VERMOULURE, n. f. [vɛrmulyr] (*vermoulu*) Piqûre faite par les vers dans le bois, le papier, etc. ♦ Poudre qui sort des trous faits par les vers.

VERMOUTH ou **VERMOUT,** n. m. [vɛrmut] (all. *Wermut,* absinthe) Vin blanc dans lequel on a fait infuser de l'absinthe. ■ REM. On écrivait aussi *wermouth* autrefois.

VERNACULAIRE, ■ adj. [vɛrnakylɛr] (rad. du lat. *vernaculus,* indigène) Propre à un pays, à ses habitants. *Architecture vernaculaire.* ■ *Langue vernaculaire,* langue parlée uniquement à l'intérieur d'une communauté. ■ **Biol.** *Nom vernaculaire,* nom courant d'une plante ou d'un animal. *Le nom latin et le nom vernaculaire.*

VERNAL, ALE, adj. [vɛrnal] (lat. *vernalis,* de *vernus,* printanier) Qui appartient au printemps. ♦ **Astron.** *Point vernal,* syn. d'équinoxe de printemps ; point où l'écliptique coupe l'équateur en passant de l'hémisphère austral dans l'hémisphère boréal. ♦ ▷ *Signes vernaux,* les signes du Bélier, du Taureau et des Gémeaux, par lesquels le Soleil passe au printemps. ◁ ♦ **Bot.** Se dit des plantes dont les fleurs s'épanouissent au printemps.

VERNALISATION, ■ n. f. [vɛrnalizasjɔ̃] (*vernal*) **Agric.** Traitement des semences qui consiste à les soumettre à des températures basses pour accélérer leur cycle de développement. *La vernalisation du blé.*

VERNATION, ■ n. f. [vɛrnasjɔ̃] (lat. class. *vernatio,* de *vernus,* printanier) **Bot.** Disposition des pièces florales ou des feuilles dans le bourgeon, avant son épanouissement. *Feuilles à vernation convolutée.* ■ REM. On dit aussi *préfloraison* ou *préfoliation.*

VERNE, n. m. [vɛrn] Voy. VERGNE.

VERNI, IE, p. p. de vernir. [vɛrni] Fig. et fam., avec ou sans ironie. *Être verni,* être gâté, chanceux. *T'es vernie d'avoir un prof !*

VERNIER, ■ n. m. [vɛrnje] (*Vernier,* nom du mathématicien français qui a inventé cet instrument) Instrument constitué d'une règle graduée coulissant le long d'une échelle graduée fixe et permettant d'effectuer des mesures très précises. *Vernier associé à un pied à coulisse. Le vernier permet des mesures au dixième de millimètre.*

VERNIR, v. tr. [vɛrnir] (*vernis*) Enduire de vernis. *Vernir un tableau.* ♦ On dit *vernisser,* et non *vernir,* en parlant des poteries. ♦ Se vernir, v. pr. Être verni.

VERNIS, n. m. [vɛrni] (lat. médiév. *veronice,* résine) Nom commun des solutions de résine et de gommes-résines dans l'alcool, les essences, la benzine, etc. dont on couvre la surface de certaines choses pour les rendre lisses et brillantes, ou pour les préserver de l'action de l'air ou de l'humidité. ♦ **Fig.** « *Quand j'aurai passé sur l'ouvrage le vernis d'une belle poésie* », VOLTAIRE. ♦ Enduit composé de substances vitrifiables, dont on couvre la poterie et la porcelaine. ♦ **Fig.** Ce qui donne aux actions, aux manières, une apparence comparée à celle des objets vernis. *Le vernis de la société, de l'esprit, etc.* ♦ *Sumac au vernis* ou *vernis du Japon,* noms sous lesquels on a confondu le sumac vénéneux et le sumac vernicifère. ♦ L'ailante glanduleux, originaire de la Chine et des Moluques. ■ *Vernis à ongles,* solution résineuse que l'on pose sur les ongles afin de les colorer ou de les protéger en les solidifiant.

VERNISSAGE, n. m. [vɛrnisaʒ] (*vernir*) Action de vernir, de vernisser. ■ Ouverture ou inauguration d'une exposition, notamment de peinture, de sculpture, etc. *Coktail offert lors d'un vernissage.*

VERNISSÉ, ÉE, p. p. de vernisser. [vɛrnise] *Pot vernissé. Poterie vernissée.* ♦ **Hist. nat.** Se dit des surfaces qui sont brillantes.

VERNISSER, v. tr. [vɛrnise] (*vernis*) En parlant de la poterie, vernir. *Vernisser un pot de terre.* ♦ Se vernisser, v. pr. Être vernissé.

VERNISSEUR, EUSE, n. m. et n. f. [vɛrnisœr, øz] (*vernir*) Artisan qui fait des vernis, ou qui les emploie.

VERNISSURE, n. f. [vɛrnisyr] (*vernir*) Application du vernis. ■ REM. Il est vieilli aujourd'hui.

VÉROLE, n. f. [veʁɔl] (lat. *variola*, maladie éruptive) *Petite vérole*, syn. vulgaire de *variole*. ♦ *Petite vérole confluente, discrète*, Voy. ces mots. ♦ *Petite vérole volante*, petite vérole modifiée et généralement très bénigne, varicelle. ■ Rem. *Petite vérole* n'est plus vulgaire aujourd'hui.

VÉROLÉ, ÉE, ■ adj. [veʁole] (*vérole*) Vieilli Atteint de syphilis. ■ **Inform.** Endommagé par un virus. *Un fichier vérolé.*

VÉRON, n. m. [veʁɔ̃] Voy. 2 vairon.

VÉRONIQUE, n. f. [veʁonik] (lat. scient. *veronica*, du nom de sainte Véronique par allus. aux miracles qui lui sont attribués) Genre de la famille des scrofularinées, où l'on distingue la véronique mâle, dite aussi *thé d'Europe*. ♦ *Véronique des jardiniers, amourette, fleur de coucou* ou *lychnide des prés*.

VERRAIN, ■ n. m. [veʁɛ̃] Voy. vérin.

VERRANNE, ■ n. f. [veʁan] (*verre* et *fibranne*) Techn. Fibre de verre d'aspect laineux. *Utilisation de la verranne dans la fabrication des moules.*

VERRAT, n. m. [veʁa] (lat. *verres*) Porc mâle.

VERRE, n. m. [veʁ] (lat. *vitrum*) Corps solide, transparent, dur et fragile, qu'on obtient en fondant du sable siliceux avec de la potasse ou de la soude. ♦ *Cela se casse comme du verre, comme le verre*, cela est très fragile. ♦ ▷ **Fig.** *Une personne de verre*, une personne de la moindre chose brise, abat. ◁ ♦ *Châssis de verre*, châssis garni de carreaux de verre. ♦ **Fig.** *Une maison de verre*, une maison de laquelle on sait tout ce qui s'y passe. ♦ *Verre d'Alsace*, verre commun qui se vend en feuilles. ♦ *Verre blanc*, verre principalement formé de silicates alcalins. ♦ *Verre de Bohême*, le plus blanc et le plus épais de tous. ♦ *Verres colorés*, ceux qui contiennent des oxydes métalliques colorés. ♦ **Fig.** « *L'habitude, le préjugé, l'opinion sont autant de verres diversement colorés, à travers lesquels chacun de nous voit les objets* », Marmontel. ♦ *Verre double*, verre de Bohême très épais. ♦ *Verre de fougère*, verre dans lequel il entre des cendres de fougères. ♦ *Verre-mousseline*, verre d'abord enduit d'un émail pulvérulent, dont une partie est enlevée par la brousse de façon à laisser des clairs et des mats. ♦ *Il se dit de divers objets qui sont faits en verre. Un verre de lunette, de montre.* ♦ *Un verre*, carreau de verre qu'on met devant une estampe, un dessin, pour les protéger. *Mettre une estampe sous verre.* ♦ **Fig.** *Cela est à mettre sous verre*, se dit d'une chose précieuse qui mérite d'être conservée. ♦ **Fig.** *Il est à mettre sous verre*, il est bizarre, absurde. ♦ *Grand cylindre ou paraboloïde de verre sous lequel on met une pendule, des vases de fleurs artificielles*, etc. ♦ *Collier de verre*, collier en verroterie. ♦ *Verre ardent*, Voy. ardent. ♦ *Verre dormant*, Voy. dormant. ♦ *Verres de couleur*, petits vases de verre colorés pour les illuminations. ♦ *Vase, récipient à boire fait de verre. Verre à patte.* ♦ *Verre à patte*, verre plus petit, dans lequel on boit les liqueurs. ♦ *Choquer le verre*, trinquer. ♦ *Entre les verres et les pots*, à table, en buvant. ♦ ▷ *Faire voir dans le verre*, sortilège employant un verre pour y faire voir le présent et l'avenir. ◁ ♦ *La liqueur que contient ou peut contenir un verre. Un verre de vin.* ♦ **Fig.** *Faire répandre le verre*, achever de perdre quelqu'un. ◁ ♦ *Un petit verre*, un petit verre d'eau-de-vie. ♦ *Papier de verre*, papier enduit de poudre de verre, dont on se sert pour polir. ♦ *Verre volcanique*, l'obsidienne. ♦ **Prov.** *Qui casse les verres les paye*, celui qui fait quelque dommage doit le réparer ; et aussi chacun répond de ce qu'il fait. ■ *Verre organique*, matière plastique transparente ressemblant au verre par sa résistance. *Le plexiglas est un verre organique.* ■ *Verre triplex* ou *verre feuilleté*, verre constitué de deux feuilles de verre reliées à une feuille de plastique qui permet, en cas de choc, de retenir les morceaux de verre brisé. ■ *Verre de contact*, petite rondelle en verre ou en matière plastique qui s'applique directement sur l'œil et qui sert à corriger la vue.

VERRÉE, n. f. [veʁe] (*verre*) La contenance d'un verre. ■ Rem. Il est vieilli aujourd'hui.

VERRERIE, n. f. [veʁ(ə)ʁi] (*verre*) Usine où l'on fait le verre, les ouvrages de verre. ♦ Art de faire le verre. ♦ Collectivement, toute sorte d'ouvrages de verre. *Un magasin de verrerie.* ■ Ensemble des objets fabriqués en verre. *Verrerie de Biot.*

VERRIER, n. m. [veʁje] (*verre*) Ouvrier qui fait du verre et des ouvrages de verre. *Le métier de verrier ne dérogeait point à la noblesse.* ♦ **Adj.** *Gentilhomme verrier*, gentilhomme qui travaillait en verrerie. ◁ ♦ Celui qui vend des ouvrages de verre. ◁ ♦ Espèce de panier dans lequel on range les verres à boire, les carafes, etc. ♦ *Artiste verrier, peintre verrier*, celui qui fait des vitraux peints, des peintures sur verre. ♦ ▷ *Le savon des verriers*, le manganèse. ◁

VERRIÈRE, n. f. [veʁjɛʁ] (*verre*) Cuvette remplie d'eau dans laquelle on place les verres. ♦ *Verrière*, nom donné au morceau de verre placé au-devant des châsses, des reliquaires ou des tableaux pour les conserver. ♦ Grande fenêtre ornée de vitraux peints. ♦ Grande surface vitrée, dans un mur, un toit. *Un dispositif spécialement conçu pour l'entretien des verrières.* ♦ Partie vitrée qui couvre la cabine de pilotage d'un avion.

VERRIN, ■ n. m. [veʁɛ̃] Voy. vérin.

VERRINE, n. f. [veʁin] (anc. fr. *verrin*, de verre, du lat. vulg. *vitrinus*) Syn. de verrière. ♦ Espèce de cloche de jardinier, formée de morceaux de verre assemblés avec des lames de plomb. ♦ Grand tuyau de verre dont on se sert pour faire des baromètres.

VERROTERIE, n. f. [veʁɔt(ə)ʁi] (*verre*, d'apr. *bimbeloterie*) **Collect.** Petits ouvrages ; menue marchandise de verre.

VERROU, n. m. [veʁu] (lat. pop. *verruculum*, dimin. de *veru*, broche, pique) Moyen de fermeture consistant en une barre de fer ronde ou carrée, de même dimension dans toute sa longueur, ayant une queue au milieu et un mouvement de va-et-vient entre deux crampons. ♦ *Enfermé au verrou*, se dit de celui qui a tiré le verrou d'une chambre pour empêcher qu'on vienne l'y déranger. ♦ *Tenir quelqu'un sous le verrou*, le tenir renfermé. ♦ *Être sous les verrous*, être enfermé, être en prison. ♦ On dit dans un sens analogue : *L'or ouvre tous les verrous.* ◁ ♦ *Tirer le verrou*, pousser le verrou de manière qu'il ferme la porte. ♦ ▷ **Fig.** *Porter l'épée en verrou*, la porter horizontalement. ◁ ♦ *Verrou de sûreté*, syn. de serrure de sûreté. ■ Tout moyen constituant un obstacle. *La porte d'entrée du Vieux-Port de La Rochelle remplit pendant dix siècles la fonction de verrou défensif.* ■ **Géol.** Saillie rocheuse en travers d'une vallée glaciaire. *Glacier qui contourne un verrou.* ■ Rem. On dit aussi *tenir, garder sous les verrous*.

VERROUILLAGE, ■ n. m. [veʁujaʒ] (*verrouiller*) Action de fermer. *Vérifier le verrouillage de la porte d'un coffre.* ■ Dispositif servant à bloquer un fonctionnement. *Le verrouillage d'une arme.* ■ *Verrouillage central* ou *centralisé*, fermeture automatique et simultanée de toutes les portes d'un véhicule. ■ **Inform.** Procédure utilisée pour bloquer l'accès à des données ou leur modification par un utilisateur non autorisé. *Le verrouillage d'un fichier.* ■ **Milit.** Opération défensive bloquant le passage de l'ennemi.

VERROUILLÉ, ÉE, p. p. de verrouiller. [veʁuje]

VERROUILLER, v. tr. [veʁuje] (*veroil*, anc. forme de *verrou*) Fermer au verrou. *Verrouiller une porte.* ■ **Par extens.** *Verrouiller quelqu'un*, l'enfermer en prison ou ailleurs. ♦ Se verrouiller, v. pr. S'enfermer au verrou. ■ V. tr. Barrer le passage, bloquer. *Verrouiller le quartier. Verrouiller un système informatique.* ■ *Verrouiller un courant politique*, l'empêcher d'évoluer.

VERRUCAIRE, n. f. [veʁykɛʁ] (lat. *verrucaria*, herbe qui guérit les verrues) Genre de lichens. ♦ Espèce d'algues. ♦ Héliotrope d'Europe.

VERRUCOSITÉ, ■ n. f. [veʁykozite] (rad. du lat. *verrucosus*, verruqueux) Excroissance qui se développe sur la peau ou sur une muqueuse et qui ressemble à une verrue. *Une verrucosité peut être l'expression d'une tumeur bénigne ou maligne.*

VERRUE, n. f. [veʁy] (lat. *verruca*, excroissance, verrue) Petite excroissance cutanée, indolente, ayant une certaine consistance, quelquefois mobile et superficielle, mais ordinairement implantée dans l'épaisseur du derme par des filaments blanchâtres, denses, à demi fibreux. ♦ *Herbe aux verrues*, héliotrope d'Europe. ♦ **Bot.** Petite protubérance rugueuse. ♦ **Litt.** Ce qui enlaidit, gâte un ensemble. *Cette friche industrielle constitue une véritable verrue dans le paysage.*

VERRUQUEUX, EUSE, adj. [veʁykø, øz] (lat. *verrucosus*, qui a une verrue) **Hist. nat.** Qui a la forme d'une verrue. ♦ Qui est parsemé de verrues, d'espèces de verrues. ♦ **Méd.** Se dit d'une pathologie où apparaissent des verrues. *Tuberculose verruqueuse.*

1 VERS, n. m. [veʁ] (lat. *versus*, de *vertere*, tourner, action de tourner la charrue au bout du sillon, puis par anal. ligne d'écriture) Assemblage de mots mesurés et cadencés selon certaines règles fixes et déterminées. ♦ *Vers faux*, vers qui pèche contre les règles de la versification. ♦ *Ce vers n'y est pas*, il pèche contre les règles de la versification. ♦ *Vers d'or* ou *vers dorés*, vers gnomiques attribués à Pythagore. ♦ **Fig.** *Ce ne sont pas des vers à sa louange*, c'est un blâme, une critique, une médisance. ♦ ▷ Au sing. en un sens collectif. *Il fait bien le vers.* ◁ ♦ *Vers libres*, vers de différentes mesures, qui ne sont pas soumis à des retours réguliers. ♦ *Vers blancs*, vers non rimés dans les langues où la rime est en usage. ♦ *Grand vers*, le vers de douze syllabes ; *vers commun*, le vers de dix syllabes ; *petit vers*, le vers de huit syllabes et au-dessous. ♦ *Petits vers*, petites pièces de vers, pièces de vers sur des sujets légers. ♦ ▷ *Vers de société*, petites pièces de vers que l'on compose ou que l'on lit dans la société, dans les salons. ◁

2 VERS, prép. [veʁ] (lat. *versus*, de *vertere*, tourner) Sert à exprimer une certaine direction, une situation d'un certain côté. *Voguer vers la rive.* « *Le premier moment de la vie Est le premier pas vers la mort* », J.-B. Rousseau. ♦ *Auprès de. Je l'ai envoyé vers vous. Envoyé vers tel prince d'Allemagne.* ♦ Environ. *Vers midi.* ♦ **Fig.** À l'égard de, envers (acception blâmée par l'Académie, mais autorisée par l'exemple des meilleurs auteurs). « *Et m'acquitter vers vous de mes respects profonds* », Racine. « *L'un de l'autre jaloux, l'un vers l'autre perfides* », Voltaire.

VERSABLE, adj. [veʁsabl] (*verser*) ▷ Se dit d'une voiture sujette à verser. ◁

VERSADE, n. f. [vɛʁsad] (*verser*) ▷ Action d'une voiture qui verse. ◁

VERSAGE, n. m. [vɛʁsaʒ] (*verser*) ▷ Premier labour donné aux jachères. ◁

1 **VERSANT**, n. m. [vɛʁsɑ̃] (*verser*) Pente d'un des côtés d'une chaîne de montagnes. *Le versant septentrional des Pyrénées.* ◆ Aspect d'une chose, par rapport à l'autre aspect de cette même chose. *Envisager les deux versants d'une question.*

2 **VERSANT, ANTE**, adj. [vɛʁsɑ̃, ɑ̃t] (*verser*) ▷ Qui verse facilement, qui est sujet à verser. *Les carrosses haut suspendus sont versants.* ◁

VERSATILE, adj. [vɛʁsatil] (lat. *versatilis*, qui tourne facilement) Qui change. ◆ **Zool.** Se dit du doigt interne des oiseaux, quand il est susceptible de se porter tantôt en avant et tantôt en arrière. ◆ **Fig.** Qui ne sait pas se fixer. *Caractère versatile.*

VERSATILITÉ, n. f. [vɛʁsatilite] (*versatile*) Qualité de ce qui est versatile.

1 **VERSE**, n. f. [vɛʁs] (*verser*) État des céréales couchées à terre par la pluie ou toute autre cause. *La verse des blés.* ◆ À VERSE, loc. adv. Se dit des pluies qui tombent avec une abondance telle qu'on dirait qu'on les verse. *Il pleut à verse.*

2 **VERSE**, adj. m. [vɛʁs] (lat. *versus*, de *vertere*, tourner) ▷ Géom. *Le sinus verse d'un angle*, la partie du rayon du cercle comprise entre l'arc et le pied du sinus. ◁

VERSÉ, ÉE, p. p. de verser. [vɛʁse] ◆ **Hérald.** Renversé. ◆ **Fig.** Exercé, expérimenté. *Un homme versé dans les arts.* ■ **Rem.** Il est littéraire aujourd'hui dans ce dernier sens.

VERSEAU, n. m. [vɛʁso] (*verse-eau*, de *verser* et *eau*) **Astron.** Signe du zodiaque qui, par suite de la révolution annuelle de la Terre, semble parcouru, du 20 janvier au 20 février à peu près, par le Soleil (on met un V majuscule).

VERSEMENT, n. m. [vɛʁs(ə)mɑ̃] (*verser*) **Financ.** Action de verser de l'argent dans une caisse, de mettre des fonds dans une affaire. ◆ **Comm.** Action de verser, remettre un objet, des marchandises. ■ Somme versée. *Le versement du loyer.*

VERSER, v. tr. [vɛʁse] (lat. *versare*, de *vertere*, tourner, retourner) Faire couler un liquide hors de ce qui le contient. *Verser de l'eau à terre.* ◆ Mettre du vin ou quelque autre liquide dans un verre. *Verser à boire.* ◆ **Par extens.** Il se dit de certaines choses solides. *Verser du blé dans un sac.* ◆ *Verser des larmes, des pleurs*, pleurer. ◆ *Verser le sang*, tuer par le glaive, par un instrument qui ouvre les vaisseaux, ou tuer d'une manière quelconque. ◆ *Verser son sang*, subir la mort en s'y exposant volontairement. ◆ ▷ Faire sortir ce qui est en excédant. *« La Suisse était obligée de verser ses industrieux habitants aux royaumes étrangers, comme elle leur verse ses rivières fécondes »*, CHATEAUBRIAND. ◁ ◆ Faire tomber d'en haut. *« [Les astres ont pour effet] De verser sur les corps certaines influences »*, LA FONTAINE. ◆ **Fig.** *Verser des bienfaits sur quelqu'un.* ◆ *Verser le mépris, le ridicule sur quelqu'un*, en parler de manière à le rendre méprisable, ridicule. ◆ **Fig.** Dépenser d'une manière prodigue. *Verser l'or à pleine main.* ◆ **Fig.** Faire éprouver, inspirer. *« Le ciel versa dans son esprit et dans son cœur ces principes d'honneur et d'équité »*, FLÉCHIER. ◆ *Verser des consolations dans un cœur triste, ulcéré*, adoucir ses peines. ◆ ▷ Confier, faire confidence de. *Verser un secret dans le cœur d'un ami.* ◁ ◆ Apporter, déposer de l'argent, des fonds dans une caisse. ◆ *Verser des fonds dans une affaire*, y engager des fonds. ◆ ▷ Il se dit de marchandises, d'objets de commerce qu'on transporte. ◁ ◆ ▷ Renverser sur le côté une charrette, une voiture qui est en train de cheminer. ◁ ◆ Il se dit aussi des personnes qui sont dedans. ◁ ◆ **Absol.** *Ce charretier verse souvent.* ◆ **Fig.** *Il n'est si bon charretier qui ne verse*, il n'est homme, quelque habile qu'il soit, qui ne fasse des fautes. ◆ Neutralement. Tomber sur le côté, en parlant d'une voiture et des personnes qui sont dedans. *« Brancas versa, il y a trois ou quatre jours, dans un fossé »*, MME DE SÉVIGNÉ. ◆ ▷ *Verser en beau chemin*, manquer une affaire quand tout allait bien. ◁ ◆ Coucher par terre, en parlant des blés sur pied, des herbes. *L'orage a versé les blés.* ◆ Neutralement. Être couché par le vent, par la pluie, ou par toute autre cause. *Le blé verse.* ◆ ▷ *Verser un champ*, le labourer. ◁ ◆ **Absol.** *Verser.* ◁ ◆ ▷ *La charrue verse à droite, à gauche*, quand la terre qu'elle retourne tombe à droite, à gauche. ◁ ◆ **Se verser**, v. pr. Être versé, épandu. ◆ ▷ *Se verser dans*, se confondre, en parlant de cours d'eau. ◁ ◆ Se faire confidence l'un à l'autre. *« Ce sont deux cœurs qui se versent pour ainsi dire de l'un dans l'autre »*, FÉNELON. ◁ ◆ *Verser dans*, glisser dans, évoluer vers. *Il verse dans la sensiblerie.*

VERSET, n. m. [vɛʁsɛ] (dimin. de 1 *vers*) T. de l'Écriture. Petite section composée ordinairement de deux ou trois lignes, et contenant le plus souvent un sens complet. ◆ Se dit aussi de quelques paroles tirées ordinairement de l'Écriture sainte, et suivies quelquefois d'une réponse, qu'on dit, qu'on chante dans l'office de l'Église. ◆ **Mus.** Morceau de chant ou air d'orgue qui correspond à un verset. ◆ **Impr.** Signe qui sert à marquer les versets, et qui a la forme d'un v barré V̵.

VERSEUR, EUSE, ■ n. m. et n. f. [vɛʁsœʁ, øz] (*verser*) Ouvrier chargé de transvaser des liquides. *Les verseurs de la fonderie.* ■ Adj. Qui sert à verser. *Un verre muni d'un bec verseur. Un bouchon verseur.* ■ N. f. Cafetière à poignée droite.

VERSICOLORE, adj. [vɛʁsikɔlɔʁ] (lat. *versicolor*, de *vertere*, changer, et *color*, couleur) Qui offre plusieurs teintes. ◆ Qui change ou varie de couleur.

VERSICULES ou **VERSICULETS**, n. m. pl. [vɛʁsikyl, vɛʁsikylɛ] (lat. *versiculus*, dimin. de *versus*, vers) ▷ Plais. Petits vers. ◁

VERSIFICATEUR, n. m. [vɛʁsifikatœʁ] (lat. *versificator*) Celui qui fait des vers. *« L'art de versificateur est d'une difficulté prodigieuse »*, VOLTAIRE. ◆ Celui qui a de la facilité pour faire des vers, mais peu d'invention. ◆ Au f. *Versificatrice.* ■ **Rem.** L'emploi adjectival est rare.

VERSIFICATION, n. f. [vɛʁsifikasjɔ̃] (lat. *versificatio*) Art, manière de faire les vers. *« Le fils du grand Racine hérita de son père le talent de la versification »*, VOLTAIRE. ◆ Emploi du style en vers. *« La versification est nécessaire à l'ode et à l'épopée »*, CONDILLAC.

VERSIFIÉ, ÉE, p. p. de versifier. [vɛʁsifje]

VERSIFIER, v. intr. [vɛʁsifje] (lat. *versificare*, de *versus*, vers, et *facere*, faire) Faire des vers. *Il versifie bien.* ◆ V. tr. Mettre en vers. *« L'Avare, que Molière n'eut pas le temps de versifier, détermina plusieurs auteurs à faire en prose leurs comédies »*, VOLTAIRE.

VERSION, n. f. [vɛʁsjɔ̃] (lat. *versio*, de *vertere*, tourner) Au propre et en méd. Action de tourner. ◆ **Fig.** Action de tourner d'une langue dans une autre, traduction. *« Nous avons une version grecque d'un traité composé en langue punique par Hannon »*, ROLLIN. ◆ Se dit surtout des anciennes traductions de la Bible. *« Saint Jérôme composa sur l'original hébreu la Version de la Bible que toute l'Église a reçue sous le nom de Vulgate »*, BOSSUET. ◆ Traduction que l'écolier fait d'une langue ancienne en sa propre langue. *Version latine.* ◆ Manière de raconter un fait. *Il y a sur ce fait différentes versions.* ◆ Interprétation, explication. ■ État d'un texte. *Les différentes versions d'une épopée.* ■ *Film en version originale* ou *film en* vo, film avec la bande sonore originale. ■ *Film en version française* ou *film en* vf, film doublé. ■ *Version originale sous-titrée*, film avec la bande sonore originale et les sous-titres en français.

VERS-LIBRISTE, ■ adj. [vɛʁlibʁist] (*vers* et *libre*) Se dit d'un poète qui compose des vers libres. *Les vers-libristes de la poésie contemporaine.* ■ N. m. et n. f. *Les vers-libristes.*

VERSO, n. m. [vɛʁso] (mot lat. *verso*, s. e. *folio verso*, sur le feuillet qui est à l'envers, de *versus*, tourné) La seconde page, le revers d'un feuillet. ◆ Au pl. *Des versos.* ■ *Recto verso*, première et seconde page d'un feuillet. *Imprimante qui permet les impressions recto verso.*

VERSOIR, n. m. [vɛʁswaʁ] (*verser*) Partie de la charrue qui renverse la tranche de terre détachée par le coutre et le soc ; dite aussi *oreille.*

VERSTE, n. f. [vɛʁst] (russe *versta*) Mesure itinéraire de Russie, qui vaut 1077 mètres.

VERSUS, ■ prép. [vɛʁsys] (mot lat., contre) Par opposition à. *Assurance collective versus assurance individuelle.* ■ **Abrév.** vs.

VERT, ERTE, adj. [vɛʁ, ɛʁt] (lat. *viridis*, vert, vigoureux, jeune) Qui est de la couleur de l'herbe et des feuilles des arbres. *Drap vert. Des rameaux verts.* ◆ *Bonnet vert*, bonnet que portaient les banqueroutiers. ◆ *Sauce verte*, sauce qui a pour base le jus d'épinards. ◆ *Huîtres vertes*, huîtres qui ont pris cette coloration dans le parc, grâce à une nourriture particulière. ◆ *Vert comme pré*, très vert. ◆ ▷ *Régime vert*, régime des solipèdes mis au vert. ◁ ◆ **Par extens.** En parlant des arbres et des plantes, qui a encore de la sève. *Cet arbre n'est pas mort, il est encore vert.* ◆ *Bois vert*, bois qui n'a pas perdu toute son humidité depuis qu'il a été coupé. ◆ ▷ *Pierres vertes*, pierres fraîchement tirées de la carrière. ◁ ◆ *Morue verte*, morue qui n'a pas été séchée. ◆ *Ivoire vert*, ivoire des défenses arrachées sur l'éléphant vivant ou peu de temps après sa mort. ◆ *Des cuirs verts*, peaux non préparées. ◆ Qui n'a pas achevé de mûrir, qui a encore de l'acidité. *Des fruits verts. Vin vert*, vin qui n'est pas encore assez fait. ◆ *Pois verts*, pois nouveaux, par opposition aux pois secs. ◆ **Fig.** *Il trouve les raisins trop verts*, il dénigre et fait semblant de dédaigner ce qu'il ne peut obtenir (par allusion à la fable : *Le Renard et les Raisins*). ◆ **Fig.** Il se dit du jeune âge que l'on compare à la verdure du printemps. ◆ *Vert jeunesse.* ◆ Il se dit aussi des personnes. *Un homme encore vert. Vert galant*, Voy. GALANT. ◆ ▷ **Fig.** *Cet homme a la tête verte, c'est une tête verte*, il est brusque et évaporé. ◁ ◆ **Fig.** Il se dit de l'âge avancé qui conserve de la vigueur. *Une verte vieillesse.* ◆ Il se dit aussi des personnes. ◆ Décisif, qui ne marchande pas. *« Il ne faut point avoir de mollesse en sa vie ; Je suis vert »*, REGNARD. ■ Dans le même sens, en parlant des choses. *Une verte réprimande.* ◆ *Langue verte*, parler voisin de l'argot. ■ N. m. La couleur verte. *Vert de mer, vert d'émeraude, vert-dragon, vert-pré*, etc. *Le vert bleuâtre des oliviers.* ◆ *Vert-pomme*, couleur de pomme. *Des étoffes vert-pomme.* ♦ **Phys.** L'une des sept couleurs du spectre solaire. ♦ *Vert des plantes,* Voy. CHLOROPHYLLE. ♦ Il se dit des différentes couleurs vertes préparées pour la peinture ou la teinture. ♦ Nom vulgaire des fourrages herbacés avant leur dessiccation, qu'on donne à manger aux bêtes, soit à l'écurie, soit sur place. ♦ *Mettre au vert,* s'entend de l'alimentation exclusive, pendant un temps donné, avec du vert, pour des animaux qui se nourrissent habituellement de fourrages secs. ♦ ▷ Fig. *Manger son blé en vert, couper ses blés en vert,* manger son revenu d'avance. ◁ ♦ *Jouer au vert,* jouer un certain jeu qui était en usage dans le mois de mai ; ceux qui le jouaient devaient porter, tout le mois, une feuille verte cueillie le jour même ; chaque joueur, pris sans être muni de cette feuille, était puni de quelque amende. ♦ **Fig.** *Prendre quelqu'un sans vert,* le prendre au dépourvu. ♦ Fig. *Employer le vert et le sec dans une affaire,* employer toutes ses ressources pour la faire réussir. ♦ Acidité du vin qui n'est pas encore fait. ♦ Nom de certaines roches, marbres, substances. *Vert antique ou vert d'Égypte,* marbre précieux qu'employaient quelquefois les anciens. ♦ *Vert campan, marbre vert campan,* sorte de marbre de la vallée de Campan (Pyrénées). *Vert de chrome,* oxyde de chrome. *Vert de cuivre,* la malachite fibreuse. *Vert de Florence,* marbre vert antique. *Vert de mer,* roche à base de serpentine, fort tendre, d'une couleur verte assez obscure, tachetée de différentes couleurs. ♦ *Verte-longue,* nom de plusieurs variétés de poires sucrées. ♦ ▷ N. f. *Verte,* nom vulgaire d'une couleuvre. ◁ ♦ **Adj.** Très pâle. *Être tout vert après un malaise.* ■ Qui concerne la nature, qui a lieu à la campagne. *Classe verte. Le tourisme vert.* ■ N. m. pl. Parti politique écologiste. ■ **N. m.** Écologiste. ♦ Qui concerne l'environnement. *Le carburant vert.* ■ N. m. Un des trois feux tricolores. *Passer au vert.* ■ *Avoir la main verte,* aimer s'occuper de plantes, être un bon jardinier. ■ **Fam.** *En voir des vertes et des pas mûres,* être mis à rude épreuve. « *J'ai vécu moi. J'en ai vu des vertes et des pas mûres* », GIONO. ♦ *Se mettre au vert,* aller chercher le calme à la campagne. ♦ *Le billet vert,* le dollar. ■ *Numéro vert,* numéro de téléphone dont l'appel est gratuit. ■ REM. On écrivait aussi *verd* autrefois.

VERT-DE-GRIS, n. m. inv. [vɛʀdəgʀi] (*vert de Grèce,* verdet, avec altér. d'apr. *gris*) Nom vulgaire du sous-carbonate de dentoxyde de cuivre qui se forme à la surface des ustensiles de ce métal ; c'est le vert-de-gris naturel. ♦ *Vert-de-gris du commerce* ou *verdet,* acétate bibasique de cuivre dont la nuance varie du bleu au vert, selon la quantité d'eau, et qui est produit par l'action du cuivre sur le marc de raisin. ■ Se dit d'une couleur verte tirant sur le gris. *Des vert-de-gris.*

VERT-DE-GRISÉ, ÉE, adj. [vɛʀdəgʀize] (*vert-de-gris*) Qui est couvert de vert-de-gris. ♦ Au pl. *Des vases vert-de-grisés.*

VERTÉBRAL, ALE, adj. [vɛʀtebʀal] (*vertèbre*) **Anat.** Qui a rapport aux vertèbres. *Artère vertébrale. Nerfs vertébraux.* ♦ *Colonne vertébrale,* longue tige résultant de l'assemblage de toutes les vertèbres.

VERTÉBRÉ, ÉE, adj. [vɛʀtebʀe] (*vertèbre*) **Hist. nat.** Qui est pourvu de vertèbres. ♦ *Animaux vertébrés,* grande division du règne animal, comprenant tous les animaux dont le corps et les membres ont une charpente intérieure osseuse ou cartilagineuse, composée de pièces liées ensemble et mobiles les unes sur les autres. ♦ **N. m.** *Les vertébrés,* les animaux vertébrés.

VERTÈBRE, n. f. [vɛʀtɛbʀ] (lat. *vertebra,* articulation, vertèbre) **Anat.** Chacun des vingt-quatre os qui forment la colonne vertébrale, et qui sont le centre des mouvements du tronc.

VERTEMENT, adv. [vɛʀtəmã] (*vert*) Avec fermeté, avec vigueur. *Parler vertement à quelqu'un. Réprimander vertement.*

VERTEX, n. m. [vɛʀtɛks] (mot lat.) Sommet de la tête dans les vertébrés, ou partie du crâne qui est située entre les deux oreilles.

VERTICAL, ALE, adj. [vɛʀtikal] (lat. *verticalis,* de *vertex, verticis,* sommet) ▷ Qui est placé haut au-dessus de la tête. *Les feux verticaux du soleil.* ◁ ♦ Qui est perpendiculaire au plan de l'horizon ou à la surface des eaux tranquilles. ♦ *Ligne verticale,* celle que suivent les corps qui tombent et qui est indiquée par le fil à plomb ; ligne rationnelle que suit la résultante des forces de pesanteur d'un corps, et partant du centre de gravité. ♦ **Astron.** *Point vertical,* le zénith. ♦ *Cercles verticaux,* grands cercles de la sphère qui passent par le zénith et le nadir. ♦ On dit aussi n. m. *un vertical.* ♦ **Bot.** Se dit de tout organe qui s'élève perpendiculairement à l'égard soit de l'horizon, soit de la partie qui le supporte. ♦ N. f. *La verticale,* ligne verticale.

VERTICALEMENT, adv. [vɛʀtikal(ə)mã] (*vertical*) Perpendiculairement au plan de l'horizon.

VERTICALITÉ, n. f. [vɛʀtikalite] (*vertical*) État d'un corps placé perpendiculairement à l'horizon.

VERTICILLE, n. m. [vɛʀtisil] (lat. *verticillus*) **Bot.** L'ensemble des parties de la fleur ou des organes foliacés disposés, au nombre de deux au moins, autour d'un axe commun et sur un même plan horizontal.

VERTICILLÉ, ÉE, adj. [vɛʀtisile] (*verticille*) **Bot.** Qui est disposé en verticille.

VERTIGE, n. m. [vɛʀtiʒ] (lat. *vertigo,* tournoiement, de *vertere,* tourner) État dans lequel il semble que tous les objets tournent et que l'on tourne soi-même. ♦ **Fig.** « *Un vertige soudain saisit les éléments,* », C. DELAVIGNE. ♦ ▷ *Vertige ténébreux,* vertige dans lequel au tournoiement des objets se joint un obscurcissement tel de la vue que le malade à peine à conserver l'équilibre. ◁ ♦ **Fig.** Égarement des sens, folie momentanée. ♦ T. de l'Écriture qui a passé dans le langage général. *Esprit de vertige,* esprit d'erreur, de folie, d'égarement. ■ *Avoir le vertige,* avoir peur du vide.

VERTIGINEUX, EUSE, adj. [vɛʀtiʒinø, øz] (lat. *vertiginosus*) Qui cause le vertige. *Une hauteur vertigineuse.* ♦ **Méd.** Qui concerne le vertige. *Affection vertigineuse.* ♦ ▷ Qui a des vertiges, qui est sujet aux vertiges (peu usité). ◁ ■ **Fig.** Très grand. *Une hausse vertigineuse des prix.*

VERTIGINOSITÉ, n. f. [vɛʀtiʒinozite] (*vertigineux*) ▷ **Méd.** État de vertige. ◁

VERTIGO, n. m. [vɛʀtigo] (mot lat., vertige) ▷ **Fam.** Caprice, fantaisie. « *Voyez un peu quel vertigo lui prend* », MOLIÈRE. ◁ ♦ Maladie des chevaux, tournoiement de tête.

VERTISOL, ■ n. m. [vɛʀtisɔl] (lat. *vertere,* retourner, et *sol*) **Géol.** Sol argileux des régions tropicales et méditerranéennes où l'alternance des saisons sèches et humides est marquée. *La bonne fertilité des vertisols du Texas.*

VERTU, n. f. [vɛʀty] (lat. *virtus,* mérite, perfection morale, de *vir,* homme) ▷ Force morale, courage. ◁ ♦ *N'avoir ni force ni vertu,* n'avoir ni force ni courage. ♦ Ferme disposition de l'âme à fuir le mal et à faire le bien. ♦ **Fam.** *Vous avez bien de la vertu,* se dit à quelqu'un qui vient de faire une chose pour laquelle on se sent de la répugnance. ♦ *Faire de nécessité vertu,* faire de bonne grâce une chose obligée, mais désagréable. ♦ Telle ou telle qualité particulière. *Vertu morale. Vertus guerrières.* « *La princesse palatine avait les vertus que le monde admire, et qui font qu'une âme séduite s'admire elle-même* », BOSSUET. ♦ *Petites vertus,* qualités morales appliquées dans les petites choses. ♦ *Vertus théologales,* la foi, l'espérance et la charité. ♦ *Vertus cardinales,* la prudence, la justice, la tempérance et la force. ♦ Personne vertueuse. « *La vertu la plus ferme évite les hasards* », P. CORNEILLE. ♦ Chasteté, pudicité, ne se dit qu'en parlant des femmes. ♦ Qualité qui rend propre à produire certains effets. « *Ces herbes ne sont pas d'une vertu commune* », P. CORNEILLE. ♦ « *Nous avons vu que le théâtre a une grande vertu pour la correction* », MOLIÈRE. ♦ Au pl. **Théol.** Un des ordres de la hiérarchie céleste. *Vertus* (avec un grand V). ♦ EN VERTU DE, loc. prép. En conséquence de, en raison de. *En vertu d'un jugement.* « *Les merveilles qu'il fit en vertu de cet art damnable* », BOSSUET. ■ *Femme de petite vertu,* femme de mœurs légères.

VERTUBLEU ou **VERTUDIEU,** ■ interj. [vɛʀtyblø, vɛʀtydjø] (altération de *Vertu Dieu,* par la vertu de Dieu) Anciens jurons marquant la surprise, l'indignation ou la résignation.

VERTUEUSEMENT, adv. [vɛʀtyøz(ə)mã] (*vertueux*) D'une manière vertueuse.

VERTUEUX, EUSE, adj. [vɛʀtyø, øz] (*vertu*) Qui a de la vertu. *Homme vertueux.* ♦ N. m. et n. f. « *Le prudent se fait du bien, le vertueux en fait aux hommes* », VOLTAIRE. ♦ Pudique, chaste, en parlant des femmes. ♦ N. m. et n. f. « *On voit de fausses vertueuses Dont l'orgueil est sans égal* », GOMBAUT. ♦ Qui est inspiré par la vertu. *Action vertueuse.*

VERTUGADIN, n. m. [vɛʀtygadẽ] (esp. *verdugado,* de *verdugo,* baguette [dont on faisait le vertugadin]) Gros et large bourrelet que les femmes avaient coutume de porter au-dessous de leurs corps de robe. ♦ Fig. Antiquaille, chose hors de mode. ■ Dans un jardin à la française, gazon en amphithéâtre. *Le vertugadin du château de Compiègne.*

VERVE, n. f. [vɛʀv] (prob. lat. tardif *verva,* de *verba,* plur. de *verbum,* parole) Caprice, bizarrerie, fantaisie (peu usité ce sens, qui est le sens ancien). « *Laisser aller la plume où la verve l'emporte* », RÉGNIER. ♦ Chaleur d'imagination qui anime le poète, l'orateur, l'artiste, dans la composition. *Être en verve.* ♦ Excitation due à d'autres impulsions que la chaleur de la composition. « *La première et bouillante verve du patriotisme* », MIRABEAU.

VERVEINE, n. f. [vɛʀvɛn] (lat. pop. *verbena,* rameaux de laurier, d'olivier, de myrte) **Bot.** Genre de la famille des verbénacées, où l'on distingue la verveine officinale et la verveine odorante. ■ Infusion de feuilles de verveine officinale. *Boire une verveine avant d'aller se coucher.*

VERVELLE, n. f. [vɛʀvɛl] (lat. vulg. *vertibella,* du lat. *vertere,* tourner) Anneau fixé aux courroies qui tenaient les oiseaux par les pattes, et portaient le nom ou les armes de celui à qui l'oiseau appartenait.

VERVEUX, n. m. [vɛʀvø] (lat. vulg. *vertibiculum, vertibellum ;* objet qui tourne, en forme de cylindre, du b. lat. *vertibulum,* vertèbre, du lat. *vertere,* tourner) Filet soutenu en rond par quelques cercles, qui, diminuant par degrés, donnent entrée au poisson jusqu'à l'extrémité, où il est retenu par des pointes qui l'empêchent de repasser.

VÉSANIE, n. f. [vezani] (lat. *vesania,* déraison, folie, de *vesanus,* de *ve-,* particule priv., et *sanus,* sain) **Méd.** Nom générique des différentes espèces d'aliénation mentale. ✦ **Litt.** Folie. *Il ne sut comment réagir devant pareille vésanie.*

VESCE, n. f. [vɛs] (lat. *viscia, vicia*) **Bot.** Genre de la famille des légumineuses, où l'on distingue la vesce commune. ✦ Le grain de cette plante.

VÉSICAL, ALE, adj. [vezikal] (b. lat. *vesicalis,* du lat. *vesica,* vessie) **Anat.** Qui a rapport à la vessie. *Nerfs vésicaux.* ✦ ▷ *Catarrhe vésical,* inflammation de la membrane muqueuse de la vessie. ◁

VÉSICANT, ANTE, adj. [vezikã, ãt] (lat. *vesicans,* p. prés. de *vesicare,* former des ampoules) **Méd.** Qui fait naître des ampoules à la peau, qui produit la vésication. ✦ N. m. *Les vésicants.* ✦ ▷ N. m. pl. *Les vésicants,* famille d'insectes coléoptères. ◁

VÉSICATION, n. f. [vezikasjɔ̃] (radic. du lat. *vesicare*) **Méd.** Action de produire des vésicules par une substance irritante.

VÉSICATOIRE, adj. [vezikatwaʀ] (radic. du lat. *vesicare*) Voy. VÉSICANT. **Méd.** Se dit des topiques qui, appliqués sur la peau, déterminent une sécrétion séreuse par laquelle l'épiderme est soulevé de manière à former une ampoule. *Un onguent vésicatoire.* ✦ N. m. *Un vésicatoire.* ✦ Plaie produite par le vésicatoire quand l'épiderme a été enlevé.

VÉSICULAIRE, adj. [vezikylɛʀ] (lat. *vesicula,* vessie, gousse des plantes) **Didact.** Qui a la forme de vésicules. *Des corps vésiculaires.* ✦ ▷ **Phys.** *État vésiculaire,* état particulier que présentent les liquides mis en contact avec une surface chauffée jusqu'au rouge blanc. ◁ **Bot.** *Glandes vésiculaires,* petits réservoirs remplis d'huile essentielle. ✦ **Anat.** Qui se rapporte à la vésicule biliaire. *Hyperactivité vésiculaire. Polype vésiculaire.* ✦ **Anat.** Qui se rapporte aux vésicules pulmonaires. *Murmure, râle vésiculaire.*

VÉSICULE, n. f. [vezikyl] (lat. *vesicula,* vessie, gousse des plantes) **Didact.** Petite vessie, petite cavité ou poche. ✦ **Anat.** Sac membraneux semblable à une petite vessie. ✦ ▷ *Vésicule aérienne,* dite aussi *vessie natatoire,* sac rempli d'air qu'on trouve dans les poissons, et qui les rend plus ou moins légers, selon qu'ils veulent monter ou descendre dans l'eau. ◁ ▪ *Vésicules pulmonaires,* renflements de la ramification terminale des bronches. ▪ *Vésicule biliaire,* petite poche du foie contenant la bile. ▪ *Vésicules séminales,* petites poches contenant le sperme.

VÉSICULEUX, EUSE, adj. [vezikylø, øz] (*vésicule*) Qui offre des vésicules. *Maladies vésiculeuses.* ✦ **Anat.** Qui a la forme d'une vésicule. *Éléments vésiculeux.*

VESOU, n. m. [vəzu] (mot créole des Antilles) Le jus de la canne sortant du pressoir. ✦ Vin de canne.

VESPA, ▪ n. f. [vɛspa] (nom déposé ; mot it., guêpe) Scooter du nom de la marque. *Cette société de coursiers dispose de trois vespas.*

VESPASIENNE, ▪ n. f. [vɛspazjɛn] (*Vespasien,* 9-79, empereur romain) Urinoir public. *La vespasienne du parc de la mairie.*

VESPER, n. m. [vɛspɛʀ] (mot lat., soir, étoile du soir) ▷ La planète Vénus, lorsqu'elle paraît le soir ; on dit aussi l'étoile du soir. ◁

VESPÉRAL, ALE, ▪ adj. [vɛspeʀal] (b. lat. *vesperalis*) Du soir. *Une promenade vespérale. Les effluves vespéraux du chèvrefeuille.* ▪ N. m. **Relig.** et **cathol.** Livre liturgique contenant les offices du soir.

VESPÉRIE, n. f. [vɛspeʀi] (lat. ecclés. *vesperia*) Acte de théologie ou de médecine, qui se faisait vers le soir. ✦ ▪ **Fig.** Réprimande. *Faire une vespérie à quelqu'un.* ◁

VESPÉRISÉ, ÉE, p. p. de vespériser. [vɛspeʀize]

VESPÉRISER, v. tr. [vɛspeʀize] (*vespérie*) ▷ **Vieilli** Réprimander. ◁

VESPERTILION, n. m. [vɛspɛʀtiljɔ̃] (lat. impér. *vespertilio,* de *vesper,* soir) **Zool.** Genre de chauves-souris.

VESPÉTRO, n. m. [vɛspetʀo] (*vesser, péter* et *roter*) Ratafia stomachique composé d'eau-de-vie, de sucre, d'angélique et de coriandre.

VESPIDÉS, ▪ n. m. pl. [vɛspide] (lat. *vespa,* guêpe) Famille d'insectes hyménoptères ayant la particularité de replier leurs ailes le long de leur corps et non sur le dos et qui comprend les guêpes, les frelons. *Faire une allergie aux vespidés.*

VESSE, n. f. [vɛs] (*vesser*) Voy. VESSER. Vent qui sort du corps sans bruit. ✦ *Vesse-de-loup,* sorte de champignon. ▪ Ce terme est auj. vieilli au sens de gaz intestinal.

VESSER, v. intr. [vese] (réfection de l'anc. fr. *vessir,* du lat. *vissire*) Lâcher une vesse. ▪ REM. Il est vieilli et familier aujourd'hui.

VESSEUR, EUSE, n. m. et n. f. [vesœr, øz] (*vesser*) Celui, celle qui vesse, qui a l'habitude de vesser. ▪ REM. Il est vieilli et familier aujourd'hui.

VESSIE, n. f. [vesi] (lat. *vesica*) **Anat.** Réservoir musculo-membraneux destiné à recevoir l'urine et à la contenir. ✦ Cette partie tirée du corps de l'animal et desséchée. *Vessie de cochon.* ✦ ▷ **Fig.** *Donner d'une vessie par le*

nez à quelqu'un, le rabrouer pour son impertinence. ◁ ✦ **Fig.** *Il veut faire croire que des vessies sont des lanternes,* il veut faire croire des choses absurdes. ✦ Chez les poissons, *vessie natatoire,* Voy. VÉSICULE. ✦ **Pop.** Petite ampoule sur la peau. ✦ **Fig.** Chose de peu de valeur. ✦ *Prendre des vessies pour des lanternes,* se tromper, confondre. ▪ REM. On dit *vouloir faire prendre des vessies pour des lanternes. Vessie* est littéraire aujourd'hui dans le sens figuré.

VESSIGON, n. m. [vesigɔ̃] (ital. *vescicone,* litt. grosse vessie, du lat. *vesica*) Tumeur synoviale qui survient quelquefois sur l'une des parties latérales du jarret du cheval.

VESTA, n. f. [vɛsta] (lat. *Vesta,* déesse latine) Chez les Latins, déesse protectrice de la ville, honorée en des temples et dans chaque maison. ✦ Planète fort petite découverte en 1807.

VESTALE, n. f. [vɛstal] (lat. *Vestalis* [*virgo*], [vierge] consacrée à Vesta) Chez les Romains, prêtresse de Vesta, consacrée à la virginité ; il n'y avait que six vestales. ✦ Se dit figurément, dans le style élevé, des religieuses chrétiennes. *« Votre fille est née pour le monde ; ne l'enfermez pas parmi les vestales »,* LA BRUYÈRE. ✦ **Fig.** Femme d'une chasteté exemplaire. ▪ VESTALIES, n. f. pl. [vɛstali] Fêtes de la déesse Vesta.

VESTE, n. f. [vɛst] (lat. *vestis,* vêtement) ▷ Vêtement qui se portait sous l'habit, et qui était à quatre pans, les deux de devant ayant des poches. ◁ ✦ Habillement rond que les Orientaux portent sous leur robe. *Veste à la turque.* ✦ Vêtement en forme d'habit, mais sans basques, ou dont les basques sont plus courtes. *Une veste d'ouvrier.* ▪ Vêtement mi-long à manches, ouvert sur le devant et que l'on porte au-dessus d'une chemise ou d'un tee-shirt. *La veste et la jupe d'un tailleur.* ▪ **Fam.** Défaite. *Se prendre une veste.* ▪ **Fam.** *Retourner sa veste,* changer d'opinion brusquement et quelquefois régulièrement.

1 **VESTIAIRE,** n. m. [vɛstjɛʀ] (lat. impér. *vestiarium,* de *vestis,* vêtement) Lieu de dépôt pour les costumes des membres d'un corps, d'une assemblée, etc. ✦ L'endroit d'un couvent où l'on renferme les habits et les étoffes dont on se sert. ✦ C'est aussi le nom de celui qui en prend soin. ✦ ▷ Dépense pour les habits ; argent donné pour l'habillement. ◁ ▪ Lieu d'un établissement public où l'on dépose son manteau, son pardessus ou ses affaires personnelles. *Le vestiaire des salles de spectacle. Laisser son manteau et son sac au vestiaire.* ▪ Ensemble des vêtements portés. *Le vestiaire liturgique d'un évêque.* ▪ N. m. pl. Petite salle où l'on se change avant de pratiquer une activité particulière. *Les vestiaires d'un gymnase.*

2 **VESTIAIRE,** adj. [vɛstjɛʀ] (lat. *vestiarius,* relatif aux vêtement) ▷ Qui sert au vêtement. *Les arts vestiaires.* ◁

VESTIBULAIRE, ▪ adj. [vɛstibylɛʀ] (*vestibule*) **Anat.** Relatif au vestibule de l'oreille interne. *Le nerf vestibulaire.*

VESTIBULE, n. m. [vɛstibyl] (lat. *vestibulum*) Chez les Romains, espace laissé entre la porte de la maison et la rue, pour que ceux qui venaient saluer le maître de la maison ne fussent pas dans la rue, sans être pourtant dans la maison. ✦ Pièce d'entrée d'un édifice, qui communique aux autres parties, aux autres pièces. ✦ **Anat.** Cavité irrégulière qui fait partie de l'oreille interne.

VESTIGE, n. m. [vɛstiʒ] (lat. *vestigium,* plante du pied, empreinte du pied, trace) ▷ Empreinte du pied d'un homme ou d'un animal, marquée dans l'endroit où il a marché. *« Un désert où il n'y a aucun vestige d'hommes »,* FÉNELON. ✦ **Fig.** *« Le Rois de la terre viendront en silence baiser ses sacrés vestiges »,* FÉNELON. ◁ ✦ ▷ **Fig.** *Suivre les vestiges de quelqu'un,* l'imiter. ◁ ✦ Marques, restes, débris d'édifices, de remparts, de maisons, etc. *Des vestiges de camps romains.* ✦ Il se dit aussi des objets qui ont appartenu à une personne. ✦ **Fig.** Tout ce que l'on compare à un vestige laissé par le pied. *Des vestiges de civilisation.*

VESTIMENTAIRE, ▪ adj. [vɛstimãtɛʀ] (b. lat. *vestimentarius,* de *vestimentum,* vêtement) Qui a rapport aux vêtements. *Remarquer un détail vestimentaire.*

VESTON, n. m. [vɛstɔ̃] (*veste*) Sorte de vêtement en forme de veste qui se porte en ville.

VÊTEMENT, n. m. [vɛt(ə)mã] (lat. *vestimentum,* de *vestis*) Ce qui sert à couvrir le corps. *Un vêtement léger, chaud, etc.* ✦ **Fig.** *« Ces riches vêtements dont le baptême les a revêtus »,* BOSSUET. ▪ N. m. pl. Ensemble des habits qui recouvrent le corps (excepté les chaussures). *Les vêtements unisexes.*

VÉTÉRAN, n. m. [veteʀã] (lat. *veteranus,* de *vetus,* génit. *veteris,* vieux) Chez les Romains, soldat qui, après avoir servi un certain temps, obtenait son congé et les récompenses dues à ses services. ✦ **Par extens.** Soldat vieilli et réformé. ✦ ▷ Parmi nous, vieux soldats admis dans les compagnies chargées d'un service sédentaire. ◁ ✦ Soldat aguerri qui a été longtemps sous les drapeaux. ✦ ▷ Dans les collèges, *un vétéran de rhétorique,* un élève qui fait une seconde année de rhétorique, etc. ◁ ✦ **Absol.** *Un vétéran,* un élève qui redouble une classe. ✦ **Adj. Fig.** Qui a vieilli dans un service. ▪ Ancien combattant. *Les vétérans de la Seconde Guerre mondiale.* ▪ Sportif de plus de trente-cinq ou quarante ans. *Courir dans la catégorie des vétérans.* ■ REM. Le féminin *vétérane* est rare.

VÉTÉRANCE, n. f. [veterɑ̃s] (*vétéran*) Qualité de vétéran.

VÉTÉRINAIRE, adj. [veterinɛʀ] (lat. impér. *veterinarius*, de *veterinus*, relatif aux bêtes de somme) Qui concerne les bestiaux. ◆ *Art ou médecine vétérinaire*, connaissance de l'anatomie et des maladies des bestiaux. ◆ *École vétérinaire*, école où l'on enseigne l'art vétérinaire. ◆ *Artiste vétérinaire* ou n. m. et n. f. *vétérinaire*, celui qui pratique la médecine des animaux. ■ S'abrège auj. en *véto* (Fam.).

VÉTÉTISTE, ■ n. m. et n. f. [vetetist] (*VTT*) Personne qui pratique le vélo tout-terrain. *Nous avons croisé des vététistes dans la forêt.* ■ Adj. Relatif à la pratique du vélo tout-terrain. *Un club vététiste.*

VÉTILLARD, ARDE, n. m. et n. f. [vetijaʀ, aʀd] (*vétille*) Celui, celle qui s'amuse à des vétilles. ■ REM. Il est vieilli aujourd'hui.

VÉTILLE, n. f. [vetij] (*vétiller*) Bagatelle, chose de peu de conséquence. « *De la moindre vétille il fait une merveille* », MOLIÈRE.

VÉTILLER, v. intr. [vetije] (prob. anc. fr. *vette*, ruban) S'amuser à des vétilles. ◆ Faire des difficultés sur de petites choses. ◆ Activement. « *Plus d'un éplucheur intraitable M'a vétillé, m'a critiqué* », VOLTAIRE. ■ REM. Il est vieilli aujourd'hui.

VÉTILLERIE, n. f. [vetij(ə)ʀi] (*vétille*) ▷ Chicane, raisonnement oiseux. ◁

VÉTILLEUR, EUSE, n. m. et n. f. [vetijœʀ, øz] (*vétiller*) Celui, celle qui s'amuse à des vétilles. ◆ Adj. *Homme vétilleur*. ◆ N. m. et n. f. Celui, celle qui s'attache à des vétilles, à des détails. *Les vétilleurs sont d'éternels mécontents.*

VÉTILLEUX, EUSE, adj. [vetijø, øz] (*vétiller*) Qui exige des soins minutieux, une grande attention. *Besogne vétilleuse.* ◆ En parlant des personnes, qui s'arrête à des vétilles. *Être vétilleux sur les mots.* ◆ *Dévotion vétilleuse.*

VÊTIR, v. tr. [vetiʀ] (lat. *vestire*, de *vestis*, vêtement) Je vêts, tu vêts, il vêt, nous vêtons, vous vêtez, ils vêtent ; je vêtais ; je vêtis ; je vêtirai ; je vêtirais ; vêts, vêtons, vêtez ; que je vête ; que je vêtisse ; vêtant, vêtu. Couvrir de vêtements. *Son valet de chambre l'a vêtu des pieds à la tête.* ◆ Mettre sur soi un vêtement. *Vêtir une robe.* ◆ Donner des vêtements à quelqu'un. *Vêtir des pauvres.* ◆ Se vêtir, v. pr. Mettre ses vêtements sur soi. *Vêtez-vous promptement.* ◆ Se vêtir à la française, à la turque, etc., suivre dans ses habillements la mode des Français, des Turcs, etc. ◆ Fig. « *Les champs se vêtiront de roses* », LA FONTAINE.

VÉTIVER, n. m. [vetiveʀ] (tamoul *vettivern*, sorte d'herbe) Plante de l'Inde, de la famille des graminées, dont les racines, très odorantes, préservent les vêtements des atteintes des insectes. ◆ Nom donné aux racines mêmes de cette plante. ◆ Parfum extrait des racines de cette plante. *Le vétiver d'un grand parfumeur.* ■ REM. Graphie ancienne : *vétyver.*

VETO ou **VÉTO**, n. m. [veto] (mot lat., 1ère pers. du prés. de *vetare*, ne pas permettre, faire opposition) Formule qu'employait à Rome un tribun du peuple, lorsqu'il s'opposait aux décrets du sénat ou aux actes des magistrats. ◆ Aujourd'hui, refus que fait le chef de l'État de sanctionner une loi adoptée par les chambres. *En Angleterre, le roi a le veto.* ◆ *Veto absolu, veto suspensif*, faculté de refuser définitivement, temporairement la sanction d'un acte législatif. ◆ Fig. Opposition. *J'y mets mon veto.* ◆ Au pl. *Des veto, des vétos.*

VÉTO, ■ n. m. et n. f. [veto] Voy. VÉTÉRINAIRE.

VÊTU, UE, p. p. de vêtir. [vety] ◆ *Vêtu comme un moulin à vent*, se dit d'un homme habillé de toile. ◆ Il peut se dire des animaux. « *Sur des coursiers vêtus avec magnificence* », DELILLE. ◆ Couvert de poil comme d'un vêtement. « *C'est le chien le plus vêtu et le mieux fourré de tous les chiens* », BUFFON. ◆ Jard. *L'oignon est fort vêtu cette année*, les enveloppes en sont épaisses et nombreuses. ◆ *Vêtu comme un oignon*, se dit d'un homme qui a plusieurs gilets et habits les uns par-dessus les autres. ◆ Habillé. *Être bien vêtu.* ■ REM. Il est littéraire aujourd'hui lorsqu'il s'applique à des animaux, à des choses.

VÊTURE, n. f. [vetyʀ] (*vêtir*) Cérémonie, dite aussi prise d'habit, par laquelle un jeune homme ou une jeune fille, après avoir fait ses épreuves, entre dans un monastère, y prend l'habit religieux pour commencer son noviciat. ◆ ▷ Action de fournir des vêtements. *La vêture des enfants assistés.* ◁

VÉTUSTE, ■ adj. [vetyst] (lat. *vetustus*, ancien, de *vetus*, vieux) Vieux et dégradé par l'usage et le temps. *Des sanitaires vétustes.*

VÉTUSTÉ, n. f. [vetyste] (lat. *vetustas*, vieillesse, longue durée passée ou à venir) Ancienneté, en parlant des choses qui sont détériorées par le temps.

VÉTYVER, ■ n. m. [vetiveʀ] Voy. VÉTIVER.

VEUF, EUVE, adj. [vœf, œv] (anc. fr. *veuve*, du lat. *vidua*, veuve, fém. de *viduus*, privé de qqch. ; *veuf* formé sur *veuve* d'après *neuf, neuve*) De qui la femme est morte et qui n'est point remarié ; de qui le mari est mort et

qui n'est point remariée. ◆ Fig. Privé de. « *La division Gudin, veuve de son général* », DE SÉGUR. ◆ N. m. et n. f. *Un veuf. Une veuve.* ◆ Fig. *Le dernier de la veuve*, ce qu'on donne en prenant sur son nécessaire. ◆ Fig. *Avoir affaire à la veuve et aux héritiers*, avoir affaire à plusieurs parties, avoir à répondre à plusieurs personnes. ◆ N. f. Tulipe panachée de blanc et de violet. ◆ *Veuve* ou *fleur de veuve*, scabieuse à fleurs d'un noir pourpré. ◆ *Veuve*, oiseau d'Afrique d'un plumage sombre. ◆ Espèce de papillon. ◆ Espèce de singe d'Amérique. ■ *Veuve noire*, petite araignée noire à taches rouges, dont la morsure de la femelle est extrêmement douloureuse parfois mortelle pour l'homme et qui provient des régions tropicales (Amérique du Sud) ou méditerranéennes (veuve noire européenne). ■ *Veuve noire*, petit poisson d'aquarium, provenant de Bolivie, ayant une nageoire anale et une dorsale et dont le corps gris argent est zébré de deux lignes noirâtres.

VEULE, adj. [vøl] (orig. obsc., p.-ê. lat. pop. *volus*, volant, léger, ou lat. *volvola*, liseron) Mou, faible. *Je me sens tout veule.* ◆ Il se dit de tout ce qui n'a pas une force, une qualité suffisante. « *Toutes les espèces de daims ont le bois plus veule que celui du cerf* », BUFFON. ◆ *Terre veule*, terre légère, qui demande d'être amendée avec de la terre franche. ◆ *Plante veule*, plante qui ne soutient pas bien sa tige. ◆ *Arbre veule*, arbre qui s'élève sans prendre assez de corps. ◆ Se dit des poils qui n'ont pas la propriété de se feutrer d'eux-mêmes.

VEULERIE, ■ n. f. [vøl(ə)ʀi] (*veule*) Litt. Manque de vigueur et d'énergie. *Est-ce par lâcheté ou par veulerie qu'il ne s'est pas manifesté ?*

VEUVAGE, n. m. [vøvaʒ] (*veuf*) État de l'homme veuf, de la femme veuve.

VEXANT, ANTE, adj. [vɛksɑ̃, ɑ̃t] (*vexer*) Pop. Se dit d'une chose qui fait de la peine, qui contrarie. *Cela est vexant.* ◆ Qui blesse, qui humilie. *Une remarque vexante.* ■ REM. Il n'est plus populaire aujourd'hui.

VEXATEUR, TRICE, ■ n. m. et n. f. [vɛksatœʀ, tʀis] (lat. *vexator*, persécuteur) Litt. Personne qui vexe, qui blesse. *Un vexateur cynique.* ■ Adj. *Esprit vexateur.*

VEXATION, n. f. [vɛksasjɔ̃] (lat. *vexatio*, secousse, tourment, persécution) Action de vexer, tourmenter. *Éprouver, essuyer des vexations.* ◆ Au sens passif, *la vexation de*, la vexation éprouvée par. « *Il est assez ordinaire à ceux qui sont en place, d'être peu touchés des vexations des personnes faibles et sans crédit, et de se rendre sourds à leurs plaintes* », ROLLIN. ◆ Action de vexer, de blesser. *Subir des vexations.*

VEXATOIRE, adj. [vɛksatwaʀ] (*vexer*) Qui a le caractère de la vexation. *Un impôt vexatoire.*

VEXÉ, ÉE, p. p. de vexer. [vɛkse]

VEXER, v. tr. [vɛkse] (lat. *vexare*, remuer violemment, tourmenter, malmener en paroles, de *vehere*, transporter) Causer du tourment. *Ce seigneur vexait ses vassaux.* ◆ Pop. *Cela me vexe*, cela me fait de la peine, me contrarie. ◆ Se vexer, v. pr. Ressentir du mécontentement, de l'humeur. ◆ V. tr. Blesser, froisser l'amour-propre de quelqu'un. *Tu l'as vexé par tes remarques.*

VEXILLE, ■ n. m. [vɛksil] (lat. *vexillum*, étendard, drapeau) Zool. Rangée de filaments disposés de chaque côté de l'axe central d'une plume d'oiseau. *Vexille interne et vexille externe.*

VEXILLOLOGIE, ■ n. f. [vɛksilɔlɔʒi] (lat. *vexillum*, drapeau, et *-logie*) Discipline qui étudie les drapeaux. *Vexillologie et héraldique.* ■ VEXILLOLOGUE, n. m. et n. f. [vɛksilɔlɔg]

VF, ■ n. f. [veɛf] (sigle de *version vrançaise*) Version traduite en français d'un film tourné dans une autre langue. *Projeter un film en VF ou en version originale.*

VHS, ■ n. f. [veaʃɛs] (sigle angl. de *Video Home System*) Norme standard de matériel vidéo grand public. *Un magnétoscope VHS.* ■ REM. VHS est parfois employé au masculin.

VIA, ■ prép. [vja] (mot lat., ablat. de *via*, chemin, route) En passant par. Transiter via la Chine. ■ Fam. Par l'intermédiaire de. *Échanger des données via Internet.*

VIABILISER, ■ v. tr. [vjabilize] (radic. de *viabilité*) Rendre constructible ou habitable en réalisant les travaux d'aménagement urbanistiques nécessaires. *La voirie a viabilisé le terrain.* ■ VIABILISATION, n. f. [vjabilizasjɔ̃]

1 **VIABILITÉ**, n. f. [vjabilite] (*viable*) Méd. État de l'enfant né viable. ◆ Méd. Caractère viable d'un fœtus.

2 **VIABILITÉ**, n. f. [vjabilite] (lat. tardif *viabilis*, où l'on peut passer, du lat. *via*, chemin) Bon état des chemins. ◆ Ensemble des travaux qui doivent être réalisés sur un terrain avant toute construction. *Un programme de viabilité écologique urbaine.*

VIABLE, adj. [vjabl] (*vie*) Méd. Qui présente, au moment de la naissance ou avant, une conformation assez régulière et assez de développement pour que les fonctions nécessaires à l'entretien de la vie puissent s'exécuter d'une manière plus ou moins durable. ■ Qui peut perdurer. *Un projet viable.*

VIADUC, n. m. [vjadyk] (lat. *via*, chemin, et *ducere*, conduire, sur le modèle de *aqueduc*) Construction qui, dans un chemin de fer ou dans toute autre voie, sert à traverser un bas-fond, un chemin, un cours d'eau.

VIAGER, ÈRE, adj. [vjaʒe, ɛʀ] (anc. fr. *viage*, durée de la vie, de *vie*) Qui est à vie, qui ne doit durer qu'autant que la vie. *Rente viagère.* ♦ **Fig.** *Gloire viagère.* ♦ Celui qui a des rentes viagères. *Rentier viager.* ♦ **N. m.** *Viager,* revenu viager. *Tout mon bien est en viager.*

VIAGÈREMENT, adv. [vjaʒeʀ(ə)mɑ̃] (*viager*) D'une manière viagère, pendant la vie. *Jouir viagèrement d'une maison.*

VIAGÈRETÉ, n. f. [vjaʒeʀ(ə)te] (*viager*) ▷ Qualité de ce qui est viager. ◁

VIANDE, n. f. [vjɑ̃d] (b. lat. *vivanda*, du lat. *vivenda*, ce qui sert à la vie, plur. neutre de l'adj. vbal de *vivere*, vivre) ▷ Toute espèce d'aliment, tout ce qui est propre à soutenir la vie (sens tombé en désuétude). « *Qui nous a donné cette diversité de viandes qui se succèdent l'une à l'autre, selon les saisons, en telle quantité que ceux-mêmes qui ne veulent rien faire trouvent de quoi vivre en ce que la terre produit fortuitement ?* », MALHERBE. ◁ ▷ *Viande de carême,* le poisson salé, la morue, le hareng, le saumon, etc. et aussi les fruits secs, les figues, les raisins, etc. ◁ ♦ *Viande creuse,* Voy. CREUX. ♦ ▷ **Fig.** *Ce n'est pas là ma viande,* ce n'est pas là ce que j'aime, ce que je désire. ◁ ♦ En général, toutes les chairs, soit des animaux terrestres et des oiseaux, soit des poissons, qui servent à la nourriture. ♦ Plus particulièrement, la chair des animaux dont on se nourrit, la portion rouge des muscles qui est la partie la plus nutritive de tous les tissus animaux. ♦ *Viande blanche, noire,* Voy. BLANC Voy. NOIR. ♦ *Grosse viande,* viande de boucherie et aussi viande des gros animaux que l'on tue à la chasse. ♦ *Menue viande,* la volaille, le gibier. ♦ **Fig.** En termes de dévotion, l'eucharistie. « *L'eucharistie, cette viande céleste* », BOSSUET. ■ **Rem.** Aujourd'hui, le terme *viande* ne s'applique plus à la chair du poisson.

1 VIANDER, v. intr. [vjɑ̃de] (anc. fr. *viande*, nourriture) En parlant des cerfs et autres bêtes fauves, pâturer, manger.

2 VIANDER (SE), ■ v. pr. [vjɑ̃de] (*viande*) **Fam.** Avoir un accident grave. *Il se sont viandés en moto.*

VIANDIS, n. m. [vjɑ̃di] (anc. fr. *viande*, nourriture) **Vén.** Pâture du cerf et des autres bêtes fauves ; brout de la superficie du jeune taillis.

VIATIQUE, n. m. [vjatik] (lat. *viaticum*, provisions de voyage, de *via*, chemin, voyage) Chez les religieux, l'argent qu'on leur donne pour leur dépense en allant d'un lieu à un autre. ♦ **Par extens.** Argent donné pour un voyage à une personne quelconque. ♦ **Fig.** Moyen de parvenir, ressource. **Fig.** Sacrement de l'eucharistie administré aux malades en danger de mort. ■ **Fig. et litt.** Secours, soutien. « *Savoir est un viatique* », HUGO.

VIBICE, ■ n. f. [vibis] (lat. *vibex*, génit. *vibicis*, marque de coups de fouet) **Méd.** Tache rouge formant un sillon à la surface de la peau pouvant provoquer de petites hémorragies. *Les vibices apparaissent aux plis de flexions.*

VIBORD, n. m. [vibɔʀ] (anc. nord. *vigi*, bastingage, et *bord*) **Mar.** Grosse planche posée de champ qui sert de parapet à un vaisseau.

VIBRAGE, ■ n. m. [vibʀaʒ] (*vibrer*) **Techn.** Action de soumettre quelque chose à des vibrations. *On procède au vibrage du béton pour en augmenter la compacité.*

VIBRANT, ANTE, adj. [vibʀɑ̃, ɑ̃t] (*vibrer*) Qui vibre, qui est mis en vibration. *Les cordes vibrantes.* ♦ *Voix vibrante,* voix puissante, qui communique une sorte de vibration. ♦ ▷ **Méd.** Se dit du pouls qui est à la fois grand, dur, tendu, prompt et fréquent. ◁ ■ **N. f. Phonét.** Consonne produite par la vibration de la pointe de la langue, de la luette ou des lèvres. *Le r français est une vibrante.* ■ **Adj.** Qui ressent ou qui manifeste une grande émotion. *Vibrante de joie. Rendre un vibrant hommage à quelqu'un.*

VIBRAPHONE, ■ n. m. [vibʀafɔn] (mot angl., de *vibra[tion]* et *-phone,* son) Instrument de musique à percussion composé d'une série de lamelles métalliques et de tubes de résonance. *Le vibraphone d'une formation de jazz.* ■ VIBRAPHONISTE, n. m. et f. [vibʀafɔnist]

VIBRATEUR, TRICE, ■ adj. [vibʀatœʀ, tʀis] (*vibrer*) Qui produit une vibration. *Un appareil vibrateur, une force vibratrice.* ■ **N. m.** Appareil produisant des vibrations électriques, sonores ou mécaniques. *Le vibrateur est utilisé en rééducation auditive.*

VIBRATILE, adj. [vibʀatil] (*vibrer*) **Didact.** Qui est susceptible de vibrer. ♦ *Cils vibratiles,* très petits filaments qui sont doués, chez certains animaux et dans certains tissus, d'un mouvement spontané alternatif.

VIBRATILITÉ, n. f. [vibʀatilite] (*vibratile*) Faculté de produire, d'éprouver des vibrations.

VIBRATION, n. f. [vibʀasjɔ̃] (b. lat. *vibratio,* action de brandir, d'agiter) **Phys.** Mouvement très rapide qu'une verge élastique et rigide, fixée à l'une de ses extrémités, ou une corde tendue par les deux bouts, exécute en oscillant, la première de part et d'autre de sa position fixe, la seconde entre ses

deux points fixes, quand une cause quelconque écarte instantanément l'une ou l'autre de la position où elle se tient en équilibre. *Les vibrations d'une corde sonore, d'un diapason.* ♦ Il se dit aussi d'un mouvement semblable qui anime les particules d'une membrane tendue et en général d'un corps quelconque. *Les vibrations de la membrane du tympan.* ♦ Il se dit de l'air et des fluides élastiques. *Les vibrations de l'air produisent les sons.* ♦ **Par extens.** *Vibration de la voix,* qualité d'une voix vibrante. ♦ ▷ Syn. d'ondulation, en parlant de la lumière et de l'éther. ◁ ♦ ▷ Mouvement d'oscillation d'un pendule. ◁

VIBRATO, ■ n. m. [vibʀato] (mot it., vibration) Tremblement dû à la variation rapide d'un son ou de la voix. *Des vibratos. Le vibrato d'une chanteuse d'opéra.*

VIBRATOIRE, adj. [vibʀatwaʀ] (*vibrer*) **Didact.** Qui a le caractère d'une suite de vibrations. *Mouvement vibratoire.*

VIBRER, v. intr. [vibʀe] (lat. *vibrare*, agiter, avoir des vibrations) **Phys.** Exécuter des vibrations. *Une corde, une voix qui vibre.* ♦ **Fig.** *Faire vibrer les cordes sensibles de l'âme,* toucher, émouvoir. ■ **Rem.** On dit aussi *faire vibrer la corde sensible.* ♦ Trembler, en parlant de la voix. *Sa voix vibrait sous l'effet de l'émotion.* ♦ **Fig.** Être agité par une émotion intense. *Elle vibre dès qu'elle l'aperçoit. Cette musique me fait vibrer.* ♦ **V. tr. Techn.** Soumettre à des vibrations. *Vibrer du béton.*

VIBREUR, ■ n. m. [vibʀœʀ] (*vibrer*) Dispositif électrique produisant un tremblement rapide et servant d'avertisseur. *Un téléphone portable muni d'un vibreur.*

VIBRION, ■ n. m. [vibʀijɔ̃] (*vibrer*) **Biol.** Bacille mobile en forme de virgule, responsable notamment du choléra. *Le vibrion cholérique.*

VIBRIONNER, ■ v. intr. [vibʀijɔne] (*vibrion*) **Fam.** Ne pas cesser de s'agiter. *Arrête de vibrionner autour de nous !*

VIBRISSE, ■ n. f. [vibʀis] (b. lat. *vibrissæ*) Poil poussant à l'intérieur des narines de l'homme. *Les vibrisses servent de filtre.* ■ **Zool.** Poil tactile implanté sur la face et les pattes de certains mammifères tels que les félins, les pinnipèdes ou les rongeurs. *Les vibrisses, ou moustache du chat.* ■ Chez les oiseaux, plume très fine ressemblant à un poil, située au niveau du bec. *Les vibrisses de l'engoulevent.*

VIBROMASSEUR, ■ n. m. [vibʀomasœʀ] (*vibrer* et *masseur*) Appareil électrique de massage produisant des vibrations. *Un vibromasseur waterproof.* ■ **Par extens.** Cet appareil destiné au plaisir sexuel.

VICAIRE, n. m. [vikɛʀ] (lat. *vicarius,* remplaçant, du nom défectif *vic-, tour,* succession) Celui qui est adjoint à un supérieur pour le remplacer en certaines fonctions. ♦ Dans l'antiquité, gouverneur d'un diocèse, qui exerçait son autorité au nom des préfets du prétoire. ♦ ▷ Champion qui dans le combat singulier se battait pour un autre, ou celui qui subissait pour un autre l'épreuve de l'eau froide, de l'eau bouillante, etc. ◁ ♦ Ecclésiastique qui assiste un évêque ou un curé dans ses fonctions. ♦ *Grand vicaire* ou *vicaire général,* celui qui représente l'évêque dans l'administration ecclésiastique. ♦ Dans l'Église catholique, *le vicaire de Jésus-Christ,* le pape. ♦ *Vicaire apostolique,* titre que le pape confère à un ecclésiastique, dans des pays hérétiques ou infidèles, pour veiller sur la religion. ♦ À Rome, *cardinal-vicaire,* le cardinal à qui le pape a confié particulièrement l'administration ecclésiastique de la ville de Rome. ♦ Dans certaines communautés, *le père vicaire, le vicaire général,* le religieux, qui, en l'absence du supérieur, en fait les fonctions.

VICAIRIE, n. f. [vikeʀi] (*vicaire*) Fonction de vicaire d'une paroisse (moins usité que vicariat). ♦ Église établie dans une grande paroisse, pour la commodité des paroissiens ; dite aussi annexe ou succursale. ♦ Nom donné à des bénéfices dans certaines églises cathédrales.

VICARIAL, ALE, adj. [vikaʀjal] (*vicaire,* d'après le lat. *vicarius*) Qui a rapport au vicarial. *Les devoirs vicariaux. Les fonctions vicariales.*

VICARIANT, ANTE, ■ adj. [vikaʀjɑ̃, ɑ̃t] (*vicarier*) **Biol.** Se dit d'une espèce animale ou végétale qui a le même milieu de vie qu'une autre espèce mais qui occupe une zone géographique différente de celle-ci. *Le cèdre comprend quatre espèces vicariantes.* ■ **Méd.** Se dit d'un organe qui en remplace un autre devenu déficient. *Varices vicariantes.*

VICARIAT, n. m. [vikaʀja] (*vicaire,* d'après le lat. *vicarius*) Fonction, emploi du vicaire. *Le vicariat d'une paroisse. Le vicariat d'Italie.* ♦ Territoire sur lequel s'étend le pouvoir du vicaire. ♦ Le temps pendant lequel on a été vicaire. ♦ Logement du vicaire d'une paroisse. ♦ Syn. de vicaire ou succursale.

VICARIER, v. intr. [vikaʀje] (*vicaire,* d'après le lat. *vicarius*) ▷ Faire les fonctions de vicaire dans une paroisse. ♦ **Fig. et fam.** Être réduit à une place subalterne. *Je suis las de vicarier.* ◁

1 VICE, n. m. [vis] (lat. *vitium*, défaut, vice) Défaut, imperfection grave. *Vice de forme. Il y a un vice considérable dans cet acte. Le vice d'un raisonnement.* ♦ **Méd.** *Vice de conformation, vice de constitution,* mauvaise disposition d'une partie du corps. ♦ *Vices rédhibitoires,* maladies ou défauts qui donnent à l'acheteur le droit de réclamer l'annulation de la vente d'un animal et de s'en faire restituer le prix. ♦ Disposition habituelle au mal ; en ce sens, il est l'opposé de vertu. « *Un jeune homme, toujours bouillant dans ses caprices, Est prêt à recevoir l'impression des vices* », BOILEAU. ♦ Disposition habituelle à faire un certain mal moral particulier. *Le vice de l'ambition, du jeu, etc.* ♦ **Ironiq.** *Ce n'est pas son vice,* ce n'est pas sa vertu favorite. ♦ **Pop.** *Un cheval qui a du vice,* un cheval rétif, trop ardent. ♦ Habitude de la débauche, du libertinage. *Vivre dans le vice.* ♦ Il se dit des personnes vicieuses. *Flatter le vice en crédit.* ♦ *Le vice personnifié.* ♦ **Prov.** *Pauvreté n'est pas vice,* Voy. PAUVRETÉ. ♦ *Vice caché,* défectuosité d'un objet qui n'apparaît qu'après usage et qui le rend inutilisable. *Porter plainte pour vice caché.*

2 VICE..., [vis] (lat. *vice,* à la place de, ablat. du nom défectif *vic-,* tour, succession) Élément qui se met en tête d'un mot pour signifier suppléance, et qui représente le latin *vice.*

VICE-AMIRAL, n. m. [visamiral] (*vice-* et *amiral*) Anciennement, officier général qui représentait l'amiral et qui avait la seconde dignité dans la marine. ♦ Aujourd'hui, officier qui a le rang du général de division de l'armée de terre, et qui porte les mêmes signes distinctifs que lui. ♦ Nom donné au vaisseau que monte dans une flotte ou dans une escadre l'officier général qui a le titre et la fonction de vice-amiral. ♦ Au pl. *Des vice-amiraux.*

VICE-AMIRAUTÉ, n. f. [visamirote] (*vice-amiral*) Charge, grade de vice-amiral. ♦ Au pl. *Des vice-amirautés.*

VICE-BAILLI, n. m. [vis(ǝ)baji] (*vice-* et *bailli*) Ancien officier de robe courte, qui faisait les fonctions de prévôt des maréchaux et qui jugeait les cas de prévôté. ♦ Au pl. *Des vice-baillis.*

VICE-CHANCELIER, IÈRE, n. m. et n. f. [vis(ǝ)ʃãsǝlje, jɛʁ] (*vice-* et *chancelier*) Personne qui fait la fonction de chancelier, en l'absence de ce dignitaire. ♦ Au pl. *Des vice-chanceliers. Des vice-chancelières.*

VICE-CONSUL, n. m. [vis(ǝ)kõsyl] (*vice-* et *consul*) Celui qui supplée le consul ou homme chargé des affaires commerciales d'un pays en son absence. ♦ Celui qui dans une résidence où il n'y a point de consul en remplit les fonctions. ♦ Au pl. *Des vice-consuls.* ■ S'emploie auj. aussi au féminin, mais plus rarement. *Une vice-consule.*

VICE-CONSULAT, n. m. [vis(ǝ)kõsyla] (*vice-consul*) Emploi de vice-consul. ♦ Au pl. *Des vice-consulats.*

VICE-GÉRANCE, n. f. [vis(ǝ)ʒeʁãs] (*vice-gérant*) Fonction de vice-gérant.

VICE-GÉRANT, ANTE, n. m. et n. f. [vis(ǝ)ʒeʁã, ãt] (*vice-* et *gérant*) Personne qui remplace le gérant ou qui le seconde. ♦ Au pl. *Des vice-gérants.*

VICE-GÉRENT, n. m. [vis(ǝ)ʒeʁã] (*vice-* et lat. *gerens,* p. prés. de *gerere,* accomplir) Celui qui tient la place de l'official en son absence. ♦ Au pl. *Des vice-gérents.*

VICELARD, ARDE, ■ adj. [vis(ǝ)laʁ, aʁd] (*vicieux,* sur le modèle de *papelard*) **Fam.** Vicieux, pervers. *Un piège vicelard.* ■ N. m. et n. f. *Un vicelard, une vicelarde.*

VICE-LÉGAT, n. m. [vis(ǝ)lega] (*vice-* et *légat*) Prélat qui exerce les fonctions de légat en l'absence de celui-ci. ♦ Au pl. *Des vice-légats.*

VICE-LÉGATION, n. f. [vis(ǝ)legasjõ] (*vice-légat*) Emploi de vice-légat. ♦ Au pl. *Des vice-légations.*

VICENNAL, ALE, adj. [visenal] (b. lat. *vicennalis,* de *vicennium,* espace de vingt ans, de *viginti,* vingt, et *annus,* année) Qui est de vingt ans, qui se fait après vingt ans. *Prix vicennaux.* ■ Qui dure vingt ans. *Un plan d'aménagement vicennal.* ■ Qui a lieu tous les vingt ans. *Des crues de fréquence vicennale.*

VICE-PRÉSIDENCE, n. f. [vis(ǝ)pʁezidãs] (*vice-président*) Les fonctions, la dignité du vice-président. ♦ Au pl. *Des vice-présidences.*

VICE-PRÉSIDENT, ENTE, n. m. et n. f. [vis(ǝ)pʁezidã, ãt] (*vice-* et *président*) Personne qui exerce la fonction du président, de la présidente en son absence. ♦ Au pl. *Des vice-présidents. Des vice-présidentes.*

VICE-RECTEUR, TRICE, n. m. et n. f. [vis(ǝ)ʁɛktœʁ, tʁis] (*vice-* et *recteur*) Personne qui, en l'absence du recteur, remplit ses fonctions. *L'académie de Paris a un vice-recteur à sa tête.* ♦ Au pl. *Des vice-recteurs. Des vice-rectrices.*

VICE-REINE, n. f. [vis(ǝ)ʁɛn] (*vice-* et *reine*) La femme du vice-roi. ♦ Princesse qui gouverne avec l'autorité d'un vice-roi. ♦ Au pl. *Des vice-reines.*

VICE-ROI, n. m. [vis(ǝ)ʁwa] (*vice-* et *roi*) Gouverneur d'un État qui a ou qui a eu le titre de royaume. ♦ Gouverneur de quelques provinces. *Vice-roi de Catalogne.* ♦ Au pl. *Des vice-rois.*

VICE-ROYAL, ALE, adj. [vis(ǝ)ʁwajal] (*vice-roi*) Qui appartient à un vice-roi. ♦ Au pl. *Pouvoirs vice-royaux.* ■ REM. Il est rare aujourd'hui.

VICE-ROYAUTÉ, n. f. [vis(ǝ)ʁwajote] (*vice-roi*) Dignité de vice-roi. ♦ Pays gouverné par un vice-roi. ♦ Au pl. *Des vice-royautés.*

VICE-SÉNÉCHAL, n. m. [vis(ǝ)seneʃal] (*vice-* et *sénéchal*) Officier de robe courte, qui faisait la fonction de prévôt des maréchaux, et qui jugeait les cas prévôtaux. ♦ Au pl. *Des vice-sénéchaux.*

VICE-SÉNÉCHAUSSÉE, n. f. [vis(ǝ)seneʃose] (*vice-sénéchal*) Emploi, fonction de vice-sénéchal. ♦ Bâtiment où il résidait. ♦ Au pl. *Des vice-sénéchaussées.*

VICÉSIMAL, ALE, adj. [visezimal] (lat. *vicesimus,* vingtième, de *viginti,* vingt) Qui dépend du nombre vingt, qui a pour base le nombre vingt. ♦ *Système vicésimal,* celui où un chiffre devient vingt fois plus fort en reculant d'un rang vers la gauche.

VICE VERSA ou **VICE-VERSA**, loc. adv. [viseveʁsa] ou [visveʁsa] (loc. lat., ablat. du nom défectif *vic-,* tour, succession, et de *versus,* p. p. de *vertere,* renverser) Réciproquement. *Lorsque l'œil passe brusquement d'une grande clarté à une lumière beaucoup plus faible, et vice versa, on ne distingue rien dans les premiers moments.* ■ REM. Graphie ancienne : *vice versâ.*

VICHY, ■ n. m. [viʃi] (*Vichy,* ville de l'Allier) Tissu à petits carreaux. *Robe en vichy rose.*

VICIABLE, adj. [visjabl] (*vicier*) Qui peut être vicié, corrompu.

VICIATEUR, TRICE, adj. [visjatœʁ, tʁis] (lat. impér. *vitiator,* corrupteur) Qui vicie, corrompt. *Les agents viciateurs de l'air.*

VICIATION, n. f. [visjasjõ] (lat. impér. *vitiatio,* action de corrompre) Action de vicier. *La viciation de l'air.*

VICIÉ, ÉE, p. p. de vicier. [visje]

VICIER, v. tr. [visje] (lat. *vitiare,* gâter, corrompre) Gâter, corrompre. ♦ **Jurispr.** Rendre nul, rendre défectueux. *Cette omission vicie l'acte.* ♦ **Absol.** *C'est une règle de droit que ce qui abonde ne vicie pas.* ♦ Se vicier, v. pr. Être vicié.

VICIEUSEMENT, adv. [visjøz(ǝ)mã] (*vicieux*) D'une manière vicieuse.

VICIEUX, EUSE, adj. [visjø, øz] (lat. *vitiosus,* défectueux, mauvais) Qui a des défauts, des imperfections graves. *Conformation vicieuse. Contrat vicieux.* ♦ **Gramm.** *Locution vicieuse,* locution contraire à la règle et au bon usage. ♦ **Log.** *Cercle vicieux,* Voy. CERCLE. ♦ En parlant des chevaux et autres bêtes de voiture, méchant, rétif, ombrageux. ♦ En parlant des personnes, adonné au mal, à la débauche. *Un homme vicieux.* ♦ N. m. et n. f. *Un vicieux.* ♦ Qui tient du vice, qui a rapport au vice. « *Nos actions ne sont ni si bonnes, ni si vicieuses que nos volontés* », VAUVENARGUES.

VICINAL, ALE, adj. [visinal] (lat. *vicinalis,* de *vicinus,* voisin) Usité seulement en cet emploi : *Chemin vicinal,* chemin qui met en communication plusieurs villages.

VICINALITÉ, n. f. [visinalite] (*vicinal*) Qualité d'un chemin vicinal. ♦ *Voies de grande vicinalité,* chemins destinés soit à relier les communes entre elles, soit à les rattacher aux routes nationales et départementales ou aux chemins de fer.

VICISSITUDE, n. f. [visisityd] (lat. *vicissitudo,* alternative, du nom défectif *vic-,* tour, succession) Changement de choses qui se succèdent. « *Cette vicissitude continuelle fait la beauté de l'univers* », MALEBRANCHE. ♦ Variation. *La vicissitude des saisons. Les vicissitudes qui surviennent dans l'atmosphère.* ♦ *Il y a beaucoup de vicissitude en son humeur,* se dit d'une personne très changeante. ♦ Instabilité des choses humaines, disposition qu'elles ont à changer. *Toutes les vicissitudes de la vie.* ♦ Le changement même dû à l'instabilité des choses. *Les vicissitudes de la mode.*

VICOMTAL, ALE, adj. [vikõtal] (*vicomte*) Qui appartient, qui a rapport à un vicomte. *Terre vicomtale. Les droits vicomtaux.*

VICOMTE, n. m. [vikõt] (lat. médiév. *vicecomes,* de *vice-* et *comes,* comte) Dans les temps mérovingiens et carolingiens, officier nommé par le roi pour gouverner un comté en l'absence du comte. ♦ Dans les temps féodaux, seigneur d'une terre qui avait le titre de vicomté. ♦ Aujourd'hui, titre de noblesse au-dessous du comte et au-dessus du baron. ♦ Sous l'ancienne monarchie, en quelques lieux, titre de judicature.

VICOMTÉ, n. f. [vikõte] (*vicomte*) Titre de noblesse attaché à une terre. ♦ Le ressort et l'étendue de la juridiction des juges qu'on nommait vicomtes. *La vicomté de Paris.*

VICOMTESSE, n. f. [vikõtɛs] (*vicomte*) La femme d'un vicomte ou celle qui de son chef possédait une vicomté.

VICTIMAIRE, n. m. [viktimɛʁ] **Antiq.** Celui qui faisait les apprêts du sacrifice, et qui frappait les victimes. ♦ Adj. Qui a rapport aux victimes, aux sacrifices.

VICTIME, n. f. [viktim] (lat. *victima*) Créature vivante offerte à la divinité. *Des victimes humaines.* ♦ **Fig.** « *Nous sommes des victimes condamnées toutes à la mort* », VOLTAIRE. ♦ Chez les Juifs, animaux qu'on immolait en sacrifice. ♦ **Fig.** « *Le prix de la victime augmente le prix du sacrifice* », BOURDALOUE. ♦ **Théol.** *La victime offerte pour le salut des hommes*, Jésus-Christ. ♦ **Fig.** Celui qui est frappé de quelque coup, comme l'était la victime des anciens. « *Lui, qui de tous les miens fit autant de victimes* », P. CORNEILLE. « *Triste jouet des vents, victime de leur rage, Le pilote effrayé...* », L. RACINE. ♦ **Fig.** Celui qui est sacrifié aux intérêts, aux passions d'autrui. *Il fut la victime de la calomnie.* ♦ Celui à qui ses propres passions sont funestes, ou à qui sa propre vertu devient fatale. *Périr victime de ses excès. Victime de son dévouement.* ♦ **Fam.** Un souffre-douleur. ■ **REM.** Il n'est plus familier aujourd'hui dans ce dernier sens. ♦ Personne qui subit, qui a subi une agression. *Être victime d'un viol, d'un attentat. Le meurtrier avait caché le corps de sa victime.* ♦ Personne qui a été tuée ou blessée dans un accident, lors d'une catastrophe ou qui est morte à la suite d'une maladie, d'une épidémie. *Être victime d'un accident de la route. L'incendie a fait de nombreuses victimes.*

VICTIMER, v. tr. [viktime] (*victime*) Néolog. Rendre victime. ▷ **Fig.** Immoler à des plaisanteries. ◁ ■ **REM.** Il n'est plus considéré comme un néologisme aujourd'hui, il est vieilli.

VICTIMISER, ■ v. tr. [viktimize] (*victime*) Faire de quelqu'un une victime, présenter en victime. *Victimiser les bourreaux.* ■ **VICTIMISATION**, n. f. [viktimizasjɔ̃]

VICTIMOLOGIE, ■ n. f. [viktimɔlɔʒi] (*victime* et -*logie*) **Vieilli** Branche de la criminologie qui étudie le statut psychologique et social des victimes de crimes et de délits. ■ Discipline qui se consacre au soutien à apporter aux victimes. *Le diplôme universitaire en victimologie.*

VICTOIRE, n. f. [viktwar] (lat. *victoria*) Avantage remporté sur les ennemis dans une bataille, dans un combat. *Remporter une victoire.* ♦ Avantage remporté dans un combat singulier. **Fig.** et **fam.** *Chanter victoire*, se glorifier du succès. ♦ **Fig.** Triomphe quelconque. « *Remporter une haute, une grande victoire*, faire beaucoup, obtenir beaucoup. ♦ Gain d'un procès. ♦ Avantage remporté sur un rival, sur un concurrent, etc. ♦ **Fig.** Action de faire céder ses passions, ses sentiments à quelque devoir, à quelque obligation. *Remporter la victoire sur ses passions, sur soi-même.* ♦ Divinité des païens, représentée sous la figure d'une femme ayant des ailes et tenant une couronne d'une main et une palme de l'autre. *Statue de la Victoire.* ♦ **Fig.** et par personnification, mais sans majuscule. *Enchaîner la victoire.* ■ *Victoire à la Pyrrhus*, victoire obtenue trop chèrement.

VICTORIA, ■ n. f. [viktɔrja] (*Victoria*, 1819-1901, reine d'Angleterre) **Bot.** Plante aquatique de la famille des nymphéacées, originaire d'Amérique du Sud et dont les feuilles et les fleurs sont très grandes. *Les feuilles des victorias peuvent atteindre deux mètres de diamètre.* ■ **REM.** Dans ce sens, *victoria* peut être du genre masculin. ■ Ancienne voiture sans toit.

VICTORIEN, IENNE, ■ adj. [viktɔrjɛ̃, jɛn] (*Victoria*, 1819-1901, reine d'Angleterre) Qui a rapport à la reine Victoria d'Angleterre, à son règne. *Époque victorienne. Une maison de style victorien.*

VICTORIEUSEMENT, adv. [viktɔrjøz(ə)mɑ̃] (*victorieux*) D'une manière victorieuse, avec un très grand avantage. *Réfuter victorieusement.*

VICTORIEUX, EUSE, adj. [viktɔrjø, øz] (lat. *victoriosus*) Qui a remporté la victoire. *Un prince victorieux.* ♦ Adj. et n. et f. : « *les victorieux entraînent toujours après elles beaucoup de désordres ; les victorieux mêmes se déréglent pendant ces temps de confusion* », FÉNELON. ♦ **Fig.** Qui donne l'avantage. *Preuves victorieuses. Moyens victorieux.* ♦ **Fig.** Qui triomphe de. « *L'Église, victorieuse des siècles et des erreurs* », BOSSUET. « *Et sur l'impiété la foi victorieuse* », RACINE.

VICTUAILLE, n. f. [viktɥaj] (b. lat. plur. *victualia*, vivres, de *victus*, nourriture) **Fam.** Provisions servant à la nourriture. ♦ Il se disait autrefois des vivres qu'on chargeait sur un navire. ♦ Il s'utilise auj. uniquement au pluriel : *les victuailles* n. f. pl. n'est plus familier.

VIDAGE, n. m. [vidaʒ] (*vider*) Action de vider.

VIDAME, n. m. [vidam] (lat. jur. et ecclés. *vicedominus*, de *vice-* et *dominus*, prince) Celui qui tenait des terres d'un évêché, à condition d'en défendre le temporel, et commandait ses troupes. *Le vidame de Chartres.* ♦ Il y avait aussi des vidames dans les abbayes. ♦ Celui qui possédait quelqu'une de ces terres érigées en fief héréditaire.

VIDAMÉ, n. m. ou **VIDAMIE**, n. f. [vidame, vidami] (*vidame*) Dignité de vidame.

VIDANGE, n. f. [vidɑ̃ʒ] (*vider*) Action de vider. *La vidange d'une fosse.* ♦ Les immondices qu'on retire d'un lieu qu'on vide ou nettoie. ♦ ▷ État d'un vase qui n'est pas plein. *Bouteille en vidange.* ◁ ♦ ▷ Il se dit aussi de la liqueur. *Du vin en vidange.* ◁ ♦ Action d'enlever les matières fécales d'une fosse d'aisances. ♦ **Au** pl. Le produit de la vidange. ♦ Bois coupé qu'on enlève d'une forêt. ♦ Petit fossé creusé en pente le long des routes et des chemins vicinaux. ■ *Vidange d'un véhicule*, action de vider le réservoir d'huile d'une voiture, d'un camion pour remplacer l'huile usagée par de l'huile neuve.

VIDANGER, v. tr. [vidɑ̃ʒe] (*vidange*) Évacuer, faire sortir. ♦ Vider des fosses d'aisances.

VIDANGEUR, n. m. [vidɑ̃ʒœr] (*vidanger*) Celui qui vide les fosses d'aisances.

VIDE, adj. [vid] (a. et moy. fr. *vuide*, du lat. pop. *vocitus*, du lat. *vaccuus*, vide, inoccupé) Qui ne contient rien, ou qui n'est rempli que d'air. *Une bourse vide. Il a l'estomac vide.* ♦ Avoir le cerveau vide, se dit de la faiblesse de tête qu'on éprouve par le défaut de nourriture. ♦ *Un habit brodé tant plein que vide*, un habit où les parties brodées occupent autant d'espace que les parties vides de broderie. ♦ En architecture, *tant plein que vide*, en tenant compte dans le toisé aussi bien de l'espace où sont les portes et les fenêtres, que les gros murs. ♦ *Vide* se dit en parlant des massifs de maçonnerie dans lesquels on a pratiqué de cavités ou des chambrettes. ♦ **Par extens.** Qui n'est pas occupé. *Place vide. Théâtre vide.* ♦ **Fig.** *Laisser la place vide à*, laisser liberté de. ♦ En parlant des pièces dramatiques, *le théâtre, la scène reste vide*, se dit quand les acteurs d'une scène sortent avant qu'aucun de ceux de la scène suivante soit entré. ♦ *Les mains vides*, les mains dégarnies, ne portant rien. ♦ *Mains vides*, mains dégarnies d'argent, en parlant de celui qu'on laisse aller sans lui rien donner. ♦ *Mains vides*, mains dégarnies d'argent à donner, de présent à faire. ♦ ▷ *Les mains vides*, sans faire de profits illicites ou non. ◁ ♦ Dépourvu de. *Un autel vide d'offrandes. Une ville vide de citoyens.* ♦ **Fig.** Où il n'y a point d'occupation, d'affaires, d'événements. *Un temps vide.* « *Des siècles vides, où aussi bien l'on n'a rien à raconter* », BOSSUET. ♦ **Fig.** Qui manque de, au moral, en parlant des personnes. « *Mon cœur, plein de vains désirs et vide de biens solides* », BOURDALOUE. ♦ ▷ *Vide de soi-même*, exempt d'amour-propre. ◁ ♦ **Absol.** Qui manque des vrais biens. « *C'est l'avarice qui, trouvant l'âme pauvre et vide au dedans, la pousse au dehors* », BOSSUET. ♦ *Avoir la tête vide*, avoir peu d'idées. ♦ *Avoir le cœur vide*, manquer d'affections et de sentiments. ♦ **Fig.** Qui manque de certaines conditions intellectuelles ou morales, en parlant des choses. « *Des noms pompeux, vides de sens et de choses* », BOSSUET. ♦ *Scène vide, acte vide*, scène, acte sans événement, sans action, sans incident. ♦ **Fig.** Qui offre des lacunes. « *Rien n'est vide, tout se touche, tout se tient dans la nature* », BUFFON. ♦ **N. m.** Espace vide. ♦ **Archit.** Toute ouverture ou baie dans un mur ; tout espace entre les poteaux d'une cloison ou les solives d'un plancher. ♦ L'espace vide qui est entre les corps célestes. ♦ **Phys.** Espace qui ne contient point d'air. ♦ *Vide absolu* ou simplement *vide*, espace supposé dépourvu de toute matière. ♦ Action d'écarter les personnes. *On fait le vide autour de cet homme.* ♦ Faire le vide dans une contrée, en emmener les habitants, les bestiaux, les provisions. ♦ **Fig.** Absence, interruption dans ce qui occupe ou charme. « *l'étude remplit utilement les vides de la journée* », ROLLIN. ♦ **Fig.** Lacune. « *N'y a-t-il pas visiblement un vide entre le singe et l'homme ?* », VOLTAIRE. ♦ **Fig.** Il se dit par rapport aux choses ou aux personnes dont on vient d'être privé. *La mort de son ami fait un grand vide dans sa vie.* ♦ **Fig.** État d'une âme sans attache. « *L'âme trouve en soi-même un vide infini que Dieu seul pouvait remplir* », BOSSUET. ♦ **Fig.** *Vide de*, manque de. « *Ce vide d'esprit et ce vain bruit de paroles* », D'ALEMBERT. ♦ Vanité, nullité, néant. « *Sentir le vide de tout ce qui fait l'agitation et l'empressement des autres hommes* », MASSILLON. ♦ **À VIDE**, loc. adv. Sans contenir rien, sans rien porter, sans rien recevoir. *La voiture s'en va à vide.* ♦ **Fig.** « *C'est être à vide de reconnaissances* », MME DE SÉVIGNÉ. ♦ **Mus.** *Corde à vide*, celle qu'on fait résonner dans toute sa longueur. ♦ *Mâcher à vide*, remuer les mâchoires sans rien avoir dans la bouche, et fig. se repaître de vagues espérances, et aussi n'avoir que des idées creuses et sans réalité. ◁ ♦ *Fermer une serrure à vide*, tourner le pêne, mais sans le faire entrer dans la gâche. ♦ **Adj.** Qui n'est pas rempli, équipé. *Un appartement vide.* ♦ Qui est sans activité, en parlant du temps. *Les moments vides d'une journée.* ♦ Creux, insignifiant. *Des paroles vides.* ■ **N. m.** *Sous vide*, qui se présente dans un conditionnement ne contenant pas d'air, notamment en parlant des produits alimentaires. *Des pâtes fraîches sous vide.* ■ *Vide juridique*, où il y a une absence de législation dans un domaine. ■ *Vide sanitaire*, espace vide et ventilé que l'on laisse entre le sol et le plancher du rez-de-chaussée d'une maison ou d'un immeuble ne comportant ni cave, ni sous-sol. ■ **Adj.** *Avoir le cerveau, la tête vide*, être incapable de réfléchir. ■ **Math.** *Ensemble vide*, ne contenant aucun élément, noté ø.

VIDÉ, ÉE, p. p. de vider. [vide]

VIDÉASTE, ■ n. m. et n. f. [videast] (*vidéo*, sur le modèle de *cinéaste*) Personne qui réalise des films ou des œuvres en vidéo. *Une vidéaste spécialisée dans les documentaires.*

VIDE-BOUTEILLE, n. m. [vid(ə)butɛj] (*vider* et *bouteille*) Petite maison avec un jardin près de la ville. ♦ Un ivrogne. ♦ Espèce de pompe ou de siphon pour vider une bouteille sans la déboucher. ◆ **Au pl.** *Des vide-bouteilles.* ■ **Rem.** Il est vieilli dans les deux premiers sens aujourd'hui.

VIDE-CAVE, ■ n. m. [vid(ə)kav] (*vider* et *cave*) Pompe utilisée pour aspirer l'eau. *Un vide-cave haute pression. Des vide-caves.*

VIDE-GRENIERS ou **VIDE-GRENIER**, ■ n. m. [vid(ə)gʀənje] (*vider* et *grenier*) Vente publique, et généralement en plein air, d'objets d'occasion par des particuliers. *La commune organise deux vide-greniers chaque année.*

VIDELLE, ■ n. f. [vidɛl] (selon le sens, [mar.] *vis*, avec infl. de *vide*, ou [cuis.] *vider*) **Mar.** Reprise à points croisés faite à la voile d'un bateau qui a été déchirée. *Point de videlle.* ■ **Cuis.** Instrument qui sert à découper la pâte, en pâtisserie. *Découper la plaque de raviolis à l'aide d'une videlle.* ■ **Cuis.** Vide-pomme.

VIDEMENT, n. m. [vid(ə)mɑ̃] (*vider*) ▷ Action de vider ; résultat de cette action. ◁

VIDÉO, ■ adj. [video] (mot angl., du lat. *video*, 1ʳᵉ pers. du prés. de *videre*, voir, d'après *audio-*) Relatif à l'enregistrement et au traitement d'images et de sons qui sont ensuite diffusés sur un écran. *Des montages vidéo ou vidéos* ■ *Jeu vidéo*, jeu électronique interactif utilisant l'image et le son, auquel on joue sur un ordinateur ou une console. ■ **N. f.** Ensemble des techniques permettant la conception, l'enregistrement, la production, le traitement et la diffusion d'images sur un écran de visualisation. *Faire de la vidéo.* Émission ou film enregistré selon ce procédé. *Louer des vidéos.*

VIDÉOCASSETTE, ■ n. f. [videokasɛt] (*vidéo* et *cassette*) Cassette permettant l'enregistrement et la diffusion d'un document vidéo sur une bande magnétique. *Film disponible en vidéocassette ou en* DVD.

VIDÉOCLIP, ■ n. m. [videoklip] Film de très courte durée visant à promouvoir une chanson. ■ **Abrév.** Clip. *Le nouveau clip du groupe.*

VIDÉOCLUB, ■ n. m. [videoklœb] (*vidéo* et *club*) Boutique qui vend ou loue des vidéos sur différents supports. *Prendre une carte d'abonnement dans un vidéoclub. Des vidéoclubs.*

VIDÉOCOMMUNICATION, ■ n. f. [videokomynikasjɔ̃] (*vidéo* et *communication*) Système de transmission vidéo et audio au moyen du satellite, du câble ou d'Internet, permettant à des personnes équipées de communiquer n'importe où dans le monde. *De nouveaux équipements de télécommunication et de vidéocommunication.*

VIDÉOCONFÉRENCE ou **VISIOCONFÉRENCE**, ■ n. f. [videokɔ̃feʀɑ̃s, vizjokɔ̃feʀɑ̃s] (*vidéo* ou *visio-* et *conférence*) Conférence transmise par des moyens de télécommunication et diffusée sur un écran. *Logiciel de vidéoconférence.*

VIDÉODISQUE, ■ n. m. [videodisk] (*vidéo* et *disque*) Disque sur lequel sont enregistrés des images et des sons que l'on peut restituer sur un écran. *Aujourd'hui, les vidéodisques sont des disques numériques.*

VIDÉOFRÉQUENCE, ■ n. f. [videofʀekɑ̃s] (*vidéo* et *fréquence*) **Télécomm.** Fréquence utilisée pour la transmission d'images. *Amplificateurs et oscillateurs de vidéofréquence.*

VIDÉOGRAMME, ■ n. m. [videogʀam] (*vidéo* et *-gramme*) **Télécomm.** Support d'enregistrement et de reproduction d'un document audiovisuel ; ce document lui-même. *Les vidéogrammes font l'objet d'un dépôt légal à la* BNF.

VIDÉOGRAPHIE, ■ n. f. [videogʀafi] (*vidéo* et *-graphie*) Ensemble des enregistrements vidéos qu'a réalisés une personne ou ayant trait à un thème. *La vidéographie d'un groupe de rock.* ■ **VIDÉOGRAPHIQUE**, adj. [videogʀafik]

VIDE-ORDURES ou **VIDE-ORDURE**, ■ n. m. [vidɔʀdyʀ] (*vider* et *ordure*) Conduit vertical par lequel on peut jeter les ordures ménagères dans certains immeubles. *Immeuble équipé d'un vide-ordures.* ■ Vidoir aménagé à chaque étage ou dans chaque appartement. *Le vide-ordures est sur le palier. Des vide-ordures.*

VIDÉOSURVEILLANCE, ■ n. f. [videosyʀvejɑ̃s] (*vidéo* et *surveillance*) Système de surveillance à distance par caméras vidéo, dont sont équipés certains lieux publics, commerces, entreprises, etc. *Établissement placé sous vidéosurveillance.*

VIDÉOTEX, ■ n. m. [videotɛks] (mot anglo-amér. de *video* et [*tele*]*tex*, réseau télématique) **Télécomm.** Système de communication utilisant le réseau téléphonique et permettant l'échange d'informations entre un usager et un serveur informatique. *Le minitel est un terminal vidéotex français.*

VIDÉOTHÈQUE, ■ n. f. [videotɛk] (*vidéo* et *-thèque*) Collection de documents vidéo. ■ Lieu, meuble où l'on conserve ces documents vidéo. *Emprunter un film à la vidéothèque.*

VIDÉOTRANSMISSION, ■ n. f. [videotʀɑ̃smisjɔ̃] **Télécomm.** Diffusion, par des réseaux de télécommunications, de programmes audiovisuels sur grand écran. *Le développement de la vidéotransmission.*

VIDE-POCHE ou **VIDE-POCHES**, ■ n. m. [vid(ə)pɔʃ] (*vider* et *poche*) Petit meuble dont on se sert pour y déposer les objets qu'on porte habituellement dans les poches. ■ Dans un véhicule, petit compartiment destiné à contenir des petits objets. *Des vide-poches très pratiques.*

VIDE-POMME, ■ n. m. [vid(ə)pɔm] (*vider* et *pomme*) Ustensile constitué d'un cylindre tranchant et utilisé pour retirer la partie centrale des pommes sans les couper. *Des vide-pommes.*

VIDER, v. tr. [vide] (lat. pop. *vocitare*, de *vocitus*, vide) Rendre vide. *Vider un tonneau, un sac, un étang, etc.* ◆ **Fig.** « *Vidons notre cœur de toute autre chose* », BOSSUET. ◆ *Vider un verre, une bouteille*, boire la liqueur, la boisson qui y est contenue. ◆ **Fig.** *Vider les bouteilles, les pots, les verres*, boire beaucoup, faire la débauche. ◆ **Fig.** *Vider son coffre-fort*, débourser beaucoup d'argent. ◆ *Vider une volaille, un poisson*, en ôter les entrailles. ◆ *Vider les ventes*, enlever tout le bois abattu. ◁ ◆ Ôter ce qui est au milieu d'une chose, y faire des ouvertures. *Vider une clé, un canon, etc.* ◆ Enlever d'une chose ce qui l'empêche d'avoir une forme régulière. *Vider une roue, un cercle.* ◆ Faire sortir des personnes hors du lieu qui les renferme. *Vider une prison.* ◆ **Par extens.** Faire périr les personnes renfermées en un lieu. *Le typhus a vidé cet hôpital.* ◆ Sortir d'un lieu, d'une contrée, par crainte ou par autorité de justice. *Vider les lieux, le pays, etc.* ◆ ▷ **Absol.** « *Vidons, vidons sur l'heure* », MOLIÈRE. ◁ ◆ ▷ Purger. ◁ ◆ ▷ Évacuer, rendre par le haut ou par le bas. *Cette médecine lui a fait vider beaucoup de bile.* ◁ ◆ *Vider les arçons*, Voy. ARÇON. ◆ **Dr.** *Vider ses mains*, remettre à une personne désignée par la justice l'argent qu'on avait entre les mains. ◆ **Fig.** Régler, terminer, décider. « *Seigneur, quand par le fer les choses sont vidées, La justice et le droit sont de vaines idées* », P. CORNEILLE. « *Petits princes, videz vos débats entre vous ; De recourir aux rois vous seriez de grands fous* », LA FONTAINE. ◆ *Vider ses comptes*, les terminer. ◆ **Se vider**, v. pr. Devenir vide, se désemplir. ◆ Se dit d'un cheval qui rend fréquemment ses excréments. ◆ Perdre du sang en grande quantité. *Le blessé se vidait.* ■ **Fig.** et **fam.** Épuiser physiquement ou moralement. *Cet entraînement m'a vidé.* ■ **Fam.** Licencier quelqu'un. *Mon patron m'a vidé.* ■ *Vider son sac*, dire le fond de sa pensée.

VIDEUR, EUSE, ■ n. m. et n. f. [vidœʀ, øz] (*vider*) Personne qui vide. *Un videur de poissons.* ■ **N. m. Fam.** Homme chargé d'expulser les personnes indésirables. *Le videur d'une boîte de nuit.*

VIDE-VITE, ■ n. m. inv. [vid(ə)vit] (*vider* et *vite*) **Techn.** Système qui permet d'évacuer un gaz ou un liquide en cas de besoin. *Les vide-vite d'un canoë.*

VIDIMÉ, ÉE, p. p. de vidimer. [vidime]

VIDIMER, v. tr. [vidime] (*vidimus*) Voy. VIDIMUS. **Dr.** Collationner la copie d'un acte sur l'original, et certifier qu'elle y est conforme.

VIDIMUS, n. m. [vidimys] (mot lat., 1ᵉʳᵉ pers. du parfait de *videre*, voir, nous avons vu) **Dr.** Mention qui indiquait qu'un acte avait été collationné sur l'original. *Le juge a mis le vidimus à cet acte.*

VIDOIR, ■ n. m. [vidwaʀ] (*vider*) Trappe d'un vide-ordures par laquelle on jette les ordures. *Cuisine d'un appartement équipée d'un vidoir.*

VIDRECOME, n. m. [vidʀəkom] (all. *wiederkommen*, revenir) T. tombé en désuétude. Grand verre que les Allemands emploient pour boire dans leurs festins de cérémonie.

VIDUITÉ, n. f. [vidɥite] (lat. *viduitas*, privation, veuvage) Veuvage. ◆ Il se dit plus ordinairement des femmes. ◆ **Dr.** *Délai de viduité*, délai de trois cents jours imposé par la loi et durant lequel une femme veuve ou divorcée ne peut se remarier, afin d'éviter toute confusion de paternité.

VIDURE, n. f. [vidyʀ] (*vider*) ▷ Ouvrage à jour. ◁ ◆ Ce qu'on ôte de quelque chose. *Des vidures de poulets.*

VIE, n. f. [vi] (lat. *vita*) En général, état d'activité de la substance organisée, activité qui est commune aux plantes et aux animaux. ◆ ▷ *Ce qui a vie*, se dit des animaux. ◁ ◆ *Cet animal, cet homme a la vie dure*, il est difficile de le tuer. ◆ Vie organique, animale, Voy. ces mots. ◆ En particulier, la vie de l'homme. *Aimer la vie. Perdre la vie.* ◆ *Aimer plus que sa vie*, aimer passionnément. ◆ **Jurispr.** *Vie civile*, état que tient dans l'ordre politique celui qui n'en est pas déchu. ◆ *Être entre la vie et la mort*, être dans un extrême péril, soit par maladie, soit autrement. ◆ **Fig.** *Sa vie ne tient plus qu'à un fil*, il est à toute extrémité. ◆ **Fig.** *Il n'a qu'un filet de vie, qu'un souffle de vie*, Voy. FILET Voy. SOUFFLE. ◆ *Donner la vie*, mettre au monde. ◆ *Donner la vie à son ennemi*, lui accorder merci. ◆ *Le prince a donné la vie, a accordé la vie*, a fait grâce de la vie à ce condamné, il a empêché, en vertu de son autorité, que l'arrêt de condamnation fût exécuté. ◆ ▷ *Demander la vie*, implorer la pitié d'un ennemi vainqueur. ◁ ◆ *Il ne donne plus signe de vie*, il est mort. ◆ **Fig.** *Ne pas donner signe de vie*, ne témoigner par rien qu'on existe. ◆ *Revenir de mort à vie*, revenir, contre toute espérance, d'une maladie très grave. ◆ *Aller de vie à trépas*, mourir. ◆ L'espace de temps qui s'écoule entre la naissance et la mort. *La vie est courte.* ◆ *Élixir de longue vie*, sorte d'élixir. ◆ *Eau-de-vie*, Voy. EAU. ◆ Une partie considérable du cours de la vie. « *La* *vie est pleine de choses qui blessent le cœur* », Mme de Sévigné. ♦ L'existence terrestre. « *La vie de l'homme sur la terre est une guerre continuelle* », Saci. ♦ ▷ **Fig.** En termes de spiritualité, *la vie des sens*, les sentiments terrestres et mondains. ◁ ♦ L'existence de l'âme après la mort. *La vie future. L'espérance d'une autre vie.* ♦ *La vie éternelle* ou **absol.** *la vie*, état des bienheureux dans le ciel. ♦ *Le livre de vie*, Voy. livre. ♦ **Fig.** Renaissance spirituelle, communion, baptême. « *Le tribunal sacré où nous avons trouvé une nouvelle vie* », Massillon. ♦ *Se nourrir du pain de vie*, communier. ♦ *Vie spirituelle*, Voy. spirituel. ♦ ▷ **Fig.** *Vie de réputation*, seconde vie, réputation qui dure après la mort. ◁ ♦ Principe d'existence et de force. *Il y a bien de la vie dans ce vieillard.* ♦ **Fig.** *Donner, redonner, rendre la vie*, se dit de ce qui rassure, ranime, réconforte. ♦ **Fig.** *Rendre la vie à une institution, à une corporation*, en ranimer le principe, la force. ♦ Ce qui est dans les compositions des lettres ou des beaux-arts comme la vie dans un corps. *Des expressions pleines de vie. Il y a bien de la vie dans ce tableau.* ♦ **Peint.** et **sculpt.** Caractère, expression naturelle dans les visages et les gestes des figures. *Ce portrait est plein de vie.* ♦ Ce qui regarde la nourriture et la subsistance. *Gagner sa vie en travaillant.* ♦ ▷ *Demander sa vie*, demander l'aumône. ◁ ♦ *La vie est chère, la vie est à bon marché dans ce pays*, les denrées y sont à un prix élevé, à bas prix. ♦ La manière dont on se nourrit, dont on se traite, dont on se divertit. « *Venez souper chez moi ; nous ferons bonne vie* », La Fontaine. ♦ **Absol.** *Faire la vie*, se livrer à toutes sortes d'amusements, mener une vie débauchée. ♦ Manière de vivre. *Mener une vie douce. La vie de Paris, de la campagne, de château, etc.* ♦ ▷ *Faire vie qui dure*, ménager son corps, sa santé, ses ressources. ◁ ♦ *Rendre la vie dure à quelqu'un*, le tourmenter, le chagriner à tout propos. ♦ La vie considérée au point de vue moral. *La vie religieuse, chrétienne, etc.* ♦ *Certificat de bonne vie et mœurs*, certificat constatant qu'une personne a une conduite régulière. ♦ **Fam.** *Mener une vie de bohème*, vivre comme un bandit, comme un homme qui n'a ni feu ni lieu. ♦ *Un homme de mauvaise vie*, un homme débauché, sans mœurs. ♦ Il se dit par rapport aux occupations et aux professions différentes de la vie. *Une vie active, laborieuse. La vie des champs. La vie des camps.* ♦ **Absol.** *La vie*, la manière dont se comporte le monde. *Que voulez-vous ? c'est la vie.* ♦ **Fig.** Ce qui est de ce qui fait la principale affection, la principale occupation. *L'étude est sa vie.* « *Cette amitié fait ma vie* », Mme de Sévigné. ♦ Histoire, récit des choses remarquables de la vie d'un homme. « *Presque toutes les vies des hommes célèbres ont été défigurées par des contes* », Voltaire. ♦ On met un grand V, quand il s'agit d'un ouvrage portant ce titre. *Les Vies de Plutarque.* ♦ **Fam.** avec quelque épithète, crierie qu'on fait en querellant, en réprimandant. *Ce sont des vies continuelles dans cette maison.* ♦ Dans l'alchimie, *vie et mort*, le soufre et le mercure des philosophes. ♦ Par forme de serment, *sur la vie*, très certainement ou très expressément. ♦ ▷ *Vertu de ma vie !* jurement populaire. ◁ ♦ **en vie**, **loc. adv.** Vivant. *Je suis encore en vie.* ♦ *Tout en vie, plein de vie*, d'avenir, de force. ♦ **de la vie, de ma vie, de sa vie, etc.**, **loc. adv.** Avec la négation, jamais. *De ma vie je n'ai vu pareille chose.* ♦ *Pour la vie, à la vie et à la mort*, pour toujours. *Je suis son ami pour la vie.* ♦ *Pour la vie*, pour longtemps. ♦ **à vie**, **loc. adv.** Pendant tout le temps qu'on a à vivre. *Une pension à vie. Bail à vie.* ♦ On dit dans le même sens : *Ma vie durant, sa vie durant.* ♦ **Prov.** *Telle vie, telle fin*, ou **Prov.** *telle vie, telle mort*, c'est-à-dire on meurt de la même manière qu'on a vécu. ■ Existence de quelque chose. *Vie d'une tribu indienne.* ■ Existence dans le temps d'un objet. *Durée de vie d'une télévision.* ■ **Fam.** *Vie de bâton de chaise, vie de patachon*, vie agitée, dissipée. ■ *Une femme de mauvaise vie*, femme qui a une vie agitée, débauchée, prostituée. ■ *Vie active*, activité professionnelle. *L'entrée des jeunes dans la vie active.* ■ **Fam.** *Faire la vie à quelqu'un*, le tourmenter par des plaintes, des reproches incessants. ■ *Jamais de la vie*, en aucun cas. *Jamais de la vie, je ne ferais une telle chose.* ■ *Refaire sa vie*, se remarier, changer son type de vie.

VIEIL, adj. m. [vjɛj] Voy. vieux.

VIEILLARD, n. m. [vjɔjɑʀ] (*vieil*) Homme qui est dans le dernier âge de sa vie. ♦ Au f. *Vieillarde* (employé seulement avec une nuance de mépris dans le style moqueur et satirique). ■ Rem. Le féminin *vieillarde* tend aujourd'hui à perdre sa nuance péjorative, il est fréquemment utilisé comme synonyme de vieille.

VIEILLARDER, v. intr. [vjejaʀde] (*vieillard*) ▷ S'altérer en vieillissant, en parlant des vins. ◁

VIEILLERIE, n. f. [vjɛj(ə)ʀi] (*vieil*) Vieilles hardes, vieux meubles. ♦ **Fig.** et **fam.** Idées rebattues, conceptions usées. ♦ Chose vieille, objet ancien et usé. *Tu devrais jeter cette vieillerie. Sa maison est pleine de vieilleries.*

VIEILLESSE, n. f. [vjejɛs] (*vieil*) Le dernier âge de la vie, ou période de la vie humaine dont on fixe le commencement à la soixantième année, mais qui peut être plus ou moins retardée ou avancée, suivant la constitution individuelle. ♦ *Une belle vieillesse*, une vieillesse où l'on se porte bien. ♦ **Fig.** *Bâton de vieillesse*, Voy. bâton. ♦ Chez les animaux, dernière période de la vie, pendant laquelle ils perdent graduellement leurs forces physiques

et leur résistance à la fatigue. ♦ Il se dit aussi des végétaux. ♦ En parlant des choses, vétusté, ancienneté. *Cette maison tombe de vieillesse.* ♦ État suranné. « *Je trouve tout ceci d'une vieillesse affreuse* », Gresset. ♦ Collectivement, les vieilles gens. « *La vieillesse chagrine incessamment amasse* », Boileau. ♦ **Prov.** *Si jeunesse savait et si vieillesse pouvait*, Voy. jeunesse. ♦ Rem. Aujourd'hui, on fait plutôt commencer cet âge vers la soixante-dixième année.

VIEILLI, IE, p. p. de vieillir. [vjeji] ♦ Qui a une longue expérience de. « *Un ministre vieilli dans l'art des courtisans* », Voltaire. ♦ **Fig.** Qui est devenu suranné. *Un mot vieilli.* ♦ **Fig.** Qui a perdu sa force par le temps.

VIEILLIR, v. intr. [vjejiʀ] (*vieil*) Se conjugue avec *être* ou *avoir* suivant le sens. Devenir vieux. « *L'on espère de vieillir, et l'on craint la vieillesse* », La Bruyère. ♦ **Par extens.** *Vieillir dans*, demeurer longtemps dans un poste, dans une situation, dans une opinion, dans une croyance. *Cet homme a vieilli dans les emplois.* « *Rome, qui avait vieilli dans le culte des idoles, avait une peine extrême à s'en défaire* », Bossuet. ♦ **Fig.** Demeurer longtemps, tarder. « *Prenez donc la poste pour être bientôt ici, et ne vieillissez point en chemin* », Balzac. ♦ Il se dit de certaines choses qui avec le temps perdent de leur force. *Son talent commence à vieillir.* « *Le cœur ne vieillit pas* », Voltaire. ♦ Prendre certaines qualités par l'effet du temps. *Laisser vieillir du vin.* ♦ **Fig.** Devenir plus faible avec le temps. « *Qui ne sait que la maison de Bavière est une de ces maisons augustes dont la gloire ne vieillit point avec le temps ?* », Fléchier. ♦ Perdre de sa vogue, passer. *Cette opinion, cette mode vieillit.* ♦ Devenir suranné, en parlant du style, du langage. « *Rien ou presque rien de la langue de Pascal n'a vieilli* », Marmontel. ♦ Paraître vieux. *Il ne vieillit point.* ♦ **V. tr.** Rendre vieux, faire paraître vieux. *Les chagrins l'ont vieilli. Cette coiffure la vieillit.* ♦ Donner à un vin, à une liqueur les qualités de la vieillesse. ♦ Dire plus vieux. *Vous me vieillissez ; je n'ai pas encore soixante ans.* ♦ *Se vieillir*, v. pr. Se faire paraître, se dire plus vieux qu'on n'est.

VIEILLISSANT, ANTE, adj. [vjejisɑ̃, ɑ̃t] (*vieillir*) Qui devient vieux.

VIEILLISSEMENT, n. m. [vjejis(ə)mɑ̃] (radic. du p. prés. de *vieillir*) État de ce qui vieillit ; acheminement à la vieillesse. *Le vieillissement commence à se faire sentir.* ♦ **Fig.** État de ce qui devient suranné. *Le vieillissement d'un mot.* ♦ Action de faire vieillir. *Le vieillissement artificiel des vins.*

VIEILLOT, OTTE, adj. [vjejo, ɔt] (*vieil*) ▷ **Fam.** Qui commence à avoir l'air vieux. ◁ ♦ **N. m.** et n. f. *Un vieillot. Une petite vieillotte.* ♦ ▷ Il se dit surtout des gens de petite taille. ◁ ♦ Démodé. *La décoration de cet appartement fait vieillotte.* ■ Rem. Il n'est guère familier aujourd'hui.

VIELLE, n. f. [vjɛl] (a. provenç. *viola*) Au Moyen Âge, instrument semblable au violon, qui se jouait avec un archet. ♦ Aujourd'hui, instrument qui se joue au moyen d'une roue enduite de colophane qu'on fait tourner plus ou moins rapidement par une manivelle ; ses intonations se font au moyen des touches d'un clavier qui pressent la corde contre la touche. ♦ **Fig.** *Ils ont accordé leurs vielles ensemble*, ils se sont concertés. ♦ ▷ *Il est du bois dont on fait les vielles*, se dit d'un homme dont l'humeur est aisée, accommodante. ◁ ♦ ▷ *Vielle organisée*, orgue de Barbarie. ◁

VIELLÉ, ÉE, adj. [vjele] (*vielle*) ▷ *Bœuf viellé*, se disait du bœuf gras, qu'on promenait au son des vielles. ◁

VIELLER, v. intr. [vjele] (*vielle*) Jouer de la vielle. ♦ ▷ **Pop.** et **fig.** User de longueurs inutiles. *Pourquoi tant vieller ?* ◁

VIELLEUR, EUSE ou **VIELLEUX, EUSE**, n. m. et n. f. [vjelœʀ, øz, vjelø, øz] (*vielle*) Joueur, joueuse de vielle. ♦ **N. m.** Nom donné à certains insectes.

VIENNOISERIE, ■ n. f. [vjɛnwaz(ə)ʀi] (*Vienne*, capitale de l'Autriche) Ensemble des produits de boulangerie, en dehors du pain, fabriqués avec une pâte fermentée, enrichie de lait, de sucre, d'œufs et de matière grasse. *Les croissants et les brioches sont des viennoiseries.*

VIERGE, n. f. [vjɛʀʒ] (anc. fr. *virgine*, du lat. *virginem*, accus. de *virgo*) Fille, femme qui a vécu dans une continence parfaite, qui n'a jamais eu de relations sexuelles. *Une jeune vierge.* ♦ **Absol.** et par excellence, Marie, mère de Dieu. *La Sainte Vierge* (on met un V majuscule). ♦ Une image de la Sainte Vierge. ♦ **Astron.** (avec un V majuscule). Un des douze signes du zodiaque, celui qui, par suite de la révolution annuelle de la Terre, semble parcouru à peu près du 20 août au 20 septembre par le Soleil. ♦ **Adj.** Il se dit des personnes, filles ou garçons, qui ont vécu dans la continence, qui n'ont jamais eu de relations sexuelles. « *Cet apôtre vierge [saint Jean]* », Bossuet. ♦ **Fig.** « *Âmes pures et innocentes, âmes vierges comme les appelle saint Jean* », Bossuet. ♦ **Fig.** *Réputation vierge*, réputation intacte. ♦ **Fig.** Il se dit de choses qui n'ont encore été soumises à aucun usage, à aucun travail. « *Galilée et Bacon trouvèrent la carrière des sciences encore vierge* », Biot. *Terre vierge*, terre qui n'a jamais été cultivée. ♦ On dit de même : *Un sol vierge, une nature vierge.* ♦ *Forêt vierge*, forêt où l'on n'a jamais coupé de bois. ♦ *Épée vierge*, épée qui n'a fait encore de mal à personne, qu'on n'a pas encore tirée du fourreau pour se battre. ♦ *Cire vierge*, Voy. cire. ♦ Qui n'a subi aucune préparation. ▷ *Huile vierge*, ◁ huile qui sort des olives sans qu'on les ait pressées. ◆ *Métaux vierges*, syn. de métaux natifs. ◆ Il se dit aussi des métaux qui n'ont point passé par le feu. *De l'argent vierge.* ◆ *Parchemin vierge*, parchemin qui est fait avec la peau de jeunes agneaux, de jeunes chevreaux. ◆ **Peint.** *Teinte vierge* ou *en couleur vierge*, celle qui n'est ni fondue ni noyée dans les autres. ◆ *Vigne vierge*, Voy. VIGNE. ◆ *Huile vierge*, huile alimentaire obtenue par pression mécanique à froid de graines ou de fruits.

VIETNAMIEN, IENNE, ■ adj. [vjɛtnamjɛ̃, jɛn] (*Vietnam*) Qui habite ou qui est originaire du Vietnam ; qui est propre au Vietnam. *Sa mère est vietnamienne. Le gouvernement vietnamien.* ■ N. m. et n. f. *Les Vietnamiens.* ■ N. m. Langue officielle du Vietnam. *Le vietnamien s'écrit aujourd'hui en caractères latins.*

VIEUX ou **VIEIL, VIEILLE**, adj. [vjø, vjɛj] (anc. fr. *vieil*, du lat. *vetulus*, d'un certain âge, dimin. de *vetus*, vieux) *Vieil* s'emploie devant une voyelle ou un *h* muet : *Vieil ami, vieil homme ; vieux* s'emploie dans les autres cas ; il s'emploie aussi devant une voyelle ou un *h* muet : *Un vieux homme. Vieil* devant une voyelle ne se dit que précédant son substantif ; dans une autre construction, même devant une voyelle, c'est *vieux* que l'on dit : *Vieux et usé.* Au pluriel c'est toujours *vieux.* ◆ Qui est avancé en âge. *Un vieil homme. Vieux renard. De vieilles gens.* ◆ *Vieux comme les rues, vieux comme Hérode, vieux comme les chemins*, très vieux, en parlant des personnes et des choses. ◆ *Se faire vieux*, vieillir. ◆ *Cet homme ne fera pas de vieux os*, il ne vivra pas jusqu'à la vieillesse. ◆ **Fig.** *Ne pas faire de vieux os quelque part*, n'y pas demeurer longtemps. ◆ *Être vieux avant l'âge*, avoir l'air vieux sans être âgé. ◆ *Il se fait plus vieux qu'il n'est*, il se dit plus avancé en âge qu'il n'est réellement. ◆ *Les vieux jours, les vieux ans*, la vieillesse. ◆ Avec les adverbes *plus, moins*, et autres semblables, il exprime les différences d'âge. *Il est plus vieux que moi de deux ans.* ◆ Qui a l'apparence de la vieillesse. *Je le trouve vieux. Il a un air vieux.* ◆ Qui exerce depuis longtemps une profession, un métier. *Vieux soldat. Vieux magistrat.* ◆ Qui possède depuis longtemps une certaine qualité. *Un vieil ami.* ◆ *Une vieille fille*, une fille qui a passé sa jeunesse sans se marier. ◆ On dit de même : *Un vieux garçon.* ◆ Qui a d'anciennes habitudes, surtout en parlant d'habitudes vicieuses. *Un vieil avare.* ◆ Il s'emploie quelquefois dans des paroles de dénigrement. *Vieux radoteur.* ◆ ▷ Il se dit par respect en parlant d'un homme qui a laissé une grande renommée. *Le vieux Corneille.* ◁ ◆ Qui existe depuis longtemps, qui remonte à une date reculée. *Le bon vieux temps. De vieux parchemins. Un vieux proverbe.* ◆ Qui a duré longtemps. *Un vieux respect.* ◆ ▷ **Vétér.** *Vieux mal*, affection ancienne chez un cheval. ◁ ◆ Qui n'est pas nouveau, qui n'est plus nouveau. *La ville vieille. De vieux livres.* ◆ *Vieil argent*, argent auquel le temps a donné une apparence qu'on recherche. *Médaillons, imitation de vieil argent.* ◆ *Le Vieux Testament* ; on dit plutôt *l'Ancien Testament.* Voy. TESTAMENT. ◆ *Vieux style*, Voy. STYLE. ◆ Dans le langage mystique, *le vieil homme*, Voy. HOMME. ◆ Suranné. *Vieille mode. Vieille méthode.* ◆ *La vieille physique, la vieille chimie*, etc., se dit de l'état imparfait de ces sciences avant Galilée et Lavoisier. ◆ Qui est hors d'usage, en parlant des mots, du style. *Ce terme est vieux. Une vieille locution.* ◆ Il se dit aussi des écrivains. ◆ Usé, par opposition à *neuf. Vieil habit. Vieux linge.* ◆ *Vieux habits, vieux galons*, cri des fripiers ambulants qui offrent d'acheter de vieilles hardes. ◆ N. m. et n. f. *Un vieux, une vieille*, un homme, une femme dans le dernier âge de la vie. ◆ **Pop.** *Un vieux de la vieille* (sous-entendu *garde*), un soldat qui a appartenu à la vieille garde de Napoléon Ier. ◆ *Faire le vieux*, prendre le ton, les habitudes de la vieillesse. ◆ *Vieux de la montagne*, nom du chef des Ismaélites de l'Irak persique. ◆ ▷ *Demi-vieille*, femme qui est près de la vieillesse. ◁ ◆ *Contes de vieille*, fables absurdes, indignes de toute créance. ◆ N. m. Ce qui est vieux, usé. *Coudre du vieux avec du neuf. Cordonnier en vieux.* ◆ *Goût de vieux*, dit aussi amertume, maladie des vins qui leur donne un goût amer. ◆ **Vx** *Vieux* pris adverbialement. *Elle s'habille plus vieux que son âge.* ▷ *Des bois vieux coupés.* ◁ ◆ **Prov.** *Jeune chair et vieux poisson*, ordinairement la chair des jeunes bêtes et celle des vieux poissons sont les meilleures. ■ **Fam. N. m. pl.** Les parents. *Mes vieux sont à la maison.* ■ *Mon vieux, ma vieille*, terme affectueux. ■ **Fam.** *Un vieux de la vieille*, personne expérimentée. ■ **Rem.** Aujourd'hui, *vieux* ne s'emploie plus devant une voyelle ou un *h* muet.

VIEUX-LILLE, ■ n. m. inv. [vjølil] (*vieux*, et *Lille*, préfecture du Nord) Fromage de lait de vache, de type pâte molle à croûte lavée. *Des vieux-lille. Un pavé de vieux-lille.*

VIF, VIVE, adj. [vif, viv] (lat. *vivus*, vivant, animé) Qui est en vie. *Plus mort que vif. Être brûlé, écorché vif.* ◆ **Poétiq.** et fig. *Une mort toujours vive*, la damnation éternelle. ◆ ▷ **Plais.** *Imprimé tout vif*, se dit d'un homme qui se voit imprimé sans qu'il s'attendît beaucoup à l'être. ◁ ◆ *Chair vive*, se dit, dans un corps vivant, par opposition à *chair morte. Couper jusqu'à la chair vive.* ◆ *Haie vive*, Voy. HAIE. ◆ *Bois vif*, se dit des arbres qui donnent des branches et des feuilles, par opposition à *bois mort.* ◆ *Eau vive*, eau qui coule de source ; et aussi eau qui est trop crue. ◆ *Vive eau*, grande marée. ◆ N. m. *Le vif de l'eau*, la haute eau d'une marée. ◆ *Force vive*, Voy. FORCE.

◆ *Roche vive*, roche dont la surface n'a pas été altérée. ◆ *Le roc vif*, ce qui forme le roc même, par opposition à la terre, au sable qui le recouvre. ◆ *Vive arête*, le tranchant des angles de la pierre, du bois, etc. ◆ *Chaux vive*, chaux qui n'a point été imprégnée d'eau. ◆ *Dartre vive*, dartre qui paraît très enflammée. ◆ **Mar.** *Œuvres vives d'un vaisseau*, les parties qui trempent dans l'eau. ◆ Qui a beaucoup de vigueur, d'activité, en parlant des personnes ou des animaux. *Un homme vif. Cheval vif.* ◆ *Avoir le sentiment vif, les sens vifs*, être fort sensible à l'impression des objets extérieurs. ◆ *Avoir les passions vives, les sentiments vifs*, avoir l'âme extrêmement sensible, avoir les passions violentes. ◆ *Avoir l'esprit vif, l'imagination vive*, concevoir, produire promptement et facilement. ◆ ▷ Qui sent vivement. *Vif à sentir les injures, à reconnaître les bienfaits*, etc. « *Plus vous êtes vif pour le monde et pour ses faux plaisirs...* », MASSILLON. ◁ ◆ *Être vif*, s'impatienter, s'emporter facilement. ◆ On dit aussi en ce sens : *Vif comme la poudre, comme le salpêtre.* ◆ ▷ *Vif sur*, prenant grand intérêt à, se passionnant pour. « *Ce sont des cœurs tranquilles et paresseux qui ne sont vifs sur rien* », MASSILLON. ◁ ◆ Qui a de la vivacité, en parlant des choses. *Des manières vives.* ◆ *Un feu vif*, un feu qui brûle avec activité. ◆ *Attaque vive*, attaque prompte et forte. *Une vive canonnade, une vive fusillade*, une canonnade, une fusillade rapide et continue. *Les ennemis firent un feu très vif.* ◆ **Méd.** *Pouls vif*, pouls qui réunit la promptitude, la fréquence et la force, sans dureté. ◆ Il se dit pour caractériser la force de certaines impressions physiques. *Une chaleur vive. Un vif accès de goutte.* ◆ *Air vif*, air pur et frais, tel que celui des lieux élevés. ◆ Il se dit pour caractériser la force de certaines impressions morales. *Vif désir. Vif amour. Foi vive*, foi ardente et ferme, et aussi la foi qui est accompagnée des œuvres. ◆ *Les objets font sur lui une impression vive, une sensation vive*, ils produisent sur lui une impression, une sensation forte et prompte. ◆ Qui dure, subsiste, comme quelque chose de vivant. *Un souvenir tout vif.* ◆ ▷ *Être vif dans le souvenir, dans l'esprit*, y avoir laissé une marque profonde. ◁ ◆ Se dit pour exprimer la force de la lumière, des couleurs. *Couleur vive. Le vif éclat des yeux. Un rouge vif.* ◆ *Un teint vif*, un teint fort coloré. ◆ *Yeux vifs*, yeux brillants et pleins de feu. ◆ Exprimé avec chaleur, avec force ; énergique, animé. *Reproches vifs. Une vive prière.* ◆ *Expressions vives*, expressions où se fait sentir le feu de l'imagination. *Traits vifs*, traits piquants. ◆ *Des propos vifs*, des propos qui approchent de l'insulte. ◆ **N. m. Jurispr.** *Le mort saisit le vif*, Voy. SAISIR *Entre vifs*, entre personnes vivantes. *Donation entre vifs.* ◆ **Chasse** *Le vif*, l'oiseau vivant. *Peindre au vif*, peindre d'après nature. ◆ *La chair vive. Couper les chairs jusqu'au vif.* ◆ **Fig.** *Piquer au vif*, faire une offense très sensible, et en un autre sens, faire une vive impression. ◆ *Être touché au vif*, être sensiblement touché de quelque chose. ◆ *Trancher, couper dans le vif*, étendre les incisions jusqu'à la chair vive, et fig. renoncer tout d'un coup à une chose qui faisait beaucoup de plaisir ; rompre tout à coup des relations, des habitudes nuisibles, ou prendre des mesures énergiques dans une affaire. ◆ *Le vif*, la partie la plus dure d'un moellon. ◆ **Archit.** *Le vif de la colonne*, le fût. *Vif du piédestal*, son dé. ◆ Le point, le moment où une chose a le plus de vivacité. *Le vif du débat. Entrer dans le vif de la question.* ◆ Quelque chose de vif, d'animé. *Le vif dans le style.* ◆ DE VIVE VOIX, loc. adv. En employant la parole, par opposition à par écrit. *De vive voix.* « *Les réponses courtes par écrit dans les grandes questions ne durent guère ; la vive voix tranche, parce qu'on va d'abord au point* », BOSSUET. ◆ DE VIVE FORCE, loc. adv. Avec violence, en surmontant tous les obstacles. *Enlever un poste de vive force.* ■ *Dans le vif du sujet*, dans le sujet en question. *Entrer dans le vif du sujet.*

VIF-ARGENT, n. m. [vifaʁʒɑ̃] (*vif* et *argent*) Mercure, métal liquide qui a la couleur de l'argent. ◆ On dit aussi *argent vif.* ◆ **Fig.** et **fam.** *Cet homme a du vif-argent dans les veines, dans la tête, c'est du vif-argent*, il est très vif, très remuant.

VIGÉSIMO, adv. [viʒezimo] (lat. *vigesimo* [*loco*], ablat. de *vigesimus*, vingtième, et *locus*, lieu, rang) ▷ Vingtièmement. ◁

VIGIE, n. f. [viʒi] (port. *vigia*, guetteur, du lat. *vigilare*, veiller, être attentif) **Mar.** Surveillance. ◆ *Être en vigie*, être en sentinelle au haut d'un mât. ◆ Matelot qui est en sentinelle. ◆ Haut-fond, dans la mer.

VIGILAMMENT, adv. [viʒilamɑ̃] (*vigilant*) Avec vigilance.

VIGILANCE, n. f. [viʒilɑ̃s] (lat. *vigilantia*) Qualité de qui est vigilant. *La vigilance d'un père, d'un général*, etc. ◆ **Hérald.** Grue tenant une pierre dans une de ses pattes. ◆ État d'une personne éveillée. *Sommeil et vigilance.* ◆ Capacité de réactivité face à l'environnement dans lequel on se trouve. *Les troubles de la vigilance sont responsables de nombreux accidents routiers.*

VIGILANT, ANTE, adj. [viʒilɑ̃, ɑ̃t] (lat. *vigilans*, p. prés. de *vigilare*, être attentif) Qui veille avec beaucoup de soin à ce qu'il doit faire. *Un vigilant père de famille.* ◆ Il se dit aussi des choses. *Des yeux vigilants.*

VIGILE, n. f. [viʒil] (selon le sens lat. *vigilia*, veille, faction de nuit, lat. ecclés. veillée, ou *vigil*, veilleur de nuit) Dans l'Église catholique, veille ou autre jour qui précède une solennité, et pendant lequel on observe l'abstinence et le jeûne. ◆ *Vigiles des morts*, matines et laudes de l'office des morts, que l'on chante aux obsèques d'un défunt, ou au service que l'on fait pour lui. ♦ Abusivement, jour d'abstinence. ▪ N. m. Dans la Rome antique, garde de nuit qui surveillait, qui veillait dans Rome. ▪ N. m. Veilleur de nuit. *La ronde du vigile.* ▪ N. m. Personne chargée de la sécurité dans un lieu public. *Vigile posté à l'entrée d'une banque.*

VIGNE, n. f. [viɲ] ou [viɲj] (selon le sens, [bot.] lat. *vinea*, ou [maison de plaisance] ital. *vigna*, du *vinea*) Plante à tige ligneuse et tortueuse qui porte le raisin. ♦ Étendue de terre plantée de ceps de vigne. ♦ *Raisin de vigne,* raisin propre à faire du vin, par opposition à raisin de treille ou chasselas. ♦ *Pêche de vigne,* fruit du pêcher venu en plein vent dans les vignes. ♦ *La vigne du Seigneur,* vigne qui fait le sujet d'une parabole. ♦ **Fig.** *Travailler à la vigne du Seigneur,* s'employer à l'instruction et à la conversion des âmes. ♦ ▷ **Fig.** *Faire provigner la vigne,* faire réussir une doctrine, une opinion. ◁ ♦ ▷ **Fig.** *Être dans les vignes du Seigneur* ou **ellipt.** *être dans les vignes,* être ivre. ◁ ♦ ▷ Anciennement, maison de plaisance aux environs de Rome et de certaines villes d'Italie ; aujourd'hui, on dit villa. *La vigne Borghèse.* ◁ ♦ *Vigne blanche,* nom vulgaire de la bryone. ♦ *Vigne vierge,* nom vulgaire du *Cissus quinquefolia.* ♦ *Vigne de Judée,* vigne sauvage, douce-amère. ♦ *Vigne du Nord,* houblon.

VIGNERON, ONNE, n. m. et n. f. [viɲəʁɔ̃, ɔn] ou [vinjəʁɔ̃, ɔn] (*vigne*) Celui, celle qui cultive la vigne. ♦ **Adj.** Relatif à la vigne, au vigneron. *Tradition vigneronne.*

VIGNETAGE ou **VIGNETTAGE**, ▪ n. m. [viɲetaʒ] ou [vinjetaʒ] (*vignette*) Obscurcissement des angles ou des bords d'une photographie. *Effet de vignetage.*

VIGNETTE, n. f. [viɲɛt] ou [vinjɛt] (*vigne*) Ornement qu'on met au haut de la première page d'un livre ou d'un chapitre ; c'étaient autrefois des branches de vigne ; mais on en fait aujourd'hui de divers dessins. ♦ **Par extens.** Petite estampe d'un livre. ♦ Estampe qui occupe toute une page, quand elle est entourée d'un cartouche. ♦ Dessins, ornements qui servent d'encadrement pour les tableaux, les couvertures de livres, etc. ♦ Ornement du même genre mis autour d'un mouchoir. ♦ *Papier à vignettes,* papier à lettres dont les bords sont ornés de guirlandes coloriées. ▪ Petite étiquette portant la marque de fabrique. *Vignette d'une bouteille d'alcool. Vignette des boîtes de cigares.* ▪ Petite étiquette prouvant le paiement de certains droits. *Une vignette fiscale.* ▪ *Vignette automobile,* petite étiquette qui était collée sur le pare-brise des véhicules et qui attestait le paiement de la taxe différentielle sur les véhicules à moteur. ▪ Petite étiquette collée sur les boîtes de médicaments qui doit être collée sur les feuilles de remboursement maladie de la Sécurité sociale. ▪ Timbre postal. *Un distributeur automatique qui délivre des vignettes du montant de votre choix.*

VIGNETTISTE, n. m. et n. f. [viɲetist] ou [vinjetist] (*vignette*) Artiste qui fait des vignettes.

VIGNOBLE, n. m. [viɲɔbl] ou [vinjɔbl] (a. provenç *vinhobre*, du lat. vulg. *vineoporus*, du lat. *vinea*, vigne, et *-porus*, du gr. *-phoros*, qui porte) Étendue de pays planté de vignes. ♦ **Adj.** *Pays vignoble.* ▪ **Rem.** Il est vieilli dans son emploi adjectival. ♦ **N. m.** Ensemble des terrains plantés de vignes dans une région. *Le vigoble bourguignon, le vignoble américain.*

VIGOGNE, n. f. [vigɔɲ] ou [vigɔnj] (esp. *vicuña*, empr. au quichua) Animal de la taille d'un mouton, du genre lama, appartient aux ruminants sans cornes. *La vigogne ne se trouve qu'au Pérou ; elle a une laine très fine.* ♦ Laine de cet animal mise en œuvre. *Un chapeau de vigogne.* ♦ **N. m.** *Un vigogne,* un chapeau fait de vigogne.

VIGOUREUSEMENT, adv. [viguʁøz(ə)mɑ̃] (*vigoureux*) Avec vigueur. ♦ **Peint.** *Tableau vigoureusement colorié.*

VIGOUREUX, EUSE, adj. [viguʁø, øz] (*vigueur*) Qui a de la vigueur physique. *Homme, cheval vigoureux.* ♦ *Végétation vigoureuse,* état des végétaux qui croissent avec force. ♦ Qui a de la vigueur morale. « *J'aime les gens vigoureux qui savent se rendre maîtres des autres* », **Fénelon**. ♦ En parlant des choses, qui se fait avec vigueur, où il y a de la vigueur. *Une vigoureuse résistance.* « *Ces haines vigoureuses Que doit donner le vice aux âmes vertueuses* », **Molière**. ♦ **Peint.** Qui a force et fermeté. *Pinceau vigoureux.* ♦ *Dessin vigoureux,* se dit quand le crayon accuse les formes d'un trait ferme. ♦ *Coloris vigoureux,* se dit quand les teintes et les tons forment des oppositions vives avec les clairs. ♦ Se dit d'un tableau où les lumières sont fortes, où les ombres arrondissent bien les objets.

VIGUERIE, n. f. [vig(ə)ʁi] (a. provenç *vegaria, viguaria,* droit du viguier) Charge, fonction de viguier. ♦ Territoire soumis à la juridiction du viguier.

VIGUEUR, n. f. [vigœʁ] (lat. *vigor,* de *vigere,* avoir de la force) Force pour agir. « *L'oisiveté d'un camp consume leur vigueur [les soldats]* », **Racine**. « *Il était encore dans toute la vigueur de la jeunesse* », **Fénelon**. ♦ Il se dit en parlant des végétaux. *Les plantes ont repris leur vigueur.* ♦ Force avec laquelle on fait, on exécute quelque chose. *Pousser une affaire avec vigueur. Répondre avec vigueur.* ♦ Activité, force, en parlant des choses. *La vigueur de l'âme.*

Une grande vigueur de pensée. ♦ *Être en vigueur,* en parlant des lois, des coutumes, etc., avoir de l'autorité, être admis, suivi. ♦ **Peint.** Qualité propre au coloris ou au dessin vigoureux. ♦ ▷ Au pl. *Les vigueurs,* parties de brun opposées à des parties claires, touches vigoureuses que l'on ménage à dessein, ou que l'on donne après coup, pour ajouter à l'effet d'un tableau. ◁ ♦ Il se dit du style en un sens analogue. ▪ *En vigueur,* en application. *La législation en vigueur.*

VIGUIER, n. m. [vigje] (provenç. *veguier,* du lat. *vicarius,* remplaçant) Juge qui, dans les provinces du Midi, faisait les fonctions de prévôt royal. ♦ Plus anciennement, officiers à qui les comtes déléguaient une partie de leur autorité.

VIH, ▪ n. m. [veiaʃ] (sigle de *virus de l'immunodéficience humaine*) Virus responsable du sida. *La transmission du VIH.* ▪ **Rem.** On dit aussi HIV.

VIKING, ▪ n. m. [vikiŋ] (mot d'une langue scand.) Nom donné aux marchands et guerriers scandinaves qui entreprirent des expéditions maritimes du VIIIe au XIe siècle. *Les vikings.* ▪ **Adj.** Relatif à ces navigateurs. *Un bateau viking.*

VIL, ILE, adj. [vil] (lat. *vilis,* bon marché, sans valeur) Qui est de peu de valeur. « *Comment en un plomb vil l'or pur s'est-il changé ?* », **Racine**. ♦ *Une chose de vil prix,* une chose de peu de valeur. ♦ *Cette marchandise est à vil prix,* elle est à beaucoup meilleur marché qu'à l'ordinaire. ♦ *Vendre, acheter à vil prix,* vendre, acheter beaucoup au-dessous de la valeur. ♦ **Fig.** Bas, abject, méprisable. *Un vil amour du gain. Un vil emploi.* ♦ ▷ **N. m.** Ce qui est vil, bas, honteux. ◁ ▪ **VILEMENT**, adv. [vil(ə)mɑ̃]

VILAIN, AINE, n. m. et n. f. [vilɛ̃, ɛn] (b. lat. *villanus,* de *villa,* ferme) Dans le langage féodal, personne qui appartient aux gens de campagne, aux gens de roture. ♦ *Savonnette à vilain,* Voy. **savonnette**. ♦ **Par extens.** En parlant des personnes, des paroles et des actions, sale, déshonnête, fâcheux, méchant. *Un vilain homme. Cela est fort vilain à vous.* ♦ **N. m.** et n. f. Celui, celle qui agit mal. ♦ ▷ Avare, qui vit mesquinement. « *Un avaricieux fieffé, le plus vilain homme du monde* », **Molière**. ◁ ♦ ▷ **N. m.** et n. f. « *Jamais on ne parle de vous que sous les noms d'avare, de ladre, de vilain et de fesse-mathieu* », **Molière**. ◁ ♦ Incommode, désagréable. *Vilain gîte. Vilain jeu. Vilain temps.* ♦ *Il fait vilain,* le temps est désagréable. ♦ Qui déplaît à la vue. *Vilain pays. Une vilaine personne.* ♦ Dangereux. *Voilà un vilain rhume.* ♦ ▷ **N. m.** Vautour de Malte ou vautour fauve. ◁ ♦ **N. f.** *Vilaine d'Anjou,* espèce de poire. ♦ *Oignez vilain,* Voy. **poindre**. ♦ *Jeux de main, jeux de vilain,* Voy. **jeu**. ♦ *Il le sert chère que de vilain,* Voy. **chère**. ♦ **Prov.** *À vilain, vilain et demi,* quand quelqu'un nous fait une vilenie, une ladrerie, il faut lui en faire une encore plus grande. ▪ **Adj.** Dissipé, turbulent, qui n'est pas sage, surtout en parlant des enfants. *Oh ! le vilain garçon !*

VILAINEMENT, adv. [vilɛn(ə)mɑ̃] (*vilain*) D'une vilaine manière. *S'enfuir vilainement. Il fait toutes choses vilainement.*

VILEBREQUIN, n. m. [vil(ə)bʁəkɛ̃] (moy. néerl. *wimmelkijn,* de *wimmel,* tarière) Outil d'artisan servant à faire des trous au moyen d'une mèche qu'on fait tourner par une manivelle. ♦ **Méc.** Pièce du moteur constituée d'un axe qui transforme le mouvement rectiligne alternatif transmis par l'ensemble piston-bielle en mouvement rotatif. *Poulie de vilbrequin.*

VILEMENT, adv. [vil(ə)mɑ̃] (*vil*) D'une manière vile.

VILÉNIE ou **VILENIE**, n. f. [vileni, vil(ə)ni] (*vilain* ; cf. lat. médiév., *villania,* bassesse) Action vile et basse, action de vilain. ♦ Parole injurieuse, grossière. ♦ Avarice sordide. ♦ ▷ Acte d'avarice. ◁ ♦ ▷ Ordure, saleté. *Maison pleine de vilénie.* ◁ ♦ ▷ Nourriture mauvaise, malsaine. *Manger toutes sortes de vilénies.* ◁

VILETÉ, n. f. [vilte, vilite] (lat. *vilitas,* bas prix, insignifiance) Bas prix d'une chose. *Vileté des denrées.* ♦ On dit de même : *Vileté du prix.* ♦ ▷ Le peu d'importance d'une chose. *La vileté de la matière.* ◁ ♦ Bassesse, abjection. ▪ **Rem.** Il est vieilli aujourd'hui.

VILIPENDÉ, ÉE, p. p. de vilipender. [vilipɑ̃de]

VILIPENDER, v. tr. [vilipɑ̃de] (lat. médiév. *vilipendere,* dénigrer, du lat. *vilis,* sans valeur, et *pendere,* estimer) Traiter de vil, traiter avec beaucoup de mépris. ▪ **Rem.** Il est littéraire aujourd'hui.

VILITÉ, n. f. [vilite] Voy. **vileté**.

VILLA, n. f. [vila] (lat. *villa,* maison de campagne, ferme) Maison de plaisance aux environs des villes d'Italie. *La villa Borghèse.* ♦ **Par extens.** Maison de campagne élégante, de construction nouvelle et moins étendue qu'un château. ♦ Au pl. *Des villas.* ♦ Grande maison entourée d'un jardin. *Ils possèdent une villa au bord de la mer.* ♦ Voie, rue privée où sont construites des villas. **Par extens.** Voie, rue. *Au carrefour de l'avenue de la Liberté et de la villa des Myosotis.*

VILLACE, n. f. [vilas] (*ville* et suff. péj. *-ace*) Grande ville mal peuplée et mal bâtie.

VILLAGE, n. m. [vilaʒ] (lat. *villa*, ferme, b. lat., village) ▷ Lieu non fermé de murailles, composé principalement de maisons de paysans. ◁ ◆ *Une noce de village*, une noce sans éclat ni magnificence. ◆ Fig. *Cet homme est bien de son village*, il est bien mal instruit de ce qui se passe dans le monde. ◆ Fig. *Le coq du village*, Voy. COQ. ◆ *Les habitants du village*. ◆ *Assembler tout le village*. ◆ Prov. *À gens de village, trompette de bois*, Voy. TROMPETTE. ◆ Petite agglomération rurale. *Habiter dans un village*.

VILLAGEOIS, OISE, n. m. et n. f. [vilaʒwa, waz] (*village*) Habitant de village. ◆ Adj. Qui appartient au village, qui est propre aux gens de village. « *Quelle âme villageoise !* », MOLIÈRE.

VILLANELLE, n. f. [vilanɛl] (ital. *villanella*, petite chanson paysanne, de *villano*, paysan) Sorte de poésie pastorale dont les couplets finissent par le même refrain. ◆ Ancienne danse rustique accompagnée de chant. ◆ *Villanelle ou passacaille*, mélodie, air d'instruments composé sur le modèle de cette danse.

VILLE, n. f. [vil] (lat. *villa*, propriété rurale, ferme, b. lat. village) Assemblage d'un grand nombre de maisons disposées par rues, souvent entourées de murs d'enceinte, de remparts, de fossés. ◆ *Par la ville*, en parcourant les rues de la ville. ◆ Anciennement, *bonne ville*, Voy. BON. ◆ *Être en ville*, n'être pas actuellement chez soi. ◁ ◆ *Dîner, souper en ville*, dîner, souper dans une maison où l'on est invité. ◆ ▷ *Habit de ville, toilette de ville*, habit, toilette que l'on prend pour faire ses visites dans la ville. ◁ ◆ ▷ En typographie, *ouvrage de ville*, impressions destinées aux usages bourgeois, telles que billets de faire-part, étiquettes, etc. ◁ ◆ Fig. *Avoir ville gagnée*, se dit de toute difficulté surmontée. ◆ *La grande ville*, Paris. ◆ Poétiq. *La ville éternelle*, Rome. ◆ *Villes saintes*, Jérusalem, Médine et la Mecque. ◆ Absol. *La ville*, dite par opposition à la campagne. *Être à la ville*. ◆ Il se dit aussi par opposition à la cour. *La cour et la ville*. ◆ Il se dit de la capitale par opposition à la province. « *La ville dégoûte de la province* », LA BRUYÈRE. ◆ *Les habitants d'une ville*. ◆ ▷ *Bruit de ville*, nouvelle incertaine ou fausse. ◁ ◆ ▷ *Le corps de ville* ou simplement *la ville*, les officiers municipaux. ◁ ◆ *L'hôtel de ville, la maison de ville*, l'hôtel, la maison où se réunit le conseil municipal. ◆ Ellipt. *La ville*, l'administration municipale, l'hôtel de ville. ◆ *Sergent de ville*, Voy. SERGENT. ◆ *En ville* (E.V.), mention portée sur un pli que l'on dépose dans la boîte aux lettres du destinataire sans le poster. ■ *La Ville lumière*, Paris.

VILLE-DORTOIR, ■ n. f. [vil(ə)dɔrtwar] (*ville* et *dortoir*) Ville où habitent des personnes qui exercent leur activité professionnelle dans une ville proche. *Les villes-dortoirs de la banlieue parisienne*. ■ REM. On dit aussi *cité-dortoir, banlieue-dortoir*.

VILLÉGIATURE, n. f. [vileʒjatyr] Néolog. Séjour que les personnes aisées font à la campagne, pendant la belle saison. ◆ Lieu de ce séjour. ■ REM. Il n'est plus considéré comme un néologisme aujourd'hui.

VILLETTE, n. f. [vilɛt] (dimin. de *ville*) Très petite ville. ■ REM. Il est vieilli aujourd'hui.

VILLOSITÉ, n. f. [vilozite] (radic. du lat. *villosus*, velu, villeux, de *villus*, poil) Hist. nat. Assemblage de poils couchés, membraneux et un peu mous. ◆ Anat. Petits prolongements fins et filiformes, donnant à une surface l'apparence du velours.

VIMAIRE, n. f. [vimɛr] (lat. *vis major*, force majeure) ▷ Eaux et forêts. Dégâts causés dans une forêt par les accidents naturels, comme le vent, la grêle, l'ouragan, etc. ◁

VIN, n. m. [vɛ̃] (lat. *vinum*, vin, raisin) Liqueur alcoolique résultant de la fermentation du jus de raisin, et servant de boisson. *Vin de Bourgogne, de Bordeaux, etc.* ◆ *Les grands vins*, les vins des crus les plus renommés. ◆ *Vin de propriétaire*, vendu par le propriétaire lui-même. ◆ *Vin en cercles*, le vin qui est dans les futailles. ◆ *Vin de copeau, vin de goutte, vin du cru*, Voy. ces mots. ◆ *Vin d'honneur* ▷ ou *vin de ville*, ◁ vin que les officiers municipaux offrent à de hauts personnages, lorsque ceux-ci font leur entrée en certaines villes. ◆ *Mettre de l'eau dans son vin*, l'étendre d'eau, afin qu'il ne porte pas à la tête, et fig. modérer ses paroles, ses prétentions. ◆ *Vin doux, vin bourru*, Voy. ces mots. ◆ ▷ *Vin de teinte* ou *vin de teinture*, gros vin qui donne de la couleur à des vins fabriqués. ◁ ◆ ▷ *Vins d'imitation*, vins produits par différents mélanges et qui imitent certains vins naturels. ◁ ◆ *Vin de liqueur* ou *vin liqueur*, vin très alcoolique qu'on boit en petite quantité, à l'entremets et au dessert. ◆ *Vin sur petit vin*, eau passée sur le marc de raisin, piquette. ◆ Fig. Ivresse. *Il est sujet au vin*. ◆ *Entre deux vins*, dans un état où l'on est excité sans être ivre. ◆ *Un sac à vin*, se dit d'un ivrogne. ◆ *Avoir le vin bon, mauvais, gai, triste*, avoir une ivresse douce, querelleuse, gaie, sombre. ◆ *Être en pointe de vin*, commencer à être mis en gaieté par le vin. ◆ *Être pris de vin*, être déjà ivre. ◆ *Porter bien le vin, son vin*, boire beaucoup sans qu'il y paraisse. ◆ *Cuver son vin*, Voy. CUVER. ◆ *La force même du vin* ; ainsi on dit en parlant d'un vin fort ou faible : *Il a beaucoup de vin, il a peu de vin*. ◆ *Pot-de-vin*, Voy. POT. ◆ ▷ *Le vin du marché*, le vin que souvent ceux qui viennent de conclure un marché boivent ensemble. ◁ ◆ *Tache de vin*, tache rouge que quelques personnes ont, de naissance, sur quelque partie du corps. ◆ ▷ *Vins médicinaux*, médicaments officinaux, liquides, résultant de l'action dissolvante du vin sur les diverses substances médicinales. *Vin de quinquina. Vin émétique.* ◁ ◆ Toute liqueur fermentée et spiritueuse que l'on tire des végétaux. *Vin de cannes. Vin de palme. Vin de prunelles.* ◆ Fig. *Vin de prunelles*, mauvais vin, vin aigre et faible. ◆ Prov. *À bon vin point d'enseigne*, Voy. ENSEIGNE. ◆ *Le vin est tiré, il faut le boire*, se dit d'une affaire où l'on est trop engagé pour reculer. ■ *Vin rouge, vin blanc*, dont la couleur provient de la pellicule des raisins noirs, blancs. ■ *Vin rosé*, vin dont la couleur provient de la pellicule des raisins noirs mais qui n'a pas eu une macération complète. ■ *Vin de table*, vin de consommation courante. ■ *Vin cuit*, vin épaissi par chauffage. ■ *Vin de paille*, vin liquoreux du Jura dont les grains ont séché pendant plusieurs mois. ■ *Vin d'honneur*, cocktail offert lors d'une réception pour honorer un événement. ■ *Vin de pays*, vin de cru, provenant d'un terroir dont le nom est indiqué sur l'étiquette.

VINAGE, n. m. [vinaʒ] (*viner*) Action de viner les vins.

VINAIGRE, n. m. [vinɛgr] (*vin* et *aigre*) Produit de la fermentation acide du vin. *Vinaigre rouge, blanc. Un filet de vinaigre.* ◆ ▷ Fig. et pop. *Habit de vinaigre*, habit trop mince pour la saison. ◁ ◆ Fig. et pop. Quand on fait sauter des enfants à la corde, *donner du vinaigre*, c'est accélérer le mouvement de la corde. ◆ *Vinaigre rosat, vinaigre surard, à la framboise, à l'ail, à l'estragon*, vinaigre dans lequel on a fait infuser des roses, de la fleur de sureau, des framboises, de l'ail, de l'estragon. ◆ *Vinaigre de cidre, de bière*, sorte de vinaigre qu'on obtient avec le cidre, avec la bière. ◆ *Vinaigre de bois*, dit aussi *acide pyroligneux*, vinaigre que l'on obtient en distillant le bois. ◆ *Vinaigres médicinaux*, préparations pharmaceutiques officinales, résultant de l'action dissolvante du vinaigre sur les substances médicinales. ◆ *Vinaigre radical*, acide acétique concentré. ◆ *Vinaigre de toilette*, vinaigre dans lequel on a mis macérer des substances aromatiques. ◆ ▷ *Vinaigre des quatre voleurs*, vinaigre très fort et très aromatisé. ◁ ◆ *Sel de vinaigre*, sel qui est extrait du vinaigre, et qu'on respire pour se garantir de l'évanouissement. ◆ *Vinaigre de Saturne*, acétate de plomb. ◆ Prov. *Le bon vin fait le bon vinaigre*, on ne peut tirer une bonne chose que d'une chose qui l'est déjà. ◆ Prov. *On prend plus de mouches avec du miel qu'avec du vinaigre*, Voy. MOUCHE.

VINAIGRÉ, ÉE, p. p. de vinaigrer. [vinɛgre]

VINAIGRER, v. tr. [vinɛgre] (*vinaigre*) Assaisonner avec du vinaigre.

VINAIGRERIE, n. f. [vinɛgrəri] (*vinaigrier*) Usine où l'on fabrique le vinaigre. ◆ Commerce, industrie du vinaigre.

VINAIGRETTE, n. f. [vinɛgrɛt] (*vinaigre* ; [voiture] par analogie avec les brouettes des vinaigriers [cf. la pièce de L.-S. Mercier]) Sauce froide faite avec du vinaigre, de l'huile, du persil et de la ciboule. *Du bœuf à la vinaigrette.* ◆ Viande apprêtée avec cette sauce. ◆ *Vinaigrette ou roulette*, petite voiture à deux roues, traînée par un homme, et servant à porter des personnes. ◆ Par anal. Petite voiture de place.

VINAIGRIER, n. m. [vinɛgrije] (*vinaigre*) Artisan qui fait et vend du vinaigre. ◆ Vase, récipient pour mettre du vinaigre. ◆ Récipient où l'on fait fermenter du vin pour obtenir du vinaigre. *Laisser le vin trois semaines dans le vinaigrier pour obtenir du vinaigre.*

VINAIRE, adj. [vinɛr] (lat. *vinarius*, relatif au vin) ▷ Qui appartient au vin, au commerce des vins. ◁ ◆ Destiné à contenir du vin. *Vaisseaux vinaires*, les cuves, les tonneaux, etc.

VINASSE, n. f. [vinas] (*vin* et suff. péj. -*asse*) Fam. Vin très faible. ◆ Résidu de la distillation des vins. ◆ Il se dit aussi des résidus de la distillation alcoolique des betteraves. ■ Péj. Mauvais vin.

VINDAS, n. m. [vɛ̃da] (anc. nord. *vindáss*, cabestan) Treuil vertical qui se manœuvre à l'aide de leviers horizontaux croisés. ◆ Sp. Machine à l'aide de laquelle s'exécute l'exercice appelé course volante.

VINDICATIF, IVE, adj. [vɛ̃dikatif, iv] (lat. *vindicare*, revendiquer en justice, réclamer, venger) Qui est enclin à la vengeance ; désireux de se venger. ◆ N. m. et n. f. *Un vindicatif*, un homme vindicatif. ◆ ▷ *Justice vindicative*, celle qui punit les crimes. ◁

VINDICATIVEMENT, adv. [vɛ̃dikativ(ə)mã] (*vindicatif*) D'une manière vindicative.

VINDICTE, n. f. [vɛ̃dikt] (lat. impér. *vindicta*, vengeance, punition) Jurispr. *La vindicte publique*, la poursuite d'un crime au nom de la société.

VINÉE, n. f. [vine] (*vin*) Récolte de vin. « *Ils eurent bonne année, Pleine moisson, pleine vinée* », LA FONTAINE. ◆ Lieu destiné à placer les cuves de fermentation.

VINER, v. tr. [vine] (*vin*) Additionner d'alcool les vins, pour les conserver, pour les faire voyager, etc.

VINETIER ou **VINETTIER**, n. m. [vin(ə)tje, vinetje] (anc. fr. *vinette*, épine-vinette, de *vin*) ▷ Genre de la famille des berbéridées, où l'on distingue l'épine-vinette. ◁

VINEUX, EUSE, adj. [vinø, øz] (lat. *vinosus*, adonné au vin, qui rappelle le vin) Qui a beaucoup de force, en parlant du vin. ◆ Qui a un goût, une odeur de vin. *Une pêche vineuse.* « *Une vineuse haleine* », REGNARD. ◆ Fertile en vin. « *Des Bourguignons les campagnes vineuses* », BOILEAU. *Année vineuse,* année qui produit beaucoup de vin. ◆ Qui est de couleur rouge comme du vin rosé. *Couleur vineuse. Un rouge tirant sur le vineux.* ◆ On ajoute, chez le cheval, cette épithète aux différentes nuances de la robe grise, lorsque, vers certains points, elle présente un aspect rougeâtre ; par exemple : *gris clair vineux, gris foncé vineux, etc.* ◆ *Rouan vineux,* cheval rouan chez qui le bai domine.

VINGT, adj. num. card. [vɛ̃] (b. lat. *vinti*, du lat. *viginti*) Deux fois dix. *Cent vingt ans. Vingt mille francs. Vingt-deux chevaux.* ◆ Dans un sens indéfini, beaucoup. « *Vingt fois sur le métier remettez votre ouvrage* », BOILEAU. ◆ Vingtième. *Chapitre vingt. L'an mil huit cent vingt.* ◆ *Le vingt du mois,* le vingtième jour du mois. ◆ N. m. inv. Le nombre vingt. *Vingt multiplié par dix.* ◆ On dit de même : *Le nombre, le numéro vingt.* ◆ *Le denier vingt,* Voy. DENIER. ◆ *Quatre-vingts,* Voy. QUATRE-VINGTS. ◆ ▷ Autrefois on disait aussi *six vingts, sept vingts, huit vingts,* pour cent vingt, cent quarante, cent soixante. ◁ ◆ *Les Quinze-Vingts,* Voy. QUINZE. ◆ *Le vingt-et-un,* sorte de jeu de hasard qui se joue avec des cartes, et où le nombre de vingt et un points est le plus avantageux. ◆ *Les vingt-quatre heures,* l'espace entier d'un jour. *Dans les vingt-quatre heures.* ◆ *Les vingt-quatre heures,* règle qui a longtemps prévalu dans le théâtre français, et qui veut que l'action dramatique ne dure pas plus de vingt-quatre heures. *La règle des vingt-quatre heures.* ◆ Typogr. *In-vingt-quatre,* format qui présente quarante-huit pages à la feuille d'impression. ◆ *Vingt* prend un *s* au pluriel quand on le multiplie par un autre nom de nombre cardinal : *Quatre-vingts hommes, six vingts écus.* Il prend aussi le *s* quand le substantif est sous-entendu : *Ce vieillard a soixante-dix ans, et l'autre en a quatre-vingts.* Le *s* ne se met pas quand vingt précède un autre nombre auquel il est joint : *Quatre-vingt-deux hommes. Quatre-vingt mille hommes.* Enfin le *s* ne se met pas quand vingt suit cent ou mille : *Cent vingt hommes ; mille vingt hommes.* ◆ Fam. *Vingt-deux !* signale un danger, l'arrivée de quelqu'un. *Vingt-deux, voilà les surveillants !*

VINGTAINE, n. f. [vɛ̃tεn] (*vingt*) **Collect.** Vingt ou environ. *Une vingtaine de lignes.* ◆ Cordage dont les maçons se servent pour conduire les pierres, en les élevant près du câble, afin d'empêcher qu'elles ne s'écornent contre le mur. ▪ REM. Il est vieilli dans ce dernier sens.

VINGTIÈME, adj. [vɛ̃tjεm] (*vingt*) Il est dans sa vingtième année. Le vingt et unième, le vingt-deuxième, etc. ◆ *La vingtième partie,* chaque partie d'un tout divisé en vingt parties égales. ◆ On a dit dans un sens analogue : *Le vingtième denier.* ◆ N. m. *Le vingtième,* c'est-à-dire la vingtième partie. *Le vingtième du mois,* le vingtième jour. ◆ On dit de même : *Le vingt et unième ou vingt-unième, le vingt-deuxième, etc. du mois.* ◆ Ancien impôt établi sur les biens-fonds et qui était la vingtième partie de leur revenu. ◆ N. m. et n. f. Celui, celle qui occupe la vingtième place dans sa classe. ▪ VINGTIÈMEMENT, adv. [vɛ̃tjεm(ə)mɑ̃]

VINI..., ▪ [vini] Préfixe tiré du latin *vinum* qui signifie vin.

VINICOLE adj. ou **VINICULTURE**, n. f. [vinikɔl, vinikyltyr] (*vini*- et -*cole* ou *culture*) Voy. VITICOLE Voy. VITICULTURE.

VINIFÈRE, adj. [vinifεr] (*vini*- et -*fère*) Qui produit du vin.

VINIFICATEUR, n. m. [vinifikatœr] (*vinification*) Appareil propre à faire du vin.

VINIFICATION, n. f. [vinifikasjɔ̃] (*vini*- sur le modèle de *panification*) Art de faire le vin, de le conserver, de l'épurer. ◆ Fermentation qui produit le vin.

VINIFIER, ▪ v. tr. [vinifje] (*vinification*) Opérer la vinification de. *Vinifier le moût.*

VINIQUE, adj. [vinik] (*vin*) **Chim.** *Acides viniques,* série d'acides analogues à l'acide sulfovinique. ◆ Qui provient du vin. *Alcool vinique. Éther vinique.*

VINOSITÉ, n. f. [vinozite] (radic. du lat. *vinosus*, vineux, cf. lat. chrét. *vinositas*, saveur de vin) Qualité des substances vineuses.

VINTAGE, ▪ n. m. [vɛ̃taʒ] (angl. *vintage*, vendange, année de récolte) Porto ou champagne millésimé. *Champagne Veuve Clicquot, vintage réserve 1991.*

VINYLE, ▪ n. m. [vinil] (lat. *vinum*, vin, et suff. -*yle*, matière, principe) **Chim.** Radical de valence 1 non saturé, formé de carbone et d'hydrogène. ▪ Matière plastique imitant le cuir. *Une veste en vinyle.* ▪ Disque microsillon. *Une collection de vinyles.* ▪ Adj. **Chim.** *Le chlorure de vinyle est un radical vinyle.*

VINYLIQUE, ▪ adj. [vinilik] (*vinyle*) **Chim.** Qui contient un radical vinyle. *Éther vinylique.*

VIOC, ▪ n. m. et n. f. [vjɔk] Voy. VIOQUE.

VIOL, n. m. [vjɔl] (*violer*) Violence faite à une femme que l'on prend de force. ▪ Acte de violence envers une personne non consentante la contraignant à avoir une relation sexuelle. ▪ Fait de ne pas respecter un lieu sacré ou légal. *Le viol d'un cimetière.*

VIOLA, n. f. [vjola] Voy. QUINTE.

VIOLACÉ, ÉE, adj. [vjolase] (lat. impér. *violaceus*, de couleur violette, de *viola*, violette) Qui tire sur le violet. *Teinte violacée.* ◆ Bot. Qui ressemble à la violette. ◆ N. f. pl. *Les violacées,* Voy. VIOLARIÉES.

VIOLACER, v. intr. [vjolase] (*violacé*) Tirer sur le violet. ◆ Se violacer, v. pr. Devenir violet. *Avec le froid, sa peau commençait à se violacer.*

VIOLARIÉES, n. f. pl. [vjolarje] (lat. *viola* ; cf. anc. provenç. *violaria*, et b. lat. *violaris*, violette) ▷ Famille de plantes dite aussi *violacées,* dont le type est le genre violette. ◁

VIOLAT, adj. m. [vjola] (lat. tardif *violatum*, vin de violette) Usité seulement dans ces expressions : *Sirop violat,* sirop qu'on fait avec des violettes ; *miel violat,* miel où l'on a fait infuser des violettes.

VIOLATEUR, TRICE, n. m. et n. f. [vjolatœr, tris] (lat. impér. *violator,* celui qui viole un droit, un traité, de *violare,* faire violence) Celui, celle qui viole les droits, les lois, les traités, etc. *Ce violateur du droit des gens. Les violateurs de tombeaux.* ◆ Adj. « *La puissance violatrice des lois* », MONTESQUIEU.

VIOLATION, n. f. [vjolasjɔ̃] (lat. impér. *violatio,* profanation) Action de violer un engagement, de porter atteinte à un droit, de profaner une chose sacrée, d'enfreindre un règlement. *La violation d'un domicile, des règles du langage, d'un traité, etc.* ◆ *Violation de domicile,* action de s'introduire ou de se maintenir dans le domicile de quelqu'un contre son gré. *La violation de domicile constitue un délit.*

VIOLÂTRE, adj. [vjolɑtr] (radic. de *violet*) Qui tire sur le violet, qui est d'un violet pâle.

VIOLE, n. f. [vjɔl] (a. provenç. *viola,* du b. lat. *viola,* p.-ê. onomat.) Nom générique de toute la famille des instruments à archet. ◆ Ancien instrument de musique, qui avait six cordes de grosseurs inégales et huit touches divisées par demi-tons ; il était de la forme du violon, mais plus grand et plus gros. ◆ *Basse de viole,* Voy. BASSE. ◆ *Viole d'amour,* instrument à archet, monté de sept cordes accordées en accord parfait de ré majeur ; il a en outre sous la touche et sous le chevalet cinq ou six autres cordes d'acier ou de laiton qui vibrent lorsqu'on joue à vide les autres cordes. ◆ Syn. d'alto ou quinte. Voy. ALTO Voy. QUINTE. ◆ Jeu d'orgues de tuyau à bouche, ouvert de quatre pieds, qui sert d'unisson à l'octave. ▪ *Viole de bras,* instrument à cordes tenu sur le bras. ▪ *Viole de gambe,* instrument à cordes tenu entre les genoux.

VIOLÉ, ÉE, p. p. de violer. [vjole]

VIOLEMENT, n. m. [vjɔl(ə)mɑ̃] (*violer*) Infraction à une loi, contravention à un traité, etc. « *Le violement des traités* », ROLLIN. « *Tout impôt levé dans une autre vue que celle du bien public est un violement des droits essentiels de l'humanité* », FÉNELON. ◆ ▷ Violence qu'on fait à une femme ; en ce sens, on dit aujourd'hui plus ordinairement *viol.* ◁

VIOLEMMENT, adv. [vjolamɑ̃] (*violent*) Avec violence, avec impétuosité. *Le vent souffle violemment.* ◆ Avec ardeur. *Haïr violemment.* ◆ Très fortement. « *Un homme violemment soupçonné d'un crime qui méritait la mort* », MONTESQUIEU.

VIOLENCE, n. f. [vjolɑ̃s] (lat. *violentia,* de *violentus*) Qualité de ce qui agit avec force. *La violence du feu, du vent, du mal, de la douleur, de l'amour, etc.* ◆ Emportement, irascibilité. « *Socrate eut de la peine à réprimer la violence de son caractère* », BARTHÉLEMY. ◆ Force dont on use contre quelqu'un, contre les lois, contre la liberté publique, etc. « *La violence est juste où la douceur est vaine* », P. CORNEILLE. ◆ *Faire violence à une femme,* la prendre de force. ◆ Fig. *Faire violence à la loi, à un texte,* y donner un sens contraire à son véritable esprit. ◆ Jurispr. Contrainte exercée sur une personne pour la forcer à s'obliger. ◆ Au pl. Actes, paroles de violence. ◆ En spiritualité, ardeur incessante de la dévotion. « *Les maximes crucifiantes, la violence, l'humilité, le renoncement à soi-même* », MASSILLON. ◆ Effort qu'on fait sur soi ; combat intérieur. ◆ *Se faire violence,* faire des efforts pour se vaincre. ◆ Fam. *Une douce violence,* action d'insister pour que quelqu'un accepte, fasse quelque chose qu'il refuse d'accepter, de faire, et qui pourtant lui est agréable.

VIOLENT, ENTE, adj. [vjolɑ̃, ɑ̃t] (lat. *violentus,* de *vis,* force, puissance, violence) Qui agit avec force. *Vent violent.* ◆ Qui se fait sentir avec force. *Une douleur, une fièvre violente.* ◆ Qui épuise les forces. *Un exercice violent. Un état violent.* ◆ Qui se livre à des violences, en parlant des personnes. *Un homme violent.* ◆ Il se dit des choses au même sens. *Humeur violente.* ◆ N. m. et n. f. En style de spiritualité, celui qui est épris d'une extrême ardeur de dévotion. ◆ Où l'on emploie la violence. « *Les moyens violents ne* conviennent point à la cause juste », J.-J. ROUSSEAU. ♦ *Mort violente,* mort causée par force, par accident. ♦ **Fig.** Il exprime l'intensité, la force. *On a de violents soupçons contre lui.* « *Les âmes fortes ont des sentiments bien plus violents que les autres, quand elles sont tendres* », VOLTAIRE. ♦ Qui ne garde pas la mesure, en parlant du style. ♦ Qui fait violence à un texte. « *Que de violents correctifs ne faut-il point apporter à ses propositions pour les rendre supportables?* », BOSSUET. ♦ **Fig.** et fam. Qui sort de la mesure ; qui ne se peut tolérer. *La proposition est violente.*

VIOLENTÉ, ÉE, p. p. de violenter. [vjɔlɑ̃te]

VIOLENTER, v. tr. [vjɔlɑ̃te] (*violent*) Faire faire par force. « *Et sans violenter et les corps et les âmes On ne peut vaincre le péché* », P. CORNEILLE. ♦ **Fig.** « *Rien n'y est violenté [dans cette pièce] par les incommodités de la représentation* », P. CORNEILLE. ♦ Se violenter, v. pr. Se faire violence.

VIOLER, v. tr. [vjɔle] (lat. *violare,* faire violence, profaner, outrager, de *vis,* force) Enfreindre, agir contre. *Violer la loi, ses serments, etc.* ♦ *Violer un asile,* violer les droits et les privilèges d'un asile. ♦ *Violer une sépulture* la dégrader ou y fouiller dans des intentions coupables. ♦ Faire violence à une femme. ■ Contraindre une femme, un enfant, un homme à des relations sexuelles. *Elle s'est fait violer et a décrit le violeur à la police.*

VIOLET, ETTE, adj. [vjɔlɛ, ɛt] (*violette*) De couleur de la fleur qu'on nomme *violette. Violet pâle,* la teinte lilas. *Violet foncé,* le pourpre noir. *Violet bleu,* la teinte d'améthyste. ♦ ▷ **Fig.** *Contes violets,* des contes qui n'ont pas de vraisemblance, des choses qu'on n'a vues que dans les éblouissements. ◁ ♦ Il se dit de la coloration de la peau par le froid ou par la stagnation du sang. ♦ **Phys.** *Rayon violet* ou n. m. *le violet,* une des sept couleurs primitives du spectre solaire, la dernière en commençant par le rouge. ♦ N. m. *Le violet,* couleur violette. ♦ N. m. **Zool.** Mollusque marin gastéropode de forme allongée, également appelé *figue de mer. Un plateau de fruits de mer qui comporte des violets.*

VIOLETER, v. tr. [vjɔl(ə)te] (*violet*) **Teint.** Donner une teinte violette.

VIOLETTE, n. f. [vjɔlɛt] (anc. fr. *viole,* du lat. *viola,* violette) **Bot.** Genre de la famille des violacées. ♦ Petite fleur printanière, d'une odeur agréable, d'une couleur mêlée de rouge et de bleu foncé. ♦ Fleur de la violette. ♦ **Collect.** *De la violette,* c'est-à-dire des violettes. ♦ ▷ **Fig.** *Les violettes,* la teinte livide de la mort. « *Les pâles violettes de la mort se confondaient sur ses joues avec les roses de la pudeur* », BERNARDIN DE SAINT-PIERRE. ◁ ♦ *Violette tricolore,* pensée. ♦ *Violette mariane* et par corruption *violette marine,* la campanule à grosses fleurs. ♦ *Bois de violette,* sorte de bois de la couleur de la violette. ♦ Variété de figue, de pêche et de pomme.

VIOLEUR, EUSE, ■ n. m. et n. f. [vjɔlœʀ, øz] (*violer*) Personne qui commet un viol. *Elle n'a pas pu identifier le violeur.* ■ **Fig.** *Une violeuse de jardin secret.*

VIOLIER, n. m. [vjɔlje] (anc. fr. *viole,* violette) Plante à fleurs jaunes qui vient sur les murs, dite aussi *giroflée.* ♦ *Violier d'été,* la giroflée quarantaine. ♦ On appelle aussi *violier* la giroflée des jardins.

VIOLINISTE, n. m. et n. f. [vjɔlinist] Voy. VIOLONISTE, qui est plus usité.

VIOLON, n. m. [vjɔlɔ̃] (*viole*) Instrument de musique à quatre cordes accordées de quinte en quinte (sol, ré, la, mi), et joue avec un archet. ♦ *Concerto de violon,* concerto où le violon exécute la partie principale. ♦ *Un solo, un accompagnement de violon,* un solo, un accompagnement exécuté par le violon. ♦ ▷ *Donner les violons,* donner une sérénade, payer les violons d'un bal. ◁ ♦ **Fig.** *Se donner les violons,* être content de soi, s'applaudir, se vanter. ◁ ♦ **Fig.** *Se donner les violons, avoir les violons de quelque chose,* en tirer vanité. ◁ ♦ **Fig.** *Payer les violons,* faire les frais d'une chose dont les autres ont tout le profit, tout le plaisir. ◁ ♦ **Fig.** *Il paye les violons et les autres dansent,* ou *les autres ont dansé et il a payé les violons,* se dit quand quelqu'un fait les frais d'un divertissement où il a le moins de part. ♦ Celui qui fait profession de jouer du violon. ♦ **Fig.** *Premier violon, deuxième violon,* violons jouant la première, la deuxième partie. ♦ ▷ *Les vingt-quatre violons du roi,* la grande bande de violons, sous Louis XIV et Louis XV. ◁ ♦ Jeu d'orgues de tuyaux à bouche, ouvert de deux pieds, qui sert d'unisson au principal. ♦ Prison contiguë à un corps de garde. ♦ Anciennement, homme de rien, mauvais sujet. ◁ ■ *Violon d'Ingres,* activité artistique, loisir exercé en dehors d'une profession. *La sculpture, c'est son violon d'Ingres.* ■ **Fig.** *Accorder ses violons,* se mettre d'accord sur des points divergents. *Accordez vos violons avant de nous dire ce qu'il faut faire !*

VIOLONCELLE, n. m. [vjɔlɔ̃sɛl] (ital. *violoncello,* de *violone,* contrebasse, avec suff. dimin., de *viola,* viole) **Mus.** Instrument dit autrement *basse,* à quatre cordes accordées de quinte en quinte (ut, sol, ré, la), beaucoup plus grand et de même forme que le violon. ♦ Celui qui joue de cet instrument. ■ **Rem.** On prononçait aussi [vjɔlɔ̃sɛl] autrefois.

VIOLONCELLISTE, n. m. et n. f. [vjɔlɔ̃selist] (*violoncelle*) Musicien, musicienne qui joue du violoncelle.

VIOLONÉ, ÉE, ■ adj. [vjɔlone] (*violon*) Qui évoque par sa forme la courbure de la caisse d'un violon. *Le dossier violoné d'un fauteuil Louis XIV.*

VIOLONER, v. intr. [vjɔlone] (*violon*) Jouer du violon, le plus souvent médiocrement. *Un musicien qui violone dans le métro.* ■ V. tr. *Violoner un refrain.*

VIOLONEUX, EUSE, ■ n. m. et rare n. f. [vjɔlonø, øz] (*violon*) **Vieilli** Joueur de violon dans les villages. ■ **Fam.** Violoniste médiocre. *Ce n'est qu'un violoneux sans talent.* ■ Au Québec, violoniste généralement autodidacte ou ayant reçu de parents musiciens une formation musicale. Au féminin, le mot n'a pas de connotation péj. et signifie généralement une virtuose du violon.

VIOLONISTE, n. m. et n. f. [vjɔlonist] (*violon*) Artiste qui joue du violon. ■ **Rem.** On disait aussi *violiniste* autrefois.

VIOQUE ou **VIOC**, ■ n. m. et f. [vjɔk] (*vieux,* avec infl. de l'occit. *vieilloca,* vieillard décrépit) **Très fam.** Vieux, vieille, le plus souvent pour désigner le père, la mère ou, au pl., les parents. *Ses vioques l'ont puni.* ■ **Adj.** *Je n'aime pas qu'il dise de sa mère qu'elle est vioque.*

VIORNE, n. f. [vjɔʀn] (b. lat. *viburna,* plur. du lat. *viburnum,* viorne, petit alisier) **Bot.** Genre de la famille des caprifoliacées. ♦ Arbrisseau à fleurs blanches, qui porte des baies d'un beau rouge réunies par bouquets. ♦ *Viorne des pauvres,* la clématite des haies. ♦ L'Académie donne à *viorne* le genre féminin ; mais à *obier* elle dit : *L'obier est un viorne.* L'usage des botanistes est pour le masculin. ■ **Rem.** Aujourd'hui, *viorne* est le plus souvent féminin, même chez les botanistes.

VIP, ■ n. m. et n. f. inv. [viajpi] (sigle de l'angl. *very important person,* personne très importante) Personnalité jouissant d'un certain prestige. *Une loge réservée aux* VIP. ■ **Adj. inv.** *Les membres* VIP *d'un club.*

VIPÈRE, n. f. [vipɛʀ] (lat. *vipera*) Genre de reptiles ophidiens, dont les espèces sont non pas vivipares, mais ovo-vivipares ; on y distingue la vipère commune, dite vulgairement vipère, appelée aspic dans plusieurs cantons de la France ; la vipère céraste, nommée vulgairement céraste et aussi serpent cornu ; la vipère haje, commune en Égypte. ♦ L'ancienne pharmacie avait diverses préparations de vipère. *Des bouillons de vipères.* ♦ **Fig.** Personne méchante, aussi dangereuse que l'est une vipère. ♦ *Langue de vipère* ou simplement *vipère,* personne fort médisante. ♦ *Nid* ou *nœud de vipères,* ensemble de personnes malveillantes ou qui entretiennent entre elles des relations malsaines.

VIPEREAU, n. m. [vip(ə)ʀo] (dimin. de *vipère*) Le petit d'une vipère. ♦ Au pl. *Des vipereaux.*

VIPÉRIDÉS, n. m. pl. [vipeʀide] (*vipère*) Famille de reptiles ophidiens ayant pour type le genre vipère. ♦ Au sing. *Le crotale est un vipéridé.* ■ **Rem.** On disait autrefois *vipérides.*

VIPÉRIN, INE, adj. [vipeʀɛ̃, in] (lat. impér. *viperinus,* de vipère, de serpent) Qui a rapport à la vipère. ♦ *Couleuvre vipérine* ou n. f. *vipérine,* vulgairement serpent d'eau, aspic d'eau. ♦ **Fig.** Venimeux comme la vipère. *Une grâce perfide et vipérine. Des langues vipérines.*

VIPÉRINE, n. f. [viperin] (lat. impér. *viperina,* plante indéterminée, p.-ê. *bistorte*) **Bot.** Plante de la famille des borraginées, ainsi dite à cause des taches livides de la tige.

VIRAGE, n. m. [viʀaʒ] (*virer*) **Mar.** Opération de virer un cabestan. ♦ Abattage d'un navire en carène. ♦ ▷ Action de hisser des fardeaux avec des poulies. ◁ ♦ **Phot.** Opération qui consiste à mettre l'épreuve tremper dans une dissolution d'un sel d'or pour lui donner plus d'intensité. ■ Tournant de la route. *Les virages dangereux des Pyrénées.* ■ Tournant effectué par un véhicule. *Prendre un virage serré.* ■ **Chim.** Changement de couleur d'un indicateur. ■ **Fig.** Changement radical. *Le virage à droite, à gauche, d'un parti politique.*

VIRAGO, n. f. [viʀago] (mot lat., femme robuste, guerrière, de *vir,* homme par opposition à la femme) Par dénigrement, fille ou femme de grande taille, qui a les manières d'un homme.

VIRAL, ALE, ■ adj. [viʀal] (radic. de *virus*) Dû à un virus. *Une maladie virale. Des antigènes viraux et parasitaires.*

VIRALEMENT, adv. [viʀal(ə)mɑ̃] (*viral*) D'un point de vue viral. *Une cellule viralement infectée. Analyser viralement des fichiers informatiques.*

VIRE, ■ n. f. [viʀ] (*virer*) **Géol.** Replat plus ou moins large situé sur le flanc d'une montagne. *Les alpinistes ont installé leur bivouac sur la vire.*

VIRÉ, ÉE, p. p. de virer. [viʀe]

VIREBOUQUET, n. m. [viʀ(ə)bukɛ] (*virer,* tourner, et *bouquet,* faisceau) ▷ **Techn.** Cordage attaché à un fardeau que l'on élève, pour le maintenir et l'empêcher de tourner.

VIRÉE, ■ n. f. [viʀe] (p. p. fém. substantivé de *virer*) **Fam.** Voyage, généralement d'agrément, qui dure plus ou moins longtemps à l'issue duquel on revient à son point de départ. *Ils sont rentrés hier de leur virée en Auvergne. Faire une virée à moto.* « *Quelquefois, je partais en virée dans les calanques, Sormiou, Morgiou...* », IZZO.

VIRELAI, n. m. [viʀ(ə)lɛ] (altération d'après *lai* de l'anc. fr. *vireli*, divertissement avec danse, de *virer*, tourner) Ancienne poésie française, toute composée de vers courts, sur deux rimes ; elle commence par quatre vers, dont les deux premiers se répètent dans le cours de la pièce. ♦ Danse de chasse. ♦ L'air de cette danse.

VIREMENT, n. m. [viʀ(ə)mɑ̃] (*virer*) Action de virer. *Le virement du cabestan.* ♦ Mar. *Virement de bord,* action de virer de bord. ♦ *Virement d'eau,* retour des marées. ♦ *Virement de parties* ou simplement *virement,* le transport d'une dette active fait à un créancier à qui l'on doit une somme de pareille valeur. ♦ *Virement de fonds,* transport de fonds d'un chapitre du budget sur un autre. ♦ **Phot.** Syn. de virage. ■ Transfert de fonds d'un compte à un autre, que le compte appartienne ou non à la même personne. *Virement mensuel.*

VIRÉMIE, ■ n. f. [viʀemi] (*virus* et *-[h]émie*) Méd. Présence de virus dans le sang circulant. ■ Méd. Taux de virus dans le plasma sanguin. *Faire une virémie quantitative.*

VIRER, v. intr. [viʀe] (b. lat. *virare,* du lat. *vibrare,* brandir, faire tournoyer) Aller en tournant. ♦ Il se joint ordinairement avec tourner. *Il ne fait que tourner et virer.* ♦ Mar. Tourner d'un côté sur l'autre. *Virer à la côte. Virer au large.* ♦ On dit qu'un vaisseau vire de bord, quand il tourne horizontalement sur lui-même pour présenter au vent le côté opposé à celui qu'il recevait avant cette évolution. ♦ **Fig.** *Virer de bord,* changer de conduite, de parti. ♦ *Virer le cabestan* ou moins exactement *virer au cabestan,* faire tourner le cabestan sur son axe à l'aide de ses barres. ♦ **V. tr.** *Virer le cap au nord.* ♦ Changer, tourner, en parlant de couleurs, de teintes. *Certaines couleurs virent au vert par addition d'un alcali.* ♦ **V. tr.** Retourner. « *Louis laisse mûrir à l'air la terre de bruyère, de temps en temps la vire, la remue* », P.-L. Courier. ♦ **Fig.** *Tourner et virer quelqu'un,* l'interroger, le sonder. ♦ ▷ **Comm.** *Virer les parties,* payer en fournissant à sa place son propre débiteur, jusqu'à concurrence de ce qu'on doit. ◁ ♦ **Phot.** *Virer une épreuve,* lui faire subir le virage. ■ **V. tr.** Transférer de l'argent d'un compte à un autre. ■ **Fam.** Licencier quelqu'un. *Se faire virer.* ■ **Fam.** Se débarrasser de quelque chose. *Virer sa vieille télé.* ■ **Très fam.** Se débarrasser de quelqu'un, larguer quelqu'un, rompre avec quelqu'un. *Cet homme vient de se faire virer par sa femme.* ■ **Fam.** *Virer sa cuti,* changer radicalement de comportement, d'opinion.

VIRESCENCE, ■ n. f. [viʀesɑ̃s] (lat. *virescere,* devenir vert, florissant, de *virere,* être vert) Bot. Verdissement d'un organe dont la couleur normale est autre que le vert. *La virescence est souvent due à une maladie virale.*

VIREUR, ■ n. m. [viʀœʀ] (*virer*) Techn. Dispositif manuel ou motorisé permettant de lancer un moteur au point mort. *Un vireur de moteur de traction, d'essieu.*

VIREUX, EUSE, adj. [viʀø, øz] (lat. *virosus,* d'odeur fétide, infect, de *virus,* poison, puanteur) Qui est doué de qualités malfaisantes, toxiques, en parlant de substances végétales. ♦ *Odeur vireuse,* odeur qui ressemble à celle de l'opium, de la chicorée ou de la laitue vireuse. ♦ On dit dans un sens analogue : *Un goût vireux.*

VIREVOLTE, n. f. [viʀ(ə)vɔlt] (calque de l'ital. *giravolta,* de *girare,* tourner, et *voltare,* tourner) **Équit.** Tour et retour fait avec vitesse. ■ **Fig.** Changement brusque et total dans ses opinions.

VIREVOLTER, ■ v. intr. [viʀ(ə)vɔlte] (*virevolte*) Faire rapidement un tour, des tours sur soi. *Elle virevoltait à travers nous en dansant et en chantant.* ■ Aller rapidement d'une personne, d'une chose à une autre. *Elle virevolte d'une table à une autre.*

VIREVOUSSE ou **VIREVOUSTE**, n. f. [viʀ(ə)vus, viʀ(ə)vust] (altération de *virevolte*) ▷ Ancienne corruption du mot *virevolte.* ♦ **Fig.** Action de se donner beaucoup de mouvement. ♦ **Fig.** *Cet homme fait bien des virevousses,* il se tourne, il se remue beaucoup. ◁

VIRGILIEN, IENNE, adj. [viʀʒiljɛ̃, jɛn] (*Virgile,* v. 70-v. 19 av. J.-C., poète latin) **Littér.** Se dit d'une composition, d'un style imité de Virgile, ou qui a quelque rapport avec le génie de ce poète.

VIRGINAL, ALE, adj. [viʀʒinal] (lat. *virginalis,* de *virgo,* génit. *viginis,* jeune fille) Qui appartient aux vierges. *Une douceur, une timidité virginale. Le voile virginal.* ♦ **Fig.** *Un lis virginal,* ainsi dit à cause de la pureté de sa blancheur. ♦ *Lait virginal,* sorte de cosmétique dont on se sert pour se blanchir le teint. ♦ Qui appartient à la Sainte Vierge. ♦ **N. f.** *La virginale,* sorte d'instrument de musique à cordes et à clavier. ■ **Adj.** Pur. *Un teint virginal.* ■ **REM.** Aujourd'hui, le nom de l'instrument de musique est masculin. *Un virginal, des virginals.*

VIRGINALEMENT, adv. [viʀʒinal(ə)mɑ̃] (*virginal*) D'une manière virginale.

VIRGINIE, n. m. [viʀʒini] (*Virginie,* état des États-Unis d'Amérique) Tabac de Virginie. *Du bon virginie.* ♦ **Par extens.** Tabac offrant les mêmes caractéristiques que le virginie. *La culture du virginie en Caroline du Nord.*

VIRGINITÉ, n. f. [viʀʒinite] (lat. *virginitas*) État d'une personne vierge. *La virginité de Marie.* ■ **Fig.** Caractère de ce qui paraît pur, non souillé. *La virginité de l'aube.*

VIRGOULEUSE, n. f. [viʀguløz] (*Virgoulé,* hameau de la Creuse) ▷ Poire fondante qui se mange en hiver. ◁

VIRGULE, n. f. [viʀgyl] (lat. *virgula,* baguette, trait critique pour marquer les passages défectueux) Petit signe de ponctuation qui indique la moindre de toutes les pauses. ♦ Signe qui, dans les anciens manuscrits, indique un mot à effacer. ♦ ▷ *Montre à virgule,* celle dont la verge ne porte qu'une seule saillie, en forme de crochet ou de virgule. ◁ ■ Symbole du signe de ponctuation (,). ■ **Math.** Dans la notation française, signe qui sépare, dans les nombres décimaux, l'unité et le premier chiffre de la partie décimale. ■ **Math.** Dans la notation anglo-saxonne, signe qui précède les centaines. ■ **Inform.** *Virgule flottante,* mode de représentation des nombres réels dans un système informatique, permettant à l'ordinateur de les manipuler plus rapidement. *Exécuter un programme de calculs scientifiques en virgule flottante.*

VIRIL, ILE, adj. [viʀil] (lat. *virilis,* de *vir,* homme, époux, soldat) Qui appartient à l'homme. *Force virile. Sexe viril.* ♦ *Âge viril,* l'âge d'un homme fait. ♦ *Robe* ou *toge virile,* dans l'ancienne Rome, sorte d'habillement qu'on faisait prendre aux jeunes gens, lorsque, sortant de l'enfance, ils devenaient propres à choisir un état. ♦ **Fig.** Ferme, courageux, digne d'un homme. *Les esprits virils.* ♦ **Jurispr.** Portion virile, ce qui revient à chaque héritier dans une succession également partagée.

VIRILEMENT, adv. [viʀil(ə)mɑ̃] (*viril*) D'une manière virile, avec vigueur. *Agir virilement.*

VIRILISATION, ■ n. f. [viʀilizasjɔ̃] (*viriliser*) Méd. Apparition chez un être de sexe féminin de caractères sexuels secondaires de type masculin. *Une alopécie accompagnée de signes de virilisation.*

VIRILISER, ■ v. tr. [viʀilize] (*viril*) Rendre viril, donner un aspect viril à. *Il a virilisé son allure.* ■ Se viriliser, v. pr. *Elle se virilise de plus en plus.* ■ **Méd.** Développer des caractères sexuels secondaires de type masculin, en parlant d'une femme.

VIRILISME, ■ n. m. [viʀilism] (*viril*) Méd. Syndrome observé chez la femme, se manifestant par l'apparition de caractères sexuels secondaires de type masculin. *La modification de la voix, une pilosité au visage et l'aménorrhée sont les principaux signes du virilisme.*

VIRILITÉ, n. f. [viʀilite] (lat. *virilitas*) ▷ Âge viril. *Il est parvenu à la virilité.* ◁ ♦ **Fig.** Force, vigueur. *La virilité de l'esprit.* ■ Ensemble des caractéristiques physiques et sexuelles de l'homme adulte. ■ Puissance sexuelle de l'homme.

VIRILOCAL, ALE, ■ adj. [viʀilokal] (lat. *vir,* mari, et *local*) Ethnol. Se dit des sociétés dans lesquelles la femme vient habiter dans la famille de son mari après le mariage. *Les mariages virilocaux.*

VIRION, ■ n. m. [viʀjɔ̃] (*virus* et *-on,* corps) Biol. Particule virale qui a atteint un stade de développement complet, possédant ainsi toutes ses capacités infectieuses. *Le virion est formé d'un filament d'acide nucléique (ADN ou ARN) entouré d'une coque protectrice de protéines et parfois d'une enveloppe supplémentaire de lipides.*

VIROCIDE ou **VIRUCIDE**, ■ adj. [viʀosid, viʀisid] (*virus* et *-cide*) Méd. Qui détruit un virus ou son pouvoir pathogène. *Un désinfectant bactéricide et virocide à large spectre.* ■ N. m. Produit virocide. *Utilisation des virocides pour la décontamination du matériel médical.*

VIROLE, n. f. [viʀɔl] (lat. impér. *viriola,* sorte de bracelet d'homme) Petit cercle de métal qu'on met au bout d'un manche, d'une canne, etc. pour les maintenir. *Mettre une virole à une canne.* ♦ *Virole d'acier,* moule dans lequel les monnaies se frappent.

VIROLE, ÉE, adj. [viʀole] (*virole*) Garni d'une virole. ♦ Hérald. Se dit des cornes, des trompes, etc. qui portent des boucles ou anneaux d'un autre émail.

VIROLER, v. tr. [viʀole] (*virole*) Garnir des viroles.

VIROLOGIE, ■ n. f. [viʀoloʒi] (*virus* et *-logie*) Branche de la biologie qui étudie les virus. ■ VIROLOGISTE ou VIROLOGUE, n. m. et n. f. [viʀoloʒist, viʀolog]

VIROSE, ■ n. f. [viʀoz] (*virus* et *-ose*) Méd. Toute infection ou pathologie provoquée par un virus. *La grippe est une virose.*

VIRTUALITÉ, n. f. [viʀtɥalite] (*virtuel*) Voy. VIRTUEL. Caractère, qualité de ce qui est virtuel.

VIRTUEL, ELLE, adj. [viʀtɥɛl] (lat. médiév. et scolast. *virtualis,* du lat. *virtus,* qualité distinctive, vertu) Qui est seulement en puissance et sans effet actuel. *Des facultés virtuelles.* ♦ N. m. *Le virtuel,* ce qui est virtuel. ♦ En théologie, on distingue l'intention virtuelle de l'intention actuelle, dans l'administration des sacrements ; la première suffit pour leur validité. ♦

Méc. Qui est possible, sans qu'on préjuge rien sur sa réalité. *Déplacement virtuel d'un point*, tout déplacement idéal et infiniment petit qu'il pourrait recevoir, sans entendre par là que c'est son déplacement effectif. *Vitesse virtuelle*, espace infiniment petit parcouru dans la direction d'une force par le point d'application de cette force. ◆ **Phys.** *Le foyer virtuel d'un miroir, d'une lentille*, est celui qui est déterminé par la rencontre des prolongements géométriques des rayons lumineux. ■ **Adj.** Dont l'environnement est créé par informatique au moyen d'images de synthèse. *Les images virtuelles. La réalité virtuelle.* ■ **Inform.** *Mémoire virtuelle*, mémoire que l'ordinateur crée afin d'améliorer les performances du système.

VIRTUELLEMENT, adv. [viʁtɥɛl(ə)mɑ̃] (*virtuel*) D'une manière virtuelle, opposé à formellement et à actuellement. *Le chêne est virtuellement renfermé dans le gland.*

VIRTUOSE, n. m. et n. f. [viʁtɥoz] (ital. *virtuoso*, celui qui connaît parfaitement un art) Anciennement, personne habile en quelque genre que ce soit. « *Mme la Dauphine est une virtuose ; elle sait trois ou quatre langues* », Mme DE SÉVIGNÉ. ◆ Aujourd'hui, particulièrement, musicien, musicienne d'un grand talent. ◆ **Par extens.** Personne qui fait preuve d'une grande habilité dans l'exécution d'un art, d'une technique. *Elle a la chance d'avoir épousé un virtuose de la casserole. Une virtuose de la formule assassine.*

VIRTUOSITÉ, n. f. [viʁtɥozite] (*virtuose*) Qualité de virtuose.

VIRUCIDE, ■ adj. [viʁysid] Voy. VIROCIDE.

VIRULENCE, n. f. [viʁylɑ̃s] (b. lat. *virulentia*, mauvaise odeur, infection, de *virus*, poison, puanteur) Qualité de ce qui est virulent. *La virulence des humeurs.* ◆ **Fig.** Se dit de ce que l'on compare à la virulence des humeurs. *La virulence de ses discours.*

VIRULENT, ENTE, adj. [viʁylɑ̃, ɑ̃t] (lat. impér. *virulentus*, venimeux) **Méd.** Qui tient de la nature de virus, qui est causé par un virus. *Les maladies virulentes.* ◆ **Fig.** en parlant des discours, des écrits, que l'on compare à une humeur virulente. *Une dispute virulente. Des discours virulents.* ◆ Il se dit des personnes. *Un journaliste virulent.*

VIRURE, ■ n. f. [viʁyʁ] (*virer*) **Mar.** Suite de planches longitudinales formant le bordage d'un navire. *Poser une virure supplémentaire afin d'avoir une hauteur de bordage suffisante pour stratifier la coque.*

VIRUS, n. m. [viʁys] (mot lat., humeur, venin, poison, puanteur) **Méd.** Principe de transmission de plusieurs maladies contagieuses. *Le virus variolique. Le virus vaccin. Le virus de la rage.* ■ Passion pour. *Le virus de la philatélie.* ■ *Virus informatique* ou *virus*, programme informatique caché qui s'installe sur l'ordinateur d'un utilisateur à son insu, qui peut endommager sérieusement son bon fonctionnement et qui peut contaminer d'autres systèmes informatiques. *L'antivirus n'a décelé aucune contamination de l'ordinateur.*

VIS, n. f. [vis] (lat. *vitis*, vigne, vrille de la vigne, lat. pop. *vis*, lat. médiév. escalier tournant) ▷ *Vis de Saint-Gilles*, escalier qui monte en rampe, et dont les marches semblent porter en l'air ; ainsi nommé du prieuré de Saint-Gilles en Languedoc, où est un escalier de ce genre qu'on a imité. ◁ ◆ Dans un escalier tournant, *vis*, la pièce de bois du milieu, autour de laquelle les marches tournent en ligne spirale. ◆ *Escalier à vis*, escalier tournant en spirale autour d'un noyau qui soutient toutes les marches. ◆ Machine composée d'un noyau cylindrique autour duquel règne en hélice une saillie adhérente nommée filet, et qui entre dans un écrou dont le filet, aussi en hélice, remplit exactement les cannelures formées par le filet de la vis. *Une vis de pressoir.* ◆ L'écrou est quelquefois appelé *vis intérieure, vis concave.* ◆ ▷ **Fig.** et **fam.** *Se démonter le visage à vis*, changer de visage, comme si on en ôtait les vis. ◁ ◆ *Pas de vis*, la distance d'un filet à l'autre. ◆ *Fausse vis*, vis qui sert à en tailler d'autres. ◆ *Vis sans fin*, machine qui consiste en une tige de métal, portant un filet de pas constant, qui par l'intermédiaire duquel cette tige engrène avec une roue dentée. ◆ *Vis d'Archimède* ou *limace*, machine composée d'un cylindre creux mobile autour d'un axe incliné, dans lequel est fixée une surface hélicoïdale ; elle sert à élever les eaux. ◆ Genre de coquilles univalves. ◆ *Vis platinée*, dispositif permettant d'établir un contact dans un système d'allumage. ■ REM. Aujourd'hui, les vis platinées se présentent sous forme de pastilles, et non plus de vis ; elles sont revêtues de tungstène et non plus de platine. ◆ **Fig.** et **fam.** *Serrer la vis à quelqu'un*, le traiter avec plus de sévérité. *S'il a de mauvais résultats, ses parents vont lui serrer la vis.*

VISA, n. m. [viza] (mot lat., choses vues, plur. neutre substantivé de *visus*, p. p. de *videre*, voir) Formule qui se met sur un acte, et qui doit être signée par celui dont la signature est nécessaire pour que l'acte soit authentique ou valable. *Il faut que l'ambassadeur mette son visa sur votre passeport.* ◆ **Dr.** Formule par laquelle un magistrat ou un officier de justice certifie qu'un acte lui a été présenté. ◆ **Comm.** Énonciation datée et apposée sur un effet pour constater qu'il a été présenté et vu à temps. ◆ **Au pl.** *Des visas.* ■ Acte, rédigé et certifié par le consulat, que l'on appose sur un passeport

avant d'entrer, pour une durée donnée, dans certains pays. *Demander un visa pour l'Australie.*

VISAGE, n. m. [vizaʒ] (anc. fr. *vis*, visage, du lat. *visum*, p. p. neutre de *videre*, voir) La partie antérieure de la tête où sont le front, les yeux, le nez, la bouche. ◆ ▷ *Il n'a rien d'humain que le visage*, se dit d'un homme cruel, barbare. ◁ ◆ *Frapper au visage*, donner un coup sur le visage, un soufflet. ◆ **Fig.** *Il y paraît comme le nez au visage*, se dit d'une chose qui a laissé des marques fort visibles. ◆ **Fig.** et **ironiq.** *Cela ne paraît pas plus que le nez au milieu du visage*, se dit d'une chose qui frappe tous les yeux, et qu'on s'efforcerait en vain de cacher. ◆ ▷ *Tourner visage*, faire face, en parlant de gens qui, poursuivis, fuient, s'arrêtant, se retournent et résistent. ◁ ◆ **Fig.** *Tourner visage*, se détourner de, être contraire. ◁ ◆ ▷ **Fig.** et **pop.** *Trouver visage de bois*, trouver fermée la porte de quelqu'un qu'on va voir ; et par extens. ne rencontrer personne au logis où l'on fait visite. ◁ ◆ *Un visage de pleine lune*, Voy. LUNE. ◆ ▷ *Visage de prospérité*, visage gras, rempli, vermeil. ◁ ◆ **Par extens.** La personne même, en tant qu'on la connaît par le visage. « *J'y voyais entrer à tout moment de nouveaux visages* », LESAGE. ◆ *De beaux visages*, de belles personnes. ◆ ▷ Par ironie, *un visage*, une personne qu'on tient en peu d'estime. ◁ ◆ ▷ *Un plaisant visage*, un homme digne d'être moqué. ◁ ◆ Air, mine, physionomie. « *Ne me regarde plus d'un visage infirme* », P. CORNEILLE. ◆ *Avoir un visage d'excommunié, un visage de déterré, un visage de l'autre monde*, être pâle et défait. ◆ **Fig.** *Avoir le visage allongé, le visage long*, se dit d'une personne confuse, désappointée. ◁ ◆ ▷ *Bon visage*, visage qui indique la santé ; *mauvais visage*, visage qui indique indisposition, maladie. ◁ ◆ *Faire bon visage, mauvais visage à quelqu'un*, lui faire bon ou mauvais accueil. ◆ ▷ *Se faire, se composer le visage*, prendre un air conforme à la circonstance. ◁ ◆ ▷ *Se composer le visage*, prendre un air sérieux. ◁ ◆ ▷ *Changer de visage*, changer de couleur, rougir, pâlir, etc. ◁ ◆ *Changer de visage*, prendre tel visage qu'on veut, prendre l'air qu'on juge convenable aux diverses occasions. ◆ *Un homme à deux visages*, un fourbe. ◆ **Fig.** Il se dit des aspects divers des choses. « *La plupart des choses du monde, ayant deux visages, sont trouvées ou bonnes ou mauvaises, selon qu'elles sont considérées* », MALHERBE. ◆ *Faux visage*, masque. ◆ **Fig.** « *La plupart des vices se couvrant d'un faux visage de vertu* », FLÉCHIER. ◆ À VISAGE DÉCOUVERT, **loc. adv.** Sans masque, sans voile. *Les acteurs jouent à visage découvert.* ◆ **Fig.** « *Quand les passions ne peuvent nous vaincre à visage découvert, elles prennent le masque de la sagesse pour nous surprendre* », J.-J. ROUSSEAU. ◆ Apparence que prend quelque chose, qui permet de le caractériser. *Le nouveau visage de la société française. Faire de la plongée pour découvrir la mer sous un visage inhabituel.* ◆ À VISAGE HUMAIN, **loc. adj.** Qui présente un caractère humain, qui respecte l'être humain. *La ville s'efforce de mettre en place des transports à visage humain.*

VISAGISME, ■ n. m. [vizaʒism] (*visage*) Mise en valeur d'un visage en tenant compte de sa forme, de sa teinte et de la psychologie de la personne. *Un opticien spécialiste en visagisme.*

VISAGISTE, ■ n. m. et n. f. [vizaʒist] (*visage*) Personne spécialisée dans le visagisme. *Le visagiste donne des conseils de maquillage, de coiffure, pour le choix d'une monture de lunettes, etc.*

VIS-À-VIS, **loc. prép.** [vizavi] (anc. fr. *vis*, visage) En face, à l'opposite. *Vis-à-vis de l'église.* « *Tout vis-à-vis de moi* », MOLIÈRE. ◆ **Par extens.** « *Regardez cet homme d'intrigues environné de la troupe de ses clients ; il regarde comme une grande peine de se trouver vis-à-vis de lui-même* », BOSSUET. ◆ ▷ **Fig.** *se trouve vis-à-vis de rien*, se dit d'un homme dont tout l'avoir a disparu. ◁ ◆ On peut aussi supprimer *de*. *Vis-à-vis le château.* ◆ **Adv.** *Il demeure vis-à-vis.* ◆ ▷ **N. m.** Une personne qui est en face d'une autre à la danse ou à la table. ◁ ◆ Un des deux couples nécessaires pour danser le quadrille. *Je n'ai pas de vis-à-vis.* ◁ ◆ ▷ Voiture en forme de berline à une seule place dans chaque fond. ◁ ◆ *Vis-à-vis* s'emploie souvent aujourd'hui au lieu de : *envers, à l'égard de* ; c'est une faute, comme dans ces phrases : *Le roi n'est plus endetté vis-à-vis du public ; les courtisans sont bien vis-à-vis du roi, etc.* ◆ Ma maison est au vis-à-vis de la vôtre, est une locution vicieuse ; il faut dire : *vis-à-vis de la vôtre.* ■ **Loc. prép.** En comparaison de. ■ **N. m.** Logement en face du sien d'où l'on peut voir ce qui se passe chez soi. *Ils cherchent un appartement sans vis-à-vis. Mettre des rideaux aux fenêtres pour se protéger du vis-à-vis.* ◆ Chose ou personne placée l'une en face de l'autre. ■ Canapé à deux places, en forme de S, où deux personnes peuvent converser, l'une en face de l'autre. ■ REM. Son emploi dans le sens de *envers, à l'égard de* n'est plus considéré comme fautif aujourd'hui.

VISCACHE, ■ n. f. [viskaʃ] (esp. *viscacha*, d'un mot quichua) Rongeur nocturne de la même famille que le chinchilla, originaire d'Amérique du Sud, au corps trapu et à la queue en panache. *La viscache est aussi appelée* lièvre *des pampas.*

VISCÉRAL, ALE, adj. [viseʁal] (lat. tard. *visceralis*, très cher, intime, du lat. *viscus*, génit. *visceris*, entrailles) **Anat.** Qui appartient, qui a rapport aux viscères. *Les tissus viscéraux. Douleurs viscérales.* ◆ **Fig.** Essentiel, en termes de pratique, de droit. *Les conditions viscérales d'un contrat.* ■ Qui est relativement ancré au plus profond de soi, en parlant des sentiments. *La critique est viscérale chez elle.*

VISCÉRALEMENT, ■ adv. [viseʀal(ə)mɑ̃] (*viscéral*) De manière viscérale, du plus profond de soi. *Détester viscéralement quelque chose. Elle est viscéralement opposée à toute forme de hiérarchie.*

VISCÈRE, n. m. [viseʀ] (lat. *viscus*, génit. *visceris*, plur. *viscera*, parties internes du corps, entrailles, cœur) **Anat.** Tout organe, plus ou moins compliqué, logé dans une des trois cavités splanchniques, la tête, le thorax et l'abdomen, ou dans ce dernier plus particulièrement. ◆ ▷ **Bot.** Se dit de vaisseaux en faisceaux qui montent dans la tige des plantes. ◁ ■ **N. m. pl.** Les viscères de l'abdomen. *Plumez la volaille et retirez les viscères.*

VISCOÉLASTIQUE, ■ adj. [viskoelastik] (radic. de *visqueux* et *élastique*) Qui offre à la fois les propriétés de l'élasticité et de la viscosité. *Matelas et coussins en matériau viscoélastique.* ■ VISCOÉLASTICITÉ, n. f. [viskoelastisite] *la viscoélasticité de la mousse.*

VISCOSE, ■ n. f. [viskoz] (mot angl., du lat. *viscum*, glu) Fibre artificielle composée de cellulose dérivée de la pulpe de bois, de coton ou d'autres végétaux et présentée sous forme de fils. *Un pull en viscose.*

VISCOSIMÈTRE, ■ n. m. [viskozimɛtʀ] (*viscosité* et *-mètre*) **Phys.** Appareil servant à déterminer la viscosité d'un liquide. *Viscosimètre à bille, à bulle d'air.*

VISCOSITÉ, n. f. [viskozite] (lat. médiév. *viscositas*, du b. lat. *viscosus*, englué, de *viscum*, gui, glu) Propriété par laquelle les particules d'une substance adhèrent l'une à l'autre. ◆ Propriété particulière aux liquides épais et gluants, d'où résulte une grande adhérence de leurs molécules et la faculté de couler en filets. ◆ **Écon.** Manque d'adaptation entre deux phénomènes économiques. *La viscosité de l'offre et de la demande.* ◆ **Psych.** *Viscosité mentale*, état caractérisé par un ralentissement des facultés mentales. *Le cannabis entraîne au-delà de ses effets premiers une distorsion sensorielle et une viscosité mentale.*

VISÉ, ÉE, p. p. de viser. [vize] ◆ ▷ **Fig.** *Ce n'était pas mal visé pour un borgne*, il a mieux réussi qu'on ne croyait dans ce qu'il a entrepris. ◁ ◆ ▷ **Ironiq.** *Voilà bien visé pour un borgne*, se dit en se moquant de celui qui a donné loin du but, qui n'a point réussi.

VISÉE, n. f. [vize] (p. p. fém. substantivé de *viser*) Direction de la vue vers un but à atteindre. *Il a pris sa visée trop haut, trop bas.* ◆ **Fig.** Dessein, intention. *Changer de visée.* ■ Fait de diriger une arme, un instrument d'optique vers une cible. ■ **Fig.** But à atteindre, dessein. *Des visées professionnelles.* ■ REM. S'emploie le plus souvent au pluriel dans ce sens.

VISER, v. tr. [vize] (lat. pop. *visare*, du lat. *visere*, examiner, aller voir) Regarder un but pour y adresser un coup, un projectile. *Viser un animal à la tête.* ◆ Prendre connaissance d'un acte, d'une pièce, et y mettre son visa, son vu. *Viser une ordonnance.* ◆ *Viser un article du Code*, le citer par référence. ◆ **V. intr.** Regarder pour adresser un coup, un projectile. *Viser à un but.* ◆ **Fig.** « *Ce n'était pas à moi que vous visiez* », MME DE SÉVIGNÉ. ◆ *Viser au solide, à l'esprit, etc.* ◆ Avoir en vue certaine fin. « *Le compagnon ne visait à l'argent* », LA FONTAINE. ◆ Tendre à. « *Il ne pouvait pas deviner à quoi tout cela visait* », HAMILTON. ◆ Approcher de, avoir un air de. « *Le repos est si grand à la campagne qu'il vise à la léthargie* », MME DE SÉVIGNÉ. « *Je vise à l'hydropisie* », VOLTAIRE. ■ **V. intr.** Diriger une arme, un projectile sur. *Le commando vise à la tête du preneur d'otages.* ■ **V. tr.** Vouloir atteindre, ambitionner. *Viser une promotion professionnelle.* ■ *Viser trop haut, viser trop bas*, être trop ambitieux, être trop humble. ■ S'adresser à, s'appliquer à. *Ces mesures visent les couches aisées de la population. Je ne me sens pas visé par ses remarques.*

VISEUR, ■ n. m. [vizœʀ] (*viser*) Appareil optique servant à viser. *Le viseur d'un fusil.* ■ Dispositif de visualisation servant à délimiter le cadre du sujet. *Le viseur d'un appareil photo, d'un caméscope.*

VISHNOUISME ou **VISHNUISME**, n. m. [viʃnuism] (*vishnou* ou *vishnu*, divinité hindoue) Ensemble des doctrines et des pratiques religieuses ayant trait au culte de Vishnou. *Le vishnouisme n'est plus aujourd'hui une religion monolithique mais un courant qui ne comprend pas moins de dix-neuf sectes dites* orthodoxes*, de nombreuses sous-sectes et trente-trois ordres de renonçants.* ■ VISHNOUISTE ou VISHNUISTE, n. m. et n. f. ou adj. [viʃnuist]

VISIBILITÉ, n. f. [vizibilite] (*visible*) **Phys.** Propriété qu'ont les corps de pouvoir être aperçus par le moyen du sens de la vue. ■ Qualité qui rend une chose manifeste. *La perpétuelle visibilité de l'Église.* ■ Fait de voir plus ou moins bien. *Dans un virage, il n'y a pas de visibilité.* ■ Fait de voir plus ou moins loin, en fonction de l'atmosphère. *Mauvaise, bonne visibilité. La pluie, la neige, le brouillard réduisent la visibilité.*

VISIBLE, adj. [vizibl] (lat. impér. *visibilis*, de *videre*, voir) Qui peut être vu ; qui est l'objet de la vue. *Le monde visible. Les étoiles visibles.* ◆ *Être visible,*

n'être pas visible, être en état, n'être pas en état de recevoir une visite, vouloir, ne pas vouloir recevoir une visite. ◆ Évident, manifeste. « *La grandeur de l'homme est si visible, qu'elle se tire même de sa misère* », PASCAL. ■ **Fam.** Prêt, habillé, présentable. *N'entre pas maintenant, je ne suis pas visible.* ■ N. m. Ce qui est perceptible par les cinq sens, notamment par la vue. *Le visible et l'invisible.*

VISIBLEMENT, adv. [viziblǝmɑ̃] (*visible*) D'une manière visible, appréciable à la vue. *La rivière baisse visiblement.* ◆ Manifestement, évidemment. « *L'étendue visible du monde nous surpasse visiblement* », PASCAL.

VISIÈRE, n. f. [vizjɛʀ] (anc. fr. *vis*, visage) Partie antérieure du casque, qui se haussait et se baissait, et au travers de laquelle l'homme d'armes voyait et respirait. ◆ ▷ *Porter le poignard à la visière*, se disait de l'homme d'armes qui, renversant son adversaire, lui portait le poignard à la visière pour le tuer ou le forcer à se rendre. ◆ ◆ *Rompre en visière*, rompre sa lance dans la visière de son adversaire, et fig. attaquer, contredire quelqu'un en face, brusquement. *Il me rompit rudement en visière.* ◆ *Rompre en visière se* dit aussi des choses avec lesquelles on se brouille. « *Peut-on impunément, comme vous faites, rompre en visière à la raison?* », MOLIÈRE. ◆ Partie d'un shako, d'un képi. *C'est la visière qui abrite le front et les yeux.* ◆ Ouverture qui sert de passage aux essais dans un fourneau de recuisson. ◁ ▷ **Fam.** Vue. « *C'est que le plaisir rend la visière plus nette* », VOLTAIRE. ◁ ◆ ▷ **Fig.** *Avoir la visière courte,* avoir peu de sagesse, de pénétration. ◁ ◆ ▷ **Fig.** *Blesser, choquer la visière,* faire chagrin à voir. ◁ ◆ Petit bouton de métal au bout du canon d'un fusil, pour diriger l'œil lorsqu'on tire. ■ Partie antérieure du casque, qui se hausse et se baisse, et au travers de laquelle l'homme voit. *La visière d'un motard, d'un policier.* ■ Pièce rigide prolongeant à l'horizontale, au-dessus des yeux, une casquette, un casque de sécurité, un képi. *Il aime porter sa casquette à l'envers avec la visière sur la nuque. Mettre ses mains en visière*, à l'horizontale au-dessus des yeux.

VISIF, IVE, adj. [vizif, iv] (dérivé du lat. *visum*, supin de *videre*) ▷ **Didact.** Qui concerne la vue, la puissance, la faculté de voir. « *La faculté visive* », BOSSUET. ◁

VISIOCASQUE, ■ n. m. [vizjokask] (lat. *visio*, action de voir, et *casque*) Périphérique d'un ordinateur que l'on place comme un casque sur la tête et qui permet une immersion totale dans un environnement virtuel. *Il semblerait que le port du visiocasque provoque des nausées et des maux de têtes, principalement à cause de la différence entre ce qui est vu et ce que l'oreille interne perçoit.*

VISIOCONFÉRENCE, ■ n. f. [vizjokɔ̃feʀɑ̃s] (lat. *visio*, action de voir, et *conférence*) Voy. VIDÉOCONFÉRENCE.

VISION, n. f. [vizjɔ̃] (lat. *visio*, de *visum*, supin de *videre*, voir) **Physiol.** Fonction sensorielle par laquelle les yeux mettent l'homme et les animaux en rapport avec le monde extérieur, par l'intermédiaire de la lumière. *Les phénomènes de la vision.* ◆ **Théol.** *Vision béatifique*, Voy. BÉATIFIQUE. ◆ Chose surnaturelle que Dieu fait voir en esprit ou par les yeux du corps. *Les visions des prophètes.* ◆ Chose naturelle que l'on voit en esprit. ◆ Vaine image que l'on croit voir, par peur, par rêve, par folie, par superstition, etc. « *De là ces visions, ce spectre, ces accents, Déplorables effets du trouble de nos sens* », DUCIS. ◆ **Fig.** Action de viser à, de se représenter en imagination. « *C'est une vision de mes soupçons jaloux* », P. CORNEILLE. « *Vous m'avez dit vos visions sur la fortune de vos beaux-frères* », MME DE SÉVIGNÉ. ◆ **Fig.** Idée folle, extravagante. « *Chacun a ses visions plus ou moins marquées* », MME DE SÉVIGNÉ. ◆ *Visions cornues*, Voy. CORNU. ■ **Fam.** *Avoir des visions*, perdre la tête, divaguer.

VISIONIQUE, ■ n. f. [vizjonik] (*vision*) Ensemble des techniques permettant le traitement des informations visuelles par un ordinateur. *Les applications de la visionique pour la sécurité du personnel en environnement minier.*

VISIONNAIRE, adj. [vizjonɛʀ] (*vision*) Qui croit avoir des visions, des révélations. ◆ **Fig.** Qui a des idées folles, extravagantes, chimériques. *Des esprits visionnaires.* ◆ Il se dit des choses dans le même sens. « *Il n'y avait rien de visionnaire dans les avis qu'il lui donnait* », SAINT-SIMON. ◆ **N. m.** et n. f. Celui, celle qui a des visions, des apparitions. ◆ **Fig.** Celui, celle qui a des idées folles, extravagantes. ■ **Adj.** Qui, en analysant parfaitement le présent, a une intuition juste de l'avenir et arrive à anticiper. *Il m'avait prédit des choses qui sont arrivées, cet homme est un vraie visionnaire.* ■ N. m. et n. f. *Un, une visionnaire.*

VISIONNER, ■ v. tr. [vizjone] (*vision*) Observer et analyser une maquette de film ou d'émission avant leur mise en forme définitive d'un point de vue technique. ■ Regarder des images ou des films sur un écran. *Visionner des diapositives.* ■ VISIONNAGE, n. m. [vizjonaʒ]

VISIONNEUR, ■ n. m. [vizjonœʀ] (*vision*) Application qui permet de visualiser un document en l'absence du logiciel qui l'a produit. ■ REM. Recomm. offic. pour *viewer*. On dit plus couramment *visionneuse*.

VISIONNEUSE, ■ n. f. [vizjɔnøz] (*vision*) Appareil permettant la visualisation d'images ou de films par projection. *Regarder un film à la visionneuse.* ■ Application qui permet de visualiser un document en l'absence du logiciel qui l'a produit.

VISIOPHONE, ■ n. m. [vizjofɔn] (lat. *visio*, action de voir, et *téléphone*) Dispositif téléphonique permettant de voir, au moyen d'un écran de télévision, l'image animée de l'interlocuteur en temps réel. ■ VISIOPHONIE, n. f. [vizjɔfoni]

VISIR, n. m. [viziʀ] Voy. VIZIR.

VISITANDINE, n. f. [vizitɑ̃din] (*visitant*, d'après Bénédictine, etc.) Voy. VISITATION. Religieuse de l'ordre de la Visitation.

VISITATION, n. f. [vizitasjɔ̃] (lat. imp. et chrét. *visitatio*, apparition, du lat. *visitare*, venir voir) Action de visiter. ◆ *La Visitation de la Sainte Vierge, la fête de la Visitation,* la fête instituée en mémoire de la visite que Marie fit à Élisabeth. ◆ Tableau, estampe, image qui représente la Visitation. ◆ *Ordre de la Visitation,* ordre de religieuses, institué à l'honneur de cette visite de la Sainte Vierge par saint François de Sales. *Les religieuses de la Visitation se nomment visitandines.*

VISITE, n. f. [vizit] (*visiter*) Action d'aller voir quelqu'un par civilité ou par devoir. *Faire visite. Recevoir des visites.* ◆ *Rendre visite, faire une visite à quelqu'un,* l'aller visiter. ◆ *Rendre une visite,* faire une visite à celui qui nous en a fait une. ◆ *Carte de visite,* Voy. CARTE. ◆ Personne qu'on reçoit en visite. *J'ai eu beaucoup de visites aujourd'hui.* ◆ Se dit d'un médecin, d'un chirurgien qui va voir un malade ou qui parcourt les salles d'un hôpital pour voir les malades et prescrire les divers traitements. ◆ *Pop. Passer à la visite,* se dit d'un malade qui se fait examiner par un médecin à sa consultation ou ailleurs. ◆ Recherche, perquisition dans un lieu, soit pour y trouver quelque chose ou quelqu'un, soit pour voir si tout y est en ordre. *Visite domiciliaire. Visite des lieux.* ◆ *Visite de cadavres,* l'examen que des médecins, nommés par la justice, font d'un corps mort. ◆ *La visite des bois, la visite d'un bâtiment,* l'examen des bois, d'un bâtiment par des experts. ◆ Recherche que font les commis, les douaniers pour voir ce qui est soumis aux droits, ce qui est prohibé. ◆ **Mar.** Inspection qu'on fait d'un bâtiment pour connaître exactement l'état dans lequel il est. ◆ Droit qu'ont certains officiers de l'État de monter à bord d'un navire pour s'assurer qu'il ne fait ni un commerce défendu ni la contrebande, etc. ◆ *Droit de visite,* faculté que se sont accordée mutuellement les puissances maritimes de faire visiter par leurs navires de guerre ceux de leurs navires marchands qui seraient soupçonnés de se livrer à la traite des Noirs. ◆ Acte de dévotion qu'on accomplit dans une église, un hôpital, etc. ◆ Tournée que les évêques font dans leur diocèse, les généraux d'ordres dans les monastères. ◆ **Théol.** Châtiment céleste. « *Vous qui leur préparez ces jours de visite et de colère* », MASSILLON. En un sens contraire, grâces prévenantes. « *Les visites particulières du Verbe qui vient à nous par ses consolations* », BOSSUET. ◆ Espèce de petit manteau de dame. ◆ REM. Aujourd'hui, on dit *passer une visite, passer la visite* et cela n'est plus considéré comme familier. ◆ *Droit de visite,* droit accordé au parent qui n'en a pas la charge d'accueillir périodiquement son enfant. ◆ Fait de se rendre dans un lieu public pour en découvrir les curiosités, voir ce qu'il offre d'intéressant. *La visite d'un musée, d'une ville. Visite payante, gratuite.* ◆ *Visite guidée,* effectuée en la présence d'un guide. ◆ **Inform.** *Visite guidée,* application d'aide qui permet de découvrir les fonctions d'un logiciel, d'un programme.

VISITÉ, ÉE, p. p. de visiter. [vizite]

VISITER, v. tr. [vizite] (lat. *visitare,* venir voir, inspecter) Aller voir quelqu'un chez lui. *Visiter un ami.* ◆ **Fig.** et poétiq. « *En un lieu que le jour n'a jamais visité* », ROTROU. ◆ Faire une visite, des visites. *Visiter ses chefs.* ◆ Aller voir par charité ou par dévotion. *Visiter les hôpitaux, les prisons, les pauvres.* ◆ Il se dit des pays, des monuments, etc. qu'on va voir par curiosité ou par un intérêt quelconque. *Visiter l'Italie.* ◆ Inspecter, voir si les choses sont dans l'ordre où elles doivent être. *Visiter les arsenaux. Visiter un diocèse.* ◆ *Visiter la lettre,* examiner si un caractère est bien fondu. ◆ Examiner quelque chose avec soin, en détail. *Le chirurgien a visité sa plaie. L'architecte a visité la maison.* ◆ Absol. *On a visité partout.* ◆ **Relig.** En parlant de Dieu, donner des marques de colère ou de grâce. « *Lazare meurt le premier, car le Seigneur se hâte de visiter ses élus* », MASSILLON. ◆ Se visiter, v. pr. Se rendre mutuellement des visites. ◆ Se rendre sur un site Internet. *De nombreux internautes qui ont visité ce site vous le recommandent.*

VISITEUR, EUSE, n. m. et n. f. [vizitœr, øz] (*visiter*) Celui, celle qui visite. ◆ Celui, celle qui fait beaucoup de visites. ◆ Celui, celle qui est en visite. ◆ Se dit des francs-maçons étrangers qui sont admis dans une loge. *Un frère visiteur.* ◆ **Admin.** Employé chargé de faire la visite des marchandises. ◆ **Mar.** Se dit du bâtiment de guerre qui fait la visite d'un navire de commerce. ◆ Dans les ordres religieux, celui qui est chargé d'aller visiter les maisons du même ordre. *Le père visiteur.* ■ *Visiteur médical,* démarcheur employé par un laboratoire pharmaceutique qui rend visite aux médecins

et leur présente les médicaments récemment mis au point, leur posologie, leur efficacité et leurs effets secondaires. ■ Internaute qui s'est rendu sur un site. *Le compteur affiche le nombre de visiteurs du site.*

VISITORAT, ■ n. m. [vizitɔʀa] (*visiteur*) Ensemble des personnes ayant visité un lieu, un site. *Un visitorat en constante augmentation.*

VISON, n. m. [vizɔ̃] (orig. obsc., p.-ê. lat. vulg. *viso*, du b. lat. *visio*, vesse, à cause de la puanteur de la belette) Espèce de martre. ■ Fourrure de cet animal. ■ Manteau en fourrure de cet animal. *Un manteau en vison.*

VISONNIÈRE, ■ n. f. [vizɔnjɛʀ] (*vison*) Exploitation qui se consacre à l'élevage de visons. *Les visonnières sont nombreuses au nord de l'Amérique.*

VISON-VISU, loc. adv. [vizɔ̃vizy] (lat. *visum,* visage, au nominatif et à l'ablat.) ▷ Fam. Vis-à-vis, en face. *Ils sont logés vison-visu.* ◁

VISORIUM, n. m. [vizɔʀjɔm] (mot b. lat., théâtre, spectacle, de *videre,* voir) Impr. Instrument qui sert à tenir la copie sous les yeux du compositeur.

VISOU, ■ n. m. [vizu] (*viser*) Québec *Avoir le visou,* savoir viser juste. ■ Par extens. être adroit.

VISQUEUX, EUSE, adj. [viskø, øz] (b. lat. *viscosus,* englué, gluant, de *viscum,* glu) Dont les molécules ont de l'adhérence les unes avec les autres, en parlant d'un liquide. *Liqueur visqueuse.* ◆ Se dit aussi d'une substance poisseuse, plus ou moins tenace. ■ **Phys.** Dont la viscosité est très élevée, qui s'écoule difficilement. ■ Glissant, gluant. *Peau visqueuse des poissons, des amphibiens. Plante visqueuse.*

VISSAGE, n. m. [visaʒ] (*visser*) Action de visser.

VISSÉ, ÉE, p. p. de visser. [vise]

VISSER, v. tr. [vise] (*vis*) Attacher, fixer avec des vis. *Visser une ferrure.* ◆ Il se dit aussi de ce qui est terminé en vis ou creusé en manière d'écrou, et qu'on fixe à quelque chose en le tournant. *Visser un tire-bourre à l'extrémité d'une baguette de fusil.* ◆ Se visser, v. pr. Être fixé au moyen d'une vis. ■ Fam. Être très sévère à l'égard de quelqu'un. *Ces enfants se font visser par leurs parents.* ■ Fam. *Être vissé quelque part,* être bloqué quelque part.

VISSERIE, ■ n. f. [vis(ə)ʀi] (*vis*) Usine, entreprise fabriquant des vis, écrous et autres articles apparentés. ■ Ensemble de ces articles.

VISSEUSE, ■ n. f. [visøz] (*visser*) Tournevis électrique. *Perceuse équipée d'une visseuse.*

VISU (DE), loc. adv. [devizy] (mots lat., prép. *de,* d'après, par suite de, et ablat. de *visus,* action de voir) Oculairement, après avoir vu. *Des témoins de visu.*

VISUALISER, ■ v. tr. [vizɥalize] (angl. *to visualize,* de *visual,* visuel) Rendre quelque chose visible. *L'échographie permet de visualiser un organe interne.* ■ Se représenter mentalement l'image de quelque chose que l'on ne voit pas. *Visualiser le paysage.* ■ Afficher sur un écran d'ordinateur des données numériques. *Choisissez le mode d'affichage qui vous convient pour visualiser les dossiers de votre système.* ■ VISUALISATION, n. f. [vizɥalizasjɔ̃] ■ VISUALISABLE, adj. [vizɥalizabl]

VISUEL, ELLE, adj. [vizɥɛl] (b. lat. *visualis*) Phys. Qui appartient à la vue. *Rayon visuel.* ◆ *Axe visuel,* ligne droite qui, passant par le centre de la cornée transparente et par l'ouverture pupillaire, traverse perpendiculairement le cristallin et va aboutir sur le tapis, au fond de l'œil. ◆ *Angle visuel,* angle que forment entre eux les rayons extrêmes envoyés vers l'œil par un corps. ◆ *Horizon visuel,* l'étendue que le regard embrasse. ■ REM. On dit aujourd'hui *champ visuel* plutôt que *horizon visuel.*

VISUELLEMENT, ■ adv. [vizɥɛl(ə)mɑ̃] (*visuel*) En ce qui concerne l'aspect visuel. *Faire ressortir visuellement des informations dans un texte.* ■ En ce qui concerne la vue. *Une personne visuellement handicapée.*

VIT, ■ n. m. [vi] (lat. *vectis,* levier, de *vehere,* transporter) Litt. Pénis.

VITAL, ALE, adj. [vital] (lat. *vitalis,* de *vita,* vie) Qui appartient à la vie, qui sert à la conservation de la vie. *Force vitale. Les mouvements vitaux.* ◆ *Esprits vitaux,* Voy. ESPRIT. ◆ *Principe vital,* principe qui, suivant certains physiologistes, est la cause de la vie. ◆ Fig. et néolog. *Question vitale,* affaire importante et qui touche aux plus graves intérêts. ◆ Qui donne de la force. « *Vous buvez la liqueur vitale D'un vin brillant et savoureux* », VOLTAIRE. ■ REM. *Question vitale* n'est plus un néologisme aujourd'hui. ◆ *Minimum vital,* Voy. MINIMUM. ■ Par extens. Qui est d'une grande importance. *Ce secteur constitue une branche vitale de l'économie.* ■ *Carte vitale,* en France, carte à puce que possèdent les personnes couvertes par un organisme d'assurance-maladie.

VITALISME, ■ n. m. [vitalism] (*vital*) Philos. et biol. Doctrine développée à la fin du XXe siècle, selon laquelle tous les êtres vivants sont soumis à un principe vital que la science ne parviendra jamais à expliquer. *Le vitalisme des hommes de science ou des médecins nécessite de leur part une attitude d'ouverture et d'implication dans la pratique quotidienne, l'observation et la recherche de chaque instant.* ■ VITALISTE, adj. ou n. m. et n. f. [vitalist]

VITALITÉ, n. f. [vitalite] (lat. impér. *vitalitas*, principe de la vie) Ensemble des propriétés inhérentes à la substance organisée. ♦ *Vitalité d'un tissu*, l'ensemble de ses propriétés végétatives ou animales. ♦ Force de vie. *La vitalité de certains êtres.*

VITAMINE, ■ n. f. [vitamin] (mot angl. [ensuite corrigé en *vitamin*], du lat. *vita*, vie, et de *amine*) Substance organique, indispensable à la croissance, au fonctionnement et à la reproduction de l'organisme qui ne peut la synthétiser lui-même. *Les vitamines les plus connues sont les vitamines A, B et C.*

VITAMINÉ, ÉE, ■ adj. [vitamine] (*vitamine*) Qui contient des vitamines. *Un jus de fruits vitaminé.*

VITAMINIQUE, ■ adj. [vitaminik] (*vitamine*) Relatif aux vitamines. *Carence vitaminique. Prescrire un supplément vitaminique.*

VITAMINOTHÉRAPIE, ■ n. f. [vitaminoterapi] (*vitamine* et *thérapie*) Traitement des maladies pas les vitamines. *Associer le sevrage d'un alcoolique à une vitaminothérapie.*

VITCHOURA, n. m. [vitʃura] (pol. *wilczura*, fourrure de loup) Vêtement garni de fourrure, que l'on met par-dessus ses habits.

VITE, adj. [vit] (orig. obsc., p.-ê. radic. onomat. *vist-*, mouvement subit) ▷ Qui se meut avec célérité, avec grande promptitude. « *Plus vite que les aigles, plus courageux que les lions* », BOSSUET. ◁ ♦ Qui se fait promptement. ◁ ■ **Adv.** Avec vitesse. *Aller plus vite.* ♦ *Aller vite en besogne* ou simplement *aller vite*, être expéditif, et fig. être imprudent, inconsidéré, dissipateur. ♦ **Fig.** *Aller vite, bien vite, un peu vite*, agir inconsidérément, avec précipitation. ♦ Promptement, en peu de temps. ♦ **Ellipt.** *Vite !* en toute hâte ! ♦ *Au plus vite*, le plus rapidement possible. *Il lui a promis de rendre son travail au plus vite.* ■ *Vite fait, bien fait*, très rapidement mais correctement.

VITELLIN, INE, ■ adj. [vitelɛ̃, in] (lat. *vitellus*, jaune d'œuf) **Biol.** Relatif au vitellus. *Membrane vitelline.*

VITELLUS, ■ n. m. [vitelys] (mot lat., jaune d'œuf) **Biol.** Réserves nutritives contenues dans une cellule fécondée. *Les œufs des oiseaux sont très riches en vitellus : c'est le jaune d'œuf.*

VITELOTTE, n. m. [vit(ə)lɔt] (*vit*, par analogie de forme) Variété de pomme de terre de forme allongée.

VITEMENT, adv. [vit(ə)mɑ̃] (*vite*) ▷ Avec vitesse. « *Çà, payez-nous vitement* », MOLIÈRE. ◁

VITESSE, n. f. [vitɛs] (*vite*) Qualité de ce qui se meut vite, parcourt beaucoup d'espace, fait beaucoup de choses en peu de temps. *Écrire, parler avec vitesse.* ♦ *Gagner quelqu'un de vitesse*, le devancer en chemin, et fig. gagner sur lui l'avantage du temps, de la célérité dans la poursuite de quelque affaire. ♦ **Fig.** Se dit de ce qui est comparé à un mouvement rapide. « *Travaillez à loisir, quelque ordre qui vous presse, Et ne vous piquez pas d'une folle vitesse* », BOILEAU. ♦ **Méc.** *La vitesse d'un mouvement uniforme*, rapport de l'espace parcouru au temps employé à le parcourir, ou l'espace parcouru dans l'unité de temps. ♦ *Vitesse angulaire d'un point*, vitesse dans laquelle, au lieu de considérer les espaces parcourus, on considère les angles décrits. ♦ *Vitesse initiale*, Voy. INITIAL. ♦ **Phys.** Espace parcouru en un certain intervalle de temps. ♦ On étend la notion de vitesse à toutes les modifications successives, lors même qu'il n'y a pas de mouvement de matière. *La vitesse du son, de l'électricité, de la lumière*, distance à laquelle se propage, dans l'unité de temps, un phénomène sonore, électrique, lumineux. ♦ *À toute vitesse*, le plus rapidement possible. *À vitesse grand V, en quatrième vitesse*, très vite. ■ *En vitesse*, vite. *Dépêche-toi de ranger ta chambre en vitesse ! À deux vitesses*, qui présente une certaine iniquité étant donné le traitement différent appliqué selon l'origine des personnes. *La justice à deux vitesses.* ■ *En perte de vitesse*, qui s'essouffle. *Un mouvement de grève en perte de vitesse.* ■ *Prendre quelqu'un de vitesse*, passer devant lui. ■ Rapport entre la vitesse angulaire du moteur et la vitesse des roues motrices. *Les différentes vitesses d'un véhicule. Passer, changer une vitesse. Boîte de vitesses.*

VITICOLE, adj. [vitikɔl] (lat. *vitis*, vigne, et *-cole*) Qui a rapport à la culture de la vigne. *Industrie, pays, population viticole.* ■ Rem. On disait aussi *vinicole* autrefois.

VITICULTEUR, TRICE, n. m. et n. f. [vitikyltœr, tris] (lat. *vitis*, vigne, et *-culteur*) Personne qui cultive la vigne.

VITICULTURE, n. f. [vitikyltyr] (lat. *vitis*, vigne, et *culture*) Culture de la vigne. ■ Rem. On disait aussi *viniculture* autrefois.

VITIFÈRE, adj. [vitifɛr] (lat. *vitis*, vigne, et *-fère*) Qui produit des vignes ; où la vigne croît.

VITILIGO, ■ n. m. [vitiligo] (mot lat. sav. [XVIᵉ s.]) **Méd.** Tache blanche et non pigmentée, cernée d'un liseré hyperpigmenté, apparaissant sur la peau. *Le vitiligo est dû à la disparition des mélanocytes fonctionnels et à la diminution du taux de mélanine dans l'épiderme.*

VITIVINICOLE, ■ adj. [vitivinikɔl] (lat. *vitis*, vigne, et *vinicole*) Relatif à la vitiviniculture. *Une exploitation vitivinicole.*

VITIVINICULTURE, ■ n. f. [vitivinikyltyr] (lat. *vitis*, vigne, et *viniculture*) Ensemble des activités relevant de la viticulture et de la viniculture. *Promouvoir une vitiviniculture durable du point de vue environnemental.*

VITRAGE, n. m. [vitraʒ] (selon le sens, *vitrer* ou *vitre*) Action de vitrer. ♦ Collectivement, toutes les vitres d'un bâtiment, d'un édifice. *Le vitrage d'une église.* ♦ Châssis de verre servant de cloison. ♦ Se dit aussi des châssis vitrés qui servent de devanture aux tablettes d'un magasin, d'un cabinet de curiosités, etc. ♦ *Double vitrage*, vitrage d'une fenêtre, d'une porte composé de deux parois de verre séparées par un vide d'air. *Poser du double vitrage pour isoler sa maison.*

VITRAIL, n. m. [vitraj] (*vitre*) Nom des vitrages formés de panneaux, tels sont ceux des églises. ♦ Fenêtre à panneaux de verre assemblés par compartiments. ♦ Plus usité au pl. *Les vitraux d'une église.* ♦ L'Académie n'a que le pluriel *vitraux*.

VITRAILLISTE, ■ n. m. et n. f. [vitrajist] (*vitrail*) Personne spécialisée dans la création et la réfection de vitraux.

VITRE, n. f. [vitr] (lat. *vitrum*, verre) Pièce de verre qui se met à une fenêtre. ♦ ▷ **Fig.** et **fam.** *Casser les vitres*, n'user d'aucun ménagement dans ses paroles, tout dire. ◁ ♦ Il se dit aussi des carreaux de verre qu'on met à un carrosse, à la montre, la vitrine de divers commerçants, etc. ♦ Assemblage de plusieurs verres au moyen de petites lames de plomb, ou de croisillons en bois, en fer ou en cuivre, qui se met à une ouverture faite pour donner du jour à un bâtiment. ♦ Il se dit, par abus, de ce qui est employé comme vitres. « *Les vitres des Groënlandais sont de boyaux transparents de poissons de mer* », BUFFON.

VITRÉ, ÉE, p. p. de vitrer [vitre] (lat. *vitreus*, de verre, en verre) ♦ ▷ **Phys.** *Électricité vitrée*, l'électricité produite par le frottement du verre, et qui est opposée à l'électricité résineuse. ◁ ♦ **Hist. nat.** Transparent comme le verre. ♦ **Anat.** *Corps vitré* ou *humeur vitrée*, le plus volumineux des milieux de l'œil.

VITRER, v. tr. [vitre] (*vitre*) Garnir de vitres, de glaces.

VITRERIE, n. f. [vitrəri] (*vitre*) Art et commerce du vitrier. ♦ Marchandise qui est l'objet de ce commerce.

VITRESCIBILITÉ, n. f. [vitresibilite] (*vitrescible*) Qualité de ce qui peut se vitrifier.

VITRESCIBLE, adj. [vitresibl] (lat. *vitrum*, verre, sur le modèle de *putrescible*) Susceptible d'être changé en verre.

VITREUSEMENT, adv. [vitrøz(ə)mɑ̃] (*vitreux*) ▷ **Phys.** En parlant d'un corps qui acquiert de l'électricité vitrée, on dit qu'il s'électrise vitreusement. ◁

VITREUX, EUSE, adj. [vitrø, øz] (lat. *vitrum*, verre) **Minér.** Qui a de la ressemblance avec le verre. *Mine d'argent vitreuse.* ♦ *Cassure vitreuse*, cassure semblable à celle du verre. ♦ Qui a l'aspect du verre. *Un éclat vitreux.* ♦ *Porcelaine vitreuse*, Voy. PORCELAINE. ♦ *Œil vitreux*, œil terni, surtout aux approches de la mort.

VITRIER, IÈRE, n. m. et n. f. [vitrije, ijɛr] (*vitre*) Artisan qui travaille en vitres, qui met des vitres aux fenêtres, aux châssis, etc. ♦ Adj. *L'industrie vitrière.*

VITRIÈRE, n. f. [vitrijɛr] (selon le sens, *vitrier* ou *vitre*) La femme d'un vitrier, ou celle qui fait le commerce de vitrerie.

VITRIFIABLE, adj. [vitrifjabl] (*vitrifier*) Qui peut être changé en verre ou en une matière d'apparence vitreuse. ♦ Qui peut être recouvert d'un vitrificateur. *Du parquet vitrifiable.*

VITRIFICATEUR, ■ n. m. [vitrifikatœr] (*vitrifier*) Matière plastique fluide et transparente utilisée pour revêtir et protéger un sol. *Passer un parquet au vitrificateur.*

VITRIFICATION, n. f. [vitrifikasjɔ̃] (*vitrifier*) Fusion des matières susceptibles de prendre l'éclat, la transparence et la dureté du verre, à l'aide d'une haute température. *Feu de vitrification.* ♦ **Par extens.** Matière qui offre l'apparence du verre. ♦ Action de vitrifier un parquet. *Pour rénover un parquet ancien ou terminer la pose d'un parquet brut, le ponçage et la vitrification sont nécessaires.*

VITRIFIÉ, ÉE, p. p. de vitrifier. [vitrifje]

VITRIFIER, v. tr. [vitrifje] (lat. *vitrum*, verre, et *facere*, faire) Fondre une substance de manière qu'elle se transforme en verre. ♦ *Se vitrifier*, v. pr. Se convertir en verre. ■ V. tr. Recouvrir d'une matière transparente et imperméable pour protéger. *Vitrifier un parquet.*

VITRINE, n. f. [vitrin] (réfection d'après *vitre* de l'anc. fr. *verrine*, du b. lat. *vitrinus*, de verre) Vitrage, montre d'une boutique. ♦ Il se dit aussi des cabinets, des muséums. *Les vitrines d'un cabinet de médailles.* ♦ Ce que contient une vitrine de marchand. ✦ **Par méton.** Ensemble des articles exposés derrière la vitrine. *Les vitrines de Noël. Modèle exposé en vitrine.* ▪ Ce qui représente avantageusement quelque chose. *Votre site Internet doit être la vitrine de votre entreprise.*

VITRIOL, n. m. [vitʀijɔl] (lat. médiév. *vitriolum*, du lat. *vitrum*, verre, à cause de l'aspect de ces sels) Nom vulgaire de divers sels métalliques, qui ont aujourd'hui le nom chimique de sulfates. ✦ Particulièrement, le sulfate de cuivre. ✦ *Vitriol ammoniacal*, le sulfate d'ammoniaque. ✦ *Vitriol bleu*, le sulfate de cuivre. ✦ *Vitriol de fer, de plomb, etc.*, sulfate de fer, de plomb, etc. ✦ *Huile de vitriol* ou simplement *vitriol*, acide sulfurique concentré. ✦ **Fig.** *C'est du vitriol, c'est du feu qui coulent dans vos veines* », VOLTAIRE. ✦ AU VITRIOL, loc. adj. **Fig.** Très corrosif, virulent. *Un éditorial au vitriol qui n'épargne personne.*

VITRIOLÉ, ÉE, adj. [vitʀijole] (*vitriol*) Où il y a du vitriol. ✦ *Tartre vitriolé*, sulfate de potasse.

VITRIOLER, ▪ v. tr. [vitʀijole] (*vitriol*) Utiliser de l'acide sulfurique. ▪ Lancer volontairement de l'acide sulfurique sur quelqu'un. *Se faire vitrioler.* ▪ **Agric.** Désinfecter des graines avant leur mise en terre avec une solution de sulfate de cuivre et d'eau. ▪ VITRIOLAGE, n. m. [vitʀijolaʒ]

VITRIOLERIE, n. f. [vitʀijɔl(ə)ʀi] (*vitriol*) ▷ Fabrique de vitriol. ◁

VITRIOLEUR, EUSE, ▪ n. m. et n. f. [vitʀijolœʀ, øz] (*vitrioler*) Personne qui jette du vitriol au visage de sa victime. ▪ **Adj.** Très corrosif, virulent. *Une critique vitrioleuse.*

VITRIOLIQUE, adj. [vitʀijolik] (*vitriol*) De la nature du vitriol. ✦ *Acide vitriolique*, acide sulfurique qu'on obtenait par la décomposition du protosulfate de fer. ✦ *Gaz vitriolique*, acide sulfureux. ✦ *Éther vitriolique*, éther sulfurique.

VITROCÉRAMIQUE, ▪ n. f. [vitʀoseʀamik] (lat. *vitrum*, verre, et *céramique*) Matériau vitreux à base de silice qui ne se dilate pas. *Des plaques de cuisson en vitrocéramique.*

VITROPHANIE, ▪ n. f. [vitʀofani] (lat. *vitrum*, verre, et -*phanie*, visibilité) Adhésif dont on peut voir le recto et le verso lorsqu'il est collé sur une vitre. *La vitrophanie est idéale pour appliquer une décoration originale sur les fenêtres à Noël.*

VITROSITÉ, n. f. [vitʀozite] (*vitreux*) Qualité de ce qui est vitreux.

VITUPÉRATION, ▪ n. f. [vitypeʀasjɔ̃] (lat. *vituperatio*, blâme, reproche) Expression violente d'un reproche. « *Mais ils succomberont sous l'animadversion, la vitupération, l'indignation, la fureur, l'exécration et l'abomination publiques* », A. FRANCE. *Donner à un texte le ton de la vitupération.* ▪ **REM.** S'emploie surtout au pluriel. *Les vitupérations de l'opposition à l'encontre du gouvernement.*

VITUPÉRÉ, ÉE, p. p. de vitupérer. [vitypeʀe]

VITUPÈRE, n. m. [vitypeʀ] (*vitupérer*) ▷ Vieilli Blâme. ◁

VITUPÉRER, v. tr. [vitypeʀe] (lat. *vituperare*, trouver des défauts, blâmer) Vieilli Blâmer. ▪ **V. intr.** Protester. *Il vitupère sans cesse. Vitupérer contre la hausse des impôts. Vitupérer contre* est critiqué.

VIVABLE, ▪ adj. [vivabl] (*vivre*) Où l'on peut vivre dans des conditions de vie décentes. *Il faut rendre ces grandes cités de banlieue vivables.* ▪ Qui est facile et agréable à vivre. *Un caractère vivable.* ▪ Acceptable, tolérable. *La situation n'est plus vivable, il faut que cela change.*

1 **VIVACE**, adj. [vivas] (lat. *vivax*, qui vit longtemps, animé, de *vivere*, vivre) Qui a en soi les principes d'une longue vie. *Homme vivace.* ✦ **Bot.** Il se dit d'une plante herbacée qui dure plusieurs années, sans conserver cependant ses tiges qui reparaissent tous les ans au printemps ; il est opposé à *annuel* et à *bisannuel*. ✦ **Fig.** Difficile à détruire. *Remords, préjugé vivace.*

2 **VIVACE**, ▪ adv. [vivatʃe] (mot it., vif, du lat. *vivax*) **Mus.** Avec vivacité.

VIVACITÉ, n. f. [vivasite] (lat. imp., force de vie, longue vie, vivacité d'esprit) Promptitude à agir, à se mouvoir. ✦ Ardeur, promptitude avec laquelle une chose est faite. *La vivacité du combat, de la dispute, etc.* ✦ Force avec laquelle sont éprouvés les passions, les sentiments, etc. *La vivacité des sensations, des passions, etc.* ✦ Pénétration rapide, promptitude à saisir et à rendre une idée. ✦ *La vivacité de l'esprit*, de l'imagination, la promptitude à concevoir, à imaginer. ✦ Disposition d'un caractère vif. « *Cette vivacité qu'il mettait dans les conseils, il la portait dans l'exécution* », MONTESQUIEU. ✦ Il se dit d'un langage où règne quelque emportement. ✦ **Au pl.** Emportements légers et passagers. « *Vous retombez sans cesse dans les mêmes vivacités* », MASSILLON. ✦ Pétulances. « *Mille vivacités me passent par la tête* », REGNARD. ✦ Il se dit pour sensibilité. « *J'ai là-dessus une vivacité incroyable* », BOUHOURS. ✦ Il se dit des couleurs qui ont de l'éclat. *Vivacité des couleurs, du teint.* ✦ *Avoir de la vivacité dans les yeux*, avoir les yeux brillants et pleins de feu. ✦ Il se dit, par extension, du style. « *Lucain est riche en belles pensées et*

a une grande vivacité de style », ROLLIN. ▪ **REM.** Est vieilli aujourd'hui dans le sens d'emportements et s'emploie le plus souvent au singulier.

VIVANDIER, IÈRE, n. m. et n. f. [vivɑ̃dje, jɛʀ] (anc. fr. *vivendier*, hospitalier, généreux, du lat. médiév. *vivenda*, vivres) Celui, celle qui suit un corps de troupes, et qui vend des vivres.

VIVANT, ANTE, adj. [vivɑ̃, ɑ̃t] (*vivre*) Qui vit. *Il est encore vivant. Les créatures vivantes.* ✦ **Fig.** « *Rendre vivantes des terres absolument mortes* », BUFFON. ✦ **Fam.** *De la vie vivante, de vie vivante, de votre vie vivante* (avec une négation), jamais. ✦ *Il n'y a homme vivant qui...*, il n'y a personne qui... ✦ *Âme vivante*, qui que ce soit. ✦ *La nature vivante*, l'ensemble des végétaux et des animaux. ✦ **Fig.** *C'est une bibliothèque vivante*, c'est un homme très savant, remarquable surtout par sa grande mémoire. ✦ *Le Dieu vivant*, se dit pour marquer qu'il n'y a que Dieu qui vive, qui existe par lui-même. ✦ Qui est de notre temps, notre contemporain. *Un auteur vivant.* ✦ *Quartier vivant*, quartier d'une ville où il y a beaucoup de monde. ✦ On dit de même : *Rue vivante.* ✦ *Langue vivante*, langue qu'un peuple parle actuellement. ✦ *Tableaux vivants*, groupes de personnages vivants représentant par leur attitude et leur costume les tableaux plus ou moins célèbres, des sujets historiques, etc. ✦ Qui conserve une certaine portion de vie. « *Aussi vivant par l'esprit qu'il était mourant par le corps* », BOSSUET. ✦ **Fig.** *S'ensevelir vivant*, se condamner à la retraite dans un âge où l'on pourrait rester dans le monde. ✦ *Tout vivant*, conservant toutes ses facultés, toute sa force d'esprit. ✦ *Portrait vivant, image vivante*, se dit d'une personne qui ressemble beaucoup à une autre, soit par la physionomie, soit par le caractère. *Il est le portrait vivant de son père.* ✦ **Fig.** « *La tragédie chez les Grecs ne fut que le tableau vivant de leur histoire* », MARMONTEL. ✦ **Fig.** Qui dure encore, qui se fait encore sentir. *Des exemples vivants.* ✦ **Fig.** Qui se fait dans la vie, dans la pratique. « *Les exemples vivants sont d'un autre pouvoir ; Un prince dans un livre apprend mal son devoir* », P. CORNEILLE. ✦ **Fig.** Vif, animé. *Scène vivante. Récit vivant.* ✦ **Peint.** *Tableau vivant*, tableau dont le sujet est animé, dont les figures ont de la vie. ✦ *Mal vivant*, qui se conduit mal. ◁ ▪ **N. m.** Personne qui vit. « *On refuse aux vivants des temples Qu'on leur élève après leur mort* », DESHOULIÈRES. ✦ *Un vivant*, un homme d'un caractère décidé, et aussi un homme d'un caractère jovial. ✦ *Un bon vivant*, un homme d'une humeur facile et gaie. ✦ **Théol.** Se dit de ceux qui jouissent de l'éternité bienheureuse. « *La bienheureuse terre des vivants* », BOSSUET. ✦ Ce qui a vie, ce qui est vivant. ✦ ▷ *Le vivant*, l'homme, l'animal tant qu'il vit. *Portrait fait sur le vivant.* ◁ ✦ Il se dit pour la vie, mais avec la préposition de. « *On doit avertir les jeunes gens d'être sur leur garde quand ils lisent les histoires écrites du vivant des princes dont il est parlé, parce qu'il est rare que ce soit la vérité seule qui les ait dictées* », ROLLIN. ✦ On dit dans le même sens : *En son vivant.* « *Au décès d'un lion, En son vivant prince de la contrée* », LA FONTAINE. ✦ ▷ *En son vivant*, se trouve aussi dans d'anciennes épitaphes. *Ci-gît un tel, en son vivant conseiller, etc.* ◁ ▪ **REM.** On dit aujourd'hui *c'est une encyclopédie vivante* plutôt que *c'est une bibliothèque vivante.* ✦ **Fam.** *Un mort vivant*, personne très faible physiquement.

VIVARIUM, ▪ n. m. [vivaʀjɔm] (mot lat. imp., parc à gibier, vivier, parc à huîtres, de *vivus*, vivant) Cage vitrée qui contient de petits animaux vivant dans un environnement proche de leur milieu naturel. *Des vivariums.*

VIVAT, interj. [viva] (mot lat., 3ᵉ pers. du subj. de *vivere*, vivre, qu'il vive, vive) S'emploie pour applaudir une personne ou une chose. ✦ **N. m.** Acclamation par laquelle on souhaite longue vie et prospérité à quelqu'un. ✦ L'Académie écrit *des vivat*, sans *s* ; mais beaucoup mettent le *s*, et avec raison. ▪ **REM.** On prononçait autrefois [vivat].

1 **VIVE**, n. f. [viv] (altération de *vivre*, du lat. *vipera*) Poisson de mer très allongé, comme une anguille, avec une gueule longue et aiguë.

2 **VIVE**, ▪ interj. [viv] Voy. VIVRE.

VIVE-EAU, ▪ n. f. [vivo] (*vif* et *eau*) Moment où la marée a sa plus forte amplitude, par opposition à *morte-eau. Les vives-eaux ont lieu au moment de la pleine lune ou du changement de lune.* ▪ **REM.** On dit aussi *marée de vive-eau.*

VIVEMENT, adv. [viv(ə)mɑ̃] (*vif*) Avec vivacité, avec ardeur, avec vigueur. *Réprimander quelqu'un vivement. Il s'intéresse vivement à votre succès.* ✦ ▷ *Allons, vivement !* se dit pour exciter quelqu'un à presser son travail, à se hâter. ◁ ✦ Sensiblement, profondément. « *Je sais qu'un fils qu'on perd afflige vivement* », ROTROU. ▪ D'un ton vif. *Protester vivement.* ▪ **Interj.** Marque l'impatience. *Vivement le week-end !*

VIVERRIDÉ, ▪ n. m. [viveʀide] (lat. sav. [XIXᵉ s.] *viverridæ*, du lat. impér. *viverra*, furet) **Zool.** Mammifère carnivore, au corps élancé et au pelage généralement tacheté, commun en Asie, en Afrique et dans le nord-est de l'Europe. *Les genettes, les mangoustes et les civettes appartiennent à la famille des viverridés.*

VIVEUR, EUSE, n. m. et n. f. [vivœʀ, øz] (*vivre*) Néolog. Celui qui aime à jouir de tous les plaisirs, de tous les agréments de la vie. ▪ **REM.** N'est plus considéré comme un néologisme aujourd'hui.

VIVIER, n. m. [vivje] (lat. impér. *vivarium*, parc à gibier, vivier, parc à huîtres, de *vivus*, vivant) Pièce d'eau courante ou dormante, dans laquelle on nourrit du poisson. ◆ T. de pêche. Bateau muni d'un réservoir d'eau dans lequel on met le poisson pour le conserver vivant. ■ **Fig.** Milieu propice au développement d'idées et d'idéologies ou réserve de personnes talentueuses. *Créer un vivier de compétences.*

VIVIFIANT, ANTE, adj. [vivifjã, ãt] (*vivifier*) Qui vivifie, qui ranime. *Chaleur vivifiante.* ◆ Il se dit en théologie dans un sens analogue. *La foi vivifiante.*

VIVIFICATEUR, TRICE, ■ adj. [vivifikatœr, tris] (lat. chrét. *vivificator*, de *vivificare*, vivifier) **Relig.** Qui donne la vie, permet de la conserver. *L'action sanctificatrice et vivificatrice de l'Esprit saint.* ■ **Litt.** Vivifiant. *Un air vivificateur.*

VIVIFICATION, n. f. [vivifikasjɔ̃] (lat. chrét. *vivificatio*, de *vivificare*, vivifier) Action par laquelle on ranime, on vivifie.

VIVIFIÉ, ÉE, p. p. de vivifier. [vivifje]

VIVIFIEMENT, n. m. [vivifimã] (*vivifier*) ▷ Action de vivifier. ◁

VIVIFIER, v. tr. [vivifje] (lat. *vivificare*, de *vivus*, vivant, et *facere*, faire, rendre) Donner la vie et la conserver. *C'est Dieu seul qui vivifie toutes choses.* ◆ **Par extens.** Donner de la vigueur, de la force, en parlant de certains agents naturels. *Le soleil vivifie les plantes par sa chaleur.* ◆ **Fig.** Donner de l'animation, de la vie. « *Son cœur vivifie tous ceux qui l'entourent* », J.-J. ROUSSEAU. ◆ **Absol. Théol.** Se dit des effets de la grâce, de la prière. *La grâce vivifie.* ◆ *La lettre tue et l'esprit vivifie,* Voy. LETTRE. ◆ **Fig.** Donner du mouvement, de l'activité à un pays. *Ces établissements industriels ont vivifié le canton.* ◆ Se vivifier, v. pr. Prendre de la vie, de la force.

VIVIFIQUE, adj. [vivifik] (lat. impér. *vivificus*) Qui a la propriété de vivifier. *Des sucs vivifiques.*

VIVIPARE, adj. [vivipar] (lat. impér. *viviparus*, de *vivus*, vivant, et *parere*, enfanter) **Zool.** Se dit des animaux dont les petits viennent au monde vivants. ◆ N. m. *Les vivipares.*

VIVIPARIE n. f. ou **VIVIPARISME**, n. m. [vivipari, vivisɛktœr] Voy. VIVIPARITÉ.

VIVIPARITÉ, n. f. [viviparite] (*vivipare*) **Zool.** Condition de l'animal qui produit des petits vivants. ■ REM. On disait *viviparie* ou *viviparisme* autrefois.

VIVISECTEUR, TRICE, n. m. et n. f. [vivisɛktœr, tris] (radic. de *vivisection*) Personne qui pratique des vivisections.

VIVISECTION, n. f. [vivisɛksjɔ̃] (lat. *vivus*, vivant, et *section*, d'après dissection) Toute opération pratiquée sur des animaux vivants.

VIVOIR, ■ n. m. [vivwar] (*vivre*) **Québec** Salle de séjour, pièce de vie commune.

VIVOTER, v. intr. [vivote] (*vivre*) **Fam.** Vivre petitement, avec peine.

1 **VIVRE**, v. intr. [vivr] (lat. *vivere*, avoir vie, subsister, passer sa vie) Être en vie. *Les oiseaux vivent dans l'air, et les poissons dans l'eau. Les chênes vivent fort longtemps.* ◆ *Âme, personne qui vive,* avec une négation, personne. ◆ *Faire vivre,* prolonger l'existence. ◆ Dans le style élevé, *il a vécu,* il est mort. ◆ **Fig.** *J'ai vécu,* ma vie est finie, touche à son terme. ◆ Par exagération, *ne pas vivre,* être dans des inquiétudes continuelles qui troublent la vie. ◆ *Dieu vit de toute éternité, vit dans les siècles des siècles, vit par lui-même,* se dit pour exprimer la vie de Dieu infinie, éternelle, indépendante. ◆ En termes de dévotion, il se dit par rapport à la disposition de l'âme qui est en état de grâce. *Un pécheur converti vit d'une vie nouvelle.* ◆ Passer sa vie en un certain temps. *Joinville a vécu dans le XIIIᵉ siècle.* ◆ Il se dit aussi par rapport au gouvernement, aux usages, aux lois du pays où l'on demeure. *Les lois sous lesquelles nous vivons.* ◆ Passer sa vie. « *Pour exécuter de grandes choses, il faut vivre comme si on ne devait jamais mourir* », VAUVENARGUES. ◆ D'une façon emphatique et absolument, employer sa vie. « *La plupart des hommes meurent sans avoir vécu* », VOLTAIRE. ◆ *Avoir trop vécu,* s'être livré à des excès dans sa jeunesse. ◆ *Vivre pour,* consacrer sa vie à. *Ne vivre que pour servir Dieu, que pour son pays, que pour l'étude.* ◆ Il se construit avec certains noms de temps et d'une manière qui pourrait faire croire qu'il a un régime direct ; c'est une ellipse de *pendant, durant.* « *Oui, c'est moi qui voudrais effacer de ma vie Les jours que j'ai vécu sans vous avoir servie* », P. CORNEILLE. ◆ Se nourrir. *Les animaux qui vivent de proie. Il fait cher vivre dans cette ville.* ◆ **Fam.** *Il vit de rien,* il mange très peu, il dépense très peu pour sa nourriture. ◆ **Fig.** « *La riche fiction est le charme des vers ; Nous vivons du mensonge* », L. RACINE. ◆ ▷ *Vivre de régime,* vivre avec beaucoup de règles pour cause de santé. ◁ ◆ *Vivre à table d'hôte,* Voy. HÔTE. ◆ *Ils vivent en commun,* se dit de plusieurs personnes qui n'ont qu'une table tenue à frais communs. ◆ *Vivre sur soi-même,* se dit d'une personne d'embonpoint, qui mange peu, et qui semble se sustenter de sa propre substance. ◆ **Fig.** « *Vivant enfin sur nos réflexions* », MME

DE SÉVIGNÉ. ◆ **Fig.** *Vivre de sa réputation, vivre sur sa réputation,* garder son crédit, son influence non par ce qu'on fait, mais par le souvenir de ce qu'on a fait. ◆ *Se procurer les moyens de vivre,* de se soutenir. *Vivre de son travail, de ses revenus, etc.* ◆ *Avoir de quoi vivre,* posséder un revenu suffisant pour la manière dont on vit. ◆ **Péj.** *Vivre d'industrie,* vivre par des moyens peu honorables. ◆ ▷ *Vivre de ménage,* vivre avec économie, et fig. par plaisanterie, vendre ses meubles pour subsister. ◁ ◆ *Vivre au jour le jour,* ▷ *au jour la journée,* ◁ vivre avec ce qu'on gagne chaque jour, et fig. vivre sans prévoyance, sans s'inquiéter du lendemain. ◆ **Fig.** *Vivre d'espérance,* vivre dans l'attente de quelque bien, et se soutenir par cette attente. ◆ **Milit.** Se procurer les aliments nécessaires à une armée. *Vivre du pays.* ◆ *Vivre à discrétion,* Voy. DISCRÉTION. ◆ Se dit par rapport à la dépense que l'on fait, à l'état que l'on tient. *Vivre splendidement, noblement, grandement, largement, en prince, en grand seigneur, etc.* ◆ ▷ *Vivre noblement, vivre en gentilhomme,* vivre sans rien faire. ◁ ◆ Mener une certaine existence, un genre de vie quelconque. *Vivre dans le célibat, dans la joie, dans la tristesse, etc.* ◆ ▷ *Il faut laisser chacun vivre à sa mode,* que chacun règle sa vie comme il l'entend. ◁ ◆ ▷ On dit de même : *Chacun vit à sa mode.* ◁ ◆ Être en contact, en commerce habituel. « *Charlemagne aimait à vivre avec les gens de sa cour* », MONTESQUIEU. ◆ *Vivre avec soi-même, vivre dans la retraite,* sans communication avec le monde. ◆ *Vivre bien, vivre mal avec quelqu'un,* être en bonne, en mauvaise intelligence avec lui. ◆ ▷ *Vivre bien avec quelqu'un,* se comporter à son égard convenablement, décemment, ne pas manquer aux égards de convenance. ◁ ◆ On dit dans le sens contraire : *Vivre mal avec quelqu'un.* ◁ ◆ *Cet homme est aisé, commode à vivre,* il est d'un commerce facile, on vit facilement avec lui. ◆ Dans le sens contraire : *C'est un homme difficile à vivre.* ◆ Se conduire d'une certaine manière par rapport aux mœurs, à la religion. *Vivre saintement, mal, etc.* ◆ Se conformer aux usages du monde. *Savoir vivre.* ◆ *Apprendre à vivre,* enseigner comment il faut se conformer aux usages du monde. ◆ **Fam.** *Je lui apprendrai à vivre,* je lui apprendrai à agir plus convenablement, je le corrigerai, je le punirai de sa faute. ◆ *Le savoir-vivre,* Voy. SAVOIR-VIVRE. ◆ **Fig.** Avoir une seconde vie, demeurer dans le souvenir, dans l'affection, en parlant des personnes. *Vivre dans l'histoire, dans la mémoire de quelqu'un, etc.* ◆ Il se dit des choses dans le même sens. *Cet ouvrage vivra.* ◆ *Vive ! vivent !* expression qu'on emploie pour indiquer qu'on souhaite longue vie et prospérité à quelqu'un. *Vive le roi ! Vivent les braves !* ◆ Il se dit familièrement pour marquer qu'on estime quelqu'un, qu'on fait grand cas de quelque chose. *Vive le vin ! Vive la joie !* ◆ N. m. et n. f. *Un vive-la-joie,* un homme joyeux, sans souci. ◆ ▷ *Vive Dieu !* sorte d'affirmation. ◁ ◆ *Qui vive ?* Voy. QUI-VIVE. ◆ *Vivre* s'emploie transitivement avec le mot *vie* ou un nom de temps pour régime. « *Cette distance infinie que vos crimes avaient mise entre le Seigneur et vous, et que des siècles de pénitence, quand vous les auriez vécus, n'auraient pu remplir* », MASSILLON. ◆ N. m. *Le vivre,* l'état d'être en vie. *Le vivre et le mourir.* ◆ Manière de vivre. ◆ ▷ *Vivre* s'est dit pour usage du monde, « *M. le chevalier sait trop bien son vivre* », DANCOURT. ◁ ◆ **Prov.** *Il faut vivre,* la nécessité de pourvoir à sa subsistance fait faire bien des choses qu'on ne ferait pas autrement et qu'on doit excuser. ◆ *Il faut que tout le monde vive,* il faut permettre à chacun de pourvoir à son existence, à ses goûts. ◆ *Le prêtre vit de l'autel,* se dit quand on veut faire entendre que chacun vit de son métier. ◆ Dans le XVIIᵉ siècle, l'usage et les grammairiens n'étaient pas fixés sur la forme du prétérit, du passé simple : *je vécus* ou *je véquis,* et de l'imparfait du subjonctif : *je vécusse* ou *je véquisse.* Aujourd'hui on ne dit plus que : *je vécus, je vécusse.* ◆ Passer sa vie dans un lieu, habiter. *Vivre à Paris.* ◆ *Vivre avec quelqu'un,* habiter un appartement, une maison avec quelqu'un. ■ *Vivre maritalement,* partager, habiter un appartement, une maison sans être mariés. ■ *Vivre d'amour et d'eau fraîche,* être tellement comblé par l'amour que l'on ne se soucie plus des nécessités matérielles. ◆ *Vivre sa vie,* vivre comme bon vous semble. ■ REM. Aujourd'hui l'interjection *vive* n'est plus considérée comme familière, même appliquée à des noms de choses et elle peut rester invariable. *Vive les vacances !*

2 **VIVRE**, n. m. [vivr] (substantivation de l'infinitif de 1 *vivre*) Nourriture. *Avoir le vivre et le couvert.* ◆ Au pl. Toutes les choses qui servent à la nourriture. *Les vivres sont fort chers.* ◆ *Couper les vivres,* Voy. COUPER. ◆ **Mar.** Provision des choses nécessaires à la nourriture de l'équipage d'un navire ou des équipages d'une flotte. ◆ *Vivres de campagne,* les vivres composés de viandes salées ou en daube, de légumes secs et de biscuit. ◆ Entreprise de la fourniture du pain et de la viande pour les armées. *L'administration des vivres.* ◆ *Le vivre et le couvert,* la nourriture et le logement. *Durant cette formation, le vivre et le couvert ont été son seul salaire.*

VIVRIER, IÈRE, ■ adj. [vivrije, ijer] (2 *vivre*) Qui est réservé à des produits alimentaires, ou de nature alimentaire. *Le commerce vivrier. Une culture vivrière.* ■ N. m. *Le secteur de la production du vivrier.*

VIZIR, n. m. [vizir] (turc *vezir*, ministre, de l'ar. *wazir*) Nom des principaux officiers du conseil du Grand Seigneur. ◆ *Grand vizir* ou *vizir azem,* le Premier ministre de l'empire turc. ◆ **Fig.** et **fam.** *C'est un vizir,* un homme absolu, impérieux. ■ REM. On écrivait aussi *visir* autrefois.

VIZIRAT, n. m. [viziʀa] (*vizir*) Dignité, fonction de vizir ; durée de cette fonction. ■ Rᴇᴍ. On disait aussi *viziriat* autrefois.

VLAN, ■ interj. [vlɑ̃] (onomat.) Imite un bruit ou un coup. *Et vlan ! je l'ai giflé.*

VMC, ■ n. f. [veɛmse] (sigle de *ventilation mécanique contrôlée*) Système de ventilation motorisé permettant l'aération de locaux. *Faire installer une VMC dans sa maison.*

VO, ■ n. f. [veo] (sigle de *version originale*) Version d'un film dans sa langue d'origine, par opposition à une version traduite. *Pour ce DVD, vous avez le choix entre la VO et la VF. Je préfère regarder les films en VO.*

VOCABLE, n. m. [vɔkabl] (lat. *vocabulum*, dénomination, mot, de *vocare*, appeler) **Gramm.** Mot, partie intégrante d'un langage. ◆ Patronage, en parlant d'un saint. *Une église sous le vocable de saint Pierre.*

VOCABULAIRE, n. m. [vɔkabylɛʀ] (lat. médiév. *vocabularium*, de *vocabulum*, mot) ▷ Syn. de dictionnaire ; en ce sens, il n'est plus guère usité. ◁ ◆ Liste de mots, communément dans l'ordre alphabétique, et accompagnés d'explications succinctes. ◆ Par extens. Ensemble des mots qui appartiennent à une science, à un art. *Le vocabulaire de la chimie, de la médecine* ◆ On dit dans le même sens : *Le vocabulaire d'un peuple*, le nombre des mots dont il se sert.

VOCABULISTE, n. m. et n. f. [vɔkabylist] (radic. de *vocabulaire*) Auteur d'un vocabulaire.

VOCAL, ALE, adj. [vɔkal] (lat. *vocalis*, qui se sert de la voix, qui rend un son, sonore, de *vox*, génit. *vocis*, voix) Qui sert à la production de la voix. *Les organes vocaux.* ◆ Qui s'énonce, qui s'exprime au moyen de la voix, par opposition à *mental*. *Oraison vocale.* ◆ Il se dit aussi par opposition à *écrit*. *Une preuve vocale.* ◆ *Musique vocale*, celle qui se chante, à la différence de musique instrumentale. ◆ *Compositeur vocal*, celui qui compose des morceaux de chant. ◆ **N. m. et n. f.** Dans quelques communautés, *vocaux, vocales*, ceux ou celles qui ont droit de suffrage. ■ Rᴇᴍ. Aujourd'hui, le terme opposé à *écrit* est oral. ◆ *Boîte vocale*, système intégré à un réseau de télécommunications permettant l'enregistrement et l'écoute de messages vocaux. *Personnaliser sa boîte vocale.* ◆ *Messagerie vocale*, transmission et réception de messages vocaux par le biais d'un réseau de télécommunications. ◆ Qui se fait par l'intermédiaire de la voix. *Voiture équipée de commandes vocales. Mixer la saisie vocale et la saisie au clavier.*

VOCALEMENT, ■ adv. [vɔkal(ə)mɑ̃] (*vocal*) Par l'intermédiaire de la voix. *Échanger vocalement des messages électroniques.* Sur le plan vocal. *Une chanteuse fatiguée vocalement.*

VOCALIQUE, ■ adj. [vɔkalik] (lat. impér. *vocalis*, voyelle) Relatif aux voyelles. ◆ **Phonét.** Qui produit des sons de voyelles. *Un son vocalique. Une harmonie vocalique.*

VOCALISATEUR, TRICE, n. m. et n. f. [vɔkalizatœʀ, tʀis] (*vocaliser*) **Mus.** Celui, celle qui vocalise avec grâce et légèreté.

VOCALISATION, n. f. [vɔkalizasjɔ̃] (*vocaliser*) Action de vocaliser. ◆ **Gramm.** Changement en voyelle. *La vocalisation d'une consonne.*

VOCALISE, n. f. [vɔkaliz] (*vocaliser*) Leçons ou exercices de vocalisation.

VOCALISER, v. tr. [vɔkalize] (lat. *vocalis*, qui se sert de la voix) **Mus.** Chanter sur une voyelle sans articuler des paroles et sans nommer les notes comme on fait quand on solfie. ◆ **V. intr.** *Il vocalise.* ■ **Ling.** Transformer en une voyelle. *Vocaliser la consonne l dans le mot ail.*

VOCALISME, ■ n. m. [vɔkalism] (lat. impér. *vocalis*, voyelle) Capacité à produire des sons de voyelles. *Le vocalisme est opposé au consonantisme.*

VOCALISTE, n. m. et n. f. [vɔkalist] (radic. de *vocalise*) Syn. de vocalisateur.

VOCATIF, n. m. [vɔkatif] (lat. impér. *vocativus*, de *vocare*, appeler) **Gramm.** Dans les langues qui ont des cas, cas dont on se sert quand on s'adresse à quelqu'un. ◆ En français, le vocatif est exprimé par la construction, le nom qui serait au vocatif en latin répondant à un verbe à la seconde personne, sans en être le sujet. *Malheureux, que fais-tu ?*

VOCATION, n. f. [vɔkasjɔ̃] (lat. *vocatio*, invitation, lat. ecclés. appel de Dieu, de *vocare*, appeler, inviter) Action d'appeler ; ne se dit qu'au figuré et en parlant des appels que Dieu fait à l'homme. « *Il pose les fondements de son Église par la vocation de douze pêcheurs* », Bᴏssᴜᴇᴛ. ◆ **Relig.** *La vocation d'Abraham*, le choix que Dieu fit de ce patriarche pour être le père des croyants. ◆ *La vocation des gentils*, la grâce que Dieu leur a faite en les appelant à la connaissance de l'Évangile. ◆ Ordre extérieur de l'Église par lequel les évêques appellent au ministère ecclésiastique ceux qu'ils en jugent dignes. ◆ Il se dit dans le même sens chez les protestants. ◆ Mouvement intérieur par lequel Dieu appelle une personne à quelque genre de vie. « *Il ne faut pas examiner si on a vocation pour sortir du monde, mais seulement si on a vocation pour y demeurer* », Pᴀsᴄᴀʟ. ◆ Mouvement intérieur par lequel on se sent porté à la vie religieuse. ◆ Un certain ordre des choses auquel

on doit se conformer. *La vocation de l'homme est d'être utile à ses semblables.* ◆ Inclination que l'on se sent pour un état. *Il se sent de la vocation pour le commerce, pour le barreau, etc.* ◆ Disposition, talent. *Il a une vocation décidée pour la peinture.* ◆ *Avoir vocation à* (suivi de l'infinitif), être qualifié pour, être susceptible de. *Un lieu qui a vocation à accueillir du public.*

VOCÉRATRICE ou **VOCERATRICE**, ■ n. f. [vɔseʀatʀis] ou [vɔtʃeʀatʀitʃe] (corse *voceru*, chant funèbre) Femme qui chante un vocéro. *Des vocératrices, des voceratrices.*

VOCÉRO ou **VOCERO**, ■ n. m. [vɔseʀo] ou [vɔtʃeʀo] (corse *voceru*, chant funèbre) Chant corse improvisé au chevet d'un défunt. *Des vocéros ou des voceri* (pluriel corse).

VOCIFÉRANT, ANTE, adj. [vɔsifeʀɑ̃, ɑ̃t] (*vociférer*) Qui crie, qui vocifère.

VOCIFÉRATEUR, TRICE, n. m. et n. f. [vɔsifeʀatœʀ, tʀis] (b. lat. *vociferatir*, celui qui crie) Néolog. Celui, celle qui vocifère. ■ Rᴇᴍ. N'est plus considéré comme néologisme aujourd'hui.

VOCIFÉRATIONS, n. f. pl. [vɔsifeʀasjɔ̃] (lat. *vociferatio*, clameur) Paroles accompagnées de clameurs. ◆ Au sing. *La vocifération collective.*

VOCIFÉRER, v. intr. [vɔsifeʀe] (lat. *vociferari*, pousser de grands cris) Parler avec colère, pousser des clameurs. *Vociférer contre quelqu'un.* ◆ V. tr. *Vociférer des imprécations.*

VODKA, ■ n. f. [vɔdka] (mot russe, de *voda*, eau) Eau-de-vie constituée d'alcool de seigle ou de blé distillé et fermenté. *Vodka à l'herbe de vison.*

VŒU, n. m. [vø] (lat. *votum*, promesse faite aux dieux, offrande, vœu, désir) Promesse faite au ciel par laquelle on s'engage à quelque œuvre non obligée ; il se dit dans toutes les religions. ◆ En termes d'Église, *les trois vœux*, ceux de pauvreté, de chasteté et d'obéissance. ◆ Il se dit par exagération quand on s'adresse à un mortel. « *Chacun tremble sous toi, chacun t'offre des vœux* », P. Cᴏʀɴᴇɪʟʟᴇ. ◆ *Vœux du baptême*, les promesses que fait un catéchumène, lorsque, avant d'être baptisé, il renonce à Satan, à ses pompes et à ses œuvres. ◆ *Vœu solennel, simple.* Voy. sᴏʟᴇɴɴᴇʟ Voy. sɪᴍᴘʟᴇ. ◆ Fig. et fam. *Je n'ai pas fait vœu de faire telle chose*, j'ai la liberté de le faire ou de ne la pas faire. ◆ Au pl. Profession solennelle de l'état religieux. *Les vœux monastiques.* ◆ Offrande promise par un vœu. « *Sire Jupin, dit-il, prends mon vœu ; le voilà* », Lᴀ Fᴏɴᴛᴀɪɴᴇ. ◆ Promesse qu'on s'est faite à soi-même, résolution ferme qu'on a prise. « *Je fis vœu cette nuit de ne me coucher point* », Réɢɴɪᴇʀ. ◆ Fig. Ce qui est demandé, exigé par. *Le vœu de la loi.* « *Là sont les vœux du luxe, ici ceux du besoin* », Dᴇʟɪʟʟᴇ. ◆ *Vœu pieux*, dont on sait qu'il n'est pas réalisable. ◆ Souhaits formulés à l'attention de quelqu'un à l'occasion de la nouvelle année ou d'un événement. *Tous mes vœux de bonheur aux jeunes mariés. Envoyer des cartes de vœux en début d'année.*

VOGOUL, OULE ou **VOGOULE**, ■ adj. [vogul] (*Vogouls*, peuple finno-ougrien de Sibérie occidentale) Relatif à l'ethnie finno-ougrienne de la Sibérie orientale. *Les tribus vogoules.* ■ N. m. et n. f. *Les Vogouls.* ■ N. m. Langue ougrienne parlée en Sibérie orientale. *Le vogoul est parlé entre l'Oural, l'Ob et l'Irtych par environ 5 000 locuteurs.*

VOGUE, n. f. [vɔg] (*voguer*) ▷ **Mar.** Allure d'un bâtiment à rames. *Avoir de la vogue*, bien marcher. ◁ ◆ Fig. Réputation, crédit d'une personne. « *La plupart des gens ne jugent des hommes que de la vogue qu'ils ont ou par leur fortune* », Lᴀ Rᴏᴄʜᴇꜰᴏᴜᴄᴀᴜʟᴅ. ◆ Il se dit des choses. « *Notre langue a autant de vogue qu'en avait autrefois la langue grecque* », Vᴏʟᴛᴀɪʀᴇ. ◆ Nom dans certains pays de la fête annuelle d'un village. ◆ ᴇɴ ᴠᴏɢᴜᴇ, loc. adj. À la mode. *Des prénoms en vogue.*

VOGUER, v. intr. [vɔge] (ital. *vogare*, p.-ê. du gr. *baukalan*, bercer) Être poussé sur l'eau à force de rames. *Les galères commençaient à voguer.* ◆ Ramer, faire aller avec la rame (emploi qui a vieilli). ◆ Naviguer de quelque manière que ce soit. *Voguer à pleines voiles.* ◆ Fig. « *Nous voguons sur un milieu vaste, toujours incertains et flottants, poussés d'un bout vers l'autre* », Pᴀsᴄᴀʟ. ◆ Fig. *Voguer à pleines voiles*, avoir toute sorte de succès. ◆ Fig. *Vogue la galère !* Arrive ce qui pourra.

VOGUEUR, n. m. [vɔgœʀ] (*voguer*) **Mar.** Rameur. ◆ ▷ Appareil à l'aide duquel un homme qui ne sait pas nager se maintient sur l'eau. ◁ ■ Rᴇᴍ. Quoique possible, le féminin *vogueuse* se rencontre rarement. « *Cette année, il y a eu 7 vogueuses et 11 vogueurs* », *La gazette de Rontalon*, 2001.

VOICI, loc. prép. [vwasi] (impér. de *voir* et particule *ci*) Sert à désigner une personne ou un objet proche de la personne qui parle. *Me voici. Monsieur que voici.* ◆ Il se dit aussi de la proximité dans le temps. « *Voici l'instant affreux qui va nous éloigner* », Vᴏʟᴛᴀɪʀᴇ. ◆ Il se met avant l'infinitif du verbe *venir*, pour exprimer arrivée, approche. « *Tremblez, tremblez, méchants, voici venir la foudre* », P. CORNEILLE. ♦ Il annonce qu'on va exposer, détailler quelque chose. *Voici le fait.* ♦ ▷ *Fam. En voici d'une autre, en voici bien d'une autre*, se dit en parlant d'une chose inattendue, singulière. ◁ ♦ Il exprime un état actuel, ou une action qui a lieu dans le moment même. *Nous voici arrivés. Voici la fin de nos souffrances.* ♦ *Voici que,* même sens. ♦ Fig. *M'y voici*, je suis arrivé au point où je désirais arriver. ♦ Fig. *Nous y voici*, la chose arrive comme je l'avais prévu ; et aussi nous arrivons à la question. ♦ Il ne faut pas confondre *voici* avec *voilà*. *Voilà* se rapporte à quelque chose d'antécédent ; *voici*, à quelque chose de subséquent. *Voilà ce que vous avez fait ; voici ce qui vous reste à faire.*

VOIE, n. f. [vwa] (lat. *via*, chemin, voyage, moyen, procédé) Chemin, route d'un lieu à un autre. ♦ Fig. « *La raison pour marcher n'a souvent qu'une voie* », BOILEAU. ♦ *Par voie et par chemin*, par les divers chemins qui se présentent, sans s'arrêter en aucun endroit. ♦ *Il est toujours par voie et par chemin*, il est toujours en course ou en voyage. ♦ Absol. *La voie publique*, les rues, les places, les chemins publics. ♦ *La grande voie*, le grand chemin. ♦ Fig. *Suivre la grande voie.* ♦ Se dit des grands chemins des anciens Romains qui allaient de Rome aux extrémités de l'Empire. *La voie appienne.* ♦ Il se dit de tout ce qui est assimilé à une route pour aller d'un lieu à un autre. ♦ Vén. Trace laissée dans le chemin par où la bête a passé. *Mettre les chiens sur les voies.* ♦ *Être à bout de voie*, Voy. BOUT. ♦ Fig. *Mettre quelqu'un sur les voies* ou *sur la voie*, lui donner des indications propres à le faire parvenir à son but. ♦ ▷ *Voie de bon temps*, la voie d'une heure ou de deux heures. ◁ ♦ *Voie chaude, fumante, vive*, celle de l'animal qui vient de passer. ♦ *Sentiment*, odeur laissée au lieu de leur passage par les bêtes. ♦ ▷ Fig. *N'avoir ni vent ni voie d'une personne, d'une chose*, n'en rien savoir, n'en avoir aucune nouvelle. ◁ ♦ Trace que la voiture fait en marchant. *La voie des charrettes.* ♦ Astron. *La Voie lactée*, grande trace de lumière blanche et diffuse que l'on compare à une voie, à un chemin. ♦ *Voie d'une voiture*, l'écartement des roues mesuré sur le sol, du milieu des jantes d'une roue au milieu des jantes de l'autre roue. ♦ *Cette voiture a la voie, n'a pas la voie*, ses roues ont, n'ont pas entre elles la distance réglée par les ordonnances ou par les usages. ♦ *Voie ferrée*, chemin de fer. ♦ *La voie*, l'espace compris entre les deux rails. ♦ *La voie d'une scie*, ouverture que fait transversalement la scie dans un morceau de bois, dans un bloc de pierre, et aussi l'écartement qu'ont entre elles les dents de la scie. ♦ Moyen de transport par lequel les personnes, les marchandises cheminent d'un lieu à un autre ; mode de transport. *Aller par la voie de terre, de mer, etc.* ♦ ▷ Une voie de quelque chose est ce qui peut être porté dans un seul voyage, ou d'une seule fois par voiture ou autrement. *À Paris, la voie de bois est de 1 stère 9 dixièmes.* ♦ ▷ *Voie de charbon*, sachée de charbon, qui contient 12 boisseaux, c.-à-d. un hectolitre et demi. ◁ ♦ ▷ *Voie de charbon de terre*, quantité dont le volume est d'un mètre cube et le poids d'environ 1 200 kilogrammes. ◁ ♦ ▷ *Voie de plâtre*, quantité de douze sacs, qui contiennent chacun deux boisseaux et demi. ◁ ♦ ▷ *Voie d'eau*, à Paris, quantité d'eau qu'un homme porte ordinairement dans ses deux seaux et qui est évaluée à 50 litres. ◁ ♦ *Voie d'eau*, ouverture accidentelle faite à la carène d'un navire, et par laquelle l'eau s'introduit dans le bâtiment. ♦ Anat. Ensemble de conduits ou série d'organes que parcourt un fluide ou une matière quelconque dans l'économie animale. *Les voies digestives. Les voies urinaires.* ♦ Fig. *La voie des hommes.* ♦ En termes de dévotion, le chemin pour le salut ou pour la perte de l'âme. *La voie du paradis.* « *Afin que la vertu soit aidée, et que les voies du ciel soient élargies* », BOSSUET. « *Vous êtes dans la voie de mort et de perdition* », MASSILLON. ♦ *La voie étroite*, la voie du salut. ♦ *La voie large*, le chemin de la perdition. ♦ En termes de l'Écriture, les lois, les desseins, les commandements de Dieu. *La voie du Seigneur.* ♦ Moyens dont Dieu se sert pour conduire les choses humaines. « *Faisons taire la raison humaine ; entrons dans les voies de Dieu* », BOSSUET. ♦ *Voies intérieures*, moyens de parvenir à la perfection. ♦ Relig. *La voie, les voies des hommes*, leur conduite morale. L'impie s'est égaré dans ses voies. « *Vous êtes dans la voie des armes.* « *L'ambition, dont les voies sont toujours longues et pénibles* », MASSILLON. ♦ *Être dans la bonne voie*, employer les moyens convenables ; se conduire bien. ♦ *Préparer la voie, les voies*, lever les premiers obstacles. ♦ *Être en voie d'accommodement, en voie de faire quelque chose*, y travailler, s'y disposer, être en train de, prêt à... ♦ Jurispr. *Voies de droit*, recours à la justice dans les formes légales. ♦ *Voie de droit*, moyen indiqué par la loi pour l'exercice d'un droit ou pour l'exécution d'un acte. ♦ *Voie de fait*, au singulier, tout acte par lequel on s'empare violemment d'une chose sur laquelle on n'a pas de droit reconnu. ♦ *Voies de fait*, au pluriel, actes de violence, duel, mauvais traitements. ♦ Admin. et financ. *Voies et moyens*, les revenus de tout genre dont l'État dispose. ♦ Chim. Manière de faire quelques opérations. *Voie sèche*, nom des procédés qui consistent à traiter les corps par le feu. *Voie humide*, nom des procédés qui consistent à traiter les corps par l'eau ou par quelque autre liquide. ♦ *Claire-voie.* Voy. CLAIRE-VOIE. ■ Subdivision de la route où peuvent circuler les véhicules. *Une route à quatre voies.* Absol. *Une quatre-voies.* ■ Moyen employé pour atteindre un objectif. *La voie de la sagesse. La voie de la douceur. Frayer la voie.* ■ Intermédiaire permettant d'obtenir, d'accomplir quelque chose. *La voie diplomatique. La voie de la presse.* ■ Itinéraire d'escalade. ■ *Voie sans issue*, impasse (au sens propre et sens figuré).

VOÏÉVODAT, ■ n. m. [vojevoda] Voy. VOÏVODAT.

VOÏÉVODE, ■ n. m. [vojevɔd] Voy. VOÏVODE.

VOÏÉVODIE, ■ n. f. [vojevodi] Voy. VOÏVODIE.

VOILÀ, loc. prép. [vwala] (impér. de *voir* et *là*) Sert à désigner, à indiquer une personne ou un objet un peu éloigné de la personne à qui l'on parle. *Le voilà qui s'avance.* ♦ Il se dit des choses dont il est question dans le discours, se rapportant toujours à ce qui vient d'être dit, au lieu que *voici* se rapporte à ce qui va être dit. ♦ *Voilà où, voilà le point, l'endroit où.* ♦ *Voilà comme, voilà ce que c'est que de*, et ainsi de. « *Voilà ce que c'est que du monde* », MOLIÈRE. ♦ Fam. *Voilà ce que c'est que de faire l'impertinent*, tels sont les désagréments, les traitements fâcheux auxquels on s'expose quand on est impertinent. ♦ Fig. *Voilà l'homme*, tel est le caractère de l'homme. ♦ Il s'emploie pour marquer un état prochain ou actuel, une action qui a lieu présentement. « *La justice qui te croyais endormie, s'est éveillée contre toi ; la voilà qui est à la porte* », BOSSUET. ♦ ▷ *Voilà qui est fait tout à l'heure*, cela ne tardera pas à être fait. ◁ ♦ *Voilà qui est bien*, c'est assez. ♦ *Voilà qui va bien*, qui marche bien, cela va bien et promet d'aller bien pour la suite. ♦ *Que* exclamatif peut se mettre devant *voilà*. « *Ha, que voilà le monde !* », MME DE SÉVIGNÉ. ♦ On met le conjonctif, le relatif *que* entre des noms et *voilà* ou *voici. L'homme que voilà.* ♦ Il peut être suivi de *que. Voilà qu'il arrive.* ♦ *Voilà que*, marque souvent ce qu'une chose a d'inopiné, de subit. « *Le voyageur s'éloigne : et voilà qu'un nuage L'oblige de chercher retraite en quelque lieu* », LA FONTAINE. ♦ *Voilà* se construit avec la préposition *de*, qui alors est prise partitivement. « *Voilà de tes discours* », MOLIÈRE. ♦ Il se construit avec *en. Vous voulez de l'argent, en voilà.* ♦ *En voilà assez*, c'en est assez, la chose est entendue, terminée. ♦ On dit de même : *N'en voilà que trop.* ♦ *M'y voilà*, je suis rendu au lieu dont il s'agit. ♦ *Nous y voilà*, se dit pour exprimer qu'on arrive à la question, au point intéressant. ♦ *Ne voilà pas*, ou *ne voilà pas*, sorte d'exclamation de surprise. ♦ On dit aussi : *ne voilà-t-il pas, voilà-t-il pas*. « *Voilà-t-il pas monsieur qui ricane déjà* », MOLIÈRE. ♦ *Voilà* construit avec un infinitif. « *Voilà bien instruire une affaire !* », RACINE. ■ Fam. *En veux-tu, en voilà*, autant qu'on veut. *En Hollande, tu trouveras des tulipes en veux-tu, en voilà.*

1 VOILAGE, ■ n. m. [vwalaʒ] (1 *voile*) Tissu fluide et transparent utilisé pour la confection de vêtements ou pour l'ameublement. *Une robe en voilage.* ■ Grand rideau en tissu léger. *Les voilages d'une fenêtre.*

2 VOILAGE, ■ n. m. [vwalaʒ] (*voiler*) Fait de déformer une roue par accident.

3 VOILAGE, ■ n. m. [vwalaʒ] (1 *voile*) Fait de soumettre une photographie ou un film à la lumière, donnant un ton pâle au résultat.

1 VOILE, n. m. [vwal] (lat. *velum*, voile, tenture, rideau) Pièce d'étoffe destinée à cacher quelque chose. *Voile épais.* ♦ Relig. Morceau d'étoffe qui couvre le calice. ♦ Pièce d'étoffe servant à recouvrir quelque meuble. *Voile de fauteuil.* ♦ Morceau d'étoffe dont les femmes se couvrent le visage. *Voile de mousseline.* ♦ Plus particulièrement, morceau carré ou arrondi de dentelle, de tulle, ou même de gaze ou de crêpe, que les femmes attachent à leurs chapeaux pour se garantir la figure du vent, du froid ou du soleil, ou bien pour être moins vues. ♦ Fig. *Avoir un voile devant les yeux*, être aveuglé par les préjugés ou les passions. ♦ Couverture de tête que portent les religieuses. ♦ *Prendre le voile*, entrer au noviciat, prendre le voile que portent les novices. ♦ Par extens. L'étoffe dont se font les voiles des religieuses, à quelque usage qu'on l'emploie. *Un habit de voile.* ♦ Grand rideau. « *Derrière un voile écoutant leurs discours* », RACINE. ♦ *Voile du temple*, voile d'étoffe précieuse suspendu, dans le temple de Jérusalem, à deux colonnes ; il séparait le sanctuaire ou saint des saints d'avec le reste de l'enceinte. ♦ Fig. Ce qui est comparé à un voile qui sert à cacher. « *Un voile sombre de tristesse et de consternation a couvert son visage* », J.-J. ROUSSEAU. ♦ Poétiq. *Les voiles de la nuit*, les ténèbres de la nuit. ♦ Fig. Apparence, prétexte, dont on se sert pour tenir une chose cachée. « *Les insinuations dangereuses de l'adulation se couvrent du voile du bien public* », MASSILLON. ♦ Fig. Ce qui nous dérobe la connaissance de quelque chose. « *Toutes choses sont des voiles qui couvrent Dieu* », PASCAL. « *Je meurs ; le voile tombe ; un nouveau jour m'éclaire* », VOLTAIRE. ♦ *Jeter un voile sur, tirer un voile sur*, cacher, condamner à l'oubli. ♦ Anat. *Voile du palais*, cloison musculo-membraneuse, à peu près quadrilatère, dont le bord supérieur est fixé au bord de la voûte palatine, et dont l'inférieur, libre et flottant au-dessus de la base de la langue, présente dans sa partie moyenne un prolongement appelé luette. ♦ Peint. *Prendre au voile*, calquer un tableau à l'aide d'un voile de soie noire. ♦ Spécialt Voile porté par les femmes musulmanes. ■ Ce qui nous empêche de voir distinctement. *Le voile des nuages.* ■ Aviat. *Voile noir, rouge*, trouble physiologique de la vue dû à une trop forte accélération et se caractérisant par une circulation sanguine insuffisante dans la tête. ■ Fine couche qui recouvre quelque chose. *Un voile de poussière.* ■ *Voile du poumon,* diminution de la transparence d'une partie du poumon observable par radiographie.

2 **VOILE**, n. f. [vwal] (lat. pop. *vela,* plur. du lat. *velum,* voile de navire) Assemblage de laizes ou de portions de laizes de toile ou autres tissus, que l'on attache aux vergues des mâts pour prendre, recevoir le vent. ♦ *Voile latine,* voile de figure triangulaire. ♦ *Grand-voile,* voile enverguée sur la grand'vergue d'un navire gréé à traits carrés. ♦ *Faire de la voile,* augmenter sa voilure ; *faire petite voile,* la diminuer. ♦ *Mettre les voiles au vent,* mettre un navire à la voile, et **absol.** *mettre à la voile,* partir du port, de la rade, commencer à naviguer. ♦ *Être à la voile,* naviguer actuellement. ♦ *Sous voile,* en naviguant actuellement. ♦ *Faire voile,* naviguer. ♦ *Faire force de voiles, forcer de voiles, mettre toutes voiles dehors,* déployer toutes ses voiles pour marcher plus vite. ♦ Fig. *Mettre toutes les voiles au vent, aller à voiles et à rames,* faire tous ses efforts. ♦ *Diminuer de voiles,* rétrécir la surface donnée au vent. ♦ *À pleines voiles, à voiles déployées,* se dit d'un navire dont toutes les voiles sont gonflées par le vent et qui marche sous cette impulsion. ♦ Fig. *« Quand la faveur à pleines voiles, Toujours compagne de vos pas... »,* MALHERBE. ♦ ▷ Fig. *On lui a proposé cette affaire, il y a donné à pleines voiles,* de tout son cœur. ◁ ♦ *Voguer à pleines voiles,* voguer avec un vent fort et favorable, et fig. avoir la fortune favorable. ♦ Fig. *Mettre voile au vent,* s'esquiver, s'enfuir. ♦ Fig. Navire, vaisseau. ■ Sport consistant à naviguer sur un voilier. *Faire de la voile.* ■ *Vol à voile,* pilotage des planeurs, et absol. planeur. ■ Fam. *Mettre les voiles,* partir. *Il a mis les voiles pour visiter le monde.* ♦ *Mettre toutes voiles dehors,* tout faire pour réussir. ■ Fam. *À voile et à vapeur,* être bisexuel.

1 **VOILÉ, ÉE**, p. p. de voiler [vwale] (1 *voiler*) ♦ *Voix voilée,* voix qui n'a pas tout son timbre, tout son éclat. ♦ On dit de même : *un organe voilé.* ♦ *Porcelaine voilée,* celle dont la blancheur est ternie par la flamme ou par toute autre cause.

2 **VOILÉ, ÉE**, p. p. de voiler [vwale] (2 *voiler*) **Mar.** Qui porte une certaine voilure. *Navire bien voilé.*

3 **VOILÉ, ÉE**, p. p. de voiler [vwale] (3 *voiler*) Qui est gauchi.

1 **VOILER**, v. tr. [vwale] (lat. *velare,* voiler, couvrir, cacher) Couvrir d'un voile. ♦ Fig. *« Mais, hélas ! ta passion t'a voilé les yeux »,* BOSSUET. **Par extens.** Dérober la vue de quelque chose en le couvrant comme d'un voile. *Des nuages voilaient le soleil. « Des pleurs voilent son sourire »,* LAMARTINE. ♦ Fig. Cacher comme sous un voile. *Ils avaient voilé leur révolte du prétexte de la religion. « Épaississons la nuit qui voile sa naissance »,* VOLTAIRE. ♦ **Absol.** Cacher sous des paroles convenables. ♦ Perdre sa transparence, prendre de mauvaises teintes. *Lorsque la flamme du bois ternit la blancheur de la porcelaine, les ouvriers appellent cela voiler.* ♦ *Se voiler,* v. pr. Se couvrir d'un voile. ♦ Devenir sombre. *Le ciel se voile.* ♦ Fig. Être caché. *« Se voiler dans l'ombre du mystère »,* VOLTAIRE.

2 **VOILER**, v. tr. [vwale] (2 *voile*) Garnir un bâtiment de ses voiles.

3 **VOILER** v. intr. ou **SE VOILER**, v. pr. [vwale] (2 *voile*) Prendre une forme convexe comparée à celle d'un voile ou d'une voile gonflée. *Du bois qui se voile.* ♦ **Métall.** *Voiler* ou *se voiler,* se tourmenter, se tordre à la trempe. ■ V. tr. *Voiler une roue.*

VOILERIE, n. f. [vwal(ə)ʀi] (2 *voile*) **Mar.** Atelier où l'on fabrique, où l'on répare les voiles. ♦ Art de confectionner les voiles.

1 **VOILETTE**, n. f. [vwalɛt] (1 *voile*) Espèce de petit voile que les femmes portent sur leur chapeau.

2 **VOILETTE**, n. f. [vwalɛt] (2 *voile*) **Mar.** Petite voile latine qu'on grée sur la vergue de mestre, dans les mauvais temps.

VOILIER, IÈRE, n. m. et n. f. [vwalje, jɛʀ] (2 *voile*) **Mar.** Celui, celle qui coupe, coud, garnit, répare les voiles. *Maître voilier.* ♦ *Voilier, voilière,* se dit, mais toujours avec une épithète, d'un bâtiment, par rapport à sa marche, à sa vitesse. *Un navire est bon voilier, fin voilier,* quand il a une marche rapide ; *mauvais voilier,* quand il marche mal. *Frégate fine voilière.* ♦ *Un voilier,* un navire à voiles. ♦ *Voilier,* espèce de poulpe. ♦ **N. f.** **Géom.** *Voilière,* courbe que forme une voile enflée par le vent. ♦ **Adj.** *Oiseau voilier,* celui dont le vol est très étendu. ♦ *Ailes voilières,* ailes épaisses, massives, arquées des oiseaux de proie. ♦ **N. m.** *Grand voilier,* nom des oiseaux de mer dont les ailes sont très longues.

1 **VOILURE**, n. f. [vwalyʀ] (2 *voile*) **Mar.** L'ensemble des voiles d'un navire. *Avoir la voilure d'un brick, d'une goélette,* etc., être voilé en brick, en goélette, etc. ♦ Quantité de voiles que porte un bâtiment. *Changer de voilure.* ■ Ensemble des surfaces de sustentation d'un planeur, d'un avion. *La voilure delta du Concorde.*

2 **VOILURE**, n. f. [vwalyʀ] (3 *voiler*) État d'une feuille de métal qui s'est voilée. ♦ Courbure de l'acier lorsqu'on le trempe.

VOIR, v. tr. [vwaʀ] (lat. *videre*) Recevoir les images des objets par le sens de la vue. *« Mais enfin je l'ai vu, vu de mes yeux, vous dis-je »,* LA FONTAINE. ♦ *Comme je vous vois,* se dit pour affirmer qu'on a très réellement et très bien vu quelque objet. ♦ **Absol.** *Voir distinctement, confusément, clair, double,* etc. ♦ En cet emploi, il se construit avec *y. Il n'y voit pas. Il n'y voit goutte.* ♦ *Ne pas voir comme les autres,* avoir une particularité dans la vision. ♦ Fig. *« Je ne vois pas comme les autres hommes ; il y a longtemps qu'on me l'a reproché »,* J.-J. ROUSSEAU. ♦ Fig. *Voir de loin, voir bien loin,* avoir de la pénétration, de la prévoyance. ♦ Fig. *Il ne faut pas voir de si loin,* il ne faut pas tant s'inquiéter de l'avenir. ♦ *Il ne voit pas plus loin que son nez,* Voy. NEZ. ♦ Fig. *Voir de bon œil, de mauvais œil,* etc. Voy. ŒIL. ♦ Fig. *Il a vu la mort de près,* il a été sur le point de périr. ♦ Il se dit par rapport à l'action ou à l'état d'une personne, d'une chose. *« J'ai vu mon père mort et nos murs embrasés »,* RACINE. ♦ Fig. *« Résigné à la Providence, il vit sans inquiétude frémir à l'entour les flots irrités »,* BOSSUET. ♦ En cet emploi, *voir* est quelquefois suivi d'un verbe actif, transitif avec le sens passif. *J'ai vu tirer un coup de feu par cette fenêtre ;* ce qui peut s'interpréter ainsi : *j'ai vu qu'un coup de feu a été tiré par cette fenêtre.* ♦ *Voir quelque chose à quelqu'un,* voir qu'il a cette chose. *Je l'ai vu faire cela,* ou *je lui ai vu faire cela.* ♦ *Se voir quelque objet,* voir à soi, voir que l'on a cet objet. ♦ **Fam.** et par menace : *faites cela, et vous verrez,* c'est-à-dire vous verrez que je vous en ferai repentir. ♦ Fig. *Voir venir quelqu'un,* pénétrer ses desseins, attendre ses ouvertures. ♦ **Absol.** *Voir venir,* laisser les choses se faire pour se décider en conséquence. ♦ Fam. comme par défi : *je voudrais bien voir cela.* ♦ Ironiq. *Il fait beau voir, il ferait beau voir,* c'est, ce serait un spectacle ridicule. ♦ Être témoin, soit qu'on voie de ses yeux, soit qu'on ne fasse qu'entendre parler. *« Je sais que de Néarque il doit voir le supplice »,* P. CORNEILLE. *« Vous verrez dans une seule vie toutes les extrémités des choses humaines »,* BOSSUET. ♦ Être beau à voir, se dit de gens ou d'objets qui méritent d'être vus. ♦ *Je ne le verrai pas, nous ne le verrons pas,* je serai mort, nous serons morts quand cela arrivera. ♦ *Que vois-je ?* se dit dans le style oratoire et poétique pour se représenter vivement quelque chose ; sert aussi à exprimer la surprise. ♦ *Vois, voyez,* se dit pour attirer l'attention. ♦ *Voir se dit d'un temps qu'on aperçoit à une date plus ou moins prochaine. J'ai vu le temps que l'on faisait...,* c'est-à-dire dans un temps dont j'ai été témoin, l'on faisait... ♦ *J'ai vu que,* j'ai vu le temps où. ♦ *Je vis l'heure que...,* je vis le moment où une chose allait se faire, peu s'en fallut. ♦ *Voir le jour,* voir qu'il est jour. ♦ Poétiq. et fig. *Voir le jour, la lumière,* être en vie ; et en parlant des ouvrages de l'esprit, être publié. ♦ Regarder avec attention. *Voyez ce tableau.* ♦ Ironiq. *Voyez un peu.* ♦ *Voyons,* sorte d'exclamation par laquelle on prie ou enjoint. *Voyons, soyez plus raisonnable.* ♦ **Fam.** *Voyez-vous, vois-tu,* se disent sans ajouter au sens et seulement pour attirer l'attention. ♦ Observer avec précision. *On n'a pas communément bien vu quand on n'a pas tout vu.* ♦ **Absol.** *« Tout le monde ne sait pas voir »,* FONTENELLE. ♦ Remarquer, faire des observations en lisant. *Où avez-vous vu ce passage ?* ♦ *Voyez, voir,* se disent pour indiquer un renvoi. *Voyez ci-dessus.* ♦ Dominer, en parlant de quelque hauteur d'où on aperçoit un objet inférieur. *Cette hauteur voit la place.* ♦ **Absol.** Avoir vue sur. *Cette maison voit sur un jardin.* ♦ Dans le langage élevé et poétique, il se dit des choses qui sont témoins de. *« La plus grande ville que le soleil eût jamais vue »,* BOSSUET. *« Je tomberai comme une fleur Qui n'a vu qu'une aurore »,* RACINE. ♦ Fig. *Cette mer a vu bien des naufrages,* il y a eu bien des naufrages sur cette mer. ♦ *Voir quelqu'un,* lui faire une visite. *Aller voir quelqu'un,* aller chez lui pour lui rendre visite. ♦ *Voir ses juges,* les solliciter. ♦ *Voir un malade,* lui donner des soins en qualité de médecin. ♦ Fréquenter. *Voir bonne compagnie.* ♦ *Ce n'est pas un homme à voir,* c'est un homme de mauvaise réputation qu'il ne faut pas fréquenter. ♦ *Ne voir personne,* vivre dans la retraite, et aussi défendre sa porte. ♦ Voir en songe, imaginer en dormant. ♦ S'informer. *Je vais voir s'il est revenu.* ♦ **Fam.** *Allez voir si j'y suis,* se dit à une personne, ordinairement inférieure, dont on se débarrasse. ♦ Apprécier par quelqu'un des sens. *Voyez si ce vin est bon.* ♦ Éprouver, essayer. *Voyez si cet habit vous va bien, si vous pourrez résoudre ce problème,* etc. ♦ Nous allons voir, nous allons essayer. ♦ Inspecter avec autorité. *Qu'avez-vous à voir dans ma maison ?* ♦ Fig. *N'avoir rien à voir à,* avec un nom de chose pour sujet, n'avoir rien de commun avec. ♦ **Absol.** *Voyez à la dépense.* ♦ Mettre de l'attention, de l'application à examiner une chose. *Il faudra voir ce qu'il y a à faire. Ceci est à voir.* ♦ *Je verrai, nous verrons,* se disent lorsqu'on prend un délai pour se décider dans une affaire. ♦ *Voir que,* veiller à ce que (avec le subjonctif). *C'est à vous de voir qu'il ne lui manque rien.* ♦ On dit de même *voir à. Voyez à nous faire souper.* ♦ ▷ On dit encore *voir de. « Parlons à cœur ouvert, et voyons d'arrêter... »,* MOLIÈRE. ◁ ♦ Acquérir des connaissances par les voyages ou la fréquentation des hommes. *Voir beaucoup de pays.* ♦ **Absol.** *« Quiconque a beaucoup vu Peut avoir beaucoup retenu »,* LA FONTAINE. ♦ *Ce soldat n'a pas encore vu le feu,* il n'a pas encore assisté à des combats contre l'ennemi. ♦ Fig. *Voir du pays,* Voy. PAYS. ♦ Il se dit de Dieu. *Dieu voit le fond des cœurs.* ♦ **Absol.** *Dieu voit,* Dieu connaît. ♦ Il se dit aussi de la vue que les bienheureux ont de Dieu. *La béatitude consiste à voir Dieu.* ♦ Fig. Voir des yeux de l'esprit. ♦ Comprendre, s'apercevoir. *« Vois mieux ce que tu dis, quand tu parles ainsi »,*

P. Corneille. ♦ Absol. *Voir clair dans une affaire.* ♦ Juger, apprécier. *Il est facile de voir que cela est faux.* ♦ *Ne voir rien à,* ne pouvoir rien juger, déterminer dans. ♦ *Voir tout en beau,* se faire une idée riante, heureuse des choses qui se présentent. ♦ *Voir noir,* avoir de fâcheux pressentiments. ♦ *Voir tout par ses yeux,* ne s'en rapporter qu'à soi. ♦ *Ne voir que par les yeux de quelqu'un,* avoir une pleine confiance en ses paroles. ♦ Absol. *Il voit juste, faux, mal,* etc. ♦ *À voir,* si l'on juge, si l'on réfléchit sur. *À voir la manière dont il est vêtu, on le croirait dans la misère.* ♦ Fig. *Ne voir que...,* faire tout céder à une considération. « *En matière d'honneur ne voyez que vous-même* », P. Corneille. ♦ Fam. *Pour voir,* pour exemple, pour faire comprendre. — Fam. *Faites donc pour voir,* se dit à celui qu'on défie. ♦ *Faire voir,* montrer. *Il fit voir sa blessure au chirurgien.* ♦ Par menace. *Je lui ferai bien voir à qui il a affaire,* je lui ferai bien connaître, je lui apprendrai bien... ♦ *Laisser voir,* montrer de manière qu'on entrevoie. *À la laissé voir ses ressentiments.* ♦ À la bouillotte, *je vois* signifie : je joue le jeu. ♦ *Un beau venez-y-voir.* Voy. venez-y-voir. ♦ Se voir, v. pr. Se regarder soi-même. *Se voir dans un miroir.* ♦ Fig. Avoir la vue de soi-même. « *Nous nous voyons de trop près pour connaître nos défauts ; l'œil se confond avec l'objet* », Bossuet. ♦ Se regarder mutuellement. ♦ Se trouver ensemble. « *Comment se sont-ils vus ? depuis quand ? dans quels lieux ?* », Racine. ♦ Se fréquenter. *Ces personnes ne se voient pas,* elles sont en mauvaise intelligence, ou seulement, elles veulent rester étrangères l'une à l'autre. ♦ *Se voir* signifie aussi avoir une rencontre, un duel. ♦ Être vu. *Cette montagne se voit de loin.* ♦ Fig. Porter un jugement sur soi-même. « *On se voit d'un autre œil qu'on ne voit son prochain* », La Fontaine. ♦ Se figurer. ♦ Juger, apprécier sa position. *Se voir perdu.* ♦ Être jugé, apprécié, en parlant des choses. « *Tout ce qui touche la gloire se voit assez également par tout pays* », Mme de Sévigné. ♦ Arriver, survenir. *Cela se voit tous les jours.* ♦ Impers. *Il se voit,* il arrive, il se présente. ♦ *Il se voit,* il est évident. ♦ Être, se trouver. « *Lorsqu'on se voit tout d'un coup élevé aux places les plus importantes* », Bossuet. ♦ *Se voir,* suivi d'un verbe actif, transitif à l'infinitif, être ce qu'indique ce verbe. « *Ce qui désespérait le plus de si braves hommes, c'était de se voir assommer comme des bêtes prises dans un piège* », Vaugelas. ♦ *Se faire voir,* se montrer. « *Seigneur, s'il en décide, il se fait voir mon maître* », P. Corneille. ♦ Prov. *J'aime mieux le croire que d'y aller voir,* se dit d'une chose dont on doute, mais qu'on ne veut pas se donner la peine de vérifier. ♦ *Voir le loup,* Voy. loup. ♦ *Va-t'en voir s'ils viennent,* expression familière et moqueuse pour dire qu'on ne croit pas un mot de ce qui est annoncé, promis, raconté. ♦ *Voir le jour,* naître. ▪ Fam. *En avoir vu d'autres,* avoir déjà vécu des expériences désagréables. ♦ Fam. *En voir des vertes et des pas mûres,* être très éprouvé. *Avec leur enfant, ils en voient des vertes et des pas mûres.* ▪ Fam. *Ne pas pouvoir voir quelqu'un (en peinture),* ne pas pouvoir le supporter. ▪ *On aura tout vu,* on aura tout supporté.

VOIRE, adv. [vwar] (lat. *vera,* de *verus,* vrai) ▷ Vraiment (sens qui a vieilli). « *Et, comme les Normands, sans lui répondre voire* », Régnier. ◁ ♦ Même. « *Je puis faire arriver en six jours ; en six heures, ce qui s'est passé en six ans* », P. Corneille. ♦ Il se joint souvent au mot *même. Ce remède est inutile, voire même pernicieux.* ▪ Rem. Aujourd'hui, *voire même* est souvent condamné comme pléonasme.

VOIRIE, n. f. [vwari] (*voyer*) Voy. voyer. Partie de l'administration publique qui a pour objet la police des rues, des chemins, l'alignement et la solidité des édifices, etc. ♦ *Grande voirie,* celle qui s'occupe des grandes voies de communication. ◁ ♦ Dépôt des débris que fournissent les villes. ♦ ▷ Par extens. Débris d'animaux morts, ordures. « *Le loup dévore les voiries les plus infectes* », Buffon. ◁ ♦ ▷ Bouch. Toutes les ordures et tout ce qui ne vaut rien de la bête tuée. ◁ ♦ ▷ Fig. et très fam. Personne digne de tout mépris, d'être jetée à la voirie. « *Qui nous a fait recevoir parmi nous Cette voirie ?* », La Fontaine. ◁

VOISÉ, ÉE, ▪ adj. [vwaze] (*voix*) Phonét. Dont l'articulation se fait avec un voisement. *[b], [g] sont des consonnes voisées. Un phonème voisé.*

VOISEMENT, ▪ n. m. [vwaz(ə)mã] (*voisé*) Phonét. Articulation d'un phonème avec vibration des cordes vocales. *Les consonnes sonores se distinguent des consonnes sourdes par le voisement.*

VOISIN, INE, adj. [vwaze, in] (lat. class. *vicinus*) Qui est proche, qui demeure près de. *Nation voisine.* ♦ *Voisin à,* au lieu de *voisin de,* construction poétique et archaïque. « *Celui qui du la tête au ciel était voisine* », La Fontaine. ▪ N. m. et n. f. Celui, celle qui demeure près d'un autre. ♦ Il se dit de ce qui est près dans le temps. « *Tous les auteurs du temps ou des temps voisins gardent un pareil silence* », Bossuet. ♦ Fig. Qui a de l'analogie, qui est sur le point de. « *Tout vaincu que je suis et voisin du naufrage* », Racine. « *Les gobe-mouches, dont le genre est très voisin de celui des fauvettes* », Buffon.

VOISINAGE, n. m. [vwazinaʒ] (*voisin*) Collect. Les voisins. ♦ Les lieux voisins. *La grêle a désolé tout mon voisinage.* ♦ Proximité d'une localité, d'une personne, d'une chose, à l'égard d'une autre. *Le voisinage du chemin de fer. Le voisinage d'une nation belliqueuse.* ♦ Fig. « *Rien n'est si dangereux pour le vrai et ne l'expose tant à être méconnu, que l'alliage ou le voisinage de l'erreur* », d'Alembert. ♦ Fig. Analogie. « *Le voisinage de ces espèces* », Buffon.

VOISINER, v. intr. [vwazine] (*voisin*) ▷ Visiter souvent ses voisins. ◁ ♦ ▷ *Il n'est voisin qui ne voisine,* on fréquente ordinairement ses voisins, et aussi ce n'est pas être bon voisin que de ne pas voir ses voisins. ◁ ▪ Se trouver près de. *Dans ce quartier, les pavillons voisinent avec les immeubles.* ▪ Fig. *L'astronomie scientifique peut-elle voisiner avec les superstitions astrologiques ?*

VOITURAGE, n. m. [vwatyraʒ] (*voiture*) Action de voiturer.

VOITURE, n. f. [vwatyr] (lat. *vectura,* transport, de *vehere,* transporter) ▷ Moyen de transport. *La voiture des rouliers est la moins chère des voitures par terre. Voiture par eau.* ◁ ♦ *Voiture à bras,* voiture traînée par un homme. ♦ Plais. *La voiture des cordeliers, des capucins,* la marche à pied. ♦ Caisse ou espèce de plate-forme montée sur des roues et qui sert à transporter des personnes, des marchandises, etc. ♦ ▷ *Voiture publique,* syn. de diligence. ◁ ♦ *Voiture particulière,* voiture appartenant à un particulier et ne servant qu'à lui. ♦ Carrosse. *Monter en voiture.* ♦ ▷ *Voiture de place,* un fiacre. ◁ ♦ *Voiture de remise,* Voy. remise. ♦ Les choses ou les personnes que l'on transporte. *Avoir voiture complète.* ♦ *Voiture de charbon, de vin, de sucre,* voiture chargée de ces marchandises. ♦ ▷ Le port, le transport des marchandises, des personnes, etc. *On a payé tant pour la voiture de nos marchandises.* ◁ ♦ ▷ *Lettre de voiture,* écrit qui contient le rôle des marchandises dont le voiturier est chargé. ◁ ♦ ▷ Charge, fardeau. « *Du baudet, en cette aventure, On lui fit [au cheval] porter la voiture* », La Fontaine. ◁ ♦ *Voiture à vapeur,* voiture dont les roues tournent par un mécanisme dont le moteur est la vapeur. ▪ Véhicule automobile servant au transport des particuliers. *Il a acheté une voiture neuve. Une voiture en panne.* ▪ *Prendre sa voiture,* se déplacer en voiture. *Je ne sais pas encore si j'y vais en train ou si je prends ma voiture.* ▪ Wagon de train servant au transport des personnes. *Monter dans la voiture de tête, de queue. Les voitures Corail. Le bar se trouve dans la voiture 14.*

VOITURÉ, ÉE, p. p. de voiturer. [vwatyre]

VOITURE-BALAI, ▪ n. f. [vwatyr(ə)balɛ] (*voiture* et *balai*) Véhicule fermant la marche d'une course cycliste et recueillant les coureurs en cas d'abandon. *Les voitures-balais signalent la présence des coureurs sur la route.* ▪ Par extens. Véhicule fermant la marche d'une course, d'un cortège. *La voiture-balai d'un mariage.*

VOITURE-BAR, ▪ n. f. [vwatyr(ə)bar] (*voiture* et *bar*) Voiture d'un train de voyageurs aménagée en bar. *Il est interdit de fumer dans les voitures-bars.*

VOITURÉE, ▪ n. f. [vwatyre] (*voiture*) Ensemble des marchandises transportées dans une voiture. *Une voiturée de fleurs.* ▪ Ensemble des personnes voyageant dans une voiture. *La voiturée était calme.*

VOITURE-LIT, ▪ n. f. [vwatyr(ə)li] (*voiture* et *lit*) Voiture d'un train de voyageurs dont les compartiments sont aménagés avec des lits. *Un train équipé de deux voitures-lits.*

VOITURER, v. tr. [vwatyre] (*voiture*) Transporter d'une façon quelconque. *Voiturer par mulets. Voiturer des denrées, des marchandises.* « *Nous vous voiturerons par l'air en Amérique* », La Fontaine. « *Les nuages que le vent alizé voiture dans le ciel* », Bernardin de Saint-Pierre. ♦ Particulièrement, mener quelqu'un dans sa voiture. *Voiturez-moi jusque-là.*

VOITURE-RESTAURANT, ▪ n. f. [vwatyr(ə)rɛstɔrã] (*voiture* et *restaurant*) Dans un train, voiture assurant un service de repas. *Des voitures-restaurants.*

VOITURETTE, ▪ n. f. [vwatyrɛt] (dimin. de *voiture*) Petit véhicule monté sur roues, poussé ou tiré par une personne ou un animal. ▪ Petite voiture motorisée de faible puissance, ne pouvant transporter que deux personnes et n'excédant pas les 45 km/h. *L'utilisation de voiturette ne nécessite pas de permis de conduire.*

VOITURIER, n. m. [vwatyrje] (*voiture*) ▷ Celui qui fait son métier de voiturer. ◁ ♦ ▷ *Voituriers par eau,* conducteurs des barques, bateaux et trains de bois. ◁ ♦ Adj. *Voiturier, voiturière,* qui a rapport au voiturage. *L'industrie voiturière.* ▪ Homme employé par un grand hôtel ou un restaurant chargé de garer les voitures des clients. *Le voiturier, le portier, le liftier, le bagagiste, et le groom œuvrent de concert pour faciliter l'arrivée, le départ et le séjour des clients.*

VOITURIN, n. m. [vwatyrɛ̃] (ital. *vetturino,* avec influ. de *voiture*) ▷ Celui qui loue à des voyageurs des voitures attelées et qui les conduit ; il ne se dit que pour le midi de la France et pour l'Italie. ♦ La voiture même que conduisent les voiturins. ◁

VOÏVODAT ou **VOÏÉVODAT**, ▪ n. m. [vɔjvoda, vojvoda] (*voïvode*) Charge gouvernée par un voïvode. ▪ Province gouvernée par un voïvode. Fondé au XIVe siècle aux frontières orientales de la Hongrie, le voïvodat de Moldavie résista tant bien que mal pendant plus de trois siècles à des voisins belliqueux.

VOÏVODE ou **VOÏÉVODE**, n. m. [vɔjvod, vojvɔd] (mot slave, chef d'armée) Titre qu'on donne aux souverains, aux gouverneurs de la Moldavie, de la Valachie, de la Transylvanie et d'autres contrées. ▪ Rem. On disait autrefois *vayvode,* qu'on prononçait [vevod].

VOÏVODIE ou **VOÏÉVODIE**, n. f. [vɔjvodi, vɔjevodi] (*voïvode*) Pays qui lui est soumis. *Voïvodie de Grande-Pologne, voïvodie de Petite-Pologne.* ■ REM. On disait autrefois *vayvodie*, qu'on prononçait [vevodi].

VOIX, n. f. [vwa] (lat. *vox, vocis*) En général, production d'un son dans le larynx. ◆ Particulièrement, son qui est produit par le larynx humain. *Une voix forte.* ◆ *Voix cuivrée*, Voy. CUIVRÉ. ◆ *Voix fêlée*, celle qui ne se tient pas aux environs du son médium, et qui fait entendre des sons d'un diapason tout différent. ◆ *Avoir des larmes dans la voix*, Voy. LARME. ◆ *À demi-voix*, en baissant la voix. ◆ *De vive voix*, Voy. VIF. ◆ Fig. *Élever la voix*, parler avec plus de hauteur, plus d'assurance qu'on n'en a le droit ; faire valoir ses droits. ◆ **Fig.** *Élever la voix pour quelqu'un*, en faveur de quelqu'un, contre quelqu'un, parler hautement pour quelqu'un ou contre quelqu'un. ◆ **Fig.** *Apprendre quelque chose par la voix de la renommée*, l'apprendre par le bruit public. ◆ **Poétiq.** *La déesse aux cent voix*, la Renommée. ◆ Il se dit, en médecine, des modifications pathologiques de la voix. *Voix croupale, convulsive, etc.* ◆ Il se dit de certains animaux. *La voix du perroquet, des oiseaux, etc.* ◆ **Chasse** Aboiement. *La voix des chiens.* ◆ *Donner de la voix*, aboyer. ◆ Faculté de parler. *Il demeura sans voix et sans mouvement.* ◆ La voix modifiée pour le chant. *Voix juste, fausse, etc. Voix de ténor, de basse-taille, etc.* ◆ *Avoir de la voix*, avoir des dispositions naturelles pour le chant. ◆ *Être en voix*, n'être pas en voix, avoir, n'avoir pas le gosier disposé à chanter. ◆ *Voix de poitrine*, étendue des sons produits par la situation naturelle des organes de la voix, avec la poitrine pleine et la bouche ouverte, à la différence de ces sons plus aigus que l'on appelle *voix de tête* ou *fausset*. ◆ *Voix humaine*, jeu de l'orgue qui imite la voix de l'homme quand il chante. ◆ Partie vocale d'une pièce de musique. *Un canon à trois voix.* ◆ Un chanteur ou une chanteuse. *Les voix sont rares.* ◆ **Mar.** Commandement. ◆ *Être à portée de voix d'un bâtiment*, pouvoir s'en faire entendre avec un porte-voix. ◆ **Gramm.** L'air vocal devenu pleinement sonore, pleinement appréciable à l'oreille. *Voix articulée, nasale, etc.* ◆ **Fig.** et **poétiq.** Bruit, son. *La voix de l'orage. La voix argentine d'une cloche.* ◆ Dans le langage biblique, ce qui semble parler. « *Malgré la voix du sang qui parle à ma douleur* », VOLTAIRE. ◆ **Fig.** Suggestion intérieure. *La voix de la conscience, de la raison. Résister à la voix des passions.* ◆ Conseil, avertissement, appel, supplication. *Ne soyez pas sourd à la voix des malheureux.* « *Et des lâches flatteurs la voix enchanteresse* », RACINE. ◆ Suffrage, vote. ◆ **Fig.** *Donner sa voix à quelque chose*, y consentir. ◆ Droit de suffrage. *Avoir voix délibérative.* ◆ Il a voix consultative, on entend son opinion, mais on ne le compte pas. ◆ *Voix active*, le pouvoir d'élire ; *voix passive*, la capacité d'être élu. ◆ **Fig.** et **fam.** *Avoir voix au chapitre*, en chapitre, avoir du crédit dans une compagnie, dans une famille. ◆ Sentiment, jugement, opinion. « *La voix publique et celle de votre prince, c'est pour vous la voix de Dieu* », BOURDALOUE. ◆ ▷ **Absol.** *La voix publique*, se dit quelquefois pour approbation. *Il a la voix publique.* ◁ ◆ ▷ *La voix publique*, la commune renommée. ◁ ◆ *Il n'y a qu'une voix sur*, tout le monde est d'accord sur. ◆ *N'avoir qu'une voix*, être unanimement d'accord. ◆ *Il n'y a pas deux voix sur ce personnage*, tout le monde en porte même jugement. ◆ **Gramm.** Nom donné à différentes formes du verbe employées pour marquer si le sujet fait l'action du verbe ou la reçoit. *Voix active, passive.* ◆ **Monnaie** Son que rendent les pièces jetées sur le tas, et d'après lequel on les apprécie. *Voix fêlée.* ◆ **Prov.** *La voix du peuple est la voix de Dieu*, le sentiment général est ordinairement bien fondé. ◆ *Avoir la voix cassée*, avoir la voix enrouée. « *C'était un vieil enfant âgé d'école, qui épelle d'une voix cassée, peureuse, tremblotante...* », MICHELET. ■ *Rester sans voix*, être ébahi. *Il n'avait pas vu sa sœur de puis dix ans, il est resté dans voix quand il l'a aperçue.* ◆ *De vive voix*, en face de son interlocuteur. *Je te raconterai tout cela de vive voix.* ■ REM. *Avoir voix au chapitre* n'est plus considéré comme familier aujourd'hui.

1 VOL, n. m. [vɔl] (1 *voler*) Mode de locomotion propre à tous les animaux qui, étant pourvus d'ailes ou d'organes aliformes, se soutiennent dans l'air. *Le vol d'un oiseau, d'une mouche, etc.* ◆ *Oiseau de haut vol*, oiseau qui vole dans les hautes régions de l'air. ◆ À VOL D'OISEAU, loc. adv. En ligne droite. *De Paris à Rouen, il n'y a que vingt lieues à vol d'oiseau.* ◆ *Vue à vol d'oiseau*, vue d'une ville, d'un espace représentés comme on les verrait un oiseau planant au-dessus. *Paris vu à vol d'oiseau.* ◆ **Par extens.** et **fig.** D'en haut, superficiellement. ◆ L'étendue et la longueur du vol qu'un oiseau fait en une fois. *Un long vol. Au premier vol, au second vol de la perdrix.* ◆ *Demi-vol*, vol d'un oiseau qui va s'abattre non loin de l'endroit d'où on l'a fait partir. ◆ Droit coutumier. *Vol du chapon*, étendue de terre qui appartenait à l'aîné, outre le manoir principal, dans un partage noble avec ses frères, et qui était évaluée à l'espace qu'un chapon pourrait franchir en volant, c'est-à-dire la valeur d'un arpent. ◆ Distance entre les deux bouts des ailes d'un oiseau lorsqu'elles sont étendues, dite envergure. ◆ Quantité d'oiseaux qui arrivent en même temps en un lieu. ◆ **Par extens.** *Un vol de sauterelles*, une quantité de sauterelles qui arrivent. ◆ ▷ Le gibier à plume. *Des vols succulents.* ◁ ◆ **Fauconn.** *Chasse au vol* ou absol. *vol*, équipage des oiseaux de proie et des hommes qui servent à prendre du gibier. ◆ Chasse qu'on fait avec les oiseaux de proie. ◆ Au théâtre, l'action d'une machine par laquelle un ou plusieurs acteurs montent ou descendent en fendant l'air, comme s'ils volaient. ◆ **Par extens.** Il se dit de certaines choses qui sont poussées en l'air avec une grande vitesse. *Le vol des flèches, des dards, etc.* ◆ **Fig.** et **poétiq.** *Le vol du temps*, la fuite rapide du temps. ◆ **Fig.** Essor. « *Je mesure mon vol à mon faible génie* », BOILEAU. ◆ *Prendre un vol trop haut*, s'élever plus qu'on ne doit, prendre des manières trop hautes pour la condition dont on est, faire plus de dépense qu'on ne peut. ◆ *Il y est parvenu de plein vol*, se dit d'un homme qui a été élevé à une dignité supérieure sans passer par les degrés ordinaires. ◆ *Prendre un vol hardi*, se dit d'un écrivain, d'un poète qui s'élève à de grande compositions. ◆ ▷ *Avoir le vol pour telle ou telle chose* (locution qui vieillit). *Il a le vol pour les négociations.* ◁ ◆ **Hérald.** Nom qu'on donne à deux ailes d'oiseau réunies comme lorsque l'oiseau vole. ◆ *Demi-vol*, la représentation d'une seule aile d'oiseau. ◆ *Tirer, tuer un oiseau au vol*, le tirer pendant qu'il vole. ◆ Déplacement dans l'air d'un aéronef. *Le vol d'une fusée spatiale, du Concorde.* ◆ Voyage en avion. *Un vol de dix-huit mille kilomètres.* ■ *Vol à voile*, pilotage des planeurs, et absol. planeur. ■ *Vol libre*, deltaplane. *Pratiquer le vol libre.*

2 VOL, n. m. [vɔl] (2 *voler*) Action de celui qui prend la chose d'autrui pour se l'approprier. *Vol domestique. Vol de grand chemin.* ◆ *Vol simple*, vol commis sans circonstances aggravantes. ◆ *Vol qualifié*, vol commis la nuit, avec effraction, escalade ou fausse clés, à main armée, dans une maison habitée, avec violence. ◆ *Vol public*, celui qui est fait sur les deniers publics. ◆ *Vol au bonjour*, vol pratiqué dans les chambres d'hôtel. ◆ *Vol à la tire*, vol dans les poches. ◆ **Fig.** *Faire un vol à un auteur.* ◆ La chose volée. *Recéleur d'un vol.* ◆ **Par extens.** « *Lefranc m'a volé mon sujet et toutes mes situations, et est allé proposer aux miens aux comédiens* », VOLTAIRE.

VOLABLE, adj. [vɔlabl] (2 *voler*) Qui peut être volé. *Des effets volables.* « *Un homme volable* », MOLIÈRE.

VOLAGE, adj. [vɔlaʒ] (lat. *volaticus*, qui vole, inconstant) Qui est changeant et léger. *Un peuple volage.* « *La vie eut bien pour moi de volages douceurs* », A. CHÉNIER. ◆ **N. m.** et **n. f.** Personne changeante. ◆ **Mar.** *Navire volage*, navire qui manque de stabilité, et plie aisément sous ses voiles. ◆ *Compas* ou *boussole volage*, dont l'aiguille a une trop grande mobilité. ■ Infidèle en amour. *Cet homme est très volage.*

VOLAILLE, n. f. [vɔlaj] (b. lat. *volatilia*, oiseaux) Collect. L'ensemble des oiseaux qu'on nourrit dans une basse-cour. ◆ Un de ces oiseaux de basse-cour, et le plus souvent une poule, un chapon. *Une belle volaille.*

VOLAILLER, ÈRE, n. m. et n. f. [vɔlaje, ɛʁ] (*volaille*) Marchand, marchande de volaille. ◆ **N. m.** Lieu où l'on tient la volaille.

VOLAILLEUR, EUSE, ■ n. m. et n. f. [vɔlajœʁ, øz] (*volaille*) Personne spécialisée dans l'élevage de volailles. *Acheter un poulet chez le volailleur.*

1 VOLANT, n. m. [vɔlɑ̃] (1 *voler*) Petit cône de bois, de liège, etc., percé de plusieurs trous où l'on fait entrer des plumes, et que l'on lance en l'air avec des raquettes. *Jeu dans lequel on lance le volant avec des raquettes.* ◆ Aile de moulin à vent. ◆ **Méc.** Masse pesante animée d'un mouvement de rotation et destinée à prévenir les écarts de vitesse d'un mécanisme. ◆ **Métall.** Caisse supérieure d'un soufflet, celle qui est mise en mouvement. ◆ Bande d'étoffe plissée ou froncée posée comme garniture sur une jupe, un mantelet, un fichu, etc. ◆ Pièce circulaire d'un véhicule qui oriente les roues. *Braquer le volant à droite, à gauche.*

2 VOLANT, ANTE, adj. [vɔlɑ̃, ɑ̃t] (1 *voler*) Qui a la faculté de voler, quoique appartenant à une classe d'êtres qui ne jouit pas de ce pouvoir. *Un poisson volant.* ◆ **Hérald.** Se dit d'un oiseau représenté les ailes étendues dans toute leur largeur. ◆ ▷ **Fig.** *Pistole volante*, pistole que la légende suppose toujours revenir à celui qui la dépense. ◆ *Fusée volante*, fusée attachée à une baguette et qui s'élève d'elle-même en l'air quand on y a mis le feu. ◆ **Peint.** *Draperie volante*, draperie légère, qui paraît agitée par le vent. ◆ Qui se meut avec rapidité comme s'il volait. « *Ces sortes d'ennemis volants ou invisibles* », MME DE SÉVIGNÉ. ◆ **Milit.** *Camp volant*, petite armée chargée de faire des courses sur les ennemis, ou de les observer. ◆ ▷ **Fig.** et **fam.** *Être en camp volant*, n'avoir pas de demeure, de situation fixe, être exposé à se déplacer à tout moment. ◁ ◆ *Artillerie volante*, nom donné autrefois à l'artillerie à cheval. ◆ *Pont volant*, corps flottant retenu à l'extrémité d'un cordage fixé, en amont, au milieu de la rivière. ◆ *Sape volante*, tranchée pour l'exécution de laquelle on place une file de gabions jointifs qu'on remplit de terre. ◆ Il se dit de certaines choses qu'on place et qu'on déplace à volonté, ou de choses qui n'ont point de place fixe. *Escalier volant. Table volante.* ◆ ▷ *Assiettes volantes*, assiettes qui ne font pas partie du service et sur lesquelles on apporte quelques mets légers. ◁ ◆ **Mar.** Se dit de toutes les parties du gréement qui ne sont pas placées et employée que momentanément. *Manœuvres volantes.* ◆ *Feuille volante*, feuille d'écriture ou d'impression qui n'est attachée à aucune autre. ◆ **Par extens.** Brochure très mince. ◆ *Escadron volant*, Voy. ESCADRON. ◆ *Petite vérole volante*, Voy. VÉROLE. ◆ *Cachet volant*, Voy. CACHET. ■ Qui se déplace dans les airs au moyen d'un moteur. *Objet volant non identifié. Soucoupe volante.*

VOLAPUK ou **VOLAPÜK**, ■ n. m. [volapyk] (*vol*, altér. de l'angl. *world*, monde, et *pük*, altér. de l'angl. *speak*, de *to speak*, parler) Langue construite, inventée en 1879 par l'allemand Johann Martin Schleyer et servant de langue de communication entre les peuples. *Le volapük a été supplanté par l'espéranto.* ■ Fig. et péj. Charabia.

VOLATIL, ILE, adj. [volatil] (lat. class. *volatilis*) ▷ Qui a la faculté de voler. *L'espèce volatile.* ◁ ■ **Chim.** Qui est susceptible de se réduire en gaz ou en vapeur, soit à la température ordinaire, soit par l'action d'une chaleur plus ou moins élevée. ◆ *Alcali volatil*, ammoniaque. ■ Qui s'évapore facilement. *Un gaz volatil.* ■ **Inform.** *Mémoire volatile*, espace de stockage dont les données disparaissent en cas d'interruption de courant. ◆ **Financ.** Qui a tendance à varier fortement sur une courte période. *Valeurs volatiles. Titres volatils.*

VOLATILE, n. m. [volatil] (anc. fr. *volatilie*, du b. lat. *volatilia*, oiseaux) Animal qui vole. ◆ Il est souvent féminin, bien que l'Académie ne donne pas ce genre. « *La volatile échappe à sa tremblante main* », LA FONTAINE. ■ **Spécialt** Volaille de basse-cour. *Aller vendre ses volatiles au marché.* ■ REM. Auj. *volatil* ne s'emploie qu'au masculin.

VOLATILISABLE, ■ adj. [volatilizabl] (*volatiliser*) **Chim.** Qui se volatilise facilement. *Le bicarbonate est un sel volatilisable.*

VOLATILISATION, n. f. [volatilizasjɔ̃] (*volatiliser*) Opération chimique qui consiste à transformer un corps solide en gaz ou en vapeur. ◆ Action de se volatiliser.

VOLATILISÉ, ÉE, p. p. de volatiliser. [volatilize]

VOLATILISER, v. tr. [volatilize] (*volatil*) Réduire en vapeur ou en gaz. ◆ Se volatiliser, v. pr. Être réduit en vapeur ou en gaz. *L'arsenic se volatilise aisément.* ◆ Faire disparaître en réduisant en miettes. *L'explosion du volcan a volatilisé une part importante de l'île.* ◆ **Par extens.** Faire disparaître de façon soudaine et inattendue. *On lui a volatilisé son portefeuille dans le métro.* ■ V. pr. *Le voleur s'est volatilisé.*

VOLATILITÉ, n. f. [volatilite] (*volatil*) ▷ Qualité de ce qui est susceptible d'une expansion subtile. *La volatilité du feu.* ◁ ■ **Chim.** Faculté dont jouissent certains corps solides ou liquides de se transformer en vapeur, en gaz. ◆ **Financ.** Fait de varier fortement sur une courte période. *La volatilité permet de mesurer le degré de dépendance d'un titre par rapport aux fluctuations du marché.*

VOLATILLE, n. f. [volatij] (b. lat. *volatilia*, oiseaux) ▷ T. collectif et famil. Petites espèces d'oiseaux bons à manger. ◆ Il s'est dit aussi pour *volatile*. ◁

VOL-AU-VENT, n. m. inv. [vɔlovã] (1 *vol*, *au* et *vent*) Pâtisserie feuilletée, à bords élevés, dans laquelle on met de la viande ou du poisson, et qui se sert chaude. ◆ Au pl. *Des vol-au-vent.*

VOLCAN, n. m. [vɔlkã] (lat. *Vulcanus*, Vulcain, dieu du feu) Gouffre ouvert, le plus souvent dans les montagnes, et d'où sortent des tourbillons de feu et des matières en fusion. ◆ *Volcans éteints*, volcans qui étaient en activité avant l'état actuel du globe. ◆ *Volcan d'eau*, montagne qui vomit des ruisseaux d'eau. ◆ **Fig.** Un lieu d'où une nombreuse artillerie fait un feu terrible. ◆ **Fig.** Imagination ardente, impétueuse. *La tête de ce jeune homme est un volcan.* ◆ **Fig.** Intrigues sourdes, dangers imminents, mais cachés. *Dormir sur un volcan.*

VOLCANIQUE, adj. [vɔlkanik] (*volcan*) Qui appartient aux volcans. *Matières volcaniques.* ◆ *Terrain volcanique*, terrain formé par les éruptions des volcans. ◆ **Fig.** Ardent et impétueux comme un volcan. *Tête, imagination volcanique.*

VOLCANISATION, n. f. [vɔlkanizasjɔ̃] (*volcaniser*) Voy. VULCANISATION.

VOLCANISÉ, ÉE, adj. [vɔlkanize] (*volcaniser*) Il se dit des lieux où il y a des volcans, où il reste des traces d'anciens volcans. « *Les écueils du canal Saint-Georges sont volcanisés* », BUFFON,

VOLCANISME, ■ n. m. [vɔlkanism] (*volcan*) **Géol.** Ensemble des phénomènes volcaniques. *Les produits du volcanisme peuvent être des solides, des liquides ou des gaz.*

VOLCANOLOGIE ou **VULCANOLOGIE**, ■ n. f. [vɔlkanɔlɔʒi, vylkanɔlɔʒi] (angl. *vulcanology*, de *vulcan*, volcan, et *-logy*, voir *-logie*) Étude des volcans et des phénomènes liés à leur activité, afin notamment de prévoir leurs éruptions. *La reconstruction 3D est un outil primordial en volcanologie pour étudier les volcans.* ■ **VOLCANOLOGUE** ou **VULCANOLOGUE**, n. m. et n. f. [vɔlkanɔlɔg, vylkanɔlɔg] ■ **VOLCANOLOGIQUE** ou **VULCANOLOGIQUE**, adj. [vɔlkanɔlɔʒik, vylkanɔlɔʒik] *L'observatoire volcanologique de la Soufrière.*

VOLCELEST ou plus rare **VOL-CE-L'EST**, n. m. [vɔlsəlɛ] (agglutination de l'anc. fr. *vois-le l'est*, vois-le, c'est lui) **Vén.** Ton du cor que l'on sonne quand on revoit la bête qui a fuyant. ◆ Empreinte fraîche laissée sur le sol par l'animal de chasse. ■ REM. La graphie *volcelet* donnée par Littré dans l'édition de 1874 n'est pas attestée.

VOLE, n. f. [vɔl] (1 *voler*) Au jeu de cartes, toutes les mains, toutes les levées. *Faire la vole.*

1 VOLÉ, ÉE, p. p. de voler, en termes de fauconnerie. [vole] *La perdrix volée par le faucon.*

2 VOLÉ, ÉE, p. p. de voler. [vole] Pris par larcin. ◆ **Pop.** et **fig.** *Être volé*, être trompé dans son attente.

3 VOLÉ, ÉE, adj. [vole] (1 *voler*) Qui a subi la vole.

VOLÉE, n. f. [vole] (1 *voler*) L'espace que parcourt un oiseau sans s'arrêter. *On dit que les hirondelles traversent quelquefois la Méditerranée tout d'une volée.* ◆ *Donner la volée à un oiseau*, permettre à un oiseau captif de s'envoler. ◆ *Prendre sa volée*, s'envoler, et fig. partir inopinément, sans annoncer son départ. ◆ *Prendre sa volée*, se dit aussi d'un jeune homme qui de bonne heure s'affranchit de tutelle et de surveillance. ◆ Collectivement, troupe d'oiseaux qui volent tous ensemble. ◆ En parlant des pigeons, *volée de mars, volée d'août*, les pigeons éclos en mars, en août. ◆ **Chasse** Compagnie d'oiseaux éclos d'une même couvée. ◆ **Fig.** Gens qui sont de même âge, de même profession, de même condition. *Une volée de collégiens.* ◆ **Fig.** Rang, qualité, élévation, mérite. *Des gens de sa volée.* ▷ *Une dame de la première volée.* ◁ ■ **Fig.** Décharge de plusieurs canons faite en même temps. ◆ *Une volée de canon*, se dit aussi d'un seul coup de canon. ◆ *Tirer à toute volée*, tirer une pièce sous le plus grand angle qu'on puisse lui donner et avec la plus forte charge de guerre que comporte son calibre. ◆ Branle des cloches. *Sonner une, deux, trois volées.* ◆ *Sonner à toute volée*, mettre les cloches tout à fait en branle. ◆ Mouvement d'un projectile, qui, lancé, n'a pas encore touché la terre. ◆ Au jeu de paume, de balle et de ballon, jouer de volée, *prendre de volée, à la volée*, renvoyer la balle avant qu'elle ait touché à terre. ◆ *Prendre une balle, prendre un coup entre bond et volée*, prendre la balle dans le moment qu'elle est près de s'élever après avoir touché à terre. ◆ **Fig.** et **fam.** *Obtenir une grâce, une faveur tant de bond que de volée, l'attraper entre bond et volée*, l'obtenir en saisissant une conjoncture heureuse. ◆ **Fig.** *Tant de bond que de volée*, d'une façon quelconque, comme on peut. ◆ Mouvement des ailes du moulin à vent. ◆ Dans le battage d'une pièce, série de coups de mouton, de masse se succédant à de courts intervalles, et suivie d'un temps de repos. ◆ **Fig.** et **fam.** *Une volée de coups de bâton* ou simplement *une volée*, un grand nombre de coups de bâton donnés de suite. ◆ Pièce transversale d'une voiture, à laquelle sont fixés les traits des chevaux. ◆ Dans une diligence, *chevaux de volée*, ceux qui sont en avant. ◆ **Métall.** *Volée d'un marteau*, la distance qui se trouve entre son point le plus élevé et l'enclume. ◆ **Constr.** *Volée d'un escalier*, la portion comprise entre deux paliers successifs. ◆ À LA VOLÉE, loc. adv. En l'air, au passage. *Je lui jetai ma bourse, il la saisit à la volée.* ◆ Très promptement, en profitant du moment favorable. « *Autant que j'ai pu juger par quelques mots lâchés à la volée* », J.-J. ROUSSEAU. ◆ Inconsidérément, à la légère. « *Quand la volonté, à la volée et sans discussion, se porte à vouloir* », PASCAL. ◆ *Semer à la volée*, semer en jetant les graines par poignées. ◆ *Trempe à la volée*, trempe d'une pièce d'acier, par opposition à trempe en paquet. ■ **Fam.** Gifles, coups. *Prendre une volée.* ◆ *Une volée de bois vert*, coups de bâton et fig., critique acerbe. ■ *De haute volée*, de haut rang, de rang social élevé. *Une famille de haute volée.* **Par extens.** De haut niveau. *Une technologie de haute volée.*

VOLÉMIE, ■ n. f. [volemi] (*volume* et gr. *haima*, sang) **Méd.** Volume total de sang circulant dans le corps. *Lorsque la volémie augmente, la pression artérielle augmente aussi.* ■ **VOLÉMIQUE**, adj. [volemik] *Surcharge volémique.*

1 VOLER, v. intr. [vole] (lat. *volare*) Se soutenir, se mouvoir en l'air par le moyen des ailes. ◆ *Tirer un oiseau en volant*, le tirer pendant qu'il vole. ◆ **Fig.** *Attraper une balle*, saisir une chose pendant qu'on ne fait qu'aller çà et là. ◆ **Fig.** *Voler de ses propres ailes*, agir sans le secours d'autrui. ◆ Il se dit de ce qui flotte et semble voler. « *Ce char semblait voler sur la face des eaux paisible* », FÉNELON. ◆ Il se dit des choses qui sont poussées dans l'air avec une grande vitesse, comme les traits, les pierres, les balles, etc. ◆ *Faire voler la tête de quelqu'un*, l'abattre. ◆ Courir avec une grande vitesse. *Ce cheval vole.* « *Va, cours, vole et nous venge* », P. CORNEILLE. ◆ **Fig.** et **poétiq.** *Faire voler le trépas*, répandre au loin la mort. ◆ **Fig.** Changer souvent, rapidement, ne pas s'attacher. « *Je suis chose légère et vole à tout sujet* », LA FONTAINE. ◆ Il se dit des bruits et de la renommée. « *La renommée fait voler cette nouvelle de bouche en bouche dans toute la grande ville de Tyr* », FÉNELON. ◆ **Fig.** Il se dit des mouvements qui entraînent l'âme fortement et rapidement. « *Vous voyez déjà tous les cœurs voler après vous, Sire* », MASSILLON. « *Un vain peuple, qui vole après la nouveauté* », VOLTAIRE. ◆ Passer rapidement, en parlant du temps. « *Le temps vole* », RACINE. ◆ **Fig.** Il se dit de ce qu'on personnifie pour le représenter comme volant. ◆ **Fig.** S'élever dans l'ordre moral, intellectuel. ◆ V. tr. **Fauconn.** Il se dit de certains oiseaux de proie qu'on dresse à poursuivre et à prendre d'autres oiseaux ou quelque autre sorte de gibier. *Cet oiseau vole la perdrix.* ◆ Il se dit aussi des personnes qui se servent de ces oiseaux pour chasser. ■ V. intr. Voyager par les airs. *Voler de Paris à Singapour. Un jeune pilote qui apprend* *à voler.* ■ *Fam. Ça vole bas,* la discussion est d'un niveau très bas. ■ **Fam.** *Voler dans les plumes de quelqu'un,* Voy. PLUME. ■ *Voler en éclats,* Voy. ÉCLAT.

2 **VOLER**, v. tr. [vole] (1 *voler*) (Voy. le précédent au sens actif) Prendre furtivement ou par force la chose d'autrui. *Voler de l'argent, des hardes, les deniers de l'État, etc.* ♦ Absol. *On vole dans ce quartier.* ♦ ▷ **Fig.** *Voler jusque sur l'autel,* n'avoir rien de sacré. ◁ ♦ **Fig.** et fam. *Il ne l'a pas volé,* il a bien mérité ce qui lui est arrivé. ♦ *Voler quelqu'un,* lui prendre quelque chose qui lui appartient. ♦ On dit de même : *Voler la diligence, etc.* ♦ **Fig.** S'emparer d'une façon quelconque d'un bien qui appartient à un autre. ♦ *Voler un nom, un titre,* s'attribuer un nom, un titre. ♦ **Fig.** S'approprier les pensées et les expressions des autres. *Voler des pensées à un auteur.* ♦ **Fig.** Se réserver, comme par un vol, un moment. « *Je volais un moment à mes douleurs, pour tâcher d'être plaisant dans ce moment-là* », VOLTAIRE. ♦ *Se voler,* v. pr. *Se voler soi-même.* ♦ *Se voler l'un l'autre.* ♦ *Escroquer quelqu'un en lui remettant moins que ce à quoi il peut prétendre. Je me suis fait voler dans cette affaire ! Voler quelqu'un sur la marchandise.*

VOLEREAU, n. m. [vɔl(ə)ʁo] (2 *voleur*) ▷ Petit voleur, voleur maladroit, inhabile. ◁

1 **VOLERIE**, n. f. [vɔl(ə)ʁi] (1 *voler*) Fauconn. La chasse pour laquelle l'oiseau est dressé à voler d'autres oiseaux.

2 **VOLERIE**, n. f. [vɔl(ə)ʁi] (2 *voler*) ▷ Larcin, pillerie. « *Les voleries publiques* », LA ROCHEFOUCAULD. ◁

VOLET, n. m. [vɔlɛ] (1 *voler*) **Liturg.** Morceau de carton, garni d'une étoffe précieuse, qui sert à couvrir le calice sous le voile. ♦ **Hérald.** Large ruban attaché au sommet du casque. ♦ Petit ais ou tablette qui sert à faire le triage des choses menues, comme graines et autres semblables. ♦ **Fig.** *Trié sur le volet,* se dit des choses et même des personnes qu'on a choisies avec soin (emploi vieilli). ♦ Panneau de menuiserie qui, s'ouvrant et se fermant suivant le besoin, sert à garantir, en dedans de la chambre, les châssis d'une fenêtre, par opposition à contrevent qui les garantit en dehors. ♦ Par abus, contrevent. ♦ Fermeture extérieure de façades de boutiques. ♦ ▷ Espèce de pigeonnier, dont l'ouverture se ferme par un petit ais, une petite planche. ◁ ♦ ▷ L'ais qui sert à fermer le volet ou pigeonnier. ◁ ♦ ▷ L'ais qui est fixé horizontalement à l'entrée du volet ou pigeonnier. ◁ ♦ Se dit des ailerons ou petites planches qui font tourner la roue d'un moulin à eau. ♦ **Bot.** Nénuphar. ♦ Partie supplémentaire d'un tout. *Le troisième volet d'une trilogie.* ■ REM. Aujourd'hui, *trier sur le volet* est courant et n'est pas ressenti comme vieilli. ■ REM. *Volet* est pris aujourd'hui le plus souvent dans le sens de *contrevent. Il ne doit y avoir personne chez eux, les volets sont fermés.*

VOLETANT, ANTE, ■ adj. [vɔl(ə)tɑ̃, ɑ̃t] (*voleter*) Qui volette. *Les feuilles mortes voletantes.* ■ Qui semble voler. *Une jupe légère voletante.*

VOLETER, v. intr. [vɔl(ə)te] (1 *voler*) Voler à plusieurs reprises, à la manière des petits oiseaux. ■ Tourbillonner au vent, dans les airs. *Les feuilles volettent.*

VOLETTE, ■ n. f. [vɔlɛt] (1 *voler*) Plateau circulaire grillagé sur lequel on met à refroidir ce qui vient de cuire, en particulier les gâteaux sortant du four.

1 **VOLEUR**, n. m. [vɔlœʁ] (1 *voler*) Fauconn. Se dit des faucons et autres oiseaux de proie. Bon voleur.

2 **VOLEUR, EUSE**, n. m. et n. f. [vɔlœʁ, øz] (2 *voler*) Celui, celle qui a volé, qui vole habituellement. ♦ **Fig.** « *Le jour fatal est proche, et vient comme un voleur* », BOILEAU. ♦ Fam. *Être fait comme un voleur,* avoir ses vêtements en désordre, en mauvais état. ♦ *Au voleur !* cri pour appeler du secours contre un voleur. ♦ Par exagération, celui qui exige plus qu'il ne devrait demander. *Ce marchand est un voleur.* ♦ Il se dit des conquérants, des mauvais princes. ♦ **Fig.** *Comme un voleur,* en essayant de passer inaperçu. *Il est parti comme un voleur, sans même nous saluer.* ♦ Adj. *Des mains voleuses.*

VOLIÈRE, n. f. [vɔljɛʁ] (1 *voler*) Lieu ordinairement fermé de fil d'archal où l'on nourrit des oiseaux. ♦ Particulièrement, grande cage qui a plusieurs séparations pour mettre différentes sortes d'oiseaux. ♦ Lieu où l'on nourrit des pigeons. *Pigeons de volière.*

VOLIGE, n. f. [vɔliʒ] (1 *voler*) Planche mince de sapin ou d'autre bois blanc. ♦ Latte dont on se sert pour les couvertures en ardoises. ♦ Adj. *Latte volige,* celle qui sert à porter l'ardoise.

VOLIGER, ■ v. tr. [vɔliʒe] (*volige*) Disposer les voliges sur une toiture. *Voliger l'ensemble d'une charpente.* ■ VOLIGEAGE, n. m. [vɔliʒaʒ] *La sous-toiture du voligeage étanche à la pluie.*

VOLIS, ■ n. m. [vɔli] (1 *voler*) Partie d'un arbre rompu qui est tombée à terre. *Les volis et le chicot.*

VOLITIF, IVE, ■ adj. [vɔlitif, iv] (lat. médiév. *volitivus*) **Psych.** Qui a trait à la volonté. *La force volitive.* « *L'acte volitif, remarque Schopenhauer, vise toujours un "quelque chose"* », JANKÉLÉVITCH.

VOLITION, n. f. [vɔlisjɔ̃] (lat. médiév. *volitio*) Acte par lequel la faculté de vouloir se détermine à quelque chose.

VOLLEY-BALL ou **VOLLEYBALL**, ■ n. m. [vɔlebol] (mot angl., de *volley,* volée, et *ball,* ballon) Sport en salle ou en plein air, opposant deux équipes de six joueurs, séparées par un filet et dont le but est de renvoyer le ballon au sol avec les mains dans la partie adverse et dans les limites du terrain. *Un tournoi de volley-ball. Le volley-ball de plage.* ■ **Abrév.** Volley. *Jouer au volley.*

VOLLEYER, ■ v. tr. [vɔleje] (angl. *to volley,* jouer à la volée) Au tennis, prendre une balle à la volée. ■ Absol. *Courir au filet pour volleyer.*

VOLLEYEUR, EUSE, ■ n. m. ou f. [vɔlejœʁ, øz] (*volley,* de *volley-ball*) Personne qui joue au volley-ball. *Des volleyeurs.* ■ Spécialiste de la volée au tennis.

VOLNAY, ■ n. m. [vɔlnɛ] (*Volnay,* commune de la Côte-d'Or) Bourgogne rouge classé en AOC. *Les volnays sont des vins de garde.*

VOLONTAIRE, adj. [vɔlɔ̃tɛʁ] (lat. *voluntarius*) Il se dit de tout ce qu'il est en notre pouvoir de faire ou de ne pas faire. *Mouvement, action volontaire.* ♦ **Physiol.** *Nerfs volontaires,* ceux qui se rendent au tissu musculaire, et qui, par leur intermédiaire, le soumettent à l'influence de la volonté. ♦ *Muscles volontaires,* ceux qui exécutent les mouvements volontaires. ♦ Qui se fait sans contrainte, de pure volonté. « *Une erreur volontaire* », P. CORNEILLE. « *Cet aveu si honteux, le crois-tu volontaire ?* », RACINE. ♦ Qui agit par sa propre volonté, sans y être contraint, en parlant des personnes. « *D'une lâche indolence esclave volontaire* », BOILEAU. ♦ Qui ne veut faire que sa volonté. *Cet enfant est volontaire.* ■ N. m. et n. f. *Cet enfant est un petit volontaire.* ♦ Se dit d'un cheval désobéissant, et d'un cheval de tirage qu'on appelle aussi *badinant.* ♦ N. m. Celui qui sert dans une armée, qui prend part à une expédition, sans y être obligé. ♦ On dit à peu près de même : *cet officier n'était pas commandé, il alla à cette action comme volontaire.* ♦ Se dit des soldats de différents corps formés par des enrôlements volontaires pendant les premiers temps de la Révolution française. ♦ *Engagé volontaire,* celui qui, dans les pays où le service militaire est obligatoire, obtient de ne faire qu'une partie de la durée de son service. ♦ N. m. et n. f. Personne qui accepte de faire quelque chose. *On demande un volontaire pour aller chercher les boissons. Se porter volontaire.*

VOLONTAIREMENT, adv. [vɔlɔ̃tɛʁ(ə)mɑ̃] (*volontaire*) De bonne volonté, sans contrainte. *Se priver volontairement d'un bien.* ♦ De façon désirée, voulue. *Je l'ai volontairement inclus dans notre programme.*

VOLONTARIAT, n. m. [vɔlɔ̃taʁja] (*volontaire*) État de celui qui sert volontairement, qui est volontaire. ♦ Dans les pays où le service militaire est obligatoire, engagement volontaire par lequel un jeune homme obtient de faire, avant l'âge voulu, une partie de son service. *Volontariat d'un an.*

VOLONTARISME, ■ n. m. [vɔlɔ̃taʁism] (*volontaire*) Attitude par laquelle un individu croit pouvoir, par sa seule volonté, modifier le cours des événements. *Le volontarisme d'un gouvernement.* ■ Philos. Doctrine qui prône la suprématie de la volonté sur l'intelligence. *Un volontarisme psychologique, politique.* ■ VOLONTARISTE, n. m. et f. ou adj. [vɔlɔ̃taʁist]

VOLONTÉ, n. f. [vɔlɔ̃te] (lat. *voluntas*) Puissance intérieure par laquelle l'homme et aussi les animaux se déterminent à faire ou à ne pas faire. « *Il n'y a point de véritable volonté sans liberté* », J.-J. ROUSSEAU. ♦ Particulièrement, la volonté considérée comme agissante, par extension les actes mêmes de la volonté ; ce qu'une personne veut, prescrit ou désire. « *Je ne fais pas sur cela ma volonté* », MME DE SÉVIGNÉ. ♦ ▷ *Demi-volonté,* volonté faible. ◁ ♦ *Acquérir, gagner les volontés,* se concilier les cœurs. ♦ *Avoir de la volonté,* être d'un caractère ferme qui tient à ce qu'il veut. ♦ *Cet homme n'a point de volonté,* il est toujours de l'avis des autres. ♦ *Avoir une grande volonté, une volonté forte, bien de la volonté,* avoir beaucoup d'ardeur pour ce qu'on entreprend. ♦ *Il n'en fait qu'à sa volonté,* il est entêté, opiniâtre. ♦ *La volonté de Dieu,* ses ordres, ses décrets. ♦ On dit de même : *la volonté du ciel.* ♦ *Les dernières volontés d'une personne,* ce qu'une personne veut qui soit fait après sa mort. ♦ *Acte de dernière volonté,* un testament. ♦ Au pl. Fantaisies, caprices. *On ne doit pas laisser suivre à un enfant toutes ses volontés.* ♦ *Bonne, mauvaise volonté,* disposition favorable, défavorable, où l'on est pour quelqu'un, pour quelque chose ; dans un autre sens, disposition à faire tous ses efforts, à ne faire aucun effort. ♦ *Cet officier, ce soldat est de bonne volonté,* il est prêt à exécuter les ordres qu'on lui donne, à s'offrir dans les occasions périlleuses. ♦ ▷ *De bonne volonté,* se dit aussi, en mauvaise part, des personnes qui se prêtent à des actes malhonnêtes. ◁ ♦ À VOLONTÉ, loc. adv. À son gré, quand il semble bon. *Ce ressort joue à volonté.* ♦ ▷ *Billet payable à volonté,* billet payable quand celui à qui il est dû voudra être payé. ◁ ♦ *Voiture à volonté, service à volonté,* voiture, service de domestique, qu'on loue quand on en a besoin. ♦ *Arme à volonté,* commandement militaire de porter l'arme comme il sera plus commode. ♦ **Prov.** *Les volontés sont libres,* se dit quand quelqu'un refuse de faire quelque chose qu'on lui propose. ♦ *Mettre de la bonne volonté,* faire de son mieux. ■ Mettre *de la mauvaise volonté*, tout mettre en œuvre pour ne pas faire ce que l'on a à faire. ■ Fam. *Faire les quatre volontés de quelqu'un*, lui passer tous ses caprices. ■ À VOLONTÉ, loc. adj. Dont on peut être servi autant que l'on en veut et sans supplément de prix. *Frites à volonté. Buffet à volonté*

VOLONTIERS, adv. [vɔlɔ̃tje] (lat. *voluntarie*, volontairement) De bon gré, de bon cœur. « *Je souffrirai la mort plus volontiers qu'un maître* », ROTROU. ♦ Facilement, aisément. « *Volontiers gens boiteux haïssent le logis* », LA FONTAINE. ♦ Il se dit, dans le même sens, des choses inanimées. *Les petites rivières débordent volontiers dans cette saison.* ♦ Oui, en réponse. *Voulez-vous d'autre viande? Volontiers.*

VOLT, ■ n. m. [vɔlt] (*Volta*, physicien italien) Électr. Unité de mesure des différences de potentiel, de force et tension électromotrice représentant la différence de potentiel entre deux points d'un conducteur parcouru par un courant constant d'un ampère lorsque la puissance dissipée entre ces deux points équivaut à un watt. *Une pile de 9 volts.* ■ Symbole : V.

VOLTAGE, ■ n. m. [vɔltaʒ] (*volt*) Phys. Mesure en volts de la force électromotrice. ■ Nombre de volts nécessaires au fonctionnement d'un appareil électrique. *Vérifier le voltage.*

VOLTAÏQUE, adj. [vɔltaik] (*Volta*, physicien italien) Phys. Se dit de la pile électrique et de ses effets. *Pile voltaïque. Courant voltaïque.*

VOLTAÏQUEMENT, adv. [vɔltaik(ə)mɑ̃] (*voltaïque*) Au moyen de l'électricité voltaïque.

VOLTAIRE, ■ n. m. [vɔltɛʀ] (*Voltaire*, auteur français) Fauteuil de salon à haut dossier incurvé de chaque côté, généralement recouvert de velours. *Un voltaire en merisier massif.*

VOLTAIRIANISME, n.m. [vɔltɛʀjanism] (*voltairien*) Esprit d'incrédulité railleuse à l'égard du christianisme.

VOLTAIRIEN, IENNE, adj. [vɔltɛʀjɛ̃, jɛn] (*Voltaire*, auteur français) Qui a rapport à Voltaire. ♦ Qui tient de Voltaire. ♦ N. m. et n. f. *Un voltairien*, un homme enclin au voltairianisme.

VOLTAÏSME, n. m. [vɔltaism] (rad. de *voltaïque*) Voy. VOLTAÏQUE. Électricité développée par le contact de substances hétérogènes.

VOLTAMÈTRE, ■ n. m. [vɔltamɛtʀ] (*Volta*, physicien italien, et *-mètre*) Électr. Cuve à électrolyse mettant en œuvre un procédé électrochimique pour mesurer une quantité d'électricité. *Les premiers voltamètres datent du XVIIe siècle.*

VOLTAMPÈRE, ■ n. m. [vɔltɑ̃pɛʀ] (*volt* et *ampère*) Électr. Unité de mesure utilisée pour exprimer la puissance apparente du courant alternatif. *Le volt-ampère est proportionnel au watt.*

VOLTE, n. f. [vɔlt] (ital. *volta*, de *voltare*, volter) Escrime Mouvement pour éviter les coups de l'adversaire. « *Les deux champions firent des passes et des voltes* », VOLTAIRE. ♦ ▷ Fig. *Mettre quelqu'un sur ses voltes*, l'engager à se tenir sur ses gardes. ◁ ♦ Équit. Mouvement que le cavalier fait exécuter au cheval en le menant en rond. ♦ Espace le plus souvent circulaire, quelquefois carré, situé dans un manège ou dans un champ de manœuvres, autour duquel on exerce le cheval pour le dresser ou pour l'instruction particulière du cavalier. ♦ Mar. *Prendre telle volte*, se dit pour prendre telle route, ou virer de bord dans telle direction. ♦ Danse provençale en vogue au XVIe siècle au cours de laquelle le danseur fait tourner sa cavalière. *On dit que la volte est à l'origine de la valse.*

VOLTE-FACE ou **VOLTEFACE**, n. f. [vɔltəfas] (ital. *volta-faccia*, demi-tour, de *volta*, volte, et *faccia*, face) Visage tourné, au lieu de tourner le dos. *Faire volte-face.* ♦ Dans le langage politique et familier, changement d'opinion subit ou très rapide. ■ Au pl. *Des volte-face, des voltefaces.*

VOLTER, v. intr. [vɔlte] (ital. *voltare*, tourner) Escrime Changer de place pour éviter les coups de l'adversaire. ♦ Mar. Changer de route. ♦ ▷ Par extens. Faire des pas, des démarches. ◁ ♦ V. tr. Équit. Faire exécuter une volte à son cheval. *Faire volter son cheval vers la gauche.*

VOLTIGE, n. f. [vɔltiʒ] (*voltiger*) Équit. Sorte d'exercice que l'on fait sur un cheval avec ou sans étriers. ♦ ▷ Corde lâche pour faire des tours. ◁ ♦ Danse, exercice sur la corde lâche. *Exercices de haute voltige.* ♦ Fig. et néolog. Pensées, paroles que l'on compare à des sauts périlleux. « *Voltige aérienne* ou simplement *voltige*, Sport acrobatique aérien. *La voltige aérienne nécesite beaucoup d'adresse.* ■ Fig. *C'est de la haute voltige*, c'est de la haute précision. ■ REM. Ne s'est pas maintenu dans le sens fig. de pensées, paroles.

VOLTIGEANT, ANTE, adj. [vɔltiʒɑ̃, ɑ̃t] (*voltiger*) Qui voltige sans cesse. « *L'hirondelle donne la chasse aux insectes voltigeants* », BUFFON.

VOLTIGEMENT, n. m. [vɔtiʒ(ə)mɑ̃] (*voltiger*) Mouvement de ce qui voltige. *Le voltigement d'un papillon, d'un rideau, etc.* ♦ Manière dont voltige un danseur de corde.

VOLTIGER, v. intr. [vɔltiʒe] (ital. *volteggiare*, de *voltare*, volter) Faire des exercices pour s'accoutumer à monter à cheval sans étriers. ♦ Se dit aussi de l'action de sauter sur le cheval soit en place, soit au trot, soit au galop. ♦ Faire des tours de souplesse et de force sur une voltige, une corde. ♦ Courir à cheval çà et là. *Un parti de cavalerie vint voltiger autour du camp.* ♦ Voler à petites et fréquentes reprises sans direction déterminée. « *Il remarque les ombres légères qui voltigent autour de lui* », FÉNELON. ♦ Par extens. Flotter au gré des vents. *Des voiles, des cheveux, des étendards qui voltigent.* ♦ Fig. « *Les pensées noires voltigent assez dans ces bois* », MME DE SÉVIGNÉ. ♦ Fig. Être inconstant et léger. « *Mais l'homme, sans arrêt dans sa course insensée, Voltige incessament de pensée en pensée* », BOILEAU. ♦ Fig. Ne pas s'arrêter sur. « *L'esprit ne fait que voltiger sur les matières, il n'en prend que la fleur* », BOISSY.

VOLTIGEUR, EUSE, n. m. et n. f. [vɔltiʒœʀ, øz] (*voltiger*) Personne qui voltige sur un cheval. ♦ Maître qui enseigne à voltiger. ♦ Cavalier qui apprend à monter, à voltiger sur un cheval. ♦ N. m. Cheval dressé pour la voltige. ♦ Celui qui voltige sur une corde lâche. ♦ Au fém. *Voltigeuse*, femme qui voltige sur une corde lâche. ♦ Milit. Se dit de soldats de petite taille, formant une compagnie d'élite à la gauche du bataillon. ♦ *Le grand voltigeur hollandais* ou *vaisseau fantôme*, navire imaginaire qu'on supposait porter une nation entière dans ses flancs, sous la direction de Satan. ♦ Adj. Zool. Se dit des animaux qui ont les bras conformés en ailes. ■ Pilote d'avion qui fait des exercices de voltige. ■ N. m. pl. Œnol. Particules en suspension dans un vin blanc. *Les voltigeurs sont constitués de résidus de collage, d'éléments de filtration, ou de levures mortes, ne présentent aucun inconvénient pour la qualité du vin.*

VOLTMÈTRE, ■ n. m. [vɔltmɛtʀ] (*volt* et *-mètre*) Appareil servant à mesurer le nombre de volts. *Pour mesurer la tension aux bornes du voltmètre, celui-ci doit être monté en dérivation.*

VOLUBILE, adj. [vɔlybil] (lat. *volubilis*, qui tourne facilement) Bot. Qui se roule en hélice autour des corps voisins. ♦ *Tiges volubiles*, tiges qui, trop grêles pour se soutenir sans aide, cherchent dans les objets voisins un appui, et, s'entortillant en hélice autour d'eux, s'élèvent de la sorte plus ou moins haut. ♦ N. f. Genre de plantes convolvulacées à fleurs en clochettes. ♦ On dit aussi *volubilis*. ■ Adj. Qui parle trop et trop vite. *Un enfant volubile.*

VOLUBILEMENT, ■ adv. [vɔlybil(ə)mɑ̃] (*volubile*) Avec volubilité dans la parole. « *Elle a dû comprendre ce qui se passait en moi, et, pour me changer les idées sans changer de sujet, elle m'a volubilement raconté des anecdotes relatives à son équipée* », MALET.

VOLUBILIS, n. m. [vɔlybilis] Voy. VOLUBILE.

VOLUBILITÉ, n. f. [vɔlybilite] (lat. *volubilitas*, rotation, rapidité) ▷ Facilité de se mouvoir ou d'être mû en rond. ◁ ♦ ▷ *Volubilité de la langue*, facilité de la langue à se mouvoir de çà et là. ◁ ♦ Fig. *Volubilité de la langue* ou absol. *volubilité*, habitude de parler trop et trop vite. ♦ Fig. Articulation nette et rapide. *Parler avec volubilité.* ♦ *Volubilité de discours*, langage, style qui marche rondement. ♦ ▷ Fig. Facilité, propension au changement, en parlant de l'esprit, du cœur. « *Rien n'arrête la volubilité de notre esprit* », PASCAL. ◁

VOLUCELLE, ■ n. f. [vɔlysɛl] (lat. *volucella*, de *volucer*, volant, ailé) Entomol. Mouche au corps rayé et aux ailes duveteuses se nourrissant du nectar des fleurs. *La volucelle transparente. La volucelle bourdon.*

VOLUME, n. m. [vɔlym] (lat. *volumen*, rouleau d'un manuscrit, de *volvere*, rouler) Antiq. Se dit des livres qui étaient des feuilles roulées autour d'un bâtonnet arrondi de cèdre, de buis, d'ivoire ou d'os. ♦ Chez les modernes, livre relié ou broché, imprimé ou manuscrit. ♦ Par exagération, *il faudrait des volumes...*, il serait très long d'exposer par écrit... ♦ ▷ *Un volume de lettres*, une liasse de lettres. ◁ ♦ Par exagération, *un volume, des volumes, une très longue lettre* ♦ *Volume in-folio, in-quarto, in-octavo, in douze, in seize, etc.* Voy. CES MOTS. ♦ Fig. Développement, ampleur. *Le volume d'un corps, d'un paquet, etc.* ♦ Fig. « *Un volume d'espérance au défaut d'une masse de bien réel* », BUFFON. ♦ Masse d'eau que roule un fleuve, une rivière. ♦ Mus. Masse de son que donne une voix ou un instrument sur chacun des degrés de son diapason. ♦ Géom. et phys. L'espace occupé par les corps. *Le volume d'un corps est égal à son poids divisé par sa densité.* ♦ Il se dit de la grosseur des organes du corps vivant. *Le volume du cerveau.* ■ Intensité de la voix ou d'instruments de musique. *La voix de la chanteuse manque de volume.* ■ Géom. Solide. *La sphère, le cube, la pyramide sont des volumes.* ■ Dose. *Compter un volume d'eau pour un volume de riz sec.* ■ Aspect volumineux de quelque chose. *Donner du volume à ses cheveux.*

VOLUMÉTRIE, ■ n. f. [vɔlymetʀi] (*volume* et *-mètre*) Mesure du volume. *Faire un dosage par volumétrie.* ■ VOLUMÉTRIQUE, adj. [vɔlymetʀik] *Un poids volumétrique.*

VOLUMINEUX, EUSE, adj. [vɔlyminø, øz] (b. lat. *voluminosus*, sinueux) ▷ En parlant d'un ouvrage, qui a un grand nombre de volumes. ◁ ♦ ▷ Qui a fait beaucoup de volumes. *Auteur volumineux.* ◁ ◆ Fort étendu en tous sens ; qui occupe beaucoup de place. *Ce paquet est volumineux.*

VOLUMIQUE, ◼ adj. [volymik] (*volume*) **Phys.** Relatif au volume en tant qu'unité de mesure. ◼ *Masse volumique,* quotient de la masse par le volume, exprimé en kg/m³. *La masse volumique de la glace est inférieure à celle de l'eau à l'état liquide.*

VOLUPTÉ, n. f. [volypte] (lat. *voluptas*) Plaisir corporel, plaisir des sens. *Il y a de la volupté à boire quand on a soif.* ◆ Par antiphrase, *la volupté de souffrir,* le plaisir que l'on goûte à de vertueuses souffrances. ◆ Les plaisirs, les jouissances du corps. *Résistez à la volupté.* ◆ Jouissances de l'âme. *Quelle pure volupté on trouve dans la vertu !*

VOLUPTUAIRE, adj. [volyptɥɛʀ] (b. lat. *voluptuarius,* qui provoque le plaisir) **Dr.** Il se dit des dépenses consacrées aux constructions, aux embellissements de luxe ou de fantaisie.

VOLUPTUEUSEMENT, adv. [volyptɥøz(ə)mɑ̃] (*voluptueux*) Avec volupté.

VOLUPTUEUX, EUSE, adj. [volyptɥø, øz] (lat. *voluptuosus*) Qui procure la volupté, en parlant des choses. *Un séjour, un repas, un parfum voluptueux.* ◆ Qui exprime la volupté. *Une langueur voluptueuse. Des tableaux voluptueux.* ◆ Qui aime, qui cherche la volupté, en parlant des personnes. *Une cour voluptueuse et dissolue.* ◆ N. m. et n. f. « *Othon, Sénécion, jeunes voluptueux »,* RACINE.

VOLUTE, n. f. [volyt] (ital. *voluta,* du lat. *volvere,* rouler) **Archit.** Ornement en forme de spirale d'un chapiteau de colonne ionique, corinthienne ou composite. ◆ Toute espèce d'enroulement semblable à ceux de la volute du chapiteau ionique. ◆ **Hist. nat.** Coquille univalve tournée en cône.

VOLUTÉ, ÉE, adj. [volyte] (*volute*) **Hist. nat.** Qui est contourné en volute.

VOLVAIRE, ◼ n. f. [vɔlvɛʀ] (lat. bot. *volvaria,* du lat. *volva,* enveloppe) Champignon blanc à volve, comestible. *Utilisation de la volvaire dans la cuisine asiatique.*

VOLVE, n. f. [vɔlv] (lat. *volva,* enveloppe) **Bot.** Membrane en forme de bourse qui enveloppe entièrement certains champignons pendant leur jeunesse. ◼ REM. On disait aussi *un volva* autrefois.

VOLVOX ou **VOLVOCE**, ◼ n. m. [vɔlvɔks, vɔlvɔs] (lat. *volvox,* chenille) Algue verte unicellulaire que l'on trouve en eau douce par colonies pouvant atteindre plusieurs milliers d'individus. *Les milliers de cellules qui composent la colonie de volvox communiquent entre elles par des prolongement cellulaires.*

VOLVULUS, ◼ n. m. [vɔlvylys] (mot sc., du lat. *volvere,* rouler) **Méd.** Torsion de l'anse intestinale. *Volvulus du côlon, de l'intestin grêle.*

VOMER, ◼ n. m. [vɔmɛʀ] (mot lat. class., soc de la charrue) **Anat.** Os qui constitue une partie de la cloison des fosses nasales. *Le vomer s'articule avec les maxillaires supérieures, les palatins et avec le sphénoïde et les cornets.*

VOMI, IE, p. p. de vomir. [vɔmi] N. m. **Fam.** Vomissure.

1 VOMIQUE, adj. f. [vɔmik] (lat. *vomicus,* qui fait vomir) *Noix vomique,* baie globuleuse, fruit du vomiquier, qui est un poison violent.

2 VOMIQUE, n. f. [vɔmik] (lat. *vomica,* abcès) **Méd.** Collections purulentes, enkystées ou non, formées dans la poitrine, susceptibles de se faire jour par les bronches et d'être évacuées par une sorte de vomissement.

VOMIQUIER, n. m. [vɔmikje] (1 *vomique*) Arbre qui produit la noix vomique.

VOMIR, v. tr. [vɔmiʀ] (lat. class. *vomere*) Rejeter par la bouche les matières contenues dans l'estomac. *Vomir de la bile, des aliments, etc.* ◆ **Pop.** *Vomir tripes et boyaux,* Voy. TRIPES. ◆ **Absol.** *Ce malade a vomi toute la nuit.* ◆ *Envie de vomir,* nausées, soulèvements de cœur. ◆ **Fig.** *Cela fait vomir,* cela est fort dégoûtant, fort ignoble. ◆ *À faire vomir,* se dit de ce qui excite le dégoût moral. ◆ **Par extens.** Il se dit de tout ce qui est rejeté par la bouche, bien que cela ne vienne pas de l'estomac. *Vomir du sang.* ◆ **Par extens.** Lancer, jeter, pousser au dehors. « *Et par cent bouches horribles, L'airain sur ces monts terribles Vomit le fer et la mort »,* BOILEAU. « *Aussitôt le mont Etna cessa de vomir les tourbillons de flammes »,* FÉNELON. ◆ **Fig.** « *Il vomira avec son âme les richesses qu'il avait dévorées »,* MASSILLON. ◆ **Fig.** Jeter beaucoup d'eau, en parlant d'une figure ou d'un masque de fontaine. ◆ **Fig.** Rejeter hors de son sein. « *Ces prodigieuses armées que l'Orient vomit de son sein »,* VOLTAIRE. ◆ **Fig.** Proférer des choses odieuses, injurieuses, violentes. *Vomir des impiétés, des blasphèmes, des injures, etc.* ◆ *Vomir feu et flamme,* proférer des paroles violentes. ◆ *Vomir son venin contre quelqu'un,* dire de lui tout le mal possible.

VOMISSEMENT, n. m. [vɔmis(ə)mɑ̃] (*vomir*) Acte par lequel les substances solides et liquides contenues dans l'estomac sont rejetées au dehors. *Vomissement des aliments.* ◆ Matières vomies. *Les vomissements furent abondants.* ◆ **Fig.** Dans le langage biblique, *retourner à son vomissement,* retomber dans ses désordres (image prise du chien qui revient à ce qu'il a vomi). ◆ Se dit

aussi de ce qui est rejeté par la bouche, sans venir de l'estomac. *Vomissement de sang.*

VOMISSURE, ◼ n. f. [vɔmisyʀ] (*vomir*) Matières vomies.

VOMITIF, IVE, adj. [vɔmitif, iv] (rad. du lat. *vomitus,* action de vomir) **Méd.** Qui fait vomir. *Drogue vomitive.* ◆ N. m. *Les vomitifs,* les agents médicamenteux doués d'une propriété vomitive constante et inhérente à un principe particulier.

VOMITOIRE, n. m. [vɔmitwaʀ] (lat. *vomitorius,* de *vomitus,* action de vomir) ▷ **Méd.** Syn. vieilli de vomitif. ◁ ◆ Dans les théâtres des anciens Romains, larges issues par où le peuple sortait. ◆ Se dit particulièrement des issues, des portes par lesquelles les spectateurs se répandaient sur les gradins.

VOMITO NEGRO, ◼ n. m. [vɔmitonegro] (mots esp., vomissement noir) Fièvre jaune, qui se caractérise par des vomissements noirs. *Des vomitos negros.*

VOMITURITION, n. f. [vɔmityʀisjɔ̃] (mot angl., de *to vomit,* vomir, et *micturition,* besoin anormalement fréquent d'uriner) **Méd.** Vomissement assez fréquent, mais sans grandes secousses et évacuant peu de matières. ◆ Espèce de vomissement avorté dans lequel les matières remontent de l'estomac dans l'œsophage, mais ne sont pas rejetées au dehors.

VORACE, adj. [vɔʀas] (lat. *vorax,* insatiable, de *vorare,* dévorer) Qui dévore, qui mange avec avidité. *Le vautour est très vorace.* ◆ *Homme vorace,* homme qui mange goulûment, avec avidité. ◆ *Estomac vorace,* estomac qui a besoin de beaucoup de nourriture. ◆ **Fig.** Qui fait preuve d'une grande avidité, qui recherche avant tout le profit. *Être en proie à des créanciers voraces.* ◼ REM. On dit plutôt *appétit vorace* auj. que *estomac vorace.* ◼ VORACEMENT, adv. [vɔʀas(ə)mɑ̃] *Dévorer un plat voracement.*

VORACITÉ, n. f. [vɔʀasite] (lat. *voracitas*) Avidité à manger. *La voracité des oiseaux de proie. Cet homme mange avec voracité.* ◆ **Fig.** Cupidité comparée à la voracité. *La voracité des courtisans.* ◆ **Fig.** Avidité de lecture.

VORTEX, ◼ n. m. [vɔʀtɛks] (mot lat.) **Phys.** Tourbillon creux dans un fluide en écoulement. *Dans l'hémisphère sud, le vortex tourbillonne dans le sens des aiguilles d'une montre et en sens inverse dans l'hémisphère nord.* ◼ **Météorol.** Enroulement en spirale de nuages caractéristique d'une dépression atmosphérique.

VORTICELLE, ◼ n. f. [vɔʀtisɛl] (lat. scient. *vorticella,* dimin. de *vortex*) **Biol.** Protozoaire muni d'un long pédoncule contractile et de rangées de cils qui provoquent des remous dans l'eau pour attirer les bactéries dont il se nourrit. *Les vorticelles forment des colonies.*

VOS, adj. poss. pl. [vo] Voy. VOTRE.

VOTANT, ANTE, n. m. et n. f. [vɔtɑ̃, ɑ̃t] (*voter*) Personne qui vote. ◆ Adj. *Les membres votants.*

VOTATION, n. f. [vɔtasjɔ̃] (*voter*) Action de voter. *La votation par tête.* ◆ L'énoncé même du vote, les votes. ◼ REM. S'emploie auj. encore couramment au Québec et en Suisse, mais plus en France.

VOTE, ◼ n. m. [vɔt] (mot angl., du lat. *votum,* vœu) Vœu exprimé dans un corps politique, dans une assemblée délibérante, dans une compagnie quelconque. *Donner son vote.* ◼ Acte électoral par lequel on exprime ce vœu. *Vote par correspondance, par procuration. Vote à main levée. Bureau de vote.* ◼ *Vote sanction,* par lequel on exprime son mécontentement, son désaccord. *Voter en opposition par rapport au gouvernement pour encourager un vote sanction.*

VOTÉ, ÉE, p. p. de voter. [vɔte]

VOTER, v. intr. [vɔte] (angl. *to vote,* du lat. médiév. *votare,* vouer) Donner sa voix, son suffrage dans une élection, une délibération. ◆ V. tr. Exprimer, au moyen du vote, son consentement à. *Voter une loi, le budget, etc.* ◆ ▷ Dans le langage général, *voter des remerciements,* se dit sans qu'il y ait aucune espèce de vote. ◁

VOTIF, IVE, adj. [vɔtif, iv] (lat. *votivus,* promis par vœu) Qui appartient au vœu. ◆ *Tableau votif,* tableau offert pour acquitter un vœu. ◆ **Antiq.** Se dit d'objets de toute espèce qu'on suspendait dans les temples, en mémoire de quelque faveur obtenue des dieux. *Les offrandes votives.* ◆ *Messe votive,* messe dite dans une intention particulière. ◆ *Fête votive,* fête de commémoration du saint patron d'une paroisse, d'un village. *Les fêtes votives camarguaises.*

VOTRE au pl. **VOS**, adj. poss. [vɔtʀ, vo] (lat. vulg. *voster,* du lat. class. *vester*) Il répond au pronom personnel *vous,* se met toujours devant le substantif, et se dit en parlant à une personne ou à plusieurs. *Votre ami.* ◆ Il se dit quelquefois non pas de ce que vous possédez, mais de ce dont vous parlez, de ce qui tient à vous d'une façon quelconque. « *Astarbé vous défend de découvrir au roi quel est votre étranger »,* FÉNELON. « *Vous voulez rire avec vos quatre millions »,* VOLTAIRE. ◆ Avec un nom de personne, il se dit souvent par dédain ou par colère. « *Voici votre Mathan* », RACINE. ♦ *Votre, vos,* placé devant les adverbes comparatifs, fait le superlatif. *Votre plus grande dépense. Vos moins chers volumes.*

VÔTRE (LE, LA), pron. poss. [votʀ] (*votre*) Il se dit de la personne ou de la chose qui est à vous, et dont il vient d'être parlé. « *Rome a ses droits; seigneur; n'avez-vous pas les vôtres?* », RACINE. ♦ On supprime quelquefois l'article. *Je suis vôtre à la vie, à la mort.* ♦ ▷ *Je suis vôtre,* se dit quelquefois pour s'excuser, pour refuser. ◁ ♦ **N. m.** Ce qui vous appartient. *Vous en serez du vôtre,* vous perdrez tout ou partie de ce qui vous appartient. ♦ Ce qui vient de vous. *Vous y avez mis du vôtre.* ♦ *Les vôtres,* vos parents, vos amis, vos adhérents, les personnes de votre compagnie, de votre pays. *Cette personne est des vôtres.* ♦ **Fam.** *Je suis bien le vôtre,* s'emploie par forme de salutation, pour : *je suis bien votre serviteur.* ♦ **Fam.** *Vous faites des vôtres,* se dit de quelqu'un qui fait des folies, de bons tours, ou qui agit à sa guise. ♦ *J'ai reçu la vôtre* [s. e. *lettre*] *du 13 juin.* ■ **Fam.** *À la vôtre,* à votre santé.

VOUÉ, ÉE, p. p. de vouer. [vwe]

VOUER, v. tr. [vwe] (b. lat. *votare*) Promettre par vœu. *Vouer un tableau à la Vierge.* « *Le religieux, fidèle observateur de la pauvreté qu'il a vouée, s'en tient au pur nécessaire* », BOURDALOUE. ♦ Particulièrement, consacrer à Dieu, à la Vierge, à un saint. *Ses parents l'ont voué à Dieu. Vouer sa fille à la Vierge.* ♦ ▷ *Vouer un enfant au blanc,* le vouer à être toujours vêtu de blanc jusqu'à tel âge. ◁ ♦ **Fig.** Promettre d'une manière particulière et avec une sorte de solennité. « *Je lui vouai dès lors une amitié sincère* », RACINE. ♦ Employer avec zèle, avec suite. *Il a voué sa plume à la défense de la religion.* ♦ Se vouer, v. pr. Se consacrer. *Se vouer au service de Dieu.* ♦ **Fig.** *Ne savoir à quel saint se vouer,* ne savoir à qui recourir, quel moyen employer. ♦ On dit à peu près dans le même sens : *se vouer à tous les saints.* ■ **V. tr.** Consacrer sa vie à. *Vouer sa vie aux chevaux.* ♦ Avoir des sentiments pour. *Vouer de la tendresse envers sa famille.* ♦ Destiner à un état de façon impérative et inexorable. *Faut-il vouer à l'oubli les crimes de l'époque? Cet immeuble est voué à la démolition.* ■ *Vouer aux gémonies,* Voy. GÉMONIES.

VOUGE, ■ n. f. [vuʒ] (b. lat. *vidubium,* faux, d'orig. gaul.) Outil composé d'une longue lame fixée à un manche servant à faucher. ■ REM. On dit auj. plus couramment *gouge.* ■ Arme des gardes du corps au XVIᵉ siècle, se rapprochant de la vouge des paysans. *La vouge est également appelée* couteau de brèche.

VOUIVRE, ■ n. f. [vwivʀ] (var. de *guivre*) Dans le folklore des régions de Lorraine, de Franche-Comté et du Jura, serpent mythique gardien d'un trésor fabuleux ou bien jeune fille, accompagnée de serpents, douée de pouvoirs fantastiques.

1 VOULOIR, v. tr. [vulwaʀ] (lat. pop. *volere,* du lat. class. *velle* d'apr. le rad. *vol*) L'impératif est *veuille, veuillons, veuillez.* Cependant l'Académie dit : *veux, voulons, voulez,* quand on engage à avoir une volonté ferme. Au présent du subjonctif, l'Académie donne *voulions, vouliez.* C'est un barbarisme assez récent et désormais autorisé par l'usage; mais c'est un meilleur usage de dire *veuillions, veuilliez.* ♦ Être en volonté de. « *Vouloir ce que Dieu veut est la seule science Qui nous met en repos* », MALHERBE. ♦ **Absol.** *Il ne faut que vouloir.* ♦ *Tu l'as voulu, vous l'avez voulu,* se dit par forme de reproche à quelqu'un qui a fait quelque faute contre laquelle il avait été prémuni. ♦ *Il ne sait ce qu'il veut,* se dit d'un homme irrésolu, qui ne sait pas se décider. ♦ Faire de quelqu'un ce qu'on veut, avoir un grand empire sur ses sentiments, sur ses actions. ♦ *Cet homme veut ce qu'il veut,* il l'exige, il le veut fortement. ♦ **Fam.** *Que veux-tu? Que voulez-vous?* (sous-entendu, *qu'on dise, qu'on fasse*) signifient : il en est ainsi. ♦ *Dieu le veuille!* se dit pour marquer qu'on souhaite qu'une chose arrive, ou qu'on en doute. ♦ *Vouloir,* avec un nom de personne pour complément, avoir la volonté que la personne soit telle ou telle, ou qu'elle se présente. *Je vous veux raisonnable.* ♦ Commander, exiger avec autorité. « *Il a dit : Je le veux, désobéirez-vous?* », P. CORNEILLE. ♦ Souhaiter, désirer. *Qu'est-ce que vous voulez?* ♦ Consentir à. *Oui, je le veux bien. Je veux bien l'avouer.* ♦ Par civilité, *veuille, veuillez,* aie, ayez la complaisance de. ♦ *Voulez-vous bien!* se dit quelquefois dans une formule impérative. *Voulez-vous bien vous taire!* ♦ Il s'emploie pour marquer la concession que l'on fait, pour admettre hypothétiquement une chose. « *Ils regorgent de biens et d'honneurs, je le veux* », BOURDALOUE. ♦ **Fam.** *Je veux bien que cela soit, je veux que cela soit,* je suppose que cela soit, quoique je n'en convienne pas, ou quand cela serait vrai. ♦ *Si vous voulez,* si vous l'admettez. ♦ Prétendre. « *Chacun veut en sagesse ériger sa folie* », BOILEAU. ♦ *Vouloir de,* avec un substantif pour complément, rechercher, accepter. « *Je ne veux point d'un trône où je sois leur captive* », P. CORNEILLE. ♦ **Pop.** *En veux-tu? en voilà,* abondamment, en grande quantité. ♦ Demander un prix d'une chose qu'on veut vendre. *Il veut cent mille francs de sa terre.* ♦ **Fig.** Se dit des choses qui ont de l'autorité. *La loi, la raison veut que...* ♦ *Le malheur, le bonheur a voulu que...,* il est arrivé par malheur, par bonheur que... ♦ **Fig.** Être d'un caractère à exiger l'emploi de (avec un nom de personne pour sujet). *Il y a des enfants qui veulent être menés par la crainte.* ♦ **Fig.** Demander, réclamer, avec un nom de chose pour sujet.

« *Et pour être approuvés De semblables projets veulent être achevés* », RACINE. ♦ Il se dit, dans un sens analogue, des cas régis par une préposition, par un verbe, des modes exigés par une conjonction. *Ce verbe veut l'accusatif. Quoique veut le subjonctif.* ♦ **Fig.** Se prêter à, avoir un nom de chose pour sujet. *Cette machine ne veut pas se marcher.* ♦ *Vouloir du bien, vouloir du mal à quelqu'un,* avoir de l'affection ou de la haine pour lui. ♦ *Vouloir du bien à quelqu'un,* être disposé à le protéger, à l'avancer. ♦ **Fig.** *Vouloir du mal, vouloir mal à une chose,* la condamner, en être irrité. « *Je suis sotte, et veux mal à ma simplicité De conserver encor pour vous quelque bonté* », MOLIÈRE. ♦ **Fig.** *Se vouloir mal de quelque chose,* s'en faire des reproches. « *Laissez; je me veux mal d'une telle faiblesse* », MOLIÈRE. ♦ *Vouloir le bien de quelqu'un,* vouloir lui être utile. ♦ *En vouloir à quelqu'un,* avoir contre lui un sentiment de rancune. ♦ *En vouloir à la vie de quelqu'un,* avoir formé le projet de le tuer. ♦ *En vouloir à,* avec un nom de chose comme complément, être irrité contre cette chose, la condamner. « *Voilà comme agissent ceux qui n'en veulent qu'aux erreurs, et non pas aux personnes* », PASCAL. ♦ *S'en vouloir,* se reprocher un tort. ♦ *En vouloir à,* avoir des prétentions sur. ♦ *En vouloir à,* diriger une attaque sur. « *D'autres disaient qu'on en voulait à quelque petite ville du pays de Trèves* », PELLISSON. ♦ *N'est-ce point qu'on en voudrait à mon argent?* », MOLIÈRE. ♦ *À qui en voulez-vous?* qui prétendez-vous attaquer? et aussi, qui demandez-vous? qui cherchez-vous? ♦ *À qui en veut-il?* de qui se plaint-il? ♦ *Vouloir dire,* signifier. *Que veut dire ce mot, ce procédé?* ♦ *Entendre ce que parler veut dire,* comprendre à demi-mot. ♦ *Que veut dire cet homme?* que prétend cet homme? que demande-t-il? ♦ **Prov.** *Ce que femme veut, Dieu le veut,* les femmes veulent ardemment ce qu'elles veulent, et viennent à bout de l'obtenir. ♦ *Sans le vouloir,* sans en avoir l'intention, involontairement. *Je l'ai blessé sans le vouloir.* ■ **Fam.** *Je veux!* s'emploie pour renforcer une affirmation. *Je t'appelle demain. — Je veux!* ■ REM. Auj. les seules formes courantes du subjonctif sont *voulions, vouliez.* ■ REM. L'impératif est rare en dehors des formules *ne m'en veuille pas, ne m'en veuillez pas, veuillez agréer.*

2 VOULOIR, n. m. [vulwaʀ] (1 *vouloir*) Acte de la volonté, action de vouloir. « *Pourvu que leur vouloir se range sous le nôtre* », P. CORNEILLE. ♦ *Malin vouloir,* intention maligne. « *De vos malins vouloirs voilà le digne issue!* », LA FONTAINE. ♦ *Mauvais vouloir, bon vouloir,* disposition défavorable, favorable à.

VOULU, UE, p. p. de vouloir. [vuly] ♦ Qu'on a cherché à obtenir. *Le résultat voulu.* ♦ **Bx-arts** Se dit de ce qui est fait dans une intention expresse et avec un soin particulier. *Effet voulu.* ♦ Commandé. *Les formalités voulues par la loi.* ♦ ▷ *Bien voulu, mal voulu,* pour qui on a de bonnes, de mauvaises dispositions. « *J'en serais mal voulu des hommes et des dieux* », P. CORNEILLE. ◁

VOUS, pron. pers. [vu] (lat. *vos*) Il se dit quand on adresse la parole à plusieurs personnes. « *Vous et celui qui vous mène, vous périrez* », FÉNELON. ♦ On s'en sert aussi au singulier par civilité, et alors l'adjectif qui s'y rapporte se met au singulier. *Vous êtes bon.* ♦ *Vous,* régime direct ou indirect, se place avant le verbe dont il est le complément. *Il vous aime. Il vous fait du bien.* ♦ À l'impératif, *vous* régime se place après le verbe. *Soignez-vous.* ♦ Dans les interrogations, *vous* régime de la phrase, se met avant. *Que faites-vous? D'où venez-vous?* ♦ Après *votre* on met quelquefois à *vous* pour indiquer d'une façon expressive la possession. *Votre maison à vous.* ♦ *Vous* devant le verbe *être* exprime quelquefois des liens de parenté ou d'amitié. *Vous savez ce qu'ils vous sont.* ♦ *Vous* explétif. « *Il vous prend sa cognée, il vous tranche la bête* », LA FONTAINE. ♦ Uni avec *même,* il marque plus expressément la personne. *Vous-même.* ♦ *Vous êtes, vous n'êtes pas vous-même,* vous restez, vous ne restez pas fidèle à votre caractère. ♦ *Vous deux,* se dit de deux personnes à qui l'on parle. ♦ *Un autre vous-même,* Voy. MÊME. ♦ *De vous à moi,* entre nous et sans que ce que je vous dis aille plus loin. ♦ *De vous à moi,* signifie aussi entre nous deux, qui nous connaissons. ♦ *Chez vous,* votre maison, votre famille. ■ REM. S'emploie comme complément avec la même valeur générale, indéfinie que *on* qui ne peut être que sujet. *On n'oublie jamais ceux qui vous sont chers.*

VOUSSOIR, n. m. [vuswaʀ] (lat. pop. *volsorium,* du lat. class. *volvere,* rouler) Voy. VOUSSURE. **Archit.** Toute pierre qui forme la voûte proprement dite. ■ REM. On disait aussi *vousseau* autrefois.

VOUSSOYER, ■ v. tr. [vuswaje] Voy. VOUVOYER.

VOUSSURE, n. f. [vusyʀ] (lat. pop. *volsura,* du lat. class. *volvere,* rouler) **Archit.** Courbure et élévation d'une voûte, d'une arcade. ♦ **Menuis.** Toute partie cintrée en élévation, ou en plan et en élévation, revêtant le haut d'une baie. ♦ **Anat.** Convexité surmontant plus ou moins une surface courbe.

VOÛTE ou **VOUTE,** n. f. [vut] (lat. pop. *volvita,* du lat. class. *volvere,* rouler) Construction en maçonnerie sur des cintres, laquelle recouvre un certain espace, et dont les éléments se maintiennent en équilibre et supportent une surcharge, en transmettant les pressions sur des points d'appui. ♦ *Voûte en* *berceau,* voûte dont l'axe est horizontal et dont les plans de tête sont normaux à cet axe. ◆ *Voûte plate,* voûte dont l'intrados est un plan horizontal. ◆ *Clé de voûte,* Voy. CLÉ. ◆ Par analogie, partie supérieure et en forme de cintre. *La voûte d'une caverne, d'un antre, etc.* ◆ *Voûte d'un fourneau à réverbère,* partie supérieure qui est léchée par la flamme, et qui réfléchit la chaleur sur la sole. ◆ **Mar.** *Voûte d'arcasse* ou simplement *voûte,* prolongement du pont à l'arrière des vaisseaux. ◆ **Fig.** *Une voûte de feuillage, de verdure,* berceau formé par les plantes grimpantes. ◆ **Fig.** *La voûte du ciel, la voûte azurée, la voûte bleue, étoilée, céleste,* le ciel. ◆ **Anat.** Tout ce qui est convexe et arrondi par sa surface extérieure, concave et arqué par sa surface intérieure. *Voûte du crâne. Voûte palatine* ou *voûte du palais.* ▪ *Voûte plantaire,* concavité de la plante du pied. ▪ *Voûte en plein cintre,* Voy. CINTRE.

VOÛTÉ, ÉE ou **VOÛTÉ, ÉE,** p. p. de voûter. [vute] **Hist. nat.** Qui a la forme d'une voûte. ◆ Il se dit du corps humain qui se courbe. *Un dos voûté.* ◆ **Absol.** Courbé par l'âge. ◆ Dont le haut se ferme par une voûte. *Cave voûtée.*

VOÛTER ou **VOÛTER,** v. tr. [vute] (*voûte*) Faire une voûte qui termine le haut d'une construction. *Voûter une église, une cave.* ◆ Se voûter, v. pr. Être en forme de voûte. ◆ Se dit des personnes dont la taille commence à se courber. ◆ V. tr. Donner la forme d'une voûte à quelque chose. *Voûter les épaules.*

VOUVOYER ou **VOUSSOYER,** v. tr. [vuvwaje, vuswaje] (*vous,* d'apr. *tutoyer*) Marquer la forme de politesse envers quelqu'un par l'emploi du *vous* et non du *tu. Vouvoyer ses étudiants. Dans cette entreprise, la familiarité n'est pas de mise et tout le monde se vouvoie.* ▪ REM. *Voussoyer* est vieux ou régional. ▪ VOUVOIEMENT, n. m. [vuvwamã] *Dans cette entreprise, le vouvoiement est de rigueur.*

VOUVRAY, ▪ n. m. [vuvRɛ] (*Vouvray,* commune d'Indre-et-Loire) Vin blanc réputé de Touraine. *Les vouvrays révèlent toutes leurs qualités après un long vieillissement en cave. Une bouteille de vouvray pétillant.*

VOX POPULI, ▪ n. f., sing. [vɔkspɔpyli] (loc. lat., la voix du peuple) Opinion générale, du plus grand nombre. *L'accusé était jugé, la vox populi avait donné sa sentence.*

VOYAGE, n. m. [vwajaʒ] (lat. *viaticum,* de *via,* route) Chemin qu'on fait pour aller d'un lieu à un autre lieu qui est éloigné. ◆ **Fig.** *Faire le voyage de l'autre monde, le grand voyage,* mourir. ◆ **Fig.** *La vie est un voyage,* nous ne faisons que passer sur cette terre. ◆ **Mar.** Campagne, navigation plus ou moins longue. ◆ *Voyage de long cours,* les longs voyages sur mer. ◆ *Voyages d'outre-mer,* les voyages que les chrétiens entreprenaient autrefois pour conquérir la Terre sainte, pour faire la guerre aux musulmans. ◆ Relation des événements d'un voyage (on met une majuscule). *Recueil de Voyages.* ◆ *Voyage pittoresque,* relation d'un voyage accompagnée de vues, de gravures. ◆ Allée et venue d'un lieu à un autre. *J'ai fait vingt voyages chez lui sans le trouver.* ◆ Course, commission d'un homme de peine. *Il faut payer les voyages de ce conducteur, de ce charretier.* ◆ Ce que transporte un homme ainsi employé. *Un voyage de bois, de charbon.* ◆ Séjour dans un lieu où l'on ne fait pas sa demeure habituelle. *Le voyage de la cour à Fontainebleau.* ▪ *Les gens du voyage,* ensemble des personnes qui vivent en nomades dans une société sédentaire. *Structures d'accueil pour les gens du voyage dans une ville.* ▪ **Spécialt** Les voyages en tant que loisirs, en tant qu'activité touristique. *Une agence de voyages. Être en voyage. Partir en voyage organisé.* ◆ *Voyage de noces,* voyage qui suit le mariage d'un couple. ◆ **Fig.** et **fam.** *Ça vaut le voyage,* cela présente un intérêt suffisamment grand pour accepter de se déplacer. *Cette exposition vaut le voyage.* ▪ **Par extens.** *Un voyage dans le temps.* ▪ **Fam.** État d'hallucination résultant de la prise de drogue dure. ▪ REM. Auj. on dit également *voyage au long cours.*

VOYAGER, v. intr. [vwajaʒe] (*voyage*) Faire voyage, aller en pays éloigné. ◆ Il se dit aussi des oiseaux. « *Les grues se mettent en ordre pour voyager* », BUFFON. ◆ **Fig.** « *Chaque soleil est le centre de plusieurs planètes qui voyagent continuellement autour de lui* », VOLTAIRE. ◆ Être transporté, en parlant d'objets. *Cette lettre voyagera toute la nuit.* ◆ **Prov.** *Qui veut voyager loin, ménage sa monture,* Voy. MÉNAGER.

VOYAGEUR, EUSE, n. m. et n. f. [vwajaʒœr, øz] (*voyage*) Celui, celle qui est actuellement en voyage. ◆ Particulièrement, celui qui fait ou a fait de grands voyages. *Les voyageurs français Chardin et Tavernier.* ◆ ▷ **Fig.** En termes de dévotion, le fidèle qui vit sur la terre, par opposition aux saints qui jouissent du bonheur éternel. « *Nous sommes en ce monde comme des voyageurs bannis de notre patrie* », FLÉCHIER. ◁ **Adj.** « *Les oies voyageuses* », BUFFON. ◆ *Commis voyageur,* commis qui voyage pour les affaires d'une maison de commerce. ◆ **N. m.** Passager dans les transports en commun. *Terminus : les voyageurs sont invités à descendre du train.* ▪ *Train de voyageurs,* contrairement au train de marchandises, train qui transporte des personnes. ▪ REM. On dit plus couramment aujourd'hui *voyageur de commerce* que *commis voyageur.*

VOYAGISTE, ▪ n. m. et n. f. [vwajaʒist] (*voyage*) Personne, entreprise ou organisme qui commercialise des voyages. *Réserver un vol et un hôtel auprès d'un voyagiste.*

VOYANCE, ▪ n. f. [vwajãs] (*voyant*) Faculté présumée chez certaines personnes de prédire l'avenir ou de voir dans le passé. *Don de voyance.* ▪ Activité liée à ce don. *Faire de la voyance.*

VOYANT, ANTE, adj. [vwajã, ãt] (*voir*) Qui voit. ◆ ▷ À l'hospice des Quinze-Vingts, *frères voyants,* ceux qui voient clair et qui sont mariés à une femme aveugle. ◁ ◆ ▷ *Sœurs voyantes,* les femmes qui voient clair et qui sont mariées à des aveugles. ◁ ◆ **N. m.** et **n. f.** *Les voyants.* ◆ Au sens passif, qu'on voit, en parlant de couleurs, d'étoffes éclatantes. *Une couleur voyante. Robe voyante.* ◆ **N. m. Relig.** Prophète. « *De toutes parts le peuple de Dieu vient à Silo consulter le voyant* », MASSILLON. ◆ Nom donné aux gnostiques et à d'autres sectaires, pour exprimer leurs prétentions à des connaissances surnaturelles. ◆ Plaque de tôle ou de bois, moitié noire, moitié blanche, et dont la ligne qui sépare les deux couleurs est horizontale ; on l'emploie dans les opérations du nivellement ◆ **Mar.** Sorte de réflecteurs qu'on place sur des bouées à l'entrée des ports ou dans des passages difficiles. ▪ **N. m.** et **n. f.** Personne qui prétend avoir des dons de visions. *Consulter un voyant.* ▪ **N. m.** Signal lumineux. *Les voyants d'un cockpit. Le four est chaud quand le voyant s'éteint.*

VOYELLE, n. f. [vwajɛl] (anc. fr. *voieul,* du lat. *vocalis*) **Gramm.** Lettre qui représente une voix. *Il y a six voyelles en français.* ◆ *Voyelle simple,* celle qui s'écrit avec un seul caractère, par opposition à *voyelle composée.* ◆ Le son même, la voix qui est représentée par la voyelle. *Deux voyelles prononcées ensemble forment une diphtongue.* ◆ *Semi-voyelles,* les voyelles commençant la diphtongue : *i* dans *pied, u* dans *huile.* ◆ *Points-voyelles,* Voy. POINT. ◆ **Phonét.** *Voyelle ouverte,* que l'on prononce avec la langue en position basse dans la cavité buccale, et qui nécessite ainsi l'ouverture plus grande de la bouche. *Le è est une voyelle ouverte. Voyelle fermée,* avec la langue en position élevée et la bouche plus fermée. *Le u est une voyelle fermée.* ▪ REM. Le *ou* de *oui* est associé aux semi-voyelles. ▪ REM. Les semi-voyelles sont également appelées *semi-consonnes.*

VOYER, n. m. [vwaje] (lat. *vicarius,* qui remplace, avec influ. de *voie*) ▷ Officier préposé à la police des chemins et à celle des rues. ◆ **Adj.** *Architecte voyer.* ◆ *Agents voyers,* agents chargés d'entretenir et de construire les chemins de vicinalité. ◁

VOYEUR, EUSE, n. m. et n. f. [vwajœr, øz] (*voir*) Personne à la curiosité malsaine, qui aime observer sans être vue. ▪ Individu qui prend un plaisir malsain à regarder les personnes nues ou les ébats sexuels d'un couple.

VOYEURISME, ▪ n. m. [vwajœrism] (*voyeur*) Attitude de voyeur plus particulièrement associée à une perversion sexuelle. ▪ **Fig.** Divulgation de propos ou d'images qui touchent à la sphère privée et portent atteinte à l'intégrité. « *Dernier avatar de la télé mondialisée, le voyeurisme cathodique fait des ravages chez nos voisins ibères, où la vie privée n'est protégée par aucune législation particulière* », L'Express.

VOYOU, ▪ n. m. [vwaju] (*voie,* p.-ê. d'apr. *filou*) Individu de mauvaise vie, sans moralité et généralement associé à des activités douteuses. « *C'était, c'était, c'était Les gens sur la passerelle, C'étaient les voyous du quartier* », TRÉNET. ◆ Enfant mal élevé, impoli et aux mauvaises manières. *Un petit voyou.* ▪ **Adj.** *Avoir un air voyou. Une fille voyou.* ▪ REM. On trouve parfois *voyoute* au féminin. *Une drôle de voyoute.*

VOYOUTOCRATIE, ▪ n. f. [vwajutokrasi] (*voyou* et -*cratie,* d'apr. *aristocratie*) **Fam.** Domination des personnes corrompues dans les affaires politiques, publiques. *Tout le gratin de la voyoutocratie se trouvait là.*

VPC, ▪ n. f. [vepese] (sigle de *vente par correspondance*) Voy. VENTE.

VRAC, loc. adv. [vRak] (néerl. *wrac,* objet de rebut) **Mar.** *Jeter en vrac,* jeter sans soin et comme au hasard des objets qu'on rangera plus tard, ou qui peuvent faire un voyage dans le fond d'un navire, sans être mis dans des sacs, des barils, des caisses, etc. ◆ *Poisson en vrac,* poisson mis en barils sans être rangé. *Harengs salés en vrac.* ◆ **En vrac,** se dit aussi des expéditions par le roulage ou par les chemins de fer. *Les pommes de terre se chargent en vrac.* ◆ EN VRAC, loc. adv. En désordre, sans être rangé. *Il a mis ses affaires en vrac dans sa valise.* ◆ **Fig.** *Je vous soumets là quelques idées en vrac.* ◆ Qui n'est pas emballé, pas conditionné. *Acheter des fruits en vrac.* ◆ **N. m.** *Le vrac,* ensemble des marchandises qui ne sont pas emballées. ▪ REM. Graphie ancienne : *vraque.* On disait également *vrague.*

VRAI, AIE, adj. [vRɛ] (lat. *verus*) Conforme à la réalité, à ce qui est. *Il y a quelque chose de vrai dans ce que vous dites. Le vrai système du monde.* ◆ *Il n'est que trop vrai, il est trop vrai,* se dit pour affirmer une chose qu'on regrette, qu'on déplore. ◆ *Aussi vrai qu'il fait jour, aussi vrai que nous sommes ici,* etc., se disent pour affirmer énergiquement quelque chose. ◆ ▷ *Il est vrai de dire* ◁ ou simplement *il est vrai,* s'emploie lorsqu'on veut expliquer, restreindre, modifier. ♦ ▷ *Toujours est-il vrai de dire* ◁ ou simplement *toujours est-il vrai*, néanmoins. ♦ *Une personne vraie*, une personne qui ne perd jamais rien de son naturel. ♦ Qui parle et agit sans déguisement. « *Le premier mérite d'un auteur est d'être vrai ; être éloquent n'est que le second* », D'ALEMBERT. ♦ **Littér.** et **bx-arts** Qui rend, qui exprime avec vérité les pensées, les objets. *Un style vrai. Des animaux vrais.* ♦ **Astron.** *Temps vrai, jour vrai*, Voy. TEMPS. ♦ *Lieu vrai*, celui où les astronomes verraient un astre s'ils étaient placés au centre de la terre. ♦ **Mar.** Réduit, corrigé, en parlant de la longitude, de la latitude, etc. ♦ Qui est réellement ce qu'on annonce, ce qu'il doit être. *Un vrai diamant.* « *La vraie épreuve de courage N'est que dans le danger que l'on touche du doigt* », LA FONTAINE. ♦ On dit de même en mauvaise part : *C'est un vrai fripon, etc.* ♦ Par exagération. *Cet homme est un vrai lion, un vrai cheval, un vrai singe, etc.*, il a le courage du lion, quelque chose de la nature du cheval, du singe, etc. ♦ On dit de même : *C'est un vrai supplice, un vrai martyre, etc.* ♦ Unique, principal, essentiel. *Voilà le vrai motif de son action.* ♦ Convenable. *C'est là votre vraie place.* ♦ **N. m.** *Le vrai*, conformité avec la réalité, ou condition des choses produisant une impression par laquelle nous percevons que ces choses sont conformes à d'autres choses connues de nous ou à leur type conservé dans notre esprit. « *Il y a bien des gens qui voient le vrai, et qui n'y peuvent atteindre* », PASCAL. ♦ Ce qui est opposé à l'erreur, ce qui est conforme à la vérité. *Prendre le faux pour le vrai.* ♦ *À dire vrai, à vrai dire, à dire le vrai*, locution qui sert à affirmer. « *À vous dire le vrai, cette hauteur m'étonne* », P. CORNEILLE. ♦ **Littér.** et **bx-arts** Fidèle imitation de la nature. « *Rien n'est beau que le vrai ; le vrai seul est aimable* », BOILEAU. ♦ ▷ En anciens termes de finance, *état au vrai*, le tableau exact du produit des revenus de l'État et de ses dettes. ◁ ♦ *Vrai*, pris adverbialement, vraiment. *Vous avez dit cela, vrai ?* ♦ *Pas vrai ?* n'est-il pas vrai ? ♦ AU VRAI, **loc. adv.** *Selon le vrai*, conformément à la vérité. ♦ *Voilà, au vrai, tout ce qu'il s'est passé en cette expérience* », PASCAL. ♦ DE VRAI, **adv.** Même sens. « *Ce qu'elle me disait est, de vrai, fort étrange* », P. CORNEILLE. ♦ POUR VRAI, **loc. adv.** En vérité. ♦ DANS LE VRAI, **loc. adv.** Véritablement. ■ *Être dans le vrai*, ne pas se tromper. *Je suis sûr d'être dans le vrai avec la résolution de cette formule mathématique.* ■ **Fam.** *Pour de vrai*, réellement.

VRAI-FAUX, VRAIE-FAUSSE, ■ **adj.** [vʀɛfo, vʀɛfos] (*vrai* et 2 *faux*) **Ironiq.** Qui est faux, falsifié bien qu'établi par une autorité compétente. *L'affaire des vraies-fausses factures.*

VRAIMENT, **adv.** [vʀɛmɑ̃] (*vrai*) En effet, effectivement. « *Rapport vraiment funeste, et sort vraiment tragique* », P. CORNEILLE. « *Mais un roi vraiment roi...* », BOILEAU. ♦ Il sert à affirmer plus fortement. *Vraiment oui.* ♦ Il exprime l'étonnement. *Je pars demain. - Vraiment !* ♦ Il se dit aussi par ironie. *Ah ! vraiment oui, je vous en croirai.* ♦ Beaucoup, très. *Je n'aime pas vraiment cela. Il fait vraiment froid aujourd'hui.*

VRAISEMBLABLE, **adj.** [vʀɛsɑ̃blabl] (*vrai* et *semblable*, calqué sur le lat. *versimilis*, de *ver*, vrai, et *similis*, semblable) Qui paraît vrai, qui a l'apparence de la vérité. « *Le vrai peut quelquefois n'être pas vraisemblable* », BOILEAU. ♦ **N. m.** « *Le vraisemblable n'arrive pas toujours* », VOLTAIRE.

VRAISEMBLABLEMENT, **adv.** [vʀɛsɑ̃blabləmɑ̃] (*vraisemblable*) Apparemment, selon la vraisemblance. « *Il arrivera aujourd'hui.* » D'une manière qui fait croire. « *Je savais que la philosophie donne moyen de parler vraisemblablement de toutes choses* », DESCARTES.

VRAISEMBLANCE, **n. f.** [vʀɛsɑ̃blɑ̃s] (*vrai* et *semblance*, calqué sur le lat. *versimilitudo*, de *ver*, vrai, et *similitudo*, ressemblance) Apparence de vérité. « *La découverte du vrai dans la plupart des choses dépend de la comparaison des vraisemblances* », NICOLE. « *Il y a si peu de vraisemblance à cette conduite, qu'elle ne doit être regardée que comme un aveuglement* », MME DE SÉVIGNÉ. ♦ Les apparences, les convenances de la société. « *Écoutez ; conservons toutes les vraisemblances* », GRESSET. ♦ *Vraisemblance dramatique :* elle consiste en ce que les diverses parties de l'action se succèdent de manière à ne heurter en rien la croyance ou le jugement des spectateurs. ■ *Selon toute vraisemblance*, vraisemblablement.

VRAQUIER, ■ **n. m.** [vʀakje] (*vrac*) Navire qui transporte les marchandises en vrac. *Un vraquier qui transporte du blé, du pétrole.*

VRENELI, ■ **n. m.** [fʀɛn(ə)li] (vaudois) Pièce d'or de 20 francs suisses portant l'effigie d'une femme. *Des vrenelis.*

VRILLAGE, ■ **n. m.** [vʀijaʒ] (*vriller*) Action de vriller, de se vriller ; résultat de cette action. *Un mât trop rigide risque d'empêcher le vrillage adéquat de la voile.* ■ **Spécialt** Défaut des fibres textiles, des fils qui vrillent. *Le vrillage d'une ligne de canne à pêche.*

VRILLE, **n. f.** [vʀij] (lat. *viticula*, cep de vigne) Outil de fer terminé par une espèce de vis, qui sert à percer le bois. ♦ *Des yeux percés en vrille*, de petits yeux que l'on compare à une ouverture faite avec la vrille. ♦ **Bot.** Production filamenteuse en forme de tire-bouchon, au moyen de laquelle les plantes grimpantes et sarmenteuses s'attachent aux corps qui les environnent. *Les vrilles de la vigne.* ■ **Aviat.** Chute ou figure acrobatique d'un

avion qui descend la tête la première en tournant sur lui-même. *Des exercices de vrille.* ■ *En vrille*, en tournoyant verticalement. *Une fusée de feu d'artifice qui part en vrille.* ■ **Fig.** et **fam.** *Partir en vrille*, faire des choses insensées, peu habituelles. *Depuis que sa femme l'a quitté, il est parti en vrille.*

VRILLÉ, ÉE, **p. p.** de vriller. [vʀije] Qui a une disposition en forme de vrille. ♦ *Laine vrillée*, se dit de la laine des mérinos. ♦ **N. f.** *Vrillée*, le liseron.

VRILLER, **v. tr.** [vʀije] (*vrille*) Faire des trous avec une vrille. ♦ **V. intr.** Prendre la forme de vrille. ♦ Pirouetter en montant, suivant un mouvement hélicoïdal, comme certaines pièces d'artifice.

VRILLERIE, **n. f.** [vʀij(ə)ʀi] (*vrille*) Art de faire des vrilles. ♦ Atelier où l'on fabrique des vrilles.

VRILLETTE, **n. f.** [vʀijɛt] (dimin. de *vrille*) Genre de coléoptères.

VRILLIER, **n. m.** [vʀije] (*vrille*) ▷ Celui qui fait des vrilles et autres menus outils de fer ou d'acier. ◁

VROMBIR, ■ **v. intr.** [vʀɔ̃biʀ] (onomat.) Émettre un son vibrant et intense, une sorte de bourdonnement souvent produit par rotation. *Le moteur vrombissait dans un vacarme assourdissant.*

VROUM, ■ **interj.** [vʀum] (onomat.) Bruit que fait un moteur qui accélère. *Vroum, vroum ! Les voitures sur la ligne de départ n'en finissaient pas de se jauger en attendant que le feu vert apparaisse.*

VRP, ■ **n. m.** et **n. f. inv.** [veeʀpe] (sigle de *voyageur représentant placier*) Représentant de commerce qui se déplace en clientèle et prospecte pour le compte d'une ou de plusieurs entreprises. *Une VRP multicartes.*

VS, ■ **prép.** [veʀsys] (abrév. de *versus*) Voy. VERSUS.

VSAT, ■ **n. m.** [vesat] (acronyme de l'angl. *very small aperture terminal*, antenne satellite de très petit diamètre) Antenne parabolique de très petit diamètre, servant à relier par satellite des sites dispersés sur un grand territoire. *Un réseau de VSAT comprend généralement une station pivot et des stations terriennes dépendantes.* ■ En appos. *Le déploiement des réseaux VSAT sur le continent africain.* ■ **Rem.** Recomm. offic. : *microstation terrienne* ou *microstation.*

VTC, ■ **n. m.** [vetese] (sigle de *vélo tout chemin*) Vélo spécialement conçu pour les randonnées sur voies carrossables. *Le VTC tient à la fois du vélo de ville et du VTT.*

VTT, ■ **n. m.** [vetete] (sigle de *vélo tout-terrain*) Vélo conçu pour une pratique tout-terrain, dépouillé de garde-boue et muni de pneus plus larges et crantés. *Un VTT à suspensions.* ■ Sport de vélo tout-terrain. *Pratiquer le VTT.* ■ **VÉTÉTISTE**, **n. m.** et **f.** [vetetist]

VU, UE, ■ **p. p.** de voir. [vy] ♦ **Fam.** *Ni vu ni connu*, se dit d'une chose dont on ne sait rien. ♦ **Fig.** *À boule vue*, Voy. BOULE. ♦ *Lettre de change payable à lettre vue* ou simplement *payable à vue*, celle qui doit être payée dès qu'elle est présentée. ♦ **Fig.** *Bien vu*, se dit de quelque chose qui est conçu avec justesse. ♦ *Bien vu, mal vu*, reçu avec approbation, désapprobation. ♦ *Vu* s'emploie d'une manière invariable dans certaines formules de pratique, de chancellerie et d'administration. *Vu par la cour les pièces mentionnées*, c'est-à-dire les pièces mentionnées ayant été vues par la cour. *Vu la loi du, etc.* ♦ Eu égard à. *Vu le prix.* ♦ VU QUE, **loc. conj.** Attendu que, puisque. ♦ *Vu*, en termes de pratique, est quelquefois substantif. *Le vu d'un arrêt, le vu d'une sentence*, ce qui est exposé dans un arrêt, dans une sentence rendus sur les productions respectives ; les pièces, les raisons qui y sont énoncées avant le dispositif. ♦ *Sur le vu des pièces*, sur l'examen des pièces. ♦ *Au vu de tout le monde*, à la connaissance de tout le monde. ♦ *Au vu et au su de tout le monde*, au grand jour, ostensiblement. ■ *C'est tout vu*, c'est tout réfléchi.

VUE, **n. f.** [vy] (fém. de *vu*, p. p. de *voir*) Étendue de ce qu'on peut voir du lieu où l'on est. *Cette terrasse n'a qu'une vue bornée.* ♦ *Avoir de la vue*, être dans une situation d'où l'on découvre une grande étendue de pays. ♦ Manière dont les objets se présentent au regard. *Vue de face.* ♦ *Plan à vue d'oiseau*, un plan de bâtiment, de jardin, de campagne vu de haut en bas. ♦ *Cet édifice est en belle vue*, il s'aperçoit de fort loin. ♦ Tableau, dessin, estampe qui représente un lieu, un palais, une ville, etc. *Des vues d'Italie.* ♦ *Vue perspective*, par opposition à *vue géométrale*, vue d'un édifice où sont rendus les effets de la perspective. ♦ **Fig.** « *Horace, Tibulle, Properce, Ovide, ont crayonné quelques vues de la nature* », CHATEAUBRIAND. ♦ Aspect, présence. « *Sa vue embarrassait : il fallut s'en défaire* », BOILEAU. ♦ *À la vue de*, en présence de. « *Je vous écris à la vue de la terre de Barbarie* », VOITURE. « *Je le vis, je rougis, je pâlis à sa vue* », RACINE. ♦ **Fig.** « *Il excite son humilité à la vue de son néant* », FLÉCHIER. ♦ *À la vue de*, d'une manière publique, patente. ♦ Faculté de voir ; celui des cinq sens dont l'œil est l'organe et par lequel nous distinguons les couleurs. ♦ ▷ *À la vue simple*, avec l'œil non armé d'un verre grossissant. ◁ ♦ *Vue longue*, se dit des yeux qui discernent les objets à une grande distance. ♦ *Vue courte, vue basse*, se dit des yeux qui ne discernent les objets qu'à une courte distance. ♦ **Fig.** « *Les vues* *courtes, je veux dire les esprits bornés et resserrés dans leur petite sphère* », La Bruyère. ◆ *Avoir la vue trouble*, ne pas voir clair. ◆ ▷ *Tant que la vue se peut étendre*, jusqu'où la vue peut porter, jusqu'où les yeux peuvent apercevoir. ◁ ◆ Le regard même. « *Ébloui d'un éclat si fort, je suis contraint de baisser la vue* », Bossuet. ◆ **Fig.** « *Quoi ! de quelque côté que je tourne la vue, La foi de tous les cœurs est pour moi disparue !* », Racine. ◆ ▷ **Fig.** *Jeter la vue sur*, ◁ examiner, considérer. ◆ *Tout d'une vue, d'une seule vue*, d'un seul et même regard. « *Ils ont l'esprit plus libre pour envisager d'une seule vue le gros de l'ouvrage* », Fénelon. ◆ *Avoir la vue sur quelqu'un*, veiller actuellement sur sa conduite. ◆ Les yeux, l'organe de la vue. « *La troupe des chasseurs, au héros accourue, Par des cris redoublés lui fait ouvrir la vue* », La Fontaine. ◆ *Le soleil me donne dans la vue*, il me frappe l'œil et me gêne. ◆ **Fig.** *Donner dans la vue*, frapper par un éclat agréable ; exciter l'attention, le désir, l'ambition. ◆ **Chasse** *Chasser à la vue* ou *à vue*, voir la bête en la poursuivant. ◆ *Vue*, fanfare que l'on sonne lorsqu'on voit l'animal par suite. ◆ **Mar.** *Tenir un navire en vue* ou *à vue*, combiner sa route ou ses manœuvres pour ne pas cesser de le voir. ◆ ▷ *Périr par non-vue*, périr faute d'avoir eu assez de temps ou de jour pour apercevoir les côtes ou les rochers. ◁ ◆ *Lunette de longue vue*, ou *longue-vue*, Voy. **long.** ◆ *Seconde vue*, prétendue faculté que l'on attribue à certains individus, de voir, par l'imagination, des choses qui existent en des lieux éloignés. ◆ Fenêtre, ouverture d'une maison par laquelle on voit sur les lieux voisins. ◆ *Vue de servitude, de souffrance*, celle qu'on doit souffrir en vertu d'un titre. ◆ Partie du casque où sont ménagées des fentes ou des trous correspondant aux yeux de l'homme d'armes. ◆ **Hérald.** Grilles qui ferment un casque. ◆ Inspection des choses qu'on voit. *Regardez ces étoffes, la vue n'en coûte rien.* ◆ *D'une première vue, à la première vue*, la première fois qu'on voit. *Juger d'une chose à la première vue.* ◆ ▷ *Déchiffrer un morceau à la première vue* ◁ ou *à première vue*, le jouer, le chanter sans l'avoir étudié préalablement. ◆ **Financ.** et **comm.** *Payable à vue*, payable au moment de la présentation. ◆ **Théol.** *La vue de Dieu*, état des bienheureux qui voient Dieu, et fig. le souvenir incessamment présent de Dieu. ◆ **Fig.** Il se dit de l'esprit qui voit les choses intellectuelles, comme le corps voit les choses matérielles. « *La longue expérience des choses passées et l'habitude du travail donnaient de grandes vues sur toutes choses* », Fénelon. ◆ Il se dit de Dieu en un sens analogue. *Rien n'est caché à la vue de Dieu.* ◆ Fin qu'on se propose, considération. *Dans la vue de vous plaire.* ◆ *En vue de*, dans l'intention de, en considération de. ◆ *Avoir une chose en vue*, se la proposer pour objet. ◆ *Avoir quelqu'un en vue*, faire une chose à l'intention de quelqu'un, soit en bien, soit en mal ; faire allusion à lui ; vouloir donner à quelqu'un un emploi, une faveur. ◆ *Avoir des vues sur quelqu'un*, avoir l'intention de l'employer à quelque chose. ◆ *Avoir des vues sur quelque chose*, souhaiter de l'obtenir. ◆ *Jeter ses vues sur quelqu'un*, sur quelque chose, songer à capter quelqu'un, à gagner quelque chose. Projet, dessein. ◆ *Dites-moi donc vos vues pour cet hiver* », Mme de Sévigné. ◆ Manière de voir, opinion. « *Tous ces auteurs ont des vues très différentes* », Bossuet. ◆ Aperçu, idée. « *Votre lettre est pleine de vues fines* », Voltaire. ◆ *Point de vue*, le point sur lequel la vue se dirige ou s'arrête. ◆ *Point de vue* ou simplement *point*, le degré de longueur qu'il faut donner à la lunette pour que la vision soit distincte. *Mettre une lunette à son point de vue, à son point.* ◆ En parlant des lunettes à lire, *elles sont, elles ne sont pas à mon point*, la distance à laquelle elles font converger les rayons lumineux convient ou ne convient pas à ma vue. ◆ Assemblage d'objets sur lesquels la vue se dirige et s'arrête dans un certain éloignement. *Point de vue.* ◆ **Fig.** « *L'âme n'a qu'un point de vue, qui est le ciel ; hors de là, rien ne l'inquiète* », Bourdaloue. ◆ T. de perspective. *Point de vue*, endroit précis où il se faut placer pour bien voir un objet ; celui où l'objet doit être placé pour être bien vu. ◆ *Point de vue*, le point que le peintre ou le dessinateur choisit pour mettre les objets en perspective et vers lequel il paraît que les rayons qui sont censés partir de l'œil du spectateur. ◆ **Fig.** Les différentes manières dont un homme ou une affaire peut ou doit être considérée. « *La vie privée est presque toujours le point de vue le moins favorable à la gloire des grands* », Massillon. ◆ **Fig.** et **fam.** *C'est là son point de vue*, c'est à cela qu'il aspire. ◆ *Avec dans.* « *À mesure que Richelieu s'éloigne de nous, il est mieux dans son point de vue* », Fénelon. ◆ *Avec sous.* « *L'on réunit sous un même point de vue les préceptes et les exemples que l'Écriture nous fournit* », Bossuet. « *Ils voient le sujet sous un point de vue, et l'auteur l'a envisagé sous un autre* », Voltaire. ◆ À vue, *loc. adv.* En conservant le regard sur. ◆ *Garder un prisonnier à vue*, le garder de manière à ne pas cesser de le voir. ◆ *À vue de*, à la distance où l'on aperçoit. *Nous mouillâmes à vue de terre.* ◆ *À vue d'œil*, autant qu'on en peut juger par la vue seule. ◆ *À vue d'œil*, d'une manière visible, sensible. ◆ ▷ *À vue de pays*, en se dirigeant, sans savoir la route de l'endroit où l'on va, sur l'aspect des lieux et fig. en se réglant sur ce qu'on sait, sur ce qu'on imagine. ◆ **Fig.** *Juger à vue de pays*, juger en gros et sans entrer dans le détail. ◁ ◆ *De vue*, avec la vue. ◆ *Connaître quelqu'un de vue*, le connaître pour l'avoir vu seulement, le connaître de visage. ◆ *Perdre une personne, une chose de vue*, ne plus l'apercevoir. ◆ *Ne pas perdre quelqu'un de vue*, le surveiller soigneusement. ◆ **Fig.** *Perdre de vue une personne*, cesser de la voir, de la fréquenter ; être longtemps sans

en entendre parler. ◆ **Fig.** *Perdre de vue une affaire*, cesser de s'en occuper. ◆ **Fig.** *Perdre un sujet de vue*, faire une digression. ◆ **Fig.** *Perdre de vue*, ne pas suivre en idée un objet. ◆ **Fig.** *On ne peut le suivre, on le perd de vue*, se dit d'un homme qui tient des discours difficiles à suivre, à comprendre. ◆ **Fig.** *Se perdre de vue*, cesser d'exercer la surveillance sur soi-même, de se connaître. ◆ *Se perdre de vue, être perdu de vue*, cesser d'être aperçu, d'être pris en considération. ◆ *À perte de vue*, si loin qu'on ne peut distinguer les objets. ◆ **Fig.** *Des spéculations à perte de vue.* ◆ *À perte de vue*, se dit aussi de choses qui ne finissent pas. « *Ne vous amusez point à répondre aux discours à perte de vue que je vous écris dans mon loisir* », Mme de Sévigné. ◆ **Fig.** et **fam.** *Raisonner à perte de vue*, faire des raisonnements vains et vagues qui n'aboutissent à rien. ◆ On dit de même : *Des raisonnements à perte de vue.* ◆ *En vue*, de manière à être vu, aperçu. *Ces marchandises sont bien en vue. Mettre une chose en vue.* ◆ *Être en vue*, pouvoir être aperçu. ◆ *Garde à vue*, garde d'un suspect en prison. *Placer quelqu'un en garde à vue.* ■ **Fam.** *À vue de nez*, environ. *À vue de nez, il y a 10 mètres qui séparent ces deux maisons.* ■ **Fam.** *En mettre plein la vue*, épater. *Avec son tour de magicien, il nous en a mis plein la vue.* ■ *Vue de l'esprit*, conception mentale loin de la réalité. *Le stress n'est qu'une vue de l'esprit.*

VULCAIN, n.m. [vylkɛ̃] (lat. *Vulcanus*, dieu romain) **Mythol.** Le dieu du feu, fils de Jupiter et de Junon. ◆ **Fig.** et **poétiq.** Forgeron. ◆ Espèce de papillon.

VULCANIEN, IENNE, adj. [vylkanjɛ̃, jɛn] (rad. du lat. *Vulcanus*, Vulcain) ▷ **Géol.** Se dit de l'hypothèse qui attribue au feu la formation de la Terre, ainsi que les principales révolutions qui en ont modifié la surface. ◁ ◆ ▷ N. m. et n. f. *Les vulcaniens*, les partisans de cette hypothèse. ◁ ■ **Adj.** Relatif aux volcans et à ses éruptions volcaniques lorsque les explosions prédominent sur l'émission de lave. *Les magmas impliqués dans le type vulcanien sont modérément visqueux.*

VULCANIQUE, adj. [vylkanik] (rad. de *vulcanien*) **Géol.** Qui appartient à l'incandescence centrale de la terre. *Des pierres vulcaniques.* ■ **Rem.** S'emploie parfois aujourd'hui pour *volcanique. La poudre basalte est d'origine vulcanique.*

VULCANISATION, n. f. [vylkanizasjɔ̃] (angl. *vulcanization*, de *Vulcan*, Vulcain) Combinaison d'une petite quantité de soufre avec le caoutchouc. ■ **Rem.** On disait aussi *volcanisation* autrefois.

VULCANISER, v. tr. [vylkanize] (angl. *to vulcanize*, de *Vulcan*, Vulcain) Faire subir au caoutchouc la vulcanisation.

VULCANISME, n. m. [vylkanism] (rad. du lat. *Vulcanus*, Vulcain) **Géol.** Hypothèse qui attribue au feu la formation de la croûte du globe.

VULCANISTE, n. m. [vylkanist] (rad. de *vulcanisme*) Partisan du vulcanisme.

VULCANOLOGIE, ■ n. f. [vylkanoloʒi] Voy. **volcanologie.**

VULCANOLOGIQUE, ■ adj. [vylkanoloʒik] Voy. **volcanologique.**

VULCANOLOGUE, ■ n. m. et n. f. [vylkanolɔg] Voy. **volcanologue.**

VULGAIRE, adj. [vylgɛʀ] (lat. *vulgaris*, relatif à la foule) Qui se voit communément parmi les hommes. *Opinion vulgaire.* ◆ *Ère vulgaire*, Voy. **ère.** *Plantes vulgaires*, celles qu'on rencontre à chaque pas. ◆ *Langues vulgaires*, se dit des langues vivantes, par opposition à langues savantes ou langues mortes. ◆ Qui ne s'élève, ne se distingue par rien. *Des mérites vulgaires.* « *Le sujet ne veut pas de vulgaires efforts* », Boileau. ◆ Qui appartient aux classes que rien ne distingue, en parlant des personnes. « *C'est aux hommes vulgaires un trop grand effort que celui de...* », Bossuet. ◆ Trivial, bas. *Pensées, sentiments vulgaires.* ◆ Sans distinction, en parlant des personnes. *Esprit, poète vulgaire.* ◆ **N. m.** Le commun des hommes. ◆ Il se dit de ceux qui dans une classe ne se distinguent pas. « *Il y a le vulgaire des grands et le vulgaire du peuple* », Voltaire. ◆ Ce qui est sans distinction. *Donner dans le vulgaire.* ◆ *Le vulgaire*, nom donné aux langues romanes (langue d'oïl, langue d'oc, italien et espagnol), par opposition au latin, qui était la langue savante. ◆ Qui appartient à la langue courante et non scientifique. *Tournesol est le nom vulgaire de l'hélianthus.*

VULGAIREMENT, adv. [vylgɛʀ(ə)mɑ̃] (*vulgaire*) Communément. *On dit vulgairement que...* « *Le roi Jean, vulgairement nommé Jean sans Terre* », Voltaire. ◆ D'une manière vulgaire, triviale. *Penser, s'exprimer vulgairement.*

VULGARISATEUR, TRICE, n. m. et n. f. [vylgaʀizatœʀ, tʀis] (*vulgariser*) Néolog. Personne qui rend quelque chose vulgaire, qui en répand l'usage. *Les savants ne sont pas des vulgarisateurs.* ◆ **Adj.** *Talent vulgarisateur.* ■ **Rem.** N'est plus un néologisme aujourd'hui.

VULGARISATION, n. f. [vylgaʀizasjɔ̃] (*vulgariser*) Néolog. Action de vulgariser. ■ **Rem.** N'est plus un néologisme aujourd'hui.

VULGARISER, v. tr. [vylgaʀize] (*vulgaire*) Néolog. Rendre vulgaire, accessible à tous. *Vulgariser la science.* ◆ *Se vulgariser*, v. pr. Devenir vulgaire. *Les connaissances se vulgarisent.* ■ **Rem.** N'est plus un néologisme aujourd'hui.

VULGARITÉ, n. f. [vylɡaʀite] (lat. tard. *vulgaritas,* du lat. *vulgus,* le commun, la foule) Néolog. Caractère, défaut de ce qui est vulgaire, sans distinction. *La vulgarité d'une opinion. La vulgarité des manières.* ▪ Manière vulgaire de parler, grossièreté. *Ne laissez pas cet enfant dire des vulgarités.* ▪ Rem. N'est plus un néologisme aujourd'hui.

VULGATE, n. f. [vylɡat] (lat. *vulgata,* rendue accessible au public) Version latine de la Bible. « *Saint Jérôme, prêtre retiré dans la sainte grotte de Bethléem, composa sur l'original hébreu la version de la Bible que toute l'Église a reçue sous le nom de Vulgate* », Bossuet. ♦ Adj. *La version vulgate de la Bible.* ♦ **Péj.** Théorie, idéologie à laquelle adhère le plus grand nombre, mais que l'on considère sans fondement. « *Ce rapport s'avère irréductible dans les faits par-delà les vulgates et les préjugés ambiants* », Nadir Marouf.

VULGUM PECUS, ▪ n. m. sing. [vylɡɔmpekys] (lat. *vulgus,* le commun, la foule, et *pecus,* troupeau) **Fam.** Le commun des mortels, la foule des ignorants. *Ce discours sur les lois de la physique ne s'adressait pas au vulgum pecus.*

VULNÉRABLE, adj. [vylneʀabl] (lat. tard. *vulnerabilis*) Qui peut être blessé. *Il a trouvé le côté vulnérable.* ▪ Susceptible d'être touché, blessé d'un point de vue moral. *Être vulnérable aux critiques mordantes.* ▪ VULNÉRABILITÉ, n. f. [vylneʀabilite] *La vulnérabilité d'un enfant timide.*

VULNÉRAIRE, adj. [vylneʀɛʀ] (lat. *vulnerarius*) Qui est propre à la guérison des plaies ou des blessures. *Plante vulnéraire.* ♦ *Eaux vulnéraires,* eaux extraites des herbes vulnéraires. ♦ N. m. Médicament bon pour les plaies et blessures. ♦ *Vulnéraire suisse,* infusion de plantes aromatiques recueillies dans les Alpes suisses, et dont on use pour les chutes et pour les coups. ♦ N. f. Plante légumineuse, à fleurs jaunes, bonne pour les plaies et les blessures récentes. ▪ Rem. Vieilli dans tous les sens, sauf pour la plante.

VULNÉRANT, ANTE, ▪ adj. [vylneʀɑ̃, ɑ̃t] (lat. *vulnerare,* blesser) Qui provoque ou peut provoquer une blessure. *Le pouvoir vulnérant des grenades défensives.*

VULPIN, ▪ n. m. [vylpɛ̃] (lat. impér. *vulpinus,* de renard) Plante graminée qui fleurit d'avril à juin dans les prés et les champs ou que l'on cultive comme plante fourragère. *L'extension du vulpin a été favorisée par la simplification des rotations et des techniques de culture.*

VULTUEUX, EUSE, ▪ adj. [vyltɥø, øz] (lat. class. *vultuosus,* de *vultus,* visage) Rouge, congestif et gonflé en parlant d'un visage. *L'enfant était assis sur son lit, penché en avant, luttant contre l'asphyxie, le visage vultueux et angoissé.*

VULVAIRE, ▪ adj. [vylvɛʀ] (*vulve*) Qui se rapporte à la vulve. *La toilette vulvaire. Une mycose vulvaire.*

VULVE, ▪ n. f. [vylv] (lat. class. *vulva*) Ensemble des organes génitaux externes des femmes et des femelles chez les mammifères. ▪ Orifice externe du vagin. *La vulve se composent de deux lèvres.*

VULVITE, ▪ n. f. [vylvit] (*vulve*) Inflammation de la vulve. *La vulvite se manifeste par un prurit vulvaire.*

VUMÈTRE, ▪ n. m. [vymɛtʀ] (angl. *vumeter,* de *vu,* abrév. de *volume unit,* unité de volume, *et -meter,* voir *-mètre*) Cadran à aiguille sur lequel on peut visualiser le volume sonore. *Le vumètre montre l'intensité moyenne du signal sonore en ne tenant pas compte des crêtes, c'est-à-dire des valeurs maximales de courte durée.* ▪ **Par extens.** Dispositif permettant de visualiser les variations d'un signal.

W

W, n. m. [dubləvə] Lettre introduite dans notre alphabet pour conformer notre écriture à celle de plusieurs peuples du Nord ; quand elle se trouve dans des mots provenant de l'anglais, elle se prononce en général *ou* ; quand elle se trouve dans des mots provenant de l'allemand, elle se prononce comme notre *v*. ■ **Phys.** Symbole du watt. ■ **Chim.** Symbole du tungstène. ■ REM. Littré n'intégrait pas le *w* dans le décompte du nombre de lettres de l'alphabet, ce qui fait qu'il considérait le *z* comme la vingt-cinquième et dernière lettre. Voy. Z. Aujourd'hui, *w* est considéré comme la vingt-troisième lettre.

WADING, ■ n. m. [wediŋg] (mot angl., de *to wade*, patauger) Pratique de la pêche à la ligne consistant pour le pêcheur à être debout dans l'eau. *Dans les cours d'eau agités, un bâton de wading permet de garder l'équilibre lors des déplacements dans l'eau.*

WAGAGE, ■ n. m. [wagaʒ] (mot rég. du Nord, du néerl. *wak*, humide) Amendement à base de limon de rivière ou de fossé. *Le wagage est employé comme engrais.*

WAGON, n. m. [vagɔ̃] (angl. *waggon*, chariot de transport, du néerl. *wagen*, chariot) Voiture employée dans les trains de chemins de fer. ■ REM. On réserve généralement *wagon* au transport des marchandises et *voiture* à celui des passagers. *Un wagon de céréales. Les wagons postaux.* ■ REM. Graphie ancienne : *vagon*.

WAGON-CITERNE, ■ n. m. [vagɔ̃sitɛrn] (*wagon* et *citerne*) Wagon équipé d'une citerne, servant au transport des liquides et des gaz. *Un train avec trois wagons-citernes.*

WAGON-FOUDRE, ■ n. m. [vagɔ̃fudr] (*wagon* et *foudre*) Wagon équipé d'un ou de plusieurs tonneaux, servant au transport des boissons. *Des wagons-foudres de bière.*

WAGON-LIT, ■ n. m. [vagɔ̃li] (*wagon* et *lit*) Syn. de voiture-lit. *Des wagons-lits.* ■ REM. *Wagon* étant réservé au véhicule transportant les marchandises, on préfère utiliser *voiture-lit*.

WAGONNET, ■ n. m. [vagɔnɛ] (dimin. de *wagon*) Petit wagon à benne basculante, utilisé pour le transport de matériaux dans les mines et sur les chantiers. *Un wagonnet basculeur.*

WAGON-POSTE, ■ n. m. [vagɔ̃pɔst] (*wagon* et *poste*) Wagon servant au transport du courrier. *Aujourd'hui, les wagons-poste sont aménagés pour que le tri du courrier puisse se faire pendant le voyage. Des wagons-poste* ou *des wagons-postes.*

WAGON-RESTAURANT, ■ n. m. [vagɔ̃rɛstɔrɑ̃] (*wagon* et *restaurant*) Voiture de train aménagée en restaurant. *Des wagons-restaurants.* ■ REM. *Wagon* étant réservé au véhicule transportant les marchandises, on préfère utiliser *voiture-restaurant*.

WAGON-TOMBEREAU, ■ n. m. [vagɔ̃tɔ̃b(ə)ro] (*wagon* et *tombereau*) Wagon sans toit fixe, à hautes parois latérales. *Le chargement des wagons-tombereaux se fait par le dessus.*

WAGON-TRÉMIE, ■ n. m. [vagɔ̃tremi] (*wagon* et *trémie*) Wagon équipé d'une ou de plusieurs trémies dans lesquelles sont stockées les marchandises en vrac. *Les wagons-trémies sont notamment utilisés pour le transport de métaux et de minéraux.*

WAHHABISME, ■ n. m. [waabism] (Muhammad ibn Abd al-*Wahhab*, 1703-1792, fondateur de ce mouvement) Mouvement religieux réformiste de l'islam, apparu au XVIIᵉ siècle en opposition aux soufis et chiites. *C'est au nom du wahhabisme que Ibn Saoud fonda le royaume d'Arabie saoudite en 1932.* ■ WAHHABITE, adj. ou n. m. et n. f. [waabit]

WAKAMÉ ou **WAKAME**, ■ n. m. [wakame] (mot jap.) Algue marine comestible, vert foncé, en forme de feuille allongée. *Acheter un paquet de wakamé séché. Potage au wakamé.*

WALÉ, ■ n. m. [wale] Voy. AWALÉ.

WALHALLA, n. m. [valala] (a. nord *valholl*, de *valr*, guerrier mort au combat, et *holl*, halle) Nom, dans la religion des anciens Scandinaves, du paradis d'Odin. ■ REM. Ce nom était autrefois féminin, et on l'écrivait aussi *valhalla*.

WALI, ■ n. m. [wali] (mot ar., de *waliya*, gouverner, administrer) En Algérie, haut fonctionnaire en charge d'une wilaya. *Le wali d'Oran. Le statut des walis.*

WALKMAN, ■ n. m. [wokman] (angl. *to walk*, marcher, et *man*, homme) Voy. BALADEUR.

WALKYRIE, n. f. [valkiri] (anc. nord. *valkyrja*) Nom, dans la religion des anciens Scandinaves, des trois déesses messagères d'Odin, qui étaient supposées aller au milieu des combats dispenser la victoire et désigner ceux qui devaient périr. ♦ **Plais.** Femme de forte corpulence. ■ REM. On écrivait aussi *valkyrie* autrefois.

WALLABY, ■ n. m. [walabi] (mot angl., d'un mot indigène australien) Marsupial d'Australie, voisin du kangourou, mais plus petit. *Des wallabys* ou *des wallabies* (pluriel anglais).

WALLINGANT, ANTE, ■ n. m. et n. f. [walɛ̃gɑ̃, ɑ̃t] (*wallon*) **Belg.** Wallon qui milite pour l'autonomie de la Wallonie. ■ Adj. *L'idéologie wallingante.* ■ REM. Terme employé par les adversaires des wallingants.

WALLON, ONNE, n. m. et n. f. [walɔ̃, ɔn] (*wallec*, langue d'oïl parlée dans les Pays-Bas, du lat. *Volca*, peuplade celte) Habitant, habitante des provinces méridionales de la Belgique, c'est-à-dire de celles qui sont entre l'Escaut et la Lys. ♦ *Le wallon*, langage de ces provinces, qui est un dialecte du français. ♦ Adj. Anciennement, *gardes wallonnes*, corps de troupes des armées d'Espagne. ♦ Relatif à la Wallonie, au wallon. *Des expressions wallonnes.* ■ REM. On prononçait autrefois [valɔ̃].

WALLONNISME, ■ n. m. [walɔnism] (*wallon*) **Ling.** Mot ou expression propre au français de Wallonie. *Kot est un wallonisme qui signifie chambrette (généralement pour les étudiants).*

WAOUH !, ■ interj. [wau] ou [waw] (onomat.) **Fam.** S'emploie pour marquer l'admiration, la surprise. *Waouh ! la belle voiture ! « Une bonne douche rien de tel pour vous remettre les idées en place. Pffuit ! Waouh ! glagla ! Brrr ! Brrrr ! Le savon qui me glisse entre les doigts. La pomme de douche qui se dévisse sous la pression »*, LASAYGUES.

WAP, ■ n. m. [wap] (sigle angl. de *wireless application protocol*) Technologie permettant d'accéder aux services offerts par Internet depuis un téléphone portable. *Le WAP définit la façon par laquelle les terminaux mobiles accèdent à des services Internet, et cela à un niveau au-dessus de la transmission des données, celle-ci étant spécifique à chaque opérateur de téléphonie.*

WAPITI, ■ n. m. [wapiti] (mot algonquin) Grand cerf d'Amérique du Nord et du nord-est de l'Asie. *Le brame des wapitis mâles, sorte de défi, s'étend à plus d'un kilomètre et demi à la ronde par beau temps.*

WARGAME, ■ n. m. [wargɛm] (mot angl., de *war*, guerre, et *game*, jeu) Jeu de plateau ayant pour thème un conflit armé. *Faire un wargame en réseau.*

WARNING, ■ n. m. [warniŋg] (mot angl, de *to warn*, avertir) Signal lumineux de détresse d'un véhicule. *Mettre ses warnings.*

WARRANT, n. m. [varɑ̃] (mot angl., autorisation, mandat, garantie) En Angleterre, prise de corps ; mandat d'amener ; assignation. ♦ Récépissé délivré aux commerçants au moment où ils déposent des marchandises dans un dock ou entrepôt, et constatant la valeur de ces marchandises. ■ **Financ.** Titre donnant le droit, et non l'obligation, d'acheter ou de vendre un support financier à un prix connu à l'avance durant une période déterminée. *Exercer son warrant. Les warrants sont des valeurs mobilières négociables. Un warrant s'achète en Bourse comme n'importe quelle autre valeur.* ■ **Financ.** Possibilité offerte au débiteur de mettre une chose en gage sans être obligé de la remettre à son créancier. *Les porteurs de warrants ont, sur les indemnités d'assurances dues en cas de sinistre, les mêmes droits et privilèges que sur les produits assurés.* ■ REM. On prononçait autrefois [warɑ̃].

WARRANTER, ■ v. tr. [varɑ̃te] (*warrant*) **Financ.** Garantir par un warrant. *Warranter une récolte.*

WASP, ■ n. m. et n. f. inv. [wasp] (acronyme anglo-amér. de *white anglo-saxon protestant*) Aux États-Unis, personne appartenant à la population blanche anglo-saxonne, de religion protestante. *Les WASPs.* ■ Adj. inv. *La domination WASP en politique.*

WASSINGUE, ■ n. f. [vasɛ̃g] (mot rég. du Nord, du flam. *wassching*, action de laver) **Belg.** et **Nord** Serpillère.

WATER-CLOSET n. m. ou **WATERS**, ■ n. m. pl. [watɛrklozɛt, watɛr] (mot angl., de *water*, eau, et *closet*, cabinet) Toilettes. ■ **Abrév.** WC.

WATERGANG, ■ n. m. [watɛrgɑ̃g] (moy. néerl. *waterganc*, cours d'eau) **Belg.** Flandres. Petit canal qui draine les eaux. *Les watergangs de Brouckerque.*

WATERINGUE, ■ n. f. [wat(ə)ʀɛ̃g] (moy. néerl. *wateringe*, terre entourée de digues) Aux Pays-Bas, organisme de droit public chargé de la gestion de l'eau, des barrages, des digues, etc. *C'est le gouvernement qui nomme le président des wateringues.* ■ Ensembles des travaux visant à assécher les terres situées au-dessous du niveau de la mer. *Le wateringue sert à la lutte contre les intrusions salées.*

WATER-POLO ou **WATERPOLO**, ■ n. m. [watɛʀpolo] (mot angl., de *water*, eau, et *polo*) Sport se pratiquant dans l'eau, où deux équipes tentent d'envoyer un ballon dans les buts adverses. *Un tournoi de water-polo.*

WATERPROOF, n. m. [watɛʀpʀuf] (mot angl., imperméable, de *water*, eau et *proof*, épreuve) Sorte de manteau imperméable pour dames. ■ Adj. Qui résiste à l'eau. *Un mascara waterproof. Une montre waterproof.*

WATERZOI ou **WATERZOÏ**, ■ n. m. [watɛʀzoj] (flam. *waterzootje*, eau qui bout, de *water*, eau, et *zootje*, bouillant) Spécialité culinaire flamande composée d'une soupe de poisson ou de volaille, qu'on lie avec de la crème et des œufs. *Des waterzoïs.*

WATT, ■ n. m. [wat] (James *Watt*, 1736-1819, ingénieur écossais) Unité de puissance de la quantité d'énergie produite, utilisée par seconde. *Une ampoule de 100 watts.* ■ Symbole : W. *Une ampoule de 60 W.*

WATTHEURE, ■ n. m. [watœʀ] (*watt* et *heure*) **Phys.** Unité de mesure de l'énergie électrique. *Un wattheure correspond à l'énergie produite pendant une heure par une puissance d'un watt. Un wattheure équivaut à 3 600 joules.* ■ Symbole : Wh.

WATTMAN, ■ n. m. [watman] (*watt* et angl. *man*, homme) **Vx** Conducteur de tramway. *Des wattmans* ou *des wattmens.* (pluriel anglais)

WATTMÈTRE, ■ n. m. [watmɛtʀ] (*watt* et *-mètre*) **Phys.** Appareil servant à mesurer la puissance consommée par une portion de circuit électrique. *Le wattmètre comprend deux circuits électriques : un circuit d'intensité et un circuit de tension.*

WAX, ■ n. m. [waks] (mot angl., cire) Tissu de coton teint à la cire, aux couleurs vives. *Pagne africain en wax.*

WC, ■ n. m. pl. [vese] Voy. WATER-CLOSET.

WEB ou **WEB**, ■ n. m. [wɛb] (abrév. angl. de [*world wide*] *web*, de *world*, monde, *wide*, large, et *web*, toile) Système reposant sur l'utilisation de l'hypertexte et permettant d'accéder aux ressources du réseau Internet. *Surfer sur le Web. Page web,* Voy. PAGE.

WEBCAM, ■ n. f. [wɛbkam] (mot anglo-amér., de *web* et *cam*(*era*)) Petite caméra numérique branchée sur un ordinateur, permettant d'enregistrer et de diffuser en temps réel des images vidéo sur le Web. ■ Courte séquence vidéo diffusée en direct sur Internet. *Un portail proposant de nombreuses webcams d'animaux.*

WEBER, ■ n. m. [vebɛʀ] (W. E. *Weber*, 1804-1891, physicien allemand) **Phys.** Unité de mesure du flux magnétique. *Un weber correspond à une force d'induction de 1 volt produite en une seconde.*

WEBLOG, ■ n. m. [wɛblɔg] (*web* et angl. *log*[-*book*], journal de bord) Journal personnel diffusé sur Internet dont l'auteur met à jour régulièrement le contenu. *La publication d'un weblog sur Internet est généralement facilitée par l'emploi d'un logiciel spécial qui met en forme le texte et les illustrations et qui construit des archives.* ■ **Abrév.** Blog. ■ **Rem.** Recomm. offic. : bloc-notes ou bloc. Voy. BLOG.

WEBMAGAZINE, ■ n. m. [wɛbmagazin] (*web* et *magazine*) Magazine diffusé sur Internet. *Le webmagazine de la commune.*

WEBMESTRE, ■ n. m. et n. f. [wɛbmɛstʀ] (francisation d'après *bourgmestre* de l'angl. *webmaster*, de *web* et *master*, maître,) Personne chargée de la conception, de l'actualisation ou de la maintenance d'un site Web. *De nombreux sites encouragent leurs visiteurs à envoyer au webmestre leurs commentaires ou leurs questions.*

WEBRADIO, ■ n. f. [wɛbʀadjo] (*web* et *radio*) Station de radio diffusée sur Internet. *Créer sa propre webradio.*

WEEK-END ou **WEEKEND**, ■ n. m. [wikɛnd] (mot angl. de *week*, semaine, et *end*, fin) Congé de fin de semaine, du samedi au dimanche. *Les week-ends de mai. Bon week-end à t lundi !*

WEHME, WEHMIQUE, [vɛm, vemik] (var. de *vehme*) Voy. VEHME, Voy. VEHMIQUE.

WELCHE, n. m. [vɛlʃ] Voy. VELCHE.

WELLINGTONIA, ■ n. m. [welɪŋtɔnja] (A. Wellesley, duc de *Wellington*, 1769-1852, général anglais) Séquoïa géant. *Les wellingtonias de la Californie.*

WELTANSCHAUUNG, ■ n. f. [vɛltanʃawuŋ] (mot all., de *Welt*, monde, et *Anschauung*, conception) **Philos.** Conception globale du monde d'une personne, en-dehors de toute doctrine philosophique ou système de pensée explicite. *Une weltanschauung qui n'est pas seulement individuelle.*

WELTER, ■ n. m. [wɛltɛʀ] (angl. équit. *welter* [*weight*], de *welter*, lourd, et *weight*, poids) Boxeur dont le poids est compris entre 61,235 kg et 66,678 kg. *Boxer dans la catégorie des welters.*

WERGELD, ■ n. m. [vɛʀgɛld] (germ. *wergeld*, prix d'un homme, de *wer*, vir, homme, et *geld*, argent) **Hist.** Chez les Francs, somme que devait payer l'auteur d'un crime pour éviter la vengeance de la famille.

WERMOUTH, n. m. [vɛʀmut] Voy. VERMOUT.

WESTERN, ■ n. m. [wɛstɛʀn] (mot angl., de l'Ouest) Film d'aventures dont l'action se déroule dans l'ouest des États-Unis à l'époque des pionniers et de la conquête des terres sur les Indiens. ■ Genre cinématographique que représentent ces films. *Un fan de westerns.* ■ *Western spaghetti*, western italien. *Le western spaghetti, grâce entre autres à Sergio Leone, a donné un nouveau souffle au genre.*

WHARF, ■ n. m. [waʀf] (mot angl.) Long appontement qui s'avance en mer, permettant aux navires d'accoster quand il n'y a pas de quai. *Les wharfs des côtes d'Afrique.*

WHIG, n. m. et n. f. [wig] (mot angl., libéral, de *whiggamore*, partisan de la cause presbytérienne en 1648 en écosse) Celui, celle qui en Angleterre appartient au parti faisant profession de défendre la liberté. *Les whigs sont opposés aux torys.* ♦ Adj. *L'opinion, le parti whig. Les ministères whigs.*

WHIGGISME, n. m. [wigism] (angl. *whiggism*) Parti, opinion des whigs.

WHIPCORD, ■ n. m. [wipkɔʀd] (mot angl., litt. corde à fouet [*whip*]) Tissu serré, à côtes obliques très prononcées. *Un pantalon en whipcord. Des whipcords de laine.*

WHISK, n. m. [wisk] Voy. WHIST seul usité aujourd'hui.

WHISKEY ou **WHISKY**, n. m. [wiskɛ, wiski] (angl. *whisky* [*bae*], du gaél. *uiscebeathad*, de *uisce*, eau, et génit. de *bethu*, vie) Nom vulgaire de l'eau-de-vie de grains dans les basses terres d'Écosse, répondant à usquebac des hautes terres. ♦ Au pl. *Des whiskys* ou *des whiskies* (pluriel anglais). ■ **Auj.** le terme de *whiskey* ne concerne que le whisky irlandais. ■ **Rem.** On écrivait aussi *wiskey* autrefois.

WHIST, n. m. [wist] (mot angl., interj. *chut !*) Sorte de jeu de cartes qui se joue à quatre personnes, deux contre deux, ou à trois, avec un mort. ■ **Rem.** On disait aussi *wisk* ou *whisk* autrefois.

WHITE-SPIRIT, ■ n. m. [wajtspiʀit] (mot angl., de *white*, blanc, et *spirit*, essence) Produit pétrolier intermédiaire entre l'essence et le kérosène, utilisé comme solvant et comme diluant des peintures. *Des white-spirits.*

WIENERLI, ■ n. m. [vinɛʀli] (all. *Wien*, Vienne) **Suisse** Petite saucisse allongée, à chair rose. *Servir des wienerlis avec une assiette de frites.*

WIGWAM, ■ n. m. [wigwam] (mot angl., de l'algonq. *wikiwam*) Hutte, généralement sphérique, ou tente, généralement conique des Indiens d'Amérique du Nord. *Des wigwams.*

WILAYA, ■ n. f. [wilaja] (mot ar.) Division administrative en Algérie. *Les wilayas d'Oran et de Bouira.*

WILLIAMS, ■ n. f. [wiljams] (*Williams*, premier distributeur de cette variété en Angleterre) Variété de poire très juteuse, à la peau jaune et lisse, *Des williams au sirop.*

WILLIS, n. f. pl. [wilis] (all. *Willis*, du tchèque, *vila*, fée) Jeunes filles condamnées, d'après une légende de Bohême, à sortir, après leur mort, du tombeau et à danser toute la nuit jusqu'à l'aube.

WINCH, ■ n. m. [wintʃ] (mot angl., treuil) Petit treuil à bord d'un voilier, d'un yacht, servant à tendre les cordages. *Des winchs* ou *des winches* (pluriel anglais).

WINCHESTER, ■ n. t. [wintʃestɛʀ] (O. F. *Winchester*, 1810-1880, fabricant d'armes amér.) Carabine à répétition dont l'usage était très répandu aux États-Unis dans les dernières décennies du XIXᵉ siècle. *Les winchesters des cow-boys.*

WINDSURF, ■ n. m. [wintsœʀf] (mot anglo-amér., de *wind*, vent, et *surf*, vague qui se brise) Planche à voile ; sport pratiqué avec la planche à voile. *Faire du windsurf sur les plages de Normandie.*

WISHBONE, ■ n. m. [wiʃbon] (mot angl., fourchette de volaille) Double arceau d'une planche à voile qui en permet la manœuvre. *Des wishbones.* ■ **Rem.** Recomm. offic. : *bôme double.*

WISIGOTH, OTHE, ■ adj. [vizigo, ɔt] (b. lat. *Wisigothi*, de *Visi*, Wisigoths, litt. nobles, et *Gothi*, Goths) Relatif à la branche des Goths qui résidaient dans la région du Danube au IIIᵉ siècle. *Une crypte chrétienne datant des siècles antérieurs à l'édification wisigothe.* ■ **N. m. et n. f.** Membre de ce peuple. *Les Wisigoths.*

WISK, ■ n. m. [wist] Voy. WHIST.

WISKEY, n. m. [wiskɛ] Fausse orthographe pour *whiskey.* ▪ REM. On prononçait autrefois *wiski.*

WISKI, n. m. [wiski] (angl. *whisky,* de *whisk,* mouvement brusque) Cabriolet élevé et léger. « *Les rapides wiskis* », DELILLE.

WITLOOF, ▪ n. f. [witlɔf] (mot flam., chicorée, endive) Variété de chicorée dont on cultive les bourgeons à l'abri de la lumière pour obtenir des endives. ▪ En appos. *La chicorée witloof.*

WITZ, ▪ n. m. [vits] (all. *Witz,* trait d'esprit) **Suisse** Histoire drôle, blague. *Faire des witz sur le Bernois.*

WOK, ▪ n. m. [wɔk] (mot chinois) Poêle à bords hauts, parfois dotée de deux anses, très utilisée dans la cuisine asiatique. *La cuisine au wok est généralement très diététique.*

WOLOF ou **OUOLOF**, ▪ adj. [wolɔf] (mot ouolof) Relatif à un peuple vivant au Sénégal et en Gambie. *L'ethnie wolof.* ▪ **N. m.** et n. f. *Les Wolofs.* ▪ **N. m.** Langue parlée par ce peuple. *Le wolof est principalement parlé en Gambie et au Sénégal où il fait partie des six langues nationales.*

WOMBAT, ▪ n. m. [wɔ̃ba] (mot angl., d'une langue indigène d'Australie) Marsupial herbivore aux griffes puissantes, à la fourrure épaisse, dont les dents poussent en continu comme les rongeurs. *Les wombats creusent de longues galeries qui conduisent dans une sorte de pièce principale, leur servant de refuge.*

WON, ▪ n. m. [wɔn] (mot coréen) Unité monétaire en cours en Corée du Nord et en Corée du Sud. *Une pièce de 10 wons.*

WOOFER, ▪ n. m. [wufœR] (mot angl., de *to woof,* aboyer) Élément d'une enceinte spécialement conçu pour la reproduction des fréquences basses. *Woofers encastrés dans les portes arrière d'une voiture.* ▪ REM. Recomm. offic. : *haut-parleur de graves.*

WOOTZ, n. m. [vuts] (mot angl., prob. du kannara *ukku,* supérieur, qui désigne l'acier dans les langues du sud de l'Inde) Nom de l'acier indien, obtenu en jetant du fer concassé en petits morceaux dans des creusets avec du bois de cassia et des feuilles d'asclépias.

WORLD MUSIC, ▪ n. f. [wɔRldmjuzik] (mot angl., de *world,* monde, et *music,* musique) Ensemble des musiques du monde ne s'inscrivant pas dans la norme musicale occidentale. *Écouter de la world music.* ▪ Type de musique occidentale s'inspirant de musiques traditionnelles. *Une émission de radio consacrée aux world musics.*

WORMIEN, ▪ adj. m. [wɔRmjɛ̃] (Olaüs *Worm,* 1588-1654, médecin danois) **Anat.** *Os wormien,* petit os surnuméraire se développant dans les sutures des os du crâne. *Le syndrome de Bruck se caractérise par la présence d'os wormiens.*

WU, ▪ n. m. [vu] (mot chinois) Langue chinoise telle qu'on la parle à Shanghai, dans le Jiangsu et le Zheigang. *Le wu appartient à la famille des langues sino-tibétaines.*

WÜRM, ▪ n. m. [vyRm] (all. *Würm,* lac et rivière de Bavière) **Géol.** Quatrième et dernière glaciation du quaternaire dans les régions alpines. *Le würm se situe entre 80 000 à 9 800 ans av. J.-C.* ▪ WÜRMIEN, IENNE, adj. [vyRmjɛ̃, jɛn] *La dynamique glaciaire würmienne.*

WYANDOTTE, ▪ n. f. [vjɑ̃dɔt] (mot anglo-amér., d'un mot huron signifiant insulaire) Variété de poule américaine appréciée pour sa chair et ses qualités de pondeuse. *Les wyandottes sont le résultat de plusieurs croisements de races de poules.*

WYSIWIG, ▪ adj. inv. [wiziwig] (acronyme de l'angl. *what you see is what you get,* ce que vous voyez est ce que vous obtenez) **Inform.** Se dit d'un logiciel dont l'interface d'édition permet la visualisation immédiate du résultat final obtenu. *Créer un site web avec un éditeur wysiwig. Des éditeurs wysiwig.*

X

X, ■ n. m. [iks] Lettre consonne qui est la vingt-troisième de l'alphabet. ◆ *Jambes en X*, se dit des genoux tournés en dedans et se touchant. ◆ *X*, dans les chiffres romains, vaut 10 ; surmonté d'un trait, il vaut 10 000. ◆ Dans le comput ecclésiastique, *X* marque le dimanche. ◆ *X ou x* s'emploie d'ordinaire en algèbre pour désigner l'inconnue ou une des inconnues. ◆ **Fig. Philos.** Chose que l'on cherche. ◆ ▷ **Fam.** *Les x*, l'algèbre, les mathématiques. *Être fort en x.* ◁ ◆ **Fam.** Nom donné aux élèves de l'École polytechnique. ◆ *Un x ou un ixe*, petit tabouret dont les pieds croisés offrent la figure de cette lettre. ◆ Poinçon d'acier au bout duquel se trouve gravé un x. ◆ Dans certains mots, *x* final sert à marquer le pluriel, comme dans : *choux, oiseaux*, etc. ■ *Axe des x*, axe des abscisses. ■ Chromosome sexuel. *Chromosomes XX pour les femmes et XY pour les hommes.* ■ Remplace le nom d'une personne, d'un objet lorsque l'on ne veut pas que celui-ci soit renseigné. *Mme X. Plainte contre X.* ■ *Accoucher sous X*, accoucher en gardant son identité cachée. ■ *Né, née sous X*, né(e) sans connaître ses parents biologiques. ■ *Le X*, la pornographie. ■ *Film classé X, un film X*, un film pornographique. ■ Adj. *Rayons X*, radiations électromagnétiques qui pénètrent la matière. *Les rayons X ont la propriété de noircir les plaques photo qu'ils atteignent : c'est ainsi qu'est née la radiographie.* ■ Rᴇᴍ. Littré ne comptait pas *w* dans l'alphabet, ce qui explique qu'il dise du *x* qu'il en est la vingt-troisième lettre et non la vingt-quatrième. Voy. W.

XANTHÉLASMA, ■ n. m. [gzɑ̃telasma] (*xanth[o]-*, et gr. *elasma*, lame métallique) **Méd.** Petites taches ou nodosités jaunes se développant généralement sur la paupière. *Le xanthélasma fait suite le plus souvent à un excès de cholestérol dans le sang.*

XANTHIE, ■ n. f. [gzɑ̃ti] (lat. sav. *xanthia*, du gr. *xanthos*, jaune) Papillon nocturne aux ailes jaune-roux. *Les xanthies font partie de la famille des noctuidés.*

XANTHINE, ■ n. f. [gzɑ̃tin] (*xanth[o]-* et suff. *-ine*) **Biol.** Constituant élémentaire des acides nucléiques, dérivé de la famille des purines. *Le café et le thé contiennent des dérivés de la xanthine.*

XANTH(O), ■ [gzɑ̃to] Préfixe tiré du grec *xanthos*, qui signifie jaune.

XANTHODERME, ■ adj. [gzɑ̃todɛʀm] (*xanth[o]-* et *-derme*) **Didact.** Dont la peau est jaune. *Les populations xanthodermes de l'Asie.*

XANTHOME, ■ n. m. [gzɑ̃tom] (*xanth[o]-* et *-ome*) **Méd.** Nodule jaune constitué par un dépôt de cholestérol dans un organe. *Xanthome plan, xanthome éruptif, xanthome tubéreux, etc.*

XANTHOPHYCÉE, ■ n. f. [gzɑ̃tofise] (*xanth[o]-* et gr. *phukos*, algue) **Bot.** Algue unicellulaire de couleur jaune verdâtre. *Les xanthophycées se trouvent principalement en eau douce.*

XANTHOPHYLLE, ■ n. f. [gzɑ̃tofil] (*xanth[o]-* et gr. *phullon*, feuille) **Biol.** Pigment jaune des végétaux. *La xanthophylle de certaines algues masque le vert de leur chlorophylle. La xanthophylle est utilisée comme colorant dans le beurre.*

XÉNARTHRE, ■ n. m. [gzenaʀtʀ] (*xéno-* et gr. *arthron*, articulation) **Zool.** Mammifère d'Amérique centrale et d'Amérique du Sud apparenté aux marsupiaux, dont l'ordre comprend entre autres les paresseux, les fourmiliers et les tatous. *Les xénarthres qui hibernent présentent des températures corporelles variables.*

XÉNÉLASIE, n. f. [gzenelazi] (gr. *xenêlasia*, bannissement des étrangers, de *xenos*, étranger et radic. de *elaunein*, pouisser, chasser) Chez les Anciens, interdiction faite aux étrangers du séjour d'une ville.

XÉNISME, ■ n. m. [gzenism] (*xén[o]-*, d'après le gr. *xenismos*, étrangeté) **Ling.** Mot d'une langue étrangère désignant une réalité propre à la culture des locuteurs de cette langue. *Aujourd'hui*, pudding *n'est plus ressenti comme un xénisme.*

XÉNO, ■ [gzeno] Préfixe tiré du grec *xenos*, qui signifie étranger.

XÉNOGREFFE, ■ n. f. [gzenogʀɛf] (*xén[o]-* et *greffe*) **Méd.** Syn. de hétérogreffe.

XÉNON, ■ n. m. [gzenɔ̃] (*xén[o]-* et *-on*, corps) Gaz incolore, inodore, constituant le plus lourd des gaz rares de l'atmosphère. *Le xénon est un gaz rare et dense qui réagit seulement avec le fluor.*

XÉNOPHILE, ■ adj. [gzenofil] (*xén[o]-* et *-phile*) **Rare** Qui éprouve de la sympathie pour les étrangers. *Des actions xénophiles.* ■ N. m. et n. f. *Un, une xénophile.* ■ XÉNOPHILIE, n. f. [gzenofili]

XÉNOPHOBE, ■ adj. [gzenofobi] (*xén[o]-* et *-phobe*) Hostile aux étrangers. *Une remarque xénophobe.* ■ N. m. et n. f. *Les racistes et les xénophobes.* ■ XÉNOPHOBIE, n. f. [gzenofobi]

XÉRANTHÈME, ■ n. m. [gzeʀɑ̃tɛm] (lat. sav. [XVIIᵉ s.] *xeranthemum*, du gr. *xêros*, sec, et *anthemon*, fleur) Plante herbacée des régions méditerranéennes appelée également immortelle annuelle. *Un bouquet de xéranthèmes séchés.*

XÉRASIE, n. f. [gzeʀazi] (gr. *xêrasia*, sécheresse) **Méd.** Maladie des cheveux et des cils qui les empêche de croître, et les rend semblables à un duvet couvert de poussière.

XÉRÈS ou **JEREZ**, ■ n. m. [gzeʀɛs, xeʀɛs] (*Jerez*, ville esp. d'Andalousie) Vin blanc sec produit dans la région de Cadix en Espagne. *Le xérès se boit surtout à l'apéritif.*

XÉR(O), ■ [gzeʀo] Préfixe tiré du grec *xêros*, qui signifie dur, sec.

XÉRODERMIE, ■ n. f. [gzeʀodɛʀmi] (*xéro-* et *-dermie*) **Méd.** Affection de la peau caractérisée par un dessèchement excessif et une desquamation pulvérulente. *La xérodermie est une maladie de la peau d'origine génétique.*

XÉROGRAPHIE, ■ n. f. [gzeʀoɡʀafi] (*xéro-* et *-graphie*) Technique d'impression sans contact permettant la reproduction de textes et de documents. *La xérographie utilise le procédé de l'électrophotographie indirecte sur papier normal.* ■ XÉROGRAPHIQUE, adj. [gzeʀoɡʀafik] *Le procédé xérographique a été inventé par Chester Carlson en 1938.*

XÉROPHAGE, n. m. [gzeʀofaʒ] (*xérophagie*) Celui qui pratiquait la xérophagie.

XÉROPHAGIE, n. f. [gzeʀofaʒi] (gr. *xêrophagia*, de *xêros*, sec, et *phagein*, manger) Dans la primitive Église, abstinence des chrétiens, qui pendant le carême ne mangeaient que des fruits secs avec leur pain. ◆ ▷ **Méd.** Diète sèche, régime dans lequel on s'abstient le plus possible de boire. ◁

XÉROPHILE, ■ adj. [gzeʀofil] (*xéro-* et *-phile*) **Bot. et zool.** Qui peut vivre et se développer dans un environnement marqué par la sècheresse. *Le cactus est une plante xérophile.* ■ *Les animaux xérophiles des déserts.*

XÉROPHTALMIE, n. f. [gzeʀɔftalmi] (*xér[o]-* et *ophtalmie*) **Méd.** Ophtalmie sèche, caractérisée par l'aspect mat de la sclérotique, qui est ridée autour de la cornée ; il y a suspension de la sécrétion lacrymale, et les rides de la conjonctive sont l'effet de la sècheresse de cette membrane. ■ Rᴇᴍ. Graphie ancienne : *xérophthalmie*.

XÉROPHYTE, ■ adj. [gzeʀofit] (*xéro-* et *-phyte*) **Bot.** Qui pousse en milieu aride. *La flore xérophyte du Nouveau Mexique.*

XÉRUS, ■ n. m. [gzeʀys] (mot lat. sav., du gr. *xêros*, sec, à cause de la rigidité des mamelles) Mammifère rongeur d'Afrique, proche de l'écureuil appelé également *rat palmiste*. *Le xérus mange des racines, des bulbes et parfois des insectes ; il vit en colonies, dans un terrier.*

XI, ■ n. m. [ksi] Voy. ᴋsɪ.

XIPHIAS, n. m. [gzifjas] (mot gr., espadon, de *xiphos*, épée) Genre de poissons acanthoptérygiens, appelé vulgairement épée de mer et espadon.

XIPHOÏDE, adj. m. [gzifoid] (gr. *xiphoeidês*, de *xiphos*, épée, et *eidos*, aspect) **Anat.** *Appendice xiphoïde*, appendice allongé cartilagineux, qui termine inférieurement le sternum. ◆ *Iris xiphoïde*, iris bulbeux produisant des fleurs plus fines que les autres variétés d'iris.

XIPHOÏDIEN, IENNE, adj. [gzifoidjɛ̃, jɛn] (*xiphoïde*) **Anat.** Qui a rapport à l'appendice xiphoïde.

XIPHOPHORE, ■ n. m. [gzifofɔʀ] (gr. *xiphos*, épée, et *-phore*) Petit poisson des mers chaudes dont le mâle est pourvu d'une nageoire caudale en forme de lame d'épée. *Xiphophores d'aquarium.*

XLM, ■ n. m. [iksɛmɛl] (sigle de l'angl. *extensible markup language*, langage de balisage extensible) Langage de balisage extensible permettant aux concepteurs de documents ʜᴛᴍʟ de définir leurs propres marqueurs, et ainsi de structurer, de valider et de partager des documents en personnalisant la structure de leurs données. *Le xᴍʟ a principalement été développé pour pallier les problèmes liés à la compatibilité des fichiers entre les machines.*

XYLÈME, ■ n. m. [gzilɛm] (all. *Xylem*, de *xulon*, bois) **Bot.** Tissu vasculaire des végétaux assurant le transport de la sève ascendante. *Le xylème est un tissu complexe constitué de différents types cellulaires et caractérisé par la présence d'éléments trachéaires.* ■ *Xylème secondaire*, bois des plantes vasculaires.

XYLÈNE, ■ n. m. [gzilɛn] (*xyl[o]-* et *-ène*, hydrocarbure) **Chim.** Dérivé du coaltar utilisé dans la fabrication de matières plastiques et de résines synthétiques. *Le xylène est employé quotidiennement dans l'industrie comme solvant* *pour les peintures non aqueuses et est également présent dans différents produits destinés aux arts plastiques.*

XYLIDINE, ▪ n. f. [gzilidin] (*xyl*[*ène*]-, -*ide*, dérivé, et -*ine*) **Chim.** Produit dérivé du xylène utilisé comme colorant en peinture. *Une coloration au ponceau de xylidine.*

XYL(O), ▪ [gzilo] Préfixe tiré du grec *xulos*, qui signifie bois.

XYLOCOPE, ▪ n. m. [gzilokɔp] (*xyl*[*o*]- et gr. *koptein*, ronger) **Entomol.** Insecte hyménoptère de la même famille que les abeilles, qui creuse le bois pour nidifier. *Les xylocopes sont également appelés* abeilles charpentières.

XYLOGRAPHE, n. m. [gzilogʀaf] (*xyl*[*o*]- et -*graphe*) Graveur sur bois. ♦ Celui qui s'occupe de xylographie.

XYLOGRAPHIE, n. f. [gzilogʀafi] (*xyl*[*o*]- et -*graphie*) Chez les Anciens, écriture sur des tablettes de bois. ♦ Art de graver sur bois. ♦ Art d'imprimer avec des caractères de bois, ou avec des planches de bois dans lesquelles sont taillées les lettres.

XYLOGRAPHIQUE, adj. [gzilogʀafik] (*xylographie*) Qui concerne la xylographie.

XYLOPHAGE, n. m. [gzilofaʒ] (gr. *xulophagos*, de *xulon*, bois, et *phagein*, manger) Insecte coléoptère qui vit dans les vieux bois. ♦ **Adj.** Qui ronge le bois.

XYLOPHÈNE, ▪ n. m. [gzilofɛn] (*xyl*[*o*]- et gr. *phainein*, faire briller) Produit que l'on applique sur les bois pour les protéger des insectes, à titre préventif ou curatif. *Passer les poutres d'une charpente au xylophène.*

XYLOPHONE, n. m. [gzilofɔn] (*xyl*[*o*]- et -*phone*) **Mus.** Instrument composé d'un clavier de bois de sapin reposant sur des coussinets de paille, dont on frappe les touches avec une baguette.

XYSTE, n. m. [gzist] (lat. *xystus*, allée plantée d'arbres, du gr. *xustos*, galerie couverte, de *xustos*, râclé, poli) **Antiq.** Chez les Grecs, portique couvert, dans la palestre. ♦ Chez les Romains, lieu découvert servant de promenade.

y

1 Y

1 Y, n. m. [igʀɛk] Vingt-quatrième lettre de l'alphabet. ♦ Dans les lettres numérales employées au Moyen Âge, Y valait 150. ♦ Il sert souvent en algèbre à désigner une inconnue. ♦ Embranchement en forme d'Y. « *Cette grande chaîne se divise là comme un y grec en deux branches inégales* », SAUS-SURE. ♦ Dans les transcriptions de mots grecs, *y* répond à l'*u*, que les Grecs modernes prononcent i. On le conserve aussi dans quelques mots emprun-tés des langues étrangères. ♦ *Y* a deux prononciations : tantôt il représente le son simple d'un *i*, comme dans physique, etc., tantôt le son de deux *i*, comme dans appuyer, etc. ■ *Axe des y*, axe des ordonnées. ♦ *Y* ou *y* s'em-ploie en algèbre pour désigner une inconnue. ■ Chromosome sexuel pré-sent chez les mâles. *Chromosomes XY pour les hommes*. ■ REM. Littré ne comptait pas *w* dans l'alphabet, ce qui explique qu'il dise du *y* qu'il en est la vingt-quatrième lettre. Voy. W.

2 Y

2 Y, adv. [i] (lat. *hic*, ici, ou *ibi*, là) En cet endroit-là. *Voulez-vous y aller ? Rendez-vous-y. J'y cours.* ♦ *Y* jouant le rôle de pronom, et signifiant : en ce, en ceci, en cela, en cette chose, en ces choses. « *Et pour se bien conduire en ces difficultés, Il y faut, comme en tout, fuir les extrémités* », MOLIÈRE. ♦ Il se dit dans le même sens avec un nom de personne. « *Je ne distingue rien en celui qui m'offense ; Tout y devient l'objet de mon courroux* », MOLIÈRE. ♦ Il se dit aussi pour : à ce, à ceci, à cela, à cette chose, à ces choses. « *Dure à jamais le mal, s'il y faut ce remède !* », P. CORNEILLE. ♦ Il se dit d'une fa-çon analogue avec un nom de personne. « *J'ai le cœur et l'imagination tout remplis de vous ; je n'y puis penser sans pleurer, et j'y pense toujours* », MME DE SÉVIGNÉ. ♦ *Y* employé pour : à lui, à elle, à eux, à elles, en parlant de per-sonnes. « *Pour ébranler mon cœur, Est-ce peu de Camille ? y joignez-vous ma sœur ?* », P. CORNEILLE. ♦ En parlant de choses. « *Mes pauvres lettres n'ont de prix que celui que vous y donnez en les lisant comme vous faites* », MME DE SÉVIGNÉ. ♦ L'usage moderne tend beaucoup à restreindre cet emploi de *y*. ♦ *Y* représente quelquefois une locution tout entière. « *La raison qu'il en apporte, c'est que le roi juge selon la justice : ce n'est pas qu'il y juge toujours, mais c'est qu'il est réputé y juger* », BOSSUET. ♦ *Y* représente chez quelqu'un, auprès de quelqu'un. « *J'ai déjà soupé avec vous… j'y souperai encore bien ici* », VOLTAIRE. ♦ *Il y est, il n'y est pas*, se dit d'une personne qui est où qui n'est pas à son logis. ♦ *Je n'y suis pour personne*, je ne reçois personne. ♦ *Y*, en termes de pratique ou dans un langage analogue, se construit avec un par-ticipe passé ou un adjectif. *Lisez l'acte ; les personnes y nommées. Les pièces y afférentes.* ♦ Il est quelquefois explétif. *Il n'y voit pas, il n'y voit goutte*, etc. ♦ *Il y va*, Voy. AVOIR. ♦ *Vous n'y êtes pas*, vous ne l'en-tendez pas, et aussi vous n'aurez pas ce que vous pensez. ♦ *Vous y êtes*, vous avez deviné. ♦ *Vous y êtes, j'y suis*, c'est-à-dire vous êtes, je suis au point voulu, etc. ♦ Dans le langage des classes, on dit qu'un vers n'y est pas, pour exprimer qu'il pèche contre les règles de versification. ♦ *Y* se place avant le verbe : *Il y va* ; *y est-il ?* À l'impératif, il se place après : *Allons-y*, excepté quand la phrase est négative : *N'y allons pas*. ♦ Il se met après les pronoms personnels. *Je vous y conduirai.* ♦ Quand *y* est placé immédiatement après la seconde personne du singulier de l'impératif, on ajoute à cette seconde personne une *s* euphonique, comme dans *vas-y, donnes-y*, etc. ♦ À l'impé-ratif, quand *y* se trouve avec *moi* et *toi*, on ne peut dire à cause de l'hiatus trop dur : *menez-moi-y, confie-toi-y* ; alors on dit : *menez-m'y, confie-t'y*.

YACHT, n. m. [jɔt] (mot angl.) Bâtiment léger, fin, rapide, que les souve-rains, les princes, les riches amateurs entretiennent dans certains ports pour les promenades en mer, les régates, les promenades d'agrément. ■ REM. On prononçait autrefois [hjak].

YACHT-CLUB, ■ n. m. [jɔtklœb] (mot angl.) Club d'amateurs de yach-ting. *Les yacht-clubs et les clubs de voile de la région.*

YACHTING, ■ n. m. [jɔtiŋ] (mot angl.) Pratique de la navigation à bord d'un yacht. *Yachting sur la côte d'Azur.* « *Gluck est un joueur d'échecs réputé avec qui je ferais d'excellentes parties qui ne feraient pas tort à celles de pêche et de yachting dans la baie, ni même aux dîners.* », PROUST.

YACHTMAN, ■ n. m. [jɔtman] (angl. *yachtsman*, de *yacht* et *man*, homme) Personne naviguant à bord d'un yacht. *Des yachtmans* ou *des yachtmen* (pluriel anglais).

YACK ou **YAK**, n. m. [hjak] (tibét. *gyak*) Buffle à queue de cheval.

YAKITORI, ■ n. m. [hjakitɔʀi] (mot jap.) En cuisine japonaise, petite bro-chette de poulet mariné et grillé. *Badigeonner les yakatoris de sauce épicée avant de les faire griller.*

YAKUZA ou **YAKUSA**, ■ n. m. [hjakuza] (mot jap.) Au Japon, membre d'une association de malfaiteurs comparable à la mafia italienne. *Une bande de dangereux yakuzas.*

YANG, ■ n. m. [hjɑ̃g] (mot chinois, soleil, lumière, chaleur, activité, mas-culinité) Principe de la philosophie taoïste, opposé et uni au yin, symbolisé par une partie blanche contenant un point noir formant un cercle avec le yin, et représentant la force et la dualité des grands aspects de l'ordre uni-versel, comme le clair, le feu, l'activité, l'homme, la force, etc. *Le yin et le yang sont des courants énergétiques complémentaires et tout déséquilibre entre les deux entraîne la maladie.*

YANKEE, ■ n. m. et f. [hjãki] (orig. inc.) Nom donné aux colons américains de la Nouvelle-Angleterre puis aux soldats nordistes pendant la guerre de Sécession aux États-Unis. *Des yankees.* ■ **Fam.** et **péj.** Nord-Américain des États-Unis. ■ Adj. Péj. *La sous-culture yankee.*

YAOURT ou **YOGOURT**, ■ n. m. [hjauʀt, hjoguʀt] (turc *yoghourt*) Produit fermenté au lait de brebis ou de vache. *Un yaourt à la fraise. Des yaourts na-ture.* ■ **Fam.** et **plais.** *Pot de yaourt*, petite voiture ; voiturette. ■ REM. On écrit aussi *yoghourt.*

YAOURTIÈRE, ■ n. f. [hjauʀtjeʀ] (*yaourt*) Appareil électroménager utilisé pour faire des yaourts. *Une yaourtière automatique.*

YARD, n. m. [hjaʀd] (mot v. angl., baguette, unité de mesure) Mesure de longueur employée en Angleterre, valant 0,91 m.

YASS ou **JASS**, ■ n. m. [hjas] (mot suisse, jeu d'orig. hollandaise) **Suisse** Jeu de cartes, proche de la belote. *Faire un yass, une partie de jass.*

YATAGAN, n. m. [hjatagɑ̃] (mot turc) Arme d'estoc et de taille, dont le tranchant affecte une forme concave. ■ REM. On disait aussi *ataghan* autre-fois.

YAWL, ■ n. m. [hjol] (mot angl.) Voilier équipé d'un petit mât placé à l'ar-rière de la barre sur lequel est fixée une voile aurique. *Des yawls.*

YEARLING, ■ n. m. [hjœʀliŋ] (mot angl., de *year*, année) Jeune cheval pur-sang âgé d'un an.

YÈBLE, n. f. [hjɛbl] Voy. HIÈBLE.

YÉMÉNITE, ■ adj. [hjemenit] (*Yémen*) Du Yémen. *La littérature yéménite contemporaine.* ■ N. m. et n. f. *Les Yéménites.*

YEN, ■ n. m. [hjɛn] (mot jap.) Unité monétaire du Japon. *Une pièce de 500 yens.*

YEOMAN, ■ n. m. [hjoman] (mot apparenté à l'angl. *youngman*, servi-teur de rang élevé) **Hist.** Paysan libre et généralement de condition aisée de l'Angleterre médiévale. ■ Hallebardier de la garde royale britannique. ■ Au pl. *Des yeomans* (pluriel anglais).

YERSINIA, ■ n. f. [hjɛʀsinja] (Alexandre *Yersin*, 1863-1943, médecin suisse qui isola le bacille) **Méd.** Bactérie de forme bacille dont l'une des espèces est responsable de la peste. *Identifiée en tant que bactérie pathogène chez l'homme dès 1939, il a fallu attendre les années 1970 pour une véritable prise de conscience de l'importance de la yersinia en pathologie humaine.*

YÉTI, ■ n. m. [hjeti] (mot tibétain) Sorte de singe géant humanoïde de lé-gende, qui vivrait dans les montagnes de l'Himalaya. *On surnomme le yéti l'abominable homme des neiges.*

YEUSE, n. f. [jøz] (provenç. *euse*, du lat. *ilex*) Chêne qui conserve ses feuilles vertes en toute saison ; on le nomme vulgairement chêne vert.

YEUX, n. m. pl. [jø] d'œil Voy. ŒIL.

YÉYÉ ou **YÉ-YÉ**, ■ n. m. [hjeje] (onomat. ; angl. *yeah*) **Vieilli** Dans les an-nées 1960, style de chanson, de danse et de musique venu des États-Unis. ■ N. m. et n. f. inv. Adepte de ce style. *Une communauté de yéyés.* ■ Adj. inv. *La vague yéyé.*

YIDDISH, ■ n. m. inv. [hjidiʃ] (mot angl., de l'all. *jüddisch*) Langue des Juifs d'Europe, née dans les pays germaniques au Moyen Âge et dérivée de dia-lectes allemands, slaves et romans. *Le yiddish s'écrit en alphabet hébraïque, sa grammaire repose sur des bases de la grammaire allemande et son vocabulaire se compose d'éléments germaniques, romans, sémitiques et slaves.* ■ Adj. inv. *La littérature yiddish.*

YIN, ■ n. m. [hjin] (mot chinois, terre, lune, ombre, froid, passivité, fémi-nité) Principe de la philosophie taoïste, opposé et uni au yang, symbolisé par une partie noire contenant un point blanc formant un cercle avec le yang, et représentant certains grands aspects de l'ordre universel, comme l'obscur, le froid, la passivité, la femme, la douceur, etc. *Le yin et le yang sont des courants énergétiques complémentaires.*

YLANG-YLANG, ■ n. m. [ilɑ̃ilɑ̃] Voy. ILANG-ILANG.

YOD, ■ n. m. [jɔd] (hébr. *yôdh*) **Ling**. Dixième lettre des alphabets phénicien et hébreu, correspondant au *y*. ■ **Phonét**. Semi-consonne fricative palatalenotée [j] en alphabet phonétique.

YODLER, ■ v. intr. [jɔdle] Voy. IODLER.

YOGA, ■ n. m. [jɔga] (mot sanskr., jonction) Discipline spirituelle et corporelle hindoue visant à placer la conscience au centre même de l'être pour se libérer des contraintes du corps. ■ **Par extens**. Technique de méditation et de relaxation reposant sur des exercices de respiration et de postures. *Faire du yoga tous les matins.*

YOGHOURT, ■ n. m. [jɔgurt] Voy. YAOURT.

YOGI, ■ n. m. et f. [jɔgi] (mot hindoustani, du sansc. *yogin*, celui qui est unifié) Personne qui pratique le yoga. *Un club de yogis.*

YOGIQUE, ■ adj. [jɔgik] (*yoga*) Relatif au yoga. *La respiration yogique.*

YOGOURT, ■ n. m. [jɔgurt] Voy. YAOURT.

YOHIMBEHE, ■ n. m. [jɔimbe] (mot bantou) Arbre à feuillage persistant originaire du centre-ouest africain dont on utilise l'écorce pour ses vertus aphrodisiaques. *Outre ses effets aphrodisiaques, le yohimbehe a aussi des effets antidépresseurs.*

YOHIMBINE, ■ n. f. [jɔimbin] (*yohimb[ehe]* et *-ine*) **Pharm**. Alcaloïde tiré de l'écorce de yohimbehe utilisé comme stimulateur de l'érection. *La prise de yohimbine est à éviter en cas de maladies des reins, du foie ou d'hypertension.*

YOLE, n. f. [jɔl] (néerl. *jol* ou dan. *jolle*) Petite embarcation étroite et légère, quelquefois très longue, ordinairement très faible d'échantillon et très rapide.

YOM KIPPOUR ou **YOM KIPPUR**, ■ n. m. [jɔmkipur] (hébr. *yom hakippurim*, jour du pardon) Fête juive marquée par le jeûne et le recueillement. *Au cours du Yom Kippour, chaque Juif demande à Dieu de lui pardonner ses fautes, aussi bien celles commises à l'encontre de Dieu lui-même que celles commises à l'encontre de l'Homme.* ■ **Abrév**. Kippour ou kippur.

YORKSHIRE, ■ n. m. [jɔrkʃœr] (angl. *Yorkshire*, comté d'Angleterre) Petit chien de compagnie à poil long, d'origine anglaise. *Des yorkshires.*

YOUP !, ■ interj. [jup] (onomat.) S'emploie pour marquer l'allégresse, la joie. *Et youp ! la la ! vive la vie !* ■ S'emploie pour évoquer une glissade, un saut. *Il n'avait pas vu la peau de banane, et youp ! par terre !*

YOUPALA, ■ n. m. [jupala] (orig. onomat.) Cadre en bois, en plastique, etc., à roulettes muni d'un siège en toile qui permet à un jeune enfant ne sachant pas encore marcher de se déplacer. *L'utilisation du youpala suppose des précautions pour éviter les accidents, les traumatismes crâniens notamment.* ■ **Rem**. On dit également *trotteur*.

YOUPI !, ■ interj. [jupi] (prob. d'après l'anglo-amér. *whoopee*) Exclamation exprimant la joie, l'enthousiasme. *On y va, youpi !*

YOURTE ou **IOURTE**, ■ n. f. [jurt] (russe *jort*, habitation) Tente dont l'armature circulaire est recouverte de peaux ou de feutre, constituant l'habitat des nomades d'Asie centrale et d'Asie du Nord. *Les yourtes mongoles.*

YO-YO ou **YOYO**, ■ n. m. inv. [jojo] (orig. obsc., p.-ê. d'un mot malayo-polynésien des Philippines) Jouet composé de deux disques solidaires que l'on fait descendre et monter le long d'un fil s'enroulant autour d'un axe. *Des yoyos* ou *des yo-yo. Ils jouent au yo-yo à chaque récréation.* ■ **Fig**. et **fam**. Baisse et hausse successives. *Son moral fait le yoyo.*

YPÉRITE, ■ n. f. [iperit] (flam. *Yper*, Ypres, ville de Belgique, où ce gaz fut utilisé pour la première fois en 1915 par les Allemands) **Chim**. Gaz de combat asphyxiant et corrosif à base de sulfure d'éthyle, aussi appelé *gaz moutarde*, employé notamment durant les guerres mondiales. *Les obus à l'ypérite marquèrent un pas important dans la guerre chimique, ce gaz toxique attaquant n'importe quelle partie du corps en causant de fortes brûlures.*

YPONOMEUTE, ■ n. m. [iponomøt] Voy. HYPONOMEUTE.

YPRÉAU, n. m. [ipreo] (*Ypres*, ville de Belgique) Espèce d'orme à larges feuilles, qui tire son nom d'Ypres, en Flandre. ♦ Nom vulgaire du saule marsault et du peuplier blanc. ♦ **Au pl**. *Des ypréaux.*

YSARD, n. m. [izar] Voy. ISARD.

YSOPET ou **ISOPET**, ■ n. m. [izope] (lat. *æsopus*, gr. *Aisôpos*, Ésope, fabuliste grec) **Littér**. Recueil de fables de l'époque médiévale. *Les ysopets de Marie de France.*

YUAN, ■ n. m. [hjwan] (mot chinois, rond) Unité monétaire ayant cours en République de Chine. *Un billet de 100 yuans.*

YUCCA, n. m. [hjuka] (mot d'une langue amérindienne) **Bot**. Genre de la famille des liliacées ; il se compose de plantes vivaces, à tige haute, plus ou moins herbacées.

YUPPIE, ■ n. m. et n. f. [jupi] (acronyme de *Young Urban Professional*, sur le modèle de *hippie*) **Fam**. Jeune cadre qui se montre très ambitieux. *Une brillante yuppie aux dents très longues.*

Z

Z, n. m. [zɛd] Lettre consonne, la vingt-cinquième et dernière lettre de l'alphabet. ♦ **Fam.** *Il est fait comme un Z,* se dit d'un homme tordu. ♦ Dans les lettres numérales, Z vaut 2 000. ■ *De A à Z,* du début à la fin. *Il a lu le programme électoral de ce candidat de A à Z.* ■ REM. Littré ne comptait pas *w* dans l'alphabet, ce qui explique qu'il dise du *z* qu'il en est la vingt-cinquième lettre. Voy. W.

ZABRE, ■ n. m. [zabʀ] (lat. sav. *zabrus,* d'orig. obsc.) Entomol. Insecte coléoptère dont les larves et les adultes attaquent les céréales. *Au cours de la nuit, les larves du zabre remontent de la terre afin de dévorer les parties inférieures du pied du blé ; une fois adultes, elles s'attaquent aux grains contenus dans les épis.*

ZAC, ■ n. f. [zak] (acronyme de *Zone d'Aménagement Concerté*) Zone urbaine dont l'aménagement répond à des modalités définies par les collectivités locales. *Les ZAC peuvent comporter aussi bien des logements que des commerces, des entreprises ou des équipements collectifs.*

ZAD, ■ n. f. [zad] (acronyme de *Zone d'Aménagement Différé*) Zone intégrée à un plan d'urbanisme et dont l'aménagement se fera à une certaine échéance. *La mairie a un droit de préemption sur les propriétés classées en ZAD.*

ZAGAIE, ■ n. f. [zagɛ] Voy. SAGAIE.

ZAIBATSU, ■ n. m. [zajbatsu] (mot jap.) Conglomérat d'entreprises japonaises, généralement aux mains d'une même famille. *De puissants zaibatsus.*

ZAÏM, n. m. [zaim] Soldat turc, dont le bénéfice militaire est un peu au-dessus de celui du timariot.

ZAIN, adj. m. [zɛ̃] (it. *zaino,* de l'esp. *zaino,* d'orig. ar.) *Cheval zain,* celui qui, quelle que soit sa robe, ne présente aucun poil blanc.

ZAKOUSKI, ■ n. m. [zakuski] (plur. du russe *zakouska,* collation, de *zakusit,* manger un morceau) Hors d'œuvre variés servi dans la cuisine russe. *Des zakouskis ou des zakouski* (pluriel russe).

ZAMAK, ■ n. m. [zamak] (nom déposé, des initiales de *zinc, aluminium* et *magnésium*) Alliage de zinc, d'aluminium et de magnésium permettant des moulages de précision. *Une locomotive miniature en zamak moulé.*

ZAMIA ou **ZAMIER**, ■ n. m. [zamja, zamje] (lat. sav. [XVIIIᵉ s.] *zamia,* du lat. impér. *azania* [*nuces*], [pommes de pin] desséchées) Arbre des régions tropicales, proche du palmier par sa forme, dont certaines espèces fournissent le sagou. *Le zamia est une des rares espèces végétales survivantes de l'ère secondaire.*

ZANI ou **ZANNI**, n. m. [zani] (dimin. de l'ital. *Giovanni*) Personnage bouffon dans les comédies italiennes. ♦ Au pl. *Des zanis.*

ZANZIBAR ou **ZANZI**, ■ n. m. [zɑ̃zibaʀ, zɑ̃zi] (*Zanzibar,* île de l'océan Indien) Jeu de hasard qui se joue avec trois dés.

ZAOUÏA ou **ZAWIYA**, ■ n. f. [zauja, zawija] (ar. *zâwiya,* petite mosquée) Établissement religieux des pays du Maghreb assurant l'enseignement. *Certaines zaouïas hébergent les voyageurs. La zaouïa de Moulay Idris à Fès.*

ZAPATÉADO, ■ n. m. [zapateado] (mot esp., p. p. de *zapateare,* frapper le sol de ses pieds chaussés, de *zapato,* soulier) Danse andalouse à trois temps, caractérisée par le martèlement rythmé des talons du danseur. *En entendant les guitares, il se mit à improviser un zapatéado fulgurant.*

ZAPI, ■ n. f. [zapi] (acronyme de *Zone d'Attente des Personnes en Instance*) Local d'un aéroport dans lequel sont maintenus les étrangers en situation irrégulière.

ZAPPER, ■ v. intr. [zape] (anglo-amér. *to zap,* prob. de l'onomat. *zap,* bruit d'arme, tuer) Changer fréquemment de chaîne de télévision à l'aide d'une télécommande. *Zapper pour éviter la publicité.* ■ **Fig.** Passer d'une chaîne à une autre. *Il zappe tout le temps entre ses passions.* ■ **V. tr. Fam.** Passer outre, oublier. *Zapper le petit déjeuner. Il a encore zappé notre rendez-vous.* ■ ZAPPING, n. m. [zapiŋ]

ZAPPEUR, EUSE, ■ n. m. et n. f. [zapœʀ, øz] (*zapper*) Personne qui passe d'un programme de télévision à un autre ; Par extension, d'une activité à une autre. ■ Adj. *La génération zappeuse.*

ZARB, ■ n. m. [zaʀb] (mot persan) Tambour à mains utilisé dans la musique traditionnelle iranienne. *Le zarb est considéré par les spécialistes comme une des plus complexes percussions orientales.*

ZARBI, IE, ■ adj. [zaʀbi] (mot verlan, bizarre) Fam. Étrange, bizarre. *Elle est zarbie cette fille !*

ZARZUELA ou **ZARZUÉLA**, ■ n. f. [zaʀzwela] (mot esp. p.-ê. du palais royal de la *Zarzuela*) Littér. Drame lyrique populaire espagnol associant chant et déclamation. *La zarzuela, mêlant les récitatifs aux chants, est une pure tradition madrilène qui a pour décor les cours d'immeubles.* ■ Plat traditionnel espagnol, soupe de poissons et de fruits de mer.

ZAWIYA, ■ n. f. [zawija] Voy. ZAOUÏA.

ZAZOU, OUE, ■ n. m. et rare n. f. [zazu] (onomat. d'orig. obsc.) Jeune personne qui, pendant et après la Seconde Guerre mondiale, se distinguait par sa passion pour le jazz et ses tenues excentriques. ■ Adj. *La mode zazou* ou *zazoue.*

ZÉA, ■ n. m. [zea] (mot lat. sav. [Linné], du gr. *zea, zeia,* épeautre) Bot. Nom scientifique du maïs.

ZÉBRÉ, ÉE, adj. [zebre] (*zèbre*) Marqué de bandes foncées sur un fond clair. ♦ *Cheval zébré,* cheval dont la robe présente des lignes noirâtres qui entourent l'avant-bras et la jambe.

ZÈBRE, n. m. [zɛbʀ] (port. *zebra,* du lat. vulg. *eciferus,* du lat. impér. *equiferus,* cheval sauvage) Animal du sous-genre âne, habitant l'Afrique, et remarquable par sa robe, dont le fond jaune ou isabelle est rayé de nombreuses bandes brunes ; dit aussi *cheval sauvage* et *âne rayé.* ♦ Nom donné à certaines coquilles et à deux espèces de poissons, les chétodons et les pleuronectes. ■ **Fig.** et **fam.** Individu de peu de considération. *Drôle de zèbre !*

ZÉBRER, v. tr. [zebre] (*zèbre*) Produire sur quelque animal ou sur quelque objet des raies semblables à celles du zèbre.

ZÉBRURE, n. f. [zebʀyʀ] (*zébrer*) Raie ou raies semblables à celles du zèbre.

ZÉBU, ■ n. m. [zeby] (tibétain, *zeu, zeba,* bosse du zébu, du chameau) Nom vulgaire du bœuf indien, qui a sur le garrot une ou deux bosses charnues. ♦ Au pl. *Des zébus.*

ZÉE, ■ n. m. [ze] (lat. impér. *zæus,* gr. *zaios,* sorte de poisson) Poisson également appelé *saint-pierre.*

ZEF, ■ n. m. [zɛf] (abrév. de *zéphyr*) Arg. Vent. ■ **Fam.** *Mettre quelqu'un dans le zef,* l'ignorer.

ZÉLATEUR, TRICE, n. m. et n. f. [zelatœʀ, tʀis] (lat. chrét. *zelator,* envieux, de *zelare,* aimer, être jaloux) Celui, celle qui agit avec zèle pour quelque chose ou quelqu'un. « *Zélateur de sa sainte loi [de Dieu]* », FLÉCHIER. « *Ces anciens zélateurs de la liberté, uniquement attentifs au bien public et à la gloire de la nation* », ROLLIN. ♦ Adj. *L'esprit zélateur d'une assemblée.* ◁ ▷ Titre d'office dans quelques ordres religieux, consistant à veiller avec zèle sur la conduite des novices et des jeunes profès. ◁ ▷ *Zélatrice,* nom, parmi les ursulines, d'un office qui répond à celui de procureur dans les communautés d'hommes. ◁

ZÉLÉ, ÉE, adj. [zele] (*zèle*) Qui a du zèle. « *Car il contrôle tout, ce critique zélé* », MOLIÈRE. ♦ N. m. et f. *Un zélé. Une zélée.* ♦ ▷ *Faux zélé,* celui qui est animé d'un zèle faux pour la religion. ◁

ZÈLE, n. m. [zɛl] (lat. impér. *zelus,* b. lat. jalousie, du gr. *zêlos,* empressement, rivalité) Affection vive, ardente pour le service de quelque chose, de quelqu'un, de Dieu. *Le zèle pour le bien public.* « *Le zèle du salut des âmes est comme le premier devoir d'un pasteur* », MASSILLON. ♦ *Zèle indiscret, zèle inconsidéré,* celui qui n'est pas réglé par la prudence. ♦ Dans le langage de l'Écriture, *le zèle de la maison de Dieu le dévore,* il a un zèle extrême pour le service de Dieu. ♦ *Faire du zèle,* se montrer trop zélé, dépasser la mesure dans l'exécution d'un ordre, d'une mission, d'une fonction. ♦ **Spécialt** *Le zèle,* le zèle pour la religion. ♦ *Faux zèle,* zèle aveugle et mal entendu. ♦ *Grève du zèle,* application scrupuleuse des consignes de travail, des procédures à suivre afin de ralentir, voire de paralyser tout un système. *La grève du zèle des douaniers provoque d'importants embouteillages à la frontière.*

ZELLIGE, ■ n. m. [zeliʒ] (ar. *zulaig,* de l'esp. *azulejo* [de *azul,* bleu], ou de l'ar. *zulug,* pierre lisse) Carreau de faïence émaillé utilisé pour la réalisation de mosaïques dans l'art maghrébin. *Une fontaine ornée de zelliges.*

ZÉLOTE, ■ n. m. [zelɔt] (gr. *zêlôtês,* qui a du goût pour, jaloux) Antiq. Membre d'une secte juive qui s'opposa à l'occupant romain au Iᵉʳ siècle.

ZEMSTVO, ■ n. m. [zjɛmstvo] (mot russe) Hist. Assemblée territoriale créée en Russie en 1864, qui permettait aux notables d'être associés à la gestion du pays. *La révolution de 1917 mit fin aux zemstvos.*

ZEN, ■ n. m. [zɛn] (mot jap., du sansc. *dyâna,* méditation) Mouvement bouddhiste japonais originaire de Chine qui privilégie la méditation. ■ Adj. inv. *Des temples zen.* ■ Adj. inv. Fam. Calme et décontracté. *Rester zen en toutes circonstances.*

ZEND, n. m. [zɛ̄d] (mot a. persan, connaissance) Le commentaire, l'explication de la révélation de Zoroastre. ♦ Nom donné par Anquetil-Duperron à la langue dans laquelle Zoroastre a écrit ses livres. ♦ Adj. Qui appartient au zend. *Des livres zends. La langue zende.*

ZEND-AVESTA, n. m. [zɛ̄davɛsta] (mot a. persan, de *zend*, connaissance, et *avesta*, livre sacré) Recueil des livres sacrés des Parses ou sectateurs de Zoroastre.

ZÉNITH, n. m. [zenit] (lat. médiév. *zenit*, de l'ar. *samt [ar raś]*, chemin [(au-dessus de) la tête]) **Astron.** Point de la sphère céleste qui, pour chaque lieu de la Terre, est rencontré par la verticale élevée en ce lieu. ♦ **Fig.** Le point le plus élevé où on puisse parvenir. « *Le zénith de votre esprit ne va pas au nadir de celui du moindre des imans* », MONTESQUIEU.

ZÉNITHAL, ALE, adj. [zenital] (*zénith*) Qui appartient au zénith. *Les points zénithaux.*

ZÉNONIQUE, adj. [zenonik] (Zénon d'Élée [vᵉ s. av. J.-C.], philosophe grec) Qui appartient au système de Zénon d'Élée ; c'est un système idéaliste. ♦ Qui appartient au système de Zénon de Cittium, créateur du stoïcisme.

ZÉNONISME, n. m. [zenonism] (*Zénon d'élée*) Philosophie de Zénon le stoïcien.

ZÉOLITHE ou **ZÉOLITE**, n. f. [zeolit] (lat. sav. *zeolithus*, du gr. *zein*, bouillir, bouillonner, et *lithos*, pierre) Sorte de roche qui bouillonne au chalumeau, à cause de l'eau qu'elle contient. ♦ L'Académie fait ce mot du masculin ; mais les minéralogistes le font féminin. ■ REM. Aujourd'hui, ce nom est féminin.

ZÉOLITHIQUE ou **ZÉOLITIQUE**, adj. [zeolitik] (*zéolithe*) Qui appartient à une zéolithe. *Minéral zéolithique.*

ZEP, ■ n. f. [zɛp] (acronyme de *zone d'éducation prioritaire*) Ensemble précisément circonscrit d'établissements scolaires bénéficiant d'un soutien pédagogique renforcé pour lutter contre l'échec scolaire d'élèves socialement défavorisés. *Enseigner en* ZEP.

ZÉPHYR, n. m. [zefir] (lat. *zephyrus*, du gr. *zephuros*) Nom que les Anciens donnaient au vent d'Occident (on met une majuscule). ♦ Dans la Fable, le vent d'occident personnifié et qualifié de dieu (on met une majuscule). ♦ Tout souffle de vent doux et agréable (on met une minuscule). « *Un jeune prince, au retour des zéphyrs, se promenait dans un jardin délicieux* », FÉNELON. ♦ **Mar.** Léger souffle de vent. ♦ **Chorégr.** *Pas de zéphyr*, pas qui se fait en se tenant sur un pied, et balançant l'autre en avant et en arrière. ♦ Nom donné, dans l'armée, à des soldats de compagnies de discipline qu'on envoie d'ordinaire en Algérie [1]. ♦ L'Académie distingue *zéphire* et *zéphyr*, disant que *zéphire* est le vent d'Occident ou ce vent personnifié, et *zéphyr* tout vent doux et agréable. Cette distinction est illusoire ; les auteurs confondent perpétuellement *zéphire* et *zéphyr*, et il ne faut y voir qu'une variété d'orthographe. ■ REM. Aujourd'hui seule la graphie *zéphyr* est courante. ■ REM. 1 : Cette pratique eut cours pendant la colonisation.

ZÉPHYRIEN, IENNE, ■ adj. [zefirjɛ̃, jɛn] (*zéphyr*) D'une douceur, d'une légèreté comparable à celle du zéphyr. *Une musique zéphyrienne le berçait.* « *Une chevelure d'ange, le tout calamistré, dense, lumineux, reluisant, métallique, fourré, épais, duveteux, profond, chatoyant, léger, fuyant, zéphyrien au moindre rayon* », CENDRARS.

ZEPPELIN, ■ n. m. [zɛp(ə)lɛ̃] (F. von *Zeppelin*, 1838-1917, industriel all.) Ballon dirigeable rigide, fabriqué par les Allemands au début du XXᵉ siècle. *Les zeppelins furent les premiers dirigeables à être gonflés à l'hélium.*

ZÉRO, n. m. [zero] (ital. *zero*, du lat. médiév. *zephirum*, de l'ar. *sifr*, vide, zéro) **Arithm.** Chiffre en forme d'O, qui de lui-même ne marque aucun nombre, mais qui, étant mis à la droite des autres, indique qu'ils prennent une valeur dix fois plus forte. ♦ ▷ *Je ne veux pas qu'il y manque un zéro*, je ne veux pas qu'il y manque rien. ◁ ♦ *Sa fortune est réduite à zéro*, elle est réduite à rien. ♦ **Fig.** *Ajouter des zéros à un compte*, l'amplifier. ♦ **Fig.** *C'est un zéro, un zéro en chiffre*, se dit d'un homme qui n'est d'aucune considération. ♦ Point qui correspond à la température de la glace fondante dans le thermomètre. *Le thermomètre est à zéro.* ♦ En général, point d'où l'on part pour compter les degrés. ♦ Au pl. *Des zéros.* ■ Notation nulle. *Avoir un 0 en maths.* ■ *Zéro de conduite*, notation sévère de la discipline en milieu scolaire notamment. ■ *Zéro pointé*, note éliminatoire. ♦ **Fam.** *Avoir le moral à zéro*, déprimer.

ZÉROTAGE, n. m. [zerotaʒ] (*zéro*) Fixation du zéro dans les instruments de précision.

ZEST, interj. [zɛst] (radic. onomat. *zek-*, mouvement rapide, éventuellement répété en sens différents) ▷ Interjection familière et ironique dont on se sert pour repousser ce que dit une personne. *Il se vante de cela : zest !* ◁ ♦ ▷ On trouve aussi *zeste.* ◁ ♦ ▷ Il indique aussi la promptitude. *Zest ! me voilà rendu.* ◁ ♦ ▷ On trouve aussi *zeste.* ◁ ♦ **Fam.** *Être entre le zist et le zest*, être fort incertain sur le parti qu'on doit prendre. ♦ Il se dit aussi d'une chose qui n'est ni bonne ni mauvaise. *Cela est entre le zist et le zest.*

ZESTE, n. m. [zɛst] (onomat. *zest*, chose de peu de valeur) Séparation membraneuse qui divise l'intérieur d'une noix. *Le zeste d'une noix.* ♦ Écorce extérieure, jaune et colorante, de l'orange ou du citron, séparée de la peau blanche et amère qui est au-dessous. ♦ **Fig.** Chose de la plus mince valeur. ♦ **Fam.** *Cela ne vaut pas un zeste, je n'en donnerais pas un zeste*, se dit d'une chose de peu de valeur. ■ **Fam.** Très petite quantité. *Avec un zeste d'humour, elle a su faire passer le message.*

ZESTER, v. tr. [zɛste] (*zeste*) Séparer du zeste la partie blanche sous-jacente. ♦ Couper l'écorce d'un citron par petites bandes. *Zester un citron.*

ZESTEUR, ■ n. m. [zɛstœr] (*zester*) Couteau dont l'extrémité est dotée d'une rangée de trous au bord tranchant, servant à zester les agrumes. *Le zesteur permet de préparer des décorations de plats ou de desserts avec les zestes.*

ZÊTA, ■ n. m. inv. [zeta] Sixième lettre de l'alphabet grec.

ZÉTÉTIQUE, adj. [zetetik] (gr. *zêtêtikos*, qui aime à rechercher, de *zêtein*, chercher) **Didact.** Qui concerne les recherches. ♦ ▷ *La méthode zététique* ou n. f. *la zététique*, méthode dont on se sert pour résoudre un problème de mathématique ; et en général, celle dont on se sert pour pénétrer la raison des choses. ◁ ♦ **Philos.** Qui cherche, en parlant de l'école sceptique. *Un observatoire zététique.* ♦ **Par extens.** Qui doute. *Les investigations zététiques dans le domaine du surnaturel.*

ZEUGMA ou **ZEUGME**, ■ n. m. [zøgma, zøgm] (gr. *zeugma*, tout ce qui sert à joindre, de *zeugnunai*, mettre sous le joug, joindre) **Gramm.** Ellipse dans la coordination ; par exemple : *il avait vingt ans et moi quinze.* ■ **Rhét.** Zeugme coordonnant deux éléments qui ne se situent pas sur le même plan grammatical ou sémantique ; par exemple : « *Prenant son courage à deux mains et sa Winchester dans l'autre* », DESPROGES.

ZEUZÈRE, ■ n. f. [zøzɛr] (orig. obsc.) Papillon nocturne dont les chenilles creusent des galeries dans le bois des arbres. *La zeuzère est l'un des ravageurs les plus importants des vergers de pommiers et de poiriers des régions méditerranéennes et, dans certains pays, de l'olivier.*

ZÉZAIEMENT, n. m. [zezemɑ̃] (*zézayer*) Vice de prononciation par lequel on donne à plusieurs consonnes le son du *z*. ♦ Manière de prononcer en zézayant.

ZÉZAYER, v. intr. [zezeje] (onomat. sur la base de *z*) Remplacer dans la prononciation l'articulation du *j* ou du *g* doux par celle du *z*. ■ On dit aussi *zozoter* (Fam.).

ZÉZETTE, ■ n. f. [zezɛt] (onomat. enfantine) **Fam.** Pénis ou vulve, dans le langage enfantin. « *Mais à vous, ze le cache pas : la zézette de Mlle Spring, ze la verrai. Ze la verrai de toute façon. Parole de Zulie Berthe* », VAUTRIN.

ZI, ■ n. f. [zedi] Voy. INDUSTRIEL.

ZIBELINE, n. f. [zib(ə)lin] (anc. fr. *sabelin*, garni de zibeline, du lat. médiév. *sabellum*, d'orig. slave) Martre de Sibérie à poil très fin. ♦ La peau de cet animal employée comme fourrure. *La martre la plus estimée est la zibeline.* ♦ Adj. *Martre zibeline.*

ZIDOVUDINE, ■ n. f. [zidovydin] (nom commercial de l'*azido-deoxythymidine*) **Méd.** Agent actif sur le VIH. *La zidovudine ne guérit pas le sida et ne détruit pas complètement le VIH, mais peut empêcher des dommages additionnels en ralentissant la production de nouveaux virus.* ■ REM. La zidovudine est couramment appelée AZT.

ZIEUTER ou **ZYEUTER**, ■ v. tr. [zjøte] (*z* de liaison et *yeux*) **Fam.** Regarder en observant. « *Y a une heure que je te zieute* », GENET.

ZIG ou **ZIGUE**, ■ n. m. [zig] (altération de 1 *gigue*) **Fam.** Type, gus. *Un zig louche.* ■ Personne sympathique. *C'est un bon zig.*

ZIGGOURAT, ■ n. f. [zigurat] (akkadien *ziqquratu*, élévation tour d'un temple, de *zaqaru*, être élevé) **Archéol.** Tour des anciens Babyloniens comportant plusieurs niveaux élevés en gradins et au sommet de laquelle se trouvait un sanctuaire. *La tour de Babel est la plus célèbre des ziggourats.*

ZIGOTO, ■ n. m. [zigoto] (*zig*) **Fam.** Personne peu sérieuse. ■ *Faire le zigoto*, faire le malin, se rendre intéressant. « *Zigouilleur visionnaire De scherzi de Mozart Drôle de zigoto Zieuteur du genre blasé* », GAINSBOURG.

ZIGOUILLER, ■ v. tr. [ziguje] (mot dial. [Centre et Ouest], couper avec un mauvais couteau [*zigue-zigue*, du radic. onomat. *zik-*, mouvement brusque]) **Fam.** Tuer. *S'il ne lui rend pas son argent rapidement, il va se zigouiller !*

ZIGZAG, n. m. [zigzag] (radic. onomat. *zik-*, mouvement brusque, avec alternance vocalique exprimant le va-et-vient) Suite de lignes formant des angles alternativement saillants et rentrants. ♦ On dit dans un sens analogue : *Aller, marcher en zigzag ; un chemin tracé en zigzag.* ♦ *Cet ivrogne fait des zigzags en marchant*, il va tantôt d'un côté, tantôt d'un autre. ♦ ▷ Petite machine, composée de tringles mobiles et disposées en losange, qui s'allongent ou se resserrent, suivant le mouvement qu'on lui donne par deux branches qui servent à la tenir. ◁ ◆ Ornement en forme de zigzag. ◆ **Fortif.** Tranchées conduites par des retours et des coudes, afin que les assiégés ne puissent en découvrir ni battre la longueur.

ZIGZAGUER, ■ v. intr. [zigzage] (*zigzag*) Avancer de travers, faire des zigzags. *La voiture zigzague dangereusement.*

ZINC, n. m. [zɛ̃g] (all. *Zink*) Métal qui existe dans la nature combiné avec le souffre dans la blende, et à l'état d'hydrate et d'oxyde dans la calamine. *Le zinc n'était pas connu des Anciens.* ◆ *Fleurs de zinc,* zinc sublimé par le feu. ◆ On a écrit *zing.* ■ **Fam.** Comptoir d'un café, initialement en zinc. *Boire un café sur le zinc.* ■ **Fam.** et **par extens.** Bistrot. ■ **Fam.** Petit avion. *Elle n'était pas rassurée dans ce zinc.* ■ Rem. On prononçait autrefois [zɛ̃k].

ZINCAGE ou **ZINGAGE**, n. m. [zɛ̃gaʒ] (*zinc*) Action de couvrir de zinc. ◆ Procédé de galvanisation du fer.

ZINCIFÈRE, ■ adj. [zɛ̃sifɛʀ] (*zinc* et *-fère*) **Chim.** Qui contient du zinc. *Un filon zincifère.*

ZINFANDEL, ■ n. m. [zɛ̃fɑ̃dɛl] (mot anglo-amér.) Cépage rouge d'origine italienne très répandu en Californie. *Le zinfandel peut être vendangé tardivement.*

ZINGARI, n. m. [zɛ̃gaʀi] Voy. TZIGANI.

ZINGIBÉRACÉE, ■ n. f. [zɛ̃ʒiberase] (lat. impér. *zingiber*, gingembre) **Bot.** Plante tropicale rhizomatique, aux fleurs vivement colorées et dont de nombreuses espèces sont aromatiques. *Le gingembre, le curcuma et la cardamome appartiennent à la famille des zingibéracées.*

ZINGUER, v. tr. [zɛ̃ge] (*zinc*) Garnir, couvrir de zinc. ◆ Galvaniser le fer.

ZINGUERIE, n. f. [zɛ̃g(ə)ʀi] (*zinc*) Atelier où l'on fabrique le zinc. ◆ Commerce de zinc.

ZINGUEUR, EUSE, n. m. et n. f. [zɛ̃gœʀ, øz] (*zinguer*) Ouvrier, ouvrière qui travaille le zinc. *Un plombier-zingueur.*

ZINJANTHROPE, ■ n. m. [zɛ̃ʒɑ̃tʀɔp] (lat. sav. [XXᵉ s.] *zinjanthropus*, de *Zing,* ancien nom de l'est de l'Afrique, et gr. *anthrôpos*, homme) **Préhist.** Australopithèque découvert en Tanzanie, caractérisé par un cerveau de taille réduite et une face très développée. *Mary et Louis Leakey découvrirent en 1959 les restes d'un zinjanthrope, un hominidé nommé Lucie, vieux de 1 600 000 ans.*

ZINNIA, n. m. [zinja] (mot lat. sav. [Linné], de *Zinn,* 1727-1759, botaniste all.) Petite plante d'ornement. ◆ Au pl. *Des zinnias.*

ZINZIN, ■ adj. [zɛ̃zɛ̃] (onomat., exprimant un bruit ; p.-ê. infl. de *zozo* sur le premier sens) Fou, dérangé. *Elles sont complètement zinzins !* ■ N. m. et n. f. Un, une zinzin. ■ N. m. **Fam.** Objet, engin bruyant. *Arrête ton zinzin !*

ZINZINULER, ■ v. intr. [zɛ̃zinyle] (b. lat. *zinzilulare,* d'orig. onomat.) Chanter, en parlant de la fauvette, de la mésange.

ZINZOLIN, n. m. [zɛ̃zɔlɛ̃] (ital. *giuggiolena,* sésame, dont la graine donne une teinture violette, de l'ar. *gugulan*) Couleur d'un violet rougeâtre. ◆ Adj. *Zinzolin, ine. Taffetas zinzolin.*

1 ZIP, ■ n. m. [zip] (angl. *zip,* fermeture-éclair, d'orig. onomat.) Système de fermeture à glissière. *Poche fermée par un zip.*

2 ZIP, ■ n. m. [zip] (prob. 1 *zip*) Fichier compressé de données informatiques. *Envoyer un zip par mail.*

1 ZIPPER, ■ v. tr. [zipe] (1 *zip*) Fermer par une fermeture à glissière. *Elle zippa son sac avant de partir.*

2 ZIPPER, ■ v. tr. [zipe] (2 *zip*) Compresser des données informatiques. *Zipper des fichiers pour les envoyer par mail.*

ZIRCON, ■ n. m. [ziʀkɔ̃] (all. *Zirkon,* d'orig. obsc.) Minéral cristallin, pierre précieuse qui affecte diverses couleurs ; dite aussi *hyacinthe.*

ZIRCONE, ■ n. f. [ziʀkɔn] (*zircon*) **Chim.** Oxyde de zirconium que l'on trouve à l'état naturel. *La zircone est l'un des principaux abrasifs de la métallurgie.*

ZIRCONIUM, n. m. [ziʀkɔnjɔm] (*zircon*) **Chim.** Métal qui est d'un gris noirâtre, sans aspect métallique. *Le zirconium est un métal résistant à la corrosion.*

ZIST, n. m. [zist] Voy. ZEST. ◆ Quelques-uns appellent *zist* l'écorce intérieure des oranges ou l'enveloppe blanche qui est au-dessous du zeste.

ZIZANIE, n. f. [zizani] (b. lat. *zizania,* jalousie, zizanie) Ivraie, mauvaise graine qui vient parmi le bon grain (sens propre inusité). ◆ **Fig.** Désunion, mésintelligence. *Semer la zizanie entre des amis. « Ce parti croît..., désole le champ du père de famille en y semant la zizanie »,* BOURDALOUE. ■ Graminée ressemblant au riz. On dit aussi *riz sauvage.*

ZIZI, ■ n. m. [zizi] (onomat. enfantine) **Fam.** Sexe masculin dans le langage enfantin. ■ **Par extens.** Sexe féminin (aussi dans le langage enfantin).

ZLOTY, ■ n. m. [zloti] (mot pol., de *zloto,* or) Unité monétaire ayant cours en Pologne. *Un billet de 200 zlotys.*

ZOB, ■ n. m. [zɔb] (mot ar.) **Vulg.** Pénis. ■ Interj. **Très vulg.** *Et zob !,* s'emploie pour marquer le mépris.

ZODIAC, ■ n. m. [zɔdjak] (marque déposée) Gros canot gonflable auquel on peut adapter un moteur. *Les zodiacs de la Marine.*

ZODIACAL, ALE, adj. [zɔdjakal] (*zodiaque*) Qui appartient au zodiaque. *Les signes zodiacaux.* ◆ *Lumière zodiacale,* lumière de forme lenticulaire qui s'appuie sur l'horizon, et qui apparaît après le coucher du soleil à l'époque de l'équinoxe du printemps, et avant son lever à l'époque de l'équinoxe d'automne.

ZODIAQUE, n. m. [zɔdjak] (lat. *zodiacus,* zodiaque, gr. *zôidiakos,* qui concerne les constellations, de *zôidion,* figurine, plur. *zôidia,* signes du zodiaque, de *zôion,* être animé) **Astron.** Zone de la sphère céleste s'étendant à huit degrés de part et d'autre de l'écliptique et dans laquelle sont toujours comprises les planètes anciennement connues. *Le zodiaque est divisé en douze parties égales par de grands cercles perpendiculaires à l'écliptique, à partir de l'équinoxe du printemps ; ces douze parties sont les signes du zodiaque.* ◆ Représentation du zodiaque.

ZOÉ, ■ n. f. [zoe] (lat. sav. *zœa,* du gr. *zôê,* vie) **Zool.** Forme larvaire que prennent les crustacés décapodes après le stade nauplius. *Des zoés de crevettes âgées de quelques heures.*

ZOÉCIE, ■ n. f. [zoesi] (gr. *zôion,* être animé, et *oikia,* habitation) **Zool.** Unité d'une colonie de bryozoaires. *Il y a souvent une division des tâches entre les zoécies, le plus souvent entre celles qui assurent la nutrition et celles responsables de la reproduction.*

ZOÏLE, ■ n. m. [zoil] (lat. *Zoïlus,* gr. *Zôïlos*) Nom propre d'un ancien critique, célèbre par son acharnement à censurer Homère. ◆ **Fig.** Mauvais critique. ◆ **Fig.** et **abusiv.** Critique envieux et méchant (on met une majuscule).

ZOMBI ou **ZOMBIE**, ■ n. m. [zɔ̃bi] (mot créole de Haïti, esprit, revenant, issu d'une langue africaine) Revenant dans le culte vaudou des Antilles. ■ **Fam.** Personne sans énergie, sans volonté. *Les lendemains de fête, c'est un vrai zombi !* « *Une espèce de zombie silencieux, tournant en rond au milieu du désert, voilà quel genre de type j'étais »,* DJAN.

ZONA, n. m. [zona] (lat *zona,* gr. *zônê,* ceinture, maladie de la peau autour des reins) **Méd.** Phlegmasie cutanée, qui entoure, sous forme de demi-ceinture, la poitrine ou l'une des trois régions de l'abdomen ; c'est une éruption vésico-bulleuse.

ZONAGE, ■ n. m. [zonaʒ] (francisation de l'anglo-amér. *zoning*) Division d'un territoire en différentes zones afin de réglementer les conditions d'utilisation du sol. *Des travaux qui contreviennent au zonage.*

ZONAL, ALE, ■ adj. [zonal] (b. lat. *zonalis,* de zone) Relatif à une zone du globe terrestre. *Les grands climats zonaux.* ■ Relatif à une zone territoriale. *Un plan zonal de sécurité.*

ZONARD, ARDE, ■ n. m. et f. [zonaʀ, aʀd] (*zone*) **Péj.** Jeune issu des banlieues défavorisées et vivant en marge de la société. ■ Adj. *Une cité zonarde.*

ZONE, n. f. [zon] (lat. *zona,* gr. *zônê,* ceinture, zone terrestre ou céleste) Chacune des cinq grandes divisions du globe terrestre, que l'on conçoit séparées par des cercles parallèles à l'équateur. *La surface de la Terre est divisée en cinq zones : deux glaciales, une zone torride, deux zones tempérées.* ◆ Parties du ciel qui répondent à ces divisions du globe terrestre. ◆ Région considérée par rapport à la température. « *L'Asie n'a point précisément de zone tempérée »,* MONTESQUIEU. ◆ **Géom.** Partie de la surface d'une sphère comprise entre deux plans parallèles. ◆ **Hist. nat.** Bandes ou marques circulaires. « *Son cou et sa poitrine ondés distinctement de zones noires et blanches »,* BUFFON. ◆ La partie visible des couches superposées dont certaines pierres, certains terrains sont formés. ◆ **Astron.** Espace plus ou moins étendu que l'on compare à une zone. ◆ **Mar.** *Zone des vents alizés, des vents variables, etc.,* la partie du globe où ces vents règnent habituellement. ◆ **Géol.** *Zone houillère,* certain nombre de bassins houillers qui se rattachent les uns aux autres dans une direction à peu près constante. ◆ *Zone des servitudes militaires,* espace limité en dehors et en dedans des fortifications des places de guerre, sur lequel il est défendu de bâtir ou de modifier le relief du sol. ◆ *Zone militaire,* terrain compris dans les fortifications des places de guerre, et appartenant à l'État. ◆ Certaine étendue de pays soumis à des droits de douane plus ou moins forts que dans telle autre portion du même État. ■ Étendue, territoire. *Zone de combats. Zone interdite.* ■ **Fig.** Domaine. *Zone d'échange.* ■ **Fam.** et **péj.** Banlieue. *C'est la zone.* ◆ *Zone monétaire,* étendue géographique où une seule monnaie sert d'échange. ■ *Zone euro,* étendue géographique où l'euro est la seule monnaie d'échange. *Les possibilités d'extension de la zone euro.* ■ *Zone à urbaniser en priorité,* Voy. ZUP. ■ *Zone d'éducation prioritaire,* Voy. ZEP. ■ *Zone industrielle,* Voy. ZI.

ZONÉ, ÉE, adj. [zone] (*zone*) Présentant des zones, des bandes concentriques. *La structure zonée de certains trachytes.*

ZONER, ■ v. tr. [zone] (*zone*) Répartir en zones. *Zoner un terrain.* ■ V. intr. **Fam.** Vivre en marginal, dans la précarité. *Tous ces jeunes sans boulot qui zonent.*

ZOO, ■ n. m. [zoo] (abrév. de [*jardin*] *zoo*[*logique*]) Jardin zoologique. *Emmener les enfants au zoo.*

ZOOGÉOGRAPHIE, ■ n. f. [zoozeografi] (*zoo-* et *géographie*) Branche de la biogéographie spécialisée dans l'étude et la compréhension de la répartition des animaux sur le globe ou dans une région donnée. *Écologie et zoogéographie. La zoogéographie de Madagascar.*

ZOOGLÉE, ■ n. f. [zoogle] (lat. sav. *zooglœa*, du gr. *zôion*, être animé, et *gloios*, substance gluante) **Biol.** Amas de bactéries agglutinées par une gelée spongieuse, se formant à la surface. *Un filtre d'aquarium qui permet de récupérer la zooglée.*

ZOOGRAPHE, n. m. et n. f. [zoograf] (gr. *zô*[*o*]*graphos*, peintre, de *zôos*, vivant, et *graphein*, dessiner, peindre) Auteur qui écrit une zoographie. ♦ Peintre d'animaux.

ZOOGRAPHIE, n. f. [zoografi] (gr. *zô*[*o*]*graphia*, art de peindre, tableau, de *zô*[*o*]*graphos*) Description des animaux. ♦ **Bx-arts** Peinture d'animaux. ♦ Art de dessiner les parties des animaux ou de les imiter en employant les diverses matières plastiques.

ZOOGRAPHIQUE, adj. [zoografik] (*zoographie*) Qui appartient à la zoographie.

ZOOLÂTRE, n. m. et n. f. [zoolɑtr] (*zoo-* et -*lâtre*) Adorateur des animaux.

ZOOLÂTRIE, n. f. [zoolɑtri] (*zoo-* et -*lâtrie*) Adoration des animaux.

ZOOLÂTRIQUE, adj. [zoolɑtrik] (*zoolâtrie*) Qui appartient à la zoolâtrie.

ZOOLITHE, n. m. [zoolit] (*zoo-* et -*lithe*) Partie d'un animal qui s'est pétrifié. ♦ Nom donné aux pétrifications qui représentent certains animaux ou des parties d'animaux.

ZOOLITHIQUE, adj. [zoolitik] (*zoolithe*) Qui renferme des zoolithes. ♦ Qui appartient ou ressemble à un zoolithe.

ZOOLOGIE, n. f. [zooloʒi] (*zoo-* et -*logie*) Partie de l'histoire naturelle qui a pour objet les animaux.

ZOOLOGIQUE, adj. [zooloʒik] (*zoologie*) Qui concerne la zoologie. *Anatomie zoologique.* ♦ *Géographie zoologique,* science qui s'occupe de la distribution des animaux sur le globe. ♦ *Jardin, parc zoologique,* où l'on peut voir des animaux, généralement exotiques. ■ **Rem.** Aujourd'hui, la géographie zoologique s'appelle plus couramment *zoogéographie.*

ZOOLOGIQUEMENT, adv. [zooloʒik(ə)mɑ̃] (*zoologique*) Au point de vue zoologique.

ZOOLOGISTE ou **ZOOLOGUE**, n. m. et n. f. [zoolɔʒist, zoolɔg] (*zoologie*) Personne qui connaît la zoologie, qui en traite.

ZOOM, ■ n. m. [zum] (mot angl., de *to zoom*, monter en chandelle) Effet de rapprochements et d'éloignements successifs obtenu grâce à un objectif à focale variable. *Faire un zoom.* ■ **Par extens.** Cet objectif utilisé pour les prises de vue. *Zoom optique, numérique.* ■ Fonction d'une application informatique permettant d'agrandir ou de réduire la taille des données affichées à l'écran. *Zoom avant pour agrandir et zoom arrière pour réduire.*

ZOOMER, ■ v. intr. [zume] (*zoom*) Utiliser un zoom pour filmer, photographier. *Un appareil qui permet de zoomer jusqu'à 5 fois.* ■ Utiliser la fonction zoom d'une application. *Zoomer sur sa carte géographique.* ■ V. tr. *Cliquez sur l'image pour la zoomer.*

ZOOMORPHE ou **ZOOMORPHIQUE**, ■ adj. [zoomɔrf, zoomɔrfik] (gr. *zôiomorphos*, de *zôion*, être animé, et *morphê*, forme) Qui prend la forme d'un animal ou les attributs de ce dernier. *Vase, masque, statuette zoomorphe. Les dieux zoomorphes de la mythologie.*

ZOOMORPHISME, ■ n. m. [zoomɔrfism] (*zoomorphe*) Attribution de formes animales à quelque chose. *Le zoomorphisme dans l'art, dans la mythologie.*

ZOONOSE, ■ n. f. [zoonoz] (*zoo-* et gr. *nosos*, maladie) **Méd.** Toute forme de maladie infectieuse affectant les animaux et transmissible à l'homme. *La rage est une zoonose.*

ZOOPHILE, ■ adj. [zoofil] (*zoo-* et -*phile*) Qui recherche les relations sexuelles avec les animaux. *Femme, homme zoophile.* ■ N. m. et n. f. Personne zoophile. ♦ Qui a trait à ce type de relations sexuelles. *Les sites zoophiles sur Internet.* ■ ZOOPHILIE, n. f. [zoofili]

ZOOPHOBIE, ■ n. f. [zoofobi] (*zoo-* et *phobie*) Crainte maladive des animaux, de certains animaux. *La zoophobie chez les enfants.* ■ ZOOPHOBE, n. m. et n. f. [zoofɔb] ■ ZOOPHOBIQUE, adj. [zoofobik]

ZOOPHORE, n. m. [zoofɔr] (gr. *zôiophoros*, de *zôion* et *pherein*, porter) **Archit. anc.** Frise de l'entablement, ainsi dite parce qu'elle offrait des figures d'animaux. ♦ Nom que les Grecs donnaient au zodiaque.

ZOOPHYTE, n. m. [zoofit] (*zoo-* et -*phyte*) Ancien synonyme mal déterminé de polype. ♦ Linné donnait ce nom à une classe d'animaux comprenant des êtres qu'il croyait intermédiaires entre les animaux et les plantes. ♦ Cuvier a fait à tort ce mot synonyme d'animaux rayonnés.

ZOOPHYTIQUE, adj. [zoofitik] (*zoophyte*) Qui contient des zoophytes.

ZOOPHYTOGRAPHE, **ZOOPHYTOLOGISTE** ou **ZOOPHYTOLOGUE**, n. m. et n. f. [zoofitograf, zoofitolɔʒist, zoofitolog] (*zoophyte* et -*graphe* ou -*logiste* ou -*logue*) Personne qui s'adonne à l'étude des zoophytes. ♦ Auteur d'ouvrages relatifs à cette matière.

ZOOPHYTOGRAPHIE, **ZOOPHYTOLOGIE**, n. f. [zoofitografi, zoofitolɔʒi] (*zoophyte* et -*graphie* ou -*logie*) Description, histoire des zoophytes. ♦ Ouvrage relatif à cette science.

ZOOPLANCTON, ■ n. m. [zooplɑ̃ktɔ̃] (*zoo-* et *plancton*) Plancton animal. *Zooplancton marin, d'eau douce. Le zooplancton et le phytoplancton.*

ZOOSANITAIRE, ■ adj. [zoosanitɛr] (*zoo-* et *sanitaire*) Qui a trait à la santé des animaux, en particulier des animaux destinés à l'alimentation. *Contrôle zoosanitaire.*

ZOOTOMIE, n. f. [zootomi] (*zoo-* et -*tomie*) Anatomie des animaux. ♦ Dissection des animaux.

ZOOTOMISTE, n. m. et n. f. [zootomist] (*zootomie*) Celui qui étudie ou qui pratique la zootomie.

ZOSTÈRE, ■ n. f. [zɔstɛr] (lat. impér. *zoster*, gr. *zôstêr*, sorte de plante marine) **Bot.** Plante herbacée marine poussant dans les baies peu profondes. *Tapisser le fond d'un aquarium de zostère.*

ZOSTÉROPS, ■ n. m. [zɔsterɔps] (gr. *zôstêr*, ceinture, et *ôps*, œil) Petit oiseau exotique au plumage diversement coloré selon les espèces et caractérisé par un cercle oculaire blanc. *Un zostérops à lunettes noires.*

ZOU, ■ interj. [zu] (onomat.) Marque l'injonction d'agir. *Allez, zou ! on va se coucher !*

ZOUAVE, n. m. [zwav] (ar. *Zwawa*, groupement de tribus kabyles du Djurdjura) Soldat d'un corps africain, ou en partie africain, au service de la France ; ce corps se recrute exclusivement aujourd'hui de Français. ■ **Fam.** *Faire le zouave, l'imbécile.*

ZOUK, ■ n. m. [zuk] (mot créole, surprise-partie) Musique rythmée originaire des Antilles, dansée en couple. *À l'origine, le zouk désigne une fête populaire de campagne.*

ZOULOU, OUE, ■ adj. [zulu] (bantou *amazoulou*, hommes du ciel, de *ama*, marque de plur., et *zoulou*, d'en haut) Relatif à un peuple noir du sud-est de l'Afrique australe. *Des traditions zouloues.* ■ N. m. et n. f. *Les Zoulous.* ■ N. m. Langue parlée par ce peuple. *Le zoulou est la langue la plus parlée d'Afrique du Sud, et est devenu une des onze langues officielles après la chute de l'apartheid.*

ZOZO, ■ n. m. [zozo] (altération et redoubl. de la première syllabe de *Jo*[*seph*], personne naïve) Garçon niais et naïf. *Un parfait zozo. Un drôle de zozo.*

ZOZOTER, ■ v. intr. [zozote] (onomat.) **Fam.** Zézayer. *Il zozote un peu depuis quelques temps.* ■ ZOZOTEMENT, n. m. [zozot(ə)mɑ̃]

ZUP, ■ n. f. [zyp] (acronyme de *Zone à Urbaniser en Priorité*) Secteur urbain aménagé pour résoudre les problèmes de logement après la Seconde Guerre mondiale. *Les ZAC ont aujourd'hui remplacé les ZUP.* ♦ Quartier d'une ville regroupant plusieurs grands ensembles. *Ils habitent à la ZUP. Action sociale menée dans les ZUP.*

ZUT, ■ interj. [zyt] (orig. obsc., p.-ê. onomat.) **Fam.** Exclamation exprimant la déception, le mécontentement. *Zut, j'ai encore oublié de poster ma lettre !*

ZUTISTE, ■ n. m. et n. f. [zytist] (*zut*) Membre d'un groupe d'artistes créé par Charles Cros au XIXᵉ siècle et dont le mot d'ordre était de dire zut à tout. *Les zutistes tels que Verlaine, Rimbaud ou Nouveau se retrouvaient régulièrement à l'hôtel des Étrangers dans le Quartier latin.* ■ Adj. *Les poètes zutistes.* ■ ZUTIQUE, adj. [zytik]

ZYEUTER, ■ v. tr. [zjøte] Voy. ZIEUTER.

ZYGÈNE, ■ n. f. [ziʒɛn] (lat. *zygæna*, gr. *zugaina*, poisson marteau) Papillon diurne commun en Europe portant six taches rouge et noir sur ses ailes antérieures. *La zygène est un papillon lent, indolent, qui vole mal. La coloration rouge et noire des ailes de la zygène éloigne les prédateurs en les avertissant de sa toxicité.*

ZYGOMA, n. m. [zigoma] (gr. *zugôma*, tout ce qui sert à relier, os zygoïde) **Anat.** Os de la pommette, dit aussi os jugal, os malaire.

ZYGOMATIQUE, adj. [zigomatik] (*zygoma*, d'après le gr. *zugôma*, génit. -*matos*) **Anat.** Qui appartient au zygoma, à la pommette. ♦ *Arcade zygomatique,* arcade osseuse, formée au bas de la tempe par le zygoma et le temporal. ✦ *Muscles zygomatiques,* les deux muscles qui amènent les coins de la bouche vers les oreilles, et qui agissent principalement dans l'action du rire. ✦ N. m. pl. *Les zygomatiques,* les muscles zygomatiques.

ZYGOMORPHE, ▪ adj. [zigomɔʀf] (gr. *zugon,* joug, et *-morphe*) **Bot.** Se dit d'une plante dont les pièces florales présentent un symétrie par rapport à un plan vertical et non par rapport à un point. *Les glaïeuls, les pensées, les orchidées sont des fleurs zygomorphes.*

ZYGOMYCÈTE, ▪ n. m. [zigomisɛt] (gr. *zugon,* joug, et *mukês,* champignon) **Bot.** Champignon dont le mode de reproduction se fait par la rencontre de deux filaments sexuels. *Les champignons sont répartis en quatre divisions dont les zygomycètes. De nombreuses moisissures sont des zygomycètes.*

ZYGOPETALUM ou **ZYGOPÉTALE,** ▪ n. m. [zigopetalɔm, zigopetal] (lat. sav. *zygopetalum,* du gr. *zugon,* joug, et *petalon, feuille de plante*) Orchidée parfumée originaire d'Amérique latine aux couleurs fortement contrastées. *Les zygopetalums poussent en terre ou sur les branches des arbres.*

ZYGOTE, ▪ n. m. [zigɔt] (gr. *zugôtos,* attelé, de *zugon,* joug) **Biol.** Cellule diploïde résultant de la fusion d'un gamète mâle et d'un gamète femelle. *Chaque zigote contient un jeu complet de chromosomes.*

ZYKLON, ▪ n. m. [ziklɔ̃] (mot all.) Acide cyanhydrique, utilisé dans les chambres à gaz des camps de concentration nazis. *Le zyklon était déversé dans la chambre à gaz via des orifices obturables pratiqués au travers du toit de la chambre à gaz.*

ZYMASE, ▪ n. f. [zimaz] (gr. *zumê,* levain, et *-ase,* enzyme) **Biol.** Enzyme de la levure de bière. *La zymase provoque la décomposition des sucres naturels en alcool éthylique.*

ZYMOLOGIE, n. f. [zimoloʒi] (gr. *zumê,* levain, et *-logie*) Partie de la chimie qui traite de la fermentation.

ZYMOTECHNIE, n. f. [zimotɛkni] (gr. *zumê,* levain, et *tekhnê,* art) Art d'exciter, de conduire la fermentation.

ZYZOMYS, ▪ n. m. [zizomis] (lat. sav. [xxᵉ s.]) Petit rongeur d'Australie, à la queue longue et épaisse, vivant dans les terrains rocailleux. *Les zyzomys sont des animaux protégés.*

ZZZ, ▪ interj. [zz] (onomat.) Onomatopée servant à reproduire le vibrement d'un ronflement, d'une scie, etc.

Les suppléments
du Nouveau Littré

Dire et écrire en compagnie
des grands écrivains

La grammaire française

par Roland Eluerd

Cette description des usages du français est gouvernée par le souci de la mesure. Mesure parce que le lecteur dispose de la partie dictionnaire du *Nouveau Littré* pour les définitions, les formes et les emplois fondamentaux des mots grammaticaux. Mesure encore parce que le meilleur usage doit savoir parcourir la gamme des usages présents et passés. Mesure parce qu'après tout, depuis Denys le Thrace en 90 avant J.-C., la grammaire est une « connaissance empirique de ce qui se dit ». De ce point de vue, s'appuyer sur des citations littéraires témoigne du souci de raisonner sur des exemples attestés. Mesure enfin parce que le parti qui définit *Le Nouveau Littré*, celui d'un dictionnaire pour « tout le monde », réunit empirisme et usages autant dans le simple souci d'écrire et de parler une langue claire que dans l'émotion qui saisit devant la beauté d'une phrase d'hier ou d'aujourd'hui.

La phrase

La phrase simple. La fonction sujet du verbe. La phrase complexe. La phrase sans verbe. La ponctuation.

La phrase est une suite finie de mots énoncée suivant les règles de la grammaire. Ces règles comportent trois dimensions interdépendantes. Une dimension sémantique pour le sens des mots dans la phrase. Une dimension morphologique pour leur forme. Une dimension syntaxique pour leur place et leur fonction. • Phrase correcte : « Comment s'étaient-ils rencontrés ? » (Diderot). Incohérences morpho-syntaxiques : *Comment s'étaient-il rencontrés ? *Comment c'étaient-ils rencontrer ? • La question de l'incohérence sémantique est autre. L'usage ordinaire n'a pas d'emploi pour *Comment s'étaient-ils partis ? Mais on ne saurait tenir le poète pour étranger à l'usage ordinaire. « La lampe rêvait tout haut qu'elle était l'obscurité » (Supervielle).

À l'écrit, la phrase commence par une majuscule et se termine par un point. Cette ponctuation de fin peut être un point, un point d'interrogation ou d'exclamation, des points de suspension. « Il a passé cent, cent quarante et des années... Rien ne se ressemble plus » (Aragon). « Pourquoi suis-je ainsi ! Qui sait ? » (Maupassant).

La phrase est un tout sémantique et syntaxique. Ce tout peut paraître incomplet. « Fellacher garda longtemps le perroquet. Il le promettait toujours pour la semaine prochaine » (Flaubert). Les pronoms *il* et *le* de la deuxième phrase sont incompréhensibles sans la phrase précédente : *il* représente Fellacher, *le* représente le perroquet. Mais la deuxième phrase est quand même un tout sémantique et syntaxique : *il* est sujet, *le* complément d'objet du verbe, elle a une unité mélodique, une majuscule et un point.

La phrase est une structure hiérarchisée. Dans une phrase, il y a des mots grammaticalement plus importants que les autres. C'est autour de ces mots que se regroupent les constituants de la phrase. La phrase simple verbale comporte deux constituants obligatoires et des constituants facultatifs :

Phrase = groupe du nom sujet + groupe du verbe + constituants facultatifs.

Exemple = Molière + a écrit *Le Misanthrope* + en 1666.

Il ne faut pas confondre le point de vue de l'analyse grammaticale avec le point de vue de l'information. Sans le complément de temps, la phrase reste grammaticalement complète : Molière a écrit *Le Misanthrope*. Le complément *en 1666* est donc bien facultatif. Mais il peut être l'information la plus importante de la phrase si elle répond à la question : En quelle année Molière a-t-il écrit *Le Misanthrope ?*

Quatre règles d'orthographe grammaticale confirment l'unité de la phrase. 1. Le verbe s'accorde avec le sujet. 2. L'attribut s'accorde avec le sujet ou le complément d'objet. 3. Le participe passé après *être* s'accorde avec le sujet. 4. Le participe passé après *avoir* s'accorde avec le complément d'objet direct quand celui-ci est placé avant.

La fonction sujet du verbe : le groupe du sujet et le groupe du verbe. Les deux constituants doivent être présents. « Le château / dominait le village » (Giono). La syntaxe du français place les deux groupes dans l'ordre sujet-verbe. Paul / regarde Pierre : le sujet est Paul. • Le tour *c'est... qui* permet d'extraire le sujet de la phrase : C'est Paul qui regarde Pierre. Le tour *c'est... que* permet d'extraire un complément : C'est Pierre que regarde Paul. • En ancien français, le pronom sujet n'est pas toujours exprimé. « Muntet el palais, est venu en la salle » (*Chanson de Roland*). Sa présence est devenue

nécessaire quand l'effacement de la prononciation des terminaisons verbales a conduit à des ambiguïtés sonores (chante, chantes, chantent) et quand l'ordre sujet-verbe-complément a commencé de devenir le plus fréquent.

Les unités qui peuvent être sujets sont des groupes du nom ou des unités équivalentes. Groupe du nom. « Une douleur dans le côté droit m'a réveillé » (Butor). Pronom. « Tout cela n'avait pas fait le moindre bruit » (Gadenne). Infinitif nominal. « Échapper à la question n'est pas la résoudre » (Gide). Subordonnée relative sans antécédent. « Quiconque est loup agisse en loup » (La Fontaine). Subordonnée complétive. « Qu'il fût plus utile que Katow n'était pas douteux » (Malraux).

Le verbe s'accorde avec le sujet. Accord en personne et en nombre : j'arrive, il arrive, ils arrivent. Accord en genre et en nombre pour le participe passé des formes composées après *être*. • Accord du verbe avec des sujets de personnes grammaticales différentes. La 2e personne l'emporte sur la 3e. Toi et ton frère, vous êtes toujours en retard. La 1re personne l'emporte sur les autres. Ton frère, toi et moi, nous irons au cinéma.

L'ordre verbe-sujet prend trois formes. Le nom sujet est après le verbe. « Passe une belle fille, dix-huit ans, les seins bien pommés » (Morand). Le pronom sujet est après le verbe. « Ne regrettez-vous que cela ? » (Colette). Le nom sujet est avant le verbe et il est repris par un pronom après le verbe. « Charles est-il rentré ? » (Gide).

L'ordre verbe-sujet peut être obligatoire. En phrase interrogative ou exclamative. « Comment représentez-vous une absence de poisson ? » (Tardieu). En subordination implicite. « Le corps eût-il été plus sec, l'accident n'aurait pas eu lieu » (Gide). En proposition incise. « Donne-moi la main, dit Pauline » (Giono). En subjonctif optatif sans *que*. « Vienne la nuit sonne l'heure » (Apollinaire). Avec un sujet énumératif. Sont convoqués Mmes et MM. X, Y, Z... Dans l'expression d'une hypothèse. « Soit une figure plane quelconque ACQT » (Pascal). Ou une indication de mise en scène. « Entre Vladimir » (Beckett).

Quand il n'est pas obligatoire, l'ordre verbe-sujet est un choix stylistique. « Restait cette redoutable infanterie de l'armée d'Espagne » (Bossuet). « Sort un gros » (Giono). C'est souvent le cas quand un complément circonstanciel ouvre la phrase. « Le long d'un clair ruisseau buvait une Colombe » (La Fontaine). « Par la fenêtre, monte l'odeur des acacias » (Aragon). « Entre la cime des arbres, palpitaient d'énormes étoiles » (Bouvier). • L'ordre attribut-verbe-sujet est plus rare. « Rares étaient les bateaux de plaisance » (Duras). « Fort belles étaient les sœurs de Blanche » (Beaulieu).

Certaines constructions autorisent l'ordre verbe-sujet. Quand la phrase commence par un adverbe. « Tout au plus les aimait-elle d'une passion un peu agressive » (Colette). Mais on peut conserver l'ordre sujet-verbe. « Sans doute les composantes sexuelles des rêveries sur le feu sont particulièrement intenses » (Bachelard). Les adverbes *ainsi* et *aussi* demandent l'ordre verbe-sujet quand ils sont conclusifs. « Ainsi se déroula [...] un événement qui ne me défigura pas mais dont j'ai conservé la marque très apparente » (Leiris). Mais quand ils sont adverbes de liaison, l'ordre normal convient. « Le présent n'est jamais notre fin : le passé et le présent sont nos moyens ; le seul avenir est notre fin. Ainsi nous ne vivons jamais, mais nous espérons de vivre » (Pascal). Même remarque pour beaucoup de propositions subordonnées.

Quand l'été viendra..., Quoique le gouvernement dise... n'ont pas besoin de l'ordre verbe-sujet.

Une proposition comporte au moins un groupe du sujet et un groupe du verbe. • Une phrase simple est constituée d'une seule proposition appelée proposition indépendante. « Le caporal Aubry marchait sans dire un mot » (Stendhal). • Une phrase complexe est une phrase qui comporte plusieurs propositions. Quand il y a un seul sujet pour plusieurs verbes, on a autant de propositions que de verbes. Cinq propositions dans : « Il vêtit alors, chaussa, nourrit la pauvre fille, lui donna des gages et l'employa sans trop la rudoyer » (Balzac).

La juxtaposition est une relation d'égalité entre des propositions qui restent autonomes. Les propositions juxtaposées sont séparées par une virgule ou un point virgule. « Huit ou dix soldats le rejoignirent en courant, / il les conduisit derrière un gros chêne entouré de ronces. Arrivé là, il les plaça au bord du bois, toujours sans mot dire, sur une ligne fort étendue ; / chacun était au moins à dix pas de son voisin » (Stendhal).

La coordination est une relation d'égalité marquée par une conjonction de coordination. Elle relie des mots de même fonction. « J'ai perdu ma force et ma vie » (Musset). « M. Grandet n'achetait jamais ni viande, ni pain » (Balzac). Ou des propositions. « Ses idées se modifièrent et il devint sceptique » (Balzac). • Une virgule, un point virgule, un tiret peuvent souligner la coordination. « La cour est en pente, la maison dans le milieu ; et la mer, au loin, apparaît comme une tache grise » (Flaubert). « Boris eut le soupçon que l'on trichait ; mais se tut » (Gide). • Quand il y a plusieurs mots ou propositions, l'usage est de placer la conjonction entre les deux derniers. « On causait art, philosophie, sport, politique et littérature » (Gide).

La suppression et la répétition des coordinations sont des choix stylistiques. La suppression peut exprimer une accélération du rythme. « Il se maudit, aurait voulu se battre, hurla des imprécations, étouffait de rage » (Flaubert). Ou un ralenti. « Alors sa mère, en regardant le ciel, brama d'une voix profonde, déchirante, humaine » (Flaubert). Elle exprime souvent l'ironie de l'auteur. « Le lait tombe ; adieu, veau, vache, cochon, couvée... » (La Fontaine). • La répétition des coordinations scande une insistance dont les raisons peuvent être diverses. « Des dieux les plus sacrés j'invoquerai le nom, Et la chaste Diane et l'auguste Junon, Et tous les dieux enfin » (Racine). « Et je ne la revis plus, ni ce soir-là, ni le lendemain, ni jamais » (Fromentin). « La fumée de l'auto, et la dune glacée d'ombre bleue, et toute cette journée, sentent le poisson... » (Colette).

La subordination est une relation d'inclusion et de dépendance : inclusion d'une proposition subordonnée dans une proposition principale, dépendance de la proposition subordonnée par rapport à un support syntaxique situé dans la proposition principale. Le support est un nom antécédent pour la subordonnée relative. « La fortune nous corrige de plusieurs défauts que la raison ne saurait corriger » (La Rochefoucauld). C'est un verbe pour la subordonnée complétive. « Je crains que cette censure ne fasse plus de mal que de bien » (Pascal). C'est la principale elle-même pour une subordonnée circonstancielle. « Quand il fut sur le quai, Frédéric se retourna » (Flaubert).

La subordination est explicite quand il y a un mot subordonnant. Un pronom relatif. « La dame qui allait chanter se dirigea vers le piano » (Colette). Une conjonction de subordination. « Je crois que ces années d'enfance ont déterminé ma vie » (Yourcenar). « Il était encore nuit quand Angelo passa à travers la lucarne » (Giono).

La subordination circonstancielle peut être implicite. Les deux propositions sont juxtaposées. La subordination est marquée par une mélodie suspensive sans conclusion. « Il va geler, la chatte danse » (Colette). L'ordre verbe-sujet intervient souvent. « Je connais une aide qui nous fournira le visa, fût-ce au centre des Tuileries » (Giraudoux). • La subordination circonstancielle peut être inverse. La première proposition semble être la principale, mais elle ne peut fonctionner seule. La deuxième proposition est en fait la principale et le *que* qui l'introduit n'a aucune valeur de subordination. « Mais il n'eût pas plutôt pris le large que je le rejoignis » (Gide).

La suppression des subordinations est un choix stylistique. Elle découpe le continu en séquences successives. « Elle partait toujours sur une inspiration subite. Il fallait obéir promptement. Elle n'attendait pas » (Giono). « Elle embrasse ma bouche. Je ne lui donne rien. J'ai eu trop peur, je ne peux pas encore » (Duras). C'est un procédé courant de l'oral ordinaire. Ils sont fâchés, ils ne se parlent plus.

Une phrase sans verbe est un énoncé sans groupe du verbe. Ce n'est pas une proposition, mais c'est une phrase. Phrase assertive. « Là, nul charlatanisme » (Balzac). Interrogative. « Allo ! La Brasserie du Remblai ? » (Simenon). Impérative. « Holà ! quelqu'un ! » (Beaumarchais). Exclamative. « Ô dernier feu l'année ! » (Colette). • Une phrase sans verbe peut comporter une proposition subordonnée relative. Celle-ci fait partie du groupe du nom, comme un adjectif qualificatif. « Et cette course folle dans l'allée, Blanche soulevant sa robe fleurie derrière Mina dont les sandales mal attachées font *tat épitap épitaptap* sur le plancher de bois » (Beaulieu). « Un hôtel dans une petite ville au bord de la mer normande qu'ils avaient trouvé par hasard dans un guide » (Kundera). • La phrase sans verbe est souvent un adverbe à valeur de phrase. « L'infirmière-chef arrêtait les policiers devant la porte. – Non. Pas maintenant » (Simenon).

Le thème est ce dont on parle, le prédicat, ce qu'on en dit. La phrase sans verbe peut associer un thème et un prédicat. • L'ordre thème-prédicat juxtapose les deux parties et les relie par une mélodie montante puis descendante. « Jeunesse du prince, source des belles fortunes » (La Bruyère). « Intrigue, orage à ce sujet » (Beaumarchais). • L'ordre prédicat-thème correspond à un effet d'ouverture sur le prédicat. « Atroce journée, hier » (Claude Mauriac). Ou de retard, souvent ironique, du thème. « Quelle chose sinistre, un mariage ! » (Chardonne).

La phrase sans verbe peut ne comporter qu'un prédicat. Le thème est dans la situation. « Bruits du port. Sifflement des machines chauffées » (Hugo). Le thème est dans le contexte antérieur. « Condition de l'homme. Inconstance, inquiétude, ennui » (Pascal). Ou dans le contexte postérieur. « Deux excès : exclure la raison, n'admettre que la raison » (Pascal). • Une phrase sans prédicat correspondrait à un étiquetage brut. Pommes, sur des pommes ; Poires, sur des poires. La réalisation est possible dans un dialogue. « Il est arrivé quelque chose, cette nuit, à quelqu'un que vous aimez bien... – Janvier ? – Non... Pas un homme du Quai... Mme Maigret apportait deux grandes tasses de café. – Lognon... – Il est mort ? » (Simenon). La réponse *Janvier* associe le thème du nom au prédicat de l'interrogation. En disant *Lognon*, l'interlocuteur de Maigret énonce le thème seul.

Il y a ellipse d'une unité de la phrase quand cette unité est explicitement présente dans le contexte antérieur. « Les places sont démantelées ; les villes désertes » (Montesquieu). « L'infanterie allemande et l'espagnole » (Voltaire). « Elle dort et repose sur la candeur du sable » (Senghor). Parler d'ellipse pour expliquer certains tours : Jean est grand comme son frère (est grand), une veste (d'un) bleu marine, est presque toujours inutile et trompeur.

L'anacoluthe est une rupture dans la continuité de la phrase. Mais la confiance dans le sens justifie les anacoluthes d'hier. « Le nez de

Cléopâtre s'il eût été plus court toute la face de la terre aurait changée. » « Le plus grand philosophe du monde, sur une planche plus large qu'il ne faut, s'il y a au-dessous un précipice, quoique sa raison le convainque de sa sûreté, son imagination prévaudra. » (Pascal). « Qui sait parler aux rois, c'est peut-être où se termine toute la prudence et toute la souplesse du courtisan » (La Bruyère). Les auteurs modernes conservent cette liberté. « Les toutes petites fenêtres des maisons qui, en temps ordinaire, permettent aux chambres de rester fraîches, il faisait cette fois tellement chaud qu'on avait envie de les agrandir à coups de pioche pour pouvoir respirer » (Giono). « Or, une courtisane, je ne la voyais qu'en péplum, et cela voulait toujours dire une courtisane antique » (Leiris). « Telle qu'elle apparaissait, telle, désormais, elle mourrait, avec son corps désiré » (Duras).

La phrase française a une histoire. Les langues romanes ont hérité d'un changement intervenu dans l'histoire du latin : le passage de l'ordre complément d'objet-verbe, à l'ordre verbe-complément d'objet. En ancien français, on rencontre encore trois structures : Sujet-Verbe-Complément (SVC), Complément-Verbe-Sujet (CVS) et Complément-Verbe (CV) (en absence de sujet). Aux XIVᵉ et XVᵉ siècles, l'ordre SVC devient majoritaire. En même temps, les thématisations (*cf.* L'énonciation, § thématisation) permettent de modifier cet ordre pour placer les compléments en tête de phrase[1]. « L'on peut dire que c'est au XVIIᵉ siècle que se généralise complètement l'ordre SVC, avec sujet exprimé systématiquement, et impossibilité, sauf constructions clivées (*ib.* § clivée), de placer l'objet ou le complément essentiel avant le verbe[2]. » • Une première rupture apparaît ensuite à partir du XVIIIᵉ siècle. Elle concerne deux attitudes à l'égard de la syntaxe. Celle de la langue classique, où la syntaxe était plus souple parce qu'on faisait « confiance au sens », et celle d'une « syntaxe moderne, éprise d'exactitude, de rigueur et de netteté des rapports[3] ». • En découleront deux « univers[4] ». L'univers ancien et hiérarchisé d'une phrase gouvernée par le verbe avec les nuances de la personne, des temps et des modes, les subordonnants et les coordinations, les enchaînements logiques et les rythmes travaillant à l'équilibre d'une expression et d'une diction. L'univers plus récent d'une phrase d'abord informative où la place dominante du substantif et une recherche de la brièveté disloquent les structures syntaxiques, juxtaposent au lieu de subordonner, multiplient les ponctuations fortes. • La phrase française contemporaine prolonge et accentue ces tendances. Il importe cependant de ne pas confondre un usage maîtrisé de la phrase longue ou brève, de la phrase sans verbe, voire sans ponctuation, des divers déplacements, de l'ellipse ou de l'anacoluthe avec une écriture prétendument sans fard, en fait fardée d'un faux naturel.

Les signes de ponctuation sont des marques de la langue écrite. Ils signalent les pauses et les mélodies de la langue orale. Ils séparent les groupes de mots, les phrases et les paragraphes pour faciliter la lecture. • L'usage actuel des signes de ponctuation s'élabore au long du Moyen Âge, souvent avec des valeurs différentes d'aujourd'hui. Par exemple le point virgule était un marqueur de paragraphe. Dans la langue classique, la ponctuation concerne d'abord l'oral, la diction des textes. C'est à partir du XVIIIᵉ siècle que se met en place une ponctuation logico-syntaxique. Face à ces exigences logiques, George Sand défendit le droit des auteurs à user d'une ponctuation attachée au mouvement de l'expression : « On a dit : "le style, c'est l'homme." La ponctuation est encore plus l'homme que le style. »
Trois règles essentielles de la ponctuation. 1. On met une ponctuation à la fin d'une phrase. 2. On ne met jamais de virgule entre le sujet et le verbe, entre le verbe et ses compléments d'objet, entre le verbe et l'attribut. 3. Tous les détachements sont marqués au moins par une virgule. • Quand le groupe du sujet était long, il a été possible de mettre une virgule avant le verbe. « Des hommes d'une grande doctrine et d'un esprit distingué, essayèrent de s'opposer à ce torrent » (Chateaubriand). Cet usage est aujourd'hui interdit et les imprimeurs corrigent Chateaubriand. • La ponctuation interrogative n'a pas toujours été obligatoire. La syntaxe et le mouvement de la phrase suffisaient. « Comment en suis-je venu là » ; « comment s'est fait ce passage » ; « d'où vient cette différence, d'une seule chose » (Rousseau).

Les points sont des signes syntaxiques et mélodiques. Le point termine la phrase assertive par une pause forte. « Elle l'aimait tendrement et n'avait jamais rien su lui refuser. » (Tournier). Le point d'interrogation termine la phrase interrogative. « Que diantre faites-vous de ce bras-là ? » (Molière). Le point d'exclamation marque une intonation appuyée qui termine la phrase exclamative et parfois la phrase impérative. « Il faisait peine, peur et pitié, ce possédé ! » (Maupassant). « Dormons ! Je le veux ! » (Colette). Les points de suspension marquent une interruption, une hésitation. « Elle répondait : "Oui... oui... oui... c'est cela...", sans avoir l'air d'écouter » (Maupassant).

La virgule est une pause courte où la voix ne baisse pas. Elle sépare les mots et les propositions juxtaposés. « Tout n'était que lumière, poussière, cris, joie, tumulte ; les uns dépensaient, les autres gagnaient, les uns et les autres également joyeux » (Baudelaire). Elle sépare les groupes de mots. « Enfin, le 17 décembre 1934 au soir, j'ai revu *Salomé* à l'Opéra, où il y avait bien longtemps que je n'étais pas allé » (Leiris). Elle ponctue les détachements. « Le vent d'ouest, mou et brûlant, sent le poisson » (Colette). Mais son absence garde le souffle continu de la phrase. « Je n'ai plus en ce monde ni semblable ni prochain ni frère » (Rousseau). • Le point-virgule sépare deux propositions. La voix ne baisse pas comme pour un point. « Je m'efforçais d'oublier ; j'oubliais presque » (Yourcenar).

Les deux points annoncent une suite. Une énumération. « Ces souvenirs livresques ont sûrement concouru à la production du trouble que je ressentis en découvrant l'image de ces deux héroïnes, l'une romaine, l'autre biblique : Lucrèce et Judith » (Leiris). Une explication, une conséquence. « À son tour, Robinson donna un léger coup de pied dans la coque : un nuage de poussière s'éleva dans l'air » (Tournier). Un énoncé de discours rapporté direct. « De temps à autre, Bernard murmurait à Julienne : "Ça va ?" » (Cayrol). • Au XVIIIᵉ siècle, les deux points étaient employés comme un signe de pause interne à la phrase. « J'aurais peine à être en sûreté si mes esclaves étaient fidèles : que serait-ce s'ils ne le sont pas ? » (Montesquieu).

Le trait d'union sert à unifier un mot composé ou une expression. « Il lui faut la femme-du-monde couperosée qui s'occupe de musique » (Colette). Il permet aussi de détacher des lettres ou des syllabes. « Il faut le prononcer Tché-kho-rjips-qui » (Kundera). Ou de représenter une prononciation d'insistance. « Il répondit en regardant le Thénardier dans le fond des yeux et en espaçant toutes les syllabes : "Vous-re-pre-nez Cosette ?" » (Hugo).

Le tiret de pause est d'un usage plus récent et marque nettement une rupture énonciative. La phrase continue, mais le ton, le tempo sont différents. « La voile avait tourné, on ne vit plus personne ; – et, sur la mer argentée par la lune, il faisait une tache noire qui

1. Bernard COMBETTES, in *Verbum*, « Mélanges en hommage au professeur Carton », XIV, 1991.

2. Jacqueline PICOCHE, Christiane MARCHELLO-NIZIA, *Histoire de la langue française*, Armand Colin, 2004, Nathan, 1994, p. 311.

3. Jean-Pierre SEGUIN, in *Nouvelle histoire de la langue française*, sous la direction de Jacques CHAURAND, Éditions du Seuil, 1999, p. 325.

4. Étienne BRUNET, *ibid.*, p. 712.

pâlissait toujours, s'enfonça, disparut » (Flaubert). « Là-bas, au bout du désert aveuglant et sans ombre, quelque chose bout mystérieusement, ronronne et se rapproche, – la mer ! » (Colette).

Les signes d'insertion marquent la présence d'une autre voix dans le texte. Cette autre voix peut être une voix rapportée, citée. Les guillemets encadrent le discours rapporté direct. « Et elle, sans hésiter : "Je suis l'âme errante." » (Breton). Le tiret marque les répliques d'un dialogue. « – Nous allons à la voiture ? lui demandais-je. – Si vous voulez, dit-elle. » (Kessel). • Cette autre voix peut être un commentaire, un propos ajouté. Les guillemets permettent d'attirer l'attention sur un mot. « Le "jardin" n'était qu'un très vieux verger abandonné » (Pagnol). • Les parenthèses ou le tiret double insèrent les commentaires, les renseignements. « Là (me montrant le haut de la glace de la portière) il y a quelqu'un » (Breton). « Il n'est pas – quel dommage ... – d'enfant invulnérable » (Colette). « Dès qu'il en était question – comment te dire ? – toutes choses se mobilisaient d'elles-mêmes » (Gracq).

Autour du nom

Le nom, ses fonctions dans le groupe du nom. Les déterminants. L'adjectif, ses fonctions dans le groupe du nom. Les pronoms. Les subordonnées relatives.

Les noms ou substantifs désignent les êtres, humains ou non, réels ou imaginaires : *enfant, licorne* ; les choses au sens large du terme : *boîte, Paris* ; les notions de toutes sortes : *chance, orthographe*, les actions : *fête, danse...* La désignation nominale, dans l'usage ordinaire du langage, accompagne notre conception d'un monde où les entités désignées ont un minimum de permanence et d'objectivité. • Le verbe et l'adjectif « désignent » eux aussi mais la désignation verbale comporte des précisions temporelles (*il danse, elle dansait*) et la désignation adjectivale a besoin d'un support nominal (*un enfant sage*).

Les noms tiennent leur genre d'eux-mêmes. Ils sont masculins, *chat, fauteuil*, ou féminins, *chatte, chaise*. L'énonciateur d'une phrase peut mettre les noms au singulier ou au pluriel. Il a acheté deux fauteuils et trois chaises. C'est pourquoi le nom ne s'accorde pas avec les autres mots, ce sont les autres mots qui s'accordent avec le nom.

Le groupe nominal simple est constitué d'un nom précédé d'un déterminant. « Le capitaine donna un ordre » (Zola). Un mot ou une expression précédé d'un déterminant devient un nom : « Un je ne sais quel feu que je ne connais pas » (Corneille). « Les Jamais sont les Toujours » (Verlaine). « Le pont des Reviens-t'en » (Apollinaire).

Le groupe nominal étendu comporte des constituants attachés au nom. Adjectif qualificatif épithète. « Il était cinq heures, une pluie fine tombait » (Flaubert). Adjectif apposé. « Fabrice, piqué au jeu, les suivit le lendemain » (Stendhal). Subordonnée relative épithète. « Ils gagnèrent la berge, et il choisit une place où l'eau semblait profonde » (Maupassant). Relative apposée. « Ma santé, qui s'était beaucoup raffermie, n'était plus un obstacle » (Yourcenar). Nom complément du nom. « La conviction est la conscience de l'esprit » (Chamfort). Nom apposé. « Un de ses compagnons d'armes, le colonel Godchot, vit encore » (Colette). Subordonnée complétive après certains noms abstraits. J'ai idée qu'il viendra, etc.

Deux règles d'orthographe grammaticale expriment l'unité du groupe nominal. 1. Le déterminant s'accorde en genre et en nombre avec le nom qu'il détermine. 2. L'adjectif qualificatif épithète ou apposé s'accorde en genre et en nombre avec le nom qu'il complète.

Le nom commun désigne un être ou une chose qui n'est pas seul de son espèce. Le dictionnaire donne le sens global du nom commun, sa « référence virtuelle ». « BOÎTE, s.f. (gr. *puxis*) Petit coffre à couvercle. » Employé dans une phrase, le nom commun est « actualisé », il reçoit une signification particulière, une « référence actuelle ». Donne-moi la boîte d'allumettes qui est sur la table. Ils vendent des boîtes à outils. Boîte postale 12. Chaque référence actuelle est plus ou moins précise selon la construction du groupe du nom.

Le nom propre désigne un être ou une chose unique. On considère généralement comme noms propres les noms d'animés. Alexandre, Bucéphale. Les noms de lieux. Paris, Athènes. De bâtiments. Le Louvre, le Parthénon. D'œuvres. *Les Fleurs du mal*, la *Symphonie fantastique*. De marques et de produits. Airbus, fermeture Éclair. • Dans le groupe du nom, le nom propre est généralement employé sans déterminant. « Nonoche soupire, bâille et enjambe son fils avec précaution pour sortir de la corbeille » (Colette). « Nous dînons quai Malaquais au restaurant Delaborde » (Breton).

En français, le nom propre s'écrit avec une majuscule. Les débats viennent de ce que peut ajouter... et inversement, puisque le nom commun devenu nom propre prend une majuscule. La République française. « Mon Automne éternelle » (Apollinaire). La liberté, la justice, la paix sont parfaitement nobles sans majuscule. • Le nom propre devenu nom commun perd sa majuscule. « Je songe à X..., qui refusait son verre au montrachet 1904 que je lui offrais : "Je n'aime que le bordeaux", disait-il » (Gide). Mais l'usage hésite pour certains noms. Un don Juan ou un don juan.

Les noms animés désignent des êtres. Ils sont variables en genre. C'est un genre sexué. Un ami, une amie. Les noms non animés désignent des choses, des notions. Ils ont un genre grammatical, il faut le connaître ou le chercher dans le dictionnaire. Un fleuve, une rivière. • La distinction animé / non animé commande le choix de certaines constructions. À qui pensez-vous ? – À Paul. À quoi pensez-vous ? – Aux vacances. • Le masculin neutre, ou générique, désigne l'espèce. Les droits de l'homme. « L'homme est un loup pour l'homme. »

Les noms comptables désignent des êtres et des choses qu'on peut dénombrer. Ils sont donc variables en nombre. Un livre, deux livres. Les noms massifs ou non comptables désignent des choses ou des notions qu'on ne peut pas dénombrer. Ils n'ont pas d'emploi au pluriel. Ils se construisent avec l'article partitif ou une expression de même valeur. Du beurre, un peu de beurre. • La plupart des noms peuvent avoir un emploi comptable et un emploi massif. Deux agneaux se désaltéraient... / un gigot d'agneau.

Les noms abstraits sont massifs. Le courage, la patience. Employés comme comptables, ils ont un sens concret. J'ai réussi trente patiences à la suite. Nous n'avons pas d'emploi ordinaire pour : *un courage, *une audace. Les emplois ordinaires rattachent ces noms à un support. Un courage de héros, une audace d'acrobate. Ou ils les qualifient. Un grand courage, une audace folle.

La fonction nom en apposition est un détachement. « Proculus, homme de goût, organisa pour moi des réunions littéraires » (Yourcenar). Le groupe nominal *homme de goût* est apposé au nom propre Proculus. « Le segment détaché de l'apposition, quelle que soit sa nature (nominale, adjectivale, participiale, etc.) est un terme descripteur qui se comporte de manière qualificative à l'égard de son point d'appui[5]. » Le détachement est opéré par les virgules (tirets, parenthèses) qui marquent une pause et un changement de tonalité. On « entend » un prédicat second qui ne répète pas le nom support, mais le décrit. Le nom en apposition suit le nom support auquel il est apposé. Il doit le précéder quand le support est un pronom. « Servantes, vous serviez, et vaines, vous tendiez vos toiles fraîches pour l'échéance d'un mot pur » (Saint-John Perse). • Le terme *apposition* ne convient pas quand on l'applique à des compléments de nom (la ville de Paris) ou à des noms épithètes (le roi Henri IV).

Le nom commun en apposition a généralement une valeur descriptive. « Proculus, homme de goût... » » « Elle voulait prouver que l'égalité, cette chimère des vilains, n'existe vraiment qu'entre nobles » (Barbey d'Aurevilly). « La gare, masse de béton inachevée, est très loin du centre » (Bouvier). Quand le nom en apposition est un nom propre ou un nom commun employé avec un déterminant, l'apposition complète l'identification du nom support. « C'était le beau-père du marquis, le vieux duc de La Verdière, l'ancien favori du comte d'Artois » (Flaubert).

La fonction nom en construction absolue détachée. « Madame de Chasteller restait pensive, la tête appuyée sur son éventail » (Stendhal). « Jean partit le premier, discrètement, sa valise à la main » (Déon). Ces tours ne sont pas des appositions. Il y a deux entités : Madame de Chasteller / la tête... La valeur est celle d'une construction avec *avoir* et attribut de l'objet : elle a la tête appuyée. Le changement est énonciatif : la narration s'arrête pour laisser la place à une description, comme un instantané.

La fonction nom complément de nom est une construction indirecte : le nom complément est introduit par une préposition. Les prépositions *de* et *à* sont les plus fréquentes. « Cependant, un long châle à bandes violettes était placé derrière son dos, sur le bordage de cuivre » (Flaubert). « Il reconnut dans la maison la voix de flûte du curé » (Mauriac). • En ancien français, quand le complément reliait le possesseur au possédé, la construction était directe. « Pert la culor, chet as piez Carlemagne », Aude s'affaisse aux pieds de Charlemagne (*Chanson de Roland*). « C'est la prison Dedalus Que de ma mélancolie », la prison de Dédale (Charles d'Orléans). Demeurent des noms composés : Hôtel-Dieu, Fête-Dieu.

Le nom complément du nom est employé sans déterminant sauf si le sens du complément doit être précisé. « Ce jour de rentrée était pour le vieil Azaïs l'occasion d'un discours » (Gide). Le complément du nom est placé après le nom qu'il complète. L'ordre inverse donne un ordre thème-prédicat. « D'un incurable amour remèdes impuissants » (Racine). « À ces questions, il n'a pas de réponses » (Kundera). • On parle de nom de qualité dans les constructions du type *ce fripon de valet*. Le nom support est en fait *valet* et *fripon* le qualifie avec une valeur attributive : ce valet est un fripon. « Comme ton bélître de mari t'aurait paru un Adonis, un Sylvain, en comparaison de moi » (Musset). Quand le nom complément de nom est employé avec un déterminant, il n'y a pas d'hésitation sur son nombre : « La tarte aux poireaux ou à la citrouille » (Colette). Quand le nom complément est employé sans déterminant, il prend le nombre que le sens et l'auteur demandent : « Un bosquet de lauriers-cerises » (Colette). « Regardez ce portrait de femme » (Chardonne). « On n'en rencontre jamais, sur les terrains de golf ? » (Giraudoux). « Et toujours demeure, au fond de l'air / cette vibration de machines » (Jaccottet).

La fonction nom épithète place un nom sans déterminant à côté d'un nom support. La construction est ancienne. Elle concernait le nom propre : « L'entrevue du roi François Ier et du pape Paul troisième » (Mme de La Fayette), « la famille Calas » (Voltaire), « la masure Gorbeau » (Hugo). Mais pas exclusivement. « Peuple caméléon, peuple singe du maître » (La Fontaine). « Le pâtre promontoire au chapeau de nuées » (Hugo). « La femme bouledogue » (Huysmans). « Nos fées marraines » (Apollinaire). « La fée Électricité, murmura Pierre » (Aragon). • On a multiplié ces constructions. Un espace détente, un espace rencontre, une soirée débat, un argument massue... Gênantes sont les constructions qui inversent l'ordre déterminé-déterminant. Cyber Café, Phone Boutique... En attendant peut-être la Montmartre Butte !

Le déterminant article s'accorde avec le nom qu'il détermine. • Le groupe nominal article indéfini + nom commun désigne une entité qui appartient à un ensemble d'entités semblables sans préciser de quel référent précis il s'agit. « J'aperçus un homme d'une quarantaine d'années » (Proust). L'article indéfini générique donne au groupe nominal la signification d'un type valant pour tous les cas possibles. « Vous savez ce qui reste d'un texte après deux traductions successives » (Yourcenar). On peut remplacer *un* par *n'importe quel*. Un sujet de sens générique demande un prédicat de sens générique : *Un texte est toujours en vers. La tautologie ferme la boucle : Un texte est un texte.

Le groupe nominal article défini + nom commun suppose que l'entité désignée est identifiable par l'interlocuteur. L'identification du référent repose sur un savoir supposé partagé. Ce savoir partagé peut suffire pour permettre l'identification. « Vous ne prétendez pourtant pas restreindre la musique à la seule expression de la sérénité ? » (Gide). Dans d'autres cas, l'identification doit ajouter une connaissance de la situation. « Un serviteur. – Fuyez, vous autres, le palais brûle » (Giraudoux). L'identification peut aussi dépendre du contexte antérieur. Flaubert écrit : « Nous étions à l'étude, quand le proviseur entra, suivi d'un nouveau habillé en bourgeois ». Plus loin, il peut écrire sans ambiguïté : « Le nouveau était un gars de la campagne. » L'identification peut enfin dépendre d'un complément. « Évariste Gamelin poussa la porte de son logis, qui céda tout de suite » (France). L'article défini générique donne au groupe du nom la signification d'un type dont l'identification repose sur un savoir partagé. « À fréquenter le chat, on ne risque que de s'enrichir » (Colette).

L'ancien français omettait souvent l'article pour donner au nom sa plus grande généralité. Crier merci, ouïr messe. « Grant joie en ourent li vassal », les vassaux en eurent une grande joie (Marie de France). On trouve la même construction en français classique avec les noms abstraits. « Celui qui a pénétré la cour connaît ce que c'est que vertu et ce que c'est que dévotion : il ne peut plus s'y tromper » (La Bruyère). « Qu'est-ce qu'optimisme ? » (Voltaire). Le français moderne cherche (en vain ?) l'explicite. « Tout concept pour nous s'énonce comme une chose maîtrisée et connue : la vérité, la vertu, la conjonction, la grammaire[6] ».

Dans un récit, le passage de l'indéfini au défini assure une progression du non connu au connu. « Charles s'inclina, remonta quelques marches, ouvrit la porte d'un cabinet. [...] Les ombres du plafond disparurent, le cabinet s'emplit d'une lumière crue » (Zola). Avec une donnée contextuelle et un savoir partagé, l'identification relève d'une association d'idées qui va souvent du tout aux parties. « Des vêtements humides séchaient dans l'intérieur d'une cheminée. La pelle, les pincettes et le bec du soufflet, tous de proportion colossale, brillaient comme de l'acier poli » (Flaubert). La rencontre contextuelle des deux articles souligne leurs sens spécifiques. « Et de moi-même, mon cœur, ne faites ni un père, ni un frère, ni un fils, mais le père, mais le frère, mais le fils » (Césaire).

5. Franck NEVEU, *Dictionnaire des sciences du langage*, Armand Colin, 2004, p. 42.

6. Jean-Pierre SEGUIN, in *Nouvelle histoire de la langue française*, ouv. cité, p. 327.

L'article partitif s'emploie avec les noms non comptables. Il signifie qu'on « prélève » une quantité indéterminée de quelque chose. Manger du pain, jouer du Bach, avoir de la patience. L'article partitif n'a pas de pluriel. On considère pourtant que l'article *des* a une valeur partitive quand il est employé avec quelques noms sans singulier courant. Manger des rillettes, des épinards, des lentilles.

Le déterminant possessif, naguère adjectif possessif, s'accorde en genre et nombre avec le nom qu'il détermine et s'accorde en personne avec le nom qui désigne le possesseur. • Le possessif exprime une possession. « Mon sac, s'il vous plaît... Là, sur la table... » (Aragon). Un lien de famille. « Vous êtes sur sept en trois lettres, mon fils » (Molière). Un lien affectif. « Je t'adore, ma petite Made » (Maupassant). « Eh bien ! amenez-le votre ami, s'il est agréable » (Proust). « On n'oublie pas ses copains » (Ionesco). Ou toutes sortes de relations. « Entre ici, ami de mon cœur » (Stendhal). « Je suis au bout de mon rouleau, Raimondo » (Morand). « Je prenais tout mon temps » (Sartre). « Il demande du sucre pour prendre ses gouttes » (Hébert).

Le groupe nominal déterminant possessif + nom suppose que l'être ou la chose désigné est identifiable par l'interlocuteur. L'identification complète du référent est assurée par un renvoi au possesseur. Le possesseur de 1ʳᵉ ou 2ᵉ personne doit être présent dans la situation. « J'entends pour la deuxième fois battre mon cœur » (Giono). Le possesseur de 3ᵉ personne doit être présent dans le contexte antérieur. « Olivier avait achevé son second verre de porto et sa seconde cigarette » (Gide). Ou postérieur. « Découvrir Naples, c'était donner son vrai nom au soleil » (Morand).

Le déterminant démonstratif, naguère adjectif démonstratif, s'accorde avec le nom qu'il détermine. • Malgré son nom le déterminant démonstratif ne « montre » pas ce qu'il désigne, mais il montre l'intérêt que l'énonciateur y attache. « Tu peux le regarder, tiens, cette photo ! » (Tournier). Il peut surgir sans préparatif. « Ce jour, ce triste jour frappe encore ma mémoire Où Néron fut lui-même ébloui de sa gloire » (Racine). Sans antécédent, le jour évoqué surgit avec la force d'un fantasme. « Lorsque Berthe n'avait pas de leçon l'après-midi, excepté ce cours qui lui permettait de sortir pour rejoindre Albert, elle restait à la maison sans rien faire, trop vibrante pour penser à lui » (Chardonne). Aucun cours dans le contexte proche : le démonstratif trahit la présence du narrateur.

Le groupe nominal déterminant démonstratif + nom suppose que l'être ou la chose désigné est identifiable par l'interlocuteur. L'identification complète du référent est assurée par une désignation dans la situation d'énonciation. « C'est l'écrit que Bernard passe ce matin » (Gide). Dans une situation anthropologique, culturelle. « Tout commence en ce monde et tout finit ailleurs » (Hugo). Dans le contexte antérieur. « La duchesse écrivit à Mgr Landriani avec une familiarité qui devait charmer ce bon bourgeois » (Stendhal). Ou postérieur. « Mon regard parcourait vaguement le journal que je tenais encore, et j'y lus ces deux lignes : Fête du bouquet provincial » (Nerval).

Les déterminants démonstratifs composés se terminent par les particules adverbiales -*ci* et -*là*. Les formes en -*ci* renvoient au point de vue de l'énonciateur. « Ce baudet-ci m'occupe autant Que cent monarques pourraient faire » (La Fontaine). Elles sont aujourd'hui quasi absentes de l'usage courant sauf pour souligner un choix. Les formes en -*là* renvoient à un point de vue commun aux locuteurs. « Toinette. – Que diantre faites-vous de ce bras-là ? » (Molière). Elles expriment aussi un éloignement dans le temps. « Tu m'attendais là-bas, ce soir-là, dit-elle » (Maupassant).

Les déterminants complémentaires peuvent s'employer seuls ou associés à d'autres déterminants. Deux amis, quelques amis, mes deux amis, quelques autres amis, deux autres amis… Le détermi-

nant, ou prédéterminant, indéfini *tout* est toujours en tête. Toute la journée, tous mes autres amis. • Le déterminant numéral cardinal désigne une quantité. « Deux pigeons s'aimaient d'amour tendre » (La Fontaine). Le numéral ordinal indique un rang. Il peut servir de base à un adverbe en -*ment*. Premièrement. Nombre de grammairiens le tiennent pour un adjectif qualificatif. • Les déterminants interrogatifs et exclamatifs sont semblables. « Quelle réponse t'a-t-on faite ? » (Molière). « Quelle leçon que cette simple soumission à la vie ! » (Claude Mauriac). • Les déterminants relatifs ne sont employés que dans la langue du Palais ou son pastiche. « Je soussigné reconnais avoir reçu de damoiselle, etc., Marceline de Verte-Allure [...], la somme de deux mille piastres fortes coordonnées, laquelle somme je lui rendrai à sa réquisition » (Beaumarchais). • Les déterminants indéfinis sont... les autres déterminants. Cette définition est d'autant plus insatisfaisante que plusieurs déterminants indéfinis ont une valeur parfaitement définie. « Relevant la tête, j'ai aperçu, sur l'autre trottoir, au coin de Grey Street, la silhouette du vendeur casquetté » (Butor). « Je laisserai la lampe allumée toute la nuit. Toutes les nuits » (Kundera).

Le nom commun est employé sans déterminant quand le texte est abrégé. « Ascension de l'Hallalin – guides encordés avec nous, glaciers, précipices, avalanches, etc. » (Gide). Si on ajoute un déterminant, on ne change pas le sens des noms. • Le nom commun est aussi employé sans déterminant quand la syntaxe donne au nom un sens général. Le nom est attribut. « Mais dites-moi, M. Challe, pourquoi êtes-vous peintre ? » (Diderot). Complément du nom. « Du linge sale en tas » (Hébert). En apposition. « Figaro, barbier de Séville » (Beaumarchais). En apostrophe. « Ô lac ! rochers muets ! grottes ! forêt obscure ! » (Lamartine). Si on ajoute un déterminant le nom perd sa signification générale. M. Challe est un peintre. Figaro, le barbier de Séville.

Le nom propre peut être employé avec un déterminant. Pour désigner une famille. « Les Verdurin n'invitaient pas à dîner » (Proust). Pour marquer une distance critique à l'égard de la personne. « Bah ! un Lorenzaccio ! » (Musset) « Il est à faire vomir, ton Passavant » (Gide). Pour désigner un type. C'est un Roméo. Dans les groupes du nom étendus. « J'ai été élevé dans le Paris noir de Zola » (Morand). Certains noms propres comportent un déterminant : Le Havre, La Rochelle. D'autres sont employés avec un article défini : les Alpes, la France. Mais l'apostrophe efface l'article. « France, mère des arts, des armes et des loix » (Du Bellay).

On répète le déterminant du nom quand il est employé devant le premier nom d'une suite de noms. « Il y a de certaines choses dont la médiocrité est insupportable : la poésie, la musique, la peinture, le discours public » (La Bruyère). Quand ces noms, bien que renvoyant à un seul être ou une seule chose, en soulignent plusieurs aspects. « Mais elle ignorait, faits d'armes exceptés, l'homme qui dansait d'avant elle, le saint-cyrien beau danseur, le lieutenant solide comme un "bois debout" » (Colette). • On ne répète pas le déterminant quand les adjectifs placés avant le nom qualifie une entité unique. « Son examen empêche les larges et sombres yeux de se lever vers lui » (Mauriac). La répétition souligne la diversité des images au lieu de les réunir. « Le vierge, le vivace et le bel aujourd'hui » (Mallarmé). Cette répétition s'impose si les adjectifs sont opposés. « Il y a donc un bon et un mauvais goût » (La Bruyère).

L'adjectif qualificatif est un mot qui est joint au nom. Il a besoin d'un support nominal pour être employé dans une phrase. L'adjectif qualificatif caractérise le nom : il désigne une qualité qu'on associe à l'entité que le nom désigne. Un cheval blanc, le cheval est blanc. Cette caractérisation peut varier selon les degrés de signification. Très blanc, plus blanc que. C'est un mot généralement variable en genre, et variable en nombre. Il s'accorde avec le nom qu'il qualifie. • L'adjectif relationnel est analogue à un complément du nom. Un arrêté ministériel = un arrêté d'un ministre. Les adjectifs relationnels n'ont pas de degré et ils ne peuvent pas être coordonnés avec un adjectif qualificatif (*un arrêté ministériel et utile / un arrêté ministériel utile). Un adjectif relationnel peut devenir qualificatif. Un discours très ministériel.

Les degrés d'intensité de l'adjectif qualificatif sont des degrés absolus, c'est-à-dire sans complément de comparaison. Ils sont exprimés par des adverbes compléments de l'adjectif. Un élève assez travailleur. • Le superlatif absolu est l'intensité exprimée par l'adverbe *très*. « Ma femme est une très mauvaise cuisinière » (Ionesco). Beaucoup d'adverbes d'adjectif ont un sens de degré. « Cette charrette était attelée de quatre bœufs fort maigres » (Scarron). « Nous sommes fin prêts » (Giono). « Il faut devenir tout menu, tout ratatiné, tout sec » (Chardonne).

Les comparatifs de l'adjectif qualificatif sont des degrés relatifs, c'est-à-dire qu'un complément de comparaison est exprimé. Il y a trois comparatifs : de supériorité avec l'adverbe *plus*, d'infériorité avec *moins*, d'égalité avec *aussi*. Il y a trois comparatifs synthétiques : *bon / meilleur, petit / moindre, mauvais / pire, pis*. Le complément du comparatif est introduit par la conjonction *que*.

Le comparatif généralisé, appelé aussi superlatif relatif, exprime le degré le plus haut ou le plus bas. « La fourmi n'est pas prêteuse C'est là son moindre défaut » (La Fontaine). « Ô dernier feu de l'année ! Le dernier, le plus beau ! » (Colette). Le superlatif relatif régulier peut aussi être placé après le nom : « Toutes les liqueurs les plus violentes » (La Bruyère). Après un pronom et une relative substantive, le superlatif relatif est introduit par *de*. « C'est là ce que nous avons eu de meilleur, dit Deslauriers » (Flaubert). Le complément du superlatif relatif est introduit par la préposition *de* avec valeur partitive. « Paris est le lieu le moins prospecté du monde » (Giraudoux). • La langue classique a longtemps construit le superlatif relatif sans article. « Ce qui est plus apparent, c'est qu'elles aiment les prodiges » (La Rochefoucauld). « C'est l'unique fin qu'on doit se proposer en écrivant, et les succès aussi que l'on doit moins se promettre » (La Bruyère).

Le complément de l'adjectif peut être un adverbe. « Une femme encore jeune était à genoux près du lit » (Gide). Un adjectif. Une peinture blanc cassé. Un nom. Une cravate gris perle. Un pronom. Il est fier de lui. Un infinitif. Content de partir. Une subordonnée relative. « Telle qu'elle apparaissait, telle, désormais, elle mourrait » (Duras). Avec certains adjectifs une proposition subordonnée complétive au subjonctif. « Je suis trop heureux que ce soit le seul mal qu'ils puissent me faire » (Montesquieu).

Les fonctions de l'adjectif traduisent le fait qu'il est un prédicat joint à un nom support. Dans le cas de l'adjectif épithète, la qualité exprimée par l'adjectif est intégrée au nom : « Une étoffe souple et blanchâtre » (Proust). Le groupe du nom forme un tout : une étoffe avec sa souplesse et sa blanchâtre. L'adjectif attribut ne joue pas ce rôle d'intégration. L'étoffe était souple et blanchâtre. Certes le verbe *être* relie le nom et les adjectifs attributs, mais ils sont exprimés séparément. L'apposition de l'adjectif souligne encore plus cet écart. Cette étoffe, souple et blanchâtre, lui allait bien. Les pauses et le changement de tonalité laissent « entendre » l'énonciateur et son commentaire sous la forme d'un prédicat second (*cf.* § nom en apposition).

L'adjectif épithète est placé à côté du nom. « Il restait à peine un peu d'eau silencieuse » (Giono). La propriété qu'exprime l'épithète est intégrée au nom. L'épithète peut qualifier un nom propre employé avec un déterminant. « Quant à lui, il ignore le Paris nouveau » (Hugo). « Mon beau Paris emprès Suresne » (Aragon). L'épithète placée après le nom et précédée d'un déterminant est identificatrice du nom propre. « Edwige la désolée a vingt ans aujourd'hui » (Gautier). L'adjectif épithète peut être lié à certains

pronoms par la préposition *de*. « Si tout ici-bas était excellent, il n'y aurait rien d'excellent » (Diderot). • « Quand le lac agité ne permettait pas la navigation je passais mon après-midi à parcourir l'île en herborisant » (Rousseau). *Agité* n'est pas une épithète mais l'expression d'une action qui commande la suite : Quand l'agitation du lac... « Allons pour son empire heureux, Au ciel qui le protège, offrir aussi nos vœux » (Racine). « Quoiqu'elle eût l'air malade, le médecin dépaysé niait la maladie » (Barbey d'Aurevilly).

Le français moderne place généralement l'adjectif épithète après le nom. « L'homme est un animal raisonnable » (Buffon). « J'ajoute que plusieurs coïncidences étranges témoignent de l'intrusion dans notre vie municipale, de puissances occultes » (Giraudoux). De ce fait, l'ordre nom-épithète n'appelle pas de commentaires particuliers. Ni l'ordre épithète-nom pour quelques adjectifs fréquents (*beau, bon, haut, grand, petit*...). C'est l'usage de la langue la plus simple. « Un reflet rougeâtre décore Les grands arbres aux rameaux noirs » (Nerval). Pour d'autres adjectifs, le sens n'est pas le même avant et après le nom : un ancien ami / un ami ancien. • En ancien français, l'ordre était plutôt inverse, l'adjectif épithète précédait le nom. « Un chier mantel de blanc hermine » (Marie de France). Ce n'était pas une place unique : Roland refuse d'appeler du secours parce qu' « En dulce France en perdreie mun los », ma gloire. Mais il refuse aussi que « France dulce ja cheet en viltet », tombe dans l'humiliation.

L'épithète placée avant le nom est toujours soulignée : elle dit la même chose que l'épithète placée après, mais, d'une certaine manière, elle dit qu'elle le dit. « Auditeur silencieux et solitaire du formidable arrêt des destinées » (Chateaubriand). « Mais le vert paradis des amours enfantines » (Baudelaire). • Le déplacement des épithètes objectives donne toujours un effet particulièrement sensible. « Quelle perte en soi-même offre un si calme lieu » (Valéry). Pour les adjectifs de couleur, c'est retrouver l'usage ancien. « Enfants, cachez vos rouges tabliers » (Hugo). « Ici, les feuillages épais dévorent un noir abîme sans astres » (Mauriac). De même l'antéposition de deux épithètes coordonnées. « Le bâtiment du fond n'avait que deux courtes et petites ailes » (Saint-Simon). « Puis le vaste et profond silence de la mort » (Hugo). • Avec les épithètes subjectives, l'effet est souvent sans intérêt. Une totale réussite, une complète ressemblance, une dramatique fin de match, etc. Autant d'épithètes qui gagnent à retrouver une place normale.

L'adjectif en apposition est un adjectif en position détachée. « Une femme, assise à trois mètres de là, soupira » (Duras). Le détachement laisse « entendre » le commentaire de la narratrice. Elle parle d'une femme, puis elle ajoute que cette femme est assise à trois mètres de là. L'apposition peut être descriptive. « La pièce, nue, était carrelée de blanc et de noir » (Gracq). L'apposition peut prendre le sens d'un complément de cause. « Le plafond, bas et tout blanc, rabattait une lumière crue » (Flaubert). Ou de concession. « Elle ne se bronza pas au danger, affronté chaque nuit » (Barbey d'Aurevilly). • L'adjectif détaché en tête de phrase précède le nom ou le pronom support et correspond à une thématisation du cadre du prédicat (*cf.* L'énonciation, § thématisation). « Raide, officiel, il saluait les groupes devant les portes » (Mauriac). « Assis sur le rebord de la vasque, il touchait des doigts la belle surface lisse » (Yourcenar). Avec parfois une valeur causale. « Outré, le docteur Sartre resta pendant quarante ans sans adresser la parole à sa femme » (Sartre). « Déconcerté, il ne pouvait que les inviter à monter » (Kundera).

Le détachement de l'adjectif est obligatoire quand le support est un pronom. « Toutes riaient, joyeuses de son embarras » (Flaubert). Un nom propre. « Eugène, dérouté d'abord, entrevit alors la vérité » (Zola). Ou si l'adjectif apposé se prolonge par un commentaire qui relève nécessairement d'une autre voix. « Sa fille, grande comme elle maintenant, se tenait debout, près de la cheminée » (Flaubert). « Le mouvement, excellent sans doute, n'avait pas été remonté depuis deux siècles » (Nerval).

La syntaxe du français classique faisait confiance au sens. Le français moderne demande que l'épithète détachée en tête de phrase soit apposée au sujet principal de la phrase. Fatigué, il s'assit près d'elle. *Fatiguée, il s'assit près d'elle. Mais on rencontre des constructions qui ont la belle liberté de la syntaxe classique. « Indifférent au spectacle de la salle, celui du théâtre ne m'arrêtait guère » (Nerval). « Tenant à la main l'"en-tout-cas" de sa mère, je la vis de la fenêtre s'avancer toute noire, à pas timides » (Proust). « Inspirée et le front levé, je crois qu'à cette même place elle convoque et recueille encore les rumeurs, les souffles et les présages qui accourent à elle » (Colette).

Les pronoms représentants caractérisent l'énonciation de récit (*cf. L'énonciation*). On pourrait dire que ce sont de « vrais » pronoms : ils sont mis à la place d'un nom (latin *pronomen*) ou d'un groupe équivalent qui est présent dans le contexte. Ils le représentent. « M. Madeleine se retourna, et reconnu Javert. Il ne l'avait pas aperçu en arrivant » (Hugo). On peut replacer les noms représentés : M. Madeleine n'avait pas aperçu Javert.

Les pronoms nominaux ou déictiques caractérisent l'énonciation de discours. Ce ne sont pas de vrais pronoms : ils ne représentent pas un nom déjà exprimé. Ils renvoient directement à un être ou une chose qui doit être présent dans la situation d'énonciation (la déixis) pour être compris. Je dois téléphoner à Paul, tu as son numéro ? Tiens-moi ça s'il te plaît. On ne peut pas les remplacer par les noms auxquels ils renvoient.

Les pronoms personnels des 1re et 2e personnes sont des pronoms nominaux, déictiques. Ils désignent les interlocuteurs. « Ah ! tu pleures comme moi ! Tu as du chagrin ? – Oui ! Oui ! J'en ai !... » (Flaubert). « Moi, j'ai fait ce que j'ai pu » (Ionesco). « Tu ne parles jamais de toi, tu te caches. C'est toujours moi qui parle de nous » (Chardonne). « Une fille comme elle devrait nous entretenir, vous, elle et moi » (Prévost). • L'usage destine *tu* aux familiers et *vous* aux personnes qui se connaissent peu ou que distingue une hiérarchie. Ce cadre est soumis à diverses variations. Ainsi La Bruyère abandonnant le *vous* : « Tu es grand, tu es puissant : ce n'est pas assez ; fais que je t'estime, afin que je sois triste d'être déchu de tes bonnes grâces, ou de n'avoir pu les acquérir ». Le roi de majesté dit : Nous voulons. Le *nous* de modestie. Nous espérons que le lecteur trouvera ici… Le *nous* qui tient le *tu* ou le *vous* à distance : « Elle se surprenait à fredonner des "sonneries" dont les textes furent transmis, sans altération, des armées impériales aux armées républicaines. – "Ne nous gênons plus", disait mon père derrière *Le Temps* déployé » (Colette).

Les pronoms de 3e personne sont des pronoms représentants. Ils sont employés dans l'énonciation de récit. Ils s'accordent avec les noms qu'ils représentent. « Mme Arnoux, sur le trottoir, fit signe d'avancer à un fiacre qui passait. Elle monta dedans » (Flaubert). « Antoine Tassy s'étrangle de rire. Il avale un grand coup de cognac » (Hébert). Quand le pronom au pluriel représente un nom masculin et un nom féminin, le pluriel neutralise le genre et on emploie le masculin neutre. « M. et Mme Verdurin firent monter avec eux Forcheville » (Proust). Quand le pronom représente un groupe ou une phrase, on emploie le pronom neutre *le*. « J'ai vieilli. Je le sais tout à coup. Il le voit » (Duras). Le pronom *ils* désigne souvent ceux à qui l'opinion prête une responsabilité. Ils parlent d'augmenter encore les taxes ! • Dans un dialogue, le pronom de 3e personne peut avoir un emploi déictique et désigner une personne ou une chose présente.

Le pronom indéfini *on* est un pronom sujet invariable de la 3e personne du singulier. L'accord des participes et des adjectifs attributs se fait selon le sens. On est arrivé / és / ée / ées. *On* provient du latin *homo*, homme. *L'on* signifiait « l'homme quelconque ». « Tant crie l'on Noël qu'il vient ! » (Villon). L'usage s'en souvient. « Ce que l'on conçoit bien s'énonce clairement » (Boileau). « Maintenant l'on t'a fait cadeau d'une défroque rouge » (Saint-John Perse).

On fonctionne comme un pronom nominal indéfini. « On ne refuse pas le fils Péloueyre ; on ne refuse pas des métairies, des fermes, des troupeaux de moutons » (Mauriac). • *On* fonctionne aussi comme pronom substitut. Il masque les autres pronoms sujets. *Je*, par modestie. « Ce qu'on a pu dire ici de l'attente, de l'angoisse, du souvenir, n'est jamais qu'un supplément modeste offert au lecteur » (Barthes). *Tu, vous, il(s)* pour marquer une distance. « Elles gagnent, toutes, entre trois cents francs et deux mille francs par mois, mais on a des renards à deux cents louis, et des sautoirs de perles… » (Colette). Ou une menace. « Vladimir. C'est la première fois que tu viens ? Garçon – Oui monsieur. Vladimir. – On dit ça » (Beckett). • – *On* remplace *nous*. Le tour est condamné par les puristes. « Quand on s'est aperçu, vers les huit heures, que Suzanne avait disparu, ça a été un grand branle-bas dans tout le château » (Aragon). « Nous étions trop prudents pour nous frotter sans plus ample informé à quelqu'un qui avait été de cette puissance-là. On le jugea sournois » (Giono). « On le connaissait. Il jouissait d'un statut à part. Il faisait partie du folklore local. Nous l'avions invité à boire » (Tournier).

Les pronoms personnels réfléchis conjoints sont utilisés comme pronoms compléments d'objet direct ou indirect des verbes à la forme pronominale. « Alors, je crois que je me suis évanouie » (Gide). « Je m'habituais. On s'habitue facilement » (Yourcenar). « La dévote joue, se passe un péché véniel » (Mauriac). « Nous nous sommes mis d'accord sur un salaire d'hiver » (Giono).

Les pronoms personnels de forme disjointe ont les mêmes fonctions que le nom. Sujet. « On croyait à un attentat. Mais lui m'a devinée » (Giraudoux). Complément du verbe. « Je n'aurais pu dire ce que je pensais de lui, non plus que ce que je pensais de moi » (Marivaux). Complément de nom. « Notre histoire à nous, vois-tu, elle nous ramène à une autre » (Aragon). Complément de l'adjectif. « Dans la cave, il y a des vampires plus vieux que toi » (Cayrol).

Le pronom personnel disjoint *soi* n'est plus guère employé que dans des expressions (chacun pour soi), ou comme complément d'infinitif (penser à soi). « Les maisons voyagent chacune pour soi » (Miron). En règle stricte, *soi* est le pronom complément du pronom sujet indéfini *on*. « On ne gagne jamais rien à parler de soi » (Rousseau). • Dans l'usage soutenu *soi* peut renvoyer à des sujets divers. « Gnathon ne vit que pour soi » (La Bruyère). « Un grand nombre de gens travaillent pour soi » (Pascal). « Ce qui empêcha les catastrophes et les ruines que le jeu traîne toujours après soi, ce furent précisément sa fureur et la supériorité de ceux qui jouaient » (Barbey d'Aurevilly). « L'art tragique compose les discours entre deux et les discours à soi tels qu'ils voudraient être » (Alain). L'amour de soi, l'oubli de soi, revenir à soi.

Les pronoms adverbiaux *en* et *y* équivalent à des amalgames. *En* vaut pour *de* + pronom, *y* vaut pour *à* + pronom. « Ce n'est sans doute pas un hasard si c'est du XVIIe siècle que date la règle [réservant *en* et *y* aux référents non humains. Il s'agissait] au sein même de la langue de faire de l'homme l'être privilégié qui ne pouvait avoir rien de commun avec les animaux, êtres inférieurs, sans âme et qui ne peuvent accéder à l'immortalité[7] ». De fait, *en* et *y* représentent souvent des antécédents non animés. « Celui qui est dans la prospérité doit craindre d'en abuser » (Fénelon). « Le rêve, maintenant, était redevenu présent et net. Je m'en souvenais à la perfection » (Caillois). « On servit, pour l'embarrasser, En un vase à long col et d'étroite embouchure, Le bec de la cigogne y pouvait bien passer » (La Fontaine). « André fit une torche avec son journal, y

7. Jacqueline PINCHON, *Morphosyntaxe du français*, Hachette, 1986, p. 126.

mit le feu » (Cayrol). Mais la règle n'est pas pour autant respectée, dans l'usage classique comme aujourd'hui. « Quoique je parle beaucoup de vous, ma fille, j'y pense encore davantage jour et nuit » (Mme de Sévigné). « Les Troglodytes aimaient leurs femmes et en étaient tendrement chéris » (Montesquieu). « Théodore, la semaine suivante, en obtint des rendez-vous » (Flaubert). « Alors tu as vu ma cousine Bérénice ? C'est tout ce que tu en dis ? » (Aragon).

Le pronom complément employé seul précède le verbe. Je lui parle. Sauf à l'impératif positif. Parle-lui. • Quand il y a deux pronoms de la 3ᵉ personne : le complément direct précède le complément indirect. Tu la lui donnes. • Quand il y a deux pronoms compléments de 1ʳᵉ ou 2ᵉ personne et de 3ᵉ personne : le complément indirect précède le complément direct. Tu me le donnes. Sauf à l'impératif positif où l'ordre est inverse. Donne-le-moi. Usage oral familier fréquent pour Donne-moi-le. • Les pronoms *en* et *y* sont toujours en seconde position. Elle nous y mène. Il lui en donne. Mène-nous-y. Donne-lui-en. L'usage correct demande Donne m'en. • Dans la langue classique, le pronom complément d'un infinitif se place avant le verbe conjugué. « Nous l'allons montrer tout à l'heure » (La Fontaine). Mais la construction moderne est déjà présente. « Le lecteur peut les condamner, et l'auteur les doit prescrire » (La Bruyère). Les modernes peuvent prolonger l'usage classique. « La marquise voulut s'aller jeter sur le divan » (Balzac).

Les pronoms possessifs s'accordent en genre avec leur antécédent, ils indiquent le nombre de « ce qui est possédé », et ils indiquent la personne grammaticale du « possesseur ». « Son piège est plus terrible que le mien » (Giono). « À ce doux, toute souffrance était invisible qui n'était pas la sienne » (Mauriac). « Elle se leva et atteignit de la main un simple bougeoir sur l'étagère ; j'inclinais le flambeau et j'allumais sa bougie aux miennes » (Gracq). • Un accent circonflexe est présent sur les pronoms possessifs pluriels, *le nôtre, le vôtre...* Il est la trace d'un ancien *s* : « Li nostre empereür » (*Chanson de Roland*). • Certains emplois figés correspondent à des noms. Les miens. Faire des siennes. Y mettre du sien. « Il existe près des écluses Un bas-quartier de bohémiens Dont la belle jeunesse s'use À démêler le tien du mien » (Aragon).

Les pronoms démonstratifs de forme simple s'accordent en genre avec leur antécédent et s'accordent en nombre avec ce qu'il désignent. Ces pronoms doivent être complétés par un nom ou une subordonnée relative. J'ai appris trois poèmes du recueil, dont celui de Baudelaire. « Au reste, la différence la plus générale et la plus sensible entre les animaux et les végétaux est celle de la forme » (Buffon). « La dernière chose que l'on trouve en faisant un ouvrage est de savoir celle qu'il faut mettre la première » (Pascal). • L'emploi d'un participe pour compléter le pronom a ses lettres de noblesse. « Le goût de la philosophie n'était pas alors celui dominant » (Voltaire). « Une société bien plus près de l'état de nature que celle chantée par Homère » (Chateaubriand). • Les formes anciennes *icelui, icelle, iceux, icelles* ne sont plus en usage que dans la langue juridique ou par parodie.

Le pronom démonstratif neutre *ce* était courant dans l'ancienne langue sous les formes *ço / ce* (du latin *hoc*). « Ne placet Deu, ço li respunt Rollant Que ço seit dit... », ne plaise à Dieu, répond Roland, que ce soit dit... (*Chanson de Roland*). Dès le XVIIᵉ siècle, les emplois de *ce* sont figés dans des conjonctions (parce que, jusqu'à ce que), ou dans diverses locutions (pour ce faire, ce me semble, sur ce, ce faisant, ce disant). L'usage moderne le conserve sans valeur de représentation comme introducteur des subordonnées relatives substantives, des interrogatives indirecte et des présentatifs avec *être*, parfois en concurrence avec *ça*. C'était bien, ce sera parfait / ça sera parfait.

Les pronoms démonstratifs neutres *ceci, cela* et *ça* sont des pronoms représentants qui renvoient à des fragments de texte. « Bénard était doux, affable, sensible ; avec cela, premier partout » (Sartre). « Une assiette de bouillabaisse, ça vous irait ? » (Déon). Ils ont une valeur péjorative quand ils renvoient à une personne. « Cela n'a que quinze ans » (Laclos). « Mme de *** ! Mais cela a cent ans ! » (Crébillon). • Ce sont des pronoms déictiques quand ils renvoient à une donnée de la situation qui n'est pas nommée. Tiens ça, s'il te plaît. « Estragon. – Je ne peux plus continuer comme ça » (Beckett).

Employés en opposition, *ceci* renvoie au proche, *cela* au lointain. « Promenant un triste regard du livre à l'église : Hélas ! dit-il, ceci tuera cela » (Hugo). • Dans ce cadre, le bon usage affecte *cela* à ce qui a été dit. « Estragon. – Cela m'a fait de la peine » (Beckett). Et *ceci* à ce qui va l'être. « Il en était arrivé à considérer ceci : rien n'est plus beau que faire son beurre » (Giono). • En fait, *cela* renvoie à un domaine commun aux locuteurs, *ceci* renvoie au point de vue de l'énonciateur. « Cela est admirable : on ne veut pas que j'honore un homme vêtu de brocatelle et suivi de sept ou huit laquais » / « Et l'envie, mon père, sera-t-elle plus difficile à exécuter ? – Ceci est délicat, dit le père » (Pascal). • Le bon usage demande donc *cela dit*. « Cela dit, Maître Loup s'enfuit, et court encore » (La Fontaine). Les propos tenus appartiennent en effet à un domaine commun aux locuteurs. L'emploi devenu courant de *ceci dit* manifeste le droit d'auteur du locuteur sur ce qu'il a dit.

À l'oral *ça* est couramment employé. « Ça ne devrait pas être permis de savoir jouer Wagner comme ça ! » (Proust). « Ça faisait trois fois que je revenais » (Aragon). « Je prévois des emmerdements. Ça ne rate pas » (Giono). Tout le monde dit spontanément : Ça y est ! Ça marche ! • Les usagers disposent donc d'une gamme intéressante : Ce / cela / ça serait meilleur avec du beurre. Les auteurs en tirent parti. « Ça a débuté comme ça » (Céline). « Ça ne vous frappe pas que le Bon Dieu ait réservé ses malédictions les plus dures à des personnages très bien vus...? » (Bernanos). • « Or, une courtisane, je ne la voyais qu'en péplum et cela voulait toujours dire une courtisane antique » (Leiris). « Qu'est-ce que cela signifie ce bouleversement de la nature ? » (Aragon). « Qu'est-ce que ça veut dire "moderato cantabile" ? » (Duras). « "Ah, cela vous a bien amusé !" dit la belle-sœur en ajoutant : "Je pourrais vous raconter des tas de choses comme ça" » (Kundera).

Les formes composées variables sont généralement employées seules. « Un médecin avait conseillé un cautère à M. de ***. Celui-ci n'en voulut point » (Chamfort). Ou sont complétées comme les formes simples. « Notre galant vous lorgne une fillette, De celles-là que je viens d'exprimer » (La Fontaine) L'accord en genre se fait avec le genre de l'antécédent, en nombre avec ce que désigne le pronom. • Les oppositions ne sont vivantes que pour distinguer un antécédent éloigné (-*là*) et un antécédent proche (-*ci*). « J'ensevelis la mort dans le linceul de la gloire, je ne pensai plus qu'à celle-ci, jamais à celle-là » (Sartre). « Le peuple et les habiles composent le train du monde. Ceux-là les méprisent et sont méprisés » (Pascal).

Les autres pronoms fonctionnent en parallèle avec les déterminants complémentaires. Ainsi, les pronoms numéraux expriment un « prélèvement » marqué par la préposition partitive *de*. « Le cœur de l'homme s'encombre Lourd de tout ce qu'il aima Un d'eux a pendu son ombre Contre un mur d'Hiroshima » (Cocteau). Ou par le pronom complément *en*, le pronom numéral étant objet direct. « Vous connaissez un prêteur, demanda négligemment Renée. – J'en connais dix » (Zola). • L'adjectif numéral ordinal peut être employé comme pronom. « Les cinq Junkers repartaient vers leurs lignes, le sixième nageotant au-dessus des champs » (Malraux).

Les pronoms interrogatifs comportent des formes simples et des formes renforcées par *est-ce-qui* et *est-ce-que*. *Qui* interroge sur les êtres, *que* et *quoi* interrogent sur les non-animés. « Qui se venge, et de quoi, par ce crachat ? » (Jaccottet). « À quoi penses-tu, toi, la tête renversée ? » (Colette). • Les formes composées des pronoms relatifs s'emploient comme pronoms interrogatifs. Lequel a raison ? • Les pronoms exclamatifs sont deux pronoms interrogatifs. « Que nous nous pardonnons aisément nos fautes, quand la fortune les pardonne ! » (Bossuet). Qu'est-ce-qu'il chante mal !

Les pronoms indéfinis peuvent être employés seuls. « Tout est dans un flux continuel sur la terre » (Rousseau). « Quelqu'un possède mon âme et la gouverne » (Maupassant). Ou être complétés par une épithète, un nom, un pronom construits avec *de*, ou avec une relative. « Il y a pourtant des choses agréables, et rien de parfaitement beau » (Mme de Sévigné). « D'aucuns, qui le connaissaient mal, le crurent carbonaro » (Barbey d'Aurevilly). « Ne sachant lire aucun des deux, elle eut recours à sa maîtresse » (Flaubert). « J'ai encore le temps de recevoir la visite d'une des réflexions de la nuit » (Giono).

Les pronoms relatifs remplissent trois rôles. Représenter un antécédent, introduire une proposition subordonnée relative adjective et avoir une fonction dans cette subordonnée. Le vin que j'ai acheté doit encore vieillir. *Que* représente *le vin*, introduit la relative épithète de l'antécédent, est complément d'objet du verbe *acheter*. • Quand le pronom relatif n'a pas d'antécédent, il désigne un être ou une chose indéfini, il introduit une proposition subordonnée relative substantive et il a une fonction dans cette subordonnée. Qui dort dîne.

Les propositions relatives substantives, ou relatives sans antécédent, sont généralement introduites par le démonstratif neutre *ce* ou le démonstratif variable *celui* suivis du pronom relatif. • On emploie *ce* pour renvoyer à une entité non animée. « Ce qu'on appelle mensonge officieux sont de vrais mensonges » (Rousseau). « Ce qu'on ne sait pas centuple l'impression de ce qu'on sait » (Barbey d'Aurevilly). La langue classique l'employait aussi pour un animé. « Épouser ce qu'il hait et perdre ce qu'il aime » (Racine). • On emploie *celui* pour renvoyer à une personne. « Tiens-toi dans un profond abaissement auprès de celles qui partagent mon amour » (Montesquieu). « Ceux qui savent la féminité de la lune au cœur d'huile » (Césaire).

Le démonstratif n'est pas un antécédent du pronom relatif, mais une sorte de déterminant qui nominalise la relative. Il est d'ailleurs souvent accompagné du prédéterminant *tout*. « Il n'aura que mépris pour tout ce qui est délicat, noble, vibrant dans un cœur de femme » (Chardonne). • Il faut distinguer les relatives sans antécédent des constructions où le pronom démonstratif représente un antécédent explicite. « Il en est du bonheur comme des montres : les moins compliquées sont celles qui se dérangent le moins » (Chamfort). « Il aurait deux modèles, celui qu'on voit et celui qu'on ne voit pas » (Aragon).

Les relatives substantives peuvent aussi être introduites par un pronom relatif indéfini. « Quiconque loue ou blâme contre la vérité ment dès qu'il s'agit d'une personne réelle » (Rousseau). Par l'adverbe relatif *où*. « Jacques restera où il est » (Diderot). Par les constructions indirectes *à qui, de quoi* suivies de l'infinitif. « Là, j'ai de quoi rêver, de quoi m'émouvoir » (Colette). Les relatives substantives introduites par le pronom relatif *qui* se rencontrent dans les proverbes. Qui vivra verra. Rira bien qui rira le dernier. Qui trop embrasse mal étreint, etc. Ou dans des tours anciens. Comprenne qui pourra. Sauve qui peut. Embrassez qui vous voudrez. « Écoutait qui voulait » (Hugo).

Les fonctions des relatives substantives sont celles du nom. Sujet. « Tout ce que j'ai perdu, madame, est en ces lieux » (Racine). Complément d'objet. « Il jalousa celui qui avait inventé ces choses dont elle paraissait occupée » (Flaubert). Attribut du sujet. « Vous êtes justement ce qu'il a souhaité d'être, et de son vivant il n'a pas pu » (Colette). Attribut de l'objet. « Il n'y a personne qui ait plus d'ennemis dans le monde qu'un homme droit, fier et sensible, disposé à laisser les personnes et les choses pour ce qu'elles sont plutôt qu'à les prendre pour ce qu'elles ne sont pas » (Chamfort).

Complément du nom. « Désormais, entre ce que je pense et ce que je sens, le lien est rompu » (Gide). En apposition. « N'était-elle pas l'inatteignable, ce qui défie et l'homme et la peinture ? » (Aragon). Complément circonstanciel. « En ce qui concerne l'antiquité biblique, je ne songe jamais sans émotion à Sodome et Gomorrhe » (Leiris).

Les propositions subordonnées relatives adjectives, ou relatives avec antécédent, sont introduites par un pronom relatif. Le pronom relatif doit suivre son antécédent. « Il répondit avec grâce à l'espèce d'invitation qui lui était adressée, et il engagea naturellement une conversation dans laquelle Mme des Grassins baissa graduellement sa voix pour la mettre en harmonie avec la nature de ses confidences » (Balzac). • La langue classique faisait confiance au sens et pouvait laisser plus d'espace entre l'antécédent et le pronom. « Un loup survint à jeun, qui cherchait l'aventure » (La Fontaine). « Celui-là chez eux est sobre et modéré, qui ne s'enivre que de vin » (La Bruyère). L'usage moderne peut garder cette confiance. « J'ose prédire qu'un jour viendra où l'on verra un spectacle tout contraire » (Tocqueville). « Notre conversation fut indifférente, que Biéville suivit avec ironie » (Claude Mauriac). « Un souvenir, teinté à la fois d'absurde et de mystère, remontait lentement jusqu'à moi, qui m'avait aiguillonné sourdement depuis qu'on me destinait à ce poste perdu des Syrtes » (Gracq). • L'usage classique permettait d'inclure une relative dans une relative ayant le même antécédent. « J'ai fondé un caractère que je puis dire qui n'a point déplu » (Racine). L'usage permet la construction imbriquée d'une complétive dans une relative dont le pronom relatif est l'objet de la complétive. « Les grains de rouge qu'on dit qu'il met » (Barbey d'Aurevilly).

La subordonnée relative épithète est généralement un constituant déterminatif indispensable pour préciser le sens de l'antécédent. C'est net quand l'antécédent est employé avec un article défini. « Je hais le mouvement qui déplace les lignes » (Baudelaire). « Avec une froideur insolente, je dévisageais la dame qui allait chanter » (Colette). • Avec un antécédent indéfini, la relative apporte un commencement d'identification. « L'enfant me fit prendre une route où je ne m'étais jamais aventuré » (Gide).

La subordonnée relative apposée est toujours un constituant explicatif non indispensable au sens de l'antécédent. « La bergère flamande, qui fume comme un bain de pieds, a retrouvé sa dignité de louve apprivoisée » (Colette). Elle peut prendre une valeur causale. « La tripotière, qui voyait rompre ses meubles, emplissait l'air de ses cris pitoyables » (Scarron). Ou concessive. « Mlle de Saint-Yves, qui n'avait jamais vu le père ni la mère, assura que l'Ingénu leur ressemblait parfaitement » (Voltaire). Elle commente l'antécédent défini. « Le second escadron, dont Lucien faisait partie, se remit en mouvement tout à coup » (Stendhal). Ou l'antécédent indéfini. « Il arrivait des enfants, que souvent je ne connaissais pas » (Yourcenar).

La différence entre relative déterminative et relative explicative est claire quand elle repose sur la différence entre relative épithète et relative apposée. Relative épithète déterminative. « La dame qui allait chanter se dirigea vers le piano » (Colette). Relative apposée explicative. « La patronne, qu'il surveillait, parlait avec les trois clients » (Duras). Parfois la relative épithète peut ne pas sembler indispensable, mais il faut garder présent à l'esprit que l'auteur disposait de la possibilité de l'apposition et qu'il ne l'a pas retenue. « Maigret soupira, finit par avoir un léger sourire qui ne lui était pas habituel, un sourire moqueur dont la moquerie se serait adressée à lui-même » (Simenon). L'absence complète de ponctuation laisse le lecteur dans une incertitude heureuse. « Ouvrez-moi cette porte où je frappe en pleurant » (Apollinaire). « Que serais-je sans toi qui vins à ma rencontre » (Aragon). La subordonnée relative dite de liaison est une relative avec antécédent, détachée par une pause qui peut aller jusqu'au point. Ce tour littéraire n'exprime pas une dépendance, mais comme une juxtaposition de la relative au reste de la phrase. « J'ai en ce moment un sentiment de reconnaissance pour les femmes faciles, qui m'amène naturellement à vos pieds » (Laclos). « Elle y avait trouvé une grande robe en taffetas flambé, qui criait du froissement de ses plis » (Nerval). « Il rougit à ce compliment de son propriétaire, qui s'était déjà tourné vers le médecin » (Flaubert). « La jeune femme revenait sans l'enfant, qu'elle avait dû coucher » (Simenon).

Les relatives adjectives sont généralement à l'indicatif. On emploie le subjonctif quand la principale exprime un choix ou un degré. « Il n'y eut pas jusqu'à Frère Giroflée qui ne rendît service » (Voltaire). « Certes, il avait autrefois désiré Paris, mais du seul désir dont il fût capable – un désir sournois, mêlé d'un peu de crainte » (Bernanos). Ou quand l'énonciateur n'envisage qu'un procès éventuel. Y a-t-il quelqu'un qui peut me dire où habite Jean ? (demande) / qui puisse me dire où habite Jean ? (doute) « Ô Jupiter, montre-moi quelque asile, S'écria-t-il, qui me puisse sauver » (La Fontaine).

Autour du verbe

Le verbe. Les modes et les temps. Le groupe du verbe, les compléments, les attributs, les subordonnées complétives. Les adverbes.

Le verbe désigne un procès (ce qui se déroule, progresse dans le temps), c'est-à-dire une manière d'agir, d'être ou de changer. • Un nom comme *danse* désigne aussi un procès, mais globalement. En revanche, la conjugaison du verbe *danser* permet de placer le procès dans un cadre temporel particulier, avec des participants (agent, patient) et des circonstances. « Vous chantiez ? J'en suis fort aise. Eh bien ! dansez maintenant » (La Fontaine). « Elle dansa encore une fois avec Michael Richardson. Ce fut la dernière fois » (Duras). • Le verbe est le constituant principal du groupe du verbe. Le groupe du verbe peut être formé du verbe seul. « Il hésita un instant » (Gracq). Le verbe peut être accompagné d'un ou deux compléments de verbe. « Il aimait la musique » (Yourcenar).

Le mode « traduit l'attitude de l'énonciateur vis-à-vis des conditions de validation de la phrase[8] ». • L'infinitif, le participe présent, le gérondif et le participe passé sont des modes non temporels et non personnels qui ne disent rien sur la validation de la phrase. • En employant l'impératif, mode non temporel et semi-personnel, l'énonciateur ramène la validation de la phrase à sa décision de l'énoncer. Venez vite ! • En employant le subjonctif, mode non temporel mais personnel, l'énonciateur ne se prononce pas lui-même sur la validation de la phrase. Elle est en attente. Je souhaite que vous veniez. • En employant l'indicatif, mode temporel et personnel l'énonciateur prend en charge la validation de la phrase dans le simple fait de l'énoncer. Il viendra. Il est venu.

Les temps de l'indicatif et le contexte permettent de situer le moment du procès par rapport au moment de l'énonciation. Avant (Hier, il travaillait), pendant (En ce moment, il travaille), après (Il travaillera demain). Seuls les temps de l'indicatif permettent cette actualisation. Les « temps » des autres modes n'ont pas de valeur temporelle.

La voix est un effet de sens qui résulte de la manière dont sont distribués les rôles des participants du procès. • La voix active est une voix sans marque particulière. Le lampadaire éclaire le carrefour. Jean a reçu ton message. Un avion atterrit chaque minute. • La voix passive place l'objet en tête de phrase pour en faire le sujet. Le carrefour est éclairé par le lampadaire. • La voix impersonnelle place le verbe en tête de phrase. Il atterrit un avion chaque minute. • La voix ou forme pronominale confie au sujet le double rôle d'agent et de patient. Il s'inquiète. • La voix factitive correspond à la construction *faire* + infinitif. « Tu n'as jamais fait tourner les tables ? » (Aragon).

La voix passive place le complément d'objet direct de la voix active en tête de phrase et le sujet de l'actif devient le complément d'agent.

Il est généralement introduit par la préposition *par*. « Cette gargote était tenue par des gens appelés Thénardier, mari et femme » (Hugo). La langue classique employait souvent *de*. « Il est enveloppé de deux escadrons » (Mme de Sévigné). L'usage demeure. « Charles fut surpris de la blancheur de ses ongles » (Flaubert). • Le pronominal passif demande un sujet à la 3ᵉ personne. Le complément d'agent implicite équivaut à un sujet de la voix active du type *on*. « Le lendemain, la cérémonie des noces se fit » (Mme de La Fayette). « La bataille se donne » (Diderot). « Le repas s'achevait » (Gide). Le complément d'agent est parfois exprimé. « Mes parents s'inquiétaient de ces emportements » (Leiris).

La voix passive n'est pas un simple inverse de la voix active. Les deux voix distribuent les rôles différemment, et quand elles utilisent le même acteur, il ne joue pas le même rôle. « Je battis, je fus battu » (Rousseau). « Nous nous battîmes ; je le blessai dangereusement, je fus blessé moi-même » (Constant). « On s'habitue, à droite à tuer, à gauche à être tué » (Malraux). « Elle n'avait aimé personne. Elle n'avait pas été aimée » (Mauriac).

La voix impersonnelle place le verbe en tête de phrase. « Il parut alors une beauté à la cour, qui attira les yeux de tout le monde » (Mme de La Fayette). « Il se préparait la journée la plus noire de tout l'hiver » (Giono). Elle ne s'emploie qu'à la 3ᵉ personne du singulier et le verbe est précédé du pronom impersonnel *il*. Ce pronom est une forme vide de sens juste nécessaire à l'emploi du verbe. • Ce qui suit le verbe de la voix impersonnelle n'est pas le sujet du verbe. En effet, cette suite peut-être au pluriel et le verbe au singulier. « Certainement, objectèrent les pharisiens, il existait des pratiques, des herbes puissantes » (Flaubert). « Il tombait de très fines gouttes de pluie » (Butor). On parle de séquence de l'impersonnel : elle désigne un participant du procès, le sujet de la voix active.

Il ne faut pas confondre la voix impersonnelle et les verbes impersonnels : ces verbes ne permettent pas d'échanges avec les voix active ou passive. Certains verbes impersonnels ne sont qu'un emploi impersonnel figé d'un verbe ordinaire. Il y a, il était une fois, il fait beau, « Et nos amours / Faut-il qu'il m'en souvienne » (Apollinaire), etc. D'autres sont toujours impersonnels. Il pleut, il neige, il vente…, *falloir*. • Le remplacement de *il* par le pronom *ça* semble désigner une entité qui serait sujet de l'action. « Quand ça pleut, là-haut, les bêtes s'y perdent » (Aragon).

La forme pronominale réfléchie fait du sujet animé un acteur qui agit sur ou pour lui-même. « Adrienne se leva » (Nerval). Par métaphore :

8. Mary-Annick MOREL, *La Concession en français*, Ophrys, 1996, p. 151.

« Des orages nouveaux se formeront » (Chateaubriand). • Dans la forme pronominale réciproque, le sujet est toujours pluriel. La réciprocité signifie l'un et l'autre. « Un sénateur et un évêque se regardent difficilement sans cligner de l'œil » (Hugo). L'un pour l'autre. « Les époux se cachèrent leur secret » (Flaubert). L'un après l'autre. « Les tonnerres se succédaient que c'était un bonheur » (Aragon). L'un contre l'autre. « Ils ne s'étaient jamais battus, ni insultés » (Colette). • Dans la forme pronominale neutre, le sujet du pronominal intransitif est l'objet du verbe transitif. La pierre se fissure / Le gel fissure la pierre. Plus rarement, le pronominal intransitif a un correspondant non pronominal également intransitif. Cette troupe s'avance / Cette troupe avance.

Dans la soixantaine de verbes essentiellement pronominaux, le pronom *se* n'a pas de contenu sémantique ni de fonction analysable. « Toutes les idées tristes de Lucien s'envolèrent à l'aspect de cette jolie figure » (Stendhal). « Quatorze ans pour avoir tenté de s'évader quatre fois » (Hugo). On peut leur rattacher les verbes qui ont un emploi pronominal du même type. « L'oncle se faisait vieux » (Aragon).

L'aspect exprime la manière dont le déroulement du procès est envisagé par l'énonciateur. • L'aspect accompli envisage un procès terminé. Il est exprimé par les temps composés. « À travers les persiennes le soir est arrivé » (Duras). L'aspect non accompli envisage un procès en cours de déroulement. Il est exprimé par les temps simples. « Édouard somnole » (Gide). • L'aspect sécant envisage le procès de l'intérieur entre un début repéré ou non, et une fin non précisée. Exemple, l'imparfait. « Depuis une heure, Lucien marchait sans mot dire, à la gauche du capitaine commandant l'escadron » (Stendhal). L'aspect non sécant ou global envisage le procès dans le tout temporel que dessinent ses deux limites. Exemple, le passé simple. « Lucien, les yeux fixés sur la fenêtre vert perroquet, donna un coup d'éperon à son cheval, qui glissa, tomba et le jeta par terre » (Stendhal).

Des périphrases aspectuelles expriment l'avant-procès. « Vous allez dire que je m'amuse » (Diderot). • L'aspect inchoatif. « Elle eut peur et se mit à crier » (Flaubert). • L'aspect progressif. Il est en train de travailler. L'usage classique employait *aller* avec le participe présent. « Et elle alla cherchant dans les armoires » (Nerval). Ainsi que *être à* et infinitif. « Éliante là-bas est à l'entretenir » (Molière). • L'aspect terminatif. « La vedette eut enfin fini de traverser le cadre de la fenêtre ouverte » (Duras). • Le stade qui suit le procès. « Il venait de faire une gaffe » (Aragon).

Le mode infinitif énonce un procès sans repère personnel ou temporel. Il emprunte sa valeur temporelle au verbe principal et au contexte. « N'importe qui est plus capable que moi d'expliquer mes poèmes » (Ponge). Est, était, sera, a été... • L'infinitif passé exprime l'aspect accompli et marque l'antériorité par rapport à un repère situé dans le contexte. « Parce que vous m'auriez plaint, vous croiriez m'avoir compris » (Yourcenar). « Déjà le souvenir de vos amours s'efface Déjà vous n'êtes plus que pour avoir péri » (Aragon). • Par une dérivation possible en ancien français, certains infinitifs sont devenus des noms : un déjeuner, un dîner, des rires, etc. Cela montre combien l'infinitif est atemporel, comme il peut immobiliser toute action. « L'ombrelle, de soie gorge-de-pigeon, que traversait le soleil, éclairait de reflets mobiles la peau blanche de sa figure. Elle souriait là-dessous à la chaleur tiède ; et on entendait les gouttes d'eau, une à une, tomber sur la moire tendue » (Flaubert).

L'infinitif verbal est employé dans une proposition indépendante. Infinitif des injonctions, des décisions. « D'abord avancer l'heure de notre petite fête » (Beaumarchais). En phrase interrogative, infinitif de délibération. « Chat, et vieux, pardonner ? » (La Fontaine). « Que faire ? et où aller ? » (Gide). En phrase exclamative, infinitif de commentaire. « Commencer la vie par *Bérénice* ! Aimer *Bérénice*

à treize ans ! » (Morand). • L'infinitif de narration est un tour littéraire qui exprime les conséquences immédiates d'un fait. Il est introduit par la conjonction *et*, le verbe est précédé par la préposition *de*. « Et grenouilles de se plaindre » (La Fontaine). « Et pains d'épice de voler à droite et à gauche, et filles et garçons de courir, s'entasser et s'estropier » (Rousseau).

Une proposition subordonnée infinitive est une proposition constituée d'un infinitif verbal pourvu d'un agent différent du sujet du verbe principal. La construction est possible après des verbes de perception. « Je vois de loin venir une fille » (Rousseau). « J'entends l'herbe des nuits croître dans l'ombre sainte » (Valéry). Ou de mouvement. « Paulette demanda à son oncle de mener Mme d'Ambérieux faire un tour sur la terrasse avant que la pluie tombât » (Aragon). • Si l'infinitif n'a pas de complément d'objet, l'agent se place avant ou après selon des raisons stylistiques. « Je vois les reflets d'une aurore dont je ne verrai pas se lever le soleil » (Chateaubriand). « Deux ou trois fois, je vis Madeleine passer de l'autre côté des douves » (Fromentin). • L'agent se place avant l'infinitif quand celui-ci a un complément d'objet. « Et pourtant nous étions partout à regarder Nos amis nous chercher » (Supervielle).

L'infinitif nominal remplit les fonctions du nom. Sujet. « Échapper à la question n'est pas la résoudre » (Gide). Complément d'objet. « La veuve de Thésée ose aimer Hippolyte ! » (Racine). Complément indirect de verbe. « Alors tu feindras de t'éveiller ! » (Colette). Complément du nom. « Ce serait une belle conversion à faire » (Laclos). Complément circonstanciel. « Au moment d'ouvrir la porte, il se retourna » (Gracq), etc.

Le participe présent appartient au registre écrit soutenu. Il emprunte sa valeur temporelle au verbe principal du contexte. « Nous sortîmes du bal, nous tenant par la main » (Nerval). La valeur aspectuelle est, en revanche, invariable : il décrit le procès en cours d'accomplissement ou dans sa permanence. « Dès que Fabrice fut sorti de la petite ville, marchant gaillardement le sabre de hussard sous le bras, il lui vint un scrupule » (Stendhal). « Au sujet de *Parsifal* surtout, je me posais des questions, sachant qu'il y avait quelque chose à "comprendre" » (Leiris). • La forme composée exprime l'accompli ou l'antériorité : ayant marché, ayant su.

Le participe présent « participe » de l'adjectif quand le nom support a une fonction par rapport au verbe principal. « Toute ranimée maintenant, fiévreuse, tournant vers moi en une seconde ces yeux d'ailleurs que je reconnaissais si bien, elle me montrait le haut de la ravine » (Gracq). Le participe *tournant* est un adjectif apposé au pronom *elle*, comme *ranimée* et *fiévreuse*, mais cet adjectif est invariable. Les fonctions du participe invariable sont celles de l'adjectif. • En 1679, l'Académie française a formulé la règle de l'invariabilité du participe présent pour le distinguer de l'adjectif verbal. La langue classique offre des exemples de participes accordés. « Tremblante pour un fils que je n'osais trahir » (Racine). « Soyons bien buvants, bien mangeants » (La Fontaine). Demeurant : toutes affaires cessantes, les ayants droit. • Dans l'usage classique, le lien entre le participe présent et son nom support était plus libre. « Le lendemain, étant sur notre porte, Une vieille m'aborde » (Molière). Cette liberté demeure. « Chaque soir, espérant des lendemains épiques, L'azur phosphorescent de la mer des Tropiques Enchantait leur sommeil de mirages dorés » (Heredia). « Un froissement lourd et musical déchira l'air au-dessus du navire, et, réveillant le tonnerre caverneux des vallées de montagne, on entendit se répercuter trois coups de canon » (Gracq).

Le participe présent « participe » du verbe quand le nom support est seulement agent du participe et forme avec lui une proposition subordonnée participe en position détachée. « Enfin, on ne sait comment aurait fini cette conversation, si, le jour baissant, monsieur l'abbé n'avait ramené sa sœur à l'abbaye » (Voltaire). « Sa nièce arrivant, c'était le feu dans la maison » (Nerval). « Et depuis lors, rien qu'un déménagement en 1868, son propriétaire ayant voulu l'augmenter » (Maupassant).

L'adjectif verbal est un participe présent de forme simple qui est devenu un adjectif à part entière. Il est variable, il peut prendre les degrés et il a les fonctions des adjectifs. Épithète. « Elle ne s'y trompa point et l'apaisa avec une délicatesse miséricordieuse, des mots plaisants, de voltigeants regards » (Colette). Apposé. « Vous êtes docteurs en Sorbonne, bedonnants de diplômes » (Senghor). Attribut du sujet. « L'amour est mort j'en suis tremblant » (Apollinaire). Attribut du complément d'objet. « Mlle de Saint-Yves souhaita passionnément que monsieur l'évêque la fît encore participante de quelque beau sacrement avec M. Hercule l'Ingénu » (Voltaire). • L'adjectif verbal variable fait partie du groupe du nom, le participe invariable reste un prédicat. « Elle étendit la main, et je me précipitai, mes doigts tremblants offrant une coupe pleine... » (Colette).

Le gérondif est formé de la préposition *en* suivie de la forme invariable du verbe de terminaison *-ant*. • Il exprime une simultanéité avec le verbe principal. « Il se retira en saluant » (Nerval). « Et il sortit de la cahute en disant : On y va ! on y va ! » (Hugo). Dans ces emplois, l'ajout de l'adverbe *tout* est possible. « Emma rougit quand il entra, tout en s'efforçant de rire un peu par contenance » (Flaubert). • Les verbes peuvent aussi établir un rapport de temps. « En revenant dans la salle de bal, Mme de Chasteller dansa une valse avec M. de Blancet » (Stendhal). De cause. « En entendant ce mot, l'homme ouvrit la portière et déplia vivement le marchepied » (Balzac). Ici, l'emploi de *tout* est impossible.

Confiante dans le sens, la langue classique usait librement du lien entre l'agent du gérondif et l'agent du verbe principal. « Vous m'êtes en dormant, un peu triste apparu » (La Fontaine). « Songez-vous qu'en naissant mes bras vous ont reçue » (Racine). En français moderne l'agent du gérondif doit être le même que celui du verbe principal. Mais à l'oral, la liberté classique reste courante. En prenant le train, le voyage est plus rapide. L'appétit vient en mangeant. • Dans la langue classique, le gérondif pouvait être construit sans préposition. « J'aurais, le revendant, de l'argent bel et bon » (La Fontaine). Demeurent : chemin faisant, tambour battant. Mais le contexte ne suffisait pas toujours pour établir de manière claire si la forme en *-ant* est un participe lié à un nom ou un gérondif lié à un verbe, l'emploi de *en* se généralise au XVIII⁰ siècle. Les deux formes restent cependant disponibles. « L'autre, pleurant toujours, passait le long de la maison en se frottant contre le mur » (Maupassant). « Bradmer mange rapidement, en se servant de la cuiller cabossée comme d'une baguette, poussant le riz dans sa bouche » (Le Clezio). « Que pourrais-je répondre à cette âme pieuse Voyant tomber des pleurs de sa paupière creuse ? » (Baudelaire). « Le cœur qu'à votre âge l'on jette sachant qu'on dispose au lendemain d'un autre encore plus frais » (Barbarant).

Le participe passé employé sans auxiliaire « participe » de l'adjectif quand il complète un nom support. C'est alors un adjectif qualificatif. « À peine Candide fut-il dans son auberge qu'il fut attaqué d'une maladie légère causée par ses fatigues » (Voltaire). « Bernard se renversait sur le dossier de sa chaise, savourait l'extrême confusion du restaurateur accouru aux premiers éclats de voix » (Cayrol).

Le participe passé « participe » du verbe quand le nom support est uniquement un agent du participe et forme avec lui une proposition subordonnée participe en position détachée. « Ses deux amis partis, Bernard n'avait plus aucune raison, ni aucune envie de rester » (Gide). « Retrouvées les formes du monde, Verlaine n'en conserve pas moins le sentiment d'une sorte de vertige » (Blondin).

Le participe passé exprime l'aspect accompli en face du participe présent qui exprime l'aspect progressif. « Deux mulets cheminaient : l'un d'avoine chargé, L'autre portant l'argent de la Gabelle » (La Fontaine). « Le repas achevé et M. Jérôme sommeillant, les pieds aux chenets, les deux époux, sans recours possible, se trouvaient face-à-face » (Mauriac).

Le « participe passé a longtemps servi de rempart à l'invasion du style substantif, et l'on aimerait pouvoir dire aujourd'hui : il se plaint à bon droit *des impôts augmentés* plutôt que il se plaint à bon droit *de l'augmentation des impôts*. Cette fois il s'agit de tendance plutôt que de règle, et rien n'interdit aujourd'hui d'écrire comme le faisait Rousseau dans les *Rêveries* : "Quand le lac agité ne permettait pas la navigation" et non "Quand l'agitation du lac..."» De fait, les auteurs prolongent cet usage où la forme adjective porte une prédication verbale. Non pas : le récit de mon voyage, mais : « Mon voyage dépeint, Vous sera d'un plaisir extrême » (La Fontaine). « Le nom de Javert prononcé les mettait en déroute ; la face de Javert apparaissant les pétrifiait » (Hugo). « Et puis il y avait Pascal menacé » (Aragon). « La porte refermée fit osciller la lampe » (Malraux)[10].

Le participe passé employé avec un auxiliaire sert à former les temps composés et surcomposés de la conjugaison. Il sert aussi à construire la voix passive des verbes transitifs directs. • L'accord du participe passé après *être* avec le sujet est présent dès l'ancien français. « La pucela entra el palais : Unkes si bele n'i vint mais ! Devant le rei et descendue Si que de tuz fu bien veüe » (Marie de France). « Excusez-nous, puis que sommes transsis, Envers le fils de la Vierge Marie, Que sa grâce ne soit pour nous tarie » (Villon). • L'accord du participe passé après *avoir* avec le complément d'objet direct placé avant est courant. « Mult larges teres de vus avrai conquises », Beaucoup de larges terres avec vous j'aurai conquises (*Chanson de Roland*). « En l'an de mon trentiesme aage, Que toutes mes hontes j'eus beues » (Villon). • La règle moderne fut d'abord formulée à la Renaissance par Clément Marot. Mais Vaugelas et les grammairiens la détaillèrent en mille cas dont certains sont les fleurons de notre « criminelle orthographe » (Valéry).

Le mode impératif est le mode où l'énonciateur valide la phrase dans sa décision de l'énoncer. La phrase est de modalité injonctive. « Levez-vous vite, orages désirés » (Chateaubriand). L'impératif présent et l'impératif passé s'opposent sur le plan des aspects non accompli et accompli : Pars avant midi / Sois parti avant midi.

L'impératif se construit sans sujet. L'interlocuteur est nécessairement présent et la désinence du verbe ne marque que la personne verbale. « Rentre en toi-même, Octave, et cesse de te plaindre ! » (Corneille) « Maintenant, dit-il, pioncez » (Hugo). « Ne fais pas l'idiot. File » (Gracq). • En précisant le nom de l'interlocuteur en apostrophe, on souligne l'injonction. « Ouvrez, Chérubin, ouvrez vite, c'est Suzanne » (Beaumarchais). « Yvonne ! Tais-toi... » (Aragon). • À l'impératif affirmatif les pronoms personnels conjoints sont placés après le verbe. « Et vite ! vite ! monseigneur, jetez-vous sur votre lit, faites semblant de dormir » (Stendhal).

L'impératif présent exprime un ordre, une prière, une demande, une exhortation, un conseil. « Soyez honnête, soyez heureuse, et faites que je le sois » (Diderot). « Aimons donc, aimons donc ! » (Lamartine). « Entre ici, ami de mon cœur » (Stendhal). « Donnez-moi trois jetons, voulez-vous ? » (Simenon). • À la voix passive de certains verbes, la phrase perd la modalité impérative pour prendre une valeur performative (*cf.* § présent de l'indicatif). « Sois béni sous la pierre où te voilà couché ! » (Hugo).

Le mode subjonctif est le mode où l'énonciateur ne se prononce pas sur la validation de la phrase. Il laisse le jugement entre virtua-

9. Jean-Pierre SEGUIN, in *Nouvelle histoire de la langue française*, ouvr. cité, p. 331.

10. Corinne DELHAY et Christine WIMMER, *Information grammaticale*, n° 68, 1996, p. 44-46.

lité et réalisation. Ce qui nous semble être une règle a d'abord été un choix motivé. L'histoire du subjonctif est en effet l'histoire du passage d'une motivation à un mécanisme. « Nous devons avoir à l'esprit moins des mécanismes appris que des usages qui se révèlent avoir un certain rendement dans l'ordre de la communication.[11] » Ces usages sont présents dès le français médiéval, en proposition indépendante comme en proposition subordonnée. « Ne place Deu ne ses seinz ne ses angles Apres Rollant que jo vive remaigne ! » Ne plaise à Dieu, à ses saints, à ses anges, Qu'après Roland je reste en vie ! (*Chanson de Roland*) « Ne covient pas que vous raconte Comment je me sui mis a honte » (Rutebeuf).

Selon une évolution attestée depuis le XIXe siècle, l'usage courant utilise le présent et le passé du subjonctif. L'imparfait et le plus-que-parfait ne s'emploient que dans un usage contrôlé et principalement à la 3e personne du singulier. L'usage contemporain n'ignore pas les autres personnes. « Puis il le fallut bien : sans doute vous n'eussiez plus compris » (Yourcenar). « Je reconnus sa voix bien que je l'entendisse à peine » (Duras). « Idriss attendit pour monter que nombre de voyageurs eussent pris place » (Tournier). Mais il n'entend pas de même : « Tu vas me dire que tu ne l'avais pas vendue pour que je la tuasse, s'écria la marquise » (Balzac). Alphonse Allais s'en est amusé : « Fallait-il que vous me plussiez, Qu'ingénument je vous le disse, Qu'avec orgueil vous vous tussiez ! »

En proposition indépendante, le subjonctif présent relève de l'énonciation de discours (*cf.* L'énonciation). Ce sont des constructions généralement figées avec *que* ou avec l'ordre verbe-sujet. • Le virtuel peut être tenu pour réalisable. « Puissent tous les hommes se souvenir qu'ils sont frères ! » (Voltaire). « Qu'il pleuve ! Qu'il pleuve ! » (Aragon). « Que chacun examine ses pensées » (Pascal). « Soit une figure plane quelconque ACQT » (Pascal). • Quand le virtuel lui-même est écarté, l'emploi est polémique. « Bazile – Qu'à cela ne tienne ! » (Beaumarchais). « Moi, des tanches ? dit-il, moi, héron, que je fasse Une si pauvre chère ? » (La Fontaine).

Plusieurs propositions subordonnées demandent le subjonctif. • Les subordonnées complétives après un verbe ou un nom qui exprime un souhait, un doute, une incertitude, un vœu, une opinion. « Ne plaise aux dieux que je couche Avec vous sous même toit » (La Fontaine). « Vois-tu que je me laisse mourir, et qu'il se tue, et qu'il se manque ? » (Colette). « Je doute que son affection pour moi soit bien vive » (Gide). « J'ai déjà l'habitude qu'on me regarde » (Duras). • Les subordonnées circonstancielles qui expriment une prise de position sur le procès : but, concession, certaines constructions temporelles, consécutives et conditionnelles. • Dans tous les cas, le subjonctif passé exprime l'accompli ou l'antériorité. Ne plaise aux dieux que j'aie couché... Vois-tu que je me sois laissée mourir...

Quand la subordonnée peut être à l'indicatif ou au subjonctif, les sens sont différents. Sens différents d'un verbe. Je comprends qu'il part (j'en déduis) / Je comprends qu'il parte (j'admets). Sens différents d'un procès après un verbe d'opinion aux formes négative ou interrogative, où l'indicatif exprime un procès probable et le subjonctif un procès en suspens. Je ne pense pas qu'il répondra / qu'il réponde. Pensez-vous qu'il répondra ? / qu'il réponde ?

L'imparfait du subjonctif temporel exprime un procès contemporain ou postérieur par rapport à la principale. « Allons, j'avais grand besoin que ce fût là Dorante » (Marivaux). « Or il a décidé qu'il n'était pas bon que Jean Peloueyre demeurât seul » (Mauriac). • L'imparfait du subjonctif modal exprime l'hypothèse dans une subordination implicite ou inverse. « En fût-il autrement, que ce plaisir librement choisi ne me paraîtrait pas pour cela plus coupable. » (Yourcenar). • Le plus-que-parfait du subjonctif temporel exprime un procès accompli, antérieur au temps repère.

« J'attendis, respectueux, qu'elle eût vidé un autre verre de bordeaux » (Colette). • Le plus-que-parfait du subjonctif modal exprime l'irréel du passé. « Plût aux dieux que mon cœur fût innocent comme elles ! » (Racine). « Pour un peu, il eût hissé le drapeau noir » (Gracq).

Après une principale au conditionnel, l'usage classique demande une subordonnée à l'imparfait ou au plus-que-parfait du subjonctif selon l'aspect. « Dans les pressentiments qui m'inquiétaient, j'aurais voulu qu'on m'eût fait de cet asile une prison perpétuelle » (Rousseau). L'usage moderne conserve ce choix, en particulier pour la 3e personne du singulier. « Précisément, j'aurais voulu que ce fût que pour elle » (Gide). Mais, toujours pour des raisons phonétiques, il y renonce souvent aux autres personnes. « Il aurait fallu que le monde, les choses, de tout temps leur appartiennent » (Perec). « Je voudrais que vous vérifiiez mes pneus, dit-elle » (Duras). • Les valeurs modales de l'imparfait et du plus-que-parfait du subjonctif, courantes en ancien français, restaient présentes dans la langue classique. Même avec une principale au présent, l'imparfait pouvait exprimer une éventualité pure. « On craint qu'il n'essuyât les larmes de sa mère » (Racine).

Le présent de l'indicatif est opposable au passé et au futur : il chantait, il chante, il chantera. Mais ses valeurs temporelles dépendent de l'acte d'énonciation, du contexte et du sens du verbe. La seule permanence est le lien direct entre le présent de l'indicatif et le *maintenant* du je qui l'énonce. • Ce peut être le *maintenant* réel du je d'un énonciateur réel dans un dialogue ordinaire. On est quel jour aujourd'hui ? • Ce peut être le *maintenant* fictif du je fictif d'un personnage de roman. « Ah ça ! reprit la femme, tu n'oublies pas que je flanque Cosette à la porte aujourd'hui ? » (Hugo). Ou le maintenant fictif du je du narrateur d'un roman à la première personne. « Aujourd'hui, maman est morte. Ou peut-être hier, je ne sais pas » (Camus).

Le présent dit performatif est le seul présent inséparable du *maintenant* et du *ici* de l'énonciation du je. « Aux termes des articles neuf, onze, quinze et soixante-six du code d'instruction criminelle, j'en suis juge. J'ordonne que cette femme soit remise en liberté » (Hugo). Seuls les verbes dont le sens exprime des actes socialement déterminés (jurer, promettre, remercier, baptiser, ordonner...) ont un emploi performatif. Il repose sur l'énonciation de ces verbes uniquement à la 1re personne du présent de l'indicatif dans une phrase déclarative positive.

Les autres valeurs temporelles du présent de l'indicatif sont explicitées par le contexte et le sens du verbe. • Présent actuel. « Le Comte. – Autrefois tu me disais tout. Figaro. – Et maintenant je ne vous cache rien » (Beaumarchais). • Présents étendus. « La petite ville de Verrières peut passer pour l'une des plus jolies de Franche-Comté » (Stendhal). La durée peut être explicite. « Depuis trois mois, ils ont le livre » (Giono). • Présents permanents ou éthiques. « La somme des sinus d'un arc quelconque du quart de cercle est égale à la portion de la base comprise entre les sinus extrêmes, multipliée par le rayon » (Pascal). « Peu de chose nous console parce que peu de chose nous afflige » (Pascal). Permanence explicitée par un sujet générique. « Les loups mangent gloutonnement » (La Fontaine). « Les premières lueurs du jour nous ramenaient Conrad, fatigué et content comme un enfant qui sort de l'école » (Yourcenar). • Présents itératifs explicités par des compléments de temps. « À six heures, tous les deux jours, il est fidèle à son poste » (Balzac). « Des autocars et des automobiles arrivent à chaque instant » (Giono).

Le présent de narration correspond à l'emploi passager du présent de l'indicatif dans un récit au passé. « Là de mille maisons on ne

11. Jacques CHAURAND, in *Nouvelle histoire de la langue française*, ouvr. cité, p. 67.

trouva que feux, Que charognes, que morts ou visages affreux La faim va devant moi, force est que je la suive » (d'Aubigné). « Quand mon pied fut en état, voilà le chirurgien qui l'examine et qui le tâte » (Marivaux).

Le présent historique concerne la totalité ou de longs passages d'un récit historique non fictif. « Racine, en 1661, ménage encore ces messieurs et ne les traite mal que dans le privé : c'est qu'il pense à sa fortune » (Mauriac). « Voltaire se méprend sur l'attitude du Régent. Qu'il lui ait accordé une pension ne signifie pas qu'il l'ait davantage en odeur de sainteté » (Beaulieu). « Du 8 au 10 juin, Zola séjourne à Paris : il passe la journée du dimanche aux courses, pour le chapitre XI de *Nana* » (Henri Mitterand).

L'imparfait de l'indicatif situe le procès dans le passé par rapport au maintenant de l'énonciateur. Par lui-même, l'imparfait ne donne aucune précision sur le moment du passé. « Il y avait en Vestphalie, dans le château de M. le baron de Thunder-ten-tronckh » (Voltaire). Quand la précision est donnée, c'est dans le contexte. « Au temps du roi Moabdar, il y avait à Babylone » (Voltaire).

L'imparfait ne dit rien sur la durée du procès. Là encore le contexte est essentiel. L'aspect sécant de l'imparfait appliqué à un verbe de sens imperfectif donne le sentiment de la durée. « Aucun bruit dans le village. En bas, sur le trottoir, personne. Ce silence épandu augmentait la tranquillité des choses. Au loin, les marteaux des calfats tamponnaient des carènes, et une brise lourde apportait la senteur du goudron » (Flaubert). Avec un verbe de sens perfectif, l'absence de limite finale de l'aspect sécant rapproche de l'aspect progressif. « Cet adieu m'était léger, j'étais tout disposé à goûter l'air acide et le plaisir de deux yeux dispos, détachés déjà au milieu de toute cette somnolence : nous partions à l'heure réglementaire » (Gracq). • Un complément circonstanciel peut marquer une valeur itérative. « Un malheureux appelait tous les jours La Mort à son secours » (La Fontaine).

La valeur modale de l'imparfait provient de son aspect sécant. Comme cet aspect laisse sans précision la limite finale du procès, il permet d'appliquer l'imparfait à l'expression du possible. « Un dixième de seconde de plus, et elle répondait à Leuwen devant Mme d'Hocquincourt » (Stendhal). Ou de formuler une demande polie. Je voulais te demander un service.

L'imparfait exprime des procès qui se déroulent en même temps. « Elle, l'Invisible, l'Impalpable, l'Insaisissable, l'Immatérielle Idée minait la chair, buvait le sang, éteignait la vie » (Maupassant). • L'aspect sécant de l'imparfait permet ainsi de dessiner un arrière-plan sur lequel se détachent des procès exprimés au passé simple. « La voiture glissait comme un traîneau sur le gazon ; des pigeons qu'on ne voyait pas roucoulaient ; tout à coup un garçon de café parut ; et ils descendirent devant la barrière d'un jardin où il y avait des tables rondes » (Flaubert). Ou des procès exprimés au passé composé. « Je fumais les cigarettes de Raymond parce qu'il m'en restait plus. Les derniers trams passaient et emportaient avec eux les bruits maintenant lointains du faubourg. Raymond a continué » (Camus). • Cet usage existait en ancien français. « À Kardoeil sujurnot li reis Artur, li pruz e li curteis, Pur les Escoz e pur les Pis, Ki destrueient le païs » séjournait, détruisaient (Marie de France). Mais l'usage courant était plutôt celui du passé simple. « Bels fu li vespres et li soleilz fut cler », Le soir était beau et le soleil brillait encore (*Chanson de Roland*).

L'imparfait narratif s'applique à un procès qu'on attendrait au passé simple. « Ils partirent donc. On les accompagna à la gare, et le 23 octobre au matin, avec quatre malles de livres et un lit de camp, ils embarquaient à Marseille à bord du *Commandant-Crubellier*, à des-tination de Tunis » (Perec). • Le tour peut concerner tout un passage qu'on aurait attendu au passé simple. Cet usage apparaît à la fin du XIXe siècle dans la mouvance naturaliste. « Alors, les mains tremblantes de hâte, elle se rhabilla, dans une confusion affreuse de femme dédaignée. Elle enfilait sa chemise, se battait avec ses jupes, agrafait son corsage de travers » (Zola). « Il se tournait vers Ed Gollan. [...] Il saisissait une fois de plus le téléphone qui venait de sonner. – Oui... Allô !... Lucas ?... [...] Il marchait jusqu'à la porte des inspecteurs. – J'aimerais de la bière fraîche... Il revenait s'asseoir à son bureau, bourrait une pipe. – Et voilà, monsieur Gollan !... » (Simenon).

L'*imparfait de rupture* est un tour conclusif qui exprime un procès postérieur au repère indiqué. L'effet est celui d'une fin qui semble se prolonger. « Une demi-heure se passa, puis il compta dix-neuf minutes à sa montre. Tout à coup un bruit se fit contre le mur ; l'auvent s'était rabattu, la cliquette tremblait encore » (Flaubert). « Sur le soir, les derniers chevaux ennemis disparurent dans les champs de seigle, mais Conrad blessé au ventre agonisait » (Yourcenar). « Il essaya de se pencher par-dessus la barrière en s'accoudant plus haut ; il sentait son genou heurter les croisillons de métal. "Comment la rejoindre ?" pensait-il, désorienté » (Gracq).

Le passé simple et le passé composé ont suivi des routes inverses au cours de l'histoire du français[12]. La règle classique, énoncée par Estienne au XVIe siècle, est celle « des vingt-quatre heures » : passé composé dans cet espace de temps, passé simple avant. En fait, au XVIIe siècle, le passé composé n'est déjà plus cantonné à la journée en cours et ses emplois deviennent majoritaires. Cependant le passé simple demeure nettement dominant dans le contexte d'adverbes comme *hier, la veille* ou avec une précision de date, parce que ces contextes marquent clairement que le procès est accompli, séparé du *maintenant*. « Ma sœur fit hier profession, jeudi 5 juin 1653 » (Pascal). « Le président Amelot, après avoir fait hier mille visites, se trouva un peu embarrassé sur le soir, et tomba dans une apoplexie épouvantable, dont il est mort ce matin à huit heures » (Mme de Sévigné). Au cours du XVIIIe siècle, l'emploi du passé composé deviendra de plus en plus courant. Toujours présent à l'oral de dialectes de langue d'oc, le passé simple sera affecté à l'énonciation de récit écrite (*cf.* L'énonciation).

Le passé simple situe le procès dans un passé séparé du maintenant de l'énonciateur et il exprime l'aspect global ou non sécant. « Mme de Clèves consentit à son retour et elle revint le lendemain » (Mme de La Fayette). Le contexte peut apporter une valeur itérative. « Il voulut s'amuser. Il se rendit aux bals de l'Opéra » (Flaubert). • Le passé simple rend compte d'une succession d'événements. « Il fit entrer avec précaution ses hôtes dans la cage, puis il y entra après eux en rampant, rapprocha les pierres et referma hermétiquement l'ouverture » (Hugo). Souvent sur l'arrière-plan des imparfaits. « À mesure qu'elle chantait, l'ombre descendait des grands arbres, et le clair de lune naissant tombait sur elle seule, isolée de notre cercle attentif. – Elle se tut, et personne n'osa rompre le silence » (Nerval).

Le passé simple ne dit rien sur la durée du procès. • Superposer son aspect global à un verbe perfectif produit un effet de ponctuel. « Et elle sortit, en essuyant ses pieds sur le seuil » (Flaubert). « Péniblement, Pierre arriva dans une villa endormie dont la porte d'entrée restait ouverte » (Cayrol). • Avec un verbe de sens imperfectif, les aspects global et imperfectif divergent pour produire une sorte de compression temporelle d'une durée qui peut être plus ou moins longue. « Et je gagerai bien que ces trois ans s'écoulèrent comme un jour » (Diderot). « Puis des années s'écoulèrent, toutes pareilles » (Flaubert). « Pendant huit jours, Lesable ne dormit point » (Maupassant).

12. Philippe CARON, Yu-Chang LIU, *L'Information grammaticale,* n° 82, juin 1999.

Le passé composé exprime l'aspect accompli du présent. « Son service ? lança une voix gouailleuse. – J'ai dit pendant son service et je le répète » (Simenon). Ou une antériorité par rapport à un présent. « J'ai tardé à venir, dit-elle enfin – je vous prie de m'excuser » (Gracq). • Un récit au passé composé n'est pas un récit au passé simple. Le passé composé garde quelque chose de l'énonciation de discours et du lien avec l'énonciateur. « La magnificence et la galanterie n'ont jamais paru en France avec tant d'éclat que dans les dernières années du règne de Henri second » (Mme de La Fayette). C'est pourquoi le passé composé convient si bien aux récits à la première personne. « Les divers intervalles de mes courtes prospérités ne m'ont laissé presque aucun souvenir agréable de la manière intime et permanente dont elles m'ont affecté » (Rousseau). « Longtemps, je me suis couché de bonne heure » (Proust). • En regard, le passé simple exprime un passé révolu. « Ce fut, si je me souviens bien, dix jours après avoir franchi la Crête, que nous atteignîmes l'entrée du Perré » (Gracq).

Le plus-que-parfait, le passé antérieur. Le plus-que parfait est l'accompli de l'imparfait. « Elle le regardait elle aussi, elle ne le voyait plus mais elle regardait encore vers la force de l'automobile noire. Et puis à la fin elle ne l'avait plus vu » (Duras). Sa valeur temporelle exprime une antériorité par rapport à un procès au passé. « Dès que le bruit du moteur avait cessé, on entendait le marais vivre » (Gracq).

Le passé antérieur est l'accompli du passé simple. « Et le drôle eut lapé le tout en un moment » (La Fontaine). Plus couramment, il exprime une valeur temporelle d'antériorité par rapport à un procès exprimé au passé simple. « Quand ils furent arrivés devant son jardin, Mme Bovary poussa la petite barrière » (Flaubert).

Le futur simple, le futur antérieur. Le futur simple situe le procès dans l'avenir par rapport au maintenant de l'énonciateur. « C'est vous qui présenterez ma demande au garde des sceaux » (Giono). Le temps futur ne dit rien sur la situation exacte du procès. Elle doit être précisée dans le contexte. « Bientôt nous plongerons dans les froides ténèbres » (Baudelaire). « Je pense que, dans les siècles démocratiques qui vont s'ouvrir, l'indépendance individuelle et les libertés locales seront toujours un produit de l'art. La centralisation sera le gouvernement naturel » (Tocqueville). De même, les valeurs de durée ou d'itérativité dépendent du sens du verbe et du contexte. « Alors tu feindras de t'éveiller ! Alors je pourrai me réfugier en toi, avec de confuses plaintes injustes, des soupirs excédés, des crispations qui maudiront le jour déjà venu » (Colette). • Les valeurs modales du futur simple correspondent à différents actes de langage. Injonction. Les coureurs devront se présenter au contrôle avant le départ. Promesse. « Je vous paierai, lui dit-elle Avant l'oût, foi d'animal » (La Fontaine). Indignation. Ça ne changera donc jamais ! Supposition. Il aura un empêchement de dernière minute.

Le futur de narration, d'anticipation ou de perspective est un procédé de l'écrit qui anticipe sur les faits. « Pendant tout le temps de notre histoire, pendant un an et demi, nous parlerons de cette façon » (Duras). « Zola dans l'atelier de Manet. C'est le commencement d'une amitié qui durera jusqu'à la mort de l'artiste, en 1883 » (Henri Mitterand).

Le futur antérieur exprime l'aspect accompli du futur simple. Il aura fini à temps. En valeur temporelle, il exprime l'antériorité d'un procès futur par rapport à un autre procès futur. « Ils fuiront. Rien n'aura su les retenir » (Perec). Il reprend la valeur modale du futur avec un aspect accompli. « On l'aura sans doute emmenée / ailleurs, par ces forêts pluvieuses » (Jaccottet).

Les conditionnels présent et passé sont deux temps de l'indicatif et non un mode particulier. Leurs emplois sont parallèles à ceux du futur ; ils n'expriment pas toujours une condition ; et le troisième temps du « mode » conditionnel, le conditionnel passé deuxième forme, est en fait le plus-que-parfait du subjonctif. • Historiquement, tant en latin que dans les langues romanes, le futur et le conditionnel ont partie liée. Les morphologies élaborées ont visé à considérer l'avenir « à partir d'un repère temporel présent ou passé : *habeo* / *habebam scribere*, j'ai / j'avais la perspective d'écrire, j'écrirai / j'écrirais*[13]*. »

Le conditionnel présent temporel exprime un procès postérieur à un repère passé. « Jupiter eut soudain l'idée d'une force élastique et incompressible, qui comblerait les vides, et amortirait tous les chocs d'une atmosphère encore mal réglée » (Giraudoux). Le procès à venir n'est pas situé par rapport au maintenant de l'énonciateur : qui comblerait les vides hier / aujourd'hui / demain. • Le conditionnel présent modal est employé en liaison avec une subordonnée d'hypothèse à l'imparfait. Il exprime aussi des procès simplement imaginés. « D'abord, ils entreprendraient un grand voyage avec l'argent que Frédéric prélèverait sur sa fortune, à sa majorité » (Flaubert). Ou divers actes de langage. Indignation. « Quoi toujours ce serait la guerre, la querelle » (Aragon). Demande polie. « Je voudrais un autre verre de manzanilla, dit-elle » (Duras).

Le conditionnel passé exprime l'aspect accompli du conditionnel présent. « Bernard aurait été moins jeune, Laura sans doute aurait été effrayée » (Gide). C'est dans l'expression de procès non réalisés que le conditionnel passé devient le temps absolument désespéré de la conjugaison. « Quel bonheur nous aurions eu ! » (Flaubert).

Le complément de verbe est un constituant syntaxique du groupe du verbe et un participant sémantique du procès. Il a une place assignée et n'est pas déplaçable à volonté. « Une grenouille vit un bœuf » (La Fontaine). La solidarité sémantique et syntaxique qui unit le verbe et le complément de verbe exige que le complément de verbe soit énoncé. Le complément de verbe fait partie du sens du verbe. La Fontaine n'utilise pas le verbe *voir*, mais le verbe *voir quelqu'un* / *quelque chose*.

Le verbe intransitif est employé seul. Le procès ne concerne que le sujet et le verbe. « L'aube du jour parut » (Diderot). « Et elle rit » (Hugo). « Le prêtre tibétain mendie avec délicatesse » (Michaux). « Je m'efforçais d'oublier, j'oubliais presque » (Yourcenar). « Des jeunes filles, grimpées sur les chaises, pouffaient » (Mauriac). • Le complément d'objet interne reprend le sens d'un verbe intransitif. La construction est généralement figée et exprime une appréciation nouvelle du sens du verbe. Vivre sa vie, pleurer toutes les larmes de son corps, dormir son dernier sommeil... « Ils chantaient leur premier chant, ils volaient leurs premiers vols » (Hugo). « Et n'ai-je pas sué la sueur de tes nuits » (Verlaine).

Le verbe transitif demande au moins un complément de verbe. Le procès ne concerne pas que le sujet et le verbe. • Le verbe transitif direct peut être employé à la voie passive. Le complément de verbe est un groupe nominal ou un équivalent appelé *objet direct*. « Le nom de M. de Nemours surprit Mme de Clèves et la fit rougir » (Mme de La Fayette). « Mme de Marsay épousa depuis le marquis de Vordac » (Balzac). « Édouard sort de la poche de son veston la lettre de Laura » (Gide). • Un verbe est transitif indirect quand le complément de verbe est un groupe prépositionnel. « Le ciel ressemblait à un ciel d'automne » (Chateaubriand). « Ils s'en retournèrent au Palais-Royal » (Flaubert).

Le complément d'objet direct est le deuxième constituant d'un groupe du verbe comportant un verbe transitif direct. « Pauline a emmené Georges » (Gide). L'ensemble peut être mis à la voix passive.

13. Gaston ZINK, *Morphologie du français médiéval*, PUF, 1989, p. 180.

Georges a été emmené par Pauline. Le complément d'objet direct devient le sujet du passif. • Le passif n'est pas mécanique, il donne parfois des phrases inutilisables. « Je plains Soliman » (Montesquieu). / *Soliman est... « La femme retira ses lunettes » (Tournier). / *Ses lunettes furent... *Avoir, pouvoir* n'admettent pas le passif (*avoir* ne l'admet que dans un registre familier : J'ai été eu par son as). Mais la potentialité du passif est présente et elle suffit.

Les unités qui peuvent occuper la place de complément d'objet direct sont des groupes du nom ou des unités équivalentes. Groupe du nom. « Cette résistance exaspéra l'amour de Théodore. » Pronom personnel. « Au bord d'un champ d'avoine, il la renversa brutalement. » Pronom indéfini. « Bientôt il avoua quelque chose de fâcheux. » Pronom relatif. « C'était un taureau, que cachait le brouillard. » Infinitif nominal. « Paul, qui s'ennuyait, voulait partir. » Subordonnée complétive. « Il ajouta qu'on désirait l'établir. » Subordonnée interrogative indirecte. « Alors il lui demanda si elle pensait au mariage. » Subordonnée relative sans antécédent. « Félicité, en passant près du calvaire, voulut recommander à Dieu ce qu'elle chérissait le plus » (Flaubert, tous les exemples).

Le complément de verbe direct donne une information qui peut paraître une circonstance, par exemple de temps, ou de lieu. « Ce voyage-là durait vingt-quatre jours » (Duras). « Je vais d'abord avenue Junot » (Simenon). Mais l'unité syntaxique et sémantique du groupe du verbe est sensible. Une place est affectée au complément de verbe et cette place doit être occupée. De même les relations de sens font paraître la différence entre *avoir qqch* (objet direct, sans passif) et *avoir un âge* (complément direct de verbe). « Marius avait trente francs en réserve dans un tiroir » (Hugo). « Cela se passait le 7 août 1919 et j'avais dix-huit ans » (Leiris).

Le complément de verbe indirect est un groupe du nom ou un équivalent introduit par une préposition. « On parla d'abord du malade, puis du temps qu'il faisait, des grands froids, des loups qui couraient les champs, la nuit » (Flaubert). « Pascal ne parlerait plus à Suzanne » (Aragon). « Vous irez au 27 bis, rue de Berry » (Simenon). Le choix de la préposition n'est pas libre : *parler de qqun / de qqch, parler à qqun, aller à un endroit*. Elle fait partie du sens du verbe. • La préposition peut introduire un groupe du nom. « Paulette tenait mordicus à son système » (Aragon). Un pronom. « Celui-là est haïssable qui parle toujours de lui » (Mme de Sévigné). Un infinitif nominal. « Ils croient être convertis dès qu'ils pensent à se convertir » (Pascal). Une subordonnée relative sans antécédent. « Elle acquiesçait à tout ce qui était dit, raconté, affirmé devant elle » (Duras). Une subordonnée complétive. Je pense à ce que vous m'avez dit.

Les datifs. Le sens de certains verbes demande deux compléments de verbe. • Un complément d'objet direct et un complément indirect de verbe. « L'ecclésiastique passa le goupillon à son voisin » (Flaubert). • Deux compléments indirects de verbe. « Elle en parlait souvent à sa maîtresse » (Stendhal). • Le deuxième complément indirect est le datif, appelé aussi complément d'attribution ou d'objet second. Le datif pronominal précède le verbe. « Ils m'ont dépêché un courrier rapide » (Senghor). Le datif nominal peut précéder l'autre complément. « Cette année, elle avait donné à Jeanne une petite trousse pour apprendre à coudre » (Aragon).

Le datif éthique fait partie du groupe du verbe. C'est une sorte de prise à témoin de l'interlocuteur. « À ces mots, plein d'un juste courroux, Il vous prend la cognée, il vous tranche la bête » (La Fontaine). « Peste ! comme l'utilité vous a bientôt rapproché les distances ! » (Beaumarchais). • Le datif étendu, appelé aussi complément d'intérêt, est un complément circonstanciel qui ne fait pas partie de constituants nécessaires au sens du verbe. « Le malheur des Russes blancs n'éveillait en moi que la sollicitude la plus maigre »

(Yourcenar). « Leurs amis, alertés, leur chercheront du travail » (Perec).

L'attribut du sujet est le deuxième constituant d'un groupe du verbe dont le verbe est le verbe *être* ou un verbe dit d'état. « La petite personne est rieuse » (Laclos). « Je redevenais riche » (Nerval). « Ta voix de contralto est le chant spirituel de l'Aimée » (Senghor). Le verbe attributif *être* n'est qu'une copule, un lien entre le sujet et l'attribut. Les verbes attributifs comme *sembler, paraître* expriment une appréciation de l'énonciateur, les verbes comme *devenir, demeurer* ont une valeur aspectuelle.

L'attribut du sujet est un prédicat qui exprime une qualité, une propriété attribuée au sujet. De nombreux verbes ont un emploi attributif, mais ne sont pas pour autant de simples copules puisqu'ils conservent des valeurs sémantiques verbales. « Sans troubler le repos de personne, Émile a vécu content, heureux et libre » (Rousseau). « La nuit descend lugubre et sans robe étoilée » (Hugo). « La figure de mon père reste indécise, intermittente » (Colette). • La diversité des formes de l'attribut peut être ramenée à la « localisation d'un domaine notionnel par rapport à un autre[14] ». La construction est attributive dans « Le jour était d'un gris sale » (Simenon), « On reste parfois baba » (Giono). Ou encore dans « Cette nuit, Mme la princesse de Conti est tombée en apoplexie » (Mme de Sévigné), « Au physique, je suis de taille moyenne » (Leiris). Chaque fois, il demeure une convergence entre les référents désignés par le sujet et l'attribut. Cette convergence n'existe plus dans des cas comme « Nous étions à l'étude » (Flaubert).

L'adjectif attribut s'accorde avec le sujet. « Les portes et la fenêtre étaient closes » (Maupassant). « Le récit et les questions furent infinis » (Gracq). • Le nom attribut s'accorde en genre et en nombre quand il est employé sans déterminant. « Vous êtes empereur, Seigneur, et vous pleurez ! » (Racine). « Son père était banquier et déjà amateur de peinture » (Simenon). Dans les autres constructions, le nom attribut a son autonomie : « Tout bonheur est une innocence » (Yourcenar). • C'est Vaugelas qui a préconisé que le pronom attribut soit la forme invariable *le*. Au XVIIIᵉ siècle on rencontre encore le féminin. « J'étais tellement une femme faite que je le fus bientôt trop » (Marivaux).

L'attribut du sujet peut prendre plusieurs formes. Adjectif. « Tout est vrai dans ce roman » (Claude Mauriac). Groupe du nom. « Tu es le sujet de toutes les conversations d'Ispahan » (Montesquieu). « Cette lettre est une explication. Je ne voudrais pas qu'elle devienne une apologie » (Yourcenar). En construction prépositionnelle indirecte. « Le jour était d'un gris sale » (Simenon). Pronom. « Que vais-je devenir ? » (Marivaux).

L'ordre attribut-verbe est obligatoire pour l'adjectif *tel*. « Tels ils marchaient dans les avoines folles » (Verlaine). « Telles sont les réflexions qui me viennent à l'esprit » (Leiris). Pour le pronom *le*. « Je suis maître de moi comme de l'univers ; Je le suis, je veux l'être » (Corneille). Ou dans les phrases interrogatives. « Quelle est votre pensée ? » (Molière). • L'ordre attribut-sujet est possible dans certaines constructions soutenues. « La cruelle qu'elle est se bouche les oreilles » (Malherbe). « Tout Picard que j'étais, j'étais un bon apôtre » (Racine). • Il peut relever d'un choix stylistique. « Morte est l'autorité » (Ronsard). « Le principal divertissement était le retour des barques » (Flaubert). « Ô triste, triste était mon âme » (Verlaine). « Rares étaient les bateaux de plaisance » (Duras).

L'attribut du complément d'objet exprime une prédication rapportée à l'objet. Il s'accorde en genre et en nombre avec cet objet. Certains verbes demandent un attribut de l'objet adjectival. « La

---

14. Martin RIEGEL, *L'Adjectif attribut*, PUF, 1985, p. 210.

vraie philosophie est de voir les choses telles qu'elles sont » (Buffon). « Le regard de Marius rendit Cosette tremblante » (Hugo). « Je trouve ces gens laids et sots » (Chardonne). D'autres verbes demandent un attribut de l'objet nominal. « Je prends tous ceux qui passent pour des gens de ma connaissance » (Rousseau). « Elle envisageait l'abandon des uns comme une preuve de mépris, l'assiduité des autres comme l'indice de quelque espérance insultante » (Constant). « Tu te prends pour un dur » (Simenon). • L'attribut de l'objet peut aussi être une proposition subordonnée relative dite prédicative. « Julien entendit la marquise qui disait un mot sévère » (Stendhal).

Les propositions subordonnées complétives sont introduites par la conjonction de subordination *que*. « Mme de Rênal remarqua qu'il parlait plus souvent que de coutume à Mlle Élisa » (Stendhal). En langue soutenue, on emploie aussi les locutions conjonctives *à ce que, de ce que*. « On est plus heureux dans la solitude que dans le monde. Cela ne viendrait-il pas de ce que dans la solitude on pense aux choses, et que dans le monde on est forcé de penser aux hommes ? » (Chamfort). • La conjonction *que* est uniquement un outil de subordination. Elle n'a pas de sens et elle n'assume aucune fonction dans la proposition subordonnée. C'est ce qui permet de distinguer le *que* conjonctif du *que* relatif.

La proposition complétive complément d'objet du verbe de la principale peut être à l'indicatif. « Cacambo s'approcha de la porte et entendit qu'on parlait péruvien » (Voltaire). Elle est au subjonctif quand le sens du verbe de la principale laisse en attente la validation du procès. « Priam craint que l'envoyé ne soit massacré à son débarquement » (Giraudoux). • Certains verbes offrent le choix entre indicatif et subjonctif quand la construction est négative ou de modalité interrogative. L'indicatif envisage la réalisation du procès, le subjonctif ne se prononce pas. « Et toi, tu ne crois pas qu'une photo peut porter malheur ? » (Tournier). « Je ne crois pas qu'il puisse être question de dîner » (Gracq). « Ces bibelots ne sont pas laids. Je ne dis pas qu'ils aient une grande valeur, mais ils ne sont pas laids » (Chardonne). • Dans le registre soutenu, certains verbes demandent un *ne* explétif dans la complétive. « Je crains presque, je crains qu'un songe ne m'abuse » (Racine).

Les autres fonctions de la subordonnée complétive appartiennent à un registre soutenu. Complétive sujet, toujours en tête de phrase et toujours au subjonctif. « Qu'il faille attendre longtemps Dame Ying pendant sa prière n'arrange pas Deuxième Seigneur » (Cheng). Complétive séquence d'un verbe impersonnel généralement au subjonctif. « Faut-il que les mortels ne soient heureux qu'en songe ? » (Voltaire). « Il importe que les passions se dessinent sur la chaîne du temps » (Alain).

Les adverbes sont des mots invariables : des réponses justes (adjectif) / répondre juste (adverbe). On distingue des adverbes de mots (de verbe, d'adjectif, d'adverbe), de phrase (circonstanciels), d'énoncé, d'énonciation ou de liaison (*cf.* L'énonciation). • Les degrés des adverbes sont comparables à ceux de l'adjectif. Les formes irrégulières de *bien* sont *mieux, le mieux*. Les formes courantes de *mal* sont régulières (*plus mal que*). Les formes irrégulières de *mal* appartiennent à l'usage soutenu. Comparatif relatif. Aller de mal en pis, au pis aller, tant pis. Comparatif généralisé. Le pis, en mettant les choses au pis. • Le degré de l'adverbe peut aussi être exprimé par un adverbe complément d'adverbe. « Vous êtes cause que je suis arrivée indécemment tard chez Mme de Volanges » (Laclos). « Les trains s'arrêtaient à toutes les gares, plus ou moins longtemps » (Cayrol). « Je me disais qu'il serait vôtre, votre enfant, Monique, beaucoup plus que le mien » (Yourcenar). « Presque tout de suite, le train prendra de la vitesse » (Perec).

L'adverbe de verbe fait partie du groupe du verbe. Il suit le verbe support ou son complément, il peut se placer entre l'auxiliaire et le participe. Il exprime une manière. « Puis elle accourait vite à son magasin » (Zola). « Il me semble parfois que je n'existe pas vraiment » (Gide). Une intensité. « J'ignore absolument l'aventure dont vous me parlez » (Voltaire). « Mais, ou je me trompe fort, ou Sophie n'était pas tendre » (Yourcenar). Un espace. « Je vais entrer là, se dit l'écolier » (Alain-Fournier). « Maria se recule légèrement » (Duras). Un temps ou une valeur aspectuelle. « Les volets sont toujours fermés » (Perec). « J'ai presque terminé, ce soir, *Thérèse Desqueyroux* » (Claude Mauriac). • Dans une locution verbale, l'adverbe n'a plus de fonction propre, il est associé au verbe pour donner un sens spécifique : couper court (prendre un raccourci), tourner court (échouer), rire jaune, boire sec, travailler ferme...

Les compléments circonstanciels

Les prépositions. Les conjonctions de subordination. Les compléments circonstanciels.

Les prépositions sont des mots grammaticaux invariables qui introduisent des compléments « en construction indirecte ». « Elle se hâte avec lenteur » (La Fontaine). « Parle-leur quelquefois de moi » (Montesquieu). « Mais il est jeune encore et l'on est en droit d'espérer » (Gide). « Les royalistes de maintenant sont des démagogues » (Hugo). • Les prépositions ont été des adverbes. C'est au XVIIe siècle que les grammairiens ont cherché à spécialiser clairement chaque forme. Marot pouvait écrire : « Dedans Paris, ville jolie », *dedans* n'était pas encore réservé au rôle d'adverbe.

La préposition et le complément qu'elle introduit forment un groupe prépositionnel qui peut être complément du nom. « Il avait des idées sur les étoffes » (Aragon). Complément d'adjectif. « Si vous êtes las de me voir, je suis bien las aussi de vos déportements » (Molière). En position détachée. « L'ennui, avec les enquêtes, c'est qu'elles ne durent pas » (Perec). Complément indirect de verbe. « Je vais à Saint-Symphorien dans l'auto d'oncle Pierre » (Claude Mauriac). Attribut du sujet. « Ces deux figures gothiques et cette figure de proue sont, vous le savez, du même bois » (Malraux). Complément circonstanciel. « André s'arrêta devant un pot de résine à demi rempli » (Cayrol), etc.

Les conjonctions de subordination sont des mots grammaticaux invariables de forme simple (*que, quand, comme, si*), de forme composée avec la conjonction *que* (*lorsque, quoique, puisque*), ou des locutions diverses (*alors que, avant que, bien que, en attendant que, au moment où…*). *Que* est la conjonction de subordination fondamentale du français. Sémantiquement, c'est la plus diversifiée, et elle joue le rôle de conjonction « vicaire », c'est-à-dire qu'elle peut remplacer d'autres conjonctions de subordination dans une suite de subordonnées : « Ils n'en plaisantaient plus, parce que le mépris remplace la moquerie, et que le mépris est silencieux » (Constant).

Les compléments circonstanciels ne sont pas indispensables au sens du verbe. Ils n'ont pas une place assignée. Sur un arbre perché, Maître corbeau, en son bec, tenait un fromage. « Maître corbeau, sur un arbre perché, Tenait en son bec un fromage » (La Fontaine).

Dans une phrase, ils ne sont pas en nombre défini. Depuis une heure, pour narguer le Renard, Maître Corbeau, sur un arbre perché, tenait fermement en son bec un fromage. • Du point de vue du sens, la liste des compléments circonstanciels pourrait être interminable. Ils sont aussi nombreux que les contingences de la vie : espace et temps, enchaînement des causes et des effets, moyen, manière, instrument..., et que les démarches intellectuelles : hypothèse, but, condition, concession, comparaison...

La place du complément circonstanciel est relativement libre, mais elle n'est pas neutre (cf. L'énonciation, § thématisation). Après le verbe, il prolonge simplement l'expression du prédicat verbal. « Et il remit sa tête sur la natte » (Hugo). Détaché en tête de phrase, sa thématisation dessine le cadre de l'énoncé. « Ce matin-là, comme prévu, Dao-Sheng descend de la montagne » (Cheng). Détaché en fin de phrase, il correspond à un ajustement après prédicat. « Là il est fixé, à jamais » (Colette). Cette disponibilité syntaxique permet de les distribuer dans la phrase au gré de l'auteur. « Assis sur la terrasse, je regardais, hier, au bout des charmilles, la maison » (Claude Mauriac).

Le complément circonstanciel de lieu est un groupe prépositionnel. « Ils marchèrent vers Lisbonne » (Voltaire). Un adverbe. « Mets-toi là, te dis-je » (Molière). Le pronom adverbial *en* ou *y*. « Nous sommes arrivés à Livourne [...] Les femmes y jouissent d'une grande liberté » (Montesquieu). L'adverbe *où*. Relatif : « J'aimais mieux que ce fût à l'endroit où j'étais qu'à deux lieues plus loin » (Diderot). Interrogatif : « Fais-moi mal. – Je veux bien, dit-il, mais où ça ? » (Aragon). • Il n'y a pas de subordonnée circonstancielle de lieu.

La place neutre du complément de lieu est après le verbe. « Le ronronnement d'un moteur s'éloignait vers les passes » (Mauriac). Le détachement en fin de phrase arrête sur l'image. « Et des messieurs, qui avaient une petite fleur à la boutonnière de leur habit, causaient avec des dames, tout autour de la cheminée » (Flaubert). « Et tout d'un coup, parfaitement calme, elle fut sur ses pieds, près de lui... » (Aragon). Le détachement en tête de phrase est rare. Quand il est réalisé, le lieu est thématisé et il fixe le cadre du procès. « À gauche sur le trône est assis Égée » (Butor). « Ici, je n'attends de retrouver que l'art, et la mort » (Malraux).

Le complément circonstanciel de manière est un adverbe de manière en *-ment*. « Le wagon d'aluminium se balancera moelleusement » (Perec). Ou un autre adverbe de verbe. Travailler bien, rester debout, tenir ferme... Un gérondif. « M. Profitendieu gagna, en chancelant, un fauteuil » (Gide). Un groupe prépositionnel. « Le cœur humain ne saurait se diviser de cette manière » (Tocqueville). • Certaines grammaires reconnaissent l'existence de subordonnées circonstancielles de manière[15]. J'ai travaillé comme si tout dépendait de moi.

La place neutre du complément circonstanciel de manière est après le verbe. « On l'examinait avec intérêt et curiosité comme un bel orage » (Constant). La place de l'adverbe est souvent obligatoire. Il chante faux. Il travaille vite. Les adverbes en *-ment* sont plus mobiles. « Tu l'aborderas civilement » (Morand). « Horizontalement tombe Le marcheur qui ne s'en doute » (Cocteau). Le complément détaché en tête de phrase thématise la circonstance. « À pas feutrés, il entra chez le docteur » (Mauriac). Et le détachement en fin de phrase souligne un commentaire. « Je restai sur le dos, assez paisiblement » (Maupassant). « Je me suis trompé, monumentalement » (Barthes).

La proposition subordonnée circonstancielle de temps exprime la simultanéité, l'antériorité ou la postériorité du procès de la subordonnée par rapport au procès de la proposition principale. • Simultanéité simple, introduite par *quand, lorsque, pendant que...* Simultanéité itérative : *chaque fois que, toutes les fois que...* Simultanéité immédiate : *comme, au moment où...* • Antériorité : *quand, après que, depuis que...* En usage soutenu *à peine... que.* • Postériorité : *quand, jusqu'au moment où (que), tant que, avant que...* En registre soutenu *que.* • L'usage classique disposait plus librement de *que.* « On leur parle qu'ils sont partis » (La Bruyère). « Je n'en ai point douté, d'abord que je l'ai vue » (Molière). « Un peu devant que Monsieur le Prince partit pour Fontainebleau » (La Bruyère). « Cependant que mon front au Caucase pareil » (La Fontaine).

Dans l'expression de la simultanéité ou de l'antériorité, le verbe de la subordonnée et celui de la principale sont à l'indicatif. « Dès que le cavalier fut en selle, tous s'enfuirent » (Flaubert). « Lorsque nous sommes sortis du cinéma, mercredi, je les ai vus, lui et Harriet » (Butor). « Quand il fait beau, il y a de la lune » (Ionesco). « Comme je veux prendre congé d'elle, elle demande qui m'attend » (Breton). • Dans ce cadre, la conjonction *après que* demande l'indicatif. « Je suis sorti après qu'il a fini ». Les puristes proscrivent le subjonctif. Mais les exemples abondent chez les plus grands auteurs. « La camionnette poussive de la réquisition, malgré qu'on eût changé les pneus, après qu'elle se fût enlisée deux fois dans les congères, ne se risqua plus guère à franchir les rampes verglacées de l'Éclaterie » (Gracq). Une hypothèse solide est qu'ici se conjuguent la présence quasi-systématique d'une forme composée, pourtant redondante après *après que*, et la neutralité temporelle du subjonctif qui s'accommode d'une principale au passé, au présent ou au futur. « ... Ne me laisserez vous que cette confusion du soir – après que vous m'ayez, si long jour, nourri du sel de votre solitude » (Saint-John Perse)[16]. Où l'on voit qu'un tour coupable n'est pas sans richesse.

Quand le procès de la subordonnée est postérieur au procès de la principale, le verbe de la subordonnée est à l'indicatif ou au subjonctif. Les conjonctions *quand, jusqu'au moment où (que), tant que* sont suivies de l'indicatif. « Or, cet embarras durait déjà depuis longtemps, quand Barbicane décida d'en sortir » (Verne). « Elle vaudra dix francs tant qu'on ne reconnaîtra pas qu'elle est fausse » (Gide). Les conjonctions *avant que, jusqu'à ce que, en attendant que* ou en registre soutenu *que* demandent le subjonctif parce que le procès est envisagé avant sa réalisation. « Il faut bien des affaires avant qu'on soit logé, qu'on ait trouvé les gens à qui on est adressé » (Montesquieu). « Un seul salaire leur permettrait de vivre jusqu'à ce qu'il trouve, sur place, un travail quelconque » (Perec).

La subordination temporelle peut aussi être exprimée par une subordination inverse. « À peine la lumière était-elle éteinte qu'un tremblement singulier commença à ébranler le treillage » (Hugo). Une proposition participe. « Le soleil n'étant pas encore levé, le chasseur espérait surprendre les bêtes » (Maupassant). • Autres compléments de temps : un groupe prépositionnel. « Après la vente de Veretz, Rancé se défit de ses bénéfices » (Chateaubriand). Un adverbe. « Demain, les archers de Senlis doivent rendre le bouquet à ceux de Loisy » (Nerval).

Le complément circonstanciel de temps est souvent placé en tête de phrase. Il thématise le cadre temporel de la phrase. « À mesure qu'elle chantait, l'ombre descendait des grands arbres » (Nerval). « Le 18 juin 1815, vers midi, je sortis de Gand par la porte de Bruxelles » (Chateaubriand). • Le détachement en fin de phrase exprime un commentaire après prédicat. « L'averse cesse comme elle est venue, brutalement. » (Duras) « J'attendais M. Joseph ; ce fut M. de K... qui arriva, et sur le coup de huit heures du matin » (Giono).

---

15. Voir Paul GREVISSE, *Le Bon Usage, Grammaire française*, refondue par André GOOSSE, 13e éd., DeBoeck, Duculot, 1993.

16. Voir Marc WUILMET, *Grammaire critique du français*, Duculot, 3e édition, 2003, p. 401-404.

• La place neutre, après le verbe, devient presque une place marquée, pour exprimer une banalité désespérante. « Nous fûmes mariés à Wand un jour assez pluvieux d'octobre » (Yourcenar). Une ironie. « Ses yeux s'étaient promenés sur toute ma personne avant que j'eusse seulement entrevu la sienne » (Crébillon). Ou prolonger un moment de parfait bonheur. « Et je continuais à réciter des fragments de l'*Héloïse* pendant que Sylvie cueillait des fraises » (Nerval).

La proposition subordonnée circonstancielle de cause exprime un fait qui est présenté comme la cause, la raison, le motif du procès exprimé dans la principale. • Cause non connue introduite par *parce que, du fait que*. « Moi, ce procès-là m'a fait de la peine, dit Dussardier, parce que ça déshonore un vieux soldat » (Flaubert). • Cause considérée comme connue introduite par *puisque, comme*. « Puisqu'on plaide et qu'on meurt et qu'on devient malade, Il faut des médecins, il faut des avocats » (La Fontaine). « Comme j'étais le plus souvent en pension, elle n'a guère eu le temps de me connaître » (Gide). • Cause soutenue par autrui, mais discutée par l'énonciateur. « Le problème consiste à ne pas nier l'individuel sous prétexte qu'il est frappé de contingence » (Braudel). • Cause incertaine ou écartée exprimée au subjonctif. « Sans qu'il m'ait encore rien dit, je gagerais presque que l'affaire va là » (Molière). « Elle s'était résignée à deux mois d'absence : non que cette absence lui parût nécessaire, mais parce que je semblais la souhaiter » (Constant). • Cause soulignée. « J'avais toujours pensé qu'on péchait d'autant plus qu'on pensait moins à Dieu » (Pascal). • Tours figés de l'administration et du Palais. « Stipulons : 1° qu'attendu qu'il est écrit là-haut que je vous suis essentiel » (Diderot).

La subordination causale peut aussi être exprimée par une subordination inverse. « Tu es donc brouillé avec ton M. de Rênal, que tu m'arrives ainsi à l'improviste ? » (Stendhal). Ou implicite. « Il dut s'arrêter : Laura chancelait » (Gide). Un adjectif apposé. « Il s'épongeait le front et respirait fortement, non tant essoufflé d'avoir monté mes six étages, que gêné, m'a-t-il paru » (Gide). Une subordonnée participe. « Mon pacte signé, le démon me dit : "Seigneur, je suis votre esclave, ordonnez" » (Nodier). • Autres compléments de cause : un groupe prépositionnel. « Par un ancien ménologue et par un relevé des tombes, on suppose dix-sept abbés depuis le premier abbé de la Trappe » (Chateaubriand). Un gérondif complété. « L'Avarice perd tout en voulant tout gagner » (La Fontaine). Quand il y a identité entre le sujet du verbe et l'agent de l'infinitif, par un infinitif complément. « Mais, pour vouloir s'asseoir trop tôt, on peut arrêter la marche même du genre humain » (Hugo).

Une cause non connue intervient plutôt après le verbe principal. « Je tressaillais, je rougissais sous la louange piquante, l'œil acéré, la voix aux finales hautes et justes » (Colette). La subordonnée de cause détachée en tête de phrase est souvent ironique. « Et, parce que les maximes évangéliques et sévères sont propres pour gouverner quelques sortes de personnes, ils s'en servent dans ces occasions où elles leur sont favorables » (Pascal). « Parce que vous êtes un grand seigneur, vous vous croyez un grand génie » (Beaumarchais). • Le détachement en fin de phrase justifie le prédicat. « C'était le jour où la famille Hauser allait retourner à Loëche, l'hiver approchant et la descente devenant périlleuse » (Maupassant). Ou en souligne la vanité : « J'y consens, puisque vous le voulez » (Diderot). « Les hommes des siècles démocratiques aiment les idées générales, parce qu'elles les dispensent d'étudier les cas particuliers » (Tocqueville).

La subordonnée circonstancielle de conséquence exprime un fait qui est présenté comme la conséquence, le résultat du procès exprimé dans la principale. Les locutions conjonctives demandent que la subordonnée soit après la principale. • Une conséquence de fait est introduite par *si bien que, de (telle) sorte que*… « Il lui conta ses mélancolies au collège, et comment dans son ciel poétique resplendissait un visage de femme, si bien qu'en la voyant pour la première fois, il l'avait reconnue » (Flaubert). « On eût dit qu'elle n'écoutait point, de sorte que Bernard continuait sans trop de gêne » (Gide). • Quand la conséquence dépend d'une intensité exprimée par le verbe de la principale, elle est introduite par *tellement que, tant que*… « Puis, le surlendemain, elle souffrit tellement qu'on devait appeler le docteur Bertrand » (Simenon). • Quand l'intensité est exprimée par un autre mot de la principale, la locution conjonctive encadre le mot : *si… que, tellement… que, tel… que*… « Nous serions les premiers à rendre leur changement si connu que tout le monde en serait édifié » (Pascal). « Étendu sur le banc, il se quitta si bien qu'il dormit » (Gide).

Quand la conséquence est simplement assertée la subordonnée est à l'indicatif. « Mais Castagné leva les yeux vers elle avec un sourire si confiant que cette impression disparut tout de suite » (Chardonne). Quand la conséquence est interprétée ou niée, la subordonnée est au subjonctif. « Elle sortit en disant ces paroles, sans que M. de Nemours pût la retenir » (Mme de La Fayette). La conséquence est aussi exprimable par un infinitif complément indirect quand il y a identité entre le sujet de la principale et l'agent de l'infinitif. « L'amour est assez puissant pour charger la nature entière de ses messages » (Hugo).

La subordonnée circonstancielle de but ou subordonnée finale exprime une conséquence recherchée ou refusée. L'emploi du subjonctif est donc obligatoire. « Le dîner est relativement silencieux. Lol ne fait aucun effort pour qu'il le soit moins » (Duras). « Clarisse le pria de parler plus bas, de crainte que son père ne l'entendît » (Voltaire). Après une proposition principale à l'impératif, la conjonction *que* introduit une subordonnée de but. « Descends, animal, que je te parle » (Stendhal). « Lève-toi que je t'embrasse » (Beckett). Quand il y a identité entre le sujet de la principale et l'agent de l'infinitif, le complément circonstanciel de but peut être un infinitif complément. « Elle passait par la lingerie, pour éviter de traverser le salon » (Chardonne). • Le but peut aussi être exprimé par un groupe prépositionnel. « Cette vie que je venais d'exposer pour Ellénore, je l'aurais mille fois donnée » (Constant). • La langue classique usait de locutions sans *de*. « Toutes les bonnes têtes la voudraient, cette suspension, crainte que vous ne soyez trompés » (Mme de Sévigné). « Crainte pourtant de sinistre aventure, Allons chez nous achever l'entretien » (Molière). Ou usait de *que*. « Fuyez, qu'à mes soupçons il ne vous sacrifie » (Corneille).

La subordonnée circonstancielle d'hypothèse ou de condition exprime un fait dont la suite possible, éventuelle, probable est exprimée dans la principale. La construction la plus fréquente est la subordonnée circonstancielle introduite par *si*. Elle n'est jamais au conditionnel. Mais elle a pu l'être. « Si vous auriez de la répugnance à me voir votre belle-mère je n'en aurais pas moins sans doute à vous voir mon beau-fils » (Molière).

Subordonnée avec *si*, à l'imparfait de l'indicatif. • Quand le contexte donne à l'imparfait une valeur d'irréel du présent, la principale au conditionnel exprime une éventualité fictive. « Si vous aviez affaire à des capucins, ma foi, je vous plaindrais » (Diderot). • Quand le contexte donne à l'imparfait une valeur de potentiel, la principale au conditionnel exprime une véritable éventualité. « Ce serait chose plaisante, si les malades guérissaient » (Molière). • Quand l'enchaînement est garanti, il faut l'imparfait dans la principale. « Si vous vouliez que cette jeune fille intéressât, il fallait lui donner de la franchise » (Diderot). • L'imparfait dans les deux propositions a aussi une valeur d'itérativité quand le contexte l'indique. « Si les événements le contredisaient, il n'admettait pas la contradiction » (Giono).

Subordonnée avec *si*, au présent de l'indicatif. • Quand la principale est aussi au présent, la plasticité temporelle du présent joue à plein. Présent momentané. « Si ce n'est toi, c'est donc ton frère » (La Fontaine). Permanent. « Il faut qu'un homme se possède, s'il veut dire ce qu'il pense » (Alain). Itératif. « Si le temps est trop froid, ou trop pluvieux, je me réfugie au café de la Régence » (Diderot). • Le présent, le futur ou l'impératif de la principale tiennent l'hypothèse pour réalisée. « Si tu restes tranquille on ne te fera pas de mal ! » (Leiris). « Trouvez l'arme, s'il ne l'a pas sur lui » (Simenon). • Une principale au conditionnel s'en tient au possible, par exemple par politesse : « Si vous n'êtes pas trop pressé, le mieux serait que vous montiez d'abord faire une petite visite à grand-père, puis à maman » (Gide).

Subordonnée avec *si*, au passé composé. La subordonnée exprime le procès sous l'aspect de l'accompli du passé. La principale au présent peut donc tenir l'hypothèse pour réalisée. « Or, si votre amitié mutuelle ne vous a pas mieux éclairés l'un sur l'autre, ce doit être de votre faute » (Fromentin).

Subordonnée avec *si*, au plus-que-parfait de l'indicatif. L'hypothèse est exprimée, mais à l'irréel du passé, celui des « si j'avais su ». La principale au conditionnel présent exprime la pure éventualité sous l'aspect du non accompli. « S'ils avaient eu l'adresse de me laisser quelque lueur d'espérance, ils me tiendraient encore par là » (Rousseau). « S'il n'avait tenu qu'à moi, je serais parti avant votre arrivée » (Yourcenar).

Subordonnée avec *si*, au plus-que-parfait du subjonctif. Aujourd'hui, cette construction appartient à la langue soutenue. La principale peut être, elle aussi, au plus-que-parfait du subjonctif, totalisant ainsi la non-validation de deux procès. « Si l'on m'eût mis au pain sec, il m'eût porté des confitures » (Sartre). Les autres temps expriment la pure éventualité. « S'il m'eût cru, disait l'autre, il serait plein de vie » (La Fontaine). « Je n'aurais peut-être pas résisté à cette scène muette si le jour l'eût éclairé » (Diderot). « Si vous fussiez venue à Vichy et de là ici, c'était une chose naturelle » (Mme de Sévigné).

La subordonnée avec *si* est parfois au futur. « Si cela vous fera plaisir, remettons la paysanne en croupe derrière son conducteur » (Diderot). « On me croira si on voudra » (Giono). Et d'autres combinaisons sont possibles tant les nuances sont diverses et riches. « Dans combien d'occasions ne peut-on pas répéter le mot de Thémistocle : Hélas nous périssions si nous n'eussions péri ! » (Chamfort).

Les binômes formés avec *si* ajoutent à l'hypothèse une valeur de comparaison (*comme si*), de concession (*même si*), d'opposition restrictive (*sauf si*). Mais en contexte les valeurs sont souvent éclairées autrement. Par exemple, la suite *comme si* exprime une valeur causale. « Elle s'avance comme si elle ne voulait pas me voir » (Breton). « À peine arrivé, il hèle un fiacre et court comme si le feu était à sa maison » (Alain). La subordonnée peut être en tête. « Comme si elle décidait d'aller directement à sa ruine, elle avance » (Kundera).

La proposition subordonnée d'hypothèse peut aussi être introduite par *que, pourvu que, à moins que* (avec *ne* explétif), *autant que, à supposer que*... suivis du subjonctif. « Oui, pourvu que ma tante le veuille » (Molière). « Dieu merci, je ne suis plus rien, à supposer que j'aie jamais été quelque chose » (Fromentin). « Cette règle, autant qu'on la suive, est très bonne » (Alain). La langue classique usait de *supposé que*. « Car, supposé que tous les hommes aient des grâces suffisantes, il n'y a rien de si facile que d'en conclure que la grâce efficace n'est pas nécessaire » (Pascal). • Par *soit que... soit que, que... que* suivis du subjonctif pour exprimer une alternative. « Qu'il fasse beau, qu'il fasse laid, c'est mon habitude d'aller sur les

cinq heures du soir me promener au Palais-Royal » (Diderot). • Par *suivant que, selon que* suivis de l'indicatif. « Selon que vous serez puissants ou misérables, / Les jugements de cour vous rendront blanc ou noir » (La Fontaine). • Par *au cas où, dans la mesure où* suivis du conditionnel. L'ancienne locution *au cas que* demandait le subjonctif. « Je m'assortis de quelques livres pour les Charmettes au cas que j'eusse le bonheur d'y retourner » (Rousseau). • Par *à (la) condition que, moyennant que* suivis du subjonctif ou de l'indicatif. « Il n'accepta qu'à condition qu'on tiendrait le concile universel » (Bossuet).

La subordination d'hypothèse peut aussi être exprimée par une subordination implicite. « Le corps eût-il été plus sec, l'accident n'aurait pas eu lieu » (Gide). Une subordination inverse. « En fût-il autrement, que ce plaisir librement choisi ne me paraîtrait pas pour cela plus coupable » (Yourcenar). • Ou sans subordination. « Poursuivi au tribunal des lois, tu en éprouverais toute la rigueur réservée aux ravisseurs » (Diderot).

L'hypothèse construit toujours une argumentation. L'ordre subordonnée d'hypothèse-principale est donc logique. Si tu avais travaillé, tu aurais eu ton bac. L'ordre inverse affaiblit l'argument qui n'est plus que la suite du prédicat. • Mais le détachement en fin de phrase souligne l'ironie du locuteur. « Car il est malheureux, tout roi qu'il est, s'il y pense » (Pascal). • Cette valeur restrictive devient l'exposé d'une condition nécessaire quand les deux propositions sont de polarité négative. « Nul empire n'est sûr, s'il n'a l'amour pour base » (Racine). Voire nécessaire et suffisante. « Console-toi, tu ne me chercherais pas si tu ne m'avais trouvé » (Pascal).

La subordonnée circonstancielle d'opposition est souvent introduite par des conjonctions de temps ou la conjonction *si*. Le rapport d'opposition procède des sens confrontés des verbes de la principale et de la subordonnée. « Jusqu'à la dernière minute j'ai essayé d'entraîner Tatiana à l'hôtel des Bois alors que c'était Lol que je devais revoir » (Duras). « Il allait comme à un rendez-vous important, alors qu'il n'avait absolument rien à y faire » (Simenon). Les locutions *là où* suivie de l'indicatif, *au lieu que, loin que* suivies du subjonctif appartiennent au registre soutenu. « Loin qu'il soit disposé à vous faire satisfaction, il est homme à vous quereller » (Académie).

L'expression de la concession est une forme d'opposition. C'est pourquoi les grammaires distinguent parfois une opposition vraie et une opposition concessive ou de cause contraire[17]. L'expression de la concession est cependant assez riche pour être traitée comme telle[18].

Dans la concession logique, l'énonciateur concède une opinion, mais il n'en tient aucun compte. Il renforce donc l'assertion de la proposition principale. • Les subordonnées du type *bien que, quoique*... sont au subjonctif. « Mais encore qu'il soit vrai qu'ils soient tous égarés, il est vrai néanmoins que les uns le sont plus que les autres » (Pascal). « Bien qu'elle fût sa maîtresse, il n'en était nullement amoureux » (Flaubert). • Avec *même si, quand, quand même*... elles sont à l'indicatif : « Quand Mme de Lursay n'aurait pas cherché à ensevelir ses faiblesses, aurait-elle pu sans horreur se souvenir que M. de Pranzi lui avait été cher ? » (Crébillon). « Mais même s'il pleuvait... de toute façon on a deux heures de chemin derrière nous... » (Aragon). • Les puristes concèdent l'emploi de *malgré que j'en aie* (entendre : quelque mauvais gré que j'en aie). « Vous le verrez malgré que vous en ayez, lui dit la dame du château, car c'est lui » (Diderot). Mais tiennent pour une faute les autres emplois de *malgré que*. Nous avons déjà vu comment Julien Gracq en usait avec cet interdit : « La camionnette poussive de la réquisition, malgré qu'on eût changé les pneus... »

17. Robert-Léon WAGNER, Jacqueline PINCHON, *Grammaire du français classique et moderne*, Hachette, 1991, 1re éd. 1962.

18. Voir Mary-Annick MOREL, ouvr. cité.

Les locutions *quelque* (adverbe invariable) ... *que, si... que* encadrent un adjectif ou un adverbe et demandent le subjonctif. « Quelque étroites que soient les bornes du cœur, on n'est pas malheureux tant qu'on s'y renferme » (Rousseau). « Si bien que nous fassions, nous ne parvenons à rien que d'approximatif » (Gide). • *Quelque* (déterminant indéfini variable)... *que* encadre un nom. « Quelques lumières, quelques traits d'esprit que l'on ait, rien n'est si aisé que de se tromper » (Pascal). • Le relatif indéfini *qui que, quoi que*... demande le subjonctif. « Où que vague le cœur Toujours ce poudroiement » (Verlaine). « Quoi que dise la préface, [le lecteur] attend toujours un traité » (Alain). • *Tout... que, pour... que* demandent l'indicatif. « Hudson, tout fin qu'il était, touchait au moment de sa perte » (Diderot). « Tout morts que vous êtes, il y a chez vous la même proportion de lâches et de généreux » (Giraudoux). Le subjonctif soulignerait la notion d'intensité. Tout morts que vous soyez...

La concession logique peut aussi résulter d'une subordination implicite. « La raison a beau prier, elle ne peut mettre le prix aux choses » (Pascal). • Ou d'un complément non propositionnel. « Et bien qu'animal sans vertu, Il faisait trembler tout le monde » (La Fontaine). « Quoique riche et jeune, il savait modérer ses passions » (Voltaire). « Malgré mon peu d'expérience, cela me paraissait grave » (Crébillon). « La raison, impuissante à la modérer, la dirige » (Tocqueville).

Le complément de concession logique est généralement détaché en tête de phrase pour précéder la principale. « Si peu que nous les connaissions, ils couvriront demain les travées de la Chambre » (Mauriac). Placée après le prédicat, la concession est moins marquée. « Je reconnus sa voix bien que je l'entendisse à peine » (Duras). Mais son détachement après la principale le souligne. « Elle s'établit chez moi, malgré mes prières » (Constant).

La concession rectificative rectifie la portée de la principale. La subordonnée concessive est introduite par *encore que, bien que, quoique, même si*. L'emploi de l'indicatif valide l'assertion. « Restez dans le couloir si vous voulez, quoique je n'aime pas ça » (Simenon). Le subjonctif la laisse en attente. « C'était une grande princesse, encore qu'elle fût prisonnière » (Malherbe). • Le détachement de la subordonnée de concession rectificative peut aller jusqu'à la juxtaposition de deux propositions formellement indépendantes. « Ce n'est pas tous les jours qu'on a besoin de nous.

Non pas à vrai dire qu'on ait besoin précisément de nous » (Beckett). • Ou prendre une forme non propositionnelle. « Nous arrivons à huit heures quinze à la maison, affamés mais fort contents, bien qu'un peu "tapés" » (Claude Mauriac).

La concession argumentative coordonne deux propositions. La première proposition doit comporter l'argument concédé. La seconde proposition souvent coordonnée par *mais* exprime le contre-argument soutenu. « J'aimerais bien me rasseoir, mais je ne sais pas trop comment m'y prendre » (Beckett). • La concession argumentative peut prendre une forme non propositionnelle. « Mentir aux autres, passe encore ; mais à soi-même ! » (Gide).

La subordonnée circonstancielle de comparaison exprime une équivalence, un choix ou complète un comparatif. • Équivalence. « Le sort vous est propice autant qu'il m'est contraire » (Corneille). « Comme il sonna la charge, il sonne la victoire » (La Fontaine). « Je dis donc : il marcha sur le banc, comme je dirais : Annibal marcha sur Rome » (Hugo). • Le choix est introduit par *plutôt que* (avec *ne* explétif) : Il crie plutôt qu'il (ne) parle. • Dans un comparatif, les conjonctions formées avec *que* encadrent le terme support. « Je n'approuve pas plus vos sentiments que vous approuvez les miens » (Marivaux). « Pourquoi ne les a-t-elle pas faits aussi bons qu'elle les a faits grands ? » (Diderot). « Par malheur elles s'éteignaient plus vite qu'elles ne s'allumaient » (Sartre). On voit que Marivaux ou Diderot ne tenaient pas le *ne* explétif pour obligé. « Les pas des chevaux sous les voûtes vertes s'étouffaient aussi soudainement qu'on passait du soleil à l'ombre » (Gracq). • L'indicatif est le mode courant des subordonnées comparatives. L'emploi du plus-que-parfait du subjonctif est un archaïsme qui souligne l'irréalité du procès passé. Il n'a pas répondu comme il eût dû.

L'expression de la comparaison peut reposer sur une subordination implicite. « Plus il la contemplait, plus il sentait entre elle et lui se creuser des abîmes » (Flaubert). « Autant Bernard est entreprenant, autant Lucien est timide » (Gide). Sur l'adjectif *tel* : « Je regrette chacun des baisers que je donne Tel un noyer gaulé dit au vent ses douleurs » (Apollinaire). • Ou sur des compléments non propositionnels. « Son courage m'étonne autant que leur audace » (Corneille). « Chaque fleur s'évapore ainsi qu'un encensoir » (Baudelaire). « On supporte moins aisément la passion que la maladie » (Alain). « Ici, la nuit tombe comme une pierre » (Bouvier).

L'énonciation

L'énonciation. Les types de phrase. Les discours rapportés. Les interventions de l'énonciateur. Les détachements, les présentatifs.

Tous les énoncés alternent deux types d'énonciation : l'énonciation de récit et l'énonciation de discours[19]. • L'énonciation de récit est fondée sur un écart temporel. L'énonciateur parle ou écrit à un certain moment T. Le récit se place à un autre moment, généralement antérieur au moment T. En français, les marques de l'énonciation de récit sont *il(s) / elle(s), la veille, le lendemain*, et l'emploi du passé simple. Il arriva la veille. • L'énonciation de discours est sans écart temporel avec l'énonciateur. Elle renvoie au moment T, à la situation d'énonciation (la déixis). En français, les marques de l'énonciation de discours sont *je, tu, ici, maintenant, aujourd'hui, hier, demain*. Toutes ces unités sont dites déictiques : c'est la situation qui leur donne un sens. • L'énonciation de discours est réelle dans une conversation ordinaire. Comment vas-tu aujourd'hui ? – Je vais mieux qu'hier, et toi ? L'énonciation de discours est fictive dans le dialogue d'un roman. La situation d'énonciation est alors celle du moment du dialogue. « Ah ça ! reprit la femme, tu n'oublies pas que je flanque Cosette à la porte aujourd'hui ? » (Hugo). L'énonciation de discours est fictive dans un roman à la première personne. La situation d'énonciation est alors celle du moment où le narrateur est censé s'exprimer. « Aujourd'hui, maman est morte. Ou peut-être hier, je ne sais pas » (Camus).

Les types de phrase correspondent à des modalités d'énonciation, c'est-à-dire à des comportements de l'énonciateur vis-à-vis de l'interlocuteur. Une phrase appartient à un type et à un seul : déclaratif, interrogatif, injonctif ou exclamatif. De plus, chaque phrase peut être à la forme affirmative (polarité positive) ou à la forme négative (polarité négative). Ces deux polarités se combinent avec les quatre types de phrase.

---

19. Émile BENVENISTE, *Problèmes de linguistique générale* I et II, Gallimard, 1966 et 1974.

La phrase déclarative ou assertive ne comporte pas de marque particulière de modalité d'énonciation. Sa prononciation est une mélodie montante à finale descendante. On emploie la phrase assertive dans l'énonciation de discours. « Oui, madame, vous avez raison, il y a trop longtemps que vous attendez la suite de mon histoire » (Marivaux). Et dans l'énonciation de récit. « Alors les trois hommes, le père et les deux fils, essayèrent d'ouvrir la porte. Elle résista » (Maupassant).

La phrase déclarative peut être positive ou négative. La porte résista. La porte ne résista pas. La négation a sa pleine valeur sémantique. Si la phrase positive est vraie, la phrase négative est fausse, et inversement. • Les phrases déclaratives analytiques n'ont pas de polarité négative dans l'usage ordinaire. *Le bleu n'est pas une couleur. *Un triangle n'a pas trois angles.

La phrase interrogative n'apparaît que dans l'énonciation de discours. Un dialogue. « Eh ! monsieur, qui songe à vous contrarier ? » (Beaumarchais). Un texte autobiographique. « Le poids des réflexions m'accablait : Quel était ce combat ? » (Chateaubriand). Un roman à la première personne. « Et moi qui clopinais péniblement derrière elle. (Ai-je dit que je suis bossu ?) » (Giono). • Les phrases interrogatives, verbales ou non verbales, ont une mélodie montante qui reste en suspens. Le point d'interrogation est la marque écrite de cette mélodie.

L'interrogation totale porte sur toute la phrase et elle attend une réponse par *oui* ou par *non*. « Vladimir. – Tu travailles pour M. Godot ? Garçon. – Oui monsieur » (Beckett). « Le spectre. – Je puis entrer ? Le contrôleur. – Non » (Giraudoux). • L'interrogation partielle porte sur un terme de la phrase. Une réponse par *oui* ou par *non* est impossible. On interroge sur le sujet. « Qui ouvre la porte aux clients ? » (Simenon). Un complément. « Elle languit. – Et de quoi ? » (Beaumarchais). L'attribut. « Que serais-je sans toi » (Aragon). • L'interrogation dirigée réduit le choix en proposant des réponses. « Comment dites-vous cela ? est-ce ironie ou vérité ? » (Diderot). • L'interrogation insistante est renforcée par le ton, une expression. « Qu'est-ce que vous avez donc, moutards ? » (Hugo). « On se couche tard, hein ? » (Colette). • L'interrogation rhétorique à la forme positive est un défi de répondre autrement que par *non*. « T'en es sûr, qu'il lui demanda, t'en es tellement sûr que ça ? » (Queneau). À la forme négative, un défi de répondre autrement que par *si*. « Ça ne te suffit pas comme ça ? » (Aragon).

L'interrogation totale est souvent marquée par la seule mélodie interrogative. « Vous vous appelez ? » (Molière). « Tu as de l'argent ? » (Gide). « Nous danserons la première danse ? » (Aragon). • Le tour *est-ce que* suivi du sujet et du verbe sert souvent à souligner l'interrogation. « Est-ce que vous lui parlez d'amour aussi ? » (Molière). « Est-ce que c'est lui qui vous envoie ? » (Gide). • L'ordre verbe-sujet pronominal appartient à un usage soutenu. « Pouvez-vous avoir cette pensée ? » (Molière). « Ne m'aimes-tu pas ? » (Stendhal). « Dois-je rougir ? » (Gide). • De même l'ordre sujet nominal-verbe-pronom de reprise à la 3ᵉ personne. « Le Seigneur Commandeur voudrait-il venir souper avec moi ? » (Molière). « Un homme aurait-il dicté cette lettre ? » (Stendhal). « Charles est-il rentré ? » (Gide).

Quand l'interrogation partielle porte sur le sujet, le mot interrogatif précède le verbe. « Qui peut frapper de cette sorte ? » (Molière). « Qui êtes-vous ? » (Beckett). • Quand elle porte sur un autre mot, l'utilisation de *est-ce que*, la place du sujet nominal ou pronominal, les reprises offrent toute une gamme de procédés. Courants. « Qu'est-ce que tu fais demain ? » (Gide). « Mais qu'est-ce que prouve une chanson ? » (Musset). « Qu'est-ce qu'elle fait, ta Mme Thénardier ? » (Hugo). Incorrects. « Où c'est que tu couches ? » (Beckett). Soutenus mais relativement courants. « Que voulez-vous que je dise ? » (Molière). « Quel âge avez-vous, monsieur ? »

(Stendhal). « Où voulez-vous que j'aille ? » (Hugo). « Et toi, que veux-tu ? » (Zola). « De quoi as-tu peur Tatiana ? » (Duras). « Que signifie cette initiale ? » (Gide). Soutenu. « Où le docteur reçoit-il ses clients ? » (Simenon). • Dans l'usage classique, *que* pouvait être employé en place d'autres pronoms interrogatifs « Mais enfin que lui sert de vous aimer encore ? » (Racine).

Le bon usage demande l'ordre adverbe interrogatif-verbe-sujet. « Comment était Tatiana ? » (Duras). Beaucoup tiennent pour incorrect l'ordre adverbe-sujet-verbe. « À quoi on joue ? » (Aragon). « Pourquoi je partirai ? » (Duras). Il faut pourtant convenir que dans l'usage oral il est le plus fréquent. Le fait notable est qu'il conserve l'ordre sujet-verbe quand il y a sans doute déjà longtemps que l'ordre verbe-sujet relève de l'écrit ou d'un oral soutenu. • Les phrases interrogatives sans verbe comportent elles aussi un mot interrogatif. « Qui, tout le monde ? » (Aragon). « Quelles petites filles ? » (Hugo). « C'est quoi végétarien ? » (Tournier). « Pour où ? dit M. de La Mole » (Stendhal). « Emma frappée de peur demanda : "Pourquoi ça ?" » (Maupassant). « Non ? Quand ça ? » (Colette).

Une phrase interrogative négative n'est pas le pôle négatif d'une phrase interrogative positive. Tu ne travailles pas pour M. Godot ? et Tu travailles pour M. Godot ? appellent des réponses analogues. En fait, la phrase interro-négative devance une réponse négative que l'on craint. « Tu n'as donc pas de mère ? » (Hugo). Ou que l'on espère. « Vous ne gronderez pas trop ces pauvres enfants ? » (Stendhal). Elle veut susciter une réponse positive. « Alcmène. – Tu me trouves trop terrestre, dis ? Jupiter. – Tu n'aimerais pas l'être un peu moins ? » (Giraudoux). Elle exprime un reproche. « Tu ne pouvais pas te taire ? » (Aragon).

La phrase injonctive n'apparaît que dans l'énonciation de discours réelle ou fictive. Sa mélodie est descendante. Elle est parfois terminée par un point d'exclamation. • Elle repose généralement sur l'emploi du mode impératif. « Donnez-moi la main » (Molière). « Aime-moi toujours » (Montesquieu). « N'allons pas chez vous, dit Mlle Hortense, allons en Pologne » (Giono). • Le subjonctif est employé pour les autres personnes verbales. « Excellente idée, qu'il bêche la mer ! » (Giraudoux). « Qu'elles reviennent un autre jour » (Gide). Quand l'injonction est un souhait, le subjonctif est employé sans *que*. « Puisse cette lettre être comme la foudre qui tombe au milieu des éclairs et des tempêtes ! » (Montesquieu).

Le sens donne à des phrases formellement déclaratives une valeur d'injonction. « Je veux qu'on vous escorte » (Molière). « Vous allez me faire le plaisir de faire disparaître de la maison toute cette cochonnerie de marée ! » (Colette). • Sont également injonctifs nombre d'infinitifs. « Louis XIV. Le montrer (à cette époque) enfant soumis à Mazarin » (Vigny). « Défense à Dieu d'entrer » (Hugo). • Une phrase sans verbe peut être injonctive. « À Loisy ! » (Nerval). « Mômes, à quatre pattes, dit Gavroche » (Hugo). « Un vin blanc... Non... Quelque chose de sec... » (Simenon). • Comme l'interrogation, l'injonction peut être insistante, renforcée. « Allez-vous-en, mesdemoiselles, enfin, allez-vous-en » (Giono). « Ah ! fermons aussi les yeux » (Aragon).

La phrase injonctive présente parfois une forme positive et une forme négative qui s'opposent pleinement. Allons par là / N'allons pas par là. Mais il n'y a pas de forme négative pour « Rentre en toi-même, Octave, et cesse de te plaindre » (Corneille). « Aime-moi toujours » (Montesquieu). « Levez-vous vite orages désirés » (Chateaubriand). « Lâchez un sein ! crie-t-il » (Colette). Et il n'y a pas de forme positive pour « Suzanne, je vous défends de répondre » (Beaumarchais). « Ne m'interromps pas, Marie » (Aragon). « Ne partez pas encore » (Beckett). C'est que l'injonction et les phrases injonctives ne relèvent pas de l'alternative vrai / faux.

La phrase exclamative est toujours une phrase de l'énonciation de discours. Dialogue. « Comme vous m'avez affligée ! » (Beaumarchais). Texte autobiographique. « Que voulez-vous, cette église de Verdelais manque tellement d'air ! » (Claude Mauriac). Roman à la première personne. « Je dus me frotter les yeux. Julie était là ! » (Giono). Intervention du narrateur. « Ce petit détail prouvait le soin qu'elle apportait toujours à sa toilette. Elle tenait à réjouir les regards de ce vieillard. Quelle charmante et délicieuse attention ! » (Balzac).

La phrase exclamative n'a pas de marques spécifiques. Elle peut avoir une mélodie montante avec accentuation du final, mais l'accentuation peut aussi souligner le terme qui porte la valeur exclamative. À l'écrit, elle se termine par un point d'exclamation, qui ponctue aussi l'injonction. Son organisation syntaxique peut être la même que celle de la phrase déclarative. « Nul amant ne goûta des jouissances plus ardentes, plus terribles ! » (Maupassant). « Je vais vous faire donner à manger ! » (Yourcenar). Et elle a souvent les mêmes marques que la phrase interrogative. « Est-ce beau ! » (Chardonne). « Mais qu'ai-je donc fait de ma bruyère ! » (Beckett). Toutes ces raisons tendent à faire de la phrase exclamative un type de phrase facultatif. Cependant, toujours liées à l'expression d'un degré, il y a des phrases très courantes qui semblent n'être qu'exclamatives. « Que le temps est mauvais ! » (Diderot). « Que je suis heureux d'avoir retrouvé ce cocher ! » (Stendhal) « Mon Dieu ! que de choses on aurait à dire » (Chardonne). « Ce qu'il est chou, tout de même ! » (Aragon). « Comme je fus déçu par cette réponse ! » (Cayrol).

La phrase exclamative a une forme positive et une forme négative quand elle a la structure d'une phrase déclarative. « Pour le coup, s'écria-t-il, il y a là matière à duel ! » (Stendhal). / Il n'y a pas matière à duel. • Dans d'autres cas la forme négative d'une phrase exclamative est en fait une interrogation. Combien n'ai-je pas vu de cœurs hésitants ! • Les autres phrases exclamatives positives n'ont pas de forme négative : *Ce qu'il n'est pas chou ! *Comme je ne fus pas déçu par cette réponse !
Les phrases exclamatives, comme les phrases injonctives, ne relèvent pas de l'alternative vrai / faux.

La phrase de forme négative, ou de pôle négatif, exprime une négation qui peut être totale, partielle ou restrictive. • La négation est totale quand elle concerne la proposition elle-même. « L'amoureux ne s'offensa pas » (Nerval). • La négation est partielle quand elle concerne un terme de la proposition. « Le parloir n'ouvrirait pas avant le jour » (Flaubert).

La construction adverbiale *ne-verbe-adverbe* est la plus fréquente. • Négation totale. « Vous n'en approchez point » (La Fontaine). « Je ne sais pas, je ne puis pas, je ne veux pas, nous verrons cela » (Balzac). • Négation partielle. « Mon cœur est tranquille, depuis qu'il ne peut plus vous aimer » (Montesquieu). « Je ne pleure jamais, je ne ris guère, je ne fais pas de bruit » (Sartre). *Jamais* est parfois en tête de phrase. « Jamais amante n'a été moins vaine et plus timide » (Crébillon). • *Ne* précède le verbe et le complément conjoint. « Vivre avec toi, je ne le veux pas » (Mérimée). *Ne pas* précède le verbe à l'infinitif. « Ce n'est pas une raison pour ne pas te boutonner » (Beckett). • Dans l'usage oral moderne, *ne* est généralement absent. « Moi, j'avais jamais rien dit » (Céline). « Je sais pas très bien parler, j'ai jamais su parler » (Beaulieu). Dans la langue classique, *ne* suffisait pour exprimer la négation. « Le chien ne bouge » (La Fontaine). « Il n'est oreille qu'il ne lasse ! » (Molière). L'usage soutenu maintient cette possibilité. « Il est sans doute bien peu d'amants qui ne se sentent, à de certains moments, terriblement captifs de leur amour » (Gide). « Je ne sais pas, mon amie, à quoi nous serviraient nos tares, si elles ne nous enseignaient la pitié » (Yourcenar).

La construction *ne-verbe* est utilisée avec un élément négatif. « Prends garde que personne ne te voie » (Beaumarchais). « Rien n'aura su les retenir » (Perec). « Hors l'écho, je ne parle à personne, à personne » (Jaccottet).

La construction *ne... que* forme la négation restrictive. Elle revient à affirmer ce qui suit le *que*. « Dans le fond, on n'aime que la puissance » (Alain). « Elle ne coûtent que cinquante francs la paire » (Mac Orlan). « La preuve ne vaut que pour vous » (Giono). • Le caractère exceptif peut aussi fonctionner avec les négations partielles : « Elle n'épouserait jamais qu'un homme qui lui serait indifférent » (Chardonne). « L'Empire n'a plus de Ming que le nom » (Cheng).

La construction avec un *ne* explétif appartient à l'usage soutenu et elle concerne toujours une proposition subordonnée. Le *ne* explétif n'est pas un adverbe de négation. « Je crains que vous ne preniez mal vos mesures » (Pascal). « Nous craignons plus que nous ne souffrons » (Alain). • On rencontre aussi la construction explétive dans les propositions comparatives exprimant une inégalité. « Les hommes de nos jours sont bien moins divisés qu'on ne l'imagine » (Tocqueville). « Il y a plus de beaux jours qu'on ne croit » (Chardonne).

Un discours rapporté est un énoncé emprunté à un autre énonciateur. Le discours rapporté a besoin d'un énoncé support. • Si l'énoncé support appartient à l'énonciation de discours, on a un discours rapporté dans une énonciation de discours. « Garçon. — M. Godot m'a dit de vous dire qu'il ne viendra pas ce soir mais sûrement demain » (Beckett). • Si l'énoncé support appartient à l'énonciation de récit, on a un discours rapporté dans une énonciation de récit. « Enfin il déclara, d'un air sérieux, que ses visites devenaient imprudentes et qu'elle se compromettait » (Flaubert). • On distingue[20] le discours rapporté direct, le discours rapporté direct libre, le discours rapporté indirect, le discours rapporté indirect libre. Les citations, allusions, reprises, etc., laissent entendre des discours rapportés. Les appellations traditionnelles sont style direct, style indirect, style indirect libre.

Le discours rapporté direct fait entendre deux énonciateurs. « M. Joseph se tourna vers moi. – J'irai chez vous, sans doute dans la journée, dit-il » (Giono). La syntaxe juxtapose le discours rapporté direct et sa proposition support qui doit comporter un verbe de parole (*dire, répondre*). • Quand la proposition support précède le discours rapporté direct, elle est suivie de deux points et le discours rapporté est généralement entre guillemets. « M. Jérôme ajoute : "Tu sais, ce que le curé veut, il le veut bien" » (Mauriac). • Quand la proposition support est placée dans ou après le discours rapporté, on l'appelle proposition incise. L'ordre y est toujours verbe-sujet. « En amour, lui disait-il, tu as la tactique de Napoléon : on s'engage et puis on voit » (Gracq). • "Je vais me marier", dit l'Ingénu en courant » (Voltaire). Les points d'interrogation et d'exclamation se placent avant l'incise. « Encore une robe neuve ? s'étonnait-il » (Colette).

Du point de vue de l'énonciation, le discours rapporté direct crée une rupture dans le suivi de l'énonciation qui l'accueille. « M. Joseph se tourna vers moi. – J'irai chez vous, sans doute dans la journée, dit-il. » *M. Joseph* devient *je*, *j'* et *moi* devient *vous*. Rupture également dans les temps avec *se tourna* qui est un passé simple, donc passé par rapport au maintenant du narrateur, et *irai*, qui est au futur par rapport au maintenant du discours rapporté.

Le discours rapporté direct libre intègre les paroles rapportées dans l'énoncé support sans marques particulières, ni incise, ni deux points, ni guillemets. « – La rue de la Michodière, monsieur ? Quand on la lui eut indiquée, la première à droite, tous trois revinrent sur leur pas » (Zola). « Il est remonté dans la chambre qu'il

20. Voir Jacqueline AUTHIER, *Ces mots qui ne vont pas de soi*, Larousse, 1995.

partage avec le petit Boris. Celui-ci dort profondément. Quel enfant ! » (Gide). En revanche, Proust le détache. « Cependant, M. Verdurin, après avoir demandé à Swann la permission d'allumer sa pipe ("ici on ne se gêne pas, on est entre camarade"), priait le jeune pianiste de se mettre au piano. »

Le discours rapporté indirect confie tout à un seul énonciateur. « Garçon. – M. Godot m'a dit de vous dire qu'il ne viendra pas ce soir mais sûrement demain » (Beckett). L'énonciateur d'accueil (le garçon) intègre dans son propre énoncé le discours rapporté de l'autre énonciateur (M. Godot). Nous n'entendons pas directement Godot. Nous n'entendons que le garçon. • La proposition support est une proposition principale qui comporte un verbe de parole. Le discours rapporté est contenu dans une proposition subordonnée complétive.

Du point de vue de l'énonciation, il n'y a pas de rupture dans le suivi de l'énonciation, mais le discours rapporté indirect présente des reformulations par rapport au discours d'origine tel qu'on peut le reconstituer. • Reformulation des pronoms personnels et des mots marquant la personne. M. Godot a dit : Je ne viendrai pas avec mon chapeau / qu'il ne viendra pas avec son chapeau. • Des adverbes déictiques. M. Godot disait : Je viendrai demain / qu'il viendrait le lendemain. • Des temps (souvent facultative). M. Godot a dit : Je viens. / qu'il venait. • Des modes. M. Godot a dit : Venez ! / de venir. Le registre soutenu demande un subjonctif. M. Godot a dit qu'ils viennent.

Le discours rapporté indirect conserve les modalités d'énonciation. Assertion. « M. Godot m'a dit de vous dire qu'il ne viendra pas ce soir mais sûrement demain. » Interrogation. « Elle lui demanda ce qu'il fallait ôter » (France). Injonction. « Elle reprit, en souriant, que c'était mal de se moquer » (Flaubert). Exclamation. « Mme d'Ambérieux hurla que c'était inadmissible » (Aragon). • Le discours rapporté indirect peut également prendre la forme d'un groupe nominal ou prépositionnel. « Il a dit devant l'arbre » (Beckett). • Mais le discours rapporté indirect ne permet pas de rapporter une phrase sans verbe ou un propos en langue étrangère parce qu'ils ne peuvent pas être intégrés dans la proposition subordonnée complétive. « Aux armes, s'écria Julien » / *Julien s'écria que aux armes (Stendhal). « Elle soupira craintivement : – Ya !... » (Simenon). / *Elle soupira que Ya.

L'interrogation rapportée indirecte est exprimée par une proposition subordonnée appelée interrogative indirecte. « Je songeais à peine à me demander qui elle était, ce qu'elle faisait là » (Gracq). La proposition subordonnée interrogative indirecte est complément d'un verbe de la proposition support. Ce sont des verbes comme (se) demander, (s') interroger, s'informer, ignorer... Ou comme dire, savoir, comprendre, deviner... dans certains emplois interrogatif, impératif, négatif dont le contexte appelle une interrogation. • Du point de vue des personnes, des unités déictiques, des temps ou des modes, les reformulations sont les mêmes que pour les phrases déclaratives du discours rapporté indirect.

Quand l'interrogation rapportée est totale, la proposition subordonnée interrogative indirecte est introduite par la conjonction si. « Il se demanda, sérieusement, s'il serait un grand peintre ou un grand poète » (Flaubert). « Bernard doute un instant si son ami dort vraiment » (Gide). • Quand il s'agit d'une interrogation partielle, on emploie les mots interrogatifs de l'interrogation directe. « Je ne sais comment j'ai appris à lire » (Rousseau). « Cacambo demanda humblement quelle était la religion d'Eldorado » (Voltaire). « Tu me demandes où je vais et pourquoi je pars » (Hugo). • Les locutions conjonctives ce qui, ce que remplacent les interrogatifs que ? qui est-ce qui ? qu'est-ce que ? • « Je lui demandai ce qui l'amenait à Amiens » (Prévost). « Je songeais à peine à me demander qui elle était, ce qu'elle faisait là » (Gracq).

Le discours rapporté indirect libre introduit des passages de discours rapporté indirect dans l'énoncé support mais sans marque de subordination. « Enfin, n'en pouvant plus d'effort et de douleur, Il met bas son fagot, il songe à son malheur. Quel plaisir a-t-il eu depuis qu'il est au monde ? » (La Fontaine). Comme le discours rapporté direct, il conserve la modalité et sa ponctuation (ici interrogative). Comme le discours rapporté indirect, il reformule les personnes (ai-je eu, je suis / a-t-il eu, il est).

Le discours rapporté indirect libre peut aussi être étroitement mêlé à la narration comme dans ces passages où se succèdent une phrase de discours rapporté indirect libre, une phrase de discours rapporté direct libre et une phrase qui nous ramène à l'énoncé du narrateur. « Monseigneur reprenait d'autres gouttes au dessert. Pas de café. Il avait dans son visage quelque chose de très bon et de légèrement traqué » (Aragon). « Au surplus, les vacances se chargeraient de disperser les délinquants. Au revoir. Profitendieu peut enfin presser le pas » (Gide).

Les discours rapportés ont leur histoire. L'ancien français[21] et le français moderne traitent le discours rapporté direct et le discours rapporté indirect à peu près de la même manière. « Yweins (Gauvain) en est à lui alez, Ses cumpaignuns i a menez. Sire, fet il, rehaitiez vus (reprenez courage), Pur amur Deu, parlez a nus ! Ici viennent dous dameiseles, Mult acesmemees (élégantes) e mult beles : C'est vostre amie veirement ! Lanval respunt hastivement E dit qu'il pas nez avuot N'il nez cununt n'il nes amot (qu'il ne les avouait pas pour ses amies, qu'il ne les connaissait ni ne les aimait) » (Marie de France). Hier comme aujourd'hui, le discours rapporté indirect, l'oratio obliqua des Latins, n'est pas moins « vivant » que le discours rapporté direct. Mais les reformulations qu'il demande le rende malaisé à maintenir sur de longs passages.

L'histoire du discours rapporté indirect libre est plus discontinue. Rabelais en use parfois, La Fontaine en use souvent, de même Rousseau, Diderot. Mais c'est à partir de Flaubert qu'il trouve sa pleine place dans le roman. « Est-ce que cette misère durerait toujours ? est-ce qu'elle n'en sortirait pas ? Elle valait bien cependant toutes celles qui vivaient heureuses ! Elle avait vu des duchesses à la Vaubyessard qui avaient la taille plus lourde et les façons plus communes, et elle exécrait l'injustice de Dieu » (Flaubert). « C'était donc là qu'elle allait vivre ; et sa première journée se creusait, abominable, sans fin. Jamais elle ne trouverait le courage de recommencer » (Zola). « Il aurait dû s'installer plus tard dans ce restaurant funèbre. Que pouvait-il faire à huit heures du soir ? » (Cayrol).

Autres discours rapportés. Dans les stratégies du dialogue, le discours rapporté prend souvent la forme des reprises du discours d'autrui. « Eh bien ! voyons, c'est entendu, dit M. Verdurin, il ne jouera que l'andante. – Que l'andante, comme tu y vas ! s'écria Mme Verdurin » (Proust). « Tu te trompes, Aldo. Il est trop tard. – Trop tard ?... » (Gracq). « Te voilà satisfaite, Électre ! La ville meurt ! Électre. – Me voilà satisfaite » (Giraudoux). • La négation polémique reprend le propos pour le contester. « Tu as peut-être raison. César. – Pas peut-être, j'ai raison » (Pagnol). « C'est dressé, dit Cidrolin à mi-voix. Le nomade protesta : – Nein ! Nein ! Pas dressé : libre » (Queneau).

Les citations sont des formes de discours rapporté. La citation peut être explicite, voire référenciée. « Et Emma cherchait à savoir ce que signifie les mots de félicité, de passion et d'ivresse, qui lui avaient parus si beaux dans les livres » (Flaubert). « Ayant parcouru d'un seul mouvement ce grand paysage de l'Iliade, j'en comprends soudain le premier mot : "C'est la colère que tu vas chanter, Muse." » (Alain). • La citation peut être sans repère explicite. « Il y a un endroit qu'on nomme la Pâture, sur le haut de la côte, à la lisière de la forêt.

---

21. Voir Bernard CERQUIGLINI, La Parole médiévale, Éditions de Minuit, 1981.

Quelquefois, le dimanche, je vais là, et j'y reste avec un livre, à regarder le soleil couchant » (Flaubert). Le lecteur averti entend que Léon parle à Emma comme dans un roman. « Je n'étais pas avec ma tante depuis cinq minutes, qu'elle me renvoyait par peur que je la fatigue » (Proust). Le tour employé fait entendre la tante. « Le jour n'est pas plus pur que le fond de votre cœur, chère amie » (Yourcenar). Pas de citation perçue pour qui ne connaît pas le vers de *Phèdre*.

Des fragments d'énoncé peuvent être désignés comme des discours rapportés par un commentaire d'accompagnement ou par des guillemets, parenthèses, tirets, l'emploi d'italique. « Elle espérait sans doute qu'en me voyant brave (c'était son terme), je serais tentée de laisser durer plus longtemps mon aventure avec M. de Climal » (Marivaux). « C'était un bourgeois, comme on disait, un des vingt inspecteurs en civil » (Simenon). « Cette voix, dit-on, faisait *fuir le sang* (je cite mes auteurs : Mme T... *dixit*) » (Giono). « Il est de la vieille école et dit encore "sir" » (Déon).

La présence de l'énonciateur est sensible même quand la phrase suit l'ordre syntaxique le plus simple car il est, lui aussi, un choix. « Deux pigeons s'aimaient d'amour tendre » (La Fontaine). « Jacques commença l'histoire de ses amours » (Diderot). Mais à l'oral comme dans l'écrit le plus littéraire, ces phrases sont loin d'être les plus nombreuses. Des tours multiples trahissent l'intervention de l'énonciateur : les voix passive et impersonnelle, les constructions pronominales, la place de l'adjectif épithète, les appositions, la relative liberté de déplacement des compléments circonstanciels... D'autres constructions d'une grande fréquence manifestent elles aussi cette présence. Elles le font toujours en segmentant, en disloquant l'ordre syntaxique de la phrase simple.

L'incise de commentaire est une prédication seconde de l'énonciateur insérée dans la phrase. Elle est donc toujours détachée (virgules, tirets, parenthèses) et elle a l'intonation de ce type de prédication. « Je me reposais, pour ainsi dire, dans l'indifférence des autres, de la fatigue de mon amour » (Constant). « Une porte de la cour, à gauche, nous l'avons dit, donne dans le verger » (Hugo). « Rien n'a pour moi d'existence, que poétique (et je rends à ce mot son plein sens) – à commencer par moi-même » (Gide). « Les échanges avec le chauffeur de la Toyota – qui était anglais – se limitèrent au minimum mais confirmèrent les propositions de Toubou » (Tournier).

Les adverbes d'énoncé et les adverbes d'énonciation correspondent à une prédication seconde d'autant plus explicite quand l'adverbe est en position détachée. • Le commentaire porte sur l'énoncé. « Cette leçon vaut bien un fromage, sans doute » (La Fontaine). « Une chose aussi simple, apparemment, ne me sera pas refusée » (Beaumarchais). « Certainement je n'ai pas à me plaindre » (Fromentin). « J'accède alors (fugitivement) à un langage sans adjectif » (Barthes). • Les adverbes d'énonciation expriment une opinion sur l'énonciation elle-même. « Mais, sérieusement, que voulez-vous qu'on fasse ? » (Molière). « Elle leur a dit, incidemment, qu'elle avait rencontré un type étonnant » (Simenon).

Un adverbe de liaison assure une cohérence contextuelle entre des phrases ou des propositions. Il renvoie donc toujours à une autre phrase ou à une autre proposition. « De là vient que les hommes aiment tant le bruit et le remuement » (Pascal). « Léon, en effet, logeait chez le pharmacien » (Flaubert). « Premier, je donne ma pauvre âme À la benoiste Trinité » (Villon). « Je reviens à mon texte et dis premièrement Qu'on ne saurait manquer de louer largement Les dieux et leurs pareils » (La Fontaine). « Les instructions qui m'étaient communiquées s'articulaient ensuite autour de trois points, qu'il m'était enjoint de tenir pour entièrement distincts » (Gracq).

L'apostrophe est une adresse à un interlocuteur réel ou fictif. Elle est généralement constituée d'un nom propre ou d'une désignation de l'interlocuteur, souvent accompagné d'une interjection. « Écoutez, ô grands de la terre ; instruisez-vous, arbitres du monde » (Bossuet). « Sois sage, ô ma douleur, et tiens-toi plus tranquille » (Baudelaire). « La vie, mon vieux, n'est qu'une comédie » (Gide). « Monique, vous vous rappelez ces paroles » (Yourcenar). • Depuis l'ancien français, le nom commun en apostrophe est employé sans déterminant. « Soer, cher'amie, d'hume mort me demandes » (*Chanson de Roland*). « Amis, fet ele, levez sus ! » (Marie de France).

Les interjections (*jeté entre*) marquent une intervention explicite de l'énonciateur dans son énoncé. Ou l'interjection est la phrase à elle seule. « Ah ! suppôt de Satan ! exécrable damnée ! » (Molière). « Ah ! par exemple ! s'écria M. Nissim Bernard » (Proust). « Eh merde ! » (Jarry). Ou l'interjection est insérée dans la phrase. « Peste soit du sot ! » (Diderot). « Parbleu, entrons dans ce magasin » (Stendhal). « Ah ! si son discours avait pu ne jamais finir » (Mauriac). « Oh ! que reviennent septembre et sa tendresse » (Senghor).

La thématisation est un détachement en tête de phrase. Quand le segment détaché est repris par un pronom, on a une emphase syntaxique, une répétition. « De l'amour, il n'y en a plus, et je ne sais après tout s'il en faut tant regretter la perte » (Crébillon). « Que Lucien fasse des vers, chacun s'en doute » (Gide). « Pardon, monsieur, les os, vous les voulez ? » (Beckett). • Quand la thématisation porte sur un complément circonstanciel, elle dessine généralement le cadre où se développe le prédicat. « Au premier tour qu'il fit, le roi se mit à rire » (Hugo). « Longtemps, je me suis couché de bonne heure » (Proust). « Du fond de son abîme, Jean Péloueyre épiait les visages » (Mauriac).

Le détachement en fin de phrase exprime un ajustement, une mise au point après le prédicat. • Quand la construction comporte un pronom qui occupe la position normale du constituant détaché, l'achèvement du prédicat est retardé. « Il est vraiment superbe, le Patron ! » (Proust). « Je voudrais tout y faire rentrer, dans ce roman » (Gide). « Il mourut jeune, mon père » (Yourcenar). • Quand la construction est un simple détachement, elle commente le prédicat. « C'était vers la fin de l'hiver, par une gelée rigoureuse » (Fromentin). « Loulou n'avait rien, heureusement » (Flaubert). « La sirène, ce soir-là, fut interminable. Mais elle cessa cependant, comme les autres soirs » (Duras).

Les présentatifs *voici* et *voilà* conservent trace de leur étymologie (l'impératif du verbe *voir* suivi de *ci* ou -*là* : Voi-ci. Veez-là). Ils forment une phrase avec un nom (Voilà le soleil), un pronom (Le voilà), une subordonnée relative substantive (Voilà ce que j'attendais), une subordonnée complétive (Voilà qu'il pleut), une subordonnée infinitive avec agent postposé (« Voici venir l'orage »). • Nous n'avons pas d'usage ordinaire pour les formes négatives. *Ne voilà pas le soleil. Registre soutenu pour la phrase interro-négative. Ne voilà-t-il pas qu'il pleut ?

Voici renvoie à un univers repéré du point de vue de l'énonciateur. « Voici des fruits, des fleurs, des feuilles et des branches Et puis voici mon cœur qui ne bat que pour vous » (Verlaine). « Me voici ! de nouveau je t'appartiens » (Colette). « Voici de gentils neveux ! fit Mme Quatrefages, traversant le salon les mains tendues vers Albert et Berthe » (Chardonne). • *Voilà* est d'un emploi plus fréquent que *voici*. Il renvoie à une sphère large, commune aux interlocuteurs. « La voilà telle que la mort nous l'a faite » (Bossuet). « En voilà une, Mme Lehoussais, qui au lieu de prendre un jeune homme... » (Flaubert). C'est ce qui permet à *voilà* de rassembler toute une antériorité et de marquer une fin de séquence. « "Alors nous aurons gâché nos souvenirs, voilà tout..." Il disait cela d'un ton détaché. Il reçut pourtant en plein cœur la réponse : "Voilà tout..." » (Aragon). « Je me dis : "Voilà la fin. Tu étais destiné à voir la fin des Coste : la voilà" » (Giono). • *Voici, voilà... qui* sont des constructions emphatiques du sujet où la subordonnée relative prédicative a un statut d'attribut de l'objet. « Monsieur, voici une dame voilée qui vient vous parler » (Molière).

Les présentatifs existentiels *il y a* et *il est* posent l'existence d'un constituant repris par le pronom relatif *qui*. « Il y a une horloge qui ne sonne pas » (Rimbaud). « À Bacharach il y avait une sorcière blonde Qui laissait mourir d'amour tous les hommes à la ronde » (Apollinaire). « J'oubliais de dire à Monsieur qu'il y a deux personnes qui attendent dans le petit salon » (Gide). • Employés seuls, ils constatent l'existence d'une personne, d'un objet, d'une notion, d'un fait. « À partir d'ici, il y avait un tapis dans l'escalier » (Giono). « Il y aurait une cuisine vaste et claire » (Perec). « Il était cinq heures, une pluie fine tombait » (Flaubert). « Meurs, vieux lâche ! il est trop tard ! » (Baudelaire). Le tour est souvent nuancé par un verbe modalisateur (*devoir*, *pouvoir*). « À cette heure-ci, il doit y avoir du monde dans le hall » (Simenon). • Dans un registre soutenu, *il est* pose l'existence d'un référent. « Il était une fois une petite fille de village, la plus jolie qu'on eût su voir » (Perrault). « Il est un air pour qui je donnerais Tout Rossini, tout Mozart et tout Weber » (Nerval). « Il est des parfums frais comme des chairs d'enfants » (Baudelaire). • L'encadrement d'un constituant par *il y a*, *il est* et un conjonctif ou relatif autre que *qui* est une emphase. « Il était un quidam Dont je tairai le nom, l'état et la patrie » (La Fontaine). « Il y a trois jours que j'attends inutilement une lettre de vous » (Crébillon).

Le présentatif *c'est* est le plus courant des présentatifs. Il souligne un prédicat. Il peut donc suivre *voici* ou *il y a*, *il est*, mais il ne les précède pas. « Outourou, il est un spectacle émouvant qui s'impose dans ma mémoire [...]. C'est la sortie de la mine de nos mineurs » (Giraudoux). • *C'est* se conjugue. « C'était un problème insoluble. » « Ce ne sera pas vraiment la fortune. » « Ce serait une matinée comme les autres. » « Ce furent les grandes heures de leur conquête » (Perec). • *C'est* introduit un nom au singulier, *ce sont* un nom au pluriel. « C'est une conversation d'ennemis que nous avons là ? » « Ce ne sont pas les ennemis naturels qui se battent » (Giraudoux). Mais le singulier introduit souvent un pluriel. « M. de Climal, tête à tête avec moi, ne ressemblait point du tout au M. de Climal parlant aux autres : à la lettre, c'était deux hommes différents » (Marivaux).

Les emplois de *c'est* sont très nombreux. • *C'est* introduit un groupe nominal ou un équivalent. L'énoncé est un pur prédicat. « Ce sont des gens très corrects » (Aragon). « Ce serait une pièce du soir » (Perec). « C'était une femme trapue, sans âge » (Bouvier). • *C'est* introduit un adjectif ou un adverbe. Le prédicat porte sur le contexte. « Est-ce que c'est joli ? dit-elle. – C'est sublime »

(Nerval). « C'est si peu irlandais que je n'en reviens pas » (Déon). • *C'est* est suivi de l'ordre prédicat-thème. « C'est cela un peuple » (Giraudoux). « C'est Poiret, ce barbu qui entre » (Aragon). Le conjonctif *que* peut servir de lien. « C'est un diocèse fatigant que celui de Digne » (Hugo). • *C'est* est suivi de l'ordre thème-prédicat. La construction correspond à une emphase. « La grande question dans la vie, c'est la douleur que l'on cause » (Constant). « Un cimetière aux herbes folles c'est à peu près tout ton passé » (Barbarant). Le conjonctif *que* sert de lien. « Le gênant, c'est qu'Olivier ne sera pas seul » (Gide). L'identité des deux termes produit des tautologies. « Un torrent, c'est toujours un torrent » (Alain). « La guerre c'est la guerre » (Aragon).

La phrase clivée, ou focalisation, est le tour emphatique le plus courant de l'oral et de l'écrit. Il revient à extraire un constituant de la phrase pour le placer en tête afin de focaliser l'attention dessus. L'extraction du constituant (tout de même que pour une dent !) est opérée par les deux « mâchoires » des locutions *c'est... qui* / *c'est... que*. • *C'est... qui* extrait le sujet. « C'est vous qui l'avez voulu, mère » (Giraudoux). • *C'est... que* extrait un complément de verbe. « C'est le voyageur que nous avons vu tout à l'heure errer cherchant un gîte » (Hugo). Ou un complément circonstanciel. « C'est par lui, c'est à travers lui que je sens et que je respire » (Gide). « Ce fut, si je me souviens bien, dix jours après avoir franchi la Crête que nous atteignîmes l'entrée du Perré » (Gracq).

La phrase pseudo-clivée est un autre tour emphatique courant : Ce que j'espère, c'est qu'il viendra. Les deux segments sont juxtaposés. L'intonation monte jusqu'à la pause qui précède *c'est*, puis elle redescend. La relative en tête de phrase offre plusieurs suites possibles, *c'est* introduit un prédicat qui identifie une de ces suites. • Le prédicat peut être un groupe du nom. « Ce qu'il voulait, c'étaient des couleurs dont l'expression s'affirmât aux lumières factices des lampes » (Huysmans). « Ce qui me touche, c'est quatre ou cinq plans de cosmos dans les champs » (Giono). • Un infinitif. « Ce qui importe dans la vie, c'est d'être beau » (Giraudoux). « Ce qu'ils ne lui pardonnent pas, c'est de vouloir mettre fin à une guerre fratricide » (Mauriac). • Une complétive. « Ce qui me gêne avec vous, Edmond, c'est que je me demande à quoi vous avez la tête cette saison... » (Aragon). « Ce qu'on connaît d'abord du feu, c'est qu'on ne doit pas le toucher » (Bachelard). • Dans l'usage classique, le démonstratif n'était pas obligatoire devant *est*. « Ce qui mit le plus leur humilité en danger, fut la réception que leur fit la Princesse Palatine Élisabeth » (Voltaire).

Néologie, néologismes et archaïsmes

Les néologismes sont des mots nouveaux dans une langue. On en crée pour nommer de nouvelles inventions. Voilà, en général, les réponses spontanément données par quiconque est interrogé sur la néologie. Et, certes, ces assertions ne sont pas fausses, mais elles ne rendent qu'incomplètement compte de la réalité : les faits sont plus complexes. On peut en effet discuter chacune des trois propositions définitoires rapportées ci-dessus.

Trois fausses évidences

Par mot – qui n'a encore reçu, ne l'oublions pas, aucune définition scientifique faisant l'unanimité –, on entend habituellement le mot graphique : une séquence de caractères entre deux blancs. Mais beaucoup d'unités lexicales, conventionnelles et attestées depuis longtemps ou récemment créées, excèdent ce cadre du mot graphique. Aussi nombre de lexicologues ont-ils adopté comme unité lexicale non le mot mais la lexie, « unité lexicale mémorisée en compétence ». *Moderne baroque* (« mélange de styles ») ou *évasion à la française* (« par hélicoptère ») sont des néologismes même si ce ne sont pas de simples mots (graphiques).

Le concept de nouveauté est difficile à cerner pour de multiples raisons. Déclarera-t-on une lexie nouvelle juste au moment de sa création ou sera-t-elle qualifiée ainsi quelque temps encore ? *Nouveau* est-il synonyme de *créé* ou de *récent* ? En fait, le sentiment de la nouveauté dépasse – et parfois de beaucoup – le seul moment de l'apparition d'une lexie par rapport à un état immédiatement antérieur de la langue où elle était absente. Quand une lexie cesse-t-elle d'être nouvelle ? Il est délicat d'apporter une réponse avec une durée uniforme pour tous les néologismes du type au bout de dix ans ou au bout de cinq ans, comme cela est parfois proposé. Certains néologismes qui se diffusent vite perdent ce statut au bout de quelques années, voire de quelques mois, alors que d'autres, à diffusion plus lente, peuvent le rester pendant des lustres. Ce qui complique encore la réponse, c'est que la perception de la nouveauté varie fortement en fonction des individus : *désinformation* était explicitement présenté par André Fontaine, ancien directeur du *Monde*, comme un néologisme à la mode en 1991, à un moment où cette lexie avait perdu ce statut pour nombre de locuteurs français. Des enquêtes menées sur le repérage et l'analyse des néologismes sur un même corpus par des chercheurs appartenant à une communauté homogène d'universitaires conduisent à constater des écarts importants dans leur collecte et à relativiser le sentiment néologique en fonction de divers paramètres.

La justification de la création de nouvelles unités lexicales par la dénomination de nouveaux objets ou de nouvelles inventions est récurrente depuis des siècles. Aussi les néologismes des domaines techniques et scientifiques (les néologismes terminologiques, ou néonymes) sont-ils très nombreux et ne suscitent-ils pas l'ire des puristes qui condamnent en revanche nombre de néologismes de la langue générale. Voltaire écrivait ainsi : « Un mot nouveau n'est pardonnable que quand il est absolument nécessaire, intelligible et sonore. On est obligé d'en créer en physique ; une nouvelle découverte, une nouvelle machine exigent un nouveau mot. Mais fait-on de nouvelles découvertes dans le cœur humain ? Y a-t-il une autre grandeur que celle de Corneille et de Bossuet ? Y a-t-il d'autres passions que celles qui ont été maniées par Racine, effleurées par Quinault ? » Force est cependant de constater que, dans la langue non spécialisée, c'est une minorité de créations qui correspond à l'acte de (dé)nomination d'un nouvel objet concret (comme l'ont été récemment les *disques compacts*, les *airbags*, etc.). La plupart des néologismes obéissent donc à d'autres besoins ou nécessités : l'expressivité, l'économie (d'une périphrase ou d'une explication), la connivence avec l'interlocuteur, l'esprit ludique, auxquels s'ajoutent, pour les argots, les fonctions cryptique et identitaire et aussi le désir de faire exister dans le discours quelque chose qui, sans nom, ne saurait être clairement distingué. R.-L. Wagner, dans sa préface au *Dictionnaire des mots sauvages* de M. Rheims (1969), considérait comme principales raisons de la néologie « le besoin de symboliser des choses rares ou plutôt destinées à n'intervenir presque jamais comme élément d'une situation commune, ou le désir d'inclure un peu de ce qui dans l'univers se perd à jamais, faute d'un nom qui permette de le faire passer dans le discours ».

Au-delà de ces trois problèmes bien connus et bien étudiés, d'autres aspects de la néologie méritent d'être exposés à un lecteur du *Nouveau Littré*, qui consulte souvent ce type d'ouvrage pour s'assurer de la valeur qu'un mot pouvait avoir dans un énoncé précis des siècles passés, souvent littéraire. Un premier type de précision vise à éclaircir les rapports entre le nouveau et l'ancien, les néologismes et les archaïsmes. Un second revient sur la nature de ce qui a été qualifié de « néologique », des unités lexicales (mots ou lexies), mais aussi (et surtout ?) le style de tel ou tel auteur ou de telle ou telle production littéraire.

Néologisme et archaïsme : de vrais antonymes ?

Néologisme et *archaïsme* sont fréquemment présentés comme antonymes (et curieusement l'information figure plus souvent sous l'entrée *archaïsme* que sous l'entrée *néologisme*) comme le sont les adjectifs *nouveau* et *ancien*. Mais il ne s'agit pas d'une opposition discrète comme dans les antonymes « absolus » ou « contraires » (*présent* / *absent*). L'opposition est scalaire, la nouveauté ou l'ancienneté connaissent des degrés : c'est plus ou moins nouveau, plus ou moins ancien. Par ailleurs, *ancien* et *archéo* sont polysémiques, signifiant « non nouveau, attesté depuis un certain temps » mais aussi « vieilli, obsolète, qui n'a plus cours ». L'*archaïsme* désigne le fait d'utiliser une unité qui n'a plus cours normalement au moment où on l'emploie (soit pour évoquer des realia du passé qui ont disparu, soit pour d'autres raisons). Mais, paradoxalement, l'archaïsme est souvent inclus dans la néologie (il constitue alors un sous-ensemble de son antonyme !) car il aurait le même effet sur le lecteur. On peut en effet lire dans des dictionnaires du XIXᵉ siècle ou dans l'*Histoire de la langue française* de F. Brunot que nombre de néologismes de Chateaubriand, Huysmans, etc., sont en fait des archaïsmes, des reprises de mots qui ont existé dans la langue et disparu. Il est incontestable que la résurgence d'un mot après des siècles de disparition produit le même effet qu'un néologisme, et l'assimilation est, dans ce cas, légitime : le lecteur, ignorant l'existence du mot, doit procéder au « calcul » de son sens, en fonction de ses constituants et du contexte. C'est le cas de mots comme *générer*, *décisionnaire*, etc., qui ont existé, disparu et réapparu, sans aucune connotation. L'assimilation n'est en revanche pas légitime pour des mots désuets sans avoir jamais complètement disparu de la langue. Le lecteur connaît le mot (il n'a pas à en construire la signification) et sait qu'il est connoté « vieilli ». L'information figure parfois explicitement dans des dictionnaires, comme pour *croup* (« laryngite de type diphtérique ») ou *poitrinaire* (« tuberculeux »). Dans ce cas, l'archaïsme tire précisément sa valeur stylistique de son caractère désuet, archaïque. Il est regrettable que la même dénomination serve pour deux réalités distinctes malgré leur point commun consistant à ne pas appartenir au stock lexical « normalement » utilisé par les membres de la communauté linguistique à un moment donné. La dénomination *paléologisme* (du grec *palaios*, « ancien », attesté dans *paléolithique*, *paléographie*…) conviendrait bien pour un mot ancien réintroduit et s'opposerait à *archaïsme* désignant un mot désuet, mais attesté sans solution de continuité.

Néologie : lexies néologiques ou style néologique

Une autre ambiguïté, qui concerne également, pour l'essentiel, la néologie littéraire, porte sur la nature de ce qui est qualifié de néologie. Trois citations du XIXᵉ siècle illustrent bien ce débat. La première, tirée du dictionnaire de Pierre Larousse, « Un style ainsi bourré de néologismes ou d'archaïsmes, comme on voudra, est dira-t-on un style de décadence », rappelle que le style des auteurs décadents est caractérisé par la présence de particularités dans l'emploi d'un vocabulaire non conventionnel : soit des néologismes, soit des archaïsmes. Ce sont eux qui produisent un effet stylistique. Mais le style néologique est parfois moins dû à la présence de tels éléments qu'à une qualité d'écriture qui associe de manière nouvelle des mots existants. Il y a « pire que la création de mots » : les associations nouvelles, les « accouplements bizarres de mots étonnés l'un de l'autre ». À cette opinion du *Mercure de France* fait écho celle de Desfontaine : « un terme hasardé est peu de chose […], c'est le tour affecté des phrases, c'est la jonction téméraire des mots, c'est la bizarrerie, la fadeur, la petitesse des figures qui caractérisent surtout la néologie ». Il peut alors y avoir un style néologique sans néologismes au sens propre du terme. En fait, ces innovations se manifestent moins dans la forme des mots que dans leur extension de sens ou dans leur combinatoire. Indépendamment des jugements de valeur, qui n'engagent que leurs auteurs, il y a dans ces conceptions des intuitions pertinentes sur le fait que la néologie ne peut se définir que par l'apparition d'usages déviants par rapport à un usage antérieur, soit par la création de mots soit par l'utilisation de mots existants dans d'autres voies que celles accoutumées. Il est pertinent également de remarquer que certains auteurs recherchent la nouveauté quand d'autres n'y recourent pas, voire la condamnent.

Dimensions énonciatives et sociales de la néologie

En élargissant le débat au-delà du domaine littéraire, on constate qu'il en va de même dans d'autres types d'énoncés : tous les locuteurs ne produisent pas autant de néologismes ni les mêmes, et certains les accumulent. Si l'on ne peut formuler l'adage « un néologisme ne va jamais seul », qui serait trop fort, on pourrait en revanche opportunément détourner la célèbre mise en garde de la SNCF « Attention ! un néologisme peut en cacher un autre ». On remarque en effet que les néologismes sont souvent concentrés dans des ensembles qui présentent une unité : un même article, un domaine (le *clubbing,* par exemple), un genre littéraire (les chroniques s'y prêtent bien), certains titres de presse (*L'Express* ou *Le Nouvel Observateur* plus que *Le Pèlerin* ou *L'Écho de la mode*), certains auteurs (R. Jorif, N. Papatakis…), certains domaines (la politique plus que le domaine juridique ou religieux) ou certaines situations d'énonciation (la publicité plus qu'une production académique : le néologisme est proscrit à une épreuve de concours du type de l'agrégation, comme cela est d'ailleurs parfois rappelé dans des rapports de jury).

Les facteurs énonciatifs et sociolinguistiques doivent donc être nécessairement pris en compte dans l'appréciation des néologismes. La dénomination d'une distinction subtile paraîtra futile aux uns mais fondamentale à d'autres, disait en substance G. Matoré. L'ampleur de la divulgation et la longévité d'un néologisme sont fort variables et dépendent des besoins de la communauté. Les polémiques suscitées par certains néologismes (*parapluie, tomber amoureux,* etc.), complètement oubliées aujourd'hui, les prédictions émises dans le passé sur la non-viabilité ou impossibilité de certains mots (*entrisme* ou *piétonnier*) par de brillants spécialistes que les faits ont démentis doivent inciter à la modestie dans les jugements que l'on peut émettre dans de tels domaines. On remarque, après coup, la divulgation rapide et générale de tel ou tel néologisme mais aussi la disparition d'autres qui avaient connu leur heure de gloire mais se sont vite usés et ont disparu. L'expression néologique *bonjour les* (*dégâts* et substituts de ce nom) n'a guère survécu alors qu'elle avait été intégrée dans certains dictionnaires dont les auteurs pensaient son statut mieux assuré.

Critères de sélection des néologismes présentés

Dans la liste de néologismes qui suit se côtoient donc des néologismes à ampleur de diffusion variable et à longévité variable également. Des emplois uniques de discours se mêlent à des néologismes en voie d'intégration, voire déjà intégrés. Ils ont été relevés en 2004 ou 2005. La date de leur attestation dans les contextes où ils apparaissent tels qu'ils sont reproduits ici ne correspond pas nécessairement à la date de leur création. On saisit en effet souvent un néologisme à une étape de sa circulation, plus ou moins éloignée de son point de départ, parfois identifiable, mais en fait pas très souvent. Sauf pour des hapax conversationnels, il est rare d'être sûr que l'occurrence du néologisme soit sa première occurrence. Les vérifications sur Internet sont très instructives à cet égard. Les critères qui ont présidé au choix des six cents et quelques items retenus sont donc moins leur date de création que leur intérêt intrinsèque, ou la constatation d'un début de circulation, de diffusion dans des énoncés oraux ou écrits généraux, et aussi la valeur explicative des contextes dans lesquels ils apparaissent. Ont également été retenues des lexies peu connues et/ou relevant de domaines de spécialité qui ont connu des expansions soudaines, soit avec des infléchissements de sens (*détricoter* un tricot, un texte, des opérations informatiques, des acquis sociaux), voire avec des sens indépendants les uns des autres (*anatopisme*, terme de psychologie, « pathologie liée au déracinement d'un individu », et, par analogie avec *anachronisme*, « présence de personnes, objets, etc. dans un lieu où ils ne peuvent apparaître »), soit sans changement de sens (*vraquier,* « cargo transportant des marchandises en vrac », daté de 1973, s'est diffusé trente après dans la presse, à la suite du naufrage d'un cargo de ce type).

Une ultime remarque s'impose avant leur présentation, par ordre alphabétique. Cet échantillon, dans toute sa diversité, ne prétend pas être représentatif de l'ensemble des néologismes du français actuel ni donner de la néologie du français contemporain un reflet exact. Un tel objectif serait bien prétentieux. Il faudrait en effet être omniscient, avoir tout lu, tout entendu pour identifier tous les néologismes, condition sine qua non pour pouvoir en sélectionner un échantillon représentatif. C'est au-delà de toute portée humaine. Si le recours à des outils d'extraction semi-automatique des néologismes permet assurément de plus vastes collectes, il ne résout pas les multiples problèmes qui subsistent. L'extraction porte, en effet, essentiellement sur des corpus écrits, qui ont peu à voir avec l'oral (qui est fondamental dans une langue), et s'appuie sur des corpus d'exclusion en prenant des versions informatisées de dictionnaires existants ; mais, malgré toutes leurs qualités, les dictionnaires sont lacunaires et les lexicographes, obligés de procéder à des choix, ne prétendent pas être exhaustifs ni fabriquer des œuvres parfaites. Bref un « mot » trouvé dans un énoncé et absent « du » dictionnaire (lequel ?) n'est pas nécessairement un néologisme (ce peut être un « gros mot », un mot rare, un mot en voie de désuétude et exclu, pour cette raison, de la nomenclature, etc.). Inversement la présence dans le dictionnaire d'un signifiant ayant la même forme graphique (homographe) d'un mot produit dans un énoncé n'empêche pas celui-ci de pouvoir constituer un néologisme. La néologie sémantique (*affoler*, « rendre fous les compteurs comme on affole quelqu'un »), la néologie par combinatoire (*comblement* dans *comblement d'une lacune* serait néologique puisque son complément ne peut être qu'un concret comme *trou*, *puits*, etc.) passent à travers les mailles du filet, du moins à l'heure actuelle. Il en va de même de la néologie par homonymie. *Endormissement* « état d'hébétude » est créé (c'est donc un néologisme) par dérivation sur le participe passé *endormi* « mal réveillé, pas vif » sans rapport sémantique direct avec l'homonyme bien attesté *endormissement* « passage de la veille au sommeil ». *Cristalline*, dénomination d'une nouvelle drogue (par antonomase d'une marque d'eau minérale ou plus probablement par conversion de l'adjectif au féminin, comme *la blanche* pour *l'héroïne*), ne serait ainsi peut-être pas relevé par un extracteur automatique. À coup sûr, *endormissement* et beaucoup d'autres ne le seraient pas.

Aussi est-ce essentiellement une collecte « manuelle » qui a prévalu. Le dépouillement effectué par les collecteurs s'est concentré sur quelques sources-cibles en fonction de plusieurs critères. D'abord, certains titres, comme les parutions gratuites *Métro*, *20 Minutes* ou *À nous Paris*, ont été sélectionnés pour des raisons pratiques et théoriques. Ils sont d'une grande « rentabilité », puisqu'ils présentent un nombre non négligeable de néologismes, malgré leurs dimensions réduites. Par ailleurs, les journalistes s'adaptent à leur lectorat, et ces titres sont assez représentatifs d'une langue française courante, accessible à un vaste public, de tous âges, de tous niveaux d'instruction et de toutes classes sociales. Les néologismes qu'on y relève sont ceux qui sont dans l'air du temps. À l'inverse, d'autres titres (*Libération*, *Télérama*, *L'Express*, essentiellement) ont été retenus parce qu'ils constituaient les « lectures habituelles » de certains membres de l'équipe de dépouillement. Cette limitation du nombre de titres dépouillés est d'usage dans la collecte manuelle des néologismes. Elle est également la règle pour les observatoires étrangers procédant à des collectes semi-automatisées, comme le laboratoire Obneo à Barcelone, pour l'espagnol et le catalan. Ont été également inclus des néologismes collectés dans les médias audiovisuels, vus sur des affiches publicitaires, entendus dans des conversations, etc., selon la technique des sondages.

Description de la structure des articles

Cinq types d'informations sont systématiquement fournis pour chaque néologisme présenté. D'abord, en vedette, le néologisme lui-même, sous forme lemmatisée (infinitif pour un verbe, masculin singulier pour un adjectif, etc.) sauf en cas de néologie flexionnelle. Immédiatement après est proposée une définition. Viennent ensuite deux informations relatives à la source où ils sont puisés, en cas de plusieurs contextes retenus pour leur intérêt (pour les sources orales : chaîne de radio ou de télévision et type d'émission, conversation, etc. ; et, pour les sources écrites : auteur et titre du livre, titre du journal ou de la revue pour la presse, lieu d'apposition d'une affiche publicitaire, etc.) et à sa date (qui n'est pas nécessairement celle de la première occurrence). Figure enfin le néologisme dans son cotexte, plus ou moins long en fonction des informations nécessaires à son interprétation.

Conformément à la pratique lexicographique habituelle, une définition est fournie même si l'établissement de celle-ci se heurte à des difficultés théoriques, dont il faut dire quelques mots. Par rapport aux lexies « conventionnelles » qui constituent les entrées des dictionnaires, les néologismes présentent en effet plusieurs particularités. Tout d'abord, lors de sa création, un néologisme est monosémique (il n'a qu'une acception) et son sens est d'ordinaire compositionnel (le sens de l'ensemble est calculable à partir du sens de ses parties et des « règles de construction des mots » [D. Corbin], intériorisées par les membres de la communauté linguistique). Par ailleurs, dans leur co-texte (linguistique) et leur contexte (situation d'énonciation, domaine abordé dans l'énoncé où ils figurent, etc.), les néologismes sont en général facilement interprétables, même si leurs contours sémantiques restent encore parfois un peu vagues. Mais le lexicographe se trouve au moment d'élaborer sa définition dans la même situation que n'importe quel récepteur : il élabore la construction du sens en fonction des deux éléments précédemment évoqués, le sens des formants et le contexte. Mais il hésite entre deux solutions possibles : donner le sens « général » du néologisme, d'après ses seuls éléments constitutifs, comme si le néologisme existait en dehors de tout contexte et de toute situation d'énonciation, ou au contraire donner le sens le plus précis possible que le néologisme acquiert dans le contexte et la situation d'énonciation où il est proféré et qui l'ont fait naître. Dans les faits, la solution adoptée est variable, tendant plutôt vers un pôle ou plutôt vers l'autre ou encore mêlant les deux types d'information, en fonction de ce qui paraît le plus adéquat au cas par cas. En tout état de cause, des précisions (identification du locuteur, sujet précis de l'énoncé, autres néologismes puisés à la même source, etc.) présentées entre crochets droits [ ] sont fournies qui aideront le lecteur à élaborer sa propre interprétation de l'unité lexicale nouvelle, exactement comme l'ont fait les récepteurs de ces néologismes et comme le font les récepteurs de tout néologisme, et à la confronter à celle qui est proposée. Il arrive parfois, surtout quand les énoncés traitent de domaines spécialisés, que le co-texte comprenne des définitions (pas toujours strictement identiques d'ailleurs, quand plusieurs énoncés sont retenus, comme c'est le cas pour *hameçonnage*). La définition se contente alors de la ou les reproduire (ou d'établir une « moyenne » entre plusieurs d'entre elles).

Une deuxième raison théorique à la difficulté d'élaboration de définitions lexicographiques de néologismes tient au risque de figer prématurément, dans une définition, des emplois qui peuvent être fluctuants, au début de leur circulation. Les tentatives d'élaboration de définitions de néologismes par des membres d'une équipe de lexicologues (le GRIL) se sont heurtées, il y a quelques années, à ce type de difficultés. Du fait de la « discontinuité de la transmission du sens » (A. Meillet), les récepteurs des énoncés et des unités qui les composent construisent, individuellement, des signifiés qui ne se superposent pas exactement entre eux et qui diffèrent également, plus ou moins, du signifié qui a été émis. Ce mécanisme historique du changement de sens fonctionne à plein pour les néologismes. Comment pourrait-on collecter les diverses interprétations construites par les locuteurs ? Est-il possible de réduire cette diversité à une définition unique stable ? Sans doute pas, mais il est néanmoins offert une proposition de définition, malgré ce flou et sans attendre que les néologismes aient assez circulé au sein de la communauté pour que, du fait des besoins de l'interaction, leurs emplois se précisent et se stabilisent. L'avenir sera seul juge d'une part de la vitalité de tel ou tel néologisme et de l'adéquation de la définition proposée. C'est en effet seulement lorsque le néologisme aura perdu ce statut, qu'il aura été intégré dans la langue et méritera de figurer de plein droit dans la nomenclature principale du dictionnaire que l'on pourra élaborer une définition plus assurée (ou des définitions, car les néologismes peuvent acquérir assez vite de nouveaux emplois et acceptions comme le montre l'exemple de *détricoter*). Ce qui ne manquera pas d'arriver à certains de ceux qui sont répertoriés ci-après.

Voici donc dans toute leur diversité (dans leur procédé de création, dans la qualité de leurs producteurs, dans les objets du monde ainsi nommés et dans les raisons probables de leur création, etc.) – mais ce n'est pas ici le lieu d'entrer dans le détail de leurs analyses – un ensemble de près de cinq cents néologismes disparates. Laissons au lecteur le plaisir (ou déplaisir) de découvrir ou reconnaître tel ou tel et le choix de ses appréciations, et laissons au temps le soin de faire le tri.

Des informations bibliographiques au sujet de la néologie sont consultables sur le site www.eila.jussieu.fr/recherche/neologie/.

Jean-François Sablayrolles

468 néologismes récents

ACCESSOIRISATION.
Acte de se procurer des accessoires, en particulier vestimentaires.
● *À nous Paris*, 8 mars 2004, p. 5 :
« Place au chic parisien avec beaucoup de glamour, de classe et de coquetterie dans les moindres détails. L'accessoirisation est aussi importante, voire plus. La jolie madame aime les gants, son petit sac est assorti à sa tenue et, surtout, elle aime les dessous chics. »

ACTION COLLECTIVE EN JUSTICE.
Type d'action judiciaire.
● *Libération*, 7 janvier 2005, p. 6 :
« Clients mécontents unis au tribunal. Au nom de la concurrence, Jacques Chirac propose d'introduire en France le système américain d'actions collectives en justice. Autoriser les actions collectives des consommateurs devant la justice, comme le réclament depuis longtemps les associations, c'était, mardi, la proposition de Jacques Chirac lors de ses vœux, pour que les Français puissent mieux se défendre contre les "pratiques abusives" des entreprises. »

ACTION DE GROUPE.
Type d'action judiciaire.
● *Libération*, 7 janvier 2005, p. 6 :
« Le Président ne prononce pas le terme d'"action de groupe", mais les associations – pour la défendre – comme le patronat – pour la torpiller – s'en sont emparés. »

ACTION EN NOM COLLECTIF.
Type d'action judiciaire.
● *Libération*, 7 janvier 2005, p. 6 :
« Les dirigeants américains de McDonald's, accusés d'avoir rendu obèses des adolescents du Bronx, vont se retrouver devant les tribunaux. Comment anticiper en France les "actions en nom collectif " à l'image de celles visant les cigarettiers américains ? »

ACTION EN REPRÉSENTATION CONJOINTE.
Type d'action judiciaire.
● *Libération*, 7 janvier 2005, p. 6 :
« Il existe en France une version soft de la class action. Si soft qu'elle est boudée par les associations de consommateurs. Son petit nom : l'action en représentation conjointe. »

ACTUFICTION.
Œuvre de fiction mettant en jeu des événements de l'actualité récente.
● *Télérama*, 23 mars 2005, p. 28 :
« Tout sujet d'actufiction, périlleux par définition, doit être envisagé. C'est souvent la seule possibilité de s'attaquer à des faits cachés et qui le seront encore longtemps si nous restons les bras croisés. [Mark Lawson, critique et éditorialiste.] »

ADD-ON.
Ajout à un programme de jeux électroniques.
● *Libération*, 18 février 2005 :
« L'accueil fait à ces pratiques n'est cependant pas unanime et le géant américain du secteur, Electronic Arts, en est un farouche opposant. Logique : c'est aussi le spécialiste de la licence juteuse et des add-ons infinis (les Sims, ad libitum). Et le modding, au fond, c'est cela : l'add-on gratos que s'inventent les joueurs. »

AFRICANITÉ.
Qualité d'africain.
● *Télérama*, 27 octobre 2004, p. 20 :
« Appellation [art dernier] en forme de pied de nez à "ce culte du primitivisme qui réduit les artistes africains à leur seule africanité". [O. Sultan, directeur d'une galerie.] »

AFRO-ALLEMAND.
Africain originaire des anciennes colonies allemandes.
● *Télérama*, 16 mars 2005, p. 26 :
« *Noirs dans les camps nazis* n'est pas un essai sur l'extermination des Noirs dans les camps de concentration nazis mais, plus poignant, un long article étayé de portraits et de témoignages : ceux d'Afro-Allemands (originaires des anciennes colonies du Reich), de GI américains, de Français nés sur le continent ou de soldats des troupes coloniales faits prisonniers par les Allemands. »

AGRICULTUREL.
Relatif à l'agriculture.
● Oral, radio, 10 octobre 2004 :
« Vive l'exception agriculturelle de la France. [Déclaration du ministre de l'agriculture à propos de la semaine du goût.] »

ALCOPOP.
Types de boissons alcoolisées.
● *Télérama*, 5 mai 2004, p. 99 :
« Tandis que le pastaga, le cognac et les alcopops marchent du tonnerre de feu, le lobby des viticulteurs reste toujours aussi puissant. »

ALGÉRIANISER.
Donner un caractère algérien à quelque chose.
● *Télérama*, 7 avril 2004, p. 21 :
« Au lendemain de l'indépendance, le nouveau pouvoir se met en tête d'"algérianiser" les noms des rues. »

ALMODOVARIEN.
Qui rappelle les films d'Almodovar.
● *Télérama*, 30 mars 2005, p. 126 :
« Des garçons et des filles révèlent leur homosexualité à leurs bourges de parents. Réactions super-cool. Un seul réac pour la touche homophobe. Un Johnny toréador très "almodovarien". [À propos du film de S. Giusti *Pourquoi pas moi ?*, 1998.] »

ALTERCAPITALISME.
Libéralisme total sans aucune réglementation.
● Oral, télévision, Canal+, 12 avril 2005 :
Mot mis dans la bouche d'une des marionnettes des *Guignols de l'info*, incarnant un partisan de l'ultralibéralisme se réjouissant d'un possible rejet de la Constitution européenne lors du référendum.

ANATOPISME 1.
Conventionnel. Troubles psychologiques ressentis par des émigrants. Néologisme sémantique. Sensation agréable de dépaysement.
● Affiche publicitaire, mars 2005 :
« Anatopisme : sensation de dépaysement de l'individu transporté hors de son environnement naturel. [Affiche publicitaire dans le métro, vantant les bienfaits du dépaysement de touristes en vacances dans le bassin d'Arcachon.] »
RMQ. Connotation positive contrastant avec la définition du terme psychiatrique : « En psychopathologie, ensemble des troubles mentaux survenant chez certains émigrants, du fait de leur transplantation. »

ANATOPISME 2.
Décalage produit par la présence inattendue d'un élément dans un environnement géographique.
● Internet :
« Curieusement, on ne parle jamais d'anatopisme sauf, en psychiatrie, pour désigner les troubles spécifiques aux personnes déracinées. Pourtant, un anatopisme – qui serait à la géographie ce que l'anachronisme est à l'histoire – serait un bel outil, lui aussi. Procédé comique : le seul danger, quand on voyage au Sahara, est de se laisser surprendre par une attaque d'ours blancs. »
● Internet :
« Un des paradoxes de la science-fiction veut qu'elle use pour décrire l'avenir – ou parfois le passé lointain – des mots du présent. L'anachronisme ou l'anatopisme langagier ne lui est certes pas propre. Le roman historique ou exotique rencontre la même difficulté théorique. Il s'en tire à coup de conventions. Mais dans le cas de la science-fiction, il s'agit de définir ou de suggérer des êtres, des situations ou des choses qui n'existent pas encore, qui n'existeront peut-être jamais, qui n'ont, par principe, jamais été nommés. »

RMQ. Ces deux emplois d'*anatopisme 2*, proches, n'ont aucun lien sémantique direct avec *anatopisme 1*, mais peuvent être rapprochés de : Internet, www.bibl.ulaval.ca/info/ajour/ajour169.html.

Une table des matières présentée à la fin du jugement donne les renvois aux différentes pages du jugement (un anatopisme, compte tenu de la numérotation des paragraphes), et permet de suivre aisément la logique du texte.

ANGLER.
Traiter un sujet d'une certaine manière.
- *Télérama*, 15 décembre 2004, p. 100 :
« L'équipe [de *Nous ne sommes pas des anges*, Canal+] tente de mieux "angler" la *Question du jour…* »

ANTIBIMBO.
Jeune femme n'ayant pas les qualités d'une bimbo.
- *Télérama* , 26 février 2005 :
« Recalées sur M6, Chimène Badi et Amel cartonnent avec leurs disques. [Chapeau.] » « La téléréalité à qui perd gagne. [Titre.] » « Il y a d'abord eu Chimène Badi. Vedette surprise de l'émission de téléréalité musicale *Popstars*. Où elle ne gagna pas. […] Puis […] Amel. Une perdante elle aussi. Éjectée (en demi-finale) de l'émission *À la recherche de la nouvelle star*, sur M6 également. Deux "loseuses" laissées pour compte du grand rêve cathodique. Sauf que… sauf que ces demoiselles ont quand même fini par sortir un disque. Et pèsent désormais, à elles deux, près d'un million d'albums vendus. Des miraculées ? Dans le cadre formaté desdites émissions, elles semblaient un peu à part, hors normes. Moins jolies (mais tout est affaire de goût) que les poupées Jenifer, Nolwenn ou Emma Daumas. Moins malléables aussi, plus piquantes. De vrais tempéraments […], Chimène et Amel, la revanche des antibimbos. » « Amel, antibimbo au fort tempérament. [Légende photo.] »

ANTICOMÉDIEN.
Comédien qui se démarque de la pratique conventionnelle de l'art dramatique.
- *Télérama sortir*, 2 mars 2005, p. 5 :
« D'autant qu'à aller voir les spectacles de Kantor, Brook ou Vitez, l'anticomédienne [Anouk Grimberg] a compris qu'en scène on mentait finalement moins que dans la vie. »

ANTIGRAFF.
Qui s'oppose aux graffs, écrits ou dessins exécutés sur des supports variés : murs, trains, etc.
- *Télérama*, 1er décembre 2004, p. 24 :
« Gaffe antigraffs. [Titre.] » « La SNCF déboutée contre des magazines de graffeurs. »

ANTIPLÉNÉLIEN.
Opposant à Edwy Plenel, ancien directeur de la rédaction du quotidien *Le Monde*.
- *Libération*, 14 décembre 2004, p. 20 :
« Pilote ou copilote, Courtois est entouré d'une équipe savamment dosée. Le résultat d'un bras de fer entre plénéliens et antiplénéliens, difficilement tranché par Colombani, qui s'est refusé à lancer une chasse aux sorcières. »

APÉRO-POÉSIE.
Séance conviviale de déclamation de poésie autour d'un verre.
- *À nous Paris*, 14 mars 2005, p. 29 :
« "Débits de parole", ce sont aussi des apéros-poésie festifs, des interventions en milieu scolaire, afin de faire partager à tous les richesses et les différents aspects de la parole francophone. »

AQUACINÉASTE.
Cinéaste de la vie aquatique.
- *Télérama*, 9 mars 2005, p. 37 :
« Notre aquacinéaste [Wes Anderson, réalisateur du film *La Vie aquatique*] cultive une loufoquerie blanche presque plate, reposant sur un sens aigu de la litote et sur le jeu très pince-sans-rire des acteurs. »

ARCHAÏQUE ATTITUDE.
Manière d'être et de se conduire dépassée.
- *Télérama*, 16 février 2005, p. 6 :
« Sur ce, en bon fainéant de fonctionnaire et de chercheur que je suis, je vais reprendre mon travail et vous [J.-P. Raffarin, Premier ministre en exercice] laisser à votre "archaïque attitude". [Lettre d'un lecteur irrité d'être accusé d'avoir une "négative attitude".] »

ARTMOBILE.
Automobile participant à des défilés à objectifs artistiques.
- *Télérama*, 19 mai 2004, p. 28 :
« Depuis le début du mois, chaque week-end, une caravane de voitures transformées en "artmobiles" sillonne les routes de Franche-Comté. »

ARTS DERNIERS.
Arts africains contemporains, par contraste avec ce que l'on appelle conventionnellement les arts premiers.
- *Télérama*, 27 octobre 2004, p. 20 :
« En réaction aux arts premiers, les arts derniers. [Surtitre.] » « Olivier Sultan a appelé sa galerie le musée des arts… derniers. Une appellation en forme de pied de nez à "ce culte du primitivisme qui réduit les artistes africains à leur seule africanité." »

ATHÉOLOGIE.
Science de l'athéisme parallèle aux sciences des religions.
- *Télérama*, 9 mars 2005, pp. 24-25 :
« Le philosophe Michel Onfray part aujourd'hui en croisade pour l'"athéologie". » « *Traité d'athéologie* de Michel Onfray, éd. Grasset. [Dans la bibliographie.] »

ATTRAPE-MÉNAGÈRE.
Qui séduit une certaine classe de femmes, définie par l'âge et l'absence de profession.
- *Télérama*, 3 mars 2004, p. 114 :
« Comme tous les mercredis Jean-Luc [Delarue] décochera son plus beau sourire "attrape-ménagères de moins de 50 ans"… »
Voy. aussi BLAGUETTE.

AUDIMATEUX.
Qui racole les téléspectateurs pour avoir un bon indice d'écoute, en jouant sur le pathos.
- *Télérama*, 19 janvier 2005, p. 6 :
« Audimateux. [Titre.] » « Immonde, cette exhibition médiatique, ce téléthon audimateux de la douleur humaine (qu'ils réduisent à l'"humanitaire") pour une charité mondiale (qu'ils osent appeler "compassion") en lieu et place, comme d'habitude, d'une justice dans la répartition des richesses mondiales… [Lettre de lecteur.] »

AUDIO-VISUELO-LANGAGIER.
Relatif à la manière de s'exprimer à la radio et à la télévision.
- *Télérama*, 18 février 2004, p. 21 :
« Cinquante ans plus tard, opération audio-visuelo-langagière réussie : les *r* roulés ont disparu et chacun parle "pointu". [À propos de la guerre aux accents régionaux à la radiodiffusion française.] »

AUTOCONSTRUIT.
Qui se forme soi-même, sans recours à des institutions ou modèles extérieurs.
- *Télérama sortir*, 16 février 2005, p. 10 :
« Une troupe de vingt-cinq ans d'âge, autoconstruite à Savigny [théâtre de la Mezzanine jouant *Les Champs d'amour*]. »

AUTODESCRIPTIF.
Qui se décrit soi-même.
- *Télérama sortir*, 16 février 2005, p. 5 :
« GM [théâtre expérimental] fabrique […] des vidéos musicalo-ludiques comme *English Song*, clip autodescriptif d'une chanson minimaliste dont les paroles racontent… le processus de composition. »

AUTOGOOGLER (S').
Consulter sur le moteur de recherche Google les sites où l'interrogateur apparaît.
- *Prima*, octobre 2004, encart, p. 4 :
« On peut aussi "s'autogoogler". »

BECKETTIEN.
Digne de Beckett.
- *Télérama sortir*, 15 septembre 2004, encart, p. 4 :
« Il y a une grande filiation entre eux tous [humoristes choisis par Rufus pour son spectacle]. Ils ont quelque chose de beckettien. »

BELGITUDE.
Qualité inhérente à la Belgique et aux Belges.
• *Télérama*, 5 janvier 2005, p. 60 :
« Les couleurs de la belgitude. [Gros titre.] » « D'Ensor à Magritte, au musée de Lodève. »

BESSONNIEN.
Relatif au cinéaste Luc Besson.
• *Télérama*, 13 octobre 2004, p. 26 :
« Il aura suscité le rappel d'une vérité apparemment difficile à entendre : l'œuvre a beau être un "objet gentil", selon la formule bessonnienne, l'attaquer ressortit encore au libre droit de la critique. »

BEST-OF-ING.
Sorte de compilation des meilleurs éléments d'un domaine.
• *Télérama*, 22 décembre 2004, p. 14 :
« Les premiers industriels à avoir pratiqué ce "best-of-ing" sont les marchands de musique : aujourd'hui plus que jamais les compilations de tubes connaissent un succès foudroyant. »

BEST-SELLERISÉ.
Dont les livres se vendent en grand nombre.
• *Télérama*, 30 mars 2005, p. 132 :
« Fred Vargas, archéologue et écrivaine "best-sellerisée", préfère laisser voguer son imagination, cherche au sol, le nez au ras du bitume, des traces d'histoires minuscules susceptibles d'alimenter ses intrigues. »

BEURGEOIS.
Amalgame de *beur* et *bourgeois,* Français immigré de la deuxième génération d'origine maghrébine qui a réussi professionnellement et socialement.
• *Télérama*, 23 mars 2005, p. 26 :
« Il y a trois semaines, le quotidien *Le Monde* évoquait, en une, le phénomène " beurgeois". Le néologisme, contraction de *bourgeois* et de *beur*, désigne ces jeunes Français issus de l'immigration maghrébine qui réussissent à faire des études supérieures mais aussi à trouver des postes de cadres, de médecins, d'avocats… Ces derniers jours enfin sort le livre de Razika Zitouni, née de parents algériens, *Comment je suis devenue une beurgeoise*. »
Voy. aussi BEURGEOISIE et BOURCAILLE.

BEURGEOISIE.
Qualité de beurgeois.
• *Télérama*, 23 mars 2005, p. 26 :
« Le charme discret de la beurgeoisie. [Titre.] »
Voy. aussi BEURGEOIS et BOURCAILLE.

BIEN-ÉCRIVANTE.
Qui écrit d'une manière conventionnelle et selon l'idéologie bourgeoise. Sens péjoratif.
• *Télérama*, 2 février 2005, p. 6 :
« René Char était dévoreur de femmes, bouffeur de curés, casseur de gueules et rugbyman, grand pourfendeur de l'étroitesse d'esprit et de vie de la bourgeoisie bien-pensante et bien-écrivante. »

BIENTRAITANCE.
Attitude, comportement consistant à s'occuper comme il faut des enfants ou des personnes âgées.
• *Métro*, 12 janvier 2004, p. 6 :
« Veiller à la bientraitance des personnes âgées. [Titre.] »

BIG BROTHERISATION.
Transformation de la société en système policier et totalitaire à la manière de la société décrite par G. Orwell dans 1984.
• *TGV* [magazine de la SNCF], avril 2005, p. 30 :
« D'autres s'émeuvent de la "big brotherisation" rampante sous-tendue par la mise en place du document [la carte nationale d'identité électronique]. »
Voy. CNIE, E-DÉMOCRATIE et SMARTCARD.

BIG FIVE.
Les cinq grands types de fauves d'Afrique.
• *À nous Paris*, 31 janvier 2005, p. 22 :
« Des paysages époustouflants, les "big five" (lions, buffles, léopards, éléphants, rhinocéros) en liberté, une débauche de couleurs et un res-

pect évident pour l'environnement : décidément, la Namibie est LE diamant austral de l'Afrique. »

BIG SISTER.
Féminisation de *Big Brother* : dictateur au féminin.
• *Télérama*, 6 octobre 2004, p. 7 :
« Nous, c'est en toute liberté que nous portons ainsi atteinte à notre langage. À moins bien sûr que nous soyons victimes d'une autre forme de dictature, impalpable et sournoise, une Big Sister bien de chez nous que nous révérerions aveuglément : Sa Majesté la communication. [Lettre de lecteur.] »
Voy. JOURNALOIS.

BIKE ZONE.
Aire aménagée pour la pratique du vélo et de certaines autres activités ludiques et sportives.
• *Libération*, 23 février 2005 :
« Champs-sur-Marne (Seine-et-Marne), McDo a créé une aire de jeux pour les moins de 10 ans. C'est le Ronald Gym Club, une bike zone couverte avec deux vélos, un panier de basket, un parcours d'obstacles, un jeu d'escalade, un tapis musical de danse façon Star Ac'. Le mercredi, certains enfants arrivent ici le matin, petit-déjeunent sur place, jouent dans le "gymnase", puis déjeunent et rejouent. Depuis l'existence de cette bike zone, 20 à 25 % de Happy Meals (menus pour enfants) sont vendus en plus. »

BIOMÉCANOÏDE.
Qualifie des êtres hybrides, mi-humains, mi-machines, dans des bandes dessinées.
• *Télérama sortir*, 15 septembre 2004, p. 6 :
« H. R. Giger dessine des êtres "biomécanoïdes", moitié humains, moitié machines, évoluant dans un univers abyssal, intra-utérin, souvent dominé par une puissance féminine sur fond d'ésotérisme et d'érotisme. »

BLACKLISTÉ.
Mis sur la liste noire, exclu.
• *Télérama*, 24 mars 2004, p. 89 :
« Aujourd'hui, le réalisateur [Frédéric Mitterrand] n'arrive plus à vendre ses documentaires, se dit "blacklisté" chez Arte… »

BLAGUETTE.
Petite plaisanterie.
• *Télérama*, 3 mars 2004, p. 114 :
« Jean-Luc [Delarue] balancera au bon moment une petite blaguette pour détendre l'atmosphère… »
Voy. aussi ATTRAPE-MÉNAGÈRE.

BLAIRISME.
Doctrine ou ligne de conduite politique de Tony Blair, Premier ministre travailliste britannique.
• *Télérama*, 18 février 2005, p. 20 :
« La scène britannique se réveillerait-elle enfin de six années de blairisme lénifiant ? (Les dramaturges british rivalisent d'insolence.) »

BLOCKBUSTER.
Qui fait les meilleures ventes dans un domaine.
• *Métro*, 10 mars 2005, p. 9 :
« Les médicaments dits "blockbusters", c'est-à-dire dont les ventes annuelles dépassent le milliard de dollars, ont été au nombre de 82 l'an dernier. »

BLOG DE BUREAU.
Blog spécialisé dans la sphère du travail et de l'entreprise.
• *Télérama*, 10 novembre 2004, p. 22 :
« Blogs de bureau. [Titre.] » « Salariés, tenez votre journal en ligne. [Sous-titre.] » « Il y a des salariés qui parlent de leur boulot sur des journaux en ligne spécialisés ("insider blogs"). […] On le croyait cantonné à la sphère de l'intime. Raté ! Le blog est partout, même au bureau. »

BLOGOSPHÈRE.
Univers des blogs.
• *Télérama*, 22 décembre 2004, p. 12 :
« Tous se sont mis à ouvrir leurs blogs. La blogosphère serait l'avenir du web… »

BLOGUEUR.
Personne qui s'adonne aux blogs.
● *Télérama*, 24 novembre 2004, p. 24 :
« Un blogueur influent copie-colle cet article sur son site et y ajoute un commentaire ironique. »
Voy. aussi CYBERBAROUF.

BOBOPHOBIE.
Haine envers les bourgeois bohèmes.
● *Métro*, 18 avril 2005, p. 7 :
« Alors, pour rajeunir son parti, il [J.-L. Romero, conseiller régional UMP de Paris] souhaite s'occuper des jeunes et lutter activement contre la "bobophobie". »

BOMBASSE.
Femme excessivement provocatrice dans la manière de mettre en avant ses charmes.
● *À nous Paris*, 31 janvier 2005, p. 16 :
« Bombasse à profusion. [Sous-titre.] » « Cette nouvelle mouture [d'un jeu vidéo] qui remplace le mysticisme gentiment kitch des "Sables du temps" par des batailles à profusion et autant de bombasses à gros seins, risque à maintes reprises de se tirer une balle dans le pied. »

BONAMÉRICANITÉ.
Qualité du "bon Américain", c'est-à-dire bien pensant et politiquement correct. Sens péjoratif.
● *L'écrivain*, 5 janvier 2005, p. 18 :
« L'écrivain Suzan Sontag venait de commettre un de ses crimes contre la "bonaméricanité" que l'on ne pardonne plus aujourd'hui outre-Atlantique, devenant illico la femme à abattre pour la presse néoconservatrice. [À propos de sa déclaration contre les appels à la vengeance après le 11 septembre 2001.] »

BON CLIENT.
Invité qui passe bien dans une émission de radio ou de télévision.
● Oral, télévision, France 2 [émission de M. Dumas], 23 février 2005 :
Un journaliste interrogé à propos de J.-M. Cavada, aujourd'hui député européen : « – Avec son expérience de journaliste, il va savoir trouver les infos et [nous les raconter...]. » Le reporter : « – C'est ce qu'on appelle dans le jargon avoir un bon client. » Le journaliste : « – C'est ça, un bon client. »

BOUGNOULE CONNEXION.
Lieu de rencontre des immigrés d'origine maghrébine.
● *Télérama sortir*, 26 mai 2004, p. 21 :
« Tel était le rêve de Djilali Aïchoune, l'âme fondatrice de la bougnoule connexion, d'où est issu l'Orchestre national de Barbès... [À propos d'une grande parade populaire.] »

BOUQUETTISTE.
Fleuriste qui compose artistiquement des bouquets.
● *À nous Paris*, 15 novembre 2004, p. 4 :
« En travaillant avec des créateurs, le "bouquettiste" Marc-Henry Goujard attire ainsi une nouvelle faune. Pourtant son objectif reste le même : "faire de la haute couture végétale de luxe à des prix dignes de la grande distribution". »

BOURCAILLE.
Amalgame de *bourgeois* et *racaille* : mi-bourgeois, mi-racaille.
● *Télérama*, 23 mars 2005, p. 26 :
« Razika, c'est devenu une beurgeoise. / Elle va bientôt se maquer avec un bourcaille. / Un bourcaille ? ! C'est quoi ça ? / Un Versaillais qui se la joue racaille. [Bulles d'un dessin de Dumarteau : propos de deux jeunes immigrés et de leurs chiens à propos d'une jeune femme, Razika, qui passe.] »
Voy. aussi BEURGEOIS et BEURGEOISIE.

BOUTIQUE-ATELIER.
Lieu de fabrication d'objets et aussi de leur vente.
● *À nous Paris*, 14 mars 2005, p. 7 :
« Nichée dans une petite rue du quartier des Abbesses, on découvre la boutique-atelier de Géraldine Valluet. À l'intérieur, elle façonne des petites merveilles de bijoux qui scintillent déjà dans l'univers de la mode à Paris, Londres, Amsterdam, Anvers, Tokyo, New-York... Ce boudoir est aménagé comme un petit coin de paradis avec murs pas-

tel et sol recouvert de nuages. Heureuse d'avoir pu trouver ce lieu, la créatrice nous confie : "J'adore le quartier et l'ambiance du showroom. Il me permet de garder un contact direct avec ma clientèle tout en restant à côté de mon atelier." Cet antre sans cesse en ébullition respire la création. »

BRÈVE DE WAGON.
Propos échangés dans les trains de banlieue semblables à ceux entendus aux comptoirs des cafés.
● *Télérama*, 10 novembre 2004, p. 88 :
« Dès potron-minet, le quatuor [les réalisateurs du feuilleton de Canal+ *Le Train*] décortique la presse du jour pour en sortir "des brèves de wagon", à mi-chemin entre l'éditorial et le Café du Commerce. »
Voy. aussi NAVETTEUR.

BRITISHISSIME.
Qui possède au plus haut degré la qualité britannique.
● *Télérama*, 30 mars 2005, p. 126 :
« Cinq histoires horrifiques, avec un amusant prologue ferroviaire : vampire, loup-garou et zombi sont les héros attendus de ce film à sketches "britishissime", qui culmine dans un beau duel d'acteurs. [À propos du film fantastique britannique *Le Train des épouvantes* de F. Francis, 1965.] »

BRUITEUR.
Personne qui fait du bruit.
● *Le Monde.fr*, 8 mars 2005 :
« Les "bruiteurs" eux-mêmes n'hésitent pas à s'exprimer sur le site. " Je fais pourtant l'effort de chasser mes invités à 1 heure du matin. C'est plutôt court pour une fête", explique Dimitri, qui s'estime "harcelé par des voisins intolérants". »

BRUITISTE.
Qui fait du bruit, bruyant.
● *Télérama sortir*, 29 septembre 2004, p. 28 :
« Forcément bruitiste et aventureux, le live machine du rare Américain Kid 606, fondateur du label Tigerbeat 6. [Rubrique *Musiques, Electro Groove.*] »

BRUNCHER.
Consommer un repas intermédiaire entre un petit déjeuner (breakfast) et un lunch : un brunch.
● *Paru Vendu*, 23 septembre 2004, pp. 3 et 14 :
« Où bruncher ce week-end ? [Dans le sommaire.] Dans cet hôtel particulier du XIXe siècle se cache l'un des plus beaux salons pour bruncher. »

BRUTALISATION.
Évolution vers un caractère plus brutal, plus violent.
● *Télérama*, 10 novembre 2004, p. 17 :
« Les pratiques et représentations de guerre ont changé la donne. La "brutalisation" induite par le conflit s'inscrit à une échelle nouvelle : camps de civils, déplacements de population, meurtres de masse, représailles [S. Audoin-Rouzeau, historien codirecteur de l'Historial de la Grande Guerre, à Péronne]. »

CAINRI.
Qualifie une manière « américaine » (en verlan) de se vêtir.
● *Télérama*, 6 octobre 2004, p. 182 :
« Vous n'avez qu'une vague idée, voire pas d'idée du tout, de ce que sont les looks "chalala" (BCBG à tendance frimeur), "pauv' mec" (dépenaillé) ou "cainri" (pantalon baggy et baskets) ? »

CALL-CENTER.
Entreprise de démarchage par téléphone.
● *Télérama*, 19 janvier 2005, p. 19 :
« Des téléactrices accusent leur chef de harcèlement. [...] On est dans un de ces "call-centers" qui prolifèrent dans tous les secteurs. Le boulot de ces jeunes femmes consiste à convaincre les clients d'une banque de prendre rendez-vous avec un conseiller financier. [...] On leur demande juste de créer un halo d'érotisme qui "accroche" le client. »

CARE.
Soin à la personne.
● *Télérama*, 17 novembre 2004, p. 24 :
« Le secteur du "care" (soin à la personne) représente 20 % des

emplois aux États-Unis [quand les mères du tiers-monde s'occupent des enfants des pays riches]. »

CARITATIVO-LUDIQUE.
Qualifie des activités de divertissement et de charité à la fois.
• *Télérama*, 3 novembre 2004, p. 10 :
« Le petit écran s'est lancé dans le caritativo-ludique intensif. En 1994, les producteurs de *Fort Boyard* invitent des animateurs de France 2 à jouer à la place des candidats anonymes. "Comme on ne pouvait décemment pas leur donner de l'argent, on a pensé pour la première fois aux associations", explique Ch. Dugenetay d'Adventure Line Productions. »
Voy. aussi TÉLÉ-CHARITÉ et TÉLÉCOLLECTE.

CARTE AUTONOMIE.
Dispositif destiné à venir en aide aux personnes dépendantes pour garantir leur autonomie.
• *Métro*, 10 mars 2005, p. 2 :
« Ph. Douste-Blazy propose une "carte autonomie" pour aider les personnes âgées dépendantes. »

CARTOONESQUE.
Digne des films d'animation.
• *À nous Paris*, 28 mars 2005, p. 14 :
« Sur TF1, je [l'humoriste Cartouche] propose un programme court pour enfants, *Ouf le prof !*, et je me régale. J'y incarne un prof très cartoonesque qui apprend aux loupiots les lois de la nature (pourquoi les tartines tombent toujours du mauvais côté, etc.). »

CHABADER.
Faire chabada bada, comme la musique du film *Un homme et une femme*.
• *Télérama*, 2 février 2005, p. 123 :
« Que reste-t-il des amours d'Anne et Jean-Louis, "chabadant" dans la lumière des phares entre Deauville et Paris ? [À propos du film de C. Lelouch *Un homme et une femme*.] »

CHABROLITÉ.
Qualité relative au cinéaste Claude Chabrol et à ses films.
• *Télérama*, 17 mars 2004, p. 142 :
« Le 53e film de Chabrol [*La Fleur du mal*] fait clignoter tous les signes extérieurs de "chabrolité". »

CHALALA.
Aspect vestimentaire bon chic, bon genre à tendance frimeur.
• *Télérama*, 6 octobre 2004, p. 182 :
« Vous n'avez qu'une vague idée, voire pas d'idée du tout, de ce que sont les looks "chalala" (BCBG à tendance frimeur), "pauv' mec" (dépenaillé) ou "cainri" (pantalon baggy et baskets) ? »

CHANTACTRICE.
Comédienne qui se lance dans la chanson.
• *Télérama*, 23 mars 2005, p. 80 :
« On ne comparera Sandrine Kiberlain ni à Jane Birkin, ni à Chiara Mastroianni, ni à Isabelle Adjani, ni à aucune "chantactrice", sur le registre "à quoi bon ?" [Comédienne qui vient de faire paraître le disque *Manquait plus qu'ça...*] »

CHART.
Classement.
• *Télérama*, 17 novembre 2004, p. 22 :
« Régulièrement, Billboard inaugure un nouveau "chart", c'est-à-dire un nouveau classement. Chart de musique électronique au milieu des années 80, chart des disques, chart des disques chantés en espagnol plus récemment. [...] Dernière innovation : la création d'un classement des musiques pour sonneries de téléphones les plus téléchargées aux États-Unis. »
Voy. DRING PARADE.

CHARTÉRISATION.
Action de renvoyer dans leur pays des immigrés clandestins en grand nombre avec des vols nolisés.
• *Libération*, 17 janvier 2005, p. 3 :
« Avant que Nicolas Sarkozy ne revienne à la charge sur le sujet, le "quota" d'immigration avait déjà fait l'objet de moult débats. Mais cela n'a pas toujours été le même point de vue selon que l'on en fait

un instrument de régulation de la main-d'œuvre au service du patronat, un guichet impératif afin de justifier ensuite la "chartérisation" de ceux qui ne s'y sont pas présentés ou bien encore une garantie de protection pour les travailleurs. ["Immigration Écueils", par Jean-Michel Helvig.] »

CHASSE AUX BLANCS.
Agressions et hostilités envers les résidents français d'Abidjan.
• *Le Monde*, 23 novembre 2004, p. 4 :
« Redéploiement des contingents qui avaient été rappelés au secours dans la métropole côtière [Abidjan en Côte d'Ivoire], le 6 novembre, au début de la "chasse aux Blancs". »

CHRONODACTYLOGRAPHE NUMÉRIQUE.
Appareil de contrôle de la vitesse et du temps de conduite des chauffeurs de poids lourds.
• *20 Minutes*, 24 décembre 2004, p. 2 :
« [Deux ingénieurs ont reçu un prix pour leur projet industriel,] le chronodactylographe numérique. Derrière ce terme se cache la version moderne du disque "mouchard" en papier utilisé pour contrôler les temps et les vitesses de conduite des chauffeurs routiers. »
Voy. aussi FRAUDABLE.

CINÉMABLE.
Dont on peut faire un film.
• *Télérama*, 2 mars 2005, p. 30 :
« Or, Tintin, ça va finir pas se savoir, n'est pas "cinémable". On se souvient peut-être des tentatives malheureuses du type *Tintin et les oranges bleues*. »

CINÉMA DE CHAMBRE DE BONNE.
Genre de films français émergeant à la fin des années 80.
• *Télérama*, 22 décembre 2004, p. 26 :
« Impressionnant, le film [*Comment je me suis disputé (ma vie sexuelle)*] fait un sort au genre florissant de l'époque, ce "cinéma de chambre de bonne" peuplé de trentenaires parisiens et lettrés, accumulant ruptures sentimentales et crises existentielles. »

CINÉTÉLÉPHILE.
Amateur de films diffusés à la télévision.
• *Télérama*, 15 décembre 2004, p. 101 :
« Comme tout cinétéléphile, vous voyez arriver Noël avec désolation. Alors cette année, laissez la baby-sitter endurer les "dysniaiseries", et partagez de vrais cadeaux. »

CISTE.
Trésor, sans valeur marchande, caché et à découvrir à l'aide d'indices.
• *L'Express*, 20 décembre 2004 :
« Le trésor est un prétexte pour se balader et découvrir une région. Selon ce concept de ludo-tourisme, deux Français ont à leur tour lancé sur Internet, en 2002, un jeu où des énigmes littéraires et historiques remplacent le GPS. Le nombre de "cistes" dissimulées – 5 400 – augmente chaque jour, et leur recherche est devenue un art de vivre. »
Voy. aussi GEOCACHING, GÉOCACHEUR, CISTER et CISTEUR.

CISTER.
S'adonner au jeu de dissimulation et/ou de recherche de cistes.
• *Libération*, 11 août 2004 :
« Boudicca, 47 ans, vit dans l'Essonne. C'est son kiné qui lui en a parlé. Il y a un peu plus d'un an. Depuis, elle y consacre tout son temps libre. "Je n'ai pas d'obligation familiale, alors je peux me lâcher", avoue-t-elle. "Quand je rentre chez moi, ça m'aide à décompresser, raconte Minos, commerciale. Heureusement que j'ai mes cistes, sinon j'aurais pété un câble." Certains organisent même leurs vacances en fonction de ça. Car cister fait voyager. "L'aspect découverte est primordial, explique Bob d'Artois. On cache les cistes en général dans des endroits qu'on aimerait faire découvrir. C'est une forme de tourisme." »

CISTEUR.
Personne qui s'adonne au jeu de dissimulation et /ou de recherche de cistes.
• *L'Express*, 20 décembre 2004 :
« Bien qu'adultes, ils traquent sans relâche des boîtes en plastique

remplies d'objets aussi précieux qu'une voiture miniature ou un porte-clefs musical. Ces chasseurs de trésors d'un nouveau genre, répondant aux noms de "géocacheurs" ou de "cisteurs", sont moins motivés par l'appât du gain que par le plaisir de la quête. Créé aux États-Unis en 2000, le geocaching, jeu de piste guidé par GPS, a conquis la planète : le site officiel y dénombre plus de 132 000 caches. "C'est un loisir familial, explique Pol Wens, directeur de la rédaction de *Thesaumag*. Le trésor est un prétexte pour se balader et découvrir une région." »

CLAVIERESQUE.
Digne du comédien Christian Clavier et de son jeu.
● *À nous Paris*, 28 mars 2005, p. 15 :
« Résultat de cette rencontre cinématographique – après un début, il faut le dire, assez pathétique, fait de bégaiements et de borborygmes "clavieresques" –, le duo trouve progressivement son rythme. [À propos du film *L'Antidote*, avec Christian Clavier et Jacques Villeret.] »

CLIENT-MYSTÈRE.
Faux client qui teste la qualité de l'accueil et des services offerts et en rend compte aux employeurs.
● *Libération*, 17 janvier 2005 :
« Personne ne connaît son nom, son visage, ni l'heure à laquelle il va se présenter. Mais rien ne lui échappe. Mieux : il est payé pour chercher la petite bête. Restaurants, prêt-à-porter, hôtels, coiffure : vous ne le voyez jamais, mais le client-mystère est partout. Ce pourrait être vous ou votre voisin, embauché pour se glisser dans la peau d'un client avant de faire un rapport détaillé sur l'accueil d'un magasin. […] Tous les employeurs interrogés se défendent bien entendu d'utiliser les rapports des clients-mystères pour faire pression sur tel ou tel vendeur. Les salariés eux-mêmes semblent être rares à s'émouvoir de cette pratique. "Ce n'est pas du tout perçu comme du flicage, mais plutôt comme une norme de qualité qui met en valeur nos efforts", explique Delphine, employée d'une banque à Rennes, qui a elle-même joué les clientes-mystères pendant ses études pour mettre du beurre dans ses coquillettes. »
Voy. aussi ÉQUIPIER et VISITE-MYSTÈRE.

CLIMATISÉ.
Personne qui bénéficie de la climatisation.
● *Télérama*, 14 juillet 2004, p. 4 :
« Voilà que la pub nous donne à voir le triste spectacle de deux "climatisés", assis sur un canapé dans une pièce vide en proie à de grandes questions existentielles : "T'as froid ? – Non. – T'as chaud ? – Non. – T'as quoi ? –… La clim." [Lettre de lecteur.] »

CLIPPEUX.
Qui ressemble à un clip, type de film vidéo.
● *Télérama*, 23 mars 2005, p. 130 :
« Accident de voiture : une jolie femme riche tue un homme pauvre. Malaise… À la sortie, on ne pouvait avouer que la seule raison de voir ce film [*Maelström*] vain et clippeux était la présence de la belle Marie-José Croze. »

CLOWNESSE.
Femme clown.
● *Paru Vendu*, 23 septembre 2004, p. 16 :
« Cette clownesse [Miss Loulou Katastrophe] facétieuse et burlesque distille son inventaire à la Prévert. De courtes scènes surréalistes se succèdent à vive allure dans un joyeux tourbillon de mots et de farces, pour le bonheur de tous. »

CNIE.
Sigle de Carte nationale d'identité électronique.
● *TGV* [magazine de la SNCF], avril 2005, p. 29 :
« Orwell l'a imaginée, la modernité l'a appliquée. Avec l'arrivée de la carte nationale d'identité électronique (CNIE), la France entre de plain-pied dans un futur aussi hi-tech que troublant. »
Voy. aussi BIG BROTHERISATION, E-DÉMOCRATIE et SMARTCARD.

COACH DE SÉDUCTION.
Conseiller dans l'art de plaire aux femmes.
● *À nous Paris*, 14 mars 2005 :
« Men in drague. [Surtitre.] » « *Hitch, expert en séduction* […] Expert en réactions féminines, Hitch est ce qu'on pourrait appeler un coach de séduction. Prodiguant de judicieux conseils, se contentant juste de provoquer un peu les choses de l'amour, Hitch peut transformer le pire des coincés en Bachelor. Seulement voilà, incapable d'éprouver lui-même des sentiments amoureux plus d'une nuit, Hitch va tomber amoureux d'une journaliste (Eva Mendes), sur qui son savoir-faire ne semble pas avoir de prise. »

COCACOLABORATION.
Amalgame combinant *collaboration* et la marque *coca-cola* : création artistique utilisant le nom de la marque et ses symboles.
● *Télérama*, 4 février 2004, p. 25 :
« Une canette réalisée par C. Diatkine. Un cas de "cocacolaboration", légende d'une reproduction réutilisant le tag "cocacolaboration" sur les murs du Lieu Unique. »

COMATER.
Somnoler.
● Internet, blog, 12 septembre 2004 :
« Comater et larver, deux mots que je croyais être seul à utiliser [deux verbes donnés comme synonymes de *somnoler* dans le dictionnaire de la zone, 2001, sur Internet]. »

COMME AU PAYS.
Immigré qui garde les habitus et coutumes de son pays d'origine.
● *Télérama*, 29 décembre 2004, p. 18 :
« À partir des premiers résultats [d'enquêtes d'une société d'études de marché, SOPI, ayant introduit des critères ethniques], l'agence a élaboré plusieurs profils de consommateurs liés à leurs origines et à leur histoire : les "positive thinkers", les "révoltés identitaires" ou les "comme au pays". »

COMPOSAUTEUR.
Amalgame de *compositeur* de musique et de *auteur* comme créateur : un compositeur créatif.
● *Télérama*, 27 octobre 2004, p. 169 :
« Dusapin, le composauteur. [Gros titre.] [À propos de la création de son dernier opus, *Exeo* (solo n° 5).] »

CONCEPT-STORE.
Type de magasin.
● *À nous Paris*, 31 janvier 2005, p. 3 :
« Quelques grammes d'éthique dans un monde de brutes… Cela ne peut faire que du bien dans la mode ou ailleurs, du supermarché au concept-store en passant par la boutique de luxe. »

CONFORMISER.
Accroître la soumission à la norme.
● Oral, J.-B. Carpentier, membre d'un jury de soutenance d'habilitation à diriger des recherches, 1er décembre 2004 :
« La publicité commet volontairement des fautes, transgresse des normes pour mieux nous y conformer ou conformiser, je ne sais pas comment il faut dire. »

CONSO.
Apocope pour *consommation*, domaine de l'économie.
● *Libération*, 17 janvier 2005 :
« Conso. De plus en plus d'anonymes sont embauchés pour juger de l'accueil d'un commerce. Employés, souriez, vous êtes épiés. »

CONTRAVENTIONNALISER.
Réprimer par des amendes, des contraventions.
● Oral, télévision, France 2, *Mots croisés*, 2005 :
« Contraventionnaliser me paraît plus raisonnable. [À propos de la dépénalisation de l'usage du cannabis, solution que le locuteur (médecin) trouve aussi dangereuse que la répression pénale actuelle.] [Repris avec une hésitation par A. Chabot, sous la forme *contraventionner*, qui est ensuite abandonnée.] »

COPIE-COLLE.
Procède à un transfert de texte par la technique du copier-coller.
● *Télérama*, 24 novembre 2004, p. 24 :
« Un blogueur influent copie-colle cet article sur son site et y ajoute un commentaire ironique. [Conversion de l'infinitif substantivé *copier-coller* en verbe conjugué.] »
Voy. CYBERBAROUF et BLOGUEUR.

COUPLOLOGUE.
Spécialiste de l'étude des couples.
• *Le Monde 2*, 4 septembre 2004, p. 32 :
« Mme Angot couplologue. [Titre.] » « [À propos de la sortie de son livre *Les désaxés*.] »

CRADOLOGIE.
Science des réalités physiologiques réputées sales.
• *Télérama sortir*, 1er décembre 2004, p. 15 :
« La cité des sciences se met au diapason de nos chérubins en leur expliquant les mystères du pipi-caca. Vive la "cradologie" ! [Sous-titre ; titre : *La Science cacaboudin*.] »

CRISTALLINE.
Drogue à base de cocaïne et d'atropine.
• *Métro*, 12 janvier 2005, p. 1 :
« Alerte à une nouvelle drogue, la "cristalline". [Titre brève.] » « Circulation d'une drogue, la "cristalline", contenant environ 60 % de cocaïne et 30 % d'atropine. »

CSP+.
Sigle pour *couche socioprofessionnelle supérieure*.
• *L'Express*, 4 mars 2004 :
« Si l'on devait dresser le profil type du candidat au stress, il aurait entre "35 et 49 ans, serait père de famille et appartiendrait aux couches socioprofessionnelles supérieures (CSP+)". Les hommes de 35 à 49 ans sont 54 % à déclarer que le stress a une influence sur leur vie sexuelle. Outre le travail ou les enfants, les femmes aussi contribuent à la fragilisation de la virilité des CSP+. Celles-ci ne se rendraient pas compte, par exemple, que les problèmes d'argent ont un impact sur la libido de leur conjoint. »

CUISINE CORSET.
Cuisine très exiguë.
• *Libération*, 14 décembre 2004, p. 21 :
« Dans cette cuisine-bar [de Le Corbusier, fin des années 40], l'espace se resserre tellement autour du corps de la ménagère que le problème du nombre de pas est magistralement résolu : elle n'a plus qu'à pivoter sur elle-même. On pourrait évoquer une "cuisine corset". »

CULTURE JETABLE.
Produits culturels de grande consommation, non destinés à s'installer dans la durée.
• *Télérama*, 2 février 2005, p. 10 :
« Ce trop-plein de livres, de disques, de films produits par une industrie qui s'emballe, nous l'appelions la semaine dernière la "culture jetable". »

CYBERAGITATION.
Agitation à propos de règles de fonctionnement d'Internet.
• *Télérama*, 11 février 2004, p. 17 :
« On peut reconnaître à cette cyberagitation un effet non négligeable : avoir alerté des milliers d'internautes sur un enjeu non pas technique mais de libertés publiques. [Les hébergeurs de sites web devront-ils jouer les censeurs ?] »

CYBERBAROUF.
Polémiques par voie électronique.
• *Télérama*, 24 novembre 2004, p. 24 :
« L'intéressée [Anne Imbert, dont le nom est associé, par des facétieux sur leurs blogs, à un article qui va contre sa thèse] se moque un peu de tout ce cyberbarouf et persiste et signe sur les journalistes en pyjama [blog contre blog]. »

CYBERFLIC.
Policier débusquant les délits commis sur Internet.
• *Télérama*, 30 mars 2005, p. 83 :
« Cyberflics contre cyberpédophiles. [Titre d'un documentaire de B. Debord sur la cellule du Groupe central des mineurs victimes, créé en France en 1997, à la suite de l'affaire Dutroux.] »

CYBERGUÉRILLA.
Utilisation d'Internet par des guérilleros ou des terroristes.
• *Télérama*, 22 décembre 2004, p. 22 :
« La nouveauté est moins dans la prise d'otages que dans sa médiatisation : la vidéo, couplée à Internet, permet aujourd'hui aux groupes armés de disposer de leur propre médium, sans frais et avec une redoutable rapidité. La cyberguérilla est devenue réalité. »

CYBERPÉDOCRIMINALITÉ.
Trafic criminel d'images pédophiles sur Internet.
• *Télérama*, 30 mars 2005, p. 83 :
« Sa spécialité [cellule du Groupe central des mineurs victimes] : traquer la cyberpédocriminalité. En termes plus clairs : démasquer ceux qui, sur Internet, font du trafic d'images pédophiles. »

CYBERPÉDOPHILE.
Personne qui met en ligne ou consulte sur Internet des images pornographiques mettant en scène des enfants.
• *Télérama*, 30 mars 2005, p. 83 :
« Cyberflics contre cyberpédophiles. [Titre d'un documentaire de B. Debord sur la cellule du Groupe central des mineurs victimes, créé en France en 1997, à la suite de l'affaire Dutroux.] »

DABISTE.
Technicien chargé de réapprovisionner les distributeurs de billets.
• *20 Minutes*, 7 septembre 2004, pp. 2 et 4 :
« Ils sont accusés d'avoir attaqué quinze banques, quatre commerces et un dabiste (technicien chargé de réapprovisionner les distributeurs de billets). Depuis une dizaine de jours les "dabistes" (des techniciens en charge des distributeurs automatiques de billets) de la région parisienne sont la cible de malfaiteurs. »

DANCERUN.
Sorte de marathon dansant.
• *Télérama*, 10 novembre 2004, p. 79 :
« Déguisé en fou du roi à clochettes, il [Foofwa d'Imobilité, disciple dissipé de Merce Cunningham] a emporté dans sa foulée des spectateurs sur onze kilomètres, en dansant et en courant. Foofwa a baptisé ce drôle de marathon "dancerun". »

DAROUSSINER.
Avoir le jeu typique du comédien J.-P. Daroussin.
• *À nous Paris*, 31 mars 2004, p. 7 :
« Daroussin « darroussine » comme jamais. [À propos du film *Le Cœur des hommes*.] »

DÉDIABOLISER.
Ôter le caractère diabolique.
• *Télérama sortir*, 23 mars 2005, p. 20 :
« J'avais envie de "dédiaboliser" ce ridicule petit morceau de tissu [le tchador] qui, pour les femmes, ressemble à une camisole de force ; il est le symbole de leur enfermement [Rachida Khalil comédienne et humoriste]. »

DÉHIÉRARCHISATION.
Suppression de relations structurelles traditionnelles.
• *Libération*, 14 décembre 2004, p. 26 :
« Il est rare qu'un spectacle déclenche autant l'ire. Est-ce le principe minimaliste répétitif développé par une Lucinda Childs dans les années 70 ? Celui de l'accumulation (répétition, série et addition) systématisé par Trisha Brown dans les mêmes années. La déhiérarchisation, visible autant dans la manière d'occuper l'espace que dans la relation entre les danseurs ? La saturation sonore ? On ne sait... [À propos d'*Umwelt*, création chorégraphique de Maguy Marin.] »

DÉHOUELLEBECQUISÉ.
À quoi on a ôté les caractéristiques d'écriture de Houellebecq, écrivain français contemporain.
• *Télérama*, 6 octobre 2004, p. 61 :
« *La Fascination du pire* de Florian Zeller. C'est *Plateforme* tendance très plate. Du Houellebecq déhouellebecquisé. »

DÉ-MÉNINGE.
Amalgame de *déménager*, "avoir plein de vie, de mouvement", et de *méninge*, symbole de l'activité intellectuelle : être plein d'esprit et de répartie.
• *À nous Paris*, 4 octobre 2004, p. 8 :
« Porté par une troupe qui rappelle l'équipe du Splendid à ses débuts, ce vaudeville moderne vous promet au moins une chose : ça "dé-méninge" ! [À propos du film *Le Carton* de C. Nemes.] »

DÉMOLITION-RECONSTRUCTION.
Opération d'urbanisme consistant non pas à rénover mais à raser tous les bâtiments pour les remplacer par de nouvelles constructions.
• *Libération*, 24 février 2005 :
« En 2004, trois architectes – Frédéric Druot, Anne Lacaton et Jean-Philippe Vassal – étaient missionnés par le ministère de la Culture pour réfléchir à d'autres pistes que celle de la démolition-reconstruction. »

DÉMONISER.
Diaboliser.
• *Le Monde 2*, 26 février 2005, p. 31 :
« Un spécialiste [russe] des migrations qui regrette qu'on "démonise" le problème des Chinois pas particulièrement inquiétant à ce jour. »

DEMYPHILE.
Amateur des films de Jacques Demy.
• *Télérama*, 30 mars 2005, p. 94 :
« "Sourire au passé fait plaisir à tous." Tel est le credo d'Agnès Varda, qui offre un cadeau magnifique aux "demyphiles". [À propos du documentaire *Les demoiselles ont eu 25 ans* d'Agnès Varda, veuve de Jacques Demy.] »

DÉPARISIANISER.
Transférer hors de la capitale, décentraliser.
• *L'Express*, 7 février 2005 :
« L'arnaque. [Titre.] » « Trois grands percepteurs se partagent la manne fiscale : l'État, la Sécurité sociale et les collectivités locales. Le premier affirme vouloir baisser ses prélèvements. En a-t-il seulement les moyens, vu l'obligation de diminuer les déficits et la difficulté de toucher aux dépenses ? La protection sociale, on peut mieux la gérer. Mais les besoins à venir (vieillissement, coût croissant de la santé, etc.) sont immenses. Enfin, les collectivités locales ne semblent pas prêtes à relâcher leur pression. Parce que les exigences exprimées par leurs habitants, l'obligation de respecter des normes de plus en plus strictes poussent à la hausse. Et nourrissent la crainte que la nouvelle vague de décentralisation ne "déparisianise" les responsabilités, mais pas l'argent qui va avec. [À propos de la baisse des impôts.] »

DÉRIVE VICTIMAIRE.
Tendance croissante à s'apitoyer sur le sort de victimes supposées mais en situation difficile.
• *Télérama*, 22 décembre 2004, p. 14 :
« "La plainte, quand elle émane d'une personne vulnérable et porte sur des faits sensibles, a, aux yeux du plus grand nombre, une valeur de vérité objective." Cette "dérive victimaire" a de quoi inquiéter et appelle à plus de raison. [À propos d'une prétendue agression dans le RER.] »

DERMABRASER.
Procéder à une opération esthétique de dermabrasion, pour lisser la peau.
• *Télérama*, 30 mars 2005, p. 120 :
« Pourquoi vouloir rester jeune à tout prix ? C'est vrai ça, quoi, pourquoi accepter de se faire remodeler la croupe, siliconer les lèvres, liposucer le cuisseau, dermabraser le visage ou d'avaler des pilules énergisantes ? [À propos de l'émission *Ça se discute*.] »

DÉSCOTCHER.
Quitter une activité prenante, voire aliénante.
• *À nous Paris*, 8 mars 2004, p. 16 :
« Les enfants ne "déscotchent" plus du petit écran. »

DÉSORIENTALISER.
Perdre ses propriétés orientales.
• *Télérama*, 1er décembre 2004, p. 24 :
« *Gora*, parodie de *La Guerre des étoiles*, fait se bidonner la Turquie [… et] permet de mesurer le fabuleux rapport à la modernité d'un pays en train de se "désorientaliser" [avec renvoi à *La Turquie en marche* de J.-F. Pérouse]. »

DÉSOÛLOIR.
Bâtiment comportant des cellules de dégrisement.
• *Le Monde 2*, 26 février 2005, p. 31 :
« Un grand nombre d'anciens "désoûloirs" – célèbre institution russe où la police amenait les ivrognes ramassés dans les rues – ont été transformés en centres de détention de résidents "illégaux". »

DÉTRICOTAGE.
Action de défaire, de détruire quelque chose qui a été préalablement élaboré ; action de mettre en cause des acquis.
• *Libération*, 7 décembre 2004 :
« Le détricotage des 35 heures en voie d'achèvement. [Titre.] » « Les syndicats se rencontreront mardi pour décider d'une riposte commune. »

DÉTRICOTER (UN TEXTE).
Modifier l'équilibre d'un texte.
• Internet, www.diplomatie.gouv.fr, 18 mai 2004 :
« En décembre, lors du sommet de Bruxelles les derniers travaux sur la conférence intergouvernementale, la France était très attachée à l'idée de ne pas détricoter le texte issu de la convention. Le président Chirac a dit la semaine dernière qu'il souhaite avoir un compromis avant le 18 juin pour signer la Constitution. Apparemment, à Bruxelles les choses ne se passent pas très bien parce que tout est remis en cause. Je voudrais savoir si c'est la position de la France de décembre, de ne pas détricoter le texte ou si c'est plutôt d'avoir un compromis ? [Porte-parole du Quai d'Orsay.] »
• Internet, www.aith.org/Europe/Conv-15.htm, 18 juin 2004 :
« Le sort de la future Constitution européenne est désormais entre les mains des gouvernements européens, qui pourraient être tentés de "détricoter" le projet laborieusement mis au point par la Convention sur l'avenir de l'Europe. Valéry Giscard d'Estaing a annoncé qu'il "recommanderait" aux chefs d'État et de gouvernement de rester "au plus près" du texte "si longuement discuté et réfléchi" par la Convention. "Si on commençait à le détricoter, on repartirait vers des solutions de moindre consensus", a-t-il assuré. "Ce serait une erreur politique, car ce serait perçu par l'opinion publique comme une marche arrière". »

DÉTRICOTER (DES OPÉRATIONS INFORMATISÉES).
Annuler, en les reprenant dans l'ordre inverse où elles ont été accomplies, des opérations informatiques.
• Internet, www.prokov.com, date non précisée :
« Comment rattraper une erreur avec VigiPaiement. Quatrième erreur : il faut détricoter. Vous vous êtes entêté(e) dans l'erreur en faisant une facture fictive, payée par un chèque introuvable, remis en banque sans vérifier, mais, heureusement, pas encore rapproché. Et justement voici l'extrait bancaire qui vous alerte. Vous n'avez pas le choix, il faut tout détricoter, dans l'ordre inverse. Retrouver la remise de chèques dans l'onglet *Recettes*, faire un double clic pour l'afficher, retirer le chèque introuvable et enregistrer la remise corrigée. Retrouver le bordereau dans l'onglet *Paiements* pour le supprimer. Retrouver la fausse facture dans l'onglet *Factures*, la sélectionner, maintenir la touche *ctrl* en cliquant dans la liste et relâcher sur *Supprimer*. »

DÉTRICOTER (LES ACQUIS SOCIAUX).
Remettre en cause.
• Oral, France Inter, 4 mai 2004 :
« Si on continue à avoir un chômage massif, petit à petit tous les acquis sociaux vont se détricoter, tous les progrès sociaux vont se détricoter. [Malek Boutih, syndicaliste.] »

DÉVÉDÉTHÈQUE.
Collection de DVD.
• *Télérama*, 10 mars 2004, p. 52 :
« Trois Hitch de plus à glisser dans sa "dévédéthèque". »

DIEUDONNERIE.
Amalgame de *connerie* et de *Dieudonné*, humoriste.
• *Le Monde 2*, 26 février 2005, p. 5 :
« Cet enjeu d'hier et d'aujourd'hui [colonisation dont le deuil est encore à faire en France] est indissociable du combat contre les « dieudonneries. [À propos des déclarations racistes, antisémites de Dieudonné.] »

DIGISCOPIE.
Diffusion d'images numérisées.
• Radio Trafic FM, 13 février 2005 :
« Ce sont des ornithologues fanatiques de digiscopie, c'est-à-dire qu'ils prennent des jumelles et s'en servent pour faire des photos qu'ils mettent sur leur site Internet. »

DISNIAISERIE.
Amalgame de *Walt Disney* et de *niaiserie* : production bête et sans intérêt des studios Walt Disney.
● *Télérama*, 20 octobre 2004, p. 116 :
« L'histoire de cet ogre vert, laid et bougon et de la princesse qui cache un lourd secret est un hymne à la tolérance et un pied de nez aux "disniaiseries". [À propos du film d'animation *Shrek*.] »

DISPENSABLE.
Dont on peut se passer.
● *À nous Paris*, printemps 2004, p. 19 :
« Les morceaux "pêchus" mais sans intérêt se succèdent… Parfaitement dispensable, donc. [À propos du CD *Auf der Mauer*.] »

DISTRIB'.
Apocope de distribution, type de commerces.
● *À nous Paris*, 13 septembre 2004, p. 3 :
« Près de cinq cents romans sortent en même temps pendant le mois de septembre. Ce n'est plus de la littérature, c'est du bâtiment ou de la grande distrib' rayon lessive. »

DOCU-FICTION.
Fiction à objectif documentaire.
● *Télérama*, 23 novembre 2005, p. 89 :
« Même rigoureusement faits, les docu-fictions ont le cul entre deux chaises. [Patrick Rotman, réalisateur, dans un encadré.] » « "Après avoir été tenus à distance l'un de l'autre, documentaire et fiction sont en train de se retrouver", constate l'historienne I. Veyrat-Masson. »

DRING PARADE.
Collecte et classement des musiques pour sonneries de téléphone.
● *Télérama*, 17 novembre 2004, p. 22 :
« Dring parade (le top 50 des sonneries de portable). [Titre.] » « Régulièrement, Billboard inaugure un nouveau "chart", c'est-à-dire un nouveau classement. […] Dernière innovation : la création d'un classement des musiques pour sonneries de téléphone les plus téléchargées aux États-Unis. »

DRÔLISSIME.
Très drôle.
● *Télérama sortir*, 12 janvier 2005, p. 3 :
« Farid Chopel. Autobiographie tout en voix et en gestes d'un humoriste drôlissime et touchant. »

DYNAMITER.
Donner de la force, de la puissance.
● *Télérama*, 9 mars 2005, p. 37 :
« Depardieu "dynamite" cette farce noire signée Jugnot [le film *Boudu*]. »

DYSNIAISERIE.
Amalgame de *Walt Disney* et de *niaiserie*.
● *Télérama*, 15 décembre 2004, p. 101 :
« Comme tout cinétéléphile, vous voyez arriver Noël avec désolation. Alors cette année, laissez la baby-sitter endurer les "dysniaiseries", et partagez de vrais cadeaux. »
RMQ. On trouve aussi la graphie *disniaiserie,* plus attendue. Le *y* est sans doute dû à l'influence du préfixe *dys*, mauvais.

E-ADMINISTRATION.
Recours à Internet dans les relations entre l'administration publique et les entreprises.
● *Métro*, 6 janvier 2005, p. 7 :
« Bienvenue dans l'e-administration. [Titre.] » « La région [Île-de-France] a officialisé hier la naissance de l'e-administration. En quoi cela consiste-t-il ? […] La Région permet aux entreprises de transmettre leurs candidatures et leurs appels d'offres pour l'ensemble des chantiers par voie électronique et sécurisée. »

ÉCO-CITOYEN.
Citoyen préoccupé d'écologie.
● *Paru Vendu*, 10 mars 2005, p. 6 :
« De nombreuses conférences seront organisées : les gestes de l'écocitoyen, les économies d'énergie et les énergies renouvelables, le commerce équitable. »

ÉCONOMISATION.
Soumission aux règles de l'économie de marché (et non « action de faire des économies »).
● Oral, France Musiques, bulletin d'information, 15 février 2004 :
« Le cyclisme sera sacrifié sur l'autel de l'économisation du sport. »

ÉCOTOURISME.
Pratique du tourisme avec des préoccupations de découverte et de sauvegarde de la nature.
● *À nous Paris*, 21 mars 2005, p. 3 :
« Le voyage que nous vous proposons se place sous l'angle de l'écotourisme, ou comment visiter en voyageur avisé, en harmonie avec la nature. »

ÉCRASOMÈTRE.
Appareil destiné à comptabiliser les insectes qui s'écrasent (sur les pare-brise des automobiles).
● Wanadoo, page d'accueil, « À la une de l'actualité », 2 septembre 2004 :
« L'"écrasomètre" pour recenser les insectes au Royaume-Uni. La première étude sur un possible déclin des insectes au R.-U. »

E-DÉCLARATION.
Acte de déclarer ses revenus au fisc par voie électronique.
● Internet, www.lexpansion.com :
« Pour encourager la e-déclaration, un délai a été accordé aux contribuables. Bercy veut un million de télé-déclarations en 2004. »

E-DÉMOCRATIE.
Principe, système et pratique de la démocratie modifiés par le développent de l'informatique.
● *TGV* [magazine de la SNCF], avril 2005, p. 29 :
« D'ici à cinq ans, chaque Français disposera de sa propre carte d'identité électronique. Un marché juteux et une indéniable innovation, qui repose sur une simple puce. Et sur la vigilance, tant ce titre de citoyenneté semble crucial pour exister dans l'"e-democratie" du IIIᵉ millénaire. [Chapeau.] » « Un pas également vers une "e-démocratie" qui permet une interaction plus aisée, sécurisée, avec les services publics, tels que système de santé, paiement des impôts, vote électronique, téléprocédures, transports… »
Voy. aussi CNIE, SMARTCARD et TÉLÉPROCÉDURE.

ÉLECTROCLASH.
Qui pratique le genre musical électro.
● *Télérama sortir*, 23 février 2005, p. 5 :
« Sans compter ses collaborations [Feist] avec la chanteuse électroclash allumée Peaches… »

ÉLECTRO-THÉÂTRE.
Art dramatique intégrant la tendance électro à la mode.
● *Télérama sortir*, 15 septembre 2004, p. 18 :
« Ce sera le premier électro-théâtre de France. Stéphane et ses copains de la compagnie Night Fever, inventeurs du genre électro-théâtre, y répètent leur prochain spectacle. »

ÉMOTICÔNE.
Signe graphique utilisé pour exprimer des sentiments.
● *Prima*, octobre 2004, p. 4 :
« Pour exprimer ses sentiments, on utilise des émoticônes. Ex. : -) pour un sourire. [Encart.] »

EMPLOI-TREMPLIN.
Type d'activité salariée destiné à combattre le chômage des jeunes.
● Internet, printemps 2005 :
« Les vingt régions de gauche installent leurs "emplois-tremplins". Sans attendre la mise en œuvre des mesures gouvernementales de la loi de cohésion sociale adoptée en janvier, ils ont donné le coup d'envoi d'une campagne en faveur des "emplois-tremplins". Cette nouvelle forme d'aide à la création d'emplois permet aux associations de recruter des jeunes essentiellement. L'objectif affiché est d'atteindre le chiffre des 100 000 d'ici à 2010. Pour autant, sous ce nouveau label, chaque région a adopté son propre dispositif avec des priorités et surtout des modalités d'aide différenciées. »

EN CULOTTES COURTES.

Qui concerne les jeunes : fait par des jeunes ou destiné à des jeunes.

● *20 Minutes*, 12 janvier 2004, p. 8 :

« Gang de voleurs en culottes courtes. [Titre.] » « Six adolescents âgés de 11 à 15 ans ont été interpellés… »

ENDORMISSEMENT.

État d'hébétude, sensation d'être mal réveillé.

● Oral, un universitaire, 2001 :

« Je ne sais ce que j'ai aujourd'hui, je suis dans un état d'endormissement pas possible. Ce n'est pas un néologisme *endormissement* ? Je vérifie dans le dictionnaire… Ouf, ça existe. »

RMQ. *Endormissement*, hébétude, par nominalisation de *endormi* n'a aucun lien sémantique direct avec le sens conventionnel d'*endormissement*, nominalisation de (s')*endormir*, passage de la veille au sommeil.

ÉQUIPIER.

Nom donné aux employés dans l'entreprise Quick France.

● *Libération*, 17 janvier 2005 :

« Chez Quick, depuis quinze ans, chaque restaurant reçoit systématiquement huit visites-mystères par an. "Cette pratique s'intègre à un baromètre général de nos restaurants, précise Francis Caillaux, directeur qualité de Quick France. Elle nous permet de détecter nos points faibles et de les corriger." Les visites-mystères auraient ainsi permis de mettre en place des formations centrées sur la politesse. Plus question pour les "équipiers" (le nom maison des employés) d'oublier le sacro-saint Sbam : "Sourire, bonjour, au revoir, merci." »

Voy. aussi CLIENT-MYSTÈRE.

ÉRUCTANTE.

Grossier et fondé sur l'injure.

● *Télérama*, 7 avril 2004, p. 14 :

« La Grande-Bretagne déboussolée découvre que sa royauté hollywoodisée ne rassemble plus ses sujets que dans une communion éructante, s'apparentant à un jeu de massacre dont les tabloïds donnent le *la*. »

Voy. TABLOÏDISER et PEOPOLISATION.

ESPAGNOLER.

Adopter un style de vie espagnol.

● *Télérama sortir*, 15 septembre 2004, p. 9 :

« Si c'est en forgeant qu'on devient forgeron, alors sans doute qu'en "espagnolant" on devient espagnol. Et ce bistrot ibérique est le lieu parfait pour s'initier. »

EURO-SNOB.

Canadien excessivement attiré par l'Europe.

● *Télérama sortir*, 20 octobre 2004, p. 5 :

« "Gonzo, que j'ai connu à ses débuts, à Toronto, est typiquement ce que nous autres, Canadiens, appelons un *euro-snob*", explique la chanteuse Feist, l'une des deux agitées qui se roulaient par terre à la Cigale. »

ÉVASION À LA FRANÇAISE.

Évasion de prison à l'aide d'un hélicoptère.

● Oral, France 2, journal télévisé de 20 heures, 4 mars 2005 :

« Cela [les évasions de prison par hélicoptère] s'appelle l'évasion à la française. »

EXCEPTION AGRICULTURELLE.

Amalgame du mot composé *exception culturelle* et du nom *agriculture*, pour revendiquer les spécificités à préserver de l'agriculture française.

● Oral, radio, 10 octobre 2004 :

« Vive l'exception agriculturelle de la France. [Déclaration du ministre de l'Agriculture à propos de la semaine du goût.] »

EXTIME.

Contraire de *intime*.

● *Journal extime*, février 2004 :

Titre d'un ouvrage de M. Tournier, éd. La Musardine [créé aussi par P. Meyer, et utilisé par nombre de blogueurs].

EXTRÉMISATION.

Évolution des attitudes des consommateurs vers des pratiques opposées à l'extrême.

● *À nous Paris*, 21 février 2005 :

« Les marques et nous : je t'aime, moi non plus. [Titre.] » « "L'argument marketing du *testé et prouvé sur un échantillon ciblé de consommateurs*

ne suffit plus," confirme Catherine Champeyrol, de Carlin International, cabinet d'expertise en style, marketing et communication. "Et les marques qui ne l'ont pas encore compris ont du souci à se faire." L'engouement récent pour les enseignes de hard discount ainsi que le succès toujours croissant des MDD (marques de distributeurs) en sont bien la preuve. "Nous assistons à une extrémisation de la consommation, poursuit l'analyste, car le consommateur ne se base plus sur le prix indiqué pour juger de la qualité du produit. Il fait le tri parmi l'offre et il peut tout aussi bien aller faire ses courses chez Ed ou Leader Price pour le sucre ou le fromage blanc, et se rendre ensuite chez Fauchon pour acheter un poulet aux truffes hors de prix". [À propos de l'infidélité des consommateurs aux marques.] »

FAÇADISME.

Manie architecturale de la copie d'ancien.

● *Le Figaro*, 30 octobre 2001 :

« Paris menacée par le "façadisme". [Titre.] » « Parfois, hélas, la modernité peut se montrer haïssable. Et le droit au recours contre les projets dangereux ou imbéciles est un droit inaliénable. Dans son livre *Faut-il pendre les architectes*, Philippe Tretiack démonte avec précision les rouages qui entraînent la construction de mauvais bâtiments. Mais on note que nombre de projets inventifs et porteurs de bonnes valeurs urbaines sont harcelés par des associations de riverains. Dans un pays où l'urbanisme représente l'un des plus gros contentieux devant les tribunaux, l'abus de recours constitue un réel danger pour la création architecturale. Par retour de manivelle, on peut craindre la montée du "façadisme", ces copies d'ancien qui [...] "font florès partout en Europe". »

FANTASTICO-ÉCOLOGIQUE.

Qui mêle le fantastique et les préoccupations écologiques.

● *Télérama*, 16 février 2005, p. 10 :

« On peut se rafraîchir avec *Kaikisen*, fable fantastico-écologique signée Satochi Kon (Sakka). [BD japonaise.] »

FASHIONITA.

Jeune femme à l'écoute de la mode.

● *À nous Paris*, 4 octobre 2004, pp. 3, 4 et 5 :

« Le sac à main devint sujet de mode, piège à *fashionitas*. [Éditorial.] » « Payer une entrée pour une expo consacrée aux sacs, ça paraît totalement saugrenu. Une sorte de piège à deux balles pour les *fashionitas* en mal de sensation culturelle. [À propos d'une exposition au Musée de la mode.] » « Un modèle avant-gardiste de sac avec des cheveux. Une invention audacieuse et ludique qui risque d'engendrer quelques crêpages de chignons dans le petit monde des *fashionitas*. »

FAUX-CULISME.

Comportement des faux culs, hypocrisie.

● *À nous Paris*, 9 février 2004, p. 5 :

« Car Groland [émission de Canal+] est notre rempart, une oasis de mauvais goût et de liberté de mal-penser quand toute la télé française s'astique aux bons sentiments et au faux-culisme. »

FLASH-PASTEURISÉ.

Standardisé et sans personnalité.

● *Télérama*, 24 novembre 2004, p. 7 :

« Même si le vin français est en crise, ne nous laissons pas tenter par les marques et les vins de cépages, les vins flash-pasteurisés et la soupe de bois. [Lettre de lecteur.] »

Voy. aussi PARKÉRISATION et MONDAVISATION.

FLASHY.

Caractère voyant.

● *À nous Paris*, 10 janvier 2005, p. 3 :

« Les tendances de la mode [de l'année passée] nous ont entraînés vers le rose, le flashy, le girly. [Éditorial.] »

FLEXICURITÉ.

Mode d'organisation du travail alliant la flexibilité pour les entreprises et la sécurité pour les salariés.

● *Télérama*, 23 mars 2005, p. 24 :

« Le concept fait rêver nos ministres, s'attire le satisfecit de la Commission européenne. Et pour cause : il a permis de réduire, en quelques années, leur [des Danois] taux de chômage de 10 % à moins de 5 %. En français, on le traduit par "flexisécurité" ou "flexicurité".

De quoi s'agit-il ? D'un marché du travail dérégulé où les entreprises embauchent et licencient sans préavis, ouvrent la nuit, le jour, autant qu'elles veulent. En contrepartie, les licenciés bénéficient d'indemnités généreuses – jusqu'à 90 % de leur salaire – et surtout de formations. »

FLOOP.
Un scoop qui fait flop.
● *Télérama*, 22 décembre 2004, p. 11 :
« Néologisme né de la contraction [sic] de flop et de scoop. Désigne l'envie irrépressible d'une chaîne (France 2) et de son présentateur vedette (David Pujadas) d'annoncer avant tout le monde le retrait prématuré de la vie politique d'un ancien Premier ministre (A. Juppé). »

FLOWER-ADDICT.
Amateur de fleurs jusqu'à la dépendance.
● *À nous Paris*, 15 novembre 2004, p. 5 :
« Pour les flower-addicts malheureusement allergiques au pollen et autres pistils, une seule solution : chiner aux Fleurs, une coquette échoppe qui tient son nom d'un album de Minnie Rippertone ! »

FOOT-BUSINESS.
Opérations financières liées à la pratique du football comme sport professionnel.
● *Métro*, 10 mars 2005, p. 11 :
Une nouvelle affaire est venue confirmer les dérives du foot-business à la française [transfert de joueurs parisiens entre 1998 et 2003]. »

FORWARDER.
Transmettre un message électronique.
● Oral, France Musiques, 12 septembre 2004 :
« Je vous forwarderai, comme on dit en bon français, les mails des auditeurs. [O. Bernager.] »
● Oral, dans une conversation téléphonique, 19 novembre 2004 :
« Comme il avait obtenu un congé sabbatique, le professeur a forwardé ma demande d'inscription en thèse vers un autre professeur. »

FRANCHE ATTITUDE.
Culture de la franchise.
● *TGV* [magazine de la SNCF], avril 2005, p. 1 :
« Kristin Scott Thomas : franche attitude. [Titre de couverture.] »

FRAUDABLE.
Que l'on peut falsifier.
● *20 Minutes*, p. 2 :
« [...] disque "mouchard" en papier utilisé pour contrôler les temps et les vitesses de conduite des chauffeurs routiers. Ces anciens systèmes sont réputés "fraudables". »
Voy. aussi CHRONODACTYLOGRAPHE NUMÉRIQUE.

FREERIDE.
Ski hors piste.
● *À nous Paris*, 1ᵉʳ novembre 2004, p. 24 :
« Le freeride, des sensations fortes. [Titre.] » « En quelques années, La Grave est devenue la "Mecque" du hors-piste, rebaptisé freeride par les amoureux de la neige "naturelle" et des grands espaces. [...] Première compétition de freeride en 1995 à Courchevel. »

FREERIDER
Adepte du ski horspiste.
● *À nous Paris*, 1ᵉʳ novembre 2004, p. 24 :
« Fred Moras, freerider originaire des Deux-Alpes. »

FRENCH BASHING.
Campagne antifrançaise dans les médias américains.
● *Libération,* 7 décembre 2004 :
« Alors que ses ministres et diplomates s'échinaient à répliquer au French bashing (la campagne antifrançaise dans les médias américains), Chirac a toujours nié la détérioration des relations bilatérales provoquée par sa montée au créneau, au printemps 2003, contre la guerre en Irak. »

FUTURO-ROCAMBOLESQUE.
Qui mélange l'aventure et le fantastique.
● *Télérama*, 30 mars 2005, p. 122 :
« On est très vite séduit par l'histoire, l'humour et les situations futuro-rocambolesques. [À propos de la série animée américaine de R. Renzetti *Jenny Robot*, 2002.] »

GÉNÉRATION D.Y.I.
Classe d'âge adepte du « faites-le vous-même ».
● *Télérama*, 10 novembre 2004, p. 35 :
« Génération D.I.Y. (do it yourself : faites-le vous-même). »

GENTRYFICATION.
Embourgeoisement.
● *Libération*, 24 février 2005 :
« Le néopavillonisme à l'enseigne d'une France de petits propriétaires est le revers inévitable de la gentryfication galopante des centres-villes. »

GÉOCACHEUR.
Adepte du geocaching, sorte de chasse au trésor.
● *L'Express*, 20 décembre 2004 :
« Bien qu'adultes, ils traquent sans relâche des boîtes en plastique remplies d'objets aussi précieux qu'une voiture miniature ou un porte-clefs musical. Ces chasseurs de trésor d'un nouveau genre, répondant aux noms de "géocacheurs" ou de "cisteurs", sont moins motivés par l'appât du gain que par le plaisir de la quête. »
Voy. aussi *ciste*, CISTER, CISTEUR, GEOCACHING.

GEOCACHING.
Sorte de chasse au trésor, purement ludique, les objets cachés n'ayant aucune valeur marchande.
● *Libération*, 11 août 2004 :
« À l'origine, il y a le geocaching américain. Un jeu de piste qui consiste à trouver, grâce à un GPS, un conteneur rempli d'objets. "On a voulu adapter ce jeu en France mais en remplaçant le GPS par des énigmes", explique Philippe d'Euck, créateur des cistes avec Max Valentin, célèbre organisateur de chasses au trésor ludiques. »
Voy. aussi GÉOCACHEUR, CISTE, CISTER, CISTEUR.

GÉOLOCALISATION.
Procédé permettant de se repérer dans l'espace, tel le GPS.
● *À nous Paris*, 28 février 2005, p. 7 :
« C'est dans l'interaction entre les outils numériques et l'univers physique que se situeront les innovations les plus marquantes. Nous en voyons les premiers signes avant-coureurs avec la géolocalisation [...] (GPS, GPRS...). [D. Kaplan, spécialiste.] »

GÉRONTOPHOBIE.
Hostilité envers les personnes âgées.
● *Télérama*, 22 décembre 2004, p. 5 :
« Gérontophobie. [Titre.] » « Quand un journaliste déclare à la radio : "Quand on est vieux, on risque (aussi) de devenir pingre", on se dit qu'une loi contre la gérontophobie ce serait bien. La cerise sur le gâteux. [Lettre de lecteur.] »

GIRLY.
Féminin.
● *À nous Paris*, 10 janvier 2005, p. 3 :
« Les tendances de la mode [de l'année passée] nous ont entraînés vers le rose, le flashy, le girly. [Éditorial.] »

GOOGLE BOMBING.
Activité consistant à faire créer des liens dans les moteurs de recherche, comme Google.
● *Télérama*, 14 janvier 2004, p. 18 :
« À force de rencontrer cette association d'idées [miserable failure – Bush], Google prend le raccourci pour une évidence et fait automatiquement remonter ce surprenant résultat. Ce sport, balbutiant mais plein d'avenir, s'appelle le *Google bombing*. »

GOOGLER.
Interroger le moteur de recherche Google.
● *Télérama*, 8 septembre 2004, p. 22 :
« Vous avez rendez-vous avec un inconnu, et vous aimeriez en savoir plus sur lui. Une solution : googlez-le ! Les internautes qui fréquentent les sites de rencontre n'envisagent plus un premier contact dans le réel sans avoir googlé au préalable son (ou sa) partenaire... Bien sûr on peut toujours se faire sauvagement googler. [Dans un article intitulé « Délit de sale google ».] »
● *Prima*, octobre 2004, p. 4 :
« Je google, tu googles... Pour définir cette pratique les Américains ont inventé le verbe "googler". [Encart.] »

GRATOUILLEUR.

Guitariste.

● *Télérama*, 26 mai 2004, p. 42 :

« [Francis Cabrel] chantre guignolisé en bouseux gratouilleur avec moustache en sarcloir et "cabane au fond du jardin". »

GRENELLE DE L'ÉDUCATION NATIONALE.

Négociation entre le gouvernement, les acteurs de l'éducation nationale et ses utilisateurs, pour dénouer une situation de crise grave.

● Oral, TF1, journal télévisé de 20 heures, 15 février 2005 :

« On ne réformera pas contre les professeurs, ni contre les élèves, ni contre les parents d'élèves. Donc il faut avoir un vrai Grenelle de l'éducation nationale. [Un député UDF interrogé par un journaliste.] »

GUIGNOLISER.

Transformer en marionnette des *Guignols de l'info* sur Canal+.

● *Télérama*, 26 mai 2004, p. 42 :

« [Francis Cabrel] chantre guignolisé en bouseux gratouilleur avec moustache en sarcloir et "cabane au fond du jardin ". »

GUNNER.

Cracheur de nourriture.

● *Métro*, 27 octobre 2004, p. 13 :

« Le coach mancunien Alex Ferguson aurait été la cible d'un gunner, cracheur de nourriture. »

Voy. aussi SOUPGATE.

HAMEÇONNAGE.

Pêche au mot de passe par voie électronique en vue d'escroquerie.

● Internet, blog du Net {Hervé Mangeol}, 30 janvier 2005 :

« Le phishing ou hameçonnage est une arnaque de plus en plus courante sur Internet. Cela consiste à envoyer des mails en masse, avec une fausse adresse email. Dans ces courriers on peut demander à l'internaute de renouveler ses informations personnelles, et l'envoie [sic] pour cela sur un site ressemblant fortement à l'officiel. Et l'internaute donne ses informations aux escrocs. »

● Internet, www.encyclopedie-enligne.com :

« En informatique, le hameçonnage (en anglais, phishing, raccourci de l'expression *password harvesting fishing*, soit pêche aux mots de passe) est un terme désignant l'obtention d'informations confidentielles (comme les mots de passe ou d'autres informations privées), en se faisant passer auprès des victimes pour quelqu'un de digne de confiance ayant un réel besoin de l'information demandée. C'est une forme d'attaque de type ingénierie sociale. Ce terme a été inventé au milieu des années 1990 par les crackers qui essayaient de voler des comptes AOL. »

HARD-CORE GAMER.

Amateur de jeux électroniques.

● *Libération*, 18 février 2005 :

« Les "hard-core gamers" retrouvent, eux, le plaisir et la satisfaction que leur avaient apportés les plus grands "beat them all" des anciennes générations de consoles. »

HAUT-COUTURIER.

Personne qui pratique la haute couture.

● *Télérama sortir*, 16 mars 2005, p. 7 :

« CAP de tapissier-décorateur en poche, Frédéric Le Colzer habille originalement les intérieurs. "Je customise rarement : le tissu se suffit à lui-même." Vous voyez bien qu'il est modeste ce jeune "haut-couturier" ! »

HAUT DÉBIT.

Intelligent, qui comprend vite.

● *Télérama*, 22 décembre 2004, p. 10 :

« L'expression "Toi, t'es pas branché haut débit !" – traduire "Tu ne comprends pas vite" – est apparue avec la commercialisation d'offres de connexion à Internet toujours plus rapide. On peut lui préférer la variante "Décidément, tu ne fais pas du 8 mégabits !". »

HÉBERGEUR.

Prestataire de services chargé de la régulation d'appels et de SMS.

● *Télérama*, 16 février 2005, p. 59 :

« Pour gérer le flux des SMS et des appels, chaque chaîne [de télévision] recourt à un ou plusieurs prestataires de services, encore appelés "hébergeurs". Ces sociétés font office de gare de triage : elles récoltent les messages et les dispatchent vers les émissions concernées. »

HEIDERIEN.

Partisan de Heider, leader de la droite nationaliste autrichienne.

● Oral, France Musiques, bulletin d'information, 6 avril 2005 :

« En Autriche, la rupture est consommée au sein de la droite. Le clan heiderien a fait scission… »

HERGÉEN.

Digne d'Hergé, auteur de la bande dessinée *Tintin*.

● *Télérama*, 2 mars 2005, p. 30 :

« Il y a chez Jeunet l'idée hergéenne de tracer des caractères bien définis, notamment par leurs défauts, autour de l'icône principale. »

HIP-HOPEMENT.

D'une manière hip-hop.

● *Télérama*, 25 février 2004, p. 22 :

« Hip-hopement correct. [Titre.] » « Les rappeurs américains veulent se refaire une virginité. »

HOLLYWOODISER.

Transformer en monde du cinéma, analogue à celui des vedettes vivant à Hollywood.

● *Télérama*, 7 avril 2004, p. 14 :

« La Grande-Bretagne déboussolée découvre que sa royauté hollywoodisée ne rassemble plus ses sujets que dans une communion éructante, s'apparentant à un jeu de massacre dont les tabloïds donnent le *la*. »

Voy. aussi TABLOÏDISER et PEOPOLISATION.

HOMEJACKING.

Mode de cambriolage, en présence des propriétaires que l'on menace.

● Oral, TF1, journal télévisé de 13 heures, 22 février 2005 :

« Dernière menace : le homejacking. Les cambrioleurs séquestrent les victimes et leur réclament sous la menace les clés de leur voiture, leurs cartes bancaires, etc. »

HOME MOVIE.

Film fait chez soi.

● *Télérama*, 10 novembre 2004, p. 35 :

« Le "home movie" explose sur les écrans. [Titre.] » « Aujourd'hui la technologie permet de faire un film maison de A à Z. »

HOMMAGER.

Décerner un hommage à.

● *Télérama sortir*, 20 octobre 2004, p. 6 :

« Nous avons demandé à Michael Shamberg, génial producteur des clips de *New Order* [signés Leos Carax, Jonatan Demme, Chris Marker…], "hommagé" à juste titre le 23 octobre, de dresser son juke-box vidéo idéal. »

HOMO RECALCULATUS.

Chômeur auquel sont retirées des allocations à la suite d'un changement de mode de calcul et qui est élevé au rang d'un type humain.

● *Télérama*, 28 avril 2004, p. 7 :

« Homo recalculatus. [Titre donné à une lettre de lecteur] » « Comme il y eut l'*Homo habilis*, l'*Homo erectus*, puis l'*Homo sapiens*, on parle aujourd'hui de "recalculé(e)". »

HOMO TELEREALITUS.

Participant à des émissions de téléréalité, élevé au rang d'un type humain.

● *Télérama*, 19 mai 2004, p. 28 :

« L'homo telerealitus. [Titre.] » « La téléréalité raffole des personnages gays. »

HOMO TELEVISUS.

Spectateur assidu de la télévision, élevé au rang de type humain.

● *Télérama*, 22 décembre 2004, p. 518 :

« Non content d'avoir zappé toute l'année, l'Homo televisus enchaîne les soirées spéciales jouant toutes sur la même mécanique : une sorte de "zapping des zappings". »

Voy. aussi BEST-OF-ING.

HORTICULTUREL.
Amalgame de *horticulture* et de *culturel* : amateur éclairé et cultivé de la culture des jardins.
● *À nous Paris*, 15 novembre 2004, p. 5 :
« Pour les "horticulturels" passionnés et dernier cri, la revue *Bloom*, mi-magazine, mi-cahier de styles, résume avec perspicacité les tendances du moment. »

HUIT MÉGABITS.
Intelligent, qui comprend vite.
● *Télérama*, 22 décembre 2004, p. 10 :
« L'expression "Toi, t'es pas branché haut débit !" – traduire "Tu ne comprends pas vite"– est apparue avec la commercialisation d'offres de connexion à Internet toujours plus rapide. On peut lui préférer la variante "Décidément, tu ne fais pas du 8 mégabits ! en référence à la vitesse maximale à laquelle un internaute français peut aujourd'hui surfer." »

HYPER-RÉPUBLIQUE.
Nouvelle conception de la république française par les citoyens attendant d'elle des performances équivalentes à celles des entreprises privées comme celles de grande distribution, les hypermarchés.
● *L'Express*, 7 février 2005 :
« L'hyper-République. [Titre de la chronique de Jacques Attali.] »
« Subrepticement, la France change de république. Sans qu'une révolution soit nécessaire, sans même une réforme majeure des institutions, la relation des citoyens avec le pouvoir se transforme profondément ; des institutions s'effacent ; de nouvelles apparaissent. D'une part, l'État est de plus en plus affaibli par la décentralisation, la dévolution du pouvoir à l'Europe, les privatisations, la dérégulation et la concurrence des autres pays. De l'autre, il est renforcé par la croissance de la part de richesse nationale qui transite par lui ou par ses ramifications, dont la Sécurité sociale, et par les formidables moyens de contrôle des citoyens que lui donnent les nouvelles technologies de l'information. Devant cette évolution, les citoyens sont de plus en plus exigeants : ils demandent à l'État d'être aussi efficace dans la fourniture des services de santé, d'éducation ou de police que le sont les entreprises privées dans la fourniture de yaourts ou de télévision. »

INCLUDED.
Y compris, avec.
● *Libération*, 15 janvier 2005 :
« Il semblerait en effet que tout à la fièvre d'un samedi soir, Harry, le cadet de Sainte Nitouche-Diana et de Charles the Nunuche, ait répondu à sa façon à l'invitation d'une soirée costumée en surgissant travesti en nazi, included un brassard à croix gammée. Quelques jours avant le soixantième anniversaire de la libération d'Auschwitz, cette facétie gênante a fait sensation, surtout dans les alcôves de Buckingham qui raisonneraient encore d'un majestueux "shit of the shit ! Après la mère, le fils !" »

INFRAREYDEBOVIEN.
Qui rappelle les travaux de Josette Rey-Debove, linguiste et lexicographe.
● Oral, linguiste [C. Hagège], membre de jury d'une soutenance d'habilitation à diriger des recherches, 1ᵉʳ décembre 2004 :
« Ce que je pourrais exprimer en termes infrareydeboviens ainsi… »

INGEO.
Ingrédient de la terre.
● *À nous Paris*, 31 janvier 2005, p. 22 :
« Sur le marché de la penderie bio, un nouveau nom creuse sa place : Ingeo. Un mot signifiant "ingrédient de la terre" qui désigne la nouvelle fibre développée par Cargill Dow LLC. »

INTRANQUILLE.
Non tranquille, actif.
● *Télérama*, 12 mai 2004, p. 124 :
« Au-delà de la trajectoire de l'artiste, au-delà de sa poésie à fleur de phrases, c'est pour l'homme en mouvement, aussi libre qu'"intranquille", que l'on se passionne. [À propos de Rezvani.] »

JACKPOT JUSTICE.
Autre nom de la *class action*, l'action de groupe, type d'action en justice.

● *Libération*, 7 janvier 2005, p. 7 :
« Le "jackpot justice" fait la joie des avocats américains. [Titre.] »
« Dans les années 80, de célèbres cas ont été portés devant les tribunaux contre les fabricants de tabac, alors que les États-Unis découvraient les effets nocifs de la cigarette. La *class action* a alors hérité du surnom de *jackpot justice*. Récemment, la juge de la Cour suprême Sandra O'Connor a pris position contre "les dérapages qui transforment les avocats en millionnaires". »

JAMESBONDIEN.
Digne de James Bond, héros de films d'espionnage.
● *Télérama*, 8 décembre 2004, p. 38 :
« *Le Magnifique*, joyau de parodie jamesbondienne, où Bébel se rêve espion dans les yeux de Jacqueline Bisset. [Hommage au réalisateur Philippe de Broca.] »

JEU EN RÉSEAU.
Type de jeux vidéo reliés par voie électronique où s'affrontent plusieurs concurrents.
● *Vivre à Antony* [bulletin municipal], mars 2005 :
« Fête de l'Internet. [Surtitre.] » « Venez tester les jeux en réseau ! [Titre.] » « Les samedi 26 et dimanche 27 mars, la Municipalité célèbrera la fête de l'Internet en mettant à l'honneur les jeux en réseau. Pour la première fois, Antony va accueillir une manifestation atypique : une LAN party. »

JOCONDOPHILIE.
Admiration et attrait pour la toile de Léonard de Vinci *La Joconde*.
● *Télérama*, 5 janvier 2005, p. 107 :
« Dans ce documentaire hommage, J.-C. Bringuier décortique les causes de cette fascination, tournant parfois un peu en rond autour du thème de la "jocondophilie"… »

JOUR D'APRÈS.
Lendemain d'un jour où une décision importante engageant l'avenir est prise.
● *Le Monde*, 23 novembre 2004, p. 8 :
« Commencera alors [après la réunion, le 4 décembre, du conseil national du PS] ce que tous les socialistes appellent le "jour d'après" selon que le oui ou le non [à la Constitution européenne] l'emportera. »

JOURNALOIS.
Dialecte, manière spécifique de s'exprimer des journalistes.
● *Télérama*, 6 octobre 2004, p. 7 :
« Journalois. [Titre.] » « Il est un phénomène de plus en plus courant dans ce parler cher à mon cœur qu'est le "journalois". Le journalois, c'est bien entendu ce dialecte prétendument clair, efficace, précis, et à l'occasion érudit, qui chante entre deux jingles sur nos radios et nos télés. Ce phénomène, c'est celui que George Orwell décrivait dans son *1984* comme la novlangue, une langue décharnée, réduite à sa simple fonction de communication et dont le vocabulaire était amputé au moins de moitié selon un principe redoutable : pourquoi dire "mauvais" quand on peut dire « inbon », et pourquoi dire "laid" quand "inbeau" ferait aussi bien l'affaire ? Tout cela pour dire à nos amis les journalistes que : ohé les gars ! y a des mots pour dire "non-présence", "non-pertinence", ou encore "non-irréversibilité (là, c'est le comble, non ?). » [Lettre de lecteur.] »
Voy. aussi BIG SISTER.

JURIDISATION.
Tendance à accorder à la justice et aux juges une place toujours plus importante dans le fonctionnement de la société.
● *Libération*, 18 janvier 2005, p. 6 :
« De même qu'il y a des juristes qui s'inquiètent de la "juridisation" de la société, il peut y avoir des législateurs rebutés par sa "légifération". [Éditorial : « Doit-on parler de "logorrhée législative et réglementaire" ? »] »

KIDSTORE.
Magasin de vêtements pour enfants.
● *À nous Paris*, 4 octobre 2004, p. 12 :
« Un "kidstore" original qui propose non pas d'habiller nos bambins, mais plutôt de les looker. »
Voy. aussi LOOKER et MUST HAVE.

KITCHEN MUSIC.
Mélange de musique pop anglaise et de chanson française.
● *Télérama*, 23 février 2005, p. 118 :
« *CD d'aujourd'hui* [émission télévisuelle de France 2]. Avec la grande Sophie, inventrice autoproclamée de la "kitchen music", subtile macédoine de pop anglaise et de chanson française. »

KI-WORKER.
Travailleur à domicile, dans un pays étranger très éloigné de son entreprise.
● *Libération*, 17 janvier 2005 :
« En quelques années, la Grande-Bretagne a perdu 18 000 emplois, délocalisés en Inde et en Afrique du Sud. Quelque 12 000 autres emplois subiront le même sort d'ici à la fin de l'année 2005, selon le syndicat Amicus. "Le ki-working est aussi économique que la délocalisation, et bien plus rentable au niveau de la qualité du service et du travail effectué", affirme Michael Wolff. Selon ses calculs, un ki-worker coûte environ 20 euros de l'heure, soit autant qu'un employé dans un centre téléphonique basé en Inde : là-bas, 15 % de la somme financent le salaire proprement dit, 85 % les infrastructures, le matériel informatique... "Le ki-worker, lui, ne fait dépenser à l'entreprise aucun surcoût de ce genre, remarque Michael Wolff, puisqu'il est opérationnel et équipé directement depuis son bureau installé à son domicile." »

KI-WORKING.
Type de travail à domicile, dans un pays étranger très éloigné de l'employeur.
● *Libération*, 17 janvier 2005 :
« Outre-Manche, le "ki-working" progresse. [Titre.] » « Le télétravail est utilisé pour lutter contre les délocalisations. Outre-Manche, ça s'appelle le ki-working. "Un modèle de travail à domicile à grande échelle qui a l'ambition de lutter contre les délocalisations", explique Michael Wolff, entrepreneur écossais et théoricien de cette nouvelle forme de travail. En japonais, "ki" veut dire "relation de confiance". Entre des salariés installés chez eux et des chefs d'entreprise hantés par la chasse au moindre coût. La mode vient des États-Unis : là-bas, 100 000 personnes sont déjà des ki-workers. La Grande-Bretagne commence à s'y mettre : le voyagiste en ligne Lastminute.com doit tenter l'aventure dans les prochains mois. Des secteurs d'activités, comme la recherche, le marketing ou les services aux clients, peuvent aussi être intéressés. »

KNOWLEDGE WORKER.
Travailleur du savoir.
● *Libération*, 11 novembre 2004 :
« Depuis quelques années on observe l'émergence d'un nouveau terme, comme en est souvent friande la littérature managériale, celui de travailleur du savoir, ou Knowledge Worker. Mais ce concept demeure largement flou, protéiforme et polysémique et, pour le dire plus simplement, un peu fourre-tout. On définira de manière provisoire les travailleurs du savoir comme ceux, si l'on se limite à l'univers marchand, dont l'activité est principalement centrée sur la prestation et la vente de prestations à caractère intellectuel auprès de clients. »

KU-KLUX-KLANIEN.
Relatif au Ku Klux Klan, qui a des caractéristiques du Ku-Klux-Klan.
● *Télérama*, 5 janvier 2005, p. 4 :
« On approuvera que vous choisissiez, sur le front des injustices, la révoltante marionnette ku-klux-klanienne d'un prisonnier torturé. »

LAN PARTY.
Type de jeux vidéo reliés par voie électronique où s'affrontent plusieurs concurrents.
● *Vivre à Antony* [bulletin municipal], mars 2005 :
« La fête de l'Internet est l'occasion d'innover et de découvrir de nouvelles pratiques informatiques. Cette année, la Ville et l'association planète-tf organisent les 26 et 27 mars une LAN party au gymnase La Fontaine. C'est la première fois qu'une manifestation de ce type a lieu à Antony. Une LAN (*Local Area Network* en anglais) se traduit par "réseau local". Dans un même lieu, il s'agit de relier plusieurs ordinateurs PC entre eux afin que les joueurs s'affrontent par jeux vidéo interposés. »
Voy. aussi JEU EN RÉSEAU.

LARVATITUDE.
Manière d'être d'une larve, inaction, somnolence.
● Internet, 13 septembre 2004 :
« Vive la larvatitude. [Dans une réponse à des messages sur l'utilisation des verbes *comater*, *larver* et *vedger* synonymes de *somnoler*.] »

LÉGIFÉRATION.
Tendance à accorder à la loi et aux législateurs une place toujours plus importante dans le fonctionnement de la société.
● *Libération*, 18 janvier 2005, p. 6 :
« De même qu'il y a des juristes qui s'inquiètent de la "juridisation" de la société, il peut y avoir des législateurs rebutés par sa "légifération". [Éditorial : « Doit-on parler de "logorrhée législative et réglementaire" ? »] »

LHERMITTIEN.
Caractéristique du comédien Thierry Lhermitte.
● *À nous Paris*, 31 janvier 2005, p. 7 :
« Restent quelques bonnes scènes, quelques bons énervements "lhermittien" [sic], quelques bonnes crises de larmes viaresques. [À propos du film *L'Ex-Femme de ma vie.*] »

LIPOSUCER.
Pratiquer une liposuccion, ôter, en chirurgie esthétique, des excès de graisse disgracieux.
● Oral, télévision, Canal+ en clair, 10 janvier 2005 :
« Je sais que vous appréciez tous ces discussions intéressantes à propos des femmes qui se sont fait refaire les seins, liposucer, etc. Eh bien, la chirurgie esthétique, les hommes s'y mettent ! [Annonce d'une émission.] »

LOGOMATURGE.
Créateur de noms de marques.
● Oral, Y. Krief, membre d'un jury de soutenance d'habilitation à diriger des recherches, 1er décembre 2004 :
« On pourrait parler de logomaturges pour les créateurs de noms de marques. »

LOLITRASH.
Amalgame de *Lolita*, jeune fille séduisante, et de *trash*, ordure.
● *Télérama*, 9 mars 2005, p. 97 :
« Bête de com : Britney Spears, lolitrash ? [Sommaire de l'émission *Culture pub* de M6 « Quand le sexe fait vendre ».] »

LOOKER.
Donner un aspect visuel particulier.
● *À nous Paris*, 4 octobre 2004, p. 12 :
« Un "kidstore" original qui propose non pas d'habiller nos bambins, mais plutôt de les looker. »

LOSEUSE.
Perdante.
● *Télérama*, 26 février 2005 :
« Recalées sur M6, Chimène Badi et Amel cartonnent avec leurs disques. [Chapeau.] » « Deux "loseuses" laissées pour compte du grand rêve cathodique. Sauf que... sauf que ces demoiselles ont quand même fini par sortir un disque. Et pèsent désormais, à elles deux, près d'un million d'albums vendus. Des miraculées ? »

LOVE MARKETING.
Technique de vente fondée sur la séduction exercée par les marques sur les consommateurs.
● *À nous Paris*, 21 février 2005 :
« Les marques et nous : je t'aime, moi non plus. [Titre.] » « Certaines marques nous séduisent car elles ne parlent pas uniquement à notre raison et à notre conscience mais aussi à notre cœur. Elles nous parlent d'amour, et ça c'est irrationnel. […] C'est ce que nous livre Kevin Roberts, PDG monde de l'agence de publicité Saatchi et Saatchi, dans son ouvrage *Lovemarks, le nouveau souffle des marques* (Éd. Organisation). Présentée comme un livre de recettes au graphisme séduisant, cette bible du nouveau marketing propose une approche émotionnelle du discours des marques. "All the consumer needs is love. » Et le pape du love marketing de le prouver en citant une célébrité…" »
Voy. aussi LOVEMARK, MOVE, POMME ATTITUDE et ZAPPER.

LOVEMARK.

Marque adulée par ses fidèles clients ou utilisateurs.

● *À nous Paris*, 21 février 2005 :

« "Les lovemarks n'appartiennent même plus aux fabricants mais tout simplement à ceux qui les aiment. Elles provoquent une fidélité qui va bien au-delà de la raison", nous assure Kevin Roberts. [...] Les lovemarks savent ranimer la flamme. »

Voy. aussi LOVE MARKETING, MOVE, POMME ATTITUDE et ZAPPER.

LUCHINIEN.

Relatif à, propre à Fabrice Luchini, comédien.

● *À nous Paris*, 23 février 2004, p. 12 :

« Ce qui est insensé, c'est qu'il [Luchini] est aussi "luchinien" dans l'économie que dans la démesure. [Dans un entretien avec le réalisateur P. Leconte.] »

LUDOTOURISME.

Activité mêlant la découverte d'une région et le jeu.

● *L'Express*, 20 décembre 2004 :

« Créé aux États-Unis en 2000, le geocaching, jeu de piste guidé par GPS, a conquis la planète : le site officiel y dénombre plus de 132 000 caches. "C'est un loisir familial, explique Pol Wens, directeur de la rédaction de *Thesaumag*. Le trésor est un prétexte pour se balader et découvrir une région." Selon ce concept de ludo-tourisme, deux Français ont à leur tour lancé sur Internet, en 2002 un jeu où des énigmes littéraires et historiques remplacent le GPS. Le nombre de "cistes" dissimulées – 5 400 – augmente chaque jour, et leur recherche est devenue un art de vivre. »

LYNCHÉEN.

Relatif, propre à David Lynch, réalisateur de cinéma.

● *Télérama*, 23 mars 2005, p. 89 :

« *Harry, un ami qui vous veut du bien*… Mécanique remarquablement construite entre suspense hitchcockien et cauchemar lynchéen. »

LYONNAISETÉ.

Qualité propre aux habitants de Lyon.

● *Télérama*, 2 juin 2004, p. 6 :

« Tous ceux-là, dont je suis, sont ainsi exclus du Walhalla où seuls les surhommes goûtent aux délices de la "lyonnaiseté". [Lettre de lecteur à propos du slogan "Qui ne gagne pas n'est pas lyonnais".] »

MAC-ADDICT.

Utilisateur d'ordinateurs Macintosh jusqu'à en devenir dépendant.

● *À nous Paris*, 31 janvier 2005, p. 4 :

« Les Mac-artistes deviennent ainsi des Mac-addicts. [À propos de l'utilisation d'ordinateurs Mac par les créateurs et artistes.] »

MAC-ARTISTE.

Artiste utilisant les ordinateurs Macintosh pour leur création.

● *À nous Paris*, 31 janvier 2005, p. 4 :

« Les Mac-artistes deviennent ainsi des Mac-addicts. [À propos de l'utilisation d'ordinateurs Mac par les créateurs et artistes.] »

MAGISTÉRANT.

Étudiant de magistère, année préliminaire à l'inscription au doctorat.

● Courriel d'une étudiante algérienne, 26 février 2005 :

« Je me présente : je suis une étudiante magistérante de Béchar. »

● Courriel d'un universitaire responsable de l'école doctorale algéro-française, 28 février 2005 :

« L'expérience confirme que les séjours sur place doivent être d'au moins une semaine pour que les vingt heures d'enseignement et les contacts avec les collègues algériens, ainsi que les entretiens et séances complémentaires avec les étudiants ("magistérants", mais aussi doctorants locaux) soient pleinement efficaces. »

MAINSTREAM.

Vêtement fabriqué avec des matières biologiques.

● *À nous Paris*, 31 janvier 2005, p. 22 :

« Le bon plan du moment ? Les "mainstream" 100 % naturels. Des fringues de tous les jours taillées dans du lin ou du coton labellisé bio. »

MAL-PENSER.

Antonyme de *penser bien*, avoir des idées conventionnelles, donc transgresser les idées toutes faites.

● *À nous Paris*, 9 février 2004, p. 5 :

« Car Groland [émission sur Canal+] est notre rempart, une oasis de mauvais goût et de liberté de mal-penser quand toute la télé française s'astique aux bons sentiments et au faux-culisme. »

MARGOTONNER.

Produire des margotonneries.

● *Télérama*, 6 octobre 2004, p. 13 :

« Plusieurs fois devant quelques tics durassiens, il [Depardieu] s'écrie : "C'est Margoton [surnom qu'il donne à Duras] qui margotonne ! On est dans l'alambiqué, là." [À propos de la pièce *La Bête dans la jungle* de James Lord d'après Henry James dans la version française de Marguerite Duras.] »

Voy. MARGOTONNERIE.

MARGOTONNERIE.

Particularités, tics d'écriture de Marguerite Duras.

● *Télérama*, 6 octobre 2004, p. 16 :

« "On a supprimé pas mal de margotonneries, là" murmure Depardieu. »

Voy. MARGOTONNER.

MARKETING FURTIF.

Technique de vente s'appuyant sur une publicité indirecte.

● *20 Minutes*, 24 décembre 2004, p. 15 :

« Une récente enquête souligne qu'Internet vient quasiment en tête des moyens d'information des jeunes. Du coup, se développe actuellement le marketing dit "viral" ou "furtif", notamment via les "chats", pour diffuser des informations sur des nouveaux produits. »

MARKETING VIRAL.

Technique de vente s'appuyant sur une publicité indirecte.

● *20 Minutes*, 24 décembre 2004, p. 15 :

« Une récente enquête souligne qu'Internet vient quasiment en tête des moyens d'information des jeunes. Du coup, se développe actuellement le marketing dit "viral" ou "furtif", notamment via les "chats", pour diffuser des informations sur des nouveaux produits. »

MARRONNASSE.

D'une couleur pas franche, tirant sur le marron.

● *Télérama sortir*, 20 octobre 2004, p. 9 :

« Il est rare qu'on en [la FNAC] ressorte sans un CD ou un livre fourré dans ce fameux sac "marronnasse" incertain qu'elle nous impose depuis toujours. »

MASCULINISME.

Idéologie patriarcale et machiste.

● *Télérama*, 16 mars 2005, p. 125 :

« Le documentaire creuse l'analyse de ces mouvements dont les revendications cachent souvent une idéologie patriarcale des plus conservatrices. Les sociologues parlent de "masculinisme" : une vague de mâles radicalement machos qui veulent récupérer leur enfant pour conserver une emprise sur leur ex-femme et surtout ne pas payer de pension alimentaire. »

MASTIGE.

Amalgame de *mass market* et de *prestige* : sorte de prêt-à-porter de luxe.

● Oral, télévision, France 3, journal télévisé, 15 janvier 2005 :

« Les spécialistes l'ont baptisé mastige, contraction [sic] de *mass market* et *prestige*. [À propos d'un nouveau phénomène : les créateurs de haute couture proposent des modèles moins chers, dans les grandes surfaces ou les catalogues de vente par correspondance.] »

M-BUSINESS.

Mobilité dans le travail.

● *À nous Paris*, 28 février 2005, p. 6 :

« On parle partout de "révolution nomade", de mobilité urbaine et même d'un M-business. Si la mobilité est plus que jamais dans la tendance, on ne sait pas trop si elle est uniquement un argument marketing de choc pour vendre des compotes à boire pour les enfants sur le chemin de l'école, ou bien si elle reflète une réalité de nos modes de vie. »

MÉANDREUX.

Qui fait des détours, qui n'est pas rectiligne, simple.

● *Télérama*, 2 mars 2005, p. 36 :

« Ici commencent les petites histoires méandreuses de la grande histoire du cinéma. [À propos des péripéties du négatif du film d'Eisenstein *Le Cuirassé Potemkine*.] »

MÉCATRONIQUE.

Amalgame de *mécanique* et *électronique* : qualifie des objets de fiction utilisés dans des mises en scène de spectacle.

• *Télérama sortir*, 15 septembre 2004, p. 16 :

« Entre théâtre et jeux vidéo, le Catalan [Marcel.lí Antúnez] cultive ses obsessions "mécatroniques". »

MÉDIATICO-CLICHETONNESQUE.

Relatif aux clichés, aux poncifs qui se développent dans les médias.

• *Télérama*, 22 septembre 2004, p. 104 :

« Comme le travail de deuil, le devoir de mémoire est devenu l'une des pénibles injonctions de la société médiatico-clichetonnesque. »

MELVILLIEN.

Digne de Melville, réalisateur de cinéma.

• *Télérama*, 30 mars 2005, p. 118 :

« Mais Pierre Grasset est déjà un vrai héros melvillien, ambigu, capable du plus grand cynisme et de la plus totale générosité. [À propos de *Deux Hommes dans Manhattan*, film de Melville, 1958.] »

MÉTROSEXUEL.

Homme soucieux de sa personne et de sa tenue vestimentaire, voire efféminé, sans être homosexuel.

• *20 Minutes*, 6 décembre 2004, p. 3 :

« Il existe une troisième voie, dans la mouvance du style gay : les métrosexuels. Non pas une race d'obsédés qui sévit dans le métro, mais une vague d'hommes sensibles à leur corps, hétérosexuels, proches des codes féminins. Ils se rapprochent des femmes certes, mais pour être tout contre. Malin. [Éditorial.] »

• *Libération*, 13 janvier 2005 :

« Tableaux de chasse masculine aux bonnes affaires. La grande hystérie des soldes, qui ont débuté hier, n'épargne plus personne. Y compris les hommes. L'homme apprend donc la joie du shopping à prix cassé, du plaisir de fouiller dans les rayons à la recherche de sa taille. Mais qu'on ne s'imagine pas des armées de "métrosexuels" dans les rayons. Place à la cravate, au sac ordinateur portable ou aux *Échos* pour patienter devant la caisse. Revue des tribus masculines en temps de soldes. Ce "nouvel homme" qui prend soin de sa personne tout en étant hétérosexuel. »

METTRE LE FEU À LA POUDREUSE.

Croisement de *mettre le feu aux poudres*, déclencher une réaction violente, et de *poudreuse,* neige. Susciter des tensions dans les professions des sports d'hiver.

• *Le Figaro*, 17 décembre 2004, p. 9 :

« Un arrêté du ministre des Sports vient de mettre le feu à la poudreuse. [Un arrêté ministériel relance la polémique entre les pulls rouges de l'ESF et les pulls verts de l'École de ski internationale.] »

MICHAELMOORIEN.

Digne du cinéaste Michael Moore.

• *Télérama*, 22 septembre 2004, p. 153 :

« En mai 1995, S. Nelson s'empare d'un char, écrase tout sur son passage dans les rues de San Diego, en Californie. Un fou ? Plutôt la victime d'une société déliquescente. Un film pamphlet aux accents très "michaelmooriens". »

MID-TEMPO.

Type de musique.

• *Télérama sortir*, 23 mars 2005, p. 3 :

« Nas. Le New-Yorkais revient défendre son album *Street's Disciple*, bel exercice de hip-hop mid-tempo, relevé de boucles soul. »

MINIMONOSPACE.

Automobile à un seul volume, un monospace, mais de petite dimension.

• *Métro*, 3 décembre 2004, p. 13 :

« Renault a annoncé jeudi qu'il avait déjà enregistré 65 000 commandes en Europe occidentale pour la Modus, ou minimonospace lancé en septembre. »

MOBILOMANIAQUE.

Utilisateur assidu de téléphones mobiles.

• *Métro*, 12 janvier 2005, p. 8 :

« Munissez-vous de cette phrase : Tiens, t'as un nouveau portable ? Lorsque vous tombez juste, votre interlocuteur a tout de l'enfant pris la main dans le sac des petits plaisirs de Noël. Le mobilomaniaque se lance illico dans la démonstration de ses nouvelles options (50 % des portables sont vendus à des consommateurs qui en possèdent déjà un). »

MODDER.

Personne qui pratique le modding.

• *Libération*, 18 février 2005 :

« "Les modders ont considérablement favorisé les ventes de *Half Life*", expliquait récemment le directeur marketing de Valve Software, qui produit le jeu. »

Voy. aussi MODDING.

MODDING.

Transformation de jeux électroniques par ceux qui les pratiquent.

• *Libération*, 18 février 2005 :

« Dans ce drôle de monde-là, en effet, se développe une certaine licence concernant un aspect particulier du piratage : le "modding", tiré du verbe *modify* (modifier), par lequel certains joueurs détournent, transforment, convertissent et interprètent un jeu à partir de son code source (avec des outils parfois fournis par les développeurs). Le "modding", en permettant à un jeu d'être réapproprié, prolonge sa longévité au-delà de celle prévue par les développeurs, et meuble utilement le vide qui précède la prochaine mouture officielle : dans le cas de *Half Life*, non seulement ses développeurs ont encouragé le "modding", mais ils en ont étudié de près toutes les formes pour concevoir *Half Life 2*. L'accueil fait à ces pratiques n'est cependant pas unanime et le géant américain du secteur, Electronic Arts, en est un farouche opposant. Logique : c'est aussi le spécialiste de la licence juteuse et des add-ons infinis (les *Sims*, ad libitum). Et le modding, au fond, c'est cela : l'add-on gratos que s'inventent les joueurs. »

MODERNE BAROQUE.

Type d'esthétique mêlant des caractéristiques du moderne et du baroque.

• *Le Monde 2*, 26 février 2005, p. 56 :

« Après la tendance design épurée, Philippe Désert a remis le baroque au goût du jour dans les années 1990. Plus récemment, il s'est fait l'apôtre du "moderne baroque", mélange des deux styles précédents : un lustre vénitien dans un décor très design. [À propos de la conception de plateaux d'émissions de télévision.] »

Voy. aussi QUINQUA-ADO et STARIFIER.

MOINS-DISANT SOCIAL.

Principe de concurrence inspiré du *mieux disant* (qui propose les meilleurs prix) et appliqué au domaine social avec la préférence accordée à qui se contente d'avantages sociaux moindres : nivellement par le bas.

• *La Croix*, 15 mai 2005, p. 1 :

« Aux effrois et aux effets de la "mondialisation" et des délocalisations risquait de s'ajouter la peur d'une intrusion conquérante du "moins-disant" social. [À propos de la directive Bolkestein.] [Éditorial de B. Frappat.] »

MONDAVISATION.

Standardisation de la production viticole au détriment des vins de producteurs, ayant chacun leur personnalité.

• *Télérama*, 24 novembre 2004, p. 7 :

« Parkérisation et mondavisation des vins… Le trio Parker-Rolland-Mondavi démocratise le vin (en vain) à 150 euros la bouteille. Même si le vin français est en crise, ne nous laissons pas tenter par les marques et les vins de cépages, les vins flash-pasteurisés et la soupe de bois. [Lettre de lecteur.] »

MOVE.

Mouvement, activité.

• *À nous Paris*, 21 février 2005 :

« "Les lovemarks n'appartiennent même plus aux fabricants mais tout simplement à ceux qui les aiment. Elles provoquent une fidélité qui va bien au-delà de la raison", nous assure Kevin Roberts. Leur force est de créer une véritable histoire d'amour et elles le font souvent par le biais d'une icône ou d'un symbole : Marilyn Monroe et son n° 5 de Chanel, pour l'indéfectible sensualité. Apple et ses Mac, pour adopter la "pomme attitude", Nike et son Swoosh (la virgule aérodynamique), pour être toujours dans le *move*. Les lovemarks savent ranimer la flamme en nous racontant l'histoire qui nous lie à elles et en évoluant en même temps que nous. »

Voy. aussi LOVE MARKETING, LOVEMARK, POMME ATTITUDE et ZAPPER.

MULTIHAUBANÉ.

Dont la structure comprend de nombreux haubans.

• *Libération*, 14 décembre 2004, p. 4 :

« Ce pont [de Millau] "multihaubané" est censé raccourcir d'une soixantaine de kilomètres le trajet Paris-Béziers… S'il existe des ponts à portée plus grande, "il n'existe pas de viaduc *multihaubané* aussi long… À part le viaduc de Rion à Antirion en Grèce". »

MUR-ISTE.

Teneur de mur, jeune inactif passant ses journées adossé à des murs, comme pour les faire tenir.

• *Télérama*,1ᵉʳ septembre 2004, p. 16 :

« Le comique algérien [Fellag] affuble le mot *h'it* ("mur") d'un suffixe français et le tour est joué : le h'itiste sera "celui qui tient le mur", donc ne fait rien de ses journées. Francisé le h'itiste se transforme alors en "mur-iste". »

MUSICALO-LUDIQUE.

Associant un aspect ludique à la musique.

• *Télérama sortir*, 16 février 2005, p. 5 :

« GM [théâtre expérimental] fabrique… des vidéos musicalo-ludiques comme *English Song*, clip autodescriptif d'une chanson minimaliste dont les paroles racontent… le processus de composition. »

MUST HAVE.

Objet à la mode, en particulier vêtement.

• *À nous Paris*, 4 octobre 2004, p. 12 :

« Sur pas moins de 250 m², cette fan de mode, maman de deux fillettes, concentre les "must have" du moment. »

Voy. aussi KIDSTORE et LOOKER.

NÉO-CONSOMMATEUR.

Nouveau type de consommateurs.

• *Paru Vendu*, 10 mars 2005, p. 14 :

« Affublés, il n'y a pas si longtemps encore des diminutifs les plus divers, ces néo-consommateurs en quête de sens sont aujourd'hui l'objet de toutes les attentions. [À propos des partisans du bio.] »

NÉO-METAL.

Type de musique.

• *Métro*, 3 décembre 2004, p. 1 :

« Les gens ont rapidement appelé ça néo-métal mais c'est un terme qui ne m'a jamais convenu. J'appelle seulement notre musique Korn. Le néo-métal, ce sont tous les groupes qui se sont inspirés de nous et qui sont arrivés après. [Propos de Jonathan Davis du groupe Korn.] »

NÉOPAVILLONISME.

Développement des lotissements de petites maisons particulières.

• *Libération*, 24 février 2005 :

« Le néopavillonisme à l'enseigne d'une France de petits propriétaires est le revers inévitable de la gentryfication galopante des centres-villes. »

NERD.

Créateur d'images virtuelles à l'aide d'ordinateurs.

• *Télérama*, 10 novembre 2004, p. 37 :

« Kerry Conran est l'émissaire d'une nouvelle famille de créateurs dont l'imagination se débride avec l'essor des nouvelles technologies et que l'industrie du cinéma s'apprête à voir débarquer en nombre : les sorciers de l'ordinateur et de l'image virtuelle, les "nerds", qui inventent des univers de plus en plus sophistiqués sans quitter leur chambre. »

NET ATTITUDE.

Code de bonne conduite sur Internet à propos du téléchargement.

• *Télérama*, 30 mars 2005, p. 24 :

« Un livret prônant la "Net attitude" bientôt distribué dans les collèges. [Surtitre.] » « Tu es jeune ? Tu télécharges de la musique ? Tel Raffarin et sa "positive attitude", "Adopte la Net attitude !". C'est ce que propose un livret de seize pages présenté la semaine dernière par trois ministres, dont celui de la Culture. »

NICOTINIQUEMENT.

Relativement à la nicotine, comme symbole du tabac.

• *Télérama*, 16 mars 2005, p. 30 :

« Dutronc et Hardy dans une pub pour une lampe à huile : "Rien ne va plus entre Françoise et Jacques", dit à peu près le spot, en se foutant gentiment de la presse people. Motif ? Ça chlingue à la maison. On pense évidemment aux cigares de Dutronc. Non, c'est de ses chats (!) qu'il s'agit, parce que sévit le nicotiniquement correct qui empêche la représentation du tabac à la télévision. »

N'IMPORTEQUOITESQUE.

Farfelu.

• *À nous Paris*, 1ᵉʳ novembre 2004, p. 5 :

« Altruiste, c'est encore lui [Mathieu de l'émission de téléréalité *Gloire et fortune* sur M6] qui déballe ce qu'il fera généreusement avec les 40 000 euros promis au vainqueur, là où les autres enchaînent les souhaits les plus n'importequoitesques. »

NIPPLEGATE.

Scandale provoqué par un sein dénudé en public.

• *Télérama*, 25 février 2004, p. 22 :

« Submergée par le "Nipplegate" dû à son jaillissement de téton, Janet Jackson ne peut même plus compter sur le soutien de ses collègues rappeurs puisque eux aussi, dans leur grande majorité, semblent emportés par la déferlante puritaniste. »

NIPPOPHOBIE.

Haine du Japon et des Japonais.

• Oral, France Musiques, bulletin d'information, 10 avril 2005 :

« Le régime chinois assoit son pouvoir sur le nationalisme et la nippophobie. [Correspondant au Japon, à propos des manifestations chinoises de protestation contre un manuel d'histoire minimisant les atrocités commises par les Japonais lors de conflits du XXᵉ siècle.] »

NOMENCLATURIQUE.

Relatif à la nomenclature, ensemble des termes, d'un domaine.

• Oral. Conférencier lors d'un colloque de linguistique, 10 janvier 2004 :

« Les terminologisations de ce type sont très fréquentes (pour nous, leur aspect nomenclaturique ou l'utilisation de brachygraphies est secondaire). »

NON-DOLLARISÉ.

Qui n'utilise pas le dollar comme monnaie d'échange.

• *Métro*, 27 octobre 2004, p. 10 :

« [Troisième monnaie] utilisée pour les transactions courantes et seule monnaie [le peso national] des Cubains "non-dollarisés", elle vaut actuellement 26 pesos pour un dollar (le dollar n'aura plus cours à Cuba). »

NO-SHOW.

Non-présentation d'un client qui a réservé une chambre d'hôtel, une place d'avion…

• Documentation d'un hôtel, mars 2005 :

« En cas de no-show (non-présentation du client à l'hôtel pour une réservation confirmée), les trois premières nuits sont dues à l'hôtel. »

• *L'Express*, 7 février 2005 :

« C'est en vérifiant la liste des "no-show" (passagers ne s'étant pas présentés à l'embarquement des vols) de la journée que l'absence d'un couple a été remarquée. »

NOTABILISER (SE).

Acquérir le statut d'un notable.

• Oral, France Musiques, bulletin d'information, 6 décembre 2004 :

« Sarkozy va chez Drucker pour se notabiliser. [I. Levaï citant *Le Figaro*, citant un spécialiste des médias, non nommé.] »

NOTATEUR.

Personne chargée d'examiner la qualité des services publics.

• *L'Express*, 7 février 2005 :

« Au-delà de la réforme qu'il [Ph. Séguin] veut faire voter, deux autres audaces seront nécessaires. D'abord, pour s'assurer du meilleur usage de l'argent public et donner au citoyen une information claire sur ce qu'il peut attendre de l'État, les auditeurs et notateurs publics devront évaluer la qualité des services publics (en classant les commissariats, les universités, les hôpitaux, les services fiscaux). Ensuite, pour éviter qu'ils ne dérapent, les auditeurs et notateurs devront rendre des comptes détaillés, devant l'opinion, de l'usage de leur budget. »

NOUVELLE LOLITA.

Jeune femme qui cherche à être séduisante et consacre un gros budget à sa tenue vestimentaire.

• *Le Monde*, 15 janvier 2004, p. 6 :

« Les nouvelles lolitas, comme on les appelle, provoquent depuis trois ans une évolution dans l'industrie de l'habillement. [En moyenne les 15-25 ans dépensent 813 euros par an pour suivre les courants d'une mode de plus en plus réactive.] »

NULLOPHILE.

Amateur de l'émission de télévision de Canal+ *Les Nuls*.

• *Télérama*, 30 mars 2005, p. 102 :

« Pendant presque dix ans, les Nuls ont excellé à glisser sur Canal+ du poil à gratter dans le tube cathodique, fausses pubs, fausses émissions, faux journal… À l'annonce du film [*La Cité de la peur*], le "nullophile" s'est précipité vers le gag décalé, la parodie fofolle et volontiers scabreuse. Déception… »

OR BLEU.

Mer, lac, etc., comme lieux de pratiques sportives ou de loisir qui ont une incidence économique.

• *Métro*, 1ᵉʳ décembre 2004, p. 12 :

« Cette ruée vers l'or bleu profite à toute la filière nautique. »

OSSEUX.

Sec, aride, austère.

• *Métro*, 12 janvier 2005, p. 4 :

« *Rêves de sable*, de Sepideh Farsi, sort aujourd'hui. C'est un film… "osseux". La réalisatrice ne trouve pas la traduction adéquate du mot persan qu'elle a en tête. »

OSTALGIE.

Regret, nostalgie, du style de vie de l'Allemagne de l'Est, d'avant la chute du mur de Berlin et la réunification allemande.

• *Télérama*, 8 septembre 2004, p. 146 :

« Le réalisateur lui insuffle une émotion contenue, une forme de mélancolie, qui est cette "ostalgie" de certains Allemands de l'Est… [À propos du film *Good bye Lenin*, 2002.] »

RMQ. Le mot date de 2002, voire d'avant.

OSTALGIQUE.

Nostalgique de l'Allemagne de l'Est d'avant la chute du mur de Berlin et la réunification allemande.

• *Télérama*, 29 décembre 2004, p. 17 :

« Il est tombé à l'eau, le projet de parc d'attractions sur le thème de l'ex-RDA. Reste pour les "ostalgiques", comme on les appelle, les hauts de jogging étriqués estampillés DDR qui font la fortune des camelots de Check-Point Charlie… »

PALÉOLEPÉNISTE.

Personne qui professe les idées défendues par Le Pen, avant même la création et l'essor du parti qu'il a créé.

• *Télérama*, 27 octobre 2004, p. 37 :

« Un paléolepéniste, donc, face à une communauté bien particulière, celle des Juifs hassidiques. [À propos du personnage de Pivert, incarné par L. de Funès, dans le film *Rabbi Jacob*.] »

PANAMÉE.

Randonnée dans Paris.

• *20 Minutes*, 17 mars 2005, p. 6 :

« La Fédération française de randonnée organise tous les mois une "panamée" : une randonnée gratuite, ouverte et accessible à tous. C'est une marche dans Paris d'une dizaine de kilomètres. »

PANTHÉONADE.

Amalgame de *pantalonnade* et *Panthéon*, les débats liés au projet de transfert des cendres de Berlioz au Panthéon.

• Oral, France Musiques [T. Beauvert], 20 janvier 2004.

PAOLISATION.

Modification du style d'émissions radio pour les rendre conformes à celui de Stéphane Paoli.

• *Télérama*, 15 septembre 2004, p. 159 :

« Personnalisation, "paolisation" de l'antenne, on trouve le même souci de ne pas assommer l'auditeur, de lui donner des repères. »

PARACHUTOMANIE.

Goût marqué pour le saut en parachute.

• *Télérama sortir*, 23 mars 2005, p. 8 :

« Dédé vidéomane du CERP (Centre école régional de parachutisme) et véritable poète de la parachutomanie immortalise ces grands moments d'euphorie béate : "C'est un sport qui te remet bien les pieds sur terre. Parce que quand t'es en haut, dans le plus grand terrain de jeu du monde, tu te rends compte que tu es tout petit." »

PARKÉRISATION.

Standardisation de la production viticole au détriment des vins de producteurs, ayant chacun leur personnalité.

• *Télérama*, 24 novembre 2004, p. 7 :

« Parkérisation et mondavisation des vins… Le trio Parker-Rolland-Mondavi démocratise le vin (en vain) à 150 euros la bouteille. Même si le vin français est en crise, ne nous laissons pas tenter par les marques et les vins de cépages, les vins flash-pasteurisés et la soupe de bois. [Lettre de lecteur.] »

PAUV' MEC.

Dépenaillé.

• *Télérama*, 6 octobre 2004, p. 182 :

« Vous n'avez qu'une vague idée, voire pas d'idée du tout, de ce que sont les looks "chalala" (BCBG à tendance frimeur), "pauv' mec" (dépenaillé) ou "cainri" (pantalon baggy et baskets) ? »

PAYS DIT VERTUEUX.

État respectant les traités signés.

• Radio France Internationale citée sur Internet, 7 avril 2004 :

« Le pacte de stabilité, cet instrument de gouvernance économique européen, est-il pour autant moribond ? Pas si sûr. D'abord parce qu'il a ses partisans, d'une stricte orthodoxie. Six pays dits vertueux ont ainsi écrit en février dernier à la présidence irlandaise pour réclamer l'application stricte de la discipline budgétaire, parmi lesquels on dénombre le Portugal, qui a fait des efforts considérables pour revenir dans les clous, mais aussi la Pologne et l'Estonie. »

• Oral, France Musiques, bulletin d'information [Jean-Louis Bongo], 22 mars 2005 :

« Les grands pays ont imposé aux pays dits vertueux les modifications qu'ils souhaitaient. [À propos des modifications des modes de calcul pour le pacte de stabilité.] »

PEAU DE CHAGRINESQUE.

Similaire à la peau de chagrin, qui rétrécit : qui ne laisse que peu de temps libre.

• Oral, conversation, 20 novembre 2004 :

« Étant donné que la semaine prochaine va être peau de chagrinesque, il vaut mieux remettre à plus tard l'exécution de ce projet. »

PEOPOLISATION.

Traitement à la manière de la presse people, du type des tabloïds britanniques de grande diffusion flattant le goût du spectaculaire et du scandale de ses lecteurs.

• *Télérama*, 7 avril 2004, p. 16 :

« N. Jones s'amuse à reconnaître le legs de la princesse [Lady Di] dans la "peopolisation" de la reine Élisabeth. »

Voy. TABLOÏDISER et HOLLYWOODISER.

PÉRIPÉRIURBAIN.

Anneau situé au-delà des banlieues proches des villes.

• *Libération*, 24 février 2005 :

« L'interminable mitage du territoire périurbain (et désormais péripériurbain) par des maisons individuelles est sans doute le signe le plus regrettable de l'américanisation de la société française. »

PERMANENTISATION.

Transformation du statut précaire de salariés en contrat à durée non limitée.

● *Télérama*, 29 décembre 2004, p. 52 :
« Nous sommes passés de 140 journalistes à 203 et nous allons demander la "permanentisation" d'une trentaine de salariés précaires. [Ulysse Gosset, directeur de la rédaction de France 3.] »

PESTE ORANGE.
Mouvement politique ukrainien du point de vue d'un de ses adversaires, partisans du pouvoir encore en place à l'époque.
● Oral, France Musiques, bulletin d'information, 28 novembre 2004 :
« Si la peste orange l'emporte… [Propos traduits d'un maire ukrainien favorable au pouvoir en place à l'époque et opposé à la révolution orange.] »

PHASÉ.
Comprenant plusieurs étapes.
● *Le Monde*, 23 novembre 2004, p. 5 :
« Un négociateur satisfait que l'approche "phasée" de la France ait été retenue. [À propos de l'effacement de la dette de l'Irak.] »

PHISHER.
Personne qui pratique le phishing, ou hameçonnage.
● *Libération*, 11 novembre 2004 :
« Pour arriver à ses fins, le phisher se fait passer pour une entreprise (banque ou site de commerce électronique) en qui la victime a confiance. Le détournement s'effectue en deux temps… »
Voy. PHISHING et HAMEÇONNAGE.

PHISHING.
Pêche au mot de passe par voie électronique en vue d'escroquerie.
● Internet, blog du Net [Hervé Mangeol], 30 janvier 2005 :
« Le phishing, ou hameçonnage, est une arnaque de plus en plus courante sur Internet. Cela consiste à envoyer des mails en masse, avec une fausse adresse email. Dans ces courriers on peut demander à l'internaute de renouveler ses informations personnelles, et l'envoie [sic] pour cela sur un site ressemblant fortement à l'officiel. Et l'internaute donne ses informations aux escrocs. »
● Internet, www.encyclopedie-enligne.com, non daté :
« En informatique, le hameçonnage (en anglais, *phishing*, raccourci de l'expression *password harvesting fishing*, soit pêche aux mots de passe) est un terme désignant l'obtention d'informations confidentielles (comme les mots de passe ou d'autres informations privées) en se faisant passer auprès des victimes pour quelqu'un digne de confiance ayant un réel besoin de l'information demandée. C'est une forme d'attaque de type ingénierie sociale. Ce terme a été inventé au milieu des années 1990 par les crackers qui essayaient de voler des comptes AOL. »

PICOLE.
Abus de boissons alcoolisés.
● *Télérama*, 5 mai 2004, p. 99 :
« Si les Français sont de plus en plus nombreux à arrêter la cigarette […], ils semblent moins prêts à stopper la picole… »

PIED PROPRE.
Nettoyage.
● *Métro*, 10 mars 2005, p. 11 :
« Les inspecteurs de la Division générale de la concurrence et de la répression des fraudes avaient entamé une opération "pied propre" en procédant à une vingtaine de perquisitions au sein des clubs de ligue 1 [de foot]. »

PIZZASTRE.
Amalgame de *pizza* et *désastre*, une très mauvaise pizza.
● *Télérama sortir*, 23 février 2005, p. 16 :
« Un vrai "pizzastre" ; la croûte est spongieuse, grasse, des gouttes de tomate sèche sur les ailes. Le fromage est une bouillie tiède sentant fort les pieds… [À propos d'un essai comparatif de pizzas aux quatre fromages de quatre enseignes de pizzas à livrer.] »

PLAINTE DE GROUPE.
Type d'action judiciaire.
● *Libération*, 7 janvier 2005 :
« En Allemagne, il existe la "plainte de groupe", version soft du recours collectif. »

PLANCHE À PROMESSES.
Machine à produire des promesses qui n'ont que peu de chances d'être tenues. S'emploie dans l'expression *faire marcher la planche à promesses*, détournement de *faire marcher la planche à billets*.
● Oral, France Musiques, bulletin d'information, septembre 2004 :
« Le Premier ministre a fait marcher la planche à promesses. [À propos de J.-P. Raffarin au congrès des maires de France.] »
● Internet :
« Ce qui nous interpelle sur les véritables capacités politiques de ce gouvernement et de ce parti, l'AKP (Parti de la justice et du développement). Sur quoi reposent l'autorité et la popularité de l'AKP depuis deux ans ? Sur sa capacité, éminemment tactique et politicienne, de faire fonctionner, non la planche à billets, mais la planche à promesses : en gros, la stabilité des prix et une perspective européenne. »

PLÉNÉLIEN.
Partisan d'Edwy Plenel.
● *Libération*, 14 décembre 2004, p. 20 :
« Pilote ou copilote, Courtois est entouré d'une équipe savamment dosée. Le résultat d'un bras de fer entre plénéliens et antipléneliens, difficilement tranché par Colombani, qui s'est refusé à lancer une chasse aux sorcières. »

PLEXE.
Apocope de *multiplexe* : ensemble de salles de cinéma dans un même bâtiment.
● *Télérama sortir*, 2 février 2005, p. 11 :
« Face à la pression commerciale des "plexes" et au désengagement des pouvoirs publics, une quinzaine d'associations de spectateurs ont décidé d'unir leurs forces en créant FACciné, la première fédération des associations de spectateurs du cinéma indépendant, pour "défendre un cinéma de proximité, non mercantile, favorisant la diversité culturelle". »

PLURI-INDISCIPLINAIRE.
Amalgame de *pluridisciplinaire* et de *indiscipliné*, personne qui fait preuve d'originalité et de créativité dans une multitude d'activités artistiques.
● *Télérama*, 12 mai 2004, p. 124 :
« Rezvani, qui se définit comme un "pluri-indisciplinaire", taquine les muses sans préférence, et tous les arts jusqu'au 7e. »

PLURI-INDISCIPLINÉ.
Créé sur le modèle de *pluri-indisciplinaire,* qui fait preuve d'originalité et de créativité dans une multitude d'activités artistiques.
● *Télérama*, 12 mai 2004, p. 124 :
« Serge Rezvani, artiste "pluri-indiscipliné", doué pour tous les arts, engagé sur tous les fronts. [En légende de sa photo.] »

POLARDEUX.
Auteur de romans policiers.
● *Le Monde*, 23 novembre 2004, p. 11 :
« En février, quand Cesar Battisti a été incarcéré à la prison de la Santé, ses soutiens étaient unis, malgré leurs différences : socialistes formés au mitterrandisme, militants communistes et d'extrême gauche, écrivains et "polardeux". »

POLITIQUE DU BULLDOZER.
Programme de destruction systématique d'immeubles.
● *Libération,* 24 février 2005 :
« Politique du bulldozer. [Titre.] » « Dans les 83 projets déjà approuvés, on compte 39 000 logements HLM démolis pour 36 000 reconstruits. À terme, il est question de raser pas moins de 250 000 logements, soit quelque 6 % du patrimoine social, et ce souvent sans concertation avec les habitants. Au-delà des démolitions d'immeubles mal conçus, mal construits, mal placés, cette politique du bulldozer est assez controversée. »

POLITISTE.
Personne spécialiste des sciences politiques.
● *Télérama*, 7 avril 2005, p. 23 :
« "Sciences-Po est depuis longtemps un établissement discriminant dont les étudiants sont très majoritairement issus des classes sociales favorisées, voire très favorisées," note Anne Muxel, directrice de recherche au CNRS et "politiste" (sic). »

POMME ATTITUDE.
Culture des adeptes des ordinateurs Macintosh.
• *À nous Paris*, 21 février 2005 :
« "Les lovemarks n'appartiennent même plus aux fabricants mais tout simplement à ceux qui les aiment. Elles provoquent une fidélité qui va bien au-delà de la raison," nous assure Kevin Roberts. Leur force est de créer une véritable histoire d'amour et elles le font souvent par le biais d'une icône ou d'un symbole : Apple et ses Mac, pour adopter la "pomme attitude". »
Voy. aussi LOVE MARKETING, LOVEMARK, MOVE et ZAPPER.

PORTEFEUILLE D'ARTICHAUT.
Amalgame de *cœur d'artichaut* et de *portefeuille,* qualifie une manière de dépenser sur des coups de cœur.
• *À nous Paris*, 21 février 2005 :
« Car, soyons francs, nous et les consommateurs que nous représentons (les jeunes, les adolescents, les cadres sup', les bobos, les seniors…) sommes tous, sans exception, profondément attachés à certaines marques. La raison : elles ont su nous faire et nous refaire la cour en sachant nous surprendre. La valeur ajoutée, ça c'est la clé de nos portefeuilles d'artichaut : plus de confort, plus d'authenticité, plus de bien-être, plus de commodité. »

POSITIVE THINKER.
Un des types, bien intégré, de consommateurs immigrés.
• *Télérama*, 29 décembre 2004, p. 18 :
« À partir des premiers résultats [d'enquêtes d'une société d'études de marché, SOPI, ayant introduit des critères ethniques], l'agence a élaboré plusieurs profils de consommateurs liés à leurs origines et à leur histoire : les "positive thinkers", les "révoltés-identitaires" ou les "comme au pays". »

POSTALGIE.
Amalgame de *poste* et *nostalgie,* regret de la déshumanisation de la poste.
• *Télérama*, 1ᵉʳ décembre 2004, p. 5 :
« Quand j'étais môme, j'aimais bien aller à la poste… [Titre d'une lettre de lectrice de 42 ans.] »

POST-CONFLIT.
Postérieur au conflit.
• *Le Monde*, 23 novembre 2004, p. 5 :
« Ce programme dit "post-conflit" obtenu après que Bagdad eut remboursé les arriérés de 81 millions de dollars au FMI est la formule la plus élémentaire des programmes de l'institution. »

POST-DEUS.
Postérieur au groupe musical Deus.
• *À nous Paris*, 14 mars 2005 :
« Naïve travaille si bien que notre groupe était déjà connu en France avant même notre première tournée, racontait, en 2004, Antoine, le chanteur de Girls in Hawaii, véritable *success story* belge post-Deus, puisque le groupe a non seulement réalisé un carton en France, mais fait également parler de lui jusqu'au Japon. »

POST-RÉGIMEUR.
Personne qui a suivi un régime alimentaire.
• Internet, www.owen.monblogue.com/2005/1/25–33k, 25 janvier 2005 :
« Enfin, j'ai ajouté un lien vers le second carnet de mon journal qui suit mes aventures de *post-régimeur* et j'ai insisté sur le fait que, gros ou mince, l'important est d'être actif pour être en bonne santé. »

PRÉ(-)ACHETER.
Acheter avant la mise en vente effective en magasin.
• Oral, Radio Trafic FM, 13 février 2005 :
« L'"Éléphant rose" [jeu de prévention routière pour adolescents] est en vente dans les magasins de jouets. Il a déjà été pré-acheté dans vingt-cinq départements. »

PRÉ-DÉPART.
Manifestation publique précédant un véritable départ.
• Oral, France 2 Nord pour France Info, 13 février 2005 :
« Le départ est prévu le 16 février à Paris, mais un pré-départ sera organisé à Lille, afin de faire connaître l'événement. [À propos du *Raid 4L Trophy*, rallye humanitaire en 4L.] »

PRÉDOLTOÏEN.
Antérieur à la psychanalyste Françoise Dolto et à ses travaux.
• *Télérama sortir*, 2 février 2005, p. 7 :
« Bécassine [centenaire] est un personnage prédoltoïen. »

PRÉSENTÉISME.
Obsession de se montrer au travail quoi qu'il arrive.
• *L'Express*, 7 février 2005 :
« Sus au présentéisme. [Titre.] » « "Vous êtes malade ? Surtout, ne venez pas travailler." Aux États-Unis, où les employés des entreprises privées besognent en moyenne plus de 43 heures par semaine et ne bénéficient en moyenne que de deux semaines par an de congés payés, il ne fait pas bon se faire porter pâle. Et pourtant, alors que la saison des grippes bat son plein, les employeurs américains sont de plus en plus nombreux à placarder des affiches et des mémos recommandant instamment à leurs salariés fiévreux ou enrhumés de rester chez eux. À travers tout le pays, les responsables des ressources humaines commencent à prendre conscience des effets pervers du "présentéisme" (l'obsession de se montrer au travail quoi qu'il arrive), notamment du coût économique entraîné par les épidémies : un employé grippé en contamine des dizaines d'autres. »

PRESTER.
Par dérivation inverse de *prestation* et *prestataire*, offrir des prestations, vendre des services.
• *Libération*, 11 novembre 2004 :
« Les travailleurs du savoir "prestent" des services intellectuels relativement banalisés, voire routiniers. »
Voy. KNOWLEDGE WORKER et TRAVAILLEUR DU SAVOIR.

PRÉ-TEENAGE.
Classe d'âge des moins d'une dizaine d'années.
• *À nous Paris*, 1ᵉʳ novembre 2004, p. 13 :
« Ce girl power met en avant l'esprit d'équipe, l'amitié, la complicité, avec le prisme de la mode et de l'humour. Des valeurs qui rassurent les parents et renforcent l'admiration des pré-teenage. [À propos des *Winx*, série d'animation italienne.] »

PROFESSION ENCADRÉE.
Activité professionnelle réglementée.
• *Libération*, 23 novembre 2004 :
« Déréglementer les professions encadrées pour dégager des gisements d'emplois inexploités : telle est l'idée principale d'un rapport de deux experts sur le marché de l'emploi, rendu public hier par Bercy à dix jours du départ de Nicolas Sarkozy pour l'UMP. »

PROLIFE.
Opposé à l'avortement.
• *Libération*, 15 janvier 2005 :
« Finalement, ils se sont mis d'accord sur un autre expert, un professeur de la clinique Gemelli à Rome, bien connue pour ses liens avec les Légionnaires du Christ (organisation occulte considérée comme le bras agissant du Vatican, ndlr). Cet homme a tenu un discours hallucinant : il a affirmé que le préservatif était dangereux et même responsable de la dissémination du sida à cause de sa porosité, que les femmes qui avortaient devenaient dépressives et suicidaires. Ce genre de position n'est pas nouveau, pourquoi vous alarmer ? Il y a quelque chose de jamais vu : on n'hésite plus à envoyer des militants prolife au titre d'*expert reconnu*. »

PSYCHÉ-ROCK-SOUL.
Type de musique hybride.
• *Télérama sortir*, 23 mars 2005, p. 3 :
« Showman hallucinant, allumé supersonique, King Khan, entouré des Shrines, sert un cocktail psyché-rock-soul. »

PSYCHOCONCERT.
Concert influençant l'esprit des auditeurs et à vertu thérapeutique.
• *Télérama*, 16 mars 2005, p. 162 :
« "J'ai toujours eu une volonté de communiquer avec mon public. En l'invitant chez moi, j'ai voulu créer quelque chose de magique, une sorte de psychoconcert, de thérapie sonore. Pour moi et pour le public." [Pierre Henry, inventeur de la musique concrète.] »

PUBARD.
Publicitaire.
• *À nous Paris*, 9 février 2004, p. 3 :
« Le célibataire est devenu un concept incontournable pour tous les "pubards" et les commerçants. »

PUBLICOTOLOGIE.
Science de la publicité.
• Oral, linguiste [C. Hagège] membre d'un jury de soutenance d'habilitation à diriger des recherches, 1ᵉʳ décembre 2004 :
« Création d'un nouveau domaine : la publicotologie. »

PUBLIFIER (SE).
Devenir d'un usage public, commun.
• Oral, candidate à la soutenance d'habilitation à diriger des recherches, Celsa, 1ᵉʳ décembre 2004 :
« *Bébé Cadum, c'est facile, c'est pas cher et ça peut rapporter gros* sont des slogans qui se publifient. »

PURITANISTE.
Relatif aux puritains et au puritanisme.
• *Télérama*, 25 février 2004, p. 22 :
« [...] ses collègues rappeurs puisque eux aussi, dans leur grande majorité, semblent emportés par la déferlante puritaniste. »

QUEER.
Homosexuel.
• *Télérama*, 22 décembre 2004, p. 22 :
« On a pu en [d'un mariage homosexuel à Bègles] déduire que les homosexuels avaient changé d'ère : qu'ils étaient sortis du "ghetto" pour devenir un "lobby". C'est aussi que le label gay (dit aussi "queer"), devenu très tendance, est aussi prometteur... »

QUINO-THÉRAPIE.
Bienfaits apportés par la lecture de l'œuvre de Quino.
• *Télérama*, 27 octobre 2004, p. 24 :
« Umberto Éco louait les salutaires coups de gueule de cette brunette angélique et râleuse [Mafalda de la BD créée par Quino], et Gabriel Garcia Marquez vantait les bienfaits de la quino-thérapie. »

QUINQUA-ADO.
Personne de cinquante ans à l'aspect adolescent.
• *Le Monde 2*, 26 février 2005, p. 56 :
« Il [Philippe Désert, créateur de plateaux télé] évacue toute question sur sa réussite financière, susceptible de brouiller son image de quinqua-ado rigolard... »
Voy. aussi MODERNE BAROQUE et STARIFIER.

QUINZOMADAIRE.
Périodique paraissant une fois toutes les deux semaines.
• *À nous Paris*, 8 mars 2004, p. 32 :
« Mais depuis l'arrivée du "quinzomadaire" *Télé 2 semaines*, les cartes sont en train d'être redistribuées... »

RAFFARINADE.
Bourde du Premier ministre J.-P. Raffarin.
• *Télérama*, 14 janvier 2004, p. 17 :
« Raffarinades ou raffarineries ? les bourdes du Premier ministre. [Titre.] » « Pourquoi, à propos des bourdantes du Premier ministre user du terme de "raffarinades" ? Celui-ci reprend la construction de "mazarinades" – pamphlets, libelles et chansons moquant le cardinal Mazarin pendant la Fronde. Forgeons plutôt "raffarineries", sur le modèle de "macmahonneries", inventé par les républicains pour fustiger les bévues du président de la République de 1873 à 1879, le monarchiste Marie Edme de Mac-Mahon, qui n'en manquait pas une. »

RAFFARINNERIE.
Bourde du Premier ministre J.-P. Raffarin.
• *Télérama*, 14 janvier 2004, p. 17 :
« Forgeons plutôt "raffarineries", sur le modèle de "macmahonneries". »
Voy. aussi RAFFARINADE.

RDI.
Sigle pour *rongeur aux dimensions inusitées*.
• *Télérama*, 30 mars 2005, p. 92 :
« Il faut dire que son histoire n'est pas banale : les corsaires se lancent dans des joutes oratoires en vers, le prince charmant ne peut plus bouger ses membres et se fait traîner par un géant débonnaire (moment hilarant) et la princesse se fait attaquer par des RDI (rongeurs aux dimensions inusitées). [À propos du film *The Princess Bride*, de Bob Reiner, 1987.] »

RÉALISATEUR.
Responsable des arrangements musicaux et de la gestion des enregistrements.
• *Télérama sortir*, 20 octobre 2004, p. 4 :
« Entre autres, collaborateur d'Alain Souchon et de Manu Chao, Letang est ce qu'on appelle dans le jargon musical un réalisateur : durant la conception d'un album, il peaufine les arrangements, propose des musiciens, veille au bon déroulé des séances d'enregistrement. »

REBEL ATTITUDE.
Comportement exprimant un rejet des valeurs traditionnelles de politesse et de savoir-vivre.
• *Télérama*, 30 mars 2005, p. 77 :
« Nés un poil trop tôt pour vibrer au son des lutins de Boston, les cinq ados de *Breackfast Club* [film de John Hugues, 1985] nous assènent la prochaine baffe, pour exprimer leur rebel attitude. Collés dans la bibliothèque du bahut pour l'après-midi, ils dansent sur les tables, fument des pets, disent *fuck* aux adultes. »

RECOURS COLLECTIF.
Type d'action judiciaire.
• *Libération*, 7 janvier 2005 :
« À différentes reprises, l'action de groupe a fait irruption dans le débat consumériste. L'an dernier, dans un rapport à l'Assemblée, l'UMP Luc-Marie Chatel a défendu l'idée d'un "recours collectif", "seule façon de garantir l'effectivité des droits des consommateurs". »

RECTILIGNITÉ.
Caractère de ce qui est rectiligne.
• Oral, France Musiques, 7 juillet 2004 :
« Les doigts du violoniste doivent être rectilignes. Cette rectilignité, si l'on peut dire, ne peut s'acquérir que très jeune. [JMP Varjabédian du trio Wanderer.] »

RÉGATER.
Surfer, progresser rapidement.
• Oral, France Musiques, bulletin d'information [F.-R. Christiani], 7 février 2004 :
« Le PS compte régater sur le succès de la manifestation d'hier. »

RÉGIMEUR.
Personne qui suit un régime alimentaire.
• Internet, www.forum.au.feminin.com, 28 juin 2004 :
« Bonjour les régimeuses. [Ninie, couplologue.] »

RÉGIONELLOSE.
Amalgame de *légionellose* et *région,* malaise qui atteint le fonctionnement des collectivités locales que sont les régions.
• Oral. France Musiques, bulletin d'information, 7 janvier 2004 :
« Attention à la régionellose. »

RELOCALISATION.
Retour dans le pays d'origine d'activités économiques et d'emplois qui avaient été délocalisés à l'étranger.
• Oral, France Musiques, bulletin d'information, 28 juillet 2004 :
[Citation d'un journal économique.]

RELOCALISER.
Faire revenir dans son lieu d'origine une activité économique et ses emplois qui avaient été délocalisés à l'étranger.
• *20 Minutes*, 24 décembre 2004, p. 11 :
« [L'avocat des sans-usine] a assigné le groupe [Michelin] en justice pour qu'elle [une usine] soit relocalisée à Soissons. »

REMÉDICALISER.
Accroître le nombre des médecins s'installant là où il en manque.
• *Métro*, 10 mars 2005, p. 2 :
« Enfin il [Douste Blazy] a annoncé un plan pluriannuel de 90 millions d'euros entre 2004 et 2007 pour "remédicaliser" les campagnes. »

REMISE-REPRISE.

Retour à une situation stable par une remise en ordre et une reprise en main.

• *Le Monde*, 23 novembre 2004, p. 4 :

« Mais les apparences d'une "remise-reprise" en bon ordre n'ont pas fait taire les remous au sein d'une armée qui accepte mal la promotion éclair. [À propos du colonel Mangou promu chef de l'armée ivoirienne.] »

REPORTER TOUT-ASSIETTE.

Chroniqueur culinaire dans tout type d'établissements de restauration.

• *Télérama*, 24 novembre 2004, p. 181 :

« Ce n'est qu'après s'être régalée (ou pas) qu'elle [Anne Cazaubon, chroniqueuse culinaire] dévoile son visage de "reporter tout-assiette" à ses hôtes. »

REPOSE-FESSES.

Type de siège, peu confortable. Péjoratif.

• Oral, France Musiques [T. Beauvert], 20 janvier 2004 :

[À propos de la sculpture d'un siège en bronze, peu maniable, et de l'autorisation de reproductions en bois.]

RÉPUBLICANISTE.

Qui se réclame des valeurs républicaines.

• *Télérama*, 8 décembre 2004, p. 32 :

« La sociologue C. Delphy ne s'étonne pas de ce discours "républicaniste"… [À propos de Fadela Amara, née de père algérien, se définissant comme auvergnate et adepte de la France des Lumières.] »

RÉTRO-FUTURISTE.

Alliant un passé daté et un avenir fantasmé.

• *20 Minutes*, 24 décembre 2004, p. 19 :

« Des lumières bleues et rouges accentuent l'effet de soucoupe volante et l'ambiance rétro-futuriste. [À propos d'une performance électro de vingt-quatre heures.] »

RÉ-USINAGE.

Action de transformation d'un élément existant, en l'occurrence d'une bande dessinée en film d'animation.

• *Télérama*, 2 mars 2005, p. 30 :

« […] ces films-là visent plutôt les ados friands d'effets bœuf et de gags délire. Par ce ré-usinage aux moyens souvent considérables, on rattrape en partie les oublis d'une BD devenue "adulte", qui s'est anoblie parfois en "roman graphique", mais n'a guère produit comme aventurier universel qu'un Corto Maltese.

RÉVOLTÉ-IDENTITAIRE.

Un des types de consommateurs immigrés, revendiquant haut et fort son appartenance d'origine.

• *Télérama*, 29 décembre 2004, p. 18 :

« À partir des premiers résultats [d'enquêtes d'une société d'études de marché, SOPI, ayant introduit des critères ethniques], l'agence a élaboré plusieurs profils de consommateurs liés à leurs origines et à leur histoire : les "positive thinkers", les "révoltés-identitaires" ou les "comme au pays". »

RÉVOLUTION DES MARRONNIERS.

Changement de régime politique sous la pression de manifestations de rue.

• *Le Monde*, 23 novembre 2004, p. 2 :

« En Ukraine, certains se sont mis à rêver d'une "révolution des marronniers", en référence aux arbres qui bordent les avenues centrales de Kiev. [L'article fait aussi allusion à la "révolution de la rose" en Géorgie, en novembre 2003, et le lendemain c'est *révolution orange* qui s'impose.] »

RÉVOLUTION NOMADE.

Changement sociétal de mode de vie, fondé sur l'accroissement de longs déplacements, en particulier entre lieux de résidence et de travail.

• *À nous Paris*, 28 février 2005, p. 6 :

« La révolution nomade est en marche. [Titre.] » « On parle partout de "révolution nomade", de mobilité urbaine et même d'un M-business. Si la mobilité est plus que jamais dans la tendance, on ne sait pas trop si elle est uniquement un argument marketing de choc pour vendre des compotes à boire pour les enfants sur le chemin de l'école, ou bien si elle reflète une réalité de nos modes de vie. »

RÉVOLUTION ORANGE.

Changement de régime politique sous la pression de manifestations de rue.

• *Le Monde.fr*, 24 novembre 2004 :

« En Ukraine, la "révolution orange" est aux portes du pouvoir. [Titre.] La citrouille et la couleur de la contestation. » « La contestation en Ukraine a sa couleur : orange. Tout manifestant se doit de la porter. L'idée est apparue une semaine avant les élections et a pris comme une traînée de poudre, presque par hasard. Elle appartient à quelques jeunes banquiers et experts en communication, qui ont voulu visualiser la protestation populaire, rapportait récemment l'AFP. Ils avaient alors acheté du tissu et fait des rubans. "Nous les avons distribués parmi nos amis. Nous ne nous attendions pas que des milliers d'étudiants et même des fonctionnaires se joignent à nous", racontait Maxim Savanevski, un des concepteurs de cette campagne civile. L'orange est associé à une tradition ukrainienne qui veut qu'une jeune fille offre une citrouille à son prétendant pour refuser ses avances. Certains y voient une allégorie du mariage forcé que le président Koutchma voudrait célébrer entre la population et son dauphin. »

SALARISATION.

Action de transformer en salaire.

• Oral, France Musiques, bulletin d'information [Jean-Louis Bongo], 24 mars 2005 :

« Il y a un développement de cette salarisation, si je peux dire ainsi. [À propos des bénéfices de la participation qui peuvent être débloqués et perçus immédiatement par le salarié, pris en compte pour l'IRPP mais les entreprises ne paient pas de charges sociales sur ces sommes.] »

SANITAIREMENT CORRECT.

Amalgame de *politiquement correct* et de *sanitaire,* ce qui est conforme au dogme social de la santé.

• Oral, France Musiques, bulletin d'information [Ivan Levaï], mars 2005 :

« Le sanitairement correct a encore frappé. Sartre est représenté sans cigarette à la main ni pipe à la bouche. »

SANS USINE.

Ouvrier licencié. Démarqué de *sans domicile (fixe, connu).*

• *20 Minutes*, 24 décembre 2004, p. 11 :

« Michelin et ses "sans usine" : parole contre parole. [Titre.] [À propos des anciens salariés de la filiale Wolber de Michelin, licenciés après la fermeture de leur usine, en procès contre l'entreprise Michelin.] »

Voy. aussi RELOCALISÉ.

SANTÉISME.

Doctrine instituant la santé comme valeur suprême et cherchant à l'imposer à tous.

• *Télérama*, 27 octobre 2004, p. 8 :

« Il est temps de mettre au pas ceux qui boivent et ceux qui fument ! Deux tendances lourdes m'inquiètent : l'intolérance et le "santéisme". [Lettre de lecteur.] »

SARKOZIEN.

Digne de Sarkozy, homme politique connu.

• *À nous Paris*, 28 mars 2005, p. 15 :

« PDG requin au look "sarkozien", ce dernier [personnage incarné par Christian Clavier dans *L'Antidote*] souffre de terribles crises d'angoisse. »

SCÉNARIO ROSE.

Type d'évolution politique.

• *Le Monde*, 23 novembre 2004, p. 5 :

« Si le scénario rose se confirme, l'Irak pourra alors puiser dans ses revenus du pétrole », dit un haut fonctionnaire. »

SCÉNARISTIQUE.

Relatif à un scénario.

• *Télérama*, 23 février 2005, p. 90 :

« Cet étourdissant jeu scénaristique [du film *L. A. Confidential*] se communique à la forme : une sorte d'élégant désespoir dans les images, un mélange envoûtant de langueur et de violence, à la manière des films noirs d'époque. »

SCIENTIFIQUEMENT CORRECT.

Amalgame de *politiquement correct* et de *scientifique,* ce qui est conforme aux exigences de la rigueur scientifique.

● Oral, J. Davallon, membre d'un jury de soutenance d'habilitation à diriger des recherches, 1er décembre 2004 :

« Parler de publiphobe et de publiphile est inacceptable. Ce n'est pas scientifiquement correct. »

SCOLA.

Troncation pour *service de la scolarité.*

● Oral, conversation entendue, 10 novembre 2004 :

« Tu déposes ensuite le dossier à la scola. »

SENIORAT.

Qualité de senior.

● *Valeurs mutualistes*, septembre-octobre 2004, p. 14 :

« L'anthropologue [B. Puijalon] en déduit qu'il y a donc bien "une spécificité à cet âge", tout en se demandant si le "seniorat" ou la "senioritude" constitue pour autant une période. »

SENIORITUDE.

Qualité de senior.

● *Valeurs mutualistes*, septembre-octobre 2004, p. 14 :

« L'anthropologue [B. Puijalon] en déduit qu'il y a donc bien "une spécificité à cet âge", tout en se demandant si le "seniorat" ou la "senioritude" constitue pour autant une période. »

SERIAL DRAGUEUR.

Personne qui cherche régulièrement à séduire des personnes du sexe opposé.

● *À nous Paris*, 9 février 2004, p. 3 :

« Faisant semblant d'attendre quelqu'un au restaurant pour ne pas avouer tout de suite que oui finalement il [le célibataire] allait dîner seul. Ou alors il (ou elle) était un serial dragueur. Presque pire. »

SERIAL PILLEUR.

Personne qui procède souvent à des téléchargements.

● *L'Express*, 10 mai 2004 :

« L'invasion des serial pilleurs. [Titre.] »

SHAREWEAR.

Commerce équitable version couture.

● *À nous Paris*, 31 janvier 2005, p. 23 :

« Les créateurs et enseignes qui taillent leur chemin dans le naturel sont majoritairement tous sensibles au "sharewear" (commerce équitable version couture). »

SHOW-BIZIEN.

Relatif au show-biz, au monde du spectacle.

● *Télérama*, 28 avril 2004, p. 7 :

« La France parisienne, show-bizienne, décadente, arrogante et stupide atteint les sommets dans *La Ferme.* »

SIGNER.

Faire signer (un contrat à).

● *Télérama*, 2 juin 2004, p. 9 :

« Telle maison de disques "signe" un jeune artiste, telle major "signe" un groupe prometteur… mais est-ce que la promotion "vient" le public dans les salles, est-ce que le téléchargement "tombe" les ventes ? Un tel mépris pour sa langue maternelle, ça me "pâlit", et même ça me "gerbe" ! Tout ça pour économiser les cinq lettres de "faire" ! À propos de cinq lettres, moi ça me "sue" ! [Lettre de lecteur.] »

SINISTRABILITÉ.

Risque de survenue de sinistres.

● Oral, France 2, journal télévisé de 20 heures, 29 janvier 2004 :

« Si le taux de sinistrabilité continue de diminuer… [Propos du PDG d'une société d'assurances, interrogé par un journaliste.] »

SITCOM COMICO-MÉNAGÈRE.

Série télévisée humoristique.

● *Libération*, 5 janvier 2005 :

« La sitcom "comico-ménagère" est née. [Titre.] "La cuisine de la

mort qui tue". Avec un nom pareil et lorsque l'on se revendique première "sitcom comico-ménagère", difficile de passer inaperçu dans le PAF. »

SKELETON.

Sport de glisse, type de luge.

● *Métro*, 3 décembre 2004, p. 11 :

« Le skeleton, c'est quoi ? [Titre.] » « Cette discipline que l'on pratique couché est considérée comme le premier sport de glisse au monde. Née en Suisse à la fin du XVIIIe siècle, elle tire son nom des premières luges en métal qui évoquaient par leur forme des squelettes. [Réintroduction d'une pratique – et de sa dénomination – qui avait pratiquement disparu.] »

SLAM.

Type d'écriture poétique.

● *À nous Paris*, 14 mars 2005, p. 29 :

« Dans le cadre de la 10e semaine de la langue française et de la francophonie, des artistes interviendront sur six lignes de bus parisien. Ces interventions pourront s'effectuer par le biais du slam, de la musique, du conte… »

SLIDE SHOW.

Diaporama accompagné de musique.

● *Télérama*, 15 septembre 2004, p. 27 :

« Longtemps elle [Nan Goldin, photographe] a présenté son travail en "slide show", diaporamas accompagnés des musiques qu'elle aime. »

SMARTCARD.

Carte nationale d'identité électronique.

● *TGV* [magazine de la SNCF], avril 2005, p. 29 :

« Prévue pour 2006, cette "smartcard", dotée d'intelligence numérique sophistiquée, devrait, à terme, remplacer tout système d'identification dans l'Hexagone. »

Voy. aussi CNIE, E-DEMOCRATIE et TÉLÉPROCÉDURE.

SMICARDISATION.

Évolution vers le statut de smicard, salarié qui touche le SMIC.

● *Le Monde.fr*, 9 mars 2005 :

« Le salariat est en voie de "smicardisation". [Titre.] » « Par ailleurs, le salariat français est en voie de "smicardisation". 38 % des salariés gagnent moins de 1,33 smic par mois. Dans certaines branches, 90 % à 95 % des salariés sont dans ce cas parce que le patronat et les syndicats n'ont rediscuté ni des grilles de classification ni des niveaux de qualification qui vont avec. [Jean-Christophe Le Duigou secrétaire confédéral de la CGT.] »

SODA-MASO.

Amalgame de *soda* et *sado-maso*, dont la collaboration avec une marque de soda relève du masochisme.

● *Télérama*, 4 février 2004, p. 25 :

« Un partenariat soda-maso. [Titre.] [À propos du financement par Coca-Cola d'artistes en résidence à Nantes.] »

SONDAGITE.

Pratique exacerbée des sondages.

● Oral, France Musiques, bulletin d'information [François-René Christiani], 22 mars 2005 :

« Comme à toute période de sondagite aiguë, aujourd'hui… »

SONOTHÈQUE.

Collection de sons enregistrés.

● *Télérama*, 16 mars 2005, p. 152 :

« Il [Pierre Henry] a donc puisé dans sa sonothèque des millions de sons répertoriés dans des listes, qu'il refaçonne à chaque fois, tel un sculpteur. »

SOSISSANT.

Amalgame de *saisissant* (surprenant) et de *sosie,* dont la ressemblance est surprenante.

● *À nous Paris*, 9 février 2004, p. 7 :

« Sosissant. [Titre.] [À propos du film *Podium* et de la ressemblance avec Claude François de l'acteur qui l'incarne.]

SOUPGATE.
Scandale provoqué par un cracheur de soupe.
• *Métro*, 27 octobre 2004, p. 13 :
« L'Angleterre secouée par le "soupgate". [Titre d'une brève] » « Le coach mancunien Alex Ferguson, aurait été la cible d'un Gunner, cracheur de nourriture. Soupe aux pois où à la tomate, pizza, sandwich à la crevette ? Les tabloïds s'interrogent. »

SPLIT SCREEN.
Technique de découpage de l'écran en deux, voire en trois images différentes.
• *Télérama*, 30 mars 2005, p. 92 :
« Ce parti pris très esthétique renvoie une harmonie insolite accentuée par les effets de ralenti et de flou qui métamorphosent l'image en tableau. Le "split screen" (technique de découpage de l'écran en deux, voire en trois images différentes), décidément très tendance, multiplie les angles de vision, créant des rapports entre les corps. [À propos du ballet *Counter Phrases* d'A.-T. de Keersmaeker, filmé par T. de Mey.] »

SPORT-SOIR.
Mode vestimentaire à la fois habillée et détendue.
• *À nous Paris*, 23 février 2004, p. 4 :
« On passe du sportswear au "sport-soir". [À propos des nouveaux dandys.] »
Voy. aussi ULTRA-LOOKÉ.

SQUARTISTE.
Artiste installé dans un squat, ou relatif à des artistes installés dans des squats.
• *Télérama sortir*, 29 septembre 2004 :
« Durant trois semaines, les squats d'artistes ouvrent leurs portes au public. Et espèrent ainsi enrayer leur progressive disparition. Les activistes du mouvement "squartiste" parisien se sont un temps demandé si leur troisième festival Art et squats allait trouver des lieux pour ce [sic] faire. »
• *Télérama sortir*, 5 janvier 2005, p. 11 :
« À Paris des millions de mètres carrés sont à l'abandon… Deux "squartistes" se mobilisent pour dénoncer leur abandon. »

STADIER.
Employé d'un stade.
• *Le Figaro*, 17 décembre 2004, p. 1 :
« Frédéris Thiriez, le président de la Ligue de football professionnel, s'engage à ce que les clubs dépensent plus et forment mieux leurs stadiers. »

STAGE SYSTÈME.
Recours massif à des stagiaires par les entreprises.
• *Métro*, 12 janvier 2005, p. 10 :
« Stage système. [Titre.] » « Le "stage système" (sic) n'a rien de nouveau… Le phénomène prend de l'ampleur quand la situation de l'emploi est mauvaise. »

STARIFIER (SE).
Se transformer en système à fabriquer des stars.
• *Le Monde 2*, 26 février 2005, p. 57 :
« La télé s'est starifiée. Les gens pètent un boulon plus vite parce qu'on parle d'eux dans les journaux. [Propos de Philippe Désert créateur de plateaux télé.] »
Voy. aussi QUINQUA-ADO et MODERNE BAROQUE.

START.
Elle démarre.
• *Métro*, 24 septembre 2004, p. 14 :
« Elle [Citroën C3] "Stop" et elle "Start" au feu. [À propos d'un système d'arrêt et de redémarrage automatique du moteur.] »

STOP.
Elle s'arrête.
• *Métro*, 24 septembre 2004, p. 14 :
« Elle [Citroën C3] "Stop" et elle "Start" au feu. [À propos d'un système d'arrêt et de redémarrage automatique du moteur.] »

SUB-NIETZSCHÉEN.
Qui rappelle la philosophie de Nietzsche, mais d'une manière caricaturale.
• *Télérama*, 30 mars 2005, p. 77 :
« Cette semaine, le cinéphile se prend des coups dans la gueule. Brad Pitt et Edward Norton nous balancent la première droite. Extrême selon certains, qui ne voient en *Fight Club* [film de David Finscher, 1999] qu'un nauséabond clip sub-nietzschéen. »

SUPER-MARCHER.
Réussir très bien.
• *Libération*, 23 novembre 2004, p. 21 :
« Lampert, le financier qui super-marche. [Titre.] » « Après K-Mart, la nouvelle star de Wall Street a racheté Sears et s'impose dans la grande distribution. »

SWING STATE.
Fédération dont le vote peut faire balancer le résultat de l'ensemble des suffrages dans un sens ou dans un autre.
• *Le Monde*, 23 novembre 2004, p. 8 :
« À elles seules ces quatre "swing states" du PS comptabilisent en effet un quart de l'effectif global des militants. [À propos des quatre plus grosses fédérations du PS, avant le vote des militants au sujet de la Constitution européenne, peu après l'élection présidentielle américaine.] »

SYSTÉMATURGIE.
Fait de régler et d'accomplir seul toutes les tâches d'une représentation scénique.
• *Télérama sortir*, 15 septembre 2004, p. 16 :
« […] autre forme de dramaturgie dont il sera à la fois l'auteur, le chorégraphe, le performer, l'ingénieur son et lumière. Dans le langage Antunez, ça s'appelle la "systématurgie". »

TABACOPHOBE.
Hostile à la consommation de tabac.
• *Télérama*, 22 novembre 2004, p. 105 :
« Le scientifique n'est pas aussi "tabacophobe" que l'on croit. »

TABLOÏDISATION.
Évolution vers le type de sujets de prédilection de la presse tabloïd.
• *Télérama*, 7 avril 2004, p. 16 :
« Les journaux, comme les policiers, courtisent ces nouveaux riches décomplexés au moyen de suppléments dominicaux ciblés, vecteurs de la "tabloïdisation" de la presse britannique. »

TABLOÏDISER.
Subir l'influence de la presse tabloïd et de son goût pour les scandales.
• *Télérama*, 7 avril 2004, p. 18 :
« Par le truchement des Windsor, la société s'est accoutumée aux scandales, et la presse, dans son ensemble, s'est plus ou moins "tabloïdisée". »
Voy. aussi PEOPOLISATION et HOLLYWOODISER.

TAI-CHI-CHUER.
Pratiquer le tai-chi-chuan.
• *Télérama sortir*, 2 mars 2005, p. 9 :
« [Futures mères, il va falloir] chercher une maternité, se préparer en chantant, en dansant, en tai-chi-chuant ou je ne sais quoi à un accouchement sans douleur… »

TALIBAN STORY.
Période pendant laquelle les talibans, musulmans intégristes, ont imposé leurs convictions en Afghanistan.
• *Télérama sortir*, 12 janvier 2005, p. 19 :
« C'est un bond dans le temps, dans une région du monde vitriolée depuis la guerre russo-afghane et la "taliban story". [À propos du film *Nomades afghans* d'Elie Maillard, 1939.] »

TANNING.
Procédé de bronzage artificiel.
• *Paru Vendu*, 23 septembre 2004, p. 19 :
« On a testé pour vous… Le tanning. [Titre.] » « Débarqué des États-Unis, le "tanning" consiste à se faire pulvériser un produit auto-bronzant de la tête aux pieds. »

TAS.
Sigle pour *trouble affectif saisonnier*.
• *À nous Paris*, 4 octobre 2004, p. 22 :
« Le TAS – pour *trouble affectif saisonnier* – peut durer une bonne moitié de l'année. [Article exposant de petites astuces contre le blues.] »

TECHNO-NATURE.

Concept artistique alliant la technologie et le naturel.

• *À nous Paris*, 28 mars 2005, p. 10 :

« Architecture d'intérieur et commerciale, design d'environnement, mobilier, scénographie d'expos… Les talents de Kristian Gavoille sont multiples. On lui doit ainsi le Trabendo de la Villette et le fameux tapis Klock de Cinna, mais on le connaît surtout pour sa collaboration fructueuse avec le duo Marithé et François Girbaud, et son concept de "techno-nature" qu'il décline au gré des collaborations, comme récemment avec Toyota et sa voiture hybride, la Prius. »

TÉLÉACTRICE.

Opératrice par téléphone.

• *Télérama*, 19 janvier 2005, p. 19 :

« Des téléactrices – opératrices par téléphone et non stars de la télé – accusent leur chef de harcèlement. »

Voy. aussi CALL-CENTER.

TÉLÉ-CHARITÉ.

Émission télévisée faisant appel à la générosité des spectateurs pour divers types d'œuvres.

• *Télérama*, 3 novembre 2004, p. 10 :

« Le grand bazar de la télé-charité. [Titre.] »

Voy. aussi CARITATIVO-LUDIQUE et TÉLÉCOLLECTE.

TÉLÉ-COACHING.

Émission télévisée où un inconnu reçoit des conseils de professionnels dans sa manière d'être, d'agir, de se vêtir, etc.

• *Télérama*, 24 novembre 2004, pp. 3 et 86 :

« Le télé-coaching : quand la télé prend le public par la main pour l'aider à gérer sa vie… »

TÉLÉCOLLECTE.

Opération de collecte de fonds lors d'une émission télévisée.

• *Télérama*, 3 novembre 2004, p. 10 :

« La télé, grande pourvoyeuse d'émotion, est adepte des belles causes. Après avoir découvert les mégaconcerts humanitaires (Live Aid pour l'Éthiopie…) et les grandes opérations de télécollecte type *Téléthon* (depuis 1987) ou *Sidaction* (depuis dix ans), le petit écran s'est lancé dans le caritativo-ludique intensif. »

Voy. aussi TÉLÉ-CHARITÉ.

TÉLÉ-DÉCLARANT.

Contribuable qui effectue sa déclaration de revenus par Internet.

• *Libération*, 7 janvier 2005 :

« Le nombre de télé-déclarants reste négligeable. »

TÉLÉ-DÉCLARATION.

Manière, pour un contribuable, d'effectuer sa déclaration de revenus par Internet.

• *Libération*, 7 janvier 2005 :

« Les internautes utilisant cette procédure – sécurisée par un certificat électronique – bénéficiaient déjà d'un délai pour remplir leur télédéclaration. »

TÉLÉMARK.

Type de pratique du ski.

• *Métro*, 24 décembre 2004, p. 6 :

« L'association toulousaine Télémark Attitudes compte bien faire apprécier une pratique du ski qui revient en force : le télémark. [Titre.] » « Bien que beaucoup plus ancien que le ski alpin, le télémark n'est pas aussi vieux que le ski nordique. … Glisse esthétique et physique, il est quand même conseillé de savoir un peu skier avant de se lancer dans ses grands virages qui caractérisent si bien le télémark. »

RMQ. Donné comme vieux par des dictionnaires contemporains. Cette résurgence fait figure de nouveauté.

TÉLÉPROCÉDURE.

Formalité qui peut être accomplie par voie électronique.

• *TGV* [magazine de la SNCF], avril 2005, p. 29 :

« Un pas également vers une "e-démocratie" qui permet une interaction plus aisée sécurisée avec les services publics, tels que système de santé, paiement des impôts, vote électronique, téléprocédures, transports… »

Voy. aussi CNIE, SMARTCARD et E-DEMOCRATIE.

TÉLÉTRAVAILLER.

Exercer une activité professionnelle à domicile, à distance du siège de son entreprise.

• *Libération*, 17 janvier 2005 :

« Contrairement à une idée reçue, la France ne télétravaille pas moins que ses voisins européens et se situe même dans une moyenne haute aux côtés du Royaume-Uni et de l'Allemagne. Seuls les pays scandinaves, les plus équipés en nouvelles technologies, ont une pratique plus développée du travail à distance. Autres pays où le télétravail s'est bien diffusé, les États-Unis et surtout le Canada où, en 2001, 11 % des Canadiens déclaraient travailler surtout depuis leur domicile. »

TESTING.

Expérience, test.

• *Métro*, 8 décembre 2004, p. 3 :

« Lors d'un "testing" réalisé par SOS Racisme, deux jeunes couples, un d'origine maghrébine, l'autre européenne, vêtus de la même manière avaient tenté de rentrer dans 18 boîtes de nuit : 11 d'entre elles avaient refusé l'entrée au couple maghrébin. »

THÈQUE.

Aphérèse pour *cinémathèque*.

• *Télérama sortir*, 12 janvier 2005, p. 5 :

« "Le truc consistait à se cacher dans les toilettes entre deux films pour éviter de se retaper la file d'attente", se souvient J.-F. Rauger, programmateur de la "thèque" depuis douze ans. »

TICKET-CRÈCHE.

Dispositif en vue de faciliter la garde des enfants dans des crèches.

• *Métro*, 10 mars 2005, p. 2 :

« Douste-Blazy propose d'expérimenter un "ticket-crèche" pour faciliter la garde des jeunes enfants… »

TIREUSE.

Distributeur automatique de billets de banque.

• Oral, conversation entendue, 8 février 2005 :

« Il avait besoin de liquide. Plutôt que d'aller à la tireuse, il m'a fait un chèque et je lui ai filé des euros. »

TOUT-À-L'ANGLAIS.

Utilisation exclusive de l'anglais dans les colloques internationaux.

• *Le Nouvel Observateur*, 23 septembre 2004, p. 112 :

« Nous refusons la loi d'une langue dominante dans laquelle devraient se faire désormais les échanges philosophiques. Je veux parler de l'anglo-américain utilisé comme monnaie unique dans les colloques internationaux. Il s'agit du "tout-à-l'anglais", comme on dit le tout-à-l'égout. [B. Cassin, philosophe, CNRS.] »

TRAFIQUÉ.

Personne qui a fait l'objet d'un trafic, qui a été enlevé contre son gré.

• *Télérama*, 2 mars 2005, p. 147 :

« "Sur quatre millions de Moldaves, un million vivent à l'étranger, dont cent mille *trafiqués*, c'est-à-dire enlevés contre leur gré." [Propos, traduits d'une journaliste moldave.] Les 900 000 expatriés qui ont un travail légal et contribuent à la survie de leurs parents n'apprécient pas d'être assimilés aux 100 000 personnes "trafiquées". »

TRANS.

Obtenu par transformation d'huiles végétales nocives.

• *Libération*, 23 février 2005 :

« Où en est le procès intenté à McDo sur l'utilisation des huiles dites "trans" ? [Titre.] » « Il n'y a pas de procès sur les huiles trans. Ce problème s'est posé aux États-Unis et McDo a préféré négocier un accord amiable avec la justice de Californie. [À propos d'acides fabriqués artificiellement en solidifiant des huiles végétales dangereuses pour la santé.] »

TRANS-GENRES.

Relevant de plusieurs genres d'œuvres.

• *Télérama*, 30 mars 2005, p. 116 :

« Le cow-boy Blueberry, initié par les Indiens, traque un mystérieux tueur mais aussi ses propres démons. Jan Kounen a tiré de la BD éponyme un pénible exercice trans-genres dont seul le final hallucinogène, ultime sabotage ou acte de bravoure, ne laisse pas indifférent. »

TRANSTERRILIEN.
Qui passe au milieu des terrils.
● *Télérama*, 16 mars 2005, p. 67 :
« Et demain ? Des circuits de découverte ou, comme en Belgique, une randonnée balisée "transterrilienne", à travers tout le bassin [minier du Nord-Pas-de-Calais]. [Légende d'une photo de terril.] »

TRASHOÏD.
Amalgame de *tabloïd* (type de presse à scandale en vogue en Angleterre) et de *trash* (ordure), périodique qui met en valeur ce qui est sordide.
● *Libération*, 15 janvier 2005, p. 45 :
« Pour qu'elle passe, comme on dit, il a fallu photographier une photo, elle-même à la une du trashoïd *The Sun*. L'original, probablement pris par un cher ami du prince, est en effet une exclusivité monnayée du *Sun*. [À propos de Harry, cadet des enfants du prince Charles et de Diana, déguisé en nazi lors d'une soirée costumée.] »
Voy. aussi INCLUDED.

TRAVAILLEUR DU SAVOIR.
Personne qui gagne sa vie en vendant des prestations à caractère intellectuel.
● *Libération,* 11 novembre 2004 :
« Toute la lumière sur les travailleurs du savoir. [Titre.] » « Depuis quelques années on observe l'émergence d'un nouveau terme, comme en est souvent friande la littérature managériale, celui de "travailleur du savoir", ou "Knowledge Worker". Mais ce concept demeure largement flou, protéiforme et polysémique et, pour le dire plus simplement, un peu fourre-tout. On définira de manière provisoire les travailleurs du savoir comme ceux, si l'on se limite à l'univers marchand, dont l'activité est principalement centrée sur la prestation et la vente de prestations à caractère intellectuel auprès de clients. »

TRUFFALDIEN.
Relatif au cinéaste François Truffaut.
● *Télérama*, 13 octobre 2004, p. 14 :
« Les fans de Truffaut ressemblent aux héros truffaldiens, ils suivent la même idée fixe : donner libre cours à leur dévotion. »

TSUNAMIGÈNE.
Générateur de tsunamis.
● *La Croix*, 15 mars 2005, p. 16 :
« "Tout séisme, même marin, n'est pas tsunamigène", poursuit-il. [Pascal Bernard de l'IPGP, Institut de physique du globe de Paris.] »

TSUNAMI POLITIQUE.
Bouleversement important dans le domaine politique et ses conséquences.
● Internet, www.amnistia.net [Pierre Maillot], 30 mai 2001 :
« L'onde de choc de la dissidence d'Harold Martin, exclu du RPCR (RPR local) à la veille des élections municipales, continue de faire des vagues en Nouvelle-Calédonie. S'il est sans doute prématuré d'évoquer un tsunami politique, il n'en reste pas moins que la fronde du maire de Païta, brillamment réélu en dépit de sa non-investiture, se transforme avec le temps en véritable croisade. »
● Internet, 11 février 2005 :
« La tranquillité apparente de la population a été assimilée, à tort, à de l'indifférence face au coup d'État. C'est le calme annonciateur d'un tsunami politique pour les jours et semaines à venir ! Le retrait du président déchu de l'Assemblée nationale, craignant à juste titre pour sa vie et qui préfère se réfugier au Bénin, est un casse-tête pour le pouvoir. De fait, Faure Gnassingbé cumule les fonctions de putschiste président de la République et de l'Assemblée Nationale. [Wisdom Gbeassor diplômé de formation supérieure en relations Internationales.] »
● Internet, *Courrier international* en ligne, 21 février 2005 :
« Portugal – Tsunami socialiste sur Lisbonne. Pour la première fois de son histoire, le Parti socialiste dispose d'une majorité absolue à l'Assemblée. Il va pouvoir gouverner pendant quatre ans comme il l'entend. La droite en déroute se cherche des leaders. L'ampleur de la victoire de la gauche est telle que la presse portugaise évoque "un tsunami politique". »

TURCOSCEPTICISME.
Doute relatif à l'opportunité de l'intégration de la Turquie à l'Europe.
● *Libération*, 14 décembre 2004, p. XVI :
« La droite et la gauche ont profité de l'occasion pour protester contre cette future intégration [de la Turquie] dans l'Europe. Un turcoscepticisme partagé par les opinions publiques dans la plupart des pays de l'Union… »

ULTRACOLORÉ.
Aux couleurs vives et variées.
● *Télérama sortir*, 16 mars 2005, p. 6 :
« Bar ardoise long de quinze mètres et surbaissé avec fauteuils ultra-colorés devant… »
Voy. aussi URBAN RESSORT.

ULTRA-LOOKÉ.
À l'aspect très travaillé.
● *À nous Paris*, 23 février 2004, p. 4 :
« Col relevé, mèche coquée, silhouette ultra-lookée et démarche chaloupée. [À propos des nouveaux dandys.] »
Voy. aussi SPORT-SOIR.

URBAN RESORT.
Lieu de rendez-vous citadin.
● *Télérama sortir*, 16 mars 2005, p. 6 :
« Le Murano n'est pas un hôtel, mais un *urban resort* ! Voilà qui sent le concept ! Alors attention les yeux, les oreilles et le portefeuille. […] Bar ardoise long de quinze mètres et surbaissé avec fauteuils ultra-colorés devant et, derrière, cent vingt bouteilles de vodkas différentes… »

URSINISER.
Faire l'ours.
● *Télérama*, 8 décembre 2004, p. 7 :
« Et si la terre était […] un terrain d'affrontement entre l'homme et l'animal sur lequel se hasardent encore à vivre (pour combien de temps ?) quelques spécimens de l'espèce humaine, chasseurs et éleveurs que tout le mépris du monde ne saurait réduire à l'état de sombres brutes ou de culs-terreux empêcheurs d'ursiniser en rond ! [Lettre de lectrice à propos de l'ourse Canelle tuée par un chasseur.] »

VÉGÉTALISATION.
Ajout d'une couverture végétale.
● *20 Minutes*, 17 mars 2005, p. 5 :
« La ville a imaginé d'autres moyens de faire entrer le végétal dans le quotidien de ses habitants [Paris], par le biais de murs ou de toits plantés de végétaux. […] "Question environnement, nous avons beaucoup de retard, admet Yves Contassot [adjoint au maire de Paris chargé de l'environnement]. La végétalisation d'un toit permet de retenir l'eau et c'est aussi un bon isolant thermique et phonique." »

VENTE À LA DÉCOUPE.
Vente d'immeubles appartement par appartement.
● *Libération*, 12 janvier 2005 :
« Banques et assurances vendent leurs immeubles, obligeant les habitants soit à racheter leur logement, soit à vider les lieux. À Paris, des locataires vendus à la découpe. [Titre.] » « À Paris, la vague est telle que parfois tous les immeubles d'une rue font l'objet d'une vente à la découpe. […] Le phénomène des ventes à la découpe a commencé vers 1996-1997, avec des opérations à Montparnasse ou dans le XIXᵉ arrondissement. »

VENTOUSER.
Faire adhérer comme le fait une ventouse, scotcher.
● *Télérama*, 23 mars 2005, p. 113 :
« Quand le patron de la boutique se révèle être un petit tyran domestique, accro au coca-cola et ventousé à son matelas, les choses ne s'arrangent pas. [À propos du documentaire *Une pizzeria pas très cacher*.] »

VIARESQUE.
Propre à la comédienne Karine Viard.
● *À nous Paris*, 31 janvier 2005, p. 7 :
« Restent quelques bonnes scènes, quelques bons énervements "lhermittien" [sic], quelques bonnes crises de larmes viaresques. [À propos du film *L'Ex-Femme de ma vie*.] »

VINYLMANIA.

Passion des disques vinyle.

● *Télérama*, 30 mars 2005, p. 158 :

« Nostalgiques de la galette, des craquements et des bras de tourne-disques, *Vinylmania* est pour vous. En vingt-cinq épisodes, cette série fait le grand tour du disque microsillon : sa vie, son œuvre, son déclin, sa renaissance, ses idolâtres. »

VISITE-MYSTÈRE.

Évaluation, par un faux client appointé par la direction d'une chaîne de magasins, de la qualité des prestations offertes dans leur réseau.

● *Libération*, 17 janvier 2005 :

« Personne ne connaît son nom, son visage, ni l'heure à laquelle il va se présenter. Mais rien ne lui échappe. Mieux : il est payé pour cher-cher la petite bête. Restaurants, prêt-à-porter, hôtels, coiffure : vous ne le voyez jamais, mais le client-mystère est partout. Ce pourrait être vous ou votre voisin, embauché pour se glisser dans la peau d'un client avant de faire un rapport détaillé sur l'accueil d'un magasin. La pratique de la "visite-mystère" (de l'expression anglo-saxonne *mystery shopping*), née il y a une vingtaine d'années aux États-Unis, s'est géné-ralisée dans l'Hexagone. Elle constitue pour les chaînes de magasins un moyen de mesurer la qualité de l'accueil dans leur réseau. »

Voy. aussi ÉQUIPIER.

VISITORAT.

Ensemble des lieux de visite.

● *Paru Vendu*, 23 septembre 2004, p. 10 :

« Et si vous leur [les membres de la famille de province] offriez un musée loin des canons classiques du visitorat touristique. Un musée plus rustique et prosaïque mais autrement plus mystérieux, dans les arcanes de la capitale, avec la visite des égouts de Paris. »

VITÉZIEN.

Relatif à l'homme de théâtre Jean Vitez.

● *L'Express*, 20 décembre 2004 :

« "La méthode Lacascade consiste à avancer acte par acte puis, quand on est sûr de l'acquis, on reprend la pièce dès le début", explique Jean-Marie Winling, acteur de la famille "vitézienne" au timbre élégant. »

VOILEUR.

Qui impose le port du voile.

● *Télérama*, 8 décembre 2004, p. 33 :

« Le cliché du jeune Arabe voleur s'est agrémenté du stéréotype du jeune Arabe voleur, violeur et maintenant voileur, avec l'affaire du voile. [C. Hamel, anthropologue, à propos de l'association Ni putes ni soumises.] »

VOISINER.

Être voisin.

● *Métro*, 25 mai 2004, p. 3 :

« Concours du Bien Voisiner. [Affichette à coller dans le hall de l'im-meuble où l'on réside, pour inviter les voisins à boire un verre ensemble.] »

VOITURE-FUSÉE.

Type de dragster.

● *20 Minutes*, 5 janvier 2005, p. 2 :

« Voiture-fusée volée. [Titre.] » « L'animateur V. Perrot s'est fait voler sa voiture-fusée lundi dans la forêt de Fontainebleau, sur laquelle il avait battu un record de vitesse. Le dragster était accroché à un 4 x 4 quand il a disparu. »

WASH BAR.

Établissement mi-restaurant, mi-laverie automatique.

● *20 Minutes*, 16 septembre 2004, p. 3 :

« Wash bar. [Titre.] » « Concept totalement loufoque, le wash bar se veut un lieu mi-restaurant mi-laverie automatique installé dans l'espace VO. »

WINXMANIA.

Attrait des enfants pour la série d'animation italienne *Winx*.

● *À nous Paris*, 1er novembre 2004, p. 13 :

« La Winxmania est lancée. »

Voy. aussi PRÉ-TEENAGE.

ZAPPER.

Changer de magasin comme on change de chaîne télévisuelle.

● *À nous Paris*, 21 février 2005 :

« Volages, les consommateurs le sont aussi parce qu'ils n'aiment pas qu'on leur fasse prendre des vessies pour des lanternes. Surinformés, experts, critiques et capricieux, ils testent les produits, les comparent et zappent. Aucune des ruses publicitaires ne leur échappe. »

Voy. aussi LOVE MARKETING, LOVEMARK, MOVE et POMME ATTITUDE.

ZÉBRÉ.

Mélangé.

● *Télérama*, 3 novembre 2004, p. 175 :

« On ne présente plus les compositions 100 % "zébrées" [Benjamin Sportes de Sporto Kantes], mix subtil de dub, de reggae, de soul et de hip-hop. »

Les mille mots
les plus anciens
de la langue française

On ne connaît aucun texte écrit en roman d'oïl antérieur aux IXe et Xe siècles. Les *Serments de Strasbourg*, la *Séquence de sainte Eulalie*, le *Sermon sur Jonas*, la *Vie de saint Léger* et la *Passion de Jésus-Christ*, dite *Passion de Clermont*, sont les plus anciens monuments connus, écrits en français d'oïl. Situés à la charnière du latin carolingien et de la langue vulgaire, ils offrent les premiers témoignages d'une langue écrite qui s'affranchit du latin, langue des clercs, des savants et des lettrés, pour devenir le plus ancien français d'oïl. Ces cinq monuments de notre ancienne langue, si précieux soient-ils, ne peuvent cependant nous donner une image précise du fonds lexical de la langue parlée, entre les IXe et XIe siècles. Le premier est fortement influencé par le style latin des chancelleries de l'époque, les quatre autres sont d'inspiration religieuse : un brouillon de sermon où le français côtoie directement le latin, deux récits versifiés sur les vies et les martyres de sainte Eulalie et de saint Léger, un poème sur la passion du Christ. Nous ignorons ce que pouvait être exactement le vocabulaire du français parlé, d'usage courant, contemporain de ces textes, dont le lexique relève essentiellement de la langue juridique ou religieuse, et hagiographique. Aussi la liste des mots que nous avons établie, si elle se fonde sur ces cinq textes vénérables, ne prétend pas présenter les mille mots les plus anciens de la langue française. Une telle ambition serait vaine et illusoire. En revanche, elle relève, de manière exhaustive, le millier de mots français d'oïl les plus anciennement attestés, dont bon nombre appartenaient, sans aucun doute, au fonds ancien de notre langue.

Les Serments de Strasbourg sont le plus ancien document rédigé en langue vulgaire. Ils sont conservés dans le manuscrit latin 9768 de la BNF, que l'on date de la fin du Xe siècle, et qui a probablement été copié à Saint-Médard de Soissons. Nithard, personnage de première importance et témoin privilégié, a relaté, dans son Histoire des fils de Louis le Pieux, les démêlés des fils de Louis le Pieux. Il a annexé à son récit latin le texte complet des serments prononcés à Strasbourg, le 14 février 842, par Louis le Germanique et Charles le Chauve, son frère cadet, qui s'engageaient réciproquement à une alliance défensive contre leur frère aîné, l'empereur Lothaire. Après avoir harangué leurs troupes – Louis en langue germanique et Charles en langue romane –, ils échangèrent des serments de fidélité mutuelle, prononcés respectivement en langue romane (romana lingua) par Louis, à l'intention des troupes de Charles, et en langue germanique (teudisca lingua) par Charles, en direction des soldats de Louis. Les deux armées firent ensuite, chacune dans sa langue, le serment de respecter les engagements pris par les deux souverains.

Il convient de remarquer que, par rapport à la date des serments, la transcription du texte est plus jeune d'un siècle et demi environ. L'on est toutefois porté à penser que la copie, très soignée, reproduit avec exactitude le document original où étaient consignés les serments, écrits avant d'être prononcés. L'auteur des serments rédigés en langue d'oïl était vraisemblablement un clerc qui a transposé en langue vulgaire, le vocabulaire technique et la syntaxe complexe du latin juridique carolingien. Des formules voisines, en latin, se retrouvent, en effet, dans des engagements similaires pris par les princes carolingiens, entre 840 et 867. Il serait donc illusoire de chercher à voir dans les serments romans le reflet de la langue courante de l'époque.

Les graphies des *Serments* ont fait l'objet de nombreuses études. Certaines ont abouti à la conclusion que le rédacteur des serments en langue d'oïl était un clerc d'origine poitevine. Cette hypothèse reste discutée et la *romana lingua* des serments reste très difficilement localisable. Notre relevé s'appuie sur l'édition donnée par Albert Henry dans sa *Chrestomathie de la littérature en ancien français,* Berne, 5e édition, 1970, p. 1-2. Dans cette édition, les serments en roman d'oïl s'étendent sur onze lignes. Ils comptent une centaine de mots romans.

D'une inspiration et d'un contenu fort différents, la *Séquence de sainte Eulalie* est la première œuvre littéraire écrite en français. Sa composition date de la fin du IXe siècle. Le poème est conservé dans le manuscrit 150 de la Bibliothèque municipale de Valenciennes, originaire de l'abbaye de Saint-Amand (Nord, arrondissement de Valenciennes), dont l'essentiel est consacré à la traduction latine par Rufin des *Discours* de Grégoire de Naziance. On situe la copie de ce texte assez tôt dans le IXe siècle. En revanche, les additions des folios 140v°-143v°, sur des feuillets initialement inutilisés, sont plus tardives et sont datées de la fin du IXe siècle. Parmi les textes ajoutés se trouve la *Séquence de sainte Eulalie,* au fol. 141v°, poème de vingt-neuf vers de dix à treize syllabes, à l'exception du dernier, qui n'en comporte que sept. Les assonances, qui réunissent les vers deux à deux, sont toujours masculines. Le poème a été composé dans le domaine d'oïl, mais il est difficile de le localiser avec précision. Il est probablement l'œuvre d'un clerc.

Le texte raconte le martyre d'une jeune fille, Eulalie, qui refusa d'abjurer sa foi chrétienne et que ses ennemis jetèrent dans un feu, sur l'ordre du roi païen, Maximien. Mais la jeune fille ne brûla pas, en raison de sa pureté, et le roi païen ordonna alors qu'on lui coupât la tête. Sans s'insurger, la jeune fille accepta le martyre, adressa une prière au Christ et s'envola au ciel sous la forme d'une colombe. Le poème semble inspiré de l'hymne du poète Fulgence, qui célébrait le martyre de sainte Eulalie de Mérida. Dans le manuscrit de Valenciennes, sur le recto du folio 141, un poème latin sur Eulalie a été copié par une main différente. Tout en comptant le même nombre de couplets, il diffère du poème roman.

Comme dans les quatre autres textes, on rencontre des latinismes ou des mots qui sont mal dégagés de leur forme latine primitive. Le court poème d'*Eulalie* reste cependant le premier monument vraiment révélateur du plus ancien français. La déclinaison à deux cas du substantif, de l'article et du pronom personnel est établie. Roger Berger et Annette Brasseur, les derniers éditeurs du texte, observent que sur cent vingt et un mots pleins et outils grammaticaux, quatre-vingt-trois seront en usage pendant tout le Moyen Âge (*amast, chief, com, enz, laist, veintre,* etc.) ou survivront jusqu'à nos jours (*corps, elle, faire, il, servir,* etc.). Pour notre relevé, nous avons suivi l'édition récente de Roger Berger et Annette Brasseur publiée dans *Les Séquences de sainte Eulalie,* Genève, Droz, 2004, p. 63.

Comme les *Serments,* le *Sermon sur Jonas* n'est pas un texte littéraire. Il est conservé dans sa rédaction originale, rédigée par l'auteur lui-même sur une feuille de parchemin qui devait lui servir de brouillon. Ce feuillet fut ensuite utilisé à la reliure d'un manuscrit de l'abbaye de Saint-Amant (département du Nord), maintenant conservé à la Bibliothèque municipale de Valenciennes, sous la cote 521. Il s'agit donc d'un texte autographe, où un prédicateur a couché sur le parchemin des citations latines empruntées au commentaire de saint Jérôme sur le *Livre de Jonas.* À côté de ces citations, le texte est écrit tantôt en latin, avec de nombreuses notes tironiennes, sorte de sténographie destinée à économiser la place, tantôt en langue vulgaire. L'ensemble constitue les grandes lignes d'une homélie où le prédicateur, prenant l'exemple des Ninivites qui avaient manifesté envers Dieu une contrition sincère pour obtenir de lui le pardon de leurs offenses, insiste sur la miséricorde et la pitié divines. L'auteur avait vraisemblablement l'intention de se servir de ces notes pour prononcer un sermon en langue vulgaire. Le prédicateur devait inviter son auditoire à un jeûne de trois jours pour solliciter l'aide de Dieu contre un chef païen et ses alliés chrétiens qui avaient déjà fait cruellement souffrir les habitants de Saint-Amant. La menace du retour des ennemis n'étant pas écartée, le prédicateur exhorte son assistance à implorer la protection de Dieu. Selon Guy De Poerck, les allusions aux païens visent les Normands, qui avaient occupé l'abbaye de Saint-Amant entre l'automne de 937 et l'été de 952. Dans cette hypothèse, l'homélie a dû être prononcée, au plus tôt, le mercredi des Cendres de 938, et plus vraisemblablement dans la période de douze ans qui suivit.

On dénombre environ quatre cent cinquante mots romans. Nous avons utilisé l'édition de Guy De Poerck dans « Le sermon bilingue sur Jonas », ms. de Valenciennes 521 (475), *Romanica Gandensia,* t. IV, 1956, p. 31-66 (les références renvoient aux lignes de cette édition, telles qu'elles sont numérotées).

La *Vie de saint Léger* est conservée dans une copie exécutée vers l'an mil. Elle occupe les folios 159v°-160v° du manuscrit 240 de la Bibliothèque municipale de Clermont-Ferrand. Ce codex, qui a appartenu au trésor de la cathédrale de Clermont, contient dans sa plus grande partie une copie du *Liber glossarum*, encyclopédie anonyme composée entre 690 et 750. Cette transcription, incomplète du début et de la fin, est datée du milieu du Xe siècle. Postérieurement à l'achèvement de cette copie, les espaces demeurés blancs à la fin de certains cahiers ont été mis à profit par plusieurs mains pour la transcription de neuf pièces en vers, latines et françaises. Parmi celles-ci, la *Passion*, à la fin du cahier XVI, et la *Vie de saint Léger*, à la fin du cahier XXII. Le poème, qui comporte deux cent quarante vers, est constitué de quarante strophes de six octosyllabes, dont les assonances, toujours masculines, suivent le schéma *aabbcc*. Le poème suit une version remaniée de la *Passio* latine composée par le moine poitevin Ursinus, à Saint-Maixent (département des Deux-Sèvres), sur la vie et le martyre de Leodegarius (Léger).

Léger est un personnage historique qui a joué un rôle important à la cour des rois mérovingiens, au VIIe siècle. Il fut abbé du couvent de Saint-Maixent, vers 653, puis évêque d'Autun, en 663. À la suite de démêlés politiques, Ebroïn, le maire du palais, le fit décapiter secrètement en 678. Après la mort d'Ebroïn, les miracles de Léger furent reconnus officiellement et ses restes furent transférés à l'abbaye de Saint-Maixent, entre 681 et 684. La *Vie de saint Léger* en langue d'oïl vante les mérites du martyr et évoque les principales étapes de sa vie. Le poème a été composé au Xe siècle. Il est parsemé de latinismes et de mots latins. Les opinions divergent sur la localisation de l'auteur, vraisemblablement un clerc ou un moine. Certains traits d'apparence picarde ou wallonne peuvent faire penser qu'il était originaire du nord du domaine d'oïl (opinion défendue par H. Suchier, J. Linskill, D'Arco Silvio Avale ou M. Delbouille). Les nombreux occitanismes qui émaillent le texte s'expliqueraient alors par l'intervention d'un copiste-remanieur d'origine méridionale. À l'inverse, G. De Poerck formule l'hypothèse que le poème a été composé à Ebreuil, dans le Bourbonnais, où une abbaye dédiée à saint Léger avait été fondée en 865 ou 866, par le roi d'Aquitaine Charles l'Enfant, après qu'un nombre important de moines de Saint-Maixent, chassés par les incursions des Normands, eut trouvé refuge dans cette localité. Ebreuil, qui appartenait jadis au diocèse de Clermont, se trouve à la frontière des langues d'oc et d'oïl. Sa situation expliquerait le caractère à la fois français et occitan du poème. Quant à la copie, elle aurait probablement été exécutée à Clermont.

Notre relevé a été effectué sur l'édition de Joseph Linskill, *Saint Léger. Étude de la langue du manuscrit de Clermont-Ferrand suivie d'une édition critique du texte*, Paris, Droz, 1937. Nous avons également consulté l'édition de D'Arco Silvio Avalle, « Sant Lethgier (X secolo). Nuova ed. critica con una nota introduttiva », publiée dans *Studia Ghisleriana, Serie speziale per il IV Centenario del Collegio Ghisleri in Pavia*, Pavia, 1967, p. 349-362.

Transcrite également vers l'an mil dans les espaces laissés en blanc du manuscrit de Clermont (Bibliothèque municipale, ms. 240), la *Passion de Jésus-Christ, dite Passion de Clermont*, est un poème de cinq cent seize octosyllabes, composé vers la fin du xe siècle à l'usage des laïques. Les vers assonent deux à deux et ils sont réunis en couplets de quatre, formant cent vingt-neuf strophes. Les assonances sont le plus souvent masculines. Le poème a été conçu pour être chanté. Le premier couplet est en effet assorti d'une notation en neumes, qui donne la mélodie. La narration évoque non seulement la Passion du Christ, mais aussi les épisodes qui l'ont précédée et qui l'ont suivie, du dimanche des Rameaux à la Pentecôte. La combinaison des sources scripturaires est originale. Le récit s'appuie sur les Évangiles canoniques et les Actes des Apôtres. Il fait également des emprunts aux apocryphes, en particulier l'Évangile de Nicodème, et à divers autres textes, comme le commentaire de Bède sur les Évangiles synoptiques. De même que dans les quatre autres textes, la langue est truffée de latinismes. Le poème comporte, comme la Vie de saint Léger, de nombreux occitanismes. L'auteur est peut-être d'origine poitevine. Le style, sobre et grave, est émouvant. Notre dépouillement s'appuie sur l'édition procurée par D'Arco Silvio Avalle dans son ouvrage Cultura e Lingua francese delle origini nella « Passion » di Clermont-Ferrand, Milan, 1962.

La liste qui suit est divisée en deux parties. La première comporte les mots qui se sont maintenus en français moderne, même si leur forme ou leur sens a changé ; la seconde, les mots qui ont disparu ou changé de catégorie grammaticale.

Les crochets qui encadrent un mot notent que la forme du mot, qui n'est pas attestée dans les textes dépouillés, est reconstituée. Le cas sujet, dans la déclinaison des formes, correspond à la fonction de sujet et d'attribut du sujet ; le cas régime à celle de complément. Les références qui suivent les mots renvoient aux vers ou aux lignes des éditions consultées pour le relevé. Le genre des substantifs est précisé lorsque le contexte ou l'étymologie le permettent. L'astérisque devant un étymon indique que la forme n'est pas attestée et qu'elle est reconstituée.

Abréviations : *absol.,* absolument (emploi absolu) ; *adj.,* adjectif ; *adv.,* adverbe ; *art.,* article ; *compar.,* comparatif ; *cond.,* conditionnel ; *conj.,* conjonction ; *cons.,* consonne ; *corr.,* correction ; *déf.,* défini ; *dém.,* démonstratif ; *excl.,* exclamation ; *interr.,* interrogatif ; *f.,* féminin ; *fr. mod.,* français moderne ; *fut.,* futur ; *gér.,* gérondif ; *ind.,* indicatif ; *indéf.,* indéfini ; *interr.,* interrogatif ; *intr.,* intransitif ; *lat.,* latin ; *loc. adv.,* locution adverbiale ; *loc. conj.,* locution conjonctive ; *loc. prép.,* locution prépositive ; *m.,* masculin ; *nt.,* neutre ; *n.,* nom ; *num.,* numéral ; *occit.,* occitanisme ; *p. p.,* participe passé ; *p. prés.,* participe présent ; *pas.,* passé simple ; *pl.,* pluriel ; *plus-que-parf.,* plus-que-parfait ; *poss.,* possessif ; *prép.,* préposition ; *prés.,* présent ; *pron.,* pronom ; *qual.,* qualificatif ; *rég.,* régime ; *rég. ind.,* régime indirect ; *rel.,* relatif ; *sing.,* singulier ; *subj.,* subjonctif ; *tr.,* transitif ; *v.,* verbe ; *v. pr.,* verbe pronominal ; *voy.,* voyelle.

Les textes cités sont désignés sous les abréviations suivantes : *SStr., Serments de Strasbourg ; Eul., Séquence de sainte Eulalie ; SLéger, Vie de saint Léger ; Jonas, Sermon sur Jonas ; Passion, Passion de Clermont.*

Gilles Roussineau

I- Les mots qui ont subsisté

———————— a ————————

A, prép. devant cons., **à**, (*Eul.*, 12, 18, 21, 25, 28) ; AD devant voy., **avec**, (*Eul.*, 22) ; **avec, par**, (*Passion*, 252) ; combiné avec l'article, AL, m. sing., (*SLéger*, 14, 69, 191) ; ALS, m. pl., (*SLéger*, 206, 238).

> Les formes contractées de la préposition *a* avec l'article défini, *al* (*a* + *le*), *als* (*a* + *les*), sont à l'origine des formes modernes *au*, *aux*. Il en est de même pour la préposition *de*, combinée avec l'article *le*, qui a donné *del*, puis *du* ; au pluriel, *dels*, issu de *de* + *los*, *les*, est à l'origine de *des*. Voir la liste sous *al*, *als*, *del*, *dels*. On relève également *el*, « dans le », combinaison de la préposition *en* et de l'article *le*.

AANZ, n. m. pl. cas rég., **peines, souffrances**, (*SLéger*, 4, 9). Voir AFANZ, AHANZ.

AB, prép., **avec**, (*SStr.*, 6 ; *SLéger*, 8, 22, 74, 108, 190, 228). Voir A.

ABBAS, n. m. sing., **abbé**, (*SLéger*, 30).

[ABSOLDRE], v. tr., **absoudre**, ABSOLS, pas. 3, (*SLéger*, 226).

ACHEDER, fr. mod. *acheter*, v. tr., **gagner**, (*Jonas*, 211) ; ACHEDERENT, pas. 6, (*Jonas*, 191).

[ACUSER], v. tr., **accuser**, ACUSAND, gér., (*Passion*, 203) ; ACUSENT, ind. prés. 6, (*Passion*, 215).

[ADORER], v. tr., **adorer**, ADORENT, ind. prés. 6, (*Passion*, 416) ; ADHORAZ, p pa. m. sing. cas sujet, **adoré**, (*Passion*, 500).

AFANZ, AFFANZ, n. m. pl. cas régime, **peines, tourments**, (*Passion*, 3, 16, 111, 490).

AFFLICZ, p. p. m. sing. cas sujet, **affligé**, (*SLéger*, 163).

AHANZ, n. m. sing. cas régime, **peine, tourment**, (*Passion*, 292).

> Les graphies *aanz*, *afanz*, *affanz*, *ahanz* représentent le même mot au pluriel, conservé en français moderne sous la forme *ahan*, au singulier. Le mot signifie en ancien français « peine, souffrance, tourment » et « labeur, travail pénible ». Il a également pris le sens de « terre à labourer, labour ». En français moderne, il s'est maintenu dans la langue littéraire et soutenue au sens de « effort pénible ». Au XVIIᵉ siècle, peut-être sous l'influence de l'onomatopée *han !*, le mot a pris le sens spécialisé de « respiration difficile ». Le verbe *ahaner*, dérivé de *ahan*, a conservé le sens ancien de « faire de grands efforts, peiner » et celui, développé à partir du XVIIᵉ siècle, de « respirer avec peine ». On postule que *ahan* dérive du latin populaire **affanare*, verbe reconstitué à partir du résultat *affanar* en ancienne langue d'oc, *afanar* en espagnol et *affanare* en italien.

AIEST, subj. prés. 5 de [aveir], **ayez**, (*Jonas*, 205) Voir [AVEIR].

AIET, subj. prés. 3 de [aveir], **ait**, (*Jonas*, 203). Voir [AVEIR].

[AIDIER], v. tr., **aider**, AIUD, subj. prés. 3, (*SLéger*, 239).

AIUDHA, n. f., **aide**, (*SStr.*, 5).

AL, forme contractée de la préposition A et de l'article LE, (*Passion*, 39, 148, 158, etc.).

ALCUNS, pron. indéf. m. sing. cas sujet, **aucun, quelqu'un**, (*Passion*, 461).

ALER, v. intr., **aller**, (*Jonas*, 3) ; ALLAR, (*Passion*, 453) ; ANNAR, (*Passion*, 232) ; VAI, ind. prés. 3, **va**, (*SLéger*, 133, 140, 238 ; *Passion*, 75, 76, 104, etc.) ; VAN, ind. prés. 6, **vont**, (*Passion*, 46, 48, 79, etc.) ; VANT, ind. prés. 6, (*Passion*, 203) ; ANNOUENT, ind. impf. 6, **allaient**, (*Passion*, 172) ; ALED, pas. 3, **alla**, (*Passion*, 197) ; ANET, pas. 3, (*Passion*, 320, 321) ; ANNED, pas. 3, (*Passion*, 125) ; ANEZ, p. p. m. sing. cas sujet, **allé**, (*Passion*, 118, 120) ; ANAZ, idem, (*Passion*, 382, 405) ; ALESSUNT, subj. impf. 6, (*SLéger*, 222).

> Le verbe *aller*, dont les formes sont hétérogènes, est issu de trois verbes latins qui signifient « avancer, se déplacer » : le verbe *vadere*, qui est à l'origine de *vais*, *vas*, *va*, *vont*, à l'indicatif présent ; le verbe *ire*, qui a donné les formes du futur *irai*, *iras*, *ira*, etc., et du conditionnel *irais*, *irais*, *irait*, etc. ; enfin le verbe *alare*, réduction probable du verbe *ambulare*, attestée au VIIIᵉ siècle, d'où sont issues les autres formes : infinitif *aller*, indicatif présent *alons*, *alez* ; indicatif imparfait *allais*, etc. ; subjonctif présent *aille*, etc. ; subjonctif imparfait *allasse*, etc. ; participe présent

allant, participe passé *allé*. Les formes du type *annouent*, « allaient », *anet*, « alla », *anned*, « alla », *anez*, « allé », *anaz*, « allé », relevées dans la *Passion*, sont des occitanismes.

ALESSUNT, voir ALER.

ALS, forme contractée de la préposition A et de l'article LOS, (*Passion*, 74, 82, 104, 357, 490).

ALTA, adj. f., **haute**, (*Passion*, 226).

ALTRA, adj. f., **autre**, (*Passion*, 345) ; ALTRE, adj. f., **autre**, (*Passion*, 64) ; L'ALTRE, pron. m. sing., **l'autre**, (*Passion*, 289).

ALMOSNES, n. pl., **aumônes**, (*Jonas*, 208).

AMARAMENT, adv., **amèrement**, (*Passion*, 198).

[AMENER], **amener**, AMENAZ, p. p. m. sing. cas sujet, **amené**, (*Passion*, 21).

[AMER], **aimer**, AMAST, subj. impf. 3, (*Eul.*, 10) ; AIMA, ind. prés. 3, (*SLéger*, 207) ; AMET, p. p., **aimé**, (*SLéger*, 42, 199).

AMIX, n. m. sing. cas sujet, **ami**, (*SLéger*, 112) ; AMIC, cas sujet pl., **amis**, (*SLéger*, 117) ; cas régime sing., (*Passion*, 108) ; AMICS, AMICZ, cas sujet sing., (*Passion*, 249, 236).

AMUR, n., **amour**, (*SStr.*, 3) ; AMOR, n. f. sing. cas régime, (*SLéger*, 3).

AN, n. m. pl. cas sujet, **ans**, (*Passion*, 57) ; ANZ, cas régime pl., **ans**, (*Passion*, 5, 380).

ANELS, n. m. sing. cas sujet, **agneau**, (*Passion*, 156).

ANGELES, n. m. sing. cas sujet, **ange**, (*Passion*, 393) ; ANGEL, idem, (*Passion*, 401).

ANIMA, n. f. sing., **âme**, (*Eul.*, 2 ; SLéger, 174, 237).

[ANNUNCIER], v. tr., **annoncer**, ANNUNÇAZ, impér. 5, (*Passion*, 409) ; ANNUNCIAN, gér., (*Passion*, 482).

ANTRO, voir ENTRO.

[APELER], v. tr., **appeler**, APELED, pas. 3, (*Passion*, 213) ; APPELLED, pas. 3, (*Passion*, 294).

APORTER, v. tr., **apporter**, (*SLéger*, 200) ; APORTET, pas. 3, (*Passion*, 346).

[APRENDRE], v. tr., **apprendre**, APRESDRENT, pas. 6, (*SLéger*, 212) ; APRESIST, subj. impf. 3, (*SLéger*, 18).

APRÉS, adv., **après**, (*SLéger*, 9).

[APRESTER], v. tr., **préparer**, APRESTUNT, ind. prés. 6, (*Passion*, 24).

[ARBERGIER], v. tr., **héberger, donner l'hospitalité à**, ARBERGET, pas. 3, (*Passion*, 388) ; ARBERJARAN, fut. 6, **occuper de gens, peupler**, (*Passion*, 59).

> Les mots présentés dans les deux parties de cette liste proviennent, dans leur quasi-totalité, du latin classique ou du latin tardif. On dénombre seulement un peu plus d'une quinzaine de mots d'origine germanique, dont les formes originelles ont en général été latinisées, avant d'aboutir aux formes de l'ancien français : *agarder*, *aeswarder*, *arbergier*, *escarnir*, *esfreder*, *fel/felon*, *folc/fulc*, *gaimenter*, *garde*, *garder*, *garnir*, *gurpir*, *haire*, *inspieth*, *marrimenz*, *orgolz*, *reswarder*, *trebucher*, *vises*.

ARGENT, n., **argent**, (*Eul.*, 7).

[ARMER], v. tr., ARMEZ, p. p. m. pl. cas régime, **armés**, (*SLéger*, 221) ; ARMAZ, idem, (*Passion*, 367).

[AROMATISER], v. tr., **couvrir de substances aromatiques, parfumer**, AROMATIZEN, ind. prés. 3, (*Passion*, 350).

ART, n. sing. cas régime, **art**, (*SLéger*, 25).

ASALIR (corr. de *asalier*, graphie fautive), **assaillir, attaquer**, (*SLéger*, 140) ; ASALDRAN, fut. 6, (*Passion*, 58) ; ASALIT, pas. 3, (*Passion*, 373).

ASAZ, adv., **assez**, (*SLéger*, 235) ; ASEZ, (*Passion*, 253) ; ASSAZ, (*Passion*, 264, 357).

[ASEIR], v. tr., ASIST, pas. 3, **assiégea**, (*SLéger*, 142) ; ASISDRENT, pas. 6, **posèrent**, (*Passion*, 248) ; v. pr., **s'asseoir**, S'ASSIS, pas. 3, (*Passion*, 24).

ASNE, n. m., **âne**, (*Passion*, 20, 21).

[AUCIRE], voir [OCCIRE].

[AUDIR], **ouïr**. Voir [OÏR].

AUR, n., voir OR.

AURELIA, n. f., **oreille**, (*Passion*, 160, 162).

AURET, plus-que-parfait 3 de l'indicatif de [aveir] (employé avec le sens d'un imparfait), (*Eul.*, 2, 20 ; *SLéger*, 56, 216) ; AWRET, idem, (*SLéger*, 8). Voir [AVEIR].

[AUSER], v. tr., **oser**, AUSEREN, pas. 6, (*Passion*, 269).

AUUISSET, subj. impf. 3 de [aveir], **eût**, (*Eul.*, 27). Voir [AVEIR].

AVAN, prép., devant, (*Passion*, 256).

AVANT, adv., avant, (*SStr.*, 4) ; AVAN, (*Passion*, 19, 411) ; ABANZ, (*Passion*, 458) ; EVAN, (*Passion*, 120) ; EN AVANT, loc. adv., dorénavant, (*SLéger*, 113).

[AVEIR], AVER, v. tr., , avoir, AVER, inf., (*SLéger*, 94) ; AI, ind. prés. 1, (*Passion*, 455, 466, 511) ; AS, ind. prés. 2, (*Passion*, 181) ; A, ind. prés. 3, (*SLéger*, 125, 161, 167, 173, 227 ; *Passion*, 4, 211, 219, etc.) ; AD, ind. prés. 3, (*SLéger*, 169, 171, 172 ; *Passion*, 412) ; AT, ind. prés. 3, a, (*SLéger*, 166) ; AVEM, ind. prés. 4, (*Passion*, 184, 365, 501) ; AVEIST, ind. prés. 5, (*Jonas*, 200) ; AVEZ, ind. prés. 5, (*SLéger*, 235) ; AN, ind. prés. 6, (*Passion*, 78, 111, 270, 281, 285) ; ANT, idem, (*Passion*, 22, 202) ; ONT, idem, (*Passion*, 253) ; AIAS, subj. prés. 2, (*Passion*, 510) ; AIES, idem, (*Passion*, 306) ; AIA, subj. prés. 3, (*Passion*) ; AIET, idem, (*Jonas*, 203 ; *Passion*, 200) ; AIAM, subj. prés 4, (*Passion*, 504) ; AIEST, subj. prés. 5, (*Jonas*, 205) ; OC, pas. 3, eut, (*SLéger*, 76) ; OCT, pas. 3, eut, (*SLéger*, 164, 190) ; OTT, pas. 3, eut, (*SLéger*, 63) ; OTH, pas. 3, eut, (*SLéger*, 35, 36, 55, 175) ; AUT, pas. 3, eut, (*SLéger*, 25, 34, 131, 155, 158, 159, 183) ; AUD, pas. 3, eut, (*SLéger*, 229) ; AG, pas. 3, (*Passion*, 69) ; OC, idem, (*Passion*, 90) ; OG, idem, (*Passion*, 101, 158) ; AUGRENT, pas. 6, eurent, (*SLéger*, 4) ; AURENT, pas. 6, eurent, (*SLéger*, 225) ; AWRA, fut. 3, aura, (*SLéger*, 174), AVRA, (*Passion*, 270, 462) ; AVRAN, fut. 6, (*Passion*, 363) ; AVEIA, ind. impf. 3, (*Passion*, 166) ; AVEIE, idem, (*Passion*, 32) ; AVEIEN, ind. impf. 6, (*Passion*, 28) ; AURET, ind. plus-que-parfait 3, (*Eul.*, 2, 20 ; *SLéger*, 56, 216) ; AWRET, idem, (*SLéger*, 8) ; AGRE, plus-que-parfait 3, (*Passion*, 332) ; AUUISSET, subj. impf. 3, (*Eul.*, 27) ; OUIST, subj. impf. 3, (*SLéger*, 88) ; AGUD, p. p., eu, (*Passion*, 365).

AVIENT, v. impers., ind. prés. 3 de [avenir], arrive, (*Jonas*, 201).

b

BABTIZAR (corr. de *babzizar*), v. tr., baptiser, (*Passion*, 454).

BAISAIR, n., baiser, (*Passion*, 149).

BAISOL, n. m., baiser, (*Passion*, 150).

BARON, n. m. pl. cas sujet, barons, seigneurs, (*SLéger*, 52).

BASSAERAI, fut. 1 de [basier], donnerai un baiser, (*Passion*, 148).

[BEIVRE], v. tr., boire, BEVEN, ind. prés. 6, boivent, (*Passion*, 461) ; BEC, pas. 3, but, (*Passion*, 451).

BEL, adj. m. sing. cas régime, beau, (*Eul.*, 2) ; BELS, BELZ, m. pl. cas régime, beaux, (*Sléger* 35 ; *Passion*, 63).

BEN, BIEN, adv., bien ; BEN, (*SLéger*, 272, 82, 186 ; *Passion*, 22, 24, 112, 161, 333, 404, 447, 472, 507) ; BIEN, (*SLéger*, 23, 27, 40, 47, 50, 67, 77, 121) ; BEIN, (*Passion*, 124).

BENEÏR, v. tr., bénir, BENEDIS, pas. 3, (*Passion*, 467).

BIEN, n. m., bien, (*SLéger*, 5, 38, 219).

BLANC, adj. m. sing. cas régime, (*Passion*, 219, 396).

BONS, adj. m. cas sujet, bon, (*SLéger*, 39 ; *Passion*, 105, 147, 149, etc.) ; BUONS, (*SLéger*, 197) ; BON, m. sing., cas régime, (*Passion*, 86).

BRANCHES, n. f. pl., branches, (*Passion*, 38).

BUONA, adj. f., bonne, de naissance noble, (*buona pulcella*), (*Eul.*, 1) ; BONA, bonne, (*SLéger*, 24, 53).

c

CAB, n. m. sing. cas régime, tête, (*Passion*, 248) ; CAP, (*SLéger*, 154 ; *Passion*, 499). Voir CHIEF, QUEV.

[CAEIR, CHEEIR], v., choir, tomber, CADIT, pas. 3, tomba, (*SLéger*, 231) ; CHED (corr. de *chad*), ind. prés. 3, (*Passion*, 475) ; CHEDENT, ind. prés. 6, (*Passion*, 140, 323) ; CADEGRENT, pas. 6, (*Passion*, 138).

[CANTER, CHANTER], v. tr., chanter, CANTOMPS, ind. prés. 4, (*SLéger*, 3) ; CANTUMPS, subj. prés. 4, (*SLéger*, 6) ; CANTEN, ind. prés. 6, (*Passion*, 41) ; CANTAT, pas. 3, (*SLéger*, 82) ; CANTES, subj. impf. 3, (*Passion*, 193) ; CANTED, p. p., (*Passion*, 28).

CAP, n. m., voir CAB.

CAR, conj., car, (*Jonas*, 48, 171).

CARITET, n. f., charité, (*SLéger*, 33) ; CARITAD, (*Passion*, 276) ; CHERTÉ, charité, (*Jonas*, 205).

CARN, n. f. sing. cas régime, chair, (*Passion*, 6, 330, 331, 334, 386, 438) ; CHA[R]NS, cas sujet sing., (*Passion*, 371).

CARNELS, adj. m. pl. cas régime, charnels, (*SLéger*, 171) ; CARNALS, m. sing. cas sujet, charnel, (*Passion*, 3, 381).

CARS, adj. m. pl. cas régime, chers, précieux, (*Passion*, 392) ; CHER, m. sing. cas régime, cher, (*Passion*, 108) ; CHERA, f. sing., précieuse, (*Passion*, 87).

CASTEL, n. m., cité fortifiée, (*Passion*, 427).

CASTIER, v. châtier, (*SLéger*, 104).

CASTRES, n. pl. (= CARTRES), prisons, (*SLéger*, 176).

CAUSA, fr. mod. cause, n. f., chose, (*SLéger*, 208).

CEL, adj. dém. m. sing. cas régime, ce, cet. Voir CIL.

[CELER], v., celer, cacher, CELAT, pas. 3, cacha, (*SLéger*, 77).

CELLE, adj. dém. f. sing., cette. Voir CIL.

CELS, adj. dém. m. pl., ces, (*Eul.*, 12). Voir CIL.

CENA, n. f., cène, (*Passion*, 90).

CENT, adj. num., cent, (*Passion*, 348).

CERT, adv., certes, assurément, (*Jonas*, 210).

CES, adj. dém. pl. cas régime, (*Passion*, 349). Voir CIL.

CEST, adj. dém. m. sing. cas régime, ce, cet, (*Jonas*, 202, 212, 215 ; *Passion*, 4, 292, 299, 310) ; CES, (*Passion*, 485).

CESTE, adj. dém. f. sing., cette, (*Jonas*, 183) ; CESTES, f. pl., (*Passion*, 501).

[CHALEIR], v., CHIELT, impers., ind. prés. 3, importe, (*Eul.*, 13) ; CALSIST, subj. impf. 3, importât, (*SLéger*, 164).

CHAMISAE, n. f. sing., tunique, (*Passion*, 267).

CHER, CHERA, adj., voir CARS.

CHERTÉ, n. f., voir CARITET.

CHEVE, voir CHIEF.

CHI, pron. rel., qui, (*Jonas*, 98, 164, 199, 212 ; *Passion*, 31, 35, 110, 268, 298, 303, 317, 338). Voir QUI.

CHI, pron. interr., qui, (*Passion*, 188).

CHIEF, n. m., tête, (*Eul.*, 22) ; CHEVE, (*Jonas*, 145). Voir QUEV.

Les formes *cab*, *cap*, *cheve*, *chief* et *quev* sont toutes issues du latin populaire *capum, altération du latin classique *caput*, qui avait non seulement le sens de « tête » d'homme ou d'animal, mais aussi celui de « bout, extrémité », d'où les sens figurés de « début », « personne qui est à la tête, qui commande », « partie principale », « point principal », « lieu principal, capitale ». Outre le sens propre de « tête », toutes ces acceptions sont représentées dans l'ancien français *chief*, devenu *chef*, à partir du XIIIe siècle. Des locutions courantes telles que *traire a chief*, « mener à bien, achever » *venir a chief* « mener à bien », *de chief en chief*, « d'un bout à l'autre, entièrement », *au chief de*, « au bout de », attestent la vitalité du mot dans l'ancienne langue. Toutefois, dès le XIe siècle, le substantif *teste*, qui n'est pas représenté dans les plus anciens textes, concurrence *chief*. Issu du latin *testa*, « pot en terre cuite, vase, cruche », puis en latin tardif « crâne, tête », *teste* va se développer au détriment de *chief* et supplanter définitivement, au sens de « tête », le mot à partir du XVIIe siècle. Hormis l'acception « personne qui commande », demeurée très vivante, il ne reste du substantif que des emplois résiduels tels que *couvre-chef*, *derechef*, *chef-d'œuvre*, ou encore *chef-lieu*. Le sens de « point principal » survit dans *chef d'accusation*

CHO, voir ÇO.

CHRISTIAN, adj., chrétien, (*SStr.*, 3) ; CHRISTIIEN, adj., chrétien, (*Eul.*, 14).

CI, adv., ici, (*SLéger*, 96 ; *Passion*, 403, 405).

CI, pron. rel., qui, (*Passion*, 302). Voir CHI, QUI.

CIEL, n. m., ciel, (*Eul.*, 6 ; *SLéger*, 208) ; CEL, (*SLéger*, 202, 203, 238 ; *Passion*, 39, 234, 393, 469, 479).

CIL, adj. dém. m. pl. cas sujet, ces, (*Jonas*, 185) ; pron. dém. m. sing. cas sujet, celui-ci, celui-là, (*Jonas*, 156, 163 ; *SLéger*, 11, 101, 205, 219) ; CIEL, idem, (*SLéger*, 20, 49, 197) ; pron. dém. m. pl. cas sujet, (*Passion*, 455) ; CEL, pron. dém. m. sing. cas régime, (*Passion*, 110) ; CELUI, pron. dém. m. sing. cas régime, (*Passion*, 144) ; CIEL, adj. dém. m. sing. cas sujet, ce, cet, (*SLéger*, 137, 149) ; CEL, idem, (*Passion*, 21) ; adj. m. sing. cas régime, ce, cet, (*Jonas*, 36, 134, 143, 149, 155, 163, 189, 195, 196 ; *SLéger*, 15, 65, 105, 111, etc.) ; pron. dém. m. sing. cas sujet, celui-ci, (*SLéger*, 56) ; CEL, adj. m. sing. cas régime, ce, cet, (*SLéger*, 80 ; *Passion*, 89, 100, 218, 352, 382, 387, 423) ; CIEL, idem, (*Passion*, 208) ; CELS, adj. m. pl. cas régime, ces, (*Eul.*, 12 ; *Passion*, 283) ; CELZ, idem, (*Passion*, 307) ; CIELS, adj. m. pl. cas régime, ces, (*SLéger*, 13, 32, 209) ; CELLE, adj. dém. f. sing., cette, (*Eul.*, 23) ; CELE, cette, (*Jonas*, 135, 166, 185) ; CILGE, adj. f. cas sujet, cette, (*Jonas*, 157) ; CIEL' (avec E final élidé devant voy.), adj. f. sing., cette, (*SLéger*, 25, 79, 105) ; CILLA, cette, (*SLéger*, 139) ; CELA, idem, (*Passion*, 114, 331) ; CELLES, adj. f. pl., (421).

Les démonstratifs français sont issus du latin vulgaire, où les démonstratifs simples ont été renforcés par la soudure avec le présentatif *ecce*, « voici » : *ecce hic*, *ecciste*, *eccille*. *Ecce hic* n'a survécu qu'au neutre *ecce hoc* sous la forme *ço*, *ce*. *Ecciste* et *eccille* sont devenus les pronomsadjectifs *cist* et *cil*, dont les formes fléchies rencontrées dans les plus anciens textes sont relevées sous *cil*, *cist*, *ces*, *cest* et *ceste*. Le démonstratif *cil* sera éliminé comme adjectif en moyen français (XIVᵉ-XVᵉ siècles), mais il survivra en fonction de pronom jusqu'au XVIIᵉ siècle ; *cel* disparaîtra également en moyen français ; *celui* se rencontrera comme adjectif jusqu'au XVIIᵉ siècle, ainsi que *celle* adjectif ; les féminins *celi*, *cesti* ne seront plus représentés après le XIIIᵉ siècle ; *cist* disparaîtra dans le courant du XVᵉ siècle ; *cestui* sera encore attesté comme adjectif à la fin du XVIᵉ siècle ; le féminin pluriel *cestes* est concurrencé dès l'ancien français par la forme masculine *ces* qui le supplantera. Quant au démonstratif pluriel *celor*, issu du latin *ecce illorum*, « de ceux-là », que l'on rencontre dans *Jonas* (v. 125), il est déjà rare en ancien français.

CINC, adj. num., **cinq**, (*Passion*, 418).

CIO, voir ÇO.

CIPTAD, voir CIUTAT.

CIST, adj. dém. m. sing. cas sujet, **ce, cet**, (*SStr.*, 5, 7 ; *Jonas*, 101) ; CIEST, (*SLéger*, 207).

CIUTAT, n. f. sing. cas régime, **cité, ville**, (*SLéger*, 141) ; CIPTAD, (*Passion*, 49) ; CIPTAT, (*Passion*, 15).

[CLAMER], v. tr., CLAMANT, gér., **criant**, (*Passion*, 48).

CLAR, adj. m. sing. cas régime, **clair**, (*Passion*, 389).

CLAR, adv., **clairement**, (*SLéger*, 204).

CLARITET, n. f., **clarté**, (*SLéger*, 201).

CLEMENTIA, n., **clémence**, (*Eul.*, 29).

CLERJE, n. m., **clerc**, (*SLéger*, 100, 145).

ÇO, pron. dém. neutre, **ce, cela**, (*Jonas*, 40, 46, 92, 110, 112, 125, 134, 143, 148, 154, 171, 194, 210, 211 ; *Passion*, 33) ; CZO, (*Eul.*, 21) ; CIO, (*SLéger*, 16, 28, 37, 43, etc.) ; CHO, (*Passion*, 14, 29, 69, 77, 336) ; CIO, (*Passion*, 199) ; ZO, (*Passion*, 134, 137, 149, 230, 272, 361, 439, 462).

[COGNOISTRE], v. tr., **reconnaître**, COGNOGUIST, pas. 2, **reconnus**, (*Passion*, 67).

[COLLIR], fr. mod. *cueillir*, v. tr., COLLIT, pas. 3, **prit, emporta**, (*Passion*, 468).

COLOMB, n., **colombe**, (*Eul.*, 25).

COLPES, n. pl., **fautes** : *non auret colpes*, elle n'avait pas commis de péché, (*Eul.*, 20) ; COLPAS, **fautes, péchés**, (*Passion*, 291).

Issu du latin *culpa*, « faute, culpabilité », le mot *colpe*, puis *coupe* (avec la graphie *u* résultant de la vocalisation de *l* antéconsonantique) est très vivant en ancien français, où il prend souvent le sens religieux de « faute, péché ». La graphie *coulpe*, qui est restée en français moderne dans les locutions d'origine religieuse *battre sa coulpe*, *dire sa coulpe*, *faire sa coulpe*, s'explique probablement par une prononciation calquée sur le latin *culpa* du *Confiteor*, lorsque le prêtre et les fidèles qui assistent à la messe prononcent la formule *mea culpa*, *mea culpa*, *mea maxima culpa* en demandant à Dieu de pardonner leurs péchés. De la famille du latin *culpa* subsistent en français moderne *coupable*, *disculper*, *inculper*.

COM, conj., **afin que**, (*Eul.*, 19). Voir CUM, conj.

[COMANDER, COMMANDER], v. tr., COMANDAT, pas. 3, **confia**, (*SLéger*, 20, 26, 128, 175) ; COMMANDAT, pas. 3, **commanda**, (*SLéger*, 220) ; COMMANDEZT, pas. 3, **recommanda**, (*Passion*, 94) ; COMANDET, pas. 3, **confia**, (*Passion*, 368).

[COMENCIER], v. tr., COMENCIEST, ind. prés. 5, **commencez**, (*Jonas*, 203).

COMMUN, adj., **commun**, (*SStr.*, 3) ; COMUNA, adj. f., **commune**, (*Passion*, 384).

[COMMUNIER], COMMUNIET, pas. 3, **communia**, (*SLéger*, 83).

COMPANNIE, n. f., **compagnie**, (*Passion*, 132).

COMPTAR, v. tr., **conter, raconter**, (*Passion*, 447).

COMPTE, n. m., **comte**, (*SLéger*, 55).

[CONDEMNER], fr. mod. *condamner*, v tr., CONDEMNETS, p. p. m. pl. **endommagés**, (*SLéger*, 166).

[CONDUIRE], v. tr., **conduire**, CONDUCENT, ind. prés. 6, (*Passion*, 244).

CONFESSION, n. f., **confession**, (*Passion*, 303).

[CONFIRMER], v. tr., **rendre plus assuré**, CONFIRMET, pas. 3, (*Passion*, 442).

[CONFORTER], v. tr., CONFORTENT, ind. prés. 6, **encouragent, recommandent**, (*SLéger*, 119) ; CONFORTED, pas. 3, **réconforta**, (*Passion*, 130).

[CONJURER], v. tr., **conjurer, prier avec insistance**, CONJURET, pas. 3, (*Passion*, 178).

CONSEIL, CONSIEL, n. m., **conseil**, (*SLéger*, 61, 69) ; CONSELZ, pl. cas régime, (*Passion*, 79).

CONSELLIERS, n. m. pl., **conseillers**, (*Eul.*, 5) ; CONSILIER, m. sing., (*SLéger*, 68, 92).

[CONSENTIR], v. tr., CONSENTIT, pas. 3, **consentit**, (*SLéger*, 71) ; CONSENTUNT, ind. prés. 6, **acceptent**, (*Passion*, 222).

[CONSERVAR, CONSERVER], v. tr., CONSERVAT, tr., ind. prés. 3, **tient, respecte** (un serment), (*SStr.*, 19).

CONTRA, prép., **contre**, (*SStr.* 22 ; *Passion*, 111, 376, 502).

[CONTREDIRE], v. tr. **refuser, s'opposer à**, CONTREDIST, pas. 3, (*Eul.* 23).

[CONVERTIR], v. tr., **convertir**, CONVERS, p. p., (*Jonas*, 135, 194) ; CONVERTENT, ind. prés. 6, (*Passion*, 487).

COR, (corr. de *corps*) n., **cœur, âme**, (*SLéger*, 172, 191 ; *Passion*, 51, 78, 338) ; **estomac, ventre**, (*Passion*, 100).

CORDA, n. f., **corde**, (*Passion*, 75).

CORONA, n. f., **couronne**, (*Passion*, 247).

[CORONER], fr. mod. *couronner*, v. tr., CORONAT, p. p., **tonsuré**, (*SLéger*, 125).

CORPS, n. m., **corps**, (*Eul.*, 12 ; *SLéger*, 10, 173, 230, 234, 235 ; *Passion*, 325, 342, 408).

CORROPT, fr. mod. *courroux*, n. m. **courroux**, (*SLéger*, 105).

CORT, CURT, n. f., **cour**, (*SLéger*, 44 ; *Passion*, 244).

Le substantif *cort*, « cour », vient du latin *cohors*, *cohortis*, accusatif *cohortem*, devenu par contraction *cortis*, *cortem*. Le mot est apparenté à *hortus*, « jardin ». En latin, il signifiait « cour de ferme, enclos », puis, par extension, une partie du camp romain. Le mot s'est appliqué à la troupe qui occupait le terrain et a désigné la cohorte, bataillon de la légion romaine d'environ six cents hommes. Ensuite, dans l'armée et l'administration romaines, *cohors* a désigné le groupe de personnes qui assistaient un chef militaire ou un gouverneur de province. Le mot s'est alors appliqué aux fidèles qui entouraient un personnage important. L'évolution du mot en latin explique le second sens que *cort* avait en ancien français. Le mot pouvait désigner l'entourage ou la résidence du roi. Cette acception de *cort*, devenu *cour*, est restée très vivante sous l'ancien régime. La noblesse de cour, par exemple, désignait la noblesse qui vivait près du souverain, par opposition à la noblesse provinciale. Le deuxième sens de l'ancien français *cort* est institutionnel et juridique. La *cort* est le lieu et l'institution où l'on plaide et où l'on juge. Le mot est resté pour désigner les tribunaux supérieurs : *Cour de cassation*, *Cour des comptes*, *Cour d'appel*, *Cour d'assises*. Au milieu du XIVᵉ siècle, le mot a été rattaché au latin *curia*, qui désignait le sénat, la plus haute assemblée de Rome. Cette étymologie erronée explique la chute généralisée du *t* final dans la graphie, à partir du XVᵉ siècle. Enfin, *cort* pouvait avoir le sens spatial étymologique et s'appliquer à une ferme, une exploitation agricole, ou désigner un espace clos de murs ou de bâtiments, dépendant d'une habitation. Ce sens reste courant en français moderne (*cour* d'un château, *cour* d'une école, *basse-cour*). À la fin du XIXᵉ siècle, le mot anglais *court*, autrefois emprunté au français avec sa graphie initiale, est revenu en France avec le sens de « court de tennis ». Le *t* final subsiste également dans des noms de localités, *Harcourt* par exemple.

CORTINE, fr. mod. *courtine*, n. f., **tenture, voile**, (*Passion*, 327).

COSA, n. f., **chose**, (*SStr.*, 5) ; COSE, KOSE, (*Eul.*, 9, 23).

CREDRE, v. tr., inf., **croire**, (*SLéger*, 186, 188) ; CREDENT, ind. prés. 6, (*Passion*, 438) ; CREDRAN, fut. 6, (*Passion*, 455) ; CRETRAN, fut. 6, (*Passion*, 456).

[CREISTRE], v intr., **croître**, CREISENT, ind. prés. 6, (*Passion*, 498).

CREVER, v. tr., inf., **crever**, (*SLégvr*, 154).

[CRIER], v. tr., **crier**, CRIDENT, ind. prés. 6, (*Passion*, 182, 224, 228, 233, 239).

CRIZ, n. m. pl. cas régime, **cris**, (*Passion*, 314).

CROIX, n. f. pl., **croix**, (*SLéger*, 146). Voir CROZ.

[CROLLER], v. intr., **trembler** (de la terre), CROLLET, pas. 3, (*Passion*, 322).

CROZ, n. f., **croix**, (*Passion*, 329) ; CRUZ, (*Passion*, 226, 255, 281, 285, 318, 491). Voir CROIX.

CRUELS, adj. m. sing. cas sujet, **cruel**, (*SLéger*, 153).

[CUBRIR], v. tr., **couvrir**, CUBRID, pas. 3, (*Passion*, 310) ; CUBRIRENT, pas. 6, (*Passion*, 185).

CUI, pron. rel. régime, **que**, (*SStr.*, 21 ; *Passion*, 144) ; **qui** (après prép.), (*SLéger*, 208, 240 ; *Passion*, 170, 330, 420) ; **à qui**, (*SLéger*, 29, 164, 175 ; *Passion*, 100, 206).

CUM, adv., **comme**, (*SSt.*, 5 ; *Jonas*, 115, 127, etc. ; *SLéger*, 75, 182, 184, 203, 204 ; *Passion*, 156, 251, 395, 396).

CUM, adv. interr., **comment**, (*SLéger*, 114 ; *Passion*, 229).

CUM, conj., lorsque, quand, (*SLéger*, 25, 42, 85, 90, 131, 155, 159, 187, 189, 217, 229 ; *Passion*, 13, 17, 21, 33, 49, etc.) ; afin que, (*Passion*, 174). Voir COM, conj.

CUMGIET, n. m. congé, autorisation, (*SLéger*, 84).

[CURRE], v. intr., CURR[ENT], ind. prés. 6, coulent, (Passion, 127).

CURT, n. f., cour, (*SLéger*, 44). Voir CORT.

CUSTOD (corr. de *custodes*), n. m. pl. cas sujet, gardes, gardiens, (*Passion*, 397).

CUSTURAE, n. f., couture, (*Passion*, 268).

CZO, pron. dém. neutre, ce, cela. Voir ÇO.

d

[DAMNER], v. tr., damner, DAMNAT, p. p., damné, (*Passion*, 456).

DAMNO, n. m., dam, dommage, (*SStr.*, 8 [*in damno*]) ; DAMZ, n. m. cas sujet, dommage, (*SLéger*, 51).

DAVANT, DAVAN, adv., devant, (*SLéger*, 41 ; *Passion*, 44, 45) ; prép., devant, (*Passion*, 202, 266, 358, 514) ; DE DAVANT, loc. prép., devant, (*Passion*, 249).

DE, prép., de, (*SStr.*, 20 ; *Eul.* 25, 27 ; *Passion*, 2, 19, 22, etc.) ; à partir de, (*SStr.*, 4 [*d'ist di*]).

DECOLLER, v. tr., décapiter, (*SLéger*, 222) ; DECOLLAT, pas. 3, (*SLéger*, 228) ; DEGOLLAR, inf., (*Passion*, 492).

DEENT, ind. prés. 6 de deveir, doivent, (*Jonas*, 200). Voir DEVEIR.

DEFENDRE, v. pr., se défendre, (NO'S) DEFENDED, pas. 3, (*Passion*, 155).

[DEGNIER], v. tr., daigner, DEGNET, subj. prés. 3, (*Eul.*, 26) ; DENAT, pas. 3, daigna, (*Passion*, 216).

DEÏTAT, n. f., divinité, (*Passion*, 444).

DEL, forme contractée de la préposition DE et de l'article LE, (*Passion*, 91, 103, 422).

DELS, forme contractée de la préposition DE et de l'article LOS, (*Passion*, 19, 38, 132, 277, 287) ; de la prép. DE et de l'art. f. pl. LES, (*Passion*, 37).

[DEMANDER], v. tr., demander, DEMANDED, pas. 3, (*Passion*, 139) ; DEMANDEZ, pas. 3, (*Passion*, 134) ; DEMANDAN, DEMANDANT, gér., (*Passion*, 79, 204).

[DEMONSTRER], DEMONSTRAT, pas. 3, montra, (*SLéger*, 78, 110, 112).

DENAT, pas. 3, daigna, (*Passion*, 216). Voir [DEGNIER].

DENERS, n. m. pl. cas régime, deniers, (*Passion*, 85).

DES, prép., depuis, (*Passion*, 309) ; DES QUE, loc. conj., depuis que, (*Passion*, 6).

[DESFAIRE], v. tr., détruire, DESFAZEND, gér., (*Passion*, 76).

DESOZ, prép., sous, (*Passion*, 18).

[DESSENDRE], v. intr., descendre, DESSEND, ind. prés. 3, (*Passion*, 393).

DESTRE, adj. f., droite, (*Passion*, 160).

DEVASTAR, v. tr., dévaster, (*SLéger*, 132).

[DEVEIR], v., DEI, ind. prés. 1, (*Passion*, 278) ; DIFT, ind. prés. 3, (*SStr.*, 6) ; DEVEMPS, ind. prés. 4, devons, (*SLéger*, 1) ; DEVEM, idem, (*Passion*, 502, 503) ; DEENT, ind. prés. 6, doivent, (*Jonas*, 200) ; DEVENT, ind. prés. 6, (*Passion*, 274).

[DEVENIR], v. intr., DEVENG, pas. 3, devint, (*SLéger*, 124) ; DIVINT, pas. 3, devint, (*SLéger*, 30) ; DEVENGUNZ, p. p. m. sing. cas sujet, devenu, (*SLéger*, 156).

[DEVIRE], v. tr., DEVIS, p. p., divisé, (*Passion*, 275).

DÏAULE, n., diable, (*Eul.*, 4) ; DIABLE, (*SLéger*, 128) ; DÏABLE, (*Passion*, 102, 420, 460).

DIFT, ind. prés. 3, doit, (*SStr.*, 6). Voir [DEVEIR].

[DIRE], v. tr., dire, DIC, ind. prés. 1, (*Passion*, 1) ; DIZ, ind. prés. 2, (*Passion*, 289) ; DIST, ind. prés. 3 ou pas. 3, (*Jonas*, 168, 169) ; DICEN, ind. prés. 6, (*Passion*, 430) ; DIZEN, idem, (*Passion*, 89) ; DI, impér. 2, (*Passion*, 188) ; DIS, pas. 1, (*Passion*, 277) ; DIST, pas. 3, (*SLéger*, 43, 91, 160, 206) ; DIS, pas. 3, (*Passion*, 54, 137, 149, 230, 315, 361, 402, 406, 433) ; DISTRE[NT], pas. 6, (*Jonas*, 16) ; DISSETS, subj. impf. 3, (*Passion*, 179) ; DIDRAI, fut. 1, dirai, (*SLéger*, 7) ; DITRAI, fut. 1, (*SLéger*, 9) ; DIRAN, fut. 6, (*Passion*, 364) ; DEIT, p. p., (*Passion*, 181) ; DIT, idem, (*Passion*, 69, 412) ; DITZ, idem, (*Passion*, 166).

DOBPLA, adj. f., double, (*Passion*, 75).

[DOBTER], v. tr., craindre, DOBTEN, ind. prés. 6, (*Passion*, 480).

DOMNIZELLE, n. f., demoiselle, jeune fille, (*Eul.*, 23).

DON, n. m., don, (*Passion*, 142).

DON, n. m., seigneur, (*Passion*, 142).

DONC, adv., alors, (*SLéger*, 13, 15, 32, 124, 129, 190 ; *Passion*, 165, 171, 243, 245) ; DUNC, idem, (*Jonas*, 122, 134, 154, 178 ; *Passion*, 85, 125, 217, 251, 254, 267, etc.).

DONCHES, adv., alors, (*Passion*, 465) ; DUNCQUES, alors, (*Passion*, 185) ; DUNQUES, alors, (*Passion*, 126, 237).

[DONER], [DUNER], v. tr., donner, DUNAT, prés. 3 ou pas. 3, (*SStr.*, 4) ; DONET, pas. 3, (*Passion*, 385) ; DONED, pas. 3, (*Passion*, 148) ; DONES, subj. impf. 3, (*Passion*, 342) ; DONAD, p. p., (*Passion*, 348).

[DONNER], v. tr., DAREZ, fut. 5, donnerez, (*Passion*, 83).

DONT, pron. rel., ce dont, (*Eul.*, 13) ; DUNT, dont, (*Jonas*, 163) ; de quoi, (*Jonas*, 200) ;

DOS, voir *duos*.

DREIT, n., droit, (*SStr.*, 6) ; A DREIT, justement, (*Passion*, 291).

DULCEMENT, adv., avec douceur, avec tendresse, (*Passion*, 106).

DUNAT, voir [DONER, DUNER].

DUNC, adv., voir DONC.

DUNCQUES, DUNQUES, voir DONCHES.

DUNT, pron. rel., voir DONT.

DUOS, adj. num., m. cas régime, deux, (*SLéger*, 8) ; DOS, (*Passion*, 282) ; pron. cas régime, deux, (*Passion*, 19, 283) ; DUAES, pron. f., deux, (*Passion*, 421). Voir AMBES.

DURAMENT, adv., fortement, (*Passion*, 322).

DURS, adj. m. pl. cas régime, durs, (*Passion*, 490) ; DURES, adj. f. pl., dures, (*SLéger*, 190).

e

E, conj., voir ET.

EBISQUE, voir EVESQUE.

EDRAT, pas. 3 de [edrer, errer] (lat. *iterare*), agit, (*SLéger*, 69, 114).

Le verbe *errer*, issu du latin tardif *iterare*, « voyager », réfection de *itinerari*, qui dérive du substantif *iter*, « voyage », a deux sens principaux en ancien français : en emploi intransitif, celui de « marcher, aller, voyager » et, au sens figuré, de « se conduire, se comporter, agir », d'où la locution *errer que*, « faire en sorte que » ; en emploi transitif, « parcourir » et « gouverner, administrer ». Le verbe a été influencé par l'homonymie avec *errer*, issu de *errare*, « se tromper ». Dès l'ancien français, il a pu prendre le sens de « aller çà et là, marcher à l'aventure », puis « faire fausse route ». En raison de cette contamination, le verbe a disparu dans ses sens anciens après le xvi⁰ siècle. L'adjectif *errant*, dérivé de *errer*, avait le sens de « qui marche sans cesse, qui voyage d'un lieu à un autre ». Ainsi, le *chevalier errant* est le chevalier qui parcourt le monde en quête d'aventures. Le *Juif errant* (attesté en 1648 chez Scarron) est un personnage légendaire condamné à marcher éternellement pour avoir outragé le Christ portant la croix. Le substantif *errement*, également dérivé de *errer*, avait en ancien français le sens de « manière d'agir », avec une extension plus large qu'en français moderne. Il n'est plus employé aujourd'hui qu'au pluriel, avec une acception péjorativre, due à la confusion avec *errer*, issu de *errare* et *erreur*.

EDRE, n. m. ou f., lierre, (*Jonas*, 145, 149, 156, 157, 163).

EL, forme contractée de EN, prép., et LE, art. m. sing. rég., (*Passion*, 351).

EL, pron. pers. m. sing. cas sujet, il. Voir IL.

ELA, voir ELLE.

ELEMENT, n., élément : *lo suon element*, ce à quoi elle tient, ce qui lui importe le plus, (*Eul.*, 15).

ELLE, pron. pers. suj. f., (*Eul.*, 5, 6, 14, 17, 20) ; ELA, idem, (*Passion*, 333, 335).

ELLES, pron. pers. f. pl. sujet, (*Passion*, 413).

ELS, pron. pers. m. pl. régime tonique, eux, (*Jonas*, 118, 170, 197) ; ELS, ELZ, (*Passion*, 400, 427, 428, 439, 451, 461, 475, 488, etc.).

EMPERADOR, n. m. sing. cas régime, empereur, (*Passion*, 236, 252).

EN, prép., dans, (*Eul.*, 6,19) (enclise de EN LO dans ENL) ; (*Jonas*, 101, 137, 166, 169, 183, 207 ; *SLéger*, 95, 113, etc. ; *Passion*, 31, 63, 70, 82, etc.).

EN, pron. adv., voir ENT.

ENFAN, ENFANT, ENSFANT, n. m., enfant, (*Passion*, 47, 71, 378).

ENFERN, n. m., enfer, (*Passion*, 373, 382, 387).

[ENFLAMER], v. tr., enflammer, ENFLAMET, pas. 3, (*Passion*, 476).

[ENFLER], v. tr., enfler, ENFLET, pas. 3, (*Passion*, 100).

ENSEMBLE, adv., ensemble, (*Passion*, 428, 451).

ENSENNA, n. f., *signe, indice*, (*Passion,* 143).

ENT, pron. adv., **en**, (*Eul.,* 5 [enclise de NON ENT dans NONT] ; *Eul.* 15 [enclise de ELLE ENT dans ELLENT] ; *Jonas,* 218) ; EN, (*SLéger,* 21, 41, 47, 48, 55, 62, 63, 64, 67, etc) ; ENT, (*Passion,* 164) ; EN, (*Passion,* 66, 83, 85, 112, 115, 117, etc.).

ENTORN, adv., *autour,* (*Passion,* 59).

ENTRE, ENTER, prép., **entre**, (*Passion,* 283) ; **parmi**, (*Passion,* 439) ; ENTER... ET..., **avec... et...,** (*Passion,* 347).

[ENTRER, INTRER], v. tr., **entrer dans**, ENTRET, pas. 3, (*Passion,* 427) ; v. intr., **entrer**, INTRET, pas. 3, (*Passion,* 70). Voir INTRER.

ENVEIA, n. f., **envie**, (*SLéger,* 102) ; ENVIE (corr. de *enveie*), **haine**, (*Passion,* 78).

[ENVEIER], v. tr., **envoyer**, ENVEIED, pas. 3, (*Passion,* 19) ; ENVIET, pas. 3, (*Passion,* 205).

ENVERS, prép., **vers**, (*Passion,* 293, 425).

ENVERS, adv., **à la renverse**, (*Passion,* 140).

[ENVOLOPER], v. tr., ENVOLOPET, pas. 3, (*Passion,* 344).

EO, pron. pers., **je**, (*SStr.,* 5).

ERRORS, n. f. pl., **troubles**, (*Passion,* 365).

ES, ind. prés. 2 de [estre], (*Passion,* 236).

ES, voir EST.

[ESCLAIRER], v. tr., **éclairer**, ESCLAIRAZ, p. p. m. sing. cas sujet, (*Passion,* 390) ; ESCLAIREZ, idem, (*Passion,* 201).

ESCORCER (corr. de *escorter*), v. tr., **écorcher**, (*Passion,* 493).

[ESFREDER], v. tr., **effrayer, troubler**, ESFREDED, pas. 3, (*Passion,* 191).

[ESKOLTER], v. tr., **écouter**, ESKOLTET, ind. prés. 3, (*Eul.,* 5).

ESPADES, n. f. pl., **épées**, (*Passion,* 492).

[ESPAVENTER], v. tr., **épouvanter**, ESPAVENTET, p. p., (*Passion,* 437).

ESPINES, n. f. pl., **épines**, (*Passion,* 247).

EST, ind. prés. 3 de [estre], (*SLéger,* 5 ; *Passion,* 180, 262) ; ES, ind. prés. 3, (*SLéger,* 5, 156, 203, 204 ; *Passion,* 18, 118, 230, 264, etc.).

ESTER, v. intr., **se tenir debout, rester**, (*SLéger,* 96, 165 ; *Passion,* 274) ; ʼSTA, ind. prés. 3, (*Passion,* 317) ; ESTEVENT, ind. impf. 6, (*Passion,* 380) ; INSTUD, pas. 3, (*SLéger,* 111) ; ESTED, pas. 3, (*Passion,* 177) ; ESTET, pas. 3, (*Passion,* 189, 329, 432) ; ESTERENT, pas. 6, (*Passion,* 153) ; ESTERA, ind. plus-que-parfait 3 (avec la valeur d'un passé simple), (*SLéger,* 230) ; STERA, idem, (*SLéger,* 234).

Le verbe *ester* est issu du latin classique *stare*, « se tenir debout ». Il a pris en ancien français le sens de « rester, demeurer ». On le retrouve avec ce sens dans l'anglais *to stand* et l'allemand *stehen*, le verbe latin *stare* se rattachant à la racine indo-européenne **sta-*, représentée également par le grec *stasis*. À côté du sens de « rester », on relève pour l'ancien français *ester*, en emploi intransitif ou pronominal, les sens de « laisser tranquille », « s'arrêter », « exister, être ». Le verbe était très usité dans la locution *laissier ester*, « laisser tranquille, ne plus s'occuper de », « arrêter, cesser ». Dans le latin juridique médiéval, *stare* avait pris le sens spécialisé de « soutenir une action en justice ». Cette acception particulière se retrouve dans l'ancien français *ester a droit*, « se présenter devant un tribunal ». Elle subsiste dans le français moderne *ester en justice, ester en jugement*, « soutenir une action en justice comme demandeur ou comme défendeur ».

[ESTRAIRE], v. tr., **tirer**, ESTRAIS, pas. 3, (*Passion,* 158).

[E]STRE, v., **être**, (*Jonas,* 208) ; SOI, ind. prés. I, (*Passion,* 137, 434) ; ES, ind. prés. 2, (*Passion,* 236) ; EST, ind. prés. 3, (*SLéger,* 5 ; *Passion,* 180, 262) ; ES, ind. prés. 3, (*SLéger,* 5, 156, 203, 204 ; *Passion,* 18, 118, 230, 264, etc.) ; ESMES, ind. prés. 4, (*Passion,* 292) ; SUNT, ind. prés. 6, **sont**, (*Jonas,* 173 ; *Passion,* 61, 326, 413, 477, 485) ; SUN, idem, (*Passion,* 325, 437) ; SON, idem, (142, 473) ; SIA, subj. prés. 3, (*Passion,* 240, 360) ; SIT, subj. prés. 3, (*SStr.,* 8) ; SEIETST, impér. 5, (*Jonas,* 206) ; ERA, ind. impf. 3, (*Passion,* 377, 430) ; ERET, ind. impf. 3, (*Eul.,* 12 ; *Jonas,* 144) ; FRENT, ind. impf. 6, (*Jonas,* 182, 194) ; FUI, pas. I, (*Passion,* 436) ; FU, pas. 3, (*Jonas,* 37, 110, 157 ; *SLéger,* 42 ; *Passion,* 6, 10, 14, 21, 121, etc.) ; FUD, (*SLéger,* 13, 16, 28, 31, 33, 37, 39, etc. ; *Passion,* 88, 175, 201, 357) ; FO (occit.), (*SLéger,* 163 ; *Passion,* 268, 381, 390) ; FUT, (*Eul.,* 1 ; *Jonas,* 122 ; *Passion,* 271) ; FUT PRESENTEDE, pas. 3 passif, **on la présenta**, (*Eul.,* 18) ; FURENT, pas. 6, (*SLéger,* 131) ; FOS, subj. impf. 3, (*Passion,* 371, 382) ; ER, fut I, (*SStr.,* 22) ; ER, fut. 3, (*SLéger,* 37, 38) ; EREN, fut. 6, (*Passion,* 66) ; ERENT, fut. 6, (*Passion,* 455) ; SERAN, fut. 6, (*Passion,* 456) ; ESTRAI, fut. I, (*SLéger,* 92) ; ASTREIET, cond. 3, (*Jonas,* 136, 139) ; ASTREIENT, cond. 6, (*Jonas,* 173) ; FURA, ind. plus-que-parfait 3, (lat. *fuerit*), (*SLéger,* 197 ; *Passion,* 151) ; FURAE, idem, (*Passion,* 418) ; FURE, idem, (*Passion,* 312, 355) ; FURET, idem, (*Passion,* 170) ; FURET, ind. plus-que-parfait (lat. *fuerit*), *se furet morte*, v. pr. de sens moyen, **elle mourut**, (*Eul.,* 11) ; FUSSES, subj. impf. 2, (*Passion,* 151) ; FUST, subj. impf. 3, (*SLéger,* 32, 44, 112) ; FUS, subj. impf. 3, (*SLéger,* 107 ; *Passion,* 29).

[ESVELER], v. tr., **réveiller**, ESVELED, pas. 3, (*Passion,* 123).

ET, conj., **et**, (*SStr.,* 3, 4, etc.) ; E, (*Eul.,* 11) ; ET, (*Eul.,* 28) ; ET, (*SLéger,* 5, 25, 34, etc.) ; E, (*SLéger,* 45, 117, 191, etc. ; *Passion,* 41, 46, 50, etc.)

EU, pron. pers. sujet, **je**, (*Passion,* 67, 137, 229, 278, 299, 434, 447). Voir EO.

EVAN, voir AVANT.

EVESQUE, n. m., **évêque**, (*SLéger,* 48) ; EBISQUE, **évêque**, (*SLéger,* 19).

EVESQUET, n. f., **évéché**, (*SLéger,* 93, 122).

[EXALTER], v. tr., **élever en dignité**, EXALTAT, pas. 3, (*SLéger,* 29, 45).

[EXTENDRE], v. tr., **étendre**, EXTENDENT, ind. prés. 6, (*Passion,* 44).

f

FACAM, subj. prés. 4 de faire, (*Passion,* 507). Voir FAIRE.

FACIEST, subj. prés. 5 de faire, FACIEZ, (*Jonas,* 202). Voir FAIRE.

FAI, ind. prés. 3 de faire, (*SLéger,* 38, 135, 154, 157). Voir FAIRE.

FAIRE, v. tr., **faire**, (*Eul.,* 4 ; *Jonas,* 199, 209 ; *SLéger,* 60, 199 ; *Passion,* 96, 458) ; FAIS, ind. prés. 2, (*Passion,* 302) ; FAI, ind. prés. 3, (*Passion,* 35, 192, 490, 491, 493, 495, 498) ; FEENT, ind. prés. 6, (*Jonas,* 199) ; FAN, ind. prés. 6, (*Passion,* 284, 286) ; FAITES, impér. 5, (*Jonas,* 208) ; FACAM, subj. prés. 4, (*Passion,* 507) ; FAZET, subj. prés. 3, (*SStr.,* 6) ; FAZEN, subj. prés. 6, (*Passion,* 484) ; FARAI, fut. I, (*Passion,* 231) ; FARAN, fut. 6, (*Passion,* 457) ; FEREIET, cond. 3, (*Jonas,* 139) ; FESIST, subj. impf. 3, (*Jonas,* 146 ; *SLéger,* 196) ; FEISIS, subj. impf. 3, (*Passion,* 212) ; FESISSENT, subj. impf. 6, (*SLéger,* 54) ; FEI, pas. 3, (*Passion,* 143) ; FEIST, pas. 3, (*Passion,* 176) ; FEZ, pas. 3, (*Passion,* 9, 39, 109, 446) ; FIZ, pas. 3, (*Passion,* 67) ; FIST, pas. 3, (*SLéger,* 21, 40, 47, 48, 67, 68, etc.) ; FIT, pas. 3, (*Passion,* 196) ; FISDREN, pas. 6, (*SLéger,* 62) ; FISIENT, ind. impf. 6, (*Jonas,* 105, 190, 200) ; FISDRA, ind. plus-que-parfait 3, (*SLéger,* 123, 152) ; FISTDRA, idem, (*SLéger,* 121) ; FEDRE, ind. plus-que-parfait 3, (*Passion,* 188) ; FEIRA, idem, (*Passion,* 372) ; FAIT, p. p., (*Jonas,* 195, 213 ; *SLéger,* 155 ; *Passion,* 29) ; FAITA, p. p. f., (*Passion,* 90).

FAIT, p. p. de faire, (*Jonas,* 195, 213 ; *SLéger,* 155).

FAITES, impér. 5 de faire, (*Jonas,* 208).

FAN, FARAI, FARAN, voir FAIRE.

FAZEN, voir FAIRE.

FAZET, subj. prés. 3, **face**, (*SStr.,* 6).

FEDEL, FIDEL, n. m. pl. cas sujet, **fidèles, disciples**, (*Passion,* 165, 274, 363, 426, 429, 457, 473) ; FEDELS, FIDELS, pl. cas régime, (*Passion,* 92, 112, 119, 129, 490, 504).

FEDRE, FEI, FEIRA, FEIS, FEISIS, FEIST, voir FAIRE.

FEENT, ind. prés. 6 de faire, (*Jonas,* 199). Voir FAIRE.

FEL, adj. m. sing. cas sujet, **méchant, perfide**, (*Passion,* 81, 131, 209, 218) ; FELLON, sing. cas régime, (*Passion,* 159, 220) ; FELLUN, pl. cas sujet, (*Passion,* 222) ; FELO, pl. cas sujet, (*Passion,* 77).

FEL, n. m. sing. cas sujet, **félon, méchant**, (*SLéger,* 227) ; VEL, idem, (*Passion,* 143) ; FELLON, FELLUN, FELLUNT, FELON, pl. cas sujet, (*Passion,* 138, 141, 171, 182, 186, 233, 243, 248, 250) ; FELLUNS, FELUNS, pl., cas régime, (*Passion,* 277, 317, 357).

FEL, n. m., cas régime, **fiel**, (*Passion,* 279).

FEMNES, n. f. pl., **femmes**, (*Passion,* 257, 260, 391, 402).

[FENDRE], v. intr., **se fendre**, FEND, ind. prés. 3, (*Passion,* 328) ; FENDIENT, ind. impf. 6, (*Passion,* 323).

FER, n. m., **fer, épée**, (*Passion,* 158).

FEREIET, cond. 3 de faire, (*Jonas,* 139).

[FERIR], v. tr., **frapper**, FIRID, pas. 3, (*SLéger,* 232) ; FIREND, gér., (*Passion,* 75).

FESEST, voir FAIRE.

FESISSENT, subj. impf. 6 de faire, (*SLéger,* 54).

FESIST, subj. impf. 3 de faire, (*Jonas,* 146 ; *SLéger,* 196).

FET, n. f. foi, (*Passion,* 273). Voir FID.

FEZ, voir FAIRE.

FID, n. f., **foi**, (*SLéger,* 34, 114) ; FIED, (*SLéger,* 24 ; *Passion,* 179) ; FIET, (*SLéger,* 53). Voir FET.

FIDEL, voir FEDEL.

FIGURE, n., **forme** : *in figure de,* **sous forme de**, (*Eul.,* 25).

FILLIES, n. f. pl., **filles**, (*Passion,* 261).

FILS, n. m. sing. cas sujet, **fils**, (*SLéger,* 16 ; *Passion,* 180) ; FILZ, (*Passion,* 263, 312) ; FIL, sing. cas régime, (*Passion,* 192).

FIN, n. f., **fin**, (*Passion,* 268).

FINCTA, p. p. f. sing. de [feindre], **feinte**, (*SLéger,* 109).

FIREND, voir FERIR.

FIRID, pas. **3** de [ferir], **frappa**, (*SLéger*, 232). Voir FERIR.

FISDRA, plus-que-parfait **3** de faire (avec la valeur d'un passé), (*SLéger*, 123, 152) ; FISTDRA, (*SLéger*, 121).

FISDREN, pas. **6** de faire, (*SLéger*, 62).

FISDRET, voir FAIRE.

FISIENT, ind. impf. **6** de faire, (*Jonas*, 105, 190, 200). Voir FAIRE.

FIST, pas. **3** de faire, (*SLéger*, 21, 40, 47, 48, 67, 68, etc.).

FISTDRA, voir FAIRE.

FIT, FIZ, voir FAIRE.

FLAGELLAR, v. tr., **flageller**, (*Passion*, 231).

FLAMMA, n. f. sing., **flamme**, (*SLéger*, 133) ; FLAMMES, pl., (*SLéger*, 204).

FO, pas. **3** de [estre], (*Passion*, 268, 381, 390). Voir [ESTRE].

FOCS, n. m. sing. cas sujet, **feu**, (*Passion*, 395) ; FUGS, idem, (*Passion*, 476) ; FOC, sing. cas régime, (*SLéger*, 133) ; FOG, sing. cas régime, (*Passion*, 190, 494).

FORMENT, FORTMEN, FORTMENT, adv., **fortement**, (*Passion*, 115, 203, 315, 319, 437, 506).

[FORSFAIRE], v. tr., **faire du mal, commettre une faute**, FORSFIST, pas. **3**, (*Passion*, 290) ; FORSFAIZ, p.p./ adj., sing., cas sujet, **coupable**, (*Passion*, 230).

FORSFAIT, n. m., **faute, crime**, (*Passion*, 173, 176, 183).

FORT, adj., m. sing. cas régime, **fort**, (*Passion*, 94, 121, 374) ; f. sing. cas régime, **forte**, (*Passion*, 126).

FORT, adv., **fort**, (*Passion*, 52, 73).

FORTMENT, FORTMEN, voir FORMENT.

FOS, subj. impf. **3** de [estre], (*Passion*, 371, 382).

FOU, n. m., **feu**, (*Eul.*, 19). Voir FOCS.

FRADRE, n. m., **frère**, (*SStr.*, 5) ; FRADRA, (*SStr.*, 6, 7, 19) ; FREDRE, (*SLéger*, 58).

F[R]AINDRE, v. tr., **briser**, (*Passion*, 503).

FRUIT, n. m., **fruit**, (*SLéger*, 215).

FU, pas. **3** de estre, (*Jonas*, 37, 110, 157 ; *SLéger*, 42 ; *Passion*, 6, 10, 14, 21, 121, etc.) ; FUD, (*SLéger*, 13, 16, 28, 31, 33, 37, 39, etc. ; *Passion*, 88, 175, 201, 357) ; FO, (*SLéger*, 163 [occit.]) ; FUT, (*Eul.*, 1 ; *Jonas*, 122 ; *Passion*, 271) ; FUT PRESENTEE, pas. **3** passif, **on la présenta**, (*Eul.*, 18).

FUI, pas. **1** de [estre], (*Passion*, 436).

FUIET, voir FUIR.

[FUIR], v. intr., **fuir, s'enfuir, disparaître**, FUI, pas. **3**, (*Passion*, 311) ; FUIET, subj. prés. **3**, (*Eul.*, 14).

FURA, plus-que-parfait **3** de [estre], (lat. *fuerit*), employé avec la valeur du passé simple, (*SLéger*, 197 ; *Passion*, 151) ; FURAE, idem, (*Passion*, 418) ; FURE, (*Passion*, 312, 355) ; FURET, idem, (*Passion*, 170).

FURET, ind. plus-que-parfait **3** de estre, (lat. *fuerit*), SE FURET MORTE, v. pr. de sens moyen, **elle mourut**, (*Eul.*, 11).

FURENT, pas. **6** de [estre], (*SLéger*, 80).

FUROR, n., **fureur**, (*SLéger*, 193).

FUS, subj. impf. **3** de [estre], (*SLéger*, 107 ; *Passion*, 29).

FUSSES, subj. impf. **2** de [estre], (*Passion*, 151).

FUST, subj. impf. **3** de estre, (*SLéger*, 32, 44, 112).

FUT, voir FU.

g

GARDER, v. tr., **regarder**, (*Passion*, 259) ; GARDA, pas. **3**, **regarda**, (*SLéger*, 201) ; v. pr., **se conduire**, *ben si garda*, **il se conduisit bien**, (*SLéger*, 70).

> *Garder* est issu du germanique **wardon*, « regarder vers », forme reconstituée d'après l'ancien haut allemand, *warten*, « regarder, prendre soin de » (cf. l'allemand moderne *warten*, l'anglais *to ward*), et latinisée en **wardare*. En ancien français, *garder* signifie communément « veiller sur, prendre soin de » et « conserver, mettre en réserve ». En emploi pronominal, il est courant au sens de « se tenir sur ses gardes ». Le sens de « regarder, observer », qui est attesté pour ce verbe, mais moins fréquemment, est surtout assuré par les composés *esgarder* (voir *aeswarder*) et *regarder* (voir *reswarder*). On relève également avec cette acception *agarder* (voir *auarder*, *agarder*). Le verbe *esgarder*, « regarder attentivement, décider, ordonner, juger », d'un usage courant en ancien français, a disparu après le XVᵉ siècle. En revanche, son déverbal *égard* est resté vivant en français moderne, de même que *regard*, issu de *regarder*.

GARDES, n. f. pl., **gardes, gardiens**, (*Passion*, 360).

GARNIR, v. tr., **fortifier, prémunir**, (*Passion*, 112).

GENOLZ, n. m. pl., **genoux** (*a genolz*), (*Passion*, 249).

GENT, n. f., **peuple, gens**, (*Passion*, 33, 487) ; GENZ, pl. **gens**, (*Passion*, 65).

[GETER, GITER], v. tr., **jeter**, GETTERENT, pas. **6**, (*Eul.*, 19) ; GITERENT, pas. **6**, (*SLéger*, 224) ; GITEZ, pas. **3**, (*Passion*, 72) ; GITAD, p. p., (*Passion*, 270).

GLADIES, n. f. pl., **lances**, (*SLéger*, 134).

GOLA, n. f., **gorge**, (*Passion*, 102).

GRAND, adj. épicène, f. sing. cas régime, **grande** (*a grand honestet*), (*Eul.*, 18) ; GRANT, m. sing. cas régime, (*Jonas*, 143) ; GRANZ, m. sing. cas sujet, (*SLéger*, 51 ; *Passion*, 56, 121, 337) ; m. pl. cas régime, (*Passion*, 16, 314) ; GRANZ, f. sing. cas sujet, (*SLéger*, 75, 203 ; *Passion*, 272, 310) ; GRANT, f. sing. cas sujet, (*Passion*, 74) ; GRAND, m. sing., cas régime, (*SLéger*, 121, 131, 173 ; *Passion*, 72, 489) ; GRAN, m. sing. cas sujet, (*Passion*, 45) ; m. sing. cas régime, (*SLéger*, 63, 142, 193 ; 34, 105, 183, 193, 201 ; *Passion*, 286) ; GRAND, f. sing. cas régime, (*SLéger*, 34, 105, 183, 193, 201 ; *Passion*, 25, 36, 78, etc.) ; GRAN, f. sing. cas régime, (*Passion*, 132, 400) ; GRANZ, m. pl. cas régime, (*SLéger*, 4, 10) ; GRANZ, f. pl. cas régime, (*SLéger*, 151 ; *Passion*, 291, 365).

GRATIA, n. f. **grâce**, (*SLéger*, 46, 88).

GRED, n. m. sing. cas régime, **gré**, (*SLéger*, 60) ; GRET, (*SLéger*, 62).

h

HAIRES, n. pl., **haires, chemises de crin**, (*Jonas*, 86).

HAVEIR, v., **avoir**, (*Jonas*, 116). Voir [AVEIR].

HOM, OM, ON, n. m. sing. cas sujet, **homme**, (*Passion*, 8, 88, 332, 339, 356, 377, 483) ; OMNE, sing. cas régime, (*Passion*, 376) ; OMNES, pl. cas régime, (*Passion*, 326).

HONESTET, n., **honneur, gloire**, (*Eul.*, 18).

HONOR, n. m. sing. cas régime, **honneur**, (*SLéger*, 2 ; *Passion*, 36, 343, 349) ; HONORS, pl. **honneurs**, (*SLéger*, 7) ; **offices, charges**, (*SLéger*, 120) ;

[HONORER], v. tr., ONORAT, **pas. 3**, **honora** (*SLéger*, 45) ; HONOREZ, p. p. m. sing. cas sujet, **honoré**, (*SLéger*, 50).

HOR, voir OR.

HORA, n. f., **heure**, (*SLéger*, 149, 205).

HORA, adv., **maintenant**, (*Passion*, 1). Voir OR, adv.

HUMILITIET, n. f., **humilité**, (*SLéger*, 36) ; HUMILITAD, (*Passion*, 25).

HUNC, adv., **jamais**, (*SLéger*, 47).

i-j

I, pron. adv., **y**, (*SLéger*, 51, 55, 142, 180, 221 ; *Passion*, 98, 183, 264, 289, 356, 360, 410, 436) ; HI, **y**, (*Passion*, 346) ; **à lui**, (*Passion*, 340, 385).

IKI, voir EQUI.

IL, pron. pers. suj. m. sing., **il**, (*SStr.*, 6 ; *Eul.*, 13 ; *Jonas*, 116, 127, 196 ; *SLéger*, 8, 17, 21, etc. ; *Passion*, 180) ; EL, (*SLéger*, 29, 40, 171, 196, 219 ; *Passion*, 17, 50, 54, 91, 125, etc.).

IL, pron. pers. suj. m. pl., **ils**, (*Jonas*, 166, 173, 194 ; *SLéger*, 61 ; *Passion*, 59, 77, 135, 173, etc.).

IN, prép., **en**, (*SStr.*, 4, 5 ; *Eul.*, 25).

IN, adv., DEDENS, **à l'intérieur**, (*Passion*, 71).

INFANS, n. m. sing. cas sujet, **enfant**, (*SLéger*, 13).

INIMI, n. m. pl. cas sujet, **ennemis** (*li Deo inimi*), (*Eul.*, 3) ; INIMIC, idem, (*Passion*, 58) ; INIMIX, m. sing. cas sujet, **ennemi**, (*SLéger*, 73).

INSPIETH, n. m., **épieu**, (*SLéger*, 228).

INSTUD, voir ESTER.

INT, pron. adv., **en**, (*SStr.*, 21). Voir ENT.

INTRER, v. intr., **entrer**, (*SLéger*, 95, 141) ; INTRAR, (*SLéger*, 98) ; INTRAT, pas. **3**, **entra**, (*SLéger*, 66, 90). Voir ENTRER.

IO, pron. pers., **je**, (*SStr.*, 20). Voir EO.

IRA, n. f., **colère**, (*SLéger*, 75, 105) ; IRAE, (*SLéger*, 79).

IURAT, pas. **3** de [iurer, jurer], (lat. *iuravit*), **jura**, (*SStr.*, 19).

JAC, JAG, JAGUD, voir [JESIR].

[JESIR], v. intr., **être étendu**, JOTH, pas. **3**, (*SLéger*, 163) ; JAC, pas. **3**, (*Passion*, 408) ; JAG, pas. **3**, (*Passion*, 352, 356) ; JAGUD, p. p., (*Passion*, 32).

JORN, n. m. sing. cas régime, **jour**, (*Passion*, 208, 474).

JOTH, pas. **3** de [gesir], **être couché**, (*SLéger*, 163). Voir [JESIR].

JUSQUE, prép., **jusque**, (*Passion*, 309) ; JUSCHE, idem, (*Passion*, 328).

l

L, pron. pers. rég. m. élidé, **le**, (*SStr.*, 21).

LA, pron. pers. rég. f. régime, **la**, (*Eul.*, 3, 4, 9 ; *Passion*, 50) ; LLA, (*Passion*, 50).

LA, art. déf. suj. ou rég. f., **la**, (*Eul.*, 10, 23, 28 ; *Jonas*, 137, 188 ; *SLéger*, 141, 158 ; *Passion*, 11, 15, 33, 49, 311, 353, etc.).

LA, adv., **là**, (*Jonas*, 158 ; *SLéger*, 176) ; LAI, **là**, (*SLéger*, 96, 232 ; *Passion*, 278).

[LABORER], v. intr., LABORET, p. p., **travaillé**, (*Jonas*, 142).

LADRON, n. m. sing. cas régime, **larron**, (*Passion*, 163) ; LADRUN, idem, (*Passion*, 223, 304) ; LADRUNS, LASRUNS, pl. cas régime, (*Passion*, 287, 282).

LAI, voir LA, adv.

LAISAR, [LAISSIER], LAZSIER, v. tr., LAZSIER, **laisser**, (*Eul.*, 24) ; LAISAR, **laisser**, (*Passion*, 221) ; LAISES, ind. prés. 2, (*Passion*, 235) ; LAISSE, ind. prés. 3, (*SLéger*, 98) ; LAIST, subj. prés. 3, (*Eul.*, 28) ; LAISSAT, pas. 3, (*SLéger*, 127) ; LAISEI, pas. 1, (*Passion*, 278) ; LAISSED, pas. 3, (*Passion*, 199) ; LAISERA, plus-que-parfait 3 (avec valeur d'un passé), (*SLéger*, 126) ; LAISSAS, subj. impf. 3, (*SLéger*, 106) ; LAISSES, subj. impf. 3 (occit.), (*SLéger*, 148) ; LAISARAI, fut. 1, (*Passion*, 232) ; LAISERANT, fut. 6, (*Passion*, 64).

LAPIDER, v. tr., **lapider**, (*Passion*, 496).

LAS, art. déf. f. pl., **les**, (*SLéger*, 151, 157 ; *Passion*, 38, 128, 189, 234, 247, etc.).

LAS, pron. pers. f. pl. régime, (*Passion*, 414).

LAS, adj., **fatigué**, (*Jonas*, 144).

LAUDER, v. tr., **louer**, (*SLéger*, 1) ; LAUDIER, **louer**, (*SLéger*, 162, 168, 182) ; LAUDAR, **louer**, (*Passion*, 515) ; LAUDAM, ind. prés. 4, (*Passion*, 305) ; LAUDAZ, p. p. m. cas sujet, **loué**, (*SLéger*, 38) ; LAUDIEZ, idem, **loué**, (*SLéger*, 41) ; LAUDANT, gér., (*Passion*, 46).

[LAVER], v. tr., **laver**, LAVED, pas. 3, (*Passion*, 92, 237).

LAWRAS, n. f. pl., **lèvres**, (*SLéger*, 157) (occit.). Voir LABIA.

LAZSIER, v. tr., voir LAISAR, [LAISSIER].

LE, art. déf. m. sing., cas régime, (*Jonas*, 128, 168) ; cas sujet, (*Passion*, 40, 177, 201, 320, 440) ; cas régime, (*Passion*, 169, 173).

LE, pron. pers. régime, **le**, (*Jonas*, 187).

LEI, pron. pers. rég. tonique m. sing., **lui**, (*Eul.*, 13).

LEI, n. f., **loi**, (*SLéger*, 71 ; *Passion*, 384).

LENGATGUES, n. m. pl., **langues**, (*Passion*, 481).

LES, art. déf. m. pl., **les**, (*Eul.*, 5, 16 ; *SLéger*, 90 ; *Jonas*, 164, 166).

LES, art. déf. rég. f. pl., **les**, (*Passion*, 260).

LES, pron. pers. rég. plur. atone, **les**, (*Jonas*, 167 ; *SLéger*, 214).

LETRES (correction de *litteras* fautif), n. f. pl., **lettres**, (*SLéger*, 18).

LEVAR, v. tr., **lever**, (*Passion*, 491) ; LEVET, pas. 3, **leva**, (*Passion*, 467) ; LEVED, pas. 3, **se leva**, (*Passion*, 91, 103) ; S'EN LEVED, v. pr., **se leva**, (*Passion*, 117) ; LEVAD, p. p., **levé**, (*Passion*, 281).

LI, pron. pers. rég. m. sing. atone ind., **lui**, (*SStr.*, 22 ; *Eul.*, 13, 22 ; *Jonas*, 146, 149, 211, etc. ; *SLéger*, 42, 43, 46, etc. ; *Passion*, 24, 85, 135, 146, 160, etc.).

LI, art. déf. suj. m. sing., **le**, (*Eul.*, 21 ; *Jonas*, 125 ; *SLéger*, 10, 152, 153 ; *Passion*, 121, 131, 143, etc.).

LI, art. déf. suj. m. pl., **les**, (*Jonas*, 173 ; *SLéger*, 211, 223 ; *Passion*, 41, 57, 65, etc.)

LIER, v. tr., **lier**, (*SLéger*, 150) ; LÏADENS, p. p., **liées**, (*Passion*, 163).

LINGUA, n. f., **langue**, (*SLéger*, 158, 169 [LING', avec la voyelle finale élidée devant voyelle]) ; LINGUES, pl., (*Passion*, 459).

LIS, art. déf. m. pl. régime, **les**, (*SLéger*, 154, 170).

LIURES (ou **LIVRES**), n. f. pl., **livres** (ancienne monnaie), (*Passion*, 348).

[LIVRER], v. tr., **donner**, LIVRET, pas. 3, (*Passion*, 367) ; **délivrer**, LIVRET, pas. 3, (*Passion*, 387).

LO, pron. pers. rég. atone m. ou nt. sing., **le**, (*SStr.*, 20 ; *Jonas*, 22, 25, 200, 217 ; *SLéger*, 14, 17, 21, etc. ; *Passion*, 157, 165, 167, 194, etc.).

LO, art. déf. rég. m. sing., **le**, (*Eul.*, 10, 14, 15, 22, 24 ; *Passion*, 35, 39, 40, 86, etc.) ; m. sing. sujet, (*SLéger*, 227, 230, 234 ; *Passion*, 40, 177, 201, 320, etc.).

LOC, n. m., **lieu**, (*Passion*, 407).

LON, adv., **loin**, (*Passion*, 505).

LONG, adj. m. sing. cas régime, **long**, (*Passion*, 211) ; LONX, m. pl. car régime, **longs**, (*SLéger*, 28, 231).

LOR, LUR, pos. de la 3ᵉ pers. se rapportant à plusieurs personnes, **leur**, (*Jonas*, 124, 127 ; *SLéger*, 117, 120, 225 ; *Passion*, 22, 23, 76, 78, 469).

LOR, pron. pers., **leur**, (*Jonas*, 125) ; LLOR, (*SLéger*, 206) ; LOR, (*Passion*, 94, 134, 139, 166, etc.) ; LLOR, (*Passion*, 179).

LOS, art. déf. m. pl. cas régime, **les**, (*SLéger*, 233 ; *Passion*, 3, 10, 61, 71, etc.).

LOS, pron. pers. m. pl. cas régime atone, **les**, (*SLéger*, 166, 172, 226 ; *Passion*, 72, 123, 124, 130, 388, etc.).

LUI, pron. pers. rég. tonique m. sing., cas régime, **lui**, (*Eul.*, 28 ; *Jonas*, 218 ; *SLéger*, 12, 44, 222, 232, etc. ; *Passion*, 114, 184, 211, 249, 257, 294, 320, etc.)

LUNA, n. f., **lune**, (*Passion*, 311).

m

MADRE, n. f., **mère**, (*Passion*, 353, 448).

MAGISTRE, n. m., **maître, précepteur**, (*SLéger*, 22).

MAIOR, adj. compar. sing. cas régime, **plus grand**, (*Passion*, 183) ; MAIORS, pl. cas régime, (*Passion*, 366).

MAIS, MAS, conj., **mais**, (*SLéger*, 58, 113 ; *Passion*, 141, 263, 270, 291, 377, 410) ; MAIS QUE, **sauf, à l'exception de**, (*Passion*, 99) ; MAS QUE, **seulement**, (*Passion*, 386).

MAISONS, n. f. pl., **maisons**, (*Passion*, 63).

MAL, n. m., **mal**, (*Passion*, 161, 289, 462, 472) ; MEL, idem, (*Jonas*, 25 ; *Passion*, 206).

MALA, adj. f., **mauvaise**, (*SLéger*, 114) ; MALES, f. pl., **mauvaises**, (*Passion*, 62).

MALABDES, n. m. pl., **malades**, (*Passion*, 463).

MALS, adj. m. pl. cas régime, **mauvais**, (*Eul.*, 5 ; *Jonas*, 214 ; *Passion*, 79).

MAN, n. f., **main**, (*Passion*, 163, 237, 246, 435, 463, 467).

MANATCE, n. f., **menace**, (*Eul.*, 8).

[MANDER], v. tr., MANDAT, pas. 3, **fit venir**, (*SLéger*, 43) ; **demanda (par l'intermédiaire de messagers)**, (*SLéger*, 87) ; MANDED, pas. 3, **demanda, ordonna**, (*Passion*, 124).

MANJER, v. tr., **manger**, (*Passion*, 91, 103) ; MANGET, pas. 3, (*Passion*, 441) ; MANJED, pas. 3, (*Passion*, 451) ; MANJED, p. p., (*Passion*, 101).

MANTELZ, MANTENLZ, n. m. pl. cas régime, **manteaux**, (*Passion*, 22, 23, 43).

MARCHED, n. m., **marché, lieu où se vendent les marchandises**, (*Passion*, 76).

MARCHEDANT, n. m., **marchand**, (*Passion*, 71).

MAS, adj. poss. f. pl., **mes**, (*Passion*, 435).

MATIN, MATTIN, n. m., **matin**, (*Passion*, 201, 389).

ME, pron. pers. rég. atone, **me**, (*SStr.*, 4 ; *Jonas*, 3, 12 ; *SLéger*, 95 ; *Passion*, 152, 262, 295, 300).

MEDRE, n. f., **mère**, (*SLéger*, 137).

MEIDI, n. m., **midi**, (*Passion*, 309).

MEL, n. m., voir MAL.

MEL, n. m., **miel**, (*Passion*, 441, 444).

MELZ, adv., **mieux**, (*Eul.*, 16 ; *Passion*, 151).

[MENER], v. tr., **mener, emmener**, MENAT, pas. 3, (*SLéger*, 176) ; MENEN, ind. prés. 6, (*Passion*, 164) ; MENAVEN, ind. impf. 6, (*Passion*, [menaven tal raizon, disaient de telles paroles], 431) ; MENAD, p. p., (*Passion*, 66) ; MENET, p. p., (*Passion*, 202) ; MENEZ, p. p., (*Passion*, 170).

MENESTIER, n. m., **service**, (*Eul.*, 10).

Le mot *mistier*, puis *mestier* suppose un latin populaire *misterium*, qui est soit le résultat d'une contraction de *ministerium*, « fonction de serviteur, service », soit d'un croisement probable avec *mysterium*, « secret, célébration rituelle », dans des locutions où il était question du service de Dieu. L'ancien français *mistere*, dérivé de *mysterium*, apparaît souvent au sens de « cérémonie, office ». À l'époque chrétienne, le latin *ministerium* a désigné le service de Dieu. Le mot *mestier* est d'abord attesté sous la forme *menestier* au v. 10 de la *Séquence de sainte Eulalie*, *Iu Deo menestier*, « le service de Dieu ». Dans la *Vie de saint Léger*, il a pris la forme *mistier*, attestée avec le sens de « service religieux, office » (v. 81, 103). Par extension, *mestier* a été utilisé au sens de « fonction, charge, office », en ancien français. Il s'est appliqué à l'exercice d'une profession, notamment le *mestier des armes*, puis à tout service fait en échange d'une rémunération. Le mot a été employé au Moyen Âge pour désigner les métiers manuels exercés par les artisans et les ouvriers. Par glissement de sens, il a pu être utilisé pour nommer ce qui accompagne l'exercice d'une profession et prendre les sens concrets de « ustensile », « outil », « vaisselle », « mobilier ». De cette acception survit en français moderne le *métier à tisser*, pour parler de la machine qui sert à tisser les textiles. Du sens de « service » proviennent deux acceptions très courantes en ancien français et qui ont disparu après le XVIᵉ siècle : celle de « besoin » et celle d'« utilité ». Les locutions *avoir mestier de*, « avoir besoin de », et *estre mestier*, « être utile, être nécessaire », étaient d'un usage fréquent en ancien français.

[MENTIR], v. intr., MENTID, pas. 3, (*Passion*, 297).

MENTON, n. m., menton, (*Passion*, 146).

MEON, adj. poss., mien, (*SStr.*, 5) ; adj. poss., mon, (*SStr.*, 7) ; MEOS, adj. poss., cas sujet, mon, (*SStr.*, 20).

MERCET, voir MERCIT.

MERCIT, n. f., pitié, (*Eul.*, 27) ; MERCI, pitié, (*SLéger*, 183) ; MERCET, pitié, (*Passion*, 295, 302, 306, 359, 510).

[MESCLER], v. tr., mêler, mélanger, MESCLEN, ind. prés. 6, (*Passion*, 279).

MESFAIT, p. p. de [mesfaire] à sens actif, coupable, (*SLéger*, 89).

[MESPRENDRE], v. intr., faire une erreur, MESPRAES, p. p., (*Passion*, 511).

[MET(T)RE], v. tr., mettre, METREIET, (*Jonas*, 118) ; METTREIET, cond. 3., (*Jonas*, 197) ; MIST, pas. 3, (*SLéger*, 22) ; MIS, pas. 3, (*SLéger*, 155) ; MESDRENT, pas. 6, (*Passion*, 246) ; MET, impér. 2, (*Passion*, 360) ; METRAN, fut. 6, (*Passion*, 463) ; MES, p. p., (*Passion*, 285).

MEU', adj. poss. f. tonique élidé devant voy., ma, (*SLéger*, 93).

MI, pron. pers. rég. ind. m. tonique, à moi, (*SStr.*, 6).

MIEL, n. m. sing. cas régime, mal, (*SLéger*, 101, 123, 135, 142, 144, 148, 196).

MIELDRE, adj. comp. m. cas sujet, meilleur, (*SLéger*, 32).

MIELS, adj. m. sing. cas sujet, mauvais, (*SLéger*, 129, 160).

MIRRA, n., myrrhe, (*Passion*, 347).

MIS, MIST, voir [METRE].

MISSAE, n. f., messe, (*SLéger*, 82).

MISTIER, n. m., service, (*SLéger*, 81, 103).

MO, adj. poss. m. sing. cas régime, mon, (*Passion*, 436).

MONIMENT, n. m., tombeau, (*Passion*, 31) ; MONUMENT, tombeau, (*Passion*, 351, 368, 391, 394) ; MUNUMENT, tombeau, (*Passion*, 355, 422).

[MONSTRER], v. tr., montrer, MONSTRED, pas. 3, (*Passion*, 73). Voir [MOSTRER].

MONT, MUNT, n. m., mont, (*Passion*, 18, 323, 465).

MONTER, v. intr., monter, MONTED, pas. 3, (*Passion*, 26) ; MONTET, pas. 3, (*Passion*, 465, 469).

MONUMENT, voir MONIMENT.

MORIR, v. intr. mourir, (*Passion*, 335) ; MURIR, (*Passion*, 331) ; MOR, ind. prés. 3, (*Passion*, 290) ; MORZ, p. p., (*Passion*, 399) ; v. pr. de sens moyen, [S]E FURET MORTE, mourut, (*Eul.*, 18) ; SE FUD MORZ, mourut, (*SLéger*, 51, 115).

MORT, n. f., mort, (*Eul.*, 28 ; *Passion*, 116, 156, 204, 238, 298, 375) ; MORZ, sg, cas sujet, (*Passion*, 11).

MORTALZ, adj. m. sing. cas sujet, mortel, (*Passion*, 339).

MOS, adj. poss. m. pl. cas régime, mes, (*Passion*, 435).

[MOSTRER], v. tr., MOSTRET, p. p., montré, (*Jonas*, 215). Voir [MONSTRER].

MOT, n. m., mot, (*Passion*, 214, 478).

MULT, adv., beaucoup, très, (*Jonas*, 123, 142, 143, 144, 148, 178 ; *SLéger*, 163, 199, 207, 210 ; *Passion*, 16, 198, 204, 210, etc.) ; MOLT, (*SLéger* 101 ; *Passion*, 333, 392) ; MUL, (*SLéger*, 82, 143).

MULT, adj., nombreux, en grand nombre, (*Passion*, 324, 325) ; en grande de quantité, (*Passion*, 346) ; MULTZ, m. pl. cas régime, nombreux, (*Passion*, 27, 380, 450) ; MULTES, f. pl., nombreuses, (*Passion*, 213).

MUNT, voir MONT.

MUNUMENT, voir MONIMENT.

MURIR, voir MORIR.

MURS, n. m. pl. cas régime, murs, (*Passion*, 63).

---
n

[NAISTRE], v. intr., naître, NAZ, p. p., né, (*Passion*, 151, 334, 448).

NE, adv. de négation, ne, (*Jonas*, 126, 139, 181, 203, 204 ; *SLéger*, 31, 57, 137, 141, etc.)

NE, conj., ni, (*SStr.*, 21 [*ne... ne, ni... ni*]) ; NE devant cons., (*Eul.*, 7), NED devant voy., (*Eul.*, 8) ; NE, (*Passion*, 155, 175, 385).

NEGER, NEIER, v. pr., + DE, se décharger de la responsabilité de, (*Passion*, 238) ; v. pr., se renier, (*Passion*, 199) ; v. tr., renier, (*Passion*, 192) ; NEIARA, fut. 3, reniera, (*Passion*, 114) ; NEIEZ, pas. 3, renia, (*Passion*, 194).

NEÜL, adj. indéf. m. sing. cas régime, aucun, (*Passion*, 176) ; NIÜLE, adj. indéf. f., aucune, (lat. *nec ulla*), (*Eul.*, 9) ; NIÜL, cas régime, (*SLéger*, 78). Voir NUL.

NEÜLS, NIÜLS, pron. indéf. au cas sujet, nul, (lat. *nec ullus*), (*SStr.*, 21 [*neüls*] ; *Jonas*, 98, 203 [*niüls*]).

NO, voir NON.

NODRIT, pas. 3 de [nodrir, norrir], éleva, (*SLéger*, 27).

NOIT, n. f., nuit, (*SLéger*, 195 ; *Passion*, 114, 193, 305) ; NOIZ, sing. cas sujet, (*Passion*, 310).

NOM, n. m., *lo nom christiien*, le peuple chrétien, (*Eul.*, 14) ; nom, (*SLéger*, 227) ; NUM, nom, (*SLéger*, 56, 175).

[NOMNER, NUMNER], v. tr., nommer, NOMNAVENT, ind. Impf. 6, (*Passion*, 169) ; NUMNAT, p. p., (*Passion*, 466).

NON, adv. de négation, ne, ne ... pas, non, (*SStr.*, 20 ; *Eul.*, 9, 10, 20, 23 ; *SLéger*, 92, 96, 97, etc. ; *Passion*, 9, 55, 56, 64, 88, 110, etc.) ; NO, (*Passion*, 116, 147, 155, 188, 214, etc.) ; NU, (*Passion*, 67, 68, 497).

NOS, pron. pers. pl., nous, (*Eul.*, 26, 27, 28 ; *SLéger*, 6, 239 ; *Passion*, 11, 12, 16, 200, 240, etc.).

NOSTRO, adj. poss. m. sing., notre, (*SStr.*, 3) ; NOSTRE, adj. m. sing. cas régime, (*Passion*, 80, 142, 242) ; NOSTRAE, m. sing. cas régime, (*Passion*, 280) ; NOSTRA, f. sing. cas sujet, (*Passion*, 14) ; LO NOSTRAE SEINDRAE, m. sing. cas sujet, notre seigneur, (*Passion*, 417) ; LOS NOSTRES, pron. pl. cas régime, les nôtres, (*Passion*, 10).

NOUS, adj. m. sing. cas sujet, neuf, (*Passion*, 355) ; NOVES, f. pl., neuves, (*Passion*, 459).

NU, voir NON.

NUL, adj. indéf. m., aucun, (*SStr.*, 7) ; NULS, cas sujet, (*SLéger*, 31, 59, 156) ; NULZ, idem, (*Passion*, 339, 356). Voir NEÜL.

NULLA, adj. indéf. f., nulle, (*SStr.*, 21). Voir NEÜL.

NUM, voir NOM.

O

O, interj., (*Passion*, 301).

O, adv. rel., où, (*SLéger*, 40 ; *Passion*, 24, 278, 352, 408, 412) ; UT, où, (*SLéger*, 99).

[OBLIDER], v. tr., oublier, OBLIDED, impér. 5, (*Passion*, 410).

[OBRIR], v. intr., s'ouvrir, OBRIRENT, pas. 6, (*Passion*, 324).

OBSERVER, v. tr., observer, suivre, (*SLéger*, 136) ; OBSERVAT, pas. 3, (*SLéger*, 71).

OC, OCT, OG, voir [AVEIR].

[OCCIRE], [AUCIRE], v. tr., tuer, OCCIST, pas. 3, (*SLéger*, 12) ; AUCID, impér. 2, (*Passion*, 224) ; AUCIDRAI, fut. I, (*Passion*, 229) ; AUCIDRANT, fut. 6, (*Passion*, 62) ; OICISESANT, subj. impf. 6, (*Passion*, 174) ; AUCIS, p. p., (*Passion*, 10).

OICISESANT, voir [OCCIRE].

[OÏR], [AUDIR], v., ouir, entendre, ODIT, p. p., entendu parler, (*Jonas*, 201) ; OIEDS (dans *noieds* à lire *n'oieds*), ind. prés. 5, entendez, (*Jonas*, 40) ; AUDIT, pas. 3, entendit, (*SLéger*, 42, 85, 187, 217) ; AUDIT, p. p., entendu, (*SLéger*, 235) ; AUREZ, fut. 5, entendrez, (*SLéger*, 113, 151) ; AUDEZ, impér. 5, (*Passion*, 261) ; AUDIS, subj. impf. 3, (*Passion*, 88) ; AUDID, pas. 3, (*Passion*, 33, 110, 241) ; AUDIT, p. p., (*Passion*, 211).

OLIVERS, n. m. pl., oliviers, (*Passion*, 38).

OLS, OLZ, n. m. pl. cas régime, yeux, (*SLéger*, 154, 171 ; *Passion*, 52, 185, 293).

OM, n. m. cas sujet, homme, (*SLéger*, 31, 73, 156, 197) ; OMNE, cas régime sing., (*SLéger*, 78, 207) ; OMNE, cas sujet pl., (*SLéger*, 211) ; OMNES, cas régime pl., (*SLéger*, 221).

OM, pron. indéf., on, (*SStr.*, 5).

ONORAT, voir [HONORER].

ORGOLZ, n. m. sing. cas sujet, orgueil, (*Passion*, 56).

OSANNA, excl., hosanna, (*Passion*, 48).

OUIST, voir [AVEIR].

---
p

PAGIENS, n. m. pl., païens, (*Eul.*, 12).

PAGIENS, adj. m. cas sujet sing., païen, (*Eul.*, 21).

PAIRE, n. m., père, (*Passion*, 514).

PAIS, n. f., paix, (*SLéger*, 109).

PAÏS, n. m., pays, (*SLéger*, 211).

PAN, n. m., pain, (*Passion*, 93, 97).

PAR, prép., par, (*Eul.*, 29) ; DE PAR, loc. prép., par, (*SLéger*, 202).

PARADIS, n. m., paradis, (*Passion*, 300, 388).

PARAMENZ, n. pl., parures, (*Eul.*, 7).

[PAREISTRE], v. intr., apparaître, PAREISTRA, fut. 3, (*Passion*, 362).

PARENT, n. m., pl. cas sujet, parents, (*SLéger*, 14, 117).

[PARER], v. tr., parer, PARAD, p. p., (*Passion*, 22).

[PARFERE], v. tr., PARFEREIET, cond. **3**, **accomplirait**, (*Jonas*, 138).

PARLER, v. intr., **parler**, (*Passion*, 106, 260) ; PARLAR, (*Passion*, 478) ; PARLIER, (*SLéger*, 161, 167, 169, 184) ; PARLA, pas. **3**, (*Jonas*, 21) ; PARLET, pas. **3**, (*Passion*, 402, 424, 452) ; PARLARAN, fut. **6**, (*Passion*, 459) ; PARLAN, gér., (*Passion*, 481).

PART, n. f., **côté**, (*SStr.*, 20 ; *Passion*, 154, 345) ; **part**, (*Passion*, 504).

[PARTIR], v. tr., **diviser**, PARTIZ, p. p., (*Passion*, 271).

PASSIONS, n. f. pl., **souffrances**, (*SLéger*, 240) ; PASÏUN, PASSÏON, PASSÏUN, n. f., **les souffrances et le supplice du Christ**, (*Passion*, 2, 12, 13, 95, 164, 207, 256, 443, 446).

[PAUSER], v. tr., **déposer**, PAUSEN, ind. prés. **6**, (*Passion*, 351).

PAVOR, n. f. sing., **peur**, (*SLéger*, 76 ; *Passion*, 398, 400) ; PAVORS, pl., (*Passion*, 74).

PECHED, n. m. sing. cas régime, **péché, faute**, (*Passion*, 354) ; PECHET, (*Passion*, 54) ; PECAT, (*Passion*, 383) ; PECCHIAD, (*Passion*, 378) ; PECHEZ, sing. cas sujet, (*Passion*, 240) ; PECHIETZ, pl. cas régime, **péchés**, (*SLéger*, 225) ; PECAZ, (*Passion*, 307).

PECHEDORS, n. m. pl. cas régime, **pécheurs**, (*Passion*, 510).

PED, n. m., pl. cas régime, **pieds**, (*Passion*, 92) ; PIEZ, (*SLéger*, 165, 230) ; PEZ, (*SLéger*, 224, 233 ; *Passion*, 44) ; PEDS, (*Passion*, 435).

PEDDRE, n. f., **pierre**, (*Passion*, 401) ; PEDRA, idem, (*Passion*, 64) ; PPETDRES, pl., (*Passion*, 496).

PEER, n. m., **compagnon**, (*Jonas*, 204).

PEIS, adj. compar. nt., **pis**, (*SLéger*, 192 ; *Passion*, 498).

PEISON, n. m. sing. cas régime, **poisson**, (*Passion*, 441) ; PEISONS, pl., (*Passion*, 443).

PEIZ, n. m., **poitrine**, (*Passion*, 107).

PENAS, n. f. pl., **peines, souffrances**, (*Passion*, 62).

[PENDRE], v. tr., **pendre**, PENDENT, ind. prés. **6**, (*Passion*, 282, 283) ; v. intr., **pendre** ; PEND, ind. prés. **3**, (*Passion*, 327).

[PENER], v. intr., PENET, pas. **3**, **peiné**, (*Jonas*, 143).

PENRE, **[PRENDRE]**, v. tr., **prendre**, (*SLéger*, 150) ; PRENDENT, ind. prés. **6**, (*Passion*, 37, 247) ; PRENDET, impér. **5**, (*Passion*, 144) ; PRES, pas. **3**, (*Passion*, 6, 74, 106, 255, 260) ; PRIST, pas. **3**, (*SLéger*, 104) ; PREST, pas. **3**, (*SLéger*, 132) ; PRES, pas. **3**, (*SLéger*, 55, 145, 182, 184) ; PRESDRENT, pas. **6**, (*SLéger*, 61, 210 ; *Passion*, 154, 186) ; PRESDRA, plus-que-parfait **3**, (*SLéger*, 86) ; PRESDRE, plus-que-parfait **3**, (*Passion*, 330) ; PRINDRAI, fut **1**, **prendrai**, (*SStr.*, 7) ; PRES, p. p., (*Passion*, 172).

PENSAEZ, n. m. pl., cas régime, **pensées**, (*SLéger*, 170).

PENSER, v. tr., **penser**, (*Passion*, 339) ; PENSAR, (*Passion*, 55) ; PENSENT, ind. prés. **6**, (*Passion*, 439) ; PENSED, pas. **3**, (*Passion*, 212).

PER, prép., **par**, (*SStr.*, 6 ; *SLéger*, 36, 102 ; *Passion*, 10, 16, 54, 116, 152, etc.) ; PER QUE, **par quoi**, (*Passion*, 4, 403) ; **pourquoi**, (*Passion*, 150, 316).

[PERDONER], v. tr., PERDONE, impér. **2**, **pardonne**, (*Passion*, 307) ; PER-DONES, impér. **2**, **pardonne**, (*Passion*, 512) ; PERDONES, ind. prés. **2**, **pardonnes**, (*Passion*, 304) ; PERDONENT, ind. prés. **6**, **épargnent**, (*Passion*, 223, 225) ; PERDONAT, pas. **3**, **accorda**, (*SLéger*, 46) ; PERDONET, p. p., **pardonné**, (*SLéger*, 226) ; PERDONAT, p. p., **accordé, donné**, (*SLéger*, 216).

[PERDRE], PERDESSE, subj. impf. **3**, **perdît**, (*Eul.*, 17) ; PERDUT, p. p., (*Jonas*, 173, 182) ; PERDUD, p. p., (*SLéger*, 167) ; PORDUD, p. p., (*SLéger*, 161).

PERFECTUS, adj. m. sing. cas sujet, **parfait**, (*SLéger*, 33).

PERFIDES, adj. m. sing. cas sujet, **perfide**, (*SLéger*, 153).

PERIL, n. m. sing. cas régime, **péril**, (*Jonas*, 93, 196).

[PERMETRE], v. tr., **permettre**, PERMET, ind. prés. **3**, (*Passion*, 56).

[PERVENIR], v. intr., **parvenir**, PERVENG, pas. **3**, (*Passion*, 265, 313, 474) ; PERVEING, pas. **3**, (*Passion*, 17).

PESCION, n. m., **POISSON**, (*Jonas*, 36).

[PESER], v. intr., PESAT, pas. **3**, **pesa, fut un sujet de contrariété**, (*SLéger*, 219).

PETIT, adj. substantivé, m. pl. cas sujet, (*Passion*, 41, 46) ; PETIZ, adj, m pl. cas régime, **petits**, (*Passion*, 29, 47).

PEZ, voir PED.

PIERS, n. m. pl. cas régime, **pairs**, (*SLéger*, 59).

PIETAD, n. f., **pitié**, (*Passion*, 105, 308) ; PÏETED, idem, (*Passion*, 200) ; PITAD, idem, (*Passion*, 512).

PIMENC, n. m. pl. cas régime, **épices**, (*Passion*, 349).

PIU, adj. m. sing. cas régime, **pieux**, (*Passion*, 51, 91, 103) ; PIUS, cas sujet, (*Passion*, 259, 298).

PLEIER, v. tr., **faire fléchir**, (lat. *plicare*), (*Eul.*, 9).

PLORER, v. intr., **pleurer**, (*Passion*, 262) ; PLOREZ, impér. **5**, **pleurez**, (*Passion*, 264) ; v. pr., **pleurer**, PLORET, pas. **3**, (*Passion*, 198) ; v. tr. **pleurer**, PLORAN, gér., (*Passion*, 258).

PLUS, adv., **plus, davantage**, (*Passion*, 5).

POBLO, n., **peuple**, (*SStr.*, 3) ; POBLE, (*SLéger*, 83, 186).

POD, ind. prés. **3** de [poeir], (*SLéger*, 165). Voir [POEIR].

POD, pas. **3**, de [poeir], (*SLéger*, 40). Voir [POEIR].

PODIR, **[POEIR]**, intr., **pouvoir**, (*SStr.*, 4) ; POIS, ind. prés. **1**, (*SStr.*, 21) ; POSC, ind. prés. **1**, (*Passion*, 447) ; POZ, ind. prés. **2**, (*Passion*, 55) ; POD, ind. prés. **3**, (*SLéger*, 165 ; *Passion*, 339, 448, 483) ; POT, ind. prés **3**, (*SLéger*, 135) ; POTH, idem, (*SLéger*, 64) ; POSCHE, subj. prés. **1**, (*Passion*, 513, 515) ; POSCHE, subj. prés. **3**, (*Passion*, 238) ; POD, pas. **3**, (*SLéger*, 40) ; POT, pas. **3**, (*SLéger*, 141, 188, 218) ; PODIST, subj. impf. **3**, (*Jonas*, 146) ; PODRA, fut. **3**, (*SLéger*, 162, 168) ; POURET, ind. plus-que-parfait, (lat. *potuerat*), (*Eul.*, 9).

PODRA, fut. **3** de [poeir], **pourra**, (*SLéger*, 162, 168). Voir [POEIR].

POENAS, n. f. pl. cas régime, **peines**, (*SLéger*, 151).

POIS, ind. prés. **1**, **puis**, (*SStr.*, 21). Voir PODIR.

POISSES, adv., **puis, ensuite**, (*Passion*, 232).

POPLES, n. m. sing. cas sujet, **peuple**, (*Passion*, 40).

POR, prép., **pour**, (*Eul.*, 7, 8, 26 ; *Jonas*, 148, 170, 179 ; *SLéger*, 4, 24, 53, etc.)

POR CIO QUE, loc. conj., **parce que**, (*SLéger*, 53).

PORDUD, voir [PERDRE].

PORLIER, voir PARLIER.

PORTA, n. f., **porte**, (*Passion*, 266).

PORTER, v. tr., **porter**, (*SLéger*, 2) ; PORTAVENT, ind. impf. **6**, (*Passion*, 392) ; PORTET, pas. **3**, (*Passion*, 343, 354).

POSC, ind. prés. **1** de [poeir], **peux**, (*SLéger*, 96).

POT, ind. prés. **3** de [poeir], **peut**, (*SLéger*, 135) ; POTH, idem, (*SLéger*, 64).

POT, pas. **3** de [poeir], **put**, (*SLéger*, 141, 188, 218).

POURET, ind. plus-que-parfait de [poeir], (lat. *potuerat*), (*Eul.*, 9).

PREDÏAT, voir PREÏER.

PREIER, v. tr., **prier, demander**, (*Eul.*, 26 ; *SLéger*, 147) ; PRAEIAM, ind. prés. **4**, (*Passion*, 359) ; PREIRETS, fut. **5**, (*Jonas*, 211) ; PREIEST, impér. **5**, (*Jonas*, 212) ; PREIA, pas. **3**, (*SLéger*, 106, 108) ; PREIAT, p. p., (*Passion*, 341).

PREÏER, v. tr., **prêcher**, (*SLéger*, 185) ; PREDÏAT, pas. **3**, **prêcha**, (*SLéger*, 213) ; PRETIET, p. p., (*Jonas*, 135).

PRES, voir PENRE.

PRESDRENT, voir PENRE.

PRESENTEDE, p. p. f., **présentée**, (*Eul.*, 11).

PREST, voir PENRE.

PRIMERS, adj. m. sing. cas sujet, **premier**, (*Passion*, 377) ; PRIMERA, f. sing., **première**, (*Passion*, 419).

PRINDRAI, fut **1**, **prendrai**, (*SStr.*, 7). Voir PENRE.

PRIST, voir PENRE.

PRO, prép., **pour**, (*SStr.*, 3).

[PROMETRE], v. tr., **promettre**, PROMET, ind. prés. **1**, (*Passion*, 299) ; PRO-MEST, pas. **3**, (*SLéger*, 192) ; PROMESDRENT, pas. **6**, (*Passion*, 85).

PROPHETE, n., **prophète**, (*Passion*, 27, 188).

PUDENZ, adj. m. sing. cas sujet, **puant, en décomposition**, (*Passion*, 32).

PULCELLA, fr. mod. *pucelle*, n. f., **jeune fille**, (*Eul.*, 1).

PURA, adj. f. sing., **pure**, (*Passion*, 179).

q

QU' (= QUE, élidé devant voy.), pron. interr. nt., **ce que**, (*SLéger*, 156).

QUAL, adj. interr., **quel**, (*Passion*, 332).

QUAL, pron. rel., QUAL HORA, **dès le moment où**, (*SLéger*, 149, 205) ; **lesquels, que**, (*Passion*, 448).

QUANT, conj., **quand**, (*SLéger*, 13, 79 ; *Jonas*, 22) ; DE QUANT + ind., **malgré le fait que**, (*Passion*, 173).

QUAR, conj., **car, en effet**, (*Passion*, 67, 176, 279, 361, 381, 505) ; QUA, idem, (*Passion*, 373).

QUARANTA, adj. num., **quarante**, (*Passion*, 449).

QUARZ (LO), pron. num. ordinal, **quatrième (le)**, (*SLéger*, 227).

QUATR' (= QUATRE, élidé), adj. num., **quatre**, (*SLégier*, 221) ; QUATRE, (*Passion*, 31).

QUE, conj., devant cons., (*Eul.*, 26) ; QU', devant voy., (*Eul*, 6, 17) ; QUED, (*Eul.*, 14, 27) ; QE, (*Jonas*, 125, 128, 172, 187, 197, 212, 215, 216, 218, 219) ; QET, (*Jonas*, 24, 146, 155, 194) ; QUE, (*SLéger*, 13, 53, 64, etc.) ; QUAE, (*SLéger*, 6, 122, 124, 148) ; QUE, (*Passion*, 74, 86, 192, 238, 361, 364, 376, 404, 430, 438, etc.).

QUE, pron. rel., **que**, (*SStr.*, 19) ; QE, (*Jonas*, 118, 149, 156, 195, 211, 215) ; QET, (*Jonas*, 196, 203) ; QUE, (*SLéger*, 12, 232, etc. ; *Passion*, 7, 8, 83, 89, 96, 134, 158, 183, 446, 466, 497, etc.) ; adv. rel., **où**, (*Passion*, 58).

QUEV, n. m. sing. cas sujet, **tête**, (*SLéger*, 125, 158, 229). Voir CAP, CHIEF.

QUI, pron. rel., **qui**, (*SStr.*, 7 ; *SLéger*, 15, 23, 26, 32, etc. ; *Passion*, 39, 88, 297, 369, 370, 383, etc.).

r

RAIZONS, n. f. pl., **paroles, discours**, (*SLéger*, 35, 190) ; RAISON, RAIZON, RAIZUN, **parole, discours**, (*Passion*, 1, 191, 431, 445, 511) ; RAISONS, pl. **paroles, propos**, (*Passion*, 241).

> On observera que dans les trois textes où il a été relevé, le mot *rai-son* a le sens de « parole », « propos », « discours », acception qui sera très courante en ancien français, mais qui a disparu progressivement après le XVIe siècle. Ce sens particulier est issu d'une spécialisation du latin *ratio, rationis*, accusatif *rationem*, qui a pu, à partir du IIIe siècle, deve-nir le synonyme occasionnel de *verbum*, « mot, parole », dans des contextes où le substantif prenait le sens de « explication, argumenta-tion ». Hormis cette valeur particulière, le mot *raison* a déjà, en ancien français, une grande diversité de significations, issue elle-même du latin *rationem*, « intelligence, entendement, faculté de connaître » ; « sages-se, discernement » ; « cause, motif, argument » ; « compte, calcul, pro-portion » ; « droit, légitimité », par opposition à « tort ». Il n'est pas indifférent de noter que l'adjectif féminin *mue*, « muette », qualifie très souvent en ancien français les bêtes, désignées fréquemment par l'ex-pression générique *bestes mues*, où *mues* est une épithète de nature qui rappelle que les animaux, s'ils sont privés de raison dans la menta-lité collective, le sont également de langage.

[RALER], v. intr., **retourner, repartir**, RALAT, pas. 3, (*SLéger*, 90, 122) ; RALET, pas. 3, (*SLéger*, 84) ; RALGENT, subj. prés. 6, (*SLéger*, 120).

RANEIET, subj. prés. 3 de [reneiier], **renie**, (*Eul.*, 6).

RECIWRE, v. tr., **recevoir**, (*SLéger*, 57) ; RECEBENT, ind. prés. 6, (*Passion*, 243) ; RECEUBIST, pas. 2, (*Passion*, 68) ; RECIUT, pas. 3, (*SLéger*, 21, 130, 237) ; RECIU, pas. 3, (*SLéger*, 27).

[RECLURE], v. tr., RECLUSDRENT, **reclurent**, pas. 6, (*SLéger*, 178).

RECOGNOSTRE, v. tr., **reconnaître**, (*Passion*, 196) ; RECONNOSSENT, ind. prés. 6, (*Passion*, 415).

[RECOMANDER], v. tr., RECOMANDA, pas. 3, **recommanda, confia**, (*SLéger*, 194).

[RECRIER], v. intr., **crier de nouveau**, RECRIDET, pas. 3, (*Passion*, 319).

REDEMPTÏONS, n. f. cas sujet, **rédemption, action de racheter**, (*Passion*, 14).

REDEMPTOR, n. m., **rédempteur, celui qui rachète**, (*Passion*, 416).

REGARD, n. m. sing. cas régime, **regard**, (*Passion*, 395).

REGIEL, adj., **royale** (*manatce regiel*), (*Eul.*, 8) ; REIEL (*[chai]ere reiel*), (*Jonas*, 95).

REGNE, n. m. sing. cas régime, **royaume**, (*SLéger*, 132).

[REGNER], v. intr., REGNEVET, ind. impf. 3, **régnait**, (*SLéger*, 15).

REI, n. m., **roi**, (*SLéger*, 14, 41, 54, 62, 83, etc. ; *Passion*, 34, 39, 229, 288).

REN, pron. indéf., **rien**, (*Passion*, 290).

[RENDRE], v. tr., RENDET, pas. 3, **rendit**, (*SLéger*, 215) ; RENDE, pas. 3, **rendit**, (*SLéger*, 26).

REPAUSER, v., **se reposer**, (*Jonas*, 146).

RESPONDRE, v. tr., **répondre**, (*Passion*, 216) ; RESPON, ind. prés. 3, (*Passion*, 181, 297) ; RESPONDENT, ind. prés. 6, (*Passion*, 135) ; RESPONDET, pas. 3, (*Passion*, 289).

[RESTAURER], v. tr., **guérir, remettre en état**, RESTAURAT, p. p., (*SLéger*, 181).

[RESWARDER], v. tr., **regarder**, RESWARDET, pas. 3, (*Passion*, 195).

RETDRAE, v. tr., **rendre**, (*Passion*, 513) ; REND, ind. prés. 3, (*Passion*, 11) ; RED, ind. prés. 3, (*Passion*, 161) ; RENDRA, fut. 3, (*Passion*, 472) ; RENDRAN, fut. 6, (*Passion*, 464).

RETURNAR, [RETORNER], v. tr., **détourner**, (*SStr.*, 20, 21) ; v. pr., **s'en retourner**, SE RETORNENT, ind. prés. 6, (*Passion*, 422).

[REVENIR], v. intr., REVENIST, subj. impf. 3, **revînt**, (*SLéger*, 87).

[REVEOIR], v. tr., **revoir**, REVIDREN, pas. 6, (*Passion*, 426).

[REVESTIR], v. tr., REVESTITZ, p. p. m. pl., **revêtus**, (*SLéger*, 145).

REVIVERE, v. pr., **revivre** (*Passion*, 35) ; v. intr., **revivre**, REVISQUET, pas. 3, (*Passion*, 364).

ROCHES, n. f. pl., **rochers**, (*Passion*, 323).

RUMPRE, v. tr, **rompre**, (*Passion*, 231).

S

SA, adj. poss. atone f. sing., **sa**, (*Eul.*, 17 ; *SLéger*, 46, 88 ; *Passion*, 12, 13, 95, 102, 105, 128, 443, etc.).

SACCRAMENT, n. m., **sacrement**, (*Passion*, 94).

SAIREMENT, n. m., **serment**, (*SStr.*, 19).

[SALUDER], v. tr., **saluer**, SALUDENT, ind. prés. 6, (*Passion*, 251).

SALUT, n., **salut**, (*Jonas*, 127).

SALV, adj. m. pl. cas sujet, **sauvés**, (*Passion*, 455).

SALVAR, tr., **soutenir**, (*SStr.* 6) ; **sauver**, (*Passion*, 68) ; SALVARAI, fut. 1 de salvar, **soutiendrai**, (*SStr.*, 4) ; SALVAD, p. p., **sauvé**, (*Passion*, 4).

SANCTIFICAT, p. p./adj., **sanctifié, béni**, (*Passion*, 97).

SANCZ, adj. m. sing. cas sujet, **saint**, (*SLéger*, 50) ; SANZ, idem, (*SLéger*, 39 ; *Passion*, 167, 340) ; SANCT, idem, (*Passion*, 157) ; SANCT, sing. cas régime, (*SLéger*, 30, 68, 118, 140) ; SANT, idem, (*SLéger*, 6 ; *Passion*, 108) ; SANC, idem, (*Passion*, 113) ; SANZ, idem, (*Passion*, 515) ; SANCZ, pl. cas régime, (*SLéger*, 2) ; SANZ, idem, (*SLéger*, 3, 238 ; *Passion*, 52, 324, 325) ; SANCTA, f. sing., (*Passion*, 419) ; SANCTAS, f. pl., (*Passion*, 128).

SANG, n. m. sing. cas régime, (*Passion*, 386) ; SAGS, idem, (*Passion*, 127).

SANITAD, n. f., **santé**, (*Passion*, 464).

SAS, adj. poss. f. pl. cas régime, **ses**, (*Passion*, 237).

[SAVEIR], SAVIER, SAVIR, v. tr., **savoir**, SAVIER, (*SLéger*, 23) ; SAVIR, **savoir**, (*SStr.*, 4) ; SAB, ind. prés. 3, (*Passion*, 110, 332, 333, 336) ; SABENT, ind. prés. 6, (*Passion*, 478) ; SAB, impér. 2, (*Passion*, 462) ; SAVEIET, ind. impf. 3, (*Jonas*, 125) ; SOT, pas. 3, (*SLéger*, 77) ; SOTH, pas. 3, (*SLéger*, 89, 156) ; SOWRENT, pas. 6, (*SLéger*, 116).

SE, pron. réfl., dans l'enclise NOS (NON SE), **se**, (*Eul.*, 20, 21) ; SE, (*Jonas*, 194) ; SE, atone, (*SLéger*, 51, 115, 224) ; tonique après prép., SE, (*SLéger*, 28, 43, 164) ; SE, (*Passion*, 20, 35, 198, 199, 208, etc.).

SECHE, adj. f., **sèche**, (*Jonas*, 157).

SED, conj., **si**, (*SLéger*, 169).

SEDER, v. intr., **s'asseoir**, (*Passion*, 119) ; SET, SSET, ind. prés. 3, (*Passion*, 401, 470) ; SIST, pas. 3, (*Jonas*, 137).

SEIETST, impér. 5 de estre, **soyez**, (*Jonas*, 206).

SEM, adj. poss. m. sing. cas régime, **son**, (*Jonas*, 204). Voir SEN.

SEN, adj. poss. atone m. sing., **son**, (*Jonas*, 145).

SENIOR, n. m. sing. cas régime, **seigneur**, (*SLéger*, 75, 239) ; SENIORS, pl. cas régime, (*SLéger*, 8).

SENS, prép., **sans**, (*SLéger*, 84 ; *Passion*, 268, 383) ; SEN, (*Passion*, 354).

[SENTIR], v. tr., **sentir**, SEN, ind. prés. 3, (*Passion*, 102).

SEP, num., **sept**, (*Passion*, 420).

SER, n. m., **soir**, (*Passion*, 425).

SERAN, fut. 6 de [estre], (*Passion*, 456).

SERMON, n. m., **sermon, discours**, (*SLéger*, 35 ; *Passion*, 109).

SERVIR, v. tr., **servir, rendre un culte à**, (*Eul.*, 4) ; **servir**, (*SLéger*, 24) ; SER-VID, pas. 3, (*SLéger*, 29) ; SERVIST, subj. impf. 3, (*SLéger*, 44).

SES, adj. poss. f. pl. atone, cas régime, (*SLéger*, 146).

SEU, adj. poss. m. sing. tonique, **sien**, (*SLéger*, 58).

SI, pron. réfl., (*SLéger*, 70, 110). Voir SE.

SI, conj., **si**, (*SStr.*, 19 ; *SLéger*, 171, 173 ; *Passion*, 180, 235, 461, 511).

SI, adj. poss. atone m. pl., **ses**, (*Jonas*, 95, 108, 190).

SIA, subj. prés. 3 de [estre], (*Passion*, 240, 360).

SIGNA, n. m. sing., **signe**, (*Passion*, 272) ; SIGNES, n. m. pl., **miracles**, (*SLéger*, 209 ; *Passion*, 457, 484).

[SIGNER], v. tr., **signifier, représenter**, SIGNA, ind. prés. 3, (*Passion*, 444).

SIST, pas. 3 de [seoir], **s'assit**, (*Jonas*, 137).

SIT, subj. prés. 3 de [estre], **soit**, (*SStr.*, 8).

SO, adj. poss. atone m. cas régime, **son**, (*SLéger*, 60, 62, 103).

SOA, voir SUA.

SOBRE, prép., **sur**, (*SLéger*, 230 ; *Passion*, 107, 240) ; SOBL', **sur**, (*Passion*, 400) ; SOBR', (*Passion*, 475) ; SOBRAE, (*Passion*, 463) ; SSUBR', (*Passion*, 64).

SOE, voir SUA.

SOI, ind. prés. 1 de [estre], (*Passion*, 137, 434).

SOI, adj. poss. m. pl. cas sujet, **ses**, (*SLéger*, 14 ; *Passion*, 274) ; SEI, idem, (*Passion*, 165) ; précédé de l'art. déf., en emploi tonique, LI SOI FIDEL, **ses disciples**, (*Passion*, 363, 429, 457, 473).

SOLEILZ, n. m. sing. cas sujet, **soleil**, (*Passion*, 390) ; SOLELZ, idem, (*Passion*, 311).

SOLS, adj. m. sing. cas sujet, **seul**, (*Passion*, 120, 157, 167).

SON, adj. poss. atone m. sing. cas régime, **son**, (*SStr.*, 6, 19) ; SUN, (*Jonas*, 149) ; SON, (*SLéger*, 72, 81, 125, 180, etc. ; *Passion*, 51, 86, 107, 248, 254, 378, 386) ;

précédé de l'article défini, en emploi tonique, DEL SON JUVENT, (*SLéger*, 31) ; LO SON CHER AMIC, (*Passion*, 108) ; LO SON MENTON, (*Passion*, 146) ; LO SON COR, (*Passion*, 338).

[SONER], v. tr., *ne soner mot*, **ne pas dire un mot**, SONED, pas. **3**, (*Passion*, 214).

SOPA, n. f., **soupe, tranche de pain qu'on trempe dans un liquide**, (*Passion*, 100, 101).

SOPAR, inf. subst., **souper**, (*Passion*, 109) ; SOPET, pas. **3**, **soupa**, (*Passion*, 428).

SORT, n., **sort**, (*Passion*, 270).

SOS, adj. poss. m. sing. cas sujet, **son**, (*Passion*, 271, 355, 408).

SOS, adj. poss. m. pl., (précédé de l'article défini en emploi tonique) **cas régime, siens**, (*SLéger*, 170) (*lis sos pensaez*) ; (*SLéger*, 3) (*los sos affanz*), (19, 73, 129, 185) ; adj. m. sing. cas sujet tonique, (*Passion*, 275) (*lo sos regnaz*), (408) (*li sos corps*).

SOS, adj. poss. m. pl. atone, cas régime, **ses**, (*SLéger*, 2, 59, 86, 145, 224) ; SSOS, idem, (*Passion*, 44, 52, 92).

SOST, prép., **sous**, (*Jonas*, 156).

SOT, pas. 3 de [saveir], **sut**, (*SLéger*, 77) ; SOTH, idem, (*SLéger*, 89, 156).

SOURE, prép., **sur**, (*Eul.*, 12) ; SORE, (*Jonas*, 145).

SOWRENT, pas. 6 de [saveir], **surent**, (*SLéger*, 116).

SPEDE, n. f., **épée**, (*Eul.*, 22). Voir ESPADES.

SPIRITIEL, voir ESPIRITIEL.

SU' (SUE élidé**)**, adj. poss. f. sing. tonique, (*SLéger*, 3).

SUA, adj. poss. f. sing, **sa**, (*Passion*, 11) ; précédé de l'article défini, en emploi tonique, (*Passion*, 11) (*la sua morz*) ; SOA, idem, (*Passion*, 353) (*la soa madre*) ; **régime**, (*Passion*, 25) (*sua grand humilitad*), (168, 334, 375, 386) ; SOE, idem, (*Passion*, 267) ; précédé de l'article défini, (204) (*la soa mort*).

[SUDER], v. tr., **suer**, SUDED, pas. **3**, (*Passion*, 126).

SUDOR, n. f., **sueur**, (*Passion*, 126, 128).

SUNT, ind. prés. 6 de [estre], **sont**, (*Jonas*, 173 ; *Passion*, 61, 326, 413, 477, 485) ; SUN, idem, (*Passion*, 325, 437) ; SON, idem, (142, 473).

SUO, adj. poss. f., **sa**, (*SStr.*, 20).

SUO, adj. poss. m. sing. tonique, cas régime, **sien**, (*SLéger*, 69).

SUON, adj. poss. m. sing. tonique cas régime, **sien**, (*lo suon element*), (*Eul.*, 15).

SUOS, adj. poss. m. sing. tonique cas sujet, **sien**, (*SLéger*, 6).

SUS, adv., **là-haut**, (*Eul.*, 6) ; **debout**, (*SLéger*, 234) ; **en haut, vers le haut**, (*Passion*, 26, 91, 281, 285, 318, 401, 465).

[SUSPIRER], v. intr., **soupirer**, SUSPIRET, pas. **3**, (*Passion*, 51).

[SUSTENIR], [SOSTENIR], **subir, souffrir, endurer**, SUSTINC, pas. **3**, (*SLéger*, 240) ; SUSTING, pas. **3**, (*SLéger*, 10) ; SUSTINT, pas. **3**, (*SLéger*, 236) ; SOSTEG, pas. **3**, (*Passion*, 8) ; SUSTEG, pas. **3**, (*Passion*, 16) ; SSUSTED, pas. **3**, (*Passion*, 155).

---

t

TA, adj. poss. f. sing., **ta**, (*Passion*, 295, 302, 359, 512).

[TAIRE], v. pr., **se taire**, TAIS, ind. prés. **3**, (*Passion*, 215).

TAL, voir TEL.

TALANT, n. m., **volonté**, (*Passion*, 73) ; TALENZ, **pl. cas régime, volontés**, (*Passion*, 84).

TALIER, v. tr., **couper, tailler**, (*SLéger*, 157) ; TALIA, pas. **3**, (*SLéger*, 233).

TAM, TAN, TA, adv., **si**, (*SLéger*, 21, 47, 67, 153) ; TAN, **si**, (*SLéger*, 160) ; **autant**, (*SLéger*, 135) ; TAM, TAN, **très**, (*Passion*, 106, 130, 322) ; TA, **si**, (*Passion*, 73).

TANIT, (lat. *tenet*), ind. prés. **3**, **tient**, (*SStr.*, 20). Voir TENER.

TAS, adj. poss. f. pl. cas régime, **tes**, (*Passion*, 63).

TE, pron. pers. régime tonique (après prép.), **toi**, (*SLéger*, 94 ; *Passion*, 54) ; pron. pers. régime en emploi conjoint au verbe, (*Passion*, 67, 68, 305, 359, 513).

TEL, TAL, adj. épicène, **telle, si grande, si forte**, (*Jonas*, 163) (*tel dolor*) ; pl. **tels, telles, pareilles, semblables**, (*Jonas*, 217 ; *SLéger*, 240) ; TELS, m. sing. cas sujet, (*SLéger*, 73) ; TIEL, m. sing. cas régime, (*SLéger*, 65, 144, 207) ; TAL, m. sing. cas régime, (*SLéger*, 138 ; *Passion*, 110) ; TELS, m. pl. cas régime, (*SLéger*, 209) ; TELS, f. sing. cas sujet, (*SLéger*, 79, 208) ; TALS, f. pl. cas régime, (*Passion*, 241, 511).

TEMPESTES, n. f. cas sujet sing., **tempête**, (*Jonas*, 6).

TEMPS, n. m. pl., **temps**, (*SLéger*, 13) ; TIEMPS, idem, (*SLéger*, 28, 32) ; TEMPS, sing., (*Passion*, 211) (*long temps*), 352.

[TENDRE], v. tr., **tendre, présenter**, TEN, ind. prés. **3**, (*Passion*, 318) ; TEND, ind. prés. **3**, (*Passion*, 146) ; TENDEN, ind. prés. **6**, (*Passion*, 280).

TENER, v. tr., **tenir**, (*SLéger*, 93) ; TANIT, ind. prés. **3**, **tient**, (*SStr.*, 20) ; TING, pas. **3**, (*SLéger*, 28).

TERRA, n. f. sing., **terre**, (*SLéger*, 163 ; *Passion*, 6, 60, 127, 322, 328, 399).

TERZ, adj. m. num., **troisième**, (*Passion*, 362, 389) ; TERCE, f. **troisième**, (*Passion*, 139, 194).

TI, pron. pers. rég. indirect, **te, à toi**, (*Passion*, 151).

TIEL, voir TEL.

TIEMPS, voir TEMPS.

TING, voir TENER.

TIRANZ, n. m. sing. cas sujet, **tyran, homme cruel**, (*SLéger*, 152) ; TIRANT, sing., cas régime, (*SLéger*, 191).

TO, adj. poss. m. sing. cas régime, **ton**, (*Passion*, 150, 514).

TOI, adj. poss. m. pl. cas sujet, **tes**, (*Passion*, 58) ; précédé de l'article défini, en emploi tonique, (*Passion*, 65) (*li toi caitiu*).

TON, adj. poss. m. sing. cas régime, (*Passion*, 296).

TORMENT, n. m., **tourment**, (*SLéger*, 12, 173 ; *Passion*, 66).

[TORNER], v. pr., (SE) TORNE, ind. prés. **3** (ou pas. 3 occit.), **se tourne** (ou se tourna), (*SLéger*, 206) ; v. tr., TORNED (corr. de *toned*), pas. **3**, **tourna** (*Passion*, 293) ; ESTRE TORNET, **être parti** ; SUNT TORNADES, **sont parties**, (*Passion*, 413).

TORT, n. m., A TORT, **à tort, injustement**, (*Passion*, 290).

TOS, adj. poss. atone m. sing. cas sujet, **ton**, (*SLéger*, 92 ; *Passion*, 56).

TOS, adj. poss. atone m. pl. cas régime, **tes**, (*SLéger*, 54, 63) ; précédé d'un article défini, en emploi tonique, m. pl. cas régime, (*Passion*, 61) (*los tos enfanz*).

TOST, adv., **vite**, (*Eul.*, 19 ; *Jonas*, 187).

TOT, pron. indéf. m. cas régime, **tout**, (*Jonas*, 207 ; *Passion*, 187, 406 ; *SLéger*, 88) ; TOZ, m. pl. cas régime, (*SLéger*, 166 ; *Passion*, 12, 256, 287, 364, 384, 387, 454, 464, 471, 472, 481) ; TRESTOT, m. pl. cas régime, **tous sans exception**, (*Passion*, 96).

TOT, adj. indéf. m. sing. cas régime, **tout**, (*SLéger*, 148 ; *Passion*, 104) ; TOZ, m. sing. cas sujet, (*Passion*, 240) ; TOZ, adj. m. pl. cas régime, (*Passion*, 112, 119, 481) ; TOT, idem, (*Passion*, 98).

TOT, adj. qual. m. sing. cas régime, **entier**, (*Passion*, 4, 76, 447, 485).

TOT, TOTH, TOZ, adv., **complètement, entièrement**, TOTH, (*SLéger*, 102, 126, 159, 106) ; TOZ, (*Passion*, 32, 276, 355) ; TOT, (*Passion*, 59, 272) ; PER TOT, loc. adv., **partout**, (*Passion*, 7, 8, 486, 488, 500, 516).

TOTA, adj. qual. f. sing., **entière**, (*Passion*, 33).

TOTAS, adj. indéf. f. pl., (*Passion*, 65, 140, 154).

[TRAVERSER], absol., **traverser**, TRAVERST, pas. **3**, (*Passion*, 338).

TREBUCHER, v. intr., **tomber**, (*Passion*, 494).

Le verbe *trebucher*, attesté pour la première fois dans la *Passion* (v. 494) au sens de « tomber », est composé du préfixe *tres*, *tré*, issu du latin *trans*, « au-delà », de l'ancien français *buc*, « tronc du corps », et d'un suffixe verbal (*-ier*, *-er*). Le substantif *buc* vient du francique **bûk*, « ventre », qu'on retrouve dans l'allemand *Bauch*. Trébucher, c'est donc « faire un mouvement en avant au-delà du tronc, qui entraîne le déséquilibre et la chute du corps ». Outre l'emploi intransitif « tomber », l'ancien français a connu un emploi transitif « faire tomber, renverser ». À partir du XVIe siècle, le verbe a pris le sens figuré de « être arrêté par une difficulté, hésiter ». Au XVIIe siècle, se développe le sens de « faire un faux pas ». Au propre et au figuré, et le verbe tend à être construit avec les prépositions *sur* ou *contre*. Le verbe a connu également une acception technique : au XIVe siècle, il est attesté avec le sens transitif de « diminuer le poids d'une monnaie ». Depuis le XVIIe siècle, il connaît le sens de « faire passer au trébuchet », c'est-à-dire « vérifier au moyen du trébuchet le poids d'une monnaie ». Le substantif *trébuchet*, déverbal de *trébucher*, désignait en ancien français un piège pour les animaux en forme de cage, muni d'un dispositif de fermeture que l'animal mettait en action avec ses pattes. Le *trébuchet* pouvait aussi être une machine de guerre qui lançait, au moyen d'un système de bascule, des pierres. C'est au XIVe siècle que le mot s'est appliqué à la petite balance de précision qui servait à contrôler le poids des monnaies. Aujourd'hui, le mot est utilisé pour toute balance de haute précision, nécessaire notamment pour les pesées délicates en laboratoire.

TREIS, TRES, num., **trois**, (*Passion*, 5, 140, 391) ; LI TRES, **les trois**, (*SLéger*, 223).

TRENTA, num., trente, (*Passion*, 5, 85).

TRISTS, adj. m. sing. cas sujet, triste, (*SLéger*, 143).

[TROVER], v. tr., TROVAT, pas. 3, trouva, (*SLéger*, 100) ; TROBED, pas. 3, (*Passion*, 71) ; TROVED, p. p., (*Passion*, 175).

TU, pron. pers. sujet, tu, (*Jonas*, 161, 178 ; *Passion*, 181, 235, 296, 307).

TUA, adj. poss. f. sing., ta, (*Passion*, 308).

U

U, conj., ou, (*Jonas*, 139).

U, art. indéf. m. sing. cas régime, un, (*SLéger*, 22, 95, 98 ; *Passion*, 159, 465).

UMBRE, n., ombre, (*Jonas*, 146).

UNANIMES, adj. pl., unanimes, (*Jonas*, 206).

UNE, art. indéf., f. sing., une, (*Eul.*, 22) ; UNA, (*Passion*, 100) ; HUNA, (*Passion*, 273, 303) (corr. de *hunua*).

UNIZ, p. p./adj., m. sing. cas sujet, uni, (*Passion*, 276).

UNS, art. indéf. m. sing. cas sujet, un, (*SLéger*, 227 ; *Passion*, 156, 287, 317) ; UN, m. sing. cas régime, (*SLéger*, 55, 66, 228 ; *Passion*, 20, 109, 216, 246).

UT, voir O.

V

VAI, VAN, VANT, voir ALER.

VASSALZ, n. m. pl. cas régime, soldats, (*Passion*, 367).

VECDEIR, v. tr., voir, (*Jonas*, 184). Voir VEDER.

VEDER, [VEEIR], v. tr., VEDER, voir, (*Passion*, 168, 172, 407) ; VEDEZ, impér. 5, (*Passion*, 435, 436) ; VID, pas. 3, (*SLéger*, 144, 149, 188, 189, 201, etc. ; *Passion*, 50, 209) ; VIT, pas. 3, (*SLéger*, 90 ; *Passion*, 419, 423) ; VIDRENT, pas. 6, (*SLéger*, 209 ; *Passion*, 77, 397, 421) ; VIDIST, subj. impf. 3, (*SLéger*, 138) ; VEDES, subj. impf. 3, (*Passion*, 335) ; VETDEST, subj. impf. 3, (*Passion*, 308) ; VIDRA, ind. plus-que-parfait, (*Passion*, 133, 331) ; VETRAN, fut. 6, (*Passion*, 412) ; VEDEN, gér., (*Passion*, 469) ; VEDUD, p. p., (*Passion*, 326) ; VEDUZ, p. p., (*Passion*, 418).

VEL, voir FEL, n. m.

[VENDRE], v. tr., vendre, VEN, ind. prés. 3, (*Passion*, 87).

VENIR, v. intr., venir, (*Eul.*, 28 ; *SLéger*, 212 ; *Passion*, 278) ; VENEZ, impér. 5, (*Passion*, 407) ; VINT, pas. 3, (*Jonas*, 158 ; *SLéger*, 129) ; VIN, pas. 3, (*SLéger*, 208) ; VING, pas. 3, (*Passion*, 68) ; VENG, pas. 3, (*Passion*, 479) ; VEG, pas. 3, (*Passion*, 123) ; VINDRENT, pas. 6, (*SLéger*, 117, 223) ; VENGREN, pas. 6, (*Passion*, 399) ; VINDRE, ind. plus-que-parfait 3, (*SLéger*, 202) ; VENGRA, plus-que-parfait 3, (*Passion*, 82) ; VEGGRA, idem, (*Passion*, 145) ; VENGRE, idem, (*Passion*, 400, 468) ; VENGUES, subj. impf. 3, (*Passion*, 383) ; VENDRAS, fut. 2, (*Passion*, 296) ; VENRAS, fut. 2, (*Passion*, 300) ; VENRA, fut. 3, (*Passion*, 471) ; VENRANT, fut. 6, (*Passion*, 57).

VENJAR, v tr., venger, (*Passion*, 157).

VENUDE, p. p. f. de [venir], venue, (*Jonas*, 6).

VERA, adj. f., vraie, (*Passion*, 1, 306, 330).

VERITAD, n. f., vérité, (*Passion*, 442) ; VERITIET, (*SLéger*, 34) ; VERTET, (*Passion*, 273).

VERITIET, n. f., vérité, (*SLéger*, 34). Voir VERITAD, VERTET.

VERS, prép., vers, du côté de, (*Passion*, 142).

VERS, adj. m. sing. cas sujet, vrai, (*Passion*, 180, 301, 369) ; f. VERA. Voir VERA.

VERTET, n. f., vérité, (*Passion*, 273). Voir VERITAD, VERITIET.

VERTUD, n. f. sing. cas régime, pouvoir, force, (*Passion*, 376) ; VERTUZ, sg. cas sujet, force, (*Passion*, 479) ; VERTUZ, VIRTUZ, pl., cas régime, miracles, (*Passion*, 212, 482).

Le mot *vertu* est issu du latin *virtutem*, accusatif de *virtus*, *virtutis*, qui dérive de *vir*, « homme », par opposition à « femme ». *Virtus* désignait, en latin, les qualités qui font la valeur de l'homme, c'est-à-dire le courage, l'énergie, le mérite et la perfection morale. Ces sens se sont transmis à l'ancien français *vertu*, qui signifiait « vaillance », mais aussi « force, vigueur physique, efficacité » et « pouvoir, propriété ». Le mot était employé pour désigner les effets mêmes de ces qualités : *faire vertuz* signifiait « faire des exploits » ou, dans la langue religieuse, « faire des miracles ». Les *pierres de vertu* étaient des pierres précieuses qui avaient des propriétés curatives ou magiques. L'acception de « ferme et constante disposition à pratiquer le bien, conduite vertueuse » était également attestée en ancien français. C'est ce dernier sens, moral et religieux, qui connaîtra un grand développement au cours des siècles qui suivront la période médiévale : en témoignent les *vertus chrétiennes*, les *vertus cardinales*, les *vertus théologales* et le *prix de vertu*, destiné à récompenser une jeune fille chaste et pudique.

VESPRAE, n. m., soir, tombée du jour, (*Passion*, 425).

VESTIMENT, n. m. sing., vêtement, (*Passion*, 219, 254, 271, 396).

[VESTIR], v. tr., vêtir, VESTENT, ind. prés. 6, (*Passion*, 254) ; VESTIRENT, pas. 6, (*Jonas*, 86 ; *Passion*, 245) ; VESTIT, p. p., (*Passion*, 219).

VESTIT, n. m., vêtement, (*Passion*, 23, 43).

VID, VIDRENT, VIDIST, voir [VEEIR].

VIDA, n. f., vie, (*Passion*, 11, 223) ; VIDE, idem, (*Passion*, 225, 304).

VIL' (= VILE), n. f., ville, (*Passion*, 18).

VIN, n. m., vin, (*Passion*, 93, 97, 279).

VIN, VINC, VING, VINDRE, VINDRET, VINDRENT, VINT, voir VENIR.

VIRGINITET, n. f., virginité, (*Eul.*, 17).

[VISITER], v. tr., VISITET, pas. 3, visita, (*SLéger*, 180).

VISQUET, voir [VIVRE].

VIT, voir [VEEIR].

[VITUPERER], v. tr., VITUPERET, p. p., mutilé, (*SLéger*, 159).

Le verbe *vitupérer*, attesté pour la première fois dans la *Vie de saint Léger* avec le sens de « mutiler » est un emprunt au latin *vituperare*, « trouver des défauts à, blâmer, critiquer » et « gâter, vicier ». C'est probablement à partir de cette seconde acception que le verbe a pris en ancien français, en emploi transitif direct, le sens de « mutiler, endommager ». Parallèlement à ce sens, le verbe avait en ancien français les sens de « blâmer, faire des reproches à, injurier, outrager », déjà représentés en latin. L'emploi transitif du verbe est tombé en désuétude après le XVIIe siècle. Il est aujourd'hui vieilli et littéraire, au sens de « blâmer vivement quelqu'un ». L'emploi moderne, « se répandre en critiques acerbes, en reproches violents », transitif indirect avec *contre*, a été introduit au début du XXe siècle.

VIU, voir [VIVRE].

VIURE, [VIVRE], v. intr., vivre, (*Passion*, 235) ; VIU, ind. prés. 3, vit, (*SLéger*, 196) ; VISQUET, pas. 3, vécut, (*SLéger*, 49).

VIUS, adj. m. sing. cas sujet, vivant, (*SLéger*, 137 ; *Passion*, 332, 362, 430, 483, 494).

[VOLEIR], vouloir, VOLT, pas. 3, (*Eul.*, 24) ; VOLDRENT, pas. 6, (*Eul.*, 3, 4) ; VOLDRET, plus-que-parfait 3, (*Eul.*, 21) ; VOL, ind. prés. I, (*SLéger*, 96 ; *Passion*, 3) ; VOLS, ind. prés. 2, (*SLéger*, 94 ; *Passion*, 55) ; VOLT, ind. prés. 3, (*SLéger*, 136) ; VOLUNT, ind. prés. 6, (*SLéger*, 60) ; VOL, pas. 3, (*SLéger*, 57, 101, 147, 199 ; *Passion*, 15, 157, 221) ; VOLIET, ind. impf. 3, (*Passion*, 206) ; VOLDRAT, plus-que-parfait 3, (*Passion*, 168).

[VOLER], VOLAT, pas. 3, vola, s'envola, (*Eul.*, 25).

VOLUNTAZ, n. f. pl. cas régime, volontés, (*Passion*, 503).

VOLUNTIERS, adv., volontiers, (*SLéger*, 97, 130).

VOS, pron. pers. 2ᵉ pers. plur., vous, (*Jonas*, 7) (sujet ?), (201) rég. ind. ; (*SLéger*, 113) sujet ; (7, 9) rég. ind. ; (*Passion*, 1) rég. ind., (83) rég. ind., (262) rég. ind., (263) rég. ind., (264) rég. ind., (277) rég. ind., (406) rég. ind., (410) sujet, (445) rég. ind., (447) rég. ind., (466) rég. ind.

VOST, adj. poss., vos, (*Jonas*, 208, 209).

VOSTRE, adj. poss., votre, (*Passion*, 229) ; VOSTRES, pl., vos, (*Passion*, 84, 263).

II- Les mots qui ont disparu

a

[ADEMPLIR], v. tr., accomplir, ADEMPLIRAI, fut. 1, (*Passion*, 84).

ADENAVANT, adv., dorénavant, (*SLéger*, 192).

ADÉS, adv., aussitôt, immédiatement, (*Passion*, 122).

ADUN, adv., alors, (*Passion*, 135, 182).

[ADUNER], v. tr., ADUNET, ind. prés. 3, dit solennellement, affirme, (lat. *adunat*), (*Eul.*, 15) ; ADUNAT, pas. 3, affirma, déclara, (*SLéger*, 91) ; ADUNAT, p. p., réuni, (*SLéger*, 131) ; v. pr., ADUNAD, pas 3, affirma, déclara, (*Passion*, 115) ; ADUNENT, ind. prés. 6, se rassemblent, (*Passion*, 429) ; ADUNOUENT, ind. impf. 6, se rassemblaient, (*Passion*, 171).

ALO, ALLO, adv., là, (*Passion*, 113, 197, 374, 412).

ALQUANT, pron. indéf. pl. cas sujet, certains, quelques-uns, (*Passion*, 37, 38) ; ALCANZ, ALQUANZ, cas régime pl., certains, quelques-uns, (*Passion*, 491, 492, 493, 494, 496).

ALQUES, adv., un peu, quelque peu, (*Passion*, 5, 445).

ALTRESI, adv., de même, (*SStr.*, 6).

AM, pron. cas sujet, les deux, (*Passion*, 208).

AMBES, adj. m. cas régime, AMBES DUOS, tous les deux, (*SLéger*, 119).

ANATEMAZ, p. p., m. sing. cas sujet, anathématisé, (*SLéger*, 124).

ANZ, adv., avant, auparavant, (*Passion*, 221, 277, 372) ; ANC, idem, (*Passion*, 352) ; prép., avant, (*Passion*, 27, 356) ; ANZ QUE, loc. conj., avant que, (*Passion*, 29, 193).

[APAROIR], v. intr., apparaître, APAREGUES, subj. impf. 3, apparût, (*Passion*, 440).

[APROSMIER] (lat. **approximare* de *proximus*, très proche), v., approcher, APROSMAT, pas. 3, s'approcha, (*SLéger*, 232) ; APROISMED, pas. 3, approcha, (*Passion*, 13) ; S'APROISMED, pas. 3, s'approcha, (*Passion*, 131) ; APROISMER, inf., s'approcher, (*Passion*, 15) ; S'APROISMET, ind. prés. 3, s'approche, (*Passion*, 394).

AQUEL, pron. dém. m. sing. cas régime, celui-ci, (*Passion*, 137) (occit.).

[ARDEIR], v., brûler, ARDE, subj. prés. 3, brûle, (*Eul.*, 19) ; ARDANT, gér., (*SLéger*, 133) ; ARDAZ (= ARDANZ), p. prés. sing. cas sujet, (*SLéger*, 204) ; ARDENZ, p. prés./ adj. m. sing. cas sujet, (*Passion*, 395, 476).

Issu du latin *ardere*, « brûler », le verbe *ardeir*, *ardoir* (également *ardre*) était d'un usage courant en ancien et en moyen français. Il disparaît après le XIVᵉ siècle. En emploi intransitif, il signifiait « brûler, se consumer », en emploi transitif « consumer, incendier, détruire ». À partir du XVᵉ siècle, il a été supplanté par *brûler*, attesté dès l'ancien français. Dans la liste des plus anciens mots disparus, on remarquera la présence de *comburir*, « brûler », (*Jonas*, 188), verbe assez peu employé en ancien français, qui provient du latin populaire **comburire*, pour le latin classique *comburere*. L'adjectif *ardent*, emprunté au latin *ardens*, accusatif *ardentem*, participe présent de *ardere*, signifie en ancien français « qui est en feu, qui brûle », sens qui coexiste avec la valeur figurée « bouillant, passionné, avide ». Il s'est confondu avec l'ancien participe présent *ardant*, de *ardoir*, qu'il a absorbé, et s'est maintenu jusqu'au français moderne.

AREDRE, adv., derrière, (*Passion*, 45).

ARMAND, n. m. pl. cas sujet, hommes armés, (*Passion*, 154).

[ASERER], v. tr., ASERAD, p. p. m. pl. cas sujet, cachés, (*Passion*, 477).

ASTREIET, cond. 3 de [astre, estre] être, (*Jonas*, 126, 139) ; ASTREIENT, cond. 6, (*Jonas*, 173).

[AUARDER, AGARDER], v. tr., AUARDEVET, ind. impf. 3, regardait, observait, (*Jonas*, 138).

AZIT (corr. de *azet*), n., vinaigre, (*Passion*, 318).

b-c

BELLEZOUR, adj. comparatif, plus belle, (*bellezour anima*), (*Eul.*, 2).

BENLEMENT, adv., avec une grande douceur, (*Passion*, 130).

CADHUNA (*in cadhuna cosa*), adj. f., chaque, (*SStr.*, 5).

CAITIU, n. m. pl. cas sujet, prisonniers, (*Passion*, 65).

Le substantif *chétif* dérive du latin populaire **cactivu*, croisement probable du latin classique *captivum*, « captif, prisonnier », et du gaulois **cactos*. En ancien français, il signifiait, employé comme adjectif et comme substantif, « prisonnier ». Mais il avait aussi le sens de « malheureux, misérable », issu du sens de « prisonnier de ses passions, du péché » qu'avait pris *captivum* en latin chrétien. L'acception de « malingre, de faible constitution », attestée dès l'ancien français, reste peu usuelle jusqu'au XVIIᵉ siècle.

CELOR, (lat. *ecce illorum*), pron. dém. plur., de ceux-là, (*Jonas*, 125).

CHAINSILS, n. m. pl., linceuls, (*Passion*, 344).

CIU, n. f. sing. cas régime, ville, (*SLéger*, 139).

[CLAUFIR], v. tr., clouer, CLAUFISDR[E]NT, pas. 6, (*Passion*, 226).

CLERGIER, v. pr., se faire clerc, (*SLéger*, 65).

COBETAD, n. f., cupidité, (*Passion*, 152).

COIST, v. pr., pas. 3, (lat. *coxit*) : *nos coist*, ne brûla pas, ne se consuma pas, (*Eul.*, 20).

COLEJAR, v. tr., frapper sur le coup, (*Passion*, 186) (occit.).

COMBURIR, v. tr., brûler, (*Jonas*, 188).

[COMPLIR], v. tr., accomplir, A COMPLIT, a accompli, (*Passion*, 406).

CONCREIDRE, v. pr., s'avouer vaincu, (lat. *concredere*), (*Eul.*, 21).

[CONDIGNER], v. tr., accorder, admettre, CONDIGNET, ind. prés. 3 ou pas. 3, (*SLéger*, 59).

CONDURMIR, v. intr., dormir, (*Passion*, 107) ; CONDORMIRENT, pas. 6, s'endormirent, (*Passion*, 122).

[CONJAUDIR], v. tr., accueillir avec joie, CONJAUDIT, pas. 3, (*Passion*, 424).

CONLAUDER, v. tr., louer, (*SLéger*, 210).

[CONSEGUIR], v. tr., atteindre en frappant, CONSEGUED, pas. 3, (*Passion*, 159) (occit.).

CONSOLAMENT, n. m., consolation, (*SLéger*, 174).

CONTRASTAR, v. tr., empêcher, (*Passion*, 483).

[CONTROVER], v. tr., trouver, décider, CONTROVERENT, pas. 6, (*SLéger*, 52).

CORRECIOUS, adj. m., courroucé, indigné, (*Jonas*, 123).

CORROPTIOS, adj. m., courroucé, (*SLéger*, 189).

CORROVEMENT, n., action de prier, (*Jonas*, 190).

[COVIR], v. tr., COVIT, pas. 3, destina, (*SLéger*, 17).

[CREBANTER], v. tr., abattre, détruire, CREBANTARAN, fut. 6, (*Passion*, 438).

[CREMIR], v., absol., avoir peur, CREMENT, subj. prés. 5, (*Passion*, 403).

CRIDAIZUN, n. f., cri, clameur, (*Passion*, 286).

CUSCHEMENT, adv., avec soin (?), (*Passion*, 350).

d

DEFORS, adv., dehors, (*SLéger*, 142, 144).

Defors est l'ancienne forme de *dehors*, issue du bas latin *deforis* « de l'extérieur, à l'extérieur », lui-même constitué de la préposition *de* et de l'adverbe *foris*, qui a abouti à l'ancien français *fors*, « dehors », en fonction d'adverbe, et « hors de, à l'exception de », en fonction de préposition : voir *infra* les mots *foers* et *fors*. La forme *dehors*, bien attestée en ancien français, s'explique par l'effacement du *f* intervocalique et l'insertion d'un *h*, qui provient peut-être d'une mise en valeur emphatique de l'hiatus.

DEJUS, adv., en bas, (*SLéger*, 233).

DELIR, v. tr., détruire, (*Jonas*, 188).

DEN, adv., ensuite (lat. *deinde*), (*SLéger*, 121, 123 ; *Passion*, 117).

DERAMAR, v. tr., déchirer, (*Passion*, 269).

DESABANZ, adv., auparavant, (*Passion*, 206, 408) ; d'abord, (*Passion*, 477).

DESANZ, adv., auparavant, (*SLéger*, 182, 184 ; *Passion*, 166).

[DESPIRE], v. tr., mépriser, DESPEIS, pas. 3, (*Passion*, 217).

DETRAS, adv., derrière, (*Passion*, 257).

DESTREIT, n. m., violence, (*Passion*, 72).

[DEVIRE], v. tr., DEVIS, p. p., **divisé**, (*Passion*, 275).

DI, n. m., **jour**, (*SStr.* 4 ; *SLéger*, 15, 80, 195, 231 ; *Passion*, 57, 89, 218, 299, etc.).

> Le substantif *di* est le continuateur de l'accusatif latin *diem*. Attesté dès les *Serments de Strasbourg*, dans l'expression *d'ist di in auant*, « à partir de ce jour », il est d'un emploi assez fréquent en ancien français, notamment dans *toz dis*, « toujours », ou encore dans *puis ce di*, « depuis ce jour ». Pourtant, dès la fin du Xe siècle, il est concurrencé par *jorn, jor*, « jour », (*Passion*, 208, 474), issu de *diurnum*, latin, synonyme de *diem* en latin tardif. D'un usage courant en ancien français, il s'est substitué à *di*, qui a disparu en moyen français (XIVe-XVe siècles). Le substantif *di* s'est toutefois conservé dans les noms des sept jours de la semaine : *lundi* (latin populaire **Lunis diem*, « jour de la lune ») ; *mardi* (latin *Martis diem*, « jour de Mars ») ; *mercredi* (latin populaire **Mercuris diem*, « jour de Mercure ») ; *jeudi* (latin *Jovis diem*, « jour de Jupiter ») ; *vendredi* (latin, *Veneris diem*, « jour de Vénus ») ; *samedi* (latin *sambati diem*, « jour du sabbat ») ; enfin *dimanche* (latin chrétien *diem dominicum*, « jour du Seigneur »).

[DOIRE] (lat. *docere*), v. tr., DOIST, pas. **3**, **instruisit**, (*SLéger*, 23) ; DOIT, p. p., **instruit**, (*SLéger*, 25).

DOL, n. m., **chagrin, douleur**, (*SLéger*, 63) ; DUOL, (*SLéger*, 65 ; *Passion*, 121, 332, 337, 489).

[DOLEIR], v. intr., **souffrir**, DOULS, ind. prés. 2, (*Jonas*, 178) ; + DE, **souffrir de, se plaindre de**, DOLEIET, ind. impf. 3, (*Jonas*, 126) ; DOLREIE, cond. 1, (*Jonas*, 181).

DOLIANTS, p. prés., cas sujet, **qui se plaint, qui se lamente**, (*Jonas*, 171).

DONTRE QUE, loc. conj., **aussi longtemps que**, (*SLéger*, 196). Voir DRONTRE.

DRONTRE, conj., **tandis que**, (*Passion*, 507). Voir DONTRE.

[DUIRE], v. tr., **conduire, emmener**, DUIS, pas. **3**, (*SLéger*, 198) ; DUISTRENT, pas. **6**, (*SLéger*, 14).

> L'ancien français *duire* est issu du latin *ducere*, « conduire, mener ». D'un usage assez fréquent, il avait les sens de « conduire, mener », « gouverner, diriger », « apprivoiser ». Il pouvait également signifier « convenir, plaire ». Le verbe a pourtant disparu en moyen français (XIVe-XVe siècles) au profit de *mener*, de *minare*, qui s'est substitué en latin tardif à *minari*. Il subsiste dans ses composés *conduire* (latin *conducere*), *déduire* (latin *deducere*), *produire* (latin *producere*) ou encore *réduire* (latin *reducere*).

DURECIE, n. f., **dureté**, (*Jonas*, 166).

--------------------------------- e ---------------------------------

EL, pron. indéf. nt., **autre chose**, (*SLéger*, 102).

EMBLAR, v. tr., **enlever**, (*Passion*, 363) ; EMBLEZ, p. p., **enlevé**, (*Passion*, 360).

> L'ancien français *embler* est issu du latin *involare* « voler dans, se précipiter sur, attaquer, prendre possession de ». En emploi transitif, il signifiait « voler, enlever, dérober » ; en emploi pronominal, « s'enfuir, disparaître ». Après le XVIe siècle, le verbe est tombé en désuétude. Le substantif *emblee*, déverbal de *embler*, signifiait « vol, rapt ». Il existait également les locutions *en emblee*, *a l'emblee* « à la dérobée, en cachette ». Au XVe siècle s'est répandue la locution *d'emblee*, qui signifiait primitivement « par surprise », et qui a ensuite, dès le XVe siècle, pris le sens moderne de « du premier coup, immédiatement ».

EMPEDEMENTZ, n. pl., **tourments**, (*Eul.*, 16).

EMPRÉS, adv., **après, ensuite**, (*Passion*, 421).

E[N]AMAT, pas. 3 de [enamer], **aima**, (*SLéger*, 17).

[ENCALCIER], v. tr., **chasser**, ENCALCERAN, fut. **6**, (*Passion*, 460).

ENCONTRA, prép., **à la rencontre de**, (*Passion*, 39).

ENCONTRA, adv., **à sa rencontre**, (*Passion*, 36).

ENCONTRER, v. tr., **rencontrer**, ENCONTRADAS, p. p. f. pl., (*Passion*, 414).

ENCREDULITET, n. f., **incrédulité**, (*Jonas*, 167).

[ENCUSER], v. tr., ENCUSAT, pas. 3, **accusa**, (*SLéger*, 74).

ENORTET, ind. prés. 3 de [enorter], **exhorte**, (*Eul.*, 13).

EN PAS QUE, loc. conj., **dès que**, (*Passion*, 397, 479).

ENSEMS, adv., **ensemble**, (*Passion*, 228, 233, 239).

ENSOBRE TOT, **ENSOBRE TOZ**, loc. adv., **de plus, en outre**, (*Passion*, 47, 187, 287).

ENSUS, adv., **en haut, là-haut**, (*Passion*, 509).

ENTELGIR, v., **comprendre**, (lat. *intellegere*), (*Jonas*, 198).

ENTRO, conj., **jusqu'à ce que**, (*SLéger*, 233) (occit.) ; ANTRO QUE, loc. conj., **jusqu'à ce que**, (*SLéger*, 188, 218) ; ENTRO EN, loc. prép., **jusqu'à**, (*Passion*, 234).

ENVENGUZ, (lat. **invenutus*), p. p. m. sing. cas sujet, **découvert, trouvé**, (*Passion*, 175).

ENVIZ, adv., **à contrecœur**, (*SLéger*, 97).

ENZ, adv., ENZ EN, **dans** (renforce la prép. EN), (*Eul.*, 19 ; *Passion*, 78, 100).

EPS, adj., **même**, (lat. *ipse*), (*SLéger*, 56, 80 ; *Passion*, 10, 35, 181, 417, 423, 502) ; EPSA, f. **même**, (*Passion*, 116, 298, 313).

EQUI (occit.), adv., **là**, (*Passion*, 413, 441) ; ETQUI (occit.), **là**, (*Passion*, 377, 380, 471) ; IKI (occit.), **là**, (*Passion*, 317).

ER, fut I de [estre], **serai**, (*SStr.* 22).

ER, fut. 3 de [estre], **sera**, (*SLéger*, 37, 38).

ERA, ind. impf. 3 de [estre], (*Passion*, 377, 430).

EREN, fut. 6 de [estre], (*Passion*, 66) ; ERENT, **idem**, (*Passion*, 455).

ERENT, ind. impf. de [estre], **étaient**, (*Jonas*, 182, 194).

ERET, ind. impf. 3 de [estre], **était**, (*Eul.*, 12 ; *Jonas*, 144).

> Les formes anciennes du futur et de l'imparfait de l'indicatif de *être* : Les formes *er* (futur 1), *er* (futur 3), *eren* (futur 6) sont issues directement des formes latines *ero*, *erit*, *erunt* du futur. De même, *era* (indicatif imparfait 3), *eret* (indicatif imparfait 3) et *erent* (indicatif imparfait 6) viennent de *erat*, *erant*. Les formes héréditaires du futur ont été, dès l'ancien français, concurrencées par des formes de création romane, issues d'une périphrase constituée de l'infinitif suivi des formes réduites de *habere*, « avoir » au présent de l'indicatif (« j'ai à être, je vais être ») : **essere habeo > *esseraio > serai*, avec la chute de la première syllabe *es*, peut-être sous l'influence de *sum*. Dans les plus anciens textes, on relève un témoignage de cette formation : *seran* (futur R, *Passion*, 456). Quant à la forme *estrai* (futur 1), rencontrée dans la *Vie de saint Léger* (92), elle s'explique par une réfection sur *estre*. Les formes étymologiques, tout comme le type *estrai*, disparaîtront en moyen français. Il en est de même des formes héréditaires de l'imparfait de l'indicatif, auxquelles se sont substituées des formes refaites sur le radical *est-*, de l'infinitif de *estre*, avec les finales *-oie, -oies, -oit*, etc., de l'imparfait, issues de *-ea, -eas, -eat*, etc. (latin *-ebam, -ebas, -ebat*, etc.) : *estoie, estoies, estoit*, etc.

ES, adj. dém. m. sing., **ce** (lat. *iste*), (*Passion*, 453, 500). Voir IST.

ESCARN, n. m., **raillerie, dérision**, (*Passion*, 252, 284, 286).

[ESCARNIR], v. tr., **railler, se moquer de**, ESCARNISSENT, ind. prés. 6, (*Passion*, 187) ; ESCARNIE, ind. impf. 3, (*Passion*, 288) ; E[S]CARNIT, pas. 3, (*Passion*, 217) ; ESCARNID, p. p., (*Passion*, 253).

ESCIT, pas. 3 de [essir], (lat. *exire*), **sortit**, (*Jonas*, 136).

[ESDEVENIR], v. intr., **devenir**, ESDEVENT, pas 3, (*SLéger*, 79) ; ESDEVINT, pas. 3, (*Passion*, 210).

ESMES, ind. prés. 4 de [estre], (*Passion*, 292).

[ESPANDRE], v. tr., **répandre**, ESPANDUT, p. p., (*Passion*, 485).

[ESPAURIR], v. pr., **s'épouvanter, s'effrayer**, (*Passion*), S'ESPAURIREN, pas. 3, (*Passion*, 398).

ESPIRITIELS, adj. m. pl. cas régime, **spirituels**, (*SLéger*, 172) ; ESPIRITIEL (corr. de *spiritiel*), adj. m. sing. cas régime, **spirituel**, (*SLéger*, 215).

ESTRAI, fut. I de [estre], **serai**, (*SLéger*, 92).

ESTRAS, n. f. pl., *en las estras*, **dans la cour**, (*Passion*, 189).

ESTRE, prép., **contre**, (*SLéger*, 60, 62).

ESTRIT, n. m., **querelle**, (*SLéger*, 55).

[ESVEGURER], v. tr., **donner de la force à**, ESVEGURAD, p. p., (*Passion*, 499).

[ESWARDER], v. tr., **regarder attentivement**, AESWARDEVET (corr. de *aeswardouet*), ind. impf. 3, (*Passion*, 190) ; 'SGARDED, pas. 3, (*Passion*, 50).

ETQUI, voir EQUI.

EVIRUM, adv., **autour**, (*Passion*, 153).

EXASTRA, (lat. *exasperavit* ?), ind. plus-que-parfait, **s'enflamma, brûla**, (*SLéger*, 191).

[EXAUDIR], v. tr., **entendre, écouter**, EXAUDIS, ind. prés. 3, (*SLéger*, 170).

EXCORRE, v. tr., **détacher**, EXCOS, pas. 3, (*Passion*, 160).

EXCREBANTER, v. pr., **se renverser, s'abaisser**, S'EXCREBANTENT, ind. prés. 6, (*Passion*, 250).

EXERCITE, n., **armée**, (*SLéger*, 138).

[EXIRE, EISSIR, ISSIR], v. intr., **sortir**, EXIT, pas. 3, **sortit**, (*SLéger*, 146, 147) ; EXIRENT, pas. 6, (*Passion*, 36) ; ISSID, pas. 3, (*Passion*, 40) ; EXIT, p. p., (*Passion*, 325).

f

FAITICE, adj. f., **bien faite, belle**, (*Passion*, 268).
FINIMUNZ, n. f. sing. cas sujet, **fin du monde**, (*Passion*, 505).
FLAIEL, n. m., **tourment, persécution**, (*SLéger*, 179, 193, 236).

> Le substantif *flaiel*, « fléau », provient du latin *flagellum*, « fouet », qui a pris en latin chrétien les sens de « peine, châtiment » et de « calamité ». Au sens propre, *flagellum* s'est spécialisé dans l'acception de « instrument à battre le blé ». Le sens de « peine, persécution », repris du latin, est attesté dans la *Vie de saint Léger* (179, 193, 236) et dans d'autres textes en ancien français. *Fléau* désigne également, en ancien français, l'instrument qui sert à battre les grains de céréales. Il s'applique aussi à une arme de guerre, de forme analogue, appelée *fléau d'armes*.

FOERS, (lat. *foris*), FOERS DE, loc. prép., **hors de**, (*Jonas*, 136). Voir FORS.
FOLCS, n. m. sing. cas sujet, **foule**, (*Passion*, 45).
FORS, adv., **dehors**, (*SLéger*, 146 ; *Passion*, 72, 189, 197, 244).
[FORSMETRE], v. tr., **mettre dehors, chasser**, FORSMISDRET (corr. de *forsmedre*), ind. plus-que-parfait 3, (*Passion*, 420).
FULC, n. m., **foule**, (*SLéger*, 131). Voir FOLCS.

g

GAI, interj., **malheur !**, (*Passion*, 54).
[GAIMENTER], v. intr., **se lamenter**, GAIMENTAN, gér., (*Passion*, 258).
GRADILIE, n. f., **gril**, (*Passion*, 495).
GRANCESME, adj. superl. cas sujet, **très grand**, (*Jonas*, 158).
GREU, ADV., **intensément, fortement**, (*Passion*, 51).
[GURPIR], v. tr., **abandonner, laisser**, GURPIS, ind. prés. 3, (*Passion*, 242) ; GURPISSEN, ind. prés. 6, (*Passion*, 165) ; GURPISSEM, subj. prés. 4, (*Passion*, 508) ; GURPIRA, fut. 3, (*Passion*, 116) ; GULPIST, pas. 2, (*Passion*, 316) ; GURPIT, pas. 3, (*Passion*, 267).

h-i

HANC, adv., **encore**, (*SLéger*, 158, 183).
ILLO, adv., **là**, (*SLéger*, 100, 178).
INCONTRA, prép., **envers**, (*SLéger*, 70). Voir ENCONTRA.
IRETST, (lat. *iratus*), p. p., **irrité, en colère**, (*Jonas*, 123).
ISSID, pas. 3 de [issir], (*Passion*, 40). Voir [EXIRE, ISSIR].
IST, adj. dém., **ce**, (*SStr.*, 4). Voir ES.
IU, pron. adv., **y, en cela**, (lat. *ibi*), (*SStr.*, 22).

j

JA, adv., **renforce une affirmation ou une négation**, (*SLéger*, 37, 73, 77, 92, 162, 168 ; *Passion*, 242, 474) ; **déjà**, (*Passion*, 131, 429, 430) ; employé en tête de proposition avec une valeur concessive, **quoique, bien que**, (*Passion*, 335, 371).
JALZ, n. m. sing. cas sujet, **coq**, (*Passion*, 193).
JHOLT, n., **chaleur**, (lat. *calidum*), (*Jonas*, 144, 158).
JUDICAR, v. tr., **juger**, (*Passion*, 471).
JUS, adv., **en bas**, (*SLéger*, 176, 224) ; (corr. de *jos*), adv., **à terre**, (*Passion*, 138).
JUVENT, n. m., **jeunesse**, (*SLéger*, 31).

l

LABIA, n. f., **lèvre**, (*SLéger*, 181) (latinisme).
[LAGRIMER], v. intr., **pleurer**, LAGRIMEZ, pas. 3, (*Passion*, 52).
LAZ, n. m. sing. cas régime, **côté**, (*Passion*, 158, 436) ; pl. cas régime, **côtés**, (*Passion*, 282) ; DE LAZ, loc. prép., **à côté de**, (*Passion*, 329).

LEZ, v. impers. ind. prés. 3, (lat. *licet*), **est permis**, (*SLéger*, 93 ; *Passion*, 507).
LEZ, adj. m. sing. cas sujet, **heureux, content**, (*Passion*, 40, 210).
[LUCRER], v. tr., LUCRAT, pas. 3, **gagna**, (*SLéger*, 214).

m

MAENT, ind prés. 3 de [maneir], **demeure**, (*Eul.*, 6). Voir [MANEIR].
MAGNES, adj. m. sing. cas sujet, **grand**, (*Passion*, 26).
MAIS, adv., **plus**, (*SLéger*, 162, 168 ; *Passion*, 498).
[MANEIR], v. intr., **demeurer**, MANS, ind. prés. 2, (*Passion*, 509) ; MAENT, ind. prés. 3, (*Eul.*, 6).
MARRIMENZ, n. m. sing. cas sujet, **affliction, chagrin**, (*Passion*, 121).
MEDEPS, adj. **même**, (*Passion*, 184) (*lui medeps*), (*Passion*, 255) (*el medeps*).
MEI, n. m., **milieu**, PER MEI, **par le milieu**, (*Passion*, 328) ; EN ME[I], **au milieu de**, (*Passion*, 432).
MEIS, n. pl., **messagers**, (*SLéger*, 86, 90).
[MEMBRER], v. pr., **se souvenir**, MEMBRES, subj. prés. 2, (*Passion*, 295).
MENESTIER, n. m., **service**, (*Eul.*, 10).
MENTIZ, n. m. sing. cas sujet, **menteur**, (*SLéger*, 11).
MERZ, n. f., **marchandise**, (*Passion*, 87).
MOLT, voir MULT.
MONSTIER, n. m., **monastère**, (*SLéger*, 66, 95, 98, 111, 177).
MUL, voir MULT.

n

NEGUN, adj. m., **aucun**, (*Passion*, 9, 480).
NEIENT, n. nt., **rien**, (*Passion*, 403).
NEMPERRO, adv., **néanmoins**, (*Passion*, 337).
NEUS, n. f., **neige**, (*Passion*, 396).
NONA, n. f., **l'heure de none, la neuvième heure de la journée** (environ 3 heures de l'après-midi), (*Passion*, 309, 313).
NONQUE, adv., **jamais**, (*Eul.*, 13). Voir NUNQUA.
NONT, enclise de NON ENT, (*Eul.*, 5).
NOS, enclise de NON SE, (*Eul.*, 20, 21).
NULOM, pron. indéf. sing. cas sujet, **nul homme, personne**, (*Passion*, 381, 448).
NUNCER, v. tr., **annoncer**, (*Passion*, 104) ; NUNCENT, ind. prés. 6, (*Passion*, 486).
NUNQUA, adv., **jamais**, (*SStr.*, 7). Voir NONQUE.
NUVOLS, n. f. sing. cas sujet, **nuage**, (*Passion*, 468).

o

O, pron. dém. nt., **ce, cela**, (lat. *hoc*), (*SStr.*, 6) (*in o quid*, en ce que, à condition que) ; (*Passion*, 56, 104, 139, 188, 284, 299).
OB, prép., **avec, auprès de**, (*SLéger*, 28, 146, 164, 239).
[OBRER], v. intr., **agir**, OBRED, pas. 3, (*Passion*, 7).
OBS, OB, n. m., **besoin** : *est obs (ob)*, il faut, (*Passion*, 264, 262).
OI, adv., **aujourd'hui**, (lat. *hodie*), (*Jonas*, 203 ; *Passion*, 299).
OIDI, adv., **maintenant, à présent**, (*Passion*, 292).
OMQUE, adv., **jamais**, (*Eul.*, 9). Voir UNQUE.
OR, adv., **maintenant**, (*Jonas*, 21 ; *SLéger*, 5, 167 ; *Passion*, 366) ; HOR, (*SLéger*, 151, 161).
ORAR, v. intr., **prier**, (*Passion*, 120, 124, 125) ; ORAM, impér. 4, **prions**, (*Eul.*, 26).
ORE, adv., **maintenant**, (*Jonas*, 9, 173, 184, 198, 200).

p

PADIR, v. tr., **endurer, supporter**, (*Passion*, 111).
[PAIER], v. tr., PAIAS, subj. impf. 3, **réconciliât**, (*SLéger*, 108, 110) ; v. pr., SE PAIERENT, pas. 6, **se réconcilièrent**, (*Passion*, 208).
PALIS, n. pl., **tas de paille ? étoffes ?**, (*Passion*, 43).

PALMES, n. f. pl., **palmiers**, (*Passion*, 37).

PAS, voir EN PAS QUE.

PECE, adv., **longtemps (?)**, (*Passion*, 366).

[PENTIR], (lat. *penitire* pour *pœnitere*), v. impers., SIS (= SI LES) PEN-TEIET DE, ind. impf. 3, **ils se repentaient de**, (*Jonas*, 195).

[PERCHOINDER], v. tr., **prédire**, PERCHOINDED, pas. 3, (*Passion*, 113) ; PERCOGDED, pas. 3, (*Passion*, 340) ; PERCOIDAT, p. p., (*Passion*, 69).

[PERCUTER], v. tr., PERCUTAN, gér., **frappant**, (*SLéger*, 134).

PERO, conj., **malgré cela**, (*Passion*, 372). Voir PORO.

PETIT, adv., **peu**, (*Passion*, 87).

PÏAMENT, adv., **pieusement**, (*Passion*, 294).

[PLAGUER], v. tr., **blesser**, PLAGÉS, p. p., (*Passion*, 436).

PLAID, n. m., **accord, arrangement**, (*SStr.*, 7).

> Le substantif *plaid*, attesté dès les *Serments de Strasbourg*, est issu du participe passé substantivé *placitum*, de *placere*, latin, « plaire », qui avait le sens de « ce qui plaît », d'où « dessein, projet » et « consentement, accord, pacte ». En latin médiéval, *placitum* a pris une acception juridique : « engagement à comparaître devant une assemblée », « assemblée, séance judiciaire, procès ». Cette évolution explique les acceptions très variées de *plaid, plait* en ancien français : « accord, convention », « dispute, débat », « paroles, discours », « procès jugement », « assemblée solennelle où se rend la justice », « affaire » en général. Après le XVᵉ siècle, *plaid* a vieilli, puis le mot a disparu, peut-être en raison de la multiplicité de ses sens. En revanche, *plaider*, dérivé de *plaid*, s'est implanté dans la langue juridique et s'est maintenu en se spécialisant, à partir du XVIᵉ siècle, au sens de « parler en faveur de », « défendre ».

PODENZ, adj. m. sing. cas sujet, **puissant**, (*Passion*, 34).

PODESTAD, n. f., **pouvoir**, (*Passion*, 484).

POLLE, n. f., **jeune fille**, (*Eul.*, 10).

PORO, pour cela (= POR O), (*Eul.*, 11, 18, 20) ; PORRO, (*SLéger*, 147). Voir O.

POR QUANT...TAN, adverbe introduisant la variation proportionnelle, **autant que... autant**, (*SLéger*, 135).

PORRO QUE, loc. conj., **parce que**, (*SLéger*, 64).

POS, conj. **puisque**, (*SLéger*, 96).

POS, prép., **depuis, après**, (*Passion*, 446).

POST, prép., **après**, (*Eul.*, 28).

PREIEMENT, n. m., **prière**, (*Eul.*, 9).

PRIMES, adv., **d'abord**, (*SLéger*, 7).

PROB, adv., **près**, (*Passion*, 506).

PUGNAR, v. tr., **combattre**, (*Passion*, 502).

PUGNES, n. f. pl., **combats**, (*Passion*, 501).

PURPURE, n. f., **pourpre**, (*Passion*, 245).

q-r

QUAISSES, adv., **presque, quasi**, (*Passion*, 399).

QUANDIUS, (occit.), conj., **aussi longtemps que**, (*SLéger*, 49, 69, 111).

[QUERRE], v. tr., **chercher**, QUEREM, ind. prés. 4, (*Passion*, 136, 183) ; QUE-RENT, ind. prés. 5, (*Passion*, 134) ; QUERENT, ind. prés. 6, (*Passion*, 173).

QUUN QUE, pron. rel. indéf., TOT QUUN QUE, **tout ce que**, (*Passion*, 406).

RAMES (corr. de *rams*), n. m. pl., **rameaux, branchages**, (*Passion*, 37).

RAUS, n. m., **roseau, canne**, (*Passion*, 246).

REBOST, EN REBOST, loc. adv., **en secret**, (*Passion*, 82).

RECIMER, v. intr., **pousser de nouveau, repousser**, (*SLéger*, 126) (HAPAX).

RECLUS, n. m., **réclusion, prison**, (*SLéger*, 155).

[REDEMBRE], v. tr., **racheter**, REDENPS, pas. 3, (*Passion*, 12).

REDRE, adv., **en arrière**, (*Passion*, 259).

REFUDER, v. tr., **refuser**, REFUDED, pas. 3, (*Passion*, 147).

REGNET, n. m. sing. cas régime, **royaume**, (*SLéger*, 72, 116) ; REGNAZ, idem, cas sujet sing., (*Passion*, 275).

REMEMBRAR, v. tr., **rappeler**, (*Passion*, 3, 95) ; absol., **se souvenir**, (*Passion*, 333).

REN, n. m., **royaume**, (*Passion*, 296). Voir REGNE.

[REPADRER], v. intr., **retourner**, REPADRED, pas. 3, (*Passion*, 129). Voir REPERIER.

REPAUSEMENT, n. m., **repos**, (*Jonas*, 150).

REPERIER, v., **revenir**, (*Jonas*, 13). Voir [REPADRER].

[REQUERRE], v. tr., **chercher**, REQUERET, ind. prés. 5, (*Passion*, 404).

[RESURDRE], v. intr., **ressusciter**, RESURDRA, fut. 3, (*Passion*, 336, 361).

[RETRAMETRE], v. tr., **renvoyer**, RETRAMIST (corr. de *retramés*), pas. 3, (*Passion*, 220).

ROORS, n. sing. cas sujet, **rond, cercle**, (*SLéger*, 203).

[ROVER], v. tr., RUOVET, ind prés. 3, **implore**, (*Eul.*, 24) ; ROVA, ind. prés. 3, **ordonne**, (*Passion*, 96) ; ROA, idem, (*Passion*, 453) ; ROUERET, ind. plus-que-parfait 3, **ordonna**, (*Eul.*, 22) ; ROVA, ind. prés. 3, **demande**, (*SLéger*, 200) ; ROVA, pas. 3, **demanda**, (*SLéger*, 65, 195) ; ROVAT, pas. 3, **demanda**, (*SLéger*, 18, 150) ; ROVED, pas. 3, **demanda**, (*Passion*, 20) ; ROVET, pas. 3, **demanda**, (*Passion*, 119).

s

[SACÏER], v. tr., **rassasier**, SACÏET, pas. 3, (*Passion*, 98).

SALVAMENT, n. m., **salut**, (*SStr.*, 3).

[SANER], v. tr., **guérir**, SANED, pas. 3, (*Passion*, 162).

[SEGUIR], v. tr., **suivre**, SEGUEN, gér., (*Passion*, 257) ; SEGWEN, idem, (*Passion*, 167).

SEINDRAE, voir SENDRA.

SEMBLANZ, n. m. pl. cas régime, **apparitions, manifestations**, (*Passion*, 450).

SEMPRE, adv., **toujours**, (*Eul.*, 10) ; **aussitôt**, (*SLéger*, 22) ; **toujours**, (*SLéger*, 37, 39, 40, 44, 94, 234) ; SEMPER, **toujours**, (*Passion*, 298, 370) ; **sans cesse**, (*Passion*, 48, 452) ; **aussitôt**, (*Passion*, 70, 103, 146, 162, 196, 210, 212) ; SENPR', **aussitôt**, (*Passion*, 414).

SENDRA, n. m. sing. cas sujet, **seigneur**, (*SStr.*, 20) ; SEINDRAE, idem, (*Passion*, 417).

SERW, n. m. sing. cas régime, **serviteur**, (*SLéger*, 180) ; SERV, (*Passion*, 159, 162).

SEULE, n. m., **le monde d'ici-bas**, (lat. *saeculum*), (*Eul.*, 24).

SI, adv., (lat. *sic*), **souligne une assertion**, (*SStr.*, 4) ; **à cet effet, donc**, (*Eul.*, 24) ; adverbe avec diverses nuances, (*Jonas*, 6, 7, 16, 51, 56, 83, 95, 96, etc.) ; **si** (intensité), (*SLéger*, 10, 183 ; *Passion*, 87, 126, 191, 294) ; **ainsi**, (*SLéger*, 155, 159, 182, 184, 203, 204 ; *Passion*, 335) ; **souligne une assertion**, (*SLéger*, 5, 37, 84, 194 ; *Passion*, 187, 219, 250, 255, 424, 428) ; **articule deux propositions**, (*SLéger*, 66, 201, 206 ; *Passion*, 122, 159, 164, 178, 394, 398, 402, 416, 467, 468, 476) ; SI... QUE, **de sorte que**, (*Passion*, 375).

SI CUM, loc. conj., **comme**, (*Passion*, 27).

[SOLDRE], tr., **défaire**, SOLSES, subj. impf. 3, (*Passion*, 384).

[SOLEIR], v. intr., **avoir l'habitude**, SOLT, ind. prés. 3, (*Jonas*, 116) ; SOLEIT (corr. de *soliae*), ind. impf. 3, (*Passion*, 458).

SOUEV, n. m., **confort (?)**, (*Jonas*, 149).

SOUUE, adj. poss. f. sing. tonique, **sa**, (*Eul.*, 29).

[SUSCITER], v. tr., **ressusciter**, SUSCITET, pas. 3, (*Passion*, 30).

t

TOLIR, v. tr., **enlever**, (*Eul.*, 22) ; TOLLUT, p. p., **enlevé**, (*SLéger*, 229).

TOSTER, v. tr., **griller, rôtir**, (*Passion*, 495) ; TOSTAZ, p. p., **grillés**, (*Passion*, 443).

[TRADER ?], v. tr., **livrer, trahir**, TRADES, ind. prés. 2, (*Passion*, 150) ; TRA-DAS, subj. impf. 2, (*Passion*, 152).

TRADETUR, n. m., **traître**, (*Passion*, 148).

[TRADIR], v. tr., **livrer, trahir**, TRADISSE, subj. prés. 3, (*Passion*, 152) ; TRA-DISSANT, subj. prés. 6, (*Passion*, 80) ; TRADRAI (corr. de *tradran*), fut. I, (*Passion*, 83).

[TRAMETRE], v., **envoyer**, TRAMIST, pas. 3, (*SLéger*, 86, 221).

[TRASSUDER], v. intr., TRASSUDAD, p. p., **en sueur, couverts de sueur**, (*Passion*, 141).

TRESTUIT, pron. indéf. m. pl. cas sujet, **tous sans exception**, (*SLéger*, 212 ; *Passion*, 228, 358) ; TRESTOZ, m. pl. cas régime, (*SLéger*, 36 ; *Passion*, 124, 433) ; TTRESTOZ, idem, (*Passion*, 432) ; TRESTOT, idem, (*Passion*, 96) (= TRES-TOZ) ; TRESTOT, adj. m. ou nt. sing., cas régime, (*Passion*, 284, 310).

TUIT, pron. indéf., cas-sujet m. pl., **tous**, (*Eul.*, 26 ; *SLéger*, 61).

TUIT, adj. indéf. m. pl. cas sujet, **tous**, (*SLéger*, 211 ; *Passion*, 122, 135, 138, 141, 182, 233, 239, 249, 274) ; pron. m. pl. cas sujet, (*Passion*, 430).

u-v

UNGUEMENT, n. m., onguent, (*Passion*, 346, 392).

UNQUE, adv., jamais, (*Passion*, 9, 356). Voir *omque*.

USEIRE, n., gardien, (*Passion*, 190).

VEIADES, n. f. pl., fois, (*Passion*, 418).

VEINTRE, VENTRE, v. tr., vaincre, avoir raison de, (*Eul.*, 3).

VEINTRE, VENTRE, v. tr., vaincre, (*Passion*, 64) ; vaincre, avoir raison de, (*Eul.*, 3) ; VENQUET, pas. **3**, (*Passion*, 374) ; VENCERA, fut., **3,** (*Passion*, 497) ; VENCUT, **p. p.,** (*Passion*, 375).

VER, adv., PER VER, loc. adv., vraiment, (*Passion*, 272, 336, 462).

VEREN, n., poison, (*Passion*, 461) (occit.).

VERME, n. m., ver, (*Jonas*, 155).

VEZ, n. f., fois, (*Passion*, 139, 194).

VISES, n. f. pl., manières, (*Passion*, 213).

VOIANT, p. prés./adj., vide, (*Passion*, 407) (occit.).

VOL, n. m., volonté, (*SStr.*, 7).

Achevé d'imprimer en Italie
par LA TIPOGRAFICA VARESE
en novembre 2005.

Dépôt légal : novembre 2005.